Münchener Kommentar
zur Insolvenzordnung

Herausgegeben von

Hans-Peter Kirchhof
Richter am Bundesgerichtshof a. D.

Dr. Hans-Jürgen Lwowski
Rechtsanwalt
Professor an der Universität Hamburg

Dr. Rolf Stürner
o. Professor an der Universität Freiburg i. Br.
Richter am Oberlandesgericht in Karlsruhe

Band 2

§§ 103–269

Die einzelnen Bände des Münchener Kommentars zur InsO

Band 1
Einleitung
§§ 1–102

Insolvenzrechtliche
Vergütungsverordnung (InsVV)

Band 2
§§ 103–269

Band 3
§§ 270–359

Internationales
Insolvenzrecht

Insolvenzsteuerrecht

Sachverzeichnis
für die Bände 1–3

Münchener Kommentar zur Insolvenzordnung

Band 2
§§ 103–269

2. Auflage

Verlag C. H. Beck München 2008

Zitiervorschlag:
MünchKommInsO-*Kirchhof* § 134 RdNr. 4

ISBN 978 3406 55092 8

© 2008 Verlag C. H. Beck oHG
Wilhelmstraße 9, 80801 München
Druck: Druckerei C. H. Beck Nördlingen
(Adresse wie Verlag)

Gedruckt auf säurefreiem, alterungsbeständigem Papier
(hergestellt aus chlorfrei gebleichtem Zellstoff)

Im einzelnen haben bearbeitet:

§ 103	Dr. Gerhart Kreft/Dr. Michael Huber
§ 104	Dr. Uwe Jahn
§ 105	Dr. Gerhart Kreft
§§ 106, 107	Dr. Claus Ott/Dr. Mihai Vuia
§§ 108–112	Hans-Georg Eckert
vor §§ 113–128, §§ 113, 114	Dr. Dr. h. c. Manfred Löwisch/ Dr. Georg Caspers
§§ 115–118	Dr. Claus Ott und Dr. Mihai Vuia
§ 119	Dr. Michael Huber
§§ 120–128	Dr. Dr. h. c. Manfred Löwisch/ Dr. Georg Caspers
vor §§ 129–147, §§ 129–134	Hans-Peter Kirchhof
§§ 135, 136	Heinz-Dieter Stodolkowitz/ Dr. Alfred Bergmann
§ 137	Hans-Peter Kirchhof
§ 138	Heinz-Dieter Stodolkowitz/ Dr. Alfred Bergmann
§§ 139–147	Hans-Peter Kirchhof
§§ 148–155	Dr. Joseph Füchsl/Hannes Weishäupl
§§ 156–164	Dr. Klaus Hubert Görg
§§ 165–173	Dr. Hans-Jürgen Lwowski/Dr. Christian Tetzlaff
§§ 174–177	Barbara Nowak
§§ 178–186	Dr. Robert Schumacher
§§ 187–199	Dr. Joseph Füchsl/Hannes Weishäupl
§§ 200–206	Udo Hintzen
§§ 207–216	Dr. Hendrik Hefermehl
vor §§ 217–269, §§ 217, 218	Dr. Horst Eidenmüller
§§ 219, 220	Dr. Guido Eilenberger
§§ 221, 222	Dr. Horst Eidenmüller
§§ 223–228	Wolfgang Breuer
§ 229	Dr. Guido Eilenberger
§ 230	Dr. Horst Eidenmüller
§§ 231–234	Wolfgang Breuer
§§ 235–244	Udo Hintzen
§ 245	Dr. Dr. h. c. Jochen Drukarczyk
§§ 246–253	Dr. Ralf Sinz
§§ 254–259	Dr. Michael Huber
§§ 260–263	Guido Stephan
§ 264	Dr. Dr. h. c. Jochen Drukarczyk
§§ 265, 266	Arne Wittig
§§ 267–269	Guido Stephan

Inhaltsverzeichnis

Band 1

	§§
Verzeichnis der Abkürzungen und der abgekürzt zitierten Literatur (S. XV)	
Einleitung	vor § 1
Erster Teil. Allgemeine Vorschriften	1–10
Zweiter Teil. Eröffnung des Insolvenzverfahrens. Erfaßtes Vermögen und Verfahrensbeteiligte	11–79
Erster Abschnitt. Eröffnungsvoraussetzungen und Eröffnungsverfahren	11–34
Zweiter Abschnitt. Insolvenzmasse. Einteilung der Gläubiger	35–55
Dritter Abschnitt. Insolvenzverwalter. Organe der Gläubiger	56–79
Anhang zu § 65: Insolvenzrechtliche Vergütungsverordnung (InsVV)	
Dritter Teil. Wirkungen der Eröffnung des Insolvenzverfahrens	80–147
Erster Abschnitt. Allgemeine Wirkungen	80–102

Band 2

Zweiter Abschnitt. Erfüllung der Rechtsgeschäfte. Mitwirkung des Betriebsrats	103–128
Dritter Abschnitt. Insolvenzanfechtung	129–147
Vierter Teil. Verwaltung und Verwertung der Insolvenzmasse	148–173
Erster Abschnitt. Sicherung der Insolvenzmasse	148–155
Zweiter Abschnitt. Entscheidung über die Verwertung	156–164
Dritter Abschnitt. Gegenstände mit Absonderungsrechten	165–173
Fünfter Teil. Befriedigung der Insolvenzgläubiger. Einstellung des Verfahrens	174–216
Erster Abschnitt. Feststellung der Forderungen	174–186
Zweiter Abschnitt. Verteilung	187–206
Dritter Abschnitt. Einstellung des Verfahrens	207–216
Sechster Teil. Insolvenzplan	217–269
Erster Abschnitt. Aufstellung des Plans	217–234
Zweiter Abschnitt. Annahme und Bestätigung des Plans	235–253
Dritter Abschnitt. Wirkungen des bestätigten Plans. Überwachung der Planerfüllung	254–269

Band 3

Siebter Teil. Eigenverwaltung	270–285
Achter Teil. Restschuldbefreiung	286–303
Neunter Teil. Verbraucherinsolvenzverfahren und sonstige Kleinverfahren	304–314
Erster Abschnitt. Anwendungsbereich	304
Zweiter Abschnitt. Schuldenbereinigungsplan	305–310
Dritter Abschnitt. Vereinfachtes Insolvenzverfahren	311–314

Inhaltsverzeichnis

	§§
Zehnter Teil. Besondere Arten des Insolvenzverfahrens	315–334
Erster Abschnitt. Nachlaßinsolvenzverfahren	315–331
Zweiter Abschnitt. Insolvenzverfahren über das Gesamtgut einer fortgesetzten Gütergemeinschaft	332
Dritter Abschnitt. Insolvenzverfahren über das gemeinschaftlich verwaltete Gesamtgut einer Gütergemeinschaft	333, 334
Elfter Teil. Internationales Insolvenzrecht	335–358
Zwölfter Teil. Inkrafttreten	359

Anhang:

Einführungsgesetz zur Insolvenzordnung (EGInsO)	Art. 102 §§ 1–11
EuInsVO	Art 1–47

Insolvenzsteuerrecht

Sachverzeichnis für die Bände 1–3

Die Bearbeiter aller drei Bände

Dr. Alfred Bergmann
Richter am Bundesgerichtshof

Dr. Georg Bitter
o. Professor an
der Universität Mannheim

Helmut Brandes
Vorsitzender Richter am Bundesgerichtshof a. D.

Wolfgang Breuer
Rechtsanwalt und Fachanwalt
für Insolvenz- und für Steuerrecht in Köln

Dr. Georg Caspers
Privatdozent
Universität Freiburg i. Br.

Dr. Dr. h. c. Jochen Drukarczyk
o. Professor an der Universität Regensburg

Hans-Georg Eckert
Vorsitzender Richter am Oberlandesgericht Rostock a. D.

Dr. Ulrich Ehricke, LL.M., M.A.
o. Professor an der Universität Köln

Dr. Horst Eidenmüller, LL.M.
o. Professor an der Universität München

Dr. Guido Eilenberger
em. o. Professor an der Universität Rostock

Dr. Joseph Füchsl
Rechtsanwalt und Fachanwalt für Insolvenzrecht
in München

Dr. Hans Gerhard Ganter
Richter am Bundesgerichtshof

Dr. Klaus Hubert Görg
Rechtsanwalt in Köln

Dr. Thorsten Graeber
Richter am Amtsgericht Potsdam
(Insolvenzgericht)

Bearbeiter

Dr. Hans Haarmeyer
Professor an der Fachhochschule Koblenz
RheinAhrCampus Remagen

Dr. Hendrik Hefermehl
Rechtsanwalt, Fachanwalt für Insovenzrecht, Notar und
vereidigter Buchprüfer in Stuttgart

Udo Hintzen
Diplom-Rechtspfleger, Fachhochschule Berlin

Dr. Michael Huber
Präsident des Landgerichts Passau
Honorarprofessor an der Universität Passau

Dr. Uwe Jahn
Rechtsanwalt in Frankfurt a. M.

Hans-Peter Kirchhof
Richter am Bundesgerichtshof a. D.

Stephan Kling
Rechtsanwalt in Köln

Dr. Gerhart Kreft
Vorsitzender Richter am Bundesgerichtshof a. D.

Dr. Dr. h. c. Manfred Löwisch
o. Professor an der Universität Freiburg i. Br.
und Rechtsanwalt in Stuttgart

Dr. Hans-Jürgen Lwowski
Rechtsanwalt
Professor an der Universität Hamburg

Barbara Nowak
Diplom-Rechtspflegerin
Justizamtsrätin beim
Amtsgericht Hohenschönhausen in Berlin

Dr. Claus Ott
o. Professor an der Universität Hamburg
Richter am Oberlandesgericht a. D.

Dr. Michael Passauer
Direktor des Amtsgerichts Ahrensburg

Dr. Bernd Peters
Rechtsanwalt in Hamburg

Dr. Stefan Reinhart
Rechtsanwalt und Solicitor (England & Wales)
in Frankfurt a. M.

Thüsing

Bearbeiter

Winfried Ruh
Dipl. Betriebswirt (FH) und Steuerberater in Freiburg

Dr. Hermannjosef Schmahl
Richter am Amtsgericht Duisburg (Insolvenzgericht)

Dr. Klaus Schmid-Burgk
Rechtsanwalt in Hamburg

Dr. Robert Schumacher, LL.M.
Notar in Aachen

Dr. Eva Schumann
o. Professorin an der Universität Göttingen

Dr. Matthias Schüppen
Rechtsanwalt, Wirtschaftsprüfer und Steuerberater in Stuttgart

Dr. Matthias Siegmann
Rechtsanwalt beim Bundesgerichtshof in Karlsruhe

Dr. Ralf Sinz
Rechtsanwalt, Fachanwalt für Insolvenzrecht und
Diplom-Kaufmann in Köln

Guido Stephan
Richter am Amtsgericht Darmstadt

Heinz Dieter Stodolkowitz
Richter am Bundesgerichtshof a. D.

Dr. Rolf Stürner
o. Professor an der Universität Freiburg i. Br.
Richter am Oberlandesgericht Karlsruhe

Dr. Christian Tetzlaff
Rechtsanwalt in Dresden

Dr. Mihai Vuia
Richter in Hamburg

Hannes Weishäupl
Notar in Mühldorf a. Inn

Arne Wittig
Banksyndikus in Frankfurt a. M.

Insolvenzordnung (InsO)

Vom 5. Oktober 1994 (BGBl. I S. 2866)

Geändert durch Gesetze vom 19. 7. 1996 (BGBl. I S. 1013), vom 28. 10. 1996 (BGBl. I S. 1546), vom 24. 3. 1997 (BGBl. I S. 594), vom 16. 12. 1997 (BGBl. I S. 2942 und S. 2968), vom 6. 4. 1998 (BGBl. I S. 666), vom 22. 7. 1998 (BGBl. I S. 1878), vom 25. 8. 1998 (BGBl. I S. 2489) und vom 19. 12. 1998 (BGBl. I S. 3836), vom 21. 7. 1999 (BGBl. I S. 1642), vom 8. 12. 1999 (BGBl. I S. 2384), vom 16. 2. 2001 (BGBl. I S. 266), durch das Mietrechtsreformgesetz vom 19. 6. 2001 (BGBl. I S. 1149, 1171), durch das Zivilprozessreformgesetz vom 27. 7. 2001 (BGBl. I S. 1887), durch Gesetz vom 26. 10. 2001 (BGBl. I S. 2710), vom 13. 12. 2001 (BGBl. I S. 3574), vom 14. 3. 2003 (BGBl. I S. 345), vom 23. 12. 2003 (BGBl. I S. 2848), vom 24. 12. 2003 (BGBl. I S. 3002), vom 5. 4. 2004 (BGBl. I S. 502), vom 9. 12. 2004 (BGBl. I S. 3214), vom 15. 12. 2004 (BGBl. I S. 3396), vom 22. 3. 2005 (BGBl. I S. 837), vom 10. 11. 2006 (BGBl. I S. 2553), vom 22. 12. 2006 (BGBl. I S. 3416), vom 26. 3. 2007 (BGBl. I S. 368), und zuletzt vom 13. 4. 2007 (BGBl. I S. 509)

BGBl. III/FNA 311–13

Zweiter Abschnitt. Erfüllung der Rechtsgeschäfte. Mitwirkung des Betriebsrats

§ 103 Wahlrecht des Insolvenzverwalters

(1) Ist ein gegenseitiger Vertrag zur Zeit der Eröffnung des Insolvenzverfahrens vom Schuldner und vom anderen Teil nicht oder nicht vollständig erfüllt, so kann der Insolvenzverwalter anstelle des Schuldners den Vertrag erfüllen und die Erfüllung vom anderen Teil verlangen.

(2) ¹Lehnt der Verwalter die Erfüllung ab, so kann der andere Teil eine Forderung wegen der Nichterfüllung nur als Insolvenzgläubiger geltend machen. ²Fordert der andere Teil den Verwalter zur Ausübung seines Wahlrechts auf, so hat der Verwalter unverzüglich zu erklären, ob er die Erfüllung verlangen will. ³Unterläßt er dies, so kann er auf der Erfüllung nicht bestehen.

Schrifttum zur InsO: *Adam*, Die Forderungsabtretung und das Wahlrecht des § 103 InsO, DZWir 1998, 227; *ders.*, Die Aufrechnung im Rahmen der Insolvenzordnung, WM 1998, 801; *Bärenz*, Von der Erlöschenstheorie zur Theorie der insolvenzrechtlichen Modifizierung – zur Dogmatik der neuen BGH-Rechtsprechung zu § 103 InsO, NZI 2006, 72; *Balz*, Die Ziele der Insolvenzordnung, in: Kölner Schrift zur Insolvenzordnung, 2. Aufl. (2000), S. 1; *Berger, Klaus Peter*, Lösungsklauseln für den Insolvenzfall, in: Kölner Schrift zur Insolvenzordnung, 2. Aufl. (2000), S. 499; *Berger, Lucina*, Insolvenzschutz für Markenlizenzen, 2006; *Bork*, Die Doppeltreuhand in der Insolvenz, NZI 1999, 337; *Bornholdt*, Leasingnehmer und refinanzierende Bank in der Insolvenz des Leasinggebers nach der InsO, 1999; *Bosch*, Differenz- und Finanztermingeschäfte nach der Insolvenzordnung, in: Kölner Schrift zur Insolvenzordnung, 2. Aufl. (2000), S. 1009; *Bruns*, Das Wahlrecht des Insolvenzverwalters und vertragliche Lösungsrechte, ZZP 110 (1997), 305; *Eckert*, Miete, Pacht und Leasing im neuen Insolvenzrecht, ZIP 1996, 897; *Gottwald*, Der unbekannte Baumangel in der Insolvenz, NZI 2005, 588; *Graf-Schlicker*, Kommentar zur Insolvenzordnung, 2007; *Graf/Wunsch*, Gegenseitige Verträge im Insolvenzverfahren, ZIP 2002, 2117; *Haberhauer/Meeh*, Handlungsspielraum des Insolvenzverwalters im eröffneten Insolvenzverfahren, DStR 1995, 2005; *Häsemeyer*, Die Aufrechnung nach der Insolvenzordnung, in: Kölner Schrift zur Insolvenzordnung, 2 Aufl. (2000), S. 645; *ders.*, Gegenseitige Verträge im Spannungsfeld zwischen Privatautonomie und Insolvenzrecht, Festgabe 50 Jahre BGH, 2000, Band III, S. 725; *Harder*, Insolvenzrechtliche Surrogation, 2002; *Heidland*, Konsequenzen der „Erlöschenstheorie" und der Theorie der Teilbarkeit der Bauleistungen für die baurechtliche Abnahme, für Vergütungsansprüche, Gewährleistungsfrist und Vertragsstrafe im Insolvenzverfahren über das Vermögen des Auftraggebers, Festschrift für Uhlenbruck, 2000, S. 423; *Henckel*, Aufrechnung in der Insolvenz, Festschrift für Lüke, 1997, S. 237; *ders.*, Konstruktion, Funktion, Interessen – zur modifizierten Erlöschenstheorie durch den Bundesgerichtshof, Festschrift für Kirchhof, 2003, S. 191; *ders*, Besprechung Petra Linder, Vorleistungen in der Insolvenz, KTS 2006, 487; *Huber*, Die Abwicklung gegenseitiger Verträge nach der Insolvenzordnung, NZI 1998, 97; *ders.*, Abwicklung gegenseitiger Verträge, JuS 1998, 644 ff., 744 ff.; *ders.*, Abwicklung schwebender Rechtsgeschäfte, in: Beck'sches Richterhandbuch, 2. Aufl. (1999), S. 395 ff.; *ders.*, Gegenseitige Verträge und Teilbarkeit von Leistungen in der Insolvenz, NZI 2002, 467; *ders.*, Vertragsspaltung in der Insolvenz des Auftragnehmers auch für mangelhafte Teilleistung vor Verfahrenseröffnung?, Festschrift für Kreft, 2004, S. 327 = ZInsO 2005, 449; *Kayser*, Die Lebensversicherung im Spannungsfeld der Interessen von Insolvenzmasse, Bezugsberechtigtem und Sicherungsnehmer – eine Zwischenbilanz, Festschrift für Kreft, 2004, S. 341 = ZInsO 2004, 1321; *ders.*, Die Lebensversicherung in der Insolvenz des Arbeitgebers, 2006; *Kepplinger*, Das Synallagma in der Insolvenz – Das Wahlrecht des Masseverwalters, Ausgleichsschuldners und Insolvenzverwalters, 2000; *Kesseler*, Die Insolvenz des Bauträgers, RNotZ 2004, 176; *Koziol*, Abtretung künftiger Forderungen im Konkurs des Zedenten, ÖBA 1998, 745; *Kreft*, Teilbare Leistungen nach § 105 InsO (unter besonderer Berücksichtigung des Bauvertragsrechts), Festschrift für Uhlenbruck, 2000, S. 387; *ders.*, Ausgesuchte Fragen zum Einfluss des neuen Schuldrechts auf die Erfüllungswahl nach § 103 InsO, Festschrift für Kirchhof, 2003, S. 275 = ZInsO 2003, 1120; *Krull*, Zur Abwicklung schwebender Vertragsverhältnisse im künftigen Insolvenzverfahren, 2000, 291; *Linder*, Vorleistungen in der Insolvenz, 2006; *Livonius*, § 108 Abs 1 Satz 2 InsO und seine Anwendbarkeit bei Mietverträgen, ZInsO 1998, 111; *Marotzke*, Der Eigentumsvorbehalt im neuen Insolvenzrecht, JZ 1995, 803; *ders.*, Gegenseitige Verträge im neuen Insolvenzrecht, 2. Aufl. (1998); 3. Aufl. (2001); *ders.*, Das Unternehmen in der Insolvenz: Fortführung und Veräußerung zwischen Eröffnungsantrag und Berichtstermin, 2000; *Mohrbutter/Mohrbutter*, Erfüllungsverlangen des Insolvenzverwalters und Teilbarkeit der Leistung, DZWIR 2003, 1; *Mossler*, Bereicherung aus Leistung und Gegenleistung – Der nichtige gegenseitige Vertrag und die Insolvenz –, 2006; *Obermüller*, Auswirkungen des Wahlrechts des Insolvenzverwalters auf Zessionen und Avale, in: Kölner Schrift zur Insolvenzordnung, 2. Aufl. (2000), S. 985; *Pape,* Behandlung bei Verfahrenseröffnung nicht vollständig erfüllter gegenseitiger Verträge nach der Insolvenzordnung, WPrax 1995, 25; *ders.,* Ablehnung und Erfüllung schwebender Rechtsgeschäfte durch den Insolvenzverwalter, in: Kölner Schrift zur Insolvenzordnung, 2. Aufl. (2000), S. 531; *Rendtorff,* Der beiderseitig nicht vollständig erfüllte Vertrag in der Insolvenz (§ 17 KO und §§ 103, 105 sowie § 107 InsO), 2004; *Reul/Heckschen/Wienberg,* Insolvenzrecht in der Rautelarpraxis, 2006; *Roth,* Die Fortsetzung des Synallagmas mit insolvenzrechtlichen Mitteln (§ 103 InsO), Festschrift für Rolland, 1999, S. 305; *Rühle,* Gegenseitige Verträge nach Aufhebung des Insolvenzverfahrens, 2006; *Scherenberg,* Lizenzverträge in der Insolvenz des Lizenzgebers unter besonderer Berücksichtigung des Wahlrechts des Insolvenzverwalters nach § 103 Abs. 1 InsO, 2005; *Scherer,* Teilweise Vorleistungen in der Insolvenz, NZI 2004, 113; *Schmid-Burgk.,* Leasingraten – Masseschulden oder Konkursforderungen, ZIP 1998, 1022; *Schmid-Burgk/Ditz,* Die Refinanzierung beim Leasing nach der Insolvenzrechtsreform, ZIP 1996, 1123; *Schmidt, Karsten,* Vertragliche Unterlassungsansprüche auf unvertretbare Handlungen als Massegläubigerforderungen und als Insolvenzforderungen? – Nachdenken über §§ 38, 45, 55 und 103 InsO –, KTS 2004, 241; *Schmitz,* Die Bauinsolvenz, 2007; *ders.,* Der Bauvertrag in der Insolvenz, DZWIR 1999, 485; *ders.,* Mängel nach Abnahme und offener Werklohnanspruch – ein wesentlicher Anwendungsbereich des § 103 InsO bei Bauverträgen, ZIP 2001, 765; *ders.,* Die Bauinsolvenz, 3. Aufl. (2004); *ders.,* Die Dreiteilung des im Insolvenz-(eröffnungs-)verfahren fortgeführten Bauvertrags – Auswirkungen auf Gegenrechte des Bestellers, ZInsO 2004, 1051; *Schollmeyer,* Gegenseitige Verträge im internationalen Insolvenzrecht, 1997; *Schwörer,* Lösungsklauseln für den Insolvenzfall, 2000; *Sinz,* Leasing und Factoring im Insolvenzverfahren, in: Kölner Schrift zur Insolvenzordnung, 2. Aufl. (2000), S. 593; *Tintelnot,* Die gegenseitigen Verträge im neuen Insolvenzverfahren, ZIP 1995, 616; *ders.,* Zur Aufrechnung mit einer Nichterfüllungsforderung nach § 103 II 1 InsO, KTS 2004, 339; *Wegener,* Das Wahlrecht des Insolvenzverwalters unter dem Einfluss des Schuldrechtsmodernisierungsgesetzes, 2007; *Wiedemann,* Lizenzen und Lizenzverträge in der Insolvenz, 2006; *Wieser,* Erfüllungsverlangen des Insolvenzverwalters und Aufrechnung mit einer Insolvenzforderung, JZ 2003, 231; *Wortberg,* Lösungsklauseln und Insolvenz, 2003; *ders.,* Die Überlegungsfrist bei der Ausübung des Verwalterwahlrechts – ein Instrument zur Masseanreicherung? ZInsO 2006, 1256; *Zahn,* Der Leasingvertrag über Mobilien in der Insolvenz des Leasinggebers nach der Novellierung der InsO, DB 1996, 1393.

Schrifttum zu KO und GesO: *Adam,* Die Aufrechnung gegen das Erfüllungsverlangen des Konkursverwalters, Diss. Gießen, 1994; *Bendix,* Das Verhältnis des § 55 Nr. 1 zu § 17 KO, ArchBürgR 38 (1913), 93; *Bork,* Zur Dogmatik des § 17 KO, Festschrift für Zeuner, 1994, S. 297; *Brandes,* Aktuelle Schwerpunkte der BGH-Rechtsprechung zum Konkursrecht, in: Prütting (Hrsg.), Insolvenzrecht 1996, 1997, S. 1; *Dahncke,* Zur Sicherungsabtretung von Forderungen, die im Konkurs des Zedenten dem § 17 KO unterliegen, Diss. Freiburg, 1997; *Dieckmann,* Zur Aufrechnung, in: Leipold (Hrsg.), Insolvenzrecht im Umbruch, 1991, S. 211; *Gerhardt,* Vorausabtretung und § 17 KO, Festschrift für Merz, 1992, S. 117; *ders.,* Vorausabtretung und Konkurseröffnung, Gedächtnisschrift für Knobbe-Keuk, 1997, S. 169; *Grimm,* Begründete Vermögensansprüche, 1927; *Häsemeyer,* Das funktionelle Synallagma im Konkurs- und Vergleichsverfahren, KTS 1973, 2; *ders.,* Die Grenzen der Konkursbeständigkeit vorgemerkter Ansprüche, NJW 1977, 737; *Heidland,* Software in der Insolvenz unter besonderer Berücksichtigung der Sicherungsrechte, KTS 1990, 183; *Heilmann,* Kein Gestaltungsrecht auf Ablehnung der Erfüllung nach § 17 KO, KTS 1985, 639; *Henckel,* Gegenseitige Verträge in Konkurs und Vergleich, ZZP 99 (1986), 419; *Huber,* Die Stellung des Abnehmers im Konkurs des Lieferanten beim Kauf unter Eigentumsvorbehalt, BB 1964, 731; *Klien,* „Schuldig zur Masse" und Aufrechnungsbefugnis, KuT 1935, 115; *Kreft,* Die Wende in der Rechtsprechung zu § 17 KO, Festschrift für Fuchs, 1996, S. 115 = ZIP 1997, 865; *Marotzke,* Das Konkurrenzverhältnis von § 17 und § 24 KO – ein Scheinproblem, JZ 1977, 552; *ders.,* Gegenseitige Verträge in Konkurs und Vergleich, 1985; *ders.,* Forderungszuständigkeit des Konkursverwalters als ungeschriebene Voraussetzung der §§ 17 Abs. 1, 59 Abs. 1 Nr. 2 Alt. 1 KO, ZIP 1987, 1293; *ders.,* Das Zurückbehaltungsrecht im Konkurs des Gegners, JA 1988, 117, 176; *ders.,* Die Behandlung der „schwebenden Rechtsgeschäfte", in: Leipold (Hrsg.), Insolvenzrecht im Umbruch, 1991, S. 183; *ders.,* Der Einfluss des Insolvenzverfahrens auf Auftrag und Geschäftsbesorgungsverhältnisse, Festschrift für Henckel, 1995, S. 579; *Musielak,* Die Erfüllungsablehnung des Konkursverwalters. Zur Auslegung des § 17 Abs. 1 der Konkursordnung, AcP 179 (1979), 189; *Obermüller,* Swap-Geschäfte bei Insolvenz, Festschrift für Merz, 1992, S. 423; *Oetker,* Über den Einfluß der Eröffnung des Konkursverfahrens auf noch nicht erfüllte zweiseitige Verträge, ZZP XIV (1890), 1; *Pflug,* Der gegenseitige Vertrag im Konkurs und das „Wahlrecht" des Konkursverwalters nach § 17 KO, AG 1984, 305; *Plander,* Das Wahlrecht des Konkursverwalters und des Vergleichsschuldners nach §§ 17 Abs. 1 KO, 50 Abs. 1 VerglO und die Stellung des Vertragspartners im Falle des § 878 BGB, JZ 1973, 45; *Pletzsch,* Die Erfüllungsweigerung des Konkursverwalters, Diss. Frankfurt am Main, 1973; *Ringstmeier,* Auswirkungen der Erfüllung gegenseitiger Verträge im Konkurs auf Forderungsabtretungen, Diss. Köln, 1990; *Sandrock,* Die Behandlung der zweiseitigen Verträge im Konkurse nach § 17 KO, 1928; *Schmitz,* Das Bauunternehmen im Konkurs, ZIP 1998, 1421; *Stürner,* Aktuelle Probleme des Konkursrechts, ZZP 94 (1981), 263; *Uhlenbruck/Sinz,* Die Forfaitierung von Leasingforderungen im Konkurs des Leasinggebers, WM 1989, 1113.

Übersicht

RdNr. 1–54 *Kreft*
RdNr. 55–210 *Huber*

	RdNr.
A. Normzweck	1
B. Entstehungsgeschichte	5
C. Grundlagen der Auslegung von § 103 im Lichte der neuen höchstrichterlichen Rechtsprechung	8
I. Das traditionelle Normverständnis	8
II. Die Neubesinnung in der Rechtsprechung	11
III. Der Insolvenzverwalter wählt nicht Erfüllung	14
1. Keine Vertragspartei hat vor Eröffnung des Insolvenzverfahrens Leistungen erbracht	14
2. Der Vertragspartner hat vor Eröffnung des Insolvenzverfahrens teilweise geleistet, der Schuldner nichts	25
3. Der Schuldner hat vor Eröffnung des Insolvenzverfahrens teilweise geleistet, der Vertragspartner hat nichts geleistet	31
4. Beide Vertragsparteien haben teilweise geleistet, die Gegenleistung entspricht jeweils der Leistung	37
5. Beide Vertragsparteien haben bei Eröffnung des Insolvenzverfahrens teilweise geleistet, aber eine Seite mehr als die andere	38
IV. Der Insolvenzverwalter wählt Erfüllung	39
1. Keine Vertragspartei hat vor Eröffnung des Insolvenzverfahrens eine Leistung erbracht	39
2. Der Vertragspartner hat vor Eröffnung des Insolvenzverfahrens teilweise geleistet, der Schuldner hat nichts geleistet	47
3. Der Schuldner hat vor Eröffnung des Insolvenzverfahrens teilweise geleistet, der Vertragspartner hat nichts geleistet	51
4. Beide Vertragsparteien haben vor Eröffnung des Insolvenzverfahrens teilweise geleistet	53
D. Anwendungsbereich – Einzelerläuterungen	55
I. Gegenseitiger Vertrag	55
1. Begriff	55
2. Abgrenzung nach Abwicklungslagen	57
a) Der vor Insolvenzeröffnung beiderseits oder einseitig vollständig erfüllte gegenseitige Vertrag	57
aa) Beiderseitige Erfüllung	58
bb) Erfüllung durch späteren Insolvenzschuldner	59
cc) Erfüllung durch den anderen Teil	60

	RdNr.
b) Der vor Insolvenzeröffnung von keiner Seite vollständig erfüllte gegenseitige Vertrag (§ 103)	61
aa) Regelungsbedürfnis	61
bb) Einrede des nichterfüllten Vertrages (§ 320 BGB)	62
cc) Unsicherheitseinrede (§ 321 Abs. 1 BGB)	63
3. Überblick über den Anwendungsbereich des § 103	64
a) Grundsätze	64
b) Übergangsrecht (Art. 103, 104 EGInsO)	65
4. Beispiele zu unter § 103 fallende gegenseitige Verträge	66
a) Zweck der Übersicht und Abgrenzung	66
b) Beispiele	66
– Bauvertrag	67
– Bauträgervertrag	68
– Darlehen/Sachdarlehen	69
– Energielieferungsverträge	70
– Factoring	71
– Frachtverträge	72
– Kauf-, Handelskauf-, Tauschverträge	73
– Kommissionsverträge	74
– Leasingverträge	75
– Lizenzverträge	76
– Maklervertrag	77
– Miet- u. Pachtverträge sowie ähnliche Schuldverhältnisse	78
– Reisevertrag	79
– Sicherungsverträge	80
– Speditionsverträge	81
– Vergleich; Vertragsübernahme	82
– Verwahrung	83
– Wettbewerbsabreden	84
– Werk- u. Werklieferungsverträge	85
c) Rückabwicklungsschuldverhältnis auf vertraglicher Grundlage	86
II. Unanwendbarkeit des § 103	87
1. Insolvenzfreie Schuldverhältnisse	87
2. Unanwendbarkeit für gegenseitige Verträge bei	89
a) Nichtigkeit des Vertrags oder vollständiger Erfüllung vor Insolvenzeröffnung	89
b) Vereinbarung einer Lösungsklausel für den Insolvenzfall	90
3. Sonstige nicht erfasste Fälle	91
a) Einseitig verpflichtende Verträge und einseitige Rechtsgeschäfte	91
b) Unvollkommen zweiseitige Verträge	92
c) Unvollkommene Verbindlichkeiten	93
d) Grundstückserwerb in der Zwangsversteigerung/Schiedsabrede	94

	RdNr.		RdNr.
e) Gründung einer AG und Kapitalerhöhung	95	3. Einzelheiten zum Erfüllungsbegriff	129
f) Tarifvertrag	96	a) Kaufvertrag (ohne Kauf unter Eigentumsvorbehalt und Sachmängel)	129
III. Beschränkungen im Anwendungsbereich (§§ 104 ff.)	97	b) Grundstücksveräußerung	132
1. Grundsätze	97	c) Rechtskauf/Erbbaurechtsvertrag	133
2. Übersicht	98	d) Werk-/Bauvertrag (ohne Sachmängel)	134
– Fixgeschäfte, Finanzleistungen (§ 104)	98	e) Rechtsmangel	135
– Verträge über teilbare Leistungen (§ 105)	99	aa) Ausgangspunkte und Insolvenz des Käufers/Bestellers	135
– Vorgemerkte Ansprüche (§ 106)	100	bb) Behebbarer/unbehebbarer Rechtsmangel in der Insolvenz des Verkäufers/Unternehmers	136
– Eigentumsvorbehalt (§ 107)	101	4. Sachmängel im Kaufvertragsrecht	138
– Miet- und Pachtverhältnisse (§§ 108 bis 112)	102	a) Grundsätze zur Anwendbarkeit des § 103	138
– Dienstverhältnisse (§§ 108, 113, 114, 120 bis 128)	103	aa) Ausgangspunkte	138
– Auftrag und Geschäftsbesorgung (§§ 115, 116)	104	bb) Grundsätzliche Weichenstellungen	139
– Vollmachten (§ 117)	106	b) Sachmängel in der Insolvenz des Verkäufers	140
– Auflösung von Gesellschaften (§ 118)	107	aa) Ausgangspunkte	140
IV. Besondere Bestimmungen des bürgerlichen Rechts	108	bb) Käufer verlangt Nacherfüllung (§ 439 Abs. 3 BGB)	141
1. Allgemeines	108	cc) Verweigerung der Nacherfüllung (§ 439 Abs. 3 BGB) durch Insolvenzverwalter	142
2. Vereine und Stiftungen	109	c) Sachmangel in der Insolvenz des Käufers	143
3. Familienrecht	110	5. Sachmängel bei Werk-/Bauvertrag	144
a) Güterstand	110	a) Anwendbarkeit des § 103	144
b) Elterliche Vermögenssorge	111	b) Mangelhafte Teilleistung des Auftragnehmers (Schuldners) vor Insolvenzeröffnung	145
c) Vormund, Gegenvormund, Pfleger, Nachlasspfleger	112	aa) Kein Erfüllungsverlangen des Insolvenzverwalters	145
4. Verjährung	113	bb) Insolvenzverwalter wählt Erfüllung	146
5. Gesellschaften	114	c) Insolvenz des General(Haupt-)Unternehmens	147
a) Unanwendbarkeit des § 103 auf Gesellschaftsverträge von Personengesellschaften	114	aa) Doppeltes Wahlrecht nach § 103	147
b) Gesellschaften ohne Rechtspersönlichkeit (§ 11 Abs. 2 Nr. 1)	115	bb) Mangelhafte Teilleistung des Nahunternehmers vor Insolvenzeröffnung	147a
c) Juristische Personen	116	**E. Ausübung des Wahlrechts**	148
6. Versicherungsverhältnisse		**I. Grundsätze**	148
a) Insolvenz des Versicherers	117	1. Begriff des Wahlrechts	148
b) Insolvenz des Versicherungsnehmers	118	2. Ausübungsberechtigung im Regelinsolvenzverfahren	149
7. Verlagsvertrag		a) Insolvenzverwalter	149
a) Insolvenz des Verfassers	119	b) Vorläufiger Insolvenzverwalter	150
b) Insolvenz des Verlegers	120	3. Sondervorschriften	152
V. Keine vollständige Erfüllung	121	a) Eigenverwaltung	152
1. Ausgangspunkt	121	b) Vereinfchtes Insolvenzverfahren	153
2. Begriff der vollständigen Erfüllung	122	**II. Erfüllungsverlangen des Insolvenzverwalters**	154
a) Leistungshandlung u. Leistungserfolg	122	1. Erklärung des Verwalters	154
b) Annahme einer Leistung unter Vorbehalt oder an Erfüllungs Statt	124	a) Ausdrückliches Erfüllungsverlangen	154
c) Erfüllungssurrogate, insbes Aufrechnung, Hinterlegung, Selbsthilfeverkauf	125	b) Konkludentes Erfüllungsverlangen	156
d) Vollstreckbare Entscheidung, Vorbehaltsurteil, Zwangsvollstreckung	126		
e) Gesetzlicher Eigentumserwerb	127		
f) Maßgeblicher Zeitpunkt	128		

	RdNr.		RdNr.
c) Untätigkeit/Schweigen	158	c) Beiderseitige Untätigkeit	183
d) Erklärung unter Vorbehalten oder Einschränkungen	159	4. Forderung des Vertragspartners wegen Nichterfüllung des Vertrages (§ 103 Abs. 2 Satz 1)	184
e) Zustimmung des Gläubigerausschusses	162	a) Rechtsnatur	184
2. Rechtsfolgen	163	b) Anspruchsinhalt	185
a) Grundsätze	163	aa) Abrechnungsverhältnis	185
b) Sonstiges	164	bb) Berechnung der Nichterfüllungsforderung	186
3. Art und Weise der Erfüllung	166	c) Geltendmachung der Nichterfüllungsforderung	193
III. Ablehnung der Erfüllung und unterlassene Wahlrechtsausübung durch Insolvenzverwalter	167	d) Verjährung	195
1. Ausdrückliche Erklärung	167	**IV. Wahlrechtsausübung**	196
2. Unterlassene Wahlrechtsausübung	170	1. Maßstab	196
a) Zustand der Ungewissheit nach Insolvenzeröffnung	170	2. Ausschluss oder Beschränkung des Wahlrechts	200
b) Aufforderung des Vertragspartners zur Wahlrechtsausübung (§ 103 Abs. 2 Satz 2)	171	a) Sondervorschriften	200
		b) Abdingbarkeit/Unabdingbarkeit	201
c) Unverzüglichkeit der Erklärung des Insolvenzverwalters	173	aa) Lösungsklauseln für den Insolvenzfall	201
d) Behauptungs- und Beweislast	175	bb) Sonstige Beschränkungen	202
3. Rechtsfolgen	176	c) Unzulässige Rechtsausübung	203
a) Ausdrückliche Erfüllungsablehnung	176	d) Rechte Dritter (Forderungszuständigkeit des Insolvenzverwalters)	205
aa) Grundsätze	176	3. Anfechtung wegen Willensmängel (§§ 119 ff. BGB)	206
bb) Sonstiges (Besitzrecht, Selbsthilfeverkauf, Vormerkung, Titel über Erfüllungsanspruch)	177	a) Grundsätze	206
		b) Fallgruppen (Irrtumsfälle)	207
		c) Rechtsfolgen einer Anfechtung	209
b) Schweigen des Insolvenzverwalters auf Aufforderung des Vertragspartners (§ 103 Abs. 2 Satz 3)	182	4. Wahlrechtsausübung in der Insolvenz beider Vertragspartner	210

A. Normzweck

Für die Abwicklung von Verträgen, die bei Eröffnung des Insolvenzverfahrens noch von keiner Seite vollständig erfüllt sind, stehen dem Gesetzgeber im Wesentlichen vier Regelungsmöglichkeiten zur Verfügung: a) Die Verträge werden grundsätzlich (mit möglicher Kündigung) so fortgesetzt, wie sie ohne die Insolvenz abgewickelt worden wären (vgl. § 108 Abs. 1 Satz 1); b) die Verträge erlöschen (vgl. § 115 Abs. 1; § 116 Satz 1); c) an die Stelle von Erfüllungsansprüchen tritt ein Anspruch wegen Nichterfüllung (§ 104); d) dem Insolvenzverwalter wird die Rechtsmacht eingeräumt, es entweder bei der (teilweisen) Nichterfüllung zu belassen oder die (weitere) Erfüllung zu verlangen (§ 103 Abs. 1).[1] 1

Für gegenseitige Verträge hat der Gesetzgeber grundsätzlich die Möglichkeit zu d) gewählt. § 103 Abs. 1 entspricht § 17 Abs. 1 KO. Beide Normen betreffen nur solche Verträge, die bei Eröffnung des Insolvenzverfahrens noch von keiner Vertragspartei vollständig erfüllt sind. Welcher Zweck diesen Vorschriften zugrunde liegt, ist in der Literatur noch immer nicht abschließend geklärt,[2] mögen auch Praxis und Literatur weitgehend auf die Linie der höchstrichterlichen Rechtsprechung eingeschwenkt sein.[3] Immerhin scheinen sich die Positionen einander zunehmend anzunähern. So besteht seit längerem Einigkeit darüber, dass § 17 2

---

[1] Vgl. BGHZ 155, 371, 374; dazu *Karsten Schmidt*, KTS 2004, 241, 254 f.
[2] Vgl. *Jaeger/Henckel* § 17 RdNr. 5 ff.; *Kilger/K. Schmidt* § 17 Anm. 1; *Kuhn/Uhlenbruck* § 17 RdNr. 1; *Brandes*, Insolvenzrecht 1996, S. 1, 2; *Häsemeyer* RdNr. 20.04 ff.; HK-*Marotzke* § 103 RdNr. 2, 36 ff.; *Kübler/Prütting/Tintelnot* § 103 RdNr. 3 ff.; *Nerlich/Römermann/Balthasar* § 103 RdNr. 3 ff.; *Smid* § 103 RdNr. 1 ff.; *Schollmeyer*, Gegenseitige Verträge im internationalen Insolvenzrecht, S. 20 ff., 50.
[3] Vgl. *Braun/Kroth* § 103 RdNr. 2, 10; *Goetsch*, in: *Blersch/Goetsch/Haas*, § 103 RdNr. 22 bis 25; *Graf-Schlicker/Breitenbücher* § 103 RdNr. 2; HambKomm-*Ahrendt* § 103 RdNr. 4; *Beck/Depré/Ringstmeier*, Praxis der Insolvenz, § 14 RdNr. 26 ff; *Runkel/Dahl*, Anwalts-Handbuch Insolvenzrecht, § 7 RdNr. 10 ff, 47 ff.

§ 103   3   3. Teil. 2. Abschnitt. Erfüllung Rechtsgeschäfte. Mitwirkung BR

Abs. 1 KO und § 103 Abs. 1 in erster Linie dem Insolvenzverwalter ermöglichen sollen, einen von keiner Seite bereits vollständig erfüllten gegenseitigen Vertrag zum Vorteil der Masse und damit der Gläubigergesamtheit auszuführen, dass sie aber zugleich dem Vertragspartner den durch das funktionelle Synallagma vermittelten Schutz erhalten sollen.[4] Diese grundsätzliche Übereinstimmung hat zwar noch nicht zu einer einheitlichen Auslegungsdogmatik geführt. Doch scheint der in der Vorauflage festgestellte Fundamentaldissens zwischen der Rechtsprechung und maßgeblichen Stimmen der Wissenschaft unterdessen mehr und mehr einem Konsens zumindest in den Ergebnissen zu weichen.[5] Diese Rechtsprechung lässt sich auf eine gegenüber der bisherigen Praxis konsequentere Anwendung der § 17 KO und § 103 zugrunde liegenden Gedanken des Masseschutzes und der Gleichbehandlung der Insolvenzgläubiger[6] zurückführen. Danach sollen zum einen Gegenleistungen für Leistungen, die mit Mitteln der Masse zur Erfüllung eines gegenseitigen Vertrages erbracht werden, stets der Masse gebühren, dh der Gemeinschaft der Gläubiger zugute kommen und nicht nur einzelnen bevorrechtigten Gläubigern.[7] Aus demselben Grund soll die Masse nicht zu Gegenleistungen für solche Teilleistungen verpflichtet sein, die der Vertragspartner vor Eröffnung des Insolvenzverfahrens erbracht hat (jetzt § 105 Satz 1). Der Sinn des dem Insolvenzverwalter zustehenden Wahlrechts besteht demnach vornehmlich darin, der Masse diejenigen noch ausstehenden Leistungen des Vertragspartners zu den bisherigen (massegünstigen) Vertragsbedingungen zu verschaffen, auf die er ohne die Erfüllungswahl einen durchsetzbaren Anspruch nicht hätte.[8] Diese Sicht gründet auf dogmatischen Annahmen, die weitgehend in der neueren insolvenzrechtlichen Literatur vorbereitet wurden[9] und auf „einfache, klare, in sich schlüssige" Weise[10] zu ausgewogenen Ergebnissen führen.[11]

3   Im Anschluss an die Motive zur Konkursordnung[12] ging der Bundesgerichtshof ab 1988 **zunächst** davon aus, dass bereits mit der Eröffnung des Insolvenzverfahrens und nicht erst mit einer Erfüllungsablehnung des Insolvenzverwalters die Erfüllungsansprüche aus gegenseitigen Verträgen „erlöschen".[13] Diese sog. **Erlöschenstheorie** hat Verwirrung gestiftet.[14] Zu ihrem Verständnis ist danach zu unterscheiden, ob bis zur Eröffnung des Insolvenzverfahrens noch von keiner Vertragspartei Leistungen erbracht wurden oder ob eine Partei oder beide Parteien bereits teilweise geleistet hat (haben). Hat **noch keine Vertragspartei eine Leistung erbracht,** besteht kein durchsetzbarer Anspruch des **Vertragspartners** gegen die Masse auf Erfüllung des zwischen ihm und dem Schuldner abgeschlossenen gegenseitigen Vertrages. Umgekehrt hat auch die **Masse ohne Erfüllungswahl** des Insolvenzverwalters keinen durchsetzbaren Erfüllungsanspruch gegen den Vertragspartner des Schuldners. Es liegt in der Konsequenz dieser Rechtsprechung, dass außerhalb des Insolvenzverfahrens die wechselseitigen Erfüllungsansprüche der Vertragsparteien durch die Verfahrenseröffnung grundsätzlich nicht berührt werden. Diese bewirkt insoweit keine materiell-rechtliche Umgestaltung.[15] Wählt

---

[4] BGHZ 150, 138, 148; *Bork,* Festschrift für Zeuner, S. 297, 309 mwN in Fn. 49; *Kreft,* Festschrift für Fuchs, S. 115, 121 = ZIP 1997, 865, 867; *Uhlenbruck/Berscheid* § 103 RdNr. 1.
[5] Vgl. etwa *Bork,* Insolvenzrecht, 4. Aufl., RdNr. 160 bis 160 c; *Foerste,* Insolvenzrecht, 3. Aufl., RdNr. 224; *Henckel,* Festschrift für Kirchhof, S. 191, 206; *Keller,* Insolvenzrecht, RdNr. 1225.
[6] Vgl. etwa RGZ 79, 436, 440; *Sandrock,* Die Behandlung der zweiseitigen Verträge im Konkurse nach § 17 KO, S. 17 f.; *Häsemeyer* RdNr. 20.08; *Tintelnot* ZIP 1995, 616, 619.
[7] BGHZ 106, 236, 243 f.; 116, 156, 159; 129, 336, 339 ff.; 135, 25, 27; 145, 245, 252; 149, 326, 335 f.; 155, 87, 98; 167, 363, 371 RdNr. 19.
[8] BGHZ 135, 25, 27 f.
[9] Vor allem von *Henckel* in seiner Kommentierung von § 17 in der 9. Auflage des *Jaegerschen* Kommentars zur Konkursordnung.
[10] *Bork,* Festschrift für Zeuner, S. 297, 300.
[11] *Kreft,* Festschrift für Fuchs, S. 115, 131 = ZIP 1997, 865, 871.
[12] Motive S. 67; BGHZ 135, 25, 30. Vgl. *Jaeger/Henckel* § 17 RdNr. 115; auch RdNr. 71.
[13] BGHZ 103, 250, 252; 106, 236, 241 ff.; 116, 156, 158; 129, 336, 338; 135, 25, 26; 145, 245, 252.
[14] Vgl. etwa *Bork,* Insolvenzrecht, 2. Aufl., RdNr. 156 ff.; *Kübler/Prütting/Tintelnot* § 103 RdNr. 11 f.; *Roth,* Festschrift für Rolland, S. 305, 306 ff.; näher unten RdNr. 13, 18.
[15] *Häsemeyer* RdNr. 20.07; *Kirchhof,* Leitfaden, S. 71 RdNr. 229 mit Fn. 80; jetzt ausdrücklich BGHZ 150, 353, 359. Der einzige „Sünden"-Fall, in dem der Bundesgerichtshof aus der Erlöschenstheorie Rechtsfolgen im Sinn einer materiell-rechtlichen Umgestaltung gezogen hat, ist das Urteil vom 4. 3. 1993 – IX ZR

der Insolvenzverwalter nicht Erfüllung und macht der Vertragspartner einen Anspruch wegen der Nichterfüllung (§ 103 Abs. 2 Satz 1) im Insolvenzverfahren nicht geltend, können die Erfüllungsansprüche der Vertragspartner insbesondere nach einer Beendigung des Verfahrens (sieht man von einer anderweitigen Regelung in einem Insolvenzplan und von einer Restschuldbefreiung ab) in der ursprünglichen Gestalt geltend gemacht werden.[16] Erst wenn der Insolvenzverwalter **Erfüllung des Vertrages verlangt,** werden die wechselseitigen Erfüllungsansprüche zu Ansprüchen der und gegen die Masse (§ 55 Abs. 1 Nr. 2 Fall 1). Ihr Inhalt stimmt mit den ursprünglichen Erfüllungsansprüchen überein.[17] Als Masseforderungen und -verbindlichkeiten haben sie jedoch eine **andere Qualität**. Diese wird ihnen durch die Erfüllungswahl des Insolvenzverwalters **originär** verliehen. Es handelt sich mithin um „neue", nach Eröffnung des Insolvenzverfahrens entstandene Ansprüche.[18] Deshalb kommt eine Aufrechnung mit Insolvenzforderungen gegen den Erfüllungsanspruch der Masse nach § 96 Nr. 1 (früher: § 55 Satz 1 Nr. 1 KO) nicht in Betracht.[19] Ebenso wenig kann der Schuldner vor Eröffnung des Insolvenzverfahrens über die durch das Erfüllungsverlangen des Insolvenzverwalters entstandenen Masseforderungen – etwa durch Abtretung – verfügen.[20] So wird gewährleistet, dass die Gegenleistungen für die von der Masse erbrachten Aufwendungen ungeschmälert der Masse zugute kommen.

Hat **eine Vertragspartei oder** haben **beide vor Eröffnung des Insolvenzverfahrens bereits teilweise geleistet,** „erlöschen" die beiderseitigen Erfüllungsansprüche – sofern der gegenseitige Vertrag auf den Austausch jeweils teilbarer Leistungen gerichtet ist[21] – mit den bei Randnummer 3 wiedergegebenen Folgen auf Grund der Eröffnung des Insolvenzverfahrens **nur insoweit,** als es **nicht um schon erbrachte Leistungen und die ihnen entsprechenden Gegenleistungen** geht, dh im Umfang der Differenz zwischen den erbrachten und den vollständigen Leistungen desjenigen, der im Zeitpunkt der Verfahrenseröffnung den größeren Teil der vertraglichen Leistungen erfüllt hatte.[22] **Im übrigen bleiben die Erfüllungsansprüche** desjenigen Vertragspartners, der vor Eröffnung des Insolvenzverfahrens mehr Leistungen als der andere erbracht hatte, **grundsätzlich bestehen**. Insoweit gilt: Hat der Schuldner vorgeleistet, kann der Insolvenzverwalter die dafür noch ausstehende anteilige Gegenleistung gemäß § 80 Abs. 1 zur Masse ziehen.[23] Hat der Vertragspartner vorgeleistet, steht diesem ein entsprechender anteiliger Gegenleistungsanspruch – freilich als Insolvenzforderung (§ 105 Satz 1) – zu,[24] den er gemäß § 174, ggfs. in Verbindung mit §§ 41, 45, zur Tabelle anmelden kann. Der Vertragspartner kann grundsätzlich einerseits gegen solche Ansprüche des Insolvenzverwalters mit Insolvenzforderungen und andererseits mit eigenen derartigen Ansprüchen gegen andere vor Eröffnung des Insolvenzverfahrens entstandene Ansprüche des Insolvenzverwalters aufrechnen.[25] Die vor Eröffnung des Insolvenzverfahrens erfolgte Verfügung des Schuldners über den Gegenleistungsanspruch für von ihm teilweise erbrachte Leistungen – etwa eine Abtretung dieses Anspruchs – bleibt wirksam.[26] Ein **Erfüllungsverlangen** des Insolvenzverwalters **erfasst** in solchen Fällen mithin **nur diejenigen Erfüllungsansprüche, die nicht Gegenleistungen**

169/92, NJW 1993, 1994. Vgl. dazu nunmehr BGH ZIP 2005, 909, 910 und insbesondere *Kayser*, Die Lebensversicherung in der Insolvenz des Arbeitgebers, S. 47 ff (50 f.).

[16] *Jaeger/Henckel* § 17 RdNr. 160, 162; *Kilger/K. Schmidt* § 17 Anm. 9; *Brandes*, Insolvenzrecht 1996, S. 1, 10; *Häsemeyer* RdNr. 20.07; *Kreft*, Festschrift für Fuchs, S. 115, 121 = ZIP 1997, 865, 867 zu III, 2; *ders.*, Festschrift für Uhlenbruck, S. 387, 393 f. Fn. 22; *Rühle*, Gegenseitige Verträge nach Aufhebung des Insolvenzverfahrens, S. 92 ff.

[17] BGHZ 103, 250, 252; 116, 156, 158.

[18] BGHZ 116, 156, 158; 129, 336, 338; 135, 25, 26.

[19] BGHZ 116, 156, 158 f.

[20] BGHZ 106, 236, 241 ff.

[21] Zu gegenseitigen Verträgen, die unteilbare Leistungen zum Gegenstand haben, vgl. § 105 RdNr. 21 ff.

[22] BGHZ 135, 25, 27/28.

[23] BGHZ 129, 336, 340.

[24] Zu § 17 KO vgl. BGHZ 135, 25, 27; auch bereits BGHZ 89, 189, 195.

[25] BGHZ 129, 336, 341; 135, 25, 26 f.

[26] BGHZ 129, 336, 340.

für schon erbrachte Teilleistungen betreffen.[27] Nur insoweit werden die wechselseitigen Erfüllungsansprüche durch die Erfüllungswahl zu qualitativ „neuen" Ansprüchen der und gegen die Masse mit der Folge, dass gegen sie mit Insolvenzforderungen nicht aufgerechnet und vom Schuldner über sie vor Eröffnung des Insolvenzverfahrens und während dessen Dauer nicht verfügt werden kann. Soweit es sich bei den Erfüllungsansprüchen um Forderungen auf die Gegenleistung für bereits vor Verfahrenseröffnung erbrachte Leistungen handelt, bleibt es grundsätzlich bei denjenigen Rechtsfolgen, die auf Grund der Verfahrenseröffnung ohne ein Erfüllungsverlangen des Insolvenzverwalters eintreten. Mit dieser **„Vertragsspaltung",**[28] dh der **Aufteilung** in erfüllte und nicht erfüllte Vertragsteile,[29] wird sichergestellt, dass die Masse nur für solche Leistungen des Vertragspartners über die Insolvenzquote hinaus aufzukommen hat, die unmittelbar an sie erbracht werden.

4 a   Von dieser „**Erlöschenstheorie**" hat sich der Bundesgerichtshof mit der Entscheidung vom 25. April 2002[30] endgültig **verabschiedet.** Er hat klargestellt, dass die **gegenseitigen Erfüllungsansprüche** infolge der Verfahrenseröffnung nicht erlöschen, sondern – soweit sie nicht auf die anteilige Gegenleistung für vor Verfahrenseröffnung erbrachte Leistungen gerichtet sind – ohne ein Erfüllungsverlangen **nur ihre Durchsetzbarkeit verlieren. Wählt der Insolvenzverwalter Erfüllung, so erhalten die zunächst nicht durchsetzbaren Ansprüche die Rechtsqualität von originären Forderungen der und gegen die Masse.** Mit dieser dogmatischen Neuausrichtung ist freilich eine **Änderung der Rechtsprechung** im Hinblick auf die Folgen einer **Abtretung** des Erfüllungsanspruchs des Schuldners und der Zulässigkeit einer **Aufrechnung** des Vertragspartners mit Insolvenzforderungen **nicht verbunden.** Solange das Insolvenzverfahren andauert, bleibt es insoweit bei den obigen Ausführungen zu Randnummer 3 und 4.

B. Entstehungsgeschichte

5   Der Erste Bericht der Kommission für Insolvenzrecht sah in Leitsatz 2.4.1.1 mit der Überschrift „Abwicklung während des Verfahrens" für gegenseitige Verträge im Reorganisationsverfahren vor:[31]

„(1) Beiderseits nicht vollständig erfüllte Verträge gelten fort.
(2) Der Insolvenzverwalter hat das Recht, die Erfüllung des Vertrags abzulehnen.
(3) Mit einem Schadensersatzanspruch wegen Nichterfüllung, den die Ablehnung der Erfüllung auslöst, nimmt der Vertragspartner am Reorganisationsverfahren teil.
(4) Hat der Vertragspartner ein berechtigtes Interesse daran, sich frühzeitig Klarheit über die Erfüllung des Vertrags zu verschaffen, so kann auf seinen Antrag das Insolvenzgericht dem Insolvenzverwalter eine Frist setzen, innerhalb deren er zu erklären hat, ob er die Erfüllung ablehnt; der Insolvenzverwalter ist vorher zu hören.
(5) Gibt der Insolvenzverwalter die Erklärung nicht innerhalb der Frist ab, so verliert er das Ablehnungsrecht; er muß den Vertrag voll erfüllen und kann seinerseits Erfüllung vom Vertragspartner verlangen.
(6) Eine dem § 50 Abs. 4 VerglO entsprechende Regelung ist vorzusehen."

---

[27] BGHZ 135, 25, 26 ff.
[28] Vgl. BGHZ 68, 379, 381; 129, 336, 342.
[29] *Karsten Schmidt,* JuS 2003, 96, 97.
[30] BGHZ 150, 353 = NJW 2002, 2783. Vgl. dazu *Bremkamp,* Anmerkung zu BGH, Urt. v. 25. 4. 2002 – IX ZR 313/99 – Kein Erlöschen der Erfüllungsansprüche aus gegenseitigen Verträgen bei Eröffnung des Insolvenzverfahrens, aber Verlust der Durchsetzbarkeit der noch offenen Ansprüche, DB 2002, 1501; *Graf/ Wunsch,* ZIP 2002, 2117; *Henckel,* Festschrift für Kirchhof, S. 191; *Huber,* LM GesO Nr. 83; *ders.,* NZI 2002, 467; *Marotzke,* Anmerkung zu BGH, Urt. v. 25. 4. 2002 – IX ZR 313/99 – Gegenseitige Verträge und Insolvenz; Auswirkungen des Insolvenzverfahrens auf gegenseitige Verträge; Unwirksamkeit von Rechtshandlungen des Insolvenzverwalters; Missbrauch der Stellung des Insolvenzverwalters, ZZP 111 (2002), 507; *Mohrbutter/Mohrbutter,* DZWIR 2003, 1; *Tintelnot,* EWiR 2003, 125; *Wieser,* JZ 2003, 231.
[31] 1. KommBer., S. 218; die Regelung sollte im Vorverfahren sinngemäß gelten, Leitsatz 1.3.4.1, das., S. 146, und nach der Einleitung des Liquidationsverfahrens fortbestehen, Leitsatz 3.1.1, das., S. 304.

In der Begründung heißt es:³²

„Dem Ziel, die Fortführung der unternehmerischen Tätigkeit nach der Verfahrenseröffnung zu ermöglichen, entspricht der Grundsatz, daß gegenseitige Verträge fortgelten, die zur Zeit der Eröffnung des Insolvenzverfahrens auf beiden Seiten noch nicht vollständig erfüllt waren. Diese grundsätzliche Regel (Absatz 1) stimmt mit der Rechtslage nach § 50 VerglO überein.

Um das Unternehmen von Verträgen entlasten zu können, welche die Reorganisation gefährden würden, soll der Insolvenzverwalter das Recht erhalten, die Erfüllung eines Vertrages abzulehnen (Absatz 2). ...

Der Insolvenzverwalter kann einen Vertrag nur vollständig wie vorgesehen erfüllen oder die Erfüllung nur ganz ablehnen. Macht er von seinem Ablehnungsrecht nach Absatz 2 des Leitsatzes nicht Gebrauch, so muß der Insolvenzverwalter seinerseits den Vertrag voll erfüllen. Inhaltlich ändern kann er die vom Schuldner getroffenen Vereinbarungen einseitig nicht; Änderungen müssen vielmehr mit dem Vertragspartner vereinbart werden.

...

Mit der Lage im Reorganisationsverfahren wäre es nicht zu vereinbaren, wenn auch der Vertragspartner das Recht erhielte, die Erfüllung abzulehnen. Um ihn vor Schaden zu bewahren, eröffnet Absatz 4 einen Weg, auf dem sich der Vertragspartner schnell Klarheit darüber verschaffen kann, ob die mit dem Schuldner getroffene Vereinbarung Bestand haben wird. ...

Ebenso wie im geltenden Vergleichsrecht (§ 50 Abs. 4 VerglO) muß das Ablehnungsrecht ausgeschlossen sein, wenn der Leistungsanspruch des Vertragspartners des Schuldners durch eine Vormerkung gesichert ist."

Die von der bisherigen Regelung des § 17 KO abweichenden Bestimmungen, namentlich der Absätze 1, 2 und 5 des Leitsatzes 2.4.1.1 1. KommBer. wurden in die Entwürfe einer Insolvenzordnung nicht übernommen.

§ 111 Abs. 1 DE und RefE ist mit § 103 Abs. 1 des späteren Gesetzes identisch. Im übrigen hatte § 111 DE folgenden Wortlaut:

„(2) Lehnt der Verwalter die Erfüllung ab, so kann der andere Teil als Insolvenzgläubiger Schadensersatz wegen Nichterfüllung verlangen.

(3) Fordert der andere Teil den Verwalter zur Ausübung seines Wahlrechts auf, so hat der Verwalter binnen angemessener Frist zu erklären, ob er die Erfüllung verlangen will. Unterläßt er dies, so kann er auf der Erfüllung nicht bestehen."

In § 111 RefE wurde § 111 Abs. 3 DE zu Abs. 2 Satz 2 und 3; die Worte „binnen angemessener Frist" wurden durch das Wort „unverzüglich" ersetzt. § 111 Abs. 2 Satz 1 RefE ist mit § 111 Abs. 2 DE identisch. § 111 Abs. 3 RefE betrifft den Eigentumsvorbehalt beim Verkauf einer beweglichen Sache, der nunmehr in § 107 geregelt ist.

§ 117 Abs. 2 Satz 1 RegE weist gegenüber § 111 Abs. 2 DE und § 111 Abs. 2 Satz 1 RefE Modifizierungen auf. Insbesondere ist nicht mehr von Schadensersatz wegen Nichterfüllung die Rede, sondern von einer Forderung wegen der Nichterfüllung. § 117 RegE wurde im weiteren Gesetzgebungsverfahren nicht geändert und stimmt wörtlich mit § 103 überein. Die Regierungsbegründung zu § 117 RegE lautet:³³

„Das Wahlrecht des Insolvenzverwalters bei gegenseitigen Verträgen wird inhaltlich unverändert aus dem geltenden Konkursrecht übernommen (§ 17 KO; vgl. auch § 9 Abs. 1 GesO).

Absatz 1 entspricht § 17 Abs. 1 KO. In Absatz 2 wird die Rechtsfolge einer Ablehnung der Erfüllung des Vertrags durch den Verwalter verdeutlicht (vgl. § 26 Satz 2 KO). Dem Vertragspartner des Schuldners wird in Anlehnung an § 17 Abs. 2 KO das Recht gegeben, den Verwalter zur Ausübung des Wahlrechts zu zwingen. Fordert er den Verwalter dazu auf, so muß sich dieser unverzüglich, d. h. ohne schuldhaftes Zögern, (§ 121 Abs. 1 Satz 1 BGB) entscheiden. Die Länge

---

³² 1. KommBer., S. 219 f.
³³ BT-Drucks. 12/2443 S. 145.

der Frist, die dem Verwalter damit eingeräumt wird, hängt davon ab, wieviel Zeit der Verwalter braucht, um die Vor- und Nachteile der Erfüllung dieses Vertrags für die Insolvenzmasse beurteilen zu können; häufig wird er sich dazu einen ersten Überblick über die Möglichkeiten einer zeitweiligen Fortführung der Geschäfte des Schuldners verschaffen müssen.

Die Entscheidung des Verwalters kann auch dann gefordert werden, wenn die Erfüllungszeit noch nicht eingetreten ist (vgl. § 17 Abs. 2 Satz 1 KO); dies braucht im Gesetzestext nicht besonders zum Ausdruck gebracht zu werden.

Der Fall, daß ein Kaufvertrag durch Lieferung der Kaufsache unter Eigentumsvorbehalt teilweise erfüllt ist, wird in § 121 des Entwurfs besonders geregelt."

C. Grundlagen der Auslegung von § 103 im Lichte der neuen höchstrichterlichen Rechtsprechung

I. Das traditionelle Normverständnis

8   Jahrzehntelang wurde in der Rechtsprechung und von dem ganz überwiegenden Teil der Lehre[34] einerseits die Auffassung vertreten, mit der **Ablehnung der Erfüllung** eines von keiner Seite voll erfüllten gegenseitigen Vertrages übe der Insolvenzverwalter ein **Gestaltungsrecht** aus. Die Erfüllungsablehnung **bewirke ein endgültiges,** nach Aufhebung des Konkursverfahrens fortdauerndes **Erlöschen der Erfüllungsansprüche.**[35] An ihre Stelle trete der einseitige Anspruch des Vertragspartners des Gemeinschuldners auf Schadensersatz wegen Nichterfüllung.[36] Dies wurde grundsätzlich auch dann angenommen, wenn vor Konkurseröffnung bereits von der einen oder anderen Vertragspartei (im Wege der Vorleistung) Teilleistungen erbracht worden waren.[37] Sofern der Gemeinschuldner teilweise vorgeleistet hatte, sollte diese Leistung auf den Nichterfüllungsanspruch des Vertragspartners angerechnet werden; ein dessen Schaden übersteigender Mehrbetrag sollte aus dem Gesichtspunkt ungerechtfertigter Bereicherung an die Masse zurückzuerstatten sein.[38]

9   Andererseits wurde der **Entscheidung** des Konkursverwalters **für die Erfüllung** des Vertrages die **Wirkung** beigemessen, dass er nunmehr gehalten sei, den Vertrag vollständig zu erfüllen und dem Vertragspartner die **Gegenleistung auch insoweit aus der Masse** zu erbringen, als es um bereits **vor Eröffnung des Konkursverfahrens erfolgte Teilleistungen** gehe.[39] Der Konkursverwalter könne einen einheitlichen Vertrag nur als Ganzes erfüllen oder ablehnen, nicht aber in eine Mehrheit von selbständigen Verträgen auseinanderreißen. Es wäre auch unbillig, wenn der Verwalter den Gegner am Einheitsvertrage festhalten, die Masse aber der Volleistung entheben könnte.[40] Eine Ausnahme wurde vorübergehend nur für das sog. Wiederkehrschuldverhältnis bei Verträgen mit Monopolunter-

---

[34] Zu Gegenstimmen vgl. die Nachweise bei *Musielak* AcP 179 (1979), 189, 190 ff. Fn. 6, 9.

[35] RGZ 79, 209, 211 f.; 135, 167, 170.

[36] RGZ 11, 49, 51; 22, 107, 111; 58, 11; 64, 204, 207; 135, 167, 170; 140, 10, 15; BGHZ 68, 379, 380; 89, 189, 195; 96, 392, 394 f.; 98, 160, 169; BGH NJW 1962, 153, 155; 1962, 2296, 2297; WM 1963, 964, 965; NJW 1982, 768, 769; WM 1983, 1619; 1984, 265, 266; NJW 1987, 1702 f.; *Jaeger*, KO, 2. Aufl., 1904, § 17 Anm. 43, 44, 54; *ders.,* KO, 6./7. Aufl., 1931, § 17 Anm. 30, 40, 43, 44; auch *Kuhn/Uhlenbruck* § 17 RdNr. 36, 36 a.

[37] Vgl. BGH NJW 1987, 1702, 1703; *Jaeger,* KO, 6./7. Aufl. (Fn. 30), § 17 Anm. 46; aA freilich RGZ 73, 58, 60 ff.

[38] RGZ 135, 167, 172 ff.; BGHZ 15, 333, 335 f.; 68, 379, 381 mwN, allerdings bereits mit dem Hinweis auf eine mögliche „Aufspaltung" des Vertragsverhältnisses derart, dass es wegen der Leistungen des Gemeinschuldners beim Vertrage bleibe; *Jaeger* (Fn. 31) § 17 Anm. 17; *Jaeger/Lent,* KO, 8. Aufl. 1958, § 17 Anm. 44; im Einzelnen *Jaeger/Henckel* § 17 RdNr. 70 ff.; vgl. auch BGHZ 107, 88, 91.

[39] RGZ 39, 57, 58 f.; 62, 201, 202; 85, 221, 222; 98, 136, 137; 129, 228, 229 f.; BGHZ 81, 90, 91; 83, 359, 363; 97, 87, 90; BGH WM 1960, 1410, 1411; *Oetker* ZZP 14 (1890), 1, 18; *Jaeger/Henckel* § 17 RdNr. 84, 132; *Kuhn/Uhlenbruck* § 17 RdNr. 23 f – einschränkend jedoch § 59 RdNr. 9.

[40] *Jaeger* (Fn. 31), § 17 Anm. 16, 18; *Häsemeyer* KTS 1973, 2, 10 f.; *Bork,* Festschrift für Zeuner, S. 297, 310 ff.; *Henckel,* Urteilsanm. JZ 1998, 155, 156 f.; *Marotzke,* in Leipold, Insolvenzrecht, S. 183, 190.

nehmen anerkannt.[41] § 36 Abs. 2 VerglO wurde im Konkursverfahren nicht entsprechend angewandt.[42] Dem Erfüllungsverlangen des Konkursverwalters wurde zwar die Wirkung einer rechtsgeschäftlichen Gestaltung der durch den Vertrag herbeigeführten Rechtslage beigemessen.[43] Die Rechtsfolge des Erfüllungsverlangens wurde indessen allein darin gesehen, dass der Vertrag nunmehr in gleicher Weise wie vor der Verfahrenseröffnung von beiden Seiten zu erfüllen sei.[44] Eine qualitative Veränderung der Erfüllungsansprüche wurde ungeachtet dessen, dass sich die Ansprüche des Vertragspartners infolge der Erfüllungswahl – allerdings gemäß ausdrücklicher gesetzlicher Vorschrift (§ 59 Abs. 1 Nr. 2 KO; § 13 Abs. 1 Nr. 1 GesO; § 55 Abs. 1 Nr. 2 Fall 1) – gegen die Masse richten, nicht anerkannt.[45] Vielmehr wurde sowohl der Erfüllungsanspruch des Konkursverwalters als auch derjenige des Vertragspartners als mit den vor Eröffnung des Konkursverfahrens und dem Erfüllungsverlangen des Konkursverwalters bestehenden Erfüllungsansprüchen in jeder Hinsicht gleich angesehen.[46] Daraus wurden bedeutsame Rechtsfolgen abgeleitet: Eine Verfügung des Gemeinschuldners über den ihm zustehenden Erfüllungsanspruch – insbesondere eine (Sicherungs-)Abtretung – erfasste auch den durch das Erfüllungsverlangen des Konkursverwalters begründeten Erfüllungsanspruch der Masse.[47] Gegen den Erfüllungsanspruch der Masse konnte mit Konkursforderungen aufgerechnet werden.[48]

Die **Konsequenzen** dieser Auffassung für die vermögensrechtliche Stellung der Konkursmasse und damit für die Gleichbehandlung der Konkursgläubiger waren **katastrophal**.[49] Zu Lasten der Gläubigergesamtheit wurden den Partnern gegenseitiger Verträge mit dem Gemeinschuldner und dessen Zessionaren bei einer Erfüllungswahl des Konkursverwalters unverdiente Geschenke (windfall profits) zuteil, die angesichts der allgemeinen Folgen von Konkursen für ungesicherte Gläubiger durch nichts zu rechtfertigen waren.[50] Möglichkeiten der Abhilfe wurden außer in einem Schadensersatzanspruch gegen den Konkursverwalter nach § 82 KO[51] bei einem derart masseschädlichen Erfüllungsverlangen lediglich darin gesehen, diesem wegen Konkurszweckwidrigkeit keine Wirksamkeit beizumessen[52] oder dem Konkursverwalter ein Recht zur Anfechtung wegen Irrtums nach § 119 BGB zu geben.[53] Im Fall der Zession wurde der Masse nur ein Anspruch wegen

---

[41] RGZ 148, 326, 330 ff.; BGHZ 83, 359, 362; vgl. *Jaeger/Henckel* § 17 RdNr. 85 f. mwN; *Kuhn/Uhlenbruck* § 17 RdNr. 27.
[42] Vgl. BGH KTS 1961, 8, 9; *Jaeger/Henckel* § 17 RdNr. 84; *Kuhn/Uhlenbruck* § 17 RdNr. 19 b; auch *Häsemeyer* KTS 1973, 2, 12; *Marotzke*, Gegenseitige Verträge in Konkurs und Vergleich, S. 451 ff.; *Henckel* ZZP 99 (1986), 419, 442 f. Zu § 36 Abs. 2 VerglO vgl. § 105 RdNr. 9 ff.
[43] Vgl. *Jaeger/Henckel* § 17 RdNr. 116; *Kuhn/Uhlenbruck* § 17 RdNr. 19; ähnlich bereits *Jaeger* (Fn. 31) § 17 Anm. 30.
[44] Vgl. *Gerhardt*, Festschrift für Merz, S. 117, 122; *ders.*, Gedächtnisschrift für Knobbe-Keuk, S. 169, 177; *Jaeger/Henckel* § 17 RdNr. 114: „Die Gestaltungswirkung (des Erfüllungsverlangens) besteht also darin, dass der Vertragspartner jetzt Erfüllung verlangen kann."; vgl. auch daselbst RdNr. 131 f.
[45] Ausdrücklich *Gerhardt*, Gedächtnisschrift für Knobbe-Keuk, S. 169, 177.
[46] Vgl. *Jaeger/Henckel* § 17 RdNr. 114 ff.; *Musielak* AcP 179 (1979), 189, 212; *Henckel*, Festschrift für Lüke, S. 237, 252 f., 255; *Gerhardt*, Festschrift für Merz, S. 117, 122 f.: „Das Wahlrecht des Konkursverwalters ändert nichts am alten Schuldverhältnis."; daselbst S. 128: die „Forderung war bereits vor Verfahrenseröffnung *bedingt* entstanden"; daselbst S. 130: „... der sich aus dem Erfüllungsverlangen des Konkursverwalters ergebende Gegenleistungsanspruch (ist) mit dem vorausabgetretenen identisch"; ähnlich *Häsemeyer*, 2. Aufl., RdNr. 20.16; *Adam*, Die Aufrechnung gegen das Erfüllungsverlangen des Konkursverwalters, S. 21 bis 23, 31 f.
[47] RGZ 11, 49, 51 f.; *Oetker* ZZP 14 (1890), 1, 30 f.; *Bork*, Festschrift für Zeuner, S. 297, 312 f.; *ders.*, Urteilsanm. JZ 1996, 51; *Gerhardt*, Festschrift für Merz, S. 117, 122; *Jaeger/Henckel* § 17 RdNr. 145; vgl. auch HK-*Marotzke* § 103 RdNr. 17; aA RGZ 11, 136, 138 f.; zweifelnd RGZ 63, 361, 363.
[48] Vgl. *Bork*, Festschrift für Zeuner, S. 297, 310 f.; *Häsemeyer*, in Kölner Schrift, S. 645, 666 RdNr. 56; *Gerhardt*, Gedächtnisschrift für Knobbe-Keuk, S. 169, 177 f.
[49] So auch *Gottwald/Huber*, Kap. 34 RdNr. 38 aE.
[50] Vgl. BGHZ 135, 25, 28; *Kreft*, Festschrift für Fuchs, S. 115, 122 ff. = ZIP 1997, 865, 868 ff.; auch *Nerlich/Römermann/Balthasar* § 105 RdNr. 4; aA etwa *Häsemeyer*, 2. Aufl., RdNr. 20.27.
[51] Vgl. *Jaeger/Henckel* § 17 RdNr. 113; *Henckel*, Festschrift für Lüke, S. 237, 253.
[52] Vgl. *Häsemeyer*, 2. Aufl., RdNr. 20.20 mwN; *ders.*, Festgabe 50 Jahre BGH, S. 725, 731 f.; *Marotzke*, Urteilsanm. in LM KO § 17 Nr. 31.
[53] Vgl. RGZ 62, 201, 202 ff.; 98, 136, 138 f.; *Jaeger/Henckel* § 17 RdNr. 120 ff.; *Häsemeyer*, 2. Aufl., RdNr. 20.17; auch *Kübler/Prütting/Tintelnot* § 103 RdNr. 86.

ungerechtfertigter Bereicherung zugebilligt.[54] Die geschilderte Auffassung hatte zur Folge, dass jeder erfahrene und verantwortungsbewusste Konkursverwalter ohne das Aushandeln besonderer Vereinbarungen mit den Vertragspartnern[55] regelmäßig von der Erfüllungswahl absah, wenn er nicht sicher sein konnte, dass der Vertragspartner noch keine erheblichen Vorleistungen erbracht oder keine zur Aufrechnung geeigneten Konkursforderungen hatte und eine Verfügung über den Erfüllungsanspruch durch den Gemeinschuldner unterblieben war. Da eine derartige Gewissheit nur selten bestand, **lief das** dem Konkursverwalter in § 17 KO eingeräumte **Wahlrecht** mit Billigung der herrschenden Meinung **weithin leer.**[56]

II. Die Neubesinnung in der Rechtsprechung

11   In der höchstrichterlichen Rechtsprechung hat deshalb insbesondere seit Ende der achtziger Jahre des 20. Jahrhunderts eine Neubesinnung auf Sinn und Zweck der Grundnorm des § 17 KO und die ihr zugrunde liegende Interessenlage der Partner gegenseitiger Verträge eingesetzt. Der **Bundesgerichtshof hat sich von der überkommenen Auffassung gelöst**, indem er Ansätze in Rechtsprechung und Literatur aufgriff und weiterentwickelte, die in die von ihm für richtig gehaltene Richtung eines **verstärkten Masseschutzes** wiesen. Er machte das Wahlrecht des Konkursverwalters im Interesse der Masse von Vorleistungen und der Möglichkeit einer Aufrechnung des Vertragspartners mit Konkursforderungen sowie der Abtretung der Ansprüche des Gemeinschuldners unabhängig und bewirkte eine **größere Verteilungsgerechtigkeit, ohne die berechtigten Interessen des Vertragspartners, aber auch diejenigen von Zessionaren** (insbesondere Sicherungsnehmern) des Gemeinschuldners **zu vernachlässigen.**

12   Es ist das Anliegen der Insolvenzordnung, eine gegenüber der Konkursordnung größere Verteilungsgerechtigkeit und Anreicherung der Insolvenzmasse zu bewirken.[57] Deshalb ist die **neue Rechtsprechung zu § 17 KO**, die sich stärker als zuvor dem Gedanken der Gläubigergleichbehandlung in Form eines größeren Masseschutzes verpflichtet weiß, ohne weiteres **für die Auslegung von § 103 zu übernehmen**[58] und inzwischen vom Bundesgerichtshof übernommen worden.[59]

13   Die neue Rechtsprechung lässt sich auf folgende **Grundgedanken** zurückführen:
Die Ansprüche aus gegenseitigen Verträgen im Sinn von § 103 werden mit der Eröffnung des Insolvenzverfahrens nicht ohne weiteres zu Masseforderungen und -verbindlichkeiten. Vielmehr bleibt es der Entscheidung des Insolvenzverwalters überlassen, ob er einen gegenseitigen Vertrag „erfüllen und die Erfüllung vom anderen Teil verlangen", d. h. den Vertrag mit Wirkung für und gegen die Masse fortsetzen will. **Wählt der Verwalter nicht Erfüllung, bleibt der Vertrag** ungeachtet der Eröffnung des Insolvenzverfahrens **beste-**

---

[54] *Gerhardt*, Festschrift für Merz, S. 117, 130 ff.; *ders.*, Gedächtnisschrift für Knobbe-Keuk, S. 169, 177; *Jaeger/Henckel* § 17 RdNr. 145 – jeweils im Anschluß an RGZ 63, 361, 363 f., wo diese Rechtsgrundlage indes wegen der Besonderheiten des Falles nur als Ausweg herangezogen wurde, um nicht von der Entscheidung RGZ 14, 49 abweichen und das Plenum anrufen zu müssen, vgl. *Kreft*, Festschrift für Fuchs, S. 115, 127 f. = ZIP 1997, 865, 870; weitergehend und im Ergebnis dem BGH zustimmend *Henckel*, Festschrift für Lüke, S. 237, 257; *ders.*, Festschrift für Kirchhof, S. 191, 206 f; vgl. auch *Kübler/Prütting/Tintelnot* § 103 RdNr. 88 ff.; *Ringstmeier*, Auswirkungen der Erfüllung gegenseitiger Verträge im Konkurs auf Forderungsabtretungen, S. 46 bis 55; *Bork*, Insolvenzrecht, RdNr. 160 a. Sogar einen Bereicherungsanspruch ablehnend *Roth*, Festschrift für Rolland, S. 305, 310 ff; dagegen *Kübler/Prütting/Tintelnot* § 103 RdNr. 49 f.
[55] Vgl. RGZ 129, 228, 230; *Jaeger/Henckel* § 17 RdNr. 84; *Kuhn/Uhlenbruck* § 17 RdNr. 23 f.
[56] Vgl. *Gerhardt*, Festschrift für Merz, S. 117, 126 f.: „... für die Masse (ist es) hiernach in aller Regel wirtschaftlich günstiger ..., wenn der Verwalter *nicht* Erfüllung verlangt."; *Bork*, Festschrift für Zeuner, S. 297, 313; auch *Ringstmeier*, Auswirkungen der Erfüllung gegenseitiger Verträge im Konkurs auf Forderungsabtretungen, S. 3 bis 6.
[57] Vgl. BT-Drucks. 12/2443 S. 81, 85; *Balz*, in Kölner Schrift, S. 1, 14 RdNr. 37.
[58] Vgl. *Tintelnot* ZIP 1995, 616, 618; *Pape*, in Kölner Schrift, S. 531, 541 RdNr. 11; *Huber* NZI 1998, 97, 98; *Kreft*, Festschrift für Uhlenbruck, S. 387, 395 mwN.
[59] Vgl. BGH ZIP 2005, 909, 910; 2005, 2267; 2006, 87, 90.

hen, wird aber rein **insolvenzmäßig abgewickelt.**[60] Der Bundesgerichtshof hat dies zunächst so ausgedrückt, dass die beiderseitigen Erfüllungsansprüche mit der Eröffnung des Insolvenzverfahrens „erlöschen". Schon den Entscheidungen vom 4. Mai 1995[61] und vom 27. Februar 1997[62] konnte jedoch entnommen werden, dass dies nichts anderes besagen sollte, als dass der Vertragspartner – ohne Erfüllungswahl – keinen durchsetzbaren Anspruch gegen die Masse auf (weitere) Erfüllung des Vertrages hat und dass umgekehrt kein durchsetzbarer Anspruch der Masse auf die Gegenleistung für vom Schuldner noch nicht erbrachte Leistungen besteht.[63] Dies hat der Bundesgerichtshof mit der Entscheidung vom 25. April 2002[64] klargestellt. Es entspricht seitdem ständiger Rechtsprechung.[65] Der Bundesgerichtshof hat nie ausgesprochen, dass mit der Eröffnung des Insolvenzverfahrens der gegenseitige Vertrag insgesamt erlösche, auch wenn dies in der Literatur gelegentlich behauptet wird.[66] **Wenn der Insolvenzverwalter Erfüllung wählt,** ging die höchstrichterliche Rechtsprechung in der ersten Phase ihrer Neuausrichtung davon aus, dass die „erloschenen" **Erfüllungsansprüche der und gegen die Masse neu begründet** werden. Seit der Entscheidung vom 25. April 2002[67] nimmt der Bundesgerichtshof an, dass den ohne Erfüllungswahl nicht durchsetzbaren Erfüllungsansprüchen durch die Erfüllungswahl die Rechtsqualität von originären Masseverbindlichkeiten und -forderungen beigelegt wird. **Für die** Rechtsfolgen einer **Zession** seines Anspruchs durch den Schuldner **und die** Möglichkeit einer **Aufrechnung** des Vertragspartners mit Insolvenzforderungen **gilt das Gleiche wie bei** Anwendung der sog. **Erlöschenstheorie.**[68] Aus diesen Grundannahmen ergibt sich eine Reihe von Rechtsfolgen, die in mehrfacher Hinsicht zu einer Überprüfung überkommener Standpunkte nötigen. Dabei ist zum einen danach zu **unterscheiden,** ob der Insolvenzverwalter sich für Erfüllung oder Nichterfüllung entscheidet, zum anderen jeweils danach, ob beide Vertragspartner noch keinerlei Leistungen auf den gegenseitigen Vertrag erbracht haben, oder ob die eine und/oder die andere Seite vor Eröffnung des Insolvenzverfahrens bereits teilweise geleistet hat (s. o. RdNr. 3, 4).

III. Der Insolvenzverwalter wählt nicht Erfüllung

1. Keine Vertragspartei hat vor Eröffnung des Insolvenzverfahrens Leistungen erbracht. Ist ein gegenseitiger Vertrag bei Eröffnung des Insolvenzverfahrens von keiner Seite – auch nicht teilweise – erfüllt, so ist er ohne ein Erfüllungsverlangen des Insolvenzverwalters – falls der Vertragspartner sich, was ihm grundsätzlich freisteht, an dem Insolvenzverfahren beteiligt – insolvenzmäßig abzuwickeln. Das bedeutet:

a) Der **Vertrag bleibt** in der Lage **bestehen,** in der er sich bei Eröffnung des Insolvenzverfahrens befand. Dies entspricht den Vorstellungen des Gesetzgebers der Konkursordnung. So heißt es in der Begründung zu § 21 (später § 26) KO:[69]

„Es konnte daher für den Entwurf nicht zweifelhaft sein, ohne Ausnahme anzunehmen: der Vertrag ist gültig und perfekt durch den Abschluss, – nicht erst durch die Erfüllung; die Nichterfüllung, welche in Folge des Konkursverfahrens eintritt, hebt den Vertrag nicht auf; das Geleistete bleibt im Vermögen und in der Masse des Gemeinschuldners; eine Kondiktion desselben (sine causa oder ob causam datorum) ist ausgeschlossen; der Kontrahent hat nur einen Entschädigungsanspruch.

---

[60] Vgl. BGHZ 89, 189, 194; BGH WM 1984, 265; *Kübler/Prütting/Tintelnot* § 103 RdNr. 10; auch bereits *Pletzsch,* Die Erfüllungsweigerung des Konkursverwalters, S. 53.
[61] BGHZ 129, 336, 340.
[62] BGHZ 135, 25, 27 f.
[63] Vgl. BGH ZIP 1996, 426, 427; 2001, 31, 32; *Kübler/Prütting/Tintelnot* § 103 RdNr. 12 c.
[64] BGHZ 150, 353, 359.
[65] Vgl. BGHZ 155, 87, 90, 95 ff; BGH NJW 2006, 915, 916.
[66] Vgl. etwa *Henckel,* Urteilsanm. JZ 1998, 155, 157; *ders.,* Festschrift für Lüke, S. 237, 252; *ders.,* Festschrift für Kirchhof, S. 191, 197 Fn. 23.
[67] BGHZ 150, 353, 359.
[68] Zutr. *Bork,* Insolvenzrecht, RdNr. 156 a; *Henckel,* Festschrift für Kirchhof, S. 191, 200.
[69] Motive S. 91; vgl. auch S. 86 f., 89.

Damit soll keineswegs ein, auf einem anderen Grunde beruhendes Recht des Kontrahenten oder des Verwalters zum Rücktritt von dem Vertrage oder zur Rückforderung des Gegebenen beseitigt sein, – beruhe dieses Recht auf einem dem Vertrage beigefügten Abkommen ... oder beruhe es auf einem Verzuge, welchen sich schon vor Eröffnung des Konkursverfahrens der Gemeinschuldner oder nach der Eröffnung der Verwalter, falls von ihm die Erfüllung begehrt war, hat zu Schulden kommen lassen. – Nur die Konkurseröffnung und die in Folge davon eingetretene Nichterfüllung soll kein gesetzlicher Aufhebungsgrund sein."

16 Daraus folgt, dass der Vertragspartner den Erfüllungsanspruch als Insolvenzforderung (§ 38) an sich nach § 174 beim Insolvenzverwalter zur Eintragung in die Tabelle (§ 175) anmelden und insoweit – dh unter Reduzierung auf eine Insolvenzquote – im Verteilungsverfahren grundsätzlich durchsetzen könnte; ist der Anspruch nicht auf die Zahlung von Geld gerichtet, wäre er zuvor nach § 45 umzurechnen.[70] Dem könnte der **Insolvenzverwalter** jedoch – auch wenn der Schuldner vorzuleisten hatte – die **Einrede des nicht erfüllten Vertrages** (§ 320 BGB) entgegenhalten, weil der Vertragspartner noch keine Leistung erbracht hat und ohne ein Erfüllungsverlangen des Insolvenzverwalters mit Wirkung gegen die Masse auch nicht mehr erbringen kann;[71] denn ihm steht – im Gegensatz zum Insolvenzverwalter – das Recht, mit Wirkung für und gegen die Masse Erfüllung zu verlangen, nicht zu.[72] Nur wegen der Einrede des nicht erfüllten Vertrages als Ausfluss des Synallagmas – nicht etwa wegen Aufhebung oder Umgestaltung des Vertrages infolge der Eröffnung des Insolvenzverfahrens – kommt nicht einmal die (aussichtsreiche) Anmeldung eines (ggfs. umzurechnenden) Erfüllungsanspruchs als Insolvenzforderung zur Tabelle in Betracht.[73]

17 **b)** Umgekehrt steht dem gemäß § 80 Abs. 1 an die Stelle des Schuldners getretenen Insolvenzverwalter **ohne Erfüllungswahl** mit Rücksicht auf die **Nichterfüllungseinrede des Vertragspartners** (§ 320 BGB) kein durchsetzbarer Anspruch gegen diesen auf die vertragsmäßige Leistung zu, und zwar auch dann nicht, wenn der Vertragspartner nach dem Inhalt des Vertrages vorzuleisten hat.[74] Dem wird entgegen gehalten, es treffe nicht zu, dass auch der zur Masse gehörende Anspruch des Schuldners von der Verfahrenseröffnung an nicht durchsetzbar sei. Denn der Insolvenzverwalter könne nach § 17 Abs. 1 KO, § 103 Abs. 1 jederzeit die Erfüllung des Vertrages verlangen. Durch die Verfahrenseröffnung habe sich insoweit nichts geändert; der Anspruch der Masse habe seine Durchsetzbarkeit nicht verloren.[75] Dies widerlegt nicht die Annahme, dass dem Insolvenzverwalter **ohne Erfüllungsverlangen** ein durchsetzbarer Anspruch gegen den Vertragspartner nicht zusteht. Die Möglichkeit des Erfüllungsverlangens gemäß § 103 Abs. 1 dient dazu, den Anspruch des Schuldners trotz Insolvenzeröffnung durchsetzbar zu machen. Ohne diese Möglichkeit eines im Gesetz vorgesehenen Erfüllungsverlangens mit der weiteren gesetzlichen Folge des § 55 Abs. 1 Nr. 2 Fall 1 wäre er es nicht, und zwar deshalb nicht, weil der Vertragspartner einem Erfüllungsverlangen, welches keine Verpflichtung der Masse zur Erbringung der Gegenleistung begründete, mit der auf dem Synallagma beruhenden Einrede des nicht erfüllten

---

[70] Vgl. *Pflug* AG 1986, 305, 311 Fn. 42; *Marotzke*, Gegenseitige Verträge in Konkurs und Vergleich, S. 161 ff.; dazu *Henckel* ZZP 99 (1986), 419, 429 f.

[71] BGHZ 89, 189, 195; *Pletzsch*, Die Erfüllungsweigerung des Konkursverwalters, S. 97; *Jaeger/Henckel* § 17 RdNr. 115; ders. ZZP 99 (1986), 419, 430 ff.; *Kuhn/Uhlenbruck* § 17 RdNr. 37; *Nerlich/Römermann/Balthasar* § 103 RdNr. 63; auch *Musielak* AcP 179 (1979), 189, 198 bis 200; *Uhlenbruck/Berscheid* § 103 RdNr. 85 aE.

[72] *Jaeger/Henckel* § 17 RdNr. 7, 162; insoweit aA *Musielak* AcP 179 (1979), 189, 200 bis 202, 210; unentschieden *Kübler/Prütting/Tintelnot* § 103 RdNr. 103.

[73] *Jaeger/Henckel* § 17 RdNr. 115; vgl. auch *Huber* BB 1964, 731, 734. Darauf geht *Henckel* in seinen Ausführungen in der Festschrift für Kirchhof, S. 191, 199 f nicht ein. Zu einer Forderung wegen der Nichterfüllung s. u. RdNr. 19.

[74] Vgl. *Jaeger/Henckel* § 17 RdNr. 6; *Pletzsch*, Die Erfüllungsweigerung des Konkursverwalters, S. 53, 55, 60.

[75] *Henckel*, Festschrift für Kirchhof, S. 191, 199. Ähnlich *Marotzke*, ZZP 111 (2002), 501, 510 f.

Vertrages begegnen könnte. Das Gesetz brauchte dies nicht auszusprechen. Es erreicht das gleiche Ergebnis mit der in § 103 Abs. 2 Satz 3 angeordneten Rechtsfolge, dass der Insolvenzverwalter bei Verlust seines Wahlrechts nicht auf Erfüllung bestehen kann. **Solange der Verwalter sich nicht** für (oder gegen) eine Erfüllung des Vertrages **entscheidet,** besteht ein **Schwebezustand,** in dem eine Durchsetzung des Erfüllungsanspruchs auch des Schuldners/Insolvenzverwalters ausgeschlossen ist. Im übrigen sollte die sog. Durchsetzungstheorie[76] für die Rechtsfolgen einer Erfüllungswahl nicht überbewertet werden. Sie soll in erster Linie dartun, dass der gegenseitige Vertrag einschließlich der beiderseitigen (noch offenen) Erfüllungsansprüche auch bei einer Eröffnung des Insolvenzverfahrens bestehen bleibt.

c) Aus den Ausführungen zu a) und b) folgt, dass die zunächst vertretene Ansicht des Bundesgerichtshofes, die beiderseitigen Erfüllungsansprüche seien mit der Eröffnung des Insolvenzverfahrens erloschen (s. o. RdNr. 3 mit Fn. 13; RdNr. 13), der Rechtslage nicht entspricht. **Der Eröffnung des Insolvenzverfahrens ist nicht die Wirkung einer materiell-rechtlichen Umgestaltung des Vertrages beizumessen.** Vielmehr bestehen die vertraglichen Erfüllungsansprüche grundsätzlich fort.[77] **Dies hat** unterdessen auch **der Bundesgerichtshof anerkannt.**[78] Daraus folgt insbesondere, dass der Verfahrenseröffnung als solcher – abgesehen von ihren allgemeinen Wirkungen (vgl. §§ 80 ff.) – für das Rechtsverhältnis zwischen Schuldner und Vertragspartner eine materiell-rechtliche Wirkung nicht zukommt. Das zeigt sich vor allem bei einer Beendigung des Insolvenzverfahrens. Ist der Vertrag nicht im Laufe des Verfahrens – etwa durch die Geltendmachung einer Nichterfüllungsforderung des Vertragspartners nach § 103 Abs. 2 Satz 1 – umgestaltet worden (s. u. RdNr. 22), kann das Vertragsverhältnis nach Verfahrensbeendigung zwischen den Vertragsteilen grundsätzlich so abgewickelt werden, als ob es nie zu einem Insolvenzverfahren gekommen wäre.[79] Dies hat zur Folge, dass Abtretungen vor Insolvenzeröffnung nach Beendigung des Verfahrens gegenüber dem Schuldner auch insoweit wieder wirksam werden, als ihnen während der Dauer des Insolvenzverfahrens eine Wirkung abgesprochen wurde. Das gleiche gilt für Aufrechnungen. § 96 Abs. 1 und § 91 gelten nur für die Zwecke und die Dauer des Insolvenzverfahrens[80] (s. u. RdNr. 43).

d) Steht dem Vertragspartner nach den Erwägungen zu a) (s. o. RdNr. 16) im Insolvenzverfahren auch kein zur Tabelle anzumeldender Erfüllungsanspruch zu, so hat er gemäß § 103 Abs. 2 Satz 1 doch die Möglichkeit („kann"), eine Forderung wegen der Nichterfüllung als Insolvenzforderung geltend zu machen, wenn der Verwalter nicht Erfüllung wählt. Dies entspricht dem bisherigen Recht (§ 26 Satz 2 KO; s. u. RdNr. 21). **Lange Zeit** wurde angenommen, **durch die Erfüllungsablehnung** des Insolvenzverwalters werde **das Vertragsverhältnis umgestaltet.** An die Stelle der Erfüllungsansprüche trete der einseitige Anspruch des Vertragspartners auf Schadensersatz wegen Nichterfüllung (s. o. RdNr. 8). **Diese Meinung ist** in zweierlei Hinsicht **zu korrigieren.**

aa) Die Erfüllungsablehnung als solche ist für Bestand und Inhalt des Vertrages ohne entscheidende Bedeutung. Das ergibt sich bereits aus den Motiven zur Konkursordnung, wo es zutreffend heißt:[81]

---

[76] Vgl. *Rühle,* Gegenseitige Verträge nach Aufhebung des Insolvenzverfahrens, S. 65 ff, 85 ff.
[77] Zutreffend *Musielak* AcP 179 (1979), 189, 195; *Henckel,* Festschrift für Lüke, S. 237, 252; *Marotzke,* Gegenseitige Verträge im neuen Insolvenzrecht, 3. Aufl., RdNr. 3.5 ff... 3.48 ff. = S. 61 ff., 84 ff.; aA noch BGHZ 106, 236, 242; 116, 156, 158.
[78] BGHZ 150, 353, 359; 155, 87, 90; BGH ZIP 2006, 87, 90; 2007, 778, 779. Dem hat sich der Bundesfinanzhof angeschlossen, BFH ZIP 2007, 976, 977. Vgl. auch bereits BGH ZIP 1996, 426, 427.
[79] Richtig *Jaeger/Henckel* § 17 RdNr. 160; *Musielak* AcP 179 (1979), 189, 195; vgl. auch *Kilger/K. Schmidt* § 17 Anm. 1 b aE, 1 c, 9; *Kreft,* Festschrift für Uhlenbruck, S. 387, 393 f. Fn. 22; ähnlich bereits *Grimm,* Begründete Vermögensansprüche, S. 72 f. Neuerdings *Rühle,* Gegenseitige Verträge nach Aufhebung des Insolvenzverfahrens, passim; vgl. S. 157 f. – Zusammenfassung der Ergebnisse.
[80] Zu § 96 Abs. 1 Nr. 3 vgl. BGH ZIP 2006, 2178, 2180, zur Veröff. best. in BGHZ; ZIP 2007, 1467, 1468.
[81] Motive S. 67; vgl. auch S. 73.

"Ist einerseits der Verwalter nicht verpflichtet, die persönlichen Verbindlichkeiten des Gemeinschuldners, andererseits aber berechtigt, die Forderungen desselben nach eröffnetem Konkurse zur Ausführung zu bringen, so ist damit das Wahlrecht des Verwalters gegeben, die Erfüllung des Vertrages zu verlangen oder es bei der Nichterfüllung desselben zu belassen. Des letzteren braucht das Gesetz nicht Erwähnung zu thun; die Nichterfüllung ist die unmittelbare Folge der Konkurseröffnung; das Gesetz braucht nur auszusprechen, dass der Verwalter befugt ist, auf der beiderseitigen Vertragserfüllung zu bestehen."

Der in Rechtsprechung und Schrifttum zu §§ 17, 26 KO verbreiteten Meinung, die entgegen dieser Vorstellung des Gesetzgebers in der Erfüllungsablehnung durch den Insolvenzverwalter gleichwohl einen das Vertragsverhältnis umwandelnden Gestaltungsakt sah, ist namentlich *Henckel* mit überzeugenden Argumenten entgegengetreten.[82] Danach ist die **Erfüllungsablehnung keine gestaltende rechtsgeschäftliche Erklärung**.[83] Der Erfüllungsablehnung kommt vielmehr nur die Bedeutung zu, dass der Insolvenzverwalter – ähnlich wie bei einem nicht unverzüglich erklärten Erfüllungsverlangen nach einer Aufforderung des Vertragspartners zur Ausübung des Wahlrechts (§ 103 Abs. 2 Satz 3) – einseitig nicht mehr auf Erfüllung bestehen kann.[84] Im übrigen bringt die Erfüllungsablehnung **lediglich deklaratorisch** zum Ausdruck, es solle bei den mit der Eröffnung des Insolvenzverfahrens verbundenen Folgen bleiben.[85]

21 **Diese Auslegung** von §§ 17, 26 KO ist **für § 103 zu übernehmen**.[86] Der Wortlaut des § 103 Abs. 2 Satz 1 knüpft die Forderung wegen der Nichterfüllung zwar an die Erfüllungsablehnung des Insolvenzverwalters („Lehnt der Verwalter die Erfüllung ab, so kann der andere Teil . . . geltend machen."). Dies entspricht der zu §§ 17, 26 KO vertretenen überkommenen Auffassung. Aus der Begründung des Regierungsentwurfs der Insolvenzordnung geht jedoch hervor, dass mit § 103 Abs. 2 Satz 1 keine Änderung gegenüber § 26 Satz 2 KO bezweckt wurde (s. o. RdNr. 7). Nach dem Wortlaut des § 26 KO wurde die Forderung wegen der Nichterfüllung nicht an die Erfüllungsablehnung, sondern – wie Satz 1 deutlich macht – an die Eröffnung des Konkursverfahrens geknüpft. **Die Verfahrenseröffnung legt den Rechtsgrund für den Nichterfüllungsanspruch.**[87] Dies entspricht der in § 133 Nr. 2 KO zum Ausdruck gekommenen Vorstellung, die der Gesetzgeber der Konkursordnung vom Wahlrecht des Konkursverwalters hatte (s. o. RdNr. 20)[88] und die auch der neuen Rechtsprechung des Bundesgerichtshofes zugrunde liegt (s. o. RdNr. 3, 4 a, 13). Danach beseitigt die Erfüllungsablehnung – ähnlich wie das Unterlassen einer Erklärung nach § 103 Abs. 2 Satz 2, 3 – die mit der Eröffnung des Insolvenzverfahrens eingetretene Ungewissheit, ob der Insolvenzverwalter Erfüllung verlangt oder nicht, und klärt sie im negativen Sinn.[89] Erst mit der Entscheidung, die Erfüllung abzulehnen – will sagen nicht Erfüllung zu verlangen –, wird klar, dass es nach dem Willen des Insolvenzverwalters bei den Folgen der Eröffnung des Insolvenzverfahrens und damit insbesondere bei der Möglichkeit des Vertragspartners bleiben soll, eine Forderung wegen der Nichterfüllung geltend zu machen.

22 **bb)** Nach den Ausführungen zu aa) (RdNr. 20, 21) **könnte die Auffassung vertreten werden**, nicht die Erfüllungsablehnung, wohl aber **die Eröffnung des Insolvenzverfahrens gestalte das Vertragsverhältnis** zwischen Schuldner und Vertragspartner derart **um**,

---

[82] *Jaeger/Henckel* § 17 RdNr. 113, 115, 149, 151 bis 163; dem zustimmend *Stürner* ZZP 94 (1981), 263, 299; vgl. auch *Marotzke*, Gegenseitige Verträge in Konkurs und Vergleich, S. 52 ff.; *Heilmann* KTS 1985, 639, 640; *Kuhn/Uhlenbruck* § 17 RdNr. 1 mwN.

[83] *Jaeger/Henckel* § 17 RdNr. 149, 163.

[84] BGHZ 150, 353, 358; 155, 87, 96, 99; BGH ZIP 1987, 304, 305; 1996, 426, 427; *Kuhn/Uhlenbruck* § 17 RdNr. 20, 21; *Kreft*, Festschrift für Fuchs, S. 115, 130 f. = ZIP 1997, 865, 871; differenzierter *Jaeger/Henckel* § 17 RdNr. 207 ff.

[85] BGH ZIP 1993, 600, 601; BGHZ 135, 25, 30; *Jaeger/Henckel* § 17 RdNr. 115, 149 mwN; *Henckel*, Urteilsanm. JZ 1987, 359, 360 aE; *Kilger/K. Schmidt* § 17 Anm. 1b; *Kuhn/Uhlenbruck* § 17 RdNr. 1.

[86] BFH ZIP 2007, 976, 977; *Huber* NZI 1998, 97, 98; *Gottwald/Huber*, Kap. 34 RdNr. 46; *Uhlenbruck/Berscheid* § 103 RdNr. 85.

[87] So auch *Tintelnot*, KTS 2004, 339, 347.

[88] *Musielak* AcP 179 (1979), 189, 193.

[89] Vgl. *Uhlenbruck/Berscheid* § 103 RdNr. 85.

dass an die Stelle der beiderseitigen Erfüllungsansprüche der einseitige Anspruch des Vertragspartners wegen der Nichterfüllung trete. Diese Ansicht lag ersichtlich noch der Entscheidung des Bundesgerichtshofes vom 20. Dezember 1988[90] zugrunde. Sie entspricht – wie dargelegt (RdNr. 18) – nicht der Rechtslage und ist bereits durch die Entscheidungen des Bundesgerichtshofes vom 4. Mai 1995[91] und 27. Februar 1997[92] sowie ausdrücklich durch das Urteil vom 25. April 2002[93] überholt. Weder der Erfüllungsablehnung des Insolvenzverwalters noch der Verfahrenseröffnung kommt eine derartige Wirkung zu. Eine **Umgestaltung** des Vertrages vollzieht sich vielmehr **erst** (sieht man von nachwirkenden Leistungsstörungen aus der Zeit vor Eröffnung des Insolvenzverfahrens ab),[94] **wenn der Vertragspartner** – sobald feststeht, dass es bei der Nichterfüllung bleibt – **eine Forderung wegen der Nichterfüllung geltend macht** (s. o. RdNr. 18).[95] Das geschieht grundsätzlich durch Anmeldung zur Tabelle.[96] Das Gesetz zwingt ihn nicht dazu, sondern räumt ihm nur die Möglichkeit ein. Dies folgt aus dem Wortlaut des § 103 Abs. 2 Satz 1 („kann ... geltend machen") und entspricht den Regeln der §§ 281 bis 283 i. V. m. §§ 280, 311 a Abs. 2 BGB in den Fällen der Unmöglichkeit und des Verzuges, deren Rechtsgedanken jedenfalls insoweit der Vorschrift des § 103 Abs. 2 Satz 1 zugrunde liegen.[97] Nur bei diesem Verständnis des § 103 Abs. 2 Satz 1 bleibt dem Vertragspartner – sieht man von der vertragsändernden Regelung in einem Insolvenzplan (§§ 221, 227) und von einer Restschuldbefreiung (§ 301 Abs. 1) ab – jedenfalls dann, wenn er eine Forderung wegen der Nichterfüllung nicht geltend macht, die Möglichkeit erhalten, auch nach einer Beendigung des Insolvenzverfahrens die Erfüllung des Vertrages vom Schuldner zu verlangen.[98] Wenn die Umgestaltung des Vertrages bereits durch die Verfahrenseröffnung als solche bewirkt würde, wäre das bloße Absehen von der Geltendmachung einer Forderung wegen der Nichterfüllung im Insolvenzverfahren kaum geeignet, dem Vertragspartner den Erfüllungsanspruch gegen den Schuldner zu erhalten.[99]

e) Bei der **Forderung wegen der Nichterfüllung** handelt es sich der ausdrücklichen Bestimmung des § 103 Abs. 2 Satz 1 zufolge um eine **Insolvenzforderung.** Nach der Konkursordnung konnte der Vertragspartner mit einem solchen Anspruch grundsätzlich gegen Ansprüche **aufrechnen,** die vor Konkurseröffnung vom Schuldner begründet worden waren und gemäß § 6 KO dem Verwaltungs- und Verfügungsrecht des Konkursverwalters unterfielen.[100] Überwiegend wurde angenommen, dass der Anspruch wegen der Nichterfüllung als im Zeitpunkt der Konkurseröffnung aufschiebend bedingter Anspruch anzusehen und deshalb gemäß § 54 KO die Aufrechnung gegen eine vom Schuldner begründete Forderung – auch soweit diese noch bedingt oder betagt war – nicht ausgeschlossen sei.[101] Die Insolvenzordnung kennt eine dem § 54 KO vergleichbare Vorschrift

---

[90] BGHZ 106, 236, 242. Ähnlich ferner BGH ZIP 1991, 945, 946 f.; 1993, 600, 601; 1996, 426, 427; 1997, 1496, 1498; vgl. *Kuhn/Uhlenbruck* § 17 RdNr. 1.
[91] BGHZ 129, 336, 340.
[92] BGHZ 135, 25, 27 f.
[93] BGHZ 150, 353, 359; seitdem ständige Rechtsprechung, s. o. Fn 78.
[94] Vgl. dazu *Jaeger/Henckel* § 17 RdNr. 140 bis 144.
[95] BFH ZIP 2007, 976, 977; *Pletzsch, Die Erfüllungsweigerung des Konkursverwalters*, S. 73 f., 87; *Musielak* AcP 179 (1979), 189, 202 ff.; *Jaeger/Henckel* § 17 RdNr. 161, 198 im Verhältnis zum Gemeinschuldner; nicht ganz klar RdNr. 162, wonach dem Vertragspartner gegenüber der Masse von der Verfahrenseröffnung an wohl nur ein Schadensersatzanspruch wegen Nichterfüllung zustehen soll.
[96] Zur Bindung des Vertragspartners an die Geltendmachung durch Anmeldung zur Tabelle *Jaeger/Henckel* § 17 RdNr. 161.
[97] Zur Anwendung der „Grundsätze" der §§ 325, 326 BGB a. F. auf den Nichterfüllungsanspruch des § 103 Abs. 2 Satz 1 vgl. *Jaeger/Henckel* § 17 RdNr. 172.
[98] Zum Verhältnis des Vertragspartners zum insolventen Schuldner im Einzelnen *Jaeger/Henckel* § 17 RdNr. 154 bis 163.
[99] Nicht ganz klar *Jaeger/Henckel* § 17 RdNr. 161, 162.
[100] *Jaeger/Henckel* § 17 RdNr. 202.
[101] RGZ 79, 129, 132; 140, 10, 16 f. mwN; BGHZ 15, 333, 336 mit Anm. *A. Blomeyer* JZ 1955, 285; *Jaeger/Lent*, KO, 8. Aufl., § 54 Anm. 9; *Kilger/K. Schmidt* § 54 Anm. 4.

nicht. Nach § 95 Abs. 1 kann dann, wenn zurzeit der Eröffnung des Insolvenzverfahrens die aufzurechnenden Forderungen oder eine von ihnen noch aufschiebend bedingt oder nicht fällig oder die Forderungen noch nicht auf gleichartige Leistungen gerichtet sind, die Aufrechnung erst erfolgen, wenn ihre Voraussetzungen eingetreten sind (Satz 1), wobei §§ 41, 45 keine Anwendung finden (Satz 2). Die Aufrechnung ist ausgeschlossen, wenn die Forderung, gegen die aufgerechnet werden soll, unbedingt und fällig wird, bevor die Aufrechnung erfolgen kann (Satz 3). Dies bedeutet, dass gegen eine bei Eröffnung des Insolvenzverfahrens bereits fällige Forderung des Schuldners mit einer durch die Verfahrenseröffnung begründeten Forderung wegen der Nichterfüllung, die – wie dargelegt (Rd-Nr. 22) – erst mit der Geltendmachung durch den Vertragspartner unbedingt und fällig wird, schwerlich aufgerechnet werden kann.[102] Das gilt gemäß § 95 Abs. 1 Satz 2 jedenfalls dann, wenn der Erfüllungsanspruch des Vertragspartners nicht auf Geld gerichtet ist.[103] (Zur Rechtslage bei der Verrechnung von synallagmatischen Forderungen und Gegenforderungen s. u. RdNr. 35.)

24 f) **Sicherheiten,** die zur Absicherung der Erfüllungsansprüche gegen den Schuldner bestellt wurden, decken auch den bei einer Erfüllungsablehnung gegebenen Anspruch wegen der Nichterfüllung ab.[104] Denn der Vertrag wird – wie ausgeführt (RdNr. 13, 15, 18) – durch die Eröffnung des Insolvenzverfahrens in seinem Bestand nicht berührt (s. u. RdNr. 44). Der **Insolvenzverwalter** hingegen **hat** – wenn der Grund für die Nichterfüllung allein in der Insolvenz des Schuldners liegt – bei der hier in Rede stehenden Fallgestaltung **keinen durchsetzbaren Anspruch gegen den Vertragspartner.** Er kann deshalb auf Sicherheiten, die zur Absicherung der Ansprüche des Schuldners gegen den Vertragspartner bestellt wurden, grundsätzlich nicht zurückgreifen. Etwas anderes kommt allenfalls in Betracht, wenn dem Insolvenzverwalter ausnahmsweise ein Anspruch auf Rückgewähr einer Teilleistung des Schuldners zustehen sollte (s. u. RdNr. 34).

25 **2. Der Vertragspartner hat vor Eröffnung des Insolvenzverfahrens teilweise geleistet, der Schuldner nichts.**[105] **a)** Da der Vertrag durch die Eröffnung des Insolvenzverfahrens als solche in seinem Bestand nicht berührt wird (s. o. RdNr. 13, 15, 18), **steht dem Vertragspartner,** der von einer geschuldeten Gesamtmenge einen Teil geleistet hat, **ein seiner teilweisen Leistung entsprechender Erfüllungsanspruch auf die Gegenleistung als Insolvenzforderung zu.**[106] (Hat er dem Schuldner im Fall des Verkaufs mehrerer Sachen einige nur zu Besitz übergeben, steht ihm insoweit allerdings ein Anspruch aus § 985 BGB, § 47 zu, weil der Vertrag nicht länger als Rechtsgrund für den Besitz anzusehen ist.)[107] Den **Erfüllungsanspruch,** der der von ihm erbrachten Leistung entspricht, kann der Vertragspartner – sofern der Anspruch auf eine Geldzahlung gerichtet ist – **zur Tabelle anmelden.** Hatte der Vertragspartner vom Schuldner eine nicht in Geld bestehende Leistung zu fordern, ist der seiner Leistung entsprechende Anspruch des Vertragspartners gemäß § 45 in Geld umzurechnen. Einen weitergehenden Erfüllungsanspruch

---

[102] Strittig. Wie hier wohl *Dieckmann* in *Leipold,* Insolvenzrecht, S. 211, 226 bis 228; aA *Kübler/Prütting/Tintelnot* § 103 RdNr. 102; *Tintelnot,* KTS 2004, 339, 347 f, der allerdings nicht darauf eingeht, dass die Forderung wegen der Nichterfüllung nicht bereits durch die Erfüllungsablehnung fällig wird, sondern erst mit der Geltendmachung des Vertragspartners fällig wird; wohl auch *Henckel,* Festschrift für Lüke, S. 237, 258; *Kübler/Prütting/Lüke* § 95 RdNr. 29; noch offengelassen bei *Kreft,* Festschrift für Uhlenbruck, S. 387, 398.

[103] *Häsemeyer,* Kölner Schrift, S. 645, 653 RdNr. 26; S. 665 RdNr. 55; *Kübler/Prütting/Lüke* § 95 RdNr. 30.

[104] Vgl. *Jaeger/Henckel* § 17 RdNr. 198. Dagegen wurden unter der Geltung der sog. Erlöschentheorie Bedenken geäußert etwa von *Marotzke,* EWiR 1992, 71, 72; *Bork,* Festschrift für Zeuner S. 297, 313; *Obermüller,* Kölner Schrift, S. 985, 1005 RdNr. 82; vgl. auch *Gerhardt,* Gedächtnisschrift für Knobbe-Keuk, S. 169, 173; *Roth,* Festschrift für Rolland, S. 305, 306 f.

[105] Im folgenden wird davon ausgegangen, dass der gegenseitige Vertrag auf **beiderseits teilbare Leistungen** gerichtet ist. Wegen des Begriffs der teilbaren Leistungen und der Abgrenzung zu nicht teilbaren Leistungen wird auf die Erläuterungen zu § 105 verwiesen.

[106] BGHZ 135, 25, 27. § 266 BGB gilt nicht, vgl. *Jaeger/Henckel* § 17 RdNr. 68.

[107] Vgl. *Jaeger/Henckel* § 17 RdNr. 166; s. u. RdNr. 33.

gegen die Masse hat der Vertragspartner nicht.[108] Soweit der Vertragspartner vor Verfahrenseröffnung bereits geleistet hat, kann sich der Insolvenzverwalter gegenüber der Anmeldung des anteiligen Erfüllungsanspruchs zur Tabelle – anders als in dem Fall, in dem keine Vertragspartei vor Insolvenzeröffnung Leistungen erbrachte (dazu RdNr. 16) – auf die Einrede des nicht erfüllten Vertrages nicht berufen, auch wenn der Vertragspartner vertraglich zur Vorleistung verpflichtet war.[109]

Henckel scheint demgegenüber davon auszugehen, dass dem Vertragspartner auch in einem solchen Fall **stets nur ein Anspruch wegen der Nichterfüllung** zustehe.[110] Das **überzeugt nicht**. Wenn der Vertrag – wie *Henckel* mit Recht annimmt (s. o. RdNr. 16, 17 mit Fn. 71 bis 74) – ungeachtet der Eröffnung des Insolvenzverfahrens bestehen bleibt, leuchtet nicht ein, weshalb der Vertragspartner in dem Verfahren auf die Geltendmachung eines Anspruchs wegen Nichterfüllung beschränkt sein soll, obwohl er einen solchen Anspruch möglicherweise nicht oder nicht ausschließlich geltend machen will.

Über den teilweisen Erfüllungsanspruch hinaus hat der Vertragspartner nach § 103 Abs. 2 Satz 1 die Möglichkeit, eine **Forderung wegen der Nichterfüllung** geltend zu machen, wenn er wegen der insolvenzbedingten Nichterfüllung durch den Schuldner/Insolvenzverwalter einen über seine bereits erbrachte Leistung hinausgehenden Nachteil erlitten hat. Das wird vornehmlich dann zutreffen, wenn der **Vertrag** – verglichen mit den Marktverhältnissen – **für den Vertragspartner vorteilhaft**, für den Insolvenzverwalter hingegen ungünstig ist, so dass dieser deshalb von einer Erfüllungswahl absieht. Hat der Vertragspartner zum Beispiel 500 kg einer bestimmten Ware, die auf dem Markt 1500 € kosten, für 1000 € gekauft und vor Eröffnung des Insolvenzverfahrens 500 € angezahlt, kann er zunächst gemäß § 45 einen dem Wert von 250 kg der Ware entsprechenden Erfüllungsanspruch, mithin 750 €, sowie wegen der Nichterfüllung einen weiteren Anspruch von 250 € (die Hälfte des den Kaufpreis übersteigenden Marktwerts) zur Tabelle anmelden. Hat der Vertragspartner umgekehrt die gleiche Menge einer Ware mit einem Marktwert von 1000 € für 1500 € verkauft und vor Verfahrenseröffnung bereits 250 kg an den Schuldner geleistet, gilt im Ergebnis nichts anderes. Der Vertragspartner kann die seiner Leistung entsprechende Gegenleistung von 750 € und darüber hinaus 250 € wegen der Nichterfüllung zur Tabelle anmelden. Einen Anspruch auf Herausgabe der an den Schuldner geleisteten 250 kg hat er hingegen nicht (§ 105 Satz 2).[111]

b) Dem Insolvenzverwalter steht – da der Schuldner vor Eröffnung des Insolvenzverfahrens noch keinerlei Leistung erbracht hat – gemäß § 103 Abs. 2 Satz 3 **kein durchsetzbarer weiterer Erfüllungsanspruch** gegen den Vertragspartner **zu,** auch wenn dieser nach dem Vertrage zur Vorleistung verpflichtet sein sollte (s. o. RdNr. 17).

c) Der **Vertragspartner kann mit** dem seiner Leistung entsprechenden **Erfüllungsanspruch,** sofern dieser auf Zahlung von Geld gerichtet ist (andernfalls scheitert eine Aufrechnung an § 95 Abs. 1 Nr. 2, 3; s. o. RdNr. 23), gegen bei Eröffnung des Insolvenzverfahrens bestehende Zahlungsansprüche des Schuldners/Insolvenzverwalters **aufrechnen** (§§ 94, 95 Abs. 1). Dies dürfte auch gelten, wenn der Vertragspartner vorzuleisten hatte. Denn spätestens mit der Eröffnung des Insolvenzverfahrens entfiel die Vorleistungspflicht (§ 321 BGB), so dass der seiner Leistung entsprechende Anspruch des Vertragspartners fällig wurde. Damit dürften die Voraussetzungen des § 94 erfüllt sein.[112] Mit einem darüber hinausgehenden Anspruch wegen der Nichterfüllung (s. o. RdNr. 27) wird der Vertragspartner wegen § 95 Abs. 1 Satz 3 allerdings nicht aufrechnen können (RdNr. 23, aber auch RdNr. 35 zu synallagmatischen Ansprüchen und Gegenansprüchen).

---

[108] Vgl. *Jaeger/Henckel* § 17 RdNr. 115; s. o. RdNr. 16.
[109] Zum umgekehrten Fall s. u. RdNr. 32.
[110] *Jaeger/Henckel* § 17 RdNr. 7, 70, 83 i. V. m. RdNr. 162.
[111] Vgl. *Jaeger/Henckel* § 17 RdNr. 7, 70, 205; zur bisherigen Meinung insbesondere *Häsemeyer* KTS 1973, 2, 7.
[112] Vgl. *Kübler/Prütting/Lüke* § 95 RdNr. 31; auch BGHZ 129, 336, 341.

30 d) **Sicherheiten** für die vertraglichen Ansprüche des **Vertragspartners** können in Höhe des seiner Leistung entsprechenden Erfüllungsanspruchs, aber auch wegen eines weitergehenden Anspruchs wegen der Nichterfüllung in Anspruch genommen werden (s. o. RdNr. 24). Gehen bei Verschiedenheit von Schuldner und Sicherungsgeber die Ansprüche des Vertragspartners auf die Quote nicht wie bei akzessorischen Sicherheiten kraft Gesetzes – etwa bei der Bürgschaft nach § 774 Abs. 1 BGB – auf den leistenden Sicherungsgeber über, hat dieser regelmäßig Anspruch auf Abtretung dieser Ansprüche.[113]

31 **3. Der Schuldner hat vor Eröffnung des Insolvenzverfahrens teilweise geleistet, der Vertragspartner hat nichts geleistet. a)** Hat der Vertragspartner keine Leistung erbracht, kann er einen über die bisherigen Leistungen des Schuldners hinausgehenden Anspruch auf weitere Erfüllung nicht zur Tabelle anmelden (s. o. RdNr. 16). Wohl aber hat der Vertragspartner die Möglichkeit, insoweit einen Anspruch wegen der teilweisen Nichterfüllung geltend zu machen (s. o. RdNr. 21 bis 23).

32 b) Dem **Insolvenzverwalter – oder,** falls der Schuldner den Anspruch auf die Gegenleistung abgetreten hatte, dem **Zessionar – steht** für die vom Schuldner erbrachte Leistung **ein Anspruch auf die anteilige Gegenleistung zu,**[114] auch wenn der Schuldner vorzuleisten verpflichtet war; weitere Erfüllung kann der Insolvenzverwalter nach § 103 Abs. 2 Satz 3 nicht verlangen, so dass die Vorleistungspflicht entfällt (s. o. RdNr. 17). Gegenüber dem weiteren Erfüllungsverlangen eines Zessionars kann sich der Vertragspartner auf die Einrede des nicht erfüllten Vertrages berufen. Hat der Vertragspartner vom Schuldner 500 kg einer Ware, die auf dem Markt 1500 € kostet, für 1000 € gekauft und der Schuldner bereits 100 kg geliefert, so steht dem Insolvenzverwalter/Zessionar ein Fünftel des Kaufpreises zu, das sind 200 €. Auf ein Zurückbehaltungsrecht (§ 273 Abs. 1 BGB) oder die Einrede des (über die erbrachte Leistung hinaus vom Schuldner) nicht erfüllten Vertrages (§ 320 BGB) kann sich der Vertragspartner gegenüber dem Insolvenzverwalter/ Zessionar nicht berufen. Andernfalls könnte der Vertragspartner die Vorleistungen des Schuldners im Ergebnis unentgeltlich behalten, wenn der Insolvenzverwalter – aus welchen Gründen auch immer – nicht Erfüllung wählt. Dafür gibt es keinen Sachgrund. Insoweit wird die Anwendung der genannten Normen für die Zwecke und während der Dauer des Insolvenzverfahrens zurückgedrängt (vgl. BGHZ 150, 138, 149 zu § 273 BGB). Fraglich ist, ob der Insolvenzverwalter **Herausgabe der schon gelieferten Ware** verlangen kann, um sie anderweitig gewinnbringender zu veräußern. Das ist zumindest grundsätzlich zu **verneinen.**[115] Der Kaufvertrag wird durch die Eröffnung des Insolvenzverfahrens oder die Erfüllungsablehnung des Insolvenzverwalters nicht aufgehoben oder umgestaltet (s. o. RdNr. 13, 15, 18 bis 22). Nur Ansprüche auf weitere Erfüllung entfallen. Eine Forderung wegen der Nichterfüllung steht dem Insolvenzverwalter infolge der Verfahrenseröffnung nicht zu.

33 Ist die **Ware noch nicht** in das **Eigentum des Vertragspartners** übergegangen, kann der Insolvenzverwalter allerdings (vom Verkauf unter Eigentumsvorbehalt abgesehen, § 107 Abs. 1) einen Anspruch aus § 985 BGB, § 47 geltend machen, weil der Vertrag nicht mehr als Rechtsgrund für eine weitere Erfüllung und damit nicht als Recht zum Besitz im Sinn von § 986 BGB in Betracht kommt (s. o. RdNr. 25).[116]

34 Fraglich erscheint, ob der **Insolvenzverwalter** für den Fall, dass der Schuldner Waren gekauft und eine **Anzahlung** geleistet hat, diese Anzahlung – etwa analog § 326 Abs. 4 BGB – mit der Begründung **zurückverlangen** kann, ein ihr entsprechender Teil der Ware habe für

---

[113] Vgl. *Bülow,* Recht der Kreditsicherheiten, 7. Aufl., 2007, RdNr. 240, 1199 mwN; *Ganter* in: Schimansky/Bunte/Lwowski, Bankrechts-Handbuch 2. Aufl., § 90 RdNr. 563.

[114] BGHZ 129, 336, 340; ähnlich bereits RGZ 73, 58, 60 ff.; OLG Frankfurt a. M. DB 1984, 2032, 2033.

[115] RGZ 56, 238, 241; *Jaeger/Henckel* § 17 RdNr. 80 ff.; aA RGZ 135, 167, 172 (allerdings lag dieser Entscheidung eine von der hier angenommenen verschiedene Fallgestaltung zugrunde); BGHZ 15, 333, 335 f.; *Häsemeyer* KTS 1973, 2, 9; *ders.* NJW 1977, 737, 739.

[116] RGZ 90, 218, 220; 116, 363, 367; *Jaeger/Henckel* § 17 RdNr. 166 mwN; *Kübler/Prütting/Tintelnot* § 103 RdNr. 93.

ihn kein Interesse.[117] Dagegen spricht der Rechtsgedanke des § 105 Satz 2. Wenn der Vertragspartner das Vorgeleistete nicht zurückverlangen darf, sollte dies aus Gründen der Gleichbehandlung auch für den Insolvenzverwalter gelten. Jedenfalls wird ein strenger Maßstab anzulegen sein. Ein solcher Rückgewähranspruch kommt allenfalls in Betracht, wenn die Teilleistung nach Inhalt und Zweck des Vertrages für den Insolvenzverwalter nicht verwendbar ist.[118]

c) Macht der Vertragspartner eine **Forderung wegen der Nichterfüllung** geltend, so beläuft sich der Anspruch in dem unter b) (s. o. RdNr. 32) angeführten Beispiel auf 500 € abzüglich ein Fünftel = 100 €, mithin auf 400 €. Ob die vom Vertragspartner dem Insolvenzverwalter zu erbringende anteilige Gegenleistung von 200 € mit diesen 400 € zu **verrechnen** ist, erscheint nicht eindeutig, weil der Anspruch des Vertragspartners wegen Nichterfüllung erst mit dessen Geltendmachung fällig wird, der Anspruch des Insolvenzverwalters auf die der Leistung des Schuldners entsprechende Gegenleistung hingegen spätestens mit Eröffnung des Insolvenzverfahrens, so dass – bei **wörtlichem** Verständnis – das **Aufrechnungsverbot des § 95 Abs. 1 Satz 3** eingreifen könnte (s. o. RdNr. 23, 29). Eine Aufrechnung könnte nach § 95 Abs. 1 Satz 2 bereits an mangelnder Gleichartigkeit der Leistungen scheitern, wenn der Vertragspartner 500 kg einer Ware mit einem Marktwert von 1500 € für 2000 € an den Schuldner verkauft und dieser vor Eröffnung des Insolvenzverfahrens 400 € angezahlt hat. Hier kann der Vertragspartner ebenfalls 400 € wegen der Nichterfüllung als Insolvenzforderung verlangen. Der Insolvenzverwalter hat demgegenüber einen Anspruch auf Lieferung von 100 kg der Ware. In beiden Fällen dürfte dem Vertragspartner jedoch im Hinblick auf seine Forderung wegen der Nichterfüllung gegenüber dem Anspruch des Insolvenzverwalters auf die der Vorleistung des Schuldners entsprechende Gegenleistung nicht lediglich ein Zurückbehaltungsrecht nach § 273 BGB zustehen.[119] Vielmehr dürften §§ 94, 95 auf solche Forderungen und Gegenforderungen zugeschnitten sein, die nicht in einem Synallagma stehen. **Nimmt man synallagmatisch verbundene Forderungen und Gegenforderungen von der Regelung der §§ 94, 95 aus,** ist – freilich nur unter der notwendigen Voraussetzung, dass der Vertragspartner Ansprüche wegen Nichterfüllung geltend macht – unter Anwendung von §§ 41, 45 eine **Verrechnung** der beiderseitigen Ansprüche aus dem gegenseitigen Vertrag **unabhängig davon** möglich, ob die **Voraussetzungen der §§ 94, 95** im Einzelfall vorliegen oder nicht. Ergibt sich eine Mehrforderung des Vertragspartners, kann er diese als Insolvenzforderung zur Tabelle anmelden. Bei einer Differenz zu Gunsten des Insolvenzverwalters hat der Vertragspartner diese zur Masse zu leisten.[120]

d) Sicherheiten für die Erfüllungsansprüche des Vertragspartners kann dieser insoweit in Anspruch nehmen, als bei der Verrechnung einer Forderung wegen der Nichterfüllung mit synallagmatischen Gegenansprüchen des Schulners/Insolvenzverwalters eine Differenz zu Gunsten des Vertragspartners verbleibt (s. o. RdNr. 35). Denn diese ist als Insolvenzforderung nur in Höhe einer Quote werthaltig (s. o. RdNr. 30). Sicherheiten für die Gegenleistung der vom Schuldner erbrachten Vorleistungen bleiben zu Gunsten des Insolvenzverwalters bestehen; bei einer Verrechnung darf er sich im Sicherungsfall daraus nur insoweit befriedigen, als sich eine Differenz zu seinen Gunsten ergibt.

4. Beide Vertragsparteien haben teilweise geleistet, die Gegenleistung entspricht jeweils der Leistung. In diesem Fall wurde bereits während der Geltung der Konkursordnung die Auffassung vertreten, dass es insoweit bei den beiderseitigen Leistungen sein Bewenden habe und § 17 KO insoweit nicht, sondern nur wegen der restlichen Erfüllungs-

---

[117] Vgl. *Jaeger/Henckel* § 17 RdNr. 82 zu § 323 Abs. 3 BGB aF; auch *Pflug* AG 1986, 305, 312 mwN.
[118] *Jaeger/Henckel* § 17 RdNr. 82; vgl. auch *Henckel* ZZP 99 (1986), 419, 437; BGHZ 155, 87, 96 f. S. u. § 105 RdNr. 26.
[119] Vgl. *Palandt/Heinrichs* § 273 RdNr. 9 ff., 14; *Kreft*, Festschrift für Uhlenbruck, S. 387, 398, 402.
[120] Vgl. 1. Aufl. § 95 RdNr. 17; *Schmitz*, ZInsO 2004, 1051, 1054; *Tintelnot*, KTS 2004, 339, 352 ff; zum Recht der Konkursordnung BGH NJW 2001, 1136, 1137 f. Zur Zulässigkeit der Aufrechnung des Vertragspartners mit einem während des Insolvenzverfahrens fällig gewordenen Schadensersatzanspruch auf Ersatz von Mängelbeseitigungskosten gegen den vorher fällig gewordenen Werklohnanspruch des Insolvenzschuldners BGHZ 164, 159.

ansprüche Anwendung finde.[121] Dem ist auch für § 103 beizupflichten. Die Auffassung passt sich nahtlos in die hier vertretene Meinung ein und bestätigt, dass die Eröffnung des Insolvenzverfahrens und die Erfüllungsablehnung des Insolvenzverwalters den Vertrag grundsätzlich nicht berühren, sondern lediglich zu einer insolvenzmäßigen Abwicklung der noch nicht erfüllten Vertragsleistungen führen können.

38 **5. Beide Vertragsparteien haben bei Eröffnung des Insolvenzverfahrens teilweise geleistet, aber eine Seite mehr als die andere.** Hier gilt wegen des jeweils überschießenden Teils grundsätzlich das Gleiche wie in den Fällen, in denen eine Vertragspartei teilweise geleistet hatte, die andere hingegen nicht (s. o. RdNr. 25 bis 30 und RdNr. 31 bis 36).

IV. Der Insolvenzverwalter wählt Erfüllung

39 **1. Keine Vertragspartei hat vor Eröffnung des Insolvenzverfahrens eine Leistung erbracht. a) Grundsätzliches.** Wie ausgeführt (s. o. RdNr. 13, 15, 22), lässt die Eröffnung des Insolvenzverfahrens den gegenseitigen Vertrag materiell-rechtlich grundsätzlich unberührt. Ohne ein Erfüllungsverlangen des Insolvenzverwalters werden die Erfüllungsansprüche des Vertragspartners, sofern er sich am Verfahren beteiligt, in der oben zu III (RdNr. 14 bis 38) dargelegten Weise insolvenzmäßig abgewickelt. Hat noch keine Vertragspartei etwas geleistet und **wählt der Insolvenzverwalter Erfüllung, so werden die Rechte und Pflichten** aus dem Vertrag insgesamt **zu Masseforderungen und Masseverbindlichkeiten „aufgewertet"** (§ 55 Abs. 1 Nr. 2 Fall 1 bestimmt dies lediglich für die Forderungen des Vertragspartners). Dadurch erhalten sie für die Dauer des Insolvenzverfahrens eine **spezifische Qualität,** die ihnen ohne die Erfüllungswahl nicht zugekommen wäre, mögen sie auch inhaltlich mit den bisherigen Ansprüchen identisch sein.[122] Die Erfüllungswahl bewirkt für die unter § 103 fallenden gegenseitigen Verträge rechtlich das Gleiche wie die gesetzliche Vorschrift des § 108 Abs. 1 Satz 1 für die dort geregelten Miet-, Pacht- und Dienstverträge (§ 55 Abs. 1 Nr. 2 Fall 2 ordnet dies wiederum allein für die Forderungen des Vertragspartners an).

40 Die **überkommene Meinung nimmt** eine derartige mit der Erfüllungswahl verbundene **Qualitätszuweisung**[123] wegen der Vorschrift des § 55 Abs. 1 Nr. 2 Fall 1 **nur für die Forderung des Vertragspartners an,** leugnet sie aber für die Forderung des Insolvenzverwalters. Sie geht davon aus, der Insolvenzverwalter mache mit dem Erfüllungsverlangen lediglich den vom Schuldner begründeten Erfüllungsanspruch geltend, wenn auch mit der Wirkung, dass er die vertraglichen Ansprüche des Vertragspartners nunmehr als Masseverbindlichkeiten zu erfüllen habe. Dieser Umstand soll jedoch die rechtliche Qualität der vertraglichen Ansprüche nicht berühren (s. o. RdNr. 9).

41 Diese Sicht ist verfehlt. Die **Erfüllungswahl hat** – sofern noch keine Vertragspartei Leistungen erbracht hat – für die Zwecke und während der Dauer des Insolvenzverfahrens **die gleichen Wirkungen wie ein** zwischen Insolvenzverwalter und Vertragspartner **neu abgeschlossener Vertrag** mit identischem Inhalt.[124] Das Wahlrecht enthebt den Verwalter im Interesse der Masse nur der Notwendigkeit einer Einigung. Die Rechtsfolgen sind jedoch insbesondere im Hinblick auf eine vor Insolvenzeröffnung vorgenommene Abtretung des Anspruchs des Schuldners und die Aufrechnung mit einer Insolvenzforderung die gleichen. Bei einem vertraglichen Neuabschluss bestünden von vornherein keine Zweifel, dass gegen

---

[121] RGZ 62, 201, 204; BGHZ 98, 160, 171; OLG Hamburg ZIP 1985, 295, 297; *Jaeger* (Fn. 31) § 17 Anm. 16; *Jaeger/Henckel* § 17 RdNr. 68.

[122] Zutreffend – freilich unter Beschränkung auf die Ansprüche der Masse – *Pape* EWiR 1989, 283, 284; *Uhlenbruck/Sinz* WM 1989, 1113, 1115 zu c; vgl. auch bereits *Bendix* ArchBürgR 38 (1913), 93, 95 f.; *Klien* KuT 1935, 115, 116; ferner BGHZ 157, 350, 357; BFH ZIP 2007, 976, 977.

[123] In der 1. Auflage als Qualitätssprung bezeichnet, woraus sogleich eine „Qualiätssprungtheorie" abgeleitet wurde, *Marotzke,* ZZP 111 (2002), 507, 510.

[124] So auch *Karsten Schmidt,* KTS 2004, 241, 253. Vgl. bereits BT-Drucks. 12/2443, S. 129 zu § 72 (jetzt § 61 InsO), wo es heißt: „Der Begründung einer Verbindlichkeit durch den Verwalter steht es gleich, wenn der Verwalter die Erfüllung eines gegenseitigen Vertrages wählt ... oder von der möglichen Kündigung eines Dauerschuldverhältnisses absieht."

den Erfüllungsanspruch der Masse nicht mit Insolvenzforderungen des Vertragspartners aufgerechnet werden könnte (§ 96 Nr. 1; früher § 55 Satz 1 Nr. 1 KO). Fraglos vermöchte der Schuldner nicht über eine Forderung der Masse aus einem Vertrag zwischen Insolvenzverwalter und Vertragspartner – etwa durch Abtretung – zu verfügen (§ 91 Abs. 1; früher § 15 Satz 1 KO).[125] Nichts anderes gilt im Hinblick auf Ansprüche des Schuldners, deren Erfüllung der Insolvenzverwalter verlangt. Diesen Ansprüchen wird durch die Erfüllungswahl mit, also nach der Eröffnung des Insolvenzverfahrens[126] die Eigenschaft als **originäre Masseforderungen** zugewiesen. Mit den ursprünglichen Erfüllungsansprüchen des Schuldners sind sie zwar inhaltlich identisch; insbesondere erlöschen diese nicht.[127] Mit der Erfüllungswahl wird ihnen jedoch ab Verfahrenseröffnung **eine andere Rechtsqualität,** nämlich diejenige einer originären Masseforderung beigelegt. **Deshalb scheitert** auch insoweit **eine Aufrechnung mit Insolvenzforderungen** an § 96 Abs. 1 Nr. 1[128] **und eine** vor Eröffnung des Insolvenzverfahrens erfolgte **Abtretung des Schuldners** an § 91 Abs. 1.[129]

Dieses Ergebnis wird zunehmend als richtig angesehen. Es **folgt aus einer an Sinn und Zweck des Wahlrechts des Insolvenzverwalters ausgerichteten teleologischen Auslegung von § 103 Abs. 1.** Sieht man den Sinn und Zweck dieser Norm mit der höchstrichterlichen Rechtsprechung darin, die Gegenleistung für Leistungen, die mit Mitteln der Masse zur Erfüllung eines gegenseitigen Vertrages erbracht werden, stets der Masse zukommen zu lassen (s. o. RdNr. 2), so sind die einer Erfüllungswahl des Insolvenzverwalters beigemessenen Wirkungen zwingend. Nur bei einer mit der Erfüllungswahl verbundenen Einordnung der Erfüllungsansprüche als Masseforderungen und Masseverpflichtungen ist das mit § 103 Abs. 1 angestrebte Ziel zu erreichen. Der Wortlaut der Norm ist indifferent. § 55 Abs. 1 Nr. 2 Fall 1 regelt die Folgen der Erfüllungswahl nur in Bezug auf die Verpflichtung der Masse gegenüber dem Vertragspartner und damit unvollkommen. Dass es an einer ausdrücklichen gesetzlichen Qualifizierung des vom Insolvenzverwalter mit der Erfüllungswahl geltend gemachten Erfüllungsanspruchs als originäre Masseforderung fehlt, spricht nicht dagegen, eine solche Qualifizierung im Wege der Auslegung vorzunehmen. Das heutige Verständnis von Sinn und Zweck des dem Konkurs-/Insolvenzverwalter in § 17 Abs. 1 KO und dem ihm entsprechenden § 103 Abs. 1 eingeräumten Wahlrechts wurde erst mehr als 100 Jahre nach In-Kraft-Treten der Konkursordnung entwickelt. Diesem neuen Verständnis sind die Rechtsfolgen im Hinblick auf die mit der Erfüllungswahl verbundene Einordnung auch der Masseforderungen als originäre Masseansprüche und die sich daraus

---

[125] *Gerhardt,* Gedächtnisschrift für Knobbe-Keuk, S. 169, 170 Fn. 3, will dies aus § 7 KO (jetzt § 81) herleiten. Das Ergebnis ist dasselbe.
[126] Vgl. etwa BGHZ 15, 333, 337; 113, 98, 105.
[127] Soweit *Wegener,* Das Wahlrecht des Insolvenzverwalters, RdNr. 46 bis 50 dies anders sieht, ist ihm nicht zu folgen. Dass der Vertragspartner nur einmal zu erfüllen braucht – während der Dauer des Insolvenzverfahrens an den Insolvenzverwalter, danach ggfs. an den Schuldner – ist selbstverständlich.
[128] Vgl. BGHZ 116, 156, 158 ff.; zustimmend *Nerlich/Römermann/Balthasar* § 103 RdNr. 56; FK-*Wegener* § 103 RdNr. 69. *Bork,* Insolvenzrecht, RdNr. 160 a, kommt zu demselben Ergebnis im Wege einer entsprechenden Anwendung des § 96 Abs. 1 Nr. 1. *Harder,* Insolvenzrechtliche Surrogation, S. 145 ff, gelangt bei zur Sicherheit abgetretenen oder mit Pfandrechten belasteten Forderungen des Schuldners mit surrogationsrechtlichen Erwägungen zu einem ähnlichen Ergebnis, lässt eine Aufrechnung mit Insolvenzforderungen gegen den Anspruch der Masse jedoch grundsätzlich zu (aaO RdNr. 551). Soweit *Kübler/Prütting/Tintelnot* – § 103 RdNr. 88 – mit Rücksicht auf das Urteil des BGH v. 12. 11. 1998, ZIP 1998, 2165, 2166 nicht an einem völligen Aufrechnungsausschluss festhalten wollen, ist darauf hinzuweisen, dass das genannte Urteil durch BGHZ 145, 245, 255 und 147, 233, 236 f überholt ist.
[129] Vgl. BGHZ 106, 236, 241 ff.; BGH ZIP 2006, 859, 860 mwN; zustimmend *Pape,* Kölner Schrift, S. 531, 541 RdNr. 12, 13; FK-*Wegener* § 103 RdNr. 68; auch *Ringstmeier,* Auswirkungen der Erfüllung gegenseitiger Verträge im Konkurs auf Forderungsabtretungen, S. 106, verneint im Ergebnis eine Verpflichtung der Masse gegenüber dem Zessionar; ebenso *Bork,* Insolvenzrecht, RdNr. 160 b, der § 91 Abs. 1 jedoch nur entsprechend anwenden will; zur gegenteiligen Ansicht von Teilen des Schrifttums vgl. die Nachweise bei *Kreft,* Festschrift für Fuchs, S. 115, 116 Fn. 8 = ZIP 1997, 865, 866 Fn. 8; ferner *Adam* DZWir 1998, 227 f. Der von *Marotzke* (Gegenseitige Verträge in Konkurs und Vergleich, S. 86 ff., *ders.* ZIP 1987, 1293, 1296 ff.; ferner HK-*Marotzke* § 103 RdNr. 17, 17 a) vertretenen Ansicht, bei einer Abtretung des Schuldners sei § 17 KO (jetzt § 103) unanwendbar (ähnlich *Roth,* Festschrift für Rolland, S. 305, 312 ff.), ist bereits *Henckel* ZZP 99 (1986), 426 ff. mit Recht entgegengetreten.

ergebenden weiteren Wirkungen in Bezug auf eine Abtretung des Schuldners und eine Aufrechnung des Vertragspartners mit Insolvenzforderungen anzupassen. Das im Wege teleologischer Auslegung erzielte Ergebnis wird durch **systematische** Erwägungen bestätigt. Auch den nach Eröffnung des Insolvenzverfahrens entstehenden beiderseitigen Erfüllungsansprüchen aus den in § 108 Abs. 1 Satz 1 geregelten gegenseitigen Verträgen – Miet- und Pachtverhältnissen über unbewegliche Gegenstände und Räume sowie Dienstverhältnissen – kommt grundsätzlich die Rechtsqualität von originären Masseverbindlichkeiten und Masseansprüchen zu. Das ergibt sich aus dem Wortlaut von § 108 Abs. 1 Satz 1, für die Forderungen des Vertragspartners darüber hinaus aus § 55 Abs. 1 Nr. 2 Fall 2 sowie mittelbar aus § 108 Abs. 2 (ab 1. 7. 2007: Abs. 3), für die Forderungen der Masse ergänzend aus § 110 für Miet- und Pachtverhältnisse und aus § 114 für Dienstverhältnisse. Dass hier eine vor Insolvenzeröffnung vom Schuldner vorgenommene Abtretung von Ansprüchen und die Aufrechnung mit Insolvenzforderungen gegen Ansprüche aus derartigen Vertragsverhältnissen für bestimmte Zeiträume ausdrücklich zugelassen wird, macht deutlich, dass ohne eine solche auf besonderen Gründen beruhende Regelung weder Abtretung noch Aufrechnung der in Rede stehenden Art möglich wären. Dies hat der Bundesgerichtshof in neueren Entscheidungen zutreffend klargestellt.[130] Da Sinn und Zweck der grundsätzlichen Einordnung der nach Insolvenzeröffnung entstehenden Ansprüche aus den in § 108 Abs. 1 Satz 1 geregelten gegenseitigen Verträgen mit den unter § 103 Abs. 1 fallenden gegenseitigen Verträgen übereinstimmt, erscheint eine einheitliche Auslegung geboten. Im übrigen ist es unter dem Gesichtspunkt vertraglicher Ausgewogenheit kaum verständlich, den Ansprüchen des Vertragspartners mit der Erfüllungswahl gemäß § 55 Abs. 1 Nr. 2 Fall 1 die Qualität von originären Forderungen gegen die Masse beizumessen, den entsprechenden Ansprüchen der Masse hingegen die Qualität von originären Masseforderungen zu versagen.

43 Die vorstehenden Erwägungen gelten **nur für Zwecke und Dauer des Insolvenzverfahrens.** Wird dieses beendet, fällt das noch vorhandene Vermögen – sieht man von anderweitigen Regelungen in einem Insolvenzplan und von einer Restschuldbefreiung ab – unterschiedslos in die Verfügungsmacht des Schuldners zurück. Wurde ein gegenseitiger Vertrag, dessen Erfüllung der Insolvenzverwalter gewählt hatte, bis zur Beendigung des Verfahrens nicht voll abgewickelt, tritt der Schuldner in den Vertrag grundsätzlich so ein, wie er zu diesem Zeitpunkt besteht. Hat der Vertragspartner die Gegenleistung noch nicht (voll) erbracht und hatte der Schuldner seine Forderung abgetreten, steht die (restliche) Forderung wieder dem Zessionar zu. Gegen die (restliche) Erfüllungsforderung des Schuldners kann der Vertragspartner grundsätzlich mit sämtlichen Gegenforderungen aufrechnen. Da der Vertrag ohne die Eröffnung des Insolvenzverfahrens in gleicher Weise zu erfüllen gewesen wäre, kommt hier ungeachtet der den Ansprüchen durch die Erfüllungswahl beigelegten Qualität von originären Ansprüchen der und gegen die Masse eine Beschränkung der Haftung auf die dem Schuldner ausgefolgten Massegegenstände[131] nicht in Betracht (s. o. RdNr. 18).

44 **b) Sicherheiten.** Für **akzessorische** Sicherheiten, etwa eine **Bürgschaft,** die für die Erfüllungsansprüche des Vertragspartners bestellt wurden, ergibt sich aus den Erwägungen zu a) (RdNr. 39 bis 41): Spätestens **mit der Eröffnung des Insolvenzverfahrens** tritt der **Bürgschaftsfall** (als pars pro toto für den Sicherungsfall) ein und der Vertragspartner als Gläubiger kann grundsätzlich die Rechte aus der Bürgschaft gegen den Bürgen geltend machen. Die im Hinblick auf die sog. Erlöschenstheorie des Bundesgerichtshofes gesehene Gefahr, dass der gesicherte Anspruch mit der Verfahrenseröffnung erlöschen und damit auch eine akzessorische Sicherheit entfallen könnte, besteht nicht (RdNr. 24). Das mit der

---

[130] BGHZ 167, 363, 367 ff., 372; BGH ZIP 2006, 2276, 2277; 2007, 191, 192, zur Veröff. best. in BGHZ; ZIP 2007, 239, 240. Vgl. bereits RGZ 6, 109, 112; 33, 45, 48 ff.; 40, 120, 124 f.; BGHZ 86, 382, 385 f.; 129, 336, 342 f. mwN; *Jaeger/Henckel* § 21 RdNr. 34, 37; *Dieckmann*, in Leipold, Insolvenzrecht, S. 211, 229 f.; *Tintelnot* ZIP 1995, 616, 622; aA *Henckel*, Festschrift für Kirchhof, S. 191, 199 Fn. 35. Soweit BGHZ 109, 368, 376 ff. dem entgegensteht, wird diese Entscheidung zu überprüfen sein. Vgl. dazu auch *Roth*, Festschrift für Rolland, S. 305, 307; *Häsemeyer*, Festgabe 50 Jahre BGH, S. 725, 739 f.

[131] Vgl. BGH WM 1955, 33, 34 f.; *Kübler/Prütting/Pape* § 53 RdNr. 32; § 207 RdNr. 37, 38.

Verfahrenseröffnung verwirklichte Risiko, dass die Erfüllungsansprüche des Vertragspartners bis zu einem Erfüllungsverlangen des Verwalters undurchsetzbar sind, wird von der Sicherheit abgedeckt. Allerdings dürfte dem Bürgen bis zu der Entscheidung des Insolvenzverwalters über eine Erfüllungswahl, die der Vertragspartner als Gläubiger nach § 103 Abs. 2 Satz 2 herbeiführen kann, gemäß § 242 BGB ein Leistungsverweigerungsrecht zustehen.

Wählt der Insolvenzverwalter Erfüllung, entfällt der **Bürgschaftsfall** nicht rückwirkend. **45** Denn der Rechtsgrund für die Nichterfüllung ist – wie ausgeführt (RdNr. 21) – bereits mit der Eröffnung des Insolvenzverfahrens gelegt. Er wird **durch eine Erfüllungswahl nicht schlechthin beseitigt**. Freilich ist dem Vertragspartner infolge des Erfüllungsverlangens zunächst ein Nachteil aus der Verfahrenseröffnung nicht entstanden, wenn der Vertrag wie vorgesehen abgewickelt wird. In einem solchen Fall stehen dem Bürgen die Gegenrechte aus §§ 767, 768 BGB zu. Wird der Vertrag aber im Laufe des Insolvenzverfahrens – etwa wegen Masseunzulänglichkeit oder aus sonstigen, nicht in der Sphäre des Vertragspartners liegenden Gründen – notleidend, lebt der durch die Verfahrenseröffnung begründete Bürgschaftsfall wieder auf. Deshalb können nunmehr die Ansprüche aus der Bürgschaft mit Erfolg geltend gemacht werden. Zahlt der Bürge, gehen die Ansprüche des Vertragspartners aus dem Vertrag mit dem Schuldner gemäß § 774 Abs. 1 BGB auf ihn über. Das sind – solange das Verfahren nicht abgeschlossen ist – Ansprüche gegen die Masse.

Für **nichtakzessorische** Sicherheiten gilt grundsätzlich das Gleiche wie für akzessorische **46** Sicherheiten. Bei der Inanspruchnahme nichtakzessorischer Sicherheiten, die von Dritten gestellt wurden, tritt an die Stelle eines gesetzlichen Übergangs der gesicherten Ansprüche regelmäßig der Anspruch des Sicherungsgebers auf deren Abtretung (RdNr. 30).

2. Der Vertragspartner hat vor Eröffnung des Insolvenzverfahrens teilweise ge- 47 leistet, der Schuldner hat nichts geleistet. a) In einem solchen Fall bewirkt die Erfüllungswahl eine „Spaltung" oder besser Teilung des Vertrages.[132] Soweit von dem Vertragspartner vorgeleistet wurde, geht die Erfüllungswahl nach ihrem Sinn und Zweck von vornherein ins Leere. Einerseits kann der Masse mit ihr insoweit nichts zugeführt werden, weil der Vertragspartner nicht erneut zu leisten braucht. Andererseits steht dem Vertragspartner ohne ein Erfüllungsverlangen ein seiner Leistung entsprechender Anspruch auf die Gegenleistung als Insolvenzforderung zu (s. o. RdNr. 25).[133] Im Hinblick auf diesen Anspruch könnte die Erfüllungswahl mithin nur dessen Aufwertung zu einer Forderung gegen die Masse bewirken – ein dem Zweck der Erfüllungswahl, dh einer Massemehrung, offensichtlich zuwiderlaufendes Ergebnis.[134] Deshalb kann bei einer Vorleistung des Vertragspartners der **Sinn der Erfüllungswahl** des Insolvenzverwalters **nur darin** liegen, **den noch ausstehenden Leistungsteil des Vertragspartners** zu den vertraglich vereinbarten massegünstigen Bedingungen **für die Masse zu erwerben**.[135] Ohne die Möglichkeit der Erfüllungswahl wäre der Anspruch des Schuldners auf die weiteren Leistungen des Vertragspartners vom Verwalter nicht durchsetzbar (RdNr. 17). Mit der Erfüllungswahl wird der Anspruch insoweit zu einer originären Forderung der Masse aufgewertet. **Wegen des auf seine bereits erbrachten Leistungen entfallenden Erfüllungsanspruchs steht dem Vertragspartner** im Hinblick auf seine noch ausstehenden Leistungsverpflichtungen **weder ein Zurückbehaltungsrecht nach § 273 Abs. 1 BGB noch die Einrede des nicht erfüllten Vertrages nach § 320 BGB zu.**[136] Beide Gegenrechte kämen einer dem Sinn der Erfüllungswahl widersprechenden masseschädlichen Aufwertung der auf die Leistungen

---

[132] BGH 135, 25, 27; vgl. BGHZ 129, 336, 342; aA *Kübler/Prütting/Tintelnot* § 103 RdNr. 67 f. S. o. RdNr. 4 aE.
[133] BGHZ 135, 25, 27.
[134] BGHZ 135, 25, 28 f.
[135] BGHZ 135, 25, 28.
[136] Vgl. BGHZ 149, 326, 336; 150, 138, 145 f. – jeweils zu § 273 BGB; *Kübler/Prütting/Tintelnot* § 103 RdNr. 6; FK-*Wegener* § 105 RdNr. 19; *Braun/Kroth* § 105 RdNr. 8; *Uhlenbruck/Berscheid* § 105 RdNr. 24; *Kepplinger*, Das Synallagma in der Insolvenz, S. 352 f.; aA HK-*Marotzke* § 103 RdNr. 48 ff; abgemildert *Henckel*, Festschrift für Kirchhof, S. 191, 203; *ders.*, KTS 2006, 487, 493 f.

vor Verfahrenseröffnung entfallenden Insolvenzforderung des Vertragspartners zu einer Forderung gegen die Masse gleich. Dies wäre mit dem Gebot der Gläubigergleichbehandlung und dem daraus abgeleiteten Sinn und Zweck des § 103 Abs. 1, der Masse für die mit ihren Mitteln zu erbringenden Leistungen die Gegenleistung ungeschmälert zukommen zu lassen (s. o. RdNr. 2), nicht zu vereinbaren. Mit der Vorleistung hat der Vertragspartner sich insoweit eines Zurückbehaltungsrechts und der Einrede des nicht erfüllten Vertrages begeben.[137] Müßte der Insolvenzverwalter auch die der Vorleistung entsprechende Gegenleistung aus der Masse erbringen, würde der Vertragspartner von den normalen insolvenzrechtlichen Folgen einer ungesicherten Vorleistung zum Nachteil der Masse und damit der Gläubigergesamtheit entlastet. Dafür gibt es keinen überzeugenden Grund (s. o. RdNr. 10). Auch bei vollständiger ungesicherter Vorleistung wäre der Vertragspartner insgesamt nur Insolvenzgläubiger. Dass die Kalkulation des vereinbarten Entgelts häufig auf dem Erhalt der gesamten Gegenleistung beruhen mag, ändert daran nichts.[138] Dies wurde vom Gesetzgeber der Vergleichsordnung von 1935 (§ 36 Abs. 2) und vom Gesetzgeber der Insolvenzordnung (§ 105 Satz 1) zutreffend erkannt. Für die Auslegung von § 17 KO wurden aus § 36 Abs. 2 VerglO indessen geraume Zeit keine Folgerungen gezogen (s. o. RdNr. 9). Dies änderte sich erst mit den Entscheidungen des Bundesgerichtshofes vom 4. Mai 1995[139] und vom 27. Februar 1997.[140] Für die Insolvenzordnung ergibt es sich unmittelbar aus **§ 105 Satz 1**.[141] Diese Vorschrift **stimmt mit Sinn und Zweck des** dem Insolvenzverwalter bei gegenseitigen Verträgen eingeräumten **Wahlrechts bruchlos überein**.[142] Die **Systemgerechtigkeit** dieser Norm zeigt sich bei § 108 Abs. 2 (ab 1. 7. 2007: Abs. 3), wo ähnliches für solche gegenseitige Verträge angeordnet wird, bei denen das Gesetz in § 108 Abs. 1 Satz 1, § 55 Abs. 1 Nr. 2 Fall 2 die Aufwertung der Erfüllungsansprüche zu originären Forderungen der und gegen die Masse für die Zeit nach Eröffnung des Insolvenzverfahrens selbst unmittelbar vornimmt (s. o. RdNr. 42). **Von einer** im Schrifttum erwogenen **Verfassungswidrigkeit** des § 105 Satz 1[143] und damit wohl auch der entsprechenden höchstrichterlichen Rechtsprechung **kann** danach auch **nicht entfernt die Rede sein.**

48 **Die Rechtsfolgen der Erfüllungswahl** bei Vorleistungen des Vertragspartners sind dem **Sinn und Zweck des** dem Insolvenzverwalter eingeräumten **Wahlrechts anzupassen.** Demnach werden bei einseitiger teilweiser Vorleistung des Vertragspartners durch die Erfüllungswahl die beiderseitigen Erfüllungsansprüche nur insoweit zu originären Masseforderungen und -verbindlichkeiten aufgewertet, als es um die noch ausstehende Leistung des Vertragspartners und die dieser entsprechende Gegenleistung des Schuldners/der Masse geht.[144] Dadurch wird sichergestellt, dass die Masse über die Insolvenzquote hinaus nur für solche Leistungen aufzukommen hat, die ihr zugutekommen (s. o. RdNr. 4 aE). Hat der Schuldner dem Vertragspartner 500 kg einer Ware mit einem Marktpreis von 1500 € für 2000 € verkauft und eine Anzahlung von 1000 € erhalten, so braucht der Insolvenzverwalter bei einer Erfüllungswahl nur 250 kg zu liefern, um den restlichen Kaufpreis von 1000 € zu erhalten. Den Anspruch auf die der Anzahlung entsprechenden 250 kg kann der Vertragspartner – nach Umrechnung in eine ihrem Wert entsprechende Geldforderung von 750 € (§ 45) – nur als Insolvenzforderung geltend machen. Hat der Schuldner vom Vertragspartner 500 kg einer Ware mit einem Marktpreis von 1500 € für 1000 € gekauft und 250 kg erhalten, so kann der Insolvenzverwalter bei einer Erfüllungswahl Lieferung der

---

[137] *Scherer,* NZI 2004, 113, 116 f.
[138] Vgl. Begr. zu § 119 RegE, BT-Drucks. 12/2443 S. 146; *Nerlich/Römermann/Balthasar* § 105 RdNr. 5; *Scherer,* NZI 2004, 113, 116 f.
[139] BGHZ 129, 336.
[140] BGHZ 135, 25.
[141] Vgl. insoweit auch *Henckel,* Festschrift für Kirchhof, S. 191, 203; *ders.,* KTS 2006, 487, 493 f.
[142] *Scherer,* NZI 2004, 113, 116.
[143] HK-*Marotzke* § 105 RdNr. 7; noch deutlicher in der 1. Aufl. aaO. S. u. § 105 RdNr. 2. Vgl. auch *Häsemeyer,* RdNr. 20.27; *Henckel,* Festschrift für Kirchhof, S. 191, 202 („rechtspolitischer Missgriff").
[144] BGHZ 150, 353, 359; BFH 2007, 976, 977; *Huber,* NZI 2002, 467 ff; *Gottwald/Huber,* Kap. 34 RdNr. 42 ff.

restlichen 250 kg für 500 € verlangen. Den auf die vor Eröffnung des Insolvenzverfahrens gelieferten 250 kg entfallenden Kaufpreis von 500 € kann der Vertragspartner nur als Insolvenzforderung geltend machen. Mit ihr kann er grundsätzlich gegen vor der Eröffnung des Insolvenzverfahrens begründete Forderungen des Schuldners (Insolvenzverwalters, § 80) aufrechnen (§§ 94, 95 Abs. 1; s. o. RdNr. 29).

Eine **Forderung wegen der Nichterfüllung** des seiner Vorleistung entsprechenden 49 Anspruchs des Vertragspartners auf die Gegenleistung gemäß § 103 Abs. 2 Satz 1 kommt in den genannten Beispielen kaum in Betracht, weil es wegen des für ihn ungünstigen Vertrages regelmäßig an einem weitergehenden Schaden des Vertragspartners fehlen wird. Ist der Vertrag für den Vertragspartner günstig, wird der Insolvenzverwalter in aller Regel – schon um eine Haftung nach § 60 zu vermeiden – von einer Erfüllungswahl absehen. Trifft das im Einzelfall nicht zu und **verlangt der Insolvenzverwalter** gleichwohl – etwa mit Rücksicht auf die Möglichkeit einer ungewöhnlich günstigen Weiterveräußerung – **Erfüllung,** so wird der Vertragspartner über den teilweisen Erfüllungsanspruch hinaus **gemäß** – zumindest entsprechend – **§ 103 Abs. 2 Satz 1 eine Forderung wegen der Nichterfüllung des auf die Vorleistung entfallenden Gegenleistungsanspruchs** als Insolvenzforderung geltend machen können (s. o. RdNr. 27). Das gebieten Sinn und Zweck des § 103 Abs. 2 Satz 1, weil insoweit ein Erfüllungsverlangen des Insolvenzverwalters nie in Betracht kommt und es daher stets bei der durch die Eröffnung des Insolvenzverfahrens ausgelösten Nichterfüllung bleibt (s. o. RdNr. 21).

b) Für **Sicherheiten**, die zur Absicherung der Erfüllungsansprüche des Vertragspartners 50 bestellt wurden, gilt: Auch wenn der Insolvenzverwalter Erfüllung wählt, wird ein mit der Eröffnung des Insolvenzverfahrens begründeter Schaden des Vertragspartners nie vollständig beseitigt. Der Schaden, der darin besteht, dass der Vertragspartner vorgeleistet hat und insoweit allenfalls eine Quote erhält, wird auch nicht vorübergehend beseitigt, weil die Erfüllungswahl nur die noch ausstehende Leistung des Vertragspartners erfasst (RdNr. 48). Deshalb kann der Vertragspartner die Sicherheiten grundsätzlich in Höhe der seiner Vorleistung entsprechenden Gegenleistung und eines etwa darüber hinausgehenden Schadens wegen der Nichterfüllung dieser Gegenleistung in Anspruch nehmen. Wegen seiner von der Erfüllungswahl betroffenen Ansprüche ist dem Vertragspartner hingegen bis auf weiteres ein Schaden nicht entstanden. Insoweit gelten die gleichen Erwägungen wie in den Fällen, in denen kein Vertragsteil vor Verfahrenseröffnung eine Leistung erbracht hat und der Insolvenzverwalter Erfüllung wählt (s. o. RdNr. 44).

3. Der Schuldner hat vor Eröffnung des Insolvenzverfahrens teilweise geleistet, 51 **der Vertragspartner hat nichts geleistet. a)** Auch hier bewirkt die Erfüllungswahl eine **Vertragsspaltung oder -teilung.**[145] Die Rückforderung der Leistung des Schuldners kommt grundsätzlich nicht in Betracht (s. o. RdNr. 32). Der Insolvenzverwalter hat freilich einen Anspruch auf den der Vorleistung des Schuldners entsprechenden Teil der vertraglich vereinbarten Gegenleistung, ohne dass es einer Erfüllungswahl bedarf (s. o. RdNr. 32). Ein durchsetzbarer Anspruch auf eine darüber hinausgehende Leistung des Vertragspartners steht dem Insolvenzverwalter ohne Erfüllungswahl jedoch nicht zu (s. o. RdNr. 17). Umgekehrt kann der Vertragspartner ohne Erfüllungswahl des Insolvenzverwalters einen weitergehenden Erfüllungsanspruch gegen die Masse nicht durchsetzen (s. o. RdNr. 16). Der Erfüllungswahl kommt mithin auch in diesem Fall nur insoweit Bedeutung zu, als es darum geht, diejenige vertraglich vereinbarte Gegenleistung des Vertragspartners zur Masse zu ziehen, auf die der Insolvenzverwalter ohne Erfüllungswahl einen durchsetzbaren Anspruch nicht hätte. Hat der Schuldner 500 kg einer Ware mit einem Marktpreis von 1500 € für 1000 € gekauft und 500 € angezahlt, so hat der Insolvenzverwalter nach § 433 Abs. 1 BGB, § 80 auch ohne Erfüllungsverlangen einen Anspruch auf die der Anzahlung entsprechenden 250 kg.[146] Eines Erfüllungsverlangens bedarf es nur wegen der ausstehenden 250 kg; auf diese hat der Verwalter

---

[145] BGHZ 129, 336, 342; *Gottwald/Huber,* Kap. 35 RdNr. 25. S. o. RdNr. 47.
[146] BGHZ 129, 336, 340.

wegen der dem Vertragspartner insoweit zustehenden Einrede des nicht erfüllten Vertrages nur dann einen durchsetzbaren Anspruch, wenn er seinerseits aus der Masse die diesem Teil entsprechende Gegenleistung von 500 € erbringt. Das Erfüllungsverlangen bewirkt mithin im Fall der teilweisen Vorleistung des Schuldners, dass die Masse einen durchsetzbaren Anspruch auf die durch die Vorleistung nicht abgedeckte Gegenleistung des Vertragspartners erhält und dass umgekehrt ein Anspruch des Vertragspartners gegen die Masse auf die dieser Gegenleistung entsprechende restliche Leistung begründet wird. Im übrigen lässt das Erfüllungsverlangen nach seinem Sinn und Zweck den Vertrag und seine Durchführung unberührt. **Soweit es um die Vorleistung des Schuldners und die ihr entsprechende Gegenleistung des Vertragspartners geht, unterfällt der Vertrag § 103 nicht.** Insoweit findet eine Aufwertung des Erfüllungsanspruchs des Schuldners/Insolvenzverwalters (§ 80) zu einem originären Masseanspruch nicht statt; eine qualitative Änderung dieses Anspruchsteils tritt nicht ein. Das bedeutet, dass eine **Abtretung des Erfüllungsanspruchs durch den Schuldner insoweit** auch gegenüber dem Insolvenzverwalter **wirksam** bleibt[147] und dass **gegen diesen Teilanspruch** nach Maßgabe der §§ 94 ff. **mit Insolvenzforderungen** des Vertragspartners **aufgerechnet** werden kann.[148] **Anders ist es nur wegen desjenigen Teils des Erfüllungsanspruchs, der durch das Erfüllungsverlangen** des Insolvenzverwalters **die Qualität einer originären,** dh nicht unmittelbar vom Schuldner abgeleiteten **Masseforderung erlangt.** Insoweit gilt das Gleiche wie bei gänzlich unerfüllten gegenseitigen Verträgen, deren Erfüllung der Insolvenzverwalter wählt: Eine vor Verfahrenseröffnung vorgenommene **Verfügung des Schuldners** über den vertraglichen Anspruch ist insoweit unwirksam; gegen diesen Anspruchsteil kann **mit Insolvenzforderungen** des Vertragspartners **nicht aufgerechnet** werden (s. o. RdNr. 41).

52 **b) Sicherheiten** für den Erfüllungsanspruch des Vertragspartners können insoweit in Anspruch genommen werden, als die Erfüllung der durch das Erfüllungsverlangen des Insolvenzverwalters begründeten Ansprüche notleidend wird. Insoweit gelten ähnliche Erwägungen wie in den Fällen, in denen es an Leistungen des Vertragspartners vor Eröffnung des Insolvenzverfahrens fehlt (s. o. RdNr. 45, 46).

53 **4. Beide Vertragsparteien haben vor Eröffnung des Insolvenzverfahrens teilweise geleistet. a) Entspricht** die **Gegenleistung** jeweils **der Leistung,** so gilt bei einer Erfüllungswahl wegen des Restes grundsätzlich das Gleiche wie in den Fällen, in denen keine Partei Leistungen erbracht hat (s. o. RdNr. 39 bis 46).

54 **b)** Hat **eine Vertragspartei mehr geleistet** als die andere, finden wegen des nicht durch eine Gegenleistung ausgeglichenen Leistungsteils die gleichen Grundsätze Anwendung, wie wenn nur eine Vertragspartei teilweise geleistet hat (s. o. RdNr. 47 bis 52).

D. Anwendungsbereich – Einzelerläuterungen

I. Gegenseitige Verträge

55 **1. Begriff.** In § 103 Abs. 1 wird der Begriff „Gegenseitiger Vertrag" in demselben Sinne wie bei §§ 320 ff. BGB verwendet. Gemeint ist also ein **vollkommen zweiseitig verpflichtender Vertrag,** mit dem Kennzeichen der synallagmatischen Verknüpfung[149] der beiderseitigen Hauptleistungspflichten. Seine Besonderheit liegt darin, dass eine Partei ihre

---

[147] BGHZ 129, 336, 340; 135, 25, 26 f.; 150, 353, 359, 364; *Nerlich/Römermann/Balthasar* § 103 RdNr. 59; vgl. auch *Ringstmeier,* Auswirkungen der Erfüllung gegenseitiger Verträge im Konkurs auf Forderungsabtretungen, S. 108 bis 114.

[148] BGHZ 129, 336, 341; 135, 25, 27; 147, 28, 31; *Nerlich/Römermann/Balthasar* § 103 RdNr. 74; FK-*Wegener* § 103 RdNr. 74; aA *Adam* WM 1998, 801, 805 f. mwN. Die Auffassung *Adams* beruht auf der von ihm entwickelten „Lückentheorie" (vgl. *Adam,* Die Aufrechnung gegen das Erfüllungsverlangen des Konkursverwalters, S. 9, 74 ff.). Die angenommene Lücke besteht jedoch nicht.

[149] Näher zum Synallagma in der Insolvenz *Kepplinger* S. 18 ff.

Leistungspflicht nur wegen der von der anderen Seite zugleich übernommenen Gegenleistungspflicht eingeht und ihre Leistung nur um der Gegenleistung Willen erbringt (Austauschvertrag; „do, ut des"). Dabei legen die Parteien bei Vertragsschluss typischerweise auch die Gleichwertigkeit der Leistungen (Äquivalenz) fest. Der Parteiwille entscheidet also alleine (in den Grenzen des § 138 BGB) über das Gegenseitigkeitsverhältnis und die Gleichwertigkeit des Leistungsaustausches; dass sich die Leistungen beider Teile darüber hinaus auch noch in ihrem objektiven Wert entsprechen, gehört nicht zum Begriff des gegenseitigen Vertrages.[150] Die beschriebene Verknüpfung der Leistungspflichten bewirkt außerhalb eines Insolvenzverfahrens nach §§ 320, 322 BGB und in der Zwangsvollstreckung gemäß § 756 ZPO, dass jede Partei grundsätzlich nur voll erfüllen muss, wenn sie zugleich (Ausnahme: §§ 322 Abs. 2, 274 Abs. 2 BGB) die volle Gegenleistung erhält (sogenanntes *funktionelles Synallagma*), sofern sie nicht vorleistungspflichtig ist; mit einer Teilleistung braucht sie sich nicht zufriedenzugeben.

Ebenso ist die **Rechtslage nach KO**. Zwar verwendet § 17 KO abweichend den Begriff „zweiseitiger Vertrag"; gemeint war aber auch dort von Anfang an nur ein vollkommen zweiseitig verpflichtender Vertrag,[151] den §§ 320 ff. BGB als „gegenseitigen Vertrag" bezeichnen. Der unterschiedliche Sprachgebrauch erklärt sich aus der Entstehungsgeschichte der (gegenüber dem BGB) älteren KO;[152] in der späteren VerglO[153] ist denn auch schon vom „gegenseitigen Vertrag" die Rede (§§ 36, 50, 52 VerglO). **56**

2. Abgrenzung nach Abwicklungslagen. a) Der vor Insolvenzeröffnung beider- 57 seits oder einseitig voll erfüllte gegenseitige Vertrag. Diese Abwicklungsalternativen werden von § 103 nicht erfasst, was sich schon im Umkehrschluss aus dem Wortlaut der Vorschrift ergibt. Im Einzelnen gilt:

aa) Wurde ein gegenseitiger Vertrag (s. o. RdNr. 55) vor Insolvenzeröffnung von *beiden* **58** *Seiten* vollständig (s. u. RdNr. 121 ff.) erfüllt, der vereinbarte Leistungsaustausch also programmgemäß abgewickelt, so ist das Schuldverhältnis schon vor Eröffnung des Insolvenzverfahrens durch Erfüllung erloschen (§ 362 Abs. 1 BGB); die vom späteren Insolvenzschuldner vereinnahmte Leistung bleibt, soweit noch vorhanden, in der Masse und die von ihm erbrachte Gegenleistung – vorbehaltlich einer Anfechtung nach §§ 129 ff. – beim Vertragspartner.

bb) Hat lediglich der *spätere Insolvenzschuldner* die ihm obliegende Leistung vor Insolvenz- **59** eröffnung vollständig (s. u. RdNr. 121 ff.) erbracht, so darf sie der Vertragspartner grundsätzlich behalten, muss aber seinerseits in die Masse leisten; eine Leistung an den Schuldner befreit ihn nach § 82 nur, wenn er in Unkenntnis der Verfahrenseröffnung geleistet hat (s. o. § 82 RdNr. 12 ff.). Allerdings wird die Leistung des nicht vorleistungspflichtigen späteren Insolvenzschuldners, der folglich auf die Einrede gemäß § 320 BGB verzichtet hat, der inkongruenten Deckungsanfechtung nach § 131, möglicherweise auch der Vorsatzanfechtung nach § 133 unterliegen (Einzelheiten s. u. § 131 RdNr. 40, § 133 RdNr. 29); hatte er vorzuleisten, kommt eine kongruente Deckungsanfechtung gemäß § 130 in Betracht, während eine Anfechtung nach § 133 mangels Beweisbarkeit in aller Regel ausscheiden wird (Einzelheiten s. u. § 130 RdNr. 61 ff., § 133 RdNr. 33 ff.). Greift einer der Anfechtungstatbestände ein, so besteht ein Anspruch auf Rückgewähr des aus dem Vermögen des Schuldners Weggegebenen gemäß § 143.

cc) Hat lediglich der *andere Teil* seine Leistung vor Insolvenzeröffnung vollständig (s. u. **60** RdNr. 121 ff.) erbracht, dann fällt sie, soweit noch vorhanden, in die Masse; § 103 ist unan-

---

[150] Näher *Palandt/Heinrichs* Vor § 320 RdNr. 8; vgl. auch *Jaeger/Henckel* KO § 17 RdNr. 11; *Pape,* Kölner Schrift S. 531 (RdNr. 17).
[151] RGZ 100, 1, 2; 147, 340, 342; BGH NJW 1980, 226, 227.
[152] KO v. 10. 2. 1877 (RGBl. S. 351), in Kraft getreten – zusammen mit den anderen Reichsjustizgesetzen – am 1. 1. 1879; BGB v. 18. 8. 1896 (RGBl. S. 195), in Kraft getreten am 1. 1. 1900.
[153] VerglO v. 26. 2. 1935 (RGBl. I S. 321, ber. S. 356), in Kraft getreten am 1. 4. 1935; Vorläufer dieses Gesetzes waren die „VO über die Geschäftsaufsicht" v. 8. 8. 1914 (RGBl. S. 363) und das „Gesetz über den Vergleich zur Abwendung des Konkurses" v. 5. 7. 1927 (RGBl. S. 139).

wendbar.[154] Eine Rückgabepflicht des Insolvenzverwalters besteht nicht, wie aus § 105 Satz 2 („erst-recht-Schluss") folgt (vgl. auch § 105 RdNr. 38, 39), sofern nicht ein Aussonderungsrecht besteht (§ 47 RdNr. 15 ff.); der Vertragspartner kann vielmehr seinen Anspruch auf die Gegenleistung nur als Insolvenzforderung gemäß §§ 38, 87, 174 ff. – gegebenenfalls nach Umrechnung gem. § 45 – mit Aussicht auf quotenmäßige Befriedigung geltend machen.[155] Hat also beispielsweise der Verkäufer die gelieferte Sache vor Insolvenzeröffnung auch übereignet, der spätere Insolvenzschuldner den Kaufpreis aber nicht bezahlt, so ist der Kaufpreisanspruch bloße Insolvenzforderung und kann der Gegenstand nicht zurückverlangt werden. Dieses Ergebnis rechtfertigt sich schon daraus, dass der andere Teil (hier: Verkäufer) seine Verpflichtung erfüllt hat, ohne auf dem vereinbarten Leistungsaustausch (s. o. RdNr. 55) zu bestehen; wegen des darin liegenden Verzichts auf die Rechte der §§ 320, 322 BGB befindet er sich nun in derselben Lage wie jeder andere (ungesicherte) Kreditgeber des Schuldners auch.

61 **b) Der vor Insolvenzeröffnung von keiner Seite vollständig erfüllte gegenseitige Vertrag.** Nur diese Abwicklungsalternative wird von § 103 nach Wortlaut und Normzweck (s. o. RdNr. 1, 2) erfasst (zur Abwicklung s. o. RdNr. 14 ff.). **aa)** Das durch die Vorschrift befriedigte *Regelungsbedürfnis* folgt unmittelbar einsichtig aus dem Umstand, dass nun wegen der Eröffnung des Insolvenzverfahrens über das Vermögen eines Vertragspartners der bei Vertragsschluss verabredete volle Leistungsaustausch (s. o. RdNr. 55) gefährdet ist; denn nach allgemeinen insolvenzrechtlichen Regeln könnte der Insolvenzverwalter den vom Schuldner erworbenen Anspruch zur Masse ziehen, hätte der andere Teil also seine Leistung voll zu erbringen, selbst aber wegen §§ 38, 87, 174 ff. nur eine teilweise Befriedigung (Quote) zu erwarten. Außerhalb des Insolvenzverfahrens bräuchte sich der Vertragspartner auf eine solche Abwicklung freilich nicht einzulassen; denn dort könnte er die Einrede des nichterfüllten Vertrages gemäß § 320 BGB erheben und auf vollem Leistungsaustausch bestehen.

62 **bb)** Ob sich der Vertragspartner darauf auch im Insolvenzfalle berufen kann, die *Einrede des nichterfüllten Vertrages also insolvenzfest ist oder nicht*, wird seit jeher unterschiedlich beantwortet. Der Gesetzgeber der InsO hat die Streitfrage nicht geklärt; § 51, der verschiedene Zurückbehaltungsrechte bevorzugt regelt (vgl. §§ 50, 51 Nr. 2, 3), nennt jedenfalls das des § 320 BGB nicht. Nach einer Meinung[156] ist § 320 BGB nicht insolvenzfest und erhält nur § 103 dem anderen Teil die bei gegenseitigen Verträgen typische Position, die Leistung nur erbringen zu müssen, wenn ihm die Gegenleistung ungeschmälert und nicht nur in Höhe der Insolvenzquote zufließt. Nach der Gegenauffassung[157] hat die Einrede des nichterfüllten Vertrages auch in der Insolvenz Bestand, kann folglich dem Insolvenzverwalter entgegengehalten werden, wovon jetzt auch der BGH ausgeht (s. o. RdNr. 13, 18, 25, 32, 38). Allerdings betrifft diese Frage nur einen Teilausschnitt aus der hier erörterten Abwicklungslage. Denn mit der Einrede lässt sich im Insolvenzfalle nur die (weitere) Durchführung des Vertrages verhindern (s. o. RdNr. 16, 25, 28, 32), nicht aber der vereinbarte Leistungsaustausch sicherstellen. Hierzu bedarf es ohnehin einer insolvenzrechtlichen Sondervorschrift, die den Verwalter befugt, dem anderen Teil entgegen der Regel des § 38 die volle Gegenleistung zukommen zu lassen; diese Funktion übernehmen bei einem Erfüllungsverlangen §§ 103 Abs. 1, 55 Abs. 1 Nr. 2 (s. o. RdNr. 39 ff.). Für die Praxis ist es deswegen weitgehend ohne Bedeutung, ob man die Fortwirkung des Leistungsverweigerungsrechtes unmittelbar aus § 320 BGB oder nur über § 103 herleitet.[158]

63 **cc)** Entsprechendes gilt für die *Unsicherheitseinrede* (§ 321 Abs. 1 BGB). Auch insoweit schützt § 103 gemäß Normzweck und Regelungsbedürfnis den anderen Teil. Ist nämlich dieser vorleistungspflichtig, hat er seine Leistung vor Insolvenzeröffnung aber – gerade auch

---

[154] BGHZ 169, 43 (RdNr. 13) = ZIP 2006, 136 = ZInsO 2006, 933 = NJW 2006, 2919 m. Anm. *Huber*.
[155] BGHZ 155, 371, 376 = NJW 2003, 3060 = NZI 2003, 539 = ZIP 2003, 1550 = ZInsO 2003, 751.
[156] BGHZ 89, 189, 194 f = NJW 1984, 1557 (zur entsprechenden Problemlage bei § 17 KO); *Kübler/Prütting/Tintelnot* RdNr. 6; *Häsemeyer* RdNr. 14.16, 20.9. Krit. *Henckel*, Festschrift für Kirchhof, 2003, S. 191, 199 f.
[157] Vgl. zB *Musielak* AcP 179 (1979), 189, 199 f.; *HK-Marotzke* § 103 RdNr. 2, 47 ff., 54 f.; *Wegener* RdNr. 91.
[158] Ähnlich *Jauernig/Berger* § 49 RdNr. 2.

unter Berufung auf die genannte Einrede – noch nicht erbracht, so besteht der Schutz des funktionellen Synallgma fort. Wählt der Insolvenzverwalter Erfüllung, so muss er den Anspruch des Vertragspartners auf die Gegenleistung gemäß §§ 103 Abs. 1, 55 Abs. 1 Nr. 2 voll berichtigen.[159] Folglich entfällt die nach BGB vorausgesetzte Gefährdung des Anspruchs auf die Gegenleistung, verliert der Vertragspartner also schon deshalb das Leistungsverweigerungsrecht nach dieser Bestimmung.[160] Tritt später freilich Masseunzulänglichkeit ein, steht dann also bereits fest, dass der Gegenleistungsanspruch nicht oder nicht voll bedient werden kann (§§ 208, 209), so braucht der Vertragspartner nicht weiter zu erfüllen.

3. Überblick über den Anwendungsbereich des § 103. a) Grundsätze. Die Vorschrift erfasst einen bei Insolvenzeröffnung von noch keiner Seite (s. o. RdNr. 61) vollständig (s. u. RdNr. 121 ff.) erfüllten gegenseitigen (s. o. RdNr. 55; Beispiele s. u. RdNr. 67 ff.) Vertrag, sofern nicht wirksam eine Lösungsklausel für den Insolvenzfall vereinbart wurde (s. u. RdNr. 90; § 119 RdNr. 23 ff.), oder, soweit nicht Sondervorschriften der InsO (s. u. RdNr. 97 ff.) oder besondere Bestimmungen des bürgerlichen Rechts (s. u. RdNr. 108 ff.) ganz oder zum Teil vorgehen. **Nicht** Voraussetzung für die Anwendung des § 103 sind die Fälligkeit des Anspruchs (s. u. RdNr. 121) und die Forderungszuständigkeit des Insolvenzverwalters (s. u. RdNr. 205).

b) Übergangsrecht. Nach Art. 103 EGInsO ist auf Konkurs-, Vergleichs- und Gesamtvollstreckungsverfahren, die vor dem 1. Januar 1999 beantragt worden sind, und deren Wirkungen das *bisherige Recht* anzuwenden. Die von solchen Verfahren betroffenen schwebenden Rechtsgeschäfte sind folglich nach §§ 17 bis 28 KO, §§ 50 bis 53 VerglO bzw. § 9 GesO abzuwickeln. Das *neue Recht* gilt demgegenüber gemäß Art. 104 EGInsO für nach dem 31. Dezember 1998 beantragte Insolvenzverfahren, dann aber auch für Rechtsverhältnisse und Rechte, die vor dem 1. Januar 1999 begründet worden sind. Schwebende Rechtsgeschäfte unterfallen deshalb selbst dann den Regeln der InsO, wenn sie vor deren Inkrafttreten abgeschlossen wurden, sofern nur der Eröffnungsantrag nach dem 31. Dezember 1998 bei Gericht eingegangen ist. Einen Bestandsschutz, wie bei der Insolvenzanfechtung (vgl. Art. 106 EGInsO), gibt es nicht.[161]

4. Beispiele zu unter § 103 fallende gegenseitige Verträge. a) Die folgende **Übersicht** nennt einige in der Praxis besonders wichtige Typen gegenseitiger Verträge, die entweder ausschließlich oder eingeschränkt von § 103 erfasst werden. Im zuletzt genannten Falle wird auf das Abgrenzungsproblem und die dann einschlägige Sondervorschrift hingewiesen. Zur **Unanwendbarkeit** des § 103 s. u. RdNr. 87 ff. (*Beispiele nicht erfasster Verträge* RdNr. 91 ff.); zu den **Sondervorschriften** nach §§ 104 ff. s. u. RdNr. 97 ff.; zu besonderen **Bestimmungen des bürgerlichen Rechts** s. u. RdNr. 108 ff.

b) Beispiele:
– *Bauvertrag.* Auf ihn finden §§ 631 ff. BGB Anwendung („BGB-Bauvertrag") bzw die Vorschriften der VOB/B, wenn deren Geltung vereinbart wurde („VOB-Bauvertrag"), stets gilt § 103. Besondere Probleme ergeben sich für die Beurteilung der Teilbarkeit von Leistungen (s. u. § 105 RdNr. 15) und wegen des Kündigungsrechtes nach § 8 Nr. 2 VOB/B bzw. der Wirksamkeit einer vereinbarten Lösungsklausel (s. u. RdNr. 90; § 119 RdNr. 23, 28 ff., 51).[162] *Herzustellende bewegliche Sachen* fallen wegen *§ 651 BGB* unter Kaufvertragsrecht (s. u. RdNr. 73); für die Einordnung bei § 103 ist die Abgrenzung zum Werkvertragsrecht ohne Bedeutung.

---

[159] *Kübler/Prütting/Tintelnot* RdNr. 6 (mit Hinweis auch auf eine mögliche Haftung des Insolvenzverwalters nach § 61). Zur KO: *Jaeger/Henckel* § 17 RdNr. 6.
[160] *Kübler/Prütting/Tintelnot* RdNr. 9; *Marotzke* RdNr. 2.22 ff., 4.84 f.
[161] Begründung RegE Art. 103, 104 EGInsO, abgedruckt zB bei *Kübler/Prütting;* Das neue Insolvenzrecht (1994) Bd II, S. 310, 312 f.
[162] Zum Ganzen vgl. auch *Kreft,* Festschrift für Uhlenbruck, 2000, 387 ff.; *Thode* ZfIR 2000, 165, 185 ff.; *C. Schmitz* ZIP 2001, 765; *ders.* ZIP 1998, 1421; *ders.* DZWIR 1999, 485.

68 – *Bauträgervertrag* dann, wenn der Bauträger auf seinem Grundstück für eigene Rechnung baut. Ist bei Vertragsschluss mit dem Erwerber des Objekts das Bauwerk noch nicht hergestellt, liegt ein Werkvertrag vor, ist es schon vollendet, handelt es sich um einen Kaufvertrag, weshalb in beiden Fällen § 103 Anwendung findet.[163] Jedoch gilt § 103 nur für den die Bauleistung betreffenden Teil des Vertrages, während der durch Vormerkung gesicherte Anspruch auf Übereignung des Grundstücks gemäß § 106 Abs. 1 Satz 2 unberührt bleibt.[164] Baubetreuungsverträge fallen unter § 116 (s. u. RdNr. 105). Zwischen Bauträger und dem von ihm beauftragten Bauunternehmer liegt ein Bauvertrag (s. o. RdNr. 67) vor.

69 – *Darlehen* (§§ 488 ff. BGB), aber nur das verzinsliche (s. u. RdNr. 92).[165] Weitere Voraussetzung für die Anwendung des § 103 ist in der Insolvenz des *Darlehensgebers*, dass die Auszahlung des Darlehens bei Insolvenzeröffnung noch wenigstens teilweise aussteht; andernfalls liegt ein von einer Seite vollständig erfüllter gegenseitiger Vertrag vor, der nicht unter § 103 fällt (s. o. RdNr. 57 ff.).[166] Daran hat auch das neue Schuldrecht nichts geändert (vgl. § 488 Abs. 1 BGB: „... zur Verfügung zu stellen");[167] der Insolvenzverwalter muss das – vorbehaltlich einer Anfechtung, bei ungünstigeren Koditionen insbes. nach § 132 oder § 133 – hinnehmen, kann das voll valutierte Darlehen also dem anderen Teil nicht über eine Erfüllungsablehnung entziehen. In der Insolvenz des *Darlehensnehmers*, der bei Eröffnung des Insolvenzverfahrens über sein Vermögen die Darlehensvaluta nicht oder nicht vollständig erhalten hat, kommt § 103 aber kaum praktische Bedeutung zu. Denn in einem solche Falle wird der Darlehensgeber den Darlehensvertrag gemäß § 490 Abs. 1 BGB kündigen. Dem steht § 119, der nur „Vereinbarungen" der Parteien erfasst, nicht entgegen.[168] Unter § 103 fällt auch ein *Darlehens- und Bier-/Getränkelieferungsvertrag*, bei dem ein Getränkehersteller, insbesondere eine Brauerei, ein (in aller Regel unverzinsliches) Darlehen gegen die länger dauernde Bezugsverpflichtung des anderen Teils ausreicht.[169] Ebenso ist es für das *Sachdarlehen* (§ 607 BGB).

70 – *Energielieferungsverträge*, und zwar unabhängig von ihrer Einordnung als Sukzessivlieferungsverträge oder Wiederkehrschuldverhältnisse;[170] der Insolvenzverwalter muss allerdings nur den mit seinem Erfüllungsverlangen abgerufenen Rest der Teilleistung als Masseschuld nach § 103 Abs. 1, 55 Abs. 1 Nr. 2 voll und vorab befriedigen, während das Schicksal der bei Insolvenzeröffnung bereits erbrachten Teilleistungen § 105 regelt (s. u. RdNr. 99).

71 – *Factoring*.[171] Es gilt § 103 für die bereits vereinbarten Forderungsankäufe, soweit die Forderungen nicht bereits abgetreten und vom Factor bezahlt sind, und zwar sowohl in der Insolvenz des Factors wie der des Anschlusskunden.[172] Der Rahmenvertrag fällt unter § 116 (s. u. RdNr. 104, 105).

72 – *Frachtverträge* (§§ 407 ff. HGB) in der Insolvenz des Frachtführers, während für den Geschäftsherrn ein gegenseitiger Vertrag mit Geschäftsbesorgungscharakter (§ 675 BGB) vorliegt, der unter § 116 fällt.[173] Zu Speditionsverträgen s. u. RdNr. 81.

---

[163] *Jaeger/Henckel* KO § 17 RdNr. 23; ausführlich zur Insolvenz eines Bauträgers zB: *Kesseler* RNotZ 2004, 170 ff.; *Ampferl* ZWE 2006, 214 ff.; *Reul/Heckschen/Wienberg*, S. 192 ff.; *C. Schmitz* RdNr. 840 ff.

[164] *Gottwald/Huber* § 38 RdNr. 19 ff. u. 22 (Absicherung des Fertigstellungsrisikos); *Kübler/Prütting/Tintelnot* RdNr. 22; *Hess* RdNr. 27.

[165] Im Ausgangspunkt allgM, vgl. nur: *Kübler/Prütting/Tintelnot* RdNr. 19. Zur KO (und § 607 aF BGB): *W. Luther*, Darlehen im Konkurs, 1990; *Jaeger/Henckel* § 17 RdNr. 12; *K. Schmidt* JZ 1976, 756 ff.

[166] Ebenso *Nerlich/Römermann/Balthasar* RdNr. 12; *Smid* RdNr. 11; *Engert/Schmidt* WM 2005, 60 ff. AA *Uhlenbruck/Berscheid* RdNr. 21; *Keller* RdNr. 1183; *Kübler/Prütting/Tintelnot* aaO.

[167] Ausf. *Landenklos/Sester* ZInsO 2004, 1757, 1759 ff.

[168] Im Ergebnis ebenso, jedoch mit anderer Begründung FK-*Wegener* RdNr. 6.

[169] BGH NJW 2001, 1136 = ZIP 2001, 31 = NZI 2001, 85.

[170] Näher *Gottwald/Huber* § 36 RdNr. 5 ff.

[171] Ausführl. dazu *Obermüller* RdNr. 7.70 ff.; ders. in Kölner Schrift, S. 985 (RdNr. 54 ff.); *Sinz*, Kölner Schrift, S. 593 (RdNr. 69 ff.).

[172] *Nerlich/Römermann/Balthasar* RdNr. 21; *Kübler/Prütting/Tintelnot* RdNr. 20; *Hess* RdNr. 37, 40.

[173] Str. wie hier: *Baumbach/Hopt* HGB § 407 RdNr. 23. Insgesamt für § 103: *Kübler/Prütting/Tintelnot* RdNr. 22 a; HK-*Marotzke* § 116 RdNr. 4. Insgesamt für § 116: *Uhlenbruck/Berscheid* RdNr. 49.

- *Kauf-* (§ 433 BGB) einschließlich *Handelskauf-* (§§ 373 ff. HGB) und *Tauschverträge* **73** (§ 480 BGB). Beim Kauf unter Eigentumsvorbehalt findet § 103 in der Insolvenz des Vorbehaltskäufers Anwendung (die Sondervorschrift des § 107 Abs. 2 bezieht sich nur auf die Überlegungsfrist des vom Verkäufer zur Wahlrechtsausübung aufgeforderten Insolvenzverwalters), während für die Insolvenz des Vorbehaltsverkäufers die Sonderregel des § 107 Abs. 1 gilt (s. u. RdNr. 101).[174] Bei einem *Grundstückskaufvertrag* schließt § 106 Abs. 1 Satz 1 jedoch zugunsten des durch eine Vormerkung gesicherten Erwerbers eine Erfüllungsablehnung des Insolvenzverwalters aus (s. u. RdNr. 100).[175]
- *Kommissionsverträge* (§§ 383 ff. HGB) in der Insolvenz des Kommissionärs;[176] bei einer **74** Verkaufskommission hat der Kommittent bei Erfüllungsablehnung des Insolvenzverwalters ein Aussonderungsrecht (§ 47) an der Ware bzw. nach Ausführung des Geschäftes an der erworbenen Forderung, auch vor Abtretung (§ 392 Abs. 2 HGB).[177] In der Insolvenz des Kommittenten gilt grundsätzlich § 116;[178] jedoch kommt § 103 in Betracht, wenn der Kommittent vor Insolvenzeröffnung nach §§ 384 Abs. 3, 400 HGB (Selbsthaftung und Selbsteintritt) das Recht der Inanspruchnahme des Kommissionärs auf Erfüllung des Geschäftes erworben hat, die Kommission oder das vermittelte Geschäft (Kauf) aber noch nicht beiderseits erfüllt ist.[179]
- *Leasingverträge,*[180] aber nur die über bewegliche Sachen,[181] sofern nicht in der Insolvenz **75** des Leasinggebers die Sondervorschrift des § 108 Abs. 1 Satz 2 eingreift, also der Leasinggegenstand dem Dritten zur Sicherung übertragen wurde, der seine Anschaffung oder Herstellung finanziert hat (s. u. § 108 RdNr. 7, 42 ff.). Das Immobilienleasing fällt unter § 108 Abs. 1 Satz 1.
- *Lizenzverträge,* insbesondere für Patente, Filme[182] oder Software;[183] für Software-Leasing- **76** verträge gelten die vorstehenden Erörterungen entsprechend. Wurde einem Lizenznehmer aber in dem zugrundeliegenden Vertrag – unanfechtbar – ein außerordentliches Kündigungsrecht und für diesen Fall aufschiebend bedingt ein Weiternutzungsrecht eingeräumt und hat er davon Gebrauch gemacht, kann der Insolvenzverwalter in der Insolvenz des Lizenzgebers nicht mehr die Erfüllung ablehnen, das Nutzungsrecht also nicht wieder über § 103 zur Masse ziehen (ausf. s. u. § 119 RdNr. 26).
- *Maklervertrag* (§§ 652 ff. BGB), falls sich der Makler verpflichtet, einen bestimmten Erfolg **77** (Abschlussgelegenheit zu bestimmten Bedingungen) herbeizuführen und dafür einzustehen.[184] Im Übrigen handelt es sich um einen den Auftraggeber einseitig verpflichtenden Vertrag, ist folglich § 103 unanwendbar (s. u. RdNr. 91) und gilt § 116.
- *Miet- und Pachtverträge,* aber nur über bewegliche Sachen und Rechte (einschließlich **78** Leasing, s. o. RdNr. 75, dort zugleich auch zur Ausnahme) *sowie ähnliche Schuldverhältnisse,* zB Film-„Verleih"-Vertrag (d. h. die entgeltliche Überlassung eines Films zur Vorführung), Vertrag eines Kunden mit einer Bank über die Benutzung eines Stahlkammerfaches (Schrankfach, Safe), Verträge über Reklameflächen. Für Miet- und Pachtverträge über unbewegliche Sachen oder Räume (einschließlich Immobilienleasing) gelten §§ 108 ff.

---

[174] Ausf. zu den Abwicklungslagen beim Kauf unter Eigentumsvorbehalt *Gottwald/Huber,* Insolvenzrechts-Handbuch, § 36 RdNr. 13 ff.
[175] Ausf. zum Einfluss der Insolvenz auf die Abwicklung eines bestehenden Grundstückskaufvertrags *Reul/Heckschen/Wienberg* S. 169 ff.
[176] RGZ 78, 94 (zu § 17 KO); *Uhlenbruck/Berscheid* RdNr. 45; *Kübler/Prütting/Tintelnot* RdNr. 17.
[177] *FK-Wegener* RdNr. 11.
[178] RGZ 96, 292, 296 (zu § 23 Abs. 2 KO; jetzt: § 116); *Kübler/Prütting/Tintelnot* aaO; *Braun/Kroth* RdNr. 19.
[179] *Jaeger/Henckel* KO § 17 RdNr. 24; zweifelnd *Nerlich/Römermann/Balthasar* RdNr. 23.
[180] Ausführl. *Krämer,* Leasingverträge in der Insolvenz, 2005; *Obermüller* 7.2 ff.; *Sinz,* Kölner Schrift, S. 593 (RdNr. 2 ff.).
[181] Beispiel: OLG Düsseldorf ZInsO 2005, 820.
[182] Ausf. zu Film- und Fersehrechten *Klanze,* Urheberrechtliche Nutzungsrechte in der Insolvenz, 2006. Vgl. auch *Adolphsen* DZWIR 2003, 228; *Abel* NZI 2003, 121.
[183] Ausführl. dazu *Paulus* ZIP 1996, 2, 6 ff.
[184] *Jaeger/Henckel* KO § 17 RdNr. 15.

79 – *Reisevertrag* (§§ 651a ff. BGB). Es handelt sich um einen aus dem Werkvertragsrecht entwickelten gegenseitigen Vertrag, der folglich unter § 103 fällt. Er ist auch nach Bewirkung der dem Reiseveranstalter gemäß § 651k BGB obliegenden Sicherungspflicht nicht einseitig vollständig erfüllt. In der Insolvenz des Reiseveranstalters wird der Insolvenzverwalter freilich in aller Regel nicht in der Lage sein, die Gesamtheit der Reiseleistungen zu erbringen und deshalb von einem Erfüllungsverlangen absehen.

80 – *Sicherungsverträge,* in denen sich der Kreditnehmer zur Bestellung von Sicherheiten für das Darlehen verpflichtet.

81 – *Speditionsverträge* (§§ 453 ff. HGB) in der Insolvenz des Spediteurs, während für den Versender ein gegenseitiger Vertrag mit Geschäftsbesorgungscharakter (§ 675 BGB) vorliegt, der unter § 116 fällt.[185] Zum Frachtvertrag s. o. RdNr. 72.

82 – *Vergleich* (§ 779 BGB). Er ist nach hM[186] gegenseitiger Vertrag schon deshalb, weil die Parteien im Abhängigkeits-/Gegenseitigkeitsverhältnis zueinander nachgeben, jedenfalls aber dann, wenn – was ohnehin in der Regel der Fall sein wird – die übernommenen Verpflichtungen gegenseitig voneinander abhängen.[187] Ob allerdings eine sogleich mit Vertragsschluss eintretende positive und negative Anerkenntniswirkung des Vergleichsvertrages das Wahlrecht des Insolvenzverwalters ausschließt, kann zweifelhaft sein, bei Durchführung des Vergleichs vor Insolvenzeröffnung (zB durch Zahlung der Vergleichssumme) liegt aber ein beiderseits vollständig erfüllter Vertrag (s. o. RdNr. 58) vor.[188] Unter § 103 fällt die *Vertragsübernahme durch einen Dritten,* zB der Ankauf von Wartungsverträgen über Aufzugsanlagen der späteren Insolvenzschuldner mit deren Kunden.[189]

83 – *Verwahrung,* aber nur die entgeltliche (§§ 688, 689 BGB; s. u. RdNr. 92), einschließlich der Sonderform des *Lagergeschäfts* (§§ 467 ff. HGB).

84 – *Wettbewerbsabreden,*[190] die Handlungsgehilfen oder Handelsvertreter für die Zeit nach der Beendigung des Dienst- bzw. sonstigen Vertragsverhältnisses in ihrer gewerblichen Tätigkeit beschränken. Denn solche Vereinbarungen sind unter anderem nur dann verbindlich, wenn der andere Teil eine bestimmte Entschädigung zahlt (§§ 74, 90 a HGB), begründen also gegenseitige Rechte und Pflichten. Entsprechendes gilt für Wettbewerbsverbote gegenüber Arbeitnehmern, die nicht kaufmännische Angestellte sind, und für Mandantenschutzklauseln zwischen den einen freien Beruf Ausübenden und ihren Mitarbeitern.

85 – *Werkverträge* (§ 631 BGB); zum Bauvertrag s. o. RdNr. 67; zum Bauträgervertrag s. o. RdNr. 68), soweit sie nicht Geschäftsbesorgungscharakter (§ 675 BGB) haben und damit unter § 116 fallen (zB der Baubetreuungsvertrag s. o. RdNr. 68, s. u. RdNr. 105). Auf *Werklieferungsverträge* findet gemäß § 651 BGB Kaufrecht Anwendung (s. o. RdNr. 67).

86 **c)** Auf ein **Rückabwicklungsschuldverhältnis** *auf vertraglicher Grundlage,* insbesondere aus Rücktritt (§§ 323 ff., 326 Abs. 5, 437 Nr. 2, 440, 634 Nr. 2, 636 BGB), ist § 103 nach hM[191] analog anwendbar; es handelt sich zwar um keinen „gegenseitigen Vertrag", jedoch um die Nachwirkungen aus einem solchen vorangegangenen Schuldverhältnis, die in der Regel ebenfalls nur Zug um Zug zu erfüllen sind. Entsprechendes gilt bei *nichtigen Verträgen*

---

[185] Str., wie hier *Kübler/Prütting/Tintelnot* RdNr. 22a. Insgesamt für § 116: *Uhlenbruck/Berscheid* RdNr. 49; offenbar auch HK-*Marotzke* § 116 RdNr. 4.

[186] BGH WM 1974, 369, 370; RGRK-*Steffen* § 779 RdNr. 20; einschränkend (nur idR gegenseitiger Vertrag) *Palandt/Thomas* § 779 RdNr. 1a. HM auch im insolvenzrechtlichen Schrifttum: FK-*Wegener* RdNr. 17; *Kübler/Prütting/Tintelnot* RdNr. 23; *Jaeger/Henckel* KO § 17 RdNr. 12; zweifelnd aber *Nerlich/Römermann/Balthasar* RdNr. 16.

[187] BGHZ 116, 319 = NJW 1992, 967, 970 = ZIP 1992, 191, 196 (außergerichtlicher Sanierungsvergleich).

[188] BGH NZI 2007, 101 (RdNr. 13) = ZInsO 2006, 1322 = ZIP 2006, 2391.

[189] BGH NZI 2002, 95 = NJW-RR 2002, 191 = ZIP, 2001, 2142.

[190] Dazu vgl. auch *Uhlenbruck/Berscheid* RdNr. 33; ausf. zum Handelsvertretervertrag in der Insolvenz *Emde/Klem* ZIP 2005, 58. Zur KO: *Jaeger/Henckel* § 17 RdNr. 215 ff.

[191] *Jaeger/Henckel* KO § 17 RdNr. 28; HK-*Marotzke* RdNr. 11, 12; FK-*Wegener* RdNr. 15; *Nerlich/Römermann/Balthasar* RdNr. 17; *Kübler/Prütting/Tintelnot* RdNr. 14; *Uhlenbruck/Berscheid* RdNr. 31; FK-*Wegener* RdNr. 15; *Scherer* NZI 2002, 356, 359. Ebenso BGH WM 1961, 482, 485f. Offen gelassen aber in BGHZ 150, 138, 148 = NJW 2002, 2313 = ZIP 2002, 858; BGH ZIP 2003, 2379, 2381; vgl. auch *Fischer* NZI 2003, 281, 286.

(dazu s. auch u. RdNr. 89) für Ansprüche aus *ungerechtfertigter Bereicherung*, wenn die ohne Rechtsgrund empfangene Leistung selbst noch zurückgegeben werden kann. Soweit außerhalb des Insolvenzverfahrens nach der Saldotheorie (Verrechnung der beiderseitigen Leistungen zwecks Ermittlung des Überschussanspruchs) rückabgewickelt würde, gilt das in der Insolvenz eines Vertragspartners nur eingeschränkt. Insoweit ist schon entschieden, dass diese Theorie keine Grundlage dafür bietet, Forderungen, die ohne Saldierungsmöglichkeit Insolvenzforderungen wären, zu „verdinglichen" oder gar zu Masseforderungen zu erheben.[192] Deshalb konnte im konkreten Fall eines nichtigen Arbeitsüberlassungsvertrags der Entleiher seine Zahlungen, die er zum Ausgleich der dem Verleiher (Insolvenzschuldner) obliegenden Verpflichtung an Sozialversicherungsträger erbracht hatte, nicht anspruchsmindernd gegenüber dem Bereicherungsanspruch der Masse geltend machen.

II. Unanwendbarkeit des § 103

1. Insolvenzfreie Schuldverhältnisse. Dazu gehören vor allem Rechtsgeschäfte, die sich auf **insolvenzfreies Vermögen** beziehen (Beispiele: familienrechtliche Angelegenheiten des Schuldners; Neuerwerb, soweit er – ausnahmsweise (vgl. § 35 Abs. 1) – nach der Neuregelung in § 35 Abs. 2 nicht zur Masse gehört) oder die **Gegenstände im Sinn des § 36** betreffen, zB also der Kauf von für die persönliche Tätigkeit des (späteren) Schuldners als Künstler, Gelehrter, Schriftsteller oder Handwerker unentbehrlichen Arbeitsgegenstände (§ 811 Abs. 1 Nr. 5 ZPO i.V.m. § 36 Abs. 2 Nr. 2). Da ein solcher Erwerb nicht in die Masse fällt, kann diese dadurch weder begünstigt noch belastet werden und scheidet folglich eine Anwendung des § 103 aus; selbst ein Erfüllungsverlangen des Insolvenzverwalters könnte deshalb Masseansprüche des Vertragspartners nicht begründen. Entsprechendes gilt für **höchstpersönliche Ansprüche** des Schuldners, zB aus dem Engagement einer Tanz-/Musikgruppe zwecks Auftritts auf seiner Geburtstagsfeier.

Nicht anders ist die Rechtslage bei **höchstpersönlichen Verpflichtungen** des Schuldners, zB zur Anfertigung eines nur von ihm herstellbaren Kunstwerkes; denn diese Leistung kann der Insolvenzverwalter weder selbst noch mit Mitteln der Masse erbringen. Gleichwohl wird im Schrifttum vereinzelt eine Anwendung des § 103 mit der Begründung befürwortet, der Insolvenzverwalter könne diese höchstpersönliche Leistung erbringen, wenn der Schuldner nach wie vor dazu bereit sei, insbesondere um die Fortführung seiner künstlerischen oder freiberuflichen Praxis zu ermöglichen.[193] Dem kann in dieser Form nicht zugestimmt werden. Im Geltungsbereich der InsO (s. o. RdNr. 65) lässt sich die Problemlage nun meist ohnehin auf andere Weise lösen. Fällt nämlich eine solche künstlerische oder freiberufliche Praxis – wegen ihrer Veräußerbarkeit – in die Insolvenzmasse (s. o. § 35 RdNr. 507 ff.), so kommt eine – gegebenenfalls nachträgliche – Anordung der Eigenverwaltung (§§ 270, 271) in Betracht; der Schuldner kann dann im Einvernehmen mit dem (anstelle eines Insolvenzverwalters eingesetzten) Sachwalter selbst die Erfüllung des gegenseitigen Vertrages wählen (§ 279; s. u. RdNr. 152). Im Übrigen, d. h. außerhalb der Eigenverwaltung, ist bei fortbestehender Leistungsbereitschaft des Schuldners ein Neuabschluss des Vertrages durch den Insolvenzverwalter mit Wirkung für und gegen die Masse möglich; ein Nachteil entsteht daraus nicht, insbesondere auch kein Anspruch des Vertragspartners wegen der Nichterfüllung des ursprünglichen Schuldverhältnisses (§ 103 Abs. 2 Satz 1), weil dieses entweder durch das neue Rechtsgeschäft ersetzt wird oder weil wegen dessen Erfüllung ein Schaden beim Vertragspartner ausbleibt. Gehört die künstlerische oder freiberufliche Praxis jedoch nicht zur Insolvenzmasse, so scheidet eine Anwendung des § 103 aus; es gibt keine Erfüllungswahl des Insolvenzverwalters für vom Insolvenzbeschlag nicht erfasste Rechte.

---

[192] BGHZ 161, 241, 250 ff. = NZI 2005, 157 = ZIP 2005, 126 = ZInsO 2005, 90. Zust. *Graf-Schlicker/Breitenbücher* RdNr. 5. Sehr krit. HK-*Marotzke* RdNr. 11.

[193] *Nerlich/Römermann/Balthasar* RdNr. 11.

89 **2. Unanwendbarkeit für gegenseitige Verträge.** Hiervon zu unterscheiden sind die Fälle, in denen § 103 durch insolvenzrechtliche Sonderregeln der §§ 104 ff. (s. u. RdNr. 97 ff.) oder besondere Bestimmungen des bürgerlichen Rechts (s. u. RdNr. 108 ff.) ganz oder zum Teil verdrängt wird. Überhaupt nicht anwendbar ist demgegenüber § 103 auf

a) einen **nichtigen** gegenseitigen Vertrag, weil es dann schon begrifflich keine Erfüllungswahl gibt[194] (zur Anwendbarkeit des § 103 auf das bereicherungsrechtliche Rückabwicklungsverhältnis s. o. RdNr. 86), und einen schon vor Insolvenzeröffnung beiderseits oder einseitig **vollständig erfüllten** gegenseitigen Vertrag (s. o. RdNr. 57 ff.) und

90 b) denjenigen bei Insolvenzeröffnung von noch keiner Seite vollständig erfüllten gegenseitigen Vertrag (s. o. RdNr. 61), für den der andere Teil von einer Auflösungsklausel Gebrauch gemacht hat. Solche insolvenzunabhängige (an Verzug/Vertragsverletzung/Vermögensverschlechterung geknüpfte) oder insolvenzabhängige (an Insolvenzgründe/Insolvenzantrag/Insolvenzeröffnung geknüpfte) **Lösungsklauseln** sind nach der hier vertretenen Auffassung grundsätzlich wirksam (s. u. § 119 RdNr. 23 ff.) und haben in der Praxis, nicht nur bei Bauverträgen (vgl. § 8 Nr. 2 VOB/B; s. u. § 119 RdNr. 23, 51), große Bedeutung.

91 **3. Sonstige nicht erfasste Fälle.** Da unter § 103 nur (bestimmte) gegenseitige Verträge fallen (s. o. RdNr. 64, 66 ff.; zu den Sondervorschriften §§ 104 ff. s. u. RdNr. 97 ff.), werden von der Vorschrift nicht erfasst: **a) Einseitig verpflichtende Verträge,** die nur für eine Partei eine Leistungspflicht begründen, wie Schenkung (§ 516 BGB; auch unter Auflage, weil dadurch kein gegenseitiges Austauschverhältnis hergestellt wird), Schenkungsversprechen (§ 518 BGB) und **einseitige Rechtsgeschäfte** wie die Auslobung (§ 657 BGB). Einseitig verpflichtend ist in der Regel auch der Bürgschaftsvertrag (§ 765 BGB), sofern nicht der Bürgschaftsgläubiger eine Gegenleistung übernimmt, zB die Zahlung einer Provision; dann kann ein gegenseitiger Vertrag vorliegen.[195]

92 **b) Unvollkommen zweiseitige Verträge,** bei denen nur eine Partei die vertragstypische Leistung erbringen muss, zu der die den anderen Teil treffende Pflicht in keinem Gegenseitigkeitsverhältnis steht, wie unverzinsliche (nicht also das verzinsliche, § 488 Abs. 1 BGB – dazu s. o. RdNr. 69) Darlehen, Leihe (§ 598 BGB), unentgeltliche (nicht also entgeltliche) Verwahrung (§ 688 BGB) mit Ausnahme jedoch des Auftrags (vgl. § 115; s. u. RdNr. 104).

93 **c) Unvollkommene Verbindlichkeiten** (Naturalobligationen), also Verträge, die nicht erzwingbare Verbindlichkeiten begründen, wie zB Spiel/Wette (§§ 762, 763 BGB), Differenzgeschäft (§ 764 BGB) und Heiratsvermittlung (§ 656 BGB).

94 **d) Grundstückserwerb in der Zwangsversteigerung,**[196] weil er sich nicht auf Grund eines gegenseitigen Vertrages, sondern eines konstitutiv wirkenden Staatshoheitsaktes, mithin originär vollzieht. Eine **Schiedsabrede** ist weder ein gegenseitiger Vertrag i. S. des § 103 (es gibt also keine Erfüllungsablehnung) noch fällt sie unter § 115 (also kein Erlöschen mit Insolvenzeröffnung), vielmehr ist der Insolvenzverwalter an eine solche vom Schuldner getroffene Vereinbarung (außer bei Anfechtbarkeit nach §§ 129 ff.) gebunden.[197]

95 **e)** Die Übernahme der Aktien durch die Gründer einer **Aktiengesellschaft** (§§ 23 ff. AktG) oder die Zeichnung neuer Aktien bzw. das Verlangen neuer Aktien bei Kapitalerhöhung gegen Einlage (§§ 182 ff. AktG) beinhaltet keinen gegenseitigen Vertrag im Sinn

---

[194] BGHZ 161, 249, 250 ff = NZI 2005, 157 = ZIP 2005, 126; BGHZ 149, 326, 334 = NJW 2002, 1050 = ZIP 2002, 309 = ZInsO 2002, 150. Auch §§ 320 ff BGB gelten in solchen Fällen nicht, BGHZ 150, 138, 144 = NJW 2002, 2313 = ZIP 2002, 858
[195] RGZ 84, 232; MünchKommBGB-*Habersack* § 765 RdNr. 6; *Kübler/Prütting/Tintelnot* RdNr. 29; *Uhlenbruck/Berscheid* RdNr. 48. Zur KO: *Jaeger/Henckel* § 17 RdNr. 31.
[196] *Jaeger/Henckel* KO § 17 RdNr. 66; *Kuhn/Uhlenbruck* § 17 RdNr. 18 q; vgl. auch BGH LM § 3 Nr. 1 AnfG Nr. 26.
[197] BGH ZInsO 2004, 88. Näher zu Schiedsgerichtsvereinbarungen und Schiedsabreden im Insolvenzverfahren *Kück*, ZInsO 2006, 11.

des § 103.[198] Denn die Leistungspflicht des Gründers, Aktienzeichners oder Bezugsberechtigten entsteht nicht in einem synallagmatischen Leistungs-/Gegenseitigkeitsverhältnis (dazu s. o. RdNr. 55); der Bezugsberechtigte verpflichtet sich zur Gegenleistung nicht für die Aktie, sondern für die Mitgliedschaft.

f) Auf einen **Tarifvertrag** kann § 103 nicht angewendet werden. Zwar ist dessen schuldrechtlicher Teil ein gegenseitiger Vertrag, jedoch enthalten die dort begründeten Pflichten (zB Friedenspflicht) keine vermögensrechtlichen Verpflichtungen, die aus der Masse zu befriedigen wären, wie es § 103 voraussetzt.[199] **96**

III. Beschränkungen im Anwendungsbereich (§§ 104 ff.)

1. Sondervorschriften der InsO. a) Grundsätze. Die Grund- und Auffangnorm für gegenseitige Verträge ist § 103. Darüber hinaus enthalten §§ 104 bis 128 Sondervorschriften für bestimmte Sachverhalte, die den Anwendungsbereich des § 103 beschränken, vereinzelt aber auch erweitern (zu den besonderen Bestimmungen des bürgerlichen Rechts s. u. RdNr. 108 ff.). *Abweichende Vereinbarungen* gegenüber §§ 103 bis 118, die dazu im Voraus getroffen wurden, sind gemäß § 119 unwirksam (ausf. s. u. § 119 RdNr. 57 ff.); die Vertragsparteien können also zB nicht die Verlängerung der Überlegungsfrist nach § 107 Abs. 1 Satz 1 im Voraus ausschließen (s. u. § 119 RdNr. 67). Die Vorschrift des § 119 erfasst aber nicht Lösungsklauseln (§ 119 RdNr. 23 ff.). Sondervorschriften gelten schließlich bei *Eigenverwaltung und vereinfachtem Insolvenzverfahren* (s. u. RdNr. 152, 153). **97**

Die folgende **Übersicht** will die von der InsO ganz oder zum Teil aus dem Anwendungsbereich des § 103 herausgenommenen Sachverhalte kurz beschreiben, um die Systematik des Gesetzes aufzuzeigen und den Einstieg in die Rechtsanwendung bei Abwicklung schwebender Rechtsgeschäfte zu erleichtern.

– *Fixgeschäfte und Finanzleistungen,* § 104. Es handelt sich um gegenseitige Verträge, für die an sich § 103 gilt. In Ausnahme dazu ordnet jedoch § 104 für bestimmte Fixgeschäfte und Finanzleistungen an, dass Erfüllung nicht verlangt werden kann, entscheidet sich also für die Nichterfüllung. Soweit die Voraussetzungen dieser Bestimmung nicht vorliegen, ist § 103 anzuwenden. **98**

– *Verträge über teilbare Leistungen,* § 105. Die Vorschrift ergänzt § 103 und bestimmt, dass derjenige Vertragspartner, der vor Insolvenzeröffnung seine Leistung bereits teilweise erbracht hat, mit dem darauf entfallenden Teil seines Anspruchs auf die Gegenleistung auch dann Insolvenzgläubiger (§§ 38, 87, 174 ff.) bleibt, wenn der Insolvenzverwalter wegen des noch ausstehenden Restes Erfüllung wählt. Nur der vom Erfüllungsverlangen betroffene Teil wird gemäß §§ 103 Abs. 1, 55 Abs. 1 Nr. 2 zur Masseschuld aufgewertet. **99**

– *Vorgemerkte Ansprüche,* § 106. Die Bestimmung verwirklicht unter bestimmten Voraussetzungen die Sicherungsfunktion einer Vormerkung (§ 883 BGB) auch im Insolvenzfall. Denn nach ihr kann der Vormerkungsberechtigte vom Insolvenzverwalter Erfüllung in derselben Art und Weise verlangen, wie er sie außerhalb des Insolvenzverfahrens vom Schuldner hätte beanspruchen können. Die Vorschrift beinhaltet demzufolge eine Ausnahme gegenüber § 103 und schließt eine Erfüllungsablehnung durch den Verwalter aus. **100**

– *Eigentumsvorbehalt,* § 107 (s. o. RdNr. 73). Abs. 1 der Vorschrift verdrängt in der Insolvenz des Vorbehaltsverkäufers § 103 und ordnet der Sache nach zugunsten des vertragstreuen Vorbehaltskäufers den Fortbestand des Kaufvertrages unter Eigentumsvorbehalt an, schneidet also dem Insolvenzverwalter die Möglichkeit einer Erfüllungsablehnung ab. In der Insolvenz des Vorbehaltskäufers gilt § 103; insoweit enthält § 107 Abs. 2 eine Sonderregel für die Überlegungsfrist des vom Verkäufer zur Wahlrechtsausübung aufgeforderten Verwalters. **101**

---

[198] Ausführl. *Jaeger/Henckel* KO § 17 RdNr. 36 ff. Zustimmend auch *Nerlich/Römermann/Balthasar* RdNr. 22; *FK-Wegener* RdNr. 28; *Kübler/Prütting/Tintelnot* RdNr. 30; *Heß* RdNr. 23.

[199] *Uhlenbruck/Berscheid* RdNr. 53; *Jaeger/Henckel* KO § 17 RdNr. 20.

§ 103 102–107   3. Teil. 2. Abschnitt. Erfüllung Rechtsgeschäfte. Mitwirkung BR

102 – *Miet- und Pacht- sowie ähnliche Schuldverhältnisse* (s. o. RdNr. 78), §§ 108 bis 112. Während bei Verträgen über bewegliche Sachen und Rechte (zum Leasing s. o. RdNr. 75) § 103 anzuwenden ist, ordnet § 108 Abs. 1 Satz 1 für solche Verträge über unbewegliche Gegenstände oder Räume den Fortbestand des Dauerschuldverhältnisses mit Wirkung für und gegen die Masse an, schließt also eine Erfüllungsablehnung durch den Insolvenzverwalter aus; Abs. 2 der Vorschrift enthält eine § 105 Satz 1 entsprechende Regelung für Ansprüche des Vertragspartners aus der Zeit vor Verfahrenseröffnung. Weitere Sondervorschriften zur Abwicklung finden sich in §§ 109 bis 112.

103 – *Dienstverhältnisse,* §§ 108 Abs. 1 Satz 1, Abs. 2, 113, 114, 120 bis 128. Auch hier wird § 103 von § 108 Abs. 1 Satz 1 verdrängt, der den Fortbestand von Dienstverhältnissen mit Wirkung für und gegen die Masse anordnet, also eine Erfüllungsablehnung durch den Insolvenzverwalter ausschließt; Abs. 2 der Vorschrift enthält eine § 105 Satz 1 entsprechende Regelung für den Anspruch des Vertragspartners aus der Zeit vor Verfahrenseröffnung. Weitere Sondervorschriften finden sich in §§ 113, 114 sowie in §§ 120 bis 128. Zu *Tarifverträge* s. o. RdNr. 96.

104 – *Auftrag und Geschäftsbesorgungsverträge,* §§ 115, 116. Die Vorschriften stellen in mehrfacher Hinsicht eine Besonderheit dar. Für den Anwendungsbereich gilt: Es regelt § 115 den Auftrag, also einen nur unvollkommen zweiseitig verpflichtenden Vertrag, der nicht unter § 103 fiele (s. o. RdNr. 92), und § 116 mit der Geschäftsbesorgung einen gegenseitigen Vertrag, auf den sonst der nun ausgeschlossene § 103 anwendbar wäre. Außerdem gehen sie § 113 vor, der die Kündigung von Dienstverhältnissen betrifft, finden mithin auf solche Verträge Anwendung, falls diese Geschäftsbesorgungscharakter haben. Für die Rechtsfolgen der §§ 115, 116 gilt: Aufträge und Geschäftsbesorgungsverträge erlöschen (von Besonderheiten für Notgeschäftsführung und Insolvenzunkenntnis abgesehen) durch die Eröffnung des Insolvenzverfahrens kraft ausdrücklicher gesetzlicher Anordnung;[200] als Ausnahme dazu bestimmt § 116 Satz 3 den Fortbestand von Überweisungs-, Zahlungs- und Übertragungsverträgen. Obgleich danach kein Anwendungsbereich für § 103 verbleibt, kann diese Vorschrift bei einem gegenseitigen Vertrag einschlägig sein, der nur für einen Teil Geschäftsbesorgungscharakter hat; so liegt es zB beim Factoring (s. o. RdNr. 71) sowie bei Fracht- (s. o. RdNr. 72) und Kommissions- (s. o. RdNr. 74) und Speditionsverträgen (s. o. RdNr. 81).

105 Geschäftsbesorgungsverträge sind insbesondere: Anwalts-, Schiedsrichter-, Wirtschaftsprüfer-, Steuerberater-, Handelsvertretervertrag; Inkassotätigkeit; Auftrag zur Prozessführung in gewillkürter Prozess-Standschaft;[201] Maklervertrag (Ausnahme s. o. RdNr. 77); Baubetreuungsvertrag (zum Bauträgervertrag s. o. RdNr. 68), Treuhandverträge; Bankvertragsrecht, insbesondere Kontokorrentvertrag, Krediteröffnungsvertrag, Girovertrag und Lastschriftverfahren (mit Ausnahme der in § 116 Satz 3 genannten Geschäfte, s. o. RdNr. 104 aE).

106 – *Vollmachten,* § 117. Die Vorschrift ordnet in Ergänzung der §§ 115, 116 das Erlöschen einer vom Schuldner erteilten Vollmacht an, die sich auf das zur Insolvenzmasse gehörige Vermögen bezieht[202] (von Besonderheiten bei Notgeschäftsführung und Insolvenzunkenntnis abgesehen); § 103 ist unanwendbar.

107 – *Auflösung von Gesellschaften,* § 118. Die Vorschrift betrifft Gesellschaften ohne Rechtspersönlichkeit (§ 11 Abs. 2 Nr. 1) und die Kommanditgesellschaft auf Aktien, falls diese durch die Eröffnung des Insolvenzverfahrens über das Vermögen eines Gesellschafters aufgelöst werden (s. u. RdNr. 115). Sie regelt hierzu die Qualität der Ansprüche des geschäftsführenden Gesellschafters aus Notgeschäftsführung und Fortführung der Geschäfte infolge Insolvenzunkenntnis für ihre Verfolgung im Insolvenzverfahren.

---

[200] BGH NZI 2007, 234 u. BGHZ 168, 276 = NZI 2006, 637 (beide zum Kautionsversicherungsvertrag).
[201] BGH NJW 2000, 738.
[202] Und zwar – trotz Fehlens einer § 117 entsprechenden Vorschrift – auch im Bereich der GesO, vgl. BGHZ 155, 87 = NJW 2003, 2744 = ZIP 2003, 1208 = NZI 2003, 491 m. Anm. *Huber*; speziell zu den Auswirkungen auf die notarielle Praxis vgl. Urteilsanmerkung *Huber* MittBayNot 2004, 58.

IV. Besondere Bestimmungen des bürgerlichen Rechts

1. Allgemeines. Die zivilrechtlichen Auswirkungen einer Insolvenzeröffnung sind in der InsO nicht abschließend geregelt. Zwar finden auf Rechtsverhältnisse, die unter die §§ 104 ff. fallen, ausschließlich die dort genannten Regelungen Anwendung. Für andere Rechtsbeziehungen sind aber Vorschriften des bürgerlichen Rechts maßgeblich, die besondere Bestimmungen über die Wirkung der Eröffnung des Insolvenzverfahrens sowie die Erfüllung und den Bestand von Rechtsverhältnissen enthalten. Dazu gehören hauptsächlich die Sondertatbestände des BGB zum Vereins-, Familien- und Erbrecht (zu Letzterem siehe die Erläuterungen bei §§ 315 ff.) sowie zur Verjährung und die besonderen Vorschriften zu Gesellschaften in BGB und HGB sowie diejenigen zu Versicherungsverhältnissen und Verlagsvertrag. 108

2. Vereine und Stiftungen. *Rechtsfähige Vereine und Stiftungen* werden durch die Eröffnung des Insolvenzverfahrens aufgelöst, § 42 Abs. 1 Satz 1 BGB; das gilt gemäß § 86 BGB auch für Stiftungen. Infolgedessen kommt es in der Regel zur Liquidation; zum Zwecke der Abwicklung durch den Insolvenzverwalter bestehen Vereine und Stiftungen zunächst aber fort; jedoch endet die Beitragspflicht der Mitglieder, sofern die Satzung nichts anderes bestimmt.[203] Ein *nichtrechtsfähiger Verein* wird durch die Insolvenz eines Mitglieds allerdings nicht aufgelöst; § 728 Abs. 2 BGB (vgl. § 54 BGB) passt nämlich hierfür nicht und wird im Übrigen ohnehin schon meist bei der Vereinsgründung abbedungen.[204] 109

3. Familienrecht. a) Güterstand. Während im gesetzlichen Güterstand der Zugewinngemeinschaft (§§ 1363 ff. BGB) oder bei Gütertrennung (§§ 1408, 1414 BGB) die Eröffnung des Insolvenzverfahrens über das Vermögen eines Ehegatten keine Auswirkungen auf die Stellung des anderen hat, ist bei Gütergemeinschaft (§§ 1408, 1415 ff. BGB) zu beachten (Einzelheiten s. o. § 37 RdNr. 16 ff.): Wird derjenige Ehegatte insolvent, der das Gesamtgut alleine verwaltet (vgl. § 1421 BGB), so fällt es in dessen Masse (§ 37 Abs. 1 Satz 1); ist der andere insolvent oder verwalten beide gemeinsam, so wird das Gesamtgut nicht berührt (§ 37 Abs. 1 Satz 3, Abs. 2); sind beide Ehegatten zahlungsunfähig, so ist ein selbstständiges Insolvenzverfahren über das Gesamtgut zulässig (§ 333). 110

b) Elterliche Vermögenssorge. Auf die elterliche Vermögenssorge (vgl. § 1626 Abs. 1 BGB) hat die Eröffnung des Insolvenzverfahrens keinen Einfluss mehr; § 1670 BGB, demzufolge das Vermögenssorgerecht des in Konkurs gefallenen Elternteils endete,[205] wurde mit Inkrafttreten der InsO aufgehoben (Art. 33 Nr. 28 EGInsO). Damit will der Gesetzgeber vermeiden, dass sich wegen dieser Folge ein unverschuldet in Not geratener Elternteil davon abhalten lässt, durch ein Insolvenzverfahren mit anschließender Restschuldbefreiung seine Vermögensverhältnisse wieder in Ordnung zu bringen.[206] Diese Begründung passt freilich nicht auf alle Fälle, weil das Restschuldbefreiungsverfahren nicht nur unverschuldet insolvent gewordenen Personen offen steht. Das Vormundschaftsgericht hat deshalb künftig gemäß § 1667 BGB stets sorgfältig zu prüfen, ob eine Gefährdung des Kindesvermögens droht; dann wird dem insolvent gewordenen Elternteil das Vermögenssorgerecht zu entziehen sein. 111

c) Die Eröffnung des Insolvenzverfahrens über das Vermögen eines **Vormunds, Gegenvormunds, Pflegers oder Nachlassverwalters** hat keine Auswirkungen mehr auf deren Ämter; der frühere § 1781 Nr. 3 BGB (i. V. m. §§ 1886, 1915, 1985 BGB), demzufolge die Insolvenzeröffnung Entlassungsgrund von Amts wegen war, wurde mit Inkrafttreten der InsO aufgehoben (Art. 33 Nr. 29 EGInsO).[207] 112

4. Verjährung. Insoweit ist zu unterscheiden: Die Verjährung von *Insolvenzforderungen* wird durch ihre Anmeldung (§ 174) gehemmt (§ 204 Abs. 1 Nr. 10 BGB), wobei die 113

---

[203] BGHZ 96, 253 = NJW 1986, 1604 = ZIP 1986, 240; dazu *Medicus* EWiR 1986, 113.
[204] HK-*Marotzke* § 118 RdNr. 4; zur KO: *Jaeger/Henckel* § 16 RdNr. 11.
[205] Zur früheren Rechtslage nach KO: *Jaeger/Henckel* § 25 RdNr. 27 ff.
[206] Begründung RegE, abgedruck zB bei *Kübler/Prütting*, Das neue Insolvenzrecht, Bd II, S. 156.
[207] Zur früheren Rechtslage nach KO: *Jaeger/Henckel* § 25 RdNr. 33.

Hemmung sechs Monate nach Beendigung des Insolvenzverfahrens endet (§ 204 Abs. 2 S. 1 BGB). Für *Absonderungs-, Aussonderungs- und Masseansprüche,* die nicht zur Schuldenmasse im Sinn der §§ 174 ff. gehören (vgl. §§ 47, 49 ff., 53 ff.), gelten keine Besonderheiten; hier erfolgt die Hemmung also insbesondere durch gerichtliche Geltendmachung des Rechts gegenüber dem Insolvenzverwalter (§ 204 Abs. 1 BGB).

114 **5. Gesellschaften. a)** Die ganz hM[208] geht von der **Unanwendbarkeit des § 103 auf Gesellschaftsverträge** von Personengesellschaften auch dann aus, wenn diese – was streitig ist[209] – gegenseitige Verträge im Sinn der §§ 320 ff. BGB sein sollten; Letzteres hat im Übrigen auch der Gesetzgeber der InsO an anderer Stelle als offenbar ganz selbstverständlich verneint.[210] In der Tat verpflichten sich die Gesellschafter zwar „gegenseitig" zur Förderung des Gesellschaftszwecks, jedoch nicht in einem synallagmatischen Leistungs- und Gegenleistungsverhältnis, wie es § 103 voraussetzt (s. o. RdNr. 55).

115 **b) Gesellschaften ohne Rechtspersönlichkeit** (§ 11 Abs. 2 Nr. 1). Die Eröffnung des Insolvenzverfahrens über das Vermögen der *Gesellschaft* selbst führt zu deren Auflösung kraft Gesetzes. Bei Insolvenzeröffnung über das Vermögen eines *Gesellschafters* werden aufgelöst (für den Anspruch des geschäftsführenden Gesellschafters aus Notgeschäftsführung und Geschäftsfortführung infolge Insolvenzunkenntnis gilt § 118; s. o. RdNr. 107)
– kraft Gesetzes die Gesellschaft bürgerlichen Rechts (§ 728 Abs. 2 Satz 1 BGB),
– nur bei entsprechender Vertragsgestaltung offene Handelsgesellschaft und Kommanditgesellschaft (§§ 131 Abs. 2 Nr. 2, 161 Abs. 2 HGB), Partnergesellschaft (§ 9 Abs. 2 PartnerGG), Partnerreederei (§ 505 Abs. 2 HGB) und die Europäische wirtschaftliche Interessenvereinigung (Art. 30 EWIV–VO i. V. m. § 8 EWIV-AusführungsG).

116 **c) Juristische Personen** werden aufgelöst durch die Eröffnung des Insolvenzverfahrens über *ihr Vermögen,* zB (zu Vereinen und Stiftungen s. o. RdNr. 109) die Aktiengesellschaft (§ 262 Abs. 1 Nr. 3 AktG), die Kommanditgesellschaft auf Aktien (§ 289 Abs. 1 AktG i. V. m. §§ 161 Abs. 2, 131 Abs. 1 Nr. 3 HGB), die GmbH (§ 30 Abs. 1 Nr. 4 GmbHG) und die eingetragene Genossenschaft (§ 101 GenG). Die Insolvenzeröffnung über das Vermögen eines *Mitglieds* führt nicht zur Auflösung der juristischen Person kraft Gesetzes. Wohl aber kann bei der GmbH die Insolvenz eines Gesellschafters die Erreichung des Gesellschaftszweckes unmöglich machen mit der Folge der Auflösung durch Urteil (§ 61 GmbHG).

117 **6. Versicherungsverhältnisse. a)** In der **Insolvenz des Versicherers** erlöschen mit Verfahrenseröffnung Lebens-, Unfall- und Krankenversicherungen, § 13 Satz 2 VVG i. V. m. §§ 77 Abs. 3, 79 VAG. In den anderen Fällen endet das Versicherungsverhältnis mit dem Ablauf eines Monats seit der Eröffnung und bleibt bis zu diesem Zeitpunkt der Masse gegenüber wirksam, § 13 Satz 1 VVG. Tritt während dieser Zeit der Versicherungsfall ein, so ist der Anspruch auf die Versicherungsleistung Masseschuld gemäß § 55 Abs. 1 Nr. 2 Alt. 2; die über die Monatsfrist hinaus gezahlten Prämien kann der Versicherungsnehmer als Masseforderung zurückverlangen (§ 40 Abs. 3 VVG). Haftpflichtversicherungen, zu deren Abschluss man gesetzlich verpflichtet ist, erlöschen dem Geschädigten gegenüber erst mit Ablauf eines Monats, nachdem der Versicherer die Verfahrenseröffnung der zuständigen Stelle angezeigt hat (§ 158 c Abs. 2 VVG), entsprechendes gilt für die Pflichtversicherung für Kraftfahrzeughalter (§ 3 Nr. 5 PflVG).[211] Nicht unter das VVG fallen jedoch die See- und Rückversicherung (§ 186 VVG).[212]

---

[208] *Nerlich/Römermann/Balthasar* RdNr. 22; *HK-Marotzke* RdNr. 7; *Kübler/Prütting/Tintelnot* RdNr. 30; *Keller* RdNr. 1189. Zur KO: *Jaeger/Henckel* § 17 RdNr. 29.
[209] Vgl. die Nachw. bei MünchKommBGB-*Ulmer* § 705 RdNr. 137 ff.; selbst die Befürworter der Rechtsnatur als gegenseitiger Vertrag halten §§ 320 ff. BGB nur eingeschränkt für anwendbar, *Palandt/Sprau* § 705 RdNr. 13 ff.
[210] Begründung RegE § 137 (jetzt: § 119), abgedruckt zB bei *Kübler/Prütting,* Das neue Insolvenzrecht, Bd II, S. 314: „Gesellschaftsverträge sind keine „gegenseitigen Verträge" im Sinne der Vorschrift" (gemeint: § 103).
[211] *Häsemeyer* RdNr. 20.86; näher *Jaeger/Henckel* KO § 25 RdNr. 6, 7.
[212] Zur Seeversicherung näher *Jaeger/Henckel* KO § 25 RdNr. 9.

b) In der **Insolvenz des Versicherungsnehmers** findet demgegenüber § 103 Anwendung, kann der Verwalter also den Vertrag anstelle des Schuldners erfüllen und Erfüllung von dem anderen Teil verlangen, oder die Erfüllung ablehnen.[213] Allerdings kann sich der Versicherer für den Fall der Insolvenz des anderen Teils im Vertrag das Recht ausbedungen haben, das Verhältnis mit Frist von einem Monat zu kündigen, § 14 Abs. 1 VVG; eine kürzere Frist oder die automatische Auflösung des Versicherungsverhältnisses kann nicht vereinbart werden, § 15a VVG. Die Kündigungsbefugnis nach § 14 Abs. 1 VVG ist ein insolvenzabhängiges Lösungsrecht (s. o. RdNr. 90), das jedenfalls als versicherungsrechtliche Spezialvorschrift nicht gegen § 119 verstößt, also wirksam ist (s. u. § 119 RdNr. 25). Erfolgt keine Kündigung durch den Versicherer, so bleibt es bei den durch die Insolvenzveröffnung eingetretenen Folgen. Die gegenseitigen Erfüllungsansprüche sind aber nicht etwa erloschen, sondern nur nicht durchsetzbar geworden (s. o. RdNr. 13), woraus sich in diesem Zusammenhang ein doch wichtiger Unterschied gegenüber der Rechtslage nach der aufgegebenen Erlöschenstheorie (s. o. RdNr. 3) ergibt, wie im Folgenden am Beispiel der in der Praxis besonders wichtigen *Lebensversicherung* gezeigt:

– Will der Insolvenzverwalter den Rückkaufswert (§ 176 Abs. 1 VVG) zur Masse ziehen, muss er das Versicherungsverhältnis nach § 165 Abs. I VVG kündigen;[214] die frühere gegenteilige Rechtsprechung, die eine Kündigung nicht für erforderlich hielt,[215] ist wegen des neuen Grundsatzurteils des BGH v 25. 4. 2002 (s. o. RdNr. 13) überholt,[216] weil der Versicherungsvertrag gerade nicht durch die Insolvenzeröffnung erlischt. Eine Erfüllungsablehnung durch den Verwalter wird man allerdings als Kündigungserklärung auszulegen haben. Der Rückkaufswert fließt der Masse aber nur zu, wenn der Versicherungsnehmer (Insolvenzschuldner) selbst der Begünstigte ist oder er dem Dritten ein nur widerrufliches Bezugsrecht eingeräumt hatte; denn dann hat dieser nur eine Erwerbsaussicht, aber kein Recht auf Leistung des Versicherers (§ 166 Abs. 2 VVG). Anders ist es beim unwiderruflichen Bezugsrecht; dann steht die Summe nicht der Masse, sondern – vorbehaltlich einer Insolvenzanfechtung (§§ 129 ff) – dem Dritten zu.

– Der Insolvenzverwalter kann aber auch Erfüllung wählen und das (widerrufliche) Bezugsrecht an Stelle des Schuldners (§ 80 Abs. 1) widerrufen; die Prämien sind dann Masseverbindlichkeit nach § 55 Abs. 1 Nr. 2 Alt. 1, die Versicherungssumme fließt sodann bei Eintritt des Versicherungsfalles in die Masse.

– Wurde die Lebensversicherung vor Insolvenzeröffnung wirksam prämienfrei gestellt (§ 174 VVG), ist zwar die Pflicht zur Prämienzahlung entfallen, die Versicherung selbst in ihrem Bestand aber unberührt geblieben. Es handelt sich dann um einen gegenseitigen, aber einseitig vollständig erfüllten Vertrag,[217] der von § 103 nicht erfasst wird (s. o. RdNr. 59; s. u. RdNr. 121 ff.)

– Ansprüche aus den nach dem Gesetz zum Pfändungsschutz der Altersvorsorge[218] privilegierten Versicherungen sind unpfändbar (§ 851c ZPO), gehören deshalb nicht zur Insolvenzmasse (§ 36 Abs. 1 S. 2) und fallen folglich auch nicht unter § 103.

7. Verlagsvertrag. a) In der **Insolvenz des Verfassers** ist § 103 nur anwendbar, wenn das Urheberrecht in die Masse fällt (s. o. § 35 RdNr. 339 ff.). Das setzt die Einwilligung

---

[213] So schon RGZ 52, 49, 53; Vgl. auch *Kübler/Prütting/Tintelnot* RdNr. 25; *Häsemeyer* RdNr. 20.85.
[214] Ebenso *Günther/Kohly* ZIP 2006, 1229, 1234; *Elfring* NJW 2005, 2192, 2193 f.; *ders.* BB 2004, 617, 619; *Janca* ZInsO 2004, 449. AA *Hasse* VersR 2005, 1176, 1187 (Fn. 117: Ablehnung der Erfüllung genügt).
[215] BGH NJW 1993, 1994 = ZIP 1993, 600; dieses Urteil hält aber für nach wie vor gültig *Kayser* Festschrift für Kreft 2004, S. 341, 345.
[216] Offen gelassen in BGH NJW 2005, 2231, 2232 (dort hatte der Insolvenzverwalter die Bezugsberechtigung vor Eintritt des Versicherungsfalls widerrufen).
[217] *Kaser* aaO S. 349.
[218] Gesetz v. 13. 4. 2007 BGBl I S. 509; Materialien: BT-Drucks. 16/886, S. 8, 10; BT-Drucks. 16/3844 (Beschlussempfehlung des Rechtsausschusses). Zum Gesetz vgl. *Wimmer* ZInsO 2007, 281; *Stöber* NJW 2007, 1242. Zum „Hinterbliebenen"-Begriff (§ 851c Abs. 1 Nr. 3 ZPO) vgl. *Holzer* ZVI 2007, 113.

(§ 113 UrhRG) des Insolvenzschuldners voraus; ist er nur Mit-Autor, so müssen auch alle anderen Mit-Urheber zustimmen.[219] Nur dann kann der Insolvenzverwalter den Vertrag anstelle des Schuldners erfüllen, weil er nur in diesem Falle befugt ist, dem Verleger die Vervielfältigung und Verbreitung des Werkes zu gestatten (vgl. § 8 VerlG).

120 **b)** In der **Insolvenz des Verlegers**[220] werden die Verlegerrechte nur erfast, wenn ihre Übertragung nicht ausgeschlossen wurde, weil sie nur dann übertragbar sind und dem Insolvenzbeschlag unterliegen. Außerdem ist § 36 VerlG als Sonderbestimmung zu beachten. Sie stellt in ihrem Abs. 1 zunächst klar, dass § 103 auch dann gilt, wenn das Werk bereits vor Eröffnung des Verfahrens abgeliefert worden ist. Hat der Verleger bei Insolvenzeröffnung noch nicht mit der Vervielfältigung begonnen, so kann der Verfasser vom Vertrag zurücktreten, § 36 Abs. 3, 37 VerlG; ist der Verfasser nur Mit-Autor, so müssen das Rücktrittsrecht alle Urheber gemeinsam ausüben, § 37 VerlG i. V. m. § 356 BGB. Mit *Ausübung des Rücktrittsrechts* wird der Vertrag rückwirkend aufgelöst, das Verlagsrecht erlischt (§ 9 Abs. 1 VerlG), der Urheber kann dann über das Vervielfältigungs- und Verbreitungsrecht anderweit verfügen.[221] Erfolgt *kein Rücktritt,* so kommt es darauf an:
– Wählt der Insolvenzverwalter Erfüllung, so muss er die Ansprüche des Verfassers als Masseschuld berichtigen (§ 55 Abs. 1 Nr. 2 Abs. 1). Häufig wird es aber zu einer Übertragung der Verlegerrechte kommen (vgl. § 28 Abs. 1 Satz 1 VerlG). Der Erwerber tritt dann in den Verlagsvertrag anstelle der Insolvenzmasse ein, die jedoch wie ein selbstschuldnerischer Bürge haftet, falls jener die sich aus dem Vertragsverhältnis ergebenden Verpflichtungen nicht erfüllt, § 36 Abs. 2 VerlG.
– Lehnt der Insolvenzverwalter die Erfüllung ab oder erklärt sich auf Anfrage des Verfassers nicht (vgl. § 103 Abs. 2 Satz 2, 3), so greifen die hierfür geltenden allgemeinen Regeln ein (s. o. RdNr. 14 ff.). Ein Nichterfüllungsanspruch des Verfassers als Insolvenzforderung (§ 103 Abs. 2 Satz 1) kann sich vor allem dann ergeben, wenn dieser – dem nun das Vervielfältigungs- und Verbreitungsrecht wieder zusteht – zunächst keinen neuen Verleger findet oder einen ungünstigeren Verlagsvertrag eingehen muss. War das Manuskript bereits vor Insolvenzeröffnung abgeliefert (vgl. § 36 Abs. 1 VerlG), steht dem Verfasser ein Aussonderungsrecht (§ 47) zu; denn er ist Eigentümer des Manuskripts geblieben. Die schon hergestellten, aber noch nicht veräußerten Exemplare des Werkes gehören jedoch in die Insolvenzmasse. Der Verfasser kann sie nicht herausverlangen, der Insolvenzverwalter sie andererseits aber auch nicht verbreiten, weil er das Verlagsrecht für die Masse nicht mehr ausüben kann. In der Praxis wird es sich empfehlen, eine Einigung zwischen Insolvenzverwalter und Verfasser herbeizuführen, insbesondere zwecks Übernahme der noch vorhandenen Exemplare durch den Verfasser unter Anrechnung auf seine Forderung wegen der Nichterfüllung.[222]

V. Keine vollständige Erfüllung

121 **1. Ausgangspunkt.** Neben einem gegenseitigen Vertrag (s. o. RdNr. 55) setzt § 103 weiter voraus, dass dieses Rechtsgeschäft zurzeit der Eröffnung des Insolvenzverfahrens „vom Schuldner und vom anderen Teil nicht oder nicht vollständig erfüllt" (s. o. RdNr. 61). Aus welchem Grunde es daran fehlt, hat keine Bedeutung;[223] auf Verschulden oder Verzug kommt es nicht an, Gläubigerannahmeverzug steht nicht entgegen. Nur eine vollständige beiderseitige oder einseitige Erfüllung vor Insolvenzeröffnung schließt die Anwendung der Vorschrift aus (s. o. RdNr. 57 ff.).[224] **Maßgeblicher Zeitpunkt** zur Beurteilung der Voll-

---
[219] *Nerlich/Römermann/Balthasar* RdNr. 26; *Uhlenbruck/Berscheid* RdNr. 36.
[220] Ausführl. dazu *Jaeger/Henckel* KO § 17 RdNr. 233 ff.
[221] *Rehbinder,* Urheberrecht, 14. Aufl. (2006), RdNr. 707.
[222] *Jaeger/Henckel* KO § 17 RdNr. 240; andere Möglichkeit: Makulieren, *Uhlenbruck/Berscheid* RdNr. 35 a. E.
[223] BGH NJW 1983, 1619; *Uhlenbruck/Berscheid* RdNr. 58.
[224] BGH NJW 1980, 226, 227.

ständigkeit der Erfüllung ist also derjenige der Insolvenzeröffnung (§ 27 Abs. 2 Nr. 3, Abs. 3). Zu **Teilleistungen** s. o. RdNr. 25 bis 38 und 47 bis 54.

2. Begriff der vollständigen Erfüllung. a) Leistungshandlung und Leistungserfolg. Eine vollständige Erfüllung setzt voraus, dass die geschuldete Leistung so, wie sie nach dem Inhalt des Vertrages zu erbringen ist, bewirkt wird, vgl. §§ 362 Abs. 1, 267, 269 ff. BGB. Dabei genügt *nicht die Vornahme der Leistungshandlung*, sondern vielmehr kommt es auf den *Eintritt des Leistungserfolges* an.[225] Das folgt nicht nur aus dem Normzweck des § 103 (s. o. RdNr. 1, 2), sondern schon aus dessen Wortlaut, der ganz allgemein daran anknüpft, ob ein gegenseitiger Vertrag „nicht oder nicht vollständig" erfüllt ist, und eben nicht darauf abhebt, ob „das zur Leistung Erforderliche getan" wurde, wie es zB § 243 Abs. 2 BGB genügen lässt. 122

Selbst wenn nur noch eine *Nebenleistung* aussteht, hindert das die Annahme einer vollständigen Erfüllung,[226] und zwar auch bei „verhältnismäßiger Geringfügigkeit" im Sinn des § 320 Abs. 2 BGB;[227] diese Vorschrift ist wegen des Normzwecks von § 103 (s. o. RdNr. 1, 2) für die Bestimmung des Erfüllungsbegriffes unanwendbar. Etwas anderes gilt nur bei völlig unbedeutender Nebenleistung, zB noch nicht geliefertem wertlosen Zubehör. Nach diesen Grundsätzen ist deshalb ein Grundstückskaufvertrag auf Seiten desjenigen Käufers noch nicht vollständig erfüllt, der das Grundstück zwar bereits in Besitz genommen und den Kaufpreis voll bezahlt hat, dessen Mitwirkung an der Auflassung aber noch aussteht.[228] Für den Kaufvertrag über bewegliche Sachen folgt daraus, dass auch bei voller Kaufpreiszahlung so lange keine vollständige Erfüllung vorliegt, als nicht übergeben ist. Von diesem Standpunkt aus ist es mithin unerheblich, ob man in der Abnahme (§ 433 Abs. 2 BGB) bzw. der Entgegennahme der Auflassung (§ 925 BGB) eine Hauptleistungspflicht des Käufers erblickt oder nicht. Dass eine Nebenleistung, insbesondere hinsichtlich einer *Abnahme* im Synallagma steht, gehört nicht zum Begriff der vollständigen Erfüllung;[229] ob eine synallagmatische Verknüpfung der vereinbarten Leistungspflichten gegeben ist, hat vielmehr nur Bedeutung für die Beurteilung der Gegenseitigkeit im Sinn der §§ 320 ff. BGB (s. o. RdNr. 55), wie wiederum aus dem Normzweck des § 103 (s. o. RdNr. 1, 2) folgt. 123

b) Erfüllung tritt nach allgemeinen Rechtsgrundsätzen des BGB grundsätzlich auch ein durch **Annahme einer Leistung** unter **Vorbehalt**,[230] unabhängig davon, ob eine Verpflichtung hierzu bestand, oder einer anderen als der geschuldeten Leistung an **Erfüllungs Statt** gemäß § 364 BGB, nicht jedoch bei Leistung erfüllungshalber, wie bei Hereinnahme eines Wechsels.[231] 124

c) Erfüllungssurrogate bewirken Erfüllung der geschuldeten Leistung, insbesondere Aufrechnung (§ 389 BGB), vorbehaltlose Hinterlegung unter Verzicht auf Rücknahmerecht 125

---

[225] AllgM zu § 17 KO: BGHZ 87, 156, 162 = NJW 1983, 1605; *Jaeger/Henckel* KO § 17 RdNr. 40; *Kilger/K. Schmidt* KO § 17 Anm. 3 a. AllgM auch zu § 103: FK-*Wegener* RdNr. 36; *Nerlich/Römermann/Balthasar* RdNr. 28; *Graf-Schlicker/Breitenbücher* RdNr. 6; *Keller* RdNr. 1200; *Kübler/Prütting/Tintelnot* RdNr. 32; *Pape* Kölner Schrift, S. 531 (RdNr. 19); OLG Naumburg ZInsO 2002, 677.
[226] BGHZ 58, 246, 251 = NJW 1972, 875 (zum Vergleichsrecht); insoweit zustimmend *Jaeger/Henckel* KO § 17 RdNr. 69; einschränkend *Schlosser* RdNr. 345 („primäre Nebenleistungen"). Wie hier zB *Nerlich/Römermann/Balthasar* RdNr. 32; *Braun/Kroth* RdNr. 24.
[227] *Kübler/Prütting/Tintelnot* RdNr. 36; *Marotzke* RdNr. 4.90; *Henckel* ZZP 99 (1986), 419, 428 (einschränkend gegenüber *Jaeger/Henckel* KO § 17 RdNr. 69).
[228] BGHZ 58, 246, 251 = NJW 1972, 875; BGH NJW 1983, 1619; OLG Naumburg EWiR 1997, 553 (*Smid*). Sehr str, wie hier: *Kilger/K. Schmidt* KO § 17 Anm. 3a; *Braun/Kroth* RdNr. 25; *Graf-Schlicker/Breitenbücher* RdNr. 8; FK-*Wegener* RdNr. 41. AA (Unanwendbarkeit von § 17 KO, jetzt § 103): *Jaeger/Henckel* KO § 17 RdNr. 8, 47; *Schlosser* RdNr. 245; *Häsemeyer* KTS 1973, 2, 5 f.
[229] So schon RGZ 142, 296, 299 f.; BGHZ 58, 246, 251 = NJW 1972, 875; *Marotzke* RdNr. 4.91 ff.; HK-*Marotzke* RdNr. 28; *Nerlich/Römermann/Balthasar* RdNr. 33; aA *Jaeger/Henckel* KO § 17 RdNr. 7 aE, 8, 69, 132; *Kübler/Prütting/Tintelnot* RdNr. 37, 38; *Häsemeyer* RdNr. 20.14.
[230] Dazu Palandt/*Heinrichs* § 362 RdNr. 11 (auch zu Ausnahmen); wie hier auch *Uhlenbruck/Berscheid* RdNr. 60.
[231] BGH WM 1975, 1255; *Uhlenbruck/Berscheid* aaO; FK-*Wegener* RdNr. 37.

(§§ 372, 378 BGB) oder rechtmäßiger Selbsthilfeverkauf (§§ 383 ff. BGB, § 373 Abs. 2 bis 5 HGB); Hinterlegung beim Notar führt aber in der Regel nicht zum Erlöschen eines Kaufpreisanspruchs, außer bei entsprechender Parteivereinbarung.[232]

126 d) Die geschuldete Leistung ist schließlich bewirkt, wenn sie auf Grund einer **vorläufig vollstreckbaren Entscheidung** (§ 704 Abs. 1 ZPO) oder eines **Vorbehaltsurteils** (§§ 302, 599 ZPO) erbracht wird; dass sie infolge späterer Aufhebung einer solchen Entscheidung dann wieder zurückgefordert werden kann, steht nicht entgegen.[233] Es macht keinen Unterschied, ob auf Grund eines Titels die Leistung freiwillig oder durch **Zwangsvollstreckung** erfolgt. Für Letzteres ist allerdings zu beachten: Die Wegnahme des gepfändeten Geldes und die Empfangnahme des Versteigerungserlöses durch den Gerichtsvollzieher gelten zwar gemäß §§ 815 Abs. 2, 819 ZPO als Zahlung vonseiten des Vollstreckungsschuldners; Erfüllung im Sinn des § 103 tritt aber erst ein mit Ablieferung des Geldes an den Pfändungsgläubiger, weil erst dadurch der Leistungserfolg (s. o. RdNr. 122) herbeigeführt wird.[234] Lautet ein Urteil auf Abgabe einer Willenserklärung, so gilt für den Eintritt der Erfüllung die Fiktion des § 894 Abs. 1 ZPO.

127 e) Erfüllung tritt auch ein bei **gesetzlichem Eigentumserwerb**,[235] insbesondere durch Verbindung, Vermischung, Verarbeitung (§§ 946 ff. BGB). Erwirbt zB der Grundstückseigentümer gemäß § 946 BGB Eigentum an den bei einem Baustoffhändler zwar unter Eigentumsvorbehalt gekauften, in sein Haus aber eingebauten (nicht bezahlten) Materialien und wird anschließend das Insolvenzverfahren über das Vermögen des Grundstückseigentümers oder des Baustoffhändlers eröffnet, liegt ein bei Insolvenzeröffnung von einer Seite vollständig erfüllter gegenseitiger Vertrag vor; § 103 ist unanwendbar (s. o. RdNr. 57 ff.). Der Grundstückserwerb durch Zwangsversteigerung gehört nicht hierher (s. o. RdNr. 94).

128 f) **Maßgeblicher Zeitpunkt.** Für die Beurteilung der Vollständigkeit der Erfüllung ist derjenige der Eröffnung des Insolvenzverfahrens (§ 27 Abs. 1 Nr. 3, Abs. 2). Der Vertragspartner des Insolvenzschuldners kann folglich seine Leistung selbst dann nicht mehr mit Wirkung gegenüber der Masse vervollständigen, wenn er an den Schuldner gemäß § 82 mit befreiender Wirkung leistet.[236] Denn das ändert an der mit Insolvenzeröffnung verknüpften Anwendbarkeit des § 103 nichts. Eine Erfüllungsablehnung durch den Insolvenzverwalter ist mithin möglich; dann kann der andere Teil die nach Insolvenzeröffnung erbrachte Leistung gemäß den Grundsätzen der ungerechtfertigten Bereicherung als Masseschuld (§ 55 Abs. 1 Nr. 3) zurückfordern, falls sie in die Masse gelangt ist.

129 3. **Einzelheiten zum Erfüllungsbegriff. a) Kaufvertrag** (ohne Kauf unter Eigentumsvorbehalt; dazu vgl. die Erläuterungen zu § 107): Vonseiten des Verkäufers ist jedenfalls solange nicht erfüllt, als er die **mangelfreie** (zum Rechtsmangel s. u. RdNr. 135 ff.; zum Sachmangel s. u. RdNr. 138 ff.) Sache dem Käufer nicht übergeben und übereignet hat (§ 433 Abs. 1 Satz 1 BGB); war der Verkäufer Nichtberechtigter, tritt die Übereignungswirkung gleichwohl ein, sofern der Käufer gutgläubig Eigentum erwirbt (§§ 932 ff. BGB). Fehlt es an Übergabe, liegt eine nur teilweise Erfüllung vor (s. o. RdNr. 123). Vollständig erfüllt hat der Verkäufer jedoch, wenn er die veräußerte bewegliche Sache dem Käufer nach § 929 Satz 2 BGB übereignet hat und der Käufer sie ihm, auch in demselben Vertrage, zur Sicherung (zurück-)übereignet.[237] Da der Verkäufer die Sache frei von Sach- und Rechtsmängeln zu verschaffen hat (§ 433 Abs. 1 S. 2 BGB), liegt bei Insolvenzeröffnung ein von

---

[232] BGHZ 87, 156, 162 = ZIP 1983, 691; BGH NJW 1998, 2134, 2135; OLG Naumburg ZInsO 2002, 677.
[233] *Jaeger/Henckel* KO § 17 RdNr. 41; *Nerlich/Römermann/Balthasar* RdNr. 28; *Kübler/Prütting/Tintelnot* RdNr. 32.
[234] Ebenso *Keller* RdNr. 1197 (m. Nachw. aus der zwangsvollstreckungsrechtlichen Literatur).
[235] *Jaeger/Henckel* KO § 17 RdNr. 45; *Kübler/Prütting/Tintelnot* RdNr. 33.
[236] *Braun/Kroth* RdNr. 26; *Jaeger/Henckel* KO § 17 RdNr. 44.
[237] BGH NJW 1980, 226.

Verbleibt die Sache nach Abschluss des Kaufvertrages noch beim Verkäufer, weil dieser Änderungen vorzunehmen oder Zubehör einzubauen hat, so ist zu unterscheiden:[238] Stehen Übereignung und Kaufpreis-(Rest-)Zahlung noch aus, so liegt ein beiderseits unerfüllter Vertrag vor, auf den § 103 Anwendung findet. Es kann aber auch vorkommen, dass der Verkäufer schon übereignet hat. Der Käufer ist dann nach § 930 BGB Eigentümer und – auf Grund des für die Dauer der Änderungsarbeiten vereinbarten Besitzmittlungsverhältnisses – mittelbarer Besitzer geworden. Wird nun eine Partei insolvent, so gilt für die Abwicklung des Vertrages: Hat der Verkäufer die Arbeiten noch vor der Eröffnung des Insolvenzverfahrens über sein Vermögen durchgeführt, so bedarf es aber insolvenzrechtlicher Sondervorschriften jedenfalls dann nicht, wenn der Kaufpreis schon bezahlt ist oder in die Masse entrichtet wird. Der Käufer ist nämlich Eigentümer, kann mithin Herausgabe nach § 985 fordern, ohne Zurückbehaltungsrechten der anderen Seite ausgesetzt zu sein. Anders liegt es in der Insolvenz des Käufers, der den Kaufpreis noch nicht vollständig beglichen hat. Dieser Fall gehört in den Bereich des § 103. Dann wird der Verkäufer dem Herausgabeverlangen des Insolvenzverwalters die Einrede des nichterfüllten Vertrages entgegenhalten. Will sie der Verwalter ausräumen, muss er den Kaufpreis (Kaufpreisrest) aus der Masse bezahlen, §§ 103 Abs. 1, 55 Abs. 1 Nr. 2; andernfalls bleibt ihm nur die Möglichkeit, die Erfüllung abzulehnen. Allerdings dürfte dieser Sachverhaltsgestaltung in der Praxis keine allzu große Bedeutung zukommen, weil ein Verkäufer zur Übereignung in aller Regel nur bereit sein wird, wenn ihm zugleich der Kaufpreis gänzlich zufließt.

Ein **Versendungskauf** (vgl. § 447 BGB) ist vonseiten des Verkäufers erst erfüllt, wenn der Käufer Eigentümer wird, nicht also schon etwa mit der Übergabe der Sache an die Transportperson und Absendung der Übereignungsofferte.[239] Bei einem Verbrauchsgüterkauf (§ 474 BGB) gilt die genannte Gefahrtragungsregel ohnehin nicht (§ 474 Abs. 2 BGB).

b) Bei einer **Grundstücksveräußerung** tritt der Leistungserfolg erst mit der Verschaffung des Eigentums ein;[240] erforderlich sind also Auflassung und Eintragung der Rechtsänderung im Grundbuch, §§ 873, 925 BGB. Steht die Auflassung noch aus, so ist auch durch denjenigen Käufer nicht vollständig erfüllt, der den Kaufpreis bezahlt und das Grundstück in Besitz genommen hat (s. o. RdNr. 123). Haben die Vertragsparteien jedoch schon vor der Eröffnung des Insolvenzverfahrens über das Vermögen des Verkäufers die Auflassung erklärt und beide einen Eintragungsantrag gestellt, so hat der Käufer ein unentziehbares Anwart-schaftsrecht erlangt;[241] § 103 ist nicht mehr anwendbar, weil er voraussetzt, dass der Insolvenzverwalter über die vom Schuldner zu erbringende Leistung noch verfügen kann. Der Rechtserwerb des Käufers vollendet sich jedoch trotz der Insolvenzeröffnung mit der Grundbucheintragung, § 91 Abs. 2 i. V. m. § 878 BGB. Dem Verwalter bleibt mithin nur noch die Möglichkeit einer Insolvenzanfechtung (vgl. § 147), falls ein anfechtbares Rechtsgeschäft vorliegt. Ist der Anspruch des Käufers auf Übertragung des Eigentums durch eine Vormerkung gesichert, so ist § 106 einschlägig (s. o. RdNr. 100). Für den Erwerb eines Grundstücks im Wege der Zwangsversteigerung gilt § 103 nicht (s. o. RdNr. 94).

c) Ein **Rechtskauf** (§ 453 BGB) ist vonseiten des Verkäufers vollständig erfüllt, wenn er dem Käufer das Recht verschafft, es also durch Vertrag (Erfüllungsgeschäft) auf diesen übertragen hat (§§ 413, 398 BGB); auf die Anzeige davon §§ 413, 409 BGB) kommt es nicht an.[242] Berechtigt das veräußerte Recht zum Besitz einer Sache, so ist für eine vollständige

---

[238] Dazu ausführl. *Jaeger/Henckel* KO § 17 RdNr. 46.
[239] OHG NJW 1950, 385, 387. AllgM, vgl. nur *Runkel/Dahl* § 7 RdNr. 23; HK-*Marotzke* RdNr. 29; FK-*Wegener* RdNr. 39; *Keller* RdNr. 1199.
[240] RGZ 113, 403, 405. AllgM, vgl. nur *Kübler/Prütting/Tintelnot* RdNr. 38; FK-*Wegener* RdNr. 41; *Jaeger/Henckel* KO § 17 RdNr. 63. Davon geht auch aus: BGHZ 155, 87, 90 = NZI 2003, 491 m. Anm. *Huber*.
[241] BGHZ 49, 197, 200 f. = NJW 1968, 493.
[242] *Jaeger/Henckel* KO § 17 RdNr. 65.

Erfüllung durch den Verkäufer auch die Übergabe erforderlich; es handelt sich nicht um eine Neben- (s. o. RdNr. 123), sondern um eine Hauptleistungspflicht.[243] Ein **Erbbaurechtsvertrag** ist als Rechtskauf deshalb mit Eintragung des Erbbaurechts und Besitzeinräumung vollständig erfüllt.[244]

134   d) Bei einem **Werkvertrag** (s. o. RdNr. 85) bzw. **Bauvertrag** (s. o. RdNr. 67) hat der Unternehmer das hergestellte Werk **mangelfrei**, d. h. frei von Rechts- (dazu s. u. RdNr. 135 f.) und Sachmängel (dazu s. u. RdNr. 144 ff.) zu verschaffen (zur Behandlung von Teilleistungen s. o. RdNr. 25 bis 38, 47 bis 54). Die Abnahme des (vermeintlich) mangelfreien Werks (§ 640 BGB, § 12 VOB/B; entsprechendes gilt für die fiktive Abnahme[245] und die dem Unternehmer durch einen Gutachter erteilte Fertigstellungsbescheinigung, (§ 641 a BGB) hat für den insolvenzrechtlichen Erfüllungsbegriff keine Bedeutung; denn der Unternehmer muss auf Verlangen alle während der Verjährungsfrist hervortretenden Mängel, die auf vertragswidrige Leistung zurückzuführen sind, auf seine Kosten beseitigen (§§ 634 ff. BGB, § 13 Nr. 5 VOB/B). Erst dann ist i. S. des § 103 vollständig erfüllt; wird ein Mangelbeseitigungsverlangen nicht erhoben, tritt der Leistungserfolg mit Ablauf der Verjährungsfrist ein. Vor dem zuletzt genannten Zeitpunkt wird auch auf Seiten des Bestellers (Auftraggebers) wegen der in der Regel vereinbarten Sicherheitsleistung (vgl. § 17 VOB/B keine vollständige Erfüllung gegeben sein. Bei Einbehalt oder Hinterlegung steht ohnehin noch ein Teil des Werklohns aus; nichts anderes gilt im Ergebnis bei einer dem Besteller (Auftraggeber) gestellten Bürgschaft, weil der Unternehmer (Hauptschuldner) wegen des Rückgriffs des Bürgen den Werklohn im verbürgten Umfang nur vorläufig erhalten hat.

135   e) **Rechtsmangel. aa) Ausgangspunkte.** Bei einem im Zeitpunkt der Insolvenzeröffnung mit einem Rechtsmangel behafteten Kauf-, Werklieferungs- oder Werkvertrag (§§ 433, 651, 631 BGB) hat der Verkäufer/Unternehmer nicht vollständig erfüllt, weil die Sache/das Werk frei von Rechten Dritter zu verschaffen ist (§§ 435, 633 Abs. 1, Abs. 3 BGB). Hat auch der andere Teil noch nicht vollständig erfüllt, ist an sich § 103 einschlägig (s. o. RdNr. 61 ff.). In der **Insolvenz des Käufers/Bestellers** wird es darauf in aller Regel aber nicht ankommen, weil der Insolvenzverwalter deren Rechte nach BGB geltend machen wird (vgl. § 80 Abs. 1).

136   bb) In der **Insolvenz des Verkäufers/Unternehmers** muss man unterscheiden: Bei einem **behebbaren Rechtsmangel** findet die Vorschrift uneingeschränkt Anwendung; *Beispiele:* Der spätere Insolvenzschuldner hat das veräußerte Grundstück bereits übereignet, die vertraglich geschuldete Löschungsbewilligung für die Grundschuld eines Dritten aber nicht beschafft; der spätere Insolvenzschuldner hat die veräußerte Sache entwendet oder unterschlagen, dem Käufer also wegen § 935 BGB kein Eigentum verschaffen können, der Eigentümer (Geschädigter) würde sich aber dem Insolvenzverwalter gegenüber unter bestimmten Voraussetzungen zur Genehmigung der Verfügung bereit erklären (§ 185 Abs. 2 S. 1 BGB). Verlangt der Insolvenzverwalter Erfüllung, muss er den Rechtsmangel beseitigen, bis dahin hat der Käufer/Besteller die Einrede nach § 320 BGB. Lehnt der Verwalter die Erfüllung ab, steht dem anderen Teil eine Forderung wegen der Nichterfüllung gemäß § 103 Abs. 2 S. 1 zu.

137   Bei einem **nicht behebbaren Rechtsmangel** gibt es ohnehin *keinen Nacherfüllungsanspruch* von Käufer/Besteller; der Anspruch auf die Leistung ist wegen § 275 Abs. 1 BGB ausgeschlossen, andererseits besteht aber wegen § 326 Abs. 1 S. 1 BGB auch kein Anspruch auf die Gegenleistung. Im Übrigen muss man unterscheiden:
— Ist der Käufer/Besteller schon **vor** Insolvenzeröffnung wirksam *zurückgetreten* (§§ 437 Nr. 2, 634 Nr. 3, 323, 326 Abs. 5 BGB), gilt für das Rückabwicklungsschuldverhältnis (§§ 346 ff. BGB) grundsätzlich § 103 (s. o. RdNr. 86; s. u. RdNr. 139). Wählt der

---

[243] *Palandt/Putzo* § 433 RdNr. 15.
[244] BGH NJW 2007, 2325 (RdNr. 10) = ZIP 2007, 112 = ZJusO 2007, 600; zustimmend *Meyer* NZI 2007, 487.
[245] Näher dazu und zu den Unterschieden zwischen VOB/B- und BGB-Vertrag *Thode* ZfBR 1999, 116, 117. Zu § 640 Abs. 1 Satz 2 BGB *Kiesel* NJW 2000, 1673, 1676 f.

Insolvenzverwalter Erfüllung, hat er Anspruch auf Rückgabe der Sache, muss den gezahlten Kaufpreis aber als Masseschuld (§ 55 Abs. 1 Nr. 2 Alt. 1) erstatten. Wählt er nicht Erfüllung, kann der Käufer entweder – sofern nicht das Recht eines Dritten entgegen steht – die mangelhafte Sache behalten und eine Nichterfüllungsforderung (Differenz zwischen gezahltem Kaufpreis und Wert der mangelhaften Sache) geltend machen oder die Sache gegen Erstattung ihres Werts in mangelhaftem Zustand zurückgeben und einen weitergehenden Nichterfüllungsanspruch als Insolvenzgläubiger verfolgen. Für den Werkvertrag gilt Entsprechendes, sofern die Rückgabe des hergestellten Werks möglich ist.
- Hat der Käufer/Besteller schon **vor** Insolvenzeröffnung *Schadensersatz* statt der ganzen Leistung gefordert (§§ 437 Nr. 3, 634 Nr. 4, 283 BGB), besteht nur eine Insolvenzforderung und kann der Insolvenzverwalter (anstelle des Schuldners, § 80) Rückgabe des Geleisteten verlangen (§§ 283 S. 2, 281 Abs. 5 BGB).
- **Ab** Insolvenzeröffnung besteht hingegen eine **Ausübungssperre** für Rücktritt und andere Käuferrechte (s. u. RdNr. 139).

4. Sachmängel im Kaufvertragsrecht. a) Grundsätze zur Anwendbarkeit des **138**
§ 103 (zum Werkvertrag s. u. RdNr. 144). **aa) Ausgangspunkte.** Im neuen Kaufvertragsrecht (zum alten Schuldrecht s. Vorauflage RdNr. 138–140, 142 ff.) entfällt bei der mit einem Sachmangel behafteten Lieferung wegen des Nacherfüllungsanspruchs (§§ 437 Nr. 2, 439 BGB) und der Eingliederung des Gewährleistungsrechts in das allgemeine Schuldrecht die Notwendigkeit einer Unterscheidung zwischen Wandelung und Rücktritt sowie zwischen Spezies- und Gattungskauf. Wegen der Mangelhaftigkeit der Sache fehlt es an einer vollständigen Erfüllung durch den Verkäufer vor Insolvenzeröffnung, sofern der Käufer noch Rechte wegen der Mängel geltend machen kann (s. o. RdNr. 129); ist die Verjährungsfrist zu diesem Zeitpunkt schon verstrichen, stellt sich die Frage nach § 103 nicht, weil sich der Verkäufer dann auf sein Leistungsverweigerungsrecht (§ 214 Abs. 1 BGB) berufen wird. So gesehen tritt vollständige Erfüllung aufseiten des Verkäufers – wie beim Werkvertrag (s. o. RdNr. 134) erst mit Ablauf der Verjährungsfrist ein. Hat auch der Käufer noch nicht vollständig erfüllt, insbesondere erst einen Teil des Kaufpreises bezahlt, so handelt es sich um einen **von noch keiner Seite vollständig erfüllten gegenseitigen Vertrag** im Anwendungsbereich des § 103. Wegen des noch ausstehenden Kaufpreisrestes wird freilich ein Kaufvertrag unter Eigentumsvorbehalt (vgl. § 449 Abs. 1 BGB) gegeben sein; soweit es um Mängel der Vorbehaltsware geht, sind keine Besonderheiten zu beachten. Etwas anderes gilt für die Frage, unter welchen Voraussetzungen der Vorbehaltsverkäufer in der Insolvenz des Vorbehaltskäufers wegen dessen Zahlungsverzugs zurücktreten kann (s. u. RdNr. 139 aE).

bb) Für das Verhältnis von § 103 im zu den Käuferrechten nach neuem Schuldrecht[246] **139** sind folgende **grundsätzliche Weichenstellungen** zu beachten:
- Die Vorschrift ist **anwendbar,** wenn der *Erfüllungs-/Nacherfüllungsanspruch* bei Insolvenzeröffnung noch besteht. Der Vertrag ist an sich aber auch dann unerfüllt, wenn der Nacherfüllungsanspruch bei Insolvenzeröffnung nicht mehr besteht, weil er gemäß § 275 Abs. 1 BGB ausgeschlossen ist oder der Verkäufer die Nacherfüllung verweigern kann (§§ 275 Abs. 1, 275 Abs. 3 oder 439 Abs. 3 BGB); denn dann greifen andere Rechte ein, für die freilich eine Ausübungssperre besteht (dazu s. sogleich). Einen wirksamen *Rücktritt vor Insolvenzeröffnung* gemäß § 437 Nr. 2 i. V. mit §§ 440, 323 oder § 326 Abs. 5 BGB muss der Insolvenzverwalter – vorbehaltlich einer Insolvenzanfechtung (§§ 129 ff.) – grundsätzlich hinnehmen; jedoch findet auf das Rückabwicklungsschuldverhältnis § 103 entsprechende Anwendung (s. o. RdNr. 86).

---

[246] Ausf. *Wegener,* Das Wahlrecht des Insolvenzverwalters unter dem Einfluss des Schuldrechtsmodernisierungsgesetzes, 2007. Zum Verhältnis des neuen Schuldrechts gegenüber § 103 vgl. insbes. auch: *Kreft* Festschrift für Kirchhof, S. 275, 281 f.; *Marotzke* KTS 2002, 1; *Scherer* NZI 2002, 356; *Schmidt* ZInsO 2002, 103; *Wittig* ZInsO 2003, 629.

— **Unanwendbar** ist § 103, wenn der Käufer vor Insolvenzeröffnung wirksam *Minderung* verlangt hat (§ 437 Nr. 2 i. V. mit §§ 440, 441 BGB), denn dann ist er wegen der Gestaltungswirkung dieser Willenserklärung auf einen Zahlungsanspruch, und zwar als Insolvenzgläubiger, beschränkt. Entsprechendes gilt für das vor Insolvenzeröffnung erhobene Verlangen nach *Schadensersatz* (§ 437 Nr. 3 i. V. mit §§ 440, 280, 281, 283 BGB) oder das nach *Ersatz vergeblicher Aufwendungen* (§ 437 Nr. 3 i. V. mit § 284 BGB).

— Eine **Rechtsausübungssperre** besteht bei einer vor Insolvenzeröffnung vom Käufer gesetzten, aber noch nicht verstrichenen Frist zur Leistung oder Nacherfüllung (§§ 281 Abs. 1 S. 1, 323 Abs. 1 BGB). Wegen der Nichtdurchsetzbarkeit von Erfüllungsansprüchen (ohne Erfüllungswahl durch den Insolvenzverwalter) sind die Käuferrechte suspendiert, ist also insbesondere ein Rücktritt nach Fristablauf ausgeschlossen; selbst nach Erfüllungsablehnung können deshalb Rechte nach § 437 BGB während des Insolvenzverfahrens nicht geltend gemacht werden.

— Anders ist die Rechtslage für den **Rücktritt des Vorbehaltsverkäufers in der Insolvenz des Vorbehaltskäufers wegen dessen Zahlungsverzugs**,[247] weil sich sonst die Sicherungsfunktion des vorbehaltenen Eigentums (Aussonderungsrecht nach § 47) nicht verwirklichen ließe. Der Verkäufer muss den Insolvenzverwalter zur Wahlrechtsausübung auffordern (§§ 107 Abs. 2, 103 Abs. 2 S. 3). Wählt der Insolvenzverwalter Erfüllung, wird der Vertrag abgewickelt; erfüllt er die ihm obliegende Zahlungspflicht nicht, kann der Verkäufer gemäß § 323 Abs. 1 BGB nach (neuer) Fristsetzung zurücktreten und Herausgabe nach §§ 985, 346 Abs. 1 BGB im Wege der Aussonderung (§ 47) fordern. Wählt der Insolvenzverwalter nicht die Erfüllung des Vertrages, ist der Verkäufer zum sofortigen Rücktritt berechtigt, der mit dem Verlangen nach Herausgabe (Aussonderung) des Kaufgegenstandes verbunden werden kann; das Besitzrecht des Insolvenzverwalters entfällt, das Anwartschaftsrecht des Käufers erlischt. Hatte der Verkäufer vorher keine Frist nach § 323 Abs. 1 BGB gesetzt, bedarf es dessen nicht mehr.

140 b) **Sachmangel in der Insolvenz des Verkäufers.**[248] aa) **Ausgangslage.** Fordert der Insolvenzverwalter für die vor Verfahrenseröffnung gelieferte Sache trotz der vom Käufer behaupteten Mängel Zahlung oder macht er den Kaufpreisanspruch gerichtlich geltend, so beinhaltet das für sich alleine genommen keine Wahlrechtsausübung, insbesondere kein konkludentes Erfüllungsverlangen (s. u. RdNr. 156); vielmehr stellt er sich gerade umgekehrt auf den Standpunkt, die Sache sei mangelfrei und der Kaufpreisanspruch deshalb durchsetzbar. Der Käufer kann demgegenüber die Einrede des nicht erfüllten Vertrags (§§ 320, 322 BGB) erheben, weshalb der Streit über die Mangelfreiheit der Sache notfalls gerichtlich auszutragen ist. Auf § 103 kommt es in seinem Anwendungsbereich (s. o. RdNr. 139) erst an, wenn der Insolvenzverwalter die Mangelhaftigkeit der Sache einräumt. Es handelt sich dann um eine Teilleistung des Schuldners vor Insolvenzeröffnung, ebenso aufseiten des Käufers, soweit dieser den Kaufpreis schon teilweise errichtet hat (§ 105 RdNr. 16).

141 bb) **Käufer verlangt Nacherfüllung (§ 439 Abs. 1 BGB).** Die Eröffnung des Insolvenzverfahrens ändert nichts am Vorrang des Nacherfüllungsanspruchs vor den anderen Käuferrechten, umgekehrt betrachtet also nichts am Recht zur zweiten Andienung des Verkäufers (jetzt des Insolvenzverwalters); der Käufer muss also grundsätzlich zunächst diesen Anspruch geltend machen. Dabei steht ihm das **Wahlrecht nach § 439 Abs. 1 BGB** zu; er kann also entweder Beseitigung des Mangels oder Lieferung einer mangelfreien Sache verlangen (zu § 439 Abs. 3 BGB s. u. RdNr. 142). Erst wenn das geklärt ist, vermag der Insolvenzverwalter das **Wahlrecht nach § 103** sachgerecht auszuüben. Bei *Erfüllungswahl* muss er das Verlangen des Käufers grundsätzlich als Masseverbindlichkeit voll befriedigen (§ 55 Abs. 1 Nr. 2 Alt. 1); diese Variante erscheint problemlos, wenn der Käufer noch nichts gezahlt hat oder seine Anzahlung den Wert der gelieferten Sache im mangelhaften Zustand

---

[247] Ausf. dazu *Huber* NZI 2004, 57 ff. (Nachdruck aus Festschrift für Musielak, S. 267 ff.).
[248] Ausf. dazu *Wegener* RdNr. 519–727. Zum alten Schuldrecht s. hier Vorauflage RdNr. 138–140.

nicht übersteigt. Streit herrscht aber darüber, was bei höherer Anzahlung oder bei erst nach Erfüllungswahl weiter auftretenden, neu entdeckten Mängeln gilt; diese Problemlagen sind in der Praxis hauptsächlich bei Bauverträgen in der Insolvenz des Auftragnehmers von Bedeutung und deshalb dort behandelt (s. u. RdNr. 146). Im Kaufvertragsrecht wird es im Übrigen meist massegünstiger sein, es bei der mit Insolvenzeröffnung eingetretenen *Nichterfüllung* zu belassen (Rechtsfolgen s. u. § 105 RdNr. 17).

cc) Verweigerung der Nacherfüllung (§ 439 Abs. 3 BGB) durch den Insolvenzverwalter. Von der Wahlrechtsausübung des Insolvenzverwalters nach § 103 zu der vom Käufer konkret verlangten Art der Nacherfüllung (s. o. RdNr. 141) zu unterscheiden ist seine Verweigerung der Nacherfüllung nach § 439 Abs. 3 S. 1 BGB wegen unverhältnismäßiger Kosten. Dieses kaufvertragliche Wahlrecht bezieht sich auf die andere Art der Nacherfüllung (§ 439 Abs. 3 S. 3 Hs. 1 BGB); verweigert der Insolvenzverwalter auch diese (§ 439 Abs. 3 S. 3 Hs. 2 BGB), ist die Nacherfüllung aus rein materiell-rechtlichen Gründen endgültig gescheitert. Eine Erfüllungsablehnung liegt darin nicht;[249] Gleiches gilt, wenn sich der Insolvenzverwalter auf das Leistungsverweigerungsrecht nach § 275 Abs. 2, Abs. 3 BGB (vgl. § 439 Abs. 1 S. 1 BGB: „... unbeschadet ...") beruft. Es bleibt dann endgültig bei der durch die Insolvenzeröffnung eingetretenen Nichterfüllung. Andere Rechte im Sinn des § 437 BGB kann der Käufer wegen der ab diesem Zeitpunkt wirkenden Rechtsausübungssperre nicht geltend machen (s. o. RdNr. 139 aE). Nach anderer Ansicht[250] stehen dem Käufer „die sekundären Rechtsbehelfe des Rücktritts, der Minderung und des Schadensersatzes nach § 437 Nr. 2 und 3 BGB zu". Dem ist nicht zuzustimmen. Denn sonst könnte der Käufer noch im eröffneten Insolvenzverfahren wirksam zurücktreten und durch *sein Handeln* ein (neues) Wahlrecht hinsichtlich des Rückabwicklungsschuldverhältnisses eröffnen (s. o. RdNr. 86).

c) Sachmangel in der Insolvenz des Käufers.[251] Wurde der Kaufpreis *vor Insolvenzeröffnung gänzlich gezahlt*, liegt ein einseitig vollständig erfüllter gegenseitiger Vertrag vor, auf den § 103 InsO keine Anwendung findet; der Insolvenzverwalter übt wegen des Sachmangels die Rechte des Käufers nach BGB aus. Hat der Käufer *nichts oder nur teilweise gezahlt*, gilt § 103; in aller Regel wird dann zugleich ein Kauf unter Eigentumsvorbehalt gegeben sein, selbst bei Übereignung durch den Verkäufer läge aber wegen der Mangelhaftigkeit der Sache auch von seiner Seite ein nicht vollständig erfüllter Vertrag vor. Der Verwalter kann – unbeschadet der Mängel oder gerade wegen der Mängel – die **Erfüllung ablehnen** (Rechtsfolge § 105 RdNr. 19). Bei **Erfüllungswahl** stehen ihm die Rechte des Käufers nach BGB zu (zu den Rechtsfolgen bei Nachbesserungsverlangen s. u. § 105 RdNr. 20). Fordert er Lieferung einer mangelfreien Sache (§ 439 Abs. 1 Alt. 2 BGB), ist der Kaufpreis dafür in voller Höhe als Masseverbindlichkeit (§ 55 Abs. 1 Nr. 2 Alt. 1) zu berichtigen.[252] Der Rückgewähranspruch des Verkäufers hinsichtlich der mangelhaften Sache (§ 439 Abs. 4 BGB) ist nur dann nach § 105 S. 2 (mit der Folge der Umrechnung nach § 45 in Geld und Anmeldung zur Tabelle) ausgeschlossen, wenn sie dem Käufer schon übereignet war.[253] Zugunsten eines Vorbehaltsverkäufers setzt sich dessen Recht (vorbehaltenes Eigentum) jedoch durch, weshalb Rückgabe durch Aussonderung verlangt werden kann (§ 47), Zug um Zug gegen Erstattung einer Anzahlung (§§ 346, 348 BGB).

5. Sachmängel im Werk-/Bauvertragsrecht.[254] **a) Grundsätze zur Anwendbarkeit des § 103.** Wegen der Harmonisierung zwischen Kauf- und Werkvertragsrecht zum Mangelbegriff und zu den Rechten wegen Mängel durch das Schuldrechtsmodernisie-

---

[249] Zutreffend mit näherer Begründung *Wegener* RdNr. 674–676, 681.
[250] *Wegener* RdNr. 682.
[251] Ausf. dazu *Wegener* RdNr. 727–767. Zum alten Schuldrecht s. hier Vorauflage RdNr. 142–144.
[252] *Wegener* RdNr. 744.
[253] AA (stets ausgeschlossen) *Wegener* RdNr. 752.
[254] Ausf. zur Abwicklung eines Bauvertrags in der Insolvenz vgl. zB *Schmitz*, Die Bauinsolvenz (4. Aufl.) 2007; *Huber* NZBau 2005, 177 ff., 256 ff. Allgemein zur Insolvenz eines Bauträgers vgl. zB *Kesseler* RNotZ 2004, 175; *Ampferl* ZWE 2006, 214.

§ 103   145, 146   3. Teil. 2. Abschnitt. Erfüllung Rechtsgeschäfte. Mitwirkung BR

rungsgesetz gelten die oben (RdNr. 138, 139) erörterten *Grundsätze und Weichenstellungen* entsprechend. Zusätzlich gibt es beim Werk-/Bauvertrag das Recht zur *Selbstvornahme* (§ 634 Nr. 2 i. V. mit § 637 BGB, § 13 Nr. 5 VOB/B); wurde davon vor Insolvenzeröffnung Gebrauch gemacht, kann der Erstattungsanspruch nur als Insolvenzforderung verfolgt werden (wie o. RdNr. 139). Beim *Nacherfüllungsanspruch* (§ 634 Nr. 1 i. V. mit § 635 BGB) hat das Wahlrecht zwischen Mangelbeseitigung und Neuherstellung gemäß § 635 Abs. 1 BGB der Unternehmer (Hersteller des mangelhaften Werks); die Rechtslage ist also seitenverkehrt zum Kauf, weil dort das Wahlrecht der anderen Vertragspartei (Käufer), nicht dem Lieferanten der mangelhaften Sache (Verkäufer) zusteht. In der Insolvenz des Unternehmers entscheidet also der Insolvenzverwalter, wie nacherfüllt wird, und schafft so selbst die Tatsachengrundlage für § 103; das zum Kaufvertragsrecht behandelte Problem (was verlangt der Käufer als der Vertragspartner, s. o. RdNr. 141) stellt sich hier also nicht. Ein *Rücktritt* ist nur bei einem Werkvertrag bzw. einem BGB-Bauvertrag möglich (§ 634 Nr. 3 BGB), nicht aber auch bei einem VOB-Bauvertrag, weil in der VOB/B nicht vorgesehen.[255] Ein wirkliches Problem folgt daraus nicht, weil sich bei einem mangelhaften Bauwerk – unabhängig vom Vertragstyp (BGB- oder VOB-Bauvertrag) – ein praktisches Bedürfnis nach einer Rücktrittsmöglichkeit (bislang noch) nicht ergeben hat; die oben (RdNr. 139) erörterte Abwicklungsvariante zu einem Rücktritt vor Insolvenzeröffnung ist hier also zu vernachlässigen. Für den Erfüllungsbegriff des § 103 kommt es nicht auf eine *Abnahme* (§ 640 BGB; § 12 VOB/B), sondern auf den Eintritt der Verjährung an (§ 634a BGB, § 13 Nr. 4, 5 VOB/B; s. o. RdNr. 134). Soweit im Folgenden – gemäß dem Sprachgebrauch in der VOB – stets von „*Auftraggeber*" und „*Auftragnehmer*" (anstelle von Besteller/Bauherr und Unternehmer) die Rede ist, beruht das auf Vereinfachungsgründen.

145   **b) Mangelhafte Teilleistung des Auftragnehmers (Schuldners) vor Insolvenzeröffnung über sein Vermögen. aa) Kein Erfüllungsverlangen des Insolvenzverwalters.** Der Auftraggeber hat keinen Anspruch wegen der Mängel, also insbesondere keinen Nachbesserungsanspruch, was wegen der Erfüllungsablehnung des Insolvenzverwalters unmittelbar einleuchtet. Es besteht auch insoweit nur ein Anspruch wegen Nichterfüllung (s. u. § 105 RdNr. 17). Allerdings kann der Auftraggeber mit den Kosten der Mängelbeseitigung gegen den teilweisen Erfüllungsanspruch der Masse aufrechnen; dem steht – wie der Baurechtssenat des BGH entschieden hat – § 95 Abs. 1 S. 3 nicht entgegen;[256] das Gericht argumentiert aber (nur) mit dem Leistungsverweigerungsrecht (§ 320 BGB) wegen der Mängel. Richtigerweise ist § 95 Abs. 1 S. 3 aber schon nach seinem Normzweck auf synallagmatisch verknüpfte Forderungen (hier: Werklohnanspruch als Hauptforderung und Mängelbeseitigungskosten als Gegenforderung, jeweils aus demselben Bauvertrag) nicht anwendbar (s. o. RdNr. 35). Eine andere Möglichkeit besteht darin, beide Forderungen nur als Rechnungsposten in das Abrechnungsverhältnis einzustellen; dort werden die gegenseitigen Ansprüche, die sich aus der insolvenzrechtlichen Beendigung der Vertragsdurchführung ergeben, miteinander verrechnet (saldiert), sodass nur derjenigen Seite ein Restanspruch zusteht, zu deren Gunsten ein Überschuss verbleibt (s. u. RdNr. 185).

146   **bb) Insolvenzverwalter wählt Erfüllung.** Nach herrschender Meinung muss der Insolvenzverwalter die **Mängel an der Teilleistung vor Insolvenzeröffnung** mit Mitteln der Masse beseitigen, weil er wegen seines Erfüllungsverlangens die mangelfreie Herstellung des Werkes schuldet. Uneinigkeit besteht aber darüber, ob das auch gilt, wenn die Mängel erst nach dem Erfüllungsverlangen bekannt werden, zunächst also unentdeckt geblieben sind; hierzu wird im Schrifttum vertreten, dass sich die Erfüllungswahl auf die konkreten Mängel beschränkt und der Verwalter wegen später gerügter oder erst später bekannt gewordener weiterer Mängel von neuem Erfüllung durch Nacherfüllung wählen oder

---
[255] *Kapellmann/Messerschmidt/Weyer*, VOB 2. Aufl. (2006), § 13 VOB/B RdNr. 334, 335.
[256] BGHZ 164, 159 = NJW 2005, 3574 = NZI 2005, 672 = ZIP 2005, 1972 = ZInsO 2005, 1164.

ablehnen kann,[257] während die hM die Erfüllungswahl für unteilbar hält, den Insolvenzverwalter also verpflichtet, auch diese Mängel zu beseitigen.[258]

Richtigerweise muss man in solchen Fällen – entgegen der hM – die **Vertragsspaltung** **146 a** **auch auf die mangelhafte Teilleistung vor Verfahrenseröffnung** erstrecken.[259] Dann gilt: Da die Teilleistung feststellbar und bewertbar ist, kommt es auf den Wert im Ist-Zustand an, mindern also Mängelbeseitigungskosten den fiktiven Wert einer vertragsgemäß hergestellten Teilleistung;[260] nur in diesem Umfang fließt der Werklohnanspruch auf Grund einer – unanfechtbaren – Abtretung dem Zessionar zu. Bei einem Erfüllungsverlangen erfasst die Vertragsspaltung auch den Erfüllungsanspruch auf vertragsgemäße Herstellung der vor Insolvenzeröffnung erbrachten Teilleistung; insoweit gelten § 13 Nr. 1 S. 1 VOB/B und § 633 Abs. 1 BGB unmittelbar, denn Rechte wegen Mängel (§ 13 VOB/B, §§ 634 ff. BGB) ersetzen den Erfüllungsanspruch grundsätzlich erst nach Abnahme des Werks. Für den auf die Teilleistung entfallenden Erfüllungsanspruch des Auftraggebers auf vertragsgemäße Herstellung wird dieser trotz des Erfüllungsverlangens des Insolvenzverwalters insoweit gerade nicht zum Massegläubiger. Er bleibt gemäß § 105 S. 1 Insolvenzgläubiger, könnte also die Mängelbeseitigungskosten als Insolvenzforderung anmelden; ebenso wäre es für eine Rückforderung des Teils seiner Vorauszahlung, der den Wert der Sache im mangelhaften Zustand übersteigt. Will er Beseitigung der Mängel durch den Verwalter, der das Bauwerk fertig stellt, muss er diese (nochmals) gesondert in die Masse vergüten. Diese Rechtsfolge setzt jedoch voraus, dass der Vertragspartner sich mit einer vollständigen Mängelbeseitigung einverstanden erklärt (§ 105 RdNr. 18).

Bei diesem Standpunkt erledigt sich zugleich das oben (RdNr. 146) geschilderte Problem, **146 b** wenn die Mängel erst nach dem Erfüllungsverlangen bekannt werden; insoweit gilt dann nichts anderes. Die hM überzeugt schon deshalb nicht, weil sie der *Funktion des Wahlrechts* (s. u. RdNr. 196 ff.) widerspricht. Da nämlich der Insolvenzverwalter die Mängel nicht kennt, kann er sie bei seiner Erfüllungswahl nicht berücksichtigen, entscheidet also auf fehlerhafter Tatsachengrundlage darüber, ob die Durchführung des Bauvertrags für die Masse günstig ist oder nicht.

c) **Insolvenz des General(Haupt-)Unternehmers. aa)** Bei der für größere Bauvor- **147** haben typischen **Dreiecksbeziehung zwischen Bauherrn, Generalunternehmer und Nachunternehmer** bestehen zwei getrennte Bauverträge zwischen Bauherrn und Generalunternehmer einerseits sowie zwischen Generalunternehmer und Nachunternehmer andererseits, wobei in jedem Verhältnis in der Praxis meist die Geltung der VOB/B vereinbart ist; vertragliche Beziehungen zwischen Bauherrn und Nachunternehmer gibt es demgegenüber nicht. In der Insolvenz des Generalunternehmers besteht folglich grundsätzlich ein **doppeltes Wahlrecht;** denn der Generalunternehmer ist Auftragnehmer des Bauherrn und selbst Auftraggeber des Nachunternehmers. Bei Gleichklang in der Ausübung werden sich bei Abwicklung der Bauverträge in der Regel keine zusätzlichen Schwierigkeiten ergeben: Bei *Erfüllungsverlangen gegenüber dem Bauherrn* wird der Insolvenzverwalter grundsätzlich dem Nachunternehmer gegenüber ebenso vorgehen, weil er die nun als Masseverbindlichkeit geschuldete (mangelfreie) Herstellung des Bauwerks ohne entsprechende Leistung des Nachunternehmers nicht wird erbringen können. Zwingend ist das freilich nicht; der Insolvenzverwalter kann gegenüber dem Nachunternehmer gleichwohl die Erfüllung ablehnen, zB wenn die vertraglichen Vereinbarungen sehr ungünstig waren und der Insolvenzverwalter die dem Nachunternehmer obliegenden (noch ausstehenden) Leistungen selbst erbringen oder

---

[257] So noch Vorauflage RdNr. 146; ebenso *C. Schmitz*, ZIP 2001, 765, 768; offenbar auch *Uhlenbruck/Berscheid* § 105 RdNr. 39. Auch eine Anfechtung der Wahlrechtsausübung nach § 119 BGB wird vorgeschlagen, so *Kübler/Prütting/Tintelnot* RdNr. 66 a.
[258] So – der hM also zustimmend – früher auch *Kreft* Festschrift Kirchhof, S. 275, 282 ff.; ausf. zur Problemlage *Gottwald* NZI 2005, 588; *Kesseler* ZIP 2005, 2046, 2050 f (dezidiert für die hM).
[259] Ausf. *Huber* ZInsO 449, 452 (Nachdruck aus Festschrift Kreft, S. 327, 333 ff.). In diese Richtung jetzt auch *Kreft* § 105 RdNr. 18. Im Ergebnis wie hier *C. Schmitz* Bauinsolvenz, RdNr. 232.
[260] Zur Minderungsberechnung bei der parallelen Problemlage im Kaufrecht *Wegener* RdNr. 544 ff.

§ 103   147a–149   3. Teil. 2. Abschnitt. Erfüllung Rechtsgeschäfte. Mitwirkung BR

einen Dritten damit beauftragen will, sofern das unter Berücksichtigung der Nichterfüllungsforderung (§ 103 Abs. 2 S. 1) günstiger wäre. Bei *Erfüllungsablehnung* (oder unterlassener Wahlrechtsausübung) gegenüber Bauherrn wie Nachunternehmer verbleibt es in beiden Vertragsverhältnissen bei dem durch die Insolvenzeröffnung eingetretenen Zustand der Nichterfüllung.

147 a   bb) Der Insolvenzverwalter des Generalunternehmers kann jedoch bei **mangelhafter Teilleistung des Nachunternehmers vor Insolvenzeröffnung** nach dem zugrunde liegenden VOB-Bauvertrag – also nach materiellem Recht (!) – **Minderung statt Nachbesserung** verlangen, wenn dem Bauherrn wegen der Mängel am Bauwerk nur eine Insolvenzforderung zusteht, weil dann die Mängelbeseitigung (durch den Nachunternehmer) für den Auftraggeber (Generalunternehmer) *„unzumutbar"* i. S. des § 13 Nr. 6 VOB/B ist, wie der BGH entschieden hat.[261] Der IX. Zivilsenat nennt dafür in seinem Grundsatzurteil zwei Fallgruppen, nämlich die Erfüllungsablehnung des Generalunternehmervertrages und (eher theoretisch) den Ausschluss des Wahlrechts wegen vollständiger Erfüllung durch den Bauherrn vor Insolvenzeröffnung. Als dritte (in der Praxis bedeutsamere) Variante kommt die Kündigung des Generalunternehmervertrages durch den Bauherrn nach § 8 Nr. 2 VOB/B in Betracht (s. o. RdNr. 90).

147 b   Daraus ergeben sich folgende *praktische Konsequenzen:* Der Nachunternehmer verliert trotz eines Nachbesserungswillens sein Recht zur zweiten Andienung, wenn der Insolvenzverwalter gegenüber dem Bauherrn (!) **nicht** Erfüllung wählt. Umgekehrt wird die Masse durch die Einziehung des Minderungsbetrages gemehrt. Die hM im Baurecht stellt bei Berechnung der Minderung trotz des eindeutigen Verweises (in § 13 Nr. 6 VOB/B) auf § 638 BGB – angeblich zur Vereinfachung – auf die fiktiven Nachbesserungskosten ab.[262] Eine Kürzung nach dem Rechtsgedanken des § 326 Abs. 2 S. 2 BGB[263] kommt aus spezifisch insolvenzrechtlichen Gründen nicht in Betracht; denn das stünde in Widerspruch zum Prinzip der par condicio creditorum und der Funktion des Wahlrechts, worauf das genannte Urteil zu § 13 Nr. 6 VOB/B gerade beruht.[264]

E. Ausübung des „Wahlrechts"

I. Grundsätze

148   **1. Begriff des Wahlrechts.** Nach der hier vertretenen Auslegung des § 103 (s. o. RdNr. 1 ff., 11 ff., 22 ff.) besagt der Begriff „Wahlrecht" nur noch, dass der Insolvenzverwalter wählen kann, ob er den Vertrag anstelle des Schuldners erfüllt und die Erfüllung von dem anderen Teil verlangt, oder, ob er es bei den mit der Eröffnung des Insolvenzverfahrens verbundenen Folgen der Nichtdurchsetzbarkeit der Erfüllungsansprüche (s. o. RdNr. 14 ff., 20) belassen will. Soweit daher im Rahmen der Erläuterungen zu § 103 von der „Ausübung des Wahlrechts" oder dem „Wahlrecht" schlechthin gesprochen wird, ist das in dem dargelegten Sinn zu verstehen. Ein echtes Wahlrecht zwischen Erfüllungsverlangen und Erfüllungsablehnung gibt es nicht; weder die ausdrückliche Erklärung des Insolvenzverwalters, er lehne die (weitere) Erfüllung des Vertrages ab, noch sein Schweigen – auch nicht nach Aufforderung durch den Vertragspartner (§ 103 Abs. 2 Satz 2) – haben rechtsgestaltende Wirkung.

149   **2. Ausübungsberechtigung im Regelinsolvenzverfahren.** a) Das Wahlrecht nach § 103 steht im Regelinsolvenzverfahren nur dem **Insolvenzverwalter** zu; Sondervorschriften gelten allerdings in Eigenverwaltung und vereinfachtem Insolvenzverfahren (s. u. Rd-

---

[261] BGHZ 169, 43 = NZI 2006, 575 = ZIP 2006, 136 = ZInsO 2006, 933 = NJW 2006, 2919 m. Anm. *Huber.*
[262] *Kapellmann/Messerschmidt/Weyer,* VOB, § 13 VOB/B RdNr. 323 ff.
[263] So *Vogel* EWiR 2005, 523, 524 aE.
[264] BGHZ aaO (RdNr. 9, 12 ff.).

Nr. 152, 153). Nur ausnahmsweise kann das Wahlrecht im Einzelfall ausgeschlossen oder beschränkt sein (s. u. RdNr. 200 ff.). Eine Vertretung des Insolvenzverwalters bei der Wahrnehmung dieses Rechtes ist deshalb dann unzulässig, wenn die Rechtsausübung nicht erkennbar auf seine eigene Willensbildung zurückzuführen ist, weil es sich sonst um eine unzulässige partielle Amtsübertragung handeln würde.[265]

b) Bei einem **vom Schuldner** geschlossenen gegenseitigen Vertrag kann das Wahlrecht **150** nicht etwa vom **vorläufigen Insolvenzverwalter** ausgeübt werden.[266] Insoweit gibt es keine Unterschiede zum früheren Sequester nach KO, dem ebenfalls das Wahlrecht nach § 17 KO (jetzt: § 103) nicht zugebilligt wurde.[267] Dabei ist unerheblich, ob bei der Anordnung der Sicherungsmaßnahme (§ 21 Abs. 2 Nr. 1) dem Schuldner zugleich ein allgemeines Verfügungsverbot mit der Folge des Übergangs der Verwaltungs- und Verfügungsbefugnis auf den vorläufigen Insolvenzverwalter auferlegt wurde (§ 22 Abs. 1 Satz 1; sog. *„starker vorläufiger Insolvenzverwalter"*) oder nicht (dann: § 22 Abs. 2; sog. *„schwacher vorläufiger Insolvenzverwalter"*). Denn in beiden Fällen bestimmt die Sicherungsfunktion der Maßnahme dessen Stellung (vgl. § 22 Abs. 1 Satz 2). Außerdem knüpft § 103 für Anwendungsbereich und Rechtsfolgen an die „Eröffnung des Insolvenzverfahrens" unmittelbar an.

In der Praxis kommt es häufig durch den Vertragspartner zu einer **Anfrage an den vorläufigen Insolvenzverwalter,** ob der Vertrag durchgeführt wird oder nicht. Selbst wenn der vorläufige Insolvenzverwalter seine Zustimmung zu einer Fortsetzung des Schuldverhältnisses erklärt, so beinhaltet das kein rechtlich verbindliches Erfüllungsverlangen i. S. d. § 103. Der spätere Insolvenzverwalter ist demzufolge selbst dann, wenn er mit dem früheren vorläufigen Verwalter personengleich ist, nicht gehindert, die Erfüllung des Vertrages abzulehnen. Für den vorläufigen Insolvenzverwalter empfiehlt es sich aber, um dem späteren Einwand eines treuwidrigen Verhaltens (§ 242 BGB) vorzubeugen, bei seiner Antwort auf eine solche Anfrage darauf hinzuweisen, dass er Erklärungen zur Weiterführung des Vertrages unbeschadet der Rechte nach §§ 103 ff. abgibt; das ist vor allem auch für eine spätere Anfechtung nach §§ 129 ff. wichtig. Der andere Teil ist damit hinreichend gewarnt. Er hat dann entsprechend den vertraglichen Vereinbarungen oder nach allgemeinen Regeln die Möglichkeit, das Schuldverhältnis zu kündigen oder zurückzutreten. Lässt er sich gleichwohl auf dessen Fortsetzung ein, handelt er auf eigenes Risiko.[268] Hat ein *starker vorläufiger Insolvenzverwalter* die Durchführung des vom Schuldner geschlossenen Vertrages verlangt, gilt freilich § 55 Abs. 2 S. 1, unbeschadet des Wahlrechts des späteren Insolvenzverwalters; wickelt letzterer den Vertrag dann aber weiter ab, wird darin ein konkludentes Erfüllungsverlangen liegen (s. u. RdNr. 156 ff.).

Bei einem **Vertragsschluss erst im Eröffnungsverfahren nach Bestellung eines** **151** **vorläufigen Insolvenzverwalters** muss man unterscheiden: Hat ein *starker vorläufiger Insolvenzverwalter* den Vertrag geschlossen, stellt sich die Frage des § 103 nicht, weil durch sein Handeln ohnehin eine Masseverbindlichkeit (§ 55 Abs. 2) begründet wurde, die der Insolvenzverwalter erfüllen muss;[269] eine Erfüllungsablehnung durch ihn nach Insolvenzeröffnung kommt folglich nicht in Betracht.[270] Für einen vom *Schuldner mit Zustimmung des schwachen vorläufigen Insolvenzverwalter* eingegangenen gegenseitigen Vertrag steht dem Insolvenzverwal-

---

[265] OLG Düsseldorf ZIP 1996, 337, 339; ZIP 1988, 855 = NJW-RR 1988, 1103; *Kübler/Prütting/Tintelnot* RdNr. 51; *Pape,* Kölner Schrift, S. 531, 549 (RdNr. 25); *Uhlenbruck/Berscheid* RdNr. 62.
[266] AllgM, vgl. *Nerlich/Römermann/Balthasar* RdNr. 40; *Hess* RdNr. 113; *Kübler/Prütting/Tintelnot* aaO; *Pape,* Kölner Schrift, S. 531, 539 (RdNr. 9).
[267] BGHZ 97, 87, 90 = NJW 1986, 1496 = JZ 1986, 691 m. Anm. *Henckel* = EwiR § 17 KO 3/86, 387 (*Kilger*); BGHZ 130, 38, 42 = NJW 1995, 2783, 2785. HM im Schrifttum zur KO, vgl. nur *Kuhn/Uhlenbruck* § 106 RdNr. 13 b; ebenso zum vorläufigen Verwalter nach GesO, vgl. *Gottwald/Huber,* Insolvenzrechtshandbuch (1. Aufl.), Nachtrag S. 51 (RdNr. 4); OLG Jena ZIP 1996, 34.
[268] BGHZ 97, 87, 92 = NJW 1986, 1496 (zur Sequestration nach KO).
[269] Das wird nicht hinreichend beachtet von *Hoenig/Meyer-Löwy* ZIP 2002, 2162 f.; der von ihnen vorgeschlagenen teleologischen Reduktion des § 103 in einem solchen Fall bedarf es folglich nicht.
[270] HK-*Marotzke* RdNr. 57; insoweit im Ergebnis richtig *Hoenig/Meyer-Löwy* aaO.

ter jedoch grundsätzlich das Wahlrecht zu.[271] Die Rechtslage kann letztlich nicht anders sein wie in der Insolvenzanfechtung. Dort ist der Insolvenzverwalter grundsätzlich nicht gehindert, mit Zustimmung eines schwachen vorläufigen Verwalters vorgenommene Rechtshandlungen anzufechten, sofern kein schutzwürdiger Vertrauenstatbestand geschaffen wurde (s. u. § 129 RdNr. 46 ff.). Es erscheint sachgerecht, diese Grundsätze auch für die Wahlrechtsausübung anzuwenden. Das hier vertretene Ergebnis ist nicht unbillig, weil sich ein schwacher vorläufiger Insolvenzverwalter im konkreten Einzelfall vom Insolvenzgericht zur Begründung von Masseverbindlichkeiten ermächtigen lassen kann. Andernfalls werden Verbindlichkeiten aus dem Eröffnungsverfahren Masseschulden erst nach einem Erfüllungsverlangen des Verwalters.[272]

152 **3. Sondervorschriften. a)** Bei **Eigenverwaltung** (§§ 270 ff.) wird kein Insolvenzverwalter bestellt; der Schuldner behält vielmehr das Verwaltungs- und Verfügungsrecht, freilich unter Aufsicht eines Sachwalters, § 270 Abs. 1 Satz 1. Folgerichtig sind nach § 279 Satz 1 die Vorschriften über die Erfüllung der Rechtsgeschäfte (§§ 103 ff.) mit der Maßgabe anzuwenden, dass an die Stelle des Insolvenzverwalters der Schuldner tritt. Letzterer übt also bei im Zeitpunkt der Insolvenzeröffnung von noch keiner Seite vollständig erfüllten gegenseitigen Verträgen (s. o. RdNr. 61) das Wahlrecht nach § 103 aus. Davon soll gemäß § 279 Satz 2 zwar nur im Einvernehmen mit dem Sachwalter Gebrauch gemacht werden. Verstößt der Schuldner dagegen, so beeinträchtigt das aber die Wirksamkeit der Entscheidung nicht, wie im Umkehrschluss aus § 279 Satz 3 folgt. Entsprechendes gilt, falls eine nach § 276 Satz 1 gebotene Zustimmung des Gläubigerausschusses fehlt (§§ 276 Satz 2, 164). Anders ist das nur, wenn das Insolvenzgericht auf Antrag der Gläubigerversammlung die Zustimmung des Sachwalters auch für solche Rechtsgeschäfte angeordnet hatte, § 277 Abs. 1 Satz 1. Wegen der weiteren Einzelheiten wird auf die Erläuterung zu § 279 verwiesen.

153 b) Im **vereinfachten Insolvenzverfahren** – also in dem nach Scheitern des gerichtlichen Schuldenbereinigungsplans eröffneten Verbraucherinsolvenz- bzw. sonstigem Kleinverfahren – werden die Aufgaben des Insolvenzverwalters von einem Treuhänder wahrgenommen, § 313 Abs. 1 Satz 1. Folglich steht diesem das Wahlrecht nach § 103 zu. Die Sondervorschrift des § 107 Abs. 2 für die Insolvenz des Vorbehaltsverkäufers gilt jedoch nicht, weil kein Berichtstermin stattfindet, § 312 Abs. 1 Satz 2. Wegen der weiteren Einzelheiten wird auf die Erläuterung zu § 313 verwiesen.

II. Erfüllungsverlangen des Insolvenzverwalters

154 **1. Erklärung des Verwalters. a)** Mit der Erfüllungswahl macht der Insolvenzverwalter von einem nur ihm zustehenden (s. o. RdNr. 149 ff.) Gestaltungsrecht Gebrauch; die rechtsgestaltende Wirkung folgt daraus, dass die Rechte und Pflichten aus dem Vertrag insgesamt zu Masseforderungen und Masseverbindlichkeiten „aufgewertet" werden und dadurch eine andere spezifische Qualität erhalten (s. o. RdNr. 39 ff.). Das **ausdrückliche Erfüllungsverlangen** wird demzufolge durch *einseitige empfangsbedürftige Willenserklärung* ausgeübt, auf die §§ 130 bis 132 BGB Anwendung finden[273] und die – wie jede Gestaltungserklärung – *unwiderruflich und bedingungsfeindlich* ist[274] (zur Erklärung unter Einschränkungen oder Vorbehalten s. u. RdNr. 159 ff.; zur Anfechtung wegen Willensmängel s. u. RdNr. 206). Die Willenserklärung ist *nicht fristgebunden,* weshalb sich aus Schweigen oder Untätigkeit grundsätzlich nichts ableiten lässt (s. u. RdNr. 158), sofern nicht der andere Teil den Verwalter zur Ausübung seines Wahlrechts aufgefordert hat (s. u. RdNr. 171) und *formfrei,* Letzteres selbst

---

[271] Ebenso *Kirchhof* ZInsO 2000, 297; HK-*Marotzke* aaO.
[272] Vgl. auch OLG Hamm NZI 2003, 150.
[273] BGH ZIP 2007, 778 [RdNr. 13] = NJW 2007, 1594 = NZI 2007, 335.
[274] HM zur KO, vgl. nur BGHZ 103, 350 = NJW 1988, 170; *Jaeger/Henckel* § 17 RdNr. 116, 119. HM auch zur InsO, vgl. nur *Nerlich/Römermann/Balthasar* RdNr. 40; *Kübler/Prütting/Tintelnot* RdNr. 53; FK-*Wegener* RdNr. 58; *Keller* RdNr. 1246; HK-*Marotzke* RdNr. 63; HambKomm-*Ahrendt* RdNr. 19. Streitig ist nur die Rechtsnatur der Erfüllungsablehnung.

dann, wenn der gegenseitige Vertrag, dessen Erfüllung der Insolvenzverwalter fordert, formbedürftig war; denn nicht der Vertrag, sondern nur der ursprüngliche Erfüllungsanspruch wird mit anderer Qualität neu begründet (zum konkludenten Erfüllungsverlangen s. u. RdNr. 156, 157).

Für die *Auslegung* der Erklärung gelten die allgemeinen Regeln der §§ 133, 137 BGB. Ob sich der Insolvenzverwalter darüber im Klaren war, dass er vom Wahlrecht nach § 103 Gebrauch macht, ist unerheblich (zur Anfechtung s. u. RdNr. 206 ff.).[275] Es kommt nur darauf an, wie der Vertragspartner die Willensäußerung nach ihrem objektiven Erklärungswert, der Verkehrssitte und den Gesamtumständen auffassen musste. **155**

b) Da das Gesetz die Einhaltung einer bestimmten Form nicht vorschreibt (s. o. RdNr. 154), kommt auch ein **konkludentes (schlüssiges) Erfüllungsverlangen** in Betracht. Das ist beispielsweise anzunehmen, wenn der Insolvenzverwalter die vom Schuldner geschuldete Leistung mit Mitteln der Masse erbringt, gegebenenfalls auch durch Dritte, die er zB damit beauftragt, das vom Schuldner (Unternehmer) herzustellende Werk (§ 631 BGB) zu vollenden.[276] Entsprechendes gilt umgekehrt, wenn der Verwalter dem anderen Teil eine Frist zur Erbringung der geschuldeten Leistung setzt, sofern er nicht zugleich zum Ausdruck bringt, seiner Auffassung nach habe der Schuldner den gegenseitigen Vertrag schon vor Insolvenzeröffnung vollständig erfüllt (s. o. RdNr. 59, 121 ff.);[277] denn im zuletzt genannten Falle zieht der Verwalter nur den von der Insolvenzeröffnung unberührt gebliebenen Erfüllungsanspruch des Schuldners zur Masse. Hatte der Vertragspartner bereits Gegenansprüche geltend gemacht, zB Mängelbeseitigung verlangt oder sich sonst auf ein Zurückbehaltungsrecht berufen, so kann die Forderungsbeitreibung des Insolvenzverwalters durch Mahnschreiben, Mahnbescheid, Klage oder Prozessaufnahme (§ 85) grundsätzlich **nicht** als konkludentes Erfüllungsverlangen ausgelegt werden (s. o. RdNr. 140); eine solche Willensrichtung lässt sich vielmehr nur dann annehmen, wenn der Verwalter gleichzeitig die Berechtigung der Einwendungen des anderen Teils einräumt, zB indem er Zahlung nur Zug um Zug gegen Mängelbeseitigung fordert.[278] **156**

Kein konkludentes Erfüllungsverlangen liegt in der *bloßen Verwertung* eines aus einem gegenseitigen Vertrag erlangten Gegenstands, insbesondere in der *Veräußerung von Vorbehaltsware*. Ein solches Rechtsgeschäft mit einem Dritten hat keinen schlüssigen Erklärungswert gegenüber dem Vorbehaltseigentümer. Veräußert also zB der Insolvenzverwalter im Rahmen einer einheitlichen Veräußerung des gesamten Warenbestandes des Schuldners bewusst auch Vorbehaltsware, so wählt er damit grundsätzlich nicht die Erfüllung des zugrunde liegenden Kaufvertrages mit dem Vorbehaltsverkäufer, sofern für Letzteres nicht im Einzelfall besondere über den bloßen Veräußerungsakt hinausgehende Tatsachen sprechen.[279] Der Vertragspartner ist ausreichend geschützt durch die ihm wegen der Verletzung seines dinglichen Rechtes zustehenden Ansprüche gegenüber der Masse (vgl. § 48; §§ 989, 990 Abs. 2 Satz 2 BGB i. V. m. § 55 Abs. 1 Nr. 1; § 816 Abs. 1 Satz 1 BGB i. V. m. § 55 Abs. 1 Nr. 3) oder gegenüber dem Verwalter persönlich (§§ 60, 61).[280] Im Übrigen kann trotz der Haftung der Masse die Verletzung des fremden Rechtes in ihrem Interesse liegen, weil zB sonst die Veräußerung des gesamten Warenbestandes oder des schuldnerischen Unternehmens scheitert; auch kann der Insolvenzverwalter in der berechtigten Erwartung der nachträglichen Genehmigung durch den Vorbehaltseigentümer (§ 185 Abs. 2 Satz 1 BGB) handeln. Entsprechendes gilt bei *Verarbeitung von Vorbehaltsware*. In den gesamten Fällen kann also die **157**

---

[275] OLG Naumburg ZInsO 2004, 1154.
[276] BGH NJW-RR 1988, 1338.
[277] BGH NJW 1962, 2296; OLG Dresden ZIP 2002, 815.
[278] Ebenso *C. Schmitz* EWiR 2000, 641; OLG Stuttgart ZIP 2005, 588 (angeblich noch ausstehende Sanierungsarbeiten); *Wegener* RdNr. 671.
[279] BGH NJW 1998, 992 = ZIP 1998, 298 = JuS 1998, 569 Nr. 10 *(K. Schmidt)*; zustimmend *Graf-Schlicker/Breitenbücher* RdNr. 14; FK-*Wegener* RdNr. 59. AA (konkludentes Erfüllungsverlangen) OLG Celle NJW-RR 1988, 1145; *Nerlich/Römermann/Balthasar* RdNr. 42.
[280] Näher dazu vgl. den praktischen Fall bei *Huber* JuS 2000, 482 ff.

Auslegung des Verhaltens des Insolvenzverwalters nur bei anderen konkreten Umständen des Einzelfalls zu einem anderen Ergebnis führen.[281]

158   c) Bloße **Untätigkeit oder Schweigen** (zum schlüssigen Verhalten s. o. RdNr. 156, 157), kann grundsätzlich nicht als Erfüllungswahl ausgelegt werden.[282] Denn zum einen legt § 103 Abs. 1 dem Insolvenzverwalter keine Erklärungspflicht auf, zum anderen kann dieser gerade umgekehrt nach Schweigen auf die Aufforderung des anderen Teils zur Wahlrechtsausübung wegen § 103 Abs. 2 Satz 2, 3 nicht mehr auf Erfüllung bestehen (s. u. RdNr. 182). Ein stillschweigendes Erfüllungsverlangen liegt insbesondere nicht darin, dass der Insolvenzverwalter die Erbringung einer (Teil-)Leistung des Vertragspartners bloß duldet oder bloß zur Kenntnis nimmt. Das gilt auch dann, wenn dieser in Absprache mit dem vorläufigen Insolvenzverwalter im Eröffnungsverfahren seine Verpflichtungen weiter erfüllt hat; denn weder konnte der vorläufige Insolvenzverwalter das Wahlrecht ausüben (s. o. RdNr. 150), noch konnte er durch sein Handeln den Insolvenzverwalter in seiner Entscheidungsfreiheit für die Zeit nach Insolvenzeröffnung binden. Etwas anderes wird nur anzunehmen sein, wenn der Insolvenzverwalter die nach Verfahrenseröffnung erbrachten („erduldeten") Teil-Leistungen voll als Masseschuld begleicht; die Erfüllungswahl bezieht sich dann aber nur hierauf (s. o. RdNr. 47 ff.).

159   d) **Erklärung unter Vorbehalten oder Einschränkungen.** Eine solche Erklärung ist schon unter *Geltung der KO* nach allgM grundsätzlich als Erfüllungsablehnung verbunden mit dem Angebot auf Abschluss eines neuen Vertrages behandelt worden. Allerdings wurde vom BGH in einer älteren Entscheidung[283] die Vereinbarung zwischen dem Konkursverwalter und dem Vertragspartner, das Wahlrecht der Vertragserfüllung nur für den beiderseits ausstehenden Vertragsrest auszuüben, als rechtswirksam erachtet; dort hatte der Vertragspartner vor Konkurseröffnung bereits teilweise geleistet, der Konkursverwalter dann aber nicht Lieferung des ganzen noch ausstehenden Restes, sondern nur eines Teiles davon verlangt, womit der andere einverstanden war. Bei diesem Sachverhalt bedurfte es allerdings der Konstruktion über das Wahlrecht des § 17 Abs. 1 KO nicht. Am Ergebnis ändert sich nämlich nichts, wenn man das Verhalten des Konkursverwalters als Erfüllungsablehnung und die Vereinbarung mit dem Vertragspartner als Abschluss eines neuen Vertrages ansieht. In jedem Falle konnte der andere Teil seinen Anspruch hinsichtlich seiner einseitigen Vorleistungen wegen § 3 Abs. 1 KO nur als Konkursforderung zur Tabelle anmelden, während die Forderung für den beiderseits erfüllten Teil des noch offenen Restes Masseschuld nach § 59 Abs. 1 Nr. 2 (so BGH und RG) bzw. Nr. 1 KO (Neuabschluss) war.

160   Jedenfalls aber ließ sich mit diesem Urteil nicht die daraus zum Teil vom Schrifttum[284] gezogene Folgerung rechtfertigen, jedes Erfüllungsverlangen unter welchen Vorbehalten auch immer gelte dann nicht als Vertragsablehnung, wenn ihm der andere Teil zustimme. Das hat später der IX. Zivilsenat des BGH klargestellt.[285] In dem entschiedenen Fall hatte sich die Schuldnerin zur Herstellung eines Werkes verpflichtet. Der Verwalter machte die Erfüllung des Vertrages von einem Verzicht des anderen Teils (Bestellers) auf die bei Sachmängeln bestehenden gesetzlichen Rechte gegen Einräumung eines Nachlasses abhängig; der Vertragspartner gab diese Erklärung daraufhin ab. Der BGH sieht in der Erklärung des Verwalters zu Recht eine Erfüllungsablehnung sowie das Angebot zum Neuabschluss des Vertrages unter veränderten Bedingungen, das der andere angenommen hat (§§ 145, 147 Abs. 2 BGB).

161   Ebenso ist die Rechtslage im *Geltungsbereich der InsO*. Fügt der Insolvenzverwalter seiner Erklärung also Vorbehalte oder Einschränkungen hinzu, so lehnt er damit die Erfüllung des (alten) Vertrages ab und bietet dem Vertragspartner einen Neuabschluss an.[286] Stimmt

---

[281] Im Ergebnis ebenso OLG Düsseldorf NZI 2003, 379 = ZIP 2003, 1306; dazu *Mitlehner* EWiR 2003, 645.
[282] Richtig OLG Naumburg ZInsO 2004, 1145.
[283] BGH WM 1958, 430 im Anschluss an RGZ 129, 228, 230.
[284] Vgl. zB *Jaeger/Henckel* KO § 17 RdNr. 18; *Kuhn/Uhlenbruck* KO § 17 RdNr. 24.
[285] BGHZ 103, 250 = NJW 1988, 1790.
[286] HM im Schrifttum: FK-*Wegener* RdNr. 61; *Hess* RdNr. 88; *Pape*, Kölner Schrift, S. 531, 549 (RdNr. 25); HambKomm-*Ahrendt* RdNr. 19; *Gottwald/Huber* § 35 RdNr. 5. Dieser Standpunkt wird als „nahe liegend" bezeichnet in BGHZ 169, 43 [RdNr. 14] = NJW 2006, 575 m. Anm. *Huber*.

Letzterem der andere Teil zu, so wird nicht etwa der alte Vertrag mit veränderten Bedingungen fortgesetzt; denn es gibt keine – auch keine einvernehmliche – den ursprünglichen Vertrag modifizierende oder nur einzelne Ansprüche oder Rechte betreffende Erfüllungswahl,[287] wie schon aus §§ 103 Abs. 1, 55 Abs. 1 Nr. 2 folgt, die auf „den Vertrag" und auf „die Ansprüche" daraus abstellen. Vielmehr wird in einem solchen Fall für das Rechtsgeschäft eine neue vertragliche Grundlage geschaffen; die so begründeten Ansprüche sind Masseverbindlichkeiten nach § 55 Abs. 1 Nr. 1. Die Auslegung des Vorbehalts oder der Einschränkungserklärung (s. o. RdNr. 154) kann aber auch ergeben, dass sich der Insolvenzverwalter die Entscheidung über die Wahlrechtsübung bloß noch offen halten möchte, insbesondere bis zum Berichtstermin.[288]

e) Gemäß § 160 Abs. 1 Satz 1 hat der Insolvenzverwalter die **Zustimmung des Gläu-** **162** **bigerausschusses** (gegebenenfalls der Gläubigerversammlung, § 160 Abs. 1 Satz 2) einzuholen, wenn er Rechtshandlungen vornehmen will, die für das Insolvenzverfahren von besonderer Bedeutung sind; gemeint ist die vorherige Zustimmung (Einwilligung, vgl. § 183 BGB), wie aus der Formulierung „vornehmen will" folgt (aA § 160 RdNr. 25). Das Merkmal der „besonderen Bedeutung" wird für die Entscheidung des Insolvenzverwalters, ob er anstelle des Schuldners mit Mitteln der Masse erfüllt und Erfüllung für diese verlangt, oder, ob er bei einer Erfüllungsablehnung die Masse mit einem Nichterfüllungsanspruch (§ 103 Abs. 2 Satz 1) des anderen Teils belastet, meist gegeben sein. Handelt der Verwalter gleichwohl ohne Zustimmung des Gläubigerausschusses, so berührt das die Wirksamkeit des Erfüllungsverlangens nicht, § 164.

2. Rechtsfolgen. a) Grundsätze. Wegen der mit einem Erfüllungsverlangen des Insol- **163** venzverwalters verbundenen Rechtsfolgen für die Ansprüche der Masse und die des anderen Teils – auch unter Berücksichtigung von vor Insolvenzeröffnung erbrachten Teilleistungen – wird auf die früheren Erörterungen verwiesen (s. o. RdNr. 39 bis 54).

b) Im Übrigen ist auf Folgendes hinzuweisen: Mit dem Wirksamwerden des Erfüllungs- **164** verlangens (s. o. RdNr. 154) tritt der *Insolvenzverwalter* in den Vertrag anstelle des Schuldners ein, der mithin Rechte aus dem Schuldverhältnis nicht mehr geltend machen kann. Der Vertrag wird jetzt vielmehr zwischen dem Verwalter und dem anderen Teil fortgesetzt. Dabei ist für den Inhalt des Schuldverhältnisses die Rechtslage bei Insolvenzeröffnung maßgeblich, weil der Insolvenzverwalter für die Masse grundsätzlich nicht mehr und keine anderen Rechte beanspruchen kann, als sie dem Schuldner zustehen.[289] Hatte also der Schuldner noch vor diesem Zeitpunkt Stundungen bewilligt, Lieferungsfristen verlängert, Nachlässe gewährt oder eine Vereinbarung zu einem Sicherheitseinbehalt getroffen, so muss das der Verwalter hinnehmen, falls er die Rechtshandlungen nicht nach §§ 129 ff. anfechten kann. Umgekehrt hindert ihn aber eine schon erfolgte Insolvenzanfechtung des Vertrages nicht, von der Verfolgung des Rückgewähranspruches (§ 143) abzusehen und Erfüllung zu verlangen.[290]

Auch der *Vertragspartner* hat nunmehr Anspruch auf Erfüllung. Er kann dieses Recht **165** gegebenenfalls einklagen und einen hierüber erwirkten Titel in die Masse vollstrecken, ohne den Beschränkungen der §§ 87, 89 ausgesetzt zu sein. Denn diese Vorschriften gelten nur für Insolvenzgläubiger. Seine Ansprüche sind aber, soweit sie im Gegenseitigkeitsverhältnis stehen, durch das Erfüllungsverlangen des Verwalters zu Masseverbindlichkeiten nach § 55 Abs. 1 Nr. 2 Alt. 1 aufgewertet worden (s. o. RdNr. 39) und deshalb gemäß § 53 vorweg zu befriedigen. Masseschuld ist auch der bei Vertragsabwicklung durch Verschulden des Insolvenzverwalters ausgelöste Ersatz- (Sekundär-) Anspruch, ins-

---

[287] So aber *Kübler/Prütting/Tintelnot* RdNr. 55 (unter Berufung auf die freilich, wie dargelegt, überholte Entscheidung BGH WM 1958, 430).
[288] BGH ZIP 2007, 778 [RdNr. 13] = NJW 2007, 1594 = NZI 2007, 335.
[289] BGHZ 169, 43 [RdNr. 12] = ZIP 2006, 136 = ZInsO 2006, 933 = NJW 2006, 2919 m. Anm. *Huber*; BGH NJW 1999, 1261 f. = ZIP 1999, 199 f.
[290] BGH NJW 1962, 1200.

besondere eine Schadensersatzforderung wegen Pflichtverletzungen (§§ 280 ff. BGB). Hat der Verwalter allerdings nur den vor Insolvenzeröffnung ohne Zustimmung des Schuldners, zB von einem Vertreter ohne Vertretungsmacht (§ 177 Abs. 1 BGB), geschlossenen Vertrag genehmigt, so liegt darin keine Erfüllungswahl. Denn die Genehmigung wirkt nach § 184 Abs. 1 BGB auf den Zeitpunkt der Vornahme des Rechtsgeschäftes zurück, führt also lediglich zur Wirksamkeit des Vertrages schon vor Insolvenzeröffnung. Ebenso bleiben Provisionsansprüche eines Handelsvertreters (§ 87 HGB) aus vor Insolvenzeröffnung abgeschlossenen Verträgen Insolvenzforderungen, auch wenn der Verwalter die Erfüllung verlangt, weil diese Ansprüche aufschiebend bedingt bereits mit Abschluss der Verträge entstanden waren.[291]

166 **3. Art und Weise der Erfüllung.** Für die Abwicklung des Vertrages gelten nach allgemeiner Auffassung[292] die §§ 320 ff. BGB in dem Umfange, in dem sie außerhalb des Insolvenzverfahrens Anwendung gefunden hätten. Wer vorleistungspflichtig ist, hat also die ihm obliegende Leistung zu erbringen. Der Vertragspartner darf sie nicht wegen der Verschlechterung der Vermögensverhältnisse infolge der Insolvenzeröffnung verweigern; auf § 321 BGB kann er sich nur berufen, wenn die Befriedigung seines Anspruchs aus der Masse gefährdet ist, also Masseunzulänglichkeit (§§ 208, 209) droht (zur Behandlung der schon vor Insolvenzeröffnung erhobenen Einrede aus § 321 BGB s. o. RdNr. 63). Hatten die Parteien keine Vorleistung vereinbart, so gilt § 322 BGB und finden in der Zwangsvollstreckung die §§ 726, 756, 765 ZPO Anwendung.

III. Ablehnung der Erfüllung und unterlassene Wahlrechtsausübung durch den Insolvenzverwalter

167 **1. Ausdrückliche Erklärung.** Die Ablehnung der Erfüllung erfolgt durch *einseitige, formfreie und empfangsbedürftige Willenserklärung* des Insolvenzverwalters. Sie hat für die Rechte und Pflichten aus dem Vertrag – anders als das Erfüllungsverlangen (s. o. RdNr. 154) – keine rechtsgestaltende Wirkung (s. u. RdNr. 176), ist aber gleichwohl *unwiderruflich,* weshalb der Verwalter später nicht mehr einseitig auf Erfüllung bestehen kann (s. o. RdNr. 20);[293] denn er darf nach einer ausdrücklichen Erfüllungsablehnung nicht besser stehen als bei einem Schweigen auf die Aufforderung des anderen Teils zur Wahlrechtsausübung (vgl. § 103 Abs. 2 Satz 3). Wegen einer *Zustimmung des Gläubigerausschusses* (§ 160 Abs. 1) deckt sich die Rechtslage mit der beim Erfüllungsverlangen (s. o. RdNr. 162).

168 Für die *Auslegung der Willenserklärung* gelten die früheren Erörterungen entsprechend (s. o. RdNr. 155). Es muss also nicht der Begriff „Erfüllungsablehnung" verwendet werden, so lange nur die Auslegung eine solche Willensrichtung ergibt; das ist beispielsweise der Fall, wenn der Verwalter auf Anfrage erklärt, er sehe sich zur Erfüllung der dem Insolvenzschuldner obliegenden Verpflichtungen außerstande, oder, die Masse reiche hierfür nicht aus, oder, die erforderlichen Gerätschaften stünden nicht mehr zur Verfügung.

169 Es gibt *keine Pflicht des Insolvenzverwalters* zur ausdrücklichen Erfüllungsablehnung, sobald – insbesondere auf Grund der im Berichtstermin (§§ 156, 157 Satz 1) getroffenen Entscheidung zur schnellen Liquidation des schuldnerischen Unternehmens – feststeht, dass Erfüllung nicht verlangt, der Vertrag also nicht weiter durchgeführt werden soll. Das gilt selbst dann, wenn der andere Teil gemäß § 103 Abs. 2 Satz 2 zur Ausübung des Wahlrechts aufgefordert hatte (s. u. RdNr. 171 ff.). Allerdings wird oft ein *eigenes Interesse des Insolvenzverwalters* an einer alsbald erklärten ausdrücklichen Erfüllungsablehnung bestehen, um frühzeitig Klarheit darüber zu erlangen, ob und in welchem Umfang sich der Vertragspartner mit

---

[291] BGH NJW 1990, 1665 = ZIP 1990, 318.
[292] *Nerlich/Römermann/Balthasar* RdNr. 53; FK-*Wegener* RdNr. 66; hM auch zur KO, vgl. *Jaeger/Henckel* § 17 RdNr. 135; *Kuhn/Uhlenbruck* § 17 RdNr. 23 c; *Kilger/K. Schmidt* § 17 Anm. 4 b.
[293] HM; jedoch wird zT wegen des Ausschlusses eines späteren Erfüllungsverlangens insoweit eine gestaltende Wirkung angenommen, HK-*Marotzke* RdNr. 40; *Häsemeyer* (RdNr. 20, 23) spricht von einer haftungsrechtlichen Gestaltung. AA (widerruflich) *Jaeger/Henckel* KO § 17 RdNr. 152.

einer Forderung wegen Nichterfüllung des Vertrages (§ 103 Abs. 1 Satz 1; s. u. RdNr. 184 ff.) am Insolvenzverfahren beteiligen wird.

2. Unterlassene Wahlrechtsausübung. a) Ungewissheit nach Insolvenzeröffnung. 170
Da § 103 dem Insolvenzverwalter keine zeitliche Grenze für ein Erfüllungsverlangen setzt, kommt es mit Eröffnung des Insolvenzverfahrens zwangsläufig zur Unklarheit darüber, ob der Vertrag wie ursprünglich vereinbart durchgeführt und abgewickelt wird, es sei denn, der Verwalter verlangt Erfüllung (s. o. RdNr. 154 ff.) oder lehnt das ausdrücklich ab (s. o. RdNr. 167 ff.). Der andere Teil hat es allerdings in der Hand, diesen Zustand der Ungewissheit zu beenden. Er kann den Insolvenzverwalter zur Ausübung seines Wahlrechts auffordern (s. u. RdNr. 171, 172), woraufhin sich dieser unverzüglich erklären muss (s. u. RdNr. 173 ff.), andernfalls er nicht mehr auf Erfüllung bestehen kann (s. u. RdNr. 181). Bleibt jedoch der Vertragspartner – wie der Insolvenzverwalter – untätig, so ist der Zustand der Ungewissheit grundsätzlich zeitlich nicht begrenzt;[294] nur ausnahmsweise wird gegenüber einem späteren Erfüllungsverlangen des Insolvenzverwalters der Einwand des Rechtsmissbrauches durchgreifen (s. u. RdNr. 203, 204). Aus Untätigkeit oder Schweigen lässt sich also grundsätzlich nichts für die Ausübung des Wahlrechts herleiten (s. o. RdNr. 158).

b) Aufforderung des Vertragspartners zur Wahlrechtsausübung (§ 103 Abs. 2 171
Satz 2). Sie kann schon erfolgen, auch wenn – wie § 17 Abs. 2 Satz 1 KO es ausdrückte – „die Erfüllungszeit noch nicht eingetreten ist", es also noch an der Fälligkeit der Leistung des Insolvenzschuldners fehlt. Einen solchen ausdrücklichen Hinweis hielt der Gesetzgeber der InsO für überflüssig;[295] eine sachliche Änderung verbirgt sich hinter der abweichenden Formulierung also nicht. Die Aufforderung des Vertragspartners an den Insolvenzverwalter beinhaltet eine *einseitige empfangsbedürftige Willenserklärung,* für deren Auslegung und Wirksamwerden die allgemeinen Grundsätze gelten; in der Regel wird es sich um eine schriftliche Anfrage gegenüber einem Abwesenden handeln, die folglich gemäß § 130 BGB mit Zugang beim Insolvenzverwalter wirksam wird. In Betracht kommt auch eine konkludente Aufforderung zur Wahlrechtsausübung; es ist nicht erforderlich, dass der Vertragspartner den Verwalter ausdrücklich vor die Alternative stellt, den Vertrag zu erfüllen oder dies abzulehnen, vielmehr genügt, dass er seinerseits Erfüllung verlangt[296] oder den Verwalter mehrfach auf die Erfüllung des Vertrages anspricht;[297] auch die Anmeldung der Forderung wegen Nichterfüllung des Vertrages zur Tabelle enthält eine schlüssige Aufforderung zur Wahlrechtsausübung (s. u. RdNr. 183), ebenso die Aufforderung zur Mängelbeseitigung nach § 13 Abs. 2 Satz 1 VOB/B (s. o. RdNr. 146).

In der Praxis kommt es nicht selten vor, dass der Vertragspartner in seiner Anfrage dem 172
Insolvenzverwalter zugleich eine *Frist zur Erklärung,* ob Erfüllung verlangt wird, setzt. Dies ist nicht möglich; denn diese Frage regelt das Gesetz selbst, das in § 103 Abs. 2 Satz 2 den Insolvenzverwalter verpflichtet, ein Erfüllungsverlangen „unverzüglich", also innerhalb einer objektiv angemessenen Überlegungszeit (s. u. RdNr. 173 ff.) anzubringen. Der andere Teil muss sich aber an der von ihm aufgestellten Erklärungsfrist festhalten lassen, wenn diese für den Insolvenzverwalter günstiger, weil länger, ist (s. u. RdNr. 175).

c) Unverzüglichkeit der Erklärung des Insolvenzverwalters. Nach einer entspre- 173
chenden Aufforderung durch den anderen Teil (s. o. RdNr. 171, 172) muss der Insolvenzverwalter unverzüglich erklären, ob er die Erfüllung verlangt, will er das Recht dazu nicht verlieren (s. u. RdNr. 182). Mit dem *Begriff „unverzüglich"* meint § 103 Abs. 2 Satz 2 nicht etwa „sofort", sondern „ohne schuldhaftes Zögern" im Sinn des § 121 Abs. 1 BGB. Dem Insolvenzverwalter steht also für eine Entscheidung eine angemessene Überlegungszeit zur Verfügung; angemessen ist diejenige Zeitspanne, die im Einzelfall objektiv benötigt wird,

---

[294] BGHZ 81, 90, 93 = NJW 1981, 2195. AllgM, vgl. nur *Graf-Schlicker/Breitenbücher* RdNr. 13; *Keller* RdNr. 1232.
[295] Begründung RegE § 103 InsO (s. o. RdNr. 7).
[296] BGH NJW 1991, 2897 = ZIP 1991, 945.
[297] BGH WM 1970, 1478.

um Klarheit über die Maßstäbe zur Wahlrechtsausübung und deren Bewertung zu erlangen (s. u. RdNr. 196 ff.). „Nicht schuldhaft" handelt der Insolvenzverwalter insbesondere, wenn er wegen der Bedeutung der Wahlrechtsausübung für die Masse – insbesondere deren Belastung mit Masseverbindlichkeiten – erst die Zustimmung des Gläubigerausschusses einholen will, auch wenn davon die Wirksamkeit seiner Erklärung nach außen nicht abhängt (s. o. RdNr. 167, 162), oder, wenn er eine ihm vom Vertragspartner gesetzte – für den Eintritt der Rechtsfolge des § 103 Abs. 2 Satz 3 freilich unmaßgebliche – Erklärungsfrist ausnutzt (s. o. RdNr. 172 aE). Kommt die Fortführung des schuldnerischen Unternehmens in Betracht, sind die Sanierungsmöglichkeiten – insbesondere für die Ausarbeitung eines Insolvenzplans – aber objektiv noch nicht hinreichend geprüft, so ist selbst eine erst nach dem Berichtstermin (§ 156) abgegebene Erklärung des Insolvenzverwalters als „unverzüglich" anzusehen; dies gilt jedenfalls dann, wenn die Erfüllung des Vertrages nur im Falle der Sanierung für die Masse vorteilhaft ist.[298]

174 Eine *Sondervorschrift für die Insolvenz des Vorbehaltskäufers*, der bereits den Besitz der Sache erlangt hat, enthält § 107 Abs. 2 Satz 1; danach braucht der vom Vertragspartner zur Wahlrechtsausübung aufgeforderte Insolvenzverwalter seine Erklärung „erst unverzüglich nach dem Berichtstermin abzugeben",[299] sofern nicht die Ausnahme des S. 2 eingreift. Die objektiv angemessene Überlegungszeit beginnt also nicht mit Zugang der Aufforderung des anderen Teils (s. o. RdNr. 171), sondern mit Schluss des Berichtstermins; vor dem zuletzt genannten Zeitpunkt scheidet folglich kraft Gesetzes ein schuldhaftes Zögern des Insolvenzverwalters aus. Ob § 107 Abs. 2 – wie im Schrifttum erwogen[300] – auf andere Vertragstypen anwendbar ist (s. u. § 107 RdNr. 18) wird in der Praxis meist dahinstehen können.[301] Denn für den Eintritt der Rechtsfolge des § 103 Abs. 2 Satz 3 (Ausschluss des Erfüllungsverlangens; s. u. RdNr. 182) kommt es stets darauf an, wann die Überlegungsfrist für den Insolvenzverwalter endete. Dieser Zeitpunkt kann indessen auch sonst – also im Anwendungsbereich des § 103 Abs. 2 Satz 2 – nach dem Berichtstermin liegen (s. o. RdNr. 172).

175 **d) Behauptungs- und Beweislast.** Klagt der Insolvenzverwalter den Erfüllungsanspruch der Masse ein und ist im Prozess streitig, ob nach Aufforderung des anderen Teils Erfüllung rechtzeitig verlangt wurde, so muss man unterscheiden: Hatte der Vertragspartner, obwohl an sich unzulässig, bei seiner Anfrage eine für den Insolvenzverwalter günstige, weil längere Erklärungsfrist gesetzt (s. o. RdNr. 172), so braucht der Insolvenzverwalter nur den Zugang des Erfüllungsverlangens innerhalb dieser Frist vorzutragen und zu beweisen; der andere Teil kann sich nicht darauf berufen, die Erklärung sei nicht unverzüglich im Sinne des § 103 Abs. 2 Satz 2 erfolgt. Im Übrigen gilt: Der Insolvenzverwalter muss diejenigen Umstände darlegen und beweisen, aus denen die Angemessenheit der tatsächlich in Anspruch genommenen Überlegungszeit folgt; macht der Gegner (Vertragspartner) geltend, der Insolvenzverwalter habe trotz dieser Umstände seine Erklärung früher abgeben können, also schuldhaft gezögert, so trägt er für diese rechtsaufhebenden Tatsachen die Beweislast.[302]

176 **3. Rechtsfolgen. a) Ausdrückliche Erfüllungsablehnung. aa)** Hat der Insolvenzverwalter die Erfüllung von sich aus oder nach Aufforderung des Vertragspartners zur Wahlrechtsausübung (s. o. RdNr. 171 ff.) ausdrücklich abgelehnt, so bringt er damit lediglich deklaratorisch zum Ausdruck, es solle bei den mit der Eröffnung des Insolvenzverfahrens verbundenen Folgen bleiben (s. o. RdNr. 20). Für den Vertragspartner bedeutet das grundsätzlich zweierlei: Zum einen steht jetzt endgültig fest, dass er – mangels Erfüllungsver-

---

[298] Ähnlich HK-*Marotzke* RdNr. 79; *Wortberg* ZInsO 2006, 1257.
[299] Weil es im vereinfachten Insolvenzverfahren keinen Berichtstermin gibt (vgl. § 312 Abs. 1), gilt dort § 107 Abs. 2 nicht.
[300] Vgl. nur HK-*Marotzke* § 107 RdNr. 37 ff.; *Kübler/Prütting/Tintelnot* RdNr. 72; *Uhlenbruck/Berscheid* RdNr. 69; *Pape*, Kölner Schrift, S. 531, 550 (RdNr. 26). Gegen analoge Anwendung explizit OLG Köln, NZI 2003, 149 = ZIP 2003, 543.
[301] In diese Richtung wohl auch *Jauernig/Berger* RdNr. 14; dort wird freilich – umgekehrt – bezweifelt, ob § 107 Abs. 2 im Einzelfall die Frist des § 103 Abs. 2 Satz 2 verlängert.
[302] *Jaeger/Henckel* KO § 17 RdNr. 205 aE.

langens des Insolvenzverwalters – keine Erfüllung aus der Masse (und diese keine Erfüllung von ihm) fordern kann und dass ihm auch kein zur Tabelle anzumeldender (gegebenenfalls gemäß § 45 in Geld umzurechnender) Erfüllungsanspruch zusteht (s. o. RdNr. 16, 19). Zum anderen muss sich der Vertragspartner nunmehr darüber klar werden, ob er sich mit einer Forderung wegen Nichterfüllung gemäß § 103 Abs. 2 Satz 1 als Insolvenzgläubiger am Verfahren beteiligt (s. o. RdNr. 22; näher zu dieser Forderung s. u. RdNr. 184 ff.), oder, ob er davon absieht, um sich die Möglichkeit zu erhalten, nach Beendigung des Insolvenzverfahrens vom Schuldner – außer bei Restschuldbefreiung (§§ 227, 301) – Erfüllung des Vertrages zu verlangen (s. o. RdNr. 22); nur in der zuerst genannten Variante (Geltendmachung einer Nichterfüllungsforderung) kommt es ab diesem Zeitpunkt zur materiell-rechtlichen Umgestaltung des Vertrages. Wegen der **Einzelheiten** – insbesondere auch unter Berücksichtigung von vor Insolvenzeröffnung erbrachten *Teilleistungen* – wird auf die früheren Erörterungen verwiesen (s. o. RdNr. 14 bis 38).

bb) Im Übrigen ist auf Folgendes hinzuweisen: Da Erfüllung mit Wirkung für und gegen die Masse nicht mehr verlangt werden kann, fällt das **Besitzrecht** an einer vertragsgemäß übergebenen, aber noch nicht übereigneten Sache weg.[303] In der Insolvenz des Eigentümers kann sich der Besitzer also nicht mehr auf sein vertragliches Besitzrecht (§ 986 Abs. 1 BGB) berufen, sondern muss die Sache gemäß § 985 BGB in die Masse zurückgeben; anders ist die Rechtslage in der Insolvenz des Vorbehaltsverkäufers, weil dort wegen § 107 Abs. 1 eine Erfüllungsablehnung durch den Insolvenzverwalter ausscheidet. Ist das Insolvenzverfahren über das Vermögen des Besitzers einer Sache eröffnet worden, fällt dessen Besitzrecht ebenfalls weg, muss also beispielsweise der Insolvenzverwalter in der Insolvenz des Mieters einer beweglichen Sache die Mietsache herausgeben.[304] Diese Regeln gelten grundsätzlich auch in der Insolvenz des Vorbehaltskäufers; allerdings muss der Vorbehaltsverkäufer wegen § 449 Abs. 2 BGB zurücktreten, bevor er Aussonderung (§ 47) verlangen kann, wozu es aber gerade wegen der Erfüllungsablehnung des Insolvenzverwalters keiner vorherigen Fristsetzung (§ 323 Abs. 1 BGB) bedarf.[305]

Anders ist die Rechtslage jedoch, wenn die Leistung des Vertragspartners bereits in das Vermögen des Schuldners übergegangen war; dann ordnet § 105 Satz 2 den **Ausschluss der Rückgabepflicht des Insolvenzverwalters** an. Die – wegen § 119 zwingende (s. u. § 119 RdNr. 61) – Vorschrift bezieht sich nicht etwa nur auf teilbare Leistungen (im Sinn ihres S. 1), sondern – wie § 26 Satz 1 KO und § 36 Abs. 2 Satz 2 VerglO[306] – auf jede vor Verfahrenseröffnung in das Vermögen des Schuldners übergegangene, auch unteilbare Leistung (s. u. § 105 RdNr. 38 ff.). Sie erfasst nicht nur Sachen, sondern meint auch Forderungen oder sonstige Rechte. Voraussetzung ist allerdings, dass es sich um einen Vollerwerb handelt; die bloß aufschiebend bedingte (§ 158 Abs. 1 BGB) Übertragung oder Übereignung gehört deshalb nicht hierher (allgM).

Ein **Selbsthilfeverkauf** gemäß § 373 HGB durch den Verkäufer oder den Unternehmer bei einem Werklieferungsvertrag (§ 381 Abs. 2 HGB, § 651 BGB) im Annahmeverzug des Käufers/Bestellers (jetziger Insolvenzschuldners) ist nun nicht mehr möglich.[307] Denn sonst könnte der Vertragspartner (Verkäufer/Unternehmer) trotz der Erfüllungsablehnung durch den Insolvenzverwalter seine Vertragspflicht erfüllen und seinen Erfüllungs- (Kaufpreis-/Werklohn-)Anspruch durch Verrechnung (§ 373 Abs. 2 HGB i. V. m. §§ 387 ff. BGB) selbst befriedigen.

Wurde bei einem **Grundstückserwerb** des Insolvenzschuldners vor Verfahrenseröffnung zu seinen Gunsten eine Auflassungsvormerkung eingetragen, so kann der Veräußerer Lö-

---

[303] BGH ZIP 2007, 778 [RdNr. 12] = NJW 2007, 1594; NJW 1982, 768 = ZIP 1982, 189; *Nerlich/Römermann/Balthasar* RdNr. 66; *Kübler/Prütting/Tintelnot* RdNr. 93; *Jaeger/Henckel* KO § 17 RdNr. 168.
[304] Fall BGH ZIP 2007, 778 [RdNr. 12] = NJW 2007, 1594 = NZI 2007, 335.
[305] Ausführl. *Huber* NZI 2004, 57, 62.
[306] Auf diese Vorschrift nimmt die Begründung des RegE ausdrücklich Bezug, vgl. Kübler/Prütting, Das neue Insolvenzrecht Bd I, S. 296.
[307] *Jaeger/Henckel* KO § 17 RdNr. 167.

schung verlangen; denn die Vormerkung ist als akzessorisches Sicherungsmittel eigener Art abhängig vom Bestand des schuldrechtlichen Erfüllungsanspruches auf dingliche Rechtsänderung. Der Insolvenzverwalter hat folglich eine Löschungsbewilligung zu erteilen.[308]

181 Hatte der Insolvenzschuldner noch vor Insolvenzeröffnung über seinen teilweisen oder ganzen Erfüllungsanspruch ein rechtskräftiges Urteil oder eine vollstreckbare Urkunde (§ 794 Abs. 1 Nr. 5 ZPO) erlangt (zB über die erste Rate eines Eigenkapitaleinsatzes für einen Betreuungsvertrag bei einem Bauherrnmodell), so darf der Insolvenzverwalter nach Erfüllungsablehnung die **Zwangsvollstreckung aus dem Titel** nicht betreiben bzw. muss er einen Vollstreckungsauftrag zurücknehmen; wird gleichwohl (weiter) vollstreckt, so kann der Vertragspartner die Unzulässigkeit der Zwangsvollstreckung im Wege der Vollstreckungsabwehrklage (§§ 767, 795 ZPO) geltend machen.[309]

182 b) Schweigen des Insolvenzverwalters auf Aufforderung des Vertragspartners zur Wahlrechtsausübung. Erklärt sich der Insolvenzverwalter nach einer Aufforderung des anderen Teils zur Wahlrechtsausübung (s. o. RdNr. 171, 172) nicht unverzüglich (s. o. RdNr. 173 ff.), so kann er gemäß § 103 Abs. 2 Satz 3 auf Erfüllung nicht bestehen. Sein Schweigen wirkt im Ergebnis wie eine ausdrückliche Erfüllungablehnung mit den schon erörterten Folgen (s. o. RdNr. 176 ff.). Verlangt der Insolvenzverwalter zwar „unverzüglich" im Sinn des § 103 Abs. 2 Satz 2 Erfüllung, jedoch unter Einschränkungen oder Vorbehalten, so handelt es sich um eine Erfüllungsablehnung verbunden mit einem Angebot auf Neuabschluss des Vertrages (s. o. RdNr. 159 ff.).

183 c) Beiderseitige Untätigkeit. Gibt der Insolvenzverwalter von sich aus keine Erklärung ab und fordert ihn der andere Teil auch nicht dazu auf, sind beide Seiten also untätig, verbleibt es bei dem mit Insolvenzeröffnung eingetretenen Zustand der Ungewissheit (s. o. RdNr. 170). Das hindert den Vertragspartner indessen nicht, seine Forderung wegen Nichterfüllung des Vertrages zur Tabelle anzumelden. Da diese Erklärung an den Insolvenzverwalter zu richten ist (§ 174 Abs. 1; anders – Anmeldung beim Konkursgericht – § 139 Satz 2 KO), enthält sie zugleich eine schlüssige Aufforderung zur Wahlrechtsausübung gemäß § 103 Abs. 2 Satz 2 (s. o. RdNr. 171).

184 4. Forderung des anderen Teils wegen Nichterfüllung des Vertrages (§ 103 Abs. 2 Satz 1). a) Rechtsnatur. Was Rechtsgrundlage der Nichterfüllungsforderung des Vertragspartners ist, war bereits für die entsprechende Bestimmung in § 26 Satz 2 KO streitig und wird auch in der InsO unterschiedlich beurteilt. Während eine Auffassung[310] die Forderung aus dem *bürgerlichen Recht* (§§ 325, 326 aF BGB; pVV. Jetzt: §§ 280 ff. BGB) herleitet und sie dann auch konsequent als Schadensersatzanspruch bezeichnet, sieht eine andere Meinung[311] die Rechtsgrundlage im *Konkurs-/Insolvenzrecht selbst* (§§ 38, 45, 103 Abs. 2 Satz 1). Einigkeit besteht aber darüber, dass die für Schadensersatzforderungen nach dem BGB geltenden Regeln grundsätzlich auch auf die dem Vertragspartner zustehende „Forderung wegen der Nichterfüllung" Anwendung finden. Meist wird deshalb auch die Frage nach der Rechtsnatur offen bleiben können.[312]

---

[308] OLG Frankfurt/M. OLG-Report 1995, 101; *Uhlenbruck/Berscheid* RdNr. 91; *Nerlich/Römermann/Balthasar* RdNr. 67; *Pape,* Kölner Schrift, S. 531, 555 (RdNr. 33).
[309] BGH NJW 2001, 1136, 1137 f. = ZIP 2001, 31; NJW 1987, 1702 = ZIP 1987, 304 = EWiR § 17 KO 1/87, 267 (*v. Gerkan*) = JuS 1987, 659 Nr. 9 (*K. Schmidt*).
[310] Zur KO: *Kuhn/Uhlenbruck* § 26 RdNr. 9; *Baur/Stürmer* RdNr. 9.9.; *Gerhardt* Gläubigeranfechtung S. 318 f.; *Musielak* AcP 179 (1979), 189, 203 ff.; *Schlosser* RdNr. 340. Zur InsO hauptsächlich *Hess* RdNr. 151 (pVV); wohl auch FK-*Wegener* RdNr. 82. Ausführl. Problemdarstellung bei *Marotzke* RdNr. 5, 14 ff.
[311] Zur KO: *Jaeger/Henckel* § 17 RdNr. 171; *Kilger/K. Schmidt* § 17 Anm. 4 c; *Pletzsch* S. 89. Zur InsO hauptsächlich *Kübler/Prütting/Tintelnot* RdNr. 98; *Bork* RdNr. 166; *Pape,* Kölner Schrift, S. 531, 553 (RdNr. 31), der aber gleichwohl von „Schadensersatzanspruch" spricht.
[312] BGHZ 68, 379, 380 = NJW 1977, 1345; in der neueren Rechtsprechung des BGB wird die Frage der Rechtsnatur nicht mehr erwähnt, vgl. nur BGH NJW 1987, 1702. Wie hier („ohne Bedeutung") *Uhlenbruck/Berscheid* RdNr. 86; *Keller* RdNr. 1234; *Nerlich/Römermann/Balthasar* RdNr. 61.

b) Anspruchsinhalt. aa) Maßgeblich ist das Erfüllungsinteresse bezogen auf die primä- 185
ren Hauptleistungspflichten; der Vertragspartner ist also so zu stellen, wie er gestanden hätte,
wenn der Vertrag ordnungsgemäß erfüllt worden wäre. Sein Anspruch geht auf Ersatz in
Geld und besteht in der **Differenz** zwischen der Vermögenslage, die bei ordnungsgemäßer
Erfüllung eingetreten wäre und der, die durch die Nichterfüllung tatsächlich entstanden ist;
dazu ist im Wege eines Gesamtvermögensvergleich vorzutragen (s. u. RdNr. 193). Von
diesem **Abrechnungsverhältnis** werden alle Ansprüche des Vertragspartners als Rechnungsposten erfasst, also auch Forderungen wegen Folgeschäden auf Grund Teilleistungen
des Schuldners vor Verfahrenseröffnung (s. o. RdNr. 31 ff.) oder Ansprüche wegen Mängel,
zB nach §§ 633 ff. BGB, § 13 Nr. 5 VOB/B;[313] dem steht § 95 Abs. 1 S. 3 wegen der aus
demselben Vertragsverhältnis stammenden Ansprüche und Gegenansprüche nicht entgegen
(s. o. RdNr. 35; näher zur mangelhaften Teilleistung vor Insolvenzeröffnung s. o. Rd
Nr. 145). Bei der Abrechnung zu berücksichtigen ist selbstverständlich auch der Wert der
vom späteren Insolvenzschuldner erbrachten Leistungen. Die gegenseitigen Ansprüche, die
sich aus der Beendigung der Vertragsdurchführung ergeben, sind miteinander zu verrechnen,
so dass nur derjenigen Seite ein Restanspruch (Differenzforderung) zusteht, zu deren Gunsten ein Überschuss verbleibt.[314] Ist das der Vertragspartner, so kann dieser die Nichterfüllungsforderung als Insolvenzgläubiger verfolgen (s. u. RdNr. 193).

bb) Die **Berechnung** der Nichterfüllungsforderung kann sowohl konkret (s. u. Rd- 186
Nr. 187) wie abstrakt (s. u. RdNr. 188, 189) erfolgen; hierfür gelten entsprechend §§ 249 ff.
BGB (s. o. RdNr. 184), auch § 252 BGB (entgangener Gewinn; s. u. RdNr. 190) und
§ 254 BGB (Mitverschulden des Vertragspartners). Berechnet wird nach der strengen Differenztheorie, die Austauschtheorie findet keine Anwendung (s. u. RdNr. 191).

Bei der *konkreten Berechnungsmethode* werden im Rahmen eines Gesamtvergleiches der 187
Vermögenslage sämtliche Vor- und Nachteile aus dem nicht erfüllten Vertrag saldiert. Es
kommt darauf an, wie der Vertragspartner konkret stünde, hätte der Schuldner bei Fälligkeit
die ihm obliegende Leistung ordnungsgemäß erbracht; hat der Vertragspartner ein Deckungsgeschäft[315] getätigt, so muss er sowohl alle bei ihm selbst maßgeblichen Umstände
(insbesondere die eigene Kalkulation) wie die Einzelheiten des Deckungsgeschäftes konkret
darlegen. Angeknüpft wird an den Zeitpunkt der vorgesehenen Erfüllung, beim konkreten
Deckungsgeschäft kommt es auf dessen Vornahme an; zu berücksichtigen sind weiter alle bis
zur letzten mündlichen Verhandlung in der letzten Tatsacheninstanz eingetretenen Umstände.

Bei der *abstrakten Berechnungsmethode* wird die Differenz zur Vermögenslage im vorgesehe- 188
nen Erfüllungszeitpunkt nach dem gewöhnlichen Verlauf der Dinge unter Berücksichtigung
sämtlicher Vorteile (zB ersparter Aufwendungen oder Kosten für Transport/Lagerung der
Ware) und Nachteile ermittelt; bei einem hypothetischen Deckungsgeschäft[316] sind Vertrags-
und Marktpreis miteinander zu vergleichen.

Für die Berechnung der Nichterfüllungsforderung bei abstrakter Methode kommt es auf 189
den *Zeitpunkt* der Insolvenzeröffnung an (anders bei konkreter Berechnungsmethode, s. o.
RdNr. 187 aE). Das war früher auf der Grundlage der sogenannten Erlöschenstheorie
unzweifelhaft, weil danach schon die Eröffnung des Insolvenzverfahrens das Vertragsverhältnis umgestaltet, also schon in diesem Zeitpunkt an die Stelle der beiderseitigen Erfüllungsansprüche der einseitige Anspruch des Vertragspartners auf Nichterfüllung tritt. Demgegenüber vollzieht sich zwar nach der hier vertretenen Auffassung die Umgestaltung erst, wenn
der Vertragspartner – sobald feststeht, dass es bei der Nichterfüllung bleibt – eine Forderung
wegen der Nichterfüllung geltend macht (s. o. RdNr. 22). Gleichwohl ändert sich am

---

[313] Zu § 635 aF BGB: BGHZ 96, 392, 395 = NJW 1986, 1176; BGH ZIP 1997, 1072, 1076.
[314] BGH NJW 2001, 1136, 1137 f. = ZIP 2001, 31 f. = NZI 2001, 85; *Fischer* NZI 2001, 281, 283.
[315] Näher dazu vgl. *Palandt/Heinrichs* § 281 RdNr. 27 –29; *Jaeger/Henckel* KO § 17 RdNr. 185. Beispiel zur Berechnung *Keller* RdNr. 1236.
[316] Näher dazu vgl. *Palandt/Heinrichs* aaO RdNr. 30 ff.; *Jaeger/Henckel* aaO RdNr. 178 ff.

Ergebnis nichts. Maßgeblich ist, wann die Forderung wegen der Nichterfüllung des Vertrages begründet, dh wann der Rechtsgrund für sie gelegt ist, wann also der Vertragspartner den ursprünglichen Erfüllungsanspruch nicht mehr geltend machen kann; das ist (in Folge des Verlustes der Durchsetzbarkeit der Erfüllungsansprüche) der Zeitpunkt der Insolvenzeröffnung (s. o. RdNr. 21), mag auch die Nichterfüllungsforderung erst unbedingt und fällig werden, wenn sich der Vertragspartner damit am Insolvenzverfahren beteiligt. Für Ersteres kommt es auch nach dem Standpunkt hier auf die Insolvenzeröffnung an (s. o. RdNr. 21) und nur für Letzteres auf die Geltendmachung durch den Vertragspartner (s. o. RdNr. 23 aE). Bei der Insolvenzeröffnung ist selbst dann anzuknüpfen, wenn der Insolvenzverwalter noch die Erfüllung verlangen kann. Denn für die Berechnung der Nichterfüllungsforderung ist nur der Zeitpunkt maßgeblich, ab dem der Vertragspartner der Masse gegenüber keinen Erfüllungsanspruch mehr hat.

190 Der Vertragspartner darf in seine Nichterfüllungsforderung nach wohl hM[317] auch den konkret oder abstrakt (§ 252 Satz 2 BGB) zu ermittelnden *entgangenen Gewinn* einstellen. Nach anderer Auffassung wird dieser Posten nur berücksichtigt, wenn der Insolvenzschuldner vor Verfahrenseröffnung Teilleistungen an den Vertragspartner erbracht hatte, der dann den noch nicht vergüteten Wert dieser Teilleistungen mit dem (ihm vollständig) entgangenen Gewinn verrechnen kann.[318] Eine dritte Meinung lässt den ergangenen Gewinn in jedem Falle im Wesentlichen mit der Begründung außer Betracht, dieser stehe Insolvenzgläubigern auch sonst nur zu, wenn sie einen Schadensersatzanspruch wegen Nichterfüllung schon vor Insolvenzeröffnung erworben hätten.[319] Letzteres überzeugt nicht, weil es dann auf den aus Sicht des Vertragspartners zufälligen Zeitpunkt der Insolvenzeröffnung ankommt, also darauf, ob er noch rechtzeitig gemäß §§ 280 ff. BGB gegen den Schuldner vorgehen konnte.

191 Die (nach hM bei § 281 BGB anwendbare) *Austauschtheorie,*[320] wonach der Vertragspartner in bestimmten Fällen seine Leistung – insbesondere einen davon noch ausstehenden Rest – im Austausch gegen den Wert der Gegenleistung erbringen darf, ist jedoch im Insolvenzverfahren nicht anwendbar.[321] Freilich wird sich diese Frage in der Praxis ohnehin kaum stellen, weil der andere Teil grundsätzlich kein Interesse daran haben wird, seine Leistung erbringen zu dürfen, wenn er dafür nur die Quote auf seinen Anspruch auf die Gegenleistung erhält. Jedenfalls darf aber dem Insolvenzverwalter gegen dessen Willen keine Leistung aufgedrängt werden, die der Masse keine Vorteile, die möglicherweise aber nicht unerhebliche Nachteile bringt, zB wegen Lager-, Erhaltungs- oder Verwertungskosten.

192 Durch Berufung auf eine individualvertraglich oder durch AGB vereinbarte *Schadenspauschalierung für den Insolvenzfall* kann der Vertragspartner der Berechnung seiner Nichterfüllungsforderung nach den erörterten Grundsätzen nicht entgehen. Denn eine solche Regelung ist gemäß § 119 unwirksam (§ 119 RdNr. 57).

193 **c) Geltendmachung der Nichterfüllungsforderung.** Steht dem Vertragspartner nach Verrechnung der sich aus der Beendigung des Vertragsverhältnisses ergebenden gegenseitigen Ansprüche, also aus dem Abrechnungsverhältnis (s. o. RdNr. 185) eine Nichterfüllungsforderung zu, so ist er damit gemäß § 103 Abs. 2 Satz 1 *Insolvenzgläubiger*. Will er sie geltend machen, was ihm jedoch freisteht (s. o. RdNr. 22), so muss das durch Anmeldung zur

---

[317] *Hess* RdNr. 152; *FK-Wegener* RdNr. 82; *Smid* RdNr. 37; *Keller* RdNr. 1235. Zur KO: RGZ 142, 296, 300; *Kuhn/Uhlenbruck* § 17 RdNr. 37; *Jaeger/Henckel* § 17 RdNr. 177; *Baur/Stürner* RdNr. 9.9.
[318] *Häsemeyer* RdNr. 20. 25.
[319] *Kübler/Prütting/Tintelnot* RdNr. 98; *Nerlich/Römermann/Balthasar* RdNr. 62; *Marotzke* RdNr. 5. 29 f.; *Pape,* Kölner Schrift, S. 531, 553 (RdNr. 31; aA nach Vorauflage).
[320] Näher dazu vgl. *Palandt/Heinrichs* § 281 RdNr. 19 ff.
[321] *Jaeger/Henckel* KO § 17 RdNr. 173; *Kuhn/Uhlenbruck* KO § 17 RdNr. 37. Ebenso für die InsO: *Keller* RdNr. 1235; *Nerlich/Römermann/Balthasar* RdNr. 63. Unentschieden *Kübler/Prütting/Tintelnot* RdNr. 103. AA – also Anwendbarkeit von Austausch – (Surrogations-)theorie *Musielak* AcP 179 (1979), 189, 202 ff.; *Marotzke* RdNr. 5.50 ff. Ausführl. zum Streitstand, insb. auch zu einem Ausnahmefall *Henckel* ZZP 99 (1986), S. 413, 430 ff.

Tabelle beim Insolvenzverwalter erfolgen, §§ 87, 174. Der Vertragspartner muss dabei vortragen, wie sich sein Vermögen bei ordnungsgemäßer Vertragserfüllung entwickelt hätte, und dem die tatsächliche Vermögenslage gegenüberstellen; das Herausgreifen einzelner Positionen ergibt keine schlüssige Darstellung, erforderlich ist vielmehr ein Gesamtvermögensvergleich.[322] Wegen einer *Aufrechnung* mit dieser Forderung des Vertragspartners gegen einen bei Insolvenzeröffnung bereits fälligen Anspruch des Schuldners ihm gegenüber wird auf die früheren Erörterungen verwiesen (s. o. RdNr. 23, 29, 35); auch Fortbestand und Umfang der zur Absicherung des Erfüllungsanspruches gegen den Schuldner bestehenden *Sicherheiten* für die Nichterfüllungsforderung sind bereits dargelegt (s. o. RdNr. 24, 30, 36).

Im Insolvenzverfahren über das Vermögen einer Gesellschaft ohne Rechtspersönlichkeit (§ 11 Abs. 2 Nr. 1) oder einer Kommanditgesellschaft auf Aktie kann der Vertragspartner wegen seiner Nichterfüllungsforderung die *persönliche Haftung der Gesellschafter* nicht in Anspruch nehmen. Das folgt aus § 93; denn diese Vorschrift erfasst alle Ansprüche von Gesellschaftsgläubigern, also auch die an die Stelle des Erfüllungsanspruchs getretene Forderung wegen der Nichterfüllung eines Vertrages. Der Vertragspartner der Gesellschaft bleibt also auf die oben erörterte insolvenzmäßige Geltendmachung seiner Nichterfüllungsforderung gemäß §§ 87, 174 beschränkt.

d) Verjährung. Die Forderung des Vertragspartners wegen Nichterfüllung unterliegt einer *eigenen Verjährung,* die sich nach der Verjährungsfrist des ursprünglichen Erfüllungsanspruches richtet. Sie beginnt mit Eröffnung des Insolvenzverfahrens entsprechend den schon oben erörterten Grundsätzen (s. o. RdNr. 189), nicht etwa erst mit Zugang der Erfüllungsablehnung weil das Entstehen der Nichterfüllungsforderung eine solche Erklärung des Insverwalters nicht voraussetzt; die Verjährungsfrist wird gehemmt durch die Anmeldung beim Insolvenzverwalter (s. o. RdNr. 113). Das gilt auch für die in das Abrechnungsverhältnis (s. o. RdNr. 185) eingestellten *Ansprüche wegen Mängel,* die zwar nicht ihre rechtliche Bedeutung, aber ihre Selbstständigkeit verlieren und bloße Rechnungsposten der Nichterfüllungsforderung sind. Sie verjähren nicht etwa nach den hierfür geltenden Bestimmungen, zB § 638 BGB, sondern sind unabhängig davon zu berücksichtigen, wie der BGH entschieden hat.[323] Dieses Urteil ist für die Praxis vor allem im Bereich des Baurechts von großer Bedeutung. Früher war nämlich zweifelhaft, wann die Verjährungsfrist nach § 634a–§ 638 aF – BGB bzw. § 13 Nr. 4 VOB/B beginnt, wenn es an einer (Teil-)Abnahme fehlt und es dazu infolge der Insolvenzeröffnung auch nicht mehr kommt; die Vorinstanz[324] hatte gemeint, dann sei der Zugang der Erfüllungsablehnung maßgeblich. Jetzt ist klar gestellt, dass die sonst für Gewährleistungsansprüche geltenden Verjährungsvorschriften in einem solchen Fall ohne Bedeutung sind. Dies gilt allerdings nur im Rahmen eines Abrechnungsverhältnisses nach § 103 Abs. 2 Satz 1. Für andere Fälle verbleibt es bei der allgemeinen Regel. Hatte also vor Insolvenzeröffnung die Verjährungsfrist für einen Gewährleistungsanspruch infolge Abnahme (§ 634a Abs. 1 Nr. 2, Abs. 2) begonnen und wird nunmehr in der Insolvenz des Unternehmers eine Forderung wegen Nichterfüllung dieses Gewährleistungsanspruches geltend gemacht, so ändert sich an der durch die Abnahme in Lauf gesetzten Verjährung nichts.[325] Bei *Teilbarkeit* der Bauleistungen (s. u. § 105 RdNr. 15) und Erfüllungsverlangen des Insolvenzverwalters für den noch ausstehenden Rest kann es folglich zu verschiedenen Verjährungsfristen kommen, nämlich für die vor und für die nach Insolvenzeröffnung erbrachten Teilleistungen.[326]

---

[322] BGH NJW 2001, 1136, 1138 = ZIP 2001, 31, 32 f.
[323] BGHZ 96, 392 = NJW 1986, 1176 = ZIP 1986, 382 = JZ 1986, 669 m. Anm. *Peters*; zustimmend *Kilger/K. Schmidt* KO § 17 Anm. 4 c; *Nerlich/Römermann/Balthasar* RdNr. 64. HambKomm-*Ahrendt* RdNr. 52. AA *Uhlenbruck/Berscheid* RdNr. 90; *Kübler/Prütting/Tintelnot* RdNr. 100.
[324] OLG Düsseldorf BauR 1985, 693 = EWiR § 17 KO 3/85, 499 *(Marotzke)*; zustimmend *Wagner* S. 130; abl. *Heidland,* Festschrift für Uhlenbruck, S. 423, 442 f.
[325] BGHZ 95, 375, 382 = NJW 1986, 310.
[326] Näher *Heidland,* Festschrift für Uhlenbruck, S. 423, 443 f.

IV. Wahlrechtsausübung

196 **1. Maßstab.** Der Insolvenzverwalter trifft seine Entscheidung alleine danach, ob es für die Masse günstiger ist, wenn es bei der infolge Insolvenzeröffnung eingetretenen Nichterfüllung des Vertrages verbleibt, oder, wenn er den Vertrag anstelle des Schuldners erfüllt und vom anderen Teil Erfüllung verlangt.[327] Denn § 103 ist – wie § 17 KO – dem Normzweck nach ganz wesentlich eine *Regelung zur Massemehrung* (s. o. RdNr. 2). Der Verwalter „wählt" (s. o. RdNr. 148) mithin Erfüllung, wenn das mehr einbringt, als die anderweitige Verwertung der zur Erfüllung benötigten Gegenstände oder die Gegenleistung mehr wert ist als die zu ihrer Berichtigung aus der Masse aufzubringenden Geldmittel.

197 Die Entscheidung des Insolvenzverwalters hängt dabei stets von den, häufig freilich nur schwer abwägbaren *Umständen des Einzelfalles* ab, zB davon, ob der Betrieb des Schuldners zunächst weitergeführt, alsbald stillgelegt oder veräußert wird und wie sich die Marktlage sowie Absatzverhältnisse voraussichtlich entwickeln werden. Soll das schuldnerische Unternehmen saniert werden, kann gleichwohl angezeigt sein, es bei der Nichterfüllung des Vertrages zu belassen, insbesondere dann, wenn dieser einen unrentablen und deshalb gleichwohl zu liquierenden Unternehmenszweig betrifft. Möglicherweise ist auch eine Erfüllungsablehnung verbunden mit einem Angebot auf Neuabschluss des Vertrages (s. o. RdNr. 159 ff.) einem Erfüllungsverlangen vorzuziehen, insbesondere bei Anfechtbarkeit des ursprünglichen Vertrages gemäß §§ 129 ff. (insbesondere § 132); nimmt der andere Teil das Angebot nicht an, entsteht anfechtungsrechtlich betrachtet kein Nachteil, weil der Insolvenzverwalter dann der drohenden Nichterfüllungsforderung die Anfechtbarkeit des Vertrages einredeweise entgegenhalten kann.

198 Eine sorgfältige Prüfung aller Umstände ist nicht zuletzt zur Vermeidung der *eigenen Haftung des Insolvenzverwalters* nach § 61 geboten. Wegen dieser Bestimmung haftet der Verwalter nach einem Erfüllungsverlangen dem Vertragspartner persönlich, dessen Masseanspruch (§ 55 Abs. 1 Nr. 2 Alt. 1) infolge Masseunzulänglichkeit (§§ 208, 209) nicht voll bedient werden kann; das gilt nur dann nicht, wenn die spätere Nichterfüllbarkeit der Masseverbindlichkeit bei deren Begründung, also im Zeitpunkt des Erfüllungsverlangens, nicht erkennbar war.

199 Der vom anderen Teil zur Wahlrechtsausübung aufgeforderte Insolvenzverwalter (s. o. RdNr. 171 ff.) kann sich der Entscheidung (Erfüllungsverlangen bzw. Erfüllungsablehnung oder Schweigen mit denselben Folgen, s. o. RdNr. 176 bis 182) nicht durch eine *„Freigabeerklärung"* entziehen.[328] Denn eine Freigabe kann nur einen bestimmten Gegenstand der Insolvenzmasse betreffen (s. o. § 80 RdNr. 65 ff.), nicht aber ein schuldrechtliches Rechtsverhältnis als solches. In der genannten BGH-Entscheidung hatte der spätere Insolvenzschuldner ein Grundstück erworben, aber noch nicht übereignet erhalten, und hatte sodann der Insolvenzverwalter auf die Aufforderung des Vertragspartners (Grundstückseigentümers) geantwortet, „das Grundstück werde mit Zustimmung des Gläubigerausschusses freigegeben"; mit Recht hat der BGH angenommen, der Verwalter habe damit entweder die Erfüllung abgelehnt oder jedenfalls Erfüllung nicht verlangt.

200 **2. Ausschluss oder Beschränkung des Wahlrechts. a)** Die Anwendung des § 103 wird zum Teil ausgeschlossen, zum Teil eingeschränkt in den *Sondervorschriften der §§ 104 ff.* (näher s. o. RdNr. 97 ff.) oder in *besonderen Bestimmungen des bürgerlichen Rechts* (näher s. o. RdNr. 108 ff.).

201 **b) Abdingbarkeit/Unabdingbarkeit. aa)** Nach der hier vertretenen Auffassung können die Vertragspartner *Auflösungsklauseln* für den Fall der Insolvenzeröffnung über das Vermögen einer oder beider Parteien grundsätzlich wirksam vereinbaren (s. o. RdNr. 90); § 119 steht grundsätzlich nicht entgegen, wegen der Einzelheiten wird auf die Erläuterungen dort (RdNr. 23 ff.) verwiesen.

---

[327] Ausführl. dazu *Wortkerg* ZInsO 2006, 1256.
[328] BGH NJW 1982, 768 = ZIP 1982, 189.

bb) Demgegenüber sind gemäß § 119 grundsätzlich alle Vereinbarungen der Vertrags- 202 partner unwirksam, welche auf eine *inhaltliche Beschränkung* des – auch nach ihrem Standpunkt bei Insolvenzeröffnung einschlägigen – § 103 hinauslaufen, so beispielsweise eine Befugnis zur Pauschalierung der Nichterfüllungsforderung bei Erfüllungsablehnung oder einer vom Insolvenzverwalter unterlassenen Wahlrechtsausübung (s. o. RdNr. 192); wegen der Einzelheiten wird auf die Erläuterungen bei § 119 RdNr. 57 verwiesen.

c) Unzulässige Rechtsausübung. Sachverhalte, in denen eine *Erfüllungsablehnung* eine 203 unzulässige Rechtsausübung, einen Verstoß gegen Treu und Glauben (§ 242 BGB) beinhalten könnten, sind kaum vorstellbar; die frühere Problemlage nach § 17 KO in der Insolvenz des Vorbehaltsverkäufers ist durch § 107 Abs. 1 erledigt.[329] Die höchstrichterliche Rechtsprechung hat unter Geltung der InsO die Frage bislang offen gelassen, aber durchaus zu erkennen gegeben, dass ein Einwand nach § 242 BGB nur in ganz besonders gelagerten Ausnahmefällen in Betracht kommen könnte.[330] Denn der Insolvenzverwalter handelt mit Rücksicht auf die Belange aller Insolvenzgläubiger, nimmt also grundsätzlich schutzwürdige Interessen wahr.[331] Dies gilt selbst dann, wenn der Vertragspartner seine Verpflichtungen schon fast vollständig erfüllt hat, denn sogar im Falle „restlos" vollständiger seinerseitiger Erfüllung ist er Insolvenzgläubiger gemäß § 38.[332] Auch ein Widerspruch zum Verhalten des vorläufigen Insolvenzverwalters begründet keinen Verstoß gegen Treu und Glauben, selbst dann nicht, wenn der spätere Insolvenzverwalter mit diesem personengleich ist (s. o. RdNr. 151).

Ein selbst erst längere Zeit nach Eröffnung des Insolvenzverfahrens erklärtes *Erfüllungs-* 204 *verlangen* ist nicht rechtsmissbräuchlich. Denn der Vertragspartner hat es in der Hand, die durch die Insolvenzeröffnung eingetretene Ungewissheit durch eine Aufforderung gemäß § 103 Abs. 2 Satz 2 zu beenden (s. o. RdNr. 170, 171) und auf diese Weise innerhalb angemessener Zeit Rechtsklarheit herbeizuführen (s. o. RdNr. 173, 174, 182).

d) Rechte Dritter. Ist der Anspruch aus einem gegenseitigen Vertrag noch vor Insol- 205 venzeröffnung vom Schuldner abgetreten oder von einem Dritten gepfändet worden, so fehlt dem Insolvenzverwalter an sich die Forderungzuständigkeit. Das steht nach hM der Ausübung des Wahlrechts aber nicht entgegen.[333] Jedoch wurde früher angenommen, dass sich Abtretung und Pfändung zum Nachteil der Masse durchsetzten, die Gegenleistung also nicht dieser, sondern dem Dritten zusteht; der Insolvenzverwalter konnte daran mithin nur etwas ändern, wenn die Rechtshandlung anfechtbar vorgenommen war (vgl. § 35 KO, jetzt § 141). Anders ist das nach der neuen Rechtsprechung des BGH und der hier vertretenen Auffassung, weil danach der Erlös aus den vom Verwalter erfüllten Verträgen der Masse und nicht dem Zessionar gebührt, was auch bei einer Globalabtretung zutrifft, die den neu begründeten Erfüllungsanspruch wegen § 91 Abs. 1 nicht mehr erfassen kann (s. o. RdNr. 41). Diese Rechtsprechung hat wegen ihrer Massefreundlichkeit für die Praxis große Bedeutung. Diese Grundsätze gelten für den Fall der Pfändung durch den Dritten entsprechend, sofern die so erlangte Sicherung nicht ohnehin wegen § 88 unwirksam ist. Rechte Dritter können sich also – vorbehaltlich einer Anfechtung – nur für denjenigen Erfüllungsanspruch des Schuldners durchsetzen, der auf die von ihm vor Verfahrenseröffnung erbrachten Teilleistungen entfällt.

3. Anfechtung wegen Willensmängel. a) Grundsätze. Ist die Willenserklärung des 206 Insolvenzverwalters, Erfüllung zu verlangen (s. o. RdNr. 154, 155) bzw. diese abzulehnen (s. o. RdNr. 167, 168), von Willensmängeln beeinflusst, so kann er sie grundsätzlich gemäß

---

[329] Ausf. dazu *Gottwald/Huber*, Insolvenzrechts-Handbuch, 1. Aufl. 1990, § 37 RdNr. 25 bis 29.
[330] BGH NZI 2004, 214; ZIP 2003, 2379, 2381.
[331] BGH NJW 1983, 1619.
[332] Treffend HK-*Marotzke* RdNr. 68.
[333] So schon zur KO: *Jaeger/Henckel* § 17 RdNr. 145; *ders.* ZZP 99 (1986), 419, 426 ff.; *Kuhn/Uhlenbruck* § 17 RdNr. 34. Ebenso zur InsO – trotz der abl. Haltung zur neueren BGH-Rechtsprechung – *Kübler/Prütting/Tintelnot* RdNr. 49, 50. AA HK-*Marotzke* RdNr. 17 m. ausführl. Nachweisen zum Streitstand.

§§ 119 ff. BGB anfechten.[334] Nach allgemeinen Regeln **unbeachtlich** ist aber ein Irrtum über diejenigen Rechtsfolgen, die das Gesetz unabhängig vom Willen des Erklärenden an das Rechtsgeschäft knüpft, wenn also sich der Insolvenzverwalter darüber im Unklaren war, dass er dann nach § 55 Abs. 1 Nr. 2 die Ansprüche aus dem Vertrag als Masseschulden berichtigen muss. Entsprechendes gilt für einen Berechnungsirrtum, wenn also der Insolvenzverwalter die Auswirkungen seiner Entscheidung auf die Masse fälschlich als „günstiger" eingeschätzt hat (s. o. RdNr. 196 ff.); denn dabei wird es sich zwangsläufig um einen für den Vertragspartner verdeckten (und deshalb unbeachtlichen) Kalkulationsirrtum handeln, weil dieser die für die Wahlrechtsausübung im Einzelfall maßgeblichen Umstände nicht kennt.[335]

207 b) **Fallgruppen** einer Insolvenzanfechtung gemäß § 119 Abs. 1 BGB können sein: Geht der Insolvenzverwalter fälschlich von einer *vollständigen Erfüllung durch den Schuldner vor Insolvenzeröffnung* aus, während dieser tatsächlich nichts geleistet hatte, und fordert er deshalb den Vertragspartner auf, die Gegenleistung zu erbringen, so fehlt ihm an sich das Bewusstsein für ein Erfüllungsverlangen im Sinn des § 103 Abs. 1; denn dieser Fall gehört gerade nicht in den Anwendungsbereich der Bestimmung (s. o. RdNr. 59). Der Vertragspartner wird die Erklärung des Verwalters jedoch als Erfüllungsverlangen verstehen und auch bei Auslegung verstehen dürfen (s. o. RdNr. 155). Trotz des fehlenden Erklärungsbewusstseins handelt es sich nach höchstrichterlicher Rechtsprechung tatbestandlich um eine Willenserklärung,[336] die folglich der Verwalter gemäß § 119 Abs. 1 BGB anfechten kann.

208 Nimmt der Insolvenzverwalter falsch eine *teilweise Erfüllung durch den Schuldner vor Insolvenzeröffnung* an, während dieser tatsächlich nichts oder weniger geleistet hatte, und fordert er deshalb den Vertragspartner auf, die diesem obliegende Leistung zu erbringen, so beinhaltet diese Erklärung ein Erfüllungsverlangen und der Wille des Verwalters bezieht sich auch hierauf. Die Fehlvorstellung betrifft jedoch den Umfang der von ihm dadurch begründeten Masseverbindlichkeit nach § 55 Abs. 1 Nr. 2. Folglich handelt es sich um einen Inhaltsirrtum, der zur Anfechtung gemäß § 119 Abs. 1 BGB berechtigt.

209 c) Als **Rechtsfolge** einer begründeten Anfechtung ist die vom Insolvenzverwalter abgegebene Willenserklärung gemäß § 142 Abs. 1 BGB als nichtig anzusehen. Hat der Vertragspartner auf das – nunmehr angefochtene – Erfüllungsverlangen hin eine Leistung erbracht, so kann er diese gemäß § 813 BGB zurückfordern und daneben Schadensersatz gemäß § 122 BGB verlangen;[337] beide Ansprüche sind Masseschuld nach § 55 Abs. 1 Nr. 3 bzw. Nr. 1 Alt. 1.

210 **4. Wahlrechtsausübung in der Insolvenz beider Vertragspartner.** Ist über das Vermögen beider Vertragspartner das Insolvenzverfahren eröffnet worden, so hat das Erfüllungsverlangen des Insolvenzverwalters der einen Partei nicht zwingend zur Folge, dass der Insolvenzverwalter der anderen Partei deren vertragliche Verbindlichkeit als Masseschuld erfüllen muss. Vielmehr kann der zuletzt genannte Insolvenzverwalter das Erfüllungsbegehren des anderen durch Ablehnung vereiteln.[338] Derjenige Insolvenzverwalter, der die Erfüllung vom anderen forderte und seinerseits zur Erfüllung bereit und imstande war, kann zugunsten seiner Insolvenzmasse im Insolvenzverfahren des Vertragspartners einen Anspruch wegen Nichterfüllung gemäß § 103 Abs. 2 anmelden.[339]

---

[334] Vgl. nur *Nerlich/Römermann/Balthasar* RdNr. 48 ff.; *Hess* RdNr. 8. *Uhlenbruck/Berscheid* RdNr. 67; *Kübler/Prütting/Tintelnot* RdNr. 59. AllgM auch zur KO, vgl. nur *Jaeger/Henckel* § 17 RdNr. 120 ff.; *Kilger/ K. Schmidt* § 17 Anm. 4 a.
[335] Zum verdeckten bzw. offenen Berechnungsirrtum vgl. näher *Palandt/Heinrichs* § 119 RdNr. 18 ff.
[336] BGHZ 91, 324, 327; 109, 171, 177.
[337] *Jaeger/Henckel* KO § 17 RdNr. 127.
[338] *Jaeger/Henckel* KO § 17 RdNr. 134.
[339] Weitere Einzelheiten *Marotzke* RdNr. 4.124, 9.57, 11.1 ff.

§ 104 Fixgeschäfte. Finanzleistungen

(1) War die Lieferung von Waren, die einen Markt- oder Börsenpreis haben, genau zu einer festbestimmten Zeit oder innerhalb einer festbestimmten Frist vereinbart und tritt die Zeit oder der Ablauf der Frist erst nach der Eröffnung des Insolvenzverfahrens ein, so kann nicht die Erfüllung verlangt, sondern nur eine Forderung wegen der Nichterfüllung geltend gemacht werden.

(2) ¹War für Finanzleistungen, die einen Markt- oder Börsenpreis haben, eine bestimmte Zeit oder eine bestimmte Frist vereinbart und tritt die Zeit oder der Ablauf der Frist erst nach der Eröffnung des Verfahrens ein, so kann nicht die Erfüllung verlangt, sondern nur eine Forderung wegen der Nichterfüllung geltend gemacht werden. ²Als Finanzleistungen gelten insbesondere
1. die Lieferung von Edelmetallen,
2. die Lieferung von Wertpapieren oder vergleichbaren Rechten, soweit nicht der Erwerb einer Beteiligung an einem Unternehmen zur Herstellung einer dauernden Verbindung zu diesem Unternehmen beabsichtigt ist,
3. Geldleistungen, die in ausländischer Währung oder in einer Rechnungseinheit zu erbringen sind,
4. Geldleistungen, deren Höhe unmittelbar oder mittelbar durch den Kurs einer ausländischen Währung oder einer Rechnungseinheit, durch den Zinssatz von Forderungen oder durch den Preis anderer Güter oder Leistungen bestimmt wird,
5. Optionen und andere Rechte auf Lieferungen oder Geldleistungen im Sinne der Nummern 1 bis 4,
6. Finanzsicherheiten im Sinne des § 1 Abs. 17 des Kreditwesengesetzes.

³Sind Geschäfte über Finanzleistungen in einem Rahmenvertrag zusammengefasst, für den vereinbart ist, dass er bei Vorliegen eines Insolvenzgrundes nur einheitlich beendet werden kann, so gilt die Gesamtheit dieser Geschäfte als ein gegenseitiger Vertrag im Sinne der §§ 103, 104.

(3) ¹Die Forderung wegen der Nichterfüllung richtet sich auf den Unterschied zwischen dem vereinbarten Preis und dem Markt- oder Börsenpreis, der zu einem von den Parteien vereinbarten Zeitpunkt, spätestens jedoch am fünften Werktag nach der Eröffnung des Verfahrens am Erfüllungsort für einen Vertrag mit der vereinbarten Erfüllungszeit maßgeblich ist. ²Treffen die Parteien keine Vereinbarung, ist der zweite Werktag nach der Eröffnung des Verfahrens maßgebend. ³Der andere Teil kann eine solche Forderung nur als Insolvenzgläubiger geltend machen.

Schrifttum: *Assmann/Schneider* (Hrsg.), Wertpapierhandelsgesetz, 3. Aufl. 2003; *Benzler*, Nettingvereinbarungen im außerbörslichen Derivatehandel 1999; *ders.*, Das deutsche Nettinggesetz – § 104 Abs. 2, 3 InsO ZInsO 2000, 1; *K.-P. Berger*, Der Aufrechnungsvertrag; *ders.*, Lösungsklauseln im Insolvenzfall, Kölner Schrift zur Insolvenzordnung, 2. Aufl. 2000; *Berner*, Vertragliches Netting zur Reduzierung von Eigenkapitalkosten, Die Bank 96, 753; *Bosch*, Finanztermingeschäfte in der Insolvenz, WM 95, 365 und 413; *ders.*, Differenz- und Finanztermingeschäfte nach der Insolvenzordnung, Kölner Schrift zur Insolvenzordnung, 2. Aufl. 2000; *Clouth*, Rechtsfragen der außerbörslichen Finanz-Derivate 2001; *Decker*, Zinssatz- und Währungsswaps unter rechtlichen Aspekten, dargestellt anhand des Muster-Rahmenvertrags für Swapgeschäfte WM 90, 1001; *Ebenroth/Benzler*, Close-out Netting nach der neuen Insolvenzordnung ZVglRWiss. 95 (1996), 335; *Ebenroth/Reiner*, Münchener Vertragshandbuch, Band 3/2, OTC-Derivate nach dem 1992 ISDA Multicurrency-Cross Border Master Agreement 1997; *Ehricke*, Die Umsetzung der Finanzsicherheitenrichtlinie (Richtlinie 2002/47/EG) im Rahmen des Diskussionsentwurfs zur Änderung der Insolvenzordnung, ZIP 2003, 1065; *Ehricke*, Nochmals: Zur Umsetzung der Finanzsicherheiten-Richtlinie in das deutsche Recht, ZIP 2003, 2141; *Erne*, Die Swapgeschäfte der Banken: eine rechtliche Betrachtung des Finanzswaps unter besonderer Berücksichtigung des deutschen Zivil-, Börsen-, Konkurs- und Aufsichtsrechts, 1992; *Häusler*, Die vertraglichen Grundlagen im Bereich des Handels mit derivativen Finanzinstrumenten 1996; *Haß/Huber/Gruber/Heiderhoff*, EU-Insolvenzverordnung (EuInsVO), 2005, Sonderdruck aus *Geimer/Schütze* (Hrsg.), Internationaler Rechtsverkehr in Zivil- und Handelssachen, Loseblatt, Stand August 2005; *Henderson*, Credit

§ 104   3. Teil. 2. Abschnitt. Erfüllung Rechtsgeschäfte. Mitwirkung BR

Derivatives JIBFL 98, 332 und 399 und 1999, 193; *Jahn,* Außerbörsliche Finanztermingeschäfte (OTC-Derivate) in *Schimansky/Bunte/Lwowski,* Bankrechts-Handbuch § 114, 3. Aufl. 2007; *ders.,* Vertragsgestaltung von Kreditsicherungsswaps (credit default swaps) nach deutschem Recht, in: *Auerbach/Zerey* (Hrsg.), Handbuch Verbriefungen, 2005, S. 277 ff.; *Keller,* Umsetzung der Richtlinie zu Finanzsicherheiten – BMJ-Entwurf eines Gesetzes zur Änderung der InsO und anderer Gesetze, BKR 2003, 481; *Kemper,* Die Verordnung (EG) Nr. 1346/2000 über Insolvenzverfahren, ZIP 2001, 1609; *Kokemoor,* Das internationale Sonderinsolvenz- und sanierungsrecht der Einlagenkreditinstitute und E-Geld-Institute gem. den §§ 46 d, 46 e und 46 f KWG, WM 2005, 1881; *Kollmann,* Zur Umsetzung der Richtlinie 2002/47/EG vom 6. Juni 2002 über Finanzsicherheiten in das deutsche Recht, WM 2002, 1012; *Kümpel,* Bank- und Kapitalmarktrecht 3. Aufl. 2004; *Liersch,* Deutsches Internationales Insolvenzrecht, NZI 2003, 302; *Neumeuer,* Die Auswirkungen von Insolvenzen auf Swapverträge, Diss. Konstanz 1997; *Nordhues/Benzler,* Risikosteuerung durch Kreditderivate: Rechtliche Rahmenbedingungen WM 99, 461; *dies.,* Zivilrechtliche Einordnung von Kreditderivaten in: *Burghof/Henke/Rudolph/Schönbucher/Sommer* (Hrsg.) Kreditderivate 2000; *Obermüller,* Insolvenzrecht in der Bankpraxis, 4. Aufl. 1991; *Obermüller,* Anglerlatein oder: Der Widerstand gegen die Umsetzung der Finanzsicherheitenrichtlinie, ZIP 2003, 2336; *Obermüller/Hartenfels,* Finanzsicherheiten, BKR 2004, 440; *Pohl,* Kreditderivate: Finanzinnovationen im Zeitalter des Euro, DZWir 98, 309; *Stürner,* Die Sicherung der Pfandbrief- und Obligationengläubiger vor einer Insolvenz der Hypothekenbank 1998; *Wilmowsky,* Lösungsklauseln für den Insolvenzfall – Wirksamkeit, Anfechtbarkeit, Reform ZIP 2007, 553; *Zerey,* Credit Default Swaps/Vertragsgestaltung unter ISDA in: *Auerbach/Zerey* (Hrsg.), Handbuch Verbriefungen, 2005, S. 319 ff.; *Zobl/Werlen,* 1992 ISDA Master Agreement unter besonderer Berücksichtigung der Swapgeschäfte 1995; *Zypries,* Bundesregierung setzt EU-Finanzsicherheitenrichtlinie kapitalmarkttauglich um, ZIP 2004, 51.

Übersicht

	RdNr.		RdNr.
I. Entstehungsgeschichte	1	2. Weitere Geschäftstypen	88
1. Regelung vor dem 1. 8. 1994 (§§ 17, 18 KO)	1	a) Kassageschäfte	88
		b) Börsengehandelte Finanzleistungen	90
2. Regelung in der Übergangszeit	16	c) Warentermingeschäfte	91
3. Regelung ab 1. 1. 1999	19	d) Wertpapierleihe, Wertpapierdarlehen	92
4. Regelung ab 6. 4. 2004	26	e) Echte Wertpapierpensionsgeschäfte	96
II. Zweck der Neuregelungen	31	f) Unechte Wertpapierpensionsgeschäfte	99
1. Verhältnis zu § 103	34	g) Erscheinungsformen von Kreditderivaten (Kreditrisiko-/Bonitätsrisiko-Geschäfte)	100
2. Internationales Insolvenzrecht	35		
III. Absatz 1 (Fixgeschäfte)	37	aa) Kreditsicherungs-Swap	105
1. Begriffe	37	bb) Gesamtrisiko-Swap	108
2. Gesetzliche Beendigung und Schadensersatzanspruch	43	cc) Spannensicherungs-Swap	110
		dd) Risiko-Swap	113
IV. Absatz 2 (Finanztermingeschäfte, Finanzleistungen)	44	ee) Verbriefte Kreditderivate	114
1. Begriffe	44	h) Rechtliche Qualifikation von Kreditderivaten	115
2. Finanzleistung als vertragstypische Leistung	53	aa) Kreditsicherungs-Swap	118
V. Absatz 2 Satz 1	54	bb) Gesamtrisiko-Swap	124
1. Termincharakter des Geschäfts	54	cc) Spannensicherungs-Swap/Option	125
2. Markt- oder Börsenpreis	57	dd) Risiko-Swap	128
VI. Absatz 2 Satz 2	59	ee) Verbriefte Kreditderivate	130
1. Geschäftstypen	59	i) Darlehen	131
a) Nr. 1, Lieferung von Edelmetallen	60	j) Mischformen	132
b) Nr. 2, Lieferung von Wertpapieren oder vergleichbaren Rechten	61	k) Energiederivate	133
		l) Wetterderivate	134
c) Nr. 3, Geldleistungen in ausländischer Währung oder in Rechnungseinheit	65	m) Katastrophenderivate	135
		n) Weitere neuartige Derivate	136
		3. Rechtsfolgen der Insolvenzeröffnung	137
d) Nr. 4, Durch Kurs, Zinssatz oder Preis mittelbar oder unmittelbar bestimmte Geldleistungen	66	**VII. Absatz 2 Satz 3 (Rahmenvertrag)**	138
		1. Begriff des Rahmenvertrags	142
e) Nr. 5, Optionen und andere Rechte	71	2. Einheitlichkeit der Vertragsbeziehung	143
		3. Netting	149
		a) Zahlungs-Netting	150
		b) Novations-Netting	151
f) Nr. 6, Finanzsicherheiten	76	c) Liquidations-Netting	152

	RdNr.		RdNr.
4. Aufrechnungsklausel	157	cc) Unzulässige Beschränkung des Wahlrechts des Insolvenzverwalters?	169
5. Nationale und internationale Rahmenverträge	159	dd) Anfechtbarkeit wegen Inkongruenz nach § 131 Abs. 1?	170
6. Super-Rahmenverträge	161	ee) Bedeutung des § 119 und des Abs. 3	171
7. Netting in der Insolvenz	163	b) Gemischte Rahmenverträge	174
a) Vertragliche Beendigungsklauseln ohne Kündigung	163	VIII. Abs. 3 Forderung wegen Nichterfüllung (Ausgleichsforderung)	181
aa) Beendigung im Zeitpunkt der Eröffnung des Konkursverfahrens	164	1. Satz 1 (Berechnungsmethode)	182
bb) Beendigung im Zeitpunkt vor Eröffnung eines Insolvenzverfahrens	165	2. Satz 2 (Insolvenzforderung)	183

I. Entstehungsgeschichte

1. Regelung vor dem 1. 8. 1994 (§§ 17, 18 KO). Für die alten Bundesländer galten 1 vor dem 1. 8. 1994 als einschlägige Regelungen die Bestimmungen der Konkursordnung; für die neuen Bundesländer die Regelungen der Gesamtvollstreckungsordnung. Nachstehend wird nur die Rechtslage in den alten Bundesländern geschildert (Finanztermingeschäfte werden überwiegend von Parteien abgeschlossen, auf welche die KO anwendbar war).

Nach der Konkursordnung galt die Regel, dass gegenseitige Verträge, die im Zeitpunkt 2 der Konkurseröffnung von keiner Partei vollständig erfüllt sind, durch die Konkurseröffnung beendet werden.[1]

Die solvente Partei hatte ggf. einen Schadensersatzanspruch als Konkursforderung, wenn 3 die Beendigung für sie nachteilig war. War der Vertrag für die insolvente Partei vorteilhaft und wählte der Konkursverwalter gem. § 17 KO Erfüllung, so lebte der Vertrag (mit rückwirkender Kraft) wieder auf. Die Forderung aus dem wiedererstandenen Vertrag war eine Masseforderung, gegen welche die solvente Partei mit Schadensersatzansprüchen aus anderen (für sie vorteilhaften) durch die Konkurseröffnung beendeten Verträgen nicht aufrechnen konnte.

§ 18 KO enthielt eine Sonderregelung für Fixgeschäfte als Ausnahme von der Bestim- 4 mung des § 17 KO. Fixgeschäfte erloschen endgültig mit der Konkurseröffnung. Die aus ihnen fließenden Verpflichtungen wurden durch eine Forderung wegen Nichterfüllung ersetzt, d. h. einen Schadensersatzanspruch der solventen Partei oder des Konkursverwalters. Beide Ansprüche waren gleichartig und gleichzeitig fällig.

Sie waren in DEM ausgedrückt und konnten gegeneinander nach § 53 KO in Verbindung 5 mit §§ 387 ff. BGB aufgerechnet werden.

§ 18 KO setzte voraus, dass 6
(i) die Lieferung von Waren vereinbart war;
(ii) die Waren einen Markt- oder Börsenpreis hatten;
(iii) das Geschäft genau zu einer festbestimmten Zeit oder binnen einer festbestimmten Frist (Fixgeschäft im Sinne des § 361 BGB, § 376 HGB) zu erfüllen war.

Nach hM wurden Wertpapiere, bei denen das Recht aus dem Papier dem Recht am 7 Papier folgt, sowie Devisen[2] als „Waren" im Sinne des § 18 KO angesehen. Der Begriff „Markt- oder Börsenpreis" wurde weit ausgelegt, so dass auch außerbörsliche Geschäfte unter bestimmten Voraussetzungen unter § 18 KO fallen konnten.[3]

Als unter die Regelung des § 18 KO fallend wurden angesehen: Warentermingeschäfte, 8 Termingeschäfte über die Lieferung von Wertpapieren, Devisenswaps (die Kombination von Kassa- und Termingeschäft, bei dem in den Terminpreis der Auf- oder Abschlag für die

---

[1] BGHZ 116, 156, 158; vgl. auch *Bosch* WM 95, 413, 414; die Erlöschenstheorie hat der BGH mit Grundsatzurteil v. 25. 4. 2002 (NZI 2002, 375) später aufgegeben.
[2] *Erne* S. 110.
[3] *Erne* aaO.

betreffende Währung eingerechnet ist) aber auch Währungsswaps (und sog. kombinierte Zins- und Währungsswaps).

9 Streitig war, ob Währungsswaps bei Einbeziehung in standardisierte Rahmenverträge wegen der dort üblichen Kündigungsklauseln mit Nachfrist[4] den Charakter eines Fixgeschäfts verloren.[5] Unstreitig nicht unter § 18 KO fielen Zinssatzswaps, Optionsgeschäfte und andere Finanztermingeschäfte. Auf sie war § 17 KO anzuwenden.

10 In der Praxis verwenden die Parteien seit Ende der 80er Jahre überwiegend sog. Rahmenverträge, die eine Zusammenfassung der einzelnen Geschäfte mit den Bestimmungen des Rahmenvertrages zu einem einheitlichen Vertrag oder einheitlichen Schuldverhältnis vorsehen.[6] Es war streitig, ob eine derartige Vertragskonstruktion das Wahlrecht des Konkursverwalters dahingehend beschränkte, die Erfüllung des einheitlichen Vertrages zu verlangen oder abzulehnen. Bei Anerkennung der Zusammenfassung der Einzelgeschäfte zu einem einzigen Vertrag wäre die Wahl der Erfüllung in Bezug auf einzelne Geschäfte und der Ablehnung der Erfüllung anderer Geschäfte nicht mehr möglich gewesen.[7]

11 Um der obigen Streitfrage auszuweichen, hatte die Kautelarpraxis (Nr. 7 (2) des Rahmenvertrags für SWAP-Geschäfte, 1990, und des deutschen Rahmenvertrages für Finanztermingeschäfte, 1993) eine Bestimmung in den Rahmenvertrag aufgenommen, nach der bei Eintritt der Insolvenz, d. h. aber noch vor der Eröffnung des gerichtlichen Verfahrens der gesamte Vertrag ohne Kündigung („automatisch") beendet wird. Das 1992 ISDA Master Agreement[8] sieht eine entsprechende Wahlmöglichkeit im Anhang (Schedule) vor. Die Beendigung wird auf einen Zeitpunkt (spätestens: Stellung des Antrages auf Eröffnung des Konkurses) vor Eröffnung des Konkurses verlegt.

12 Von einem Teil der Literatur wurden diese Klauseln als Umgehung der Regelung des § 17 KO angesehen.[9] In dem Fehlen einer klaren gesetzlichen Regelung und der deshalb bestehenden Rechtsunsicherheit lag ein Wettbewerbsnachteil deutscher Marktteilnehmer gegenüber ausländischen Konkurrenten, insbesondere aus den USA[10] und England.[11]

13 Darüber hinaus war nach Vorlegung des BIZ-Vorschlags zur aufsichtlichen Anerkennung des Liquidationsnettings[12] ersichtlich, dass nach Inkraftsetzen der entsprechenden EU-Netting-Richtlinie[13] und deren Umsetzung in deutsches Recht (Änderung des Grundsatzes I und Verabschiedung der Kreditbestimmungsverordnung[14]) eine Gesetzesänderung nötig war, um die von den Bankenaufsichtsbehörden geforderte Rechtsklarheit in Bezug auf das Liquidationsnetting[15] herbeizuführen. Eine solche Regelung wurde als § 104 in den Text

---

[4] Der Rahmenvertrag für Finanztermingeschäfte bestimmt in Nr. 7 Abs. 1 S. 2, dass im Falle der Nichtzahlung bei Fälligkeit ein wichtiger Grund nur vorliege, wenn der verpflichteten Partei das Nichteingehen der Zahlung schriftlich mitgeteilt worden sei und fünf Bankarbeitstage vergangen seien, ohne dass die Zahlung nachgeholt worden sei. Das 1992 ISDA Master Agreement bestimmt in sec. 5 (a) (i) etwas Ähnliches.
[5] So die hM, *Erne* S. 52; *Obermüller,* Insolvenzrecht, 4. Aufl. 1991 RdNr. 1978; *Decker* S. 1008; aA *Ebenroth/Messer* ZVglRWiss. 87 (1988), 1, 7 – die indes nicht auf die Kautelarpraxis eingehen –, *Fülbier* ZIP 90, 680, 685; *Kopp* S. 133; *Zobl/Werlen* S. 22.
[6] So ausdrücklich Nr. 1 Abs. 2 S. 2 des Rahmenvertrags für Finanztermingeschäfte, Nr. 1 Abs. 1 des Schweizer Rahmenvertrags für OTC-Derivate (Fassung 2. Mai 2003), sec. 1 (c) des 1992 ISDA Master Agreement; zum Einheitsvertrag vgl. *Decker* S. 1009; *Häusler* S. 310 ff.
[7] So *Decker* S. 1010; *Erne* S. 124 ff.; *Fülbier* ZIP 90, 680, 684; aA insbesondere *Ebenroth/Messer* S. 25.
[8] *Schimansky/Bunte/Lwowski/Jahn,* Bankrechts-Handbuch, § 114 RdNr. 61; *Ebenroth/Reiner* Anm. 1–50, ebenso das 2002 ISDA Master Agreement.
[9] So *Ebenroth/Messer* S. 24; *Berger* ZIP 94, 173, 182 ff.; aA *Decker* S. 1013 f. unter Berufung auf BGHZ 96, 34; *Erne* S. 114 ff.
[10] Vgl. den Bericht des Rechtsausschusses des BT mit Hinweis auf US-Konkursrechts-Änderungen, BT-Drucks. 12/7302 S. 168 und *Neumeuer* S. 234 ff.
[11] Vgl. *Neumeuer* S. 236 ff.
[12] Vgl. *Jahn* aaO RdNr. 147.
[13] Vgl. *Jahn* aaO RdNr. 148.
[14] *Jahn* aaO RdNr. 149; *Berner,* Die Bank 96, 753; *Ebenroth/Benzler* ZVglRWiss. 95 (1996), 335, 383 f. Die Kreditbestimmungsverordnung ist inzwischen durch die Großkredit- und Millionenkreditverordnung (GroMiKV) ersetzt worden.
[15] Zum Begriff und allgemein zum Netting: *Bosch* WM 95, 365 ff. und 95, 413 ff.

der InsO eingefügt. Sie hätte aber erst am 1. 1. 1999 zusammen mit den anderen Bestimmungen der InsO in Kraft treten können.

Bundestag und Bundesrat beschlossen daher, die Regelung der Absätze 2 und 3 des § 104 **14** schon vorher in Kraft zu setzen. Hierzu wurde Art. 105 in die EGInsO eingefügt. Sicherheitshalber wurde der Art. 15 in das Zweite Finanzmarktförderungsgesetz eingefügt, dessen Wortlaut dem Art. 105 EGInsO entspricht, da unsicher war, ob die Insolvenzrechtsreform vor der Bundestagswahl verabschiedet werden würde. Der. Art. 15 trat dann bereits am 1. 8. 1994, Art. 105 EGInsO am 19. 10. 1994 in Kraft.[16] Im Folgenden wird nicht auf Art. 15, sondern auf Art. 105 EGInsO Bezug genommen.

Nach Art. 105 Abs. 3 EGInsO gilt die Neuregelung auch für Verfahren, die nach der **15** Vergleichsordnung und der Gesamtvollstreckungsordnung abgewickelt werden.

2. Regelung in der Übergangszeit (1. 8. 1994 bis 31. 12. 1998 – §§ 17, 18 KO und 16 Art. 105 EGInsO/Art. 15 Zweites Finanzmarktförderungsgesetz). Vor dem 1. 1. 1999 galt § 119 noch nicht, so dass sein Wortlaut nicht als Argument für die Zulässigkeit von bestimmten Beendigungsklauseln (automatische Beendigung) angeführt werden konnte. Hierauf wird unter 3. eingegangen.

§§ 17, 18 KO gelten fort, werden aber durch Art. 105 EGInsO ergänzt. **17**

Art. 105 EGInsO ist eine Spezialnorm zu § 18 KO, der seinerseits eine Ausnahmeregelung **18** zu § 17 KO darstellt.

3. Regelung ab 1. 1. 1999. § 17 KO ist durch § 103, § 18 KO und Art. 105 EGInsO **19** durch § 104 ersetzt worden. Zusätzlich gilt § 119.

§ 104 ist Spezialregelung zu § 103 (und § 105). **20**

Abs. 1 entspricht § 18 Abs. 1 KO, Abs. 2 und 3 sind identisch mit Art. 105 Abs. 1 und 2 **21** EGInsO.

§ 104 Abs. 1 weicht nur geringfügig von dem Wortlaut des § 18 Abs. 1 KO ab, ohne **22** inhaltlich eine Änderung vorzunehmen.

§ 104 Abs. 2 Satz 1 entspricht weitgehend der Formulierung des Absatzes 1. Seine **23** Regelung erfasst alle Geschäfte, die unter den den neugeschaffenen Begriff „Finanzleistungen" fallen. Diese werden beispielhaft (aber nicht abschließend) in Satz 2 definiert. Gegenüber Abs. 1 wird auf das Merkmal des Fixgeschäfts verzichtet. Für Finanzleistungen im Sinne des Abs. 2 müssen lediglich eine bestimmte Zeit oder eine bestimmte Frist vereinbart worden sein.

Satz 3 erkennt die Zusammenfassung von Geschäften über Finanzleistungen in einem **24** Rahmenvertrag dergestalt an, dass sie als ein gegenseitiger Vertrag im Sinne der §§ 103, 104 gelten (fingierte Vertragseinheit). Aus der Entstehungsgeschichte des § 104 wird gefolgert, dass hierdurch Finanzleistungen, die durch einen Rahmenvertrag einbezogen worden sind, aus diesem nicht ausscheiden, wenn sie einseitig erfüllt worden sind.[17] Die Zusammenfassung der Geschäfte über Finanzleistungen unter einen Rahmenvertrag wird in der Vertragspraxis als einheitlicher Vertrag (ISDA: *„single agreement"*) bezeichnet. Das Gesetz hat die Qualifikation dieser Rechtsbeziehung offengelassen und spricht nur von einer „Gesamtheit dieser Geschäfte", die als **ein** gegenseitiger Vertrag im Sinne der §§ 103, 104 gelte. Damit ist klargestellt, dass der Insolvenzverwalter kein Wahlrecht nach § 103 auf einzelne Finanzleistungsgeschäfte ausüben kann, allenfalls in Bezug auf die Gesamtheit der Geschäfte, sofern diese nicht von Gesetzes wegen nach Abs. 2 S. 1 endgültig beendet worden sind.

§ 104 Abs. 3 regelt die Höhe der Ausgleichsforderung, die auf Grund der gesetzlichen **25** Beendigung der Geschäfte entsteht. Sie bemisst sich in Euro. Die Vorschrift entspricht der Regelung des § 18 Abs. 2 KO.

---

[16] Zur Entstehungsgeschichte *Bosch* WM 95, 365, 374/5.
[17] Wie z.B. Optionen auf Barausgleich nach Zahlung der Optionsprämie, *Bosch*, Kölner Schrift, S. 1021 RdNr. 47.

26 **4. Regelung ab 6. 4. 2004.** Im Zusammenhang mit dem Inkrafttreten des Gesetzes zur Umsetzung der Richtlinie 2002/47/EG vom 6. 6. 2002 über Finanzsicherheiten und zur Änderung des Hypothekenbankgesetzes und anderer Gesetze vom 5. 4. 2004[18] ist § 104 bereinigt und ergänzt worden.

In der Überschrift ist der Begriff „Finanztermingeschäfte" durch „Finanzleistungen" ersetzt worden. Damit ist der Gegensatz zwischen Kassageschäften und Termingeschäften entfallen und die Frage, ob auch Kassageschäfte, die gewöhnlich mit einer Frist von zwei oder mehr Geschäftstagen erfüllt werden, als Finanzleistungen im Sinne des § 104 sein können, im positiven Sinne geklärt.[19] Mit der Ersetzung des Begriffes sollte auch gesichert werden, dass z. B. Wertpapierdarlehensgeschäfte, die für einen anfänglich unbestimmten Zeitraum geschlossen werden, der Regelung des § 104 Abs. 2 unterfallen, wenn für sie vereinbart wird, dass sie jederzeit auf Verlangen zu beenden sind.[20]

27 Abs. 2 ist um die Nr. 6 erweitert worden, um Finanzsicherheiten im Sinne des § 1 Abs. 17 des Kreditwesengesetzes insolvenzfest in das Liquidationsnetting[21] einzubeziehen.

Die Ergänzung von § 104 Abs. 2 durch die Nr. 6 setzt Art. 7 der Richtlinie 2002/47/EG des Europäischen Parlaments und des Rates vom 6. Juni 2002 über Finanzsicherheiten[22] um. Nr. 6 gilt auch im Verhältnis zu Beteiligten aus Nicht-EU-Staaten. Ausgenommen von der Regelung der Nr. 6 sind jegliche Geschäfte zwischen oder mit natürlichen Personen. Geschäfte zwischen Einzelkaufleuten und Personengesellschaften anderen Unternehmen sind ebenfalls ausgenommen. Einbezogen sind Geschäfte zwischen Einzelkaufleuten, Personengesellschaften sowie anderen Unternehmen, wenn die Gegenpartei des Vertrages eine der in Art. 1 Abs. 2 lit. a) bis d) der Finanzsicherheiten-Richtlinie genannten Einrichtungen ist. Wegen der Einzelheiten siehe RdNr. 76.

28–29 Die Gesamtbeendigungsklausel in Abs. 2 Satz 3 ist den Regelungen anderer Staaten angepasst worden. Die frühere Regelung setzte voraus, dass die Gesamtheit der Geschäfte im Falle von <u>Vertragsverletzungen</u> nur einheitlich beendet werden konnte. Damit hatte der deutsche Gesetzgeber weiter gehende Erfordernisse aufgestellt, als sie in der Richtlinie 96/10/EG des Europäischen Parlaments und des Rates vom 21. März 1996 zur Änderung der Richtlinie 89/647/EWG im Hinblick auf die aufsichtliche Anerkennung von Schuldumwandlungsverträgen und Aufrechnungsvereinbarungen („vertragliches Netting"),[23] die sog. EU-Netting-Richtlinie. Die Neuregelung verlangt nur noch, dass der Vertrag bei <u>Vorliegen eines Insolvenzgrundes</u> nur einheitlich beendet werden kann.

30 Erheblich geändert wurde auch die Regelung der Ausgleichsberechnung im Falle des Liquidationsnettings nach Abs. 3. Ausgehend von der modernen Entwicklung und internationalen Gepflogenheiten wurde eine flexible Berechnungsmethode erlaubt. Die Parteien können vereinbaren, die Berechnung innerhalb von fünf Werktagen nach Eröffnung des Insolvenzverfahrens vorzunehmen, d. h. auch ggf. am Tage der Eröffnung selbst. Liegt keine entsprechende vertragliche Vereinbarung vor, bleibt es bei der früheren 2-Tages-Regelung.

---

[18] BGBl I 2004, S. 502.
[19] So die Begründung zum Gesetzentwurf der Bundesregierung zu Nr. 4, S. 20, BTDrucks 15/1853 v. 29. 10. 2003; siehe auch RdNr. 88, 89.
[20] Vgl die Begründung aaO S. 21; eine solche Regelung treffen die Nr. 1 Abs. 1 und die Nr. 2 Abs. 4 des „Rahmenvertrages für Finanzgeschäfte [sog. EMA, European Master Agreement], Produktanhang für Wertpapierdarlehen, Ausgabe Januar 2001" (der Produktanhang ist nach wie vor in dieser Fassung in Kraft). Der genannte Rahmenvertrag und seine Anhänge ist von der Bankenvereinigung der Europäischen Union in Zusammenarbeit mit der Europäischen Sparkassenvereinigung und der Europäischen Vereinigung der Genossenschaftsbanken erarbeitet worden.
[21] Siehe hierzu RdNr. 152.
[22] Im Folgenden „Finanzsicherheiten-Richtlinie", ABl. Nr. L 168/43 vom 27. 6. 2002.
[23] ABl. Nr. L 85/17 v. 3. 4. 1996.

II. Zweck der Neuregelungen

Die Regelung der Absätze 1 und 2 beruht auf denselben Erwägungen, die zur Entstehung 31
des § 18 KO geführt hatten.

Der Rechtsausschuss des Bundestages hat hierzu u. a. ausgeführt: „... bei allen diesen 32
Geschäften erscheint es sachgerecht, Kursspekulationen durch den Insolvenzverwalter nicht
zuzulassen und daher das Wahlrecht des Verwalters ... auszuschließen."[24] Für den Abs. 2
stellt der Bericht des Rechtsausschusses ergänzend noch heraus, dass im Insolvenzfall eine
Saldierung aller noch nicht erfüllten Ansprüche („Netting") ermöglicht werden soll und
zwar auch für die Geschäfte, die von einer Seite schon voll erfüllt worden sind.[25]

Sofern man nur dem Wahlrecht des Insolvenzverwalters nach § 103 hätte zuvorkom- 33
men wollen, hätten die Parteien dieses Ziel durch eine vertragliche Vorfälligkeitsvereinba-
rung und Verrechnungsregelung erreichen können.[26] Die bankaufsichtliche Anerkennung
des Netting setzt aber voraus, dass derartige vertragliche Netting-Vereinbarungen insolvenzfest sind.[27] Die Neuregelung hat diese Klarstellung herbeigeführt, auch wenn wegen
Abs. 3 Konkurrenzprobleme mit Klauseln der einschlägigen Rahmenverträge entstanden
sind.[28]

1. Verhältnis zu § 103. § 104 ist Spezialnorm zu § 103 (wie § 18 KO zu § 17 KO) und 34
setzt voraus, dass die von ihm erfassten Geschäfte von keiner Partei vollständig erfüllt worden
sind.[29]

2. Internationales Insolvenzrecht. Auch das Internationale Insolvenzrecht ist mehrfach 35
geändert worden. Am 31. 5. 2002 trat die Verordnung Nr. 1346/2000 des Rates vom
29. Mai 2000 über das Insolvenzverfahren[30] als in allen EU-Staaten für EU-Schuldner als
unmittelbar geltendes Recht in Kraft.

Danach ist das Gesetz zur Neuordnung des Internationalen Insolvenzrechts vom 14. März
2003[31] am 20. 3. 2003 in Kraft getreten. Das Gesetz enthält im Wesentlichen das deutsche
autonome Internationale Insolvenzrecht, d. h. die im Verhältnis zu allen anderen Staaten
und Schuldnern geltenden international-insolvenzrechtlichen Regelungen in den §§ 335 bis
358 InsO. Die EuInsVO geht dem Gesetz zur Neuordnung des Internationalen Insolvenzrechts insoweit vor. Dieses hat zugleich die Richtlinie 2001/17/EG vom 19. März 2001
über die Sanierung und Liquidation von Versicherungsunternehmen und die Richtlinie
2001/24/EG vom 4. April 2001 über die Sanierung und Liquidation von Kreditinstituten
umgesetzt.[32]

In § 340 Abs. 2 findet sich eine Sonderregelung für Pensionsgeschäfte im Sinne des
§ 340 b des Handelsgesetzbuches sowie für Novationsvereinbarungen und das Liquidationsnetting von Rahmenverträgen.[33] § 340 gilt gegenüber Schuldnern aus allen Staaten, nicht
nur aus EU-Staaten.

---

[24] BT-Drucks. 12/7302, Anm. 69 zu § 118 (1) S. 167.
[25] BT-Drucks. aaO S. 168; *Balz/Landfermann* § 104 S. 195.
[26] *Köndgen* RdNr. 7, dem entspricht die Regelung der Nr. 7 des Rahmenvertrags für SWAP-Geschäfte und des Rahmenvertrags für Finanztermingeschäfte.
[27] § 15 Abs. 1 Nr. 2 GroMiKV n. F.
[28] Vgl. *Köndgen* aaO, im Einzelnen hierzu RdNr. 157 ff.
[29] So *Bosch*, Kölner Schrift, S. 1018 RdNr. 33; *Obermüller/Hess*, InsO RdNr. 912; *Köndgen* lässt diese Voraussetzung für § 104 Abs. 1 nicht gelten, der auch dann Anwendung finden soll, wenn der Preis für die Terminlieferung vorentrichtet wurde. Abs. 1 finde jedoch keine Anwendung, wenn die lieferungspflichtige Partei vorgeleistet habe, aaO RdNr. 13.
[30] Kurz: Europäische Insolvenzverordnung (EuInsVO) genannt, ABl. Nr. L 160 v. 30. 6. 2000, S. 1; vgl *Kemper*, ZIP 2001, 1609; *Haß/Huber/Gruber/Heiderhoff*.
[31] BGBl I 2003, 345; vgl hierzu die ausführliche Darstellung von *Liersch*, NZI 2003, 302 ff.
[32] Zweifelnd an der Vollständigkeit der Umsetzung: *Liersch* aaO S. 303 – wegen der Einzelheiten wird auf die Darstellung in Band 3 zu §§ 335 ff. verwiesen. Für Einlagenkreditinstitute und E-Geld-Institute gelten §§ 46 d, 46 e und 46 f des Kreditwesengesetzes, vgl hierzu im Einzelnen *Kokemoor*, WM 2005, 1881.
[33] Der Wortlaut des § 340 Abs. 2 geht auf die beiden o. g. Richtlinien zurück.

§ 104 ist nur anwendbar, soweit nach § 340 Abs. 2 deutsches Recht anzuwenden ist. Trotz der interpretationsfähigen Formulierung des § 340 Abs. 2[34] ist jedenfalls unstreitig, dass isolierte[35] Geschäfte über Finanzleistungen im Sinne des § 104 Abs. 2 oder dem deutschen Recht unterstellte Rahmenverträge über Finanzleistungen und die mit ihnen verbundenen Geschäfte der Regelung des § 104 unterfallen.

36 **3. § 104 ist zwingendes Recht.** § 104 ist nach § 119 zwingend und unabdingbar.[36]

III. Absatz 1 (Fixgeschäfte)

37 **1. Begriffe.** Der Wortlaut des Abs. 1 entspricht bis auf kleine sprachliche Änderungen (z. B. „vereinbart" statt „bedungen") dem Abs. 1 von § 18 KO. Er erfasst alle Fixgeschäfte über Waren, die einen Markt- oder Börsenpreis haben und deren Erfüllung zeitlich erst nach der Eröffnung des Insolvenzverfahrens verlangt werden könnte.

38 **Waren** sind alle beweglichen Sachen.[37] Die frühere Diskussion, ob auch Wertpapiere im engeren Sinne „Waren" nach § 18 Abs. 1 KO sind,[38] ist durch die Spezialnorm von § 104 Abs. 2 Nr. 2 überholt.

39 Die zu liefernden Waren müssen einen **Markt- oder Börsenpreis** haben. Derselbe Begriff findet sich im Abs. 2 (vgl. die dort in Bezug auf Finanzleistungen gegebene ausführliche Erläuterung, RdNr. 54, 55). Schon nach bisherigem Recht war anerkannt, dass es genügte, wenn der Markt- oder Börsenpreis z. B. durch Sachverständige feststellbar war.[39] Eines amtlich festgestellten Preises bedurfte es nicht. Ebenso wenig musste ein Warengeschäft tatsächlich über einen Markt oder eine Börse abgewickelt worden sein. „Markt" braucht kein amtlich organisierter oder geregelter Markt zu sein. Das Erfordernis des Markt- oder Börsenpreises schränkt den Begriff der Waren auf vertretbare Sachen im Sinne des § 91 BGB ein.[40]

40 Die Lieferung der Waren muss entweder „genau zu einer festbestimmten Zeit" oder „innerhalb einer festbestimmten Frist" vereinbart sein. Die Formulierung entspricht § 361 BGB und § 376 Abs. 1 S. 1 HGB und betrifft Geschäfte, die mit Einhaltung der genau bezeichneten Leistungszeit oder Lieferungsfrist „stehen und fallen".[41]

41 Der vereinbarte Erfüllungstermin oder der Fristablauf muss erst nach der Insolvenzeröffnung eintreten. Nach bisher herrschender Auffassung durfte der betreffende Zeitpunkt nicht vor dem zweiten Werktag nach Verfahrenseröffnung liegen, anderenfalls fand § 17 KO Anwendung. Dies wurde aus der Formulierung von § 18 Abs. 2 KO gefolgert, der für die Ermittlung des Betrages der Forderung wegen Nichterfüllung (nach § 18 Abs. 1 KO) auf den Markt- oder Börsenpreis am zweiten Werktag nach Verfahrenseröffnung abstellte und auf die Regelung des § 18 Abs. 3 KO. Nach Letzterer galt die Vorschrift des § 18 Abs. 1 KO dann nicht, wenn für Fixgeschäfte der Betrag der Forderung nicht nach § 18 Abs. 2 KO festgesetzt werden konnte.[42]

42 Auch nach § 104 Abs. 3 Satz 1 ist der Markt- oder Börsenpreis am zweiten Werktag nach Eröffnung des Verfahrens zur Bestimmung des Betrages der Forderung wegen der Nichterfüllung maßgeblich. § 104 Abs. 3 Satz 1 entspricht insoweit § 18 Abs. 2 KO. Auf die Übernahme der Regelung in § 18 Abs. 3 KO ist bei der Reform jedoch bewusst verzichtet worden, so dass auch Fixgeschäfte, deren Erfüllung am Tag der Insolvenzeröffnung oder am ersten Werktag danach geschuldet ist, nach § 104 Abs. 1 beendet wer-

---

[34] Siehe die Kommentierung zu § 340.
[35] D. h. Geschäfte, die einzeln abgeschlossen werden, ohne mit einen Rahmenvertrag verbunden zu sein.
[36] Siehe hierzu im Einzelnen RdNr. 171 ff.
[37] Daher nicht Grundstücke, vgl. auch die Definition in § 1 Abs. 2 Nr. 1 HGB aF; zur Frage, ob Darlehen oder andere Finanzdienstleistungen unter § 104 fallen, siehe RdNr. 131, 132.
[38] So die hM, *Kilger/K. Schmidt* § 18 1) b).
[39] *Kilger/K. Schmidt* aaO; *Bosch*, Kölner Schrift, S. 1023, RdNr. 57.
[40] *Kilger/K. Schmidt* aaO.
[41] RGZ 51, 348.
[42] *Kilger/K. Schmidt* aaO d); vgl. hierzu auch eingehend *Bosch*, Kölner Schrift, S. 1026 RdNr. 68.

2. Gesetzliche Beendigung und Schadensersatzanspruch. Mit Eröffnung des Insolvenzverfahrens erlischt ein von beiden Seiten noch nicht vollständig erfülltes Fixgeschäft, das den Voraussetzungen des Abs. 1 entspricht, von Gesetzes wegen. An seine Stelle tritt eine Forderung wegen der Nichterfüllung des Geschäfts, die nach Abs. 3 berechnet wird. Dieser Anspruch ist eine Art Schadensersatzanspruch oder Ausgleichsforderung[44] über die abstrakt berechnete Differenz zwischen dem vereinbarten Preis des Geschäfts und dem Markt- oder Börsenpreis gemäß Abs. 3 (hierzu im Einzelnen unter RdNr. 57, 58).

IV. Absatz 2 (Finanzleistungen)

1. Begriffe. Der Begriff „Finanzleistung" wird in anderen Gesetzen nicht verwendet. Der Gesetzgeber gebraucht an anderer Stelle eine Reihe von ähnlichen Begriffen, die teils weiter, teils enger gezogen sind. Es wäre wünschenswert, die gesetzliche Begriffsvielfalt zu verringern und einheitliche Begriffe in allen Gesetzen zu verwenden. Wegen der Uneinheitlichkeit der Begriffe in den EG-Rechtsvorschriften ist dieses Ziel jedoch kaum zu erreichen.

Beispiele:

Finanzinstrumente im Sinne des § 1 Abs. 1 S. 2 Nr. 4, Nr. 10 KWG sind nach § 1 Abs. 11 KWG Wertpapiere, Geldmarktinstrumente, Devisen oder Rechnungseinheiten sowie Derivate, vgl. auch §§ 50, 51 InvG.

Finanzdienstleistungen im Sinne des § 1 Abs. 1a S. 2 KWG sind u. a. die Anschaffung und Veräußerung von Finanzinstrumenten (Nr. 1, Nr. 2 und Nr. 4) oder die Verwaltung in Finanzinstrumenten angelegter Vermögen.[45]

Wertpapierdienstleistungen im Sinne des § 2 Abs. 3 WpHG sind u. a. die Anschaffung und Veräußerung von Wertpapieren, Geldinstrumenten oder Derivaten sowie die Verwaltung von in Wertpapieren, Geldmarktinstrumenten oder Derivaten angelegter Vermögen.

Derivate im Sinne des § 2 Abs. 2 WpHG[46] sind als Festgeschäfte oder Optionsgeschäfte ausgestaltete Termingeschäfte, deren Preis unmittelbar oder mittelbar abhängt von dem Börsen- oder Marktpreis von Wertpapieren, Geldmarktinstrumenten, Waren oder Edelmetallen oder von Zinssätzen oder anderen Erträgen sowie Devisenfuturegeschäfte, Devisenoptionsgeschäfte, Währungsswapgeschäfte, Devisenswapoptionsgeschäfte und Devisenfutureoptionsgeschäfte.

Finanzgeschäfte im Sinne des § 340c Abs. 1 S. 1 HGB sind Geschäfte mit Wertpapieren, die dem Handelsbestand zuzurechnen sind, Finanzinstrumenten, Devisen und Edelmetallen.

Finanzinstrumente umfassen einen erheblich größeren Kreis von Geschäften als Finanzleistungen im Sinne des § 104. Das Gleiche gilt für Finanzdienstleistungen, die sich definitionsgemäß auf Finanzinstrumente beziehen. Auch die Wertpapierdienstleistungen sind umfassender, weil sie sich auch auf Geldmarktinstrumente beziehen und die Vermögensverwaltung einschließen. Der Begriff „Derivate" kommt dem Terminus „Finanzleistungen" am nächsten. Er schließt allerdings auch Termingeschäfte über Geldmarktinstrumente ein, die von § 104 Abs. 2 Nr. 1–5 nicht erfasst werden. Devisentermingeschäfte gehören begrifflich nicht zu den Derivaten, sondern sind eine Wertpapiernebendienstleistung nach § 2 Abs. 3a Nr. 4 WpHG.

---

[43] So ausdrücklich der Bericht des Rechtsausschusses zu § 118 in: BT-Drucks. 12/7302 Anm. 69 S. 168; vgl. hierzu auch *Bosch* aaO S. 1027, RdNr. 70.

[44] Vgl. *Bosch*, Kölner Schrift, S. 1017 RdNr. 30 und die Terminologie des Rahmenvertrags für Finanztermingeschäfte in Nr. 9 Abs. 1.

[45] In dem Anhang zum Vorschlag für eine Richtlinie des Europäischen Parlaments und des Rates über den Fernabsatz von Finanzdienstleistungen an Verbraucher (98/C 385/10) vom 19. 11. 1998 (ABl. EG C 385/10 vom 11. 12. 1998) wird der Begriff „Finanzdienstleistungen" noch viel weiter gefasst.

[46] Vgl. *Assmann* aaO RdNr. 24–26; allerdings wird der Begriff des „Derivats" mit Wirkung vom 1. November 2007 in § 1 (11) KWG und in § 12) WpHG erheblich erweitert werden.

§ 104 52–57

52 Finanzleistungen entsprechen somit den im Sprachgebrauch „Finanz-Derivate" genannten Termingeschäften[47] mit den Grundformen Festgeschäft, Swap-Geschäfte[48] und Optionsgeschäfte.[49] Die einzelnen „Finanzleistungen" werden in den Sätzen 1 und 2 aufgezählt. Diese Aufzählung ist nicht abschließend. Der Gesetzgeber hat durch die Einfügung des Wortes „insbesondere" sichergestellt, dass künftigen Entwicklungen Rechnung getragen werden kann, ohne das Gesetz ändern zu müssen.[50] Auf eine exakte Definition wurde daher bewusst verzichtet. Die Schlussfolgerung, dass die Begriffe Finanzleistung, Finanzgeschäft und Finanztermingeschäft undefinierbar seien[51] und wegen der daraus folgenden Unbestimmtheit seiner Tatbestandsvoraussetzungen der Anwendungsbereich des § 104 nicht fassbar sei,[52] geht zu weit. Immerhin ist zuzugeben, dass die Vielfalt ähnlicher Begriffe in den genannten Vorschriften die Rechtssicherheit nicht fördert. Eine ähnliche, wenn auch weniger problematische Unklarheit besteht bei den Begriffen Aufrechnung, Verrechnung, Saldierung und Netting (siehe hierzu RdNr. 149).

53 **2. Finanzleistung als vertragstypische Leistung.** Die Regelung des § 104 gilt nur für Geschäfte, bei denen eine Finanzleistung die vertragstypische Leistung ist,[53] also nicht für Warenkäufe gegen fremde Währung. Eine bloße Kaufpreiszahlung ist daher nicht als Finanzleistung im Sinne des Abs. 2 anzusehen. Darlehen (über fremde Währung oder mit variablem Zinssatz) können als reine Kreditgeschäfte nicht als Finanzleistungen angesehen werden.[54] Zur Frage, ob Darlehen mit Termingeschäftselementen Finanzleistungen sein können, siehe RdNr. 132.

V. Absatz 2 Satz 1

54 **1. Termincharakter des Geschäfts.** Nach Satz 1 muss für die Finanzleistung eine bestimmte Zeit oder eine bestimmte Frist vereinbart worden sein. Aus der zu Abs. 1 unterschiedlichen Formulierung (dort: „genau zu einer festbestimmten Zeit" bzw. „innerhalb einer festbestimmten Frist") ergibt sich, dass Finanzleistungen nicht Fixgeschäfte im Sinne der §§ 361 BGB, 378 HGB sein müssen.[55] Die alte Streitfrage, ob die Vereinbarung einer Nachfrist bei Leistungsstörungen, die in den Standard-Rahmenverträgen enthalten ist, den Geschäften ihren Fixgeschäftscharakter nimmt,[56] hat hierdurch ihre Bedeutung verloren.

55 Wie nach Abs. 1 werden Geschäfte des Abs. 2 von § 104 erfasst, wenn sie vor dem 2. Werktag nach Insolvenzeröffnung fällig werden.

56 Auf unbestimmte Zeit abgeschlossene Geschäfte werden durch Abs. 2 nicht geregelt.[57]

57 **2. Markt- oder Börsenpreis.** Es ist der Preis für das betreffende Geschäft zu ermitteln.[58] Der Begriff ist weiter als nach § 18 KO trotz des gleichen Wortlauts. Nach dem Willen des Gesetzgebers ist die Neuregelung nicht eng auszulegen. Entscheidend ist die Möglichkeit, sich anderweit einzudecken. Es ist unschädlich, wenn nicht alle Angebote im Preis übereinstimmen.[59] Lässt sich der Preis objektiv feststellen, d. h. insbesondere über eine Börsennotierung, aber auch durch eine Quotierung an einem außerbörslichen Markt, oder durch einen Sachverständigen, ist dem Gesetz Genüge getan.

---

[47] Vgl. *Bosch*, Kölner Schrift, S. 1013 RdNr. 17; *Köndgen* RdNr. 19; der Rechtsausschuss des Bundestages spricht in seinem Bericht vom 13. 4. 1994 auch von „Finanzgeschäften"; *Clouth*, S. 7 ff.
[48] Swap-Geschäfte sind eine Unterform des Festgeschäfts, *Bosch* S. 1015 RdNr. 23, *Köndgen* RdNr. 22.
[49] Im Einzelnen hierzu *Bosch* S. 1013 RdNr. 17 ff.
[50] Bericht des Rechtsausschusses aaO.
[51] *Neumeuer* S. 136.
[52] *Neumeuer* S. 244.
[53] *Bosch* S. 1018 RdNr. 37.
[54] *Bosch* aaO.
[55] Bericht des Rechtsausschusses aaO.
[56] Siehe Fn. 5.
[57] Etwas anderes gilt, wenn diese Geschäfte jederzeit auf Verlangen einer Seite beendet werden können, vgl Fn. 20.
[58] AA *Neumeuer* S. 143, der auf jede einzelne Leistung des Finanzgeschäfts abstellt.
[59] Bericht des Rechtsausschusses aaO.

Der Marktpreis kann auch von anderen Marktpreisen (z. B. von einem Kassapreis für **58** Devisen) abgeleitet werden.[60] Ein Ersatzgeschäft kann sich auch aus mehreren Geschäften zusammensetzen. Die Bestimmung eines „synthetischen" Marktpreises auf Grund von Berechnungsformeln z. B. für individuell ausgestaltete Swapgeschäfte ist zulässig.[61] Sie folgt aus dem Zweck der Vorschrift, aber auch dem Wortlaut von Abs. 2 S. 2 Nr. 4, wonach die Höhe von Geldleistungen auch mittelbar durch Kurse, Zinssätze oder Preise bestimmt werden kann. Der Marktpreis im Sinne des Abs. 2 dürfte weitgehend dem Marktwert nach Marktbewertungsmethode der GroMiKV entsprechen.[62] Nicht ausreichend soll sein, wenn der Preis von einem Miet- oder Lebenshaltungsindex abhängt.[63]

VI. Absatz 2 Satz 2

1. Geschäftstypen. Satz 2 nennt – in nicht abschließender Weise – die wichtigsten **59** Finanzleistungen in ihren drei Grundformen Festgeschäft (Nr. 1–4), Swapgeschäft (Nr. 4 – es kann auch als Unterart des Festgeschäfts angesehen werden –) und Optionsgeschäft (Nr. 5).

a) Nr. 1 Lieferung von Edelmetallen. Edelmetalle sind chemisch sehr beständige **60** Metalle wie Gold, Silber und die Platinmetalle Ruthenium, Rhodium, Palladium, Osmium, Iridium und Platin. Der Begriff ist ebenfalls weit auszulegen und Marktentwicklungen anzupassen. Andere, auch sehr hochwertige Rohstoffe fallen unter den Begriff „Waren" des Abs. 1.

b) Nr. 2 Lieferung von Wertpapieren oder vergleichbaren Rechten. Erfasst werden **61** marktgängige Wertpapiere im engeren Sinne, d. h. Urkunden, bei denen die in ihnen verbrieften Rechte durch Verfügung über das Eigentum an der verbriefenden Urkunde nach §§ 929 ff. BGB übertragen werden (z. B. Aktien, Schuldverschreibungen, Genussscheine, Investmentanteile). Keine derartigen Urkunden sind Schecks und in der Regel Wechsel, weil für sie kein Markt besteht.[64]

Ihnen gleichgestellt werden „vergleichbare Rechte", das sind vor allem Wertrechte und **62** sonstige Beteiligungs- und Forderungsrechte, die wie Wertpapiere gehandelt werden und einen Marktpreis haben, denen aber der Wertpapiercharakter fehlt. Der Bericht des Rechtsausschusses[65] erwähnt ausdrücklich nicht verbriefte Schuldbuchforderungen oder Schuldscheine. Weitere Beispiele sind handelbare Registerforderungen (z. B. ausländische Aktien, die nicht mehr verbrieft werden, wie in Frankreich) oder nur in Beweisurkunden zertifizierte ausländische Namensaktien.[66]

Nicht unter Nr. 2 fallen Wertpapiergeschäfte, die dem Erwerb einer dauerhaften Beteiligung **63** an einem Unternehmen dienen. Vertragstypische Leistung ist hierbei nicht das Wertpapiergeschäft als Finanzleistung, sondern der Erwerb der Beteiligung. Der Erwerb eines Unternehmensanteils wird insoweit nicht als Finanzgeschäft angesehen.[67] In diesen Fällen findet § 103 Anwendung.

Zur Frage, ob Wertpapierdarlehen und Wertpapierpensionsgeschäfte unter Nr. 2 fallen, **64** siehe RdNr. 92 ff.

---

[60] *Bosch* RdNr. 61.
[61] So auch *Smid/Meyer* § 104 RdNr. 11; aA *Neumeuer* S. 149, 158 ff., der eine so weite Ausdehnung des Marktpreisbegriffs ablehnt.
[62] In § 4 Abs. 1 GroMiKV wird auf den potentiellen Eindeckungsaufwand abgestellt, nach § 2 Nr. 2 und 3 GroMiKV ist Bemessungsgrundlage für die Kreditbeträge nach § 13, 14 KWG der „aktuelle Marktpreis".
[63] *Bosch* WM 95, 413, 417.
[64] In Russland gibt es dagegen einen riesigen organisierten Markt für sog. veksel, vgl. Renaissance Capital Group: Russian Veksels – Interim Investment Opportunity as a Russian Corporate Debt Market Emerges, September 1997.
[65] aaO.
[66] *Bosch* RdNr. 41.
[67] Bericht des Rechtsausschusses aaO.

65 **c) Nr. 3 Geldleistungen in ausländischer Währung oder in Rechnungseinheit.** Hierunter fallen unmittelbar alle Devisenfestgeschäfte (zur Problematik der Devisenkassageschäfte siehe RdNr. 26, 88, 89), insbesondere der Devisenswap und der Währungsswap,[68] aber auch der Kauf ausländischer Zahlungsmittel. Rechnungseinheit ist z. B. das Sonderziehungsrecht des Weltwährungsfonds (SZR).

66 **d) Nr. 4 Durch Kurs, Zinssatz oder Preis mittelbar oder unmittelbar bestimmte Geldleistungen.** Die Formulierung ähnelt dem außer Kraft gesetzten § 3 Satz 2 Währungsgesetz. Als Preis ist jede Gegenleistung zu verstehen. Güter sind jegliche Vermögensgegenstände. Dadurch dass Geldleistungen in ihrer Höhe „mittelbar oder unmittelbar" durch Kurse, Zinssätze oder Preise bestimmt werden können, soll sichergestellt werden, dass auch eine Anknüpfung an Wertpapierindizes zulässig ist.[69] Die Formulierung ermöglicht aber auch eine Anknüpfung an andere Indizes, wie z. B. an einen Ölpreis-Index, Energie-Index u. a.

67 Nr. 4 erfasst alle Formen von Zinssatz-Swaps, Index-Swaps (z. B. Warenpreisindex-Swaps) und Terminsatzgeschäften (Forward Rate Agreements).

68 Ob man Begrenzungsgeschäfte, insbesondere Zinssatz-Caps, -floors oder -collars als dem Index (Zinssatz-)Swap vergleichbaren Geschäftstyp[70] ansieht oder als optionsähnliches Geschäft, das nach Nr. 5 in Verbindung mit Nr. 4 als Finanzleistung anzusehen ist[71] (gegebenenfalls noch in Verbindung mit Nr. 3 bei Zahlung von Fremdwährungsbeträgen oder Beträgen in Rechnungseinheit), ist wegen desselben Ergebnisses nicht entscheidend.

69 Sofern die Geschäfte auf Geldleistungen in ausländischer Währung oder in Rechnungseinheit gerichtet sind, (z. B. bei einem Zinssatz-Swap US$ gegen Yen), werden sie zugleich von Nr. 3 erfasst.

70 Finanzgeschäfte, die von vornherein auf Zahlung eines **Barausgleichs** gerichtet sind, könnten als Verträge über eine einseitige Zahlungspflicht angesehen werden, auf die weder § 103 noch § 104 Anwendung findet. Andererseits ist die Zahlung eines Barausgleichs nur eine Form der Erfüllung, die nach Verrechnung der gegenseitigen Zahlungsansprüche vorgenommen wird.[72] Barausgleichsgeschäfte fallen daher ebenfalls unter § 104, sofern sie sich auf Finanzleistungen beziehen.

71 **e) Nr. 5 Optionen und andere Rechte.** „Optionen und andere Rechte" sind nach Nr. 5 nur dann als Finanzleistungen im Sinne des Abs. 2 anzusehen, wenn sie sich auf Finanzleistungen nach Nr. 1–4 beziehen.[73]

72 **Beispiele:** Edelmetallterminoptionsgeschäfte – Nr. 5 in Verbindung mit Nr. 1
Aktienoptiengeschäfte, Wertpapieroptionsgeschäfte – Nr. 5 in Verbindung mit Nr. 2
Devisenoptionsgeschäfte – Nr. 5 in Verbindung mit Nr. 3
Zinssatz-Caps, Zinssatz-Floors, Zinssatz-Collars, Zinssatz-Corridor[74] – Nr. 5 in Verbindung mit Nr. 4 und gegebenenfalls Nr. 3 – nach aA nur nach Nr. 4 und gegebenenfalls Nr. 3
Zinssatzoptionsgeschäfte[75] – Nr. 5 in Verbindung mit Nr. 4 und ggf. Nr. 3.
– **Swap-Option, Cap-Option usw.**

---

[68] So *Bosch* WM 95, 413, 416; aA für Währungsswaps (kombiniert mit Zahlungen von Zinssatzbeträgen) *Köndgen* RdNr. 29, der sie unter Nr. 4 subsumiert.
[69] Bericht des Rechtsausschusses aaO.
[70] So *Bosch* WM 95, 365, 373; *Zobl/Werlen* S. 19.
[71] Vgl. *Bosch* WM 95, 413, 416; zur Diskussion über die Rechtsnatur des Caps vgl. *Jahn* § 114 RdNr. 78.
[72] So *Smid/Meyer* § 104 RdNr. 23.
[73] „In Bezug auf Optionen erfasst die Regelung nur das Geschäft, durch das die Option erworben wird", Bericht des Rechtsausschusses aaO.
[74] Vgl. *Jahn* aaO RdNr. 11.
[75] Engl. interest rate options, dies sind Vereinbarungen, nach denen eine Partei gegen Zahlung einer Prämie das Recht, aber nicht die Verpflichtung erwirbt, Zahlung eines Geldbetrages zu empfangen, der dem Betrag entspricht, der im Vergleich zu einem vereinbarten Preis den Zinssatz übersteigt (im Falle einer Kaufoption) oder unterschreitet (im Falle einer Verkaufsoption).

Eine solche Option[76] bezieht sich nicht direkt auf eine in den Nr. 1–4 genannte Finanzleistung, sondern auf ein Derivatgeschäft, das sich seinerseits auf eine Geldleistung[77] im Sinne der Nr. 3 und Nr. 4 bezieht. Derartige Geschäftsabschluss-Optionen mit nur mittelbarem Bezug auf Finanzleistungen unterliegen aber demselben Normzweck (d. h. das Spekulationsrisiko soll ausgeschlossen werden), so dass ihre Einbeziehung in Nr. 5 gerechtfertigt ist.

Sofern bei den genannten Optionsgeschäften **Barausgleich** vereinbart worden ist, handelt es sich um Finanzleistungen nach Nr. 5 in Verbindung mit Nr. 4 (und ggf. nach Nr. 3).

– **Einseitig voll erfüllte Optionsgeschäfte**[78]

Folgt man der hier vertretenen Auffassung (RdNr. 123), wonach die Anwendbarkeit des § 104 voraussetzt, dass die von ihm erfassten Geschäfte von keiner Partei vollständig erfüllt worden sind, fallen einseitig voll erfüllte Optionsgeschäfte oder andere Geschäfte nach Nr. 1–4 nicht unter Abs. 2, sondern unter § 103, sofern sie nicht mit anderen Finanzleistungen in einem Rahmenvertrag nach Abs. 2 Satz 3 zusammengefasst worden sind. Der Insolvenzverwalter hat dementsprechend die Wahl, ob er Erfüllung verlangen will oder nicht. Nach Köndgen[79] bleibt die Ratio des § 104 (d. h. vorzeitige Beendigung von Derivatgeschäften bei Insolvenzeröffnung) jedoch auch für derartige Optionsgeschäfte anwendbar. Es bedürfte dann gar nicht der Regelung des Satzes 3 über Rahmenverträge aus rechtlicher Sicht (vgl. die Kommentierung zu Satz 3, RdNr. 138).

f) **Nr. 6 Finanzsicherheiten.** § 1 Abs. 17 des Kreditwesengesetzes lautet:

¹ *Finanzsicherheiten im Sinne dieses Gesetzes sind Barguthaben, Geldbeträge, Wertpapiere, Geldmarktinstrumente sowie sonstige Schuldscheindarlehen einschließlich jeglicher damit in Zusammenhang stehender Rechte oder Ansprüche, die als Sicherheit in Form eines beschränkten dinglichen Sicherungsrechts oder im Wege der Überweisung oder Vollrechtsübertragung auf Grund einer Vereinbarung zwischen einem Sicherungsnehmer und einem Sicherungsgeber, die einer der in Artikel 1 Abs. 2 Buchstabe a bis e der Richtlinie 2002/47/EG des Europäischen Parlaments und des Rates vom 6. Juni 2002 über Finanzsicherheiten (ABl. EG Nr. L 168 S. 43) aufgeführten Kategorien angehören, bereitgestellt werden.* ² *Gehört der Sicherungsgeber zu den in Artikel 1 Abs. 2 Buchstabe e der Richtlinie 2002/47/EG genannten Personen oder Gesellschaften, so liegt eine Finanzsicherheit nur vor, wenn die Sicherheit der Besicherung von Verbindlichkeiten aus Verträgen oder aus der Vermittlung von Verträgen über*

    a) die Anschaffung und die Veräußerung von Finanzinstrumenten,

    b) Pensions-, Darlehens- sowie vergleichbare Geschäfte auf Finanzinstrumente oder

    c) Darlehen zur Finanzierung des Erwerbs von Finanzinstrumenten

dient. ³ *Finanzinstrumente im Sinne dieser Vorschrift sind auch Termingeschäfte, deren Preis von anderen als den in Absatz 11 Satz 4 Nr. 1 bis 5 genannten Basiswerten abhängt.* ⁴ *Gehört der Sicherungsgeber zu den in Artikel 1 Abs. 2 Buchstabe e der Richtlinie 2002/47/EG genannten Personen oder Gesellschaften, so sind eigene Anteile des Sicherungsgebers oder Anteile an verbundenen Unternehmen im Sinne des § 290 Abs. 2 des Handelsgesetzbuches keine Finanzsicherheiten; maßgebend ist der Zeitpunkt der Bestellung der Sicherheit.* ⁵ *Sicherungsgeber aus Drittstaaten stehen den in Satz 1 genannten Sicherungsgebern gleich, sofern sie im Wesentlichen den in Artikel 1 Abs. 2 Buchstabe a bis e aufgeführten Körperschaften, Finanzinstituten und Einrichtungen entsprechen.*

---

[76] Diese Option ist auf den **Abschluss** eines Swaps, Caps usw. gerichtet („Geschäftsabschlussoption" im Gegensatz zu der Option, die auf Zahlung von Barausgleich zielt).

[77] ZB bei Zinssatz-Swaps, Währungsswaps, Zinssatzcaps u. Ä., ebenfalls bei Warenpreisindex-Swaps oder -caps usw.

[78] Dasselbe gilt für andere einseitig voll erfüllte Derivatgeschäfte, z. B. Zinssatz-Swaps, bei denen die Festbetragszahlungen vereinbarungsgemäß in einem Betrag vorab (diskontiert) geleistet worden sind oder aber Zinssatz-Swaps gegen Ende ihrer Laufzeit, wenn z. B. der letzte Festbetrag vorab geleistet wurde und nur noch von der anderen Seite variable Beträge zu entrichten sind. Auf diese Fälle zielte die Bestimmung in Nr. 12 (4) des Rahmenvertrags für Finanztermingeschäfte, vgl. *Jahn*, RdNr. 46.

[79] aaO RdNr. 33.

77 § 104 Abs. 2 Nr. 6 gilt allgemein, nicht nur im Verhältnis zu Beteiligten aus EU-Staaten.[80] Der persönliche Anwendungsbereich erschließt sich nicht direkt aus dem Wortlaut des § 1 Abs. 17 KWG, sondern erst aus den auf sie verwiesenen Regelungen der Finanzsicherheiten-Richtlinie.[81]

Die Finanzsicherheiten sind in Satz 1 abschließend aufgeführt. Sie entsprechen inhaltlich der Definition der Finanzsicherheiten-Richtlinie in Art. 1 Abs. 4 lit. a), der wie folgt lautet:

Finanzsicherheiten sind eine Barsicherheit oder Finanzinstrumente.

78 **– Barguthaben**
Dieser Begriff entspricht dem Terminus „Barsicherheit" der Finanzsicherheiten-Richtlinie in Art. 2 Abs. 1 lit. d):

„Barsicherheit" ist ein in beliebiger Währung auf einem Konto gutgeschriebener Betrag oder vergleichbare Geldforderungen, beispielsweise Geldmarkt-Sichteinlagen.

79 **– Finanzinstrumente**
Der deutsche Gesetzgeber hat den von der Finanzsicherheiten-Richtlinie vorgegebenen Begriff „Finanzinstrumente" nicht wörtlich in den § 1 Abs. 17 KWG integriert. Vielmehr konnte er die Finanzinstrumente in die bereits zum größten Teil in § 1 Abs. 11 KWG definierten Begriffe zerlegen und darauf verzichten, die Definition der Finanzsicherheiten-Richtlinie wörtlich zu übernehmen.[82]

79a **– Geldbeträge/Überweisung**
In Abs. 17 Satz 1 KWG sind die Wörter „Geldbeträge" (nach „Barguthaben") und „Überweisung oder" (vor „Vollrechtsübertragung") eingefügt worden um klar zu stellen, dass auch die Überweisung von Geldbeträgen eine „Finanzsicherheit" im Sinne von Abs. 17 KWG ist.

80 **– Wertpapiere**
Die Legaldefinition des § 1 Abs. 11 Satz 2 KWG lautet:

Wertpapiere sind, auch wenn keine Urkunden über sie ausgestellt sind,
1. Aktien, Zertifikate, die Aktien vertreten, Schuldverschreibungen, Genussscheine, Optionsscheine und
2. andere Wertpapiere, die mit Aktien oder Schuldverschreibungen vergleichbar sind, wenn sie an einem Markt gehandelt werden können; Wertpapiere sind auch Anteile an Investmentvermögen, die von einer Kapitalanlagegesellschaft oder einer ausländischen Investmentgesellschaft ausgegeben werden.

Unter den Begriff der „Wertpapiere" fallen auch Gutschriften in Wertpapierrechnung,[83] nicht dagegen Anteile an einer GmbH oder einer Genossenschaft.[84]

81 **– Geldmarktinstrumente**
§ 1 Abs. 11 Satz 3 KWG definiert Geldmarktinstrumente wie folgt:

Geldmarktinstrumente sind Forderungen, die nicht unter Satz 2 fallen und üblicherweise auf dem Geldmarkt gehandelt werden.

---

[80] Unter Berücksichtigung der Spezialnorm des § 340 Abs. 2, vgl RdNr. 35.
[81] Wegen ihrer mehrstufigen Verweisung ist die Regelung des § 104 Abs. 2 Nr. 6 wenig transparent. Ursprünglich sollte § 1 Abs. 17 KWG fast vollständig aus einer Verweisung auf Bestimmungen der Art. 1 und 2 der Finanzsicherheiten-Richtlinie bestehen, vgl Gesetzentwurf der Bundesregierung, BTDrucks 15/1853 v. 29. 10. 2003, Art. 5 Nr. 1, S. 6. Die endgültige Fassung, ein Kompromiss, kam erst auf Intervention des Bundesrates zustande, vgl auch die Stellungnahme des Bundesrates v. 17. 10. 2003, Anlage 2, S. 44/45 zur BTDrucks 15/1853. Eine Definition des persönlichen Anwendungsbereichs in § 1 Abs. 17 KWG hätte diese Vorschrift allerdings erheblich erweitert („aufgebläht"), da die Regelungen der Finanzsicherheiten-Richtlinie hätten wörtlich übernommen werden müssen, vgl Beschlussempfehlung und Bericht des Rechtsausschusses des Bundestags, BTDrucks 15/2485 v. 11. 2. 2004, S. 41.
[82] *Kollmann*, WM 2004, 1012, 1015/1016.
[83] *Herring/Christea*, ZIP 2004, 1627, 1629; *Obermüller/Hartenfels*, BKR 2004, 440, 442.
[84] *Kollmann* aaO 1016; *Obermüller/Hartenfels* aaO.

– **Sonstige Schuldscheindarlehen einschließlich jeglicher [...] Rechte und An- 82 sprüche**

Der Begriff „Finanzinstrumente" der Finanzsicherheiten-Richtlinie ist weiter als die KWG-Begriffe „Wertpapiere" und „Geldmarktinstrumente" und schließt auch Schuldscheindarlehen ein, die nicht kurzfristig sind. Deshalb war die Einbeziehung auch „sonstiger" Schuldscheindarlehen in den § 1 Abs. 17 Satz 1 KWG geboten.[85]

– **Form der Bestellung der Finanzsicherheit** 83

Entsprechend Art. 2 Abs. 1 lit. b) und c) der Finanzsicherheiten-Richtlinie regelt § 1 Abs. 17 Satz 1 KWG die Form der Bestellung der Finanzsicherheit.

Die „**Vollrechtsübertragung**" definiert Art. 2 Abs. 1 lit. b) der Finanzsicherheiten-Richtlinie als „die vollständige Übereignung bzw. Zession eines Finanzaktivums zum Zwecke der Besicherung oder anderweitigen Deckung von Verbindlichkeiten; hierzu gehören auch Wertpapierpensionsgeschäfte". Die Finanzsicherheiten-Richtlinie hat dabei alle Arten von Vollrechtsübereignung gemeint, nicht nur die fiduziarischen Sicherungsübereignung und Sicherungszession.[86] Die in der Praxis üblichen Vollrechtsübereignungen[87] mit der uneingeschränkten Verfügungsbefugnis des Empfängers der Sicherheit sollten durch die Regelung des Art. 6 der Finanzsicherheiten-Richtlinie geschützt werden. Der Begriff der „Vollrechtsübereignung" in § 1 Abs. 17 Satz 1 KWG ist daher entsprechend weit auszulegen.

Die Finanzsicherheit in der Form des „**beschränkten dinglichen Sicherungsrechts**" 84 definiert Art. 2 Abs. 1 lit. c) der Finanzsicherheiten-Richtlinie als „ein Sicherungsrecht an einem Finanzaktivum, wobei das Eigentum an der Sicherheit zum Zeitpunkt der Bestellung vollständig beim Sicherungsgeber verbleibt". Damit wird das Vertragspfandrecht umschrieben. Art. 5 der Finanzsicherheiten-Richtlinie verlangt darüber hinaus aber noch ein Verfügungsrecht über das verpfändete Finanzaktivum. Nach deutschem Recht ist dies nur zulässig, wenn bei der Verpfändung ein unregelmäßiges Pfandrecht[88] vereinbart wird. Es kommt in der Praxis selten vor. Die Zielrichtung der Finanzsicherheiten-Richtlinie geht wohl dahin, grundsätzlich bei Verpfändungen ein Verfügungsrecht zuzulassen. Das Justizministerium hat argumentiert, das deutsche Recht enthalte bereits eine durchführbare Form des Pfandrechts im Sinne des Art. 5 der Finanzsicherheiten-Richtlinie und bedürfe daher keiner Neuregelung. Für Praxis der außerbörslichen Derivatgeschäfte hat diese Frage keine große Bedeutung, da überwiegend die Form der Vollrechtsübereignung bevorzugt wird.[89]

– **Parteien bei der Bestellung von Finanzsicherheiten** 85

Die Finanzsicherheiten-Richtlinie schränkt den Kreis der Parteien bei der Bestellung von Finanzsicherheiten bewusst ein, um den freien Dienstleistungs- und Kapitalmarktverkehr im Finanzbinnenmarkt zu fördern.[90] § 1 Abs. 17 Satz 1 KWG verweist insoweit auf die Regelungen des Art. 1 Abs. 2 lit. a) bis e) der Finanzsicherheiten-Richtlinie. Art. 1 Abs. 2 lit. a) bis e) lauten:

Sowohl der Sicherungsnehmer als auch der Sicherungsgeber muss einer der folgenden Kategorien angehören:

a) öffentlich-rechtliche Körperschaften mit Ausnahme von Unternehmen, die mit einer öffentlichen Garantie ausgestattet sind, sofern sie nicht durch die Buchstaben b) bis e) erfasst werden, einschließlich

---

[85] *Kollmann* aaO.
[86] Vgl aber die Begründung in BTDrucks 15/1853, S. 13.
[87] Z. B. ISDA Credit Support Annex (Transfer Annex) und der Besicherungsanhang zum Rahmenvertrag für Finanztermingeschäfte.
[88] Es ist nicht im BGB geregelt, aber von der Rechtsprechung anerkannt worden ist, vgl *Keller*, BKR 2003, 481.
[89] Z. B. Besicherungsanhang zum (deutschen) Rahmenvertrag für Finanztermingeschäfte, ISDA Credit Support Annex (Transfer Annex, English Law).
[90] Erwägungsgrund (3) der Finanzsicherheiten-Richtlinie; zu dem Folgenden insgesamt: *Obermüller/Hartenfels*, BKR 2004, 440.

§ 104 85   3. Teil. 2. Abschnitt. Erfüllung Rechtsgeschäfte. Mitwirkung BR

    i) der öffentlichen Stellen der Mitgliedstaaten, die für die Verwaltung der Schulden der öffentlichen Hand zuständig sind oder daran mitwirken, und
    ii) der öffentlichen Stellen der Mitgliedstaaten, die berechtigt sind, Konten für Kunden zu führen,
b) Zentralbanken, die Europäische Zentralbank, die Bank für Internationalen Zahlungsausgleich, multilaterale Entwicklungsbanken im Sinne von Art. 1 Nummer 19 der Richtlinie 2000/12/EG des Europäischen Parlaments und des Rates vom 20. März 2000 über die Aufnahme und Ausübung der Tätigkeit der Kreditinstitute, der Internationale Währungsfonds und die Europäische Investitionsbank,
c) beaufsichtigte Finanzinstitute, einschließlich der
    i) Kreditinstitute im Sinne von Artikel 1 Nummer 1 der Richtlinie 2000/12/EG einschließlich der in Artikel 2 Absatz 3 der Richtlinie 2000/12/EG bezeichneten Institute,
    ii) Wertpapierfirmen im Sinne von Artikel 1 Nummer 2 der Richtlinie 93/22/EG des Rates vom 10. Mai 1993 über Wertpapierdienstleistungen,
    iii) Finanzinstitute im Sinne von Artikel 1 Nummer 5 der Richtlinie 2000/12/EG,
    iv) Versicherungsunternehmen im Sinne von Artikel 1 Buchstabe a) der Richtlinie 92/49/EWG des Rates vom 18. Juni 1992 zur Koordinierung der Rechts- und Verwaltungsvorschriften für die Direktversicherung (mit Ausnahme der Lebensversicherung) und Lebensversicherungsunternehmen im Sinne von Artikel 1 Buchstabe a) der Richtlinie 92/96/EWG des Rates vom 10. November 1992 zur Koordinierung der Rechts- und Verwaltungsvorschriften für die Direktversicherung (Lebensversicherung),
    v) Organismen für gemeinsame Anlagen in Wertpapieren (OGAW) im Sinne von Artikel 1 Absatz 2 der Richtlinie 85/611/EWG des Rates vom 20. Dezember 1985 zur Koordinierung der Rechts- und Verwaltungsvorschriften betreffend bestimmte Organismen für gemeinsame Anlagen in Wertpapieren (OGAW),
    vi) Verwaltungsgesellschaften im Sinne von Artikel 1a Absatz 2 der Richtlinie 85/611/EWG,
d) zentrale Vertragsparteien, Verrechnungsstellen und Clearingstellen im Sinne von Artikel 2 Buchstabe c) bzw. Buchstabe d) bzw. Buchstabe e) der Richtlinie 98/26/EG und vergleichbare Einrichtungen, die einer Aufsicht nach dem Recht eines Mitgliedstaates unterliegen und für Terminkontrakt-, Options- und Derivatemärkte fungieren, soweit sie nicht bereits von der genannten Richtlinie erfasst werden sowie juristische Personen, die als Treuhänder oder Vertreter für eine oder mehrere Personen tätig sind, insbesondere für Anleihegläubiger oder Inhaber sonstiger verbriefter Forderungen oder für eine Einrichtung im Sinne der Buchstaben a) bis d),
e) andere als natürliche Personen sowie Einzelkaufleute und Personengesellschaften, sofern die andere Vertragspartei eine Einrichtung im Sinne der Buchstaben a) bis d) ist.

Die oben genannten Kategorien werden hinsichtlich ihrer Definition ausdrücklich auf die Finanzsicherheiten-Richtlinie und von dort auf andere EU-Richtlinien verwiesen. „**Kreditinstitute**" sind demgemäß nicht solche nach § 1 Abs. 1 KWG, sondern nach Art. 1 Abs. 1 der Richtlinie 2000/12/EG vom 20. März 2000 („Bankenrichtlinie").[91] Danach ist erforderlich, dass ein Kreditinstitut das Einlagen- und das Kreditgeschäft betreibt.[92] Nach Art. 1 Abs. 2 c) (i) der Finanzsicherheiten-Richtlinie gilt als Kreditinstitut auch die Kreditanstalt für Wiederaufbau.[93]

Wertpapierfirmen nach Buchstabe b) ii) sind Wertpapierhandelsunternehmen im Sinne des § 1 Abs. 3d Satz 2 KWG,[94] der die Definition des Art. 1 Nr. 2 der Wertpapierdienstleistungsrichtlinie,[95] auf die sich die Finanzsicherheiten-Richtlinie bezieht, übernommen hat.

---

[91] ABl. v. 26. 5. 2000 Nr. L 1126/1.
[92] Zu weiteren Unterschieden siehe *Boos/Fischer/Schulte-Mattler*-KWG/*Fülbier* § 1 RdNr. 10–12.
[93] Die nach Art. 2 Abs. 3 der Bankenrichtlinie und nach § 2 Abs. 1 KWG nicht als Kreditinstitut gilt.
[94] *Boos/Fischer/Schulte-Mattler*-KWG/*Fülbier* § 1 RdNr. 196.
[95] Richtlinie 93/22/EWG des Rates über Wertpapierdienstleistungen, ABl. vom 11. Juni 1993 Nr. L 141/27; die Wertpapierdienstleistungsrichtlinie wird ab dem 1. Juni 2006 aufgehoben. Bezugnahmen auf Begriffsbestimmungen gelten als Bezugnahmen auf die entsprechenden Begriffsbestimmungen der „MiFID", hier: Art. 4.

Kapitalanlagegesellschaften gehören zu den Organismen nach Buchstabe b) iv).

– **§ 1 Abs. 17 Satz 2 KWG – der Besicherung zugrunde liegende Geschäfte** 86

Ist der Sicherungsgeber ein Einzelkaufmann, eine Personengesellschaft oder eine juristische Person des Privatrechts, liegt eine nach Satz 1 definierte Finanzsicherheit nur dann vor, wenn sie der Besicherung bestimmter Geschäfte dient. Diese Einschränkung will sicherstellen, dass sich die insolvenzrechtliche Privilegierung nur auf den von der Finanzsicherheiten-Richtlinie zu schützenden und zu fördernden Marktbereich bezieht. Im Wesentlichen sind dies Geschäfte mit einem Bezug zu Finanzinstrumenten im Sinne von § 1 Abs. 11 KWG.[96] In Anbetracht der auf europäischer Ebene voranschreitenden Entwicklung einer Erweiterung des Begriffs „Finanzinstrumente" (vgl die Regelungen der Richtlinie über die Märkte für Finanzinstrumente (**MiFID**), insbesondere deren Abschnitt C Nr. 10, Rd-Nr. 134, vgl *Schimansky/Bunte/Lwowski*, Bankrechtshandbuch, § 114 RdNr 1) ist die enge Definition der Derivate in § 1 Abs. 11 Satz 4 dadurch erweitert worden, dass als Derivate auch solche Termingeschäfte gelten, deren Preis von anderen als den in Nr. 1 bis 5 genannten (klassischen) Basiswerten abhängt. Das sind vor allem Kreditderivate, Wetterderivate, Inflationsderivate, Frachtderivate, Emissionsderivate u. a.[97]

Entgegen seinen anfänglichen Absichten hat der deutsche Gesetzgeber nicht von der Möglichkeit des Art. 1 (3) Satz 1 der Finanzsicherheiten-Richtlinie Gebrauch gemacht, den Anwendungsbereich der Finanzsicherheiten-Richtlinie auf die in Art. 1 (2) Buchstabe a) bis d) genannten Parteien zu beschränken.[98]

– **Beschränkung der Art von zu besichernden Geschäften („maßgebliche Verbindlichkeiten")** 87

In der Literatur[99] wird die Frage diskutiert, ob die Finanzsicherheiten-Richtlinie eine Einschränkung des Begriffs „Finanzsicherheit" insoweit getroffen hat, dass nur dann eine Finanzsicherheit vorliegt, wenn sie eine „maßgebliche Verbindlichkeit" im Sinne der Begriffsbestimmung des Art. 2 Abs. 1 lit. f) besichert.[100]
Art. 2 Abs. 1 lit. f) der Finanzsicherheiten-Richtlinie lautet:

f) „Maßgebliche Verbindlichkeiten" sind Verbindlichkeiten, die durch Finanzsicherheiten besichert sind und ein Recht auf Barzahlung und/oder Lieferung von Finanzinstrumenten begründen. Maßgebliche Verbindlichkeiten können ganz oder teilweise bestehen aus

i) gegenwärtigen oder künftigen, bedingten oder unbedingten, fälligen oder betagten Verbindlichkeiten (einschließlich solcher, die aus einem Rahmenvertrag oder einer ähnlichen Vereinbarung erwachsen),

ii) Verbindlichkeiten einer anderen Person als der des Sicherungsgebers gegenüber dem Sicherungsnehmer oder

iii) Verbindlichkeiten, die lediglich allgemein oder ihrer Art nach bestimmt oder bestimmbar sind und gelegentlich entstehen.

§ 1 Abs. 17 KWG enthält eine solche allgemeine Einschränkung des Sicherungszweck nicht.

Überwiegend wird die Auffassung vertreten, dass sich aus dem Zweck der Finanzsicherheiten-Richtlinie, der in dem Erwägungsgrund (3) niedergelegt ist, und insbesondere aus Art. 2 Abs. 1 lit. f) der Finanzsicherheiten-Richtlinie diese Zweckbegrenzung ergebe.[101]

– **Eigene Anteile – Beteiligungen**

§ 1 Abs. 17 Satz 4 KWG schließt eigene Anteile des eines Sicherungsgebers, der zu dem Kreis der in Art. 1 Abs. 2 Buchstabe e der Finanzsicherheiten-Richtlinie gehört (juristische

---

[96] Vgl zu den einzelnen Geschäften *Obermüller/Hartenfels* BKR 2004, 440, 443.
[97] *Obermüller/Hartenfels* aaO; RdNr. 134.
[98] Engl. opt-out; zum Streit über den Verzicht auf das „Opt-out"-Recht, siehe *Obermüller*, ZIP 2003, 2336 und *Ehricke* ZIP 2003, 1065 mwN.
[99] Rechtsprechung hierzu liegt noch nicht vor.
[100] So *Ehricke*, ZIP 2003, 2141; 2142; *Zypries* ZIP 2004, 51.
[101] Siehe Fn. 93.

Personen, Einzelkaufleute oder Personengesellschaften), oder Anteile an verbundenen Unternehmen im Sinne des § 290 Abs. 2 HGB von den Finanzsicherheiten aus. Börsennotierte oder sonst an einem Markt fungible Aktien können dagegen Finanzsicherheiten sein.[102] Mit dieser Regelung hat der deutsche Gesetzgeber von der ihm nach Art. 1 (4) b) der Finanzsicherheiten-Richtlinie eingeräumten Möglichkeit Gebrauch gemacht.

– **Sicherungsgeber aus Drittstaaten**

§ 1 Abs. 17 Satz 5 KWG stellt Sicherungsgebern aus Drittstaaten (nicht nur EU-Staaten) inländischen Sicherungsgebern gleich. Voraussetzung ist, dass sie im Wesentlichen dem Kreis der Parteien entsprechen, die in Art. 1 Abs. 2 (Buchstabe a bis e) der Finanzsicherheiten-Richtlinie aufgeführt werden.

88 **2. Weitere Geschäftstypen. a) Kassageschäfte.** Der Begriff „Kassageschäfte" erfasst Geschäfte mit kurzen Erfüllungsfristen, üblicherweise von zwei Geschäftstagen im Devisen-Kassahandel, von zwei und mehr Geschäftstagen im Wertpapier-Kassahandel.[103]

89 Von den Kassageschäften sind die Bargeschäfte zu unterscheiden, bei denen tagegleich, d. h. sofort erfüllt wird. Nachdem die Teilüberschrift des § 104 „Finanz*termin*geschäfte" in der Neufassung gestrichen worden ist, besteht kein Zweifel mehr daran, dass auch Kassageschäfte (die zwar begrifflich nicht zu den Termingeschäften gehören), die innerhalb von zwei oder mehr Werktagen abgewickelt werden, Finanzleistungen im Sinne des § 104 Abs. 2 S. 2 Nr. 2 bzw. Nr. 3 sind. Lediglich Bargeschäfte sind ausgeschlossen.

90 **b) Börsengehandelte Finanzleistungen.** Auch börsengehandelte Finanzleistungen können von Abs. 2 S. 2 Nr. 1–5 erfasst werden.[104] Dies gilt sowohl im Verhältnis Börse – Clearing-Mitglied als auch im Verhältnis Clearing-Mitglied – Kunde/Auftraggeber. Sollen einseitig erfüllte Geschäfte der Regelung unterliegen, so ist ein Rahmenvertrag abzuschließen. Ob die Börsenbedingungen im Verhältnis Börse – Clearing-Mitglied als Rahmenvertrag zu qualifizieren sind, ist noch offen.

91 **c) Warentermingeschäfte.** Warentermingeschäfte sind keine Finanzleistungen. Werden Warentermingeschäfts-Optionen, die auf effektive Lieferung gerichtet sind, in einen Rahmenvertrag über Finanzleistungen einbezogen, stellt sich die Frage, ob sie zusammen mit den anderen Geschäften beendet werden und in die Schadensberechnung des einheitlichen Vertrages einbezogen werden können (hierzu siehe im Einzelnen die Kommentierung von Abs. 3).

92 **d) Wertpapierleihe, Wertpapierdarlehen.** Die sog. Wertpapierleihe ist ein Sachdarlehen über Wertpapiere, sie wird jetzt meist Wertpapierdarlehen genannt (die Neufassung des Rahmenvertrages für Wertpapierleihgeschäfte im Interbankenverkehr lautet „Rahmenvertrag für Wertpapierdarlehen").

93 Als Handelsgeschäft über die Lieferung von Wertpapieren ist sie eine Finanzleistung nach Abs. 2 Satz 2 Nr. 2 und nicht eine Form des Kreditgeschäfts.[105]

94 Werden Wertpapierdarlehen auf unbestimmte Zeit abgeschlossen (so § 11 Nr. 1 Satz 1 des früher verwendeten Rahmenvertrags für Wertpapierleihgeschäfte: „Darlehen können auf unbestimmte oder bestimmte Zeit abgeschlossen werden."), so fehlt es an dem Merkmal der „bestimmten Zeit" oder der „bestimmten Frist" des Absatzes 1. Der Rahmenvertrag für Wertpapierdarlehen sieht dagegen vor, dass die Geschäfte nur auf bestimmte Zeit abgeschlossen werden. Der Produktanhang für Wertpapierdarlehen des Rahmenvertrags für Finanzgeschäfte[106] sieht die jederzeitige Beendigung des Vertrages auf Verlangen einer Partei vor, um die Anwendbarkeit des § 104 zu gewährleisten.[107]

95 Auf Wertpapierdarlehen, die schon gewährt worden sind, finden weder § 103 noch § 104 Anwendung. § 104 Abs. 2 S. 3 ist jedoch anwendbar auf einen Rahmenvertrag über auf

---

[102] *Obermüller/Hartenfels* S. 444.
[103] Vgl. *Bosch*, Kölner Schrift, S. 1027 RdNr. 72.
[104] Vgl. *Bosch* WM 95, 413, 421.
[105] *Oechler*, Die Bank 92, 567; *Bosch*, Kölner Schrift, S. 1028 RdNr. 78 ff.; *Kienle* § 105 RdNr. 79 ff.
[106] Der sog. EMA, vgl Fn. 174.
[107] Vgl Fn. 20.

Fixgeschäfte. Finanzleistungen 96–103 § 104

bestimmte Zeit abgeschlossene und später ausgereichte Wertpapierdarlehen, der die Gesamtbeendigungsklausel enthält.[108]

e) Echte Wertpapierpensionsgeschäfte. Echte Pensionsgeschäfte im Sinne des § 340 b 96
Abs. 1 HGB sind Kassaverkäufe mit deckungsgleichem Terminrückkauf.[109] Hierbei ist streitig, ob dieselben Wertpapiere oder nur Wertpapiere derselben Art, Menge und Güte beim Rückkauf zu liefern sind. In der Praxis wird in der Regel nicht die Lieferung derselben Wertpapiere vereinbart.

Die im angelsächsischen Rechtskreis *Repurchase Agreements* (Repos) genannten Geschäfte 97
richten sich stets auf die Lieferung von Wertpapieren derselben Art, Menge und Güte. Sie sind Finanzleistungen nach Abs. 2 Satz 2 Nr. 2 mit einem ähnlichen Zweck wie eine Kreditaufnahme, ohne keine Kreditgeschäfte (Darlehen) zu sein. Der Umstand, dass sie wirtschaftlich einem Darlehen mit Stellung von Wertpapiersicherheiten ähneln, steht dem nicht entgegen. Die mit einem Kassageschäft übereigneten Wertpapiere werden dem Käufer zur uneingeschränkten Verfügung übereignet und nicht zur Sicherheit (vgl. Nr. 4 (5) des Rahmenvertrags für echte Pensionsgeschäfte (Repos) von 2003).[110]

Die Sonderform der „Buy/Sell back-Geschäfte" entspricht den echten Pensions- 98
geschäften. Im Unterschied hierzu muss der Käufer dem Verkäufer keine Ausgleichszahlung(en) für die Erträge aus den Wertpapieren leisten, die Erträge werden vom Rückkaufpreis abgezogen.[111]

f) Unechte Wertpapierpensionsgeschäfte. Gem. § 340 b Abs. 2 HGB hat bei diesen 99
Geschäften der Käufer das Recht, aber nicht die Verpflichtung, die übertragenen Wertpapiere zurückzuverkaufen. Die Geschäfte haben daher Optionscharakter und sind als Finanzleistungen im Sinne der Nr. 5 anzusehen.

g) Erscheinungsformen von Kreditderivaten (Kreditrisiko-/Bonitätsrisiko-Ge- 100
schäfte).[112] Als Kreditderivate bezeichnet man eine im angelsächsischen Rechtskreis eine kurz *„credit derivatives"*[113] genannte Gruppe von Finanzgeschäften, mit denen eine Partei das Kreditrisiko einer zugrundeliegenden Verpflichtung eines Dritten (z. B. aus einem Darlehen oder einem Wertpapier) isolieren und ganz oder teilweise durch ihren Vertragspartner absichern lassen kann.

Die Partei, die sich gegen ein Risiko schützen will und für diesen Schutz eine oder 101
mehrere Zahlungen erbringen muss, heißt Schutznehmer (oder Sicherungsnehmer) oder „Käufer des Schutzes vor Risiko" (*credit protection buyer,* kurz: *protection buyer*). Die früher gebräuchliche Bezeichnung „Risikoverkäufer" *(credit risk seller)* verdreht die rechtliche Beziehung zwischen den Parteien. Das Gleiche gilt für die Bezeichnung der anderen Partei, die den Schutz gewährt (Schutzgeber/Sicherungsgeber, *credit protection provider/seller,* nicht dagegen: *credit risk buyer*/Risikokäufer).

Kreditderivate werden derzeit überwiegend **nach englischem oder New Yorker Recht** 102
unter Zugrundelegung der 2003 ISDA Credit Derivatives Definitions und unter Einbettung in das 1992/2002 ISDA Master Agreement vereinbart.[114]

Die Bedingungen für Kreditderivate **nach deutschem Recht** übernehmen weitgehend 103
die Regelungen der ISDA-Vertragsbestimmungen, um eine Inkongruenz zwischen einem deutschrechtlichen Kreditderivat und einem ISDA-Kreditderivat zu vermeiden, wenn ein entsprechendes Gegengeschäfte zur Absicherung getätigt worden ist.[115] Im Jahre 2005 ist der

---

[108] *Bosch,* Kölner Schrift, S. 1029 RdNr. 80; so auch *Smid/Meyer* § 104 RdNr. 29.
[109] *Kienle* § 105 RdNr. 42.
[110] Abgedruckt in BdB Info III. Recht und Finanzmärkte III/2003 Nr. 4, S. 191 ff.
[111] Vgl. *Kienle* § 105 RdNr. 28.
[112] Die Terminologie ist uneinheitlich, insbesondere die deutschen Begriffe. Hierzu insgesamt *Nordhues/ Benzler* WM 1999, 461; *Jahn* aaO RdNr. 24 ff.
[113] „Früher: *„credit risk derivatives",* *Das,* Credit Risk Derivatives, Journal of Derivatives, Spring 1995.
[114] Zur Vertragsgestaltung im Einzelnen: *Zerey,* Credit Default Swaps/Vertragsgestaltung unter ISDA.
[115] Hierzu *Jahn,* in: *Auerbach/Zerey,* S. 277 ff.

Kreditderivateanhang zum Rahmenvertrag für Finanztermingeschäfte fertiggestellt und zur Verwendung freigegeben worden.

104 Man unterscheidet mehrere Grundformen, die in verschiedenen Strukturen ausgebildet werden können.[116]

105 **aa)** Bei dem klassischen **Kreditsicherungs-Swap** (das Geschäft kann auch als **Kreditrisiko-Option** ausgestaltet werden, engl. *credit default swap/credit swap* oder *credit default option/credit option* – früher Zahlungsverzugs-Swap/Option genannt) erbringt der Schutznehmer in der Regel periodische Zahlungen oder eine einmalige Zahlung sowie andere Leistungen, während der Schutzgeber seine Zahlungen erst bei Eintritt des Kreditereignisses in Bezug auf den Referenzschuldner, z. B. bei Zahlungs- oder Leistungsverzug bzw. seiner Insolvenz zu erbringen hat. In der Vertragspraxis kann Barausgleich oder die sog. effektive Leistung vereinbart werden. Standard sind folgende Kreditereignisse (sie stehen im Text der Standard-Einzelabschlussbestätigung, die Parteien bestimmen dann, welche Ereignisse gelten sollen): Insolvenz des Referenzschuldners und vergleichbare Ereignisse, vorzeitige Fälligstellung von Verpflichtungen, Eintritt des Rechts zur vorzeitigen Fälligstellung von Verpflichtungen, Zahlungsverzug, Aufsage/Moratorium und Umschuldung.[117] Diese Geschäfte ähneln rein äußerlich und in ihrer wirtschaftlichen Wirkung der Kreditversicherung oder dem Garantiegeschäft,[118] wenn die schutzsuchende Partei tatsächlich ein entsprechendes Darlehen an einen Dritten gewährt oder das Referenz-Wertpapier erworben hat. Voraussetzung für den Abschluss eines Kreditsicherungs-Swaps ist eine solche Darlehensgewährung oder der Erwerb eines Wertpapiers jedoch nicht. Im Einzelabschluss werden insoweit keine Angaben gemacht oder gar Zusicherungen gegeben. Der Eintritt eines Schadens ist nicht Voraussetzung für die Leistungspflicht des Schutzgebers. Der Schutzgeber verteilt das übernommene Risiko nicht auf eine Vielzahl durch die gleiche Gefahr bedrohter Personen und legt insoweit seiner Risikoübernahme auch keine auf dem Gesetz der großen Zahl beruhende Kalkulation zugrunde.[119]

106 Der Kreditsicherungs-Swap ist daher keine Versicherung im Sinne des VAG.[120] Streitig ist, ob er als Garantie, bei der die Leistungspflicht selbständig und ohne rechtlichen Bezug zur Verpflichtung des Referenzschuldners übernommen wird,[121] oder als Vertrag sui generis nach § 305 BGB anzusehen ist.[122]

107 Zur rechtlichen Qualifizierung der Kreditderivate nach ausländischem Recht und deren Qualifikation in der ausländischen Insolvenz finden sich Hinweise in einigen von der ISDA in Auftrag gegebenen Aktualisierungen der Netting-Rechtsgutachten zu den ISDA Master Agreements.

108 **bb)** Bei dem sog. **Gesamtrisiko-Swap** („*total return swap*", „*total rate of return swap*", TROR), zahlt der Schutznehmer z. B. die gesamten Erträge eines Referenz-Wertpapiers oder aus einem Referenz-Darlehen an den Schutzgeber, während dieser periodisch und entsprechend den Zahlungsströmen aus dem Wertpapier oder dem Darlehen eine Gegenleistung erbringt („austauscht").[123] Außerdem gleichen die Parteien eventuelle Wertsteigerungen oder Wertverluste des Referenzwertes periodisch oder am Ende der Laufzeit des Geschäfts aus. Vermindern sich die Erträge oder bleiben sie ganz aus, braucht die schutzsuchende Partei nur die tatsächlich fließenden Erträge an die schutzgewährende Partei

---

[116] Vgl. *Whittaker/Li*, Credit Risk Supplement zu RISK Juli 1997; *Pohl*, Kreditderivate: Finanzinnovationen im Zeitalter des Euro, DZWir 98, 309; *Burghof/Henke/Rudolph*, Kreditderivate als Instrumente eines aktiven Kreditrisikomanagements, ZBB 98, 277.
[117] Vgl. im Einzelnen hierzu *Zerey* aaO.
[118] Vgl. *Jahn* aaO RdNr. 86; *Nordhues/Benzler* aaO S. 463.
[119] Vgl. BVerwG BAV 1987, 215, 241; *Prölss/Martin*, Versicherungsvertragsgesetz, § 1 RdNr. 1 ff., 26. Aufl. 1998, *Kopp* S. 66 ff.
[120] So *Pohl* aaO S. 312.
[121] So *Nordhues/Benzler* aaO S. 463.
[122] So *Pohl* aaO.
[123] Vgl. *Jahn* § 114 RdNr. 26.

leisten, während diese ihre vereinbarte Leistung erbringen muss. Bei Eintritt eines im Vertrag bestimmten Ereignisses (das dem Kreditereignis des Kreditsicherungs-Swaps entspricht) wird das Geschäft vorzeitig beendet. Für das Kreditderivat „Gesamtrisiko-Swap" plant die ISDA ein spezielles Bestätigungsmuster zu entwickeln.[124]

Es ist darauf zu achten, dass der Gesamtrisiko-Swap nicht mit einer Form des Aktien-Swap *(asset swap, equity swap)* verwechselt wird. In der englischen Terminologie werden beide als *„total return swap"* bezeichnet (für den betreffenden Aktien-Swap vgl. Section 8.7. (b) der 2002 ISDA Equity Derivatives Definitions). Beide Swaps sehen einen Ausgleich von Steigerungen oder Verlusten des Marktwerts des Basiswerts vor, wobei der Aktien-Swap sich nur auf Aktien oder auf Aktienindizes bezieht, während der Gesamtrisiko-Swap eine Absicherung zusätzlich zu diesen Werten auch für Schuldverschreibungen und für Darlehen bieten kann. Der Gesamtrisiko-Swap überträgt daher nicht nur Kreditrisiken, sondern, wie der Aktien-Swap, auch Marktpreisrisiken. Allerdings steht die Übertragung der Kreditrisiken bei dem Gesamtrisiko-Swap im Vordergrund, was sich schon aus der regelmäßigen Vereinbarung von Kreditereignissen als Beendigungsgrund für das Geschäft ergibt. **109**

cc) Dem Gesamtrisiko-Swap ähnelt der sog. **Spannensicherungs-Swap** (engl. *credit spread swap*).[125] **110**

Es finden sich zwei Varianten:
- Der Schutznehmer erwirbt gegen Zahlung einer Prämie das Recht, ein Wertpapier am Ausübungstag der Option zu einem bestimmten Preis an den Schutzgeber zu verkaufen, so dass er vor einem Wertverlust dieses Referenz-Wertpapiers geschützt ist. Der Schutznehmer braucht das Referenz-Wertpapier im Zeitpunkt des Abschlusses des Geschäfts nicht zu besitzen. Es kann auch vereinbart werden, dass der Schutzgeber am Ausübungstag die Differenz zwischen dem Wert des Wertpapiers zu Anfang der Laufzeit und dem Wert am Ausübungstag auszahlt (Barausgleich). In diesem Fall braucht der Schutznehmer das Wertpapier überhaupt nicht zu besitzen. **111**
- Der Schutznehmer erwirbt gegen Zahlung einer Prämie das Recht, die Differenz der Rendite zweier Referenz-Wertpapiere (z. B. der Schuldverschreibungen zweier Umschuldungsländer).[126] Auch in diesem Fall ist der Besitz des betreffenden Referenz-Wertpapiers nicht Voraussetzung für den Abschluss des Geschäfts. **112**

dd) Daneben gibt es auch Geschäfte über den Austausch von Risiken (**Risiko-Swaps**, engl. *credit swaps*). Dabei übernimmt die Partei A das Kredit- und Marktrisiko z. B. aus dem Darlehen der Partei B an den Dritten X im Austausch gegen die Übernahme des Kredit- und Marktrisikos aus dem Darlehen der Partei A an den Dritten Y, wobei die Nominalbeträge gleich hoch sind. Möglich ist auch die Übernahme des Risikos bezogen auf einen Teilbetrag der Darlehen oder Wertpapiere. Zahlungen werden dann entsprechend den Voraussetzungen der unter (b) geschilderten Geschäfte geleistet.[127] **113**

ee) Die genannten Kreditderivatsgeschäfte können auch verbrieft werden *(„credit linked notes")*.[128] Hierbei verkauft der Schutznehmer das **verbriefte Kreditderivat** an den Schutzgeber, der aber Einlösung nur dann in voller Höhe verlangen kann, wenn z. B. das vereinbarte Risikoereignis nicht eingetreten ist. Bei dieser Form der Absicherung hat der Schutznehmer kein Kontrahentenrisiko in Bezug auf den Schutzgeber, da er den vollen Preis bei Übergabe des verbrieften Kreditderivats erhalten hat. Derzeit am meisten verbreitet sind Verbriefungen von Kreditsicherungs-Swaps. **114**

h) Rechtliche Qualifikation von Kreditderivaten. Die Diskussion über die **Rechtsnatur der einzelnen Kreditderivate** ist noch nicht abgeschlossen. In der Praxis besteht **115**

---

[124] Vgl. *Cunningham/Jones/Werlen,* ISDA offers standard documents for credit swaps, IFLRev May 1998, 21–23.
[125] Vgl. *Jahn* aaO RdNr. 27.
[126] Vgl. *Saypoff,* RISK, Credit Risk Supplement, Juli 1997.
[127] Vgl. *Rai/Hatstadt/Gill/Minton,* RISK, Credit Risk Supplement, Juli 1997.
[128] Vgl. *Jahn* aaO RdNr. 29.

Einigkeit, dass die Kreditderivate nicht als Versicherungen im Sinne des VAG anzusehen sind. Wie die Swaps dürften sie letztlich als Verträge eigener Art nach § 305 BGB anzusehen sein. Durch die Einbeziehung in die üblichen Derivats-Rahmenverträge sind sie wegen der dort regelmäßig geltenden Respektfrist nicht als Fixgeschäfte anzusehen, so dass sie nicht von Abs. 1 erfasst werden.

116 Fraglich ist, ob die oben beschriebenen Kreditderivate als Finanzleistungen im Sinne des § 104 anzusehen sind. Bei der Einführung des Art. 15 Zweites Finanzmarktförderungsgesetz/Art. 105 EGInsO im Jahre 1994 hatte der Gesetzgeber den seinerzeit erst in der Entwicklung begriffenen Kreditderivatemarkt in den USA und in Großbritannien nicht in seine Überlegungen einbezogen. Der Wortlaut des § 104 ist jedoch so flexibel, dass auch Geschäfte, die mit den aufgezählten Finanzleistungen vergleichbar sind, von ihm erfasst werden können. Der Normzweck der Regelung, in Anlehnung an die frühere Regelung des § 18 KO Kursspekulationen des Insolvenzverwalters zu vermeiden, trifft auch für Kreditderivate zu.

117 Die Voraussetzung des § 104 Abs. 2 S. 1, wonach die Finanzleistung einen Markt- oder Börsenpreis haben muss, dürfte bei Kreditsicherungs-Swaps regelmäßig erfüllt sein.

118 **aa) Kreditsicherungs-Swap.** Für die Leistungen auf Grund von Kreditsicherungs-Swaps werden stets bestimmte oder bestimmbare Fristen vereinbart, so dass insoweit die Anforderung des Abs. 2 Satz 1 erfüllt ist. Der Schutznehmer erbringt Geldleistungen und erhält bei Vereinbarung der Zahlung eines Barausgleichsbetrages Geldleistungen im Sinne des Abs. 2 Nr. 4, deren Höhe vom Wert (Preis) der Referenzforderung oder des Referenzwertpapiers bestimmt wird. Derartige Geschäfte sind als Finanzleistungen zu qualifizieren.[129] Aus dem Markt- oder Börsenpreis für Referenzwertpapiere lässt sich in der Regel der Preis des Kreditsicherungs-Swaps ableiten. Diese Methode versagt bei Referenzforderungen, die nicht gehandelt werden. Hier kann es nur dann zu einem Markt- oder Börsenpreis im Sinne des Abs. 2 S. 1 kommen, wenn es einen Markt für vergleichbare Kreditsicherungs-Swaps gibt, so dass ein Referenz-Preis ermittelt werden kann.[130] Ist die Übertragung von Referenzwertpapieren ausbedungen, handelt es sich um die Lieferung von Wertpapieren oder vergleichbaren Rechten im Sinne des Abs. 2 Nr. 2.

119 Liegt eine Kreditsicherungs-Option vor, so kommt es auf den Inhalt der Leistungspflicht an: Wird die Lieferung eines Referenzwertpapiers geschuldet, findet Nr. 5 in Verbindung mit Nr. 2 Anwendung.

120 Muss der Schutzgeber (Sicherungsgeber) eine Geldleistung erbringen, ist entscheidend, ob diese „durch den Preis anderer Güter oder Leistungen" bestimmt wird. Orientiert sich die Geldleistung an dem Preis eines Referenzwertpapiers, sind Nr. 5 i. V. m. Nr. 4 (ggf. mit Nr. 3) erfüllt.

121 Ist dagegen ein nicht im Einzelnen nachzuvollziehender Pauschalbetrag vereinbart, so fehlt es an dem Tatbestandsmerkmal der Nr. 4.

122 Optionen auf Barausgleich müssen in einen Rahmenvertrag einbezogen sein, damit sie nach Abs. 3 gemeinsam mit den anderen Finanzleistungen einheitlich beendet werden und nicht dem Wahlrecht des Insolvenzverwalters nach § 103 unterliegen.

123 Werden von Anfang betraglich fixierte Geldleistungen vereinbart, die keinen unmittelbaren Bezug zum Preis anderer Güter oder Leistungen haben, ist Abs. 2 Nr. 4 rein äußerlich nicht erfüllt. Derartige Geldleistungen werden aber meist in einem inneren, der anderen Vertragspartei nicht aufgezeigten Verhältnis zum Preis anderer Güter oder Leistungen stehen oder an dem Preis eines anderen Geschäfts orientiert sein, dessen Höhe nach Abs. 2 Nr. 4 bestimmt wird.

124 **bb) Gesamtrisiko-Swap.** Der Austausch von Geldleistungen (Zins-, Dividendenzahlungen gegen Geldleistungen) ist eine Finanzleistung im Sinne des Abs. 2 Nr. 4. Zusätzlich ist noch der Wertausgleich zu leisten, der sich z. B. nach einem allgemeinen Zinssatz

---

[129] So auch Nordhues/Benzler in: Burghof/Henke u. a. S. 192.
[130] Nordhues/Benzler aaO.

Fixgeschäfte. Finanzleistungen   125–134 § 104

(EURIBOR u. a.) oder dem Preis des Referenz-Wertpapiers oder der Referenzforderung bemisst.[131]

cc) Spannensicherungs-Swap/Option. Ist die Lieferung von Wertpapieren oder vergleichbaren Rechten geschuldet, gilt Abs. 2 Nr. 2. Auch wenn stattdessen die Übertragung von Forderungen geschuldet wird, kommt Abs. 2 Nr. 2 zur Anwendung. Die Übertragung von Forderungen ist zwar keine Lieferung im Sinne von Abs. 2 Nr. 2, aber mit ihr vergleichbar. 125

Wird die Geldleistung des Schutzgebers in ihrer Höhe durch den Zinssatz der Referenzwerte, deren Kurs und ggf. ihren Wert in einer ausländischen Währung bestimmt, ist Nr. 4 (und ggf. Nr. 3) erfüllt. 126

Im Falle der Vereinbarung einer Barausgleichs-Spannensicherungs-Option gilt das für Kreditsicherungs-Optionen Ausgeführte. 127

dd) Risiko-Swap. Risiko-Swaps sind den Gesamtrisiko-Swaps ähnlich. Leistungsgegenstand ist die Erbringung einer Geldleistung aus dem Referenzwert (Wertpapier, vergleichbares Recht oder z. B. Darlehensforderung). Nr. 4 findet Anwendung, sofern ein Markt- oder Börsenpreis ermittelbar ist. 128

Soweit Kreditderivate wegen mangelnder jederzeitiger Glattstellungsmöglichkeit nicht unter Abs. 2 fallen, ist zu prüfen, ob sie im Falle ihrer Einbeziehung in einen Rahmenvertrag nach Satz 3 zusammen mit anderen Finanzleistungen nach Nr. 1–5 als ein gegenseitiger Vertrag behandelt werden. Zur Problematik des sog. **gemischten Rahmenvertrags** siehe RdNr. 174 ff. 129

ee) Verbriefte Kreditderivate. Verbriefte Kreditderivate sind als Schuldverschreibungen gem. § 793 BGB anzusehen. Termin- oder Optionsgeschäfte über verbriefte Derivate würden sich auf Wertpapiere im Sinne von Abs. 2 S. 2 Nr. 2 beziehen. Der bloße Kauf/Verkauf eines verbrieften Derivats wird von § 104 nicht erfasst. Wird die Risikoübernahme jedoch als bedingtes Darlehen oder als Darlehen mit Optionselementen (siehe RdNr. 132) konstruiert, ist der hierüber vom Darlehensnehmer erteilte Schuldschein (der ebenfalls als „credit linked note" bezeichnet wird[132]) kein Wertpapier im engeren Sinne, sondern nur eine reine Beweisurkunde.[133] 130

i) Darlehen. Darlehensgeschäfte werden nicht als Finanztermingeschäfte i. S. d. § 104 angesehen,[134] könnten aber Finanzleistungen iwS sein. Die Entstehungsgeschichte sagt zu dieser Frage nichts aus. Bereits ausgereichte Darlehen wären einseitig erfüllt und fielen nicht unter §§ 103, 104. Bei Einbeziehung in einen Rahmenvertrag käme die Anwendung von Abs. 2 S. 3 in Betracht. In der Praxis finden sich hierzu bislang keine Beispiele. 131

j) Mischformen. Darlehen mit Termingeschäfts-Elementen (z. B. Option auf den Abschluss eines Darlehensvertrages) könnten Finanzleistungen nach Nr. 3 oder Nr. 4 sein. 132

k) Energiederivate. Auf Warenpreise oder Strompreise bezogene Derivate gibt es schon seit Anfang der 90er Jahre.[135] Insbesondere seit der Liberalisierung der Strommärkte und der Errichtung von Strombörsen hat die Verwendung von Derivaten (Swaps, Caps, Optionen mit Barausgleich) erheblich zugenommen. Soweit Geldleistungen geschuldet werden, deren Höhe von dem Preis oder dem Preisindex eines solchen Energieträgers (Öl, Flugzeugbenzin, Erdgas, Strom u. a.) abhängt, ist § 104 Abs. 2 Nr. 4 anzuwenden.[136] 133

l) Wetterderivate. Sog. Wetterderivate[137] sind wie Kreditderivate nicht von einem Basis(Kassa)geschäft abgeleitet. Die geschuldeten Geldleistungen hängen zwar von einem oder 134

---

[131] So auch *Köndgen* aaO RdNr. 34.
[132] Derartige Geschäfte werden häufig in englischer Sprache dokumentiert, auch wenn sie deutschem Recht unterliegen.
[133] *Baumbach/Hefermehl*, Wechselgesetz, 22. Aufl. 2000, RdNr. 3.
[134] *Bosch*, Kölner Schrift, S. 1022 RdNr. 52.
[135] Vgl. *Jahn* aaO RdNr. 6, 7.
[136] So auch *Benzler* ZinsO 2000, 1, 4.
[137] Vgl. *Jahn* aaO RdNr. 7 und Fn. 4.

mehreren Wetterindizes ab, nicht jedoch von dem Preis „anderer Güter oder Leistungen" i. S. d. § 104 Abs. 2 Nr. 4, dessen unmittelbare Anwendung daher ausgeschlossen erscheint.[138] Die BaFin sieht Wetterderivate nicht als Finanzinstrumente im Sinne des § 1 Abs. 11 Satz 1 KWG an.[139]

Die Definition der Finanzinstrumente wird sich im Zusammenhang mit der Umsetzung der neuen „Richtlinie über die Märkte für Finanzinstrumente (MiFID)"[140] verändern. In Anhang I (Liste der Dienstleistungen und Tätigkeiten und Finanzinstrumente), Abschnitt C, Finanzinstrumente werden neben den traditionellen Finanzinstrumenten insbesondere unter Nr. 10 auch solche Derivate genannt, die nicht von einem Kassageschäft abgeleitet werden können: „Optionen, Terminkontrakte, Swaps, Termingeschäfte und alle anderen Derivatkontrakte in Bezug auf Klimavariablen, Frachtsätze, Emissionsberechtigungen, Inflationsraten und andere offizielle Wirtschaftsstatistiken [...] sowie alle anderen Derivatkontrakte in Bezug auf Vermögenswerte, Rechte, Obligationen, Indizes und Messwerte, sonst nicht im vorliegenden Abschnitt C genannt sind und die die Merkmale anderer derivativer Finanzinstrumente aufweisen [...]"

135 **m) Katastrophenderivate.** Auch bei diesen neuartigen Derivaten[141] fehlt es an einem Basisgeschäft. Es gilt das unter l) Ausgeführte.[142]

136 **n) Weitere neuartige Derivate.** Weitere Neuschöpfungen sind: **Immobilien-Derivate**, die Schutz vor Preisschwankungen bei Immobilien bieten können und sich auf einen Immobilien-Index beziehen; **Fracht-Derivate**, die sich auf die Höhe standardisierter Frachtraten beziehen; **Breitband-Derivate**, deren Basiswert der Preis für die Benutzung von Breitband-Verbindungen zur elektronischen Datenübermittlung ist; **Verkehrs-Derivate**, die sich auf Mautgebühren beziehen, **Inflations-Derivate**, die ihren Bezug zu den amtlich festgestellten Inflationsraten haben.

Im Zusammenhang mit der Einführung des Handels von Emissionsberechtigungen in den EU-Staaten[143] wird es neben dem OTC-Handel von Emissionszertifikaten bzw. -berechtigungen[144] auch den Handel mit **Emissions-Derivaten** geben, die sich auf den Preis der Emissionsberechtigungen beziehen.[145]

Wegen ihrer Eigenschaft als Finanzleistungen bzw. Finanzinstrumente wird auf das unter l) Ausgeführte verwiesen.

137 **3. Rechtsfolgen der Insolvenzeröffnung.** Folge der Insolvenzeröffnung ist die Beendigung der unter Abs. 2 fallenden Geschäfte mit der derselben Rechtsfolge wie nach Abs. 1. Der Insolvenzverwalter hat in Bezug auf die einzelnen Geschäfte kein Wahlrecht nach § 103. An die Stelle der vertraglichen Ansprüche aus den Finanzleistungsgeschäften tritt eine Forderung wegen ihrer Nichterfüllung, die nach Abs. 3 zu berechnen und in Euro auszudrücken ist. Bestehen mehrere Forderungen, sind sie unter den Voraussetzungen der §§ 94, 95

---

[138] So *Benzler* aaO. Wetterderivate könnten aber Finanzleistungen im weiteren Sinne sein. Im Zusammenhang mit der Novellierung des US-amerikanischen Commodity Exchange Act ist der Begriff des „swap agreement" erheblich erweitert worden, vgl. *Jahn*, Bericht aus den USA, BKR 2001, 64.

[139] *BaFin*, Geschäftsbericht 2001, S. 57.

[140] Richtlinie 2004/39/EG des Europäischen Parlaments und des Rates vom 21. April 2004 über Märkte für Finanzinstrumente zur Änderung der Richtlinien 85/611/EWG und 93/6/EWG des Rates und der Richtlinie 2000/12/EG des Europäischen Parlaments und des Rates und zur Aufhebung der Richtlinie 93/22/EWG des Rates, ABl. Nr. L 145/1 vom 30. 4. 2004, deren Umsetzung durch das FRUG mit Wirkung zum 1. 11. 2007 vorgenommen wird.

[141] Vgl. *Jahn* BKR 2001, 64.

[142] Vgl. *Benzler* aaO.

[143] Die EU-Richtlinie 2003/87/EG über ein System für den Handel mit Treibhausgas-Emissionszertifikaten ist am 25. Oktober 2003 in Kraft getreten und musste bis Ende 2004 von allen EU-Staaten, auch den neuen Mitgliedern, umgesetzt werden.

[144] Die Richtlinie hat nicht festgelegt, welche Rechtsnatur diese „Emissionszertifikate" haben sollen. In den Umsetzungsgesetzen haben die EU-Staaten insoweit die Möglichkeit, nationale Vorstellungen zu verwirklichen.

[145] Vgl § 15 Satz 2 des Treibhausgas-Emissionshandelsgesetzes („TEHG"); *Jahn*, Das neue Treibhausgas-Emissionshandelsgesetz („TEHG") und die Möglichkeiten des Handels mit Emissionsberechtigungen, BKR 2004, 293.

aufrechenbar. Diese vom Gesetzgeber eingeräumte Aufrechnungsmöglichkeit in Bezug auf mehrere Geschäfte wird gelegentlich auch als „Netting" bezeichnet, d. h. die Saldierung des Wertes mehrerer Geschäfte.[146] Eines Rahmenvertrages bedarf es hierzu nicht. Eine solche Aufrechnung ist keine Form des Netting.[147] Liegt dagegen ein Rahmenvertrag vor, so wird das sog. Liquidationsnetting vorgenommen (siehe RdNr. 152).

VII. Absatz 2 Satz 3 (Rahmenvertrag)

138 Ziel der erst spät in den Entwurfstext der InsO eingefügten Regelung ist es vor allem, das Wahlrecht des Insolvenzverwalters nach § 103 auszuschließen und die Anerkennung des Liquidationsnetting *(close-out netting)* von Finanz-Derivaten durch die Bankenaufsicht bei der Berechnung der Kreditrisiken im Zusammenhang mit der Eigenkapitalunterlegung zu ermöglichen. Die im April 1993 vom Basler Ausschuss für Bankenaufsicht aufgestellten Mindestanforderungen sind durch die sog. EU-Netting-Richtlinie vom 21. 8. 1996 aufgenommen und durch die 1. ÄnderungsVO zur KreditbestimmungsVO[148] in Bezug auf §§ 13, 14 KWG und durch die Änderung des Grundsatzes I in Bezug auf die Eigenkapitalunterlegung umgesetzt worden.

139 Die Kreditbestimmungsverordnung wurde m. W. v. 1. 1. 1998 durch die Großkredit- und Millionenkredit-Verordnung (GroMiKV) vom 29. 12. 1997 ersetzt (BGBl. I 1997, 3418).[149]

140 Aus deutschrechtlicher Sicht bedarf es der Anerkennung eines Rahmenvertrags als eines gegenseitigen Vertrages in der Regel nicht, um in einem Insolvenzverfahren eine Gesamtsaldierung der durch Abs. 2 erfassten Einzelgeschäfte durchzuführen. Hierzu genügt die Möglichkeit, nach §§ 94, 95 die einzelnen Forderungen wegen der Nichterfüllung gegeneinander aufzurechnen.

141 Die Ausnahme bilden jene Geschäfte, bei denen eine Seite ihre Verpflichtungen voll erfüllt hat und die deshalb dem Wahlrecht des Insolvenzverwalters nach § 103 ausgesetzt wären. Sofern es sich um Geschäfte über Finanzleistungen im Sinne der Nr. 1–5 handelt, können sie trotz einseitiger Erfüllung in einem Rahmenvertrag zusammengefasst werden. In der Praxis werden diese Geschäfte stets vor ihrer einseitigen Erfüllung in den Rahmenvertrag einbezogen. Satz 3 verhindert somit im Grunde, dass sie nachträglich aus dem Rahmenvertrag „herausfallen", was die beabsichtigte und zugrundegelegte einheitliche Risikobemessung und -betrachtung verfälschen würde.[150]

142 **1. Begriff des Rahmenvertrags.** Rahmenverträge sind meist standardisierte Musterverträge, welche die Einzelabschlüsse über Finanzleistungen und die Bestimmungen des Rahmenvertrages ausdrücklich zu einem einheitlichen Vertragsverhältnis vereinen (so z. B. ausdrücklich der „Rahmenvertrag für Finanztermingeschäfte" in Nr. 1 (2) S. 2: „Alle Einzelabschlüsse bilden untereinander und zusammen mit diesem Rahmenvertrag einen einheitlichen Vertrag", der „Rahmenvertrag für echte Pensionsgeschäfte (Repos)" in § 1 S. 3, der Schweizer Rahmenvertrag für Over The Counter (OTC) Geschäfte in A 1.1, der österreichische Rahmenvertrag für Finanztermingeschäfte in Nr. 1 Abs. 2 S. 2, das 1992/2002 ISDA Master Agreement in Sec. 1 c).

143 **2. Einheitlichkeit der Vertragsbeziehung.** Vertraglich gewollt ist das Entstehen eines einheitlichen Vertragsverhältnisses[151] durch das Zusammenführen von Rahmenvertrag und Einzelabschlüssen, das durch ein Wahlrecht des Insolvenzverwalters nicht aufgebrochen

---

[146] Zum Netting insgesamt *Bosch* WM 95, 365 und WM 95, 413.
[147] So auch *Benzler* ZinsO 2000, 1, 2.
[148] Vgl. *Jahn* aaO RdNr. 150; *Berner* Die Bank 96, 753.
[149] Geändert mit Wirkung vom 12. 3. 1999 durch die Erste Verordnung zur Änderung der GroMiKV (BGBl. 1999 I S. 310). Die GroMiKV ist am 14. 12. 2006 neu gefasst worden (BGBl. I S. 3367).
[150] Vgl. Nr. 1 (2) des deutschen Rahmenvertrags für Finanztermingeschäfte, *Bosch*, Kölner Schrift, S. 1021 RdNr. 47.
[151] Eine solche Folge ist vor allem für US-rechtliche Insolvenzvorschriften nützlich. So schützt der Financial Institutions Reform, Recovery, and Enforcement Act of 1989 (FIRREA) qualifizierte Finanzkontrakte vor Eingriffen der Federal Deposit Insurance Corporation (FDIC). Zu diesen Kontrakten gehören

werden kann. Eine solche Vereinbarung ist rechtlich zulässig. Sie wird durch § 104 Abs. 2 S. 3 ausdrücklich anerkannt, wenn sie eine **Gesamtbeendigungsklausel** enthält.

144 Die sprachliche Fassung des Satzes 3, die von den Vertragsformulierungen leicht abweicht („Geschäfte über Finanzleistungen in einem Rahmenvertrag zusammengefasst"), will nichts anderes ausdrücken und überlässt es der Rechtswissenschaft, die Natur dieses einheitlichen Vertragswerks zu bestimmen.[152] Maßgeblich ist die vom Gesetzgeber ausgesprochene Folge, dass „die Gesamtheit dieser Geschäfte als ein gegenseitiger Vertrag im Sinne der §§ 103, 104" gilt. Die Zusammenfassung von Finanzleistungen in einem Rahmenvertrag gilt ausdrücklich auch im Verhältnis zu der Regelung in § 103. Diese Klarstellung hat Bedeutung in den Fällen, in denen Finanzleistungen die Voraussetzungen des Abs. 2 Satz 1 nicht erfüllen. Zwar werden derartige Finanzleistungen dann nicht von Gesetzes wegen beendet, doch kann der Insolvenzverwalter sein Wahlrecht nach § 103 nur in Bezug auf alle durch den Rahmenvertrag zusammengefassten Geschäfte gemeinsam ausüben.[153]

145 Das Vorliegen einer **Gesamtbeendigungsklausel** im Falle des Vorliegens eines Insolvenzgrundes begründet die unwiderlegliche Vermutung der Einheitlichkeit des Vertragsverhältnisses.

Die in Nr. 7 (1) Satz 4 des Rahmenvertrages für Finanztermingeschäfte enthaltene Bestimmung „Eine Teilkündigung, insbesondere die Kündigung einzelner und nicht aller Einzelabschlüsse, ist ausgeschlossen" wollte der seinerzeit erwarteten Regelung der Gesamtbeendigungsklausel (welche sich auf das Vorliegen von Vertragsverletzungen bezog) durch den deutschen Gesetzgeber Rechnung tragen, um die Nettingfähigkeit des Rahmenvertrages nicht zu gefährden. Eine Teilkündigung bei Vertragsverletzungen wäre nach der Neuregelung des Satzes 3 zwar nicht mehr netting-schädlich, aber nach Nr. 7 (1) Satz 4 des Rahmenvertrages für Finanztermingeschäfte gleichwohl nicht zulässig.

146 Die InsO-Reform per 6. 4. 2004 hat die Gesamtbeendigungsklausel inhaltlich verändert. Statt des Vorliegens von Vertragsverletzungen ist nunmehr nur erforderlich, dass die einheitliche Beendigung im Falle des Vorliegens eines Insolvenzgrundes vereinbart werden muss. Damit wird die Möglichkeit geschaffen, einzelne Geschäfte zu beenden, ohne das gesamte Vertragsverhältnis aufzulösen. Die Einheitlichkeit des Vertragsverhältnisses wird dadurch nicht in Frage gestellt.

147 **Beispiele:** Nr. 12 (5) (B) des deutschen Rahmenvertrages für Finanztermingeschäfte regelt die Beendigung von Einzelabschlüssen durch Kündigung im Falle nachträglich eingetretener rechtlicher oder steuerlicher Änderungen. Eine Gesamtbeendigung des Vertragsverhältnisses wäre in diesen Fällen unangemessen und widerspräche den Interessen der Parteien. Da keine Vertragsverletzung seitens einer der Parteien vorliegt, ist nach dem Wortlaut des Satzes 3 diese Form der Teilbeendigung unschädlich.

148 Keine Form der Teilkündigung sind Vereinbarungen,[154] welche die **vorzeitige Beendigung** von Einzelabschlüssen ermöglichen, ohne dass ein Fall der Vertragsverletzung vorliegt (vgl. den „Anhang über die vorzeitige Erfüllung durch Ausgleichszahlung" zum deutschen Rahmenvertrag für Finanztermingeschäfte).[155]

149 **3. Netting.** Netting ist ein aus der anglo-amerikanischen Rechtssprache übernommener Oberbegriff, der vor kurzem auch Eingang in die deutsche Gesetzessprache gefunden hat.[156]

---

ausdrücklich Swapvereinbarungen. Ein Swap-Rahmenvertrag wird ausdrücklich als eine Swapvereinbarung anerkannt, vgl. *Cunningham/Rogers,* Netting is the Law, JIBFL 90, 354.

[152] Einheitlicher Vertrag, Vertragsverbindung, Gesamtvertrag, vgl. hierzu *Erne* S. 124; *Ebenroth/Reiner* S. 800; *Benzler,* S. 130 ff.; zum schweizerischen Recht: *Häusler* S. 311.

[153] Das „Rosinenpicken" ist ihm insoweit verwehrt; vgl. *Kroth,* § 104 RdNr. 10 in *Braun,* Insolvenzordnung, 2004.

[154] Engl. *break clause.*

[155] Abgedruckt in BdB Info, Recht, Wertpapiere und Börse III/1997 Nr. 23/24 S. 750 ff.

[156] § 10 GroMiKV a. F. beschreibt unter der Überschrift „Netting von Wertpapierpensions- und Wertpapierdarlehensgeschäften" die Wirkungsweise von Rahmenverträgen (in § 6 ist noch – entsprechend der Diktion der deutschen Fassung der EU-Netting-Richtlinie und der Kreditbestimmungsverordnung – von „zweiseitigen Aufrechnungsvereinbarungen" die Rede).

Fixgeschäfte. Finanzleistungen

Im deutschen Recht kann man Netting am besten mit „saldieren" oder „verrechnen" wiedergeben.[157] In ausländischen Rechtsordnungen, insbesondere in der Zeit des Aufkommens des Begriffes, wird „Netting" auch als eine Form der Aufrechnung verstanden.[158] Man unterscheidet entsprechend dem sog. Angell Report[159] drei Formen des Netting:

a) **Zahlungs-Netting.** (der Begriff bilaterale Positionenaufrechnung ist heute unüblich; engl. *position netting, payment* oder *settlement netting*) bezeichnet eine antizipierte Aufrechnung oder ein Staffelkontokorrent, auf Grund dessen nur die Differenz zwischen zwei Beträgen in gleicher Währung zu zahlen ist.[160]

b) **Novations-Netting.** (schuldersetzende Verrechnung, engl. *novation netting*) bezeichnet die Ersetzung zweier oder mehrerer Geschäfte durch ein neues Geschäft auf Grund einer Novationsvereinbarung.[161] Sie kann auch im Vornhinein getroffen werden.[162] Stimmen die Zahlungsverpflichtungen beider Geschäfte vollständig überein, werden sie durch die Novation aufgehoben.

c) **Liquidations-Netting.** (engl. *close-out netting*) ist die Ermittlung der geschuldeten Abschlusszahlung nach Saldierung der Marktwerte der Einzelabschlüsse und Verrechnung mit eventuellen rückständigen Zahlungen und Leistungen. Ein „virtuelles" Liquidations-Netting der Marktwerte ihrer Handelsgeschäfte nehmen die Kreditinstitute (täglich)[163] vor, um die Risikoposition gegenüber einem Vertragspartner zu ermitteln. Hierbei wird eine Beendigung des Vertrags unterstellt und dann die Abschlusszahlung errechnet.

Rahmenvertragliche Methode des Liquidations-Netting: Nach Nr. 8 und 9 des deutschen Rahmenvertrags für Finanztermingeschäfte wird in zwei Stufen vorgegangen: Zunächst wird eine einheitliche Ausgleichsforderung wegen der Nichterfüllung der Einzelgeschäfte ermittelt, das ist die Höhe des Anspruchs auf Schadensersatz nach Nr. 8 (1) S. 1 des Rahmenvertrags für Finanztermingeschäfte. Danach werden die rückständigen Zahlungen und Leistungen (bzw. deren Gegenwert) mit dieser Forderung verrechnet.

Die Ermittlung der Werte der Einzelgeschäfte führt hierbei nicht zum Entstehen mehrerer Forderungen wegen der Nichterfüllung der Einzelgeschäfte, sondern nur zu einer einzigen Forderung. Auch nach § 104 Abs. 2 S. 3 werden die Einzelgeschäfte durch die Einbeziehung in einen Rahmenvertrag wie *ein* gegenseitiger Vertrag behandelt. Die Saldierung der Werte der Einzelgeschäfte ist daher nur ein rein rechnerischer Vorgang zur Ermittlung der Höhe der Schadensersatzforderung und keine Aufrechnung.[164] Nach Feststellung der Höhe der Schadensersatzforderung ist zu prüfen, ob es rückständige Zahlungen und Leistungen gibt, deren Wert mit der obigen Forderung zu verrechnen ist.[165]

Es macht vom Ergebnis her keinen Unterschied, wenn der Marktwert der Einzelgeschäfte ermittelt wird, um die auf sie bezogene Forderung wegen der Nichterfüllung zu bestimmen und diese Forderungen dann miteinander zu verrechnen (so der Wortlaut des Rahmenvertrags für echte Wertpapierpensionsgeschäfte in § 12 Abs. 4).

---

[157] Im Einzelnen *Bosch* WM 95, 365, 367 ff.; die Erklärungsversuche Neumeuers, S. 76, lassen die inzwischen vielfältigen gesetzlichen Regelungen in den USA und die Entstehungsgeschichte des § 104 außer Acht, vgl. *Jahn* aaO RdNr. 131 und Anm 4 aaO, sowie *Benzler* S. 56 f.

[158] So auch Sec. 1 des irischen Netting of Financial Contracts Act, 1995: *„netting" means the termination of financial contracts, the determination of the termination values of those contracts and the set off of the termination values.*

[159] *Jahn* aaO.

[160] Nr. 3 (3), 12 (2) des deutschen Rahmenvertrags für Finanztermingeschäfte, sec. 2 (c) 1992 ISDA Master Agreement – zur Verwirrung der Begriffe trägt bei, dass nur diese Form des Netting im ISDA Master Agreement ausdrücklich als „Netting" (in der Überschrift zu sec. 2) bezeichnet wird. Im Einzelnen zum Zahlungs-Netting: *Benzler* S. 61 ff.

[161] Vgl. *Bosch* WM 95, 365, 367 ff.; *Jahn* aaO RdNr. 133; die Rahmenverträge der British Bankers Association zu Devisenhandelsgeschäften (siehe *Jahn* aaO RdNr. 49) enthalten als einzige eine standardisierte Novationsklausel.

[162] ZB nach Section 6.3 des Foreign Exchange and Options Master Agreement (FEOMA), Fassung 1997.

[163] Vgl. § 2 Abs. 1 Grundsatz I.

[164] Ebenso *Ebenroth/Reiner* IV.7 Nr. 18 bb) 1) S. 800 und *Neumeuer* S. 77.

[165] Auch alle anderen gebräuchlichen Rahmenverträge gehen so vor, insbesondere das 1992 ISDA Master Agreement, sec. 6 (e).

156 Zur Frage, ob und unter welchen Voraussetzungen die vertragliche Methode der Berechnung im Liquidationsnetting von der in Abs. 3 festgelegten gesetzlichen Berechnungsweise abweichen darf, siehe die folgenden Ausführungen unter „Vertragliche Beendigungsklauseln ohne Kündigung" (RdNr. 163).

157 **4. Aufrechnungsklausel.** Die in Rahmenverträgen[166] oder Zusatzvereinbarungen zu Rahmenverträgen[167] häufig zu findende Aufrechnungsklausel bezieht sich auf Verpflichtungen der insolventen Partei aus anderen Rechtsverhältnissen (z. B. Kreditverträgen) und steht nicht im unmittelbaren Zusammenhang mit dem Liquidationsnetting. Durch sie soll klargestellt werden, dass die solvente (vertragstreue) Partei berechtigt ist, mit eigenen Forderungen gegen die insolvente Partei aus anderen Rechtsverhältnissen gegen einen Anspruch der insolventen Partei auf Abschlusszahlung nach Durchführung des Liquidationsnetting aufzurechnen. In Nr. 9 (2) S. 4 des deutschen Rahmenvertrages für Finanztermingeschäfte heißt es: „Die ersatzberechtigte Partei[168] kann die Ausgleichsforderung der anderen Partei[169] gegen die nach Satz 3 errechneten Gegenansprüche aufrechnen."

158 Der Zeitpunkt der Aufrechnung liegt wegen der (zulässigen)[170] rahmenvertraglichen Beendigungsklausel stets *vor* der Eröffnung des Insolvenzverfahrens. Insoweit ist es auch zulässig, diese Gegenansprüche nach Nr. 9 (2) S. 3 (iii) mit ihrem Barwert zu berücksichtigen, soweit sie im Zeitpunkt der Beendigung des einheitlichen Vertrages nicht fällig sind. Ein Verstoß gegen § 95 Abs. 1 S. 1, der hinsichtlich der Fälligkeit von Gegenforderungen auf den Zeitpunkt der Eröffnung des Insolvenzverfahrens abstellt, liegt demgemäß nicht vor.[171]

159 **5. Nationale und internationale Rahmenverträge.** Seit 1987, als der erste standardisierte Rahmenvertrag, das ISDA Interest Rate and Currency Exchange Agreement, publiziert wurde, ist eine Vielzahl von nationalen und internationalen Rahmenverträgen geschaffen worden.[172] Sie werden ständig ergänzt, aktualisiert oder ersetzt, neue Standardverträge kommen hinzu.

160 Es muss jedoch im Einzelfall geprüft werden, ob in anderen ausländischen Rahmenverträgen oder in Abänderungsvereinbarungen zu Rahmenverträgen die Voraussetzungen für eine Anerkennung nach § 104 Abs. 2 Satz 3 gegeben sind.

161 **6. Super-Rahmenverträge** *(master master agreements/master netting agreements):* Sind mehrere Rahmenverträge nebeneinander vereinbart (häufigstes Beispiel: 1992/2002 ISDA Master Agreement und ein internationaler Rahmenvertrag über Wertpapierpensionsgeschäfte), wird gelegentlich versucht, ein Gesamtnetting dadurch zu erreichen, dass ein sog. Super-Rahmenvertrag mehrere Rahmenverträge zusammenfasst. Der einzige bisher vorgelegte Rahmenvertrag ist das Cross Product Master Agreement (CPMA) vom Februar 2000,[173] das sich im Verhältnis zu deutschen Vertragspartnern jedoch nicht durchgesetzt hat. Geht es um die Zusammenfassung von Zahlungsströmen an einem Termin, werden sog. Zahlungs-Netting-Vereinbarungen geschlossen. Bei den Super-Rahmenverträgen ist der Zweck der Zusammenfassung dagegen die Möglichkeit, alle Rahmenverträge bei Kündigung eines Rahmenvertrages

---

[166] Nr. 9 (2) S. 4 des deutschen Rahmenvertrages für Finanztermingeschäfte, § 9 (2) S. 2 des österreichischen Rahmenvertrages für Finanztermingeschäfte.
[167] Vgl. den ISDA User's Guide to the 1992 ISDA Master Agreements (1993 version) S. 56, sowie Section 6 (f) des 2002 ISDA Master Agreement.
[168] Das ist in diesem Fall die solvente, vertragstreue Partei.
[169] Das ist die nicht vertragstreue, insolvente Partei.
[170] Siehe im Einzelnen hierzu unter „Vertragliche Beendigungsklauseln ohne Kündigung", Bedeutung des § 119 und Abs. 3, RdNr. 163 und 171.
[171] AA *Köndgen* aaO RdNr. 39.
[172] Vgl. *Jahn* aaO RdNr. 34, 61–65; *Bosch,* The proposed Euro Master Agreement, EUREDIA September 1999, 129.
[173] Das gemeinsam von The Bond Market Association (TBMA), British Bankers Association (BBA), Emerging Markets Traders Association (EMTA), Foreign Exchange Committee, International Primary Market Association (IPMA), International Swaps and Derivatives Association (ISDA), Japan Securities Dealers Association (JSDA) und London Investment Banking Association (LIBA) erarbeitet wurde.

Fixgeschäfte. Finanzleistungen   162–170 § 104

kündigen zu können. Sie wirken insoweit wie ein Verbund (entsprechend der sog. *cross default clause* – Verletzung anderer Verträge, vgl. 1992 ISDA Master Agreement sec. 5 (a) (vi)).[174]

Der Gesetzgeber hat an diese Art der Zusammenfassung bei der Reform nicht gedacht. 162 Allerdings bedarf es aus insolvenzrechtlicher Sicht einer solchen Verrechnungs-(Netting-)Möglichkeit nicht, da die Ausgleichsansprüche aus jedem Rahmenvertrag nach §§ 94, 95 verrechnet werden können.

7. Netting in der Insolvenz. a) Vertragliche Beendigungsklauseln ohne Kündi- 163 **gung.** Die „automatischen", d. h. ohne Kündigung zur Beendigung des Vertrags führenden vertraglichen Klauseln der Rahmenverträge stellen auf unterschiedliche Zeitpunkte der Beendigung ab:

aa) Beendigung im Zeitpunkt der Eröffnung des Konkursverfahrens. Nr. 7 (2) 164 des Rahmenvertrags für SWAP-Geschäfte" bestimmt: „Der Vertrag endet ohne Kündigung **mit Eröffnung des Konkursverfahrens** über das Vermögen einer Partei."

bb) Zeitpunkt vor Eröffnung eines Insolvenzverfahrens. Der Nachfolger des Rah- 165 menvertrags für SWAP-Geschäfte, der Rahmenvertrag für Finanztermingeschäfte, hat den Zeitpunkt der Beendigung bewusst vorverlegt, auch in Übereinstimmung mit den international verwendeten Rahmenverträgen der ISDA. Nr. 7 (2) des „Rahmenvertrags für Finanztermingeschäfte" lautet wie folgt: „Der Vertrag endet ohne Kündigung **im Insolvenzfall.** Dieser ist gegeben, wenn das Konkurs- oder ein sonstiges Insolvenzverfahren über das Vermögen einer Partei beantragt wird und diese Partei entweder den Antrag selbst gestellt hat oder zahlungsunfähig oder sonst in einer Lage ist, die die Eröffnung eines solchen Verfahrens rechtfertigt."

Dieselbe Bestimmung findet sich in Nr. 5 (2) der „Bedingungen für Zinstermingeschäfte 166 mit Ländern in der Bundesrepublik Deutschland".[175]

Nr. 6.4 des Schweizer Rahmenvertrags für OTC-Derivate hat folgenden Wortlaut: „Wird 167 über eine Partei der Konkurs, ein Stundungs- oder ein Sanierungsverfahren eröffnet, so gilt der Vertrag **als unmittelbar vor Eintritt dieses Ereignisses** aufgelöst."

Die ISDA Rahmenverträge (1987 Interest Rate and Currency Exchange Agreement und 168 1992/2002 Master Agreement) sehen in sec. 6 vor, dass bei Vereinbarung der „automatischen Beendigung" im Anhang zum Rahmenvertrag (davon wird in der Praxis sehr häufig Gebrauch gemacht) der Vertrag **vor Eröffnung des Insolvenzverfahrens** und ggf. sogar **vor Stellung des Eröffnungsantrages** beendet wird.[176]

cc) Unzulässige Beschränkung des Wahlrechts des Insolvenzverwalters? Vor der 169 Neuregelung des Insolvenzrechts wurde die Vertragsauflösung in dem Falle (a) verschiedentlich als Umgehung des Wahlrechts des Konkursverwalters nach § 17 KO angesehen.[177] Die Vorverlegung des Beendigungszeitpunkts im Falle (b) um eine zT sehr geringe Zeitspanne hätte diese Bedenken nicht entkräften können. Nachdem aber Art. 105 EGInsO die Ausnahmeregelung des § 18 KO erweitert und damit das Wahlrecht des Konkursverwalters in Bezug auf die Finanztermingeschäfte/Finanzleistungen im Sinne der Neuregelung beschränkt hatte und § 104 diese Bestimmung fortführt, hat sich diese Frage erledigt.

dd) Anfechtbarkeit wegen Inkongruenz nach § 131 Abs. 1? Der Einwand,[178] durch 170 die Beendigungsklausel verschaffe sich der Insolvenzgläubiger einen von der InsO nicht gebilligten günstigeren Aufrechnungszeitpunkt, so dass die Beendigung und das Liquidationsnetting wegen Inkongruenz grundsätzlich nach § 131 Abs. 1 anfechtbar seien, greift angesichts der durch die Neuregelung gesetzlichen Zulassung von derartigen Beendigungsklauseln durch die Fassung von § 104 Abs. 2 S. 3 und § 119 nicht. Im Übrigen liegt im

---

[174] Vgl. *Jahn* aaO RdNr. 67.
[175] Abgedruckt als Anhang 5 zu *Jahn* aaO.
[176] Vgl. *Ebenroth/Reiner* IV.7 Nr. 16 S. 797.
[177] Vgl. hierzu *Bosch* WM 95, 413 ff.; *Erne* S. 109 f.
[178] So *Köndgen* RdNr. 40.

Falle des Liquidationsnetting hinsichtlich der Einzelgeschäfte eine Aufrechnung gar nicht vor.[179]

171 ee) **Bedeutung des § 119 und des Abs. 3.** Kontrovers diskutiert wird jedoch die Bedeutung und der Regelungsumfang des § 119 sowie des Abs. 3 im Verhältnis zu vertraglichen (automatischen) Beendigungsklauseln. Die Vorverlegung der Beendigung des Vertrages im Falle (b) schließt zumindest formal die Anwendbarkeit des § 104 aus. Damit wäre auch § 119 insoweit gegenstandslos, der Vereinbarungen verbietet, durch die im Voraus die Anwendung der §§ 103–118 ausgeschlossen wird.

172 *Köndgen*[180] interpretiert § 119 so, dass Rahmenverträge nur eine Rechtslage schaffen dürfen, wie sie von Gesetzes eintritt im Falle der Insolvenzeröffnung. Danach sind Beendigungsklauseln nicht unzulässig, doch dürfen sie nicht zu einer günstigeren Lage für den Gläubiger führen, als wenn der Vertrag von Gesetzes wegen aufgelöst worden wäre.[181] Die Entstehungsgeschichte des § 119 sowie des Abs. 2 S. 3 lassen diesen Schluss jedoch nicht zu (vgl. *Huber* § 119 RdNr. 31 ff.).

173 In dem Vorläufer zu § 119, dem § 137 RegEInsO, war ursprünglich in Abs. 2 ein Verbot von Beendigungsklauseln für den Fall der drohenden Insolvenz enthalten. Ziel war die Verhinderung der Einschränkung des Wahlrechts des Konkursverwalters. Nachdem durch § 118 Abs. 2 RegEInsO (entspricht Art. 15 EGInsO und § 104 Abs. 2) dieses Wahlrecht beschränkt wurde, ist Abs. 2 bewusst gestrichen worden.[182] Nach dem Willen des Gesetzgebers können somit der Zeitpunkt der Beendigung und der Beendigungsgrund vertraglich bestimmt werden, insbesondere ist eine „Auflösung eines gegenseitigen Vertrages im Falle der Eröffnung eines Insolvenzverfahrens oder der Verschlechterung der Vermögensverhältnisse"[183] zulässig. In Abs. 2 S. 3 und im Abs. 3 fehlt ein Hinweis darauf, dass im Falle der Beendigung von Rahmenverträgen die Rechtsfolge des Abs. 3 zwingend sein sollte. Eine in der Begründung früher enthaltene entsprechende Begründung[184] ist nach Einfügung des § 118 Abs. 2 Satz 3 RegEInsO ersatzlos weggefallen.[185] Der Ausgleichsanspruch ist daher nach den entsprechenden rahmenvertraglichen Bestimmungen zu berechnen.[186]

174 b) **„Gemischte Rahmenverträge".** Die modernen Rahmenverträge (1992/2002 ISDA Master Agreement, 2001 AFB Contrat-cadre, Rahmenvertrag für Finanzgeschäfte d. h. der „EMA" von 2001/2004) sehen keine Beschränkung auf bestimmte Finanzleistungen oder Geschäfte vor.

175 In der Praxis kommen sowohl Rahmenverträge (mit Gesamtbeendigungsklausel) nur über termingebundene Finanzleistungen mit einem Markt- oder Börsenpreis vor als auch Rahmenverträge, die zusätzlich Finanzleistungen einbeziehen, die möglicherweise nicht als termingebunden angesehen werden (z. B. Devisen- und Wertpapierkassageschäfte) oder keinen Markt- oder Börsenpreis haben (z. B. bestimmte Kreditderivatgeschäfte). Letztere werden als „gemischte Rahmenverträge" bezeichnet.[187] Rahmenverträge, die nur Finanzleistungen einbeziehen, die nicht unter Abs. 2 fallen, sind ganz selten.

---

[179] Es geht nur um die Ermittlung der Höhe der einheitlichen Ausgleichsforderung, vgl. RdNr. 140.
[180] AaO RdNr. 39.
[181] So im Ergebnis auch *Ebenroth/Benzler* ZvglRWiss 95, 335, 357.
[182] Bericht des Rechtsausschusses des BT-Drucks. 12/7302 zu § 137 RegEInsO Nr. 74 S. 170, vgl. auch *Ebenroth/Benzler* aaO S. 363; *Bosch*, Kölner Schrift. S. 1033 RdNr. 95.
[183] Bericht des Rechtsausschusses zu § 137 S. 170.
[184] „An die Stelle des Wahlrechts des Verwalters tritt sowohl in den Fällen des Absatzes 1 als auch in denen des Absatzes 2 einheitlich die Rechtsfolge, dass der Vertrag nicht mehr erfüllt werden muss, sondern nur der Ausgleich des Unterschieds zwischen dem vereinbarten Preis und dem Markt- oder Börsenpreis am zweiten Werktag nach der Eröffnung des Insolvenzverfahrens verlangt werden kann.", BR-Drucks. 1/92 S. 145.
[185] Zur Entstehungsgeschichte im einzelnen Ebenroth/Benzler aaO S. 364.
[186] *Ebenroth/Benzler* aaO, *Bosch*, Kölner Schrift, S. 1035 RdNr. 100; so auch *Smid/Meyer* § 104 RdNr. 49.
[187] Vgl. *Bosch*, Kölner Schrift, S. 1035 RdNr. 102; *Obermüller* 8316 ff. Erfüllt ein gemischter Rahmenvertrag nicht die Voraussetzungen des Abs. 2 Satz 3, z. B. in dem er einzelne Geschäfte von der Gesamtbeendigungsklausel ausnimmt, und wird er auch nicht automatisch vor der Insolvenzeröffnung beendet, so werden die dem Abs. 2 unterfallenden Finanzleistungen von Gesetzes wegen beendet.

Offen ist, welche Rechtsfolgen eintreten, wenn ein solcher gemischter Vertrag durch die **176** Insolvenzeröffnung beendet wird.[188] Drei Möglichkeiten kommen in Betracht:
1. § 104 Abs. 2 spaltet den Vertrag auf, so dass (a) die Geschäfte über Finanzleistungen nach **177** Abs. 2 einen einheitlichen gegenseitigen Vertrag bilden, der von Gesetzes wegen beendet wird, und (b) die anderen Geschäfte einzeln nach § 103 dem Wahlrecht des Insolvenzverwalters unterliegen.[189]
2. § 104 Abs. 2 findet auf den gemischten Rahmenvertrag keine Anwendung. **178**
3. Der gesamte Vertrag wird nach § 104 Abs. 2 S. 3 als ein gegenseitiger Vertrag angesehen **179** und beendet; der Schadensersatzanspruch nach Abs. 3 wird einheitlich berechnet.[190]

Bei der üblichen Verwendung der Klausel über die automatische Beendigung des Vertrages im Insolvenzfall endet der gemischte Vertrag jedoch vor der Insolvenzeröffnung, so **180** dass § 104 unmittelbar nicht anzuwenden ist. Die Beendigungsklausel ist auch im Fall des „gemischten Rahmenvertrages" wirksam. Der Parteiwille, der ein einheitliches Vertragsverhältnis geschaffen hat, ist auch vom Insolvenzrecht zu respektieren, solange nicht völlig sachfremde und willkürliche Verbindungen mit anderen Geschäften oder Rechtsverhältnissen vorgenommen werden. Das Wahlrecht des Verwalters wird durch die Anerkennung dieser Klausel nicht ausgehöhlt, da sie die oben beschriebene 3. Lösung nur zeitlich vorzieht.

VIII. Abs. 3 – Forderung wegen Nichterfüllung (Ausgleichsforderung)

Abs. 3 alter Fassung entsprach weitgehend der Regelung des § 18 Abs. 2 KO. § 18 Abs. 3 **181** KO entfiel ersatzlos, um unbillige Ergebnisse, d. h. die Anwendbarkeit des § 103 statt des § 104 bei Geschäften zu vermeiden, die am Tag der Insolvenzeröffnung oder danach fällig würden.[191]

1. Satz 1 (Berechnungsmethode). Maßgeblich für die Ermittlung der Ausgleichsfor- **182** derung ist der von den Parteien vereinbarte Zeitpunkt, der nach der Eröffnung des Insolvenzverfahrens liegt. Möglich ist die Ermittlung der Höhe der Ausgleichsforderung[192] am Tage der Insolvenzeröffnung bis spätestens fünf Tage nach der Eröffnung. Die frühere Zweitagesregel (Markt- oder Börsenpreis am zweiten Werktag nach Eröffnung des Verfahrens) gilt nur, wenn die Parteien keine Vereinbarung getroffen haben. Zu ermitteln ist der „Unterschied zwischen dem vereinbarten Preis und dem Markt- oder Börsenpreis [...] am Erfüllungsort für einen Vertrag mit der vereinbarten Erfüllungszeit". Der Begriff „Markt- oder Börsenpreis ist ebenso weit auszulegen wie in den Absätzen 1 und 2 (vgl. RdNr. 57).

2. Satz 2 (Insolvenzforderung). Durch die Neufassung des Satzes 1, der in zwei Sätze **183** aufgespalten wurde, ist der frühere Satz 2 – im Wortlaut unverändert – Satz 3 geworden.

Nach Abs. 3 S. 3 kann die solvente Partei ihre Ausgleichsforderung nur als Insolvenzgläubiger geltend machen. Die Formulierung „nur" ist nicht in dem Sinne auszulegen, dass eine Aufrechnungsmöglichkeit nach §§ 94 ff. unzulässig sein solle. Dies ergibt sich aus dem Bericht des Rechtsausschusses.[193] Mit der Neuregelung sollte gerade eine Saldierungsmög-

---

[188] Vgl. *Bosch,* Kölner Schrift, S. 1036 RdNr. 105 ff., *Obermüller* 8316 ff. Der Fall ist wegen der rahmenvertraglichen Beendigungsklauseln, welche die Beendigung regelmäßig deutlich vor den Zeitpunkt der Insolvenzeröffnung vorverlagern, eher selten.
[189] *Bosch* neigt dieser Lösung zu mit der Einschränkung, dass die sonstigen Geschäfte eine Einheit bilden, die nach dem Parteiwillen mit den anderen Geschäften zu einem einheitlichen Schuldverhältnis verbunden bleiben, aaO RdNr. 102, 106.
[190] Für diese Lösungsmöglichkeit spricht sich *Obermüller* aus, aaO 8320; *Bosch* kommt zu demselben Ergebnis, indem er dem Insolvenzverwalter das Recht verwehrt, bei Ausübung eines Wahlrechts nach § 103 einen einheitlichen Vertrag aufzuspalten, aaO RdNr. 106 f.
[191] Bericht des Rechtsausschusses zu § 118 aaO.
[192] In der Regel durch Eindeckung, dh Ersetzung des weggefallenen Geschäfts durch ein neues und gleichwertiges Geschäft.
[193] aaO S. 168.

§ 105   1   3. Teil. 2. Abschnitt. Erfüllung Rechtsgeschäfte. Mitwirkung BR

lichkeit (Netting) geschaffen werden, um im internationalen Geschäftsverkehr konkurrenzfähig zu bleiben. Die Bedeutung der Einschränkung liegt wohl nur darin klarzustellen, dass die Ausgleichsforderung nicht als Masseschuld nach § 55 anzusehen sei.[194]

§ 105 Teilbare Leistungen

[1] **Sind die geschuldeten Leistungen teilbar und hat der andere Teil die ihm obliegende Leistung zur Zeit der Eröffnung des Insolvenzverfahrens bereits teilweise erbracht, so ist er mit dem der Teilleistung entsprechenden Betrag seines Anspruchs auf die Gegenleistung Insolvenzgläubiger, auch wenn der Insolvenzverwalter wegen der noch ausstehenden Leistung Erfüllung verlangt.** [2] **Der andere Teil ist nicht berechtigt, wegen der Nichterfüllung seines Anspruchs auf die Gegenleistung die Rückgabe einer vor der Eröffnung des Verfahrens in das Vermögen des Schuldners übergegangenen Teilleistung aus der Insolvenzmasse zu verlangen.**

Schrifttum: *Damerius,* Masseverbindlichkeit oder Insolvenzforderung? Zur Einordnung der Kosten eines vom Insolvenzverwalter nach Verfahrenseröffnung fortgesetzten Prozesses, ZInsO 2007, 569; *Engert/Schmidl,* Verkaufte Darlehen in der Insolvenz des Darlehensgebers, WM 2005, 60; *Heidland,* Konsequenzen der „Erlöschenstheorie" und der Theorie der Teilbarkeit der Bauleistung für die baurechtliche Abnahme, für Vergütungsansprüche, Gewährleistungsfrist und Vertragsstrafe im Insolvenzverfahren über das Vermögen des Auftraggebers, Festschrift für Uhlenbruck, 2000, S. 423; *Huber,* Vertragsspaltung in der Insolvenz des Auftragnehmers auch für mangelhafte Teilleistung vor Verfahrenseröffnung?, Festschrift für Kreft, 2004, S. 327 = ZInsO 2005, 449; *Kesseler,* § 105 InsO und die teilbaren unteilbaren Leistungen, ZIP 2005, 2046; *Kreft,* Teilbare Leistungen nach § 105 InsO (unter besonderer Berücksichtigung des Bauvertragsrechts), Festschrift für Uhlenbruck, 2000, S. 387; *Krull,* Globalzession, Erfüllungsverlangen und vorkonkursliche Teilleistungen, InVo 1998, 180; *Meyer,* Die Teilbarkeit von Bauleistungen nach § 105 InsO, NZI 2001, 294; *Scheffler,* Teilleistungen und gegenseitige, nicht vollständig erfüllte Verträge in der Insolvenz, ZIP 2001, 1182; *Scherer,* Teilweise Vorleistungen in der Insolvenz, NZI 2004, 113; *Schmitz,* Mängel nach Abnahme und offener Werklohnanspruch – ein wesentlicher Anwendungsbereich des § 103 InsO bei Bauverträgen, ZIP 2001, 765; *Thode,* Erfüllungs- und Gewährleistungssicherheiten in innerstaatlichen und grenzüberschreitenden Bauverträgen, ZfIR 2000, 165; *Wiegmann,* Grund, Grenzen und Wirkungsweise des § 105 InsO, 2004; *Wudy,* Abwicklungsvereinbarung infolge eines wegen Insolvenz des Bauträgers stecken gebliebenen Bauvorhabens, ZNotP 2001, 142. Im übrigen wird auf das Schrifttum zu § 103 verwiesen.

Übersicht

	RdNr.		RdNr.
A. Normzweck	1	1. Höchstpersönliche Leistungen	22
B. Entstehungsgeschichte	3	2. Sonderfälle	23
C. Einzelerläuterungen	6	3. Rechtsfolgen	24
I. Satz 1	6	III. Satz 1 als zwingendes Recht	37
1. Allgemeines	6	IV. Satz 2	38
2. Historische Auslegung	9	1. Allgemeines	38
3. Teleologische Auslegung	14	2. Verhältnis zum Aussonderungsrecht	39
4. Beispiele für teilbare Leistungen	15	3. Zwingendes Recht	40
II. Unteilbare Leistungen	21		

A. Normzweck

1 § 105 hängt sachlich aufs engste mit § 103 zusammen. Versteht man § 103 in dem Sinne, wie er in Randnummern 1 bis 4a und 11 bis 54 zu dieser Norm ausgebreitet wurde, so **stimmt § 105 Satz 1** (ebenso wie § 108 Abs. 2) **mit dem Normzweck des § 103 bruchlos überein** (s. o. § 103 RdNr. 47).[1] Dieser geht kurz gesagt dahin, bei einem vom

---
[194] *Bosch* aaO S. 1026 RdNr. 66.
[1] So auch *Scherer,* NZI 2004, 113, 116.

Schuldner geschlossenen gegenseitigen Vertrag der Masse im Interesse einer verstärkten Gläubigergleichbehandlung diejenigen noch ausstehenden Leistungen des Vertragspartners zu den Bedingungen des Vertrages zu verschaffen, auf die der Insolvenzverwalter ohne die Erfüllungswahl einen durchsetzbaren Anspruch nicht hätte (s. o. § 103 RdNr. 2). Dabei soll der Masse für die von ihr zu erbringenden vertraglichen Leistungen die Gegenleistung ungeschmälert durch Abtretungen des Schuldners oder Aufrechnungen mit Insolvenzforderungen zugute kommen. Ferner soll die Masse für die Leistungen des Vertragspartners (über die Quote hinaus) lediglich insoweit aufzukommen haben, als sie infolge des Erfüllungsverlangens des Insolvenzverwalters einen originären Anspruch auf diese Leistungen erworben hat (s. o. § 103 RdNr. 3 bis 4 a, 47, 48). Liegt § 103 dieser Normzweck zugrunde, erscheint es nicht nur folgerichtig, sondern zwingend, dass „der andere Teil", d. h. der Vertragspartner des Schuldners, die Gegenleistung für die von ihm vor Eröffnung des Insolvenzverfahrens teilweise erbrachten Leistungen (bei teilbarer Gesamtleistung, s. u. RdNr. 6) auch bei einem Erfüllungsverlangen des Insolvenzverwalters nur als Insolvenzgläubiger (§§ 38 f) geltend machen kann, maW dass es sich bei der Gegenleistung insoweit – ohne Rücksicht auf ein Erfüllungsverlangen – stets um eine Insolvenzforderung und nie um eine Masseverbindlichkeit (§§ 53 ff.) handelt.

In Teilen der **Literatur** wird § 105 Satz 1 als **rechtspolitisch verfehlt** und **verfassungsrechtlich bedenklich** angesehen.[2] Das beruht auf einem Fundamentaldissens über den Normzweck des § 103 und die Wertung der Interessen der Partner gegenseitiger Verträge im Falle der Insolvenz (s. o. § 103 RdNr. 2, 11). Der Bundesgerichtshof sucht mit seiner neueren Rechtsprechung zu gegenseitigen Verträgen in der Insolvenz eine Linie einzuhalten, die im Interesse der Insolvenzgläubiger eine gegenüber der bisherigen Rechtsprechung größere Verteilungsgerechtigkeit gewährleistet und zugleich den berechtigten Interessen des Vertragspartners und der Zessionare (insbesondere Sicherungsnehmer) des Schuldners angemessen Rechnung trägt. § 105 Satz 1 (mittelbar auch § 108 Abs. 2 – ab 1. 7. 2007: Abs. 3) unterstützt diese Rechtsprechungslinie in einem wesentlichen Punkt: der rechtlichen Qualifizierung des anteiligen Gegenleistungsanspruchs des Vertragspartners für vor Eröffnung des Insolvenzverfahrens erfolgte teilweise Vorleistungen bei einem Erfüllungsverlangen des Insolvenzverwalters (s. o. § 103 RdNr. 47). Für denjenigen, der von der grundsätzlichen Richtigkeit der neueren höchstrichterlichen Rechtsprechung überzeugt ist, bedeutet diese partielle Deckungsgleichheit mit den Vorstellungen des Gesetzgebers der Insolvenzordnung eine willkommene Bestätigung dieser Judikatur. Er wird **§ 105 Satz 1** (ebenso wie § 108 Abs. 2) nicht nur für **rechtspolitisch zutreffend,** sondern zugleich für **rechtsdogmatisch geboten** halten.[3] Irgendwelche Zweifel an der Vereinbarkeit des § 105 Satz 1 mit der Verfassung bestehen nicht.[4]

B. Entstehungsgeschichte

§ 105 geht zurück auf § 36 Abs. 2 VerglO und § 26 Satz 1 KO. § 36 VerglO hatte folgenden Wortlaut:

„Ein Gläubiger, dessen Forderung auf einem gegenseitigen Vertrage beruht, ist nicht Vergleichsgläubiger, wenn zur Zeit der Eröffnung des Verfahrens noch keine Vertragspartei den Vertrag vollständig erfüllt hat.

Sind die geschuldeten Leistungen teilbar und hat der Gläubiger die ihm obliegende Leistung zur Zeit der Eröffnung des Verfahrens bereits teilweise erbracht, so ist er mit dem der Teilleistung entsprechenden Betrage seiner Forderung auf die Gegenleistung Vergleichsgläubiger. Wegen dieser Teilleistung kann der

---

[2] Vgl. insbesondere HK-*Marotzke* § 105 RdNr. 1 ff. mwN; kritisch auch *Häsemeyer*, Festgabe 50 Jahre BGH, S. 725, 730 f; *Henckel*, Festschrift für Kirchhof, S. 191, 202 f.
[3] Vgl. *Nerlich/Römermann/Balthasar* § 105 RdNr. 5; *Scheffler* ZIP 2001, 1182, 1185.
[4] Zutreffend *Kübler/Prütting/Tintelnot* § 105 RdNr. 2; s. o. § 103 RdNr. 47; auch *Henckel*, Festschrift für Kirchhof, S. 191, 203 f.

Gläubiger ein etwa im Vertrage vereinbartes oder als vereinbart geltendes Rücktrittsrecht nach der Verfahrenseröffnung nicht mehr ausüben.

Ist die vom Gläubiger geschuldete Leistung deshalb nicht als vollständig bewirkt anzusehen, weil die Leistung mangelhaft ist, so ist der Gläubiger mit dem Anspruch auf die ihm trotz des Mangels etwa zustehende Gegenleistung Vergleichsgläubiger; die dem Schuldner wegen des Mangels zustehenden Rechte bleiben unberührt."

4 Bereits der Erste Bericht der Kommission für Insolvenzrecht sah in Leitsatz 2.4.1.10 mit der Überschrift **„Teilbare Leistung"** eine § 105 Satz 1 entsprechende Regelung vor. Der Leitsatz lautet:[5]

„Sind die geschuldeten Leistungen teilbar und hat der Vertragspartner des Schuldners die ihm obliegende Leistung zur Zeit der Eröffnung des Insolvenzverfahrens bereits teilweise erbracht, so nimmt er mit seinem Gegenleistungsanspruch für die vor Eröffnung des Insolvenzverfahrens erbrachte Teilleistung am Reorganisationsverfahren teil."

Der Leitsatz wurde wie folgt begründet:[6]

„Hat der Vertragspartner des Schuldners eine teilbare Leistung zu erbringen, so erscheint es sachgerecht, die Forderung des Vertragspartners im Reorganisationsverfahren ebenso zu behandeln, wie dies § 36 Abs. 2 Satz 1 VerglO für das Vergleichsverfahren vorsieht. Demgemäß soll die unterschiedliche Behandlung der Teilforderungen übernommen werden. Der Gläubiger soll mit der Forderung für die Teilleistung, die er vor Eröffnung des Insolvenzverfahrens erbracht hat, am Reorganisationsverfahren teilnehmen; insbesondere wird sich nach den Regeln des Plans bestimmen, in welcher Höhe und zu welchem Zeitpunkt diese Rückstände aus den früheren Lieferabschnitten zu erfüllen sind. Die Teillieferungen, die erst nach Verfahrenseröffnung geleistet werden, sind dagegen jeweils in voller Höhe zu begleichen."

5 § 113 DE und RefE sowie § 119 RegE übernahmen den Vorschlag. Die Begründung zu § 119 RegE, der § 105 wörtlich entspricht, lautet:[7]

„Satz 1 übernimmt den Gedanken des § 36 Abs. 2 Satz 1 VerglO. Bei Verträgen über teilbare Leistungen, insbesondere über die fortlaufende Lieferung von Waren oder Energie, kann der Insolvenzverwalter für die Zukunft Erfüllung verlangen, ohne dadurch auch für die Vergangenheit zur vollen Erfüllung verpflichtet zu werden. Der Vertragspartner muß den Anspruch auf die Gegenleistung für seine Leistungen aus der Vergangenheit als Insolvenzgläubiger geltend machen, unabhängig davon, ob der Verwalter für die Zukunft die Erfüllung wählt oder diese ablehnt.

Im Wortlaut der Konkursordnung hat dieser Gedanke keinen Niederschlag gefunden. Rechtsprechung und Lehre haben jedoch jedenfalls für Energieversorgungsverträge auf anderen Wegen ähnliche Ergebnisse erreicht: Nach einer früher verbreiteten Auffassung sind diese Verträge als sogenannte Wiederkehrschuldverhältnisse aufzufassen. Sie bilden eine Kette ständig wiederholter Einzelverträge, mit der Folge, daß der Bezug von Energie für die Zukunft den Konkursverwalter nicht verpflichtet, aus der Konkursmasse Zahlungsrückstände des Schuldners zu begleichen. Heute wird überwiegend die Ansicht vertreten, zwar sei auch bei Energielieferungsverträgen § 17 KO auf den gesamten Vertrag anwendbar; der Verwalter könne jedoch durch Ablehnung der Erfüllung die Pflicht zur Zahlung von Rückständen vermeiden, und das Versorgungsunternehmen sei dennoch auf Grund des öffentlich-rechtlichen Kontrahierungszwangs zum sofortigen Abschluß eines neuen Vertrages verpflichtet. Bisherige Sonderkonditionen brauche das Versorgungsunternehmen allerdings nicht aufrechtzuerhalten.

Die Übernahme der Regelung der Vergleichsordnung macht diese Konstruktionen überflüssig. Sie gewährleistet zugleich, daß der Verwalter die Möglichkeit hat, Verträge über die fortlaufende Lieferung von Waren oder Energie im Insolvenzverfahren zu den gleichen Bedingungen fortzusetzen. Die

---

[5] 1. KommBer., S. 226. Die Regelung sollte im Vorverfahren sinngemäß gelten, Leitsatz 1.3.4.1, *das.*, S. 146, und nach Einleitung des Liquidationsverfahrens fortbestehen, Leitsatz 3.1.1, *das.*, S. 304.
[6] 1. KommBer., S. 226.
[7] BT-Drs. 12/2443 S. 145 f.

Fortführung eines Unternehmens im Insolvenzverfahren wird erleichtert. Der Vertragspartner, der seine Rückstände nur als Insolvenzforderungen geltend machen kann, wird im Vergleich zu den anderen Gläubigern nicht unzumutbar belastet, da er für die Zeit von der Eröffnung des Verfahrens an die vereinbarte Gegenleistung voll aus der Masse erhält.

In Satz 2 wird klargestellt, daß der Vertragspartner des Schuldners die ihm durch Satz 1 auferlegte Einschränkung seiner Rechtsstellung auch nicht dadurch kompensieren kann, daß er die Rückgabe der von ihm erbrachten Teilleistung aus der Insolvenzmasse verlangt. Auch soweit ihm für den Fall der Nichterfüllung durch den Schuldner ein gesetzliches oder vertragliches Rücktrittsrecht zusteht, kann er sich nicht durch Ausübung dieses Rücktrittsrechts nach der Verfahrenseröffnung einen Masseanspruch auf Rückgewähr seiner Teilleistung verschaffen (vgl. § 26 Satz 1 KO, § 36 Abs. 2 Satz 2 VerglO)."

C. Einzelerläuterungen

I. Satz 1

1. Allgemeines. Dem Wortlaut – „Sind die geschuldeten Leistungen teilbar …" – entsprechend setzt eine Anwendung des § 105 Satz 1 voraus, dass die von *beiden* Vertragsparteien geschuldeten Leistungen teilbar sind.[8]

Nicht zu verwechseln mit dem Problem der **Teilbarkeit** ist die Frage, ob ein gegenseitiger Vertrag im Sinn von § 103 **„vollständig erfüllt"** ist. Die Teilbarkeit bezieht sich auf die geschuldete Leistung als Vertragsgegenstand. Ob ein Vertrag vollständig erfüllt ist, hängt demgegenüber unabhängig von der Teilbarkeit davon ab, ob die geschuldete Leistung so, wie sie nach dem Inhalt des Vertrages zu erbringen ist, bewirkt wurde (s. o. § 103 RdNr. 122 ff.). Ist zB der Besitz der verkauften Sache übertragen, fehlt aber noch die Einigung über den Eigentumsübergang, ist der Kaufvertrag nach § 433 Abs. 1 Satz 1 BGB nicht vollständig erfüllt, auch wenn die Sache als solche unteilbar ist. In einem solchen Fall greift § 105 Satz 1 nicht ein. Im Konkurs des Käufers kann der Verkäufer die Sache nach § 47 i. V. m. § 985 BGB wegen des bei ihm verbliebenen Eigentums aussondern (§ 103 RdNr. 25). Umgekehrt ist freilich ein gegenseitiger Vertrag nie vollständig erfüllt, wenn bei teilbarem Vertragsgegenstand nur ein Teil im Sinn einer teilweisen Erfüllung erbracht worden ist.

Der § 105 Satz 1 zugrunde liegende **Begriff der Teilbarkeit** ist umstritten. Wohl überwiegend wird einem weiten Verständnis das Wort geredet.[9] Es wird jedoch auch angenommen, bei der Feststellung der Teilbarkeit sei nicht großzügig, sondern streng zu verfahren.[10]

2. Historische Auslegung. Nach der Entstehungsgeschichte des § 105 liegt es nahe, zum Verständnis des Teilbarkeitsbegriffs auf die **Auslegung von § 36 Abs. 2 VerglO** zurückzugreifen.[11] Die maßgebliche Meinung ging davon aus, dass diese Norm alle Arten von gegenseitigen Verträgen erfasste, bei denen die beiderseitigen Leistungen teilbar waren.[12] Allerdings wurde der Vorschrift in erster Linie Bedeutung für solche gegenseitigen Verträge beigemessen, die nach und nach zu erbringende gleichartige Leistungen zum Gegenstand hatten, und angenommen, dass für das Vergleichsverfahren die unterschiedliche Behandlung von Sukzessivlieferungsverträgen und Wiederkehrschuldverhältnissen aufgehoben sei.[13]

---

[8] *Nerlich/Römermann/Balthasar* § 105 RdNr. 7; *Scheffler* ZIP 2001, 1182, 1186. Zu § 36 Abs. 2 VerglO BGHZ 67, 242, 246; 129, 336, 342.
[9] Etwa von BGHZ 147, 28, 34; 150, 353, 359; *Gottwald/Huber*, Insolvenzrechts-Handbuch § 36 RdNr. 1 ff (3); *Kreft*, Festschrift für Uhlenbruck, S. 387, 388, 396; *Kübler/Prütting/Tintelnot* § 105 RdNr. 4; *Nerlich/Römermann/Balthasar* § 105 RdNr. 7; *Scherer*, NZI 2004, 113, 117; *Thode* ZfIR 2000, 165, 181.
[10] HK-*Marotzke* § 105 RdNr. 8; weitere Nachweise bei *Gottwald/Huber*, Kap. 36 RdNr. 1 Fn. 3.
[11] *Kreft*, Festschrift für Uhlenbruck, S. 387, 389 mwN in Fn. 7.
[12] BGHZ 51, 350, 355; *Bley/Mohrbutter*, VerglO § 36 RdNr. 47 zu a.
[13] BGHZ 51, 350, 355; 67, 242, 247; *Bley/Mohrbutter*, VerglO § 36 RdNr. 46 zu a.

10 Im Anschluss an eine Entscheidung des Reichsgerichts,[14] die einen Lizenzvertrag mit monatlicher Abrechnung von Stücklizenzen betraf, wurde eine Leistung allgemein dann als teilbar angesehen, „wenn ein beliebiger Leistungsteil seinem Wesen und Wert nach verhältnismäßig (anteilig) der Gesamtleistung entspricht, d. h. sich nur der Größe, nicht der Beschaffenheit nach von ihr unterscheidet."[15] Allerdings wurde die Meinung, es müsse sich um einen Leistungsteil handeln, der als Einheit verselbständigt ist und als kleine Einheit wesensmäßig dem ganzen entspricht, also in entsprechender Vergrößerung zum Ganzen wird (das „kleine Ganze"), als zu eng abgelehnt.[16] Vielmehr wurde aus dem Gesetzeszweck des § 36 Abs. 2 VerglO, es im Interesse der **gleichmäßigen Behandlung aller Gläubiger** zu verhindern, dass die für die Erfüllung eines Vergleichs verfügbaren Mittel geschmälert werden und dadurch das Zustandekommen eines Vergleichs erschwert wird, abgeleitet, dass eine **weite Auslegung** des Begriffs der Teilbarkeit geboten sei. Auch Werkleistungen mit Einschluss von Bauwerken könnten teilbar sein. Denkbar sei dies auch für nebeneinander geschuldete ungleichartige Leistungen. Abgelehnt wurde allerdings, eine Leistung immer schon dann als teilbar anzusehen, wenn sich der Umfang und die Art der Teilleistung zu einem bestimmten Stichtag tatsächlich feststellen und berechnen ließen. Dies treffe insbesondere dann zu, wenn der Leistende ausgetauscht werden könne.[17] Demgegenüber wurde für den Werkvertrag angenommen, die Teilbarkeit sei je nach den Umständen des Einzelfalls, der Art der auszuführenden Arbeiten und der getroffenen Vereinbarungen verschieden zu beurteilen. Für die Teilbarkeit könne allein maßgebend sein, ob und inwieweit nach dem Inhalt des Vertrages einzelne Leistungen von der Gesamtleistung abtrennbar seien und sich die Gegenleistung auf diese Teilleistungen beziehen lasse. Teilbar sei eine Leistung demnach nur dann, wenn sie in **hinreichend verselbständigte Teile** aufgespalten werden könne. Nur dann sei die **Interessenlage der bei Sukzessivlieferungs-** und ähnlichen **Verträgen** vergleichbar, die der Bestimmung des § 36 Abs. 2 VerglO zugrunde liege.[18]

11 Der Grund für diese Einschränkung des Teilbarkeitsbegriffs wurde aus dem **Gesetzeszweck** des § 36 Abs. 1 VerglO gefolgert, der seinerseits aus dem Gesetzeszweck **des § 17 Abs. 1 KO in dem damaligen Verständnis** abgeleitet wurde.[19] Danach kam der Entscheidung des Konkursverwalters für die Erfüllung eines gegenseitigen Vertrages insbesondere die Wirkung zu, dass dem Vertragspartner die Gegenleistung auch für die vor Eröffnung des Konkursverfahrens erbrachten Teilleistungen aus der Masse zu erbringen war (s. o. § 103 RdNr. 9 mwN). Dieses Verständnis musste zu einer **kaum überbrückbaren Spannung zwischen § 17 Abs. 1 KO** und § 36 Abs. 1 VerglO einerseits **und § 36 Abs. 2 VerglO** andererseits führen. Da nicht versucht wurde, aus dieser Norm ein neues Verständnis des § 17 Abs. 1 KO und des ihm korrespondierenden § 36 Abs. 1 VerglO abzuleiten, verwundert es nicht, dass der Vorschrift des § 36 Abs. 2 VerglO mit großer Zurückhaltung begegnet wurde (s. o. § 103 RdNr. 9).[20] Die Entscheidung des Bundesgerichtshofes vom 21. Oktober 1976 ist vor diesem Hintergrund als der **Versuch eines Kompromisses** zwischen zwei im Grunde nicht zu vereinbarenden dogmatischen Positionen zu verstehen, wenn es dort heißt:[21]

> „§ 36 Abs. 1 VerglO will aber die Gläubiger aus gegenseitigen Verträgen privilegieren . . .; sie sollen in erster Linie und möglichst lange geschützt werden . . . Wenn solche Gläubiger vorgeleistet haben, zur vollständigen Erfüllung verpflichtet bleiben und dazu auch weiter bereit sind, sollen sie grundsätzlich ihren vollen Anspruch auf die Gegenleistung behalten und nicht auf die anteilige Befriedigung für ihre bisher erbrachte Leistung angewiesen sein.

---

[14] RGZ 155, 306, 313.
[15] BGHZ 67, 242, 246.
[16] BGHZ 67, 242, 246 f.
[17] BGHZ 67, 242, 248.
[18] Ähnlich noch BGHZ 125, 270, 274 f.
[19] BGHZ 58, 246, 248 f; 67, 242, 248 f.
[20] Ähnlich noch heute HK-*Marotzke* § 105 RdNr. 7.
[21] BGHZ 67, 242, 248 f.

§ 36 Abs. 2 VerglO schränkt diesen Grundsatz ein, hebt ihn aber nicht auf. Eine wenn auch weite, so doch interessengerechte Auslegung der Teilbarkeit kann deshalb nicht dazu führen, eine Leistung schon immer dann als ‚teilbar' im Sinne des § 36 Abs. 2 VerglO anzusehen, wenn sich die erbrachte Teilleistung feststellen und bewerten läßt. Das ist fast immer so."

Aus dem **Rückblick auf die Entstehungsgeschichte** ist für die Auslegung von § 105 **12** Satz 1 zunächst zu folgern, dass **teilbare Leistungen** grundsätzlich **in jedem beliebigen gegenseitigen Vertrag** vereinbart werden können. Teilbar sind mithin nicht nur solche Leistungen, die Gegenstand von Sukzessivlieferungsverträgen oder sog. Wiederkehrschuldverhältnissen sein können. Dieses weite Verständnis ist mit dem Wortlaut des § 105 Satz 1, der ganz allgemein von geschuldeten teilbaren Leistungen spricht, und mit den Vorstellungen des Gesetzgebers vereinbar. In der Begründung von § 119 RegE heißt es ausdrücklich (s. o. RdNr. 5): „Bei Verträgen über teilbare Leistungen, insbesondere...". Danach hatte der Gesetzgeber ersichtlich alle möglichen gegenseitigen Verträge vor Augen. Aus der Auslegung von § 36 Abs. 2 VerglO ist ferner abzuleiten, dass der **Teilbarkeitsbegriff des § 105 Satz 1 keinesfalls in einem engeren Sinn** zu verstehen ist. Es gibt keine Anhaltspunkte für die Annahme, diese Norm falle hinter BGHZ 67, 242 zurück.

Von besonderer Bedeutung für das Verständnis von § 105 Satz 1 ist die Erkenntnis, dass **13** ein **enger Zusammenhang zwischen** der Auslegung des **Teilbarkeitsbegriffs** in § 36 Abs. 2 VerglO einerseits **und Sinn und Zweck des § 17 Abs. 1 KO** andererseits bestand. Dies führt zu der methodischen Annahme, dass ein gewandeltes Normverständnis des § 17 Abs. 1 KO, das für § 103 zu übernehmen ist (s. o. § 103 RdNr. 12), wesentlichen Einfluss auf die Auslegung des Teilbarkeitsbegriffs des § 105 Satz 1 und des § 103 im Allgemeinen hat.[22]

3. Teleologische Auslegung. Ein wesentlicher Grund dafür, dass der Bundesgerichtshof **14** davon absah, eine Leistung schon immer dann für teilbar im Sinne des § 36 Abs. 2 VerglO zu halten, wenn sich die erbrachte Teilleistung feststellen und bewerten ließ, ist – wie dargelegt (s. o. RdNr. 11) – auf die Annahme zurückzuführen, dass Gläubiger, die ihre Leistungen vor Konkurseröffnung teilweise erbracht, aber keine ausgleichende Gegenleistung des Schuldners erhalten hatten, bei einer Erfüllungswahl des Konkursverwalters grundsätzlich ihren vollen Anspruch auf die Gegenleistung gegen die Masse geltend machen konnten und nicht darauf verwiesen wurden, den Anspruch auf anteilige Befriedigung für ihre vor Konkurseröffnung erbrachten Leistungen als Konkursforderung zur Tabelle anzumelden. Diese Annahme ist nach der neuen Rechtsprechung des Bundesgerichtshofes zu § 17 KO, die auf § 103 zu übertragen ist (s. o. RdNr. 13), und nach § 105 Satz 1 nicht mehr aufrechtzuerhalten. Danach ist die Masse nicht länger zu Gegenleistungen für Teilleistungen verpflichtet, die der Vertragspartner vor Eröffnung des Konkurs(Insolvenz)verfahrens erbracht hat.[23] Vielmehr lässt ein Erfüllungsverlangen des Konkurs(Insolvenz)verwalters die rechtliche Qualifizierung des Anspruchs auf die anteilige Gegenleistung für vor Verfahrenseröffnung erbrachte Teilleistungen als Konkurs(Insolvenz)forderung aus Gründen der Gläubigergleichbehandlung unberührt; umgekehrt erhalten die beiderseitigen Erfüllungsansprüche durch die Erfüllungswahl des Insolvenzverwalters die Qualität von originären Forderungen der und gegen die Masse, soweit sie nicht auf die anteilige Gegenleistung für vor Verfahrenseröffnung erbrachte Leistungen gerichtet sind (s. o. § 103 RdNr. 47, 48, 51). Bei dieser Rechtslage ist nicht bei dem zu § 36 Abs. 2 VglO entwickelten, immer noch relativ engen Teilbarkeitsbegriff stehen zu bleiben. Vielmehr ist der Begriff der Teilbarkeit im Sinne der §§ 103, 105 Satz 1 entsprechend dem gewandelten Normzweck der §§ 17 KO, 103 weit auszulegen. Eine **Leistung** ist demzufolge als **teilbar** anzusehen, **wenn sich eine erbrachte Teilleistung feststellen und bewerten lässt.**[24] In der Entscheidung des Bundes-

---

[22] *Kreft,* Festschrift für Uhlenbruck, S. 387, 392 f.
[23] BGHZ 135, 25, 27. S. o. § 103 RdNr. 2, 4, 4 a, 47, 48.
[24] BGHZ 150, 353, 359; *Kreft,* Festschrift für Uhlenbruck, S. 387, 396 mwN; *Scherer,* NZI 2004, 113, 114, 117; *Braun/Kroth* § 105 RdNr. 5; *Gottwald/Huber,* Kap. 36 RdNr. 3; HambKomm-*Ahrendt* § 105 RdNr. 4; FK-*Wegener* § 105 RdNr. 7; *Uhlenbruck/Berscheid* § 105 RdNr. 6; vgl. bereits BGHZ 147, 28, 33 f.

§ 105 15–17   3. Teil. 2. Abschnitt. Erfüllung Rechtsgeschäfte. Mitwirkung BR

gerichtshofes vom 21. Oktober 1976 wurde mit Recht angenommen, dass dies **fast immer so ist**.[25]

15 4. Beispiele für teilbare Leistungen. a) Allgemeines. Um teilbare Leistungen handelt es sich grundsätzlich, wenn mehrere Sachen auf Grund eines **Kaufvertrages** geschuldet werden, gleichviel, ob diese Sachen gleichartig oder ungleichartig sind. Das letzte gilt etwa für den Kauf von Hardware und Software. Teilbar sind ferner regelmäßig diejenigen Leistungen, die infolge eines **Werkvertrages** geschuldet werden. Dies trifft insbesondere auch für **Bauleistungen** zu.[26] Ferner sind Leistungen, denen ein **Miet- oder ein Pachtvertrag** zugrunde liegt, im Allgemeinen als teilbar anzusehen.[27] Das gleiche gilt für Leistungen auf Grund **sonstiger Dauerschuldverhältnisse**, insbesondere **Dienstleistungen**.[28] Insoweit sind die Sondervorschriften der §§ 108 ff zu beachten. Nur soweit diese nicht anwendbar sind, ist auf die allgemeinen Vorschriften der §§ 103, 105 zurückzugreifen. Auch Leistungen, die infolge eines entgeltlichen **Kreditvertrages** geschuldet werden, sind regelmäßig teilbar. Wurde der verzinsliche Kredit vor Eröffnung des Insolvenzverfahrens nicht voll ausgezahlt[29] und wählt der Verwalter – weil es an einer wirksamen Kündigung des Kreditgebers fehlt – Erfüllung, so handelt es sich bei dem Anspruch des Insolvenzverwalters auf Auszahlung des restlichen Kreditbetrages um einen originären Masseanspruch und bei den nach Verfahrenseröffnung anfallenden Zinsen ebenso um Masseverbindlichkeiten wie bei dem Anspruch des Kreditgebers auf Rückzahlung des nach Verfahrenseröffnung ausgezahlten Kreditbetrages. Demgegenüber sind die auf einen vor Verfahrenseröffnung ausgezahlten Kreditbetrag entfallenden Zinsforderungen Insolvenzforderungen, und zwar solche nach § 38, soweit sie bis zur Verfahrenseröffnung entstanden sind; die seit der Verfahrenseröffnung laufenden Zinsen fallen insoweit unter § 39 Abs. 1 Nr. 1. Die Forderung auf Rückzahlung des vor Verfahrenseröffnung ausgezahlten Kredits ist stets Insolvenzforderung im Sinn von § 38.[30]

16 b) Mangelhafte Leistungen. Jede Leistung ist grundsätzlich auch insofern teilbar, als es um Mängel geht. Davon ging bereits § 36 Abs. 3 VerglO aus. Eine mangelhafte Leistung ist grundsätzlich nur teilweise – im Umfang der Mangelfreiheit – erbracht.[31] Das gilt insbesondere für geschuldete Werkleistungen, und zwar gleichviel, ob die Mängel vor oder nach Abnahme aufgetreten sind.[32] Es trifft aber auch auf Kaufverträge zu.

17 aa) Insolvenz des Verkäufers oder des Auftragnehmers. Verlangt der Verwalter **keine Erfüllung,** so braucht der Vertragspartner die Gegenleistung nur insoweit zu erbringen, als sich dies aus den Gewährleistungsvorschriften, insbesondere den §§ 434 ff, 633 ff

---

[25] BGHZ 67, 242, 249. S. o. RdNr. 11.
[26] *Kreft*, Festschrift für Uhlenbruck, S. 387, 396, 398 ff mwN; *Thode* ZfIR 2000, 165, 180 f; *Meyer* NZI 2001, 294, 297. Diese Annahme liegt bereits der Entscheidung BGHZ 129, 336, 343 zugrunde. Vgl. nunmehr BGHZ 147, 28, 33 f zum Werklieferungsvertrag; BGHZ 150, 353, 364.
[27] HK-*Marotzke* § 105 RdNr. 12. Zur Nutzung von Containern als teilbare Leistung BGHZ 145, 245, 253; auch BGHZ 149, 326, 336. Zur Anwendung von § 105 auf einen Kostenerstattungsanspruch BGH ZIP 2006, 2132, 2133 f.; *Damerius* ZInsO 2007, 569, 571 ff.
[28] HK-*Marotzke* § 105 RdNr. 14.
[29] Bei einer vollen Auszahlung hat der Darlehensgeber seine vertragliche Pflicht allerdings gänzlich und nicht nur teilweise erfüllt (streitig; vgl. die Nachweise bei *Engert/Schmidl*, WM 2005, 60, 64 f). Anders als bei Miet- und Pachtverträgen ist bei Darlehensverträgen eine fortdauernde Pflicht, die Kreditmittel dem Darlehensnehmer zu belassen, nicht aber rechtlich anzunehmen (vgl. BGHZ 147, 193, 196). Denn die Darlehensmittel sind – im Gegensatz zu Miet- und Pachtgegenständen – dinglich in das Vermögen des Darlehensnehmers eingegangen; dem Darlehensgeber stehen an ihnen keinerlei Rechte mehr zu. Ähnlich *Fleckner* ZIP 2004, 585, 595 f; *ders.* WM 2004, 2051, 2054; FK-*Wegener* § 103 RdNr. 6 b; vgl. auch *ders.* § 105 RdNr. 12 a. AA etwa *Kübler/Prütting/Tintelnot* § 105 RdNr. 19. Wie hier ab 1. 7. 2007: § 108 Abs. 2 n. F.
[30] Vgl. HK-*Marotzke* § 105 RdNr. 13.
[31] *Uhlenbruck/Berscheid* § 105 RdNr. 22; *Kreft*, Festschrift für Kirchhof, S. 275, 282; *Wegener*, Das Wahlrecht des Insolvenzverwalters, RdNr. 494, 521, 542; aA wohl HK-*Marotzke* § 105 RdNr. 16; differenzierend *Gottwald/Huber*, Kap. 35 RdNr. 25, Kap. 34 RdNr. 28 ff.
[32] Vgl. BGH ZIP 1999, 199, 200 f; *Kreft*, Festschrift für Uhlenbruck, S. 387, 397; *Thode* ZfIR 2000, 165, 178 f; *Schmitz* ZIP 2001, 765, 766; auch BGHZ 147, 28, 38 zu 2; teilweise abweichend *Heidland*, Festschrift für Uhlenbruck, S. 423, 437 ff.

BGB ergibt. Steht die Gegenleistung noch aus, braucht der Vertragspartner sie nur gekürzt oder – etwa bei einem Rücktritt – gar nicht zu erbringen. Hat der Vertragspartner die Gegenleistung bereits teilweise erbracht, so steht ihm in Höhe des – unter Berücksichtigung der Mängel – zu viel gezahlten Betrages lediglich ein Insolvenzanspruch auf Rückzahlung zu. Dieser ist entweder – etwa bei Minderung oder Rücktritt – von vornherein auf Geld gerichtet oder – falls ein Anspruch auf Nacherfüllung besteht – gemäß § 45 in Geld umzurechnen (s. o. § 103 RdNr. 25 aE).³³ Ferner kann der Vertragspartner gemäß § 103 Abs. 2 Satz 1 einen Anspruch wegen der Nichterfüllung als Insolvenzforderung geltend machen.

Wählt der Insolvenzverwalter **Erfüllung**, etwa um Nacherfüllungsrechte wahrzunehmen (vgl. §§ 439, 635 BGB) und auf diese Weise den vollen Kaufpreis oder Werklohn zu erhalten – dies kann er freilich nur dann, wenn der Käufer oder Auftraggeber Nacherfüllung begehrt –,³⁴ so hat der Vertragspartner, der **noch nicht geleistet** hat, einen entsprechenden originären Nacherfüllungsanspruch gegen die Masse; der auf den Mangel entfallende Teil des Anspruchs des Insolvenzverwalters auf die Gegenleistung wird originäre Masseforderung (s. o. § 103 RdNr. 41). Hat der Käufer oder Auftraggeber eine **Vorauszahlung geleistet,** welche den auf den Mangel entfallenden Teil des Kaufpreises oder Werklohns teilweise abdeckt, stellt sich die Frage, ob der Insolvenzverwalter nur insoweit nachzuerfüllen braucht, als die Arbeiten dem noch offenen Teil des Kaufpreises oder Werklohns entsprechen (s. o. § 103 RdNr. 47, 48). Dies trifft – abweichend von der in der 1. Auflage vertretenen Meinung – grundsätzlich zu. Dem könnte zwar entgegenstehen, dass nach materiellem Schuldrecht vollständige Mängelbeseitigung geschuldet wird. Danach hätte der Insolvenzverwalter bei Erfüllungswahl vollständig nachzuerfüllen. Da die Masse in Höhe ihrer Leistungen zu entgelten ist, könnte der Insolvenzverwalter in diesem Fall die vollen Nacherfüllungskosten als originäre Masseforderung beanspruchen. Der Vertragspartner müsste dann in Höhe seiner Vorauszahlungen erneut zahlen. Da die Vorauszahlung in dieser Höhe ihren Zweck verfehlte, steht dem Vertragspartner insoweit eine Insolvenzforderung auf Rückzahlung zu.³⁵ Diese Rechtsfolge setzt aber voraus, dass der Vertragspartner sich mit einer vollständigen Mangelbeseitigung einverstanden erklärt. Tut er dies nicht, führt die Erfüllungswahl dazu, dass sich die Nacherfüllung auf Leistungen beschränkt, die der noch ausstehenden Gegenleistung des Vertragspartners entsprechen. Es geht nicht an, dem Vertragspartner gegen seinen Willen eine vollständige Nacherfüllung aufzudrängen.³⁶ **18**

bb) Insolvenz des Käufers oder Auftraggebers. Verlangt der Verwalter **keine Erfüllung**, so kann er, wenn der Schuldner den **Kaufpreis oder Werklohn teilweise erbracht** hat und seine Zahlung unter Berücksichtigung der Mängel über das Geschuldete hinausgeht, den wegen der Mängel zu viel gezahlten Betrag zurückfordern. Er kann – sofern ein Recht auf Nacherfüllung besteht (§§ 439, 635 BGB) – auch im Umfang der Vorauszahlung **anteilige Nacherfüllung** verlangen.³⁷ Der Vertragspartner kann beiden Ansprüchen gegebenenfalls mit einer Forderung wegen Nichterfüllung (§ 103 Abs. 2 Satz 1) entgegentreten (s. o. § 103 RdNr. 35, 38). **19**

Wählt der Insolvenzverwalter **Erfüllung**, so muss er die auf die Mängelbeseitigung entfallende anteilige Gegenleistung, sofern sie nicht durch Vorauszahlungen abgedeckt ist, aus der Masse erbringen.³⁸ **20**

---

³³ Vgl. im einzelnen *Wegener,* Das Wahlrecht des Insolvenzverwalters, RdNr. 544 ff.
³⁴ Vgl. *Wegener,* Das Wahlrecht des Insolvenzverwalters, RdNr. 530 ff, 560 f mwN.
³⁵ Vgl. *Kreft,* Festschrift für Uhlenbruck, S. 387, 400 f; aA etwa *Schmitz,* Die Bauinsolvenz, RdNr. 310 ff.
³⁶ *Kreft,* Festschrift für Kirchhof, S. 275, 285. Damit dürfte der Kritik von *Kesseler,* ZIP 2005, 2046, 2050 f, der Boden entzogen sein. Ähnlich *Graf-Schlicker/Breitenbücher* § 105 RdNr. 10; wohl auch *Linder,* Vorleistungen in der Insolvenz, S. 128 f und *Wegener,* Das Wahlrecht des Insolvenzverwalters, RdNr. 579 ff.
³⁷ Vgl. *Kreft,* Festschrift für Uhlenbruck, S. 387, 402. Vgl. § 103 RdNr. 32. Die Entscheidung BGH ZIP 2006, 1736, 1738, zur Veröff. best. in BGHZ, dürfte nicht entgegenstehen.
³⁸ *Kreft,* Festschrift für Uhlenbruck, S. 387, 403. S. o. § 103 RdNr. 51, 54.

II. Unteilbare Leistungen

21 Nach den Ausführungen zu C I 3 (s. o. RdNr. 14) und C I 4 (s.o. RdNr. 16 ff) ist **grundsätzlich jede Leistung teilbar**. Von diesem Grundsatz gibt es jedoch **Ausnahmen**.

22 **1. Höchstpersönliche Leistungen.** Ist Gegenstand des Vertrages etwa die Anfertigung eines Gemäldes durch einen bestimmten Künstler, so handelt es sich um eine höchstpersönliche Leistung, die weder ganz noch zu Teilen von einem Dritten erbracht werden kann. Die Teilleistungen, die bis zur Vollendung des Gemäldes erbracht werden, sind für den Auftraggeber wegen der Höchstpersönlichkeit der Schuld für sich genommen regelmäßig ohne Interesse und lassen sich im Allgemeinen nicht gesondert bewerten.[39] In einem solchen Fall erscheint es berechtigt, die geschuldete Leistung als unteilbar anzusehen.[40]

23 **2. Sonderfälle.** Unteilbarkeit dürfte ferner bei solchen Leistungen anzunehmen sein, die auf die Lieferung von mehrteiligen Unikaten gerichtet sind, wobei die einzelnen Teile untereinander in einem Funktionszusammenhang stehen. Handelt es sich in dem von *Henckel*[41] erörterten Tafelservice-Fall bei dem verkauften Service um Gattungsware, so dass die einzelnen Teile jederzeit ersetzt werden können, ist die geschuldete Leistung teilbar. Es gelten die Regeln, die insoweit zur Auslegung des § 103 entwickelt worden sind (vgl. insbesondere § 103 RdNr. 47 ff). Hat der Käufer teilweise vorgeleistet, so braucht der Verwalter in der Insolvenz des Verkäufers bei einem Erfüllungsverlangen nur entsprechend weniger, nämlich nur so viele Teile zu liefern, dass deren Wert dem noch ausstehenden Kaufpreis entspricht. Dabei steht dem Insolvenzverwalter entsprechend § 262 BGB das Wahlrecht zu. Die restlichen Teile kann und muss der Käufer sich anderweitig besorgen. Anders dürfte zu entscheiden sein, wenn es sich bei dem Tafelservice um ein antikes Unikat handelt, das als Ensemble gegenüber der Summe des Wertes der einzelnen Teile einen ungleich höheren Gesamtwert aufweist. Hier und in vergleichbaren Fällen wird die geschuldete Leistung – jedenfalls grundsätzlich – als unteilbar anzusehen sein.

24 **3. Rechtsfolgen.** Hat vor Eröffnung des Insolvenzverfahrens noch keine Vertragspartei eine Leistung erbracht, gestaltet sich die Rechtslage bei einer Insolvenz des Käufers oder Auftraggebers in gleicher Weise wie bei teilbaren Leistungen (s. o. § 103 RdNr. 14 bis 24; 39 bis 46). Unterschiede bestehen im Fall unteilbarer Leistungen bei einer Insolvenz des Verkäufers oder Auftragnehmers und insoweit, als eine oder beide Vertragsparteien vor Verfahrenseröffnung bereits mit der Leistungserbringung begonnen haben. Es ist jeweils wieder danach zu unterscheiden, ob der Schuldner oder der Vertragspartner insolvent geworden ist, ob der Schuldner oder der Vertragspartner vorgeleistet hat und danach, ob der Verwalter sich für Erfüllung oder Nichterfüllung entscheidet (s. o. § 103 RdNr. 13 aE).

25 **a) Insolvenz des Käufers oder Auftraggebers. aa) Der Käufer oder Auftraggeber hat teilweise vorgeleistet. aaa) Der Insolvenzverwalter wählt nicht Erfüllung.** Der Vertrag bleibt grundsätzlich bestehen (s. o. § 103 RdNr. 25). Der Insolvenzverwalter kann Leistungen des Verkäufers oder Auftragnehmers, die über die Vorleistungen hinausgehen, wegen der diesem zustehenden Nichterfüllungseinrede (§ 320 BGB; s. o. § 103 RdNr. 32, 17) nicht verlangen. Dem Insolvenzverwalter steht aber auch nicht ein der Vorleistung entsprechender Teil der versprochenen Gegenleistung zu, denn dieser ist kaum feststellbar und im Allgemeinen für den Insolvenzverwalter ohne Wert. Anders ist es nur, wenn die geschuldete Gesamtleistung in **mehreren höchstpersönlichen Einzelleistungen** – etwa der Herstellung mehrerer Gemälde – besteht, die je für sich einen feststellbaren Wert haben. Entspricht die Vorauszahlung des Schuldners dem Preis für eine oder mehrere Einzelleistungen, kann der Insolvenzverwalter diese Einzelleistungen von dem Vertragspartner verlangen (s. o. § 103 RdNr. 32).

---

[39] Ähnlich bereits BGHZ 67, 242, 248.
[40] *Thode* ZfIR 2000, 165, 181; *Uhlenbruck/Berscheid* § 105 RdNr. 6; *Gottwald/Huber*, Kap. 36 RdNr. 4 aE; HambKomm-*Ahrendt* § 105 RdNr. 4.
[41] *Henckel*, Urteilsanm. JZ 1998, 155, 157 f; dazu auch *Scheffler* ZIP 2001, 1182, 1186.

Hat der Insolvenzverwalter wegen Unteilbarkeit der Leistung keinen durchsetzbaren Anspruch, stellt sich die Frage, ob er die **Vorauszahlung des Schuldners zurückverlangen** kann. Ein solcher Anspruch soll sich aus dem Rechtsgedanken des § 323 Abs. 3 BGB a. F. (jetzt § 326 Abs. 4 BGB n. F.) herleiten lassen.[42] Will man dies annehmen, so steht dem Insolvenzverwalter ein Anspruch auf Rückzahlung aus ungerechtfertigter Bereicherung (Rücktritt) zu. Diesem Anspruch, dessen Grund in der Vorauszahlung und damit vor Eröffnung des Insolvenzverfahrens liegt, kann der Vertragspartner gegebenenfalls eine Insolvenzforderung wegen der Nichterfüllung nach § 103 Abs. 2 Satz 1 entgegensetzen. Beide Ansprüche sind miteinander zu verrechnen, weil sie im Synallagma und in der Eröffnung des Insolvenzverfahrens gründen (s. o. § 103 RdNr. 35).[43] Ist der Anspruch des Vertragspartners wegen der Nichterfüllung höher als die Vorauszahlung des Schuldners, kann der Vertragspartner die Differenz zur Tabelle anmelden. Ist der Rückzahlungsanspruch des Insolvenzverwalters höher, kann dieser die Differenz verlangen. 26

bbb) Der Insolvenzverwalter wählt Erfüllung. In diesem Fall hat der Vertragspartner die noch ausstehende vollständige Leistung zu erbringen; der Insolvenzverwalter hat die restliche Zahlung zu leisten. 27

bb) Der Verkäufer oder Auftragnehmer hat die geschuldete Leistung teilweise erbracht. aaa) Der Insolvenzverwalter wählt nicht Erfüllung. Anders als bei teilbaren Leistungen (dazu § 103 RdNr. 25 bis 30) hat der Vertragspartner bei einer unteilbaren Leistung keinen vertraglichen Anspruch auf Zahlung des seiner teilweisen Leistung entsprechenden anteiligen Kaufpreises oder Werklohns, den er als Insolvenzforderung zur Tabelle anmelden könnte. Denn der Wert der erbrachten Teilleistung lässt sich nicht feststellen. Allerdings dürfte dem Vertragspartner, sofern er dem Schuldner etwa ein oder mehrere Stücke eines mehrteiligen Unikats bereits zu Eigentum übertragen hat (bei bloßer Besitzübertragung hätte der Vertragspartner einen Anspruch aus § 985 BGB, § 47), ein dem Wert dieser isolierten Einzelteile entsprechender Anspruch als Insolvenzforderung zustehen (s. o. § 103 RdNr. 25).[44] Darüber hinaus kann der Vertragspartner einen Anspruch wegen der Nichterfüllung nach § 103 Abs. 2 Satz 1 als Insolvenzforderung geltend machen. 28

bbb) Der Insolvenzverwalter wählt Erfüllung. In diesem Fall hat der Vertragspartner die noch fehlende Leistung zu erbringen. Der Insolvenzverwalter hat grundsätzlich die vereinbarte vollständige Gegenleistung zu zahlen. Hatte der Vertragspartner dem Schuldner von einem mehrteiligen Unikat bereits ein oder mehrere Einzelteile überlassen, so wird der Insolvenzverwalter den Teil des Kaufpreises, der dem isolierten Wert dieser Teile entspricht, freilich nicht aus der Masse zu begleichen haben. Insoweit steht dem Vertragspartner lediglich eine Insolvenzforderung zu (s. o. RdNr. 28).[45] 29

b) Insolvenz des Verkäufers oder Auftragnehmers. aa) Der Verkäufer oder Auftragnehmer hat die geschuldete unteilbare Leistung teilweise erbracht. aaa) Der Insolvenzverwalter wählt nicht Erfüllung. Der Käufer oder Auftraggeber braucht grundsätzlich keinerlei Leistung zu erbringen, weil er die geschuldete unteilbare Leistung, soweit sie noch aussteht, vom Insolvenzverwalter nicht verlangen kann (§ 320 BGB, s. o. § 103 RdNr. 32) und die teilweise erbrachte Leistung ohne Wert und Interesse für ihn ist. Umgekehrt kann er einen Anspruch wegen der Nichterfüllung nach § 103 Abs. 2 Satz 1 als Insolvenzforderung geltend machen. Besteht die geschuldete Leistung aus einem mehrteiligen Unikat und hat der Schuldner ein oder mehrere Einzelteile geleistet, wird der Insolvenzverwalter vom Vertragspartner eine dem isolierten Wert dieser Einzelteile entsprechende Gegenleistung verlangen können.[46] Dem kann der Vertragspartner einen Anspruch wegen der Nichterfüllung entgegensetzen. Insoweit gilt ähnliches wie zu Randnummer 28. 30

---

[42] Vgl. *Jaeger/Henckel* § 17 RdNr. 81. Vgl. auch BGHZ 155, 87, 96 f und § 103 RdNr. 34.
[43] So auch *Linder*, Vorleistungen in der Insolvenz, S. 148.
[44] AA *Linder*, Vorleistungen in der Insolvenz, S. 145 mit Fn. 543.
[45] Insoweit aA *Linder*, Vorleistungen in der Insolvenz, S. 146 mit Fn. 547.
[46] AA *Linder*, Vorleistungen in der Insolvenz, S. 147 mit Fn. 552.

§ 105 31–35   3. Teil. 2. Abschnitt. Erfüllung Rechtsgeschäfte. Mitwirkung BR

Besteht die geschuldete höchstpersönliche Leistung aus mehreren in sich abgeschlossenen Einzelleistungen, zB mehreren Gemälden, und hat der Schuldner eine oder mehrere dieser Einzelleistungen erbracht, steht dem Insolvenzverwalter die auf diese Leistungen entfallende anteilige Vergütung zu (s. o. RdNr. 25).

31 **bbb) Der Insolvenzverwalter wählt Erfüllung.** In diesem – praxisfremden – Fall geht die Erfüllungswahl ins Leere, soweit die vom Schuldner geschuldete höchstpersönliche Leistung – wie die Herstellung eines Gemäldes – nur durch dessen eigene Tätigkeit erfüllt werden kann. Insoweit kann der Insolvenzverwalter nicht „anstelle des Schuldners" leisten.[47] Die Hauptleistungspflicht kann nicht erfüllt werden. Statt dessen kommt eine Schadensersatzpflicht der Masse wegen Nichterfüllung in Betracht. Erbringt der Schuldner die Leistung während des Insolvenzverfahrens dennoch, fällt der Anspruch auf die Gegenleistung als Neuerwerb gemäß § 35 Fall 2 in die Masse.

32 Der Insolvenzverwalter kann indes wegen solcher geschuldeter unteilbarer Leistungen Erfüllung wählen, die er – wie die Lieferung eines mehrteiligen Unikats – anstelle des Schuldners erfüllen kann. Der Verwalter hat bei einer Erfüllungswahl sämtliche noch ausstehenden Teile zu leisten. Der Vertragspartner hat grundsätzlich die volle Gegenleistung als Masseforderung zu erfüllen.[48] Freilich wird die dem isolierten Wert der vorgeleisteten Teile entsprechende Gegenleistung als eine vor Eröffnung des Insolvenzverfahrens begründete Forderung anzusehen sein, der ungeachtet des Erfüllungsverlangens nicht die Qualität einer originären Masseforderung zukommt. Insoweit gelten ähnliche Erwägungen wie bei einer entsprechenden teilbaren Vorleistung des Schuldners (s. o. § 103 RdNr. 51).

33 **bb) Der Käufer oder Auftraggeber hat teilweise vorausgeleistet. aaa) Der Insolvenzverwalter wählt nicht Erfüllung.** Der Insolvenzverwalter des Verkäufers oder Auftragnehmers kann weitere Zahlung nicht verlangen (§ 103 Abs. 2 Satz 3; s. o. § 103 RdNr. 28). Der Vertragspartner kann seinen Anspruch auf die versprochene Leistung nicht – auch nicht teilweise – durchsetzen (s. o. § 103 RdNr. 25). Er kann die Vorauszahlung indes möglicherweise wegen Zweckverfehlung als Insolvenzforderung zurückverlangen (s. o. RdNr. 26). Ferner kann er einen Anspruch wegen der Nichterfüllung nach § 103 Abs. 2 Satz 1 ebenfalls als Insolvenzforderung geltend machen.

34 Etwas anderes gilt nur in solchen Fällen, in denen der Verkäufer oder Auftragnehmer **in sich abgeschlossene Teile einer insgesamt unteilbaren Gesamtleistung** – etwa ein Porträt von mehreren geschuldeten Porträts eines bestimmten Künstlers – zu leisten hat. Soweit die Vorauszahlung des Vertragspartners einem oder mehreren in sich abgeschlossenen Teilen der Gesamtleistung entspricht, kann er sie nicht zurückfordern. Vielmehr steht ihm ein Anspruch auf die anteilige Gegenleistung zu. Diesen kann er – nach Umrechnung in einen Geldanspruch gemäß § 45 – zur Tabelle anmelden (s. o. § 103 RdNr. 25). Daneben steht ihm ggf. ein Anspruch wegen der Nichterfüllung als Insolvenzforderung zu (s. o. § 103 RdNr. 27).

35 **bbb) Der Insolvenzverwalter wählt Erfüllung.** In diesem Fall kommt der Erfüllungswahl wiederum keine Wirkung für die Hauptleistungspflicht zu, soweit die vom Schuldner geschuldete Leistung höchstpersönlich ist (s. o. RdNr. 31). Hat der Schuldner jedoch von einer geschuldeten höchstpersönlichen Gesamtleistung von mehreren in sich abgeschlossenen Einzelleistungen (mehreren Porträts) eine oder mehrere Einzelleistungen bereits fertig gestellt, aber noch nicht an den Vertragspartner abgeliefert, steht diesem bei einer Erfüllungswahl ein Anspruch auf diese Einzelleistungen zu, soweit ihr anteiliger Wert über denjenigen der Vorleistung hinausgeht (s. o. § 103 RdNr. 47). Soweit die Vorausleistung des Käufers oder Auftraggebers dem Wert der fertig gestellten Einzelleistungen entspricht, kann der Vertragspartner seinen Anspruch auf diese Leistungen nach Umrechnung (§ 45) als Insolvenzforderung zur Tabelle anmelden (s. o. § 103 RdNr. 25, 47).

---

[47] *Jaeger/Henckel* § 17 RdNr. 108.
[48] *Thode* ZflR 2000, 165, 180.

Der Erfüllungswahl des Verwalters kommen ferner insoweit Rechtswirkungen zu, als nicht höchstpersönliche unteilbare Leistungen geschuldet werden, also etwa ein mehrteiliges Unikat. In einem solchen Fall steht dem Insolvenzverwalter ungeachtet der Vorauszahlung des Vertragspartners die volle Gegenleistung als originäre Masseforderung zu. Dieser kann die Vorauszahlung wegen Zweckverfehlung lediglich als Insolvenzforderung zurückverlangen (vgl. RdNr. 18). **36**

III. Satz 1 als zwingendes Recht

§ 105 Satz 1 enthält nach § 119 zwingendes Recht.[49] Das bedeutet insbesondere, dass es **den Vertragsparteien verwehrt** ist, **den Begriff der Teilbarkeit** vertraglich **in einer von § 105 Satz 1 abweichenden Weise zu bestimmen** (zust. *Andres/Leithaus* § 105 RdNr. 7). Sie können auch nicht wirksam vereinbaren, dass der Insolvenzverwalter entgegen dieser Norm Vorleistungen des Vertragspartners aus der Masse zu bedienen hat, wenn er von seinem Recht zur Erfüllungswahl Gebrauch macht. Dass eine durch den Antrag auf Eröffnung des Insolvenzverfahrens oder die Eröffnung selbst bedingte Vertragsauflösung möglicherweise nicht gegen § 119 verstößt, vermag daran für den Fall, dass eine solche Lösungsklausel nicht vereinbart ist, nichts zu ändern. Inwieweit es Monopolunternehmen gestattet ist, bei wirksamer Vereinbarung einer insolvenzbedingten Vertragsauflösung den Neuabschluss eines Vertrages von der vorherigen Erfüllung der Gegenleistung für vor Eröffnung des Insolvenzverfahrens erbrachte Vorleistungen abhängig zu machen, steht auf einem anderen Blatt. Es dürfte einiges dafür sprechen, einer derartigen Vereinbarung mit Rücksicht auf die zwingende Vorschrift des § 105 Satz 1 die Wirksamkeit zu versagen.[50] **37**

IV. Satz 2

1. Allgemeines. § 105 Satz 2 entspricht § 26 Satz 1 KO. Trotz ihrer systematischen Stellung bezieht die Norm sich nicht nur auf teilbare Leistungen, sondern schließt allgemein jede Rückforderung von Teilleistungen wegen einer auf der Eröffnung des Insolvenzverfahrens beruhenden Nichterfüllung aus, gleichviel, ob die geschuldete Leistung teilbar ist oder nicht.[51] Die Vorschrift bestätigt die zu § 103 vertretene Annahme (§ 103 RdNr. 15, 18, 20 bis 22), dass der von keiner Seite voll erfüllte gegenseitige Vertrag weder durch die Eröffnung des Insolvenzverfahrens noch durch eine Erfüllungsablehnung des Insolvenzverwalters in seinem Bestand berührt wird.[52] Deshalb kann ein Rückgabeanspruch auch nicht als Insolvenzforderung nach einer Umwandlung gemäß § 45 zur Tabelle angemeldet werden.[53] Ein Rückgabeanspruch ist nicht nur ausgeschlossen, wenn der Insolvenzverwalter nach teilweiser Vorleistung des Vertragspartners nicht Erfüllung wählt, sondern auch, wenn der Insolvenzverwalter Erfüllung wählt, der Vertragspartner aber teilweise vorgeleistet hatte und die anteilige Gegenleistung trotz des Erfüllungsverlangens nur als Insolvenzforderung geltend machen kann (dazu § 103 RdNr. 47, 48; zur Zweckverfehlung s. o. RdNr. 18, 36). **38**

2. Verhältnis zum Aussonderungsrecht. § 105 Satz 2 setzt voraus, dass die Teilleistung vor Eröffnung des Insolvenzverfahrens „in das Vermögen des Schuldners" übergegangen ist. Damit ist – wie in § 26 Satz 1 KO[54] – gemeint, dass der Vertragspartner sich der Teilleistung **39**

---

[49] HK-*Marotzke* § 105 RdNr. 23; *Kübler/Prütting/Tintelnot* § 105 RdNr. 16; *Uhlenbruck/Berscheid* § 105 RdNr. 48; aA möglicherweise *Scheffler* ZIP 2001, 1182, 1184.
[50] Ähnlich für das österreichische Recht *Kepplinger,* Das Synallagma in der Insolvenz, S. 356 ff. Vgl. auch HK-*Marotzke* § 105 RdNr. 6.
[51] HK-*Marotzke* § 105 RdNr. 21; *Kübler/Prütting/Tintelnot* § 105 RdNr. 18 (Folge der Lösung des Insolvenzrechts vom bürgerlichen Leistungsstörungsrecht), 19; *Nerlich/Römermann/Balthasar* § 105 RdNr. 11; *Uhlenbruck/Berscheid* § 105 RdNr. 43.
[52] Zutreffend *Jaeger/Henckel* § 26 RdNr. 1.
[53] *Kübler/Prütting/Tintelnot* § 105 RdNr. 18; *Uhlenbruck/Berscheid* § 105 RdNr. 47; *Kepplinger,* Das Synallagma in der Insolvenz, S. 253 f; wohl auch FK-*Wegener* § 105 RdNr. 17; aA HK-*Marotzke* § 105 RdNr. 20.
[54] Dazu *Jaeger/Henckel* § 26 RdNr. 13.

§ 106

(einer Sache oder eines Rechts) mit dinglicher Wirkung zugunsten des Schuldners entäußert hat.[55] Das setzt die Wirksamkeit des dinglichen Übertragungsgeschäfts voraus. Diese richtet sich nach den allgemeinen Vorschriften des bürgerlichen Rechts.[56] Haftet dem dinglichen Übertragungsgeschäft ein Mangel an, der vor Eröffnung des Insolvenzverfahrens zu seiner Unwirksamkeit geführt hat, greift § 105 Satz 2 nicht ein. Dies trifft auch zu, wenn das Übertragungsgeschäft (auch nach Eröffnung des Insolvenzverfahrens) nach §§ 119, 123 BGB mit Wirkung ex tunc (§ 142 Abs. 1 BGB) erfolgreich angefochten wird.[57]

40 **3. Zwingendes Recht.** Ähnlich wie § 105 Satz 1 (s. o. RdNr. 37) enthält auch Satz 2 zwingendes Recht. Das hat zur Folge, dass die Vereinbarung der auflösenden Bedingung einer dinglichen Übertragung für den Fall der Eröffnung des Insolvenzverfahrens oder der Nichtzahlung infolge der Verfahrenseröffnung nach § 119 unwirksam ist.[58]

§ 106 Vormerkung

(1) [1] Ist zur Sicherung eines Anspruchs auf Einräumung oder Aufhebung eines Rechts an einem Grundstück des Schuldners oder an einem für den Schuldner eingetragenen Recht oder zur Sicherung eines Anspruchs auf Änderung des Inhalts oder des Ranges eines solchen Rechts eine Vormerkung im Grundbuch eingetragen, so kann der Gläubiger für seinen Anspruch Befriedigung aus der Insolvenzmasse verlangen. [2] Dies gilt auch, wenn der Schuldner dem Gläubiger gegenüber weitere Verpflichtungen übernommen hat und diese nicht oder nicht vollständig erfüllt sind.

(2) Für eine Vormerkung, die im Schiffsregister, Schiffsbauregister oder Register für Pfandrechte an Luftfahrzeugen eingetragen ist, gilt Absatz 1 entsprechend.

Schrifttum: *Alff,* Zur Insolvenzfestigkeit des gesetzlichen Anspruchs auf Löschung von Grundpfandrechten, Rpfleger 2006, 486 ff.; *Amann,* Anmerkung zu BayObLG, Beschl. v. 3. 9. 2003 – 3Z BR 113/03, MittBayNot 2004, 165 f.; *Armbrüster,* Zur Wirkung von Treuhandabreden in der Insolvenz des Treuhänders, DZWIR 2003, 485 ff.; *Assmann, D.,* Die Vormerkung (§ 883 BGB), 1998; *Baldringer/Jordans,* Absicherung des Fertigstellungsrisikos in der Insolvenz des Bauträgers, ZInsO 2004, 119 ff.; *Bassenge,* Anmerkung zu BGH, Urt. v. 29. 10. 1976 – V ZR 4/75, JR 1977, 203 ff.; *Demharter,* Kommentar zur Grundbuchordnung, 25. Aufl., 2005; *ders.,* Anmerkung zu BGH, Beschluss vom 5. 12. 1996 – V ZB 27/96, ZEV 1997, 79 f.; *Denck,* Die Auflassungsvormerkung für den Versprechensempfänger und der Schutz des unbenannten Dritten, NJW 1984, 1009 ff.; *Dieckmann,* Zur Rechtsstellung des Grundstückskäufers im Konkurs des Verkäufers, in: Festschrift für v. Caemmerer, 1978, S. 95 ff.; *Engert/Schmidl,* Verkaufte Darlehen in der Insolvenz des Darlehensgebers, WM 2005, 60 ff.; *Ertl,* Konkursrisiko trotz Vormerkung beim Hauskauf?, RPfleger 1977, 81 ff.; *ders.,* Rechtsgrundlagen der Vormerkung für künftige und bedingte Ansprüche, RPfleger 1977, 345 ff.; *Fehl,* Ist die Auflassungsvormerkung noch konkurssicher?, BB 1977, 524 ff.; *ders.,* Ist die Auflassungsvormerkung durch den neuen § 24 Satz 2 KO konkurssicherer geworden?, BB 1977, 1228 ff.; *Flume,* Zur Ausübung des Vorkaufsrechts an einem Grundstück durch den Erben, zu dessen Gunsten eine Auflassungsvormerkung eingetragen ist, nachdem die Nachlassverwaltung angeordnet wurde, JZ 2000, 1159 f.; *Fritsche,* Insolvenzfestigkeit eines durch Vormerkung für künftige Auflassungsansprüche, DZWIR 2002, 92 ff.; *Gebauer/Haubold,* Vormerkung im Erbfall, JZ 2000, 680 ff.; *Gerhardt,* Zur Anfechtbarkeit eines durch Vormerkung gesicherten Anspruchs im Konkurs, ZIP 1988, 749 ff.; *Götte,* Neue Wege der Käufersicherung beim Kauf vom Bauträger, NJW 1977, 524 ff.; *Gottwald, S./Steer,* Teilweise Rückerstattung der Grunderwerbsteuer bei Insolvenz des Bauträgers?, MittBayNot 2005, 278 ff.; *Grziwotz,* Hinweisbrief und Bauträgervertrag, MDR 2005, 1270 ff.; *Harder,* Insolvenzrechtliche Surrogation, Diss. Tübingen 2001; *Häsemeyer,* Die Grenzen der Konkursbeständigkeit vorgemerkter Ansprüche, NJW 1977, 737 ff.; *Holch,* Vormerkung für Unbekannt?, JZ 1958, 724 ff.; *Kesseler,* Die Insolvenz des Bauträgers, RNotZ 2004, 176 ff.; *ders.,* Der Schutzumfang der Vormerkung im Insolvenzverfahren, MittBayNot 2005, 108 ff.; *ders.,* Vormerkung und Freigabe im Insolvenzverfahren, ZNotP 2006, 133 ff.; *ders.,* Einseitige Eintragungsanträge des späteren Insolvenzschuldners im

---

[55] *Kübler/Prütting/Tintelnot* § 105 RdNr. 19; *Uhlenbruck/Berscheid* § 105 RdNr. 44.
[56] *Jaeger/Henckel* § 26 RdNr. 13.
[57] *Jaeger/Henckel* § 26 RdNr. 5, 6; *Kübler/Prütting/Tintelnot* § 105 RdNr. 20; *Uhlenbruck/Berscheid* § 105 RdNr. 45.
[58] *Kübler/Prütting/Tintelnot* § 105 RdNr. 20; *Uhlenbruck/Berscheid* § 105 RdNr. 48; zu § 26 Satz 1 KO *Jaeger/Henckel* § 26 RdNr. 17; zweifelnd HK-*Marotzke* § 105 RdNr. 23.

Grundbuchverfahren – Verfahrensfestigkeit, Rücknahmerecht des Insolvenzverwalters oder Unwirksamkeit?, ZfIR 2006, 117 ff.; *ders.,* Anmerkung zu BGH, Urt. v. 9. 3. 2006 – IX ZR 11/05, EWiR 2006, 458 f.; *Kohler,* Anmerkung zu BGH, Beschluss vom 5. 12. 1996 – V ZB 27/96, WuB IV A. § 883 BGB 1.97; *ders.,* Vormerkbarkeit eines durch abredewidrige Veräußerung bedingten Rückerwerbsanspruchs, DNotZ 1989, 339 ff.; *Lichtenberger,* Die Auflassungsvormerkung – auch künftig unverzichtbares Sicherungsmittel beim Kauf vom Bauträger, NJW 1977, 519 ff.; *ders.,* Die Vormerkung zur Sicherung künftiger oder bedingter Ansprüche, NJW 1977, 1755 ff.; *Ludwig,* Die Auflassungsvormerkung und der noch zu benennende Dritte, NJW 1983, 2792 ff.; *ders.,* Die Auflassungsvormerkung und der noch zu benennende Dritte, RPfleger 1986, 345 ff.; *Lüke/Stengel,* Anmerkung zu BGH, Urt. v. 10. 2. 2005 – IX ZR 100/03, WuB VI A. § 106 InsO 1.06; *Marotzke,* Das Konkurrenzverhältnis von § 17 und § 24 KO – ein Scheinproblem, JZ 1977, 552 ff.; *Meikel,* Grundbuchrecht Kommentar, Bd. 1, 9. Aufl. 2004; *Meyer, G./Fuchs, H.,* Public Private Partnership in der Insolvenz des Auftragnehmers (Teil 1), ZfIR 2005, 529 ff.; *Mohrbutter,* Anmerkung zu BGH, Urt. v. 9. 3. 2006 – IX ZR 11/05, WuB IV A. § 91 InsO 2.06; *Müller,* Die auf die Übertragung des Wohnungseigentums gerichtete Vormerkung im Konkurs des Bauträgers, DB 1974, 1561 ff.; *Oepen/Rettmann,* Das Schicksal von Grundstücksübereignungen in einem Konkurs- bzw. Insolvenzverfahren über das Vermögen des Veräußerers, KTS 1995, 609 ff.; *v. Olshausen,* Der genarrte Vorkaufsberechtigte – Begriffsjuristisches vom V. Zivilsenat des BGH, NJW 2000, 2872 ff.; *Pape,* Anmerkung zu BGH, Urt. v. 7. 3. 2002 – IX ZR 457/99, WuB VI B. § 17 KO 4.02; *Paulus,* Richterliches Verfügungsverbot und Vormerkung im Konkurs, 1981; *Preuß,* Die Vormerkbarkeit künftiger und bedingter Ansprüche, AcP 201 (2001) 580 ff.; *dies.,* Anmerkung zu BGH, Urt. v. 14. 9. 2001 – V ZR 231/00, DNotZ 2002, 283 ff.; *Raab,* Zur Insolvenzfestigkeit des Löschungsanspruchs eines nachrangigen Grundschuldgläubigers, DZWIR 2006, 427 ff.; *Rein,* Der Löschungsanspruch eines nachrangigen Grundschuldgläubigers in der Insolvenz, NJW 2006, 3470 ff.; *Schöner/Stöber,* Grundbuchrecht, 13. Aufl. 2004; *Scholtz, T.,* § 878 BGB in der Verkäuferinsolvenz, ZIP 1999, 1693 ff.; *Schwörer,* Lösungsklauseln für den Insolvenzfall, Diss. Tübingen 2000; *Servatius,* Vormerkung und Erbgang – Ein Lehrstück juristischer Methodenlehre, JuS 2006, 1060 ff.; *Stadler,* Die Vormerkungsfähigkeit bedingter und künftiger Rückgewähransprüche, Jura 1998, 189 ff.; *Stöber,* Vorkaufsrechte in der Zwangsversteigerung, NJW 1988, 3121 ff.; *Venjakob,* Der Eintragungsantrag des Veräußerers und § 878 BGB, Rpfleger 1991, 284 ff.; *Wacke,* Gutgläubiger Vormerkungserwerb und Konfusion, NJW 1981, 1577 ff.; *ders.,* „Vom Pech, eine gute Erbschaft zu machen" oder die Ausschaltung des Zufalls als Maxime der Gerechtigkeit, DNotZ 2001, 302 ff.; *ders.,* Personalunion von Gläubiger und Schuldner, Vertragsschluss mit sich selbst und die Ungerechtigkeit der Konvaleszenz durch Erbhaftung, JZ 2001, 380 ff.; *Wagner, G./Kreidt,* Anmerkung zu BGH, Urt. v. 14. 9. 2001 – V ZR 231/00, WuB IV A. § 883 BGB 1.02; *Wessels,* Unternehmenskauf im Vorfeld der Verkäuferinsolvenz, ZIP 2004, 1237 ff.; *Windel,* Der insolvenzrechtliche Gleichbehandlungsgrundsatz und seine Auswirkungen auf die Abwicklung schwebender Austauschverträge, Jura 2002, 230 ff.

Übersicht

	RdNr.		RdNr.
A. Einleitung	1	3. Besonderheiten beim Nachlassinsolvenzverfahren	17
I. Normzweck	1	**III. Rechtswirkungen**	18
II. Entstehungsgeschichte	2	1. Erfüllung aus der Insolvenzmasse	18
B. Einzelerläuterungen	3	2. Einwendungen und Einreden gegen den gesicherten Anspruch	19
I. Vormerkung	3	3. Verhältnis zum Wahlrecht des Insolvenzverwalters	20
1. Gegenstand der Vormerkung	3	4. Teilbarkeit von Erfüllungsansprüchen (§ 106 Abs. 1 Satz 2)	24
2. Künftige und bedingte Ansprüche	8	**IV. Entsprechende Anwendung (Abs. 2)**	32
II. Zeitpunkt des Entstehens der Vormerkung	14	**V. Unabdingbarkeit und Lösungsklauseln**	33 b
1. Eintragung der Vormerkung vor und nach Eröffnung des Insolvenzverfahrens	14		
2. Entstehung des Anspruchs	16		

A. Einleitung

I. Normzweck

Die Vorschrift bezweckt, die **Sicherungsfunktion der Vormerkung** auch im Insolvenzverfahren zu wahren. Dies geschieht zum einen dadurch, dass der durch die Vormerkung gesicherte Anspruch aus der Insolvenzmasse zu befriedigen ist; wie bei einem Aussonderungsrecht erlangen die durch Vormerkung gesicherten Ansprüche Vorrang vor den

§ 106 2–4   3. Teil. 2. Abschnitt. Erfüllung Rechtsgeschäfte. Mitwirkung BR

Interessen der Insolvenzgläubiger.¹ Die Verwirklichung des gesicherten Anspruchs wird insoweit zugleich gegen den **Verlust der Verfügungsmacht** des Schuldners abgeschirmt. Dies entspricht der quasi-dinglichen Wirkung der Vormerkung. Zum anderen sichert die Vorschrift den durch Vormerkung gesicherten Anspruch dadurch, dass er von der Eröffnung des Insolvenzverfahrens in seinem Bestand unberührt bleibt und weder erlischt noch zur Disposition des Insolvenzverwalters steht. Die Vormerkung soll auch im Insolvenzverfahren **uneingeschränkt** ihren Wert behalten.²

II. Entstehungsgeschichte

2   Die Vorschrift entspricht inhaltlich unverändert den bisherigen Regelungen in § 24 KO sowie in § 50 Abs. 4 VglO und § 9 Abs. 1 Satz 3 GesO. Geändert wurde nur die Erfassung der Vormerkungen in Schiffs- und Schiffsbauregistern in einem gesonderten Absatz 2 und die Einbeziehung der im Register für Pfandrechte an Luftfahrzeugen eingetragenen Vormerkungen, die bislang gesondert in § 98 Abs. 3 LuftfzRG geregelt waren. Die Vorschrift entspricht wörtlich § 120 RegE.

B. Einzelerläuterungen

I. Vormerkung

3   **1. Gegenstand der Vormerkung.** Die Vormerkung schützt Ansprüche auf **dingliche Rechtsänderungen** an einem Grundstück oder an einem das Grundstück belastenden Recht (§ 883 Abs. 1 BGB) gegen eine den Anspruch vereitelnde oder beeinträchtigende Verfügung (§ 883 Abs. 2 BGB) und sichert den Rang des Rechts, auf dessen Eintragung der Anspruch gerichtet ist (§ 883 Abs. 3 BGB). Sie ist ein **Sicherungsmittel eigener Art,** das dem gesicherten Anspruch einen absoluten Schutz gegen abredewidrige Verfügungen durch Rechtsgeschäft oder durch Zwangsvollstreckung oder Arrest oder durch den Insolvenzverwalter verschafft (§ 883 Abs. 2 BGB); insofern weist die Vormerkung eine quasi-dingliche Wirkung auf.³

4   **a)** Gesichert wird nur ein Anspruch, der auf einseitigem Rechtsgeschäft oder Vertrag oder auf Gesetz beruhen kann⁴ und der auf eine dingliche, d. h. **eintragungsfähige Rechtsänderung** an einem Grundstück oder Grundstücksrecht gerichtet ist.⁵ Das Gesetz verlangt weder, dass der gesicherte Anspruch schuldrechtlicher Art, noch, dass er privatrechtlicher Art sein muss.⁶ Vorausgesetzt ist ein Anspruch gegen den **Inhaber des dinglichen Rechts,** auf das sich der zu sichernde Anspruch bezieht.⁷ Nicht erfasst werden Ansprüche gegen

---

¹ *Nerlich/Römermann/Balthasar,* InsO, § 106 RdNr. 2; *Kübler/Prütting/Tintelnot,* InsO, § 106 RdNr. 2; vgl. auch BGHZ 155, 227 = NJW 2003, 3414. Zur Frage, ob der durch die §§ 106, 107 normierte Schutz abschließenden Charakter hat *Armbrüster* DZWIR 2003, 485, 487 f. (insolvenzrechtliche Behandlung von Treuhandabreden); *Wessels* ZIP 2004, 1237, 1243 f. (für eine entsprechende Anwendung des § 107 auf den Rechtskauf).
² Begründung zu § 120 RegE, BT-Drucks. 12/2443, S. 146; *Smid,* InsO, § 106 RdNr. 1; *Gerhardt* ZIP 1988, 749, 750; *Uhlenbruck/Berscheid,* InsO, § 106 RdNr. 2; s. weiter *Kesseler* MittBayNot 2005, 108 ff.
³ MünchKommBGB-*Wacke* § 883 RdNr. 3; *Palandt/Bassenge,* BGB, § 883 RdNr. 2; *Soergel/Stürner,* BGB, § 883 RdNr. 1; *Staudinger/Gursky,* BGB, § 883 RdNr. 135; zum Streit um die Rechtsnatur der Vormerkung eingehend *D. Assmann,* Vormerkung, S. 277 ff., 291 mit umfassenden Nachweisen.
⁴ BGHZ 134, 182, 184 = NJW 1997, 861, 861 f.; *Palandt/Bassenge,* BGB, § 883 RdNr. 6; MünchKommBGB-*Wacke* § 883 RdNr. 13.
⁵ MünchKommBGB-*Wacke* § 883 RdNr. 11; die Vormerkung kann sich auch auf Wohnungseigentum beziehen, vgl. *Uhlenbruck/Berscheid,* InsO, § 106 RdNr. 6; FK-*Wegener,* InsO, § 106 RdNr. 21; *Heß/Weis/Wienberg,* InsO, § 106 RdNr. 39.
⁶ So aber durchweg das Schrifttum, insbes. die Kommentarliteratur, vgl. MünchKommBGB-*Wacke* § 883 RdNr. 1, 11; *Palandt/Bassenge,* BGB, § 883 RdNr. 5; *Staudinger/Gursky,* BGB, § 883 RdNr. 30, 35; AKBGB-v. *Schweinitz* § 883 RdNr. 16, 17; *Soergel/Stürner* § 883 RdNr. 4, 7.
⁷ *D. Assmann,* Vormerkung, S. 31 f.

staatliche Organe auf Durchführung von Vollstreckungsmaßnahmen, denen keine Verpflichtung des Schuldners entspricht, eine solche Rechtsänderung herbeizuführen.[8] Nicht durch eine Vormerkung gesichert werden können demgemäß Rechtsänderungen im Wege der **Zwangsvollstreckung** (Eintragung einer Zwangshypothek, §§ 866, 867 ZPO; Pfändung eines Grundpfandrechts, §§ 830, 857 ZPO) sowie im Wege der **Vollstreckung** nach § 11 Abs. 1 Satz 1 AnfG nF.[9]

Der Anspruch muss auf eine dingliche und eintragungsfähige Rechtsänderung gerichtet sein. Eine Rechtsänderung in diesem Sinne liegt nicht vor bei **Verfügungsverboten und Verfügungsbeschränkungen**.[10] Dingliche Ansprüche können nicht durch eine Vormerkung gesichert werden, soweit sie nicht auf eine Rechtsänderung gerichtet, sondern auf die Durchsetzung der dinglichen Rechtslage ausgerichtet sind.[11] Sofern ein dinglicher Anspruch auf eine Rechtsänderung gerichtet ist, kann er auch durch eine Vormerkung gesichert werden.[12] Ein Anspruch auf **Anpassung eines Erbbauzinses** an veränderte Verhältnisse kann insoweit durch Vormerkung gesichert werden, als er sich auf die entsprechende Änderung einer zur Sicherung des Erbbauzinses eingetragenen Reallast bezieht.[13] Die Vormerkung kann alle zukünftigen Ansprüche auf Änderung der Erbbauzinsreallast als Folge einer Anpassung des Erbbauzinses umfassen.[14] Zulässig ist seit der Änderung des § 9 Abs. 2 ErbbauVO und des § 1105 Abs. 1 BGB nunmehr aber auch die Vereinbarung einer **Erbbauzinsreallast** dahingehend, dass sich die zu entrichtenden Leistungen ohne weiteres an veränderte Verhältnisse anpassen, wenn Art und Umfang der Belastung des Grundstücks anhand der in der Vereinbarung festgelegten Voraussetzungen bestimmt werden können (§ 1105 Abs. 1 Satz 2 BGB).[15] In diesem Fall bestimmt sich der Leistungsumfang nach dem Inhalt des dinglichen Rechts selbst.

Der Anspruch auf eine Änderung der dinglichen Rechtslage muss grundsätzlich wirksam sein **(Akzessorietät der Vormerkung)**.[16] Ist ein Grundstückskaufvertrag nicht formwirksam abgeschlossen worden, so entsteht kein Anspruch auf Übertragung des Eigentums. Die Möglichkeit der Heilung gem. § 311 b Abs. 1 Satz 2 BGB durch Auflassung und Eintragung in das Grundbuch wirkt nur ex nunc; ein vormerkungsfähiger Anspruch entsteht infolgedessen von vornherein nicht.[17] Der Grundsatz der Akzessorietät schließt aber eine Vormerkung für künftige oder bedingte Ansprüche nicht aus (§ 883 Abs. 1 Satz 2 BGB); s. dazu u. RdNr. 8. Fehlt es am Abschluss eines wirksamen Vertrages und verlangt der Insolvenzverwalter die Löschung einer Auflassungsvormerkung, die vor der Verfahrenseröffnung zugunsten des Käufers eingetragen worden ist, kann dieser wegen der von ihm vor der Verfahrens-

---

[8] *D. Assmann*, Vormerkung, S. 31 f. mwN.
[9] Zur Rechtsnatur des Rückgewähranspruchs nach § 7 Abs. 1 AnfG aF s. MünchKommBGB-*Wacke* § 883 RdNr. 14; *D. Assmann*, Vormerkung, S. 32; *Baur/Stürner*, Zwangsvollstreckungs-, Konkurs- und Vergleichsrecht, Bd. I, RdNr. 26.68. Der Rückgewähranspruch nach dieser Vorschrift richtet sich auf Duldung der Zwangsvollstreckung des Gläubigers in die anfechtbar erlangten Vermögensgegenstände. Durch die Neufassung des AnfG durch Art. 1 EGInsO ist die Vorschrift (jetzt: § 11 Abs. 1 Satz 1 AnfG nF) zwar sprachlich neu gefasst worden, hiermit ist keine inhaltliche Änderung verbunden; *Huber*, Anfechtungsgesetz, § 11 RdNr. 14, 17, Einf., RdNr. 10; *Hess/Weis*, Anfechtungsrecht, RdNr. 986, 1004.
[10] MünchKommBGB-*Wacke* § 883 RdNr. 15; *D. Assmann*, Vormerkung, S. 34 f.
[11] *D. Assmann*, Vormerkung, S. 32 f.
[12] *D. Assmann*, Vormerkung, S. 33; so auch die hM in Bezug auf den Anspruch des Eigentümers auf Verzicht auf die Hypothek gem. § 1169 BGB; MünchKommBGB-*Eickmann* § 1169 RdNr. 13; *Palandt/Bassenge*, BGB, § 1169 RdNr. 2; *Soergel/Konzen*, BGB, § 1169 RdNr. 5; *Staudinger/Wolfsteiner*, BGB, § 1169 RdNr. 13.
[13] Grundlegend BGHZ 22, 220 = NJW 1957, 98; s. w. MünchKommBGB-*v. Oefele* § 9 ErbbauVO RdNr. 62; *Palandt/Bassenge*, BGB, § 9 ErbbauRVO RdNr. 15.
[14] MünchKommBGB-*v. Oefele* § 9 ErbbauVO RdNr. 71; aA *D. Assmann*, Vormerkung, S. 42 f. (zur Rechtslage nach § 9 II ErbbauRVO aF).
[15] Art. 11 a Abs. 2 Nr. 2 EuroEG v. 9. 6. 1998 (BGBl. I 1242).
[16] BGH NJW 1981, 991; *Gottwald/Huber*, Insolvenzrechts-Handbuch, § 39 RdNr. 10; MünchKommBGB-*Wacke* § 883 RdNr. 12.; HambKomm-*Ahrendt*, InsO § 106 RdNr. 5.
[17] BGHZ 54, 56, 63 = NJW 1970, 1541, 1543; BGH NJW 1983, 1543; MünchKommBGB-*Wacke* § 883 RdNr. 12; *Palandt/Bassenge*, BGB, § 883 RdNr. 17.

eröffnung an den verkaufenden Eigentümers erbrachten Kaufpreiszahlungen dem Verlangen des Verwalters kein Zurückbehaltungsrecht entgegensetzen.[18]

Eine Vormerkung kann nur zulasten dessen eingetragen werden, gegen den sich der Anspruch auf eine dingliche Rechtsänderung richtet; eine Vormerkung zulasten des **jeweiligen Eigentümers** eines Grundstücks ist demgemäß unzulässig, weil eine Verpflichtung zur Verfügung über ein Recht an einem Grundstück nicht durch Vereinbarung zu Lasten eines Dritten begründet werden kann.[19]

7   b) Der Anspruch muss seinem Inhalt nach **bestimmt bzw. eindeutig bestimmbar sein**.[20] Dafür reicht es aus, dass der Leistungsgegenstand von einer Vertragspartei oder von einem Dritten gem. §§ 315, 317 BGB zu bestimmen ist[21] oder wenn eine unvermessene Teilfläche betroffen ist, die aber zweifelsfrei bezeichnet wird.[22] Durch Vormerkung kann bei einem **Vertrag zugunsten Dritter** der Anspruch des Versprechensempfängers auf Leistung an den Dritten gesichert werden, und zwar auch dann, wenn die Person des Dritten bei Eintragung der Vormerkung noch nicht feststeht, aber künftig bestimmbar ist.[23] Erwirbt der Dritte einen eigenen Anspruch gegen den Versprechenden (§ 328 Abs. 1 BGB), so kann auch dieser Anspruch durch eine Vormerkung gesichert werden, wenn die Person des Dritten bestimmt oder bestimmbar ist.[24] Daran fehlt es, wenn der Dritte zunächst **unbenannt** ist und erst später vom Versprechensempfänger benannt werden soll.[25] Praktische Bedeutung hat dies, wenn der Dritte zunächst anonym bleiben will,[26] vor allem aber bei **Bauträgergeschäften**.[27] Der Dritte ist in der Insolvenz des Grundstückseigentümers jedoch auch durch die Auflassungsvormerkung für den Versprechensempfänger geschützt, und zwar auch dann, wenn die Benennung des Dritten und die Entstehung des Auflassungsanspruchs in die Zeit nach Eröffnung des Insolvenzverfahrens fallen.[28]

8   **2. Künftige und bedingte Ansprüche.** Künftige und bedingte Ansprüche können durch Vormerkung gesichert werden (§ 883 Abs. 1 Satz 2 BGB). Demgemäß fallen auch Vormerkungen zur Sicherung künftiger Ansprüche in den Anwendungsbereich des § 106[29] (s. dazu näher u. RdNr. 9). Voraussetzung dafür ist aber, dass für die Entstehung des Anspruchs bereits eine feste, die Gestaltung des Anspruchs bestimmende Grundlage, nicht

---

[18] BGHZ 150, 138 = NJW 2002, 2313 = WuB VI B. § 17 KO 4.02 *(Pape)*; FK-*Wegener*, InsO, § 106 RdNr. 14.
[19] BGH NJW 1966, 1656, 1657; BGH NJW 2000, 1033, 1034; vgl. auch BGH NJW 1993, 324, 326; MünchKommBGB-*Wacke* § 883 RdNr. 18.
[20] *Palandt/Bassenge* § 883 RdNr. 7.
[21] BayObLG FGPrax 1998, 48; OLG Düsseldorf RPfleger 1996, 503; *Palandt/Bassenge*, BGB, § 883 RdNr. 7.
[22] BayObLG DNotZ 1985, 44; BayObLG FGPrax 1998, 48; *Palandt/Bassenge*, BGB, § 883 RdNr. 7.
[23] BGHZ 28, 99, 103 f. = NJW 1958, 1677; BGH NJW 1983, 1543.
[24] BGHZ 22, 220, 225= NJW 1957, 98, 99; *Palandt/Bassenge*, BGB § 883 RdNr. 11; MünchKommBGB-*Wacke* § 883 RdNr. 20 mwN zur älteren Rspr.
[25] BGH NJW 1983, 1543, 1544; BGHZ 28, 99, 103 = NJW 1958, 1677; BayObLG RPfleger 1996, 502; RGZ 128, 246, 250; *Holch* JZ 1958, 724; *D. Assmann*, Vormerkung, S. 73; *Soergel/Stürner*, BGB, § 883 RdNr. 14; *Hess/Weis/Wienberg*, InsO, § 106 RdNr. 22; FK-*Wegener*, InsO, § 106 RdNr. 7; für die Vormerkungsfähigkeit des Anspruchs eines „noch zu benennenden Dritten" *Ludwig* NJW 1983, 2792, 2798; eingehend zum Ganzen *Uhlenbruck/Berscheid*, InsO, § 106 RdNr. 8–15; *Preuß* AcP 201 (2001), 580, 605 ff.
[26] Vgl. hierzu *Holch* (Fn. 25); ferner *Preuß* DNotZ 2002, 283, 286 ff.
[27] Vgl. dazu *Ludwig* (Fn. 25) S. 2792; *Denck* NJW 1984, 1009.
[28] Dazu eingehend *Denck* (Fn. 27); zum Schutz des Dritten durch Abtretung des vorgemerkten Anspruchs BGHZ 138, 179 = NJW 1998, 2134; *Ludwig* (Fn. 25); *ders.*, Rpfleger 1986, 345; *D. Assmann*, Vormerkung, S. 75; *Uhlenbruck/Berscheid*, InsO, § 106 RdNr. 11; krit. HK-*Marotzke*, InsO, § 106 RdNr. 11; *Harder*, Surrogation, S. 209 ff.
[29] So heute allgM, vgl. BGHZ 149, 1 = NJW 2002, 213 = WuB IV A. § 883 BGB 1.02 *(Wagner, G./Kreidt)*; *Denck* (Fn. 27) S. 1011 ff.; AKBGB-v. *Schweinitz* § 883 RdNr. 34; MünchKommBGB-*Wacke* § 883 RdNr. 53; Staudinger/*Gursky*, BGB, § 883 RdNr. 196; *Kilger/K. Schmidt*, KO, § 24 Anm. 2; Kübler/*Prütting/Tintelnot*, InsO, § 106 RdNr. 16; *Wagner, G./Kreidt* WuB IV A. § 883 1.02; *Uhlenbruck/Berscheid*, InsO, § 106 RdNr. 7; eingehend *Preuß* (Fn. 25) S. 587 ff. mwN; aA BGB-RGRK-*Augustin* § 883 RdNr. 101; *Ludwig* (Fn. 25) S. 2798.

nur eine mehr oder weniger aussichtsreiche tatsächliche Möglichkeit besteht.[30] Wo die Grenze verläuft, ist im Einzelnen strittig. Die von der Rechtsprechung verwendete Formulierung, wonach der **„Rechtsboden"** für die Entstehung des Anspruchs vorbereitet sein muss,[31] ist wenig aussagekräftig. Die Abgrenzung muss sich am Sinn und Zweck der Vormerkung ausrichten, der darin besteht, dem durch die Vormerkung Begünstigten Bestandsschutz gegenüber Zugriffen Dritter zu gewähren. Solange die Entstehung eines Anspruchs noch im freien Belieben des – potentiellen – Schuldners steht, würde eine Vormerkung dem Gläubiger Dritten gegenüber mehr Rechtsschutz gewähren, als ihm gegenüber dem Schuldner selbst zusteht.[32] Die Konsequenz einer Absicherung unbestimmter Erwerbsaussichten durch Vormerkungen („Hoffnungsvormerkungen"[33]) wäre nicht nur eine **Überlastung des Grundbuchs** mit einer unübersehbaren Zahl gesicherter Ansprüche, die möglicherweise nie zur Entstehung gelangen,[34] sondern vor allem auch ein Wettlauf um Vorzugsrechte in Zwangsvollstreckung und Insolvenz.

a) Erforderlich ist demgemäß, dass der Rechtsboden so weit vorbereitet ist, dass die Entstehung des Anspruchs nicht allein vom **Willen des Schuldners** abhängig ist, der Schuldner sich also nicht mehr einseitig von einer bereits eingetretenen Bindung lösen kann.[35] Der Anspruch muss dagegen nicht zu einer Anwartschaft in dem Sinn erstarkt sein, dass die Entstehung nur noch vom Willen des Gläubigers abhängt.[36] Andernfalls wäre der Anspruch auf Auflassung aus einem **schuldrechtlichen Vorkaufsrecht** nicht durch Vormerkung zu sichern (hierzu u. RdNr. 11), ebenso könnte der Anspruch auf Rückauflassung eines Grundstücks aus einem Rücktrittsrecht nicht durch Vormerkung gesichert werden, wenn das **Rücktrittsrecht** von einem bestimmten Verhalten des Grundstückserwerbers abhängt.[37] Entscheidend ist dabei nicht, ob der Eintritt der Bedingung an ein Verhalten des Schuldners anknüpft, sondern ob der Schuldner sich nach seinem Belieben von der vertraglichen Verpflichtung lösen kann oder nicht.[38]

Der **gesetzliche Löschungsanspruch** des nachrangigen Grundpfandgläubigers nach § 1179 a BGB ist als künftiger Anspruch gegen Verfügungen, die der Löschung entgegenstehen, gem. § 1179 a Abs. 1 Satz 3 BGB in gleicher Weise gesichert, als wenn zu seiner

---

[30] BGHZ 12, 115, 117 (Vermächtnis vor Eintritt des Erbfalls) = NJW 1954, 633, 634; BGHZ 134, 182, 185 = NJW 1997, 861, 862; OLG Hamm NJW-RR 2000, 1389 (Schenkung von Todes wegen); *Uhlenbruck/Berscheid*, InsO, § 106 RdNr. 6 aE; weiter *Preuß* (Fn. 25) S. 587 f.; FK-*Wegener*, InsO, § 106 RdNr. 3.
[31] BGHZ 134, 182, 184 mwN = NJW 1997, 861, 862; BGHZ 149, 1, 9; BGHZ 151, 116 = NJW 2002, 2461; BGH NJW 2006, 2408 = ZIP 2006, 1141, 1142; *Preuß* (Fn. 25) S. 591 f.; FK-*Wegener*, InsO, § 106 RdNr. 5; zum Schutz des § 95 bei dem Anspruch eines Gesellschafters auf Zahlung eines Auseinandersetzungsguthabens, sofern dieser ohne weiteres Zutun der Parteien entsteht, BGHZ 160, 1 ff. = NJW-RR 2004, 1561 ff.
[32] AKBGB-v. *Schweinitz* § 883 RdNr. 25; *Staudinger/Gursky*, BGB, § 883 RdNr. 123; MünchKommBGB-*Wacke* § 883 RdNr. 24; ebenso BGHZ 134, 182, 185 = NJW 1997, 861, 862.
[33] *Staudinger/Gursky*, BGB, § 883 RdNr. 123.
[34] BGHZ 134, 182, 185 = NJW 1997, 861, 862; BayObLG DNotZ 1978, 39; MünchKommBGB-*Wacke* § 883 RdNr. 24.
[35] BGHZ 134, 182, 184 f. = NJW 1997, 861; BGHZ 149, 1, 9 = NJW 2002, 213; BGH NJW 2006, 2408 = ZIP 2006, 1141, 1142; BayObLG DNotZ 1996, 374; BayObLG Rpfleger 1977, 361; *Hess/Weis/Wienberg*, InsO, § 106 RdNr. 8; MünchKommBGB-*Wacke* § 883 RdNr. 24; *Soergel/Stürner*, BGB, § 883 RdNr. 6; *Palandt/Bassenge*, BGB, § 883 RdNr. 15; *Staudinger/Gursky*, BGB, § 883 RdNr. 125; *D. Assmann*, Vormerkung, S. 52; *Preuß* (Fn. 25) S. 588 f.; *dies.* (Fn. 26) S. 284 f.; *Gottwald/Huber*, Insolvenzrechts-Handbuch, § 39 RdNr. 13.
[36] So aber verbreitet die Rechtsprechung, BGHZ 12, 115, 117 = NJW 1954, 633, 634; BGH NJW 1970, 1541, 1543; BGH NJW 1981, 446, 447; ebenso schon KGJ 37 A, 280, 282 (Beschl. v. 5. 4. 1909); aA aber BGHZ 134, 182, 188 (Zulässigkeit einer Potestativbedingung) = NJW 1997, 861, 862; kritisch in Bezug auf die im Text genannte enge Auffassung *Lichtenberger* NJW 1977, 1755; dagegen auch überwiegend das Schrifttum, MünchKommBGB-*Wacke* § 883 RdNr. 24; vgl. *Palandt/Bassenge*, BGB, § 883 RdNr. 15; *Staudinger/Gursky*, BGB, § 883 RdNr. 125; *D. Assmann*, Vormerkung, S. 51 f. mwN.
[37] *Palandt/Bassenge*, BGB, § 883 RdNr. 15 f.; *Soergel/Stürner*, BGB, § 883 RdNr. 6.
[38] BGHZ 151, 116 = NJW 2002, 2461 (Vormerkungsfähigkeit eines bei der Übertragung des Eigentums an einem Grundstück für den Fall groben Undanks des Erwerbers vorbehaltenen Rückübereignungsanspruchs).

Sicherung gleichzeitig mit der Eintragung des begünstigten Grundpfandrechts eine Vormerkung in das Grundbuch eingetragen worden wäre. Insolvenzfest ist der gesetzliche Löschungsanspruch jedoch nur, wenn eine vorrangige Grundschuld, die zum Zeitpunkt der Verfahrenseröffnung nicht mehr valutiert war, mit dem Eigentum an dem Grundstück bereits zusammengefallen ist; andernfalls kann der Eigentümer den Rückgewähranspruch an einen Dritten abtreten oder vor Durchsetzung des Rückgewähranspruchs die Grundschuld neu valutieren; der Grundstückseigentümer ist dem Gläubiger gegenüber nicht verpflichtet, die den Löschungsanspruch auslösende Vereinigung herbeizuführen.[39] Die nach der Entscheidung des BGH entstandene Lücke kann der nachrangige Grundschuldgläubiger aber dadurch schließen, dass er sich den aus der Sicherungsabrede folgenden bedingten schuldrechtlichen Anspruch des Eigentümers gegen den Fremdgrundschuldgläubiger auf Rückgewähr der Grundschuld abtreten und diesen Anspruch durch eine Vormerkung gem. § 883 BGB sichern lässt. Eine solche Vormerkung ist zulässig.[40] Sie ist auch insolvenzfest, da sie nicht die Löschung der Grundschuld, sondern deren Übertragung an den nachrangigen Grundpfandgläubiger zum Gegenstand hat.[41]

10 b) Auch Ansprüche aus **aufschiebend oder auflösend bedingten** Rechtsgeschäften sind vormerkungsfähig (§ 883 Abs. 1 Satz 2 BGB). Auflösend bedingte Ansprüche sind bis zum Eintritt der Bedingung ohnehin vormerkungsfähig, weil sie wirksam bestehen. Auch bei aufschiebend bedingten Ansprüchen liegt im Gegensatz zu künftigen Ansprüchen eine rechtsgeschäftliche Vereinbarung der Parteien bereits vor, die den für eine Vormerkung erforderlichen sicheren Rechtsboden bildet.[42] Daraus lässt sich aber nicht generell ableiten, dass die für künftige Ansprüche geltenden Einschränkungen auf bedingte Ansprüche nicht anwendbar sind.[43] Der Unterschied ist vielfach nur graduell und abhängig von der Art der Bedingung.

11 Bedingung kann jedes zukünftige ungewisse Ereignis sein. Die Bedingung kann auch in einem Verhalten des Verpflichteten liegen (sog. **Potestativbedingung**),[44] nicht jedoch in einer Willenserklärung des Schuldners (sog. **Wollensbedingung**).[45] Bei dieser ist in Wirklichkeit noch keine Bindung eingetreten.[46] Die Abgrenzung ist häufig unklar und fließend; das Verhalten des Schuldners, das als Gegenstand einer Bedingung anerkannt ist, hängt auch von dessen Willen ab, jedoch wird der Willensakt des Schuldners hierbei zumeist auf ein anderes Ziel als die Begründung eines vormerkungsfähigen Anspruchs gerichtet sein.[47] Entscheidend ist, dass die Vertragspartei bei Abschluss des Rechtsgeschäfts ihre spätere Bindung für den Fall ihres künftigen Verhaltens gewollt hat.[48] Eine Wollensbedingung liegt dagegen vor, wenn sich der Entscheidungsfreiraum der Vertragspartei direkt und ausschließlich auf die Bindungswirkung des Rechtsgeschäfts bezieht.[49] Im Falle eines schuldrechtlichen

---

[39] BGH NJW 2006, 2408 = ZIP 2006, 1141, 1143; OLG Köln ZInsO 2005, 268, 269 f.; *Gottwald/Eickmann*, Insolvenzrechts-Handbuch, § 31 RdNr. 39; *Kübler/Prütting/Tintelnot*, InsO, § 106 RdNr. 14; *Jaeger/Henckel*, KO, § 24 RdNr. 20; *Kesseler* EWiR 2006, 458, 459; *Mohrbutter* WuB VI A. § 91 InsO 2.06; *Raab* DZWIR 2006, 427 ff.; abl. *Alff* Rpfleger 2006, 486 ff.; krit. *Rein* NJW 2006, 3470, 3471 unter Hinweis auf die Löschungsvormerkung nach § 1179 BGB aF, deren Konkursfestigkeit ohne Rücksicht darauf anerkannt war, ob der Vereinigungsfall erst nach der Konkurseröffnung eintrat; nach der Intention des Gesetzgebers sollte durch die Neuregelung des § 1179 a BGB der vormerkungsrechtliche Schutz nicht verändert werden.
[40] OLG Hamm NJW-RR 1990, 272, 273; *Rein* (Fn. 39) S. 3472; *Palandt/Bassenge*, BGB, § 1191 RdNr. 43; *MünchKommBGB-Eickmann* § 1179 RdNr. 23.
[41] *Rein* (Fn. 39) S. 3472.
[42] BGHZ 134, 182 = BGH NJW 1997, 861 = WuB IV A. § 883 BGB 1.97 *(Kohler)* = JZ 1997, 516 m. Anm. *Berger* = ZEV 1997, 77 – Rückübereignungsanspruch auf Grund Rücktritts wegen abredewidriger Verfügung der Kinder über das übertragene Grundeigentum; dazu auch *Demharter* ZEV 1997, 79; *Stadler* Jura 1998, 189; s. w. BayObLG DNotZ 1978, 39.
[43] So aber BayObLG DNotZ 1978, 39, 42.
[44] BGHZ 134, 182, 188 = NJW 1997, 861, 862; *Staudinger/Gursky*, BGB, § 883 RdNr. 120.
[45] MünchKommBGB-*Wacke* § 883 RdNr. 22.
[46] *Palandt/Heinrichs*, BGB, Einf. v. § 158 RdNr. 10; MünchKommBGB-*Westermann* § 158 RdNr. 21.
[47] Vgl. *Kohler* WuB IV A. § 883 BGB 1.97.
[48] BGHZ 134, 182, 188 = NJW 1997, 861, 862; BGH NJW-RR 1996, 1167.
[49] *Stadler* (Fn. 42) S. 193.

Vorkaufsrechts oder eines **Wiederkaufsrechts** ist der durch Ausübung des Vor- bzw. Wiederkaufsrechts bedingte Anspruch vormerkungsfähig, obwohl seine Entstehung allein von einer entsprechenden Willenserklärung des Berechtigten abhängt.[50] In diesen Fällen reichen die Beziehungen der Parteien aber auf Grund der vertraglichen Vereinbarung eines Vor- bzw. Wiederkaufsrechts über den Bereich bloß tatsächlicher Erwartungen hinaus.[51] Aus einem Vorkaufsrecht ergibt sich ein künftiger bzw. bedingter Anspruch auf Übertragung des Eigentums, der Gegenstand einer Vormerkung sein kann.[52] Nicht das Vorkaufsrecht als das Recht zur Ausübung des Vorkaufsrechts gem. § 464 Abs. 1 BGB ist Gegenstand der Vormerkung, sondern erst der **Anspruch auf Übereignung des Grundstücks** aus dem Kaufvertrag, der gem. § 464 Abs. 2 BGB durch die Ausübung des Vorkaufsrechts zustande kommt.[53] Zur (fehlenden) Insolvenzfestigkeit des schuldrechtlichen Vorkaufsrechts s. u. RdNr. 16 d.

c) Hat der Vorkaufsberechtigte, zu dessen Gunsten eine Auflassungsvormerkung bestellt war, den Vorkaufsverpflichteten als Alleinerbe beerbt, nachdem der Erblasser einem Dritten ein wirksames Kaufangebot gemacht hat und für diesen eine nachrangige Auflassungsvormerkung bestellt worden ist, so kommt der den Vorkaufsfall auslösende Vertrag mit dem Vorkaufsberechtigten zustande, wenn der Dritte nunmehr das Kaufangebot annimmt. Gegen die Wirksamkeit der zugunsten des Vorkaufsberechtigten bestellten Vormerkung spricht, dass die nach dem Tod des Erblassers erfolgende Ausübung des Vorkaufsrechts zu einem Kaufvertrag des Vorkaufsberechtigten mit sich selbst und zu einem Auflassungsanspruch in Bezug auf das bereits in seinem Eigentum stehende Grundstück führen müsste, was begrifflich beides ausgeschlossen erscheint mit der Folge, dass die Auflassungsvormerkung des Vorkaufsberechtigten als erloschen anzusehen ist.[54] Dies vermag aber weder in der Begründung noch im Ergebnis zu überzeugen.[55] Der Interessenwiderstreit zwischen dem Vorkaufsberechtigten und dem Dritten ist für beide erkennbar durch den Rang der jeweiligen Auflassungsvormerkung zugunsten des Vorkaufsberechtigten geregelt; die Regelung der Erbfolge auf der Seite des Verkäufers und Vorkaufsverpflichteten erfolgt nicht im Interesse des Dritten, dessen Rechtsposition sich andererseits durch den Erbfall auch nicht verschlechtert. Der zufällige Umstand, dass das Vorkaufsrecht erst nach dem Tod des Erblassers ausgeübt wurde, vermag den Interessen des Dritten keinen höheren Rang in Umkehrung der bisherigen Rangfolge zu verschaffen.[56] Das Sicherungsinteresse des vormerkungsgeschützten Vorkaufsberechtigten verdient unverändert Vorrang.[57]

Aus einem **Vorvertrag** ergibt sich eine hinreichend gefestigte Erwerbsaussicht hinsichtlich des künftigen Anspruchs aus dem Hauptvertrag, so dass für diesen eine Vormerkung bestellt werden kann;[58] zur Insolvenzfestigkeit einer solchen Vormerkung u. RdNr. 16. Nicht vormerkungsfähig ist dagegen eine **Erwerbsaussicht** auf Grund eines freibleibenden Angebots oder eines „letter of intent".[59] Eine **Option** begründet einen vormerkungsfähigen Anspruch nur dann, wenn der Berechtigte selbst durch einseitige Erklärung den Vertrag zustande bringen kann.[60] Vormerkungsfähig ist der Anspruch auf **Rückübereignung eines**

---

[50] §§ 456 Abs. 1, 464 Abs. 2 BGB.
[51] *Staudinger/Gursky*, BGB, § 883 RdNr. 120.
[52] *Palandt/Bassenge*, BGB, § 883 RdNr. 16.
[53] BGH NJW 2000, 1033, 1034.
[54] So BGH NJW 2000, 1033; ebenso noch die Vorauf.; abl. *Gebauer/Haubold* JZ 2000, 680, 681; krit. *Servatius* JuS 2006, 1060 ff. BGH NJW 1981, 447 bejaht in einem vergleichbaren Fall ein Erlöschen der Vormerkung durch Konfusion; dag. *Wacke* NJW 1981, 1577 ff.
[55] *v. Olshausen* NJW 2000, 2872 ff.; *Flume* JZ 2000, 1159 f.; *Wacke* DNotZ 2001, 302 ff.; *ders.* JZ 2001, 380 ff.; MünchKommBGB-*Wacke* § 886 RdNr. 6.
[56] MünchKommBGB-*Wacke* § 886 RdNr. 6; *v. Olshausen* (Fn. 55).
[57] OLG Schleswig NJW RR 1999, 1528; *Palandt/Bassenge*, BGB, § 886 RdNr. 4; *Gebauer/Haubold* (Fn. 54) S. 682.
[58] *Staudinger/Gursky*, BGB, § 883 RdNr. 128; *Stadler* (Fn. 42) S. 191; FK-*Wegener*, InsO, § 106 RdNr. 6; *Preuß* (Fn. 26) S. 284 f.
[59] *Stadler* (Fn. 42) S. 191.
[60] MünchKommBGB-*Westermann* § 158 RdNr. 59.

Grundstücks für den Fall der Ausübung eines Rücktrittsrechts des Veräußerers auf Grund einer abredewidrigen Verfügung des Erwerbers.[61] Ansprüche aus einem schwebend unwirksamen Rechtsgeschäft sind vormerkungsfähig, wenn die Wirksamkeit von einer **behördlichen Genehmigung** abhängt,[62] nicht dagegen, wenn die schwebende Unwirksamkeit auf der fehlenden Vertretungsmacht einer Partei beruht (vgl. § 177 BGB).[63]

II. Zeitpunkt des Entstehens der Vormerkung

14   **1. Eintragung der Vormerkung vor und nach Eröffnung des Insolvenzverfahrens.** Die Sicherungswirkung der Vormerkung tritt nur ein, wenn diese vor Eröffnung des Insolvenzverfahrens eingetragen worden ist.[64] Andernfalls ist die Vormerkung grundsätzlich unwirksam (§§ 80, 81). Entsprechendes gilt, wenn vor der Verfahrenseröffnung ein **allgemeines Veräußerungsverbot** erlassen oder ein **Zustimmungsvorbehalt**[65] angeordnet worden ist (§§ 21 Abs. 2 Nr. 2, 24 Abs. 1).[66] Für rechtsgeschäftlich begründete Vormerkungen greift aber § 878 BGB i. V. m. § 91 Abs. 2 zu Gunsten des vorgemerkten Rechts ein; maßgeblich ist danach, ob vor Eröffnung des Insolvenzverfahrens bzw. vor Erlass eines allgemeinen Veräußerungsverbots die Eintragung der Vormerkung bindend bewilligt und der Eintragungsantrag gestellt worden ist.[67] Der Insolvenzverwalter kann nicht unter Hinweis auf eine unterbliebene rechtzeitige Erfüllungswahl die Grundbucheintragung verhindern bzw. nach erfolgter Eintragung das erworbene Recht kondizieren.[68] Etwas anderes gilt, wenn die Grundbucheintragung aus Gründen scheitert, die mit dem Insolvenzverfahren nichts zu tun haben. Die Antragsberechtigung ergibt sich aus § 13 Abs. 1 Satz 2 GBO. Unerheblich ist, welcher der Antragsberechtigten den Antrag gestellt hat.[69] Zur Auswirkung der Verfahrenseröffnung auf den Eintragungsantrag und zur Frage nach Voraussetzungen und Rechtswirkungen der Rücknahme des Antrags s. u. RdNr. 22.

15   Eine **einstweilige Verfügung** ersetzt die Eintragungsbewilligung (§ 885 Abs. 1 Satz 1 BGB). Sie soll nach hM aber nicht dem Schutz des § 878 BGB unterfallen.[70] Das vermag nicht zu überzeugen; der Schutzzweck des § 878 BGB, den Rechtserwerb des Berechtigten

---

[61] BGHZ 134, 182 = NJW 1997, 861; BayObLG DNotZ 1978, 159; *Staudinger/Gursky*, BGB, § 883 RdNr. 127; *Kohler* DNotZ 1989, 339; zur Entscheidung des BGH s. a. die in Fn. 42 Genannten. In einer Sicherung des Rückübertragungsanspruchs in solchen Fällen wird keine Umgehung des § 137 Satz 1 BGB zu sehen, BGHZ 134, 182, 186 = NJW 1997, 861, 862 unter Berufung auf *Kohler*.
[62] AKBGB-*v. Schweinitz* § 883 RdNr. 25 a; *Uhlenbruck/Berscheid*, InsO, § 106 RdNr. 16; *Palandt/Bassenge*, BGB, § 883 RdNr. 16; *Staudinger/Gursky* § 883 RdNr. 133; *D. Assmann*, Vormerkung, S. 53.
[63] *D. Assmann*, Vormerkung, S. 53.
[64] BGH ZIP 2005, 627, 628 = WuB VI A. § 106 InsO 1.06 (*Lüke/Stengel*); Andres in *Andres/Leithaus*, InsO, § 106 RdNr. 4; *Smid*, InsO, § 106 RdNr. 5; *Hess/Weis/Wienberg*, InsO, § 106 RdNr. 18; *Kübler/Prütting/Tintelnot*, InsO, § 106 RdNr. 5; *FK-Wegener*, InsO, § 106 RdNr. 10; *Nerlich/Römermann/Balthasar*, InsO, § 106 RdNr. 9; *Uhlenbruck/Berscheid*, InsO, § 106 RdNr. 20.
[65] Hierzu OLG Frankfurt ZInsO 2006, 269, 270 f.
[66] *Smid*, InsO, § 106 RdNr. 8; *Hess/Weis/Wienberg*, InsO, § 106 RdNr. 14; *FK-Wegener*, InsO, § 106 RdNr. 10; *Kübler/Prütting/Tintelnot*, InsO, § 106 RdNr. 11; *Nerlich/Römermann/Balthasar*, InsO, § 106 RdNr. 10; *Uhlenbruck/Berscheid*, InsO, § 106 RdNr. 20.
[67] BGH ZIP 2005, 627, 628; LG Aachen ZInsO 2002, 937, 938; *Gerhardt* (Fn. 2) S. 753; *Smid*, InsO, § 106 RdNr. 5; *Hess/Weis/Wienberg*, InsO, § 106 RdNr. 20; *Harder*, Surrogation, S. 201 f.; *Graf-Schlicker/Breitenbücher*, InsO, § 106 RdNr. 3; HambKomm-*Ahrendt*, InsO, § 106 RdNr. 9; *Kübler/Prütting/Tintelnot*, InsO, § 106 RdNr. 5; *FK-Wegener*, InsO, § 106 RdNr. 13; *Nerlich/Römermann/Balthasar*, InsO, § 106 RdNr. 9; vgl. zur fehlenden Verwalterzustimmung nach § 12 Abs. 3 WEG OLG Frankfurt ZInsO 2006, 269, 272.
[68] *Harder*, Surrogation, S. 201 f.; MünchKomm-*Wacke* § 878 RdNr. 23.
[69] MünchKommBGB-*Wacke* § 878 RdNr. 8; *Kübler/Prütting/Tintelnot*, InsO, § 106 RdNr. 5, § 103 RdNr. 43; *Uhlenbruck/Berscheid*, InsO, § 106 RdNr. 22; *Scholtz* ZIP 1999, 1693, 1697; *Harder*, Surrogation, S. 203 f.; offen lassend BGH ZIP 1988, 1612, 1613; aA *FK-Wegener*, InsO, § 106 RdNr. 10.
[70] LG Frankfurt a. M. ZIP 1983, 351 (Vormerkung für Bauhandwerkersicherungshypothek auf Grund einstweiliger Verfügung nur wirksam bei Eintragung vor Wirksamwerden des allgemeinen Verfügungsverbots); *Staudinger/Gursky*, BGB, § 883 RdNr. 197; *Jaeger/Henckel*, KO, § 24 RdNr. 55; *Kuhn/Uhlenbruck*, KO, § 24 RdNr. 2a; *Smid*, InsO, § 106 RdNr. 8; zu § 9 Abs. 1 Satz 3 GesO ebenso OLG Dresden OLG-NL 1996, 109, 111; OLG Jena Rpfleger 1996, 211 f.

nicht von der Betriebszügigkeit des Grundbuchamts abhängig zu machen, muss auch im Falle der Rechtsdurchsetzung durch einstweilige Verfügung gelten und zu einer analogen Anwendung des § 878 BGB führen.[71] Jedoch ist in diesem Fall die **„Rückschlagsperre"** gem. § 88 zu beachten.[72] Für die Berechnung der Monatsfrist des § 88 ist auf die Eintragung der Vormerkung, nicht den Antrag abzustellen.[73]

2. Entstehung des Anspruchs. Wenn die Vormerkung als solche insolvenzfest entstanden ist, schadet es nicht, wenn der gesicherte Anspruch erst nach Eröffnung des Insolvenzverfahrens entsteht, sofern es sich um einen bedingten oder künftigen Anspruch im Sinne des § 883 Abs. 1 Satz 2 BGB handelt (s. dazu o. RdNr. 8 ff.). Der erst während der Insolvenz entstehende Anspruch nimmt auch an der insolvenzrechtlichen Vormerkungswirkung teil, vorausgesetzt, er kann trotz der Eröffnung des Insolvenzverfahrens noch entstehen (s. RdNr. 16 a–16 d) und weiter vorausgesetzt, er beruht auf einer vor Eröffnung des Insolvenzverfahrens hinreichend **verfestigten Erwerbsaussicht,** so dass er Gegenstand einer Vormerkung sein kann (s. RdNr. 8–13).[74] Für einen aufschiebend bedingten Anspruch, dessen Bedingung erst **nach Eröffnung des Insolvenzverfahrens** eintritt, ist überwiegend anerkannt, dass die Vorschrift des § 91 hinter § 106 zurücktritt.[75] Dagegen soll nach verbreiteter Ansicht die Vormerkung ihre Wirkung in der Insolvenz verlieren, wenn sie sich auf eine künftige Forderung bezieht und diese erst nach Eröffnung des Insolvenzverfahrens entsteht.[76] Dies führt jedoch zu einem Wertungswiderspruch gegenüber der Gleichbehandlung von künftigen und bedingten Ansprüchen gem. §§ 883 Abs. 1 Satz 2, Abs. 2 Satz 2 BGB und widerspricht zudem der insolvenzrechtlichen Anerkennung der Pfandrechtsbestellung für künftige Forderungen.[77] S. dazu näher § 91 RdNr. 43.

Vormerkungsfähig sind nur Ansprüche auf eine dingliche Rechtsänderung, auch wenn es sich um künftige oder bedingte Ansprüche handelt (§ 883 Abs. 1 Satz 1 und 2 BGB; o. RdNr. 8). Vormerkungsfähig sind demgemäß Auflassungsansprüche, die durch Entstehung und Ausübung eines Vorkaufsrechts bedingt sind (o. RdNr. 9). Vormerkungsfähig ist auch ein Anspruch aus einem erst noch abzuschließenden Rechtsgeschäft, sofern der Schuldner durch **Vorvertrag** verpflichtet ist, das Rechtsgeschäft abzuschließen[78] (o. RdNr. 13). Die Vormerkungsfähigkeit eines Anspruchs bedeutet jedoch nicht zugleich, dass dieser auch insolvenzfest ist. Insolvenzfest sind derartige Vormerkungen vielmehr nur

---

[71] MünchKommBGB-*Wacke* § 885 RdNr. 13; HambKomm-*Ahrendt,* InsO, § 106 RdNr. 7; in diese Richtung auch *Kübler/Prütting/Tintelnot,* InsO, § 106 RdNr. 10; *Andres* in *Andres/Leithaus,* InsO, § 106 RdNr. 4.

[72] FK-*Wegener,* InsO, § 106 RdNr. 9; *Uhlenbruck/Berscheid,* InsO, § 106 RdNr. 18; HambKomm-*Ahrendt,* InsO, § 106 RdNr. 7; *Andres* in *Andres/Leithaus,* InsO, § 106 RdNr. 4. Zur entsprechenden, aber mangels zeitlicher Begrenzung weiterreichenden Regelung des § 7 Abs. 3 GesO in Bezug auf eine auf Grund einstweiliger Verfügung eingetragene Vormerkung s. BGHZ 142, 208 = NJW 1999, 3122 = WuB VI G § 7 GesO 3.99 *(Uhlenbruck);* BGH NJW 2000, 2427; OLG Dresden ZIP 1998, 215; aA OLG Jena Rpfleger 1996, 211 f.

[73] LG Berlin ZIP 2001, 2293; LG Meiningen ZIP 2000, 416, 417; *Uhlenbruck/Berscheid,* InsO, § 106 RdNr. 18; FK-*Wegener,* InsO, § 106 RdNr. 9; *Nerlich/Römermann/Wittkowski,* InsO, § 88 RdNr. 9; *Andres* in *Andres/Leithaus,* InsO, § 106 RdNr. 4; HK-*Marotzke,* InsO, § 106 RdNr. 14; aA *Kübler/Prütting/Lüke,* InsO, § 88 RdNr. 17.

[74] So generell *Kilger/K. Schmidt,* KO, § 24 Anm. 2; MünchKommBGB-*Wacke* § 883 RdNr. 53; *Kuhn/Uhlenbruck,* KO, § 24 RdNr. 2; *Jaeger/Henckel,* KO, § 24 RdNr. 18; aA *Ludwig* (Fn. 25) S. 2798; *Paulus,* Verfügungsverbot, S. 103; *Ertl* Rpfleger 1977, 345.

[75] OLG Köln ZInsO 2005, 268, 270; *Kübler/Prütting/Lüke,* InsO, § 91 RdNr. 38; *Bork,* Insolvenzrecht, RdNr. 151; *Häsemeyer,* Insolvenzrecht, RdNr. 10.27; FK-*App,* InsO, § 91 RdNr. 13; HK-*Eickmann,* InsO, § 91 RdNr. 31; *Preuß* (Fn. 26) S. 286 f.; HambKomm-*Ahrendt,* InsO, § 106 RdNr. 4.

[76] BGH NJW 1975, 122. So auch *Lüke, Bork, Häsemeyer, Eickmann* (Fn. 75); für Insolvenzfestigkeit der durch Vormerkung gesicherten künftigen Forderung aber *Kübler/Prütting/Tintelnot,* InsO, § 106 RdNr. 16; *Denck* (Fn. 27) S. 1011; HambKomm-*Ahrendt,* InsO, § 106 RdNr. 3.

[77] Vgl. BGHZ 86, 340 = NJW 1983, 1123; *Kuhn/Uhlenbruck,* KO, § 15 RdNr. 9 a; *Baur/Stürner,* Zwangsvollstreckungs-, Konkurs- und Vergleichsrecht, Bd. II, RdNr. 8.13; *Denck* (Fn. 27) S. 1012.

[78] *Preuß* (Fn. 25) S. 589 f.; AKBGB-*v. Schweinitz* § 883 RdNr. 25 a; MünchKommBGB-*Wacke* § 883 RdNr. 25, 33.

dann, wenn und soweit ihre Voraussetzungen nach Verfahrenseröffnung erzwungen werden können, denn nur in diesem Fall kann der gesicherte Anspruch trotz der Verfahrenseröffnung noch zur Entstehung gelangen. Dies ist hinsichtlich eines Anspruchs aus einem Vorvertrag nicht der Fall, weil der Schuldner den Vertrag nicht mehr mit Wirkung für und gegen die Masse abschließen kann (§ 80 Abs. 1; s. dort RdNr. 11) und der Insolvenzverwalter nicht verpflichtet ist, den Hauptvertrag mit dem Vormerkungsberechtigten abzuschließen.[79] Forderungen, die keinen auf Geld gerichteten oder in Geld umrechenbaren Inhalt haben, gehören nicht zu den Insolvenzforderungen (§ 38; s. dort. RdNr. 14).

16 b   Vormerkungsfähig ist der aus einem **Kaufangebot** folgende künftige Auflassungsanspruch. Er ist insolvenzfest auch dann, wenn das Angebot nach Verfahrenseröffnung angenommen worden ist.[80] Ein vom Schuldner gemachtes Angebot kann auch nach Verfahrenseröffnung vom Gläubiger angenommen werden, weil die vom vormerkungsgesicherten Anspruch betroffene Vermögensposition nicht zur Masse gehört und die Verpflichtungsfähigkeit des Schuldners insoweit nicht eingeschränkt ist.[81]

16 c   Das **dingliche Vorkaufsrecht** steht nach hM nicht unter dem Schutz des § 106, wenn der Vorkaufsfall bei Verfahrenseröffnung noch nicht eingetreten ist, da der Vorkaufsberechtigte in diesem Fall noch keinen Anspruch gegen den Schuldner auf Eigentumsübertragung habe.[82] Dem Vorkaufsberechtigten steht indes ein durch den Vorkaufsfall und die Ausübung des Vorkaufsrechts bedingter Anspruch auf Übertragung des Eigentums zu.[83] Ein solcher Anspruch aus einem vertraglich begründeten Vorkaufsrecht ist vormerkungsfähig (§ 883 Abs. 1 Satz 2 BGB; s. o. RdNr. 11). Für das dingliche Vorkaufsrecht gilt dies in gleicher Weise (§ 1098 Abs. 1 Satz 1 BGB). Dem steht nicht entgegen, dass die Herbeiführung des Vorkaufsfalls durch Verkauf des Grundstücks an einen Dritten im nicht vertraglich gebundenen Belieben des Schuldners steht; dies ist dem Vorkaufsrecht wesensnotwendig.[84] Hinsichtlich der Insolvenzfestigkeit der Vormerkung des bedingten Anspruchs auf Eigentumsübertragung kommt es darauf an, ob der Eintritt des Vorkaufsfalls vor oder nach der Verfahrenseröffnung erfolgt ist. Hat der Schuldner vor Verfahrenseröffnung das Grundstück wirksam veräußert, so bleibt der Vormerkungsschutz auch nach der Verfahrenseröffnung erhalten. Nach der Eröffnung des Verfahrens kann der Schuldner den Vorkaufsfall nicht mehr herbeiführen, da er mit Wirkung gegen die Masse auch keine Verpflichtungsgeschäfte abschließen kann (§ 80 Abs. 1; s. dort RdNr. 11). Verkauft der Insolvenzverwalter das Grundstück freihändig, löst dies den Vorkaufsfall mit der Wirkung der Vormerkung zugunsten des Vorkaufsberechtigten aus (§ 1098 Abs. 1 Satz 2).[85] Hat der Schuldner das Grundstück bereits vor Verfahrenseröffnung veräußert, hängt der Vormerkungsschutz des Vorkaufsberechtigten davon ab, ob der Verkauf durch den Schuldner an den Dritten dem Wahlrecht des Insolvenzverwalters gem. § 103 unterliegt und ob dieser ggf. Erfüllung des Kaufvertrags wählt oder sie ablehnt. Im letzteren Fall erlischt das Vorkaufsrecht und mit ihm die für den Eigentumsübertragungsanspruch bestellte Vormerkung.[86] Die wirksame

---

[79] *Preuß* (Fn. 25) S. 592; *dies.* (Fn. 26) S. 286 ff. (auch zu dem Anspruch des noch nicht benannten Erwerbers eines Grundstücks).
[80] BGHZ 149, 1 = NJW 2002, 213 ff.; AKBGB-*v. Schweinitz* § 883 RdNr. 34; Kübler/Prütting/Tintelnot, InsO, § 106 RdNr. 16; *Smid*, InsO, § 106 RdNr. 5; *Andres* in *Andres/Leithaus*, InsO, § 106 RdNr. 3.
[81] BGHZ 149, 1 = NJW 2002, 213, 214 f.
[82] BGH NJW 2006, 2408 = ZIP 2006, 1141, 1143; *Braun/Kroth*, InsO, § 106 RdNr. 12; Kübler/Prütting/Tintelnot, InsO, § 106 RdNr. 7; FK-*Wegener*, InsO, § 106 RdNr. 8; *Smid*, InsO, § 106 RdNr. 10; Hess/Weis/Wienberg, InsO, § 106 RdNr. 6; *Goetsch* in *Breutigam/Blersch/Goetsch*, InsO, § 106 RdNr. 8; Uhlenbruck/Berscheid, InsO, § 106 RdNr. 27; HambKomm-*Ahrendt*, InsO, § 106 RdNr. 10.
[83] *Staudinger/Gursky*, BGB, § 883 RdNr. 120.
[84] *Palandt/Bassenge*, BGB, § 883 RdNr. 15.
[85] Der BGH misst dieser Vorschrift offenbar die Bedeutung einer konstitutiven Begründung des Vorkaufsrechts im Insolvenzfall bei, BGH NJW 2006, 2408, 2409 f. (obiter dictum).
[86] *Jaeger/Henckel*, KO, § 24 RdNr. 6; *Andres* in *Andres/Leithaus*, InsO, § 106 RdNr. 3; *Kuhn/Uhlenbruck*, KO, § 24 RdNr. 2b; *Nerlich/Römermann/Balthasar*, InsO, § 106 RdNr. 7; Kübler/Prütting/Tintelnot, InsO, § 106 RdNr. 8; *Uhlenbruck/Berscheid*, InsO, § 106 RdNr. 29–31.

Ausübung des Vorkaufsrechts setzt den rechtswirksamen Eintritt des Vorkaufsfalls voraus; ob der Berechtigte die Erklärung vor oder nach Eröffnung des Verfahrens abgibt, ist demgegenüber nicht entscheidend.

Das **schuldrechtliche Vorkaufsrecht** kann nach Eröffnung des Insolvenzverfahrens nicht mehr ausgeübt werden, § 471 BGB.[87] Ob der Verkauf im Wege der Zwangsvollstreckung freihändig oder durch Zwangsversteigerung erfolgt, macht für den Ausschluss des Vorkaufsrechts keinen Unterschied.[88] Gleiches gilt im Rahmen des § 471 BGB für den freihändigen Verkauf aus der Insolvenzmasse.[89] Die Vorschrift bezweckt, dem staatlichen Gläubigerschutz im Verfahren der Zwangsvollstreckung oder der Insolvenz im Falle der Konkurrenz mit einem Vorkaufsberechtigten Vorrang zu verschaffen.[90] Für das dingliche Vorkaufsrecht gilt dies nicht. Der Freihandverkauf durch den Insolvenzverwalter stellt vielmehr einen das Vorkaufsrecht auslösenden Vorkaufsfall dar (§ 1098 Abs. 1 Satz 2 BGB, s. o. RdNr. 16 c). Auch im Übrigen ist das dingliche Vorkaufsrecht gegenüber dem schuldrechtlichen Vorkaufsrecht in einer stärkeren Position: es bleibt bestehen, wenn es dem Anspruch des betreibenden Gläubigers vorgeht und deshalb in das geringste Gebot aufgenommen wird (§ 44 ZVG) und kann gegenüber dem Ersteher ausgeübt werden.[91] Ein durch Vormerkung gesichertes schuldrechtliches Vorkaufsrecht steht einem dinglichen Vorkaufsrecht bei Verfügungen über das Grundstück im Wege der Zwangsvollstreckung oder durch den Insolvenzverwalter gleich (§ 883 Abs. 2 Satz 2 BGB). Der Eigentumserwerb des Erstehers ist dem durch Vormerkung gesicherten Vormerkungsberechtigten gegenüber unwirksam, wenn die Vormerkung mit Feststellung im geringsten Gebot bestehen bleibt.[92] Für den Verkauf aus freier Hand durch den Insolvenzverwalter ergibt sich der Vorrang des Vorkaufsrechts, das durch Vormerkung gesichert ist, aus entsprechender Anwendung des § 1098 Abs. 1 Satz 2 BGB.

3. Besonderheiten beim Nachlassinsolvenzverfahren. Im Falle der **Nachlassinsolvenz** gilt für Maßnahmen der Zwangsvollstreckung einschließlich der Eintragung einer Vormerkung auf Grund einer einstweiligen Verfügung, die nach dem Erbfall erfolgt sind, dass sie kein Recht zur abgesonderten Befriedigung gewähren (§ 321; s. näher dort).

III. Rechtswirkungen.

1. Erfüllung aus der Insolvenzmasse. Für den durch Vormerkung gesicherten Anspruch kann der Gläubiger Befriedigung aus der Insolvenzmasse verlangen,[93] § 106 Abs. 1 Satz 1. Die Vormerkung sichert den Anspruch gegen die Folgen der Eröffnung des Insolvenzverfahrens. Der Gläubiger ist nicht auf eine Insolvenzforderung beschränkt. Er kann folglich vom Insolvenzverwalter verlangen, dass dieser die **Einigung** hinsichtlich der Rechtsübertragung bzw. Rechtsänderung gem. § 873 Abs. 1 BGB bzw. die Auflassung gem. § 925 BGB erklärt und die erforderliche Eintragungsbewilligung gem. § 19 GBO erteilt. Hat der Schuldner vormerkungswidrig verfügt, so muss der Gläubiger den Anspruch gleichwohl gegen den Verwalter verfolgen.[94] Dieser kann sich allerdings auch dazu entscheiden,

---

[87] FK-*Wegener*, InsO, § 106 RdNr. 3; *Smid*, InsO, § 106 RdNr. 11; HambKomm-*Ahrendt*, InsO, § 106 RdNr. 10.
[88] *Staudinger/Mader*, BGB, § 471 RdNr. 4.
[89] *Staudinger/Mader*, BGB, § 1098 RdNr. 11; *Palandt/Weidenkaff*, BGB, § 471 RdNr. 3; *Smid*, InsO, § 106 RdNr. 11.
[90] *Staudinger/Mader* § 471 RdNr. 1; *Palandt/Weidenkaff*, BGB, § 471 RdNr. 1; BeckOK-*Faust*, BGB, § 471 RdNr. 1; and. BGH NJW 1999, 2044, wo unter Berufung auf Mot. II S. 350, Prot. II S. 108 darauf abgestellt wird, dass der Vorkaufsverpflichtete vor Schadensersatzansprüchen des Berechtigten bewahrt werden soll.
[91] *Staudinger/Mader*, BGB, § 1097 RdNr. 19.
[92] *Stöber* NJW 1988, 3121, 3122.
[93] *Gerhardt* (Fn. 2) S. 750; *Hess/Weis/Wienberg*, InsO, § 106 RdNr. 1, 23; *Smid*, InsO, § 106 RdNr. 4. Bei einer nicht rechtzeitigen Erfüllung des Anspruchs durch den Verwalter kann dieser gem. § 60 haften; hierzu OLG Hamm ZIP 2006, 1911 ff.
[94] *Kübler/Prütting/Tintelnot*, InsO, § 106 RdNr. 21; *Jaeger/Henckel*, KO, § 24 RdNr. 27; *Nerlich/Römermann/Balthasar*, InsO, § 106 RdNr. 15; *Uhlenbruck/Berscheid*, InsO, § 106 RdNr. 34.

das vormerkungsbelastete Grundstück freizugeben;[95] näher zur Freigabe § 80 RdNr. 65 ff. Die durch eine Vormerkung gesicherten Ansprüche sind auf dem ordentlichen Prozesswege geltend zu machen, nicht dagegen gem. § 174 Abs. 1 durch Forderungsanmeldung.[96]

19 **2. Einwendungen und Einreden gegen den gesicherten Anspruch.** Die Vorschrift des § 106 Abs. 1 Satz 1 sichert den vorgemerkten Anspruch in seinem jeweiligen rechtlichen Bestand vor den Folgen der Insolvenz. Der Gläubiger wird dadurch aber nicht besser gestellt, als er ohne Eröffnung des Insolvenzverfahrens stehen würde. Demgemäß bleibt der Anspruch allen **Einwendungen und Einreden** ausgesetzt, die sich aus allgemeinen Bestimmungen ergeben.[97] Ebenso bleiben der Insolvenzmasse die gegen die Vormerkung als solche gerichteten Rechte erhalten, insbesondere das Recht, Beseitigung der Vormerkung zu verlangen (§ 886 BGB).[98] Ferner steht § 106 einer Insolvenzanfechtung nicht entgegen.[99] Ist allein das Grundgeschäft anfechtbar, führt dies zum Fehlen eines vormerkungsfähigen Anspruchs, so dass die akzessorische Vormerkung nicht entsteht; dies gilt auch dann, wenn die Vormerkung außerhalb der Anfechtungsfrist eingetragen wurde.[100]

20 **3. Verhältnis zum Wahlrecht des Insolvenzverwalters.** Die Vorschrift des § 106 Abs. 1 Satz 1 stellt eine **Ergänzung der Regelung des § 103** dar.

a) Der Insolvenzverwalter ist nicht befugt, die Erfüllung des durch Vormerkung gesicherten Anspruchs unter Berufung auf § 103 abzulehnen, s. o. RdNr. 18. Dies ergibt sich aus dem klaren und eindeutigen Wortlaut des § 106 Abs. 1 Satz 1 und aus dem Zweck dieser Vorschrift, den **Schutzumfang der Vormerkung,** der gem. § 883 Abs. 2 Satz 2 BGB bereits gegen beeinträchtigende Verfügungen des Insolvenzverwalters begründet ist, auch gegen Beeinträchtigungen als Folge des Insolvenzverfahrens selbst zu gewährleisten.

21 Demgegenüber sah die bisher hM § 106 als Ausnahmeregelung zu § 103 an.[101] Seit der Aufgabe der Erlöschenstheorie durch die Rechtsprechung des BGH[102] (s. § 103 RdNr. 11 ff.) ist diese Ansicht jedoch überholt. Nunmehr ist anerkannt, dass die Hauptpflichten aus dem beidseitig noch nicht vollständig erfüllten Vertrag nicht erlöschen, sondern vielmehr ihre Durchsetzbarkeit verlieren, sofern der Verwalter nicht Erfüllung verlangt.[103] Da der gesicherte Anspruch als solcher fortbesteht, durchbricht § 106 nicht als Ausnahmeregelung den Grundsatz der Akzessorietät der Vormerkung. Vielmehr ergänzt § 106 die Bestimmung des

---

[95] *Kesseler* (Fn. 2) S. 109 f.; *ders.* ZNotP 2006, 133 ff.; aA *Amann* MittBayNot 2005, 111, 112 f.
[96] OLG Frankfurt ZInsO 2006, 269, 271; *Smid,* InsO, § 106 RdNr. 13.
[97] OLG Frankfurt ZInsO 2006, 269, 271; FK-*Wegener,* InsO, § 106 RdNr. 15; *Hess/Weis/Wienberg,* InsO, § 106 RdNr. 26; HambKomm-*Ahrendt,* InsO, § 106 RdNr. 15; *Smid,* InsO, § 106 RdNr. 13; *Goetsch* in Breutigam/Blersch/Goetsch, InsO, § 106 RdNr. 15; *Nerlich/Römermann/Balthasar,* InsO, § 106 RdNr. 16; *Uhlenbruck/Berscheid,* InsO, § 106 RdNr. 23.
[98] FK-*Wegener,* InsO, § 106 RdNr. 15; *Hess/Weis/Wienberg,* InsO, § 106 RdNr. 26.
[99] BGH NJW 1978, 1437, 1438; BGH ZIP 1988, 585, 586; OLG Köln ZInsO 2005, 268, 271; OLG Bremen ZIP 1987, 1067; *Andres* in Andres/Leithaus, InsO, § 106 RdNr. 5; *Braun/Kroth,* InsO, § 106 RdNr. 16; *Fritsche* DZWIR 2002, 92, 95 f.; *Hess/Weis/Wienberg,* InsO, § 106 RdNr. 25; *Kübler/Prütting/Tintelnot,* InsO, § 106 RdNr. 23; *Kesseler* RNotZ 2002, 176, 190 ff.; *Smid,* InsO, § 106 RdNr. 18; *Nerlich/Römermann/Balthasar,* InsO, § 106 RdNr. 11; *Uhlenbruck/Berscheid,* InsO, § 106 RdNr. 26; s. näher FK-*Wegener,* InsO, § 106 RdNr. 9 a.
[100] BGH ZIP 1988, 585, 586; *Jaeger/Henckel,* KO, § 32 RdNr. 51; *Staudinger/Gursky,* BGB, § 883 RdNr. 199; FK-*Wegener,* InsO, § 106 RdNr. 9 a; aA OLG Bremen ZIP 1987, 1067; LG Bremen ZIP 1987, 249; *Kübler/Prütting/Tintelnot,* InsO, § 106 RdNr. 19; *Uhlenbruck/Berscheid,* InsO, § 106 RdNr. 26 aE; krit. *Gerhardt* (Fn. 2).
[101] BGH NJW 1977, 146, 147; BGHZ 79, 103, 107 = NJW 1981, 991, 992; BGHZ 138, 179, 187 = NJW 1998, 2134; OLG Frankfurt ZInsO 2006, 269, 271; OLG Rostock OLGR 2004, 41; *Baldringer/Jordans* ZInsO 2004, 119, 120; *Engert/Schmidl* WM 2005, 60, 63; *Kübler/Prütting/Tintelnot,* InsO, § 106 RdNr. 3; *Scholtz* (Fn. 69) S. 1699; *Goetsch* in Breutigam/Blersch/Goetsch, InsO, § 106 RdNr. 21; FK-*Wegener,* InsO, § 106 RdNr. 16; *Kuhn/Uhlenbruck,* KO, § 24 RdNr. 7; *Jaeger/Henckel,* KO, § 24 RdNr. 2, 32; *Smid,* InsO, § 106 RdNr. 4; BGB-RGRK-*Augustin* § 883 RdNr. 102; *Uhlenbruck/Berscheid,* InsO § 106 RdNr. 3 mit eingeh. Nachw.
[102] BGHZ 150, 353 ff = NJW 2002, 2783.
[103] Grundlegend *Marotzke* JZ 1977, 552, 554; *ders.,* Gegenseitige Verträge, RdNr. 10.2; *D. Assmann,* Vormerkung, S. 239.

§ 103. Aus dieser Bestimmung folgt kein Recht des Insolvenzverwalters zur „Nichterfüllung" eines Vertrags, vielmehr ergibt sich nach ihr die Nichterfüllung unmittelbar aus der Eröffnung des Insolvenzverfahrens mit der Folge, dass der Insolvenzverwalter gegen den Schuldner vor der Verfahrenseröffnung begründete Verbindlichkeiten nicht ohne weiteres vollständig, d. h. ohne Beschränkung auf die Quote, erfüllen darf.[104] Ein Regel-Ausnahme-Verhältnis besteht nach dieser Ansicht nur insofern, als § 103 regelt, unter welchen Voraussetzungen der Insolvenzverwalter einen Anspruch ausnahmsweise vollständig erfüllen *darf,* während sich aus § 106 ergibt, dass er ihn unter den dort genannten Voraussetzungen erfüllen *muss.*[105]

b) Die Schutzwirkung der Vormerkung beginnt bereits zu dem Zeitpunkt, zu dem die Erklärung für den Schuldner bindend geworden und der Antrag auf Eintragung beim Grundbuchamt gestellt worden ist; § 878 BGB findet analoge Anwendung.[106] Eine danach erfolgende Verfahrenseröffnung führt nicht zur Unwirksamkeit der vom Schuldner abgegebenen Erklärungen wegen des Verlusts seiner Verfügungsmacht und hindert nicht den Rechtserwerb des Gläubigers, §§ 91 Abs. 2 Satz 1 InsO, 878 BGB. Der vom Erwerber gestellte Eintragungsantrag bleibt von der Eröffnung des Insolvenzverfahrens unberührt und verschafft diesem eine unentziehbare Rechtsposition (s. § 140 RdNr. 39).[107] Nach verbreiteter Ansicht soll dagegen der vom Schuldner gestellte Eintragungsantrag mit der Eröffnung des Verfahrens seine Wirksamkeit verlieren.[108] Damit würde jedoch die Schutzfunktion des § 878 BGB ausgehöhlt. Die Fiktion des Fortbestands der Einigung und der Eintragungsbewilligung würde jedenfalls für den Fall, dass nur der Schuldner den Eintragungsantrag gestellt hat, entgegen der Bestimmung des § 878 BGB, die – anders als § 140 Abs. 2 InsO – nicht danach unterscheidet, wer den Eintragungsantrag gestellt hat und damit keine anwartschaftsrechtliche Position des Erwerbers voraussetzt, ihre Bedeutung verlieren. Nach Verfahrenseröffnung kann der Gläubiger einen Eintragungsantrag nicht mehr stellen, da § 878 BGB nur Anwendung findet, wenn der Eintragungsantrag vor Verfahrenseröffnung gestellt worden ist.[109] Nach Verfahrenseröffnung kann auch der Schuldner einen Eintragungsantrag weder stellen noch einen von ihm gestellten Antrag **zurücknehmen** (§ 80 Abs. 1 InsO). Streitig ist, ob der Insolvenzverwalter den vom Schuldner gestellten Antrag zurücknehmen kann.[110] Dafür spricht die Verwaltungs- und Verfügungsbefugnis des Insolvenzverwalters, die jedoch dem Schutzzweck des § 878 BGB entsprechend einer Einschränkung bedarf. Zwar ist der Erwerber außerhalb eines Insolvenzverfahrens gegen die Rücknahme eines einseitig vom Schuldner gestellten Eintragungsantrags durch den Schuldner selbst nicht geschützt;[111]

---

[104] *Marotzke* (Fn. 103) S. 553; *ders.,* Gegenseitige Verträge, RdNr. 10.2; *D. Assmann,* Vormerkung, S. 239; vgl. auch RGZ 84, 228, 234 f.

[105] *Marotzke* (Fn. 103) S. 554; *ders.,* Gegenseitige Verträge, RdNr. 10.2; zur Begründung dieser Ansicht werden die Motive zur KO herangezogen, welche eindeutig belegen sollen, dass der Gesetzgeber die „Nichterfüllung" nicht als aus § 17 KO herzuleitendes Recht des Konkursverwalters, sondern als Folge der Konkurseröffnung selbst begriffen habe: „... die Nichterfüllung ist die unmittelbare Folge der Konkurseröffnung; das Gesetz braucht nur auszusprechen, dass der Verwalter befugt ist, auf der beiderseitigen Vertragserfüllung zu bestehen." (Motive zur KO S. 67).

[106] MünchKommBGB-*Wacke* § 878 RdNr. 16.

[107] BGH NJW 1998, 2134, 2136; BGH NJW-RR 1988, 1274, 1275; LG Aachen ZInsO 2002, 937; *Uhlenbruck/Berscheid,* InsO § 106 RdNr. 21 f.; *Kesseler* ZfIR 2006, 117, 122.

[108] *Kesseler* (Fn. 107) S. 119 mit eingeh. Nachw. in Fn. 15; *Venjakob* Rpfleger 1991, 284 ff.; *Demharter,* GBO, § 13 RdNr. 9, 38, 54; *Oepen/Rettmann* KTS 1995, 609, 627; aA *Palandt/Bassenge,* BGB, § 878 RdNr. 16; MünchKommBGB-*Wacke* § 878 RdNr. 8; *Staudinger/Gursky,* BGB, § 878 RdNr. 50; *Harder,* Surrogation, 203 f.; AKBGB-*v. Schweinitz* § 878 RdNr. 24; *Scholtz* (Fn. 69) S. 1697.

[109] Vgl. BGHZ 136, 87, 91 ff. (Wiederaufleben des Antrags nach Aufhebung einer nach Verfahrenseröffnung erfolgten Zurückweisung auf Grund neuer Tatsachen unterfällt nicht dem Tatbestand des § 878 BGB).

[110] So die hM; *Gottwald/Eickmann,* Insolvenzrechts-Handbuch, § 31 RdNr. 72; *Kesseler,* 120 f. mit eingeh. Nachw.; *Staudinger/Gursky,* BGB, § 878 RdNr. 45, 50, 69; *Dieckmann,* Festschrift für v. Caemmerer, S. 95, 124; *Erman/Lorenz,* BGB, § 878 RdNr. 17; *Demharter,* GBO, § 13 RdNr. 38; *Meikel/Böttcher,* GBO, § 13 RdNr. 20; HK-*Marotzke,* InsO, § 106 RdNr. 9, 10, 13; *Schöner/Stöber,* GBO, § 13 RdNr. 120; *Venjakob* (Fn. 108) S. 284; *Jaeger/Henckel,* KO, § 17 RdNr. 64; *Harder,* Surrogation, S. 204, 205, 207; im Grundsatz auch MünchKomm-*Wacke* § 878 RdNr. 8, 26.

dies verschlechtert seine Position aber nur vorläufig, da er seinen Erfüllungsanspruch behält. Eine Rücknahme des Antrags nach Eröffnung des Insolvenzverfahrens würde dagegen die Position des Erwerbers erheblich und endgültig verschlechtern, weil sie ihm nur eine Insolvenzforderung beließe, sofern der Verwalter nicht gem. § 103 Erfüllung wählt. Damit würde dem Erwerber entgegen dem Normzweck des § 878 BGB das Risiko der Schuldnerinsolvenz als Folge der Eröffnung des Insolvenzverfahrens aufgebürdet.[112] Der Erwerber soll jedoch vor dem Risiko verfahrensbedingter Verzögerungen und einem hierdurch drohenden Nachteil für den Fall der Verfügungsbeschränkung des Berechtigten geschützt werden;[113] er ist mithin, auch zur Vermeidung eines „wirtschaftshemmenden Schwebezustands",[114] so zu stellen, wie er bei sofortigem Vollzug der Eintragung im Moment der Antragstellung stünde.[115] Mit dem Normzweck des § 878 BGB ist eine Unterscheidung zwischen unmittelbaren und mittelbaren Folgen des Verlusts der Verfügungsbefugnis des Schuldners nicht vereinbar; auch verfahrensbedingten Eingriffsmöglichkeiten zur Verhinderung des Rechtserwerbs steht daher § 878 BGB entgegen. Dies schließt ein Rücknahmerecht des Insolvenzverwalters bezüglich des vom Schuldner gestellten Eintragungsantrags aus.[116] Die „Erfüllungsfiktion" zum Schutz des Erwerbers, die aus § 878 BGB folgt, muss gegenüber dem Insolvenzverwalter auch in Bezug auf eine Vormerkung Bestand haben.[117] Die Rücknahme des Eintragungsantrags durch den Verwalter würde andernfalls dazu führen, dass die noch ausstehenden Erfüllungsansprüche nicht durchgesetzt werden könnten, sofern der Verwalter nicht Erfüllung wählt (s. § 103 RdNr. 16).[118]

23 c) Die Vorschrift des § 106 Abs. 1 Satz 1 bezieht sich nur auf die Erfüllung des durch die Vormerkung gesicherten Anspruchs. Sie beseitigt nicht die Bindung des durch Vormerkung gesicherten Gläubigers an das dem gesicherten Anspruch zugrundeliegende Rechtsverhältnis und räumt diesem insbesondere nicht das Recht ein, zwischen Erfüllung oder Aufhebung des Vertragsverhältnisses zu wählen.[119] Die Vorschrift nimmt andererseits auch nicht auf der Seite des Schuldners bzw. der Masse das **gesamte Vertragsverhältnis** von den Auswirkungen der Insolvenz aus, sondern nur den durch Vormerkung gesicherten Anspruch. Ob dessen Erfüllung zur vollständigen Erfüllung des Vertrags auf der Seite des Schuldners führt, hängt von der Vertragskonstellation im Einzelfall ab. Ist der Vertrag mit der Befriedigung des durch Vormerkung gesicherten Anspruchs nicht voll erfüllt, so bleibt es für den übrigen Teil des Vertrags bei der Regelung des § 103.[120] S. dazu näher u. RdNr. 27.

24 **4. Teilbarkeit von Erfüllungsansprüchen (§ 106 Abs. 1 Satz 2).** Umfasst der Vertrag über den durch Vormerkung gesicherten Anspruch hinaus noch **weitere Erfüllungsansprüche,** so ändert dies nichts daran, dass der vormerkungsgesicherte Anspruch aus der Insolvenzmasse zu befriedigen ist. Die Abwicklung des Vertrags erfolgt getrennt für den

---

[111] Gegen eine Rücknahme des Eintragungsantrags durch den Schuldner, wenn die Auflassung bereits bindend geworden ist *Oepen/Rettmann* (Fn. 108) S. 619.
[112] Der Erwerber steht damit keineswegs besser als ohne Insolvenz des Verfügenden; so aber *Harder,* Surrogation, S. 204.
[113] Mot. III S. 190 = Mugdan III S. 105 ff.
[114] *Staudinger/Gursky,* BGB, § 878 RdNr. 1, 3; *Erman/Lorenz,* BGB, § 878 RdNr. 1.
[115] MünchKommBGB-*Wacke* § 878 RdNr. 6; *Harder,* Surrogation, S. 201 f.
[116] Ebenso *Kübler/Prütting/Tintelnot,* InsO, § 103 RdNr. 43; *Uhlenbruck/Berscheid,* InsO § 106 RdNr. 22; *Scholtz* (Fn. 69) S. 1700; *Häsemeyer,* Insolvenzrecht, RdNr. 10.31; *Oepen/Rettmann* (Fn. 108) S. 609 ff.; HambKomm-*Ahrendt,* InsO, § 106 RdNr. 9; für den Fall, dass der Erwerber seine Leistung bereits erbracht hat ebenso *Goetsch* in *Breutigam/Blersch/Goetsch,* InsO, § 91 RdNr. 14; MünchKomm-*Wacke* § 878 RdNr. 23.
[117] *Scholtz* (Fn. 69) S. 1700 f.; aA *Kesseler* (Fn. 107) S. 122.
[118] BGHZ 150, 353, 359.
[119] OLG Stuttgart ZIP 2005, 588, 589; BayObLG ZInsO 2003, 1143, 1145 m. Anm. *Amann* MittBayNot 2004, 165 f.; OLG Rostock OLGR 2004, 41, *Hess/Weis/Wienberg,* InsO, § 106 RdNr. 29; FK-*Wegener,* InsO, § 106 RdNr. 17; HambKomm-*Ahrendt,* InsO, § 106 RdNr. 14, 21; *Jaeger/Henckel,* KO, § 24 RdNr. 33.
[120] *Hess/Weis/Wienberg,* InsO, § 106 RdNr. 28; FK-*Wegener,* InsO, § 106 RdNr. 16; *Kuhn/Uhlenbruck,* KO, § 24 RdNr. 7.

a) Praktisch bedeutsam ist diese Regelung insbesondere bei **Bauträgerverträgen.** Hierzu hatte der **BGH** in einer Entscheidung aus dem Jahre **1976**[122] festgestellt, die Anwendung des § 17 KO sei durch § 24 KO nur ausgeschlossen, wenn der gegenseitige Vertrag durch Herbeiführung der vorgemerkten Rechtsänderung seitens des Gemeinschuldners voll erfüllt sei. Andernfalls könne der Konkursverwalter grundsätzlich nur den ganzen Vertrag annehmen oder ablehnen; lehne er die Erfüllung des Vertrags hinsichtlich der ungesicherten Ansprüche ab, dann sei auch der Vormerkung der Rechtsgrund entzogen. In dem der Entscheidung zugrundeliegenden Sachverhalt hatte der Beklagte mit dem späteren Gemeinschuldner einen Bauträgervertrag abgeschlossen, der den Kauf eines Grundstücks und die Errichtung eines schlüsselfertigen Bungalows auf diesem Grundstück umfasste. Zugunsten des Beklagten war eine Auflassungsvormerkung eingetragen. Als der Bauträger in Konkurs fiel, war mit der Errichtung des Gebäudes noch nicht begonnen worden. Der Konkursverwalter lehnte die Erfüllung des Vertrags ab und verlangte vom Beklagten Einwilligung zur Löschung der Auflassungsvormerkung. Der BGH gab – anders als die Vorinstanzen – der Klage statt.

25

Die Entscheidung fand teilweise Zustimmung,[123] stieß aber größtenteils auf heftige Ablehnung.[124] Kritisiert wurde vor allem, der BGH gefährde bzw. durchlöchere den Schutz der Auflassungsvormerkung[125] und wolle den Käufer im Konkurs des Bauträgers „schutz- und rechtlos" stellen.[126] Der **Gesetzgeber** sah sich daraufhin veranlasst, dem **§ 24 KO den Satz 2** hinzuzufügen. Die hierin enthaltene Regelung sollte nach den Gesetzgebungsmaterialien keine Änderung, sondern lediglich eine Klarstellung der bereits vorher bestehenden Rechtslage darstellen.[127] An diese „authentische Interpretation" des Gesetzeswortlauts sah sich der BGH gebunden und stellte daher unter Aufgabe seiner vorherigen Rechtsprechung ausdrücklich fest, dass auch bei Altfällen – also solchen vor Inkrafttreten des Änderungsgesetzes – § 24 KO in der vom Gesetzgeber gewünschten Auslegung anzuwenden sei.[128]

26

Der BGH geht demgemäß in Übereinstimmung mit der hM in der Literatur nunmehr davon aus, dass ein vormerkungsgesicherter Anspruch den Schutz des § 24 Satz 1 KO bzw. § 106 Abs. 1 Satz 1 auch dann genießt, wenn der Gemeinschuldner gegenüber dem Gläubiger noch weitere Verpflichtungen übernommen hat (wie z. B. beim Bauträgervertrag) und diese noch nicht bzw. nicht vollständig erfüllt hat.[129] Im Übrigen – also hinsichtlich der weiteren, ungesicherten Verpflichtungen – soll es hingegen beim **Wahlrecht des Insolvenzverwalters** nach § 103 bleiben.[130] Es kommt infolgedessen zu einer Aufteilung des

27

---

[121] *D. Assmann*, Vormerkung, S. 242; s. ferner OLG Koblenz, NJW-RR 2007, 964.
[122] BGH NJW 1977, 146.
[123] *Fehl* BB 1977, 524; *Bassenge* JR 1977, 203; *Götte* NJW 1977, 524; *Dieckmann* (Fn. 110) S. 117.
[124] *Lichtenberger* NJW 1977, 519; *Häsemeyer* NJW 1977, 737; *Ertl* Rpfleger 1977, 81; *Marotzke* (Fn. 103) S. 552; weitere Nachweise bei *Staudinger/Gursky*, BGB, § 883 RdNr. 198.
[125] *Marotzke* (Fn. 103) S. 554; *Ertl* (Fn. 124) S. 82.
[126] *Lichtenberger* (Fn. 124) S. 519.
[127] BT-Drucks. 8/359 S. 12 f. (unter III), S. 14 (unter 5.).
[128] BGH NJW 1978, 1437, 1438.
[129] BGH NJW 1978, 1437, 1438; BGHZ 79, 103, 107= NJW 1981, 991, 992; bestätigt in BGHZ 96, 275, 282 = NJW 1986, 925, 927; *Nerlich/Römermann/Balthasar*, InsO § 106 RdNr. 17; *Graf-Schlicker/Breitenbücher*, InsO, § 106 RdNr. 6 f.; *Goetsch* in *Breutigam/Blersch/Goetsch*, InsO, § 106 RdNr. 20; *Kübler/Prütting/Tintelnot*, InsO, § 106 RdNr. 24; *Kuhn/Uhlenbruck*, KO, § 24 RdNr. 11 a; *Staudinger/Gursky*, BGB, § 883 RdNr. 198; *D. Assmann*, Vormerkung, S. 245; *Lichtenberger* (Fn. 124) S. 522; bereits vor der Einfügung des § 24 Satz 2 KO in diesem Sinne *Müller* DB 1974, 1561, 1562.
[130] BGHZ 79, 103, 107= NJW 1981, 991, 992; OLG Stuttgart ZIP 2005, 588, 589; OLG Stuttgart ZInsO 2004, 1087, 1089; OLG Karlsruhe ZIP 1986, 1404 (hinsichtlich der Pflicht zur Übernahme der Erschließungsbeiträge); FK-*Wegener*, InsO, § 106 RdNr. 16, 20; *Hess/Weis/Wienberg*, InsO, § 106 RdNr. 28; *Nerlich/Römermann/Balthasar*, InsO, § 106 RdNr. 18; *Goetsch* in *Breutigam/Blersch/Goetsch*, InsO, § 106 RdNr. 21;

einheitlichen Vertrages in einen zwingend zu erfüllenden Teil und einen Teil, dessen Erfüllung der Insolvenzverwalter ablehnen kann.[131]

Zur Begründung wird vor allem auf den Willen des Gesetzgebers verwiesen, der mit der Einfügung des § 24 Satz 2 KO und der Übernahme dieser Bestimmung in § 106 Abs. 1 Satz 2 klargestellt habe, dass in dieser Weise zu verfahren sei.[132]

28 **b)** Das Eingreifen des Gesetzgebers hat jedoch die Diskussion um die **sachgerechte Abwicklung nicht erfüllter Verträge,** deren Erfüllung nur teilweise durch Vormerkung gesichert ist, nicht beendet.[133] Der Streit geht darum, wie eine als ungerechtfertigt und unbillig beurteilte Benachteiligung der Masse vermieden und zugleich der Schutz des Vormerkungsberechtigten gewährleistet werden kann. So wird zwischen Vormerkungsschutz und Abwicklungsregelung differenziert und darauf abgestellt, dass der Gläubiger kraft der Bestimmung des § 106 so zu stellen ist, als sei der vorgemerkte Anspruch erfüllt, wobei es vom Abwicklungsstand des Vertrags abhängen soll, ob der Gläubiger die Vorleistung behalten darf oder zur Masse zu erstatten hat.[134] Hat in einem Bauträgervertrag der Schuldner bei Eröffnung des Insolvenzverfahrens noch keine Bauleistungen erbracht, ist aber eine Auflassungsvormerkung zugunsten des Gläubigers bestellt worden, so muss nach dieser Auffassung der Gläubiger die Löschung der Vormerkung gegen **Rückerstattung von ihm bereits erbrachter Teilleistungen** bewilligen.[135] Dies wird aus dem Vergleich mit der Rechtslage abgeleitet, die sich ergibt, wenn der Schuldner den durch Vormerkung gesicherten Anspruch bereits vor Eröffnung des Insolvenzverfahrens erfüllt, also der Bauträger das Grundstück bereits übereignet hat. Für diesen Fall wird dem Insolvenzverwalter das Recht zugebilligt, die vor Verfahrenseröffnung erbrachten Teilleistungen zurückzufordern, wenn er die Erfüllung des Vertrags ablehnt.[136] Folgt man dem, so wäre es in der Tat ein „aberwitziges Ergebnis",[137] wenn die Vormerkung dem Gläubiger eine stärkere Stellung als das vorgemerkte dingliche Recht selbst verschaffen würde. Dahinter steht die Erwägung, dass es wirtschaftlich wünschenswert ist, wenn der Insolvenzverwalter im Falle eines nicht erfüllten Bauträgervertrags das **Grundstück zur Masse ziehen** und es anderweitig verwerten kann.[138] Dafür wird auch angeführt, dass die Veräußerung des Grundstücks und die Errichtung des dafür vorgesehenen Gebäudes wirtschaftlich betrachtet eine Einheit bilden.[139]

29 Auf den letztgenannten Gesichtspunkt stützt sich auch die Ansicht, Bauträgerverträge sollten regelmäßig dahingehend ausgelegt werden, dass die Bebauung eine **Bedingung** i. S. d. § 158 BGB für die Verpflichtung zur Grundstücksübereignung darstelle.[140] Diese Auslegung ergebe sich zwingend aus dem Interesse des Bauträgers einerseits, bei eventuellem

---

Kuhn/Uhlenbruck, KO, § 24 RdNr. 11 b; *Uhlenbruck/Berscheid,* InsO, § 106 RdNr. 39; *Lichtenberger* (Fn. 124) S. 522; vgl. auch BGH NJW 1986, 1056, 1057 – Nachbesserungsansprüche werden von der Schutzwirkung der Vormerkung nicht erfasst.

[131] BGHZ 96, 275, 281 = NJW 1986, 925, 927; *Jaeger/Henckel,* KO, § 24 RdNr. 44; *D. Assmann,* Vormerkung, S. 243.

[132] BGHZ 79, 103, 108= NJW 1981, 991, 992; BGH NJW 1977, 1437, 1438; *Nerlich/Römermann/Balthasar,* InsO, § 106 RdNr. 17.

[133] Eingehend *Kesseler* (Fn. 99) S. 192 ff.; *Uhlenbruck/Berscheid,* InsO, § 106 RdNr. 37–40; zu sog. MaBV-Bauträgerverträgen *Grziwotz* MDR 2005, 1270 ff.; *Baldringer/Jordans* (Fn. 101) S. 119 ff.; zu grunderwerbsteuerrechtlichen Fragen bei der Insolvenz des Bauträgers *S. Gottwald, S./Steer* MittBayNot 2005, 278 ff.

[134] *Häsemeyer,* Insolvenzrecht, RdNr. 20.38 ff., 20.42; *Dieckmann* (Fn. 110) S. 120; *Hess/Weis/Wienberg,* InsO, § 106 RdNr. 3, 28; für eine teleologische Reduktion des § 106 in den Fällen, in denen die objektiven Interessen beider Seiten bei verständiger Würdigung einer Erfüllung des gesicherten Anspruchs entgegenstehen *Windel* Jura 2002, 230, 235.

[135] *Häsemeyer,* Insolvenzrecht, RdNr. 20.42.

[136] RGZ 135, 167, 172; BGHZ 15, 333, 335 f. = NJW 1955, 259, 259 f.; BGHZ 68, 379 = NJW 1977, 1345; *MünchKommBGB-Lieb* § 812 RdNr. 148; *Palandt/Sprau,* BGB, § 812 RdNr. 82; *Staudinger/Lorenz,* BGB, § 812 RdNr. 98; aA *Jaeger/Henckel,* KO § 17 RdNr. 71 ff.; mwN bei *Marotzke,* Gegenseitige Verträge, RdNr. 3.3 (dort Fn. 12), RdNr. 9.16 (dort Fn. 41).

[137] *Dieckmann* (Fn. 110) S. 119.

[138] *Dieckmann* (Fn. 110) S. 120.

[139] *Dieckmann* (Fn. 110) S. 121.

[140] *Fehl* (Fn. 123) S. 525; *ders.* BB 1977, 1228, 1229; hierzu auch *Baldringer/Jordans* (Fn. 101) S. 123.

Scheitern der Bebauung nicht das Grundstück zu verlieren, und dem Interesse des Kunden an optimaler Ausnutzung der Abschreibungsmöglichkeiten sowie Minimierung des effektiven Gesamtkaufpreises andererseits. Eine andere Auslegung sei nur möglich, wenn im Vertrag klargestellt werde, dass die Verpflichtung zur Übertragung des Grundstückseigentums eine **Teilleistung** i. S. d. § 266 BGB darstellen solle; die Wirksamkeit einer derartigen Klausel setze allerdings die Ausweisung des echten Grundstückskaufpreises im Bauträgervertrag voraus. Mit der Einführung des § 24 Satz 2 KO habe der Gesetzgeber nun lediglich eine Vertragsauslegungsregel geschaffen: Im Falle einer Insolvenz des Bauträgers sei zu vermuten, dass die Bebauungsverpflichtung ausnahmsweise keine Bedingung der Übereignungspflicht darstellen solle; § 24 Satz 2 KO erübrige also das Einfügen einer **Teilleistungsklausel**. Es bleibe aber trotz des neu eingefügten Satzes dabei, dass eine solche Auslegung nur bei einer gesonderten Ausweisung des Grundstückspreises möglich sei, deren Notwendigkeit sich im Übrigen auch aus § 313 BGB aF ergebe.[141]

c) Diesen Lösungsansätzen sind die Rechtsprechung und das überwiegende Schrifttum jedoch mit Recht nicht gefolgt. Ihnen ist zwar zuzugeben, dass sie zu einem differenzierten Interessenausgleich zu führen vermögen, gegen sie spricht aber, dass der gesetzlich intendierte Schutzzweck der Vormerkung damit negiert und dem Berechtigten statt eines durch Vormerkung gesicherten Rechtserwerbs nur eine Sicherung für seine sich bei der Vertragsabwicklung ergebenden Ansprüche auf Rückerstattung bereits erbrachter Leistungen zugebilligt wird. Die Vormerkung sichert aber die **Durchsetzung des gesicherten Anspruchs auf dingliche Rechtsänderung und nicht Ersatzansprüche**.[142] Es ist deshalb auch bei nicht oder teilweise nicht erfüllten Verträgen an der gesetzlichen Bestimmung festzuhalten und dem gesicherten Anspruch volle Befriedigung aus der Insolvenzmasse zu gewähren. Der Wertungswiderspruch, der aus einem Rückgewähranspruch des Insolvenzverwalters hinsichtlich des übertragenen Rechts abgeleitet wird, besteht nicht, weil ein solcher Rückgewähranspruch wegen der Bestimmung des § 106 Abs. 1 Satz 2 nicht anerkannt werden kann. Aus dieser Vorschrift folgt vielmehr, dass derjenige, der Eigentum an einem Grundstück bereits erlangt hat, nicht einer Rückforderung von Seiten des Konkursverwalters ausgesetzt sein soll.[143] 30

Eine gesetzeskonforme Lösung kann nur darin bestehen, dass als Korrelat zum Übereignungsanspruch die Verpflichtung des Vormerkungsberechtigten zur Zahlung des Kaufpreises bestehen bleibt, wobei es in der Regel einer nachträglichen Bestimmung des **auf die Grundstücksübereignung entfallenden Kaufpreises** bedarf, wenn dieser im Vertrag nicht ausnahmsweise schon aufgeschlüsselt ist. Dies kann im Wege der ergänzenden Vertragsauslegung oder aber in Anwendung der §§ 316, 315 BGB geschehen.[144] Zudem fehlt es in allen Fällen, in denen mit dem Bau bereits begonnen worden ist, ohnehin an einem ausgewiesenen Kaufpreis für das Grundstück in dem dann teilweise bebauten Zustand.[145] Gegen den Lösungsansatz, die wirtschaftliche Einheit von Grundstücksveräußerung und Bauwerkerrichtung in einen Bedingungszusammenhang zu kleiden, spricht entscheidend, dass § 106 Abs. 1 Satz 2 keine Auslegungsregel ist, sondern zwingendes Recht. Die Vorschrift bewirkt die **Teilung des einheitlichen Vertrages** in einen zwingend zu erfüllenden und einen nicht zwingend zu erfüllenden Teil.[146] Schließlich verlangt auch § 311 b BGB nicht die Ausweisung des „echten Grundstückskaufpreises". Da der Bauträgervertrag in 31

---

[141] *Fehl* (Fn. 140) S. 1230.
[142] *D. Assmann*, Vormerkung, S. 245; *Jaeger/Henckel*, KO § 24 RdNr. 42.
[143] BGHZ 79, 103, 110 f. = NJW 1981, 991, 993; *Marotzke*, Gegenseitige Verträge, RdNr. 10.17; *ders.*, HK, InsO, § 106 RdNr. 3; *D. Assmann*, Vormerkung, S. 243 ff.; *Jaeger/Henckel*, KO, § 24 RdNr. 40; *Kuhn/Uhlenbruck*, KO, § 24 RdNr. 11 b; *Ertl* (Fn. 124) S. 89; ebenso schon vor Einfügung des § 24 Satz 2 KO (=§ 106 Abs. 1 Satz 2) *Lichtenberger* (Fn. 124) S. 521.
[144] BGHZ 79, 103, 110 = NJW 1981, 991, 993; *Nerlich/Römermann/Balthasar*, InsO, § 116 RdNr. 18; *Kübler/Prütting/Tintelnot*, InsO, § 106 RdNr. 24; *Gottwald, P./Huber*, Insolvenzrechts-Handbuch, § 38 RdNr. 21; *Uhlenbruck/Berscheid*, InsO, § 106 RdNr. 39.
[145] *Jaeger/Henckel*, KO § 24 RdNr. 44; ähnlich *Marotzke*, Gegenseitige Verträge, RdNr. 10.12.
[146] *Jaeger/Henckel*, KO, § 24 RdNr. 44; *D. Assmann*, Vormerkung, S. 243.

erster Linie auf Übereignung des bebauten Grundstückes gerichtet ist, wird dieser Vorschrift schon dann Genüge getan, wenn ein den Gesamtpreis ausweisender Vertrag beurkundet worden ist.[147]

IV. Entsprechende Anwendung (Abs. 2)

32 In der Zwangsvollstreckung werden Schiffe und Schiffsbauwerke den Vorschriften über die Vollstreckung in unbewegliches Vermögen unterworfen (§ 864 ZPO). Auch im Übrigen werden Schiffe rechtlich weitgehend wie Immobilien behandelt. Auf sie ist das Schiffsregistergesetz[148] anzuwenden. Schiffe und Rechte an Schiffen sind demgemäß in das Schiffsregister einzutragen, wobei das Vertrauen auf dessen Inhalt nach Maßgabe der §§ 16, 17 SchiffsRG – ähnlich wie in § 892 BGB – geschützt wird. Die Rechte an Schiffen beschränken sich auf das Eigentum, die Schiffshypothek (in der Form der Sicherungshypothek) und den Nießbrauch. Möglich ist auch die Eintragung einer Vormerkung (§§ 10–14, 22 SchiffsRG).[149] Folgerichtig wird eine solche Vormerkung zur Sicherung des Anspruchs auf Einräumung oder Aufhebung eines Rechtes an einem Schiff oder an einer Schiffshypothek oder auf Änderung des Inhaltes oder des Ranges eines solchen Rechtes (vgl. § 10 Abs. 1 SchiffsRG) in der Insolvenz gemäss § 106 Abs. 2 wie eine grundstücksbezogene Vormerkung behandelt. Insoweit entspricht § 106 Abs. 2 dem § 24 Satz 1 KO. Vormerkungen i. S. d. §§ 10 ff. SchiffsRG sind daher insolvenzfest. Dasselbe gilt für Vormerkungen, die im Register für Schiffsbauwerke für Schiffshypotheken an im Bau befindlichen Schiffen (vgl. § 77 SchiffsRG) und an im Bau befindlichen Schwimmdocks (vgl. § 81 a SchiffsRG) eingetragen sind.

33 Denselben Regelungsgehalt wies auch der durch Art. 38 EGInsO aufgehobene § 98 Abs. 3 LuftfzRG in Bezug auf die nach § 10 LuftfzRG in das Register für Pfandrechte an Luftfahrzeugen einzutragenden Vormerkungen hinsichtlich Registerpfandrechten auf. Vormerkungsfähig sind nach § 10 Abs. 1 Satz 2 LuftfzRG auch künftige oder bedingte Ansprüche. § 106 Abs. 2 fasst die Regelungen über die Insolvenzfestigkeit von im Schiffsregister, Schiffsbauregister oder im Register für Pfandrechte an Luftfahrzeugen eingetragenen Vormerkungen zur Sicherung eines Rechtes an Schiffen, Schiffsbauwerken, Schwimmdocks oder Luftfahrzeugen in einer Norm zusammen, geht insoweit also über § 24 Satz 1 KO hinaus.

34 Auf **Amtsvormerkungen** (etwa gem. §§ 18 Abs. 2, 76 Abs. 1 GBO, §§ 28 Abs. 2, 81 Abs. 1 SchiffsRG, § 86 LuftfzRG) findet § 106 keine Anwendung, weil diese nicht der Anspruchssicherung, sondern allein der Rangwahrung dienen.[150]

V. Unabdingbarkeit und Lösungsklauseln

35 Der Streit um die Wirksamkeit oder Unwirksamkeit von Lösungsklauseln zur Auflösung eines gegenseitigen Vertrags für den Fall der Insolvenzeröffnung (dazu näher § 119 RdNr. 18 ff.)[151] wirkt sich für den Bereich des § 106 nicht aus (§ 119 RdNr. 64). Folgt man der Ansicht, wonach solche Lösungsklauseln wirksam vereinbart werden können, so entfällt der durch Vormerkung gesicherte Anspruch und wegen ihrer Akzessorietät mit ihm die Vormerkung. Die Gegenmeinung, die Lösungsklauseln generell gem. § 119 für unwirksam hält, will hiervon eine Ausnahme für eine § 106 abbedingende Vereinbarung zulassen.[152]

---

[147] *Marotzke,* Gegenseitige Verträge, RdNr. 10.12.
[148] SchiffsRG v. 15. 11. 1940, RGBl. I S. 1499.
[149] *Baur/Stürner,* Sachenrecht, § 31 RdNr. 3.
[150] *Smid,* InsO, § 106 RdNr. 7; *Andres* in *Andres/Leithaus,* InsO, § 106 RdNr. 3; *Kübler/Prütting/Tintelnot,* InsO, § 106 RdNr. 20; *Hess/Weis/Wienberg,* InsO, § 106 RdNr. 17; *FK-Wegener,* InsO, § 106 RdNr. 2; HambKomm-*Ahrendt,* InsO, § 106 RdNr. 8; *Goetsch* in *Breutigam/Blersch/Goetsch,* InsO, § 106 RdNr. 7; *Staudinger/Gursky,* BGB, § 883 RdNr. 201; *Gottwald/Huber,* Insolvenzrechts-Handbuch, § 39 RdNr. 11; *Uhlenbruck/Berscheid,* InsO, § 106 RdNr. 19.
[151] Zu den unterschiedlichen Gestaltungsmöglichkeiten *Schwörer,* Lösungsklauseln, S. 5 ff.
[152] *Uhlenbruck/Berscheid,* InsO, § 106 RdNr. 44, § 107 RdNr. 14; *Schwörer,* Lösungsklauseln, S. 85.

Dafür spricht, dass § 106 nur den durch Vormerkung gesicherten Gläubiger vor einer Ablehnung der Erfüllung des gesicherten Anspruchs durch den Verwalter, nicht aber die Masse schützt. Der Sinn und Zweck des § 119 steht einer solchen teleologischen Reduktion nicht entgegen,[153] weil nicht erkennbar ist, dass der Gesetzgeber den Schutz des § 119 auch demjenigen zugute kommen lassen wollte, der sich freiwillig der Schutzwirkungen des § 106 begibt. Es ist jedoch kaum vorstellbar, welchen Sinn es für den Gläubiger machen könnte, an dem Anspruch festzuhalten, aber auf dessen Sicherung zu verzichten. Davon abgesehen kann eine eingetragene Vormerkung nicht durch eine Lösungsklausel, die den Anspruch selbst unberührt lässt, sondern nur durch Aufgabeerklärung des Berechtigten und Löschung im Grundbuch beseitigt werden (§ 875 Abs. 1 Satz 1 BGB).

§ 107 Eigentumsvorbehalt

(1) [1] Hat vor der Eröffnung des Insolvenzverfahrens der Schuldner eine bewegliche Sache unter Eigentumsvorbehalt verkauft und dem Käufer den Besitz an der Sache übertragen, so kann der Käufer die Erfüllung des Kaufvertrages verlangen. [2] Dies gilt auch, wenn der Schuldner dem Käufer gegenüber weitere Verpflichtungen übernommen hat und diese nicht oder nicht vollständig erfüllt sind.

(2) [1] Hat vor der Eröffnung des Insolvenzverfahrens der Schuldner eine bewegliche Sache unter Eigentumsvorbehalt gekauft und vom Verkäufer den Besitz an der Sache erlangt, so braucht der Insolvenzverwalter, den der Verkäufer zur Ausübung des Wahlrechts aufgefordert hat, die Erklärung nach § 103 Abs. 2 Satz 2 erst unverzüglich nach dem Berichtstermin abzugeben. [2] Dies gilt nicht, wenn in der Zeit bis zum Berichtstermin eine erhebliche Verminderung des Wertes der Sache zu erwarten ist und der Gläubiger den Verwalter auf diesen Umstand hingewiesen hat.

Schrifttum: *Adam,* Anmerkung zu LG Mannheim, Urteil v. 27. 6. 2003 – 7 O 127/03, DZWIR 2003, 482 ff.; *Bülow,* Heidelberger Kommentar zum Verbraucherkreditrecht, 6. Aufl., 2006; *Büschgen/Büschgen,* Praxishandbuch Leasing, 1998; *Eckert,* Miete, Pacht und Leasing im neuen Insolvenzrecht, ZIP 1996, 897 ff.; *Gottwald, P./Adolphsen,* Die Rechtsstellung dinglich gesicherter Gläubiger in der Insolvenzordnung, Kölner Schrift zur Insolvenzordnung, 2. Aufl., 2000, S. 1043 ff.; *Gundlach/Frenzel/Schmidt, N.,* Die Vereinbarung eines Kostenbeitrags zugunsten der Masse zwischen Vorbehaltsverkäufer und Insolvenzverwalter, DZWIR 2001, 277 ff.; *Henckel,* Anmerkung zu BGH, Urteil v. 9. 7. 1986 – VIII ZR 232/85, JZ 1987, 359 ff.; *Huber,* Rücktrittsrecht des Vorbehaltsverkäufers in der Insolvenz des Vorbehaltskäufers, NZI 2004, 57 ff.; *Kupka,* Die Behandlung von Vorbehaltskäufen nach dem Insolvenzrechtsreform, InVo 2003, 213 ff.; *Marotzke,* Der Eigentumsvorbehalt im neuen Insolvenzrecht, JZ 1995, 803 ff.; *ders.,* Die dinglichen Sicherheiten im Insolvenzrecht, ZZP 109 (1996), 429 ff.; *ders.,* Anmerkung zu OLG Düsseldorf, Urt. v. 12. 7. 1995 – 11 U 47/94, EWiR 1996, 179 f. (§ 17 KO); *Mossler,* Rücktritt vor Fälligkeit bei insolvenzbedingten Zweifeln an der Leistungsfähigkeit des Schuldners, ZIP 2002, 1831 ff.; *Obermüller,* Auswirkungen des Wahlrechts des Insolvenzverwalters auf Zessionen und Avale, Kölner Schrift zur Insolvenzordnung, 2. Aufl., 2000, S. 985 ff.; *Pape,* Ablehnung und Erfüllung schwebender Rechtsgeschäfte durch den Insolvenzverwalter, Kölner Schrift zur Insolvenzordnung, 2. Aufl., 2000, S. 531 ff.; *Rendels,* Anmerkung zu LG Braunschweig, Urt. v. 12. 10. 2000 – 10 O 1019/00, EWiR 2001, 279 f.; *Rugullis,* Der Zahlungsrückstand des Vorbehaltskäufers in der Insolvenz des Verkäufers, KTS 2005, 459 ff.; *Schlegel,* Eigentumsvorbehalt und Sicherungsübereignung – unüberwindbare Hindernisse einer Unternehmensfortführung durch den vorläufigen Insolvenzverwalter?, DZWIR 2000, 94 ff.; *Scholz/Lwowski,* Das Recht der Kreditsicherung, 8. Aufl., 1999; *Schulze/Kienle,* Der Kauf unter Eigentumsvorbehalt – eine Kehrtwende des Gesetzgebers?, NJW 2002, 2842 ff.; *Schwörer,* Lösungsklauseln für den Insolvenzfall, Diss. Tübingen 2000; *Serick,* Erweiterter Eigentumsvorbehalt und Kontokorrentvorbehalt im Konkurs des Vorbehaltskäufers, BB 1978, 1477 ff.; *Smid,* Anmerkung zu BGH, Urt. v. 8. 1. 1998 – IX ZR 131/97, DZWiR 1998, 197 f.; *Smid/R. Rattunde,* Der Insolvenzplan, 2. Aufl. 2005; *Tintelnot,* Die gegenseitigen Verträge im neuen Insolvenzverfahren, ZIP 1995, 616 ff.; *Undritz,* Anmerkung zu BGH, Urt. v. 8. 1. 1998 – IX ZR 131/97, EWiR 1998, 321 f. (§ 17 KO 1/98); *Wellensiek,* Die Aufgaben des Insolvenzverwalters nach der Insolvenzordnung, Kölner Schrift zur Insolvenzordnung, 2. Aufl., 2000, S. 403 ff.; *Wessels,* Unter-

---

[153] Gegen eine teleologische Reduktion unter Hinweis auf den Wortlaut des § 119 aber *Meyer, G./Fuchs. H.* ZfIR 2005, 529, 537 (für den Fall der Insolvenz des Auftragnehmers bei sog. Public Private Partnership-Projekten).

nehmenskauf im Vorfeld der Verkäuferinsolvenz, ZIP 2004, 1237 ff.; *Windel,* Der insolvenzrechtliche Gleichbehandlungsgrundsatz und seine Auswirkungen auf die Abwicklung schwebender Austauschverträge, Jura 2002, 230 ff.

Übersicht

	RdNr.		RdNr.
A. Allgemeines	1	**II. Insolvenz des Vorbehaltskäufers (Abs. 2)**	17
I. Normzweck	1	1. Wahlrecht des Insolvenzverwalters (Abs. 2 Satz 1)	17
II. Entstehungsgeschichte	2	2. Voraussetzungen (Abs. 2 Satz 1)	18
1. Bisherige Rechtslage	2	3. Drohende Wertminderung (Abs. 2 Satz 2)	22
a) Konkurs des Vorbehaltsverkäufers	3	4. Rechtsfolgen	23
b) Konkurs des Vorbehaltskäufers	4	a) Ablehnung der Vertragserfüllung	23
2. Gesetzgebungsverfahren	5	b) Erfüllungswahl des Verwalters	24
B. Einzelerläuterungen	6	c) Sonderformen des Eigentumsvorbehalts	25
I. Insolvenz des Vorbehaltsverkäufers (Abs. 1)	6	d) Verarbeitungsklauseln	27
1. Kaufvertrag über bewegliche Sache	6	e) Hinauszögerung der Erfüllungswahl	28
2. Eigentumsvorbehalt	8	5. Vorläufige Weiternutzung der Vorbehaltsware	30
3. Übertragung des Besitzes	11	6. Anwendbarkeit des § 107 Abs. 2 im Verhältnis zu Dritten	32
4. Rechtsfolgen	12		
a) Fortbestand des Erfüllungsanspruchs (Abs. 1 Satz 1)	12		
b) Weitere Verpflichtungen des Vorbehaltsverkäufers (Abs. 1 Satz 2)	13		
c) Gegenleistung des Vorbehaltskäufers	16		

A. Allgemeines

I. Normzweck

1 Die Vorschrift zielt zum einen darauf ab, die insolvenzrechtliche Behandlung von Kaufverträgen mit dem Schuldner zu regeln, bei denen die Kaufsache vor der Eröffnung des Insolvenzverfahrens unter Eigentumsvorbehalt verkauft worden ist, und dabei eine Streitfrage des bisherigen Konkursrechts zu klären (Abs. 1).[1] Nach bisherigem Recht war umstritten, ob die Rechtsstellung des Vorbehaltskäufers im Konkurs des Vorbehaltsverkäufers Bestand hat. Durch die Neuregelung soll sichergestellt werden, dass die Anwartschaft des Vorbehaltskäufers nicht durch die Insolvenz des Vorbehaltsverkäufers zerstört werden kann (Abs. 1). Weiterhin soll durch die Neuregelung für den Fall der Insolvenz des Vorbehaltskäufers eine Aussonderung des Vorbehaltsguts kurz nach Eröffnung des Insolvenzverfahrens verhindert werden, um dem Verwalter eine Überlegungsfrist zu verschaffen (Abs. 2). Auf diese Weise sollen die Vermögenswerte im Besitz des Schuldners zunächst zusammengehalten werden, um die Chancen einer Unternehmensfortführung und -sanierung zu steigern.[2]

II. Entstehungsgeschichte

2 **1. Bisherige Rechtslage.** Die Vorschrift des § 107 hat keine Entsprechung im bisherigen Konkursrecht. Eine gesonderte Regelung des Eigentumsvorbehalts war in der Konkursordnung nicht enthalten.

3 **a) Konkurs des Vorbehaltsverkäufers.** Umstritten war, ob der Konkursverwalter im Konkurs des Vorbehaltsverkäufers durch Erfüllungsablehnung gem. § 17 KO das **Anwart-**

---
[1] Begründung zum RegE (§ 121), BR-Drucks. 1/92, S. 146.
[2] Begründung zu § 121 RegE (Fn. 1); s. a. FK-*Wegener,* InsO, § 107 RdNr. 2; *Nerlich/Römermann/Balthasar,* InsO, § 107 RdNr. 4.

Eigentumsvorbehalt 4 § 107

schaftsrecht des Vorbehaltskäufers in Wegfall bringen konnte. Während ein Teil der Literatur die Bestimmung des § 17 KO für generell unanwendbar auf den Verkauf unter Eigentumsvorbehalt hielt,[3] ging insbesondere die Rechtsprechung von der **Anwendbarkeit des § 17 KO** aus. Im Schrifttum wuchs aber die Zahl derer, die jedenfalls im Konkurs des Vorbehaltsverkäufers ein Wahlrecht des Konkursverwalters ablehnten.[4] Im Konkurs des Vorbehaltskäufers wurde dagegen § 17 KO überwiegend auf den Vorbehaltskauf für anwendbar gehalten.[5] Der Streit um die Anwendbarkeit des § 17 auf den Vorbehaltskauf ging rechtsdogmatisch um die Frage, ob der Kaufvertrag mit Übergabe der Kaufsache an den Käufer unter aufschiebend bedingter Übereignung seitens des Verkäufers **vollständig erfüllt** ist, solange das Eigentum mangels vollständiger Zahlung des Kaufpreises noch nicht auf den Käufer übergegangen ist. Die Antwort hängt davon ab, ob auf die Leistungshandlung[6] oder auf den Leistungserfolg[7] abgestellt wird. Unter diesem Blickwinkel erwies sich die Streitfrage letztlich als unlösbar. Die Entscheidung hängt vielmehr davon ab, ob es sachgerecht ist, dem Anwartschaftsrecht des Käufers **Bestandsschutz** im Konkurs der Verkäufers zuzuerkennen. Die Streitfrage bezieht sich demgemäß auf einen Interessenkonflikt zwischen dem Vorbehaltskäufer, in dessen Interesse es liegt, in den Kreis der dinglich gesicherten Gläubiger einbezogen zu werden, und den Konkursgläubigern, in deren Interesse ein Wahlrecht des Konkursverwalters mit der Möglichkeit liegt, den Gegenstand des Vorbehaltsverkaufs zur Masse zu ziehen und den Käufer auf eine Konkursforderung zu verweisen. Die Rechtsprechung, die unter der Geltung der Konkursordnung am Wahlrecht des Konkursverwalters grundsätzlich festgehalten hat, gelangte gleichwohl zu einem **eingeschränkten Bestandsschutz** des Anwartschaftsrechts, indem sie das Wahlrecht des Konkursverwalters im Einzelfall gem. § 242 BGB beschränkte, um Unbilligkeiten zu vermeiden.[8]

b) Konkurs des Vorbehaltskäufers. Im Konkurs des Vorbehaltskäufers war nach der 4 Ansicht, wonach der Vorbehaltsverkäufer mit Übergabe und bedingter Übereignung der Kaufsache an den Käufer das seinerseits Geschuldete voll erbracht hat, ein **Wahlrecht des Konkursverwalters** auch im Konkurs des Vorbehaltskäufers ausgeschlossen.[9] Daraus folgte, dass der Verwalter verpflichtet blieb, den Kaufpreis zu bezahlen, allerdings nur in Höhe der Konkursquote. Der Eigentumsübergang konnte aber bedingungsgemäß nur durch Zahlung des Kaufpreises in voller Höhe herbeigeführt werden, so dass dem Vorbehaltsverkäufer ein Rücktrittsrecht zuzubilligen war, nach dessen Ausübung er Aussonderung des Kaufgegenstandes aus der Masse vornehmen konnte. Die hM hielt dagegen im Falle des Konkurses des Vorbehaltskäufers § 17 KO für anwendbar[10] mit der Folge, dass der Konkursverwalter die Erfüllung ablehnen konnte. Dies führte nach dieser Ansicht zum **Erlöschen des Anwartschaftsrechts,** ohne dass es eines Rücktritts des Vorbehaltsverkäufers bedurfte. Wählte der Verwalter dagegen Erfüllung, so hatte er den restlichen Kaufpreis voll aus der Masse zu begleichen, um den Eigentumsübergang herbeizuführen; andernfalls konnte der Vorbehaltsverkäufer nach Verzug des Verwalters vom Vertrag zurücktreten. Für den Konkurs des Vorbehaltskäufers war der Streit um die Anwendbarkeit des § 17 KO ohne grundsätzliche Bedeutung, weil der Vorbehaltsverkäufer stets zur **Aussonderung der Vorbehaltsware** gelangt, wenn der Kaufpreis nicht in der vereinbarten Höhe erbracht wird. Dass der Streit um die Anwendbarkeit des § 17 KO im Konkurs des Vorbehaltskäufers im Ergebnis

---

[3] *Soergel/Mühl*, BGB, 12. Aufl., § 455 RdNr. 84 mwN in Fn. 17, § 929 RdNr. 57; *Jaeger/Henckel*, KO, § 17 RdNr. 49 ff.; *Staudinger/Beckmann*, BGB, § 449 RdNr. 90.
[4] Nachweise bei *Kuhn/Uhlenbruck*, KO, § 17 RdNr. 18 c; *Hess* in *Hess/Weis/Wienberg*, InsO, § 107 RdNr. 4.
[5] Nachweise bei *Kilger/K. Schmidt*, KO, § 17 Anm. 3c.
[6] So etwa *Staudinger/Beckmann*, BGB, § 449 RdNr. 46, 96.
[7] In diesem Sinne *Kuhn/Uhlenbruck*, KO, § 17 RdNr. 18 c; *Kilger/K. Schmidt*, KO, § 17 Anm. 3 b; *Hess*, KO, § 17 RdNr. 18.
[8] BGH NJW 1962, 2296; BGHZ 98, 160, 168 = NJW 1986, 2948 = JZ 1987, 355 m. Anm. *Henckel*.
[9] *Staudinger/Beckmann*, BGB, § 449 RdNr. 96.
[10] *Kuhn/Uhlenbruck*, KO, § 17 RdNr. 18 e; *Kilger/K. Schmidt*, KO, § 17 Anm. 3c.

§ 107 5–7 3. Teil. 2. Abschnitt. Erfüllung Rechtsgeschäfte. Mitwirkung BR

bedeutungslos ist, wird auch von der Ansicht anerkannt, die entgegen der hM ein Wahlrecht des Konkursverwalters ablehnt.[11]

5 **2. Gesetzgebungsverfahren.** Die Vorschrift entspricht § 121 RegE, jedoch wurde Abs. 2 um den Satz 2 ergänzt und dadurch für die dort genannten Waren die Überlegungsfrist zur Ausübung des Wahlrechts des Insolvenzverwalters des Käufers ausgeschlossen. Die Vorschrift des **Abs. 1** stellt eine Entscheidung des Gesetzgebers dar, durch die entgegen der bisherigen Rechtsprechung dem Anwartschaftsrecht des Vorbehaltskäufers in der Insolvenz des Vorbehaltsverkäufers Bestandskraft verliehen werden soll, solange der Vorbehaltskäufer vertragstreu bleibt.[12] Abs. 1 Satz 2 ist im Anschluss an die Bestimmung des § 120 Abs. 1 Satz 2 RegE (= § 106 Abs. 1 Satz 2 InsO) eingefügt worden. **Abs. 2 Satz 1** ist gegenüber § 121 Abs. 2 RegE auf Empfehlung des Rechtsausschusses redaktionell verändert worden, inhaltlich jedoch unverändert darauf ausgerichtet, dem Verwalter zu ermöglichen, die Ausübung des Wahlrechts aufzuschieben, bis die Gläubiger im Berichtstermin über das weitere Schicksal des Unternehmens entschieden haben. **Abs. 2 Satz 2** ist auf Empfehlung des Rechtsausschusses neu angefügt worden[13] und stellt eine **Sonderregelung für leicht verderbliche Waren und Saisonartikel** dar (s. dazu näher u. RdNr. 21). In diesem Fall soll es bei der Grundregel des § 103 bleiben. Dem Vorbehaltsverkäufer soll ein Abwarten auf eine Erklärung des Verwalters erst nach dem Berichtstermin nicht zuzumuten sein.

B. Einzelerläuterungen

I. Insolvenz des Vorbehaltsverkäufers (Abs. 1)

6 **1. Kaufvertrag über bewegliche Sache.** Vorausgesetzt ist der Verkauf einer beweglichen Sache durch den Schuldner als Vorbehaltsverkäufer; Abs. 1 ist nur anwendbar im Insolvenzverfahren über das Vermögen des **Vorbehaltsverkäufers.**

7 Erforderlich ist zunächst ein im Zeitpunkt der Eröffnung des Insolvenzverfahrens wirksamer **Kaufvertrag;** ein bloßes Angebot auf Abschluss eines Kaufvertrags reicht dagegen im Hinblick auf § 91 nicht aus.[14] Ein Verkauf unter Eigentumsvorbehalt im Sinne einer aufschiebend bedingten Übereignung kommt nur in Betracht, wenn die Zahlung des Kaufpreises gestundet worden ist.[15] Dies kann auch durch nachträgliche Vereinbarung geschehen. Die Frage der Anwendbarkeit der Vorschrift auf **kaufähnliche Geschäfte** stellt sich in Bezug auf bewegliche Sachen für Mietverträge und vor allem für **Finanzierungsleasingverträge** mit Kaufoption des Mieters bzw. Leasingnehmers. Derartige Verträge lassen sich zwar Kaufverträgen gleichstellen, weil sie nach ihrer rechtlichen Ausgestaltung im wirtschaftlichen Ergebnis auf die Übertragung der Sachsubstanz gerichtet sind,[16] jedoch setzt die Anwendbarkeit des Abs. 1 Satz 1 weiter voraus, dass auch schon eine bedingte Übertragung des Eigentums stattgefunden hat (dazu u. RdNr. 8).[17] Daran wird es bei solchen Vertragsgestaltungen im Allgemeinen – schon aus steuerlichen Gründen – fehlen.[18] Die Erwerbs-

---

[11] *Staudinger/Beckmann*, BGB, § 449 RdNr. 96.
[12] Begründung zu § 121 RegE (Fn. 1).
[13] Bericht BTag, BT-Drucks. 12/7302, S. 169.
[14] FK-*Wegener*, InsO, § 107 RdNr. 6.
[15] And. wohl HK-*Marotzke,* InsO, § 107 RdNr. 2, nach dessen Ansicht es genügen soll, dass das dingliche Vollzugsgeschäft unter Eigentumsvorbehalt vorgenommen wurde.
[16] HK-*Bülow/Artz,* Verbraucherkreditrecht, § 499 RdNr. 80; *Büschgen/Büschgen,* Praxishandbuch Leasing, § 3 RdNr. 13. Vgl. a. BGH NJW 1995, 519 (betr. § 6 AbzG).
[17] FK-*Wegener,* InsO, § 107 RdNr. 5; *Marotzke* JZ 1995, 803, 807; HK-*Marotzke,* InsO, § 107 RdNr. 2; *Hess* in *Hess/Weis/Wienberg,* InsO, § 107 RdNr. 9; *Graf-Schlicker/Breitenbücher,* InsO, § 107 RdNr. 4; *Obermüller,* Kölner Schrift, RdNr. 42; *Pape,* Kölner Schrift, RdNr. 46; *Nerlich/Römermann/Balthasar,* InsO, § 107 RdNr. 7, 11; *Braun/Kroth,* InsO, § 107 RdNr. 9.
[18] *Pape* (Fn. 17) RdNr. 46; FK-*Wegener,* InsO, § 107 RdNr. 5; *Nerlich/Römermann/Balthasar,* InsO, § 107 RdNr. 11; unklar HambKomm-*Ahrendt,* InsO, § 107 RdNr. 3. Zur steuerrechtlichen Auswirkung von Kaufoptionen auf Leasingverträge beim Mobilienleasing s. den Vollamortisationserlass v. 19. 4. 1971 (BB 1971, 506) sowie den Teilamortisationserlass v. 22. 12. 1975 (BB 1976, 72), beim Immobilienleasing den Vollamor-

Eigentumsvorbehalt   8   § 107

option verschafft dem Begünstigten noch keine unentziehbare dingliche Rechtsstellung; insbesondere ist er gegen eine seine Option beeinträchtigende Zwischenverfügung des Vermieters bzw. Leasinggegebers nicht geschützt. Durch Abs. 1 Satz 1 soll aber gerade die bereits **dinglich verfestigte Rechtsstellung** des Vorbehaltskäufers auch insolvenzrechtlich abgesichert werden (s. o. RdNr. 1).[19] Eine analoge Anwendung der Vorschrift auf Leasingverträge mit Kaufoption ist deshalb für den Regelfall ausgeschlossen.[20] Auch eine Anwendung des § 107 auf den **Rechtskauf**, insbesondere im Rahmen eines Unternehmenskaufs, scheidet demnach aus.[21] § 107 Abs. 1 ist nicht nur seinem klaren und eindeutigen Wortlaut, sondern auch dem vom Gesetzgeber verfolgten Normzweck nach auf den Kauf einer beweglichen Sache bezogen und beschränkt und setzt die Übertragung des Besitzes voraus (dazu u. RdNr. 11 aE). Eine analoge Anwendung der Norm auf den Verkauf eines Rechts kommt schon mangels Vergleichbarkeit der Interessenlage nicht in Betracht.[22]

2. Eigentumsvorbehalt. Vorausgesetzt ist weiter die **Übereignung** der Sache unter der 8 **(aufschiebenden) Bedingung** der vollständigen Zahlung des Kaufpreises.[23] Dies findet im Gesetzeswortlaut keinen ausdrücklichen Niederschlag,[24] ergibt sich aber aus dem Normzweck, das **Anwartschaftsrecht des Vorbehaltskäufers** insolvenzfest auszugestalten (s. o. RdNr. 3) sowie daraus, dass zum Rechtsinstitut des Verkaufs unter Eigentumsvorbehalt typischerweise die Begründung einer dinglichen Anwartschaft für den Käufer gehört. Ein Kauf unter Eigentumsvorbehalt im Sinne des § 449 Abs. 1 BGB kann allerdings auch dann vorliegen wenn keine bedingte Übereignung der Kaufsache stattgefunden hat, weil sich aus dieser Vorschrift ergibt, dass die aufschiebend bedingte Übereignung nur im Zweifel anzunehmen ist. In einem solchen Fall ist der Verkäufer nur schuldrechtlich verpflichtet, das Eigentum bei vollständiger Zahlung des Kaufpreises zu übertragen. Ein Schutz des Käufers gegen **Zwischenverfügungen des Verkäufers** bzw. des Insolvenzverwalters oder gegen Verfügungen im Wege der Zwangsvollstreckung (§ 161 Abs. 1 BGB) findet hier nicht statt. Eine derartige Konstellation fällt auch nicht in den Schutzbereich des § 107 Abs. 1 Satz 1. Vielmehr greift hier das Wahlrecht des Insolvenzverwalters gem. § 103 ein. Dagegen ist § 107 Abs. 1 Satz 1 auf alle Formen des Eigentumsvorbehalts mit aufschiebend bedingter Übereignung der Kaufsache anzuwenden; dazu gehören außer dem einfachen Eigentumsvorbehalt auch der **erweiterte Eigentumsvorbehalt** in seinen unterschiedlichen Formen,[25] insbesondere der **verlängerte Eigentumsvorbehalt** einschließlich des Kontokorrentvorbehalts.[26] Dagegen ist der **Konzernvorbehalt** seit dem 1. 1. 1999 nichtig (§ 449

---

tisationserlass v. 21. 3. 1972 (BB 1972, 433) und den Teilamortisationserlass v. 23. 12. 1991 (DB 1992, 112); s. dazu näher MünchKommBGB-*Habersack*, Leasing, RdNr. 17 ff.

[19] *Nerlich/Römermann/Balthasar*, InsO, § 107 RdNr. 7, der zutreffend darauf hinweist, dass unmaßgeblich ist, ob das Anwartschaftsrecht von einer aufschiebenden oder einer auflösenden Bedingung abhängt; ebenso *Kübler/Prütting/Tintelnot*, InsO, § 107 RdNr. 5; aA (auflösende Bedingung genügt nicht) FK-*Wegener*, InsO, § 107 RdNr. 7; wohl auch *Uhlenbruck/Berscheid*, InsO, § 107 RdNr. 3, der nur auf § 158 Abs. 1 BGB verweist; *Häsemeyer*, Insolvenzrecht, RdNr. 18.40; *Pape* (Fn. 17) RdNr. 46; *Obermüller* (Fn. 17) RdNr. 42.

[20] *Andres* in *Andres/Leithaus*, InsO, § 107 RdNr. 6; FK-*Wegener*, InsO, § 107 RdNr. 4 f., 15; *Kübler/Prütting/Tintelnot*, InsO, § 107 RdNr. 8; *Hess* in *Hess/Weis/Wienberg*, InsO, § 107 RdNr. 9; *Nerlich/Römermann/Balthasar*, InsO, § 107 RdNr. 11; *Pape* (Fn. 17) RdNr. 46; aA HK-*Marotzke*, InsO, § 107 RdNr. 2; *ders.* JZ 1995, 803, 807; *Uhlenbruck/Berscheid*, InsO, § 107 RdNr. 2; für eine analoge Anwendung, wenn die Option durch den Leasingnehmer schon vor Eröffnung des Insolvenzverfahrens ausgeübt worden ist *Goetsch* in *Breutigam/Blersch/Goetsch*, InsO, § 107 RdNr. 11; *Obermüller* (Fn. 17) RdNr. 42.

[21] Ebenso FK-*Wegener*, InsO, § 107 RdNr. 4; aA *Wessels* ZIP 2004, 1237, 1244; *Graf-Schlicker/Breitenbücher*, InsO, § 107 RdNr. 4; eine analoge Anwendung lediglich Verträgen über bewegliche Sachen befürwortend *Uhlenbruck/Berscheid*, InsO, § 107 RdNr. 2.

[22] AA HK-*Marotzke*, InsO, § 107 RdNr. 7, der das besitzrechtliche Element in § 107 Abs. 1 als falsa demonstratio versteht und durch Auslegung eliminieren will; s. dazu u. RdNr. 11 aE

[23] HK-*Marotzke*, InsO, § 107 RdNr. 3; *Hess* in *Hess/Weis/Wienberg*, InsO, § 107 RdNr. 7; *Kübler/Prütting/Tintelnot*, InsO, § 107 RdNr. 5; aA *Adam* DZWIR 2003, 482, 483 f. (bloße Übertragung des Besitzes durch den Schuldner auf den Vorbehaltskäufer genügt).

[24] *Marotzke* (Fn. 17) S. 805; *Andres* in *Andres/Leithaus*, InsO, § 107 RdNr. 4; s. w. *Kupka* InVo 2003, 213 ff.

[25] Dazu *Palandt/Weidenkaff*, BGB, § 449 RdNr. 16 ff.

[26] *Obermüller*, Bankpraxis, RdNr. 6.360.

Abs. 3 BGB).[27] Beim erweiterten Eigentumsvorbehalt übereignet der Vorbehaltsverkäufer die Ware an den Käufer unter der zusätzlichen aufschiebenden Bedingung, dass neben der vollständigen Bezahlung der Vorbehaltsware auch noch andere Forderungen, die ihm gegen den Käufer zustehen, erfüllt werden.[28] Beim **Kontokorrentvorbehalt** erlangt der Vorbehaltskäufer Eigentum erst, nachdem er sämtliche Forderungen des Verkäufers aus der Geschäftsverbindung getilgt hat, die in das Kontokorrent einbezogen sind.[29] Da im Kontokorrent die beiderseitigen Forderung durch Verrechnung ausgeglichen werden, der sich daraus ergebende Saldo in der Regel aber wiederum der Kontokorrentbindung unterliegt, kommt es zu einem vollständigen Forderungsausgleich erst nach bei Beendigung der Kontokorrentverbindung. Der Kontokorrentvorbehalt führt dazu, dass sich der Sicherungszweck des Eigentumsvorbehalts von der Kaufpreisforderung auf andere Forderungen verlagert und die Vorbehaltssache aus ihrer Verbindung mit dem Kauf herausgelöst wird.[30] Der Eigentumsvorbehalt dient dann nicht mehr dem Schutz des Eigentums des Vorbehaltsverkäufers, sondern wird zum **Sicherungsrecht** mit der Folge, dass insoweit in der Insolvenz des Vorbehaltskäufers keine Aussonderung, sondern nur eine **Absonderung** in Betracht kommt (s. u. RdNr. 26). Der Kontokorrentvorbehalt begründet im Übrigen die Gefahr einer **Übersicherung,** weil der Eigentumsübergang an der Vorbehaltsware durch eine vergleichsweise geringfügige Forderung aus der anderweitigen Geschäftsbeziehung verhindert werden kann.[31] Die Rechtsprechung erkennt den Kontokorrentvorbehalt grundsätzlich an.[32]

9 In den Schutzbereich des § 107 Abs. 1 Satz 1 fällt auch der **sog. einseitige nachträgliche Eigentumsvorbehalt,** der entgegen dem Kaufvertrag vom Verkäufer verlangt und vom Käufer akzeptiert wird, sofern dies vor Eröffnung des Insolvenzverfahrens geschehen ist (§§ 929 Satz 1 BGB, 80 InsO). Lässt sich der Käufer auf die nachträgliche Vereinbarung eines Eigentumsvorbehalts nicht ein, so erwirbt er kein aufschiebend bedingtes Eigentum.[33] Es bleibt dann bei dem schuldrechtlichen Anspruch gegen den Verkäufer auf Übertragung des Eigentums, der den allgemeinen Vorschriften unterfällt (§§ 103, 38, 45).

10 Für den Schutz des Abs. 1 Satz 1 ist es unerheblich, ob der Erwerb des Anwartschaftsrechts des Vorbehaltskäufers auf einer aufschiebend bedingten Verfügung des Verkäufers über eigenes Eigentum beruht oder auf einer **Verfügung des Verkäufers als Nichtberechtigtem,** sofern diese wirksam ist (§§ 185 Abs. 1, 932 ff. BGB, 366 HGB).[34] Vorausgesetzt ist entsprechend dem Normzweck der Vorschrift nur, dass der Käufer eine dinglich gesicherte Erwerbsposition erlangt hat, die mit Zahlung des Kaufpreises zum Eigentum erstarkt. Der Schutz des Abs. 1 Satz 1 greift über den Wortlaut der Norm hinaus auch dann ein, wenn das Anwartschaftsrecht als solches vom ursprünglichen Vorbehaltskäufer auf einen Dritten übertragen oder von diesem gutgläubig erworben worden ist.[35]

11 **3. Übertragung des Besitzes.** Weitere Voraussetzung des insolvenzrechtlichen Bestands der Position des Vorbehaltskäufers ist gem. Abs. 1 Satz 1, dass ihm der Besitz an der Sache vor Eröffnung des Insolvenzverfahrens vom Vorbehaltsverkäufer übertragen worden ist. Dies entspricht der Voraussetzung für das Entstehen einer dinglichen Anwartschaft durch aufschie-

---

[27] § 455 Abs. 2 BGB aF eingefügt durch Art. 33 Nr. 17 EGInsO (G. v. 5. 10. 1994).
[28] MünchKommBGB-*Westermann* § 449 RdNr. 81; *Gottwald/Adolphsen,* Kölner Schrift, RdNr. 15; FK-*Wegener,* InsO, § 107 RdNr. 7.
[29] MünchKommBGB-*Westermann* § 449 RdNr. 82.
[30] *Uhlenbruck/Uhlenbruck,* InsO, § 47 RdNr. 22.
[31] BGHZ 125, 83, 88 = NJW 1994, 1154; MünchKommBGB-*Westermann,* BGB, § 449 RdNr. 82.
[32] BGH NJW 1978, 632; BGHZ 125, 83 = NJW 1994, 1154; das dort statuierte Erfordernis einer Freigabeklausel bei Überschreiten einer konkret bestimmten Deckungsgrenze ist durch BGHZ 137, 212 = NJW 1998, 671 (GrSZ, Beschluss vom 27. 11. 1997) überholt; BGH NJW-RR 1998, 1123; vgl. w. BGHZ 138, 367 = NJW 1998, 2206.
[33] *Palandt/Bassenge,* BGB, § 929 RdNr. 29 mwN; s.w. *Graf-Schlicker/Breitenbücher,* InsO, § 107 RdNr. 3.
[34] HK-*Marotzke,* InsO, § 107 RdNr. 5.
[35] Vgl. HK-*Marotzke,* InsO, § 107 RdNr. 7 sowie RdNr. 41 zum Schutz des Anwartschaftszweiterwerbers in der Insolvenz des Erstkäufers; dazu auch *Jaeger/Henckel,* KO, § 17 RdNr. 57. Zum Erwerb des Anwartschaftsrechts vom Nichtberechtigten *Baur/Stürner,* Sachenrecht, § 59 B IV 3, RdNr. 38 ff.

bend bedingte Übereignung insofern, als diese nicht nur die bedingte Einigung über den Eigentumsübergang, sondern auch einen **Besitzakt** erfordert, der in der Übertragung des **unmittelbaren Besitzes**, welche in der Praxis die Regel ist, wie in der Begründung **mittelbaren Besitzes** des Vorbehaltskäufers bestehen kann.[36] Eine Beschränkung des insolvenzrechtlichen Schutzes auf solche Anwartschaftsrechte, die durch Übertragung des unmittelbaren Besitzes auf den Vorbehaltskäufer begründet worden sind, ist weder dem Wortlaut des § 107 Abs. 1 Satz 1 noch den Gesetzesmaterialien zu entnehmen und ist auch nicht durch den Normzweck geboten (s. o. RdNr. 1).[37] Das Wahlrecht des Verwalters hängt beim Verkauf unter Eigentumsvorbehalt nicht davon ab, ob der Vorbehaltsverkäufer – und spätere Schuldner – die tatsächliche Gewalt über die Sache aufgegeben hat,[38] weil sich der Schutz des Vorbehaltskäufers auf die vermögensrechtliche Zuordnung der Sache, nicht auf den Besitz bezieht. Entgegen dem Wortlaut der Norm kann der insolvenzrechtliche Schutz des Käufers auch nicht davon abhängen, dass der Besitz an der Sache vom Verkäufer auf den Käufer übertragen worden ist. Auch insofern kann es nur darauf ankommen, dass der Käufer in einer Weise Besitz erlangt hat, die ihm gegenüber dem Verkäufer eine dinglich gesicherte Erwerbsposition verschafft.[39] Schließlich muss der Schutzbereich der Norm im Wege teleologischer Erweiterung auch auf die Fälle erstreckt werden, in denen der Käufer ein Anwartschaftsrecht in Verbindung nicht mit der Übertragung des Sachbesitzes, sondern mit der **Übertragung von Traditionspapieren** erlangt (§§ 448, 475 g, 650 HGB).[40] Ein gänzlicher Verzicht auf das Erfordernis der Besitzübertragung auf den Käufer, wie er für § 107 Abs. 1 vertreten wird,[41] scheitert am Wortlaut wie am Normzweck des § 107 (s. o. RdNr. 7 aE).[42]

4. Rechtsfolgen. a) Fortbestand des Erfüllungsanspruchs (Abs. 1 Satz 1). Die unmittelbare Rechtsfolge des **Abs. 1 Satz 1** ist, dass der Vorbehaltskäufer Erfüllung des Kaufvertrags verlangen kann. Dies besagt zunächst nur, dass der schuldrechtliche **Erfüllungsanspruch des Käufers** weder durch die Eröffnung des Insolvenzverfahrens beseitigt wird noch zur Disposition des Insolvenzverwalters gem. § 103 steht. Für den **Fortbestand des Anwartschaftsrechts** des Käufers kommt es demgegenüber entscheidend auf den Fortbestand des Kaufpreisanspruchs gegen den Käufer an, weil mit einem Wegfall des Kaufpreisanspruchs feststünde, dass die Bedingung des Eigentumsübergangs endgültig nicht mehr eintreten kann, was zum Wegfall des Anwartschaftsrechts führen müsste. Diese „offene Flanke" des Schutzes des Vorbehaltskäufers in der Insolvenz des Verkäufers wird durch § 107 Abs. 1 Satz 1 geschlossen, weil der Insolvenzverwalter an den Kaufvertrag gebunden bleibt. Damit steht dem Vorbehaltskäufer auch weiterhin ein Recht zum Besitz zu (§ 986 Abs. 1 Satz 1 BGB). Eine weitergehende Bedeutung hat die Vorschrift trotz des missverständlichen Wortlauts grundsätzlich nicht.[43] Ein Verlangen des Käufers, den Kaufvertrag zu erfüllen, wäre gegenstandslos, weil der Verkäufer, der dem Käufer den Besitz übertragen und die Sache aufschiebend bedingt übereignet hat, alles ihm Obliegende getan hat und zu weiteren

---

[36] MünchKommBGB-*Quack* § 929 RdNr. 30; *Nerlich/Römermann/Balthasar*, InsO, § 107 RdNr. 8; HK-*Marotzke*, InsO, § 107 RdNr. 6; *ders.* (Fn. 17) S. 810; *Kübler/Prütting/Tintelnot*, InsO, § 107 RdNr. 7; *Andres* in *Andres/Leithaus*, InsO, § 107 RdNr. 5; *Uhlenbruck/Berscheid*, InsO, § 107 RdNr. 4; *Hess* in *Hess/Weis/Wienberg*, InsO, § 107 RdNr. 6; HambKomm-*Ahrendt*, InsO, § 107 RdNr. 5; aA FK-*Wegener*, InsO, § 107 RdNr. 9 ff.
[37] So auch *Marotzke* (Fn. 17) S. 810: keine strengeren Anforderungen an den Besitzerwerb als nach BGB/HGB.
[38] So aber FK-*Wegener*, InsO, § 107 RdNr. 9; *Braun/Kroth*, InsO, § 107 RdNr. 4; wie hier *Kübler/Prütting/Tintelnot*, InsO, § 107 RdNr. 7; *Nerlich/Römermann/Balthasar*, InsO, § 107 RdNr. 8; *Uhlenbruck/Berscheid*, InsO, § 107 RdNr. 4; *Andres* in *Andres/Leithaus*, InsO, § 107 RdNr. 5.
[39] *Marotzke* (Fn. 17) S. 810 f.; *Kübler/Prütting/Tintelnot*, InsO, § 107 RdNr. 7. In der Begründung zu § 121 RegE ist demgemäß auch nur allgemein davon die Rede, dass die Kaufsache unter Eigentumsvorbehalt geliefert worden ist, BT-Drucks. 12/2443, S. 146.
[40] *Marotzke* (Fn. 17) S. 810; HK-*Marotzke*, InsO, § 107 RdNr. 6.
[41] HK-*Marotzke*, InsO, § 107 RdNr. 6; *ders.* (Fn. 17) S. 810 f.; *Kübler/Prütting/Tintelnot*, InsO, § 107 RdNr. 7; FK-*Wegener*, InsO, § 107 RdNr. 9.
[42] *Nerlich/Römermann/Balthasar*, InsO § 107 RdNr. 8; *Kübler/Prütting/Tintelnot*, InsO § 107 RdNr. 7 (mittelbarer Besitz reicht aus); ebenso *Hess* in *Hess/Weis/Wienberg*, InsO, § 107 RdNr. 6.
[43] *Nerlich/Römermann/Balthasar*, InsO, § 107 RdNr. 9; *Kübler/Prütting/Tintelnot*, InsO, § 107 RdNr. 9.

Leistungshandlungen nicht mehr verpflichtet ist,[44] wenn man von etwaigen **Nebenleistungen** absieht. Der noch ausstehende Leistungserfolg – der **Übergang des Volleigentums auf den Käufer** durch Zahlung des Kaufpreises – hängt nur noch vom Käufer ab.[45] Erfüllungsansprüche des Käufers kommen demgemäß nur in Bezug auf noch ausstehende Nebenleistungen des Verkäufers in Betracht (s. dazu u. RdNr. 14) sowie im Falle der Übereignung durch Besitzkonstitut auf Übertragung des unmittelbaren Besitzes. Der Verkäufer bleibt auch an die mit der bedingten Übereignung verknüpften weiteren Vereinbarungen gebunden, insbesondere im Falle des verlängerten Eigentumsvorbehalts dem Käufer erteilte Ermächtigung, über die Vorbehaltssache im Rahmen des ordnungsgemäßen Geschäftsverkehrs weiter zu verfügen.[46]

13 b) **Weitere Verpflichtungen des Vorbehaltsverkäufers (Abs. 1 Satz 2).** Durch § 107 Abs. 1 Satz 2 wird bestimmt, dass der Erfüllungsanspruch des Käufers auch dann fortbesteht, wenn der Vorbehaltsverkäufer weitere Verpflichtungen übernommen hat und diese nicht oder nicht vollständig erfüllt sind. Dies entspricht der Bestimmung des § 106 Abs. 1 Satz 2 für die Vormerkung.[47] Hierdurch wird der Anwendungsbereich des § 103 weiter eingeschränkt, um sicherzustellen, dass das Anwartschaftsrecht des Vorbehaltskäufers auch dann in der Insolvenz des Vorbehaltsverkäufers Bestand hat, wenn die Übertragung von Besitz und Eigentum an der Kaufsache noch keine vollständige Erfüllung des Vertrags ist, weil der Verkäufer noch weitere Verpflichtungen zu erfüllen hat. In Betracht kommen hierfür vor allem **gemischttypische Verträge** wie insbesondere Verträge, in denen der Verkäufer zusätzlich Beratungs- und Instruktionspflichten oder Installations- bzw. Wartungspflichten übernommen hat.[48] Eine weitere Verpflichtung im Sinne der Vorschrift kann sich auf **Übergabe von Dokumenten** wie z. B. des Kfz-Briefs richten.[49] Zweck der Vorschrift ist es, die durch die Anwartschaft gesicherte Position des Käufers von dem rechtlichen Schicksal weiterer, vom Verkäufer übernommener Verpflichtungen zu lösen.[50]

14 Fraglich ist, ob die Vorschrift des § 107 Abs. 1 Satz 2 darüber hinaus eine selbständige Bedeutung insofern hat, als sie dem Vorbehaltskäufer auch hinsichtlich dieser anderen Ansprüche einen dem Wahlrecht des Insolvenzverwalters entzogenen Erfüllungsanspruch gewährt. Auszugehen ist davon, dass das Wahlrecht des Insolvenzverwalters durch § 107 Abs. 1 Satz 2 nicht völlig ausgeschlossen wird, sondern nur insoweit, als es um die **Sicherung der Anwartschaft** des Vorbehaltskäufers geht.[51] Eine weitergehende Einschränkung des Wahlrechts des Insolvenzverwalters wäre mit dem Normzweck nicht vereinbar.[52] Hat der Verkäufer weitere Verpflichtungen übernommen, so gilt hierfür grundsätzlich § 103 mit der Folge, dass die darauf gerichteten Erfüllungsansprüche des Käufers nur dann fortbestehen, wenn der Insolvenzverwalter von seinem Wahlrecht Gebrauch macht und die Erfüllung der weiteren Verpflichtungen wählt. Diese Verpflichtungen werden dann Masseverbindlichkeiten (§ 55 Abs. 1 Nr. 2). Lehnt er dagegen die Erfüllung ab, so ist der Käufer auf eine Schadensersatzforderung als einfache Insolvenzforderung verwiesen (§ 103 Abs. 2 Satz 1). Dies kommt beispielsweise in Betracht, wenn sich der Verkäufer zur Wartung der Sache oder

---

[44] HK-*Marotzke*, InsO, § 107 RdNr. 8.
[45] Zu den Folgen eines Rücktritts des Insolvenzverwalters bei einem Zahlungsrückstand des Vorbehaltskäufers *Rugullis* KTS 2005, 459 ff.; *Graf-Schlicker/Breitenbücher*, InsO, § 107 RdNr. 5 mwN.
[46] *Hess* in *Hess/Weis/Wienberg*, InsO, § 107 RdNr. 31.
[47] Zu der als Reaktion auf eine Entscheidung des BGH vom 29. 10. 1976 (NJW 1977, 146) eingefügten Ergänzung des § 24 KO s. FK-*Wegener*, InsO, § 107 RdNr. 14; zur Kritik an der entsprechenden Formulierung des § 107 Abs. 1 Satz 2 ausführlich *Marotzke* (Fn. 17) S. 808; näher dazu § 106 RdNr. 24 ff.
[48] FK-*Wegener*, InsO, § 107 RdNr. 14; *Marotzke* (Fn. 17) S. 807; Beispiel bei *Hess* in *Hess/Weis/Wienberg*, InsO, § 107 RdNr. 15: Schulung bei Veräußerung eines PC.
[49] *Marotzke* EWiR 1996, 179, 180 (17 KO); aA in Bezug auf Kfz-Papiere *Kübler/Prütting/Tintelnot*, InsO, § 107 RdNr. 13; *Andres* in *Andres/Leithaus*, InsO, § 107 RdNr. 8; *Uhlenbruck/Berscheid*, InsO, § 107 RdNr. 6; HambKomm-*Ahrendt*, InsO, § 107 RdNr. 9.
[50] Vgl. BGHZ 79, 103, 108 = NJW 1981, 250 zum Zweck der Gesetzesergänzung vom 22. 6. 1977.
[51] Vgl. zu der entsprechenden Regelung des § 24 Satz 2 KO BGHZ 79, 103, 107 = NJW 1981, 250; s. w. *Windel* Jura 2002, 230, 234.
[52] HK-*Marotzke*, InsO, § 107 RdNr. 8; *ders.* (Fn. 17) S. 807 ff.

zur Lieferung von Zubehör oder Ersatzteilen verpflichtet hat. Etwas anderes muss jedoch hinsichtlich solcher Verpflichtungen des Vorbehaltsverkäufers gelten, ohne deren Erfüllung das Anwartschaftsrecht des Käufers **völlig wertlos** würde. Kann beispielsweise eine unter Eigentum gelieferte Anlage nicht ohne Instruktionen des Verkäufers betrieben werden, so gebietet es der **Schutzzweck der Norm,** dem Käufer auch insoweit einen vollen Erfüllungsanspruch zuzubilligen.[53] Die Ablehnung ausstehender Teilleistungen darf nicht dazu führen, dass die durch Anwartschaft gesicherte Rechtsposition des Käufers für diesen praktisch wertlos wird.[54]

Soweit Erfüllungsansprüche des Käufers hiernach nicht dem Wahlrecht des Insolvenzverwalters unterliegen, sind sie **Masseverbindlichkeiten** gem. § 55 Abs. 1 Nr. 2. Die **Abgrenzung** der Erfüllungsansprüche des Käufers, hinsichtlich derer das Wahlrecht des Insolvenzverwalters ausgeschlossen ist, gegenüber sonstigen Ansprüchen, die im Zusammenhang mit dem Kauf unter Eigentumsvorbehalt stehen, die aber uneingeschränkt der Regel des § 103 unterfallen, hängt nicht davon ab, ob für die weiteren Verpflichtungen des Vorbehaltsverkäufers vertraglich ein besonderes Entgelt ausgewiesen ist.[55] Vielmehr ist allein maßgeblich, ob es sich um Teilleistungen handelt, die ihrer Funktion nach zum Erfüllungsanspruch aus Kauf unter Eigentumsvorbehalt gehören.

c) **Gegenleistung des Vorbehaltskäufers.** Der Vorbehaltskäufer ist verpflichtet, seine Gegenleistung voll zu erbringen, soweit ihm ein Erfüllungsanspruch gegen den Insolvenzverwalter zusteht. Dies gilt ohne weiteres für den vereinbarten **Kaufpreis,** aber auch für etwaige **besondere Entgelte,** die für weitere Leistungen des Vorbehaltsverkäufers vereinbart worden sind, sofern diese bereits erbracht worden oder als Masseverbindlichkeit noch zu erbringen sind. Handelt es sich dagegen um weitere Verpflichtungen des Vorbehaltsverkäufers, die noch nicht oder nicht vollständig erbracht worden sind und die dem Wahlrecht des Insolvenzverwalters unterliegen und lehnt dieser die Erfüllung ab, so entfällt hierfür der Anspruch auf die Gegenleistung; der Käufer erwirbt einen **Schadensersatzanspruch gegen die Masse** als einfache Insolvenzforderung.[56] Ist die vom Käufer zu erbringende Gegenleistung als Gesamtpreis vereinbart worden, so ist der auf die Kaufsache entfallende Teil der vereinbarten Gesamtleistung zu ermitteln. Hierauf beschränkt sich die Gegenleistung des Käufers.[57] Die für die ähnlich gelagerten Fälle des § 106 Abs. 1 Satz 2 entwickelten Kriterien gelten entsprechend; s. dazu § 106 RdNr. 31.

II. Insolvenz des Vorbehaltskäufers (Abs. 2)

1. Wahlrecht des Insolvenzverwalters (Abs. 2 Satz 1). In der Insolvenz des Vorbehaltskäufers ist das Wahlrecht des Insolvenzverwalters gem. § 103 nicht eingeschränkt. Das wäre nur dann der Fall, wenn davon auszugehen wäre, dass der Vorbehaltsverkäufer mit der Übertragung des Besitzes auf den Käufer und mit der aufschiebend bedingten Übertragung des Eigentums den Kaufvertrags seinerseits voll erfüllt hat. Die gesetzliche Regelung des § 107 Abs. 2 Satz 1 setzt aber ein Wahlrecht des Insolvenzverwalters voraus. Dies entspricht auch der zum bisherigen Recht allgemein vertretenen Meinung, wonach die Übertragung des Anwartschaftsrechts noch keine vollständige Erfüllung des Kaufvertrags ist.[58] Wählt der Insolvenzverwalter Erfüllung, so wird die Kaufpreisschuld **Masseverbindlichkeit** gem. § 55

---

[53] Vgl. zur Rechtslage bei Vormerkungen *Uhlenbruck/Berscheid,* InsO, § 106 RdNr. 38 mwN.
[54] S. *Uhlenbruck/Berscheid,* InsO, § 106 RdNr. 42 unter Hinweis auf *Jauernig* und *Häsemeyer.*
[55] Zur Regelung bei der Vormerkung *Uhlenbruck/Berscheid,* InsO, § 106 RdNr. 42 mwN. Insbesondere ist hinzuweisen auf BGHZ 79, 103 = NJW 1981, 250.
[56] Vgl. BGHZ 96, 275, 281 = NJW 1986, 925.
[57] HK-*Marotzke,* InsO, § 107 RdNr. 10; HambKomm-*Ahrendt,* InsO, § 107 RdNr. 9.
[58] BGHZ 98, 160 = NJW 1986, 2948; *Uhlenbruck/Berscheid,* InsO, § 107 RdNr. 7; *Uhlenbruck/Berscheid,* InsO, § 107 RdNr. 7; *Kilger/K. Schmidt,* KO, § 17 Anm. 3 c; *Jaeger/Henckel,* KO, § 17 RdNr. 56; *Baur/Stürner,* Zwangsvollstreckungs-, Konkurs- und Vergleichsrecht, Bd. 2, Insolvenzrecht, RdNr. 9.71; *Staudinger/Honsell,* BGB, 13. Bearb., § 455 RdNr. 29, 49.

§ 107   17a

Abs. 1 Nr. 2.[59] Das **Anwartschaftsrecht** bleibt bestehen; mit Zahlung des Kaufpreises erwirbt die Masse Volleigentum an der Sache.[60] Lehnt der Insolvenzverwalter die Erfüllung ab, so erlischt das Anwartschaftsrecht des Schuldners und sein Recht zum Besitz; der Verkäufer kann die Sache aussondern (s. u. RdNr. 22). Außerdem kann der Vorbehaltsverkäufer den an die Stelle des Kaufpreisanspruchs getretenen Anspruch auf Schadensersatz wegen Nichterfüllung als **einfache Insolvenzforderung** geltend machen (§ 103 Abs. 2 Satz 1). Dem Interesse des Verkäufers, möglichst schnell Klarheit über das weitere Schicksal des Vertrags zu erlangen, tragen § 103 Abs. 2 Satz 2 und 3 Rechnung. Erklärt der Verwalter in der Insolvenz des Vorbehaltskäufers nach Aufforderung durch den Vorbehaltsverkäufer nicht unverzüglich, ob er die Erfüllung verlangen will, so gilt dies als Ablehnung. Er verliert den Anspruch auf Erfüllung mit der Folge, dass sein Recht zum Besitz (§ 986 Abs. 1 Satz 1 BGB) entfällt und der Vorbehaltsverkäufer nunmehr unbeschränktes Eigentum wiedererlangt und umgehend die Sache **aussondern** kann.[61] Für den Verwalter stellt sich, wenn bereits ein Anwartschaftsrecht zugunsten des Schuldners begründet worden ist und sich die Sache im Besitz der Masse befindet, die Frage nur noch dahingehend, ob er seinerseits den Vertrag erfüllen will.[62] Zur Vorbereitung dieser Entscheidung gewährt ihm Abs. 2 Satz 1 **Aufschub** bis nach dem **Berichtstermin.** Dadurch soll nach der Intention des Gesetzgebers verhindert werden, dass die unter Eigentumsvorbehalt gelieferten Sachen schon kurz nach der Eröffnung des Verfahrens aus dem Unternehmen herausgezogen werden können. Der Verwalter soll die Ausübung seines Wahlrechts vielmehr aufschieben können, bis die Gläubiger im Berichtstermin über das weitere Schicksal des Unternehmens entschieden haben. Außerdem soll dem Insolvenzverwalter ermöglicht werden, Sachen, die er im Falle der **Fortführung des Unternehmens** benötigt, auch dann zunächst in der Masse zu behalten, wenn zunächst keine ausreichende **Liquidität** für die Wahl der Erfüllung zur Verfügung steht.[63]

17 a   Nach den allgemeinen Vorschriften kann der Vorbehaltsverkäufer die unter Eigentumsvorbehalt gelieferte Sache nur herausverlangen, wenn er vom Vertrag zurückgetreten ist (§ 449 Abs. 2 BGB). Diese durch die Schuldrechtsreform 2002 eingeführte Neuregelung soll einem wesentlichen Schutzbedürfnis des Käufers Rechnung tragen.[64] Das aus § 323 Abs. 1 BGB folgende Rücktrittsrecht des Vorbehaltsverkäufers wird durch die Verfahrenseröffnung in der Insolvenz des Vorbehaltskäufers nicht ausgeschlossen, weil es einen Verzug des Schuldners nicht voraussetzt.[65] Der Rücktritt des Vorbehaltsverkäufers vom Kaufvertrag lässt das Anwartschaftsrecht des Käufers und sein Recht zum Besitz entfallen. Die Voraussetzung des Rücktritts, dass dem Käufer eine angemessene Nachfrist gesetzt worden ist, gilt unabhängig von der Verfahrenseröffnung.[66] Jedoch ergibt sich aus dem Normzweck des § 107 Abs. 2 Satz 1 eine **Rücktrittssperre** gegenüber dem Vorbehaltsverkäufer, weil die Regelung andernfalls leicht umgangen werden könnte.[67] Dieser Bestimmung kommt als lex

---

[59] Der Vorbehaltsverkäufer ist an der Ausübung seines Rücktrittsrechts aus § 455 BGB aF, § 323 BGB nF (jedenfalls bis zum Berichtstermin) gehindert; vgl. hierzu *Smid*, InsO, § 107 RdNr. 8 (unter Hinweis auf § 112); *Huber* NZI 2004, 57, 61 f.; *Braun/Kroth*, InsO, § 107 RdNr. 17.
[60] *Uhlenbruck/Berscheid*, InsO, § 107 RdNr. 7.
[61] HM; HK-*Marotzke*, InsO, § 107 RdNr. 12, 20; *Hess* in *Hess/Weis/Wienberg*, InsO, § 107 RdNr. 22, § 47 RdNr. 49 (zur Kritik an dieser Meinung § 47 RdNr. 50 ff., 54); *Obermüller*, Bankpraxis, RdNr. 1.249; *Gottwald, P./Adolphsen* (Fn. 28) RdNr. 13; *Bork*, Insolvenzrecht, RdNr. 238; *Kübler/Prütting/Tintelnot*, InsO, § 107 RdNr. 14 (krit. RdNr. 3); aA *Häsemeyer*, Insolvenzrecht, RdNr. 11.10; *Smid/Rattunde*, Insolvenzplan, RdNr. 6.36.
[62] *Marotzke* (Fn. 17) S. 812.
[63] Begründung zu § 121 RegE (Fn. 1); s. w. *Andres* in *Andres/Leithaus*, InsO, § 107 RdNr. 3.
[64] OLG Frankfurt NJW-RR 2005, 1170, 1173; *Staudinger-Beckmann*, BGB, § 449 RdNr. 54; MünchKommBGB-*H. P. Westermann* § 449 RdNr. 33.
[65] Zur Streitfrage, ob nach § 455 BGB aF ein Verzugseintritt nach Verfahrenseröffnung noch möglich war *Schwörer*, Lösungsklauseln, S. 187 ff.
[66] FK-*Wegener*, InsO § 107 RdNr. 16 f.; *Uhlenbruck/Berscheid*, InsO, § 107 RdNr. 8; *Schlegel* DZWIR 2000, 94, 100; *Schulze/Kienle* NJW 2002, 2842.
[67] *Uhlenbruck/Berscheid*, InsO, § 107 RdNr. 8; HK-*Marotzke*, InsO, § 107 RdNr. 29 ff.

specialis Vorrang vor § 323 BGB zu.[68] Die Rücktrittssperre wird auch getragen von dem in § 112 zum Ausdruck kommenden allgemeinen Rechtsgedanken; ähnlich wie § 107 Abs. 2 Satz 1 will auch diese Norm dem Insolvenzverwalter sein nach § 103 zustehendes Wahlrecht befristet erhalten, um ihm Zeit für die Prüfung der Möglichkeiten der Fortführung und Sanierung des Unternehmens zu verschaffen[69] (s. dazu näher § 112 RdNr. 1 ff.). Die Rücktrittssperre gilt demgemäß nur solange, als die Frist zur Erklärung des Verwalters über die Ausübung des Wahlrechts gem. § 107 Abs. 2 verlängert ist. Über die Regelung des § 112 Nr. 1 hinaus muss die befristete Rücktrittssperre aber auch für erst nach Verfahrenseröffnung eintretende Zahlungsrückstände gelten.[70]

2. Voraussetzungen (Abs. 2 Satz 1). Die Bestimmung setzt zunächst ihrem Wortlaut nach voraus, dass der Schuldner eine bewegliche Sache unter **Eigentumsvorbehalt** gekauft und vom Verkäufer den Besitz an der Sache erlangt hat. Dies entspricht dem Tatbestand des Abs. 1 Satz 1 (s. im Einzelnen hierzu o. RdNr. 6 ff.). Anders als dort geht es hier aber nicht um den insolvenzrechtlichen Schutz eines Anwartschaftsrechts des Vorbehaltskäufers, sondern um den **zeitlichen Aufschub** der Entscheidung des Insolvenzverwalters über die Ausübung seines Wahlrechts, wobei divergierende Interessen des Vorbehaltsverkäufers und der Masse zum Ausgleich gebracht werden müssen. Dieser gegenüber der Regelung des Abs. 1 Satz 1 unterschiedliche **Normzweck** rechtfertigt es, den Anwendungsbereich des Abs. 2 Satz 1 abweichend von dem des Abs. 1 Satz 1 zu bestimmen, soweit sich dies im Rahmen des im Wortlaut der Norm zum Ausdruck gekommenen Willens des Gesetzgebers hält. Demgemäß kommt ein Aufschub gem. Abs. 2 Satz 1 nur in Betracht, wenn der Schuldner als Vorbehaltskäufer **unmittelbaren Besitz** an der Sache erlangt hat;[71] an Gegenständen, die sich nur im mittelbaren Besitz der Masse befinden, besteht in der Regel kein Nutzungsinteresse des Verwalters im Hinblick auf Fortführung und Sanierung des Unternehmens. Wegen der besonderen Nachteile, die dem Verkäufer entstehen, wenn er bis zum Berichtstermin warten muss, um Aufschluss über das weitere Schicksal des Kaufvertrags zu erhalten, ist hier ein Aufschub nicht gerechtfertigt. Nicht vereinbar ist es dagegen mit der gesetzlichen Regelung des Abs. 2 Satz 1, auf das Erfordernis einer **bedingten Übereignung** der Kaufsache auf den Vorbehaltskäufer zu verzichten.[72] Dem Insolvenzverwalter über den Wortlaut des Abs. 2 Satz 1 hinaus generell einen Aufschub in Bezug auf alle Vertragsverhältnisse zuzubilligen, die sich auf Betriebsmittel beziehen, an deren Weiterbenutzung ein Interesse des Insolvenzverwalters bzw. der Masse besteht,[73] würde die Grundregel des § 103 Abs. 2 Satz 2 weithin leer laufen lassen und durch die Ausnahmevorschrift des § 107 Abs. 2 Satz 1 derogieren.[74] Eine gesetzliche Regelungslücke besteht nicht, weil alle dem Wahlrecht des Insolvenzverwalters unterliegenden Vertragskonstellationen von der Vorschrift des § 103 Abs. 2 Satz 2 erfasst werden, sofern nicht die Sonderregelung des § 107 Abs. 2 Satz 1 eingreift. Daraus folgt, dass für Miet-, Pacht- und Leasingverträge über bewegliche Sachen, die sich im Besitz der Masse befinden, § 107 Abs. 2 Satz 1 nicht anwendbar ist mit der Folge, dass sich der Insolvenzverwalter auf eine

---

[68] FK-*Wegener*, InsO, § 107 RdNr. 34; für eine teleologische Reduktion des § 323 Abs. 4 BGB *Uhlenbruck/Berscheid*, InsO, § 107 RdNr. 8; *Mossler* ZIP 2002, 1831, 1832; *Huber* (Fn. 59) S. 59 f.
[69] *Uhlenbruck/Berscheid*, InsO, § 107 RdNr. 8; *Schlegel* (Fn. 66) S. 100; *Graf-Schlicker/Breitenbücher*, InsO, § 106 RdNr. 11.
[70] HK-*Marotzke*, InsO, § 107 RdNr. 32 hält eine Analogie zu § 112 insoweit nicht für begründbar und schlägt die Einführung einer gesetzlichen Rücktrittssperre vor.
[71] FK-*Wegener*, InsO, § 107 RdNr. 18; *Kübler/Prütting/Tintelnot*, InsO, § 107 RdNr. 18; *Graf-Schlicker/Breitenbücher*, InsO, § 107 RdNr. 7; *Hess* in *Hess/Weis/Wienberg*, InsO, § 107 RdNr. 25; *Nerlich/Römermann/Balthasar*, InsO, § 107 RdNr. 13; so im Ergebnis auch – anders als bei Abs. 1 – *Marotzke* (Fn. 17) S. 812; aA *Andres* in *Andres/Leithaus*, InsO, § 107 RdNr. 11; *Braun/Kroth*, InsO, § 107 RdNr. 11.
[72] *Hess* in *Hess/Weis/Wienberg*, InsO, § 107 RdNr. 21; *Andres* in *Andres/Leithaus*, InsO, § 107 RdNr. 10; aA *Marotzke* (Fn. 17) S. 812; *Pape* (Fn. 17) RdNr. 51; FK-*Wegener*, InsO, § 107 RdNr. 18; *Kübler/Prütting/Tintelnot*, InsO, § 107 RdNr. 19; *Goetsch* in *Breutigam/Blersch/Goetsch*, InsO, § 107 RdNr. 19.
[73] So *Pape* (Fn. 17); *Marotzke* (Fn. 17); *Goetsch* in *Breutigam/Blersch/Goetsch*, InsO, § 107 RdNr. 19.
[74] *Hess* in *Hess/Weis/Wienberg*, InsO, § 107 RdNr. 21.

entsprechende Aufforderung des Verkäufers hin unverzüglich über die Ausübung des Wahlrechts erklären muss (§ 103 Abs. 2 Satz 2).[75]

19 Weitere Voraussetzung ist, dass der Verkäufer den Insolvenzverwalter zur Ausübung seines Wahlrechts aufgefordert hat. Fehlt es daran, so wird schon die **Obliegenheit des Verwalters** nach § 103 Abs. 2 Satz 1 nicht begründet und die diesbezügliche Erklärungsfrist nicht in Gang gesetzt. Die **Ausübung des Wahlrechts** erfolgt durch Erklärung des Insolvenzverwalters, für die die allgemeinen Anforderungen gelten;[76] s. § 103 RdNr. 54. Die Erklärung muss dem Partner des zu erfüllenden Vertrags zugehen. Sie kann auch durch **konkludente Erklärung** erfolgen. Für die Auslegung eines solchen Verhaltens ist maßgebend, ob ihm der Vertragsgegner nach der Verkehrssitte und den Gesamtumständen entnehmen konnte und musste, dass der Insolvenzverwalter die Erfüllung wählen oder ablehnen wollte.[77] In der Weiterveräußerung der unter verlängertem Eigentumsvorbehalt gelieferten Sache durch den Insolvenzverwalter liegt in der Regel die konkludente Wahl der Erfüllung des Vertrags, die auch die Genehmigung der Vorausabtretung der Kaufpreisforderung an den Vorbehaltsverkäufer umfasst.[78]

20 Schwierigkeiten können sich ergeben, wenn die Vorbehaltsware Teil eines gesamten **Warenbestandes** des Schuldners ist und der Verwalter diesen gesamten Warenbestand einheitlich veräußert. Dann stellt sich die Frage, ob der Insolvenzverwalter durch den Verkauf zugleich hinsichtlich der unter Eigentumsvorbehalt stehenden Waren konkludent von seinem Wahlrecht gegenüber dem Vorbehaltsverkäufer Gebrauch gemacht hat. Im Einzelfall kann auch in einem vollständigen Verkauf von Unternehmenswerten eine Ausübung des Wahlrechts hinsichtlich der darin enthaltenen Vorbehaltsware gesehen werden. Allerdings muss ein Verzicht auf das Herausziehen der Vorbehaltsware und ein Verkauf des Warenbestandes im ganzen nicht zwingend als Entscheidung ausgelegt werden, den Kaufvertrag mit dem Vorbehaltsverkäufer erfüllen zu wollen. Zwar kann es nicht darauf ankommen, ob der Insolvenzverwalter im Zeitpunkt der Veräußerung die Vorbehaltsrechte kennt,[79] denn entscheidend ist, ob der Verkäufer die Veräußerung des gesamten Warenbestandes dahingehend verstehen konnte, dass der Insolvenzverwalter darin etwa enthaltene Vorbehaltsware in jedem Fall mitveräußern wollte. Ein solches Verhalten lässt jedoch nicht zwingend den Schluss zu, dass der Insolvenzverwalter damit zugleich hinsichtlich der über die Vorbehaltsware abgeschlossenen Kaufverträge Erfüllung wählen wollte, weil der Verwalter auch andere Möglichkeiten hat, die Vorbehaltsware zugunsten der Insolvenzmasse zu verwerten.[80] So ist es auch denkbar, dass der Verwalter die Vorbehaltsware aus Zeitgründen als Nichtberechtigter veräußert und auf eine nachträgliche Genehmigung durch den Vorbehaltsverkäufer vertraut oder dass er dessen Recht bewusst missachtet und auch bewusst eine persönliche Haftung riskiert, um Kosten zu reduzieren oder um im Interesse des Masse eine günstige Gelegenheit zur Veräußerung wahrzunehmen.[81]

21 Hat der Insolvenzverwalter die Erfüllung abgelehnt, so ist der Kaufvertrag und damit das Anwartschaftsrecht des Käufers erloschen. Ein nachträgliches Angebot des Insolvenzverwalters, den Kaufpreis zu zahlen, ändert daran nichts; eine Wiederherstellung des Anwartschaftsrechts bedarf einer neuen schuldrechtlichen und dinglichen Vereinbarung.[82]

22 **3. Drohende Wertminderung (Abs. 2 Satz 2).** Der Aufschub der Entscheidung über das weitere Schicksal des Kaufvertrags bis zum Berichtstermin ist dem Vorbehaltsverkäufer

---

[75] And. HK-*Marotzke,* InsO, § 107 RdNr. 37; *ders.* (Fn. 17) S. 813; *Pape* (Fn. 17) RdNr. 52; *Tintelnot* ZIP 1995, 616; *Kübler/Prütting/Tintelnot,* InsO § 107 RdNr. 19, 21; wie hier *Hess* in *Hess/Weis/Wienberg,* InsO, § 107 RdNr. 21.
[76] Dazu und zum folgenden BGH NJW 1998, 992.
[77] BGH NJW 1998, 992; *Smid* DZWiR 1998, 197.
[78] *Smid,* InsO, § 107 RdNr. 10.
[79] And. insofern BGH NJW 1998, 992.
[80] BGH NJW 1998, 992; *Undritz* EWiR 1998, 321, 322; *Smid* (Fn. 77) S. 197.
[81] BGH NJW 1998, 992, 993.
[82] And. in der Begründung HK-*Marotzke,* InsO, § 107 RdNr. 21: Verkäufer kann die Zahlung zurückweisen und den Eintritt der Bedingung verhindern.

nicht zumutbar, wenn damit eine erhebliche Wertminderung verbunden ist, die im Falle der Ablehnung der Erfüllung der Verkäufer zu tragen hat. Dies gilt insbesondere für leicht verderbliche Waren und für Saisonartikel;[83] auch veränderte Marktbedingungen können zu berücksichtigen sein.[84] Dem trägt § 107 Abs. 2 Satz 2 Rechnung. Ist in der Zeit bis zum Berichtstermin eine erhebliche Verminderung des Werts der Sache zu erwarten, so kann der Insolvenzverwalter am Vertrag nur festhalten, wenn er unverzüglich auf eine entsprechende Aufforderung des Vorbehaltsverkäufers hin Erfüllung wählt (§ 103 Abs. 2 Satz 2); andernfalls erlischt der Erfüllungsanspruch endgültig und der Vorbehaltsverkäufer kann die Vorbehaltsware umgehend aussondern. Unbeachtlich ist demgegenüber der Wertverlust, der allein durch die weitere Nutzung eintritt; hierfür kann lediglich ein Ausgleich gem. § 172 verlangt werden.[85] Andernfalls würde der Zweck des § 107, dem Verwalter die Möglichkeit einer Weiternutzung bis zum Ablauf der Überlegungsfrist zu ermöglichen (RdNr. 28), unterlaufen und die Ausnahmebestimmung des Abs. 2 Satz 2 zur Regel.

4. Rechtsfolgen. a) Ablehnung der Vertragserfüllung. Lehnt der Insolvenzverwalter 23 die Erfüllung des Vertrags ab, so **erlischt die Kaufpreisforderung;** der Vorbehaltsverkäufer erlangt stattdessen einen Schadensersatzanspruch wegen Nichterfüllung als Insolvenzforderung.[86] Mit dem Erfüllungsanspruch verliert der Vorbehaltskäufer auch sein **Recht zum Besitz.** Mit dem Wegfall der Kaufpreisforderung fällt die Bedingung des Eigentumsübergangs endgültig weg, so dass das **Anwartschaftsrecht des Käufers** untergeht. Ein Rücktritt des Vorbehaltsverkäufers ist dazu nicht erforderlich.[87] Der Vorbehaltsverkäufer kann die Sache **aussondern**[88] (s. dazu im Einzelnen § 47 RdNr. 62).

b) Erfüllungswahl des Verwalters. Verlangt der Insolvenzverwalter dagegen **Erfüllung** 24 des Kaufvertrags, so lebt der Kaufpreisanspruch des Vorbehaltsverkäufers als Masseverbindlichkeit wieder auf (§ 55 Abs. 1 Nr. 2). Zugleich bewirkt dies das Wiederentstehen der schuldrechtlichen Gegenansprüche des Vorbehaltskäufers. Hieraus ergibt sich der Fortbestand des Rechts des Käufers zum Besitz und der **Fortbestand des Anwartschaftsrechts.** Beim erweiterten Eigentumsvorbehalt wirkt sich die Erfüllungswahl durch den Insolvenzverwalter des Käufers nicht auf die durch den Eigentumsvorbehalt gesicherten weiteren Forderungen des Verkäufers aus; diese werden im Gegensatz zur Kaufpreisforderung nicht zu Masseverbindlichkeiten.[89]

c) Sonderformen des Eigentumsvorbehalts. Beim **verlängerten Eigentumsvor-** 25 **behalt** bleibt die dem Vorbehaltskäufer vom Vorbehaltsverkäufer erteilte Ermächtigung zur Veräußerung der Sache (§ 185 Abs. 1 BGB) von der Insolvenz des Vorbehaltskäufers zunächst unberührt.[90] Der Verwalter kann über die Sache deshalb wirksam verfügen, dies jedoch nur, wenn er zugleich die vor Eröffnung des Insolvenzverfahrens erfolgte Vorausabtretung der Kaufpreisforderung gegen den Dritten genehmigt. Andernfalls scheitert der Erwerb der Forderung durch den Vorbehaltsverkäufer an § 91 Abs. 1. Dann aber entfaltet auch die im Rahmen des verlängerten Eigentumsvorbehalts erteilte Verfügungsermächtigung keine Wirkung, weil der Verkäufer den Käufer zur Weiterveräußerung der Kaufsache nur für den Fall ermächtigt hat, dass die Forderung aus dem Weiterverkauf der Sache auf ihn

---

[83] Bericht BTag, BT-Drucks. 12/7302 S. 169; s. w. *Goetsch* in *Breutigam/Blersch/Goetsch,* InsO, § 107 RdNr. 18; *Andres* in *Andres/Leithaus,* InsO, § 107 RdNr. 13; *Smid,* InsO, § 107 RdNr. 7; zur Veraltung infolge eines technologischen Fortschritts *Nerlich/Römermann/Balthasar,* InsO, § 107 RdNr. 17.

[84] *Nerlich/Römermann/Balthasar,* InsO, § 107 RdNr. 17; aA *Andres* in *Andres/Leithaus,* InsO, § 107 RdNr. 13; *Kübler/Prütting/Tintelnot,* InsO, § 107 RdNr. 22.

[85] *Braun/Kroth,* InsO, § 107 RdNr. 15; *Andres* in *Andres/Leithaus,* InsO, § 107 RdNr. 13; *Kübler/Prütting/Tintelnot,* InsO, § 107 RdNr. 22; *Marotzke* (Fn. 17) S. 813; *Hess* in *Hess/Weis/Wienberg,* InsO, § 107 RdNr. 28.

[86] BGH NJW 1998, 992, 993; FK-*Wegener,* InsO, § 107 RdNr. 30.

[87] HK-*Marotzke,* InsO, § 107 RdNr. 20.

[88] HM; HK-*Marotzke,* InsO, § 107 RdNr. 12; *Hess* in *Hess/Weis/Wienberg,* InsO, § 107 RdNr. 22, § 47 RdNr. 53 ff. (trotz gravierender Bedenken); *Uhlenbruck/Uhlenbruck,* InsO, § 47 RdNr. 13; *Kilger/K. Schmidt,* KO, § 43 Anm. 3; aA *Häsemeyer,* Insolvenzrecht, RdNr. 11.10; *Smid/Rattunde,* Insolvenzplan, RdNr. 6.36.

[89] *Smid,* InsO, § 107 RdNr. 11; *Jaeger/Henckel,* KO, § 17 RdNr. 62.

[90] *Smid,* InsO, § 107 RdNr. 9.

§ 107 26, 27   3. Teil. 2. Abschnitt. Erfüllung Rechtsgeschäfte. Mitwirkung BR

übergeht.[91] Zur Frage, inwieweit in der Veräußerung der Vorbehaltsware eine konkludente Genehmigung zu sehen ist s. o. RdNr. 19 f.

26   Besonderheiten ergeben sich, soweit der Eigentumsvorbehalt des Verkäufers nicht mehr der Sicherung bei Ausfall der Kaufpreisforderung dient, sondern die Sicherung anderer Forderungen bezweckt, durch die die Kaufpreisforderung substituiert worden ist, wozu es regelmäßig beim **erweiterten Eigentumsvorbehalt,** insbesondere beim Kontokorrentvorbehalt kommt. Hier entfällt die Erfüllungsfunktion;[92] stattdessen erlangt der Eigentumsvorbehalt die gleiche **Sicherungsfunktion** wie eine Sicherungsübereignung; demgemäß hat der Verkäufer in diesem Fall kein Aussonderungsrecht, sondern **nur ein Absonderungsrecht**[93] (s. o. RdNr. 8). Schwierigkeiten ergeben sich beim erweiterten Eigentumsvorbehalt, wenn Kaufpreisforderung und die weiteren gesicherten Forderungen nicht durch Kontokorrent verbunden sind, sondern selbständig nebeneinander stehen (sog. **Geschäftsverbindungsklausel**) und wenn vor Eröffnung des Insolvenzverfahrens Teilzahlungen auf den Kaufpreis der Vorbehaltsware erbracht worden sind. Eine Aufspaltung des Vorbehaltseigentums in ein Aussonderungsrecht hinsichtlich der noch offenen Kaufpreisforderung und in ein Absonderungsrecht hinsichtlich der weiteren Forderungen ist faktisch unmöglich; hier geht das Aussonderungsrecht vor (s. o. RdNr. 8).[94]

27   **d) Verarbeitungsklauseln.** Wird bei Lieferung der Sache unter Eigentumsvorbehalt vereinbart, dass der Käufer die Sache verarbeiten darf, der Eigentumsvorbehalt sich aber auf die neuhergestellte Sache erstrecken soll, so erwirbt der Lieferant nach hM unmittelbar Eigentum an der neuen Sache, wenn die Verarbeitung vereinbarungsgemäß für den Lieferanten als Hersteller erfolgt.[95] Die Ermächtigung des Käufers zur Weiterverarbeitung der Kaufsache für den Lieferanten erlischt nicht mit Eröffnung des Insolvenzverfahrens über das Vermögen des Käufers.[96] Die Verarbeitung für den Lieferanten als Hersteller begründet in dessen Person originäres Eigentum an der neuen Sache kraft Gesetzes (§ 950 BGB) und kann deshalb nicht einer Verfügung über das Eigentum gleichgestellt werden. Für die Weiterverarbeitung durch den Insolvenzverwalter ist das zwischen Vorbehaltsverkäufer und Vorbehaltskäufer begründete Vertragsverhältnis maßgeblich.[97] Anders stellt sich die Rechtslage dar, wenn man den Käufer als Hersteller und die Verarbeitungsklausel als antizipierte Sicherungsübereignung der neu hergestellten Sache auf den Lieferanten betrachtet.[98] Eine solche Verfügung des Käufers wird mit Eröffnung des Insolvenzverfahrens unwirksam (§ 81 Abs. 1). Der Insolvenzverwalter kann auch Erfüllung des Kaufvertrags wählen; dann wird die Kaufpreisforderung Masseverbindlichkeit.[99] In der Verarbeitung der Vorbehaltsware durch den Verwalter liegt regelmäßig die Ausübung des Wahlrechts im Sinne der Vertragserfüllung,[100] vgl. dazu o. RdNr. 19. Geht das Eigentum an der neu

---

[91] BGH NJW 1988, 1210; *Palandt/Putzo,* BGB, § 950 RdNr. 11.
[92] BGH NJW 1971, 799.
[93] BGH NJW 1971, 799; BGH NJW 1978, 632; BGHZ 98, 160, 170 = NJW 1986, 2948; HK-*Marotzke,* InsO, § 107 RdNr. 15; *ders.* ZZP 109 (1996), 429, 432; *Gottwald, P./Adolphsen* (Fn. 28) RdNr. 16; *Bork,* Insolvenzrecht, RdNr. 238; MünchKommBGB-*Westermann* § 449 RdNr. 84; *Staudinger/Honsell,* BGB, 13. Bearb., § 455 RdNr. 71; *Uhlenbruck/Uhlenbruck,* InsO, § 47 RdNr. 22, 23; *Kilger/K. Schmidt,* KO, § 17 Anm. 3 d; *Serick* BB 1978, 1477; aA *Smid,* InsO, § 107 RdNr. 11; *Jaeger/Henckel,* KO, § 17 RdNr. 62, der die Entstehung eines Absonderungsrechts durch § 91 InsO gehindert sieht. Von einem Absonderungsrecht in diesen Fällen ging auch der Gesetzgeber aus, s. Begründung zu § 58 RegE, BT-Drucks. 12/2443, S. 125.
[94] *Jaeger/Henckel,* KO, § 17 RdNr. 62.
[95] BGHZ 14, 114, 117; BGHZ 20, 159 = NJW 1956, 788; BGHZ 46, 117 = NJW 1967, 34; BGHZ 79, 16 = NJW 1981, 816; MünchKommBGB-*Quack* § 950 RdNr. 29 f.; *Scholz/Lwowski,* Kreditsicherung, RdNr. 968; aA *Palandt/Bassenge,* BGB, § 950 RdNr. 11.
[96] And. *Hess* in *Hess/Weis/Wienberg,* InsO, § 107 RdNr. 34; *Kuhn/Uhlenbruck,* KO, § 17 RdNr. 18 l (wo diese Ansicht als hM bezeichnet wird).
[97] HK-*Marotzke,* InsO, § 107 RdNr. 35.
[98] *Häsemeyer,* Insolvenzrecht, RdNr. 18.32.
[99] *Hess* in *Hess/Weis/Wienberg,* InsO, § 107 RdNr. 35; *Smid,* InsO, § 107 RdNr. 12; *Uhlenbruck/Berscheid,* InsO, § 107 RdNr. 10.
[100] *Hess* in *Hess/Weis/Wienberg,* InsO, § 107 RdNr. 36.

Eigentumsvorbehalt 28–30 § 107

hergestellten Sache gem. § 950 BGB auf den Lieferanten über, so erwirbt dieser Sicherungseigentum, nicht Vorbehaltseigentum, weil der Eigentumserwerb kraft Gesetzes nicht mit einer bedingten Rückübereignung an den Käufer für den Fall der Zahlung des Kaufpreises verbunden ist.[101] Der Lieferant erlangt demgemäß ein Absonderungsrecht, kein Aussonderungsrecht.[102]

e) Hinauszögerung der Erfüllungswahl. Durch die Bestimmung des § 107 Abs. 2 Satz 1 wird dem Verwalter in der Insolvenz des Käufers die Möglichkeit eingeräumt, eine Aussonderung des Vorbehaltsguts durch den Verkäufer bis zur Entscheidung über das weitere **Schicksal des Unternehmens** zu verhindern. Insbesondere stellt dieses Hinauszögern der Entscheidung über die Ausübung des Wahlrechts kein pflichtwidriges Verhalten des Verwalters und keine Obliegenheitsverletzung dar. Entgegen der Regel des § 103 Abs. 2 Satz 2 braucht er auf entsprechende Aufforderung des Vorbehaltsverkäufers hin nicht unverzüglich, sondern erst nach dem **Berichtstermin** zu erklären, ob er die Erfüllung verlangen will. Das Vertragsverhältnis bleibt damit zunächst in der Schwebe mit der Folge, dass sowohl das **Anwartschaftsrecht des Vorbehaltskäufers** als auch das Recht zum Besitz der Vorbehaltsware zunächst bestehen bleiben. Dem Vorbehaltsverkäufer ist damit die Möglichkeit genommen, eine schnelle Entscheidung des Insolvenzverwalters zu erzwingen. Dies verdeutlicht, dass der Wahrung der Chancen einer **Unternehmensfortführung** (dazu o. RdNr. 1) ein hoher Stellenwert Bedeutung beigemessen wird.[103] Die Überlegungsfrist ist zudem **unabdingbar** (§ 119).[104] Nicht ausgeschlossen ist damit, dass der Verwalter eine unter Eigentumsvorbehalt verkaufte Sache vor dem Berichtstermin an den Vorbehaltsverkäufer herausgibt; lässt sich der Verwalter im Gegenzug die Zahlung eines **Feststellungskostenbeitrags** versprechen, ist eine solche Vereinbarung weder unzulässig noch sittenwidrig.[105] Das gesetzliche Rücktrittsrecht des § 323 Abs. 4 BGB findet in der Insolvenz keine Anwendung, weil das Wahlrecht des Insolvenzverwalters dem Gestaltungsrecht des Gläubigers vorgeht (s. o. RdNr. 17 a).

Gemäß § 29 soll der Berichtstermin innerhalb der ersten sechs Wochen nach Eröffnungsbeschluss stattfinden. Diese Bestimmung lässt jedoch einen Zeitraum von **bis zu drei Monaten** zu. § 107 Abs. 2 bedeutet infolgedessen eine erhebliche zeitliche Ausweitung des Wahlrechts des Verwalters zu Lasten des Vorbehaltseigentümers. Beschließt die Gläubigerversammlung im **Berichtstermin** (§ 157 Satz 1), das Unternehmen stillzulegen, so kann der Insolvenzverwalter dem Vorbehaltsverkäufer gegenüber nunmehr die Erfüllung ablehnen. Beschließt die Gläubigerversammlung dagegen, das Unternehmen vorläufig weiterzuführen, muss der Insolvenzverwalter eine Entscheidung darüber, ob er Erfüllung des Kaufvertrags verlangt, nur dann unverzüglich treffen und dem Vorbehaltsverkäufer gegenüber erklären, wenn dieser ihn zur **Ausübung seines Wahlrechts** aufgefordert hat (§ 107 Abs. 2 Satz 1 i. V. m. § 103 Abs. 2 Satz 2). Andernfalls kann der Insolvenzverwalter die Entscheidung weiter aufschieben. Die Stilllegung nach § 158 stellt insgesamt die zeitliche Grenze für die Sonderregelung des § 107 Abs. 2 dar.[106]

5. Vorläufige Weiternutzung der Vorbehaltsware. Der Insolvenzverwalter kann Sachen, die er zur Fortführung des Unternehmens benötigt, zunächst auch dann in der Insolvenzmasse behalten, wenn ihm noch **keine ausreichende Liquidität** für die Wahl der Erfüllung des Kaufvertrags zur Verfügung steht und die Frage einer **Fortführung des Unternehmens** noch offen ist. Fraglich ist indes, inwieweit ihm ein **Recht zur Weiterbe-**

---

[101] *Häsemeyer*, Insolvenzrecht, RdNr. 18.32.
[102] *HK-Marotzke*, InsO, § 107 RdNr. 35; aA *Hess* in *Hess/Weis/Wienberg*, InsO, § 107 RdNr. 35; *Smid*, InsO, § 107 RdNr. 12; *Kuhn/Uhlenbruck*, KO, § 17 RdNr. 18 l.
[103] *FK-Wegener*, InsO, § 107 RdNr. 27 f.
[104] *FK-Wegener*, InsO, § 107 RdNr. 34; *Andres* in *Andres/Leithaus*, InsO, § 107 RdNr. 14; *Uhlenbruck/Berscheid*, InsO, § 107 RdNr. 12.
[105] *Gundlach/Frenzel/N. Schmidt* DZWIR 2001, 277 ff.; *Rendels* EWiR 2001, 279 f.; aA LG Braunschweig DZWIR 2001, 303 ff.
[106] *FK-Wegener*, InsO, § 107 RdNr. 28.

nutzung der Vorbehaltsware zusteht und welche Ansprüche des Verkäufers sich hieraus ergeben.

31 Ein Recht zum Besitz kann sich, wenn man der hM und insbesondere der Rechtsprechung des BGH folgt, nicht aus dem Kaufvertrag ergeben, solange der Insolvenzverwalter nicht Erfüllung gewählt hat, weil danach durch die Eröffnung des Insolvenzverfahrens der Vertrag nicht länger als Rechtsspruch für den Besitz zuzusehen ist (s. dazu § 103 RdNr. 25). Der dem Insolvenzverwalter gem. § 107 Abs. 2 Satz 1 gewährte Aufschub schafft jedoch auch ein **Recht zum Besitz,** weil andernfalls der Normzweck, die Vorbehaltsware zunächst in der Masse zu halten, nicht erfüllt werden könnte. Das Besitzrecht muss aus dem gleichen Grunde auch das Recht zur weiteren Nutzung der Vorbehaltsware umfassen.[107] Folgt man dagegen der Gegenansicht, wonach die Eröffnung des Insolvenzverfahrens die Erfüllungsansprüche nicht berührt, so ergeben sich sowohl das Recht zum Besitz als auch das Nutzungsrecht unmittelbar aus dem bis zu einer Erfüllungsablehnung des Insolvenzverwalters fortbestehenden Vertragsverhältnis.[108] Ein Anspruch des Verkäufers auf Nutzungsentschädigung folgt bei Wegfall des Vertrags schon auf Grund der Eröffnung des Insolvenzverfahrens oder auf Grund der Erfüllungsablehnung durch den Insolvenzverwalter aus § 818 Abs. 1 BGB. Nach anderer Ansicht lassen sich Nutzungsrecht und Anspruch auf Nutzungsentschädigung aus einer entsprechenden Anwendung des § 172 InsO[109] oder aus einer entsprechenden Anwendung der §§ 346 Abs. 1, 347 BGB oder der §§ 989, 990 BGB ableiten.[110]

32 **6. Anwendbarkeit des § 107 Abs. 2 im Verhältnis zu Dritten.** Veräußert und überträgt der Schuldner sein Anwartschaftsrecht an einen Dritten, so ist der Dritte als „Anwartschaftszweiterwerber" kraft des Anwartschaftsrechts gegenüber dem Vorbehaltsverkäufer ebenso geschützt wie der Vorbehaltskäufer als Ersterwerber der Anwartschaft (s. o. RdNr. 10). Der Dritte kann den Übergang des Eigentums auf sich selbst durch Zahlung des Restkaufpreises an den Vorbehaltsverkäufer herbeiführen.[111] Im Verhältnis des Vorbehaltskäufers zum Dritten greift § 107 Abs. 1 Satz 1 nicht ein.[112] Der Insolvenzverwalter kann in der Insolvenz des Vorbehaltskäufers dem Anwartschaftsrecht des Dritten nicht durch die Ausübung eines ihn gem. § 103 Abs. 1 zustehenden Wahlrechts die Grundlage entziehen, weil das Anwartschaftsrecht vom Vertragsverhältnis zum Vorbehaltsverkäufer abhängig ist und seine Bestandskraft sich nach diesem Verhältnis richtet. Durch Übertragung auf den Dritten ist das Anwartschaftsrecht aus dem Vermögen und damit auch aus der Insolvenzmasse des Vorbehaltskäufers ausgeschieden und der Disposition des Insolvenzverwalters entzogen.[113] Dies gilt freilich nur, wenn das Anwartschaftsrecht an den Dritten veräußert worden ist. Ist es dagegen dem Dritten zur Sicherung einer Forderung gegen den Vorbehaltskäufer übertragen worden, so erlangt der Dritte daran ein Absonderungsrecht.[114]

---

[107] *Wellensiek,* Kölner Schrift zur Insolvenzordnung, RdNr. 39; ferner *Goetsch* in *Breutigam/Blersch/Goetsch,* InsO, § 107 RdNr. 17.
[108] HK-*Marotzke,* InsO, § 107 RdNr. 33.
[109] *Wellensiek* (Fn. 107) RdNr. 39; *Kupka* (Fn. 24) S. 221.
[110] HK-*Marotzke,* InsO, § 107 RdNr. 34; *ders.* (Fn. 17) S. 813; *Kuhn/Uhlenbruck,* KO, § 17 RdNr. 14; aA *Kübler/Prütting/Tintelnot,* InsO, § 107 RdNr. 22; *Eckert* ZIP 1996, 897, 902. *Pape* (Fn. 17) RdNr. 54 zieht eine Analogie zu § 169 InsO in Betracht mit der weiteren Folge, dass eine Nutzungsentschädigung nur für die Zeit nach dem Berichtstermin geltend gemacht werden kann; hiergegen FK-*Wegener,* InsO, § 107 RdNr. 31.
[111] *Hess* in *Hess/Weis/Wienberg,* InsO, § 107 RdNr. 24; *Baur/Stürner,* Sachenrecht, § 59 B IV, RdNr. 34.
[112] *Hess* in *Hess/Weis/Wienberg,* InsO, § 107 RdNr. 24.
[113] *Uhlenbruck/Berscheid,* InsO, § 107 RdNr. 7; *Hess* in *Hess/Weis/Wienberg,* InsO, § 107 RdNr. 24. Zum gleichen Ergebnis gelangt HK-*Marotzke,* InsO, § 107 RdNr. 41 durch sinngemäße Anwendung des § 107 Abs. 1 auf das Verhältnis zwischen Vorbehaltskäufer und Drittem.
[114] *Hess* in *Hess/Weis/Wienberg,* InsO, § 107 RdNr. 24.

§ 108 Fortbestehen bestimmter Schuldverhältnisse

(1) ¹ Miet- und Pachtverhältnisse des Schuldners über unbewegliche Gegenstände oder Räume sowie Dienstverhältnisse des Schuldners bestehen mit Wirkung für die Insolvenzmasse fort. ² Dies gilt auch für Miet- und Pachtverhältnisse, die der Schuldner als Vermieter oder Verpächter eingegangen war und die sonstige Gegenstände betreffen, die einem Dritten, der ihre Anschaffung oder Herstellung finanziert hat, zur Sicherheit übertragen wurden.

(2) Ein vom Schuldner als Darlehensgeber eingegangenes Darlehensverhältnis besteht mit Wirkung für die Masse fort, soweit dem Darlehensnehmer der geschuldete Gegenstand zur Verfügung gestellt wurde.

(3) Ansprüche für die Zeit vor der Eröffnung des Insolvenzverfahrens kann der andere Teil nur als Insolvenzgläubiger geltend machen.

Vorbemerkung: § 108 betrifft Miet- und Pachtverhätnisse, diese auch nur zum Teil, Dienstverhältnisse sowie seit dem 1. Juli 2007 Darlehensverträge in der Insolvenz des Darlehensgebers. Da die nachfolgenden §§ 109 bis 112 nur Miete und Pacht betreffen, wird dieses Rechtsgebiet mit § 108 Abs. 1 und 3 beginnend dargestellt. Die Kommentierung des § 108 schließt mit Ausführungen zu dem durch Gesetz vom 13. April 2007 (BGBl. I S. 509) eingefügten neuen Abs. 2. Das Dienst- und Arbeitsvertragsrecht wird ab § 113 kommentiert.

Schrifttum zu Miete, Pacht und Leasing im Insolvenzverfahren (§§ 108 bis 112): *Ackmann*, Anm. zum Urteil des BGH vom 14. 12. 1989, EWiR 1990, 173; *Adam*, Die Forderungsabtretung und das Wahlrecht des § 103, DZWiR 1998, 227; *Bähr/Biner*, Zahlungszusagen bei Betriebsfortführungen im Insolvenzeröffnungsverfahren, ZIP 1998, 1553; *Bärenz*, Von der Erlöschenstheorie zur Theorie der insolvenzrechtlichen Modifizierung, NZI 2006, 72; *Baumgarte*, Leasingverträge über bewegliche Sachen im Konkurs, Diss. Göttingen, 1980; *Bien*, Die Insolvenzfestigkeit von Leasingverträgen nach § 108 Abs. 1 Satz 2, ZIP 1998, 1017; *Blank/Börstinghaus*, Miete, 2000; *Bork*, § 55 Abs. 2, § 108 Abs. 2 und der allgemeine Zustimmungsvorbehalt, ZIP 1999, 781; *Börstinghaus*, Welche Auswirkungen hat die neue Insolvenzordnung auf Mietverhältnisse unter der Mietenverwaltung? DWW 1999, 205; *Braun*, Die Pflicht des Insolvenzverwalters zur Rückgabe von Mietsachen, NZI 2005, 255; *Breitfeld*, Aktuelle Entwicklung der Rechtsprechung zum Insolvenzrecht, FLF 4/2004, 168; *Bub/Treier*, Handbuch der Geschäfts- und Wohnraummiete, 3. Aufl., 1999; *Delhaes*, Der vorläufige Insolvenzverwalter, NZI 1998, 102; *Derleder*, Die Rechtsstellung des Wohnraummieters der Vermögensverfall von Zwischenvermietern, ZIP 1988, 415; *ders.*, Die Rechtsstellung des Wohn- und Gewerberaummieters im Insolvenzfall des Vermieters, NZM 2004, 568; *Hans-Georg Eckert*, Konkursforderungen und Masseschulden bei Erfüllung und Abwicklung von Mietverhältnissen, ZIP 1983, 770; *ders.*, Anm. zum Urteil des BGH vom 14. 12. 1989, ZIP 1990, 183; *ders.*, Miete, Pacht und Leasing im neuen Insolvenzrecht, ZIP 1996, 897; *ders.*, Anm. zum Urteil des LG Freiburg vom 15. 5. 1996, EWiR 1997, 123; *ders.*, Leasingraten – Masseschulden oder Konkursforderungen ?, ZIP 1997, 2077; *ders.*, Mietforderungen im vorläufigen Insolvenzverfahren, NZM 2003, 41; *ders.*, Aufrechnung im Mieterinsolvenzverfahren, NZM 2005, 330;; *ders.*, Die Schuldnerwohnung im Verbraucherinsolvenzverfahren, ZVI 2006, 133 = NZM 2006, 803; *ders.*, Direktzahlungen des Untermieters an den Hauptvermieter, ZfIR 2006, 318; *ders.* Räumung, Rückgabe und Aussonderung im Mieterinsolvenzverfahren, NZM 2006, 610; *Eichenhofer*, Mobilien-Leasing bei Insolvenz des Leasing-Nehmers, Festschrift für Wolfgang Gitter, 1995, S. 231; *Eichner*, Wohnraummietverträge in der Verbraucherinsolvenz, WuM 1999, 260; *Engel/Paul*, Handbuch Kraftfahrzeug-Leasing, 2000; *Engel/Völckers*, Leasing in der Insolvenz, 1999; *Erckens/Tetzlaff*, Die Verantwortlichkeit des Zwangsverwalters für die Rückzahlung der Mietkaution, ZfIR 2003, 981; *Fehl*, Leasingverträge in der Insolvenz nach geltendem und zukünftigem Insolvenzrecht, BB 1998, Beilage 5, S. 12; *ders.*, Leasing in der Insolvenz, DZWiR 1999, 89; *Flume*, Das Rechtsverhältnis des Leasing in zivilrechtlicher und steuerrechtlicher Sicht, DB 1972, 1; *Förster*, Der allgemeine Zustimmungsvorbehalt und seine Masseforderungen, ZInsO 1999, 332; *Franken/Dahl*, Mietverhältnisse in der Insolvenz, 2. Aufl., 2006; *Fritz*, Gewerberaummietrecht, 4. Aufl., 2005; *Gitter*, Gebrauchsüberlassungsverträge, 1988; *Gölz*, Zur Behandlung der Kaution im Konkurs des Vermieters, ZIP 1981, 127; *Gottwald/Adolphsen*, Die Rechtsstellung dinglich gesicherter Gläubiger in der Insolvenzordnung, Kölner Schrift zur Insolvenzordnung, 2. Aufl., S. 1043; *Grote*, Wohnraummiete und Arbeitseinkommen in dem eröffneten Verbraucherinsolvenzverfahrens, NZI 2000, 66; *Gundlach/Frenzel*, Anmerkung zum Urteil des BGH vom 3. 4. 2003 – IX ZR 163/02, NZI 2003, 374; *Hain*, Das Wohnraumverhältnis des Insolvenzschuldners unter besonderer Berücksichtigung der Räumungs- und Herausgabeverpflichtung des Insolvenzverwalter/Treuhänders, ZInsO 2007, 192; *Heidland*, Software in der Insolvenz unter besonderer Berücksichtigung der Sicherungsrechte, KTS 1990, 183; *Heilmann*, Die Masseschulden im Konkurs des Mieters, NJW 1985, 2505; *Michael Huber*, Die Abwicklung gegenseitiger Verträge nach der Insolvenzordnung, NZI 1998, 97; *Kalkschmid*, Immobilienleasing in der Insolvenz; *Klaas*, Die Risikoverteilung bei neueren Finanzierungsmethoden, NJW 1968, 1503; *Hans-Peter Kirchhof*, Rechtsprobleme bei der vorläufigen Insolvenzverwaltung, ZInsO 1999, 365; *Koehler/Ludwig*, Die Behandlung von Lizenzen in der Insolvenz, NZI 2007, 79; *Alexander Krämer*, Leasingverträge in der Insolvenz, 2005; *Kreft*, Die Wende in der Rechtsprechung zu § 17 KO, Festschrift für Karlheinz Fuchs, 1996 = ZIP 1997, 865; *Krull*, Zur Behandlung von Finanzierungs-

§ 108   3. Teil. 2. Abschnitt. Erfüllung Rechtsgeschäfte. Mitwirkung BR

leasingverträgen im künftigen Insolvenzverfahren, ZMR 1998, 746; *ders.,* Zur Abwicklung schwebender Vertragsverhältnisse im künftigen Insolvenzverfahren, ZInsO 1998, 291; *Lindner-Figura/Oprée/Stellmann,* Geschäftsraummiete, 2006; *Livonius,* § 108 Abs. 1 Satz 2 InsO und seine Anwendbarkeit bei Mietverträgen, ZInsO 1998, 111; *H.-J. Lwowski,* Erwerbsersatz durch Nutzungsverträge, Diss., Hamburg, 1967; *Marotzke,* Die Wohnraummiete in der Insolvenz des Mieters, KTS 1999, 269; *Marotzke,* Insolvenzrechtliche Probleme bei Untermietverträgen über Immobilien, ZInsO 2007, 1; *ders.,* Anm. zum Urteil des BGH vom 14. 12. 1989, JR 1990, 331; *ders.,* Der Eigentumsvorbehalt im neuen Insolvenzrecht, JZ 1995, 803; *ders.,* Gegenseitige Verträge im neuen Insolvenzrecht, 3. Aufl., 2001; *Mork/Heß,* Mieterschutz kontra Freigabe, ZInsO 2005, 1206; *Niesert,* Das Recht der Aus- und Absonderung nach der neuen Insolvenzordnung, InVO 1998, 85; *Noltin,* Teleologische Reduktion des § 566a BGB in der Insolvenz des Vermieters, NZI 2007, 149; *Obermüller/Livonius,* Auswirkungen der Insolvenzrechtsreform auf das Leasinggeschäft, DB 1995, 27; *Oevermann,* Das Verbraucherinsolvenzverfahren und seine Auswirkungen auf das Mietverhältnis, NZM 2000, 1213; *Pape,* Praktische Hinweise für die Behandlung von Leasingverträgen im Konkurs, WPrax 13/1994, S. 5; *ders.,* Ablehnung und Erfüllung schwebender Rechtsgeschäfte durch den Insolvenzverwalter, Kölner Schrift zur Insolvenzordnung, 2. Aufl., S. 531; *ders.* Insolvenz im Mietrecht, NZM 2004, 401; *Paulus,* Anm. zum Urteil des BGH vom 4. 5. 1995, WuB VI B. § 17 KO 2.95; *ders.,* Software in Vollstreckung und Insolvenz, ZIP 1996, 2; *Bernd Peters,* Refinanzierung beim Mobilienleasing und Insolvenz des Leasinggebers, ZIP 2000, 1759; *Pohlmann,* Befugnisse und Funktionen des vorläufigen Insolvenzverwalters, 1998; *Schläger,* Verbraucherinsolvenz, Restschuldbefreiung und Wohnraummiete, ZMR 1999, 522; *Schmalenbach/Sester,* Internationale Sicherungsrechte an Flugzeugen auf der Basis der Kapstadt-Konvention, WM 2005, 301; *Schmid-Burgk/Ditz,* Die Refinanzierung beim Leasing nach der Insolvenzrechtsreform, ZIP 1996, 1123; *Schmid-Burgk,* Leasingraten – Masseschulden oder Konkursforderungen, ZIP 1998, 1022; *Schwemer,* Leasing in der Insolvenz, ZMR 2000, 348; *Peter Seifert,* Leasing in der neuen Insolvenzordnung, FLF 1996, 13 = BB 1985, Beilage 18, S. 11; *ders.,* Refinanzierung von Leasingverträgen nach § 108, NZM 1998, 217; *Sternel,* Mietrecht, 3. Aufl., 1988; *ders.,* Mietrecht aktuell. 3. Aufl., 1997; *Tetzlaff,* Rechte des Vermieters in der Insolvenz des Mieters, NZI 2006, 87; *Tintelnot,* Vereinbarungen für den Konkursfall, 1991; *ders.,* Anm. zum Urteil des BGH vom 14. 12. 1989, JZ 1990, 872; *ders.,* Die gegenseitigen Verträge im neuen Insolvenzverfahren, ZIP 1995, 616; *Vallender/Dahl,* Das Mietverhältnis des Schuldners im Verbraucherinsolvenzverfahren, NZI 2000, 246; *Waldherr,* Die Immobilie in der Insolvenz, ZfIR 2005, 833; *Walz,* Die Stellung des Leasingnehmers beim Finanzleasing beweglicher Anlagegüter in sachen-, vollstreckungs- und konkursrechtlicher Hinsicht, WM 1985, Beilage zu Heft 10; *Wegener,* Die Herstellungspflicht des Verwalters in der Vermieterinsolvenz nach § 108 InsO, ZInsO 2005, 1259; *Welling,* Miet- und Leasingverträge über bewegliche Sachen im neuen Insolvenzrecht, 1999; *v. Westphalen,* Leasing und Konkurs, BB 1988, 218; *ders.,* Der Leasingvertrag, 5. Aufl., 1998; *Wiester,* Die Fortführungspflicht des vorläufigen Insolvenzverwalters und ihre Auswirkung auf die Vorfinanzierung des Vorfinanzierungsgeldes, ZInsO 1998, 99; *Wilmowsky,* Der Mieter in der Insolvenz: Zur Kündigungssperre des § 112 InsO, ZInsO 2004, 882; *Wolf/Eckert/Ball,* Handbuch des gewerblichen Miet-, Pacht- und Leasingrechts, 9. Aufl., 2004; *Wortberg,* Die Überlegungsfrist bei der Ausübung des Verwalterwahlrechts – ein Instrument der Masseanreicherung?, ZInsO 2006, 1256; *Zahn,* Leasingnehmer und refinanzierende Bank in der Insolvenz des Leasinggebers nach der Insolvenzordnung, DB 1995, 1597 und 1649; *ders.,* Der Leasingvertrag über Mobilien in der Insolvenz des Leasinggebers nach der Novellierung der InsO, DB 1996, 1393; *ders.,* Die Leistung des Leasinggebers nach Übergabe – wertlos?, DB 1998, 1701.

Schrifttum zur Insolvenz des Darlehensgebers (§ 108 Abs. 2): *Engert/Schmidl,* Verkaufte Darlehen in der Insolvenz des Darlehensgebers, WM 2005, 60; *Fleckner,* Insolvenzrechtliche Risiken bei Asset Backed Securities, ZIP 2004, 585; *Freitag,* Der Darlehensvertrag in der Insolvenz, ZIP 2004, 2368; *Kuder,* Neues Supervorrecht für Banken durch die Hintertür?, ZInsO 2004, 1180; *Laudenklos/Sester,* Darlehenskomponenten in der Akquisitionsfinanzierung: Risiken bei Insolvenz des Darlehensgebers, ZIP 2005, 1757; *Lind,* Der Darlehensvertrag in der Insolvenz des Darlehensgebers, ZInsO 2004, 580; *Marotzke,* Darlehen und Insolvenz, ZInsO 2004, 1273; *ders.,* Klartext: Vorsicht, Elefanten!, ZInsO 2006, 300; *Obermüller,* Kreditkündigung durch Banken angesichts einer Insolvenz, ZInsO 2002, 97; *Stahmer,* Verzinsliches Darlehen in der Insolvenz, 2002.

Übersicht

	RdNr.		RdNr.
A. Insolvenzverfahren über das Vermögen des Vermieters und des Mieters		2. Vollzogene und nicht vollzogene Miet- und Pachtverhältnisse	12
		3. Vor Verfahrenseröffnung beendete Miet- oder Pachtverhältnisse	13
I. Frühere Rechtslage, Entstehungsgeschichte und Zweck der Norm	1	**III. Miet- und Pachtverhältnisse**	14
1. Frühere Rechtslage....................	1	1. Miete und Pacht	14
2. Ursprungsfassung des § 108	2	a) Entgeltliche Gebrauchsüberlassung	14
3. Einfügung des § 108 Abs. 1 Satz 2.....	7	b) Verträge mit übergreifendem Inhalt	19
II. Anwendungsbereich	10	c) Untermiete........................	26
1. Vermieter- und Mieterinsolvenz	10	d) Vorvertrag und Vormiete	27

Fortbestehen bestimmter Schuldverhältnisse § 108

	RdNr.
2. Leasing	28
a) Leasing als Gebrauchsüberlassung	28
b) Leasing mit Erwerbsmöglichkeit	35
3. Vertragsgegenstände	36
a) Unbewegliche Gegenstände	36
b) Räume	39
c) Wohnung des Schuldners	40
d) Rechte	41
e) Unternehmen	44
f) Sonstige Gegenstände i. S. d. § 108 Abs. 1 Satz 2	45
aa) Anschaffungs- oder Herstellungsfinanzierung	45
bb) Sicherungsübertragung	48
cc) Kredit an den Leasinggeber	51
dd) Überlassung des Leasingguts an den Leasingnehmer	53
IV. Fortführung des insolvenzverfahrensfesten Vertrages	54
1. Insolvenz des Vermieters/Verpächters/Leasinggebers	54
a) Massezugehörigkeit des Mietobjekts	54
aa) Eigentum des Vermieters	54
bb) Freigabe	56
b) Vertragsdauer und Kündigung	57
c) Auf die Masse übergehende Pflichten	60
d) Erfüllung eines bei Verfahrenseröffnung noch nicht vollzogenen Vertrages	64
e) Miete und Betriebskosten	67
f) Leistungsstörungen	71
aa) Mangelbeseitigung und Gewährleistung bei Miete und Pacht	71
bb) Gewährleistung beim Leasing	74
cc) Leistungshindernisse	76
dd) Rechtsmängelhaftung	77
g) Aufwendungsersatz	79
h) Sicherheiten	81
2. Insolvenz des Immobilienmieters, -pächters oder -leasingnehmers	82
a) Besitzergreifung des Verwalters	82
b) Bindung an den Vertrag	84
c) Mietrückstände	87
d) Laufende Miete und Betriebskosten	89
e) Rückgriff der Masse gegen den Schuldner und Mitbewohner	92
f) Direktzahlung bei Unter- oder Zwischenvermietung	93
g) Leasingraten	94
h) Schönheitsreparaturen	97
i) Nebenpflichten	98
j) Zusatzpflichten	101
k) Kaution	102
l) Masseverbindlichkeiten nach Anzeige der Massezulänglichkeit	103
m) Vollstreckungsverbot bei oktroyierten Masseverbindlichkeiten	105

	RdNr.
V. Abwicklung des während des Insolvenzverfahrens endenden insolvenzfesten Mietverhältnisses	106
1. Allgemeine Grundsätze	106
2. Insolvenzverfahren über das Vermögen des Vermieters/Leasinggebers	108
a) Rückzahlung von Mietvorauszahlungen und nicht abgegoltenen Sonderleistungen	108
b) Aussonderung und Rückzahlung der Kaution	109
c) Wegnahme von Einrichtungen	115
3. Insolvenzverfahren über das Vermögen des Mieters/Leasingnehmers	116
a) Räumung, Rückgabe und Aussonderung des Mietobjekts	116
b) Räumung und Rückgabe der Mietwohnung des Schuldners	121
c) Vorenthaltung und Rückgabeverzug	123
d) Veränderung und Verschlechterung der Mietsache	127
e) Schadensersatz wegen vorzeitiger Vertragsbeendigung	128
f) Rückerstattung von Mietvorauszahlungen	129
g) Verrechnung der Kaution	130
VI. Nicht insolvenzverfahrensfeste Miet-, Pacht und Leasingverträge	131
1. Vollständige Erfüllung	133
a) Vollständige Leistung des Vermieters bzw. Leasinggebers	133
b) Vollständige Leistung des Mieters	135
2. Wahlrecht des Verwalters	137
a) Schwebezustand bis zur Entschließung des Verwalters	137
b) Teilerfüllung, Teilablehnung	140
aa) Teilung des Mietobjekts	141
bb) Trennung von Haupt- und Zusatzpflichten	142
cc) Aufteilung nach Zeitabschnitten	143
dd) Abspaltung des Erwerbsgeschäfts	145
ee) „Sale-and-lease-back"-Vertrag	147
ff) Rahmenvertrag	148
c) Teilleistungen vor Verfahrenseröffnung	149
d) Verträge mit mehreren Mietern, Pächtern oder Leasingnehmern	153
3. Erfüllung des Vertrages	155
a) Insolvenz des Vermieters/Leasinggebers	157
b) Insolvenz des Mieters	158
c) Insolvenz des Leasingnehmers	163
d) Abwicklung nach Vertragsende	167
4. Erfüllungsablehnung	170
a) Insolvenz des Vermieters/Leasinggebers	170
aa) Rücksichtnahme auf den Vertragsgegner	170
bb) Rückgabe der Miet- oder Leasingsache	171

	RdNr.		RdNr.
cc) Schadensersatz und Nutzungsherausgabe	173	2. Verhältnis zu § 108 Abs. 3	187
b) Insolvenz des Mieters/Leasingnehmers	176	3. Mitwirkung des vorläufigen Verwalters	188
aa) Rückgabe der Miet- bzw. Leasingsache	176	4. Inanspruchnahme der Gegenleistung	190
bb) Schadensersatz	177	VIII. Abwicklung des vor Verfahrenseröffnung beendeten Vertrages	196
cc) Nutzung der Miet- oder Leasingsache nach Verfahreneröffnung bis zur ablehnenden Entscheidung des Verwalters	179	B. Insolvenz des Darlehensgebers	
		I. Frühere Rechtslage und Einführung des neuen § 108 Abs. 2	201
dd) Besitz und Nutzung der Miet- oder Leasingsache nach Erfüllungsablehnung bis zur Rückgabe	182	1. Frühere Rechtslage	201
		2. Einführung des neuen § 108 Abs. 2	203
5. Vertragliches Kündigungs- oder Rücktrittsrecht des Vermieters oder Leasinggebers	184	3. Normzweck	204
		II. Einzelerläuterungen	205
		1. Entgeltlicher Geldkredit	205
VII. Masseverbindlichkeiten aus dem Eröffnungsverfahren	185	2. Nicht oder teilweise valutiertes Darlehen	209
1. Bedeutung des § 55 Abs. 2 für Miet-, Pacht- und Leasingverträge	185	3. Sachdarlehen	210
		4. Unentgeltliches Darlehen	211
		III. Refinanzierung	212

A. Insolvenzverfahren über das Vermögen des Vermieters und des Mieters

I. Frühere Rechtslage, Entstehungsgeschichte und Zweck der Norm

1 **1. Frühere Rechtslage.** Die Konkursordnung ging davon aus, auf ein vollzogenes Miet- und Pachtverhältnis passe das bei gegenseitigen Verträgen eingreifende Verwalterwahlrecht nicht und der Vertrag müsse deshalb die Verfahrenseröffnung überdauern.[1] Im **Konkurs des Mieters/**Pächters bestand der Vertrag jedoch nur mit beiderseitigem vorzeitigen Kündigungsrecht fort. Von dem noch nicht durch Überlassung vollzogenen Vertrag konnte der Vermieter/Verpächter nach § 20 KO zurücktreten, während der Verwalter sich nach § 17 KO für oder gegen die Erfüllung des Vertrages entscheiden konnte. § 21 Abs. 1 KO, der 1898 eingefügt wurde, ordnete mit dem früheren § 571 BGB (jetzt § 566 BGB) korrespondierend im **Konkurs des Vermieters** ausdrücklich die Konkursfestigkeit des vollzogenen Mietvertrages an. Die Erfüllung eines nicht vollzogenen Vertrages konnte der Verwalter nach § 17 KO ablehnen, während der Mieter sich nicht von dem Vertrag lösen konnte. Das Fortbestehen vollzogener Miet- und Pachtverhältnisse über die Verfahrenseröffnung hinaus bestimmten § 51 Abs. 1 VerglO für das Verfahren über das Vermögen des Vermieters, § 9 Abs. 3 Satz 1 GesO schlechthin.

2 **2. Ursprungsfassung des § 108.** Die InsO übernimmt die Erkenntnis, dass bei Dauerschuldverhältnissen die Vorschriften über gegenseitige Verträge zu modifizieren sind. Die ausdrückliche Betonung des Fortbestehens der vertraglichen Verpflichtungen über die Verfahrenseröffnung hinaus steht in Einklang mit der Undurchsetzbarkeit der Forderungen bei sonstigen gegenseitigen Verträgen (§ 103 RdNr. 39), so dass sich § 108 Abs. 1 in dieser Hinsicht als Ausnahmevorschrift zu § 103 begreifen lässt. Wesentliche Änderungen gegenüber der früheren Rechtslage waren indessen nicht beabsichtigt.[2] Eine im Grundsatz unterschiedliche Behandlung von Immobilien- und Fahrnismiete sahen weder die Berichte der Insolvenzrechtskommission noch der Diskussionsentwurf und der Referentenentwurf vor. Die Kommission hatte lediglich vorgeschlagen, beim Leasing beweglicher Sachen dem

---

[1] Dazu *Hahn*, Materialien zur Konkursordnung, S. 93, 94; *Hahn/Mugdan*, Materialien zu den Reichsjustizgesetzen, 7. Band, S. 238.
[2] BT-Drucks. 12/2443 S. 146.

Fortbestehen bestimmter Schuldverhältnisse   3–7 § 108

Leasinggeber in einer besonderen Situation ausnahmsweise ein Recht zur vorzeitigen Kündigung zu geben. Erst der Regierungsentwurf entschied sich für die unterschiedliche Behandlung. § 108 Abs. 1 in der Ursprungsfassung betraf – wie auch §§ 109 bis 111 – nur **Miet- und Pachtverhältnisse über unbewegliche Gegenstände und Räume.**

Miet- und Pachtverträge über bewegliche Gegenstände und Rechte unterstellte 3 die InsO in ihrer am 5. Oktober 1994 verkündeten Ursprungsfassung als nicht oder nicht vollständig erfüllte gegenseitige Verträge dem Wahlrecht des Verwalters nach § 103.[3] Bezweckt war hiermit, die Veräußerung von zur Masse gehörenden, aber vermieteten Sachen zu erleichtern. Da das bisherige Recht, so die Begründung des Regierungsentwurfs,[4] für den Fall des Konkurses des Vermieters einer beweglichen Sache kein Recht zur vorzeitigen Vertragsbeendigung vorsehe, könne eine Veräußerung der Mietsache scheitern; diese nachteiligen Folgen würden vermieden, wenn der Verwalter die Erfüllung ablehnen könne.

Mit der Frage, ob das Wahlrecht auf ein bei Verfahrenseröffnung bereits laufendes Miet- 4 verhältnis passt, befasst sich die Begründung des RegE nicht. Die Begründung des Entwurfes zu §§ 17, 18 der Konkursordnung in ihrer Erstfassung hatte sich hiermit eingehend beschäftigt.[5] Die Erfüllung eines Mietvertrages, so hieß es dort, zerfalle in eine einmalige Leistung, die Hingabe der Sache, und in die fortdauernde Gebrauchsgewährung gegen Entgelt, während bei dem typischen gegenseitigen Vertrag die beiderseitige Erfüllung das Schuldverhältnis vollziehe und zugleich beende. Befinde sich der Mieter im Besitz der Sache und übe sein Recht aus, so stelle sich im Konkurs des Mieters und des Vermieters nicht die Frage, ob der Vertrag erfüllt werden oder ob die Erfüllung unterbleiben solle. Die Frage sei nur, ob der Vertrag bis zum vertragsgemäßen Ende fortdauern oder mit Konkurseröffnung aufgehoben sein solle. Beiden Folgen stünden juristische und praktische Bedenken entgegen.

Diese Bedenken sieht die InsO nicht. Unterschwellig dürfte sich ausgewirkt haben, dass 5 der praktisch bedeutsamste Anwendungsbereich der Vermietung beweglicher Sachen, jedenfalls im Rahmen des Insolvenzrechts, nunmehr das Leasing ist, das dem klassischen Austauschvertrag näher steht als ein Mietverhältnis. Den Zweck der Gesetzesänderung, die Veräußerung der Mietsache durch Aushebeln des § 986 Abs. 2 BGB zu erleichtern, hätte auch ein Fortbestehen des Mietverhältnisses mit Recht des Verwalters zur vorzeitigen Kündigung unter Einhaltung der bei Mietverhältnissen über bewegliche Sachen nach § 580a Abs. 3, Abs. 4 BGB äußerst kurzen Frist erreicht. Dass die InsO hiervon absieht, obwohl die Begründung des Regierungsentwurfs das Fehlen eines Rechts zur vorzeitigen Vertragsbeendigung beklagt, beruht auf der Annahme, bei Ablehnung der Erfüllung ende das Mietverhältnis mit Eröffnung des Insolvenzverfahrens.[6]

§ 108 Abs. 3 dient im Wesentlichen der Klarstellung. Der Regelungsgehalt der Vorschrift 6 folgt schon aus § 38[7] sowie aus § 55 Abs. 1 Nr. 1 und 2, die die Insolvenzforderungen bzw. die Masseverbindlichkeiten definieren. Die Verfahrenseröffnung als maßgeblicher zeitlicher Einschnitt korrespondiert mit § 105. Den Grundsatz des § 108 Abs. 3 durchbricht § 55 Abs. 2 mit der Einordnung der während des Eröffnungsverfahrens anfallenden vertraglichen Hauptforderungen als Masseverbindlichkeiten (RdNr. 185).

3. Einfügung des § 108 Abs. 1 Satz 2. Für das Leasing und die Vermietung oder 7 Verpachtung sonstiger Gegenstände bedeutete die Ursprungsfassung des § 108 Abs. 1 – ohne Satz 2 – eine im Gesetzgebungsverfahren nicht bedachte[8] und nicht beabsichtigte wesentliche Änderung gegenüber der früheren Rechtslage, denn mit der Unterwerfung dieser Verträge unter das Verwalterwahlrecht wurden Vorausverfügungen gegenstandslos,

---

[3] BT-Drucks. 12/2443 S. 144.
[4] BT-Drucks. 12/2443 S. 147.
[5] *Hahn*, Materialien zur Konkursordnung, S. 93, 94.
[6] BT-Drucks. 12/2443 S. 71, 144.
[7] Dazu *Bork* ZIP 1999, 781, 782.
[8] In Hinblick auf BGHZ 106, 236 hatte *Marotzke*, JR 1990, 332, angeregt, unter Änderung des § 21 Abs. 1 KO Miet- und Leasingverträge über bewegliche Sachen dem Wahlrecht zu unterstellen.

weil nach der damaligen Rechtsprechung des Bundesgerichtshofs zu § 17 KO[9] die beiderseitigen Ansprüche mit Verfahrenseröffnung vollständig erloschen (§ 103 RdNr. 3). Namentlich in der Leasingbranche, in der Vorausabtretungen der Leasingraten üblich sind, war diese Konsequenz des § 103 von erheblicher wirtschaftlicher Tragweite, konnten doch die zukünftigen Leasingraten nicht mehr zur Absicherung der Refinanzierung eingesetzt werden. Als Ausweg wurde die Sicherungsübereignung der Leasingsache an den refinanzierenden Zessionar diskutiert[10] und zur Begründung darauf verwiesen, § 110 Abs. 1 wolle wie zuvor § 21 Abs. 2 KO sicherstellen, dass die Masse die Gegenleistung für die Leistungen erhalte, die sie erbringe; wenn die Leasingsache nicht dem Leasinggeber und somit in wirtschaftlicher Hinsicht auch nicht zur Masse gehöre, bestehe kein Grund, ihr die Leasingraten zufließen zu lassen. Diesen Argumenten folgend gestand der Gesetzgeber ein, dass die Ursprungsfassung des § 108 die Refinanzierungsbanken und herstellerunabhängigen Leasingunternehmen behindere; die Bank könne als Sicherungseigentümer in aller Regel bezüglich der Leasingsache abgesonderte Befriedigung verlangen, so dass die Masse nur Erstattung ihrer Kosten verlangen könne, ohne jedoch nennenswerte Vorteile zu erzielen.[11] Daher wurde § 108 Abs. 1 durch Satz 2 ergänzt, der nur die Vermieter- bzw. Leasinggeberinsolvenz betrifft. Die Novellierung bezweckt nur die Bestandskraft der Sicherungsabtretung von Leasingraten, die sich im Gesetzeswortlaut nicht niederschlägt (dazu § 110 RdNr. 29), nicht die generelle insolvenzverfahrensfeste Ausgestaltung von Leasingverträgen über sonstige Gegenstände im Insolvenzverfahren über das Vermögen des Leasinggebers.[12]

8 § 108 Abs. 1 Satz 2 verfolgt recht einseitig die Interessen der Refinanzierungsbanken.[13] Als unerfreuliche Konsequenz sind in der Insolvenz des Leasinggebers gleichartige Verträge – die Refinanzierung bestimmt nicht den Inhalt des Leasingvertrages – unterschiedlich zu behandeln. Die **Rechtsstellung des Leasingnehmers,** insbesondere die ihn interessierende Frage, welche Auswirkungen die Eröffnung des Insolvenzverfahrens über das Vermögen des Leasinggebers auf seinen Vertrag und seine wirtschaftlichen Dispositionen hat, wurde bei Novellierung des § 108 nicht bedacht.[14] In aller Regel fehlen ihm die notwendigen Informationen; die AGB der Leasinggeber berechtigen sie regelmäßig zur Abtretung der vertraglichen Ansprüche; die Refinanzierung deckt der Leasinggeber jedoch nicht auf, so dass der Leasingnehmer nicht abschätzen kann, ob sein Vertrag mit dem Schuldner insolvenzverfahrensfest ist. Auch läuft er Gefahr, in den Streit um die Wirksamkeit der Sicherungsübereignung des Leasingguts – ein Vorgang außerhalb seiner Einfluss- und Informationssphäre – verstrickt zu werden, wenn er im Vertrauen auf die Wirksamkeit der ihm angezeigten Zession an die Refinanzierungsbank zahlt, der Verwalter aber die Sicherungsübertragung angreift, um das Leasingobjekt und die Raten zur Masse zu ziehen.

9 Den Begriff „**Gegenstände**" hat der Gesetzgeber bewusst gewählt, damit nicht nur Sachen, sondern auch Software als häufiges Leasingobjekt und sonstige Rechte erfasst werden.[15] Über sein Anliegen hinaus gilt § 108 Abs. 1 Satz 2, wie sein Wortlaut zeigt, nicht nur für Leasingverträge, sondern für Miet- und Pachtverhältnisse schlechthin.[16] Zwar wird insoweit der Gesetzeszweck, Vorausverfügungen zu Gunsten des kreditierenden Sicherungs-

---

[9] BGHZ 103, 249 = NJW 1988, 1790 = ZIP 1988, 322; BGHZ 106, 236 = NJW 1989, 1282 = ZIP 1989, 171; BGHZ 116, 156 = NJW 1992, 507 = ZIP 1992, 48.
[10] *Kalt* BB 1996, Beilage zu Heft 18, S. 10, 12; *Obermüller/Livonius* DB 1995, 27, 31; *Seifert* FLF 1995, 13, 16; *Tintelnot* ZIP 1995, 616, 621, 622; *Zahn* DB 1995, 1597, 1599; dazu *Eckert* ZIP 1996, 897, 908.
[11] BT-Drucks. 13/4699 S. 6; zur Ergänzung des § 108 Abs. 1 *Bien* ZIP 1998, 1017; *Schmid-Burgk/Ditz* ZIP 1996, 1123; *Seifert* NZM 1998, 217, 218; *Zahn* DB 1996, 1393.
[12] *Schmid-Burgk/Ditz* ZIP 1996, 1123, 1124.
[13] Kritisch dazu *Pape,* Kölner Schrift, S. 531, 576, RdNr. 73, 74; *Häsemeyer* RdNr. 20.56; *Nerlich/Römermann/Balthasar* § 108 RdNr. 5.
[14] HK-*Marotzke* § 108 RdNr. 10 „mehr als ein Schönheitsfehler"; *Kübler/Prütting/Tintelnot* § 108 RdNr. 4; *Krämer* S. 193.
[15] BT-Drucks. 13/4699 S. 6; *Schmid-Burgk/Ditz* ZIP 1996, 1123, 1125; *Kübler/Prütting/Tintelnot* § 108 RdNr. 21; *Nerlich/Römermann/Balthasar* § 108 RdNr. 12; *Uhlenbruck/Sinz* § 108 RdNr. 114.
[16] *Livonius* ZInsO 1998, 111; *Kübler/Prütting/Tintelnot* § 108 RdNr. 23.

eigentümers insolvenzverfahrensfest auszugestalten, verfehlt (dazu § 110 RdNr. 42); die weite Fassung des § 108 Abs. 1 Satz 2 ist jedoch sinnvoll, weil sie unnötige Abgrenzungsprobleme vermeidet.

II. Anwendungsbereich

1. Vermieter- und Mieterinsolvenz. Die Verfahrenseröffnung überstehen alle Miet- und Pacht- sowie Leasingverträge über unbewegliche Gegenstände i. S. d. § 49 und Räume, die der Schuldner als Vermieter oder Mieter vor Verfahrenseröffnung, auch nach Beantragung des Insolvenzverfahrens, abgeschlossen hat. Miet-, Pacht und Leasingverhältnisse über sonstige in § 108 Abs. 1 Satz 2 erwähnte Gegenstände können nur im Insolvenzverfahren über das Vermögen des Vermieters/Verpächters/Leasinggebers insolvenzfest sein. Nur wirksame Verträge gehen über; ein vor Verfahrenseröffnung wegen eines Willensmangels angefochtenes oder aus sonstigen Gründen unwirksames Geschäft, ebenso einen Vertrag nach begründetem Rücktritt, hat der Verwalter im Rahmen seines umfassenden Auftrags abzuwickeln. Der strikten Bindung an das vom Schuldner eingegangene Mietverhältnis kann der Verwalter durch Insolvenzanfechtung nach §§ 129 ff entgehen; in Betracht kommen gem. § 133 Abs. 2 insbesondere die Anfechtung einer unrentablen Vermietung an eine Person, die dem Schuldner i. S. d. § 138 nahesteht, sowie umgekehrt der Anmietung von einer nahe stehenden Person zu einer überhöhten Miete, darüber hinaus die Anfechtung wegen vorsätzlicher Gläubigerbenachteiligung nach § 133 Abs. 1, schließlich bei gesellschaftsrechtlicher Verknüpfung die Anfechtung einer kapitalersetzenden Nutzungsüberlassung gem. § 135.

10

Mietverträge, die der Verwalter nach Verfahrenseröffnung abschließt, fallen begrifflich nicht unter §§ 108 bis 111, auch nicht Verträge, die der verwaltungs- und verfügungsbefugte vorläufige Verwalter nach Beantragung des Insolvenzverfahrens abschließt. Hingegen wird ein Mietverhältnis, das der Schuldner nach Beantragung des Insolvenzverfahrens mit Zustimmung des – nicht verwaltungs- und verfügungsbefugten – vorläufigen Verwalters (§ 21 Abs. 2 Nr. 2) eingeht, von §§ 108 ff. erfasst, denn der Vertragsschluss ist seiner Handlungssphäre zuzuordnen.

11

2. Vollzogene und nicht vollzogene Miet- und Pachtverhältnisse. § 108 Abs. 1 betrifft Miet- und Pachtverhältnisse schlechthin, ohne nach Vermieter- oder Mieterinsolvenz zu unterscheiden und ohne danach zu fragen, ob der Vermieter dem Mieter das Mietobjekt vor Verfahrenseröffnung überlassen hatte und ob es existiert (dazu RdNr. 66). Diese Bestimmung erfasst daher auch nicht vollzogene Miet- und Leasingverträge,[17] obwohl die Bindung an den nicht vollzogenen Miet- oder Leasingvertrag, den der Schuldner als Vermieter bzw. Leasinggeber abgeschlossen hat, zu gravierenden Belastungen der Masse führen kann. Ein Versehen des Gesetzgebers[18] ist nicht zu vermuten. § 109 Abs. 2 wäre jedenfalls überflüssig, wenn § 108 nicht vollzogene Verträge nicht erfasste. Die Begründung des RegE zu § 110, dessen Wortlaut ebenfalls nicht danach unterscheidet, ob das Mietobjekt dem Mieter vor Verfahrenseröffnung überlassen war, betont ausdrücklich ihre Geltung für das nicht vollzogene Mietverhältnis.[19] Andererseits heißt es in der Begründung zu § 108, die Neuregelung entspreche im Grundsatz dem bisherigen Recht,[20] das im Konkurs des Vermieters keine Bindung an den nicht vollzogenen Mietvertrag vorsah.

12

---

[17] *Eckert* ZIP 1996, 897, 906; *Tintelnot* ZIP 1995, 616, 621; *Zahn* DB 1996, 1393, 1396; FK-*Wegener* § 108 RdNr. 17; HK-*Marotzke* § 108 RdNr. 2; *Nerlich/Römermann/Balthasar* § 108 RdNr. 9; *Engel/Paul* § 9 RdNr. 9; *Engel/Völckers* RdNr. 283; *Gottwald/Huber*, Insolvenzrechts-Handbuch, § 37 RdNr. 24; *Uhlenbruck/Berscheid* § 108 RdNr. 27; *Braun/Kroth* § 108 RdNr. 8; *Derleder* NZM 2004, 568, 569; aA *Kübler/Prütting/Tintelnot* § 108 RdNr. 20; *Smid* InsO § 108 RdNr. 4; HambKomm-*Ahrendt* § 108 RdNr. 7.

[18] So *Kübler/Prütting/Tintelnot* § 108 RdNr. 19.

[19] BT-Drucks. 12/2443 S. 147 = RWS-Dokumentation 18, S. 301, 302; dazu *Kübler/Prütting/Tintelnot* § 108 RdNr. 20, der nicht ausschließt, dass der Gesetzgeber von einem Wahlrecht bei nicht vollzogenem Vertrag ausgegangen sei.

[20] BT-Drucks. 12/2443 S. 146 = RWS-Dokumentation 18, S. 299.

13 **3. Vor Verfahrenseröffnung beendete Miet- oder Pachtverhältnisse.** Nicht von § 108 Abs. 1 erfasst werden Miet- und Pachtverhältnisse, die vor Verfahrenseröffnung, auch noch während des vorläufigen Verfahrens, beendet wurden. Maßgeblich ist der Termin, zu dem das Mietverhältnis durch Zeitablauf endet oder zu dem eine Kündigung wirksam wird. Ein gekündigtes Mietverhältnis besteht somit bis zum Wirksamwerden der Kündigung für und gegen die Masse fort. Obwohl das Abwicklungsverhältnis nach Vertragsende nicht auf die Masse übergeht, muss der Verwalter im Rahmen seines umfassenden Auftrages für eine ordnungsgemäße Abwicklung sorgen (RdNr. 196). Dies gilt namentlich dann, wenn sich im Zeitpunkt der Eröffnung des Insolvenzverfahrens die Mietsache im Besitz des Mieters befindet.

III. Miet- und Pachtverhältnisse

14 **1. Miete und Pacht. a) Entgeltliche Gebrauchsüberlassung.** Wesensmerkmal der in §§ 108 bis 112 angesprochenen Miet- und Pachtverträge ist nach § 535 BGB die entgeltliche Nutzungsüberlassung. Die Miete erschöpft sich in der Gewährung des Gebrauchs, während bei der Pacht (§ 581 BGB) die Fruchtziehung hinzukommt. Das Entgelt muss nicht in regelmäßigen Raten periodisch zu entrichten sein; die Zahlung eines einmaligen Betrages steht der Miete auch dann nicht entgegen, wenn ein langfristiges Gebrauchsrecht gewährt wird.[21]

15 Die Überlassung von Genossenschaftswohnungen an die Mitglieder der Genossenschaft unterliegt dem Mietrecht,[22] selbst dann, wenn sie ohne zusätzlichen Mietvertrag[23] nur durch Satzung geregelt ist. **Nießbrauch und Wohnrecht,** die nicht nur dinglich wirken, sondern zumeist auf einer schuldrechtlichen Beziehung zwischen Eigentümer und Nutzungsberechtigten beruhen, sich sogar in dem schuldrechtlichen Verhältnis erschöpfen können, fallen als Miete[24] unter § 108, sofern der Begünstigte ein Entgelt zu leisten hat.

16 Bei **Überlassung der Wohnung an Angehörige** des Schuldners im Rahmen seiner Unterhaltspflicht (dazu RdNr. 26) ist letztlich entgeltliche Gebrauchüberlassung, weil Nutzungswert und Unterhalt verrechnet werden.[25] **Leihe** (§ 598 BGB) ist nicht wie ein Mietvertrag zu behandeln; dem steht die Unentgeltlichkeit der Leistung des Verleihers entgegen. Liegt das **Entgelt unter dem Wert der Gebrauchsgewährung,** so liegt nach allgemeinen Kriterien Mietvertrag und nicht Leihe vor.[26] Erschöpft sich das Entgelt in der Übernahme der Betriebskosten für eine Wohnung,[27] so ist die Gebrauchsgewährung entgeltlich, also Mietvertrag. Im Insolvenzverfahren über das Vermögen des Vermieters erscheint eine andere Betrachtung geboten, denn es wäre nicht sinnvoll, die Masse gemäß § 108 Abs. 1 ohne Lösungsrecht mit der Fortführung eines derart unwirtschaftlichen Mietverhältnisses über eine Immobilie zu belasten.

17 Keine Gebrauchsgewährung ist die **Duldung ohne vertragliche Grundlage,** selbst wenn der Nutzende ein regelmäßiges Entgelt leistet.[28] Ein **öffentlich-rechtliches Nutzungsverhältnis,** z. B. über eine Dienstwohnung, ist kein Mietverhältnis. Die Nutzung eines mehreren Miteigentümern gehörenden Grundstücks durch einen von ihnen ohne entsprechenden Beschluss aller regelt sich nicht nach Mietrecht.[29] **Verwahrung** (§ 688

---

[21] RGZ 94, 279, 281; BGH NJW-RR 1989, 589; BGHZ 117, 236, 238 = NJW-RR 1992, 780; BGHZ 137, 106 = NJW 1998, 595 = NZM 1998, 105.
[22] BGH NJW-RR 2004, 12 = NZM 2004, 25; *Soergel/Heintzmann* vor § 535 RdNr. 317, 345; *Staudinger/Emmerich* vor § 535 RdNr. 57.
[23] Vgl. OLG Karlsruhe ZMR 1985, 122; OLG Hamburg ZMR 1991, 28.
[24] Vgl. BGHZ 137, 106 = NJW 1998, 595 = NZM 1998, 105; *Blank/Börstinghaus* § 535 RdNr. 4.
[25] *Eckert* EWiR 1997, 122; aA LG Freiburg NJW-RR 1996, 1164; *Kübler/Prütting/Tintelnot* § 110 RdNr. 9; *Uhlenbruck/Berscheid* § 110 RdNr. 11.
[26] BGH WM 1970, 853; *Staudinger/Emmerich* vor § 535 RdNr. 34.
[27] Vgl. BGH NZM 1998, 105.
[28] Vgl. BGH NJW-RR 1993, 271; *Uhlenbruck/Berscheid* § 108 RdNr. 12.
[29] BGH NJW 1953, 1427; NJW 1966, 1707.

BGB) und **Lagergeschäft** (§ 416 HGB) sind keine Überlassungsverträge; geschuldet wird die Obhut für die verwahrten Sachen.[30]

Vermietet werden können nur Sachen, Gegenstand eines Pachtvertrages können auch Rechte sein; ein wirtschaftliches Unternehmen kann als Sach- und Rechtsgesamtheit verpachtet werden (RdNr. 41).[31] § 108 ist auch auf Sonderformen der Pacht, wie die **Landpacht** (§§ 585 ff. BGB), die **Kleingartenpacht** nach dem Bundeskleingartengesetz und die Überlassung von Bodenflächen zur Erholung **(Datschen)** in den neuen Bundesländern (vgl. § 6 SchuldRAnpG) anzuwenden.

b) Verträge mit übergreifendem Inhalt. Verträge, die neben der Gebrauchsgewährungspflicht Elemente anderer Vertragstypen enthalten, sind grundsätzlich nicht rechtlich in einen mietvertraglichen und in einen Teil mit sonstigen Leistungskomponenten aufzuspalten, sondern einheitlich zu beurteilen. Hierbei kommt es nicht darauf an, wie die Parteien den Vertrag bezeichnen, sondern darauf, auf welcher Leistung nach ihrem Willen das Schwergewicht des Vertrages liegt.[32] Zusätzlich ist zu bedenken, ob die Anwendung der speziellen mietrechtlichen Regeln der InsO, insbesondere der Kündigungssperre bei Nutzung beweglicher Sachen, zu adäquaten Ergebnissen führt.

Wegen der den Vertragstyp prägenden Gebrauchsgewährung sind als Miet- bzw. Pachtvertrag zu qualifizieren:
– gegenseitige „unentgeltliche" Überlassung von Grundstücken zur Nutzung,[33]
– Überlassung von Wohnraum mit Rücksicht auf ein Dienst- oder Arbeitsverhältnis (Werkmietwohnung und Werkdienstwohnung),
– Beherbergung oder Hotelaufnahme,[34]
– Überlassung eines Standplatzes in einer Messehalle,[35]
– Grundstücksüberlassung mit Verpflichtung des Mieters, das Mietobjekt zu verändern,[36]
– Überlassung einer Wandfläche für Werbung oder Anbringung eines Automaten,[37]
– Unterbringung in einem Heim, wenn die Überlassung von Wohnraum im Vordergrund steht,[38]
– Verpachtung einer Kantine, sofern der Pächter trotz Weisungsgebundenheit bezüglich des Warenangebots und der Preise sozial unabhängig ist,[39]
– Überlassung eines Bankschließfaches,[40]
– Benutzung eines Postfachs,[41] obwohl der Kunde nur ein sehr begrenztes Nutzungsrecht hat,
– die externe Online-Benutzung eines Großrechners,[42]
– die Bereitstellung eines Baugerüsts,[43] zumindest in der Gebrauchsphase nach Aufbau,
– die vereinbarte entgeltliche Nutzung des Luftraums über einem Grundstück für eine Elektroleitung,[44]

---

[30] BGHZ 3, 200 = NJW 1951, 957; OLG Koblenz NJW-RR 1991, 1317; *Soergel/Heintzmann* vor § 535 RdNr. 337; *Staudinger/Emmerich* vor § 535 RdNr. 35; *Jaeger/Henckel* § 17 RdNr. 12.
[31] Vgl. *Staudinger/Veit* § 581 RdNr. 89 ff.; *Wolf/Eckert/Ball,* RdNr. 1600.
[32] BGHZ 71, 189, 191 = NJW 1978, 1383, 1384; OLG Karlsruhe ZIP 1989, 659; *Jaeger/Henckel* § 19 RdNr. 28; *Kilger/K. Schmidt* § 19 Anm. 2.
[33] BGH NJW-RR 1994, 971.
[34] BGHZ 63, 333 = NJW 1975, 645; BGHZ 71, 175 = NJW 1978, 1426.
[35] Vgl. LG Hannover ZIP 1988, 116.
[36] BGH WM 1964, 426; BGHZ 85, 71 = NJW 1983, 679; *Wolf/Eckert/Ball,* RdNr. 13.
[37] OLG München NJW 1972, 1995; OLG Hamm MDR 1976, 143; *Staudinger/Emmerich* vor § 535 RdNr. 41.
[38] BGHZ 73, 350 = NJW 1979, 1288; BGH NJW 1989, 1673.
[39] *Erman/Jendrek* vor § 581 RdNr. 4; *MünchKommBGB-Harke* vor § 581 RdNr. 9.
[40] RGZ 141, 99; BGHZ 71, 189, 191 = NJW 1978, 1383, 1384; OLG Oldenburg NJW 1977, 1780; OLG Koblenz WM 1997, 470.
[41] *MünchKommBGB-Schilling* vor § 535 Rz. 14; aA *Soergel/Heintzmann* vor § 535 RdNr. 347.
[42] BGH NJW-RR 1993, 178.
[43] OLG Düsseldorf VersR 1974, 113.
[44] BGHZ 117, 236 = NJW-RR 1992, 780.

§ 108 20–24   3. Teil. 2. Abschnitt. Erfüllung Rechtsgeschäfte. Mitwirkung BR

– die Gestattung der unterirdischen Verlegung von Breitbandkabeln[45] oder Rohrleitungen.[46]
– die Überlassung einer Sache an einen Kaufinteressenten vor Vertragsschluss, sofern er für die Nutzung ein Entgelt – mag dieses auch bei Zustandekommen des Vertrages auf den Kaufpreis anzurechnen sein – zu entrichten hat.[47]

20 In Hinblick auf vorrangige dienst- oder werkvertragliche Elemente sind nicht als Miet- oder Pachtverhältnis zu behandeln
– der Heimpflegevertrag (§ 1 HeimG),[48]
– der Internatsvertrag,[49]
– der Tankstellenvertrag zwischen Mineralölunternehmen und Betreiber in Form des sog. Stationärvertrages,[50]
– die Überlassung von Geräten zur Messung des Wasser- oder Wärmeverbrauchs im Rahmen eines Vertrages über die Abrechnung und Kostenumlage auf die Wohnungsnutzer.[51]

21 Beim Anschluss des Endkunden an das Breitbandkabelnetz erschöpft sich der Vertragsinhalt in der Nutzung der Übermittlungswege zum Fernseh- und Rundfunkempfang, so dass letztlich ein Mietvertrag zu bejahen ist.[52] Keine Vermietung ist die Vereinbarung, mit der der Grundstückseigentümer dem Kabelnetzbetreiber die Errichtung einer Anschlussstation zur Versorgung der im Haus wohnenden Personen gestattet.[53] Die Gewährung des Telekommunikationsnetzzugangs durch einen Betreiber mit marktbeherrschender Stellung (Telekom AG) an andere Unternehmen gemäß § 35 Telekommunikationsgesetz (TKG) ist Miete, weil die Nutzung der Übertragungswege den Vertragsinhalt prägt (zum Vertrag mit dem Endkunden § 112 RdNr. 6).

22 **Verträge zwischen Gebietskörperschaften und Energieversorgungs- oder Verkehrsunternehmen** über die Verlegung von Leitungen oder Schienen (vgl. § 8 Abs. 10 BFernStrG) sind Gestattungsverträge eigener Art,[54] deren vorrangiger Vertragszweck weniger durch die Nutzung des Straßen- und Wegeraums[55] als vielmehr durch die Sicherstellung der Versorgung, aber auch die Ausschließlichkeitsbindung zu Gunsten des Unternehmens bestimmt wird.

23 Die Grundstücksüberlassung zur **Ausbeutung von Bodenbestandteilen** (Steinbruch, Kiesgrube usw.) ist im Regelfall Verpachtung, weil der Vertragsinhalt im Wesentlichen durch die Gebrauchsüberlassung und Fruchtziehung bestimmt wird.[56] Im Einzelfall kann Kauf näher liegen, z. B. wenn bei nicht allzu langer Vertragsdauer die Höhe der Gegenleistung von der tatsächlich erzielten Ausbeute abhängt[57] oder wenn der Abbau dem Umfang nach begrenzt ist.

24 **Partiarische Verträge** unterliegen dem Miet- oder Pachtrecht, solange der Nutzer ohne Einwirkungsbefugnis des anderen die Sache nutzen kann; die Vereinbarung eines umsatz-

---

[45] BGHZ 124, 76 = NJW 1994, 449 ZIP 1994, 40 bezeichnet den Vertrag als Gestattungsvertrag, ohne auf die Nähe zur Miete einzugehen; *Wilmowsky* ZInsO 2004, 882 884.
[46] OLG Düsseldorf NJWE-MietR 1997, 155.
[47] OLG Köln NZM 1999, 710.
[48] BGH NJ 191 981, 341; NJW 1982, 221; *Soergel/Heintzmann* vor § 535 RdNr. 299; *Staudinger/Emmerich* vor § 535 RdNr. 53.
[49] BGH NJW 1980, 1744; NJW 1984, 2091, 2092; *Staudinger/Emmerich* vor § 535 RdNr. 52.
[50] BGHZ 52, 171, 175 = NJW 1969, 1662, 1663; *Erman/Jendrek* vor § 535 RdNr. 33; *MünchKommBGB-Schilling* vor § 535 RdNr. 37; *Soergel/Heintzmann* vor § 535 RdNr. 413; *Staudinger/Emmerich* vor § 535 RdNr. 53.
[51] OLG Koblenz ZIP 1989, 659.
[52] Der für Mietrecht zuständige XII. Zivilsenat des BGH hat jedenfalls einen Rechtsstreit aus diesem Bereich entschieden, NJW 1993, 1133.
[53] BGH NJW 2002, 3322.
[54] BGH NJW-RR 1991, 176; *Erman/Jendrek* vor § 535 RdNr. 35; *Staudinger/Emmerich* vor § 535 RdNr. 61.
[55] So RGZ 88, 14; RGZ 108, 204.
[56] BGH ZMR 1959, 8; WM 1973, 386; NJW 1982, 2062; ZIP 1983, 449; BGHZ 93, 142 = NJW 1985, 1025.
[57] *Uhlenbruck/Berscheid* § 108 RdNr. 11.

abhängigen Mietzinses bedeutet noch keine partiarische Beziehung.[58] Wenn der Überlassende sich wesentliche Einflussnahme vorbehält oder gar an Verlusten beteiligt ist, ist der Vertrag nach Gesellschaftsrecht abzuwickeln.[59] Der Vertrag über die **Aufstellung von Automaten** in Gaststätten oder Geschäftslokalen durch einen Dritten wird weniger durch die Gebrauchsgewährung – Überlassung von Wand- und Bodenflächen – geprägt als vielmehr durch die Eingliederung der Automaten in den Gewerbebetrieb des Gastwirts oder Geschäftsinhabers.[60] Trotz der mit diesen Verträgen verbundenen Raumüberlassung besteht kein Bedürfnis, sie wie Immobilienmietverträge insolvenzfest zu behandeln.[61] Der **Werkförderungsvertrag** (Vereinbarung eines Wohnungsbelegungsrechts zwischen Kreditgeber und Bauherrn) wird durch das Darlehen charakterisiert.[62]

Ob bei der Überlassung eines Geräts mit Bedienungspersonal **(Dienstverschaffungsvertrag)** ein Mietverhältnis anzunehmen ist, bestimmt sich danach, ob und inwieweit im Einzelfall Obhut und Wartung des Geräts sowie Beaufsichtigung des Personals auf den Mieter übergehen[63] und ob das Schwergewicht des Vertrages stärker durch die Nutzung der Sache als durch die Arbeitsleistung bestimmt wird. Ähnliche Kriterien gelten für einen Vertrag über die Überlassung von Messgeräten und die Abrechnung der Kosten für Heiz- und Warmwasser in einem Gebäude.[64]

c) **Untermiete.** Die Gebrauchsüberlassung durch den Mieter oder Pächter an einen Dritten (§ 540 BGB) ist Miete oder Pacht mit allen mietvertraglichen Rechten und Pflichten, für die §§ 108 ff. uneingeschränkt gelten.[65] In der Vermieterinsolvenz hängt dies nicht vom Bestehen des Hauptmietverhältnisses ab,[66] da die Vermietung weder Eigentum noch ein eigenes Nutzungsrecht an der Mietsache voraussetzt. Die vom Vermieter hinzunehmende **Aufnahme Familienangehöriger** in die allein vom Schuldner angemietete Wohnung gehört noch zum eigenen Mietgebrauch, bedeutet keine Untermiete.[67] Die Mitbenutzung der Mietsache durch andere zählt nicht mehr zum eigenen Mietgebrauch, wenn nach Auszug des Schuldners der Mietgebrauch ausschließlich von den Familienangehörigen ausgeübt wird. Bei Verrechnung des Wohnwertes oder Verknüpfung der Wohnungsüberlassung mit der Unterhaltspflicht ist Letztere nicht unentgeltlich, so dass von einem nach § 108 Abs. 1 fortwirkenden (Unter)Mietverhältnis zwischen Schuldner und Familienangehörigen auszugehen ist.[68]

d) **Vorvertrag und Vormiete.** Der auf Abschluss eines Mietvertrags gerichtete Vorvertrag verpflichtet nicht zur Gebrauchsgewährung und ist somit kein Mietvertrag i. S. d. § 108 Abs. 1. Auch ein Vormietrecht zu Gunsten eines an der Anmietung Interessierten oder ein Belegrecht zu Gunsten eines Dritten[69] begründen noch keine unmittelbare Gebrauchsüberlassungspflicht. Jedoch sollte der Vorvertrag einem vollzogenen Mietverhältnis gleichstehen, wenn der Mieter die Mietsache schon nutzt und der Räumungsanspruch des Vermieters

---

[58] BGH NJW-RR 1988, 417.
[59] RGZ 160, 361, 366; *Jaeger/Henckel* § 19 RdNr. 11; MünchKommBGB-*Harke* vor § 581 RdNr. 24.
[60] BGHZ 47, 202, 203 = NJW 1967, 1414; BGHZ 51, 55 = NJW 1969, 230; BGH NJW 1978, 1155; NJW 1983, 159; *Erman/Jendrek* vor § 535 RdNr. 37; *Soergel/Heintzmann* vor § 535 RdNr. 384; *Staudinger/Emmerich* vor § 535 RdNr. 43; *Wolf/Eckert/Ball,* RdNr. 2095.
[61] FK-*Wegener* § 108 RdNr. 6.
[62] BGHZ 48, 244, 246 = NJW 1967, 2258.
[63] Vgl. BGH MDR 1968, 918; WM 1978, 620; 1986, 26; WM 1996, 1785; KG NJW 1965, 976; OLG Celle NJW-RR 1997, 469; OLG Hamm 1989, 2629; *Wolf/Eckert/Ball,* RdNr. 2116; MünchKommBGB-*Schilling* vor § 535 RdNr. 25.
[64] OLG Karlsruhe ZIP 1989, 659.
[65] FK-*Wegener* § 108 RdNr. 6; *Kübler/Prütting/Tintelnot* § 108 RdNr. 6; *Nerlich/Römermann/Balthasar* § 108 RdNr. 9.
[66] So HK-*Marotzke* § 108 RdNr. 17; *Marotzke* ZInsO 2007, 1, 4.
[67] Vgl. LG Freiburg NJW-RR 1996, 1164; MünchKommBGB-*Schilling* § 540 RdNr. 5; *Bub/Treier/Reinstorf* I. RdNr. 133.
[68] *Eckert* EWiR 1997, 123; aA Uhlenbruck/Berscheid § 110 RdNr. 11; *Kübler/Prütting/Tintelnot* § 110 RdNr. 9.
[69] Vgl. BGHZ 48, 244 = NJW 1967 (zu § 571 BGB).

wegen dessen unerfüllter Verpflichtung, den Mietvertrag abzuschließen, rechtsmissbräuchlich ist.[70]

28 **2. Leasing. a) Leasing als Gebrauchsüberlassung.** Trotz deutlicher Elemente des Kaufs und der Finanzierung ist Leasing im Kern Gebrauchsüberlassung auf Zeit. Sie ist für den Leasingnehmer das erstrebte Vertragsziel und der maßgebliche Vertragsinhalt. Der Bundesgerichtshof wendet daher, ohne die Besonderheiten der verschiedenen Vertragstypen zu negieren, grundsätzlich Mietrecht an,[71] auch auf das Immobilienleasing.[72] Die Unterstellung des Finanzierungsleasings in den Anwendungsbereich des zwischenzeitlich wieder aufgehobenen und in das BGB integrierte Verbraucherkreditgesetzes bot keinen Anlass zum Umdenken. In der konkursrechtlichen Diskussion um die Anwendung des § 17 oder § 19 KO[73] sprach sich der BGH für die Heranziehung des § 19 KO[74] und gegen § 17 KO[75] aus. Die InsO behandelt das Leasing bewusst als Sonderform der Miete.[76] § 108 Abs. 1 Satz 2 ist sogar darauf zugeschnitten (RdNr. 7). Die Kündigungssperre gemäß § 112 im Insolvenzverfahren über das Vermögen des Leasingnehmers eingreifen zu lassen, entspricht der ausdrücklichen Absicht des Gesetzgebers.[77]

29 Wie bei sonstigen Mietverträgen mit übergreifendem Inhalt bleibt darauf zu achten, ob und inwieweit die Gebrauchsüberlassung den Vertragsinhalt prägt. Geringe Abgrenzungsprobleme bereitet wegen der nur geringen Unterschiede zur eigentlichen Miete das **Händler- oder Herstellerleasing;**[78] ohne das leasingtypische Dreiecksverhältnis ist der Hersteller oder Händler selbst Leasinggeber. Diese Dreiecksbeziehung kennzeichnet das **Finanzierungsleasing** – Voll- und Teilamortisationsverträge mit kaum übersehbarer Variationsbreite-, bei dem der Leasinggeber die Anschaffung und Herstellung der Leasingsache finanziert und aus steuerlichen und bilanztechnischen Gründen Eigentum erwirbt. Das **Operating-Leasing** weist eine besondere Nähe zum Mietvertrag im eigentlichen Sinne auf, weil es den Leasingnehmer nur für kurze oder unbestimmte Zeit bindet, nicht die Vollamortisation durch ihn allein bezweckt und im Übrigen die Leasingsache mehrfach aufeinander folgend zum Gebrauch überlassen werden kann.[79]

30 Bei dem **„Sale-and-lease-back"-Vertrag**[80] erwirbt der Leasinggeber das Objekt vom Leasingnehmer, der es weiter nutzen will. Im wirtschaftlichen Sinn liegt ein einheitliches Geschäft vor, denn ohne Veräußerung wird nicht geleast und ohne Leasing wird nicht gekauft. Der Schwerpunkt liegt weder beim Kauf noch beim Leasing, so dass der Vertrag nicht insgesamt als das eine oder das andere behandelt werden kann. Jedenfalls sind beim Immobilienleasing §§ 108 bis 112 anzuwenden, wenn die Leasingphase vor Verfahrenseröffnung eingesetzt hat.[81]

---

[70] Vgl. OLG Köln NJW-RR 1992, 1162; aA *Bub/Treier/Belz* VII. B. RdNr. 170.

[71] NJW 1977, 195; BGHZ 68, 118 = NJW 1977, 848; BGHZ 71, 198 = NJW 1978, 1383; BGHZ 71, 196 = NJW 1978, 1432; BGHZ 96, 103, 106 = NJW 1986, 179; BGHZ 109, 368 = NJW 1990, 1113; BGHZ 118, 282 = NJW 1992, 2150; BGHZ 128, 255 = NJW 1995, 1019; weitere Nachweise bei Münch KommBGB-*Habersack*, nach § 507 Leasing RdNr. 23 Fn. 84; *Wolf/Eckert/Ball*, RdNr. 1674 Fn. 12.

[72] BGH WM 1979, 1040; NJW 1990, 1279; BGH DtZ 1997, 156 = ZIP 1997, 513.

[73] Dazu *Klaas* NJW 1968, 1503, 1507; *Scherl* FLF 5/1989, 183, 184; *Lwowski* S. 110, 123; *Canaris* RdNr. 1783; *Schimansky/Bunte/Lwowski/Martinek/Oechsler*, Bankrechts-Handbuch, § 101 RdNr. 124; *v. Westphalen* RdNr. 1497.

[74] BGHZ 71, 189 = NJW 1978, 1383; NJW 1984, 871= ZIP 1984, 115; ZIP 1984, 1114; BGH NJW 1994, 516 = ZIP 1993, 1874.

[75] BGHZ 109, 368 = NJW 1990, 1113 = ZIP 1990, 180.

[76] Begr. des RegE, BT-Drucks. 12/2443 S. 71, 148.

[77] BT-Drucks. 12/2443 S. 71, 148.

[78] Vgl. BGHZ 95, 170 = NJW 1985, 2258 = ZIP 1985, 935; BGHZ 97, 65 = NJW 1986, 1335 = ZIP 1986, 439.

[79] Vgl. BGHZ 71, 196, 202 = NJW 1978, 1432; BGHZ 111, 84, 95 = NJW 1990, 1785 = ZIP 1990, 646; *Jaeger/Henckel* § 19 RdNr. 12; MünchKommBGB-*Habersack*, nach § 507, Leasing, RdNr. 4; *v. Westphalen* RdNr. 9; *Wolf/Eckert/Ball*, RdNr. 1669.

[80] Dazu BGHZ 109, 250 = NJW 1990, 829 = ZIP 1990, 656; MünchKommBGB-*Habersack*, nach § 507, Leasing, RdNr. 12; *v. Westphalen* RdNr. 1414 ff.

[81] FK-*Wegener* § 108 RdNr. 10.

Die für das Insolvenzrecht wesentlichen **Unterschiede zwischen Miete und Leasing** beruhen darauf, dass der Leasingvertrag auf Amortisation des Anschaffungsaufwandes angelegt ist,[82] während dem Mietvertrag dieses Vertragsziel fremd ist. Bei Miete und Pacht bedeutet die Erfüllung die Übergabe der Mietsache und „das fortdauernde Gewähren und Haben von Gebrauch und Nutzung gegen Entgelt, den bezweckten Zustand".[83] Der in Zeitabschnitten gewährte Gebrauch der Sache oder des Rechts korrespondiert mit dem für den entsprechenden Zeitraum geschuldeten Entgelt, so dass der Anspruch auf Miete als befristete Forderung erst mit der Gebrauchsgewährung im entsprechenden Zeitraum entsteht.[84] Diese Abfolge von Leistung und Gegenleistung besteht in dieser klaren Ausprägung beim Leasing nicht. Der Leasinggeber erbringt im Regelfall der wirksamen Abwälzung der Sach- und Gegenleistungsgefahr auf den Leasingnehmer mit der Anschaffung bzw. Herstellung des Leasingobjekts, dessen Finanzierung und Übergabe an den Leasingnehmer eine wesentliche Leistung bei Vertragsbeginn. Daher fehlt im Gegensatz zur Miete das klassische Gegenleistungsverhältnis in dem Sinn, dass die Leasingraten den gleichwertigen Gebrauch der Sache während des korrespondierenden Zeitabschnitts entgelten; vielmehr decken sie auch oder gar insbesondere die Anfangsleistung des Leasinggebers ab. Auch stellen die Leasingraten nicht die alleinige Gegenleistung zu dessen Leistung dar. Die Vollamortisation wird in aller Regel erst durch eine zu Vertragsbeginn fällige Sonderleistung – beim Immobilienleasing kann diese einen bedeutenden Finanzierungsbeitrag darstellen – sowie durch eine Abschlusszahlung oder – wie beim Kfz.-Leasing – durch den kalkulierten Restwert, den der Leasingnehmer unter Anrechnung des Verwertungserlöses auszugleichen hat, erreicht. Die Höhe der monatlichen Leasingraten ist demgemäß weniger an dem Gebrauchswert des Objekts ausgerichtet, als vielmehr an der vertraglichen Laufzeit und den sonstigen Verpflichtungen (Sonderzahlung zu Beginn, Abschlusszahlung, Ausgleich des kalkulierten Restwerts). Der Leasingratenanspruch ist betagt, weil er von vornherein dem Grund, der Höhe und den Zahlungsmodalitäten nach festgelegt ist.[85]

Die Gewichtung der Anfangsleistung des Leasinggebers und der nachfolgenden Nutzungsbelassung ist umstritten. In dem grundlegenden, einen Leasinggeberkonkurs betreffenden Urteil vom 14. 12. 1989[86] vertritt der IX. Zivilsenat des BGH die Auffassung, nach Erbringung der Anfangsleistung sei der Leasinggeber allenfalls gehalten, dem Leasingnehmer den ungestörten Gebrauch zu belassen und ihn bei etwaigen Störungen durch Dritte zu unterstützen. Im Konkurs des Leasinggebers sei es der Masse daher zuzumuten, den Vertrag ohne Anspruch auf eine Gegenleistung fortzuführen. Demgegenüber äußert sich der für Leasing zuständige VIII. Zivilsenat zurückhaltender; die Leasingraten, so führt er aus, seien nicht nur das Entgelt für die zeitlich begrenzte Gebrauchsüberlassung, sondern zugleich für die Finanzierungsleistung des Leasinggebers.[87] In einem späteren Urteil heißt es sogar, der Leasinggeber gewähre wie der Vermieter nach Verfahrenseröffnung der Masse die Nutzung des Mietobjekts.[88]

Das Schrifttum betonte zunächst – in Zusammenhang mit der Wirksamkeit der Vorausabtretung von Leasingraten – das wesentliche wirtschaftliche Gewicht der Anfangsleistung des Leasinggebers;[89] es findet sich sogar die Auffassung, der Leasinggeber erbringe seine

---

[82] BGHZ 97, 65 = NJW 1986, 1335 = ZIP 1986, 439; BGH NJW 1996, 2860 = ZIP 1996, 1512; BGH ZIP 2000, 797 = NJW-RR 2000, 1303.
[83] Materialien zur Konkursordnung, *Hahn* S. 93.
[84] BGHZ 111, 84, 93 = NJW 1990, 1785, 1787 = ZIP 1990, 646, 648; BGH NJW 1997, 513; BGH NJW-RR 2005, 1488 = NZI 2005, 884 = ZIP 2005, 1521; aA *F. Müller* S. 29.
[85] BGHZ 109, 368 = NJW 1990, 1113 = ZIP 1990, 180; zum Operating-Leasing BGHZ 111, 84 = NJW 1990, 1785 = ZIP 1990, 646; zum Immobilienleasing BGH ZIP 1997, 513, 514.
[86] BGHZ 109, 368, 380 = NJW 1990, 1113, 1116 = ZIP 1990, 180, 185; dazu § 110 RdNr. 28; ebenso zuvor BGH NJW 1988, 198 = ZIP 1987, 1390.
[87] BGHZ 111, 84, 95 = NJW 1990, 1785, 1788 = ZIP 1990, 646, 649; BGHZ 118, 282, 290 = NJW 1992, 2150, 2151 = ZIP 1992, 930, 931.
[88] BGH NJW 1994, 516 = ZIP 1993, 1874.
[89] *Ackmann* EWiR 1990, 173; *Bernstein* DB 1989, 567; *Henssler* ZBB 1991, 33, 36; *Obermüller*, Kölner Schrift, S. 751, 759 RdNr. 33; *Vortmann* WM 1988, 1117; *Zahn* DB 1995, 1597, 1598; MünchKommBGB-*Habersack* nach § 515, Leasing, RdNr. 32.

§ 108 34–36   3. Teil. 2. Abschnitt. Erfüllung Rechtsgeschäfte. Mitwirkung BR

vollständige Leistung in der Anfangsphase.[90] Dem folgend meinte der Rechtsausschuss des Bundestages in seiner Begründung zur Einführung des § 108 Abs. 1 Satz 2,[91] mit der Besitzverschaffung des Leasinggutes habe der Leasinggeber in der Regel alles für die Erfüllung des Vertrages Erforderliche getan. Andere Autoren unterstreichen nunmehr in Hinblick auf den in §§ 105 und 108 Abs. 3 angeordneten Einschnitt das wirtschaftliche Gewicht der fortlaufenden Nutzungsbelassung als maßgeblicher Leistung des Leasinggebers.[92]

34 Die Überbewertung der Anfangsleistung steht nicht in Einklang mit der grundsätzlichen Einordnung des Leasing als auf Gebrauchsgewährung gerichteter Vertrag; sie unterschätzt die wirtschaftliche Bedeutung der Sachnutzung, deretwillen der Leasingnehmer den Vertrag eingeht. In der Insolvenz des Leasingnehmers sieht der Verwalter von der vorzeitigen Kündigung gem. § 109 Abs. 1 oder von der Ablehnung der Erfüllung nach § 103 Abs. 1 deshalb ab, weil er die Leasingsache für die Masse nutzen will. Diesem Vorteil entspricht die Wertminderung, die die Leasingsache durch die Nutzung erfährt. Ebenso wenig darf außer Acht bleiben, dass der Leasinggeber mit der Finanzierung und den sonstigen Anfangsleistungen schon einen wesentlichen Teil seiner Vertragspflichten erfüllt und das nachfolgende Belassen des Gebrauchs ihn wenig belastet. Demgemäß sind die Leistungsanteile vor und nach Verfahrenseröffnung in Hinblick auf die in §§ 105 und 108 Abs. 3 angeordnete Zäsur zu gewichten.[93]

35 **b) Leasing mit Erwerbsmöglichkeit.** Erwerbsrechte und -pflichten, Kaufoption, Selbstbenennungsrecht oder Andienungsrecht betreffen weniger die Erfüllung des Vertrages während der Grundlaufzeit, als vielmehr die Abwicklung und die Verwertung der Leasingsache nach Vertragsende, und dies auch nur für den Fall, dass sich die Erwerbspflicht oder das Erwerbsrecht aktualisiert. Entscheidend bleiben die Finanzierung und die Nutzung während der Laufzeit des Vertrages als vorrangige Vertragszwecke.[94] Die grundsätzliche Einordnung des Leasings als Miete schließt es jedoch nicht aus, in Hinblick auf den speziellen Zweck des Insolvenzverfahrens den die Gebrauchsgewährung und den die sachenrechtliche Zuordnung ändernden Vertragsbestandteil getrennt zu betrachten[95] (unten RdNr. 63).

36 **3. Vertragsgegenstände. a) Unbewegliche Gegenstände.** Im Gegensatz zu dem früheren § 21 Abs. 2 KO und zu § 578 BGB vermeidet die InsO den Begriff „Grundstück". Nach der Legaldefinition in § 49 sind unbewegliche Gegenstände solche, die der Zwangsvollstreckung in das unbewegliche Vermögen unterliegen (§ 49 RdNr. 5 ff.). Dies sind **Grundstücke,** auch Teilflächen, mit ihren gemäß § 94 BGB wesentlichen Bestandteilen sowie Bruchteile eines Grundstücks (§ 864 Abs. 2 ZPO). **Gebäude,** die als Scheinbestandteile (§ 95 Abs. 1 BGB) nur zu einem vorübergehenden Zweck mit dem Grundstück verbunden sind, – andernfalls sind sie Räume[96] – **Gebäudeteile,** wie zu Werbezwecken vermietete Dach- oder Wandflächen sowie in den neuen Bundesländern das im Gebäudegrundbuch eintragungsfähige selbständige Gebäudeeigentum sind ebenfalls unbewegliche Gegenstände.

---

[90] *Lieb* DB 1988, 946, 948; *Uhlenbruck/Sinz* WM 1989, 1113, 1120; *Vortmann* WM 1988, 1117, 1118; *Gerhardt,* Festschrift für Schwab S. 139, 145.
[91] BT-Drucks. 13/4699 S. 6.
[92] *Krull* ZMR 1998, 746, 747; *Schmidt-Burgk* ZIP 1998, 1022; *Smid,* InsO, § 108 RdNr. 10 Fn. 18; *Uhlenbruck/Sinz* § 108 RdNr. 86, der sie als Vorbereitungshandlung zur Ermöglichung der eigentlichen Hauptleistung, der Gebrauchsgewährung, qualifiziert; *Zahn* DB 1998, 1701; HK-*Marotzke* § 105 RdNr. 12 aE.
[93] Dazu *Eckert* ZIP 1997, 2077; HK-*Marotzke* § 105 RdNr. 12; *v. Westphalen* RdNr. 1545 ff.
[94] Vgl. BGHZ 62, 42, 45 = NJW 1974, 365; BGH NJW 1977, 1058; BGHZ 71, 189 = NJW 1978, 1383; BGHZ 109, 368, 374 = NJW 1990, 1113, 1115 = ZIP 1990, 180, 183.
[95] Vgl. BGH 109, 368, 374 = NJW 1990, 1113, 1115 = ZIP 1990, 180, 183; *Jaeger/Henckel* § 21 RdNr. 43; *Kuhn/Uhlenbruck,* KO, 11. Aufl., § 19 RdNr. 26, 37; ähnlich *Flume,* DB 1972, 1, 5, der für einen selbständigen Kaufvertrag nach Ausübung der Option eintritt; aA *Baumgarte,* S. 92, der den Vertrag insgesamt dem Wahlrecht unterstellen will.
[96] MünchKommBGB-*Artz* § 578 a RdNr. 4.

Zu den unbeweglichen Gegenständen zählen ferner Hochseekabel (§ 24 Kabelpfandgesetz), im Schiffsregister **eingetragene Schiffe,** Schiffsbauwerke oder Schwimmdocks (§ 578a BGB, §§ 864, 870a ZPO) sowie **Flugzeuge,** die in der Luftfahrzeugrolle oder im Register für Pfandrechte an Luftfahrzeugen eingetragen sind (§§ 98, 99 LuftfahrzeugG);[97] dies entspricht den Regeln zum Übergang des Miet- oder Pachtverhältnisses auf den Erwerber gemäß §§ 566 ff. BGB, auf die § 578a BGB sowie § 98 Luftfahrzeuggesetz Bezug nehmen. Schiffs- oder Flugzeugteile, z. B. Triebwerke, die gesondert geleast werden, zählen zu den beweglichen Sachen.[98] 37

Bei Vermietung oder Verpachtung beweglicher und unbeweglicher Sachen in einem einheitlichen Vertrag (z. B. Wohnung mit Möbel, Werkstatt mit Maschinen) ist der Vertrag entweder insgesamt insolvenzverfahrensfest oder er unterliegt insgesamt dem Wahlrecht gem. § 103. Es entscheidet das den Vertragsinhalt prägende Element.[99] 38

b) Räume. Räume sind Innenräume in Bauwerken, die durch Boden, Decke und Wände umschlossen werden und zum Aufenthalt von Menschen und/oder zur Lagerung von Sachen geeignet sind.[100] Räume in beweglichen Sachen, z. B. Wohnwagen zählen nicht dazu, auch nicht Räume in Containern.[101] Ein Banksafe oder Stahlkammerschließfach zählt nicht zu den Räumen,[102] aber zu den unbeweglichen Gegenständen, wenn es nach seiner baulichen Gestaltung wesentlicher Grundstücksbestandteil ist. 39

c) Wohnung des Schuldners. In Hinblick auf Art. 13 GG unterliegt die Privatwohnung des Mieters kaum dem Zugriff des Insolvenzverwalters. Auch ist das Mietverhältnis über die Wohnung des Schuldners und seiner Familie für die Masse ohne nutzbaren Wert. Gleichwohl gehört die Mietwohnung, wie der Umkehrschluss des sonst überflüssigen § 109 Abs. 1 Satz 2 zeigt, in die Insolvenzmasse und diese tritt im Verhältnis zum Vermieter in die Mieterrechte und -pflichten ein,[103] ohne dass sie jedoch im Innenverhältnis zum Schuldner, sofern dieser die Wohnung selbst bewohnt, zur Nutzung berechtigt ist.[104] 40

d) Rechte. Auf **dingliche Nutzungsrechte** sind die §§ 108 ff. nicht anzuwenden.[105] Auch besteht kein Bedürfnis, § 108 Abs. 1 Satz 1 auf Lizenzverträge entsprechend anzuwenden.[106] Die **Verpachtung beschränkt dinglicher Rechte** ist grundsätzlich Rechtspacht.[107] Soweit das verpachtete Recht die Nutzung eines Grundstücks oder von Räumen gestattet, ist die Gleichsetzung mit der Grundstücks- oder Raumpacht geboten. Dies gilt zweifelsfrei für das Erbbaurecht (§ 1 ErbbVO) und das Wohnungserbbaurecht (§ 30 WEG), die weitgehend in rechtlicher Hinsicht dem Grundstück selbst gleichstehen. Aber auch die Verpachtung des Nießbrauchs an einem Grundstück (§ 1030 BGB), der beschränkt persönlichen Dienstbarkeit (§ 1090 BGB), des Wohnungsrechts (§ 1093 BGB) sowie des Dauerwohn- und Dauernutzungsrechts (§ 31 Abs. 1 und 2 WEG) sollte nach § 108 Abs. 1 insolvenzfest sein, weil die Nutzung des Rechts letztlich in dem Gebrauch des Grundstücks oder der Wohnung liegt. 41

Als **Rechtspacht** ordnet die höchstrichterliche Rechtsprechung eine Gebrauchsüberlassung an, bei der der Nutzungsberechtigte ohne eigene Verfügungsgewalt Teile eines 42

---

[97] Dazu *Schmid-Burgk/Ditz* ZIP 1996, 1123, 1125; *Seifert* NZM 1998, 17, 220.
[98] *Schmalenbach/Sester* WM 2005, 301, 309.
[99] *Nerlich/Römermann/Balthasar* § 108 RdNr. 8.
[100] *Erman/Jendrek* § 578 RdNr. 8; MünchKommBGB-*Artz* § 578a RdNr. 4; *Palandt/Weidenkaff*, vor § 535 RdNr. 95; *Kübler/Prütting/Tintelnot* § 108 RdNr. 10.
[101] OLG Düsseldorf WM 1992, 111; *Kübler/Prütting/Tintelnot* § 108 RdNr. 10; aA FK-*Wegener* § 108 RdNr. 13.
[102] *Kübler/Prütting/Tintelnot* § 108 RdNr. 10.
[103] OLG Celle ZInsO 2003, 948; *Kübler/Prütting/Tintelnot* § 109 RdNr. 7.
[104] HK-*Marotzke* § 109 RdNr. 6; *Eckert* ZVI 2006, 133.
[105] BGH ZIP 2005, 2267; aA *Uhlenbruck/Berscheid* für Wohnrecht (§ 1093 BGB) und Nießbrauch (§ 1030 BGB) an unbeweglichen Sachen.
[106] AA *Koehler/Ludwig*, NZI 2007, 79; zur Lizenzübertragung: BGH NJW 2006, 915 = ZIP 2006, 87 = NZI 2006, 229..
[107] Vgl. *Staudinger/Veit* § 581 RdNr. 74 bis 77.

Grundstücks oder eines Raumes zu gewerblichen Zwecken nutzt.[108] Auch der Belegungsvertrag zwischen Sozialversicherungsträger und Sanatorium[109] sowie der Vertrag über die Überlassung von Krankenhausbetten oder -zimmern an einen Belegarzt[110] stehen der Rechtspacht näher als der Miete. Die Pacht eines Rechts bleibt auch dann Rechtspacht, wenn das gepachtete Recht zur Nutzung einer Immobilie berechtigt.[111] Gleichwohl sollten derartige Nutzungsverhältnisse als Pachtvertrag insolvenzfest i. S. d. § 108 sein, falls die Nutzung der Grundstücks- oder Raumfläche vorrangiger Vertragszweck ist.[112]

43 Die **Jagdpacht** (§ 11 BJagdG) und die landesgesetzlich geregelte **Fischereipacht** dienen weniger der Nutzung des Grundstücks, als vielmehr der Ausübung des Aneignungsrechts; die diesem Recht unterliegenden Tiere sind keine Früchte des Grundstücks. Jagd- und Fischereipacht sind daher Rechtspacht.[113] Zu unterscheiden ist hiervon die Überlassung eines geschlossenen Gewässers zur Fischerei, die Grundstückspacht ist.[114]

44 **e) Unternehmen.** Wesen der Unternehmenspacht ist die Nutzung aller materiellen Güter und Rechte sowie der vorhandenen Wirtschafts- und Geschäftsbeziehungen, des Kundenstamms, des good will und des know how.[115] Als Rechtspacht[116] fällt sie in aller Regel nicht in den Anwendungsbereich des § 108 Abs. 1 Satz 1. Gehören zum Pachtobjekt Grundstücke oder Räume[117] – eigene oder angemietete –, so vermag dies allein noch nicht die Anwendung der §§ 108 ff. zu begründen. Maßgeblich ist vielmehr, aus welchen Teilen des Pachtobjekts der Pächter vorrangig den Gewinn erzielt. Ist die Nutzung des überlassenen Raums oder Grundstücks vorrangige Erwerbsquelle, so unterliegt der Unternehmenspachtvertrag insgesamt den §§ 108 ff.[118] Bei Verpachtung eines Gastronomieunternehmens sind in der Regel das Grundstück oder die Räume die vorrangige Erwerbsquelle, deshalb Raumpacht.[119] Bei der Pacht einer Apotheke, soweit sie nach § 9 Apothekengesetz zulässig ist, mag dies zweifelhaft sein.[120] Nachrangig ist die Raumüberlassung bei der Verpachtung eines Industrie-, Dienstleistungs- oder Handwerksbetriebes, bei denen der Pächter in erster Linie den Maschinen- und Gerätepark ausnutzt sowie vom Firmen-good-will, von Fertigungsverfahren oder öffentlich-rechtlichen Konzessionen profitiert.

45 **f) Sonstige Gegenstände i. S. d. § 108 Abs. 1 Satz 2. aa) Anschaffungs- oder Herstellungsfinanzierung.** Der durch die Sicherungsübertragung gesicherte Kredit muss der auf die konkrete Leasingsache bezogenen Anschaffungs- und Herstellungsfinanzierung dienen;[121] ein nicht spezifizierter Betriebsmittelkredit genügt nicht.[122] Diese Verknüpfung als Voraussetzung der Insolvenzfestigkeit darf nicht in Hinblick auf den Gesetzeszweck möglichst weit ausgelegt werden,[123] vielmehr ist § 108 Abs. 1 Satz 2 als Ausnahme von der gesetzgeberischen Grundentscheidung, Leasingverträge über bewegliche Sachen dem Verwalterwahlrecht zu unterwerfen, im Interesse der Handlungsfreiheit des Verwalters eng auszulegen. Finanziert der Leasinggeber die Herstellung oder Anschaffung ohne Fremd-

---

[108] RGZ 97, 166, 170; RGZ 140, 206 (Garderobe in einer Veranstaltungshalle); RGZ 108, 369, 371; BGH ZMR 1954, 43 (Wechselstube bzw. Buchhandlung in einer Bahnhofshalle); BGH NJW-RR 1994, 558 (Aufstellung von Werbetafeln auf einem Sportgelände); BGH NZM 1999, 461 (Bandenwerbung).
[109] Für Miete: *Erman/Jendrek* vor § 535 RdNr. 20.
[110] Für Miete: *Jaeger/Henckel* § 19 RdNr. 32; *Kilger/K. Schmidt* § 19 Anm. 2; für atypisches Dauerschuldverhältnis: BGH NJW 1972, 1128, dazu Anm. *Hepp* NJW 1972, 1514; *Erman/Jendrek* vor § 535 RdNr. 31.
[111] FK-*Wegener* § 108 RdNr. 12.
[112] Vgl. BGH NJW-RR 1994, 558.
[113] RGZ 70, 70, 71; RGZ 98, 101, 102; *Staudinger/Veit* § 581 RdNr. 65.
[114] *Jaeger/Henckel* § 21 RdNr. 12.
[115] *Staudinger/Veit* § 581 RdNr. 91; *Erman/Jendrek* § 581 RdNr. 7; *Wolf/Eckert/Ball* RdNr. 1600.
[116] BGH NJW 1993, 1391; *Uhlenbruck/Berscheid* § 108 RdNr. 19; FK-*Wegener* § 108 RdNr. 12a.
[117] Vgl. BGH WM 1972, 431 (zum Formerfordernis gemäß § 550, früher § 566 BGB).
[118] *Kübler/Prütting/Tintelnot* § 108 RdNr. 13, 14; FK-*Wegener* § 108 RdNr. 12a.
[119] *Kübler/Prütting/Tintelnot* § 108 RdNr. 14.
[120] Für Unternehmenspacht *Kübler/Prütting/Tintelnot* § 108 RdNr. 13.
[121] *Nerlich/Römermann/Balthasar* § 108 RdNr. 13.
[122] *Uhlenbruck/Sinz* § 108 RdNr. 116; *Graf-Schlicker/Breitenbücher* § 108 RdNr. 6; *Krämer* S. 186.
[123] Für weite Auslegung: *Seifert* NZM 1998, 217, 218; *Breitfeld* FLF 4/2004, 168, 172.

mittel, so besteht kein Bedürfnis, den Leasingvertrag insolvenzfest auszugestalten. Auch verbietet sich die Anwendung des § 108 Abs. 1 Satz 2, wenn der Leasinggeber einen nicht unwesentlichen Anteil selbst finanziert.[124] Bei Großinvestitionen bereitet die Einbindung eines Bankenkonsortiums im Grundsatz keine zusätzlichen Probleme,[125] solange der Eigenanteil des Leasinggebers unbedeutend bleibt. Die verbreitete Refinanzierung von „Tranchen" durch mehrere Banken (Pool) erfordert nicht die Zuordnung eines jedes einzelnen Leasingguts zu jeweils einem bestimmten Kreditgeber und Sicherungsnehmer.[126]

Grundsätzlich genügt ein gewisser sachlicher und zeitlicher Zusammenhang zwischen Herstellung bzw. Anschaffung und Refinanzierung.[127] Dieser Zusammenhang ist gegeben, wenn die Fremdfinanzierung von vornherein beabsichtigt und eine nur kurzfristige Eigenfinanzierung oder ein Lieferantenkredit vorgeschaltet wird.[128] Sie fehlt jedoch bei einer **späteren Kreditaufnahme** ohne Bezug zum Vertragsschluss.[129] Auch durch eine in größerem zeitlichen Abstand nachfolgenden Refinanzierung können die Voraussetzungen des § 108 Abs. 1 Satz 2 nicht nachträglich herbeigeführt werden,[130] denn die Bestimmung setzt voraus, dass der Sicherungsgeber die Anschaffung oder Herstellung „finanziert *hat*". Maßgebend ist der Zustand zur Zeit der Beschaffung, nicht der Endstatus der Finanzierung. Eine Änderung dieses Status während der Laufzeit des Vertrages ist auch im Interesse des Leasingnehmers zu vermeiden. Sind die Gegebenheiten bei Anschaffung oder Erwerb des Miet- oder Leasingobjekts maßgeblich, so ergeben sich jedenfalls bei späterer **Änderung der Refinanzierung** – Ablösung eines Kredits durch einen anderen mit erneuter Sicherungsübertragung – keine Probleme.[131] Diese Konstellation aus dem Anwendungsbereich des § 108 Abs. 1 Satz 2 auszunehmen, wäre ohnehin nicht interessengerecht.[132] Auch bankinterne Umbuchungen schaden nicht.[133] 46

Nach **Tilgung des Anschaffungs- oder Herstellungskredits** und/oder **Rückübertragung der Sicherheit** bleibt der Leasingvertrag insolvenzverfahrensfest,[134] denn er betraf ein Objekt, dessen Herstellung oder Anschaffung durch einen Dritten finanziert wurde, dem es zur Sicherheit übertragen wurde. Ob es aus Sicht der Masse sinnvoll ist, bei dieser Konstellation die Masse an den Vertrag zu binden und ihr weiterhin den Zugriff auf die Leasingsache, bezüglich derer der frühere Sicherungsnehmer nicht mehr zur Absonderung berechtigt ist, zu verwehren, lässt sich bezweifeln. Andererseits ist das Interesse des Leasingnehmers anzuerkennen, den bei Abschluss insolvenzfesten Vertrag weiterhin insolvenzfest behandelt zu wissen. 47

bb) Sicherungsübertragung. Ohne Sicherungsübertragung des Leasingguts[135] unterliegt der Vertrag dem Verwalterwahlrecht. Als Folge der Verknüpfung von Finanzierung und Sicherungsübertragung bei Anschaffung oder Erwerb des Miet- oder Leasingobjekts genügt **die spätere dingliche Sicherung** eines zunächst ungesicherten oder anderweitig gesicherten Kredits nicht.[136] Ebensowenig reicht die Absicherung eines Darlehens, das der Leasing- 48

---

[124] Zur Teilfinanzierung *Peters* ZIP 2000, 1759, 1763; *Klinck* KTS 2007, 37, 47.
[125] *Peters* ZIP 2000, 1759, 1764.
[126] *Peters* ZIP 2000, 1759, 1764; aA *Häsemeyer* 18.66.
[127] *Schmid-Burgk/Ditz* ZIP 1996, 1123, 1125; *Peters* ZIP 2000, 1759, 1763; *Schwemer* ZMR 2000, 348, 353; FK-*Wegener* § 108 RdNr. 15 a.
[128] *Seifert* NZM 1998, 217, 219; *Peters* ZIP 2000, 1759, 1764; *Breitfeld* FLF 4/2004, 168, 174.
[129] *Peters* ZIP 2000, 1759, 1763; *Schwemer* ZMR 2000, § 48, 353; *Krämer* S. 185.
[130] FK-*Wegener* § 108 RdNr. 15 a; aA *Adam* DZWiR 1998, 227, 229; *Obermüller*, Kölner Schrift S. 985, 998 RdNr. 51; *Schmid-Burgk/Ditz* ZIP 1996, 1123, 1125; *Seifert* NZM 1998, 217, 219; *Zahn* DB 1996, 1393, 1397; *Kübler/Prütting/Tintelnot* § 108 RdNr. 21.
[131] HK-*Marotzke* § 108 RdNr. 11; *Kübler/Prütting/Tintelnot* § 108 RdNr. 2; *Smid* InsO § 108 RdNr. 16; *Engel/Völckers* RdNr. 355; *Peters* ZIP 2000, 1759, 1763: *Breitfeld* FLF 4/2004, 168, 174.
[132] *Schmid-Burgk/Ditz* ZIP 1996, 1123, 1125; *Seifert* NZM 1998, 217, 219; *Krämer* S. 188.
[133] *Peters* ZIP 2000, 1759, 1763.
[134] FK-*Wegener* § 108 RdNr. 15a; aA HK-*Marotzke* § 108 RdNr. 12; *Kübler/Prütting/Tintelnot* § 108 RdNr. 4; *Klinck* KTS 2007, 37, 47.
[135] Zum Eigentumsvorbehalt; *Klinck* KTS 2007, 37, 49.
[136] *Schmid-Burgk/Ditz* ZIP 1996, 1123, 1125; *Uhlenbruck/Sinz* § 108 RdNr. 116, 117; aA *Seifert* NZM 1998, 217, 218, 219; *Nerlich/Römermann/Balthasar* § 108 RdNr. 14.

geber oder Vermieter nicht zur Finanzierung der Anschaffung oder Herstellung des Gegenstandes, der sicherheitshalber übertragen wird, aufgenommen hat.

49 Erforderlich ist eine in rechtlicher Hinsicht **wirksame Sicherungsübertragung,** also nicht das schuldrechtliche, sondern das dingliche Geschäft.[137] Um die Wirksamkeit einer Sicherungsübertragung – man denke an den Einwand der Übersicherung, unzureichender Freigabe oder mangelnder Bestimmtheit des Sicherungsguts – werden nicht nur Verwalter und Zessionar streiten – der uninformierte Leasingnehmer wird zur Hinterlegung des Leasingraten berechtigt sein –, sondern auch Verwalter und Leasingnehmer, wenn Letzterer eine ihm unliebsame Erfüllungsablehnung mit der Auffassung bekämpft, die Sicherungsübertragung sei wirksam.

50 Ob **ausländische Sicherungsrechte,** z. B. ein besitzloses Pfandrecht, im Rahmen des § 108 Abs. 1 Satz 2 der Sicherungsübertragung gleichstehen, ist zweifelhaft. Soweit der wirtschaftliche Effekt im Wesentlichen derselbe ist und der gesicherte Kreditgeber gemäß § 51 abgesonderte Befriedigung geltend machen kann, somit die Masse ohnehin keine Vorteile aus dem Leasinggeschäft zieht, bestehen keine Bedenken.[138]

51 **cc) Kredit an den Leasinggeber.** Weitere ungeschriebene Voraussetzung des § 108 Abs. 1 Satz 2 ist die Kreditierung des Leasinggebers. Stellte man nur auf die objektiv vorliegende Anschaffungsfinanzierung und Sicherungsübertragung ab, so müsste im Insolvenzverfahren über das Vermögen des Leasingnehmers ein **Untermietvertrag** über eine von der Vorschrift erfasste Leasingsache, den er als Vermieter abgeschlossen hat, die Verfahrenseröffnung überdauern. Diese Konsequenz war zweifelsfrei mit ihrer Einführung nicht bezweckt, denn der Schuldner hat mit der Finanzierung und Sicherungsübereignung nichts zu tun, insbesondere nimmt er die Finanzierungsleistung nicht in Anspruch. Auch wenn die Untervermietung des Leasingobjekts an einen Untermieter von vornherein in das Finanzierungskonzept eingebunden war oder wenn ein Vermieter die Mietsache zur Liquiditätsschöpfung an den Leasinggeber, der sie unter den Voraussetzungen des § 108 Abs. 1 Satz 2 erwirbt, veräußert und sodann zurückleast („sale-and-lease-back"), bleibt § 108 Abs. 1 Satz 2 unanwendbar,[139] weil die Finanzierungsmittel nicht dem Untervermieter und Leasingnehmer zufließen. Zudem ist zu bedenken, dass der Vertrag, den der Schuldner als Leasingnehmer abgeschlossen hat, unter § 103 fällt; dem Verwalter wäre das Wahlrecht praktisch entzogen, wenn die Masse den als Vermieter abgeschlossenen Untermietvertrag erfüllen müsste.

52 Bei mehrstufigem Leasing unter Beteiligung eines aktiven, den Vertrag durchführenden Leasinggebers und einer stillen Erwerbsgesellschaft (**„Doppelstock-Finanzierung"**)[140] sollte es genügen, dass die Finanzierungsbank Sicherungseigentümer ist und die Anschaffung finanziert hat.[141] Insoweit gibt die wirtschaftliche Verflechtung zwischen „beiden" Leasinggebern, die im Zweifel gleichzeitig insolvent werden, den Ausschlag.

53 **dd) Überlassung des Leasingguts an den Leasingnehmer.** Bei Einfügung des § 108 Abs. 1 Satz 2 ging der Gesetzgeber davon aus, der Leasinggeber habe mit der Übergabe des Leasingguts an den Leasingnehmer in der Regel das für die Vertragserfüllung Erforderliche getan[142] (dazu RdNr. 7). Im Gesetzestext schlägt sich diese Einschränkung nicht nieder, so dass § 108 Abs. 1 Satz 2 auch für Leasingverträge vor Übergabe der Leasingsache gilt.[143] Vor

---

[137] *Krull* ZMR 1998, 746, 748; *Schmidt-Burgk/Ditz* ZIP 1996, 1123, 1124; *Uhlenbruck/Sinz* § 108 RdNr. 115; HK-*Marotzke* § 108 RdNr. 11.

[138] *Schmid-Burgk/Ditz* ZIP 1996, 1123, 1125 unter Hinweis auf die Begr. zu § 108 Abs. 1 Satz 2, BT-Drucks. 13/4699 S. 6; *Seifert* NZM 1998, 217, 219; FK-*Wegener* § 108 RdNr. 15b; HK-*Marotzke,* § 108 RdNr. 11; *Kübler/Prütting/Tintelnot* § 108 RdNr. 22; aA *Peters,* ZIP 2000, 1759, 1763; *Engel/Völckers* RdNr. 351.

[139] AA *Seifert* NZM 1998, 217, 220.

[140] Dazu *Zahn* DB 2003, 2371.

[141] *Seifert* NZM 1998, 217, 219; *Engel/Paul* § 9 RdNr. 9; *Engel/Völckers* RdNr. 358; *Breitfeld* FLF 4/2004, 168, 175; *Krämer* S. 187; *Klinck* KTS 2007, 37, 55; aA *Kübler/Prütting/Tintelnot* § 108 RdNr. 22.

[142] BT-Drucks. 13/4699 S. 6.

[143] *Peters* ZIP 2000, 1759, 1765; *Klinck* KTS 2007, 37, 46. HK-*Marotzke* § 108 RdNr. 15, schlägt eine Begrenzung auf durch Übergabe an den Mieter/Leasingnehmer vollzogene Verträge vor.

Finanzierung und Sicherungsübertragung sind die Merkmale des § 108 Abs. 1 Satz 2 zumeist noch nicht erfüllt, so dass in dieser Phase der Vertrag nicht gegen die Masse wirkt. Liegen diese Voraussetzungen vor, so ist der Vertrag auch vor Überlassung des Leasingguts an den Leasingnehmer insolvenzverfahrensfest. Die Finanzierungsbanken werden sich gegen diese Konsequenz schützen, indem sie erst nach Übergabe des Leasinggutes den Kredit valutieren.[144]

IV. Fortführung des insolvenzverfahrensfesten Vertrages

1. Insolvenz des Vermieters/Verpächters/Leasinggebers. a) Massezugehörigkeit des Mietobjekts. aa) Eigentum des Vermieters. Da die Vermietung einer Sache nicht Eigentum des Vermieters voraussetzt, betrifft § 108 auch Mietverhältnisse über dem **Schuldner nicht gehörende Sachen,** die er vermietet hat.[145] Dies gilt insbesondere für gemietete und untervermietete Objekte sowie für Leasingsachen, die – vgl. § 108 Abs. 1 Satz 2 – einem Dritten zur Sicherheit übertragen wurden. Keine Probleme bereitet demgemäß die Vermietung eines dem Schuldner gehörenden und eines hinzugemieteten Grundstücks in einem einheitlichen Mietvertrag.[146]

Auf das Mietverhältnis über eine im **Miteigentum** mehrerer stehende Mietsache sind §§ 108, 110 und 111 nicht anzuwenden;[147] Im Rahmen seines umfassenden Auftrags wirkt der Insolvenzverwalter als Teilhaber an der Verwaltung des Mietobjekts gem. § 744 BGB mit; ihm bleibt die Auseinandersetzung der Gemeinschaft gem. § 84. Bei **Gütergemeinschaft** fällt das zum Gesamtgut zählende Mietobjekt gemäß § 37 Abs. 1 Satz 1 nur dann in die Masse, wenn das Gesamtgut von dem insolventen Ehegatten verwaltet wird. Bei gemeinsamer Verwaltung beider Ehegatten wird das Gesamtgut vom Insolvenzverfahren über das Vermögen eines der Ehegatten nicht betroffen (§ 37 Abs. 2).

bb) Freigabe. Mit Freigabe des Mietgrundstücks aus dem Insolvenzbeschlag, die – namentlich bei Überbelastung mit Grundpfandrechten, erheblichem Reparaturbedarf, früher angeordneter Zwangsverwaltung oder unrentabler Vermietung – in Betracht kommt, fällt die Verwaltungs- und Verfügungsbefugnis hinsichtlich des Mietobjekts an den Schuldner zurück, ohne dass dessen Einverständnis erforderlich ist.[148] Da § 108 Abs. 1 den Verwalter in der Vermieterinsolvenz ohne Sonderkündigungsrecht an den Mietvertrag bindet und der Mieter davor geschützt sein muss, seine Forderungen gegen die Masse, insbesondere auf Gewährung des vertragsgemäßen Gebrauchs, zu verlieren, lässt die Freigabe des Mietobjekts aus der Massezugehörigkeit die mietvertraglichen Pflichten nicht entfallen. Aus dem Mietverhältnis kann die Masse daher nicht ohne Einvernehmen mit dem Mieter ausscheiden.[149] Ohne ausdrückliche Vereinbarung bleiben Insolvenzforderungen[150] und vor dem Ausscheiden der Masse aus dem Mietvertrag begründete Masseverbindlichkeiten unberührt.[151] (Zum Leistungshindernis infolge Freigabe RdNr. 60.)

b) Vertragsdauer und Kündigung. Der Vertrag besteht in dem Zustand fort, in dem er sich bei Verfahrenseröffnung befindet. Weder der Verwalter noch der Mieter können sich von ihm lösen. Insbesondere ist dem Mieter die außerordentliche Kündigung wegen Un-

---

[144] *Zahn* DB 1996, 1393, 1397; *Engel/Völckers* RdNr. 349.
[145] AA *Marotzke* ZInsO 2007, 1, 2.
[146] Vgl. zur Zwangsverwaltung BGHZ 161, 289 = NZM 2005, 352 = ZfIR 2005, 890.
[147] Vgl. *Jaeger/Henckel* § 21 RdNr. 7; *Gottwald/Huber,* Insolvenzrechts-Handbuch, § 37 RdNr. 5, 44; *Braun/Kroth* § 108 RdNr. 11.
[148] Dazu *Derleder* NZM 2004, 568, 576; *Waldherr* ZfIR 2005, 833, 851.
[149] LG Hannover KTS 1955, 123; LG Dortmund ZInsO 2005, 724; *Heilmann* NJW 1985, 2505, 2508; *Jaeger/Henckel* § 19 RdNr. 61 und § 21 RdNr. 11; *Kilger/K. Schmidt* § 21 Anm. 3; *Gottwald/Huber,* Insolvenzrechts-Handbuch, § 38 RdNr. 40; *Marotzke* ZInsO 2007, 1, 8; aA *Uhlenbruck/Berscheid* § 108 RdNr. 26; *Mork/Heß,* ZInsO 2005, 1206; HambKomm-*Jarchow* § 55 RdNr. 37.
[150] LG Berlin ZMR 2000, 25 (Freigabe einer vermieteten Wohnung).
[151] RGZ 138, 69, 72.

zumutbarkeit nach der Generalklausel des § 543 Abs. 1 BGB verwehrt.[152] Eine bewusst die Gläubiger des Vermieters benachteiligende unrentable Vermietung kann der Verwalter unter den Voraussetzungen des § 133 anfechten.[153] Ein im Mietvertrag vorgesehenes Recht zur **Option** nach ordentlicher Kündigung des Vermieters oder nach Ablauf der bestimmten Vertragsdauer kann der Mieter ohne Rücksicht auf das Insolvenzverfahren ausüben; auch das **Leasing mit Verlängerungsoption** lässt sich nicht in eine insolvenzfeste Grundmietzeit und eine nicht insolvenzfeste Verlängerungszeit aufteilen.[154] Die Verlängerungsmöglichkeit ist eine für Miet- und Leasingverträge typische Regelung, die den Mieter oder Leasingnehmer begünstigt und die der Verwalter hinnehmen muss.

58 **Feste Laufzeiten** und vereinbarte lange **Kündigungsfristen** binden den Verwalter wie zuvor den Schuldner. Rechte zur ordentlichen und außerordentlichen Kündigung, aber auch Bestimmungen zum Schutz des Mieters oder Pächters bleiben unberührt, so bei der **Landpacht** der Schutz des Pächters nach § 595 BGB, im Beitrittsgebiet Beschränkungen des Rechts zur ordentlichen Kündigung durch den Vermieter nach § 23 SchuldRAnpG. Ein **Wohnraummietverhältnis** kann der Verwalter nur unter den Voraussetzungen des § 573 BGB ordentlich kündigen, wobei der Kündigungsgrund des § 573 Abs. 2 Nr. 3 BGB besondere Bedeutung gewinnt, wenn das Mietgrundstück durch Veräußerung verwertet werden soll, das Mietverhältnis sich aber als Verkaufshindernis erweist[155] und der Erlös dringend zur Erfüllung von Masseverbindlichkeiten benötigt wird; allerdings kann der Mieter eine berechtigte Kündigung unter Hinweis auf die Sozialklausel nach §§ 574 ff. BGB abwehren.

59 Eine **vor Verfahrenseröffnung erklärte Kündigung** bleibt grundsätzlich wirksam. Nach ordentlicher Kündigung eines Wohnungsmietvertrages wegen Eigenbedarfs oder Behinderung der wirtschaftlichen Verwertung (§ 573 Abs. 1, Abs. 2 Nr. 2 und 3 BGB) bleibt zu prüfen, inwieweit der Kündigungsgrund mit Übergang der Verfügungsbefugnis auf den Verwalter fortbesteht.[156] Die Frage, ob ein vor Verfahrenseröffnung entstandenes Recht zur außerordentlichen Kündigung für oder gegen die Masse wirkt, ist nicht einheitlich zu beantworten. Die zum Wechsel des Vermieters wegen Veräußerung der Mietsache (§ 566 BGB) vertretene Auffassung, ein entstandenes Kündigungsrecht gehe nicht auf den Erwerber über,[157] wird der Insolvenzsituation nicht gerecht. Es besteht kein Grund, den Mieter, der durch sein vertragswidriges Verhalten, etwa Zahlungsverzug, einen Grund zur fristlosen Kündigung geschaffen hat, zu schonen und der Masse ein Zuwarten, ggf. weiteren Zahlungsrückstand, zuzumuten.[158] Umgekehrt darf der vom Schuldner vor Verfahrenseröffnung gesetzte Grund der Masse nicht angelastet werden, denn nunmehr ist sie gemäß § 55 Abs. 1 Nr. 2 zur vertragsgemäßen Gebrauchsgewährung verpflichtet.

60 **c) Auf die Masse übergehende Pflichten.** Anstelle des Schuldners wird die Masse aus dem Mietvertrag berechtigt und verpflichtet, sofern die Rechte und Pflichten unlösbar mit dem Mietverhältnis zusammenhängen.[159] Dazu zählen Fürsorge- und Verkehrssicherungspflichten. Bei der Immobilienvermietung schließt die Pflicht zur Gebrauchsgewährung die Beheizung der Miträume[160] sowie die Versorgung mit Wasser und elektrischer Energie ein. Zu deren Erfüllung wird der Verwalter die Bezugsverträge mit Energie- und Wasserver-

---

[152] Vgl. BGH NJW-RR 2002, 946 = NZM 2002, 524 zur Zurückweisung des Insolvenzantrags mangels Masse.
[153] Dazu *Derleder* NZM 2004, 568, 574.
[154] Vgl. zu § 566 BGB BGHZ 55, 71 = NJW 1971, 422; zum Leasing BGHZ 109, 368, 373, 374 = NJW 1990, 1113, 1115 = ZIP 1990, 180, 183; aA *Canaris*, Bankvertragsrecht, RdNr. 1785, 1788; *Klinck* KTS 2007, 37, 62.
[155] *Derleder* NZM 2004, 568, 575; FK-*Wegener* § 111 RdNr. 5; vgl. BVerfGE 79, 283 = NJW 1989, 972.
[156] Vgl. zu § 566 MünchKommBGB-*Häublein* § 566 RdNr. 35; *Soergel/Heintzmann* § 571 RdNr. 26.
[157] *Soergel/Heintzmann* § 571 RdNr. 26; *Sternel* I. RdNr. 62; *Bub/Treier/Heile* II. RdNr. 890.
[158] HambKomm-*Ahrendt* § 108 RdNr. 15.
[159] Vgl. zum Übergang des Immobilienmietvertrages auf den Erwerber BGH NJW 1965, 2198, 2199; BGHZ 48, 244 = NJW 1967, 2258; zur Verpflichtung, dem Mieter ein dingliches Wohnrecht einzuräumen BGH NJW 1976, 2264.
[160] LG Dortmund ZInsO 2005, 724.

Fortbestehen bestimmter Schuldverhältnisse 61, 62 § 108

sorgungsunternehmen fortzuführen haben. Nach Freigabe des Mietobjekts aus der Massezugehörigkeit (oben RdNr. 56) kann der Verwalter dem Mieter gegenüber nicht gem. § 275 Abs. 1 BGB einwenden, zur Gewährung des vertragsgemäßen Gebrauchs nicht in der Lage zu sein, weil er nicht mehr zur Verwaltung und Verfügung über das Mietgrundstück berechtigt sei.[161] Ließe man diesen Einwand zu, so könnte der Verwalter die gesetzlich vorgegebene Bindung an den Mietvertrag unschwer umgehen; bei Annahme eines Leistungshindernisses hätte die Masse dieses jedenfalls zu vertreten und wäre dem Mieter gegenüber schadensersatzpflichtig. Mangels Gesetzeslücke und vergleichbarer Konstellationen verbietet sich eine Analogie zu § 109 Abs. 1 Satz 2 InsO und § 566 Abs. 2 Satz 2 BGB.

Die auch in der Vermieterinsolvenz nicht auszuschließende Masseunzulänglichkeit kann 61 es mit sich bringen, dass der Insolvenzverwalter **Forderungen der Versorgungsträger** nicht erfüllen kann, obwohl er die Nebenkostenvorauszahlungen zur Masse vereinnahmt hat. Um dies zu vermeiden, wäre es wünschenswert, diese von der Masse getrennt bereitzuhalten. Damit würde der Insolvenzverwalter jedoch die Versorgungsträger als Massegläubiger bevorzugen, so dass gegen die Bildung einer derartigen Sondermasse erhebliche Bedenken bestehen. Zur Vermeidung derartiger Unzuträglichkeiten ist der Insolvenzverwalter jedenfalls gehalten, Betriebskostenvorauszahlungen der Mieter zeitnah zur Begleichung der Entgeltforderungen der Versorgungsträger einzusetzen.[162]

Die Erwägung des Gesetzgebers, nach der Anfangsleistung des Leasinggebers werde die 62 Masse nicht weiter belastet,[163] schlägt sich im Wortlaut des § 108 Abs. 1 Satz 2 nicht nieder. Daher tritt sie bei **Leasing** nicht nur in die typischen Leasinggeberpflichten ein,[164] sondern schuldet auch die vertraglich vom Leasinggeber übernommenen **Zusatzleistungen**,[165] wie Wartung und Service, Einweisung und Schulung oder Aktualisierung von Software.[166] Der Vertrag lässt sich nicht in einen Überlassungsanteil und einen die Zusatzpflichten betreffenden Teil, der dem Wahlrecht nach § 103 unterliegt, aufspalten.[167] Der Leasingnehmer ist nur an der Gesamtheit aller Leistungen interessiert, weil die vertragsgerechte Nutzung der Leasingsache die Erfüllung der Neben- oder Zusatzleistungen voraussetzt. Die Annahme getrennter Verträge für den Fall, dass die Zusatzpflichten durch einen Dritten erfüllt werden können,[168] steht nicht in Einklang mit § 139 BGB und greift in das Äquivalenzverhältnis der beiderseitigen Leistungen ein. Ob eine umfassende Haftung der Masse für Zusatzpflichten dem Gesetzeszweck des § 108 Abs. 1 Satz 2 entspricht, ist zweifelhaft. Eine Massebelastung wollte der Rechtsausschuss des Bundestages jedenfalls nicht hinnehmen;[169] ihm scheint eine Aufteilung der Gegenleistung durch Kombination der Anwendungsbereiche des § 108 Abs. 1 und des § 103 vorgeschwebt zu haben. Diese mag im Interesse der Masse liegen;[170] dem Wortlaut des § 108 Abs. 1 ist sie nicht zu entnehmen. Die Vertragspraxis reagiert mit der bewussten Aufteilung des Vertragswerks in einen die typischen Leasinggeberpflichten und einen die Zusatzpflichten betreffenden Vertrag. Ob diese § 139 BGB umgehende vorformulierte Vertragsaufspaltung hinreichend transparent (§ 307 Abs. 1 Satz 2 BGB) gelingt und im Übrigen der Inhaltskontrolle gem. § 307 Abs. 2 BGB standhält, bleibt abzuwarten.

---

[161] So *Mork/Heß*, ZInsO 2005, 1206, 1208.
[162] Dazu *Derleder* NZM 2004, 568, 572.
[163] BT-Drucks. 13/4699 S. 6.
[164] BGH 109, 368, 373, 374 = NJW 1990, 1113, 1115 = ZIP 1990, 180, 183.
[165] *Uhlenbruck/Sinz* § 108 RdNr. 119; *Klinck* KTS 2007, 37, 47; aA *Livonius* ZInsO 111, 114.
[166] Dazu *Heidland*, KTS 1990, 183, 199.
[167] Vgl. BGH NJW 1987, 2004 = ZIP 1987, 788; BGHZ 109, 368, 374 = NJW 1990, 1113, 1115 = ZIP 1990, 180, 183; *Zahn* DB 1996, 1393; *Bien* ZIP 1998, 1017; *Kübler/Prütting/Tintelnot* § 108 RdNr. 24; *Uhlenbruck/Sinz* § 108 RdNr. 119; aA *Ganter,* oben § 47 RdNr. 249; für eine Trennung, falls dies dem Verständnis der Vertragspartner nicht widerspricht, *Seifert* NZM 1998, 217, 220. *Zahn,* BD 1996, 1393, 1397, empfahl eine Vertragsklausel, derzufolge bei Insolvenz des Leasinggebers die Zusatzleistungen von Dritten erbracht werden können; zustimmend *Fehl* DZWIR 1999, 89, 92; *Schwemer* ZMR 2000, 348, 354; *Nerlich/Römermann/Balthasar* § 108 RdNr. 16.
[168] So *Uhlenbruck/Sinz* WM 1989, 1113, 1121.
[169] BT-Drucks. 13/4699 S. 6.
[170] *Livonius* ZInsO 1998, 111, 114; *Zahn* DB 1996, 1393, 1396.

63 Nicht mehr mit Gebrauchsgewährung unlösbar verbunden sind eine **Kaufoption** oder anderweitige **Erwerbsrechte** des Leasingnehmers, die auf die Änderung der sachenrechtlichen Zuordnung abzielen. Die durch die Realisierung des Erwerbsrecht begründeten gegenseitigen Vertragspflichten sind mehr als Nebenpflichten aus dem primär auf Sachnutzung abzielenden Leasingvertrag; sie haben eigenständigen kaufvertraglichen Charakter. Übt der Leasingnehmer – vor oder nach Verfahrenseröffnung – die Option oder das Erwerbsrecht aus, so bleibt der Leasingvertrag vor Ablauf der Grundlaufzeit gemäß § 108 insolvenzfest, während der durch die Option zustande gekommene nicht erfüllte Kaufvertrag dem Wahlrecht des Verwalters nach § 103 unterliegt.[171] Dass der Leasingnehmer durch die Zahlung der Leasingraten schon in Hinblick auf den möglichen Erwerb vorgeleistet hat, ist unerheblich.

64 **d) Erfüllung eines bei Verfahrenseröffnung noch nicht vollzogenen Vertrages.** Besteht der Mietvertrag nach § 108 Abs. 1 mit Wirkung für und gegen die Masse fort, so schuldet sie den Mietgebrauch nach Verfahrenseröffnung; zur Erfüllung dieser Pflicht hat sie das Miet- oder Leasingverhältnis durch Überlassung an den Mieter bzw. Leasingnehmer in Vollzug zu setzen. Gleichwohl wird die analoge Anwendung des § 109 Abs. 2 InsO mit der Begründung diskutiert, der Gesetzgeber habe übersehen, dass der Bestandsschutz des Mieters die Bindung der Masse an den nicht vollzogenen Vertrag und die damit einhergehende Benachteiligung der Gläubiger nicht gebiete.[172] Auch lässt sich für die Analogie darauf verweisen, dass der Gesetzgeber eine Änderung gegenüber dem Rechtszustand unter Geltung der KO nicht beabsichtigt habe.[173] Da andererseits der Gesetzgeber bewusst die Geltung des § 108 für nicht vollzogene Mietverträge unterstreicht,[174] ist eine planwidrige Gesetzeslücke nicht anzunehmen.

65 Die Erfüllung des bei Verfahrenseröffnung noch nicht vollzogenen Mietverhältnisses bereitet keine Schwierigkeiten, wenn bei Verfahrenseröffnung die Mietsache vorhanden ist und zur Überlassung bereit steht. Für den Vermieter ungünstige Vertragsbedingungen, insbesondere die bei Verträgen mit nahe stehenden Personen (vgl. § 138) nicht seltene Vereinbarung einer unangemessen niedrigen Miete hat die Masse hinzunehmen, solange die Voraussetzungen einer Insolvenzanfechtung nicht gegeben sind. Keine Massebelastungen dürften im Rahmen des § 108 Abs. 1 Satz 2 zu befürchten sein, denn hiervon erfasste Verträge werden erst mit Vollendung der Kreditierung und Sicherungsübertragung insolvenzverfahrensfest (RdNr. 45, 49).[175] Da der Kreditgeber in aller Regel erst valutiert, wenn die Leasingsache beschafft und der Leasingnehmer sie übernommen hat, unterliegen nicht vollzogene Verträge zunächst dem Wahlrecht des Verwalters nach § 103.

66 Gravierende Probleme zeichnen sich bei der **Vermietung unfertiger Gebäude** („Vermietung am Reißbrett") ab. Die zur Gebrauchsgewährung, somit auch zur Überlassung verpflichtete Masse müsste Werkverträge, deren Erfüllung der Verwalter nach § 103 ablehnen kann, erfüllen, um ihrer Verpflichtung aus dem Mietvertrag nachzukommen. Zur Vermeidung dieser Konsequenz nicht vollzogene Miet- und Leasingverträge jedenfalls dann aus dem Anwendungsbereich des § 108 Abs. 1 Satz 1 auszunehmen, wenn das Mietobjekt noch nicht existiert[176] (dazu RdNr. 12) oder § 109 Abs. 2 entsprechend heranzuziehen,[177] wäre mit dem Grundsatz der Insolvenzverfahrensfestigkeit nicht zu verein-

---

[171] Vgl. BGH 109, 368, 375 = NJW 1990, 1113, 1115 = ZIP 1990, 180, 183; *Henckel*, Festschrift für Baur S. 443, 463; *Jaeger/Henckel* § 21 RdNr. 43; *Kilger/K. Schmidt* § 21 Anm. 2; FK-*Wegener* § 108 RdNr. 11; *Kübler/Prütting/Tintelnot* § 108 RdNr. 6; *Pape*, Handbuch der Insolvenzverwaltung III. RdNr. 187; *Kalkschmid* RdNr. 301; *Klinck* KTS 2007, 37, 59; aA *Baumgarte* S. 92; *Peters* ZIP 2000, 1759, 1766.

[172] *Derleder* NZM 2004, 568, 569.

[173] BT-Drucks. 12/2443 S. 146.

[174] BT-Drucks. 12/2443 S. 147.

[175] Vgl. *Zahn* DB 1996, 1394, 1396.

[176] *Fehl* DZWIR 1999, 89, 91, 92; *Kübler/Prütting/Tintelnot* § 108 RdNr. 20; HK-*Marotzke* § 108 RdNr. 17; *Uhlenbruck/Berscheid* § 108 RdNr. 28, *Kalkschmid* RdNr. 293, 480; HambKomm-*Ahrendt* § 108 RdNr. 7.

[177] *Derleder* NZM 2004, 568, 571.

Fortbestehen bestimmter Schuldverhältnisse   67–69 § 108

baren.[178] Die Herstellung wird der Verwalter gem. § 275 Abs. 2 BGB verweigern können.[179] Das Leistungshindernis hat die Masse gleichwohl zu vertreten,[180] so dass Schadensersatzansprüche gem. §§ 280, 281, 283 BGB gegen sie unumgänglich sind. Dass es Folge der berechtigten insolvenzbedingten Nichterfüllung eines anderen Vertrages ist, strahlt nicht in der Weise auf das betroffene Mietverhältnis aus, dass der Mieter Ersatz nur als Insolvenzgläubiger erlangen kann.[181]

e) Miete und Betriebskosten. Rückständige Miete für Zeitabschnitte vor Verfahrenseröffnung gehört nach § 35 zur Insolvenzmasse und ist wie die laufende Miete einschließlich Nebenkostenanteile oder -vorauszahlungen vom Verwalter für die Masse einzuziehen, es sei denn er hat Verfügungen des Vermieters über die Mietforderung (dazu § 110 RdNr. 12) zu befolgen. Zur Aktivlegitimation des Insolvenzverwalters bei Zwangsverwaltung eines zur Masse gehörenden Grundstücks wird auf § 110 RdNr. 7 verwiesen. Ohne Zwangsverwaltung hat der Insolvenzverwalter die Mieteinnahmen zur Befriedigung des Absonderungsrechts der Realgläubiger einzusetzen. Zahlungen an einen absonderungsberechtigten Grundpfandrechtsgläubiger können den Mieter von seiner Schuld befreien, soweit diesen die Mieteinnahmen zustehen.[182] Zur Vereinfachung des Ablaufs ist der Verwalter befugt, mit den Realgläubigern Absprachen über die Einziehung der letztlich ihnen zustehenden Mietforderung zu treffen.[183] 67

Zahlungen des Mieters an den Schuldner **nach Verfahrenseröffnung** befreien ihn nicht (§ 81 Abs. 1 Satz 1). Allerdings wird sein guter Glauben an dessen fortbestehende Verfügungsbefugnis geschützt, wenn ihm die Eröffnung des Insolvenzverfahrens nicht bekannt war (§ 82 Satz 1). Auch Zahlungen des Mieters an den Zessionar auf nach Verfahrenseröffnung fällig werdende Mietansprüche wirken schuldbefreiend, soweit die Masse dadurch entlastet wird.[184] Nach nicht schuldbefreiender Leistung muss er an die Masse erneut zahlen; mit dem Rückgriff gegen den Schuldner ist er nur Insolvenzgläubiger. 68

Als Teil der Miete gehören auch die Nebenkostenforderungen zur Masse.[185] Über die **Betriebskosten** hat der Verwalter nicht nur dann abzurechnen, wenn das Wirtschaftsjahr nach Verfahrenseröffnung endet. Auch über vor Verfahrenseröffnung beendete Abrechnungsperioden hat er Rechnung zu legen, wenn die Abrechnung nach Eröffnung fällig wird (vgl. § 556 Abs. 3 Satz 2 BGB), was den Eingang der erforderlichen Belege voraussetzt. Bei der Wohnraumvermietung wirkt die Ausschlussfrist gem. § 556 Abs. 3 Satz 3 BGB auch gegen die Insolvenzmasse,[186] denn die Masse kann keine weitergehenden Ansprüche als der Vermieter haben. Allerdings hat der Verwalter bei Verfahrenseröffnung kurz vor Ablauf der Abrechnungsfrist die verspätete Geltendmachung nicht zu vertreten, wenn er zwar erst nach Eröffnung, dann aber unverzüglich abrechnet. Vor Verfahrenseröffnung fällig gewordene Abrechnungen braucht der Verwalter gem. § 108 Abs. 3 nicht nachzuholen. Soweit er nicht mehr abrechnungspflichtig ist, kann der Mieter das ihm grundsätzlich als Folge des Abrechnungsverzugs gem. § 273 BGB zustehende Recht, laufende Vorauszahlungen zurückzubehalten,[187] mangels Gegenseitigkeit der Insolvenzmasse gegenüber nicht geltend machen.[188] 69

---

[178] OLG Brandenburg OLG Rep 2006, 273; FK-*Wegener* § 108 RdNr. 29 c; *Hörndler* in *Lindner-Figura/Oprée/Stellmann,* Kap. 20 RdNr. 73; *Wegener* ZInsO 2005, 1259, 1261.
[179] OLG Brandenburg OLG Rep 2006, 273; *Wegener* ZInsO 2005, 1259, 1263.
[180] Vgl. BGH NZM 1999, 124 = ZMR 1999, 305; *Franken/Dahl,* 6. Teil, RdNr. 179.
[181] *Wolf/Eckert/Ball* RdNr. 1440; *Franken/Dahl,* 6. Teil, RdNr. 179; *Hörndler* in *Lindner-Figura/Oprée/Stellmann,* Kap. 20 RdNr. 73; aA *Wegener* ZInsO 2005, 1259, 1264.
[182] BGH WM 1968, 947.
[183] Vgl. RGZ 35, 118, 121; OLG München ZIP 1993, 135 = WM 1993, 434; vom BGH, ZIP 2007, 35 = NZI 2007, 98 (dort RdNr. 17) nicht ausgeschlossen.
[184] BGH NJW 1986, 3206, 3208 = ZIP 1986, 583.
[185] BGH NJW 1986, 3206, 3208.
[186] *Derleder* NZM 2004, 568, 574.
[187] BGH NJW 1984, 1684; BGHZ 91, 62 = NJW 1984, 2466.
[188] AA *Derleder* NZM 2004, 568, 574.

70 Nach § 35 steht der Masse die **Nachzahlung** auch dann zu, wenn der Verwalter über frühere, vor Verfahrenseröffnung liegende Zeiträume abrechnet.[189] Einen **Rückzahlungsanspruch** aus der Abrechnung für Zeiträume vor Verfahrenseröffnung kann der Mieter nach § 108 Abs. 3 nur als Insolvenzgläubiger geltend machen. Zwar wird der Anspruch ungeachtet des Zeitablaufs seit Beendigung des Abrechnungszeitraums erst mit der Abrechnung fällig,[190] wurde aber aufschiebend bedingt mit den Vorauszahlungen begründet;[191] nach Ansicht des BGH ist jedenfalls der Ablauf des Abrechnungszeitraums die maßgebliche Bedingung.[192] Die von *Derleder*[193] beanstandete Asymmetrie, dass der Verwalter die Nachzahlung zur Masse ziehen, während der Mieter die Rückzahlung nur als Insolvenzgläubiger geltend machen kann, ist typische und gewollte Folge des § 108 Abs. 3. Auch das Urteil BGHZ 113, 188[194] steht der hier vertretenen Auffassung nicht entgegen; es unterscheidet zwar zwischen Entstehung und Fälligkeit, setzt sie aber nur bei Festlegung des Verjährungsbeginns gemäß § 199 BGB gleich. Die Erwägungen zur Auszahlung eines Abrechnungsguthabens durch den Zwangsverwalter an den Mieter trotz Vorauszahlungen vor Beschlagnahme[195] lassen sich nicht auf die Vermieterinsolvenz übertragen. Der Zwangsverwalter hat nämlich die Vermieterpflichten umfassend und ohne eine der Eröffnung des Insolvenzverfahrens entsprechende Zäsur (vgl. § 108 Abs. 3) zu erfüllen. Auch kann die Masse nicht mit der Rückzahlung von Geldern belastet werden, die ihr nicht zugeflossen sind. Obwohl die Abrechnung zu den Verwaltungsmaßnahmen des Insolvenzverwalters (§ 55 Abs. 1 Nr. 1) gehört, zählt das Abrechnungsguthaben zu Gunsten des Mieters nicht zu den Masseverwaltungskosten. Dem Grundsatz folgend, dass die Masse überzahlte Betriebskosten nur zurückzuerstatten hat, soweit sie ihr zugeflossen sind, ist bei Verfahrenseröffnung während der laufenden Abrechnungsperiode der Rückzahlungsanspruch anteilig aus der Masse zu erfüllen.

71 **f) Leistungsstörungen. aa) Mangelbeseitigung und Gewährleistung bei Miete und Pacht.** Die Masse schuldet die Gebrauchsgewährung gemäß § 55 Abs. 1 Nr. 2. Die wegen eines Sachmangels geminderte Miete bleibt nach Verfahrenseröffnung gemindert, weil die **Minderung** gemäß § 536 BGB kraft Gesetzes eintritt. Auf den vertraglichen Ausschluss der Mietminderung sollte sich die Insolvenzmasse wegen der latenten Gefahr der Masseunzulänglichkeit nicht berufen können.[196] Da die Mängelbeseitigung wie die Gebrauchsüberlassung gemäß § 536 BGB vertragliche Hauptleistung ist, schuldet die Masse den uneingeschränkten vertragsgemäßen Mietgebrauch auch dann, wenn das Mietobjekt schon vor Verfahrenseröffnung mangelhaft[197] oder noch nicht vollständig fertiggestellt war.[198] Gerechtfertigt ist diese Sicht, weil nach dem § 55 Abs. 1 Nr 2 zugrunde liegenden Gegenseitigkeitsaspekt beide Vertragsparteien Anspruch auf die vollständige Leistung der anderen Partei haben. 108 Abs. 3 greift nicht ein,[199] denn die Bereitstellung der Mietsache im vertragsgerechten Zustand ist als Gegenleistung zu den Mietzahlungen täglich zu erfüllen. Übermäßige Aufwendungen, die außer Verhältnis zum Wert der Mietsache und zu den Mieteinkünften stehen, sollte die Masse mit der Einrede der wirtschaftlichen Unmöglichkeit gem. § 275 Abs. 2 BGB (RdNr. 76) abwehren können. Gleichwohl bleibt sie Schadensersatz- und Aufwendungsersatzansprüchen des Mieters (§ 536a Abs. 1 und 2 BGB) aus-

---

[189] *Derleder* NZM 2004, 568, 574; *Hörndler* in *Lindner-Figura/Oprée/Stellmann*, Kap. 20 RdNr. 81.
[190] BGHZ 113, 188 = NJW 1991, 836.
[191] BGH ZIP 2007, 239 = NZM 2007, 164; *Wolf/Eckert/Ball*, RdNr. 1446; aA *Hörndler* in *Lindner-Figura/Oprée/Stellmann*, Kap. 20 RdNr. 81 mit der Begründung, die Rückzahlungspflicht entstehe durch eine Handlung des Insolvenzverwalters gem. § 55 Abs. 1 Nr. 1.
[192] NZM 2005, 342 = NZI 2005, 164 = ZIP 2005, 181; dazu *Eckert* NZM 2005, 330, 331.
[193] NZM 2004, 568, 574.
[194] = NJW 1991, 836.
[195] BGH NJW 2003, 2320 = NZM 2003, 473.
[196] OLG Rostock GuT 2005, 17; *Hörndler* in *Lindner-Figura/Oprée/Stellmann*, Kap. 20 RdNr. 88.
[197] BGH NZI 2003, 373 = NZM 2003, 472 = ZIP 2003, 854; OLG Düsseldorf ZMR 1989, 177; aA *Kahlert* in *Breutigam/Blersch/Goetsch* § 55 RdNr. 54; *Franken/Dahl*, 6. Teil, RdNr. 194.
[198] AA *Derleder* NZM 2004568, 571.
[199] AA *Gundlach/Frenzel* NZI 2003, 374.

gesetzt.[200] Der primäre Erfüllungsanspruch und die Sekundäransprüche des Mieters unterliegen gem. § 90 Abs. 2 Nr. 3 nicht dem Vollstreckungsverbot, soweit der Verwalter für die Masse die Miete einzieht.

Der Verwalter, der einen nachträglichen Sachmangel zu vertreten hat oder mit der Beseitigung eines Mangels in Verzug gerät, löst einen gemäß § 55 Abs. 1 Nr. 1 gegen die Masse gerichteten Schadensersatzanspruch (§ 536a Abs. 1 BGB) aus.[201] Eingeschlossen ist die weitreichende Haftung für Mangelfolgeschäden (z. B. Beschädigung von Sachen des Mieters infolge eines Gebäudemangels; Datenverlust). Hingegen kann der Mieter Schadensersatz wegen eines vor Verfahrenseröffnung entstandenen Sachmangels nach § 108 Abs. 3 nur als Insolvenzgläubiger geltend machen, soweit der Schaden vor Verfahrenseröffnung eingetreten ist. 72

Bei konsequenter Befolgung des Grundsatzes, dass die Insolvenzmasse den Vertrag so zu erfüllen hat wie zuvor der Schuldner, trifft sie auch die **verschuldensunabhängige Haftung** des Vermieters für anfängliche Fehler der Mietsache, die nach Eröffnung des Insolvenzverfahrens zu einem Schaden des Mieters führen.[202] Ihre Position ist vergleichbar mit der des Grundstückserwerbers, der gemäß § 566 BGB in alle Pflichten aus einem Immobilienmietverhältnis einschließlich der Garantiehaftung für anfängliche Sachmängel eintritt.[203] Da der Verwalter im Insolvenzverfahren über das Vermögen des Vermieters kein Sonderkündigungsrecht hat, sind Zweifel angebracht, ob diese dem Ausmaß nach unübersehbare Haftung noch mit dem Grundsatz der Erhaltung der Masse in Einklang steht. 73

bb) Gewährleistung beim Leasing. Die Haftung der Masse für Sachmängel ist beim Leasing die gleiche, falls der Leasinggeber wegen Scheiterns der leasingtypischen Ersetzung der mietrechtlichen Gewährleistung durch Abtretung der kaufrechtlichen Gewährleistungsansprüche an den Leasingnehmer nach mietrechtlichen Grundsätzen zur Gewährleistung verpflichtet bleibt.[204] Beim **Hersteller- oder Händlerleasing** leistet der Leasinggeber selbst Gewähr für die Fehlerfreiheit der Leasingsache,[205] so dass eine Sachmängelhaftung der Masse nicht auszuschließen ist.[206] 74

Beim **Finanzierungsleasing** ist nach wirksamer Ersetzung der mietrechtlichen Sachmängelhaftung durch die kaufrechtlichen Gewährleistungsrechte die Masse im Regelfall davor bewahrt, für nach Übergabe der Leasingsache entstehende Mängel in Anspruch genommen zu werden und sich mit dem Verkäufer oder dem Leasingnehmer auseinander setzen zu müssen, denn die kaufrechtliche Gewährleistung setzt gem. § 434 BGB einen Mangel zum Zeitpunkt des Gefahrübergangs voraus. Das Ergebnis der gewährleistungsrechtlichen Auseinandersetzung zwischen Lieferant und Leasingnehmer über bei Gefahrübergang vorhandene Fehler muss der Leasinggeber in der Weise gegen sich gelten lassen, dass nach erfolgreichem Rücktritt vom Kaufvertrag,[207] dem das Scheitern der Rückabwicklung wegen Vermögenslosigkeit des Lieferanten gleichsteht,[208] der Leasingvertrag wegen Wegfalls der Geschäftsgrundlage rückabzuwickeln ist, und zwar auch dann, wenn der Leasingnehmer die Sache teilweise oder zeitweise genutzt hat. Nach bereicherungsrechtlichen Grundsätzen sind in den Ausgleich die gezahlten Leasingraten und der Wert der Nutzung des Leasingobjekts einzubeziehen.[209] Insoweit bildet die Verfahrenseröffnung eine Zäsur. Nur den Saldo, der 75

---

[200] *Braun/Kroth* § 108 RdNr. 19.
[201] *Jaeger/Henckel* § 21 RdNr. 10; *Kuhn/Uhlenbruck*, KO, 11. Aufl., § 21 RdNr. 5; *Wolf/Eckert/Ball*, RdNr. 1441.
[202] *Welling* S. 107.
[203] Dazu BGHZ 49, 350 = NJW 1968, 885.
[204] Vgl. BGH NJW 1987, 1072 = ZIP 1987, 240; *Wolf/Eckert/Ball*, RdNr. 1891.
[205] MünchKommBGB-*Habersack*, nach § 507, Leasing, RdNr. 105; *v. Westphalen* RdNr. 173.
[206] *Pape* WPrax 13/1994, 5, 11, 13.
[207] BGHZ 81, 298 = NJW 1982, 105 = ZIP 1981, 1215; NJW 1985, 796 = ZIP 1985, 226; BGHZ 109, 139 = NJW 1990, 314 = ZIP 1990, 175; *Wolf/Eckert/Ball*, RdNr. 1840; MünchKommBGB-*Habersack*, nach § 507, Leasing, RdNr. 91.
[208] BGH NJW 1985, 129 = ZIP 1984, 1101; BGHZ 114, 57 = NJW 1991, 1746 = ZIP ZIP 1991, 519.
[209] BGHZ 109, 139 = NJW 1990, 314 = ZIP 1990, 175.

sich nach Abrechnung der danach eingezogenen Leasingraten und des Werts der Nutzung des mangelhaften Leasingobjekts zu Gunsten des Leasingnehmers ergibt, hat die Masse wegen rechtsgrundloser Bereicherung auszukehren (§ 55 Abs. 1 Nr. 3); im Übrigen kann der Leasingnehmer seinen Rückzahlungsanspruch nur als Insolvenzgläubiger verfolgen. Dieses Ergebnis korrespondiert mit der mietrechtlichen Gewährleistung, denn die Mietminderung wegen eines Sachmangels (§ 536 BGB) wirkt ebenfalls gegen die Masse und zu viel empfangene Miete muss sie zurückerstatten.

76   **cc) Leistungshindernisse.** Die **Zerstörung der Mietsache** – kein Sachmangel – beendet das Mietverhältnis nicht und hindert nicht das Fortbestehen des Mietverhältnisses mit Wirkung für die Masse gemäß § 108 Abs. 1. Allerdings ist die Masse ebenso wenig wie der Vermieter zur Wiederherstellung oder Ersatzbeschaffung verpflichtet, auch dann nicht, wenn der Verwalter den Untergang zu vertreten hat.[210] Der völligen Zerstörung des Mietobjekts steht eine **weitgehende Beschädigung** gleich, wenn dem Vermieter die Wiederherstellung aus wirtschaftlichen Gründen gem. § 275 Abs. 2 BGB nicht zuzumuten ist.[211] Die **Opfergrenze** ist insofern von Bedeutung, als der Verwalter nicht im Interesse eines Mieters die Masse auszehren darf. Hat der Verwalter den Untergang oder den definitiven Entzug des Mietgebrauchs zu vertreten, so richtet sich der Schadensersatzanspruch des Mieters (§§ 275, 283 BGB) gemäß § 55 Abs. 1 Nr. 1 gegen die Masse.

77   **dd) Rechtsmängelhaftung.** Allein das dem Mietgebrauch entgegenstehende bessere Recht des Dritten begründet noch keinen Rechtsmangel; dieser entsteht erst, wenn der Dritte sein Recht geltend macht und den Mietgebrauch beeinträchtigt.[212] Ein von der Masse zu vertretender Rechtsmangel kann insbesondere als Folge der Veräußerung der Mietsache oder der Beendigung des Hauptmietverhältnisses eintreten, falls der Schuldner das Mietobjekt selbst gemietet und untervermietet hatte.

78   Den **Schadensersatzanspruch des Untermieters** gegen den Untervermieter gemäß §§ 536 Abs. 3, 536a BGB nach Beendigung des Hauptmietverhältnisses und Rückgabeverlangen des Hauptvermieters (§ 546 Abs. 2 BGB) haben RG und BGH unter der Geltung der Konkursordnung als Konkursforderung eingeordnet;[213] als mittelbare Folge der Konkurseröffnung, so die Begründung, falle er wie ein etwaiger Ersatzanspruch des Untermieters nach einvernehmlicher Aufhebung des Hauptmietverhältnisses unter § 26 Satz 2 KO. Dieser Betrachtung ist nicht mehr zu folgen. Der Ersatzanspruch des Untermieters, der an die Stelle seines nicht mehr erfüllbaren Hauptleistungsanspruchs tritt, richtet sich gegen die Masse, denn er beruht auf einer Verwaltungsmaßnahme des Insolvenzverwalters (§ 55 Abs. 1 Nr. 1).[214] Zwar kann der Vertragsgegner seinen Schadensersatzanspruch wegen Nichterfüllung eines von der Verwaltungsmaßnahme betroffenen Vertrages nur als Insolvenzgläubiger geltend machen, so nach Ablehnung der Erfüllung (§ 103 Abs. 2 Satz 1), vorzeitiger Kündigung des Mietverhältnisses (§ 109 Abs. 1 Satz 2) oder Rücktritt von einem nicht vollzogenen Mietvertrag (§ 109 Abs. 2 Satz 2). Das Untermietverhältnis, das der Schuldner als Vermieter eingegangen ist, kann der Verwalter nicht auflösen. Durch die Verwaltungsmaßnahme – Kündigung des Hauptmietverhältnisses oder dessen einvernehmliche Aufhebung – wird es nicht betroffen, denn es dauert unabhängig von dessen Bestand fort. Eine § 26 Satz 2 KO entsprechende Regelung, die auch mittelbare Folgen einer durch die Konkurseröffnung bedingten Nichterfüllung erfasste, enthält die Insolvenzordnung nicht. § 108 Abs. 3 greift nicht ein, weil der Rechtsmangel im Untermietverhältnis erst nach Verfahrenseröffnung entsteht.

---

[210] Vgl. BGH NJW 1974, 1551; NJW 1976, 1506; WM 1977, 400; *Wolf/Eckert/Ball,* RdNr. 329.
[211] BGH NJW 1959, 2300; NJW 1976, 1506; ZIP 1990, 1483; OLG Karlsruhe ZMR 1995, 201.
[212] BGH NJW 1989, 524; BGH NJW 1996, 46; MünchKommBGB-*Schilling* § 536 RdNr. 24; *Blank/Börstinghaus* § 541 RdNr. 4; *Wolf/Eckert/Ball* RdNr. 242.
[213] RGZ 67, 372; BGHZ 17, 127 = NJW 1955, 948; ebenso *Kilger/K. Schmidt* § 19 RdNr. 6; *Bub/Treier/Belz* VII. B. RdNr. 220; *Kuhn/Uhlenbruck,* KO, 11. Aufl., § 19 RdNr. 19; *Fritz,* RdNr. 625; zur Rechtslage nach InsO HK-*Marotzke* § 108 RdN. 17; *Graf-Schlicker/Breitenbücher* § 109 RdNr. 7; aA *Eckert* ZIP 1983, 770, 771.
[214] *Marotzke* ZInsO 2007, 1, 6.

g) **Aufwendungsersatz.** Für den Ersatz notwendiger Aufwendungen zur Mangelbeseitigung (§ 536a Abs. 2 BGB), die der Mieter **vor Verfahrenseröffnung** vorgenommen hat, haftet die Masse nach § 108 Abs. 3 auch dann nicht, wenn ihr später der Wert seiner Verwendung zugute kommt;[215] der Ersatzanspruch ist vollständig vor Verfahrenseröffnung begründet. Bei **Aufwendungen nach Verfahrenseröffnung** spricht gegen die Annahme einer Masseverbindlichkeit, dass der Anspruch ohne Zutun des Verwalters entsteht. Da bei gebotener restriktiver Auslegung nur die zur Gefahrenabwehr und zur Erhaltung der Mietsache unerlässlichen Maßnahmen zu vergüten sind,[216] wird die Masse nur von Aufwendungen befreit, zu denen sie ohnehin verpflichtet war. Der Gegenleistungsaspekt spricht daher nicht gegen die Einordnung als Masseverbindlichkeit.[217] Selbst Ansprüche auf Aufwendungsersatz nach den Regeln der Geschäftsführung ohne Auftrag (§ 539 Abs. 1 BGB) sind nicht ausgeschlossen, wenn die Maßnahme zweifelsfrei dem Interesse der Masse entsprach.[218] Im Übrigen haftet sie nach § 55 Abs. 1 Nr. 3, soweit sie durch Aufwendungen des Mieters rechtsgrundlos bereichert ist. 79

Der Mieter einer beweglichen Sache – nicht der Immobilienmieter, § 570 Abs. 2 BGB – hat wegen seines Anspruchs auf **Ersatz nützlicher Verwendungen** ein Absonderungsrecht (§ 51 Nr. 2), sofern sie ihm vor Verfahrenseröffnung überlassen wurde, er wegen seines Ersatzanspruchs ein Zurückbehaltungsrecht geltend macht und die Werterhöhung bei Geltendmachung des Zurückbehaltungsrechts noch vorhanden ist.[219] Fließt nach Verwertung der Mietsache der Erlös ununterscheidbar in die Masse, so ist sie auf Kosten des Mieters ungerechtfertigt bereichert. 80

h) **Sicherheiten.** Die Masse erwirbt akzessorische Sicherheiten (Rechte aus einer Bürgschaft, Vermieterpfandrecht); sie tritt auch in die Kautionsabrede ein und übernimmt die treuhänderisch angelegte Kaution. Der Eröffnungsbeschluss stellt einen Vollstreckungstitel dar, der dem Verwalter den Zugriff auf die Kaution und die sie dokumentierenden Urkunden ermöglicht.[220] Der Mieter, der vor Verfahrenseröffnung vertragsgemäß Sicherheit geleistet hat, ist nicht verpflichtet, erneut einzuzahlen, wenn der Vermieter sie nicht von seinem Vermögen getrennt angelegt hatte.[221] Hatte sich der Vermieter wegen Zahlungsrückstandes aus der Kaution befriedigt, so ist der Mieter auch der Masse gegenüber zur Auffüllung verpflichtet. Soweit eine **Verpflichtung zur treuhänderischen Anlage** besteht – vertraglich ausbedungen oder nach § 551 Abs. 3 BGB – ist auch der Verwalter gehalten, die Kaution von der übrigen Masse getrennt anzulegen, damit der Mieter gegen die Folgen der Masseunzulänglichkeit (§ 208 ff.) gesichert wird. 81

2. Insolvenz des Immobilienmieters, -pächters oder -leasingnehmers. a) Besitzergreifung des Verwalters. Vom Schuldner gemietete oder gepachtete Gegenstände unterliegen grundsätzlich dem Insolvenzbeschlag und fallen in die Masse.[222] Der Eröffnungsbeschluss ermächtigt den Verwalter gem. § 148, das Mietobjekt in unmittelbaren Besitz zu nehmen, soweit der Schuldner diesen Besitz inne hat. Zur **Räumungsvollstreckung** gegen ihn genügt der mit der Vollstreckungsklausel versehene Eröffnungsbeschluss. Ob auch die **Privatwohnung des Schuldners** diesem Vollstreckungszugriff unterliegt,[223] ist zweifelhaft, weil sie als Mittelpunkt der Lebensführung besonderen Schutz verdient.[224] 82

---

[215] *Bub/Treier/Belz* VII. B. RdNr. 177.
[216] BGH NJW 1974, 743; NJW-RR 1991, 75; NJW-RR 1993, 522.
[217] *Eckert* ZIP 1983, 770, 772; *Bub/Treier/Belz* VII. B. RdNr. 177.
[218] *Bub/Treier/Belz* VII. B. RdNr. 177.
[219] *Eckert* ZIP 1983, 770, 772; *Kilger/K. Schmidt* § 49 Anm. 6.
[220] Vgl. BGH NJW-RR 2005, 1032 = MDR 2005, 1012, zur Anordnung der Zwangsverwaltung.
[221] AG Frankfurt/Main NJW-RR 1991, 1165; *Bub/Treier/Belz* VII. B. RdNr. 188.
[222] *Gottwald/Huber*, Insolvenzrechts-Handbuch, § 37 RdNr. 5.
[223] Dafür: OLG Köln ZIP 2001, 1422, 1427; *Eichner* WuM 1999, 260, 262; *Uhlenbruck* § 148 RdNr. 21; FK-*Wegener* § 148 RdNr. 13; aA *Eckert* ZVI 2006, 133, 134.
[224] Vgl. BVerfGE 89, 1 = NJW 1993, 2035 = ZMR 1993, 405; MünchKommBGB-*Häublein* § 573 RdNr. 8.

83 Der Eröffnungsbeschluss bietet keine Grundlage für die **Vollstreckung gegen den Ehegatten** oder weitere Mitbewohner, z. B. volljährige Familienangehörige, wobei es nicht darauf ankommt, ob diese Partei des Mietvertrages sind (dazu § 148 RdNr. 71).[225] Übt der Schuldner als einer von mehreren Mietern **Mitbesitz** aus, so darf der Verwalter nur ihm den unmittelbaren Mitbesitz ohne Beeinträchtigung des Mitbesitzes der anderen Mieter entziehen.

84 **b) Bindung an den Vertrag.** Der Insolvenzverwalter hat den Vertrag über einen unbeweglichen Gegenstand (§ 49) mit den Rechten und Pflichten des Schuldners fortzuführen, kann jedoch nach § 109 Abs. 1 vorzeitig kündigen. Sonstige Rechte zur ordentlichen oder außerordentlichen Kündigung bleiben unberührt. Ein **Optionsrecht** zu Gunsten des Mieters wird durch das Insolvenzverfahren nicht hinfällig (RdNr. 57), so dass nach ordentlicher Kündigung des Vermieters oder Ablauf der Vertragszeit der Verwalter für die Masse optieren darf.

85 Eine **vor Verfahrenseröffnung erklärte Kündigung** des Schuldners oder Vermieters zu einem Termin nach Verfahrenseröffnung bleibt wirksam. Ein zuvor entstandenes Recht zur außerordentlichen Kündigung geht auf die Masse über, etwa wegen Verweigerung der Erlaubnis zur Untervermietung (§ 540 Abs. 1 Satz 2 BGB) oder wegen Nichtgewährens des vertragsgemäßen Gebrauchs (§ 543 Abs. 2 Nr. 1 BGB), denn die Masse kann nicht stärker an den Vertrag gebunden sein als der Schuldner. Eine Kündigung des Verwalters wird nicht infolge **Aufhebung des Insolvenzverfahrens** hinfällig.

86 Der Vermieter kann seine Kündigung nicht auf das vertragswidrige Verhalten des Schuldners vor Verfahrenseröffnung, etwa Zahlungsverzug, auch nicht auf Zahlungsverzug während des vorläufigen Verfahrens, stützen;[226] in aller Regel setzt der Verwalter dieses nicht fort, sorgt insbesondere für pünktliche Mietzahlungen. Bei **Wohnraummiete** hat der Vermieter kein schützenswertes Interesse an der Beendigung des Mietverhältnisses, solange die Mietzahlung sichergestellt ist. Grundsätzlich ist ihm zuzumuten, erst zu kündigen, wenn die Masse im Umfang des § 543 Abs. 2 Nr. 3 BGB in Zahlungsverzug geraten ist oder die Voraussetzungen des § 543 Abs. 1 BGB vorliegen.[227] Die Kündigungssperre gemäß § 112 greift nicht mehr ein.

87 **c) Mietrückstände.** Von der Teilbarkeit der Gebrauchsgewährung und der Gegenleistung nach Zeitabschnitten ausgehend bestimmt § 108 Abs. 3, dass der Vermieter **Mietrückstände aus der Zeit vor Verfahrenseröffnung** nur als Insolvenzgläubiger geltend machen kann. (Ausnahme: Gebrauchsgewährung während des vorläufigen Verfahrens, RdNr. 185). Soweit er ausfällt, kann er sich wegen seiner offenen Forderungen gegenüber Ansprüchen der Masse nicht auf ein **Zurückbehaltungsrecht** berufen und der Masse den weiteren Mietgebrauch entziehen.[228] Schuldet die Masse nicht die rückständige Miete, so kann der Vermieter nicht seine ihr gegenüber zu erbringende Leistung zurückbehalten. Nichts anderes gilt, wenn der Vermieter zwar der Masse die Nutzung belässt, aber seine darüber hinausgehenden Leistungen zurückbehält, z. B. die Behebung eines Sachmangels, Beheizung der Mieträume oder Schadensersatz wegen Verzugs mit der Mängelbeseitigung (§ 536a Abs. 2 Nr. 1 BGB) verweigert.[229] Entrichtet die Masse, wozu sie gem. § 55 Abs. 1 Nr. 2 verpflichtet ist, die Miete, so hat sie Anspruch auf die ungeschmälerte Gegenleistung. Die Gebrauchsgewährung schließt die Mängelbeseitigung und die Erfüllung von Sekundärpflichten ein.

88 Bei **Insolvenz des gewerblichen Zwischenvermieters von Wohnraum**, der den Wohnungseigentümern als Kapitalanlegern zumeist stabile Mieteinnahmen garantiert hat, kann der Wohnungseigentümer die Mieteinkünfte, die der Zwischenvermieter vor Verfah-

---

[225] *Eckert* NZM 2001, 260, 262; aA OLG Köln ZIP 2001, 1422, 1427; FK-*Wegener* § 148 RdNr. 14; *Nerlich/Römermann/Andres* § 148 RdNr. 48; *Breutigam* in *Breutigam/Blersch/Goetsch* § 148 RdNr. 18.
[226] *Hörndler* in *Lindner-Figura/Oprée/Stellmann*, Kap. 20 RdNr. 53.
[227] *Kübler/Prütting/Tintelnot* § 109 RdNr. 11.
[228] *Pape*, Kölner Schrift S. 531, 557 RdNr. 38; *Kübler/Prütting/Tintelnot* § 108 RdNr. 27; HambKomm-*Ahrendt* § 108 RdNr. 19.
[229] AA *Marotzke*, Gegenseitige Verträge, RdNr. 6.13.

renseröffnung eingezogen hat, nicht gem. § 47 aussondern.[230] Dasselbe gilt bei normaler **Untervermietung.** Der Zwischen- oder Untervermieter legt die Einnahmen aus dem Untermietverhältnis nicht treuhänderisch von seinem sonstigen Vermögen getrennt an. Im Verhältnis zum Endnutzer ist er echter Vermieter und somit gemäß § 535 BGB Forderungsinhaber. Zu bedenken ist zudem, dass er mit Einziehung der Grundmiete und Betriebskosten auch seinen Gewinn realisiert, die Nebenkosten einbehält und abrechnet; an den Eigentümer führt er nur die im Hauptmietverhältnis vereinbarte Miete ab, die zumeist unter dem von dem Endnutzer geschuldeten Betrag liegt. Der Eigentümer kann seine Forderungen gegen den insolventen Zwischenvermieter aus der Zeit vor Verfahrenseröffnung demnach nur als Insolvenzgläubiger geltend machen (zur Privilegierung als Masseverbindlichkeit unten RdNr. 185 ff).

d) Laufende Miete und Betriebskosten. Die Haftung der Masse für die Erfüllung der 89 nach Verfahrenseröffnung anfallenden vertraglichen Pflichten ergibt sich aus § 55 Abs. 1 Nr. 2. Diese Regelung gewährleistet, dass derjenige, der seine Leistung zur Masse erbringt, von ihr die vollwertige Gegenleistung zu beanspruchen hat.[231] Die Masse schuldet die Miete auch, wenn sie das Mietobjekt nicht nutzt oder der Schuldner die Nutzung vor Verfahrenseröffnung aufgegeben hat. § 55 Abs. 1 Nr. 2 stellt im Gegensatz zu § 55 Abs. 2 Satz 2 nicht darauf ab, dass die Masse von der Nutzung der Mietsache profitiert. Die Verfahrenseröffnung ist insofern die entscheidende Zäsur, als die Masse den Mietgebrauch nach Eröffnung auch abzugelten hat, soweit die Gegenleistung hierfür vor Eröffnung fällig war.[232] Umgekehrt wird sie nur anteilig entsprechend ihrer Nutzungszeit verpflichtet, wenn die Miete laut Vertrag nachträglich zu zahlen ist und nach Verfahrenseröffnung fällig wird.[233] Hat der Vermieter zur Entlastung des Schuldners die von ihm vorzeitig zurückgegebene Mietsache bei fortbestehendem Mietvertrag zu einer geringeren als der bisherigen Miete weitervermietet und kann er von ihm die Mietdifferenz fordern,[234] so ist diese Forderung als Erfüllungsanspruch ebenfalls aus der Masse zu berichten. Ob Mietforderungen auch dann aus der Masse zu erfüllen sind, wenn nicht der den Gebrauch gewährende Vermieter sie geltend macht, sondern der gesamtschuldnerisch (§ 421 BGB) haftende Mitmieter, der an den Vermieter gezahlt hat, ist zweifelhaft. Einerseits tritt gemäß § 412 BGB nach **Forderungsübergang** (§ 426 Abs. 2 BGB) der neue Gläubiger grundsätzlich in die Rechtsstellung des früheren ein,[235] andererseits erscheint im Insolvenzverfahren der Gegenleistungsgrundsatz vorrangig.[236] Zudem ist Grundlage des Rückgriffs das gesellschafts- oder gemeinschaftsrechtliche Verhältnis der mehreren Mieter, das sie vor Verfahrenseröffnung begründet haben. Mietforderungen – Rückstände nur begrenzt – sind durch das gesetzliche Vermieterpfandrecht gesichert (§ 562 BGB, § 50 Abs. 2; dazu § 50 RdNr. 84 ff.). Bei gesellschaftsrechtlichem Kapitalersatz durch Nutzungsüberlassung entfallen Mietansprüche gegen die Masse (§ 135 RdNr. 98).

Betriebskostennachzahlungen, die auf die Zeit vor Verfahrenseröffnung entfallen, sind 90 ungeachtet der durch die Abrechnung ausgelösten Fälligkeit nicht aus der Masse zu berichtigen, denn sie zählen noch zum Entgelt für den Mietgebrauch vor Verfahrenseröffnung.[237] Bei Eröffnung während einer laufenden Abrechnungsperiode sind wie bei einem Mieterwechsel die Anteile, für die die Masse haftet und die der Vermieter nur als Insolvenzgläubiger fordern kann, zu ermitteln.[238] Ein sich nach Abrechnung der Betriebskosten für die Zeit vor Verfahrenseröffnung zu Gunsten des Mieters (Schuldners) ergebendes Guthaben steht der

---

[230] Dazu *Marotzke*, ZInsO 2007, 1, 11.
[231] BGH NJW 1994, 516 = ZIP 1993, 1874.
[232] *Heilmann* NJW 1985, 2505, 2506; *Jaeger/Lent* § 59 RdNr. 7.
[233] *Jaeger/Henckel*, InsO, § 55, RdNr. 48.
[234] BGHZ 122, 163 = NJW 1993, 1645 = ZIP 1993, 774.
[235] *Heilmann* NJW 1985, 2505, 2506.
[236] *Eckert* ZIP 1983, 770, 773.
[237] AA *Hörndler* in Lindner-Figura/Oprée/Stellmann, Kap. 20 RdNr. 49.
[238] *Börstinghaus* DWW 1999, 205; *Oevermann* NZM 2000, 1213, 1216.

Masse zu. Allerdings erlauben §§ 94, 95 Abs. 1 Satz 1 dem Vermieter die Aufrechnung mit Mietrückständen aus der Zeit vor Verfahrenseröffnung. Ungeachtet der erst mit Abrechnung eintretenden Fälligkeit lässt der BGH die Aufrechnungslage schon mit Ablauf des Abrechnungszeitraums vor Verfahrenseröffnung entstehen, so dass § 95 Abs. 1 Satz 3 nicht eingreift,[239] sofern die Aufrechnungslage nicht anfechtbar (§ 96 Abs. 1 Nr. 3) herbeigeführt wurde.

91   Die Miete für die vom Schuldner angemietete **privat genutzte Wohnung** ist ebenfalls Masseverbindlichkeit, denn das Mietverhältnis ist massebefangen (oben RdNr. 40).[240] Aus dem Wortlaut des § 55 Abs. 1 Nr. 2 (Erfüllung *„zur Insolvenzmasse")* ist nicht abzuleiten, dass die Masse nicht die Mietzahlungen schuldet, weil der Vermieter den Mietgebrauch gerade nicht ihr, sondern dem Schuldner zur Befriedigung seines persönlichen Wohnbedürfnisses gewährt.[241] Dem folgend könnte der Vermieter die nach Eröffnung auflaufenden Mieten entgegen §§ 38, 108 Abs. 3 nur als Insolvenzgläubiger geltend machen.[242] Die eng am Wortlaut des § 55 Abs. 1 Nr. 2 InsO haftende Sicht bedenkt nicht, dass gem. § 108 Abs. 1 Satz 1 im Verhältnis zum Vermieter die Insolvenzmasse in die Mieterstellung einrückt und ihm gegenüber zur Nutzung berechtigt ist.

92   **e) Rückgriff der Masse gegen den Schuldner und Mitbewohner.** Die Insolvenzmasse hat gegen den Schuldner, der die zur Masse gehörende Mietwohnung nutzt, keinen Anspruch auf Miete oder Nutzungsentschädigung, weil zwischen ihr und ihm kein Mietverhältnis besteht; mit Zahlung der Miete geht die Mietforderung nicht kraft Gesetzes auf sie über. Ein sonstiger Erstattungsanspruch gegen ihn ist nicht zu begründen; mit der Zahlung führt der Verwalter nicht *auch* ein Geschäft des Schuldners.[243] In einem Urteil vom 11. 10. 1984[244] meint der BGH, ohne dies zu vertiefen, der Schuldner sei auf Kosten der Masse ungerechtfertigt bereichert, wenn das Nutzungsrecht zur Masse gehöre und er die Wohnung ohne Einverständnis des Gerichts oder der Gläubigerversammlung nutze. Diese Konstellation ist im Regelfall nicht gegeben, weil der Schuldner gegenüber der Masse zur Nutzung seiner Wohnung berechtigt ist. Dieses scheinbar befremdliche Ergebnis ist Folge der von den Gläubigern, gem. § 109 Abs. 1 Satz 2 zeitlich begrenzt, hinzunehmenden Privilegierung von Masseverbindlichkeiten. Auch wenn dem Schuldner sein unpfändbares Einkommen ohne Belastung mit den Wohnkosten bleibt, ist die Kürzung des unpfändbaren Einkommens analog § 850 e Nr. 3 ZPO nicht geboten.[245]

Gem. § 426 Abs. 2 BGB ist der **Rückgriff gegen Mitbewohner,** z. B. gegen den Ehegatten, möglich, soweit diese als Gesamtschuldner (§ 421 BGB) für die mietvertraglichen Verbindlichkeiten haften und im Innenverhältnis ihre Beteiligung nicht ausgeschlossen ist. Ohne diese Voraussetzungen kann die Masse den Ehegatten oder Familienangehörigen auch dann nicht in Anspruch nehmen, wenn diese nach Auszug des Schuldners die Wohnung allein nutzen.[246] Auch sie sind nicht unmittelbar auf Kosten der Masse bereichert.

93   **f) Direktzahlung bei Unter- oder Zwischenvermietung.** Bei Untervermietung oder gewerblicher Zwischenvermietung fließen die Zahlungen des Untermieters oder Endnutzers ohne Zweckbindung in die Insolvenzmasse, sind demgemäß nicht bevorzugt für die Erfül-

---

[239] BGH NZI 2005, 164 = NZM 2005, 342 = ZIP 2005, 181; zu weiteren Aufrechnungskonstellationen Eckert NZM 2005, 330.
[240] *Eichner* WuM 1999, 260, 261; *Steder* ZIP 1999, 1879; *Vallender/Dahl* NZI 2000, 246, 249; FK-*Wegener* § 109 RdNr. 10 a; *Pape* NZM 2004, 401, 411; *Eckert* ZVI 2006, 133.
[241] *Schläger* ZMR 1999, 522, 523; HK-*Marotzke* § 109 RdNr. 10.
[242] HK-*Marotzke* § 109 RdNr. 11; nach *Grote,* NZI 2000, 66, 67, weder Masseverbindlichkeit noch Insolventforderung.
[243] AA *Jaeger/Henckel* § 117 RdNr. 61, der für §§ 677, 683 BGB eintritt.
[244] NJW 1984, 1082. Das Urteil betrifft eine Wohnung, die dem Schuldner und seinen Miterben in ungeteilter Erbengemeinschaft gehörte und an der er vor Konkurseröffnung ein eigenes Nutzungsrecht erlangt hatte.
[245] *Eckert* ZVI 2006, 133, 139, 140; aA *Steder* ZIP 1999, 1874, 1879.
[246] LG Freiburg NJW-RR 1996, 1164; LG Oldenburg, NJW 1967, 785, verknüpft dies mit der familienrechtlichen Unterhaltslast.

lung der Mietforderungen des Hauptvermieters oder Eigentümers einzusetzen. Der Insolvenzverwalter, der die Untermieten einzieht, ist nicht gehindert, dem Mietzahlung aus der Masse fordernden Hauptvermieter die Anzeige der Masseunzulänglichkeit entgegenzuhalten (dazu RdNr. 103). Gleichwohl sind Hauptvermieter und Untermieter nicht berechtigt, sich auf eine Direktzahlung durch den Untermieter an den Hauptvermieter zu verständigen, um den Auswirkungen der Masseunzulänglichkeit zuvorzukommen. Zahlungen des Untermieters an den Hauptvermieter befreien den Leistenden nicht von seiner Verpflichtung gegenüber der Insolvenzmasse (§ 362 Abs. 2 BGB).[247] Zur Abtretung der Forderungen aus dem Untermietverhältnis an den Hauptvermieter wird auf § 110 RdNr. 14 verwiesen.

g) Leasingraten. § 108 Abs. 3 ist auch für die Leasingraten einschlägig. Dass sie, soweit sie nach Eröffnung des Insolvenzverfahrens fällig werden, Masseverbindlichkeiten sind, wurde bislang, sofern überhaupt erörtert, kaum angezweifelt.[248] Der BGH ordnete im Urteil vom 5. 4. 1978[249] die bis zur vorzeitigen Kündigung gemäß § 19 KO anfallenden Raten als Masseschulden ein. Mit dem Anspruch des Leasinggebers auf Nutzungsentschädigung wegen Vorenthaltung der Leasingsache nach Vertragsende gemäß § 546a BGB befasst, konstatiert er im Urteil vom 24. 11. 1993,[250] der Leasinggeber könne wie der Vermieter gemäß § 59 Abs. 1 Nr. 2 KO für die nach Verfahrenseröffnung zur Masse erbrachte Leistung das Entgelt beanspruchen.

94

Wegen der Unterschiede in den Leistungen des Vermieters und des Leasinggebers (oben RdNr. 31) ist dies nicht selbstverständlich. Beschränkte sich die Leistung des Leasinggebers nach seiner anfänglichen Hauptleistung darauf, dem Leasingnehmer die ungestörte Nutzung zu belassen und ihn allenfalls bei Störungen durch Dritte zu unterstützen,[251] oder hätte er seine Vertragspflichten sogar vollständig erfüllt,[252] so wären dem Gegenleistungsgrundsatz folgend Leasingraten nicht als Masseverbindlichkeit nach § 55 Abs. 1 Nr. 2 zu befriedigen.[253] Betont man jedoch ohne Hervorhebung der Anfangsleistung des Leasinggebers die Gebrauchsgewährung als eigentliches Vertragsziel des Leasings und setzt den Nutzungswert mit den Leasingraten gleich, so schuldet die Masse die nach Verfahrenseröffnung fälligen Raten.

95

Nach dem Gegenleistungsgrundsatz und entsprechend der in § 108 Abs. 3 angeordneten zeitlichen Zäsur muss die Masse nur vergüten, was der Leasinggeber nach Verfahrenseröffnung an sie leistet, also nur die Nutzungsbelassung. Mit der Gegenleistung zu der vor Verfahrenseröffnung erbrachten Finanzierung darf sie nach § 55 Abs. 1 Nr. 2 nicht belastet werden; insoweit bleibt dem Leasinggeber nach § 108 Abs. 3 nur eine Insolvenzforderung.[254] Kalkulatorisch ist diese Aufspaltung lösbar, weil sich aus dem Gesamtaufwand des Leasinggebers, dessen Amortisation der Leasingnehmer schuldet, der Finanzierungsanteil herausrechnen lässt und auch der objektive Nutzungswert – bei Grundstücken und Räumen

96

---

[247] *Eckert* ZfIR 2006, 318, 319; aA LG Hamburg ZfIR 2006, 346.
[248] *Eichenhofer*, Festschrift für Gitter, S. 231, 233; *Obermüller/Livonius* DB 1995, 27, 28; *Gottwald/Adolphsen*, Kölner Schrift, S. 1043, 1064 Rdn. 84; *Walz* WM 1985, Beilage zu Heft 10; S. 14; *v. Westphalen* BB 1988, 218, 222; *Baumgarte* S. 50; *Tintelnot*, Vereinbarungen für den Konkursfall, S. 181; *v. Westphalen*, 4. Aufl., RdNr. 938; *Kuhn/Uhlenbruck* KO, 11. Aufl., § 19 RdNr. 27; *Schimansky/Bunte/Lwowski/Martinek*, Bankrechts-Handbuch, § 101 RdNr. 124; *Soergel/Kummer*, vor § 535 RdNr. 195; aA von der Einordnung als Kreditvertrag ausgehend, *Canaris*, RdNr. 1783.
[249] BGHZ 71, 189 = NJW 1978, 1383.
[250] Vgl. BGH NJW 1994, 516 = ZIP 1993, 1874.
[251] So zum Konkurs des Leasinggebers BGHZ 109, 380, 372 = NJW 1990, 1113, 1116 = ZIP 1990, 180, 184.
[252] *Lieb* DB 1988, 946, 948; *Uhlenbruck/Sinz* WM 1989, 1113, 1120; *Vortmann* WM 1988, 1117, 1118; *Gerhardt*, Festschrift für Schwab S. 139, 145; Rechtsausschuss des Bundestages, BT-Drucks. 13/4699 S. 6.
[253] *Eckert* ZIP 1997, 2077, 2078; *v. Westphalen* RdNr. 1548, 1553; diese Konsequenz erkennen auch *Schmidt-Burgk*, ZIP 1998, 1022, *Krämer* S. 230, und *Sinz* § 108 RdNr. 86 an.
[254] AA, d. h. für Masseverbindlichkeit in voller Höhe: *Sinz*, Kölner Schrift. 593, 608 RdNr. 34; *MünchKommBGB-Habersack*, nach § 507, Leasing, RdNr. 136; HK-*Eickmann* § 55 RdNr. 17; HK-*Marotzke* § 108 RdNr. 2; *Kübler/Prütting/Tintelnot* § 108 RdNr. 17, 18; *Pape*, Handbuch der Insolvenzverwaltung, III. RdNr. 188, 202; *Krämer* S. 230 ff.; *Kalkschmid* RdNr. 360 ff.

am Marktwert, bei Flugzeugen am Anschaffungspreis und der gewöhnlichen Nutzungsdauer orientiert – unschwer zu ermitteln ist. Eine Abschlusszahlung fällt nicht deshalb der Masse zur Last, weil sie nach Verfahrenseröffnung fällig wird.[255] Auch insoweit ist zu ermitteln, inwieweit sie Leistungen des Leasinggebers vor Verfahrenseröffnung abdeckt bzw. Entgelt der Gebrauchsgewährung nach Eröffnung darstellt.

97 **h) Schönheitsreparaturen.** Da zur Gegenleistung des Mieters auch die von ihm vertraglich übernommenen Schönheitsreparaturen zählen,[256] ist die Masse zur Sachleistung verpflichtet, soweit die Maßnahmen nach der Verfahrenseröffnung wegen fortschreitenden Verschleißes bei weiterer Nutzung fällig werden.[257] Die Masse haftet jedoch nicht, wenn sich der Sachleistungsanspruch erst nach Verfahrenseröffnung gemäß § 281 BGB in einen Schadensersatzanspruch umwandelt, der Erfüllungsanspruch aber schon vor Verfahrenseröffnung entstanden war.[258]

98 **i) Nebenpflichten.** Die Masse tritt in die Pflichten und Rechte ein, die unlösbar mit dem Mietverhältnis und dem Mietgebrauch verbunden sind. Den Verwalter treffen die zuvor dem Schuldner obliegenden Pflichten, so die Pflicht zur Obhut und zur Einhaltung des vertragsgemäßen Gebrauchs, und zwar bis zur Rückgabe der Mietsache.[259] Vertragsverletzungen, die der Verwalter zu vertreten hat, begründen nach § 55 Abs. 1 Nr. 1 Masseschulden.

99 Die vertraglich vereinbarte **Betriebspflicht** oder die **Bewirtschaftsverpflichtung** des Landpächters ist eine besondere Ausgestaltung des vertragsgemäßen Gebrauchs, somit tritt die Masse grundsätzlich in diese Verpflichtung ein.[260] Allerdings kann sie gem. § 275 Abs. 2 BGB die Einrede der wirtschaftlichen Unmöglichkeit erheben, denn die Masse mit der Aufrechterhaltung des Geschäftsbetriebs oder der Landwirtschaft zu belasten, widerspricht elementar dem Zweck des Insolvenzverfahrens, wenn Stilllegung geboten ist. Gleichwohl schuldet die Masse gem. §§ 280, 283 BGB i. V. m. § 275 Abs. 2 BGB Ersatz des nachgewiesenen Schadens;[261] zweifelhaft ist, ob der Vermieter eine für den Fall der Verletzung der Betriebspflicht ausbedungene Vertragsstrafe gegen sie geltend machen kann. Dem Vermieter oder Verpächter bleibt das Recht zur außerordentlichen Kündigung, weil das ruhende Miet- oder Pachtobjekt an Wert verliert, insbesondere die Gefahr besteht, dass sich ein konkurrierendes Unternehmen in seiner Nähe ansiedelt.[262]

100 **Modernisierungsmaßnahmen,** zu denen der Vermieter nach § 554 Abs. 2 BGB berechtigt ist, kann der Verwalter nicht wegen der nachfolgenden Mietanhebung, die er der Masse ersparen will, zurückweisen. Will er sie nicht dulden kann er nicht nur gem. § 109 Abs. 1, sondern gem. § 554 Abs. 3 BGB vorzeitig, sogar ohne Schadensersatzpflicht, kündigen; ebenso wenig wie der nicht insolvente Mieter kann er, um der Masse die Zahlung einer erhöhten Miete zu ersparen, auf der weiteren Nutzung des nicht modernisierten Mietobjekts beharren. Vorrangig ist das Interesse des Vermieters, durch Modernisierung seinen Sachwert zu erhalten. Erforderliche **Mängelbeseitigungsmaßnahmen** hat der Verwalter nach § 554 Abs. 1 BGB zu dulden. Wenn der Masse der infolge des Sachmangels eingeschränkte Mietgebrauch genügt, so ist ihr Bestreben, die Mietminderung zu bewahren, durchaus anzuerkennen. (Zur Duldungspflicht während des vorläufigen Verfahrens § 112 RdNr. 33.) Andererseits sind dem Vermieter weder eine Verschlimmerung des Mangels, falls er nicht behoben

---

[255] Für Aufteilung nach Fälligkeit: FK-*Wegener* § 108 RdNr. 29.
[256] BGH NJW 1977, 36; BGHZ 77, 301= NJW 1980, 2341; BGHZ 111, 301= NJW 1990, 2376; neue Urteile.
[257] KG ZIP 1981, 753; *Uhlenbruck/Berscheid* § 55 RdNr. 57; *Hörndler* in *Lindner-Figura/Oprée/Stellmann,* Kap. 20 RdNr. 50; *Eckert* ZIP 1983, 770, 774.
[258] *Soergel/Heintzmann* §§ 535, 536 RdNr. 320; *Gottwald/Klupp/Kluth,* Insolvenzrechts-Handbuch, § 56 RdNr. 29.
[259] Vgl. BGH NJW 1983, 1049, 1050.
[260] AA *Hefermehl,* oben § 55 RdNr. 146.
[261] *Jaeger/Henckel,* InsO, § 55 RdNr. 53.
[262] HambKomm-*Ahrendt,* § 108 RdNr. 18.

Fortbestehen bestimmter Schuldverhältnisse 101–104 § 108

wird, noch der allgemeine Wertverlust zuzumuten, der eintritt, wenn er den Mangel nicht behebt.

j) Zusatzpflichten. In Pflichten, die die Vertragsparteien lediglich aus Anlass des Vertragsschlusses begründet haben und die nicht unlösbar mit dem Mietgebrauch verbunden sind, tritt die Masse nicht gem. § 108 Abs. 1 ein. Problematisch sind **Warenbezugsbindungen** des Pächters. Dass die Überlassung des Pachtobjekts und die Bezugsverpflichtung eine wirtschaftliche Einheit i. S. d. § 139 BGB bilden, entspricht dem absatzorientierten Interesse des Verpächters. Nach Eröffnung des Insolvenzverfahrens über das Vermögen des Pächters wird es bei Betriebsfortführung vielfach in dem nunmehr maßgeblichen Interesse der Masse liegen, das Pachtverhältnis ungekündigt ohne die drückende Bezugsverpflichtung fortzuführen; daher erscheint es vertretbar, den Vertrag in einen die Gebrauchsgewährung betreffenden insolvenzverfahrensfesten Bestandteil und einen den Warenbezug betreffenden Teil aufzuspalten, über dessen Erfüllung der Verwalter zu befinden hat. 101

k) Kaution. Befand sich der Schuldner vor Eröffnung mit der **Einzahlung der vereinbarten Kaution** in Rückstand, so braucht die Masse sie nicht zu stellen; der Anspruch des Vermieters ist vor Verfahrenseröffnung entstanden (§ 108 Abs. 3). Da die Kaution nicht Gegenleistung zur Gebrauchsgewährung ist, entsteht keine Masseverbindlichkeit gem. § 55 Abs. 1 Nr. 2. Nichts anderes gilt, wenn das Mietverhältnis erst nach Verfahrenseröffnung in Vollzug gesetzt wird. Die **vor Verfahrenseröffnung eingezahlte Kaution** bzw. der Rückerstattungsanspruch fallen in die Masse; auch bei der Wohnraummiete bildet sie kein Sondervermögen des Schuldners. Der Vermieter kann sie weiterhin einbehalten, denn sein Sicherungsbedürfnis besteht fort, auch wenn er bislang keine Forderungsausfälle erlitten hatte. Er ist daher nicht gehalten, sie zur Anreicherung der Masse vorzeitig zurückzuerstatten oder die Verrechnung der Kaution mit laufenden Mietforderungen auf die Kaution hinzunehmen.[263] 102

l) Masseverbindlichkeiten nach Anzeige der Masseunzulänglichkeit. Der bevorzugten Einordnung von Masseschulden, die nach Eintritt der Massexslosigkeit vom Konkursverwalter eingegangen werden oder auf die Masse zukommen, hatte sich der Bundesgerichtshof zumindest für den Bereich des Mietrechts verschlossen.[264] Demgegenüber privilegiert § 209 Abs. 1 Nr. 2 und Abs. 2 Masseverbindlichkeiten, die nach Anzeige der Masseunzulänglichkeit begründet werden. Die zuvor aufgelaufenen Mietrückstände kann der Vermieter als Altmasseverbindlichkeiten nicht mehr mit der Leistungsklage verfolgen.[265] Dies bedeutet indessen nicht, dass die Masse den Zahlungsrückstand nicht i. S. d. § 276 BGB zu vertreten hat. Auch wenn der Verwalter die Zahlung verweigern muss, bleibt dem Vermieter das Recht zur fristlosen Kündigung gem. § 543 Abs. 2 Satz 1 Nr. 3 BGB. 103

§ 209 Abs. 2 Nr. 2 erfasst, ohne Abhängigkeit von der Inanspruchnahme der Gegenleistung, Verbindlichkeiten für die Zeit nach dem ersten Termin, zu dem der Verwalter nach Anzeige der Masseunzulänglichkeit hätte kündigen können.[266] § 209 Abs. 2 Nr. 3, der die Miete für die Zeit zwischen Kündigung und Vertragsbeendigung betrifft, verhindert durch die strikte Verknüpfung mit der Inanspruchnahme der Gegenleistung (RdNr. 191) das Entstehen übermäßiger Neumasseverbindlichkeiten ohne entsprechenden Vorteil für die Masse. So kann der Verwalter die Entstehung einer Neumasseschuld gemäß § 209 Abs. 2 Nr. 3 abwenden, indem er eine nicht mehr sinnvoll einsetzbare Mietsache vorzeitig zurückgibt. Bietet er die Mietsache nicht zur vorzeitigen Rückgabe an, so nimmt er die Gegenleistung in Anspruch.[267] Lässt der Vermieter sich darauf nicht ein, so ist sein Vertrauen auf eine bevorzugte Befriedigung aus der Masse nicht schutzwürdig. 104

---

[263] *Grote*, NZI 2000, 66, 69, beschreibt Bemühungen von Treuhändern, die Kaution zur Masse zu ziehen.
[264] BGHZ 90, 145 = NJW 1984, 1527 = ZIP 1984, 612.
[265] BGHZ 154, 358 = NJW 2003, 2454 = ZIP 2003, 914 = NZI 2003, 369; zur persönlichen Haftung des Verwalters (§ 61) für Mietausfälle OLG Celle ZInsO 2004, 1030 = DZWiR 2004, 425 = NZI 2004, 630 (nur Leitsatz).
[266] *Pape* NZM 2004, 401, 408.
[267] BGH ZIP 2004, 326 = NZM 2004, 224; BGH ZInsO 2004, 674, dazu *Eckert*, EWiR 2004, 871; *Pape* NZM 2001, 401, 408.

105 **m) Vollstreckungsverbot bei oktroyierten Masseverbindlichkeiten.** Zwangsvollstreckungen wegen Masseverbindlichkeiten, die nicht durch eine Rechtshandlung des Verwalters begründet worden sind, sind gem. § 90 Abs. 1 in den ersten sechs Monaten nach Verfahrenseröffnung unzulässig. Hierzu zählen grundsätzlich Mietzinsansprüche aus vor Verfahrenseröffnung begründeten Mietverhältnissen. Die Masse braucht jedoch nicht vor Vollstreckungszugriffen geschützt zu werden, soweit der Verwalter die oktroyierte Masseschuld verhindern konnte. Dem Vollstreckungsverbot unterliegen daher nicht Mietforderungen, die nach dem erstmöglichen Termin, zu dem der Verwalter hätte kündigen können (§ 90 Abs. 2 Nr. 2), fällig werden. Da dem Vermieter nicht zuzumuten ist, seine Leistung zu erbringen, ohne seinen Anspruch auf die Gegenleistung durchsetzen zu können, ist er nach § 90 Abs. 2 Nr. 3 nicht an der Vollstreckung gehindert, wenn und soweit der Verwalter die Mietsache für die Masse nutzt. Diese Ausnahmen reduzieren das Vollstreckungsverbot auf den Fall, dass das Mietobjekt nicht benutzt wird und die Miete bis zum ersten gesetzlichen Kündigungstermin zu zahlen ist.[268]

V. Abwicklung des während des Insolvenzverfahrens endenden insolvenzfesten Mietverhältnisses

106 **1. Allgemeine Grundsätze.** Der weit gefasste Wortlaut des § 55 Abs. 1 Nr. 1 und 2 schließt es nicht aus, die Masse mit Abwicklungsmaßnahmen und mit Schadensersatzpflichten wegen Verletzung von Abwicklungspflichten zu belasten. Insbesondere mag es nahe liegen, Abwicklungshandlungen als Verwaltungshandlungen einzuordnen. Im Interesse der Gläubiger ist jedoch eine restriktive Handhabung angezeigt, denn in der Abwicklungsphase werden Leistungen nicht mehr um der Gegenleistung willen erbracht. Den fortgesetzten Gebrauch der Mietsache schulden der Vermieter oder an seiner Stelle die Masse nicht mehr; sie müssen ihn bis zur Rückgabe dulden. Demgemäß begründen Abwicklungshandlungen, die letztlich in dem vor Verfahrenseröffnung geschlossenen Vertrag begründet sind, in aller Regel keine Masseverbindlichkeiten gemäß § 55 Abs. 1 Nr. 1 oder 2.[269] Der Ersatzanspruch wegen Verletzung der Abwicklungspflicht ist, wenn auch durch die Vertragsauflösung bedingt, vor Verfahrenseröffnung begründet und fällt demgemäß unter § 108 Abs. 3. In Betracht zu ziehen bleiben Bereicherungsansprüche gegen die Masse gemäß § 55 Abs. 1 Nr. 3.

107 Wird das Mietverhältnis durch eine außerordentliche Kündigung des Vertragsgegners wegen einer **dem Verwalter zuzurechnenden Vertragsverletzung** aufgelöst, z. B. weil er als Vermieter den Mietgebrauch stört oder trotz Fristsetzung einen Sach- oder Rechtsmangel nicht behebt (§ 543 Abs. 2 Nr. 1 BGB) oder als Mieter in Zahlungsverzug gerät (§ 543 Abs. 2 Nr. 3 BGB), so haftet die Masse für den daraus resultierenden Schadensersatzanspruch.[270] Zu ersetzen ist der dem Vertragsgegner entstandene **Schaden wegen Nichterfüllung** des Mietverhältnisses, begrenzt durch die Vertragsdauer bis zum erstmöglichen ordentlichen Beendigungstermin, weil die Masse bei Vertragserfüllung ebenfalls nicht zu weitergehenden Leistungen verpflichtet gewesen wäre.[271]

108 **2. Insolvenzverfahren über das Vermögen des Vermieters/Leasinggebers.
a) Rückzahlung von Mietvorauszahlungen und nicht abgegoltenen Sonderleistungen.** Der Anspruch auf Rückerstattung nicht verbrauchter Mietvorauszahlungen, soweit sie gegen die Masse wirkten (§ 110 RdNr. 11), nicht abgegoltener Baukostenzuschüsse und

---

[268] Für weitergehenden Vollstreckungszugriff wegen der Mieten während des Schwebezeitraums gem. § 543 Abs. 2 Satz 1 Nr. 3 BGB *Schmalenbach/Sester*, WM 2005, 301, 309.
[269] BGHZ 72, 263 = NJW 1979, 310; BGH NJW 1994, 516 = ZIP 1993, 1874; *Eckert* ZIP 1983, 770; *Heilmann* NJW 1985, 2506, 2507; *Kübler/Prütting/Pape* § 55 RdNr. 45; *Kilger/K. Schmidt* § 59 Anm. 1; *Bub/Treier/Belz* VII. B. RdNr. 175; *Wolf/Eckert/Ball*, RdNr. 1458; *Gottwald/Huber*, Insolvenzrechts-Handbuch, § 37 RdNr. 37; *Braun* NZI 2005, 255, 256.
[270] *Eckert* ZIP 1983, 770, 772; *Jaeger/Henckel* § 3 RdNr. 36; *Bub/Treier/Belz* VII. B. RdNr. 175; *Wolf/Eckert/Ball*, RdNr. 1460, 1533.
[271] BGHZ 82, 121 = NJW 1992, 870; *Wolf/Eckert/Ball*, RdNr. 1088.

Fortbestehen bestimmter Schuldverhältnisse 109–111 § 108

sonstiger Sonderleistungen (§ 547 BGB), richtet sich nicht gegen die Masse, wenn der Mieter vor Verfahrenseröffnung an den Schuldner geleistet hat. Der Rückzahlungsanspruch war bereits bei Verfahrenseröffnung, wenn auch aufschiebend bedingt, begründet. Auch wenn die durch den Einsatz der Vorauszahlung oder Sonderleistung geschaffenen Werte der Masse zugute kommen, ist sie nicht unmittelbar auf Kosten des Mieters bereichert.[272] Anderes gilt, wenn die Vorauszahlung oder Sonderzahlung, etwa bei Vollziehung eines Leasingvertrages nach Verfahrenseröffnung, unmittelbar in die Masse geflossen ist.

b) Aussonderung und Rückzahlung der Kaution. Die Barkaution kann der Mieter 109 gemäß § 47 aussondern, wenn der Vermieter sie von seinem Vermögen getrennt angelegt hat. Für die Wohnraummiete schreibt § 551 Abs. 3 BGB diese **treuhänderische Anlage** ausdrücklich vor. Das Treuhandverhältnis erlischt nicht gem. §§ 115, 116 mit der Verfahrenseröffnung, da es Teil des insolvenzverfahrensfesten Mietverhältnisses ist.[273] Durch die weit verbreitete Einzahlung der Summe auf ein **Sparkonto** wird die beabsichtigte vom Vermögen des Vermieters getrennte Anlage nicht ohne weiteres erreicht, wenn die Parteien das Konto nicht offen als Treuhandkonto ausweisen (§ 47 RdNr. 401). Wurde dies versäumt, so ist nach den jeweiligen Umständen des Einzelfalls zu klären, ob die Guthabenforderung dem Vermögen des Vermieters oder des Mieters zuzurechnen ist.[274] Lautet das Konto auf den Namen des Mieters, so kann in der Übergabe des Buches eine Sicherungsübertragung der Forderung an den Vermieter liegen, die den Mieter zur Absonderung nach § 51 Nr. 1 berechtigt.

Eine nicht der Vermögenssphäre des Vermieters als Treunehmers zuzurechnende Anlage 110 auf einem Treuhandkonto setzt voraus, dass das Treugut unmittelbar aus dem Vermögen des Treugebers auf das Sonderkonto des Treunehmers fließt (§ 47 RdNr. 357). Gerade dies wird in der Praxis häufig nicht bedacht. Die Unmittelbarkeit ist nicht gewahrt, wenn der Vermieter die Kautionssumme nach Barzahlung mit seinem Vermögen vermischt oder sie seinem allgemeinen Konto gutschreiben lässt und erst später dem Sonderkonto zuführt.[275] Bei der **Wohnraummiete** widerspricht die strikte Befolgung des Unmittelbarkeitsgrundsatzes dem erklärten Zweck des § 551 Abs. 3 BGB, der die insolvenzverfahrensfeste Anlage zum Schutz des Mieters vorschreibt. Wenn der Mieter einen Anspruch auf eine vom Vermögen des Vermieters getrennte Anlage der Kautionssumme hat, so würde der Gesetzeszweck verfehlt, wenn die beabsichtigte Sicherungswirkung nicht nachträglich erzielt werden könnte. Zumindest im Rahmen der Wohnraummiete kann daher die treuhänderische Anlage nicht am Unmittelbarkeitsgrundsatz scheitern.[276] Auch der BGH, der in einem ähnlichen Sachverhalt die Aussonderung an der fehlenden Unmittelbarkeit der Anlage auf dem Treuhandkonto hat scheitern lassen, schließt eine Durchbrechung des Unmittelbarkeitsprinzips nicht aus, wenn das Konto erkennbar als Treuhandkonto geführt wird.[277]

Sofern bei der **gewerblichen Vermietung** eine vom Vermögen des Vermieters getrennte 111 Anlage der Kaution vereinbart ist, gebietet es der Schutz der Gläubiger nicht, an die Anlage eines aussonderungsfähigen Treuhandvermögens höhere Anforderungen zu stellen als bei der Wohnraummiete.[278] Dem Umstand, dass der Kautionsbetrag zunächst auf ein allgemeines Konto des Vermieters überwiesen oder bar gezahlt wird und erst später einem speziellen Kautionskonto zufließt, messen die Parteien keine Bedeutung bei. Den Interessen der Gläubiger wird durch die Insolvenzanfechtung nach §§ 129, 130 genügt, die in Betracht zu ziehen ist – auch bei der Vermietung von Wohnraum –, wenn der Vermieter erst in der

---

[272] AA *Gottwald/Klopp/Kluth*, Insolvenzrechts-Handbuch, § 56 RdNr. 30 (für Masseschuld gem. § 55 Abs. 1 Nr. 3).
[273] *Derleder* NZM 2004, 568, 577.
[274] BGH NJW 1984, 1749 = ZIP 1984, 1118; *Eckert* ZIP 1984, 1121.
[275] BayObLG NJW 1988, 1796 = ZIP 1988, 789; OLG Schleswig ZIP 1989, 252; *Hörndler* in *Lindner-Figura/Oprée/Stellmann*, Kap. 20 RdNr. 94.
[276] BayObLG NJW 1988, 1796 = ZIP 1988, 789; *Derleder* ZIP 1988, 415, 419.
[277] Zu einem ähnlichen Sachverhalt, NJW-RR 1993, 301.
[278] *Bub/Treier/Belz* VII. B. RdNr. 176.

Krise oder gar nach Stellung des Antrags auf Eröffnung des Insolvenzverfahrens das Sonderkonto anlegt.[279] Da der Mieter mit der insolvenzfesten Anlage nur das erhält, was ihm zusteht, liegt eine kongruente Deckung vor, so dass er als Gläubiger grundsätzlich nicht mit dem Beweis seiner Unkenntnis belastet ist. Die Kenntnis des Vermieters, der bei dem Treuhandgeschäft quasi als sein Vertreter tätig wird, sollte ihm nicht zugerechnet werden.[280]

112 Weitere Voraussetzung einer insolvenzsicheren Anlage der Kaution ist eine hinreichende **Kennzeichnung als Treuhandkonto.** Grundsätzlich genügt jede Angabe, die den Sicherungszweck erkennen lässt.[281] Bei einem Sammelkonto, auf dem Kautionen mehrerer Mieter angelegt sind, muss zudem erkennbar sein, welcher Einzelbetrag nebst Zinsen jeweils dem Vermögen jedes einzelnen Mieters zuzuordnen ist.[282] Andernfalls können Außenstehende nicht überprüfen, welche Summe welchem Mieter zusteht; dies könnte eine Aushöhlung der Masse zu Lasten der Gläubiger begünstigen. Der verwaltungsmäßige Aufwand für den Vermieter und für die Bank, die jeden Mieterwechsel und die Veränderungen der Kautionssummen nachhalten muss, vermag eine vereinfachte Handhabung nicht zu rechtfertigen.[283]

113 Bei **unterlassener oder fehlgeschlagener getrennter Anlage** begründet der Anspruch des Mieters auf Rückgewähr der Kaution keine Masseverbindlichkeit gemäß § 55 Nr. 1 und 2.[284] Zwar spricht der Sicherungszweck dafür,[285] indessen handelt es sich bei der Rückzahlung um eine Rückabwicklungsmaßnahme, die nicht Gegenleistung zu einer Leistung des Mieters ist. Der Rückzahlungsanspruch ist – durch die korrekte Vertragserfüllung und -abwicklung aufschiebend bedingt – vor Verfahrenseröffnung entstanden. Dasselbe gilt für den Schadensersatzanspruch, der dem Mieter zusteht, wenn der Vermieter die Kaution vertragswidrig nicht von seinem Vermögen getrennt angelegt hat. Der Einwand, der Insolvenzverwalter habe wie der Vermieter das Mietverhältnis mit allen Rechten und Pflichten einschließlich der Kautionsvereinbarung fortzuführen,[286] übersieht, dass dies nicht auf Abwicklungspflichten zutrifft. Im Übrigen bleibt die Zäsurwirkung des § 108 Abs. 3 maßgeblich, die der Übertragung der BGH-Rechtsprechung zur Kautionsrückzahlung bei Zwangsverwaltung[287] auf die Vermieterinsolvenz entgegensteht.[288] Die neue Rechtsprechung des BGH zur Aufrechnung wirft die Frage auf, ob der Mieter mit seinem Anspruch auf Rückerstattung der Kaution gegen die nach Verfahrenseröffnung fälligen Mieten, soweit er diese schuldig geblieben ist, aufrechnen kann (dazu § 110 RdNr. 24).

114 Ist der Schuldner durch **Erwerb des Mietgrundstücks** gemäß § 566 BGB als Vermieter in den Mietvertrag eingetreten, so ist der Mieter insofern geschützt, als er den Veräußerer nach § 566 a Satz 2 BGB aus der Sicherungsvereinbarung ohne zeitliche Befristung auf Rückzahlung der Kaution in Anspruch nehmen kann. § 572 BGB in der bis zum 31. 8. 2001 geltenden Fassung, der für die Rechtsfolgen einer Veräußerung vor diesem Zeitpunkt anwendbar bleibt, bereitete insoweit Probleme.[289]

115 **c) Wegnahme von Einrichtungen.** Da das Wegnahmerecht (§ 539 Abs. 2 BGB) sich gegen den Gläubiger des Rückgabeanspruchs richtet, hat die Masse die Wegnahme zu

---

[279] *Derleder* ZIP 1988, 415, 419; *Eckert* EWiR 1988, 703, 704.
[280] *Derleder* ZIP 1988, 415, 419, 420.
[281] *Derleder* ZIP 1988, 415, 418.
[282] OLG Schleswig ZIP 1989, 252.
[283] AA *Derleder* ZIP 1988, 415, 418.
[284] OLG Hamburg NJW-RR 1990, 213; OLG München ZMR 1990, 413; *Eckert* ZIP 1983, 771, 773; *Gölz* ZIP 1981, 127, 128; *Blank/Börstinghaus* § 572 RdNr. 29; *Bub/Treier/Belz* VII. B. RdNr. 176; *Jaeger/Henckel*, InsO, § 55 RdNr. 49; *Uhlenbruck/Berscheid* § 108 RdNr. 36; *Kilger/K. Schmidt* § 21 RdNr. 4; MünchKommBGB-*Schilling* § 551 RdNr. 23; HambKomm-*Ahrendt* § 108 RdNr. 13; *Wolf/Eckert/Ball*, RdNr. 1462; *Hörndler* in *Lindner-Figura/Oprée/Stellmann*, Kap. 20 RdNr. 94; *Waldherr* ZfIR 2005, 833, 838; *Noltin* NZI 2007, 149, 150, 153.
[285] *Derleder* WuM 1986, 39; *Sternel* III RdNr. 239.
[286] So *Staudinger/Emmerich* § 566 a RdNr. 7; *Derleder* NZM 2004, 568, 578.
[287] BGH NJW 2003, 3342 = NZM 2003, 849 = ZIP 2003, 1899; BGH NJW-RR 2005, 962 = NZM 2005, 639; BGH NJW-RR 2005, 1029 = NZM 2005, 596.
[288] Dazu *Erckens/Tetzlaff* ZfIR 2003, 981, 983; *Waldherr* ZfIR 2005, 833, 849.
[289] BGHZ 141, 160 = NJW 1999, 1857 = ZIP 1999, 970.

dulden; sie wird hierdurch nur scheinbar verringert, denn ihr Rückgabeanspruch ist ohnehin durch das damit korrespondierende Wegnahmerecht belastet. Mit der Verhinderung der Wegnahme verletzt der Verwalter eine typische mietvertragliche Abwicklungspflicht, so dass der Mieter Schadensersatz nur als Insolvenzgläubiger geltend machen kann.[290] Allenfalls zu vertreten ist eine auf den Wertzuwachs begrenzte Haftung der Masse gem. § 55 Abs. 1 Nr. 3.[291] Ist der Mieter Eigentümer der Einrichtung geblieben, so kann er sie aussondern (§ 47),[292] wobei der Verwalter der Aussonderung die kurze Verjährung gem. § 548 Abs. 2 BGB entgegensetzen kann.

3. Insolvenzverfahren über das Vermögen des Mieters/Leasingnehmers. a) Räumung, Rückgabe und Aussonderung des Mietobjekts. Nach Vertragsende ist die Masse nicht Schuldner des vertraglichen Räumungs- und Rückgabeabspruchs gemäß § 546 BGB, denn die Räumung und Rückgabe sind die typischen Abwicklungshandlungen. Dass die Verfahrenseröffnung nicht den Inhalt der Räumungs- und Rückgabepflicht ändert,[293] spricht nicht für eine dahingehende Verpflichtung der Masse. Ohnehin kann die Rückgabepflicht den Insolvenzverwalter nicht treffen, wenn er das Mietobjekt nicht in Besitz genommen hat,[294] z. B. die von dem Schuldner und seinem Mitmieter genutzte Wohnung.[295] Auch die Besitzergreifung gem. § 148 verpflichtet ihn nicht gem. § 55 Abs. 1 Nr. 1 zur Rückgabe.[296] § 55 Abs. 1 Nr. 2 ist nicht einschlägig, denn die Rückgabe der Mietsache ist keine Handlung zur Erfüllung der gegenseitigen Vertragspflichten.[297] Der auf eine vertretbare Handlung und nicht auf Geldzahlung gerichtete Räumungs- und Rückgabeanspruch ist somit Insolvenzforderung (§ 38), die der Vermieter in Höhe des für die Räumung und Rückgabe erforderlichen Aufwandes zur Tabelle anmelden muss (§ 45 Satz 1).[298]

Der Verwalter hat für die Rückgabe zu sorgen, weil das Mietobjekt seiner Verwaltung unterliegt und weil der vertragliche Rückgabeanspruch den Vermieter zur **Aussonderung** auf Grund eines persönlichen Rechts nach § 47 berechtigt, auch den Hauptvermieter im Verhältnis zum insolventen Untermieter.[299] Falls der Vermieter Eigentümer ist, kann er auch als dinglich Berechtigter aussondern. Die Pflicht des Verwalters, den Vermieter nicht durch Verzögerung oder Vereitelung der Aussonderung zu schädigen, ist insolvenzspezifisch; ihre Verletzung löst seine persönliche Haftung aus.[300] Seiner Verpflichtung zur Mitwirkung bei Rückgabe und Aussonderung genügt der Insolvenzverwalter mit der Übertragung des unmittelbaren Besitzes an den Vermieter.[301] Allerdings wirkt die Rechtskraft eines den Insolvenzverwalter zur Räumung verpflichtenden Urteils nach § 55 Abs. 1 Nr. 1 zu Lasten der Masse.[302] Gegen die auf Verurteilung zur Räumung gerichtete Klage muss er sich verteidigen, auch wenn er den auf Herausgabe und Aussonderung gerichteten Klageantrag anerkennt. Der Rückgabepflicht kann der Insolvenzverwalter nicht dadurch **Freigabe der vom Schuldner in die Miethäume eingebrachten**

---

[290] *Waldherr* ZfIR 2005, 833, 838; aA *Kuhn/Uhlenbruck*, KO, 11. Aufl., § 59 RdNr. 12 f; *Hörndler* in *Lindner-Figura/Oprée/Stellmann*, Kap. 20 RdNr. 96.
[291] *Eckert* ZIP 1983, 771, 773.
[292] *Bub/Treier/Belz* VII. B. RdNr. 194; *Waldherr* ZfIR ZfIR 2005, 833, 838.
[293] BGHZ 86, 204, 211 = NJW 1983, 1049, 1050.
[294] BGHZ 148, 252, 255 = NJW 2001, 2966 = ZIP 2001, 1469.
[295] BGH NJW 2007, 1591 = ZIP 2007, 340 = NZI 2007, 284.
[296] BGH NJW-RR 2002, 1198 = ZIP 2002, 1043.
[297] *Heilmann* NJW 1985, 2505, 2507; FK-*Wegener* § 108 RdNr. 27; *Eckert* NZM 2006, 610, 611; aA *Jaeger/Henckel*, InsO, § 55 RdNr. 52.
[298] *Hain* ZInsO 2007, 192, 195. OLG Celle, ZMR 2004, 505, lehnt die Durchsetzung des Räumungsanspruchs gegen den Schuldner persönlich ab.
[299] Vgl. RGZ 63, 307, 308; BGHZ 127, 156 = NJW 1994, 3232.
[300] BGH NZM 2007, 329.
[301] BGHZ 148, 252 = NJW 2001, 2966 = ZIP 2001, 1469; BGH NZM 2006, 352 = ZIP 2006, 583. *Braun*, NZI 2005, 255, 257, leitet dies aus § 266 BGB ab, weil der Verwalter in der Insolvenzsituation zur Teilleistung – Rückgabe ohne Räumung – berechtigt sei. Ausführlich zu den Folgen der Unterscheidung von Aussonderung, Rückgabe und Räumung *Eckert* NZM 2006, 610; *Hain* ZInsO 2007, 192.
[302] BGH NZM 2006, 352 = ZIP 2006, 583.

Sachen entgehen;³⁰³ dadurch erlangt lediglich der Schuldner die Verwaltungs- und Verfügungsbefugnis über diese Sachen zurück, ohne dass der Vermieter unmittelbarer Besitzer des Mietobjekts wird. Bei **Insolvenz des gewerblichen Zwischenvermieters von Wohnraum** erübrigen sich nach Beendigung des Hauptmietverhältnisses Räumung und Rückgabe, weil der Hauptvermieter (Eigentümer) gem. § 565 BGB in das Mietverhältnis des Mieters mit dem Wohnungsinhaber eintritt. Die Abwicklungspflichten reduzieren sich auf die Übergabe der Vertragsunterlagen an den Hauptvermieter. Die Masse scheidet aus dem Mietverhältnis aus.³⁰⁴

118 Die **nicht ordnungsgemäße Rückgabe**, insbesondere die Rückgabe des ungeräumten Mietobjekts begründet als Verletzung einer Abwicklungspflicht keine Masseverbindlichkeit (oben RdNr. 106).³⁰⁵ Eine andere Betrachtung war nach früherer Auffassung des BGH³⁰⁶ geboten, wenn der Vermieter seinen Anspruch auf Erstattung der Räumungskosten auf sein Aussonderungsrecht stützt. Den Aussonderungs- und den Rückgabeanspruch sah er als Folge der Gleichstellung der auf ein dingliches und ein persönliches Recht gestützten Aussonderungsbefugnis in § 47 als inhaltsgleich an. Wie Kosten für die Bereitstellung des Aussonderungsguts³⁰⁷ seien die Räumungskosten angefallen, um den Aussonderungsanspruch erfüllen zu können. Hieran hält der BGH nicht fest.³⁰⁸ Er erkennt nunmehr an, dass dem Zweck der Aussonderung, den Zugriff des Insolvenzverwalters auf nicht zur Masse gehörende Gegenstände zu verhindern (§ 47 RdNr. 5), mit der Verschaffung des unmittelbaren Besitzes, somit auch mit Rückgabe der Mietsache, in ungeräumten oder nicht vertragsgerechtem Zustand genügt ist. Im Urteil vom 18. 4. 2002 stellt der BGH klar, dass dies auch bei Beendigung des Mietverhältnisses nach Verfahrenseröffnung gilt, weil die Rückgabepflicht schon im Mietvertrag selbst begründet ist.³⁰⁹ Anderes mag gelten, wenn auf dem Grundstück vom Verwalter eingebrachte Sachen zurückbleiben.³¹⁰ Das Einbringen ist eine Handlung des Verwalters, so dass sich die Masseschuld aus § 55 Abs. 1 Nr. 1 ableiten lässt.

119 Der Verwalter, der das Mietgrundstück geräumt und in vertragsgerechtem Zustand zurückgegeben hat, kann vom Vermieter nicht Erstattung der Kosten mit der Begründung verlangen, dieser hätte wegen seiner Aufwendungen nur eine Insolvenzforderung erlangt, wenn die Masse nicht vertragsgerecht geräumt hätte;³¹¹ der Vermieter, der die Leitung erlangt, die er trotz des Insolvenzverfahrens beanspruchen durfte, ist nicht rechtsgrundlos bereichert.

120 Die Verletzung der Pflicht zur **Herstellung des früheren Zustandes** (§ 258 BGB) nach Ausübung des dem Mieter nach Vertragsende zustehenden Wegnahmerechts (§ 539 Abs. 2 BGB) führt ausnahmsweise zur Masseverbindlichkeit,³¹² da der Verwalter es ohne gleichzeitige Wiederherstellung des Ursprungszustandes nicht ausüben kann.

121 **b) Räumung und Rückgabe der Mietwohnung des Schuldners.** Die Ausführungen zu Räumung, Rückgabe und Aussonderung gelten auch bei der Abwicklung eines beendeten Wohnraummietverhältnisses. Nach Einführung des § 109 Abs. 1 Satz 2, der die Mietwohnung des Schuldners schützt (dazu § 109 RdNr. 49 ff.), ist die Auffassung, die **Rück-**

---

³⁰³ BGH NZM 2006, 352 = ZIP 2006, 583 (Revisionsurteil zu OLG Stuttgart ZInsO 2005, 498).
³⁰⁴ *Marotzke* ZInsO 2007, 1, 5.
³⁰⁵ BGHZ 72, 263 = NJW 1979, 310; *Eckert* EWiR 1993, 1245; *Giesen* KTS 1995, 579, 581; *Kübler/Prütting/Tintelnot* § 108 RdNr. 30 Fn. 60; *Wolf/Eckert/Ball*, RdNr. 1529, 1530; aA *Jaeger/Henckel*, InsO, RdNr. 52.
³⁰⁶ BGHZ 127, 156 = NJW 1994, 3232 = ZIP 1994, 1700; ebenso OLG Nürnberg als Vorinstanz EWiR 1993, 1245.
³⁰⁷ Vgl. BGHZ 104, 285, 304 = NJW 1988, 3264 = ZIP 1988, 853.
³⁰⁸ BGHZ 148, 252 = NJW 2001, 2966 = ZIP 2001, 1469; BGH NZM 2006, 352 = ZIP 2006, 583; beide Urteile betreffen vor Verfahrenseröffnung beendete Mietverhältnisse.
³⁰⁹ NJW-RR 2002, 1198 = ZIP 2002, 1043. Im Ergebnis ebenso OLG Saarbrücken ZInsO 2006, 779.
³¹⁰ BGHZ 125, 270 = NJW 1994, 1858 = ZIP 1994, 715; BGH NJW-RR 2002, 1198 = ZIP 2002, 1043; OLG Saarbrücken ZInsO 2006, 779; LG Stendal ZInsO 2003, 813.
³¹¹ *Welling* S. 89; dazu BGHZ 104, 285, 304 = NJW 1988, 3264 = ZIP 1988, 853, aA *Braun* NZI 2005, 255, 258.
³¹² *Heilmann* NJW 1985, 2505, 2507.

gabeklage sei nur gegen den Verwalter bzw. Treuhänder zu richten, weil das gegen ihn erwirkte Urteil Rechtskraft gegen den Schuldner entfalte und die Vollstreckung gegen ihn zulasse,[313] nicht aufrechtzuerhalten. Ohne oder vor Enthaftung der Masse gem. § 109 Abs. 1 Satz 2 ist der Verwalter zwar zweifelsfrei passiv legitimiert,[314] jedoch gebietet das Recht des Schuldners und das seiner Familie an der Wohnung als Mittelpunkt ihrer Lebensführung seine Beteiligung im Erkenntnisverfahren. Ein Titel gegen ihn ist auch deshalb abgebracht, weil ein Räumungs- und Rückgabeurteil gegen den nicht unmittelbar besitzenden Verwalter nicht die Zwangsvollstreckung gegen den Wohnungsinhaber zulässt.[315] Nach Enthaftung der Masse gem. § 109 Abs. 1 Satz 2 bleibt der Verwalter passiv legitimiert, sofern man der hier vertretenen Auffassung (§ 109 RdNr. 53) folgt, dass die Mietwohnung weiterhin zur Masse gehört und das Mietverhältnis der Insolvenzverwaltung unterliegt.[316]

122 Gegenüber der Zwangsvollstreckung des Vermieters kann der Schuldner aus eigenem Recht **Räumungsschutz nach § 765a ZPO** beantragen, wenn die Vollstreckung für ihn eine mit den guten Sitten nicht mehr zu vereinbarende Härte bedeutet.[317] Zwar ist grundsätzlich bei Verwertung eines in die Masse fallenden Gegenstandes nur der Verwalter antragsberechtigt;[318] er bzw. die Insolvenzgläubiger benötigen jedoch den Vollstreckungsschutz nicht, während das Bedürfnis des Schuldners, sittenwidrige Vollstreckungszugriffe in seine Rechtsposition als Wohnungsinhaber abzuwehren, mit der Verfahrenseröffnung nicht entfällt.

123 **c) Vorenthaltung und Rückgabeverzug.** Der Anspruch auf **Nutzungsentschädigung wegen Vorenthaltung** der Mietsache nach Vertragsende (§ 546a BGB) ist nach einhelliger Meinung wie die Mietforderung aus der Masse zu erfüllen.[319] Zweifelsfrei ist dies nicht, denn der Anspruch beruht nicht mehr auf dem Mietvertrag, sondern entsteht als Folge der Vertragsbeendigung. Der nicht mehr zur Gebrauchsgewährung verpflichtete Vermieter duldet lediglich die weitere Nutzung durch die Masse.[320] Die Anwendung des § 55 Abs. 1 Nr. 2 ist gleichwohl mit dem Argument zu rechtfertigen, der Anspruch des Vermieters gemäß § 546a BGB trete als vertraglicher Anspruch eigener Art an die Stelle des weggefallenen Mietanspruchs, die Masse profitiere von der Nutzung und der Vermieter solle mit seinem Entgeltanspruch nicht schlechter stehen als vor Vertragsende.[321] Da die Masse nur die Übertragung des Besitzes an den Vermieter, nicht Räumung schuldet (RdNr. 117), erfüllt sie mit der Rückgabe des ungeräumten Mietobjekts nicht den Tatbestand der Vorenthaltung i. S. d. § 546a BGB,[322] obwohl dieser grundsätzlich gegeben ist.[323]

124 Bei fortdauernder Nutzung der Mietsache durch die Masse bleibt dem Vermieter ein nach § 55 Abs. 1 Nr. 3 aus der Masse zu tilgender **Bereicherungsanspruch**.[324] Er gewinnt zusätzlich Bedeutung, wenn der Tatbestand der Vorenthaltung gemäß § 546a BGB nicht

---

[313] LG Hannover KTS 1955, 123; LG Braunschweig MDR 1963, 1015; *Jaeger/Henckel* § 19 RdNr. 63; *Kuhn/Uhlenbruck*, KO, 11. Aufl., § 19 Anm. 6; *Eichner* WuM 1999, 260, 262.

[314] Dazu LG Karlsruhe ZIP 2003, 677.

[315] BGH NZM 1999, 665; BGH BGH Report 2003, 707; BGH NJW-RR 2003, 1450 = NZM 2003, 802.

[316] AA Hain ZInsO 2007, 192, 195, mit der Begründung, der Verwalter nutze die Wohnung nicht für die Masse; sie unterliege nicht der Aussonderung; folglich sei allein der Schuldner passiv legitimiert.

[317] Vgl. OLG Celle ZIP 1981, 1005; LG Braunschweig MDR 1963, 1015; *Eichner* WuM 1999, 260, 262; *Kilger/K. Schmidt* § 19 RdNr. 6; *Bub/Treier/Belz* VII. B. RdNr. 217; aA *Zöller/Stöber* § 765a RdNr. 19.

[318] BVerfGE 51, 405 = NJW 1979, 2510.

[319] BGHZ 90, 145 = NJW 1984, 1527 = ZIP 1984, 612; BGH NJW 1994, 516, 517 = ZIP 1993, 1874; *Eckert* ZIP 1996, 897, 905; *Heilmann* NJW 1985, 2505, 2508; *Uhlenbruck/Sinz,* § 108 RdNr. 64; *Goetsch* in *Breutigam/Blersch/Goetsch* § 108 RdNr. 31; *Bub/Treier/Belz* VII B. RdNr. 223; *FK-Wegener* § 109 RdNr. 14;; *Kübler/Prütting/Pape* § 55 RdNr. 50; *Wolf/Eckert/Ball,* RdNr. 1531.

[320] *Eckert* ZIP 1983, 770, 774; *Engel/Völckers* RdNr. 324; *Welling* S. 90; *Wolf/Eckert/Ball* RdNr. 1531.

[321] BGHZ 44, 241 = NJW 1966, 248; BGH NJW 1974, 556; BGHZ 68, 307 = NJW 1977, 1335; BGHZ 90, 145 = NJW 1984, 1527 = ZIP 1984, 612.

[322] *Eckert* NZM 2006, 610, 612.

[323] BGHZ 104, 285 = NJW 1988, 2665 = ZIP 1988, 917.

[324] Vgl. BGH NJW 1985, 1082, 1083; BGH NJW 1994, 516, 517 = ZIP 1993, 1874, 1875; *Bub/Treier/Scheuer* V. A. RdNr. 125; *Wolf/Eckert/Ball,* RdNr. 1531.

erfüllt ist, weil die Mietsache nicht gegen den Willen des Vermieters zurückbehalten wird.[325] Allerdings ist nach Bereicherungsrecht der Wert der tatsächlich gezogenen Nutzungen zu vergüten, der sich nach dem objektiven Marktwert richtet. Der Nutzungswert des untervermieteten Objekts bemisst sich nach der im Untermietverhältnis vereinbarten Miete. Bei Nutzung von Teilflächen des Mietobjekts ist nur der tatsächliche Nutzungswert zu ersetzen;[326] die Unteilbarkeit der Mietsache im rechtlichen Sinn steht der Ermittlung des tatsächlichen bereicherungsrechtlichen Nutzungswerts nicht entgegen. Als Bereicherungsgläubiger trägt der Vermieter bzw. Leasinggeber grundsätzlich die **Darlegungs- und Beweislast** für den Umfang der Nutzung. In aller Regel kann er mangels eigener Kenntnis nur pauschal die Nutzung behaupten. Der Verwalter ist im Rahmen der sekundären Darlegungslast gehalten, die vom Vermieter bzw. Leasinggeber behauptete Nutzung unter substanziiertem Vortrag des tatsächlichen Gebrauchs zu bestreiten.[327]

125 Ersatz seines **Schadens wegen verspäteter Rückgabe** (§ 286 BGB) – Mietausfall bis zur Rückgabe, aber auch für die Zeit bis zur Weitervermietung, um die er sich erst nach Rückgabe bemühen konnte – kann der Vermieter nur als Insolvenzgläubiger fordern, weil der Verwalter eine Abwicklungspflicht nicht gehörig erfüllt hat.

126 Da der Anspruch auf Nutzungsentschädigung nach Vertragsende (§ 546a BGB) als Ersatz für den entfallenen vertraglichen Mietanspruch dasselbe Schicksal wie dieser hat, hat auch die nach **Anzeige der Masseunzulänglichkeit** fällig werdende Entschädigung Vorrang vor anderen Masseverbindlichkeiten. Im Gegensatz zu § 209 Abs. 2 Nr. 1 und 2 kommt es nach Abs. 2 Nr. 3 darauf an, ob und inwieweit die Masse die Gebrauchsgewährung in Anspruch nimmt. Insofern besteht eine Einschränkung gegenüber § 546a BGB, der nicht auf die tatsächliche Nutzung abstellt. Dem Einwand der Masseunzulänglichkeit (dazu RdNr. 103f) entgeht der Hauptvermieter mit Direktansprüchen gegen den Untermieter, die nach §§ 987 Abs. 1, 990 Abs. 1 BGB denkbar sind.[328]

127 **d) Veränderung und Verschlechterung der Mietsache.** Soweit der vertragswidrige Zustand schon bei Verfahrenseröffnung vorlag, ist der Ersatzanspruch des Vermieters ebenfalls vor diesem Zeitpunkt entstanden und richtet sich dem Grundsatz des § 108 Abs. 3 folgend auch dann nicht gegen die Masse, wenn der Vermieter die Sache nach Verfahrenseröffnung zurückerhält.[329] Die Wiederherstellungsaufwendungen können keinesfalls als mit der Aussonderung zusammenhängende Kosten der Masse angelastet werden.[330] Unter Berücksichtigung des Gegenleistungsaspekts haftet sie nur für solche Veränderungen und Verschlechterungen, die sich als Folge ihres Mietgebrauchs bei Fortführung des Mietverhältnisses ergeben.[331] Insoweit trägt der Vermieter die Beweislast.[332] Bei Verschlechterung oder Veränderung sowohl vor als auch nach Eröffnung des Insolvenzverfahrens kommt eine Aufteilung des Ersatzanspruchs in Betracht,[333] sofern die Veränderung nicht einen einheitli-

---

[325] BGH NJW 1983, 112, 113; BGH NJW 2006, 140 = NZM 2006, 104; *Erman/Jendrek* § 546a RdNr. 4; MünchKommBGB-*Schilling* § 546a RdNr. 4; *Palandt/Weidenkaff* § 546a RdNr. 8; *Staudinger/Rolfs* § 546a RdNr. 28; *Bub/Treier/Scheuer* V. A. RdNr. 57; *Sternel* IV. RdNr. 654; *Wolf/Eckert/Ball*, RdNr. 1026, 1033.
[326] OLG Köln ZIP 1995, 1608.
[327] Vgl. BGHZ 109, 139 = NJW 1990, 314 = ZIP 1990, 175 zum Bereicherungsausgleich nach Wegfall der Geschäftsgrundlage des Leasingvertrages infolge Wandelung des Kaufvertrages nach früherem Recht.
[328] BGH MDR 1969, 128; *Wolf/Eckert/Ball* RdNr. 1270; speziell zur Insolvenz; *Marotzke*, ZInsO 2007, 1, 10, der weitere Zugriffsmöglichkeiten abhandelt.
[329] BGH ZIP 2001, 1469 = NJW 2001, 2966; OLG Hamburg KTS 1978, 258; KG ZIP 1981, 753 = KTS 1982, 294; aA OLG Frankfurt BB 1974, 1322.
[330] *Pape* EWiR 1996, 369, 370.
[331] BGHZ 125, 270, 276 = NJW 1994, 1858 = ZIP 1994, 715; BGH ZIP 2001, 1469; *Jaeger/Henckel* § 19 RdNr. 76; *Pape*, Kölner Schrift, S. 531, 582 RdNr. 80; *Kilger/K. Schmidt* § 59 Anm. 4a, tritt generell für Insolvenzforderung ein.
[332] BGHZ 125, 270, 277 = NJW 1994, 1858 = ZIP 1994, 715; BGH ZIP 2001, 1469; *Heilmann* NJW 1985, 2505, 2507.
[333] *Kübler* ZIP 1981, 755; *Wolf/Eckert/Ball*, RdNr. 1535; *Gottwald/Klupp/Kluth*, Insolvenzrechts-Handbuch, § 56 RdNr. 29; *Kübler/Prütting/Tintelnot* § 108 RdNr. 30; *Braun/Bäuerle* § 55 RdNr. 9; gegen Aufteilung: *Soergel/Heintzmann* §§ 535, 536 RdNr. 320.

chen vor Verfahrenseröffnung begonnenen und danach fortgesetzten Vorgang darstellt, der insgesamt der Masse zuzurechnen ist.[334] Eine kurzfristige Nutzung durch sie sollte in jedem Fall vernachlässigt werden.[335] Waren vor Verfahrenseröffnung **Schönheitsreparaturen** noch nicht notwendig, so schuldet streng genommen die zur Sachleistung verpflichtete Insolvenzmasse (oben RdNr. 97) gem. § 281 BGB Schadensersatz statt der Leistung, wenn nach weiterem Mietgebrauch Renovierungsbedarf entsteht.[336] Vom Gegenleistungsaspekt ausgehend ist gleichwohl eine Aufteilung entsprechend den Nutzungszeiten geboten.[337]

e) Schadensersatz wegen vorzeitiger Vertragsbeendigung. Kündigt der Vermieter wegen einer von der Masse zu vertretenden Vertragsverletzung den Mietvertrag fristlos (z. B. gem. § 543 Abs. 2 Satz 1 Nr. 3 BGB wegen Zahlungsverzugs), so haftet die Masse für seinen Anspruch auf Ersatz des Mietausfalls für die Zeitspanne bis zu dem nächsten Termin, zu dem der Verwalter gemäß § 109 hätte vorzeitig kündigen können.[338] Nur insoweit ist dem Vermieter durch die Vertragsverletzung der Masse eine gesicherte Rechtsposition entgangen.

f) Rückerstattung von Mietvorauszahlungen. Mietvorauszahlungen für die Zeit nach Vertragsende sowie nicht verbrauchte Baukostenzuschüsse oder Mieterdarlehen sind gemäß § 547 BGB an die Masse zurückzuzahlen. Der Vermieter, der die Vertragsbeendigung nicht zu vertreten hat, haftet nur nach den Regeln zur Herausgabe einer ungerechtfertigten Bereicherung, so dass er deren Wegfall einwenden kann. Dies gilt insbesondere nach vorzeitiger Kündigung des Verwalters gem. § 109 Abs. 1 Satz 1 (dazu § 109 RdNr. 35).[339]

g) Verrechnung der Kaution. Unabhängig davon, ob seine Ansprüche als Masseverbindlichkeiten zu erfüllen sind oder ob er sie nur als Insolvenzgläubiger geltend machen kann, kann der Vermieter gegen den nach Vertragsende fälligen Anspruch auf Rückzahlung der Kaution aufrechnen. § 96 Abs. 1 Nr. 1 steht dem nicht entgegen, denn die Kaution bezweckt gerade die Absicherung gegen die Insolvenz des Mieters.[340] Zudem schützen §§ 94, 95 Abs. 1 Satz 1 die Aufrechnung gegen den aufschiebend bedingten Anspruch auf Rückerstattung der Kaution.[341]

VI. Nicht insolvenzverfahrensfeste Miet-, Pacht und Leasingverträge

Dem Wahlrecht nach § 103 Abs. 1 unterliegen Miet-, Pacht- oder Leasingverträge über bewegliche Sachen und Rechte mit Ausnahme der Verträge über die in § 108 Abs. 1 Satz 2 erwähnten Gegenstände im Insolvenzverfahren über das Vermögen des Vermieters bzw. Leasinggebers. Wegen der kurzen Fristen für die ordentliche Kündigung eines Mietverhältnisses über bewegliche Sachen (§ 580a Abs. 3 BGB) wird das Wahlrecht nur bei Miet- und Leasingverträgen mit fester Laufzeit bedeutsam sein, denn eine ordentliche Kündigung mit kurzer Frist löst keinen Schadensersatzanspruch aus.

Auf **nicht vollzogene Miet- oder Leasingverträge** § 109 Abs. 2 entsprechend anzuwenden und dem Vermieter oder Leasinggeber ein Rücktrittsrecht zuzubilligen, erscheint nahe liegend, weil kaum einzusehen ist, warum er an einen nicht vollzogenen Vertrag über einen beweglichen Gegenstand stärker gebunden sein sollte als über einen

---

[334] BGHZ 125, 270 = NJW 1994, 1858 = ZIP 1994, 715.
[335] OLG Celle EWiR 1996, 369; *Uhlenbruck/Berscheid* § 55 RdNr. 57; *Börstinghaus*, DWW 1999, 205, 207.
[336] So OLG Celle EWiR 1996, 369; *Uhlenbruck/Berscheid* § 55 RdNr. 57.
[337] BGHZ 125, 270; *Jaeger/Henckel*, InsO, § 55 RdNr. 50; FK-*Wegener* § 108 RdNr. 28; *Gottwald/Klupp/Kluth*, Insolvenzrechts-Handbuch, § 56 RdNr. 29.
[338] *Uhlenbruck/Berscheid* § 55 RdNr. 54 und § 108 RdNr. 32.
[339] BGHZ 54, 3477 = NJW 1970, 2289; *Jaeger/Henckel* § 19 RdNr. 72; *Kilger/K. Schmidt* § 19 Anm. 8; MünchKommBGB-*Schilling* § 547 RdNr. 10; *Nerlich/Römermann/Balthasar* § 109 RdNr. 15; *Waldherr* ZfIR 2005, 833, 838.
[340] OLG Köln EWiR 2002, 583; *Hörndler* in *Lindner-Figura/Oprée/Stellmann*, Kap. 20 RdNr. 107; aA *Franken/Dahl*, 6. Teil, RdNr. 128.
[341] Vgl. zur Aufrechnung gegen den Anspruch auf Rückerstattung von Betriebskostenvorauszahlungen BGH ZIP 2005, 181 = NZI 2005, 164 = NZM 2005, 342.

beweglichen.³⁴² § 109 Abs. 2 – ohnehin gesetzgeberisch verfehlt (§ 109 RdNr. 5) – ist jedoch als Ausnahme von der grundsätzlich alleinigen Vertragsdisposition des Verwalters nicht analogiefähig.³⁴³

133 **1. Vollständige Erfüllung. a) Vollständige Leistung des Vermieters bzw. Leasinggebers.** Nach Vertragsbeendigung auf Grund wirksamer Kündigung und nach Ablauf der Vertragszeit, in der der Vermieter den vertragsgemäßen Mietgebrauch gewährt hat, kann das Wahlrecht nicht mehr ausgeübt werden. Trotz Ablaufs der Vertragszeit, auch nach Kündigung, verlängert sich bei **widerspruchsloser Fortsetzung des Gebrauchs** der Miet- oder Leasingvertrag stillschweigend gemäß § 545 BGB auf unbestimmte Zeit; in dieser Verlängerungsphase besteht der Vertrag fort, folglich auch das Wahlrecht des Verwalters.

134 Da grundsätzlich ein Vertrag nicht vollständig erfüllt ist, solange eine zur Herbeiführung des Leistungserfolges erforderliche Teilleistung fehlt,³⁴⁴ steht die nach Übergabe der Leasingsache fortlaufende Gebrauchsgewährung, sogar eine auf das bloße Belassen reduzierte Restverpflichtung des Leasinggebers der vollständigen Vertragserfüllung entgegen.³⁴⁵ Leasingverträge nach Überlassung des Leasingguts wegen vollständiger Leistung des Leasinggebers dem Verwalterwahlrecht zu entziehen, liefe dem eindeutigen Anliegen des Gesetzes zuwider, sie in den Anwendungsbereich des § 103 einzubeziehen.³⁴⁶

135 **b) Vollständige Leistung des Mieters.** Die Zahlung der als einmalige Leistung für die gesamte Vertragszeit geschuldeten Miete vor Verfahrenseröffnung bedeutet noch nicht die vollständige Erfüllung der Mieterpflichten, weil während der Vertragszeit wesentliche Pflichten wie die zur pfleglichen Behandlung der Mietsache zu befolgen sind. Zwar hängen diese Nebenpflichten – anders als die des Vermieters –, nicht mit der primären vertraglichen Hauptleistung zusammen. Andererseits sind die aus § 535 Abs. 2 BGB folgende Hauptpflicht des Vermieters, den vertragsgerechten Zustand der Sache zu erhalten, und die Pflicht des Mieters, sie schonend zu behandeln, im Wesentlichen inhaltsgleich. Die Verpflichtung des Mieters lässt sich durchaus als weitere Gegenleistung zur Gebrauchsgewährung begreifen.³⁴⁷

136 Das Wahlrecht des Verwalters trotz vollständiger Vorauszahlung der Miete steht in Einklang mit der früheren Rechtslage. Unter der Geltung der Konkursordnung war nach einhelliger Meinung bei dieser Sachlage das Wahlrecht nicht ausgeschlossen, weil § 20 Abs. 2 Satz 2 KO mit der Verweisung auf § 17 KO, anders als diese Bestimmung und jetzt § 103, nicht voraussetzte, dass der Vertrag von den Parteien noch nicht vollständig erfüllt war.³⁴⁸ Dies will die InsO nicht ändern.³⁴⁹ Ein Ausschluss des Wahlrechts würde zudem dem Anliegen widersprechen, in der Insolvenz des Vermieters die Verwertung der zur Insolvenzmasse zählenden Güter zu erleichtern.³⁵⁰

137 **2. Wahlrecht des Verwalters. a) Schwebezustand bis zur Entschließung des Verwalters.** Nach der Rechtsprechung des BGH wird das Schuldverhältnis infolge der Verfahrenseröffnung derart modifiziert, dass offene Ansprüche aus gegenseitigen Verträgen zunächst, nämlich bis zu einem Erfüllungsverlangen des Verwalters ihre Durchsetzbarkeit verlieren³⁵¹ (dazu § 103 RdNr. 4 a, 13). Die Grundsätze dieser Rechtsprechung sind auf nicht vollständig erfüllte Miet- und Leasingverträge zu übertragen, die dem Wahlrecht des

---

³⁴² HK-*Marotzke* § 109 RdNr. 39.
³⁴³ *Wilmowsky* ZInsO 2004, 882 884.
³⁴⁴ BGHZ 87, 156 = NJW 1983, 1605.
³⁴⁵ *Zahn* DB 1995, 1597, 1599; *Lwowski* S. 111, 123.
³⁴⁶ Dazu ausführlich *Krämer* S. 220 ff.
³⁴⁷ Vgl. BGH NJW 1977, 36; BGHZ 77, 301 = NJW 1980, 2341; BGHZ 111, 301 = NJW 1990, 2376 zu den vertraglich vom Mieter übernommenen Schönheitsreparaturen.
³⁴⁸ *Jaeger/Henckel* § 20, RdNr. 4 und 10; *Kuhn/Uhlenbruck*, KO 11. Aufl. § 20 RdNr. 6; *Kilger/K. Schmidt* Anm. 3; *Bub/Treier/Belz* VII. B. RdNr. 207.
³⁴⁹ BT-Drucks. 12/2443 S. 71, 144 und 146.
³⁵⁰ BT-Drucks. 12/2443 S. 71, 147.
³⁵¹ BGHZ 150, 353 = NJW 2002, 2783 = ZIP 2002, 1093; BGHZ 155, 87 = NJW 2003, 2744 = ZIP 2003, 1208; BGH NJW 2006, 915 = ZIP 2006, 87.

Insolvenzverwalters gem. § 103 Abs. 1 unterliegen.[352] Die „Undurchsetzbarkeit" führt nach Auffassung des BGH[353] nicht zu einem „status quo" in der Weise, dass der bei Verfahrenseröffnung gegebene Zustand andauert und der Vermieter die Mietsache nicht zurückfordern kann.[354] Vielmehr erlischt im Insolvenzverfahren über das Vermögen des Mieters sein Besitzrecht bzw. das der Insolvenzmasse, so dass der Vermieter die Mietsache zurückfordern kann, sofern der Verwalter nicht Erfüllung des Vertrages gem. § 103 Abs. 1 wählt.[355] Den Ausführungen des BGH zur Undurchsetzbarkeit der beiderseitigen Ansprüche folgend kann im Insolvenzverfahren über das Vermögen des Vermieters der Mieter ebenfalls seinen Anspruch auf Gebrauchsgewährung nicht mehr durchsetzen, so dass der Verwalter Rückgabe der Mietsache verlangen kann. Nicht durchsetzbar – sowohl im Mieter-, als auch im Vermieterinsolvenzverfahren – ist der Anspruch auf Zahlung der laufenden Miet- oder Leasingraten.[356] Daher kann die Insolvenzmasse nicht i. S. d. § 543 Abs. 2 Satz 1 Nr. 3 BGB in Zahlungsverzug geraten,[357] solange die Ansprüche des Vermieters oder Leasinggebers nicht durchsetzbar sind. Umgekehrt ist in der Vermieterinsolvenz dem Mieter die außerordentliche Kündigung gem. § 543 Abs. 2 Satz 1 Nr. 1 BGB verwehrt, falls er dem Verwalter auf dessen Verlangen hin das Mietobjekt zurückgibt. In dieser Schwebephase auf die außerordentliche Kündigung nach der Generalklausel des § 543 Abs. 1 BGB zurückgreifen, wäre mit dem Zweck des Verwalterwahlrechts nicht zu vereinbaren. Nach Rückgabe des Mietobjekts muss der Vermieter ebenso leistungsbereit bleiben wie der Mieter, damit nach positiver Erfüllungswahl des Verwalters das Mietverhältnis fortgeführt werden kann.

Vor vorschneller Annahme einer **konkludent erklärten Erfüllungswahl** (§ 103 RdNr. 156) ist zu warnen;[358] dass zunächst alles weiter läuft wie vor Verfahrenseröffnung, zeigt lediglich, dass der Verwalter sich noch nicht entschieden hat. Insbesondere bedeuten weder die Fortsetzung des Mietgebrauchs noch die Zahlung und Entgegennahme einer oder mehrerer Miet- oder Leasingraten ohne Hinzutreten weiterer für eine Entscheidung sprechender Umstände ein konkludentes Erfüllungsverlangen.[359] Keinesfalls darf daher der Vertragsgegner schon der ersten auf die Verfahrenseröffnung folgenden Zahlung oder Entgegennahme der Miete oder Leasingraten die positive Erfüllungswahl entnehmen. Allenfalls bei langzeitiger Nutzung und Entgegennahme der Gegenleistung lässt sich dies vertreten.

Eine starre **Erklärungsfrist** sieht § 103 Abs. 2 nicht vor (dazu § 103 RdNr. 173). Im Insolvenzverfahren über das Vermögen des Leasingnehmers wegen der Nähe zum Kauf unter Eigentumsvorbehalt § 107 Abs. 2 entsprechend anzuwenden,[360] erscheint plausibel, weil der Verwalter sich erst dann für oder gegen die Vertragserfüllung entscheiden kann, wenn er weiß, ob er die Leasingsache zur Fortführung des Betriebs oder zur Abwicklung des Insolvenzverfahrens benötigt, und wenn er nach dem Liquiditätsplan sicher sein kann, die Leasingraten aus der Masse tilgen zu können. Gegen diese nur die Interessen der Masse und des Verwalters berücksichtigende Sicht bestehen jedoch Bedenken, weil sie die Belange des Leasinggebers unzureichend würdigt. Der Berichtstermin braucht gem. § 29 erst drei Monate nach Verfahrenseröffnung stattzufinden, in der Praxis wird diese Frist häufig nicht eingehalten. Da in dieser Schwebezeit der Leasinggeber keinen durchsetzbaren Anspruch auf

---

[352] BGH ZIP 2007, 778 = NJW 2007, 1594.
[353] ZIP 2007, 778 = NJW 2007, 1594.
[354] So Vorauflage § 108 RdNr. 138; *Welling* S. 124.
[355] BGH ZIP 2007, 778; das Urteil betrifft die Mieterinsolvenz.
[356] BGH ZIP 2007, 778 = NJW 2007, 1594.
[357] So aber OLG Köln ZIP 2003, 543 = NZI 2003, 149 = ZInsO 2003, 336.
[358] *Eichenhofer*, Festschrift für Gitter, S. 231, 239.
[359] AA *Gottwald/Huber*, Insolvenzrechts-Handbuch, § 37 RdNr. 14.
[360] *Marotzke* JZ 1995, 803, 814; *Pape*, Kölner Schrift, S. 531, 565 RdNr. 52; HK-*Marotzke* § 107 RdNr. 37, 38 und § 108 RdNr. 5; *Kübler/Prütting/Tintelnot* § 103 RdNr. 72; *Engel/Völckers* RdNr. 335. Gegen Analogie: *Obermüller/Livonius* DB 1995, 27, 28; *Ott/Vuia*, oben § 107 RdNr. 19; *Uhlenbruck/Sinz* § 108 RdNr. 71; *v. Westphalen* RdNr. 1533; *Gottwald/Huber* § 37 RdNr. 19; *Gottwald/Adolphsen*, Kölner Schrift, S. 1043, 1064 RdNr. 81; *Schwemer* ZMR 2000, 348, 350; Breitfeld FLF 4/2004, 168, 170; HK-*Marotzke* § 107 RdNr. 36, 37 und HambKomm-*Ahrendt*, § 103 RdNr. 25, treten auch bei Miete und Pacht für die analoge Anwendung des § 107 Abs. 2 ein. Vom BGH im Urteil vom 1. 3. 2007, ZIP 2007, 778, offen gelassen.

die vertragliche Gegenleistung hat – zur Abgeltung der Nutzung in dieser Phase unten RdNr. 180, 181 – ist dem Leasinggeber ein mehrmonatiges Zuwarten mit Ungewissheit über die weitere Vertragsdurchführung nicht zuzumuten. Ohne Analogie ist die in § 103 Abs. 2 Satz 2 geforderte „Unverzüglichkeit" zu Gunsten des Verwalters elastisch,[361] nicht jedoch nur an seinem Interesse orientiert auszulegen. Zu eng erscheint jedenfalls die Begrenzung des Überlegungszeitraums bis zum nächsten Zahlungstermin,[362] denn er kann ein oder wenige Tage nach Eröffnung liegen. Sachgerecht ist es daher, die Überlegungszeit des Verwalters an der in § 543 Abs. 2 Satz 1 Nr. 3 BGB genannten Zeitspanne auszurichten.

140 b) Teilerfüllung, Teilablehnung. Dem beiderseitigen Parteiwillen bei Vertragsschluss entsprechen im Regelfall nur die Nutzung der gesamten Mietsache und die Befolgung sämtlicher Pflichten während der Laufzeit des Vertrages. Diese Interessenlage besteht nach Verfahrenseröffnung, zumindest aus der Sicht des Verwalters, nicht mehr. Das Wort „soweit" in § 55 Abs. 1 Nr. 2 trägt dem scheinbar Rechnung. Indessen war eine Änderung gegenüber § 17 KO nicht beabsichtigt. § 105, der andernfalls entbehrlich wäre, zeigt, dass der Verwalter grundsätzlich das Erfüllungsverlangen bzw. die Ablehnung nicht auf Teile der beiderseitig geschuldeten Leistungen begrenzen kann.[363]

141 aa) Teilung des Mietobjekts. Auch wenn die Mietsache aus mehreren Einzelteilen besteht (z. B. mehrere Baugeräte oder Fahrzeuge, Hard- und Software),[364] ist sie im Rechtssinne nicht teilbar; der Verwalter kann den einheitlichen Miet- oder Leasingvertrag nicht aufspalten und sich bezüglich eines Teils der Miet- oder Leasingsache für, bezüglich des anderen gegen Erfüllung entscheiden.

142 bb) Trennung von Haupt- und Zusatzpflichten. Ebensowenig kann der Verwalter die Erfüllung einzelner Neben- oder Zusatzpflichten ablehnen und im Übrigen auf Erfüllung bestehen.[365] Im Regelfall lässt sich der einheitlich konzipierte Vertrag nicht in einen Überlassungsanteil und einen die Zusatzpflichten betreffenden Teil aufspalten,[366] weil die vertragsgerechte Nutzung der Miet- oder Leasingsache häufig von der Erfüllung der Neben- oder Zusatzpflichten abhängt. So kann der Verwalter in der Insolvenz dessen, der Software zur Nutzung überlässt, sich nicht für die Auslieferung des entwickelten und abgespeicherten Grundprogramms entscheiden und hierfür das Entgelt einziehen, aber die vertraglich vereinbarte Fortentwicklung, die die Masse stark belasten wird, verweigern.[367] Umgekehrt kann bei Insolvenz des Nutzers der Verwalter nicht die Hardware und ggf. bei Verfahrenseröffnung fertiggestellte Software abnehmen, aber die im selben Vertrag vereinbarten Service- und Fortentwicklungsleistungen ablehnen, weil diese anderweitig preiswerter angeboten werden. Anderes gilt bei bewusster rechtlicher Trennung des Vertragswerks in einen die eigentlichen Leasinggeber- und einen die Zusatzpflichten betreffenden Vertrag (dazu § 108 RdNr. 62).

143 cc) Aufteilung nach Zeitabschnitten. Bei Insolvenz des Vermieters oder Leasinggebers wird sich bei absehbarer günstiger Weitervermietung oder Anschlussverwertung Erfüllungsbereitschaft nur bis zu einem bestimmten Termin empfehlen; im Insolvenzverfahren über das Vermögen des Mieters oder Leasingnehmers wird der Verwalter häufig abschätzen können, dass er die Miet- oder Leasingsache nur noch bis zu einem bestimmten Zeitpunkt für die Masse benötigen wird. Der Verwalter hat nur die Wahl zwischen Erfüllung

---

[361] *Tintelnot* ZIP 1995, 616, 617; *Uhlenbruck/Sinz* § 108 RdNr. 71; OLG Köln, ZIP 2003, 543 = NZI 2003, 149 = ZInsO 2003, 336.

[362] So *Gottwald/Huber*, Insolvenzrechts-Handbuch, § 37 RdNr. 14.

[363] *HK-Marotzke* § 103 RdNr. 46; *Kübler/Prütting/Tintelnot* § 103 RdNr. 67; *Schwemer* ZMR 2000, 348, 350.

[364] Dazu BGH NJW 1987, 2004 = ZIP 1987, 788.

[365] Vgl. BGHZ 103, 250 = NJW 1988, 1796, = ZIP 1988, 322; *Brandes* WM 1996, Beilage zu Heft 28 S. 10; *Uhlenbruck Sinz* § 108 RdNr. 69; *Jaeger/Henckel* § 17 RdNr. 84.

[366] Vgl. BGH NJW 1987, 2004 = ZIP 1987, 788; aA *Ganter*, oben § 47 RdNr. 249.

[367] Vgl. *Heidland*, KTS 1990, 183, 199.

Fortbestehen bestimmter Schuldverhältnisse **144–146 § 108**

während der gesamten Laufzeit und Nichterfüllung.[368] Für die Masse wäre daher eine auf einen Teilabschnitt der zukünftigen Gebrauchsgewährung begrenzte Erfüllungswahl von Vorteil. Diesem Gesichtspunkt trägt bei Insolvenz des Mieters einer Immobilie § 109 Abs. 1 Rechnung, denn der Verwalter braucht nicht zum erstmöglichen Termin zu kündigen und er kann auch nicht durch den Vermieter zu einer Entscheidung gedrängt werden. Aus § 109 Abs. 1 folgt im Umkehrschluss,[369] dass der Verwalter bei Verträgen über sonstige Gegenstände nicht derart disponieren kann. Seine Erklärung, den Miet- oder Leasingvertrag nur bis zu einem bestimmten Zeitpunkt zu erfüllen und danach die Erfüllung abzulehnen, ist Erfüllungsablehnung.[370]

Ausgeschlossen ist auch eine die Grundmietzeit bejahende, aber die Vertragsverlängerung **144** auf Grund **Optionsrechts des Vertragsgegners** ausschließende Erfüllungswahl.[371] Verlängerungsoptionen als typische miet- oder leasingvertragliche Regelungen binden die zur Vertragserfüllung bereite Masse genauso wie die hierzu kraft Gesetzes verpflichtete. Da eine **einverständliche Aufteilung** des einheitlichen Vertragsverhältnisses nicht ausgeschlossen ist, kann der Verwalter mit Zustimmung des Vertragsgegners das Wahlrecht auf Teilabschnitte der zukünftigen Gebrauchsgewährung oder Teilabschnitte beschränken.[372]

dd) Abspaltung des Erwerbsgeschäfts. In der Insolvenz des Leasingnehmers, der eine **145** **Kaufoption** hat, betrifft die Erfüllungswahl nur das eigentliche Leasinggeschäft; nach Ablauf der Vertragszeit bleibt dem Verwalter, wie vertraglich vereinbart, die Optionsentscheidung. Die Eröffnung des Insolvenzverfahrens ist kein Grund, ihm vor Ablauf der Grundvertragszeit eine Erklärung zur Option abzuverlangen, zu der der nicht insolvente Leasingnehmer nicht verpflichtet wäre.[373] Hat der Leasingnehmer vor Verfahrenseröffnung, aber auch vor Ablauf der Grundmietzeit optiert – dass die Option geraume Zeit vor Vertragsende zu erklären ist, ist nicht unüblich –, so kann der Verwalter über Leasing- und Kaufvertrag getrennt befinden.[374] Die Erfüllungsablehnung lässt die Rechte und Pflichten der Insolvenzmasse insgesamt entfallen, so dass der Verwalter nicht isoliert nur für den der Masse günstigen Ankauf des Leasingguts optieren kann.[375]

Anders verhält es sich mit **Erwerbs- und Veräußerungspflichten:** In der Insolvenz des **146** Leasingnehmers mag es für die Masse erstrebenswert sein, das Leasinggut weiterhin bis zum Ende der Grundmietzeit zu nutzen, ohne sie sich anschließend andienen zu lassen. Umgekehrt kann der Masse in der Insolvenz des Leasinggebers daran gelegen sein, dem Leasingnehmer zwar die Nutzung während der vertraglichen Laufzeit zu belassen, anschließend jedoch den aus dessen Sicht vorteilhaften Erwerb scheitern zu lassen, um die Leasingsache endgültig zur Masse zu ziehen. Ein derart gespaltenes Wahlrecht widerspricht dem Grundsatz, dass der Verwalter mit seiner Erfüllungswahl die nicht durchsetzbaren Vertragspflichten nur mit dem ursprünglichen Inhalt aufleben lassen kann. Somit schließt die Erfüllungswahl auch die die sachenrechtliche Zuordnung ändernden Vereinbarungen ein, die nach Ablauf der Grundmietzeit aktuell werden.[376] Gegen diese Lösung spricht nicht der Vergleich zur Rechtslage bei insolvenzverfahrensfesten Verträgen, bei denen die Gebrauchsgewährungspflicht nach § 108 Abs. 1 die Verfahrenseröffnung überdauert, während das Erwerbsrecht dem Verwalterwahlrecht unterliegt (RdNr. 63), denn der Verwalter kann bei seiner Entschließung die nachfolgende An- oder Verkaufspflicht bedenken, was ihm bei insolvenzverfahrensfesten Verträgen versagt ist. Hatte der Leasinggeber schon vor Verfahrenseröffnung

---

[368] *Kübler/Prütting/Tintelnot* § 103 RdNr. 18; *Welling* S. 61; *Breitfeld* FLF 4/2004, 168, 171.
[369] Für Analogie hingegen *Kübler/Prütting/Tintelnot* § 103 RdNr. 82.
[370] *Breitfeld* FLF 4/2004, 168, 171.
[371] *Pape*, Kölner Schrift, S. 531, 574 RdNr. 70.
[372] Vgl. RGZ 129, 228, 230; BGHZ 129, 336, 375 = NJW 1995, 1966, 1967 = ZIP 1995, 926, 928; *Jaeger/Henckel* § 17 RdNr. 84.
[373] *Uhlenbruck/Sinz* § 108 RdNr. 74; aA *Jaeger/Henckel* § 19 RdNr. 18; *v. Westphalen* RdNr. 1508.
[374] *Uhlenbruck/Sinz* § 108 RdNr. 75.
[375] *Uhlenbruck/Sinz* § 108 RdNr. 74.
[376] *Pape*, Kölner Schrift, S. 531, 574 RdNr. 70; *Uhlenbruck/Sinz* § 108 RdNr. 78; *Engel/Völckers* RdNr. 333.

durch Andienungserklärung den Kaufvertrag zustande gebracht, so unterliegen beide Verträge getrennt dem Wahlrecht.

147 **ee) „Sale-and-lease-back"-Vertrag.** Ist der Kaufvertrag noch nicht durch Übereignung der Leasingsache an den Leasinggeber erfüllt, so kann der Verwalter dem Rechtsgedanken des § 139 BGB folgend, aber auch nach Treu und Glauben, nur einheitlich die Erfüllung beider Vertragsbestandteile ablehnen oder verlangen.[377] Insbesondere kann er nicht auf Erfüllung des Kaufvertrages bestehen, aber die Erfüllung des Leasingvertrags ablehnen, obwohl hierfür namentlich in der Insolvenz des Leasingnehmers ein Anreiz besteht, weil er auf diese Weise der Masse Liquidität beschaffen könnte, ohne eine nachfolgende Masseverbindlichkeit einzugehen.

148 **ff) Rahmenvertrag.** Von der Aufteilung des Vertragsverhältnisses zu unterscheiden ist die Durchführung eines **Rahmenvertrages,** der die Bedingungen für die nachfolgenden Einzelverträge, die jeweils durch Abruf des Mieters zustande kommen, festschreibt. Der Rahmenvertrag selbst begründet wie der Vorvertrag noch nicht die Gebrauchsgewährungs- und Mietzinszahlungspflicht; diese folgen erst aus den Einzelverträgen, über die üblicherweise sog. „Mietscheine" ausgestellt werden. Bezüglich der jeweiligen Einzelverträge kann sich der Verwalter, solange nicht eine Partei vollständig erfüllt hat, für oder gegen Erfüllung entscheiden. Im Übrigen tritt er nicht in die Verpflichtung zum Abschluss von Einzelverträgen ein.

149 **c) Teilleistungen vor Verfahrenseröffnung.** Die periodisch geschuldete **Miete und die Gebrauchsgewährung** im korrespondierenden Zeitabschnitt bilden gleichartige Teilleistungen der vertraglichen Hauptleistungen. Sie lassen sich gegenseitig zuordnen und sind insofern teilbar.[378] Dem folgend bildet in insolvenzverfahrensfesten Verträgen die Verfahrenseröffnung insofern eine Zäsur, als § 108 Abs. 3 den fortlaufenden Mietgebrauch in Phasen vor und nach Verfahrenseröffnung zerlegt. Für Verträge, über deren Erfüllung der Verwalter nach § 103 zu entscheiden hat, folgt dieselbe Zäsur aus § 105, der bei Miet-, Leasing- sowie sonstigen Nutzungsverträgen eingreift.[379]

150 Die Notwendigkeit, die beiderseitigen Leistungen gemäß § 105 aufzuspalten, wird in der Insolvenz des Mieters besonders deutlich. Bei Unteilbarkeit hätte die Masse nach positiver Erfüllungswahl des Verwalters die Gegenleistung für die gesamte Gebrauchsgewährung zu erbringen; über etwaige Masseverbindlichkeiten aus der Zeit des vorläufigen Verfahrens (§ 55 Abs. 2) hinaus wäre sie mit Mietanteilen belastet, die den Mietgebrauch vor Verfahrensbeantragung abgelten.[380] Diese Konsequenz müsste den Verwalter vielfach von der Entscheidung für die Erfüllung eines im Übrigen für die Masse vorteilhaften Mietvertrages abhalten. Auch ist es nicht einzusehen, warum der Vermieter nach positiver Erfüllungsentscheidung des Verwalters bezüglich seiner offenen Ansprüche aus der Zeit vor Verfahrenseröffnung günstiger stehen sollte als bei einem kraft Gesetzes insolvenzverfahrensfesten Vertrag.

151 Dass bei Einführung des § 105 auch Dauerschuldverhältnisse bedacht wurden, ist den Gesetzesmaterialien zwar nicht zu entnehmen; sie sprechen jedoch insofern für die Aufteilung, als § 105 sich an § 36 Abs. 2 VerglO anlehnt,[381] der für Miet-, Pacht und ähnliche

---

[377] *Kalkschmid* RdNr. 306.
[378] BGHZ 125, 270, 274 = NJW 1994, 1858, 1859 = ZIP 1994, 715, 716.
[379] BGHZ 145, 245 = NJW 2001, 367 = ZIP 2000, 2207 (betr. Abrechnung der Vergütung für Nutzung von Baugeräten im Konkurs des Bauunternehmers); FK-*Wegener* § 105 RdNr. 3; HK-*Marotzke* 105 RdNr. 12; *Kübler/Prütting/Tintelnot* § 105 RdNr. 28; *Nerlich/Römermann/Balthasar* § 105 RdNr. 8; *Pape*, Kölner Schrift, S. 531, 556 RdNr. 37; *Uhlenbruck/Sinz* § 108 RdNr. 73; *Tintelnot* ZIP 1995, 616, 620; *Jauernig* § 78 IV. S. 324; *Welling* S. 76, 91; gegen die Anwendung des § 105 auf Leasingverträge: *Breitfeld* FLF 4/2004, 168, 170.
[380] Dass die Masse die rückständigen Leistungen des Schuldners zu erbringen habe, bezeichnete die Begr. zu § 17 KO sogar als „natürlich"; *Hahn*, S. 88; zum Leasing folgt *Breitfeld*, FLF 4/2004, 168, 170, dieser Ansicht.
[381] BT-Drucks. 12/2443 S. 71, 145.

Schuldverhältnisse einschlägig war.[382] Allerdings regelt § 105, wie zuvor § 36 VerglO ausdrücklich nur die Teilleistungen des Vertragsgegners vor Verfahrenseröffnung. Dass hieraus nicht die Unteilbarkeit der Leistungen des Schuldners folgt, hat der BGH schon im Jahr 1995 im Vorgriff auf § 105 herausgearbeitet.[383]

Die **Leistung des Leasinggebers** und die Gegenleistungen des Leasingnehmers sind **152** ebenfalls gemäß § 105 aufteilbar.[384] Teilbarkeit erfordert nicht die Gleichartigkeit der Teilleistungen; es genügt, dass die Gesamtleistung zerlegt werden kann und die Teilleistungen sich jeweils dem hiermit korrespondierende Anteil der Gegenleistung zuordnen lassen.[385] Dass die Leistung des Leasinggebers sich nicht in der gleichmäßigen fortlaufenden Gebrauchsgewährung erschöpft, ist unschädlich; im Gegenteil, die anfängliche Finanzierungs- und Anschaffungsleistung lassen sich durchaus von der nachfolgenden gleichmäßigen Sachnutzung trennen. Aus den Gesamtvertragskosten können die Abgeltung der Anfangsleistung einschließlich Finanzierung und die Gegenleistung zur reinen Sachnutzung herausgerechnet werden. Würde man die Leistung des Leasinggebers wegen des wesentlichen Gewichts der Anfangsleistung als unteilbar und vor Verfahrenseröffnung vollständig erbracht ansehen, so wäre entgegen § 103 das Wahlrecht des Insolvenzverwalters ausgeschlossen. Wäre die unteilbare Leistung nicht vor Verfahrenseröffnung erfolgt, so hätte dies zur Folge, dass sogar die Rückstände aus dieser Zeit aus der Masse zu befriedigen wären.[386] Dem Verwalter bliebe de facto nur die Erfüllungsablehnung, falls Rückstände vor Verfahrenseröffnung aufgelaufen sind. Wie beim Immobilienleasing gemäß § 108 Abs. 3 ist die vor Verfahrenseröffnung erbrachte Anschaffungs- und Finanzierungsleistung des Leasinggebers von der nachfolgenden Gebrauchsgewährung zu trennen. Die Anwendung des § 105 vermeidet schließlich die Besserstellung des Vermieters gegenüber dem Verkäufer, der Zahlungsrückstände aus der Zeit vor Verfahrenseröffnung nur als Insolvenzgläubiger anmelden kann.[387]

d) Verträge mit mehreren Mietern, Pächtern oder Leasingnehmern. Die Eröff- **153** nung des Insolvenzverfahrens über das Vermögen eines von mehreren Mietern oder Leasingnehmern betrifft gem. § 425 Abs. 1 BGB nur die Ansprüche des insolventen Vertragspartners bzw. gegen ihn.[388] Aus der Natur des Miet-, Pacht- oder Leasingvertrages folgt nichts anderes (vgl. § 109 RdNr. 37). Die Folgen der Erfüllungsablehnung korrespondieren somit mit denen – jedenfalls nach der hier vertretenen Ansicht (§ 109 RdNr. 39) – der vorzeitigen Kündigung des Vertrages gem. § 109 Abs. 1.

Für die **Jagdpacht** ergibt sich dies aus § 13 a BJagdG, der zwar, an § 19 KO angelehnt, **154** die Kündigung eines der mehreren Pächtern[389] betrifft, indessen nach Wegfall des Sonderkündigungsrechts auf das Erlöschen der Forderungen aus dem Pachtvertrag und die Erfüllungsablehnung entsprechend anzuwenden ist. Allerdings ist der nicht insolvente Mitpächter zur vorzeitigen Kündigung berechtigt, wenn ihm allein die Fortsetzung des Vertrages nicht zuzumuten ist.

3. Erfüllung des Vertrages. Wählt der Verwalter Erfüllung, so erhalten die zunächst **155** nicht durchsetzbaren Ansprüche die Rechtsqualität originärer Forderungen der Masse und

---

[382] RGZ 155, 306, 313; BGHZ 125, 270 = NJW 1994, 1858 = ZIP 1994, 715.
[383] BGHZ 129, 336 = NJW 1995, 1966 = ZIP 1995, 926; BGH ZIP 1997, 688; *Kreft*, Festschrift für Fuchs S. 116, 124 = ZIP 1997, 865, 870; *Brandes* RdNr. 100.
[384] *Uhlenbruck/Sinz* § 108 RdNr. 73; *Jauernig* § 78 IV; *Kübler/Prütting/Tintelnot* § 105 RdNr. 10; *HK-Marotzke* § 105 RdNr. 12; *Nerlich/Römermann/Balthasar* § 105 RdNr. 8; aA *Krull* ZMR 1998, 746, 749; *Krull* ZInsO 1998, 291, 296; *Zahn* DB 1995, 1597, 1599.
[385] BGHZ 67, 242, 247 = NJW 1977, 50, 51; BGHZ 125, 270, 274 = NJW 1994, 1858, 1859 = ZIP 1994, 715, 716.
[386] *Welling* S. 91; *Krull* ZMR 1998, 746, 749; *ders.* ZInsO 1998, 291, 296 tritt hierfür von seinem Ausgangspunkt aus folgerichtig ein.
[387] *Tintelnot* ZIP 1995, 616, 620; *Welling* S. 77.
[388] Vgl. BGHZ 72, 267 = NJW 1979, 308; *MünchKommBGB-Bydlinsky* § 425 RdNr. 34; *Palandt/Grüneberg* § 425 RdNr. 13; *Staudinger/Kaduk*, 12. Bearb. § 425 RdNr. 52.
[389] § 13 a BJagdG hat das EGInsO nicht in Hinblick auf § 103 ergänzt.

gegen die Masse.³⁹⁰ § 103 unterwirft Miet- und Leasingverträge ohne Sonderregelung dem Verwalterwahlrecht, also grundsätzlich auch mit denselben Rechtsfolgen. Soweit es um die Einordnung als Masseverbindlichkeit geht, unterscheidet § 55 Abs. 1 Nr. 2 nicht zwischen Verträgen, die die Masse gem. § 108 Abs. 1 zu erfüllen hat und solchen, deren Erfüllung der Verwalter gem. § 103 verlangt, so dass kein Grund besteht, die Masse für sämtliche Haupt- und Nebenleistungsansprüche, nur durch § 105 begrenzt, haften zu lassen.³⁹¹

156 Hatte der Mieter die Mietsache vor Verfahrenseröffnung noch nicht übernommen, so ist der Vertrag durch Überlassung in Vollzug zu setzen. Dies gilt auch, soweit die Erfüllung eines von einem bestimmten Zeitpunkt ab auf eine bestimmte Dauer geschlossenen Vertrages durch Zeitablauf vor Verfahrenseröffnung unmöglich geworden ist, denn der Gebrauchsgewährungsanspruch ist ebenfalls teilbar i. S. d. § 105.³⁹² Wegen der zurückliegenden Zeit kann der Mieter als Insolvenzgläubiger Schadensersatzanspruch wegen Nichterfüllung verlangen. Soweit der Mieter Miete im Voraus entrichtet hat, ist der Verwalter nicht gehindert, Erfüllung zu verlangen, ohne dass das vorab gezahlte Entgelt auf die ab Verfahrenseröffnung fällige Miete anzurechnen ist (dazu § 110 RdNr. 43).

157 **a) Insolvenz des Vermieters/Leasinggebers.** Zur Haftung der Masse für den Anspruch des Mieters auf Beseitigung eines Mangels, für Gewährleistungsansprüche sowie für die Folgen von Leistungsstörungen ergeben sich keine Unterschiede zur Rechtslage bei insolvenzverfahrensfesten Verträgen (dazu RdNr. 70 ff). Die vor Verfahrenseröffnung gem. § 536 BGB geminderte Miete bleibt gemindert. Die Masse ist nicht nur zur Mangelbeseitigung und Gewährleistung verpflichtet, wenn ein Mangel nach Verfahrenseröffnung entsteht,³⁹³ sondern auch bei einem vorher aufgetretenen,³⁹⁴ denn sie schuldet den vertragsgerechten Mietgebrauch als Dauerverpflichtung (oben RdNr. 71).³⁹⁵ Dies gilt unabhängig von der Kenntnis des Verwalters vor seiner Entscheidung.

158 **b) Insolvenz des Mieters.** Nach Erfüllungswahl schuldet die Masse gem. § 55 Abs. 1 Nr. 2 die vereinbarte Miete für die nachfolgende Zeit. Unabhängig davon, ob der Verwalter das Miet- oder Leasingobjekt genutzt hat, qualifiziert das Schrifttum,³⁹⁶ soweit es sich damit befasst, auch die vertraglichen **Entgeltansprüche aus der zurückliegenden Schwebezeit** zwischen Verfahrenseröffnung und Entschließung des Verwalters als Masseverbindlichkeiten gem. § 55 Abs. 1 Nr. 2. Dies beruht auf der Erwägung, dass die Erfüllungswahl die zivilrechtlich begründeten, zuvor nicht durchsetzbaren Ansprüche wieder aufleben lässt.

159 Bedenken gegen dieses Ergebnis lassen sich aus den vom BGH im Urteil vom 1. 3. 2007³⁹⁷ zur Undurchsetzbarkeit der beiderseitigen Ansprüche während der Schwebezeit entwickelten Grundsätzen herleiten. Entfallen mit Verfahrenseröffnung das Besitz- und Nutzungsrechts der Insolvenzmasse (dazu RdNr. 137), so schuldet sie trotz späterer Erfüllungswahl für die vorangegangene Zeit allenfalls eine Entschädigung wegen Vorenthaltung der Mietsache entsprechend § 546a BGB, ggf. nur einen Bereicherungsausgleich, falls die tatbestandlichen Voraussetzungen des § 546a BGB mangels Rücknahmebereitschaft des Vermieters nicht gegeben sind. Selbst diese Ansprüche kommen nicht in Betracht, wenn der Verwalter die Mietsache zurückgegeben oder zumindest dem Vermieter zur Rücknahme angeboten hatte. Diese masseschonende Sicht lässt sich auch mit der Erwägung begründen, dass die Erfüllungswahl des Verwalters nicht die vorangegange-

---

³⁹⁰ BGHZ 150, 353 = NJW 2002, 2783 = ZIP 2002, 1093; BGHZ 155, 87 = NJW 2003, 2744 = ZIP 2003, 1208.
³⁹¹ So aber *Kübler/Prütting/Tintelnot* § 55 RdNr. 44.
³⁹² *Welling* S. 104.
³⁹³ *Kübler/Prütting/Pape* § 55 RdNr. 44.
³⁹⁴ *Gottwald/Huber*, Insolvenzrechts-Handbuch, § 37 RdNr. 12.
³⁹⁵ BGH NZM 2003, 472 = ZIP 2003, 854.
³⁹⁶ *Obermüller/Livonius* DB 1995, 27, 28; Vorauflage § 108 RdNr. 160; *Uhlenbruck/Sinz*, § 108 RdNr. 72; *Welling* S. 79; *Wortberg* ZInsO 2006, 1256, 1257 Fn. 2.
³⁹⁷ ZIP 2007, 778 = NJW 2007, 1594.

ne Phase der Undurchsetzbarkeit der beiderseitigen Ansprüche, sondern nur die Folgezeit betrifft.

Sofern der Anspruch auf Mietrückstände aus der Zeit vor Verfahrenseröffnung nicht ausnahmsweise als Masseverbindlichkeit gemäß § 55 Abs. 2 zu erfüllen ist (unten RdNr. 185 ff), kann der Vermieter ihn nur als Insolvenzgläubiger geltend machen; nach § 105 Satz 2 kann er von der Masse nicht Ersatz der vom Schuldner gezogenen Nutzungen verlangen. **160**

Neben- und Obhutspflichten hat die Masse wie zuvor der Schuldner zu befolgen. Soweit die Mietsache nach Verfahrenseröffnung, auch in der Schwebezeit bis zur Verwalterentscheidung, beschädigt wird, schuldet sie Schadensersatz.[398] Für die Folgen einer Vertragsverletzung des Mieters vor Eröffnung des Insolvenzverfahrens haftet die Masse nicht.[399] **161**

Als **Neumasseschulden** werden Verbindlichkeiten aus einem Mietvertrag, dessen Erfüllung der Verwalter nach Anzeige der Masseunzulänglichkeit gewählt hat (§ 209 Abs. 2 Nr. 1) privilegiert. Da der Verwalter bei Erkennen der Masselosigkeit sich nicht für die Erfüllung eines Mietvertrages entscheiden wird, wird diese Konstellation in Hinblick auf seine persönliche Haftung bei Nichterfüllbarkeit von Masseschulden (§ 61) nur geringe praktische Bedeutung erlangen. Sie ist nicht auszuschließen, wenn er die Mietsache dringend für die Fortführung des Verfahrens benötigt. Die fortdauernde Nutzung der Mietsache nach Anzeige der Masseunzulänglichkeit begründet nach § 209 Abs. 2 Nr. 3 eine Neumasseschuld. Der nach Erfüllungswahl an den Vertrag gebundene Verwalter kann deren Entstehen abwenden, indem er die Gegenleistung des Vermieters nicht mehr in Anspruch nimmt (oben RdNr. 104). **162**

c) **Insolvenz des Leasingnehmers.** Dass nach Erfüllungswahl die Masse nicht die vor Verfahrenseröffnung fällig gewordenen Leasingraten, von § 55 Abs. 2 abgesehen, schuldet, folgt aus § 105.[400] Für die nach Verfahrenseröffnung fälligen Leasingraten haftet nach überwiegender Ansicht die Masse in voller Höhe.[401] Dem wird die gemäß § 105 gebotene Aufteilung der Leistung des Leasinggebers in Anteile, die er vor Verfahrenseröffnung erbracht hat und die er danach erbringt, nicht gerecht (dazu RdNr. 94, 150). Der Anspruch auf die Gegenleistung zu der vor Verfahrenseröffnung erbrachte Finanzierungsleistung richtet sich nach § 38 weiterhin gegen den Schuldner. Die Masse schuldet nach § 55 Abs. 1 Nr. 2 nur das Entgelt für die fortlaufende Gebrauchsgewährung;[402] in diesem Rahmen ist der Ausgleich des gebrauchsbedingten Wertverlustes ein wesentlicher Faktor. Je höher der Finanzierungsanteil ist, desto stärker weicht dieses Entgelt von den Leasingraten ab. Praktische Probleme stehen dieser Lösung nicht entgegen, denn die auf die fortlaufende Sachnutzung entfallenden Entgeltanteile und die Finanzierungskosten lassen sich unter Berücksichtigung des Anschaffungsaufwandes und der betriebsgewöhnlichen Nutzungsdauer aus den Gesamtvertragskosten herausrechnen.[403] **163**

Die vom Rechtsausschuss des Bundestages geteilte Auffassung des IX. Zivilsenats des BGH,[404] der Leasinggeber erfülle mit der Anschaffung und Finanzierung im Wesentlichen **164**

---

[398] Vgl. BGHZ 125, 270 = NJW 1994, 1858 = ZIP 1994, 715.
[399] *Pape*, Kölner Schrift, S. 531, 574 RdNr. 69.
[400] *Kübler/Prütting/Pape* § 55 RdNr. 51; *Kübler/Prütting/Tintelnot* § 105 RdNr. 11; *Uhlenbruck/Sinz* § 108 RdNr. 73; *Engel/Völckers* RdNr. 332; *Welling* S. 74; *Schwemer* ZMR 2000, 348, 350; aA *Breitfeld* FLF 4/2004, 168, 170.
[401] *Fehl* DZWIR 1999, 89, 93; *Krull* ZMR 1998, 746 und ZInsO 1998, 291; *Obermüller/Livonius* DB 1995, 27, 28; *Pape*, Kölner Schrift, S. 531, 574 RdNr. 68; *Gottwald/Adolphsen*, Kölner Schrift, S. 1043, 1064 RdNr. 82; *Schmidt-Burgk*, ZIP 1998, 1022; *Schwemer* ZMR 2000, 348, 349; *Zahn* DB 1998, 701; *Uhlenbruck/Sinz* § 108 RdNr. 84; RdNr. 66; *HK-Eickmann* § 55 RdNr. 17; *HK-Marotzke* § 105 RdNr. RdNr. 12; *Kübler/Prütting/Pape* § 55 RdNr. 51; *Jaeger/Henckel*, InsO, § 55 RdNr. 46; *Smid* InsO § 108 RdNr. 16; *Engel/Völckers* RdNr. 331; *Welling* S. 91; *Krämer* S. 232.
[402] *Bamberger/Roth/Möller/Wendehorst*, BGB, § 500 RdNr. 55.
[403] *Büschgen/Kroll/Schwab* § 37 RdNr. 1144; *Engel/Paul* § 17 RdNr. 5; *v. Westphalen*, RdNr. 1558, und *Bamberger/Roth/Möller/Wendehorst*, BGB, § 500 RdNr. 55, schätzen sie nach Beendigung einer etwaigen Gewährleistungspflicht auf 5 bis 10%, bzw. 10% der Leasingraten,.
[404] BGHZ 109, 368, 380 = NJW 1990, 1113, 1115 = ZIP 1990, 180, 183; so auch BGH NJW 1988, 198 = ZIP 1987, 1390.

seine Vertragspflichten, seine nachfolgende Leistung beschränkten sich regelmäßig darauf, „den Leasingnehmer nicht in der Nutzung zu stören und ihn allenfalls gegenüber Störungen durch Dritte zu unterstützen" und die Leasingraten entgelten nur seine Anfangsleistung, hätte sogar zur Folge, dass der Anspruch des Leasinggebers auf die Leasingraten eine vor Verfahrenseröffnung vollständig entstandene, betagte Forderung bliebe.[405] Der Leasinggeber stünde dann schlechter als der Vorbehaltsverkäufer.[406]

165 Der die Vollamortisation sichernde Anspruch auf **Ausgleichszahlung nach ordentlicher Kündigung** des Leasingvertrages[407] oder die beim Kraftfahrzeugleasing denselben Zweck verfolgende **Vergütung des kalkulierten Restwertes** richten sich im Grundsatz gegen die Masse.[408] Da sie auch Gegenleistung zu den Leistungen des Leasinggebers vor Verfahrenseröffnung sind, haftet die Masse nur anteilig entsprechend ihrer Nutzungszeit,[409] ferner nach der hier vertretenen Auffassung lediglich auf den die Sachnutzung abdeckenden Anteil. Zudem ist der Masse eine vom Schuldner bei Vertragsbeginn erbrachte Sonderzahlung, die gleichfalls der Vollamortisation dient, anteilig unter Berücksichtigung ihrer Nutzungszeit gutzubringen.

166 Ein **Schadensersatzanspruch wegen vorzeitiger Vertragsbeendigung** richtet sich gegen die Masse, wenn sie sie zu vertreten hat, z. B. wegen Zahlungsverzugs.[410] Demgegenüber kann der Verwalter nicht einwenden, der Leasinggeber dürfe bei vorzeitiger Vertragsbeendigung nach Erfüllungswahl nicht besser stehen als bei Ablehnung der Erfüllung. Der Leasinggeber läuft somit nicht Gefahr, zumindest nicht in rechtlicher Hinsicht, dass der Verwalter „aufs Blaue" Erfüllung wählt, ohne auf Dauer erfüllen zu können, und der Leasinggeber die ihm gebührende anteilige Vollamortisation einbüßt.

167 d) **Abwicklung nach Vertragsende.** Würde die Neubegründung der vertraglichen Ansprüche durch Erfüllungswahl die Abwicklungsansprüche einschließen, so wären sie aus der Masse zu erfüllen.[411] Als Folge dieser Betrachtung schuldete die Masse die ordnungsgemäße **Rückgabe** der Miet- oder Leasingsache oder **Schadensersatz,** falls der Verwalter Abwicklungspflichten wie die vertraglich übernommene Demontage oder Rücksendung nicht befolgt. Anders als bei der Immobilienmiete (oben RdNr. 106) wäre die Masse mit Abwicklungspflichten belastet. Diese Sichtweise, die letztlich den Verwalter von einer an sich sinnvollen Erfüllungswahl abhalten wird, verkennt, dass §§ 103 und 55 Abs. 1 Nr. 2 nur die Vertragserfüllung betreffen, nicht die Abwicklung. Der Vertrag ist in jedem Fall abzuwickeln, bei Ablehnung der Erfüllung früher als nach Erfüllung. Somit begründen Abwicklungsansprüche, da vor Verfahrenseröffnung entstanden, keine Masseverbindlichkeiten.[412] Dies gilt insbesondere für den vertraglichen Rückgabeanspruch (§ 546 Abs. 1 BGB).

168 Dem Vermieter bleibt die **Aussonderung** nach § 47 (oben RdNr. 117). Auch beim Finanzierungsleasing ist der Leasinggeber nicht einem Sicherungseigentümer (§ 51 Nr. 1) gleichzusetzen.[413] (§ 47 RdNr. 223) Der Aussonderung steht nicht entgegen, dass der Leasingnehmer das geleaste Gerät nicht nur vorübergehend fest mit Grund und Boden verbunden und der Leasinggeber deshalb sein Eigentum gem. § 946 BGB verloren hat, weil der vertragliche Rückgabeanspruch, der durch die Verbindung des Leasingguts mit dem Grundstück nicht untergegangen ist, als persönliches Recht zur Aussonderung berechtigt.

---

[405] *Eckert* ZIP 1997, 2077, 2079; *v. Westphalen* RdNr. 1553.
[406] *Schmidt-Burgk* ZIP 1998, 1022; er sieht sogar verfassungsrechtliche Probleme, falls die Leasingraten nicht aus der Masse zu begleichen sind.
[407] Zu diesem Anspruch BGHZ 95, 39 = NJW 1985, 2253 = ZIP 1985, 868; BGHZ 97, 65 = NJW 1986, 1335 = ZIP 1986, 439; ferner MünchKommBGB-*Habersack,* nach § 507 Leasing, RdNr. 111; *Wolf/Eckert/Ball,* RdNr. 1957.
[408] *Engel/Völckers* RdNr. 332.
[409] *Uhlenbruck/Sinz* § 108 RdNr. 72.
[410] *Uhlenbruck/Sinz* § 108 RdNr. 72.
[411] So *Kübler/Prütting/Pape* § 55 RdNr. 44.
[412] *Uhlenbruck/Sinz* § 108 RdNr. 70.
[413] AA *Häsemeyer* RdNr. 11.11.

Nach Veräußerung des Grundstücks kann der Leasinggeber allerdings nicht Ersatzaussonderung (§ 48) geltend machen.[414]

Der Anspruch auf **Nutzungsentschädigung** wegen Vorenthaltung gemäß § 546a BGB ist aus der Masse zu erfüllen (dazu RdNr. 123). Diesen Anspruch beim **Leasing** in Hinblick auf die Vollamortisation der Höhe nach zu kürzen, lehnt der BGH mit der Begründung ab, der mit § 546a BGB verfolgte Zweck treffe auch auf den Leasingnehmer zu, der die Leasingsache nicht zurückgebe.[415] Diese Argumentation lässt sich nicht auf die Insolvenzsituation übertragen, denn der Verwalter ist anderen Sachzwängen ausgesetzt als der säumige Leasingnehmer. Unbillig ist die Belastung der Masse bei ordnungsgemäßer Beendigung eines Leasingvertrages. Bei konsequenter Anwendung des § 546a BGB erhält der Leasinggeber, sofern man der überwiegenden Auffassung zur Einordnung der Leasingratenzahlungspflicht als Masseschuld folgt, Nutzungsentschädigung in Höhe der Leasingraten, obwohl das Amortisationsziel erreicht ist. Sofern der Vertrag nichts zur Höhe etwaiger Anschlussraten besagt, steht dem Leasinggeber nur ein Bereicherungsausgleich in Höhe des Wertes der von ihr gezogenen Nutzung zu, der jedenfalls bei einem weitgehend abgeschriebenen Objekt deutlich unter den Leasingraten liegt.[416] Dem Zurückerlangungs- und Verwertungsinteresse des Leasinggebers ist damit hinreichend Rechnung getragen, ihm der Verwalter wegen Behinderung der Aussonderung persönlich haftet (RdNr. 117). 169

4. Erfüllungsablehnung. a) Insolvenz des Vermieters/Leasinggebers. aa) Rücksichtnahme auf den Vertragsgegner. Ist der Mieter oder Leasingnehmer auf das Miet- oder Leasingobjekt angewiesen – man denke an Hard- und Software, von der der gesamte Betriebsablauf abhängt –, so kann die Erfüllungsablehnung den Vertragsgegner um die wirtschaftliche Existenz bringen. So wie früher ein Ausschluss des Sonderkündigungsrecht des Vermieters im Konkurs des Mieters gefordert wurde,[417] falls der Verwalter die Mietsache dringend für die Masse benötigte, wird nunmehr zu diskutieren sein, ob der Verwalter nach Treu und Glauben zur Rücksichtnahme auf den Vertragsgegner und zur Vertragsfortführung verpflichtet ist,[418] falls dieser seinerseits zu Entgegenkommen, etwa in Hinblick auf Gewährleistung und Zusatzpflichten, bereit ist. 170

bb) Rückgabe der Miet- oder Leasingsache. Der Erfüllungsablehnung kann der Mieter nicht eine vertragliche Verlängerungsoption entgegensetzen – ebenso wenig kann sich das Mietverhältnis stillschweigend gem. § 545 BGB verlängern. Nach Erfüllungsablehnung ist die Mietsache zurückzugeben, sofern dies nicht schon zuvor geschehen ist. Jedenfalls kann der Mieter oder Leasingnehmer den Vertrag gem. § 543 Abs. 2 Satz 1 Nr. 1 BGB außerordentlich kündigen. 171

Eine treuhänderische Bindung, die ein Aussonderungsrecht des Leasingnehmers bis zum Ablauf der Vertragszeit begründen könnte,[419] besteht nicht;[420] der Leasinggeber ist Volleigentümer.[421] Zudem ist bei Ablehnung der Erfüllung gem. § 103 der Fortbestand des Treuhandverhältnisses nicht vorstellbar. Schließlich würde die Aussonderung der Leasingsache den Zweck der Erfüllungsablehnung, die auf eine vorzeitige Rückabwicklung hinausläuft, vereiteln. Der **Sicherungseigentümer,** etwa der Kreditgeber, der ohne die weiteren Voraussetzungen des § 108 Abs. 1 Satz 2 Sicherungseigentum erlangt hat, kann nicht aussondern, sondern ist gem. §§ 50 Abs. 1, 51 Nr. 1 auf die abgesonderte Befriedigung zu verweisen. 172

---

[414] OLG Düsseldorf ZIP 1998, 701, rechtskräftig durch Nichtannahmebeschluss des BGH ZIP 1999, 75.
[415] BGHZ 107, 123, 129 = NJW 1989, 1730 = ZIP 1989, 647; dagegen eingehend *Uhlenbruck/Sinz* § 108 RdNr. 89.
[416] *Uhlenbruck/Sinz* § 108 RdNr. 89; unausgesprochen ordnet *Sinz* auch den Schadensersatzanspruch als Masseverbindlichkeit ein.
[417] *Pape*, WPrax 13/94 S. 5, 6; ders. Handbuch III. RdNr. 189; *Jaeger/Henckel* § 19 RdNr. 5.
[418] *Brandt*, NZI 2001, 337, 342; *Paulus* ZIP 1996, 2, 6.
[419] Von *Canaris*, RdNr. 1786, und *Hess* § 47 RdNr. 334, befürwortet.
[420] *Kübler/Prütting* § 47 RdNr. 53.
[421] BGHZ 94, 44, 49 = NJW 1985, 1535 = ZIP 1985, 546.

173 **cc) Schadensersatz und Nutzungsherausgabe.** Der Schadensersatz soll den Verlust des Erfüllungsanspruchs infolge der Verfahrenseröffnung kompensieren. Da dem Mieter oder Leasingnehmer in aller Regel die Nutzung nicht schon mit der Verfahrenseröffnung entzogen wird, sind gemäß § 103 Abs. 2 die ihm nach Rückgabe entgehenden Vorteile, die er unter Einsatz der Mietsache bei weiterer Erfüllung erzielt hätte, zu ersetzen, und zwar begrenzt durch die Vertragsdauer bis zum erstmöglichen ordentlichen Beendigungstermin, weil der Vermieter oder Leasinggeber bei Vertragserfüllung ebenfalls nicht zu weitergehenden Leistungen verpflichtet gewesen wäre.[422] In den Schadensersatz sind die verlorene Sonderzahlung zu Beginn des Vertrages einzubeziehen sowie die Vereitelung des Erwerbsrechts, falls der Leasingnehmer insoweit eine gesicherte Position erlangt hatte.

174 Die Ausführungen des BGH in seinem die Mieterinsolvenz betreffenden Urteil vom 1. 3. 2007[423] (dazu RdNr. 137, 179) gelten für den **Schwebezustand zwischen Verfahrenseröffnung und Erfüllungsablehnung** schlechthin, also auch im Insolvenzverfahren über das Vermögen des Vermieters oder Leasinggebers. Der nicht mehr besitz- und nutzungsberechtigte Mieter bzw. Leasingnehmer schuldet bei Vorliegen der tatbestandlichen Voraussetzungen Nutzungsentschädigung entsprechend § 546a BGB, ohne diese Nutzungsherausgabe nach §§ 812, 818 Abs. 1 BGB.

175 Der Schadensersatzanspruch, den der Mieter nur als Insolvenzgläubiger geltend machen kann, und der Entschädigungs- oder Bereicherungsanspruch der Masse gegen ihn sind nicht in ein einheitliches **Abrechnungsverhältnis** einzustellen, weil nicht beide vor Verfahrenseröffnung entstanden sind.

176 **b) Insolvenz des Mieters/Leasingnehmers. aa) Rückgabe der Miet- bzw. Leasingsache.** Mit Ablehnung der Erfüllung verliert die Insolvenzmasse endgültig das Nutzungs-, und Besitzrecht. Zudem ist der Vermieter/Leasinggeber zur außerordentlichen Kündigung des Vertrages gem. §§ 314,[424] 543 Abs. 1 BGB berechtigt. Der Rückgabeanspruch richtet sich nicht gegen die Masse, weil sie nach Erfüllungsablehnung nicht mit vertraglichen Ansprüchen belastet werden kann. Aus demselben Grund haftet sie für die durch die Rückgabe oder Abholung entstehenden Kosten auch dann nicht, wenn sie die Mietsache zunächst in Besitz hatte.[425] Dem Vermieter oder Leasinggeber bleibt die Aussonderung nach § 47 (dort RdNr. 341).[426] Auch bei Aussonderung lassen sich Masseverbindlichkeiten in Zusammenhang mit der Rückgabe der Miet- oder Leasingsache gem. § 55 Abs. 1 Nr. 2 nicht begründen (dazu RdNr. 118).

177 **bb) Schadensersatz.** Gemäß § 103 Abs. 2 ist dem Vermieter als Insolvenzgläubiger der **Mietausfall ab Verfahrenseröffnung** zu ersetzen, begrenzt auf den Zeitraum bis zur erstmöglichen Vertragsbeendigung (zum Schaden und zur Anmeldung zur Tabelle § 109 RdNr. 186, 193).[427] Beim **Leasing** ist das verfehlte **Amortisationsziel** Grundlage der Berechnung des dem Leasinggeber entstandenen Schadens.[428] Den nicht durch die Sonderzahlung, die geleisteten Leasingraten und etwaigen Nutzungsersatz getilgten Anteil der Gesamtkosten des Vertrages sowie des kalkulierten Gewinns unter Abzug der ersparten Aufwendungen und des sich nach bestmöglicher Verwertung ergebenden Erlöses der Leasingsache kann er ansetzen. Die **Mehrerlösbeteiligung** zu Gunsten des Leasingnehmers und die Erstattung für Minderkilometer beim „Kilometerabrechnungsvertrag" verfallen nicht deshalb, weil die Vertragspflichten insolvenzbedingt nicht mehr zu erfüllen

---

[422] BGHZ 82, 121 = NJW 1982, 870 = ZIP 1982, 64; *Wolf/Eckert/Ball*, RdNr. 1973.
[423] ZIP 2007, 778 = NJW 2007, 1594.
[424] Dazu *Bärenz* NZI 2006, 72, 75.
[425] *Obermüller/Livonius* DB 1995, 27, 28; *Pape*, Kölner Schrift, S. 531, 572 RdNr. 65; *Uhlenbruck/Sinz* § 1108 RdNr. 70; *Engel/Völckers* RdNr. 316.
[426] Bei Leasing für Absonderung: *Häsemeyer* 11.11.
[427] Vgl. BGH ZMR 1995, 105 sowie § 109 RdNr. 29.
[428] *Obermüller/Livonius* DB 1995, 27, 28; *v. Westphalen* BB 1988, 218, 222; *Uhlenbruck/Sinz* § 108 RdNr. 70; *Wolf/Eckert/Ball*, RdNr. 1923 ff; *Büschgen/Berninghaus* § 12 RdNr. 93 ff.; *Engel/Völckers* RdNr. 308; *Welling* S. 123; *Schwemer* ZMR 2000, 348 RdNr. 5; *Breitfeld* FLF 4/2004, 168, 170.

Fortbestehen bestimmter Schuldverhältnisse   178–181 § 108

sind.[429] Andernfalls stünde der Leasinggeber nach Erfüllungsablehnung besser als nach ordentlicher Beendigung des Leasingvertrages oder nach dessen fristloser Kündigung.[430]

Schadenspauschalierungen in AGB des Leasinggebers widersprechen dem Anliegen, nur **178** den tatsächlich erlittenen Schaden zu kompensieren[431] (dazu § 109 RdNr. 84). Der entgehende Kaufpreis, den der Leasinggeber bei Erwerb der Leasingsache durch den Leasingnehmer erzielt hätte, ist nur zu ersetzen, soweit er eine gesicherte Rechtsposition hatte, also nicht bei einer Erwerbsoption des Leasingnehmers,[432] jedoch bei einem Andienungsrecht des Leasinggebers.

cc) Nutzung der Miet- oder Leasingsache nach Verfahrenseröffnung bis zur 179 ablehnenden Entscheidung des Verwalters. § 103 Abs. 2 Satz 1 will dem Vermieter oder Leasinggeber als Vertragsgegner nicht den Gegenwert für die von der Masse nach Verfahrenseröffnung in Anspruch genommene Nutzung nehmen, ist also keine abschließende Regelung, mit der auch die Nutzung nach Verfahrenseröffnung entschädigt wird.[433] Ein Entgelt oder eine Entschädigung für die Nutzung ist gegenüber dem Schadensersatz ein aliud, denn faktisch hat der Leasinggeber nach Verfahrenseröffnung geleistet. § 55 Abs. 1 Nr. 2 ist gleichwohl nicht einschlägig, weil Erfüllung nicht geschuldet wird.[434] Eine Analogie zu § 55 Abs. 2[435] ist abzulehnen, denn diese Ausnahmeregelung betrifft nur die Zeitspanne vor Verfahrenseröffnung.[436]

Nach überwiegender Auffassung bleibt nur der **Bereicherungsausgleich,** für den die **180** Masse nach § 55 Abs. 1 Nr. 3 haftet.[437] Materiell-rechtlich lässt sich der Anspruch gem. § 812 BGB mit dem Argument begründen, der infolge der Verfahrenseröffnung modifizierte Vertrag sei nicht Rechtsgrund der nach Eröffnung erbrachten Leistung.[438] Wenn Mieter oder Leasingnehmer mit der weiteren Nutzung nicht rechtsgrundlos gem. § 812 bereichert sind, greift als Anspruchsgrundlage § 813 BGB ein, der der beiderseitigen Undurchsetzbarkeit der geschuldeten Leistungen Rechnung trägt. Der Gebrauchswert ist nach objektiven Kriterien unter Berücksichtigung des Zeitwerts des Objekts zu bestimmen.[439] Vielfach wird er mit der Miete übereinstimmen, in aller Regel geringer sein als die Leasingraten.[440] Falls der Insolvenzverwalter die Leasingraten weiter in voller Höhe entrichtet oder Abbuchungen hingenommen hat,[441] ist konsequenterweise der Leasinggeber ungerechtfertigt bereichert,[442] soweit er einen höheren als den dem Nutzungswert entsprechenden Betrag erlangt hat.

Ausgehend von der Erwägung, dass der Insolvenzverwalter, der sich (noch) nicht für die **181** Vertragserfüllung entschieden hat, zur Rückgabe der Mietsache verpflichtet ist (RdNr. 137), bejaht der BGH einen materiell-rechtlichen Anspruch des Vermieters auf **Nutzungsentschädigung entsprechend § 546 a BGB,** dies obwohl das Mietverhältnis nicht beendet

---

[429] *Uhlenbruck/Sinz* § 108 RdNr. 81.
[430] Dazu BGH NJW 1987, 377 = ZIP 1986, 1566.
[431] AA *Obermüller/Livonius* DB 1995, 27; *Uhlenbruck/Sinz* § 108 RdNr. 70; *Engel/Völckers* RdNr. 308; *Welling* S. 122.
[432] *v. Westphalen* BB 1988, 218, 222.
[433] AA *Tintelnot* ZIP 1995, 616, 620; *Runkel* EWiR 2003, 715. der § 103 Abs. 2 Satz 2 als abschließende Regelung ansieht; ähnlich *Franken/Dahl,* 5. Teil, RdNr. 32 .
[434] *Welling* S. 128; *Wolf/Eckert/Ball* RdNr. 1548. Ohne dies zu problematisieren, geht das OLG Köln, ZIP 2003, 543, von einer fortbestehenden Zahlungspflicht der Masse aus.
[435] Von FK-*Wegener* § 103 RdNr. 77; *Wortberg* ZInsO 2006, 1256, 1259, befürwortet.
[436] *Obermüller/Livonius* DB 1995, 27; *Uhlenbruck/Sinz,* § 108 RdNr. 71.
[437] *Obermüller/Livonius* DB 1995, 27, 28; *Pape,* Kölner Schrift, S. 531, 573 RdNr. 67; *Uhlenbruck/Sinz,* InsO, § 108 Rdn. 71; FK-Wegener § 103 RdNr. 77; *Wolf/Eckert/Ball* RdNr. 1549; *Röhricht/Graf von Westphalen,* HGB, Leasing RdNr. 213; *Bamberger/Roth/Möller/Wendehorst,* BGB, § 500 RdNr. 55; *Breitfeld* FLF 4/2004, 168, 171.
[438] So *Bärenz* NZI 2006, 72, 73; aA *Wilmowsy* ZInsO 2004, 882, 886.
[439] *Uhlenbruck/Sinz,* § 108 RdNr. 71; *Engel/Völckers* RdNr. 321; *Wortberg,* ZInsO 2006, 1256, 1258, sieht einen Anreiz, die Erfüllungswahl zu verzögern, wenn der objektive Nutzungswert niedriger ist als die vereinbarte Miete.
[440] *Breitfeld* FLF 4/2004, 171.
[441] Vgl. den Fall BGH, ZIP 2007, 778 = NJW 2007, 1594, und des OLG Düsseldorf, ZInsO 2005, 820.
[442] Vgl. *Bärenz* NZI 2006, 72, 73.

ist.[443] Für die tatbestandlichen Voraussetzungen der Vorenthaltung lässt er genügen, dass der Verwalter die Mietsache nicht zurückgibt und das Unterlassen der Herausgabe dem Willen des Vermieters widerspricht. Dass weder Verwalter noch Vermieter an eine Rückgabepflicht vor der Entschließung des Verwalters denken, steht jedenfalls nach Auffassung des BGH dem Rücknahmewillen des Vermieters als Tatbestandsvoraussetzung der Vorenthaltung[444] nicht entgegen.[445] Dieser Anspruch ist grundsätzlich eine Insolvenzforderung gem. § 38. Die Masse haftet jedoch gem. § 55 Abs. 1 Nr. 1, wenn der Verwalter das Mietobjekt für sie nutzt.[446] Wie zur Vermeidung von Neumasseverbindlichkeiten gem. § 209 Abs. 2 Nr. 3 (dazu RdNr. 104) muss der Verwalter zur Abwendung einer Masseverbindlichkeit dem Vermieter das Mietobjekt zur Rücknahme anbieten.

182 **dd) Besitz und Nutzung der Miet- oder Leasingsache nach Erfüllungablehnung bis zur Rückgabe.** Nach Erfüllungsablehnung ist Vorenthaltung anzunehmen, wenn der Verwalter ungeachtet der Ablehnung die Mietsache dem rücknahmebereiten Vermieter nicht zurückgibt. Daraus folgt nicht, dass dessen Entschädigungsanspruch gem. § 55 Abs. 2 Nr. 2 aus der Masse zu erfüllen ist, denn Sinn der Erfüllungsablehnung ist es gerade, Masseverbindlichkeiten abzuwenden.[447] Das Unbehagen darüber, dass der Vermieter das vertragliche Entgelt einbüßt, rechtfertigt die Anwendung des § 546a BGB zu Lasten der Masse (§ 55 Abs. 1 Nr. 1), wenn der Verwalter die Mietsache für die Masse nutzt und den Vermieter gezielt vom Besitz ausschließt (dazu RdNr. 181).[448]

183 **5. Vertragliches Kündigungs- oder Rücktrittsrecht des Vermieters oder Leasinggebers.** Klauseln, die ihn zur außerordentlichen Kündigung berechtigen, falls über das Vermögen des Mieters oder Leasingnehmers das Insolvenzverfahren beantragt oder eröffnet wird, sind jedenfalls bei zurzeit der Verfahrenseröffnung vollzogenen Verträgen nicht nur während des vorläufigen Verfahrens unwirksam (dazu § 112 RdNr. 38), sondern nach § 119 generell.[449] Das Argument der Sanierungsfeindlichkeit, das gegen die Unzulässigkeit von Lösungsklauseln spricht (dazu § 109 RdNr. 80), wurde im Gesetzgebungsverfahren weder gegen die Abschaffung des Sonderkündigungsrechts des Vermieters bzw. Leasinggebers, das sie nach § 19 KO auch bei Verträgen über bewegliche Sachen hatten, noch gegen die Einführung der Kündigungssperre gemäß § 112 vorgebracht, obwohl sich der Gesetzgeber der wirtschaftlichen Bedeutung der Investitionsfinanzierung durch Leasing durchaus bewusst war. Gerade Leasinggüter sollen der Masse erhalten bleiben.[450] § 112 erlaubt sogar den Umkehrschluss: Wenn dort die Auflösung eines Mietverhältnisses sogar bei Vorliegen eines materiell-rechtlichen Grundes zur fristlosen Kündigung untersagt ist, so sollte sie ohne besonderen Grund erst recht unzulässig sein.[451]

184 Zu diskutieren bleibt, ob die Parteien wirksam ein Rücktrittsrecht für den Fall vereinbaren können, dass der Mieter oder Leasingnehmer die Miet- oder Leasingsache bei Verfahrenseröffnung noch nicht übernommen hat. Mit dem Hinweis auf § 109 Abs. 2 ließe sich dies rechtfertigen, denn es besteht kaum ein Grund, den Vermieter oder Leasinggeber einer beweglichen Sache stärker an einen nicht vollzogenen Vertrag zu binden als den Immobilienvermieter.

---

[443] ZIP 2007, 778 = NJW 2007, 1594.
[444] Nach *Welling*, S. 129, und *Sinz*, Kölner Schrift S. 593, 602 RdNr. 21, fehlt in der Schwebephase vor der Entschließung des Verwalters regelmäßig der Rücknahmewille.
[445] BGH NJW 1960, 909; BGH NJW 1983, 112; BGHZ 85, 267 = NJW 1983, 446; BGH NJW-RR 1987, 1045; BGH NJW-RR 2004, 558 = ZIP 2004, 858 = NZM 2004, 354.
[446] Im Ergebnis ebenso OLG Düsseldorf, ZInsO 2005, 820, als Vorinstanz; *Wortberg* ZInsO 2006, 1256, 1258.
[447] *Welling* S. 129; aA *Breitfeld*, FLF 4/2004, 168, 170, der generell eine Masseschuld annimmt.
[448] Vgl. BGH ZIP 2007, 778 = NJW 2007, 1594.
[449] *Berger*, Kölner Schrift, S. 375, 390 ff. RdNr. 34 ff.; *Fehl*, DZWIR 1999, 295; *Pape*, Kölner Schrift, S. 405, 436 RdNr. 61 und S. 445 RdNr. 78; FK-*Wegener* § 108 RdNr. 32; *v. Westphalen* RdNr. 1538.
[450] BT-Drucks. 12/2443 S. 71, 148.
[451] *Tintelnot* ZIP 1995, 616, 623.

VII. Masseverbindlichkeiten aus dem Eröffnungsverfahren

1. Bedeutung des § 55 Abs. 2 für Miet-, Pacht- und Leasingverträge. Die Privilegierung von Ansprüchen aus dem vorläufigen Verfahren als Masseverbindlichkeiten gilt ohne Rücksicht auf die Art des Vertragsobjekts für Miete, Pacht und Leasing schlechthin. § 55 Abs. 2 ist im Kontext zu § 55 Abs. 1 Nr. 2 zu lesen, der auch die nicht insolvenzverfahrensfesten, dem Verwalterwahlrecht unterliegenden Verträge anspricht.[452] § 55 Abs. 2 gilt auch, wenn das Mietverhältnis erst während des vorläufigen Verfahrens in Vollzug gesetzt wird. Da diese Vorschrift nicht die Fortdauer des Mietverhältnisses bis zur Verfahrenseröffnung voraussetzt, können in Mietverhältnissen, die nach Beantragung des Insolvenzverfahrens, aber vor Verfahrenseröffnung enden, die Gegenleistungsansprüche zu den in der Zeit zwischen Insolvenzantrag und Vertragsende erfüllten Hauptpflichten, insbesondere der Anspruch auf Mietzahlung, bis zum Vertragsende, als **Masseverbindlichkeiten** privilegiert sein. (Zur Nutzungsentschädigung nach Beendigung des Mietverhältnisses vor dem Insolvenzantrag und vor der Verfahrenseröffnung RdNr. 200).

Die für die Zeit zwischen Beantragung des Insolvenzverfahrens und Verfahrenseröffnung geschuldete Miete für die **Überlassung beweglicher Sachen** ist unter den Voraussetzungen des § 55 Abs. 2 Satz 2 sowohl bei späterer Erfüllungswahl, als auch bei **Ablehnung der Erfüllung** aus der Masse zu tilgen.[453] Letzteres erscheint systemwidrig, denn die Erfüllungsablehnung verhindert grundsätzlich das Entstehen von Masseverbindlichkeiten. § 55 Abs. 2 Satz 2 knüpft jedoch weder an das Fortbestehen des Mietverhältnisses gemäß § 108 Abs. 1 Satz 1 noch an Fortführung des Mietverhältnisses nach Erfüllungswahl gem. § 103 Abs. 1 an, sondern lässt den Mietgebrauch auf Grund wirksamen Vertrages während des vorläufigen Verfahrens genügen. Nach Ablehnung der Eröffnung und Aufhebung der Sicherungsmaßnahmen gemäß § 25 Abs. 2 hat der vorläufige starke Insolvenzverwalter Mietforderungen aus der Zeit des vorläufigen Verfahrens auszugleichen.[454]

2. Verhältnis zu § 108 Abs. 3. Die Bevorzugung als Masseverbindlichkeit wird nicht durch § 108 Abs. 3 aufgehoben,[455] obwohl sich diese Bestimmung ihrem Wortlaut nach als Ausnahme zu § 55 Abs. 2 deuten lässt.[456] § 108 Abs. 3 wiederholt den in § 38 statuierten Grundsatz, zu dem § 55 Abs. 2 die Ausnahme bildet. Im Rahmen der mietrechtlich geprägten Dauerschuldverhältnisse ist die in § 55 Abs. 2 angeordnete Privilegierung der erklärten Absicht des Gesetzgebers zufolge als „Trost" für den durch die Kündigungssperre benachteiligten Vermieter gedacht.[457]

3. Mitwirkung des vorläufigen Verwalters. Ohne Beteiligung des vorläufigen Verwalters mit Verwaltungs- und Verfügungsbefugnis entstehen nach dem eindeutigen Gesetzeswortlaut keine Masseverbindlichkeiten. Nach dem Gesetzeswortlaut bleibt der Anspruch auf Miete Insolvenzforderung, wenn bei Zustimmungsvorbehalt gem. § 21 Abs. 2 Nr. 2 der vorläufige Verwalter in die Nutzung der Mietsache durch den Schuldner einwilligt, sogar dann wenn er ohne begleitendes Verfügungsverbot auf Grund einer weitreichenden Handlungsermächtigung des Insolvenzgerichts (dazu § 55 RdNr. 210) tätig wird.[458] Eine analoge

---

[452] *Jaeger/Henckel*, InsO, § 55 RdNr. 93, begrenzt die Anwendung des § 55 Abs. 2 Satz 2 auf Forderungen aus Immobilienmietverträgen, weil nur diese, so seine Begründung, weder durch die Verfahrenseröffnung noch durch das vorläufige Verfahren berührt werden.
[453] *Pape*, Kölner Schrift, S. 531, 572 RdNr. 66; *Tintelnot* ZIP 1995, 616, 620; *Krämer* S. 208.
[454] BT-Drucks. 12/2443 S. 71, 148.
[455] BGHZ 151, 353 = NJW 3326 = ZIP 2002, 1625; OLG Köln ZIP 2001, 1422, 1424; *Bork* ZIP 1999, 781, 782; *Goetsch* in Breutigam/Blersch/Goetsch § 108 RdNr. 28; *Kübler/Prütting/Tintelnot* § 108 RdNr. 28; HK-*Eickmann* § 55 RdNr. 28; HK-*Marotzke* § 108 RdNr. 31; *Schwemer* ZMR 2000, 348, 356.
[456] So *Niesert* InVO 1998, 85, 88; *Wiester* ZInsO 1998, 99, 103.
[457] BT-Drucks. 12/2443 S. 71, 148.
[458] BGHZ 151, 353 = NJW 2002, 3326 = ZIP 2002, 1625; dazu *Eckert*, NZM 2003, 41; *Bähr* ZIP 1998, 1553, 1559; *Kirchhof* ZInsO 1999, 365, 368; *Pohlmann* S. 162, 169; *Uhlenbruck/Sinz* § 108 RdNr. 61; *Nerlich/Römermann/Andres* § 55 RdNr. 129; aA LG Essen NZI 2001, 217; *Bork* ZIP 1999, 781 784; *ders.* ZIP 2001, 1521; *Pape*, Kölner Schrift, S. 531, 578 Fn. 247; Vorauflage § 108 RdNr. 191.

Anwendung des § 55 Abs. 2 InsO lehnt der BGH ab. Dass Vermieter und Verpächter schlechter stehen als andere Gläubiger, weil sie die weitere Nutzung der Miet- oder Pachtsache durch den insolventen Schuldner nicht sofort beenden und ihre Leistung nicht zurückhalten können, rechtfertigt nach seiner Auffassung nicht die Ausdehnung des Anwendungsbereichs des § 55 Abs. 2 Satz 2. Zur Entschärfung des Konflikts weist er darauf hin,[459] dass das Insolvenzgericht auch ohne umfassende Übertragung der Verwaltungs- und Verfügungsbefugnis den vorläufigen Verwalter ermächtigen kann, einzelne im Voraus bestimmte Verpflichtungen einzugehen, die im nachfolgenden Insolvenzverfahren als Masseverbindlichkeit zu tilgen sind. Demgemäß kann das Insolvenzgericht den schwachen vorläufigen Verwalter zur Fortführung eines Miet- oder Leasingvertrages über eine dringend benötigte Sache ermächtigen.[460] Geboten ist dies, wenn ohne eine solche Einzelermächtigung die Gefahr besteht, dass die vorläufige Masse als Folge des Zahlungsverzugs und der damit begründeten fristlosen Kündigung das Mietobjekt nicht mehr nutzen zu kann (zu Mietzahlungen während des vorläufigen Verfahrens § 112 RdNr. 34). Einen Anspruch auf die Einzelermächtigung des vorläufigen Verwalters zur Fortführung des Mietvertrages hat der Vermieter nicht, denn sein Interesse als Einzelgläubiger ist unbeachtlich.

189 Der Erwartung des Gesetzgebers entspricht die zurückhaltende Sicht, jedenfalls bei Miete und Pacht, nicht. Er wollte dem Vermieter nicht zumuten, trotz Zahlungsverzugs infolge der Kündigungssperre (§ 112) an der Kündigung gehindert zu sein und den weiteren Gebrauch der Mietsache während des vorläufigen Verfahrens ohne Privilegierung seines Anspruchs auf Miete dulden zu müssen (dazu § 112 RdNr. 2). Diese Benachteiligung des Vermieters gegenüber anderen Gläubigern konzediert der BGH, ohne sie als unverhältnismäßig oder gar verfassungswidrig anzusehen.[461] Da vielfach kein vorläufiger Verwalter mit Verwaltungs- und Verfügungsbefugnis eingesetzt wird, namentlich in Verfahren mit absehbar geringer Masse, bleibt insbesondere der Vermieter einer Wohnung oder eines Ladenlokals zwar durch die Kündigungssperre belastet, im Übrigen jedoch ungeschützt.

190 **4. Inanspruchnahme der Gegenleistung.** Aus der Masse zu berichten sind die Gegenleistungen zu den Hauptleistungen. In der Vermieterinsolvenz schließt die Pflicht zur Gebrauchsgewährung die Mängelbeseitigung ein; hierzu ist die Masse verpflichtet, soweit sie die Miete einzieht. In der Mieter- und Leasingnehmerinsolvenz ist Gegenleistung zur Gebrauchsgewährung die Zahlung der Miete im weitesten Sinne, also mit Nebenkostenvorauszahlungen,[462] nicht jedoch die Einzahlung der Kaution. Auch Schadensersatzansprüche wegen Verletzung mietvertraglicher Pflichten, mag sie auch vom vorläufigen Verwalter zu vertreten sein, sind nicht bevorzugt, weil sie nicht Gegenleistung zur Gebrauchsgewährung sind.[463] Mit vom Schuldner als Mieter vertraglich übernommenen Schönheitsreparaturen, die gleichfalls Gegenleistung zum Mietgebrauch sind, sollte die vorläufige Masse auch dann allenfalls anteilig entsprechend ihrer Nutzung belastet werden, wenn sie nach dem Insolvenzantrag fällig wurden.

191 Die Einschränkung in § 55 Abs. 2 Satz 2 („soweit der vorläufige Insolvenzverwalter ... die Gegenleistung in Anspruch genommen hat"), die sich gleich lautend in § 209 Abs. 2 Nr. 3 findet, soll sicherstellen, dass die Masse nur mit solchen Verbindlichkeiten aus dem vorläufigen Verfahrensstadium belastet wird, deren vertragliche Gegenleistung ihr zufließt. § 55 Abs. 2 wird stärker als § 55 Abs. 1 Nr. 1 und 2 durch den Gegenleistungsaspekt geprägt. Diese restriktive Anwendung folgt auch im Umkehrschluss aus der weiter gefassten Definition der Masseverbindlichkeit in § 55 Abs. 1 Nr. 2; dort genügt es, dass die Erfüllung des Vertrages für die Zeit nach Verfahrenseröffnung erfolgen muss. Bei Insolvenz des Mieters

---

[459] Unter IV. 2. a) aa) und bb) der Entscheidungsgründe.
[460] *Eckert* NZM 2003, 41, 44; *Hörndler* in Lindner-Figura/Oprée/Stellmann, Kap. 20, RdNr. 29, 30.
[461] Insoweit aA *Wilmowsky* ZInsO 2004, 882, 886, 888, der dafür eintritt, die in der Sperrzeit anfallenden Mieten grundsätzlich als Masseverbindlichkeiten einzuordnen.
[462] BGH WM 1975, 897; BGH NJW-RR 1987, 903.
[463] AA wohl *Franken/Dahl*, 3. Teil, RdNr. 44, die aus Pflichtverletzungen des starken vorläufige Verwalters Masseverbindlichkeiten ableiten.

wirken sich daher Gebrauchshindernisse in seiner Sphäre, die grundsätzlich gem. § 537 BGB den Mietanspruch unberührt lassen, zu Gunsten der Masse aus. – Manche Autoren definieren die Inanspruchnahme restriktiv als die von einem rechtsgeschäftsähnlichen Willen des vorläufigen Verwalters getragene wissentliche Entgegennahme der Leistung ohne Protest gegen die Rechtsfolgen[464] oder als ein den Vermieter gezielt ausschließendes, über die Sicherungsfunktion hinausgehendes Verhalten.[465] Anderen genügt die tatsächliche Nutzung der Mietsache,[466] einer Mindermeinung zufolge soll es darauf nicht ankommen.[467] Nach Auffassung des BGH nimmt der vorläufige Verwalter die Gegenleistung in Anspruch, wenn er die Mietsache nutzt, obwohl er dies verhindern könnte.[468] Letzteres setzt voraus, dass er weiß, dass die in der Masse vorgefundene Sache nicht dem Schuldner gehört, sondern gemietet oder geleast ist.[469] In weiteren Urteilen klingt an, dass der Verwalter die Mietsache dem Vermieter vorzeitig zur Rückgabe anbieten müsse.[470] Ob dies auch im vorläufigen Verfahren gilt, ist zweifelhaft, denn die Konstellation nach Masseunzulänglichkeit unterscheidet sich grundlegend von der Übergangsphase des vorläufigen Verfahrens.[471] Die vorläufige Masse soll zusammengehalten werden, damit sich der vorläufige Verwalter einen Überblick verschaffen kann. Dies schließt ein, die Mietsache zunächst zu behalten, um die späteren Einsatzmöglichkeiten abzuklären. Daher indiziert nicht einmal die auf die Kündigungssperre gestützte Abwehr der Vermieterkündigung zwingend die Inanspruchnahme der Mietsache.[472]

192 Den Mietgebrauch nimmt der vorläufige Verwalter auch mit Untervermietung oder Weiterüberlassung im Rahmen der gewerblichen Zwischenvermietung in Anspruch; die Nutzung liegt nicht im eigenen Gebrauch, sondern in der Erwirtschaftung von Mieterträgen. Kann er das Mietobjekt wegen der fortbestehenden Untervermietung nicht zurückgeben, hat er dem Hauptvermieter den mittelbaren Besitz und die Abtretung der Untermietforderungen anzubieten.[473]

193 Obwohl das Mietobjekt im strengen Sinn unteilbar ist, sollte die Masse auch bei **teilweiser Nichtbenutzung der Mietsache** entlastet werden. Das Alles-oder-nichts-Prinzip, das eine Teilrückgabe begrifflich ausschließt,[474] widerspricht dem Anliegen des § 55 Abs. 2 Satz 2. Daher haftet die Masse anteilig, wenn der Verwalter von mehreren in einem Vertrag geleasten Fahrzeugen nur wenige einsetzt[475] oder wenn er nur Teilflächen des Mietgrundstücks gebraucht. Dass der Vermieter oder Leasinggeber gehindert ist, den von der Masse nicht genutzten Teil anderweitig zu nutzen, ist unerheblich,[476] denn § 55 Abs. 2 Satz 2 – „soweit" – stellt nur auf den Wertzufluss zu Gunsten der Masse ab, nicht auf die Einbußen, die Vermieter oder Leasinggeber hinnehmen müssen.

194 Der Anspruch auf Miete für die **Privatwohnung des Schuldners** ist unter den Voraussetzungen des § 55 Abs. 2 als Masseverbindlichkeit privilegiert. Begrifflich spricht dagegen,

---

[464] *Marotzke,* Gegenseitige Verträge RdNr. 14.47 ff; ihm folgend *Spliedt* ZIP 2001, 1941, 1945; *Franken/Dahl,* 3. Teil, RdNr. 43 ff.
[465] *Spliedt* ZIP 2001, 1941, 1946; *Meyer* DZWiR 2001, 309, 314.
[466] *Eckert* ZIP 1996, 897, 903; *Huber* NZI 1998, 97, 101; *Pape,* Kölner Schrift, S. 531, 573 RdNr. 66; *Goetsch* in Breutigam/Blersch/Goetsch § 108 RdNr. 29; *Kübler/Prütting/Pape* § 55 RdNr. 69; *Smid,* InsO § 55 RdNr. 44; FK-*Schumacher* § 55 RdNr. 35; *Kübler/Prütting/Pape* § 55 RdNr. 69; *Hörndler* in Lindner-Figura/Oprée/Stellmann, Kap. 20 RdNr. 23.
[467] *Wilmowsky* ZInsO 2004, 882, 887.
[468] NJW 2003, 914 = ZIP 2003, 914; allerdings in Zusammenhang mit der Privilegierung von Neumasseverbindlichkeiten nach Anzeige der Masseunzulänglichkeit (§ 209 Abs. 2 Nr. 3); *Eckert* NZM 2003, 41, 48.
[469] *Marotzke,* Gegenseitige Verträge, RdNr. 14.49 und 14.63; *Eckert* NZM 2003, 41, 49.
[470] BGH ZIP 2004, 326 = NZM 2004, 224; BGH ZInsO 2004, 674, dazu *Eckert,* EWiR 2004, 871.
[471] Im Urteil vom 1. 3. 2007, ZIP 2007, 778 = NJW 2007, 1594 (RdNr. 24) behandelt der BGH beide Konstellationen gleich.
[472] AA *Wilmowsky* ZInsO 2004, 882, 886.
[473] BGH ZInsO 2004, 674.
[474] Vgl. BGHZ 104, 285 = NJW 1988, 2665 = ZIP 1988, 917.
[475] *Uhlenbruck/Sinz* § 108 RdNr. 62.
[476] AA *Uhlenbruck/Sinz,* § 108 RdNr. 62.

dass der Schuldner persönlich die Wohnung nutzt und somit der Verwalter die Vermieterleistung nicht für die Masse entgegennimmt.[477] Es wäre jedoch nicht zu begründen, warum bei Vorliegen der sonstigen Voraussetzungen des § 55 Abs. 2 der durch die Kündigungssperre an der Kündigung gehinderte Wohnraumvermieter gegenüber dem Vermieter von Gewerberaum benachteiligt sein sollte.

195 Ist streitig, ob und in welchem Umfang der vorläufige Verwalter das Mietobjekt genutzt hat, so genügt der Vermieter, der hierzu in aller Regel nicht auf Grund eigener Wahrnehmung vortragen kann, seiner Darlegungslast mit der Behauptung, nach Überlassung des Mietobjekts habe der vorläufige Verwalter wie zuvor der Schuldner das Mietobjekt genutzt. Im Rahmen der sekundären Darlegungslast hat der Verwalter substanziiert vorzutragen, aus welchen Gründen, seit wann und in welchem Umfang er die Mietsache nicht genutzt hat. Dies zu widerlegen, obliegt wiederum dem Vermieter.

VIII. Abwicklung des vor Verfahrenseröffnung beendeten Vertrages

196 § 108 Abs. 1 setzt einen bei Verfahrenseröffnung bestehenden Vertrag voraus. Dass gleichwohl der Verwalter an der Abwicklung eines vor Verfahrenseröffnung beendeten Mietverhältnisses mitzuwirken hat,[478] folgt aus seinem umfassenden Verwaltungsauftrag. Die Übernahme der Masse nach § 148, auch die tatsächliche Nutzung der Mietsache bei Weiterzahlung des Entgelts rechtfertigen es nicht, die Masse in vor Verfahrenseröffnung begründete Verbindlichkeiten gegen den Schuldner eintreten zu lassen. Demgemäß fallen keine Masseverbindlichkeiten nach § 55 Abs. 1 an.

197 Von der Verfahrenseröffnung unberührt bleiben **Aussonderungsrechte**. Bei Insolvenz des Vermieters kann daher der Mieter auf Rückgewähr der Kaution klagen, soweit der Vermieter sie von seinem Vermögen getrennt angelegt hat.[479] In der Mieterinsolvenz kann der Vermieter seinen Rückgabeanspruch durch **Aussonderung** auf Grund seines persönlichen oder eines dinglichen Rechts nach § 47 geltend machen[480] (dazu § 86 RdNr. 6 und oben RdNr. 116, 117). Der Vermieter, der vor Verfahrenseröffnung Klage auf Räumung und Rückgabe der Mietsache erhoben hat, kann gem. § 86 Abs. 2 den nach § 240 ZPO unterbrochenen Rechtsstreit[481] mit dem Rück- oder Herausgabeantrag aufnehmen. Durch sofortiges Anerkenntnis der Rückgabepflicht kann der Verwalter die Kostenlast von der Masse abwenden.[482]

198 Gem. § 21 Abs. 2 Nr. 3 kann das Insolvenzgericht die **einstweilige Einstellung der Zwangsvollstreckung** eines vor dem Insolvenzantrag erwirkten Räumungs- und Rückgabetitels anordnen; sie betrifft nicht das unbewegliche Vermögen des Schuldners.[483] Dass der Vermieter sein Aussonderungsrecht durchsetzt, steht – im Gegensatz zu § 89 Abs. 1 – der Einstellung nicht entgegen (§ 21 RdNr. 72), denn Zweck der einstweiligen Einstellung ist der Erhalt des Schuldnervermögens, zu dem auch das aus Mietvertrag resultierende Gebrauchs- und Nutzungsrecht zählt.

199 Probleme wirft das **Vollstreckungsverbot** des § 89 Abs. 1 auf, wenn der Vermieter vor Verfahrenseröffnung einen Räumungs- und Rückgabetitel erwirkt hat. Nach Umschreibung des Titels gegen den Verwalter bleibt die Aussonderung, die sich in der Übertragung des unmittelbaren Besitzes auf den Berechtigten erschöpft, zweifelsfrei zulässig (§ 89 RdNr. 32). Obwohl der Räumungsanspruch Insolvenzforderung ist, kann der Vermieter auch ihn weiter vollstrecken, denn mit der Räumung lässt er lediglich die vom Schuldner eingebrachten

---

[477] FK-*Schumacher* § 55 RdNr. 35.
[478] FK-*Wegener* § 109 RdNr. 2, will dem Verwalter bezüglich einzelner Abwicklungspflichten ein Wahlrecht gem. § 103 geben.
[479] *Hörndler* in *Lindner-Figura/Oprée/Stellmann*, Kap. 20 RdNr. 114, 120.
[480] BGHZ 127, 156 = NJW 1994, 3232 = ZIP 1994, 1700.
[481] Zur Unterbrechung des bei Verfahrenseröffnung laufenden Rechtsstreits auf Räumung und Rückgabe der Mietwohnung des Schuldners *Börstinghaus* NZM 2000, 326, 327; AG Charlottenburg ZinsO 2005, 835.
[482] OLG München ZIP 1996, 1952.
[483] AG Köln NZI 1999, 333.

Sachen aus dem Mietobjekt entfernen und durch den Gerichtsvollzieher verwahren; sie bleiben weiterhin Bestandteile der Masse.[484]

Die nicht zur Rückgabe gem. § 546 BGB verpflichtete Masse (oben RdNr. 116), kann die Mietsache dem Vermieter nicht vorenthalten und schuldet daher nicht die **Nutzungsentschädigung** gemäß § 546a BGB.[485] Nach § 812 BGB, § 55 Nr. 3 hat sie allerdings die Nutzungsvorteile als **ungerechtfertigte Bereicherung** auszugleichen.[486] Ausnahmsweise haftet sie gem. § 55 Abs. 1 Nr. 1 für den Entschädigungsanspruch des Vermieters, wenn der Verwalter nach Verfahrenseröffnung die Mietsache „für die Masse gerade gegenüber dem Vermieter aktiv in Besitz nimmt und den Vermieter gezielt vom Besitz ausschließt".[487] Die Übernahme der Masse gem. § 148 fällt nicht hierunter, auch nicht der aus Sicht des Vermieters begründete Anschein der Inanspruchnahme,[487a] jedoch der Einsatz des Mietobjekts zur Betriebsfortführung und die damit begründete Rückgabeverweigerung.[488] Trotz **Beendigung des Mietverhältnisses vor dem Insolvenzantrag** kann der starke vorläufige Verwalter eine Masseverbindlichkeit gem. § 55 Abs. 2 Satz 1 i. V. m. § 55 Abs. 1 Nr. 1 begründen, wenn er die vom Schuldner begonnene Vorenthaltung des Mietobjekts (§ 546a BGB) fortsetzt, indem er den Vermieter gezielt von Besitz und Nutzung ausschließt.[489]

B. Insolvenz des Darlehensgebers

I. Frühere Rechtslage und Einführung des neuen § 108 Abs. 2

1. Frühere Rechtslage. Zur Behandlung von Darlehensverträgen enthielten weder die Konkursordnung noch die Insolvenzordnung in ihrer Ursprungsfassung eine spezielle Regelung. Diskutiert wurde die Geltung des § 17 KO und später des § 103, wobei vor Einführung des § 488 BGB durch das seit dem 1. 1. 2002 geltende Schuldrechtsmodernisierungsgesetz schon zweifelhaft war, ob das Darlehen als Realgeschäft (§ 607 BGB in der vor dem 1. 1. 2002 geltenden Fassung) überhaupt ein im Sinn des § 17 KO zweiseitiger oder gegenseitiger Vertrag ist.[490]

Unabhängig hiervon war kontrovers, ob der Kreditgeber mit Valutierung des Darlehens den Vertrag vollständig erfüllt hat oder ob der Vertrag als nicht vollständig erfüllt dem Verwalterwahlrecht gem. § 17 KO bzw. § 103 Abs. 1 InsO unterliegt. In seinem Urteil vom 5. 10. 1989 führte der BGH[491] aus, nach einhelliger Meinung sei der Verwalter im Konkurs des Darlehensgebers nicht berechtigt, das vollständig valutierte Darlehen durch Ablehnung der weiteren Vertragserfüllung zur sofortigen Rückzahlung fällig zu stellen; von einer eigenen Stellungnahme sah er ab, weil in dem ihm vorliegenden Fall der Verwalter sich für die Vertragsdurchführung entschieden hatte. Unter Geltung der InsO finden sich sowohl die Auffassung, § 103 sei einschlägig[492] als auch die auf das Argument, der Kreditgeber habe mit der Auszahlung des Darlehens seine Vertragspflichten vollständig erfüllt, gestützte Gegenmeinung.[493] Andere Au-

---

[484] Dazu Eckert NZM 2006, 610, 613; im Ergebnis ebenso LG Hannover, DGVZ 1990, 170; AG Offenbach DGVZ 2005, 14; Hörndler in Lindner-Figura/Oprée/Stellmann, Kap. 20 RdNr. 110.
[485] BGH NJW 1994, 516 = ZIP 1993, 1874; BGHZ 130, 38, 41 = NJW 1995, 2783, 2785 = ZIP 1995, 1204, 1206; BGH NJW 2007, 1591 = ZIP 2007, 340 = NZI 2007, 284; BGH ZIP 2007, 778 = NJW 2007, 1594.
[486] BGH NJW 1994, 516, 517 = ZIP 1993, 1874, 1875; OLG Köln ZIP 1995, 1608.
[487] BGHZ 130, 38, 41 = NJW 1995, 2783, 2785 = ZIP 1995, 1204, 1206; BGH NJW 2007, 2591 = ZIP 2007, 340; OLG Hamm ZIP 1992, 1563; OLG Dresden ZIP 1998, 1725.
[487a] BGH NJW 2007, 1591.
[488] OLG Köln EWiR 2002, 583.
[489] Gottwald/Huber, Insolvenzrechts-Handbuch, § 37 RdNr. 1.
[490] Dazu Fleckner ZIP 2004, 585, 595; Engert/Schmidl WM 2005, 60, 64.
[491] NJW 1990, 1356, 1357 = WM 1990, 54, 56.
[492] Pape in Kölner Schrift, S. 531 RdNr. 5; Uhlenbruck/Berscheid, § 103 RdNr. 21; Kübler/Prütting/Tintelnot, § 103 RdNr. 19; Braun § 103 RdNr. 13; Andres/Leithaus § 103 RdNr. 8; Stahmer S. 360; Lind ZInsO 2004, 580, 582; Engert/Schmidl WM 2005, 60, 64.
[493] Huber, oben § 103 RdNr. 69; FK-Wegener § 103 RdNr. 6.

toren meinen, die Fortwirkung der Darlehensvertrages über die Verfahrenseröffnung hinaus ergebe sich schon aus allgemeinen Grundsätzen, weil das Gesetz nichts Gegenteiliges vorschreibe.[494] Einzelne Stimmen entziehen die Darlehensrückzahlungsforderung von vornherein dem Anwendungsbereich des § 103, indem sie sie als nicht fällig gem. § 41 einstufen.[495]

2. Einführung des (neuen) § 108 Abs. 2. Obwohl die Diskussion über die Anwendbarkeit des § 103 mangels höchstrichterlicher Rechtsprechung nur im Schrifttum ausgetragen wurde, erkannte das Bundesjustizministerium Gesetzgebungsbedarf. Ohne zwischen Darlehensgeber- und Darlehensnehmerinsolvenz zu unterscheiden, sahen ein 2003 vorgestellter Diskussionsentwurf[496] und der nachfolgende Referentenentwurf eines Gesetzes zur Änderung der InsO, des KWG und anderer Gesetze vom 16. 9. 2004[497] das Fortbestehen eines vom Schuldner eingegangenen Darlehensverhältnisses mit Wirkung für die Masse vor, sofern das Darlehen valutiert war. Gegen die vorgesehene Novellierung wurde insbesondere eingewandt, dass sie bei Insolvenzverfahrensfestigkeit eines vom Schuldner als Kreditnehmer aufgenommenen Darlehens die Banken durch die Qualifizierung der Darlehensverpflichtungen als Masseverbindlichkeiten gem. § 55 Abs. 1 Nr. 2 ungerechtfertigt bevorzuge.[498] Die in diesen Entwürfen vorgeschlagene Einführung des neuen § 108 Abs. 2 wurde zunächst nicht umgesetzt. Mit dem Referentenentwurf eines Gesetzes zur Vereinfachung des Insolvenzverfahrens vom 8. 2. 2006,[499] der nur das Insolvenzverfahren über das Vermögen des Darlehensgebers regelt, stimmt der Gesetzesentwurf der Bundesregierung überein.[500] Der Bundestag verabschiedete das Gesetz am 13. 4. 2007.[501] Es gilt nach § 103c EGInsO für die seit dem 1. 7. 2007 eröffneten Insolvenzverfahren. Nach Einfügung des neuen § 108 Abs. 2 ist der frühere Abs. 2 Abs. 3. Die neu gefasste Überschrift ("bestimmte Schuldverhältnisse") trägt der Ergänzung des § 108 Rechnung.

3. Normzweck. Die Novellierung will die Unsicherheit darüber beseitigen, ob § 103 InsO eingreift, wenn der Darlehensgeber die Darlehensvaluta vor Eröffnung des Insolvenzverfahrens ausbezahlt hat,[502] wobei die Referenten selbst davon ausgehen, dass der Darlehensgeber mit Auszahlung des Darlehens seine Hauptleistungspflicht erfüllt hat. Im Insolvenzverfahren über das Vermögen eines Kreditinstituts, so die Gesetzesbegründung, habe die Neuregelung den Vorteil, dass der Insolvenzverwalter nicht zahlreiche Darlehensverträge beenden könne. Andernfalls wäre zu befürchten, dass Darlehensnehmer, die nicht kurzfristig umschulden könnten, selbst in Zahlungsschwierigkeiten geraten könnten; dies würde kleine und mittelständische Unternehmen treffen, für die ohnehin gegenwärtig die Kreditversorgung schwierig sei.

II. Einzelerläuterungen

1. Entgeltlicher Geldkredit. § 108 Abs. 2 spricht den Bankkredit in jeglicher Ausgestaltung an, an den der Darlehensgeber längere Zeit vertraglich gebunden ist. Ohne Begründung meinen die Referenten, die Neuregelung betreffe nicht den **Kontokorrentkredit**, auf den §§ 115, 116 anwendbar blieben.[503] Hiergegen bestehen Bedenken; ohnehin ist zweifelhaft, ob diese Bestimmungen die Insolvenz des Geschäftsbesorgers, also der kreditgebenden Bank, betrifft.[504] Zudem rechtfertigt der Wortlaut des § 108 Abs. 2 diese Ausnahme nicht, und diese Vorschrift ist gegenüber §§ 115, 116 die speziellere Norm. Der

---

[494] *Marotzke* ZInsO 2004, 1273; *Obermüller* ZInsO 2003, 97, 103.
[495] FK-*Wegener*, § 103 Rdn. 6; *Obermüller* ZInsO 2002, 97, 102.
[496] ZVI 2003, Beilage 1 zu Heft 4.
[497] ZInsO, 2004, 1016; HK-InsO, Anhang, S. 1599.
[498] *Marotzke* ZInsO 2004, 1273, 1280; hingegen sah *Kuder*, ZInsO 2004, 1180, 1181, eine Benachteiligung der an den Kreditvertrag gebundenen Bank.
[499] ZInsO 2006, 199.
[500] BT-Drucks. 16/3227.
[501] BGBl. I. S. 509.
[502] BT-Drucks. 16/3227 S. 19.
[503] BT-Drucks. 16/3227 S. 19.
[504] *Marotzke* ZInsO 2004, 1273, 1277.

Normzweck des § 108 Abs. 2 trifft uneingeschränkt auf den Kontokorrentkredit zu, denn für den durch diese Vorschrift geschützten Darlehensnehmer, der nicht kurzfristig eine Umschuldung erreichen kann, macht es keinen Unterschied, ob er einen Kontokorrentkredit oder ein Darlehen auf einer sonstigen Vertragsgrundlage in Anspruch nimmt.[505]

Darlehensgewährender Schuldner muss nicht ein Kreditinstitut sein. Auch **Privatdarlehen** sind bestandskräftig, so Darlehen des Arbeitgebers an den Arbeitnehmer, umgekehrt auch solche des Arbeitnehmers an den Arbeitgeber (z. B. stehengelassene Arbeitsentgelte), Kredit einer Brauerei an den Gastwirt oder des Mieters an den Vermieter, Darlehen unter Verwandten oder gesellschaftlich verbundenen Personen und dergl.). Es wäre nicht zu rechtfertigen, diese Kreditnehmer weniger zu schützen als denjenigen, der einen Bankkredit an Anspruch nimmt.

Als Folge des § 108 Abs. 2 ist die Verpflichtung des Schuldners, dem Darlehensnehmer den vor Verfahrenseröffnung ausgereichten Kredit zu belassen, eine originäre Masseverbindlichkeit gem. § 55 Abs. 1 Nr. 2 erste Alternative. Vertragliche Lösungsmöglichkeiten werden durch § 108 Abs. 2 nicht eingeschränkt oder aufgehoben. Ggf. wird das Insolvenzverfahren fortzuführen sein, bis die letzte Darlehensrate an die Masse gezahlt ist. § 108 Abs. 2 verbietet dem Verwalter nicht, den Gegenwert des Darlehens durch Übertragung des Darlehensverhältnisses auf einen anderen Kreditgeber gem. § 415 BGB zur Masse zu ziehen.

Unberührt bleibt das Recht des an den Darlehensvertrag gebundenen Insolvenzverwalters, **gläubigerbenachteiligende Darlehensgewährungen** anzufechten, insbesondere wenn der Schuldner sie in verdächtiger zeitlicher Nähe zum Insolvenzantrag ausgereicht hat. Ob darüber hinaus die Eröffnung des Insolvenzverfahrens die außerordentliche Kündigung des Kredits aus sonstigen Erwägungen, insbesondere gem. § 314 BGB begründbar ist, ist zweifelhaft. Im Falle eines **Arbeitgeberkredit**s hat das LAG Düsseldorf[506] dies mit der Begründung befürwortet, bei einem Gefälligkeitsdarlehen rechtfertigten der dringende Eigenbedarf und die Unzumutbarkeit der weiteren Darlehensbelassung die außerordentliche Kündigung aus wichtigem Grund. Indessen ist davor zu warnen, die legislatorische Grundsatzentscheidung, die Insolvenzmasse zur Fortführung des Darlehensverhältnisses zu verpflichten, mit der Generalklausel des § 314 BGB zu unterlaufen.

2. Nicht oder teilweise valutiertes Darlehen. Im Gegensatz zu § 108 Abs. 1 wirkt der **nicht vollzogene Darlehensvertrag** nicht für die Masse fort. Die Auszahlung eines nicht valutierten Darlehens kann der Verwalter nach § 103 Abs. 1 ablehnen. Der mit „soweit" beginnende Nebensatz stellt klar, dass das teilvalutierte Darlehen ohne Verwalterwahlrecht ebenfalls insolvenzfest ist, während der Verwalter die Auszahlung des Restdarlehens ablehnen kann.[507] Der enttäuschte Kreditnehmer kann etwaige Schadensersatzforderungen nach § 103 Abs. 2 nur als Insolvenzorderung geltend machen; dies ist ggf. der Ausgleich der Zinsdifferenz bei anderweitiger Kreditaufnahme.

3. Sachdarlehen. Ohne zwischen dem nunmehr in § 488 BGB geregelten Gelddarlehen und dem **Sachdarlehen** (§ 607 BGB) zu unterscheiden, spricht das Gesetz nur den Darlehensvertrag an. Angesichts des Normzwecks besteht kein Bedürfnis, das ohnehin praktisch nicht allzu bedeutungsvolle Sachdarlehen (Beispiel: Überlassung von Gerüstbaumaterialien mit der Maßgabe, dass gleiche Teile zurückzugeben sind) in der Insolvenz des Darlehensgebers bestandskräftig auszugestalten und den Verwalter zu hindern, die vom Schuldner darlehensweise hingegebenen Sachwerte zur Masse zu ziehen. Die Anwendung des § 103 lässt sich mit der Erwägung rechtfertigen, der Darlehensgeber schulde nicht nur die Überlassung der Sachen, sondern auch das weitere Belassen des Sachdarlehens; in dieser Hinsicht ähnelt die Restverpflichtung des Darlehensgebers der des Leasinggebers (oben RdNr. 32).

4. Unentgeltliche Darlehen. Der Wortlaut des § 108 Abs. 2 nimmt **unentgeltliche Darlehen** nicht aus.[508] Die Gesetzesbegründung erwähnt nur das entgeltliche Darlehen. Da

---
[505] Im Ergebnis ebenso *Marotzke* ZInsO 2006, 300, 301; aA *Graf-Schlicker/Breitenbücher* § 108 RdNr. 13.
[506] LAG Düsseldorf ZIP 1986, 1343.
[507] *Stahmer* S. 348; *Freitag* ZIP 2004, 2368, 2371.
[508] HambKomm-*Ahrendt*, § 108 RdNr: 23, unterstellt es deshalb dem § 103 Abs. 2.

§ 109　　　3. Teil. 2. Abschnitt. Erfüllung Rechtsgeschäfte. Mitwirkung BR

beim unentgeltlichen Darlehen der Darlehensüberlassungs – und belassungspflicht keine Gegenverpflichtung des Darlehensnehmers gegenübersteht, kann es mangels gegenseitiger Leistungsverpflichtungen von vornherein nicht in den Anwendungsbereich des § 103 Abs. 1 fallen (oben § 103 RdNr. 92). Aus dieser Sicht besteht kein Bedürfnis, das unentgeltliche Darlehen in der Insolvenz des Darlehensgebers bestandskräftig auszugestalten. Sind weder § 108 Abs. 2 noch § 103 Abs. 1 einschlägig, so stehen insolvenzrechtliche Bestimmungen weder dem Fortbestand des Darlehensvertrags über die Verfahrenseröffnung hinaus noch dessen außerordentlicher Kündigung aus wichtigem Grund (§ 314 BGB) entgegen. §§ 528 und 605 Nr. 1 BGB zeigen, dass die Vermögensverschlechterung des unentgeltlich Zuwendenden die außerordentliche Kündigung rechtfertigen kann.[509] Zusätzlich wird vielfach die Insolvenzanfechtung nach § 134, zeitlich begrenzt auf die zurückliegenden vier Jahre, nahe liegen.

III. Refinanzierung

212　Der neue Absatz 2 soll nach Vorstellung der Referenten auch die Rechtsunsicherheit beseitigen, „die insbesondere am Kapitalmarkt zu Risikoaufschlägen führt und damit die Finanzierungskosten in Deutschland unnötig erhöht."[510] Diese Äußerung in der Gesetzesbegründung ist eine Reaktion auf die vereinzelt vertretene Ansicht, die Vorausabtretung der Ansprüche des Darlehensgebers wirke nicht gegen die Insolvenzmasse.[511] Die Konstellation ähnelt derjenigen, die den Gesetzgeber zur Einführung des § 108 Abs. 1 Satz 2 veranlasst hat (dazu oben RdNr. 7), wobei das Wahlrecht des Verwalters gem. § 103 Abs. 1 den Anspruch auf Rückzahlung des Darlehens ebensowenig berührt wie den Anspruch auf Rückgabe des Miet- oder Leasingobjekts. Allerdings kann es den Anspruch auf Zahlung der laufenden Zinsen als Gegenleistung zur Darlehensgewährung betreffen, sodass zumindest dessen Vorausabtretung wie die Abtretung zukünftiger Miet- und Leasingratenforderungen (dazu § 110 RdNr. 43) der Masse gegenüber unwirksam sein kann: auch kann sich die Unwirksamkeit aus § 91 ergeben.[512] Diesen Befürchtungen entzieht § 108 Abs. 2 die Grundlage; die Refinanzierung wird erleichtert, wenn dem Zessionar das Risiko der Insolvenz des Darlehensgebers genommen wird. Diese Erwägung ist ein weiterer, versteckter Normzweck, *Marotzke*[513] zufolge sogar der eigentliche.

§ 109 Schuldner als Mieter oder Pächter

(1) [1] **Ein Miet- oder Pachtverhältnis über einen unbeweglichen Gegenstand oder über Räume, das der Schuldner als Mieter oder Pächter eingegangen war, kann der Insolvenzverwalter ohne Rücksicht auf die vereinbarte Vertragsdauer oder einen vereinbarten Ausschluss des Rechts zur ordentlichen Kündigung kündigen; die Kündigungsfrist beträgt drei Monate zum Monatsende, wenn nicht eine kürzere Frist maßgeblich ist.** [2] **Ist Gegenstand des Mietverhältnisses die Wohnung des Schuldners, so tritt an die Stelle der Kündigung das Recht des Insolvenzverwalters zu erklären, dass Ansprüche, die nach Ablauf der in Satz 1 genannten Frist fällig werden, nicht im Insolvenzverfahren geltend gemacht werden können.** [3] **Kündigt der Verwalter nach Satz 1 oder gibt er die Erklärung nach Satz 2 ab, so kann der andere Teil wegen der vorzeitigen Beendigung des Vertragsverhältnisses oder wegen der Folgen der Erklärung als Insolvenzgläubiger Schadenersatz verlangen.**

---

[509] Vgl. OLG Stuttgart NJW 1987, 782; *Palandt/Heinrichs*, § 490 BGB RdNr. 19; *Lind* ZInsO 2004, 580, 584; *Stahmer* S. 362.
[510] BT-Drucks. 16/3227 S. 19.
[511] *Kübler/Prütting/Tintelnot*, § 103 RdNr. 50; *Engert/Schmidl* WM 2005, 60, 62; aA *Fleckner* ZIP 2004, 585, 597; dazu *Kuder* ZInsO 2004, 1180, 1181.
[512] *Marotzke* ZInsO 2004, 1273, 1280.
[513] ZInsO 2004, 1273, 1278 und ZInsO 2006, 300, 302.

Schuldner als Mieter oder Pächter **§ 109**

(2) ¹ Waren dem Schuldner der unbewegliche Gegenstand oder die Räume zur Zeit der Eröffnung des Verfahrens noch nicht überlassen, so kann sowohl der Verwalter als auch der andere Teil vom Vertrag zurücktreten. ² Tritt der Verwalter zurück, so kann der andere Teil wegen der vorzeitigen Beendigung des Vertragsverhältnisses als Insolvenzgläubiger Schadenersatz verlangen. ³ Jeder Teil hat dem anderen auf dessen Verlangen binnen zwei Wochen zu erklären, ob er vom Vertrag zurücktreten will; unterlässt er dies, so verliert er das Rücktrittsrecht.

Schrifttum: *Peter Behrens,* Beteiligung mehrerer Mieter am Mietverhältnis, 1989; *Bruns,* Das Wahlrecht des Insolvenzverwalters und vertragliche Lösungsrechte, ZZP 110 (1997), 305; *Derleder,* Miete und Insolvenz, ZAP 2005, Fach 14, S. 513; *Eckert,* Neues im Insolvenzrecht der Wohnraummiete, NZM 2001, 260; *ders.*, Kündigung des Mietverhältnisses mit mehreren Mietern, GS Sonnenschein S. 313; *Emmert,* Kündigung und Einziehung des Genossenschaftsanteils durch den Insolvenzverwalter trotz § 109 Abs. 1 Satz 2 InsO?, ZInsO 2005, 852; *Leverenz,* Gestaltungsrechtsausübungen durch und gegen Personenmehrheiten, 1995; *Marotzke,* Die Wohnraummiete in der Insolvenz des Mieters, KTS 1999, 269; *Minuth/Wolf,* Kündigung und Gestaltung von Mietverträgen in Hinblick auf die Insolvenzordnung, NZM 1999, 289; *M. Mittelstein/K. Mittelstein/Stern,* Die Miete nach dem Rechte des Deutschen Reiches, 4. Aufl., 1932; *Sonnenschein,* Schadensersatz bei Kündigung, Beschlagnahme durch Zwangsverwaltung und Haftung des ausgeschiedenen Gesellschafters, JuS 1980, 559; *Steder,* Behandlung des Arbeitseinkommens und sonstiger laufender Bezüge im eröffneten Insolvenzverfahren, ZIP 1999, 1874; *Steinicke,* Zur Wirkung einer Kündigung durch den Insolvenzverwalter gemäß § 109 Abs. 1 Satz 1 InsO bei Mietermehrheit, ZMR 2001, 160; *Voigt/Gerke,* Die insolvenzfreie selbstständige Arbeit, ZInsO 2002, 1054.

Übersicht

	RdNr.		RdNr.
I. Frühere Rechtslage, Normzweck und Anwendungsbereich	1	1. Anwendungsbereich des § 109 Abs. 1 Satz 2	49
1. Vollzogene Miet-Pachtverträge	1	2. Erklärung des Verwalters	50
2. Nicht vollzogene Verträge	4	3. Wirkungen der Enthaftungserklärung	51
3. Wohnraummietverhältnisse	7	a) Ausschluss der Kündigung durch Verwalter bzw. Treuhänder	51
4. Anwendungsbereich	8	b) Verwaltungs – und Verfügungsbefugnis nach Wirksamwerden der Enthaftungserklärung	53
II. Überlassung des Miet- oder Pachtobjekts (§ 109 Abs. 1)	12	c) Erfüllung des Mietvertrages durch den Schuldner	57
1. Überlassung	12	d) Kündigung des Mietverhältnisses	58
2. Vorzeitige Rückgabe der Mietsache	19	e) Schadensersatz wegen der Folgen der Enthaftungserklärung	60
III. Sonderkündigungsrecht nach Überlassung	20	f) Abwicklung des beendeten Mietverhältnisses	62
1. Form	20	**V. Verfahrenseröffnung vor Überlassung des Mietobjekts (§ 109 Abs. 2)**	63
2. Kündigungsfrist	21	1. Herbeiführung der Erklärung des anderen Vertragsteils	63
3. Kündigungszeitpunkt	25	2. Rücktritt des Verwalters	66
4. Folgen der Kündigung	27	3. Rücktritt des Vermieters	69
a) Beendigung des Mietverhältnisses	27	4. Vorzeitige Kündigung des Mieters nach § 109 Abs. 1 trotz Verzicht auf Rücktritt	73
b) Schadensersatzanspruch des Vermieters	28	**VI. Abweichende Vereinbarungen der Vertragsparteien**	76
5. Sonderfälle	36	1. Ausschluss des Rechts zur Kündigung, zum Rücktritt und zur Enthaftungserklärung gem. § 109 Abs. 1 Satz 2	76
a) Insolvenzverfahren über das Vermögen eines von mehreren Mietern	36	2. Abänderung der Kündigungsfrist	77
b) Insolvenzverfahren über das Vermögen einer Gesellschaft ohne Rechtspersönlichkeit und über das eines Gesellschafters	43	3. Auflösung und Kündigung des vollzogenen Mietverhältnisses	78
c) Untermiete	45	4. Vereinbarungen zu den Kündigungs- und Rücktrittsfolgen	82
d) Nachlassinsolvenzverfahren	47		
e) Zwangsverwaltung über das Mietgrundstück	48		
IV. Enthaftung der Masse bei Wohnraumvermietung	49		

§ 109 1–4   3. Teil. 2. Abschnitt. Erfüllung Rechtsgeschäfte. Mitwirkung BR

I. Frühere Rechtslage, Normzweck und Anwendungsbereich

1. Vollzogene Miet- und Pachtverträge. Entsprechend dem Zweck des auf Verwertung der Masse ausgerichteten Konkursverfahrens ging die Konkursordnung davon aus, vollzogene Miet- und Pachtverhältnisse über Gegenstände jeglicher Art seien bei der Abwicklung des Konkursverfahrens hinderlich und eine möglichst baldige Beendigung liege im beiderseitigen Interesse.[1] § 19 KO berechtigte daher im Konkurs des Mieters sowohl den Verwalter als auch den Vermieter zur vorzeitigen Kündigung. Die Notwendigkeit, auch dem Vertragspartner des Schuldners das Recht zur vorzeitigen Kündigung einzuräumen, sah die Begründung zu § 19 KO vorrangig bei der Pacht,[2] denn die persönliche Tüchtigkeit des Pächters und die Sicherheit, dass der Pachtgegenstand wirtschaftlich genutzt werde, seien von durchschlagender Bedeutung. Wegen befürchteter Abgrenzungsprobleme zwischen Miete und Pacht, aber auch deshalb, weil der Konkursverwalter das Mietobjekt meist in andere Weise gebrauche als zuvor der Mieter und dies dem Vermieter nicht zuzumuten sei, sprach sich der Gesetzgeber der Konkursordnung für ein Sonderkündigungsrecht des Verwalters sowie des Vermieters bzw. Verpächters aus.

Das Sonderkündigungsrecht des Vermieters gem. § 19 KO hatte größere praktische Bedeutung als vom damaligen Gesetzgeber erwartet.[3] Vermieter, die jegliches Risiko vermeiden wollten, nahmen die Konkurseröffnung oder bei entsprechender Vertragsklausel den Konkursantrag häufig zum Anlass, das Mietverhältnis vorzeitig zu kündigen, selbst wenn sie noch keine Ausfälle erlitten hatten. Die Vereinbarkeit dieses Kündigungsrechts mit dem Konkurszweck daher wurde schon unter Geltung der Konkursordnung angezweifelt.[4] Als Ausweg wurde die Rechtsmissbräuchlichkeit der vorzeitigen Kündigung des Vermieters diskutiert.[5] § 51 Abs. 2 VerglO, später auch § 9 Abs. 3 Satz 2 GesO billigten dem Vermieter und Verpächter das Sonderkündigungsrecht nicht mehr zu, weil durch die Entziehung der Mietsache die Fortführung und Sanierung des Unternehmens, also der Zweck des Vergleichs- bzw. Gesamtvollstreckungsverfahrens, gefährdet werden konnten.[6]

Der erste Bericht der Kommission für Insolvenzrecht übernahm dies,[7] sah aber beim Leasing beweglicher Sachen zu Gunsten des Leasinggebers ein Sonderkündigungsrecht vor, falls der Verwalter nicht innerhalb einer vom Insolvenzgericht bestimmten Frist erklärte, für welche Zeit er den Vertrag fortsetzen wolle.[8] Wenn die InsO dem folgend das Recht des Vermieters zur außerordentlichen Kündigung abschafft und nur den Verwalter hierzu berechtigt, so entspricht dies dem Anliegen, ihm bzw. der Masse zur **sachgerechten Abwicklung des Insolvenzverfahrens** den Mietgebrauch so lange zu belassen, wie er das Mietobjekt benötigt.[9] Wirtschaftlich betrachtet entspricht das Sonderkündigungsrecht dem Verwalterwahlrecht bei der Miete und Pacht beweglicher Sachen und Rechte.

2. Nicht vollzogene Verträge. Von einem nicht durch Überlassung der Mietsache vollzogenen Mietvertrag konnte der Vermieter nach § 20 KO zurücktreten; der Verwalter konnte nach § 17 KO zwischen Erfüllung und Ablehnung wählen. Nach § 50 VerglO blieb der Vermieter an den Vertrag gebunden, während der Mieter mit Ermächtigung des Gerichts die Erfüllung ablehnen konnte. Unter der Geltung der GesO waren wegen der lückenhaften Regelung die Auswirkungen der Verfahrenseröffnung auf ein nicht vollzogenes Mietverhältnis streitig.[10] Gegenüber dem früheren Rechtszustand erscheint die Neuregelung

---

[1] *Hahn*, Materialien zur KO, S. 95; RGZ 56, 245; RGZ 115, 271.
[2] *Hahn* Materialien zur KO, S. 95.
[3] *Hahn*, Materialien zur KO, S. 96.
[4] *Jaeger/Henckel* § 19 RdNr. 5; *Eichenhofer*, Festschrift für Gitter, S. 231, 239.
[5] *Jaeger/Henckel* § 19 RdNr. 6; *Kuhn/Uhlenbruck*, KO, 11. Aufl., § 19 RdNr. 1.
[6] Vgl. Berichts des Rechtsausschusses zum Hemmnisbeseitigungsgesetz, BT-Drucks. 12/449 S. 41.
[7] RWS-Dokumentation S. 223, Nr. 2.4.1.6.
[8] RWS-Dokumentation S. 324, Nr. 3. 3. 11.
[9] BT-Drucks. 12/2443 S. 71, 147. Auch die vorangegangenen Entwürfe wollten dem Vermieter das Sonderkündigungsrecht nehmen.
[10] Vgl. *Kilger/K. Schmidt* § 9 GesO Anm. 5; *Haarmeyer/Wutzke/Förster* GesO § 9 RdNr. 55, 74, 82.

insofern einfacher, als nach § 109 Abs. 2 Satz 1 sowohl der Verwalter als auch der Vermieter vor Übergabe der Mietsache von dem Vertrag zurücktreten können. Die Begründung des Regierungsentwurfs lässt erkennen, dass mit der sprachlichen Vereinfachung keine Änderung der Rechtsfolgen erstrebt war.[11]

Das **Rücktrittsrecht des Insolvenzverwalters** ist folgerichtig, denn es besteht kein Grund, ihn an einen nicht vollzogenen Mietvertrag über einen unbeweglichen Gegenstand stärker zu binden als an einen Vertrag über ein anderes Objekt, dessen Erfüllung er nach § 103 ablehnen kann. Das aus der Konkursordnung übernommene **Rücktrittsrecht des Vermieters** durchbricht indessen das Grundanliegen der InsO, nur den Verwalter über die Erfüllung oder Nichterfüllung gegenseitiger Verträge entscheiden zu lassen.[12] Dass sich dieser Grundsatz bei einem Vertrag, zu dessen Erfüllung die Parteien noch nicht geleistet haben, eher durchbrechen lässt als nach einem Leistungsaustausch, ist zuzugeben,[13] indessen nimmt § 103 nicht vollzogene Verträge nicht aus. Warum der Vermieter oder Verpächter einer Immobilie – anders als der einer beweglichen Sache – die Überlassung verweigern kann, obwohl sie vielfach für die sachgerechte Abwicklung des Insolvenzverfahrens genau so wichtig sein wird wie eine Maschine, ein Computer oder ein Verwertungsrecht, ist nicht nachzuvollziehen. Hat der Schuldner den Mietvertrag gerade zur Kostensenkung abgeschlossen, etwa preisgünstige Büroräume angemietet, so ist es widersinnig, dass der Vermieter dies durch seinen Rücktritt verhindern kann. Die Unsicherheit, die die Fortführung eines Mietverhältnisses mit einer Insolvenzmasse mit sich bringt, rechtfertigt die unterschiedliche Behandlung der Immobilien- und der Fahrnismiete jedenfalls nicht.[14] Der Immobilienvermieter ist nicht schlechter gegen Mietzinsausfälle gesichert als der Vermieter einer beweglichen Sache.

Der Grund für die unterschiedliche Behandlung der Immobilienmiete und der Miete anderer Sachen liegt in dem Bemühen des Gesetzgebers, für die Immobilienmiete den Regelungsgehalt des § 20 KO zu übernehmen. Hierbei wurde nicht bedacht, dass das Recht des Vermieters, von einem nicht vollzogenen Mietvertrag zurückzutreten (§ 20 KO), mit dem Sonderkündigungsrecht nach § 19 KO korrespondierte. Mit Wegfall des Sonderkündigungsrechts entfällt auch die Rechtfertigung für das Rücktrittsrecht des Vermieters vor Überlassung der Mietsache.[15]

3. Wohnraummietverhältnisse. Dass der Verwalter das Mietverhältnis über die vom Schuldner und seiner Familie genutzte Wohnung zu kündigen hat, wenn die Gläubigerversammlung es ablehnte, den Schuldner aus der Masse zu unterhalten (§ 100), oder wenn die Aufwendungen für seine Wohnung der gebotenen bescheidenen Lebensführung widersprechen, stand vor Einführung des § 109 Abs. 1 Satz 2 im Einklang mit dem Normzweck. In der Praxis der Verbraucherinsolvenzverfahren mit geringer Masse bildete die Mietkaution einen Anreiz zur vorzeitigen Kündigung des Wohnraummietvertrages, denn bei Vertragsabwicklung kann der Verwalter oder Treuhänder diese zur Masse ziehen.[16] Häufig forderte der Verwalter oder Treuhänder den Schuldner auf, der Masse einen Geldbetrag in Höhe der Kaution zur Verfügung zu stellen. Bei Nichtzahlung kündigte der Verwalter bzw. Treuhänder vorzeitig gem. § 109 Abs. 1 Satz 1 und löste das Mietverhältnis mit Wirkung gegen den Schuldner auf. Auch wenn er mit der Kündigung seine Rechte missbrauchte,[17] so wirkte der Einwand des Rechtsmissbrauchs nur im Verhältnis zum Schuldner. Dem Anliegen des Verbraucherinsolvenzverfahrens, dem Schuldner einen wirtschaftlichen Neuanfang zu er-

---

[11] BT-Drucks. 12/2443 S. 71, 147.
[12] *Eckert* ZIP 1996, 897, 900; *Pape*, Kölner Schrift, S. 531, 585 RdNr. 86; *Sinz*, Kölner Schrift, S. 593, 600 RdNr. 17; *Tintelnot* ZIP 1995, 616, 621; FK-*Wegener* § 109 RdNr. 16.
[13] *Minuth/Wolf* NZI 1999, 289, 291.
[14] *Pape*, Kölner Schrift, S. 531, 585 RdNr. 86, lässt dies als Rechtfertigung gelten.
[15] *Minuth/Wolf* NZI 1999, 289, 291; *Tintelnot* ZIP 1995, 616, 621.
[16] Begründung des Regierungsentwurfs eines Gesetzes zur Änderung der Insolvenzordnung und anderer Gesetze BR-Dr. 14/01; zur Neuregelung *Eckert* NZM 2001, 260.
[17] *Vallender/Dahl* NZI 2000, 246, 248.

möglichen, widersprachen solche Konsequenzen; insbesondere sollte er nicht in die Obdachlosigkeit gedrängt werden. Um dem vertragstreuen Schuldner die Wohnung zu erhalten, beseitigte das InsOÄndG 2001 das Sonderkündigungsrecht des Verwalters. Stattdessen kann er ohne Auflösung des Mietvertrages die Entstehung weiterer Masseverbindlichkeiten verhindern (unten RdNr. 49 ff).

8 **4. Anwendungsbereich.** An § 108 Abs. 1 Satz 1 anknüpfend lässt § 109 Abs. 1 Satz 1 die Auflösung des fortbestehenden Immobilienmietverhältnisses zu. Ausgenommen sind nach Satz 2 nur Wohnraummietverhältnisse. Der analogen Anwendung dieser Regelung auf Werkstatt- oder Büroräume, die eine natürliche Person zur Fortsetzung ihrer selbständigen Tätigkeit benötigt,[18] steht der auf die Wohnraumvermietung zugeschnittene Ausnahmecharakter der Vorschrift entgegen. Auch Leasingverträge über unbewegliche Gegenstände können vorzeitig gekündigt werden. Betroffen sind Verträge auf bestimmte Dauer, aber auch solche auf bestimmte Zeit oder mit einer bestimmten Mindestlaufzeit sowie an sich unkündbare Miet- oder Pachtverträge auf Lebenszeit (§§ 544 Satz 2, 594 b Satz 2 BGB).[19] § 109 Abs. 1 gewährt ein zusätzliches Kündigungsrecht und lässt andere Beendigungsmöglichkeiten unberührt, die für die Masse günstiger sind als die vorzeitige Kündigung, weil sie keine Schadensersatzpflicht auslösen.

9 Ein Vertrag, den der **vorläufige Verwalter** mit Verwaltungs- und Verfügungsbefugnis nach Beantragung des Insolvenzverfahrens abgeschlossen hat, stammt zwar aus der Zeit vor Verfahrenseröffnung, ist aber nicht mehr der Sphäre des Mieters (= Schuldners) zuzurechnen. Es besteht kein Bedürfnis, den endgültigen Verwalter zum Rücktritt oder zur außerordentlichen Kündigung eines Mietverhältnisses zu berechtigen, das der vorläufige begründet hat, weil letzterer ohnehin gehalten ist, keine Schuldverhältnisse zu begründen, die die Masse langfristig binden. Für ein Mietverhältnis, das der Schuldner nach Beantragung des Insolvenzverfahrens mit Zustimmung des – nicht verwaltungs- und verfügungsbefugten – vorläufigen Verwalters (§ 21 Abs. 2 Nr. 2) eingegangen ist, gilt dies nicht, denn der Vertragsschluss ist seiner Handlungssphäre zuzuordnen.

10 Zur vorzeitigen Kündigung, zur Erklärung gem. § 109 Abs. 1 Satz 2 oder zum Rücktritt berechtigt ist nicht nur der Insolvenzverwalter, sondern bei **Eigenverwaltung** gemäß § 279 der Schuldner, der im Einvernehmen mit dem Sachwalter handeln soll, sowie im vereinfachten Insolvenzverfahren der Treuhänder (§ 313).[20] (Zum Sonderkündigungsrecht des vorläufigen Verwalters § 112 RdNr. 44.)

11 Das Sonderkündigungsrechts des Vermieters entfällt auch in **Altverträgen,** die vor Verkündung oder Inkrafttreten der InsO abgeschlossen wurden. Der an den Vertrag gebundene Vermieter bleibt insofern geschützt, als sein Mietzinsanspruch nach § 55 Abs. 1 Nr. 2 aus der Masse zu erfüllen ist und die Rechte, die ihm bei Zahlungsverzug oder bei sonstigen Vertragsverletzungen der Masse zustehen, erhalten bleiben. Vielfach wird er bestrebt sein, sich nach allgemeinen Vorschriften von dem Mietverhältnis zu lösen. Allein die Eröffnung des Insolvenzverfahrens über das Vermögen des Mieters ist jedenfalls kein wichtiger Grund, der die Fortsetzung des Mietverhältnisses für ihn unzumutbar erscheinen lässt. Bisherige unpünktliche Zahlungen des Schuldners oder Zahlungsverzug wirken, wie § 112 belegt, nicht gegen die Masse, denn es ist zu erwarten, dass sie die Miete vertragsgerecht entrichten wird.[21]

II. Überlassung des Miet- oder Pachtobjekts vor Verfahrenseröffnung (§ 109 Abs. 1)

12 **1. Überlassung.** Überlassen sind das Grundstück, die Mieträume oder eine sonstige unbewegliche Sache, wenn der Vermieter vor Verfahrenseröffnung seiner **Gebrauchs-**

---

[18] Voigt/Gerke ZInsO 2002, 1054, 1064.
[19] Uhlenbruck/Berscheid § 109 RdNr. 7.
[20] Dazu Börstinghaus DWW 1999, 205, 206; Eichner WuM 1999, 260, 261; Vallender/Dahl NZI 2000, 246.
[21] Jaeger/Henckel § 19 RdNr. 50.

gewährungspflicht gemäß § 535 BGB genügt hat.[22] Bei **Überlassen am Tag der Verfahrenseröffnung** wird nach § 81 Abs. 3 widerleglich Überlassung nach Eröffnung vermutet. Die Auffassung, das Rücktrittsrecht gem. § 109 Abs. 2 erlösche mit Überlassung des Mietobjekts nach Eröffnung des Insolvenzverfahrens[23] trifft nur zu, wenn Vermieter und Verwalter einvernehmlich das Mietverhältnis vollziehen. Der Verwalter bleibt zum Rücktritt gem. § 109 Abs. 2 berechtigt, wenn der Schuldner das Mietobjekt nach Eröffnung übernimmt, andernfalls würde sein Handeln eine Masseverbindlichkeit gem. § 55 Abs. 1 Nr. 2 auslösen. Umgekehrt besteht das Rücktrittsrecht des Vermieters fort, der das Mietobjekt in Unkenntnis der Verfahrenseröffnung und in der Annahme einer dahingehenden Verpflichtung übergibt.

Da der Begriff der „Überlassung" demselben in § 566 BGB entspricht, kann auf die 13 Rechtsprechung hierzu zurückgegriffen werden.[24] In aller Regel gehört zur Überlassung die **einvernehmliche derivative Verschaffung des unmittelbaren Besitzes,** die auch gemäß § 854 Abs. 2 BGB vollzogen werden kann.[25] Die dem Mieter mitgeteilte tatsächliche Bereitstellung genügt nicht,[26] beim Leasing eines eingetragenen Schiffes oder Flugzeugs nicht die Anzeige des Herstellers, dass es abgeholt werden kann. Annahmeverzug des Mieters ersetzt nicht die Überlassung. **Abgeschlossene Räume** werden regelmäßig durch Übergabe der Schlüssel oder Gewährung des Zutritts auf andere Weise überlassen. Die Überlassung ist mit der Besitzübertragung abgeschlossen, ohne dass es auf die tatsächliche Nutzung des Mietobjekts, z. B. Einzug in die Miträume, ankommt. Er ist indessen ein sicheres Indiz.[27] Nicht notwendig ist eine Publizität des Besitzrechts und -willens des Mieters nach außen.[28] Bei einem **frei zugänglichen Grundstück** reicht der übereinstimmende Wille beider Vertragsteile aus, dass der Mieter es nunmehr nutzen kann.

Einvernehmen zwischen Vermieter und Mieter **über den Besitzübergang ohne fak-** 14 **tischen Vollzug** genügt nicht. Die Überlassung kann daher nicht durch Parteivereinbarung (etwa: „Die Parteien sind sich darüber einig, dass mit Abschluss dieses Vertrages das Objekt überlassen ist" – oder „als überlassen gilt"), ersetzt werden.[29] Da sich bei **„sale-and-leaseback"-Leasing** die unmittelbaren Besitzverhältnisse nicht ändern, gibt der Zeitpunkt den Ausschlag, von dem ab der Leasingnehmer es nicht mehr als Eigentümer besitzt.

Bei fehlendem Einvernehmen ist die Mietsache nicht überlassen, z. B. wenn der Mieter 15 sich gegen den Willen des Vermieters, insbesondere durch **verbotene Eigenmacht,** den Mietgebrauch beschafft hat.[30] Die Besitzeinweisung im Wege der **Zwangsvollstreckung** ersetzt eine einvernehmliche Übergabe, der Titel allein genügt jedoch nicht.

Bei Übergabe der Mietsache im **Vorgriff auf einen abgeschlossenen Mietvertrag,** der 16 rechtlich erst zu einem späteren Zeitpunkt nach Eröffnung des Insolvenzverfahrens wirksam werden soll,[31] ist die Mietsache überlassen. Der Bestandsschutz des vollzogenen Mietverhältnisses wäre durchbrochen, wenn der Vermieter, der die Mietsache übergeben hat, der Masse den Mietgebrauch entziehen könnte. Hat der Vermieter **zwei zeitlich aufeinander folgende Mietverträge über dasselbe Mietobjekt** abgeschlossen und nutzt der Schuldner während der Laufzeit des ersten Mietverhältnisses die Mietsache auf Grund eines Untermietvertrages mit dem ersten Mieter,[32] so sind beide Mietverhältnisse des Schuldners von dem

---

[22] BGHZ 65, 137 = NJW 1976, 105; BGH NJW-RR 1989, 589 = ZIP 1989, 375.
[23] HK-*Marotzke* § 109 RdNr. 21; *Kalkschmid* RdNr. 461; *Wolf/Eckert/Ball* RdNr. 1518.
[24] Dazu *Bub/Treier/Heile,* II. RdNr. 867; MünchKommBGB–*Häublein* § 566 RdNr. 14; *Wolf/Eckert/Ball,* RdNr. 1291 bis 1296.
[25] *Jaeger/Henckel* § 19 RdNr. 41.
[26] *Jaeger/Henckel* § 19 RdNr. 41; FK-*Wegener* § 109 RdNr. 18; *Gottwald/Huber,* Insolvenzrechts-Handbuch, § 37 RdNr. 33; HambKomm-*Ahrendt,* § 109 RdNr. 4.
[27] *Jaeger/Henckel* § 19 RdNr. 41; FK-*Wegener* § 109 RdNr. 17.
[28] BGH NJW-RR 1989, 589.
[29] BGHZ 65, 137 = NJW 1975, 105.
[30] *Kuhn/Uhlenbruck,* KO, 11. Aufl., § 19 RdNr. 4; FK-*Wegener* § 109 RdNr. 4 und 19.
[31] Zur Überlassung i. S. d. § 566 BGB BGHZ 42, 333 = NJW 1964, 1851.
[32] Vgl. BGH NJW-RR 1989, 77.

§ 109 17–21   3. Teil. 2. Abschnitt. Erfüllung Rechtsgeschäfte. Mitwirkung BR

Insolvenzverfahren betroffen. Auch im zeitlich späteren Mietverhältnis ist ihm die Mietsache überlassen.

17   **Verschaffung des Mitbesitzes** kann ausreichen, z. B. wenn der Vermieter dem Mieter der vertraglichen Vereinbarung entsprechend eine Grundstücksfläche oder Räume zur gemeinsamen Nutzung überlässt. Hat der Mieter Anspruch auf Alleinbesitz, so wird mit Einräumung des Mitbesitzes die Mietsache nicht überlassen, es sei denn, der Mieter nimmt diesen als vertragsgerechte Leistung an.

18   Da der Mietgebrauch im Rechtssinne eine unteilbare Leistung ist, ist eine **teilweise Überlassung** ausgeschlossen. Solange der Vermieter nicht zumindest den Besitz an den wesentlichen Grundstücks- oder Gebäudeteilen übertragen hat, hat er die Mietsache insgesamt nicht überlassen.[33] Auch wenn der Mieter von mehreren angemieteten Räumen einige übernommen hat, andere noch nicht – z. B. Neubau bei nur teilweiser Bezugsfertigkeit –, verbietet sich die Aufspaltung des Mietvertrages und eine teilweise Anwendung des § 109 Abs. 1. Der nicht vertragsgemäße Zustand hindert nicht die Überlassung, wenn der Mieter das Mietobjekt gleichwohl in Besitz nimmt.

19   **2. Vorzeitige Rückgabe der Mietsache.** Das Mietobjekt, das der Mieter vor Vertragsende und vor Eröffnung des Insolvenzverfahrens zurückgegeben oder dessen Besitz er trotz Fortbestand des Mietverhältnisses durch Räumung aufgegeben hat – in der Regel keine konkludente vorzeitige Vertragsaufhebung –, war ihm überlassen, denn auf die spätere tatsächliche Nutzung kommt es nicht an. § 109 Abs. 1 bleibt daher anwendbar,[34] obwohl sein Zweck, der Masse den Mietgebrauch zu belassen, den zuvor der Schuldner ausgeübt hat, verfehlt wird. Die Alternative in dieser Situation, das beiderseitige Rücktrittsrecht gemäß § 109 Abs. 2, kann für die Masse günstig sein, kann sich aber auch als nachteilig erweisen, weil sie dem Verwalter die Möglichkeit nimmt, das Mietobjekt wieder zu nutzen, falls er es doch benötigt. Andererseits darf nach Überlassung der Mietsache der Vermieter darauf vertrauen, dass zumindest die gesetzliche Kündigungsfrist eingehalten wird. Die Gründe, die bei § 566 BGB dafür sprechen, nach vorzeitigem Auszug des Mieters die Mietsache als nicht überlassen anzusehen und das Mietverhältnis nicht auf den Grundstückserwerber übergehen zu lassen,[35] greifen im Rahmen des § 109 Abs. 1 nicht ein.

III. Sonderkündigungsrecht nach Überlassung

20   **1. Form.** Grundsätzlich kann der Verwalter oder der statt dessen zur Kündigung berechtigte Treuhänder (§ 313) bzw. der Schuldner selbst (§ 279) formlos kündigen. Zur konkludenten Kündigung genügt die vorzeitige Rückgabe des Mietobjekts in aller Regel nicht.[36] Schriftform ist erforderlich bei der Landpacht (§ 594 f BGB) und Kleingartenpacht (§ 7 BundeskleingartenG). Haben die Parteien Schriftform für die Kündigung vereinbart, so soll nach Auffassung des OLG Naumburg der Verwalter sie zu beachten haben.[37] Unbedenklich ist diese Ansicht nicht, weil sie das gesetzliche Kündigungsrecht erschwert. Die Angabe des Kündigungsgrundes ist an sich nicht vorgeschrieben, sollte jedoch über § 568 Abs. 1 BGB hinaus selbstverständlich sein.

21   **2. Kündigungsfrist.** In der Begründung zu § 108 gingen die Verfasser des Regierungsentwurfs davon aus, dass der Verwalter zur Vermeidung überflüssiger Masseverbindlichkeiten das Mietverhältnis „schnell" mit dreimonatiger Frist beendigen könne.[38] Gleichwohl sah die

---

[33] FK-*Wegener* § 19 RdNr. 19; aA *Bub/Treier/Belz* VII. B. RdNr. 165.

[34] *Jaeger/Henckel* § 19 RdNr. 43; FK-*Wegener* § 109 RdNr. 4.

[35] Zu § 566 BGB ist streitig, ob die Vorschrift bei vorzeitigem Auszug anwendbar ist. Dafür: *Staudinger/Emmerich* § 566 RdNr. 33; *Bub/Treier/Heile* II. RdNr. 868; dagegen: OLG Köln ZMR 2003, 187; *Wolf/Eckert/Ball*, RdNr. 1297; *Palandt/Weidenkaff* § 566 RdNr. 12.

[36] *Jaeger/Henckel* § 19 RdNr. 61, und FK-*Wegener* § 109 RdNr. 7, nehmen eine konkludente Vertragsaufhebung an, wenn der Vermieter das geräumte Mietobjekt nutzt. Dies begegnet deshalb Bedenken, weil der Vermieter mit der eigenen Nutzung im Zweifel nur weiteren Schaden von sich abwenden will.

[37] OLG Naumburg ZMR 1999, 708.

[38] BT-Drucks. 12/2443 S. 71, 147.

Erstfassung des § 109 Abs. 1 Satz 1 die Einhaltung der „gesetzlichen" Kündigungsfrist vor, die sich bis zum 31. 8. 2001 aus § 565 a Abs. 5 BGB a.F., danach aus § 580 a Abs. 4 BGB ergab. Die teilweise recht langen Fristen (dazu RdNr. 22) widersprachen krass dem Zweck des Sonderkündigungsrechts. Das Gesetz zur Vereinfachung des Insolvenzverfahrens vom 13. 4.2007[39] gab § 109 Abs. 1 Satz 1 die jetzige Fassung.

In den **vor dem 1. 7. 2007 eröffneten Insolvenzverfahren** gilt nach Art.103 c EGInsO **22** in der Fassung des Gesetzes zur Vereinfachung des Insolvenzverfahrens vom 13. 4. 2007[40] das bisherige Recht. Die „gesetzliche" Kündigungsfrist ergibt sich demnach aus § 580 a Abs. 4 BGB, der auf die vorgehenden Absätze Bezug nimmt. Bei einem Miet- oder Leasingvertrag über **Grundstücke und Räume** beträgt sie nach § 580 a Abs. 1 Nr. 3 BGB drei Monate abzüglich der drei Karenztage („spätestens am dritten Werktag eines Kalendermonats") zu Beginn der ersten Monats. Ein Mietverhältnis über gewerblich genutzte unbebaute Grundstücke und über eingetragene Schiffe kann mit dreimonatiger Frist, aber nur zum Quartalsende gekündigt werden. Bei Vermietung von **Geschäftsräumen** – dies sind Räume zur gewerblichen oder freiberuflichen Nutzung,[41] auch zur gewerblichen Weitervermietung an den Wohnungsmieter – ist die Sonderkündigung mit gesetzlicher Frist gem. § 580 a Abs. 4 i. V. m. Abs. 2 BGB spätestens am dritten Werktag eines Kalendervierteljahres zum Ablauf des nächsten Quartals zulässig.[42] Bei einem **Pachtvertrag** über Grundstücke und Räume[43] sowie bei der **Landpacht** beträgt die Frist zur vorzeitigen Kündigung nach § 584 Abs. 2 und Abs. 1 BGB bzw. § 594 a Abs. 2 BGB sechs Monate abzüglich drei Karenztage zum Ende des Pachtjahres; im ungünstigsten Fall ist die Masse nahezu achtzehn Monate an den Vertrag gebunden.

Die Kündigungsfrist beträgt in den **seit dem 1. 7. 2007 eröffneten Verfahren** längstens **23** drei Monate. Da § 109 Abs. 1 Satz 1 im Gegensatz zu den mietrechtlichen Kündigungsregeln des BGB Karenztage („spätestens am dritten Werktag eines Kalendermonats") nicht vorsieht, muss die Kündigung dem Vermieter spätestens am letzten Tag eines Monats zugehen, damit ihm die vollen drei Monate bleiben. Der Verwalter ist nicht gehindert, mit einer längeren als der gesetzlichen Frist zu kündigen,[44] wenn er abschätzen kann, dass er die Mietsache noch bis zum Ablauf dieser längeren Frist benötigen wird.

Da nach der Neufassung des § 109 Abs. 1 Satz 2 eine kürzere Frist maßgeblich bleibt, **24** kann der Verwalter einen Miet- oder Leasingvertrag über ein in der Luftfahrzeugrolle oder im Register für Pfandrechte an Luftfahrzeugen eingetragenes **Flugzeug** in extrem kurzer Frist vorzeitig kündigen (§ 580 a Abs. 4 i. V. m. Abs. 3 Nr. 2 BGB). § 98 Abs. 2 Luftfahrzeuggesetz zitiert § 578 a BGB, der nur auf §§ 566 ff. BGB verweist, nicht jedoch § 580 a BGB.

3. Kündigungszeitpunkt. Der Verwalter kann zunächst die Entwicklung des Verfahrens **25** abwarten und soll die Mietsache so lange wie nötig zur Abwicklung des Verfahrens nutzen können. § 109 schreibt, wie früher § 19 KO, aber im Gegensatz zu § 111 Satz 2, § 57a ZVG **keine Kündigung zum erstmöglichen Termin** vor.[45] Die Ausübung einer Verlängerungsoption durch den Verwalter schließt nicht die spätere vorzeitige Kündigung aus, wenn sich deren Notwendigkeit erst in der Verlängerungsphase ergibt.

---

[39] BGBl I S. 509, 510.
[40] BGBl I 509, 511.
[41] *Bub/Treuer/Grapentin*, IV. RdNr. 50; MünchKommBGB-*Artz* § 580 a RdNr. 7.
[42] Ebenso nach dem bis zum 31. 8. 2001 geltenden § 565a Abs 5 BGB: BGH NJW 2002, 2562 = NZI 2002 429 = NZM 2002, 657 = ZIP 2002, 1811.
[43] Zur Abgrenzung von der Miete BGH NJW-RR 1991, 906; OLG Düsseldorf NJW-RR 1994, 399.
[44] Vgl. OLG Frankfurt ZIP 1980, 620; *Jaeger/Henckel* § 19 RdNr. 49.
[45] OLG Hamm ZMR 1994, 225; *Minuth/Wolf* NZI 1999, 289, 291; *Marotzke*, Gegenseitige Verträge, RdNr. 6.10. Fn. 20; FK-*Wegener* § 109 RdNr. 9; HK-*Marotzke* § 109 RdNr. 4; Kübler/Prütting/Tintelnot § 109 RdNr. 8; *Nerlich/Römermann/Balthasar* § 109 RdNr. 4; *Braun/Kroth* § 109 RdNr. 14; *Hörndler* in Lindner-Figura/Oprée/Stellmann, Kap. 20 RdNr. 57; *Fritz* RdNr. 629; HambKomm-*Ahrendt* § 109, RdNr. 8; *Waldherr* ZflR 2005, 833, 835.

26 Dass nach lang andauernder Fortsetzung des Vertrages die vorzeitige Kündigung gegen **Treu und Glauben** verstoßen kann, ist grundsätzlich nicht ausgeschlossen,[46] setzt jedoch neben dem Ablauf eines längeren Zeitraums voraus, dass der Vermieter auf Grund des Verhaltens des Verwalters darauf vertrauen durfte, dieser werde nicht oder jedenfalls geraume Zeit später vorzeitig kündigen. Im Regelfall verstößt auch nach mehreren Jahren die vorzeitige Kündigung nicht gegen Treu und Glauben. Mit einer längeren Abwicklung des Insolvenzverfahrens ohne Anspruch auf eine klarstellende Erklärung des Verwalters muss der Vermieter ohnehin rechnen. Durch die Kündigungsfrist ist er hinreichend geschützt.

27 **4. Folgen der Kündigung. a) Beendigung des Mietverhältnisses.** Mit Vertragsende entfallen die Pflicht zur Zahlung der Miete und zur Erfüllung sonstiger zukünftig fällig werdender Ansprüche aus dem Miet- oder Leasingverhältnis. Hat ein **Abschlussvertreter** in zulässiger Weise die Mithaftung für alle mietvertraglichen Verbindlichkeiten des Schuldners übernommen, so greift § 425 Abs. 2 BGB nicht ein; die Kündigung wirkt für und gegen ihn.[47] Die Kündigung bleibt wirksam, wenn das **Insolvenzverfahren vor Ablauf der Kündigungsfrist aufgehoben** wird.[48]

28 **b) Schadensersatzanspruch des Vermieters.** § 109 Abs. 1 Satz 3 begründet keinen spezifischen insolvenzrechtlichen Ersatzanspruch; vielmehr handelt es sich um einen Anspruch auf Schadensersatz statt der Leistung gem. § 281 BGB, der seine Grundlage im Mietvertrag selbst hat.[49] Kraft ausdrücklicher Bestimmung kann der Vermieter ihn nur als Insolvenzgläubiger geltend machen; dies ist gerechtfertigt, weil der Vertrag insolvenzbedingt vorzeitig endet. Wird die Kündigung des Verwalters durch eine **Kündigung des Vermieters**, die zu einem früheren Zeitpunkt wirksam wird, überholt, so endet das Mietverhältnis auf Grund dieser Kündigung; der Vermieter hat keinen Ersatzanspruch.[50]

29 Zu ersetzen ist der **Mietausfall**, der dem Vermieter bis zum vereinbarten Vertragsende oder bis zu dem erstmöglichen Termin, zu dem der Mieter hätte kündigen können, entsteht.[51] Bei Insolvenz des gewerblichen Zwischenvermieters ist bei Zahlung der Miete durch den Endmieter ggf. die Differenz zur höheren „Garantiemiete" im Hauptmietverhältnis auszugleichen, bei Zahlungsunvermögen des Endmieters ungeachtet des Zahlungsanspruchs gegen ihn der tatsächliche Mietausfall. Folgeschäden, z. B. der Gewinn, der dem Vermieter entgeht, weil er die Mieteinnahmen nicht ertragsbringend einsetzen kann, sind ebenfalls zu kompensieren,[52] denn der wegen Nichterfüllung eines Vertrages entstandene Schaden schließt grundsätzlich den entgangenen Gewinn ein (dazu § 103 RdNr. 190). Der **Ersatzanspruch des Leasinggebers** wegen vorzeitiger Vertragsbeendigung orientiert sich an dem verfehlten Amortisationsziel (dazu § 108 RdNr. 177). **Ersparte verbrauchsabhängige Aufwendungen,** die mit der Miete abgegolten waren, z. B. für Wasser, elektrische Energie, Heizung, sowie Vorteile infolge der vorzeitigen Vertragsbeendigung sind entsprechend § 537 Abs. 1 BGB anzurechnen.[53]

30 Im Zuge der **Schadensminderungspflicht** (§ 254 BGB) ist der Vermieter gehalten, sich intensiv um eine angemessene anderweitige Verwertung zu bemühen.[54] Die Aufwendungen hierfür sind zu ersetzen, falls die verbleibende Vertragszeit nicht so kurz war, dass diese Kosten ohnehin alsbald angefallen wären.[55] Bei sinkendem Preisniveau wird er zu einer

---

[46] RG HRR 1930, 167; RGZ 141, 391, 393; *Minuth/Wolf* NZI 1999, 289, 291.
[47] Vgl. OLG Köln ZIP 1995, 46.
[48] RGZ 54, 301.
[49] RGZ 140, 10, 14.
[50] BGH ZIP 1984, 1114.
[51] Vgl. BGH ZMR 1955, 105; *Wolf/Eckert/Ball,* RdNr. 1088.
[52] *Nerlich/Römer/Balthasar* § 109, RdNr. 12; aA *Marotzke*, Gegenseitige Verträge, RdNr. 6.19; *Kübler/Prütting/Tintelnot* § 109 RdNr. 19; *Wilmowsky* ZInSO 2004, 882, 885 Fn. 17.
[53] Vgl. BGHZ 82, 121 = NJW 1982, 870; *Mittelstein/Stern* S. 756; *Marotzke* S. 237; *Nerlich/Römermann/Balthasar* § 109 RdNr. 12; *Wolf/Eckert/Ball,* RdNr. 1089.
[54] Vgl. RGZ 115, 271, 272; BGH NJW 1968, 985; *Jaeger/Henckel* § 19 RdNr. 66; *Mittelstein/Stern* S. 757; *Sternel,* Mietrecht, IV. RdNr. 433.
[55] *Sternel* aaO, IV. RdNr. 436.

Weitervermietung unterhalb der bisherigen Miete verpflichtet sein; den Ausfall in Höhe des Unterschiedsbetrages kann er gleichwohl weiterhin als Ersatzanspruch geltend machen.[56] Hierbei empfiehlt sich allerdings ein Einvernehmen mit dem Insolvenzverwalter herbeizuführen, um dessen etwaigen Einwand zu begegnen, infolge der Weitervermietung sei der Mietzinsanspruch aus dem beendeten Mietverhältnis entfallen und folglich stehe dem Vermieter für die Zeit ab Anschlussvermietung kein Ersatz zu, auch nicht in Höhe des Differenzbetrages.

31 Die beiläufig geäußerte Ansicht des Reichsgerichts, den Vermieter treffe die **Beweislast,** dass er trotz hinreichender Anstrengungen das Mietobjekt nicht oder nicht zum selben Mietzins habe vermieten können,[57] widerspricht allgemeinen Beweislastregeln. Danach trifft den Verwalter als Ersatzpflichtigen die Darlegungs- und Beweislast;[58] der Vermieter bleibt allenfalls insofern sekundär darlegungspflichtig, als er seine Bemühungen vorzutragen hat. Es besteht kein Grund, hiervon in der Mieterinsolvenz abzuweichen.

32 Bei der **Anmeldung zur Tabelle** (§ 174) ist der Schadensersatzanspruch des Vermieters als **aufschiebend bedingte Forderung gemäß § 191** zu behandeln.[59] Da Mietforderungen gemäß § 163 BGB befristet sind,[60] ist auch der Ersatzanspruch befristet und steht einem aufschiebend bedingten gleich. Zudem wird er bei Anmeldung zur Tabelle (§ 174) in vielen Fällen noch nicht endgültig feststehen, weil zu diesem Zeitpunkt der Termin der erstmöglichen Vertragsbeendigung noch nicht erreicht und ungewiss ist, ob und zu welchem Entgelt dem Vermieter die Weiterverwertung gelingt.[61] Der Vermieter kann vorsorglich den nach der vollen verbleibenden Vertragszeit berechneten Schaden anmelden, der Verwalter hat eine entsprechende Rückstellung zu bilden, die er bei etwaigen Abschlagszahlungen zu berücksichtigen hat. Mit Eintritt der Bedingung – Beendigung der Vertragszeit, keine Weitervermietung oder Weitervermietung zu einer geringeren als der bisherigen Mieter – wird der Anspruch unbedingt.[62] Hingegen entsteht der Schadensersatzanspruch des Leasinggebers, der die ausgefallenen Leasingraten abgezinst in die Schadensberechnung einstellt, mit der Abrechnung nach Vertragsende unbedingt.

33 Der Schadensersatzanspruch des Vermieters oder Verpächters wegen vorzeitiger Vertragsbeendigung, der als Insolvenzforderung häufig wertlos sein wird, ist nach § 50 Abs. 2 nicht durch das gesetzliche **Vermieterpfandrecht** abgesichert. Jedoch haften **Abschlussvertreter** oder Dritte, die die Mithaftung übernommen haben,[63] sowie der **Bürge,** der die Forderungen des Vermieters aus dem Mietverhältnis absichert.[64] Eine nur auf die Miete beschränkte Bürgschaft oder Mithaftung deckt vordergründig betrachtet den Schadensersatzanspruch des Vermieters nicht ab; indessen ist dieser Anspruch bei wirtschaftlicher Sicht Ersatz für den entfallenen Mietzinsanspruch und deshalb wie dieser gesichert. Mit der Insolvenz des Mieters verwirklicht sich in typischer Weise das abgesicherte Risiko.

34 Gegen **vor Verfahrenseröffnung entstandene Ansprüche des Mieters** – z. B. auf Schadensersatz wegen Mangels der Mietsache (§ 536 a Abs. 1 BGB) oder auf Aufwendungsersatz (§§ 536 a Abs. 2, 539 Abs. 1 BGB) kann der Vermieter mit seinem Schadensersatzanspruch aufrechnen.[65] Die Aufrechnungsbefugnis bleibt nach den vom BGH zur Aufrech-

---

[56] *Mittelstein/Stern* S. 756; *Sternel* aaO, IV. RdNr. 433; *Nerlich/Römermann/Balthasar* § 109 RdNr. 12; zur vergleichbaren Situation bei Weitervermietung trotz ungekündigten Mietverhältnisses BGHZ 122, 163 = NJW 1993, 1646; *Wolf/Eckert/Ball,* RdNr. 1092.
[57] RGZ 115, 271; ebenso *Jaeger/Henckel* § 19 RdNr. 66; *Uhlenbruck/Berscheid* § 109 RdNr. 8; *Nerlich/Römermann/Balthasar* § 109 RdNr. 12; *Kübler/Prütting/Tintelnot* § 109 RdNr. 19.
[58] Vgl. BGH NZM 2005, 340; aA. *Kübler/Prütting/Tintelnot* § 109 RdNr. 19; *Franken/Dahl,* 6. Teil, RdNr. 118; *Hörndler* in *Lindner-Figura/Oprée/Stellmann,* Kap. 20 RdNr. 60.
[59] *Kübler/Prütting/Tintelnot* § 109 Rdr. 19; *Franken/Dahl,* 6. Teil, RdNr. 120.
[60] BGHZ 111, 84 93, 94 = NJW 1990, 1785, 1787 = ZIP 1990, 646, 648; *Palandt/Heinrichs* § 163 RdNr. 2.
[61] Vgl. RG Gruchot 28, 1175; *Jaeger/Henckel* § 19 RdNr. 66; *Kilger/K. Schmidt* § 19 Anm. 8.
[62] RG JW 1891, 392; *Jaeger/Henckel* § 19 RdNr. 66.
[63] OLG Köln ZIP 1995, 46; dazu *Steinicke* ZMR 2001, 160, 163.
[64] *Jaeger/Henckel* § 19 RdNr. 47.
[65] HambKomm-*Ahrendt,* § 109 RdNr. 18.

nung gegen den durch die konkursbedingte vorzeitige Vertragsbeendigung ausgelösten Schadensersatzanspruch entwickelten Grundsätzen nach § 94 erhalten.[66]

35 Soweit der Schuldner für einen bestimmten Zeitabschnitt die Miete im Voraus entrichtet hat, ist der Vermieter durch den Wegfall der Mietforderung für diese Zeitspanne nicht geschädigt. Zumindest kann er gegen den Anspruch auf **Rückerstattung der Mietvorauszahlung** (§ 547 BGB) mit seinem Schadensersatzanspruch gem. § 109 Abs. 1 Satz 3 aufrechnen.

36 **5. Sonderfälle. a) Insolvenzverfahren über das Vermögen eines von mehreren Mietern.** Da das Mietverhältnis ein einheitliches, im Rechtssinne nicht teilbares Schuldverhältnis ist und der Mietgebrauch in rechtlicher Hinsicht eine unteilbare Leistung ist, kann ein Mietverhältnis mit mehreren Mietern grundsätzlich nur einheitlich von allen und mit Wirkung gegen alle Mieter gekündigt werden.[67] Nach Eröffnung des Insolvenzverfahrens über das Vermögen eines von mehreren Mietern versagt dieser Grundsatz;[68] ihm folgend, könnte entweder der Verwalter nur kündigen, wenn alle Mieter insolvent sind oder er könnte nur gemeinsam mit den anderen den Mietvertrag kündigen.[69] Wenn diese die Mitwirkung verweigern oder unbekannten Aufenthaltes sind, hätte die Masse keine Möglichkeit, den Mietvertrag zu dem für sie günstigen Termin zu lösen. Sie auf eine Klage gegen den oder die Mitmieter auf Mitwirkung zu verweisen, wäre zeitraubend und ließe die Masseverbindlichkeiten weiter anwachsen. Um sie davor zu bewahren, muss der Verwalter berechtigt sein, ohne Mitwirkung der anderen Mieter vorzeitig nach § 109 Abs. 1 Satz 1 zu kündigen.[70] Diese Ausnahme gilt nur für die Ausübung des Sonderkündigungsrechts des Verwalters, nicht für eine sonstige, insbesondere nicht für die ordentliche Kündigung.

37 Nach überwiegender Ansicht löst die Kündigung gem. § 109 Abs. 1 das Mietverhältnis insgesamt mit **Wirkung für und gegen alle Beteiligte** auf.[71] Diese Auffassung folgt dem Grundsatz der Einheitlichkeit des Mietverhältnisses und der Unteilbarkeit der vertraglich geschuldeten Gebrauchsgewährung. Sinn und Zweck des § 109 Abs. 1, der nur Interessen der Masse verfolgt und sie von Verbindlichkeiten entlasten will, gebieten dies jedoch nicht. Die Belange des nicht insolventen Mitmieters erfordern nicht die Auflösung der Vertragsbeziehung des Vermieters mit ihm. Dem Zweck des § 109 Abs. 1 ist mit dem Ausscheiden der Masse aus dem sie belastenden Mietverhältnis genügt.[72]

38 Mietverträge mit mehreren Mietern werden in aller Regel aus zweierlei Gründen abgeschlossen: Entweder will sich der Vermieter durch vertragliche Mitverpflichtung eines solventen Mitmieters absichern oder die mehreren Mieter nutzen das Mietobjekt gemeinsam. Dient die Einbeziehung eines weiteren Mieters der Absicherung des Vermieters, so würden dieses Anliegen und der Zweck der gesamtschuldnerischen Haftung unterlaufen, wenn der nicht insolvente Mieter nicht zur Vertragserfüllung verpflichtet bliebe.[73] Ist das

---

[66] BGHZ 15, 333, 336 = NJW 1955, 259; BGHZ 68, 379 = NJW 1977, 1345; FK-*Wegener* § 109 RdNr. 28.
[67] RGZ 138, 183 186; BGHZ 26, 102 = NJW 1958, 422; BGHZ 144, 370 = NJW 2000, 1493 = ZIP 2000, 1493.
[68] Dazu *Eckert*, GS Sonnenschein, S. 313, 319, 324, 327.
[69] So *Behrens* S. 266; *Leverenz* S. 298.
[70] RGZ 90, 329, 330 (zur Kündigung gem. § 569 BGB); 141, 391, 392; *Jaeger/Henckel* § 19 RdNr. 34; *Mittelstein/Stern* S. 754; FK-*Wegener* § 109 RdNr. 11; *Gottwald/Huber*, Insolvenzrechts-Handbuch, § 37 RdNr. 34; *Kübler/Prütting/Tintelnot* § 109 RdNr. 14; *Nerlich/Römermann/Balthasar* § 109 RdNr. 10; *Wolf/Eckert/Ball*, RdNr. 1513; *Hörndler* in Lindner-Figura/Oprée/Stellmann, Kap. 20 RdNr. 61.
[71] RGZ 141, 391, 392; OLG Celle NJW 1974, 2012; OLG Düsseldorf ZMR 1987, 422; *Jaeger/Henckel* § 19 RdNr. 35, 67; *Kilger/K. Schmidt* § 109 RdNr. 7; *Smid* InsO § 109 RdNr. 5; *Braun/Kroth* § 109 RdNr. 24; HambKomm-*Ahrendt* § 109 RdNr. 19; MünchKommBGB-*Bydlinski* § 425 RdNr. 7; *Graf-Schlicker/Breitenbücher* § 109 RdNr. 7; *Fritz* RdNr. 623 a; *Eichner* WuM 1999, 260, 262; *Oevermann* NZM 2000, 1213, 1216; *Vallender/Dahl* NZI 2000, 246, 247.
[72] *Wolf/Eckert/Ball* RdNr. 1515; *Steinicke* ZMR 2001, 160, 164; *Hörndler* in Lindner-Figura/Oprée/Stellmann, Kap. 20 RdNr. 64.
[73] Vgl. RGZ 140, 10, 17 zur Haftung des Gesellschafters einer OHG.

Mietverhältnis auf gemeinsamen Gebrauch durch mehrere Mieter angelegt,[74] so sind im Zweifel sowohl der solvente Mitmieter als auch der Vermieter an der Fortführung interessiert. Dass die Vertragsparteien nicht gem. § 119 gehindert sind, für den Fall der vorzeitigen Kündigung durch den Verwalter die Fortsetzung des Mietverhältnisses ohne den insolventen Mitmieter zu vereinbaren,[75] rechtfertigt nicht den Umkehrschluss auf Auflösung mit Gesamtwirkung.

Gegen die Aufrechterhaltung des Mietverhältnisses ohne den Insolventen lässt sich zwar einwenden, sie durchbreche den Grundsatz der Gesamtwirkung der Kündigung;[76] jedoch ist auch die überwiegende Ansicht insofern systemwidrig, als sie die Kündigung eines der mehreren Mieter ausreichen lässt, obwohl grundsätzlich mehrere Vertragspartner auf einer Seite Gestaltungserklärungen nur gemeinsam abgeben können. Nur einem von mehreren Mietern ein Kündigungsrecht mit Wirkung nur für sich zuzubilligen, schließt der BGH auch im Übrigen nicht vollends aus.[77] Zudem korrespondiert das Fortbestehen des Vertrages mit dem solventen Mieter mit den Folgen der Erfüllungsablehnung gem. § 103 bei Miet-, Pacht- und Leasingverträgen über bewegliche Sachen und Rechte (dazu § 108 RdNr. 153).

Nach Ausscheiden der Masse aus dem Mietverhältnis sind trotz Fortführung des Vertrages durch den nicht insolventen Mitmieter **Schadensersatzansprüche des Vermieters** – Insolvenzforderungen gem. § 109 Abs. 1 Satz 3 – nicht ausgeschlossen, falls er mit seiner Mietzinsforderung gegen den anderen Mitmieter ausfallen sollte. Den **Regress gegen die Masse** auf Ersatz eines Mietzinsanteils, dessen Grundlage in dem gesellschaftsrechtlichen Verhältnis der mehreren Mieter liegt, kann der nicht insolvente Mieter nur als Insolvenzgläubiger geltend machen; andernfalls stünde er besser als der unmittelbar betroffene Vermieter. Nichts anderes gilt für den Schadensersatzanspruch des Mitmieters gegen den Insolventen wegen der ihm nachteiligen vorzeitigen Vertragsbeendigung,[78] falls man mit der überwiegenden Ansicht (RdNr. 37) die Kündigung des Verwalters gegen ihn wirken lässt.

Eine **Schadensersatzpflicht des nicht insolventen Mitmieters** gegenüber dem Vermieter wegen der vorzeitigen Vertragsbeendigung wird überwiegend abgelehnt;[79] ihm könne, so die Begründung, die Kündigung des Verwalters als das die Ersatzpflicht auslösendes Ereignis nicht zugerechnet werden, so dass diese Fallgestaltung dem in § 425 Abs. 2 BGB angesprochenen Unvermögen eines von mehreren Gesamtschuldnern ähnele. Dem ist auch dann nicht zu folgen, wenn man – im Gegensatz zu der hier vertretenen Ansicht (RdNr. 37 ff.) – von der Auflösung des Mietverhältnisses mit Wirkung für und gegen den nicht insolventen Mitmieter ausgeht. Jeder Mitmieter schuldet nämlich die Erfüllung sämtlicher Mieterpflichten. Ist einer von ihnen zur Vertragserfüllung außerstande, so bleibt der andere uneingeschränkt zur Erfüllung verpflichtet.[80] Das Risiko, sich mit einem Insolventen zur gemeinsamen Anmietung verbunden zu haben, trifft die Mieter, nicht den Vermieter.[81] Den nicht insolventen Mitmieter nach Kündigung des Vertrages durch den Verwalter von sämtlichen Vertragspflichten zu befreien, ist mit dem Zweck der gesamtschuldnerischen Haftung der mehreren Mieter nicht zu vereinbaren.[82] Dies gilt insbesondere dann, wenn der

---

[74] Insoweit treten *Kübler/Prütting/Tintelnot* § 109 RdNr. 15; *Uhlenbruck/Berscheid* § 109 RdNr. 22; *Franken/Dahl*, 6. Teil, RdNr. 88 ff, für die Einzelwirkung gem. § 425 Abs. 2 BGB und den Fortbestand des Vertrages mit dem nicht insolventen Mieter ein; im Übrigen, auch bei Mitverpflichtung zur Absicherung soll das Mietverhältnis insgesamt enden.
[75] OLG Celle NJW 1974, 2012; OLG Düsseldorf ZMR 1987, 422; *Nerlich/Römermann/Balthasar* § 109 RdNr. 10; Formulierungsvorschläge bei *Franken/Dahl*, 6. Teil, RdNr. 93 ff.
[76] § 13 a BJagdG durchbricht diesen Grundsatz ebenfalls.
[77] BGHZ 65, 49 = WM 1975, 824 = NJW 1975, 1653 (ordentliche Kündigung des Mitmieters, der ohne Beachtung der gem. § 550 BGB gebotenen Schriftform einem Mietverhältnis beigetreten war).
[78] *Bub/Treier/Belz* VII. B. RdNr. 218.
[79] OLG Celle NJW 1974, 2012; OLG Düsseldorf NJW-RR 1987, 369 = ZMR 1987, 422; FK-*Wegener* § 109 RdNr. 12; MünchKommBGB-*Bydlinski* § 425 RdNr. 34; *Smid* InsO § 109 RdNr. 9; *Fritz* RdNr. 623 a; *Braun/Kroth* RdNr. 24.
[80] Vgl. BGHZ 131, 176 = NJW 1996, 515 = ZIP 1996, 286.
[81] MünchKommBGB-*Bydlinski* § 425 RdNr. 34.
[82] Vgl. *Behrens* S. 295; *Kübler/Prütting/Tintelnot* § 109 RdNr. 14, 15.

Vermieter gerade wegen der Bonität des Mitmieters Wert auf dessen vertragliche Mitverpflichtung gelegt hatte.[83]

42 Sieht der Verwalter von der vorzeitigen Kündigung ab, so muss es der nicht insolvente Mitmieter, der nicht entsprechend § 109 Abs. 1 vorzeitig kündigen kann, hinnehmen, dass die Masse die Mietsache nutzt und der Vermieter ihn als Gesamtschuldner auf Mietzahlung in Anspruch nimmt. (Zum Rückgriff gegen die Masse § 108 RdNr. 92.)

43 **b) Insolvenzverfahren über das Vermögen einer Gesellschaft ohne Rechtspersönlichkeit und über das eines Gesellschafters.** Die Eröffnung des Insolvenzverfahrens über das Vermögen einer Gesellschaft ohne Rechtspersönlichkeit (§ 11 Abs. 2 Nr. 1) berührt nicht das Mietverhältnis mit den persönlich haftenden Gesellschaftern, soweit diese, nicht die Gesellschaft, Mieter sind. Auch löst das Insolvenzverfahren über das Vermögen eines haftenden Gesellschafters oder Partners nicht das Recht zur vorzeitigen Kündigung des mit der Gesellschaft oder Partnerschaft eingegangen Mietverhältnisses aus.[84]

44 Die **Kündigung** des Mietverhältnisses zwischen Vermieter und Gesellschaft oder Partnerschaft durch den Verwalter **wirkt für und gegen die Gesellschafter oder Partner.** Sie haften für die Schadensersatzansprüche des Vermieters nach § 109 Abs. 1 Satz 3, und zwar nach § 128 HGB, § 736 Abs. 1 BGB, § 10 PartGG.[85] Der Schadensersatzanspruch des Vermieters wegen vorzeitiger Vertragsbeendigung ist im Mietverhältnis begründet; es wäre nicht interessengerecht, die fortdauernde Haftung des ausgeschiedenen Gesellschafters gerade dann entfallen zu lassen, wenn die Gesellschaft insolvent geworden ist. Speziell in diesem Fall muss den Gläubigern der Zugriff auf das Vermögen des früheren Gesellschafters oder Partners erhalten bleiben. Unberührt bleibt die Enthaftung des Ausgeschiedenen durch Zeitablauf (§ 160 HGB, § 736 Abs. 2 BGB).

45 **c) Untermiete.** Im Insolvenzverfahren über das Vermögen des Hauptmieters, der untervermietet hat, (vgl. § 108 RdNr. 26) gelten im Untermietverhältnis die Regeln über die Insolvenz des Vermieters. Das Hauptmietverhältnis, an dem der Schuldner als Mieter beteiligt ist, kann der Verwalter nach § 109 Abs. 1 kündigen, so dass der Untermieter nach § 546 Abs. 2 BGB dem Hauptvermieter gegenüber zur Rückgabe des Mietobjekts verpflichtet ist. Das Untermietverhältnis besteht nach § 108 Abs. 1 ungekündigt fort. Die Masse schuldet weiter die Gebrauchsgewährung an den Untermieter, jedoch entsteht infolge des Rückgabeverlangens des Hauptvermieters ein **Rechtsmangel** (§ 536 Abs. 3 BGB), für dessen Folgen sie einzutreten hat (§ 108 RdNr. 78).

46 Bei der **gewerblichen Zwischenvermietung von Wohnraum** entsteht mit der Beendigung des Hauptmietverhältnisses im Untermietverhältnis kein Rechtsmangel, weil nach § 565 BGB der Hauptvermieter und Untermieter Vertragspartner werden oder aber das Untermietverhältnis zwischen einem neuen Zwischenvermieter und dem Untermieter fortgeführt wird.[86] Mit Wirksamwerden der Kündigung des Hauptmietverhältnisses durch den Verwalter nach § 109 Abs. 1 Satz 1 scheidet die Masse aus dem Mietverhältnis aus. Greift § 565 BGB nicht ein und kann sich der vom Hauptvermieter auf Räumung in Anspruch genommene Untermieter diesem gegenüber nicht auf die Wohnraumkündigungsschutzbestimmungen der §§ 573, 574 ff. BGB berufen,[87] so bleiben dem Endmieter Schadensersatzansprüche gegen die Masse.

47 **d) Nachlassinsolvenzverfahren.** Die Kündigung des Miet- oder Pachtverhältnisses wegen Todes des Mieters (§§ 564 Satz 2, 580) oder Pächters (§§ 584a Abs. 2, 594d BGB), die der Verwalter an Stelle des Erben aussprechen kann, zieht keine Schadensersatzpflicht

---

[83] Vgl. RGZ 140, 10, 17; *Hörndler* in *Lindner-Figura/Oprée/Stellmann*, Kap. 20 RdNr. 63.
[84] *Hörndler* in *Lindner-Figura/Oprée/Stellmann*, Kap. 20 RdNr. 65.
[85] RGZ 140, 10; OLG Frankfurt WM 1979, 1274; *Emmerich* JuS 1980, 559, 565.
[86] Dazu *Sternel* aktuell, RdNr. A 7 bis A 18.
[87] Vgl. OLG Karlsruhe NJW 1984, 313; OLG Braunschweig ZMR 1985, 14; OLG Stuttgart ZMR 1985, 1966; OLG Frankfurt ZMR 1986, 360; BayObLG ZMR 1995, 526; ZMR 1995, 582; ZMR 1995, 585, für eingeschränkten Schutz entsprechend BVerfGE 84, 197 = NJW 1991, 2272 und BVerfG ZMR 1993, 500; *Sternel* aktuell, RdNr. 228.

nach sich.⁸⁸ Sie ist innerhalb der in §§ 564 Abs. 2 (betr. Wohnraum), 580, 594d BGB genannten Zeiträume zu erklären. Bei der Wohnraummiete ist dieses Sonderkündigungsrecht zum Schutz der Familienangehörigen, die in das Mietverhältnis eintreten können, nach § 563 BGB eingeschränkt.

e) Zwangsverwaltung über das Mietgrundstück. Steht das Mietgrundstück unter Zwangsverwaltung, so erfasst die Beschlagnahme auch den Schadensersatzanspruch des Vermieters aus § 109 Abs. 1 Satz 3,⁸⁹ denn er ist wirtschaftlich betrachtet Ersatz für den mit Vertragsende entfallenen Mietanspruch. Dies ist unproblematisch, wenn man eine unmittelbare dingliche Surrogation bejaht,⁹⁰ folgt aber im Übrigen aus dem Grundsatz des § 148 ZVG, wonach dem Vermieter die Nutzung des Mietgrundstücks nicht mehr zusteht.⁹¹ Zur Nutzung im weiteren Sinn zählt auch die Geltendmachung von Ersatzforderungen, die an die Stelle des entfallenen Mietzinsanspruches treten, auch wenn diese in §§ 21 Abs. 2 ZVG und 20 Abs. 2 ZVG i. V. m. §§ 1123, 1126 BGB nicht ausdrücklich erwähnt sind.⁹²

IV. Enthaftung der Masse bei Wohnraumvermietung

1. Anwendungsbereich des § 109 Abs. 1 Satz 2. Dem Wortlaut nach betrifft § 109 Abs. 1 Satz 2 das Mietverhältnis über die **vom Schuldner selbst und von seiner Familie genutzte Wohnung** (zum Normzweck oben RdNr. 7). In den Schutz sollte auch die Wohnung einbezogen sein, die der Schuldner für einen nahen Angehörigen angemietet hat oder die nach seinem Auszug der von ihm getrennt lebende Ehegatte behält. Auch dieser Personenkreis soll nicht obdachlos werden. Den Belangen der Masse ist mit der Enthaftung hinreichend gedient; der Wohnungsinhaber erhält die Chance, die Mietzahlungen zu übernehmen und sich die Wohnung zu erhalten. Nicht geschützt ist das Mietverhältnis über eine Wohnung, die nicht als Lebensmittelpunkt dient, etwa die zu Freizeitzwecken angemietete Zweitwohnung oder vom Schuldner untervermietete Wohnung.⁹³ Die bei **gemischter Nutzung** – teils gewerblich, teils zu Wohnzwecken – übliche Ausrichtung nach dem Parteiwillen und der nach dem Vertragszweck überwiegenden Nutzungsart⁹⁴ erscheint auch hier sachgerecht.⁹⁵

2. Erklärung des Verwalters. Die Haftung der Masse für die nach Verfahrenseröffnung laufenden Mieten (dazu § 108 RdNr. 89) kann der Verwalter oder Treuhänder durch einseitige Erklärung beenden. Die Frist, nach deren Ablauf die Masse nicht mehr haftet, beträgt gem. §§ 109 Abs. 1 Satz 1 drei Monate. Trotz Nähe zur Kündigung ist die Befolgung der gesetzlichen Schriftform entsprechend § 568 Abs. 1 BGB nicht erforderlich.⁹⁶ Aus Gründen der Rechtssicherheit ist sie zwar empfehlenswert, indessen gebietet der Schutz vor Übereilung nicht die Einhaltung der Form, zumal die Enthaftungserklärung für die Masse nur von Vorteil ist. Die Erklärung muss nur dem Vermieter zugehen, fairerweise sollte der Verwalter den Schuldner ebenfalls informieren. Sein Einverständnis ist nicht erforderlich, denn der Verwalter handelt ausschließlich im Interesse der Gläubiger.

3. Wirkungen der Enthaftungserklärung. a) Ausschluss der Kündigung durch Verwalter bzw. Treuhänder. Trotz des Gesetzeswortlauts besteht im Schrifttum Einigkeit, dass der Verwalter mit der ordentlichen Kündigung das Anliegen des § 108 Abs. 1 Satz 2

---

⁸⁸ RGZ 74, 37.
⁸⁹ *Jaeger/Henckel* § 19 RdNr. 66.
⁹⁰ LG Frankfurt NJW 1979, 934; OLG Frankfurt NJW 1981, 235; *Bub/Treier/Belz* VII A. RdNr. 145; aA *Sonnenschein* JuS 1980, 559, 563.
⁹¹ *Wolf/Eckert/Ball,* RdNr. 1426.
⁹² BGH NJW-RR 2003, 1308 = NZM 2003, 871 = NZI 2003, 562.
⁹³ *Kübler/Prütting/Tintelnot* § 109 RdNr. 7 b.
⁹⁴ Dazu BGH WM 1986, 912; OLG Schleswig NJW 1983, 49; OLG Hamburg ZMR 1995, 120; *Blank/Börstinghaus* § 535 RdNr. 20; *Staudinger/Emmerich* vor § 535 RdNr. 27 ff; *Bub/Treier/Reinstorf* I. RdNr. 99 ff; *Wolf/Eckert/Ball* RdNr. 20 f.
⁹⁵ *Eckert* NZM 2001, 260, 262.
⁹⁶ AA FK-*Wegener* § 109 RdN. 10 b.

nicht unterlaufen darf.[97] Generell lässt sich diese Regelung in dem Sinn begreifen, dass der Verwalter das Wohnraummietverhältnis nicht ohne Mitwirkung des Schuldners beenden darf. Zu weit geht es hingegen, unter analoger Anwendung des § 109 Abs. 1 Satz 2 dem Verwalter den Austritt aus einer Wohnungsgenossenschaft zu verbieten, denn die von dem Schuldner gehaltenen Anteile fallen zweifelsfrei in die Insolvenzmasse.[98]

52 Nachteilig für den Schuldner wirkt § 109 Abs. 1 Satz 2 insofern, als der Verwalter nicht in Einvernehmen mit ihm einen Zeitmietvertrag oder einen Vertrag mit mehrjährigem Kündigungsausschluss vorzeitig beenden kann. Obwohl diese Konsequenz im Gesetzgebungsverfahren übersehen wurde, ist eine teleologische Reduzierung des Anwendungsbereichs der Regelung auf die Kündigung gegen den Willen des Schuldners unter Beibehaltung des Sonderkündigungsrechts gem. Satz 1 im Übrigen abzulehnen, weil der Vermieter, dem die interne Abstimmung zwischen Verwalter und Schuldner nicht bekannt ist, die Wirksamkeit einer Kündigung des Verwalters nicht zuverlässig beurteilen kann.[99]

53 **b) Verwaltungs – und Verfügungsbefugnis nach Wirksamwerden der Enthaftungserklärung.** Die Formulierung in der Begründung,[100] durch die Erklärung des Verwalters werde der Mietvertrag nicht beendet, sondern vom Schuldner fortgesetzt, deutet auf Aufhebung der Massezugehörigkeit der Wohnung mit vollständigem Rückfall der Vertragszuständigkeit an den Schuldner hin. Da dies im Gesetz nicht zum Ausdruck kommt, werden die Massezugehörigkeit der Wohnung nach Wirksamwerden der Enthaftungserklärung, die Erstreckung der Insolvenzverwaltung auf sie sowie insbesondere die Aktiv- und Passivlegitimation zur Kündigung bzw. zur Entgegennahme kontrovers diskutiert.[101]

54 Mit der Gesetzesfassung sind der Übergang der das Wohnraummietverhältnis betreffenden Verwaltungsbefugnis auf den Schuldner oder eine Ausnahme von der Insolvenzverwaltung nicht zu begründen. Der Regelungsgehalt des § 109 Abs. 1 Satz 2 erschöpft sich im Wegfall des Sonderkündigungsrechts gem. Satz 1 und in der Begründung einer Ausnahme zu § 55 Abs. 1 Nr. 2. Da das Gesetz zu der gem. § 80 InsO mit der Eröffnung des Insolvenzverfahrens auf den Verwalter übergegangenen Verwaltungs- und Verfügungsbefugnis schweigt, bleibt die Masse mit der Vertragsdurchführung belastet.

55 Demgemäß kann der Schuldner den Mietvertrag nicht kündigen. Will er dies tun, muss er den Verwalter darum bitten. Umgekehrt muss der Vermieter seine Kündigung weiterhin an den Verwalter richten.[102] Bei der derzeitigen Rechtsunsicherheit bleibt nur der Rat an die Vermieter vorsorglich sowohl dem Schuldner als auch dem Verwalter gegenüber zu kündigen,[103] umgekehrt an Verwalter und Schuldner, gemeinsam zu kündigen. Dasselbe gilt für sonstige rechtlich erhebliche Erklärungen, z. B. Abmahnungen, Abhilfeaufforderungen, Nebenkostenabrechnungen, insbesondere für Vertragsänderungen. Da die Quote der nicht bevorrechtigten Gläubiger durch weitere Insolvenzforderungen gedrückt wird (dazu RdNr. 60), muss bei einer Mieterhöhung auf Mieterseite der Verwalter beteiligt werden.[104]

56 In der Praxis gehen Insolvenzverwalter und Treuhänder vielfach vom Ausscheiden der Masse aus dem Mietverhältnis aus, teilen dies dem Vermieter und Schuldner mit, die diese Auffassung akzeptieren. Hieraus ein einvernehmliches von Vermieter, Schuldner und Ver-

---

[97] *Kübler/Prütting/Tintelnot* § 109 RdNr. 7 f; *HK-Marotzke* § 109 RdNr. 9; *FK-Wegener* § 109 RdNr. 10 a.; *Goetsch* in *Breutigam/Blersch/Goetsch* § 109 RdNr. 24; ähnlich *Franken/Dahl*, Mietverhältnisse in der Insolvenz, 7. Teil, RdNr. 37, die die Unzulässigkeit der ordentlichen Kündigung aus § 242 BGB herleiten; aA noch in der Vorauflage, § 109 RdNr. 48 und *Eckert*, NZM 2001, 260.
[98] *Emmert* ZInsO 2005, 852; *Tetzlaff* ZInsO 2007, 590.
[99] *Eckert* ZVI 2006, 133, 136.
[100] BT-Dr. 14/5860 S. 16, 27.
[101] *HK-Marotzke* § 109 RdNr. 16; *Kübler/Prütting/Tintelnot* § 109 RdNr. 7; *Uhlenbruck/Berscheid* § 109 RdNr. 15; *FK-Wegener* § 109 RdNr. 10 a; *Hain* ZInsO 2007, 192, 196; *FK-Wegener* § 109 RdNr. 10 a; *Goetsch* in *Breutigam/Blersch/Goetsch* § 109 RdNr. 24; *Graf-Schlicker/Breitenbücher* § 109 RdNr. 9; *Hain* ZInsO 2007, 192, 196 *Horst/Fritsch* RdNr. 514; *Tetzlaff* NZI 2006, 87, 91 Fn. 30.
[102] LG Karlsruhe ZIP 2003, 677; *Eckert* ZVI 2006, 133, 136; aA *Kübler/Prütting/Tintelnot* § 109 RdNr. 7 f.
[103] *Eckert* ZVI 2006, 133, 137; *Graf-Schlicker/Breitenbücher* § 109 RdNr. 10; *Franken/Dahl*, 7. Teil, RdNr. 44.
[104] *Eckert* ZVI 2006, 133, 137.

walter vereinbartes Ausscheiden der Masse aus dem Mietverhältnis und dessen Fortführung allein durch den Mieter – ohne Schadensersatzansprüche des Vermieters gem. § 109 Abs. 1 Satz 3 (dazu RdNr. 60) – herzuleiten, scheitert daran, dass Vermieter und Schuldner, auch dem möglicherweise im Rechtsirrtum befindlichen Verwalter das Bewusstsein fehlt, rechtsgeschäftlich zu handeln.

c) Erfüllung des Mietvertrages durch den Schuldner. Nach Enthaftung hat der Schuldner die Mieterpflichten zu erfüllen, der hierfür den nicht dem Insolvenzbeschlag unterliegenden Teil seines Arbeitseinkommens (§ 36 InsO) einsetzen kann. Aus seiner Passivlegitimation folgt, dass der Vermieter prozessual allein ihn auf Mietzahlung oder Erfüllung sonstiger Pflichten in Anspruch nehmen kann. Wenn er sich gegen einen Mahnbescheid oder eine Zahlungsklage nicht hinreichend verteidigt, ist der Vermieter, der mit der Vollstreckung gegen den Schuldner ausfällt, nicht gehindert, die rechtskräftig titulierte Forderung zur Tabelle anzumelden. Die Rechtskraft wirkt ebenso zu Lasten der anderen Insolvenzgläubiger wie ein vor Verfahrenseröffnung rechtskräftig ergangener Zahlungstitel gegen den Schuldner. 57

d) Kündigung des Mietverhältnisses. Nach Zugang der Enthaftungserklärung gem. § 109 Abs. 1 Satz 2 kann der Vermieter, der Mietausfälle befürchtet, weder gem. § 543 Abs. 1 BGB außerordentlich zu dem Zeitpunkt, von dem an die Mietforderung nicht mehr als Masseverbindlichkeit zu befriedigen ist, noch ordentlich zu einem späteren Termin kündigen. Ein berechtigtes Interesse i. S. d. § 573 Abs. 1 BGB besteht nicht, solange der Schuldner seinen vertraglichen Pflichten nachkommt (vgl. § 573 Abs. 2 Nr. 1 BGB). Die Folgen der Verwaltererklärung gem. § 109 Abs. 1 Satz 2 kann der Vermieter nicht dadurch beseitigen oder abmildern, dass er sich für diesen Fall ein Recht zur fristlosen oder ordentlichen Kündigung ausbedingt. Insolvenzrechtlich wäre dies unbedenklich, da die Dispositionsbefugnis des Verwalters unberührt bleibt und die Masse entlastet wird. Unwirksam ist dies jedoch nach §§ 569 Abs. 5 und 573 Abs. 4 BGB. 58

Unter den Voraussetzungen des § 543 Abs. 2 Satz 1 Nr. 3 BGB ist der Vermieter nach Enthaftung der Masse zur außerordentlichen Kündigung des Mietverhältnisses, nach § 573 Abs. 1, Abs. 2 Nr. 1 BGB auch zur ordentlichen Kündigung wegen erheblicher Verletzung der Mietzahlungspflicht berechtigt. Er ist nicht gehalten, solange zu warten, bis der Schuldner nach dem in § 109 Abs. 1 Satz 2 genannten Termin mit der Zahlung der fälligen Miete in Verzug gerät. Vielmehr rechtfertigt auch der Zahlungsverzug aus der Zeit vor Antragstellung bzw. Verfahrenseröffnung die Kündigung, äußerstenfalls würde dem Vermieter zugemutet, erst nach zweimaligem Zahlungsverzug im Umfang des § 543 Abs. 2 Nr. 3 BGB kündigen zu können.[105] Für den Mieter, der vor Verfahrenseröffnung in Zahlungsverzug geraten ist, ist dies misslich, weil ihm ab Zugang der Enthaftungserklärung die Kündigung droht. Die Folgen einer Kündigung wegen des vor Verfahrensbeantragung oder -eröffnung aufgelaufenen Rückstandes kann er gem. § 569 Abs. 3 Nr. 2 Satz 1 BGB abwenden, falls dies nicht gem. § 569 Abs. 3 Nr. 2 Satz 2 BGB ausgeschlossen ist. Demgegenüber mutet *Derleder*[106] dem Vermieter zu, trotz des vor Verfahrenseröffnung aufgelaufenen Zahlungsrückstandes einen weiteren Zahlungsverzug abzuwarten; die Besserstellung des Insolvenzschuldners gegenüber dem nicht im Insolvenzverfahren befindlichen Mietschuldner rechtfertigt er mit dem Zweck des Insolvenzverfahrens.[107] 59

e) Schadensersatz wegen der Folgen der Enthaftungserklärung. Als Insolvenzgläubiger kann der Vermieter Ersatz des Schadens geltend machen, den er „wegen der Folgen der Erklärung" erleidet. Während die erste Alternative des § 109 Abs. 1 Satz 3 lediglich den materiell-rechtlich wegen vorzeitiger Vertragsbeendigung begründeten Schadensersatzanspruch insolvenzrechtlich einordnet, enthält die zweite Alternative die Anspruchsgrundlage in Form einer bedingten Ausfallhaftung. Zu ersetzen sind insbesondere der bis zur Aufhebung oder Einstellung des Insolvenzverfahrens entstehende Mietausfall (einschließlich 60

---

[105] *Eckert* NZM 2001, 260; *Kübler/Prütting/Tintelnot* § 109 RdNr. 7 e; *Tetzlaff* NZI 2006, 87, 91.
[106] ZAP 2005, Fach 14, S. 513, 518.
[107] Dazu *Eckert* ZVI 2006, 133, 138.

der Betriebskosten), ferner die gem. § 546 a BGB anfallende Nutzungsentschädigung, falls der Schuldner nach Beendigung des Mietverhältnisses die Wohnung nicht zurückgibt, sowie der Schaden wegen unterlassener Schönheitsreparaturen oder Verletzung sonstiger Mieterpflichten.

61 Den gegenüber dem Erfüllungsanspruch subsidiären Schadensersatzanspruch kann der Vermieter gem. § 174 zur Tabelle anmelden.[108] Obwohl dieser Anspruch die nach Verfahrenseröffnung fälligen Mieten betrifft, nimmt er als Insolvenzforderung an der Restschuldbefreiung gem. §§ 287 ff, auch an den jährlichen Ausschüttungen des Treuhänders (§ 292 Abs. Satz 2 InsO) teil.[109] Trotzdem ist der Vermieter nicht gehindert, wegen seines Erfüllungsanspruchs weiterhin den Schuldner in Anspruch zu nehmen. Einer Zahlungsklage fehlt nicht das Rechtsschutzbedürfnis; unabhängig davon, dass während der Wohlverhaltenzeit die Zwangsvollstreckung auf Grund des Tabellenauszugs nicht statthaft ist, entfällt dieser Titel mit der Restschuldbefreiung, während die Vollstreckung des gegen den Schuldner persönlich erstrittenen, auf Erfüllung erkennenden Urteils nicht gem. § 292 untersagt ist.

62 **f) Abwicklung des beendeten Mietverhältnisses.** Zur Rückgabe und Räumung der Wohnung wird auf § 108 RdNr. 121 verwiesen. Zu Gunsten der Masse wirkt sich aus, dass nach Beendigung des Mietverhältnisses die **Kaution** ihr zusteht, soweit der Vermieter sie nach Wegfall seines Sicherungsbedürfnisses zurückzuzahlen hat.[110] Dasselbe gilt für sonstige werthaltige Ansprüche des Schuldners, z. B. auf Auszahlung eins Nebenkostenguthabens, Wegnahme von Einrichtungen, Aufwendungsersatz oder Rückerstattung einer Mietvorauszahlung.[111]

V. Verfahrenseröffnung vor Überlassung des Mietobjekts (§ 109 Abs. 2)

63 **1. Herbeiführung der Erklärung des anderen Vertragsteils.** Mit Eröffnung des Insolvenzverfahrens tritt ein zeitlich unbegrenzter **Schwebezustand** ein. Vermieter und Insolvenzverwalter können ihn beenden, indem sie den anderen auffordern, sich für oder gegen Rücktritt zu entscheiden (§ 109 Abs. 2 Satz 3). Dies gilt auch bei der Wohnraumvermietung.[112] Vor Überlassung der Wohnung greift der Bestandschutz, dem § 109 Abs. 1 Satz 2 zugrunde liegt, nicht ein. Daher besteht kein Grund, den Wohnraumvermieter stärker an das nicht vollzogene Mietverhältnis zu binden als den Vermieter sonstiger Immobilien. Der andere Teil muss nicht sofort oder unverzüglich antworten, sondern binnen zwei Wochen. Diese Frist rechnet ab Zugang der Anfrage.[113] Der Gesetzeswortlaut („auf dessen Verlangen binnen zwei Wochen") zeigt, dass dem zur Erklärung Aufgeforderten eine zweiwöchige Überlegungsfrist bleiben soll. Die Pflicht zur Antwort innerhalb einer konkreten Frist anstelle einer „unverzüglichen"[114] Reaktion (vgl. § 103 Abs. 2) führte der Rechtsausschuss ein, um Streitigkeiten über die Rechtzeitigkeit der Erklärung zu vermeiden.[115] Die starre Frist wird den Verwalter namentlich dann überfordern, wenn der Vermieter in der Phase unmittelbar nach Verfahrenseröffnung eine Entscheidung wünscht und er kaum absehen kann, ob er das Mietobjekt zur Sanierung oder zur Abwicklung des Verfahrens benötigt. Gleichwohl lässt der eindeutige Wortlaut des § 109 Abs. 2 Satz 3 keine analoge Anwendung des § 107 Abs. 2 in dem Sinn zu, dass der Verwalter sich erst nach dem Berichtstermin zu erklären habe.[116] Ein Korrektiv bietet die hier vertretene Auffassung

---

[108] Dazu *Eckert* ZVI 2006, 133, 138.
[109] Dazu *Eckert* ZVI 2006, 133, 141.
[110] Begründung des Entwurfs zu § 109 Abs. 1 Satz 2 und 3 i. d. F. d. InsOÄndG 2001.
[111] *Hain*, ZInsO 2007, 192, 197, belässt diese Werte dem Schuldner.
[112] Zweifelnd HK-*Marotzke* § 109 RdNr. 6.
[113] AA *Smid* InsO § 109 RdNr. 12, der die Frist für den Vermieter ab Kenntnis von der Eröffnung rechnet, für den Verwalter ab Eröffnungsbeschluss.
[114] So § 123 RegE, BT-Drucks. 12/2443 S. 71, 147 = RWS-Dokumentation 18, S. 300.
[115] Bericht des Rechtsausschusses BT-Drucks. 12/7302 S. 170 = RWS-Dokumentation 18, S. 301.
[116] Dazu *Pape*, Kölner Schrift, S. 531, 585 RdNr. 87; *Kübler/Prütting/Tintelnot* § 109 RdNr. 26; für analoge Anwendung des § 107 Abs. 2 *Nerlich/Römermann/Balthasar* § 109 RdNr. 19; *Braun/Kroth* § 109 RdNr. 23; *Smid*, InsO, § 109 RdNr. 13 im Fall der Betriebsfortführung.

Schuldner als Mieter oder Pächter 64–69 § 109

(RdNr. 73) insofern, als der Verwalter auch dann vorzeitig kündigen kann, wenn er die Mietsache erst nach Verfahrenseröffnung übernommen hat.

Setzt der Auffordernde dem anderen Teil eine **Frist von weniger als zwei Wochen,** so gilt die gesetzliche Frist. Mit **Einräumung einer längeren Frist** als zwei Wochen gibt derjenige, der die Klarstellung verlangt, seine Bereitschaft zu erkennen, auch einen längeren Schwebezustand hinzunehmen. Daher verliert der zur Erklärung Aufgeforderte das Rücktrittsrecht erst nach Ablauf der längeren Frist. 64

Im früheren Recht konnte nach § 20 Abs. 2 KO i. V. m. § 17 KO der Verwalter die Erfüllung eines nicht vollzogenen Mietvertrages ablehnen, nachdem er zuvor den Vermieter zur Erklärung aufgefordert hatte. Demgegenüber beinhaltet die Anfrage an den Vertragsgegner, ob er zurücktreten wolle, den **Verzicht auf das eigene Rücktrittsrecht;**[117] jedenfalls verstößt der Rücktritt gegen Treu und Glauben, weil der Zurücktretende durch die Anfrage den Eindruck vermittelt, den Vertrag vollziehen zu wollen.[118] Dem Wortlaut des § 109 Abs. 2 Satz 3 ist diese Einschränkung nicht zu entnehmen, denn danach ist jeder Vertragspartner – nicht nur derjenige, der das Mietverhältnis in Vollzug setzen will – berechtigt, die Erklärung des anderen herbeizuführen. Auch besteht beiderseits ein taktisches Interesse, dem anderen Teil die Entscheidung zuzuschieben. Der Verwalter wird sie vom Vermieter auch dann verlangen, wenn ihm selbst an der Vertragserfüllung nicht gelegen ist, denn der Rücktritt des Vermieters löst keinen Schadensersatzanspruch gemäß § 109 Abs. 2 Satz 2 aus. Umgekehrt ist der Vermieter interessiert, seinen Schadensersatzanspruch zu erhalten, der ihm nur zusteht, wenn der Verwalter zurücktritt. Dieses Taktieren verdient keinen Schutz. 65

2. Rücktritt des Verwalters. Vorleistungen einer Partei im Vorgriff auf die beabsichtigte Erfüllung des Mietvertrages, insbesondere die Vorauszahlung des Mietzinses für einen längeren Zeitraum stehen dem Rücktritt nicht entgegen.[119] Etwaige Rückgewähransprüche des Vermieters sind Insolvenzforderungen,[120] es sei denn er hat nach Verfahrenseröffnung an die Masse geleistet. Der Rücktritt des Verwalters löst einen Schadensersatzanspruch aus, den der Vermieter als Insolvenzgläubiger geltend machen kann. Zum Schaden des Vermieters wird auf § 109 RdNr. 28 ff. verwiesen. 66

Bei Eröffnung des Insolvenzverfahrens über das Vermögen eines von **mehreren Mietern** kann der Verwalter entgegen § 351 BGB entsprechend den Grundsätzen zur vorzeitigen Kündigung (oben RdNr. 36 ff.) zurücktreten;[121] der nicht insolvente Mitmieter bleibt ohne Rücktrittsrecht gebunden, haftet jedenfalls für den Schadensersatzanspruch des Vermieters. 67

Im **Nachlassinsolvenzverfahren** (dazu RdNr. 47) ist auch bei nicht vollzogenem Mietverhältnis die Kündigung nach §§ 564 Satz 2, 580, 594 d BGB, die grundsätzlich schon vor Überlassung der Mietsache möglich ist,[122] günstiger als der Rücktritt. 68

3. Rücktritt des Vermieters. Wegen **Rechtsmissbrauchs** unwirksam kann der Rücktritt sein, wenn der Vermieter vor Verfahrenseröffnung mit der Überlassung der Miträume in Verzug geraten war oder sie sogar grundlos verweigert hatte, obwohl der vorläufige Verwalter Sicherheit für den aus der Masse zu zahlenden Mietzins oder sogar Mietzinsvorauszahlung angeboten hatte.[123] Von einem Wohnraummietvertrag kann der Vermieter 69

---

[117] HK-*Marotzke* § 109 RdNr. 44; HambKomm-*Ahrendt* § 109 RdNr. 24; aA *Kübler/Prütting/Tintelnot* § 109 RdNr. 28 a; *Kalschmid* RdNr. 461.
[118] FK-*Wegener* § 109 RdNr. 23.
[119] *Kübler/Prütting/Tintelnot* § 109 RdNr. 23.
[120] AA FK-*Wegener* § 109 RdNr. 27.
[121] *Nerlich/Römermann/Balthasar* § 109 RdNr. 16; zweifelnd: *Kübler/Prütting/Tintelnot* § 109 RdNr. 24; *Gottwald/Huber* § 37 RdNr. 29; ablehnend zum alten Recht: *Jaeger/Henckel* § 20 RdNr. 5.
[122] Vgl. BGHZ 73, 350 = NJW 1979, 1288; BGHZ 99, 54 = NJW 1987, 948; diese Urteile betreffen die ordentliche Kündigung; die Ausführungen lassen sich jedoch auf die außerordentliche nach § 543 BGB übertragen.
[123] So zur Kündigung des Vermieters nach § 19 KO: BGH DB 1962, 1203 = BB 1962, 973; *Jaeger/Henckel* § 19 RdNr. 6; zu § 109 Abs. 2: *Uhlenbruck/Berscheid* § 109 RdNr. 19; HK-*Marotzke* § 109 RdNr. 40; aA FK-*Wegener* § 109 RdNr. 22, der jede Beschränkung des Rücktrittsrechts nach § 242 BGB ausschließt.

auch ohne ein besonderes Interesse an der Vertragsauflösung zurücktreten;[124] § 573 wie auch § 574 BGB bezwecken nur, dem Mieter die Wohnung zu erhalten, in der er lebt (vgl. § 572 Abs. 1 BGB).

70 Hat der Schuldner eine für die Betriebsfortführung benötigte Immobilie zur Liquiditätsbeschaffung verkauft, um sie anschließend zu leasen (**„sale-and-lease-back"**), und ist der auf Eigentumsübertragung gerichtete Teil des Geschäfts vor Verfahrenseröffnung noch nicht abgeschlossen, so würde es dem Grundsatz, dass nur der Verwalter über das Schicksal nicht vollständig erfüllter Verträge zu entscheiden hat, widersprechen, wenn der Leasinggeber nach Erfüllungswahl des Verwalters die Durchführung des Leasinggeschäfts durch seinen Rücktritt gemäß § 109 Abs. 2 vereiteln könnte.

71 Der Rücktritt des Vermieters zieht **keine Schadensersatzpflicht** nach sich, weder zu Gunsten der Masse, noch zu seinen Gunsten. § 109 Abs. 2 Satz 2 regelt abschließend, welche Schadensersatzfolgen ein Rücktritt nach sich zieht. Etwaige Vorausleistungen sind wie nach Rücktritt des Verwalters zurückzugewähren, wobei der Vermieter seinen eigenen Rücktritt nicht zu vertreten hat, weil die Vertragsauflösung auf der Insolvenz des Mieters beruht.

72 Im **Insolvenzverfahren über das Vermögen eines von mehreren Mietern** spricht die durch Gesetz angeordnete Gleichbehandlung von Vermieter und Verwalter für ein Rücktrittsrecht des Vermieters, obwohl dieser Aspekt einer unterschiedlichen Betrachtung nicht entgegensteht. Nicht zu übersehen ist auch das Bedürfnis zurückzutreten jedenfalls dann, wenn der Mitmieter insolvent wird, auf dessen Bonität der Vermieter vorrangig vertraut hat. Sind z. B. eine GmbH und deren Geschäftsführer Mieter und wird über das Vermögen der Gesellschaft das Insolvenzverfahren eröffnet, so liegt ein Rücktrittsrecht des Vermieters nahe. Gleichwohl ist ihm entsprechend der früheren Rechtslage zum Kündigungsrecht gem. § 19 KO[125] kein Rücktrittsrecht zuzubilligen.[126] Die Interessen des Vermieters erfordern das Rücktrittsrecht nicht zwingend. Nach Überlassung der Mietsache an den solventen Mitmieter und die Masse ist er hinreichend gesichert, denn für seine Ansprüche haften beide gesamtschuldnerisch. Auch kann er darauf vertrauen, dass der Verwalter, der andernfalls persönlich haften würde, bei schwacher Masse seinerseits zurücktritt und nach Überlassung gem. § 109 Abs. 1 Satz 1 vorzeitig kündigen wird, falls sich Masseunzulänglichkeit abzeichnet. Bei Zahlungsverzug der Masse und des Mitmieters bleibt dem Vermieter das Recht zur fristlosen Kündigung gem. § 543 Abs. 2 Nr. 3 BGB. Schließlich ist die alleinige Dispositionsbefugnis des Verwalters vorrangiger Grundsatz.

73 **4. Vorzeitige Kündigung des Verwalters nach § 109 Abs. 1 trotz Verzicht auf Rücktritt.** § 109 Abs. 1 Satz 1 weicht insofern auffällig von § 19 KO und § 51 Abs. 2 VerglO ab, als in diesen Bestimmungen das Kündigungsrecht ausdrücklich die Überlassung der Mietsache vor Eröffnung des Konkurs- bzw. Vergleichsverfahrens voraussetzt, während dies nach § 109 Abs. 1 nicht der Fall ist. Die Überlassung der Mietsache ist lediglich negative Voraussetzung des beiderseitigen Rücktrittsrechts nach § 109 Abs. 2. § 109 Abs. 1 Satz 1 schließt somit nicht aus, dass der Verwalter auch ein Mietverhältnis kündigen kann, das erst nach Verfahrenseröffnung vollzogen wurde.[127] Die Notwendigkeit hierzu besteht insbeson-

---

[124] *Bub/Treier/Belz* VII. B. RdNr. 205; FK-*Wegener* § 109 RdNr. 23; *Gottwald/Huber* § 37 RdNr. 30.
[125] BGHZ 26, 102 = NJW 1958, 421; aA LG Berlin NJW 1954, 1207; *Behrens* S. 268; *Bettermann* ZMR 1955, 298.
[126] Zu § 20 KO: *Jaeger/Henckel* § 20 RdNr. 5; aA *Bub/Treier/Belz* VII. B. RdNr. 205 unter Berufung auf BGH NJW 1976, 1932; zu § 109 Abs. 2 wie hier: *Nerlich/Römermann/Balthasar* § 109 RdNr. 16; *Uhlenbruck/Berscheid* § 109 RdNr. 22; *Wolf/Eckert/Ball* RdNr. 1521; aA FK-*Wegner* § 109 RdNr. 20; MünchKommBGB-*Bydlinsky*, § 425 RdNr. 11.
[127] *Eckert* ZIP 1996, 897, 901; FK-*Wegener* § 109 RdNr. 3; *Kübler/Prütting/Tintelnot* § 109 RdNr. 31; *Nerlich/Römermann/Balthasar* § 109 RdNr. 20; *Braun/Kroth* § 109 RdNr. 22; *Uhlenbruck/Berscheid* § 109 RdNr. 28; *Hörndler* in *Lindner-Figura/Oprée/Stellmann*, Kap. 20 RdNr. 59; *Kalkschmid* RdNr. 467; HambKomm-*Ahrendt* § 109 RdNr. 25; *Waldherr* ZflR 2005, 833, 835; aA *Uhlenbruck/Sinz*§ 108 RdNr. 68; HK-*Marotzke* § 109 RdNr. 22, 23 und *Franken/Dahl*, 6. Teil, RdNr. 47, belassen dem Verwalter das Sonderkündigungsrecht nur, wenn das Mietobjekt in Unkenntnis der Verfahrenseröffnung dem Schuldner überlassen wurde.

dere, wenn das unmittelbar nach Verfahrenseröffnung für die Masse benötigte Mietobjekt nicht mehr gebraucht wird oder wenn Masseunzulänglichkeit droht.

Die Begründung des Regierungsentwurfs zu § 109,[128] gibt nur einen vagen Hinweis, aus welchen Gründen die Überlassung des Mietobjekts nicht als Voraussetzung des Sonderkündigungsrechts in den Wortlaut des § 109 Abs. 1 aufgenommen wurde. Wenn es dem Schuldner vor Verfahrenseröffnung noch nicht überlassen worden sei, so heißt es dort, gehe Abs. 2, der im Wesentlichen den §§ 20 und 17 KO entspreche, als Sonderregelung vor. Diese Ausführungen deuten darauf hin, dass das Sonderkündigungsrecht gemäß § 109 Abs. 1 – wie bislang – nur dann eingreifen solle, wenn die Mietsache vor Verfahrenseröffnung überlassen worden war. **74**

Der Wortlaut des § 109 zwingt nicht zu diesem Schluss. § 109 Abs. 2 Satz 1 kann durchaus als Ergänzung zu Abs. 1 gesehen werden, die beiden Seiten vor Überlassung des Mietobjekts eine sofortige Auflösung des Vertrages ermöglicht. Diese Lesart entspricht jedenfalls dem Zweck des Insolvenzverfahrens. Zwar wird der Masse nicht die Vollziehung des Mietverhältnisses aufgedrängt, die starre zweiwöchige Erklärungsfrist gemäß § 109 Abs. 2 Satz 3 führt aber dazu, dass der Verwalter – dem Verfahrenszweck und ggf. dem Sanierungsziel zuwider[129] – sich eher für als gegen den Rücktritt entscheiden wird, um das Risiko unnötiger Masseverbindlichkeiten zu vermeiden, obwohl der Vermieter zur Erfüllung bereit ist. Könnte der Verwalter ein auf längere Zeit eingegangenes Mietverhältnis über ein zunächst zur Durchführung des Insolvenzverfahrens bzw. zur Sanierung benötigtes Grundstück nicht mehr kündigen, wenn es ihm bzw. der Masse erst nach Verfahrenseröffnung überlassen wird, so wäre entweder er gehindert, ein für die Masse vorteilhaftes Mietverhältnis zu vollziehen, oder die Masse würde mit erheblichen Verbindlichkeiten, ggf. Miete für die gesamte Vertragsdauer, belastet. Sinnvoll ist weder das eine noch das andere. Mit der späteren Kündigung setzt sich der Verwalter nicht in unzulässigen Widerspruch zu seinem früheren Verhalten, denn er kann, namentlich bei einem sich geraume Zeit hinziehenden Verfahren, nicht abschätzen, wie lange er die Mietsache benötigt oder wie sich die Masse entwickelt. Den Vermieter benachteiligt das dem Verwalter bleibende Sonderkündigungsrecht nicht, denn wenn er die Ungewissheit darüber, wie lange der Mietvertrag mit der Masse Bestand haben wird, nicht auf sich nehmen will, kann er nach § 109 Abs. 2 zurücktreten. Bei dieser Konstellation erweist sich das – an sich systemwidrige (RdNr. 5) – Rücktrittsrecht des Vermieters nach § 109 Abs. 2 doch noch als sinnvoll. **75**

VI. Abweichende Vereinbarungen der Vertragsparteien

1. Ausschluss des Rechts zur Kündigung, zum Rücktrittsrecht sowie zur Enthaftungserklärung gem. § 109 Abs. 1 Satz 2. Das Sonderkündigungsrecht gemäß § 109 Abs. 1 Satz 1, die Enthaftung der Masse gem. § 109 Abs. 1 Satz 2 und das Rücktrittsrecht des Verwalters nach § 109 Abs. 2 können nicht durch individuelle oder vorformulierte Vereinbarung abbedungen werden (§ 119);[130] die Masse unlösbar an den Vertrag zu binden, würde Masseverbindlichkeiten nach sich ziehen, die im Interesse der Gläubiger zu vermeiden sind. **76**

2. Abänderung der Kündigungsfrist. Die Vereinbarung einer längeren Kündigungsfrist als der gesetzlichen ist nach § 119 unzulässig, weil die Masse durch eine längere Frist zusätzlich belastet würde.[131] Im Gegensatz zu § 19 Satz 2 KO lässt § 109 Abs. 1 die Vereinbarung einer kürzeren Kündigungsfrist als der gesetzlichen nicht mehr ausdrücklich zu. Dies bedeutet nicht die Unwirksamkeit der Vereinbarung einer kürzeren Kündigungs- **77**

---

[128] BT-Drucks. 12/2443 S. 71, 147 = RWS-Dokumentation 18, S. 300, 301.
[129] Vgl. *Tintelnot* ZIP 1995, 616, 621; *Pape*, Kölner Schrift, S. 531, 585 RdNr. 87.
[130] *Kübler/Prütting/Tintelnot* § 119 RdNr. 8; vgl. zum früheren Rechtszustand RGZ 56, 245, 247; *Jaeger/Henckel* § 19 RdNr. 63.
[131] *Bub/Treier/Belz* VII. RdNr. 215; *FK-Wegener* § 109 RdNr. 29; *Hess* § 109 RdNr. 14; *Wolf/Eckert/Ball*, RdNr. 1506.

frist.¹³² Zwar verschlechtert sich die ohnehin missliche Situation des an den Vertrag gebundenen Vermieters, wenn der Verwalter mit der Kündigung nach Belieben zuwarten und dann kurzfristig kündigen kann. § 119 dient jedoch nicht dem Schutz des Vertragsgegners. Das Kündigungsrecht des Verwalters wird nicht beeinträchtigt; die abgekürzte Frist belastet die Insolvenzmasse nicht, sondern begünstigt sie, denn der Verwalter kann mit der Kündigung warten, so lange er die Mietsache noch benötigt.

78   **3. Auflösung und Kündigung des vollzogenen Mietverhältnisses.** In dem auf Zerschlagung des Unternehmens und Versilberung der Masse ausgerichteten Konkursverfahren sah das Reichsgericht¹³³ die Bindung an einen langfristigen Mietvertrag als Nachteil der Masse an; eine möglichst schnelle Beendigung der Mietverhältnisse, die der Gemeinschuldner als Mieter eingegangen war, lag im Interesse der Masse, weil sie die zügige Durchführung des Konkursverfahrens förderte. Demgemäß liefen eine automatische Vertragsauflösung oder eine fristlose Kündigung dem Konkurszweck, insbesondere § 19 KO, nicht zuwider. Auch der Bundesgerichtshof äußerte keine Bedenken gegen ein Recht zur fristlosen Kündigung des Vermieters, weil dahingehende Vereinbarungen sich nicht weit vom Regelungsgehalt des § 19 KO entfernten.¹³⁴ Zu einem die Verlegung von Breitbandkabeln betreffenden Gestattungsvertrag bestätigte er, wenn auch beiläufig, die Wirksamkeit der Auflösungsklausel.¹³⁵

79   Diese Betrachtung ist schon deshalb überholt, weil das Sonderkündigungsrecht des Vermieters entfallen ist, so dass ein Lösungsrecht des Vermieters erheblich vom Leitbild des § 109 Abs. 1 abweicht.¹³⁶ Danach sind individuelle oder vorformulierte Auflösungsklauseln, die den Vermieter/Leasinggeber zur außerordentlichen Kündigung eines Mietverhältnisses – fristlos oder unter Einhaltung der gesetzlichen oder einer anderen Frist – berechtigen, unwirksam.¹³⁷ Derartige Klauseln beeinträchtigen das allein dem Verwalter zustehende Recht, sich gemäß § 109 Abs. 1 für oder gegen die Fortsetzung des Mietverhältnisses zu entscheiden. Wenn § 112 die Auflösung eines Mietverhältnisses sogar bei Vorliegen eines Grundes zur fristlosen Kündigung unterbindet, so muss sie ohne besonderen Grund erst recht unzulässig sein.¹³⁸ Dies gilt in gleicher Weise für Vereinbarungen, die eine **Vertragsaufhebung auf Grund auflösender Bedingung,** d. h. ohne Gestaltungserklärung einer Partei, vorsehen.

80   § 137 RegE, dessen Abs. 1 als § 119 Gesetz wurde, bestimmte in Abs. 2 Satz 1 ausdrücklich die Unwirksamkeit von Vereinbarungen, die für den Fall der Eröffnung des Insolvenzverfahrens die Auflösung eines gegenseitigen Vertrages vorsehen oder der anderen Partei das Recht geben, sich einseitig vom Vertrag zu lösen (§ 119 RdNr. 28 ff.).¹³⁹ Der Rechtsausschuss des Bundestags beanstandete diese Bestimmung als sanierungsfeindlich.¹⁴⁰ Die Unwirksamkeit derartiger Auflösungsklauseln, so führte er aus, erhöhe in Krisensituationen die Insolvenzgefahr, denn potentielle Vertragspartner eines gefährdeten Unternehmens scheuten das Risiko einer vertraglichen Bindung, wenn sie sich bei Eintritt der Insolvenz nicht auf einfachem Wege lösen könnten. Die Empfehlung des Rechtsausschusses setzte sich durch;

---

¹³² *Pape,* Kölner Schrift, S. 531, 583 RdNr. 82; *Tintelnot* ZIP 1995, 621; *FK-Wegener* § 109 RdNr. 6; *Gottwald/Huber* § 37 RdNr. 35; *Hess* § 109 RdNr. 14; *HK-Marotzke* § 109 RdNr. 26; *Kübler/Prütting/Tintelnot* § 109 RdNr. 10. *Smid* InsO § 109 RdNr. 4, meint indessen, wenn der Verwalter außerordentlich kündige, sei die gesetzliche Frist einzuhalten.
¹³³ JW 1896, 132; RGZ 56, 245; RGZ 115, 271.
¹³⁴ BGH ZIP 1984, 1114; ferner *v. Westphalen* BB 1988, 218, 224; *Tintelnot* S. 132 ff., 177 ff.
¹³⁵ BGHZ 124, 76, 79 = NJW 1994, 449, 450 = ZIP 1994, 40, 42.
¹³⁶ Vgl. OLG Rostock DZWIR 1999, 294 zu § 9 Abs. 3 GesO.
¹³⁷ OLG Hamm NZI 2002, 162 = NZM 2002, 343; *Berger,* Kölner Schrift, S. 499, 519 RdNr. 34 ff.; *Fehl,* DZWIR 1999, 295; *Pape,* Kölner Schrift, S. 531, 571 RdNr. 63 und S. 579 RdNr. 77; *Sinz,* Kölner Schrift, S. 593, 606 RdNr. 31; *Smid,* Grundzüge, RdNr. 22; *Gottwald/Adolphsen,* Kölner Schrift, S. 1043, 1063 RdNr. 78; *Kübler/Prütting/Tintelnot* § 112 RdNr. 13; *Fritz* RdNr. 630.
¹³⁸ *Tintelnot* ZIP 1995, 616, 623.
¹³⁹ BT-Drucks. 12/2443 S. 71, 152.
¹⁴⁰ RWS-Dokumentation 18, 314; dazu *Berger,* Kölner Schrift, S. 499, 510 RdNr. 23.

Abs. 2 wurde nicht Gesetz. Trotzdem spricht die Entstehungsgeschichte des § 119 nicht für die Wirksamkeit von Auflösungsklauseln in Miet-, Pacht- und Leasingverträgen.[141] Speziell die Bindung des Vermieters gestaltet die InsO gegenüber dem früheren Konkursrecht wesentlich um. Beginnend mit der Beantragung des Insolvenzverfahrens (§ 112) hält sie ihn am Vertrag fest und nimmt ihm insbesondere das – in der früheren Insolvenzpraxis bedeutsamste – Recht zur vorzeitigen Kündigung, das dem Vermieter nach § 19 KO sowohl bei Immobilienmiete als auch bei Fahrnismiete zustand. Der Rechtsausschuss beanstandete diese einschneidenden Änderungen nicht, nicht einmal die für Miet- und Pachtverträge schlechthin geltende Kündigungssperre,[142] obwohl sie schon bei Beantragung des Insolvenzverfahrens eingreift. Seiner Stellungnahme ist somit nicht zu entnehmen, dass er die Regelungen der InsO zu Miete, Pacht und Leasing, insbesondere den Wegfall des Sonderkündigungsrechts des Vermieters, zur Parteidisposition stellen wollte.

Eine Klausel, die nach Eröffnung des Insolvenzverfahrens die Ausübung einer dem Mieter **81** laut Vertrag zustehenden **Verlängerungsoption** ausschließt, verstößt gleichfalls gegen § 119. Die Nichtverlängerung der vertraglichen Laufzeit ist zwar etwas anderes als die Vertragsbeendigung infolge Kündigung oder kraft auflösender Bedingung. Das Optionsrecht gehört jedoch zu den typischen Bestandteilen eines Mietvertrages und besteht gemäß § 108 Abs. 1 zu Gunsten der Masse fort.

4. Vereinbarungen zu den Kündigungs- und Rücktrittsfolgen. Die Vereinbarung **82** eines Schadensersatzanspruchs des Vermieters als **Folge des eigenen Rücktritts** verstößt gegen § 119.[143] Angesichts der abschließenden gesetzlichen Regelung verbieten sich Überlegungen, wie sie früher zur Vereinbarung eines Ersatzanspruchs des Vermieters als Folge seiner vorzeitigen Kündigung nach § 19 KO angestellt wurden.[144]

Zulässig ist es, bei **Vermietung an mehrere Mieter** die Wirkung der Kündigung des **83** Insolvenzverwalters derart zu begrenzen, dass nur der insolvente Mieter ausscheidet und das Mietverhältnis im Übrigen weiterläuft.[145] Eine solche Klausel, die in Einklang mit der hier vertretenen Lösung steht (RdNr. 37, 38), beeinträchtigt weder das Dispositionsrecht des Verwalters noch belastet sie die Masse.

Schadenspauschalierungen für den Fall der insolvenzbedingten vorzeitigen Kündigung **84** oder des Rücktritts vom Vertrag begegneten nach der Rechtsprechung des Reichsgerichts keinen Bedenken;[146] es nahm hin, dass dem Vermieter auf Grund dessen mehr als den tatsächlich erlittenen Schaden anmelden konnte.[147] Ohne sich definitiv festzulegen, rückte der Bundesgerichtshof[148] hiervon ab, indem er betonte, grundsätzlich sei nur der tatsächliche entstandene Schaden abzugelten.[149] Die Schadenspauschalierung in § 15 Abs. 5 der zu jener Zeit geltenden Fernmeldeordnung ließ er passieren, wobei jedoch die Besonderheiten des öffentlich-rechtlichen Fernmeldewesens sowie des Massengeschäfts von wesentlicher Bedeutung waren;[150] allerdings forderte er eine Ausrichtung der Pauschale an der durchschnitt-

---

[141] AA *Bruns* ZZP 110 (1997), 305, 323 ff.; *Minuth/Wolf* NZM 2000, 289, 292; unentschieden *Börstinghaus* DWW 1999, 205, 206.
[142] *Bruns*, ZZP 110, 305, 325, vermutet, der Rechtsausschuss habe bei Streichung des § 137 Abs. 2 RegE die Kündigungssperre übersehen.
[143] FK-*Wegener* § 109 RdNr. 30; *Kübler/Prütting/Tintelnot* 109 RdNr. 14; *Nerlich/Römermann/Balthasar* § 109 RdNr. 17.
[144] RGZ 115, 271; BGH ZIP 1984, 1114; dazu *Tintelnot* S. 200; *Jaeger/Henckel* § 19 RdNr. 71; *Mittelstein/Stern* S. 756.
[145] Vgl. OLG Celle NJW 1974, 2012; *Nerlich/Römermann/Balthasar* § 109 RdNr. 10; *Braun/Kroth* § 109 RdNr. 25.
[146] RGZ 49, 189.
[147] RGZ 115, 271, 273.
[148] BGHZ 39, 35, 39 = NJW 1963, 859, 860.
[149] So auch *Jaeger/Henckel* § 19 RdNr. 69; *Kilger/K. Schmidt* § 19 Anm. 8; zweifelnd: *Gottwald/Huber* § 37 RdNr. 37.
[150] BGH NJW-RR 1988, 1490 = ZIP 1988, 657; ablehnend *Tintelnot* S. 198; zustimmend *Grub* EWiR 1988, 907; ähnlich zu § 391 Abs. 2 der später geltenden Telekommunikationsordnung *Hess/Kropshofer*, KO, § 19 RdNr. 10; *Kuhn/Uhlenbruck*, KO, 11. Aufl., § 19 RdNr. 15 a.

§ 110　　　　3. Teil. 2. Abschnitt. Erfüllung Rechtsgeschäfte. Mitwirkung BR

lichen Schadenshöhe. Ein solches unabweisliches Bedürfnis, den Schaden in pauschalierter Höhe anzusetzen, besteht bei der Immobilienmiete nicht, auch nicht beim Leasing eingetragener Schiffe und Flugzeuge. Demgegenüber lässt sich nicht einwenden, die möglicherweise schwierige und zeitaufwändige Ermittlung des konkreten Schadens sei dem Vermieter nicht zuzumuten, weil er als Insolvenzgläubiger nur auf eine Quote beschränkt sei, denn die ohnehin knappe Verteilungsmasse darf nicht durch großzügige Anerkennung von Insolvenzforderungen geschmälert werden. Auch eine an § 309 Nr. 5 BGB angelehnte Pauschalierung benachteiligt sie, weil dem Verwalter der Nachweis eines geringeren Schadens obliegt.[151]

85　Nach § 119 ist ein **Vertragsstrafeversprechen** für den Fall der Kündigung des Mietverhältnisses durch den Verwalter oder des Rücktritts unwirksam.[152] Ein Vertragsstrafenversprechen ist geeignet, die Entschließung des Verwalters, ob er kündigen oder zurücktreten will, zu beeinträchtigen, weil er damit eine zusätzliche Belastung begründen würde.

§ 110 Schuldner als Vermieter oder Verpächter

(1) ¹Hatte der Schuldner als Vermieter oder Verpächter eines unbeweglichen Gegenstands oder von Räumen vor der Eröffnung des Insolvenzverfahrens über die Miet- oder Pachtforderung für die spätere Zeit verfügt, so ist diese Verfügung nur wirksam, soweit sie sich auf die Miete oder Pacht für den zur Zeit der Eröffnung des Verfahrens laufenden Kalendermonat bezieht. ²Ist die Eröffnung nach dem fünfzehnten Tag des Monats erfolgt, so ist die Verfügung auch für den folgenden Kalendermonat wirksam.

(2) ¹Eine Verfügung im Sinne des Absatzes 1 ist insbesondere die Einziehung der Miete oder Pacht. ²Einer rechtsgeschäftlichen Verfügung steht eine Verfügung gleich, die im Wege der Zwangsvollstreckung erfolgt.

(3) ¹Der Mieter oder der Pächter kann gegen die Miet- oder Pachtforderung für den in Absatz 1 bezeichneten Zeitraum eine Forderung aufrechnen, die ihm gegen den Schuldner zusteht. ²Die §§ 95 und 96 Nr. 2 bis 4 bleiben unberührt.

Schrifttum: *Dobmeier,* Die Behandlung der Vorausabtretungen von Mietzinsen und pfändbaren Arbeitsentgeltansprüchen in der Insolvenz des Zedenten, NZI 2006, 144; *Eichenhofer,* Factoring plus Leasing und Konkursverfahren, Festschrift für Karl Heinz Schwab, 1990, S. 139; *Henckel,* Vorausverfügung und Aufrechnung bei der Miete beweglicher Sachen und bei der Rechtspacht im Konkurs des Vermieters und des Pächters, Festschrift für Fritz Baur, 1981, S. 443; *Henssler,* Vorausverfügungen über Nutzungsforderungen im Konkurs, ZBB 1991, 33; *Kalt,* Die Vorausabtretung von Leasingraten und die Verfügung über den Leasinggegenstand beim Mobilien-Leasing im Lichte der Insolvenzordnung, BB 1990, Beilage 8, S. 10; *Michalski/Ruess,* Rechtsfolgen der Insolvenz des Leasinggebers bei im Wege des Factoring veräußerten Leasingforderungen, NZI 2000, 250; *Mohrbutter,* Zwangsvollstreckung, Konkurs und Vergleich auf seiten des Leasinggebers, ZAP 1985, 555 (= Fach 14, S. 23); *Franz Müller,* Probleme der Aufrechnung mit Konkurs- und Masseforderungen, 1981; *Obermüller,* Auswirkungen des Wahlrechts des Insolvenzverwalters auf Zessionen und Avale, Kölner Schrift zur Insolvenzordnung, 2. Aufl., S. 985; *Bernd Peters,* Refinanzierung beim Mobilienleasing und Insolvenz des Leasinggebers, ZIP 2000, 1759; *Schäfer,* Die rechtliche Behandlung der Vorausabtretung von Mietzins- und Leasingforderungen im Konkurs des Vermieters und Leasinggebers, BB 1990, 82; *Scherl,* Forfaitierung von Leasingverträgen im Konkurs von Leasinggesellschaften, FLF 5/1989 S. 183; *Sinz,* Factoring in der Insolvenz, 1997; *Uhlenbruck/Sinz,* Die Forfaitierung von Leasingforderungen im Konkurs des Leasinggebers, WM 1989, 1113; *Ullrich/Irmen,* Anm. zum Urteil des OLG Düsseldorf; WuB IV B § 21 KO 1.8, 522; *Vortmann,* Die Leasingrate als Sicherheit für Kredite an den Leasinggeber, WM 1988, 1117.

---

[151] *Tintelnot* S. 198; *Jaeger/Henckel* § 19 RdNr. 69; *Kilger/K. Schmidt* § 19 Anm. 8; *Uhlenbruck/Berscheid* § 109 RdNr. 9; aA *Hess* § 109 RdNr. 25; *Kübler/Prütting/Tintelnot* § 119 RdNr. 12.

[152] *Jaeger/Henckel* § 19 RdNr. 69; *Kilger/K. Schmidt* § 19 Anm. 8; *FK-Wegener* § 109 RdNr. 13; *Kübler/Prütting/Tintelnot* § 119 RdNr. 13; *Nerlich/Römermann/Balthasar* § 109 RdNr. 13; *Uhlenbruck/Berscheid* § 109 RdNr. 9.

Übersicht

	RdNr.		RdNr.
I. Frühere Rechtslage, Normzweck und Anwendungsbereich...............	1	a) Diskussionsstand vor Inkrafttreten der InsO............................	26
II. Verträge über unbewegliche Gegenstände.................................	4	b) Vorausverfügungen über Leasingraten bei insolvenzverfahrensfesten Verträgen (§ 108 Abs. 1 Satz 2).....	29
1. Vorausverfügungen über Miete und Pacht sowie Leasingraten (§ 110 Abs. 1 und 2)............................	4	aa) Leasing ohne Zusatzpflichten des Leasinggebers................	29
a) Verfügung des Schuldners...........	4	bb) Atypische Leasingverträge mit Zusatz- und Gewährleistungspflichten	36
b) Verfügung des vorläufigen Verwalters; Verfügung mit seiner Zustimmung..................................	9	cc) Vertragsdurchführung und -gestaltung nach wirksamer Abtretung................................	39
c) Verfügungen des endgültigen Verwalters....................................	10	c) Vorausverfügungen über die Miete bei insolvenzverfahrensfesten Verträgen.................................	42
d) Unwirksamkeit der Verfügung des Schuldners über die Miete...........	11	d) Vorausverfügungen bei dem Verwalterwahlrecht unterliegenden Verträgen.................................	43
e) Vorausabtretung von Leasingraten ..	17	aa) Vorausverfügungen über die Miete................................	43
f) Stellung der Grundpfandrechtsgläubiger..................................	19	bb) Abtretung der Leasingraten.....	45
g) Folgen der unwirksamen Vorausverfügung.................................	21	2. Aufrechnung..................................	47
2. Aufrechnung gegen den Anspruch auf Miete und Leasingraten (§ 110 Abs. 3).................................	22	a) Gemäß § 108 Abs. 1 Satz 2 insolvenzfeste Verträge..................	47
3. Zurückbehaltung der Miete............	25	b) Dem Wahlrecht unterliegende Verträge.................................	49
III. Verträge über bewegliche Sachen und Rechte	26	aa) Erfüllung...........................	49
1. Vorausverfügungen, insbesondere Abtretungen.................................	26	bb) Erfüllungsablehnung	51

I. Frühere Rechtslage, Normzweck und Anwendungsbereich

§ 110 betrifft Verträge, die der Schuldner als Vermieter, Verpächter oder Leasinggeber **1** eingegangen ist, über unbewegliche Gegenstände und Räume, auch über solche, die ihm nicht gehören. Anhaltspunkte für eine Reduktion auf die Vermietung durch den Eigentümer finden sich in § 110 ebensowenig wie § 108 Abs. 1 Satz 1.[1] Der Regelungsgehalt entspricht im Wesentlichen § 21 Abs. 2 und 3 KO. § 110 Abs. 2 Satz 2 und Abs. 3 Satz 2 bedeuten lediglich die Klarstellungen der zuvor ohne ausdrückliche Regelung anerkannten Rechtslage.[2] Im Gegensatz zu früher gilt § 110 auch dann, wenn die Mietsache dem Mieter vor Verfahrenseröffnung noch nicht überlassen war. Dies, so die Begründung des Regierungsentwurfs, erlaube dem Verwalter, am Vertrag festzuhalten und gleichwohl Vorausverfügungen des Schuldners als unwirksam zu behandeln.[3] Unanwendbar ist § 110 auf ein vor Verfahrenseröffnung beendetes Mietverhältnis (dazu § 108 RdNr. 196).

Wie schon die Konkursordnung regelt auch die Insolvenzordnung in § 110 Abs. 1 und 2 **2** die Wirksamkeit von Vorausverfügungen des Vermieters über den Mietzins nur für den Bereich der Immobilienmiete. Die an §§ 49 und 108 Abs. 1 angelehnte Verwendung des Begriffs „unbewegliche Gegenstände" statt – wie in § 21 Abs. 2 KO – „Grundstück" führt zu einer ungewollten, aber praktisch bedeutsamen Änderung gegenüber der früheren Rechtslage insofern, als § 110 auch das Leasing eingetragener Flugzeuge und Schiffe erfasst und somit dessen Refinanzierung erschwert (dazu RdNr. 18). Dies rechtfertigt indessen nicht die Reduktion des Anwendungsbereichs des § 110 auf Grundstücke und Räume.[4] Trotz Regelungsbedarfs infolge der weit verbreiteten Finanzierung durch Leasing sah der

---

[1] AA HK-*Marotzke* § 110 RdNr. 11; *Marotzke,* ZInsO 2007, 1, 13.
[2] BT-Drucks. 12/2443 S. 147.
[3] BT-Drucks. 12/2443 S. 147.
[4] AA *Krämer* S. 175, 191.

Gesetzgeber[5] zunächst davon ab, die Gesetzeslücke zu schließen, die zu Kontroversen bei Vermietung und Leasing beweglicher Sachen geführt hatte (unten RdNr. 26 bis 28). Mit Einführung des § 108 Abs. 1 Satz 2 traf er mittelbar eine Regelung zur Bestandskraft der Vorausabtretung von Leasingraten.

3   Zum **Normzweck** des § 110 äußern sich der Regierungsentwurf und die Vorentwürfe nicht. Die Begründung zu § 21 Abs. 2 und 3 KO,[6] 1898 in die Konkursordnung eingefügt, und dem folgend das Reichsgericht[7] sahen ihn in der Gleichbehandlung der Konkursgläubiger und der durch §§ 1124, 1125 BGB geschützten Grundpfandrechtsgläubiger;[8] der Mieter sollte im Konkurs des Vermieters nicht besser, aber auch nicht schlechter stehen als in der Immobiliarzwangsvollstreckung gegen den Grundstückseigentümer. § 21 Nr. 3 KO wurde als Begünstigung des Mieters durch Erweiterung seiner Aufrechnungsbefugnis verstanden.[9] Unabhängig von den Intentionen des historischen Gesetzgebers bezweckt § 110 wie §§ 55 Abs. 1 Nr. 2, 91, 103 die Erhaltung der Masse. Während § 108 Abs. 1 Satz 1 dem Interesse des Mieters am Fortbestand des Vertrages Vorrang gegenüber den Gläubigerinteressen einräumt, stellt § 110 klar, dass gleichwohl die Immobilie und seine Nutzungen als Teil der Masse nach Verfahrenseröffnung der Befriedigung der Gläubiger dienen.[10] Soweit die Masse dem Mieter das unbewegliche Mietobjekt zur weiteren Nutzung belassen muss, steht ihr die ungeschmälerte Miete zu.[11]

II. Verträge über unbewegliche Gegenstände

4   **1. Vorausverfügungen über Miete und Pacht sowie Leasingraten (§ 110 Abs. 1 und 2). a) Verfügung des Schuldners.** Wenn der Gesetzeswortlaut nur Miete und Pacht anspricht, so gehören vom Normzweck ausgehend hierzu nicht nur die periodischen Geldforderungen oder ggf. eine einmalige Zahlung, sondern alle Ansprüche auf die Gegenleistung zur Gebrauchsgewährung,[12] aber auch nur diese. Bei der Immobilienmiete zählen hierzu auch die vom Mieter übernommenen **Schönheitsreparaturen**,[13] so dass der spätere Verzicht des Schuldners hierauf in den Regelungsbereich des § 110 fällt. Die **Barkaution** hingegen ist keine Gegenleistung zur Gebrauchsgewährung; hatte der Schuldner vor Verfahrenseröffnung auf ihre Beibringung verzichtet, so wirkt dies gegen die Masse. **Sonderzahlungen** zu Vertragsbeginn, wie sie beim Leasing üblich sind, sind Gegenleistung zur Leistung des Leasinggebers, vielfach auch für die Zeit nach Verfahrenseröffnung, aber nur zum Teil Entgelt für die Sachnutzung (§ 108 RdNr. 31).

5   Verfügung i. S. d. § 110 ist ein Rechtsgeschäft, das unmittelbar auf den Bestand der Mietforderung oder/und die Berechtigung des Vermieters einwirkt. Abs. 2 Satz 2 hebt die Mietvorauszahlung hervor. Vorausverfügungen sind außerdem und insbesondere Erfüllungssurrogate, Abtretung – auch an den Grundpfandgläubiger[14] (dazu RdNr. 20) –, Verpfändung, Erlass, Bestellung eines Nießbrauchs, aber auch weniger einschneidende Maßnahmen

---

[5] BT-Drucks. 12/2443 S. 147.
[6] Materialien zum Gesetz zur Änderung der Konkursordnung, 1898, S. 30 = *Hahn/Mugdan* Bd. VII, S. 238; dazu BGHZ 109, 368, 371 = NJW 1990, 1113, 1114 = ZIP 1990, 180, 182.
[7] RGZ 127, 116, 118.
[8] *Henckel*, Festschrift für Baur, S. 443, 447; *Jaeger/Henckel* § 21 RdNr. 31; *Gerhardt*, Festschrift für Schwab, S. 139, 141, und *Schäfer*, BB 1990, 82, 83, verweisen auf widersprüchliche Stellungnahmen im damaligen Gesetzgebungsverfahren.
[9] RGZ 1, 347, 348; RGZ 40, 120, 124; *Henssler* ZBB 1991, 33, 35; *Jaeger/Lent*, 8. Aufl., § 55 RdNr. 6; *Jaeger/Henckel* § 21 RdNr. 21; *Kuhn/Uhlenbruck*, KO, 11. Aufl., § 21 RdNr. 12 und § 55 RdNr. 7 w; *Kilger/K. Schmidt* § 21 Anm. 5; aA *Müller* S. 30.
[10] BGHZ 86, 382 = NJW 1983, 1119 = ZIP 1983, 332 in Anschluss an *Henckel*, Festschrift für Baur S. 443, 450, 460.
[11] Ähnlich schon RGZ 1, 347, 348; RGZ 33, 49; RGZ 40, 120, 125.
[12] Ähnlich, allerdings zu weitgehend *Nerlich/Römermann/Balthasar* § 110 RdNr. 7.
[13] BGH NJW 1977, 36; BGHZ 77, 301 = NJW 1980, 2341; BGHZ 101, 253, 261 = NJW 1987, 2575, 2576; BGHZ 105, 71, 79 = NJW 1988, 2790, 2792.
[14] AA *Kalkschmid* RdNr. 437; HK-*Marotzke* § 110 RdNr. 10.

wie Stundung.[15] Bei zeitlicher Nähe zur Beantragung des Insolvenzverfahrens bleibt die Anfechtbarkeit gem. § 133 zu prüfen. Gefährdet ist insbesondere die Abtretung zukünftiger Mietforderungen, denn die Abtretung ist gem. § 140 Abs. 1 erst mit Entstehen der Forderung also Beginn des jeweiligen Nutzungszeitraums vollendet.[16]

Die **Undurchsetzbarkeit der Mietforderung als Folge kapitalersetzender Nutzungsüberlassung** (vgl. § 32 a GmbHG, dazu § 135 RdNr. 98) ist wie die Stundung eine Vorausverfügung.[17] Auf die für die Gläubiger des Vermieters gefährliche Vermietung an eine **Gesellschaft bürgerlichen Rechts mit Beschränkung der Haftung** ihrer Gesellschafter auf das Gesellschaftsvermögen trifft dies nach Auffassung des BGH nicht zu, weil ein Anspruch des Vermieters gegen die Gesellschafter persönlich von vornherein nicht entsteht.[18] Die **Überlassung von Wohnraum** an den von ihm getrennt lebenden Ehegatten des Schuldners oder an Familienangehörige (vgl. § 108 RdNr. 26) ist nicht unentgeltlich, denn sie ist in aller Regel mit der familienrechtlichen Unterhaltspflicht verknüpft. Großzügigkeiten gegenüber dem Begünstigten bedeuten daher eine die Masse belastende Vorausverfügung.[19]

§ 110 Abs. 2 Satz 2 stellt die Überweisung und Einziehung der Forderung im Wege der **Zwangsvollstreckung** der rechtsgeschäftlichen Verfügung gleich,[20] soweit sie nicht schon gemäß § 88 unwirksam ist, weil die Pfändung im Monat vor der Verfahrenseröffnung ausgebracht wurde. Dass § 110 Abs. 2 im Gegensatz zu § 114 Abs. 3 Satz 3 § 88 nicht ausdrücklich unberührt lässt, zwingt nicht zu dem Schluss, Zwangsvollstreckungsmaßnahmen aus dem letzten Monat vor Verfahrenseröffnung seien wirksam;[21] es besteht kein Grund, einen Gläubiger, der kurz vor Verfahrenseröffnung eine Mietforderung pfändet, gegenüber anderen Vollstreckungsgläubigern, etwa dem, der zukünftige Dienstbezüge pfändet, zu bevorzugen. Die Vollziehung eines Arrests oder einer einstweiligen Verfügung fällt gleichfalls unter § 110 Abs. 2 Satz 2. Hingegen berührt die Verfahrenseröffnung nicht die **Zwangsverwaltung** mit Beschlagnahme der Mietforderungen (§§ 148, 21 Abs. 2 ZVG) (dazu RdNr. 20).

Soweit Vorausverfügungen in die Zeit nach **Aufhebung bzw. Einstellung des Insolvenzverfahrens oder nach Freigabe des Mietgrundstücks aus der Insolvenzmasse** reichen, bleiben sie wirksam, weil die Masse von ihren Auswirkungen nicht mehr betroffen wird.[22] Nach **Freigabe** des Grundstücks sind nur die Vorausverfügungen über die bis zur Freigabe fälligen Mietansprüche der Masse gegenüber unwirksam.[23]

b) Verfügung des vorläufigen Verwalters; Verfügung mit seiner Zustimmung. Nicht unter § 110 fallen **Vorausverfügungen des** verfügungs- und verwaltungsbefugten **vorläufigen Verwalters**, z. B. Annahme einer Mietvorauszahlung zur Liquiditätsbeschaffung oder Abtretung von Mietzinsansprüchen an einen Kreditgeber. Sie sind nicht der Handlungssphäre des Schuldners zuzurechnen; zudem würde die Absicherung des vorauszahlenden Mieters oder des Zessionars, der die vorläufige Masse kreditiert, verfehlt, wenn sie nur in den zeitlichen Grenzen des § 110 Abs. 1 wirksam blieben; letztlich wären weder

---

[15] BGH NJW 1999, 577, 579 = ZIP 1999, 65, 68.
[16] BGH ZIP 1997, 513 = DtZ 1997, 156 = MDR 1997, 562; BGH ZIP 2007, 35 = NZI 2007, 98 (unter RdNr. 9).
[17] BGHZ 140, 147 = NJW 1999, 577, 579 = ZIP 1999, 65, 68; OLG München GmbHR 1999, 612, 615; LG Erfurt NZI 2004, 599: aA LG Zwickau ZIP 2005, 1151.
[18] BGH NJW-RR 2003, 1308 = NZI 2003, 562 = NZM 2003, 871, Revisionsurteil zu OLG Rostock OLGR 2000, 214.
[19] *Eckert* EWiR 1997, 123.
[20] So früher ohne ausdrückliche Regelung: RGZ 59, 177, 179; 64, 415, 418; 76, 116, 118; *Jaeger/Henckel* § 21 RdNr. 15; *Kuhn/Uhlenbruck*, KO, 11. Aufl., § 21 RdNr. 7; *Kilger/K. Schmidt* § 21 KO Anm. 4.; aA (zu § 573 BGB aF) MünchKommBGB-*Voelskow*, 3. Aufl., § 573 RdNr. 6.
[21] So HK-*Eickmann* § 88 RdNr. 15; *Uhlenbruck* § 88 RdNr. 18.
[22] *Jaeger/Henckel* § 21 RdNr. 19; HK-*Marotzke* § 110 RdNr. 11; aA *Kübler/Prütting/Tintelnot* § 110 RdNr. 8; *Uhlenbruck/Berscheid* § 110 RdNr. 10; FK-*Wegener* § 110 RdNr. 14.
[23] RGZ 138, 69, 72; *Jaeger/Henckel* § 21 RdNr. 19.

Mieter noch Zessionar bereit, der vorläufigen Masse entgegenzukommen. Der Normzweck, die Masse vor auszehrenden Maßnahmen des Schuldners zu schützen, spricht zwar dafür, Verfügungen des Schuldners mit **Zustimmung des vorläufigen Verwalters** (§ 21 Abs. 2 Nr. 2) dem Anwendungsbereich des § 110 zu entziehen,[24] als Handlungen des Schuldners werden sie jedoch davon erfasst.

10 c) **Verfügungen des endgültigen Verwalters.** Sie bleiben auch nach Aufhebung (§ 200) oder Einstellung (§§ 207, 211, 212, 213) des Insolvenzverfahrens wirksam. In einem späteren Verfahren wirken sie nicht gegen die (zweite) Masse,[25] denn vom Zweck des § 110 Abs. 1 ausgehend werden alle vor Verfahrenseröffnung erfolgten Verfügungen, die der den Mietgebrauch gewährenden Masse die Miete entziehen, erfasst, soweit sie der Handlungssphäre des Vermieters zuzurechnen sind. Letzteres ist anzunehmen, weil der Vermieter nach Einstellung oder Aufhebung des Verfahrens an die Rechtshandlungen des vormaligen Verwalters gebunden bleibt.

11 d) **Unwirksamkeit der Verfügung des Schuldners über die Miete.** Soweit die Vorausverfügung das Entgelt für die Gebrauchsgewährung über die in § 110 Abs. 1 festgelegte, an die Eröffnung des Insolvenzverfahrens anknüpfende zeitliche Grenze betrifft, ergibt sich ihre Unwirksamkeit primär aus § 91[26] oder § 81.[27] Ohne § 110 Abs. 1 wäre jegliche Vorausverfügung für die Zeit nach Verfahrenseröffnung ausgeschlossen.[28] Die Vorausverfügung über die Miete als Entgelt für die zukünftige Gebrauchsgewährung ist erst mit dem jeweiligen Nutzungszeitraum abgeschlossen,[29] denn der Anspruch auf Zahlung der einzelnen Mietraten entsteht mit der korrespondierenden periodischen Gebrauchsüberlassung.[30] Insbesondere erwirbt der Zessionar eine gesicherte Rechtsstellung erst in unmittelbarem zeitlichem Zusammenhang mit der Nutzung. Gestützt wird diese Argumentation durch das **Gegenleistungsprinzip:** Die Miete muss zur Masse fließen, soweit sie den Mietgebrauch gewährt und die weiteren mit der Vertragserfüllung verbundenen Lasten trägt.[31] Dieses Ziel würde verfehlt, wenn die Miete an ihr vorbei dem Zessionar zustünde oder Vorauszahlungen, die der Schuldner eingezogen hat, ihr gegenüber wirksam wären.

12 Für eine zeitlich begrenzte Übergangszeit, die mit der in den §§ 57 b ZVG und 566 b, 566 c, 1124 BGB in Einklang steht, verdrängt § 110 Abs. 1 die Wirkungen der §§ 81, 91.[32] Dies wirkt bei der Immobilienvermietung zu Gunsten des Mieters (zum Leasing RdNr. 17). Bei **Beendigung des Mietverhältnisses vor Verfahrenseröffnung** bleibt die Vorausverfügung über den Anspruch auf Nutzungsentschädigung gem. § 546 a BGB der Masse gegenüber nach § 91 unwirksam, denn § 110 setzt wie § 108 Abs. 1 Satz 1 ein zur Zeit der Verfahrenseröffnung fortbestehendes Mietverhältnis voraus. Da § 24 weder § 91 noch § 110 zitiert, rechtfertigt die **Bestellung eines verwaltungs- und verfügungsbefugten vorläu-**

---

[24] So FK-*Wegener* § 110 RdNr. 11.
[25] AA *Jaeger/Henckel* § 21 RdNr. 20 unter Hinweis auf den Wortlaut des § 21 KO und die Verfügungsbefugnis des Verwalters; FK-*Wegener* § 110 RdNr. 11.
[26] Vgl. BGH WM 1989, 338; BGHZ 106, 236 = NJW 1989, 1282 = ZIP 1989, 171; BGHZ 109, 368, 372 = NJW 1990, 1113, 1114 = ZIP 1990, 180, 182; BGH DtZ 1997, 156, 157 = ZIP 1997, 513, 514; *Schäfer* BB 1990, 82, 84; *Henckel*, Festschrift für Baur S. 443, 444; *Jaeger/Lent*, KO, 8. Aufl., § 55 RdNr. 6; HambKomm-*Ahrendt* § 110 RdNr. 7; kritisch insoweit *Tintelnot* JZ 1990, 872, 873; aA *Henssler* ZBB 1991, 33, 40, der § 21 Abs. 2 KO als lex specialis gegenüber § 15 KO auffasste.
[27] *Dobmeier* NZI 2006, 144, 146.
[28] *Kreft/Huber*, oben § 103 RdNr. 42.
[29] BGHZ 15, 296 = NJW 1955, 301; BGHZ 88, 205 = NJW 1984, 492 = ZIP 1983, 1326; BGH DtZ 1997, 156 = ZIP 1997, 513.
[30] BGHZ 111, 84 = NJW 1990, 1785 = ZIP 1990, 646; BGH DtZ 1997, 156, 157 = ZIP 1997, 513, 514.
[31] *Henckel*, Festschrift für Baur, 1981, S. 443, 454 ff.; *Jaeger/Henckel* § 21 RdNr. 32; BGHZ 90, 368, 376 = NJW 1990, 1113, 1116 = ZIP 1990, 180, 184; BGHZ 129, 336, 343 = NJW 1995, 1966, 1968 = ZIP 1995, 926, 928; OLG Celle ZMR 1999, 382, dazu Nichtannahmebeschluss des BGH – XII ZR 309/96 – vom 10. 2. 1999.
[32] HK-*Marotzke* § 110 RdNr. 4. Die Auffassung *Dobmeiers* NZI 2006, 144, 148, § 110 setze eine der Masse gegenüber wirksame Vorausverfügung voraus, lässt § 110 bei der Miete bedeutungslos werden.

figen **Verwalters** gem. § 21 Abs. 2 Nr. 2 nicht die schon an das Verfügungsverbot zeitlich anschließende Unwirksamkeit.³³ Der starke" vorläufige Verwalter muss die Vorauszahlung oder Abtretung der während des vorläufigen Verfahrens fällig werdenden Mieten hinnehmen; die Masse bleibt durch die Insolvenzanfechtung geschützt. Als Verfügung „für die spätere Zeit" unwirksam bzw. begrenzt wirksam ist die Verfügung über Mietansprüche, die nach Verfahrenseröffnung fällig werden, etwa die Entrichtung der laut Vertrag noch nicht fälligen Miete für spätere Perioden.³⁴ Ist die Miete quartalsweise zu Beginn eines Vierteljahres zu zahlen, so ist der Schuldner bei Fälligkeit uneingeschränkt zur Einziehung berechtigt und die pünktliche Zahlung wirkt gegen die Masse, selbst wenn sie den Mietgebrauch mehr als einen Monat nach Verfahrenseröffnung zu gewähren hat. Sogar eine im Vertrag vereinbarte einmalige Leistung wirkt ungeachtet der Vertragsdauer gegen die Masse.³⁵ Bei wortgetreuer Anwendung des § 110 Abs. 1 wirkte eine im Mietvertrag selbst vereinbarte Pflicht des Mieters, die nach Zeitabschnitten bemessene Miete für mehrere Perioden im Voraus zu entrichten, gegen die Masse fort. § 110 Abs. 1 schränkt dies ein, um sicherzustellen, dass die den Mietgebrauch gewährende Masse auch die Gegenleistung erhält. Insoweit ist die Masse gegen eine schon im Mietvertrag vereinbarte Vorauszahlung genauso geschützt wie der Grundstückserwerber gemäß §§ 566 b, 566 c BGB.³⁶

Trotz der unübersehbaren Parallelen zu §§ 566 b, 566 c BGB, 57 b ZVG gilt für die bei der **Untervermietung** weit verbreitete Abtretung der Zahlungsansprüche des Mieters gegen den Untermieter an den Hauptvermieter nichts anderes.³⁷ Es geht weniger darum, der Masse die Erträge aus der Vermietung der zu ihr gehörenden Immobilien zu erhalten, sondern darum, sie davor zu schützen, den Mietgebrauch mit den damit verbundenen Risiken gewähren zu müssen, ohne die Gegenleistung zu erlangen.

Diente die Vorleistung des Mieters vereinbarungsgemäß der **Finanzierung der Herstellung oder Instandsetzung** des Gebäudes (Baukostenzuschuss) und kommt die dadurch geschaffene Erhöhung des Werts des Mietgrundstücks der Masse zugute (dazu § 111 RdNr. 16, 17), so hat sie nach der Rechtsprechung des BGH zu § 21 Abs. 2 KO den Gegenwert der Gebrauchsgewährung erhalten und die Vorleistung des Mieters ist ihr gegenüber wirksam.³⁸ Auch bei Fortgeltung dieser Rechtsprechung³⁹ kann jedenfalls für die Zeit nach Beendigung des Mietverhältnisses der Mieter dem Anspruch der Masse auf Nutzungsentschädigung gem. § 546 a BGB seinen Finanzierungsbeitrag nicht entgegenhalten, denn bei fristgerechter Rückgabe hätte er diesen nicht mehr „abwohnen" können.⁴⁰ Gegen die Wirkung derartiger Finanzierungsbeiträge zu Lasten der Masse wendet das OLG Schleswig⁴¹ ein, der Gesetzgeber habe die Ablösung der Konkursordnung durch die InsO nicht zum Anlass genommen, die frühere Rechtsprechung zu § 21 Abs. 2 und 3 KO zu kodifizieren, daher sei von einem bewussten Schweigen des Gesetzgebers auszugehen. Die Aufhebung der §§ 57 c ZVG und 111 Satz 3,⁴² die dem Mieter sogar den Kündigungsschutz nehmen (dazu § 111 RdNr. 16), deuten ebenfalls darauf hin, dass er wegen seines Anspruchs auf die

---

³³ HK-*Marotzke* § 110 RdNr. 4; aA LG Erfurt NZI 2004, 599.
³⁴ Vgl. zu §§ 573, 574 BGB aF RGZ 94, 279, 282; BGHZ 37, 346 = NJW 1962, 1860; BGH NJW 1967, 555, 556.
³⁵ Vgl. RGZ 94, 279, 281; BGHZ 137, 106 = NJW 1998, 595 = NZM 1998, 105, zur Grundstücksveräußerung (§ 566 b BGB); *Uhlenbruck/Berscheid* § 110 RdNr. 4; *Kübler/Prütting/Tintelnot* § 110 RdNr. 5.
³⁶ BGHZ 37, 346 = NJW 1962, 1960; *Jaeger/Henckel* § 21 RdNr. 18; FK-*Wegener* § 110 RdNr. 7; BGH NZM 2007, 561 (zur Zwangsverwaltung); aA RGZ 136, 407, 413; RGZ 144, 194, 197.
³⁷ AA *Marotzke* ZInsO 2007, 1, 13, der jedoch zugesteht, dass bei einem während des Insolvenzverfahrens fortbestehenden Hauptmietverhältnis die Anwendung der §§ 91, 110 Abs. 1 vertretbar sei.
³⁸ BGHZ 6, 202, 206 = NJW 1952, 867; BGHZ 15, 296 = NJW 1955, 301; BGH 37, 346, 352 = NJW 1962, 1860, 1861; zustimmend *Jaeger/Henckel* § 21 RdNr. 18; *Kuhn/Uhlenbruck*, KO, 11. Aufl., § 21 RdNr. 9; FK-*Wegener* § 110 RdNr. 8.
³⁹ *Uhlenbruck/Berscheid* § 110 RdNr. 5; *Braun/Kroth* § 110 RdNr. 4.
⁴⁰ Vgl. OLG Rostock OLG Report 2004, 369 (zur Zwangsverwaltung).
⁴¹ OLG Report 2001, 17 = ZInsO 2001, 239 (nur Leitsatz).
⁴² Zweites Gesetz zur Modernisierung der Justiz vom 22. 12. 2006 (BGBl. I, S. 3416, 3423).

Gebrauchsgewährung als Gegenleistung zu seinen Finanzierungsbeiträgen nicht mehr gegenüber anderen Gläubigern des Vermieters bevorzugt sein soll.

16 Den **guten Glauben des Mieters,** der in Unkenntnis der Verfahrenseröffnung an den Schuldner oder Zessionar leistet, schützt § 82. Er wird von seiner Schuld befreit, während der Zessionar ohne das Recht zur Aufrechnung mit Gegenansprüchen die ungerechtfertigte Bereicherung nach § 816 Abs. 2 BGB an die Masse auszukehren hat.[43]

17 **e) Vorausabtretung von Leasingraten.** Sind die Ratenforderungen betagt und sind die Leasingraten die Gegenleistung zu der wesentlichen Anfangsleistung des Leasinggebers,[44] so hindert § 91 den Rechtserwerb des Zessionars nicht.[45] Mit der Abtretung der zukünftig zu zahlenden Leasingraten würde der Leasinggeber nicht **für die spätere Zeit** verfügen. Sieht man hingegen in der fortdauernden Nutzung des Leasingobjektes nach Verfahrenseröffnung eine nicht vernachlässigbare Leistung des Leasinggebers (§ 108 RdNr. 34), so verfügt er mit der Zession der Raten insoweit „für die spätere Zeit", als sie der Sachnutzung entsprechen, während der die Finanzierungsleistung entgeltende Anteil nicht Gegenleistung zur Gebrauchsbelassung ist.

18 Demgemäß ist beim Leasing unbeweglicher Gegenstände die Vorausabtretung des dem Gebrauchswert entsprechenden Teils der Leasingraten über die zeitlichen Schranken des § 110 Abs. 1 hinaus unwirksam,[46] im Übrigen wirksam (zur rechnerischen Aufspaltung § 108 RdNr. 96). Gegen diese Folge kann sich die refinanzierende Bank durch ein Grundpfandrecht absichern und sich über §§ 1123, 1124 BGB wie jeder andere Realgläubiger den Zugriff auf die Leasingraten erhalten, ohne sich dem Vorwurf auszusetzen, § 110 Abs. 1 BGB zu umgehen.[47] Dieser Ausweg besteht jedoch nicht beim Leasing eingetragener Schiffe und Luftfahrzeuge, weil eine Zwangsverwaltung nicht möglich und eine Beschlagnahme zur Zwangsversteigerung in wirtschaftlicher Hinsicht wenig sinnvoll ist.[48]

19 **f) Stellung der Grundpfandrechtsgläubiger.** Grundsätzlich bleibt der durch den Haftungsverbund gemäß §§ 1123 ff. BGB erzielte Schutz erhalten, jedoch steht die den Realgläubigern gegenüber relative Unwirksamkeit von Vorausverfügungen (§ 1124 BGB) der Unwirksamkeit gegenüber der Masse nicht entgegen, denn sie sind nach § 49 nur absonderungsberechtigt und es ist ungewiss, ob sie ihr Recht geltend machen. Ohne Zwangsverwaltung hat der Verwalter die aus § 110 Abs. 1 folgende Unwirksamkeit geltend zu machen und die eingezogenen Mieten zur Befriedigung der Absonderungsrechte einzusetzen. Die Pfändung der Mieten durch absonderungsberechtigte Grundpfandgläubiger ist gem. § 49 auch dann unzulässig, wenn der Vermieter sie ihnen vor Verfahrenseröffnung abgetreten hatte.[49] Zur Vereinfachung des Ablaufs ist der Verwalter befugt, mit den absonderungsberechtigten Realgläubigern Absprachen über die Einziehung der letztlich ihnen zustehenden Mieteinnahmen zu treffen.[50] Da Zahlungen an einen absonderungsberechtigten Grundpfandrechtsgläubiger den Mieter von seiner Schuld befreien können,[51] kann auch eine Vorauszahlung der Masse gegenüber wirksam sein, wenn sie bestimmungsgemäß zur Befriedigung eines durch Grundpfandrecht gesicherten Gläubigers eingesetzt wurde.[52]

---

[43] *Obermüller/Livonius* DB 1995, 27, 32; *Uhlenbruck/Sinz* § 108 RdNr. 27; FK-*Wegener* § 110 RdNr. 6.
[44] So BGHZ 109, 368 = NJW 1990, 1113 = ZIP 190, 180; BGH DtZ 1997, 156 = ZIP 1997, 513.
[45] *Henssler* ZBB 1991, 33, 40; *Jaeger/Henckel* § 15 RdNr. 18.
[46] *Obermüller/Livonius* DB 1995, 27, 32; *Seifert* NZM 1998, 217; *Uhlenbruck/Sinz* § 108 RdNr. 127 FK-*Wegener* § 110 RdNr. 6; MünchKommBGB-*Habersack,* nach § 507, Leasing, RdNr. 140.
[47] FK-*Wegener* § 110 RdNr. 2; *Obermüller/Livonius* DB 1995, 27, 32; *Seifert* NZM 1998, 217.
[48] Dazu *Schmid-Burgk/Ditz* ZIP 1996, 1123, 1125; *Seifert* NZM 1998, 217, 220; *Schmalenbach/Sester* WM 2005, 301, 310; *Krämer* S. 169, 170.
[49] BGHZ 168, 339 = NJW 2006, 3356 = ZIP 2006, 1554 = ZfIR 2007, 206; aA HK-*Eickmann,* § 49 RdNr. 21; *Braun/Bäuerle* § 49 RdNr. 25; HambKomm-*Büchler* § 49 RdNr. 23.
[50] Vgl. RGZ 55, 118, 121; OLG München ZIP 1993, 136 = WM 1993, 434; BGH ZIP 2007, 35 = NZI 2007, 98 (unter RdNr. 17).
[51] BGH WM 1968, 947.
[52] OLG Düsseldorf ZMR 1972, 376; *Jaeger/Henckel* § 21 RdNr. 18.

Die mehr als einen Monat vor Verfahrenseröffnung – ohne Zwangsverwaltung – von **20** einem Realgläubiger ausgebrachte Pfändung der Mietforderung ist ebenfalls gemäß § 110 Abs. 1 und Abs. 2 Satz 2 nur zeitlich eng begrenzt wirksam.[53] Da § 21 KO eine dem jetzigen Abs. 2 Satz 2 entsprechende Bestimmung nicht enthielt, wurde dessen Anwendungsbereich auf Zwangsvollstreckungsmaßnahmen mit Ausnahme derjenigen auf Grund dinglichen Rechts ausgedehnt.[54] Demgegenüber stellt § 110 Abs. 2 Satz 2 ausdrücklich Zwangsvollstreckungsmaßnahmen den rechtsgeschäftlichen Verfügungen gleich. Zwar erlangt der Gläubiger nicht mehr, als ihm nach §§ 1123, 1124 BGB ohnehin zusteht, die Masse ist jedoch zur Einziehung berechtigt, und er bleibt auf abgesonderte Befriedigung angewiesen.

g) Folgen der unwirksamen Vorausverfügung. Soweit **Vorauszahlungen des Mie- 21 ters** oder Leasingnehmers der Masse gegenüber unwirksam sind, wird er nicht frei. Da die mit der Leistung an den Schuldner erstrebte Tilgungswirkung nicht eingetreten ist, ist der Schuldner gemäß § 812 Abs. 1 BGB ungerechtfertigt bereichert. Diesen Bereicherungsanspruch, der mit der Verfahrenseröffnung entsteht, kann der Mieter nur als Insolvenzgläubiger geltend machen.[55] Auch ist die Aufrechnung gegen den Anspruch der Masse auf Zahlung des laufenden Mietzinses bzw. der Leasingraten ausgeschlossen (§§ 96 Nr. 1, 110 Abs. 3), andernfalls würde die unwirksame Vorausverfügung letztlich doch gegen die Masse wirken. Nach unwirksamer **Vorausabtretung** bleibt die Masse zur Einziehung der Miete oder der Leasingraten berechtigt. Etwaige Ersatz- oder Rückgriffsforderungen kann der Zessionar nur als Insolvenzgläubiger geltend machen.

2. Aufrechnung gegen den Anspruch auf Miete und Leasingraten. Eine während **22** des Eröffnungsverfahrens[56] oder vorher begründete Aufrechnungslage, die nicht anfechtbar hergestellt wurde (§ 96 Abs. 1 Nr. 3), bleibt nach § 94 erhalten. Die Aufrechnung des Mieters mit seinen vor Verfahrenseröffnung begründeten Ansprüchen gegen die nach Eröffnung fälligen Mietforderungen schloss der BGH unter Geltung der KO gemäß § 55 Nr. 1 KO – dem entspricht 96 Abs. 1 Nr. 1 – aus, weil er die mit der periodischen Gebrauchsgewährung korrespondierenden Mietforderungen für die Zeit nach Verfahrenseröffnung erst nach diesem Termin „zur Masse schuldig" wird.[57] Dies, so der BGH damals, galt wegen der Besonderheiten der die Erfüllung von Miet- und Pachtverträgen regelnden Vorschriften der KO unabhängig davon, ob die Mietforderung befristet oder betagt ist. Als Ausnahme zu § 96 Abs. 1 Nr. 1,[58] den § 110 Abs. 3 Satz 2 nicht zitiert, kann der Mieter gegen Miet- oder Pachtforderungen, die den bei Verfahrenseröffnung laufenden Monat, bei Eröffnung nach dem 15. Tag auch den Folgemonat betreffen, mit einer Forderung aufrechnen, die er sonst nur als Insolvenzgläubiger geltend machen könnte.[59]

Zum **Verhältnis der §§ 94, 95 Abs. 1, 96 Abs. 1 Nr. 1, 110 Abs. 3** vertritt der BGH **23** nunmehr eine aufrechnungsfreundliche Sicht, soweit der Mieter gegen nach Verfahrenseröffnung fällige Mietforderungen mit Gegenforderungen aufrechnet, die in dem Mietverhältnis begründet sind.[60] In Einklang mit dem zur Mieterinsolvenz ergangenen Urteil vom 11. 11.

---

[53] BGHZ 168, 339 = NJW 2006, 3356 = ZIP 2006, 1554; aA HK-*Marotzke* § 110 RdNr. 10; *Uhlenbruck/Berscheid* § 110 RdNr. 8; FK-*Wegener* § 110 RdNr. 11; *Kalkschmid* RdNr. 436.
[54] *Jaeger/Henckel* § 21 RdNr. 15; *Kuhn/Uhlenbruck*, KO, 11. Aufl., § 21 RdNr. 7; *Belz* in *Bub/Treier* VII. B. RdNr. 192.
[55] *Henssler* ZBB 1991, 33, 36; *Jaeger/Henckel* § 21 RdNr. 17; *Uhlenbruck/Berscheid* § 108 RdNr. 36 und § 110 RdNr. 11; *Kilger/K. Schmidt* § 21 KO Anm. 7; FK-*Wegener* § 110 RdNr. 13; *Nerlich/Römermann/Balthasar* § 110 RdNr. 12; *Belz* in *Bub/Treier* VII. B. RdNr. 191.
[56] § 96 Abs. 1 Nr. 1 ist während des vorläufigen Verfahrens auch bei Einsetzung eines verwaltungs- und verfügungsbefugten vorläufigen Verwalters nicht anwendbar, BGH NJW 2004, 3118 = ZIP 2004, 1588.
[57] BGHZ 86, 382, 386 = NJW 1983, 1119, 1120 = ZIP 1983, 332, 333.
[58] BGH NJW-RR 2005, 1641 = NZI 2005, 553 = ZIP 2005, 1521.
[59] So die überwiegende Auffassung im Schrifttum zu § 110 Abs. 3: *Kübler/Prütting/Tintelnot*, § 110 RdNr. 10, 11; FK-*Wegener*, § 110 RdNr. 15; *Uhlenbruck/Berscheid*, § 110 RdNr. 12, 13; *Braun/Kroth* § 110 RdNr. 9; *Smid*, § 110 RdNr. 8, 9; *Hess*, § 110 RdNr. 16; Vorauflage RdNr. 22.
[60] BGH ZIP 2007, 239 = NZI 2007, 164 = NZM 2007, 162.

2004[61] betont er den aus § 95 Abs. 1 Satz 1 folgenden vorrangigen Schutz des Gläubigers, dessen Forderung in ihrem rechtlichen Kern bereits gesichert ist und ohne weiteres Zutun des Forderungsinhabers fällig wird. Er verweist darauf, dass Mietforderungen befristet i. S. d. §§ 163, 95 Abs. 1 Satz 1 entstehen. Auf diese Weise reduziert er den Anwendungsbereich des § 96 Abs. 1 Nr. 1 („zur Masse schuldig werden") und lässt die Aufrechnung während des Verfahrens zu, sofern die zur Aufrechnung gestellte Forderung ebenfalls in ihrem Kern vor Verfahrenseröffnung entstanden ist. § 110 Abs. 3 steht seiner Ansicht nach dieser Auffassung nicht entgegen, denn diese Bestimmung beschränkt nicht die nach § 95 bestehende Aufrechnungsmöglichkeit, sondern schließt die Unzulässigkeit der Aufrechnung gem. § 96 Abs. 1 Nr. 1 für die in § 110 Abs. 3 bezeichnete Übergangszeit aus. § 110 Abs. 3, so das Fazit des BGH, gewährt ein zusätzliches Aufrechnungsrecht. Demgemäß kann der Mieter mit seinem Anspruch auf **Rückerstattung von Betriebskosten** auch dann gegen die nach Verfahrenseröffnung fällige Miete aufrechnen, wenn er vor Verfahrenseröffnung zu hohe Vorauszahlungen geleistet hat.

24 Nach den vom BGH entwickelten Grundsätzen ist der Mieter nicht gehindert, gegen die laufende Miete aufzurechnen, wenn er einen Anspruch auf **Rückzahlung überzahlter Miete** hat, weil die Mietminderung vertraglich ausgeschlossen ist und er vor Verfahrenseröffnung zur Vermeidung einer außerordentlichen Kündigung die ungekürzte Miete entrichtet hat.[62] Dasselbe gilt für die **Aufrechnung mit Aufwendungsersatzansprüchen** nach §§ 536 a Abs. 2 und 539 Abs. 1 BGB. Die Auffassung des BGH erlaubt sogar die Überlegung, ob der Mieter seinen Anspruch auf Rückerstattung der Kaution, die der Schuldner als Vermieter nicht von seinem Vermögen getrennt angelegt hatte (dazu § 108 RdNr. 109 ff.), der nach Verfahrenseröffnung fälligen Miete, soweit er diese nicht gezahlt hat, entgegensetzen kann.[63] § 110 Abs. 3 lässt der BGH nahezu bedeutungslos werden, denn die zur Aufrechnung gestellten Forderungen sind in aller Regel in dem vor Verfahrenseröffnung eingegangenen Mietverhältnis begründet und in ihrem rechtlichen Kern gesichert. Zum Nachteil der Insolvenzmasse wird der Gegenleistungsgrundsatz durchbrochen, weil die Masse den Mietgebrauch gewähren muss, obwohl ihr wegen der zulässigen Aufrechnung die laufenden Mieteinnahmen entgehen. In der Insolvenz des Vermieters steht der Mieter besser als bei Zwangsverwaltung des Mietgrundstücks (vgl. § 1125 BGB).

25 **3. Zurückbehaltung der Miete.** Die Zurückbehaltung von Zahlungen, die der Masse zustehen, bis zur Befriedigung der Forderungen des Mieters, die er nur als Insolvenzgläubiger geltend machen kann, liefe dem Grundsatz der §§ 87, 174 zuwider. Auch schützt § 51 Nr. 2 und 3 den zur Einbehaltung seiner Leistung Berechtigten nur unter engen Voraussetzungen. Der Mieter, der Ersatz seiner Aufwendungen auf die Mietsache fordern kann (z. B. nach §§ 536 a Abs. 2, 539 Abs. 1 BGB), kann zwar abgesonderte Befriedigung aus dem Erlös durch Verwertung der Mietsache – dazu zählt auch die Vermietung – verlangen (§ 51 RdNr. 220), hat jedoch grundsätzlich kein insolvenzverfahrensfestes Zurückbehaltungsrecht.[64] Gleichwohl sollte der Mieter, der mangels Gleichartigkeit der Forderungen nicht (z. B. als Inhaber eines Befreiungsanspruchs) oder kurz vor Eintritt der Fälligkeit noch nicht aufrechnen kann, zumindest analog § 110 Abs. 3 in den dort bezeichneten zeitlichen Grenzen die Miete einbehalten können.[65] Mit dem Grundprinzip des § 110 Abs. 1 und 3 ist diese Analogie zu vereinbaren. Auch ist es nicht zwingend geboten, das Zurückbehaltungsrecht eines Insolvenzgläubigers weniger zu schützen als seine Aufrechnungsbefugnis.

---

[61] ZIP 2005, 181 = NZI 2005, 164 = NZM 2005, 342.
[62] Dazu *Hörndler* in *Lindner-Figura/Oprée/Stellmann*, Kap. 20 RdNr. 87.
[63] AA BGH WM 1978, 1326.
[64] *Jaeger/Henckel* § 21 RdNr. 22; FK-*Wegener* § 110 RdNr. 16; *Braun/Kroth* § 110 RdNr. 12.
[65] HK-*Marotzke* § 110 RdNr. 15; aA *Braun/Kroth* § 110 RdNr. 11; HambKomm-*Ahrendt* § 110 RdNr. 9.

III. Verträge über bewegliche Sachen und Rechte

1. Vorausverfügungen, insbesondere Abtretungen. a) Diskussionsstand vor In- **26** **krafttreten der InsO.** In ihrer Ursprungsfassung vom 10. 2. 1877 enthielt die Konkursordnung keine dem § 21 Abs. 2 und 3 KO entsprechende Regelung. Das Reichsgericht[66] sprach sich zunächst gegen die Wirksamkeit einer Abtretung aus und begründete dies mit der Erwägung, die Masse gewähre den Mietgebrauch, deshalb komme ihr der Anspruch auf die betreffende Mietzinsrate zu. Später ließ es die Frage offen[67] und bezweifelte im Urteil vom 5. 1. 1898 die Wirksamkeit von Vorausverfügungen nicht mehr, wobei es sich mit der Begründung begnügte, dass „solchen Vorauszahlungen in den Gesetzen im Allgemeinen nirgend entgegengetreten" sei.[68] Die Begründung der KO-Novelle, die zur Einführung des § 21 Abs. 2 und 3 KO durch Gesetz vom 20. 5. 1898 führte, ging außerhalb der Grundstücksmiete oder -pacht von der unbeschränkten Wirksamkeit von Vorausverfügungen über den Zins aus.[69] Gleichwohl blieb die Kontroverse. Die Stimmen, die für die Wirksamkeit eintraten, zogen zumeist den Umkehrschluss aus § 21 Abs. 2 KO,[70] während sich die Gegenansicht auf das Gegenleistungsprinzip sowie auf § 15 KO stützte.[71]

Der Grundsatz, das Mietobjekt und seine Nutzung stünden der Masse zu, basiert auf der **27** Identität von Vermieter und Eigentümer und greift allenfalls abgeschwächt ein, wenn der Schuldner bei Verfahrenseröffnung nicht Eigentümer ist. Hieran und an die Rechtsprechung des BGH zum Anspruch des nutzungsberechtigten Sicherungsnehmers auf die durch Vermietung gezogenen Nutzungen im Konkurs des Sicherungsgebers[72] anknüpfend war bei der **Abtretung zukünftiger Leasingraten** nach verbreiteter Auffassung[73] zusätzlich von Bedeutung, dass der Leasinggeber dem refinanzierenden Zessionar zugleich das Leasingobjekt zur Sicherung seiner Ansprüche überträgt. Die Refinanzierungsbank, die die Anschaffung des Leasingguts finanziert habe, sei in gleicher Weise zu schützen, wie der Mieter, der durch seine Aufbau- oder Finanzierungsleistung die Herstellung des Mietobjekts gefördert habe. Bei wirtschaftlicher Betrachtung erbringe nach Übergabe der Leasingsache weniger der Leasinggeber bzw. die Masse die von ihm geschuldete Leistung als vielmehr die Refinanzierungsbank, der auf Grund des Rechtszuweisungsgehalts der Sicherungsübertragung der Nutzungswert des Leasingguts zustehe; daher sei die Masse durch den Verlust der Leasingraten, die an ihr vorbei dem Zessionar zufließen, nicht oder nur in geringem Umfang betroffen.

In seinem grundlegenden, ein Leasinggeschäft betreffenden Urteil vom 14. 12. 1989 **28** befasste sich der IX. Zivilsenat des Bundesgerichtshofs[74] sowohl mit der Gesetzessystematik als auch mit dem Gegenleistungsaspekt und den Auswirkungen des 15 KO (jetzt § 91). Der

---

[66] RGZ 6, 109, 112 in Anschluss an RGZ 1, 347, 348.
[67] RGZ 33, 45, 50.
[68] RGZ 40, 120, 122.
[69] Materialien zum Gesetz zur Änderung der Konkursordnung, 1898, S. 30, 31 = *Hahn/Mugdan* Bd. VII., S. 238.
[70] Für die Wirksamkeit von Vorausverfügungen bei Miete: *Henssler* ZBB 1991, 33, 41; *Mohrbutter* ZAP 1989, 555, 560 = Fach 14 S. 23, 28; *Walz*, WM, Sonderbeilage 10/1985, 1, 16; *Kurlbaum/Kühne* § 21 Anm. 4; *Wolff*, KO, 2. Aufl. § 21 Anm. 6; *Jaeger/Lent*, KO, 8. Aufl., § 21 RdNr. 5; *Kuhn/Uhlenbruck*, KO, 11. Aufl., § 21, RdNr. 11; *Kilger/K. Schmidt* § 21 Anm. 4 (mit Begrenzung auf betagte Forderungen); speziell zum Leasing: *Ackmann* EWiR 1990, 173; *Bernstein* DB 1989, 567; *Gerhardt*, Festschrift für Schwab S. 139, 141; *Scherl* FLF 5/1989 S. 183, 188; *Uhlenbruck/Sinz* WM 1989, 1113; *Ullrich/Irmen* WuB IV B § 21 KO 1.89, 552; *Vortmann* WM 1988, 1117; *Baumgarte*, S. 91; *Sinz*, Factoring, RdNr. 230.
[71] OLG Düsseldorf NJW-RR 1989, 402 = ZIP 1989, 54 (Berufungsurteil zu BGHZ 109, 368); *Henckel*, Festschrift für Baur S. 443, 456; *Eckert* ZIP 1990, 185; *Schäfer* BB 1990, 82; *Scherl* FLF 5/1989 S. 183, 188; *Jaeger/Henckel* § 21 RdNr. 34 ff.
[72] BGH NJW 1980, 226.
[73] *Ackmann* EWiR 1990, 173, 174; *Gerhardt*, Festschrift für Schwab S. 139, 148; *Henssler* ZBB 1991, 33, 37; *Obermüller/Livonius* DB 1995, 27, 31; *Seifert* FLF 1995, 13, 16; *Uhlenbruck/Sinz* WM 1989, 1113, 1121; *Ullrich/Irmen* WuB VI B. § 21 KO 1.89 S. 522, 524; *Tintelnot* ZIP 1995, 616, 621; *Zahn* DB 1995, 1597, 1599.
[74] BGHZ 109, 368 = NJW 1990, 1113 = ZIP 1990, 180.

historische Gesetzgeber, so führte er aus, habe den möglichen Umkehrschluss aus § 21 Abs. 2 KO nicht übersehen, sondern als zutreffend hingenommen. Rechtssystematisch sei von der freien Verfügbarkeit über Forderungen auszugehen. Unwirksam seien Vorausverfügungen nur im Immobilienrecht, so zum Schutz des Grundpfandgläubigers gemäß §§ 1124, 1124 BGB und des Grundstückserwerbers nach §§ 573 bis 575 BGB (jetzt §§ 566 b ff. BGB). Im Gegensatz hierzu erstrecke sich das Pfandrecht an beweglichen Sachen nicht auf Miet- und Pachtzinsforderungen und der Inhaber werde nicht gegen Vorausverfügungen über den Mietzins geschützt.[75] Den Gegenleistungsgesichtspunkt hält der BGH im Regelfall des Leasings nicht für einschlägig, weil sich nach der hauptsächlichen Anfangsleistung die weitere Verpflichtung des Leasinggebers darauf beschränke, dem Leasingnehmer den ungestörten Gebrauch zu belassen.[76] Da der Anspruch auf die Leasingraten betagt sei, stehe § 15 KO (jetzt § 91) einem Rechtserwerb nach Verfahrenseröffnung nicht entgegen.

29   **b) Vorausverfügungen über Leasingraten bei insolvenzverfahrensfesten Verträgen (§ 108 Abs. 1 Satz 2). aa) Leasing ohne Zusatzpflichten des Leasinggebers.** Auf die kontroverse Diskussion geht die Begründung des Regierungsentwurfs zur Ursprungsfassung der §§ 108 und 110 nicht ein. Die spätere Beschlussempfehlung des Rechtsausschusses des Bundestages zur Einfügung des § 108 Abs. 1 Satz 2[77] belegt jedoch das auf dem Rechtszuweisungsgehalt des Sicherungseigentums und der geringfügigen Belastung der Masse basierende Bestreben, in Leasingverträgen über die in dieser Vorschrift genannten Gegenstände Vorausabtretungen bestandskräftig auszugestalten. Unter den sachlichen Voraussetzungen des § 108 Abs. 1 Satz 2 (§ 108 RdNr. 45 ff.) ist demnach die Vorausabtretung des Leasingratenanspruchs (Forfaitierung) der Masse gegenüber zeitlich unbegrenzt wirksam, sofern sie nicht über die Gebrauchsgewährung hinaus durch Zusatzpflichten belastet wird.[78] Diese auf die Sonderkonstellation des § 108 Abs. 1 Satz 2 begrenzte Wertung des Gesetzes verdrängt den Grundsatz des § 91 und einen etwaigen Umkehrschluss aus § 110 Abs. 1, und zwar auch dann, wenn der Anspruch auf die Leasingraten erst nach Verfahrenseröffnung vollständig begründet wird, weil der Leasingnehmer die Leasingsache erst dann übernimmt.

30   Die wirksame Vorausabtretung erfasst nicht nur alle Leasingraten, die während der **Grundmietzeit** zu zahlen sind, sondern auch die Raten, die nach automatischer **Vertragsverlängerung** mangels Widerspruchs anfallen.[79] Dasselbe gilt bei einer Vertragsverlängerung auf Grund einer im Vertrag vorgesehenen **Option;**[80] sie bindet als typische Regelung die Masse gemäß § 108 Abs. 1 ebenso wie eine automatische Verlängerungsmöglichkeit. Obwohl sich der Vertrag nicht ohne Zutun der Vertragsparteien verlängert, hat die Verlängerung auf Grund Option ihren Keim im Ursprungsvertrag. Rechtlich kann es nicht von Belang sein, ob der Leasingnehmer die Fortsetzung des Vertrages durch Unterlassen einer Kündigung oder durch eine ausdrückliche Erklärung herbeiführt.[81]

31   Hingegen stehen die Leasingraten, die nach **stillschweigender Vertragsverlängerung** gemäß § 545 BGB anfallen, der Masse zu;[82] zwar sind auch sie im Ursprungsvertrag begründet. Dass sie überhaupt entstehen, beruht jedoch auf den nach außen nicht mani-

---

[75] So auch *Mohrbutter* ZAP 1989, 555, 561 = Fach 14 S. 23, 29; *Ullrich/Irmen* WuB IV B § 21 KO 1.89, 552.
[76] BGHZ 109, 368, 380 = NJW 1990, 1113, 1116 = ZIP 1990, 180, 185, unter Hinweis auf BGH NJW 1988, 198 = ZIP 1987, 1390.
[77] BT-Drucks. 13/4699 S. 6.
[78] *Michalski/Ruess* NZI 2000, 250, 251; *Schmid-Burgk/Ditz* ZIP 1996, 1123; *Seifert* NZM 1998, 217, 218; FK-*Wegener* § 110 RdNr. 3; *Uhlenbruck/Sinz* § 108, RdNr. 117; MünchKommBGB-*Habersack*, nach § 507, Leasing, RdNr. 140; *v. Westphalen* RdNr. 1856; *Krämer* S. 191.
[79] BGHZ 118, 282 = NJW 1992, 2150 = ZIP 1992, 1992, 930; *Obermüller*, Kölner Schrift, S. 985, 994 RdNr. 35; *Michalski/Rues* NZI 2000, 250, 251.
[80] *Mohrbutter* ZAP 1989, 555, 563 = Fach 14 S. 23, 31; *Klinck* KTS 2007, 37, 59; aA *Ganter*, oben § 47 RdNr. 241.
[81] *Obermüller*, Kölner Schrift, S. 985, 994 RdNr. 36.
[82] *Eckert* ZIP 1990, 185, 187.

festierten Entscheidungen – oder der Vergesslichkeit – des Verwalters, die Leasingsache nach dem vorgesehenen Vertragsende nicht zurückzufordern, und der des Leasingnehmers, sie nicht zurückzugeben. Diese Konstellation ähnelt mehr der zwischen beiden vereinbarten Fortdauer des Vertrages als der einseitig herbeigeführten Verlängerung.

Die **Sonderzahlung zu Vertragsbeginn** und der **Ausgleich des kalkulierten Rest-** 32 **werts** nach Vertragsende – beim Kfz.-Leasing verbreitet – dienen wie die Leasingraten der Amortisation. Wegen des Entgeltcharakters werden sie daher im Zweifel von der Abtretung erfasst. Die bei **Teilamortisationsverträgen** übliche Ausgleichszahlung, die sich der Leasinggeber für den Fall der ordentlichen Kündigung des Leasingvertrages ausbedingt, hat ebenfalls Entgeltcharakter, weil sie die weggefallenen Leasingraten kompensiert.[83] Sie schließt die Amortisationslücke, wobei das Amortisationsziel unverändert bleibt. Der Rechtserwerb des Zessionars scheitert somit nicht an § 91.[84]

Ansprüche in der **Abwicklungsphase** sind als Folge der Vertragsbeendigung noch nicht 33 im Vertrag selbst begründet, sondern werden durch ein weiteres Ereignis nach Verfahrenseröffnung ausgelöst, etwa die fristlose Kündigung.[85] Sie sind bezogen auf die Leasingraten ein „aliud". Dass sie wirtschaftlich die weggefallenen Raten ersetzen, ist demgegenüber unerheblich. Daher werden der Schadensersatzanspruch des Leasinggebers gegen den Leasingnehmer wegen einer von ihm zu vertretenden vorzeitigen Vertragsbeendigung, die dem Leasinggeber nach außerordentlicher Kündigung eines Leasingvertrags zustehende Abschlusszahlung sowie die Nutzungsentschädigung wegen Vorenthaltung der Leasingsache nach Vertragsende (§ 546 a BGB) ungeachtet ihrer Funktion als Ersatz für die entfallen Leasingratenansprüche nicht von der Vorausverfügung erfasst.

Beim Leasing mit Erwerbsmöglichkeit sind die Gebrauchsüberlassung und die auf Eigen- 34 tumsveränderung abzielenden Vertragsbestandteile zu trennen[86] (§ 108 RdNr. 63). Den Anspruch auf den **Erlös aus der Veräußerung des Leasingguts** an den Leasingnehmer, der nach Ablauf der Grundmietzeit eine Erwerbsoption ausübt oder kraft Andienungsrechts die Leasingsache übernimmt, kann die Vorausverfügung schon deshalb nicht umfassen, weil der Kaufpreisanspruch – auch wenn er der Höhe schon im Leasingvertrag festgelegt wird – erst nach Verfahrenseröffnung mit Ausübung der Option oder des Andienungsrechts begründet wird.[87] Der ohnehin zweifelhafte Umkehrschluss aus § 110 Abs. 1 lässt sich nicht dagegensetzen, denn der Verwertungserlös ist etwas anderes als das Nutzungsentgelt, so dass der Regelungsgehalt dieser Vorschrift nicht tangiert ist.[88]

Ob der Zessionar nach Offenlegung der Zession die ihm wirksam abgetretene Forderung 35 unmittelbar vom Leasingnehmer einziehen kann oder ob er nur zur Absonderung berechtigt ist, bestimmt sich nach § 166. Im Rahmen des echten Factorings kann der aussonderungsberechtigte Zessionar unmittelbar den Leasingnehmer in Anspruch nehmen.[89] Wurde die Leasingforderung nur zur Sicherung abgetreten, so kann die Bank absondern (oben § 47 RdNr. 217).[90]

bb) Atypische Leasingverträge mit Zusatz- und Gewährleistungspflichten. Nicht 36 durch Einfügung des § 108 Abs. 1 Satz 2, entschieden ist die Wirksamkeit von Voraus-

---

[83] Vgl. BGHZ 97, 65 = NJW 1986, 1335 = ZIP 1986, 439.
[84] Obermüller/Livonius DB 1995, 27, 30; Obermüller, Kölner Schrift, S. 985, 995 RdNr. 39; MünchKommBGB-Habersack, nach § 507, Leasing, RdNr. 139; Peters ZIP 2000, 1759, 1761.
[85] BGHZ 118, 282 = NJW 1992, 2150 = ZIP 1992, 930.
[86] BGHZ 109, 368, 375 = NJW 1990, 1113, 1115 = ZIP 1990, 180, 183; Jaeger/Henckel § 21 RdNr. 43; Uhlenbruck/Sinz § 108 RdNr. 74; Kilger/K. Schmidt § 21 Anm. 2; Henckel, Festschrift für Baur S. 443, 463; Mohrbutter ZAP 1989, 555, 563; aA Baumgarte S. 92; Obermüller, Kölner Schrift, S. 985, 995 RdNr. 37; Michalski/Rues NZI 2000, 250, 251. Zur aufschiebend bedingten Option Klinck KTS 2007, 37, 61.
[87] BGHZ 109, 368, 375 = NJW 1990, 1113, 1115 = ZIP 1990, 180, 183; dazu Peters ZIP 2000, 1759, 1768.
[88] Henssler ZBB 1991, 33, 41.
[89] Uhlenbruck/Sinz, § 108 RdNr. 121; Obermüller, Kölner Schrift, S. 985, 999 RdNr. 56.
[90] Kilger/K. Schmidt § 43 Anm. 11 c und § 48 Anm. 1; Michalski/Ruess NZI 2000, 250, 251 ff.; Schwemer ZMR 2000, 348, 354; aA Kuhn/Uhlenbruck, KO, 11. Aufl., § 23 RdNr. 20 e; Obermüller, Kölner Schrift, S. 985, 999, RdNr. 58.

§ 110 37–40   3. Teil. 2. Abschnitt. Erfüllung Rechtsgeschäfte. Mitwirkung BR

verfügungen bei **atypischen Leasingverträgen mit Zusatzleistungen** des Leasinggebers – z. B. Service, Wartung, Modernisierung der Hard- und/oder Software bis zum Austausch, Versicherung des Kraftfahrzeugs –, in die die Masse gemäß § 108 Abs. 1 einzutreten hat (dazu § 108 RdNr. 62). Im Schrifttum wurden und werden die Auswirkungen solcher Zusatzpflichten auf die Refinanzierung eingehend mit kontroversen Lösungen diskutiert.[91] Der Rechtsausschuss des Bundestages war von der Aufteilung der Leasingraten in die Finanzierung und Gebrauchsgewährung sowie die Zusatzleistungen abgeltende Anteile ausgegangen,[92] ein ohne entsprechende Vertragsgestaltung rechtlich nicht begründbarer Ausweg. Entscheidend sollte sein, dass die Leasingraten nicht nach Grund, Höhe und Zahlungsmodalitäten festgelegt sind, wenn sie davon abhängen, inwieweit der Leasinggeber seinen Zusatzpflichten nachkommt. Entsteht der Anspruch auf die Leasingraten nicht als betagte Forderung, so sind Vorausverfügungen der Masse gegenüber unwirksam.[93] Ihr stehen die Raten insgesamt zu, ggf. mit einer Ausgleichspflicht zu Gunsten des Zessionars.

37 Unter dem Eindruck dieser Diskussion lagert die Vertragspraxis die Zusatzverpflichtungen in einen von dem Leasingvertrag unabhängigen Vertrag aus (dazu § 108 RdNr. 62), so dass die Vorausabtretung das Entgelt für diese nicht erfasst. Für den Leasingnehmer hat diese Aufspaltung den Nachteil, dass er an den eigentlichen Leasingvertrag gebunden bleibt, während der Insolvenzverwalter die Zusatzleistungen gem. § 103 ablehnen kann.

38 Bei **Leasingverträgen ohne Freistellung von der mietrechtlichen Gewährleistung** (z. B. Herstellerleasing oder unwirksame Abbedingung der mietrechtlichen Gewährleistung) schulden der Leasinggeber und nachfolgend die Masse wie der Vermieter die Gebrauchsgewährung und Gewährleistung nach §§ 535 ff. BGB. Die Vorausverfügung ist daher wie bei der Miete (RdNr. 42) unwirksam.

39 cc) **Vertragsdurchführung und -gestaltung nach wirksamer Abtretung.** Trotz Abtretung der Leasingraten erlangt der Zessionar ohne ausdrückliche Vereinbarung keine Möglichkeit, auf das Vertragsverhältnis einzuwirken. Die weitere Vertragsdurchführung obliegt allein dem Verwalter. Er bleibt zuständig für die Abgabe und Entgegennahme rechtserheblicher Erklärungen, die Auseinandersetzung mit dem Lieferanten und Leasingnehmer über berechtigte oder unberechtigte Forderungen oder Anliegen sowie für die Abwicklung des Vertrages nach Beendigung. Er führt hiermit ein eigenes Geschäft, keinesfalls das des Zessionars, so dass ein **Aufwendungsersatzanspruch** nach den Regeln der Geschäftsführung ohne Auftrag nicht in Betracht kommt.

40 Die Frage, ob der Zedent trotz Forderungsabtretung zur **Kündigung** oder sonstiger vorzeitigen **Vertragsauflösung** ohne Zustimmung des Zessionars befugt bleibt,[94] stellt sich nicht, weil dem Leasinggeber in aller Regel beides auf Grund der Sicherungsabrede verwehrt ist. Eine dahingehende Abrede zwischen ihm und dem Zessionar ist jedenfalls nicht nach § 119 unwirksam, weil diese Vorschrift nur die spezifischen insolvenzrechtlichen Gestaltungsmöglichkeiten des Verwalters schützt. Sie ist auch nicht nach § 307 BGB unangemessen. Das Interesse des Sicherungsnehmers an dem rechtlichen Bestand der ihm zedierten Leasingraten ist offensichtlich; demgegenüber besteht kein anerkennenswertes Interesse des Leasinggebers, den Vertrag gegen den Willen des Zessionars beenden zu können, denn die Leasingraten laufen ohnehin an ihm vorbei; die Lästig-

---

[91] *Uhlenbruck/Sinz* WM 1989, 1113, 1122; *Eichenhofer*, Festschrift für Schwab S. 139, 150; *Seifert*, NZM 1998, 217, 220; *Ackmann* EWiR 1990, 173, 174; *Bien* ZIP 1998, 1017, 1021; *Livonius* ZInsO 1998, 111, 114; *Seifert* NZM 1998, 217, 220; *Uhlenbruck/Sinz* § 108 RdNr. 118, 119; *Tintelnot* JZ 1990, 872, 873; *Kübler/Prütting/Tintelnot* § 108 RdNr. 25; *Nerlich/Römermann/Balthasar* § 108 RdNr. 16; *Krämer* S. 198 ff; *Klinck* KTS 2007, 37, 57; Vorauflage RdNr. 36, 37.
[92] BT-Drucks. 13/4699 S. 6.
[93] Vgl. OLG Celle ZMR 1999, 382, dazu Nichtannahmebeschluss des BGH – XII ZR 309/96 – vom 10. 2. 1999; *Vortmann* WM 1988, 1117, 1119; ähnlich wohl *Tintelnot* ZIP 1995, 616, 622.
[94] Vgl. BGH NJW 1973, 1793; NJW 1985, 2640, 2641 mit Überblick über den Streitstand; speziell zur Miete: *Soergel/Heintzmann* § 549 RdNr. 43; *Sternel* III. RdNr. 86; *Wolf/Eckert/Ball*, RdNr. 475.

keiten der Vertragsdurchführung sind ihm wie auch der späteren Insolvenzmasse zuzumuten.

Realisiert sich das der Masse verbliebene restliche **Gewährleistungsrisiko** (§ 108 Rd- **41** Nr. 75), so ist der Zessionar, der die Leasingraten eingezogen hat, nach tatsächlichem oder unterstelltem Rücktritt vom Kaufvertrag bei der Rückabwicklung nicht deshalb zu schonen, weil nicht er, sondern der Schuldner den insolventen Vertragspartner ausgesucht und mit ihm kontrahiert hat.[95] Vielmehr ergreift die nach Wegfall der Geschäftsgrundlage erforderliche Rückabwicklung des Leasingvertrages auch die abgetretenen Leasingraten.[96] Soweit die vom Zessionar eingezogenen Leasingraten den Wert der zu vergütenden Nutzung des Leasingobjekts übersteigen, ist der Rechtsgrund für die Leistungen des Leasingnehmers nachträglich entfallen.

c) Vorausverfügung über die Miete bei insolvenzverfahrensfesten Verträgen. Da **42** die Mietforderung nicht betagt ist, sondern befristet abschnittsweise mit dem jeweiligen Überlassungszeitraum entsteht,[97] ist die Verfügung erst mit vollständiger Begründung der Forderung perfekt. Für Zeiträume nach der Verfahrenseröffnung sind Vorausverfügungen, auch Vorauszahlungen des Mieters, nach § 91 der Masse gegenüber unwirksam.[98] Hieran kann die mit Einfügung des § 108 Abs. 1 Satz 2 bezweckte Insolvenzverfahrensfestigkeit der Abtretung nichts ändern.[99]

d) Vorausverfügungen bei dem Verwalterwahlrecht unterliegenden Verträgen. **43** **aa) Vorausverfügungen über die Miete.** Wählt der Verwalter die Erfüllung, so erfassen eine vor Verfahrenseröffnung vorgenommene Abtretung zukünftiger Mietansprüche und sonstige Vorausverfügungen nicht die nach der Verfahrenseröffnung fällig werdenden Mietforderungen, denn die Entscheidung des Verwalters für die Erfüllung begründet den zuvor nicht durchsetzbaren Anspruch neu;[100] der Erlös aus dem von der Masse gemäß § 103 erfüllten Vertrag steht ihr zu.[101] Somit ist der Verwalter weder beim vollzogenen noch beim nicht vollzogenen Vertrag[102] gehindert, trotz Vorausabtretung oder Vorauszahlung Erfüllung zu wählen und die nach Verfahrenseröffnung anfallenden Mietzahlungen zur Masse zu ziehen. Dem früher diskutierten und umstrittenen Umkehrschluss aus § 21 Abs. 2 KO (RdNr. 26) ist die Grundlage entzogen, da die InsO Immobilienmietverhältnisse und andere Mietverträge unterschiedlich behandelt; § 110 erlaubt somit keinen Rückschluss auf die Bestandskraft von Vorausverfügungen bei Miet- und Pachtverträgen über bewegliche Sachen oder Rechte. Der Mieter, der die Miete vor Verfahrenseröffnung im Voraus entrichtet hat, kann somit zur nochmaligen Zahlung verpflichtet sein,[103] wenn er das Mietobjekt nach Verfahrenseröffnung nutzt.

Die Abtretung des Anspruchs und sonstige Verfügungen über die Miete, die Entgelt für **44** die Gebrauchsgewährung vor Verfahrenseröffnung ist, muss die Masse gegen sich gelten lassen, weil sie den Mietgebrauch nicht gewährt.

---

[95] So *Uhlenbruck/Sinz* WM 1989, 1113, 1121.
[96] *Pape* WPrax 13/1994 S. 5, 11.
[97] BGHZ 111, 84 = NJW 1990, 1785 = ZIP 1990, 646; BGHZ 118, 282 = NJW 1992, 2150 = ZIP 1992, 930; § 108 RdNr. 29.
[98] OLG Celle ZMR 1999, 382, rechtskräftig durch Nichtannahmebeschluss des BGH – XII ZR 309/96 – vom 10. 2. 1999.
[99] *Kübler/Prütting/Tintelnot* § 110 RdNr. 3.
[100] BGHZ 103, 249 = NJW 1988, 1790 = ZIP 1988, 322; BGHZ 106, 236 = NJW 1989, 1282 = ZIP 1989, 171; BGHZ 116, 156 = NJW 1992, 507 = ZIP 1992, 48; BGHZ 129, 336 = NJW 1995, 1966 = ZIP 1995, 926; BGHZ 150, 353 = NJW 2002, 2783 = ZIP 2002, 1093; BGHZ 155, 87 = NJW 2003, 2744 = ZIP 2003, 1208; *Kreft*, Festschrift für Fuchs S. 115 = ZIP 1997, 865. Zu den Auswirkungen dieser Rechtsprechung auf Miete und Leasing: *Eckert* ZIP 1996, 897, 908; *Engel/Völckers* RdNr. 368; *Kalt* BB 1996, Beilage zu Heft 18, S. 10; *Obermüller/Livonius* DB 1995, 27, 30; *Schmid-Burgk/Ditz* ZIP 1996, 1123, 1124; *Tintelnot* ZIP 1995, 616, 621; *Zahn* DB 1995, 1597.
[101] Vgl. BGHZ 106, 236 = NJW 1989, 1282 = ZIP 1989, 171.
[102] Vgl. *Scherl* FLF 5/1989, S. 183, 186.
[103] AA *Kübler/Prütting/Tintelnot* § 105 RdNr. 11.

45 **bb) Abtretung der Leasingraten.** Für das typische Leasing – ohne Zusatzpflichten – ist eine Modifizierung geboten, denn der Anspruch auf die Gegenleistung zu den vom Schuldner *vor* Eröffnung erbrachten Leistungen wird durch die Eröffnung des Insolvenzverfahrens nicht berührt (§ 108 RdNr. 150 ff.). Diese in Erweiterung des § 105 vom Bundesgerichtshof erarbeitete Eingrenzung des Verwalterwahlrechts[104] hat nicht nur Auswirkungen auf die Aufrechnung gegen vor Verfahrenseröffnung entstandene Forderungen des Schuldners, sondern folgerichtig auch für die Abtretung solcher Forderungen.[105] Der die Anfangsleistung abgeltende Teil des Leasingratenanspruchs, dessen Höhe sich aus den Gesamtvertragskosten herausrechnen lässt, kann der Masse gegenüber wirksam abgetreten werden, während ihr der durch die Erfüllungswahl neu begründete Anspruch auf das Entgelt für die Gebrauchsgewährung zusteht. Es ist folglich nicht erforderlich, Vorausverfügungen über Leasingraten bei den dem Wahlrecht unterliegenden Verträgen schlechthin für unwirksam zu erachten.[106]

46 Der vollständige Zugriff auf die Leasingraten ist dem Zessionar auch dann versagt, wenn er, ohne dass die übrigen Voraussetzungen des § 108 Abs. 1 Satz 2 erfüllt sind, **Sicherungseigentümer der Leasingsache** ist. Der Auffassung von *Sinz*,[107] der Rechtszuweisungsgehalt des dinglichen Rechts schütze den Zessionar vor Ausfällen, ist nicht zu folgen. Da das Sicherungseigentum dem Zessionar nur zur abgesonderten Befriedigung verhilft, stehen die Raten zunächst der Masse zu. Zudem schont § 108 Abs. 1 Satz 2 den Kreditgeber und Sicherungsnehmer nur, soweit die Voraussetzungen dieser Vorschrift erfüllt sind. Die eindeutige Wertung des Gesetzes, das ihn ohnehin stark begünstigt (§ 108 RdNr. 8), verbietet es, ihm weitere Vorteile auf Kosten der Masse zuzubilligen.

47 **2. Aufrechnung. a) Gemäß § 108 Abs. 1 Satz 2 insolvenzfeste Verträge.** Trotz fehlender Klarstellung im Gesetzeswortlaut betrifft § 110 Abs. 3 wie § 110 Abs. 1 nur Verträge über unbewegliche Gegenstände und Räume. Die Bestimmung ist an § 1125 BGB angelehnt und übernimmt inhaltlich den Regelungsgehalt des § 21 Abs. 3 KO. Die Einführung des § 108 Abs. 1 Satz 2 bezweckt nicht, die Aufrechnung gegen Leasingratenansprüche in gleicher Weise insolvenzfest auszugestalten wie deren Abtretung.

48 Die Zulässigkeit der Aufrechnung hängt demnach davon ab, ob der Anspruch insgesamt vor Verfahrenseröffnung als betagte Forderung entsteht – dann Erhalt der Aufrechnungslage nach § 94[108] – oder ob der Leasingnehmer die nach Verfahrenseröffnung anfallenden Raten mit der die Nutzung und etwaige Zusatzleistungen abdeckenden Quote erst nach diesem Zeitpunkt zur Masse schuldig wird – insoweit unzulässig nach § 96 Abs. 1 Nr. 1.

49 **b) Dem Wahlrecht unterliegende Verträge. aa) Erfüllung.** Als Folge der Neubegründung der vertraglichen Ansprüche durch die Erfüllungswahl wird der Mieter die Gegenleistung zu dem Mietgebrauch nach Verfahrenseröffnung erst nach diesem Termin „zur Masse schuldig", so dass ihm nach § 96 Abs. 1 Nr. 1 die Aufrechnung gegen den Mietzinsanspruch der Masse mit Forderungen gegen den Schuldner verwehrt ist. Der Anspruch auf die vor Eröffnung fällig gewordene Miete erlischt nicht gemäß § 105 (§ 108 RdNr. 150); gegen ihn kann der Mieter nach § 94 aufrechnen;[109] §§ 55 Abs. 1 und 103 verlangen nicht, vor Verfahrenseröffnung erbrachte Leistungen des Schuldners zur Masse zu vergüten.

---

[104] BGHZ 129, 336 = NJW 1995, 1966 = ZIP 1995, 926 unter Hinweis auf *Jaeger/Henckel* § 17 RdNr. 71 ff., 80.

[105] Vgl. *Kreft*, Festschrift für Fuchs S. 115, 128 = ZIP 1997, 865, 870 als Antwort auf die von *Paulus*, WuB VI B. § 17 KO 2.95, aufgeworfene Frage; aA *Knull* ZMR 1998, 746, 749.

[106] So aber *Fehl* DZWIR 1999, 89, 93; *Kalt* BB 1996, Beilage zu Heft 8, S. 10, 11; *Krull* ZInsO 1998, 291, 296; *Sinz*, Factoring, RdNr. 566; *Uhlenbruck/Sinz* § 108 RdNr. 112; *Schwemer* ZMR 2000, 348, 352.

[107] *Sinz*, Factoring RdNr. 569; *Uhlenbruck/Sinz* § 108 RdNr. 117, jeweils unter Bezugnahme auf BGH NJW 1980, 226 = WM 1979, 1326; dieses Urteil ist allenfalls bedingt einschlägig, weil der Sicherungsnehmer in aller Regel kein Nutzungsrecht hat; ebenso *Schwemer* ZMR 2000, 348, 352.

[108] So *F. Müller* S. 31.

[109] Vgl. BGHZ 129, 336 = NJW 1995, 1966 = ZIP 1995, 926; BGH ZIP 1997, 688.

Veräußerung des Miet- oder Pachtobjekts 1 § 111

Bei Aufteilung der vor und nach Verfahrenseröffnung erbrachten Leistungen des Leasing- 50
gebers und der Gegenleistungsansprüche kommt es wiederum auf die Gewichtung der
Anfangsleistung des Leasinggebers und der nachfolgenden Sachnutzung, ggf. der Zusatzleistungen (§ 108 RdNr. 61) an. Hat er seine Leistung vollständig oder nahezu vollständig
erbracht und sind die Leasingraten das Entgelt für seine Anfangsleistung, so bleibt zu Gunsten des Leasingnehmers die Aufrechnungslage (§ 94) erhalten. Soweit die Leasingraten den
Gebrauch der Leasingsache nach Verfahrenseröffnung abgelten, ist ihm die Aufrechnung
gemäß § 96 Abs. 1 Nr. 1 verwehrt.

bb) Erfüllungsablehnung. Gegen den Bereicherungsanspruch der Masse wegen Nut- 51
zung der Miet- oder Leasingsache nach Verfahrenseröffnung (dazu § 108 RdNr. 175) kann
der Mieter oder Leasingnehmer nach § 96 Abs. 1 Nr. 1 nicht mit seinem Schadensersatzanspruch gemäß § 103 Abs. 2 Satz 1 aufrechnen. Die Aufrechnung gegen den Anspruch auf
rückständige Miet- oder Leasingraten aus der Zeit vor Verfahrenseröffnung ist ihm nicht
verwehrt.[110]

§ 111 Veräußerung des Miet- oder Pachtobjekts

¹ Veräußert der Insolvenzverwalter einen unbeweglichen Gegenstand oder Räume, die der Schuldner vermietet oder verpachtet hatte, und tritt der Erwerber
anstelle des Schuldners in das Miet- oder Pachtverhältnis ein, so kann der Erwerber das Miet- oder Pachtverhältnis unter Einhaltung der gesetzlichen Frist kündigen. ² Die Kündigung kann nur für den ersten Termin erfolgen, für den sie
zulässig ist.

Schrifttum: Derleder, Das Schicksal der Mietkaution bei Vermögensverfall des Vermieters, WuM 1986, 39,
41; *Steiner/Eickmann/Hagemann/Storz/Teufel,* ZVG, 9. Aufl., 1984; *Stöber,* ZVG, 18. Aufl., 2006.

Übersicht

	RdNr.		RdNr.
I. Normzweck und Anwendungs- bereich	1	bb) Wohnraummiete	21
		cc) Landpacht	25
II. Eintritt des Erwerbers in das Mietverhältnis als Folge der Veräuße- rung des unbeweglichen Mietobjekts	5	dd) Kündigungsschutz im Beitritts- gebiet	26
		c) Rechte des Mieters nach vorzeiti- ger Kündigung	28
1. Vertragsübergang	5		
2. Sicherheiten	10	III. Veräußerung des Mietobjekts oh- ne Eintritt des Erwerbers in das Miet- verhältnis	33
3. Vorausverfügungen über die Miete	12		
4. Sonderkündigungsrecht des Erwerbers	13	1. Immobilien	33
a) Kündigungsfrist und Zeitpunkt der Kündigung	13	a) Ausschluss oder Unanwendbarkeit des § 566 BGB	33
b) Schutz des Mieters	16	b) Veräußerung des nicht überlassenen Mietobjekts	35
aa) Kündigungsausschluss wegen Finanzierungsleistungen des Mieters	16	2. Bewegliche Sachen	36

I. Normzweck und Anwendungsbereich

§ 111 betrifft die Insolvenz des Vermieters, Verpächters oder Leasinggebers und nur die 1
Vermietung unbeweglicher Gegenstände und Räume. Insoweit schließt sich die Vorschrift an
die Terminologie in § 108 Abs. 1 Satz 1 an. In redaktionell vereinfachter Form übernimmt sie

---
[110] Vgl. BGHZ 15, 333 = NJW 1955, 259; BGH NJW 1978, 2508; BGHZ 89, 189 = NJW 1984, 1557 =
ZIP 1984, 190.

§ 111 2–5   3. Teil. 2. Abschnitt. Erfüllung Rechtsgeschäfte. Mitwirkung BR

den wesentlichen Regelungsgehalt des früheren § 21 Abs. 4 KO.[1] An Stelle der Verweisung auf die Wirkung einer Zwangsversteigerung ordnet § 111 Satz 1 unmittelbar das dem Sonderkündigungsrecht des Erstehers (§ 57 a ZVG) entsprechende Kündigungsrecht des Erwerbers an, der gemäß § 566 BGB in die Rechte und Pflichten aus dem Mietverhältnis eintritt. § 111 Satz 3, der auf § 57 c ZVG verwies (dazu RdNr. 17), wurde durch Art. 13 des 2. Justizmodernisierungsgesetzes vom 22. 12. 2006 aufgehoben.[2] Im Gegensatz zu § 21 Abs. 4 KO, der ausdrücklich die Überlassung der vermieteten Immobilie vor Verfahrenseröffnung voraussetzte, erfasst § 111 auch Immobilienmietverhältnisse, die vor Eröffnung des Insolvenzverfahrens noch nicht durch Überlassung vollzogen wurden. Der Verwalter kann somit das vom Schuldner begründete Mietverhältnis in Vollzug setzen,[3] ohne eine Erschwerung der Veräußerung des Mietobjekts mangels Sonderkündigungsrechts des Erwerbers befürchten zu müssen.

2   **Zweck des Sonderkündigungsrechts** ist es, die Veräußerung der vermieteten Immobilie zu erleichtern, denn eine nur langfristig lösbare Bindung des Erwerbers an das Mietverhältnis stellt ein Verwertungshindernis dar. Demgemäß können Vermieter und Mieter die Anwendung des § 111 nicht vertraglich ausschließen.[4] Dass der Mieter ohne Kündigungsrecht zur Vertragsfortführung verpflichtet bleibt, entspricht dem Grundsatz der §§ 108 und 566 BGB; sachlich ist dies gerechtfertigt, weil eine gewinnbringende günstige Vermietung durchaus verkaufsfördernd sein kann. Um die Verwertung einer Eigentumswohnung nicht zu erschweren, ist das dem Wohnraummieter unter den Voraussetzungen des § 577 BGB oder des § 2 b WoBindG zustehende **Vorkaufsrecht** bei Veräußerung durch den Insolvenzverwalter gemäß § 479 BGB ausgeschlossen.

3   Vorzeitig kündbar sind nur Verträge, die der Schuldner als Vermieter abgeschlossen hat. Auch ein Mietverhältnis, das er nach dem Insolvenzantrag mit Zustimmung des nicht verwaltungs- und verfügungsbefugten vorläufigen Verwalters eingegangen ist, unterliegt dem Sonderkündigungsrecht. Ungeachtet der Wirtschaftlichkeitsprüfung, von der der vorläufige Verwalter seine Zustimmung abhängig gemacht hat, ist der Vertragsschluss der Handlungssphäre des Schuldners zuzurechnen,[5] denn ohne seine Willenserklärung konnte er nicht zustande kommen.[6]

4   Bei der Verwertung durch Zwangsversteigerung nach § 165 bleibt § 57 a ZVG einschlägig. Unanwendbar ist § 111, wie sein Wortlaut zeigt, auf Mietverträge, die der Verwalter, auch der vorläufige mit Verwaltungs- und Verfügungsbefugnis, abschließt. Eine entsprechende Anwendung scheidet aus. Der Mieter darf auf die Erfüllung des Vertrages vertrauen, den er mit dem Insolvenzverwalter schließt. Vor Vermietung eines Grundstücks wird der Verwalter abzuwägen haben, ob eine Veräußerung für die Masse günstig ist und ggf. nur ein kurzfristiges Mietverhältnis eingehen. Nicht einschlägig ist § 111 bei Miteigentum des Schuldners[7] (dazu § 108 RdNr. 55) und Auseinandersetzung der Gemeinschaft durch Teilungsversteigerung gemäß § 183 ZVG,[8] auch nicht bei Veräußerung in Einvernehmen mit den Miteigentümern oder Veräußerung des Miteigentumsanteils.

II. Eintritt des Erwerbers in das Mietverhältnis als Folge der Veräußerung des unbeweglichen Mietobjekts

5   **1. Vertragsübergang.** § 111 ordnet nicht selbst den Eintritt des Erwerbers anstelle des Schuldners in das Miet- und Pachtverhältnis an, sondern greift auf § 566 BGB zurück. Nur

---

[1] BT-Drucks. 12/2443 S. 71, 147.
[2] BGBl. I S. 3416.
[3] *Kübler/Prütting/Tintelnot* § 109 RdNr. 4; *Nerlich/Römermann/Balthasar* § 111 RdNr. 7; *Braun/Kroth* § 111 RdNr. 15; *Graf-Schlicker/Breitenbücher* § 111 RdNr. 1.
[4] *HK-Marotzke* § 111 RdNr. 10; *Nerlich/Römermann/Balthasar* § 111 RdNr. 9.
[5] So zur Insolvenzanfechtung von Handlungen des schwachen vorläufigen Verwalters BGHZ 154, 190 = NJW 2003, 1865 = ZIP 2003, 810 = NZI 2003, 315.
[6] AA *Derleder* NZM 2004, 568, 576; .
[7] *Kübler/Prütting/Tintelnot* § 111 RdNr. 3; *FK-Wegener* § 111 RdNr. 3; *Gottwald/Huber* § 37 RdNr. 44.
[8] *Jaeger/Henckel* § 21 RdNr. 29; *Kübler/Prütting/Tintelnot* § 111 RdNr. 3; *FK-Wegener* § 111 RdNr. 3.

soweit danach der Erwerber in das Mietverhältnis eintritt, ist er zur vorzeitigen Kündigung berechtigt. Veräußerung ist die Eigentumsübertragung,[9] nicht schon der Abschluss des schuldrechtlichen Vertrages.

§ 566 BGB sieht den Vermieterwechsel bei Vermietung von Grundstücken und Räumen (§ 578 BGB) vor, auch bei Vermietung eines eingetragenen Schiffes (§ 578 a BGB) und Luftfahrzeugs (§ 98 Abs. 2 LuftfahrzeugG i. V. m. § 578 a BGB). Jedoch ist der Begriff des Grundstücks enger als der in § 111 verwendete des unbeweglichen Gegenstandes. Insofern bleibt eine Lücke, so dass ein gemäß § 108 Abs. 1 Satz 1 insolvenzfestes Mietverhältnis über einen unbeweglichen Gegenstand bei Veräußerung nicht zwingend auf den Erwerber übergeht. 6

§ 566 Abs. 1 BGB setzt ein vor Veräußerung durch Überlassung an den Mieter vollzogenes Mietverhältnis voraus. Der Begriff der Überlassung ist grundsätzlich derselbe wie in § 109 (§ 109 RdNr. 12 ff.). Nach **vorzeitiger Rückgabe** der Miethaus besteht jedoch im Insolvenzverfahren über das Vermögen des Vermieters kein Grund, den Erwerber in den Vertrag mit dem nicht mehr zur Erfüllung bereiten Mieter eintreten zu lassen. Ersatzansprüche des Mieters gegen die Masse wegen eines Rechtsmangels sind in dieser Situation ohnehin nicht denkbar. 7

Die **Veräußerung** des Mietgrundstücks **vor Überlassung** führt nicht zum Vertragsübergang kraft Gesetzes (unten RdNr. 35). Diese Wirkung tritt erst ein, wenn der Erwerber gemäß § 567 a BGB die Erfüllung der mietvertraglichen Verpflichtungen übernimmt. Es besteht kein Bedürfnis, ihm das Sonderkündigungsrecht nach § 111 zuzubilligen, nachdem er sich positiv für die Vertragserfüllung entschieden hat. Das Sonderkündigungsrecht knüpft ersichtlich an den Vertragsübergang kraft Gesetzes an.[10] 8

Das Mietverhältnis geht mit den vertragstypischen, die Gebrauchsüberlassung und Erhaltung des vertragsgemäßen Gebrauchs betreffenden Rechten und Pflichten (dazu § 108 RdNr. 60 ff.) auf den Erwerber über.[11] Die **bürgenähnliche Haftung des Veräußerers** nach § 566 Abs. 2 Satz 1 BGB tritt an die Stelle der infolge Veräußerung entfallenen Verpflichtung zur Vertragserfüllung, in die die Masse gem. § 108 Abs. 1 eingetreten ist. Da sie durch eine Handlung des Verwalters ausgelöst wird, haftet die Masse nach § 55 Abs. 1 Nr. 1.[12] Nach § 566 Abs. 2 Satz 2 BGB ist die Haftung auf den Zeitraum bis zur ersten Kündigungsmöglichkeit des Mieters begrenzt, sofern der Verwalter den Mieter über die Veräußerung unterrichtet. 9

2. Sicherheiten. Akzessorische Sicherheiten wie **Vermieterpfandrecht** (§ 562 BGB) und **Bürgschaft** gehen kraft Gesetzes auf den Erwerber über, soweit die Masse sie nicht mehr zur Sicherung offener Forderungen gegen den Mieter benötigt.[13] Der Ansicht, dasselbe gelte hinsichtlich der insolvenzverfahrensfest angelegten **Kaution**,[14] (dazu § 108 RdNr. 109) ist schon deshalb nicht zu folgen, weil der Vertrag mit der Bank nicht einseitig verpflichtend ist und sie am Vertragsübergang beteiligt werden muss.[15] Aus Anlass der Veräußerung des Grundstücks kann der Mieter nicht Rückerstattung der Barkaution fordern; er kann sie auch nicht aussondern, solange der Mietvertrag nicht beendet und sein Rückerstattungsanspruch noch nicht fällig ist. Ob § 95 ihm die Aufrechnung gegen Ansprüche der Masse verwehrt, ist nunmehr zweifelhaft.[16] 10

---

[9] *Jaeger/Henckel* § 21 RdNr. 24; *Kilger/K. Schmidt* § 21 Anm. 8.
[10] BT-Drucks. 12/2443 S. 71, 147.
[11] Zu § 566 BGB: BGH NJW 1965, 2198; BGH ZIP 1999, 970; MünchKommBGB-*Häublein* § 566 RdNr. 33; *Erman/Jendrek* § 566 RdNr. 9; *Bub/Treier/Heile* II. RdNr. 875; *Wolf/Eckert/Ball*, RdNr. 1308; *Sternel* I. RdNr. 58.
[12] Vgl. *Jaeger/Henckel* § 21 RdNr. 26; *Uhlenbruck/Berscheid* § 111 RdNr. 12; HambKomm-*Ahrendt*, § 111 RdNr. 4; *Wolf/Eckert/Ball*, RdNr. 1468; *Eckert* ZIP 1983, 770, 772.
[13] Vgl. BGHZ 95, 28 = NJW 1985, 2528; Staudinger/*Emmerich* § 566 a RdNr. 9; *Erman/Jendrek* § 566 a RdNr. 2; *Bub/Treier/Heile* II. RdNr. 887.
[14] OLG Düsseldorf NJW-RR 1997, 1170; *Derleder* WuM 1986, 39, 41; *Sternel*, III. RdNr. 235.
[15] *Eckert* EWiR 1997, 395; *Bub/Treier/v. Martius* III. A. RdNr. 777.
[16] Oben § 110 RdNr. 24; ferner *Derleder* WuM 1986, 39, 44.

§ 111 11–14 3. Teil. 2. Abschnitt. Erfüllung Rechtsgeschäfte. Mitwirkung BR

11   Bei nicht vom Vermögen des Schuldners getrennter Anlage schützt § 566a BGB den Mieter besser als der bis zum 31. 8. 2001 geltende § 572 BGB. Obwohl der Mieter den Rückerstattungsanspruch gegen den Vermieter nur als Insolvenzgläubiger geltend machen kann, tritt der Erwerber ohne Beschränkung seiner Vermieterpflichten auf vorherige Masseverbindlichkeiten in das Mietverhältnis ein. Der Einwand, der Mieter sei nicht mehr gegen das Risiko der Vermieterinsolvenz abzusichern, weil es sich bereits verwirklicht habe,[17] trägt der bewussten Verstärkung seiner Rechtsstellung durch § 566a BGB nicht hinreichend Rechnung.

12   **3. Vorausverfügungen über die Miete.** Im Verhältnis zwischen der Masse als Veräußerer und dem Erwerber gelten §§ 566b, 566c BGB für Vorausverfügungen des Verwalters einschließlich Mietvorauszahlungen des Mieters. **Vorausverfügungen des Schuldners** über zukünftige Mietzinsraten, die der Masse gegenüber unwirksam wären, muss der Erwerber gegen sich gelten lassen.[18] § 110 schützt nur die Masse; § 566b greift im Verhältnis zwischen Erwerber und Schuldner nicht ein, weil der Schuldner das Mietobjekt nicht veräußert und der Verwalter es zwar veräußert, aber nicht über die Miete verfügt hat. Unbillig ist dies nicht, denn der Erwerber kann das Mietverhältnis vorzeitig kündigen, wenn er die Vorausverfügung nicht hinnehmen will.

13   **4. Sonderkündigungsrecht des Erwerbers. a) Kündigungsfrist und Zeitpunkt der Kündigung.** Zur gesetzlichen Kündigungsfrist und Form wird auf § 109 RdNr. 22 ff. verwiesen. Bei Vermietung von Wohnraum ergibt sich die Frist aus § 573d Abs. 2 BGB. Gegenüber der vorzeitigen Kündigung des Erwerbers kann der Mieter nicht eine vertragliche Verlängerungsoption einwenden, denn das Sonderkündigungsrecht bezweckt gerade die Abkürzung der vertraglichen Laufzeit. Wenn der Erwerber einen auf zehn Jahre abgeschlossenen Vertrag nach drei Jahren mit gesetzlicher Frist kündigen kann, so muss dasselbe für einen auf fünf Jahre laufenden gelten, der den Mieter zur Option auf weitere fünf Jahre berechtigt.

14   Im Gegensatz zur vorzeitigen Kündigung des Verwalters im Insolvenzverfahren über das Vermögen des Mieters nach § 109 Abs. 1 kann der Erwerber das Mietverhältnis nur zu dem erstmöglichen Termin kündigen (§ 111 Satz 2). Da er erst mit dem Eigentumsübergang, d. h. mit der Eintragung im Grundbuch, Schiffsregister usw., bei Zwangsversteigerung mit dem Zuschlag, zur Kündigung berechtigt ist, muss er sich kurzfristig entscheiden. Beträgt beispielsweise die gesetzliche Kündigungsfrist sechs Monate abzüglich der drei Karenztage und wird der Eigentumsübergang am Dienstag, 2. April im Grundbuch eingetragen, so müsste der Erwerber spätestens am 3. April – Zugang beim Mieter – kündigen. Misslich ist diese knappe Frist für den Erwerber vor allem deshalb, weil er vor dem Eigentumswechsel noch nicht zur Kündigung berechtigt ist, er aber den Zeitpunkt der Eintragung im Grundbuch bzw. Register nicht beeinflussen kann und er in aller Regel von Amts wegen erst nach einigen Tagen unterrichtet wird. Eine buchstabengetreue Anwendung des § 111 ohne Rücksicht auf seinen Kenntnisstand, die die Kündigung nur zu dem rechnerisch erstmöglichen Termin zulässt, wäre jedoch nicht interessengerecht, wenn dem Erwerber trotz Beachtung der ihm zumutbaren Sorgfalt eine Kündigung zu diesem Zeitpunkt objektiv nicht möglich war; er kann daher noch zum nächsten Termin kündigen.[19] Allerdings ist er verpflichtet, sich zeitnah darüber zu informieren, ab wann er zur Kündigung berechtigt ist.[20]

---

[17] *Noltin* NZI 2007, 149, 152.
[18] Vgl. RGZ 127, 116; *Jaeger/Henckel* § 21 RdNr. 16; *Bub/Treier/Belz* VII. B. RdNr. 189; aA *Nerlich/Römermann/Balthasar* § 111 RdNr. 13.
[19] RGZ 98, 273; OLG Düsseldorf Rpfl 1987, 513; LG Braunschweig MDR 1961, 417; *Jaeger/Henckel* § 21 RdNr. 24; *Stöber* § 57a RdNr. 5.2.; *Kübler/Prütting/Tintelnot* § 111 RdNr. 6; *Nerlich/Römermann/Balthasar* § 111 RdNr. 10; *Wolf/Eckert/Ball* RdNr. 858; zur ähnlichen Situation nach Tod des Mieters (§ 569 BGB in der bis zum 31. 8. 2001 geltenden Fassung) RGZ 74, 35, 38; OLG Düsseldorf ZMR 1994, 114.
[20] Zur Informationspflicht und zur Überlegungsfrist OLG Oldenburg ZfIR 2002, 1027; OLG Düsseldorf ZMR 2003, 177 = DWW 2003, 53; BGH NJW 2002, 1194 = NZM 2002, 163 = ZIP 2002, 174.

Der Nachweis der Umstände, die eine dem Kalender nach rechtzeitige Kündigung nicht zuließen, obliegt dem Erwerber.[21]

Die Angabe des Beendigungstermins ist nicht zwingend erforderlich. Kündigt der Erwerber mit zu kurz berechneter Frist, so ist dies jedenfalls unschädlich, wenn der Erwerber ersichtlich den Vertrag zu dem erstmöglichen Termin beenden möchte[22] und der Unterschied nicht allzu erheblich ist.[23] Eine Kündigung mit zu lang berechneter Frist ist nicht zum erstmöglichen Termin ausgesprochen und lässt sich im Zweifel nicht in eine solche umdeuten. **15**

b) Schutz des Mieters. aa) Kündigungsausschluss wegen Finanzierungsleistungen des Mieters. Der durch Art. 13 des 2. Gesetzes zur Modernisierung der Justiz[24] gestrichene § 111 Satz 3 schützte mit der entsprechenden Anwendung des ebenfalls entfallenen § 57c ZVG den Mieter, der sich an der Schaffung und Instandsetzung des Mietobjekts finanziell beteiligt hatte. Das Gesetz, das am 31. 12. 2006 in Kraft trat, enthält zu den aufgehobenen §§ 111 Satz 3, 57 c und d ZVG keine Übergangsregelung; insbesondere fehlt die bei Novellierungen der InsO häufige Regelung,[25] dass die Änderung für die nach Inkrafttreten des Gesetzes eröffneten Insolvenzverfahren gelte. **16**

In **Veräußerungsfällen vor dem 31. 12. 2006**, in denen der Erwerber von dem fortbestehenden Schutz des Mieters ausgehen musste, bleibt § 111 Satz 3 mit der Verweisung auf § 57c ZVG anwendbar. Danach wird der Mieter oder Pächter geschützt, der sich an der Herstellung oder Instandsetzung – nicht Instandhaltung – des Mietgrundstücks durch eine Mietvorauszahlung, eine sonstige mit der Miete zu verrechnende Leistung (§ 57c Abs. 1 Nr. 1 ZVG a. F.) oder durch einen verlorenen Baukostenvorschuss (§ 57c Abs. 1 Nr. 2 ZVG a. F.) beteiligt hat. Die Vereinbarung zum Finanzierungsbeitrag des Mieters kann im Mietvertrag enthalten sein, aber auch in einer späteren Zusatzvereinbarung;[26] maßgeblich ist, ob mit seiner Hilfe ein Substanzwert geschaffen wurde, der letztlich der Masse in Form des Veräußerungserlöses zugute kommt. Der Finanzierungsbeitrag muss bei wirtschaftlicher Betrachtung dem Vermögen des Mieters entstammen.[27] Dies ist nicht anzunehmen, wenn der Vermieter ihm den Finanzierungsbeitrag zuvor als Darlehen gewährt hat.[28] Der Zusammenhang mit der Bauförderung fehlt ebenfalls, wenn die Mieterleistung nicht *vor* Fertigstellung erfolgt ist.[29] Die spätere Umschuldung mit seiner Hilfe genügt daher nicht. **17**

Die Kündigung ist ausgeschlossen, solange die Vorauszahlung oder sonstige Finanzierungsleistung nicht verrechnet – insoweit gilt keine zeitliche Begrenzung – oder der Baukostenvorschuss nicht durch den Mietgebrauch aufgezehrt ist. Der verlorene Baukostenvorschuss (§ 57c Abs. 1 Nr. 2 ZVG a. F.) wird in der Weise abgelöst, dass er in Höhe einer Jahresmiete durch eine Mietdauer von vier Jahren abgegolten wird (§ 57c Abs. 2 ZVG a. F.). Ist die Miete wegen des Zuschusses niedriger vereinbart worden, als er ohne ihn vereinbart worden wäre, so ist Letzterer maßgeblich.[30] Spätestens nach zwölf Jahren ist der verlorene Zuschuss abgegolten. Bei Kombination von Vorauszahlung und verlorenem Baukostenvorschuss sind die Kündigungssperrfristen zusammenzurechnen (§ 57c Abs. 3 ZVG a. F.). Da das Sonderkündigungsrecht die Verwertung des Grundstücks erleichtern soll, sollte der Erwerber, um kündigen zu können, berechtigt sein, die Leistung des Mieters vorzeitig abzulösen, sofern nur noch ein im Vergleich zum Ausgangsbetrag unbedeutender Rest abzugelten ist.[31] **18**

---

[21] RGZ 98, 273.
[22] BGH NJW-RR 1996, 144; *Bub/Treier/Grapentin* IV. RdNr. 11.
[23] OLG Frankfurt NJW-RR 1990, 337, nimmt drei Monate hin.
[24] Vom 22. 12. 2006, BGBl. I S. 3416, 3423.
[25] So Art. 3 des Gesetzes zur Vereinfachung des Insolvenzverfahrens vom 13. 4. 2007, BGBl. I S. 509.
[26] BGHZ 15, 296 = NJW 1955, 301.
[27] BGH NJW-RR 2002, 1304 = NZM 2002, 758 = ZfIR 2002, 849.
[28] BGH NJW-RR 1989, 714.
[29] OLG Hamm ZMR 1987, 465; OLG Düsseldorf WM 1997, 1593; *Stöber* § 57c RdNr. 2.4.; *Steiner/Eickmann/Hagemann/Storz/Teufel*; §§ 57 bis 57 d RdNr. 61.
[30] Rechenbeispiele bei *Steiner/Eickmann/Hagemann/Storz/Teufel*; §§ 57 bis 57 d RdNr. 70.
[31] AA *Steiner/Eickmann/Hagemann/Storz/Teufel*; §§ 57 bis 57 d RdNr. 65.

19 Die Formulierungen in § 57c Abs. 1 Nr. 1 und 2 ZVG a. F. („solange zu verrechnen ist", „solange der Zuschuss nicht als getilgt anzusehen ist") zeigen, dass der Erwerber nur während der Verrechnungs- oder Tilgungsphase an der Kündigung gehindert ist; danach kann er mit gesetzlicher Frist zu dem sodann erstmöglichen Termin kündigen, jedoch nicht schon vor Ablauf des Kündigungsaufschubs zu dessen Endtermin.

20 § 57c ZVG a. F. schützt den Mieter ohne Rücksicht auf den Kenntnisstand des Erstehers. Jedoch begründet § 57d ZVG seine Mitwirkungspflicht. Nach dieser Bestimmung hat er dem Vollstreckungsgericht darzulegen, welche Finanzierungsbeiträge er geleistet hat. Gibt er keine Auskunft, so ist es ihm versagt, sich gegenüber dem Ersteher auf den Kündigungsschutz gemäß § 57c ZVG a. F. zu berufen. Die Lage des Verwalters, der die Immobilie veräußern will, ähnelt der Versteigerungssituation. Den Unterlagen des Schuldners (Vermieters) wird er vielfach nicht entnehmen können, welche Finanzierungsbeiträge der Mieter erbracht hat, inwieweit diese abgegolten sind und einer vorzeitigen Kündigung des Mietverhältnisses durch den Erwerber entgegenstehen. Gleichwohl muss er den Erwerber, der mangels gegenteiliger Auskünfte von seinem Recht zur vorzeitigen Kündigung ausgehen darf, informieren. Der Mieter ist daher, nicht zuletzt im eigenen Interesse, dem Verwalter gegenüber zur Mitwirkung verpflichtet.[32]

21 bb) **Wohnraummiete.** Den Schutz des Wohnraummieters lässt das Sonderkündigungsrecht des Erwerbers nahezu unberührt. Der Erwerber eines zu Wohnzwecken vermieteten Grundstücks oder einer Eigentumswohnung kann gem. § 573d Abs. 1 BGB nur vorzeitig kündigen, falls er ein berechtigtes Interesse im Sinn des § 573 BGB hat, das im Kündigungsschreiben zu erläutern ist.[33] Wenn § 111 ihn zur vorzeitigen Kündigung berechtigt, obwohl das Mietverhältnis ordentlich nur mit längerer Frist, z. B. bei langer Vertragsdauer ein Jahr, oder nicht vor Ablauf einer bestimmten Vertragszeit gekündigt werden kann, so wird er gegenüber dem Erwerber bevorzugt, der gemäß § 566 BGB in die Stellung und vertragliche Bindung des Vermieters einrückt. Über diesen zeitlichen Vorteil hinaus besteht kein Grund, ihn weiter zu begünstigen und dem vertragstreuen Mieter, der grundsätzlich nur bei einem berechtigtem Interesse des Vermieters seine Wohnung verlieren kann, den Kündigungsschutz zu nehmen. Aus demselben Grund kann der Mieter trotz berechtigter vorzeitiger Kündigung nach § 574 BGB[34] oder nach Ablauf einer befristeten Vertragszeit gemäß § 575 Abs. 2 BGB[35] Fortsetzung des Mietverhältnisses verlangen.

22 Tritt das berechtigte Interesse des Erwerbers an der Vertragsbeendigung – Eigenbedarf oder die bei Erwerb durch einen Gläubiger nahe liegende Verwertungsabsicht (§ 573 Abs. 2 Nr. 2 BGB)[36] – erst später auf, so müsste nach dem Wortlaut des § 111 eine vorzeitige Kündigung des Mietverhältnisses, sogar eines befristeten vor Ablauf der Vertragszeit, noch möglich sein, denn die nach Entstehen des Kündigungsrechts ausgesprochene Kündigung wäre die zum erstmöglichen Termin. Eine derartige Begünstigung des Erwerbers ist jedoch nicht zu rechtfertigen, denn er konnte vor Erwerb die Nutzung oder Verwertung des Objekts abschätzen. Erstmöglicher Kündigungstermin für eine vorzeitige Kündigung wegen eines berechtigten Beendigungsinteresses ist somit der rechnerisch erste nach Eigentumserwerb. Aus der Sicht des Mieters ist diese Einschränkung geboten; ist der erste Termin zur vorzeitigen Kündigung verstrichen, so darf er auf die Fortsetzung des Mietverhältnisses ohne die Möglichkeit einer vorzeitigen Kündigung vertrauen. Diese Konstellation ist mit einem gesetzlichen Kündigungsverbot, etwa § 577a BGB, nicht zu vergleichen.

23 Die drei- oder zehnjährige **Sperrfrist,** vor deren Ablauf der Erwerber einer Wohnung, bezüglich derer nach Überlassung an den Mieter Wohnungseigentum begründet wurde, nicht wegen Eigenbedarfs kündigen kann (§ 577a BGB), gilt zu Lasten dessen, der eine

---

[32] AA FK-*Wegener* § 111 RdNr. 10.
[33] BT-Drucks. 12/2443 S. 71, 148; zu § 57a ZVG; BGHZ 84, 90, 100 = NJW 1982, 1696, 1699; OLG Hamm NJW-RR 1994, 1496; *Stöber* § 57a RdNr. 6.1; *Börstinghaus* DWW 1999, 205.
[34] Vgl. BGHZ 84, 90, 100 = NJW 1982, 1696, 1699.
[35] Vgl. BT-Drucks. 12/2443 S. 71, 148 .
[36] Vgl. OLG Hamm NJW-RR 1994, 1496.

Eigentumswohnung vom Insolvenzverwalter erwirbt.[37] Nach Ablauf der Sperrfrist kann der Erwerber wegen Eigenbedarfs vorzeitig mit gesetzlicher Frist zum erstmöglichen Termin kündigen. Erstmöglicher Termin ist nicht der erste Kündigungstermin nach Eigentumserwerb, sondern derjenige nach Ablauf der Kündigungssperre.[38]

Nutzungsbeschränkungen bezüglich **öffentlich geförderter Wohnungen** nach dem Wohnungsbindungsgesetz bleiben bestehen.[39] Die freihändige Veräußerung durch den Insolvenzverwalter führt nicht zur vorzeitigen Beendigung der Bindung gemäß § 17 WoBindG. Diese Wirkung hat nur die Zwangsversteigerung.

cc) Landpacht. Nach § 595 BGB kann der Pächter eines landwirtschaftlichen Betriebes oder eines zu landwirtschaftlichen Zwecken genutzten Grundstücks (Legaldefinition in § 585 BGB) zur Erhaltung seiner wirtschaftlichen Lebensgrundlage Fortsetzung des Pachtverhältnisses verlangen. Die Gesetzesmaterialien zu § 111 erwähnen die Landpacht nicht, sondern nur den Schutz des Wohnraummieters. § 574 BGB und § 595 BGB verfolgen ähnliche Zwecke. Daher besteht kein Grund, den Erwerber eines landwirtschaftlichen Anwesens über den zeitlichen Vorteil hinaus weiter zu begünstigen.

dd) Kündigungsschutz im Beitrittsgebiet. Die für die ordentliche Kündigung von Nutzungsverhältnissen, die nach dem Schuldrechtsanpassungsgesetz den Regeln des BGB unterstellt wurden, geltenden Bestimmungen zum Schutz des Nutzers von **Wohnraum** (§§ 38, 39 SchRAnpG) und von **Gewerberaum** (§ 49 SchRAnpG) greifen bei der vorzeitigen Kündigung nach § 111 ein. Auch insoweit bleibt der aus sozialen und wirtschaftlichen Gründen gebotene Kündigungsschutz im Grundsatz unberührt. Eingeschränkten Schutz in Form eines Widerspruchsrechts verdient der Nutzer, der in einem zum dauernden Wohnen geeigneten Wochenendhaus wohnt, denn § 24 Abs. 1 SchRAnpG entspricht dem Regelungsgehalt des § 574 BGB. Zudem trifft den Erwerber die für Nutzung von Wohnraum und die dauernde Nutzung von Wochenendhäusern geltende dreijährige Kündigungssperre gemäß §§ 38 Abs. 3 bzw. 24 Abs. 2 SchRAnpG; nach deren Ablauf kann er – wie ein Wohnungseigentümer nach Ablauf der Sperrfrist gemäß § 577 a BGB – vorzeitig zum nächstmöglichen Termin kündigen, soweit die Kündigung sachlich berechtigt ist.

Der weitreichende Kündigungsschutz mit einer langjährigen Kündigungssperre den § 23 SchRAnpG den Nutzern von **Erholungs- und Freizeitgrundstücken** zubilligt, hindert allerdings nicht die vorzeitige Kündigung nach § 111. Diesem Gebrauch kommt keine der Wohnraummiete oder der gewerblichen Nutzung entsprechende soziale oder wirtschaftliche Bedeutung bei. Vergleichbar ist sie mit der **Kleingartenpacht**; der Kündigungsschutz nach § 9 BKleingG steht der vorzeitigen Kündigung nicht entgegen.[40]

c) Rechte des Mieters nach vorzeitiger Kündigung. Unter Geltung des § 21 Abs. 4 KO mit seiner pauschalen Verweisung auf §§ 57 a ff. ZVG war unstreitig, dass der Mieter – Ersatz des ihm infolge der vorzeitigen Vertragsbeendigung entstehenden Schadens fordern konnte.[41] § 111 Satz 1 gibt zwar dem Erwerber wie dem Ersteher in der Zwangsversteigerung (§ 57 a ZVG) das Recht zur vorzeitigen Kündigung, schweigt sich aber, im Gegensatz zu § 103 Abs. 2 Satz 1 sowie § 109 Abs. 1 Satz 2 und Abs. 2 Satz 2 zum Schadensersatzanspruch des Vertragsgegners aus. Gleichwohl folgt aus dieser Änderung nicht der Ausschluss des Schadensersatzanspruchs des Mieters, denn sein Anspruch auf Gebrauchsgewährung während der unkündbaren Vertragszeit kann nicht ersatzlos entfallen. Der Ersatzanspruch ist

---

[37] Vgl. zu § 57 a ZVG BayObLG NJW-RR 1992, 1166; *Stöber* § 57 a Anm. 6.5.
[38] Vgl. RGZ 103, 271, 274 zum erstmöglichen Termin nach Ablauf eines behördlichen Kündigungsverbots.
[39] *Stöber* § 57 a Anm. 6.7.
[40] *Stöber* § 57 a RdNr. 6.6.; aA *Kübler/Prütting/Tintelnot* § 111 RdNr. 5.
[41] *Jaeger/Henckel* § 21 RdNr. 25; *Kuhn/Uhlenbruck*, KO, 11. Aufl., § 21 RdNr. 13, 16; *Eckert*, ZIP 1983, 770, 777; zum Schadensersatzanspruch des Mieters nach vorzeitiger Kündigung durch den Ersteher gem. § 57 a ZVG: RGZ 63, 66; *Marotzke*, Gegenseitige Verträge RdNr. 6.30 ff.; *Staudinger/Emmerich*, 13. Bearb., § 571 RdNr. 117.

§ 111 29–32   3. Teil. 2. Abschnitt. Erfüllung Rechtsgeschäfte. Mitwirkung BR

nicht insolvenzspezifisch, sondern materiell-rechtlich gemäß §§ 275, 280, 283 BGB (vor dem 1. 1. 2002 § 325 BGB aF) begründet;[42] die Gebrauchsgewährung wird infolge eines von der Masse als Vermieterin zu vertretenden Umstandes unmöglich. Mit der redaktionellen Vereinfachung des Gesetzeswortlauts war nicht beabsichtigt, die Rechte des Mieters gegenüber dem früheren Rechtszustand zu verkürzen.[43]

29 Als **Schaden** zu ersetzen sind die Vermögenseinbußen des Mieters infolge der vorzeitigen Vertragsbeendigung. Hierzu zählen nicht nur die Mietdifferenz,[44] falls ein gleichwertiges Ersatzobjekt teurer sein sollte. Die Beschränkung auf den Differenzschaden übersieht, dass der Anspruch auf Schadensersatz statt der Leistung materiell-rechtlich begründet ist. Daher sind auch weitere Aufwendungen in Zusammenhang mit dem Wechsel des Geschäftslokals oder der Wohnung, z. B. Makler- und Umzugskosten, ferner Folgeschäden wie z. B. entgangener Gewinn bei zeitweiser Schließung des Gewerbebetriebs während des Umzugs auszugleichen. Gem. § 284 BGB kann der Mieter stattdessen als Schaden Ersatz der vergeblichen Aufwendungen verlangen, die er im Vertrauen auf die Vertragserfüllung gemacht hat.[45] Die vorzeitige Vertragsbeendigung ist für diese Schäden nicht kausal, falls die verbleibende Vertragszeit so kurz war, dass diese Kosten ohnehin alsbald angefallen wären.

30 Als Folge der Verfahrenseröffnung ordnete früher die überwiegende Ansicht diesen Anspruch als Konkursforderung gemäß § 26 Satz 2 KO ein[46] und stützte sich zudem auf die Analogie zu § 19 Satz 3 KO. § 26 Abs. 2 KO wurde nicht mit seinem weiten Anwendungsbereich in die InsO übernommen; der Regelungsgehalt ist in § 103 Abs. 2 Satz 1 auf Verträge beschränkt, deren Erfüllung der Verwalter ablehnen kann. Gerade dies ist dem Verwalter nach § 108 verwehrt. Die Masse schuldet nach § 55 Abs. 1 Nr. 2 den Mietgebrauch. Durch die Veräußerung der Mietsache wird sie nicht frei, denn sie hat nach § 566 Abs. 2 BGB dafür einzustehen, dass der Erwerber seine Vertragspflichten dem Mieter gegenüber erfüllt (RdNr. 9). Wenn die von *ihr* geschuldete Leistung infolge Veräußerung des Mietobjekts unmöglich wird, so hat *sie* dies zu vertreten und hat somit den Schadensersatzanspruch des Mieters zu erfüllen.[47] Demgegenüber lässt sich nicht einwenden, die Verwertung werde erschwert, wenn sie eine Masseverbindlichkeit nach sich ziehe, denn § 111 stellt auf die Situation des am Erwerb Interessierten ab, der nicht durch eine langfristige vertragliche Bindung abgeschreckt werden soll. Diesem Kaufanreiz widerspricht es nicht, die Masse mit den nachteiligen Folgen der Veräußerung zu belasten.

31 Die Analogie zum Ersatzanspruch des Vertragsgegners nach Ablehnung der Erfüllung (§ 103), nach vorzeitiger Kündigung oder Rücktritt gem. § 109 Abs. 1 Satz 3, Abs. 2 Satz 2 überzeugt nicht. In Hinblick auf § 55 Abs. 1 Nr. 1 ist eine ausfüllungsbedürftige Gesetzeslücke nicht mehr zu erkennen. Gegen die Analogie spricht, dass die vorzeitige Kündigung des Erwerbers keine insolvenzbedingte Vertragsbeendigung oder Nichterfüllung ist, denn der Verwalter hat keine dahingehende Gestaltungsmacht.

32 Richtet sich der Schadensersatzanspruch des Mieters gegen die Masse, so kann er, falls er mit der Zahlung der Miete in Rückstand geraten war, gegen die Mietforderung der Masse

---

[42] Vgl. RGZ 63, 66; *Kalkschmid* RdNr. 404 ff.
[43] BT-Drucks. 12/2443 S. 71, 147.
[44] So *Marotzke*, Gegenseitige Verträge, RdNr. 6.35.; *Kübler/Prütting/Tintelnot* § 111 RdNr. 8; *Nerlich/Römermann/Balthasar* § 111 RdNr. 14.
[45] Vgl. *Derleder*, NZM 2004, 568, 576, Fall 16.
[46] RGZ 67, 372, 376; RG LZ 1916, 1191 Nr. 14; *Jaeger/Henckel* § 21 RdNr. 25; *Kuhn/Uhlenbruck*, KO, 11. Aufl., § 21 RdNr. 16 und – in sich widersprüchlich – § 59 RdNr. 12 e; *Marotzke*, Gegenseitige Verträge, 1. Aufl., S. 243; aA *Eckert* ZIP 1983, 770, 772.
[47] Weiterhin für Insolvenzforderung: *Marotzke*, Gegenseitige Verträge RdNr. 6.34; ders. ZInsO 2007, 1, 8; FK-*Schumacher* § 55 RdNr. 27; FK-*Wegener* § 111 RdNr. 13; *Kübler/Prütting/Tintelnot* § 111 RdNr. 8; HK-*Marotzke* § 111 RdNr. 7; *Nerlich/Römermann/Balthasar* § 111 RdNr. 14; *Uhlenbruck/Berscheid* § 111 RdNr. 12; *Braun/Kroth* § 111 RdNr. 11; *Smid*, InsO, § 111 RdNr. 3; HambKomm-*Ahrendt*, § 111 RdNr. 5; *Franken/Dahl* RdNr. 491; *Hörndler* in Lindner-Figura/Oprée/Stellmann, Kap. 20 RdNr. 100; *Kalkschmid* RdNr. 414; *Waldherr* ZfIR 2005, 833, 842; *Hefermehl*, oben § 55 RdNr. 150.

aufrechnen. Bei Einordnung seines Anspruchs als Insolvenzforderung wäre ihm dies verwehrt. Hat er noch Anspruch auf Ersatz von Aufwendungen, die er vor Verfahrenseröffnung vorgenommen hat, oder auf Schadensersatz aus dieser Zeit, so kann er auch als Insolvenzgläubiger Mietrückständen aus der Zeit vor Verfahrenseröffnung seine als Folge der vorzeitigen Kündigung entstandene Ersatzforderung entgegensetzen.[48]

III. Veräußerung des Mietobjekts ohne Eintritt des Erwerbers in das Mietverhältnis

1. Immobilien. a) Ausschluss oder Unanwendbarkeit des § 566 BGB. Den Vertragsübergang gem. § 566 BGB können Verwalter und Erwerber nicht ausschließen, denn der Inhalt des Mietvertrages unterliegt nicht ihrer Disposition. Zulässig, jedenfalls bei gewerblicher Miete, ist eine dahingehende Vereinbarung mit Zustimmung des Mieters. Eine solche Vereinbarung beeinträchtigt die Befugnisse des Verwalters nicht; sie erleichtert sogar die Verwertung. Andererseits birgt sie die Gefahr einer Rechtsmängelhaftung (§ 536 Abs. 3 BGB) der Masse, weil der Erwerber dem Mieter den Mietgebrauch entziehen kann. Mit der Zustimmung verzichtet der Mieter nicht ohne weiteres auf seine Gewährleistungsrechte. 33

Soweit Vermieter und Mieter einer Immobilie die Rechtsfolgen des § 566 BGB wirksam abbedingen,[49] ist dies nach § 108 Abs. 1 der Masse gegenüber wirksam. Mit Veräußerung der Mietsache geht das Mietverhältnis nicht auf den Erwerber über, sondern besteht zwischen Masse und Mieter fort. Dasselbe gilt, wenn der unbewegliche vermietete Gegenstand nicht unter § 566 BGB fällt. Der Mieter ist dem Erwerber gegenüber nicht zu Besitz und Nutzung berechtigt und kann wegen eines Rechtsmangels gemäß § 536 Abs. 3 BGB Schadensersatz verlangen, wenn der Erwerber ihm den Mietgebrauch entzieht. Der Ausschluss des Vertragsübergangs enthält im Zweifel keinen Verzicht auf die Rechtsmängelhaftung des Vermieters. Der Anspruch richtet sich als Folge einer Verwertungshandlung nach § 55 Abs. 1 Nr. 1 gegen die Masse (oben RdNr. 30). 34

b) Veräußerung des noch nicht überlassenen Mietobjekts. Der Mieter kann Schadensersatz gemäß §§ 275, 280, 283 BGB fordern, wenn der Erwerber nicht gemäß § 567a BGB zur Vertragserfüllung bereit ist. Da die Masse zur Gewährung des Mietgebrauchs nach Verfahrenseröffnung verpflichtet ist (dazu § 108 RdNr. 64), richtet sich der Schadensersatzanspruch des Mieters als Folge einer Verwertungshandlung gegen sie. 35

2. Bewegliche Sachen. Die Veräußerung beendet nicht das Mietverhältnis mit der Masse, das gemäß § 108 Abs. 1 Satz 2 auf sie übergegangen ist oder dessen Erfüllung der Verwalter gemäß § 103 verlangt hat. Soweit der Erwerber dem Mieter die Nutzung der Sache entzieht, entsteht ein Rechtsmangel (§ 536 Abs. 3 BGB), für dessen Folgen die Masse gemäß § 55 Abs. 1 Nr. 1 einzustehen hat. 36

§ 112 Kündigungssperre

Ein Miet- oder Pachtverhältnis, das der Schuldner als Mieter oder Pächter eingegangen war, kann der andere Teil nach dem Antrag auf Eröffnung des Insolvenzverfahrens nicht kündigen:
1. wegen eines Verzugs mit der Entrichtung der Miete oder Pacht, der in der Zeit vor dem Eröffnungsantrag eingetreten ist;
2. wegen einer Verschlechterung der Vermögensverhältnisse des Schuldners.

---

[48] FK-*Wegener* § 111 RdNr. 14; *Uhlenbruck/Berscheid* § 111 RdN. 13.
[49] Durch Individualvereinbarung bei gewerblicher Miete wirksam: *Erman/Jendrek* § 566 RdNr. 3; *Palandt/Weidenkaff* § 566 RdNr. 5; *Soergel/Heintzmann* § 571 RdNr. 37; *Wolf/Eckert/Ball*, RdNr. 1306; durch AGB unwirksam MünchKommBGB-*Häublein* § 566 RdNr. 46; bei Wohnraummiete stets unwirksam: *Bub/Treier/Heile* II. RdNr. 871.

§ 112   1   3. Teil. 2. Abschnitt. Erfüllung Rechtsgeschäfte. Mitwirkung BR

Schrifttum: *Bruns,* Das Wahlrecht des Insolvenzverwalters und vertragliche Lösungsrechte, ZZP 110 (1997), 305; *Cymutta:* Lastschriftwiderruf durch den Insolvenzverwalter – Auswirkungen auf das Mietrecht, DWW 2007, 8; *Cepl,* Lizenzen in der Insolvenz des Linzenznehmers, NZI 2000, 357; *Minuth/Wolf,* Kündigung und Gestaltung von Mietverträgen in Hinblick auf die Insolvenzordnung, NZM 1999, 289; *Pohlmann,* Befugnisse und Funktionen des vorläufigen Insolvenzverwalters, 1998; *Schwörer,* Lösungsklauseln für den Insolvenzfall, 2000; *Stickelbrock,* Urheberrechtliche Nutzungsrechte in der Insolvenz, WM 2004, 549.

Übersicht

	RdNr.		RdNr.
I. Normzweck	1	3. Weitere Unwirksamkeit nach Ablehnung der Eröffnung	31
II. Anwendungsbereich	3	**IV. Fortführung des Mietverhältnisses während des vorläufigen Verfahrens**	32
1. Nutzungsüberlassungsverträge jeglicher Art	3	1. Leistungs- und Annahmeverweigerungsrecht	32
2. Analoge Anwendung	10	2. Mietzahlungen	34
3. Nicht vollzogene Miet- und Pacht- und Leasingverträge	11	3. Zahlungsverzug, Erfüllungsverweigerung und Verschlechterung der Vermögensverhältnisse	40
4. Vertragsbeendigung jeglicher Art	16		
5. Kündigungssperre ohne vorläufige Verwaltung	17	4. Vertragsbeendigung durch den vorläufigen Verwalter	43
6. Kündigung vor Beantragung des Insolvenzverfahrens	18	**V. Vertraglicher Ausschluss der Kündigungssperre**	45
III. Unzulässige Kündigung	22		
1. Zahlungsverzug	22		
2. Verschlechterung der Vermögensverhältnisse des Mieters	27		

I. Normzweck

1   Ein Kündigungsverbot nach Beantragung des Konkurs-, Gesamtvollstreckungs- oder Vergleichsverfahrens kannte das bisherige Recht nicht. Im Gegenteil, der Antrag auf Eröffnung eines Insolvenzverfahrens über das Vermögen des Mieters bot häufig Anlass, den Mietvertrag vorzeitig zu kündigen; vielfach sehen die Vertragsbedingungen dies vor. Das Recht zur fristlosen Kündigung wegen Zahlungsverzugs (damals § 554 BGB, jetzt § 543 Abs. 2 Nr. 3 BGB) nach Verfahrenseröffnung einzuschränken, schlug die Kommission für Insolvenzrecht schon in ihrem ersten Bericht vor. Nach Ziff. 2.4.1.7 und 2.4.1.8. sollte nur Zahlungsverzug der Masse zur Kündigung berechtigen;[1] ihr sollten gemietete oder geleaste Sachen zunächst erhalten bleiben. Dieser Gesichtspunkt wurde im Gesetzgebungsverfahren vertieft, indem die Beantragung des Insolvenzverfahrens zur maßgeblichen Zäsur wurde. Die Kündigungssperre soll die für die Insolvenzverwaltung nachteiligen Auswirkungen der mit dem Vermögensverfall des Mieters begründeten Kündigung abwenden. Der Verwalter, auch der vorläufige, soll zunächst davon ausgehen können, dass die wirtschaftliche Einheit der im Besitz des Mieters stehenden Güter nicht zur Unzeit auseinander gerissen wird und sie zunächst in seinem Verfügungsbereich bleiben.[2] Durch Kündigungen aus Anlass des Insolvenzverfahrens sollen ihm nicht Sachen entzogen werden – etwa gemietete Büroräume oder geleaste Geräte –, die er zur Fortführung, Sanierung oder Gesamtveräußerung des Unternehmens, aber auch zur ordnungsgemäßen Abwicklung des Insolvenzverfahrens benötigt. Hierzu sind gemietete oder gepachtete Gegenstände genauso wichtig wie Sachen, die unter Eigentumsvorbehalt geliefert wurden oder die einem Absonderungsrecht unterliegen.[3] Insofern ergänzt die Kündigungssperre die Maßnahmen, die das Gericht nach §§ 21, 22 anordnen kann, um während des vorläufigen Verfahrens Veränderungen zum Nachteil der

---
[1] RWS-Dokumentation S. 224.
[2] RegE zu § 126 (jetzt § 112) BT-Drucks. 12/2443 S. 148.
[3] *Kübler/Prütting/Tintelnot* § 112 RdNr. 4, und *Wilmowsky* ZInsO 2004, 882 883 sehen den Zweck auch in der Einbeziehung des Werts des Mietvertrages in die Haftungsmasse.

Masse zu verhindern (dazu § 108 RdNr. 198).[4] Da § 112 sonstige Kündigungsrechte unberührt lässt, ist zu befürchten, dass Vermieter und Leasinggeber bei Zahlungsstockungen und Anzeichen eines Vermögensverfalls wenig Nachsicht zeigen, sondern die erste Kündigungsmöglichkeit ausnutzen werden, um die spätere Kündigungssperre zu unterlaufen.

Dass sich durch die Kündigungssperre, die auch im Verbraucherinsolvenzverfahren und in sonstigen Kleinverfahren nach Antragstellung (§ 305) gilt, das **Mietausfallrisiko** des Vermieters verstärkt, ist nicht zu leugnen, insbesondere wenn das Eröffnungsverfahren nicht nur kurze Zeit andauert. Um des vorrangigen Sanierungsziels willen mutet die InsO ihm dieses Risiko zu Gunsten der Insolvenzmasse zu. In gleicher Weise laufen der Sicherungseigentümer und der Verkäufer einer unter Eigentumsvorbehalt gelieferten Ware Gefahr, die weitere Nutzung ihrer Sachen durch die vorläufige Insolvenzmasse hinnehmen zu müssen, ohne sicher zu sein, deswegen entschädigt zu werden. Das Risiko des Vermieters wird nach den Vorstellungen des Gesetzgebers dadurch verringert, dass Mietforderungen, die während des vorläufigen Verfahrens fällig werden, als Masseverbindlichkeiten nach § 55 Abs. 2 zu tilgen sind, eine Erwartung, der § 55 Abs. 2 nur unzureichend Rechnung trägt (dazu § 108 RdNr. 188). Wegen der den Vermieter belastenden weitreichenden Folgen der Kündigungssperre, die das verfassungsrechtlich garantierte Eigentum (Art. 14 GG) zumindest tangiert, ist restriktive Anwendung angezeigt. Insbesondere ist der Vermieter vor Missbrauch zu schützen, wenn der Schuldner sich mit einem offensichtlich ungerechtfertigten Insolvenzantrag die Kündigungssperre erschleichen will,[5] oder der Zweck der Kündigungssperre im konkreten Fall offensichtlich verfehlt wird.

II. Anwendungsbereich

1. Nutzungsüberlassungsverträge jeglicher Art. Im Gegensatz zu den vorangehenden Bestimmungen unterscheidet § 112 nicht nach der Art des Miet- oder Pachtgegenstandes.[6] Der gesetzgeberische Zweck – Erhalt des Bestandes, der zur ordnungsgemäßen Abwicklung des Insolvenzverfahrens benötigt wird – hat sich nicht in einer dem entsprechenden Einschränkung niedergeschlagen. Von der Kündigungssperre nicht ausgenommen sind daher Nutzungsverträge über Gegenstände, die der Schuldner, wie die Wohnung, für seinen persönlichen Bedarf benötigt.[7] Daran hat die Einfügung des § 109 Abs. 1 Satz 2 nichts geändert; da diese Bestimmung den Bestandsschutz des Wohnungsinhabers bezweckt, besteht kein Grund, ihn während des vorläufigen Insolvenzverfahrens weniger zu schützen als sonstige insolvente Mieter.

Auch Mietverträge über Gegenstände, die für die Insolvenzverwaltung oder zur Fortführung des Unternehmens nicht erforderlich sind oder nicht genutzt werden, unterliegen der Kündigungssperre. Nach Beantragung des Insolvenzverfahrens kann der Vermieter nicht einmal Verträge über die Überlassung einer Zweitwohnung in einem Urlaubsgebiet, einer privat genutzten Motoryacht, eines Luxuskraftfahrzeugs wegen Zahlungsverzugs kündigen. Geschützt ist auch der insolvente Jagdpächter. Bei Insolvenz des gewerblichen Zwischenvermieters von Wohnraum schadet die Kündigungssperre sowohl dem Endnutzer als auch dem Eigentümer, weil sie die frühzeitige Herstellung eines unmittelbaren Mietverhältnisses zwischen beiden oder die Einschaltung eines anderen Zwischenvermieters gem. § 565 BGB behindert oder verzögert. Derartige vom Gesetzeszweck nicht getragene Auswirkungen bedürfen der Korrektur mit Hilfe des § 242 BGB.

---

[4] ZB. einstweilige Einstellung der Zwangsvollstreckung eines Räumungstitels gem. § 21 Abs. 2 Nr. 3, AG Köln NZI 1999, 333.
[5] HK-*Marotzke* § 112 RdNr. 14.
[6] BT-Drucks. 12/2443 S. 148.
[7] *Eichner* WuM 1999, 260; *Schläger* ZMR 1999, 522; *Börstinghaus* NZM 2000, 326; *Vallender/Dahl* NZI 2000, 246; FK-*Wegener* § 112 RdNr. 5a; aA HK-*Marotzke* § 109 RdNr. 3 und § 112 RdNr. 4; *Marotzke* KTS 1999, 269, 283; *Grote* NZI 2000, 66, 68; *Uhlenbruck/Berscheid* § 112 RdNr. 4; vom BGH offen gelassen: NJW 2007, 1591 = ZIP 2007, 340 = NZI 2007, 284 (unter RdNr. 13).

5   Die Begründung des Regierungsentwurfs betont ausdrücklich die Anwendbarkeit des § 112 auf **Leasingverträge**.[8] Zweifelhaft mag dies bei Verträgen sein, die weniger auf Gebrauchsüberlassung angelegt, als vielmehr versteckte Kaufverträge sind.[9] Von Letzterem ausgehend verbietet sich die Anwendung auf derartige Verträge.[10]
Inwieweit die Kündigungssperre **Verträge mit gemischtem Inhalt** erfasst, hängt von dem den Vertragsinhalt prägenden Leistungselement ab (vgl. § 108 RdNr. 19); zusätzlich wird darauf abzustellen zu sein, ob ihrem Sinn und Zweck nach die Anwendung auf das fragliche Dauerschuldverhältnis geboten ist. So sollte z. B. der Vertrag über die Stellung eines Baugerüsts, der werk- und mietvertragliche Elemente einschließt, jedenfalls in der Mietphase nach Aufbau der Kündigungssperre unterliegen.

6   Ob der **Vertrag zwischen dem Endkunden und dem Telekommunikationsunternehmen** über die einzelnen Leistungen als Miete oder Pacht zu qualifizieren ist,[11] ist zweifelhaft. Zu Zeiten des Postmonopols war das öffentlich-rechtliche Nutzungsverhältnis vorrangig durch die Bereitstellung des Telefonapparats geprägt. Daher griff der Bundesgerichtshof auf die mietrechtlichen Bestimmungen der Konkursordnung zurück und billigte beiden Parteien entsprechend § 19 KO das Recht zur vorzeitigen Kündigung des Teilnehmerverhältnisses zu.[12] Von der Bereitstellung des Geräts ist jedoch die Übermittlung von Worten, Schriften, Bildern, Zeichen, Daten und dergl. zu unterscheiden. Der Vertrag hierüber wird – wie die Beförderung einer Sache – weitgehend durch die Dienst- oder Werkleistung bestimmt,[13] ohne dass es auf die Art der Übermittlungswege ankommt. Die Gewährung des Telekommunikationsnetzzugangs gem. § 35 TKG (dazu § 108 RdNr. 21) fällt in den Anwendungsbereich des § 112.[14]

7   **Lizenzverträge,** die die Ausnutzung und wirtschaftliche Verwertung der geistigen, technischen oder künstlerischen Schöpfung eines Dritten beinhalten, fallen unter § 112.[15] Auf sie wurden früher die §§ 19 bis 21 KO angewandt.[16] Diese Nutzungs- und Verwertungsrechte als „Betriebsmittel" nach Beantragung des Insolvenzverfahrens zu erhalten, ist Sinn der Kündigungssperre. Dasselbe gilt für den **Know-how-Vertrag.** Soweit er im Wesentlichen die entgeltliche Nutzung von nicht schutzrechtsfähigen Fertigungsverfahren oder Vertriebsmethoden beinhaltet, wird er ohnehin nach Pachtrecht behandelt.[17]

8   Die **Nutzung von Software** ist Pacht, soweit es sich um Standardsoftware handelt.[18] Ist die überlassene Software auf die speziellen Bedürfnisse des Anwenders zugeschnitten, so bestimmt hauptsächlich die Entwicklung des Programms als Werkleistung, weniger die nachfolgende Nutzung den Vertragsinhalt. Gleichwohl sprechen Sinn und Zweck der Kündigungssperre jedenfalls dann für die Anwendung des § 112, wenn der Anwender in der Nutzungsphase insolvent wird.

---

[8] BT-Drucks. 12/2443 S. 148.
[9] Beispiel: LG Hamburg ZIP 1996, 1559; dazu *Pape* EWiR 1996, 941.
[10] *Obermüller/Livonius* DB 1995, 27, 29.
[11] *Krull* ZInsO 1998, 291, 294, handelt ihn noch unter Mietvertrag ab.
[12] BGHZ 39, 35 = NJW 1963, 859; nach Privatisierung der Telekommunikationsunternehmen halten *Kilger/K. Schmidt* § 19 Anm. 2, 4; FK-*Wegener* § 105 RdNr. 11, daran fest.
[13] *Schöpflin,* Der Mobilfunkvertrag, BB 1997, 106 zum Mobilfunk; MünchKommBGB-*Schilling* vor § 535 RdNr. 14.
[14] OLG Düsseldorf CR 2003, 187.
[15] *Gottwald/Huber,* Insolvenzrechts-Handbuch, § 37 RdNr. 3; *Cepl* NZI 2000, 357, 358; Stickelbrock WM 2004, 549, 561; FK-*Wegener* § 112 RdNr. 5; *Uhlenbruck/Berscheid* § 112 RdNr. 5.
[16] Vgl. RGZ 122, 70; RGZ 134, 91, 98; RGZ 142; 170; RGZ 155, 306, 310; BGHZ 71, 189 = NJW 1978, 1383, 1384; *Jaeger/Henckel* § 19 RdNr. 23; *Kuhn/Uhlenbruck,* KO, 11. Aufl., § 19 RdNr. 2a, 2b; MünchKommBGB-*Voelkow,* 3 Aufl., vor § 581 RdNr. 14; *Brandt* NZI 2001, 337, 340.
[17] Vgl. BGH NJW 1981, 2684, = ZIP 1981, 869; OLG Hamm NJW-RR 1993, 1270; MünchKommBGB-*Harke* § 581 RdNr. 27; *Erman/Jendrek* vor § 581 RdNr. 8; *Soergel/Heintzmann* vor § 581 RdNr. 13; *Staudinger/Veit,* vor § 581 RdNr. 89; *Engel,* Mängelansprüche bei Software-Verträgen, BB 1985, 1159, 1164; *Schwörer* RdNr. 400.
[18] BGH ZIP 1981, 869; BGHZ 102, 135 = NJW 1988, 406; *Engel* BB 1985, 1159; *Mehrings,* Computersoftware und Gewährleistungsrecht, NJW 1986, 1904; *Scholz,* Gewährleistungsansprüche bei Mängeln im Hard- und Softwarebereich, MDR 1989, 107.

Ob und inwieweit die Kündigungssperre beim **Franchising** angezeigt ist, lässt sich wegen 9
der im Einzelfall stark variierenden Ausgestaltungen nicht generell beantworten.[19] Angesichts des Bestrebens des Franchisegebers, sich möglichst schnell von einem insolventen Franchisenehmer zu trennen, entspricht es weitgehend dem Sinn und Zweck des § 112, zur Erhaltung der „Betriebsmittel" – Ausnutzung des Know-how, der Fertigungs- oder Absatzmethoden – die Kündigungssperre eingreifen zu lassen. Folgt man den Stimmen, die den lizenz- oder pachtrechtlichen Einschlag als vorrangig betonen,[20] so bereitet dies keine Probleme. Sachgerecht ist die Anwendung des § 112 jedenfalls, wenn der Franchisenehmer Wissen, Herstellungs- und Absatzmethoden, Marken- oder Warenzeichen ausnutzt, ohne vorrangig Waren oder Dienstleistungen des Franchisegebers zu beziehen oder zu vertreiben. Bei sonstigen Formen, die durch den Vertrieb der vom Franchisegeber angebotenen Produkte und Leistungen geprägt werden, ist indessen Zurückhaltung geboten, denn es wird kaum zu rechtfertigen sein, den Franchisegeber zu verpflichten, den insolventen Franchisenehmer ohne ausreichende Sicherung im bisherigen Umfang mit Waren zu beliefern.

2. Analoge Anwendung. Ungeachtet des Normzwecks, den Bestand der (späteren) 10 Insolvenzmasse nicht auseinander zu reißen (oben RdNr. 1), enthält § 112 keinen der Verallgemeinerung zugänglichen Rechtsgedanken,[21] sondern ist eine auf die Nutzungsüberlassung zugeschnittene Ausnahmevorschrift; die InsO ist nicht planwidrig lückenhaft, weil sie die Kündigungssperre nicht für andere Verträge anordnet,[22] für die ab Verfahrenseröffnung[23] die allgemeine Unwirksamkeit von Auflösungsklauseln gem. § 119 gilt. Wegen der Verwandtschaft des Leasings als Erwerbsersatzes mit dem Kauf unter Eigentumsvorbehalt wird gefordert, in der Insolvenz des Vorbehaltskäufers § 112 analog heranzuziehen,[24] weil, so die Begründung, der mit § 107 Abs. 2 verfolgte Zweck vereitelt werde, wenn der Verkäufer wegen Zahlungsverzugs des Vorbehaltskäufers vom Vertrag zurücktreten und sein Eigentum zurückfordern könne. Hiergegen bestehen Bedenken, denn der Gesetzgeber hat bewusst davon abgesehen, die Masse über § 107 Abs. 2 hinaus zu schützen. Zu weit geht die Ausdehnung auf Kaufverträge schlechthin.[25] Abzulehnen ist insbesondere die Erstreckung auf das Darlehen,[26] das keine „Vermietung von Geld" ist; der Rückgabeanspruch des Vermieters bleibt – anders als der Rückzahlungsanspruch des Kreditgebers – trotz Insolvenz des Mieters durchsetzbar. Bei kritischer Nähe einer Rückforderung zum Insolvenzantrag wird die Masse durch die Insolvenzanfechtung geschützt.

3. Nicht vollzogene Miet-, Pacht- und Leasingverträge. § 112 unterscheidet nicht 11 danach, ob dem Mieter das Mietobjekt vor Antragstellung überlassen war. Die Begründung des Regierungsentwurfs,[27] die Kündigungssperre solle das Auseinanderreißen der wirtschaftlichen Einheit der im Besitz des Mieters befindlichen Gegenstände verhindern, deutet allerdings darauf hin, dass § 112 lediglich die Bewahrung des bisherigen Zustandes bezweckt, ohne der vorläufigen Masse zusätzliche Nutzungen auf Grund eines noch nicht

---

[19] Zur Rechtsnatur: *Soergel/Heintzmann* vor § 581 RdNr. 20; *Staudinger/Veit* vor § 581 RdNr. 134; *Palandt/Weidenkaff* vor § 581 RdNr. 22; *MünchKommBGB-Harke* § 581 RdNr. 28; *Erman/Jendrek* vor § 581 RdNr. 14; *Gitter* S. 467 ff.; *Martinek*, Moderne Vertragstypen Bd. 2, 1992, S. 40 ff.; *Martinek*, Franchising im Handelsrecht, ZIP 1988, 1362; *Skaupy*, Zu den Begriffen „Franchise", „Franchisevereinbarung" und „Franchising", NJW 1992, 1785.
[20] *Gross/Skaupy*, Franchising in der Praxis S. 281; *Skaupy* NJW 1992, 1785; dazu kritisch *Staudinger/Martinek* § 675 D RdNr. 23 ff.
[21] So *Uhlenbruck/Berscheid* § 112 RdNr. 20.
[22] *Nerlich/Römermann/Balthasar* § 112 RdNr. 16.
[23] Nach *Schwörer*, RdNr. 425, schon ab Insolvenzantrag.
[24] *Marotzke* JZ 1995, 803, 813; *HK-Marotzke* § 107 RdNr. 31 und § 112 RdNr. 19; *Kübler/Prütting/Tintelnot* § 112 RdNr. 5; *Smid*, InsO, § 112 RdNr. 6; *Braun/Kroth* § 112 RdNr. 14; *Graf-Schlicker/Breitenbücher* § 112 RdNr. 2; HambKomm-*Ahrendt* § 112 RdNr. 5.
[25] *Obermüller/Livonius* DB 1995, 27, 29; FK-*Wegener* § 112 RdNr. 11 a; aA *Marotzke* KTS 2002, 1, 9; *Uhlenbruck/Berscheid* § 112 RdNr. 20.
[26] *HK-Marotzke* § 112 RdNr. 20; *Uhlenbruck/Berscheid* § 112 RdNr. 19; zur Erstreckung auf Darlehen *Schwörer* RdNr. 405.
[27] BT-Drucks. 12/2443 S. 71, 148.

vollzogenen Vertrages zu verschaffen. Nicht auszuschließen ist, dass der Gesetzgeber den Begriff „Kündigung" nur auf vollzogene Verträge bezog, obwohl grundsätzlich ein Mietverhältnis vor Übergabe der Mietsache gekündigt werden kann.[28]

12   Trotzdem ist § 112 auf den nicht vollzogenen Miet- oder Leasingvertrag anzuwenden.[29] Der eindeutige Gesetzeswortlaut untersagt die Kündigung eines Miet- oder Pachtverhältnisses, das der Schuldner **„eingegangen"** war. „Eingegangen" ist ein Mietverhältnis mit Abschluss des Vertrages, ohne dass es auf die Einräumung des Mietgebrauchs ankommt. Insoweit ist auf § 109 zu verweisen, dessen Abs. 2 darauf abstellt, ob die Mietsache bei Verfahrenseröffnung schon oder noch nicht überlassen war, sowie auf § 110, der nach dem ausdrücklichen Willen des Gesetzgebers ebenfalls auf nicht vollzogene Mietverhältnisse anzuwenden ist.[30] Auch betrifft die in § 112 Nr. 2 angesprochene Verschlechterung der Vermögensverhältnisse des Schuldners die in § 321 BGB geregelte typische Situation vor der beiderseitigen Leistung.

13   Die Kündigungssperre auch bei nicht vollzogenen Mietverhältnissen eingreifen zu lassen entspricht zudem dem **Normzweck.** Zwar lässt sich einwenden, ein Vermieter oder Leasinggeber scheue den Vertragsschluss, wenn er sich nach Beantragung des Insolvenzverfahrens nicht einmal von dem noch nicht vollzogenen Vertrag lösen könne. Andererseits kann die Kündigungssperre gerade dann sinnvoll sein, wenn der Schuldner zur Besserung der Unternehmenssituation einen Miet- oder Leasingvertrag abgeschlossen hat, etwa über preisgünstige Büroräume oder Geräte, die er wegen Kapitalmangels nicht anschaffen kann.[31] In dieser Situation sollten Vermieter oder Leasinggeber gehindert sein, die Rechtslage vorschnell und einseitig zu ihren Gunsten zu verändern. Bei nicht vollzogenen Miet- und Leasingverträgen über bewegliche Sachen sichert die Kündigungssperre das spätere Wahlrecht des Verwalters.

14   Wenn bei der Immobilienvermietung der Vermieter nach § 109 Abs. 2 von dem bei Eröffnung nicht vollzogenen Vertrag zurücktreten kann, so folgt daraus nicht zwingend die Berechtigung, schon während des vorläufigen Verfahrens den Vertrag aufzulösen. Bei der Fahrnismiete greift der Hinweis auf § 109 Abs. 2 ohnehin nicht.

15   Beim **Sale-and-lease-back-Vertrag** stellt sich vor Eigentumswechsel die Frage, ob der Leasinggeber nach § 112 gehindert ist, ein für den Fall der Beantragung des Insolvenzverfahrens über das Vermögen des Verkäufers und zukünftigen Leasingnehmers vereinbartes Kündigungs- oder Rücktrittsrecht auszuüben. Sieht man in dieser Phase ein noch nicht vollzogenes Leasinggeschäft, so ist § 112 anzuwenden.[32]

16   **4. Vertragsbeendigung jeglicher Art.** Die Kündigungssperre greift ohne Rücksicht darauf, ob dem Vermieter der Insolvenzantrag bekannt ist, bei jeder Vertragsbeendigung aus einem der in § 112 erwähnten Gründe ein. Sie setzt einen wirksamen Vertrag voraus und hindert den Vermieter nicht, den Vertrag wegen eines Willensmangels anzufechten. Eine Beschränkung auf gesetzliche Kündigungs- oder Auflösungsgründe[33] ist weder mit dem Wortlaut noch mit dem Normzweck zu vereinbaren. § 112 gilt auch bei Rücktritt und insbesondere dann, wenn der Miet-, Pacht- oder Leasingvertrag eine Vertragsbeendigung auf

---

[28] BGHZ 73, 350 = NJW 1979, 1288; BGHZ 99, 54 = NJW 1987, 948; in Hinblick auf § 321 BGB auch BGHZ 112, 288.
[29] *Eckert* ZIP 1996, 897, 899; *Röhricht/von Westphalen,* HGB, Leasing RdNr. 214; HambKomm-*Ahrendt* § 112 RdNr. 3; *Braun/Kroth* § 112 RdNr. 4; *Engel/Völckers* RdNr. 284; *Wilmowsky* ZInSO 2004, 882 884; *Kübler/Prütting/Tintelnot* § 112 RdNr. 4, bei Bestellung eines vorläufigen Verwalters mit Verwaltungs- und Verfügungsbefugnis; aA *Häsemeyer* RdNr. 20.48; *Ganter,* oben § 47 RdNr. 225; FK-*Wegener* § 112 RdNr. 3; *Nerlich/Römermann/Balthasar* § 112 RdNr. 11; *Graf-Schlicker/Breitenbücher* § 112 RdNr. 2; *Kalkschmid* RdNr. 453 ff.; *Waldherr* ZfIR 2005, 833, 836; *Schwörer* RdNr. 398. Uhlenbruck/Berscheid § 112 RdNr. 10, und HK-*Marotzke* § 112 RdNr. 5, 6, lassen die Kündigungssperre eingreifen, wenn sich der Vermieter mit der Überlassung in Verzug befindet.
[30] BT-Drucks. 12/2443 S. 71, 147.
[31] *Eckert* ZIP 1996, 897, 899.
[32] *Gottwald/Adolphsen,* Kölner Schrift, S. 1043, 1069 RdNr. 103, treten uneingeschränkt für die Anwendung des § 112 auf den Sale-and-lease-back-Vertrag ein.
[33] *Bruns* ZZP 110 (1997), 305, 325, schlägt dies vor.

Grund auflösender Bedingung bei Beantragung des Insolvenzverfahrens vorsieht.³⁴ Demgegenüber lässt sich nicht einwenden, zwischen der Kündigung als einseitiger Gestaltungserklärung und einer vertraglichen Aufhebungsklausel als zweiseitig verpflichtendem Vertragselement bestehe ein nicht nur formal juristischer Unterschied; der Mieter, der vor Eintritt der Insolvenz eine Aufhebungsklausel hinnehme, verfüge privatautonom zumindest über einen Teil seiner Sanierungschancen.³⁵ Dieselbe „Verfügung" trifft der Mieter, der eine Kündigungsklausel akzeptiert. Vorrangig bleibt das Interesse an der einstweiligen Erhaltung der Masse.

5. Kündigungssperre ohne vorläufige Verwaltung. Die Begründung des Regierungsentwurfs zu § 112 stellt einen Kontext zu §§ 21, 22 sowie zu § 55 Abs. 2 her, demzufolge Mietrückstände aus der Zeit des Eröffnungsverfahrens als Masseverbindlichkeiten privilegiert werden.³⁶ Gleichwohl bieten weder Wortlaut noch Gesetzeszweck Anlass zur restriktiven Anwendung, falls der Schuldner verfügungsbefugt bleibt. (Zur Masseverbindlichkeit während des vorläufigen Verfahrens § 108 RdNr. 185 ff.). 17

6. Kündigung vor Beantragung des Insolvenzverfahrens. § 112 verbietet die Kündigung nach Antragstellung, auch bei Ruhen des Eröffnungsverfahrens gem. § 306. Maßgeblicher Zeitpunkt ist der Zugang, denn als Willenserklärung wird die Kündigung gem. § 130 BGB erst mit Zugang wirksam. Die Beweislast für den Zugang vor Antragstellung trägt der Kündigende,³⁷ denn er leitet hieraus die für ihn günstige Rechtsfolge her. Kenntnis des Vermieters von der bevorstehenden Antragstellung ist unschädlich. Eine **vor Antragstellung zugegangene begründete Kündigung** des Mietverhältnisses bleibt, wie eine sonstige Kündigung, wirksam,³⁸ auch wenn der vorläufige Verwalter umgehend für den Ausgleich des Zahlungsrückstandes sorgt. Unwirksam ist hingegen eine unter einer zulässigen Bedingung³⁹ ausgesprochene Kündigung, wenn die Bedingung erst nach Antragstellung eintritt.⁴⁰ Ein allgemeines Verfügungsverbot (§ 21 Abs. 2 Nr. 2) steht weder der Wirksamkeit der Kündigung noch dem daraus gem. § 546 BGB folgendem Rückgabeanspruch des Vermieters oder Leasinggebers entgegen.⁴¹ Bei Verurteilung zur Rückgabe beweglicher Sachen kann das Gericht gem. § 21 Abs. 2 die Zwangsvollstreckung gegen den Schuldner untersagen oder einstweilig einstellen.⁴² 18

Die Verzugsvoraussetzungen darf der Vermieter vor dem Insolvenzantrag nicht dadurch fördern, dass er bei Anzeichen der Krise Zahlungen des Mieters wegen der Gefahr späterer **Anfechtbarkeit** gem. §§ 130, 131 zurückweist.⁴³ Zweifelhaft ist ohnehin, ob der Mieter, der Zahlungen anbietet, in Verzug gerät. Auch wenn man dem Vermieter grundsätzlich zugesteht, Zahlungen ohne gesicherte endgültige Erfüllungswirkung abzulehnen, darf er jedenfalls in der kritischen Zeit vor dem Insolvenzantrag nicht die Kündigungssperre unterlaufen, indem er einen Kündigungsgrund vor Beantragung des Insolvenzverfahrens schafft.⁴⁴ 19

---

³⁴ *Eckert* ZIP 1996, 897, 902; *Huber* NZI 1998, 97, 101; *Marotzke* KTS 1999, 269, 288; FK-*Wegener* § 112 RdNr. 12; HK-*Marotzke* § 112 RdNr. 18; *Kübler/Prütting/Tintelnot* § 112 RdNr. 13; *Braun/Kroth* § 112 RdNr. 2; *Uhlenbruck/Berscheid* § 112 RdNr. 17; *Schwörer* RdNr. 357.
³⁵ So *Minuth/Wolf* NZI 1999, 289, 292.
³⁶ BT-Drucks. 12/2443 S. 148.
³⁷ *Engel/Völckers* RdNr. 289.
³⁸ *Eichner* WuM 1999, 260, 261; *Minuth/Wolf* NZI 1999, 289, 290; *Gottwald/Adolphsen*, Kölner Schrift, S. 1043, 1063 RdNr. 77; *Sinz*, Kölner Schrift S. 593, 596 RdNr. 7; FK-*Wegener* § 112 RdNr. 2 und 8; *Kübler/Prütting/Pape* § 112 RdNr. 3; HK-*Marotzke* § 112 RdNr. 15; *Nerlich/Römermann/Balthasar* § 112 RdNr. 17; HambKomm-*Ahrendt* § 112 RdNr. 7.
³⁹ ZB Zahlung der Miete bis zu einem bestimmten Termin, BGH WM 1973, 694= ZMR 1973, 378; OLG Hamburg NZM 2001, 131 = ZMR 2001, 25.
⁴⁰ KG KG Rep 2004, 105 = MietRB 2004, 73.
⁴¹ *Obermüller/Livonius* DB 1995, 27; HK-*Marotzke* § 112 RNr. 15; *Uhlenbruck/Berscheid* § 112 RdNr. 8; aA *Kübler/Prütting/Pape* § 21 RdNr. 18; *Eichner* WuM 1999, 260.
⁴² Dazu oben § 21 RdNr. 72.
⁴³ So *Obermüller/Livonius* DB 1995, 27; *Sinz*, Kölner Schrift, S. 593, 597 RdNr. 9; *Engels/Völckers* RdNr. 296; *Schwemer* ZMR 2000, 348, 351; *Breitfeld* FLF 4/2004, 168, 169.
⁴⁴ *Kübler/Prütting/Tintelnot* § 112 RdNr. 12.

20 Bei der **Wohnraummiete** greift § 569 Abs. 3 BGB ein, wonach die fristlose Kündigung wegen Zahlungsverzugs durch nachträgliche Tilgung des Rückstandes hinfällig wird. Obwohl der Vermieter Ausgleich des vor Antragstellung aufgelaufenen Rückstands nur als Insolvenzgläubiger verlangen kann, ist zur Abwendung der Kündigungswirkung vollständige Zahlung erforderlich. Dies gilt ungeachtet eines Schuldenbereinigungsverfahrens gem. § 305 Abs. 1 Nr. 4, 306 Abs. 1.

21 Die Wirksamkeit einer vor Antragstellung zugegangenen Kündigung, die, statt fristlos zu wirken, dem Mieter eine **Schonfrist** bewilligt, steht mit Zugang fest und beendet daher das Mietverhältnis auch dann, wenn diese Frist nach Antragstellung abläuft.[45] Der **Widerspruch gegen die stillschweigende Verlängerung des Mietverhältnisses** durch Fortsetzung des Mietgebrauchs (§ 545 BGB) hat nicht die Bedeutung einer Kündigung, denn er ist keine auf Beendigung des Mietverhältnisses abzielende Gestaltungserklärung.

III. Unzulässige Kündigung

22 **1. Zahlungsverzug.** Miete oder Pacht ist jede Gegenleistung zur Gebrauchsgewährung. **Nebenkostenvorauszahlungen** oder -pauschalen gehören im weitesten Sinn dazu,[46] nicht jedoch die sich nach Abrechnung ergebende Nachzahlung.[47] Auch vereinbarte **Mietvorauszahlungen** oder eine einmalige Leistung, insbesondere die **Sonderzahlung** beim Leasing, sind Gegenleistung zur Gebrauchsgewährung. Nicht zur Miete zählen **Leistungen,** die nicht Gegenleistung zur Gebrauchsüberlassung sind, z. B. die **Barkaution**[48] oder bei der Pacht das Entgelt für die Übernahme des Inventars.

23 § 112 Nr. 1 verhindert in erster Linie die **fristlose Kündigung wegen Zahlungsverzugs gemäß § 543 Abs. 2 Satz Nr. 3 BGB,** wenn der Mieter vor Beantragung des Insolvenzverfahrens mit der Entrichtung der Mietzinsraten in dem dort umschriebenen Umfang in Verzug geraten ist, sowie die Kündigung des Leasingvertrages nach **§§ 500, 498 Abs. 1 Satz 1 Nr. 1 und 2 BGB.** Rückstände mit Mietzahlungen, die vor Antragstellung fällig waren, kann der Vermieter während des vorläufigen Insolvenzverfahrens nicht zur Begründung der Kündigung heranziehen. Eine vor Antragstellung abgeschickte, sachlich gerechtfertigte Kündigung bleibt wirkungslos, wenn sie dem Schuldner erst nach Antragstellung zugeht. Widerruft der vorläufige Verwalter eine oder mehrere **Lastschriften,** die vor dem Insolvenzantrag fällig gewordene Mietzahlungen betreffen, so ist nicht entscheidend, dass der Schuldner erst nach Antragstellung in Verzug gerät[49] (dazu RdNr. 40). Ausschlaggebend bleibt, dass der Rückstand aus der Zeit vor Antragstellung resultiert;[50] der Widerruf beseitigt letztlich die vom Schuldner veranlasste Erfüllungshandlung. Auch darf der zulässige und gebotene Widerruf der Lastschrift[51] dem Schuldner oder der vorläufigen Masse nicht zum Nachteil gereichen.

24 Untersagt ist auch die nach § 543 Abs. 1 BGB zulässige fristlose **Kündigung wegen erheblicher Vertragsverletzungen**[52] sowie die ordentliche Kündigung eines Mietverhältnisses über Wohnraum gemäß § 573 Abs. 1 und Abs. 2 Nr. 1 BGB, soweit die Vertragsverletzung mit der Entrichtung der Miete – etwa ständig verspäteten Zahlungen[53] – zusam-

---

[45] *Uhlenbruck/Berscheid* § 112 RdNr. 8; *Braun/Kroth* § 112 RdNr. 6.
[46] BGH WM 1975, 897; NJW-RR 1987, 903; OLG Koblenz NJW 1984, 2369; OLG Frankfurt NJW-RR 1989, 973.
[47] OLG Koblenz NJW 1984, 2369; MünchKommBGB-*Schilling* § 543 RdNr. 45; *Wolf/Eckert/Ball,* RdNr. 916.
[48] BGH WM 1978, 1326, 1327.
[49] So *Cymutta,* DWW 2007, 8, 11, die hieraus die Zulässigkeit der außerordentlichen Kündigung ableitet.
[50] *Kübler/Prütting/Tintelnot,* § 112 RdNr. 10.
[51] Vgl. BGHZ 161, 49 = NJW 2005, 675 = ZIP 2004, 2442; BGH ZInsO 2005, 40.
[52] *Eckert* ZIP 1997, 897, 898; *Minuth/Wolf* NZI 1999, 289, 290; HK-*Marotzke* § 112 RdNr. 7.
[53] Dazu BGH NJW 1988, 77; BGH NJW 2006, 1585 = NZM 2006, 338; OLG Düsseldorf NJW-RR 1991, 1353; ZMR 1992, 192; NJW-RR 1995, 551; OLG Hamm NJW-RR 1993, 1163; OLG Koblenz NJW-RR 1993, 583; OLG Oldenburg NJW-RR 1992, 79; *Wolf/Eckert/Ball,* RdNr. 917 ff.

menhängt.⁵⁴ Dass der Vermieter nach Beantragung des Insolvenzverfahrens nicht mehr auf diese zurückliegenden Kündigungsgründe zurückgreifen kann, lässt sich damit rechtfertigen, dass ihm während des Insolvenzverfahrens die Fortsetzung des Mietverhältnisses wieder zuzumuten ist, denn es ist zu erwarten, dass der vorläufige Insolvenzverwalter für vertragsgerechte Mietzahlungen sorgen wird.

Klauseln, die eine fristlose Kündigung bei Zahlungsverzug zulassen, ohne dass die strengen Voraussetzungen des § 543 Abs. 2 Nr. 3 BGB erfüllt sind, sind bei der Wohnraummiete gem. § 573 Abs. 4 BGB unwirksam. Bei der gewerblichen Vermietung und beim Leasing sind sie weit verbreitet. Unabhängig davon, ob und inwieweit **vom Regelungsgehalt des § 543 Abs. 2 Nr. 3 BGB abweichende Klauseln** wegen unangemessener Benachteiligung des Mieters nach § 307 BGB unwirksam sind,⁵⁵ kann der Vermieter nach Beantragung des Insolvenzverfahrens eine Kündigung nicht mehr auf eine dahingehende Klausel, auch nicht auf eine inhaltsgleiche Individualvereinbarung, stützen. § 112 verhindert die auf Zahlungsverzug oder Verschlechterung der Vermögensverhältnisse gestützte Kündigung schlechthin, ohne zwischen gesetzlichen und vereinbarten Kündigungsgründen zu unterscheiden.⁵⁶

Bei Überlassung an **mehrere Mieter oder Leasingnehmer** ist als Folge des Grundsatzes der Einheitlichkeit der Kündigung (§ 109 RdNr. 36) die Kündigung auch gegenüber dem nicht insolventen, aber gleichfalls in Zahlungsverzug befindlichen Mitmieter unwirksam. Dem Vermieter wäre nicht gedient, wenn seine Kündigung gegen den nicht insolventen Mitmieter, nicht jedoch gegen die weiterhin zum Mietgebrauch berechtigte vorläufige Masse wirkte. Die Alternative, die Kündigung gegen sämtliche Mieter, also auch die vorläufige Masse durchgreifen zu lassen, liefe dem Zweck der Kündigungssperre zuwider. Gleichwohl sollte dem Normzweck entsprechend die Insolvenz eines die Mietsache nicht nutzenden Mitmieters der Kündigung (Beispiel: Der Schuldner ist aus der von beiden Eheleuten angemieteten Wohnung ausgezogen) nicht entgegenstehen.

2. Verschlechterung der Vermögensverhältnisse des Mieters. Der Begriff „Verschlechterung" impliziert die Veränderung des Vermögensstandes, so dass nur Vermögensverfall des Mieters nach Vertragsschluss gemeint sein kann.⁵⁷ Erfährt der Vermieter nachträglich, dass der Mieter schon bei Vertragsschluss insolvent war, so kann er unter den Voraussetzungen des § 123 BGB den Vertrag wegen arglistiger Täuschung anfechten. Es ginge zu weit, diese **Anfechtung** nach § 112 auszuschließen,⁵⁸ weil sie ihre Ursache in den desolaten Vermögensverhältnissen des Mieters hat. Dem arglistig getäuschten Vermieter ist die Fortsetzung des Mietverhältnisses in besonderer Weise unzumutbar, während umgekehrt der unredliche Schuldner keinen Schutz verdient.

§ 112 Nr. 2 spricht keinen speziellen gesetzlich geregelten Kündigungstatbestand an, sondern die Kreditunwürdigkeit des Mieters, die die Fortsetzung des Mietverhältnisses für den Vermieter unzumutbar erscheinen lässt. Hierunter fallen die mit § 321 BGB korrespondierende außerordentliche Kündigung des Vermieters, wenn der Mieter bei Vermögensverfall nicht zur Vorleistung oder Sicherheitsleistung bereit ist,⁵⁹ und insbesondere die Kündigung auf Grund eines vereinbarten – individuell ausgehandelten oder in vorformulierter Vertragsklausel enthaltenen – Kündigungsrechts bei Anzeichen eines Vermögensverfalls.⁶⁰ **Kreditwürdigkeitsklauseln** haben bislang der Inhaltskontrolle nach § 307 BGB in Grenzen standgehalten. So ist bei der Vermietung beweglicher Sachen und beim Leasing eine

---

⁵⁴ *Fritz* RdNr. 630; *Engel/Völckers* RdNr. 288; *Uhlenbruck/Berscheid* § 112 RdNr. 12; *Oevermann* NZM 2000, 1213, 1216; aA *Kübler/Prütting/Tintelnot* § 112 RdNr. 6.
⁵⁵ Vgl. BGH NJW 1987, 2506 = ZIP 1987, 916.
⁵⁶ FK-*Wegener* § 112 RdNr. 7; *Kübler/Prütting/Tintelnot* § 112 RdNr. 6; aA *Bruns* ZZP 110, 305, 325, 326.
⁵⁷ *Hörndler* in *Lindner-Figura/Oprée/Stellmann*, Kap. 20, RdNr. 12.
⁵⁸ *Hörndler* in *Lindner-Figura/Oprée/Stellmann*, Kap. 20, RdNr. 12.
⁵⁹ Vgl. BGHZ 112, 288 = NJW 1991, 105 = ZIP 1990, 1406; *Kalkschmid* RdNr. 344.
⁶⁰ *Minuth/Wolf* NZI 1999, 289, 290.

Klausel, die die fristlose Kündigung schon bei einer Zwangsvollstreckungsmaßnahme gegen den Mieter zulässt, nicht unangemessen, weil eine solche Maßnahme zeigt, dass der Mieter nicht einmal titulierte Forderungen erfüllen kann.[61] Hingegen werden Bedenken gegen Klauseln erhoben, die die Kündigung bei Nichteinlösung von Wechseln oder Schecks, ungünstigen Auskünften über den Mieter oder unrichtiger Selbstauskunft zulassen.[62] Auf derartige Kreditunwürdigkeitstatbestände gestützte Kündigungen unterliegen jedenfalls während des vorläufigen Insolvenzverfahrens der Kündigungssperre, auch wenn die Vertragsklauseln der Inhaltskontrolle standhalten sollten.[63]

29 Eine scheinbare Regelungslücke besteht insoweit, als § 112 Nr. 1 und Nr. 2 den **Verzug mit sonstigen Zahlungspflichten** nicht erwähnt, obwohl auch er die Kündigung rechtfertigen kann. So ist die fristlose Kündigung in Betracht zu ziehen, wenn der Mieter erhebliche Ansprüche (z.B. Nebenkostennachzahlung, Kaution, Schadensersatz), insbesondere titulierte, nicht erfüllt, oder wenn der Leasingnehmer, der zur Versicherung der Leasingsache verpflichtet ist, die Prämien nicht zahlt. Auch solche Rückstände beruhen im Zweifel auf der Verschlechterung der Vermögensverhältnisse, so dass auch darauf gestützte Kündigungen ausgeschlossen sind. Dem generellen Kündigungsverbot wegen solcher Vertragsverletzungen, deren Ursache im Vermögensverfall des Mieters oder Leasingnehmers liegt, unterfallen auch die vertragswidrige **Verwendung der Miet- oder Leasingsache als Kreditsicherung** oder das **Verheimlichen von Vollstreckungszugriffen** Dritter in das Miet- oder Leasingobjekt als typische Symptome des Vermögensverfalls.[64]

30 Die **Einstellung des Geschäftsbetriebs** trotz einer vom Mieter übernommenen Betriebspflicht[65] oder die **Nichtausübung einer Lizenz** rechtfertigen nicht die an sich zulässige Kündigung, wenn die Vertragsverletzung letztlich durch die Verschlechterung der Vermögensverhältnisse bedingt ist. *Cepl*[66] gibt demgegenüber die erhebliche wirtschaftliche Bedeutung der Ausübungspflicht des Lizenznehmers zu bedenken. Eine Lizenz, die eine gewisse Zeit nicht am Markt präsent sei, verliere schnell an Wert. Daher könne der Lizenzgeber trotz Kündigungssperre gemäß § 242 BGB zur außerordentlichen Kündigung des Lizenzvertrages berechtigt sein, wenn der Lizenznehmer seiner Ausübungspflicht nicht nachkomme. Mit einer derart begründeten außerordentlichen Kündigung würde der status quo unterlaufen, den die Kündigungssperre bezweckt; Sanierungsbemühungen werden erschwert, wenn die Masse eine Lizenz oder ähnliches Recht als wesentliches Betriebsmittel schon im Eröffnungsverfahren verliert. Ähnliches gilt für den Entzug von Miträumen, wenn der Schuldner seiner Betriebspflicht nicht nachgekommen war.

31 **3. Weitere Unwirksamkeit nach Ablehnung der Eröffnung.** Mit Abschluss des Eröffnungsverfahrens endet die Kündigungssperre. Bei Ablehnung der Eröffnung bleibt es bei der Unwirksamkeit der Kündigung. Wenn § 112 die Kündigung aus den dort genannten Gründen schlechthin untersagt, ist die gleichwohl erklärte Kündigung unwirksam, nicht für den Fall der Ablehnung aufschiebend bedingt wirksam. Einer solchen Annahme steht die grundsätzliche Bedingungsfeindlichkeit von Gestaltungserklärungen entgegen; die Eröffnung oder Nichteröffnung des Insolvenzverfahrens ist keine vom Willen des Schuldners abhängige Bedingung, so dass auch eine vorsorglich für den Fall der Ablehnung der Eröffnung ausgesprochene Kündigung wirkungslos bleibt. Für den Vermieter bedeutet dies, dass er nach Ablehnung oder Rücknahme des Eröffnungsantrags erneut kündigen muss, wobei er auf zuvor aufgelaufene Zahlungsrückstände zurückgreifen kann. Hat der Schuldner indessen zwischenzeitlich den Rückstand ausgeglichen, so ist die Kündigung gem. § 543 Abs. 2 Nr. 3 Satz 2 BGB ausgeschlossen.

---

[61] BGH NJW 1984, 871 = ZIP 1984, 1114.
[62] Vgl. BGH NJW 1985, 1220; OLG Celle WM 1994, 886, 890.
[63] *Eckert* ZIP 1996, 897, 899; *Gottwald/Huber*, Insolvenzrecht Handbuch, § 37 RdNr. 17; *Uhlenbruck/Berscheid* § 112 RdNr. 15; FK-*Wegener* § 112 RdNr. 7.
[64] AA *Obermüller/Livonius* DB 1995, 27; *Engel/Völckers* RdNr. 299; *Schwemer* ZMR 2000, 348, 351.
[65] *Hörndler* in *Lindner-Figura/Oprée/Stellmann*, Kap. 20, RdNr. 8.
[66] NZI 2000, 357, 361 mit Nachweisen aus der lizenzrechtlichen Spezialliteratur.

Kündigungssperre 32–34 § 112

IV. Fortführung des Mietverhältnisses während des vorläufigen Verfahrens

1. Leistungs- und Annahmeverweigerungsrecht. Durch die Qualifizierung von 32 Hauptleistungspflichten als Masseverbindlichkeiten bei Vorliegen der Voraussetzungen des § 55 Abs. 2 (dazu § 108 RdNr. 185) wird der Vermieter in der Insolvenz des Mieters oder Leasingnehmers in rechtlicher Hinsicht nicht hinreichend gesichert, denn ohne vorläufigen Verwalter mit Verwaltungsbefugnis können während des vorläufigen Verfahrens keine Masseverbindlichkeiten entstehen; in tatsächlicher Hinsicht ist ungewiss, ob überhaupt Masse vorhanden ist. Daher bleibt ein Unbehagen, denn es ist dem Vermieter oder Leasinggeber kaum zuzumuten, dem insolventen Vertragsgegner die Miet- oder Leasingsache zu überlassen. Da die Kündigungssperre nur die Erhaltung des „status quo" bezweckt und die einseitige Veränderung der Rechtslage zu Gunsten des Vermieters verhindern will, bleibt § 321 BGB anwendbar.[67] Bei einem nicht vollzogenen Mietverhältnis kann der Vermieter somit die von ihm geschuldete Überlassung der Mietsache von einer Sicherheitsleistung oder Mietvorauszahlung (dazu § 110 RdNr. 9) abhängig machen. Verlangt ein vorläufiger Verwalter mit Verwaltungs- und Verfügungsbefugnis die Überlassung, so ist der Vermieter zusätzlich durch dessen persönliche Haftung gem. § 61 gesichert; ihm wird daher sogar die Überlassung ohne Sicherheitsleistung zuzumuten sein.[68] Andererseits sind der vorläufige Verwalter bzw. der Schuldner berechtigt, wenn nicht gar verpflichtet, bei einem noch nicht vollzogenen Vertrag die Übernahme des ihm zur Überlassung angebotenen Vertragsobjekts abzulehnen. Auf diese Weise kann er Masseverbindlichkeiten gem. § 55 Abs. 2 verhindern und erhält sich bei der Immobilienvermietung das Recht zum Rücktritt gem. § 109 Abs. 2.

Ist dem Vermieter die an sich wegen Zahlungsverzugs des Schuldners berechtigte frist- 33 lose Kündigung nach § 112 verwehrt, so sind ihm jedenfalls nach § 321 BGB ohne Sicherheitsleistung Reparaturaufwendungen, zu denen er nach Beendigung des Mietverhältnisses nicht mehr verpflichtet wäre, nicht zuzumuten. Mehr als die Erhaltung des Mietgebrauchs, wie er bei Beantragung des Insolvenzverfahrens bestand, bezweckt die Kündigungssperre nicht. War er infolge eines Sachmangels eingeschränkt – mit gemäß § 536 BGB geminderter Miete –, so kann es während des vorläufigen Verfahrens dabei bleiben.[69] Auch wird der vorläufige Verwalter bzw. der Schuldner Mängelbeseitigungs- oder Modernisierungsmaßnahmen zurückweisen können, die der Mieter von Räumen grundsätzlich zu dulden hat (§ 554 BGB) und zu denen der Vermieter an sich verpflichtet, jedenfalls berechtigt ist. Für die vorläufige Masse hat dies den Vorteil, dass weiterhin ein gem. § 536 BGB geminderter bzw. keine nach Modernisierung erhöhte Miete zu zahlen ist.

2. Mietzahlungen. Zur schwachen und starken vorläufigen Verwaltung gehört es, nütz- 34 liche Bestandteile des Schuldnervermögens zu erhalten. Dies schließt die Befugnis ein, ein für den Schuldner im vorläufigen Verfahren sinnvolles Mietverhältnis fortzuführen, also die Mieten bei Fälligkeit zu entrichten. § 53 ist nicht in dem Sinn zu verstehen, dass Masseverbindlichkeiten gem. § 55 Abs. 2 erst nach Verfahrenseröffnung aus der Insolvenzmasse zu erfüllen sind.[70] Mietzahlungen darf der Vermieter nicht gem. § 366 BGB auf den ältesten, vor dem Insolvenzantrag aufgelaufenen Rückstand verrechnen, denn der Zahlende bestimmt unausgesprochen, dass er die nach Antragstellung fälligen Forderungen tilgen will, um keinen die außerordentliche Kündigung rechtfertigenden Grund auszulösen. Dies trifft insbesondere auf Mietzahlungen der öffentlichen Hand zu.[71] Eine entgegenstehende Ver-

---

[67] OLG Düsseldorf CR 2003, 187; *Kübler/Prütting/Tintelnot* § 112 RdNr. 4; HambKomm-*Ahrendt* § 112 RdNr. 14; *Smid*, InsO, § 112 RdNr. 4; *Hörndler* in *Lindner-Figura/Oprée/Stellmann*, Kap. 20 RdNr. 40.
[68] *Kübler/Prütting/Tintelnot* § 112 RdNr. 4.
[69] *Hörndler* in *Lindner-Figura/Oprée/Stellmann*, Kap. 20, RdNr. 41.
[70] *Hörndler* in *Lindner-Figura/Oprée/Stellmann*, Kap. 20 RdNr. 28; aA *Kübler/Prütting/Tintelnot* § 112 RdNr. 11.
[71] LG Neubrandenburg WuM 2001, 551.

tragsklausel, die zulässigerweise die Tilgungsreihenfolge festlegt,[72] ist unwirksam, soweit sie die Kündigungssperre unterläuft.

35 Der über den Insolvenzantrag informierte Vermieter kann die laufenden Mietzahlungen ohne Gefahr der späteren **Insolvenzanfechtung** gem. §§ 129, 130 InsO entgegennehmen; die zeitnahen Zahlungen sind Bargeschäfte i. S. d. § 142 InsO.[73] Die laut Vertrag vor dem Insolvenzantrag geschuldete Miete bleibt auch dann die gleichwertige Gegenleistung zur Gebrauchsgewährung, wenn bei langfristiger Vermietung der Mietpreis infolge des Sinkens der Marktmiete aktuell nicht mehr ortsüblich ist.[74] Der Insolvenzantrag verändert den Vertragsinhalt und das Vertragsäquivalent nicht. Ein anfechtungsfreies Bargeschäft setzt indessen den unmittelbaren Leistungsaustausch voraus, d. h. Leistung und Gegenleistung in engem zeitlichem Zusammenhang.[75] Demgemäß ist Bargeschäft nur die termingerechte Zahlung oder jedenfalls die Zahlung innerhalb des Zeitabschnitts, für den sie das Überlassungsentgelt darstellt.[76] Kritisch sind Zahlungen, die den Mietgebrauch im Vormonat abgelten, denn Leistung und Gegenleistung stehen nicht mehr in engem zeitlichem Zusammenhang. Der Ausgleich eines mehrmonatigen Rückstandes zur Abwendung der fristlosen Kündigung (§ 543 Abs. 2 Satz 2 BGB) verlässt den Rahmen des Bargeschäfts,[77] bleibt aber kongruent, weil der Vermieter die Nachzahlung beanspruchen kann. Allerdings riskiert der Vermieter wegen der von ihm geschaffenen Drucksituation die spätere Anfechtung wegen inkongruenter Deckung gem. § 131, wenn er zur Durchsetzung seines Anspruchs die fristlose Kündigung androht („Zahlung oder Kündigung!").

36 Die Zustimmung des schwachen vorläufigen Verwalters zur Zahlung steht der späteren Insolvenzanfechtung nicht entgegen.[78] Nicht ausgeschlossen erscheint es jedoch, die vom BGH entwickelten Grundsätze zum anfechtungsfesten Vertrauenstatbestand[79] auf die Fortführung eines Mietverhältnisses zu übertragen. Der Vermieter, der von der wegen Zahlungsverzugs berechtigten Kündigung absieht, weil der Schuldner mit Zustimmung des vorläufigen Verwalters die Rückstände ausgleicht, verpflichtet sich ebenso wie ein Warenlieferant zu weiteren Leistungen, nämlich zum Belassen des Mietgebrauchs. Mit seiner Zustimmung zur Zahlung des Rückstandes erweckt der vorläufige Verwalter das Vertrauen des Vermieters, die rückständigen Mieten ohne Anfechtungsrisiko entgegennehmen zu können.

37 Bei der **Wohnraummiete** ist ohnehin eine andere Sicht geboten: Der besondere Schutz, den § 569 Abs. Abs. 3 Nr. 2 BGB dem Mieter gewährt, der innerhalb der Schonfrist nach Zugang der außerordentlichen Kündigung den Rückstand abträgt, muss ihm auch nach Beantragung des Insolvenzverfahrens bleiben. Erhalt der Wohnung bei Ausgleich des Zahlungsrückstandes lassen sich wohlwollend noch als Bargeschäft begreifen. Da der Mieter vor Ausspruch der fristlosen Kündigung nicht schlechter stehen darf als danach, gilt für die Beseitigung des Rechts zur außerordentlichen Kündigung gem. § 543 Abs. 2 Satz 2 BGB nichts anderes.

38 Bei **schwacher vorläufiger Verwaltung** ist dem Vermieter nicht anzusinnen, Zahlungen anzunehmen, die nicht Bargeschäft sind, wenn abzusehen ist, dass er nach Eröffnung des Insolvenzverfahrens das anfechtbar Erlangte gem. § 143 InsO zurückzugewähren hat und er seinen Mietausfall nur als Insolvenzgläubiger geltend machen kann (§ 108 Abs. 3 InsO).[80] Der Schuldner, der die Nachzahlung anbietet, hat den Rückstand zu vertreten.[81] Obwohl er

---

[72] Vgl. BGHZ 91, 375 = NJW 1984, 2404.
[73] BGHZ 151, 353 = NJW 3326 = ZIP 2002, 1625.
[74] AA *Hörndler* in *Lindner-Figura/Oprée/Stellmann,* Kap. 20 RdNr. 38.
[75] BGHZ 123, 320, 329 = NJW 1993, 3267, 3268.
[76] *Eckert,* NZM 2003, 41, 45; *Hörndler* in *Lindner-Figura/Oprée/Stellmann,* Kap. 20 RdNr. 36.
[77] Vgl. BGHZ 154, 190 = NJW 2003, 1865 = ZIP 2003, 810 = NZI 2003, 315; *Hörndler* in *Lindner-Figura/Oprée/Stellmann,* Kap. 20 RdNr. 36.
[78] BGHZ 161, 315 = NJW 2005, 1118 = ZIP 2005, 314 = NZI 2005, 218.
[79] BGH NJW 2006, 1134 = NZI 2006, 227 = ZIP 2006, 431 = ZInsO 2006, 208.
[80] *Obermüller/Livonius* DB 1995, 27; *Engel/Völckers* RdNr. 296; *Schwemer* ZMR 2000, 348, 351; aA. Voraufl. § 112 RdNr. 38; *Franken/Dahl,* 3. Teil, RdNr. 84.
[81] AA *Hörndler* in *Lindner-Figura/Oprée/Stellmann,* Kap. 20 RdNr. 35.

schlechter steht als ein Mieter, der gem. § 543 Abs. 2 Satz 2 BGB der fristlosen Kündigung durch vollständigen Ausgleich des Rückstandes zuvorkommen kann, ist ihm vorzuhalten, zuvor nicht gezahlt und nach dem Insolvenzantrag die Chance des anfechtungsfreien Bargeschäfts (oben RdNr. 35) nicht genutzt zu haben.

Die **Zahlung der Miete durch den Untermieter unmittelbar an den Hauptvermieter** – mit oder ohne Einverständnis des Schuldners (Mieters) – braucht die vorläufige Insolvenzmasse nicht hinzunehmen. Eine solche Direktzahlung, die typischerweise an den Vermögensverfall des Mieters anknüpft, weicht in erheblicher Weise vom normalen Zahlungsweg ab und ist wegen Inkongruenz gem. § 131 anfechtbar.[82] Anfechtungsgegner ist der Hauptvermieter, dessen Forderung gegen den Schuldner erfüllt wurde. Nicht gegenüber dem Hauptvermieter anfechtbar ist bei **Insolvenz des Untermieters** dessen Direktzahlung an den Hauptvermieter. Mit der Zahlung erfüllt er seine Schuld gegenüber dem Mieter als seinem Vertragspartner, so dass nur diesem gegenüber die Deckungsanfechtung gem. §§ 130, 131 in Betracht kommt. Die Zahlung ist keine unentgeltliche Leistung (§ 134 Abs. 1) an den Hauptvermieter.[83]

3. Zahlungsverzug, Erfüllungsverweigerung und Verschlechterung der Vermögensverhältnisse während des vorläufigen Verfahrens. § 112 Nr. 1 untersagt nur die Kündigung wegen eines Zahlungsverzugs, der vor dem Eröffnungsantrag eingetreten ist. Die Begründung des Regierungsentwurfs rechtfertigt die Kündigungssperre sogar ausdrücklich mit dem Recht des Vermieters zur fristlosen Kündigung, falls sich nach dem Eröffnungsantrag Zahlungsverzug ergeben sollte.[84] § 112 verhindert daher nicht eine auf Zahlungsverzug gestützte außerordentliche Kündigung, sofern der hierzu berechtigende Rückstand insgesamt nach Beantragung des Insolvenzverfahrens aufgelaufen ist.[85]

Auch während des vorläufigen Verfahrens haben der Schuldner bzw. der vorläufige Verwalter den Zahlungsrückstand gem. § 276 BGB zu vertreten. Ausdrücklich weist der BGH die Auffassung zurück, Zahlungsverzug könne nicht eintreten, wenn der schwache vorläufige Verwalter wegen des Verfügungsverbots gehindert sei, die Miete zu zahlen.[86] Mit Einstellung der Nutzung kann der vorläufige Verwalter zwar spätere Masseverbindlichkeiten verhindern (§ 108 RdNr. 191), der zuvor eingetretene Zahlungsverzug bleibt.[87] Darüber hinaus lässt der BGH die außerordentliche Kündigung nach der Generalklausel des § 543 Abs. 1 BGB schon vor Erreichen eines nicht unerheblichen Rückstandes zu, wenn der Schuldner und/oder der vorläufige Verwalter ankündigen, die laufenden Mieten nicht mehr zu zahlen.[88] Die Kündigung ist gegenüber dem verwaltungs- und verfügungsbefugten vorläufigen Insolvenzverwalter, sofern es ihn gibt, zu erklären. Der vom Insolvenzgericht zur Fortführung des Mietverhältnisses ermächtigte schwache vorläufige Verwalter (dazu § 108 RdNr. 188) ist ebenfalls der richtige Kündigungsgegner. Im Übrigen ist die Kündigung an den Schuldner zu richten, selbst wenn sich der schwache vorläufige Verwalter wie ein starker geriert.

Die als Kündigungsgrund ausgeschlossene Verschlechterung der Vermögensverhältnisse des Schuldners begrenzt § 112 Nr. 2 nicht auf die Krisensituation vor Beantragung des Insolvenzverfahrens. Trotz weiterer Verschlechterung der Vermögensverhältnisse und drohender Masseunzulänglichkeit ist daher dem Vermieter die vorzeitige Kündigung verwehrt, solange die vorläufige Masse weder die Vertragserfüllung verweigert noch in einen gem. § 543 Abs. 2 Satz 1 Nr. 3 BGB die fristlose Kündigung begründenden Umfang in Zahlungsverzug gerät.[89]

---

[82] Vgl. OLG Dresden ZIP 1999, 2165; dazu Nichtannahmebeschluss des BGH ZInsO 2002, 766, zur Direktzahlung des Hauptauftraggebers an den Subunternehmer.
[83] BGH NJW-RR 2004, 983 = NZI 2004, 374 = ZIP 2004, 917.
[84] BT-Drucks. 12/2443 S. 71, 148.
[85] BGHZ 151, 353 = NJW 3326 = ZIP 2002, 1625; BGH NJW 2005, 450 = ZIP 2005, 1085 = NZI 2005, 450.
[86] Dazu Pohlmann RdNr. 359; Tintelnot/Kübler/Prütting § 112 RdNr. 11.
[87] FK-Wegener § 112 RdNr. 6; aA Kübler/Prütting/Tintelnot § 112 RdNr. 12; Pohlmann RdNr. 367.
[88] BGH NJW 2005, 450 = ZIP 2005, 1085 = NZI 2005, 450.
[89] Engel/Völckers RdNr. 295.

43 **4. Vertragsbeendigung durch den vorläufigen Verwalter.** Ohne starke Verwaltung bleibt der Schuldner, allenfalls durch einen Zustimmungsvorbehalt gebunden, für die Vertragsdurchführung zuständig.[90] Der schwache Verwalter kann demgemäß ohne dessen Mitwirkung sich nicht zur Vermeidung späterer überflüssiger Masseverbindlichkeiten mit dem Vermieter oder Leasinggeber auf eine sofortige oder alsbaldige Auflösung des Vertrages mit Rückgabe des Miet- oder Leasingobjekts verständigen. Bei Uneinsichtigkeit des Schuldners ist der vorläufige Verwalter auf eine Einzelermächtigung des Insolvenzgerichts angewiesen.

44 Der vorläufige Verwalter mit Verwaltungs- und Verfügungsbefugnis kann die nicht insolvenzrechtlichen Kündigungsrechte ausüben, wenn dies zur Sicherung des Vermögens des Schuldners erforderlich ist.[91] Darüber hinaus wäre es sinnvoll, ihn schon während des vorläufigen Verfahrens entscheiden zu lassen, ob ein Mietobjekt für die Masse benötigt wird.[92] Eine zeitlich vorverlegte Entscheidung gemäß § 109 Abs. 1 wäre geeignet, überflüssige Masseverbindlichkeit zu verhindern, die zwangsläufig auf die Masse zukommen, wenn erst der endgültige Verwalter ein Immobilienmietverhältnis unter Einhaltung der in § 109 Abs. 1 gesetzten Kündigungsfrist beenden kann. Indessen gibt die InsO dem vorläufigen Verwalter nicht die besonderen Befugnisse, die dem endgültigen gem. §§ 103, 109 zustehen.[93] Als kaum begreifliche Konsequenz kann gem. § 22 Abs. 1 Satz 2 Nr. 2 der vorläufige Verwalter zwar mit Zustimmung des Insolvenzgerichts den Betrieb stilllegen (dazu § 22 RdNr. 111 ff.), jedoch nicht das Mietverhältnis über die Betriebsräume vorzeitig kündigen. Zumindest eine solche mit der Betriebsschließung einhergehende Maßnahme sollte ihm gestattet sein.

V. Vertraglicher Ausschluss der Kündigungssperre

45 Nach § 137 Abs. 3 des RegE[94] sollte die Wirksamkeit von Vereinbarungen, die an den Verzug oder andere Vertragsverletzungen anknüpfen, durch § 137 Abs. 1 (jetzt § 119) sowie durch Abs. 2, der ausdrücklich die Unwirksamkeit von Auflösungs- und Kündigungsklauseln anordnete, nicht berührt werden (dazu § 109 RdNr. 80). Mit diesem im Entwurf enthaltenen Abs. 3 hätte die Kündigungssperre nicht in Einklang gestanden,[95] es sei denn man hielte § 119 für die Zeit vor Verfahrenseröffnung für nicht einschlägig und betrachtete die Kündigungssperre als Ergänzung des § 119.[96] Der Rechtsausschuss des Bundestages äußerte gegen die Kündigungssperre keine Bedenken[97] und verzichtete insbesondere auf das Argument der Sanierungsfeindlichkeit, obwohl ihm die wirtschaftliche Bedeutung und das Ausmaß von Investitionsfinanzierungen durch Leasing bewusst gewesen sein dürften.

46 Die Unwirksamkeit von Individualvereinbarungen oder vorformulierten Klauseln, die die Anwendung des § 112 ausschließen oder beschränken, folgt aus § 119,[98] dessen Wortlaut eindeutig ist. Diese Bestimmung sichert nicht nur das Wahlrecht des Verwalters, sondern schlechthin seine Befugnis, über Erfüllung oder Nichterfüllung gegenseitiger Verträge zu entscheiden. Der **Zweck der Kündigungssperre** ist nur bei Unabdingbarkeit gewährleistet. Könnte sie ausgeschlossen oder eingeschränkt werden, so wäre sie in der Praxis bedeutungslos, denn wegen der nach Verfahrenseröffnung nicht lösbaren vertraglichen

---

[90] OLG Celle NZM 2003, 554.
[91] *Eckert* ZIP 1996, 897, 900; *Pohlmann* RdNr. 501, 504; *Kalkschmid* RdNr. 617.
[92] *Röhricht/von Westphalen*, HGB, Leasing RdNr. 215.
[93] Zu § 106 KO BGHZ 97, 87 = NJW 1986, 1496 = ZIP 1986, 448; *Pohlmann* RdNr. 490; FK-*Wegener* § 109 RdNr. 10; *Kübler/Prütting/Pape* § 22 RdNr. 16; *Hörndler* in *Lindner-Figura/Oprée/Stellmann*, Kap. 20, RdNr. 15.
[94] BT-Drucks. 12/2443 S. 71, 149.
[95] Vgl. BR-Stellungnahme zu § 126 des Entwurfs (= 112) BT-Drucks. 12/2443 S. 252 .
[96] So Gegenäußerung BReg, BT-Drucks. 12/2443 S. 264.
[97] *Bruns* ZZP 110 (1997) 305, 325, und *Nerlich/Römermann/Balthasar* § 112 RdNr. 8, meinen, der Rechtsausschuss habe die Kündigungssperre übersehen.
[98] *Pape*, Kölner Schrift, S. 531, 570, 571 RdNr. 62, 63; *Uhlenbruck/Berscheid* § 112 RdNr. 22; FK-*Wegener* § 112 RdNr. 12; *Nerlich/Römermann/Balthasar* § 112 RdNr. 6; *Smid* InsO § 112 RdNr. 9; *Gottwald/Huber*, Insolvenzrechts-Handbuch § 37 RdNr. 18.

Vorbemerkungen zum Arbeitsrecht   **1 Vor §§ 113 bis 128**

Bindung gäbe es kaum einen Miet- oder Leasingvertrag, der nicht wenigstens für den Fall der Beantragung des Insolvenzverfahrens die kurzfristige Kündigung oder die automatische Auflösung des Vertrages vorsähe.

Vorbemerkungen vor §§ 113 bis 128

Arbeitsrecht in der Insolvenz

Schrifttum: *Berscheid,* Kündigungsbefugnis in der Sequestration, ZIP 1997, 1569; *ders.,* Reformvorschläge zur Erweiterung der Befugnisse des vorläufigen Insolvenzverwalters und zur Mehrung der Insolvenzmasse, NZI 1999, 6; *Bork,* § 55 Abs. 2 InsO, § 108 Abs. 2 InsO und der allgemeine Zustimmungsvorbehalt, ZIP 1999, 781; *Braun/Wierzioch,* Arbeitsentgeltansprüche, Rangrücktritt und Haftung des vorläufigen Insolvenzverwalters nach der Insolvenzordnung, DB 1998, 2217; *Caspers,* Personalabbau und Betriebsänderung im Insolvenzverfahren, 1998; *Düwell,* Änderungs- und Beendigungskündigung nach dem neuen Insolvenzrecht, Kölner Schrift zur Insolvenzordnung, 2. Aufl. 2000, S. 1433; *S. Feuerborn,* Rechtliche Probleme der Unternehmensfortführung durch den Sequester und den vorläufigen Insolvenzverwalter, KTS 1997, 171; *Hase/Peters-Lange,* Sicherung der Arbeitnehmeransprüche in der Insolvenzpraxis, 1999; *Heinze,* Das Arbeitsrecht der Insolvenzordnung, NZA 1999, 57; *Lakies,* Arbeitsrechtliche Vorschriften der neuen Insolvenzordnung, BB 1998, 2638; *Löwisch,* Verlust des Arbeitnehmerstatus durch Erwerb einer Gesellschafterstellung mit maßgebendem Einfluß, Festschrift für Alfons Kraft, 1998, S. 375; *Meyer,* Arbeitgeberkompetenz bei Anordnung eines allgemeinen Zustimmungsvorbehalts, DZWIR 2004, 133; *Peters-Lange,* Sozialrecht in der Insolvenz, 2005; *Smid,* Der Erhalt von Arbeitsplätzen in der Insolvenz des Arbeitgebers nach neuem Recht, NZA 2000, 113; *Steinwedel,* Vorfinanzierung des Konkursausfallgelds – Rechtsprechung und Rechtsentwicklung, DB 1998, 822; *Wiester,* Das Konkursausfallgeld: Instrument zur Masseanreicherung? BB 1997, 949; *ders.,* Die Fortführungspflicht des vorläufigen Insolvenzverwalters und ihre Auswirkung auf die Vorfinanzierung des Insolvenzgeldes, ZInsO 1998, 99; *Zwanziger,* Neue Masseverbindlichkeiten durch Vorfinanzierung von Insolvenzgeld? ZIP 1998, 2135.

Übersicht

	RdNr.		RdNr.
I. Arbeitsrecht in der Insolvenz	1	3. Eigenverwaltung des Schuldners	22
1. Arbeitsrecht und Insolvenzrecht	1	4. Vorläufige Insolvenzverwaltung	24
2. Insolvenzarbeitsrecht und allgemeines Arbeitsrecht	8	**III. Sondervorschriften außerhalb der Insolvenzordnung**	31
II. Anwendungsbereich des Insolvenzarbeitsrechts	10	1. Insolvenzsicherung der betrieblichen Altersversorgung	31
1. Insolvenzverwalter als Arbeitgeber	10	2. Insolvenzgeld	33
2. Anknüpfung an den allgemeinen Arbeitnehmerbegriff	15	3. Insolvenzschutz von Wertguthaben aus Vorleistungen der Arbeitnehmer	39

I. Arbeitsrecht in der Insolvenz

1. Arbeitsrecht und Insolvenzrecht. Arbeitsrecht und Insolvenzrecht werden von **1** völlig unterschiedlichen Zielsetzungen bestimmt. Während das Arbeitsrecht den Arbeitnehmer vor allem umfassend gegen eine willkürliche Festsetzung der Arbeitsbedingungen durch den Arbeitgeber schützen will und dazu die Vertragsfreiheit in erheblichem Maße einschränkt, bezweckt das Insolvenzrecht die bestmögliche Schuldenregulierung und Verwirklichung der schuldnerischen Vermögenshaftung. Durch ein geregeltes Verfahren soll der ungeordnete Zugriff auf die Reste des Schuldnervermögens, der von der Schnelligkeit und Rücksichtslosigkeit einzelner Gläubiger abhängt, vermieden werden.[1] Wirtschaftlich betrachtet geht es um die Regelung des Verteilungsprozesses zwischen den Gläubigern.[2]

---

[1] *Henckel,* Wandlungen im Konkursrecht – Notwendigkeit und Grundlagen einer Reform, in *Immenga* (Hrsg.), Rechtswissenschaft und Rechtsentwicklung, 1980, S. 183, 184.
[2] *Drukarczyk,* Unternehmen und Insolvenz, 1987, S. 61, 62.

2 Beide Rechtsgebiete stehen selbständig und unabhängig nebeneinander: Das **Bundesarbeitsgericht** hat mehrfach entschieden, dass das Arbeitsrecht grundsätzlich auch in der Insolvenz Anwendung findet.[3] Begründet wird das mit dem Schutzzweck des Arbeitsrechts. Dieses könne seine zwingenden Anforderungen gerade dann nicht zurücknehmen, wenn es besonders auf seinen Schutz ankomme, nämlich bei Insolvenz des Arbeitgebers.[4]

3 An dieser Rechtslage hat sich **vor Inkrafttreten der Insolvenzordnung** nur wenig geändert. Der Gesetzgeber hat mit dem Gesetz über den Sozialplan im Konkurs- und Vergleichsverfahren aus dem Jahr 1985 einen Kompromiss zwischen den Interessen der Gläubiger an einer ausreichenden Teilungsmasse und dem der Arbeitnehmer an einer angemessenen Sozialplanabfindung gesucht. Das Bundesarbeitsgericht hat lediglich die Haftung des Betriebserwerbers für vor Insolvenzeröffnung entstandene Ansprüche der Arbeitnehmer ausgeschlossen.[5] Im Übrigen ist lediglich der Sozialschutz der Arbeitnehmer zu Lasten der Wettbewerber des Schuldners verstärkt worden. Mit dem Gesetz über Konkursausfallgeld vom 17. 7. 1974[6] wurden die Lohnforderungen aus den letzten drei der Konkurseröffnung vorausgehenden Monate durch Leistungen der Bundesanstalt für Arbeit (jetzt: Bundesagentur für Arbeit) abgesichert. Mit den §§ 7 ff. des Gesetzes zur Verbesserung der betrieblichen Altersversorgung (BetrAVG) vom 19. 12. 1974[7] erfolgte eine Absicherung betrieblicher Altersversorgungen über den von der Wirtschaft errichteten Pensionssicherungsverein auf Gegenseitigkeit.

4 Auch die **Insolvenzordnung** hat die grundsätzliche Anwendbarkeit des Arbeitsrechts in der Insolvenz akzeptiert. Sie hat aber eine Reihe von **Sondervorschriften** geschaffen, die das Schutzinteresse der Arbeitnehmer und die Interessen der übrigen Gläubiger angemessen ausgleichen sollen. Diese Sondervorschriften zielen vor allem auf eine **Erleichterung der Kündigung von Arbeitsverhältnissen** durch den Insolvenzverwalter: § 113 schafft ein vorzeitiges, ohne Rücksicht auf eine vereinbarte Vertragsdauer oder einen vereinbarten Kündigungsausschluss auszuübendes gesetzliches Kündigungsrecht mit einer Höchstkündigungsfrist von drei Monaten. § 125 ermöglicht im Zusammenwirken mit dem Betriebsrat eine Vorklärung der notwendigen Kündigungen, welche die gekündigten Arbeitnehmer nur eingeschränkt gerichtlich überprüfen lassen können. Die §§ 126, 127 ermöglichen für den Fall, dass ein Interessenausgleich nach § 125 mit dem Betriebsrat nicht zustande oder nicht in Betracht kommt, ein Sammelverfahren zum Kündigungsschutz mit Bindungswirkung für Kündigungsschutzprozesse. § 128 modifiziert den mit dem Übergang des Arbeitsverhältnisses auf den Betriebsnachfolger verbundenen Bestandsschutz. Schließlich ergeben sich aus § 55 Regelungen für die Einordnung von Arbeitnehmerforderungen als Masseverbindlichkeit (dazu im Einzelnen § 55 RdNr. 155 ff., 221 ff.).

5 In zweiter Linie wollen die Sondervorschriften das betriebsverfassungsrechtliche **Verfahren bei Betriebsänderungen** nach den §§ 111 ff. BetrVG **beschleunigen** (§§ 121, 122) und in Anlehnung an die Regelungen des Gesetzes über den Sozialplan im Konkurs- und Vergleichsverfahren den **Umfang von Sozialplänen begrenzen** (§§ 123, 124). Auch die Kündigung von Betriebsvereinbarungen durch den Insolvenzverwalter wird erleichtert, um ihm die Möglichkeit zu geben, sich aus Belastungen mit Personalkosten, vor allem durch betriebliche Sozialleistungen, zu lösen (§ 120).

6 Schließlich sieht das Gesetz **eine Reihe von Beteiligungsrechten des Betriebsrats und des Sprecherausschusses** für leitende Angestellte am Insolvenzverfahren vor. Insbesondere gehören dazu das Recht zur Stellungnahme im Berichtstermin (§ 156 Abs. 2),

---

[3] Vgl. etwa BAG AP BetrVG 1972 § 113 Nr. 1 = NJW 1975, 182 und BAG (GrS) AP BetrVG 1972 § 112 Nr. 6 = NJW 1979, 774: Anwendbarkeit der §§ 111 ff. BetrVG; BAG AP BGB § 613 a Nr. 18 = NJW 1980, 1124 und BAG AP BGB § 613 a Nr. 34 = NJW 1984, 627: Geltung des § 613 a BGB; BAG AP KO § 22 Nr. 4 = NJW 1983, 1341: Geltung des Kündigungsschutzgesetzes; BAG AP KO § 22 Nr. 5 = NZA 1985, 121 = NJW 1985, 1238: Geltung tariflicher Kündigungsfristen.
[4] *Gottwald/Heinze/Bertram,* Insolvenzrechts-Handbuch, § 103 RdNr. 7.
[5] BAG AP BGB § 613 a Nr. 18 = NJW 1980, 1124; BAG AP BetrAVG § 1 – Betriebsveräußerung – Nr. 10 = NZA 1990, 188.
[6] BGBl. I S. 1481.
[7] BGBl. I S. 3610.

die Mitwirkung bei der Aufstellung eines Insolvenzplans (§ 218 Abs. 3), die Stellungnahme zum Insolvenzplan (§ 232 Abs. 1 Nr. 1) sowie das Recht, zum Erörterungs- und Abstimmungstermin geladen zu werden (§ 235 Abs. 3). Auch anerkennt die Insolvenzordnung die Arbeitnehmer als eine besondere Gruppe, wenn sie als Insolvenzgläubiger mit nicht unerheblichen Forderungen beteiligt sind. In einem solchen Fall soll dem Gläubigerausschuss ein Vertreter der Arbeitnehmer angehören (§ 67 Abs. 2) und sollen die Arbeitnehmer eine besondere Gruppe bei der Aufstellung des Insolvenzplans bilden (§ 222 Abs. 3).

Ob mit diesen Sondervorschriften der Insolvenzordnung der Ausgleich zwischen den Schutzinteressen der Arbeitnehmer und den Interessen der übrigen Gläubiger gelungen ist oder erst eine **weitergehende Zurückdrängung des Arbeitsrechts** zu einem effektiven, Sanierungen erleichternden und damit letztlich auch den Arbeitnehmern zugute kommenden Insolvenzrecht führen würde, ist offen. Zweifelhaft ist insbesondere, ob die nur geringfügig modifizierte Anwendung des § 613 a BGB in der Insolvenz ausreicht.[8]

2. Insolvenzarbeitsrecht und allgemeines Arbeitsrecht. Dass die arbeitsrechtlichen Sondervorschriften Kündigungen erleichtern, Betriebsänderungsverfahren beschleunigen und den Umfang von Sozialplänen begrenzen, führt zu einem **Gefälle gegenüber dem allgemeinen Arbeitsrecht.** Dieses Gefälle kann es attraktiv erscheinen lassen, für Restrukturierungs- und Personalanpassungsmaßnahmen den Weg über die Insolvenz zu gehen, auch wenn diese an sich vermieden werden könnte.[9]

Allerdings ist das allgemeine Arbeitsrecht in den letzten Jahren zunehmend den Erfordernissen von Restrukturierungs- und Personalanpassungsmaßnahmen mehr oder weniger angepasst worden. So hatte das **Arbeitsrechtliche Beschäftigungsförderungsgesetz** vom 25. 9. 1996[10] das Gefälle zwischen Insolvenzarbeitsrecht und allgemeinem Arbeitsrecht zu einem Teil dadurch beseitigt, dass es nach dem Vorbild des § 125 die Regelung von Kündigungen in einem Interessenausgleich im Wesentlichen in § 1 Abs. 5 KSchG übernommen und für das Interessenausgleichsverfahren in Anlehnung an § 122 Abs. 1 Fristen für den Versuch eines Interessenausgleichs in § 113 Abs. 3 BetrVG vorgesehen hatte. Diese Angleichung des allgemeinen Arbeitsrechts an das Insolvenzarbeitsrecht hatte das **Korrekturgesetz** vom 19. 12. 1998[11] wieder beseitigt. Das am 1. 1. 2004 in Kraft getretene Gesetz zur Reformen am Arbeitsmarkt vom 24. 12. 2003[12] hat diese aber zum Teil wiederhergestellt und zudem die in § 113 Abs. 2 a. F. enthaltene Drei-Wochen-Klagefrist für alle Unwirksamkeitsgründe einer Kündigung auf das allgemeine Arbeitsrecht erstreckt. Eine Wiedereinführung der Fristenregelung des § 113 Abs. 3 BetrVG aF steht aber noch aus.

II. Anwendungsbereich des Insolvenzarbeitsrechts

1. Insolvenzverwalter als Arbeitgeber. Die arbeitsrechtlichen Sondervorschriften der Insolvenzordnung gehören zu den Vorschriften des dritten Teils der Insolvenzordnung über die Wirkungen der Eröffnung des Insolvenzverfahrens. Anknüpfungspunkt ist § 80 Abs. 1, nach dem durch die Eröffnung des Insolvenzverfahrens das Recht des Schuldners, das zur Insolvenzmasse gehörende Vermögen zu verwalten und über es zu verfügen, auf den Insolvenzverwalter übergeht. Mit dem **Übergang des Verwaltungs- und Verfügungsrechts** gehen auch alle Arbeitgeberfunktionen mit sämtlichen damit verbundenen Rechten und Pflichten für die Dauer des Insolvenzverfahrens auf den Verwalter über. Dies ist die zwingende Folge aus dem Verlust der Verwaltungs- und Verfügungsbefugnis des Schuldners, weil dieser seine aus der Rechtsstellung als Arbeitgeber resultierenden Rechte und Pflichten selbst nicht mehr ausüben kann (dazu ausführlich § 80 RdNr. 120 ff.).

---

[8] Kritisch zum Gesetz etwa *Grub* WM 1994, 880; *Smid* NZA 2000, 113, 118; *Uhlenbruck* NJW 2000, 1386, 1387; *Wellensiek* BB 2000, 1, 8 einschränkend *ders.*, NZI 2005, 603, 606.
[9] *Heinze* NZA 1999, 57, 58.
[10] BGBl. I S. 1476.
[11] BGBl. I S. 3843.
[12] BGBl. I S. 3002.

11 Der Übergang erstreckt sich auch auf die **Arbeitgeberfunktionen in der Betriebsverfassung.** Diese werden selbst dann ausschließlich vom Verwalter ausgeübt, wenn die erforderlichen arbeitsrechtlichen Maßnahmen Folge einer Entscheidung der Gläubigerorgane sind. Denn auch solche bedürfen der Umsetzung durch den Insolvenzverwalter. So ist dieser allein kompetenter Verhandlungspartner des Betriebsrats, wenn die Gläubigerversammlung gem. § 157 Satz 1 die Unternehmensstilllegung beschließt und dies die Betriebsstilllegung im Sinne des § 111 Satz 3 Nr. 1 BetrVG zur Folge hat.[13]

12 Auch die Funktion des einzelnen Arbeitgebers als **Partei eines Tarifvertrages** (§ 2 Abs. 1 TVG) geht auf den Verwalter über, so dass er mit der zuständigen Gewerkschaft Haustarifverträge abschließen kann.[14] Die Bindung an einen vom Schuldner abgeschlossenen Haustarifvertrag bleibt bestehen.

13 Die Insolvenz ändert grundsätzlich auch nichts an der **Gebundenheit an einen Verbandstarifvertrag,** weil der Insolvenzverwalter nach § 80 Abs. 1 auch die Mitgliedschaft des Arbeitgebers im Arbeitgeberverband wahrnimmt.[15] Allerdings kann aus der Satzung des Arbeitgeberverbandes folgen, dass die Mitgliedschaft durch die Insolvenz automatisch endet.[16] In einem solchen Fall bleibt die Tarifgebundenheit gem. § 3 Abs. 3 TVG gleichwohl bis zum Ende des Tarifvertrages bestehen.

14 Der Insolvenzverwalter ist auch in **arbeitsgerichtlichen Verfahren,** insbesondere im Kündigungsschutzprozess, Partei kraft Amtes.[17] In einem solchen Verfahren kann sich der Insolvenzverwalter von einem Vertreter des zuständigen Arbeitgeberverbandes nur dann gem. § 11 ArbGG vertreten lassen, wenn er entweder selbst Mitglied des Arbeitgeberverbandes wird oder die Mitgliedschaft trotz der Insolvenz fortbesteht.[18]

15 **2. Anknüpfung an den allgemeinen Arbeitnehmerbegriff.** Die Insolvenzordnung enthält keine eigene Definition des Arbeitnehmers, sondern knüpft an den allgemeinen im Arbeitsrecht entwickelten Arbeitnehmerbegriff an.[19] Maßgebend ist das Vorliegen persönlicher Unselbständigkeit: Als Arbeitnehmer ist in Anlehnung an § 84 Abs. 1 Satz 2 HGB anzusehen, wer in der Gestaltung seiner Tätigkeit und seiner Arbeitszeit nicht frei, sondern im Wesentlichen weisungsgebunden ist.[20]

16 Ob persönliche Unselbständigkeit vorliegt, ergibt sich aus den Vereinbarungen zwischen Arbeitgeber und Arbeitnehmer und aus der **tatsächlichen Durchführung** des Vereinbarten, wobei bei einem Widerspruch zwischen beidem die tatsächliche Durchführung ausschlaggebend ist.[21] Auch wer als „freier Mitarbeiter" bezeichnet wird, ist Arbeitnehmer, wenn er in seiner Tätigkeit weisungsgebunden ist.[22] Umgekehrt ist regelmäßig von Arbeitnehmereigenschaft auszugehen, wenn der Beschäftigte im Vertrag ausdrücklich als Arbeitnehmer bezeichnet wird.[23]

17 Ein Arbeitsverhältnis setzt keine auf längere Dauer angelegte Arbeitsleistung voraus. Eine **Aushilfstätigkeit** kann ebenso genügen wie die Beschäftigung im Rahmen einer bestimmten, nur kurze Zeit dauernden Arbeitsaufgabe. Arbeitnehmer sind regelmäßig auch diejenigen, die eine **nebenberufliche Tätigkeit** ausüben, wie z. B. die Werkstudenten.[24] Arbeit-

---

[13] *Caspers* RdNr. 80.
[14] *Löwisch/Rieble,* Tarifvertragsgesetz, 2. Aufl. 2004, § 2 RdNr. 160.
[15] BAG AP TVG § 4 – Geltungsbereich – Nr. 14 = NZA 1987, 455.
[16] Vgl. *Löwisch/Rieble* (Fn. 14) § 3 RdNr. 70.
[17] BAG AP ArbGG 1979 § 11 – Prozessvertreter – Nr. 15 = NZA 1998, 334.
[18] Letzteres offengelassen von BAG (Fn. 17).
[19] Ausführlich MünchHdbArbR-*Richardi* § 24.
[20] BAG AP BGB § 611 – Abhängigkeit – Nr. 103 = NZA 1999, 374; BGH NZA 1999, 110 = NJW 1999, 648.
[21] BAG AP BetrVG 1972 § 5 Nr. 47 = NZA 1992, 835; BAG AP BGB § 611 – Abhängigkeit – Nr. 73 = NZA 1995, 161 = NJW 1995, 902 (Ls.).
[22] BAG AP AÜG § 1 Nr. 18 = NZA 1995, 572; BAG AP BGB § 611 – Abhängigkeit – Nr. 68 = NZA 1994, 1132; BGH NJW-RR 1991, 1458.
[23] BAG AP KSchG 1969 § 1 – Betriebsbedingte Kündigung – Nr. 134 = EzA BGB 2002 § 626 Nr. 8.
[24] BAG AP BGB § 611 – Werkstudent – Nr. 4 = NZA 1997, 191 = NJW 1997, 962.

nehmer sind auch die auf Grund von Arbeitsbeschaffungsmaßnahmen Beschäftigten,[25] nicht aber die in sog. Ein-Euro-Jobs Tätigen.[26] Auch dass die Ausübung der Arbeitgeberfunktion teilweise einem Dritten übertragen wird, ändert nichts daran, dass Arbeitgeber des Arbeitnehmers derjenige bleibt, der die Arbeitsleistung kraft des Arbeitsvertrages fordern kann.[27] Dies gilt auch für den **Leiharbeitnehmer** im Sinne des AÜG. Wird aber wegen unzulässiger Arbeitnehmerüberlassung gem. § 10 Abs. 1 AÜG ein Arbeitsverhältnis zum Entleiher fingiert, ist dieser der Arbeitgeber.[28]

Zu den Arbeitnehmern zählen auch die von einem Arbeitgeber zum Zwecke der **Berufs- 18 ausbildung Beschäftigten.** Studenten, die während ihres Hoch- oder Fachschulstudiums ein Betriebspraktikum ableisten, sind Arbeitnehmer, wenn sie nach der Studienordnung während des Praktikums in einer privatrechtlichen Vertragsbeziehung zum Betriebsinhaber stehen.[29] **Berufliche Rehabilitanden** sind dann zu ihrer Berufsausbildung Beschäftigte, wenn sie mit dem Arbeitgeber einen privatrechtlichen Berufsausbildungsvertrag abgeschlossen haben und eine betriebliche Ausbildung im Sinne der §§ 1 Abs. 3, 2 Abs. 1 BBiG, d. h. eine berufspraktische Ausbildung an Aufgaben erhalten, die im Betrieb anfallen und ansonsten von den dort tätigen Arbeitnehmern verrichtet werden.[30] **In reinen Ausbildungsbetrieben und Berufsbildungswerken** hingegen sind Auszubildende selbst Gegenstand der Berufsbildung als Betriebszweck und damit keine Arbeitnehmer. Das gilt nicht nur für berufliche Rehabilitanden, für die das Bundesarbeitsgericht dies ausdrücklich ausgesprochen hat,[31] sondern für alle Auszubildenden, insbesondere auch solche, die an einer von einer **Beschäftigungsgesellschaft** durchgeführten Qualifizierungsmaßnahme teilnehmen.[32]

Beschäftigte, die persönlich selbständig, aber vom Betriebsinhaber wirtschaftlich abhängig 19 und vergleichbar einem Arbeitnehmer schutzbedürftig sind (sog. **arbeitnehmerähnliche Personen**), sind keine Arbeitnehmer, auch wenn sie ausschließlich in und für den betreffenden Betrieb arbeiten. Das Arbeitsrecht hat die Fälle ausdrücklich festgelegt, in denen arbeitsrechtliche Bestimmungen auf arbeitnehmerähnliche Personen anzuwenden sind (§ 6 Abs. 1 Satz 1 Nr. 3 AGG, § 5 Abs. 1 ArbGG, §§ 2, 12 BUrlG, § 12a TVG). Das Insolvenzarbeitsrecht zählt nicht dazu. Allerdings ist zu beachten, dass die §§ 113, 114 nicht nur für Arbeitsverträge, sondern auch für selbständige Dienstverträge gelten. Soweit arbeitnehmerähnliche Personen auf der Grundlage von selbständigen Dienstverträgen tätig werden, unterfallen sie deshalb diesen Vorschriften (vgl. § 113 RdNr. 8, § 114 RdNr. 5).

Nicht zu den Arbeitnehmern zählen an sich auch die **Heimarbeiter.** Insoweit ist aber zu 20 beachten, dass das Betriebsverfassungsgesetz sie in seinen Anwendungsbereich einbezieht (§ 5 Abs. 1 Satz 2 BetrVG). Das hat zur Folge, dass die an das Betriebsverfassungsrecht anknüpfenden Vorschriften der §§ 120 bis 124 auch für sie gelten. Eine Anwendung der §§ 125 bis 127 scheidet hingegen aus, weil die Heimarbeiter keinen Kündigungsschutz nach dem Kündigungsschutzgesetz genießen (§ 125 RdNr. 7).

Keine Arbeitnehmer sind **Gesellschafter einer Personen- oder Kapitalgesellschaft,** 21 wenn sie maßgebenden Einfluss auf die Führung der Geschäfte haben, insbesondere über mehr als 50 Prozent der Stimmen verfügen.[33] Auch zur **gesetzlichen Vertretung einer juristischen Person** berufene Personen sind als solche keine Arbeitnehmer.[34] Allerdings

---

[25] Vgl. *Löwisch/Spinner,* Kommentar zum Kündigungsschutzgesetz, 9. Aufl. 2004, § 1 RdNr. 6.
[26] BAG AP ArbGG 1979 § 2 Nr. 89 = NZA 2007, 53 = NJW 2007, 1227.
[27] BAG AP BGB § 611 – Hausmeister – = ZIP 1983, 486.
[28] S. im Einzelnen *Schüren,* Arbeitnehmerüberlassungsgesetz, 3. Aufl. 2007, § 10 RdNr. 22 ff.
[29] BAG AP BetrVG 1972 § 5 – Ausbildung – Nr. 2 = NZA 1992, 808.
[30] BAG AP BetrVG 1972 § 5 – Ausbildung – Nr. 8 = NZA 1994, 713.
[31] BAG AP BetrVG 1972 § 5 Nr. 54 = NZA 1995, 120.
[32] *Löwisch,* Arbeitsrechtliche Fragen des Transfersozialplans, Schriftenreihe der Bayer-Stiftung für deutsches und internationales Arbeits- und Wirtschaftsrecht, Band 6, 2000, S. 33, 46.
[33] BAG AP BGB § 611 – Abhängigkeit – Nr. 95 = NZA 1998, 939 = NJW 1998, 3796; *Löwisch,* Festschrift für Kraft, 1998, S. 375 ff.
[34] BGH AP GmbHG § 38 Nr. 1 = NJW 1978, 1435; BAG AP KSchG 1969 § 1 – Wartezeit – Nr. 19 = NZA 2006, 366 = NJW 2006, 1899; grundsätzlich auch BAG AP GmbHG § 35 Nr. 10 = NZA 1999, 987 =

liegt ihrer Tätigkeit regelmäßig ein Dienstvertrag zugrunde, auf den § 113 ebenfalls anwendbar ist (vgl. § 113 RdNr. 10 und RdNr. 82).

22   **3. Eigenverwaltung des Schuldners.** Im Falle der **Eigenverwaltung** nach den §§ 270 ff. behält der Schuldner mit dem Verwaltungs- und Verfügungsrecht auch die Stellung als Arbeitgeber.[35] Die Funktionen übt er unter der Aufsicht eines Sachwalters aus (s. die Erl. zu § 270).

23   Nach § 279 Satz 1 gelten die §§ 103 bis 128 und damit die Vorschriften des Insolvenzarbeitsrechts auch für die Eigenverwaltung des Schuldners, der insoweit an die Stelle des Insolvenzverwalters tritt. Er soll dabei im Einvernehmen mit dem Sachwalter handeln und kann die Rechte nach den §§ 120, 122 und 126 wirksam nur mit dessen Zustimmung ausüben, § 279 Satz 2 und 3 (vgl. näher die Erl. zu § 279).

24   **4. Vorläufige Insolvenzverwaltung.** Ein gem. §§ 21 ff. bestellter vorläufiger Insolvenzverwalter rückt dann in die **Arbeitgeberfunktionen** ein, wenn dem Schuldner gem. § 21 Abs. 2 Nr. 2 ein allgemeines Verfügungsverbot auferlegt wird. Denn dann geht nach § 22 Abs. 1 Satz 1 die Verwaltungs- und Verfügungsbefugnis auf den vorläufigen Insolvenzverwalter über (§ 22 RdNr. 62 f., 110). Wird dem Schuldner kein allgemeines Verfügungsverbot auferlegt, behält er auch die Arbeitgeberstellung und ist nur insoweit an die Zustimmung des vorläufigen Insolvenzverwalters gebunden, als dies vom Gericht angeordnet worden ist.[36]

25   **Arbeitnehmerforderungen** aus der Zeit der vorläufigen Insolvenzverwaltung mit Verfügungsbefugnis des vorläufigen Insolvenzverwalters sind nach § 55 Abs. 2 Satz 2 insoweit Masseverbindlichkeiten, als der Verwalter die Arbeitsleistung tatsächlich in Anspruch genommen hat. Im Übrigen sind sie gem. § 38 einfache Insolvenzforderungen. Insbesondere kommt dem aus § 615 BGB erwachsenden Anspruch auf Annahmeverzugslohn nur der Charakter einer Insolvenzforderung zu[37] (s. näher § 55 RdNr. 161).

26   Soweit die Bundesagentur für Arbeit für ausfallende Entgeltansprüche **Insolvenzgeld** leistet und deshalb gem. § 187 Satz 1 SGB III der Anspruch auf Arbeitsentgelt auf sie übergeht (unten RdNr. 34), kann sie diesen nach § 55 Abs. 3 nur als Insolvenzgläubiger geltend machen.[38]

27   Der **vorläufige Insolvenzverwalter mit Verwaltungs- und Verfügungsbefugnis** hat nach § 22 Abs. 1 Nr. 2 die Aufgabe, das Unternehmen bis zur Entscheidung über die Eröffnung des Insolvenzverfahrens fortzuführen. Soweit es zur Vermeidung einer erheblichen Verminderung des Vermögens erforderlich ist und das Insolvenzgericht zustimmt, hat er das Unternehmen stillzulegen (s. § 22 RdNr. 111 ff.). Beide Aufgaben können arbeits- und betriebsverfassungsrechtliche Maßnahmen, insbesondere Kündigungen und die Einleitung von Betriebsänderungen, erfordern. Das wirft die Frage auf, ob dem vorläufigen Insolvenzverwalter in einem solchen Fall bereits die Möglichkeiten der §§ 113, 120 ff. zur Verfügung stehen.[39]

28   Gegen eine **Anwendbarkeit der insolvenz-arbeitsrechtlichen Bestimmungen** in der vorläufigen Insolvenzverwaltung sprechen der Wortlaut, wonach in den §§ 113, 120 ff. stets vom Insolvenzverwalter gesprochen wird, und die Gesetzessystematik, nach der die Vorschriften im dritten Teil der Insolvenzordnung angesiedelt sind, der die Überschrift „Wirkungen der Eröffnung des Insolvenzverfahrens" trägt. Die Insolvenzordnung differenziert also ausdrücklich zwischen dem Eröffnungsverfahren und den Wirkungen der Verfahrenseröffnung. Eine Gesetzesverweisung bei den Vorschriften der §§ 21 ff., wie sie bei-

---

NJW 1999, 3731, das aber eine Arbeitnehmereigenschaft bei einer entsprechenden Weisungsbefugnis anderer Vertretungsberechtigter für möglich hält.

[35] *Lakies* BB 1999, 1759, 1761.
[36] BAG AP InsO § 126 Nr. 2 = NZA 2000, 1180; vgl. auch *Berscheid* NZI 1999, 6, 8; *Lakies* BB 1998, 2638, 2639; *Nerlich/Römermann/Hamacher* vor § 113 RdNr. 20.
[37] Vgl. BAG AP InsO § 113 Nr. 18 = NZA 2006, 1352 = ZIP 2005, 1289.
[38] So für die frühere Rechtslage vor dem InsOÄndG auch schon BAG AP InsO § 55 Nr. 1 = NZA 2002, 90 = NZI 2002, 118.
[39] Zum Problem s. im Einzelnen *Caspers* RdNr. 493 ff.

spielsweise für die Haftung des vorläufigen Insolvenzverwalters (vgl. § 21 Abs. 1 Nr. 1) oder die Aufnahme anhängiger Rechtsstreite durch den vorläufigen Verwalter mit Verfügungsbefugnis (vgl. § 24 Abs. 2) vorgesehen ist, besteht nicht. Das Bundesarbeitsgericht hat sich deshalb gegen die Anwendbarkeit der Bestimmungen ausgesprochen.[40]

Nach unserer Auffassung sprechen aber nach wie vor die besseren Gründe für eine **analoge Anwendung** der Vorschriften. Das Bedürfnis nach Kostenentlastungen durch zügigen und wirksamen Personalabbau ist im vorläufigen Insolvenzverfahren gleichermaßen vorhanden wie später im eröffneten Verfahren. Dies gilt besonders in dem Fall, dass der vorläufige Insolvenzverwalter zur Vermeidung von Verlusten nur einzelne Betriebe oder Betriebsteile stilllegen und Arbeitnehmer entlassen muss, einen Teil des Unternehmens aber zwecks Sicherung und Erhaltung der späteren Insolvenzmasse oder zur Vorbereitung einer späteren Sanierung fortführt. Für die weitergeführten Unternehmensteile ist es dann sinnvoll und häufig auch zwingend, die Verfahrenseröffnung hinauszuzögern, um Zeit für die Entwicklung eines Sanierungskonzepts zu gewinnen, damit bei der Eröffnung sofort die angemessenen Entscheidungen getroffen werden können.[41] Das Problem ist deshalb im vorläufigen Insolvenzverfahren gleichgelagert wie im eröffneten Verfahren. 29

Auch eine **planwidrige Gesetzeslücke** liegt vor. Anders als noch der Regierungsentwurf, der schon die Verfahrenseröffnung vorsah, sobald allein feststand, dass die Kosten des Verfahrens gedeckt sind, hat die **endgültige Fassung des Gesetzes** die Möglichkeit eingeführt, die Eröffnung des Verfahrens hinauszuzögern und Sanierungen vorzubereiten, wenn der vorläufige Insolvenzverwalter gem. § 22 Abs. 1 Nr. 3 zugleich vom Insolvenzgericht mit der Prüfung der Fortführungsaussichten für das Unternehmen beauftragt wird.[42] Das Eröffnungsverfahren ist so **entgegen der Systematik und Intention des Regierungsentwurfs** zu einem längeren und vorbereitenden Vorinsolvenzverfahren geworden, so dass die Aussage, in der fehlenden Bezugnahme des Gesetzes auf Vorschriften des vorläufigen Insolvenzverfahrens liege eine bewusste Entscheidung des Gesetzgebers,[43] nicht zutrifft. Anders als für die vom Regierungsentwurf intendierte Regelung kann hinsichtlich der insolvenz-arbeitsrechtlichen Möglichkeiten zur Kündigung und Durchführung von Betriebsänderungen nicht mehr allein auf das eröffnete Verfahren verwiesen werden. Vielmehr muss es dem vorläufigen Verwalter möglich sein, tariflich unkündbare Arbeitnehmer nach § 113 Satz 1 bereits direkt zu kündigen und diese nicht in das eröffnete Verfahren „mitschleppen" zu müssen. Der Zweck der vorläufigen Insolvenzverwaltung, das schuldnerische Vermögen zu sichern, gebietet es gerade, dass die zukünftige Masse zügig von der Personalkostenlast solcher Arbeitnehmer befreit wird, die nicht mehr produktiv eingesetzt werden können. Eine analoge Anwendung ist damit gerechtfertigt.[44] 30

III. Sondervorschriften außerhalb der Insolvenzordnung

1. Insolvenzsicherung der betrieblichen Altersversorgung. Die Leistungen der betrieblichen Altersversorgung werden nach den §§ 7 ff. des Gesetzes zur Verbesserung der betrieblichen Altersversorgung vom 19. 12. 1974 gegen die Insolvenz des Arbeitgebers über den von der Wirtschaft gebildeten Pensionssicherungsverein auf Gegenseitigkeit (§ 14 Abs. 1 BetrAVG) gesichert. Die Betriebsrentner haben gegen diesen einen Anspruch in Höhe der Leistung, die der Schuldner auf Grund der Versorgungszusage hätte erbringen müssen (§ 7 Abs. 1 BetrAVG). Personen, die bei Eröffnung des Insolvenzverfahrens eine nach § 1b BetrAVG unverfallbare Versorgungsanwartschaft haben, und ihre Hinterbliebenen, behalten 31

---

[40] BAG AP InsO § 113 Nr. 18 = ZIP 2005, 1289 = NZA 2006, 1352; ebenso *Uhlenbruck/Berscheid* § 22 RdNr. 70; *Gottwald/Heinze/Bertram,* Insolvenzrechts-Handbuch, § 103 RdNr. 20; *Düwell* S. 1441 RdNr. 22; *Lakies* BB 1998, 2638, 2639 f.; *Nerlich/Römermann/Hamacher* vor § 113 RdNr. 21.
[41] Vgl. etwa *Grub* ZIP 1993, 393, 394.
[42] Vgl. die Begr. zu § 26 Rechtsausschuss, BT-Drucks. 12/7302 S. 158.
[43] So *Düwell* S. 1441 RdNr. 22.
[44] *Caspers* RdNr. 519 ff.; zustimmend FK-*Eisenbeis* § 113 RdNr. 11 ff.; *Kübler/Prütting/Moll* § 113 RdNr. 23 ff.

Vor §§ 113 bis 128 32–36 3. Teil. 2. Abschn. Erfüllung Rechtsgeschäfte. Mitwirkung BR

diese und haben bei Eintritt des Versorgungsfalls einen der Anwartschaft entsprechenden Anspruch gegen den Pensionssicherungsverein (§ 7 Abs. 2 BetrAVG). Die Insolvenzsicherung gilt nach § 17 Abs. 1 Satz 2 BetrAVG auch für Personen, die zwar nicht Arbeitnehmer sind, denen aber, etwa als Geschäftsführer, Leistungen der betrieblichen Altersversorgung aus Anlass ihrer Tätigkeit für ein Unternehmen zugesagt worden sind.

32   **Zu den §§ 7 ff. BetrAVG s. im Einzelnen:** *Blomeyer/Rolfs/Otto,* Gesetz zur Verbesserung der betrieblichen Altersversorgung, 4. Aufl. 2006; *Flitsch/Herbst,* Lebensversicherungsverträge in der Insolvenz des Arbeitgebers, BB 2003, 317; MünchHdbArbR-*Förster/Rühmann* § 111 Insolvenzsicherung; *Gottwald/Heinze/Bertram,* Insolvenzrechts-Handbuch, § 108; *Henssler/Willemsen/Kalb/Schipp,* Arbeitsrecht Kommentar, 2. Aufl. 2006, §§ 7 ff. BetrAVG; *Höfer/Reiners/Wüst,* Gesetz zur Verbesserung der betrieblichen Altersversorgung (Band 1) Loseblatt; *Kemper/Kisters-Kölkes* ua, BetrAVG: Kommentar zum Gesetz zur Verbesserung der betrieblichen Altersversorgung, 2. Aufl. 2005; *Langohr-Plato,* Betriebliche Altersversorgung, 3. Aufl. 2004; *Schoden,* Betriebliche Altersversorgung: BetrAVG, Kommentar für die Praxis, 2. Aufl. 2003; ErfKomm-*Steinmeyer* §§ 7 ff. BetrAVG; *Windel/Hoppenrath,* Die Insolvenzsicherung der betrieblichen Altersversorgung in: Handbuch der betrieblichen Altersversorgung (Band 1) Loseblatt.

33   **2. Insolvenzgeld.** Um die Arbeitnehmer eines insolventen Unternehmens gegen den endgültigen Ausfall rückständigen Arbeitsentgelts zu sichern, sehen die §§ 183 ff. SGB III die Zahlung von Insolvenzgeld durch die Bundesagentur für Arbeit vor. Nach § 183 Abs. 1 Satz 1 Nr. 1 bis 3 SGB III haben **Arbeitnehmer Anspruch auf Insolvenzgeld,** wenn sie im Inland beschäftigt waren und ihnen bei Eröffnung des Insolvenzverfahrens, bei Abweisung des Eröffnungsantrags mangels Masse oder bei vollständiger Beendigung der Betriebstätigkeit im Inland, wenn ein Eröffnungsantrag nicht gestellt wird oder offensichtlich mangels Masse nicht in Betracht kommt (Insolvenzereignis), für die vorausgehenden drei Monate des Arbeitsverhältnisses noch Ansprüche auf Arbeitsentgelt zustehen. Auf das Insolvenzgeld kann schon vor Eröffnung des Verfahrens ein **Vorschuss** geleistet werden, wenn das Arbeitsverhältnis beendet ist und die Anspruchsvoraussetzungen mit hinreichender Wahrscheinlichkeit erfüllt werden. Der Arbeitgeber ist verpflichtet, einen Beschluss des Insolvenzgerichts über die Abweisung des Antrags auf Insolvenzeröffnung mangels Masse dem Betriebsrat oder, wenn ein Betriebsrat nicht besteht, dem Arbeitnehmer unverzüglich bekannt zu geben (§ 183 Abs. 4 SGB III).

34   Das Insolvenzgeld wird **in Höhe des Nettoarbeitsentgelts** geleistet (§ 185 SGB III). Zu den Ansprüchen auf Arbeitsentgelt gehören dabei alle Ansprüche auf Bezüge aus dem Arbeitsverhältnis, insbesondere auch die auf den Dreimonatszeitraum entfallenden Gratifikationen (§ 183 Abs. 1 Satz 3 SGB III). Kein Insolvenzgeld wird für Ansprüche gewährt, die der Arbeitnehmer wegen Beendigung des Arbeitsverhältnisses oder für die Zeit nach Beendigung des Arbeitsverhältnisses hat (§ 184 Abs. 1 Nr. 1 SGB III). Soweit es sich dabei um Sozialplanabfindungen handelt, können sie aber auf dem Weg über den Widerruf nach § 124 in einen im Insolvenzverfahren aufgestellten Sozialplan einbezogen werden (vgl. § 124 RdNr. 18 f.). Ansprüche auf Arbeitsentgelt, die einen Anspruch auf Insolvenzgeld begründen, gehen mit dem Antrag auf Insolvenzgeld auf die Bundesagentur für Arbeit über (§ 187 Satz 1 SGB III). Diese wird damit Insolvenzgläubigerin (s. aber auch RdNr. 26 zur vorläufigen Insolvenzverwaltung).

35   § 188 Abs. 1 SGB III sieht vor, dass ein Dritter, dem der Arbeitnehmer vor seinem Antrag auf Insolvenzgeld **Ansprüche auf Arbeitsentgelt übertragen** hat, den Anspruch auf Insolvenzgeld erwirbt. Die Vorschrift trägt der Tatsache Rechnung, dass Arbeitsentgelt vielfach zur Sicherung und Tilgung vom Arbeitnehmer aufgenommener Kredite, insbesondere von Ratenkrediten, dient. Der Umweg, erst dem Arbeitnehmer das Insolvenzgeld voll auszuzahlen und den Kreditgeber auf Ansprüche gegen diesen zu verweisen, soll vermieden werden. Gleiches wie für die Abtretung des Entgeltanspruchs gilt für dessen Pfändung und Verpfändung (§ 188 Abs. 2).

36   Die Abtretung des Anspruchs auf Arbeitsentgelt, verbunden mit dem Übergang des Anspruchs auf Insolvenzgeld an den Zessionar, kann an sich auch zur **Vorfinanzierung der Arbeitsentgelte** eingesetzt werden: Die Arbeitnehmer verkaufen und übertragen ihre Lohnforderungen an ein Kreditinstitut, das ihnen Zug um Zug gegen die Abtretung einen Betrag in Höhe der Lohnforderung, ggf. vermindert um einen Kostenabschlag, auszahlt und

sich bei der Bundesagentur für Arbeit nach Eintritt des Insolvenzereignisses erholt. Praktisch wird diese Vorgehensweise vielfach von vorläufigen Insolvenzverwaltern genutzt, um den Zeitraum bis zur Eröffnung des Verfahrens, in dem über eine Sanierung, Übertragung oder Stilllegung entschieden wird, zu überbrücken.

Ein **Missbrauch der Institution des Insolvenzgeldes** liegt in der Vorfinanzierung 37 angesichts der mit einer Sanierung oder Übertragung verbundenen Sicherung der Arbeitsplätze grundsätzlich nicht.[45] § 188 Abs. 4 SGB III macht den Einsatz des Insolvenzgeldes zur Vorfinanzierung des Arbeitsentgelts heute gleichwohl von der **Zustimmung der Agentur für Arbeit** abhängig und bestimmt, dass diese Zustimmung nur erteilt werden darf, wenn Tatsachen die Annahme rechtfertigen, dass durch die Vorfinanzierung der Arbeitsentgelte ein erheblicher Teil der Arbeitsplätze erhalten bleibt.[46] Angesichts der in der Zeit vor Insolvenzeröffnung typischerweise bestehenden Ungewissheit einer Fortführung, Sanierung oder Übertragung des Unternehmens muss für die Annahme der Erhaltung von Arbeitsplätzen das Vorliegen einer gewissen Wahrscheinlichkeit genügen.[47] Als erheblich muss man jedenfalls die Erhaltung von so vielen Arbeitsplätzen ansehen, wie diese im **spiegelbildlichen Fall des Personalabbaus** eine wesentliche Betriebseinschränkung im Sinne des § 111 Satz 3 Nr. 1 BetrVG (dazu §§ 121, 122 RdNr. 8) ausmachen. Es genügen also entsprechend § 17 KSchG je nach Betriebsgröße fünf bis 30 Arbeitnehmer und in Betrieben mit mehr als 500 Arbeitnehmern fünf Prozent der Belegschaft.[48] Insoweit wie die **Bundesagentur für Arbeit** für den Regelfall auf die Zahlenverhältnisse des § 112a BetrVG abzustellen,[49] geht daran vorbei, dass § 112a BetrVG nur eine Ausnahmevorschrift ist.

Zu den Vorschriften über das Insolvenzgeld s. im Einzelnen: Durchführungsanweisung der Bundes- 38 agentur für Arbeit zum Insolvenzgeld, abrufbar unter http://www.arbeitsagentur.de (abgerufen am 15. 5. 2007); *Braun/Wierzioch,* Neue Entwicklungen beim Insolvenzgeld, ZIP 2003, 2001; *Gagel/Peters-Lange,* SGB III Arbeitsförderung, Loseblatt, §§ 183 bis 189; GK-SGB III–*Hess,* Loseblatt, §§ 183 bis 189; *Gottwald/ Heinze/Bertram,* Insolvenzrechts-Handbuch, § 109 RdNr. 3 ff.; *Hase/Peters-Lange,* Sicherung der Arbeitnehmeransprüche in der Insolvenzpraxis – Aktuelle Probleme der Neuregelung über Insolvenzgeld, 1999; *Hauck/ Noftz/Voelzke,* SGB III Arbeitsförderung, Loseblatt, §§ 183 bis 189; *Heinrich,* Zweimal Insolvenzgeld oder Insolvenzplan auf Risiko der Arbeitnehmer? NZI 2006, 83; *Krause,* Europarechtliche Vorgaben für das Konkursausfallgeld, ZIP 1998, 56; FK-*Mues* Anh. zu § 113 RdNr. 24 bis 196; *Niesel/Roeder,* Sozialgesetzbuch Arbeitsförderung – SGB III, 3. Aufl. 2005, §§ 183 bis 189; MünchHdbArbR-*Peters-Lange* § 77 RdNr. 15 ff.; *Peters-Lange,* Konsequenzen der EuGH-Rechtsprechung für den Insolvenzgeldanspruch nach §§ 183 ff. SGB III, ZIP 2003, 1877; *Schaub,* Insolvenzgeld, NZI 1999, 215.

3. Insolvenzschutz von Wertguthaben aus Vorleistungen der Arbeitnehmer. Vor- 39 nehmlich im Zuge der Altersteilzeit nach dem AltersteilzeitG, aber auch im Zusammenhang mit flexiblen Teilzeitmodellen, kommt es heute zu Situationen, in denen die Arbeitnehmer mit ihrer Arbeitsleistung für längere Zeiträume in Vorlage treten. Die daraus auflaufenden Wertguthaben werden erst im danach liegenden Zeitraum der Arbeitsfreistellung aufgelöst. Diese Wertguthaben sind durch das Insolvenzgeld (oben RdNr. 33 ff.) nur insoweit gesichert, als der Anspruch in den letzten drei Monaten vor Eröffnung des Insolvenzverfahrens erarbeitet und noch nicht vergütet worden ist.[50] § 7d i. V. m. § 7 Abs. 1a SGB IV sieht daher vor, dass bei solchen Vertragsgestaltungen gleichzeitig Vorkehrungen getroffen werden, die der Erfüllung der Wertguthaben einschließlich des auf sie entfallenden Arbeitgeberanteils am Gesamtsozialversicherungsbeitrag bei Zahlungsunfähigkeit des Arbeitgebers die-

---

[45] Vgl. noch zum Konkursausfallgeld BSG AP AFG § 141k Nr. 3 = NZA 1992, 859 = ZIP 1992, 941; BSG ZIP 1995, 935; zur Rechtsentwicklung im Einzelnen *Steinwedel* DB 1998, 822, 824 ff.; *Wiester* BB 1997, 949, 950 ff.; *Caspers* RdNr. 508 ff.; kritisch *Dieckmann* ZRP 1987, 420 ff.
[46] Kritisch dazu *Wiester* ZInsO 1998, 99, 104 f.; *Caspers* RdNr. 515 ff.
[47] Vgl. *Hase* in *Hase/Peters-Lange* RdNr. 154, der überwiegende Wahrscheinlichkeit fordert; *Nerlich/Römermann/Hamacher* vor § 113 RdNr. 89, wonach bloße Möglichkeit genügen soll; ähnlich *Wiester* ZInsO 1998, 99, 105; *Caspers* RdNr. 516.
[48] *Hase* in *Hase/Peters-Lange* RdNr. 156; aA GK-SGB III–*Hess* § 188 RdNr. 39, der als Regelfall die Erhaltung von 25 Prozent der Arbeitsplätze für erforderlich hält.
[49] Vgl. 3.2 Abs. 8 der Durchführungsanweisung der Bundesagentur für Arbeit zum Insolvenzgeld vom Februar 2005 zu § 188 SGB III, abrufbar unter http://www.arbeitsagentur.de (letzter Abruf am 15. 5. 2007).
[50] BSG AP AFG § 141a Nr. 3 = ZIP 2004, 135; *Niesel/Roeder* § 183 SGB III RdNr. 67 f.

§ 113　　　　3. Teil. 2. Abschnitt. Erfüllung Rechtsgeschäfte. Mitwirkung BR

nen. § 7 d SGB IV schafft insoweit aber keine allgemeine Verpflichtung zu einer solchen Insolvenzsicherung.[51] Für die Altersteilzeit besteht eine solche Verpflichtung aber nunmehr nach § 8 a AltersteilzeitG.

40　S. zum Insolvenzschutz von Wertguthaben im Einzelnen: *von Ahsen/Nölle,* Risiko Altersteilzeit? – Insolvenzschutz der Wertguthaben bei Alterteilzeitvereinbarungen, DB 2003, 1384; *Diller,* Das neue Gesetz zur Absicherung flexibler Arbeitszeitregelungen („Flexi-Gesetz"), NZA 1998, 792, 794 f.; *Gagel/Peters-Lange,* SGB III Arbeitsförderung, Loseblatt, § 183 RdNr. 118 ff.; *Grabmaier,* Insolvenzschutz von Arbeitszeitkonten durch Anlage der Wertguthaben in Investmentfonds, 2003; *Hanau,* Entgeltverzicht, Entgeltstundung, Arbeitszeitkonten und Altersteilzeit in der Insolvenz, ZIP 2002, 2028; *Hanau/Arteaga,* Insolvenzsicherung und Lohnbesteuerung von Arbeitszeitkonten, BB 1998, 2054; *Langohr-Plato/Morisse,* Insolvenzschutz von Wertguthaben aus Altersteilzeit, BB 2002, 2330; *Knospe,* Die Verpflichtung zum Insolvenzschutz für Vertragsparteien einer Wertguthabenvereinbarung im Rahmen flexibler Arbeitszeitgestaltung, NZA 2006, 187; *Podewin,* Die Insolvenzsicherung von Wertguthaben in Arbeitszeitkonten – Parallelen und Unterschiede von § 7 d SGB IV und § 8 a AltTZG, RdA 2005, 295; *Rigol/Homann,* Altersteilzeit in der Insolvenz, InVo 2004, 125; ErfKomm-*Rolfs* § 8 a AltZG; *Wiezer,* Insolvenzsicherung von Arbeitszeitkonten, 2004; *Wonneberger,* Das Gesetz zur sozialrechtlichen Absicherung flexibler Arbeitszeitregelungen, DB 1998, 982, 984 f.; *Zwanziger,* Struktur, Probleme und Entwicklung des Altersteilzeitrechts – ein Überblick, RdA 2005, 226.

§ 113 Kündigung eines Dienstverhältnisses

¹ Ein Dienstverhältnis, bei dem der Schuldner der Dienstberechtigte ist, kann vom Insolvenzverwalter und vom anderen Teil ohne Rücksicht auf eine vereinbarte Vertragsdauer oder einen vereinbarten Ausschluß des Rechts zur ordentlichen Kündigung gekündigt werden. ² Die Kündigungsfrist beträgt drei Monate zum Monatsende, wenn nicht eine kürzere Frist maßgeblich ist. ³ Kündigt der Verwalter, so kann der andere Teil wegen der vorzeitigen Beendigung des Dienstverhältnisses als Insolvenzgläubiger Schadenersatz verlangen.

Schrifttum: *Ascheid,* Die Wiederholungskündigung als Problem der „hinkenden Rechtskraftwirkung", Festschrift für Eugen Stahlhacke, 1995, S. 1; *Ascheid/Preis/Schmidt,* Kündigungsrecht, 2. Aufl. 2004 (zitiert: APS-Bearbeiter); *Berkowsky,* Das neue Insolvenz-Kündigungsrecht, NZI 1999, 129; *Caspers,* Personalabbau und Betriebsänderung im Insolvenzverfahren, 1998; *Düwell,* Änderungs- und Beendigungskündigung nach dem neuen Insolvenzrecht, Kölner Schrift zur Insolvenzordnung, 2. Aufl. 2000, S. 1433; *Etzel/Bader/Fischermeier/Friedrich/u. a.,* Gemeinschaftskommentar zum Kündigungsschutzgesetz und zu sonstigen kündigungsschutzrechtlichen Vorschriften, 8. Aufl. 2007, (zitiert KR-*Bearbeiter*); *Giesen,* Das neue Kündigungsschutzrecht in der Insolvenz, ZIP 1998, 46; *Grunsky,* Das Arbeitsverhältnis im Konkurs- und Vergleichsverfahren, 3. Aufl. 1994; *Grunsky/Moll,* Arbeitsrecht und Insolvenz, 1997; *Heinze,* Das Arbeitsrecht der Insolvenzordnung, NZA 1999, 57; *v. Hoyningen-Huene/Linck,* Kündigungsschutzgesetz, 14. Aufl. 2007; *Kittner/Däubler/Zwanziger,* Kündigungsschutzgesetz, 6. Aufl. 2004; *Leithaus,* Zur „Nachkündigung" nach § 113 InsO und zur Anfechtungsproblematik bei Kündigungen von Arbeitsverhältnissen im Vorfeld eines Insolvenzantrags, NZI 1999, 254; *Löwisch,* Verlust des Arbeitnehmerstatus durch Erwerb einer Gesellschafterstellung mit maßgebendem Einfluß, Festschrift für Alfons Kraft, 1998, S. 375; *Löwisch/Spinner,* Kommentar zum Kündigungsschutzgesetz, 9. Aufl. 2004; *Lohkemper,* Die Bedeutung des neuen Insolvenzrechts für das Arbeitsrecht, KTS 1996, 1; *Marotzke,* Gegenseitige Verträge im neuen Insolvenzrecht, 3. Aufl. 2001; *Reidel,* Kündigungsgarantie vs. Verschlechterungsverbot – Zum Verhältnis von § 113 InsO und §§ 322, 323 Abs. 1 UmwG – Festschrift zum 25-jährigen Bestehen der Arbeitsgemeinschaft Arbeitsrecht im DAV, 2006, S. 1325; *Schaub,* Arbeitsrecht in der Insolvenz, DB 1999, 217; *Zeuner,* Zur Insolvenzrechtsreform: Die arbeitsrechtlichen Vorschläge der Kommission für Insolvenzrecht, ZIP 1985, 1297; *Zwanziger,* Das Arbeitsrecht der Insolvenzordnung, 3. Aufl. 2006; zu älterem Schrifttum s. die Vorauflage.

Übersicht

	RdNr.		RdNr.
I. Allgemeines	1	**II. Arbeitsverhältnis**	16
1. Entwicklung und Zweck der Norm	1	1. Ordentliche Kündigung	16
2. Systematischer Zusammenhang	3	a) Garantie des Kündigungsrechts	16
3. Anwendungsbereich	6	b) Dreimonatsfrist	25
4. Unabdingbarkeit	14	c) Ersatzanspruch des Arbeitnehmers	31

---

[51] Vgl. BAG AP ATG § 8 a Nr. 1 = NZA 2006, 729 = ZIP 2006, 1213.

	RdNr.		RdNr.
2. Andere Beendigungsgründe	35	d) Klagerhebung	66
a) Außerordentliche Kündigung	35	e) Nachträgliche Klagezulassung	69
b) Auflösungsvertrag	38	f) Verlängerte Anrufungsfrist	78
c) Befristung	39	**III. Selbständiger Dienstvertrag**	81
3. Klagefrist (§ 4 KSchG)	40	1. Vorzeitige Kündigung	81
a) Anwendungsbereich	40	2. Schadensersatz	83
b) Dauer	51	3. Keine Klagefrist	84
c) Folgen der Fristversäumung	62		

I. Allgemeines

1. Entwicklung und Zweck der Norm. § 113 hat § 22 KO fortentwickelt. Nach 1 dieser Vorschrift konnte ein im Haushalt, Wirtschaftsbetrieb oder Erwerbsgeschäft des Gemeinschuldners angetretenes Dienstverhältnis von jedem Teil gekündigt werden (Abs. 1 Satz 1). Die Kündigungsfrist war, falls nicht eine kürzere Frist bedungen war, die gesetzliche (Abs. 1 Satz 2). Im Falle der Kündigung durch den Konkursverwalter konnte der andere Teil Ersatz des ihm durch die Aufhebung entstandenen Schadens verlangen (Abs. 2). Demgegenüber enthält § 113 im Wesentlichen zwei Modifikationen: Die Norm erfasst **jedes Dienstverhältnis, bei dem der Schuldner Dienstberechtigter ist,** nicht mehr nur das im Haushalt, Wirtschaftsbetrieb oder Erwerbsgeschäft. Vor allem besteht das **vorzeitige Kündigungsrecht** ohne Rücksicht auf eine vereinbarte Vertragsdauer oder einen vereinbarten Ausschluss des Rechts zur ordentlichen Kündigung. Damit wird die Rechtsprechung des Bundesarbeitsgerichts korrigiert, welche tarifvertragliche Kündigungsfristen als gesetzliche Kündigungsfristen im Sinne des § 22 Abs. 1 Satz 2 KO angesehen hatte, so dass diese auch vom Konkursverwalter zu beachten waren.[1]

Um dem Bedürfnis nach Rechtssicherheit und schneller Abwicklung von Arbeitsverhält- 2 nissen im Insolvenzverfahren Rechnung zu tragen, hatte die InsO in einem Abs. 2 des § 113 eine Drei-Wochen-Klagefrist für die Geltendmachung der Unwirksamkeit einer Kündigung durch den Insolvenzverwalter eingefügt. Im Zuge des Gesetzes zu Reformen am Arbeitsmarkt vom 24. 12. 2003,[2] das die Klagefrist des § 4 KSchG auf alle Unwirksamkeitsgründe einer Arbeitgeberkündigung erstreckt hat, ist diese Vorschrift als überflüssig aufgehoben worden (zur Klagefrist nach § 4 KSchG unten RdNr. 40 ff.).

2. Systematischer Zusammenhang. § 113 ist Teil der Sonderregelung, die bestimmte 3 Dauerschuldverhältnisse im Rahmen der Normen des 2. Abschnitts über die Erfüllung von Rechtsgeschäften gefunden haben. § 108 Abs. 1 sieht in Abweichung von § 103 bei Dienstverhältnissen des Schuldners kein Wahlrecht des Insolvenzverwalters vor, sondern ordnet das Fortbestehen mit Wirkung für die Insolvenzmasse an. Als Ausnahme hiervon regelt § 113, dass Dienstverhältnisse, bei denen der Schuldner der Dienstberechtigte ist, vom Insolvenzverwalter und vom anderen Teil besonders gekündigt werden können. Die andere Ausnahme enthält § 116 Satz 1 i. V. m. § 115, wonach Dienst- und Werkverträge, die eine auf das Vermögen bezogene Geschäftsbesorgung für den Schuldner zum Inhalt haben, also insbesondere Verträge mit Angehörigen beratender Berufe wie Rechtsanwälten, Steuerberatern oder Wirtschaftsprüfern sowie Bank- und Treuhandverträge und auch der Handelsvertretervertrag,[3] durch die Eröffnung des Insolvenzverfahrens erlöschen (vgl. im Einzelnen § 116 RdNr. 6 ff.).

Nach hM findet § 108 Abs. 1 ohne Rücksicht darauf Anwendung, ob der Schuldner 4 Berechtigter des Dienstverhältnisses ist, erfasst also auch die Fälle, in denen die **Insolvenz beim Dienstverpflichteten** eintritt.[4] Dass § 113 und § 116 Satz 1 i. V. m. § 115 Sonderregeln zu § 108 nur für die Insolvenz des dienstberechtigten Schuldners vorsehen, sieht sie

---
[1] BAG AP KO § 22 Nr. 5 = NZA 1985, 121 = NJW 1985, 1238.
[2] BGBl. I S. 3002.
[3] Ausführlich *Kübler/Prütting/Tintelnot* §§ 115, 116 RdNr. 15 ff. mN.
[4] *Uhlenbruck/Berscheid* § 108 RdNr. 2; *Kübler/Prütting/Tintelnot* § 108 RdNr. 7; *Nerlich/Römermann/Balthasar* § 108 RdNr. 10; s. auch *Marotzke* RdNr. 6.5 Fn. 7; einschränkend jetzt HK-*Marotzke* § 108 RdNr. 2.

nicht als Hinderungsgrund an, weil Verpflichtungen zu Dienstleistungen wegen ihrer Anknüpfung an die Person des aus dem Dienstvertrag Verpflichteten ohnehin nicht in die Insolvenzmasse fielen.[5]

5   Das vernachlässigt, dass Gegenstand von Dienstverträgen nicht nur in Person zu erbringende Dienstleistungen sein können. Nach § 613 Satz 1 BGB sind Dienste **nur „im Zweifel" in Person** zu leisten. Insbesondere dort, wo der zur Dienstleistung Verpflichtete ein Unternehmer ist, genügt es, dass die Dienstleistung von Personen erbracht wird, die zur arbeitsteiligen Organisation des Unternehmens gehören, wobei es nicht darauf ankommt, ob der zur Dienstleistung Verpflichtete eine Kapital- oder Personengesellschaft oder ein Einzelkaufmann ist.[6] In der Insolvenz solcher Unternehmen (etwa von Wirtschaftsprüfungsgesellschaften oder Ausbildungsunternehmen wie Privatschulen, privaten Hochschulen und Beschäftigungsgesellschaften) hätte die hM zur Folge, dass der Verwalter die Dienstleistungen bis zur Grenze der normalen Beendigungstatbestände ohne Rücksicht auf die Folgen für die Insolvenzmasse erbringen müsste. Das kann nicht richtig sein. **§ 108 Abs. 1 muss deshalb restriktiv dahin ausgelegt werden,** dass er lediglich klarstellen will, dass in der Insolvenz des Dienstberechtigten an die Stelle des Wahlrechts des Insolvenzverwalters nach § 103 die besonders geregelten Beendigungstatbestände treten.[7] In der Insolvenz des Dienstverpflichteten muss es hingegen beim Wahlrecht des Insolvenzverwalters bleiben, soweit die Dienstleistungspflicht, weil sie nicht in Person zu erbringen ist, von der Insolvenz erfasst wird.[8]

6   **3. Anwendungsbereich.** Mit dem Begriff Dienstverhältnis knüpft § 113 an den Dienstvertrag i. S. d. §§ 611 ff. BGB an. Gemeint sind damit sowohl Arbeitsverhältnisse (§ 622 BGB) als auch Dienstverhältnisse, die keine Arbeitsverhältnisse sind (§ 621 BGB). Dabei wird von § 113 nur der Fall erfasst, in dem der Schuldner der Dienstberechtigte ist (s. o. RdNr. 3). Im Einzelnen gilt:

7   In der Insolvenz des Arbeitgebers sind alle mit diesem bestehenden **Arbeitsverhältnisse** (dazu vor § 113 RdNr. 15 ff.) nach Maßgabe des § 113 kündbar. Ob es sich um normale Arbeitnehmer oder leitende Angestellte handelt, spielt keine Rolle. Soweit öffentlich-rechtliche Arbeitgeber der Insolvenzordnung unterfallen (vgl. § 12 RdNr. 8 ff.), findet die Vorschrift auch auf die Arbeitnehmer des öffentlichen Dienstes Anwendung.

8   **Arbeitnehmerähnliche Personen** unterfallen § 113 nur, soweit sie auf Grund von Dienstverträgen tätig sind. Ist die Rechtsbeziehung der arbeitnehmerähnlichen Person zum Auftraggeber als Werkvertrag einzuordnen, weil die Herstellung eines Werkes oder ein bestimmter Erfolg geschuldet sind (vgl. § 631 BGB), wie das etwa für handwerkliche Leistungen oder dort zutrifft, wo die Erstellung eines bestimmten Computerprogramms geschuldet ist, bleibt es bei der Anwendbarkeit der allgemeinen Vorschriften, insbesondere des § 103.[9] Eine Ausnahme besteht insoweit nur nach § 116 Satz 1 bei Geschäftsbesorgungsverträgen.

9   Entsprechend anzuwenden ist § 113 auf **Heimarbeiter,** auch wenn diese nicht auf Grund eines Dienstvertrages, sondern auf Grund eines Werkvertrages tätig sind:[10] § 29 Abs. 4 und 5 HAG unterstellt sie den gleichen Kündigungsfristen wie Arbeitnehmer. Darin kommt ein Schutzgedanke zum Ausdruck, der auch bei der Kündigung in der Insolvenz des Auftraggebers trägt und es angebracht erscheinen lässt, kein einseitiges Wahlrecht des Insolvenzverwalters nach § 103, sondern ein beiderseitiges Kündigungsrecht nach § 113 anzunehmen.

---

[5] *Kuhn/Uhlenbruck* § 22 KO RdNr. 29; vgl. auch *Marotzke* RdNr. 2.96 ff., 4.11 mwN.
[6] *Staudinger/Richardi* (2005) § 613 RdNr. 8.
[7] Wie hier *Wente* ZIP 2005, 335 ff.
[8] Vgl. auch *Jaeger/Henckel* § 17 KO RdNr. 109 für die Rechtslage nach der Konkursordnung.
[9] AA *Düwell* S. 1443 RdNr. 27 i. V. m. der Vorauflage RdNr. 23 und *Kübler/Prütting/Moll* § 113 RdNr. 28, die stets § 113 anwenden wollen.
[10] Vgl. zur umstrittenen rechtlichen Einordnung des Heimarbeitervertrages *Staudinger/Richardi* (2005) Vorbem. 250 zu §§ 611 ff. (regelmäßig Werkvertrag) und *Schmidt/Koberski/Tiemann/Wascher,* Heimarbeitsgesetz, 4. Aufl. 1998, § 19 Anh. RdNr. 11 (Vertrag über Arbeitsleistung sui generis).

Dienstverträge sind auch die **Anstellungsverträge von Mitgliedern von Organen juristischer Personen,** so dass die Anstellungsverträge in der Insolvenz der juristischen Person mit den Fristen des § 113 gekündigt werden können. Ob die Organmitglieder gleichzeitig Gesellschafter der juristischen Person sind, spielt keine Rolle.[11] Hingegen unterfallen geschäftsführende Gesellschafter von Personengesellschaften der Vorschrift regelmäßig nicht, weil Grundlage ihrer Tätigkeit kein Dienstverhältnis, sondern der Gesellschaftsvertrag ist.[12]

Dienstverträge sind auch die **Verträge mit Angehörigen der freien Berufe,** insbesondere Behandlungsverträge mit Ärzten oder Physiotherapeuten, Unterrichtsverträge, gleichgültig, ob es sich um Fernunterricht oder Direktunterricht handelt, sowie Verträge über Fortbildungs-, Weiterbildungs- und Umschulungsmaßnahmen. In der Insolvenz des Patienten oder des aus dem Unterrichtsvertrag Berechtigten bzw. des Unternehmers, dem die Ausbildungsleistung zu erbringen ist, können solche Verträge deshalb, auch wenn sie auf längere Zeit abgeschlossen sind, nach § 113 gekündigt werden.

Anders als die frühere Vorschrift des § 22 KO setzt § 113 nicht mehr voraus, dass der Dienstnehmer den Dienst bereits angetreten hat.[13] **Auch vor Dienstantritt** kann der Insolvenzverwalter nicht mehr auf das Wahlrecht des § 103 Abs. 1 zurückgreifen, sondern muss eine Kündigung aussprechen. Damit wird insbesondere zwischen Arbeitgeber und Arbeitnehmer Rechtsgleichheit hergestellt.[14]

§ 113 begründet ein **beiderseitiges Kündigungsrecht.** Nicht nur der Insolvenzverwalter, sondern auch der Vertragspartner kann sich nach Maßgabe der Vorschrift vorzeitig aus dem Dienstverhältnis lösen.

4. Unabdingbarkeit. § 113 gehört nach § 119 zu den beidseitig zwingenden Vorschriften. Die mit der Vorschrift verbundenen Erleichterungen können nicht abbedungen werden.

§ 113 setzt sich dabei **auch gegenüber** abweichenden **tarifvertraglichen Vereinbarungen** durch. Die Vorschrift will den Insolvenzverwalter gerade von tariflichen Unkündbarkeitsklauseln und langen tariflichen Kündigungsfristen befreien (RdNr. 1). Ein Verstoß gegen Art. 9 Abs. 3 GG liegt in dieser Zurückdrängung der Kompetenz der Tarifvertragsparteien nicht, vielmehr stellt sie einen verhältnismäßigen Ausgleich der durch Art. 14 Abs. 1 GG geschützten Forderungen der Insolvenzgläubiger mit den sozialen Belangen der Beschäftigten und der diesen dienenden Tarifautonomie dar.[15]

II. Arbeitsverhältnis

1. Ordentliche Kündigung. a) Garantie des Kündigungsrechts. § 113 Satz 1 garantiert für den Fall der Insolvenz das Recht zur ordentlichen Kündigung von Arbeitsverhältnissen. Weder eine vereinbarte Unkündbarkeit noch eine vereinbarte feste Vertragsdauer hindern eine ordentliche Kündigung. Die Garantie besteht nicht nur zugunsten des Insolvenzverwalters, sondern auch zugunsten des Arbeitnehmers, wenn dieser sich für längere Zeit gebunden hat.

---

[11] *Löwisch*, Festschrift für Kraft, 1998, S. 375, 380 f.; *Kübler/Prütting/Moll* § 113 RdNr. 29.
[12] Vgl. MünchKommBGB-*Ulmer* § 706 RdNr. 14 mwN; *Soergel/Kraft* vor § 611 RdNr. 30, 48; *Uhlenbruck* BB 2003, 1185, 1187.
[13] *Leithaus/Andres* § 113 RdNr. 7; *Caspers* RdNr. 91 ff.; FK-*Eisenbeis* § 113 RdNr. 23; *Gottwald/Heinze/ Bertram*, Insolvenzrechts-Handbuch, § 104 RdNr. 2 ff., 5; HK-*Irschlinger* § 113 RdNr. 11; *Kübler/Prütting/ Moll* § 113 RdNr. 32 ff.; *Braun/Wolf* § 113 RdNr. 44; aA *Lohkemper* KTS 1996, 1, 4; *Hess* § 113 RdNr. 18.
[14] *Caspers* RdNr. 94.
[15] BAG AP InsO § 113 Nr. 19 = NZA 2006, 661 = ZIP 2006, 774; zuvor schon BAG AP InsO § 113 Nr. 3 = NZA 1999, 1331 = EzA InsO § 113 Nr. 9 mit Anm. *Caspers/Thüsing*; vgl. auch BVerfG (Kammer) AP InsO § 113 Nr. 2 = NZA 1999, 597, wo von dem näher liegenden Frage gesprochen wird, ob der Eingriff in die Tarifautonomie durch das vom Gesetzgeber mit § 113 verfolgte Ziel gerechtfertigt sein könnte, eine nicht vertretbare Schlechterstellung der Insolvenzgläubiger zu verhindern; aus dem Schrifttum *Heinze* NZA 1999, 57, 59; *Reuter* DZWIR 1999, 28, 29 f.; *Caspers* RdNr. 118 ff.; aA *Däubler* in *Kittner/Däubler/Zwanziger* § 113 InsO RdNr. 29 ff.; *Zwanziger* § 113 RdNr. 21 ff.

17 Die Garantie wirkt dabei sowohl gegenüber individualvertraglichen wie gegenüber kollektivvertraglichen Vereinbarungen (Tarifvertrag, Betriebsvereinbarung, Richtlinie nach § 28 SprAuG, Dienstvereinbarung und – soweit solche überhaupt zulässig sind – Abmachungen mit dem Europäischen Betriebsrat [§ 120 RdNr. 16]). Art. 9 Abs. 3 GG steht dem nicht entgegen (oben RdNr. 15).

18 Ihrem Sinn nach soll die Garantie jeden **vertraglichen Sonderkündigungsschutz** ausschließen. Dass durch Tarifvertrag oder Betriebsvereinbarung (§ 102 Abs. 6 BetrVG) die ordentliche Kündigung von der Zustimmung des Betriebsrats abhängig ist, hindert deshalb den Insolvenzverwalter nicht an der ordentlichen Kündigung des Arbeitnehmers.[16] Gleiches gilt, wenn die Zulässigkeit einer ordentlichen Kündigung ansonsten unkündbarer Arbeitnehmer an die Zahlung einer Sozialplanabfindung geknüpft ist.[17]

19 Ein **gesetzlicher Sonderkündigungsschutz** wird durch die Vorschrift des Satz 1 grundsätzlich nicht berührt. Insbesondere bleiben das Kündigungsverbot für Schwangere und Mütter (§ 9 MuSchG) und für Arbeitnehmer in Elternzeit (§ 18 BEEG) sowie das Erfordernis der Zustimmung des Integrationsamtes bei Schwerbehinderten (§ 85 SGB IX) bestehen.[18] Satz 1 ändert auch nichts an der Notwendigkeit der sozialen Rechtfertigung einer Kündigung nach dem Kündigungsschutzgesetz (im Überblick § 125 RdNr. 12 ff.). Insoweit kann der Verwalter aber von den besonderen Vorschriften der §§ 125 ff. Gebrauch machen.

20 § 113 dispensiert den Insolvenzverwalter auch nicht von der Beachtung des AGG. Allerdings bestimmt dessen § 2 Abs. 4, dass für Kündigungen ausschließlich die Bestimmungen zum allgemeinen und besonderen Kündigungsschutz gelten. Das AGG begnügt sich also grundsätzlich damit, dass Kündigungen wegen eines der in § 1 AGG genannten **Diskriminierungsmerkmale** die soziale Rechtfertigung von vornherein fehlt. Zu beachten ist aber, dass bei Bestehen eines Kündigungsgrundes gegenüber mehreren Arbeitnehmern die Kündigung nicht auf den Träger eines der Merkmale des § 1 AGG beschränkt werden darf.[19]

21 Trotz § 323 Abs. 1 UmwG, wonach im Fall der **Unternehmensspaltung** sich die kündigungsrechtliche Stellung der betroffenen Arbeitnehmer auf Grund der Spaltung für die Dauer von zwei Jahren ab dem Zeitpunkt ihres Wirksamwerdens nicht verschlechtert, kann ein Insolvenzverwalter bei Stilllegung des Betriebs des abgespaltenen Unternehmens wirksam kündigen. § 323 Abs. 1 UmwG gilt nur für Verschlechterungen, die unmittelbare Folge der Spaltung sind. Die Vorschrift erfasst nachfolgende Entwicklungen nicht.[20]

22 Die **ordentliche Kündigung von Betriebsratsmitgliedern** und diesen gleichgestellten Personen ist nach Maßgabe des § 15 Abs. 1 bis 3 KSchG grundsätzlich unzulässig. Eine ordentliche Kündigung kommt auch in der Insolvenz gem. § 15 Abs. 4, 5 KSchG nur bei einer Betriebsstilllegung oder der Stilllegung der Betriebsabteilung in Betracht, in der das jeweilige Betriebsratsmitglied beschäftigt ist.[21] Spricht der Verwalter in diesem Rahmen eine ordentliche Kündigung aus, richten sich die Kündigungsfristen nach Satz 2 (s. u. RdNr. 25 ff.). Nicht ordentlich gekündigt werden können nach § 15 Abs. 3a KSchG für den dort genannten Zeitraum die zu einer Wahlversammlung einladenden Arbeitnehmer. Auch für diese gilt aber die Ausnahme in § 15 Abs. 4, 5 KSchG, obwohl dort nicht auf § 15 Abs. 3a KSchG verwiesen wird.[22]

23 Kraft Gesetzes **nicht ordentlich kündbar** sind Auszubildende (§ 22 Abs. 2 BBiG) sowie Wehr- und Zivildienstleistende (vgl. §§ 2, 10 ArbPlSchG, § 78 Abs. 1 Nr. 1 ZDG). Auch

---

[16] *Kübler/Prütting/Moll* § 113 RdNr. 56a; aA LAG Baden-Württemberg LAGE InsO § 113 Nr. 6.
[17] LAG Hamm BB 1999, 1333.
[18] Zu diesem gesetzlichen Sonderkündigungsschutz s. auch § 125 RdNr. 63 f.
[19] *Löwisch* BB 2006, 2189 ff.; *Bauer/Göpfert/Krieger* § 2 AGG RdNr. 55 ff.
[20] BAG UmwG § 323 Nr. 1 = NZA 2006, 658 = ZIP 2006, 631; vgl. auch *Reidel*, Festschrift zum 25-jährigen Bestehen der Arbeitsgemeinschaft Arbeitsrecht im DAV, 2006, S. 1325 ff.
[21] BAG AP KSchG 1969 § 15 Nr. 60 = NZA 2006, 370 = ZIP 2006, 918, das sich ausdrücklich gegen eine analoge Anwendung auf bloße Betriebseinschränkungen wendet; *Gottwald/Heinze/Bertram*, Insolvenzrechts-Handbuch, § 104 RdNr. 106 ff.; im Einzelnen *Löwisch/Spinner* § 15 KSchG RdNr. 61 ff.
[22] BAG AP KSchG 1969 § 15 Nr. 57 = NZA 2005, 656 (Ls.).

in der Insolvenz kommt bei diesen nur eine außerordentliche Kündigung in Betracht (s. u. RdNr. 35 ff.).

Dass der Schuldner einem Arbeitnehmer bereits **vor Verfahrenseröffnung** mit einer 24 bestehenden längeren Kündigungsfrist **betriebsbedingt gekündigt** hat, hindert den Insolvenzverwalter nicht, aus gleichem Grund erneut mit der nunmehr geltenden kürzeren Frist nach Satz 2 zu kündigen. Die gegenteilige Auffassung, nach der das Kündigungsrecht durch die einmal erfolgte Ausübung „verbraucht" sein soll,[23] überzeugt nicht. Abgesehen von der Frage, ob ein solcher Verbrauch rechtstheoretisch überhaupt möglich ist,[24] muss jedenfalls davon ausgegangen werden, dass § 113 dem Insolvenzverwalter ein von vorherigen vom Schuldner ausgesprochenen Kündigungen unabhängiges ordentliches Kündigungsrecht garantieren will.[25] Dies gilt erst recht in dem Fall, dass der Schuldner eine Kündigung nicht zum nächst zulässigen, sondern zu einem späteren Termin ausgesprochen hat.[26]

b) Dreimonatsfrist. Die Frist für das Insolvenzverwalter und Arbeitnehmer garantierte 25 Kündigungsrecht beträgt drei Monate zum Monatsende, wenn nicht eine kürzere Frist maßgeblich ist. Ist die gesetzliche Kündigungsfrist einschlägig, weil individual- oder tarifvertraglich nichts vereinbart ist, trifft meist das letztere zu. Denn die Regelfrist für die Kündigung von Arbeitsverhältnissen beträgt nach § 622 Abs. 1 BGB vier Wochen zum 15. oder zum Ende eines Kalendermonats und überschreitet nach § 622 Abs. 2 BGB erst nach zehnjährigem Bestehen des Arbeitsverhältnisses drei Monate zum Ende eines Kalendermonats.

Ist arbeitsvertraglich eine **längere als die gesetzliche Kündigungsfrist vereinbart,** so 26 ist bis zur Dreimonatshöchstfrist die vereinbarte Kündigungsfrist maßgeblich. Im Unterschied zum früheren § 22 Abs. 1 KO will Satz 2 nicht allgemein die gesetzlichen an die Stelle der vertraglichen Kündigungsfristen setzen, sondern nur, dies aber allgemein, für den Insolvenzfall zu lang andauernde Kündigungsfristen abschneiden.[27] Die auf das Monatsende bezogene Dreimonatsfrist setzt sich dabei auch gegenüber einer auf einen anderen Termin, etwa das Quartalsende, bezogenen längeren Kündigungsfrist durch.[28]

Auch wenn in einem Arbeitsverhältnis die **ordentliche Kündigung ausgeschlossen** 27 war, gilt für die nach Satz 1 ausgesprochene ordentliche Kündigung in erster Linie die Kündigungsfrist, die einschlägig gewesen wäre, wenn keine Unkündbarkeit bestanden hätte. Die Überlegung des **Bundesarbeitsgerichts,** in einem solchen Fall müsse immer die Dreimonatsfrist gelten, weil in der Unkündbarkeit gleichsam eine unendliche Kündigungsfrist zu sehen sei,[29] schlägt letztlich nicht durch. Kündigungsfrist und Unkündbarkeit verfolgen verschiedene Zwecke. Während die Kündigungsfrist allein die Funktion hat, dem Gekündigten eine Anpassungszeit zu geben und ihm die Umstellung zu erleichtern, aber an der Tatsache der Vertragsbeendigung als solcher nichts ändert, verfolgt die Unkündbarkeit den Zweck, dem Arbeitnehmer den Arbeitsplatz dauerhaft zu sichern. Muss aber der Unkündbare auf Grund der Bestimmung des Satz 1 damit rechnen, dass er in der Insolvenz seines Arbeitgebers gekündigt werden kann, so ist nicht ersichtlich, warum ihm, wenn beispielsweise eine gesetzliche Frist von einem Monat einschlägig ist, eine längere Anpassungszeit zugebilligt werden soll als dem Arbeitnehmer, bei dem diese Frist ohnehin gilt. Die Umstellung ist für beide die gleiche. Schutzwürdig ist nur der, der auf Grund der ausdrück-

---

[23] ArbG Köln NZA-RR 1999, 416 = NZI 1999, 282.
[24] Verneinend *Ascheid,* Festschrift für Stahlhacke, 1995, S. 1, 3; *Kübler/Prütting/Moll* § 113 RdNr. 66; kritisch auch *Lingemann/Beck* NZA-RR 2007, 225, 226 ff.; aA MünchHdbArbR-*Berkowsky* § 133 RdNr. 18.
[25] BAG AP BetrVG 1972 § 102 Nr. 140 = NZA 2004, 1037 = ZIP 2004, 1773; *Leithaus* NZI 1999, 254, 255; MünchHdbArbR-*Berkowsky* § 133 RdNr. 18; *Nerlich/Römermann/Hamacher* § 113 RdNr. 93; im Ergebnis auch BAG AP InsO § 113 Nr. 5 = NZA 2000, 658 = NJW 2000, 2692, ohne die Frage zu erörtern.
[26] BAG AP InsO § 113 Nr. 12 = NZA 2003, 1086 = NZI 2003, 673.
[27] BAG AP InsO § 113 Nr. 1 = NZA 1999, 425 = NJW 1999, 1571.
[28] *Uhlenbruck/Berscheid* § 113 RdNr. 103.
[29] BAG AP InsO § 113 Nr. 5 = NZA 2000, 658 = NJW 2000, 2692; BAG AP InsO § 113 Nr. 6 = NZA 2001, 23 = NJW 2001, 317 = SAE 2001, 185 für die Befristung; ebenso *Hess* § 113 RdNr. 236 f.; *Grunsky* S. 21; ablehnend *Caspers* SAE 2001, 187.

§ 113 28–33

lichen gesetzlichen Anordnung des Satz 2 auf die Anpassungszeit von mindestens drei Monaten vertrauen kann.

28 Regelmäßig kommt als **kürzere Kündigungsfrist** die sich aus § 622 BGB ergebende gesetzliche in Betracht. Denkbar ist aber auch, dass eine tarifliche Frist (die länger oder kürzer als die gesetzliche sein kann) maßgeblich ist. Hat der Arbeitnehmer den Status der Unkündbarkeit auf Grund eines Tarifvertrages erworben, der gleichzeitig Kündigungsfristen regelt, muss man davon ausgehen, dass die Tarifvertragsparteien diese auch für den Fall vorsehen wollen, dass ausnahmsweise die Unkündbarkeit durchbrochen werden kann oder die Bestimmung über die Unkündbarkeit (etwa wegen Verstoßes gegen das AGG [RdNr. 34]) überhaupt unwirksam ist. Das gilt für § 113 nicht anders als für die ausnahmsweise betriebsbedingte außerordentliche Kündigung, bei der die tarifliche ordentliche Kündigungsfrist als Auslauffrist zu wahren ist.[30]

29 Wie sonst auch rechnet die Kündigungsfrist vom **Zugang der Kündigung** ab. Eine Kündigung mit Dreimonatsfrist zum Monatsende muss spätestens am letzten Tag des dritten vorangegangenen Monats zugehen (§§ 187 Abs. 1, 188 Abs. 2 BGB).

30 Ist zum Zeitpunkt der Verfahrenseröffnung die **Arbeit noch nicht angetreten** (s. o. RdNr. 12), läuft die Frist gleichwohl ab dem Zeitpunkt des Zugangs der Kündigung und nicht erst ab dem Zeitpunkt des Antritts der Arbeit. Das gilt unabhängig davon, ob ausdrücklich oder stillschweigend für den Beginn der Frist im Fall einer Kündigung vereinbart war, dass diese nicht vor dem vereinbarten Arbeitsantritt beginnt. Denn in Satz 1 ist festgelegt, dass schon eine vereinbarte Vertragsdauer unbeachtlich ist. Dann muss das entsprechend auch für den Fall gelten, dass die Parteien den Vollzug des Arbeitsverhältnisses mindestens für den Zeitraum der Kündigungsfrist gewollt haben und wegen dieser Mindestvertragsdauer abweichend vom allgemeinen Grundsatz die Kündigungsfrist nicht schon mit Zugang der Kündigung beginnen lassen wollten.[31]

31 **c) Ersatzanspruch des Arbeitnehmers.** Kündigt der Insolvenzverwalter ein Arbeitsverhältnis mit der Höchstfrist von drei Monaten, obwohl ohne Insolvenz eine längere Kündigungsfrist maßgeblich gewesen wäre, oder kündigt er im Fall einer Befristung oder eines arbeits- oder tarifvertraglichen Ausschlusses des Rechts zur ordentlichen Kündigung, so kann der Arbeitnehmer wegen der vorzeitigen Beendigung des Arbeitsverhältnisses Schadensersatz als Insolvenzgläubiger verlangen (Satz 3). Dabei wird wie schon bei § 22 Abs. 2 KO nur der Schaden erfasst, der daraus resultiert, dass das Arbeitsverhältnis früher als vorgesehen aufgelöst worden ist.[32] Dagegen hat der Arbeitnehmer keinen Schadensersatzanspruch wegen Verlust des Arbeitsplatzes.

32 **Gegenstand des Ersatzanspruchs** ist die Fortzahlung des Arbeitsentgelts für die Zeitspanne, um die sich das Arbeitsverhältnis infolge der vorzeitigen Kündigung durch den Insolvenzverwalter verkürzt hat.[33] Abzuziehen sind ersparte Aufwendungen, anderweitiger Erwerb und – nach § 254 Abs. 2 Satz 1 Alt. 2 BGB – schuldhaft unterlassener anderweitiger Erwerb.[34]

33 Nach dem Sinn des Satz 3 ist die Entgeltfortzahlung im Schadenswege bis zu dem Zeitpunkt zu begrenzen, zu dem auch der Arbeitgeber außerhalb eines Insolvenzverfahrens das Arbeitsverhältnis trotz Bestehen einer Unkündbarkeit nach § 626 BGB wirksam hätte kündigen können. Ist etwa infolge der Insolvenz eine Betriebsstilllegung unausweichlich,

---

[30] BAG AP BGB § 626 RdNr. 143 = NZA 1998, 771; BAG AP SchwbG § 21 Nr. 3 = NZA 1999, 1267; s. auch *Löwisch/Spinner* vor § 1 KSchG RdNr. 122.

[31] *Caspers* RdNr. 98; zustimmend *Berkowsky* NZI 1999, 129, 130; *Kübler/Prütting/Moll* § 113 RdNr. 54; aA HK-*Irschlinger* § 113 RdNr. 11.

[32] Vgl. *Grunsky* S. 18; *Jaeger/Henckel* § 22 KO RdNr. 39; *Uhlenbruck/Berscheid* § 113 RdNr. 108 ff.

[33] BAG AP BetrVG 1972 § 113 Nr. 17 = NZA 1989, 31 = EzA BetrVG § 113 Nr. 17 (unter II 4 b der Gründe) und BAG AP BGB § 628 Nr. 13 = NZA 2002, 325 = NJW 2002, 1593 für den parallelen Fall des § 628 Abs. 2 BGB; *Löwisch/Rieble* Anm. zu BAG EzA BetrVG § 113 Nr. 17; FK-*Eisenbeis* § 113 RdNr. 79; *Kübler/Prütting/Moll* § 113 RdNr. 72 ff.

[34] *Lohkemper* KTS 1996, 1, 6; *Caspers* RdNr. 116; *Kilger/K. Schmidt* § 22 KO Anm. 8.

kommt es also auf den Zeitpunkt an, zu dem auch der Arbeitgeber aus diesem Grund hätte außerordentlich kündigen können.[35] Im Falle ordentlich unkündbarer Arbeitnehmer ist demnach Inhalt des Ersatzanspruches nicht eine Abfindung analog §§ 9, 10 KSchG,[36] entscheidend ist vielmehr, ob ausnahmsweise wegen der notwendigen Betriebsstillegung eine außerordentliche betriebsbedingte Kündigung unter Wahrung einer der fiktiven ordentlichen Kündigungsfrist entsprechenden Auslauffrist zulässig gewesen wäre.[37]

Ein Ersatzanspruch kommt von vornherein dann nicht in Betracht, wenn die **Vereinbarung der Unkündbarkeit** oder einer längeren Kündigungsfrist per se **unwirksam** ist. Dies kann nach § 2 Abs. 1 Nr. 2 i. V. m. § 7 Abs. 2 AGG heute vor allem auf Vereinbarungen zutreffen, welche die Kündigung älterer Arbeitnehmer ausschließen oder ihnen längere Kündigungsfristen zugestehen. Insbesondere die Vorschrift des § 4.4 des Manteltarifvertrags für die Beschäftigten in der Metall- und Elektroindustrie in Südbaden, nach der 53-jährige Arbeitnehmer mit dreijähriger Betriebszugehörigkeit unkündbar sind, muss als eine mit dem AGG nicht zu vereinbarende Benachteiligung wegen des Alters angesehen werden und ist damit unwirksam.[38]

2. Andere Beendigungsgründe. a) Außerordentliche Kündigung. § 113 lässt das Recht von Arbeitgeber und Arbeitnehmer zur außerordentlichen Kündigung aus wichtigem Grund nach § 626 BGB an sich unberührt. Auch der Insolvenzverwalter kann auf schwere Vertragsverletzungen des Arbeitnehmers mit der außerordentlichen Kündigung reagieren; das gilt auch für Vertragsverletzungen aus der Zeit vor Verfahrenseröffnung, soweit die Zweiwochenfrist des § 626 Abs. 2 BGB noch eingehalten werden kann. Umgekehrt hat der Arbeitnehmer ein Recht zur außerordentlichen Kündigung nach § 626 BGB, wenn trotz erfolgter Mahnung das Arbeitsentgelt nicht oder nicht vollständig oder nicht pünktlich gezahlt wird.[39]

Kein Grund zur außerordentlichen Kündigung stellt indessen die **Insolvenz als solche** dar.[40] Indem § 113 ein Recht zur vorzeitigen ordentlichen Kündigung mit bestimmten Fristen einräumt, bringt er auch zum Ausdruck, dass den Beteiligten die Aufrechterhaltung des Arbeitsverhältnisses bis zum Ablauf dieser Fristen zumutbar ist. Das gilt nicht nur für die Kündigung durch den Insolvenzverwalter, sondern auch für die Kündigung durch den Arbeitnehmer. Auch eine qualifizierte Fachkraft, die ohne weiteres eine andere Arbeitsstelle finden kann, muss sich damit abfinden, dass der Insolvenzverwalter ihre Arbeitsleistung zum Zweck der Betriebsfortführung bis zum Ablauf der sich aus § 113 ergebenden Frist in Anspruch nimmt, etwa um eine Sanierung vorzubereiten oder einzuleiten.

Die allgemeinen Grundsätze für die außerordentliche Kündigung **kraft Gesetzes ordentlich nicht kündbarer Arbeitnehmer** gelten auch für den Insolvenzverwalter. Auch er kann ein **Ausbildungsverhältnis** außerordentlich kündigen, wenn eine Ausbildung nicht mehr möglich ist, weil der Betrieb eingeschränkt oder stillgelegt wird. Entsprechend dem Grundgedanken des Satz 2 ist die Frist zu beachten, die maßgebend wäre, wenn das Ausbildungsverhältnis ordentlich kündbar gewesen wäre.[41] Das ist bei Ausbildungsverhältnissen, die weniger als zwei Jahre gedauert haben, die Kündigungsfrist des § 622 Abs. 1 BGB (vier Wochen zum 15. oder zum Monatsende) und bei Ausbildungsverhältnissen, die bereits zwei Jahre bestanden haben, die Kündigungsfrist des § 622 Abs. 2 Nr. 1 BGB (ein Monat zum Ende eines Kalendermonats). Ein generelles Abstellen auf die Dreimonatsfrist

---

[35] *Löwisch/Rieble* Anm. zu BAG EzA BetrVG § 113 Nr. 17.
[36] So aber *Däubler* in *Kittner/Däubler/Zwanziger* § 113 RdNr. 28; HK-*Irschlinger* § 113 RdNr. 16; *Zwanziger* § 113 RdNr. 31; wie hier FK-*Eisenbeis* § 113 RdNr. 79; *Uhlenbruck/Berscheid* § 113 RdNr. 113.
[37] Weitergehend jetzt BAG vom 16. 5. 2007 – 8 AZR 772/06, das die fiktive Kündigungsfrist ohne Rücksicht auf das Bestehen eines Rechts zur außerordentlichen Kündigung maßgebend sein lässt.
[38] *Löwisch* DB 2006, 1729, 1730.
[39] *Kübler/Prütting/Moll* § 113 RdNr. 67.
[40] BAG AP KO § 22 Nr. 1 = NJW 1969, 525; HK-*Irschlinger* § 113 RdNr. 7 f.; *Kübler/Prütting/Moll* § 113 RdNr. 16.
[41] In diesem Sinne für die Rechtslage nach der KO vgl. BAG AP KO § 22 Nr. 9 = NZA 1993, 845 = NJW 1994, 404.

des Satz 2 lässt sich nicht begründen.⁴² Gleiches wie für Ausbildungsverhältnisse gilt in anderen Fällen gesetzlich ausgeschlossener ordentlicher Kündigung, die eine solche selbst im Fall der Betriebsstilllegung nicht vorsehen. Hierzu zählen **Arbeitnehmer, die Wehr- oder Zivildienst leisten** oder zu einer Wehrübung einberufen werden (vgl. RdNr. 23). Allerdings kann die Kündigungsfrist je nach Dauer des Arbeitsverhältnisses eine andere sein. Sie ist auch dann einzuhalten, wenn sie die Höchstfrist von drei Monaten überschreitet.

38 **b) Auflösungsvertrag.** Insolvenzverwalter und Arbeitnehmer ist unbenommen, das Arbeitsverhältnis einvernehmlich aufzulösen und dabei auch eine Abfindung zu vereinbaren, die den Charakter einer Masseverbindlichkeit nach § 55 Abs. 1 Nr. 1 hat (§ 55 RdNr. 175).⁴³ Dabei verstößt es nicht gegen den arbeitsrechtlichen Gleichbehandlungsgrundsatz, wenn von einer entsprechenden Regelung diejenigen Arbeitnehmer ausgenommen werden, die sich bereits in Kenntnis des Antrags auf Eröffnung des Insolvenzverfahrens mit der Beendigung des Arbeitsverhältnisses ausdrücklich einverstanden erklärt haben.⁴⁴ Für einen solchen Auflösungsvertrag gelten die allgemeinen Grundsätze.⁴⁵ Insbesondere bedarf er gem. § 623 BGB zu seiner Wirksamkeit der Schriftform.

39 **c) Befristung.** Unabhängig von der Möglichkeit ihrer vorzeitigen Kündigung (s. o. RdNr. 16) enden befristete Arbeitsverhältnisse auch nach Verfahrenseröffnung mit Ablauf der festgelegten Vertragsdauer. Voraussetzung ist aber auch hier, dass die Befristung wirksam ist. Nach § 14 Abs. 1 TzBfG muss dafür auch außerhalb des persönlichen Geltungsbereichs des Kündigungsschutzgesetzes⁴⁶ regelmäßig ein sachlicher Grund für die Befristung gegeben sein. Bis zur Dauer von zwei Jahren ist eine Befristung auch ohne einen solchen sachlichen Grund zulässig (§ 14 Abs. 2 TzBfG). Hat der Arbeitnehmer bei Beginn des befristeten Arbeitsverhältnisses das 52. Lebensjahr vollendet und war er unmittelbar vor Beginn des befristeten Arbeitsverhältnisses mindestens vier Monate beschäftigungslos im Sinne des § 119 Abs. 1 Nr. 1 SGB III, hat er Transferkurzarbeitergeld bezogen oder an einer öffentlich geförderten Beschäftigungsmaßnahme nach dem SGB II oder SGB III teilgenommen, ist die kalendermäßige Befristung des Arbeitsverhältnisses auch ohne Vorliegen eines sachlichen Grundes bis zur Dauer von fünf Jahren zulässig (§ 14 Abs. 3 TzBfG). In jedem Fall bedarf die Befristung der Schriftform (§ 14 Abs. 4 TzBfG). Ist die Befristung unwirksam, ist auch der Insolvenzverwalter auf die Kündigung des Arbeitsverhältnisses verwiesen.⁴⁷

40 **3. Klagefrist (§ 4 KSchG). a) Anwendungsbereich.** Nach § 4 Satz 1 KSchG muss ein Arbeitnehmer, der geltend machen will, dass eine Kündigung sozial ungerechtfertigt oder aus anderen Gründen rechtsunwirksam ist, innerhalb von drei Wochen nach Zugang der schriftlichen Kündigung Klage beim Arbeitsgericht auf Feststellung erheben, dass das Arbeitsverhältnis durch die Kündigung nicht aufgelöst ist. Gleiches gilt nach § 13 Abs. 1 Satz 2 KSchG für die Geltendmachung der Unwirksamkeit einer außerordentlichen Kündigung. Der gekündigte Arbeitnehmer hat die Klagefrist auch bei einer Kündigung durch den Insolvenzverwalter zu beachten. Die Bestimmung des früheren Abs. 2, nach dem die Drei-Wochen-Klagefrist auch dann galt, wenn der Arbeitnehmer geltend machen wollte, dass eine ordentliche oder außerordentliche Kündigung durch den Insolvenzverwalter aus anderen Gründen als der Sozialwidrigkeit oder dem Fehlen eines wichtigen Grundes unwirksam war,

---

⁴² *Uhlenbruck/Berscheid* § 113 RdNr. 50; *Kübler/Prütting/Moll* § 113 RdNr. 68; aA *Lakies* BB 1998, 2638, 2641; *Zwanziger* § 113 RdNr. 13.
⁴³ *Caspers* RdNr. 82; *Gottwald/Heinze/Bertram*, Insolvenzrechts-Handbuch, § 106 RdNr. 38; *Nerlich/Römermann/Andres* § 55 RdNr. 113 mwN.
⁴⁴ BAG AP KO § 61 Nr. 29 = NZA 1999, 719.
⁴⁵ S. dazu *Bauer*, Arbeitsrechtliche Aufhebungsverträge, 7. Aufl. 2004, I RdNr. 7 ff.; *Löwisch/Spinner* vor § 1 KSchG RdNr. 123 ff.; MünchHdbArbR-*Wank* § 115.
⁴⁶ BAG AP TzBfG § 14 Nr. 7 = NZA 2005, 218 = ZIP 2004, 1428.
⁴⁷ Vgl. im Einzelnen zur Zulässigkeit von Befristungen *Annuß/Thüsing/Maschmann*, Teilzeit- und Befristungsgesetz, 2. Aufl. 2006, § 14 RdNr. 30 ff., 69 ff., 97 ff.; ErfKomm-*Müller-Glöge* § 14 TzBfG RdNr. 36 ff., 105 ff., 133 ff.; KompaktKomm-*Schüren* § 14 TzBfG RdNr. 7 ff., 52 ff., 62 ff.; MünchHdbArbR-*Wank*, Ergänzungsband 2001, § 116.

konnte gestrichen werden, nachdem der Gesetzgeber § 4 Satz 1 KSchG auf alle Unwirksamkeitsgründe einer Kündigung erstreckt hat (oben RdNr. 2).

§ 4 Satz 1 KSchG gilt nur für die **schriftliche Kündigung.** Die Nichtigkeit einer **41** Kündigung wegen mangelnder Schriftform (§ 623 BGB) kann deshalb unabhängig von der Drei-Wochen-Frist geltend gemacht werden. Die Geltendmachung findet ihre Grenze erst an der Verwirkung i. S. des RdNr. 49 Gesagten. Auch die Nichteinhaltung der **Kündigungsfrist** kann unabhängig von der Frist des § 4 Satz 1 KSchG geltend gemacht werden. Die nicht fristgerechte Kündigung gilt als eine solche zum zutreffenden Termin.[48]

Andere Unwirksamkeitsgründe i. S. des § 4 Satz 1 KSchG sind: Die nicht ord- **42** nungsgemäße Anhörung des Betriebsrats oder des Personalrats (§ 102 Abs. 1 Satz 3 BetrVG, §§ 79 Abs. 1 Satz 1 i. V. m. Abs. 4, 108 Abs. 2 BPersVG); die Nichtbeachtung des Zustimmungsverfahrens für die außerordentliche Kündigung von Betriebs- und Personalratsmitgliedern (§ 103 BetrVG, §§ 47 i. V. m. 108 BPersVG); der Verstoß gegen Kündigungsverbote oder Zustimmungserfordernisse bei besonders schutzbedürftigen Arbeitnehmergruppen (§ 9 MuSchG, § 18 BEEG, §§ 2, 10 ArbPlSchG, § 78 Abs. 1 Nr. 1 ZDG, § 2 EignungsübungsG, §§ 85 ff. SGB IX, § 22 Abs. 2 BBiG); der Verstoß gegen ein Verbot der Benachteiligung wegen Koalitionszugehörigkeit oder -betätigung (Art. 9 Abs. 3 GG), wegen Ausübung eines Mandats (Art. 48 Abs. 2 Satz 2 GG), wegen einer Benachteiligung i. S. des AGG, soweit dafür nicht ohnehin das KSchG gilt (oben RdNr. 20), wegen der Ausübung von Arbeitnehmerrechten (§ 612 a BGB); die Kündigung wegen des Betriebsübergangs (§ 613 a Abs. 4 Satz 1 BGB); allein wegen der Weigerung, von einem Vollzeit- in ein Teilzeitarbeitsverhältnis zu wechseln oder umgekehrt zu wechseln (§ 11 TzBfG) und wegen Ausscheidens des anderen Teils bei der Arbeitsplatzteilung (§ 13 Abs. 3 TzBfG); der Verstoß gegen Treu und Glauben, insbesondere bei Kündigungen in Kleinbetrieben;[49] der Verstoß gegen allgemeine rechtsgeschäftliche Wirksamkeitsvoraussetzungen, etwa die Bedingungsfeindlichkeit einer Kündigung.

An sich zählt auch die **Sittenwidrigkeit der Kündigung** gem. § 138 BGB zu den **43** sonstigen Unwirksamkeitsgründen, so dass sich die Klagefrist auch auf deren Geltendmachung erstreckt. Allerdings muss dem Arbeitnehmer, dem der Verstoß gegen die guten Sitten erst nachträglich bekannt wird, das Recht eingeräumt werden, Schadensersatz nach § 826 i. V. m. § 249 Satz 1 BGB zu verlangen, mit der Konsequenz, dass bei einer Klage gegen den Insolvenzverwalter nach § 249 Satz 1 BGB das Arbeitsverhältnis zu den alten Bedingungen wieder zu begründen ist, wenn das Insolvenzverfahren noch nicht abgeschlossen ist und der Verwalter den Betrieb fortführt. Alternativ ist Schadensersatz in Geld nach § 251 Abs. 1 BGB zu leisten.[50] Zu den sittenwidrigen Kündigungen gehören dabei auch diejenigen, die ausschließlich von Gründen getragen werden, die das Grundgesetz missbilligt, wie etwa solche, die wegen der gewerkschaftlichen Betätigung des Arbeitnehmers erfolgen.[51]

Wird eine **Kündigung** im Namen des Insolvenzverwalters **ohne** die erforderliche **Voll- 44 macht** ausgesprochen, gilt § 4 Satz 1 KSchG nur, wenn der Arbeitnehmer das Fehlen der Vertretungsmacht nicht beanstandet (vgl. §§ 180, 184 Abs. 1 BGB). Beanstandet der Arbeitnehmer das Fehlen der Vertretungsmacht, liegt von vorneherein keine dem Insolvenzverwalter zurechenbare Kündigung vor. § 4 Satz 1 KSchG ist aber anwendbar, wenn der Arbeitnehmer die Kündigung durch einen Bevollmächtigten wegen Fehlens einer Vollmachtsurkunde gem. § 174 BGB unverzüglich zurückgewiesen hat.[52]

§ 4 Satz 1 KSchG erstreckt sich auch auf die Kündigung von Arbeitsverhältnissen, die, sei **45** es wegen Nichterfüllung der Wartezeit von sechs Monaten nach § 1 Abs. 1 KSchG, sei es, weil die nach § 23 Abs. 1 KSchG erforderliche Betriebsgröße nicht erreicht ist, nicht unter

---

[48] BAG AP KSchG 1969 § 4 Nr. 55 = NZA 2006, 791 = NJW 2006, 2284; BAG AP KSchG 1969 § 4 Nr. 57 = NZA 2006, 1405 = NJW 2006, 3513.
[49] BAG AP BGB § 242 – Kündigung – Nr. 12 = NZA 2001, 833; *Löwisch/Spinner* vor § 1 KSchG RdNr. 86 ff.
[50] *Caspers* RdNr. 176.
[51] Vgl. im Einzelnen zur Sittenwidrigkeit von Kündigungen *Löwisch/Spinner* § 13 KSchG RdNr. 37 ff.
[52] AA *Ulrici* DB 2004, 250, 251.

§ 113 46–52   3. Teil. 2. Abschnitt. Erfüllung Rechtsgeschäfte. Mitwirkung BR

das Kündigungsschutzgesetz fallen. § 4 Satz 1 KSchG will im Interesse der Rechtssicherheit generell Klarheit über die Wirksamkeit von Kündigungen schaffen.

46 Erfasst werden auch Kündigungen, die der Schuldner ausgesprochen hat. Gleichwohl kann es sich für den Insolvenzverwalter empfehlen, Kündigungen erneut auszusprechen. Eine solche Nachkündigung ist grundsätzlich möglich, s. o. RdNr. 24.

47 Die Dreiwochenfrist gilt nicht nur für Klagen, mit denen der Arbeitnehmer die Feststellung der Unwirksamkeit der vom Insolvenzverwalter ausgesprochenen Kündigung begehrt. Dem Zweck der Vorschrift entspricht es, dass der Arbeitnehmer **auch** bei einer nach Ablauf der Dreiwochenfrist erhobenen allgemeinen **Feststellungsklage** auf Fortbestehen des Arbeitsverhältnisses[53] mit der Geltendmachung der Unwirksamkeit länger als drei Wochen zurückliegender Kündigungen ausgeschlossen ist.

48 § 4 Satz 1 KSchG gilt für jede Kündigung durch den Arbeitgeber und damit auch für die **Änderungskündigung** durch den Insolvenzverwalter.

49 Die Vorschrift bezieht sich **nur auf die Beendigung von Arbeitsverhältnissen durch Kündigung** des Arbeitgebers bzw. des Insolvenzverwalters. Deshalb kann der Arbeitnehmer die Unwirksamkeit eines zwischen ihm und dem Insolvenzverwalter geschlossenen Auflösungsvertrages oder einer Eigenkündigung auch noch nach Ablauf der Dreiwochenfrist geltend machen. Eine Grenze zieht insoweit nur das Rechtsinstitut der Verwirkung. Dieses setzt den Ablauf einer gewissen Zeit zwischen dem Abschluss des Auflösungsvertrages und der Geltendmachung seiner Unwirksamkeit (Zeitmoment) und Umstände voraus, auf Grund derer der Insolvenzverwalter davon ausgehen konnte, dass der Arbeitnehmer eine Unwirksamkeit nicht mehr geltend machen werde (Umstandsmoment). In der besonderen, zur raschen Abwicklung drängenden Situation der Insolvenz darf das Zeitmoment nicht überspannt werden. Zwei bis drei Monate werden regelmäßig genügen.

50 Für die **Geltendmachung der Unwirksamkeit der Befristung** von Arbeitsverhältnissen gilt § 17 TzBfG, nach dem der Arbeitnehmer die Rechtsunwirksamkeit einer Befristung, aus welchen Gründen auch immer, innerhalb von drei Wochen nach dem vereinbarten Ende des Arbeitsverhältnisses durch Feststellungsklage geltend machen muss.[54] Ist die Wirksamkeit einer Befristung zweifelhaft, kann es sich für den Insolvenzverwalter empfehlen, schon vor Ablauf der Befristung negative Feststellungsklage zu erheben, dass das Arbeitsverhältnis nicht über den vorgesehenen Zeitpunkt hinaus fortbesteht.[55]

51 **b) Dauer.** Die Dreiwochenfrist beginnt mit dem **Zugang** der schriftlichen Kündigung. Der Zugang richtet sich wie bei allen Willenserklärungen nach § 130 Abs. 1 BGB. Daraus ergibt sich folgendes:

52 Als **schriftliche Erklärung** geht die Kündigung dem Arbeitnehmer zu, wenn sie ihm ausgehändigt wird. Ob und wann der Arbeitnehmer sie zur Kenntnis nimmt, spielt keine Rolle. Gibt der Arbeitnehmer den Umschlag mit der Kündigung ungeöffnet zurück, ändert dies nichts am Zugang der Kündigung.[56] Dass die schriftliche Kündigung dem Arbeitnehmer **mit Aushändigung** zugeht, gilt auch, wenn er sie mangels Sprachkenntnis nicht verstehen kann, sofern sie nur in der für das Arbeitsverhältnis üblichen Sprache abgefasst ist; für die Übersetzung in seiner Sprache zu sorgen ist dann Sache des Arbeitnehmers.[57] Die **Sprachunkenntnis** führt auch nicht dazu, dass sich die Dreiwochenfrist um die für die Übersetzung notwendige Zeit hinausschiebt.[58] Das würde nur zu Rechtsunsicherheiten führen.

---

[53] Zu ihr MünchHdbArbR-*Berkowsky* § 148 RdNr. 108 ff.; *Löwisch/Spinner* § 4 KSchG RdNr. 103 ff.
[54] Vgl. *Arnold/Gräfl/Spinner*, Teilzeit- und Befristungsgesetz, 2005, § 17 RdNr. 10 ff.; ErfKomm-*Müller-Glöge* § 17 TzBfG RdNr. 3 ff.
[55] Aus dem Blick des Arbeitnehmers *Dörner* in *Schliemann*, Das Arbeitsrecht im BGB, 2. Aufl. 2002, § 620 RdNr. 320 und KR-*Bader* § 17 TzBfG RdNr. 35 f.
[56] BAG ZInsO 2005, 671.
[57] LAG Hamburg LAGE BGB § 130 Nr. 16.
[58] ErfKomm-*Kiel* § 4 KSchG RdNr. 29; KR-*Friedrich* § 4 KSchG RdNr. 101; aA LAG Hamm AP KSchG 1969 § 5 Nr. 9.

Es genügt, dass die Aushändigung statt an den Arbeitnehmer selbst an eine Person erfolgt, **53** die nach der Verkehrsauffassung als zur Entgegennahme derartiger Erklärungen ermächtigt anzusehen ist. Das ist neben den **in häuslicher Gemeinschaft mit dem Arbeitnehmer lebenden Erwachsenen**[59] insbesondere der in häuslicher Gemeinschaft lebende **Vermieter.**[60] Verweigert allerdings der Familienangehörige oder Vermieter die Entgegennahme, so ist er nicht mehr Empfangsbote; die Kündigung geht nicht zu.[61] Die Aushändigung an einen **Bevollmächtigten** genügt, sofern sich die Vollmacht auf die Entgegennahme solcher Erklärungen bezieht. Das ist bei einer Prozessvollmacht nur dann der Fall, wenn sie schon im Hinblick auf einen erwarteten Kündigungsschutzprozess erteilt worden ist.[62]

Wird eine schriftliche **Kündigung dem Arbeitnehmer übersandt,** so geht sie ihm **54** entsprechend den zu § 130 Abs. 1 BGB entwickelten Grundsätzen in dem Zeitpunkt zu, in dem sie so in seinen Machtbereich gelangt ist, dass er unter regelmäßigen Umständen von ihr Kenntnis nehmen kann. Bei Einwurf in den Briefkasten oder Einlage in das Postschließfach tritt der Zugang demnach ein, wenn und sobald mit der Leerung durch den Arbeitnehmer zu rechnen ist, bei Einwurf nach den allgemeinen Postzustellungszeiten oder gar nachts also erst am nächsten Morgen.[63] Fehlt es am Briefkasten, genügt die Niederlegung an anderer auffälliger Stelle.[64]

Ein **Übergabeeinschreiben** geht erst zu, wenn es dem Arbeitnehmer oder einer sonst **55** empfangsberechtigten Person ausgehändigt worden ist. Die Hinterlegung des Benachrichtigungszettels im Briefkasten genügt nicht.[65] Anzuraten ist deshalb die Verwendung eines Einwurfeinschreibens, das unter den normalen Voraussetzungen zugeht.

Der Übersendung einer schriftlichen Kündigung steht die **Kündigung per Telefax** **56** **oder E-Mail** nicht gleich. Es fehlt die nach § 126 BGB notwendige eigenhändige Namensunterschrift.[66] Ist der **Arbeitnehmer** zum Zeitpunkt des Eingangs der Kündigungserklärung für eine längere Zeit von zu Hause **abwesend,** etwa weil er eine Urlaubsreise macht, sich in Untersuchungs- oder Auslieferungshaft oder im Krankenhaus befindet, so steht das dem Zugang der Kündigung nicht entgegen. Ob der Insolvenzverwalter von der Abwesenheit weiß, spielt keine Rolle. Den Zugang auf den häufig unsicheren Zeitpunkt der Beendigung der Ortsabwesenheit zu verlegen, lässt sich mit der Rechtssicherheit nicht vereinbaren.[67] Unbilligkeiten zum Nachteil des Kündigungsempfängers werden über die entsprechende Anwendung des § 5 KSchG (dazu unten RdNr. 69 ff.) vermieden.

Wird der **Kündigungszugang vom Arbeitnehmer wider Treu und Glauben vereitelt** **57** oder verzögert, muss er sich nach dem Rechtsgedanken des § 162 BGB so behandeln lassen, wie wenn die Kündigung rechtzeitig zugegangen wäre. Fälle treuwidriger Zugangsvereitelung sind etwa: Das Nichtabholen eines Übergabeeinschreibens, obwohl der Arbeitnehmer weiß, dass es eine Kündigung enthält,[68] wobei aber die Abholung innerhalb der Aufbewahrungsfrist genügt;[69] die Absprache mit Familienangehörigen, dass die Annahme verweigert wird;[70] das Nichtmitteilen eines Wohnungswechsels an den Arbeitgeber bzw. Insolvenzverwalter oder die Angabe einer falschen Adresse.[71] Hingegen liegt keine treuwid-

---

[59] BAG AP BGB § 130 Nr. 18 = NZA 1993, 259; LAG Berlin BB 1988, 484.
[60] BAG AP BGB § 130 Nr. 7 = NJW 1976, 1284.
[61] BAG AP BGB § 130 Nr. 18 = NZA 1993, 259 = NJW 1993, 1093.
[62] BAG RzK (Rechtsprechung zum Kündigungsrecht) I 2 b Nr. 9.
[63] BAG AP BGB § 130 Nr. 12 = NJW 1984, 31 = NJW 1984, 1651.
[64] LAG Hamm NZA 1994, 32.
[65] BAG AP BGB § 130 Nr. 4 = NJW 1963, 554.
[66] *Löwisch/Spinner* § 4 KSchG RdNr. 56.
[67] BAG AP BGB § 130 Nr. 16 = NZA 1988, 875 = NJW 1989, 606; BAG AP BGB § 130 Nr. 17 = NZA 1989, 635 = NJW 1989, 2213; BAG AP BGB § 620 – Kündigungserklärung – Nr. 22 = NZA 2004, 1330.
[68] BAG AP BGB § 130 Nr. 4 = NJW 1963, 554.
[69] BAG AP KSchG 1969 § 4 Nr. 35 = NZA 1996, 1227 = NJW 1997, 146.
[70] BAG AP BGB § 130 Nr. 18 = NZA 1993, 259 = NJW 1993, 1093.
[71] BAG AP BGB § 130 Nr. 24 = NZA 2006, 204; KR-*Friedrich* § 4 KSchG RdNr. 119.

rige Zugangsvereitlung vor im Falle der Weigerung der Annahme eines nicht ausreichend frankierten Briefes.[72]

58 **Beweispflichtig** für den Zugang der Kündigung ist nach allgemeinen Grundsätzen der Insolvenzverwalter.[73] Soweit es auf die Rechtzeitigkeit ankommt, muss er auch den Zeitpunkt des Zugehens beweisen.[74] Es gibt keinen Beweis des ersten Anscheins dafür, dass abgesandte Briefe auch beim Empfänger ankommen.[75] Beim Einwurfeinschreiben bringt der Auslieferungsbeleg den Nachweis des Zugangs.[76]

59 Für die **Berechnung der Frist** gelten die §§ 187, 188, 193 BGB. Die Frist beginnt mit dem auf den Zugang der Kündigung folgenden Tag: Hat der Insolvenzverwalter z. B. am 3. Januar zum 31. Januar gekündigt, so endet die Dreiwochenfrist am 24. Januar. Fällt der letzte Tag auf einen Sonnabend oder Sonntag oder gesetzlich anerkannten Feiertag, so endet die Frist mit Ablauf des nächsten Werktages.

60 Nach § 4 Satz 4 KSchG läuft bei Kündigungen, die – wie insbesondere nach § 18 BEEG, § 9 MuSchG und § 85 SGB IX – der **Zustimmung einer Behörde** bedürfen, die Klagefrist erst von der Bekanntgabe der Entscheidung der Behörde an den Arbeitnehmer ab. Direkt geregelt ist damit der Fall, dass die Zustimmung zunächst nur dem Arbeitgeber erteilt wird, der daraufhin die Kündigung wirksam ausspricht. Die Drei-Wochen-Frist beginnt dann nicht mit dem Zeitpunkt der Kündigung, sondern erst mit dem Zeitpunkt, zu dem auch dem Arbeitnehmer die Zustimmung mitgeteilt wird.[77] Das BAG entnimmt der Vorschrift darüber hinaus aber auch eine Prävalenz des Zustimmungsverfahrens: Solange die Zustimmung nicht eingeholt und dem Arbeitnehmer mitgeteilt sei, könne § 4 Satz 1 KSchG keine Wirkung entfalten.[78] In der Konsequenz dieser Auffassung liegt es, dass die Klagefrist auch dann nicht läuft, wenn der Arbeitgeber von der Zustimmungsbedürftigkeit gar nichts weiß. Die Auffassung des BAG ist jedenfalls nach der Neuregelung des KSchG nicht mehr richtig. Der neu in § 5 Abs. 1 KSchG eingefügte Satz 2 bestimmt nämlich nunmehr, dass eine nachträgliche Klagezulassung auch zu erfolgen hat, wenn eine Frau von ihrer Schwangerschaft aus einem von ihr nicht zu vertretenen Grund erst nach Ablauf der Frist des § 4 Satz 1 KSchG Kenntnis erlangt. Diese Bestimmung setzt voraus, dass auch im Falle der nach § 9 MuSchG zustimmungsbedürftigen Kündigung entgegen der Auffassung des BAG die Klagefrist an sich läuft, so dass es notwendig ist, der Arbeitnehmerin den Weg der nachträglichen Klagzulassung einzuräumen, wenn sie erst nach Ablauf der Frist von ihrer Schwangerschaft erfährt. Dementsprechend ist § 4 Satz 4 KSchG nur dann anzuwenden, wenn der Insolvenzverwalter den die Zustimmungsbedürftigkeit der Kündigung begründenden Umstand (Schwangerschaft, Schwerbehinderteneigenschaft nach § 2 Abs. 2 SGB IX, Elternzeit) kennt.[79] Ist er ihm unbekannt, bleibt es bei § 4 Satz 1 KSchG. Ein solcher Fall kann auch bei § 18 BEEG auftreten, nämlich dann, wenn der Arbeitnehmer gem. § 18 Abs. 2 Satz 1 Nr. 2 BEEG Teilzeitarbeit leistet, ohne Elternzeit in Anspruch zu nehmen.

61 Von vornherein kein Fall des § 4 Satz 4 KSchG ist die Zustimmungsbedürftigkeit außerordentlicher Kündigungen von Betriebsrats- und Personalratsmitgliedern (§ 103 BetrVG, § 47 i. V. m. § 108 BPersVG). Betriebsrat und Personalrat sind keine Behörden.

62 **c) Folgen der Fristversäumung.** Wird die Klage nicht rechtzeitig innerhalb der Dreiwochenfrist erhoben, gilt die Kündigung als von Anfang an rechtswirksam. Das folgt aus § 7 Hs. 1 KSchG. Eine Klage des Arbeitnehmers gegen die Kündigung nach Ablauf der

---

[72] KR-*Friedrich* § 4 KSchG RdNr. 121.
[73] BGHZ 101, 49 = NJW 1987, 2235.
[74] BGHZ 70, 232 = NJW 1978, 886.
[75] BAG AP BGB § 130 Nr. 3 = NJW 1961, 2132; LAG Bremen LAGE BGB § 130 Nr. 6 = BB 1986, 1992.
[76] *Neuvians/Mensler* BB 1998, 1206.
[77] BAG AP SchwbG § 15 Nr. 1 = NJW 1982, 2630.
[78] BAG AP BErzGG § 18 Nr. 7 = NZA 2003, 1335 = NZI 2004, 162 für die nun aufgehobene Vorschrift des § 113 Abs. 2 InsO, die in ihrem Satz 2 auf § 4 Satz 4 KSchG Bezug nahm.
[79] LAG Düsseldorf NZA-RR 2005, 382; ErfKomm-*Kiel* § 4 KSchG RdNr. 58; *Löwisch/Spinner* § 4 KSchG RdNr. 64 ff.

Dreiwochenfrist ist deshalb stets unbegründet, weil die Kündigung als von Anfang an materiell wirksam fingiert wird.[80]

Das Gesagte gilt auch für die **Änderungskündigung:** Ein Änderungsvorbehalt wegen fehlender sozialer Rechtfertigung oder Fehlen eines wichtigen Gundes entfällt in direkter Anwendung des § 7 Hs. 2 KSchG. Andere Unwirksamkeitsgründe werden mit Fristversäumung in entsprechender Anwendung unbeachtlich.[81] 63

Die Frist des § 4 Satz 1 KSchG ist eine **Ausschlussfrist,** keine Verjährungsfrist.[82] Deshalb muss das Arbeitsgericht sie von sich aus auch dann berücksichtigen, wenn der Beklagte sich nicht auf ihre Versäumung beruft. Ist die Klage zurückgenommen und erst nach Ablauf der Dreiwochenfrist erneut erhoben worden, so ist die Frist nicht gewahrt.[83] 64

Die Versäumung der Klagefrist führt nur dazu, dass die **Rechtswirksamkeit der Kündigung selbst** feststeht. Soweit der Sachverhalt, der zur Kündigung geführt hat, noch für weitere Rechtsbeziehungen zwischen Arbeitgeber und Arbeitnehmer von Bedeutung ist, etwa für einen Schadensersatzanspruch nach § 628 BGB oder für den Verfall einer Vertragsstrafe gem. § 339 BGB, kann er in einem diesbezüglichen Verfahren zur Entscheidung gestellt werden. Die Fiktion entfaltet insofern keine Wirkung.[84] 65

d) **Klagerhebung.** Nach § 4 Satz 1 KSchG muss der Arbeitnehmer zur Wahrung der Dreiwochenfrist Klage beim Arbeitsgericht erheben. Auch eine **unzulässige Klage** kann die Frist wahren.[85] Maßgebend ist der Zeitpunkt, zu dem die Klage beim Arbeitsgericht eingereicht wird, sofern die Zustellung an den beklagten Insolvenzverwalter „demnächst" erfolgt (§ 46 Abs. 2 ArbGG i. V. m. §§ 495, 167 ZPO). Die Klage ist eingereicht, wenn sie dort abgegeben oder in den Briefkasten eingeworfen oder zu Protokoll der Geschäftsstelle erklärt worden ist. Wirft der Arbeitnehmer am letzten Tag die Klage in den normalen Briefkasten des Arbeitsgerichts, so wahrt er damit die Frist selbst dann, wenn zugleich ein Nachtbriefkasten vorhanden ist; er ist jedoch für den rechtzeitigen Einwurf darlegungs- und beweispflichtig.[86] Eine durch **Telefax** übermittelte Klage ist eingereicht, wenn sie bei Gericht vollständig ausgedruckt ist.[87] Gleiches gilt für ein Computerfax mit eingescannter Unterschrift.[88] Ob Klageschriften durch elektronisches Dokument eingereicht werden können, bestimmen die Bundesregierung und die Landesregierungen für ihren Bereich durch Rechtsverordnung (§ 46 b Abs. 2 ArbGG). 66

Ob eine **Zustellung noch „demnächst"** erfolgt ist, richtet sich nach den Umständen. Ausschlaggebend ist das Verhalten des Klägers oder seines Vertreters. Hat er durch (auch leicht fahrlässiges) nachlässiges Verhalten, etwa durch die Angabe einer falschen Anschrift oder eines falschen Aktenzeichens, zu einer nicht nur geringfügigen Verzögerung der Zustellung beigetragen, ist diese nicht mehr „demnächst" erfolgt. Nicht mehr geringfügig ist eine Verzögerung, die erheblich über zwei Wochen hinausgeht.[89] 67

Die Kündigungsschutzklage ist **gegen den Insolvenzverwalter** als Partei kraft Amtes zu richten. Eine Klage gegen den Schuldner macht den Insolvenzverwalter nicht zur Partei und wahrt deshalb nicht die Klagefrist. Ist ausweislich des Rubrums der Klageschrift anstatt des Insolvenzverwalters der Schuldner verklagt, ist jedoch stets zu prüfen, ob eine Berichtigung des Rubrums möglich ist. Ergibt sich aus dem Inhalt der Klageschrift, etwa dem beigefügten 68

---

[80] *Löwisch/Spinner* § 4 KSchG RdNr. 90; KR-*Friedrich* § 4 KSchG RdNr. 217.
[81] *Löwisch/Spinner* § 2 KSchG RdNr. 87.
[82] Vgl. KR-*Friedrich* § 4 KSchG RdNr. 217 ff.
[83] BAG AP KSchG § 3 Nr. 7.
[84] *Löwisch/Spinner* § 7 KSchG RdNr. 2 ff.
[85] BAG AP KSchG 1969 § 4 Nr. 27 = NZA 1994, 237 = NJW 1994, 1084.
[86] BAG AP KSchG 1969 § 1 – Krankheit – Nr. 6 = NJW 1981, 298.
[87] BGH NJW 1994, 2097; *Germelmann/Matthes/Prütting/Müller-Glöge,* Arbeitsgerichtsgesetz, 5. Aufl. 2004, § 46 RdNr. 34.
[88] GMS-OGB BGHZ 144, 160 = NZA 2000, 959 = NJW 2000, 2340.
[89] BAG ZIP 2002, 1412 = NZA 2002, 999 (Ls.); s. aber auch BGHZ 150, 221 = NJW 2002, 2794, wonach wegen der Wertung des § 691 Abs. 2 ZPO noch eine Zustellung vor Ablauf eines Monats als „demnächst erfolgt" angesehen werden kann.

§ 113 69–73   3. Teil. 2. Abschnitt. Erfüllung Rechtsgeschäfte. Mitwirkung BR

Kündigungsschreiben des Insolvenzverwalters, dass sich die Klage in Wahrheit gegen den Insolvenzverwalter richten soll, so ist die irrtümlich falsche Parteibezeichnung zu berichtigen.[90]

69 e) **Nachträgliche Klagezulassung.** Die Rigidität der Klagefrist für den Arbeitnehmer wird dadurch abgemildert, dass er nach Maßgabe des § 5 KSchG die nachträgliche Zulassung der Klage erreichen kann. § 5 KSchG setzt voraus, dass der betroffene Arbeitnehmer die Klage trotz Anwendung aller ihm nach Lage der Umstände zuzumutenden Sorgfalt nicht rechtzeitig einreichen konnte. Kriterium für die Zulassung einer verspäteten Klage ist also das **Fehlen eines Verschuldens** des Arbeitnehmers. Dabei wird ein strenger Maßstab angelegt: Der Arbeitnehmer muss alle ihm zuzumutende Sorgfalt beachtet haben, d. h. ihn darf an der Versäumung der Frist keinerlei Verschulden, auch keine leichte Fahrlässigkeit treffen.[91] Maßgeblich ist die dem konkret betroffenen Arbeitnehmer in seiner individuellen Situation und nach seinen persönlichen Fähigkeiten objektiv zuzumutende Sorgfalt.[92]

70 Das **Verschulden seines gesetzlichen Vertreters und eines Prozessbevollmächtigten** muss sich der Arbeitnehmer zurechnen lassen. Das ergibt sich aus den auch hier entsprechend anwendbaren §§ 51 Abs. 2 und 85 Abs. 2 ZPO. Diese Vorschriften betreffen nicht nur Prozesshandlungen innerhalb eines schon anhängigen Verfahrens, sondern auch solche, mit denen ein Verfahren eingeleitet wird. Dass es sich bei der Dreiwochenfrist zur Erhebung der Klage gegen eine Kündigung nicht nur um eine prozessuale Frist handelt, sondern auch um eine materiell-rechtliche Ausschlussfrist, kann daran nichts ändern. Es geht nicht an, zwischen der Zurechnung des Verschuldens des gesetzlichen Vertreters und des Erfüllungsgehilfen im Rahmen des materiellen Rechts nach § 278 BGB und des Verschuldens derselben Personen nach §§ 51 Abs. 2, 85 Abs. 2 ZPO einen Freiraum zu schaffen, in dem eine Zurechnung des Verschuldens nicht stattfindet.[93]

71 Die **Unkenntnis der Klagefrist** an sich entschuldigt den Arbeitnehmer grundsätzlich nicht. Es gehört zu den an jeden Arbeitnehmer zu stellenden Sorgfaltsanforderungen, dass er um die Notwendigkeit weiß, gegen eine Kündigung innerhalb einer Frist vorzugehen.[94] Das gilt auch für ausländische Arbeitnehmer, und zwar auch dann, wenn die Kündigung während eines Heimaturlaubs zugegangen ist.[95]

72 **Krankheit** entschuldigt für sich genommen nicht die Versäumung der Klagefrist. Vielmehr kommt es darauf an, ob der Arbeitnehmer durch die Erkrankung objektiv daran gehindert war, seine Rechte wahrzunehmen. Dabei muss er auch ungewöhnliche Wege beschreiten, etwa dritte Personen (Ehegatte, Verwandte, Freunde) beauftragen oder auch selbst eine Klage formulieren.[96] Solange die Erkrankung seine Entschließungsfreiheit beeinträchtigt, trifft ihn aber kein Verschulden.[97] Dass dem Arbeitnehmer infolge der Erkrankung nur eine verkürzte Überlegungsfrist nach seiner Genesung bleibt, dispensiert ihn nicht von der Einhaltung der Dreiwochenfrist.[98]

73 Dass der Arbeitnehmer von einer ihm zugegangenen Kündigung nicht rechtzeitig genug Kenntnis nimmt und deshalb die Klagefrist versäumt, muss er sich grundsätzlich als Ver-

---

[90] BAG ZIP 2002, 1412 = NZA 2002, 999 (Ls.); BAG AP InsO § 113 Nr. 14 = NZA 2003, 1391; vgl. auch BAG AP KSchG 1969 § 4 Nr. 58 = NZA 2007, 404 = NZI 2007, 182 = NJW 2007, 458 = ZIP 2007, 1078, wo eine solche Berichtigung nicht möglich war.
[91] LAG Düsseldorf LAGE KSchG § 5 Nr. 89; LAG Schleswig-Holstein LAGE KSchG § 5 Nr. 114; KR-*Friedrich* § 5 KSchG RdNr. 10, 13; *v. Hoyningen-Huene/Linck* § 5 KSchG RdNr. 3 f.
[92] ErfKomm-*Kiel* § 5 KSchG RdNr. 5; MünchHdbArbR-*Berkowsky* § 148 RdNr. 66.
[93] LAG Köln LAGE KSchG § 5 Nr. 67; LAG Frankfurt NZA 1984, 40; LAG Nürnberg LAGE KSchG § 5 Nr. 30; LAG Bremen LAGE KSchG § 5 Nr. 107 = NZA 2004, 228; *Francken*, Das Verschulden des Prozessbevollmächtigten an der Versäumung der Klagefristen des § 4 KSchG, des § 1 Abs. 5 BeschFG und des § 113 Abs. 2 InsO, 1998, S. 13 ff., 51 ff.; aA LAG Hamm NZA-RR 1996, 388; LAG Hamburg LAGE KSchG § 5 Nr. 85; *Zöller/Vollkommer*, Zivilprozessordnung, 26. Aufl. 2007, § 85 ZPO RdNr. 11.
[94] BAG AP LPVG NW § 72 Nr. 8 = NZA 1994, 281; MünchHdbArbR-*Berkowsky* § 148 RdNr. 66.
[95] LAG Hamburg LAGE KSchG § 5 Nr. 34; LAG Hamm DB 1982, 2706.
[96] LAG Hamm LAGE KSchG § 5 Nr. 45; LAG Köln LAGE KSchG § 5 Nr. 112 = NZA-RR 2006, 492.
[97] KR-*Friedrich* § 5 KSchG RdNr. 48 f.; *v. Hoyningen-Huene/Linck* § 5 KSchG RdNr. 14.
[98] LAG Hamm MDR 1981, 965.

schulden zurechnen lassen. Allerdings kann vom Arbeitnehmer ohne Vorliegen besonderer Umstände nicht verlangt werden, dass er während einer Ortsabwesenheit dafür sorgt, dass er von einer ihm möglicherweise zugehenden Kündigung Kenntnis nehmen kann. Geht die Kündigung während des **Urlaubs** dem Arbeitnehmer zu Hause zu und nimmt der Arbeitnehmer deshalb erst nach Ablauf der Dreiwochenfrist von ihr Kenntnis, ist die Klage regelmäßig nachträglich zuzulassen.[99] Muss der Arbeitnehmer jedoch auf Grund besonderer Umstände damit rechnen, dass ihm während eines Urlaubs eine Kündigung zugeht, ist ihm diese insbesondere vom Insolvenzverwalter schon angekündigt worden, so handelt er fahrlässig, wenn er nicht für die Kenntnisnahme sorgt.[100] Hat der Arbeitnehmer eine Urlaubsadresse angegeben, muss er dafür sorgen, dass ihn dort eingehende Post ohne größere Verzögerung erreicht.[101] Auch wenn ein Familienmitglied die zugegangene Kündigung dem Arbeitnehmer vorenthält, etwa um ihm Aufregung zu ersparen, kann die fehlende Kenntnisnahme unverschuldet sein.[102]

Die nachträgliche Zulassung einer verspäteten Klage erfolgt nach § 5 Abs. 1 KSchG auf **Antrag des Arbeitnehmers.** Eine Zulassung ohne Antrag, wie sie § 236 Abs. 2 Satz 2 ZPO vorsieht, kommt angesichts des Wortlauts des § 5 Abs. 1 KSchG und der unterschiedlichen Gegenstände von Wiedereinsetzungs- und Zulassungsverfahren nicht in Betracht. Mit dem Antrag ist die Klageerhebung zu verbinden; ist die Klage bereits eingereicht, so ist auf sie Bezug zu nehmen (§ 5 Abs. 2 Satz 1 KSchG).

Der Antrag auf nachträgliche Zulassung der verspäteten Klage ist nur innerhalb von **zwei Wochen** nach Behebung des Hindernisses zulässig (§ 5 Abs. 3 Satz 1 KSchG). Die Frist beginnt mit der **Behebung des Hindernisses** für die Einhaltung der Klagefrist. Behoben ist das Hindernis dann, wenn der Arbeitnehmer oder sein Prozessbevollmächtigter bzw. gesetzlicher Vertreter in der Lage ist, die Klage zu erheben, oder bei Anwendung der ihm zumutbaren Sorgfalt in der Lage wäre, das zu tun. War der Arbeitnehmer etwa durch Krankheit an der Erhebung der Klage tatsächlich verhindert (RdNr. 75), ist das der Zeitpunkt, an dem die Verhinderung aufgehört hat. Hat er von der Kündigung keine Kenntnis gehabt, so kommt es darauf an, wann er diese Kenntnis erlangt hat oder bei gehöriger Sorgfalt hätte erlangen können.[103]

Nach **Ablauf von sechs Monaten,** vom Ende der versäumten Frist an gerechnet, kann der Antrag nicht mehr gestellt werden (§ 5 Abs. 3 Satz 2 KSchG). Sowohl bei Versäumung dieser Frist wie bei Versäumung der Zweiwochenfrist des § 5 Abs. 3 Satz 1 KSchG ist eine nachträgliche Zulassung der Klage unter keinen Umständen mehr möglich. Ob den Arbeitnehmer ein Verschulden an der Versäumung dieser Frist trifft, spielt keine Rolle.[104] Dass § 233 ZPO auch eine Wiedereinsetzung gegen die Versäumung der Wiedereinsetzungsfrist vorsieht, kann angesichts des unterschiedlichen Regelungsgegenstandes auf die Versäumung der Zulassungsfrist nach dem unveränderten § 5 Abs. 3 KSchG nicht übertragen werden.

Über den **Antrag auf Zulassung einer verspäteten Klage** ist vom Arbeitsgericht nicht zusammen mit der Sachentscheidung über den Antrag auf Feststellung der Rechtsunwirksamkeit der Kündigung durch Endurteil, sondern **durch Beschluss** der Kammer, der ohne mündliche Verhandlung ergehen kann, zu entscheiden.[105] Gegen den Beschluss, durch den die Kammer die verspätete Klage zulässt oder die Zulassung ablehnt, ist gem. § 5 Abs. 4 Satz 2 KSchG die **sofortige Beschwerde** zulässig. Sie ist gem. § 569 Abs. 1 ZPO binnen einer Notfrist von zwei Wochen seit Zustellung entweder beim Landesarbeitsgericht oder beim Arbeitsgericht einzulegen. Die Notfrist beginnt nur zu laufen, wenn dem Beschluss

---

[99] LAG Hamm LAGE KSchG § 5 Nr. 6; LAG Köln MDR 1996, 943; LAG Nürnberg MDR 2006, 274.
[100] LAG Berlin ZIP 1982, 614.
[101] LAG Hamm MDR 1984, 173.
[102] LAG Berlin AP KSchG 1969 § 5 Nr. 3.
[103] LAG Köln LAGE KSchG § 5 Nr. 70; LAG Hamburg LAGE KSchG § 5 Nr. 111.
[104] LAG Hamm MDR 1988, 171 für den Fall, dass der Arbeitgeber den Arbeitnehmer arglistig von der Erhebung der Kündigungsschutzklage abgehalten hat.
[105] BAG AP ArbGG 1979 § 72 Nr. 2 = NJW 1984, 254.

eine Rechtsmittelbelehrung beigefügt ist (§ 9 Abs. 5 ArbGG). Über die Beschwerde entscheidet das Landesarbeitsgericht. Gegen die Entscheidung des Landesarbeitsgerichts ist nach Auffassung des Bundesarbeitsgerichts trotz der 2002 erfolgten Neufassung von § 78 ArbGG die Rechtsbeschwerde nicht statthaft, auch wenn sie das LAG zugelassen hat.[106]

78 **f) Verlängerte Anrufungsfrist.** Eine weitere Abmilderung der Rigidität der Klagefrist ist in § 6 KSchG vorgesehen. Danach kann ein Arbeitnehmer, der innerhalb von drei Wochen nach Zugang der Kündigung deren Unwirksamkeit im Klagewege geltend gemacht hat, sich bis zum Schluss der mündlichen Verhandlung erster Instanz zur Begründung der Unwirksamkeit auch auf innerhalb der Klagefrist nicht geltend gemachte Gründe berufen. Darin liegt eine Klarstellung.

79 Der Arbeitnehmer wendet sich inzidenter auch dann gerichtlich gegen die Kündigung, wenn er innerhalb der Dreiwochenfrist eine **Leistungsklage** erhebt, mit der er Ansprüche aus dem Arbeitsverhältnis für die Zeit nach dem beabsichtigten Wirksamwerden der Kündigung geltend macht. Auch eine solche Leistungsklage genügt deshalb den Anforderungen des § 6 KSchG,[107] so dass der Arbeitnehmer in diesem Verfahren auch noch die Sozialwidrigkeit der Kündigung, das Fehlen eines wichtigen Grundes und sonstige Unwirksamkeitsgründe geltend machen kann.

80 Nach dem eindeutigen Wortlaut des § 6 Satz 1 KSchG kann die Sozialwidrigkeit der Kündigung nur bis zum **Schluss der mündlichen Verhandlung erster Instanz** und damit nicht mehr in der Berufung geltend gemacht werden. § 6 Satz 2 KSchG schreibt jedoch vor, dass das Arbeitsgericht den Arbeitnehmer auf die Möglichkeit des § 6 Satz 1 KSchG hinzuweisen hat. Unterlässt das Gericht diesen Hinweis und verstößt es damit gegen § 139 ZPO, liegt ein Verfahrensmangel vor, der es dem Landesarbeitsgericht als Berufungsgericht entgegen § 68 ArbGG gestattet, die Sache an das Arbeitsgericht zurückzuverweisen. Hierdurch wird es dem Arbeitnehmer ermöglicht, den Antrag nachzuholen.[108]

III. Selbständiger Dienstvertrag

81 **1. Vorzeitige Kündigung.** Auch die Dienstverhältnisse Selbständiger können sowohl vom Insolvenzverwalter als auch vom Dienstverpflichteten ohne Rücksicht auf eine vereinbarte Vertragsdauer oder einen vereinbarten Ausschluss des Rechts zur ordentlichen Kündigung gekündigt werden.

82 Für die Kündigung selbständiger Dienstverträge gilt die **Höchstfrist von drei Monaten zum Monatsende,** wenn nicht eine kürzere Frist maßgeblich ist. Ist vertraglich keine Kündigungsfrist vereinbart, wie das häufig für die auf Zeit eingegangenen Dienstverträge von Vorstandsmitgliedern von Aktiengesellschaften und GmbH-Geschäftsführer zutrifft, ist aus den RdNr. 27 genannten Gründen die gesetzliche Frist des § 621 BGB einschlägig; danach gilt regelmäßig die Halbmonatsfrist zum Monatsende (Nr. 3) und nur ausnahmsweise, wenn eine mindestens nach Kalendervierteljahren bemessene Vergütung vorgesehen ist, eine solche von sechs Wochen zum Ende des Kalendervierteljahres (Nr. 4), die – je nach Kündigungszeitpunkt – länger als die Dreimonatsfrist sein kann, welche auf den Quartalsbeendigungstermin keine Rücksicht nimmt. Für Vorstandsmitglieder einer Aktiengesellschaft und GmbH-Geschäftsführer gelten die Fristen des § 621 BGB jedoch nur, wenn jene die Gesellschaft beherrschen.[109] Sonst sind für sie die Fristen des § 622 BGB einschlägig.[110]

---

[106] BAG AP KSchG 1969 § 5 Nr. 14 = NZA 2002, 1228; BAG NZA-RR 2006, 211.
[107] BAG AP KSchG § 5 Nr. 3 = NJW 1962, 1587; BAG AP KSchG 1969 § 13 Nr. 2; KR-*Friedrich* § 6 KSchG RdNr. 23 ff.; *Löwisch/Spinner* § 5 KSchG RdNr. 6 ff.
[108] BAG AP KSchG § 5 Nr. 3 = NJW 1962, 1587; LAG Köln LAGE KSchG § 6 Nr. 1; sehr str., ErfKomm-*Kiel* § 6 KSchG RdNr. 7; *Löwisch/Spinner* § 6 KSchG RdNr. 13; aA KR-*Friedrich* § 6 KSchG RdNr. 38 mwN und *v. Hoyningen-Huene/Linck* § 6 KSchG RdNr. 14 f., die die Entscheidung des Berufungsgerichts über die Unwirksamkeit der Kündigung zulassen wollen.
[109] OLG Hamm NJW-RR 1993, 493; *Löwisch,* Festschrift für Kraft, 1998, S. 375, 379 f.
[110] BGH NJW 1981, 2748; BGHZ 91, 217 = NJW 1984, 2528; BGH NJW 1987, 2073; *Bauer,* Arbeitsrechtliche Aufhebungsverträge, 7. Aufl. 2004, III RdNr. 23 f.

Sind in dem Dienstvertrag Kündigungsfristen vereinbart, verdrängen diese kürzere gesetzliche Kündigungsfristen,[111] finden aber ihre Grenze an der Dreimonatsfrist.

2. Schadensersatz. Der aus einem selbständigen Dienstvertrag Verpflichtete kann im Falle der vorzeitigen Kündigung durch den Verwalter wegen der vorzeitigen Beendigung seines Dienstverhältnisses als Insolvenzgläubiger Schadensersatz verlangen. Gegenstand des Ersatzanspruchs ist auch hier das Entgelt für die Zeitspanne, um die sich das Dienstverhältnis infolge der vorzeitigen Kündigung verkürzt hat. Auch hier sind ersparte Aufwendungen, anderweitiger Erwerb und schuldhaft unterlassener anderweitiger Erwerb in Abzug zu bringen und begrenzt die dem Verwalter erwachsene Möglichkeit der Kündigung wegen Betriebsstilllegung den Ersatzanspruch (s. o. RdNr. 33). Nach § 87 Abs. 3 AktG ist der Schadensersatzanspruch bei Vorstandsmitgliedern von Aktiengesellschaften auf einen Zeitraum von höchstens zwei Jahren beschränkt. 83

3. Keine Klagefrist. Der aus einem selbständigen Dienstvertrag Verpflichtete kann eine etwaige Unwirksamkeit der ihm gegenüber durch den Insolvenzverwalter ausgesprochenen Kündigung ohne Bindung an eine Klagefrist geltend machen. § 4 KSchG gilt für ihn nicht. Eine Schranke bildet insoweit nur das Institut der Verwirkung i. S. d. oben RdNr. 49 Gesagten. 84

Auch die Dienstverhältnisse **arbeitnehmerähnlicher Personen** unterliegen § 4 KSchG nicht. Lediglich der Rechtsweg führt nach § 5 Abs. 1 ArbGG zum Arbeitsgericht. 85

§ 114 Bezüge aus einem Dienstverhältnis

(1) Hat der Schuldner vor der Eröffnung des Insolvenzverfahrens eine Forderung für die spätere Zeit auf Bezüge aus einem Dienstverhältnis oder an deren Stelle tretende laufende Bezüge abgetreten oder verpfändet, so ist diese Verfügung nur wirksam, soweit sie sich auf die Bezüge für die Zeit vor Ablauf von zwei Jahren nach dem Ende des zur Zeit der Eröffnung des Verfahrens laufenden Kalendermonats bezieht.

(2) ¹Gegen die Forderung auf die Bezüge für den in Absatz 1 bezeichneten Zeitraum kann der Verpflichtete eine Forderung aufrechnen, die ihm gegen den Schuldner zusteht. ²Die §§ 95 und 96 Nr. 2 bis 4 bleiben unberührt.

(3) ¹Ist vor der Eröffnung des Verfahrens im Wege der Zwangsvollstreckung über die Bezüge für die spätere Zeit verfügt worden, so ist diese Verfügung nur wirksam, soweit sie sich auf die Bezüge für den zur Zeit der Eröffnung des Verfahrens laufenden Kalendermonat bezieht. ²Ist die Eröffnung nach dem fünfzehnten Tag des Monats erfolgt, so ist die Verfügung auch für den folgenden Kalendermonat wirksam. ³§ 88 bleibt unberührt; § 89 Abs. 2 Satz 2 gilt entsprechend.

Schrifttum: *Dieckmann,* Zur Aufrechnung, in Leipold, Insolvenzrecht, S. 211; *Grote,* Die Berücksichtigung vorrangiger Entgeltabtretungen im Verbraucherinsolvenzverfahren, ZInsO 1999, 31; *Sander,* Zur (Un-)Anwendbarkeit von § 114 InsO auf Honorare von Kassenärzten, ZInsO 2003, 1129; *Steder,* Behandlung des Arbeitseinkommens und sonstiger laufender Bezüge im eröffneten Insolvenzverfahren, ZIP 1999, 1874; *Wegener/Köke,* Der Bestand der Forderungszession niedergelassener Ärzte in der Insolvenz, ZVI 2003, 382; *Wittig,* Insolvenzordnung und Konsumentenkredit, WM 1998, 157, 209.

Übersicht

	RdNr.		RdNr.
I. Allgemeines	1	II. Begrenzung langfristiger Verfügungen	9
1. Normzweck	1	1. Erfasste Forderungen	9
2. Anwendungsbereich	5	a) Entgelt	9

---

[111] Für Arbeitsverhältnisse BAG AP InsO § 113 Nr. 1 = NZA 1999, 425 = NJW 1999, 1571.

	RdNr.		RdNr.
b) Entgeltersatz	13	2. Aufrechenbare Forderungen	29
c) Abtretbarkeit	16	3. Ausschluss der Aufrechnung	37
2. Zweijahresfrist	19	4. Erklärung und Wirkung der Aufrechnung	41
3. Rechtsfolge	24		
III. Aufrechnung durch den Dienstberechtigten	25	IV. Begrenzung der Einzelzwangsvollstreckung	42
1. Abs. 2 im System der Aufrechnungsvorschriften der InsO	25		

I. Allgemeines

1 **1. Normzweck.** Die Regelung des § 114 stellt eine in Konkurs-, Vergleichs- und Gesamtvollstreckungsordnung nicht enthaltenen Neuerung dar. Sie konkretisiert den sich aus § 35 ergebenen Grundsatz, dass zur Insolvenzmasse nicht nur das zurzeit der Eröffnung der Insolvenz vorhandene, sondern auch das danach erworbene Vermögen gehört. Soweit dieses Vermögen in Bezügen aus einem Dienstverhältnis besteht, werden rechtsgeschäftliche Vorausverfügungen gegenüber der Insolvenzmasse zugelassen und zugleich begrenzt (Abs. 1). Die Aufrechnung gegen solche Bezüge wird eingeschränkt (Abs. 2). Verfügungen im Wege der Zwangsvollstreckung werden nur zeitlich eng begrenzt anerkannt (Abs. 3).

2 § 114 stellt eine **Spezialvorschrift zu § 91 Abs. 1** dar. Nach dieser Vorschrift wären Vorausabtretungen von Bezügen aus einem Dienstverhältnis für die Zeit nach Eröffnung des Insolvenzverfahrens generell unwirksam. Zweck des § 114 ist es, dem von ihm erfassten Personenkreis durch die Behandlung der Vorausabtretung als insolvenzfest zu ermöglichen, künftige Bezüge als Sicherheit für einen Kredit zu verwenden.[1] Zugleich wird im Interesse der Insolvenzmasse und vor allem der Restschuldbefreiung nach den §§ 286 ff. die Wirksamkeit solcher Vorausabtretungen zeitlich begrenzt. Dass die Bezüge des Schuldners für die Verteilung an die Insolvenzgläubiger zur Verfügung stehen, soll nicht auf Dauer an Vorausabtretungen, Verpfändungen und Pfändungen der Bezüge zugunsten einzelner Gläubiger scheitern.[2]

3 Der BGH will die Anwendung von Abs. 1 auf Vorausabtretungen beschränken, welche der Masse „den Ertrag der Arbeitskraft des Schuldners vorenthalten". Die **Arbeitskraft des Schuldners** gehöre nicht zur Masse, weil der Schuldner, wie sich aus § 36 Abs. 1 ergebe, zur Aufnahme einer Erwerbstätigkeit nicht gezwungen werden könne. Erziele der Schuldner sein Einkommen nicht allein aus der Verwertung seiner Arbeitskraft, sondern zugleich aus einem Betrieb, in welchem er seine Arbeitskraft einsetze, wie das auf einen Arzt oder Zahnarzt zutreffe, sei die Vorschrift nicht anwendbar. Der Insolvenzverwalter müsse sonst, um Masseminderungen zu vermeiden, sämtliche Verträge beenden, was notwendig auch zur Einstellung des Betriebes führen würde. Damit wäre auch dem Abtretungsgläubiger nicht gedient, weil die abgetretene Forderung durch das Ende des Betriebes wertlos würde.[3]

4 Die **Auffassung des Bundesgerichtshofs überzeugt letztlich nicht.** Dass der Schuldner zur Aufnahme oder Beibehaltung einer Erwerbstätigkeit nicht gezwungen werden kann, gilt für denjenigen, der seine Arbeitskraft im eigenen Betrieb einsetzt, in gleicher Weise wie für denjenigen, der als Arbeitnehmer oder auf Grund eines selbständigen Dienstvertrags in dem Betrieb eines anderen tätig ist. Der Zweck der Vorschrift, Erwerbstätigen zu ermöglichen, ihre künftigen Bezüge als Kreditunterlage einzusetzen, lässt insoweit keine Unterscheidung zu. Auch wer einen freien Beruf aufnehmen will, kann auf einen Betriebsmittelkredit

---

[1] BGHZ 167, 363 = NJW 2006, 2485 = NZI 2006, 457 in RdNr. 12; *Sander* ZInsO 2003, 1129, 1131 f.; *Wegener/Köke* ZVI 2003, 382, 385 f.
[2] Begr. zu § 132 RegE, BT-Drucks. 12/2443 S. 150 f.; zu den Folgen für die Sicherungspraxis der Kreditwirtschaft *Wittig* WM 1998, 209, 219 ff.; kritisch zur Vorschrift dagegen *Grote* ZInsO 1999, 31, 32, der eine Änderung des § 114 dahingehend verlangt, dass während des Insolvenzverfahrens die Masse überhaupt nicht durch Vorausabtretungen geschmälert wird.
[3] BGHZ 167, 363 = NJW 2006, 2485 = NZI 2006, 457 in RdNr. 16 ff.

angewiesen sein, für den er als Sicherheit nur die Vorausabtretung seiner künftigen Bezüge bieten kann. Diese Möglichkeit wird ihm durch die Rechtsauffassung des BGH weitgehend abgeschnitten. Dass der Insolvenzverwalter Masseminderungen zu vermeiden hat und deshalb die Beendigung der Verträge des Schuldners, etwa mit Hilfspersonen in Rede steht, ist kein Gegenargument. Denn der Insolvenzverwalter kann sein Recht, Verträge fortzusetzen oder zu beenden, auf die Waagschale der Verhandlungen mit dem Zessionar der künftigen Bezüge legen, der seinerseits wird vermeiden wollen, dass seine Sicherheit durch die Beendigung der Tätigkeit des Schuldners wertlos wird. Eine Grenze ziehen insoweit nur auf anderen Wertungen beruhende Abtretungsverbote (RdNr. 18).

2. Anwendungsbereich. § 114 gilt in erster Linie für Bezüge aus einem **Arbeitsverhältnis.** Erfasst werden auch nach der Auffassung des BGH **Dienstverträge von Selbstständigen** jedenfalls dann, wenn die Bezüge allein Ertrag der Arbeitskraft sind. Dies trifft auf arbeitnehmerähnliche Personen (vor § 113 RdNr. 19, § 113 RdNr. 8), Heimarbeiter (§ 113 RdNr. 9) sowie Mitglieder von Organen juristischer Personen, insbesondere Vorstandsmitglieder von Aktiengesellschaften und GmbH-Geschäftsführer zu. 5

Dem Sinn der Vorschrift entspricht es, auch **Bezüge auf Grund öffentlich-rechtlicher Dienstverhältnisse,** insbesondere auch solche der Beamten, zu erfassen. Die weitgehende abtretungs-, aufrechnungs- und pfändungsrechtliche Gleichstellung dieser Bezüge mit denjenigen aus privatrechtlichen Dienst- und Arbeitsverträgen (vgl. insbesondere § 850 Abs. 2 ZPO) gebietet, auch hier keinen Unterschied zu machen. 6

Wie in RdNr. 3 und 4 näher ausgeführt, erstreckt sich der Anwendungsbereich entgegen der Auffassung des Bundesgerichtshofs auch auf Personen, die auf Grund eines Dienstvertrags persönliche Dienstleistungen im Rahmen eines eigenen Betriebs erbringen, wie das auf die Angehörigen der **freien Berufe** zutrifft. 7

Letztlich ist auch nicht bei Fällen der persönlichen Dienstverpflichtung stehenzubleiben. Insbesondere kommt es nicht darauf an, ob es sich beim Dienstverpflichteten um eine natürliche Person handelt und damit eine Restschuldbefreiung nach den §§ 286 ff. in Betracht kommt. Vom Zweck der Vorschrift ist vielmehr auch der Fall gedeckt, dass eine juristische Person oder Gesellschaft, etwa eine Wirtschaftsprüfungsgesellschaft oder ein Ausbildungsunternehmen (s. o. § 113 RdNr. 5), zur Leistung von Diensten gegen Entgelt verpflichtet ist. Es ist nicht einzusehen, warum nicht auch ihnen ermöglicht werden soll, künftige Entgelte für einen Zweijahreszeitraum insolvenzfest als Kreditunterlage zu verwenden. Der Begriff „Bezüge" steht dem nicht entgegen. Er meint, wie die §§ 850 ff. ZPO zeigen, jede Form der Gegenleistung im weitesten Sinne, die für die Dienstleistung bezogen wird (vgl. unten RdNr. 9 ff.). Dem Insolvenzverwalter bleibt es überlassen, sich unter Hinweis auf sein Wahlrecht nach § 103 mit dem Zessionar der abgetretenen Forderung zu verständigen. Dieses Wahlrecht scheitert richtiger Auffassung nach nicht an § 108 Abs. 1 (§ 113 RdNr. 3 ff.). 8

II. Begrenzung langfristiger Verfügungen

1. Erfasste Forderungen. a) Entgelt. Mit Bezügen aus einem Dienstverhältnis erfasst die Vorschrift in erster Linie das Entgelt, das ein Arbeitnehmer oder sonstiger Dienstverpflichteter aus dem Arbeits- oder Dienstverhältnis zu beanspruchen hat. Dabei kommt es anders als bei den Entgeltersatzleistungen (RdNr. 13) nicht darauf an, ob es sich um fortlaufend gewährtes oder einmaliges Entgelt handelt.[4] Auch vom Jahresabschluss abhängige Gewinnbeteiligungen oder die einmalige Provision für ein in jahrelanger Arbeit akquiriertes Geschäft gehören hierher. Worauf der Entgeltanspruch beruht, spielt keine Rolle: Tarifliche Ansprüche und Ansprüche aus Betriebsvereinbarungen werden in gleicher Weise erfasst wie 9

---

[4] Anders in einem obiter dictum BGHZ 162, 187, 190 = NJW 2005, 1505 = NZI 2005, 263, der aber verkennt, dass sich der Begriff „laufende Bezüge" nach dem Wortlaut des Abs. 1 nur auf die Entgeltersatzleistungen (RdNr. 13 ff.) bezieht; wie hier *Uhlenbruck/Berscheid* § 114 RdNr. 11.

arbeitsvertragliche Ansprüche. Entgelt ist auch das Arbeitsentgelt, das während des Urlaubs des Arbeitnehmers gezahlt wird (Urlaubsentgelt).[5] Auch ein in § 615 BGB oder § 326 Abs. 2 BGB gründender Entgeltanspruch zählt hierher.

10 Ob es sich im Fall von Arbeitsverhältnissen um unmittelbares Arbeitsentgelt oder um mittelbares Entgelt, insbesondere in Form von **Sozialleistungen des Arbeitgebers,** handelt, spielt keine Rolle. Gratifikationen, Jubiläumszuwendungen usw. werden ebenso erfasst, wie Leistungen der betrieblichen Altersversorgung.

11 Entgegen einer in der Literatur vertretenen Auffassung[6] unterfallen der Vorschrift auch Ansprüche auf **Abfindungen,** wie sie im Zusammenhang mit der Auflösung von Arbeits- oder Dienstverhältnissen vereinbart oder gerichtlich festgesetzt werden. Der Zweck der Vorschrift, insolvenzfeste Vorausabtretungen für begrenzte Zeit zur Kreditsicherung zu ermöglichen, trifft auf solche Ansprüche in gleicher Weise zu wie auf die sonstigen Bezüge.

12 Zu den Bezügen zählen auch den Rahmen des Üblichen übersteigende **Aufwandsentschädigungen,** etwa Reisespesen oder Vergütungen für den Einsatz eines privaten Pkw, Auslösungsgelder für auswärtige Beschäftigungen, Entgelt für selbst gestelltes Arbeitsmaterial und Gefahrenzulagen. Der Begriff der Bezüge ist insofern kein anderer als in § 850a Nr. 3 ZPO.[7] Hingegen gehören **Schadensersatzansprüche,** z. B. solche auf Schmerzensgeld wegen einer Verletzung im Rahmen eines Wegeunfalls, nicht mehr in den Zusammenhang der Vorschrift.

13 **b) Entgeltersatz.** Mit der Formulierung „**an deren Stelle tretende laufende Bezüge**" meint das Gesetz zunächst Entgeltersatzleistungen des Arbeitgebers, insbesondere die Entgeltfortzahlung an Feiertagen, im Krankheitsfall und bei persönlicher Verhinderung sowie Leistungen des Arbeitgebers im Mutterschaftsfall. Ob diese Leistungen auf Gesetz beruhen (§§ 2, 3 EFZG, § 616 BGB, §§ 11 ff. MuSchG) oder auf besonderen tariflichen oder arbeitsvertraglichen Regelungen, macht keinen Unterschied.

14 Gemeint sind aber auch **Sozialversicherungsleistungen,** soweit sie entgeltersetzende Funktion haben. Das trifft nicht nur für das Krankengeld nach den §§ 44 ff. SGB V und die Entgeltersatzleistungen der Bundesagentur für Arbeit, nämlich Arbeitslosengeld, Übergangsgeld, Kurzarbeitergeld und Insolvenzgeld (vgl. § 116 SGB III) zu, sondern auch auf Renten aus der gesetzlichen Rentenversicherung,[8] denn auch diese treten an die Stelle des Entgelts. Gleiches gilt für Renten aus der gesetzlichen Unfallversicherung.

15 An die Stelle laufender Bezüge können auch **Leistungen weiterer Dritter** treten. Erfasst werden insbesondere private Versicherungsleistungen, etwa für den Invaliditätsfall oder das Alter, sowie Unterstützungsleistungen von Gewerkschaften, insbesondere im Arbeitskampf.

16 **c) Abtretbarkeit.** Die Anwendung von Abs. 1 setzt voraus, dass die in Rede stehenden Bezüge überhaupt abgetreten werden können. Ist die Abtretung (und damit nach § 1274 Abs. 2 BGB auch die Verpfändung) ausgeschlossen, kann ein entsprechender Abtretungs- oder Verpfändungsvertrag von vornherein nicht wirksam werden, so dass es auf die zeitliche Begrenzung nicht ankommt.

17 Nicht abtretbar sind nach § 400 BGB vor allem Forderungen, soweit sie nach den §§ 850 ff. ZPO der Pfändung nicht unterworfen sind. Nicht abgetreten werden können damit insbesondere die Hälfte von Mehrarbeitsvergütungen, zusätzliche Urlaubsgelder und Weihnachtsgratifikationen bis zum Betrag von 500,– Euro (§ 850a ZPO). Beim eigentlichen Arbeitsentgelt erfasst die Abtretung **nur den pfändbaren Teil,** für den dann auch die

---

[5] BAG AP BUrlG § 7 Nr. 28 = NZA 2001, 100 = NJW 2001, 460.
[6] *Kübler/Prütting/Moll* § 114 RdNr. 12; wie hier *Uhlenbruck/Berscheid* § 114 RdNr. 11; *Nerlich/Römermann/Kießner* § 114 RdNr. 24a.
[7] Dazu allgemein MünchKommZPO-*Smid* § 850a RdNr. 10 ff.
[8] *Steder* ZIP 1999, 1874; FK-*Eisenbeis* § 114 RdNr. 5; *Nerlich/Römermann/Kießner* § 114 RdNr. 28; mit Blick auf Abs. 2 auch BSGE 92, 1 = ZIP 2004, 1327 = ZInsO 2004, 741.

Zeitgrenze des Abs. 1 gilt. Dass bei Forderungen aus vorsätzlich unerlaubter Handlung das Vollstreckungsgericht den pfändbaren Betrag auf Antrag des Gläubigers erhöhen kann (§ 850f Abs. 2 ZPO), führt dabei nicht zu einer automatischen Erhöhung des abtretbaren Teils der Entgeltforderung.[9] Für Sozialversicherungsleistungen gilt nach § 54 Abs. 4 SGB I grundsätzlich dasselbe wie für Arbeitseinkommen. Unpfändbare Rentenansprüche können trotz § 400 BGB dann abgetreten werden, wenn und soweit der Zessionar dem Anspruchsinhaber den vollen Gegenwert als Unterhalt leistet.[10] Die Überlassung von Wohnraum durch den Zessionar reicht dafür nicht aus.[11]

18 Nicht abtretbar sind nach § 399 BGB Forderungen, wenn die Leistung an einen anderen als den ursprünglichen Gläubiger nicht ohne Veränderung ihres Inhalts erfolgen kann oder wenn die Abtretung durch Vereinbarung mit dem Schuldner ausgeschlossen ist. Ersteres ist der Fall bei Ansprüchen auf **zweckgebundene Leistungen;**[12] zweckgebunden ist z. B. die Finanzierung von Qualifizierungsmaßnahmen, etwa der Anspruch auf Zahlung des zu entrichtenden Schulgeldes. Letzteres trifft auf **Lohnabtretungsverbote** zu, wie sie in Tarifverträgen vorkommen.[13] Privatärztliche Honorarforderungen können wegen der mit der Abtretung verbundenen Auskunftspflicht (§ 402 BGB), die sich mit der Verschwiegenheitspflicht (§ 203 Abs. 1 Nr. 1 StGB) nicht vereinbaren lässt, zwar gepfändet, nicht aber abgetreten werden.[14] Gleiches gilt nach § 49b Abs. 4 BRAO auch für anwaltliche Honorarforderungen;[15] allerdings können diese an einen anderen Rechtsanwalt abgetreten werden, was im Falle eines Praxisverkaufs in Betracht kommt.

19 **2. Zweijahresfrist.** Abs. 1 begrenzt die Wirksamkeit von Abtretungen und Verpfändungen, die **vor Eröffnung** des Insolvenzverfahrens vorgenommen worden sind. Maßgebend ist der Zeitpunkt des Eröffnungsbeschlusses i. S. d. § 27, nicht der des Insolvenzantrags (§§ 13 ff.) oder der der Anordnung von Sicherungsmaßnahmen (§§ 21 ff.).

20 Abtretungen oder Verpfändungen, die **nach Insolvenzeröffnung** erfolgen, sind schon nach § 81 unwirksam, und zwar auch insoweit, als Bezüge für die Zeit nach Beendigung des Insolvenzverfahrens betroffen sind (§ 81 Abs. 2 Satz 1). Hat der Schuldner am Tag der Eröffnung des Verfahrens verfügt, so wird vermutet, dass er nach der Eröffnung verfügt hat (§ 81 Abs. 3). Die Vorschriften des § 81 gelten entsprechend, wenn das Insolvenzgericht bereits vor Eröffnung des Verfahrens dem Schuldner gem. § 21 Abs. 2 Nr. 2 ein allgemeines Verfügungsverbot auferlegt hat (§ 24 Abs. 1).

21 Abs. 1 beschränkt die Wirksamkeit von Abtretungen oder Verpfändungen auf die **Bezüge vor Ablauf von zwei Jahren** nach dem Ende des zurzeit der Eröffnung des Verfahrens laufenden Kalendermonats. Ist das Verfahren beispielsweise am 30. 1. 2007 eröffnet worden, beschränkt sich die Wirksamkeit der Abtretung oder Verpfändung auf die Bezüge für die Zeit bis zum 31. 1. 2009.

22 **Maßgebend ist, ob die Bezüge** vor oder nach dem genannten Zeitpunkt **entstehen.** Das Gesetz will von dem Grundsatz, dass auch künftiges Vermögen in die Insolvenzmasse fällt (RdNr. 1), eine Ausnahme nur für das in dem Zweijahreszeitraum anfallende Vermögen machen. Wirtschaftlich fallen Forderungen dann an, wenn der Anspruch auf sie entsteht und durchgesetzt werden kann, ohne dass noch eine Gegenleistung erbracht werden müsste.[16] Hinsichtlich der laufenden Bezüge ist das der Fall, wenn sie durch eine entsprechende

---

[9] Vgl. BAG AP ZPO § 850f. Nr. 2 = NZA 1991, 561 = NJW 1991, 2038 für den umgekehrten Fall der Erhöhung des unpfändbaren Betrags nach § 850f Abs. 1 ZPO; aA offenbar *Steder* ZIP 1999, 1874, 1881.
[10] BGHZ 13, 360, 367 ff.; BGHZ 59, 109, 115 = NJW 1972, 1703.
[11] BAG AP BGB § 400 Nr. 2 = NZA 2001, 654 = NJW 2001, 1443.
[12] MünchKommBGB-*Roth* § 399 RdNr. 14 mwN; *Palandt/Grüneberg* § 399 BGB RdNr. 5.
[13] *Gamillscheg*, Kollektives Arbeitsrecht I, 1997, § 7 III 10 d S. 369; *Wiedemann* in Wiedemann, Tarifvertragsgesetz, 7. Aufl. 2007, Einl. RdNr. 458, mN; kritisch *Löwisch/Rieble*, Tarifvertragsgesetz, 2. Aufl. 2004, § 1 RdNr. 63.
[14] BGHZ 162, 187 (191) = NJW 2005, 1505 = NZI 2005, 263.
[15] BGH NJW 2004, 2015 = NZI 2004, 312; BGHZ 162, 187, 191 = NJW 2005, 1505 = NZI 2005, 263; s. auch BGHZ 122, 115 = NJW 1993, 1638; BGH NJW 1995, 2915.
[16] BGHZ 167, 363 = NJW 2006, 2485 = NZI 2006, 457 in RdNr. 6.

Dienstleistung **erdient** sind. Bei Prämien, Gratifikationen und ähnlichen Leistungen kommt es darauf an, ob sie von der Erbringung der Dienstleistung abhängig sein sollen. Abfindungsansprüche entstehen regelmäßig unabhängig von einer konkreten Arbeitsleistung und fallen deshalb in den Anwendungsbereich des Abs. 1, soweit sie in dem Zweijahreszeitraum vereinbart oder gerichtlich festgesetzt werden.

23   Ob die Ansprüche im Zweijahreszeitraum oder erst danach **fällig** werden, ist bei der hier gebotenen wirtschaftlichen Betrachtungsweise **unerheblich**.[17] Zum einen entstünde ein Konflikt mit dem Prinzip des § 271 BGB, der es dem Dienstberechtigten freistellt, die Forderung des Dienstverpflichteten auch schon vor Fälligkeit zu erfüllen. Vor allem aber wäre es ungereimt, vergrößerte sich der in die Insolvenzmasse fallende Teil der Bezüge dadurch, dass diese auf Grund besonderer Umstände erst nach Ablauf der Zweijahresfrist fällig werden. Dass der Arbeitnehmer die Entgeltforderung dem Arbeitgeber gestundet hat oder auf Grund einer **Arbeitszeitkontenregelung** die Auszahlung teilweise erst nach Ablauf der Zweijahresfrist verlangen kann, kann nicht zu Lasten des Zessionars gehen. Selbst wenn der Arbeitnehmer bei der **Altersteilzeit im Blockmodell** die Hälfte des in den ersten beiden Jahren der Altersteilzeit erdienten Arbeitsentgelts erst in der Freistellungsphase ausgezahlt erhält, bleibt es dabei, dass auch dieser Teil der Bezüge nicht in die Insolvenzmasse fällt.

24   3. **Rechtsfolge.** Soweit sich Abtretungen und Verpfändungen auf einen Zeitraum **nach Ablauf der Zweijahresfrist** erstrecken, sind sie nach § 91 Abs. 1 **unwirksam.** Dabei handelt es sich um einen Fall absoluter Unwirksamkeit. Der Zessionar muss sich mit der Stellung als Insolvenzgläubiger seiner der Abtretung zugrundeliegenden Forderung begnügen. Leistet der Dienstberechtigte trotz Unwirksamkeit an den Zessionar oder Pfandgläubiger, ändert das nichts an seiner Leistungsverpflichtung gegenüber der Insolvenzmasse. Er kann aber die an den Zessionar oder Pfandgläubiger erbrachte Leistung nach den Regeln über die ungerechtfertigte Bereicherung zurückfordern.

III. Aufrechnung durch den Dienstberechtigten

25   1. **Abs. 2 im System der Aufrechnungsvorschriften der InsO.** Abs. 2 modifiziert das sich aus § 94 und § 96 Abs. 1 Nr. 1 ergebende Prinzip, nach dem einem Insolvenzgläubiger eine zurzeit der Eröffnung des Insolvenzverfahrens bestehende Aufrechnungslage erhalten bleibt, er sich aber auf eine nach Eröffnung des Verfahrens entstehende Aufrechnungslage nicht berufen kann. Einem Dienstberechtigten wird einerseits zugebilligt, auch gegenüber **erst nach Eröffnung entstehenden Bezügen** von Dienstverpflichteten aufzurechnen. Andererseits wird diese Aufrechnungsmöglichkeit auf die Bezüge **für die Zweijahresfrist des Abs. 1** begrenzt.

26   Im Übrigen finden nach Abs. 2 Satz 2 die allgemeinen Vorschriften über die Aufrechnung in §§ 95, 96 Abs. 1 Nr. 2 bis 4 Anwendung. Dass Abs. 2 Satz 2 von § 96 Nr. 2 bis 4 und nicht von § 96 Abs. 1 Nr. 2 bis 4 spricht, ist ein Redaktionsversehen. Der Gesetzgeber hat es versäumt, bei der Einfügung des Abs. 2 in § 96 durch das Gesetz zur Änderung insolvenzrechtlicher und kreditwesenrechtlicher Vorschriften vom 8. 12. 1999[18] den Wortlaut von Abs. 2 Satz 2 anzupassen. Dass der Gesetzgeber den Verweis auch auf den neuen Abs. 2 des § 96 erstrecken wollte, ist nicht anzunehmen. Die Vorschrift passt nicht auf die Bezüge aus einem Dienstverhältnis, um die es in § 114 geht.

27   Abs. 2 setzt voraus, dass die Ansprüche des Dienstverpflichteten auf Bezüge **dem Grunde nach bereits bei Eröffnung** des Verfahrens bestehen. Das Gesetz will keinen Weg eröffnen, auf dem sich Dienstberechtigte, die mit einem Schuldner nach Eröffnung des Verfahrens Dienstverträge abschließen, vor anderen Gläubigern im Wege der Aufrechnung befriedigen

---

[17] BGHZ 167, 363 = NJW 2006, 2485 = NZI 2006, 457 in RdNr. 6.
[18] BGBl. I S. 2384.

können. Das würde dem Prinzip widersprechen, dass der Schuldner nach Eröffnung die Masse nicht verpflichten kann.[19]

Von dem vorstehenden Fall zu unterscheiden ist der, dass die Gegenforderung des Dienstberechtigten durch Vertrag mit dem Insolvenzverwalter als Masseverbindlichkeit begründet wird. In diesem Fall ist die Aufrechnung ohne weiteres zulässig;[20] die zeitliche Begrenzung gilt nicht.

2. Aufrechenbare Forderungen. Abs. 2 eröffnet für den Dienstberechtigten die Aufrechnung gegen Forderungen des Dienstverpflichteten auf die Bezüge aus dem Dienstverhältnis. Gemeint sind nicht anders wie in Abs. 1 (RdNr. 9 ff.) alle Forderungen, die sich als **Entgelt** für die Dienstleistungen **im weiteren Sinne** darstellen. Insbesondere erfasst auch Abs. 2 Abfindungen, die ein Arbeitnehmer aus Anlass der Beendigung eines Arbeitsverhältnisses erhält. Nicht anders wie gegenüber dem Zessionar einer solchen Forderung ist es angemessen, den Arbeitgeber insoweit in der zeitlichen Grenze des Abs. 1 gegenüber anderen Insolvenzgläubigern zu privilegieren.

Nach § 387 BGB muss die **Hauptforderung,** gegen die aufgerechnet werden soll, hier die Forderung des Dienstverpflichteten auf die Bezüge, **erfüllbar** sein. Wie sich aus § 271 BGB ergibt, setzt Erfüllbarkeit regelmäßig nur voraus, dass die Forderung entstanden ist; auf ihre Fälligkeit kommt es nicht an. Der Dienstberechtigte kann also mit seiner fälligen Gegenforderung gegen Bezüge für den Zweijahreszeitraum auch dann aufrechnen, wenn diese erst nach Ablauf der zwei Jahre fällig werden, etwa weil sie im Rahmen eines Sanierungskonzepts gestundet sind.

Die Forderung auf die Bezüge muss entweder **vor Eröffnung** des Insolvenzverfahrens **oder in dem Zweijahreszeitraum entstanden** sein. Gegen Bezüge, die erst nach Ablauf der Zweijahresfrist durch die entsprechende Dienstleistung verdient werden, und gegen Abfindungen, die erst nach diesem Zeitpunkt vereinbart oder vom Arbeitsgericht festgesetzt werden, ist eine Aufrechnung nicht möglich.

Der **Dienstberechtigte** kann mit allen Forderungen aufrechnen, die ihm **zurzeit der Eröffnung** gegen den Dienstverpflichteten zustehen. In Betracht kommen in erster Linie Ansprüche auf Schadensersatz, aus Darlehensvereinbarungen, aus Geschäftsbesorgung und aus ungerechtfertigter Bereicherung. Ein Zusammenhang mit dem Dienstverhältnis ist aber nicht erforderlich. Wer einem Arzt Software geliefert hat, kann mit der Kaufpreisforderung gegen die Honorarforderung aus einem Behandlungsvertrag aufrechnen. Wie sich aus § 94 ergibt, kann die Aufrechnungslage auch aus einer vor Eröffnung des Insolvenzverfahrens geschlossenen Aufrechnungsvereinbarung folgen. Auch die **Verrechnungsbefugnis von Sozialleistungsträgern** nach § 52 SGB I reicht aus, sofern die Ermächtigung zur Verrechnung zum Zeitpunkt der Eröffnung des Insolvenzverfahrens bereits vorlag (vgl. auch § 96 RdNr. 25).[21]

Die Aufrechnung setzt nach § 387 BGB **Gleichartigkeit der Forderungen** voraus. Insoweit erleichtert aber § 95 Abs. 2 die Aufrechnung: Dass die Forderungen auf unterschiedliche Währungen lauten, ist unschädlich, wenn die Währungen frei tauschbar sind (vgl. § 95 RdNr. 34 f.).

Weiter setzt die Aufrechnung gem. § 387 BGB **Fälligkeit der Gegenforderung des Dienstberechtigten** voraus, mit der aufgerechnet werden soll. Daran ändert auch die Insolvenz nichts. Die Aufrechnung kann in einem solchen Fall erst zu dem Zeitpunkt erfolgen, zu dem Fälligkeit eingetreten ist (§ 95 Abs. 1 Satz 1). Ein Arbeitgeber, der einem Arbeitnehmer ein in Raten rückzahlbares Darlehen gegeben hat, kann also immer nur zu

---

[19] *Dieckmann* in Leipold, Insolvenzrecht, S. 211, 232 f., der insoweit den nicht eindeutigen Gesetzeswortlaut kritisiert.
[20] *Kübler/Prütting/Lüke* § 96 RdNr. 7.
[21] Weitergehend BSGE 92, 1 = ZIP 2004, 1327 = ZInsO 2004, 741, nach dem selbst die Ermächtigung zur Verrechnung nicht als schädlicher Forderungserwerb zu behandeln ist, wobei es sich insoweit um ein obiter dictum handelt; aA BayObLG ZIP 2001, 970 = NZI 2001, 367, das die Verrechnung generell ausschließen will.

den Rückzahlungszeitpunkten mit der entsprechenden Rate gegen die zu diesem Zeitpunkt noch bestehenden (pfändbaren) Entgeltforderungen des Arbeitnehmers aufrechnen.[22]

35 Tritt die Fälligkeit der Gegenforderung erst ein, **nachdem die (Haupt)Forderung des Dienstverpflichteten** auf die Bezüge **fällig** geworden ist, scheidet die Aufrechnung aus (§ 95 Abs. 1 Satz 3). Der Dienstberechtigte konnte dann nicht damit rechnen, sich durch Aufrechnung befriedigen zu können. Wird die Gegenforderung erst nach Ablauf des Zweijahreszeitraums fällig, scheidet damit eine Aufrechnung ganz aus. Die bis dahin aufgelaufenen Bezüge waren vor der Gegenforderung fällig und die danach entstandenen Ansprüche werden von der Aufrechnungsmöglichkeit nicht mehr erfasst.

36 Gleiches wie für die Fälligkeit gilt auch für den Fall der **Bedingtheit** der Forderung, mit der aufgerechnet werden soll.

37 **3. Ausschluss der Aufrechnung.** Nach Abs. 2 Satz 2 i. V. m. § 96 Abs. 1 Nr. 2 ist die Aufrechnung ausgeschlossen, wenn der Dienstberechtigte seine Forderung gegen den Dienstverpflichteten **erst nach der Eröffnung** des Verfahrens von einem anderen Gläubiger erworben hat. Der Dienstberechtigte soll sich die ihm nach Abs. 2 zukommende Vorzugsstellung nicht erst auf diesem Wege verschaffen können (vgl. § 96 RdNr. 19 ff.).

38 Unzulässig ist die Aufrechnung nach Abs. 2 Satz 2 i. V. m. § 96 Abs. 1 Nr. 3 auch dann, wenn sich der Dienstberechtigte die Möglichkeit der Aufrechnung durch eine nach den §§ 129 ff. **anfechtbare Rechtshandlung** verschafft hat (dazu § 96 RdNr. 27 ff.). Abs. 2 Satz 2 i. V. m. § 96 Abs. 1 Nr. 4 schließt die Aufrechnung endlich auch dann aus, wenn die Forderung des Dienstberechtigten aus dem freien Vermögen des Schuldners zu erfüllen ist. Diese Vorschrift hat allenfalls klarstellende Bedeutung: Dass der Dienstberechtigte nicht mit Forderungen aufrechnen darf, die erst nach Insolvenzeröffnung entstanden sind, ergibt sich schon aus § 94 (oben RdNr. 24).

39 Auch eine Aufrechnung nach Abs. 2 muss die allgemeinen Aufrechnungsverbote beachten. Insbesondere gilt § 394 BGB, mit der Folge, dass der Dienstberechtigte immer **nur gegen den jeweils pfändbaren Teil der Bezüge** des Dienstverpflichteten aufrechnen kann.[23] Das korrespondiert damit, dass das pfändungsfreie Einkommen ohnehin nicht zur Insolvenzmasse zu ziehen ist (§ 36 RdNr. 39 ff.).

40 Zu beachten sind schließlich **vertragliche Aufrechnungsverbote.** Soweit solche im Rahmen von Dienstverhältnissen vorkommen, ist zu beachten, dass die Auslegung ergeben kann, dass das Aufrechnungsverbot in der Insolvenz des Dienstverpflichteten nicht gelten soll.[24]

41 **4. Erklärung und Wirkung der Aufrechnung.** Die Aufrechnung erfolgt durch Erklärung gegenüber dem anderen Teil (§ 388 Satz 1 BGB). Das ist im Falle der Insolvenz der Insolvenzverwalter. Die Wirkungen der Aufrechnung sind die allgemeinen, insbesondere gelten auch hier die Forderungen mit Rückwirkung auf den Zeitpunkt der Aufrechnungslage als erloschen (§ 389 BGB).

IV. Begrenzung der Einzelzwangsvollstreckung

42 Abs. 3 begrenzt die Wirksamkeit von vor Verfahrenseröffnung im Wege der Zwangsvollstreckung erfolgten Verfügungen über Bezüge des Dienstverpflichteten. Betreffen diese Verfügungen **Bezüge für die Zeit nach Verfahrenseröffnung,** sind sie nur wirksam, soweit sie sich auf Bezüge für den zurzeit der Eröffnung des Verfahrens laufenden Kalendermonat beziehen (Satz 1).[25] Diese Frist wird auf den folgenden Kalendermonat erstreckt, wenn die Pfändung erst nach dem 15. des Monats erfolgt (Satz 2).

43 Mit Verfügung meint das Gesetz die Pfändung nach § 829 ZPO. Ob mir ihr wie üblich die Überweisung nach § 835 ZPO verbunden ist, spielt keine Rolle.

---

[22] *Kübler/Prütting/Moll* § 114 RdNr. 28.
[23] Vgl. im Einzelnen *Jauernig/Stürner* § 394 RdNr. 2 mwN.
[24] *Jauernig/Stürner* § 387 RdNr. 10.
[25] Vgl. BGH NJW 2007, 81 = NZI 2007, 39 = ZIP 2006, 2276; dort auch zum Verhältnis zu Abs. 1.

Die Vorschrift erfasst alle Bezüge eines Dienstverpflichteten, die der Einzelzwangsvollstre- 44
ckung nach den §§ 850 ff. ZPO unterliegen, also sowohl **Entgeltansprüche** (oben Rd-
Nr. 9 ff.) **wie Entgeltersatzansprüche** (oben RdNr. 13 ff.). Dass Abs. 3 im Unterschied
zu Abs. 1 die Entgeltersatzansprüche nicht ausdrücklich erwähnt, ist ohne Belang. Dem
Gesetz kann nicht unterstellt werden, dass es insoweit einen Unterschied machen will.

Nach Abs. 3 Satz 3 Hs. 1 lässt die Vorschrift § 88 unberührt. Es bleibt also dabei, dass 45
eine zwangsvollstreckungsrechtliche Sicherung, die ein Insolvenzgläubiger im letzten Monat
vor dem Antrag auf Eröffnung des Insolvenzverfahrens oder danach erlangt hat, mit der
Eröffnung des Verfahrens unwirksam wird. Soweit die **Rückschlagsperre** greift, bedarf es
keiner Anwendung des § 114 Abs. 3 (s. im Einzelnen § 88 RdNr. 6 ff.). Für Pfändungen
innerhalb eines Zeitraums von drei Monaten vor dem Insolvenzantrag kommt möglicherweise auch eine insolvenzrechtliche Anfechtung nach den §§ 129 ff. in Betracht.[26]

Abs. 3 Satz 3 Hs. 2 erklärt § 89 Abs. 2 Satz 2 für im Rahmen der Vorschrift entspre- 46
chend anwendbar. Die **Einzelzwangsvollstreckung wegen eines Unterhaltsanspruchs**
oder einer Forderung aus einer vorsätzlich unerlaubten Handlung in den für andere Gläubiger nicht pfändbaren Teil der Bezüge (§ 850 d, § 850 f Abs. 2 ZPO) bleibt in ihrer Wirksamkeit, also auch durch die Beschränkung des Abs. 3, unberührt (s. im Einzelnen § 89
RdNr. 36).

§ 115 Erlöschen von Aufträgen

**(1) Ein vom Schuldner erteilter Auftrag, der sich auf das zur Insolvenzmasse
gehörende Vermögen bezieht, erlischt durch die Eröffnung des Insolvenzverfahrens.**

(2) ¹**Der Beauftragte hat, wenn mit dem Aufschub Gefahr verbunden ist, die
Besorgung des übertragenen Geschäfts fortzusetzen, bis der Insolvenzverwalter
anderweitig Fürsorge treffen kann.** ²**Der Auftrag gilt insoweit als fortbestehend.**
³**Mit seinen Ersatzansprüchen aus dieser Fortsetzung ist der Beauftragte Massegläubiger.**

(3) ¹**Solange der Beauftragte die Eröffnung des Verfahrens ohne Verschulden
nicht kennt, gilt der Auftrag zu seinen Gunsten als fortbestehend.** ²**Mit den Ersatzansprüchen aus dieser Fortsetzung ist der Beauftragte Insolvenzgläubiger.**

Schrifttum: *Emde/Kelm*, Der Handelsvertretervertrag in der Insolvenz des Unternehmers, ZIP 2005, 58 ff.; *Kirchhof*, Die Rechtsprechung des Bundesgerichtshofes zum Insolvenzrecht, WM 1996, Sonderbeilage Nr. 2/28, S. 1 ff.; *Kück*, Anmerkung zu BGH, Beschl. v. 20. 11. 2003 – III ZB 24/03, ZInsO 2006, 11 ff.; *Marotzke*, Der Einfluss des Insolvenzverfahrens auf Auftrags- und Geschäftsbesorgungsverhältnisse. Kritische Gedanken zu § 23 KO (§§ 115 ff. InsO), in: Festschrift für Henckel, 1995, S. 579 ff.; *ders.*, Die Behandlung der schwebenden Rechtsgeschäfte, in: Leipold (Hrsg.), Insolvenzrecht im Umbruch, 1991, S. 183 ff.; *ders.*, Anmerkung zu OLG Hamm, Urt. v. 4. 8. 1987 – 25 U 173/86, EWiR 1987, 1121 f. (§ 49 KO); *ders.*, Das Zurückbehaltungsrecht im Konkurs des Gegners, JA 1988, 117 ff.; *Peschke*, Die Insolvenz des Girokonto-inhabers, Diss. Hamburg 2005; *Rottnauer*, Widerspruchsmöglichkeit gegen Einzugsermächtigungslastschriften im Konkurs- oder Vergleichsverfahren des Schuldners?, WM 1995, 272 ff.; *Spliedt*, Anmerkung zu OLG Frankfurt, Urt. v. 2. 6. 2005 – 3 U 185/04, EWiR 2005, 573 f.; *Wochner*, Die unselbständige Stiftung, ZEV 1999, 125 ff.

Übersicht

	RdNr.		RdNr.
I. Normzweck	1	3. Rechtsfolgen	11
II. Entstehungsgeschichte	2	4. Notgeschäftsführung (Abs. 2)	16
III. Einzelerläuterungen	4	5. Fortgeltung bei unverschuldeter Unkenntnis (Abs. 3)	17
1. Anwendungsbereich	4		
2. Voraussetzungen	9		

---

[26] *Nerlich/Römermann/Kießner* § 114 RdNr. 49.

I. Normzweck

1 Die Vorschrift bezweckt eine **Abschirmung des Aufgabenbereichs des Insolvenzverwalters** gegenüber massebezogenen Verwaltungshandlungen Dritter. Ihr Ziel ist es, sicherzustellen, dass die Verwaltung der Masse vom Zeitpunkt der Verfahrenseröffnung allein in den Händen des Verwalters liegt.[1] Dadurch wird die Regelung der Rechtsstellung des Insolvenzverwalters gem. § 80 in faktischer Hinsicht ergänzt. Der Beauftragte darf keine Aktivitäten mehr entfalten, weil diese mit dem Aufgabenbereich des Verwalters **kollidieren** würden. Darüber hinaus gehört zum Normzweck auch die Freihaltung der Insolvenzmasse vor finanziellen Belastungen durch zusätzliche Insolvenzforderungen, die sich aus Ansprüchen des Beauftragten auf Aufwendungsersatz bei einem Fortbestand des Auftrags ergeben könnten.[2] Vertragliche Vereinbarungen, die den Fortbestand des Auftrages über den Zeitpunkt der Verfahrenseröffnung hinaus vorsehen, sind gem. § 119 unwirksam.[3]

II. Entstehungsgeschichte

2 Die Vorschrift entspricht wörtlich der des § 133 RegE und ist inhaltlich im Wesentlichen unverändert aus der Konkursordnung übernommen worden (§§ 23, 27 KO), jedoch wurde die Regelung in Bezug auf Geschäftsbesorgungsverträge in einer besonderen Vorschrift erfasst (§ 116); außerdem wurden die Regelungen des BGB über die Notgeschäftsführung (§ 672 Satz 2 BGB) und über die Fiktion des Fortbestands des Auftrags (§ 674 BGB) unmittelbar in die insolvenzrechtliche Neuregelung integriert.

3 Nach dem Ersten Bericht der Kommission sollten Aufträge nicht bereits mit dem Eröffnungsbeschluss, sondern erst mit der Einleitung des Insolvenzverfahrens erlöschen.[4] Dies wurde damit begründet, dass andernfalls bei einer Reorganisation bereits erloschene Aufträge neu erteilt werden müssten. Für Geschäftsbesorgungsverträge trägt die GesO diesem Anliegen insofern Rechnung, als das Wahlrecht des Verwalters auch für Geschäftsbesorgungsverträge gilt (§ 9 Abs. 1 GesO). Für Auftragsverhältnisse gilt dies jedoch nicht.[5] Der RegE ist dem Vorschlag der Kommission nicht gefolgt, sondern hat an dem Erlöschen von Aufträgen und Geschäftsbesorgungsverträgen und an der **Eröffnung des Insolvenzverfahrens** als dem dafür maßgeblichen Zeitpunkt festgehalten. Diese Regelung wurde im weiteren Gesetzgebungsverfahren nicht mehr in Frage gestellt.[6]

III. Einzelerläuterungen

4 **1. Anwendungsbereich.** Ein Auftrag im Rechtssinne ist ein Vertrag, der eine unentgeltliche Geschäftsbesorgung zum Gegenstand hat. Eine Geschäftsbesorgung in diesem Sinne ist jede Tätigkeit in fremdem Interesse, d. h. jede Tätigkeit, die die Interessen des Auftraggebers oder auch eines Dritten fördert.[7] In Betracht kommen alle Arten **fremdnütziger Tätigkeiten,** nicht nur wirtschaftliche[8] und nicht nur Tätigkeiten höherer Art.[9] Erfasst

---

[1] Begründung zu §§ 133, 134 RegE, BT-Drucks. 12/2443, S. 151; krit. *Kübler/Prütting/Tintelnot,* InsO, §§ 115, 116 RdNr. 2 („rechtspolitisch fragwürdig").

[2] Krit. dazu *Marotzke,* Festschrift für Henckel, S. 579, 587 f., der der Vorschrift des § 23 KO (§ 115 InsO) einen eigenständigen Sinn abspricht. Zur Frage, inwieweit sich aus einer Fortführung der Geschäftsbesorgung nach Eröffnung des Insolvenzverfahrens noch Forderungen gegen die Masse ergeben können, s. u. RdNr. 12.

[3] BGH NZI 2006, 637 ff.; *Andres* in *Andres/Leithaus,* InsO, § 115 RdNr. 10; FK-*Wegener,* InsO, § 115 RdNr. 20; HK-*Marotzke,* § 115 RdNr. 3, 20.

[4] 1. KommBer., Leitsatz 1. 2. 10.

[5] *Smid/Zeuner,* GesO, § 9 RdNr. 4.

[6] Zur Vorgeschichte des § 23 Satz 1 KO s. *Marotzke* (Fn. 2) S. 581 f.

[7] *Palandt/Sprau,* BGB, § 662 RdNr. 7; MünchKommBGB-*Seiler* § 662 RdNr. 22, 24; *Staudinger/Martinek,* BGB, Vorbem. zu §§ 662 ff. RdNr. 22; *Soergel/Beuthien,* BGB, Vor § 662 RdNr. 7; FK-*Wegener,* InsO, § 115 RdNr. 3; *Uhlenbruck/Berscheid,* InsO, §§ 115, 116 RdNr. 8 mit Beispielen.

[8] BGHZ 56, 204, 207 = NJW 1971, 1404; MünchKommBGB-*Seiler* § 662 RdNr. 15; *Palandt/Sprau,* BGB, § 662 RdNr. 7.

[9] MünchKommBGB-*Seiler* § 662 RdNr. 15 f.

werden vielmehr alle unentgeltlichen Tätigkeiten, soweit sie über bloße Gefälligkeiten hinausgehen.[10]

a) Von den Geschäftsbesorgungsverträgen im Sinne des § 116 unterscheidet sich der Auftrag zunächst durch seine **Unentgeltlichkeit.** Das Auftragsverhältnis ist, von der Unentgeltlichkeit abgesehen, nicht in gleicher Weise abzugrenzen wie der Geschäftsbesorgungsvertrag i. S. d. §§ 675 BGB, 116 InsO, da es nicht nur selbstständige wirtschaftliche Tätigkeiten in fremdem Interesse umfasst, sondern jede Tätigkeit für einen anderen. Für ein engeres Verständnis der Geschäftsbesorgung im Sinne des § 675 BGB spricht, dass die Anwendbarkeit des Auftragsrechts auf Dienst- und Werkverträge nicht generell, sondern nur dann sachgerecht ist, wenn die geschuldete Tätigkeit auf die Wahrnehmung fremder Interessen ausgerichtet ist.[11] Demgegenüber kommt dem Auftragsrecht die Aufgabe zu, alle Tätigkeiten für andere, die einer rechtlichen Regelung bedürfen, zu erfassen.[12] Unter Berücksichtigung des Normzwecks des § 115 und der Systematik der insolvenzrechtlichen Beendigung von Vertragsverhältnissen durch die Eröffnung des Insolvenzverfahrens verdient zudem im vorliegenden Zusammenhang die weitere Auslegung den Vorzug. Ein Auftrag im Sinne dieser Vorschrift ist demgemäß jedes Vertragsverhältnis, durch das sich jemand zu einer **unentgeltlichen Tätigkeit** für den Schuldner verpflichtet hat.[13] Die Tätigkeit kann rechtsgeschäftlicher, rechtsgeschäftsähnlicher oder faktischer Art sein und sich auf die Wahrnehmung wirtschaftlicher oder anderer Interessen des Schuldners beziehen; unerheblich ist auch, ob sie selbstständiger oder unselbstständiger Art ist.[14]

b) Tätigkeiten im Rahmen bloßer **Gefälligkeitsverhältnisse** begründen keine rechtsgeschäftliche Bindung und führen deshalb weder zu einer rechtlich relevanten Handlungskompetenz noch zu Ansprüchen auf Aufwendungsersatz.[15] Sie sind auch insolvenzrechtlich unbeachtlich. Die Abgrenzung bestimmt sich nach der **wirtschaftlichen und rechtlichen Bedeutung** der Angelegenheit, vor allem für den Begünstigten.[16]

c) Beispiele für Auftragsverhältnisse mit Bezug auf das Vermögen des Schuldners betreffen die unentgeltlich übernommene Verpflichtung zur Übernahme einer Bürgschaft, zur Erteilung eines Gefälligkeitsakzepts oder zur Bestellung von sonstigen Sicherheiten.[17] Keinen Auftrag i. S. des § 115 stellt eine Schiedsabrede dar.[18]

d) Für Dienst- oder Werkverträge, die eine Geschäftsbesorgung für den Schuldner zum Gegenstand haben, gilt § 115 entsprechend (§ 116 Satz 1). S. dazu im Einzelnen u. § 116 RdNr. 6 ff.

2. Voraussetzungen. a) Weitere Voraussetzung ist, dass der Auftrag vom Schuldner erteilt worden ist und dass sich die geschuldete Tätigkeit auf das **zur Insolvenzmasse gehörende Vermögen** bezieht.[19] Ist der Schuldner selbst Auftragnehmer, findet § 115 keine Anwen-

---

[10] *Esser/Weyers,* Schuldrecht, Bd. II, Teilbd. 1, § 35 I 1 c; *Andres* in *Andres/Leithaus,* InsO, § 115 RdNr. 1.
[11] *Soergel/Beuthien,* BGB, § 662 RdNr. 9.
[12] *Esser/Weyers,* Schuldrecht, Bd. II, Teilbd. 1, § 35 I 1 c.
[13] *Nerlich/Römermann/Kießner,* InsO, § 115 RdNr. 6; FK-*Wegener,* InsO, § 115 RdNr. 3; *Goetsch* in *Breutigam/Blersch/Goetsch,* InsO, § 115 RdNr. 8; *Hess* in *Hess/Weis/Wienberg,* InsO, §§ 115, 116 RdNr. 4; *Jaeger/Henckel,* KO, § 23 RdNr. 1.
[14] MünchKommBGB-*Seiler* § 662 RdNr. 16; *Staudinger/Martinek,* BGB, Vorbem. zu §§ 662 ff. RdNr. 15; *Nerlich/Römermann/Kießner,* InsO, § 115 RdNr. 4.
[15] *Palandt/Heinrichs,* BGB, vor § 241 RdNr. 8 f.; *Nerlich/Römermann/Kießner,* InsO, § 115 RdNr. 6.
[16] BGHZ 56, 204, 210 = NJW 1971, 1404; BGHZ 88, 373, 382 = NJW 1984, 1533; BGHZ 92, 164, 168 = NJW 1985, 1778; *Palandt/Heinrichs,* BGB, vor § 241 RdNr. 8; *Esser/Weyers,* Schuldrecht, Bd. II, Teilbd. 1, § 35 I 3 b.
[17] Vgl. BGH LM § 516 Nr. 2; OLG Karlsruhe WM 1991, 1161, 1163 f.; *Palandt/Sprau,* BGB, Einf. vor § 662 RdNr. 8.
[18] BGH ZInsO 2004, 88 m. Anm. *Kück* ZInsO 2006, 11 ff.; *Graf-Schlicker/Pöhlmann,* InsO, § 115 RdNr. 4; HambKomm-*Ahrendt,* InsO, § 115 RdNr. 2; s. ferner § 80 RdNr. 43.
[19] *Nerlich/Römermann/Kießner,* InsO, § 115 RdNr. 5; *Andres* in *Andres/Leithaus,* InsO, § 115 RdNr. 3; *Goetsch* in *Breutigam/Blersch/Goetsch,* InsO, § 115 RdNr. 9–12; *Smid/Meyer,* InsO, § 115 RdNr. 4; die Beweislast für die Massebezogenheit liegt beim Insolvenzverwalter.

§ 115   10, 11   3. Teil. 2. Abschnitt. Erfüllung Rechtsgeschäfte. Mitwirkung BR

dung, es finden ausschließlich die §§ 662 ff. BGB Anwendung.[20] Tätigkeiten wirtschaftlicher Art für den Schuldner werden sich in aller Regel auf das zur Insolvenzmasse gehörende Vermögen beziehen, weil auch der Neuerwerb des Schuldners in die Insolvenzmasse fällt (§ 35) und insolvenzfreies Vermögen des Schuldners demzufolge grundsätzlich nicht besteht (vgl. aber § 36). Auftragsverhältnisse, die sich auf **Tätigkeiten ideeller Art** beziehen sowie Tätigkeiten, die sich auf die **Person des Schuldners,** nicht auf sein Vermögen beziehen wie Pflege und Betreuung, fallen nicht unter § 115.[21] Dem Auftrag im Sinne einer unentgeltlichen Geschäftsbesorgung kommt im Wirtschaftsleben nur eine untergeordnete Bedeutung zu. Der Schwerpunkt der Regelung des § 115 liegt deshalb bei Vertragsverhältnissen, die von § 116 Satz 1 erfasst werden und für die § 115 entsprechend gilt (§ 116 Satz 1). Keine Anwendung findet § 115 auf vom vorläufigen Insolvenzverwalter erteilte Aufträge.[22]

10   **b)** Die Vorschrift setzt voraus, dass der Auftrag bei Eröffnung des Insolvenzverfahrens noch **nicht vollständig ausgeführt** war.[23] Sie greift nicht ein, wenn der Auftrag bereits vollständig ausgeführt war und der Beauftragte nur noch Herausgabe des durch die Geschäftsbesorgung Erlangten schuldet.[24] War der Auftrag nur teilweise erfüllt, so erlischt er hinsichtlich des noch nicht erfüllten Teils.[25] Bei der Anordnung der vorläufigen Insolvenzverwaltung findet § 115 keine Anwendung.[26]

11   **3. Rechtsfolgen (Abs. 1).** Mit der Eröffnung des Insolvenzverfahrens **erlischt** der vom Schuldner erteilte Auftrag. Diese Rechtsfolge tritt mit Wirkung **ex nunc** ein.[27] Soweit der Auftragnehmer den Auftrag vor Insolvenzeröffnung erfüllt hat, muss der Insolvenzverwalter dies für und gegen die Masse gelten lassen.[28] Hat der Auftragnehmer vor Eröffnung des Insolvenzverfahrens Aufwendungen getätigt, für die er vom Schuldner Ersatz verlangen konnte, so ist er insoweit Insolvenzgläubiger. Soweit er vor Insolvenzeröffnung etwas aus der Geschäftsbesorgung erlangt hat, ist er zur Herausgabe an die Masse verpflichtet (§§ 667 BGB, 80 InsO). Ein Zurückbehaltungsrecht steht dem Auftragnehmer nicht zu.[29] Er kann auch keinen Anspruch auf **Schadensersatz statt der Leistung** geltend machen, weil die Auftragsbeendigung im Hinblick auf die jederzeitige Widerrufsmöglichkeit nach § 671 BGB keine Leistungsstörung darstellt.[30] Wird ein zunächst erlassener Eröffnungsbeschluss später aufgehoben, entfällt rückwirkend auch die Unwirksamkeit des Auftrags.[31]

---

[20] HK-*Marotzke,* InsO, § 115 RdNr. 19; *Goetsch* in *Breutigam/Blersch/Goetsch,* InsO, § 115 RdNr. 3; *Nerlich/Römermann/Kießner,* InsO, § 115 RdNr. 4; *Uhlenbruck/Berscheid,* InsO, §§ 115, 116 RdNr. 6 f.; FK-*Wegener,* InsO, § 115 RdNr. 5; *Hess* in *Hess/Weis/Wienberg,* InsO, §§ 115, 116 RdNr. 9.
[21] *Palandt/Sprau,* BGB, vor § 662 RdNr. 8: Tätigkeiten als Arzt, Erzieher, Vorleser.
[22] FK-*Wegener,* InsO, § 115 RdNr. 8.
[23] HK-*Marotzke,* InsO, § 115 RdNr. 12; *Kuhn/Uhlenbruck,* KO, § 23 RdNr. 5; HambKomm-*Ahrendt,* InsO, § 115 RdNr. 4; *Nerlich/Römermann/Kießner,* InsO, § 115 RdNr. 6 a; *Andres* in *Andres/Leithaus,* InsO, § 115 RdNr. 4.
[24] *Marotzke* EWiR 1987, 1121 (§ 49 KO); HK-*Marotzke,* InsO, § 115 RdNr. 12.
[25] HK-*Marotzke,* InsO, § 115 RdNr. 13.
[26] LG Lübeck DZWiR 2000, 78; FK-*Wegener,* InsO, § 115 RdNr. 7; *Andres* in *Andres/Leithaus,* InsO, § 115 RdNr. 5; HK-*Marotzke,* InsO, § 115 RdNr. 18.
[27] BGH NZI 2006, 637 ff.; FK-*Wegener,* InsO, § 115 RdNr. 7; *Kübler/Prütting/Tintelnot,* InsO, §§ 115, 116 RdNr. 9; *Uhlenbruck/Berscheid,* InsO, §§ 115, 116 RdNr. 11; *Hess* in *Hess/Weis/Wienberg,* InsO, §§ 115, 116 RdNr. 14; *Nerlich/Römermann/Kießner,* InsO, § 115 RdNr. 8; *Smid/Meyer,* InsO, § 115 RdNr. 5; *Andres* in *Andres/Leithaus,* InsO, § 115 RdNr. 6; *Goetsch* in *Breutigam/Blersch/Goetsch,* InsO, § 115 RdNr. 6, 13.
[28] BGH NZI 2006, 637 ff.; *Nerlich/Römermann/Kießner,* InsO, § 115 RdNr. 8; HK-*Marotzke,* InsO, § 115 RdNr. 12 f.; *Uhlenbruck/Berscheid,* InsO, §§ 115, 116 RdNr. 10; FK-*Wegener,* InsO, § 115 RdNr. 7.
[29] OLG Düsseldorf ZIP 1982, 471, 472; OLG Hamm ZIP 2987, 1330, 1331; *Uhlenbruck/Berscheid,* InsO, §§ 115, 116 RdNr. 11; *Andres* in *Andres/Leithaus,* InsO, § 115 RdNr. 6; FK-*Wegener,* InsO, § 115 RdNr. 13, 19, § 116 RdNr. 27; krit. *Kübler/Prütting/Tintelnot,* InsO, §§ 115, 116 RdNr. 9.
[30] BGH NZI 2006, 637 ff.; *Nerlich/Römermann/Kießner,* InsO, § 115 RdNr. 13; *Andres* in *Andres/Leithaus,* InsO, § 115 RdNr. 7; *Uhlenbruck/Berscheid,* InsO, §§ 115, 116 RdNr. 13; *Kübler/Prütting/Tintelnot,* InsO, §§ 115, 116 RdNr. 11; FK-*Wegener,* InsO, § 115 RdNr. 12, § 116 RdNr. 28 a; HambKomm-*Ahrendt,* InsO, § 115 RdNr. 5; *Smid/Meyer,* InsO, § 116 RdNr. 7.
[31] *Goetsch* in *Breutigam/Blersch/Goetsch,* InsO, § 115 RdNr. 7; *Andres* in *Andres/Leithaus,* InsO, § 116 RdNr. 3; *Smid/Meyer,* InsO, § 115 RdNr. 5, FK-*Wegener,* InsO, § 115 RdNr. 9, § 116 RdNr. 24; *Hess* in *Hess/Weis/Wienberg,* InsO, §§ 115, 116 RdNr. 14.

Erlöschen von Aufträgen 12–14 § 115

Das Erlöschen des Auftrags schließt es aus, dass der Beauftragte durch eine **Weiterfüh-** 12
rung seiner Tätigkeit für den Schuldner nach Eröffnung des Insolvenzverfahrens noch
Ansprüche gegen die Masse auf Aufwendungsersatz (§ 670 BGB) erwirbt. Solche Ansprüche
könnten ohnehin nur dann als Insolvenzforderungen geltend gemacht werden, wenn sie im
Zeitpunkt der Insolvenzeröffnung bereits begründet waren, was voraussetzen würde, dass der
anspruchsbegründende Tatbestand bei Verfahrenseröffnung vollständig erfüllt war.[32] Das ist
jedoch zweifelhaft, wenn die Aufwendungen, deren Ersatz verlangt wird, erst nach Insolvenzeröffnung vorgenommen worden sind. In Betracht kommt ein Bereicherungsanspruch
gegen die Masse gem. § 55 Abs. 1 Nr. 3, soweit die Masse durch die Handlung des früheren
Beauftragten bereichert ist.

Das Erlöschen des Auftrags, das durch § 115 Abs. 1 angeordnet wird, erfasst das **Auf-** 13
tragsverhältnis insgesamt, nicht nur eine davon zu unterscheidende Geschäftsführungsbefugnis bzw. „Ermächtigung" zur Geschäftsbesorgung.[33] Eine solche vom Vertragsverhältnis
losgelöste Befugnis ist dem Auftragsrecht ebenso fremd wie dem Recht des Geschäftsbesorgungsvertrags (s. RdNr. 14). Ein **Wahlrecht des Insolvenzverwalters** gem. § 103 kommt
demgemäß nicht in Betracht.[34] Abgesehen davon, dass ein Auftragsverhältnis als nur einseitig
verpflichtender Vertrag vom Tatbestand des § 103 ohnehin nicht erfasst wird, ergibt sich aus
der Systematik der gesetzlichen Regelung, dass die besonderen Vorschriften der §§ 108 ff.
über die Beendigung von Vertragsverhältnissen die allgemeine Bestimmung des § 103 verdrängen. Bedeutung hat dies insbesondere für entgeltliche Geschäftsbesorgungsverträge
i. S. d. § 116 (s. dort RdNr. 48).

Demgemäß kommt eine **entsprechende Anwendung des § 103** auf Auftragsverhält- 14
nisse nicht in Betracht.[35] Eine solche Analogie lässt sich auch nicht damit begründen, dass
sich bei entgeltlichen Geschäftsbesorgungsverträgen die gesetzlich angeordnete Rechtsfolge
des Erlöschens nicht auf den Geschäftsbesorgungsvertrag, sondern nur auf die durch diesen
übertragene Geschäftsführungsbefugnis beziehe.[36] Die durch Auftrag oder Geschäftsbesorgungsvertrag begründete **Geschäftsführungsbefugnis** ist nämlich keine vom zugrundeliegenden vertraglichen Rechtsverhältnis losgelöste Rechtsmacht im Sinne einer abstrakten
Handlungsbefugnis, sondern lediglich eine abbreviative Bezeichnung der aus diesem Vertragsverhältnis resultierenden **Rechte und Pflichten des Beauftragten** bzw. des Geschäftsbesorgers. Diese Rechte und Pflichten können nicht unabhängig von dem Auftrags- oder
Geschäftsbesorgungsvertrag, dem sie entstammen, bestehen. Sie können auch nicht unter
Aufrechterhaltung des Vertragsverhältnisses im Übrigen erlöschen, da sie den Kern dieser
Vertragsverhältnisse bilden. Da der Beauftragte bzw. der Geschäftsbesorger und der Geschäftsherr im Rahmen des Auftrags- bzw. Geschäftsbesorgungsverhältnisses kein gemeinschaftliches Vermögen begründet haben, besteht auch für eine vorübergehende Aufrechterhaltung des Vertragsverhältnisses – anders als bei der Auflösung von Gesellschaften (s. dazu
§ 118 RdNr. 9) – als Liquidationsverhältnis und für **Handlungskompetenzen des Ge-**

---

[32] BGH NZI 2006, 637 ff.; *Kübler/Prütting/Holzer*, InsO, § 38 RdNr. 12; *Weis* in *Hess/Weis/Wienberg*, InsO, § 38 RdNr. 6, 11; HK-*Eickmann*, InsO, § 38 RdNr. 16.
[33] So aber HK-*Marotzke*, InsO, § 115 RdNr. 4; *ders.* (Fn. 2) S. 585 ff.; *Uhlenbruck/Berscheid*, InsO, §§ 115, 116 RdNr. 11; *Smid/Meyer*, InsO, § 115 RdNr. 2 f.; *Spliedt* EWiR 2005, 573, 574.
[34] BGHZ 109, 260, 264 = NJW 1990, 510; BGH NZI 2006, 637 ff.; LG Essen ZIP 1996, 1878, 1879; LG Leipzig ZInsO 1999, 723; LG Cottbus ZInsO 2002, 635 f.; FK-*Wegener*, InsO, § 116 RdNr. 24 f.; *Goetsch* in *Breutigam/Blersch/Goetsch*, InsO, § 115 RdNr. 13; *Smid/Meyer*, InsO, § 115 RdNr. 3; *Nerlich/Römermann/Kießner*, InsO, § 115 RdNr. 7; *Jaeger/Henckel*, InsO, § 23 RdNr. 5 f., 41 ff.; *Kilger/K. Schmidt*, KO, § 23 Anm. 5; *Kirchhof* WM 1996, Sonderbeilage Nr. 2, S. 1, 12; *Kuhn/Uhlenbruck*, KO, § 23 RdNr. 6; *Rottnauer* WM 1995, 272, 277; *Wochner* ZEV 1999, 125, 127; *Andres* in *Andres/Leithaus*, InsO, § 115 RdNr. 5; HambKomm-*Ahrendt*, InsO, § 115 RdNr. 6; *Uhlenbruck/Berscheid*, InsO, §§ 115, 116 RdNr. 12; s. ferner *Peschke*, Insolvenz des Girokontoinhabers, S. 34 ff.; *Emde/Kelm* ZIP 2005, 58.
[35] *Nerlich/Römermann/Kießner*, InsO, § 115 RdNr. 7; dafür aber HK-*Marotzke*, InsO, § 115 RdNr. 8; *ders.* JA 1988, 117, 119 sowie *ders.* in: Leipold, Insolvenzrecht im Umbruch, S. 183, 194; *Hess* in *Hess/Weis/Wienberg*, InsO, §§ 115, 116 RdNr. 3; de lege ferenda auch *Häsemeyer*, Insolvenzrecht, RdNr. 20.72 (dort Fn. 161); ebenfalls kritisch *Kübler/Prütting/Tintelnot*, InsO, §§ 115, 116 RdNr. 2.
[36] HK-*Marotzke*, InsO, § 115 RdNr. 4; *ders.* (Fn. 2) S. 585, sowie *ders.* (Fn. 24) S. 1121 f.

schäftsbesorgers als Liquidator kein Anlass und keine Rechtfertigung.[37] Vielmehr erfolgt die Abwicklung nach den Bestimmungen, die auch bei der Beendigung von Vertragsverhältnissen aus anderen Gründen gelten. Insolvenzrechtliche Besonderheiten ergeben sich daraus, dass die aus dem Vertragsverhältnis resultierenden Ansprüche des Schuldners gegen den Beauftragten bzw. gegen den Geschäftsbesorger nur noch vom Insolvenzverwalter geltend gemacht werden können (§ 80), während Gegenansprüche gegen die Masse geltend gemacht werden müssen und dabei grundsätzlich nur den Rang **einfacher Insolvenzforderungen** haben, sofern nicht die für Maßnahmen der Notgeschäftsführung geltenden Sonderbestimmungen eingreifen. Näher zur Abwicklung von Geschäftsbesorgungsverhältnissen in der Insolvenz u. § 116 RdNr. 48 ff.

15 Das hinter dem Versuch einer Differenzierung zwischen erloschener Geschäftsbesorgungsbefugnis und fortbestehendem Auftrags- bzw. Geschäftsbesorgungsverhältnis stehende Anliegen, dem Insolvenzverwalter ein Wahlrecht gem. § 103 zu eröffnen, lässt sich de lege lata nicht durchsetzen.[38] Der Insolvenzverwalter kann das durch die Eröffnung des Insolvenzverfahrens erloschene Vertragsverhältnis zwar nicht fortsetzen, er kann es aber neu begründen, was auch konkludent geschehen kann (näher dazu u. § 116 RdNr. 49).

16 **4. Notgeschäftsführung (Abs. 2).** Im Interesse der Masse liegt es, dass der Beauftragte **eilbedürftige Geschäfte** auch nach Eröffnung des Insolvenzverfahrens vornimmt, solange der Insolvenzverwalter seine Tätigkeit noch nicht aufgenommen oder noch keine Gelegenheit hatte, seinerseits die erforderlichen Maßnahmen zu treffen, um **Gefahren von der Masse** abzuwenden.[39] Dem trägt **Abs. 2** Rechnung. Der Beauftragte ist trotz des an sich eingetretenen Erlöschens des Auftragsverhältnisses im Sinne einer nachwirkenden Treue- und Fürsorgepflicht verpflichtet, die Maßnahmen zur Abwehr einer drohenden Gefahr für die Masse zu treffen **(Satz 1)**. Insoweit wird das Auftragsverhältnis für die Übergangszeit als fortbestehend fingiert **(Satz 2)**. Daraus folgt, dass der Beauftragte auch für die von ihm in dieser Phase getätigten Aufwendungen Ersatz aus Auftragsrecht (§ 670 BGB) als Masseverbindlichkeit verlangen kann **(Satz 3)**. Von einer Genehmigung der Geschäftsführungsmaßnahme des Beauftragten durch den Verwalter ist der Anspruch nicht abhängig.[40] Diese Regelung ist sachlich geboten, weil der Beauftragte keinen Anreiz hätte, als Notgeschäftsführer Aufwendungen für die Masse vorzunehmen, wenn er damit rechnen müsste, für seinen Ersatzanspruch nur die Insolvenzquote zu erlangen. Die Regelung ist sachgerecht auch deshalb, weil der Beauftragte hinsichtlich der Maßnahmen zur Gefahrenabwehr anstelle des Insolvenzverwalters in dessen Verantwortungsbereich tätig wird. Auf der Grundlage des als fortbestehend geltenden Auftragsverhältnisses handelt der Beauftragte nicht als Vertreter ohne Vertretungsmacht; darüber hinaus kann er die Masse im Rahmen der Notgeschäftsführungsmaßnahme wirksam berechtigen und verpflichten.[41]

17 **5. Fortgeltung bei unverschuldeter Unkenntnis (Abs. 3).** Führt der Beauftragte nach Eröffnung des Insolvenzverfahrens noch Maßnahmen der Geschäftsbesorgung aus, so handelt er an sich als **Geschäftsführer ohne Auftrag** mit der Folge, dass ihm ein Anspruch auf Aufwendungsersatz nur unter den engeren Voraussetzungen des § 683 Satz 1 BGB zusteht, er andererseits aber einer Schadensersatzhaftung gem. § 678 BGB

---

[37] And. HK-*Marotzke*, InsO, § 115 RdNr. 4.
[38] Die Entscheidung BGHZ 109, 260, 264 = NJW 1990, 510 lässt sich für eine solche Differenzierung nicht heranziehen. Der BGH sagt dort ausdrücklich, der Vertrag sei durch die Konkurseröffnung erloschen. Ein Fortbestehen des Mandats wird dort nur unter dem Gesichtspunkt angesprochen, dass sich das Mandat nicht auf das zur Konkursmasse gehörende Vermögen bezieht. Eine rechtliche Unterscheidung zwischen Mandat, das erlischt, und Mandatsvertrag, der fortbesteht, ergibt sich daraus nicht.
[39] BGH NZI 2006, 637 ff.
[40] *Smid/Meyer*, InsO, § 115 RdNr. 8; and. zum früheren Recht *Kuhn/Uhlenbruck*, KO, § 23 RdNr. 11.
[41] *Kübler/Prütting/Tintelnot*, InsO, §§ 115, 116 RdNr. 12; *Uhlenbruck/Berscheid*, InsO, §§ 115, 116 RdNr. 14; *Smid/Meyer*, InsO, § 115 RdNr. 8; *Goetsch* in *Breutigam/Blersch/Goetsch*, InsO, § 115 RdNr. 23; *Nerlich/Römermann/Kießner*, InsO, § 115 RdNr. 16.

ausgesetzt ist. Vor diesen Rechtsnachteilen schützt ihn § 115 Abs. 3 Satz 1. Solange er die Eröffnung des Verfahrens ohne Verschulden nicht kennt, gilt danach zu seinen Gunsten der Auftrag gegenüber der Masse[42] als fortbestehend. Der Beauftragte wird unter den Voraussetzungen des Abs. 3 so behandelt, als habe er den Auftrag vor Eröffnung des Insolvenzverfahrens durchgeführt.[43] Die Beweislast für die Bösgläubigkeit trägt der Insolvenzverwalter.[44]

§ 116 Erlöschen von Geschäftsbesorgungsverträgen

Hat sich jemand durch einen Dienst- oder Werkvertrag mit dem Schuldner verpflichtet, ein Geschäft für diesen zu besorgen, so gilt § 115 entsprechend. Dabei gelten die Vorschriften für die Ersatzansprüche aus der Fortsetzung der Geschäftsbesorgung auch für die Vergütungsansprüche. Satz 1 findet keine Anwendung auf Überweisungsverträge sowie auf Zahlungs- und Übertragungsverträge; diese bestehen mit Wirkung für die Masse fort.

Schrifttum: *Baumbach/Hefermehl,* Kommentar zum Wechsel- und Scheckgesetz, 21. Aufl., 1999; *Baumbach/Hopt,* Kommentar zum HGB, 30. Aufl., 2000; *Bitter/Rauhut,* Anmerkung zu BGH, Urt. v. 6. 7. 2006 – IX ZR 121/05, WuB VI A § 41 InsO 1.07; *Blaschczok,* Der bei Tätigkeit im fremden Interesse Verunglückte und sein Lebensrisiko, in: Festschrift für Wolfgang Gitter, 1995, S. 105 ff.; *Bülow,* Kommentar zum Wechsel- und Scheckgesetz, 1994; *v. Caemmerer,* Fragen des Akzeptkredits, NJW 1955, 41 ff.; *Canaris,* Bankvertragsrecht, Erster Teil, 3. Aufl., 1988; *ders.,* Bankvertragsrecht, 2. Aufl., 1981; *Einsele,* Das neue Recht der Banküberweisung, JZ 2000, 9 ff.; *Emde/Kelm,* Der Handelsvertretervertrag in der Insolvenz des Unternehmers, ZIP 2005, 58 ff.; *Feuerborn,* Die Geltendmachung von Gewährleistungsansprüchen im Bauträgerkonkurs, ZIP 1994, 14 ff.; *Fischer,* Verbraucherinsolvenz – Was passiert mit dem Girokonto?, ZInsO 2003, 101 ff.; *Gundlach/Frenzel/N. Schmidt,* Die Wohnungseigentümergemeinschaft in der Insolvenz, NZI 2006, 437 ff.; *Habersack,* Rechtsfolgen des insolvenzbedingten Erlöschens des Kautionsversicherungsvertrages für den Bürgen, BKR 2007, 77 ff.; *Hölzle,* Das Steuerberatungsmandat in der Insolvenz des Mandanten, DStR 2003, 2075 ff.; *Hopt,* Geschäftsverbindungen zwischen Bank und Kunden, allgemeiner Vertrag, Bankvertrag, in: *Schimansky/Bunte/Lwowski* (Hrsg.), Bankrechtshandbuch, Band II, 1997, §§ 1 und 2; *Kirchhof,* Die Rechtsprechung des Bundesgerichtshofes zum Insolvenzrecht, WM 1996, Sonderbeilage Nr. 2/28, S. 1 ff.; *Knipfer,* Anmerkung zu BGH, Urt. v. 4. 12. 1997 – VII ZR 177/96, MDR 1998, 342 ff.; *Marotzke,* Der Einfluss des Insolvenzverfahrens auf Auftrags- und Geschäftsbesorgungsverhältnisse. Kritische Gedanken zu § 23 KO (§§ 115 ff. InsO), in: Festschrift für Henckel, 1995, S. 579 ff.; *ders.,* Die Behandlung der schwebenden Rechtsgeschäfte, in: *Leipold* (Hrsg.), Insolvenzrecht im Umbruch, 1991, S. 183 ff.; *ders.,* Anmerkung zu OLG Hamm, Urt. v. 4. 8. 1987 – 25 U 173/86, EWiR 1987, 1121 f. (§ 49 KO); *Martinek,* Das Factoringgeschäft, in: *Schimansky/Bunte/Lwowski* (Hrsg.), Bankrechtshandbuch, Band II, 1997, § 102; *Nobbe,* Das Girokonto in der Insolvenz, in: *Prütting* (Hrsg.) Insolvenzrecht 1996, 1997, S. 99 ff.; *Obermüller,* Insolvenzrechtliche Wirkungen des Überweisungsvertrages, ZInsO 1999, 2000, 690 ff.; *Peschke,* Die Insolvenz des Girokontoinhabers, Diss. Hamburg 2005; *Peters,* Der Wechselkredit, in: *Schimansky/Bunte/Lwowski* (Hrsg.), Bankrechtshandbuch, Band I, 1997, § 65; *Proske,* Die Kautionsversicherung in der Insolvenz des Unternehmers, ZIP 2006, 1035 ff.; *Risse/Lindner,* Haftung der Banken nach dem neuen Überweisungsrecht, BB 1999, 2201 ff; *Schimansky,* Girovertrag und Kontokorrent, in: *Schimansky/Bunte/Lwowski* (Hrsg.), Bankrechtshandbuch, Band I, 1997, § 47; *ders.,* Rechtsbeziehungen im Inlands-Überweisungsverkehr, in: *Schimansky/Bunte/Lwowski* (Hrsg.), Bankrechtshandbuch, Band I, 1997, § 49; *Schwintowski/Schäfer,* Bankrecht, 1997; *Sinz,* Leasing und Factoring im Insolvenzverfahren, in: Kölner Schrift zur Insolvenzordnung, 2. Aufl., 2000, S. 593 ff.; *Spliedt,* Anmerkung zu OLG Frankfurt, Urt. v. 2. 6. 2005 – 3 U 185/04, EWiR 2005, 573 f.; *Stapper,* Der Prämienanspruch aus der Kautionsversicherung im Insolvenzverfahren, InVo 2005, 403 f.; *Tinnefeld,* Die Auf- und Verrechnungsmöglichkeit von Kreditinstituten zwischen Krise und Insolvenzverfahren bei debitorischer Kontoführung, Diss. Hamburg 2006; *Wallat,* Einlagenbegriff des Kreditwesengesetzes, NJW 1995, 3236 ff.; *v. Westphalen,* Verspätete Überweisungen – Einige Bemerkungen zur neuen Rechtslage, BB 2000, 157 ff.

---

[42] Nicht jedoch gegenüber Dritten; s. hierzu *Andres* in *Andres/Leithaus,* InsO, § 115 RdNr. 9. Ansprüche gegen den Auftragnehmer aus § 179 BGB sind gleichwohl gem. § 117 Abs. 3 ausgeschlossen; *Smid/Meyer,* InsO, § 115 RdNr. 10; *Andres* in *Andres/Leithaus,* InsO, § 115 RdNr. 9; *Goetsch* in *Breutigam/Blersch/Goetsch,* InsO, § 115 RdNr. 32; *Kübler/Prütting/Tintelnot,* InsO, §§ 115, 116 RdNr. 14; ferner § 117 RdNr. 18 f.
[43] *Kübler/Prütting/Tintelnot,* InsO, §§ 115, 116 RdNr. 13; *Smid/Meyer,* InsO, § 115 RdNr. 11.
[44] *Uhlenbruck/Berscheid,* InsO, §§ 115, 116 RdNr. 15; *Andres* in *Andres/Leithaus,* InsO, § 115 RdNr. 9.

Übersicht

	RdNr.		RdNr.
A. Allgemeines	1	5. Akkreditiv	41
I. Normzweck	1	6. Kreditgeschäft	42
		7. Effektengeschäft	43
II. Entstehungsgeschichte	2	8. Depotgeschäft	44
B. Einzelerläuterungen	4	9. Scheck, Wechsel, Anweisung	45
I. Anwendungsbereich	4	III. Rechtsfolgen	48
1. Allgemeine Voraussetzungen	4	1. Vertragsbeendigung	48
2. Geschäftsbesorgungsvertrag	6	2. Ansprüche des Geschäftsbesorgers	50
3. Baubetreuungsverträge und Bauträgerverträge	10	3. Fortbestand von Überweisungsverträgen, Zahlungs- und Übertragungsverträgen (Satz 3)	51
4. Projektsteuerungsverträge	11		
5. Handelsrechtliche Geschäftsbesorgungsverträge	12	IV. Notgeschäftsführung	53
6. Factoring	13	1. Fortbestand bei Gefahr im Verzug	53
7. Treuhandverträge	21	2. Rechtsfolgen	54
8. Weitere Geschäftsbesorgungsverträge	26	V. Fortgeltung bei unverschuldeter Unkenntnis (Satz 2 i. V. m. § 115 Abs. 3)	55
II. Bankverträge	33		
1. Allgemeines	33	1. Voraussetzungen	55
2. Girovertrag, Überweisungsverkehr	37	2. Rechtsfolgen	56
3. Kontokorrent	39		
4. Lastschriftverfahren	40		

A. Allgemeines

I. Normzweck

1   Die Vorschrift dient demselben Zweck wie § 115.[1] Es soll verhindert werden, dass Dritte unter Berufung auf entsprechende vertragliche Bindungen Geschäfte für den Schuldner besorgen und dadurch den Insolvenzverwalter in der Erfüllung seiner Aufgaben behindern. Für die Verwaltung des Vermögens des Schuldners ist nach der Eröffnung des Insolvenzverfahrens im Regelfall allein der Insolvenzverwalter zuständig und verantwortlich. Dies wird durch die für Geschäftsbesorgungsverträge mit dem Schuldner als Geschäftsherrn geltende Sondervorschrift des § 116 unterstrichen, nach der solche Verträge im Unterschied zu sonstigen Dienst- oder Werkverträgen mit Eröffnung des Insolvenzverfahrens zwingend erlöschen. Damit wird klargestellt, dass die Verwaltung der Masse vom Zeitpunkt der Verfahrenseröffnung **allein in den Händen des Insolvenzverwalters** liegt.[2] Verträge, die von der Vorschrift des § 116 Satz 1 erfasst werden, erlöschen mit Eröffnung des Insolvenzverfahrens endgültig und unterliegen damit nicht dem Wahlrecht des Insolvenzverwalters gem. § 103. Sie können demgemäß nicht durch einseitige Erklärung des Verwalters aufrechterhalten und fortgesetzt werden. Die Vorschrift des § 116 Satz 1 geht auch der des § 113 Abs. 1 vor, sofern es sich um einen Dienstvertrag mit dem Schuldner handelt, der eine Geschäftsbesorgung zum Gegenstand hat und bei dem der Schuldner der Dienstberechtigte ist. Die Vertragsinteressen des Geschäftsbesorgers werden durch die Verweisung auf § 115 vollen Umfangs geschützt in Fällen der Notgeschäftsführung für die Masse (§ 115 Abs. 2) und in eingeschränktem Umfang solange, als er von der Eröffnung des Insolvenzverfahrens ohne Verschulden keine Kenntnis erlangt hat (§ 115 Abs. 2). Für Überweisungs-, Zahlungs- und Übertragungsverträge, die vor Eröffnung des Insolvenzverfahrens zustande gekommen sind, enthält § 116 Satz 2 eine Sonderregelung; diese Verträge bestehen fort. Weder erlö-

---

[1] S. dort RdNr. 1.
[2] Begründung zu § 134 RegE, BT-Drucks. 12/2443, S. 151.

schen sie nach §§ 116, 115 Abs. 1 noch unterliegen sie dem Wahlrecht des Insolvenzverwalters gem. § 103.

II. Entstehungsgeschichte

Die Vorschrift entspricht im Wesentlichen der des § 134 RegE und ist inhaltlich unverändert aus der Konkursordnung übernommen worden (§§ 23 Abs. 2, 27 KO). Dabei wurde die Regelung in Bezug auf Geschäftsbesorgungsverträge in einer besonderen Vorschrift erfasst. Außerdem wurden die in § 27 KO nicht erwähnten Vergütungsansprüche des Geschäftsbesorgers durch Satz 2 ausdrücklich einbezogen. Nach dem Vorschlag der Kommission sollten Geschäftsbesorgungsverträge nicht erlöschen, sondern lediglich vom Verwalter gekündigt werden können.[3] Zur Entstehungsgeschichte s. weiter § 115 RdNr. 2 f.

§ 116 Satz 3 ist durch Art. 2 Abs. 3 Überweisungsgesetz[4] eingefügt worden. Die Norm erfasst Überweisungs-, Zahlungs- und Übertragungsverträge i. S. d. §§ 676a, 676d, 676 BGB. § 116 Satz 3 ist bereits am 14. 8. 1999 in Kraft getreten, während die Änderungen des BGB über das Überweisungsrecht gemäß Art. 228 Abs. 2 EGBGB auf Inlandsüberweisungen und Überweisungen in Drittstaaten erst ab dem 1. 1. 2002 gelten. Sinn und Zweck des § 116 Satz 3 ist es, die Abwicklung bereits geschlossener Überweisungsverträge zu erleichtern und den Auftragnehmer zu schützen. Der Gesetzgeber wollte mit Einführung des § 116 Satz 3 vor allem die Unsicherheiten beseitigen, die bei der Auslegung des Begriffes der Gefahr im Verzug im Rahmen der §§ 116, 115 Abs. 2 bestehen und für laufende Überweisungen Klarheit schaffen.[5]

B. Einzelerläuterungen

I. Anwendungsbereich

1. Allgemeine Voraussetzungen. Anwendbar ist die Vorschrift nur im Falle der **Insolvenz des Geschäftsherrn**, § 116 Satz 1. Ist der Schuldner nicht der Geschäftsherr, so kann es zu einer Kollision der Geschäftsbesorgung mit der Verwaltungskompetenz des Insolvenzverwalters von vornherein nicht kommen.[6] Die Insolvenz dessen, der zur Geschäftsbesorgung verpflichtet ist, führt nicht zur Auflösung des Vertragsverhältnisses nach dieser Vorschrift. Vielmehr endet das Vertragsverhältnis gem. § 103 unter den dort genannten Voraussetzungen; hierzu und zur Frage des Wahlrechts des Insolvenzverwalters in diesem Fall s. § 103 RdNr. 104. Die Insolvenz des zur Geschäftsbesorgung Verpflichteten kann für den Geschäftsherrn Anlass geben, einen Dienstvertrag gem. § 626 Abs. 1 BGB bzw. einen Werkvertrag wegen Unzumutbarkeit der Vertragsfortsetzung gem. § 242 BGB **aus wichtigem Grund** zu kündigen oder einen Werkvertrag durch Kündigung gem. § 649 BGB vorzeitig zu beenden.

Voraussetzung für das Erlöschen eines Geschäftsbesorgungsvertrags gem. §§ 116 Satz 1, 115 Abs. 1 ist weiter, dass sich die Geschäftsbesorgung auf das **zur Insolvenzmasse** gehörende Vermögen bezieht. Da eine Geschäftsbesorgung stets auf die Wahrnehmung wirtschaftlicher Belange gerichtet ist, andererseits auch der Neuerwerb des Schuldners in die Insolvenzmasse fällt (§ 35), werden Geschäftsbesorgungsverträge **in aller Regel** der Vorschrift des § 116 Satz 1 unterfallen (s. dazu § 115 RdNr. 9). Ausnahmen ergeben sich vor allem für Mandate in Ehe- und Familiensachen.[7]

---

[3] 1. KommBer. Leitsatz 2. 4. 1. 9 Abs. 2.
[4] Zu den Neuregelungen durch das Überweisungsgesetz vgl. *Einsele* JZ 2000, 9 ff.; *Risse/Lindner* BB 1999, 2201 ff.; *v. Westphalen* BB 2000, 157 ff.
[5] RegE BT-Drucks. 14/745, S. 29.
[6] *Nerlich/Römermann/Kießner*, InsO, § 116 RdNr. 2.
[7] FK-*Wegener*, InsO, § 116 RdNr. 23.

§ 116 6–9

2. Geschäftsbesorgungsvertrag. Die Vorschrift gilt für Dienst- oder Werkverträge, die eine Geschäftsbesorgung zum Gegenstand haben. Der Tatbestand entspricht dem des § 675 BGB.

6   a) Nach vorherrschender Meinung bedeutet Geschäftsbesorgung eine **selbstständige Tätigkeit wirtschaftlicher Art in fremdem Interesse**;[8] kennzeichnend dafür ist, dass es sich um eine Tätigkeit handelt, für die ursprünglich der Geschäftsherr selbst zu sorgen hatte, die ihm aber durch einen anderen abgenommen wird.[9] Keine Geschäftsbesorgung für einen anderen liegt vor, wenn der Aufgabenkreis des Geschäftsherrn mit Hilfe des Vertragspartners erst geschaffen werden soll.[10] Ebenso scheidet eine Geschäftsbesorgung aus bei unselbstständigen Tätigkeiten[11] sowie bei Tätigkeiten, die sich nicht auf die Wahrnehmung von Vermögensangelegenheiten beziehen.[12] Unter § 116 fallen nur entgeltliche Geschäftsbesorgungsverträge (Dienst- oder Werkvertrag).

7   Die Abgrenzung von Auftrag (§ 662 BGB) und Geschäftsbesorgung (§ 675 BGB) ist umstritten. Nach vorherrschender Ansicht umfasst das Auftragsverhältnis jede Tätigkeit für einen anderen,[13] während der Begriff der Geschäftsbesorgung enger gefasst und nur auf selbstständige Tätigkeiten wirtschaftlicher Art bezogen wird[14] (s. dazu o. § 115 RdNr. 5). Die arbeitsgerichtliche Rechtsprechung wendet demgegenüber § 675 BGB ohne diese Einschränkung an.[15]

8   b) Dieser Streit hat für die Anwendung des § 116 insoweit keine Bedeutung, als er die Abgrenzung von Auftrag und Geschäftsbesorgung betrifft, weil § 116 für die Rechtsfolge auf § 115 verweist. Für Aufträge wie für Geschäftsbesorgungsverträge, bei denen der Schuldner Auftraggeber bzw. Geschäftsherr ist, gilt, dass sie mit Eröffnung des Insolvenzverfahrens erlöschen. **Dienstverträge**, die keine Geschäftsbesorgung für den Schuldner zum Gegenstand haben, unterfallen der Vorschrift des § 113 Abs. 1, sofern der Schuldner der Dienstberechtigte ist, mit der Folge, dass sie fortbestehen. Sie können aber vom Insolvenzverwalter und vom anderen Teil ohne Vorliegen eines sonstigen Kündigungsgrundes unter verkürzten Fristen gekündigt werden (§ 113 Abs. 1 Satz 1 und 2). **Werkverträge**, die keine Geschäftsbesorgung für den Schuldner zum Gegenstand haben, unterfallen dem Wahlrecht des Verwalters gem. § 103. Aus dem Normzweck der §§ 115, 116, wonach das Erlöschen der dort genannten Verträge sicherstellen soll, dass die Verwaltung der Insolvenzmasse allein in den Händen des Insolvenzverwalters liegt, folgt, dass davon nur Tätigkeiten erfasst werden, die der Wahrnehmung von Obliegenheiten des Schuldners dienen.[16]

9   c) Geschäftsbesorgungsverträge im dargelegten und hier maßgeblichen Sinn sind alle Verträge, die sich ihrem Gegenstand nach auf die **Wahrnehmung von Vermögensinteressen** des Schuldners beziehen. Dazu gehören Vertragstypen wie Anwaltsverträge, Verträge mit Steuerberatern und Wirtschaftsprüfern, Vermögens- und Anlageberatern sowie mit Vermögensverwaltern, weiter Schiedsgutachter- und Schiedsrichterverträge[17] (dazu u. Rd-

---

[8] BGHZ 45, 223, 228 = NJW 1966, 1452; BGH NJW-RR 1992, 560; *Palandt/Sprau*, BGB, § 675 RdNr. 2f.; MünchKommBGB-*Seiler* § 662 RdNr. 12, 18ff.; *Staudinger/Martinek*, BGB, § 675 RdNr. A 9; *Andres* in *Andres/Leithaus*, InsO, § 116 RdNr. 2.
[9] BGHZ 45, 223, 229 = NJW 1966, 1452 im Anschluss an die Rechtsprechung des Reichsgerichts; RGZ 97, 61, 65f.; RGZ 109, 299, 301; BGH NJW-RR 1992, 560.
[10] BGHZ 45, 223, 229 = NJW 1966, 1452; *Palandt/Sprau*, BGB, § 675 RdNr. 4.
[11] *Goetsch* in *Breutigam/Blersch/Goetsch*, InsO, § 116 RdNr. 7; *Soergel/Häuser/Welter*, BGB, § 675 RdNr. 4; *Staudinger/Martinek*, BGB, § 675 RdNr. A 11; MünchKommBGB-*Seiler* § 662 RdNr. 21; *Palandt/Sprau*, BGB, § 675 RdNr. 3; *Jauernig/Mansel*, BGB, § 675 RdNr. 5; *Staudinger/Martinek*, BGB, Vorbem. zu §§ 662ff. RdNr. 15.
[12] *Palandt/Sprau*, BGB, § 675 RdNr. 3.
[13] BGHZ 56, 204, 207 = NJW 1971, 1404; *Fikentscher*, Schuldrecht, § 81 I 3; *Soergel/Beuthien*, BGB, § 662 RdNr. 10; *Palandt/Sprau*, BGB, § 662 RdNr. 7.
[14] Eingehend hierzu MünchKommBGB-*Heermann* § 675 RdNr. 3ff.; *Staudinger/Martinek*, BGB, § 675 RdNr. A 11ff., A 17ff.
[15] BAG GrS NJW 1962, 411, 414.
[16] *Goetsch* in *Breutigam/Blersch/Goetsch*, InsO, § 115 RdNr. 2; FK-*Wegener*, InsO, § 115 RdNr. 5.
[17] Str.; s. hierzu MünchKommBGB-*Heermann* § 675 RdNr. 100–102 mwN.

Nr. 26 ff.) und insbesondere ein wesentlicher Teil der Bankverträge (dazu u. RdNr. 33 ff.). Diese Zusammenstellung ist nicht abschließend. Erfasst wird etwa auch das öffentlich-rechtliche Sonderverhältnis zwischen Notar und Urkundspartei, jedenfalls im Hinblick auf die Verpflichtung des Notars, gegenüber dem Grundbuchamt durch Stellung von Anträgen tätig zu werden.[18]

3. Baubetreuungsverträge und Bauträgerverträge. Der Baubetreuungsvertrag stellt eine Geschäftsbesorgung dar, weil hierfür kennzeichnend ist, dass der Baubetreuer im Namen und für Rechnung des Bauherrn die planerische Gestaltung sowie die Durchführung, Beaufsichtigung und Abrechnung des Bauprojekts wahrnimmt.[19] Hierzu gehört auch die Projektsteuerung (vgl. § 31 HOAI); s. u. RdNr. 11. Die Einordnung des **Bauträgervertrags** ist dagegen streitig. Gekennzeichnet ist dieser durch den Umstand, dass der Bauträger ein Bauwerk auf einem ihm gehörenden oder von ihm zu beschaffenden Grundstück im eigenen Namen für Rechnung eines andern errichtet.[20] Auf einen solchen Vertrag wendet die Rechtsprechung hinsichtlich der Gewährleistung Werkvertragsrecht an,[21] erkennt darin aber neben kaufvertraglichen Elementen je nach den Umständen auch Bestandteile aus dem **Auftrags- und Geschäftsbesorgungsrecht**.[22] Seinem Schwerpunkt nach ist dieser Vertrag jedoch keine Geschäftsbesorgung, sondern auf den Erwerb von Grundstück und Bauwerk gerichtet; § 116 findet hierauf folglich keine Anwendung.[23] Soweit dieser Vertrag Elemente einer Geschäftsbesorgung enthält, geben diese dem Vertrag **keinen prägenden Charakter,** sondern sind nur ein mehr oder weniger untergeordneter Bestandteil der in erster Linie auf die Erstellung des Bauwerkes und Übertragung des Grundstücks gerichteten Gesamtleistung.[24] Der Grund für die automatische Vertragsbeendigung nach §§ 115, 116, eine Kollision mit den Aufgaben des Insolvenzverwalters zu verhindern, greift hier nicht durch. Da der Vertrag im Übrigen nur **einheitlich abgewickelt** werden kann, ist er insgesamt nach § 103 zu bewerten.[25]

4. Projektsteuerungsverträge. Die Koordination von im Rahmen von Großvorhaben anfallenden Aufgaben, die von baurechtlichen Anforderungen[26] über planerische Aufgaben und Ausschreibungsleistungen bis hin zur Termin- und Kostenkontrolle reichen, bildet den Gegenstand von Projektsteuerungsverträgen.[27] Der Projektsteuerer soll für den Bauherrn diese Aufgaben wahrnehmen und den erfolgreichen Ablauf des Bauvorhabens gewährleisten.[28] Der Architekt oder Ingenieur wird im Rahmen des Projektsteuerungsvertrages mit umfassenden Beratungs-, Koordinations- und Kontrollleistungen beauftragt.[29] Über die rechtliche Natur des Projektsteuerungsvertrages herrscht Streit. Während er zum Teil als

---

[18] BayObLG ZInsO 2003, 1143.
[19] BGHZ 70, 187 = NJW 1978, 1165; BGH BauR 1991, 475; *Palandt/Sprau*, BGB, § 675 RdNr. 13 f.
[20] MünchKommBGB-*Heermann* § 675 RdNr. 97.
[21] BGHZ 60, 362 = NJW 1973, 1235; BGHZ 61, 369 = NJW 1974, 143; BGHZ 74, 204, 206 = NJW 1979, 1406; BGHZ 92, 123, 126 mwN = NJW 1984, 2573.
[22] BGHZ 92, 123, 126 = NJW 1984, 2573.
[23] *Feuerborn* ZIP 1994, 14, 15 f.; FK-*Wegener*, InsO, § 103 RdNr. 79; ausführlich zum Bauträgervertrag MünchKommBGB-*Heermann* § 675 RdNr. 97 f.; *Soergel/Häuser/Welter*, BGB, § 675 RdNr. 351 ff.
[24] *Feuerborn* (Fn. 23) S. 15 f.
[25] *Feuerborn* (Fn. 23) S. 16; *Kuhn/Uhlenbruck*, KO, § 17 RdNr. 2 f.
[26] Zur Tätigkeit der Projektsteuerer unter dem Blickwinkel des Rechtsberatungsgesetzes vgl. BGH NJW 1976, 1635; *Heermann*, Die Tätigkeit der Projektsteuerer unter dem Blickwinkel des Rechtsberatungsgesetzes, BauR 1996, 48 ff.
[27] Vgl. § 31 HOAI. S. dazu AHO-Fachkommission, Untersuchungen zum Leitbild des § 31 HOAI und zur Honorierung für die Projektsteuerung; AHO-Schriftenreihe Nr. 9, 1996 (Verlag Bundesanzeiger). Zur Maßgeblichkeit der HOAI für Projektsteuerungsverträge vgl. BGH MDR 1997, 729; BGH MDR 1998, 342 m. Anm. *Knipfer*.
[28] *Heiermann* (Fn. 26) S. 48; *Stapelfeld*, Der Projektsteuerungsvertrag – juristische terra incognita?, BauR 1994, 693, 694; *Stemmer/Wierer*, Rechtsnatur und zweckmäßige Gestaltung von Projektsteuerungsverträgen, BauR 1997, 935, 939 f.; *Wagner*, Projektmanagement – Treuhandschaft – Immobilienedevelopment, BauR 1991, 665, 666; *Pott/Dahlhoff/Kniffka* HOAI, 7. Aufl. 1996, § 31 RdNr. 1; *Locher/Koeble/Frik*, HOAI, 8. Aufl. 2002, § 31 RdNr. 1.
[29] *Stapelfeld* (Fn. 28) S. 696.

§ 116   12, 13   3. Teil. 2. Abschnitt. Erfüllung Rechtsgeschäfte. Mitwirkung BR

Dienstvertrag angesehen wird,[30] geht die herrschende Meinung davon aus, dass es sich um einen **Geschäftsbesorgungsvertrag** i. S. d. § 675 BGB handelt,[31] wobei die Unterscheidung zwischen dem dienst- und dem werkvertraglichen Charakter jeweils nach den Umständen des Einzelfalles vorgenommen wird.[32] Nach anderer Ansicht soll der Projektsteuerungsvertrag als Werkvertrag einzustufen sein.[33] Angesichts der Vielgestaltigkeit des Aufgabenbereiches eines Projektsteuerers verbietet sich eine schematische Einordnung des Projektsteuerungsvertrages als Dienst- oder als Werkvertrag; vielmehr ist dafür auf die jeweilige **Interessenlage der Parteien** abzustellen. Unabhängig davon unterliegt aber der Projektsteuerungsvertrag als Geschäftsbesorgungsvertrag der Vorschrift des § 116. Geschäftsbesorgungsverträge sind auch Projektentwicklungsverträge, bei denen der Auftragnehmer umfassende Pflichten in Bezug auf die Entwicklung eines technischen und finanziellen Konzepts sowie die Klärung aller relevanter rechtlicher Fragen übernimmt.[34]

12   **5. Handelsrechtliche Geschäftsbesorgungsverträge.** Handelsrechtliche Vertragstypen stellen Geschäftsbesorgungsverträge dar, soweit sie nicht den Güter- und Leistungsaustausch selbst, sondern dessen Vorbereitung und Unterstützung betreffen. Dazu gehören **Absatzmittlerverträge,** insbesondere der **Handelsvertretervertrag,**[35] weiter **Ein- und Verkaufskommissionen.**[36] Nicht darunter fällt der Vertragshändlervertrag, da der **Vertragshändler,** obgleich in die Absatzorganisation des Herstellers eingegliedert, in eigenem Namen und **für eigene Rechnung** tätig wird.[37] Eine Geschäftsbesorgung stellt die Tätigkeit des **Spediteurs** dar,[38] nicht aber die des **Frachtführers.**[39] Das **Lagergeschäft** stellt keine Geschäftsbesorgung, sondern einen gegenseitigen Vertrag i. S. d. § 103 dar.[40]

13   **6. Factoring.** Die Anwendung des § 116 Satz 1 auf Factoring-Geschäfte hängt davon ab, inwieweit diese als Geschäftsbesorgungsverträge einzuordnen oder solchen Verträgen insolvenzrechtlich gleichzustellen sind. Die schuldrechtliche Einordnung von Factoringverträgen ist im Einzelnen streitig; streitig war unter der Geltung der Konkursordnung auch, ob solche Verträge mit der Eröffnung des Verfahrens endgültig erlöschen oder ob sie ggf. einem Wahlrecht des Verwalters unterliegen.[41] Diese Streitfragen behalten auch unter der Geltung der Insolvenzordnung ihre Relevanz. Wegen der **Vielschichtigkeit der Factoringverträge** verbietet sich

---

[30] *Jochem* HOAI, 4. Aufl. 1998, § 31 RdNr. 2; *Hesse/Korbion/Mantscheff/Vygen,* HOAI, 6. Aufl. 2004, § 31 RdNr. 5.
[31] OLG Düsseldorf BauR 1999, 508, 509; *Stapelfeld* (Fn. 28) S. 696 f.; *Stemmer/Wierer* (Fn. 28) S. 935 ff.; *Hartmann/Wingsch* HOAI, Std. 1992, § 31 RdNr. 30; *Pott/Dahlhoff/Kniffka* (Fn. 28) § 31 RdNr. 10.
[32] So auch BGH BB 1995, 951, ohne allerdings den Projektsteuerungsvertrag als Geschäftsbesorgungsvertrag zu bezeichnen.
[33] *Neuenfeld/Baden/Dohna/Groscurt/Schmitz,* Handbuch des Architektenrechts, Band II, 3. Aufl. 1998, § 31 RdNr. 11.
[34] Vgl. BGH MDR 1997, 729, 730; BGH MDR 1998, 342 m. Anm. *Knipfer;* OLG Stuttgart NJW-RR 1989, 917.
[35] *Jaeger/Henckel,* KO, § 23 RdNr. 9; *Gottwald, P./Huber,* Insolvenzrechts-Handbuch, § 37 RdNr. 39; *Staudinger/Martinek,* BGB, § 675 RdNr. B 218; FK-*Wegener,* InsO, §§ 116 RdNr. 15; *Andres* in *Andres/Leithaus,* InsO, § 116 RdNr. 4; *Smid/Meyer,* InsO, § 116 RdNr. 10; *Emde/Kelm* ZIP 2005, 58 ff.; *Kübler/Prütting/Tintelnot,* InsO, § 115, 116 RdNr. 5.
[36] BGHZ 8, 222, 225 f. = NJW 1953, 377; *Staudinger/Martinek,* BGB, § 675 RdNr. B 120; *Smid/Meyer,* InsO, § 116 RdNr. 11; FK-*Wegener,* InsO, § 116 RdNr. 12.
[37] *Palandt/Sprau,* BGB, § 675 RdNr. 25.
[38] OLG Hamburg OLGR Hamburg 1999, 246; *Kilger/K. Schmidt,* KO, § 23 RdNr. 1 a; *Gottwald/Huber,* Insolvenzrechts-Handbuch, § 37 RdNr. 39; HK-*Marotzke,* InsO, § 116 RdNr. 4.
[39] MünchKommHGB-*Dubischar* § 425 RdNr. 33; HK-*Marotzke*, InsO, § 116 RdNr. 4; HK-*Ruß,* HGB, § 425 RdNr. 9 (Werkvertrag); aA *Staudinger/Martinek,* BGB, § 675 RdNr. B 111; *Uhlenbruck/Berscheid,* InsO, §§ 115, 116 RdNr. 8; *Goetsch* in *Breutigam/Blersch/Goetsch,* InsO, § 116 RdNr. 17.
[40] OLG Oldenburg MDR 1990, 820; MünchKommHGB-*Frantzioch* § 416 RdNr. 2; *Kilger/K. Schmidt,* KO, § 23 Anm. 1 a; *Uhlenbruck/Berscheid,* InsO, §§ 115, 116 RdNr. 8; HK-*Ruß,* HGB § 416 RdNr. 2; *Hess* in *Hess/Weis/Wienberg,* InsO, § 103 RdNr. 20; FK-*Wegener,* InsO, § 103 RdNr. 19; HK-*Marotzke,* InsO, § 116 RdNr. 4; *Kübler/Prütting/Tintelnot,* InsO, §§ 115, 116 RdNr. 16.
[41] Nach hM fand § 23 Satz 2 KO im Konkurs des Anschlusskunden Anwendung; *Kuhn/Uhlenbruck,* KO, § 23 RdNr. 20 b; *Jaeger/Henckel,* KO, § 17 RdNr. 17; and. *Staudinger/Hopt/Mülbert,* BGB, Vorbem. zu §§ 607 ff. RdNr. 772; zweifelnd *Kilger/K. Schmidt,* KO, § 23 Anm. 13.

eine generelle Antwort. Vielmehr ist nach den unterschiedlichen Vertragsgestaltungen und Konstellationen zu differenzieren. Das Factoring hat insgesamt den gewerbsmäßigen Ankauf und die Geltendmachung von Forderungen eines Unternehmens aus Warenlieferung oder Dienstleistungen zum Gegenstand, wobei der Factor zugleich die Debitorenbuchhaltung und die Forderungsbeitreibung übernimmt sowie weitere **Leistungen für das Unternehmen (Anschlusskunde)**[42] erbringt, wodurch dieses von dem mit der Verwaltung des Forderungsbestands verbundenen Aufwand entlastet wird.[43] Das Zusammenwirken von Factor und Anschlusskunde regelt der Factoringvertrag, der ein Dauerschuldverhältnis begründet und die generellen Rechte und Pflichten der Beteiligten festlegt; in diesem Rahmen finden die einzelnen Factoringgeschäfte statt, die jeweils aus einem **schuldrechtlichen Kausalgeschäft** und der **Übertragung der Forderung** bestehen. Zu unterscheiden ist weiter das **echte Factoring,** bei dem der Factor die Forderung endgültig erwirbt und das Delkredererisiko übernimmt, vom **unechten Factoring,** bei dem der Factor bei Uneinbringlichkeit der Forderung den Anschlusskunden rückbelastet. Beide Gestaltungen können in derselben Geschäftsbeziehung nebeneinander vereinbart sein (Silo-Prinzip).[44] Das unechte Factoring ist in der Praxis wenig verbreitet.[45] Unterschiede zwischen echtem und unechtem Factoring ergeben sich – von der Rückbelastung bei Forderungsausfall abgesehen – hinsichtlich der Frage, ob dem Factor in der Insolvenz des Anschlusskunden ein Aussonderungs- oder ein Absonderungsrecht zusteht. Beim echten Factoring wird dem Factor überwiegend ein Aussonderungsrecht zuerkannt,[46] während die Abtretung beim unechten Factoring als Sicherungszession eingestuft wird mit der Folge, dass dem Factor nur ein Absonderungsrecht zugestanden wird.[47]

a) Eine Anwendung des § 116 kommt von vornherein nur in der **Insolvenz des Anschlusskunden** in Betracht.[48] In der Insolvenz des Factors findet die Vorschrift nach ihrem Tatbestand keine Anwendung, weil der Anschlusskunde ihm keine dienst- oder werkvertragsspezifischen Vertragsleistungen zu erbringen hat.[49] Dem Insolvenzverwalter des Factors steht auch kein insolvenzrechtliches Kündigungsrecht zu; § 113 Abs. 1 Satz 1 ist ungeachtet der rechtlichen Einordnung des Factoringgeschäfts aus dem gleichen Grund nicht anwendbar. In Betracht kommt aber ein **Wahlrecht** des Insolvenzverwalters gem. § 103, falls der Vertrag beiderseits noch nicht voll erfüllt ist (s. § 103 RdNr. 71).

b) Hinsichtlich der einzelnen Factoringgeschäfte kommt eine Anwendung des § 116 Satz 1 nicht in Betracht. Das gilt jedenfalls für das **echte Factoring.** Die auf Übernahme der einzelnen Forderungen gerichteten Verträge sind Kaufverträge (Forderungskauf).[50] Der einzelne Vertrag ist auf den endgültigen Erwerb der Forderung durch den Factor gerichtet, der dafür ein Entgelt an den Anschlusskunden entrichtet. Dies unterscheidet das einzelne Factoringgeschäft von einem Geschäftsbesorgungsvertrag, der auf die Beitreibung von Forderungen auf Rechnung des Gläubigers gerichtet ist.[51] Ist das auf den einzelnen Forderungs-

---

[42] Die Terminologie ist uneinheitlich; verwendet werden auch die Begriffe Klient, Factoringgeber, Factoringkunde, oder Anschlussfirma. Die Rechtsprechung verwendet den Begriff des Anschlusskunden (vgl. nur BGHZ 100. 353 = NJW 1987, 1878).
[43] *Martinek/Oechsler*, Bankrechtshandbuch, § 102 RdNr. 3.
[44] *Martinek/Oechsler*, Bankrechtshandbuch, RdNr. 21 mwN.
[45] *Smid/Meyer*, InsO, § 116 RdNr. 33 (Schattendasein).
[46] *Uhlenbruck/Sinz*, InsO, §§ 115, 116 RdNr. 43; *Smid/Meyer*, InsO, § 116 RdNr. 38; *Sinz*, Kölner Schrift, RdNr. 78; aA – Absonderungsrecht – *Häsemeyer*, Insolvenzrecht, RdNr. 18.50.
[47] *Martinek/Oechsler*, InsO, § 116 RdNr. 38; *Kilger/K. Schmidt*, KO, § 43 Anm. 11 c; aA – Aussonderungsrecht – *Sinz* (Fn. 46) RdNr. 79; *Uhlenbruck/Sinz*, InsO, §§ 115, 116 RdNr. 44.
[48] *Uhlenbruck/Sinz*, InsO §§ 115, 116 RdNr. 39; FK-*Wegener*, InsO § 116 RdNr. 9; *Kübler/Prütting/Tintelnot*, InsO §§ 115, 116 RdNr. 28.
[49] *Martinek/Oechsler*, Bankrechtshandbuch, RdNr. 144.
[50] BGHZ 69, 254 = NJW 1977, 2207; BGHZ 100, 353 = NJW 1987, 1878; *Palandt/Grüneberg*, BGB § 398 RdNr. 36; MünchKommBGB-*Roth* § 398 RdNr. 164; *Martinek/Oechsler*, Bankrechtshandbuch, RdNr. 32 mwN; *Esser/Weyers*, Schuldrecht, Bd. 2, Teilbd. 1, § 4 IV 4; and. – gemischttypischer Vertrag mit darlehens-, geschäftsbesorgungs- und kaufrechtlichen Elementen – *Häsemeyer*, Insolvenzrecht, RdNr. 18.48; *Larenz/Canaris*, Schuldrecht, BT, § 65 II 2 b.
[51] *Staudinger/Martinek*, BGB, § 675 RdNr. B 101 f.

erwerb bezogene obligatorische Geschäft bei Eröffnung des Insolvenzverfahrens zwar zustande gekommen, aber noch nicht beiderseits erfüllt, weil die Forderung weder an den Factor abgetreten noch von diesem an den Anschlusskunden bezahlt ist, so steht dem Insolvenzverwalter ein **Wahlrecht nach § 103** zu.[52] Das Wahlrecht ist ausgeschlossen, wenn die Abtretung im maßgeblichen Zeitpunkt bereits erfolgt war, sofern die Forderung bereits entstanden war[53] (s. dazu o. § 91 RdNr. 18 f. und § 103 RdNr. 71). Die Vorausabtretung beim echten Factoring wird der Masse gegenüber nur wirksam, wenn die Abtretungsvereinbarung vor Verfahrenseröffnung erfolgt ist (§ 81) und die abgetretene Forderung des Anschlusskunden gegen den Dritten vor Verfahrenseröffnung entsteht. Die Vorausabtretung ist unwirksam, wenn der Vertrag mit dem Dritten erst nach Eröffnung des Insolvenzverfahrens zustande kommt (§ 91). Ist die Vorausabtretung vor Eröffnung des Insolvenzverfahrens erfolgt und ist der die Forderung begründende Vertrag zwischen dem Anschlusskunden und dem Dritten vor Eröffnung des Insolvenzverfahrens abgeschlossen worden, so kommt es weiter darauf an, ob der Vertrag zwischen dem Anschlusskunden und dem Dritten im Zeitpunkt der Eröffnung des Insolvenzverfahrens zumindest von einer Vertragsseite voll erfüllt wurde; andernfalls findet § 103 auf das Deckungsgeschäft Anwendung mit der Folge, dass die abgetretene Forderung jedenfalls zunächst erlischt. Damit entfällt die Vorausabtretung endgültig, auch wenn der Insolvenzverwalter Erfüllung des Deckungsgeschäfts wählt.[54] Auch eine Verpflichtung des Insolvenzverwalters gem. § 242 BGB, die Erfüllung des Deckungsgeschäfts gegenüber dem Dritten zu wählen, ändert daran nichts.[55]

16 Beim **unechten Factoring** überwiegen Elemente des Darlehens.[56] Die Übertragung der Forderung auf den Factor erfolgt hier nicht im Rahmen eines auf den endgültigen Erwerb der Forderung gerichteten Umsatzgeschäfts. Demgemäß lässt sich das einzelne Factoringgeschäft als atypischer Darlehensvertrag mit begleitender Sicherungsabrede qualifizieren.[57] Beim unechten Factoring ist das einzelne Geschäft solange beiderseits nicht vollständig erfüllt, als die Forderung beim Drittschuldner noch nicht eingezogen ist und deshalb die Auskehrung des Sicherungseinbehalts durch den Factor noch aussteht.[58] Hinsichtlich der insolvenzrechtlichen Bestandskraft gelten für das unechte Factoring die gleichen Kriterien wie beim echten Factoring (s. dazu vorige RdNr.).

17 c) Hinsichtlich des **Rahmenvertrags** ist streitig, ob dieser durch die Eröffnung des Insolvenzverfahrens erlischt oder ob er dem Wahlrecht des Insolvenzverwalters unterfällt.[59] In Bezug auf die schuldrechtliche Einordnung dieses Vertrags besteht Einigkeit darüber, dass der Factoring-Rahmenvertrag beim echten Factoring Elemente **verschiedener Vertragstypen** aufweist, darunter auch Elemente des Geschäftsbesorgungsvertrags.[60] Die Frage, ob der Rahmenvertrag durch die Eröffnung des Insolvenzverfahrens über das Vermögen des Anschlusskunden erlischt, kann indes nur einheitlich beantwortet werden; insofern ist für eine Differenzierung nach den einzelnen Elementen von vornherein kein Raum und der sog. **Bündeltheorie,** die den Rahmenvertrag als nur äußerliche Zusammenfassung rechtlich selbständiger Verträge versteht,[61] nicht zu folgen.[62] Auch für den Rahmenvertrag beim

---

[52] *Smid/Meyer,* InsO, § 116 RdNr. 35; *Hess* in *Hess/Weis/Wienberg,* InsO, § 103 RdNr. 54; *Kübler/Prütting/Tintelnot,* InsO, §§ 115, 116 RdNr. 29; *Martinek/Oechsler,* Bankrechtshandbuch, RdNr. 137 ff.
[53] *Kübler/Prütting/Tintelnot,* InsO, §§ 115, 116 RdNr. 29.
[54] *Smid/Meyer,* InsO, § 116 RdNr. 35; *Sinz* (Fn. 46) RdNr. 82, 84.
[55] *Sinz* (Fn. 46) S. RdNr. 84.
[56] BGHZ 58, 364, 367 = NJW 1972, 1715; BGHZ 61, 317, 324 f. = NJW 1974, 50; BGHZ 69, 254, 257 f. = NJW 1977, 2207; BGHZ 82, 50, 61 = NJW 1982, 164; BGHZ 100, 353, 358 = NJW 1987, 1878; *Staudinger/Martinek,* BGB, § 675 RdNr. B 103.
[57] *Martinek/Oechsler,* Bankrechtshandbuch, RdNr. 46, 48.
[58] *Kübler/Prütting/Tintelnot,* InsO, §§ 115, 116 RdNr. 29; aA *Sinz* (Fn. 46) RdNr. 77 (nachvertragliche Pflicht).
[59] Zu § 23 KO s. *Martinek/Oechsler,* Bankrechtshandbuch, RdNr. 137 mwN.
[60] *Martinek/Oechsler,* Bankrechtshandbuch, RdNr. 38.
[61] Vgl. *Martinek/Oechsler* (Fn. 43) RdNr. 37.
[62] So allgemein auch *Martinek/Oechsler,* Bankrechtshandbuch, RdNr. 37 f.; *Staudinger/Martinek,* BGB, § 675 RdNr. 105.

echten Factoring gilt aber, dass im Mittelpunkt der Forderungserwerb durch den Factor steht.[63] Dies wirft die Frage auf, ob eine Einordnung des Rahmenvertrags als Geschäftsbesorgungsvertrag i. S. d. § 116 Satz 1 nicht das Element der Dienstleistung für den Anschlusskunden überbetont und dadurch die Ausrichtung auf den Forderungskauf negiert.[64] Die Aufgaben des Factors umfassen indes die Verwaltung des Forderungsbestands und gehen damit deutlich über die Pflichten eines Käufers hinaus. Dies rechtfertigt die Anwendung des § 116 Satz 1 auf den Rahmenvertrag.[65] Auch das **unechte Factoring** weist entsprechende fremdbezogene Tätigkeitselemente des Factors auf, so dass der Vertragsrahmen auch hier als gemischttypischer Vertrag mit ausgeprägter geschäftsbesorgungsvertraglicher Komponente einzuordnen ist[66] mit der Folge, dass auch auf Rahmenverträge über unechtes Factoring die Vorschrift des § 116 Satz 1 anzuwenden ist.

Die Anwendbarkeit des § 116 ist schon aus Gründen der Praktikabilität für beide Erscheinungsformen des Factoring **einheitlich** zu beantworten, weil beide in derselben Geschäftsbeziehung miteinander verbunden sein können. Auch erscheint es sachlich nicht gerechtfertigt, diese beiden Gestaltungsmöglichkeiten rechtlich insoweit unterschiedlich zu behandeln, weil sich echtes und unechtes Factoring im Wesentlichen nur durch die Zuordnung des Delkredererisikos unterscheiden; für die Frage, ob die Eröffnung des Insolvenzverfahrens zum Erlöschen des Vertragsverhältnisses führt, ist dies jedoch ohne erkennbare Bedeutung.

Insgesamt sprechen die besseren Gründe für die Anwendung des § 116 auf den Factoring-Rahmenvertrag beim echten wie beim unechten Factoring, die sich insbesondere aus dem Normzweck der Vorschrift ergeben, den Insolvenzverwalter bei der Verwaltung der Insolvenzmasse vor Interventionen Dritter zu bewahren und die Verwaltung der Masse vom Zeitpunkt der Verfahrenseröffnung an allein in die Hände des Insolvenzverwalters zu legen. Dafür spricht insbesondere, dass der Factoring-Rahmenvertrag anders als die einzelnen Factoring-Geschäfte nicht nur den Erwerb einzelner Vermögensgegenstände gegen Entgelt oder Kreditgewährung, sondern die **Verwaltung der Außenstände** und damit einen wesentlichen Bestandteil der Vermögensverwaltung des Schuldners zum Gegenstand hat (Outsourcing). Weiter spricht dafür auch die Nähe zu bankrechtlichen Verträgen[67] sowie zu Inkassoverträgen (dazu u. RdNr. 32). Obgleich das echte Factoring nach überwiegender Ansicht nicht zu den genehmigungspflichtigen Bankgeschäften i. S. d. § 1 Abs. 1 Satz 1 KWG gehört, steht es diesen auf Grund seiner **Finanzierungsfunktion** zumindest sehr nahe.[68] Beim unechten Factoring kommt dem Gesichtspunkt der Vorfinanzierung wesentliche Bedeutung zu, so dass hier von einem Kreditgeschäft i. S. d. § 1 Abs. 1 Satz 2 Nr. 2 KWG auszugehen ist.[69] Schließlich spricht für die Nähe von Factoring und Bankgeschäften auch die Bestimmung des § 19 KWG, wonach Factoring-Geschäfte aller Art als Kreditgeschäfte gelten.[70]

d) Daraus folgt, dass Factoring-Rahmenverträge mit der Eröffnung des Insolvenzverfahrens über das Vermögen des Anschlusskunden **erlöschen** und dass der Insolvenzverwalter die Geschäftsbeziehung zum Factor nur fortsetzen kann, wenn er mit diesem einen neuen Rahmenvertrag abschließt. Unabhängig von der Anwendbarkeit des § 116 kann sich der Factor gegen eine Fortsetzung des Factoring-Verhältnisses zu den bisherigen Bedingungen absichern, indem er ein fristloses Kündigungsrecht bei Insolvenz des Anschlusskunden vereinbart.[71] Mit dem Erlöschen des Rahmenvertrags gem. §§ 116 Satz 1, 115 Abs. 1 entfallen die beiderseitigen

---

[63] *Martinek/Oechsler*, Bankrechtshandbuch, RdNr. 38.
[64] *Martinek/Oechsler*, Bankrechtshandbuch, RdNr. 37.
[65] OLG Koblenz WM 1988, 1355; *Sinz*, Bankrechtshandbuch, RdNr. 73; *Kübler/Prütting/Tintelnot*, InsO, §§ 115, 116 RdNr. 28; *Martinek/Oechsler*, Bankrechtshandbuch, RdNr. 137; *Uhlenbruck/Sinz*, InsO, §§ 115, 116 RdNr. 39; *Jaeger/Henckel*, KO, § 17 RdNr. 17.
[66] *Martinek/Oechsler*, Bankrechtshandbuch, RdNr. 38 ff., 47.
[67] *Martinek/Oechsler*, Bankrechtshandbuch, RdNr. 137 aE.
[68] *Szagunn/Haug/Ergenzinger*, KWG, 6. Aufl. 1997, § 1 RdNr. 13.
[69] *Martinek/Oechsler*, Bankrechtshandbuch, RdNr. 86; and. *Szagunn/Haug/Ergenzinger* (Fn. 68) § 1 RdNr. 13.
[70] Vgl. *Schwintowski/Schäfer*, Bankrecht, § 7 RdNr. 1.
[71] *Martinek/Oechsler*, Bankrechtshandbuch, RdNr. 137.

Verpflichtungen bezüglich der Andienung und Übernahme von Drittforderungen sowie die damit verbundenen Ansprüche des Factors gegen den Anschlusskunden. Vor Verfahrenseröffnung entstandene Ansprüche des Factors auf Gebühren und ggfs. aus Rückbelastung von Drittforderungen werden einfache Insolvenzforderungen. Eine Aufrechnung mit Ansprüchen des Anschlusskunden auf Auskehrung eines Sicherungseinbehalts kommt nach Maßgabe der §§ 94 ff. in Betracht.[72] Eine Aufrechnung des Factors mit Ansprüchen aus einer nach Verfahrenseröffnung erfolgten Rückbelastung ist ausgeschlossen, § 95 Abs. 1 Nr. 3.[73]

21   **7. Treuhandverträge.** Der Treuhandvertrag ist Geschäftsbesorgungsvertrag, wenn der Treuhänder Vermögensinteressen des Treugebers wahrzunehmen hat (**fremdnützige Treuhand,** Verwaltungstreuhand).[74] In diesem Fall erlischt das Treuhandverhältnis mit der Eröffnung des Insolvenzverfahrens über das Vermögen des Treugebers.[75]

22   **a)** Dies gilt für den schuldrechtlichen Treuhandvertrag, insbesondere einen gerichtlichen oder außergerichtlichen Treuhandvergleich, der auf die **Befriedigung des Gläubigers** des Treugebers aus dem Treugut abzielt,[76] ebenso für das Treuhandverhältnis, das der **Sanierung** des Treugebers dient.[77] Weitere Anwendungsfälle sind die Abtretung einer Forderung zur Einziehung (**Inkassozession;**[78] u. RdNr. 32); sowie die Einschaltung eines Treuhänders bei **Bauherrenmodellen.**[79]

23   Das Erlöschen des Treuhandverhältnisses führt, wenn dem Treuhänder das Vollrecht übertragen worden ist, nur dann zum Rückfall des Treuguts an die Masse, wenn die Übertragung der zum Treugut gehörenden Gegenstände unter der **auflösenden Bedingung** des Erlöschens des Treuhandverhältnisses erfolgt ist.[80] Andernfalls ist der Treuhänder zur Rückübertragung **verpflichtet.**[81] Zum Aussonderungsrecht des Treugebers in der Insolvenz des Treuhänders s. § 47 RdNr. 369.

24   **b)** Die **eigennützige Treuhand** (Sicherungstreuhand) unterfällt nicht dem Tatbestand der Vorschrift des § 116.[82] Sie dient dem Interesse des Treuhänders und zielt u. a. auf dessen Sicherung vor dem Risiko einer Insolvenz des Treugebers ab. Das schuldrechtliche Treuhandverhältnis (Sicherungsabrede) wird demgemäß von der Insolvenz des Treugebers nicht berührt. In der Insolvenz des Treuhänders hat der Treugeber ein **Aussonderungsrecht,** wenn er die gesicherte Forderung erfüllt. In der Insolvenz des Treugebers steht dem Treuhänder dagegen nur ein **Absonderungsrecht** zu (§ 51 Nr. 1; dazu näher dort RdNr. 23).

25   **c)** Die **Doppeltreuhand,** die Elemente der Verwaltungstreuhand und der Sicherungstreuhand verbindet, erlischt mit der Eröffnung des Insolvenzverfahrens, weil sie auch Geschäftsbesorgung für den Schuldner ist.[83]

---

[72] *Smid/Meyer,* InsO, § 116 RdNr. 39.
[73] *Smid/Meyer,* InsO, § 116 RdNr. 39.
[74] OLG Hamm NJW-RR 1988, 1463; MünchKommBGB-*Schramm* Vor § 164 RdNr. 28; *Soergel/Beuthien,* BGB, vor § 662 RdNr. 27; *Hess* in Hess/Weis/Wienberg, InsO, §§ 115, 116 RdNr. 8; *Smid/Meyer,* InsO, § 116 RdNr. 12.
[75] *Häsemeyer,* Insolvenzrecht, RdNr. 20. 79; *Kübler/Prütting/Tintelnot,* InsO, §§ 115, 116 RdNr. 30; FK-*Wegener,* InsO, § 116 RdNr. 29.
[76] BGHZ 11, 37 = NJW 1954, 190; BGHZ 55, 307 = NJW 1971, 1702; BGHZ 62, 1 = NJW 1974, 238; *Kilger/K. Schmidt,* KO, § 23 Anm. 2; *Kuhn/Uhlenbruck,* KO, § 23 RdNr. 16.
[77] *Kübler/Prütting/Tintelnot,* InsO, §§ 115, 116 RdNr. 31; FK-*Wegener,* InsO, § 116 RdNr. 20; *Kilger/K. Schmidt,* KO, § 23 Anm. 6; *Smid/Meyer,* InsO, § 116 RdNr. 13.
[78] MünchKommBGB-*Roth,* BGB, § 398 RdNr. 40.
[79] MünchKommBGB-*Schramm* vor § 164 RdNr. 28; dort auch Hinweise auf weitere Anwendungsfälle.
[80] BGH NJW 1962, 1200; BGH WM 1975, 79; OLG Frankfurt MDR 1954, 110; *Kilger/K. Schmidt,* KO, § 23 Anm. 6; *Kuhn/Uhlenbruck,* KO, § 23 RdNr. 16, § 43 RdNr. 11 (auflösende Bedingung generell bejaht für den gerichtlichen Treuhandvergleich); aA *Jaeger/Henckel,* KO, § 24 RdNr. 24.
[81] *Kübler/Prütting/Tintelnot,* InsO, §§ 115, 116 RdNr. 30; FK-*Wegener,* InsO, § 116 RdNr. 29; *Kilger/K. Schmidt,* KO, § 23 Anm. 6; *Jaeger/Hencke* , KO, § 23 RdNr. 19 ff. (Rückübertragungspflicht aus §§ 675, 667 BGB).
[82] *Häsemeyer,* Insolvenzrecht, RdNr. 20. 79; *Kübler/Prütting/Tintelnot,* InsO, §§ 115, 116 RdNr. 30.
[83] Zur Doppeltreuhand und der Behandlung des Treuhandguts im Insolvenzfall *Häsemeyer,* Insolvenzrecht, RdNr. 20.79; *Smid/Meyer,* InsO, § 116 RdNr. 12.

8. Weitere Geschäftsbesorgungsverträge.[84] Auch **Anwalts-**[85] und **Patentanwalts-** 26
verträge[86] stellen Geschäftsbesorgungsverträge dar. Bei Letzteren wird dem Anwalt z. B. der Auftrag erteilt, die Interessen von Mandanten aus einem europäischen Patent gegenüber Verletzungen des Schutzrechtes wahrzunehmen.[87] Der Anwaltsvertrag kann dabei auch anwaltsfremde Maßnahmen umfassen, falls diese in einem inneren Zusammenhang mit der rechtlichen Beistandspflicht stehen und auch Rechtsfragen aufwerfen können, da in diesem Fall die Vergleichbarkeit der Fallgestaltungen eine einheitliche Typisierung gebietet. Etwas anderes gilt nur dann, wenn die Rechtsberatung völlig in den Hintergrund tritt.[88] Im Übrigen ist eine umfassende Wahrnehmung der Interessen in Rechtsangelegenheiten für den Anwaltsvertrag kennzeichnend.[89] So hat der Anwalt den Mandanten auch auf die Verjährung eines Regressanspruches gegen sich selbst gemäß § 51b BRAO hinzuweisen.[90] Unterlässt der Anwalt einen solchen Hinweis, dann kann der Mandant gegen seinen Anwalt einen (sekundären) Schadensersatzanspruch geltend machen, der gemäß § 249 BGB dem Anwalt die Einrede der Primärverjährung verwehrt.[91] Dem Anwalt obliegt daher immer auch die Pflicht, seine eigene Tätigkeit auf Pflichtverletzungen zu untersuchen und den Mandanten ggf. auf die Notwendigkeit einer die Verjährung hindernden Handlung hinzuweisen (sog. sekundäre Hinweispflicht).[92] Diese Pflicht entfällt nur dann, wenn der Anwalt davon ausgehen darf, dass der Mandant die entsprechende Kenntnis hat.[93] Die Pflicht zur Beratung aus dem Anwaltsvertrag als Geschäftsbesorgungsvertrag mit Dienstvertragscharakter ist umfassend.

Ebenso sind **Wirtschaftsprüferverträge,** die sich auf die Prüfung der Jahresabschlüsse 27
von Unternehmen beziehen, Geschäftsbesorgungsverträge.[94] Im Interesse des Auftraggebers ist der Wirtschaftsprüfer zu einer umfassenden Prüfung dieser Abschlüsse verpflichtet. Charakteristisch für den **Steuerberatungs-**[95] und den **Buchführungsvertrag**[96] ist eine umfassende Wahrnehmung der Interessen des Auftraggebers. Dazu gehört etwa eine angemessene Vorbereitung der Umsatzsteuervoranmeldung, wobei der Steuerprüfer auch dafür die Verantwortung übernimmt, dass bei der Ausfüllung der Erklärung zutreffende Angaben gemacht wurden, da diese Angaben für die ordnungsgemäße Durchführung des Vertrages wesentlich sind.[97] Darüber hinaus ist die Pflicht zur steuerlichen Prüfung kennzeichnend.[98] Den Steuerberater trifft zudem die Pflicht, über die Möglichkeit aufzuklären, eine Aufdeckung und Versteuerung des vom Buchwert nicht gedeckten tatsächlichen Wertes eines Betriebsgrundstückes zu vermeiden.[99] Eine zusätzliche Beratungspflicht im Rahmen einer Betriebsaufgabe umfasst nicht auch solche Modelle, die nur bei einer Fortführung des Betriebes rentabel wären, da sich das Interesse des Auftraggebers insoweit nur auf den Fall einer Aufgabe des Betriebes bezieht.[100] Im Übrigen bestehen Beratungspflichten über Steu-

---

[84] Für eine umfassende alphabetische Übersicht über verkehrstypische Geschäftsbesorgungsverträge und Zweifelsfälle s. *Staudinger/Martinek*, BGB, § 675 RdNr. B 6 – B 265.
[85] BGHZ 109, 260, 264 = NJW 1990, 510; BGH WM 1999, 1846; BGH WM 2000, 189; BGH NJW 2000, 509; BGH ZIP 2000, 545; BGH ZIP 1999, 1838; BGH BB 2000, 378; OLG Nürnberg MDR 1999, 1530; OLG Hamm FamRZ 1999, 1423; *Andres* in *Andres/Leithaus*, InsO, § 116 RdNr. 5.
[86] BGH WRP 2000, 393; *Kilger/K. Schmidt*, KO, § 23 Anm. 1a.
[87] Vgl. BGH WRP 2000, 393.
[88] Vgl. BGH WM 1999, 1846, 1848.
[89] BGH NJW 2000, 1263, 1265; BGH ZIP 1999, 1838, 1839.
[90] BGH NJW 2000, 1263, 1264.
[91] BGHZ 94, 380, 385 ff. = NJW 1985, 2250; BGH NJW 2000, 1263, 1264.
[92] BGH NJW 2000, 1263, 1264 f.; BGH NJW 2000, 1267.
[93] BGH NJW 2000, 1267.
[94] Vgl. BGH NJW 2000, 1107; LG Wuppertal Gerling Informationen 1998, 253.
[95] BGHZ 141, 173 = NJW 1999, 1544; BGH WM 1999, 1339; BGH WM 1999, 2360; BGH BB 1999, 287; OLG Brandenburg OLG-NL 1999, 265; OLG Köln OLGR Köln 1999, 265; LG Meiningen GI 1998, 250; näher zum Steuerberatungsvertrag in der Insolvenz des Mandanten *Hölzle* DStR 2003, 2075 ff.
[96] LG Essen ZIP 1998, 1878.
[97] Vgl. BGH WM 1999, 1339.
[98] Vgl. BGH WM 1999, 2360.
[99] Vgl. BGH BB 1999, 187, 188.
[100] Vgl. OLG Köln OLGR Köln 1999, 265.

§ 116 28–30 3. Teil. 2. Abschnitt. Erfüllung Rechtsgeschäfte. Mitwirkung BR

ersparmöglichkeiten[101] und bei der Erstellung eines Fördermittelantrages.[102] Kennzeichnend ist also auch hier, dass der Steuerberater die Interessen des Auftraggebers in Bezug auf dessen Vermögensangelegenheiten wahrzunehmen hat. Die Beratung in Rechtsangelegenheiten kann, ohne dass der Vertrag nach § 134 BGB i. V. m. Art. 1 § 1 RBerG nichtig ist, Gegenstand eines Steuerberater- oder Wirtschaftsprüfervertrages sein, wenn die rechtliche Beratung mit dem eigentlichen Aufgabenbereich des Steuerberaters oder Wirtschaftsprüfers in einem unmittelbaren Zusammenhang steht und diese Aufgaben ohne die Rechtsberatung nicht sachgemäß erledigt werden können (vgl. Art 1 § 5 Nr. 2 RBerG nF). Ein solcher unmittelbarer Zusammenhang ist nur gegeben, wenn die wirtschaftsberatende Tätigkeit im Vordergrund steht und vom Wirtschaftsprüfer nicht ohne die rechtliche Bearbeitung sachgemäß erledigt werden könnte, da nur in diesem Fall die sachgemäße Durchführung des Steuerberater- oder Wirtschaftsprüfervertrages gewährleistet werden kann.[103]

28 Ebenfalls ein Geschäftsbesorgungsvertrag ist der **Anlageberatervertrag,**[104] wobei im Vordergrund die Pflicht zur Prüfung des Anlagekonzeptes auf die wirtschaftliche Werthaltigkeit besteht.[105] Ein Anlagevertrag kommt auch bei einer Beratung über den Kauf von Anleihen oder von Anteilen an einem geschlossenen Immobilienfonds zustande.[106] Mit dieser Beratung und Prüfung in Bezug auf in Aussicht genommene Projekte hat der Auftraggeber den Anlageberater als Geschäftsbesorger beauftragt.

29 Bei der Verwaltung von Anteilen und Beteiligungen obliegt es dem Verwalter im Rahmen eines **Vermögensverwaltungsvertrages** auch für den Erhalt und die Mehrung des wirtschaftlichen Wertes zu sorgen.[107] Für den Vermögensverwalter besteht die Pflicht zur vollständigen, verständlichen und nachprüfbaren Rechnungslegung.[108] Daher trifft ihn im Interesse des Auftraggebers eine Pflicht zur Wahrnehmung aller vermögenswerten Angelegenheiten in Bezug auf den verwalteten Gegenstand. Im Rahmen eines **Hausverwaltungsvertrages**[109] besteht für den Hausverwalter den Eigentümern gegenüber eine Hinweispflicht in Bezug auf grundlegende Herstellermängel des verwalteten Objekts.[110] Gerade mit der Beaufsichtigung des verwalteten Gutes wurde der Hausverwalter betraut, so dass eine dahingehende Hinweispflicht zu seinen vertraglich übernommenen Pflichten gehört. Des Weiteren besteht die Pflicht zur Rechnungslegung[111] und zur Übergabe von Bankunterlagen.[112]

30 Wird im Rahmen eines Kooperationsvertrages **Know-how** an den anderen Vertragspartner weitergegeben, dann kann ebenfalls ein Geschäftsbesorgungsvertrag vorliegen.[113] Aus dem kooperativen Charakter ergibt sich, dass mit der Weitergabe des Wissens bestimmte Interessen des Auftraggebers wahrgenommen werden sollten. Beim **Maklervertrag** schuldet der Makler die Herbeiführung der Bereitschaft eines Dritten zum Vertragsschluss

---

[101] Vgl. OLG Schleswig SchlHA 1999, 219.
[102] Vgl. LG Meiningen GI 1998, 250.
[103] Vgl. BGH NJW 2000, 1333, 1334 (einen Zusammenhang verneinend, wenn es um die Beauftragung zur Restitution und die Veräußerung von Grundstücken geht, da der Steuerberater oder der Wirtschaftsprüfer dabei nicht Erkenntnisse, die er insbesondere aus Prüfungen der steuerrechtlicher Beratung gewonnen hat, zum Nutzen des geprüften oder beratenen Betriebs einsetzt); s. a. BGH NJW 2000, 1560, 1561.
[104] BGH WM 2000, 426; OLG Koblenz ZIP 1999, 1667; OLG Stuttgart NZG 1999, 612; OLG Düsseldorf NZG 1999, 609; OLG Celle OLGR Celle 1998, 126.
[105] Vgl. BGH WM 2000, 426.
[106] Vgl. OLG Köln ZIP 1999, 1667; OLG Stuttgart NZG 1999, 612; OLG Celle OLGR Celle 1998, 126.
[107] Vgl. OLG Frankfurt NZG 1999, 819; OLG Köln NZG 1999, 1177.
[108] OLG Düsseldorf EWiR 1998, 349 *(Staab)*.
[109] BGH WM 1998, 680; BayObLG ZMR 1999, 575; BayObLG NJW-RR 1999, 810; OLG Saarbrücken NZM 1999, 1008; KG KGR Berlin 1999, 269; KG ZMR 1999, 62; OLG Frankfurt WuM 1999, 61; OLG Hamm ZMR 1998, 587; OLG Hamm FGPrax 1998, 133 = ZMR 1998, 586; *Palandt/Sprau,* BGB, § 675 RdNr. 25; MünchKommBGB-*Heermann* § 675 RdNr. 109; ferner zur Wohnungseigentümergemeinschaft *Gundlach/Frenzel/N. Schmidt* NZI 2006, 437 ff.
[110] Vgl. BGH NJW 1998, 680.
[111] Vgl. OLG Saarbrücken NZM 1999, 1008.
[112] Vgl. KG ZMR 1999, 62.
[113] Vgl. OLG Brandenburg OLGR Brandenburg 1999, 238.

mit dem Auftraggeber.[114] Dieser Vertrag stellt daher ebenfalls einen Geschäftsbesorgungsvertrag dar.[115]

Der **Reisevermittlungsvertrag** verpflichtet das Reisebüro, dem Kunden die Reise zu vermitteln. Hierbei handelt es sich um einen Geschäftsbesorgungsvertrag.[116] Das Reisebüro wird im Interesse des Kunden tätig. Es trifft dieses aber keine Aufklärungspflicht in Bezug auf eine Visumspflicht.[117] Charakteristisch für den Vertrag ist die Vermittlung der Reise, ohne dass der Kunde die Möglichkeit hat, dem Anspruch des Geschäftsbesorgers die Mangelhaftigkeit der Reise entgegenzuhalten; insoweit trifft den Geschäftsbesorger keine Erkundigungspflicht in Bezug auf den Reiseveranstalter und seine wesentlichen Leistungsträger.[118] Vermittelt ein Büro Eintrittskarten, dann stellt sich dieser **Eintrittskartenvermittlungsvertrag** ebenfalls als Geschäftsbesorgungsvertrag dar, wobei keine Rückzahlungspflicht des Vermittlers besteht, wenn der Kartenlieferant in Konkurs fällt.[119] 31

Ein Geschäftsbesorgungsvertrag liegt auch einer **Inkassozession** zugrunde; der Zessionar ist verpflichtet, die Forderung für Rechnung und im Interesse des Zedenten einzuziehen und Weisungen des Zedenten Folge zu leisten.[120] Im Rahmen einer Inkassozession ist dem Beauftragten die außergerichtliche Einziehung von Forderungen gestattet; dies berechtigt ihn aber nicht, eine nur treuhänderisch abgetretene, bestrittene Forderung mit juristischen Argumenten durchzusetzen bzw. Vergleichsverhandlungen zu führen.[121] Bei einer **Abwicklungsvereinbarung** kann es sich um einen Geschäftsbesorgungsvertrag handeln, wenn der Beauftrage mit der periodischen Sammelabrechnung der Forderungen des Insolvenzschuldners betraut ist; die Abrechnung findet dann nur noch mit der Clearingstelle statt. Die Forderungen werden durch eine interne Verrechnung zum Ausgleich gebracht und nur der verbleibende Saldo wird durch Zahlung an die Clearingstelle ausgeglichen, um so den Abrechnungs- und Zahlungsverkehr zu vereinfachen.[122] 32

Ebenfalls unter § 116 fallen sog. **Kautionsversicherungsverträge,** bei denen ein Versicherer sich dazu verpflichtet, dem „Versicherungsnehmer", insbesondere einem Bauunternehmer, für die Erfüllung möglicher Gewährleistungsansprüche Sicherheiten zur Ablösung von Gewährleistungseinbehalten durch Gewährleistungs- bzw. Vertragserfüllungsbürgschaften bis zu einem bestimmten Limit zu stellen.[123] Wirtschaftlich gesehen entspricht ein solcher Vertrag einem Avalkredit.[124] Dem Versicherer steht wegen der für den Zeitraum nach Verfahrenseröffnung eingeforderten Prämien kein Recht auf abgesonderte Befriedigung aus einer für die Prämienforderungen bestellten Sicherheit zu, weil der zugrunde liegende Geschäftsbesorgungsvertrag und damit auch die Verpflichtung zur Bereitstellung 32a

---

[114] Vgl. OLG Karlsruhe ZIP 1990, 1143; OLG Koblenz NJW-RR 1999, 1000.
[115] *Uhlenbruck/Berscheid*, InsO, §§ 115, 116 RdNr. 8; *Hess* in *Hess/Weis/Wienberg*, InsO, §§ 115, 116 RdNr. 5; *Kübler/Prütting/Tintelnot*, InsO, §§ 115, 116 RdNr. 17; aA MünchKommBGB-*Heermann* § 675 RdNr. 105 (lediglich Pflicht zur Beachtung einzelner, für eine Geschäftsbesorgung charakteristischer Nebenpflichten).
[116] OLG Frankfurt a. M. NJW-RR 1996, 889; OLG Hamburg NJW-RR 1998, 1670; vgl. auch BGHZ 130, 128 = NJW 1995, 2629; MünchKommBGB-*Tonner* § 651 a RdNr. 46 f.; *Palandt/Sprau* Einf. v. § 651 a RdNr. 4; MünchKommBGB-*Heermann* § 675 RdNr. 105.
[117] Vgl. LG Frankfurt a. M. NJW-RR 1999, 1145.
[118] Vgl. LG Kaiserslautern RRa 1999, 75.
[119] Vgl. AG Göttingen RRa 1999, 60.
[120] MünchKommBGB-*Roth*, BGB, § 398 RdNr. 42; *Palandt/Grüneberg*, BGB, § 398 RdNr. 26; *Kilger/K. Schmidt*, KO, § 23 Anm. 1a; MünchKommBGB-*Heermann* § 675 RdNr. 104.
[121] Vgl. OLG Hamburg OLGR Hamburg 2000, 50 ff.
[122] Vgl. BGH WM 1985, 617.
[123] BGH NZI 2006, 637 ff. = WuB VI A § 41 InsO 1.07 (*Bitter/Rauhut*); BGH DZWIR 2007, 170; OLG Frankfurt ZIP 2005, 1245 ff.; FK-*Wegener*, InsO, § 116 RdNr. 11a; *Braun/Kroth*, InsO, § 116 RdNr. 15; *Vosberg* ZIP 2002, 968, 970; *Spliedt* EWiR 2005, 573; *Proske* ZIP 2006, 1035, 1036; aA KG ZInsO 2004, 979 (§ 103 anwendbar); s. ferner *Stapper* InVo 2005, 403 f.
[124] BGH NZI 2006, 637 ff.; *Proske* ZIP 2006, 1035, 1036.

des Limits, für die die Prämie geschuldet wird, mit der Verfahrenseröffnung erlischt (§§ 116 Satz 1, 115 Abs. 1).[125]

II. Bankverträge

33 **1. Allgemeines.** Der allgemeine Bankvertrag als **Grund- oder Rahmenvertrag** für Bankgeschäfte fällt, soweit er als eigenständiger Vertragstyp in Betracht kommt,[126] als Geschäftsbesorgungsvertrag unter die Vorschrift des § 116.[127] Dies gilt nicht, wenn der allgemeine Bankvertrag nur als Rahmenvereinbarung begriffen wird, aus der sich keine durchsetzbaren Vertragspflichten ergeben; eine in diesem Sinne unverbindliche Geschäftsbeziehung wird durch die Eröffnung des Insolvenzverfahrens nicht berührt.[128] Für die Frage, welche Auswirkungen sich aus einer Anwendung der Regelung des § 116 Satz 1 auf Bankverträge im Einzelnen ergeben, ist wie folgt zu differenzieren:

34 a) Sofern die vertragliche Beziehung zur Bank ein **Geschäftsbesorgungsverhältnis** darstellt, **erlischt** dieses mit Eröffnung des Insolvenzverfahrens, § 116 Satz 1. Das hat zur Folge, dass die beiderseitigen Rechte und Pflichten mit Wirkung ex nunc beendet werden; bereits entstandene Forderungen der Bank gegen den Schuldner bleiben bestehen; die Bank ist insoweit einfacher **Insolvenzgläubiger.** Die Bank ist infolge des Erlöschens des Geschäftsbesorgungsvertrags grundsätzlich nicht mehr verpflichtet, die Interessen des Schuldners bzw. der Insolvenzmasse wahrzunehmen und ist nicht mehr berechtigt, Weisungen und Aufträge des Schuldners, die vor Insolvenzeröffnung erteilt worden sind, auszuführen. Sie ist auch nicht verpflichtet, Weisungen oder Aufträge des Insolvenzverwalters auszuführen. Zur Rechtslage bei der Überweisung s. u. RdNr. 38. Sie erwirbt aus einer Tätigkeit für die Masse keine Ansprüche auf Aufwendungsersatz bzw. Entgelt, sondern kann, wenn sie weiterhin Tätigkeiten für die Masse erbringt, nur Ansprüche aus **Geschäftsführung ohne Auftrag** bzw. aus ungerechtfertigter Bereicherung geltend machen. Dem Insolvenzverwalter steht das **Wahlrecht** gem. § 103 Abs. 1 in Bezug auf solche Verträge nicht zu. Er kann nicht Erfüllung des Vertrags verlangen, sondern muss, um die Leistungen der Bank in Anspruch nehmen zu können, mit dieser neue Verträge abschließen.

35 b) **Verträge anderer Art** unterfallen den allgemeinen Bestimmungen, insbesondere dem Wahlrecht des Insolvenzverwalters gem. § 103, sowie den Vorschriften der §§ 104, 105, 108, 109, 112, 113. Dies gilt für **Darlehensverträge** einschließlich der **Sparverträge** und für Vereinbarungen über **Termineinlagen**[129] (s. dazu § 103 RdNr. 69) und für Verträge über **Schrankfachmiete**[130] (s. dazu § 109 RdNr. 12); nach den allgemeinen Bestimmungen richtet sich auch der **Verwahrungsvertrag.**[131] Dagegen unterfällt der Depotvertrag der Vorschrift des § 116 und erlischt folglich ohne weiteres und endgültig mit der Eröffnung des Insolvenzverfahrens[132] (s. dazu u. RdNr. 44).

36 c) Von der Frage, inwieweit Vertragsbeziehungen mit der Bank der Vorschrift des § 116 unterfallen und damit mit Eröffnung des Insolvenzverfahrens über das Vermögen ihres

---

[125] BGH NZI 2006, 637 ff. = WuB VI A § 41 InsO 1.07 mit abl. Anm. *Bitter/Rauhut*; BGH DZWIR 2007, 170; aA OLG Frankfurt ZIP 2005, 1245 ff. Zu den Folgen des Urteils für den Regress des Bürgen s. *Habersack* BKR 2007, 77 ff.

[126] Zum Streit hierzu s. MünchKommBGB-*Heermann* vor § 607 RdNr. 14 f.; § 675 RdNr. 52; *Canaris*, Bankvertragsrecht, Teil 1, RdNr. 2; *Hopt*, Bankrechtshandbuch, § 1 RdNr. 1 ff., 6 ff.; § 2 RdNr. 35.

[127] Ebenso zu 23 KO *Kilger/K. Schmidt* Anm. 1 a; *Obermüller*, Bankpraxis, RdNr. 2.2 und 2.54.; zu § 116 InsO s. *Hess* in *Hess/Weis/Wienberg*, InsO, §§ 115, 116 RdNr. 5; FK-*Wegener*, InsO, § 116 RdNr. 5; *Kübler/Prütting/Tintelnot*, InsO, §§ 115, 116 RdNr. 20.

[128] Vgl. *Hopt* (Fn. 126) § 2 RdNr. 38.

[129] *Obermüller*, Bankpraxis, RdNr. 2.19; zum Einlagebegriff i. S. d. KWG BGH NJW 1995, 1494, dazu krit. *Wallat* NJW 1995, 3236.

[130] FK-*Wegener*, InsO, § 116 RdNr. 45; *Hess* in *Hess/Weis/Wienberg*, InsO, §§ 115, 116 RdNr. 56; *Obermüller*, Bankpraxis, RdNr. 2.111 f.; *Kuhn/Uhlenbruck*, KO, § 17 RdNr. 2 c.

[131] *Obermüller*, Bankpraxis, RdNr. 2.121 f.; FK-*Wegener*, InsO, § 116 RdNr. 46; *Hess* in *Hess/Weis/Wienberg*, InsO, §§ 115, 116 RdNr. 59.

[132] HM, s. *Obermüller*, Bankpraxis, RdNr. 2.128; FK-*Wegener*, InsO, § 116 RdNr. 47.

Kunden erlöschen, ist die ganz andere Frage zu unterscheiden, wie sich der **Übergang der Verwaltungs- und Verfügungsbefugnis** vom Bankkunden auf den Insolvenzverwalter (§ 80) auf die Vertragsbeziehungen zur Bank auswirken. Dies ist zunächst unabhängig von der Frage zu beurteilen, ob die schuldrechtlichen Beziehungen zwischen der Bank und dem Schuldner erlöschen oder fortbestehen oder dem Wahlrecht des Insolvenzverwalters gem. § 103 Abs. 1 unterliegen. Soweit die Vertragsbeziehungen zur Bank fortbestehen, ist der Schuldner gehindert, die daraus folgenden Ansprüche geltend zu machen; diese Befugnis steht nach Verfahrenseröffnung nur dem Insolvenzverwalter zu. So kann der Kunde das Recht auf Zutritt zu einem Schrankfach oder zur Herausgabe von Verwahrstücken nicht mehr ausüben.[133] Der Verlust der Verfügungsbefugnis bewirkt, dass der Kunde Verträge über Spar- und Termineinlagen **nicht kündigen** kann.[134] Beim Kontokorrentverhältnis tritt eine Beendigung, unabhängig von der Frage des Fortbestands der obligatorischen Wirkungen über die Insolvenzeröffnung hinaus schon dadurch ein, dass der Schuldner die Verfügungsbefugnis über die in das **Kontokorrent** eingestellten Forderungen verliert. Dies bewirkt, dass auch die in der Kontokorrentvereinbarung enthaltenen antizipierten Verfügungen ihre Wirksamkeit verlieren, so dass **keine Verrechnung** der Forderungen mehr möglich ist. Dies führt zur Beendigung des Kontokorrentverhältnisses (s. dazu näher u. RdNr. 38).

2. Girovertrag, Überweisungsverkehr. Mit dem Girovertrag übernimmt das Kreditinstitut neben der Verpflichtung zur Führung eines laufenden Kontos auch die Ausführung von **Überweisungen** auf andere Konten und die Entgegennahme von Geldeingängen (§ 676f Satz 1 BGB).[135] Diese Verpflichtung erstreckt sich auch auf die Ausführung von Überweisungsaufträgen bevollmächtigter Dritter.[136] Der Girovertrag ist Geschäftsbesorgungsvertrag mit Dienstleistungscharakter.[137] Er erlischt mit der Eröffnung des Insolvenzverfahrens.[138] Die bis dahin begründeten Ansprüche der Bank werden einfache Insolvenzforderungen. Ansprüche der Bank aus Aufwendungen, die sie **nach Eröffnung des Insolvenzverfahrens** für den Schuldner bzw. für die Masse tätigt, führen zu Ansprüchen gegen die Masse nur unter den Voraussetzungen des § 115 Abs. 2 und 3. Liegt ein solcher Ausnahmefall nicht vor, so kommt nur ein Bereicherungsanspruch gegen die Masse in Betracht (§ 55 Abs. 1 Nr. 3). Ein **Wahlrecht** des Insolvenzverwalters gem. § 103 auf Erfüllung des Girovertrags besteht nicht; §§ 115 Abs. 1, 116 Satz 1 haben Vorrang vor § 103[139] (s. o. § 115 RdNr. 13 f.). Will er die Geschäftsverbindung mit der Bank fortsetzen, so muss er einen neuen Vertrag mit ihr abschließen.[140] Die hieraus folgenden Ansprüche der Bank sind Masseverbindlichkeiten (§ 55 Abs. 1 Nr. 1). Die Bank ist grundsätzlich weder berechtigt noch verpflichtet, nach Eröffnung des Insolvenzverfahrens eingehende Zahlungen für den Schuldner entgegenzunehmen.[141] Eine generelle **nachvertragliche Pflicht** der Bank, Belange der Masse wahrzunehmen, besteht über den Fall der Notgeschäftsführung (§ 115 Abs. 2) hinaus nicht. Die Bank ist aber im Einzelfall befugt, noch eingehende Überweisungsbeträge für den Schuldner entgegenzunehmen;[142] diese fallen dann in die

---

[133] *Obermüller*, Bankpraxis, RdNr. 2.42.
[134] *Obermüller*, Bankpraxis, RdNr. 2.19.
[135] Vgl. BGH NJW 2000, 1258; *Schimansky*, Bankrechtshandbuch, § 47 RdNr. 4.
[136] Vgl. BGH NJW 2000, 1258, 1259.
[137] BGH WM 1979, 417, 418; BGH 1985, 1098, 1099; BGH 1991, 317, 318; BGH NJW-RR 1996, 882; MünchKommBGB-*Heermann* § 675 RdNr. 87; *Kilger/K. Schmidt* § 23 Anm. 1 b; *Smid/Meyer*, InsO, § 116 RdNr. 10; *Einsele* JZ 2000, 19; *Fischer* ZInsO 2003, 101.
[138] BGHZ 58, 108, 111 = NJW 1972, 633; BGHZ 70, 86, 93 = NJW 1978, 538; BGHZ 74, 253, 254 = NJW 1979, 1658; BGH NJW 1991, 1286, 1287; BGH BB 1995, 695; *Obermüller*, Bankpraxis, RdNr. 3.20.
[139] *Kübler/Prütting/Tintelnot*, InsO §§ 115, 116 RdNr. 10; *Gottwald/Huber*, Insolvenzrechts-Handbuch § 36 RdNr. 38; *Uhlenbruck/Berscheid*, InsO §§ 115, 116 RdNr. 12; *Peschke*, Insolvenz des Girokontoinhabers, S. 34 ff.; *Tinnefeld*, Auf- und Verrechnung, S. 114; aA HK-*Marotzke*, InsO, § 115 RdNr. 6 ff.
[140] *Hess* in Hess/Weis/Wienberg, InsO, §§ 115, 116 RdNr. 37; *Braun/Kroth*, InsO, § 116 RdNr. 10.
[141] *Schimansky*, Bankrechtshandbuch, RdNr. 19.
[142] BGH NJW 1995, 1483; *Schimansky*, Bankrechtshandbuch, RdNr. 19; *Obermüller*, Bankpraxis, RdNr. 3.70; *Canaris*, Bankvertragsrecht, Teil 1, RdNr. 495; *Kübler/Prütting/Tintelnot*, InsO, §§ 115, 116 RdNr. 20; *Graf-Schlicker/Pöhlmann*, InsO § 116 RdNr. 14; *Smid/Meyer*, InsO, § 116 RdNr. 12.

Masse (§ 35) und sind an den Insolvenzverwalter herauszugeben.[143] Eine **Verrechnung eingehender Zahlungen** mit einem Schuldsaldo auf dem Konto des Schuldners auf Grund der Kontokorrentabrede kann nach Eröffnung des Insolvenzverfahrens nicht mehr erfolgen (s. o. RdNr. 36 und u. RdNr. 38). Eine Aufrechnung ist nur zulässig, wenn die Bank vor der Eröffnung des Insolvenzverfahrens Deckung erlangt hat; andernfalls scheitert eine Aufrechnung an § 96 Nr. 1[144] (s. dazu § 96 RdNr. 15 sowie § 82 RdNr. 20). Zur Frage, ob die Bank durch Entgegennahme von Überweisungen in der Krise oder Insolvenz des Zahlungsempfängers Pflichten, insbesondere **Warnpflichten** gegenüber dem Überweisenden verletzt, s. § 82 RdNr. 39.

38 Vor Inkrafttreten der durch das **Überweisungsgesetz** eingeführten Bestimmungen der §§ 676a bis 676g BGB haben **Überweisungsaufträge,** die der spätere Schuldner vor Eröffnung des Insolvenzverfahrens erteilt hat, die im Zeitpunkt der Verfahrenseröffnung aber von der Bank noch nicht ausgeführt waren, ihre Wirksamkeit verloren.[145] Die Weisung wurde dabei als eine **einseitige Weisung** im Rahmen des Girovertrags angesehen,[146] die auszuführen die Bank auf Grund des Girovertrags verpflichtet war.[147] Ein selbstständiger rechtlicher Bestand unabhängig vom Fortbestehen des Girovertrags kam der Weisung demzufolge nicht zu. Dem Insolvenzverwalter gegenüber war die Bank grundsätzlich nur verpflichtet, dessen Weisungen auszuführen, wenn er einen neuen Girovertrag mit der Bank abgeschlossen hatte. Dies konnte auch konkludent durch beiderseitige Fortsetzung der Geschäftsverbindung geschehen.[148] Etwas anderes galt nur, wenn mit dem Aufschub Gefahr verbunden war, bis der Insolvenzverwalter anderweitig Fürsorge treffen konnte (§ 115 Abs. 2 Satz 1).[149] Wegen dieser Einschränkung kommt der nachwirkenden Verpflichtung der Bank aus einem Girovertrag praktisch nur geringe Bedeutung zu.[150]

38a Demgegenüber vollzieht sich die **Überweisung nach neuem Recht** auf der Grundlage eines **Überweisungsvertrags** (§ 676a BGB), der durch den Auftrag des Kunden und die Annahme durch das Kreditinstitut zustande kommt. Hat das Kreditinstitut den Überweisungsauftrag des Kunden vor Eröffnung des Insolvenzverfahrens angenommen, was auch konkludent durch Bearbeitung des Überweisungsauftrags geschehen kann, so bleibt dieser gem. § 116 Satz 3 bestehen (s. RdNr. 51). Der Aufwendungsersatzanspruch des Kreditinstituts aus der Durchführung der Überweisung ist Masseverbindlichkeit (§ 116 Satz 3). Hat das Kreditinstitut den Überweisungsauftrag des Kunden dagegen im Zeitpunkt der Eröffnung des Insolvenzverfahrens noch nicht angenommen, so ist § 116 Satz 3 nicht anwendbar; ein Überweisungsvertrag kann nicht mehr zustande kommen, da der Vertragsantrag des Kunden mit dem Übergang der Verwaltungs- und Verfügungsbefugnis auf den Verwalter seine Wirksamkeit verloren hat (s. § 81 RdNr. 12b). Die zum bisherigen Überweisungsrecht streitige Frage, ob der vor Eröffnung des Insolvenzverfahrens erteilte Überweisungsauftrag (Weisung) mit Verfahrenseröffnung erlischt oder davon unabhängig fortbesteht[151] (s. o. RdNr. 38), ist nach neuem Recht gegenstandslos. Für das neue Überweisungsrecht ist maßgeblich, dass der „Überweisungsauftrag" nur ein Vertragsantrag ist, der für sich allein keine Rechtswirkungen hat und deshalb auch keinen insolvenzrechtlichen Be-

---

[143] BGH NJW 1995, 1483.
[144] BGHZ 74, 253, 255 = NJW 1979, 1658.
[145] Sog. Erlöschenstheorie; *Obermüller,* Bankpraxis, RdNr. 3.22; *Kilger/K. Schmidt,* KO, § 8 Anm. 1c; *Hess* in *Hess/Weis/Wienberg,* InsO, §§ 115, 116 RdNr. 66; aA die sog. Bestandstheorie; *Kuhn/Uhlenbruck,* KO, § 8 RdNr. 9b; *Jaeger/Henckel,* KO, § 8 RdNr. 27ff.
[146] S. dazu nur *Obermüller* ZInsO 1999, 690 mwN.
[147] BGH NJW 1991, 2210, 2211; *Schimansky,* Bankrechtshandbuch, § 49 RdNr. 1.
[148] BGH ZIP 1991, 155; *Kübler/Prütting/Tintelnot,* InsO, §§ 115, 116 RdNr. 20; *Schimansky,* Bankrechtshandbuch, RdNr. 18.
[149] *Obermüller,* Bankpraxis, RdNr. 3.40.
[150] Vgl. das Beispiel von *Obermüller,* Bankpraxis, RdNr. 3.40: Die Bank weiß, dass sich der Vertragspartner des Schuldners bei nicht rechtzeitigem Zahlungseingang von einem für den Schuldner äußerst vorteilhaften Vertrag lösen kann.
[151] Erlöschenstheorie gegen Bestandstheorie; Nachw. s. o. Fn. 145.

standsschutz erlangen kann. Die Bestimmung des § 116 Satz 3 gilt hier nicht, auch nicht analog (s. u. RdNr. 52).

Führt die Bank die Überweisung trotz Fehlen eines wirksamen Überweisungsvertrages in unverschuldeter Unkenntnis von der Verfahrenseröffnung durch, so erwirbt sie gegen die Masse einen Aufwendungsersatzanspruch als Insolvenzforderung[152] (§ 115 Abs. 3). Weist das Konto einen **Aktivsaldo** zugunsten der Masse aus, so beurteilt sich die Frage, ob und inwieweit die Bank ihren Ersatzanspruch damit verrechnen kann, nach § 82 (s. dazu § 82 RdNr. 19). Ist die Verrechnung mit einem Aktivsaldo der Masse wegen § 82 ausgeschlossen oder liegt ein **Debetsaldo** zulasten der Masse vor, so stellt sich die Frage, ob die Bank einen Ausgleichsanspruch gegen den Überweisungsempfänger hat; s. dazu § 82 RdNr. 22. **38 b**

3. Kontokorrent. Der Kontokorrentvertrag umfasst den Geschäftsvertrag, der die Grundlage der kontokorrentrechtlichen Verpflichtungen beider Parteien bildet, und die Kontokorrentabrede, die die Einbeziehung der beiderseitigen Ansprüche und Leistungen und deren Verrechnung betrifft.[153] Überwiegend wird der Geschäftsvertrag mit dem Girovertrag gleichgestellt.[154] Danach erlischt der Geschäftsvertrag zusammen mit dem Girovertrag gem. §§ 116 Satz 1, 115 Satz 1 mit der Eröffnung des Insolvenzverfahrens. Dies trifft im Ergebnis auch dann zu, wenn Geschäftsvertrag und Girovertrag rechtlich unterschieden wird.[155] Das Erlöschen des Girovertrags zieht die Unwirksamkeit des Geschäftsvertrags und des Kontokorrentvertrags wegen des engen funktionalen Zusammenhangs dieser Vereinbarungen nach sich (§ 139 BGB analog).[156] Die sich aus der Kontokorrentabrede ergebenden Verpflichtungen erlöschen demgemäß mit der Eröffnung des Insolvenzverfahrens.[157] Die in der Kontokorrentabrede enthaltene **antizipierte Verrechnung** der in das Kontokorrent einzustellenden beiderseitigen Forderungen verliert ihre Wirksamkeit mit der Eröffnung des Insolvenzverfahrens, weil einer Verrechnung nach diesem Zeitpunkt § 91 Abs. 1 entgegensteht.[158] Die antizipierte Verrechnung bleibt aber wirksam hinsichtlich der bis zur Eröffnung des Insolvenzverfahrens entstandenen und kontokorrentgebundenen Forderungen;[159] sie führt zu einer kausalen Saldoforderung im Zeitpunkt der Eröffnung des Insolvenzverfahrens.[160] **39**

4. Lastschriftverfahren. In der Insolvenz des Lastschriftgläubigers endet der Girovertrag nach § 116 und zudem die zunächst erfolgte Inkassovereinbarung der ersten Inkassostelle;[161] näher zum Lastschriftverfahren s. § 82 RdNr. 23 f. In der Insolvenz des Lastschriftschuldners erlischt die von ihm erteilte **Ermächtigung zur Belastung** seines Kontos mit der Eröffnung des Insolvenzverfahrens (§§ 80 Abs. 1, 91 Abs. 1). Die Belastung ist deshalb materiellrechtlich unwirksam; die Belastungsbuchung muss rückgängig gemacht werden,[162] sofern **40**

---

[152] *Hess* in *Hess/Weis/Wienberg*, InsO, §§ 115, 116 RdNr. 67; *Prütting/Nobbe*, Insolvenzrecht, S. 105; *Kübler/Prütting/Tintelnot*, InsO, §§ 115, 116 RdNr. 24; *Smid/Meyer*, InsO, § 116 RdNr. 16.
[153] MünchKommBGB-*Hüffer* § 781 RdNr. 9; GK-*Canaris*, HGB § 355 RdNr. 9.
[154] MünchKommHGB-*Hefermehl* § 355 RdNr. 13; *Smid/Meyer*, InsO § 116 RdNr. 26; *Schwintowski/Schäfer*, Bankrecht, § 4 RdNr. 12, 15.
[155] GK-*Canaris*, HGB § 355 RdNr. 10; *ders.*, Handelsrecht, § 25 RdNr. 4; *Peschke*, Insolvenz des Girokontoinhabers, S. 34 ff., 39; *Tinnefeld*, Auf- und Verrechnung, S. 27 ff.
[156] *Peschke*, Insolvenz des Girokontoinhabers, S. 39 ff., 42.
[157] BGHZ 157, 350, 357; BGHZ 74, 253 = NJW 1979, 1658; BGH NJW 1991, 1266; *Schimansky*, Bankrechtshandbuch, RdNr. 57; *Smid/Meyer*, InsO, § 116 RdNr. 23; *Nerlich/Römermann/Kießner*, InsO, § 116 RdNr. 9; *Kübler/Prütting/Tintelnot*, InsO, §§ 115, 116 RdNr. 21; *Hess* in *Hess/Weis/Wienberg*, InsO, §§ 115, 116 RdNr. 33; *Uhlenbruck/Berscheid*, InsO §§ 115, 116 RdNr. 17 f.; aA HK-*Marotzke*, InsO, § 116 RdNr. 5 (obligatorische Wirkungen bleiben bestehen).
[158] *Canaris*, Bankvertragsrecht, Teil 1, RdNr. 495; *Kilger/K. Schmidt*, KO, § 23 Anm. 1 b; *Prütting/Nobbe*, Insolvenzrecht, S. 105; HK-*Marotzke*, InsO, § 116 RdNr. 5.
[159] BGHZ 70, 86, 94 f. = NJW 1978, 538; *Smid/Meyer*, InsO, § 116 RdNr. 23; *Häsemeyer*, Insolvenzrecht, RdNr. 10.24.
[160] *Kübler/Prütting/Tintelnot*, InsO, §§ 115, 116 RdNr. 22; *Schimansky*, Bankrechtshandbuch, RdNr. 58; *Kuhn/Uhlenbruck*, KO, § 23 RdNr. 15; *Kilger/K. Schmidt*, KO § 23 Anm. 1 b; *Smid/Meyer*, InsO, § 116 RdNr. 23.
[161] *Smid/Meyer*, InsO, § 116 RdNr. 31; FK-*Wegener*, InsO, § 116 RdNr. 51.
[162] BGH ZIP 1980, 425, 427; *Smid/Meyer*, InsO, § 116 RdNr. 31.

§ 116   41–43   3. Teil. 2. Abschnitt. Erfüllung Rechtsgeschäfte. Mitwirkung BR

sich die Bank nicht auf den Schutz gem. § 115 Abs. 3 berufen kann. Ist die Lastschrift eingelöst und dem Gläubiger gutgebracht worden, so findet der Bereicherungsausgleich zwischen diesem und der Bank statt; der Schuldner ist davon nicht betroffen.[163] Zur Frage des Widerrufs einer Lastschrift durch den Insolvenzverwalter s. § 82 RdNr. 25 ff.

41   **5. Akkreditiv.** Der Vertrag zwischen der **Akkreditivbank** und dem Auftraggeber stellt ein Geschäftsbesorgungsverhältnis dar, das der Vorschrift des § 116 unterfällt.[164] Durch den Akkreditivauftraggeber wird die Bank beauftragt, an den Verkäufer den Kaufpreis zu zahlen. Die Eröffnung des Akkreditivs erfolgt durch die Abgabe eines Zahlungsversprechens seitens der Bank. Dadurch erlangt der Verkäufer einen eigenständigen, von den Einwendungen und Einreden des Warengeschäftes unabhängigen Zahlungsanspruch gegen die Akkreditivbank. Ein solcher Akkreditivauftrag erlischt unter den Voraussetzungen des § 116 Satz 1. Die Akkreditivbank darf das Akkreditiv nicht mehr eröffnen und muss einen Vorschuss zurückzahlen.[165] Ist das Akkreditiv vor der Eröffnung des Insolvenzverfahrens bereits eröffnet worden, so ist die Bank beim **widerruflichen Akkreditiv** berechtigt, dieses zu widerrufen, und dazu auch verpflichtet.[166] Der Auftrag zur Erteilung eines **unwiderruflichen Akkreditivs** erlischt mit der Insolvenz des Kunden gem. § 116, wenn es zu diesem Zeitpunkt noch nicht eröffnet ist; andernfalls ist § 116 nicht anwendbar.[167] Auf die Verpflichtung der Akkreditivbank gegenüber dem Begünstigten hat die Insolvenz des Auftraggebers keinen Einfluss. Bei debitorischem Konto des Auftraggebers erwirbt die Bank gegen diesen einen Anspruch auf Aufwendungsersatz als Insolvenzforderung.[168]

42   **6. Kreditgeschäft.** Im Rahmen der Kreditgeschäfte ist zwischen der effektiven Kreditgewährung – etwa durch die Stellung von Zahlungskrediten – und der Kreditleihe – durch Stellung eines Haftungskredites – zu unterscheiden.[169] Neben dem Gelddarlehen werden vor allem Akzeptkredite (vgl. § 1 Abs. 1 Satz 2 Nr. 2 KWG) durch die Banken gewährt. Einen Begriff des „Kreditgeschäftes" im Sinne eines einheitlichen Vertragstyps gibt es nicht. Beim **Zahlungskredit** besteht zumeist ein Darlehensvertrag i. S. d. § 607 Abs. 1 BGB. Beim **Haftungskredit** (insbesondere Akzeptkredit) können dagegen auch Elemente der Geschäftsbesorgung durch die Bank für den Kunden hinzutreten, so dass es sich um einen Geschäftsbesorgungsvertrag handelt.[170] Eine Vereinbarung, durch die sich eine Bank im Innenverhältnis zu Kunden verpflichtet, auf Verlangen des Kunden durch einen **Avalkredit** Garantien, Bürgschaften oder andere Gewährleistungen zu übernehmen, ist als Geschäftsbesorgungsvertrag einzuordnen.[171]

43   **7. Effektengeschäft.** Hierbei erwirbt und veräußert die Bank Wertpapiere für andere (vgl. § 1 Abs. 1 Satz 2 Nr. 4 KWG). In aller Regel wird es sich dabei um ein **Kommissionsgeschäft** i. S. d. §§ 383 ff. HGB handeln. Subsidiär sind ferner die §§ 675, 611 ff. BGB anwendbar. Die Geschäftsbesorgung der Bank liegt in der Dienstleistung zur Herbeiführung eines Kaufvertrages.[172] Einkaufs- wie Verkaufskommission fallen unter den Anwendungsbereich des § 116, der Kommissionsvertrag erlischt demgemäß mit Eröffnung des

---

[163] *Canaris*, Bankvertragsrecht, Teil 1, RdNr. 660; *Smid/Meyer*, InsO, § 116 RdNr. 27; *Kuhn/Uhlenbruck*, KO, § 23 RdNr. 19; FK-*Wegener*, InsO, § 116 RdNr. 51; aA *Jaeger/Henckel* § 8 RdNr. 33.

[164] *Kübler/Prütting/Tintelnot*, InsO, §§ 115, 116 RdNr. 27; *Obermüller*, Bankpraxis, RdNr. 4.11; *Smid/Meyer*, InsO, § 116 RdNr. 34. S. dazu w. RGZ 106, 26, 27; BGH WM 1958, 1542, 1543; *Staudinger/Martinek*, BGB, § 675 RdNr. B 53; MünchKommBGB-*Heermann* § 675 RdNr. 86.

[165] *Obermüller*, Bankpraxis, RdNr. 4.33.

[166] *Obermüller*, Bankpraxis, RdNr. 4.39.

[167] *Kübler/Prütting/Tintelnot*, InsO §§ 115, 116 RdNr. 27; *Obermüller*, Bankpraxis, RdNr. 4.41; aA *Kuhn/Uhlenbruck*, KO, § 23 RdNr. 14 c.

[168] *Kuhn/Uhlenbruck*, KO, § 23 RdNr. 14 c; *Obermüller*, Bankpraxis, RdNr. 4.45; *Häsemeyer*, Insolvenzrecht, RdNr. 20. 82.

[169] MünchKommBGB-*Heermann* § 675 RdNr. 79; *Staudinger/Martinek*, BGB, § 675 RdNr. B 45.

[170] OLG Köln ZIP 1999, 308, 309 f.; *Kirchhof* WM 1996, Sonderbeilage 2/28, 1, 12.

[171] BGH NZI 2006, 637; BGHZ 95, 375, 380 = NJW 1986, 310; MünchKommBGB-*Ulmer* § 491 RdNr. 85; MünchKommBGB-*Berger* Vor § 488 RdNr. 53; *Proske* (Fn. 124) S. 1035.

[172] MünchKommBGB-*Heermann* § 675 RdNr. 81; *Staudinger/Martinek*, BGB, § 675 RdNr. B 47.

Insolvenzverfahrens nach § 116 Satz 1.[173] Die Bank darf den Verkauf nicht mehr durchführen; war bei der Einkaufskommission die Ausführung schon erfolgt, so erlangt sie wegen ihrer Aufwendungen zwar nur einfache Insolvenzforderungen, ist aber durch das Pfandrecht gem. § 397 HGB dinglich gesichert.[174]

8. Depotgeschäft. Beim sog. Depotgeschäft verwaltet und verwahrt die Bank Wertpapiere für andere (vgl. § 1 Abs. 1 Satz 2 Nr. 5 KWG). Das DepG ist beim verschlossenen Depot nicht anwendbar; es handelt sich hierbei um einen **Verwahrungsvertrag** i. S. d. §§ 688 ff. BGB. Beim offenen Depot liegt dagegen ein aus Verwahrung und Geschäftsbesorgung gemischter Vertrag vor.[175] Kennzeichnend ist in diesem Zusammenhang auch die erforderliche Verwahrung der Papiere, welche die Geschäftsbesorgung der Bank darstellt. Zwar betrifft dies nur die Verwaltungspflichten,[176] jedoch lässt sich der Depotvertrag nur einheitlich verstehen und unterliegt daher im Ganzen der Regelung des § 116.[177]

9. Scheck, Wechsel, Anweisung. Im Rahmen von Diskontgeschäften kauft die Bank Wechsel und Schecks an (vgl. § 1 Abs. 1 Satz 2 Nr. 3 KWG). Der Preis, den die Bank an den Einreicher zahlt, besteht aus der Wechselsumme abzüglich des Diskonts, bestehend aus dem Zwischenzins für die Zeit bis zum Fälligkeitstag und der Diskontspesen.[178] Die Einordnung des **Diskontgeschäftes** ist umstritten. Die herrschende Meinung[179] qualifiziert es als Kauf oder kaufähnliches Geschäft, während es zum Teil[180] auch als Darlehen angesehen wird. Ein Geschäftsbesorgungsvertrag liegt jedenfalls dann vor, wenn die Bank den Wechsel für Rechnung des Kunden akzeptiert und der Kunde den Wechsel sodann bei einer anderen Bank zum Diskont einreicht oder der Kunde die Wechsel an seine Gläubiger sicherungs- oder erfüllungshalber weitergibt.[181] Akzeptiert und diskontiert die Bank dagegen einen vom Kunden auf sich selbst gezogenen Wechsel, liegt ein Darlehen vor, weil der Kunde bei seiner Bank über die Summe verfügen kann.[182] Beim **Inkassowechsel** erlischt der zwischen dem Wechselnehmer und der Bank geschlossene Geschäftsbesorgungsvertrag nach § 116.[183]

Die **Anweisung** als abstrakte, doppelte Ermächtigung des Angewiesenen im Deckungsverhältnis und als Legitimation des Anweisungsempfängers fällt als solche nicht unter §§ 115, 116.[184] Im Deckungsverhältnis zwischen Anweisendem und Angewiesenem wird jedoch in der Regel ein Geschäftsbesorgungsvertrag bestehen. Dieser erlischt nach § 116 mit der Eröffnung des Verfahrens, so dass der Angewiesene die Anweisung nicht mehr anzunehmen braucht.[185]

Für den **Scheckvertrag,** der als Bestandteil des Girovertrages beim einfachen Scheck der Begebung durch den Bankkunden und der Einlösung durch die bezogene Bank

---

[173] *Obermüller,* Bankpraxis, RdNr. 8.56, 8122; krit. zur Einkaufskommission *Kübler/Prütting/Tintelnot,* InsO, §§ 115, 116 RdNr. 6.
[174] Näher dazu *Obermüller,* Bankpraxis, RdNr. 8.123.
[175] OLG Hamm BB 1999, 1676; *Staudinger/Martinek,* BGB, § 675 RdNr. B 48.
[176] Einschränkend daher *Jaeger/Henckel,* KO, § 17 RdNr. 22.
[177] *Hess* in *Hess/Weis/Wienberg,* InsO, §§ 115, 116 RdNr. 61; *Obermüller,* Bankpraxis, RdNr. 2.127; FK-*Wegener,* InsO, § 116 RdNr. 47; wohl auch *Smid/Meyer,* InsO, § 116 RdNr. 44; diff. *Jaeger/Henckel,* KO, § 17 RdNr. 22.
[178] MünchKommBGB-*Heermann* § 675 RdNr. 80.
[179] RGZ 112, 46, 48; RGZ 142, 23, 26; BGHZ 19, 282, 292 = NJW 1956, 586; BGH WM 1972, 72; BGH WM 1972, 582; offen gelassen in BGHZ 19, 197, 200 f. = NJW 1972, 1084; OLG Hamm WM 1990, 1155, 1156; *Baumbach/Hefermehl* Anh. Art. 11 WG RdNr. 15; *Baumbach/Hopt,* HGB, BankGesch RdNr. J/2; *Peters,* Bankrechtshandbuch, § 65 RdNr. 3; *Soergel/Huber,* BGB, vor § 433 RdNr. 291; *Staudinger/Hopt/Mülbert,* BGB, Vorbem. zu §§ 607 ff. RdNr. 655; aA *Bülow,* WG, Art. 11 RdNr. 25; *Canaris,* Bankvertragsrecht, 2. Aufl., RdNr. 1532 f., 1562 (im Zweifel Darlehensvertrag).
[180] *Canaris,* Bankvertragsrecht, 2. Aufl., RdNr. 1531 ff.; *v. Caemmerer* NJW 1955, 41.
[181] Vgl. BGHZ 19, 282, 291 = NJW 1956, 586; *Staudinger/Martinek,* BGB, § 675 RdNr. B 46.
[182] MünchKommBGB-*Heermann* § 675 RdNr. 79.
[183] *Smid/Meyer,* InsO, § 116 RdNr. 33; *Obermüller,* Bankpraxis, RdNr. 3.370.
[184] *Smid/Meyer,* InsO, § 116 RdNr. 32; *Jaeger/Henckel,* KO, § 23 RdNr. 65; *Kuhn/Uhlenbruck,* KO, § 23 RdNr. 13.
[185] *Smid/Meyer,* InsO, § 116 RdNr. 32.

zugrunde liegt, gilt § 116 ebenfalls, auch wenn der Scheck wegen der Abstraktheit wirksam bleibt.[186]

III. Rechtsfolgen

48 1. **Vertragsbeendigung.** Mit der Eröffnung des Insolvenzverfahrens erlöschen Geschäftsbesorgungsverträge (§ 116 Satz 1 i. V. m. § 115 Abs. 1).[187] Das Erlöschen bewirkt, dass eine **weitere Tätigkeit des Geschäftsbesorgers** und eine Vergütung hierfür nicht geschuldet werden. Das Vertragsverhältnis erlischt endgültig; der Insolvenzverwalter kann nicht gem. § 103 Abs. 1 den Vertrag erfüllen und Erfüllung vom anderen Teil verlangen; § 103 wird durch §§ 115, 116 verdrängt.[188] Der Ansicht, wonach nur die Geschäftsbesorgungsbefugnis des Vertragspartners erlischt, das Vertragsverhältnis selbst von § 116 Satz 1 aber nicht erfasst wird, sondern der Bestimmung des § 103 Abs. 1 unterfällt,[189] kann nicht gefolgt werden. Eine **Geschäftsbesorgungsbefugnis,** die von dem ihr zugrundeliegenden Vertragsverhältnis verselbstständigt ist und demgemäß erlöschen kann, während das vertragliche Geschäftsbesorgungsverhältnis fortbesteht, ist aus rechtssystematischen Gründen nicht möglich, weil diese Geschäftsbesorgungsbefugnis nichts anderes ist als der Inbegriff der aus dem Vertragsverhältnis resultierenden Rechte und Pflichten des Geschäftsbesorgers.[190] Eine Differenzierung der Rechtsfolgen der Insolvenzeröffnung nach Geschäftsbesorgungsverhältnis und daraus resultierender Geschäftsbesorgungsbefugnis und Geschäftsbesorgungspflicht lässt sich der gesetzlichen Regelung nicht entnehmen; vielmehr ergibt sich aus der Verweisung des § 116 Satz 1 auf § 115, dass der Geschäftsbesorgungsvertrag ohne Einschränkung ebenso erlischt wie das vertragliche Auftragsverhältnis. Im Kern geht der Streit um die Frage, ob der Insolvenzverwalter einseitig das Recht haben soll, vom anderen Teil **Fortsetzung des Vertragsverhältnisses** zu verlangen. Eine dahingehende Option, die sich aus § 103 Abs. 1 ergeben würde, ist aber durch § 116 Satz 1 für Geschäftsbesorgungsverträge gerade ausgeschlossen worden.

49 Ein unabweisbares praktisches Bedürfnis, dem Insolvenzverwalter eine **einseitige Option** zur Fortsetzung des Geschäftsbesorgungsverhältnisses zuzubilligen, ist nicht ersichtlich.[191] Dem Insolvenzverwalter steht es frei, das bisherige Vertragsverhältnis durch Vereinbarung mit dem bisherigen Vertragspartner fortzusetzen oder ein entsprechendes Vertragsverhältnis mit einem anderen Vertragspartner neu abzuschließen, wenn dies im Interesse der Masse geboten ist. Soweit es sich um marktgängige Geschäftsbesorgungsleistungen handelt, wird die Auswechslung des Vertragspartners ohne weiteres möglich sein. Stehen besondere Umstände einem solchen Wechsel entgegen, so kann der bisherige Vertragspartner aus **nachwirkender Treuepflicht** gehalten sein, das Vertragsverhältnis zu angemessenen Konditionen fortzusetzen.[192] Dass der Masse höhere Kosten dadurch entstehen, dass das bisherige Vertragsverhältnis nicht auf einseitiges Verlangen des Insolvenzverwalters fortgesetzt werden

---

[186] *Smid/Meyer,* InsO, § 116 RdNr. 33; *Jaeger/Henckel,* KO, § 8 RdNr. 42; *Obermüller,* Bankpraxis, RdNr. 3.206.

[187] BGHZ 109, 260 (zu § 23 Abs. 2 KO) = NJW 1990, 510; BGH NZI 2006, 637 ff.; *Hess* in *Hess/Weis/Wienberg,* § InsO, §§ 115, 116 RdNr. 14; *Kübler/Prütting/Tintelnot,* InsO, §§ 115, 116 RdNr. 9; FK-*Wegener,* InsO, § 116 RdNr. 24; *Nerlich/Römermann/Kießner,* InsO, § 116 RdNr. 16; *Häsemeyer,* Insolvenzrecht, RdNr. 20. 72; *Kuhn/Uhlenbruck,* KO, § 23 RdNr. 5; *Kilger/K. Schmidt,* KO, § 23 Anm. 5; *Jaeger/Henckel,* KO, § 23 RdNr. 34.

[188] BGH NZI 2006, 637 ff.; BGH DZWIR 2007, 170 (zu § 9 GesO); OLG Frankfurt ZIP 2005, 1245; *Kübler/Prütting/Tintelnot,* InsO, §§ 115, 116 RdNr. 10; *Nerlich/Römermann/Kießner,* InsO, § 116 RdNr. 16; FK-*Wegener,* InsO, § 116 RdNr. 1; *Smid/Meyer,* InsO § 116 RdNr. 1.

[189] HK-*Marotzke,* InsO, § 115 RdNr. 4; *ders.,* in: Festschrift für Henckel, S. 579, 585 ff.

[190] S. dazu o. § 115 RdNr. 14.

[191] Die Möglichkeit einer „enormen Kostenersparnis", die *Marotzke* als praktisches Argument für ein Wahlrecht des Insolvenzverwalters anführt, wird nicht näher belegt, sondern nur beispielsweise auf die Behandlung von Vorschüssen und auf die Fortführung von Girokonten bezogen, HK-*Marotzke,* InsO, § 115 RdNr. 6; *ders.,* in: Insolvenzrecht im Umbruch, S. 183, 194. S. dazu im Text.

[192] Vgl. dazu den der Entscheidung BGH ZIP 1988, 1474 zugrundeliegenden Sachverhalt; s. auch u. Fn. 194.

muss, ist nicht einsichtig. Kommt es nicht zu einer einvernehmlichen Fortsetzung des bisherigen Vertragsverhältnisses, so ist dieses nach den allgemeinen Regeln des materiellen Rechts abzuwickeln.[193] Der Geschäftsbesorger ist nach Vertragsbeendigung verpflichtet, alles, was er zur Ausführung der Geschäftsbesorgung erhalten und aus der Geschäftsbesorgung erlangt hat, herauszugeben (§ 667 BGB).[194] Dazu gehören insbesondere **Vorschüsse**, die er erhalten, vor Eröffnung des Insolvenzverfahrens aber nicht mehr bestimmungsgemäß eingesetzt hat.[195] Die **Herausgabepflicht des Geschäftsbesorgers** umfasst auch Unterlagen, die er zur Ausführung des Auftrags erhalten oder erlangt oder im Rahmen der Vertragserfüllung erstellt hat wie z. B. Handakten des Rechtsanwalts nach Maßgabe des § 50 BRAO.[196] Nicht erfasst von der Herausgabepflicht werden Unterlagen, die das vom Geschäftsbesorger geschuldete **Arbeitsergebnis** darstellen.[197] Will der Insolvenzverwalter dieses Arbeitsergebnis für die Masse sichern, so muss er mit dem Geschäftsbesorger eine neue Vereinbarung treffen. Deren Verweigerung seitens des bisherigen Vertragspartners kann treuwidrig sein, wenn andernfalls die Vorleistungen des Schuldners wertlos würden. Auch für den bisherigen Vertragspartner besteht aber ein Anreiz, auf ein Angebot des Verwalters einzugehen, weil er andernfalls seinen Vergütungsanspruch verliert, der ohne eine solche Vereinbarung für die Zeit ab Eröffnung des Insolvenzverfahrens entfällt.

2. Ansprüche des Geschäftsbesorgers. Mit seinen bis zur Eröffnung des Insolvenzverfahrens entstandenen Ansprüchen aus dem Geschäftsbesorgungsvertrag ist der Geschäftsbesorger **Insolvenzgläubiger**. Welche Ansprüche dem Geschäftsbesorger und dem Schuldner auf Grund der Vertragsbeendigung zustehen, richtet sich nach den Vorschriften des Bürgerlichen Rechts (§§ 662 ff. BGB).[198] In Betracht kommen neben Ansprüchen auf **Vergütung** (§§ 611 Abs. 2, 631 Abs. 1 BGB) bzw. Aufwendungsersatz (§ 670 BGB) auch **Auskunfts- und Herausgabeansprüche** (§§ 666 BGB, 384, 406 HGB).[199] Ansprüche wegen einer Geschäftsbesorgung nach Eröffnung des Insolvenzverfahrens kommen in Betracht aus berechtigter Geschäftsführung ohne Auftrag (§ 683 BGB),[200] im Übrigen aus Bereicherungsrecht (§§ 683, 812 BGB). Mit Ansprüchen aus Geschäftsführung ohne Auftrag ist der Geschäftsbesorger Insolvenzgläubiger, während Ansprüche aus einer ungerechtfertigten Bereicherung der Masse Masseverbindlichkeiten sind (§ 55 Abs. 1 Nr. 3). Etwas anderes gilt, wenn ein Fall der Notgeschäftsführung vorliegt (§ 115 Abs. 2; s. dazu u. RdNr. 53 f.).

3. Fortbestand von Überweisungsverträgen, Zahlungs- und Übertragungsverträgen (Satz 3). Die neu eingeführte Vorschrift des Satz 3 gilt bereits ab dem 14. 8. 1999 für sämtliche Überweisungen, während die durch das **Überweisungsgesetz** eingeführten Bestimmungen der §§ 676a bis 676g BGB zunächst nur für **grenzüberschreitende Überweisungen** in Mitgliedstaaten der Europäischen Union und in Vertragsstaaten des Europäischen Wirtschaftsraums und erst ab dem **1. 1. 2002 für Inlandsüberweisungen und für Überweisungen in Drittstaaten** gelten (Art. 228 Abs. 2 EGBGB). Die in § 116 Satz 3 in

---

[193] BGH NZI 2006, 637, 638.
[194] BGHZ 109, 260, 264 = NJW 1990, 510; vgl. auch BGH ZIP 1988, 1474; OLG Hamm ZIP 1987, 1330 (Vorinstanz), dazu LG Essen ZIP 1996, 1878; *Marotzke* EWiR § 49 KO 1/87, 1121; *Palandt/Sprau*, BGB, § 667 RdNr. 8; MünchKommBGB-*Seiler*, BGB, § 667 RdNr. 20; *Kübler/Prütting/Tintelnot*, InsO, §§ 115, 116 RdNr. 9.
[195] BGH NJW 1991, 1884; MünchKommBGB-*Seiler* § 669 RdNr. 8; *Palandt/Sprau*, BGB, § 669 RdNr. 3; *Andres* in *Andres/Leithaus*, InsO, § 116 RdNr. 3.
[196] BGHZ 109, 260 = NJW 1990, 510 (zur Rechtslage vor der Neuordnung des Berufsrechts 1994); *Hess* in *Hess/Weis/Wienberg*, InsO, §§ 115, 116 RdNr. 19; *Kübler/Prütting/Tintelnot*, InsO, §§ 115, 116 RdNr. 18; *Goetsch* in *Breutigam/Blersch/Goetsch*, InsO, § 116 RdNr. 15; *Smid/Meyer*, InsO, § 116 RdNr. 14. Für andere rechts- und wirtschaftsberatende Berufe gilt dies entsprechend, LG Düsseldorf ZIP 1997, 1657; MünchKommBGB-*Seiler* § 667 RdNr. 16; *Andres* in *Andres/Leithaus*, InsO, § 116 RdNr. 5.
[197] BGH ZIP 1988, 1474 (Hauptabschlussübersicht und Umbuchungslisten des Steuerberaters).
[198] FK-*Wegener*, InsO, § 116 RdNr. 26.
[199] FK-*Wegener*, InsO, § 116 RdNr. 26.
[200] *Nerlich/Römermann/Kießner*, InsO, § 116 RdNr. 19.

Bezug genommenen Vertragstypen sind für diesen Bereich derzeit weder gesetzlich noch vertraglich eingeführt. Für Überweisungen nach bisherigem Recht kommt für den Zeitraum bis 31. 12. 2001 eine analoge Anwendung des § 116 Satz 3 in Betracht.[201]

52 Nach bisherigem Recht ergibt sich die Überweisungspflicht des Kreditinstituts aus der einseitigen Weisung des Kunden (**"Überweisungsauftrag"**) im Rahmen des Girovertrags (s. o. RdNr. 38). Der Girovertrag erlischt mit Eröffnung des Insolvenzverfahrens (§ 116 Satz 1; s. o. RdNr. 37). Daran hat § 116 Satz 3 nichts geändert.[202] Eine analoge Anwendung des § 116 Satz 3 auf den Fall, dass das Kreditinstitut den Überweisungsauftrag des Kunden im Zeitpunkt der Verfahrenseröffnung noch nicht angenommen hat, scheidet angesichts des klaren Wortlauts der Norm aus. Dies entspricht auch der Vorstellung des Gesetzgebers, wie sich aus der Begründung des Gesetzentwurfs ergibt. Dort wird ausdrücklich ausgeführt, nach Eröffnung des Insolvenzverfahrens könne die Masse durch einen Vertrag nicht mehr belastet werden, dem Schutz desjenigen, der in Unkenntnis der Verfahrenseröffnung handele, werde jedoch durch die Anwendung des § 116 i. V. m. § 115 ausreichend Rechnung getragen.[203] Nimmt das Kreditinstitut den Überweisungsauftrag in Unkenntnis der Eröffnung des Insolvenzverfahrens an und führt es die Überweisung aus, so erwirbt es gem. § 115 Abs. 3 Satz 2 nur eine Insolvenzforderung (s. o. RdNr. 38 b). Volle Befriedigung erlangt das Kreditinstitut auch dann nicht, wenn das Konto ein Guthaben der Masse ausweist; zur Anwendbarkeit des § 82 in solchen Fällen s. § 82 RdNr. 19.

IV. Notgeschäftsbesorgung (Satz 2 i. V. m. § 115 Abs. 2)

53 **1. Fortbestand bei Gefahr im Verzug.** Wenn mit dem Aufschub **Gefahr** verbunden ist, ist die Besorgung des übertragenen Geschäfts fortzusetzen; das Vertragsverhältnis gilt dann in entsprechender Anwendung des § 115 Abs. 2 Satz 2 als fortbestehend. Die Leistungspflichten sowie die aus dem Vertragsverhältnis resultierenden Neben- und Schutzpflichten bestehen in diesem Fall fort; s. näher § 115 RdNr. 16. Das Vertragsverhältnis gilt als fortbestehend nur, bis der Insolvenzverwalter selbst **Fürsorge** treffen kann. Eine Notgeschäftsbesorgung wird deshalb ebenso wie die Notgeschäftsführung gem. § 115 Abs. 2 Satz 1 in der Praxis nur ausnahmsweise in Betracht kommen und sich auf sehr kurze Zeiträume beschränken.

54 **2. Rechtsfolgen.** Mit den Ersatzansprüchen ist der Geschäftsbesorger Massegläubiger, §§ 116 Satz 1, 115 Abs. 2 Satz 3. Dies gilt nur für Ansprüche aus der Zeit der Notgeschäftsführung; hinsichtlich der zuvor begründeten Ansprüche ist der Geschäftsbesorger Insolvenzgläubiger (o. RdNr. 50). Ersatzansprüche kommen nach Maßgabe einer vertraglichen Vereinbarung in Betracht, im Übrigen aus § 670 BGB, dies aber nur, wenn gesonderte Ersatzansprüche nicht durch den vertraglich vereinbarten Vergütungsanspruch ausgeschlossen werden. Grundsätzlich ist davon auszugehen, dass die **vereinbarte Vergütung** auch die Aufwendungen des Geschäftsbesorgers abdeckt und ein gesonderter Ersatzanspruch daneben nicht in Betracht kommt.[204] Dies gilt auch für die Abdeckung der **tätigkeitsspezifischen Risiken**.[205] Auch hinsichtlich der Vergütungsansprüche des Geschäftsbesorgers gilt das Vertragsverhältnis als fortbestehend (§§ 116 Satz 1, 115 Abs. 2 Satz 2). Auch mit diesen Ansprüchen ist der Geschäftsbesorger Massegläubiger (§§ 116 Satz 2, 115 Abs. 2 Satz 2).

V. Fortgeltung bei unverschuldeter Unkenntnis (Satz 2 i. V. m. § 115 Abs. 3)

55 **1. Voraussetzungen.** Das Geschäftsbesorgungsverhältnis gilt zugunsten des Geschäftsbesorgers als fortbestehend, solange er die Eröffnung ohne Verschulden nicht kennt (§§ 116 Satz 1, 115 Abs. 3 Satz 1).

---

[201] *Obermüller* (Fn. 146) S. 695.
[202] *Obermüller* (Fn. 146) S. 695.
[203] BR-Drucks. 456/99 v. 13. 8. 1999 (Nr. I 3 b); *Obermüller* (Fn. 146) S. 696.
[204] MünchKommBGB-*Seiler*, BGB, § 670 RdNr. 17 mwN.
[205] Hierzu und zu alternativen Abgrenzungen *Blaschczok*, Festschrift für Gitter, S. 105 ff.

2. Rechtsfolgen. Hinsichtlich seiner bei Eröffnung des Insolvenzverfahrens noch nicht erfüllten Vergütungsansprüche ist der Geschäftsbesorger Insolvenzgläubiger (§ 115 Abs. 3 Satz 2). Im Übrigen ist eine Haftung des Geschäftsbesorgers wegen unberechtigter Geschäftsführung ohne Auftrag ausgeschlossen. **56**

§ 117 Erlöschen von Vollmachten

(1) Eine vom Schuldner erteilte Vollmacht, die sich auf das zur Insolvenzmasse gehörende Vermögen bezieht, erlischt durch die Eröffnung des Insolvenzverfahrens.

(2) Soweit ein Auftrag oder ein Geschäftsbesorgungsvertrag nach § 115 Abs. 2 fortbesteht, gilt auch die Vollmacht als fortbestehend.

(3) Solange der Bevollmächtigte die Eröffnung des Verfahrens ohne Verschulden nicht kennt, haftet er nicht nach § 179 des Bürgerlichen Gesetzbuchs.

Schrifttum: *Fuchs*, Zur Disponibilität gesetzlicher Widerrufsrechte im Privatrecht unter besonderer Berücksichtigung der Widerrufsrechte nach §§ 7 VerbrKrG, 168 S. 2 und 130 Abs. 1 S. 2 BGB, AcP 196 (1996), 313 ff.; *Marotzke*, Der Einfluss des Insolvenzverfahrens auf Auftrags- und Geschäftsbesorgungsverhältnisse. Kritische Gedanken zu § 23 KO (§§ 115 ff. InsO), in: Festschrift für Henckel, S. 579 ff.; *ders.*, Anmerkung zu BGH, Urt. v. 10. 11. 1999 – VIII ZR 78/98, EWiR 2000, 405 f.; *Runkel*, Anmerkung zu BGH, Urt. v. 14. 5. 1998 – IX ZR 256/96, EWiR 1998, 757 f.; *K. Schmidt*, Die Prokura in Liquidation und Konkurs der Handelsgesellschaften, BB 1989, 229 ff.; *Wissmann*, Anmerkung zu BGH, Urt. v. 11. 10. 1988 – X ZB 16/88, EWiR 1988, 1227 f.

Übersicht

	RdNr.		RdNr.
I. Normzweck	1	2. Anwendungsbereich	6
II. Entstehungsgeschichte	2	3. Rechtsfolge: Erlöschen der Vollmacht	12
1. Bisherige Rechtslage	2	4. Fortgeltung der Vollmacht (Abs. 2)	16
2. Gesetzgebungsverfahren	3	5. Schutz des vollmachtlosen Vertreters (Abs. 3)	18
III. Einzelerläuterungen	4		
1. Allgemeines	4		

I. Normzweck

Die Vorschrift des § 117 ergänzt die vorangehenden Vorschriften über das Erlöschen von Aufträgen und Geschäftsbesorgungsverträgen und dient wie diese dem **Schutz der Handlungskompetenzen des Insolvenzverwalters,** da auch durch den Fortbestand von Vollmachten die Verwaltungs- und Verfügungsbefugnis des Insolvenzverwalters beeinträchtigt werden kann.[1] Der Vorschrift des § 117 kommt nur eine klarstellende Funktion zu, soweit die Vollmacht zur Durchführung eines Auftrags oder eines Geschäftsbesorgungsvertrags erteilt worden ist, da sich deren Erlöschen in diesem Fall bereits aus § 168 Satz 1 BGB ergibt. Eine eigenständige Bedeutung hat sie jedoch in Bezug auf Vollmachten auf der Grundlage eines Dienstverhältnisses, da ein solches durch die Eröffnung des Insolvenzverfahrens nicht beendet wird (§ 108 Abs. 1 Satz 1). Weiter hat die Vorschrift eigenständige Bedeutung für die sog. isolierte oder abstrakte Vollmacht, bei denen das zugrundeliegende Rechtsverhältnis unwirksam ist oder ganz fehlt; im Interesse einer klaren Rechtslage sollen auch derartige Vollmachten im Zeitpunkt der Eröffnung des Insolvenzverfahrens grundsätzlich erlöschen.[2] Ferner kommt § 117 ein eigener Regelungsgehalt für den Fall der Eigenverwaltung zu.[3] **1**

---

[1] Begründung zu § 135 RegE; BT-Drucks. 12/2443, S. 151/152.
[2] BT-Drucks. 12/2443, S. 151/152; HK-*Marotzke*, InsO, § 117 RdNr. 3; *Smid/Meyer*, InsO, § 117 RdNr. 1; *Braun/Kroth*, InsO, § 117 RdNr. 1; FK-*Wegener*, InsO, § 117 RdNr. 1; *Andres* in *Andres/Leithaus*, InsO, § 117 RdNr. 1; *Hess* in *Hess/Weis/Wienberg*, InsO, § 117 RdNr. 1; *Nerlich/Römermann/Kießner*, InsO, § 117 RdNr. 4, 8.
[3] *Andres* in *Andres/Leithaus*, InsO, § 117 RdNr. 1; *Nerlich/Römermann/Kießner*, InsO, § 117 RdNr. 4; *Smid/Meyer*, InsO, § 117 RdNr. 1; *Kübler/Prütting/Tintelnot*, InsO, § 117 RdNr. 1; *Goetsch* in *Breutigam/*

II. Entstehungsgeschichte

2 1. Bisherige Rechtslage. Die Vorschrift des § 117 hat in der bisherigen Konkurs- und Vergleichsordnung kein Vorbild. Nach bisherigem Recht ergab sich das Erlöschen von Vollmachten im Konkurs des Vollmachtgebers aus § 23 KO i. V. m. § 168 Satz 1 BGB, sofern die Vollmacht ihren Grund in einem Auftrags- oder Geschäftsbesorgungsverhältnis hat. Andere Vollmachten sind durch die Konkurseröffnung nicht erloschen; der Konkursverwalter war hier darauf verwiesen, sie zu widerrufen.[4]

3 2. Gesetzgebungsverfahren. Die Vorschrift war im Gesetzgebungsverfahren in den Grundzügen nicht umstritten. Auch der Kommissionsentwurf sah das Erlöschen von Vollmachten vor.[5] Prokura und Handlungsvollmacht sollten jedoch nicht erlöschen, sondern nur ruhen, um sie im Falle der Sanierung nicht neu erteilen zu müssen.[6] Diese Einschränkung ist jedoch weder vom Referentenentwurf (vgl. § 125 RefE) noch vom Regierungsentwurf übernommen worden (vgl. § 135 RegE). Diese Fassung ist sodann inhaltlich unverändert Gesetz geworden.

III. Einzelerläuterungen

4 1. Allgemeines. Die Vorschrift des § 117 ordnet das Erlöschen einer vom Schuldner[7] erteilten Vollmacht durch Eröffnung des Insolvenzverfahrens an. Fraglich ist zunächst, ob dieser Vorschrift rechtsgestaltende oder nur klarstellende Bedeutung zukommt. Zum Teil wird die Ansicht vertreten, das Erlöschen der Vollmacht ergebe sich schon aus dem **Übergang der Verfügungsmacht** über das zur Insolvenzmasse gehörende Vermögen des Schuldners auf den Insolvenzverwalter (§ 80).[8] Aus dieser Ansicht folgt, dass § 117 Abs. 1 keinerlei eigenständige Regelung enthält, sondern nur der Klarstellung der aus § 80 folgenden Rechtslage dient. Nach anderer Ansicht führt die Eröffnung des Insolvenzverfahrens insoweit gem. § 168 Satz 1 BGB zum Erlöschen der Vollmacht, als das Grundverhältnis durch die Verfahrenseröffnung erlischt.[9] Danach hat die Vorschrift des § 117 Abs. 1 **eigenständige Bedeutung** für die Fälle, in denen das Grundverhältnis über die Verfahrenseröffnung hinaus fortbesteht, sowie für Vollmachten, die unabhängig von einem Grundverhältnis erteilt worden sind (isolierte Vollmacht, s. dazu u. RdNr. 8).

5 Der Übergang der Verfügungsbefugnis über das Vermögen des Schuldners auf den Insolvenzverwalter führt **nicht zum Erlöschen** der vom Schuldner zuvor erteilten Vollmachten. Die Vollmacht bewirkt, dass rechtsgeschäftliche Erklärungen, die der Vertreter namens des Vertretenen abgibt, diesem wie eigene Erklärungen zugerechnet werden (§ 164 Abs. 1 Satz 1 BGB). Soweit der Vertretene die Verwaltungs- und Verfügungsbefugnis über sein Vermögen verloren hat, kann auch die ihm zugerechnete Erklärung seines Vertreters

---

Blersch/Goetsch, InsO, § 117 RdNr. 3 (unter Hinweis auf die fortbestehende Verwaltungs- und Verfügungsbefugnis); einschränkend HK-*Marotzke,* InsO, § 117 RdNr. 2 (Bedeutung nur im Hinblick auf eine mögliche Haftung gem. § 179 BGB).

[4] *Kilger/K. Schmidt,* KO, § 23 Anm. 8.

[5] Erster Bericht Leitsatz 1. 2. 10 Abs. 2 Satz 3.

[6] Erster Bericht Leitsatz 1. 2. 10 Abs. 2 Satz 4 und Begründung hierzu.

[7] Auf Vollmachten, die von vorläufigen Insolvenzverwalter erteilt worden sind, findet § 117 keine Anwendung; vgl. hierzu HK-*Marotzke,* InsO, § 117 RdNr. 12; *Uhlenbruck/Berscheid,* InsO, § 117 RdNr. 17; *Andres* in *Andres/Leithaus,* InsO, § 117 RdNr. 4.

[8] *K. Schmidt* BB 1989, 229, 234; *Häsemeyer,* Insolvenzrecht, RdNr. 20.69, 20.78; *Flume,* Das Rechtsgeschäft, § 51 RdNr. 7; *Kübler/Prütting/Tintelnot,* InsO, § 117 RdNr. 1; *Goetsch* in Breutigam/Blersch/Goetsch, InsO, § 117 RdNr. 1 f.; *Smid/Meyer,* InsO, § 117 RdNr. 1 f.; *Jaeger/Henckel,* KO, § 23 RdNr. 48.

[9] *Kuhn/Uhlenbruck,* KO, § 23 RdNr. 7; *Uhlenbruck/Berscheid,* InsO, § 117 RdNr. 2; FK-*Wegener,* InsO, § 117 RdNr. 1; *Hess* in *Hess/Weis/Wienberg,* InsO, § 117 RdNr. 1; *Nerlich/Römermann/Kießner,* InsO, § 117 RdNr. 3 f.; MünchKommBGB-*Schramm* § 168 RdNr. 14; *Soergel/Leptien,* BGB, § 168 RdNr. 8; *Staudinger/Schilken,* BGB, § 168 RdNr. 25; *Erman/Brox,* BGB, § 168 RdNr. 7; s. w. BGH ZIP 1988, 1584 = EWiR 1988, 1227 *(Wissmann);* BGH ZIP 1998, 1113 = EWiR 1998, 757 *(Runkel); Larenz/Wolf,* BGB AT, § 47 RdNr. 75.

Erlöschen von Vollmachten **6 § 117**

keine wirksame Verpflichtung oder Verfügung begründen.[10] Rechtsgeschäftliche Erklärungen des Vertreters sind gegenüber der Insolvenzmasse ebenso unwirksam wie entsprechende Rechtsgeschäfte des Schuldners selbst. Demzufolge könnte der Bevollmächtigte die Verwaltungs- und Verfügungsbefugnis des Verwalters rechtswirksam auch bei fortbestehender Vollmacht nicht beeinträchtigen.[11] Der Wegfall der Verwaltungs- und Verfügungsbefugnis des Schuldners ändert für sich gesehen jedoch nichts am Bestand einer vor Verfahrenseröffnung von ihm erteilten Vollmacht. Diese besteht grundsätzlich **unabhängig** von Veränderungen in der Sphäre des Vollmachtgebers fort.[12] Aus einem Fortbestand der vom Schuldner vor Verfahrenseröffnung erteilten Vollmachten können sich jedoch **Irritationen im rechtsgeschäftlichen Verkehr** ergeben, die faktisch die Tätigkeit des Insolvenzverwalters beeinträchtigen. Diese Quelle möglicher Störungen wird durch § 117 Abs. 1 beseitigt.[13] Insofern kommt der Vorschrift eine eigenständige Bedeutung zu. Dies gilt auch insoweit, als sich das Erlöschen der Vollmacht aus dem Erlöschen des ihrer Erteilung zugrunde liegenden Rechtsverhältnisses ergibt (§ 168 Satz 1 BGB). Im Rechtsverkehr ist nicht ohne weiteres ersichtlich, welches das der Erteilung der Vollmacht zugrunde liegende Rechtsverhältnis ist und ob dieses durch die Eröffnung des Insolvenzverfahrens beendet worden ist oder ob es fortbesteht. Aus der Sicht des Rechtsverkehrs kann es schwierig sein zu beurteilen, ob eine Vollmacht im Zusammenhang mit einem Dienstverhältnis des Schuldners erteilt worden ist und deshalb gem. § 108 Abs. 1 Satz 1 i. V. m. § 168 Satz 1 BGB fortbestehen müsste, oder ob die Vollmacht auf einem Dienstvertrag beruht, der eine Geschäftsbesorgung zum Gegenstand hat, mit der Folge, dass sie ohne weiteres erlischt (§§ 116 Abs. 1 Satz 1, 115 Abs. 1 i. V. m. § 168 Satz 1 BGB). Die Vorschrift des § 117 Abs. 1 beseitigt diese Störungsquelle, indem **generell das Erlöschen von Vollmachten** angeordnet wird.

2. Anwendungsbereich. Erfasst werden Vollmachten, die der Schuldner erteilt hat und **6** die sich auf das zur Insolvenzmasse gehörende Vermögen beziehen.

a) Grundsätzlich unterfallen **alle Vollmachten** des Schuldners, die sich auf Vermögensangelegenheiten beziehen, der Vorschrift des § 117, da das Insolvenzverfahren das gesamte Vermögen des Schuldners einschließlich des Neuerwerbs erfasst (§ 35).[14] Ausgenommen sind unpfändbare Gegenstände nach Maßgabe des § 36 Abs. 2 sowie Sachen, die zum Hausrat gehören, gem. § 36 Abs. 3. Insoweit behält der Schuldner die Verwaltungs- und Verfügungsbefugnis und kann dementsprechend auch wirksam Vollmachten für diesen Bereich erteilen; bereits erteilte Vollmachten bleiben von der Eröffnung des Insolvenzverfahrens unberührt. Gleiches gilt für Vollmachten, die sich auf **andere als Vermögensangelegenheiten** beziehen, soweit in derartigen Angelegenheiten eine Stellvertretung zulässig ist, so etwa bei der Durchführung eines Ehescheidungsverfahrens, nicht dagegen für den Abschluss von Vereinbarungen über einen Versorgungsausgleich oder Unterhaltszahlungen.[15] Eine Stellvertretung ist ausgeschlossen bei Angelegenheiten höchstpersönlicher Natur, insbesondere in familien- und erbrechtlichen Angelegenheiten.[16] Ebenso bleibt eine Vollmacht bestehen, die der Schuldner einem Rechtsanwalt vor Eröffnung des Insolvenzver-

---

[10] HK-*Marotzke*, InsO, § 117 RdNr. 1; *ders.*, Festschrift für Henckel, S. 579, 583 f.; *Jaeger/Henckel*, KO, § 23 RdNr. 1.
[11] HK-*Marotzke*, InsO, § 117 RdNr. 1.
[12] Nachträglich eintretende Geschäftsunfähigkeit oder Tod des Vollmachtgebers führen grundsätzlich nicht zum Erlöschen der Vollmacht, MünchKommBGB-*Schramm* § 168 RdNr. 12, 17; *Palandt/Heinrichs*, BGB, § 168 RdNr. 4; *Staudinger/Schilken*, BGB, § 168 RdNr. 26.
[13] Insofern zumindest ungenau die Begründung zu § 135 RegE, BT-Drucks. 12/2443, S. 151.
[14] *Kübler/Prütting/Tintelnot*, InsO, § 117 RdNr. 3; *Hess* in Hess/Weis/Wienberg, InsO, § 117 RdNr. 5; *Braun/Kroth*, InsO, § 117 RdNr. 3; *Andres* in Andres/Leithaus, InsO, § 117 RdNr. 3.
[15] *Goetsch* in Breutigam/Blersch/Goetsch, InsO, § 117 RdNr. 5; *Smid/Meyer*, InsO, § 117 RdNr. 5; *Uhlenbruck/Berscheid*, InsO, § 117 RdNr. 4; FK-*Wegener*, InsO, § 117 RdNr. 2; *Nerlich/Römermann/Kießner*, InsO, § 117 RdNr. 7.
[16] So insbes. bei der Eheschließung (§ 1311 BGB), der Testamentserrichtung (§ 2064 BGB) und dem Abschluss eines Erbvertrags (§ 2274 BGB); s. hierzu näher MünchKommBGB-*Schramm* Vor § 164 RdNr. 69; *Staudinger/Schilken*, BGB, Vorbem. zu §§ 164 ff. RdNr. 40; *Palandt/Heinrichs*, BGB, Einf. vor § 164 RdNr. 4.

fahrens zur Vertretung im Insolvenzverfahren erteilt hat und durch die nicht die Insolvenzmasse betroffen ist, wie etwa im Rahmen von Rechtsbehelfen, die dem Schuldner im Insolvenzverfahren persönlich zustehen.[17]

7 b) Erfasst werden **alle Arten** von Vollmachten ohne Rücksicht auf ihren Umfang und auf das ihrer Erteilung zugrundeliegende Rechtsverhältnis. Demgemäß erlischt eine Generalvollmacht ebenso wie eine Gattungs- oder Spezialvollmacht. Gleiches gilt für die handelsrechtlichen Sonderformen der Vollmacht **(Prokura, Handlungsvollmacht)**. Dies kann angesichts des eindeutigen Wortlauts der Vorschrift und des ausdrücklichen Hinweises in der Begründung des RegE nicht mehr zweifelhaft sein.[18] Die während des Gesetzgebungsverfahrens erwogene Sonderregelung, wonach eine vom Schuldner erteilte Prokura oder Handlungsvollmacht während der Dauer des Insolvenzverfahrens nur ruhen, nach dessen Beendigung aber wiederaufleben sollte,[19] ist nicht Gesetz geworden (s. o. RdNr. 3). Der Insolvenzverwalter ist aber nicht gehindert, **Prokura und Handlungsvollmacht neu zu erteilen,** wenn dies aus Gründen der Betriebsfortführung angezeigt ist.[20] Das Erlöschen der Prokura ist weder vom Insolvenzverwalter anzumelden noch von Amts wegen in das Handelsregister einzutragen; für den Rechtsverkehr ist das Erlöschen der Prokura mit der Eintragung der Auflösung der Gesellschaft ausreichend dokumentiert.[21] Die Eröffnung des Insolvenzverfahrens führt auch zum **Erlöschen unwiderruflicher Vollmachten.**[22] Die Erteilung unwiderruflicher Vollmachten ist nicht zulässig bei Generalvollmachten[23] und wird im Übrigen nur als zulässig erachtet, wenn sich dies aus dem Rechtsverhältnis rechtfertigt, dessen Durchführung die Vollmacht dient; dient die Vollmacht ausschließlich dem Interesse des Vollmachtgebers, so kann sie nicht unwiderruflich erteilt werden.[24] Auch eine im Interesse des Vertreters unwiderruflich erteilte Vollmacht ändert jedoch nichts daran, dass der Vertreter nach Eröffnung des Insolvenzverfahrens über das Vermögen des Vertretenen in dessen Namen ebenso wenig Verfügungen treffen kann wie dieser selbst. Ein Grund, derartigen Vollmachten insolvenzrechtlich einen Sonderstatus einzuräumen, besteht davon abgesehen nicht, weil auch Ansprüche des Vertreters gegen den Vertretenen keinen insolvenzrechtlichen Sonderstatus haben, sondern den allgemeinen Kategorien unterfallen. Dementsprechend erlischt auch eine im **Eigeninteresse des Vertreters** erteilte Vollmacht, sofern sie sich auf die Insolvenzmasse bezieht.[25]

---

[17] OLG Dresden ZIP 2002, 2000 f.; ebenso HK-*Marotzke,* InsO, § 117 RdNr. 6; *Braun/Kroth,* InsO, § 117 RdNr. 3; *Andres* in *Andres/Leithaus,* InsO, § 117 RdNr. 3; HambKomm-*Ahrendt,* InsO, § 117 RdNr. 6.

[18] BT-Drucks. 12/2443, S. 151 f.; LG Halle NZI 2004, 631, 632; *Kübler/Prütting/Tintelnot,* InsO, § 117 RdNr. 5; *Goetsch* in *Breutigam/Blersch/Goetsch,* InsO, § 117 RdNr. 6; HK-*Marotzke,* InsO, § 117 RdNr. 5; *Braun/Kroth,* InsO, § 117 RdNr. 4; *Smid/Meyer,* InsO, § 117 RdNr. 3; *Andres* in *Andres/Leithaus,* InsO, § 117 RdNr. 5; *Uhlenbruck/Berscheid,* InsO, § 117 RdNr. 3; *Nerlich/Römermann/Kießner,* InsO, § 117 RdNr. 10; ebenso zum bisherigen Recht *Jaeger/Henckel,* KO, § 23 RdNr. 49; *Kilger/K. Schmidt,* KO, § 23 Anm. 8; and. zum früheren Recht *Kuhn/Uhlenbruck,* KO, § 23 RdNr. 7 b.

[19] Erster Bericht Leitsatz 1. 2. 10 Abs. 2 Satz 4.

[20] So die hM; grundlegend *K. Schmidt* (Fn. 8) S. 229; ebenso *Jaeger/Henckel,* KO, § 23 RdNr. 49; zustimmend *Braun/Kroth,* InsO, § 117 RdNr. 8; *Nerlich/Römermann/Kießner,* InsO, § 117 RdNr. 11; *Uhlenbruck/Berscheid,* InsO, § 117 RdNr. 9 f. (für die Prokura), 11 f. (für die Handlungsvollmacht); FK-*Wegener,* InsO, § 117 RdNr. 11; *Andres* in *Andres/Leithaus,* InsO, § 117 RdNr. 5; *Smid/Meyer,* InsO, § 117 RdNr. 4; HK-*Marotzke,* InsO, § 117 RdNr. 5; *Kübler/Prütting/Tintelnot,* InsO, § 117 RdNr. 5; *Hess* in *Hess/Weis/Wienberg,* InsO, § 117 RdNr. 2, 15.

[21] LG Halle NZI 2004, 631, 632; *Andres* in *Andres/Leithaus,* InsO, § 117 RdNr. 5; HK-*Marotzke,* InsO, § 117 RdNr. 5 in Fn. 9.

[22] *Kübler/Prütting/Tintelnot,* InsO, § 117 RdNr. 5; FK-*Wegener,* InsO, § 117 RdNr. 2; *Uhlenbruck/Berscheid,* InsO, § 117 RdNr. 3; HK-*Marotzke,* InsO, § 117 RdNr. 13; *Smid/Meyer,* InsO, § 117 RdNr. 2; *Hess* in *Hess/Weis/Wienberg,* InsO, § 117 RdNr. 6; *Nerlich/Römermann/Kießner,* InsO, § 117 RdNr. 7, 12; *Andres* in *Andres/Leithaus,* InsO, § 117 RdNr. 9; *Jaeger/Henckel,* KO, § 23 RdNr. 48; *Kilger/K. Schmidt,* KO, § 23 Anm. 8.

[23] *Palandt/Heinrichs,* BGB, § 168 RdNr. 6; *Staudinger/Schilken,* BGB, § 168 RdNr. 9.

[24] BGH NJW 1988, 2603; BGH NJW-RR 1991, 439, 441; BGH WM 1985, 646; s. w. BGHZ 3, 354, 358 = NJW 1952, 178; *Fuchs* AcP 196 (1996), 313, 363; MünchKommBGB-*Schramm* § 168 RdNr. 32; *Staudinger/Schilken,* BGB, § 168 RdNr. 8; *Palandt/Heinrichs,* BGB, § 168 RdNr. 6.

[25] *Kübler/Prütting/Tintelnot,* InsO, § 117 RdNr. 5; and. MünchKommBGB-*Schramm* § 168 RdNr. 16.

Erlöschen von Vollmachten 8–10 § 117

Soweit der Erteilung der Vollmacht ein **Rechtsverhältnis zugrunde liegt,** erlischt sie 8
schon nach allgemeinem Recht, wenn die Eröffnung des Insolvenzverfahrens zur Beendigung dieses Rechtsverhältnisses führt (§ 168 BGB). Dies richtet sich nach den Bestimmungen der §§ 113, 115, 116. Unmittelbar von § 117 erfasst wird die sog. **isolierte Vollmacht,**[26] die ohne Bezug zu einem zugrundeliegenden Rechtsverhältnis erteilt wird.[27] Auch eine vom Schuldner vor Verfahrenseröffnung erteile **Prozessvollmacht** unterliegt der Vorschrift des § 117 Abs. 1, § 86 ZPO findet keine Anwendung.[28] Eine ohne erneute Erteilung einer Vollmacht eingelegte Berufung ist unzulässig.[29] Die Eröffnung des Insolvenzverfahrens führt zur Unterbrechung eines anhängigen Rechtsstreits (§ 240 ZPO). Die Aufnahme des Verfahrens obliegt dem Insolvenzverwalter. Wegen der Unterbrechung des Verfahrens besteht im Allgemeinen kein Anlass für eilbedürftige Maßnahmen. Auch eine Ermächtigung zur **gewillkürten Prozessstandschaft** erlischt.[30] Wegen der Nähe einer solchen Ermächtigung zur Erteilung einer Vollmacht, insbesondere der entsprechenden Anwendung des § 168 BGB,[31] gilt § 117 analog.[32] Ferner erlischt die einem **Notar** zur Stellung von Anträgen an das Grundbuchamt erteilte Vollmacht, sofern sie sich auf die Insolvenzmasse bezieht.[33]

Eine vom Vertreter des Schuldners erteilte **Untervollmacht** wird ebenfalls von der 9
Vorschrift des § 117 Abs. 1 erfasst, weil auch der Unterbevollmächtigte als Vertreter des Schuldners handelt und seine Erklärungen diesem zugerechnet werden.[34]

c) Nicht erfasst von § 117 wird eine **gesetzliche oder organschaftliche Vertretungs-** 10
macht.[35] Die Beendigung der Vertretungsmacht richtet sich hier nach den besonderen, für das gesetzliche oder organschaftliche Vertretungsverhältnis geltenden Vorschriften. Die Eröffnung des Insolvenzverfahrens über eine **rechtsfähige Gesellschaft** beendet die Rechtsstellung der Organmitglieder als solcher nicht; diese verbleiben vielmehr in ihren Ämtern;[36] sie verlieren aber ihre Geschäftsführungs- und Vertretungsbefugnisse in Bezug auf die Insolvenz-

---

[26] BGH NJW 1988, 2603; BGHZ 110, 363, 367 = NJW 1990, 1721; *Palandt/Heinrichs,* BGB, § 168 RdNr. 6.
[27] BT-Drucks. 12/2443, S. 151 f.; *Smid/Meyer,* InsO § 117 RdNr. 2; *Uhlenbruck/Berscheid,* InsO, § 117 RdNr. 3; *Kübler/Prütting/Tintelnot,* InsO, § 117 RdNr. 5; *Hess* in *Hess/Weis/Wienberg,* InsO, § 117 RdNr. 11; *Andres* in *Andres/Leithaus,* InsO, § 117 RdNr. 5; *Goetsch* in *Breutigam/Blersch/Goetsch,* InsO, § 117 RdNr. 6; HK-*Marotzke,* InsO, § 117 RdNr. 4; *Nerlich/Römermann/Kießner,* InsO, § 117 RdNr. 8.
[28] BGH NJW-RR 1989, 183 f.; BGH NJW 1998, 2364, 2365; BGH NJW 2000, 75, 76; BGH NZI 2003, 491 (zur GesO); BAG NJW 2006, 461; OLG Karlsruhe NZI 2005, 39 f.; OLG Brandenburg NZI 2001, 255 f.; OLG Köln NJW-RR 2003, 264, 266; LAG Hamm NZA-RR 2006, 601; *Uhlenbruck/Berscheid,* InsO, § 117 RdNr. 5; HambKomm-*Ahrendt,* InsO, § 117 RdNr. 6; *Kübler/Prütting/Tintelnot,* InsO, § 117 RdNr. 6; FK-*Wegener,* InsO, § 117 RdNr. 3; *Hess* in *Hess/Weis/Wienberg,* InsO, § 117 RdNr. 7; HK-*Marotzke,* InsO, § 117 RdNr. 5; *Braun/Kroth,* InsO, § 117 RdNr. 4; *Smid/Meyer,* InsO, § 117 RdNr. 8; *Graf-Schlicker/Pöhlmann,* InsO, § 117 RdNr. 4; *Jaeger/Henckel,* KO, § 23 RdNr. 50; *Zöller/Vollkommer,* ZPO, § 86 RdNr. 6; aA noch *Baumbach/Lauterbach/Albers/Hartmann,* ZPO, § 86 RdNr. 12 unter Berufung auf BFH DB 1978, 776, woraus sich das Ergebnis aber nicht herleiten lässt; vgl. auch *Wissmann* EWiR 1988, 1227 f.
[29] OLG Karlsruhe NZI 2005, 39 f.; die Kosten des unzulässigen Berufungsverfahrens sind dem vollmachtlosen Vertreter aufzuerlegen, s. RdNr. 1.
[30] BGH NJW 2000, 738, 739 (zu § 23 KO); HK-*Marotzke,* InsO, § 117 RdNr. 5; *Andres* in *Andres/Leithaus,* InsO, § 117 RdNr. 5; *Smid/Meyer,* InsO, § 117 RdNr. 5; *Uhlenbruck/Berscheid,* InsO, § 117 RdNr. 5.
[31] Vgl. hierzu BGH NJW 2000, 738, 739 mwN.
[32] Vgl. BGH NJW 2000, 738, 739 (zu § 23 KO); aA *Kübler/Prütting/Tintelnot,* InsO, § 117 RdNr. 7, der auf §§ 80, 81 abstellt; ebenso *Marotzke* EWiR 2000, 405, 406; von einer lediglich „hilfsweisen" Analogie spricht HK-*Marotzke,* InsO, § 117 RdNr. 9.
[33] BayObLG NZI 2004, 499, 500; HK-*Marotzke,* InsO, § 117 RdNr. 5; HambKomm-*Ahrendt,* InsO, § 117 RdNr. 3.
[34] FK-*Wegener,* InsO, § 117 RdNr. 10; *Andres* in *Andres/Leithaus,* InsO, § 117 RdNr. 5; *Hess* in *Hess/Weis/Wienberg,* InsO, § 117 RdNr. 5; *Uhlenbruck/Berscheid,* InsO, § 117 RdNr. 5; *Palandt/Heinrichs,* BGB, § 167 RdNr. 12; *Larenz/Wolf,* BGB AT § 47 RdNr. 43; MünchKommBGB-*Schramm* § 167 RdNr. 71; *Staudinger/Schilken,* BGB, § 167 RdNr. 61; and. BGHZ 32, 250, 253 = NJW 1960, 1565, wonach der Unterbevollmächtigte auch Vertreter des Vertreters sein kann.
[35] FK-*Wegener,* InsO, § 117 RdNr. 4; *Smid/Meyer,* InsO, § 117 RdNr. 2; *Hess* in *Hess/Weis/Wienberg,* InsO, § 117 RdNr. 13; *Andres* in *Andres/Leithaus,* InsO, § 117 RdNr. 2.
[36] *Häsemeyer,* Insolvenzrecht, RdNr. 30.30, 30.51.

masse.³⁷ Im Falle der insolvenzbedingten Auflösung der Gesellschaft sind die Organmitglieder nicht Abwickler bzw. Liquidatoren (§§ 264 Abs. 1, 265 Abs. 1 AktG; 66 Abs. 1 GmbHG).³⁸ Der Übergang der Verwaltungs- und Verfügungsbefugnis auf den Insolvenzverwalter lässt aber die übrigen Kompetenzen der Gesellschaft und der Organmitglieder unberührt, insbesondere in Bezug auf die Rechte und Pflichten der Gesellschaft als Schuldner im Insolvenzverfahren.³⁹ Gleiches gilt für die Vertretungsmacht eines **besonderen Vertreters,** der gem. § 147 Abs. 3 Satz 1 AktG zur **Geltendmachung von Ersatzansprüchen** der Gesellschaft gegen Gründer (§§ 46 bis 48 AktG) oder gegen Mitglieder des Vorstands oder des Aufsichtsrats (§§ 93, 116 AktG) sowie gegen weitere Personen (§ 117 AktG). Die Geltendmachung solcher Ersatzansprüche steht dem Insolvenzverwalter zu; gleichwohl erlischt die Vertretungsmacht des besonderen Vertreters nicht, sondern ruht für die Dauer des Insolvenzverfahrens.⁴⁰

11 d) Keine Vollmacht stellen **Einziehungsermächtigungen** sowie **Verfügungsermächtigungen** dar. Die Einziehungsermächtigung bewirkt eine Aufspaltung der Gläubigerstellung dahingehend, dass der Ermächtigte dem Schuldner gegenüber die Rechte des Gläubigers behält, also zur Geltendmachung der Forderung im eigenen Namen berechtigt ist bzw. bleibt, ihm aber eine Verfügungsbefugnis über die Forderung im Übrigen nicht zusteht.⁴¹ Die Einziehungsermächtigung ist keine verselbständigte Rechtsposition des Ermächtigten, sondern eine vom Forderungsinhaber abgeleitete Rechtsmacht und verliert deshalb ihre Wirkung, wenn dieser die Verfügungsmacht über die Forderung verliert. Die Verfügungsermächtigung stellt die Einwilligung des Rechtsinhabers in die Verfügung eines Nichtberechtigten dar (§§ 182, 185 BGB). Der **Verlust der Verfügungsmacht** des Schuldners auf Grund der Eröffnung des Insolvenzverfahrens (§ 80) bewirkt, dass auch seine Einwilligung in Verfügungen anderer wie auch die von ihm erteilte Ermächtigung, ihm zustehende Forderungen einzuziehen, unmittelbar ihre Wirkung verlieren, sofern davon noch kein Gebrauch gemacht worden ist.⁴² Weder eine Einziehungs- oder Verfügungsermächtigung noch deren Beendigung fallen in den Anwendungsbereich des § 117.⁴³

12 **3. Rechtsfolge: Erlöschen der Vollmacht.** Die vom Schuldner erteilten Vollmachten, die sich auf das zur Insolvenzmasse gehörende Vermögen beziehen, erlöschen mit der Eröffnung des Insolvenzverfahrens, unabhängig davon, ob das zugrundeliegende Schuldverhältnis fortbesteht.⁴⁴ Maßgeblich ist der **Zeitpunkt des Eröffnungsbeschlusses** (§ 27 Abs. 3). Die Rechtsfolge des § 117 Abs. 1 tritt nicht ein, wenn ein vorläufiger Insolvenzverwalter gem. §§ 22 Abs. 1 Satz 1 bestellt wird.⁴⁵ Dieser kann jedoch, sofern dem Schuldner ein allgemeines Verfügungsverbot auferlegt wird und damit die Verwaltungs- und Verfügungsbefugnis auf den vorläufigen Insolvenzverwalter übergeht, die zuvor vom Schuldner erteilte Vollmacht widerrufen.⁴⁶ Ferner bleibt es bei den allgemeinen Rechtswirkungen der §§ 81, 82 gem. § 24 Abs. 1, so dass etwa die Einlegung einer Berufung nach Anordnung eines allgemeinen Verfügungsverbots unwirksam ist.⁴⁷

---

³⁷ *Häsemeyer,* Insolvenzrecht, RdNr. 30.29; FK-*Wegener,* InsO, § 117 RdNr. 4.
³⁸ FK-*Wegener,* InsO, § 117 RdNr. 4.
³⁹ Näher dazu *Häsemeyer,* Insolvenzrecht, RdNr. 30.29, sowie o. § 80 RdNr. 111 ff.
⁴⁰ BGH ZIP 1981, 178; *Hess* in *Hess/Weis/Wienberg,* InsO, § 117 RdNr. 13; *Uhlenbruck/Berscheid,* InsO, § 117 RdNr. 3; FK-*Wegener,* InsO, § 117 RdNr. 2.
⁴¹ *Palandt/Grüneberg,* BGB, § 398 RdNr. 29; ähnlich auch *Staudinger/Busche,* BGB, Einl. zu §§ 398 ff. RdNr. 118 f.; MünchKommBGB-*Schramm* § 185 RdNr. 39.
⁴² *Häsemeyer,* Insolvenzrecht, RdNr. 20.69; *Kübler/Prütting/Tintelnot,* InsO, § 117 RdNr. 7.
⁴³ *Kübler/Prütting/Tintelnot,* InsO, § 117 RdNr. 7; *Andres* in *Andres/Leithaus,* InsO, § 117 RdNr. 2; HambKomm-*Ahrendt,* InsO, § 117 RdNr. 5; aA *Uhlenbruck/Berscheid,* InsO, § 117 RdNr. 6; HK-*Marotzke,* InsO, § 117 RdNr. 8.
⁴⁴ FK-*Wegener,* InsO, § 117 RdNr. 7.
⁴⁵ BFH, Beschl. v. 24. 6. 2003 – I B 30/03; OLG Bamberg InVo 2006, 184 f.; FK-*Wegener,* InsO, § 117 RdNr. 4 a; *Uhlenbruck/Berscheid,* InsO, § 117 RdNr. 16; HK-*Marotzke,* InsO, § 117 RdNr. 11; HambKomm-*Ahrendt,* InsO, § 117 RdNr. 7.
⁴⁶ FK-*Wegener,* InsO, § 117 RdNr. 4 a, 5; *Hess* in *Hess/Weis/Wienberg,* InsO, § 117 RdNr. 5; *Nerlich/Römermann/Kießner,* InsO, § 117 RdNr. 12 a; *Andres* in *Andres/Leithaus,* InsO, § 117 RdNr. 5.
⁴⁷ OLG Bamberg InVo 2006, 184 f.

Erlöschen von Vollmachten

a) Die Vollmacht erlischt so wie sie bestanden hat; für eine Beschränkung dieser Rechts- 13
folge dergestalt, dass die Vollmacht mit Wirkung gegenüber der Masse erlischt, dem Schuldner persönlich gegenüber aber bestehen bleibt, ist schon angesichts des **klaren Wortlauts der Vorschrift** kein Raum.[48] Eine relative Fortgeltung der Vollmacht im Verhältnis zum Schuldner wäre ein inhaltsleeres Konstrukt, das weder dem Schuldner noch dem Vertreter reale Handlungsmöglichkeiten eröffnet und nur dazu dienen könnte, dem Vertreter eine Haftung als falsus procurator zu ersparen.[49] Der Schutz des Vertreters ist indessen nach Maßgabe des § 117 Abs. 3 gewährleistet (s. u. RdNr. 18). Die Vollmacht **erlischt endgültig**; sie lebt nach Abschluss des Verfahrens nicht wieder auf.[50]

b) Das Erlöschen der Vollmacht tritt mit der Eröffnung des Insolvenzverfahrens auch 14
dann ein, wenn das Insolvenzgericht die **Eigenverwaltung des Schuldners** anordnet, ohne Rücksicht darauf, ob dies im Eröffnungsbeschluss (§ 270 Abs. 1 Satz 1) oder durch nachträgliche Anordnung erfolgt (§ 271 Satz 1).[51] Dies ergibt sich daraus, dass die Anordnung der Eigenverwaltung nicht die Wirkungen der Insolvenz beseitigt, sondern dass dadurch die an sich dem Insolvenzverwalter zustehende Verwaltungs- und Verfügungsbefugnis **treuhänderisch** unter der Aufsicht eines Sachwalters dem Schuldner zugewiesen werden.[52] Die dem Schuldner kraft der Eigenverwaltung zugewiesenen Kompetenzen unterliegen nicht völlig seiner Eigenverantwortung, sondern auch der Überwachung durch den Sachwalter (§ 274 Abs. 2) und teilweise der Mitwirkung des Sachwalters (§§ 275, 277). Die Eröffnung des Insolvenzverfahrens stellt demgemäß auch bei Anordnung der Eigenverwaltung eine Zäsur dar. Dem entspricht es, dass § 117 das Erlöschen der vor Verfahrenseröffnung vom Schuldner erteilten Vollmachten statuiert, ohne danach zu differenzieren, ob im konkreten Verfahren der Regelfall der Verwaltungs- und Verfügungsbefugnis des Verwalters eintritt oder ob Eigenverwaltung des Schuldners angeordnet wird. Dem Schuldner steht es aber frei, kraft seiner Eigenverwaltung Vollmachten auch in Bezug auf das zur Insolvenzmasse gehörende Vermögen zu erteilen.

c) Eine vom Schuldner erteilte **Einziehungs- oder Verfügungsermächtigung** erlischt 15
mit der Eröffnung des Insolvenzverfahrens, ohne dass es des Rückgriffs auf § 117 Abs. 1 bedarf (s. o. RdNr. 11).

4. Fortgeltung der Vollmacht (Abs. 2). Im Rahmen einer berechtigten Notgeschäfts- 16
führung (§ 115 Abs. 2 Satz 1 und Satz 2) gilt auch die Vollmacht als fortbestehend. Die Erfüllung des Auftrags bzw. die Vornahme der Geschäftsbesorgung liegt hier im Interesse der Masse und muss deshalb auch der Masse gegenüber wirksam erfolgen können.[53] Die Vertretung der Masse durch den Notgeschäftsführer begründet deshalb in gleicher Weise **Masseverbindlichkeiten** wie entsprechende Maßnahmen des Insolvenzverwalters selbst. Die Gegenansicht, wonach die Rechtshandlungen des Vertreters die Masse ohne Genehmigung durch den Insolvenzverwalter nicht binden,[54] trägt dem Umstand nicht Rechnung, dass die Notgeschäftsführung dem Interesse der Masse dient und daher einer Maßnahme des

---

[48] HK-*Marotzke*, InsO, § 117 RdNr. 1, der aber rechtspolitische Zweifel an dieser Regelung hat.
[49] Hierauf stellt HK-*Marotzke*, InsO, § 117 RdNr. 1 ab.
[50] OLG Karlsruhe NZI 2005, 39 (für eine Prozessvollmacht); FK-*Wegener*, InsO, § 117 RdNr. 5; *Andres* in *Andres/Leithaus*, InsO, § 117 RdNr. 5.
[51] HK-*Marotzke*, InsO, § 117 RdNr. 2; *Nerlich/Römermann/Kießner*, InsO, § 117 RdNr. 12 b.
[52] HK-*Marotzke*, InsO, § 117 RdNr. 2; *ders.*, Gegenseitige Verträge, RdNr. 5.90; *Häsemeyer*, Insolvenzrecht, RdNr. 8.13 ff.; *Bork*, Insolvenzrecht, RdNr. 405 führt aus, dass der Schuldner seine Verfügungsbefugnis behalte, verweist aber ausdrücklich darauf, dass sich an die Eigenverwaltung eine Aufteilung der Insolvenzverwalterkompetenzen auf Schuldner und Sachwalter knüpfe, RdNr. 406.
[53] *Häsemeyer*, Insolvenzrecht, RdNr. 20.78; *Kübler/Prütting/Tintelnot*, InsO, § 117 RdNr. 8; FK-*Wegener*, InsO, § 117 RdNr. 6; *Goetsch* in *Breutigam/Blersch/Goetsch*, InsO, § 117 RdNr. 7, 10; *Braun/Kroth*, InsO, § 117 RdNr. 9; *Uhlenbruck/Berscheid*, InsO, § 117 RdNr. 14; *Andres* in *Andres/Leithaus*, InsO, § 117 RdNr. 6; MünchKommBGB-*Schramm* § 168 RdNr. 14. In der Tendenz ebenso, aber zweifelnd HK-*Marotzke*, InsO, § 117 RdNr. 6; krit. *ders.* (Fn. 10) S. 589.
[54] *Marotzke* (Fn. 10) S. 590; *Kilger/K. Schmidt*, KO, § 23 Anm. 9; *Kuhn/Uhlenbruck*, KO, § 23 RdNr. 9, 11; *Staudinger/Martinek*, BGB, § 662 BGB RdNr. 18.

Insolvenzverwalters, nicht des Schuldners entspricht. Zudem führt sie zu dem wenig sachgerechten Ergebnis, dass die **Risiken der Notgeschäftsführung** insofern auf die Vertragspartner verlagert werden, als diese danach nur einen bereicherungsrechtlichen Rückgewähranspruch gegen die Masse erwerben, soweit sie ihre Leistung an die Masse erbracht haben (81 Abs. 1 Satz 3).[55] Der nunmehr durch § 117 Abs. 2 gesetzlich statuierten Fortgeltung der Vollmacht im Rahmen einer **berechtigten Notgeschäftsführung** liegt erkennbar die Wertung zugrunde, dass diese Geschäfte von der Wirkung der Insolvenzeröffnung nicht erfasst werden sollen.[56] Ebenso wie der Notgeschäftsführer mit seinen Ansprüchen aus der berechtigten Fortsetzung seiner Tätigkeit Massegläubiger ist (§§ 115 Abs. 1 Satz 3, 116 Abs. 2), müssen demgemäß auch die Vertragspartner aus Maßnahmen der Notgeschäftsführung Massegläubiger sein.

17 Ein weitergehender Schutz der Geschäftsgegner zu Lasten der Masse ist dagegen ausgeschlossen. Die gesetzlichen Bestimmungen über die **Rechtsscheinhaftung** des Vertretenen gem. §§ 170 bis 173 BGB sowie die Grundsätze zur Anscheins- und Duldungsvollmacht sind in Bezug auf die Masse nicht anwendbar, sondern werden durch die Bestimmungen der Insolvenzordnung verdrängt.[57] Ferner findet die Regelung des Abs. 2 keine Anwendung auf Vollmachten, die ohne einen rechtlichen Grund bestehen (sog. isolierte Vollmacht) oder auf einem anderen Grundverhältnis beruhen, das durch die Verfahrenseröffnung unberührt bleibt, insbesondere einem Dienstverhältnis.[58]

18 **5. Schutz des vollmachtlosen Vertreters (Abs. 3).** Maßnahmen des Geschäftsführers, die nicht der Gefahrabwehr dienen, erfolgen ohne rechtlichen Grund und begründen Ansprüche des Geschäftsführers nur nach den Regeln der Geschäftsführung ohne Auftrag, setzen den Geschäftsführer aber auch einer entsprechenden Haftung aus (s. § 115 RdNr. 17). Die Fortgeltung des Auftrags- bzw. Geschäftsbesorgungsverhältnisses zugunsten des Geschäftsführers, der die Eröffnung des Insolvenzverfahrens und damit das Erlöschen dieses Rechtsverhältnis ohne Verschulden nicht kennt (§§ 115 Abs. 3, 116 Abs. 2), findet ihre Entsprechung in der Vorschrift des § 117 Abs. 3. Der Geschäftsführer handelt außerhalb des Bereichs der Notgeschäftsführung als **vollmachtloser Vertreter.** Das Vertretergeschäft wirkt hier weder gegen die Masse noch gegen den Schuldner persönlich, sofern nicht der Insolvenzverwalter das Geschäft genehmigt (§ 177 Abs. 1 BGB).[59] Dies gilt auch dann, wenn der Vertreter gutgläubig vom Fortbestand seiner Vollmacht ausgeht. In diesem Fall unterliegt er aber nach der Vorschrift des Abs. 3 nicht der Haftung als falsus procurator gem. § 179 BGB. Danach ist nicht nur die Haftung des Vertreters auf das Erfüllungsinteresse (§ 179 Abs. 1) ausgeschlossen, sondern die **gesamte Haftung nach § 179 BGB,** also auch die Haftung auf das Vertrauensinteresse gem. § 179 Abs. 2 BGB.

19 Hat der Vertreter die Eröffnung des Insolvenzverfahrens **schuldhaft nicht gekannt,** so greift der Haftungsausschluss gem. Abs. 3 nicht ein. Eine Haftung des Vertreters als falsus procurator auf das **Erfüllungsinteresse** (§ 179 Abs. 1) kommt jedoch auch dann nicht in Betracht. Auch ohne Erlöschen der Vollmacht hätte der Geschäftsgegner keinen Anspruch mit Wirkung gegen die Masse erwerben können, da der Vertretene mit Eröffnung des Insolvenzverfahrens die Verwaltungs- und Verfügungsbefugnis über sein Vermögen verloren hat.[60] Aus dem gleichen Grund kommt aber auch eine Haftung des Vertreters auf den

---

[55] *Kübler/Prütting/Tintelnot,* InsO, § 117 RdNr. 8.
[56] *Kübler/Prütting/Tintelnot,* InsO, § 117 RdNr. 8; so letztlich auch *HK-Marotzke,* InsO, § 117 RdNr. 6.
[57] *FK-Wegener,* InsO, § 117 RdNr. 8; *Smid/Meyer,* InsO § 117 RdNr. 8; *Jaeger/Henckel,* KO, § 23 RdNr. 55; *Kübler/Prütting/Tintelnot,* InsO, § 117 RdNr. 4; *Andres* in *Andres/Leithaus,* InsO, § 117 RdNr. 5, 7; *Nerlich/Römermann/Kießner,* InsO, § 117 RdNr. 6.
[58] *Braun/Kroth,* InsO, § 117 RdNr. 5; *Andres* in *Andres/Leithaus,* InsO, § 117 RdNr. 6; aA *HK-Marotzke,* InsO, § 117 RdNr. 6.
[59] *Kübler/Prütting/Tintelnot,* InsO, § 117 RdNr. 9; *Braun/Kroth,* InsO, § 117 RdNr. 6; *Uhlenbruck/Berscheid,* InsO, § 117 RdNr. 15; *MünchKommBGB-Schramm* § 168 RdNr. 14; eine Fortgeltung der Vollmacht im Verhältnis zum Schuldner de lege ferenda befürwortend *HK-Marotzke,* InsO, § 117 RdNr. 1.
[60] *FK-Wegener,* InsO, § 117 RdNr. 9; *Kübler/Prütting/Tintelnot,* InsO, § 117 RdNr. 10; *Braun/Kroth,* InsO, § 117 RdNr. 6; *Goetsch* in *Breutigam/Blersch/Goetsch,* InsO, § 117 RdNr. 12; *Andres* in *Andres/Leithaus,* InsO,

Vertrauensschaden (§ 179 Abs. 2 BGB) nicht in Betracht, weil auch insoweit der Schaden des Geschäftsgegners nicht kausal darauf beruht, dass er auf die Vertretungsmacht des Vertreters vertraut hat, sondern vielmehr darauf, dass der Schuldner auf Grund der Eröffnung des Insolvenzverfahrens keine rechtsgeschäftlichen Verpflichtungen mit Bezug auf die Masse mehr eingehen konnte.[61] Unabhängig hiervon können dem vollmachtlosen Vertreter die Kosten eines mangels ordnungsgemäßer Vollmacht unzulässigen Rechtsmittels auferlegt werden,[62] denn diese Haftung beruht nicht auf Gründen des enttäuschten Vertrauens auf das Vorliegen einer Vertretungsmacht, sondern findet ihre Grundlage in dem sog. **Veranlasserprinzip**.[63] Dem Prozessbevollmächtigten können daher die Kosten dann auferlegt werden, wenn er den Mangel der Vollmacht kannte, was bei einem Rechtsanwalt dann der Fall ist, wenn er Kenntnis von der Verfahrenseröffnung hatte.[64]

Die der Bestimmung des § 117 Abs. 3 zugrunde liegenden Wertungen müssen über das Regelinsolvenzverfahren hinaus auch für das **Verfahren mit Eigenverwaltung des Schuldners** gelten.[65] Zwar beruht hier die Unwirksamkeit des Vertretergeschäfts nicht auf der mangelnden Verwaltungs- und Verfügungsbefugnis des Schuldners, sondern auf der mangelnden Vertretungsmacht des Vertreters. Die Anordnung der Eigenverwaltung des Schuldners ist aber kein Vertrauenstatbestand, der zugunsten der Geschäftsgegner wirkt. 20

Auch eine **Haftung des Vertreters aus culpa in contrahendo** (jetzt § 311 Abs. 2 BGB) ist ausgeschlossen;[66] ein solcher Rückgriff verbietet sich deshalb, weil die Haftung aus culpa in contrahendo ebenso wie die Haftung aus § 179 BGB darauf beruht, dass der Vertreter ohne Vertretungsmacht das Vertrauen des Geschäftsgegners, der Vertrag werde mit dem Vertretenen zustande kommen, veranlasst und enttäuscht hat.[67] Die Vorschrift des § 179 BGB ist insofern lex specialis und schließt einen Rückgriff auf die allgemeinen Grundsätze der Vertrauenshaftung aus, soweit es um die Haftung wegen fehlender Vertretungsmacht geht.[68] Eine Eigenhaftung des vollmachtlosen Vertreters auf das negative Interesse kommt daher nur gemäß § 311 Abs. 3 BGB unter besonderen Voraussetzungen in Betracht (unmittelbares wirtschaftliches Eigeninteresse, Inanspruchnahme besonderen Vertrauens).[69] 21

§ 118 Auflösung von Gesellschaften

Wird eine Gesellschaft ohne Rechtspersönlichkeit oder eine Kommanditgesellschaft auf Aktien durch die Eröffnung des Insolvenzverfahrens über das Vermögen eines Gesellschafters aufgelöst, so ist der geschäftsführende Gesellschafter mit den Ansprüchen, die ihm aus der einstweiligen Fortführung eilbedürftiger Geschäfte zustehen, Massegläubiger. Mit den Ansprüchen aus der Fortführung

---

§ 117 RdNr. 7; *Smid/Meyer*, InsO § 117 RdNr. 7; ebenso *Häsemeyer*, Insolvenzrecht, RdNr. 20.71 für das Regelinsolvenzverfahren; aA HK-*Marotzke*, InsO, § 117 RdNr. 7, 1 f., der davon ausgeht, dass bei Nichtvorliegen der subjektiven Voraussetzungen des § 117 Abs. 3 eine Haftung gem. § 179 BGB grundsätzlich in Betracht kommt; ebenso OLG Bamberg InVo 2006, 184 ff.

[61] *Kübler/Prütting/Tintelnot*, InsO, § 117 RdNr. 10; aA (Haftung auf das negative Interesse) FK-*Wegener*, InsO, § 117 RdNr. 9; *Nerlich/Römermann/Kießner*, InsO, § 117 RdNr. 18.

[62] OLG Karlsruhe NZI 2005, 39 f.

[63] Vgl. hierzu BGHZ 121, 397 = NJW 1993, 1865 mwN; BAG NJW 2006, 461, 463 f.; OLG Bamberg InVo 2006, 184 ff.

[64] OLG Karlsruhe NZI 2005, 39 f.

[65] *Häsemeyer*, Insolvenzrecht, RdNr. 20.71; *Kübler/Prütting/Tintelnot*, InsO, § 177 RdNr. 11; *Andres* in *Andres/Leithaus*, InsO, § 117 RdNr. 8.

[66] And. *Kübler/Prütting/Tintelnot*, InsO, § 117 RdNr. 10; *Smid/Meyer*, InsO § 117 RdNr. 7; *Andres* in *Andres/Leithaus*, InsO, § 117 RdNr. 8.

[67] BGHZ 39, 45, 51 = NJW 1963, 759; BGHZ 73, 266, 269 = NJW 1979, 1161; *Palandt/Heinrichs*, BGB, § 179 RdNr. 1.

[68] *Soergel/Leptien*, BGB, § 179 RdNr. 12.

[69] Hierzu OLG Hamm NJW 1994, 666 f.; *Palandt/Heinrichs*, BGB, § 179 RdNr. 8.

der Geschäfte während der Zeit, in der er die Eröffnung des Insolvenzverfahrens ohne sein Verschulden nicht kannte, ist er Insolvenzgläubiger; § 84 Abs. 1 bleibt unberührt.

Übersicht

	RdNr.		RdNr.
I. Normzweck	1	3. Geschäftsführungsbefugnis nach Auflösung der Gesellschaft	9
II. Entstehungsgeschichte	2	4. Ansprüche des Geschäftsführers aus Maßnahmen der Geschäftsführung	13
III. Einzelerläuterungen	3		
1. Anwendungsbereich	3	5. Rechtsfolgen	16
2. Auflösung der Gesellschaft	4	6. Absonderungsrechte (Satz 2, Hs. 2)	18

I. Normzweck

1   Die Norm bezweckt die Regelung des insolvenzrechtlichen Status von Forderungen, die dem geschäftsführenden Gesellschafter einer durch die Insolvenz eines anderen Gesellschafters aufgelösten Gesellschaft gegen diesen Gesellschafter aus Maßnahmen der Geschäftsführung zustehen.[1] Dabei wird differenziert zwischen Geschäftsführungsmaßnahmen, die durch die dem Geschäftsführer zustehende **Notgeschäftsführungskompetenz** gedeckt sind, und Maßnahmen der Geschäftsführung, zu deren Vornahme er zwar nicht mehr befugt war, hinsichtlich derer den bisherigen Geschäftsführer aber **kein Verschulden** trifft. Im erstgenannten Fall ist der Geschäftsführer Masseglättiger, im zweiten Fall Insolvenzgläubiger. Der Geschäftsführer einer aufgelösten Gesellschaft befindet sich insoweit in einer ähnlichen Situation wie derjenige, der infolge eines Auftrags oder eines Geschäftsbesorgungsvertrags nach der Eröffnung des Insolvenzverfahrens über das Vermögen seines Vertragspartners noch Leistungen für diesen erbringt (s. §§ 115, 116). Die Vorschrift des § 118 bezweckt einen abgestuften **Schutz des geschäftsführenden Gesellschafters** in der Insolvenz eines Gesellschafters.

II. Entstehungsgeschichte

2   Die Vorschrift entspricht der bisherigen Regelung des § 28 KO, die ausdrücklich allerdings nur die Gesellschaft bürgerlichen Rechts genannt hat, nach allgemeiner Meinung aber auch für die offene Handelsgesellschaft, die Kommanditgesellschaft und die Kommanditgesellschaft auf Aktien galt.[2] Dem schon bisher anerkannten Anwendungsbereich dieser Regelung trägt die neue Vorschrift nun ausdrücklich Rechnung. Die Vorschrift des § 118 entspricht inhaltlich unverändert den §§ 126 RefE und 136 RegE.[3] Das **Handelsrechtsreformgesetz** vom 22. 6. 1998[4] hat jedoch den Anwendungsbereich der Vorschrift des § 118 stark eingeengt, weil bei Personenhandelsgesellschaften die Eröffnung des Insolvenzverfahrens über das Vermögen eines Gesellschafters grundsätzlich nicht mehr zur Auflösung der Gesellschaft führt; s. dazu näher u. RdNr. 6.

III. Einzelerläuterungen

3   **1. Anwendungsbereich.** Die Vorschrift erfasst nur Gesellschaften, die durch die Eröffnung des Insolvenzverfahrens über das Vermögen eines Gesellschafters aufgelöst werden.

---

[1] *Andres* in *Andres/Leithaus*, InsO, § 118 RdNr. 1.
[2] *Kuhn/Uhlenbruck*, KO, § 28 RdNr. 5; *Kilger/K. Schmidt*, KO, § 28 Anm. 3; Begründung zu § 136 RegE, BT-Drucks. 12/2443, S. 152.
[3] BT-Drucks. (Fn. 2), S. 152.
[4] Gesetz zur Neuregelung des Kaufmanns- und Firmenrechts und zur Änderung handels- und gesellschaftsrechtlicher Vorschriften, BGBl. I, 1474; s. hierzu auch *Uhlenbruck/Berscheid*, InsO, § 118 RdNr. 6; *Nerlich/Römermann/Kießner*, InsO, § 118 RdNr. 3; *Kübler/Prütting/Tintelnot*, InsO, § 118 RdNr. 2 mwN.

Dies kommt nur in Betracht für **Personengesellschaften sowie für die KGaA**. Keine Anwendung findet die Vorschrift auf Gesellschaften, bei denen eine Auflösung wegen der Insolvenz eines Gesellschafters stets ausgeschlossen ist (AG, GmbH, eGen.). Auch auf den nichtrechtsfähigen Verein ist die Vorschrift nicht anzuwenden, da dieser durch die Insolvenz eines Mitglieds nicht aufgelöst wird.[5] Keine Anwendung findet § 118 ferner auf die Auflösung einer Gemeinschaft i. S. der §§ 741 ff. BGB.[6]

2. Auflösung der Gesellschaft. Die Bestimmung des § 118 setzt voraus, dass eine der in dieser Vorschrift genannten Gesellschaften durch die Eröffnung des Insolvenzverfahrens über das Vermögen eines Gesellschafters aufgelöst worden ist. Ob die Insolvenz eines Gesellschafters zur Auflösung der Gesellschaft führt, richtet sich nach den einschlägigen gesellschaftsrechtlichen Bestimmungen.

a) Die **Gesellschaft bürgerlichen Rechts** wird durch die Eröffnung des Insolvenzverfahrens über das Vermögen eines Gesellschafters aufgelöst (§ 728 BGB). Dies dient dem Zweck, den Gläubigern des Gesellschafters den Zugriff auf den Vermögenswert des Gesellschaftsanteils zu eröffnen. Die Auflösung der Gesellschaft ist jedoch **nicht zwingend**; vielmehr kann der Gesellschaftsvertrag bestimmen, dass die Gesellschaft solchenfalls unter den übrigen Gesellschaftern fortbestehen soll (§ 736 Abs. 1 BGB). Der von der Insolvenz betroffene Gesellschafter scheidet dann aus der Gesellschaft aus. Der ihm daraus erwachsende Abfindungsanspruch (§ 738 BGB) fällt in die Insolvenzmasse. Nicht zulässig wäre dagegen eine Vereinbarung, wonach die Gesellschaft trotz der Insolvenz eines Gesellschafters mit diesem fortgesetzt wird; § 736 Abs. 1 BGB ist zwingendes Recht.[7] Eine Fortführung mit dem insolventen Gesellschafter würde die Realisierung des Vermögenswerts des Gesellschaftsanteils zugunsten seiner Gläubiger verhindern.[8] Die **stille Gesellschaft** wird durch die Insolvenz eines Gesellschafters aufgelöst (§ 728 BGB).[9] Die Wohnungseigentümergemeinschaft ist rechtsfähig und damit auch insolvenzfähig (s. dazu § 11 RdNr. 63 b). Die Insolvenzfähigkeit betrifft nur das Verwaltungsvermögen. Die Eröffnung des Insolvenzverfahrens führt nicht zur Auflösung der Gemeinschaft der Wohnungseigentümer.[10]

b) Für die **offene Handelsgesellschaft** und für die **Kommanditgesellschaft** galt bis zum Inkrafttreten des Handelsrechtsreformgesetzes vom 22. 6. 1998[11] die Auflösung der Gesellschaft im Falle der Eröffnung des Konkursverfahrens über das Vermögen eines Gesellschafters als gesetzliche Regel, freilich vorbehaltlich einer vertraglichen Fortsetzungsvereinbarung. Aufgrund der Neufassung des § 131 HGB führt die Eröffnung des Insolvenzverfahrens über das Vermögen eines Gesellschafters nunmehr mangels abweichender vertraglicher Bestimmung nach dem gesetzlichen Regelfall zum **Ausscheiden des Gesellschafters** (§ 131 Abs. 3 Nr. 2 HGB). Entsprechendes gilt für die Kommanditgesellschaft (§ 161 Abs. 2 HGB).[12] Eine Fortsetzung der Gesellschaft mit dem auf Grund der Eröffnung des Insolvenzverfahrens über sein Vermögen ausgeschiedenen Gesellschafter ist nicht möglich; § 131 Abs. 3 Satz 2 HGB schreibt zwingend das Ausscheiden des Gesellschafters vor.[13] Wird das Insolvenzverfahren über das Vermögen des Erben eines Gesellschafters eröffnet, so tritt die

---

[5] *Staudinger/Weick*, BGB, § 54 RdNr. 83; *Palandt/Heinrichs*, BGB, § 54 RdNr. 14; *Uhlenbruck/Berscheid*, InsO, § 118 RdNr. 4; *Jaeger/Henckel*, KO, § 28 RdNr. 9; *Kilger/K. Schmidt*, KO, § 28 Anm. 3; *HK-Marotzke*, InsO, § 118 RdNr. 4; *Smid/Meyer*, InsO, § 118 RdNr. 2; *Hess* in *Hess/Weis/Wienberg*, InsO, § 118 RdNr. 12; *Braun/Kroth*, InsO, § 118 RdNr. 3.
[6] *Uhlenbruck/Berscheid*, InsO, § 118 RdNr. 3; *FK-Wegener*, InsO, § 118 RdNr. 2; *Hess* in *Hess/Weis/Wienberg*, InsO, § 118 RdNr. 14.
[7] *Heymann/Emmerich*, HGB, § 131 RdNr. 23 a (zu OHG/KG); *Hess* in *Hess/Weis/Wienberg*, InsO, § 118 RdNr. 3; *FK-Wegener*, InsO, § 118 RdNr. 8 (unter Hinweis auf § 119).
[8] *Jaeger/Henckel*, KO, § 28 RdNr. 1; *FK-Wegener*, InsO, § 118 RdNr. 8.
[9] *K. Schmidt*, Gesellschaftsrecht, § 62 V 1 a; *HK-Marotzke*, InsO, § 118 RdNr. 3; *Uhlenbruck/Berscheid*, InsO, § 118 RdNr. 2; *Braun/Kroth*, InsO, § 118 RdNr. 4.
[10] § 11 Abs. 3 RegE ÄndGWEG v. 8. 3. 2006; BT-Drucks. 16/887, S. 58.
[11] BGBl. I S. 1474.
[12] Vgl. *Heymann/Emmerich*, HGB, § 131 RdNr. 23 a; *GK-HGB-Fahse* § 161 RdNr. 25.
[13] *Heymann/Emmerich*, HGB, § 131 RdNr. 23 a; *GK-HGB-Enstahler* § 131 RdNr. 9.

§ 118 7–10   3. Teil. 2. Abschnitt. Erfüllung Rechtsgeschäfte. Mitwirkung BR

gleiche Rechtsfolge ein. Die Gesellschaft wird mit den übrigen Gesellschaftern fortgesetzt; der Gesellschafter-Erbe scheidet aus der Gesellschaft aus.[14] Durch den Gesellschaftsvertrag kann bestimmt werden, dass die Gesellschaft im Falle der Insolvenz eines Gesellschafters aufgelöst wird (§ 131 Abs. 1 HGB). **Übergangsweise** kann ein Gesellschafter mangels anderweitiger vertraglicher Vereinbarung bis zum 31. 12. 2001 die Anwendung u. a. des § 131 HGB in der vor dem 1. 7. 1998 geltenden Fassung verlangen, bevor innerhalb dieser Frist ein Auflösungsgrund eintritt; dies kann jedoch durch Gesellschafterbeschluss zurückgewiesen werden.[15]

7   c) Für die **Partnerschaftsgesellschaft** gilt § 131 HGB entsprechend (§ 9 Abs. 1 PartGG); die Insolvenz eines Partners führt mangels abweichender Vereinbarung zu seinem Ausscheiden, nicht zur Auflösung der Partnerschaft. Die **Kommanditgesellschaft auf Aktien** kann durch die Insolvenz eines Kommanditaktionärs nicht aufgelöst werden (§ 289 Abs. 3 Satz 1 AktG); für die Insolvenz eines Komplementärs gelten die Vorschriften über die KG (§ 289 Abs. 1 AktG).

8   d) Ist die Gesellschaft durch die Eröffnung des Insolvenzverfahrens über das Vermögen eines Gesellschafters aufgelöst, so steht es den Gesellschaftern frei, die aufgelöste Gesellschaft wieder **in eine werbende Gesellschaft** umzuwandeln, auch wenn der Gesellschaftsvertrag keine Fortsetzungsklausel enthält.[16] Die Rückumwandlung bzw. Fortsetzung der Gesellschaft setzt in diesem Fall jedoch Einstimmigkeit voraus und bedarf der Zustimmung des Insolvenzverwalters des von der Insolvenz betroffenen Gesellschafters.[17] Eine Fortsetzung der Gesellschaft durch Beschluss der übrigen Gesellschafter ohne Mitwirkung des Insolvenzverwalters ist nur zulässig, wenn der Gesellschaftsvertrag eine dahingehende Mehrheitsentscheidung vorsieht.[18]

9   **3. Geschäftsführungsbefugnis nach Auflösung der Gesellschaft.** Die Bestimmung des § 118 regelt nicht die Frage, ob und in welchem Umfang die Geschäftsführungsbefugnis der Gesellschafter fortbesteht; dies ergibt sich vielmehr aus den Bestimmungen des Gesellschaftsrechts.

a) Für die **Gesellschaft bürgerlichen Rechts** gilt, dass mit der Auflösung der Gesellschaft die einem Gesellschafter nach dem Gesellschaftsvertrag zustehende Geschäftsführungsbefugnis erlischt; stattdessen steht die Geschäftsführungsbefugnis nunmehr allen Gesellschaftern gemeinsam zu (§ 730 Abs. 2 Satz 2 BGB). Der Gesellschaftsvertrag kann jedoch bestimmen, dass die einem Gesellschafter übertragene Geschäftsführungsbefugnis auch für die Abwicklung nach der Auflösung der Gesellschaft bestehen bleibt.[19] Wegen der durch die Auflösung der Gesellschaft veränderten Interessenlage der Gesellschafter kann im Zweifel aber nicht angenommen werden, dass die für die werbende Gesellschaft vorgenommene Zuweisung der Geschäftsführungsbefugnis ohne weiteres auch für das Stadium der Abwicklung gelten soll.[20]

Im Falle der **Auflösung der OHG und der KG** erfolgt die Liquidation durch sämtliche Gesellschafter, sofern sie nicht durch Beschluss oder Vertrag einzelnen Gesellschaftern oder anderen Personen übertragen ist (§ 146 Abs. 1 HGB). Für die **Partnerschaftsgesellschaft** gilt dies entsprechend (§ 10 Abs. 1 PartGG).

10   b) Der **Umfang der Geschäftsführungsbefugnis** nach Auflösung der Gesellschaft bestimmt sich nach dem, was zur Abwicklung der Gesellschaft erforderlich und geboten ist (§§ 730 ff. BGB, 149 HGB). Geschäftsführer im Abwicklungsstadium der Gesellschaft

---

[14] *Heymann/Emmerich*, HGB, § 131 RdNr. 23 a; *K. Schmidt*, Gesellschaftsrecht, § 52 III 5 c; and. BGHZ 91, 132 = NJW 1984, 2104; BGHZ 108, 187 = NJW 1989, 3152.

[15] Art. 41 EGHGB, eingef. durch Art. 4 HRefG.

[16] *Heymann/Emmerich*, HGB, § 131 RdNr. 32; MünchKommBGB-*Ulmer* § 736 RdNr. 15; *Nerlich/Römermann/Kießner*, InsO, § 118 RdNr. 11 b.

[17] MünchKommBGB-*Ulmer* vor § 723 RdNr. 11; § 728 RdNr. 15; *Staudinger/Habermeier*, BGB, vor § 723 RdNr. 9 ff.; FK-*Wegener*, InsO, § 118 RdNr. 8.

[18] MünchKommBGB-*Ulmer* § 726 RdNr. 15.

[19] MünchKommBGB-*Ulmer* § 730 RdNr. 32, 38; *Nerlich/Römermann/Kießner*, InsO, § 118 RdNr. 11 d.

[20] OLG Köln WM 1995, 1881; RGZ 100, 165; MünchKommBGB-*Ulmer* § 730 RdNr. 32.

dürfen neue Geschäfte nur eingehen, soweit dies im Rahmen der Abwicklung der Gesellschaft erforderlich ist.[21]

c) Von den Fällen des durch vertragliche Vereinbarung oder durch Beschluss aller Gesellschafter geregelten Fortbestands der Geschäftsführungsbefugnis des bisherigen geschäftsführenden Gesellschafters abgesehen, steht diesem nur eine **Notgeschäftsführungsbefugnis** zu (§§ 728, 727 Abs. 2 Satz 2 BGB). Diese ist in zeitlicher Hinsicht beschränkt auf die **Übergangsphase**, die erforderlich ist für die organisatorische Umstellung auf die Abwicklung der Gesellschaft;[22] in gegenständlicher Hinsicht ist sie beschränkt auf **Maßnahmen der Gefahrabwehr** im Interesse des Gesellschaftsvermögens.[23] Hiervon zu unterscheiden ist die Fortgeltung der Geschäftsführungsbefugnis **zu Gunsten des Geschäftsführers,** der die Auflösung nicht kannte oder kennen musste (§ 729 BGB). Die nach dieser Vorschrift fortgeltende Geschäftsführungsbefugnis gilt im bisherigen Umfang als fortbestehend, hängt aber allein davon ab, ob der Geschäftsführer die Eröffnung des Insolvenzverfahrens kannte oder kennen musste.[24]

Diese Grundsätze müssen auch für die offene Handelsgesellschaft sowie für die Kommanditgesellschaft gelten, sofern diese durch die Insolvenz eines Gesellschafters **ausnahmsweise aufgelöst** werden. Auch hier kann eine Übergangszeit erforderlich sein, bis die Organisation der Gesellschaft auf die Liquidation umgestellt ist und die Liquidatoren bestellt sind bzw. ihre Tätigkeit aufnehmen können. Zwar sind die Vorschriften der §§ 136, 137 HGB durch das Handelsrechtsreformgesetz aufgehoben worden,[25] weil sie insoweit obsolet geworden sind, als die in der Person eines Gesellschafters liegenden Gründe wie Tod, Insolvenz seines Vermögens, Kündigung durch den Gesellschafter oder einen Gläubiger nach der gesetzlichen Regelung des § 131 HGB nF nicht mehr zur Auflösung der Gesellschaft führen.[26] Der Gesellschaftsvertrag kann aber die Auflösung der Gesellschaft für diese Fälle vorsehen (o. RdNr. 6). Kommt es zur Auflösung der Gesellschaft, so ergibt sich im Interesse der Gesellschaft wie auch im Interesse des Geschäftsführers die Notwendigkeit, die Fortgeltung der Geschäftsführungsbefugnis entsprechend den allgemeinen gesellschaftsrechtlichen Grundsätzen für eine Übergangszeit bzw. zu Gunsten des gutgläubigen Geschäftsführers anzuerkennen.[27]

4. Ansprüche des Geschäftsführers aus Maßnahmen der Geschäftsführung. Welche Ansprüche hieraus in Betracht kommen und inwieweit sich derartige Ansprüche gegen einen Gesellschafter richten, bestimmt sich nach Gesellschaftsrecht, nicht nach Insolvenzrecht. Der Wortlaut der Bestimmung des § 118 wie zuvor schon des § 28 KO ist insoweit missverständlich.[28]

a) Ansprüche des geschäftsführenden Gesellschafters aus der Geschäftsführung auf **Aufwendungsersatz** richten sich grundsätzlich gegen die Gesellschaft (§ 110 HGB, §§ 713, 670 BGB). Gleiches gilt für **Vergütungsansprüche** des Geschäftsführers. Solche kommen auf Grund des Gesellschaftsverhältnisses nur in Betracht, wenn der bisherige Geschäftsführer oder ein anderer Gesellschafter mit der Abwicklung der Gesellschaft betraut wird. Fällt die Geschäftsführung allen Gesellschaftern gemeinschaftlich zu, so kommen für diese nur Ansprüche auf Aufwendungsersatz, in der Regel nicht aber Vergütungsansprüche in Betracht.[29]

---

[21] MünchKommBGB-*Ulmer* § 728 RdNr. 35; GK-HGB-*Ensthaler* § 149 RdNr. 3; *Röhricht/v. Westphalen/v. Gerkan*, HGB, § 149 RdNr. 4; HK-HGB-*Stuhlfelner* § 149 RdNr. 1.
[22] MünchKommBGB-*Ulmer* § 728 RdNr. 9; FK-*Wegener*, InsO, § 118 RdNr. 5.
[23] MünchKommBGB-*Ulmer* § 728 RdNr. 9; *Andres* in *Andres/Leithaus*, InsO, § 118 RdNr. 4; HK-*Marotzke*, InsO, § 118 RdNr. 7; *Nerlich/Römermann/Kießner*, InsO, § 118 RdNr. 11 f.
[24] MünchKommBGB-*Ulmer* § 728 RdNr. 9; § 729 RdNr. 3; *Andres* in *Andres/Leithaus*, InsO, § 118 RdNr. 7.
[25] Art. 3 Nr. 30 HRefG.
[26] BT-Drucks. 13/8444, S. 46 (zu Artikel 1), S. 66 zu Nr. 30 (zur Aufhebung von § 136 HGB).
[27] HK-*Marotzke*, InsO, § 118 RdNr. 10.
[28] MünchKommBGB-*Ulmer* § 729 RdNr. 8.
[29] *Heymann/Emmerich*, HGB, § 146 RdNr. 15; § 110 RdNr. 20; GK-HGB-*Ensthaler* § 146 RdNr. 1; *Staub/Habersack*, HGB, § 149 RdNr. 5.

Eine Vergütung kann mit dem Geschäftsführer bzw. Liquidator im Rahmen des **Gesellschaftsvertrags** oder durch besonderen **Dienstvertrag** vereinbart werden. Eine dahingehende Vereinbarung nach Auflösung der Gesellschaft bedarf der Zustimmung des Insolvenzverwalters des insolventen Gesellschafters. Ansprüche des Geschäftsführers aus einem **Dienstvertrag** sind **Gesellschaftsverbindlichkeiten.**

14 b) Gegen die einzelnen Gesellschafter einschließlich des von der Insolvenz betroffenen Gesellschafters kommen Ansprüche des Geschäftsführers aus dem Gesellschaftsvertrag grundsätzlich nicht in Betracht. Ansprüche aus dem Gesellschaftsverhältnis richten sich nur **gegen die Gesellschaft;** eine persönliche Haftung der Gesellschafter besteht insoweit grundsätzlich nicht, auch nicht während der Liquidation.[30] Eine Nachschusspflicht der Gesellschafter zur Deckung eines Fehlbetrags, der sich bei der Schlussabrechnung ergibt (§ 735 BGB), begründet einen Anspruch der Gesellschaft, nicht des einzelnen Gesellschafters.[31] Eine anteilige **Inanspruchnahme eines Gesellschafters** kommt nur ausnahmsweise in Betracht, wenn schon vor der Schlussabrechnung feststeht, dass der ersatzberechtigte Gesellschafter einen Ausgleich verlangen kann.[32] Steht dem Geschäftsführer eine Vergütung auf Grund eines Dienstvertrags zu, so haften dafür die Gesellschafter persönlich, da es sich dabei nicht um Sozialansprüche handelt.[33] Aufgrund der gesellschaftsvertraglichen **Treuepflicht** ist ein Gesellschafter aber gehalten, solche Ansprüche zunächst gegen die Gesellschaft geltend zu machen.[34] Kann Befriedigung aus dem Gesellschaftsvermögen nicht erlangt werden, so haften die einzelnen Gesellschafter entsprechend ihrem Verlustanteil (pro rata).[35]

15 c) Erfasst werden von § 118 nur Ansprüche eines geschäftsführenden Gesellschafters, die aus der Fortführung der Geschäftsführung nach Auflösung der Gesellschaft stammen. Andere Forderungen des Geschäftsführers gegen den insolventen Gesellschafter fallen nicht unter diese Vorschrift, sondern richten sich nach den allgemeinen Bestimmungen.[36] Dies gilt auch für Ansprüche des Geschäftsführers aus der Geschäftsführung vor Auflösung der Gesellschaft.

16 5. Rechtsfolgen. Hinsichtlich der Ansprüche, die dem geschäftsführenden Gesellschafter aus der **einstweiligen Fortführung eilbedürftiger Geschäfte** nach Auflösung der Gesellschaft gegen den von der Insolvenz betroffenen Gesellschafter zustehen, ist er diesem gegenüber **Massegläubiger** (Satz 1). Dies ergibt sich nicht ohne weiteres schon aus § 55 Abs. 1 Nr. 2,[37] weil die Ansprüche des Geschäftsführers gegen den Gesellschafter-Schuldner nicht auf einem gegenseitigen Vertrag mit dem Schuldner, sondern auf der organschaftlichen Kompetenz des Geschäftsführers und der persönlichen Haftung des Schuldners für Verbindlichkeiten der Gesellschaft beruhen[38] (s. o. RdNr. 14). Der tragende Grund für die gesetzliche Einordnung der Ansprüche aus Notgeschäftsführung als Masseverbindlichkeiten gem. § 118 Satz 1 entspricht aber dem des § 55 Abs. 1 Nr. 2; die einstweilige Fortführung der Geschäfte liegt auch im **Interesse der Insolvenzmasse** des betroffenen Gesellschafters.[39]

17 Ansprüche des Geschäftsführers, die sich aus der Fortführung der Geschäfte nach Eröffnung des Insolvenzverfahrens ergeben, können in der Insolvenz eines Gesellschafters nur als

---

[30] BGHZ 37, 299 = NJW 1962, 1863; BGH NJW 1980, 339; BGH NJW-RR 1989, 866; *Heymann/Emmerich*, HGB, § 110 RdNr. 14; *K. Schmidt*, Gesellschaftsrecht, § 47 II 4 d.
[31] MünchKommBGB-*Ulmer* § 735 RdNr. 5.
[32] *Baumbach/Hopt*, HGB, § 110 RdNr. 5; *Staub/Ulmer*, HGB, § 110 RdNr. 31 (Vorwegnahme der Schlussabrechnung); *Röhricht/v. Westphalen/v. Gerkan*, HGB, § 110 RdNr. 5; GK-HGB-*Ensthaler* § 110 RdNr. 4.
[33] §§ 128, 161 HGB; zur persönlichen Haftung der Gesellschafter für Gesellschaftsverbindlichkeiten bei der BGB-Gesellschaft s. nunmehr BGH NJW 1999, 3483; HK-HGB-*Stuhlfelner* § 114 RdNr. 13.
[34] BGH NJW 1980, 339; *K. Schmidt*, Gesellschaftsrecht, § 49 V 2; *Heymann/Emmerich*, HGB, § 110 RdNr. 15; *Baumbach/Hopt*, HGB, § 128 RdNr. 27; *Schlegelberger/Martens*, HGB, § 110 RdNr. 9.
[35] *Heymann/Emmerich*, HGB, § 110 RdNr. 15; *Staub/Ulmer*, HGB, § 110 RdNr. 31; aA *Andres* in *Andres/Leithaus*, InsO, § 118 RdNr. 5 (Anspruch in der gesamten Höhe gegen die Masse).
[36] FK-*Wegener*, InsO, § 118 RdNr. 6.
[37] So aber *Hess* in *Hess/Weis/Wienberg*, InsO, § 118 RdNr. 11; *Kilger/K. Schmidt*, KO, § 28 Anm. 1; *Smid/Meyer*, InsO, § 118 RdNr. 4.
[38] FK-*Wegener*, InsO, § 118 RdNr. 5.
[39] HK-*Marotzke*, InsO, § 118 RdNr. 7; *Uhlenbruck/Berscheid*, InsO, § 118 RdNr. 8.

Insolvenzforderungen geltend gemacht werden, wenn sie nicht auf eilbedürftigen Maßnahmen der Geschäftsführung beruhen. Der Schutz des Geschäftsführers, der ohne Verschulden die Eröffnung des Insolvenzverfahrens über das Vermögen eines Gesellschafters und die daraus sich ergebende Auflösung der Gesellschaft nicht kennt, wird dadurch im Ergebnis stark eingeschränkt (s. aber u. RdNr. 18). Auf die Frage, ob die vom Geschäftsführer in Unkenntnis der Auflösung der Gesellschaft vorgenommenen Maßnahmen der Insolvenzmasse des Gesellschafters zugute kommen, kommt es insoweit nicht an.

6. Absonderungsrechte (Satz 2, Hs. 2). Die anderen Gesellschafter können von dem 18 von der Insolvenz betroffenen Gesellschafter **abgesonderte Befriedigung für ihre Ansprüche** aus dem Rechtsverhältnis verlangen (§ 84 Abs. 1). § 84 Abs. 1 Satz 2 gibt den Gesellschaftern bzw. den Beteiligten an einer anderen Gemeinschaft ein Absonderungsrecht am Gesellschafts- bzw. Gemeinschaftsanteil des Schuldners für Ansprüche aus dem Rechtsverhältnis. Dies gilt für Ansprüche, die aus dem **Gesellschafts- bzw. Gemeinschaftsverhältnis** stammen; dazu gehören der Anspruch auf das Auseinandersetzungsguthaben, Ausgleichs- und Aufwendungsersatzansprüche sowie im Falle des Geschäftsführers der Anspruch auf die vereinbarte oder eine angemessene Vergütung sowie auf Erstattung von Aufwendungen.[40] Ein Absonderungsrecht des Geschäftsführers wird jedoch nur relevant, soweit der in die Insolvenz geratene Gesellschafter für derartige Ansprüche persönlich haftet, was aber nur in engen Grenzen in Betracht kommt (s. dazu o. RdNr. 14). Im Übrigen hängt der Umfang des Absonderungsrechts davon ab, inwieweit der Geschäftsführer hinsichtlich seiner Forderungen Massegläubiger oder Insolvenzgläubiger ist.

§ 119 Unwirksamkeit abweichender Vereinbarungen

Vereinbarungen, durch die im voraus die Anwendung der §§ 103 bis 118 ausgeschlossen oder beschränkt wird, sind unwirksam.

Schrifttum (vgl. im Übrigen die Literaturhinweise bei § 103): *Adam,* § 119 InsO und die Lösungsklauseln für den Fall der Insolvenz, DZWIR 2005, 1; *Baldringer,* Vertragliche Lösungsklauseln im Spannungsfeld zwischen Insolvenz- und Baurecht, NZBau 2005, 183; *ders.,* Sonderkündigungsrechte auf den Insolvenzfall in der Warenkreditversicherung, ZInsO 2004, 1117; *Berger,* Lösungsklauseln für den Insolvenzfall, Kölner Schrift, 2. Aufl. (2000). S. 499; *Blank/Möller,* Das Wahlrecht des Insolvenzverwalters in der Warenkreditversicherung: § 103 InsO im Spannungsfeld zwischen vertraglicher und „gesetzlicher" Lösungsklausel, ZInsO 2003, 437; *Bosch,* Differenz- und Finanztermingeschäfte nach der Insolvenzordnung, Kölner Schrift, 2. Aufl. (2000), S. 1009, 1030 ff.; *Bruns,* Das Wahlrecht des Insolvenzverwalters und vertragliche Lösungsrechte, ZZP 110 (1997), 305; *Gerhard,* Insolvenzrecht und Bürgerliches Gesetzbuch, AcP 200 (2000), 426, 437 ff.; *Huber,* Die Abwicklung gegenseitiger Verträge nach der Insolvenzordnung, NZI 1998, 97, 99; *ders.,* Grundstrukturen der Abwicklung eines Bauvertrags in der Insolvenz, NZBau 2005, 177, 181 ff.; *Huber/Riewe,* Erwerb eines Nutzungsrechts durch Kündigung in der Insolvenz des Lizenzgebers – oder: Ein Fall zum Anfang vom Ende des Wahlrechts samt Diskussion um die insolvenzrechtliche Wirksamkeit einer Lösungsklausel?, ZInsO 2006, 290; *Mossler,* Rücktrittsrecht vor Fälligkeit bei insolvenzbedingten Zweifeln an der Leistungsfähigkeit des Schuldners (§ 323 Abs. 4 BGB), ZIP 2002, 1831; *Obermüller,* Insolvenzrechtliche Aspekte von Kreditderivaten, in: Gedächtnisschrift für Bosch, 2006, S. 157, 165; *Pape* Ablehnung und Erfüllung schwebender Rechtsgeschäfte durch den Insolvenzverwalter, Kölner Schrift, 2. Aufl. (2000), S. 531, 569 ff.; *Paulus,* Verbindungslinien zwischen Insolvenzrecht und Privatautonomie in: Festschrift für Uhlenbruck, 2000, S. 33, 44 ff.; *Schwörer,* Lösungsklauseln für den Insolvenzfall, 2000; *Tintelnot,* Vereinbarungen für den Konkursausfall, 1991; *ders.,* Die gegenseitigen Verträge im neuen Insolvenzverfahren, ZIP 1995, 616, 622 f.; *Treffer,* Insolvenzbedingte Lösungsklauseln – Zulässigkeit nach § 119 InsO, MDR 2000, 1178; *Walker,* Zur Zulässigkeit von Insolvenzklauseln in den Satzungen der Sportverbände, KTS 2003, 169; *v. Wilmsowsky,* Lösungsklauseln für den Insolvenzfall-Wirksamkeit, Anfechtbarkeit, Reform, ZIP 2007, 553; *Wortberg,* Lösungsklauseln und Insolvenz, 2003; *ders.,* Lösungsklauseln und Insolvenz, ZInsO 2003, 1032.

---

[40] *Hess* in Hess/Weis/Wienberg, InsO, § 84 RdNr. 26; *Graf-Schlicker/Pöhlmann,* InsO, § 118 RdNr. 10.

§ 119   3. Teil. 2. Abschnitt. Erfüllung Rechtsgeschäfte. Mitwirkung BR

Übersicht

	RdNr.
A. Normzweck	
I. Ausgangspunkt	1
II. Sinn und Zweck der Norm	2
B. Entstehungsgeschichte	
I. Frühere Regelungen	
1. Konkurs- und Gesamtvollstreckungsverfahren	3
2. Vergleichsordnung	4
II. Gesetzgebungsverfahren zur Inso	
1. Kommission für Insolvenzrecht	5
2. Diskussionsentwurf des Bundesministeriums der Justiz (DE)	8
3. Regierungsentwurf (RegE)	9
4. Beschlussempfehlung und Bericht des Rechtsausschusses	11
5. Beschluss des Bundestages	12
C. Einzelerläuterungen	
I. Grundsätze	
1. Vereinbarungen im Voraus	13
2. Rechtsfolge	15
3. Unabdingbarkeit des § 119	16
4. Unanwendbarkeit auf Gesellschaftsverträge	17
II. Lösungsklausel	
1. Begriff und Unterscheidung (insolvenzabhängige/insolvenzunabhängige)	18
2. Lösungsklausel für den Fall des Verzuges/sonstiger Vertragsverletzungen oder der Vermögensverschlechterung..	19
a) Grundsätzliche Wirksamkeit	19
b) Kündigungssperre des § 112	21
3. Lösungsklausel für den Fall der Zahlungseinstellung oder eines Insolvenzantrages (einschließlich § 8 Nr. 2 Abs. 1 VOB/B)	22
4. Lösungsklausel für den Fall der Insolvenzeröffnung	23
a) Wichtige Rechtsprechungsfälle samt Bewertung	
aa) Kündigungsrecht nach § 8 Nr. 2 Abs. 1 VOB/B	23
bb) Breitbandverteilanlage-Fall	24
cc) Kündigungsrecht des Versicherers nach § 14 Abs. 1 VVG	25
dd) Andere Entscheidungen, insbesondere zur Kündigung in der Insolvenz des Lizenzgebers und zu gesellschaftsrechtlichen Lösungsklauseln	26
b) Streitstand im Schrifttum	27
c) Eigener Standpunkt: Grundsätzliche Wirksamkeit	28

	RdNr.
aa) Wille des Gesetzgebers	29
bb) Verhältnis zwischen §§ 112, 119	31
cc) Übereinstimmung mit höchstrichterlicher Rechtsprechung	33
dd) Grundsatz der Vertragsfreiheit	35
ee) keine „Aushöhlung des Wahlrechts"	37
ff) kein Gegenargument aus § 851 Abs. 2 ZPO	39
gg) Konkludenter Verzicht auf die Rechte aus einer Lösungsklausel	41
hh) Rechtsmissbräuchliche Ausübung eines Lösungsrechts	42
d) Nachteilige Auswirkungen der Gegenauffassung	43
aa) in der Krise	43
bb) bei Sanierungsversuchen außerhalb des Insolvenzverfahrens	44
cc) im europäischen und internationalen Geschäftsverkehr	45
5. Inhaltskontrolle insolvenzabhängiger Lösungsklauseln in Formularverträgen	46
a) Lösungsklausel gegenüber Verbraucher iSd § 13 BGB	47
b) Lösungsklausel gegenüber Unternehmer iSd § 14 BGB	50
c) Kündigungsrecht und Schadensersatzanspruch nach § 8 Nr. 2 VOB/B	51
d) Rechtsmissbräuchliche Berufung auf Lösungsklausel	52
6. Anfechtbarkeit insolvenzabhängiger Lösungsklauseln	53
a) Grundsätze	53
b) Vorsatzanfechtung nach § 133	55
III. Einzelerläuterungen zur Unwirksamkeit abweichender Vereinbarungen für die Zeit nach Insolvenzeröffnung	
1. Beeinträchtigung von § 103	57
2. Beeinträchtigung von § 104	59
3. Beeinträchtigung von § 105	61
4. Beeinträchtigung von § 106	63
5. Beeinträchtigung von § 107	
a) Insolvenz des Vorbehaltsverkäufers	65
b) Insolvenz des Vorbehaltskäufers	67
6. Beeinträchtigung von § 108	68
7. Beeinträchtigung von § 109	70
8. Beeinträchtigung von §§ 110, 111	71
9. Beeinträchtigung von § 112	72
10. Beeinträchtigung von §§ 113, 114	73
11. Beeinträchtigung von §§ 115, 116, 117	74
12. Beeinträchtigung von § 118	76
13. Beeinträchtigung von § 119	77

A. Normzweck

I. Ausgangspunkt

Um die Bedeutung der Vorschrift zu erfassen, muss man zunächst den Regelungszusammenhang der vorangegangenen Bestimmungen betrachten, deren Ausschluss oder Beschränkung im Voraus den Vertragsparteien verboten wird. Nach der Grund- und Auffangnorm des § 103 kann der Insolvenzverwalter „wählen" (§ 103 RdNr. 148), ob er einen bei Insolvenzeröffnung von noch keiner Seite vollständig erfüllten gegenseitigen Vertrag anstelle des Schuldners erfüllt und Erfüllung vom anderen Teil verlangt, oder, ob es bei dem durch die Insolvenzeröffnung eingetretenen Zustand der Nichterfüllung mit seinen Folgen verbleiben soll; ergänzt wird die Vorschrift durch § 105 bei Verträgen über teilbare Leistungen. Sonderbestimmungen enthalten §§ 104 ff., die selbst den Anwendungsbereich des § 103 beschränken oder ausschließen (näher § 103 RdNr. 97 ff.). So belässt es § 104 für bestimmte Fix- und Finanztermingeschäfte endgültig beim Zustand der Nichterfüllung und schließen § 106 für durch Vormerkung gesicherte Ansprüche sowie § 107 Abs. 1 in der Insolvenz des Vorbehaltsverkäufers eine Erfüllungsablehnung durch den Insolvenzverwalter aus; demgegenüber ordnet § 108 den Fortbestand von Dienstverhältnissen und bestimmten Miet-, Pacht- sowie ähnlichen Schuldverhältnissen mit Wirkung für und gegen die Masse an, während umgekehrt nach §§ 115 bis 117 Aufträge, Geschäftsbesorgungsverträge und Vollmachten des Schuldners mit Insolvenzeröffnung erlöschen.

II. Sinn und Zweck der Norm

Es ist Sinn und Zweck des § 119, die Abwicklung gegenseitiger Verträge nach Eröffnung des Insolvenzverfahrens über das Vermögen einer Partei nach dieser Gesetzessystematik sicherzustellen. Die Vorschrift ordnet deshalb die Unwirksamkeit abweichender Vereinbarungen der Vertragspartner an, durch die im Voraus die Anwendung der §§ 103 bis 118 ausgeschlossen oder beschränkt wird. Sie will so verhindern, dass ein von §§ 103 ff. erfasster Vertrag im Insolvenzverfahren auf andere als die gesetzlich geregelte Weise abzuwickeln ist. Die Bestimmung verbietet aber nach der hier vertretenen Auffassung grundsätzlich nicht Vereinbarungen der Parteien zur Auflösung des Vertrages für den Insolvenzfall einer Partei (sog. Lösungsklausel; s. u. RdNr. 18 ff.), sofern nicht gerade Sondervorschriften etwas anderes anordnen (Einzelheiten s. u. RdNr. 57 ff., insbesondere 61, 67, 69, 70 ff.).

B. Entstehungsgeschichte

I. Frühere Regelungen

1. Konkurs- und Gesamtvollstreckungsverfahren. Eine dem § 119 entsprechende Vorschrift gibt es in KO und GesO nicht. Ihr entspricht aber die hM zum Konkursrecht, woran der Gesetzgeber der InsO angeknüpft hat.[1] Danach sind solche Vereinbarungen zwischen den Vertragspartnern mit § 17 KO unvereinbar und daher unwirksam, durch die im Konkursverfahren das Wahlrecht des Verwalters eingeschränkt oder ausgeschlossen, diesem insbesondere eine Erfüllung aufgenötigt oder ein Verlangen danach abgeschnitten wird;[2] ob auch Abreden zur Auflösung des Vertrages infolge der Eröffnung des Konkursverfahrens über das Vermögen einer Partei unwirksam sind, wurde im Schrifttum zunehmend streitig, in der höchstrichterlichen Rechtsprechung aber verneint (s. u. RdNr. 23 ff.).

---

[1] Begründung RegE in § 137 (jetzt: § 119), Abdruck s. u. RdNr. 10 (Abs. 1).
[2] *Jaeger/Henckel* KO § 17 RdNr. 213.

§ 119 4–7   3. Teil. 2. Abschnitt. Erfüllung Rechtsgeschäfte. Mitwirkung BR

Sondervorschriften gegenüber § 17 KO enthalten die §§ 18 bis 26 KO; soweit Letztere als zwingend angesehen werden, deckt sich das im Wesentlichen mit der jetzigen Rechtslage.[3]

4   **2. Vergleichsverfahren.** Im Vergleichsverfahren zur Abwendung des Konkurses (§ 1 VerglO) finden sich einzelne Regelungen zur Abwicklung gegenseitiger Verträge in §§ 50 bis 53 VerglO. Gemäß § 50 VerglO kann der Schuldner – nach vorgängiger Ermächtigung des Vergleichsgerichtes – die Erfüllung oder die Weitererfüllung eines gegenseitigen Vertrages ablehnen, wenn zur Zeit der Eröffnung des Vergleichsverfahrens noch keine Vertragspartei den Vertrag vollständig erfüllt hat; § 51 VerglO enthält eine Sonderbestimmung für Miet-, Pacht- und Dienstverträge, während § 52 VerglO den Schadensersatzanspruch des Vertragspartners wegen Nichterfüllung regelt. Zu diesen Vorschriften bestimmt § 53 VerglO, dass sich die Vertragsteile auf eine Abrede, durch die im Voraus die Anwendung der §§ 50 bis 52 ausgeschlossen oder beschränkt wird, nicht berufen können. Darunter fällt nach hM[4] aber weder eine Vereinbarung der Vertragspartner, wonach das Gegenseitigkeitsschuldverhältnis mit Eröffnung des Vergleichsverfahrens sein Ende findet, noch eine vertragliche Abrede, die dem Gläubiger für den Fall der Eröffnung eine Lösungsmöglichkeit einräumt.

II. Gesetzgebungsverfahren zur InsO

5   **1. Kommission für Insolvenzrecht.** Nach deren Vorschlägen sollte das Gericht im eröffneten Insolvenzverfahren erst nach einer Prüfungsphase (Vorverfahren) entscheiden, ob dieses als Reorganisationsverfahren mit dem Ziel der Erhaltung des Unternehmens oder als Liquidationsverfahren mit dem Ziel alsbaldiger Verwertung fortzusetzen sei.[5] Im Reorganisationsverfahren sah LS 2.4.1.1 die Fortgeltung beiderseits nicht vollständig erfüllter Verträge und das Recht des Insolvenzverwalters zur Erfüllungsablehnung vor; für die Dauerschuldverhältnisse sprach LS 2.4.1.4 zusätzlich aus, dass diese durch die Einleitung des Reorganisationsverfahrens nicht aufgelöst, jedoch vom Insolvenzverwalter gekündigt werden können.

6   Für vereinbarte Vertragskündigung oder -auflösung bestimmte LS 2.4. 1. 11 sodann:

Vereinbarungen, die ein außerordentliches Kündigungsrecht wegen des Insolvenzfalls einräumen, oder Vereinbarungen, die wegen des Insolvenzfalls die Auflösung des Vertrages bewirken, sind unwirksam.

7   In der Begründung[6] wurde hierzu ausgeführt:

Vereinbarungen über die Kündigung oder Auflösung eines Vertrags für den Insolvenzfall widersprechen dem in den Leitsätzen 2.4.1.1 und 2.4.1.4 enthaltenen Grundsatz, dass im Reorganisationsverfahren die bestehenden Verträge aufrechtzuerhalten sind. Falls jene Vereinbarungen wirksam wären, könnte eine Reorganisation allein daran scheitern, dass dem Unternehmen vertraglich gesicherte Positionen entzogen werden, die zu seiner Fortführung erforderlich sind. Deshalb sollen Abreden, die für den Insolvenzfall eine Beendigung des Vertragsverhältnisses ermöglichen, nicht wirksam sein. Damit wird auch das Kündigungsrecht ausgeschlossen, das § 8 Nr. 2 Teil B VOB dem Auftraggeber (Bauherrn) für den Fall einer Insolvenz des Auftragnehmers einräumt.

Dem Vertragspartner des Schuldners kann ein Festhalten am Vertrag dann zugemutet werden, wenn der Insolvenzverwalter bereit und in der Lage ist, den Vertrag ordnungsgemäß innerhalb der vertraglich vereinbarten Fristen zu erfüllen. Soweit dies nicht der Fall ist, bietet das allgemeine Vertragsrecht dem Auftraggeber ausreichende Möglichkeiten, gemäß § 326 BGB oder wegen positiver Forderungsverletzung alsbald vom Vertrag zurückzutreten. Solche nach allgemeinem Vertragsrecht gewährleistete Rücktrittsrechte sollen nicht ausgeschlossen werden.

---

[3] Einzelheiten *Jaeger/Henckel* KO § 18 RdNr. 27; § 20 RdNr. 9; § 21 RdNr. 44, § 22 RdNr. 21; § 23 RdNr. 3; § 26 RdNr. 3.
[4] *Bley/Mohrbutter* § 53 VerglO Anm. 4 a; *Kilger/K. Schmidt* § 53 VerglO Anm. 2.
[5] Erster Bericht (1985), Einleitung S. 15.
[6] Erster Bericht S. 226, 227.

Bei einem Gesetzentwurf wird für das Liquidationsverfahren eine entsprechende Regelung vorzusehen sein.

Eine Minderheit ist der Ansicht, dass vor allem im Bau- und Anlagengeschäft ein unabweisbares Bedürfnis bestünde, an dem Kündigungsrecht festzuhalten, das § 8 Nr. 2 Teil B VOB dem Bauherrn für den Fall einer Insolvenz des Auftragnehmers einräume. Möglich bleiben müssten vor Eröffnung des Insolvenzverfahrens getroffene Absprachen, die dem Vertragspartner des Schuldners ein Rücktrittsrecht gäben, wenn über das Vermögen des Schuldners ein Insolvenzverfahren eröffnet werde.

2. Diskussionsentwurf des Bundesministeriums der Justiz (DE). Für abweichende Vereinbarungen zu den Vorschriften über die Erfüllung der Rechtsgeschäfte (§§ 111 ff. DE; jetzt §§ 103 ff.) bestimmte § 127 DE:

(1) Vereinbarungen, durch die im Voraus die Anwendung der §§ 111 bis 126 ausgeschlossen oder beschränkt wird, sind unwirksam.

(2) Vereinbarungen, die für den Fall des Eintritts einer Insolvenz die Auflösung eines Vertrages vorsehen oder dem anderen Teil das Recht geben, sich einseitig vom Vertrag zu lösen, sind unwirksam.

Da sich die Begründung hierfür im Wesentlichen mit der zu § 137 RegE deckt, wird von einer Wiedergabe abgesehen.[7]

3. Regierungsentwurf (RegE). Für abweichende Vereinbarungen zu den Vorschriften über die Erfüllung der Rechtsgeschäfte (§§ 117 ff. RegE; jetzt §§ 103 ff.) bestimmte § 137 RegE:

(1) Vereinbarungen, durch die im Voraus die Anwendung der §§ 117 bis 136 ausgeschlossen oder beschränkt wird, sind unwirksam.

(2) Vereinbarungen, die für den Fall der Eröffnung des Insolvenzverfahrens die Auflösung eines gegenseitigen Vertrages vorsehen oder der anderen Partei das Recht geben, sich einseitig vom Vertrag zu lösen, sind unwirksam. Ist in einem gegenseitigen Vertrag vereinbart, dass bei einer Verschlechterung der Vermögensverhältnisse einer Vertragspartei die andere das Recht hat, sich einseitig vom Vertrag zu lösen, so kann dieses Recht nach der Eröffnung des Insolvenzverfahrens nicht mehr ausgeübt werden.

(3) Die Wirksamkeit von Vereinbarungen, die an den Verzug oder an andere Vertragsverletzungen anknüpfen, wird durch die Absätze 1 und 2 nicht berührt.

In der Begründung[8] wurde dazu ausgeführt:

Die Vorschriften über das Wahlrecht des Insolvenzverwalters bei gegenseitigen Verträgen, über die Kündigungsrechte bei Dauerschuldverhältnissen und über das Schicksal von Aufträgen und ähnlichen Rechtsverhältnissen im Insolvenzverfahren sind zwingendes Recht. Absatz 1 stellt klar, dass sie nicht durch eine abweichende Vereinbarung außer Kraft gesetzt werden können. Dies ist auch für die Konkursordnung – ohne gesetzliche Regelung – anerkannt und für die entsprechenden Vorschriften der Vergleichsordnung ausdrücklich in § 53 niedergelegt.

Durch Absatz 2 wird der Gefahr vorgebeugt, dass die genannten Regelungen mittelbar außer Kraft gesetzt werden: Wenn wirksam vereinbart werden könnte, dass ein gegenseitiger Vertrag im Falle der Eröffnung des Insolvenzverfahrens kraft Gesetzes aufgelöst wird oder von einer Partei durch einseitige Erklärung aufgelöst werden kann, wäre dem Wahlrecht des Verwalters die Grundlage entzogen (Satz 1). Aus dem gleichen Grunde darf es nicht zulässig sein, ein vertragliches Rücktritts- oder Kündigungsrecht, das an eine Verschlechterung der Vermögensverhältnisse des Schuldners anknüpft, noch nach der Eröffnung des Insolvenzverfahrens auszuüben (Satz 2). Der Begriff der „Verschlechterung der Vermögensverhältnisse" ist dabei weit auszulegen; Satz 2 soll beispielsweise auch Vereinbarungen erfassen, die ein Vertragsaufhebungsrecht bei Eintritt der Zahlungsunfähigkeit oder der Überschuldung oder im Falle eines Antrags auf Eröffnung eines Insolvenzverfahrens vorsehen.

---

[7] Vgl. dazu Diskussionsentwurf Bundesministerium der Justiz, Gesetz zur Reform des Insolvenzrechts, 1988, Teil B 101 ff.
[8] BT-Drucksache 12/2443, S. 152 f.

§ 119 11

Gesellschaftsverträge sind keine „gegenseitigen Verträge" im Sinne der Vorschrift. Wenn für eine Gesellschaft des bürgerlichen Rechts oder für eine offene Handelsgesellschaft vereinbart wird, dass sie durch die Eröffnung des Insolvenzverfahrens über das Vermögen eines Gesellschafters aufgelöst werden soll, so wird lediglich die gesetzliche Regelung wiedergegeben (vgl. § 728 Satz 1 BGB und § 131 Nr. 5 HGB, die im Rahmen des Einführungsgesetzes zur Insolvenzordnung redaktionell an die Ersetzung des Konkursverfahrens durch das Insolvenzverfahren angepasst werden sollen). Aber auch Bestimmungen in Gesellschaftsverträgen über das Ausscheiden von Gesellschaftern im Insolvenzfall bleiben unberührt.

Die andere Vertragspartei wird durch die Regelung des Absatzes 2 keinem unzumutbaren Risiko ausgesetzt. Solange das Insolvenzverfahren noch nicht eröffnet ist, kann sie von einer entsprechenden Vertragsaufhebungsklausel Gebrauch machen. Nach der Eröffnung kann sie den Insolvenzverwalter durch einfache Aufforderung dazu zwingen, unverzüglich sein Wahlrecht nach § 117 des Entwurfs auszuüben. Wenn der Verwalter die Erfüllung wählt, hat er im Rahmen des § 72 des Entwurfs persönlich dafür einzustehen, dass der Vertrag aus der Insolvenzmasse voll erfüllt wird.

Darüber hinaus ist zu berücksichtigen, dass die Vereinbarung einer Vertragsauflösung oder eines Vertragsaufhebungsrechts für den Fall des Verzugs oder einer anderen Vertragsverletzung des Schuldners von der neuen Vorschrift nicht berührt wird. Dies wird durch Absatz 3 hervorgehoben. Ein vertragliches Rücktrittsrecht oder Kündigungsrecht, das den Verzug des Schuldners zur Voraussetzung hat, kann also auch nach der Eröffnung des Insolvenzverfahrens ausgeübt werden, wenn seine Voraussetzungen gegeben sind. Insoweit enthält nur § 126 des Entwurfs für Miet- und Pachtverhältnisse eine Einschränkung.

Die neue Vorschrift berührt auch nicht die Wirksamkeit der Bestimmung des § 8 Nr. 2 der Verdingungsordnung für Bauleistungen, Teil BGB, die in der Fassung von 1979 folgenden Wortlaut hat:

„(1) Der Auftraggeber kann den Vertrag kündigen, wenn der Auftragnehmer seine Zahlungen einstellt, das Vergleichsverfahren beantragt oder in Konkurs gerät.

(2) Die ausgeführten Leistungen sind nach § 6 Nr. 5 abzurechnen. Der Auftraggeber kann Schadenersatz wegen Nichterfüllung des Restes verlangen."

Wie der Bundesgerichtshof klargestellt hat (BGHZ 96, 34 zur insoweit gleichlautenden Fassung von 1973), liegt die Bedeutung dieser Bestimmung nicht in der Festlegung eines Kündigungsrechts des Auftraggebers für den Insolvenzfall; denn schon nach § 649 BGB kann der Besteller den Werkvertrag jederzeit kündigen. § 8 Nr. 2 VOB/B hat vielmehr den Zweck, die Rechtsfolgen einer Kündigung des Auftraggebers im Insolvenzfall abweichend von der Gesetzeslage zu regeln, insbesondere dem Auftraggeber in diesem Fall einen Anspruch auf Schadensersatz wegen Nichterfüllung einzuräumen. Die Frage, ob diese Regelung der Rechtsfolgen einer Kündigung wirksam ist, wird durch die neue Vorschrift der Insolvenzordnung nicht entschieden; die Beantwortung dieser Frage kann weiter der Rechtsprechung überlassen bleiben.

Entsprechendes gilt für § 9 Nr. 1 der Verdingungsordnung für Leistungen, Teil B, soweit diese bei Werkverträgen zugrundegelegt wird.

11   4. Beschlussempfehlung und Bericht des Rechtsausschusses. Der Rechtausschuss des Bundestages hat Absatz 2 und Absatz 3 des § 137 RegE aus folgenden Gründen gestrichen:[9]

Absatz 2 des Regierungsentwurfs ist vom Ausschuss gestrichen worden. Die dort erfassten vertraglichen Vereinbarungen über die Auflösung eines gegenseitigen Vertrages im Falle der Eröffnung eines Insolvenzverfahrens oder der Verschlechterung der Vermögensverhältnisse einer Vertragspartei sollen durch die Insolvenzordnung nicht in ihrer Wirksamkeit eingeschränkt werden. Dass derartige Vereinbarungen mittelbar das Wahlrecht des Insolvenzverwalters einschränken, ist kein ausreichender Grund für einen schwerwiegenden Eingriff in die Vertragsfreiheit.

---

[9] BT-Drucksache 12/7302, S. 170.

Die Änderung wird dem in der Anhörung des Rechtsauschusses am 28. April 1993 nachdrücklich vertretenen Anliegen der Wirtschaftsverbände gerecht, die auf die sanierungsfeindliche Wirkung der Vorschrift des Regierungsentwurfs hingewiesen haben: Die Unwirksamkeit von Auflösungsklauseln für den Fall der Insolvenz erhöht die Insolvenzgefahr für Unternehmen, die in der kritischen Phase Sanierungsversuche unternehmen; denn potentielle Vertragspartner werden das Risiko der Bindung an den Vertragspartner im Falle der drohenden Insolvenz nicht eingehen. Auch im internationalen Geschäftsverkehr wird Wert darauf gelegt, dass bei Insolvenz des Vertragspartners die Vertragsauflösung möglich bleibt.

Mit der Streichung des Absatzes 2 wird auch Absatz 3 entbehrlich. Die Wirksamkeit von Vereinbarungen, die an den Verzug oder an andere Vertragsverletzungen anknüpfen, ergibt sich auch ohne eine ausdrückliche Regelung.

5. Beschluss des Bundestages. Der Bundestag hat die Vorschrift sodann in der vom Rechtsausschuss vorgeschlagenen Fassung beschlossen. Nur Absatz 1 des § 137 RegE wurde folglich Gesetz; ihm entspricht inhaltlich § 119.

C. Einzelerläuterungen

I. Grundsätze

1. Vereinbarungen im Voraus. Da § 119 von „im Voraus" getroffenen Vereinbarungen spricht, werden nur Vereinbarungen zwischen den Vertragspartnern vor Eröffnung des Insolvenzverfahrens über das Vermögen einer Partei erfasst. **Nicht** unter die Vorschrift fällt deshalb eine Vereinbarung zwischen dem solventen Vertragspartner und dem Insolvenzverwalter im Insolvenzverfahren über das Vermögen der anderen Vertragspartei;[10] entsprechendes gilt für Abreden zwischen zwei Insolvenzverwaltern in der Insolvenz beider Vertragspartner (s. o. § 103 RdNr. 210). Wegen der damit verbundenen Abweichung von der gesetzlich vorgegebenen Abwicklung wird einer solchen Rechtshandlung in aller Regel besondere Bedeutung im Sinn des § 160 Abs. 1 zukommen, also die Zustimmung des Gläubigerausschusses (bzw. der Gläubigerversammlung, § 160 Abs. 1 Satz 2) erforderlich sein; auch wenn diese nicht Wirksamkeitsvoraussetzung ist, sollte sie der Insolvenzverwalter im Hinblick auf seine Haftung nach § 60 stets einholen.

Der **Begriff der Vereinbarung** ist weit auszulegen, wie aus dem Wortlaut des § 119 folgt, der schon jede Beschränkung der §§ 103 bis 118 erfasst. Als Grundsatz gilt mithin: Die Rechte des Insolvenzverwalters nach §§ 103 bis 118 können zu seinem Nachteil und damit zum Nachteil der Masse weder gänzlich ausgeschlossen noch eingeschränkt werden; Zweck ist es, die Abwicklung der von diesen Vorschriften erfassten Rechtsgeschäfte nach der Gesetzessystematik sicherzustellen (s. o. RdNr. 1, 2). Verboten ist folglich schon jede Beschränkung, welche die Rechtsausübung durch den Insolvenzverwalter an andere – insbesondere zusätzliche – Voraussetzungen knüpft oder andere Rechtsfolgen eintreten lässt, als in §§ 103 bis 118 bestimmt. Wegen der Einzelheiten wird auf die folgenden Erörterungen zu Lösungsklauseln (s. u. RdNr. 18 ff.) und sonstige von den einzelnen Bestimmungen der §§ 103 ff. abweichende Vereinbarungen (s. u. RdNr. 59 ff.) verwiesen.

2. Rechtsfolge. Nach § 119 sind Vereinbarungen, durch die im Voraus die Anwendungen der §§ 103 bis 118 ausgeschlossen oder beschränkt wird, „unwirksam". Es handelt sich um eine absolute Unwirksamkeit, die im Prozess für und gegen die Masse wegen Ansprüche aus der Abwicklung der von den genannten Bestimmungen erfassten Rechtsgeschäfte von Amts wegen zu berücksichtigen ist.

3. Unabdingbarkeit des § 119. Wie aus dem Normzweck der Vorschrift (s. o. RdNr. 1, 2) folgt, hat § 119 selbst zwingenden Charakter; er kann folglich durch Vereinbarungen

---

[10] HK-*Marotzke* § 103 RdNr. 86; § 119 RdNr. 1.

§ 119 17–20

zwischen den Vertragspartnern weder ganz noch zum Teil abbedungen werden (s. u. RdNr. 77).

17 **4. Unanwendbarkeit auf Gesellschaftsverträge.** Nach hM fallen Gesellschaftsverträge nicht unter § 103 (s. o. § 103 RdNr. 114); auch der Gesetzgeber ist davon ausgegangen, dass es sich bei ihnen nicht um gegenseitige Verträge im Sinne dieser Vorschrift handelt (s. o. RdNr. 10 – Abs. 3). Die Bestimmungen des bürgerlichen Rechts über die Auflösung von Gesellschaften bei Eröffnung des Insolvenzverfahrens über deren Vermögen oder das Ausscheiden von Gesellschaftern im Insolvenzfall (§ 103 RdNr. 115 ff.) bleiben mithin unberührt; die im Folgenden zu erörternde Problematik von Lösungsklauseln stellt sich insoweit also nicht. Jedoch erfasst § 119 die in § 118 getroffene Regelung zur Qualität der Ansprüche des geschäftsführenden Gesellschafters bestimmter Gesellschaften (s. u. RdNr. 75).

II. Lösungsklausel

18 **1. Begriff.** Unter einer Lösungsklausel versteht man eine Vereinbarung der Vertragspartner zur Auflösung des Vertrages, wobei in aller Regel ein einseitiges Gestaltungsrecht, nämlich ein Kündigungs- oder Rücktrittsrecht, eingeräumt oder – seltener – schon das Rechtsgeschäft selbst auflösend bedingt (§ 158 Abs. 2 BGB) abgeschlossen wird. Letztlich kommt es auf diese konkrete rechtstechnische Ausgestaltung aber nicht an. Wichtig für die Beurteilung der insolvenzrechtlichen Wirksamkeit nach § 119 ist jedoch der *Anknüpfungszeitpunkt*. Insoweit muss man unterscheiden zwischen *insolvenzunabhängigen* Lösungsklauseln für den Fall des Verzuges/sonstiger Vertragsverletzungen oder der Vermögensverschlechterung (s. u. RdNr. 19 ff.) und *insolvenzabhängigen* Lösungsklauseln für den Fall, der Zahlungseinstellung, des Insolvenzantrages (s. u. RdNr. 22) oder der Insolvenzeröffnung (s. u. RdNr. 23 ff.); oft wird in entsprechenden individualvertraglichen oder durch AGB begründeten Vereinbarungen auch an mehrere Ereignisse alternativ angeknüpft (s. u. RdNr. 20, 23, 25). **Nicht** hierher gehören die Vorschriften des bürgerlichen Rechts über die Auflösung von Gesellschaften oder das Ausscheiden von Gesellschaftern im Insolvenzfall (s. o. RdNr. 17) und gesetzliche Lösungsrechte (Beispiele s. u. RdNr. 19 aE), weil es insoweit an einer Vereinbarung fehlt.

19 **2. Lösungsklausel für den Fall des Verzuges/sonstiger Vertragsverletzungen oder der Vermögensverschlechterung. a)** Eine solche *insolvenzunabhängige Vereinbarung* (Gegensatz s. u. RdNr. 22 ff.) ist **grundsätzlich wirksam**[11] (Ausnahmen s. u. RdNr. 21; zur Anfechtbarkeit s. u. RdNr. 53 ff.), § 119 mangels Insolvenzeröffnung schon von vornherein nicht berührt (s. u. RdNr. 22). Für Verzug und andere Vertragsverletzungen hatte das § 137 Abs. 3 RegE ausdrücklich ausgesprochen (s. o. RdNr. 9), bevor diese Bestimmung als entbehrlich gestrichen wurde (s. o. RdNr. 10 – letzter Absatz). Entsprechendes gilt für die Vermögensverschlechterung, wozu § 137 Abs. 2 Satz 2 RegE bestimmte, dass ein solches Lösungsrecht (nur) nach Eröffnung des Insolvenzverfahrens nicht mehr ausgeübt werden kann. Solche insolvenzunabhängige Lösungsklauseln widersprechen auch nicht den Wertungen des BGB, wie aus dem Rücktrittsrecht nach § 323 I BGB und vor allem auch aus § 323 IV BGB sowie aus §§ 314, 315 BGB folgt; gegenüber gesetzlichen Lösungsrechten gilt § 119 ohnehin nicht (s. o. RdNr. 18 aE).[12]

20 Als *Beispiel* für eine solche Lösungsklausel sei auf *§ 19 AGB-Banken* verwiesen, der eine fristlose Kündigung aus wichtigem Grund zulässt, insbesondere dann, wenn eine wesentliche Verschlechterung der Vermögenslage des Kunden eintritt oder einzutreten droht und dadurch die Erfüllung von Verbindlichkeiten gegenüber der Bank gefährdet ist.[13] Ähnlich

---

[11] HM, vgl. nur: HK-*Marotzke* § 119 RdNr. 2, 6 f.; *Treffer* MDR 2000, 1178 f.; *Paulus*, Festschrift für Uhlenbruck, S. 33, 46 ff.; zust. für Verzug auch *Schwörer* RdNr. 488 (aA zur Vermögensverschlechterung RdNr. 411 ff.).

[12] AA für § 323 IV BGB *Mossler* ZIP 2002, 1831, 1835. Wie hier auch HK-*Marotzke* § 119 RdNr. 2.

[13] Näher dazu *Obermüller* ZInsO 2002, 97, 102.

formuliert *Nr. 26 AGB-Sparkassen*, die außerdem auch auf Zahlungseinstellung (s. u. Rd-Nr. 22) abstellt; danach kann unter anderem fristlos gekündigt werden, wenn eine wesentliche Verschlechterung oder eine erhebliche Gefährdung der Vermögensverhältnisse des Kunden eintritt, insbesondere wenn der Kunde die Zahlungen einstellt oder erklärt, sie einstellen zu wollen, oder von dem Kunden angenommene Wechsel zu Protest gehen.

b) Etwas anderes gilt wegen der **Kündigungssperre** des § 112 in der Insolvenz des Mieters oder Pächters für die Zeit nach Stellung eines Insolvenzantrages; die Vorschrift ist entsprechend anwendbar auf ähnliche Nutzungsverhältnisse (§ 112 RdNr. 3 ff.). Sie verbietet ab dem Antrag auf Eröffnung des Insolvenzverfahrens in *Nr. 1* eine Kündigung wegen eines vor diesem Zeitpunkt eingetretenen Zahlungsverzuges des Schuldners und in *Nr. 2* eine Kündigung wegen dessen Vermögensverschlechterung. Zwar erfasst § 112 nach seinem Wortlaut nur Kündigungen (kraft Gesetzes oder vertraglicher Vereinbarung), die Bestimmung gilt nach ihrem Normzweck aber für jedes Gestaltungsrecht, also auch für ein Rücktritts- oder sonstiges Lösungsrecht (§ 112 RdNr. 15). In diesem Umfang sind abweichende Vereinbarungen gemäß § 119 unwirksam (s. u. RdNr. 72).

3. Lösungsklausel für den Fall der Zahlungseinstellung oder eines Insolvenzantrages. Es handelt sich um eine sogenannte *insolvenzabhängige Vereinbarung* (Gegensatz s. o. RdNr. 19), weil sie an einen materiellen (Zahlungseinstellung, § 17) bzw. formellen (Insolvenzantrag, §§ 13 ff.) Eröffnungsgrund abstellt. Auch eine solche Vereinbarung ist – außerhalb des Anwendungsbereiches des § 112 (s. o. RdNr. 21) – grundsätzlich wirksam (Anfechtbarkeit s. u. RdNr. 53 ff.). Sie verstößt nicht gegen § 119. Das folgt – unabhängig vom Streit zur Wirksamkeit einer an die Insolvenzeröffnung geknüpften Lösungsklausel (s. u. RdNr. 23 ff.) – schon daraus, dass diese Vorschrift ein eröffnetes Insolvenzverfahren voraussetzt;[14] denn nur dort kommt es – abgesehen von § 112 – zur „Anwendung der §§ 103 bis 118", die § 119 sicherstellen will (s. o. RdNr. 2). Für das *Kündigungsrecht des Auftraggebers nach § 8 Nr. 2 Abs. 1 VOB/B 2006* gilt das aber nur eingeschränkt; diese Vorschrift lautet nach der Neufassung[15] wie folgt (die hier maßgebliche Formulierung ist kursiv gesetzt):

„Der Auftraggeber kann den Vertrag kündigen, wenn der Auftragnehmer seine Zahlungen einstellt, von ihm *oder zulässigerweise vom Auftraggeber oder einem anderen Gläubiger das Insolvenzverfahren (§§ 14 und 15 InsO) beziehungsweise ein vergleichbares gesetzliches Verfahren beantragt ist,* ein solches Verfahren eröffnet wird oder dessen Eröffnung mangels Masse abgelehnt wird."

Anders als früher berechtigen also auch der Insolvenzantrag des Auftraggebers und der eines anderen Gläubigers zur Kündigung (zu dem an die Insolvenzeröffnung geknüpften Lösungsrecht s. u. RdNr. 23). Insoweit hält die Bestimmung einer Inhaltskontrolle nicht stand und erscheint anfechtungsrechtlich äußerst bedenklich, was beides grundsätzlich auch auf den (unverändert gebliebenen) Schadensersatzanspruch des Auftraggebers nach § 8 Nr. 2 Abs. 2 S. 2 VOB/B als Rechtsfolge einer Kündigung zutrifft (näher s. u. RdNr. 51, 53 ff.).

4. Lösungsklausel für den Fall der Insolvenzeröffnung. a) Wichtige Rechtsprechungsfälle samt Bewertung. aa) Schon im Geltungsbereich des § 17 KO (jetzt: § 103)

---

[14] HM., vgl. nur HK-*Marotzke* § 119 RdNr. 2; *Braun* § 119 RdNr. 5; *Obermüller* GS Bosch, S. 157, 165. AA *Schwörer* RdNr. 411 ff.: Geltung schon im Eröffnungsverfahren. Das ist abzulehnen, denn dann hätte es § 112 nicht bedurft; außerdem wäre unverständlich, warum der Gesetzgeber in § 119 nicht ebenfalls (in Übereinstimmung mit der Formulierung in § 112) auf die Zeit „nach dem Antrag auf Eröffnung des Insolvenzverfahrens" abgestellt haben sollte, wenn er eine solche Reichweite der Bestimmung gewollt hätte.
[15] § 8 Nr. 2 VOB/B lautete in den Fassungen 2000 und 2002:
„*(1) Der Auftraggeber kann den Vertrag kündigen, wenn der Auftragnehmer seine Zahlungen einstellt oder das Insolvenzverfahren oder ein vergleichbares gesetzliches Verfahren beantragt oder ein solches Verfahren eröffnet wird oder dessen Eröffnung mangels Masse abgelehnt wird.*
(2) ..."

ist gegen das *Kündigungsrecht des Auftraggebers nach* § 8 Nr. 2 VOB/B in der damals geltenden Fassung (Abdruck s. o. RdNr. 10 aE) bei Konkurs des Auftragnehmers eingewendet worden,[16] die Vorschrift verstoße gegen ein aus § 17 KO abzuleitendes Verbot und sei deshalb nichtig; ein derartiges Kündigungsrecht vereitele nämlich das dem Konkursverwalter zwingend zustehende Wahlrecht nach § 17 KO und widerspreche dem Grundsatz, alle Gläubiger im Konkurs gleich zu behandeln. Der für das Baurecht zuständig VII. ZS des BGH hat demgegenüber § 8 Nr. 2 VOB/B für wirksam gehalten.[17] Dabei wurde – soweit hier von Interesse – vor allem damit argumentiert, dem Auftraggeber stehe bis zur Fertigstellung des Werkes ohnehin ein gesetzliches Kündigungsrecht gem. § 649 BGB zu. Diese Begründung hat der RegE zur InsO ausdrücklich gebilligt (s. o. RdNr. 10 aE).

Im Anschluss daran wird man auch das *Kündigungsrecht nach § 8 Nr. 2 Abs. 1 VOB/B 2006* (Wortlaut s. o. RdNr. 22) wegen Eröffnung des Insolvenzverfahrens über das Vermögen des Auftragnehmers – aber nur insoweit, s. o. RdNr. 22 aE – insolvenzrechtlich für wirksam ansehen müssen.[18] Allerdings mehren sich die Gegenstimmen, die von einer Unwirksamkeit der Vorschrift wegen der ungerechtfertigten Privilegierung des Auftraggebers ausgehen, dem § 8 Nr. 2 Abs. 2 S. 2 VOB/B – im Gegensatz zur Rechtslage nach § 649 BGB – einen Schadensersatzanspruch zubilligt.[19] Kündigungsrecht und Rechtsfolge miteinander zu vermengen, ist aber nicht angebracht, zumal sich das Problem sachgerecht über eine AGB-rechtliche Unwirksamkeit bzw. insolvenzrechtliche Anfechtbarkeit von Satz 2 der genannten VOB/B-Vorschrift lösen lässt (s. u. RdNr. 51, 53 ff.).

24   **bb)** Eine weitere Entscheidung stammt von dem für das Insolvenzrecht zuständigen IX. ZS des BGH. In diesem sogenannten *Breitbandverteilanlage-Fall*[20] hatte die beklagte Stadt es der späteren Gemeinschuldnerin gestattet, öffentliche Verkehrsflächen unterirdisch zum Errichten und Betreiben einer Breitbandverteilanlage für Ton- und Fernseh-Rundfunkversorgung zu nutzen, während die Gemeinschuldnerin sich verpflichtete, die Anlage binnen 3 Jahren ab Vertragsschluss fertigzustellen und interessierten Einwohnern des Vertragsgebietes Kabelanschlüsse anzubieten. Es handelte sich mithin um einen gegenseitigen Vertrag im Sinne des § 17 KO. Vereinbart war hierzu ein außerordentliches Kündigungsrecht aus wichtigem Grund, wobei es zu Letzterem – soweit hier von Interesse – unter Nr. 3.3 der Vertragsurkunde hieß: „Ein wichtiger Grund liegt insbesondere vor,
– wenn eine der Parteien ihre Verpflichtungen aus diesem Vertrag trotz Mahnung mit angemessener Fristsetzung nicht erfüllt,
– wenn über das Vermögen der Firma ein Konkursverfahren eröffnet wird oder sie selbst ein Vergleichsverfahren beantragt,
– wenn in das Vermögen der Firma existenzbedrohende Zwangsvollstreckungen vorgenommen werden, ..."
Während das Berufungsgericht eine Anfechtbarkeit (unter anderem) nach § 31 KO verneinte, bejahte das der IX. ZS und führte zum Merkmal der objektiven Gläubigerbenachteiligung, das Tatbestandsvoraussetzung jeder Anfechtungsnorm ist (so jetzt ausdrücklich: § 129 Abs. 1), aus: „Allerdings entfiele eine Benachteiligung, wenn Nr. 3.3 ... des Vertrages

---

[16] *Rosenberger* BauR 1975, 233; LG Aachen BauR 1979, 150; *Böhle-Stamschräder/Kilger* KO, 14. Aufl., § 17 Anm. 8; *Jaeger/Henckel* KO § 17 RdNr. 214; *Kuhn/Uhlenbruck* KO § 17 RdNr. 4.
[17] BGHZ 96, 34, 36 = NJW 1986, 255 = ZIP 1985, 1479. Die Entscheidung entsprach damit der hM im baurechtlichen Schrifttum (vgl. die Nachweise im Urteil), wurde aber von der konkursrechtlichen Literatur überwiegend abgelehnt: *Kilger* EWiR § 17 KO 1/86, 87; *Henckel* JZ 1986, 297.
[18] Vgl. z. B. *Graf/Wunsch* ZIP 2002, 2117, 2118; HambKomm-*Ahrendt* zur InsO, § 119 RdNr. 7; *Thode* ZfIR 2000, 165, 181. HM auch im baurechtlichen Schrifttum, vgl. nur: *Ingenstau/Korbion/Vygen* VOB/B § 8 Nr. 2 RdNr. 10 f.
[19] Vgl. z. B. *Nerlich/Römermann/Balthasar* § 119 RdNr. 16; *Baldringer* NZBau 2005, 183, 189. Für das baurechtliche Schrifttum vgl. *Lederer*, in: *Kapelmann/Messerschmidt*, VOB/B 2. Aufl. 2007 § 8 Nr. 2 RdNr. 72; *Franke*, BauR 2007, 774, 784.
[20] BGHZ 124, 76 = NJW 1994, 449 = ZIP 1994, 40.

aus anderen Gründen rechtsunwirksam wäre. Das ist jedoch nach geltendem Recht (anders § 137 Abs. 2 Satz 1 Entwurf einer Insolvenzordnung, ...) nicht der Fall."

cc) Nach *§ 14 I VVG* kann sich der Versicherer ein Kündigungsrecht in der Insolvenz des Versicherungsnehmers ausbedingen (näher § 103 RdNr. 118), worin der für das Versicherungsrecht zuständige IV. ZS des BGH keinen Verstoß gegen § 119 InsO sieht;[21] die zuletzt genannte Bestimmung gilt freilich für gesetzliche Lösungsrechte ohnehin nicht (s. o. RdNr. 18 aE). Gleichwohl hat die Entscheidung im hier erörterten Zusammenhang große Bedeutung. Denn die Versicherer haben von der in § 14 I VVG eingeräumten Befugnis Gebrauch gemacht und ein entsprechendes Kündigungsrecht in den Allgemeinen Bedingungen für die Warenkreditversicherung (§ 15 AVB 1999) – die auf Grund üblicher Einbeziehung jeweils Vertragsbestandteil werden – geregelt; auch diese im Voraus getroffene Vereinbarung hat der Senat für unbedenklich erklärt.

dd) In neueren Entscheidungen hat der IX. ZS des BGH die Frage offen gelassen, ob und unter welchen Voraussetzungen eine Lösungsklausel wirksam (oder anfechtbar) ist. In dem einen Urteil[22] ging es um die Rückabwicklung eines finanzierten Grundstücksgeschäfts in der Insolvenz des Käufers, der seinen Anspruch auf Rückzahlung des vorgeleisteten Kaufpreises schon in der Notarurkunde bedingt für den Fall der Nichterfüllung an seine Bank abgetreten hatte; das Gericht hielt diese Vereinbarung für insolvenzfest und sah darin auch keinen gegen Verstoß § 119 InsO, was für sich genommen zutrifft, wenngleich natürlich Ergebnis war, dass dem Insolvenzverwalter gerade deshalb keine Handlungsalternative für eine Wahlrechtsausübung blieb.[23]

Eine andere Entscheidung behandelt den *Erwerb eines Nutzungsrechts durch Kündigung in der Insolvenz des Lizenzgebers*:[24] Die spätere Insolvenzschuldnerin (Lizenzgeberin) hatte Software für die (später vom Insolvenzverwalter verklagte) Lizenznehmerin entwickelt, wobei schon im zugrunde liegenden Vertrag ein außerordentliches Kündigungsrecht aus wichtigem Grund und für diesen Fall aufschiebend bedingt ein Weiternutzungsrecht vereinbart worden war; als der Insolvenzverwalter die Erfüllung des Vertrages ablehnte, ersichtlich um das Nutzungsrecht zum Vorteil der Masse wieder an sich ziehen zu können, kündigte die Beklagte aus wichtigem Grund (Nichterfüllungswahl) und bekam Recht. Der BGH hielt auch diese Vereinbarung für insolvenzfest und sah darin keine Lösungsklausel, weshalb das Problem erneut offen bleiben konnte. Wie oben gilt hier: Tatsächlich und rechtlich wirkte die Vereinbarung wie eine Lösungsklausel und schnitt dem Insolvenzverwalter das Wahlrecht ab.

Eine weitere Entscheidung betrifft die insbesondere für einen *Bau-ARGE-Vertrag typische Vereinbarung zum Ausscheiden eines Mitglieds bei Eröffnung des Insolvenzverfahrens über sein Vermögen und die Fortsetzung der Gesellschaft unter den übrigen*:[25] Die spätere Insolvenzschuldnerin („Philipp Holzmann AG") hatte im Eröffnungsverfahren auf Abruf der übrigen Gesellschafter Leistungen an die ARGE erbracht, die nach Insolvenzeröffnung aber nicht bezahlt, sondern entsprechend der Vereinbarung im Gesellschaftsvertrag in der Auseinandersetzungsbilanz verrechnet wurden. Der BGH hat auch diese vertragliche Lösungsklausel (wegen der engen Anlehnung an die gesetzliche, vgl. §§ 736, 738 BGB) für unbedenklich gehalten und außerdem die Anfechtbarkeit der Verrechnung (§ 96 Abs. 1 Nr. 3) verneint.[26]

---

[21] BGHZ NZI 2004, 144 = ZIP 2004, 176 = ZInsO 2004, 86; dazu abl. *Blank* ZInsO 2004, 795; *ders.* zu seinem gegenteiligen Standpunkt zuvor schon ZInsO 2003, 437. Dem Urteil zustimmend *Baldringer* ZInsO 2004, 1117 (erstaunlicherweise trotz seines gegenteiligen Standpunkts zu § 8 Nr. 2 VOB/B, s.o. RdNr. 23).
[22] BGHZ 155, 87, 95 = NJW 2003, 2774 = ZIP 2003, 1208 = NZI 2003, 491 m. Anm. *Huber*, zur Bedeutung des Urteils für das hier diskutierte Problem instruktiv *Koenen* BauR 2005, 202, 206 f.
[23] Näher dazu *Huber* NZI 2003, 494 ff.
[24] BGH NJW 2006, 915 = NZI 2006, 229 = ZIP 2006, 35 = ZInsO 2006, 915; ausführliche Urteilsanalysen *Huber/Riewe* ZInsO 2006, 290 und *Berger* NZI 2006, 380.
[25] BGHZ 170, 206 = ZIP 2007, 383 = ZInsO 2007, 213 = NZI 2007, 222 m. Anm. *Huber*. Ausführlich zur Abwicklung *C. Schmitz* RdNr. 1115 ff.
[26] Zu Letzterem abl. *Huber* aaO. Insgesamt abl *Ries* BGH-Report 2007, 320; abl. schon zur Vorinstanz *C. Schmitz* EWiR 2006, 371.

§ 119 27–30   3. Teil. 2. Abschnitt. Erfüllung Rechtsgeschäfte. Mitwirkung BR

27   **b) Streitstand im Schrifttum.** Zwei Meinungen stehen sich gegenüber, wozu die Flut von Veröffentlichungen kaum noch überschaubar ist: Ein Teil geht hauptsächlich wegen der Streichung des § 137 Abs. 2 RegE (s. o. RdNr. 11) davon aus, dass § 119 einer an die Insolvenzeröffnung geknüpften Lösungsklausel nicht entgegensteht, hält eine solche Vereinbarung also für wirksam.[27] Die Gegenauffassung verneint das gerade wegen eines Verstoßes gegen § 119[28] im Wesentlichen mit der Begründung, der Streichung komme keine entscheidende Bedeutung zu, weil der Rechtsausschuss nicht der Gesetzgeber sei und Letzterer zur Streitfrage keine verbindliche Entscheidung getroffen, sondern nur auf eine ausdrückliche Regelung verzichtet habe; ließe man eine Lösungsklausel für den Fall der Insolvenzeröffnung zu, so drohe das Wahlrecht nach § 103 Abs. 1 praktisch leer zu laufen.

28   **c) Eigener Standpunkt.** Eine vertragliche Vereinbarung zur Auflösung eines gegenseitigen Vertrages für den Fall der Eröffnung eines Insolvenzverfahrens ist grundsätzlich wirksam (zum Verzicht auf die Rechte aus einer Lösungsklausel s. u. RdNr. 41; zur rechtsmissbräuchlichen Ausübung s. u. RdNr. 42; zur Inhaltskontrolle s. u. RdNr. 46 ff.; zur Anfechtbarkeit s. u. RdNr. 53 ff.). Diese Auffassung entspricht dem Willen des Gesetzgebers, verwirklicht den Normzweck des § 119 ohne Widerspruch zum Regelungsbereich des § 112, stimmt mit der für die Praxis maßgeblichen höchstrichterlichen Rechtsprechung überein und respektiert den Grundsatz der Vertragsfreiheit; der Vorwurf, auf diese Weise werde das „Wahlrecht" des Insolvenzverwalters ausgehöhlt, ist unzutreffend. Folge der Gegenauffassung wäre demgegenüber eine erhebliche Schlechterstellung des späteren Insolvenzschuldners in der Krise, ein Ausweichen der Vertragspraxis auf unbedenkliche Lösungsklauseln und Nachteile im europäischen und internationalen Geschäftsverkehr. Der hier vertretene Standpunkt vermeidet außerdem ungereimte Ergebnisse bei §§ 106, 107 Abs. 1, welche die Gegenmeinung zu einer Einschränkung des § 119 zwingt (s. u. RdNr. 64, 66).

29   **aa)** Nach dem *Willen des Gesetzgebers* sind Lösungsklauseln für den Fall der Insolvenzeröffnung nicht aus insolvenzrechtlichen Gründen unwirksam, wie aus der Entstehungsgeschichte des § 119 folgt. Der Gesetzgeber war sich des Problems bewusst. Die Kommission für Insolvenzrecht hatte die Unwirksamkeit einer vereinbarten Vertragskündigung oder -auflösung wegen eines Insolvenzfalls vorgeschlagen (s. o. RdNr. 5, 6), obgleich die Problematik für § 8 Nr. 2 VOB/B – also in einem für die Praxis der Insolvenzverwaltung besonders wichtigen Anwendungsfall – durchaus kontrovers diskutiert worden war (s. o. RdNr. 7 aE). Die Unwirksamkeit sahen auch § 127 DE (s. o. RdNr. 8) und schließlich § 137 Abs. 2 RegE (s. o. RdNr. 9) vor. In Bericht und Beschlussempfehlung des Rechtsausschusses des Bundestages wurde jedoch die Streichung der zuletzt genannten Bestimmung mit der Begründung empfohlen, dass – wie ausdrücklich formuliert wurde! – vertragliche Lösungsklauseln durch die Insolvenzordnung nicht in ihrer Wirksamkeit eingeschränkt werden sollen und eine mittelbare Beeinträchtigung des Wahlrechts des Insolvenzverwalters kein ausreichender Grund für einen so schwerwiegenden Eingriff in die Vertragsfreiheit sei (s. o. RdNr. 11).

30   Diesen Standpunkt hat der Bundestag durch seinen Beschluss, nur § 137 Abs. 1 RegE als § 119 Gesetz werden zu lassen, übernommen. Jede andere Deutung findet in der Entstehungsgeschichte keine ausreichende Stütze. Das Argument, der Rechtsausschuss sei nicht

---

[27] *FK-Wegener* § 103 RdNr. 85, § 119 RdNr. 3, 4; *Hess* § 119 RdNr. 19, 29; *Gottwald/Huber* § 35 RdNr. 13; *Haarmeyer/Wutzke/Förster* Kap. 5 RdNr. 172; *HambKomm-Ahrendt*, § 119 RdNr. 7, 9 ff.; *Wortberg* S. 39 ff., 150; *ders.* ZInsO 2003, 1032, 1037; *v. Wilmowsky* ZIP 2007, 553, 554 ff.; *Graf/Wunsch* ZIP 2002, 2117; *Adam* DZWIR 2005, 1 ff.; *Bosch*, Kölner Schrift, S. 1009 ff. (RdNr. 95); *Tieffer* MDR 2000, 1178 f.; Benzler ZInsO 2000, 1, 8 f.; *Eckert* ZIP 1996, 897, 902. Ausführlich (unter Berücksichtigung von Problemstellungen in der notariellen Praxis) *Reul/Heckschen/Wienberg*, Insolvenzrecht in der Kautelarpraxis, 2006, 65 ff.

[28] *Uhlenbruck/Berscheid* § 119 RdNr. 15 ff.; *Nerlich/Römermann/Balthasar* § 119 RdNr. 15; *Kübler/Prütting/Tintelnot* § 119 RdNr. 15 ff.; *Pape*, Kölner Schrift, S. 531 ff. (RdNr. 63); *Gerhardt* AcP 200 (2000), 426, 437 ff. Einschränkend *Berger*, Kölner Schrift, S. 499 ff. (RdNr. 35 ff.), jedoch mit dem Vorschlag, „situationsbezogen" zu entscheiden. Am weitergehensten *Schwörer* RdNr. 115 ff., der Lösungsklauseln schon ab Insolvenzantrag für unwirksam hält (dazu schon o. RdNr. 22 Fn. 14).

der Gesetzgeber (s. o. RdNr. 27) geht danach an der Sache vorbei. Auch aus anderen Gründen kann die Gegenauffassung nicht überzeugen. Sie will trotz des unterschiedlichen Regelungsumfanges von § 137 RegE und § 119 die Unwirksamkeit einer Lösungsklausel für den Insolvenzfall aus § 119 herleiten; hätte die zuletzt genannte Vorschrift, die wörtlich § 137 Abs. 1 RegE entspricht, aber ohnehin einen solchen Inhalt, so hätte es der ausdrücklichen Regelung in § 137 Abs. 2 RegE nicht bedurft.

bb) Die hier vertretene Auffassung verwirklicht den *Normzweck des § 119*, demzufolge die Abwicklung beiderseits noch nicht vollständig erfüllter gegenseitiger Verträge nach Eröffnung des Insolvenzverfahrens über das Vermögen eines Vertragspartners gemäß der Gesetzessystematik sicherzustellen ist (s. o. RdNr. 1, 2). Das setzt aber gerade einen bei Insolvenzeröffnung noch bestehenden gegenseitigen Vertrag voraus. Wäre eine Vereinbarung zur Auflösung eines solchen Rechtsgeschäftes schon wegen § 119 generell unwirksam, hätte es der Anordnung der Kündigungssperre nach § 112 für spezielle Vertragstypen nicht bedurft; die zuletzt genannte Vorschrift erfasst nicht nur vertragliche oder gesetzliche Kündigungs-, sondern auch andere Lösungsrechte (s. o. RdNr. 21). 31

Auch sonst besteht *keine Widersprüchlichkeit zu § 112*. Die Vorschrift des § 137 Abs. 2 RegE zur Unwirksamkeit von Vereinbarungen zur Auflösung eines gegenseitigen Vertrages für den Fall der Insolvenzeröffnung wurde nämlich vom Gesetzgeber wegen der – seiner Meinung nach – sanierungsfeindlichen Wirkung nicht übernommen (s. o. RdNr. 11). Normzweck des § 112 ist es demgegenüber gerade, den Fortbestand des Miet-, Pacht- oder ähnlichen Schuldverhältnisses zum Zwecke der Unternehmensfortführung oder -sanierung sicherzustellen (s. o. § 112 RdNr. 1). Die Rechtsänderung nur bei § 137 Abs. 2 RegE im Vergleich zu § 119 (nicht aber bei § 126 RegE = § 112) ist von diesem Standpunkt aus konsequent. Infolge dessen spricht nichts für die Annahme, der Gesetzgeber habe die Problematik bei § 112 übersehen[29] und besteht zum Teil beklagte[30] Widersprüchlichkeit zwischen § 112 und 119 nicht. 32

cc) Der hier eingenommene Standpunkt steht in *Übereinstimmung mit der bisherigen Rechtsprechung des BGH* (s. o. RdNr. 23 ff.). Soweit im Schrifttum zum Teil versucht wird, die Aussagen des *IX. Zivilsenats* in dem sogenannten Breitbandverteilanlage-Fall (s. o. RdNr. 24) zur Wirksamkeit einer Lösungsklausel für den Insolvenzfall (nach KO) als eine Art „obiter dictum" erscheinen zu lassen,[31] ist dem entgegenzutreten. Die Frage war entscheidungserheblich und gehört damit zum tragenden Teil der Urteilsgründe. Die beklagte Stadt hatte nämlich gemäß der weiteren Vertragsbedingung Nr. 3.1.2 nur dann Eigentum an der Breitbandverteilanlage entschädigungslos erworben, wenn das für den Fall der Eröffnung des Insolvenzverfahrens über das Vermögen des Vertragspartners ausbedungene außerordentliche Kündigungsrecht wirksam war; ansonsten musste die Stadt, falls sie am Vertrag nicht mehr festhalten wollte, gemäß Vereinbarung Nr. 3.1.3 eine angemessene am Verkehrswert der Anlage orientierte Entschädigung zahlen. Wäre die Lösungsklausel Nr. 3.3 (s. o. RdNr. 25) aus insolvenzrechtlichen Gründen unwirksam gewesen, hätte sich der Anspruch des Konkursverwalters unmittelbar aus Vertrag (Vertragsbedingung Nr. 3.1.3) ergeben, wäre also gerade umgekehrt die gegen die Vertragsbedingung Nr. 3.1.2 gerichtete Konkursanfechtung – auf Grund der die Klage Erfolg hatte – nicht entscheidungserheblich geworden. 33

Für den Bereich der InsO konnte der *IX. Zivilsenat* das Problem in neueren Entscheidungen allerdings bislang offen lassen, obgleich dort die konkret „im Voraus getroffenen Vereinbarungen" (aufschiebend bedingte Abtretung für den Fall der Nichterfüllung; außerordentliches Kündigungsrecht mit für diesen Fall aufschiebend bedingt vereinbartem Weiterbenutzungsrecht; gesellschaftsrechtliche Lösungsklausel bei Bau-ARGE) im Ergebnis dieselbe 34

---

[29] So aber *Nerlich/Römermann/Balthasar* § 112 RdNr. 8; ähnlich *Braun* § 119 RdNr. 11.
[30] *Pape*, Kölner Schrift, S. 531 ff. (RdNr. 62); *Bruns* ZZP 110 (1997), 305, 325; *Nerlich/Römermann/Balthasar* aaO; *Uhlenbruck/Berscheid* § 119 RdNr. 4.
[31] *Berger* ZIP 1994, 173, 179 f.; dagegen zu Recht *Bosch*, Kölner Schrift, S. 1009 ff. (RdNr. 94).

Wirkung halten wie eine Lösungsklausel für den Insolvenzfall (s. o. RdNr. 26). Schließlich spricht für den hier vertretenen Standpunkt das Urteil des *IV. Zivilsenats* zur Vereinbarkeit des § 14 I VVG und der AVB Warenkredit mit § 119 InsO (s. o. RdNr. 25), das die Vertreter der Gegenposition (Unwirksamkeit von Lösungsklauseln) wenig überzeugend erklären können.[32] Ob das Problem damit endgültig erledigt ist, weil der *IX. Zivilsenat*, wollte er von dieser Entscheidung abweichen, den Großen Senat anrufen müsste (§ 132 II GVG), was wenig wahrscheinlich ist,[33] bleibt Spekulation. Wer aber die internen Arbeitsabläufe beim BGH kennt, kann sich nur schwer vorstellen, dass der IV. ZS vor seinem (doch zentralen) Urteil nicht beim IX. ZS informell angefragt hat, ob aus spezifisch insolvenzrechtlicher Sicht Bedenken gegen die beabsichtigte Entscheidung bestehen.

35 **dd)** Zutreffend hat der Rechtsausschuss des Bundestages darauf hingewiesen, dass ein generelles Verbot einer an die Insolvenzeröffnung geknüpften Lösungsklausel einen schwerwiegenden *Eingriff in die Vertragsfreiheit* beinhalten würde, für den es keinen ausreichenden Grund gibt (s. o. RdNr. 11). Für bestimmte Sachverhalte hat der Gesetzgeber ohnehin besondere Regelungen – im weitesten Sinne – zum Fortbestand von Verträgen über die Insolvenzeröffnung hinaus getroffen, so z. B. in §§ 106, 107 Abs. 1, 108 Abs. 1 (s. o. RdNr. 1; s. u. RdNr. 64, 66, 69).

36 Im Übrigen muss es den Vertragspartnern grundsätzlich erlaubt sein, eine Vereinbarung über Dauer und Beendigungstatbestände ihrer Verträge zu treffen. Wesentliche Funktion einer Lösungsklausel ist die Herbeiführung von Rechtssicherheit, um den als Folge der Insolvenzeröffnung eintretenden Zustand der Ungewissheit über die Abwicklung des Vertrages (s. o. § 103 RdNr. 170 ff.) zu vermeiden und eine eindeutige Rechtslage zu schaffen. Dass ein solches Interesse in Richtung jeder Vertragspartei schützenswert ist, zeigt das Gesetz selbst mit seinen Regelungen einerseits zu Fix- und Finanztermingeschäften (§ 104) und andererseits für Aufträge, Geschäftsbesorgungsverträge und Vollmachten (§§ 115 bis 117); entsprechendes gilt für die im Rechtsverkehr üblichen Lösungsklauseln im Bank- (s. o. RdNr. 20), Bau- (s. o. RdNr. 22, 23)[34] und Versicherungsrecht (s. o. RdNr. 26).

37 **ee)** Von einer *Aushöhlung des „Wahlrechts" des Insolvenzverwalters* nach § 103 kann keine Rede sein, wie das die Gegenauffassung (s. o. RdNr. 27) bloß behauptet, ohne sich auf rechtstatsächliche Befunde berufen zu können. Letzteres lässt vermuten, dass die Insolvenzverwalter in der Praxis trotz angeblich insolvenzrechtlich unwirksamer Lösungsklauseln meist sachgerechte Wege zur Abwicklung von Verträgen finden; so kommt es z. B. im Baurecht häufig zum Neuabschluss des Bauvertrages nach vorangegangener Kündigung (§ 8 Nr. 2 VOB/B), wenn sich herausstellt, dass der Insolvenzverwalter des Auftragnehmers zur vertragsgemäßen und vor allem bauzeitengerechten Fertigstellung in der Lage ist.[35] Aus der Diskussion vollständig auszublenden wären außerdem die Sachverhalte, in denen der Insolvenzverwalter – aus welchen Gründen auch immer (s. o. § 103 RdNr. 167 ff.) – ausdrücklich eine Erfüllung ablehnt oder ablehnen würde. In der Insolvenz beider Vertragspartner kann schließlich das Erfüllungsverlangen des einen Insolvenzverwalters durch eine Erfüllungsablehnung des anderen vereitelt werden (s. o. § 103 RdNr. 210). In allen diesen Fällen beeinträchtigt eine Lösungsklausel für den Fall der Insolvenzeröffnung das „Wahlrecht" (zum Begriff s. o. § 103 RdNr. 148) nicht einmal mittelbar. Hinzu kommt, dass Vertragspartner bei geeigneten Sachverhalten auf einen vor Insolvenzeröffnung aufschiebend bedingt vereinbarten Rechtserwerbs ausweichen und so im Ergebnis Wirkungen wie bei einer Lösungsklausel herbeiführen können (s. o. RdNr. 27, 34).[36] Von einer „Aushöh-

---

[32] HK-*Marotzke* (§ 119 RdNr. 4 aE) meint, die Entscheidung sei „zwar rechtspolitisch fragwürdig, aber geltendes Recht"; letzteres erscheint etwas dunkel, weil die Vereinbarkeit mit dem geltenden Insolvenzrecht doch gerade die Frage ist.
[33] Sogar eingeräumt von *Blank* ZInsO 2004, 795, 796 (in seiner abl. Urteilsbesprechung).
[34] Näher zur Interessenlage im Bauvertrag *Huber* NZBau 2005, 177, 181 ff.
[35] Beispielsfall mit Darstellung der Interessenlage *Huber* ZInsO 2005, 449, 452 ff.
[36] Beispiel einer entsprechenden Vertragsklausel für Lizenzverträge *Huber/Riewe* ZInsO 2006, 290, 292 ff.

lung" oder einem „Leerlaufen" des Wahlrechts kann bei diesem Befund folglich keine Rede sein.

Schief ist in diesem Zusammenhang schließlich auch die Argumentation der Gegenauffassung, durch eine Lösungsklausel werde die Absicht des Gesetzgebers unterlaufen, die Sanierungsmöglichkeiten zu stärken,[37] in zweierlei Hinsicht. Zum einen wurde die Lösungsklausel des § 137 Abs. 2 RegE unter anderem gerade wegen ihrer sanierungsfeindlichen Wirkung nicht Gesetz (s. o. RdNr. 11); man mag diese Einschätzung nicht teilen,[38] darf sie aber auch nicht einfach verschweigen. Zum anderen verlangt der Insolvenzverwalter Erfüllung nicht nur dann, wenn das schuldnerische Unternehmen saniert werden soll. Maßstab für die Ausübung des „Wahlrechts" ist vielmehr nur, ob es für die Masse günstiger ist, wenn es bei der infolge Insolvenzeröffnung eingetretenen Nichterfüllung des Vertrages verbleibt oder wenn der Vertrag anstelle des Schuldners erfüllt und Erfüllung vom anderen verlangt wird (s. o. § 103 RdNr. 196 ff.); Ersteres kann selbst bei einer angestrebten Sanierung vorteilhafter sein, Letzteres auch trotz einer beabsichtigten Liquidation. **38**

ff) Schließlich ergibt sich gegen den hier eingenommenen Standpunkt *kein Argument aus § 851 Abs. 2 ZPO.* Danach kann eine nach § 399 BGB nicht übertragbare Forderung insoweit gepfändet und zur Einziehung überwiesen werden, als der geschuldete Gegenstand der Pfändung unterworfen ist. Die Bestimmung will nach ihrem Normzweck in der Einzelzwangsvollstreckung verhindern, dass der (Vollstreckungs-)Schuldner durch einfache Abreden mit dem Drittschuldner – nämlich der Vereinbarung des Ausschlusses der Abtretbarkeit – an sich verwertbare Bestandteile seines Vermögens jeglichem Gläubigerzugriff entziehen kann.[39] Damit wird nun argumentiert wie folgt:[40] Zunächst wird durch Auslegung des § 851 Abs. 2 ZPO angenommen, dass die Begründung eines Rechts unter der auflösenden Bedingung des Gläubigerzugriffs die Pfändung nicht ausschließe; sodann wird dieses Ergebnis auf das Insolvenzverfahren übertragen mit der Folge, dass das auflösend bedingt begründete (oder zugunsten des Vertragspartners mit einem Rücktritts- oder Kündigungsrecht belastete) Recht vom Insolvenzverwalter geltend gemacht werden dürfe. **39**

Diese Meinung ist nicht richtig. Schon ihr Ausgangspunkt trifft nicht zu. Die genannte Bestimmung der ZPO regelt nur die Pfändbarkeit einer Forderung, deren Abtretung vertraglich ausgeschlossen wurde, sofern der geschuldete Gegenstand selbst der Pfändung unterliegt, setzt aber gerade den Bestand der Forderung voraus; nicht erfasst wird folglich ein zwischen Drittschuldner und Vollstreckungsschuldner auflösend bedingt begründetes Recht.[41] Damit entfällt die Grundlage für eine entsprechende Argumentation mit dieser Bestimmung im Insolvenzverfahren.[42] Außerdem fehlt dort gerade eine § 851 Abs. 2 ZPO vergleichbare Wertentscheidung des Gesetzgebers, wie bereits ausführlich dargelegt (s. o. RdNr. 29 ff.). **40**

gg) Fordert der Vertragspartner den Insolvenzverwalter gemäß § 103 Abs. 2 Satz 2 zur Ausübung seines Wahlrechts auf (s. o. § 103 RdNr. 171), so liegt darin ein konkludenter *Verzicht auf die Rechte aus einer Lösungsklausel;* das ist auch hier wie bei jedem Gestaltungsrecht (Kündigungs-/Rücktrittsrecht) nach allgemeinen Rechtsgrundsätzen einseitig möglich. Anders lässt sich die Erklärung des Vertragspartners nicht verstehen. Denn er gibt damit schlüssig zu erkennen, dass der gegenseitige Vertrag nach den Vorschriften der InsO abgewickelt werden soll (zur Rechtslage nach einem Erfüllungsverlangen s. u. RdNr. 42). **41**

---

[37] So vor allem *Pape,* Kölner Schrift, S. 531 ff. (RdNr. 63); *Pape/Uhlenbruck* RdNr. 660.
[38] Vgl. die Stellungnahme der im *Gravenbrucher Kreis* zusammengeschlossenen Insolvenzverwalter ZIP 1994, 585, 586.
[39] RGZ 142, 373, 376; BGHZ 56, 228, 232 = NJW 1971, 1750. Zur entsprechenden Anwendung auf den vertraglichen Ausschluss der Nießbrauchüberlassung (vgl. § 1059 BGB) BGHZ 95, 99, 102 = NJW 1985, 2827. Aus der ZPO-Literatur: *Musielak/Becker* § 851 RdNr. 8.
[40] HK-*Marotzke* § 119 RdNr. 4; *ders.* Gegenseitige Verträge RdNr. 4.13 f.
[41] RG HRR 1932, Nr. 562; RGRK-*Weber* BGB § 399 RdNr. 44; MünchKommBGB-*Roth* § 400 RdNr. 2; aA *Stein/Jonas/Brehm* ZPO § 851 RdNr. 29.
[42] So auch *Wortberg* S. 108 f. *Schwörer* RdNr. 253.

42 hh) Bei *rechtsmissbräuchlicher Ausübung des Lösungsrechts* ist eine entsprechende Erklärung wegen Verstoßes gegen § 242 BGB unwirksam. Rechtsmissbrauch kommt insbesondere in Betracht, wenn der Vertragspartner nach Insolvenzeröffnung nicht unverzüglich (§ 121 I BGB) von seinem Lösungsrecht Gebrauch gemacht (zur Folge einer Aufforderung nach § 103 Abs. 2 Satz 2 s. o. RdNr. 41) und deshalb beim Insolvenzverwalter Vertrauen auf die Nichtausübung des Gestaltungsrechtes begründet hat. Wie weit die Überlegungsfrist zu bemessen ist, lässt sich nicht allgemein, sondern nur für jeden Einzelfall unter Berücksichtigung des schützenswerten Interesses des Vertragspartners beurteilen (s. o. RdNr. 36). *Nach einem Erfüllungsverlangen des Insolvenzverwalters* ist wegen dessen Rechtsfolgen (§ 103 RdNr. 39 ff.) eine Kündigung jedenfalls nicht mehr möglich, dieser hat es folglich ohnehin in der Hand, durch eine Erfüllungswahl dem Lösungsrecht des anderen Teils die Grundlage zu entziehen.

43 d) **Nachteilige Auswirkungen der Gegenauffassung. aa)** Würde sich die Gegenauffassung durchsetzen, wäre also eine Lösungsklausel für den Fall der Insolvenzeröffnung als unwirksam anzusehen, so ergäben sich daraus für den späteren Insolvenzschuldner *schwerwiegende Nachteile in der Krise*. Die Praxis würde dann nämlich bei der Vertragsgestaltung unweigerlich sehr schnell auf andere rechtlich unbedenkliche Anknüpfungszeitpunkte ausweichen, also eine Vereinbarung zur Vertragsauflösung schon für den Fall der Zahlungseinstellung oder des Insolvenzantrages (s. o. RdNr. 22) oder sogar eine solche für den Fall des Verzuges/sonstiger Vertragsverletzungen oder der Vermögensverschlechterung (s. o. RdNr. 19 ff.) treffen oder schlicht von gesetzlichen Lösungsrechten (s. o. RdNr. 19 aE) Gebrauch machen. Jedenfalls stünde zu erwarten, dass der andere Teil nur noch zur Leistung Zug um Zug (§ 320 BGB) bereit sein würde, einem Verlangen, dem ein Schuldner in der Krise kaum wird nachkommen können; die Folge davon wäre der Ausschluss von Warenkreditgeschäften, also praktisch der Ausschluss von der Teilnahme am Wirtschaftsleben.

44 bb) Außerdem wären Nachteile bei *Sanierungsversuchen außerhalb des Insolvenzverfahrens* zu befürchten. Solche Bestrebungen wird ein angeschlagenes Unternehmen in aller Regel seinen Geschäftspartner gegenüber aufdecken müssen, beispielsweise um Stundungen oder Stillhalteabkommen zu erreichen, jedenfalls aber nicht geheim halten können und meist auch nicht verbergen wollen, um das für die Geschäftsanbahnung und -abwicklung notwendige gegenseitige Vertrauen nicht zu gefährden. Ein Verbot von Lösungsklauseln für den Insolvenzfall könnte in solchen Situationen die Insolvenzgefahr gerade erhöhen.

45 cc) Schließlich ergäben sich Nachteile im *europäischen und internationalen Geschäftsverkehr*. Denn dort wird Wert darauf gelegt, dass bei Insolvenz des Vertragspartners die Vertragsauflösung möglich bleibt, worauf schon der Rechtsausschuss des Bundestages im Gesetzgebungsverfahren hingewiesen hat (s. o. RdNr. 11).[43]

46 **5. Inhaltskontrolle insolvenzabhängiger Lösungsklauseln in Formularverträgen.** Für die Inhaltskontrolle einer durch Einbeziehung von AGB in den gegenseitigen Vertrag vereinbarten insolvenzabhängigen, also an Zahlungseinstellung/Eröffnungsantrag (s. o. RdNr. 22) oder Insolvenzeröffnung (s. o. RdNr. 23 ff.) geknüpften Lösungsklausel (s. o. RdNr. 18) muss man unterscheiden:

47 a) **Formularmäßige Lösungsklausel gegenüber Verbraucher i. S. d. § 13 BGB.** Verwendet ein Unternehmer i. S. d. § 14 BGB gegenüber einem später insolventen Verbraucher i. S. d. § 13 BGB oder einer von zwei Verbrauchern gegenüber seinem später insolventen Vertragspartner AGB mit einer insolvenzabhängigen Lösungsklausel (s. o. RdNr. 46), so ist sie am *Maßstab des § 308 Nr. 3 BGB*, zu messen; im zuerst genannten Fall gilt die Vorschrift wegen § 310 Abs. 3 BGB, im anderen auf Grund des allgemeinen Anwendungsbereiches dieses Gesetzes. Dabei erfasst § 308 Nr. 3 BGB nicht nur Rücktritts-, sondern alle Lösungsrechte (s. o. RdNr. 18), wie aus dem Wortlaut folgt. Die Vorschrift

---

[43] Ebenso *Treffer* MDR 2000, 1178 f.

betrifft jedoch nicht Dauerschuldverhältnisse, insbesondere also nicht Sukzessivlieferungsverträge, soweit sie als Bezugsverträge ausgestaltet sind, wohl aber Ratenlieferungsverträge über eine von vorneherein fest bestimmte Liefermenge.[44] Für Miet-, Pacht- und ähnliche Schuldverhältnisse geht § 112 vor, der – wegen § 119 unabdingbar – ein einseitiges Lösungsrecht vom Vertrag für die Zeit nach Eröffnungsantrag verbietet (s. o. RdNr. 21).

Voraussetzung für die Unwirksamkeit ist, dass das *Lösungsrecht „ohne sachlich gerechtfertigten* **48** *Grund"* ausbedungen wird, es also an einem überwiegenden, zumindest aber anerkennenswerten Interesse des Verwenders an der Vertragsauflösung fehlt.[45] Ein zumindest anerkennenswertes Interesse[46] an einem insolvenzabhängigen Beendigungstatbestand wird sich indessen nicht grundsätzlich verneinen lassen (zum Einwand des Rechtsmissbrauchs s. u. RdNr. 52); der Klauselverwender bringt auf diese Weise zum Ausdruck, dass er die Ungewissheit über die Abwicklung des Vertrages nach Insolvenzeröffnung nicht hinnehmen, sondern schnell Rechtsklarheit herbeiführen will (s. o. RdNr. 36). Das wird grundsätzlich nachvollziehbar und anerkennenswert sein; für diese Interessenabwägung kommt es dabei nur auf das Verhältnis zwischen den Vertragsparteien und nicht darauf an, ob die Erfüllung des Vertrages nach Insolvenzeröffnung für die Masse, mithin für die Gesamtheit der Insolvenzgläubiger, vorteilhaft wäre.

Die *Gegenauffassung* wendet ein, der Verwender sei ausreichend über §§ 320, 321 BGB **49** geschützt.[47] Das überzeugt nicht. Denn nach diesen Vorschriften lässt sich nur die Nichtdurchführung des Vertrages ohne Zufluss der vollen Gegenleistung sicherstellen (s. o. § 103 RdNr. 62, 63), nicht aber das Schicksal der vertraglichen Beziehungen endgültig klären, was Sinn und Zweck der Lösungsklausel ist. Im Übrigen geht der Einwand fehl, wenn dem Verwender ohnehin ein Rücktritts- oder Kündigungsrecht nach allgemeinen Vorschriften (s. o. RdNr. 19 aE) zustünde, insbesondere weil der andere Teil wegen seiner Vermögensverschlechterung zur Zug-um-Zug-Leistung oder zur Sicherheitsleistung nicht bereit oder fähig ist,[48] was für die hier einschlägigen Sachverhalte in aller Regel zutreffen wird (s. o. RdNr. 43); denn dann ist das formularmäßig vereinbarte Lösungsrecht gemäß § 307 Abs. 3 BGB unbedenklich.

b) Formularmäßige Lösungsklausel zwischen Unternehmern i. S. d. § 14 BGB. **50**
Im Geschäftsverkehr zwischen Unternehmern i. S. d. § 14 BGB kann zwar § 308 Nr. 3 BGB grundsätzlich gemäß §§ 307 Abs. 2 Nr. 1, 310 Abs. 1 Satz 2 BGB angewendet werden. Da dort aber der Begriff „sachlich ungerechtfertigter Grund" unter Berücksichtigung der kaufmännischen Gepflogenheiten weiter auszulegen ist als bei Verbrauchergeschäften,[49] kann nach dem hier eingenommenen Standpunkt (s. o. RdNr. 47–49) eine formularmäßige insolvenzabhängige Lösungsklausel erst recht nicht beanstandet werden.[50] Auch die Gegenauffassung hält sie bei solchen Vertragsparteien grundsätzlich für wirksam.[51] Die Sperre des § 112 (s. o. RdNr. 47 aE) setzt sich aber auch im Geschäftsverkehr zwischen Unternehmen gegenüber einem AGB-Lösungsrecht durch.

c) Das Kündigungsrecht des Auftraggebers nach § 8 Nr. 2 Abs. 1 VOB/B 2006 51
(Wortlaut s. o. RdNr. 22) ist nach allgemeinen Regeln insoweit **wirksam,** als an die Zahlungseinstellung des Auftragnehmers oder dessen Insolvenzantrag (s. o. RdNr. 22) sowie an die Insolvenzeröffnung (s. o. RdNr. 23) angeknüpft wird, und insoweit folglich auch AGB-rechtlich unbedenklich (s. o. RdNr. 47 ff.). Etwas anderes gilt, soweit – nach der Neufassung – auch der Insolvenzantrag des Auftraggebers oder der eines anderen Gläubigers zur Kündigung berechtigen; eine Inhaltskontrolle findet statt, weil man – über die Ausnahmen in §§ 308 Nr. 5, 309 Nr. 8 aE BGB hinaus – von einer gesetzlichen Privilegierung

---

[44] Palandt/Heinrichs § 308 RdNr. 19.
[45] BGHZ 99, 182, 193 = NJW 1987, 831, 833
[46] Das genügt; denn die Entscheidung verlangt nicht „überwiegendes, anerkennenswertes Interesse", wie von *Schwörer* RdNr. 573 behauptet.
[47] *Schwörer* RdNr. 570 ff.
[48] BGHZ 112, 279, 287 = NJW 1991, 102, 105.
[49] Palandt/Heinrichs § 308 RdNr. 21.
[50] Im Ergebnis ebenso FK-*Wegener* § 119 RdNr. 4.
[51] *Schwörer* RdNr. 577 ff., 597; aA aber auch hier *Tintelnot* ZIP 1995, 616, 623.

der VOB/B als Ganzes[52] nach inzwischen überwiegender und richtiger Ansicht nicht mehr ausgehen kann.[53] Insoweit ist die Regelung sowohl gegenüber Verbrauchern wie Unternehmern (zur Unterscheidung s. o. RdNr. 48, 50) **unwirksam.** Für sie gibt es keinen sachlich gerechtfertigten Grund i. S. des § 308 Nr. 3 BGB und außerdem liegt eine unangemessene Benachteiligung i. S. des § 307 Abs. 2 Nr. 1 BGB vor.[54] Denn sonst könnte sich der Auftraggeber – entgegen dem das Privatrecht beherrschenden Grundsatz der Vertragstreue (pacta sunt servanda) – sehr einfach mit der bloß glaubhaft zu machenden Behauptung eines Insolvenzgrundes (§ 14 Abs. 1 InsO) beim Auftragnehmer aus dem Bauvertrag verabschieden; Glaubhaftmachung erfordert lediglich überwiegende Wahrscheinlichkeit,[55] weshalb es für einen zulässigen Insolvenzantrag nur wahrscheinlicher sein muss, dass ein Eröffnungsgrund (Zahlungsunfähigkeit, gegebenenfalls auch Überschuldung, §§ 17, 19 InsO) vorliegt als umgekehrt. Das ist keine schützenswerte Interessenlage; sie ist nicht vergleichbar mit derjenigen nach Insolvenzantrag des Schuldners (Eigenantrag des Auftragnehmers),[56] der so seine (wenigstens drohende – vgl. § 18 InsO) Zahlungsunfähigkeit bzw. Überschuldung und damit sein Unvermögen zur vertragsgemäßen Abwicklung selbst offen legt, woran zu zweifeln der andere Teil (Auftraggeber) keinen Anlass hat. Erst recht gilt das für einen Insolvenzantrag eines dritten Gläubigers, dessen Zulässigkeit der Auftraggeber in aller Regel – zwangsläufig – nicht einmal ansatzweise wird beurteilen können; woher sollte er wissen, ob und wie der Dritte – über einen Eröffnungsgrund hinaus – rechtliches Interesses und Forderung glaubhaft gemacht hat? Alle diese Erörterungen sind übertragbar auf den **Schadensersatzanspruch des Auftraggebers nach § 8 Nr. 2 Abs. 2 S. 1 VOB/B 2006.** Diese Bestimmung ist folglich nur wirksam, soweit auch nach allgemeinen Regeln, insbesondere nach Rücktritt (s. o. RdNr. 19 aE), eine solche Forderung bestünde, sonst aber unwirksam. Die Argumentation mit § 649 BGB ist hier – im Vergleich zu der beim Kündigungsrecht (s. o. RdNr. 23) – sozusagen seitenverkehrt, weil diese Vorschrift dem Besteller gerade keinen Schadensersatzanspruch gewährt. Zur **Insolvenzanfechtung bei § 8 Nr. 2 VOB/B 2006** s. u. RdNr. 53 ff.

52 d) **Der Einwand des Rechtsmissbrauches** kann auch einem formularmäßig vereinbarten Lösungsrecht entgegengesetzt werden; die früheren Erörterungen hierzu gelten entsprechend (s. o. RdNr. 42).

53 **6. Anfechtbarkeit insolvenzabhängiger Lösungsklauseln. a) Grundsätze.** Die Insolvenzanfechtung setzt gemäß § 129 voraus, dass die anzufechtende, einheitliche Rechtshandlung **als Ganzes,** also in ihrer Gesamtheit die Insolvenzgläubiger benachteiligt; sie richtet sich folglich nicht gegen die insolvenzabhängige Lösungsklausel selbst, sondern gegen den gesamten Vertrag. Hierfür gilt nach den vom BGH im sogenannten Breitbandverteilanlage-Fall (s. o. RdNr. 24) entwickelten Grundsätzen:[57] Der Anfechtbarkeit des Vertrages steht nicht entgegen, dass dieser allgemein in sich ausgewogen ist und gleichwertige Gegenleistungen vorsieht, vielmehr genügt es, wenn er gerade für den Fall der Insolvenz eines Vertragspartners für diesen nicht unerhebliche nachteilige Ausnahmen festschreibt, die auch bei einer Gesamtbetrachtung aller Umstände zur Erreichung des Vertragszwecks nicht vorrangig geboten sind. Im Ergebnis tritt dann die *Wirkung einer Teilanfechtung* ein, wenn die anfechtbare Handlung das Schuldnervermögen nur im begrenzten Maße geschmälert hat

---

[52] Sofern nicht ohnehin eine vertragliche Abweichung vorliegt, von der jede (unbeschadet ihres Gewichts) ohnehin schon selbst zum Verlust der Privilegierung führt, BGH NJW 2004, 267 = NZBau 2004, 385; näher zu dieser Entscheidung *Koenen* BauR 2005, 202, 207 f.
[53] Näher zum Problem *von Rintelen*, in: *Kappelmann/Messerschmidt*, VOB, 2. Aufl. 2007, Einleitung VOB/B RdNr. 44 ff.
[54] Im Ergebnis ebenso *Franke*, BauR 2007, 774, 783.
[55] *Musielak/Huber*, ZPO, § 294 RdNr. 3.
[56] Anders, jedoch unzutreffend der Deutsche Vergabe- und Vertragsausschuss für Bauleistungen in seinem Beschluss vom 27. 6. 2006 zur Neufassung, wiedergegeben bei *Lederer*, in *Kappelmann/Messerschmidt*, aaO, § 8 RdNr. 69.
[57] BGHZ 124, 76, 80 ff. = NJW 1994, 449.

und das Rechtsgeschäft insoweit teilbar ist. Letzteres darf nicht rein zahlenmäßig oder auf den Leistungsgegenstand bezogen verstanden werden; teilbar in diesem Sinne ist auch ein allgemein ausgewogener Vertrag, der lediglich und gezielt für den Fall der Insolvenz den späteren Insolvenzschuldner einseitig und unangemessen benachteiligt. Der *Rückgewähranspruch* auf Grund Insolvenzanfechtung (§ 143 Abs. 1) geht dann dahin, dass allein die benachteiligende Klausel entfällt; demgegenüber kann sich der Vertragspartner nicht darauf berufen, er hätte den Vertrag ohne die Klausel nicht geschlossen, jedenfalls dann nicht, wenn der Vertrag in Vollzug gesetzt worden ist.

Eine **besondere Insolvenzanfechtung (§§ 130–132)** kommt in aller Regel schon deshalb nicht in Betracht, weil für die Vornahme der Rechtshandlung (§ 140 Abs. 1, 3) nicht der Zeitpunkt der Ausübung der Rechte aus einer Lösungsklausel, sondern derjenige ihrer Begründung, also der des Vertragsschlusses mit der entsprechenden individual-vertraglichen oder formularmäßigen Vereinbarung maßgeblich ist;[58] dieses Rechtsgeschäft wird jedoch zeitlich vor der Krise vorgenommen worden sein und deshalb außerhalb der Anfechtungsfristen der §§ 130 bis 132 liegen. Davon abgesehen scheidet eine *Deckungsanfechtung (§§ 130, 131)* aus, weil mit der Vereinbarung einer Lösungsklausel weder eine Sicherung noch eine Befriedigung gewährt oder ermöglicht wird. Und für eine Anfechtung als *unmittelbar nachteilige Rechtshandlung (§ 132)* fehlt es an der Unmittelbarkeit der Gläubigerbenachteiligung wie bei § 133 Abs. 2 (s. o. RdNr. 55). 54

b) In der Praxis wird deshalb allenfalls **eine Vorsatzanfechtung nach § 133** möglich sein.[59] Eine *Anfechtung nach § 133 Abs. 2* scheidet in aller Regel aus. Die Vorschrift setzt unmittelbare Gläubigerbenachteiligung voraus, also dass durch die Rechtshandlung selbst ohne Hinzutreten anderer außerhalb liegender Umstände das Vermögen des späteren Insolvenzschuldners geschmälert wird. Folglich führt der Abschluss des Rechtsgeschäftes nur dann unmittelbar zu einer Gläubigerbenachteiligung, wenn der gesamte rechtsgeschäftliche Vorgang die Zugriffsmöglichkeiten der Gläubiger verschlechtert; das ist bei den hier zu beurteilenden Sachverhalten nicht der Fall, bei denen der Vertrag allgemein in sich ausgewogen ist und gleichwertige Gegenleistungen vorsieht (s. o. RdNr. 53). 55

Voraussetzung einer *Anfechtung nach § 133 Abs. 1* sind in objektiver Hinsicht der Abschluss des Vertrages innerhalb von 10 Jahren vor Eröffnungsantrag (oder nach Eröffnungsantrag) und eine mittelbare Gläubigerbenachteiligung. In subjektiver Hinsicht verlangt der Tatbestand wenigstens bedingten Vorsatz der Gläubigerbenachteiligung und die Kenntnis des anderen Teils davon. Der Schluss auf diese beiden Merkmale ist im Allgemeinen gerechtfertigt, wenn die insolvenzabhängige Vereinbarung dem späteren Insolvenzschuldner Vermögensnachteile auferlegt, die über die gesetzlichen Folgen hinausgehen und auch bei einer Gesamtbetrachtung aller Umstände zur Erreichung des Vertragszwecks nicht vorrangig geboten sind;[60] sie lagen in dem schon erwähnten Breitbandverteilanlage-Fall in dem mit der Ausübung des Lösungsrechtes verknüpften entschädigungslosen Eigentumsübergang der Anlage auf den Anfechtungsgegner. Allerdings kann trotz der Herbeiführung der objektiven Gläubigerbenachteiligung ein darauf bezogener mindestens bedingter Vorsatz fehlen, wenn die Beteiligten im maßgeblichen Zeitpunkt (s. o. RdNr. 54) keine ernsthaften Zweifel an der Liquidität des (späteren Insolvenz-)Schuldners hatten noch haben mussten, was anzunehmen umso näher liegt, je größer der zeitliche Abstand zwischen der Vereinbarung einer Lösungsklausel und dem Eintritt der Krise ist; das bleibt im Anfechtungsprozess indessen unberücksichtigt, wenn solche Umstände der Anfechtungsgegner nicht in substantiierter Form behauptet. 56

---

[58] So treten z. B. bei einer Bürgschaft die rechtlichen Wirkungen i. S. des Anfechtungsrechts nicht erst mit der erfolgreichen Inanspruchnahme, sondern schon seit Abschluss des Bürgschaftsvertrages ein, BGH NJW 1999, 3046 = ZIP 1999, 973 = NZI 1999, 268; dazu *Huber* EWiR 1999, 957.
[59] Ausführlich dazu *Wortberg* S. 153 ff. Vgl. auch *v. Wilmowsky* ZIP 2007, 553 auf S. 562 mit einem Vorschlag für einen eigenen, Lösungsklauseln betreffenden Anfechtungstatbestand.
[60] BGHZ aaO.

III. Einzelerläuterungen zur Unwirksamkeit abweichender Vereinbarungen für die Zeit nach Insolvenzeröffnung

57 **1. Beeinträchtigung von § 103. Unwirksam** sind gemäß § 119 im Voraus getroffene Vereinbarungen (s. o. RdNr. 13–17), denen zufolge ein unter § 103 fallender gegenseitiger Vertrag (s. o. § 103 RdNr. 55 ff.) nach Insolvenzeröffnung auf andere als die gesetzlich geregelte Weise abzuwickeln ist. Unwirksam ist insbesondere eine Vereinbarung, welche
– den Begriff der *vollständigen Erfüllung* nicht mit dem Eintritt des Leistungserfolges, sondern der Vornahme einer Leistungshandlung (s. o. § 103 RdNr. 122, 123) verbindet,
– dem Insolvenzverwalter die Ausübung des Wahlrechts erst nach Scheitern von *Verhandlungen mit dem Vertragspartner* über die Fortsetzung/Abwicklung des Vertrages erlaubt,[61]
– die dem Insolvenzverwalter zustehende angemessene *Überlegungszeit* nach Aufforderung des anderen Teils (§ 103 Abs. 2 Satz 2) auf eine konkret bestimmte Frist verkürzt,
– in Abänderung der Rechtsfolge des § 103 Abs. 2 Satz 3 das Schweigen des Insolvenzverwalters als Erfüllungsverlangen qualifiziert,
– die Berichtigung der Nichterfüllungsforderung des anderen Teils (§ 103 Abs. 2 Satz 1) als *Masseverbindlichkeit* bestimmt,[62]
– eine *Vertragsstrafe* für den Fall vorsieht, dass der Vertragspartner im späteren Insolvenzverfahren über das Vermögen des die Strafe versprechenden Schuldners nur die Quote erhält,[63] und zwar nicht nur dann, wenn der als Strafe vereinbarte Betrag den tatsächlichen Schaden übersteigt[64] (Begründung wie bei Schadenspauschalierung),
– dem anderen Teil anstelle der konkreten oder abstrakten Berechnung seiner Nichterfüllungsforderung (s. o. § 103 RdNr. 184 ff.) eine *Schadenspauschalierung* erlaubt, weil dann der Insolvenzverwalter darlegen und beweisen müsste, dass die Nichterfüllungsforderung tatsächlich geringer ist als die Schadenspauschale, zu seinen Lasten also die Darlegungs- und Beweislast umgekehrt würde.[65]

58 **Wirksam** sind *Lösungsklauseln für den Insolvenzfall* (s. o. RdNr. 18 ff.). Zulässig sind auch *dingliche Sicherungen* für die Nichterfüllungsforderung des anderen Teils (§ 103 Abs. 2 Satz 1);[66] denn die InsO erkennt Absonderungsrechte grundsätzlich an, wie §§ 50, 108 Abs. 1 Satz 2 zeigen.

59 **2. Beeinträchtigung von § 104. Unwirksam** sind gemäß § 119 im Voraus getroffene Vereinbarungen (s. o. RdNr. 13–17), denen zufolge ein unter § 104 fallendes Fix- oder Finanzleistungsgeschäft nicht bereits mit der Eröffnung des Insolvenzverfahrens kraft Gesetzes beendet und in ein Differenzgeschäft aufgelöst wird; § 104 lässt sich treffend auch als „gesetzliche Lösungsklausel" kennzeichnen.[67] Unwirksam ist insbesondere eine Vereinbarung, welche
– die *Fortsetzung des Geschäftes* über die Insolvenzeröffnung hinaus vorsieht,[68]
– andere *Stichtage* als die des § 104 Abs. 3 für maßgeblich erklärt,

---

[61] FK-*Wegener* § 103 RdNr. 85; *Jaeger/Henckel* KO § 17 RdNr. 214.
[62] *Nerlich/Römermann/Balthasar* § 119 RdNr. 8; HK-*Marotzke* § 103 RdNr. 82; *Kübler/Prütting/Tintelnot* § 119 RdNr. 10. Vgl. auch KG ZInsO 2004, 979, 980.
[63] *Nerlich/Römermann/Balthasar* § 119 RdNr. 9; *Eckert* ZIP 1996, 897, 1000; *Tintelnot* S. 196 ff.; 201. AA *Hess* § 119 RdNr. 20 und die wohl hM zur KO im Anschluss an RGZ 49, 189, 192; 115, 271, 273.
[64] So aber *Jaeger/Henckel* KO § 17 RdNr. 206; im Ergebnis wohl ebenso *Kübler/Prütting/Tintelnot* § 119 RdNr. 13.
[65] Wie hier *Uhlenbruck/Berscheid* § 103 RdNr. 95; *Nerlich/Römermann/Balthasar* § 119 RdNr. 8; HK-*Marotzke* § 103 RdNr. 83. AA *Kübler/Prütting/Tintelnot* § 119 RdNr. 12 (verboten nur, falls dem Verwalter der Gegenbeweis abgeschnitten wird).
[66] AllgM vgl. nur HK-*Marotzke* § 103 RdNr. 84; FK-*Wegener* § 103 RdNr. 86; zu Doppeltreuhandkonstellationen *Bork* NZI 1999, 337, 340 f.
[67] *Schwörer* RdNr. 531.
[68] AllgM., FK-*Wegener* § 104 RdNr. 29; HK-*Marotzke* § 104 RdNr. 15. AA *Schwörer* RdNr. 551, wonach es dem Insolvenzverwalter erlaubt sein soll, bei Nachweis der Leistungsfähigkeit der Masse sofort nach Verfahrenseröffnung Erfüllung zu verlangen; dagegen mit Recht HK-*Marotzke* § 104 RdNr. 16.

– die *Nichterfüllungsforderung* als Masseverbindlichkeit bestimmt oder für sie eine andere Berechnungsmethode als die des § 104 Abs. 3 zugrunde legt (s. o. RdNr. 57).

Wirksam sind vertragliche Vereinbarungen, welche den Eintritt der in § 104 angeordneten Rechtsfolgen bereits auf den Zeitpunkt der Zahlungseinstellung oder des Eröffnungsantrages vorverlagern.[69] Fällt ein Fix- oder Finanzleistungsgeschäft nicht unter § 104, gilt § 103 mit den zur Unwirksamkeit abweichender Vereinbarungen schon angestellten Erörterungen (s. o. RdNr. 57). Für solche Rechtsgeschäfte kann eine Lösungsklausel wirksam schon deshalb vereinbart werden, weil es den Parteien im Rahmen der Vertragsfreiheit erlaubt sein muss, gesetzliche Wertungen – hier die „gesetzliche Lösungsklausel des § 104" – auf ihre Vertragsverhältnisse zu übernehmen.[70]

3. Beeinträchtigung des § 105. **Unwirksam** sind gemäß § 119 im Voraus getroffene Vereinbarungen (s. o. RdNr. 13–17), denen zufolge ein unter § 105 fallender Vertrag über teilbare Leistungen bei Erfüllungsverlangen des Insolvenzverwalters auf andere als die gesetzlich geregelte Weise abzuwickeln ist. Unwirksamkeit ist insbesondere eine Vereinbarung, welche
– den *Begriff der Teilbarkeit* anders bestimmt als die am Normzweck des § 105 S. 1 ausgerichtete Auslegung (s. o. § 105 RdNr. 6 ff.; 37),
– den Vertragspartner mit seinem der – vor Insolvenzeröffnung erbrachten – Teilleistung entsprechenden Betrag seines Anspruchs auf die Gegenleistung zum *Massegläubiger* aufwertet, wenn der Insolvenzverwalter Erfüllung wegen der noch ausstehenden Leistung verlangt,
– die entgegen § 105 S. 2 auch nur teilweise *Rückgabe* der vor Insolvenzeröffnung in das Vermögen des Schuldners übergegangenen Teilleistung vorsieht oder eine auflösend bedingte Übertragung für den Fall der Verfahrenseröffnung enthält (§ 105 RdNr. 40).

Wirksam sind Lösungsklauseln für den Insolvenzfall (s. o. RdNr. 18 ff.). Unberührt bleibt demzufolge insbesondere auch ein individual-vertraglich oder durch AGB vereinbartes Kündigungsrecht bei Zahlungsverzug, was sich vor allem bei Energielieferungsverträgen hinsichtlich des an sich vom Gesetzgeber gewünschten Fortbestandes der Sonderkonditionen nachteilig für die Masse auswirken kann.[71]

4. Beeinträchtigung des § 106. Im Voraus getroffene Vereinbarungen (s. o. RdNr. 13–17), welche die Anwendung des § 106 ausschließen oder beschränken, sind in der Praxis *kaum vorstellbar*. Denn die Vorschrift schützt den Erwerber, zu dessen Gunsten sie die Ablehnung der Erfüllung des durch die Vormerkung gesicherten Anspruchs durch den Insolvenzverwalter ausschließt. Die Verwirklichung dieses Zwecks gewährleistet die gängige notarielle Vertragspraxis.[72]

Der Meinungsstreit um die Wirksamkeit von *Lösungsklauseln* für den Insolvenzfall (s. o. RdNr. 18 ff., insbes. 28) wirkt sich hier nicht aus. Macht der durch eine Vormerkung gesicherte Vertragspartner von einem ihm eingeräumten Lösungsrecht Gebrauch, entfällt der zugrunde liegende Anspruch und mit ihm wegen ihrer akzessorischen Natur (vgl. § 883 Abs. 1 Satz 2 BGB) die Vormerkung, folglich auch der Schutz des § 106. Hiergegen hat auch die Gegenauffassung, nach der Lösungsklauseln für den Insolvenzfall unwirksam sein sollen, im Ergebnis nichts einzuwenden;[73] sie muss freilich von ihrem Standpunkt eine Ausnahme machen und eine § 106 abbedingende Vereinbarung zulassen.

5. Beeinträchtigung des § 107. a) Insolvenz des Vorbehaltsverkäufers (§ 107 Abs. 1). Im Voraus getroffene Vereinbarungen (s. o. RdNr. 13–17), welche die Anwendung des § 107 Abs. 1 ausschließen oder beschränken, sind in der Praxis *kaum vorstellbar*. Denn die

---

[69] FK-*Wegener* § 104 RdNr. 30; *Schwörer* RdNr. 559 ff., 567.
[70] Vgl. auch *Obermüller* GS Bosch, S. 157, 165.
[71] Näher *Gottwald/Huber*, Insolvenzrechts-Handbuch, § 36 RdNr. 6 ff., insbes. 10; vgl. auch HK-*Marotzke* § 105 RdNr. 6.
[72] Dazu *Reul/Heckschen/Wienberg*, Insolvenzrecht in der Kautelarpraxis, 2006, S. 50 ff.
[73] *Schwörer* RdNr. 225; für teleologische Reduktion *Uhlenbruck/Berscheid* § 106 RdNr. 44. Zweifelnd HK-*Marotzke* § 106 RdNr. 55.

Vorschrift schützt den vertragstreuen Vorbehaltskäufer, zu dessen Gunsten sie die Ablehnung der Erfüllung des Kaufvertrages unter Eigentumsvorbehalt durch den Insolvenzverwalter ausschließt, also der Sache nach den Fortbestand des Vertrages zwecks programmgemäßer Durchführung anordnet. An einer solchen Abwicklung des Rechtsgeschäftes, das dem Käufer mit Bedingungseintritt das Eigentum am Kaufgegenstand verschafft, hat dieser aber gerade Interesse.

66 Auch hier wirkt sich der Meinungsstreit zur Wirksamkeit von *Lösungsklauseln* für den Insolvenzfall nicht aus. Macht der Vorbehaltskäufer von einem ihm – aus welchen Gründen auch immer – für den Fall der Insolvenz des Vorbehaltsverkäufers eingeräumten Lösungsrecht Gebrauch, verzichtet er selbst auf den Schutz des § 107 Abs. 1. Auch nach der Gegenauffassung ist folglich eine solche Vereinbarung unbedenklich;[74] die Problemlage entspricht der bei § 106 (s. o. RdNr. 64).

67 **b) Insolvenz des Vorbehaltskäufers (§ 107 Abs. 2).** Die Vorschrift bestimmt für die Insolvenz des Vorbehaltskäufers, der den Besitz an der Sache erlangt hat, als Sonderregel gegenüber dem sonst einschlägigen § 103 Abs. 2 Satz 2, dass der vom Vertragspartner zur Wahlrechtsausübung aufgeforderte Insolvenzverwalter seine Erklärung „erst unverzüglich nach dem Berichtstermin abzugeben" braucht, sofern nicht die Ausnahme eines § 107 Abs. 2 Satz 2 eingreift. Die objektiv angemessene Überlegungszeit beginnt also nicht mit Zugang der Aufforderung des anderen Teils, sondern mit Schluss des Berichtstermins, weshalb vor dem zuletzt genannten Zeitpunkt kraft Gesetzes ein schuldhaftes Zögern des Insolvenzverwalters ausscheidet (s. o. § 103 RdNr. 174). **Unwirksam** ist gemäß § 119 eine im Voraus getroffene Vereinbarung (s. o. RdNr. 13–17), welche diese Regelung ausschließt oder beschränkt.

68 **6. Beeinträchtigung von § 108.** Die Vorschrift ordnet in Abs. 1 den Fortbestand bestimmter Dauerschuldverhältnisse mit Wirkung für die Insolvenzmasse an und bestimmt in Abs. 2, dass der andere Teil Ansprüche für die Zeit vor Eröffnung des Insolvenzverfahrens nur als Insolvenzgläubiger geltend machen kann. **Unwirksam** sind gemäß § 119 im Voraus getroffene Vereinbarungen (s. o. RdNr. 13–17), die diesen gesetzlichen Regelungen zuwider laufen. Unwirksam ist insbesondere eine Vereinbarung, welche
– ein von § 108 Abs. 1 erfasstes Dauerschuldverhältnis aus dem *Anwendungsbereich der Vorschrift* herausnimmt,
– die Berichtigung von Rückständen aus der Zeit vor Insolvenzeröffnung als *Masseverbindlichkeit* bestimmt,
– eine *Vertragsstrafe* für den Fall vorsieht, dass der Vertragspartner im späteren Insolvenzverfahren des die Strafe versprechenden Schuldners auf seine Rückstände nur die Quote erhält (s. o. RdNr. 57).

69 Für Lösungsklauseln gilt: **Unwirksam ist eine Lösungsklausel für den Fall der Insolvenzeröffnung** (s. o. RdNr. 23 ff.), weil sie der Gesetzgeber gerade durch eine ausdrückliche Bestimmung verboten hat (s. o. RdNr. 2); denn die automatische Beendigung des Vertragsverhältnisses wäre das kontradiktorische Gegenteil des in § 108 Abs. 1 angeordneten Fortbestehens.[75] Auch hier wirkt sich also – wie oben RdNr. 64, 66, freilich sozusagen umgekehrt gewendet – der zu Lösungsklauseln geführt Meinungsstreit nicht aus; über die Unwirksamkeit einer solchen Vereinbarung besteht Einigkeit. Ergänzt wird § 108 Abs. 1 durch die sogenannte Kündigungssperre des § 112, die darüber hinaus für bestimmte Fälle *eine an die Stellung des Insolvenzantrages geknüpfte Lösungsklausel* **verbietet** (s. o. RdNr. 21; s. u. RdNr. 75); außerhalb des Anwendungsbereiches des § 112 ist jedoch *eine Lösungsklausel für den Fall des Verzugs/sonstiger Vertragsverletzungen oder der Vermögensverschlechterung* (s. o. RdNr. 20) **wirksam.**

---

[74] *Schwörer* RdNr. 226; auch hier wird von der Gegenrichtung eine teleologische Reduktion erwogen, *Uhlenbruck/Berscheid* § 107 RdNr. 14. *HK-Marotzke* (§ 107 RdNr. 44) nennt die von ihm vertretene (und aus § 119 hergeleitete) Unwirksamkeitsfolge in diesem Fall „überraschend".
[75] So treffend HK-*Marotzke* § 108 RdNr. 42.

7. Beeinträchtigung von § 109. Unwirksam sind gemäß § 119 im Voraus getroffene 70 Vereinbarungen (s. o. RdNr. 13–17), durch die das Sonderkündigungsrecht des Insolvenzverwalters gemäß § 109 Abs. 1 und sein Rücktrittsrecht nach § 109 Abs. 2 ausgeschlossen oder beschränkt werden; auch insoweit besteht – wie bei § 108 Abs. 1 (s. o. RdNr. 69) – eine ausdrückliche gesetzliche Sonderbestimmung, die *Lösungsklauseln* ausschließt. Wegen der weiteren Einzelheiten zur Unwirksamkeit abweichender Vereinbarungen der Vertragsparteien wird auf die Erläuterungen bei § 109 (dort RdNr. 76 ff.) verwiesen.

8. Beeinträchtigung von §§ 110, 111. Unwirksam sind im Voraus getroffene Vereinbarungen (s. o. RdNr. 13–17), welche die Anwendung der §§ 110, 111 ausschließen oder beschränken; wegen der Einzelheiten s. dort die Kommentierungen. 71

9. Beeinträchtigung von § 112. Schon aus dem Normzweck der Vorschrift folgt ihr zwingender Charakter; die **Unwirksamkeit** von im Voraus getroffenen Vereinbarungen (s. o. RdNr. 13–17), welche die Anwendung des § 112 ausschließen, folgt außerdem aus § 119. Wegen der Einzelheiten wird auf die Erläuterungen zu § 112 verwiesen (dort RdNr. 41, 42). 72

10. Beeinträchtigung von §§ 113, 114. Gemäß § 119 sind im Voraus getroffene Vereinbarungen (s. o. RdNr. 13–17), die die Anwendung der §§ 113, 114 ausschließen oder beschränken, **unwirksam.** Dies gilt für dienstvertragliche und kollektiv-vertragliche Abänderungen in gleicher Weise.[76] Wegen der weiteren Einzelheiten wird auf die Erläuterungen zu §§ 113, 114 verwiesen (insbes. s. u. § 113 RdNr. 15, 16). 73

11. Beeinträchtigungen von §§ 115, 116, 117. Unwirksam sind im Voraus getroffene Vereinbarungen (s. o. RdNr. 13–17), durch die die Anwendung der §§ 115–117 ausgeschlossen oder beschränkt wird. Der Fortbestand von Aufträgen, Geschäftsbesorgungsverträgen und Vollmachten über die Insolvenzeröffnung hinaus kann demzufolge nicht verabredet werden. Die Verwaltungs- und Verfügungsbefugnis obliegt gemäß § 80 alleine dem Insolvenzverwalter, der bei seiner Pflichterfüllung nicht durch Dritte beeinträchtigt werden soll. Er ist aber nicht gehindert, einen Auftrag, einen Geschäftsbesorgungsvertrag oder eine Vollmacht neu zu erteilen bzw. zu begründen.[77] 74

Wirksam sind demgegenüber insolvenzabhängige Lösungsklauseln (s. o. RdNr. 18 ff.) auch im Rahmen von massebezogenen Auftrags- und Geschäftsbesorgungsverhältnissen sowie Vollmachten mit den Schuldnern in der Rolle des Geschäftsherrn und Vollmachtgebers, weil diese für die andere Vertragspartei schon nach den Regelungen des bürgerlichen Rechtes jederzeit frei lösbar sind (§§ 671 Abs. 1, 675, 168 Satz 2 BGB) und zudem gemäß §§ 115–117 mit der Verfahrenseröffnung automatisch erlöschen.[78] Diese Rechtslage ist nach jeder Auffassung zur Problematik der Wirksamkeit von Lösungsklauseln unzweifelhaft. 75

12. Beeinträchtigung von § 118. Die Vorschrift betrifft nicht die Auflösung oder Fortführung von Gesellschaften bei Eröffnung des Insolvenzverfahrens über deren Vermögen oder das Ausscheiden von Gesellschaftern im Insolvenzfalle; die Problematik von *Lösungsklauseln* für den Insolvenzfall stellt sich folglich nicht (s. o. RdNr. 17). **Unwirksam** sind allerdings im Voraus getroffene Vereinbarungen (s. o. RdNr. 13–17), welche die in § 118 enthaltenen Bestimmungen zur Qualität der Ansprüche des geschäftsführenden Gesellschafters bestimmte Gesellschaften ausschließen oder beschränken; unwirksam ist insbesondere eine Vereinbarung (zu weiteren Einzelheiten s. die Erläuterungen zu § 118), dass die in § 118 Satz 2 genannten Ansprüche nicht als Insolvenzforderungen, sondern als Masseverbindlichkeiten erfüllt werden müssen. 76

13. Beeinträchtigungen von § 119. Die Vorschrift ist nach ihrem Normzweck selbst in ihrem Anwendungsbereich (s. o. RdNr. 13 ff.) unabdingbar. 77

---

[76] Kübler/Prütting/Moll § 113 RdNr. 101.
[77] Nicht notwendig ist deshalb auch eine Konstruktion „analog § 103" (so Vorschlag HK-*Marotzke* § 115 RdNr. 3).
[78] *Schwörer* RdNr. 238.

§ 120 Kündigung von Betriebsvereinbarungen

(1) ¹Sind in Betriebsvereinbarungen Leistungen vorgesehen, welche die Insolvenzmasse belasten, so sollen Insolvenzverwalter und Betriebsrat über eine einvernehmliche Herabsetzung der Leistungen beraten. ²Diese Betriebsvereinbarungen können auch dann mit einer Frist von drei Monaten gekündigt werden, wenn eine längere Frist vereinbart ist.

(2) Unberührt bleibt das Recht, eine Betriebsvereinbarung aus wichtigem Grund ohne Einhaltung einer Kündigungsfrist zu kündigen.

Schrifttum: *Belling/Hartmann*, Die Tarifbindung in der Insolvenz, NZA 1998, 57; *Blomeyer/Rolfs/Otto*, Gesetz zur Verbesserung der betrieblichen Altersversorgung, 4. Aufl. 2006; *Däubler/Kittner/Klebe*, Betriebsverfassungsgesetz, 10. Aufl. 2006; *Kraft/Wiese/Kreutz/Oetker/u. a.*, Gemeinschaftskommentar zum Betriebsverfassungsgesetz, 8. Aufl., Band 2, 2005; *Lakies*, Zu den seit 1. 10. 1996 geltenden arbeitsrechtlichen Vorschriften der Insolvenzordnung, RdA 1997, 145; *Löwisch*, Die Anpassung der Arbeitsentgelte an die Insolvenzsituation de lege lata und de lege ferenda, ZGR 1984, 272; *ders.*, Tariföffnung bei Unternehmens- und Arbeitsplatzgefährdung, NJW 1997, 905; *Löwisch/Kaiser*, Kommentar zum Betriebsverfassungsgesetz, 5. Aufl. 2002; *Löwisch/Rieble*, Tarifvertragsgesetz, 2. Aufl. 2004; *Lohkemper*, Die Bedeutung des neuen Insolvenzrechts für das Arbeitsrecht, KTS 1996, 1; *Oetker*, Die Kündigung von Tarifverträgen, RdA 1995, 82; *Oetker/Friese*, Massebelastende Betriebsvereinbarungen in der Insolvenz (§ 120 InsO), DZWIR 2000, 397; *Otto*, Die Kündigung des Tarifvertrages aus wichtigen Gründen, Festschrift für Otto Rudolf Kissel, 1994, S. 787; *Richardi*, Ablösung arbeitsvertraglicher Vereinbarungen durch Betriebsvereinbarung, NZA 1990, 331; *ders.*, Betriebsverfassungsgesetz, 10. Aufl. 2006; *Rieble*, Der Fall Holzmann und seine Lehren, NZA 2000, 225; *Schwerdtner*, Die Kürzung oder Einstellung betrieblicher Versorgungsleistungen wegen wirtschaftlicher Notlage des Arbeitgebers, Festschrift für Uhlenbruck, 2000, S. 799; *Schulz*, Entgeltkürzung im Insolvenzfall durch Betriebsvereinbarung, 2002; *Warrikoff*, Die Stellung der Arbeitnehmer nach der neuen Insolvenzordnung, BB 1994, 2338; *Wiedemann*, Tarifvertragsgesetz, 7. Aufl. 2007; *Zwanziger*, Das Arbeitsrecht der Insolvenzordnung, 3. Aufl. 2006.

Übersicht

	RdNr.		RdNr.
I. Normzweck	1	5. Rechtsschutz	45
II. Anwendungsbereich	4	IV. Änderung von Tarifverträgen und arbeitsvertraglichen Regelungen	46
1. Belastende Betriebsvereinbarungen	4	1. Tarifverträge	46
2. Andere Kollektivvereinbarungen	13	a) Einvernehmliche Änderung	46
III. Änderung von Betriebsvereinbarungen	17	b) Kündigung aus wichtigem Grund	53
1. Einvernehmliche Änderung	17	2. Arbeitsvertrag	57
2. Vorzeitige Kündigung	22	a) Einvernehmliche Änderung	57
a) Voraussetzungen	22	b) Widerruf	58
b) Rechtsfolgen	31	c) Anrechnung übertariflicher Leistungen auf Tariflohnerhöhungen	61
c) Schutz wohlerworbener Rechte	36	d) Änderungskündigung	63
3. Außerordentliche Kündigung	39	e) Kollektivvertragliche Änderung	67
4. Änderung durch Tarifvertrag	42		

I. Normzweck

1 Die Vorschrift dient der **Entlastung der Insolvenzmasse von Personalkosten.** Die aus Betriebsvereinbarungen, insbesondere dort festgelegten Sozialleistungen, aber auch aus anderen Regelungen resultierenden Kosten haben ihre Grundlage im wirtschaftlich gesunden Unternehmen. Im insolventen Unternehmen sind sie nicht mehr gerechtfertigt.[1] Deshalb erhält der Insolvenzverwalter das Recht, sich im Interesse der Insolvenzmasse vorzeitig aus diesen Belastungen zu lösen.

2 Das dem Insolvenzverwalter zugebilligte **vorzeitige Kündigungsrecht** besteht unabhängig davon, ob das Unternehmen oder der betreffende Betrieb fortgeführt, veräußert oder

---

[1] Begr. zu § 138 RegE, BT-Drucks. 12/2443 S. 153.

stillgelegt wird.² Auch im letzteren Fall ist im Interesse der gleichmäßigen Befriedigung der Gläubiger die Verringerung der Personalkostenlast gerechtfertigt.

Soweit der Insolvenzverwalter im Zuge des Insolvenzverfahrens **Betriebe oder Betriebsteile veräußert,** erfüllt § 120 auch die Funktion, die betrieblichen Regelungen schon vorab den Bedürfnissen des potentiellen Erwerbers anzupassen.³ Begrenzt wird damit zugleich die normative oder individualrechtliche Fortgeltung der Betriebsvereinbarung nach erfolgter Veräußerung gem. § 613a Abs. 1 Satz 1 und 2 BGB. Freiwillige und damit nicht gem. § 77 Abs. 6 BetrVG nachwirkende Betriebsvereinbarungen gelten dann auch beim Betriebserwerber nach Ablauf der Kündigungsfrist überhaupt nicht mehr, nachwirkende können durch eine neue Regelung ersetzt werden.⁴

II. Anwendungsbereich

1. Belastende Betriebsvereinbarungen. § 120 bezieht sich auf Betriebsvereinbarungen im Sinne des Betriebsverfassungsgesetzes. Erfasst werden sowohl Betriebsvereinbarungen zur Regelung mitbestimmungspflichtiger Angelegenheiten, insbesondere nach § 87 BetrVG, als auch freiwillige Betriebsvereinbarungen i. S. d. § 88 BetrVG. Auch in Form von Betriebsvereinbarungen festgelegte Auswahlrichtlinien nach § 95 BetrVG und Sozialpläne mit Dauerregelungen i. S. d. §§ 112, 112a BetrVG gehören hierher. Für Sozialpläne ist insbesondere die Widerrufsregelung des § 124 zu beachten (vgl. § 124 RdNr. 7 ff.).

Die Vorschrift erfasst auch Betriebsvereinbarungen über Systeme der **betrieblichen Altersversorgung.** Insoweit sind indessen auch die §§ 7 ff. BetrAVG zu beachten, die Versorgungsansprüche und bereits unverfallbar gewordene Versorgungsanwartschaften auf dem Weg über den Pensionssicherungsverein gegen die Insolvenz sichern. Auswirken kann sich eine Lösung deshalb nur hinsichtlich noch nicht unverfallbar gewordener Anwartschaften und hinsichtlich des Neuerwerbs von Anwartschaften (s. im Einzelnen unten RdNr. 36 ff.).

Betriebsvereinbarungen enthalten idR **Normen** für die Arbeitsverhältnisse. Erforderlich ist das aber nicht. Vielmehr können sich Betriebsvereinbarungen auch auf **schuldrechtliche Verpflichtungen** des Arbeitgebers gegenüber dem Betriebsrat beschränken.⁵

Ob es sich bei der Betriebsvereinbarung um eine solche für einen Betrieb oder um eine solche für das ganze Unternehmen **(Gesamtbetriebsvereinbarung)** handelt, spielt keine Rolle.⁶ Nach § 58 Abs. 1 i. V. m. 54 Abs. 1 BetrVG im Unterordnungskonzern mögliche **Konzernbetriebsvereinbarungen** fallen bei Insolvenz des herrschenden Unternehmens gänzlich und bei Insolvenz des beherrschten Unternehmens für dieses weg, weil das Konzernverhältnis sowohl mit der Insolvenz des herrschenden wie mit der Insolvenz des beherrschten Unternehmens endet.⁷

Die Regelung setzt Betriebsvereinbarungen voraus, die Leistungen vorsehen, **welche die Insolvenzmasse belasten.** Maßgebend ist entsprechend dem Normzweck, ob aus der Betriebsvereinbarung Leistungsverpflichtungen des Arbeitgebers resultieren, die von der Insolvenzmasse zu tragen sind. Dies trifft ohne weiteres auf freiwillige Betriebsvereinbarungen zu, die den Arbeitgeber zur Erbringung von Sozialleistungen wie Gratifikationen, Urlaubsgelder, Jubiläumszuwendungen, Ausbildungsbeihilfen, zusätzlichen Leistungen für Gesundheitsschutz und Unfallverhütung oder zur Dotierung von Sozialeinrichtungen verpflichten.

Zu Kostenbelastungen führende Leistungsverpflichtungen ergeben sich aber auch aus betrieblichen Regelungen des eigentlichen Arbeitsentgelts, und zwar nicht nur dann, wenn

---

² Begr. zu § 138 RegE, BT-Drucks. 12/2443 S. 153.
³ Begr. zu § 138 RegE, BT-Drucks. 12/2443 S. 153.
⁴ RGRK-*Ascheid* § 613a BGB RdNr. 209.
⁵ MünchHdbArbR-*Matthes* § 328 RdNr. 2; *Richardi* § 77 BetrVG RdNr. 59 f.; aA GK-BetrVG-*Kreutz* § 77 RdNr. 187 ff.; ErfKomm-*Kania* § 77 BetrVG RdNr. 1.
⁶ Kübler/Prütting/*Moll* § 120 RdNr. 12 f.; Uhlenbruck/*Berscheid* § 120 RdNr. 4.
⁷ Oetker/Friese DZWIR 2000, 397, 402 unter Bezugnahme auf BGHZ 103, 1 = NJW 1988, 1326; aA *Zwanziger* § 120 RdNr. 2.

§ 120 10–15 3. Teil. 2. Abschnitt. Erfüllung Rechtsgeschäfte. Mitwirkung BR

ausnahmsweise auf Grund einer tariflichen Zulassung die Entgelthöhe durch Betriebsvereinbarung geregelt ist, sondern auch, soweit es um die **Ausgestaltung der Entgeltsysteme,** insbesondere um Prämien und Akkordregelungen geht (§ 87 Abs. 1 Nr. 10 und 11 BetrVG). Die Regelung von Prämiensätzen und Vorgabezeiten ist konstitutiver Faktor der Zahlungspflicht. Dass deren Höhe durch die Leistung des Arbeitnehmers beeinflusst wird, ändert nichts daran, dass mit der Änderung der betreffenden Betriebsvereinbarung eine Herabsetzung der Lohnzahlungsleistungen erreicht werden kann. Dafür, dass das Entgelt im engeren Sinne aus dem Anwendungsbereich der Regelung ausgenommen werden sollte, besteht kein Anhalt.[8]

10 Auch soweit Betriebsvereinbarungen in anderen mitbestimmungspflichtigen Angelegenheiten die Entgeltzahlungspflicht beeinflussen, unterfallen sie der Vorschrift. Führt eine **Arbeitszeitregelung** über die Lage der Arbeitszeit und über Pausen zum Anfall von Überstundenvergütungen oder Schichtzuschlägen, muss sie nach § 120 geändert werden können.[9]

11 § 120 verlangt **nicht,** dass die Betriebsvereinbarung **Leistungen an die Arbeitnehmer** vorsieht.[10] Es genügt, dass es sich um Leistungen in ihrem Interesse handelt. Auch Leistungen für Sozialeinrichtungen, aus denen den einzelnen Arbeitnehmern kein Rechtsanspruch erwächst, z. B. auf Errichtung einer Kantine, gehören hierher. Ebenso erfasst werden **Leistungen an den Betriebsrat.** Hat sich der Arbeitgeber verpflichtet, dem Betriebsrat über die sich aus § 40 BetrVG ergebenden Verpflichtungen hinaus einen Fonds in bestimmter Höhe für seine Geschäftsbedürfnisse zur Verfügung zu stellen, oder hat er dem Betriebsrat mehr bezahlte Freistellungen eingeräumt, als die §§ 37, 38 BetrVG verlangen, handelt es sich um die Insolvenzmasse belastende Leistungen, die der Reduktionsmöglichkeit unterliegen müssen.

12 Der Anwendungsbereich des § 120 ist erst dort verlassen, wo die Betriebsvereinbarung nicht zu Leistungen führt, die durch ihre Veränderung herabgesetzt werden können. **Organisatorische Regelungen,** Regelungen über Überwachungseinrichtungen sowie Verhaltens- und Ordnungsvorschriften belasten das Unternehmen zwar regelmäßig mit Kosten. Da sie aber nicht zu materiellen Leistungen an die Arbeitnehmer, den Betriebsrat oder die Belegschaft führen, können sie § 120 nicht mehr untergeordnet werden.[11]

13 **2. Andere Kollektivvereinbarungen.** Die Vorschrift beschränkt sich auf Betriebsvereinbarungen und schafft damit **kein besonderes Kündigungsrecht für arbeitsvertragliche Einheitsregelungen,** selbst wenn diese auf einer Regelungsabrede mit dem Betriebsrat beruhen. Insoweit bleiben nur die allgemeinen Lösungsmöglichkeiten, insbesondere der Widerruf und die Änderungskündigung (unten RdNr. 58 ff., 63 ff.). Auch für Tarifverträge gilt das besondere Kündigungsrecht der Vorschrift nicht. Insoweit bleiben allerdings die allgemeinen Lösungsmöglichkeiten bestehen (dazu unten RdNr. 46 ff.).

14 Nach § 28 Abs. 2 SprAuG können Arbeitgeber und Sprecherausschuss für Arbeitsverhältnisse **Richtlinien** vereinbaren, in denen den leitenden Angestellten mit unmittelbarer und zwingender Wirkung Rechte eingeräumt werden. Auf solche Richtlinien kann § 120 nicht angewandt werden, weil die Bestimmungen der §§ 120 ff. nach Wortlaut und Systematik allein auf die Betriebsverfassung bezogen sind (s. näher § 123 RdNr. 7 ff.). Allerdings sind die Richtlinien nach § 28 Abs. 2 Satz 4 SprAuG regelmäßig ohnehin mit einer Frist von drei Monaten kündbar. Auch kann eine Kündigung aus wichtigem Grund in Betracht kommen.

15 § 120 gilt **nicht für Dienstvereinbarungen** im Rahmen des Personalvertretungsrechts. Zwar können bei insolvenzfähigen juristischen Personen des öffentlichen Rechts (vgl. § 12

---

[8] Wie hier *Warrikoff* BB 1994, 2338, 2339; *Kübler/Prütting/Moll* § 120 RdNr. 18; aA *Nerlich/Römermann/Hamacher* § 120 RdNr. 25; *Zwanziger* § 120 RdNr. 2.
[9] *Kübler/Prütting/Moll* § 120 RdNr. 19; *Smid/Weisemann/Streuber* § 120 RdNr. 7; aA *Oetker/Friese* DZWIR 2000, 397, 399; *Nerlich/Römermann/Hamacher* § 120 RdNr. 26; FK-*Eisenbeis* § 120 RdNr. 9.
[10] So aber wohl *Kübler/Prütting/Moll* § 120 RdNr. 19.
[11] Zutreffend *Kübler/Prütting/Moll* § 120 RdNr. 19.

RdNr. 9 ff.) Sachverhalte auftreten, die ein gleiches Bedürfnis nach vorzeitiger Kündigung von Dienstvereinbarungen auslösen. Gleichwohl ist eine Analogie schon deshalb nicht möglich, weil das Personalvertretungsrecht hinsichtlich der der Aufsicht der Länder unterstehenden juristischen Personen des öffentlichen Rechts in die **Gesetzgebungskompetenz der Länder** fällt.

§ 120 bezieht sich nicht auf Abmachungen, die ein Unternehmen mit dem bei ihm bestehenden **Europäischen Betriebsrat** getroffen hat.[12] Richtigerweise sind solche Abmachungen aber ohnehin unwirksam, weil das EBRG dem Europäischen Betriebsrat keine entsprechende Kompetenz verliehen hat.[13]

III. Änderung von Betriebsvereinbarungen

1. Einvernehmliche Änderung. Insolvenzverwalter und Betriebsrat steht es frei, geltende Betriebsvereinbarungen abzuändern oder durch andere Betriebsvereinbarungen abzulösen. Die neue Regelung tritt dann zu dem von ihnen bestimmten Zeitpunkt an die Stelle der bisherigen.[14]

Solche **ändernden und ablösenden Betriebsvereinbarungen** müssen Diskriminierungen i. S. d. § 75 Abs. 1 BetrVG vermeiden und die Gebote des Vertrauensschutzes beachten (dazu unten RdNr. 36 ff.). Außerdem unterliegen sie wie jede Betriebsvereinbarung einer auf den konkreten Einzelfall bezogenen arbeitsgerichtlichen **Billigkeitskontrolle.**[15] Kontrolliert wird, ob die ändernde oder ablösende Betriebsvereinbarung die Arbeitnehmer im Verhältnis zueinander billig behandelt. Etwa kann geprüft werden, ob die Schlechter- oder Besserstellung bestimmter Arbeitnehmergruppen bei der Herabsetzung einer Sozialleistung angemessen ist. Eine AGB-Kontrolle findet hingegen nicht statt (§ 310 Abs. 4 Satz 1 BGB).

Möglich ist auch eine **einvernehmliche ersatzlose Aufhebung** von Betriebsvereinbarungen. In diesem Fall tritt der vor Abschluss der Betriebsvereinbarung bestehende Rechtszustand wieder ein (vgl. unten RdNr. 35).

Abändernde, ablösende und aufhebende Betriebsvereinbarungen bedürfen, wie die Betriebsvereinbarung selbst, der besonderen **Schriftform** des § 77 Abs. 2 Satz 1 BetrVG.[16]

Um das Zustandekommen solcher Betriebsvereinbarungen zu fördern, sieht Abs. 1 Satz 1 entsprechende **Beratungen** zwischen Insolvenzverwalter und Betriebsrat vor. Dabei handelt es sich allerdings nur um eine Sollvorschrift, die, anders als etwa die Beratungspflicht über Betriebsänderungen nach § 111 BetrVG, nicht durch besondere Sanktionen abgesichert ist. Die Vorschrift hat aber für das vorzeitige Kündigungsrecht nach Abs. 1 Satz 2 und die Kündigung aus wichtigem Grund nach Abs. 2 Bedeutung. Der nach der Rechtsprechung des BAG die vorzeitige Kündigung von Dauerrechtsverhältnissen **prägende Ultima-ratio-Grundsatz** verlangt, dass vor einer **vorzeitigen Kündigung** (RdNr. 22) die Möglichkeiten einvernehmlicher Anpassung ausgeschöpft werden.[17] Dazu gehört, dass derjenige, der von den besonderen Kündigungsrechten Gebrauch machen will, dem anderen Teil vorher die Beratung über eine einvernehmliche Regelung anbietet und sich auf die vom anderen Teil angebotenen Beratungen einlässt.[18] Auf langwierige Verhandlungen braucht sich der Insolvenzverwalter nicht einzulassen. Auch in schwierigen Angele-

---

[12] Zu solchen Fällen *Däubler* in: *Däubler/Kittner/Klebe* Vorbem. EBRG RdNr. 25.
[13] AA *Däubler* (Fn. 12) RdNr. 26.
[14] BAG AP BetrAVG § 1 – Betriebsvereinbarung – Nr. 3 = NZA 1990, 813.
[15] Zu dieser BAG AP BetrAVG § 1 – Unterstützungskassen – Nr. 1 = NJW 1982, 1773; BAG AP BetrVG 1972 § 112 Nr. 21 = ZIP 1984, 1000; BAG AP BetrVG 1972 § 77 Nr. 79 = NZA 2000, 498 = ZIP 2000, 850.
[16] Einzelheiten bei *Löwisch/Kaiser* § 77 BetrVG RdNr. 40.
[17] BAG AP TVG § 1 – Kündigung – Nr. 1 = NZA 1997, 830; BAG AP TVG § 1 – Tarifverträge: Metallindustrie – Nr. 173 = NZA 2001, 788 (unter I 2 der Gründe).
[18] Im Ergebnis ebenso HK-*Irschlinger* § 120 RdNr. 3; *Zwanziger* § 120 RdNr. 8; aA *Oetker/Friese* DZWIR 2000, 397, 404; FK-*Eisenbeis* § 120 RdNr. 6 f.; *Kübler/Prütting/Moll* § 120 RdNr. 31 f.; *Nerlich/Römermann/Hamacher* § 120 RdNr. 28, 32; GK-BetrVG-*Kreutz* § 77 RdNr. 364.

genheiten stellen entsprechend der Wertung des § 122 Abs. 1 drei Wochen den äußersten zeitlichen Rahmen dar.

22 **2. Vorzeitige Kündigung. a) Voraussetzungen.** Das in Abs. 1 Satz 2 geregelte vorzeitige Kündigungsrecht bezieht sich nur auf Betriebsvereinbarungen, die die Insolvenzmasse belastende Leistungen vorsehen (dazu RdNr. 8 ff.) und nicht ohnehin, wie das der Regel des § 77 Abs. 5 BetrVG entspricht, mit einer Dreimonatsfrist gekündigt werden können. Ob der Betrieb fortgeführt, stillgelegt oder veräußert wird, spielt nach dem Normzweck keine Rolle.[19]

23 Abs. 1 Satz 2 ist so formuliert, dass das Recht zur vorzeitigen Kündigung nicht nur dem Insolvenzverwalter, sondern **auch dem Betriebsrat** zusteht. Dieser kann an der Kündigung ein Interesse haben, wenn er einer selektiven Kündigung von Betriebsvereinbarungen durch den Insolvenzverwalter entgegenwirken will, etwa wenn er in dieser eine unangemessene Lastenverteilung erblickt. Die Kündigung durch den Betriebsrat setzt zu ihrer Wirksamkeit einen Beschluss gem. § 33 BetrVG voraus.

24 Wie alle Dauerrechtsbeziehungen können auch Betriebsvereinbarungen nur dann **teilgekündigt** werden, wenn dies in der Betriebsvereinbarung selbst vorgesehen oder dieser durch Auslegung zu entnehmen ist. Abs. 1 Satz 2 kann nicht entnommen werden, dass insoweit für das vorzeitige Kündigungsrecht in der Insolvenz etwas anderes gelten soll. Auch hier setzt sich vielmehr der Gedanke durch, dass eine als Einheit getroffene Vereinbarung auch nur als Ganze stehen und fallen kann.[20] Der Arbeitnehmerseite muss im Falle einer Leistungsregelungen und andere Regelungen enthaltenden einheitlichen Betriebsvereinbarung das Recht genügen, nach der Kündigung durch den Insolvenzverwalter eine neue Regelung durchzusetzen.

25 Abs. 1 Satz 2 garantiert Insolvenzverwalter und Betriebsrat das Recht zur Kündigung mit einer **Höchstfrist von drei Monaten.** Eine sich aus der Betriebsvereinbarung ergebende längere Frist braucht der Kündigende nicht einzuhalten, andererseits bleibt eine kürzere Frist maßgeblich.

26 Das vorzeitige Kündigungsrecht des Abs. 1 Satz 2 greift unabhängig davon, ob die Betriebsvereinbarung **schon vor Eröffnung des Verfahrens** vom Arbeitgeber oder vor oder nach Verfahrenseröffnung vom Betriebsrat mit einer längeren Frist **gekündigt** worden ist. Abs. 1 Satz 2 will nicht anders als bei der Kündigung von Arbeitsverhältnissen (vgl. § 113 RdNr. 24) das vorzeitige Kündigungsrecht auch für solche Fälle garantieren.

27 Sinngemäß ist das Kündigungsrecht auch auf den Fall zu erstrecken, dass eine **Betriebsvereinbarung auf bestimmte Zeit** oder unter Ausschluss des Rechts zur ordentlichen Kündigung abgeschlossen ist. Das Bedürfnis, im Interesse der Senkung der Personalkosten in der Betriebsvereinbarung vorgesehene Leistungen herabzusetzen, besteht in solchen Fällen in gleicher Weise wie bei kündbaren Betriebsvereinbarungen. Dass die Fälle, anders als in § 113 Satz 1, nicht ausdrücklich genannt sind, kann deshalb nicht ausschlaggebend sein.[21]

28 Die Kündigung von Betriebsvereinbarungen ist gesetzlich **nicht an das Vorliegen von Gründen gebunden.** Auch findet keine Billigkeitskontrolle statt.[22] Dies gilt auch für das Recht zur vorzeitigen Kündigung nach Abs. 1 Satz 2. Hat die Betriebsvereinbarung selbst die Kündigung an das Vorliegen eines Grundes, z. B. an ein Sachverständigengutachten über die wirtschaftliche Lage des Unternehmens gebunden, hindert das das freie Kündigungsrecht nach Abs. 1 Satz 2 nicht. Die Vorschrift will die Anpassung der Personalkosten an die Insolvenzsituation in jedem Fall ermöglichen.[23]

---

[19] Ebenso *Kübler/Prütting/Moll* § 120 RdNr. 25.
[20] *Kübler/Prütting/Moll* § 120 RdNr. 36; *Zwanziger* § 120 RdNr. 7.
[21] Ganz hM, *Lakies* RdA 1997, 145, 147; *Oetker/Friese* DZWIR 2000, 397, 405; *Kübler/Prütting/Moll* § 120 RdNr. 27; *Nerlich/Römermann/Hamacher* § 120 RdNr. 37; *Zwanziger* § 120 RdNr. 6; *Smid/Weisemann/Streuber* § 120 RdNr. 10; aA *Lohkemper* KTS 1996, 1, 40.
[22] BAG AP BetrVG 1972 § 77 – Nachwirkung – Nr. 7 = NZA 1995, 1010; BAG AP BetrAVG § 1 – Betriebsvereinbarung – Nr. 6 = NZA 2000, 322.
[23] *Kübler/Prütting/Moll* § 120 RdNr. 28.

Für die **Berechnung der Kündigungsfrist** gelten nach §§ 186 ff. BGB die Regelungen 29
der §§ 187 Abs. 1, 188 Abs. 2 und 3 BGB. Kündigt der Insolvenzverwalter Betriebsvereinbarungen etwa am 15. November, endet die Wirkung der Betriebsvereinbarung mit Ablauf des 15. Februar des Folgejahres. Kündigt er am 30. November, endet die Wirkung am 28. bzw. 29. Februar (§ 188 Abs. 3 BGB).

§ 120 wird in § 119 nicht erwähnt. Gleichwohl enthält die Vorschrift **zwingendes** 30
Recht und kann weder durch Betriebsvereinbarung noch durch Tarifvertrag ausgeschlossen werden.[24] Dies ergibt sich aus ihrem Zweck, die Insolvenzmasse jedenfalls im Interesse der gleichmäßigen Befriedigung der Gläubiger von Personalkosten zu entlasten.

b) Rechtsfolgen. Mit dem Ablauf der Kündigungsfrist endet die Betriebsvereinbarung. 31
Die in ihr enthaltenen Regelungen entfalten für die Zukunft keine Wirkung mehr. Uneingeschränkt gilt dies allerdings nur für rein schuldrechtliche Betriebsvereinbarungen und für freiwillige normative Betriebsvereinbarungen. Betriebsvereinbarungen **in mitbestimmungspflichtigen Angelegenheiten** wirken hingegen nach § 77 Abs. 6 BetrVG nach, bis sie durch eine andere Abmachung ersetzt werden. Eine solche andere Abmachung kann sowohl in einer neuen Betriebsvereinbarung als auch in einer arbeitsvertraglichen Regelung bestehen;[25] letztere kann auch durch eine Änderungskündigung herbeigeführt werden. Im Einzelnen gilt:

Rein schuldrechtliche Verpflichtungen des Arbeitgebers aus der gekündigten Betriebsver- 32
einbarung, z. B. auf Leistung finanzieller Mittel für die Betriebsratsarbeit oder auf zusätzliche Freistellungen (vgl. RdNr. 11), entfallen mit Ablauf der Kündigungsfrist. Gleiches gilt für ausschließlich freiwillige normative Regelungen, etwa auf Leistung eines einmaligen Jubiläumsgeldes. Betriebsvereinbarungen, die allein mitbestimmungspflichtige Angelegenheiten betreffen, z. B. solche in Fragen der Lohngestaltung oder der Arbeitszeit, unterfallen hingegen in jedem Fall der Nachwirkung des § 77 Abs. 6 BetrVG.

Meist enthalten Betriebsvereinbarungen **sowohl freiwillige als auch mitbestim-** 33
mungspflichtige Regelungen. Das gilt insbesondere für über- und außertarifliche Entgelte und Sozialleistungen aller Art, bei denen das „Ob" der Leistungserbringung freiwillig ist, das „Wie" nach § 87 Abs. 1 Nr. 8 oder 10 BetrVG aber mitbestimmungspflichtig ist. Hier ist zu unterscheiden: Beabsichtigt der Insolvenzverwalter die Leistung vollständig entfallen zu lassen, scheidet auch die Nachwirkung aus, weil sich keine mitbestimmungspflichtigen Verteilungsfragen mehr stellen;[26] dass die freiwillige Leistung möglicherweise später wieder aufgenommen wird, reicht nicht aus, um die Nachwirkung zu begründen.[27] Soll hingegen die Leistung nur herabgesetzt werden, kann der Verwalter die Herabsetzung vornehmen, muss dabei aber den nachwirkenden Teil der Betriebsvereinbarung über die Verteilung bei der Herabsetzung beachten.[28]

Es kommt vor, dass die Betriebsparteien einer **freiwilligen Betriebsvereinbarung** selbst 34
Nachwirkung beilegen. Dies ist nach der Rechtsprechung des Bundesarbeitsgerichts mit der Maßgabe wirksam, dass nach Ablauf der Betriebsvereinbarung die Einigungsstelle zur Entscheidung darüber angerufen werden kann, ob die nachwirkende Regelung auf Dauer fortgeführt werden soll.[29] Gegenüber einer Kündigung in der Insolvenz kann eine solche **vereinbarte Nachwirkung** keinen Bestand haben. § 120 hat gerade den Zweck, die Insolvenzmasse von aus Betriebsvereinbarungen resultierenden Personalkosten auf dem Wege der vorzeitigen Kündigung zu entlasten. Mit diesem Zweck ist eine über das gesetzliche

---

[24] Ebenso *Nerlich/Römermann/Hamacher* § 120 RdNr. 3.
[25] GK-BetrVG-*Kreutz* § 77 RdNr. 397.
[26] St. Rspr., BAG AP BetrVG 1972 § 77 Nr. 40 = NZA 1989, 765; BAG AP BetrVG 1972 § 77 – Nachwirkung – Nr. 6 = NZA 1994, 572; *Kübler/Prütting/Moll* § 120 RdNr. 39.
[27] GK-BetrVG-*Kreutz* § 77 RdNr. 408.
[28] GK-BetrVG-*Kreutz* § 77 RdNr. 409 mit dem zutreffenden Hinweis auf BAG (GrS) AP BetrVG 1972 § 87 – Lohngestaltung – Nr. 51 = NZA 1992, 749.
[29] BAG AP BetrVG 1972 § 77 – Nachwirkung – Nr. 11 = NZA 1998, 1348; kritisch GK-BetrVG-*Kreutz* § 77 RdNr. 411.

Maß hinausreichende Nachwirkung mit der Folge einer Anrufung und Ermessensentscheidung der Einigungsstelle nicht zu vereinbaren.[30]

35 Hat die gekündigte Betriebsvereinbarung eine **arbeitsvertragliche Vereinbarung abgelöst**, weil sie günstiger als jene war, lebt mit ihrem Wegfall die frühere arbeitsvertragliche Vereinbarung wieder auf. Denn es muss angenommen werden, dass eine solche Betriebsvereinbarung die arbeitsvertragliche Vereinbarung nur für die Dauer ihrer Wirkung verdrängen wollte.[31] Diese bloß zurückdrängende Wirkung einer eine arbeitsvertragliche Regelung ablösenden Betriebsvereinbarung muss auch gelten, soweit diese in einer Einheitsregelung über Sozialleistungen besteht.[32] Hat etwa ein Arbeitnehmer zunächst einen vertraglichen Anspruch auf ein Weihnachtsgeld von 300 Euro und später durch eine Betriebsvereinbarung einen solchen auf ein Weihnachtsgeld von 600 Euro eingeräumt erhalten, muss er nach Kündigung der Betriebsvereinbarung wieder den Anspruch auf das Weihnachtsgeld von 300 Euro haben. Insofern ist der Insolvenzverwalter für eine Änderung auf den individualvertraglichen Weg verwiesen (dazu unten RdNr. 57 ff.).

36 **c) Schutz wohlerworbener Rechte.** Soweit die gekündigte Betriebsvereinbarung für die Arbeitnehmer Anwartschaften begründet hat, fallen diese infolge der Kündigung nicht ohne weiteres weg. Vielmehr ist nach den Grundsätzen der Verhältnismäßigkeit und des Vertrauensschutzes zu entscheiden, inwieweit sie bestehen bleiben.[33]

37 Von Bedeutung ist dies insbesondere für **Anwartschaften auf betriebliche Altersversorgung.** Zwar sind Versorgungsansprüche und unverfallbare Versorgungsanwartschaften gem. §§ 7 ff. BetrAVG auf dem Weg über den Pensionssicherungsverein insolvenzgeschützt (dazu vor § 113 RdNr. 31 f.). Dieser Schutz gilt aber nicht für noch nicht unverfallbar gewordene Anwartschaften. Insoweit ist ein Eingriff durch Kündigung der Betriebsvereinbarung zwar grundsätzlich möglich, muss aber die Prinzipien des Vertrauensschutzes und der Verhältnismäßigkeit und damit die vom Bundesarbeitsgericht entwickelte Stufenlehre beachten, nach der der bereits erdiente und nach den Grundsätzen des § 2 BetrAVG errechnete Teilbetrag nur in seltenen Ausnahmefällen gekürzt werden darf, Zuwächse, die sich aus variablen Berechnungsfaktoren ergeben, nur aus triftigen Gründen geschmälert werden können, soweit sie zeitanteilig erdient sind, und für Eingriffe in Zuwachsraten, die noch nicht erdient sind, schon sachliche Gründe ausreichend sind.[34] Die Insolvenz wird dabei regelmäßig das Abschneiden eines weiteren Erwerbs von Anwartschaften rechtfertigen, nicht aber den Eingriff in bis zur Insolvenzeröffnung erdiente Anwartschaften. Vielmehr ist insoweit eine Abwägung vorzunehmen. Soweit der Eingriff unzulässig ist, sind die erdienten, aber noch nicht unverfallbar gewordenen Anwartschaften als **Insolvenzforderung** abzufinden.[35] Dies gilt auch im Falle der Betriebsveräußerung. Tritt ein Erwerber in die Versorgungsanwartschaften von Arbeitnehmern ein, hat er wegen der teleologischen Reduktion des § 613a BGB (dazu § 128 RdNr. 17 ff.) nur noch für die nach Verfahrenseröffnung erdienten Anwartschaften einzustehen.[36] Gleiches gilt, wenn das Insol-

---

[30] Zutreffend *Oetker/Friese* DZWIR 2000, 397, 407; *Kübler/Prütting/Moll* § 120 RdNr. 41 ff.; aA wohl *Nerlich/Römermann/Hamacher* § 120 RdNr. 39 ff.

[31] BAG AP BetrVG 1972 § 77 Nr. 43 mit zust. Anm. *Löwisch* = NZA 1990, 351; BAG AP BetrVG 1972 § 77 Nr. 83 = NZA 2001, 49.

[32] BAG AP BetrAVG § 1 – Betriebsvereinbarung – Nr. 6 = NZA 2000, 322 mit der Einschränkung, dass dies nicht für ablösende Betriebsvereinbarungen gilt, die bis zum Bekanntwerden des Urteils des BAG vom 12. 8. 1982 (AP BetrVG 1972 § 77 Nr. 4 = NJW 1983, 68) gilt, mit der das BAG die ablösende Wirkung von Betriebsvereinbarungen von der reinen Zeitkollision auf den kollektiven Günstigkeitsvergleich umgestellt hat.

[33] BAG AP BetrAVG § 1 – Betriebsvereinbarung – Nr. 5 = NZA 1993, 234; BAG AP BetrVG 1972 § 77 Nr. 79 = NZA 2000, 498.

[34] BAG AP BetrAVG § 1 – Betriebsvereinbarung – Nr. 2 = NZA 1990, 67; BAG AP BetrAVG § 1 – Betriebsvereinbarung – Nr. 6 = NZA 2000, 322 = RdA 2000, 365 mit krit. Anm. *Blomeyer/Vienken;* im Einzelnen *Blomeyer/Rolfs/Otto* Anh. zu § 1 RdNr. 615 ff.

[35] Vgl. BAG AP BetrAVG § 1 – Betriebsveräußerung – Nr. 4 = ZIP 1986, 1001; *Staudinger/Annuß* (2005) § 613a RdNr. 324.

[36] BAG AP BetrAVG § 1 – Betriebsveräußerung – Nr. 4 = ZIP 1986, 1001.

venzverfahren mangels einer die Kosten des Verfahrens deckenden Masse nach § 207 später eingestellt wird.[37]

Dass in aus einer gekündigten Betriebsvereinbarung fließende Anwartschaften nur unter Berücksichtigung der **Grundsätze des Vertrauensschutzes und der Verhältnismäßigkeit** eingegriffen werden kann, gilt allgemein. Etwa können auf einer Betriebsvereinbarung beruhende Sonderzuwendungen zum Jahresschluss im Wege der Kündigung der betreffenden Betriebsvereinbarung nicht ohne weiteres für das laufende Jahr entzogen werden. Vielmehr ist zu berücksichtigen, dass sie im Laufe des Jahres erdient worden sind. Dementsprechend kommt eine Herabsetzung oder vollständige Streichung nur in Betracht, wenn dies angesichts der Lage des insolventen Unternehmens und auch unter Berücksichtigung anderer Möglichkeiten der Personalkostenentlastung unausweichlich ist. Hingegen ist ein auf Grund einer Betriebsvereinbarung erreichter Status der ordentlichen Unkündbarkeit von Arbeitnehmern schon nach § 113 unbeachtlich (§ 113 RdNr. 16 f.). 38

3. Außerordentliche Kündigung. Nach Abs. 2 bleibt das Recht, eine Betriebsvereinbarung ohne Einhaltung einer Frist aus wichtigem Grund zu kündigen, unberührt. Eine solche Kündigung ist in der Insolvenz zulässig, wenn das Festhalten an der Betriebsvereinbarung unter Berücksichtigung aller Umstände und unter Abwägung des Interesses an der Entlastung der Insolvenzmasse auf der einen Seite und der Belegschaft und der von der Regelung betroffenen Arbeitnehmer auf der anderen Seite unzumutbar ist.[38] Vor Ausspruch einer Kündigung aus wichtigem Grund muss die Möglichkeit einer einvernehmlichen Regelung ausgeschöpft worden sein (oben RdNr. 21).[39] 39

Bei der erforderlichen **Abwägung ist in Rechnung zu stellen,** dass eine ordentliche Kündigung mit der Dreimonatsfrist des Abs. 1 stets möglich ist (oben RdNr. 25 ff.). Es geht deshalb nur um die Fälle, in denen schon ein Festhalten an einer Betriebsvereinbarung für diesen Zeitraum zu einer unzumutbaren Belastung der Insolvenzmasse führt. Zu denken ist an einzelne Gruppen von Arbeitnehmern besonders begünstigende Betriebsvereinbarungen, deren Aufrechterhaltung die Masse soweit auszehren würde, dass die Einstellung des Verfahrens nach § 207 droht oder dass nicht einmal die nach § 123 zulässigen Sozialplanleistungen erbracht werden können. 40

Nach der Rechtsprechung des Bundesarbeitsgerichts **wirken Betriebsvereinbarungen** in mitbestimmungspflichtigen Angelegenheiten **auch im Falle einer außerordentlichen Kündigung nach.**[40] Daran ändert sich auch in der Insolvenz grundsätzlich nichts. Den Betriebspartnern bleibt nur die Möglichkeit, eine Neuregelung zu initiieren und notwendigenfalls über die Einigungsstelle durchzusetzen.[41] Der Insolvenzverwalter kann auch den Weg einer individualvertraglichen Abänderung, ggf. über den Weg der Änderungskündigung, beschreiten. 41

4. Änderung durch Tarifvertrag. Tarifverträge gehen Betriebsvereinbarungen im Rang vor, wie sich aus § 87 Abs. 1 und § 77 Abs. 3 BetrVG ergibt. Deshalb können schon bestehende Betriebsvereinbarungen, gleichgültig ob sie voll wirksam sind oder nur noch nachwirken, durch Tarifvertrag abgelöst werden.[42] Ein solcher **ablösender Sanierungstarifvertrag** kommt sowohl in Form eines unternehmensbezogenen Verbandstarifvertrages als auch in Form eines Haustarifvertrages in Betracht.[43] 42

---

[37] BAG AP BetrAVG § 1 – Betriebsveräußerung – Nr. 13 = NZA 1993, 20.
[38] Vgl. allgemein zur außerordentlichen Kündigung von Betriebsvereinbarungen BAG AP BetrVG 1972 § 50 Nr. 11 = NZA 1993, 31 (unter IV der Gründe); GK-BetrVG-*Kreutz* § 77 RdNr. 366.
[39] Ebenso *Nerlich/Römermann/Hamacher* § 120 RdNr. 47.
[40] BAG AP BetrVG 1972 § 112 Nr. 86 = NZA 1995, 314 für den Sozialplan; kritisch GK-BetrVG-*Kreutz* § 77 RdNr. 399; *Fitting* § 77 BetrVG RdNr. 179.
[41] *Nerlich/Römermann/Hamacher* § 120 RdNr. 48.
[42] BAG AP TVG § 4 – Günstigkeitsprinzip – Nr. 1 = BB 1959, 704; BAG AP TVG § 4 – Ordnungsprinzip – Nr. 12 = NZA 1986, 790; GK-BetrVG-*Kreutz* § 77 RdNr. 132; *Richardi* § 77 BetrVG RdNr. 279; *Wiedemann/Wank* § 4 TVG RdNr. 578.
[43] *Löwisch* ZGR 1984, 271, 280 f.

43 Der ablösende Tarifvertrag bringt die Regelungen der abgelösten Betriebsvereinbarung nicht nur gegenüber den organisierten, sondern **auch gegenüber den nicht organisierten Arbeitnehmern** in Wegfall. Soweit die Regelung Betriebsnormen betrifft, die, wie in Fragen der Arbeitszeit im Betrieb, von Natur aus nur einheitlich gelten können, folgt das schon aus § 3 Abs. 2 TVG. Es gilt nach § 77 Abs. 3 BetrVG aber auch sonst, etwa für Sozialleistungen. Nicht abgelöst werden können aber Sozialpläne (arg. § 112 Abs. 1 Satz 4 BetrVG). Insoweit ist der Insolvenzverwalter auf § 124 verwiesen (§ 124 RdNr. 7 ff.).

44 Soweit der Tarifvertrag eine Betriebsvereinbarung ablöst, die ihrerseits arbeitsvertragliche Regelungen abgelöst hatte, lebt entsprechend dem oben Gesagten (RdNr. 35) die **arbeitsvertragliche Regelung** wieder auf. Gegenüber dem Tarifvertrag bleibt eine arbeitsvertragliche Regelung nach dem Günstigkeitsprinzip bestehen (§ 4 Abs. 3 TVG).

45 **5. Rechtsschutz.** Streitigkeiten über die Kündigung von Betriebsvereinbarungen nach § 120 zwischen Insolvenzverwalter und Betriebsrat gehören in das arbeitsgerichtliche Beschlussverfahren nach § 2a Abs. 1 ArbGG. Soweit ein Arbeitnehmer Rechte aus einer gekündigten Betriebsvereinbarung geltend macht, ist das Urteilsverfahren nach § 2 Abs. 1 Nr. 3 lit. a) ArbGG maßgeblich.

IV. Änderung von Tarifverträgen und arbeitsvertraglichen Regelungen

46 **1. Tarifverträge. a) Einvernehmliche Änderung.** Die Rechtsnormen eines Tarifvertrages können jederzeit durch einen neuen Tarifvertrag ersetzt werden, sog. Ablösungsprinzip.[44] Dementsprechend können tarifvertraglich festgelegte Arbeitsbedingungen durch einen neuen, **den bisherigen Tarifvertrag ablösenden Tarifvertrag** an die Insolvenzsituation angepasst werden. Ein solcher ablösender Tarifvertrag unterliegt weder dem Günstigkeitsprinzip noch einer Billigkeitskontrolle. Er muss lediglich dem Gebot des Vertrauensschutzes genügen, das vor allem der Rückwirkung eine Grenze zieht. Insbesondere darf in bereits erdiente Rechte nur unter engen Voraussetzungen eingegriffen werden. Die oben in RdNr. 36 ff. dargelegten Grundsätze gelten auch hier.[45]

47 Für die in Sanierungstarifverträgen außerhalb des Insolvenzverfahrens vorkommende **Aufhebung der Unkündbarkeit** gegen Zahlung einer Entlassungsentschädigung ist im Insolvenzverfahren kein Platz, da die Frage der Kündbarkeit durch § 113 entschieden ist. Dementsprechend stellt sich auch nicht das Problem, ob solche Tarifvertragsbestimmungen nach § 143a Abs. 1 Satz 4 SGB III zum Ruhen des Anspruchs auf Arbeitslosengeld für die Dauer eines Jahres führen.

48 Ein Sanierungstarifvertrag kann in erster Linie in Form eines **Haustarifvertrages** geschlossen werden. Wenn die Arbeitsbedingungen in dem insolvent gewordenen Unternehmen schon bisher in einem Haustarifvertrag geregelt waren, bietet dessen Ablösung durch einen neuen Haustarifvertrag keine Probleme. Aber auch wenn das Unternehmen einem Arbeitgeberverband angehört und dementsprechend einem Verbandstarifvertrag unterliegt, ist der Abschluss eines Haustarifvertrages möglich. Die Zugehörigkeit zu einem Arbeitgeberverband ändert nichts an der nach § 2 Abs. 1 TVG gegebenen Tariffähigkeit auch als einzelner Arbeitgeber.[46] Der Haustarifvertrag geht dann als der speziellere dem bisher geltenden Verbandstarifvertrag vor.[47]

49 Möglich ist auch der Abschluss eines lediglich für das insolvente Unternehmen geltenden **Verbandstarifvertrages,** der den bisherigen Verbandstarifvertrag in seiner Geltung für das Unternehmen verdrängt. Eine solche Neuregelung kann auch in der Vereinbarung einer für das insolvente Unternehmen geltenden Öffnungsklausel gegenüber Betriebsvereinbarung

---

[44] St. Rspr. BAG EzA TVG § 4 – Ablösungsprinzip – Nr. 2 = NZA 2002, 815 (Ls.); *Löwisch/Rieble* § 1 TVG RdNr. 500 f.
[45] Vgl. im Einzelnen *Löwisch/Rieble* § 1 TVG RdNr. 294 ff.
[46] BAG AP TVG § 2 – Tarifzuständigkeit – Nr. 10 = NZA 1997, 613; BAG AP GG Art. 9 – Arbeitskampf – Nr. 162 = NZA 2003, 734.
[47] BAG AP TVG § 4 – Tarifkonkurrenz – Nr. 26 = NZA 2001, 1085.

oder Arbeitsvertrag bestehen.⁴⁸ Die Vereinbarung einer Anrechnungsklausel, nach der auf das tarifliche Entgelt übertarifliche Entgelte angerechnet werden können, ist aber nicht möglich, weil sie entgegen dem Günstigkeitsprinzip des § 4 Abs. 3 TVG tarifliche Höchstarbeitsbedingungen setzen würde.⁴⁹

Die Tarifmacht zum Abschluss eines solchen Sanierungstarifvertrages ist als solche unverzichtbar. Allerdings kann der abzulösende Tarifvertrag Folgen an einen solchen Sanierungstarifvertrag knüpfen. So bestimmt etwa **§ 17 des Bundesrahmentarifvertrages für das Baugewerbe** vom 4. 7. 2002 i. d. F. vom 19. 5. 2006, dass sich die Tarifvertragsparteien verpflichten, mit einzelnen Arbeitgebern keine abweichenden Tarifverträge zu vereinbaren und dass im Falle eines dieser Verpflichtung widersprechenden Abschlusses die andere Tarifvertragspartei verlangen kann, dass die abweichenden Bestimmungen auch für die übrigen Tarifgebundenen vereinbart werden.⁵⁰ Zudem kann der Abschluss eines Haustarifvertrages gegen die Mitgliedschaftspflichten des Unternehmens gegenüber dem Arbeitgeberverband verstoßen und damit zu mitgliedschaftlichen Sanktionen führen. 50

Die Regelungen eines tarifliche Arbeitsbedingungen ablösenden Sanierungstarifvertrages gelten gem. § 3 Abs. 1 TVG an sich nur für die tarifgebundenen Arbeitnehmer. Ist aber für die nichttarifgebundenen Arbeitsverhältnisse auf die jeweils geltenden einschlägigen Tarifverträge Bezug genommen, nehmen die betreffenden Arbeitsverhältnisse auch an der Änderung teil. Denn **Bezugnahmeklauseln** sollen regelmäßig für die in Bezug genommenen Arbeitsverträge das widerspiegeln, was tarifrechtlich gilt.⁵¹ Dementsprechend sind sie ergänzend dahin auszulegen, dass sie den Arbeitnehmern auch verschlechternde Tarifänderungen zumuten.⁵² 51

Das BAG hat dynamische Bezugnahmeklauseln bislang dahin ausgelegt, dass die Teilnahme der Bezug nehmenden Arbeitsverhältnisse an der Tarifentwicklung dann endet, wenn die **Tarifbindung auf Arbeitgeberseite entfällt**.⁵³ Nach der Entscheidung vom 14. 12. 2005 soll dies für ab dem 1. Januar 2002 abgeschlossene Arbeitsverträge nicht mehr gelten; vielmehr sollen diese an der Tarifentwicklung auch dann teilnehmen, wenn die Tarifbindung auf Arbeitgeberseite entfallen ist.⁵⁴ Das hat zur Folge, dass auch die nicht-tarifgebunden Arbeitnehmer Verschlechterungen ihrer Arbeitsbedingungen, die in einem Sanierungstarifvertrag vereinbart werden, regelmäßig hinnehmen müssen, etwa wenn der Insolvenzverwalter aus dem Arbeitgeberverband ausgetreten ist oder die Mitgliedschaft kraft Verbandssatzung durch die Insolvenz automatisch erloschen ist.⁵⁵ Die Entscheidung des BAG vom 14. 12. 2005 ist allerdings sehr umstritten und in der Sache abzulehnen.⁵⁶ 52

b) Kündigung aus wichtigem Grund. Als Dauerschuldverhältnisse können auch Tarifverträge aus wichtigem Grund außerordentlich gekündigt werden, wenn das Festhalten an ihnen unter Abwägung der Interessen beider Vertragsteile dem Kündigenden schlechterdings nicht zugemutet werden kann.⁵⁷ Die Insolvenzsituation als solche begründet nicht automatisch die Unzumutbarkeit. Notwendig ist vielmehr, dass das Festhalten an den tariflichen 53

---

⁴⁸ *Löwisch* ZGR 1984, 272, 274.
⁴⁹ BAG AP TVG § 4 – Effektivklausel – Nr. 8 = MDR 1972, 83; BAG AP TVG § 4 – Ordnungsprinzip – Nr. 12 = NZA 1986, 790.
⁵⁰ Kritisch *Rieble* NZA 2000, 225, 230, der die Bestimmung für unwirksam hält.
⁵¹ BAG AP TVG § 4 – Nachwirkung – Nr. 9; BAG AP BAT-O § 1 Nr. 5 = NZA 1996, 322.
⁵² BAG AP TVG § 1 – Bezugnahme auf Tarifvertrag – Nr. 5; BAG AP TVG § 1 – Beschäftigungssicherung – Nr. 1 = NZA 2004, 215; *Löwisch* ZGR 1984, 272, 275.
⁵³ BAG AP TVG § 1 – Bezugnahme auf Tarifvertrag – Nr. 33 = NZA 2003, 1207; BAG AP TVG § 1 – Bezugnahme auf Tarifvertrag – Nr. 37 = NZA 2006, 744.
⁵⁴ BAG AP TVG § 1 – Bezugnahme auf Tarifvertrag – Nr. 39 = NZA 2006, 607 = NJW 2006, 2571 = EzA TVG § 3 – Bezugnahme auf Tarifvertrag – Nr. 32; bestätigt durch BAG vom 18. 4. 2007 – 4 AZR 652/05.
⁵⁵ *Löwisch/Rieble* § 3 TVG RdNr. 70.
⁵⁶ Vgl. mit Nachweisen *Löwisch/Feldmann* Anm. zu BAG EzA TVG § 3 – Bezugnahme auf Tarifvertrag – Nr. 32.
⁵⁷ BAG AP TVG § 1 – Kündigung – Nr. 1 = NZA 1997, 830; BAG AP TVG § 1 – Kündigung – Nr. 3 = NZA 1998, 1008.

Arbeitsbedingungen den Fortbestand des Unternehmens und den Verlust der dort bestehenden Arbeitsplätze herbeizuführen droht, denn die Bindung an den Tarifvertrag wird dann funktionswidrig und damit unverhältnismäßig.[58] Auf der anderen Seite scheidet eine Kündigung aus wichtigem Grund aus, wenn feststeht, dass das Unternehmen liquidiert werden muss.[59]

54 Dem Recht zur außerordentlichen Kündigung ist der **ultima-ratio-Grundsatz** immanent (oben RdNr. 21). Deshalb muss der Kündigung aus wichtigem Grund der Versuch vorangehen, mit der anderen Tarifvertragspartei Einvernehmen über eine Änderung des Tarifvertrages zu erreichen, welche die Unzumutbarkeit beseitigt.[60] Dazu gehört das Angebot von Verhandlungen und die Darlegung, welche Veränderungen notwendig sind, um die Unzumutbarkeit zu beseitigen.

55 Ein durch außerordentliche Kündigung beendeter Tarifvertrag **wirkt gem. § 4 Abs. 5 TVG nach.** Ließe man die Tarifkündigung auf den Arbeitsvertrag durchschlagen, ginge das am Zweck des § 4 Abs. 5 TVG vorbei, nach Ende des Tarifvertrages eine dispositive Überbrückungsregelung bereitzuhalten. Zudem würde es dem Umstand nicht gerecht, dass die arbeitsvertraglichen Beziehungen individuell verschieden sein können, so dass in einem Falle die eine, im anderen Falle eine andere und in einem dritten Fall überhaupt keine Änderung des Arbeitsvertrages gerechtfertigt sein kann.[61] Regelmäßig wird die danach notwendige Änderung der Arbeitsverträge einverständlich herbeigeführt werden können. Wo das nicht der Fall ist, muss sie im Wege der betriebsbedingten Änderungskündigung (vgl. RdNr. 63 ff.) durchgesetzt werden. Diese greift durch, weil nach der Rechtsprechung des Bundesarbeitsgerichts eine drohende Stilllegung oder Reduzierung der Belegschaft solche Änderungskündigungen trägt.[62]

56 Das Recht zur außerordentlichen Kündigung hilft dem von einem unzumutbaren Tarifvertrag betroffenen Unternehmen unmittelbar nur im Falle des Haustarifs. **Im Falle des Verbandstarifs** steht das Kündigungsrecht an sich dem Arbeitgeberverband als Partei des Tarifvertrages zu. Für das betroffene Verbandsmitglied scheint es nur die Möglichkeit zu geben, aus dem Mitgliedschaftsverhältnis einen Anspruch gegen den Verband geltend zu machen, seinerseits den Tarifvertrag zu kündigen. Das ist ineffektiv. Man muss daher für solche Fälle der Unternehmens- und Arbeitsplatzgefährdung den betroffenen Mitgliedsunternehmen das Recht einräumen, unabhängig vom Verband die **Bindung an den Tarifvertrag zu kündigen.** Begründen lässt sich dies damit, dass die Rechtsnormwirkung des Tarifvertrages gegenüber diesen Mitgliedern unverhältnismäßig ist, weil sie nicht mehr geeignet ist, das Ziel einer sachgerechten Regelung der Arbeitsbedingungen zu erreichen,[63] sowie mit der Erwägung, dass das Bundesarbeitsgericht neuerdings in Gestalt des Anspruchs auf Unterlassung tarifwidrigen Verhaltens eine Rechtsbeziehung zwischen den Tarifvertragsparteien und den Mitgliedern der gegnerischen Tarifvertragspartei herstellt:[64] Begründet die Tarifautonomie auf diese Weise einen direkten Rechtsanspruch gegen die Verbandsmitglieder, müssen sich diese bei Vorliegen eines wichtigen Grundes auch selbst von diesem Rechtsanspruch befreien können. Eine andere Möglichkeit besteht darin, dem Insolvenzverwalter das Recht zuzubilligen, die Verbandsmitgliedschaft aus wichtigem Grund fristlos

---

[58] *Löwisch* NJW 1997, 905, 906 ff.; im Ergebnis ebenso *Belling/Hartmann* NZA 1998, 57, 64 ff.; einschränkend *Wiedemann/Wank* § 4 TVG RdNr. 28 ff., 58 ff., der Unvorhersehbarkeit der Situation verlangt.
[59] *Löwisch/Rieble* § 1 TVG RdNr. 532.
[60] BAG AP TVG § 1 – Kündigung – Nr. 1 = NZA 1997, 830; BAG AP TVG § 1 – Kündigung – Nr. 2 = NZA 1997, 1234; BAG AP TVG § 1 – Tarifverträge: Metallindustrie – Nr. 173 = NZA 2001, 788; *Löwisch/Rieble* § 1 TVG RdNr. 522 ff.
[61] Offengelassen BAG AP TVG § 1 – Kündigung – Nr. 1 = NZA 1997, 830; wie hier *Buchner* NZA 1993, 289, 299; eingehend *Rieble* Anm. BAG EzA TVG § 1 – Fristlose Kündigung – Nr. 2; aA *Otto*, Festschrift für Kissel, 1994, 787, 794; *Oetker* RdA 1995, 82, 95.
[62] BAG AP KSchG 1969 § 2 Nr. 14 = NZA 1986, 824 = EzA KSchG § 2 Nr. 6 mit Anm. *Löwisch*; BAG AP KSchG 1969 § 2 Nr. 51 = NZA 1999, 471.
[63] *Löwisch* NJW 1997, 905, 906 f.
[64] BAG AP GG Art. 9 Nr. 89 = NZA 1999, 887 = NJW 1999, 3281.

zu kündigen und damit in Restriktion des § 3 Abs. 3 TVG die Folge zu verbinden, dass der Tarifvertrag für die Arbeitsverhältnisse nur noch entsprechend § 4 Abs. 5 TVG nachwirkt.[65]

2. Arbeitsvertrag. a) Einvernehmliche Änderung. Der unproblematischste Weg, um einzelvertraglich festgelegte Entgelte und sonstige Arbeitgeberleistungen der Insolvenzsituation anzupassen, ist die vertragliche Vereinbarung zwischen Arbeitgeber und Arbeitnehmer. Erfolgt diese Vereinbarung allerdings in einer **vertraglichen Einheitsregelung,** so ist, soweit eine mitbestimmungspflichtige Angelegenheit i. S. d. § 87 Abs. 1 BetrVG betroffen ist, zu deren Grundlinien die Zustimmung des Betriebsrats in Form der sog. Regelungsabrede erforderlich.[66] Auch müssen die getroffenen Regelungen der Inhaltskontrolle nach den §§ 307 ff. BGB standhalten. Dabei ist freilich der Insolvenzsituation Rechnung zu tragen. Werden etwa bisher erbrachte Nebenleistungen (Gratifikationen etc.) durch den Anspruch auf einen bestimmten Geldbetrag abgelöst und dieser unter eine bestimmte Ausschlussfrist gestellt, braucht diese sich nicht auf die sonst vom Bundesarbeitsgericht für notwendig gehaltene Dauer von drei Monaten[67] zu erstrecken. 57

b) Widerruf. Soweit sich der Arbeitgeber das Recht zum Widerruf zugesagter Leistungen vorbehalten hat, kann der Insolvenzverwalter durch dessen Ausübung eine von ihm für notwendig erachtete Änderung der Arbeitsbedingungen herbeiführen. Das setzt voraus, dass der Widerruf wirksam vereinbart ist, insbesondere der AGB-Kontrolle nach § 308 Nr. 4 BGB standhält. Betrifft der Widerrufsvorbehalt übertarifliche Leistungen, ist er nur dann wirksam, wenn der widerrufliche Anteil unter 25 bis 30 Prozent der Gesamtvergütung liegt und die Widerrufsgründe zumindest in allgemeiner Form festgelegt sind.[68] Auch dürfen wesentliche Elemente des Arbeitsvertrags, etwa der Charakter des Arbeitsverhältnisses als Vollzeit- oder Teilzeitarbeitsverhältnis, nicht der einseitigen Änderung unterstellt werden. 58

Bei der Ausübung des Widerrufs muss sich der Insolvenzverwalter **im Rahmen billigen Ermessens** halten.[69] Die Maßstäbe des billigen Ermessens sind nicht notwendig die der sozialen Rechtfertigung i. S. d. Kündigungsschutzgesetzes. Vielmehr ist die Ausübung des vorbehaltenen Widerrufs schon bei Vorliegen „betrieblicher Gründe" und nicht erst beim Vorliegen „dringender" betrieblicher Gründe zugelassen.[70] Die Notwendigkeit, einer Insolvenzsituation Rechnung zu tragen, stellt regelmäßig einen solchen Grund dar. 59

Auch bei einer durch Ausübung eines Widerrufsvorbehalts vorgenommenen Anpassung gilt, dass für deren Grundsätze die **Zustimmung des Betriebsrats** in Form der Regelungsabrede vorliegen muss, soweit eine vertragliche Einheitsregelung getroffen werden soll und der Bereich der mitbestimmungspflichtigen Angelegenheiten i. S. d. § 87 Abs. 1 BetrVG betroffen ist.[71] 60

c) Anrechnung übertariflicher Leistungen auf Tariflohnerhöhungen. Bleiben die Arbeitsverhältnisse im Insolvenzfall tarifgebunden, kann der Insolvenzverwalter auf eintretende Tariflohnerhöhungen übertarifliche Leistungen anrechnen, auch wenn der Arbeitsvertrag keinen ausdrücklichen Anrechnungsvorbehalt enthält. Ein solcher (konkludenter) Anrechnungsvorbehalt fällt nicht unter § 308 Nr. 4 BGB.[72] Auch steht das Transparenzgebot des § 307 Abs. 1 Satz 2 BGB nicht entgegen.[73] 61

Die Anrechnung der Tariflohnerhöhung unterliegt der Mitbestimmung des Betriebsrats nach § 87 Abs. 1 Nr. 10 BetrVG, wenn sich durch sie die Verteilungsgrundsätze ändern und 62

---

[65] *Löwisch/Rieble* § 1 TVG RdNr. 533 ff.
[66] Für den Fall der Ausübung eines Widerrufsvorbehalts BAG AP BetrVG 1972 § 87 – Lohngestaltung – Nr. 4 = ZIP 1981, 413.
[67] BAG AP BGB § 307 Nr. 7 = NZA 2006, 149 = NJW 2006, 795.
[68] BAG AP BGB § 308 Nr. 1 = NZA 2005, 465 = NJW 2005, 1820 = ZIP 2005, 633.
[69] BAG AP BGB § 308 Nr. 1 = NZA 2005, 465 = NJW 2005, 1820 = ZIP 2005, 633.
[70] BAG AP BGB § 620 – Teilkündigung – Nr. 5 = ZIP 1983, 719.
[71] BAG AP BetrAVG 1 – Ablösung – Nr. 6 = NZA 1986, 517; *Löwisch/Kaiser* § 77 BetrVG RdNr. 78.
[72] KompaktKomm-*Löwisch* § 308 BGB RdNr. 1.
[73] BAG AP TVG § 4 – Übertarifl. Lohn und Tariflohnerhöhung – Nr. 40 = NZA 2006, 688; kritisch *Preis/Lindemann* NZA 2006, 632, 637.

dem Insolvenzverwalter ein Spielraum für eine anderweitige Anrechnung verbleibt.[74] Wird die Tariflohnerhöhung im Rahmen des rechtlich und tatsächlich Möglichen vollständig und gleichmäßig auf das übertarifliche Entgelt angerechnet, ist die Anrechnung auch bei einer Änderung der Verteilungsgrundsätze mitbestimmungsfrei.[75]

63 **d) Änderungskündigung.** Soweit eine einvernehmliche Änderung nicht zustandekommt und dem Insolvenzverwalter auch kein Widerrufsrecht oder die Möglichkeit zur Anrechnung zur Seite steht, kann er eine Änderung der Arbeitsverträge nur durch Änderungskündigung herbeiführen. Bei ihr ist er, soweit keine außerordentliche Änderungskündigung in Betracht kommt, an die nach § 113 Satz 2 modifizierten Kündigungsfristen gebunden (§ 113 RdNr. 25 ff.). Eine etwaige ordentliche Unkündbarkeit steht nach § 113 Satz 1 einer solchen Änderungskündigung nicht entgegen (§ 113 RdNr. 16 ff.).

64 Im Geltungsbereich des Kündigungsschutzgesetzes bedarf eine solche Änderungskündigung der **sozialen Rechtfertigung**. Verfahrensmäßig kann der Insolvenzverwalter dabei den Weg der §§ 125 ff. beschreiten (§ 125 RdNr. 108 ff.; § 126 RdNr. 7). Die soziale Rechtfertigung setzt ein organisatorisches Konzept voraus.[76] Auch muss die Änderung von den betroffenen Arbeitnehmern billigerweise hinzunehmen sein.[77] Schließlich muss der Insolvenzverwalter auch das Gebot der Auswahl nach sozialen Gesichtspunkten beachten. Es gelten insoweit im Prinzip die gleichen Grundsätze wie bei der Beendigungskündigung (§ 125 RdNr. 113).

65 Die **Herabsetzung von Entgelten** und anderen geldwerten Leistungen ist nach der Rechtsprechung des Bundesarbeitsgerichts nur gerechtfertigt, wenn sonst erforderlich werdende Beendigungskündigungen vermieden werden. Voraussetzung ist danach, dass der Insolvenzverwalter in greifbarer Form ein **Konzept betrieblicher Maßnahmen** entwickelt hat, das bei seiner Durchführung solche Beendigungskündigungen, sei es im gesamten Betrieb, sei es in einer Betriebsabteilung, zur Folge gehabt hätte. Der Insolvenzverwalter muss darlegen, „zu welchem Zeitpunkt er welche Maßnahmen zur Aufgabe des Betriebszwecks und zur Auflösung der Betriebseinheit von materiellen, immateriellen und personellen Mitteln geplant hat", die durch den alternativen Sanierungsplan vermieden werden sollen.[78] Der alternative Sanierungsplan muss dabei nach dem ultima-ratio-Grundsatz vorsehen, dass alle milderen Mittel ausgeschöpft werden. Solche milderen Mittel sind nach Auffassung des Bundesarbeitsgerichts neben der Absenkung widerruflicher Leistungen auch mögliche Rationalisierungsmaßnahmen und sonstige Einsparungen. Das Gebot der Sozialauswahl nach sozialen Gesichtspunkten ist regelmäßig erfüllt, wenn die Entgelte **prozentual gleichmäßig** verringert werden (vgl. auch § 125 RdNr. 112 f.).[79]

66 Auch bei der Änderungskündigung ist ein entsprechendes Mitbestimmungsrecht des Betriebsrats zu beachten (RdNr. 57, 60). Das Unterbleiben der Mitbestimmung ändert aber nichts an der Wirksamkeit der Änderungskündigung. Diese kann lediglich solange nicht durchgesetzt werden, als nicht die Mitbestimmung – nachträglich – erfolgt ist.[80]

67 **e) Kollektivvertragliche Änderung.** An sich ist eine Anpassung in vertraglichen Einheitsregelungen festgelegter Arbeitsbedingungen durch **ablösende Betriebsvereinbarung** möglich. Doch gilt dies nach der Rechtsprechung des Bundesarbeitsgerichts nur, wenn die ablösende Betriebsvereinbarung kollektiv günstiger ist als die abgelöste vertragliche Einheits-

---

[74] Vgl. im Einzelnen BAG (GrS) AP BetrVG 1972 § 87 – Lohngestaltung – Nr. 51 = NZA 1992, 749 = ZIP 1992, 1095; *Löwisch/Kaiser* § 87 BetrVG RdNr. 175 ff.
[75] BAG EzA BetrVG 1972 § 87 – Betriebliche Lohngestaltung – Nr. 71.
[76] BAG AP KSchG 1969 § 2 Nr. 42 = NZA 1997, 1047 = NJW 1998, 179.
[77] BAG AP KSchG 1969 § 2 Nr. 28 = NZA 1992, 120; BAG AP KSchG 1969 § 2 Nr. 51 = NZA 1999, 471.
[78] BAG AP KSchG 1969 § 2 Nr. 51 = NZA 1999, 471; BAG AP KSchG 1969 § 2 Nr. 53 = NZA 1999, 1336 = NJW 2000, 756; BAG AP KSchG 1969 § 2 Nr. 69 = NZA 2003, 147 = NJW 2003, 1139; kritisch zu dieser Rspr. *Löwisch/Spinner*, Kommentar zum Kündigungsschutzgesetz, 9. Aufl. 2004, § 2 RdNr. 55 ff.
[79] *Löwisch/Spinner* (Fn. 78) § 2 RdNr. 58.
[80] BAG KSchG 1969 § 2 Nr. 49 = NZA 1998, 1225 = ZIP 1998, 2017.

regelung oder wenn der Arbeitsvertrag die Ablösung durch Betriebsvereinbarung zulässt, was auch stillschweigend geschehen kann.[81] Für letzteres genügt, wenn der Arbeitsvertrag auf geltende und künftige Betriebsvereinbarungen Bezug nimmt.[82] Der Weg über den kollektiven Günstigkeitsvergleich scheidet für den Insolvenzverwalter, dem es um die Herabsetzung von Leistungen geht, dagegen praktisch regelmäßig aus.

Eine **tarifvertragliche Verschlechterung** von Arbeitsentgelt und sonstigen Arbeitgeberleistungen scheitert von vornherein am Günstigkeitsprinzip des § 4 Abs. 3 TVG.[83] 68

§ 121 Betriebsänderungen und Vermittlungsverfahren

Im Insolvenzverfahren über das Vermögen des Unternehmers gilt § 112 Abs. 2 Satz 1 des Betriebsverfassungsgesetzes mit der Maßgabe, daß dem Verfahren vor der Einigungsstelle nur dann ein Vermittlungsversuch vorangeht, wenn der Insolvenzverwalter und der Betriebsrat gemeinsam um eine solche Vermittlung ersuchen.

§ 122 Gerichtliche Zustimmung zur Durchführung einer Betriebsänderung

(1) ¹Ist eine Betriebsänderung geplant und kommt zwischen Insolvenzverwalter und Betriebsrat der Interessenausgleich nach § 112 des Betriebsverfassungsgesetzes nicht innerhalb von drei Wochen nach Verhandlungsbeginn oder schriftlicher Aufforderung zur Aufnahme von Verhandlungen zustande, obwohl der Verwalter den Betriebsrat rechtzeitig und umfassend unterrichtet hat, so kann der Verwalter die Zustimmung des Arbeitsgerichts dazu beantragen, daß die Betriebsänderung durchgeführt wird, ohne daß das Verfahren nach § 112 Abs. 2 des Betriebsverfassungsgesetzes vorangegangen ist. ²§ 113 Abs. 3 des Betriebsverfassungsgesetzes ist insoweit nicht anzuwenden. ³Unberührt bleibt das Recht des Verwalters, einen Interessenausgleich nach § 125 zustande zu bringen oder einen Feststellungsantrag nach § 126 zu stellen.

(2) ¹Das Gericht erteilt die Zustimmung, wenn die wirtschaftliche Lage des Unternehmens auch unter Berücksichtigung der sozialen Belange der Arbeitnehmer erfordert, daß die Betriebsänderung ohne vorheriges Verfahren nach § 112 Abs. 2 des Betriebsverfassungsgesetzes durchgeführt wird. ²Die Vorschriften des Arbeitsgerichtsgesetzes über das Beschlußverfahren gelten entsprechend; Beteiligte sind der Insolvenzverwalter und der Betriebsrat. ³Der Antrag ist nach Maßgabe des § 61 a Abs. 3 bis 6 des Arbeitsgerichtsgesetzes vorrangig zu erledigen.

(3) ¹Gegen den Beschluß des Gerichts findet die Beschwerde an das Landesarbeitsgericht nicht statt. ²Die Rechtsbeschwerde an das Bundesarbeitsgericht findet statt, wenn sie in dem Beschluß des Arbeitsgerichts zugelassen wird; § 72 Abs. 2 und 3 des Arbeitsgerichtsgesetzes gilt entsprechend. ³Die Rechtsbeschwerde ist innerhalb eines Monats nach Zustellung der in vollständiger Form abgefaßten Entscheidung des Arbeitsgerichts beim Bundesarbeitsgericht einzulegen und zu begründen.

---

[81] BAG (GrS) AP BetrVG 1972 § 77 Nr. 17 = NZA 1987, 168; *Löwisch/Kaiser* § 77 BetrVG RdNr. 79; GK-BetrVG-*Kreutz* § 77 RdNr. 266.
[82] BAG AP BGB § 620 – Altersgrenze – Nr. 2 = NZA 1988, 617; ErfKomm-*Kania* § 77 BetrVG RdNr. 80 ff., 85; enger *Rieble/Schul* RdA 2006, 339, 340, die einen ausdrücklichen Hinweis verlangen, dass arbeitsvertragliche Regelungen durch Betriebsvereinbarung auch „verschlechternd" abgeändert werden können.
[83] BAG (GrS) (Fn. 81) (unter C II 3 a der Gründe); *Wiedemann/Wank* § 4 TVG RdNr. 650; *Löwisch/Rieble* § 4 TVG RdNr. 266 f.

§§ 121, 122 1–3   3. Teil. 2. Abschnitt. Erfüllung Rechtsgeschäfte. Mitwirkung BR

Schrifttum: *Annuß,* Die Betriebsänderung in der Insolvenz, NZI 1999, 344; *Caspers,* Personalabbau und Betriebsänderung im Insolvenzverfahren, 1998; *Däubler/Kittner/Klebe,* Betriebsverfassungsgesetz, 10. Aufl. 2006; *Germelmann/Matthes/Prütting/Müller-Glöge,* Arbeitsgerichtsgesetz, 5. Aufl. 2004; *Giesen,* Die Betriebsverfassung nach dem neuen Insolvenzrecht, ZIP 1998, 142; *Grunsky,* Arbeitsgerichtsgesetz, 7. Aufl. 1995; *Grunsky/Moll,* Arbeitsrecht und Insolvenz, 1997; *Jaeger/Röder/Heckelmann,* Praxishandbuch Betriebsverfassungsrecht, 2003; *Krause,* Rechtskrafterstreckung im kollektiven Arbeitsrecht, 1996; *Lakies,* Zu den seit 1. 10. 1996 geltenden arbeitsrechtlichen Vorschriften der Insolvenzordnung, RdA 1997, 145; *Löwisch,* Probleme des Interessenausgleichs, RdA 1989, 216; *ders.,* Neugestaltung des Interessenausgleichs durch das Arbeitsrechtliche Beschäftigungsförderungsgesetz, RdA 1997, 80; *Löwisch/Kaiser,* Betriebsverfassungsgesetz, 5. Aufl. 2002; *Lohkemper,* Die Bedeutung des neuen Insolvenzrechts für das Arbeitsrecht, KTS 1996, 1; *Oetker/Friese,* Der Interessenausgleich in der Insolvenz (I), DZWIR 2001, 133; *Otto,* Entscheidungsharmonie, Verfahrensökonomie und rechtliches Gehör bei Streitigkeiten mit kollektivem Bezug, RdA 1989, 247; *Richardi,* Betriebsverfassungsgesetz, 10. Aufl. 2006; *Rummel,* Der Interessenausgleich im Konkurs, DB 1997, 774; *Schrader,* Übergangsregelungen zum Konkursrecht, NZA 1997, 70; *Warrikoff,* Die Stellung der Arbeitnehmer nach der neuen Insolvenzordnung, BB 1994, 2338; *Willemsen/Tiesler,* Interessenausgleich und Sozialplan in der Insolvenz, 1995.

Übersicht

	RdNr.		RdNr.
I. Normzweck der Vorschriften	1	a) Rechtzeitige und umfassende Unterrichtung	31
II. Das betriebsverfassungsrechtliche Verfahren bei Betriebsänderungen	4	b) Verhandlungsbereitschaft	33
1. Geltungsbereich der §§ 111 ff. BetrVG	4	c) Dreiwochenfrist	34
2. Informations- und Beratungspflicht	11	2. Zustimmungskriterien	38
3. Interessenausgleichsverfahren	15	a) Wirtschaftliche Lage des Unternehmens	40
4. Nachteilsausgleich	21	b) Soziale Belange der Arbeitnehmer	44
III. Entbehrlichkeit des Vermittlungsverfahrens (§ 121)	29	3. Arbeitsgerichtliches Beschlussverfahren	46
		a) Verfahren	46
IV. Arbeitsgerichtliche Zustimmung zur Durchführung einer Betriebsänderung (§ 122)	31	b) Rechtsmittel und Rechtskraft	52
		c) Einstweilige Verfügung	56
1. Antragsvoraussetzungen	31	4. Wirkung der Zustimmung	60
		5. Verhältnis zu §§ 125, 126	62

I. Normzweck der Vorschriften

1   Das Betriebsverfassungsgesetz sieht in seinen §§ 111 bis 113 für **Betriebsänderungen,** insbesondere für einen Personalabbau, ein kompliziertes Verfahren vor, das je nach dem Verhalten der Beteiligten und den bestehenden Konflikten sehr langwierig sein kann. Da § 113 Abs. 3 BetrVG zugleich die Durchführung von Betriebsänderungen vor Verfahrensabschluss mit der Sanktion individueller Nachteilsausgleichsansprüche der Arbeitnehmer belegt, kann aus dem Verfahren eine erhebliche finanzielle Belastung des Unternehmens resultieren. Diese Belastung sucht die Insolvenzordnung für die Insolvenzmasse durch die in den §§ 121, 122 vorgesehenen **Verfahrensbeschleunigungen** zu begrenzen: § 121 ermöglicht dem Insolvenzverwalter, den in § 112 Abs. 2 BetrVG vorgesehenen Vermittlungsversuch beim Vorstand der Bundesagentur für Arbeit zu vermeiden. Nach § 122 kann der Insolvenzverwalter nach drei Wochen vergeblicher Verhandlungen die Zustimmung des Arbeitsgerichts zur Durchführung der Betriebsänderung ohne Rücksicht auf den Stand der Interessenausgleichsverhandlungen beantragen.

2   Die §§ 121, 122 haben an praktischer Bedeutung gewonnen, nachdem das Korrekturgesetz vom 19. 12. 1998 die durch das arbeitsrechtliche Beschäftigungsförderungsgesetz vom 25. 9. 1996 eingeführte **allgemeine Beschleunigung** des Betriebsänderungsverfahrens wieder **beseitigt** hat (s. vor § 113 RdNr. 9).

3   **Dem Insolvenzverwalter steht es frei,** ob er von den ihm nach den §§ 121, 122 gegebenen Befugnissen Gebrauch macht oder nicht. Auf den Zustimmungsantrag zu verzichten und längere Interessenausgleichsverhandlungen in Kauf zu nehmen, kann insbesondere dann zweckmäßig sein, wenn Aussicht besteht, die Zustimmung des Betriebsrats zu einer Namensliste der zu kündigenden Arbeitnehmer gem. § 125 zu erreichen oder den

Betriebsrat sonst in Sanierungsmaßnahmen einzubinden. Auch die parallele Weiterführung des Interessenausgleichsverfahrens neben einem Antragsverfahren nach § 122 kann im Interesse des Insolvenzverwalters liegen.

II. Das betriebsverfassungsrechtliche Verfahren bei Betriebsänderungen

1. Geltungsbereich der §§ 111 ff. BetrVG. Nach den §§ 111 ff. BetrVG unterliegt der Insolvenzverwalter dem Mitbestimmungsrecht des Betriebsrats, wenn er in Betrieben eines **Unternehmens** mit **mehr als 20 Arbeitnehmern** Betriebsänderungen vornehmen will. Indem das BetrVG idF vom 23. 7. 2001 (BGBl. I S. 1852) in § 111 Satz 1 nicht mehr auf den Betrieb, sondern auf das Unternehmen abstellt, will es sicherstellen, dass der mit dem Schwellenwert von 20 wahlberechtigten Arbeitnehmern bezweckte Schutz kleinerer Unternehmen auch tatsächlich nur diesen zugute kommt.[1] Erreicht werden damit vor allem Handelsunternehmen mit mehreren kleinen Filialen.[2]

Haben mehrere Unternehmen einen **Gemeinschaftlichen Betrieb** gebildet, in dem sie die Arbeitgeberfunktionen im Bereich der sozialen und personellen Angelegenheiten einheitlich wahrnehmen, ist nach dem Wechsel vom Betrieb zum Unternehmen in § 111 Satz 1 BetrVG (vgl. RdNr. 4) nicht mehr auf die Gesamtzahl aller im Gemeinsamen Betrieb beschäftigten Arbeitnehmer abzustellen. Vielmehr ist maßgebend, ob das Unternehmen, über dessen Vermögen das Insolvenzverfahren eröffnet worden ist, seinerseits mehr als 20 Arbeitnehmer beschäftigt. Das Bundesarbeitsgericht wendet zwar den seit der Gesetzesänderung vom 23. 7. 2001 ebenfalls auf die Größe des Unternehmens abstellenden § 99 Abs. 1 Satz 1 BetrVG auf den Gemeinschaftsbetrieb analog an.[3] Maßgebend für diese die Mitwirkung und Mitbestimmung vornehmlich bei Einstellungen und Versetzungen betreffende Analogie ist nach den Entscheidungsgründen aber der Umstand, dass es an der „räumlich bedingten engen persönlichen Zusammenarbeit zwischen Arbeitgeber und Arbeitnehmern (...) in gleichem Maße auch dann" fehlt, „wenn zwar das einzelne Unternehmen nicht mehr als zwanzig Arbeitnehmer beschäftigt, diese aber in einer organisatorischen Einheit tätig sind, in der sie zusammen mit den Arbeitnehmern eines anderen Unternehmens eine Belegschaft von insgesamt mehr als zwanzig Mitarbeitern bilden." Im Rahmen der §§ 111 ff. BetrVG geht es hingegen darum, ab welcher Größe ein Unternehmen im Falle von Betriebsänderungen dem komplizierten Interessenausgleichsverfahren unterstellt und der finanziellen Belastung durch einen Sozialplan ausgesetzt werden soll. Diese Frage lässt sich nur für jedes Unternehmen selbst beantworten. Dass es mit anderen Unternehmen in einem Gemeinschaftsbetrieb zusammenwirkt, ändert an seiner Stellung im ausdrücklich auf den „Unternehmer" abstellenden Interessenausgleichsverfahren des § 112 Abs. 1 bis 3 BetrVG und seiner finanziellen Belastung durch einen Sozialplan nichts. Dementsprechend ist Adressat des Beteiligungsverfahrens nach §§ 111, 112 BetrVG von vornherein der „Unternehmer" und nicht wie in § 99 BetrVG der „Arbeitgeber".[4]

Für die **Ermittlung der Zahl** der in der Regel wahlberechtigten Arbeitnehmer im Sinne des § 111 Satz 1 BetrVG ist auf die Personalstärke abzustellen, die für das Unternehmen im Allgemeinen kennzeichnend ist. Werden Arbeitnehmer nicht ständig, sondern lediglich zeitweilig beschäftigt, kommt es für die Frage der regelmäßigen Beschäftigung darauf an, ob die Arbeitnehmer während des größten Teils eines Jahres normalerweise beschäftigt werden. Eine Ausnahme gilt lediglich für reine Kampagnebetriebe.[5] Abzustellen ist auf den Zeitpunkt, zu dem der Entschluss über eine Betriebsänderung gefasst wird.[6]

---

[1] Vgl. RegE – Betriebsverfassungsreformgesetz, BT-Drucks. 14/5741 S. 51.
[2] S. im Einzelnen *Löwisch/Kaiser* § 111 BetrVG RdNr. 1 ff.
[3] BAG AP BetrVG 1972 § 99 – Versetzung – Nr. 40 = NZA 2005, 420.
[4] Im Ergebnis wie hier ErfKomm-*Kania* § 111 BetrVG RdNr. 5; *Richardi/Annuß* § 111 BetrVG RdNr. 26; differenzierend *Fitting* § 111 BetrVG RdNr. 23; aA *Däubler* in *Däubler/Kittner/Klebe* § 111 BetrVG RdNr. 24 a.
[5] BAG AP BetrVG 1972 § 111 Nr. 58 = ZIP 2005, 500.
[6] BAG AP BetrVG 1972 § 111 Nr. 58 = ZIP 2005, 500.

7 Was **Betriebsänderungen** sind, ist in § 111 Satz 3 BetrVG näher geregelt, wobei im Vordergrund die Einschränkung und Stilllegung des ganzen Betriebes oder von wesentlichen Betriebsteilen steht. Stilllegung bedeutet die ernstliche und endgültige Aufgabe der Betriebs- und Produktionsgemeinschaft. Notwendig ist, dass der Insolvenzverwalter die Betriebstätigkeit vollständig einstellen, allen Arbeitnehmern kündigen und die Betriebsmittel, über die er verfügen kann, veräußern will.[7]

8 Unter § 111 Satz 3 Nr. 1 BetrVG fallen nicht nur Betriebsstilllegungen, sondern auch **Einschränkungen** des ganzen **Betriebs** oder von wesentlichen Betriebsteilen. Ob diese durch eine teilweise Außerbetriebsetzung von Betriebsanlagen oder durch eine Herabsetzung der Zahl der regelmäßig beschäftigten Arbeitnehmer erfolgen soll, ist gleichgültig. Allerdings muss ein **Personalabbau**, um als Betriebseinschränkung gewertet werden zu können, einen bestimmten Umfang erreichen. Die Rechtsprechung orientiert sich dafür an den Zahlen und Prozentangaben, von denen § 17 KSchG die Voraussetzungen der Massenentlassung abhängig macht. Danach müssen in Betrieben mit 21 bis 59 Arbeitnehmern sechs Arbeitnehmer, in Betrieben mit 60 bis 499 zehn Prozent oder 26 Arbeitnehmer und in Betrieben mit mindestens 500 Arbeitnehmern 30 Arbeitnehmer zur Entlassung anstehen. Allerdings müssen stets mindestens fünf Prozent der Belegschaft betroffen sein.[8] Auch kommt es auf den in § 17 Abs. 1 Satz 1 KSchG genannten Zeitraum von 30 Kalendertagen insoweit nicht an.[9] In kleineren Betrieben mit nicht mehr als 20 Arbeitnehmern eines Unternehmens mit mehr als 20 Arbeitnehmern genügt in entsprechender Anwendung des § 112a Abs. 1 Nr. 1 BetrVG die Entlassung von 20 vom Hundert, mindestens aber sechs Arbeitnehmern.[10] Maßgebend sind entsprechend dem Schutzzweck der §§ 111 ff. BetrVG nur die **betriebsbedingten Kündigungen;** verhaltens- oder personenbedingte Kündigungen bleiben außer Betracht, ebenso Beendigungen von Arbeitsverhältnissen wegen Fristablaufs und das Ausscheiden von Arbeitnehmern wegen Erreichens der Altersgrenze. **Aufhebungsverträge,** die zum Zweck des Personalabbaus geschlossen werden, sind mitzuzählen (Argument aus § 112a Abs. 1 Satz 2 BetrVG), ebenso vom Arbeitgeber veranlasste Eigenkündigungen.[11]

9 Dass der Betriebsrat zwar erst nach der Eröffnung des Insolvenzverfahrens, aber noch vor Beginn der Durchführung der Betriebsänderung gewählt wird, hindert die Anwendung der §§ 111 ff. BetrVG nicht; der Insolvenzverwalter ist in einem solchen Fall zum Versuch eines Interessenausgleichs verpflichtet.[12] Enden, wie das in kleineren Betrieben vorkommen kann, die Arbeitsverhältnisse aller Betriebsrats- und Ersatzmitglieder vor dem Interessenausgleichsverfahren, behält der Betriebsrat für dessen Durchführung ein Restmandat (§ 21b BetrVG).[13]

10 Dass § 111 Satz 1 von Betriebsänderungen spricht, die **wesentliche Nachteile für die Belegschaft** oder erhebliche Teile der Belegschaft zur Folge haben können, hat keine eigenständige Bedeutung. Das Bundesarbeitsgericht geht davon aus, dass § 111 Satz 3 BetrVG für die dort genannten Betriebsänderungen das Entstehen solcher Nachteile fingiert und erst bei der Aufstellung des Sozialplans zu prüfen ist, ob sie tatsächlich entstehen.[14]

11 **2. Informations- und Beratungspflicht.** § 111 Satz 1 BetrVG verpflichtet den Unternehmer, den Betriebsrat über geplante Betriebsänderungen **rechtzeitig und umfassend zu unterrichten** und diese mit ihm zu beraten; nach dem durch das Betriebverfassungs-

---

[7] Allgemein: BAG AP BetrVG 1972 § 111 Nr. 18 = NZA 1987, 523.
[8] BAG AP BetrVG 1972 § 111 Nr. 12 = NJW 1984, 1781; BAG AP BetrVG 1972 § 112 – Namensliste – Nr. 1 = NZA 2006, 64 (Ls.); BAG AP BetrVG 1972 § 112a Nr. 12 = NZA 2006, 932 = ZIP 2006, 1460.
[9] BAG AP BetrVG 1972 § 111 Nr. 3 = SAE 1980, 85; BAG AP BetrVG 1972 § 112 – Namensliste – Nr. 1 = NZA 2006, 64 (Ls.).
[10] S. im Einzelnen *Löwisch/Kaiser* § 111 BetrVG RdNr. 25.
[11] BAG AP BetrVG 1972 § 113 Nr. 17 = NJW 1989, 1054.
[12] BAG AP BetrVG 1972 § 112 Nr. 162 = NZA 2004, 220 = NZI 2004, 161 = ZIP 2004, 235.
[13] *Löwisch/Kaiser* § 21b BetrVG RdNr. 3 ff.
[14] BAG AP BetrVG 1972 § 111 Nr. 19 = NZA 1987, 671.

reformgesetz neu gefassten § 111 Satz 2 BetrVG kann der Betriebsrat einen Berater zuziehen.[15] Diese Verpflichtung trifft auch den Insolvenzverwalter.[16] Das Unterrichtungs- und Beratungsrecht auslösende Planungsstadium ist erreicht, wenn Vorüberlegungen für Betriebsänderungen so konkretisiert werden, dass man sie als Vorgaben ansehen kann, nach denen der Insolvenzverwalter – vorbehaltlich der Beratungen mit dem Betriebsrat – verfahren will. Hat der Verwalter den grundsätzlichen Entschluss zu einer Betriebsänderung gefasst, so muss er den Betriebsrat zu einem so frühen Zeitpunkt unterrichten, dass sowohl die in § 111 Satz 1 BetrVG vorgesehene Beratung als auch die Verhandlungen über Interessenausgleich und Sozialplan ohne Zeitdruck durchgeführt werden können. Eine Unterrichtung, nachdem bereits mit der Betriebsänderung begonnen worden ist, kommt in jedem Fall zu spät. Der Insolvenzverwalter **beginnt mit der Betriebsänderung,** wenn er Arbeitsverhältnisse kündigt, und zwar auch solche leitender Angestellter, obwohl für diese das BetrVG nicht gilt.[17] Hingegen liegt weder in der Einstellung der Produktion noch in der widerruflichen Freistellung der Arbeitnehmer für sich gesehen schon der Beginn der Betriebsänderung.[18]

Wenn § 111 Satz 1 BetrVG von einer **„geplanten" Betriebsänderung** spricht, bedeutet das nicht, dass stets eine unabhängige Entscheidung des Unternehmers bzw. des Insolvenzverwalters der Betriebsänderung zugrunde liegen muss. Auch eine auf wirtschaftliche Zwänge, auf Unternehmenskrisen oder die Eröffnung eines Insolvenzverfahrens zurückzuführende Betriebsänderung löst die Beteiligungsrechte des Betriebsrats aus.[19] Diese entfallen folglich nicht, wenn die Betriebsänderung zwangsläufig die Folge eines Insolvenzverfahrens ist und möglicherweise nicht auf einem Entschluss des Verwalters beruht, etwa weil die Gläubigerversammlung die Unternehmensstilllegung beschlossen hat. Denn die Beschlüsse der Gläubigerorgane bedürfen der Umsetzung durch den Insolvenzverwalter und unterliegen dessen Vollzugskompetenz. Auch kann über die Modalitäten einer insolvenzbedingten Betriebsstilllegung immer noch sinnvoll verhandelt werden.[20] **12**

Den Informations- und Beratungsanspruch kann der Betriebsrat im arbeitsgerichtlichen Beschlussverfahren, notwendigenfalls auch im Wege der **einstweiligen Verfügung** durchsetzen.[21] Außerdem stellt die Verletzung der Informationspflicht nach § 121 Abs. 1 BetrVG eine Ordnungswidrigkeit dar. **13**

Soweit ein Personalabbau den Umfang einer Massenentlassung erreicht, sind auch die Informations- und Beratungspflichten des § 17 Abs. 2 KSchG zu beachten (dazu § 125 RdNr. 61). **14**

3. Interessenausgleichsverfahren. § 112 BetrVG sucht den sozialen Schutz der Arbeitnehmer bei Betriebsänderungen auf doppelte Weise zu verwirklichen: Durch die Einbeziehung der Entscheidung über die Betriebsänderung in ein formalisiertes Mitberatungsverfahren (Interessenausgleich) und durch die Einräumung eines Mitbestimmungsrechts für den Ausgleich der sozialen Folgen von Betriebsänderungen (Sozialplan). **Interessenausgleich und Sozialplan** sind dabei nicht isoliert zu sehen, sondern sollen ineinander greifen: Soweit es aus wirtschaftlichen Gründen vertretbar erscheint, soll die Betriebsänderung so vorgenommen werden, dass die Interessen der Arbeitnehmer möglichst wenig beeinträchtigt werden. Soweit eine solche Beeinträchtigung unvermeidlich ist, sollen ihre Folgen ausgeglichen werden. **15**

---

[15] Zur Figur des Beraters und seiner Vergütung s. ausführlich *Löwisch* BB 2001, 1790, 1797 f.
[16] BAG (GrS) AP BetrVG 1972 § 112 Nr. 6 = NJW 1979, 774.
[17] BAG AP InsO § 209 Nr. 2 = NZA 2003, 1087 = NZI 2003, 619 = ZIP 2003, 1850.
[18] BAG AP BGB § 615 – Anrechnung – Nr. 5 = NZA 2006, 736 = ZIP 2006, 1312; BAG AP InsO § 209 Nr. 5 = NZA 2006, 1122 = ZIP 2006, 1510.
[19] BAG AP BetrVG 1972 § 113 Nr. 42 = NZA 2004, 93 = NZI 2004, 99; vgl. auch BAG (GrS) AP BetrVG 1972 § 112 Nr. 6 = NJW 1979, 774 für den Konkurs; *Löwisch/Kaiser* § 111 BetrVG RdNr. 21.
[20] S. ausführlich *Willemsen*, Arbeitnehmerschutz bei Betriebsänderungen im Konkurs, 1980, S. 58 ff., 88 ff.; *Caspers* RdNr. 366.
[21] *Löwisch* RdA 1989, 216, 219.

16 **Gegenstand des Interessenausgleichs** ist die geplante Betriebsänderung selbst. Insolvenzverwalter und Betriebsrat sollen in dem in § 112 Abs. 2 und 3 vorgesehenen Verfahren beraten, ob die geplante Betriebsänderung tatsächlich durchgeführt werden muss und wie das gegebenenfalls zu geschehen hat. Dabei ist insbesondere zu erörtern, welche Arbeitnehmer Auswirkungen der Betriebsänderung hinnehmen müssen und welche Modifizierungen möglich sind, um den Interessen der betroffenen Arbeitnehmer Rechnung zu tragen. Dementsprechend kann im Interessenausgleich einerseits festgelegt werden, welche Arbeitnehmer zu entlassen oder zu versetzen sind (zur Bedeutung einer entsprechenden Namensliste für den Kündigungsschutzprozess s. § 125 RdNr. 65 ff.). Andererseits kann der Plan des Insolvenzverwalters modifiziert, z. B. bestimmt werden, dass die Betriebsänderung zeitlich hinauszuschieben oder in ihrem Umfang zu beschränken ist oder dass eine andere als die geplante Maßnahme (z. B. Wechsel der Produktion statt Stilllegung) vorgenommen wird.

17 Kommt ein Interessenausgleich zustande, ist dieser nach § 112 Abs. 1 Satz 1 BetrVG **schriftlich niederzulegen** und von Betriebsrat und Unternehmer zu unterzeichnen. Das braucht nicht in einer besonderen Urkunde zu geschehen. Für die Schriftform genügt es, wenn sich aus einer schriftlichen Vereinbarung zwischen Insolvenzverwalter und Betriebsrat ergibt, dass sie sich über die Betriebsänderung einig sind. So kann ein Sozialplan mittelbar auch die Einigung darüber enthalten, dass eine Betriebsänderung stattfinden und wie diese aussehen soll.[22] Dass der Betriebsrat die Zustimmung zur Betriebsänderung beschlossen und möglicherweise auch protokolliert hat, genügt dagegen nicht.[23]

18 Wie sich aus § 113 Abs. 1 und 2 BetrVG ergibt, **hindert der Interessenausgleich den Insolvenzverwalter nicht,** die von ihm geplante Betriebsänderung so durchzuführen, wie er das ursprünglich beabsichtigt hatte. Er kann auch nicht auf die Einhaltung des Interessenausgleichs vom Betriebsrat in Anspruch genommen werden.[24] Besteht allerdings kein zwingender Grund für die Abweichung, ist der Verwalter gem. § 113 Abs. 1 BetrVG zur Zahlung von Abfindungen bzw. zum Ausgleich der entstandenen Nachteile an die betroffenen Arbeitnehmer verpflichtet (s. RdNr. 21).

19 Kommt ein Interessenausgleich nicht zustande, kann der **Vorstand der Bundesagentur für Arbeit um Vermittlung** ersucht (§ 112 Abs. 2 Satz 1 BetrVG) oder die Einigungsstelle angerufen werden (§ 112 Abs. 2 Satz 2 und 3, Abs. 3 BetrVG). Gelingt auch dabei keine Einigung, endet das Interessenausgleichsverfahren. Eine verbindliche Entscheidung der Einigungsstelle ist hier – anders als beim Sozialplan (§ 123 RdNr. 21 ff.) – nicht vorgesehen.

20 Das Interessenausgleichsverfahren ist **unabhängig von dem in § 122 vorgesehenen arbeitsgerichtlichen Zustimmungsverfahren.** Es ist auch nach einem entsprechenden Antrag weiterzuführen, wenn Verwalter oder Betriebsrat das wünschen. Insbesondere kann auch danach noch die Einigungsstelle angerufen werden; die Weiterführung des Verfahrens kann durchaus im Interesse des Insolvenzverwalters liegen (oben RdNr. 3). Wird in den Verhandlungen eine Einigung erzielt, erledigt sich ein noch nicht beendetes Zustimmungsverfahren (unten RdNr. 51).

21 **4. Nachteilsausgleich.** Weicht der **Insolvenzverwalter** von einem vereinbarten Interessenausgleich ab, ohne dafür einen zwingenden Grund zu haben, muss er wirtschaftliche Nachteile, die Arbeitnehmer infolge der Abweichung erleiden, ausgleichen: Nach § 113 Abs. 1 BetrVG haben Arbeitnehmer, die infolge der Abweichung entlassen werden, Anspruch auf eine **Abfindung,** die gem. dem entsprechend anwendbaren § 10 KSchG bis zu 18 Monatsverdienste erreichen kann. Bei der Festsetzung der Höhe der Abfindung ist nach Auffassung des Bundesarbeitsgerichts die Insolvenzsituation ohne Bedeutung.[25] Erleiden Arbeitnehmer **andere Nachteile,** werden sie etwa versetzt, sind daraus entstehende Nach-

---

[22] BAG AP BetrVG 1972 § 113 Nr. 27 = NZA 1995, 89.
[23] Vgl. BAG AP BetrVG 1972 § 113 Nr. 49 = NZA 2005, 237.
[24] BAG AP ArbGG 1979 § 85 Nr. 2 = NZA 1992, 41.
[25] BAG AP BetrVG 1972 § 113 Nr. 42 = NZA 2004, 93 = NZI 2004, 99; für eine Berücksichtigung der Interessen anderer Gläubiger LAG Niedersachsen LAGE InsO § 122 Nr. 1 = ZInsO 2004, 572.

teile, z. B. erhöhte Fahrtkosten, bis zu einem Zeitraum von 12 Monaten zu ersetzen (§ 113 Abs. 2 BetrVG). Bei diesen Ansprüchen handelt es sich um Masseverbindlichkeiten im Sinne von § 55.[26]

Ansprüche auf Nachteilsausgleich erwerben infolge einer Betriebsänderung entlassene **22** oder sonst benachteiligte Arbeitnehmer nach § 113 Abs. 3 BetrVG auch dann, wenn der Insolvenzverwalter die Betriebsänderung durchführt, ohne zuvor einen **Interessenausgleich mit dem Betriebsrat versucht** zu haben. Aus § 122 ergibt sich insoweit, dass der Insolvenzverwalter, wenn er Nachteilsausgleichsansprüche vermeiden will, mit der Durchführung der Betriebsänderung zuwarten muss und dass er in der Regel auch den Ausgang eines von ihm nach dieser Vorschrift eingeleiteten Zustimmungsverfahrens abwarten muss, da erst die rechtskräftige Zustimmung des Arbeitsgerichts ihn im Falle einer Durchführung der Betriebsänderung ohne zureichenden Versuch eines Interessenausgleichs von der Sanktion des Nachteilsausgleichs entbindet (RdNr. 60 f.).

Ob der **Insolvenzverwalter,** der den Antrag auf Zustimmung des Arbeitsgerichts **nach** **23** **§ 122 nicht gestellt** hat oder mit diesem unterlegen ist, den Interessenausgleich nur dann zureichend versucht hat, wenn er seinerseits die Einigungsstelle eingeschaltet hat, ist zweifelhaft. Das **Bundesarbeitsgericht** legt § 113 Abs. 3 BetrVG dahin aus, dass der Unternehmer bzw. Insolvenzverwalter, wenn er den Anspruch auf Nachteilsausgleich vermeiden will, nicht nur mit dem Betriebsrat verhandeln muss, sondern im Falle des Nichtzustandekommens einer Einigung auch noch die Einigungsstelle anzurufen hat. Erst das Fehlschlagen der Schlichtungsversuche der Einigungsstelle soll dann den Weg freigeben zur Durchführung der Betriebsänderung ohne Nachteilsausgleichsansprüche.[27] Dem ist zu widersprechen. Die Auffassung des BAG blendet aus, dass das Interessenausgleichsverfahren vom Betriebsrat in die Länge gezogen und so als Druckmittel benutzt werden kann, um den Rahmen für Sozialplanleistungen (§ 123 RdNr. 60 ff.) in jedem Fall auszuschöpfen.[28] Es muss genügen, dass eine **angemessene Frist** verstreicht, in der es beim Betriebsrat liegt, ob er die Einigungsstelle anruft oder nicht. Auch nach Auffassung des Bundesarbeitsgerichts ist ein Interessenausgleich „versucht", wenn ein Interessenausgleich abgeschlossen wird, dessen Wirksamkeit von der aufschiebenden Bedingung der Kreditgewährung durch eine Bank abhängt.[29]

Das BAG hält das Interessenausgleichsverfahren auch dann für geboten, wenn sich das **24** Unternehmen in einer **gänzlich ausweglosen Situation** befindet, so dass es zur Stilllegung des Betriebs keine sinnvolle Alternative gibt. Es verweist den Insolvenzverwalter für diese Fälle auf das Zustimmungsverfahren nach § 122 (unten RdNr. 31).[30] Hat freilich der Betriebsrat seine Tätigkeit ganz eingestellt oder kommt der Betriebsratsvorsitzende trotz eines vorliegenden Betriebsratsbeschlusses dem Verlangen nach schriftlicher Niederlegung des Interessenausgleichs nicht nach, entfällt die Verpflichtung des Insolvenzverwalters, die Einigungsstelle anzurufen.[31]

Der Nachteilsausgleich nach § 113 Abs. 3 BetrVG setzt nur voraus, dass die Betriebs- **25** änderung für die Entlassung oder den sonstigen Nachteil der Arbeitnehmer **kausal** geworden ist. Ob diese Nachteile auch entstanden wären, wenn der Insolvenzverwalter einen Interessenausgleich rechtzeitig versucht hätte, spielt angesichts der Sanktionsfunktion der Vorschrift keine Rolle. Es genügt, dass durch den Interessenausgleich die Entlassungen oder die Nachteile möglicherweise vermieden worden wären.[32]

---

[26] *Gottwald/Heinze/Bertram,* Insolvenzrechts-Handbuch, § 106 RdNr. 79 ff.; *Lakies* NZA 2001, 521, 525; für die Rechtslage nach der Konkursordnung BAG AP BetrVG 1972 § 113 Nr. 13 = NZA 1986, 100 = NJW 1986, 2454.
[27] BAG BetrVG 1972 § 113 Nr. 39 = NZA 2002, 992 = ZIP 2002, 817; BAG BetrVG 1972 § 113 Nr. 49 = NZA 2005, 237; kritisch dazu schon *Löwisch* RdA 1989, 218.
[28] Vgl. *Blanke/Rose* RdA 2001, 92, 101, die geradezu von der „Zeitkarte im Blatt des Betriebsrats" sprechen.
[29] BAG AP BetrVG 1972 § 113 Nr. 50 = NZA 2006, 162 = ZIP 2006, 199.
[30] BAG AP BetrVG 1972 § 113 Nr. 42 mit krit. Anm. *Oetker* = NZA 2004, 93 = NZI 2004, 99.
[31] BAG AP BetrVG 1972 § 113 Nr. 49 = NZA 2005, 237.
[32] BAG AP BetrVG 1972 § 113 Nr. 19 = NZA 1989, 894.

26 Unter den Voraussetzungen des § 113 Abs. 3 BetrVG erhalten die Arbeitnehmer, die entlassen werden, einen **Anspruch auf Abfindung** entsprechend den für § 113 Abs. 1 BetrVG geltenden Grundsätzen (oben RdNr. 21). Auch bei diesen Ansprüchen handelt es sich, weil sie auf ein Verhalten des Insolvenzverwalters zurückgehen, um Masseverbindlichkeiten nach § 55 Abs. 1 Nr. 1.[33] Hat dagegen noch der Unternehmer die Kündigungen ausgesprochen, sind daraus folgende Ansprüche entlassener Arbeitnehmer auf Nachteilsausgleich im nach Zugang der Kündigungen eröffneten Insolvenzverfahren auch dann einfache Insolvenzforderungen, wenn die Kündigungen in Absprache mit einem vorläufigen Insolvenzverwalter und mit dessen Zustimmung erfolgten.[34]

27 Wird **nachträglich noch ein Sozialplan** aufgestellt, sind die Nachteilsausgleichsabfindungen nach § 113 Abs. 3 BetrVG auf die **Sozialplanforderungen anzurechnen,** soweit mit ihnen die mit der Entlassung verbundenen wirtschaftlichen Nachteile abgegolten werden sollen[35] und umgekehrt.[36] Da der Nachteilsausgleich nicht nur die mit der Betriebsänderung verbunden Nachteile der Arbeitnehmer ausgleichen, sondern auch die betriebsverfassungswidrige Durchführung der Betriebsänderung sanktionieren soll, kann der Nachteilsausgleich höher sein als die Sozialplanabfindung; der überschießende Teil bleibt dem entlassenen Arbeitnehmer als Masseforderung erhalten.[37]

28 Führt der Insolvenzverwalter die Betriebsänderung durch, ohne einen Interessenausgleich versucht zu haben, so treffen ihn **nur die Nachteilsausgleichsansprüche** des § 113 Abs. 3 BetrVG. Ein – durch **einstweilige Verfügung** zu sichernder – Anspruch des Betriebsrats **auf Unterlassung** der Betriebsänderung bis zur Durchführung des Interessenausgleichsverfahrens besteht nicht, auch nicht innerhalb der Drei-Wochenfrist des § 122 Abs. 1 Satz 1,[38] denn das würde der in § 113 Abs. 1 BetrVG allgemein zum Ausdruck kommenden Wertung zuwiderlaufen, dass ein Unternehmer und damit auch der Insolvenzverwalter letztlich allein entscheidet, ob er eine Betriebsänderung vornehmen will.[39] Lediglich der Anspruch auf Information nach § 111 BetrVG, der zugleich bußgeldbewehrt ist (§ 121 BetrVG), kann im Wege der einstweiligen Verfügung durchgesetzt werden (oben RdNr. 13).

III. Entbehrlichkeit des Vermittlungsverfahrens (§ 121)

29 Nach § 121 gilt § 112 Abs. 2 Satz 1 BetrVG im Insolvenzverfahren mit der Maßgabe, dass dem Verfahren vor der Einigungsstelle nur dann ein Vermittlungsversuch des Vorstands der Bundesagentur für Arbeit vorangeht, wenn der **Insolvenzverwalter und der Betriebsrat gemeinsam** darum ersuchen. Die Vorschrift modifiziert § 112 Abs. 2 BetrVG dahin, dass der mit Zeitaufwand verbundene Vermittlungsversuch dann nicht stattfindet, wenn eine Seite dies nicht will.[40] Auf der anderen Seite kann die Einschaltung der Bundesagentur für Arbeit dann zweckmäßig sein, wenn Zuschüsse der Bundesagentur für Arbeit zu Transfermaßnahmen in Rede stehen (dazu § 123 RdNr. 31 ff.).

---

[33] BAG AP BetrVG 1972 § 113 Nr. 42 = NZA 2004, 93 = NZI 2004, 99; *Uhlenbruck/Berscheid* § 55 RdNr. 12; *Gottwald/Heinze/Bertram,* Insolvenzrechts-Handbuch, § 106 RdNr. 88.
[34] BAG AP InsO § 38 Nr. 2 = NZA 2003, 665 = NZI 2003, 271 = NJW 2003, 1964 = ZIP 2003, 311.
[35] BAG (GrS) AP BetrVG 1972 § 112 Nr. 6 = NJW 1979, 774.
[36] BAG AP BetrVG 1972 § 113 Nr. 19 = NZA 1989, 894; BAG AP BetrVG 1972 § 113 Nr. 39 = NZA 2002, 992 = ZIP 2002, 817; BAG vom 16. 5. 2007 – 8 AZR 693/06, Pressemitteilung.
[37] Vgl. BAG AP BetrVG 1972 § 113 Nr. 19 = NZA 1989, 894.
[38] *Giesen* ZIP 1998, 142, 146; aA *Uhlenbruck/Berscheid* §§ 121, 122 RdNr. 98 ff.
[39] BAG AP ArbGG 1979 § 85 Nr. 2 = NZA 1992, 41; unter den Landesarbeitsgerichten ist die Frage umstritten: Für einen Unterlassungsanspruch LAG Hamburg NZA-RR 1997, 296; LAG Frankfurt BB 1985, 659; LAG Berlin LAGE BetrVG 1972 § 111 Nr. 13; LAG Thüringen LAGE BetrVG 1972 § 111 Nr. 17; offengelassen LAG Niedersachsen ZIP 1997, 1201; gegen einen Unterlassungsanspruch LAG Baden-Württemberg DB 1986, 805; LAG Düsseldorf DB 1997, 1286; LAG Hamm NZA-RR 1997, 343 (aufgegeben von LAG Hamm AP BetrVG 1972 § 112 Nr. 165 = NZA-RR 2004, 80); LAG Rheinland-Pfalz LAGE BetrVG 1972 § 111 Nr. 10.
[40] *Warrikoff* BB 1994, 2338, 2340.

Unberührt von § 121 bleibt die Vorschrift des § 112 Abs. 2 Satz 3 BetrVG, nach der **im** 30 **Einigungsstellenverfahren** ein Mitglied des Vorstands der Bundesagentur oder ein vom Vorstand der Bundesagentur für Arbeit benannter Bediensteter der Bundesagentur für Arbeit auf Ersuchen des Vorsitzenden der Einigungsstelle an der Verhandlung teilnimmt.

IV. Arbeitsgerichtliche Zustimmung zur Durchführung einer Betriebsänderung (§ 122)

1. Antragsvoraussetzungen. a) Rechtzeitige und umfassende Unterrichtung. Der 31 Antrag auf arbeitsgerichtliche Zustimmung setzt voraus, dass der Insolvenzverwalter den Betriebsrat rechtzeitig und umfassend über die geplante Betriebsänderung unterrichtet hat. Rechtzeitig ist die Unterrichtung nur, wenn sie vor Durchführung der Betriebsänderung, also insbesondere vor dem Ausspruch von Kündigungen, der tatsächlichen Stilllegung der Betriebsanlagen oder der Veräußerung der Produktionsmittel, etwa von Maschinen, erfolgt. Auf der anderen Seite braucht der Insolvenzverwalter den Betriebsrat nicht schon im Stadium bloßer Vorüberlegungen zu unterrichten. Eine Betriebsänderung ist erst geplant, wenn sie der Verwalter vorbehaltlich des Ergebnisses der Beratungen mit dem Betriebsrat und des Interessenausgleichsverfahrens durchführen will (s. auch RdNr. 11).[41]

Umfassend ist die Unterrichtung nur dann, wenn die dem Betriebsrat mitgeteilten 32 Umstände den Umfang und die zu erwartenden Auswirkungen der geplanten Maßnahme sowie die Gründe für deren Zweckmäßigkeit erkennen lassen.[42] Dem Betriebsrat müssen auf sein Verlangen gem. § 80 Abs. 2 Satz 2 BetrVG die entsprechenden Unterlagen und gem. § 80 Abs. 2 Satz 3 BetrVG sachkundige Arbeitnehmer als Auskunftspersonen zur Verfügung gestellt werden.[43] Erst wenn das geschehen ist, können die Beratungen beginnen und löst eine schriftliche Aufforderung zur Beratung den Lauf der Dreiwochenfrist (RdNr. 34 ff.) aus. Allerdings kann der Betriebsrat den Fristbeginn nicht dadurch hinauszögern, dass er Unterlagen oder Auskunftspersonen erst verspätet verlangt. Aus dem Grundsatz der vertrauensvollen Zusammenarbeit (§ 2 BetrVG) ergibt sich, dass er dies unverzüglich im Anschluss an die Unterrichtung durch den Insolvenzverwalter tun muss. Zweckmäßigerweise wird der Verwalter den Betriebsrat von vornherein unter Beifügung der in Betracht kommenden Unterlagen unterrichten und die Unterrichtung auch sonst gründlich und vollständig vorbereiten.[44] Die Information kann mündlich erfolgen, jedoch ist eine schriftliche Information zu empfehlen.

b) Verhandlungsbereitschaft. § 122 Abs. 1 will nichts daran ändern, dass Insolvenz- 33 verwalter und Betriebsrat auf der Grundlage der erfolgten Unterrichtung in erster Linie selbst einen Interessenausgleich finden sollen. Das setzt Verhandlungsbereitschaft beider Seiten voraus. Fehlt sie auf Seiten des Verwalters, sei es, dass er Verhandlungen überhaupt ablehnt oder nur zu Scheinverhandlungen bereit ist, steht ihm deshalb die vom Gesetz erst in zweiter Linie vorgesehene Befugnis, die Zustimmung des Arbeitsgerichts zur Durchführung der Betriebsänderung zu beantragen, nicht zu.[45]

c) Dreiwochenfrist. Vom Beginn der Verhandlungen über den Interessenausgleich ab 34 läuft gem. § 122 Abs. 1 Satz 1 eine Dreiwochenfrist, nach deren Ablauf der Verwalter die Zustimmung des Arbeitsgerichts zur Durchführung der Betriebsänderung beantragen kann. Statt des Beginns der Verhandlungen genügt auch die schriftliche Aufforderung des Insolvenzverwalters an den Betriebsrat, die Beratungen aufzunehmen. Wann sie mit den Beratun-

---

[41] BAG AP BetrVG 1972 § 80 Nr. 37 = NZA 1989, 929 im Anschluss an BAG AP BetrVG 1972 § 92 Nr. 2 = NZA 1984, 329; explizit zu § 122 vgl. ArbG Berlin DZWIR 1999, 242 mit Anm. *Waas*.
[42] BAG AP BetrVG 1952 § 72 Nr. 10 = NJW 1972, 2328.
[43] BAG AP BetrVG 1972 § 80 Nr. 37 = NZA 1989, 929; zu den sachkundigen Arbeitnehmern vgl. im Einzelnen *Löwisch* BB 2001, 1790 f. und *Löwisch/Kaiser* § 80 BetrVG RdNr. 41 ff.
[44] *Röder/Baeck* BB 1996, Beilage 17, S. 23.
[45] Vgl. die Begr. des Rechtsausschusses zu § 140 RegE, BT-Drucks. 12/7302, S. 170 f.; *Annuß* NZI 1999, 344, 346; *Oetker/Friese* DZWIR 2001, 133, 136; *Schrader* NZA 1997, 70, 72.

gen beginnen, entscheiden Arbeitgeber und Betriebsrat. Sie können das unmittelbar im Anschluss an die Unterrichtung, aber auch in einem späteren Termin tun. Insbesondere braucht sich der Betriebsrat nicht darauf einzulassen, Unterrichtung und Beratung in einem Zuge durchzuführen.

35 Die **Aufforderung zur Aufnahme von Verhandlungen** muss schriftlich erfolgen und Terminvorschläge enthalten, die ausreichende Zeit für die Verhandlungen lassen.[46] Sie kann auch mit der Unterrichtung verbunden werden. Die Frist beginnt aber auch dann erst zu laufen, wenn der Betriebsrat vollständig unterrichtet ist. Die schriftliche Aufforderung muss dem Betriebsrat im Sinne des § 130 BGB zugehen. Erst vom Zeitpunkt des Zugangs ab läuft die Frist.

36 Die Dreiwochenfrist beginnt nur zu laufen, wenn der **zuständige Betriebsrat** (§ 125 RdNr. 69) unterrichtet worden ist und mit ihm die Beratungen aufgenommen worden sind oder er schriftlich zur Beratung aufgefordert worden ist. Bei **Zweifeln über den zuständigen Verhandlungspartner** genügt es allerdings, dass der Insolvenzverwalter in geeigneter Weise versucht, den richtigen Partner für Unterrichtung und Beratung zu finden. Er muss die in Betracht kommenden Arbeitnehmervertretungen zur Klärung der Zuständigkeitsfrage auffordern und dann mit der ihm benannten verhandeln. Einigen sich die Arbeitnehmervertretungen in vertretbarer Zeit nicht, ist die von ihm getroffene Entscheidung über den zuständigen Verhandlungspartner maßgebend, sofern sie unter Berücksichtigung der Entscheidungssituation nachvollziehbar erscheint.[47] Zweckmäßigerweise wird der Verwalter bei solchen Zuständigkeitszweifeln alle in Betracht kommenden Arbeitnehmervertretungen im Sinne des eben Gesagten vollständig unterrichten und schriftlich zu Beratungen auffordern und zugleich bitten, die Zuständigkeitsfrage zu klären. Da er dann jedenfalls auch die zuständige Arbeitnehmervertretung unterrichtet und zu Beratungen aufgefordert hat, kann er so die Dreiwochenfrist in Lauf setzen.

37 Die Dreiwochenfrist endet gem. § 188 Abs. 2 BGB mit dem Ablauf desjenigen Tages der dritten Woche, welcher dem Tag entspricht, an dem die Beratung begonnen hat oder die schriftliche Aufforderung zur Beratung dem Betriebsrat zugegangen ist. Ist der letzte Tag der Frist ein Sonntag, Feiertag oder Sonnabend, tritt an seine Stelle der nächste Werktag (§ 193 BGB).

38 **2. Zustimmungskriterien.** Nach § 122 Abs. 2 Satz 1 erteilt das Gericht die Zustimmung, wenn die wirtschaftliche Lage des Unternehmens auch unter Berücksichtigung der sozialen Belange der Arbeitnehmer erfordert, dass die Betriebsänderung ohne vorheriges Verfahren nach § 112 Abs. 2 BetrVG durchgeführt wird. Mit der Formulierung „auch unter Berücksichtigung der sozialen Belange der Arbeitnehmer" wird deutlich, dass der Gesetzgeber zunächst dem Kriterium der **wirtschaftlichen Lage des Unternehmens entscheidendes Gewicht** beimisst und nur dann, wenn die wirtschaftliche Lage an sich diese Beschleunigung fordert, noch abzuwägen ist, ob die sozialen Belange der Arbeitnehmer die Durchführung eines Einigungsstellenverfahrens entgegen den Gesichtspunkten der Wirtschaftlichkeit erfordern.[48] Wenn schon die „wirtschaftliche Lage des Unternehmens" die Zustimmung nicht rechtfertigt, kommt es auf die „sozialen Belange der Arbeitnehmer" nicht mehr an.

39 Die **Prüfung** der genannten Zustimmungskriterien ist deshalb **in zwei Schritten** vorzunehmen: Zuerst ist zu fragen, ob die wirtschaftliche Lage des Unternehmens erfordert, dass die Betriebsänderung durchgeführt wird, ohne dass ein Einigungsstellenverfahren vorangegangen ist. Ist das der Fall, ist zu fragen, ob die Berücksichtigung sozialer Belange der Arbeitnehmer die Durchführung eines Einigungsstellenverfahrens dennoch gebietet. Das Arbeitsgericht trifft dabei keine Ermessensentscheidung; die Rechtslage in § 122 Abs. 2 ist

---

[46] *Löwisch* RdA 1997, 80, 83; aA *Nerlich/Römermann/Hamacher* § 122 RdNr. 20.
[47] BAG AP BetrVG 1972 § 50 Nr. 16 = NZA 1996, 1107 (unter II 1 b der Gründe); *Löwisch/Kaiser* § 111 BetrVG RdNr. 14.
[48] Vgl. auch die Begr. zu § 140 RegE, BT-Drucks. 12/2443 S. 154.

zwingend formuliert. Dem Gericht kommt aber auf der Tatbestandsseite ein Beurteilungsspielraum zu.

a) Wirtschaftliche Lage des Unternehmens. Der Begriff der wirtschaftlichen Lage 40 des Unternehmens hat sich in der Unternehmensinsolvenz **an den Interessen der Gläubiger zu orientieren,** da mit Eröffnung des Insolvenzverfahrens das gesamte der Vollstreckung unterworfene Schuldnervermögen, zu dem auch das Unternehmen zählt, den Gläubigern haftungsrechtlich zugewiesen wird. Dabei ist zu berücksichtigen, dass Gegenstand der Entscheidung des Arbeitsgerichts nur die **Eilbedürftigkeit der Betriebsänderung** und die Frage ist, ob diese durchgeführt werden soll, ohne dass das Verfahren nach § 112 Abs. 2 BetrVG ausgeschöpft ist, nicht aber die Frage, ob die geplante Betriebsänderung sinnvoll und wirtschaftlich zweckmäßig ist.

Unter dem Begriff wirtschaftliche Lage des Unternehmens sind deshalb die **Nachteile** 41 **für die Insolvenzmasse** zu verstehen, welche aus den mit der Durchführung des Einigungsstellenverfahrens und der damit verbundenen späteren Durchführung der Betriebsänderung verbundenen Kosten resultieren.[49] Es geht um die Frage, inwieweit eine Massebelastung mit diesen Verzögerungskosten den Gläubigern zumutbar ist, welchen Quotenausfall sie erleiden und inwieweit auf die Insolvenzabwicklung Einfluss genommen wird. Es bedarf einer Prognose, welche künftigen Massebelastungen entstehen, wenn auf einem Einigungsstellenverfahren über den Interessenausgleich bestanden wird und deshalb die Durchführung der Betriebsänderung später erfolgt. Es muss bestimmt werden, welche Kosten durch einen Aufschub der Betriebsänderung anfallen werden und wie deren Relation zur Masse ist.

Nicht maßgebend kann sein, ob als Ergebnis des Insolvenzverfahrens eine **Sanierung** 42 **oder der Erhalt von Arbeitsplätzen** angestrebt wird. Denn wenn der Verwalter eine Betriebsänderung bereits vor dem Berichtstermin durchführen will, steht zum Zeitpunkt des Antrags nach § 122 die Verwertungsart noch nicht fest, so dass sich eine Differenzierung nach der Art der angestrebten Insolvenzabwicklung verbietet. Auch dann, wenn die Gläubiger sich für die Einstellung sämtlicher unternehmerischer Tätigkeit und die sofortige Zerschlagung des Unternehmens mit abschließender Liquidation des Unternehmensträgers entscheiden und der Verwalter alle Betriebe stillzulegen beabsichtigt, ist diese Entscheidung in der „wirtschaftlichen Lage des Unternehmens" begründet, da der Unternehmenszweck dann von einem wirtschaftlich-werbenden in einen wirtschaftlich-abwickelnden umschlägt.[50] Insoweit orientiert er sich wiederum allein an den Gläubigerinteressen. Auf den Fortbestand des Unternehmens oder die Sicherung von Arbeitsplätzen kann es mithin nicht ankommen.[51]

Insgesamt gilt: Die Arbeitsgerichte müssen sich auf die **Massenachteile** beschränken. 43 Bestehen konkrete Anhaltspunkte dafür, dass die Insolvenzmasse relativ nicht nur unerheblich belastet wird, dass beispielsweise die Verzögerung eine Betriebsveräußerung gefährdet oder eine wirtschaftlich sinnvolle Insolvenzbewältigung verhindert, dass die Gefahr einer Masseunzulänglichkeit oder einer Einstellung des Verfahrens mangels kostendeckender Masse besteht oder dass mögliche Sanierungen negativ beeinflusst werden, so ist das Bedürfnis nach Durchführung der Betriebsänderung, ohne dass das Verfahren nach § 112 Abs. 2 BetrVG vorangegangen ist, in der „wirtschaftlichen Lage des Unternehmens" begründet.

b) Soziale Belange der Arbeitnehmer. Ergibt eine Prüfung der Kostenbelastung, die 44 mit einer späteren Durchführung der Betriebsänderung entsteht, dass deren Nachteile für die Insolvenzmasse eine Durchführung der Betriebsänderung ohne vorheriges Verfahren nach § 112 Abs. 2 BetrVG erfordern, kann das Arbeitsgericht die Zustimmung dennoch verweigern, wenn eine Berücksichtigung sozialer Belange der Arbeitnehmer die Durchführung etwa eines Einigungsstellenverfahrens gebietet. Das kann richtigerweise nur dann

---

[49] *Caspers* RdNr. 405; zustimmend *Kübler/Prütting/Moll* § 122 RdNr. 30; *Oetker/Friese* DZWIR 2001, 133, 137; vgl. auch *Giesen* ZIP 1998, 142, 144.
[50] Vgl. *Willemsen/Tiesler* RdNr. 143.
[51] Zum Ganzen *Caspers* RdNr. 402 ff.

der Fall sein, wenn im Einzelfall noch die Aussicht besteht, durch Vermittlung der Einigungsstelle im Interessenausgleichsverfahren sozialverträglichere Lösungen zu finden. Allein durch die Verzögerung der Betriebsänderung, also z. B. durch das Hinausschieben von Kündigungen, werden soziale Belange noch nicht gewahrt.[52] Auch geht es, wie die Formulierung zeigt, nicht um den Schutz von Mitwirkungsrechten des Betriebsrats.[53] Schließlich ist zu beachten, dass eine mit dem Aufschub verbundene **Massereduzierung** sich **auch zum Nachteil der Arbeitnehmer** auswirkt, weil deren Sozialplanforderungen bei einer kleineren Masse in aller Regel geringer ausfallen werden. Der Sozialplan mit seiner Überbrückungsfunktion ist aber das tauglichere Mittel, soziale Belange der Arbeitnehmer zu wahren.

45 Dem Merkmal „soziale Belange der Arbeitnehmer" kommt damit letztlich nur die Funktion zu, einem Missbrauch durch den Insolvenzverwalter vorzubeugen.[54]

46 **3. Arbeitsgerichtliches Beschlussverfahren. a) Verfahren.** Nach § 122 Abs. 2 Satz 2 Hs. 1 gelten im Zustimmungsverfahren die Vorschriften des Arbeitsgerichtsgesetzes über das Beschlussverfahren entsprechend. Am Verfahren beteiligt sind nach § 122 Abs. 2 Satz 2 Hs. 2 der Insolvenzverwalter und der Betriebsrat. Die örtliche Zuständigkeit richtet sich nach § 82 ArbGG. Zuständig ist mithin das Arbeitsgericht, in dessen Bezirk der Betrieb liegt.[55]

47 Nach § 83 Abs. 1 Satz 1 ArbGG erforscht das Arbeitsgericht im Beschlussverfahren grundsätzlich den Sachverhalt von Amts wegen. Es gilt der **Untersuchungsgrundsatz** – freilich nicht uneingeschränkt.[56] Denn nach § 83 Abs. 1 Satz 2 ArbGG haben die am Verfahren Beteiligten bei der Aufklärung des Sachverhalts mitzuwirken. Sie müssen wenigstens so viel vortragen, dass das Gericht Anlass hat, weitere Aufklärungen vorzunehmen.[57] Insbesondere ist davon auszugehen, dass jedenfalls der Antragsteller, ggf. nach einem Hinweis durch das Gericht, diejenigen Tatsachen vortragen muss, aus denen er sein Begehren herleitet.[58] Übertragen auf das Verfahren nach § 122 bedeutet das, dass der Insolvenzverwalter die Antragsvoraussetzungen darlegen und nötigenfalls auch beweisen muss. Es unterliegt im Einzelnen seiner Behauptung, dass die Nachteile für die Insolvenzmasse (oben RdNr. 40 ff.) die sofortige Durchführung der Betriebsänderung erfordern. Soweit nötig ist der Verwalter auch als Partei zu vernehmen.[59]

48 Gem. § 122 Abs. 2 Satz 3 ist der **Antrag** nach Maßgabe des § 61 a Abs. 3 bis 6 ArbGG **vorrangig zu erledigen.** Das bedeutet, dass das Beschlussverfahren nach § 122 ebenso vorrangig zu erledigen ist wie ein Kündigungsschutzprozess nach erfolgloser Güteverhandlung. Möglich sind Fristsetzungen für das Vorbringen der Beteiligten, die allerdings mindestens zwei Wochen betragen müssen. Mit verspätetem Vortrag sind die Beteiligten präkludiert, wenn nach der freien Überzeugung des Gerichts dessen Zulassung die Erledigung des Rechtsstreits verzögert oder wenn der betreffende Beteiligte die Verspätung nicht genügend entschuldigt;[60] die Vorschrift geht insoweit über § 83 Abs. 1 a Satz 2 ArbGG hinaus, der die Zurückweisung in das Ermessen des Gerichts stellt.

49 Nach § 84 ArbGG entscheidet das Arbeitsgericht über den Zustimmungsantrag des Insolvenzverwalters durch Beschluss. Die **Zustimmung des Arbeitsgerichts** kann auch dahingehend erteilt werden, dass nur ein Teil der beabsichtigten Betriebsänderung sanktionslos durchgeführt werden kann, ohne dass ein Einigungsstellenverfahren vorangegangen ist,

---

[52] ArbG Lingen ZIP 1999, 1892; *Caspers* RdNr. 414; *Uhlenbruck/Berscheid* §§ 121, 122 RdNr. 73.
[53] *Caspers* RdNr. 414.
[54] Vgl. Begr. zu § 140 RegE, BT-Drucks. 12/2443 S. 154.
[55] ArbG Bautzen ZIP 2006, 732 (Ls.).
[56] Vgl. *Grunsky* § 83 ArbGG RdNr. 5.
[57] *Grunsky* § 83 ArbGG RdNr. 7.
[58] BAG AP ArbGG 1953 § 83 Nr. 6 = DB 1975, 2451; *Germelmann/Matthes/Prütting/Müller-Glöge* § 83 ArbGG RdNr. 89; *Grunsky* § 83 ArbGG RdNr. 4.
[59] *Caspers* RdNr. 257.
[60] Vgl. *Grunsky* § 61 a ArbGG RdNr. 20; *Germelmann/Matthes/Prütting/Müller-Glöge* § 61 a ArbGG RdNr. 20, § 56 RdNr. 19 ff.

und dass hinsichtlich des anderen Teils die Zustimmung verweigert wird. So kann z. B. bei einer beabsichtigten Betriebsstilllegung entsprechend einer Kostenrechnung für die verschiedenen Betriebsabteilungen die Zustimmung zur Stilllegung einer bestimmten Abteilung – z. B. einer Produktionsbteilung – erteilt, zur Stilllegung einer anderen Abteilung – z. B. einer Serviceabteilung – hingegen verweigert werden.[61] Das hindert den Verwalter jedoch nicht, unter Inkaufnahme des Nachteilsausgleichs auch die andere Abteilung stillzulegen (oben RdNr. 28).

Dass das **Arbeitsgericht den Antrag** des Verwalters ganz oder teilweise **ablehnt,** bedeutet nur, dass ihm die begehrte Zustimmung zur sofortigen Durchführung der Betriebsänderung versagt wird, nicht aber, dass diese überhaupt unzulässig ist. Es steht lediglich fest, dass es bei dem regulären Interessenausgleichsverfahren nach dem Betriebsverfassungsgesetz bleibt und bei einer Durchführung der Betriebsänderung ohne zureichenden Versuch eines Interessenausgleichs im Sinne des § 113 Abs. 3 BetrVG (RdNr. 22 ff.) Nachteilsausgleich zu zahlen ist. 50

Kommt es während des Verfahrens mit oder ohne Einschaltung der Einigungsstelle **zu einem Interessenausgleich,** erledigt sich der Antrag des Verwalters. Er kann diesen nach § 81 Abs. 2 ArbGG zurücknehmen mit der Folge, dass der Vorsitzende das Verfahren einstellt.[62] Möglich ist auch eine übereinstimmende Erledigungserklärung, die nach § 83 a Abs. 2 ArbGG ebenfalls zur Einstellung des Verfahrens führt. Gem. § 2 Abs. 2 GKG werden Kosten (Gebühren und Auslagen) des Gerichts nicht erhoben. Die Kosten des Betriebsrats übernimmt entsprechend der materiellen Freistellungspflicht des § 40 Abs. 1 BetrVG die Insolvenzmasse als Masseverbindlichkeit, etwa wenn sich der Betriebsrat durch einen Rechtsanwalt vertreten lässt. 51

b) Rechtsmittel und Rechtskraft. Nach § 122 Abs. 3 Satz 1 findet gegen den Beschluss des Arbeitsgerichts die Beschwerde an das Landesarbeitsgericht nicht statt. Eine Rechtsbeschwerde an das Bundesarbeitsgericht findet nur statt, wenn sie in dem Beschluss des Arbeitsgerichts zugelassen wird, wobei § 72 Abs. 2 und 3 ArbGG entsprechende Anwendung findet (§ 122 Abs. 3 Satz 2). Das bedeutet, dass das Arbeitsgericht die **Rechtsbeschwerde** nur dann zulassen darf, wenn die Rechtssache grundsätzliche Bedeutung hat oder die Entscheidung von einer obergerichtlichen Entscheidung abweicht und auf dieser Abweichung beruht. Nach § 122 Abs. 3 Satz 3 ist die Rechtsbeschwerde innerhalb eines Monats nach Zustellung der in vollständiger Form abgefassten Entscheidung des Arbeitsgerichts beim Bundesarbeitsgericht einzulegen und **auch zu begründen.** 52

Die zugelassene Rechtsbeschwerde ist **das einzige Rechtsmittel.** Insbesondere scheidet eine Nichtzulassungsbeschwerde an das Bundesarbeitsgericht aus: Die Vorschriften der §§ 92 a und 72 a ArbGG über die Nichtzulassungsbeschwerde nimmt § 122 Abs. 3 mit Bedacht nicht in Bezug.[63] 53

Lässt das Arbeitsgericht die Rechtsbeschwerde zu, tritt Rechtskraft der Entscheidung erst mit Ablauf der Rechtsbeschwerdefrist von einem Monat (dazu RdNr. 52) oder bei rechtzeitiger Einlegung der Rechtsbeschwerde mit der sie zurückweisenden Entscheidung des Bundesarbeitsgerichts ein. 54

Lässt das Arbeitsgericht die Rechtsbeschwerde nicht zu, wird der Beschluss mit seiner Verkündung (§ 84 Satz 3 i. V. m. § 60 ArbGG) rechtskräftig.[64] Soweit in der Literatur die Auffassung vertreten wird, die Entscheidung werde auch in diesem Fall erst mit Ablauf der Rechtsbeschwerdefrist oder der Verwerfung der Rechtsbeschwerde durch das Bundes- 55

---

[61] *Löwisch* RdA 1997, 80, 86; *Oetker/Friese* DZWIR 2001, 133, 138.
[62] *Caspers* RdNr. 267.
[63] BAG AP ArbGG 1979 § 72 a – Divergenz – Nr. 44 = BB 2001, 2535; s. zuvor *Warrikoff* BB 1994, 2338, 2340; *Lohkemper* KTS 1996, 1, 19, 20; *Schrader* NZA 1997, 70, 73; *Nerlich/Römermann/Hamacher* § 122 RdNr. 69.
[64] BAG AP ArbGG 1979 § 72 a – Divergenz – Nr. 44 = BB 2001, 2535; ebenso *Rummel* DB 1997, 774, 775; *Caspers* RdNr. 264; *Grunsky/Moll* RdNr. 318; *Nerlich/Römermann/Hamacher* § 122 RdNr. 75; *Oetker/Friese* DZWIR 2001, 133, 139.

arbeitsgericht als unzulässig rechtskräftig,[65] ist dem nicht zu folgen. Der Hinweis auf den in Rechtsprechung und prozessrechtlicher Literatur entwickelten Grundsatz, nach dem die an sich gegebene Statthaftigkeit eines Rechtsmittels den sofortigen Eintritt der Rechtskraft hindert, auch wenn das Rechtsmittel unzulässig ist,[66] verfängt nicht. Dieser Grundsatz gilt nur, wenn das Rechtsmittelgericht unter irgendeinem Gesichtspunkt im konkreten Fall entscheiden kann, ob das Rechtsmittel tatsächlich statthaft ist oder nicht.[67] Daran aber fehlt es, weil der allein über die Nichtzulassungsbeschwerde führende Weg zu einer Entscheidung des Bundesarbeitsgerichts über diese Frage im Falle des § 122 Abs. 3 gerade versperrt ist (oben RdNr. 53). Die rechtspolitische Entscheidung des Gesetzgebers, die der Gemeinsame Senat in den Regelungen der Prozessordnungen über die Nichtzulassungsbeschwerde gefunden hat,[68] liegt hier gerade nicht vor.

56 **c) Einstweilige Verfügung.** Der Antrag nach § 122 kann vom Insolvenzverwalter auch im Wege der einstweiligen Verfügung verfolgt werden. Dass dies grundsätzlich möglich ist, ergibt sich daraus, dass § 122 Abs. 2 Satz 2 auf das Beschlussverfahren und damit auch auf § 85 Abs. 2 ArbGG verweist.[69] Der Weg über die einstweilige Verfügung bietet sich an, wenn nach der rechtzeitigen und umfassenden Unterrichtung des Betriebsrats und dem Ablauf der Dreiwochenfrist selbst die Durchführung des regulären Verfahrens nach § 122 zu lange dauern würde, also insbesondere dann, wenn die Betriebsänderung zwingend sofort durchgeführt werden muss.

57 Allerdings darf nicht verkannt werden, dass eine im Wege der einstweiligen Verfügung erfolgende Zustimmung die **Entscheidung in der Hauptsache vorweg nimmt,** weil sie die Rechtslage gestaltet und den Verwalter befugt, die Betriebsänderung ohne die mögliche Sanktion des Nachteilsausgleichs sofort durchzuführen. Deshalb darf eine solche einstweilige Verfügung nur in extremen **Ausnahmesituationen** ergehen, wenn anderenfalls schwere Nachteile für die Masse drohen.[70]

58 Ein solcher Fall wäre beispielsweise gegeben, wenn der Insolvenzverwalter glaubhaft macht, dass ohne sofortige Durchführung der Betriebsänderung, also selbst bei einem Aufschub bis zu einer Entscheidung im regulären Verfahren, eine **Einstellung des Insolvenzverfahrens** nach § 207 Abs. 1 droht, weil die Insolvenzmasse andernfalls soweit aufgezehrt wird, dass eine die Kosten des Verfahrens deckende Masse nicht mehr vorhanden ist. Würde man hier eine einstweilige Verfügung verweigern, würden die Rechte der Insolvenzgläubiger unvertretbar beeinträchtigt. Dabei muss die Sachlage zum Zeitpunkt der Entscheidung maßgebend sein. Das Gericht hat eine streng an den materiellen Voraussetzungen des § 122 orientierte Schlüssigkeitsprüfung vorzunehmen.[71]

59 Ergeht eine **zustimmende Verfügung,** ist diese unumkehrbar. Schadensersatzansprüche nach § 945 ZPO können wegen § 85 Abs. 2 Satz 2 Hs. 2 ArbGG nicht entstehen. Seinem Sinn nach steht § 85 Abs. 2 Satz 2 Hs. 2 ArbGG auch einem nachträglichen Nachteilsausgleichsanspruch für den Fall, dass die einstweilige Verfügung in der Hauptsache keinen Bestand hat, entgegen.[72]

---

[65] *Kübler/Prütting/Moll* § 122 RdNr. 38.
[66] GmS-OGB BGHZ 88, 353 = NJW 1984, 1027; *Prütting* NJW 1980, 361, 365 f.; MünchKommZPO-*Krüger* § 705 RdNr. 5; *Zöller/Stöber,* Zivilprozessordnung, 26. Aufl. 2007, § 705 ZPO RdNr. 7; *Thomas/Putzo/Hüßtege* § 705 ZPO RdNr. 9.
[67] BAG AP BetrVG 1972 § 103 Nr. 12 (unter I 2 b der Gründe) mit zutreffender Bezugnahme auf BGHZ 4, 294.
[68] BGHZ 88, 353, 359 = NJW 1984, 1027.
[69] Rechtsausschuss zu § 140 RegE, BT-Drucks. 12/7302 S. 171.
[70] S. ausführlich *Caspers* RdNr. 421 ff.; *Annuß* NZI 1999, 344, 347; *Grunsky/Moll* RdNr. 313 f.; ErfKomm-*Kania* §§ 112, 112 a BetrVG RdNr. 11; *Nerlich/Römermann/Hamacher* § 122 RdNr. 79 f.; *Oetker/Friese* DZWIR 2001, 133, 139; weitergehend *Uhlenbruck/Berscheid* §§ 121, 122 RdNr. 90 ff.; ganz ablehnend *Lakies* RdA 1997, 145, 153; *Arend,* Der Personalabbau nach der Insolvenzordnung, 1998, S. 85; *Däubler* in *Kittner/Däubler/Zwanziger* § 122 InsO RdNr. 13.
[71] Vgl. grundsätzlich für den Parallelfall der Leistungsverfügung *Stein/Jonas/Grunsky* vor § 935 ZPO RdNr. 36.
[72] AA *Zwanziger,* Das Arbeitsrecht der Insolvenzordnung, 3. Aufl. 2006, § 122 RdNr. 56.

4. Wirkung der Zustimmung. Soweit das Arbeitsgericht die Zustimmung zur Be- 60
triebsänderung gibt, kann der Verwalter die Betriebsänderung durchführen, ohne dass das
nach § 112 Abs. 2 BetrVG mögliche Einigungsstellenverfahren eingeleitet oder durchgeführt werden muss (§ 122 Abs. 1 Satz 1). Diese Wirkung tritt erst ein, wenn der Beschluss
des Arbeitsgerichts rechtskräftig ist (dazu oben RdNr. 54 f.).

Ergeht die Zustimmung des Arbeitsgerichts, so ergibt sich aus § 122 Abs. 1 Satz 2, dass 61
§ 113 Abs. 3 BetrVG insoweit nicht anzuwenden ist. Damit sind die Arbeitnehmer hinsichtlich individueller Abfindungsansprüche auf Nachteilsausgleich präjudiziert, obwohl sie nicht
am Beschlussverfahren beteiligt waren. Ihre fehlende Beteiligung ist bei § 122 nur konsequent, weil unmittelbar nur die Beteiligungsrechte des Betriebsrats betroffen sind.[73] Anders
als beim Feststellungsverfahren nach § 126 (vgl. § 127 RdNr. 5 f.) folgt hier die **subjektive
Rechtskrafterstreckung** des Beschlusses für einen späteren Individualprozess des Arbeitnehmers, mit dem dieser Nachteilsausgleich geltend macht, aus der materiellen Abhängigkeit des individuellen Abfindungsanspruchs von betriebsverfassungsrechtlichen Mitwirkungsrechten des Betriebsrats:[74] „Die spezifische Abhängigkeit ergibt sich daraus, dass der
Nachteilsausgleich lediglich eine akzessorische Sanktion für die Mißachtung der Beteiligungsrechte darstellt."[75]

5. Verhältnis zu §§ 125, 126. § 122 Abs. 1 Satz 3 bestimmt, dass das Recht des Ver- 62
walters unberührt bleibt, einen Interessenausgleich nach § 125 zustandezubringen. Damit
wird deutlich, dass der besondere **Interessenausgleich nach § 125 Abs. 1**, in dem die zu
kündigenden Arbeitnehmer namentlich bezeichnet werden, nicht unbedingt auch eine
Einigung über die zugrundeliegende geplante Betriebsänderung gem. § 112 Abs. 1 BetrVG
enthält. Zwar kann beides zusammen vereinbart werden. Es kann aber auch vorkommen,
dass nur ein Interessenausgleich nach § 125 Abs. 1 geschlossen wird.[76] Dann muss der
Verwalter zusätzlich entweder die Zustimmung des Arbeitsgerichts nach § 122 einholen
oder den Ausgang des Verfahrens nach § 112 Abs. 2 BetrVG (dazu RdNr. 15 ff.) abwarten,
bevor er die Betriebsänderung sanktionslos durchführen kann.[77]

Ebenso bleibt das Recht des Verwalters unberührt, einen **Feststellungsantrag nach** 63
§ 126 zu stellen. Dies ist schon insoweit selbstverständlich, als im Zustimmungsverfahren
nach § 122 nicht über die soziale Rechtfertigung betriebsbedingter Kündigungen entschieden wird. Umgekehrt geht es im Feststellungsverfahren nach § 126 nicht um Mitwirkungsrechte des Betriebsrats. Es wird dort nicht entschieden, ob die Betriebsänderung durchgeführt bzw. die Kündigungen sanktionslos ausgesprochen werden können, ohne dass ein
Einigungsstellenverfahren vorangegangen ist. Deshalb sind beide Anträge jeweils für sich zu
verfolgen. Jedoch ist es möglich, zugleich mit dem Antrag nach § 126 den Antrag nach
§ 122 zu stellen.[78]

§ 123 Umfang des Sozialplans

**(1) In einem Sozialplan, der nach der Eröffnung des Insolvenzverfahrens auf-
gestellt wird, kann für den Ausgleich oder die Milderung der wirtschaftlichen
Nachteile, die den Arbeitnehmern infolge der geplanten Betriebsänderung entstehen, ein Gesamtbetrag von bis zu zweieinhalb Monatsverdiensten (§ 10 Abs. 3 des**

---

[73] Zutreffend *Otto* RdA 1989, 247, 254.
[74] Vgl. analog den Fall BAG AP BetrVG 1972 § 113 Nr. 15 = NZA 1988, 287, wonach der rechtskräftige Beschluss zwischen einem Arbeitgeber und dem Betriebsrat über die Frage, ob eine bestimmte unternehme-rische Maßnahme eine Betriebsänderung darstellt, die Arbeitnehmer hinsichtlich ihrer Ansprüche auf Nach-teilsausgleich präjudiziert; dazu ausführlich *Krause* S. 451 ff., 455 f.
[75] *Otto* RdA 1989, 247, 254.
[76] Eingehend *Grunsky/Moll* RdNr. 352; *Schrader* NZA 1997, 70, 73.
[77] *Caspers* RdNr. 427; *Uhlenbruck/Berscheid* §§ 121, 122 RdNr. 79.
[78] *Schrader* NZA 1997, 70, 76; aA noch *Löwisch* RdA 1997, 80, 86: Vorrang des Verfahrens nach § 122.

§ 123 1

Kündigungsschutzgesetzes) der von einer Entlassung betroffenen Arbeitnehmer vorgesehen werden.

(2) ¹Die Verbindlichkeiten aus einem solchen Sozialplan sind Masseverbindlichkeiten. ²Jedoch darf, wenn nicht ein Insolvenzplan zustande kommt, für die Berichtigung von Sozialplanforderungen nicht mehr als ein Drittel der Masse verwendet werden, die ohne einen Sozialplan für die Verteilung an die Insolvenzgläubiger zur Verfügung stünde. ³Übersteigt der Gesamtbetrag aller Sozialplanforderungen diese Grenze, so sind die einzelnen Forderungen anteilig zu kürzen.

(3) ¹Sooft hinreichende Barmittel in der Masse vorhanden sind, soll der Insolvenzverwalter mit Zustimmung des Insolvenzgerichts Abschlagszahlungen auf die Sozialplanforderungen leisten. ²Eine Zwangsvollstreckung in die Masse wegen einer Sozialplanforderung ist unzulässig.

Schrifttum: *Ahrens*, Sozialpläne im Insolvenzverfahren, ZInsO 2003, 581; *Annuß*, Die Betriebsänderung in der Insolvenz, NZI 1999, 344; *Bachner/Schindele*, Beschäftigungssicherung durch Interessenausgleich und Sozialplan, NZA 1999, 130; *Bauer/Göpfert/Krieger*, Allgemeines Gleichbehandlungsgesetz, 2007; *Boemke/Tietze*, Insolvenzarbeitsrecht und Sozialplan, DB 1999, 1389; *Caspers*, Personalabbau und Betriebsänderung im Insolvenzverfahren, 1998; *Däubler/Kittner/Klebe*, Betriebsverfassungsgesetz, 10. Aufl. 2006; *Fitting/Engels/Schmidt/Trebinger/Linsenmaier*, Betriebsverfassungsgesetz, 23. Aufl. 2006; *Häsemeyer*, Die Systemwidrigkeit der insolvenzrechtlichen Sozialplanregelung (§§ 123, 124 InsO) und ihre Folgen, ZIP 2003, 229; *von Hoyningen-Huene*, Die wirtschaftliche Vertretbarkeit von Sozialplänen, RdA 1986, 102; *Kraft/Wiese/Kreutz/Oetker/u. a.*, Gemeinschaftskommentar zum Betriebsverfassungsgesetz, 8. Aufl., Band 2, 2005; *Löwisch*, Betriebsrat und Arbeitnehmer in einem künftigen Sanierungsverfahren, ZIP 1981, 1288; *ders.*, Der Arbeitnehmer im künftigen Insolvenzrecht, ZGR 1986, 219; *ders.*, „Der vorsorgliche Sozialplan" – eine zweifelhafte Rechtsfigur, Festschrift für Dieterich, 1999, S. 345; *Löwisch/Kaiser*, Betriebsverfassungsgesetz, 5. Aufl. 2002; *Lohkemper*, Die Bedeutung des neuen Insolvenzrechts für das Arbeitsrecht, KTS 1996, 1; *Meyer*, Transfer-Maßnahmen und Transfer-Kurzarbeitergeld nach §§ 216a und b SGB III, BB 2004, 490; *Oetker/Friese*, Der Sozialplan in der Insolvenz, DZWIR 2001, 265; *Richardi*, Betriebsverfassungsgesetz, 10. Aufl. 2006; *Röder/Baeck*, Sozialplan- und Ausgleichsansprüche im Konkurs- und Vergleichsverfahren, DStR 1995, 260; *Schwerdtner*, Der Sozialplan im Eröffnungsverfahren und nach der Verfahrenseröffnung, Kölner Schrift zur Insolvenzordnung, 2. Aufl. 2000, S. 1605; *Willemsen/Tiesler*, Interessenausgleich und Sozialplan in der Insolvenz, 1995.

Übersicht

	RdNr.		RdNr.
I. Allgemeines	1	**III. Umfang des Sozialplans**	60
1. Entwicklung	1	1. Absolute Obergrenze	60
2. Normzweck	5	2. Relative Obergrenze	66
3. Anwendungsbereich	7	**IV. Rechtslage bei Masseunzulänglichkeit**	69
II. Der Sozialplan nach dem BetrVG in der Insolvenz	18	**V. Abschlagszahlungen**	71
1. Rechtsgrundlagen	18	**VI. Vollstreckungsverbot**	72
2. Verfahren	20	**VII. Sozialplan im Insolvenzplanverfahren**	73
3. Inhalt	27	1. Begrenzung des Sozialplanumfangs	73
a) Gegenstand	27	2. Sozialplandotierung	75
b) Leistungen	29	3. Sozialplan vor Annahme und Bestätigung des Insolvenzplans	77
c) Maßstäbe	37		
d) Bindung an das staatliche Recht	43		
4. Wirkung	53		

I. Allgemeines

1. Entwicklung. Die Frage, ob auch in der Unternehmensinsolvenz Sozialpläne aufzustellen sind, ist nach Inkrafttreten der §§ 111 ff. BetrVG 1972 umstritten gewesen. Sie ist dann vom Bundesarbeitsgericht positiv beantwortet worden.[1] In diesem Zusammenhang hatte sich der **Große Senat** dafür ausgesprochen, Forderungen aus nach- und vorkonkurs-

---

[1] BAG AP BetrVG 1972 § 113 Nr. 1 = NJW 1975, 182; BAG (GrS) AP BetrVG 1972 § 112 Nr. 6 = NJW 1979, 774.

Umfang des Sozialplans 2–8 § 123

lichen Sozialplänen als **bevorrechtigte Konkursforderungen** im Rang vor § 61 Abs. 1 Nr. 1 KO einzuordnen. Diese Einordnung kraft Richterrechts wurde vom Bundesverfassungsgericht wegen Verstoßes gegen Art. 20 Abs. 3 GG für verfassungswidrig erklärt.[2] Eine Regelungslücke bestehe nicht. Dementsprechend entschied später das Bundesarbeitsgericht, dass Sozialplanforderungen lediglich als nicht bevorrechtigte Konkursforderungen nach § 61 Abs. 1 Nr. 6 KO angesehen werden konnten.[3]

Auf diese Entwicklung hat der Gesetzgeber mit dem **Gesetz über den Sozialplan im Konkurs- und Vergleichsverfahren** vom 20. 2. 1985 reagiert. Dieses hatte einerseits die Forderungen aus Sozialplänen, gleichgültig ob diese nach Konkurseröffnung oder innerhalb von drei Monaten vor Stellung des Konkursantrags aufgestellt worden waren, als bevorrechtigte Konkursforderungen nach § 61 Abs. 1 Nr. 1 KO eingeordnet. Andererseits hatte es diese Bevorrechtigung begrenzt: Nach §§ 2, 3 des Gesetzes durfte nur ein Gesamtbetrag bis zu zweieinhalb Monatsverdiensten der von einer Entlassung betroffenen Arbeitnehmer vorgesehen werden. Nach § 4 Satz 2 durfte für die Berichtigung dieser Forderungen nicht mehr als ein Drittel der Konkursmasse verwendet werden. 2

Die §§ 123, 124 haben mit Wirkung vom 1. 1. 1999 dieses Gesetz abgelöst. Inhaltlich sind die Regelungen in einigen Punkten modifiziert worden. Insbesondere gelten Forderungen der Arbeitnehmer aus nach Verfahrenseröffnung aufgestellten Sozialplänen (Insolvenzsozialpläne) **nunmehr als Masseforderungen,** weshalb ihre Anmeldung und Feststellung zur Tabelle entfällt. Sozialpläne, die vor der Eröffnung des Insolvenzverfahrens, jedoch nicht früher als drei Monate vor dem Eröffnungsantrag aufgestellt worden sind, können sowohl vom Insolvenzverwalter als auch vom Betriebsrat widerrufen und die betroffenen Arbeitnehmer bei der Aufstellung eines Sozialplans im Insolvenzverfahren berücksichtigt werden. 3

Die in § 143 RegE weiter vorgesehene Befugnis von Insolvenzverwalter und Betriebsrat, in einem **„Rahmensozialplan"** festzulegen, dass Forderungen aus Sozialplänen, die innerhalb von vier Jahren nach der Beendigung des Insolvenzverfahrens aufgestellt werden, bestimmte Höchstgrenzen nicht übersteigen dürfen, ist nicht Gesetz geworden. 4

2. Normzweck. § 123 dient ebenso wie die übrigen Vorschriften des Insolvenzarbeitsrechts dem **Ausgleich der Interessen** der Arbeitnehmer des Insolvenzunternehmens mit denen der Insolvenzgläubiger. Einerseits wird anerkannt, dass auch in der Insolvenz im Falle von Betriebsänderungen Sozialpläne aufgestellt werden können, um die Nachteile der betroffenen Arbeitnehmer auszugleichen, und dass dem Betriebsrat dafür ein Mitbestimmungsrecht zukommt. Zudem werden die Forderungen aus solchen Sozialplänen als Masseverbindlichkeiten eingestuft. 5

Andererseits wird der **Gesamtumfang dieser Forderungen** im Interesse der übrigen Insolvenzgläubiger **in doppelter Weise begrenzt:** Für den Insolvenzsozialplan darf nur ein Gesamtbetrag von zweieinhalb Monatsverdiensten der von einer Entlassung betroffenen Arbeitnehmer vorgesehen werden (absolute Obergrenze, vgl. RdNr. 60 ff.). Zugleich darf nicht mehr als ein Drittel der Teilungsmasse für die Berichtigung der Sozialplanforderungen verwendet werden (relative Obergrenze, vgl. RdNr. 66 ff.). 6

3. Anwendungsbereich. Mit Sozialplänen meint § 123 nur solche, die im Rahmen des für Betriebsänderungen in den §§ 111 ff. BetrVG vorgesehenen Verfahrens aufgestellt werden. Dies folgt einerseits aus dem systematischen Zusammenhang mit den der Vorschrift vorhergehenden §§ 121, 122 und andererseits aus dem Normzweck: Anlass zur Beschneidung der Gläubigerinteressen zugunsten von Sozialplanforderungen besteht nur, soweit auch außerhalb des Insolvenzverfahrens ein Sozialplan hätte aufgestellt werden müssen. Im Einzelnen gilt folgendes: 7

§ 123 findet nur in Unternehmen mit **in der Regel mehr als 20 wahlberechtigten Arbeitnehmern** Anwendung (vgl. §§ 121, 122 RdNr. 4 f.). Dass es möglich ist, auch in Unternehmen mit bis zu 20 Arbeitnehmern auf der Grundlage von § 88 BetrVG freiwillig 8

---
[2] BVerfGE 65, 182 = AP BetrVG 1972 § 112 Nr. 22 = NJW 1984, 475.
[3] BAG AP BetrVG 1972 § 112 Nr. 23 = NZA 1984, 191 = NJW 1984, 2486.

Sozialpläne zu vereinbaren, kann nicht zur Anwendung von § 123 führen. Zu gleichwohl vereinbarten Sozialplänen s. RdNr. 11.

9 Dass eine **Betriebsänderung unter § 112 a BetrVG fällt,** hindert die Anwendung des § 123 hingegen nicht. Die Vorschrift schließt in den von ihr erfassten Fällen des zahlenmäßig beschränkten reinen Personalabbaus und der Betriebsänderungen in neu gegründeten Unternehmen nur die Anwendung von § 112 Abs. 4 und 5 BetrVG aus, so dass ein Sozialplan nicht über die Einigungsstelle erzwungen werden kann. Die **Möglichkeit eines vereinbarten Sozialplans** im Verfahren nach § 112 Abs. 1 bis 3 BetrVG lässt er unberührt. Dass § 123 einen solchen Sozialplan nicht miterfassen will, ergibt sich aus dem Wortlaut nicht. Auf der anderen Seite spricht der auch in der Insolvenz gegebene Zusammenhang des Sozialplans mit dem Interessenausgleich dafür, die Vorschrift auch auf solche Sozialpläne zu erstrecken. Das ergibt sich insbesondere aus der Überlegung, dass die Möglichkeit, Kündigungen in einem Interessenausgleich durch eine Namensliste der zu kündigenden Arbeitnehmer zu regeln (§ 125), in den Fällen des § 112 a BetrVG vielfach leerlaufen müsste, weil sich der Betriebsrat einem solchen Interessenausgleich verweigerte, wenn im Gegenzug nicht ein Sozialplan nach § 123 vereinbart würde.

10 § 32 Abs. 2 i. V. m. § 28 SprAuG ermöglicht die Vereinbarung von **Sozialplänen zwischen Arbeitgeber und Sprecherausschuss für leitende Angestellte.**[4] § 123 kann auf solche Sozialpläne nicht angewandt werden. Die Vorschriften der §§ 120 ff. sind eindeutig nur auf die Betriebsverfassung bezogen. Auch eine analoge Anwendung, wie sie in der Literatur für das Gesetz über den Sozialplan im Konkurs- und Vergleichsverfahren erwogen worden ist,[5] scheidet aus, weil dem Gesetzgeber die Existenz der Sprecherausschussverfassung und die sich daraus ergebenden Probleme für das Insolvenzverfahren bekannt waren[6] und er gleichwohl keine entsprechende Regelung getroffen, sondern sich darauf beschränkt hat, eine beratende Mitwirkung des Sprecherausschusses bei der Aufstellung eines Insolvenzplans vorzusehen (§ 218 Abs. 3).

11 Dass § 123 auf Sozialpläne in Betrieben von Unternehmen mit bis zu 20 Arbeitnehmern und auf Sozialpläne für leitende Angestellte nicht anwendbar ist, heißt nicht, dass der Insolvenzverwalter solche Sozialpläne nicht vereinbaren könnte. Er rückt als solcher in die Stellung des Arbeitgebers ein (vor § 113 RdNr. 10 f.) und hat dessen Befugnisse, zu denen **der Abschluss freiwilliger Betriebsvereinbarungen** nach § 88 BetrVG und von Richtlinien nach § 28 SprAuG gehört. Allerdings kann sich der Insolvenzverwalter für den Abschluss solcher freiwilliger Sozialpläne nicht auf die besondere Legitimtion des § 123 berufen, sondern muss uneingeschränkt seiner Verpflichtung als Sachwalter der Gläubigerinteressen gerecht werden, wenn er eine Haftung nach § 60 vermeiden will. Praktisch bedeutet das, dass er solche Sozialpläne nur abschließen darf, **wenn dies der Masse zugute kommt.** In Betracht kommt etwa, dass der Insolvenzverwalter auf diese Weise den kurzfristigen Übergang von Arbeitnehmern oder leitenden Angestellten in Qualifizierungsmaßnahmen erreicht, die gleichzeitig durch Zuschüsse der Bundesagentur für Arbeit zu Transfermaßnahmen (dazu RdNr. 32 ff.) gefördert werden. Soweit ausnahmsweise solche Sozialpläne vom Insolvenzverwalter abgeschlossen werden, sind die aus ihnen resultierenden Forderungen Masseverbindlichkeiten nach § 55 Abs. 1 Nr. 1.

12 § 123 gilt nur für **nach Eröffnung des Insolvenzverfahrens** zwischen Insolvenzverwalter und Betriebsrat vereinbarte oder von der Einigungsstelle aufgestellte Sozialpläne. Das Schicksal vor Verfahrenseröffnung aufgestellter Sozialpläne richtet sich nach § 124.

13 § 123 muss man dabei auch noch den Fall zuordnen, dass eine **Betriebsänderung vor Insolvenzeröffnung** vom Schuldner eingeleitet worden ist, die **Aufstellung des Sozialplans bei Insolvenzeröffnung aber noch aussteht,** sei es, dass Schuldner und Betriebsrat

---

[4] Vgl. näher *Löwisch*, Taschenkommentar zum Sprecherausschussgesetz, 2. Aufl. 1994, § 32 RdNr. 63 ff.
[5] *Oetker* ZfA 1990, 43, 76; *Hromadka*, Sprecherausschussgesetz, 1991, § 32 RdNr. 76; jetzt zu § 123 auch *Oetker/Friese* DZWIR 2001, 265, 267; dagegen *Löwisch* (Fn. 4) § 32 RdNr. 74.
[6] *Löwisch* ZGR 1986, 219, 245 f.

die Aufstellung des Sozialplans zurückgestellt haben, sei es, dass das Verfahren sich hinzieht oder dass sich ein aufgestellter Sozialplan als unwirksam erweist. Dass Abs. 1 von der „geplanten Betriebsänderung" spricht, kann kein Hinderungsgrund sein. Entscheidend ist, dass es nach Insolvenzeröffnung zur Aufstellung eines die Masse mit Masseverbindlichkeiten belastenden Sozialplans kommt. Allerdings wird man dabei der Wertung des § 124 entnehmen müssen, dass das in § 123 vorgegebene Volumen des Sozialplans nur ausgeschöpft werden darf, wenn die Betriebsänderung nicht früher als drei Monate vor Stellung des Insolvenzantrags durchgeführt worden ist. Sozialpläne für Betriebsänderungen, die länger zurückliegen, dürfen nur Leistungen in Höhe der voraussichtlichen Insolvenzquote vorsehen. Sie dürfen nicht anders behandelt werden als solche, die in dieser Zeit unter Mitwirkung des Schuldners aufgestellt worden sind und nur als Insolvenzforderung am Verfahren teilnehmen. Andernfalls würde der durch § 112 Abs. 5 BetrVG gezogene Rahmen billigen Ermessens, der in der Insolvenz die Berücksichtigung der Interessen der Insolvenzgläubiger verlangt,[7] gesprengt.

Auf der anderen Seite können sog. **„vorsorgliche Sozialpläne"**, die der Schuldner für 14 künftige Betriebsänderungen vereinbart hat, die Aufstellung eines Sozialplans für eine vom Insolvenzverwalter nach Eröffnung vorgenommene Betriebsänderung nicht präjudizieren. Die solchen vorsorglichen Sozialplänen vom Bundesarbeitsgericht zuerkannte Wirkung eines „Verbrauchs" des Mitbestimmungsrechts über den Sozialplan nach § 112 BetrVG[8] kann jedenfalls gegenüber § 123 nicht gelten, weil er den vom Gesetz vorgesehenen Ausgleich von Gläubiger- und Arbeitnehmerinteressen in der Insolvenz verfehlte.

Von vornherein kein Sozialplan im Sinne des § 123 stellt eine **Abrede** dar, die der 15 Insolvenzverwalter **in Betrieben ohne Betriebsrat** mit den Arbeitnehmern trifft.[9] Allerdings kann in einem solchen „arbeitsvertraglichen Sozialplan" eine einzelvertragliche Zusage gegenüber dem einzelnen Arbeitnehmer liegen, welche, da sie aus einer Rechtshandlung des Insolvenzverwalters resultiert, eine Masseverbindlichkeit begründet. Auf sie ist § 123 nicht anzuwenden. Zur Anwendung von § 124 auf solche „arbeitsvertraglichen Sozialpläne" s. § 124 RdNr. 22 ff.

§ 75 Abs. 3 Nr. 13 BPersVG sieht ein **Mitbestimmungsrecht des Personalrats für die** 16 **Aufstellung von Sozialplänen** zum Ausgleich oder zur Milderung von wirtschaftlichen Nachteilen vor, die den Beschäftigten infolge von Rationalisierungsmaßnahmen entstehen. Ähnliche Regelungen enthalten die Landespersonalvertretungsgesetze. Soweit öffentlich-rechtliche Arbeitgeber der Insolvenzordnung unterfallen (§ 12 RdNr. 8 ff.) und es im Zusammenhang mit der Insolvenz zu Rationalisierungsmaßnahmen und in deren Gefolge zu Entlassungen kommt, sind die §§ 123, 124 entsprechend anzuwenden. Da auch ein solcher Sozialplan auf dem Weg über die Einigungsstelle erzwungen werden kann, ist es angemessen, die in § 123 vorgesehenen Obergrenzen gelten zu lassen und andererseits die Sozialplanforderungen als Masseverbindlichkeiten einzustufen.

§ 123 gilt seinem Regelungszusammenhang nach nicht für nach Insolvenzeröffnung mit 17 Wirkung für das insolvente Unternehmen in einem **Haustarifvertrag oder unternehmensbezogenen Verbandstarifvertrag** vereinbarte Sozialplanleistungen. Indessen ist eine analoge Anwendung geboten: Dass Sozialplantarifverträge im Wege des Arbeitskampfs durchgesetzt werden,[10] stellt eine neuere Entwicklung dar, an die der Gesetzgeber der InsO nicht gedacht hat. Der mit § 123 Abs. 2 Satz 2 bezweckte Ausgleich der Interessen der Arbeitnehmer des insolventen Unternehmens mit denen der Insolvenzgläubiger (RdNr. 5 f.) steht bei einem notfalls durch Arbeitskampf erzwungenen Tarifvertrag aber genauso in Frage wie bei einem notfalls über die Einigungsstelle erzwingbaren Sozialplan. Dass tarifliche

---

[7] Dazu BAG (GrS) AP BetrVG 1972 § 112 Nr. 6 = NJW 1979, 774; *Löwisch/Kaiser* § 112 BetrVG RdNr. 90; *Schwerdtner* S. 1640 RdNr. 103.
[8] BAG AP BetrVG 1972 § 112 Nr. 117 = NZA 1998, 216 = EzA BetrVG § 112 Nr. 96; kritisch zu dieser Rechtsprechung *Löwisch*, Festschrift für Dieterich, 1999, S. 345 ff.; *ders.*, Anm. EzA BetrVG § 112 Nr. 96.
[9] BAG AP SozplKonkG § 1 Nr. 1 = NZA 2000, 662 = NZI 2000, 337 = ZIP 2000, 846.
[10] Zur Rechtmäßigkeit solcher Arbeitskämpfe BAG vom 24. 4. 2007 – 1 AZR 252/06.

Sozialpläne mehr als ein Drittel der Insolvenzmasse sollen in Anspruch nehmen können, ist nicht gerechtfertigt. Vielmehr ist es geboten, die im Zuge der Insolvenz von Entlassungen betroffenen Arbeitnehmer in Bezug auf notwendig werdende Kürzungen von Sozialplanleistungen entsprechend § 123 Abs. 2 Satz 3 gleich zu behandeln.

II. Der Sozialplan nach dem BetrVG in der Insolvenz

18 **1. Rechtsgrundlagen.** Rechtsgrundlage für den Sozialplan ist nach § 112 Abs. 1 Satz 2 BetrVG in erster Linie die Einigung zwischen Insolvenzverwalter und Betriebsrat. In zweiter Linie kann Rechtsgrundlage nach § 112 Abs. 4 BetrVG der Spruch der betriebsverfassungsrechtlichen Einigungsstelle sein.

19 Für die **Anwendbarkeit der §§ 123, 124** spielt es keine Rolle, auf welcher Rechtsgrundlage ein Sozialplan aufgestellt worden ist. Das Bedürfnis, einerseits Masseverbindlichkeiten entstehen zu lassen und andererseits das Volumen des Sozialplans im Interesse der anderen Gläubiger zu begrenzen, besteht in gleicher Weise bei frei vereinbarten Sozialplänen, wie bei solchen, die von der Einigungsstelle aufgestellt worden sind.[11]

20 **2. Verfahren.** Ein **frei vereinbarter Sozialplan** wird nach § 112 Abs. 1 Satz 2 BetrVG im Wege einer schriftlich niederzulegenden und von Insolvenzverwalter und Betriebsrat zu unterzeichnenden Einigung aufgestellt.[11a] Für die **Schriftform** gelten die allgemeinen Vorschriften über die Betriebsvereinbarung. Insbesondere ist ein Sozialplan von Insolvenzverwalter und Betriebsrat auf einer Urkunde zu unterzeichnen.[12] Besteht der Sozialplan aus einem Haupttext und Anlagen, genügt die Unterzeichnung des Haupttextes, wenn die Anlage fest an ihn angeheftet ist.[13] Bezugnahmen auf eine andere schriftliche Regelung, etwa einen „Pilotsozialplan", welchen der Insolvenzverwalter schon für einen anderen Betrieb desselben Unternehmens oder Konzerns abgeschlossen hat, sind möglich.[14]

21 Für die **Aufstellung des Sozialplans durch die Einigungsstelle** gilt das in § 76 BetrVG vorgesehene Verfahren. Nach § 76 Abs. 2 Satz 1 BetrVG besteht die Einigungsstelle aus einer gleichen Anzahl von Beisitzern, die von Insolvenzverwalter und Betriebsrat bestellt werden, und einem unparteiischen Vorsitzenden, auf den sich beide Seiten einigen müssen. Die vom Verwalter benannten Beisitzer müssen nicht Insolvenzgläubiger sein.[15] Kommt eine Einigung über den Vorsitzenden nicht zustande, bestellt das Arbeitsgericht den Vorsitzenden, § 76 Abs. 2 Satz 2 BetrVG, wobei der Vorsitzende des Arbeitsgerichts allein entscheidet. Das entsprechende Verfahren ist in § 98 ArbGG geregelt.

22 Für den **ordnungsgemäßen Ablauf des Verfahrens** vor der Einigungsstelle hat der Vorsitzende zu sorgen. Insbesondere hat er die Mitglieder rechtzeitig zu laden und ihnen etwaige Beschlussentwürfe mitzuteilen. Haben nicht alle Beisitzer an der Sitzung der Einigungsstelle teilgenommen, weil sie nicht ordnungsgemäß geladen waren, und ergeht dennoch ein Einigungsstellenspruch, ist dieser nichtig.[16]

23 Nach § 76 Abs. 3 Satz 1 BetrVG hat die Einigungsstelle unverzüglich tätig zu werden. Sie fasst ihre Beschlüsse nach mündlicher Beratung mit Stimmenmehrheit (§ 76 Abs. 3 Satz 2 BetrVG). Bei der **Beschlussfassung** hat sich der Vorsitzende zunächst der Stimme zu enthalten. Kommt eine Stimmenmehrheit nicht zustande, nimmt er nach weiterer Beratung an der erneuten Beschlussfassung teil. An Anträge der Beteiligten ist die Einigungsstelle nicht

---

[11] *Kübler/Prütting/Moll* §§ 123, 124 RdNr. 36.
[11a] Zur Abgrenzung der Zuständigkeit von Betriebsrat und Gesamtbetriebsrat BAG AP BetrVG 1972 § 50 Nr. 29 = ZIP 2006, 1596.
[12] Vgl. BAG AP GG Art. 9 – Arbeitskampf – Nr. 60; MünchHdbArbR-*Matthes* § 328 RdNr. 13; *Richardi* § 77 BetrVG RdNr. 38.
[13] Vgl. BAG AP BetrVG 1972 § 77 Nr. 18 = NZA 1987, 449.
[14] Vgl. für den Verweis auf eine Gesamtzusage BAG AP BetrVG 1972 § 77 Nr. 69 = NZA 1998, 382 = ZIP 1998, 218; *Löwisch/Kaiser* § 77 BetrVG RdNr. 8.
[15] BAG AP HGB § 128 Nr. 8 = NZA 1986, 800 = NJW 1987, 92; *Richardi/Annuß* Anh. zu § 113 BetrVG RdNr. 3.
[16] BAG AP BetrVG 1972 § 76 – Einigungsstelle – Nr. 1 = NZA 1996, 161.

gebunden. Sie kann auch eine andere als die vorgeschlagene Lösung treffen, etwa statt Abfindungen Transferleistungen vorsehen (dazu RdNr. 31 ff.). Die Beschlüsse sind schriftlich niederzulegen, vom Vorsitzenden zu unterschreiben und Verwalter und Betriebsrat zuzuleiten. Die Kosten der Einigungsstelle trägt die Insolvenzmasse (§ 76 a Abs. 1 BetrVG).[17]

Nach § 76 Abs. 5 Satz 4 BetrVG kann der **Spruch der Einigungsstelle** von Verwalter oder Betriebsrat binnen einer **Frist von zwei Wochen** vom Tage der Zuleitung des Beschlusses an gerechnet beim Arbeitsgericht mit der Begründung **angefochten werden**, die sich aus § 112 Abs. 5 BetrVG ergebenen Grenzen des Ermessens (dazu RdNr. 37 ff.) seien überschritten. Kommt das Arbeitsgericht zu dem Ergebnis, dass die Grenzen des Ermessens überschritten sind, stellt es die Unwirksamkeit des Einigungsstellenspruchs und damit des Sozialplans fest, mit der Folge, dass über den Sozialplan erneut zu verhandeln ist. Eine direkte Zurückverweisung an die Einigungsstelle erfolgt nicht.

§ 76 Abs. 5 Satz 4 BetrVG gilt nur, soweit die **Überschreitung der Grenzen des Ermessens** geltend gemacht wird. Andere Rechtsunwirksamkeitsgründe können unabhängig von der Zweiwochenfrist jederzeit geltend gemacht werden. Das gilt insbesondere für Verstöße gegen den Gleichbehandlungsgrundsatz (unten RdNr. 44 ff.).

Wegen ihrer Auswirkungen auf die Masse handelt es sich bei der Aufstellung des Sozialplans regelmäßig um eine Rechtshandlung, die für das Insolvenzverfahren von besonderer Bedeutung ist. Der Verwalter hat daher, wenn er einen Sozialplan vereinbaren will, gem. § 160 Abs. 1 die **Zustimmung des Gläubigerausschusses,** und wo ein solcher nicht besteht, die der Gläubigerversammlung einzuholen.[18] Ein Verstoß gegen § 160 hindert aber die Wirksamkeit des Sozialplans nicht (§ 164). Anders als der Insolvenzverwalter unterliegt die **Entscheidung der Einigungsstelle** nicht der Aufsicht des Gläubigerausschusses und bedarf deshalb dessen Zustimmung nicht.[19] Auch eine Pflicht der Einigungsstelle, einen Vertreter des Gläubigerausschusses zur wirtschaftlichen Vertretbarkeit des Sozialplans anzuhören,[20] besteht nicht. Die Einigungsstelle ist nach § 76 BetrVG in der Gestaltung ihres Verfahrens frei.[21] Dem Gläubigerausschuss steht auch nicht das Recht zu, die Entscheidung der Einigungsstelle über den Sozialplan beim Arbeitsgericht anzufechten. Die Anfechtung steht allein im pflichtgemäßen Ermessen des Insolvenzverwalters.

3. Inhalt. a) Gegenstand. Gegenstand des Sozialplans ist, wie es § 112 Abs. 1 Satz 2 BetrVG formuliert, der Ausgleich oder die Milderung der wirtschaftlichen Nachteile, die den Arbeitnehmern infolge der geplanten Betriebsänderung entstehen. Als solcher **wirtschaftlicher Nachteil ist in erster Linie der Verlust des Arbeitsplatzes** anzusehen. Aber es kommen auch andere wirtschaftliche Nachteile, etwa höhere Fahrtkosten infolge einer Betriebsverlegung oder schlechtere Bezahlung infolge einer Versetzung und vor allem Kosten einer vom Arbeitnehmer unternommenen Qualifizierung für eine neue Tätigkeit in Betracht. Der in der Literatur vertretenen Auffassung, aus Abs. 1 ergebe sich, dass die Vorschrift auf Sozialpläne, die **andere wirtschaftliche Nachteile** als Entlassungen ausgleichen sollen, nicht anwendbar sei,[22] kann nicht gefolgt werden. Abs. 1 übernimmt die Definition des Gegenstandes des Sozialplans wortgleich aus § 112 Abs. 1 Satz 2 BetrVG. Das muss dahin verstanden werden, dass in die Regelung alle nach § 112 Abs. 1 Satz 2 BetrVG möglichen Gegenstände eines Sozialplans einbezogen werden sollen. Auf die Entlassungen nimmt die Vorschrift nur Bezug, um das Gesamtvolumen des Sozialplans absolut zu begrenzen. Dass nur auf Grund der Betriebsänderung entlassene Arbeitnehmer Leistungen erhalten

---

[17] Vgl. allgemein zur Kostentragungspflicht *Löwisch/Kaiser* § 76 a BetrVG RdNr. 2 ff.; *Richardi* § 76 a BetrVG RdNr. 5 ff.
[18] BAG (GrS) AP BetrVG 1972 § 112 Nr. 6 = NJW 1979, 774 (unter II B 6 c der Gründe); *Nerlich/Römermann/Hamacher* vor § 121 RdNr. 67 und § 123 RdNr. 7; *Richardi/Annuß* Anh. zu § 113 BetrVG RdNr. 2.
[19] BAG (GrS) AP BetrVG 1972 § 112 Nr. 6 = NJW 1979, 774; *Richardi/Annuß* Anh. zu § 113 BetrVG RdNr. 3.
[20] So *Richardi/Annuß* Anh. zu § 113 BetrVG 1972 RdNr. 3.
[21] *Oetker/Friese* DZWIR 2001, 265, 268 f.
[22] *Boemke/Tietze* DB 1999, 1389, 1392; *MünchHdbArbR-Matthes* § 363 RdNr. 15.

sollen, ist damit nicht gesagt.²³ Entscheidend ist, dass die Gegenmeinung dazu führen müsste, dass Sozialpläne über die Einigungsstelle erzwungen werden könnten, die, weil sie dem Insolvenzverwalter zuzurechnen wären, zu Masseverbindlichkeiten führten, die nicht den Grenzen des § 123 unterlägen. Vermeiden ließe sich das nur, wenn man annähme, dass insoweit die Erzwingbarkeit eines Sozialplans in der Insolvenz ausgeschlossen ist. Dafür aber gibt es weder in § 123 noch sonst im Gesetz einen Anhalt.

28 Gegenstand des Sozialplans kann nur der Ausgleich von Nachteilen von Personen sein, die dem **persönlichen Geltungsbereich** des Betriebsverfassungsgesetzes unterfallen. Dazu gehören neben den Arbeitnehmern (vor § 113 RdNr. 15 ff.) auch die Auszubildenden und die in der Hauptsache für den Betrieb arbeitenden Heimarbeiter (§ 5 Abs. 1 BetrVG), nicht aber die Leiharbeitnehmer (arg. § 7 Satz 2 BetrVG). Ausgenommen sind die in § 5 Abs. 2 BetrVG genannten Personen, insbesondere Ehegatten, Verwandte und Verschwägerte ersten Grades sowie nach § 5 Abs. 3 BetrVG die leitenden Angestellten.²⁴

29 **b) Leistungen.** Als Sozialplanleistungen kommen einmal **Abfindungen** entlassener Arbeitnehmer für den Verlust des Arbeitsplatzes in Betracht. Gängige Praxis ist, diese nach generellen Merkmalen wie Alter, Dauer der Betriebszugehörigkeit und Familienstand zu pauschalieren. Da der Sozialplan, wie sich aus den Maßstäben des § 112 Abs. 5 Nr. 1 und 2 BetrVG für die Einigungsstelle ergibt, in der Regel den Gegebenheiten des Einzelfalls Rechnung tragen und die Aussichten der betroffenen Arbeitnehmer auf dem Arbeitsmarkt berücksichtigen soll, sind darüber hinausgehende **Differenzierungen** angezeigt: Etwa sollten Abfindungen für Arbeitnehmer, die kurz vor dem Rentenalter stehen, niedriger ausfallen, was nach § 10 Satz 3 Nr. 6 AGG zulässig ist (dazu RdNr. 45). Auch kommt bei der Möglichkeit vorzeitiger Inanspruchnahme der Altersrente die ganze oder teilweise Übernahme der zur Abwendung einer Rentenminderung gem. § 187a SGB VI erforderlichen Beiträge in Betracht. Arbeitnehmer, die sofort einen gleichwertigen Arbeitsplatz finden, können überhaupt von Sozialplanleistungen ausgeschlossen werden. Das gilt insbesondere für solche Arbeitnehmer, die bei einem Betriebserwerber weiterarbeiten können.²⁵

30 Ist die Insolvenzmasse und damit auch das für den Sozialplan nach Abs. 2 zur Verfügung stehende Volumen gering, kann es sachgerecht sein, anstatt von Abfindungen nach generellen Merkmalen einen **Härtefonds** einzurichten, aus dem lediglich die Arbeitnehmer Leistungen erhalten, die durch die Betriebsänderung besonders hart getroffen werden.²⁶ Als abgrenzbares Sondervermögen ist ein solcher Härtefonds eine Sozialeinrichtung im Sinne des § 87 Abs. 1 Nr. 8 BetrVG, die vom Insolvenzverwalter und Betriebsrat gemeinsam verwaltet wird.²⁷

31 Anstelle von Abfindungen kann der Sozialplan auch Leistungen vorsehen, die den Arbeitnehmern den **Transfer in eine neue Beschäftigung** erleichtern, insbesondere ihrer Qualifikation dienen sollen. In Betracht kommen Kosten der beruflichen Weiterbildung, Mobilitätshilfen (Fahrtkosten, Trennungskosten, Umzugskosten), Kosten für Trainingsmaßnahmen zur Verbesserung der Eingliederungsaussichten sowie Bewerbungskosten und Reisekosten im Zusammenhang mit Fahrten zur Berufsberatung, Eignungsfeststellung und zu Vorstellungsgesprächen.

32 Solche Transferleistungen sind insofern interessant, als sie im Unterschied zu Abfindungen gem. § 216a SGB III von der **Bundesagentur für Arbeit durch Zuschüsse gefördert** werden können. Nach § 216a Abs. 1 Satz 1 SGB III ist das der Fall, wenn die Maßnahme

---

²³ *Annuß* NZI 1999, 344, 349; *Caspers* RdNr. 435 i. V. m. 35 f; GK-BetrVG-*Oetker* §§ 112, 112a RdNr. 291.
²⁴ Zum Arbeitnehmerbegriff vgl. im Einzelnen *Löwisch/Kaiser* Erl. zu § 5 BetrVG; ErfKomm-*Eisemann* § 5 BetrVG RdNr. 2 ff.; *Richardi* § 5 BetrVG RdNr. 5 ff.
²⁵ BAG AP BetrVG 1972 § 112 Nr. 112 = NZA 1998, 158 = ZIP 1997, 1385.
²⁶ Zur allgemeinen Zulässigkeit eines solchen Härtefonds s. BAG AP BetrVG 1972 § 112 Nr. 53 = NZA 1990, 441.
²⁷ *Däubler* in *Däubler/Kittner/Klebe* §§ 112, 112a BetrVG RdNr. 108 ff.; *Löwisch/Kaiser* § 112 BetrVG RdNr. 34.

nicht vom Insolvenzverwalter selbst, sondern von einem Dritten durchgeführt wird, wenn die vorgesehene Maßnahme der Eingliederung der Arbeitnehmer in den Arbeitsmarkt dienen soll, die Durchführung der Maßnahme gesichert ist und ein System zur Sicherung der Qualität angewendet wird.[28]

Die Bezuschussung setzt nach § 216a Abs. 1 Satz 2 SGB III voraus, dass der Insolvenzverwalter im Rahmen des Sozialplans in angemessenem Umfang **Mittel zur Finanzierung der Transfermaßnahme** zur Verfügung stellt. Diese Voraussetzung ist jedenfalls dann erfüllt, wenn die Obergrenzen des § 123 ausgeschöpft sind.[29] Bei massearmen Insolvenzen muss auch ein geringerer Eigenbetrag ausreichen. Der Zuschuss ist aber stets nach § 216a Abs. 2 Satz 2 SGB III begrenzt. Danach darf er nicht mehr als 50 Prozent der aufzuwendenden Maßnahmekosten übersteigen und höchstens 2500 Euro je gefördertem Arbeitnehmer betragen. Ob der Insolvenzverwalter, um die Maßnahme durchführen zu können, höhere Leistungen als sie der Obergrenze des § 123 entsprechen, einsetzt, liegt in seinem pflichtgemäßen Ermessen. Rechtsgrundlage dafür ist § 88 BetrVG (vgl. RdNr. 11). 33

Die Zuschussförderung setzt weiter voraus, dass **Arbeitnehmer** auf Grund von Betriebsänderungen i. S. des § 111 BetrVG **von Arbeitslosigkeit bedroht** sind (§ 216a Abs. 1 Satz 1 i. V. m. Satz 3 SGB III). Allerdings gilt das nach § 216a Abs. 1 Satz 3 SGB III unabhängig von der Unternehmensgröße, so dass in Kleinunternehmen auch der Abbau weniger Arbeitsplätze genügen kann, wenn sich dieser als wesentliche Betriebseinschränkung darstellt.[30] Auch auf die Anwendbarkeit des BetrVG im jeweiligen Betrieb kommt es nicht an, so dass die nicht unter das BetrVG fallenden Luftbetriebe (§ 117 Abs. 2 BetrVG) und Betriebe in kirchlichen Einrichtungen (§ 118 Abs. 2 BetrVG) erfasst werden, sofern sie in selbständiger Rechtsform betrieben werden. Die Regelung gilt auch für Betriebe, in denen das BetrVG nicht gilt, weil kein Betriebsrat gewählt worden ist. Lediglich der öffentliche Dienst ist ausgenommen. 34

Die **Entscheidung über Zuschüsse** trifft nach § 327 Abs. 3 Satz 3 SGB III die Agentur für Arbeit, in deren Bezirk der Betrieb liegt. Nach § 216a Abs. 4 SGB III berät diese Insolvenzverwalter und Betriebsrat auf Verlangen schon im Vorfeld der Entscheidung über die Einführung von Transfermaßnahmen, insbesondere auch im Rahmen von Sozialplanverhandlungen nach § 112 BetrVG. 35

Nach § 216b SGB III haben Arbeitnehmer zur Vermeidung von Entlassungen und zur Verbesserung ihrer Vermittlungsaussichten Anspruch auf Kurzarbeitergeld zur Förderung der Eingliederung bei betrieblichen Restrukturierungen **(Transferkurzarbeitergeld)**. Voraussetzung für dessen Gewährung ist nach § 216b Abs. 3 SGB III, dass in einem Betrieb Personalanpassungsmaßnahmen auf Grund einer Betriebsänderung durchgeführt und die von Arbeitsausfall betroffenen Arbeitnehmer in einer betriebsorganisatorisch eigenständigen Einheit zusammengefasst werden. Jedoch ist nach § 216b Abs. 7 SGB III der Anspruch ausgeschlossen, wenn die Arbeitnehmer nur vorübergehend in der betriebsorganisatorisch eigenständigen Einheit zusammengefasst werden, um anschließend einen anderen Arbeitsplatz in dem gleichen oder einem anderen Betrieb des Unternehmens oder, falls das Unternehmen einem Konzern angehört, in einem Betrieb eines anderen Konzernunternehmens des Konzerns zu besetzen.[31] Konzern ist, wie sich aus der gesetzlichen Definition des § 18 AktG ergibt, sowohl der Unterordnungs- als auch der Gleichordnungskonzern. 36

c) **Maßstäbe.** § 112 Abs. 5 Satz 2 BetrVG gibt der Einigungsstelle für die Entscheidung über den Sozialplan **Ermessensrichtlinien** vor, die neben den in § 123 festgelegten Höchstgrenzen zu beachten sind: 37

---

[28] S. im Einzelnen dazu die Interpretationshilfen der Bundesagentur für Arbeit, abrufbar unter www.arbeitsagentur.de (letzter Abruf am 31. 5. 2007); ferner *Gagel/Bepler*, Sozialgesetzbuch III – Arbeitsförderung, Loseblatt, § 216a RdNr. 50 ff.; GK-BetrVG-*Oetker* §§ 112, 112a RdNr. 370 ff.
[29] Vgl. *Wutzke* ZInsO 1998, 6, 8.
[30] *Gagel/Bepler* (Fn. 28) § 216a RdNr. 25 ff.
[31] Dazu im Einzelnen die Interpretationshilfen der Bundesagentur für Arbeit (Fn. 28) und *Gagel/Bieback* (Fn. 28) § 216b RdNr. 99 ff.

38 Nach § 112 Abs. 5 Satz 2 Nr. 1 BetrVG sollen Leistungen vorgesehen werden, die in der Regel den **Gegebenheiten des Einzelfalles** Rechnung tragen. Etwa ist es ermessensfehlerhaft, wenn die Einigungsstelle ohne Unterschied für alle infolge einer Betriebsänderung entlassenen Arbeitnehmer Abfindungen festsetzt, deren Höhe sich allein nach dem Monatseinkommen und der Dauer der Betriebszugehörigkeit bemisst.[32]

39 Nach § 112 Abs. 5 Satz 2 Nr. 2 BetrVG hat die Einigungsstelle die **Aussichten der betroffenen Arbeitnehmer auf dem Arbeitsmarkt** zu berücksichtigen. Sie soll Arbeitnehmer von Leistungen ausschließen, die in einem zumutbaren Arbeitsverhältnis im selben Betrieb oder in einem anderen Betrieb des Unternehmens oder eines zum Konzern gehörenden Unternehmens weiterbeschäftigt werden können und die Weiterbeschäftigung ablehnen; die mögliche Weiterbeschäftigung an einem anderen Ort begründet für sich allein nicht die Unzumutbarkeit. Die Maßstäbe der Unzumutbarkeit können dabei im Wesentlichen § 121 SGB III entnommen werden.[33] Danach muss sich der Arbeitnehmer bei einer Arbeitszeit von mehr als sechs Stunden mit einer Pendelzeit von bis zu zweieinhalb Stunden und bei einer Arbeitszeit von sechs Stunden und weniger mit einer Pendelzeit von zwei Stunden abfinden. Nach § 112 Abs. 5 Satz 2 Nr. 2a BetrVG muss die Einigungsstelle auch **Fördermöglichkeiten** durch die Bundesanstalt für Arbeit (RdNr. 32 ff.) berücksichtigen.

40 Bei der Bemessung des Gesamtbetrags der Sozialplanleistungen ist darauf zu achten, dass der **Fortbestand des Unternehmens** oder die nach Durchführung der Betriebsänderung verbleibenden Arbeitsplätze nicht gefährdet werden (§ 112 Abs. 5 Satz 2 Nr. 3 BetrVG). In der Insolvenz ist dies für den Fall von Bedeutung, dass in einem Insolvenzplan die Sanierung des Unternehmens unter Fortführung des alten Unternehmensträgers vorgesehen ist (unten RdNr. 75). Die Rücksichtnahme auf den Fortbestand des Unternehmens und die verbleibenden Arbeitsplätze kann dann dazu führen, dass die Finanzmasse des Sozialplans unterhalb der absoluten Höchstgrenze des Abs. 1 festzusetzen ist und dass in Einzelfällen überhaupt kein Sozialplan aufgestellt werden darf.[34]

41 Keine Bedeutung hat die wirtschaftliche Vertretbarkeit des Sozialplans für das Unternehmen dagegen **bei der Verwertung des Unternehmens mit Liquidation** des alten Unternehmensträgers. Hier kann es nicht auf die wirtschaftliche Vertretbarkeit für das Unternehmen ankommen. Im Fall der Unternehmenszerschlagung ist dies evident, gilt aber auch bei übertragender Sanierung durch Übertragung des Unternehmens im ganzen oder einzelner Betriebe, die ebenfalls eine Art der Unternehmensverwertung mit anschließender Liquidation des Unternehmensträgers darstellt.[35] Denn mit der Übertragung wird die Sozialplanpflicht auf Grund vom Verwalter geplanter Betriebsänderungen vom Unternehmen getrennt. Sie richtet sich weiter gegen die Masse und nicht gegen den jetzt das Unternehmen tragenden neuen Rechtsträger.[36]

42 Bei der **Aufstellung eines frei vereinbarten Sozialplans** sind Verwalter und Betriebsrat nicht an die Ermessensrichtlinie des § 112 Abs. 5 BetrVG gebunden. Höhere als nach diesen Richtlinien erforderliche Leistungen darf der Verwalter aber nur zugestehen, soweit sich das mit der Sorgfalt eines ordentlichen und gewissenhaften Insolvenzverwalters (§ 60 Abs. 1 Satz 2) vereinbaren lässt; anderenfalls droht seine Eigenhaftung nach § 60. In Betracht kommt etwa, dass der Verwalter höhere Leistungen zugesteht, weil er nur so die Vereinbarung einer Namensliste im Rahmen eines Interessenausgleichs nach § 125 erreichen kann.[37] Richtigerweise wird der Insolvenzverwalter in die Entscheidung über den Abschluss

---

[32] BAG AP BetrVG 1972 § 112 Nr. 87 = NZA 1995, 440 = ZIP 1995, 771.
[33] *Löwisch/Kaiser* § 112 BetrVG RdNr. 23 ff.
[34] *Caspers* RdNr. 462 ff., insbesondere 467; zustimmend *Kübler/Prütting/Moll* §§ 123, 124 RdNr. 51 f.
[35] Vgl. *Baur/Stürner*, Insolvenzrecht, RdNr. 9.40; *Bork* RdNr. 4, 375.
[36] *Caspers* RdNr. 464; GK-BetrVG-*Oetker* §§ 112, 112a RdNr. 323; *Willemsen/Tiesler* RdNr. 142 ff.; unzutreffend *von Hoyningen-Huene* RdA 1986, 102, 114, wenn er meint, auch im Konkurs müsse wegen der Möglichkeit einer Veräußerung des rationalisierten Unternehmens auf die wirtschaftliche Vertretbarkeit für das Unternehmen bei der Sozialplandotierung geachtet werden.
[37] *Annuß* NZI 1999, 344, 348; *Caspers* RdNr. 463.

eines solchen frei vereinbarten Sozialplans gem. § 160 den Gläubigerausschuss einbeziehen, sei es, dass er ihn vor der Unterschrift konsultiert, sei es, dass er die Inkraftsetzung von der Genehmigung des Gläubigerausschusses abhängig macht. Konsultiert er den Gläubigerausschuss nicht, wird davon die Wirksamkeit des Sozialplans jedoch nicht berührt, § 164 (oben RdNr. 26).

d) Bindung an das staatliche Recht. Der Sozialplan ist wie jede Betriebsvereinbarung 43 an das zwingende staatliche Recht gebunden. Von Bedeutung ist dabei zunächst das **Kündigungsschutzgesetz:** Der Sozialplan darf die Zahlung von Sozialplanabfindungen nicht davon abhängig machen, dass die im Zuge der Betriebsänderung gekündigten Arbeitnehmer keine Kündigungsschutzklage erheben.[38] Der Sozialplan kann die **Fälligkeit der Sozialplanansprüche** aber auf den Zeitpunkt hinausschieben, in welchem ein vom Arbeitnehmer anhängig gemachter Kündigungsrechtsstreit rechtskräftig abgeschlossen ist.[39] Möglich ist auch, zusätzlich zum Sozialplan in einer freiwilligen Betriebsvereinbarung Leistungen für den Fall vorzusehen, dass der Arbeitnehmer von der Erhebung einer Kündigungsschutzklage absieht, um alsbald Planungssicherheit zu erlangen (sog. „Turboprämie"). Insolvenzverwalter und Betriebsrat dürfen damit aber nicht das Verbot umgehen, Sozialplanleistungen von einem solchen Verzicht abhängig zu machen.[40]

Nach § 2 Abs. 1 Nr. 2 i. V. m. § 1 AGG dürfen Sozialpläne Arbeitnehmer nicht aus 44 Gründen der Rasse oder wegen der ethnischen Herkunft, des Geschlechts, der Religion oder Weltanschauung, einer Behinderung, des Alters oder der sexuellen Identität benachteiligen. Unzulässig sind nach § 3 Abs. 1 und 2 AGG sowohl **unmittelbare als auch mittelbare Benachteiligungen.** Unmittelbar benachteiligt ist ein Arbeitnehmer, wenn er wegen eines dieser Merkmale geringere Leistungen aus dem Sozialplan erhalten soll als ein anderer vergleichbarer Arbeitnehmer (§ 3 Abs. 1 Satz 1 AGG). Eine mittelbare Benachteiligung liegt vor, wenn eine dem Anschein nach neutrale Bestimmung des Sozialplans zu einer Benachteiligung von Trägern eines der Merkmale des § 1 AGG gegenüber anderen Arbeitnehmern führt (§ 3 Abs. 2 Halbsatz 1 AGG). Unmittelbare Benachteiligungen sind regelmäßig ganz unzulässig. Demgegenüber sind mittelbare Benachteiligungen nach § 3 Abs. 2 Halbsatz 2 AGG dann zulässig, wenn die betreffende Regel durch ein rechtmäßiges Ziel sachlich gerechtfertigt und die Mittel zur Erreichung dieses Ziels angemessen und erforderlich sind. Abgesehen vom Alter (dazu RdNr. 45) werden unmittelbare Benachteiligungen in Sozialplänen kaum vorkommen. Denkbar sind aber mittelbare Benachteiligungen. Etwa kann es eine mittelbare Benachteiligung von Frauen darstellen, wenn Sozialplanleistungen an die Dauer der tatsächlichen Beschäftigung angeknüpft werden, weil überwiegend bei Frauen die tatsächliche Beschäftigungsdauer wegen der Inanspruchnahme von Elternzeit geringer ist als bei Männern.[41]

§ 10 Satz 3 Nr. 6 AGG enthält eine besondere Regelung für die Differenzierung von 45 Sozialplanleistungen wegen des Alters oder der Dauer der Betriebszugehörigkeit. Danach ist eine nach **Alter oder Betriebszugehörigkeit** gestaffelte Abfindungsregelung zulässig, wenn die wesentlich vom Alter abhängenden Chancen auf dem Arbeitsmarkt durch eine verhältnismäßig starke Betonung des Lebensalters erkennbar berücksichtigt worden sind oder Beschäftigte von den Leistungen des Sozialplans ausgeschlossen wurden, die wirtschaftlich abgesichert sind, weil sie, ggf. nach Bezug von Arbeitslosengeld, rentenberechtigt sind. Sind diese Voraussetzungen nicht gegeben, ist die Differenzierung unzulässig, weil sie im Falle des Alters eine unmittelbare und im Falle der Dauer der Betriebszugehörigkeit eine mittelbare Benachteiligung darstellt. Insbesondere sind Abfindungsregelungen, die ausschließlich eine

---

[38] BAG AP BetrVG 1972 § 112 Nr. 17 = NZA 1984, 53 = NJW 1984, 1581; BAG AP BetrVG 1972 § 112 Nr. 175 = NZA 2005, 997 = ZIP 2005, 1468.
[39] BAG AP BetrVG 1972 § 112 Nr. 33 = NZA 1986, 258.
[40] BAG AP BetrVG 1972 § 112 Nr. 175 = NZA 2005, 997 = ZIP 2005, 1468.
[41] Vgl. BAG AP BetrVG 1972 § 112 Nr. 159 = NZA 2003, 1287 = ZIP 2003, 1463, das darin einen Verstoß gegen Recht und Billigkeit i. S. des § 75 BetrVG erblickt hat; außerdem *Bauer/Göpfert/Krieger* § 10 AGG RdNr. 55.

Staffelung nach der Dauer der Betriebszugehörigkeit vorsehen, nicht mehr zulässig. Notwendig ist vielmehr, dass durch die Aufnahme der Alterskomponente auch die vom Alter abhängigen Chancen auf dem Arbeitsmarkt Berücksichtigung finden.[42] Auf der anderen Seite bleibt es zulässig, nur die Betriebszugehörigkeit beim Arbeitgeber und seinem Rechtsvorgänger zu berücksichtigen und Tätigkeiten bei einem früheren Arbeitgeber selbst dann nicht einzurechnen, wenn der Schuldner sie in einem Überleitungsvertrag als bei ihm zurückgelegte Betriebszugehörigkeit anerkannt hat.[43]

46 Sonderabfindungen für **schwerbehinderte Arbeitnehmer** vorzusehen ist nach § 5 AGG gerechtfertigt, weil es sich dabei um eine angemessene Maßnahme handelt, durch die ein Nachteil wegen eines in § 1 AGG genannten Grundes ausgeglichen werden soll. Dabei kann auch, weil es sich um eine positive Maßnahme handelt, zwischen unterschiedlichen Graden der Behinderung differenziert werden. Ebenso ist es möglich, Sonderabfindungen nur für die schwerbehinderten Arbeitnehmer vorzusehen, deren Schwerbehinderteneigenschaft bei der Aufstellung des Sozialplans feststeht.[44]

47 Als **Betriebsvereinbarung** ist der Sozialplan auch an § 75 Abs. 1 BetrVG gebunden. Dieser wiederholt die Benachteiligungsverbote des AGG und geht insoweit darüber hinaus, als er auch Benachteiligungen wegen politischer oder gewerkschaftlicher Betätigung oder Einstellung untersagt. Zudem ist der Vorschrift die Geltung des allgemeinen Gleichbehandlungsgrundsatzes für Betriebsvereinbarungen und damit auch für Sozialpläne zu entnehmen, der sachfremde Differenzierungen zu Lasten einzelner Arbeitnehmer oder Arbeitnehmergruppen verbietet.[45] Im Einzelnen gilt nach der Rechtsprechung des Bundesarbeitsgerichts insoweit Folgendes:

48 Insolvenzverwalter und Betriebsrat können Arbeitnehmer, die ihr Arbeitsverhältnis aus eigenem Anlass durch eine **Eigenkündigung** oder einen **Aufhebungsvertrag** beendet haben, ganz vom Sozialplan ausnehmen[46] oder ihnen eine gegenüber den betriebsbedingt gekündigten Arbeitnehmern geringere Abfindung zusprechen:[47] Die Betriebspartner können davon ausgehen, dass die Arbeitnehmer ihr Arbeitsverhältnis nur deswegen von sich aus beenden, weil sie bereits eine neue Arbeitsstelle gefunden haben, so dass sie der Verlust ihres bisherigen Arbeitsplatzes weniger schwer trifft.[48] Die Herausnahme der durch Eigenkündigung oder Aufhebungsvertrag ausgeschiedenen Arbeitnehmer verstößt nur dann gegen § 75 Abs. 1 Satz 1 BetrVG und den arbeitsrechtlichen **Gleichbehandlungsgrundsatz,** wenn der Arbeitgeber die Kündigung oder den Vertragsschluss veranlasst hat[49] Das ist dann nicht mehr der Fall, wenn der Insolvenzverwalter die Durchführung der im Interessenausgleich beschriebenen Betriebsänderung vollständig oder hinsichtlich des den Arbeitnehmer betreffenden Teils endgültig aufgegeben und den Arbeitnehmer hiervon in Kenntnis gesetzt hat[50] (s. auch RdNr. 61). Zulässig ist es auch, Arbeitnehmer von Sozialplanleistungen auszuschließen, die dem Arbeitgeber vorsätzlich erhebliche Vermögensschäden zugefügt haben.[51]

49 Auch das Verbot der Diskriminierung von Teilzeitbeschäftigten und befristet Beschäftigten nach § 4 Abs. 1 und 2 TzBfG ist zu beachten. Gleichheitswidrig ist es, **Teilzeitbeschäftigte** von den Sozialplanleistungen ganz auszunehmen oder für sie geringere Leistungen

---

[42] *Löwisch* DB 2006, 1729, 1731; aA *Bauer/Göpfert/Krieger* § 10 AGG RdNr. 52, 56.
[43] BAG AP BetrVG 1972 § 112 Nr. 75 = NZA 1994, 1147.
[44] BAG AP GG Art. 3 Nr. 124 = ZIP 1983, 1235.
[45] S. *Kübler/Prütting/Moll* §§ 123, 124 RdNr. 59 ff.
[46] BAG AP BetrVG 1972 § 112 Nr. 77 = NZA 1995, 489; BAG AP BetrVG 1972 § 112 Nr. 96 = NZA 1996, 271.
[47] BAG AP BetrVG 1972 § 112 Nr. 71 = NZA 1994, 139; BAG AP BetrVG 1972 § 112 Nr. 72 = NZA 1994, 716.
[48] BAG AP BetrVG 1972 § 112 Nr. 71 = NZA 1994, 139; BAG AP BetrVG 1972 § 112 Nr. 72 = NZA 1994, 716.
[49] BAG AP BetrVG 1972 § 112 Nr. 77 = NZA 1995, 489; BAG NZA 2003, 879 (Ls.) = ZIP 2003, 1414 = EzA BetrVG 2001 § 112 Nr. 4; vgl. auch BAG NZA 2007, 756 = ZIP 2007, 1075.
[50] BAG AP BetrVG 1972 § 112 Nr. 171 = NZA 2005, 1264 (Ls.).
[51] LAG Thüringen NZA 1996, 671.

vorzusehen, als ihrer persönlichen Arbeitszeit im Verhältnis zur Arbeitszeit Vollzeitbeschäftigter entspricht.[52]

Soweit der Arbeitnehmer durch den Sozialplan gleichheitswidrig benachteiligt wird, kann er die **Anhebung seiner Leistung auf das angemessene Niveau** fordern, auch wenn dadurch das vorgegebene Gesamtvolumen des Sozialplans überschritten wird.[53] Die Grenze ist allerdings dann erreicht, wenn nicht nur einzelne Arbeitnehmer benachteiligt werden und die Mehrbelastung durch die Korrektur im Verhältnis zum Gesamtvolumen des Sozialplans ins Gewicht fällt.[54] Dann liegt eine Störung der Geschäftsgrundlage vor, weil sich wesentliche (Rechts-)Vorstellungen, die zur Grundlage des Vertrags geworden sind, als falsch herausstellen. Eine Erhöhung des Sozialplanvolumens um 1,7 Prozent reicht dafür aber noch nicht aus.[55]

Bei dem Anspruch auf Anhebung der Leistung handelt es sich um eine außerhalb der Grenzen des Abs. 1 und Abs. 2 zu begleichende **Masseverbindlichkeit,** die aus einer fehlerhaften Handlung des Insolvenzverwalters oder der Einigungsstelle resultiert.[56] Eine mögliche Haftung des Insolvenzverwalters richtet sich nach § 60. Nach dem dort festgelegten Maßstab der Sorgfalt eines ordentlichen und gewissenhaften Insolvenzverwalters ist auch zu beurteilen, ob er gegen eine Entscheidung der Einigungsstelle Rechtsmittel beim Arbeitsgericht einlegen musste.

Ob der Sozialplan einen billigen Ausgleich zwischen den Interessen der Belegschaft auf der einen Seite und denen der Insolvenzgläubiger auf der anderen Seite trifft, ist nur bei Entscheidungen der Einigungsstelle im Rahmen des § 76 Abs. 5 Satz 4 BetrVG zu überprüfen (dazu oben RdNr. 24 f.). Der einzelne Arbeitnehmer kann die Unbilligkeit der Gesamtausstattung des Sozialplans nicht geltend machen.[57]

4. Wirkung. Der Sozialplan hat die Wirkung einer Betriebsvereinbarung (§ 112 Abs. 1 Satz 3 BetrVG). Das bedeutet gem. § 77 Abs. 4 Satz 1 BetrVG, dass die Arbeitnehmer auf die im Sozialplan festgelegten Leistungen einen **unmittelbaren und zwingenden Anspruch** gegen den Verwalter erwerben, der im Rahmen der in Abs. 1 und 2 festgelegten Grenzen (RdNr. 60 ff.) als Masseverbindlichkeit zu befriedigen ist. Die Ansprüche sind gegen Verzicht, Verwirkung und Ausschlussfristen besonders geschützt (§ 77 Abs. 4 Sätze 2 bis 4 BetrVG). Bei einem individualvertraglichen Verzicht auf Ansprüche aus einem Sozialplan findet das Günstigkeitsprinzip Anwendung. Der Verzicht ist zulässig, wenn zweifelsfrei feststellbar ist, dass die Abweichung vom Sozialplan objektiv die für den Arbeitnehmer günstigere Regelung ist.[58]

Der Sozialplan entfaltet seine Wirkung auch, wenn in einem für die Arbeitnehmer geltenden **Tarifvertrag** Leistungen, insbesondere Abfindungen für Betriebsänderungen, die zu Entlassungen führen, vorgesehen sind. Der sonst geltende Sperrvorrang des Tarifvertrages nach § 77 Abs. 3 BetrVG findet auf Sozialpläne keine Anwendung (§ 112 Abs. 1 Satz 4 BetrVG). Sozialplanansprüche und derartige tarifliche Ansprüche bestehen deshalb nebeneinander. Allerdings handelt es sich bei den tariflichen Ansprüchen nur um Insolvenzforderungen, weil sie bereits vor Eröffnung des Insolvenzverfahrens i. S. des § 38 begründet worden sind. Zu nach Insolvenzeröffnung abgeschlossenen Sozialplantarifverträgen s. RdNr. 17.

Die **Wirkung des Sozialplans endet** normalerweise mit Erreichung des mit ihm verfolgten Zwecks, d. h. wenn die in ihm vorgesehenen Ausgleichsleistungen an die betroffenen Arbeitnehmer gewährt worden sind.

---

[52] BAG AP BetrVG 1972 § 112 Nr. 66 = NZA 1993, 717; BAG NZA 2007, 860.
[53] BAG AP BetrVG 1972 § 112 Nr. 11 = NJW 1982, 69.
[54] BAG AP BetrVG 1972 § 112 Nr. 159 = NZA 2003, 1287 = ZIP 2003, 1463.
[55] BAG AP BetrVG 1972 § 112 Nr. 163 = NZA 2004, 559 = ZIP 2004, 578.
[56] AA *Nerlich/Römermann/Hamacher* § 123 RdNr. 36, der weitere Leistungen aus der Insolvenzmasse als rechtlich unmöglich ansieht.
[57] BAG AP BetrVG 1972 § 112 Nr. 11 = NJW 1982, 69; BAG AP BetrVG 1972 § 112 Nr. 159 = NZA 2003, 1287 = ZIP 2003, 1463; *Löwisch* SAE 1985, 324 ff.
[58] BAG AP BetrVG 1972 § 112 Nr. 166 = NZA 2004, 667 = ZIP 2004, 1165 = RdA 2005, 45 mit krit. Anm. *Löwisch/Geisenberger*.

56 Gem. § 112 Abs. 1 Satz 3 i. V. m. § 77 Abs. 5 BetrVG können Verwalter und Betriebsrat einen Sozialplan kündigen. Eine **ordentliche Kündigung** setzt grundsätzlich voraus, dass sie eine solche Kündigungsmöglichkeit im Sozialplan vereinbart haben.[59] Nur ein Sozialplan, der Dauerregelungen enthält, etwa laufende Transferleistungen für einen bestimmten Zeitraum vorsieht, kann auch ohne eine ausdrückliche Kündigungsvereinbarung ordentlich gekündigt werden.[60] Ohne besondere Vereinbarung ist auch die außerordentliche Kündigung des Sozialplans nur bei Dauerregelungen, nicht aber bei einmaligen Abfindungsansprüchen möglich, da nur bei Dauerregelungen das Festhalten am Vertrag unzumutbar werden kann.[61]

57 Verwalter und Betriebsrat können einen Sozialplan für die Zukunft jederzeit einvernehmlich **aufheben oder abändern,** insbesondere durch einen neuen Sozialplan ablösen.[62] Sie dürfen in bereits entstandene Sozialplananspräche aber nicht zu Lasten der Arbeitnehmer eingreifen und müssen auch sonst die Grenzen des Vertrauensschutzes und der Verhältnismäßigkeit wahren. Ist der Sozialplan gekündigt worden, um eine Änderung zu ermöglichen, wirkt die Kündigung nur für die Zukunft; die Sozialplanregelungen wirken gem. § 112 Abs. 1 Satz 3 i. V. m. § 77 Abs. 6 BetrVG nach, bis sie durch eine Neuregelung ersetzt werden (zur Nachwirkung vgl. § 120 RdNr. 31 ff.). Verwalter und Betriebsrat können die Wirkungen des ablösenden Sozialplans aber auf den Zeitpunkt zurückbeziehen, in dem der erste Sozialplan auf Grund der Kündigung geendet hat.[63]

58 Der Sozialplan unterliegt auch den Grundsätzen über das Fehlen oder den **Wegfall der Geschäftsgrundlage.** Als Geschäftsgrundlage ist dabei insbesondere die Lage der Insolvenzmasse anzusehen: Stellt sich heraus, dass Verwalter und Betriebsrat oder die Einigungsstelle bei Aufstellung des Sozialplans irrige Vorstellungen über die Lage der Insolvenzmasse hatten, oder verbessert oder verschlechtert sich diese später grundlegend, muss der Sozialplan in neuen Verhandlungen zwischen Arbeitgeber und Betriebsrat und im Nichteinigungsfalle durch die Einigungsstelle an die tatsächliche Lage angepasst werden.[64] Zur Störung der Geschäftsgrundlage bei Rechtsverstößen oben RdNr. 50.

59 Sozialplanforderungen können in der Insolvenz im Wege der **Feststellungsklage** verfolgt werden.[65] Eine Leistungsklage ist angesichts des Vollstreckungsverbots in Abs. 3 Satz 2 (RdNr. 72) unzulässig.[66]

III. Umfang des Sozialplans

60 **1. Absolute Obergrenze.** Nach Abs. 1 kann in einem Sozialplan, der nach der Eröffnung des Insolvenzverfahrens aufgestellt wird, für den Ausgleich oder die Milderung der wirtschaftlichen Nachteile, die den Arbeitnehmern infolge der geplanten Betriebsänderung entstehen, ein Gesamtbetrag von bis zu **zweieinhalb Monatsverdiensten** (§ 10 Abs. 3 KSchG) der von einer Entlassung betroffenen Arbeitnehmer vorgesehen werden.

61 Von einer **Entlassung** betroffen sind diejenigen Arbeitnehmer, die ihren Arbeitsplatz infolge der Betriebsänderung verlieren. Die verhaltens- oder personenbedingten Kündigungen sind ebenso wenig hinzuzurechnen wie die Beendigung von Arbeitsverhältnissen wegen Fristablaufs oder wegen Erreichens der Altersgrenze. Auch Eigenkündigungen der Arbeitnehmer und Aufhebungsverträge sind grundsätzlich nicht mitzurechnen. Anders ist es nur,

---

[59] BAG AP BetrVG 1972 § 112 Nr. 86 = NZA 1995, 314.
[60] Vgl. BAG AP BetrVG 1972 § 112 Nr. 86 = NZA 1995, 314.
[61] BAG AP BetrVG 1972 § 112 Nr. 86 = NZA 1995, 314.
[62] BAG AP BetrVG 1972 § 112 Nr. 86 = NZA 1995, 314; BAG AP BetrVG 1972 § 112 Nr. 141 = NZA 2001, 849.
[63] BAG AP BetrVG 1972 § 112 Nr. 86 = NZA 1995, 314.
[64] BAG AP BetrVG 1972 § 112 Nr. 11 = NJW 1982, 69; BAG AP BetrVG 1972 § 112 Nr. 86 = NZA 1995, 314.
[65] BAG AP BetrVG 1972 § 112 Nr. 176 = NZA 2006, 220 = ZIP 2006, 489.
[66] Vgl. für das Vollstreckungsverbot des § 210 BAG AP InsO § 209 Nr. 1 = NZA 2002, 975 = NZI 2003, 273 = ZIP 2002, 628; BGHZ 154, 358, 360 = NZI 2003, 369 = NJW 2003, 2454 = ZIP 2003, 914.

wenn der Verwalter die Eigenkündigungen und Aufhebungsverträge veranlasst hat. Eine Veranlassung in diesem Sinne liegt nur dann vor, wenn der Verwalter die Arbeitnehmer im Hinblick auf die Betriebsänderung bestimmt hat, selbst zu kündigen oder einen Aufhebungsvertrag zu schließen, um eine sonst notwendig werdende Kündigung zu vermeiden. Das ist in der Regel anzunehmen, wenn der Insolvenzverwalter dem Arbeitnehmer mitgeteilt hat, er habe für ihn nach der Durchführung der Betriebsänderung keine Weiterbeschäftigungsmöglichkeit mehr.[67] Ein bloßer Hinweis auf die unsichere Lage des Unternehmens oder der Rat, sich eine neue Stelle zu suchen, genügt dagegen nicht.[68] Die früher entlassenen Arbeitnehmer, für die ein Sozialplan gem. § 124 widerrufen ist, sind bei der Erreichung der Gesamtzahl der entlassenen Arbeitnehmer mitzurechnen (Argument aus § 124 Abs. 3).

Als **Monatsverdienst** gilt nach § 10 Abs. 3 KSchG das, was dem Arbeitnehmer bei der für ihn maßgeblichen regelmäßigen Arbeitszeit in dem Monat, in dem das Arbeitsverhältnis endet, an Geld- und Sachbezügen zusteht. Mit Geld- und Sachbezügen sind **alle Bestandteile des Arbeitsentgelts** gemeint, die der Arbeitnehmer in dem entsprechenden Monat erhält oder erhielte, wenn das Arbeitsverhältnis nicht enden würde. Deshalb sind neben dem eigentlichen Bruttolohn oder Gehalt auch Zulagen, der Wert von Naturalleistungen, Tantiemen sowie 13. und 14. Monatsgehälter einzubeziehen. Auch Gratifikationen und zusätzliche Urlaubsgelder sind zu berücksichtigen. Dass derartige Leistungen an einem bestimmten Termin oder aus einem bestimmten Anlass bezahlt werden, ändert nichts daran, dass sie im weiteren Sinne Entgelt für vom Arbeitnehmer erbrachte Arbeitsleistung sind und deshalb zu seinen Bezügen gehören. Allerdings müssen für längere Zeiträume berechnete Leistungen auf den Gesamtzeitraum umgelegt werden, so dass auf den betreffenden Monat nur ein entsprechender Bruchteil, idR ein Zwölftel, entfällt. Das gilt unabhängig davon, ob die Auszahlung in dem betreffenden Monat erfolgt oder nicht. Ob auf die Leistungen ein Rechtsanspruch besteht, spielt keine Rolle. Mit der Formulierung „zusteht" bringt die Vorschrift zum Ausdruck, dass es genügen soll, wenn der Arbeitnehmer die entsprechenden Leistungen normalerweise erhält oder erhielte. Nicht zu berücksichtigen sind Leistungen, die keinen Entgeltcharakter haben, wie etwa **Aufwandsentschädigungen** für den Einsatz des privaten Pkws für Dienstfahrten oder Spesenpauschalen.[69]

§ 10 Abs. 3 KSchG stellt für die dem Arbeitnehmer zustehenden Geld- und Sachbezüge auf die für ihn maßgebende **regelmäßige Arbeitszeit** ab. Damit ist einmal zum Ausdruck gebracht, dass es nicht auf die betriebsübliche, sondern auf die für den betreffenden Arbeitnehmer gewöhnliche Arbeitszeit, die auch über oder unter der betriebsüblichen liegen kann, ankommt. Zum anderen wirkt sich danach eine vorübergehende Verkürzung oder Verlängerung der für den Arbeitnehmer gewöhnlichen Arbeitszeit nicht aus, auch wenn diese in den maßgeblichen Monat fällt. Schließlich sind auch Verdienstminderungen, die etwa durch Krankheit oder Urlaub in dem betreffenden Monat eintreten, nicht zu berücksichtigen.

Wie schon nach der Rechtslage nach dem Gesetz über den Sozialplan im Konkurs- und Vergleichsverfahren bedeutet die Höchstgrenze von zweieinhalb Monatsverdiensten nicht, dass die **einzelne Sozialplanforderung** höchstens zweieinhalb Monatsverdienste betragen darf.[70] Die einzelne Sozialplanleistung soll den Gegebenheiten des Einzelfalles weiterhin Rechnung tragen und **kann** deshalb **auch weit über dieser Grenze liegen.** Wie der Gesetzgeber deutlich macht, ist „stets die Situation des einzelnen Arbeitnehmers zu berücksichtigen. Bei besonderen sozialen Härten sollen höhere, in anderen Fällen geringere Beträge

---

[67] BAG AP BetrVG 1972 § 112 Nr. 65 = NZA 1993, 422 = ZIP 1993, 453; BAG ZIP 2003, 1414 = EzA BetrVG 2001 § 112 Nr. 4.
[68] Vgl. BAG AP BetrVG 1972 § 112 Nr. 77 = NZA 1995, 489; BAG AP BetrVG 1972 § 112 Nr. 96 = NZA 1996, 271; Kübler/Prütting/Moll §§ 123, 124 RdNr. 40 f.
[69] Vgl. im Einzelnen Löwisch/Spinner, Kommentar zum Kündigungsschutzgesetz, 9. Aufl. 2004, § 10 RdNr. 3 ff.
[70] Röder/Baeck DStR 1995, 260, 262; Schwerdtner S. 1622 RdNr. 47; Caspers RdNr. 435.

oder auch – wenn ein entlassener Arbeitnehmer sofort einen entsprechenden neuen Arbeitsplatz gefunden hat – gar keine Leistungen vorgesehen werden".[71] Die Regelung in Abs. 1 besagt auch nicht, dass nur auf Grund der Betriebsänderung entlassene Arbeitnehmer Sozialplanleistungen erhalten können.[72] Um diese geht es nur bei der Berechnung der absoluten Obergrenze des Sozialplanvolumens (oben RdNr. 27).[73]

65 Die Grenze des Abs. 1 stellt eine absolute Obergrenze für den Sozialplan dar. Ihre Überschreitung führt aber nicht, wie in der Literatur weit überwiegend angenommen, zur Nichtigkeit des Sozialplans, mit der Folge, dass neue Verhandlungen aufzunehmen wären und notfalls ein neuer Spruch der Einigungsstelle herbeigeführt werden müsste.[74] Sachgerecht ist vielmehr, bei **Überschreitung der Obergrenze** eine anteilige Kürzung der im Sozialplan vorgesehenen Leistungen vorzunehmen.[75] Der Zweck der Obergrenze ist auch bei einer solchen Lösung voll gewahrt. Sie vermeidet Rechtsunsicherheiten und komplizierte neue Verfahren sowie Rückabwicklungsfragen, wenn die Obergrenze überschreitende Leistungen bereits ausgekehrt sind. Rechtliche Bedenken gegen eine solche sinnentsprechende Auslegung bestehen nicht. § 134 BGB steht ihr nicht entgegen, weil er die Nichtigkeitsfolge nicht zwingend anordnet. Ein Gegenschluss aus Abs. 2 Satz 2 muss ebenfalls nicht gezogen werden, und das von der Gegenmeinung vorgebrachte Hauptargument, Verwalter und Betriebsrat hätten andere Verteilungsmaßstäbe angewandt, wenn ihnen eine geringere oder höhere Obergrenze bewusst gewesen wäre, relativiert sich, wenn man in Rechnung stellt, dass in gravierenden Fällen eine Kündigung des Sozialplans wegen Wegfalls der Geschäftsgrundlage in Betracht kommt (oben RdNr. 58).

66 **2. Relative Obergrenze.** Nach Abs. 2 Satz 2 darf für die Berichtigung von Sozialplanforderungen, wenn nicht ein Insolvenzplan zustandekommt, nicht mehr als **ein Drittel der Masse** verwendet werden, die ohne einen Sozialplan für die Verteilung an die Insolvenzgläubiger zur Verfügung stünde. Abgesehen von der Ausnahme, dass ein Insolvenzplan zustandekommt (unten RdNr. 73), erfasst sie alle Fälle, in denen eine Teilungsmasse gebildet wird und die Verteilung nach den Vorschriften der Insolvenzordnung stattfindet. Übersteigt der **Gesamtbetrag aller Sozialplanforderungen,** unabhängig ob sie aus einem oder mehreren Sozialplänen resultieren,[76] diese relative Grenze, so sind nach Abs. 2 Satz 3 die einzelnen Forderungen anteilig zu kürzen.

67 Bei der **Berechnung der relativen Obergrenze** ist zu beachten, dass zwei Drittel der Masse für Insolvenzforderungen reserviert sind, die Sozialplanforderungen aber nach Abs. 2 Satz 1 als **Masseverbindlichkeit** zu berichtigen sind. Sie gehören damit, anders als beim SozplKG, wo sie nach § 4 Satz 1 vorrangige Konkursforderungen begründeten, nicht zur Teilungsmasse. Denn die Teilungsmasse (auch Aktivmasse) ist der Teil der Masse, der nach Durchführung der Absonderungen, Aufrechnungen und Freigaben und nach Berichtigung der Masseverbindlichkeiten zur Verteilung an die Insolvenzgläubiger zur Verfügung steht (vgl. § 35 RdNr. 21). Insofern ist nach Abzug der Kosten des Insolvenzverfahrens (§ 54) und der sonstigen Masseverbindlichkeiten (§ 55), die gem. § 53 vorweg zu berichtigen sind, **eine fiktive Teilungsmasse** zu bilden, von der bis zu einem Drittel zur Berichtigung der Sozialplanforderungen verwendet werden kann. Beträgt das Finanzvolumen aller Sozialplanforderungen mehr als ein Drittel dieser fiktiven Teilungsmasse, sind die einzelnen Sozialplan-

---

[71] Begr. zu § 141 RegE, BT-Drucks. 12/2443, S. 154; *Kübler/Prütting/Moll* §§ 123, 124 RdNr. 56 ff.
[72] So aber *Bork* RdNr. 180; *Fitting* §§ 112, 112 a BetrVG RdNr. 277; wie hier *Annuß* NZI 1999, 344, 349.
[73] Vgl. auch die allgemeine Begr. zum RegE SozplKG, BT-Drucks. 10/2129 S. 6 f.
[74] *Röder/Baeck* DStR 1995, 260, 262; *Willemsen/Tiesler* RdNr. 182; GK-BetrVG/*Oetker* §§ 112, 112 a RdNr. 302; *Fitting* §§ 112, 112 a BetrVG RdNr. 276; HK-*Irschlinger* § 123 RdNr. 21 f.; *Nerlich/Römermann/Hamacher* § 123 RdNr. 24.
[75] Zutreffend *Kübler/Prütting/Moll* §§ 123, 124 RdNr. 66 ff.; *Gottwald/Heinze/Bertram*, Insolvenzrechts-Handbuch, § 106 RdNr. 58; *Schwerdtner* S. 1629 RdNr. 68; für eine entsprechende Umdeutung des von ihnen als nichtig angesehenen Sozialplans GK-BetrVG/*Oetker* §§ 112, 112 a RdNr. 303 und *Däubler* in: *Däubler/Kittner/Klebe* § 123 InsO RdNr. 16.
[76] Vgl. Begr. zu § 141 RegE, BT-Drucks. 12/2443 S. 154; *Boemke/Tietze* DB 1999, 1389, 1393; *Schwerdtner* S. 1654 RdNr. 148.

forderungen im entsprechenden Verhältnis zu kürzen. Liegt das Sozialplanvolumen auf oder unterhalb dieser Grenze, können die Sozialplanforderungen zu 100 Prozent befriedigt werden. Der Rest bildet dann die zur Verteilung an die Insolvenzgläubiger zur Verfügung stehende Teilungsmasse.[77]

Im Ergebnis führt diese Berechnung dazu, dass das **endgültige Sozialplanvolumen** nicht mehr als die Hälfte der zur Verteilung an die Insolvenzgläubiger zur Verfügung stehenden Teilungsmasse betragen darf oder anders gewendet, dass die endgültige Teilungsmasse mindestens doppelt so groß wie die Gesamtsumme aller als Masseverbindlichkeit zu berücksichtigenden Sozialplanansprüche sein muss. Werden die einzelnen Sozialplanforderungen gekürzt, so verringern sich die Masseverbindlichkeiten. Die Teilungsmasse wird dann zugunsten der Insolvenzgläubiger größer. 68

IV. Rechtslage bei Masseunzulänglichkeit

Aus der Einordnung der Sozialplanforderungen als Masseverbindlichkeit gem. Abs. 2 Satz 1 folgt nur eine formelle Besserstellung der Arbeitnehmer gegenüber den Insolvenzgläubigern. Denn die relative Begrenzung des Sozialplanvolumens zugunsten einer Teilungsmasse für die Insolvenzgläubiger bewirkt, dass die Sozialplanforderungen trotz ihrer Höherstufung im **Nachrang zu den sonstigen Masseverbindlichkeiten** stehen.[78] Bei Masseunzulänglichkeit wird folglich keine Sozialplanforderung berichtigt. Denn dann reicht die Masse schon nicht zur vollständigen Vorwegberichtigung der Massekosten und sonstigen Masseverbindlichkeiten. § 209 sieht für diesen Fall eine Rangordnung vor. Sozialplanforderungen können aber nicht berichtigt werden, wenn nicht mindestens die doppelte Summe an die Insolvenzgläubiger verteilt wird. Bei Masseunzulänglichkeit stehen aber hierfür keine Mittel zur Verfügung. Insoweit ziehen die Arbeitnehmer keinen Vorteil daraus, dass Sozialplanforderungen Masseverbindlichkeiten begründen. Diese können nur dann vom Insolvenzverwalter erfüllt werden, wenn das Insolvenzverfahren vollständig durchgeführt wird und die Gläubiger eine Quote erhalten. 69

Die Einordnung der Sozialplanforderungen als Masseverbindlichkeiten ist letztlich die Konsequenz aus der Abschaffung der vielfach kritisierten Konkursvorrechte des § 61 Abs. 1 KO.[79] Bei den Insolvenzforderungen wird mit Ausnahme der in § 39 genannten Forderungen keine Rangordnung gebildet. Zudem müssen die Sozialplangläubiger, anders als im Konkurs, nicht an einer Quote mit gleichrangigen Gläubigern teilnehmen. Auch hat die Einordnung als Masseverbindlichkeit den praktischen Vorteil, dass eine Anmeldung und Feststellung der Sozialplanforderungen im Insolvenzverfahren entfällt.[80] 70

V. Abschlagszahlungen

Wenn hinreichende Barmittel in der Masse vorhanden sind, soll der Insolvenzverwalter mit Zustimmung des Insolvenzgerichts Abschlagszahlungen auf die Sozialplanforderungen leisten (Abs. 3 Satz 1). Da beim Abschluss des Insolvenzverfahrens die relative Obergrenze nicht überschritten sein darf, kann dies zu Schwierigkeiten führen, wenn noch nicht feststeht, ob und in welcher Höhe es eine Teilungsmasse geben wird.[81] Für eine **Überzahlung** müsste der Verwalter nach § 60 den Insolvenzgläubigern persönlich haften, wenn sich eine Rückzahlung an die Insolvenzmasse nach den §§ 812 ff. BGB nicht realisieren lässt.[82] Der Insolvenzverwalter sollte deshalb, wenn wegen Deckung der Massekosten und sonstigen Masseverbindlichkeiten eine Masseunzulänglichkeit nicht mehr eintreten kann und Geld- 71

---

[77] *Caspers* RdNr. 438 ff.; auch *Kübler/Prütting/Moll* §§ 123, 124 RdNr. 73 ff.
[78] Begr., BT-Drucks. 12/2443 S. 98 und Begr. zu § 141 RegE, BT-Drucks. 12/2443 S. 154.
[79] *Lohkemper*, KTS 1996, 1, 36; *Nerlich/Römermann/Hamacher* § 123 RdNr. 37.
[80] Begr. zu § 141 RegE, BT-Drucks. 12/2443 S. 154.
[81] Vgl. *Nerlich/Römermann/Hamacher* § 123 RdNr. 39.
[82] BGH AP SozplKonkG § 6 Nr. 6 = NJW-RR 1990, 45; *Nerlich/Römermann/Hamacher* § 123 RdNr. 39 f.

mittel zur Verteilung zur Verfügung stehen, von diesen nur maximal ein Drittel an die Sozialplangläubiger auskehren und die doppelte Summe nach § 187 Abs. 2 an die Insolvenzgläubiger verteilen oder zugunsten dieser einbehalten, wenn der allgemeine Prüfungstermin noch nicht stattgefunden hat (vgl. § 187 Abs. 1). Dabei bedürfen die Abschlagszahlungen an die Sozialplangläubiger der **Zustimmung des Insolvenzgerichts.** Abschlagsverteilungen an die Insolvenzgläubiger bedürfen nach § 187 Abs. 3 Satz 2 der Zustimmung des Gläubigerausschusses, wenn ein solcher bestellt ist.

VI. Vollstreckungsverbot

72 Nach Abs. 3 Satz 2 ist eine Zwangsvollstreckung in die Masse wegen einer Sozialplanforderung unzulässig. Dieses Vollstreckungsverbot war gesetzlich anzuordnen, da das allgemeine Vollstreckungsverbot des § 89 nur für Insolvenzforderungen gilt und § 90 nur ein zeitlich begrenztes Vollstreckungsverbot für bestimmte Masseverbindlichkeiten vorsieht. Könnten die Arbeitnehmer aber wegen ihrer Sozialplanforderungen in die Masse vollstrecken, wäre die Einhaltung der relativen Obergrenze und damit die Gewährleistung einer Quote für die Insolvenzgläubiger gefährdet. Zu den Konsequenzen des Vollstreckungsverbots für die Klageart s. RdNr. 59.

VII. Sozialplan im Insolvenzplanverfahren

73 **1. Begrenzung des Sozialplanumfangs.** Gem. Abs. 2 Satz 2 gilt die **relative Obergrenze** nicht, wenn ein Insolvenzplan zustandekommt, ohne dass nach der im Insolvenzplan vorgesehenen Verfahrensabwicklung differenziert wird. Das ist insofern sachgerecht, als die Gläubiger über die Annahme des Insolvenzplans entscheiden und ihre Interessen selbst wahrnehmen können. Im Fall des Sanierungs- oder Fortführungsplans (vgl. § 217 RdNr. 171 ff.) wird ohnehin von einer Verteilung abgesehen. Die Gläubiger sollen aus den von dem sanierten Unternehmen erwirtschafteten Erträgen später befriedigt werden. Die Rechtslage entspricht insoweit der nach dem SozplKG, wo sich die relative Grenze des § 4 Satz 2 nur bei einer Verteilung nach den Regeln des Konkursverfahrens auswirkte, nicht aber im Vergleichsverfahren.[83]

74 Die **absolute Obergrenze bleibt hingegen unangetastet.**[84] Das folgt zum einen aus § 123, der den Insolvenzplan als Ausnahme in den die relative Grenze regelnden Abs. 2 Satz 2 der Vorschrift aufgenommen und keinen eigenen Absatz vorgesehen hat, und entspricht auch der Absicht des Gesetzgebers, wonach „insbesondere bei der Sanierung des Schuldners gemäß einem Plan (...) lediglich die absolute Begrenzung des Sozialplanvolumens anwendbar sein (soll)."[85]

75 **2. Sozialplandotierung.** Anders als im Falle der Liquidation des Unternehmensträgers bei Stilllegung oder der Übertragung des Unternehmens oder einzelner Betriebe ist der Ermessensrichtlinie des § 112 Abs. 5 BetrVG unter dem Gesichtspunkt der wirtschaftlichen Vertretbarkeit für das Unternehmen besondere Bedeutung beizumessen, wenn in einem Insolvenzplan die Sanierung unter Fortführung des bisherigen Unternehmensträgers vorgesehen ist (RdNr. 40 ff.). In diesem Fall hat die Einigungsstelle gem. § 112 Abs. 5 Satz 2 Nr. 3 BetrVG bei der Bemessung des Gesamtbetrags der Sozialplanleistungen darauf zu achten, dass der **Fortbestand des Unternehmens** oder die nach Durchführung der Betriebsänderung verbleibenden Arbeitsplätze nicht gefährdet werden. Das bedeutet, dass das Sozialplanvolumen auch deutlich unter der von Abs. 1 vorgesehenen absoluten Höchstgrenze von zweieinhalb Monatsverdiensten der von einer Entlassung betroffenen Arbeitnehmer festzusetzen ist oder in Einzelfällen überhaupt kein Sozialplan aufgestellt werden kann,

---

[83] Begr. zu § 141 RegE, BT-Drucks. 12/2443 S. 154.
[84] Ebenso *Kübler/Prütting/Moll* §§ 123, 124 RdNr. 60 f.; *Nerlich/Römermann/Hamacher* § 123 RdNr. 29; *Oetker/Friese* DZWIR 2001, 265, 271; aA HK-*Irschlinger* § 123 RdNr. 3; *Schwerdtner* S. 1634 RdNr. 87 f.
[85] Begr., BT-Drucks. 12/2443 S. 98.

wenn dies die wirtschaftliche Lage des Unternehmens und die Sicherung der verbleibenden Arbeitsplätze trotz höherem Überbrückungsbedarf erfordern.[86]

Auch im Insolvenzplanverfahren richtet sich die **Dotierung der einzelnen Sozialplanforderung** stets nach den Umständen des Einzelfalls. Daher können insbesondere Arbeitnehmer von Leistungen ausgeschlossen werden, die sofort einen Anschlussarbeitsplatz erhalten. Auch bezieht sich die Höchstgrenze von zweieinhalb Monatsverdiensten nicht auf die einzelne Sozialplanforderung. Besonders betroffene Arbeitnehmer sollen höhere Leistungen, andere geringere Leistungen erhalten (oben RdNr. 29 ff.). 76

3. Sozialplan vor Annahme und Bestätigung des Insolvenzplans. Soll die Insolvenzabwicklung auf der Grundlage eines Insolvenzplans erfolgen, welcher die Sanierung des Unternehmens unter Fortführung des alten Unternehmensträgers vorsieht, so ist es wegen der Auswirkungen sozialplanmindernder Faktoren auf die Sozialplandotierung nicht unerheblich, wann der Sozialplan zustandekommt. Wird er aufgestellt, bevor der Fortführungsplan von den Gläubigern angenommen und vom Gericht bestätigt worden ist – was sinnvoll ist, da die Gläubiger bei ihrer Entscheidung über den Insolvenzplan von feststehenden Belastungen ausgehen können – sollten für den Fall Vorkehrungen getroffen werden, dass der vom Verwalter ausgearbeitete Insolvenzplan bei den Gläubigern „durchfällt", der Sozialplan den entlassenen Arbeitnehmern aber Abstriche bei der Sozialplandotierung im Hinblick auf den im Insolvenzplan vorgesehenen Fortbestand des Unternehmens und die Sicherung der verbleibenden Arbeitsplätze zumutet. 77

Zwar wird in diesem Fall in aller Regel die **Geschäftsgrundlage** des Sozialplans entfallen, wenn dieser wegen der sozialplanmindernden Faktoren unter dem eigentlichen Überbrückungsbedarf und der Höchstgrenze von zweieinhalb Monatsverdiensten aller entlassenen Arbeitnehmer geblieben ist und es jetzt zur Verwertung des Unternehmens kommt. Das hat aber zur Folge, dass der Sozialplan angepasst werden muss (vgl. RdNr. 58). Um Streitigkeiten über die Geschäftsgrundlage zu vermeiden und Klarheit zu schaffen, sollte der Sozialplan deshalb von Anfang an mit der **aufschiebenden Bedingung** verbunden werden, dass der Insolvenzplan angenommen und bestätigt wird.[87] 78

Kommt der Insolvenzplan nicht zustande, ist **erneut** in **Sozialplanverhandlungen** einzutreten und bei deren Scheitern eine Entscheidung der Einigungsstelle herbeizuführen. Dabei ist zu berücksichtigen, dass nun auf Grund der anderen Insolvenzabwicklung regelmäßig mehr Arbeitnehmer als im Fall der Unternehmensfortführung entlassen werden müssen, weshalb sich auch die absolute Sozialplangrenze anders bemisst und auch andere oder weitergehende Betriebsänderungen erforderlich sind. Es hängt deshalb von den Umständen des Einzelfalls ab, ob zur Anpassung vereinbart werden kann, dass bei Ablehnung des Insolvenzplans die einzelnen Forderungen – unter Wahrung der absoluten Obergrenze – im Verhältnis des für die Unternehmensfortführung vorgesehenen Gesamtvolumens zum alternativ für die Verwertung ermittelten Gesamtvolumen aufgewertet werden können oder ob die Bemessungsfaktoren wegen anderer Betriebsänderungen und anderer wirtschaftlicher Nachteile im Einzelnen neu festgesetzt werden müssen. 79

§ 124 Sozialplan vor Verfahrenseröffnung

(1) Ein Sozialplan, der vor der Eröffnung des Insolvenzverfahrens, jedoch nicht früher als drei Monate vor dem Eröffnungsantrag aufgestellt worden ist, kann sowohl vom Insolvenzverwalter als auch vom Betriebsrat widerrufen werden.

(2) Wird der Sozialplan widerrufen, so können die Arbeitnehmer, denen Forderungen aus dem Sozialplan zustanden, bei der Aufstellung eines Sozialplans im Insolvenzverfahren berücksichtigt werden.

---

[86] Zum Ganzen *Caspers* RdNr. 462 ff.; *Kübler/Prütting/Moll* §§ 123, 124 RdNr. 62.
[87] Vgl. bereits *Löwisch* ZIP 1981, 1288, 1290.

(3) ¹Leistungen, die ein Arbeitnehmer vor der Eröffnung des Verfahrens auf seine Forderung aus dem widerrufenen Sozialplan erhalten hat, können nicht wegen des Widerrufs zurückgefordert werden. ²Bei der Aufstellung eines neuen Sozialplans sind derartige Leistungen an einen von einer Entlassung betroffenen Arbeitnehmer bei der Berechnung des Gesamtbetrags der Sozialplanforderungen nach § 123 Abs. 1 bis zur Höhe von zweieinhalb Monatsverdiensten abzusetzen.

Schrifttum: Siehe das bei § 123 genannte Schrifttum; ferner: *Warrikoff,* Die Stellung der Arbeitnehmer nach der neuen Insolvenzordnung, BB 1994, 2338.

Übersicht

	RdNr.		RdNr.
I. Allgemeines	1	III. Berücksichtigung der vom Widerruf betroffenen Arbeitnehmer im Insolvenzverfahren	18
1. Normzweck	1		
2. Anwendungsbereich	3		
II. Widerruf	7	IV. Behandlung bereits erbrachter Leistungen	20
1. Recht zum Widerruf	7	V. Tarifliche und arbeitsvertragliche Sozialpläne	22
2. Ausübung	12		
3. Wirkung	16	VI. Altsozialpläne	25

I. Allgemeines

1   **1. Normzweck.** § 124 ergänzt § 123. Sozialpläne, die kurz vor der Eröffnung des Insolvenzverfahrens aufgestellt worden sind, sollen typischerweise bereits Nachteile ausgleichen, die mit dem Eintritt der Insolvenz in Zusammenhang stehen. Es erscheint daher angemessen, die durch solche Sozialpläne begünstigten Arbeitnehmer weitgehend den Arbeitnehmern gleichzustellen, denen Forderungen aus einem im Verfahren aufgestellten Sozialplan zustehen.¹ Zu diesem Zweck ermöglicht es § 124, Sozialpläne aus dem Zeitraum von drei Monaten vor dem Eröffnungsantrag zu widerrufen und die betroffenen Arbeitnehmer in den im Insolvenzverfahren aufzustellenden Sozialplan einzubeziehen: Damit wird einerseits erreicht, dass auch diese Arbeitnehmer Sozialplanforderungen als Masseverbindlichkeiten erwerben können. Andererseits werden auch diese Sozialplanforderungen der absoluten und der relativen Höchstgrenze des § 123 unterstellt.

2   Die Vorschrift schließt an § 3 des Gesetzes über den Sozialplan im Konkurs- und Vergleichsverfahren (SozplKG) an. Während aber dort eine relative Unwirksamkeit des Sozialplans gegenüber den Konkursgläubigern angeordnet war, soweit der Gesamtbetrag von zweieinhalb Monatsverdiensten der von einer Entlassung betroffenen Arbeitnehmer überschritten wurde, sieht Abs. 1 ein **Widerrufsrecht** vor. Mit der Konstruktion des Widerrufs eines in der kritischen Phase vor dem wirtschaftlichen Zusammenbruch zustandegekommenen Sozialplans soll ermöglicht werden, dass bei der Aufstellung eines neuen Sozialplans im Insolvenzverfahren die Leistungen an die in dem widerrufenen Sozialplan berücksichtigten Arbeitnehmer neu festgesetzt werden können.² § 124 ermöglicht damit ein flexibleres Vorgehen als die relative Unwirksamkeitslösung des § 3 SozplKG.

3   **2. Anwendungsbereich.** Der sachliche Anwendungsbereich des § 124 ist derselbe wie bei § 123 (s. § 123 RdNr. 7 ff.). Zeitlich erfasst die Vorschrift alle Sozialpläne, die vor der Eröffnung des Insolvenzverfahrens, jedoch nicht früher als drei Monate vor dem Eröffnungsantrag aufgestellt worden sind. Das gilt auch für einen von einem vorläufigen Insolvenzverwalter (§ 22 Abs. 1 oder 2) vereinbarten Sozialplan.³ Die Frist berechnet sich nach § 188 Abs. 2 BGB.

---

¹ Vgl. die Begr. zu § 142 RegE, BT-Drucks. 12/2443 S. 155.
² Begr. zu § 142 RegE, BT-Drucks. 12/2443 S. 155.
³ *Caspers* RdNr. 479; *Nerlich/Römermann/Hamacher* § 124 RdNr. 7.

Auf Sozialpläne, die **früher als drei Monate vor dem Eröffnungsantrag** aufgestellt 4
worden sind, sind weder § 124 noch § 123 anwendbar. Vielmehr gelten die allgemeinen
Regeln der Insolvenzordnung (unten RdNr. 25 ff.).

§ 124 entscheidet abschließend über die Einbeziehung vor Insolvenzeröffnung auf- 5
gestellter Sozialpläne in das Insolvenzverfahren. Nur soweit die zeitliche Grenze reicht,
sollen die Insolvenzgläubiger die Belastung der Masse durch Abfindungen für Sozialplanforderungen als Masseverbindlichkeit hinnehmen müssen. Wenn das Bundesarbeitsgericht
für den Fall eines zunächst begrenzten und dann ausgedehnten Personalabbaus angenommen
hat, dass Arbeitnehmer, die auf Grund eines früheren Sozialplans geringere Abfindungen
erhalten haben, aus dem arbeitsrechtlichen Gleichbehandlungsgrundsatz Anspruch auf die
höhere Abfindung eines späteren, aus Anlass des weiteren Personalabbaus abgeschlossenen
Sozialplans erwerben,[4] kann das für die Insolvenz auf Grund dieser gesetzgeberischen Entscheidung nicht gelten. Die Sondersituation der Insolvenz ist nach der Entscheidung des
Gesetzgebers der Sachgrund für die Ungleichbehandlung.

Zur entsprechenden Anwendung von § 124 auf Tarifsozialpläne und Sozialpläne auf 6
arbeitsvertraglicher Grundlage unten RdNr. 22 ff.

II. Widerruf

1. Recht zum Widerruf. Nach Abs. 1 können sowohl Verwalter wie Betriebsrat einen 7
im Dreimonatszeitraum vor dem Eröffnungsantrag abgeschlossenen Sozialplan widerrufen.
Der Widerruf bedarf keines besonderen Grundes. Insolvenzverwalter und Betriebsrat sollen
entscheiden können, ob sie an dem früheren Sozialplan und damit an der Geltung der
allgemeinen Regeln des Insolvenzrechts für diesen festhalten oder die betroffenen Arbeitnehmer in den im Insolvenzverfahren aufzustellenden Sozialplan einbeziehen wollen.

Der **Insolvenzverwalter** wird regelmäßig dann widerrufen, wenn der frühere Sozialplan 8
noch nicht voll erfüllt ist, denn er erreicht im Sinne der Interessenabwägung des § 123 mit
dem Widerruf, dass die noch nicht erfüllten Sozialplanforderungen in Wegfall kommen
(RdNr. 16) und damit der Insolvenzmasse nicht mehr zur Last fallen, während die Forderungen, die die betroffenen Arbeitnehmer aus dem in der Insolvenz aufgestellten Sozialplan
erhalten, nur zu Lasten des für die Sozialplanforderungen zur Verfügung stehenden Drittels
der Masse gehen, die übrigen zwei für die Insolvenzgläubiger reservierten Drittel der Masse
aber nicht berühren. Nicht widerrufen wird der Insolvenzverwalter, wenn die Forderungen
aus dem früheren Sozialplan schon voll erfüllt sind.

Auch einen von einem **vorläufigen Insolvenzverwalter mit Verfügungsbefugnis** 9
(**§ 22 Abs. 1**) vereinbarten Sozialplan wird der Insolvenzverwalter regelmäßig widerrufen.
Dass die Forderungen aus einem solchen Sozialplan schon von sich aus nach § 55 Abs. 2
Masseforderungen sind,[5] ändert nichts daran, dass der Widerruf die Sozialplanforderungen in
das für den Sozialplan reservierte Drittel der Teilungsmasse verweist und damit die für die
übrigen Insolvenzgläubiger zur Verfügung stehenden zwei Drittel der Masse verschont.

Der **Betriebsrat** wird regelmäßig widerrufen, wenn der frühere Sozialplan, insbesondere 10
weil eine angestrebte Sanierung nicht gefährdet werden sollte oder zusätzlich ein Tarifsozialplan abgeschlossen worden ist, gering war. Ob die Sozialplanforderungen bereits erfüllt
waren, spielt dafür keine Rolle. Außerdem wird der Betriebsrat widerrufen, wenn bei einem
noch nicht erfüllten Sozialplan die zu erwartende Insolvenzquote auf die Sozialplanforderungen gering ist. Von praktischer Bedeutung ist die Widerrufsmöglichkeit des Betriebsrats
freilich nur im Fall des schon vollständig erfüllten früheren Sozialplans, weil, wie in RdNr. 8
dargelegt, in den übrigen Fällen auch regelmäßig der Insolvenzverwalter im Interesse der
Insolvenzgläubiger widerrufen wird.

---

[4] BAG AP BetrVG 1972 § 112 Nr. 121 = NZA 1998, 895.
[5] BAG AP InsO § 38 Nr. 1 = NZA 2002, 1332 = NZI 2003, 45 = NJW 2003, 989 = ZIP 2002, 2051; *Caspers* RdNr. 479; *Gottwald/Heinze/Bertram*, Insolvenzrechts-Handbuch, § 106 RdNr. 72; *Nerlich/Römermann/Hamacher* § 124 RdNr. 23.

11 Das Recht zum Widerruf gilt auch, soweit der frühere Sozialplan eine **Dauerregelung** beinhaltet. Der Widerruf ist gegenüber der Kündigung des Sozialplans der speziellere Rechtsbehelf.[6]

12 **2. Ausübung.** Der Widerruf ist eine einseitige empfangsbedürftige Willenserklärung. Adressat des Widerrufs durch den Betriebsrat ist der Insolvenzverwalter. Adressat des Widerrufs des Insolvenzverwalters ist der Betriebsrat oder Gesamtbetriebsrat, der den früheren Sozialplan abgeschlossen hat, oder dessen Nachfolger. Wird der Betrieb stillgelegt, ändert das nichts an der Zuständigkeit des Betriebsrats. Dieser hat nach § 21 b BetrVG ein Restmandat, und zwar auch über das Ende seiner Amtszeit hinaus. Dieses Restmandat gilt nicht nur für den aktiven Widerruf durch den Betriebsrat, sondern auch für den an den Betriebsrat gerichteten Widerruf durch den Insolvenzverwalter. Das erfordert der einheitliche Regelungsmechanismus des § 124.

13 **Ausgeschlossen** ist der Widerruf dann, wenn es zur Aufstellung eines Sozialplans in der Insolvenz nicht kommen kann, weil der Betrieb inzwischen betriebsratslos geworden ist und auch Betriebsratsmitglieder, die ein Restmandat ausüben können, nicht mehr vorhanden sind. Die durch den Widerruf herbeigeführte Vernichtung der Forderungen aus dem früheren Sozialplan (RdNr. 16) ist nur dann gerechtfertigt, wenn an ihre Stelle Forderungen aus einem in der Insolvenz aufgestellten Sozialplan treten können. Andernfalls handelte es sich um einen unverhältnismäßigen Eingriff in die dem Schutz des Art. 14 GG unterfallenden Forderungen aus dem früheren Sozialplan. Dem Insolvenzverwalter bleibt aber die Insolvenzanfechtung nach den §§ 132, 133.

14 An Voraussetzungen ist der Widerruf sonst nicht gebunden. Insbesondere ist für ihn **keine Form** vorgeschrieben und braucht auch **keine Frist** gewahrt zu werden.[7] Ist die Existenz des früheren Sozialplans bekannt, stellt es allerdings ein widersprüchliches Verhalten dar, wenn Betriebsrat oder Insolvenzverwalter den früheren Sozialplan widerrufen, nachdem sie bereits einen Sozialplan nach § 123 abgeschlossen haben. Der Widerruf ist dann unbeachtlich.

15 Da beiden Seiten das Widerrufsrecht zusteht, ist auch eine **einvernehmliche Aufhebung** des früheren Sozialplans möglich. Werden Arbeitnehmer, denen Forderungen aus einem früheren Sozialplan zustanden, in einem nach Eröffnung des Insolvenzverfahrens aufgestellten Sozialplan berücksichtigt, wird darin regelmäßig die konkludente Aufhebung des früheren Sozialplans zu sehen sein. Sind jene Arbeitnehmer in dem nach Insolvenzeröffnung aufgestellten Sozialplan nicht berücksichtigt und wird der frühere Sozialplan danach einverständlich aufgehoben, muss dieser Sozialplan angepasst werden (vgl. RdNr. 20 f.).

16 **3. Wirkung.** Wird der frühere Sozialplan widerrufen oder einvernehmlich aufgehoben, verliert er seine Wirksamkeit; die durch ihn begründeten Forderungen der Arbeitnehmer entfallen, wie der Gegenschluss aus Abs. 2 („zustanden") ergibt, rückwirkend.[8] Zwischenzeitlich erfolgte Abtretungen, Verpfändungen und Pfändungen der Forderungen werden gegenstandslos. Lediglich die Rückforderung bereits auf eine Sozialplanforderung erbrachter Leistungen ist gem. Abs. 3 Satz 1 ausgeschlossen (unten RdNr. 20).

17 **Unterbleibt der Widerruf,** nehmen die Sozialplanforderungen abgesehen von dem in RdNr. 9 genannten Fall als Insolvenzforderungen am Insolvenzverfahren teil.[9] Es besteht dann keine Höchstbegrenzung. Die Forderungen sind nach den §§ 174 ff. beim Insolvenzverwalter anzumelden. Die Gegenauffassung, nach der es sich um Masseschulden handeln

---

[6] *Caspers* RdNr. 487.
[7] *Kübler/Prütting/Moll* §§ 123, 124 RdNr. 93 f.
[8] *Warrikoff* BB 1994, 2338, 2344; *Kübler/Prütting/Moll* §§ 123, 124 RdNr. 95; *Nerlich/Römermann/Hamacher* § 124 RdNr. 12.
[9] BAG AP InsO § 38 Nr. 1 = NZA 2002, 1332 = NZI 2003, 45 = NJW 2003, 989 = ZIP 2002, 2051; s. auch *Caspers* RdNr. 476; *Gottwald/Heinze/Bertram,* Insolvenzrechts-Handbuch, § 106 RdNr. 69; *Kübler/Prütting/Moll* §§ 123, 124 RdNr. 104 f.; *Nerlich/Römermann/Hamacher* § 124 RdNr. 22; *Oetker/Friese* DZWIR 2001, 265, 276.

Sozialplan vor Verfahrenseröffnung   18–21 § 124

soll, da auch ein Unterlassen des Verwalters nach § 55 Abs. 1 Nr. 1 eine Masseschuld begründen könne,[10] ist nicht haltbar. Ein Unterlassen des Insolvenzverwalters kann nur dann eine Masseschuld begründen, wenn eine entsprechende Amtspflicht zum Handeln bestand.[11] Das aber ist nicht der Fall. Es ist nicht Aufgabe des Verwalters, dafür zu sorgen, dass die Forderungen aus früheren Sozialplänen in den in der Insolvenz aufgestellten Sozialplan einbezogen und so zu Masseforderungen werden. Vielmehr geht seine Amtspflicht dahin, entsprechend der in § 123 Abs. 2 getroffenen Interessenabwägung zwei Drittel der Teilungsmasse den übrigen Insolvenzgläubigern ungeschmälert zu erhalten (oben RdNr. 8). Zur Wahrnehmung der Interessen der Arbeitnehmer ist allein der ebenfalls zum Widerruf berechtigte Betriebsrat berufen.[12]

III. Berücksichtigung der vom Widerruf betroffenen Arbeitnehmer im Insolvenzverfahren

Abs. 2 sieht vor, dass die Arbeitnehmer, denen Forderungen aus dem widerrufenen **18** Sozialplan zustanden, bei der Aufstellung eines Sozialplans im Insolvenzverfahren berücksichtigt werden können. Regelmäßig müssen sie auch berücksichtigt werden, weil der Insolvenzsozialplan **Ersatzfunktion** für den Ausfall der Forderungen aus dem früheren Sozialplan hat und weil die Einbeziehung der vom Widerruf betroffenen Arbeitnehmer beim Personalabbau zur Vermehrung der Zahl der entlassenen Arbeitnehmer und damit zur Erhöhung des Gesamtvolumens im Sinne des § 123 Abs. 1 führt (vgl. § 123 RdNr. 60).

Für die **Festsetzung der einzelnen Sozialplanleistungen** kommen die allgemeinen **19** Kriterien zur Anwendung (§ 123 RdNr. 29 ff.). Die einbezogenen Arbeitnehmer können keine bessere Behandlung verlangen als die übrigen von der Betriebsänderung betroffenen Arbeitnehmer. Müssen unter Berücksichtigung der sozialplanmindernden Faktoren des § 112 Abs. 5 BetrVG ganz geringe oder überhaupt keine Leistungen vorgesehen werden, wenn ein Fortführungsplan zustande kommt und die wirtschaftliche Vertretbarkeit für das Unternehmen bzw. die Sicherung der verbleibenden Arbeitsplätze dies erfordert (§ 123 RdNr. 40), müssen dies auch die einbezogenen Arbeitnehmer hinnehmen. Gleiches gilt, wenn bei einem jetzt geringeren Sozialplanvolumen die Mittel auf besondere Notfälle konzentriert werden müssen.[13]

IV. Behandlung bereits erbrachter Leistungen

Nach Abs. 3 Satz 1 können Leistungen, die ein Arbeitnehmer vor der Eröffnung des **20** Insolvenzverfahrens auf seine Forderungen aus dem widerrufenen Sozialplan erhalten hat, nicht wegen des Widerrufs zurückgefordert werden. Diese Vorschrift dient dem **Vertrauensschutz** der Arbeitnehmer. Jedoch bleibt es dem Verwalter unbenommen, die Leistungen durch Insolvenzanfechtung nach den §§ 129 bis 146 zur Masse zu ziehen, soweit deren Voraussetzungen vorliegen.[14] Der Vertrauensschutz wirkt sich auf die **absolute Höchstbegrenzung** eines Insolvenzsozialplans aus: Gem. Abs. 3 Satz 2 sind derartige Leistungen an einen von einer Entlassung betroffenen Arbeitnehmer von den in das Gesamtvolumen nach Abs. 1 eingehenden zweieinhalb Monatsverdiensten (zu deren Berechnung § 123 RdNr. 62 ff.) abzusetzen.

Aus dem **Gleichbehandlungsgebot** folgt, dass erbrachte Leistungen auch bei den **21** individuellen Forderungen aus dem Insolvenzsozialplan berücksichtigt werden, sei es, dass

---

[10] *Lohkemper* KTS 1996, 1, 36; *Warrikoff* BB 1994, 2338, 2344; *Uhlenbruck/Berscheid* §§ 123, 124 RdNr. 30.
[11] *Kilger/K. Schmidt* § 59 KO Anm. 1 c.
[12] *Annuß* NZI 1999, 344, 351; *Caspers* RdNr. 478.
[13] Begr. zu § 142 RegE, BT-Drucks. 12/2443 S. 155; s. auch *Caspers* RdNr. 481 ff.; *Kübler/Prütting/Moll* §§ 123, 124 RdNr. 97; *Schwerdtner* S. 1651 RdNr. 137.
[14] Vgl. Begr. zu § 142 RegE, BT-Drucks. 12/2443 S. 155.

§ 124 22–27   3. Teil. 2. Abschnitt. Erfüllung Rechtsgeschäfte. Mitwirkung BR

die Forderungen von vornherein entsprechend niedriger festgesetzt werden, sei es, dass eine nachträgliche Verrechnung erfolgt.[15]

V. Tarifliche und arbeitsvertragliche Sozialpläne

22   Für Ansprüche aus einem in den letzten drei Monaten vor Insolvenzeröffnung abgeschlossenen Tarifsozialplan oder einem Sozialplan auf arbeitsvertraglicher Grundlage gilt § 124 seinem Wortlaut nach nicht. Indessen ist eine **analoge Anwendung** geboten: Indem die Vorschrift Sozialplanforderungen, die in den letzten drei Monaten vor dem Eröffnungsantrag begründet worden sind, im Falle des Widerrufs der absoluten und relativen Höchstgrenze des § 123 unterstellt, will sie den anderen Insolvenzgläubigern einen angemessenen Anteil an der Insolvenzmasse sichern. Dieser Zweck kann nur erreicht werden, wenn nicht nur die aus einem betriebsverfassungsrechtlichen Sozialplan herrührenden Forderungen, sondern auch solche aus einem Tarifsozialplan oder aus einem Sozialplan auf arbeitsvertraglicher Grundlage der Höchstgrenze unterstellt werden. Denn andernfalls könnte der von § 124 i. V. m. § 123 bezweckte Ausgleich der Interessen der Arbeitnehmer mit denen der Insolvenzgläubiger unterlaufen werden, wie die – teilweise unter dem Druck des Arbeitskampfes – in jüngerer Zeit abgeschlossenen Tarifsozialpläne zeigen, die zum Teil Abfindungen von mehreren Monatsgehältern pro Beschäftigungsjahr vorsehen.[16] Dass § 124 die Zurückführung der vor Verfahrenseröffnung begründeten Sozialplanforderungen an einen Widerruf durch den Insolvenzverwalter knüpft, kann die Analogie nicht hindern. In der Sache geht es in § 124 nicht anders als in der Vorgängervorschrift des § 3 SozplKG um eine relative Unwirksamkeit des Sozialplans gegenüber den Insolvenzgläubigern; § 124 will nur ein flexibleres Vorgehen ermöglichen (RdNr. 2). Der Insolvenzverwalter tritt deshalb mit dem Widerruf nicht an die Stelle der Vertragspartner des Tarifsozialplans oder des Sozialplans auf arbeitsvertraglicher Grundlage, sondern macht nur deren relative Unwirksamkeit geltend.

23   Das in § 124 auch dem **Betriebsrat** eingeräumte Widerrufsrecht braucht sich demgegenüber nicht auf den Tarifsozialplan und den Sozialplan auf arbeitsvertraglicher Grundlage zu erstrecken: Ist nach Eröffnung des Insolvenzverfahrens noch kein Sozialplan aufgestellt worden, kann der Betriebsrat dessen Abschluss ggf. über die Einigungsstelle erreichen und es dem Insolvenzverwalter überlassen, ob er sein Widerrufsrecht ausübt. Ist vor der Verfahrenseröffnung auch schon ein betriebsverfassungsrechtlicher Sozialplan aufgestellt worden, kann der Betriebsrat diesen widerrufen, wenn er mit Rücksicht auf einen bestehenden tariflichen oder arbeitsvertraglichen Sozialplan ein zu geringes Volumen hat.

24   **Empfänger des Widerrufs** durch den Insolvenzverwalter ist beim Tarifsozialplan die tarifschließende Gewerkschaft, beim Sozialplan auf arbeitsvertraglicher Grundlage sind dies die einzelnen Arbeitnehmer.

VI. Altsozialpläne

25   Auf Sozialpläne, die früher als in den letzten drei Monaten vor dem Eröffnungsantrag aufgestellt worden sind, ist § 124 nicht anzuwenden. Für sie gelten die allgemeinen Grundsätze.

26   Soweit solche Sozialpläne Abfindungen vorsehen, haben diese den Charakter von **Insolvenzforderungen** im Sinne von § 38, und zwar auch dann, wenn sie erst nach der Eröffnung mit der Beendigung des Arbeitsverhältnisses entstehen.[17]

27   Soweit solche Altsozialpläne **wiederkehrende Leistungen,** etwa Wegezeitvergütungen oder Fahrtkostenersatz, vorsehen, ist der Zeitraum, auf den sie sich beziehen, maßgeblich.

---

[15] Nerlich/Römermann/Hamacher § 124 RdNr. 19.
[16] Vgl. dazu auch BAG vom 24. 4. 2007 – 1 AZR 252/06.
[17] BAG AP KO § 61 Nr. 29 = NZA 1999, 719 = NZI 1999, 334; BAG AP InsO § 38 Nr. 3 = NZA 2006, 1282 = NZI 2006, 716 = ZIP 2006, 1962, für Abfindungen aus einem tariflichen Rationalisierungsschutzabkommen, wenn die Kündigung erst nach Eröffnung des Insolvenzverfahrens durch den Insolvenzverwalter erklärt wird.

Für die Zeit vor Eröffnung des Verfahrens handelt es sich um Insolvenzforderungen, für die Zeit nach Eröffnung um Masseforderungen nach § 55 Abs. 1 Nr. 2.[18]

Ein Altsozialplan mit Dauerregelungen kann, soweit in ihm nichts anderes bestimmt ist, gem. § 77 Abs. 5 BetrVG mit einer Frist von drei Monaten **ordentlich gekündigt** werden (vgl. § 123 RdNr. 56). Soweit es sich um einen erzwingbaren Sozialplan handelt, wirkt er gem. § 77 Abs. 6 BetrVG nach (§ 123 RdNr. 57). Er kann dann nur durch eine andere Abmachung, sei es durch eine Betriebsvereinbarung zwischen Insolvenzverwalter und Betriebsrat, sei es durch eine arbeitsvertragliche Regelung, abgelöst werden (§ 120 RdNr. 31 ff.). Ausnahmsweise kommt auch eine außerordentliche Kündigung in Betracht (§ 120 RdNr. 39 ff.). 28

§ 125 Interessenausgleich und Kündigungsschutz

(1) ¹Ist eine Betriebsänderung (§ 111 des Betriebsverfassungsgesetzes) geplant und kommt zwischen Insolvenzverwalter und Betriebsrat ein Interessenausgleich zustande, in dem die Arbeitnehmer, denen gekündigt werden soll, namentlich bezeichnet sind, so ist § 1 des Kündigungsschutzgesetzes mit folgenden Maßgaben anzuwenden:

1. es wird vermutet, daß die Kündigung der Arbeitsverhältnisse der bezeichneten Arbeitnehmer durch dringende betriebliche Erfordernisse, die einer Weiterbeschäftigung in diesem Betrieb oder einer Weiterbeschäftigung zu unveränderten Arbeitsbedingungen entgegenstehen, bedingt ist;
2. die soziale Auswahl der Arbeitnehmer kann nur im Hinblick auf die Dauer der Betriebszugehörigkeit, das Lebensalter und die Unterhaltspflichten und auch insoweit nur auf grobe Fehlerhaftigkeit nachgeprüft werden; sie ist nicht als grob fehlerhaft anzusehen, wenn eine ausgewogene Personalstruktur erhalten oder geschaffen wird.

²Satz 1 gilt nicht, soweit sich die Sachlage nach Zustandekommen des Interessenausgleichs wesentlich geändert hat.

(2) Der Interessenausgleich nach Absatz 1 ersetzt die Stellungnahme des Betriebsrats nach § 17 Abs. 3 Satz 2 des Kündigungsschutzgesetzes.

Schrifttum: *Ascheid/Preis/Schmidt,* Kündigungsrecht, 2. Aufl. 2004 (zitiert APS-*Bearbeiter*); *Berkowsky,* Das neue Insolvenz-Kündigungsrecht, NZI 1999, 129; *Bütefisch,* Die Sozialauswahl: Praxisorientierte Darstellung der §§ 1 Abs. 3, 4 KSchG und 125 Abs. 1 Satz 1 Nr. 2 InsO, 2000; *Caspers,* Personalabbau und Betriebsänderung im Insolvenzverfahren, 1998; *Ettwig,* Die Betriebsbedingte Kündigung in der Insolvenz, 2000; *Etzel/Bader/Fischermeier/Friedrich/u. a.,* Gemeinschaftskommentar zum Kündigungsschutzgesetz und zu sonstigen kündigungsschutzrechtlichen Vorschriften, 8. Aufl. 2007, (zitiert KR-*Bearbeiter*); *Fischermeier,* Die betriebsbedingte Kündigung nach den Änderungen durch das Arbeitsrechtliche Beschäftigungsförderungsgesetz, NZA 1997, 1089; *Fitting/Engels/Schmidt/Trebinger/Linsenmaier,* Betriebsverfassungsgesetz, 23. Aufl. 2006; *Gaul,* Betriebsbedingte Kündigung mit Namensliste nach § 1 Abs. 5 KSchG, BB 2004, 2686; *Germelmann/Matthes/Prütting/Müller-Glöge,* Arbeitsgerichtsgesetz, 5. Aufl. 2004; *Giesen,* Das neue Kündigungsschutzrecht in der Insolvenz, ZIP 1998, 46; *Heinze,* Das Arbeitsrecht der Insolvenzordnung, NZA 1999, 57; *von Hoyningen-Huene/Linck,* Kündigungsschutzgesetz, 14. Aufl. 2007; *Lakies,* Zu den seit 1. 10. 1996 geltenden arbeitsrechtlichen Vorschriften der Insolvenzordnung, RdA 1997, 145; *Löwisch,* Neugestaltung des Interessenausgleichs durch das Arbeitsrechtliche Beschäftigungsförderungsgesetz, RdA 1997, 80; *Löwisch/Spinner,* Kommentar zum Kündigungsschutzgesetz, 9. Aufl. 2004; *Lohkemper,* Die Bedeutung des neuen Insolvenzrechts für das Arbeitsrecht, KTS 1996, 1; *Oetker/Friese,* Der Interessenausgleich in der Insolvenz (II), DZWIR 2001, 177; *Piehler,* Rechtsfolgen einer „Teil-Namensliste" nach § 1 Abs. 5 KSchG, NZA 1998, 970; *B. Preis,* Auf dem Weg zur Kollektivierung des Kündigungsschutzes, DB 1998, 1614; *Stahlhacke,* Grundfragen der betriebsbedingten Kündigung, DB 1994, 1361; *Stahlhacke/Preis/Vossen,* Kündigung und Kündigungsschutz im Arbeitsverhältnis, 9. Aufl. 2005; *Zeuner,* Zur kündigungsschutzrechtlichen Bedeutung des Interessenausgleichs nach § 1 Abs. 5 KSchG und §§ 125 Abs. 1 Satz 1, 128 Abs. 2 InsO, Festschrift für Zöllner, 1998, S. 1011; *Zwanziger,* Das Arbeitsrecht der Insolvenzordnung, 3. Aufl. 2006.

---

[18] *Caspers* RdNr. 489.

Übersicht

	RdNr.		RdNr.
I. Allgemeines	1	III. Kündigungsbenennung im Interessenausgleich	65
1. Normzweck	1	1. Voraussetzungen	65
2. Anwendungsbereich	5	a) Interessenausgleich	65
II. Betriebsbedingte Kündigung in der Insolvenz	12	b) Kündigungen auf Grund einer Betriebsänderung	70
1. Vorgaben des Kündigungsschutzgesetzes	12	c) Namentliche Benennung	72
a) Betriebsbedingtheit	12	2. Rechtsfolgen	83
b) Sozialauswahl	23	a) Vermutung der Betriebsbedingtheit	83
c) Verfahren	36	b) Beschränkte Nachprüfung der Sozialauswahl	88
2. Kollektivrechtliche Ergänzungen	49	3. Wesentliche Änderung der Sachlage	101
a) Auswahlrichtlinien	49	4. Ersetzung der Stellungnahme des Betriebsrats bei Massenentlassungen	107
b) Anhörung des Betriebsrats	52	5. Änderungskündigung	108
c) Massenentlassungsanzeige	57		
3. Gesetzliche Kündigungsbeschränkungen	63		

I. Allgemeines

1 **1. Normzweck.** Die Fortführung oder Veräußerung eines Betriebes durch den Insolvenzverwalter ist häufig nur möglich, wenn der Betrieb zuvor saniert wird. Das setzt in aller Regel einen größeren Personalabbau voraus. Dieser wiederum stößt auf das Kündigungsschutzrecht. Die Erfahrung hat gezeigt, dass dessen unveränderte Anwendung in der Insolvenz wegen der langwierigen Verfahren an sich mögliche Sanierungen scheitern lässt. § 125 modifiziert deshalb ebenso wie die §§ 126, 127 die Anwendung des Kündigungsschutzgesetzes in der Insolvenz; er ermöglicht **eine Vorklärung der notwendigen Kündigungen,** welche die gekündigten Arbeitnehmer nur eingeschränkt gerichtlich überprüfen lassen können, und gibt damit dem Insolvenzverwalter weitgehende Rechtssicherheit.[1]

2 Anvertraut wird diese Vorklärung der **kollektiven Regelung zwischen Insolvenzverwalter und Betriebsrat:** Diese können im Interessenausgleich die zu kündigenden Arbeitnehmer namentlich bezeichnen, mit der Folge, dass die Betriebsbedingtheit der Kündigungen vermutet wird und die Sozialauswahl nur auf grobe Fehlerhaftigkeit überprüft werden kann.[2]

3 Das **arbeitsrechtliche Beschäftigungsförderungsgesetz** von 1996 hatte das Modell des § 125 als allgemeine Regelung in das Kündigungsschutzrecht übernommen. Nach dem in § 1 KSchG eingefügten Abs. 5 wurde bei einer namentlichen Bezeichnung der zu kündigenden Arbeitnehmer in einem Interessenausgleich auch außerhalb eines Insolvenzverfahrens die Betriebsbedingtheit der Kündigung vermutet und war die Sozialauswahl nur auf grobe Fehlerhaftigkeit zu überprüfen. Obwohl sich diese Regelung im Wesentlichen bewährt hatte,[3] war sie durch das am 1. Januar 1999 in Kraft getretene Korrekturgesetz wieder gestrichen worden. Das am 1. Januar 2004 in Kraft getretene **Gesetz zu Reformen am Arbeitsmarkt** hat sie wieder eingeführt (vgl. auch vor § 113 RdNr. 9). § 1 Abs. 5 KSchG und § 125 InsO sind nicht vollständig deckungsgleich. Für den Insolvenzfall bleibt § 125 die Spezialvorschrift.

4 Ergänzt werden sowohl § 1 Abs. 5 KSchG wie § 125 durch § 323 Abs. 2 UmwG. Danach können in einem bei einer Verschmelzung, Spaltung oder Vermögensübertragung abgeschlossenen Interessenausgleich diejenigen Arbeitnehmer namentlich bezeichnet werden, die nach der Umwandlung einem bestimmten Betrieb oder Betriebsteil zugeordnet

---

[1] Vgl. Begr. zu § 128 RegE, BT-Drucks. 12/2443 S. 149.
[2] Zur kollektiv-rechtlichen Anknüpfung kündigungsschutzrechtlicher Regeln vgl. allgemein *Zeuner,* Festschrift für Zöllner, 1998, S. 1011 ff., insbesondere 1017; *B. Preis* DB 1998, 1614 ff.
[3] *B. Preis* DB 1998, 1614, 1619.

werden. Die Zuordnung kann dann vom Arbeitsgericht nur auf grobe Fehlerhaftigkeit überprüft werden.[4]

2. Anwendungsbereich. § 125 betrifft Kündigungen auf Grund einer Betriebsänderung 5 nach § 111 BetrVG. Er setzt damit voraus, dass einer der in § 111 Satz 3 BetrVG genannten Fälle der **Betriebsänderung** vorliegt, lässt dies aber auch genügen. Insbesondere fällt unter die Vorschrift auch der Personalabbau, der die Zahlen und Prozentangaben des § 17 KSchG erreicht, sofern mindestens 5 Prozent der Belegschaft entlassen werden sollen (s. zum Begriff der Betriebsänderung im Übrigen §§ 121, 122 RdNr. 7 ff.).

Dass § 125 nur Kündigungen auf Grund einer Betriebsänderung nach § 111 BetrVG 6 erfasst, bedeutet, dass die Nutzung der Vorschrift in einem „**freiwilligen**" **Interessenausgleich,** der für ein Unternehmen mit nicht mehr als 20 Arbeitnehmern vereinbart wird, nicht möglich ist.[5] Insoweit kommt aber ein Feststellungsverfahren nach § 126 in Betracht (§ 126 RdNr. 6).

§ 125 setzt an sich voraus, dass in dem Betrieb, für den die Betriebsänderung geplant ist, 7 das **Kündigungsschutzgesetz** anwendbar ist. Dies ist aber im Anwendungsbereich des § 111 BetrVG regelmäßig der Fall, weil der persönliche Geltungsbereich des Kündigungsschutzgesetzes schon bei elf Arbeitnehmern beginnt und für die Anwendbarkeit des Kündigungsschutzgesetzes mehrere Kleinbetriebe eines Unternehmens zusammengerechnet werden; die Figur des Gemeinsamen Betriebes mehrerer Unternehmen kennt das Kündigungsschutzgesetz nach wie vor.[6] Getrennt verlaufen die Anwendungsbereiche von § 23 KSchG und § 111 BetrVG nur im Hinblick auf Teilzeitbeschäftigte, Heimarbeiter und Auszubildende: Erstere werden nach § 23 Abs. 1 Satz 4 KSchG nur anteilig und letztere gar nicht mitgerechnet, gelten im Rahmen des BetrVG aber voll als Arbeitnehmer.[7]

Das Kündigungsschutzgesetz gilt nach seinem § 1 nicht für Arbeitnehmer, deren **Ar-** 8 **beitsverhältnis** noch nicht **länger als sechs Monate bestanden** hat.[8] Sie können vom Insolvenzverwalter unabhängig von einem Interessenausgleich gekündigt werden, ohne dass dies einer besonderen Rechtfertigung bedarf.

Von vornherein nicht in den Anwendungsbereich des § 125 fallen der Ablauf befristeter 9 Arbeitsverhältnisse sowie das Ausscheiden auf Grund von Aufhebungsverträgen.

Für **leitende Angestellte** gilt § 125 nicht, weil für sie kein Interessenausgleich aufgestellt 10 werden kann. Ihre Kündigung richtet sich nach den allgemeinen Vorschriften. Das Kündigungsschutzgesetz ist mit der Maßgabe anwendbar, dass der Arbeitgeber und damit der Insolvenzverwalter in jedem Falle die Auflösung des Arbeitsverhältnisses gegen eine Abfindung erreichen kann (§ 14 Abs. 2 KSchG). Zum Umfang der Abfindung unten RdNr. 44.

§ 125 ist auch auf Änderungskündigungen anwendbar (s. im Einzelnen unten Rd- 11 Nr. 108 ff.).

II. Betriebsbedingte Kündigung in der Insolvenz

1. Vorgaben des Kündigungsschutzgesetzes. a) Betriebsbedingtheit. Nach § 1 12 Abs. 2 Satz 1 KSchG ist eine Kündigung sozial gerechtfertigt, wenn sie durch dringende betriebliche Erfordernisse bedingt ist, die einer Weiterbeschäftigung des Arbeitnehmers in diesem Betrieb entgegenstehen. In diesem Sinne betriebsbedingt ist eine Kündigung dann, wenn sie notwendig ist, um den Personalbestand des Betriebs dem tatsächlichen Personalbedarf anzugleichen.[9] Der Insolvenzverwalter kann sich, wie jeder Arbeitgeber, von Arbeit-

---

[4] S. im Einzelnen die Erl. bei KR-*Friedrich* §§ 322–324 UmwG.
[5] AA *Kappenhagen* NZA 1998, 968 ff.
[6] *Löwisch/Spinner* § 23 KSchG RdNr. 10 f.
[7] Zur Beschäftigtenzahl i. S. d. § 23 Abs. 1 KSchG s. im Einzelnen *Löwisch/Spinner* § 23 KSchG RdNr. 17 ff. und BAG AP KSchG 1969 § 23 Nr. 37 = NZA 2007, 438 = ZIP 2007, 740 zur Änderung der Kleinbetriebsklausel im KSchG ab dem 1. Januar 2004.
[8] S. hierzu im Einzelnen *Löwisch/Spinner* § 1 KSchG RdNr. 35 ff.
[9] *Löwisch/Spinner* § 1 KSchG RdNr. 254 ff.

nehmern trennen, für die er keine Beschäftigung mehr hat. Das gilt gleichermaßen bei Betriebsfortführung wie bei etappenweiser und endgültiger Betriebsstilllegung. Im letztgenannten Fall sind die Kündigungen immer betriebsbedingt.

13 Indem das Gesetz auf die dringenden betrieblichen Erfordernisse abstellt, bringt es zum Ausdruck, dass es genügt, wenn die Kündigung in der **betriebswirtschaftlichen Notwendigkeit** begründet ist. Ob die unternehmerischen Entscheidungen, die zur Kündigung geführt haben, notwendig waren oder notwendig sind, spielt keine Rolle. Die Arbeitsgerichte haben nicht die Aufgabe, diese unternehmerischen Entscheidungen nachzuprüfen.[10] Dementsprechend kommt es nicht darauf an, worin die Ursachen für den nach unten veränderten Personalbedarf bestehen. Sie können sowohl in den Außenbeziehungen des Unternehmens, wie etwa Mangel an Aufträgen oder Umsatzrückgang, als auch in innerbetrieblichen Gründen wie Gewinnverfall oder Unrentabilität des Betriebes liegen.[11] Beruht die Kündigung auf einer **unternehmerischen Organisationsentscheidung** des Insolvenzverwalters, also etwa einer Rationalisierung oder Betriebseinschränkung, so wird diese keiner Zweckmäßigkeitsprüfung unterzogen, es sei denn, dass sie offensichtlich unsachlich oder willkürlich ist.[12] Selbst die Entscheidung über die **Kapazität an Arbeitskräften** und an Arbeitszeit sowie die Entscheidung darüber, wie diese Kräfte verteilt werden sollen, werden vom Bundesarbeitsgericht diesem Freiraum zugeordnet. Es gehöre zur Organisation und Gestaltung des Betriebes, neben der Anschaffung von Maschinen, Gerätschaften sowie Vorrichtungen und der Gestaltung der Arbeitsabläufe auch die **Stärke der Belegschaft,** mit der das Betriebsziel erreicht werden soll, festzulegen. Dabei könne die Unternehmerentscheidung auch darin liegen, künftig auf Dauer mit weniger Personal zu arbeiten. Soweit dadurch eine Leistungsverdichtung eintrete, sei sie als Konzept gewollt; der rationelle Einsatz des Personals sei Sache der Unternehmerentscheidung. Ebenso sei Sache der Unternehmenspolitik die Bestimmung, ob ein umfangmäßig konkretisierter Arbeitskräftebedarf nur mit Volltags- oder teilweise auch mit Halbtagskräften abgedeckt werden solle.[13]

14 Dass die Entscheidungen des Insolvenzverwalters über die Leitung des Unternehmens von der **Nachprüfung durch die Arbeitsgerichte** freizuhalten sind, bedeutet nicht, dass diese sich im Kündigungsschutzprozess mit bloßen Behauptungen des Verwalters zu begnügen hätten. Vielmehr haben sie voll nachzuprüfen, ob seine Entscheidungen tatsächlich zu einer Verminderung oder Veränderung des Personalbedarfs führen. Notwendig ist ein organisatorisches Konzept (etwa ein Stellenplan), aus dem sich die Senkung oder Veränderung des Personalbestandes ergibt und dessen Umsetzung aufgedeckt werden muss.[14] Es wird überprüft, ob die behauptete unternehmerische Entscheidung tatsächlich getroffen worden ist und zum Wegfall des Arbeitsplatzes führt oder geführt hat,[15] nicht aber, warum sie getroffen worden ist.

15 In der Rechtspraxis wird nach außer- und innerbetrieblichen Gründen für einen reduzierten Beschäftigungsbedarf differenziert.[16] Danach liegt bei ausschließlich **außerbetrieblichen Gründen** eine organisatorische, gestaltende Unternehmerentscheidung zunächst nicht vor, und es bedarf auch keiner solchen. Maßgeblich ist, ob die fehlende Beschäftigungsmöglichkeit in unmittelbarem Zusammenhang mit dem Auftrags- oder Umsatzrückgang steht, was bei Kündigungen in der Insolvenz der Verwalter darlegen und beweisen muss.[17] Er kann die Produktionsmittel dem verringerten Auftragsvolumen anpassen. Das führt jedoch

---

[10] St. Rspr. BAG AP KSchG 1969 § 1 Nr. 42 = NZA 1998, 143; BAG AP KSchG 1969 § 1 – Betriebsbedingte Kündigung – Nr. 65 = NZA 1995, 566 = NJW 1996, 335.
[11] *Stahlhacke* DB 1994, 1361, 1362.
[12] St. Rspr. BAG AP KSchG 1969 § 1 – Betriebsbedingte Kündigung – Nr. 8 = NJW 1981, 301.
[13] BAG AP KSchG 1969 § 2 Nr. 42 = NZA 1997, 1047 = NJW 1998, 179; im gleichen Sinne zuvor schon BAG AP BetrVG 1972 § 78 a Nr. 26 = NZA 1997, 783.
[14] *Löwisch/Spinner* § 1 KSchG RdNr. 255 ff.
[15] BAG AP KSchG 1969 § 1 Nr. 11 = NZA 1986, 823; *Stahlhacke* DB 1994, 1361, 1363 f.
[16] St. Rspr. seit BAG AP KSchG 1969 § 1 – Betriebsbedingte Kündigung – Nr. 6 = NJW 1979, 1902; auch BAG AP KSchG 1969 § 1 – Betriebsbedingte Kündigung – Nr. 45 = NZA 1990, 65.
[17] BAG AP KO § 22 Nr. 4 = NJW 1983, 1341.

dazu, dass er betriebswirtschaftliche Daten offenlegen muss und die Arbeitsgerichte eine Plausibilitätskontrolle vornehmen.[18]

Innerbetriebliche Gründe haben auf die Beschäftigungslage unmittelbar keinen Einfluss, sondern erst dann, wenn sie zum Anlass bindender unternehmerischer Entscheidungen gemacht werden. Sie können nur dann eine Kündigung bedingen, wenn der Insolvenzverwalter die negative Ertragslage oder Wirtschaftlichkeit zum Anlass nimmt, zur Kostenersparnis oder zur Wiederherstellung der Rentabilität durch technische oder organisatorische Maßnahmen die Zahl der Arbeitsplätze zu verringern.[19] Diese Entscheidung über eine organisatorische Änderung im Betrieb ist nicht auf Zweckmäßigkeit zu kontrollieren, sondern nur in ihren tatsächlichen Auswirkungen auf die Beschäftigungsmöglichkeit darzulegen. **16**

Ein dringendes betriebliches Erfordernis für eine Kündigung wird auch dann begründet, wenn der Insolvenzverwalter bisher im Betrieb durchgeführte Arbeiten als Fremdaufträge **(Outsourcing)** vergibt.[20] Die vorgesehenen Personalverminderungen oder -veränderungen müssen mit dem personellen Konzept, das dem Outsourcing Rechnung tragen soll, konsistent sein. Kündigungen, die andere Bereiche betreffen als die, deren Leistung künftig im Wege des Fremdauftrags vergeben werden, können mit dem dem Outsourcing zugrundeliegenden personellen Konzept nicht begründet werden. Auch kann beim Outsourcing das Verbot offensichtlich unsachlicher und willkürlicher Kündigungen bedeutsam werden. Offensichtlich unsachlich und willkürlich ist eine mit Outsourcing an ein Tochterunternehmen begründete betriebsbedingte Kündigung nach der Rechtsprechung des BAG dann, wenn sich der Insolvenzverwalter mit ihr nur die Möglichkeit verschaffen will, die Arbeit in Zukunft mit neuen, schlechter bezahlten Arbeitnehmern durchzuführen.[21] **17**

Maßgeblich ist die **Sachlage zum Zeitpunkt des Zugangs der Kündigung.** Es wird überprüft, ob die negative Prognose, dass das Arbeitsverhältnis nicht fortgesetzt werden kann, zum Zeitpunkt des Ausspruchs der Kündigung berechtigt war.[22] Das ist der Fall, wenn zum Zeitpunkt des Zugangs der Kündigung die betriebliche Maßnahme bereits „greifbare Formen" angenommen hat und eine vernünftige betriebswirtschaftliche Betrachtung die Prognose rechtfertigt, dass bis zum Auslaufen der einzuhaltenden Kündigungsfrist die geplante Maßnahme durchgeführt ist und der Arbeitnehmer entbehrt werden kann.[23] Dabei liegt es im Ermessen des Verwalters, zu entscheiden, mit welcher Anzahl von Arbeitskräften sich die verbleibende Arbeitsmenge durchführen lässt.[24] **18**

In aller Regel wird der Verwalter auch die **außerbetrieblichen Gründe zum Anlass für unternehmerische innerbetriebliche Maßnahmen** wie etwa Rationalisierungen und Umstrukturierungen nehmen, um den Umsatz- und Auftragsrückgang durch höhere Produktivität zu kompensieren. Dann liegt eine unternehmerische Entscheidung darüber vor, wie auf den Umsatzrückgang reagiert werden soll. Diese Vorgehensweise hat den Vorteil, dass nur die Reaktion mit ihren Auswirkungen auf die Beschäftigung darzulegen und zu beweisen ist, nicht aber, ob ein unmittelbarer Zusammenhang mit außerbetrieblichen Gründen besteht. **19**

---

[18] Eingehend *Stahlhacke* DB 1994, 1361, 1362 f.
[19] BAG AP KO § 22 Nr. 4 = NJW 1983, 1341.
[20] BAG AP KSchG 1969 § 1 – Betriebsbedingte Kündigung – Nr. 7: Vergabe von Wartungsarbeiten an Dritte; BAG AP KSchG 1969 § 1 – Betriebsbedingte Kündigung – Nr. 9: Vergabe von Reinigungsarbeiten an eine Reinigungsfirma; BAG EzA KSchG § 1 – Betriebsbedingte Kündigung – Nr. 111: Vergabe des operativen Geschäfts an Subunternehmer; BAG EzA KSchG § 1 – Betriebsbedingte Kündigung – Nr. 119 = NZA 2002, 1304 (Ls.): Fremdvergabe von Laborarbeiten.
[21] BAG AP KSchG 1969 § 1 – Betriebsbedingte Kündigung – Nr. 124 = NZA 2003, 549 = NJW 2003, 2116 = ZIP 2003, 733.
[22] BAG AP KSchG 1969 § 1 – Betriebsbedingte Kündigung – Nr. 53 = NZA 1991, 891; *Gottwald/Heinze/Bertram,* Insolvenzrechts-Handbuch, § 104 RdNr. 84; KR-*Griebeling* § 1 KSchG RdNr. 550; *Löwisch/Spinner* § 1 KSchG RdNr. 79.
[23] BAG AP KSchG 1969 § 1 – Betriebsbedingte Kündigung – Nr. 53 = NZA 1991, 891; BAG AP BGB § 613 a Nr. 75 = NZA 1989, 461.
[24] Allgemein BAG AP KSchG 1969 § 2 Nr. 31 = NZA 1993, 1075 = NJW 1993, 3218.

20 Hingegen kommt es zu einer **Selbstbindung** des Verwalters, wenn er die Kündigung zunächst auf außerbetriebliche Gründe stützt und auch nur diese im Zeitpunkt der Kündigung vorlagen.[25] Dann liegt eine selbstbindende Unternehmerentscheidung vor. Hat der Verwalter sich an die äußeren Sachzwänge gebunden, kann eine organisatorische Unternehmerentscheidung nicht nachgeschoben werden, da nur Unternehmerentscheidungen tragend sein können, die zum Zeitpunkt der Kündigung vorlagen und sich in der Umsetzung befanden.[26]

21 Betriebsbedingt ist die Kündigung dann nicht, wenn der Arbeitnehmer an einem **anderen freien Arbeitsplatz weiterbeschäftigt** werden kann (ultima ratio Prinzip). Zu berücksichtigen sind dabei Weiterbeschäftigungsmöglichkeiten nicht nur in demselben Betrieb, sondern auch solche in einem anderen Betrieb desselben Unternehmens,[27] nicht aber in einem anderen Betrieb desselben Konzerns, es sei denn, der Arbeitnehmer ist für den ganzen Konzern oder mehrere Konzernunternehmen eingestellt.[28] Zu berücksichtigen ist dabei auch eine Weiterbeschäftigungsmöglichkeit **zu geänderten Arbeitsbedingungen.** Eine solche hat der Insolvenzverwalter dem Arbeitnehmer anzubieten. Das Angebot kann lediglich in Extremfällen (z. B. offensichtlich völlig unterwertige Beschäftigung) unterbleiben. Der Insolvenzverwalter kann Angebot und Kündigung aber miteinander verbinden, indem er ohne vorherige Verhandlungen mit dem Arbeitnehmer sofort eine Änderungskündigung ausspricht.[29]

22 Zur Betriebsbedingtheit einer Kündigung im Zusammenhang mit einem geplanten Betriebsübergang § 128 RdNr. 27 ff.

23 **b) Sozialauswahl.** Trotz Vorliegens dringender betrieblicher Erfordernisse ist eine Kündigung nach § 1 Abs. 3 Satz 1 KSchG sozial ungerechtfertigt, wenn der Insolvenzverwalter bei der Auswahl der gekündigten Arbeitnehmer unter mehreren in Betracht kommenden Arbeitnehmern die sozialen Gesichtspunkte Dauer der Betriebszugehörigkeit, Lebensalter, Unterhaltspflichten und Schwerbehinderung (im Einzelnen RdNr. 28 ff.) nicht oder nicht ausreichend berücksichtigt hat. Mit dieser Vorschrift verfolgt das Gesetz das Ziel, im Verhältnis der Arbeitnehmer zueinander Gerechtigkeit bei dem gravierenden Eingriff des Arbeitsplatzverlustes walten zu lassen. Um die mit der Sozialauswahl verbundene Rechtsunsicherheit für den Arbeitgeber in Grenzen zu halten, hat das Gesetz zu Reformen am Arbeitsmarkt im Anschluss an das Arbeitsrechtliche Beschäftigungsförderungsgesetz von 1996 die Sozialauswahl auf die genannten Gesichtspunkte beschränkt.

24 In die Sozialauswahl sind nur Arbeitnehmer **des entsprechenden Betriebes** mit einzubeziehen. Nach § 1 Abs. 2 Satz 1 KSchG kommt es für die Rechtfertigung der Kündigung darauf an, ob die betrieblichen Erfordernisse der Weiterbeschäftigung des Arbeitnehmers „in diesem Betrieb" entgegenstehen. Bezugspunkt ist also der Betrieb, selbst wenn sich der Arbeitgeber ein betriebsübergreifendes Versetzungsrecht vorbehalten hat.[30] Das bedeutet auf der einen Seite, dass sich die Sozialauswahl nicht auf die Arbeitnehmer des Betriebsteils, in dem Arbeitsplätze weggefallen sind, beschränken darf. Auf der anderen Seite ist die Sozialauswahl in Unternehmen mit mehreren Betrieben aber auch nicht auf das ganze Unternehmen oder etwa den ganzen Konzern, sondern nur auf den betreffenden Betrieb zu beziehen.[31]

---

[25] BAG AP KSchG 1969 § 1 – Betriebsbedingte Kündigung – Nr. 45 = NZA 1990, 65; ErfKomm-*Ascheid/Oetker* § 1 KSchG RdNr. 388; *Löwisch/Spinner* § 1 KSchG RdNr. 262.

[26] ErfKomm-*Ascheid/Oetker* § 1 KSchG RdNr. 406.

[27] BAG AP KSchG 1969 § 1 – Betriebsbedingte Kündigung – Nr. 21 = NZA 1985, 489; BAG AP KSchG 1969 § 1 – Betriebsbedingte Kündigung – Nr. 111 = NZA 2001, 535.

[28] BAG AP KSchG 1969 § 1 – Betriebsbedingte Kündigung – Nr. 132 = NZA 2005, 929 = ZIP 2005, 1044.

[29] BAG AP KSchG 1969 § 2 Nr. 79 = NZA 2005, 1289; BAG AP KSchG 1969 § 2 Nr. 130 = NZA 2007, 431.

[30] BAG AP KSchG 1969 § 1 – Soziale Auswahl – Nr. 73 = NZA 2005, 1175 = NJW 2005, 3446 = ZIP 2005, 2077; BAG AP KSchG 1969 § 1 – Soziale Auswahl – Nr. 76 = NZA 2006, 590 = NJW 2006, 1757 für eine betriebsbedingte Kündigung durch den Insolvenzverwalter.

[31] BAG AP KSchG 1969 § 1 – Konzern – Nr. 4 = NZA 1987, 125; s. aber auch BAG AP KSchG 1969 § 1 – Betriebsbedingte Kündigung – Nr. 65 = NZA 1995, 566 = NJW 1996, 335: Das Erfordernis der Sozialauswahl kann nicht durch eine Verlagerung der Arbeitsplätze in einen anderen Betrieb umgangen werden.

In die Auswahl nach sozialen Gesichtspunkten können nur diejenigen Arbeitnehmer 25 einbezogen werden, deren Funktion auch von dem Arbeitnehmer wahrgenommen werden könnte, dessen Arbeitsplatz weggefallen ist. Gibt es keinen in diesem Sinne **vergleichbaren Arbeitnehmer** oder muss allen diesen Arbeitnehmern gleichzeitig gekündigt werden, kann eine Auswahl nach sozialen Gesichtspunkten nicht stattfinden. Ob der Arbeitnehmer, dessen Arbeitsplatz weggefallen ist, die Funktion anderer Arbeitnehmer wahrnehmen kann, richtet sich in erster Linie nach der ausgeübten Tätigkeit: Arbeitnehmer, die gleichartige Arbeitsplätze inne haben, sind ohne weiteres austauschbar. Es reicht aber auch aus, wenn der Arbeitnehmer, dessen Arbeitsplatz weggefallen ist, auf Grund seiner Fähigkeiten und betrieblichen Erfahrungen in der Lage ist, die auf einem bestehen bleibenden Arbeitsplatz geforderte Tätigkeit auszuüben. Voraussetzung ist nach der Rechtsprechung immer, dass der Arbeitnehmer, dessen Arbeitsplatz weggefallen ist, ohne Änderung seines Arbeitsvertrags kraft Direktionsrechts auf den infrage kommenden, fortbestehenden Arbeitsplatz umgesetzt werden kann.[32]

Nicht in die Sozialauswahl einzubeziehen sind Arbeitnehmer, die im hierarchischen 26 Aufbau des Betriebes eine **niedriger zu bewertende Tätigkeit** ausüben, insbesondere einen geringer vergüteten Arbeitsplatz inne haben. Dies gilt unbestrittenermaßen dann, wenn gar nicht feststeht, ob der die höherwertige Tätigkeit ausübende Arbeitnehmer, dessen Kündigung ansteht, bereit wäre, die niedriger zu bewertende Tätigkeit auszuüben. § 1 Abs. 3 KSchG verlangt vom Verwalter nicht, dass er von sich aus an einen solchen Arbeitnehmer herantritt, um ihn zu einer entsprechenden Vertragsänderung zu bewegen.[33] Es ist aber auch dann richtig, wenn der betroffene Arbeitnehmer sein Einverständnis mit der Übernahme der niedriger zu bewertenden Tätigkeit erklärt hat. Es kann nicht der Sinn des § 1 Abs. 3 KSchG sein, einen – konsequenterweise sich dann von Stufe zu Stufe fortsetzenden – Verdrängungswettbewerb nach unten zu eröffnen.[34] Es liegt insoweit anders als bei der Weiterbeschäftigung auf einem freien Arbeitsplatz (RdNr. 21). Ebenso werden Arbeitnehmer, die **höher bewertete Tätigkeiten** ausüben, nicht in den Vergleich einbezogen, auch wenn eine Beförderung des gekündigten Arbeitnehmers auf einen ähnlichen Arbeitsplatz möglich gewesen wäre.[35]

Nicht in die Sozialauswahl einbezogen werden können Arbeitnehmer, deren **ordentliche** 27 **Kündigung,** etwa nach § 15 KSchG, gesetzlich **ausgeschlossen** ist.[36] Hingegen können vertragliche oder tarifvertragliche Kündigungsausschlüsse die gesetzlich angeordnete Sozialauswahl schon deshalb nicht hindern, weil die Unkündbarkeit in der Insolvenz durch § 113 Satz 1 durchbrochen ist (§ 113 RdNr. 16 f.).[37]

In der **Dauer der Betriebszugehörigkeit** drückt sich der Wert des Arbeitsplatzes für 28 den Arbeitnehmer aus. Maßgebend ist dabei nicht die Dauer der Zugehörigkeit zu einem bestimmten Betrieb, sondern die Dauer des Arbeitsverhältnisses überhaupt. War die Betriebszugehörigkeit unterbrochen, ist gleichwohl von der Gesamtdauer auszugehen, sofern die einzelnen Beschäftigungszeiten in einem inneren Zusammenhang stehen.[38]

Weiter ist das **Lebensalter des Arbeitnehmers** zu berücksichtigen. Die mit einem 29 Arbeitsplatzwechsel verbundenen Folgen, insbesondere die Einstellung auf die neue Arbeit und ein etwaiger Wohnungswechsel, sind von einem jüngeren Arbeitnehmer leichter zu tragen als von einem älteren. Allerdings ist insoweit zu berücksichtigen, dass die Gleichbehandlungsrahmenrichtlinie 2000/78/EG nicht nur die Benachteiligung wegen des fort-

---

[32] BAG AP KSchG 1969 § 1 – Soziale Auswahl – Nr. 18 = NZA 1990, 226; BAG AP KSchG 1969 § 1 – Soziale Auswahl – Nr. 81 = NZA 2006, 1350.
[33] BAG AP KSchG 1969 § 1 – Soziale Auswahl – Nr. 9 = NZA 1986, 260 = NJW 1986, 2336.
[34] BAG AP KSchG 1969 § 1 – Betriebsbedingte Kündigung – Nr. 50 = NZA 1991, 181 = NJW 1991, 587.
[35] BAG AP KSchG 1969 § 1 – Betriebsbedingte Kündigung – Nr. 50 = NZA 1991, 181 = NJW 1991, 587.
[36] BAG AP KSchG 1969 § 15 Nr. 60 = NZA 2006, 370 = ZIP 2006, 918.
[37] *Caspers* RdNr. 196.
[38] *Löwisch/Spinner* § 1 KSchG RdNr. 364 ff.

geschrittenen Alters, sondern auch die Benachteiligung jüngerer Menschen ausschließen will. Der Gesichtspunkt Lebensalter in § 1 Abs. 3 Satz 1 KSchG muss deshalb richtlinienkonform dahin ausgelegt werden, dass die Besonderheiten des Einzelfalls und die individuellen Unterschiede zwischen den vergleichbaren, unterschiedlich alten Arbeitnehmern die Bevorzugung des oder der älteren Arbeitnehmer relativieren können.[39] So muss sich der wenige Monate vor seinem Ruhestand stehende Arbeitnehmer die Kündigung eher gefallen lassen als der einige Jahre jüngere mit schlechten Aussichten auf dem Arbeitsmarkt. Auch dass der Arbeitnehmer vor Vollendung des 65. Lebensjahres Rente beantragen kann, darf bei dem Vergleich mit jüngeren Arbeitnehmern zu seinen Lasten berücksichtigt werden. Nicht berücksichtigt werden darf hingegen, dass der Arbeitnehmer Altersteilzeit in Anspruch nehmen kann (§ 8 Abs. 1 Satz 1 Hs. 2 AltersteilzeitG).

30 Relevant sind weiter die **Unterhaltspflichten des Arbeitnehmers.** Mit diesem Gesichtspunkt wird der Tatsache Rechnung getragen, dass derjenige, der nur für sich selbst zu sorgen hat, den Verlust des Arbeitsplatzes eher verkraften kann als derjenige, der auch Unterhalt für Familienangehörige leisten muss. Der Begriff der Unterhaltspflichten ist dabei rechtstechnisch im Sinne der gesetzlichen Unterhaltsverpflichtungen des Familienrechts (§§ 1360 ff., 1569 ff., 1601 ff. BGB) zu verstehen. Die Unterhaltspflichten sind so maßgebend, wie sie bei Zugang der Kündigung bestanden haben.[40]

31 Zu berücksichtigen ist schließlich die **Schwerbehinderung** i. S. d. § 2 Abs. 2 SGB IX, also eine Behinderung mit einem Grad von wenigstens 50. Ob die Schwerbehinderung nach § 69 SGB IX festgestellt ist, spielt dabei keine Rolle. Berücksichtigen muss der Insolvenzverwalter die Schwerbehinderung aber nur, wenn sie ihm bekannt ist. Eine nachträgliche Mitteilung der Schwerbehinderung muss bei der Beurteilung der Angemessenheit der Sozialauswahl außer Betracht bleiben.[41] Ob eine solche nachträgliche Mitteilung zur Unwirksamkeit der Kündigung wegen Fehlens der Zustimmung des Integrationsamts führt, richtet sich nach dem mit Wirkung vom 1. Mai 2004 in das SGB IX eingefügten § 90 Abs. 2 a.[42]

32 Nach § 68 Abs. 1 SGB IX gelten die Vorschriften des Schwerbehindertenrechts dieses Gesetzbuchs auch für behinderte Menschen, die schwerbehinderten Menschen gleichgestellt sind. Dem Sinn der Aufnahme der Schwerbehinderung in die bei der Sozialauswahl zu beachtenden Gesichtspunkte entspricht es, auch eine der **Schwerbehinderung gleichgestellte Behinderung** zu berücksichtigen. Denn die Gleichstellung erfolgt nach § 2 Abs. 3 SGB IX gerade im Hinblick auf die Schwierigkeit des behinderten Menschen, einen Arbeitsplatz zu erlangen oder zu behalten.[43] Allerdings setzt die Berücksichtigung voraus, dass die Gleichstellung auf Grund einer Feststellung nach § 69 SGB IX tatsächlich erfolgt ist. Denn vorher steht nicht fest, ob der behinderte Mensch tatsächlich als Schwerbehinderter zu behandeln ist oder nicht. Dementsprechend würde der Insolvenzverwalter der Gefahr ausgesetzt, sich zwischen zwei Stühle zu setzen: Berücksichtigt er die Behinderung und erfolgt die Gleichstellung nicht, könnten Arbeitnehmer, zu deren Lasten die Berücksichtigung gegangen ist, ihrerseits die Fehlerhaftigkeit der Sozialauswahl rügen. Aus diesem Grund kann die Fiktion des § 68 Abs. 2 Satz 2 SGB IX, nach der die Gleichstellung mit dem Tag des Eingangs des Antrags wirksam wird, nicht Platz greifen. Ein Verstoß gegen das Diskriminierungsverbot des Art. 2 Abs. 2 lit. a der Gleichstellungsrahmenrichtlinie (2000/78/EG) liegt darin nicht, weil die Regelung immer noch eine angemessene Vorkehrung zum Schutz der behinderten Menschen i. S. d. Art. 5 Satz 1 der Richtlinie darstellt.

33 Das Gesetz verlangt vom Insolvenzverwalter nur die **ausreichende Berücksichtigung** sozialer Gesichtspunkte. Er muss diese nicht vollkommen richtig, gleichsam ideal gewürdigt

---

[39] *Löwisch* BB 2006, 2582.
[40] Vgl. im Einzelnen *Löwisch/Spinner* § 1 KSchG RdNr. 364 ff.; ErfKomm-*Ascheid/Oetker* § 1 KSchG RdNr. 488.
[41] *Löwisch/Spinner* § 1 KSchG RdNr. 380; KR-*Griebeling* § 1 KSchG RdNr. 678 a.
[42] ErfKomm-*Rolfs* § 90 SGB IX RdNr. 5 f.
[43] AA *Kleinebrink,* ArbRB 2004, 112.

haben, sondern es genügt, wenn er dies in ausreichendem Maß getan hat. Damit steht ihm ein Bewertungsspielraum zu, den die Arbeitsgerichte zu respektieren haben.[44] Der Verwalter hält sich in diesem Bewertungsspielraum, wenn er die im Gesetz genannten sozialen Gesichtspunkte Dauer der Betriebszugehörigkeit, Lebensalter, Unterhaltspflichten und Schwerbehinderung berücksichtigt und vertretbar gewichtet.

Nach § 1 Abs. 3 Satz 2 KSchG sind in die soziale Auswahl Arbeitnehmer nicht einzubeziehen, deren Weiterbeschäftigung, insbesondere wegen ihrer Kenntnisse, Fähigkeiten und Leistungen oder zur Sicherung einer ausgewogenen Personalstruktur des Betriebs im **berechtigten betrieblichen Interesse** liegt. Was den ersten Punkt anlangt, ist vor allem an das Bedürfnis zu denken, Arbeitnehmer mit besonderen Kenntnissen weiterzubeschäftigen, etwa weil allein sie selten anfallende Spezialarbeiten durchführen können. Durchbrochen werden kann die Auswahl nach sozialen Gesichtspunkten aber auch zur Sicherung einer ausgewogenen **Personalstruktur** des Betriebs: Der Insolvenzverwalter darf zwar nicht systematisch nur die in ihrer Leistung schwächer beurteilten Arbeitnehmer kündigen, aber er muss diese auch nicht – wenn dies die Rangfolge der sozialen Schutzbedürftigkeit so ergibt – alle behalten. Vielmehr kann er darauf sehen, dass eine in etwa gleiche **Leistungsstruktur** erhalten bleibt. Orientierungspunkte für diese Entscheidung sind vor allem die Leistungsbeurteilungen, die auch in der privaten Wirtschaft über die Arbeitnehmer häufig erstellt werden. Zudem hat der Insolvenzverwalter das Recht, die bisherige **Altersstruktur** der Belegschaft zu erhalten. Er darf zwar nicht systematisch nur ältere Arbeitnehmer kündigen, braucht aber auch nicht nur jüngeren und damit sozial weniger schutzbedürftigen Arbeitnehmern zu kündigen. Vielmehr kann er sich von den älteren in der umgekehrten Reihenfolge ihrer sozialen Schutzbedürftigkeit insoweit lösen, wie dies zur Aufrechterhaltung der bisherigen Altersstruktur erforderlich ist.[45]

Bezieht der Insolvenzverwalter zu Unrecht einen Arbeitnehmer nicht in die Sozialauswahl ein, weil er ihn fälschlicherweise nicht für vergleichbar hält, ihn hinsichtlich der sozialen Schutzbedürftigkeit unrichtig einordnet oder weil er das berechtigte betriebliche Interesse falsch bewertet, führt das nach der neuesten Rechtsprechung des BAG nicht zur Unwirksamkeit der gesamten Sozialauswahl. Vielmehr können sich nur diejenigen Arbeitnehmer auf die fehlerhafte Sozialauswahl berufen, die bei korrekter Sozialauswahl nicht zur Kündigung angestanden hätten.[46]

c) Verfahren. Die Rechtsunwirksamkeit einer Kündigung muss der Arbeitnehmer nach § 4 KSchG innerhalb einer Frist von drei Wochen durch Klage beim Arbeitsgericht geltend machen. Versäumt der Arbeitnehmer diese Frist, kann er sich auf die Rechtsunwirksamkeit der Kündigung nicht mehr berufen. Die Kündigung gilt dann, wie § 7 KSchG ausdrücklich klarstellt, als von Anfang an rechtswirksam (s. dazu § 113 RdNr. 62 ff.).

Für das Verfahren vor dem Arbeitsgericht gelten die Vorschriften des ArbGG über das Urteilsverfahren. Nach § 61 a ArbGG sind Kündigungssachen vorrangig zu erledigen.[47]

Nach § 1 Abs. 2 Satz 4 KSchG hat der Insolvenzverwalter die Tatsachen zu beweisen, die die Kündigung bedingen. Da die Darlegungslast grundsätzlich der **Beweislast** folgt,[48] bedeutet das für die betriebsbedingte Kündigung, dass der Verwalter den **Wegfall des Arbeitsplatzes** bzw. der Beschäftigungsmöglichkeit darlegen und beweisen muss. Für das Gericht muss insbesondere auf Grund eines entsprechenden Tatsachenvortrags erkennbar sein, ob und weshalb durch innerbetriebliche Maßnahmen oder infolge außerbetrieblicher

---

[44] BAG AP KSchG 1969 § 1 – Soziale Auswahl – Nr. 6 = NZA 1985, 423 = NJW 1985, 2046; ausführlich dazu *Rieble* NJW 1991, 65.
[45] BAG AP KSchG 1969 § 1 – Betriebsbedingte Kündigung – Nr. 114 = NZA 2001, 601 = NJW 2001, 3282; vgl. auch BAG NZA 2005, 877 = ZIP 2005, 1803; BAG AP KSchG 1969 § 1 – Soziale Auswahl – Nr. 82 = NZA 2007, 139.
[46] BAG AP KSchG 1969 § 1 – Soziale Auswahl – Nr. 87 = NZA 2007, 549 = NJW 2007, 2429.
[47] Vgl. *Germelmann/Matthes/Prütting/Müller-Glöge* § 61 a ArbGG RdNr. 9 ff.
[48] Allgemein zur Behauptungslast *Rosenberg/Schwab/Gottwald*, Zivilprozessrecht, 16. Aufl. 2004, S. 788 ff.; *Stein/Jonas/Leipold* § 286 ZPO RdNr. 28.

Ursachen das Bedürfnis für die Weiterbeschäftigung eines oder mehrerer Arbeitnehmer entfallen ist.[49] Auch das **Fehlen einer anderweitigen Weiterbeschäftigungsmöglichkeit** gehört an sich zur Darlegungs- und Beweislast des Insolvenzverwalters. Bestreitet der Arbeitnehmer aber lediglich, dass sein Arbeitsplatz weggefallen ist, dann genügt der Arbeitgeber seiner Darlegungspflicht mit dem Vortrag, wegen der betrieblichen Notwendigkeit sei eine Weiterbeschäftigung des Arbeitnehmers nicht möglich. Wenn jedoch der Arbeitnehmer über das Bestreiten hinaus darlegt, wie er sich eine anderweitige Beschäftigung vorstellt, muss der Insolvenzverwalter unter Darlegung von Einzelheiten erläutern, aus welchen Gründen die Umsetzung auf einen entsprechenden freien Arbeitsplatz nicht möglich gewesen ist.[50]

39 Nach § 1 Abs. 3 Satz 3 KSchG trifft den Arbeitnehmer die **Beweislast für die fehlerhafte Sozialauswahl.** Er muss vortragen, welche Arbeitnehmer an seiner Stelle hätten gekündigt werden können und warum diese weniger schutzbedürftig sind als er. Allerdings kommt ihm insoweit die Mitteilungspflicht des Arbeitgebers nach § 1 Abs. 3 Satz 1 Hs. 2 KSchG zu Hilfe. Der Vorschrift ist zu entnehmen, dass der Arbeitnehmer seiner Darlegungslast zunächst genügt, wenn er den Insolvenzverwalter auffordert, seine Gründe für die Sozialauswahl mitzuteilen. Erst wenn der Verwalter diesem Verlangen nachgekommen ist, trifft den Arbeitnehmer wieder die volle Darlegungs- und Beweislast und hat er dementsprechend vorzutragen, welche vom Verwalter in die Auswahl einbezogenen Arbeitnehmer weniger schutzbedürftig sein sollen oder welche weiteren vom Verwalter nicht benannten Arbeitnehmer bei der Sozialauswahl zusätzlich zu berücksichtigen sind.[51]

40 **Unterliegt der Arbeitnehmer** mit der Kündigungsschutzklage, so steht damit fest, dass das Arbeitsverhältnis durch die Kündigung aufgelöst ist. Streitgegenstand der Kündigungsschutzklage ist – wie sich aus § 4 Satz 1 KSchG ergibt, nicht nur die Sozialwidrigkeit der Kündigung, sondern die Auflösung des Arbeitsverhältnisses durch die angegriffene Kündigung überhaupt. Daraus folgt, dass der Arbeitnehmer nun auch andere Unwirksamkeitsgründe für die Kündigung nicht mehr vorbringen kann.

41 **Obsiegt der Arbeitnehmer** mit seiner Kündigungsschutzklage, steht fest, dass das Arbeitsverhältnis durch die angegriffene Kündigung nicht aufgelöst ist. Es ist grundsätzlich mit den bisherigen Rechten und Pflichten fortzusetzen. Auch für die Zeit bis zum Urteil behält der Arbeitnehmer seine **Ansprüche:** Selbst wenn er in dieser Zeit nicht beschäftigt wurde, kann er nach § 615 Satz 1 BGB Zahlung seines Arbeitsentgelts verlangen, ohne zur Nachleistung verpflichtet zu sein. Nach § 11 KSchG, der insoweit an die Stelle des § 615 Satz 2 BGB tritt, muss er sich allerdings anrechnen lassen, was er durch anderweitige Arbeit verdient hat bzw. was er hätte verdienen können, wenn er es nicht böswillig unterlassen hätte, eine ihm zumutbare Arbeit anzunehmen, und was er an öffentlich-rechtlichen Leistungen infolge Arbeitslosigkeit erhalten hat. Diese Beträge hat der Arbeitgeber der Bundesagentur für Arbeit zu erstatten (§ 115 Abs. 1 SGB X, § 11 Nr. 3 KSchG); anders als nach § 615 Satz 2 BGB braucht sich der Arbeitnehmer ersparte Aufwendungen, z. B. für Fahrtkosten, nicht anrechnen zu lassen. Auch bei den Ansprüchen nach § 615 Satz 1 BGB handelt es sich um Masseverbindlichkeiten nach § 55 Abs. 1 Nr. 2.[52] Gleiches gilt für die Erstattungsansprüche der Bundesagentur für Arbeit (vgl. § 55 RdNr. 163).[53]

42 § 9 KSchG räumt unter bestimmten Voraussetzungen dem Arbeitnehmer wie dem Insolvenzverwalter das Recht ein, das durch die Kündigung nicht beendete Arbeitsverhältnis durch eine Entscheidung des Arbeitsgerichts **gegen Abfindung auflösen** zu lassen. Voraussetzung ist jeweils die Unzumutbarkeit der Fortsetzung des Arbeitsverhältnisses. Unzumutbar ist die Fortsetzung des Arbeitsverhältnisses in erster Linie dann, wenn das notwendige

---

[49] BAG AP KSchG 1969 § 1 – Betriebsbedingte Kündigung – Nr. 24 = NZA 1986, 155; KR-*Griebeling* § 1 KSchG RdNr. 553 ff.
[50] BAG AP KSchG 1969 § 1 – Konzern – Nr. 8 = NZA 1994, 653.
[51] BAG AP KSchG 1969 § 1 – Betriebsbedingte Kündigung – Nr. 12 = NJW 1984, 78.
[52] *Caspers* RdNr. 82; *Nerlich/Römermann/Andres* § 55 RdNr. 102.
[53] *Kübler/Prütting/Pape* § 55 RdNr. 54 f.

Vertrauen zwischen Arbeitnehmer und Insolvenzverwalter durch die Umstände der Kündigung oder das Verhalten von Arbeitnehmer oder Verwalter nach der Kündigung nachhaltig gestört ist. **Wirtschaftliche Erwägungen** können die Unzumutbarkeit regelmäßig nicht begründen. Weder kann sich der Arbeitnehmer darauf berufen, dass wegen der schlechten wirtschaftlichen Situation des Betriebes weitere betriebsbedingte Kündigungen wahrscheinlich sind; er muss sich insoweit wie alle anderen Arbeitnehmer mit dem Schutz begnügen, den ihm die §§ 111 ff. BetrVG (mit den Einschränkungen der §§ 121 ff.) gewähren.[54] Auf der anderen Seite kann auch der Verwalter wirtschaftliche Schwierigkeiten nicht geltend machen, denn das liefe darauf hinaus, ihm wegen der vorausgegangenen Kündigung eine Auflösung des Arbeitsverhältnisses aus betrieblichen Gründen unter leichteren Voraussetzungen zu ermöglichen, als sie § 1 KSchG vorsieht.

Kommt es zur Auflösung des Arbeitsverhältnisses, hat diese nach § 9 Abs. 2 KSchG zu dem **Zeitpunkt** zu erfolgen, zu dem das Arbeitsverhältnis bei sozial gerechtfertigter Kündigung geendet hätte. Das ist regelmäßig das Ende der ordentlichen Kündigungsfrist oder, soweit die ordentliche Kündigungsfrist länger ist, die Dreimonatsfrist des § 113 Abs. 1 Satz 2 (§ 113 RdNr. 25 ff.). **43**

Mit der Auflösung ist nach § 9 Abs. 1 KSchG **die Festsetzung einer angemessenen Abfindung** verbunden. § 10 Abs. 1 KSchG sieht für die Abfindung einen Betrag von bis zu 12 Monatsverdiensten vor. Diese Höchstgrenze erhöht sich nach § 10 Abs. 2 Satz 1 KSchG auf 15 Monatsverdienste, wenn der Arbeitnehmer bereits das 50. Lebensjahr vollendet und das Arbeitsverhältnis mindestens 15 Jahre bestanden hat, und auf 18 Monatsverdienste, wenn der Arbeitnehmer das 55. Lebensjahr vollendet und das Arbeitsverhältnis mindestens 20 Jahre bestanden hat. **Die schlechte wirtschaftliche Lage des insolventen Unternehmens** ist insoweit als ein die Abfindung mindernder Faktor zu berücksichtigen, als die Abfindung nicht zur Gefährdung einer Sanierung und damit zur Gefährdung weiterer Arbeitsplätze führen darf.[55] **44**

Eine Auflösung des Arbeitsverhältnisses kann auch durch einen gerichtlichen oder außergerichtlichen **Abfindungsvergleich** erfolgen. Für den Arbeitnehmer kann dies attraktiv sein, weil er die Gefahr vermeidet, im Falle seines Unterliegens im Kündigungsschutzprozess leer auszugehen. Auf der anderen Seite entgeht der Verwalter dem Risiko der Festsetzung einer noch höheren Abfindung durch ein Urteil nach § 9 KSchG, zu dem dann auch noch der Annahmeverzugslohn für die Dauer der Kündigungsfrist tritt (RdNr. 41). **45**

Einen weiteren Weg, zu einer einvernehmlichen Auflösung des Arbeitsverhältnisses gegen Abfindung zu gelangen, bietet der durch das Gesetz zur Reformen am Arbeitsmarkt (vor § 113 RdNr. 9) eingeführte **§ 1 a KSchG**. Danach kann der Arbeitgeber in der Kündigungserklärung darauf hinweisen, dass die Kündigung auf betriebliche Erfordernisse gestützt wird und der Arbeitnehmer bei Verstreichenlassen der Klagefrist eine Abfindung in Höhe von 0,5 Monatsverdiensten für jedes Jahr des Bestehens des Arbeitsverhältnisses beanspruchen kann. Lässt der Arbeitnehmer in einem solchen Fall die Klagefrist tatsächlich verstreichen, ist das Arbeitsverhältnis nach § 7 KSchG aufgelöst und hat der Arbeitnehmer den Anspruch auf die Abfindung.[56] **46**

Sowohl nach § 9 KSchG vom Arbeitsgericht wegen einer vom Insolvenzverwalter ausgesprochenen Kündigung festgesetzte Abfindungen als auch solche, die in einem nach Verfahrenseröffnung vereinbarten Vergleich festgelegt worden sind oder aus § 1 a KSchG resultieren, sind Masseverbindlichkeiten nach § 55 Abs. 1 Nr. 1 (§ 55 RdNr. 175).[57] **47**

Seit dem 1. Januar 2006 sind Abfindungen wegen der Auflösung des Arbeitsverhältnisses nicht mehr steuerfrei. Etwas anderes gilt nach der Übergangsvorschrift des § 52 Abs. 4 a **48**

---

[54] Vgl. *Löwisch/Spinner* § 9 KSchG RdNr. 41.
[55] *Löwisch/Spinner* § 10 KSchG RdNr. 18; vgl. allgemein auch *v. Hoyningen-Huene/Linck* § 10 KSchG RdNr. 23; *KR-Spilger* § 10 KSchG RdNr. 60 f.
[56] Zu den Einzelheiten *Löwisch/Spinner* Erl. zu § 1 a KSchG.
[57] *Nerlich/Römermann/Andres* § 55 RdNr. 113; s. auch *Gottwald/Heinze/Bertram*, Insolvenzrechts-Handbuch, § 106 RdNr. 38 f. und *Uhlenbruck/Berscheid* § 55 RdNr. 11.

Satz 1 EStG nur für vor dem 1. Januar 2006 rechtshängige Ansprüche, soweit die Abfindung dem Arbeitnehmer vor dem 1. Januar 2008 zufließt.

49 **2. Kollektivrechtliche Ergänzungen. a) Auswahlrichtlinien.** § 95 BetrVG ermöglicht die Aufstellung von Richtlinien über die Sozialauswahl in einer Vereinbarung zwischen Arbeitgeber bzw. Insolvenzverwalter und Betriebsrat. Nach § 1 Abs. 4 KSchG führt ein in einer Richtlinie nach § 95 BetrVG enthaltenes Schema, das festlegt, wie die sozialen Gesichtspunkte des § 1 Abs. 3 Satz 1 KSchG im Verhältnis zueinander zu bewerten sind, dazu, dass die Sozialauswahl nur auf grobe Fehlerhaftigkeit, also darauf überprüft werden kann, ob die Gewichtung jede Ausgewogenheit vermissen lässt.[58] Verwalter und Betriebsrat haben es damit vor allem in der Hand, festzulegen, welche Rolle die Dauer der Betriebszugehörigkeit, das Lebensalter, Unterhaltspflichten und Schwerbehinderungen angesichts der konkreten Situation im betreffenden Betrieb spielen sollen. Der vom Gesetzgeber weit gefasste Bewertungsspielraum lässt es durchaus zu, das Schwergewicht nicht auf die Dauer der Betriebszugehörigkeit, sondern auf die Unterhaltspflichten der betroffenen Arbeitnehmer zu legen, solange nur alle vier Gesichtspunkte überhaupt und das Alter und die Betriebszugehörigkeit nicht nur in der Weise in die Abwägung einbezogen werden, dass sie nur noch in extremen Ausnahmefällen eine entscheidende Rolle spielen können.[59]

50 Die **Beschränkung der Nachprüfbarkeit** auf grobe Fehlerhaftigkeit hat zur Konsequenz, dass sich die Nachprüfung der konkreten Auswahlentscheidung im Kündigungsschutzprozess darauf reduziert, ob das von Verwalter und Betriebsrat vorgegebene Bewertungsschema eingehalten ist. Unabhängig davon unterliegen allerdings die Auswahlrichtlinien als solche der **Rechtskontrolle**. Insbesondere müssen sie die Grundsätze des § 75 BetrVG und des § 4 Abs. 1 TzBfG einhalten. Eine Auswahlrichtlinie, die die Teilzeitbeschäftigung als einen nachteilig zu berücksichtigenden sozialen Gesichtspunkt einordnet, ist unwirksam.

51 § 1 Abs. 4 KSchG erstreckt die Beschränkung der Kontrolle von Bewertungsschemen auf grobe Fehlerhaftigkeit auch auf **Richtlinien, die in einem Tarifvertrag** enthalten sind.[60] Der Insolvenzverwalter hat also die Möglichkeit, die Sozialauswahl in einem Haustarifvertrag mit der zuständigen Gewerkschaft zu regeln. Solche Regelungen können auch Bestandteil eines Sanierungstarifvertrages sein (§ 120 RdNr. 42 ff., 46 ff.). § 1 Abs. 4 KSchG erfasst auch Richtlinien nach den Personalvertretungsgesetzen, etwa eine solche nach § 76 Abs. 2 Nr. 8 BPersVG.

52 **b) Anhörung des Betriebsrats.** Gem. § 102 BetrVG hat der Insolvenzverwalter den Betriebsrat vor jeder beabsichtigten Kündigung zu unterrichten. Von dieser Informationspflicht entbindet ihn das Zustandekommen eines Interessenausgleichs nach § 125 nicht (s. auch RdNr. 107) Die Unterrichtung kann allerdings mit den Verhandlungen über den Interessenausgleich verbunden werden; eine solche Verbindung ändert aber nichts daran, dass die Unterrichtung wie die Anhörung des Betriebsrats zu jeder Kündigung den von der Rechtsprechung zu § 102 BetrVG entwickelten Vorgaben entsprechen muss.[61]

53 Gem. § 102 Abs. 1 Satz 2 BetrVG gehört zur Unterrichtung **die Mitteilung der Kündigungsgründe**. Die Kündigungsgründe müssen vom Verwalter so detailliert dargelegt werden, dass sich der Betriebsrat ein Bild über ihre Stichhaltigkeit machen und beurteilen kann, ob es sinnvoll ist, Bedenken zu erheben oder Widerspruch gegen die Kündigung einzulegen. Dementsprechend muss der Verwalter im Einzelnen darlegen, inwiefern der Arbeitsplatz des

---

[58] Begr., BT-Drucks. 13/4612 S. 9; zum Verständnis des Begriffs der groben Fehlerhaftigkeit in diesem Sinne auch BAG AP KSchG 1969 § 1 – Namensliste – Nr. 3 = NZA 1999, 866 = NJW 1999, 3797 (Ls.).

[59] Vgl. dazu BAG AP KSchG 1969 § 1 – Soziale Auswahl – Nr. 86 = NZA 2007, 504; s. auch BAG KSchG 1969 § 1 – Soziale Auswahl – Nr. 45 = NZA 2000, 531 = ZIP 2000, 676 für die Namensliste nach § 1 Abs. 5 KSchG.

[60] Zu solchen tarifvertraglichen Auswahlrichtlinien *Löwisch* DB 1998, 877, 882; *Schaub* NZA 1987, 217, 223; *Weller* RdA 1986, 222, 229.

[61] BAG AP BetrVG 1972 § 113 Nr. 50 = NZA 2006, 162 = ZIP 2006, 199; vgl. für den Interessenausgleich nach § 1 Abs. 5 KSchG auch schon BAG AP KSchG 1969 § 1 – Namensliste – Nr. 4 = NZA 1999, 1039 und BAG AP KSchG 1969 § 1 – Namensliste – Nr. 5 = ZIP 1999, 1610.

zu kündigenden Arbeitnehmers weggefallen ist. Dem Betriebsrat müssen auch die Gesichtspunkte für die vom Arbeitgeber beabsichtigte soziale Auswahl (Alter, Dauer der Betriebszugehörigkeit, Familienstand und Zahl der Kinder, Schwerbehinderungen) mitgeteilt werden, und zwar auch hinsichtlich der Arbeitnehmer, denen nicht gekündigt werden soll.[62]

Von der geplanten Kündigung ist der **Betriebsratsvorsitzende** oder im Falle seiner Verhinderung dessen Stellvertreter zu unterrichten (§ 26 Abs. 2 Satz 2 BetrVG). Die Unterrichtung eines anderen Betriebsratsmitglieds genügt nur, wenn dieses vom Betriebsrat oder dessen Vorsitzendem zur Entgegennahme der Mitteilung ermächtigt ist.

Ist der Betriebsrat vom Verwalter von einer geplanten ordentlichen Kündigung ordnungsgemäß unterrichtet, so kann er gem. § 102 Abs. 2 Satz 1 BetrVG dem Insolvenzverwalter **innerhalb einer Woche** schriftlich und unter Angabe von Gründen Bedenken gegen die Kündigung mitteilen. Äußert sich der Betriebsrat innerhalb der Anhörungsfrist nicht, so ist das Anhörungsverfahren beendet; der Insolvenzverwalter kann die Kündigung wirksam aussprechen. Äußert sich der Betriebsrat, so hat der Verwalter diese Erklärung und gegebenenfalls nähere mündliche Erläuterungen zur Kenntnis zu nehmen. Eine Beratung mit dem Betriebsrat verlangt das Gesetz nicht.

Eine Kündigung, die ohne die – ausreichende – Anhörung des Betriebsrats erfolgt, ist nach § 102 Abs. 1 Satz 3 BetrVG stets **unwirksam**. Die Unwirksamkeit muss der Arbeitnehmer innerhalb der Klagefrist des § 4 KSchG geltend machen (§ 113 RdNr. 42).

c) **Massenentlassungsanzeige.** Auch im Insolvenzverfahren besteht die Pflicht zur Anzeige von Massenentlassungen an die Agentur für Arbeit. Nach § 17 Abs. 2 KSchG hat der Verwalter der Agentur für Arbeit Anzeige zu erstatten, bevor er in Betrieben mit in der Regel mehr als 20 und weniger als 60 Arbeitnehmern mehr als fünf Arbeitnehmer, in Betrieben mit in der Regel mindestens 60 und weniger als 500 Arbeitnehmern 10 vom Hundert der im Betrieb regelmäßig beschäftigten Arbeitnehmer oder aber mehr als 25 Arbeitnehmer, in Betrieben mit in der Regel mindestens 500 Arbeitnehmern mindestens 30 Arbeitnehmer innerhalb von 30 Kalendertagen entlässt.

Der EuGH hat der einschlägigen Richtlinie 98/59/EG vom 20. Juli 1998 entnommen, dass der Begriff der Entlassung als **Ausspruch der Kündigung** und nicht, wie in Deuschland jahrzehntelang angenommen, als Ausscheiden aus dem Arbeitsverhältnis auf Grund einer Kündigung verstanden werden muss.[63] Dem hat sich das BAG inzwischen angeschlossen.[64] Dementsprechend muss der Insolvenzverwalter nunmehr vor Ausspruch der Kündigungen die Massenentlassungsanzeige erstatten. Wird die Anzeige erst nachträglich erstattet, ist die Kündigung unwirksam. Der Lauf einer Sperrfrist kann gar nicht erst beginnen.

Nach § 17 Abs. 1 Satz 2 KSchG stehen Entlassungen **andere Beendigungen** des Arbeitsverhältnisses gleich, die vom Arbeitgeber veranlasst werden. Konsequenterweise muss auch insoweit nicht der Vollzug der Beendigung des Arbeitsverhältnisses, sondern der Tatbestand maßgebend sein, welcher die Beendigung herbeiführt: Art. 1 Abs. 1 lit. b) Satz 2 der Richtlinie 98/59/EG stellt dem vom EuGH als Kündigungserklärung verstandenen Begriff der Entlassung Beendigungen des Arbeitsverhältnisses gleich, die auf Veranlassung des Arbeitgebers aus einem oder mehreren Gründen, die nicht in der Person des Arbeitnehmers liegen, erfolgen. Der Insolvenzverwalter muss also, auch ehe er eine die Schwelle des § 17 Abs. 1 Satz 1 KSchG übersteigende Zahl von Aufhebungsverträgen abschließt, die Anzeige erstatten.[65]

Hat der Verwalter eine **rechtswirksame Anzeige erstattet**, gelten die §§ 18 ff. KSchG. Nach § 18 Abs. 1 KSchG können die Kündigungen, wenn nicht ohnehin eine längere Kündigungsfrist gilt, vor Ablauf eines Monats nach Eingang der Anzeige nur mit Zustim-

---

[62] BAG AP BetrVG 1972 § 102 Nr. 16 = NJW 1979, 1672.
[63] EuGH AP KSchG 1969 § 17 Nr. 18 = NZA 2005, 213 = NJW 2005, 1099 = ZIP 2005, 230.
[64] BAG AP KSchG 1969 § 17 Nr. 21 = NZA 2006, 971 = NJW 2006, 3161 = ZIP 2006, 1644; BAG AP KSchG 1969 § 1 Nr. 80 = NZA 2007, 266 = ZIP 2006, 2329; BAG AP KSchG 1969 § 17 Nr. 22 = NZA 2007, 25 = ZIP 2006, 2396; BAG AP KSchG 1969 § 17 Nr. 24.
[65] *Löwisch* GPR 2005, 150, 151.

mung der Agentur für Arbeit wirksam werden. Auch kann die Agentur für Arbeit im Einzelfall die Sperrfrist auf längstens zwei Monate verlängern. Bei letzterer Maßnahme ist ihr Ermessen aber insoweit eingeschränkt, als eine Schmälerung der Masse durch Festsetzung der Sperre über die Kündigungsfrist hinaus unzulässig ist. Das ginge sonst einseitig zu Lasten der Insolvenzgläubiger. Etwas anderes gilt, wenn dem Verwalter hinsichtlich der Anzeige eine Pflichtverletzung vorzuwerfen ist und die Insolvenzgläubiger vom Verwalter nach § 60 Schadensersatz verlangen können.[66]

61 Der Anzeige an die Agentur für Arbeit ist ein **betriebsinternes Beteiligungsverfahren** vorgeschaltet. Nach § 17 Abs. 2 Satz 1 KSchG ist der Betriebsrat über die geplanten Entlassungen rechtzeitig schriftlich zu unterrichten. Nach Satz 2 haben Insolvenzverwalter und Betriebsrat insbesondere über die Möglichkeiten zu beraten, wie die Entlassungen vermieden oder eingeschränkt und in ihren Folgen gemildert werden können. Auch insoweit ist der Begriff der Entlassung nunmehr als Kündigung zu lesen.[67] Information und Beratung müssen also durchgeführt sein, ehe die Kündigungen ausgesprochen werden. Soweit ein Interessenausgleich mit Namensliste (RdNr. 65 f.) abgeschlossen wird, ist damit nach der ausdrücklichen Vorschrift des § 125 Abs. 2 auch die Konsultation durchgeführt (RdNr. 107). Unabhängig davon genügt auch sonst das Interessenausgleichs- und Sozialplanverfahren nach § 112 Abs. 1 BetrVG (§§ 121, 122 RdNr. 11 ff., 15 ff.) der Information und Beratung, sofern dem Betriebsrat die in § 17 Abs. 2 KSchG festgelegten Informationen gegeben werden. Das Einigungsstellenverfahren des § 112 Abs. 2 bis 5 BetrVG braucht nicht durchgeführt zu sein. § 17 Abs. 2 KSchG und Art. 2 der Massenentlassungsrichtlinie 98/59/EG fordern nur Information und Beratung, nicht aber die Durchführung eines Schlichtungsverfahrens.[68] Der vom gegenteiligen Standpunkt ausgehende Vorlagebeschluss des ArbG Berlin[69] ist zurückgenommen worden. Mehr als eine ernsthafte Verhandlung mit dem Ziel der Verständigung verlangen die Vorschriften nicht. Wo ein Personalabbau die Schwelle der Betriebsänderung des § 111 BetrVG nicht übersteigt, aber gleichwohl die Zahlen und Prozentsätze einer Massenkündigung i. S. d. § 17 Abs. 1 KSchG erreicht, müssen ebenfalls die umfassende Information und eine ernsthafte Beratung genügen.

62 Mit der schriftlichen Unterrichtung des Betriebsrats und nicht erst mit der Anzeige nach § 17 Abs. 1 KSchG hat der Verwalter der Agentur für Arbeit eine Abschrift der Mitteilung (gemeint ist die Unterrichtung) zuzuleiten. Davon zu unterscheiden ist die **Stellungnahme des Betriebsrats zu den Kündigungen,** die der Verwalter der schriftlichen Anzeige an die Agentur für Arbeit nach § 17 Abs. 1 KSchG beifügen muss (§ 17 Abs. 3 Satz 2 KSchG), da anderenfalls die Kündigungen nicht wirksam werden.

63 **3. Gesetzliche Kündigungsbeschränkungen.** Arbeitnehmer, deren Arbeitsverhältnis einem gesetzlichen Sonderkündigungsschutz unterliegt, können auch im Insolvenzverfahren nur unter Beachtung dieses Kündigungsschutzes ordentlich gekündigt werden.[70] Insbesondere der Sonderkündigungsschutz für Schwangere und Mütter (§ 9 MuSchG), für Arbeitnehmer in Elternzeit (§ 18 BEEG) und für Schwerbehinderte (§ 85 SGB IX) ist grundsätzlich auch in der Insolvenz zu beachten (§ 113 RdNr. 19). Jedoch ist bei einer im Verlauf des Insolvenzverfahrens erfolgenden **Betriebsstilllegung** die behördliche Zulassung der Kündigung nach § 9 Abs. 3 MuSchG, § 18 Abs. 1 Satz 2 BEEG regelmäßig zu erteilen.[71]

64 Hinsichtlich der **Schwerbehinderten** hat das Integrationsamt seine Zustimmung zu erteilen, wenn der Betrieb nicht nur vorübergehend stillgelegt wird und vom Zugang der Kündigung die Vergütung für mindestens drei Monate fortgezahlt wird (§ 89 Abs. 1 Satz 1

---

[66] Insgesamt *Jaeger/Henckel* § 22 KO RdNr. 35.
[67] EuGH AP KSchG 1969 § 17 Nr. 18 = NZA 2005, 213 = NJW 2005, 1099 = ZIP 2005, 230.
[68] *Giesen* SAE 2006, 135 ff.; *Klumpp* NZA 2006, 703.
[69] ArbG Berlin NZA 2006, 739 = ZIP 2006, 962 = SAE 2006, 140.
[70] Ausführlich dazu *Gottwald/Heinze/Bertram*, Insolvenzrechts-Handbuch § 104 RdNr. 104 ff.
[71] BVerwGE 54, 276 = AP MuSchG 1968 § 9 Nr. 5 (unter II 2 b der Gründe); *Buchner/Becker*, Mutterschutzgesetz und Bundeserziehungsgeldgesetz, 7. Aufl. 2003, § 9 RdNr. 221, § 18 BErzGG RdNr. 25; *Gottwald/Heinze/Bertram*, Insolvenzrechts-Handbuch, § 104 RdNr. 117 f.

SGB IX).⁷² Unabhängig davon soll das Integrationsamt nach § 89 Abs. 3 SGB IX die Zustimmung dann erteilen, wenn der Schwerbehinderte im Interessenausgleich nach Abs. 1 namentlich als einer der zu entlassenden Arbeitnehmer bezeichnet ist, die Schwerbehindertenvertretung beim Zustandekommen des Interessenausgleichs beteiligt worden ist, der Anteil der zu entlassenden Schwerbehinderten nicht größer ist als der Anteil der zu entlassenden Arbeitnehmer und die Beschäftigungsquote nach § 71 SGB IX auch nach den Entlassungen erfüllt bleibt.⁷³ Erteilt das Integrationsamt die Zustimmung, kann der Insolvenzverwalter die Kündigung nur innerhalb eines Monats nach Zustellung der Zustimmung erklären (§ 88 Abs. 3 SGB IX). Von vornherein keiner Zustimmung bedarf es in den Fällen des § 90 SGB IX (Arbeitnehmer in der Wartezeit, ältere Arbeitnehmer, witterungsbedingte Entlassungen und – neuerdings – fehlender Nachweis der Schwerbehinderung).⁷⁴

III. Kündigungsbenennung im Interessenausgleich

1. Voraussetzungen. a) Ein **Interessenausgleich** über Kündigungen setzt eine Betriebsänderung i. S. d. § 111 BetrVG voraus. Außerhalb des Anwendungsbereichs des § 111 BetrVG scheidet ein solcher Interessenausgleich von vornherein aus (RdNr. 5 f.). Innerhalb des Anwendungsbereichs muss einer der Fälle des § 111 Satz 3 BetrVG gegeben sein (vgl. §§ 121, 122 RdNr. 7 f.). Betriebsändernde Maßnahmen, die die Schwelle zur Betriebsänderung i. S. dieser Vorschrift nicht erreichen, können auch nicht Grundlage eines Interessenausgleichs nach § 125 sein. Das gilt insbesondere für einen bloßen Personalabbau, der die Zahlen und Prozentangaben des § 17 Abs. 1 KSchG nicht erfüllt oder nicht mindestens 5% der Belegschaft betrifft.⁷⁵ Insoweit ist der Insolvenzverwalter auf das allgemeine Kündigungsschutzrecht oder auf das Feststellungsverfahren nach § 126 verwiesen (§ 126 RdNr. 6). **65**

Wenn Abs. 1 Satz 1 davon spricht, dass eine Betriebsänderung **„geplant"** sein muss, ist damit nicht gemeint, dass nur auf Planungen des Insolvenzverwalters zurückgehende Betriebsänderungen erfasst werden sollen. Es genügt, dass sich eine Betriebsänderung noch insofern im Planungsstadium befindet, als sie noch nicht endgültig durchgeführt ist. Dementsprechend kann der Insolvenzverwalter auch für **eine schon vom Schuldner geplante** oder begonnene Betriebsänderung einen Interessenausgleich nach § 125 abschließen. Auch dass der Insolvenzverwalter für die geplante Betriebsänderung gem. § 122 die gerichtliche Zustimmung erhalten und mit der Durchführung begonnen hat, hindert nicht die Möglichkeit eines Interessenausgleichs nach § 125 (vgl. § 122 Abs. 1 Satz 3). Auch wenn bereits ein allgemeiner Interessenausgleich nach § 112 BetrVG zustande gekommen ist, kann noch ein Interessenausgleich nach § 125 abgeschlossen werden. **66**

Selbst wenn **bereits Kündigungen ausgesprochen** worden sind, kann noch ein Interessenausgleich geschlossen werden. Allerdings können die besonderen Rechtsfolgen des § 125 nicht für die schon erfolgten, sondern nur für **erneute Kündigungen** eintreten (zur Möglichkeit der Nachkündigung § 113 RdNr. 24). Wenn die Vorschrift von den Arbeitnehmern spricht, „denen gekündigt werden soll", bringt sie damit zum Ausdruck, dass Insolvenzverwalter und Betriebsrat einen Ausgleich versuchen sollen, bevor die Würfel über die Kündigungen gefallen sind.⁷⁶ **67**

Das **Verfahren für den Interessenausgleich** richtet sich nach § 112 BetrVG. Allerdings wird die Bundesagentur für Arbeit nur dann tätig, wenn Insolvenzverwalter und Betriebsrat **68**

---

⁷² Im einzelnen KR-*Etzel* §§ 85 bis 90 SGB IX, RdNr. 85 ff.; *Neumann*, in: *Neumann/Pahlen/Majerski/Pahlen*, Sozialgesetzbuch IX, 10. Aufl. 2003, § 89 RdNr. 7 ff.
⁷³ Zur Sondervorschrift des § 89 Abs. 3 SGB IX (früher: § 19 Abs. 3 SchwbG) und ihrem Verhältnis zu § 89 Abs. 1 SGB IX (früher: § 19 Abs. 1 SchwbG) ausführlich *Caspers* RdNr. 334 ff.
⁷⁴ S. im Einzelnen ErfKomm-*Rolfs* Erl. zu § 90 SGB IX; KompaktKomm-*Etzel* Erl. zu § 90 SGB IX.
⁷⁵ BAG AP BetrVG 1972 § 112 – Namensliste – Nr. 1 = NZA 2006, 64 (Ls.).
⁷⁶ LAG Düsseldorf LAGE KSchG § 1 – Interessenausgleich – Nr. 9; LAG Rheinland-Pfalz InVo 1998, 70, 71; *Kübler/Prütting/Moll* § 125 RdNr. 34 f.; *Nerlich/Römermann/Hamacher* § 125 RdNr. 24, 32; *Uhlenbruck/Berscheid* § 125 RdNr. 15.

sie gemeinsam einschalten (§ 121). S. im Einzelnen zum Verfahren §§ 121, 122 RdNr. 15 ff. und 29 f.

69 Der Interessenausgleich muss mit dem **zuständigen Betriebsrat** abgeschlossen werden. Plant der Insolvenzverwalter eine Maßnahme, die sich auf alle oder mehrere Betriebe auswirkt, etwa die Verlegung eines Betriebes und dessen Zusammenlegung mit einem anderen Betrieb des Unternehmens, so ist der Gesamtbetriebsrat zuständig und ist deshalb ein mit dem Betriebsrat des zu verlegenden Betriebes abgeschlossener Interessenausgleich unwirksam.[77] Der wirtschaftliche Zwang zur Sanierung des Unternehmens begründet für sich allein noch nicht die Zuständigkeit des Gesamtbetriebsrats.[78] Bei Zweifeln über die Zuständigkeit schließt der Insolvenzverwalter zweckmäßigerweise den Interessenausgleich mit allen in Betracht kommenden Arbeitnehmervertretungen ab (vgl. §§ 121, 122 RdNr. 36).

70 **b) Kündigungen auf Grund einer Betriebsänderung.** § 125 betrifft nur die durch eine geplante Betriebsänderung ausgelösten **betriebsbedingten Kündigungen.** Verhaltens- und personenbedingte, insbesondere krankheitsbedingte Kündigungen können in einem Interessenausgleich nach § 125 nicht geregelt werden. Ihre Zulässigkeit richtet sich, soweit es um ordentliche Kündigungen geht, nach dem Kündigungsschutzgesetz, soweit es um außerordentliche Kündigungen geht nach § 626 BGB. Für das Kündigungsschutzverfahren gelten uneingeschränkt die Vorschriften des Kündigungsschutzgesetzes, im Falle der außerordentlichen Kündigung über § 13 Abs. 1 KSchG.

71 Es kann vorkommen, dass in der Person eines Arbeitnehmers sowohl ein personen- oder verhaltensbedingter Kündigungsgrund besteht, der Arbeitnehmer andererseits aber auch betriebsbedingt gekündigt werden kann, weil er von der Betriebsänderung betroffen ist. Dem Insolvenzverwalter steht dann die Entscheidung offen, ob er bei einem solchen **Mischtatbestand** personen- oder verhaltensbedingt kündigt oder den Weg der im Interessenausgleich gemeinsam mit dem Betriebsrat vorentschiedenen betriebsbedingten Kündigung beschreitet. Letzteres kann aus seiner Sicht deshalb zweckmäßig sein, weil er Rechtssicherheit in der Frage der Begründetheit der Kündigung gewinnt. Höhere Sozialplankosten fallen für die Masse dann nicht an, wenn die relative Obergrenze des § 123 Abs. 2 Satz 1 ohnehin erreicht wird (§ 123 RdNr. 66 ff.).

72 **c) Namentliche Benennung.** § 125 verlangt, dass die zu kündigenden Arbeitnehmer im Interessenausgleich namentlich genannt werden. Das Gesetz will so gewährleisten, dass sich Insolvenzverwalter und Betriebsrat genaue Rechenschaft darüber ablegen, welche Kündigungen tatsächlich betriebsbedingt sind und welche Arbeitnehmer als vergleichbar für eine Sozialauswahl in Betracht kommen, welche soziale Rangfolge zwischen ihnen besteht und wer aus der Sozialauswahl auszuscheiden hat, weil für seine Beschäftigung ein betriebliches Bedürfnis besteht.[79]

73 Namentliche Bezeichnung heißt, dass die zu kündigenden Arbeitnehmer mit **Vor- und Nachnamen** aufgeführt werden. Gibt es mehrere Träger desselben Namens, muss ein Zusatz erfolgen, der die **Individualisierung** ermöglicht. Die Angabe der Personalnummern im Stellenplan oder lediglich die Bezeichnung nur der Abteilung, in der die zu kündigenden Arbeitnehmer beschäftigt sind, genügt dem Erfordernis der namentlichen Bezeichnung deshalb nicht.[80] Auch wenn der ganze Betrieb stillgelegt wird, reicht die bloße Angabe, dass alle Arbeitnehmer des Betriebes entlassen werden sollen, nicht aus. Es handelt sich auch dann nicht um eine bloße Förmelei,[81] vielmehr wird durch die namentliche Bezeichnung Klarheit darüber geschaffen, dass nach Auffassung von Insolvenzverwalter und Betriebsrat für keinen

---

[77] BAG AP BetrVG 1972 § 50 Nr. 16 = NZA 1996, 1107; BAG AP BetrVG 1972 § 50 Nr. 22 = NZA 2002, 688 = ZIP 2002, 1498.
[78] BAG AP BetrVG 1972 § 50 Nr. 23 = NZA 2002, 988 = ZIP 2002, 1265.
[79] *Löwisch* RdA 1997, 81.
[80] *Caspers* RdNr. 167; FK-*Eisenbeis* § 125 RdNr. 5; *Nerlich/Römermann/Hamacher* § 125 RdNr. 25.
[81] So aber *Kübler/Prütting/Moll* § 125 RdNr. 27; aA auch *Oetker/Friese* DZWIR 2001, 177, 179.

der bezeichneten Arbeitnehmer eine anderweitige Weiterbeschäftigung mit Abwicklungsarbeiten oder in einem anderen Betrieb des Unternehmens in Betracht kommt.

Eine **„Negativliste"** der Arbeitnehmer, denen nicht gekündigt werden soll, reicht 74 ebenfalls nicht aus.[82] Sie genügt weder dem Wortlaut der Vorschrift noch dem Schriftformerfordernis, dem die Namensliste als Teil des Interessenausgleichs unterliegt. Zudem wird eine Negativliste auch dem Zweck, Rechenschaft über die Entscheidung von Insolvenzverwalter und Betriebsrat abzulegen, nicht gerecht.

Die Namensliste muss **in einem Interessenausgleich** zwischen Insolvenzverwalter und 75 Betriebsrat enthalten sein. Die Aufnahme in einen Sozialplan genügt nicht. Allerdings ist die Bezeichnung „Sozialplan" oder „Interessenausgleich" nicht maßgeblich. Es kommt nur darauf an, dass sich Insolvenzverwalter und Betriebsrat über die Namensliste verständigt und diese Einigung schriftlich niedergelegt haben. Praktisch scheidet lediglich der auf einem verbindlichen Spruch der Einigungsstelle beruhende Sozialplan aus.[83]

Zur Wahrung der **Schriftform** ist nach § 126 Abs. 1 BGB die eigenhändige Unterschrift 76 des Insolvenzverwalters und des Betriebsratsvorsitzenden als gesetzlichem Vertreter des Betriebsrats (§ 26 Abs. 2 Satz 1 BetrVG) erforderlich. Ist die Namensliste in der Urkunde über den Interessenausgleich selbst enthalten, genügt die Unterschrift unter diesen. Ist eine in einer besonderen Urkunde auf den Interessenausgleich Bezug nehmende Namensliste ihrerseits unterschrieben, genügt das.[84] Auch reicht es aus, wenn eine solche besondere Urkunde als Anlage mit der Urkunde über den Interessenausgleich noch vor deren Unterzeichnung **fest verbunden,** etwa ihr angeheftet ist.[85]

Andere Angaben als die Namen der zu kündigenden Arbeitnehmer braucht der Interes- 77 senausgleich nicht zu enthalten. Insbesondere ist es nicht notwendig, die Kündigungsfristen, die dringenden betrieblichen Erfordernisse oder die für die Sozialauswahl maßgebenden Erwägungen zu nennen. Diese Angaben gehören in das von § 125 unberührt bleibende Anhörungsverfahren nach § 102 BetrVG (oben RdNr. 52 ff.).

Der Ausgleich der Interessen der Arbeitnehmer mit denen der übrigen Insolvenzgläubiger 78 kann darin bestehen, dass die notwendigen **Kündigungen nur in Etappen** vorgenommen werden. Werden in einem solchen Fall die Termine der etappenweisen Kündigungen **im Interessenausgleich festgelegt,** treten auch insoweit die Rechtsfolgen des § 125 ein. Insbesondere reduziert sich die nach der Rechtsprechung notwendige Nachprüfung der Sozialauswahl zwischen den früher und später zu Kündigenden[86] auf grobe Fehlerhaftigkeit.[87] Allerdings lösen Kündigungen zu früheren als den im Interessenausgleich festgelegten Kündigungsterminen, wenn sie ohne zwingenden Grund erfolgen, Nachteilsausgleichsansprüche nach § 113 Abs. 1 BetrVG aus (vgl. §§ 121, 122 RdNr. 18, 21). Werden Kündigungen in Etappen vorgenommen, **ohne dass die Kündigungstermine im Interessenausgleich festgelegt sind,** unterliegt die Auswahl der früher Gekündigten gegenüber den später zu kündigenden voll der Nachprüfung nach § 1 Abs. 3 KSchG.

Der Interessenausgleich kann auch, ohne bestimmte Kündigungstermine vorzugeben, 79 die **Rangfolge nach sozialen Kriterien** festlegen, in der Kündigungen erfolgen sollen.[88] Das ist insbesondere von Bedeutung, wenn nachträglich weniger Kündigungen erfor-

---

[82] *Oetker/Friese* DZWIR 2001, 177, 179; *Kübler/Prütting/Moll* § 125 RdNr. 26; *Dorndorf,* Heidelberger Kommentar zum Kündigungsschutzgesetz, 4. Aufl. 2001, § 1 Anh. 3 RdNr. 1164; *Uhlenbruck/Berscheid* § 125 RdNr. 25; aA ArbG Essen DB 1998, 925; KR-*Griebeling* § 1 KSchG RdNr. 703 c.

[83] *Ascheid* RdA 1997, 333, 342 f.; *Uhlenbruck/Berscheid* § 125 RdNr. 25.

[84] BAG EzA KSchG § 1 – Interessenausgleich – Nr. 10.

[85] BAG AP KSchG 1969 § 1 – Namensliste – Nr. 1 = NZA 1998, 1110; BAG EzA KSchG § 1 – Interessenausgleich – Nr. 9 = NZA 2002, 999 (Ls.); BAG AP KSchG 1969 § 1 Nr. 80 = NZA 2007, 266 = ZIP 2006, 2329.

[86] BAG AP KO § 22 Nr. 4 = NJW 1983, 1341; BAG AP KSchG 1969 § 1 – Konzern – Nr. 8 = NZA 1994, 653.

[87] *Löwisch/Spinner* § 1 KSchG RdNr. 415.

[88] *Ettwig* S. 86; *Giesen* ZIP 1998, 46, 49; *Heinze* NZA 1999, 57, 60; kritisch *Kübler/Prütting/Moll* § 125 RdNr. 70 f.

derlich werden (unten RdNr. 103 f.). Auch in diesem Fall kommen dem Insolvenzverwalter, wenn er sich an die Rangfolge hält, die Rechtsfolgen des § 125 zugute. Durchbricht er die Rangfolge ohne zwingenden Grund, greift wiederum § 113 Abs. 1 BetrVG ein.

80   § 125 verlangt nicht, dass Insolvenzverwalter und Betriebsrat im Interessenausgleich alle infolge der Betriebsänderung zu kündigenden Arbeitnehmer benennen. Vielmehr können sie, wenn sie sich nur auf die Kündigung bestimmter Arbeitnehmer oder Arbeitnehmergruppen verständigen können oder wollen, sich auf diese beschränken. Etwa kann es sinnvoll sein, bei einem allgemeinen Personalabbau eine Namensliste nur für eine Betriebsabteilung aufzustellen oder umgekehrt, weil eine Betriebsabteilung ganz stillgelegt werden soll, für den Betrieb im Übrigen aufzustellen (dazu noch RdNr. 92). Die Interessen der betroffenen Arbeitnehmer sind auch bei einer solchen „**Teil-Namensliste**" gewahrt:[89] Diejenigen, die nicht benannt sind, genießen uneingeschränkten Kündigungsschutz. Auch die im Interessenausgleich benannten Arbeitnehmer stehen sich bei einer Teil-Namensliste nicht schlechter als bei der Aufnahme in eine umfassende Namensliste. In dem einen wie in dem anderen Fall haben sich Insolvenzverwalter und Betriebsrat über die Notwendigkeit ihrer Kündigung auseinandergesetzt. Einem Rechtsmissbrauch der Namenslistenregelung ist anders zu begegnen (RdNr. 86, 98 f.).

81   Von vornherein keine Bedenken bestehen gegen „Teil-Namenslisten", die davon herrühren, dass sich die Betriebspartner über einen etappenweisen Personalabbau verständigen und dementsprechend für jede Etappe einen besonderen Interessenausgleich mit Namensliste abschließen.[90]

82   Um die Rechtsfolgen des § 125 auszulösen, muss die unterschriebene Namensliste im **Zeitpunkt des Zugangs** einer ausgesprochenen Kündigung vorgelegen haben.[91]

83   **2. Rechtsfolgen. a) Vermutung der Betriebsbedingtheit.** Wird Arbeitnehmern, die ordnungsgemäß im Interessenausgleich für die Kündigung benannt worden sind, tatsächlich gekündigt, so wird nach Abs. 1 Satz 1 Nr. 1 vermutet, dass die Kündigung durch dringende betriebliche Erfordernisse im Sinne von § 1 Abs. 2 KSchG bedingt ist. Die **Beweislastregel** des § 1 Abs. 2 Satz 4 KSchG wird damit hinsichtlich der betriebsbedingten Kündigung umgekehrt: Nicht der Insolvenzverwalter muss beweisen, dass der Arbeitsplatz, auf dem der Arbeitnehmer bislang beschäftigt war, durch die Betriebsänderung weggefallen ist, sondern der Arbeitnehmer muss beweisen, dass sein Arbeitsplatz trotz der Betriebsänderung noch vorhanden ist. Es handelt sich um eine echte Vermutung, die gem. § 292 Satz 1 ZPO nur durch den vollen Beweis des Gegenteils widerlegt werden kann.[92]

84   Die Vermutungswirkung des Abs. 1 Satz 1 Nr. 1 erstreckt sich auch auf die aus dem sog. Ultima-ratio-Grundsatz folgende anderweitige **Weiterbeschäftigungsmöglichkeit im Betrieb oder Unternehmen** (oben RdNr. 14).[93] Es ist also am Arbeitnehmer, zu beweisen, dass ein anderer Arbeitsplatz im Betrieb oder Unternehmen frei ist und dass er dort, ggf. nach einer Vertragsänderung, mit der er einverstanden ist, weiterbeschäftigt werden kann.

85   Die Vermutung betrifft auch die **Darlegungslast**. Eine Trennung der Darlegungslast von der Beweislastregel würde dem Sinn der Vermutung widersprechen. Sie soll gerade bewirken, dass der Insolvenzverwalter die Betriebsbedingtheit der Kündigung nicht mehr in ihren Einzelheiten darzulegen braucht. Dementsprechend muss der Arbeitnehmer darlegen, wieso der Arbeitsplatz trotz der Betriebsänderung noch vorhanden ist und wo er sonst im Betrieb

---

[89] Offengelassen BAG AP BetrVG 1972 § 112 – Namensliste – Nr. 1; wie hier *Piehler* NZA 1998, 970 ff.; *Nerlich/Römermann/Hamacher* § 125 RdNr. 16 f.; aA *Däubler* in *Kittner/Däubler/Zwanziger*, Kündigungsschutzrecht, 6. Aufl. 2004, § 125 RdNr. 8, der nur die Beschränkung des Interessenausgleichs auf einen Teil der geplanten Betriebsänderung für möglich hält.
[90] BAG AP BetrVG 1972 § 112 – Namensliste – Nr. 1.
[91] BAG AP KSchG 1969 § 1 – Namensliste – Nr. 1 = ZIP 1998, 1885 (unter II 1 c der Gründe); *Nerlich/Römermann/Hamacher* § 125 RdNr. 24.
[92] BAG AP KSchG 1969 § 1 – Betriebsbedingte Kündigung – Nr. 94 = NZA 1998, 933 = NJW 1998, 3586; ErfKomm-*Kiel* § 125 RdNr. 4 a; *Uhlenbruck/Berscheid* § 125 RdNr. 32.
[93] BAG AP KSchG 1969 § 1 – Betriebsbedingte Kündigung – Nr. 94 = NZA 1998, 933 = NJW 1998, 3586; *Caspers* RdNr. 171; aA MünchHdbArbR-*Berkowsky* § 133 RdNr. 31.

oder Unternehmen weiterbeschäftigt werden kann.[94] Lediglich wenn der Arbeitnehmer schlüssig Tatsachen gegen die Richtigkeit des Interessenausgleichs vorträgt, hat der Verwalter durch substantiierten Vortrag das Vorbringen des Arbeitnehmers zu bestreiten (§ 138 ZPO).[95] Eine vollständige Darlegungslast trifft den Insolvenzverwalter hingegen nicht.

Die Beweislastumkehr verstößt nicht gegen die verfassungsrechtlich verbürgte **Rechtsschutzgewährleistung.** Der Gefahr, dass sich Insolvenzverwalter und Betriebsrat bei der Errichtung der namentlichen Entlassungsliste nicht am Kündigungsschutzrecht, also an betrieblichen Erfordernissen orientieren, sondern sich von sachfremden Erwägungen leiten lassen, lässt sich begegnen: Ein **kollusives Zusammenwirken von Verwalter und Betriebsrat** führt gem. § 138 BGB zur Sittenwidrigkeit und Nichtigkeit des Interessenausgleichs.[96] Der Arbeitnehmer kann im Kündigungsschutzprozess alle Tatsachen vorbringen, die die Vermutungsbasis, nämlich den Interessenausgleich, angreifen und zu Fall bringen.[97] Auch wenn die Tatsachen für ein kollusives Zusammenwirken zwischen Insolvenzverwalter und Betriebsrat erst nach Ablauf der Dreiwochenklagfrist bekannt werden, ist der Arbeitnehmer nicht schutzlos, sondern kann nach § 826 i. V. m. § 249 Satz 1 BGB Wiederbegründung des Arbeitsverhältnisses verlangen (§ 113 RdNr. 43).[98] Zum Rechtsmissbrauch im Falle der Sozialauswahl s. RdNr. 98 f. 86

Die **Vermutung betrifft nicht** den Interessenausgleich und die namentliche Benennung des gekündigten Arbeitnehmers. Diese Ausgangstatsachen für die Vermutung muss der Insolvenzverwalter darlegen und im Bestreitensfalle beweisen.[99] 87

b) Beschränkte Nachprüfung der Sozialauswahl. Abs. 1 Satz 1 Nr. 2 bestimmt, dass die soziale Auswahl der Arbeitnehmer nur im Hinblick auf die Dauer der Betriebszugehörigkeit, das Lebensalter und die Unterhaltspflichten und auch insoweit nur auf grobe Fehlerhaftigkeit nachgeprüft werden kann. Der Beurteilungsspielraum des Insolvenzverwalters bei der Sozialauswahl (oben RdNr. 33) wird zugunsten einer von Insolvenzverwalter und Betriebsrat vereinbarten betrieblichen Gesamtlösung erweitert. Der Gesetzgeber sieht es als gerechtfertigt an, in betrieblicher Übereinkunft gefundenen Lösungen im individuellen Kündigungsschutzprozess nur noch in Ausnahmefällen in Frage stellen zu lassen.[100] Sowohl die Sachnähe als auch das divergierende Interesse von Betriebsrat und Insolvenzverwalter als Sachwalter jeweils fremder Interessen rechtfertigen die Erwartung, dass ein **ausgewogenes Verhandlungsergebnis** im Interessenausgleich erzielt wird.[101] 88

Indem die Vorschrift die Nachprüfung der Sozialauswahl auf die Dauer der Betriebszugehörigkeit (RdNr. 28), das Lebensalter (RdNr. 29) und die Unterhaltspflichten (RdNr. 30) beschränkt, ermöglicht sie Insolvenzverwalter und Betriebsrat, sich bei der Sozialauswahl mit diesen Gesichtspunkten zu begnügen. Dass auf diese Weise, anders als in § 1 Abs. 3 Satz 1 KSchG, Insolvenzverwalter und Betriebsrat nicht verpflichtet sind, auch die **Schwerbehinderung** von Arbeitnehmern zu berücksichtigen, verstößt weder gegen die Gleichbehandlungsrahmenrichtlinie 2000/78/EG noch gegen Art. 3 Abs. 3 Satz 2 GG. Art. 2 Abs. 2 lit. a) i. V. m. Art. 1 der Richtlinie verbietet nur eine weniger günstige Behandlung behinderter Arbeitnehmer. Eine solche liegt aber nicht vor, wenn die schwerbehinderten Arbeitnehmer bei der Sozialauswahl wie alle anderen Arbeitnehmer behandelt werden. Der Verpflichtung, angemessene Vorkehrungen für Menschen mit Behinderungen 89

---

[94] BAG AP KSchG 1969 § 1 – Betriebsbedingte Kündigung – Nr. 94 = NZA 1998, 933 = NJW 1998, 3586; *Caspers* RdNr. 172 f.; *Kübler/Prütting/Moll* § 125 RdNr. 36; im Ergebnis auch *Nerlich/Römermann/Hamacher* § 125 RdNr. 36; aA *Zwanziger* § 125 RdNr. 34.
[95] ErfKomm-*Kiel* § 125 RdNr. 4 a; allgemein MünchKommZPO-*Peters* § 138 RdNr. 18 ff.
[96] *Zeuner*, Festschrift für Zöllner, 1998, S. 1011, 1019.
[97] Insoweit führt die Vermutung zu einer Verschiebung des Beweisthemas im Kündigungsschutzprozess, vgl. dazu *Stein/Jonas/Leipold* § 292 ZPO RdNr. 8; MünchKommZPO-*Prütting* § 292 RdNr. 19.
[98] Ausführlich *Caspers* RdNr. 174 ff.
[99] Vgl. BAG AP KSchG 1969 § 1 – Betriebsbedingte Kündigung – Nr. 94 = NZA 1998, 933 = NJW 1998, 3586; *Caspers* RdNr. 173; *Nerlich/Römermann/Hamacher* § 125 RdNr. 35.
[100] Begr. zu § 128 RegE, BT-Drucks. 12/2443 S. 149.
[101] *Lohkemper* KTS 1996, 1, 21.

zu treffen, ist der Gesetzgeber mit den §§ 85 ff. SGB IX nachgekommen (zu deren Geltung § 113 RdNr. 19). Art. 3 Abs. 3 Satz 2 GG verbietet ebenfalls nur Benachteiligungen wegen einer Behinderung, steht also der Gleichbehandlung schwerbehinderter Arbeitnehmer mit anderen Arbeitnehmern nicht im Wege. Selbst wenn man aber Art. 3 Abs. 3 Satz 2 GG i. V. m. Art. 20 GG eine „Ausstrahlungswirkung" in das Arbeitsrecht hinein zumisst,[102] kann diese nicht dazu führen, vom Gesetzgeber die konkrete Maßnahme zu verlangen, den Gesichtspunkt der Schwerbehinderung auch für die Sozialauswahl in einem Interessenausgleich in der Insolvenz vorzuschreiben. Vielmehr hätte der Gesetzgeber einer aus einer solchen Ausstrahlungswirkung abzuleitenden Mindestschutzpflicht mit den §§ 85 ff. SGB IX, welche in § 89 Abs. 3 SGB IX das Insolvenzverfahren besonders regeln (dazu RdNr. 64), vollauf genügt.

90 Der durch Abs. 1 Satz 1 Nr. 2 erweiterte Beurteilungsspielraum ist nicht so weit gezogen, dass Insolvenzverwalter und Betriebsrat die zu berücksichtigenden sozialen Kriterien noch weiter reduzieren können. So ist es unausgewogen, die Unterhaltspflichten oder das Lebensalter völlig unberücksichtigt zu lassen und allein nach der Dauer der Betriebszugehörigkeit zu entscheiden. **Jeder der drei Gesichtspunkte ist unverzichtbar,** also stets und immer zu berücksichtigen. Allein die unterschiedliche Bewertung kann von den Betriebspartnern, beispielsweise durch ein Punkteschema, vorgenommen werden.

91 Die Beschränkung der Nachprüfbarkeit auf die Einhaltung der drei Kriterien Dauer der Betriebszugehörigkeit, Lebensalter und Unterhaltspflichten hindert Insolvenzverwalter und Betriebsrat nicht, in die Auswahl der für Kündigungen benannten Arbeitnehmer auch **andere soziale Gesichtspunkte** einfließen zu lassen: Liegen zwei Arbeitnehmer bei der Dauer der Betriebszugehörigkeit, dem Lebensalter und den Unterhaltspflichten so eng beieinander, dass die Auswahl nicht eindeutig vorgegeben ist, hat einer von ihnen aber wegen eines unverschuldeten Betriebsunfalls schlechtere Chancen auf dem Arbeitsmarkt, darf auch dieser Gesichtspunkt berücksichtigt und der andere Arbeitnehmer in die Namensliste aufgenommen werden.[103] Auch die Schwerbehinderung kann in diesen Grenzen berücksichtigt werden.

92 Zur Sozialauswahl gehört die Feststellung, welche der für Kündigungen in Betracht kommenden Arbeitnehmer miteinander **vergleichbar** sind (RdNr. 24 ff.). Auch diese Feststellung wird mit der Benennung für die Kündigung getroffen und unterliegt deshalb nur der eingeschränkten Nachprüfung nach Abs. 1 Satz 1 Nr. 2.[104] Praktisch haben Insolvenzverwalter und Betriebsrat so einen stark erweiterten Beurteilungsspielraum über die Vergleichbarkeit nach Funktion und ausgeübter Tätigkeit. Insbesondere können sie die Sozialauswahl auf **Betriebabteilungen** und Betriebsgruppen eingrenzen, wenn der Austausch zwischen verschiedenen Abteilungen auch nur relativ kurze Einarbeitungszeiten verursacht. Denn mit dem Sanierungszweck ist es nicht zu vereinbaren, wenn die Einarbeitung in eine zwar gleichwertige, aber andersartige Tätigkeit einer anderen Abteilung auch nur geringe betriebliche Ablaufschwierigkeiten verursacht.[105]

93 Mit der Benennung der zu kündigenden Arbeitnehmer treffen Insolvenzverwalter und Betriebsrat auch die Entscheidung, dass andere an sich für die Kündigung auch in Betracht kommende Arbeitnehmer aus **berechtigten betrieblichen Interessen** weiter zu beschäftigen sind (§ 1 Abs. 3 Satz 2 KSchG, oben RdNr. 34). Konsequenterweise unterliegt deshalb auch diese Entscheidung nur der beschränkten Nachprüfbarkeit. Abs. 1 Satz 1 Nr. 2 Hs. 2

---

[102] ErfKomm-*Dieterich* Art. 3 GG RdNr. 81 f.
[103] *Bütefisch* S. 450 f.; *Caspers* RdNr. 182; *Oetker/Friese* DZWIR 2001, 177, 182.
[104] BAG AP KSchG 1969 § 1 – Betriebsbedingte Kündigung – Nr. 94 = NZA 1998, 933 = NJW 1998, 3586; BAG AP KSchG 1969 § 1 – Namensliste – Nr. 3 = NZA 1999, 866 = NJW 1999, 3797 (Ls.); BAG AP KSchG § 1 – Namensliste – Nr. 15 = ZIP 2007, 1577 (Ls.); *Neef* NZA 1997, 65, 69; *Caspers* RdNr. 186 ff.; HK-*Irschlinger* § 125 RdNr. 16; kritisch *Preis*, in: *Stahlhacke/Preis/Vossen* RdNr. 1166 p.
[105] BAG AP InsO § 113 Nr. 19 = NZA 2006, 661 = ZIP 2006, 774; vgl. auch schon BAG AP InsO § 125 Nr. 1 = NZA 2004, 432 = NZI 2004, 338 = ZIP 2004, 1271; die Entscheidung des BAG vom 28. 10. 2004 (AP KSchG 1969 § 1 – Soziale Auswahl – Nr. 69 = NZA 2005, 285 = ZIP 2005, 412) steht schon deshalb nicht entgegen, weil sie keine Insolvenzkündigung betrifft.

sagt ausdrücklich, dass die Sozialauswahl nicht als fehlerhaft anzusehen ist, „wenn eine ausgewogene Personalstruktur erhalten oder geschaffen wird", und bezieht damit gerade ein wesentliches betriebliches Interesse in die Beschränkung der Überprüfbarkeit ein. Zudem heißt es in Abs. 1 Satz 1 Nr. 2 Hs. 1, dass die soziale Auswahl nur im Hinblick auf die Dauer der Betriebszugehörigkeit, das Lebensalter und die Unterhaltspflichten und „auch insoweit" nur auf grobe Fehlerhaftigkeit nachgeprüft werden kann. Das bedeutet, dass die Kündigungsentscheidung auch im Übrigen nur beschränkt nachprüfbar ist. Hätte das Gesetz die beschränkte Nachprüfbarkeit allein auf die sozialen Gesichtspunkte beziehen wollen, hätte es formuliert, dass die soziale Auswahl ... „insoweit auch" nur auf grobe Fehlerhaftigkeit nachgeprüft werden kann.[106]

Als berechtigtes betriebliches Interesse nennt die Vorschrift ausdrücklich die Erhaltung und Schaffung einer ausgewogenen **Personalstruktur.** Gemeint ist in erster Linie eine ausgewogene **Altersstruktur.** Insolvenzverwalter und Betriebsrat können bei der Benennung der zu kündigenden Arbeitnehmer einmal dafür sorgen, dass die Belegschaft nach Durchführung der Kündigungen dieselbe Altersstruktur aufweist wie bisher. Zu diesem Zweck können Altersgruppen gebildet werden, aus denen dann jeweils derselbe Prozentsatz von Arbeitnehmern für die Kündigung benannt wird. Die Auswahl nach sozialen Gesichtspunkten beschränkt sich dann auf die Angehörigen der jeweiligen Altersgruppe.[107] 94

Leidet, wie das in Fällen der Insolvenz häufig vorkommt, **der Betrieb an einer Überalterung,** können die zu kündigenden Arbeitnehmer darüber hinaus so ausgewählt werden, dass am Ende eine Altersstruktur steht, die der in Betrieben vergleichbarer Art entspricht. In die Kündigungen können dann verstärkt Arbeitnehmer höherer Altersgruppen einbezogen werden. Anders als § 1 Abs. 3 Satz 2 KSchG bezieht Abs. 1 nicht nur die Erhaltung, sondern auch die Schaffung einer ausgewogenen Altersstruktur in seine Regelung ein.[108] Dem **Verbot der Altersdiskriminierung** i. S. d. Richtlinie 2000/78/EG hält Abs. 1 auch insoweit stand, weil er i. S. d. Art. 6 Abs. 1 der Richtlinie durch ein legitimes Ziel, nämlich die Sanierung des Unternehmens und damit den Erhalt von Arbeitsplätzen gerechtfertigt ist. 95

Die Personalstruktur erschöpft sich nicht in der Altersstruktur. Vielmehr gehört zu ihr auch die **Leistungsstruktur** der Belegschaft. Dementsprechend dürfen Insolvenzverwalter und Betriebsrat zwar nicht systematisch die in ihrer Leistung schwächer beurteilten Arbeitnehmer für die Kündigung benennen. Aber sie müssen diese auch nicht – wenn dies die Rangfolge der sozialen Schutzbedürftigkeit so ergibt – alle aussparen. Vielmehr können sie darauf sehen, dass eine ausgewogene Leistungsstruktur erhalten und geschaffen wird. Notwendig bleibt aber eine Abwägung im Einzelfall: Es muss gefragt werden, ob das betriebliche Interesse an der Herausnahme eines oder mehrer Leistungsträger zum Zweck der Sanierung das Interesse der infolge der Herausnahme zu kündigenden sozial schutzbedürftigeren Arbeitnehmer an ihrem Arbeitsplatz überwiegt.[109] 96

Als grob fehlerhaft ist eine Auswahlentscheidung anzusehen, wenn sie **jede Ausgewogenheit vermissen** lässt.[110] Davon wird man einmal sprechen müssen, wenn ein oder zwei der bei der Sozialauswahl zu beachtenden sozialen Gesichtspunkte überhaupt nicht bewertet sind, etwa nur auf die Dauer der Betriebszugehörigkeit abgestellt worden ist.[111] Grob fehler- 97

---

[106] BAG AP InsO § 125 Nr. 1 = NZA 2004, 432 = NZI 2004, 338 = ZIP 2004, 1271: Prüfungsmaßstab der groben Fehlerhaftigkeit bezieht sich auch auf die gesamte Sozialauswahl; *Löwisch* RdA 1997, 80, 81 f.; vgl. im Ergebnis ebenso *Ettwig* S. 97 ff.; *Fischermeier* NZA 1997, 1089, 1099; *Giesen* ZIP 1998, 46, 49; *Kübler/Prütting/Moll* § 125 RdNr. 64; *Nerlich/Römermann/Hamacher* § 125 RdNr. 54; *Uhlenbruck/Berscheid* § 125 RdNr. 49; *MünchHdbArbR-Berkowsky* § 133 RdNr. 37.
[107] BAG NZA 2005, 877 = ZIP 2005, 1803; BAG AP KSchG 1969 § 1 – Betriebsbedingte Kündigung – Nr. 141; BAG AP KSchG § 1 – Soziale Auswahl – Nr. 82 = NZA 2007, 139.
[108] *Kübler/Prütting/Moll* § 125 RdNr. 61; *Uhlenbruck/Berscheid* § 125 RdNr. 60.
[109] Vgl. BAG AP KSchG 1969 § 1 – Soziale Auswahl – Nr. 56 = NZA 2003, 42 = NJW 2002, 3797.
[110] BAG AP KSchG 1969 § 1 – Namensliste – Nr. 3 = NZA 1999, 866 = NJW 1999, 3797 (Ls.); BAG AP InsO § 125 Nr. 1 = NZA 2004, 432 = NZI 2004, 338 = ZIP 2004, 1271; *Nerlich/Römermann/Hamacher* § 125 RdNr. 47.
[111] *Caspers* RdNr. 185.

haft ist es weiter, wenn dem Ziel einer optimalen Personalstruktur alle sozialen Gesichtspunkte untergeordnet werden. Auch dass an sich vergleichbare Arbeitnehmer für die Sozialauswahl gar nicht in Betracht gezogen worden sind, etwa weil man an sie nicht gedacht hat, muss als grob fehlerhaft angesehen werden, weil es zu einer Abwägung gar nicht kommt.[112] Allerdings kann sich auf diesen Fehler nur ein Arbeitnehmer berufen, der ohne ihn nicht gekündigt worden wäre.[113]

98 Als Institut der Betriebsverfassung unterliegt der Interessenausgleich wie eine Betriebsvereinbarung dem **Benachteiligungsverbot** des § 7 Abs. 1 und 2 AGG und den Rechtsgrundsätzen des § 75 BetrVG. Verletzt er diese, ist er insgesamt nichtig. Machen Insolvenzverwalter und Betriebsrat eines der Merkmale des § 1 AGG oder auch eine politische oder gewerkschaftliche Betätigung oder Einstellung zum Kriterium für die Aufnahme in die Namensliste, ist die getroffene Regelung unwirksam; eine Ausnahme besteht nur hinsichtlich der Altersstruktur i. S. d. RdNr. 94 f. Gesagten. Eine auf der Grundlage einer nichtigen Namenslistenregelung ausgesprochene Kündigung unterliegt der normalen Kontrolle auf ihre Betriebsbedingtheit nach § 1 Abs. 2 KSchG und ihre Richtigkeit im Hinblick auf die Sozialauswahl nach § 1 Abs. 3 KSchG.

99 Soweit es um die Unwirksamkeit des Interessenausgleichs wegen Verstoßes gegen ein Benachteiligungsverbot aus dem AGG geht, kommt dem Arbeitnehmer, der sich auf die Nichtigkeit beruft, die Beweislastvorschrift des § 22 AGG zugute. Danach genügt es, dass er **Indizien beweist,** die eine Benachteiligung wegen eines Diskriminierungsmerkmals vermuten lassen. Den Insolvenzverwalter trifft dann die Beweislast dafür, dass kein Verstoß gegen ein Benachteiligungsverbot vorliegt.

100 Die Vermutung des Satz 1 Nr. 1 erstreckt sich nicht auf die Sozialauswahl.[114] Es bleibt bei den von der Rechtsprechung entwickelten Grundsätzen der **abgestuften Darlegungs- und Beweislast** (oben RdNr. 39), die allerdings auf den besonderen Maßstab der groben Fehlerhaftigkeit Rücksicht nehmen müssen. Ist der Arbeitnehmer nicht in der Lage, zur sozialen Auswahl substantiiert Stellung zu nehmen, kann er vom Insolvenzverwalter nach § 1 Abs. 3 Satz 1 Hs. 2 KSchG verlangen, die Gründe für die soziale Auswahl anzugeben und auch die Namen derjenigen Arbeitnehmer zu benennen, die nach Ansicht von Verwalter und Betriebsrat in die Sozialauswahl einzubeziehen waren. Insoweit geht die Darlegungslast auf den Insolvenzverwalter über. Auch daran ändert Abs. 1 Satz 1 Nr. 1 nichts.[115]

101 **3. Wesentliche Änderung der Sachlage.** Nach Abs. 1 Satz 2 gelten die Vermutung der Betriebsbedingtheit der Kündigung der im Interessenausgleich benannten Arbeitnehmer und die Beschränkung der Nachprüfung der Sozialauswahl auf grobe Fehlerhaftigkeit insoweit nicht, als sich „die Sachlage nach Zustandekommen des Interessenausgleichs wesentlich geändert hat". **Wesentlich** ist eine Änderung dann, wenn von einem Wegfall der Geschäftsgrundlage auszugehen ist.[116] Zu fragen ist, ob Insolvenzverwalter und Betriebsrat, hätten sie bei Abschluss des Interessenausgleichs die Änderung vorausgesehen, zu keiner, zu einer eingeschränkteren oder zu einer anderen Namensliste gekommen wären. Dass die Namensliste nicht nur in Bezug auf einen oder wenige Arbeitnehmer, sondern in Bezug auf eine größere Anzahl von Arbeitnehmern anders ausgefallen wäre,[117] kann angesichts ihrer Einwirkung auf das einzelne Arbeitsverhältnis nicht verlangt werden.

---

112 *Löwisch* RdA 1997, 80, 82; *Caspers* RdNr. 194.
113 BAG AP KSchG 1969 § 1 – Soziale Auswahl – Nr. 87 = NZA 2007, 549 = NJW 2007, 2429.
114 BAG AP KSchG 1969 § 1 – Soziale Auswahl – Nr. 40 = NZA 1999, 702 = NJW 1999, 3796; *Warrikoff* BB 1994, 2338, 2342; *Zeuner,* Festschrift für Zöllner, 1998, S. 1011, 1023; *Caspers* RdNr. 205; *Kübler/Prütting/Moll* § 125 RdNr. 65.
115 BAG AP KSchG 1969 § 1 – Soziale Auswahl – Nr. 40 = NZA 1999, 702 = NJW 1999, 3796.
116 BAG EzA KSchG § 1 – Interessenausgleich – Nr. 8 = ZIP 2001, 1825; BAG AP BetrVG 1972 § 112 – Namensliste – Nr. 1.
117 *Fischer* ArbuR 1998, 261, 267; *Uhlenbruck/Berscheid* § 125 RdNr. 81; *Kübler/Prütting/Moll* § 125 RdNr. 69; *Nerlich/Römermann/Hamacher* § 125 RdNr. 63, unter Bezugnahme auf die Zahlen und Prozentangaben des § 17 KSchG.

In zweiter Linie ist eine wesentliche Änderung der Sachlage gegeben, wenn sich die **Zahl** **102** **der notwendigen Kündigungen** dadurch **vermindert,** dass nicht im Interessenausgleich benannte Arbeitnehmer von sich aus ausscheiden oder vom Insolvenzverwalter verhaltens- oder personenbedingt gekündigt werden.[118]

Schließlich kommt in Betracht, dass sich im Zeitraum zwischen der Benennung der zu **103** Kündigenden im Interessenausgleich und dem Ausspruch der Kündigungen **die sozialen Gesichtspunkte wesentlich ändern,** etwa bei bestimmten Arbeitnehmern neue Unterhaltspflichten hinzukommen, das Interesse an der Weiterbeschäftigung bestimmter nicht benannter Arbeitnehmer entfällt oder sich der Kreis der vergleichbaren Arbeitnehmer durch Neueinstellungen erweitert. Auch diese Änderungen müssen berücksichtigt werden.[119] Bei einer einfachen Namensliste ist eine solche Änderung dann wesentlich, wenn sie zur Herausnahme des betreffenden Arbeitnehmers geführt hätte. Legt die Namensliste gleichzeitig eine **Rangfolge** fest (oben RdNr. 79), ist Wesentlichkeit anzunehmen, wenn Insolvenzverwalter und Betriebsrat die Rangfolge geändert hätten und der Arbeitnehmer auf Grund dieser Rangänderung von einer Kündigung nicht getroffen worden wäre.

Die Vermutung der Betriebsbedingtheit der Kündigungen und die auf grobe Fehlerhaftig- **104** keit beschränkte Nachprüfbarkeit der Sozialauswahl entfallen nur, **soweit** sich die Sachlage wesentlich geändert hat. Das ist insbesondere für Fälle des Personalabbaus von Bedeutung. Muß dieser nach wie vor zu einem Teil durchgeführt werden, **bleibt es hinsichtlich dieses Teils bei der Anwendung des Satzes 1,** sofern dies sinnvoll möglich ist. Lässt sich dem Interessenausgleich eine Rangfolge der für die Kündigung benannten Arbeitnehmer nach sozialen Gesichtspunkten entnehmen (oben RdNr. 79) und folgt der Insolvenzverwalter bei den tatsächlich ausgesprochenen Kündigungen dieser Rangfolge, indem er die sozial weniger Schutzbedürftigen kündigt, bleibt es für diese bei der Vermutung und der beschränkten Nachprüfbarkeit der Sozialauswahl.[120]

Änderungen der Sachlage, **nachdem Kündigungen ausgesprochen worden sind,** **105** finden keine Berücksichtigung. Es gilt der allgemeine Grundsatz, dass für die Beurteilung der Frage, ob eine Kündigung sozial gerechtfertigt ist, die Sachlage zum Zeitpunkt des Zugangs der Kündigung maßgebend ist.[121] Ein **Wiedereinstellungsanspruch** kommt entsprechend den hierzu vom Bundesarbeitsgericht allgemein entwickelten Grundsätzen dann in Betracht, wenn die Änderung der Sachlage vor Ablauf der Kündigungsfrist, nicht aber, wenn sie danach eingetreten ist.[122] Zur Rechtslage im Falle des Betriebsübergangs s. § 128 RdNr. 31.

Die **Darlegungs- und Beweislast** für eine wesentliche Änderung der Sachlage trifft im **106** Kündigungsschutzprozess den Arbeitnehmer.[123]

4. Ersetzung der Stellungnahme des Betriebsrats bei Massenentlassungen. Abs. 2 **107** bestimmt, dass der Interessenausgleich nach Abs. 1 die Stellungnahme des Betriebsrats nach § 17 Abs. 3 Satz 2 KSchG (oben RdNr. 57 ff.) ersetzt. Da aus einem Interessenausgleich mit Kündigungsbenennung hervorgeht, wie sich der Betriebsrat zu den Entlassungen stellt, erfüllt der Interessenausgleich die Funktion der Stellungnahme, so dass es genügt, wenn er der Agentur für Arbeit zur Kenntnis gebracht wird. Es reicht also, wenn der Insolvenzverwalter nach § 17 Abs. 1 KSchG schriftlich der Agentur für Arbeit Anzeige von der Massenentlassung vor Ausspruch der Kündigungen (RdNr. 57 ff.) erstattet und eine Ausfer-

---

[118] Vgl. *Heinze* NZA 1999, 57, 60; *Däubler* in *Däubler/Kittner/Zwanziger* §§ 125, 126 InsO RdNr. 29.
[119] *Giesen* ZfA 1997, 145, 178 f.; aA *Kübler/Prütting/Moll* § 125 RdNr. 69.
[120] BAG AP BetrVG 1972 § 112 – Namensliste – Nr. 1; *Löwisch* RdA 1997, 81, 82.
[121] BAG AP BetrVG 1972 § 112 – Namensliste – Nr. 1.
[122] BAG AP KSchG 1969 § 1 – Wiedereinstellung – Nr. 1 = NZA 1997, 757; BAG AP KSchG 1969 § 1 – Wiedereinstellung – Nr. 4 = NZA 1998, 701; BAG AP KSchG 1969 – Wiedereinstellung – Nr. 6 = NZA 2000, 1097 = NJW 2001, 1297; ausführlich APS-*Kiel* § 1 KSchG RdNr. 799 ff.; *Nerlich/Römermann/Hamacher* § 125 RdNr. 67 f.; grundsätzlich dagegen *D. Kaiser* ZfA 2000, 205 ff.
[123] *Lakies* RdA 1997, 145, 151; ErfKomm-*Ascheid/Oetker* § 1 KSchG RdNr. 519; *Nerlich/Römermann/Hamacher* § 125 RdNr. 66.

tigung des Interessenausgleichs nach § 125 beifügt. Die Pflicht zur Anhörung des Betriebsrats nach § 102 BetrVG bleibt unberührt (RdNr. 52 ff.).

108 5. **Änderungskündigung.** Abs. 1 ist auch auf Änderungskündigungen durch den Insolvenzverwalter anwendbar.[124] Das ergibt sich aus dem Wortlaut und geht auf einen Vorschlag des mitberatenden Ausschusses für Arbeit und Sozialordnung zurück. Allerdings wurde die Änderungskündigung nur in Abs. 1 Satz 1 Nr. 1 aufgenommen, der die Beweislastumkehr hinsichtlich der Betriebsbedingtheit der veränderten Arbeitsbedingungen regelt, und nicht auch in den die Kontrolle der Sozialauswahl einschränkenden Abs. 1 Satz 1 Nr. 2. Dabei handelt es sich aber um ein Redaktionsversehen: Aus der Gesetzesbegründung geht hervor, dass der Gesetzgeber „Abs. 1 Satz 1 (...) auf den Fall der Änderungskündigung erstreckt".[125] Auch bei der Änderungskündigung bestehe ein Bedürfnis, im Interesse der Verfahrensvereinfachung und Verfahrensbeschleunigung die Kündigungen in einem Interessenausgleich zusammengefasst zu regeln und dadurch erreichen zu können, dass die Rechtmäßigkeit der Kündigungen in dem späteren Individualkündigungsschutzverfahren nur eingeschränkt überprüft werden könne. Dieses Ziel kann nur erreicht werden, wenn sich die **gesamten Rechtsfolgen** der Vorschrift auf die Änderungskündigung erstrecken.

109 Als durch die geplante Betriebsänderung bedingt kommen zunächst Änderungskündigungen in Betracht, mit denen die **vertraglich festgelegten Arbeitsaufgaben** an eine grundlegende Änderung der Betriebsorganisation (§ 111 Satz 3 Nr. 4 BetrVG) oder an die Einführung grundlegend neuer Arbeitsmethoden und Fertigungsverfahren (§ 111 Satz 3 Nr. 5 BetrVG) angepasst werden sollen. Möglich sind auch Kündigungen zur **Veränderung der Arbeitszeit,** etwa die Herabsetzung der regelmäßigen Arbeitszeit, um auf diese Weise eine Betriebseinschränkung durchführen zu können[126] oder eine bisher zu hoch angesetzte Arbeitszeit zu senken.[127] Denkbar ist auch die Erhöhung der täglichen Arbeitszeit, wenn sonst zur Leistung der Mehrarbeit eine weitere Arbeitskraft eingestellt werden müsste.[128] Das Kündigungsverbot des § 11 TzBfG (§ 113 RdNr. 42) steht solchen Kündigungen nicht entgegen, weil diese betriebsbedingt sind und damit aus anderen Gründen im Sinne des § 11 Satz 2 TzBfG erfolgen.

110 Auch eine zur Abwendung des Personalabbaus vereinbarte **Entgeltherabsetzung** kann auf diese Weise durchgesetzt werden. Denn auch die zu diesem Zweck erfolgenden Änderungskündigungen haben ihren Grund in der vom Arbeitgeber an sich beabsichtigten Betriebsänderung, nämlich dem Personalabbau, und führen diesen tatsächlich herbei, wenn und soweit sich die Arbeitnehmer auf die Änderung nicht (auch nicht unter Vorbehalt) einlassen. Ein Widerspruch zu der Rechtsprechung des BAG, nach der eine Änderungskündigung zum Zweck der Entgeltherabsetzung nur in Betracht kommt, wenn es sonst zur Beendigungskündigung käme (§ 120 RdNr. 65), besteht nicht, denn die im Interessenausgleich vorgesehenen Änderungskündigungen dienen in einem solchen Fall gerade der Abwendung des Personalabbaus.[129]

111 Abs. 1 Satz 1 Nr. 1 enthebt den Insolvenzverwalter auch bei der Änderungskündigung der **Last, darzulegen und zu beweisen,** dass die den Arbeitnehmern angesonnene Änderung der Arbeitsbedingungen dringend erforderlich ist. Muß er sonst sein organisatorisches Konzept erläutern und die Tatsachen vortragen, aus denen sich ergibt, dass die Arbeitnehmer die Änderungen billigerweise hinnehmen müssen (§ 120 RdNr. 64) liegt nunmehr der Gegenbeweis beim klagenden Arbeitnehmer. Er muss darlegen und beweisen, dass seiner im Interessenausgleich vorgesehenen Kündigung kein solches Konzept zugrunde-

---

[124] *Giesen* ZIP 1998, 46, 50; *Zeuner,* Festschrift für Zöllner, 1998, S. 1011, 1012 f.; ErfKomm-*Kiel* § 125 RdNr. 1; für die Namensliste nach § 1 Abs. 5 KSchG jetzt BAG vom 19. 6. 2007 – 2 AZR 304/06, Pressemitteilung.
[125] Begr. zu § 143 a Fassung Rechtsausschuss, BT-Drucks. 12/7302 S. 172.
[126] BAG AP KSchG 1969 § 2 Nr. 42 = NZA 1997, 1047 = NJW 1998, 179.
[127] BAG AP KSchG 1969 § 1 – Betriebsbedingte Kündigung – Nr. 1 = BB 1975, 1305 (Ls.).
[128] LAG Berlin BB 1982, 334.
[129] *Löwisch/Caspers,* Gedächtnisschrift für Heinze, 2005, S. 565, 568 f.

liegt oder dass die Änderungen ihm nicht zumutbar sind. Auch die Möglichkeit einer anderweitigen Weiterbeschäftigung, welche die Änderungskündigung überflüssig macht, hat er darzutun.

Was eine **Änderungskündigung zur Herabsetzung der Entgelte** anlangt (allgemein § 120 RdNr. 65), hat die Vermutung zur Folge, dass der Insolvenzverwalter weder den notwendigen alternativen Sanierungsplan noch die vorherige Ausschöpfung milderer Mittel noch auch die Billigkeit der Herabsetzung darzutun hat. Vielmehr ist es Sache des Arbeitnehmers, darzulegen und zu beweisen, dass eine dieser Voraussetzungen nicht gegeben ist. 112

Für das Gebot der **Sozialauswahl** und deren beschränkte Nachprüfbarkeit nach Abs. 1 Satz 1 Nr. 2 gelten im Prinzip die gleichen Grundsätze wie bei der Beendigungskündigung (oben RdNr. 88 ff.). Soweit es um die **Herabsetzung von Entgelten und Sozialleistungen** geht, hält sich eine prozentual gleichmäßige Verringerung in jedem Fall innerhalb der durch Abs. 1 Satz 1 Nr. 2 gezogenen Grenzen. Auf der anderen Seite kann sich aber auch eine überproportionale Herabsetzung, etwa eine Herabsetzung in wirtschaftlich guten Zeiten besonders gestiegener Gehälter, in diesem Rahmen halten. 113

§ 126 Beschlußverfahren zum Kündigungsschutz

(1) ¹Hat der Betrieb keinen Betriebsrat oder kommt aus anderen Gründen innerhalb von drei Wochen nach Verhandlungsbeginn oder schriftlicher Aufforderung zur Aufnahme von Verhandlungen ein Interessenausgleich nach § 125 Abs. 1 nicht zustande, obwohl der Verwalter den Betriebsrat rechtzeitig und umfassend unterrichtet hat, so kann der Insolvenzverwalter beim Arbeitsgericht beantragen festzustellen, daß die Kündigung der Arbeitsverhältnisse bestimmter, im Antrag bezeichneter Arbeitnehmer durch dringende betriebliche Erfordernisse bedingt und sozial gerechtfertigt ist. ²Die soziale Auswahl der Arbeitnehmer kann nur im Hinblick auf die Dauer der Betriebszugehörigkeit, das Lebensalter und die Unterhaltspflichten nachgeprüft werden.

(2) ¹Die Vorschriften des Arbeitsgerichtsgesetzes über das Beschlußverfahren gelten entsprechend; Beteiligte sind der Insolvenzverwalter, der Betriebsrat und die bezeichneten Arbeitnehmer, soweit sie nicht mit der Beendigung der Arbeitsverhältnisse oder mit den geänderten Arbeitsbedingungen einverstanden sind. ² § 122 Abs. 2 Satz 3, Abs. 3 gilt entsprechend.

(3) ¹Für die Kosten, die den Beteiligten im Verfahren des ersten Rechtszugs entstehen, gilt § 12 a Abs. 1 Satz 1 und 2 des Arbeitsgerichtsgesetzes entsprechend. ²Im Verfahren vor dem Bundesarbeitsgericht gelten die Vorschriften der Zivilprozeßordnung über die Erstattung der Kosten des Rechtsstreits entsprechend.

Schrifttum: *Ascheid/Preis/Schmidt,* Kündigungsrecht, 2. Aufl. 2004 (zitiert APS-*Bearbeiter*); *Becker,* Das Beschlussverfahren zum Kündigungsschutz de lege lata und de lege ferenda, 2006; *Caspers,* Personalabbau und Betriebsänderung im Insolvenzverfahren, 1998; *Ennemann,* Interessenausgleichsverhandlungen und arbeitsgerichtliche Beschlußverfahren in der Insolvenz, Kölner Schrift zur Insolvenzordnung, 2. Aufl. 2000, S. 1473; *Friese,* Das kollektive Kündigungsschutzverfahren in der Insolvenz nach § 126 InsO, ZInsO 2001, 350; *Germelmann/Matthes/Prütting/Müller-Glöge,* Arbeitsgerichtsgesetz, 5. Aufl. 2004; *Giesen,* Das neue Kündigungsschutzrecht in der Insolvenz, ZIP 1998, 46; *Grunsky,* Arbeitsgerichtsgesetz, 7. Aufl. 1995; *ders.,* Probleme des Beschlußverfahrens nach § 126 InsO, Festschrift Lüke, 1997, S. 191; *Grunsky/Moll,* Arbeitsrecht und Insolvenz, 1997; *Heinze,* Das Arbeitsrecht der Insolvenzordnung, NZA 1999, 57; *Lakies,* Zu den seit 1. 10. 1996 geltenden arbeitsrechtlichen Vorschriften der Insolvenzordnung, RdA 1997, 145; *ders.,* Insolvenz und Betriebsänderungen, BB 1999, 206; *Löwisch,* Neugestaltung des Interessenausgleichs durch das Arbeitsrechtliche Beschäftigungsförderungsgesetz, RdA 1997, 80; *Lohkemper,* Die Bedeutung des neuen Insolvenzrechts für das Arbeitsrecht, KTS 1996, 1; *Müller-Limbach,* Arbeitsgerichtliche Überprüfung betriebsbedingter Kündigungen durch den Insolvenzverwalter (§§ 126–128 InsO), 2001; *Richardi,* Betriebsverfassungsgesetz, 10. Aufl. 2006; *Warrikoff,* Die Stellung der Arbeitnehmer nach der neuen Insolvenzordnung, BB 1994, 2338; *Zeuner,* Interessenausgleich, Beschlußverfahren zum Kündigungsschutz, Sozialplan und Insolvenzausfallgeld, in Leipold, Insolvenzrecht, S. 261; *Zwanziger,* Das Arbeitsrecht der Insolvenzordnung, 3. Aufl. 2006.

§ 126 1–4 3. Teil. 2. Abschnitt. Erfüllung Rechtsgeschäfte. Mitwirkung BR

Übersicht

	RdNr.		RdNr.
I. Allgemeines	1	1. Beschlussverfahren	28
1. Normzweck	1	2. Beteiligte	29
2. Anwendungsbereich	3	3. Sachverhaltsaufklärung	35
II. Voraussetzungen und Wirkungen des Feststellungsverfahrens	11	4. Vorrangige Verfahrenserledigung	37
1. Voraussetzungen	11	5. Feststellungsbeschluss und Rechtsmittel	39
2. Wirkungen	20	6. Kosten	43
III. Verfahrensablauf	28	7. Vorzeitige Beendigung des Verfahrens	45

I. Allgemeines

1 **1. Normzweck.** § 126 ergänzt § 125. Kann ein Interessenausgleich mit namentlicher Bezeichnung der zu kündigenden Arbeitnehmer nicht geschlossen werden, weil der Betrieb keinen Betriebsrat hat, oder kommt ein Interessenausgleich in Betrieben mit Betriebsrat nicht innerhalb einer Frist von drei Wochen zustande, kann der Insolvenzverwalter eine gerichtliche Initiative ergreifen. Er kann einseitig die zu kündigenden Arbeitnehmer benennen und beim Arbeitsgericht die Feststellung beantragen, dass deren Kündigung betriebsbedingt und sozial gerechtfertigt ist, wobei die Sozialauswahl nur im Hinblick auf die Dauer der Betriebszugehörigkeit, das Lebensalter und die Unterhaltspflichten nachgeprüft werden kann. Das Gesetz will dem Insolvenzverwalter so die Möglichkeit geben, notwendig werdende Kündigungsverfahren zu bündeln, zu vereinfachen und zu beschleunigen.[1]

2 Die **Effektivität der Regelung** wird vielfach in Zweifel gezogen. Das Verfahren wird als zu aufwendig und langwierig kritisiert. Auch müsse damit gerechnet werden, dass es wegen Veränderungen der Sachlage doch zu zahlreichen individuellen Kündigungsschutzprozessen komme.[2] Daran ist richtig, dass sich der Insolvenzverwalter genau überlegen muss, ob der Weg über § 126 im konkreten Fall Erfolg verspricht. Insbesondere wird er zweckmäßigerweise meist zunächst kündigen und abwarten, welche Arbeitnehmer überhaupt Kündigungsschutzklage erheben (zu diesem Weg RdNr. 8). Dann aber kann das Verfahren durchaus von Vorteil sein, weil sich die Nachprüfung der Sozialauswahl auf die Gesichtspunkte Dauer der Betriebszugehörigkeit, Lebensalter und Unterhaltspflichten beschränkt. Dass nach Abs. 1 Satz 2 die Schwerbehinderung nicht zu den Gesichtspunkten gehört, auf die sich die Nachprüfung der Sozialauswahl erstreckt, verstößt weder gegen die Gleichbehandlungsrahmenrichtlinie noch gegen Art. 3 Abs. 3 Satz 2 GG; die insoweit für § 125 Abs. 1 Satz 1 Nr. 2 maßgebenden Überlegungen gelten auch hier (§ 125 RdNr. 89). Auch unterschiedliche Urteile und Vergleichsvorschläge verschiedener Kammern des zuständigen Arbeitsgerichts können durch das Verfahren des § 126 vermieden werden.

3 **2. Anwendungsbereich.** § 126 betrifft ausschließlich betriebsbedingte ordentliche Kündigungen, nicht aber verhaltens- oder personenbedingte ordentliche Kündigungen sowie Kündigungen aus wichtigem Grund. Für sog. Mischtatbestände gilt das in § 125 RdNr. 71 Gesagte sinngemäß.

4 Der Anwendungsbereich der **zweiten in Abs. 1 Satz 1 genannten Alternative** ist eindeutig. Ein Interessenausgleich nach § 125 Abs. 1 kann nur in Betrieben eines Unternehmens mit in der Regel mehr als 20 wahlberechtigten Arbeitnehmern vereinbart werden und setzt die Planung einer Betriebsänderung im Sinne des § 111 Satz 3 BetrVG voraus (§ 125 RdNr. 5 f.). Das Verfahren nach § 126 hat insoweit **Komplementärfunktion** zum nicht zum Erfolg führenden Interessenausgleich mit namentlicher Bezeichnung der zu kündigenden Arbeitnehmer.

---

[1] Vgl. Begr. zu § 129 RegE, BT-Drucks. 12/2443 S. 149.
[2] *Grunsky*, Festschrift für Lüke, 1997, S. 191, 196 ff.; *Heinze* NZA 1999, 57, 61.

Die **erste Alternative des Abs. 1 Satz 1** erfasst sicher den Fall, dass es sich zwar um einen Betrieb eines Unternehmers mit mehr als 20 wahlberechtigten Arbeitnehmern handelt und auch eine Betriebsänderung im Sinne des § 111 Satz 3 BetrVG geplant wird, dass aber der Betrieb keinen Betriebsrat hat und auch keine Zuständigkeit des Gesamtbetriebsrats nach § 50 Abs. 1 Satz 1 2. Hs. BetrVG besteht (dazu § 125 RdNr. 69). Die erste Alternative ist auch einschlägig, wenn ein Betriebsrat erst gewählt wird, nachdem der Insolvenzverwalter die Betriebsänderung ins Werk gesetzt hat. Denn dann kann ein Interessenausgleich nicht zustande kommen, weil dem neu gewählten Betriebsrat die Beteiligungsrechte nach den §§ 111, 112 BetrVG nicht zustehen.[3] Dass der Betriebsrat zwar erst nach der Eröffnung des Insolvenzverfahrens, aber noch vor Beginn der Durchführung der Betriebsänderung gewählt wird, hindert hingegen nicht die Anwendung der zweiten Alternative des Abs. 1 Satz 1; der Insolvenzverwalter ist in einem solchen Fall zum Versuch eines Interessenausgleichs verpflichtet.[4] Enden, wie das in kleineren Betrieben vorkommen kann, die Arbeitsverhältnisse aller Betriebsrats- und Ersatzmitglieder vor dem Interessenausgleichsverfahren, behält der Betriebsrat für dessen Durchführung ein Restmandat, § 21 b BetrVG (vgl. §§ 121, 122 RdNr. 9). In diesem Fall ist ebenfalls die zweite Alternative des Abs. 1 Satz 1 anzuwenden und kann das Verfahren nach § 126 nur beschritten werden, wenn ein Interessenausgleich nach § 125 scheitert.

Die erste Alternative des Abs. 1 Satz 1 ist auch dann anzuwenden, wenn ein Interessenausgleich deshalb nicht möglich ist, weil das **Unternehmen nicht mehr als 20 wahlberechtigte Arbeitnehmer** beschäftigt oder weil der Personalabbau die Schwelle der Betriebsänderung, nämlich die Zahlen des § 17 KSchG nicht überschreitet (vgl. §§ 121, 122 RdNr. 8). Denn eine Anwendung des § 126 nur im Fall der Voraussetzungen des § 111 BetrVG wäre kontraproduktiv. Verschaffte man dem Insolvenzverwalter die Erleichterung des § 126 nicht, wenn er einen unter der Schwelle der Betriebsänderung bleibenden Personalabbau plant, legte man ihm nahe, sein Sanierungskonzept umzustellen und mehr Arbeitnehmer zu entlassen, um das Feststellungsverfahren einleiten zu können. Auch die Konzeption des § 128 wäre konterkariert. Würde man die Voraussetzungen des § 111 Satz 1 und 3 BetrVG auch bei § 126 verlangen, hätte dies zur Folge, dass alle Unternehmen, die mehr als zehn (dann greift der allgemeine Kündigungsschutz) und nicht mehr als 20 Arbeitnehmer beschäftigen, nicht über die §§ 125 bis 128 übertragend saniert werden können. Es bliebe bei der unmodifizierten Anwendung des § 613 a BGB.[5] Das Bedürfnis nach Sanierung und insbesondere übertragender Sanierung als der häufigsten Sanierungsform ist aber in der Insolvenz kleiner und mittelständischer Unternehmen, die weniger als 21 Arbeitnehmer beschäftigen, genauso vorhanden wie in Großbetrieben. Die Vorschrift muss deshalb auf **alle betriebsbedingten Kündigungen** angewandt werden.[6]

Wie sich aus Abs. 2 Satz 1 Hs. 2 ergibt, werden auch **Änderungskündigungen** erfasst. Damit ist es möglich, die soziale Rechtfertigung von Änderungskündigungen einheitlich und mit Präjudizwirkung für spätere individuelle Kündigungsschutzprozesse feststellen zu lassen, wenn zur Entlastung der Insolvenzmasse auf arbeitsvertraglicher Grundlage (Individualabrede, betriebliche Übung, arbeitsvertragliche Gesamtzusage, arbeitsvertragliche Einheitsregelung) zugesagte Leistungen abgebaut werden müssen (oben § 120 RdNr. 63 ff.). Auch für diesen Zweck kann es keine Rolle spielen, wie viele Arbeitnehmer der Betrieb beschäftigt und ob den Änderungskündigungen auch eine Betriebsänderung zugrunde liegt.[7]

---

[3] BAG AP BetrVG 1972 § 112 Nr. 63 = NZA 1993, 420.
[4] BAG AP BetrVG 1972 § 112 Nr. 162 = NZA 2004, 220 = NZI 2004, 161 = ZIP 2004, 235.
[5] Also lediglich die teleologische Reduktion hinsichtlich der Haftung für Altverbindlichkeiten würde eingreifen, vgl. § 128 RdNr. 17 ff.
[6] S. ausführlich *Caspers* RdNr. 230 ff.; auch *Lakies* RdA 1997, 145, 151; *Löwisch* RdA 1997, 80, 85; *Müller-Limbach* S. 38 ff.; *Schrader* NZA 1997, 70, 76; APS-*K. Dörner* § 126 RdNr. 34; ErfKomm-*Kiel* § 126 RdNr. 1; aA *Ennemann* S. 1502 RdNr. 75 f.; *Kübler/Prütting/Moll* § 126 RdNr. 11 ff.; *Nerlich/Römermann/Hamacher* § 126 RdNr. 8 f.; *Uhlenbruck/Berscheid* § 126 RdNr. 8; *Däubler* in *Kittner/Däubler/Zwanziger*, Kündigungsschutzrecht, 6. Aufl. 2004, § 126 RdNr. 7.
[7] *Caspers* RdNr. 241, 244.

8 Das Feststellungsverfahren gilt für geplante, aber **auch für bereits erfolgte Kündigungen**, wie sich aus § 127 Abs. 2 ergibt.[8] Denn im letzteren Fall sieht diese Bestimmung vor, dass die Verhandlung über eine Kündigungsschutzklage bis zur rechtskräftigen Entscheidung im Verfahren nach § 126 auf Antrag des Insolvenzverwalters ausgesetzt wird. Die Erhebung der Kündigungsschutzklage setzt aber voraus, dass die Kündigung bereits ausgesprochen worden ist. Der Verwalter kann also erst kündigen und abwarten, welche Arbeitnehmer innerhalb von drei Wochen nach Zugang der Kündigung Kündigungsschutzklage erheben. Danach kann er den Antrag nach § 126 stellen und auf diese Arbeitnehmer beschränken, da hinsichtlich der anderen die Kündigung als von Anfang an wirksam gilt (§ 7 KSchG).[9] Der Verwalter kann mit dieser Vorgehensweise eine widerspruchsfreie Entscheidung der verschiedenen Kündigungsschutzverfahren erreichen.[10]

9 Dass sich nur **einer oder wenige Arbeitnehmer** gegen ihre Kündigung mit der Kündigungsschutzklage wehren, ändert an der Anwendbarkeit von § 126 nichts. Der Auffassung des LAG München, in einem solchen Fall werde die ratio legis des § 126 verfehlt,[11] kann nicht beigepflichtet werden. Der mit der Vorschrift verbundene Zweck der Verfahrensbeschleunigung steht auch in Frage, wenn nur ein Arbeitnehmer einen Kündigungsschutzprozess anstrengt. Durch das Beschlussverfahren des § 126 wird dann erreicht, dass die Entscheidung über die Berechtigung der Kündigung regelmäßig abschließend durch das Arbeitsgericht erfolgt (RdNr. 41 f.). Zudem kann nur so die Beschränkung der Nachprüfung der Sozialauswahl auf die Dauer der Betriebszugehörigkeit, das Lebensalter und die Unterhaltspflichten erreicht werden.

10 Zum Verhältnis des Verfahrens nach § 126 zum Beschlussverfahren über die Durchführung einer Betriebsänderung nach § 122 s. §§ 121, 122 RdNr. 63.

II. Voraussetzungen und Wirkungen des Feststellungsverfahrens

11 **1. Voraussetzungen.** In seiner **2. Alternative** setzt Abs. 1 Satz 1 voraus, dass der Verwalter den Betriebsrat rechtzeitig und umfassend über die geplante Betriebsänderung unterrichtet hat und nicht innerhalb von drei Wochen nach Verhandlungsbeginn oder schriftlicher Aufforderung zur Aufnahme von Verhandlungen ein Interessenausgleich nach § 125 Abs. 1 zustandegekommen ist. Für die Anforderungen an die Unterrichtung gilt das in §§ 121, 122 RdNr. 31 f. Gesagte, für die Dreiwochenfrist das in §§ 121, 122 RdNr. 34 ff. Gesagte entsprechend. Das Verfahren nach § 126 scheidet dann aus, wenn der Verwalter seinerseits zu **Verhandlungen über den Interessenausgleich** nicht bereit ist. Die vom Gesetz gewollte Subsidiarität des gerichtlichen Verfahrens gegenüber der betrieblichen Einigung verbietet in einem solchen Fall auch die Anwendung des Feststellungsverfahrens (vgl. §§ 121, 122 RdNr. 33). Ist ein Interessenausgleich nach § 125 zustande gekommen, kann der Verwalter später gleichwohl ein Beschlussverfahren nach § 126 einleiten, wenn wegen einer **weiteren Betriebsänderung** ein Interessenausgleich nicht zustande kommt.[12]

12 Im Fall der **1. Alternative** entfällt die in RdNr. 11 genannte Voraussetzung, weil ein Interessenausgleich gar nicht geschlossen werden kann. Der Verwalter kann das Verfahren alsbald einleiten, und zwar auch, ohne vorher mit den einzelnen Arbeitnehmern zu verhandeln.[13] Soweit in dem Betrieb ein Betriebsrat besteht (zu diesem Fall RdNr. 6), trifft den Insolvenzverwalter unabhängig davon die Informationspflicht nach § 80 Abs. 2 BetrVG, so dass der Betriebsrat etwa auf die Einhaltung von Auswahlrichtlinien i. S. d. § 95 BetrVG

---

[8] BAG AP InsO § 126 Nr. 2 = NZA 2000, 1180.
[9] S. auch die Begr. zu § 130 RegE, BT-Drucks. 12/2443 S. 150.
[10] Zustimmend FK-*Eisenbeis* § 126 RdNr. 2; *Hess* § 127 RdNr. 6; *Kübler/Prütting/Moll* § 126 RdNr. 22; *Müller-Limbach* S. 71 f.; *Nerlich/Römermann/Hamacher* § 126 RdNr. 26; *Smid/Weisemann/Streuber* § 126 RdNr. 10, § 127 RdNr. 1.
[11] LAG München ZInsO 2003, 339.
[12] BAG AP InsO § 126 Nr. 1 = NZA 2001, 170.
[13] BAG AP InsO § 126 Nr. 2 = NZA 2000, 1180.

hinwirken kann. Unberührt bleibt auch das Anhörungsrecht nach § 102 BetrVG (dazu RdNr. 30).

Der Antrag des Verwalters muss sich auf die **Feststellung der Betriebsbedingtheit und** 13 **sozialen Rechtfertigung** der Kündigung bestimmter Arbeitnehmer richten. Ob die Kündigungen bereits erfolgt oder erst beabsichtigt sind, spielt keine Rolle (oben RdNr. 8). Die zu kündigenden oder gekündigten Arbeitnehmer müssen im Antrag mit Vor- und Nachnamen bezeichnet werden, so dass ihre Identität eindeutig ist (vgl. näher § 125 RdNr. 73). Da sie nach Abs. 2 Beteiligte des Beschlussverfahrens sind, werden zweckmäßigerweise auch ihre Anschriften gleich angegeben, so dass sie vom Arbeitsgericht ohne Verzögerung geladen werden können.

Auch wenn es nicht zu einem Interessenausgleich kommt oder dieser gar nicht möglich 14 ist, kommt es vor, dass die Kündigungen nur **in Etappen** notwendig werden. In einem solchen Fall kann der Insolvenzverwalter seinen Antrag auf die Feststellung richten, dass die von ihm vorgesehenen etappenweisen Kündigungen sozial gerechtfertigt sind. Das Arbeitsgericht hat dann zu entscheiden, ob die Kündigungen zu den **jeweils vorgesehenen Terminen** betriebsbedingt und auch hinsichtlich der Sozialauswahl im Verhältnis zu den überhaupt nicht und zu den später zu kündigenden Arbeitnehmern sozial gerechtfertigt sind. Der Insolvenzverwalter kann aber auch für jede Etappe ein eigenes Feststellungsverfahren beantragen, weil die Kündigungen, anders als im Fall des § 125, nicht durch einen Interessenausgleich verklammert sind.

In der Literatur wird die Auffassung vertreten, der Insolvenzverwalter könne einen 15 „**gestaffelten Antrag**" stellen, in dem er die Reihenfolge der zu kündigenden Arbeitnehmer nach ihrer sozialen Schutzbedürftigkeit festlegt. Mit einem solchen gestaffelten Antrag könne erreicht werden, dass das Gericht verbindlich über die Reihenfolge der Kündigungen entscheide. So werde vermieden, dass eine nachträgliche Verminderung der Zahl der zu kündigenden Arbeitnehmer den Beschluss entwerte, weil jeder gekündigte Arbeitnehmer sich auf eine Durchbrechung der Bindungswirkung (dazu § 127 RdNr. 7 ff.) durch § 127 Abs. 1 Satz 2 berufen könne.[14]

Dieser am Modell des Interessenausgleichs nach § 125 orientierten Auffassung kann nicht 16 gefolgt werden. Gegenstand des Verfahrens nach § 126 ist die Feststellung, dass die **Kündigung** bestimmter im Antrag bezeichneter Arbeitnehmer sozial gerechtfertigt ist, nicht aber die soziale Rangfolge zwischen den zu kündigenden Arbeitnehmern. Diese ist für sich **kein Rechtsverhältnis** und kann deshalb auch nicht Gegenstand eines Feststellungsverfahrens sein. Die Entscheidung über die Rangfolge der Kündigungen würde das Arbeitsgericht dazu zwingen, die sozialen Gesichtspunkte jedes einzelnen einer möglicherweise großen Anzahl von Arbeitnehmern zu bewerten und ins Verhältnis zu jedem der anderen zu kündigenden Arbeitnehmer zu setzen.

Es ist auch nicht richtig, dass der arbeitsgerichtliche Beschluss ohne bindende Entschei- 17 dung über die Rangfolge wertlos ist, wenn sich herausstellt, dass **weniger Kündigungen ausgesprochen** werden müssen, als in dem Beschluss für zulässig erklärt worden sind. Kündigt nämlich in einem solchen Fall der Insolvenzverwalter die Arbeitnehmer, die er für sozial am wenigstens schutzbedürftig hält, müssen diese im Kündigungsschutzprozess geltend machen, dass sie doch zu den schutzbedürftigsten gehören und sich deshalb in ihrer Person die Sachlage im Sinne des § 127 Abs. 1 Satz 2 wesentlich geändert hat. Das werden nur wenige mit Aussicht auf Erfolg tun können. Davon abgesehen sticht der Einwand der Gegenauffassung von vornherein nicht, wenn der Verwalter das Verfahren nach § 126 erst einleitet, nachdem er die Kündigungen ausgesprochen hat: Veränderungen der Verhältnisse nach Zugang der Kündigung sind grundsätzlich unbeachtlich (§ 125 RdNr. 105).

Auch § 126 verlangt nicht, dass der Insolvenzverwalter für alle betriebsbedingt zu kündi- 18 genden Arbeitnehmer den Feststellungsantrag stellt. Vielmehr kann er sich **auf bestimmte**

---

[14] *Grunsky*, Festschrift für Lüke, 1997, S. 191, 199 ff.; *Giesen* ZIP 1998, 46, 52; *Heinze* NZA 1999, 57, 60 f.; wohl auch *Nerlich/Römermann/Hamacher* § 126 RdNr. 32 f.

Arbeitnehmer und Arbeitnehmergruppen beschränken. Das Arbeitsgericht hat dann für diese die Betriebsbedingtheit und die Sozialauswahl im Verhältnis zu allen anderen vergleichbaren Arbeitnehmern zu beurteilen.

19 Für den Fall, dass die primär gegenüber anderen Arbeitnehmern vorgesehenen Kündigungen vom Arbeitsgericht als sozial nicht gerechtfertigt angesehen werden, ist ein **Hilfsantrag** auf Feststellung, dass dann die Kündigung eines oder mehrerer anderer Arbeitnehmer sozial gerechtfertigt ist, möglich.[15]

20 **2. Wirkungen.** Das Arbeitsgericht entscheidet auf den Antrag des Insolvenzverwalters über die soziale Rechtfertigung der beabsichtigten oder schon ausgesprochenen Kündigungen der vom Insolvenzverwalter bezeichneten Arbeitnehmer. Die Entscheidung betrifft die einzelnen Kündigungen. Dementsprechend ist es möglich, dass dem Antrag für einen **Teil der Kündigungen** stattgegeben und dass er hinsichtlich eines Teils der Kündigungen abgewiesen wird (unten RdNr. 40).

21 Wird das **Beschlussverfahren vor Ausspruch der Kündigungen** durchgeführt, ist maßgeblicher Beurteilungszeitpunkt für die soziale Rechtfertigung, wie sich aus § 127 Abs. 1 Satz 2 ergibt, der Schluss der Letzten mündlichen Verhandlung. Als solcher ist im Beschlussverfahren der Schluss der mündlichen Anhörung zu verstehen. Wird gem. § 83 Abs. 4 Satz 3 ArbGG im Einverständnis der Beteiligten ohne mündliche Verhandlung entschieden, tritt der Verkündungstermin (§ 84 Satz 3 i. V. m. § 60 ArbGG) an die Stelle.[16]

22 Soweit die **Kündigungen vor Abschluss des Beschlussverfahrens** erfolgen (vgl. RdNr. 8), ist maßgeblicher Beurteilungszeitpunkt der Zeitpunkt des Zugangs der Kündigung. Denn die Bindungswirkung des Beschlusses für das Kündigungsschutzverfahren gebietet in diesem Fall einen einheitlichen Beurteilungszeitpunkt für beide Verfahren.[17]

23 Im Rahmen der Entscheidung ist zunächst zu prüfen, ob die einzelnen Kündigungen durch dringende betriebliche Erfordernisse bedingt sind. Anders als bei § 125 besteht **keine Vermutung für die Betriebsbedingtheit.** Vielmehr gelten die allgemeinen Grundsätze über die Verteilung der Darlegungs- und Beweislast bei der betriebsbedingten Kündigung (§ 125 RdNr. 38). Zu den Auswirkungen des im Beschlussverfahren geltenden Amtsermittlungsgrundsatzes s. unten RdNr. 35 f.

24 Das Gericht hat sodann die **soziale Auswahl** der von den Kündigungen betroffenen Arbeitnehmer zu überprüfen. Dabei besteht gegenüber den allgemeinen Grundsätzen insofern eine Einschränkung, als lediglich die Dauer der Betriebszugehörigkeit, das Lebensalter und die Unterhaltspflichten relevant sind (vgl. auch RdNr. 2). Keine Besonderheit besteht hinsichtlich der Vergleichbarkeit der für die Sozialauswahl in Betracht kommenden Arbeitnehmer (vgl. § 125 RdNr. 25) und hinsichtlich des berechtigten betrieblichen Interesses, welches die Sozialauswahl durchbricht (vgl. § 125 RdNr. 34). Auch dieses ist im Verfahren nach § 126 zu überprüfen, da dessen Gegenstand die soziale Rechtfertigung der betriebsbedingten Kündigung insgesamt ist.[18]

25 Abs. 1 Satz 2 beschränkt den Maßstab für die Nachprüfung der Sozialauswahl nicht wie § 125 Abs. 1 Satz 1 Nr. 2 auf grobe Fehlerhaftigkeit. Maßgebend ist vielmehr, ob die drei genannten Gesichtspunkte im Sinne des § 1 Abs. 3 Satz 1 KSchG **ausreichend** berücksichtigt sind (§ 125 RdNr. 33).

26 Zur Darlegungs- und Beweislast für die Fehlerhaftigkeit der Sozialauswahl s. § 125 RdNr. 39, zum Amtsermittlungsgrundsatz unten RdNr. 35 f.

---

[15] *Grunsky,* Festschrift für Lüke, 1997, S. 191, 197 f.; *Giesen* ZIP 1998, 46, 52; *Zeuner* in Leipold, Insolvenzrecht, S. 261, 266; *Kübler/Prütting/Moll* § 126 RdNr. 23; *Nerlich/Römermann/Hamacher* § 126 RdNr. 34.
[16] *Zwanziger* § 127 RdNr. 4.
[17] *Caspers* RdNr. 279 f.; zustimmend *Fischermeier* NZA 1997, 1089, 1099; *Friese* ZInsO 2001, 350, 353; *Nerlich/Römermann/Hamacher* § 127 RdNr. 11 f.; aA *Zwanziger* § 126 RdNr. 51.
[18] *ErfKomm-Kiel* § 126 RdNr. 5; *FK-Eisenbeis* § 126 RdNr. 10; *Kübler/Prütting/Moll* § 126 RdNr. 30; *Nerlich/Römermann/Hamacher* § 126 RdNr. 40; aA *Lakies* BB 1999, 206, 209; *MünchHdbArbR-Berkowsky* § 133 RdNr. 52.

Nach § 127 Abs. 1 entfaltet die rechtskräftige Entscheidung über die soziale Rechtfer- 27
tigung einer Kündigung im Verfahren nach § 126 in einem vom Arbeitnehmer angestrengten Kündigungsschutzprozess Bindungswirkung (s. dazu § 127 RdNr. 7 ff.).

III. Verfahrensablauf

1. Beschlussverfahren. Nach Abs. 2 Satz 1 gelten im Feststellungsverfahren die Vor- 28
schriften des Arbeitsgerichtsgesetzes über das Beschlussverfahren entsprechend. Bei diesem
handelt es sich an sich um ein arbeitsgerichtliches Verfahren zur Regelung kollektiver Streitigkeiten. Um solche geht es bei § 126 nicht, selbst dann nicht, wenn ein Interessenausgleich
nach § 125 Abs. 1 nicht zustande gekommen ist und der Betriebsrat im Feststellungsverfahren
Beteiligter ist. Denn es ist nicht Aufgabe des Gerichts, Insolvenzverwalter und Betriebsrat
noch zu einem Interessenausgleich nach § 125 zu bewegen, sondern die Aufgabe besteht
allein darin, über die Rechtmäßigkeit der Kündigungen zu entscheiden. Insoweit ist die Wahl
des Beschlussverfahrens als Verfahrensart nicht systemgerecht. Es handelt sich um eine Spezialität des Insolvenzrechts mit einer Reihe von der Konzeption des Beschlussverfahrens abweichenden Besonderheiten. Zur örtlichen Zuständigkeit s. §§ 121, 122 RdNr. 46.

2. Beteiligte. Abs. 2 Satz 1 Hs. 2 bestimmt, dass neben dem Insolvenzverwalter auch der 29
Betriebsrat Beteiligter des Beschlussverfahrens ist. Dies zielt auf die 2. Alternative des
Abs. 1 Satz 1, wonach ein Interessenausgleich nach § 125 an sich möglich gewesen wäre,
aber nicht zustande kam. Der Betriebsrat ist aber auch dann zu beteiligen, wenn § 126 über
den Wortlaut hinaus entsprechende Anwendung findet, weil zwar ein Betriebsrat existiert,
die Voraussetzungen des § 111 BetrVG aber nicht vorliegen, so dass kein Fall des Abs. 1
Satz 1 Alt. 2 i. V. m. § 125 gegeben ist (s. o. RdNr. 6). Insoweit ist die Beteiligung des
Betriebsrats im Zusammenhang mit der Bindungswirkung nach § 127 Abs. 1 zu sehen. Sie
ermöglicht den Eintritt der Bindung auch dann, wenn der Betriebsrat der Kündigung nach
§ 102 Abs. 3 BetrVG widerspricht. Diese Funktion erfordert eine Beteiligung des Betriebsrats auch in jenem Fall.[19]

Das Anhörungsrecht des Betriebsrats bei Kündigungen nach **§ 102 Abs. 1 und 2** 30
BetrVG besteht unabhängig von seiner Beteiligung im Beschlussverfahren. Das gilt nicht
nur, wenn das Verfahren erst eingeleitet wird, nachdem die Kündigungen schon ausgesprochen sind, sondern auch, wenn die Kündigungen erst nach Abschluss des Verfahrens
erfolgen. Zweckmäßigerweise unterrichtet der Insolvenzverwalter im letzteren Fall den
Betriebsrat parallel zum Verfahren nach § 126.

Nach Abs. 2 Satz 1 Hs. 2 sind auch die für die Kündigung bezeichneten **Arbeitnehmer** 31
Beteiligte, soweit sie nicht mit der Beendigung des Arbeitsverhältnisses oder – im Falle
einer Änderungskündigung – mit den geänderten Arbeitsbedingungen einverstanden sind.
Auch die Beteiligung der betroffenen Arbeitnehmer und die Ausnahme im Fall des Einverständnisses sind im Zusammenhang mit der Bindungswirkung des § 127 Abs. 1 zu sehen:
Einerseits kann die Bindungswirkung gegenüber den Parteien eines späteren Individualkündigungsschutzprozesses nur eintreten, wenn diese zuvor am Beschlussverfahren formell
beteiligt waren (§ 127 RdNr. 5 f.).[20] Andererseits kann die Beteiligung nur entbehrlich sein,
wenn das Einverständnis zur Beendigung des Arbeitsverhältnisses so bestandsfest ist, dass die
Wirksamkeit einer späteren oder aber auch vorherigen Kündigung in einem Kündigungsschutzprozess unter dem Gesichtspunkt der Sozialwidrigkeit nicht mehr in Frage gestellt
werden kann. Praktisch gilt folgendes:

Haben sich die Arbeitnehmer bereits **gegenüber dem Verwalter** mit der Kündigung 32
ihrer Arbeitsverhältnisse **einverstanden** erklärt, liegt darin regelmäßig ein **Klagverzicht.**[21]

---

[19] Anders noch *Caspers* RdNr. 249.
[20] *Grunsky,* Festschrift für Lüke, 1997, S. 191, 195 f.
[21] *Caspers* RdNr. 251; zustimmend *Kübler/Prütting/Moll* § 126 RdNr. 48; zur Unwirksamkeit eines formularmäßigen Klagverzichts nach § 307 Abs. 1 Satz 1 BGB, BAG vom 6. 9. 2007 – 2 AZR 722/06, Pressemitteilung.

Dann ist eine Kündigungsschutzklage als unbegründet abzuweisen. Der Arbeitnehmer kann sich nicht mehr gegen die Kündigung wehren; diese gilt gem. § 7 Hs. 1 KSchG als von Anfang an wirksam. Dann bedarf es auch keiner rechtskräftigen Feststellung nach § 126 und keiner Bindung nach § 127 Abs. 1 Satz 1, folglich auch keiner Bezeichnung im Antrag. Die Arbeitnehmer unterliegen insoweit zwar mangels formeller Beteiligung nicht der Rechtskraft und Bindung des Feststellungsbeschlusses.[22] Der Klagverzicht nimmt ihnen aber die Möglichkeit, erfolgreich Kündigungsschutzklage zu erheben. An den Wegfall von dessen Geschäftsgrundlage sind die gleichen Anforderungen zu stellen wie an die zeitlichen Grenzen der Rechtskraft des Beschlusses nach § 127 Abs. 1 Satz 2 (dazu § 127 RdNr. 13 ff.).

33 Die im Antrag genannten Arbeitnehmer muss das Gericht im Beschlussverfahren formell beteiligen. Da sie im Verfahren frei über ihren Kündigungsschutz disponieren können, können sie auch **gegenüber dem Arbeitsgericht** erklären, dass sie mit der Kündigung einverstanden sind. Als Prozesshandlung setzt diese Erklärung eine vorherige formelle Beteiligung voraus. Es handelt sich um ein **Anerkenntnis** nach § 307 ZPO, der auch im Beschlussverfahren Anwendung findet.[23] Rechtskraft und Bindung des Beschlusses treten dann gegenüber dem anerkennenden Arbeitnehmer ein.

34 Hat der Insolvenzverwalter Arbeitnehmer in einem Hilfsantrag bezeichnet (oben RdNr. 19), sind diese von Anfang an beteiligt und nicht erst wenn feststeht, dass der Hauptantrag ganz oder teilweise abgewiesen wird. Diese Arbeitnehmer müssen nämlich die Möglichkeit haben, den Hauptantrag des Insolvenzverwalters zu unterstützen, um die sie selbst treffende Kündigungsgefahr abzuwenden.[24]

35 **3. Sachverhaltsaufklärung.** Nach § 83 Abs. 1 ArbGG gilt im Beschlussverfahren der **Untersuchungsgrundsatz** mit der Maßgabe, dass die am Verfahren Beteiligten bei der Aufklärung des Sachverhalts **mitzuwirken** haben (s. näher §§ 121, 122 RdNr. 47). Übertragen auf das Verfahren nach § 126 bedeutet das, dass der Insolvenzverwalter die Antragsvoraussetzungen darlegen und beweisen muss. Es unterliegt im Einzelnen seiner Behauptung und wenn erforderlich auch seines Beweises, dass **dringende betriebliche Erfordernisse** die Kündigungen bedingen. Wie das Arbeitsgericht den Sachverhalt aufklärt, ist aber letztlich seine Sache. Gem. § 83 Abs. 2 ArbGG kann es dafür Urkunden einsehen, Auskünfte einholen sowie Zeugen, Sachverständige und Beteiligte vernehmen. Insbesondere kommt auch eine amtswegige Vernehmung des Verwalters als Beteiligtem in Betracht.[25]

36 Hinsichtlich der **Sozialauswahl** bleibt es ebenfalls bei der abgestuften Darlegungs- und Beweislast, wie sie von der Rechtsprechung entwickelt wurde. Der Verwalter braucht zunächst nicht von sich aus zur sozialen Auswahl Stellung zu nehmen.[26] Kommt der Verwalter nach einem Bestreiten der Richtigkeit der Sozialauswahl durch die Arbeitnehmer und der Aufforderung zur Mitteilung der Gründe für die Auswahlentscheidung seiner Darlegungspflicht gem. § 1 Abs. 3 Satz 1 Hs. 1 KSchG nach und lassen sich dennoch die Umstände nicht aufklären, nach denen die Sozialauswahl fehlerhaft sein soll, geht dies entsprechend der Beweislast des § 1 Abs. 3 Satz 3 KSchG zu Lasten der jeweiligen Arbeitnehmer.

37 **4. Vorrangige Verfahrenserledigung.** Nach Abs. 2 Satz 2 i. V. m. § 122 Abs. 2 Satz 3 ist der Antrag nach Maßgabe des § 61 a Abs. 3 bis 6 ArbGG vorrangig zu erledigen. Möglich sind **Fristsetzungen** für das Vorbringen der Beteiligten, die allerdings mindestens zwei Wochen betragen müssen. Mit verspätetem Vortrag sind die Beteiligten präkludiert, wenn nach der freien Überzeugung des Gerichts dessen Zulassung die Erledigung des Rechtsstreits

---

[22] *Caspers* RdNr. 251; *Nerlich/Römermann/Hamacher* § 126 RdNr. 21, § 127 RdNr. 6; aA ErfKomm-*Kiel* § 127 RdNr. 2.
[23] *Germelmann/Matthes/Prütting/Müller-Glöge* § 80 ArbGG RdNr. 57; speziell zu § 126 *Grunsky*, Festschrift für Lüke, 1997, S. 191, 199.
[24] Eingehend *Grunsky*, Festschrift für Lüke, 1997, S. 191, 198.
[25] S. näher *Caspers* RdNr. 257.
[26] Zutreffend *Lohkemper* KTS 1996, 1, 13.

verzögert oder wenn der betreffende Beteiligte die Verspätung nicht genügend entschuldigt (vgl. §§ 121, 122 RdNr. 48).

Die Verweisung auf § 61a ArbGG bestätigt, dass es auch im Beschlussverfahren nach § 126 wesentlich auf das **Vorbringen der Beteiligten** ankommt und dass die allgemeinen Beweislastgrundsätze Anwendung finden müssen. Der Untersuchungsgrundsatz ist durch die Anwendung des § 61a Abs. 3 bis 6 ArbGG noch weiter zurückgedrängt als sonst im arbeitsgerichtlichen Beschlussverfahren. **38**

5. Feststellungsbeschluss und Rechtsmittel. Nach § 84 ArbGG entscheidet das Arbeitsgericht über den vom Verwalter gestellten Feststellungsantrag durch Beschluss. Ihm ist entweder stattzugeben, oder er ist als unzulässig oder unbegründet abzuweisen. **Soweit das Arbeitsgericht dem Antrag stattgibt,** stellt es nach Abs. 1 Satz 1 fest, dass die Kündigung der betreffenden Arbeitnehmer durch dringende betriebliche Erfordernisse bedingt und sozial gerechtfertigt ist. Dass nicht nur die soziale Rechtfertigung, sondern auch die Betriebsbedingtheit festgestellt wird, hat seinen guten Sinn, denn es wird damit für die Bindungswirkung des § 127 Abs. 1 Satz 1 klargestellt, dass entsprechend dem eingeschränkten Anwendungsbereich des § 126 (oben RdNr. 3) über andere Gründe der sozialen Rechtfertigung nicht entschieden ist. Gegen eine verhaltens- oder personenbedingte Kündigung kann sich der Arbeitnehmer wehren, ohne dass die Bindungswirkung eingriffe. **39**

Dem Antrag kann **teilweise** hinsichtlich der Kündigungen einiger Arbeitnehmer **stattgegeben** und er kann im Übrigen hinsichtlich anderer Arbeitnehmer abgewiesen werden.[27] Über den Antrag kann das Arbeitsgericht aber nicht hinausgehen, insbesondere kann es nicht die Kündigung von Arbeitnehmern, die im Antrag nicht aufgeführt sind, für sozial gerechtfertigt erklären, wenn es sie für sozial weniger schutzbedürftig hält. **40**

Abs. 2 Satz 2 verweist auch auf **§ 122 Abs. 3.** Danach findet nach Satz 1 der Vorschrift gegen den Beschluss des Arbeitsgerichts die Beschwerde an das Landesarbeitsgericht nicht statt. Eine **Rechtsbeschwerde** an das Bundesarbeitsgericht findet nur statt, wenn sie in dem Beschluss des Arbeitsgerichts zugelassen wird. Eine Nichtzulassungsbeschwerde an das Bundesarbeitsgericht scheidet aus (s. im Einzelnen §§ 121, 122 RdNr. 52 ff.). **41**

Konsequenz dieser Rechtsmittelkonzeption ist, dass der Beschluss des Arbeitsgerichts **im Regelfall sofort rechtskräftig** wird[28] (s. dazu §§ 121, 122 RdNr. 55). Eine Zulassung der Rechtsbeschwerde an das Bundesarbeitsgericht wird nämlich nur in Ausnahmesituationen vorkommen, da es kaum vorstellbar ist, dass angesichts einer ausgeprägten obergerichtlichen Rechtsprechung zur betriebsbedingten Kündigung Rechtsfragen von grundsätzlicher Bedeutung berührt werden. Eine Abweichung von obergerichtlicher Rechtsprechung ist ebenfalls unwahrscheinlich.[29] Die **Gewährleistung effektiven Rechtsschutzes** wird dadurch nicht verletzt. Denn diese gewährt in Zivilstreitigkeiten lediglich, dass die Gerichte angerufen werden können, nicht aber, dass ein bestimmter Instanzenzug beschritten werden kann.[30] **42**

6. Kosten. Gem. Abs. 3 Satz 1 gilt § 12a Abs. 1 Satz 1 und 2 ArbGG hinsichtlich der Kosten, die den Beteiligten im Verfahren des ersten Rechtszugs entstehen, entsprechend. Danach bestehen **keine Kostenerstattungsansprüche** der Beteiligten. Jedoch ändert das nichts an der materiellen **Freistellungspflicht für die Kosten des Betriebsrats** gem. § 40 Abs. 1 BetrVG zu Lasten der Insolvenzmasse, wenn der Betriebsrat im Feststellungsverfahren Beteiligter ist. Sollte es zu einer Rechtsbeschwerde vor dem Bundesarbeitsgericht kommen, werden die außergerichtlichen Kosten erstattet (Abs. 3 Satz 2). **43**

---

[27] *Grunsky,* Festschrift für Lüke, 1997, S. 191, 197; *Friese* ZInsO 2001, 350, 353; *Lakies* RdA 1997, 145, 152; ErfKomm-*Kiel* § 126 RdNr. 5.
[28] Vgl. Begr. zu § 129 RegE, BT-Drucks. 12/2443, S. 149 f.; *Warrikoff* BB 1994, 2338, 2343; *Lohkemper* KTS 1996, 1, 19 f.; *Müller-Limbach* S. 116; *Schrader* NZA 1997, 70, 73.
[29] *Warrikoff* BB 1994, 2338, 2340.
[30] Zur verfassungsrechtlichen Unbedenklichkeit dieser Rechtsmittelkonzeption vgl. *Grunsky,* Festschrift für Lüke, 1997, S. 191, 195; *Lakies* RdA 1997, 145, 154.

§ 127   3. Teil. 2. Abschnitt. Erfüllung Rechtsgeschäfte. Mitwirkung BR

44   Wie sich aus § 2 Abs. 2 GKG ergibt, werden in dem Verfahren nach § 126 Gerichtskosten nicht erhoben.

45   **7. Vorzeitige Beendigung des Verfahrens.** Einigen sich in der 2. Alternative des Abs. 1 Satz 1 Insolvenzverwalter und Betriebsrat noch während des Beschlussverfahrens auf einen Interessenausgleich nach § 125 Abs. 1, kann der **Antrag** gem. § 81 Abs. 2 ArbGG jederzeit vom Insolvenzverwalter **zurückgenommen** werden, ohne dass es auf die Zustimmung der übrigen Beteiligten ankommt.[31] Wird der Antrag zurückgenommen, ist das Verfahren durch Beschluss einzustellen. Insoweit geht es nicht um eine Erledigung des Verfahrens nach § 83a Abs. 2 und 3 ArbGG. Dies ist nicht problematisch, da Kosten nicht erhoben und den Beteiligten auch nicht erstattet werden und die Arbeitnehmer die Rechtmäßigkeit der Kündigungen im Kündigungsschutzprozess – nunmehr am Maßstab des § 125 Abs. 1, soweit die Kündigungen erst nach Vereinbarung des Interessenausgleichs ausgesprochen worden sind (§ 125 RdNr. 82) – überprüfen lassen können. Dabei gilt der Grundsatz, dass immer die Sachlage zum Zeitpunkt des Zugangs der jeweils angegriffenen Kündigung im Kündigungsschutzprozess maßgeblich ist (§ 125 RdNr. 18, 105).

46   Die Bestimmung des § 83a ArbGG zur **Erledigung des Beschlussverfahrens** nach § 126 gilt nur im Rechtsbeschwerdeverfahren, wobei die besondere Rechtsprechung des Bundesarbeitsgerichts über eine einseitige Erledigung im Beschlussverfahren zu beachten ist. Danach hat das Gericht nach Anhörung der Beteiligten nur zu prüfen, ob das erledigende Ereignis eingetreten ist. Ist das der Fall, ist das Verfahren nach § 83a Abs. 2 ArbGG einzustellen. Darauf, ob der Antrag ursprünglich zulässig und begründet war, kommt es nicht an.[32]

§ 127 Klage des Arbeitnehmers

(1) ¹**Kündigt der Insolvenzverwalter einem Arbeitnehmer, der in dem Antrag nach § 126 Abs. 1 bezeichnet ist, und erhebt der Arbeitnehmer Klage auf Feststellung, daß das Arbeitsverhältnis durch die Kündigung nicht aufgelöst oder die Änderung der Arbeitsbedingungen sozial ungerechtfertigt ist, so ist die rechtskräftige Entscheidung im Verfahren nach § 126 für die Parteien bindend.** ²**Dies gilt nicht, soweit sich die Sachlage nach dem Schluß der letzten mündlichen Verhandlung wesentlich geändert hat.**

(2) **Hat der Arbeitnehmer schon vor der Rechtskraft der Entscheidung im Verfahren nach § 126 Klage erhoben, so ist die Verhandlung über die Klage auf Antrag des Verwalters bis zu diesem Zeitpunkt auszusetzen.**

Schrifttum: Siehe das bei § 126 genannte Schrifttum; ferner: *Krause,* Rechtskrafterstreckung im kollektiven Arbeitsrecht, 1996; *Otto,* Entscheidungsharmonie, Verfahrensökonomie und rechtliches Gehör bei Streitigkeiten mit kollektivem Bezug, RdA 1989, 247; *Prütting,* Prozessuale Koordinierung von kollektivem und Individualarbeitsrecht, RdA 1991, 257; *ders.,* Arbeitsgerichtliches Beschlußverfahren in der Insolvenz, Festschrift für Uhlenbruck, 2000, S. 769; *Schaub,* Arbeitsrecht in der Insolvenz, DB 1999, 217.

Übersicht

	RdNr.		RdNr.
I. Normzweck und Anwendungsbereich	1	1. Rechtskräftige Entscheidung	3
II. Voraussetzungen der Bindungswirkung	3	2. Beteiligung des betroffenen Arbeitnehmers am Verfahren	5

---

[31] *Germelmann/Matthes/Prütting/Müller-Glöge* § 81 ArbGG RdNr. 73; *Grunsky/Moll* RdNr. 382 f.
[32] BAG AP ArbGG 1979 § 83a Nr. 3 = NZA 1990, 822; BAG AP ArbGG 1979 § 83a Nr. 2 = NZA 1993, 1052, unter Aufgabe der Rechtsprechung BAG AP BetrVG 1972 § 99 Nr. 46, wonach die Regeln über die einseitige Erledigung im Urteilsverfahren entsprechend gelten sollten; s. auch *Germelmann/Matthes/Prütting/Müller-Glöge* § 83a ArbGG RdNr. 21 ff.; kritisch *Grunsky* § 83a ArbGG RdNr. 9.

	RdNr.		RdNr.
III. Inhalt der Bindung	7	3. Wesentliche Änderung der Sachlage	13
1. Bei Stattgabe des Antrags	7	**IV. Aussetzung des Kündigungs-**	
2. Bei Abweisung des Antrags	10	**schutzverfahrens**	17

I. Normzweck und Anwendungsbereich

Abs. 1 Satz 1 ordnet an, dass die rechtskräftige Entscheidung im Verfahren nach § 126 die Parteien in einem späteren Kündigungsschutzprozess bindet. Die Vorschrift soll **divergierende Entscheidungen verhindern.** Das auf rasche Klärung angelegte Feststellungsverfahren nach § 126 hätte keinen Sinn, wenn die Entscheidung des Arbeitsgerichts über die soziale Rechtfertigung der Kündigung in einem späteren Kündigungsschutzprozess wieder in Frage gestellt werden könnte. 1

Der **Anwendungsbereich** des § 127 deckt sich mit dem des § 126 (§ 126 RdNr. 3 ff.). 2

II. Voraussetzungen der Bindungswirkung

1. Rechtskräftige Entscheidung. Die Bindungswirkung setzt eine rechtskräftige Entscheidung über die soziale Rechtfertigung der Kündigung oder Änderungskündigung voraus, die vom Arbeitnehmer im Kündigungsschutzprozess angegriffen wird. Der Arbeitnehmer muss in dem Antrag des Verwalters für das Verfahren nach § 126 bezeichnet gewesen sein. Die Entscheidung muss die Feststellung enthalten, dass seine Kündigung durch dringende betriebliche Erfordernisse bedingt und sozial gerechtfertigt ist (vgl. § 126 RdNr. 39). 3

Die Entscheidung muss **rechtskräftig** sein. Lässt das Arbeitsgericht die Rechtsbeschwerde zu, tritt Rechtskraft erst mit Ablauf der Rechtsbeschwerdefrist von einem Monat oder bei rechtzeitiger Einlegung der Rechtsbeschwerde mit der Entscheidung des Bundesarbeitsgerichts ein. Lässt das Arbeitsgericht die Rechtsbeschwerde nicht zu, wird der Beschluss mit seiner Verkündung rechtskräftig (vgl. §§ 121, 122 RdNr. 54 f.). 4

2. Beteiligung des betroffenen Arbeitnehmers am Verfahren. Die im Antrag bezeichneten zu kündigenden oder gekündigten Arbeitnehmer müssen im Beschlussverfahren formell beteiligt und gehört werden, um die Bindungswirkung des § 127 Abs. 1 herbeizuführen: Da die Bindungswirkung der Rechtskraft folgt, muss sich die Rechtskraft des Beschlusses auf die einzelnen Arbeitnehmer beziehen **(subjektive Rechtskraft):** 5

Die **Wirkungen der materiellen Rechtskraft** knüpfen grundsätzlich an die formelle Beteiligung im Beschlussverfahren an.[1] Zwar wird in kollektiven Streitigkeiten zwischen Arbeitgeber und Betriebsrat eine Rechtskrafterstreckung auch ohne Beteiligung der Arbeitnehmer auf alle betroffenen Arbeitnehmer angenommen.[2] Um eine kollektive Streitigkeit handelt es sich hier aber nicht. Dass die soziale Auswahl den Kündigungen einen kollektiven Bezug verleiht,[3] ändert nichts daran, dass der Kündigungsschutz insgesamt seinen individualrechtlichen Charakter behält. Es liegt keine Rechtsmacht des Betriebsrats über den Kündigungsschutz der Arbeitnehmer vor: Selbst der Interessenausgleich nach § 125 geht weiterhin von der individualrechtlichen Konzeption des Kündigungsschutzes aus und verschiebt allein die Beweislast und den Prüfungsmaßstab des Gerichts. Wo aber keine Rechtsmacht des Betriebsrats und keine materielle Abhängigkeit der Rechtsposition von einem Tätigwerden des Betriebsrats besteht, kann sich die Rechtskraft eines gegenüber dem Betriebsrat ergangenen Beschlusses auch nicht auf die nicht beteiligten Arbeitnehmer kraft 6

---

[1] BAG AP ArbGG 1979 § 80 Nr. 2 = NJW 1981, 2271 (unter II 2 der Gründe); BAG AP ZPO § 322 Nr. 14 = NJW 1984, 1710 (unter II 1 der Gründe); vgl. auch *Otto* RdA 1989, 247, 250; *Prütting* RdA 1991, 257, 260; *Stein/Jonas/Leipold* § 322 ZPO RdNr. 325; ausführlich zur Rechtskraft im Verfahren nach § 126 *Prütting,* Festschrift für Uhlenbruck, 2000, S. 769, 775 ff.

[2] Ausführlich *Otto* RdA 1989, 247 ff.; *Prütting* RdA 1991, 257 ff.

[3] *Otto* RdA 1989, 247, 249; vgl. auch *Krause* S. 221.

Repräsentation erstrecken. Dem einzelnen Arbeitnehmer muss es unbenommen bleiben, seine betriebsverfassungsfesten Rechte selbst wahrzunehmen.[4]

III. Inhalt der Bindung

7 **1. Bei Stattgabe des Antrags.** Die rechtskräftige Feststellung, dass die Kündigung eines Arbeitnehmers betriebsbedingt und sozial gerechtfertigt ist, bindet Arbeitnehmer und Verwalter in einem nachfolgenden Kündigungsschutzprozess. Die Kündigungsschutzklage oder Änderungsschutzklage wird zwar nicht unzulässig. Sie ist aber unbegründet, soweit der Arbeitnehmer sich auf Sozialwidrigkeit wegen fehlender Betriebsbedingtheit beruft und dabei Tatsachen geltend macht, die er bereits im Beschlussverfahren vergeblich vorgebracht hat oder nicht vorgebracht hat, obwohl sie bereits vorgelegen haben.[5] Nur eine nachträgliche wesentliche Änderung der Sachlage lässt die Bindungswirkung entfallen (unten RdNr. 13 ff.).

8 Die Bindungswirkung gilt auch, wenn der Arbeitnehmer zwar nicht Kündigungsschutzklage erhebt, aber im Rahmen einer anderen Klage, insbesondere einer **Lohnzahlungsklage,** für die Zeit nach Ablauf der Kündigungsfrist geltend macht, dass die ihm gegenüber ausgesprochene Kündigung sozialwidrig sei. Um das Wirksamwerden der Kündigung nach § 7 KSchG zu vermeiden, muss der Arbeitnehmer sich im Prozess über die Leistungsklage gem. § 6 KSchG auf die Sozialwidrigkeit berufen (§ 113 RdNr. 78 ff.). Damit aber dringt er nicht durch, weil die Betriebsbedingtheit und soziale Rechtfertigung wegen der Bindungswirkung feststeht.

9 Die Bindungswirkung beschränkt sich auf die **Betriebsbedingtheit und soziale Rechtfertigung** der Kündigung. Dass diese aus anderen Gründen, z. B. wegen fehlender Schriftform oder Nichtanhörung des Betriebsrats oder wegen eines bestehenden Sonderkündigungsschutzes unwirksam ist, kann der Arbeitnehmer weiterhin geltend machen.[6]

10 **2. Bei Abweisung des Antrags.** Die Bindungswirkung gilt auch **zugunsten der Arbeitnehmer,** wenn der Antrag des Insolvenzverwalters nach § 126 im Beschlussverfahren in der Sache abgewiesen wurde. Denn ein Antrag auf positive Feststellung enthält bei Abweisung zugleich die Feststellung des genauen Gegenteils,[7] also hier die Feststellung, dass die Kündigungen nicht durch dringende betriebliche Erfordernisse bedingt und sozial gerechtfertigt sind. Soweit gegen die Bindungswirkung auch eines abweisenden Beschlusses eingewandt wird, sie widerspreche dem Ziel des Gesetzes, dem Insolvenzverwalter Kündigungen zu erleichtern,[8] überzeugt das nicht. Der Insolvenzverwalter hat es in der Hand, das Verfahren nach § 126 einzuleiten und auch vor einer Entscheidung wieder zu beenden (§ 126 RdNr. 45 f.). Führt er es durch, muss er auch das Risiko des Unterliegens tragen.[9]

11 Die Bindungswirkung einer Abweisung des Antrags hat zur Folge, dass der Insolvenzverwalter, wenn er eine Kündigung ausspricht oder an einer ausgesprochenen Kündigung festhält, gegenüber der Kündigungsschutzklage des Arbeitnehmers nicht einwenden kann, die Kündigung sei doch betriebsbedingt und deshalb sozial gerechtfertigt. Er kann sich nur auf **andere Kündigungsgründe** stützen, insbesondere darauf, dass die Kündigung nicht

---

[4] Allgemein *Rieble* Anm. BAG EzA BetrVG 1972 § 112 Nr. 59 (unter III); ausführlich *Caspers* RdNr. 269 ff.; im Ergebnis ebenso FK-*Eisenbeis* § 127 RdNr. 3; *Kübler/Prütting/Moll* § 127 RdNr. 20; *Nerlich/Römermann/Hamacher* § 126 RdNr. 19 ff., § 127 RdNr. 6.
[5] Vgl. BAG AP BetrVG 1972 § 103 Nr. 3 = NJW 1975, 1752 (unter II 4 der Gründe) zum parallel gelagerten Fall des § 103 Abs. 2 BetrVG.
[6] *Caspers* RdNr. 269; ErfKomm-*Kiel* § 126 RdNr. 5 a; *Kübler/Prütting/Moll* § 127 RdNr. 15; *Nerlich/Römermann/Hamacher* § 127 RdNr. 3.
[7] *Stein/Jonas/Leipold* § 322 ZPO RdNr. 116, 197; *Stein/Jonas/Schumann* § 256 ZPO RdNr. 167, 179, 202; MünchKommZPO-*Gottwald* § 322 RdNr. 171, 173.
[8] *Grunsky*, Festschrift für Lüke, 1997, S. 191, 195; *Kübler/Prütting/Moll* § 127 RdNr. 22.
[9] *Friese* ZInsO 2001, 350, 355; *Giesen* ZIP 1998, 46, 53; *Lakies* BB 1999, 206, 209; ErfKomm-*Kiel* § 127 RdNr. 2; *Caspers* RdNr. 270; *Nerlich/Römermann/Hamacher* § 127 RdNr. 4; im Ergebnis auch *Prütting*, Festschrift für Uhlenbruck, 2000, S. 769, 777 f.

nur betriebsbedingt, sondern auch verhaltens- oder personenbedingt sei (zu sog. Mischtatbeständen s. § 125 RdNr. 71).

Die Bindungswirkung steht der **Anwendbarkeit des § 7 KSchG** nicht entgegen. Erhebt der Arbeitnehmer nicht innerhalb der Dreiwochenfrist des § 4 Satz 1 KSchG (vgl. § 113 RdNr. 40 ff.) Kündigungsschutzklage und wird diese auch nicht nach § 5 KSchG nachträglich zugelassen (§ 113 RdNr. 69 ff.), gilt die Kündigung ohne Rücksicht auf ihre soziale Rechtfertigung als von Anfang an rechtswirksam. Ein vom Arbeitnehmer gegenüber einer Änderungskündigung erklärter Vorbehalt nach § 2 KSchG erlischt.

3. Wesentliche Änderung der Sachlage. Nach Abs. 1 Satz 2 gilt die Bindungswirkung nicht, soweit sich die Sachlage nach dem Schluss der letzten mündlichen Verhandlung wesentlich geändert hat. Das ist der Fall, wenn das Gericht in Bezug auf den Arbeitnehmer, für dessen Kündigungsschutzprozess die Bindungswirkung in Rede steht, anders entschieden hätte, hätte die andere Sachlage zum Zeitpunkt der letzten mündlichen Verhandlung vorgelegen. Die Auffassung, eine Änderung des Kündigungssachverhalts sei nur wesentlich, wenn eine größere Anzahl von Arbeitnehmern betroffen ist,[10] geht daran vorbei, dass die Bindungswirkung auf den jeweiligen Kündigungsschutzprozess bezogen ist.[11]

Aus der Sicht des Arbeitnehmers, der Kündigungsschutzklage erhebt, liegt eine solche Änderung einmal vor, wenn sich der Personalbedarf in quantitativer oder qualitativer Hinsicht (vgl. § 125 RdNr. 12 ff.) so geändert hat, dass seine betriebsbedingte Beendigungskündigung oder Änderungskündigung in dem vom Insolvenzverwalter vorgesehenen Ausmaß nicht mehr erforderlich ist. Zum anderen kommt in Betracht, dass seine Kündigung nicht mehr notwendig ist, weil andere Arbeitnehmer ausscheiden. Schließlich gehört der Fall hierher, dass sich im Zeitraum zwischen der letzten mündlichen Verhandlung und dem Zugang der Kündigung die sozialen Gesichtspunkte wesentlich ändern (§ 125 RdNr. 101 ff.).

Aus der Sicht des Insolvenzverwalters liegt eine wesentliche Änderung vor, wenn sich die betrieblichen Verhältnisse so verschlechtern, dass davon auszugehen ist, dass das Arbeitsgericht, hätte die Verschlechterung schon zum Zeitpunkt der letzten mündlichen Verhandlung vorgelegen, die Kündigung für betriebsbedingt erklärt hätte. Eine solche Änderung der betrieblichen Verhältnisse kann auch auf eine **neue unternehmerische Entscheidung** des Insolvenzverwalters zurückzuführen sein, etwa die, den Betrieb nicht, wie ursprünglich beabsichtigt, eingeschränkt weiterzuführen, sondern ganz stillzulegen. Auch die Kriterien für die Sozialauswahl können sich in seinem Sinne ändern, etwa wenn bei einem Arbeitnehmer Unterhaltspflichten wegfallen.

Abs. 1 Satz 2 gilt dann nicht, wenn sich das Feststellungsverfahren auf **bereits ausgesprochene Kündigungen** bezieht. Hinsichtlich dieser ist für die soziale Rechtfertigung **allein der Zeitpunkt des Zugangs der Kündigung** maßgeblich. Kommt es nach Ausspruch der Kündigung, aber vor Ablauf der Kündigungsfrist zu einer wesentlichen Änderung der Sachlage, kann dem Arbeitnehmer aber ein Wiedereinstellungsanspruch zustehen (s. dazu § 125 RdNr. 105).[12]

IV. Aussetzung des Kündigungsschutzverfahrens

Kündigt der Insolvenzverwalter schon vor der Rechtskraft der Entscheidung im Verfahren nach § 126 und erheben die Arbeitnehmer, insbesondere um die Dreiwochenklagfrist zu wahren (vgl. § 113 RdNr. 40 ff.), Kündigungsschutzklage oder Änderungsschutzklage, sind diese Verfahren gem. Abs. 2 **auf Antrag des Insolvenzverwalters** bis zum Zeitpunkt der Rechtskraft der Entscheidung im Verfahren nach § 126 auszusetzen. Dies gilt entgegen der Auffassung des LAG München[13] auch dann, wenn der Richter des Kündigungsschutzpro-

---

[10] *Uhlenbruck/Berscheid* §§ 126, 127 RdNr. 46; ErfKomm-*Kiel* § 127 RdNr. 6.
[11] Im Ergebnis ähnlich *Nerlich/Römermann/Hamacher* § 127 RdNr. 8; *Zwanziger* § 127 RdNr. 3; aA *Kübler/Prütting/Moll* § 127 RdNr. 34.
[12] *Caspers* RdNr. 279 f.
[13] LAG München ZInsO 2003, 339.

zesses Zweifel an der Zulässigkeit des Beschlussverfahrens hat. Über diese Frage muss im Beschlussverfahren selbst entschieden werden.

18   Ob er den Aussetzungsantrag stellt, entscheidet der Verwalter **nach pflichtgemäßem Ermessen**.[14] Es kann durchaus zweckmäßig sein, in eindeutigen Fällen die Kündigungsschutzprozesse weiterlaufen zu lassen und zu einer baldigen Entscheidung zu gelangen, um das Risiko der Verpflichtung zur Zahlung von Annahmeverzugslohn nach § 615 BGB (§ 125 RdNr. 41) zu begrenzen. Wird eine solche Kündigungsschutzklage rechtskräftig abgewiesen, entfällt hinsichtlich des betreffenden Arbeitnehmers das Rechtschutzbedürfnis für den Antrag nach § 126. Dieser wird vom Verwalter zweckmäßigerweise zurückgenommen.

19   Unabhängig vom Antrag des Insolvenzverwalters **kann das Gericht** des Kündigungsschutzprozesses diesen **nach § 148 ZPO aussetzen**.[15] Es muss aber bei einer solchen Entscheidung einerseits das Beschleunigungsgebot des § 61a ArbGG und andererseits den Willen des Gesetzgebers berücksichtigen, mit dem Verfahren nach § 126 eine Möglichkeit zur schnelleren Klärung der Berechtigung von Kündigungen in der Insolvenz zu schaffen, ohne das gleichzeitige Beschreiten des Wegs von Kündigung und Kündigungsschutzklage auszuschließen, wie das noch der RegE vorsah, nachdem der Lauf der Klagefrist von drei Wochen erst beginnen sollte, wenn das Beschlussverfahren rechtskräftig entschieden war.[16] Praktisch kommt eine Aussetzung nach § 148 ZPO deshalb nur in Betracht, wenn ein so rascher Abschluss des Verfahrens nach § 126 zu erwarten ist, dass sich die Entscheidung des Kündigungsschutzprozesses nicht verzögert.

20   Gegen die Entscheidung, durch die die Aussetzung des Verfahrens angeordnet oder abgelehnt wird, findet die **sofortige Beschwerde** statt (§ 46 Abs. 2 ArbGG i. V. m. § 252 ZPO).

21   Erledigt sich das Verfahren nach § 126, insbesondere weil der Verwalter den Antrag im Verfahren nach § 126 zurücknimmt, **endet die Aussetzung**.[17] Der Kündigungsschutzprozess ist vom Arbeitsgericht gem. § 61a ArbGG beschleunigt fortzusetzen.

§ 128 Betriebsveräußerung

(1) ¹Die Anwendung der §§ 125 bis 127 wird nicht dadurch ausgeschlossen, daß die Betriebsänderung, die dem Interessenausgleich oder dem Feststellungsantrag zugrundeliegt, erst nach einer Betriebsveräußerung durchgeführt werden soll. ² An dem Verfahren nach § 126 ist der Erwerber des Betriebs beteiligt.

(2) Im Falle eines Betriebsübergangs erstreckt sich die Vermutung nach § 125 Abs. 1 Satz 1 Nr. 1 oder die gerichtliche Feststellung nach § 126 Abs. 1 Satz 1 auch darauf, daß die Kündigung der Arbeitsverhältnisse nicht wegen des Betriebsübergangs erfolgt.

Schrifttum: Siehe das in §§ 125 bis 127 genannte Schrifttum; ferner: *Annuß*, Der Betriebsübergang in der Insolvenz – § 613a BGB als Sanierungshindernis?, ZInsO 2001, 49; *Bergwitz*, Betriebsübergang und Insolvenz nach der neuen EG-Richtlinie zur Änderung der Betriebsübergangsrichtlinie, DB 1999, 2005; *Danko/Cramer*, Arbeitsrechtliche Aspekte einer Betriebsveräußerung in der Insolvenz, BB-Special 4/2004, 9; *Heinze*, Der Betriebsübergang in der Insolvenz, Festschrift für Uhlenbruck, 2000, S. 751; *Keller-Stoltenhoff*, Die rechtstatsächlichen Auswirkungen des § 613a BGB im Konkurs, 1986; *Kempter*, Der Betriebsübergang in der Insolvenz, NZI 1999, 93; *Laux*, Betriebsveräußerungen im Konkurs, 1992; *Lembke*, Besonderheiten beim Betriebsübergang in der Insolvenz, BB 2007, 1333; *Lohkemper*, Zur Haftung des Erwerbers beim Betriebsübergang im Insolvenzeröffnungsverfahren, ZIP 1999, 1251; *Loritz*, Aktuelle Probleme des Betriebsübergangs

---

[14] Vgl. *Giesen* ZIP 1998, 46, 54; *Kübler/Prütting/Moll* § 127 RdNr. 36.

[15] *Nerlich/Römermann/Hamacher* § 127 RdNr. 15; *Zwanziger* § 127 RdNr. 8; zweifelnd *Kübler/Prütting/Moll* § 127 RdNr. 37.

[16] Vgl. Begr. zu § 143c Fassung Rechtsausschuss, BT-Drucks. 12/7302 S. 173; dazu *Schaub* DB 1999, 217, 222.

[17] Vgl. *Thomas/Putzo/Reichold* § 148 RdNr. 14; MünchKommZPO-*Peters* § 148 RdNr. 19.

Betriebsveräußerung 1–3 § 128

nach § 613a BGB, RdA 1987, 65; *C. Meyer*, Personalanpassung des Betriebsveräußerers auf Grund eines Erwerberkonzeptes, NZA 2003, 244; *Moll*, Betriebsübergang in der Insolvenz, KTS 2002, 635; *Schumacher*, Das englische Insolvenzarbeitsrecht, 2001; *Tretow*, Die Betriebsveräußerung in der Insolvenz, ZInsO 2000, 309; *Wellensiek*, Probleme bei der Betriebsveräußerung aus der Insolvenz, NZI 2005, 603.

Übersicht

	RdNr.		RdNr.
I. Allgemeines	1	a) Eintritt des Betriebserwerbers in die Arbeitsverhältnisse	16
1. Normzweck	1	b) Fortgeltung von Kollektivnormen	23
2. Anwendungsbereich	4	3. Kündigung der Arbeitsverhältnisse	27
II. Übergang der Arbeitsverhältnisse auf den Betriebsnachfolger in der Insolvenz	6	III. Anwendbarkeit der §§ 125 bis 127	32
1. Anwendungsvoraussetzungen des § 613a BGB	6	1. Interessenausgleich und Feststellungsantrag vor Betriebsübergang	32
a) Rechtsgeschäftlicher Betriebsübergang	6	2. Beteiligung des Erwerbers im Feststellungsverfahren	36
b) Bestehen des Arbeitsverhältnisses im Zeitpunkt des Betriebsübergangs	11	3. Erweiterung der Vermutungs- und Feststellungswirkung	37
c) Widerspruchsrecht des Arbeitnehmers	12	a) Die Vermutung nach § 125 Abs. 1 Satz 1 Nr. 1	37
2. Rechtsfolgen	16	b) Die Feststellung nach § 126 Abs. 1 Satz 1	40

I. Allgemeines

1. Normzweck. Zur Praxis der Insolvenzabwicklung gehört die übertragende Sanierung, bei der das Unternehmen oder ein Betrieb oder Betriebsteil aus der Insolvenzmasse auf einen anderen Unternehmensträger übertragen wird. Die übertragende Sanierung stößt auf die Bestimmung des § 613a BGB, die den Übergang aller Arbeitsverhältnisse auf den Erwerber von Betrieben oder Betriebsteilen anordnet. Die Rechtsprechung des Bundesarbeitsgerichts hat § 613a BGB auch in der Insolvenz für grundsätzlich anwendbar erklärt.[1] Obwohl die Insolvenzpraxis vielfach darauf hingewiesen hat, dass die Anwendung des § 613a BGB ein gravierendes Hindernis für übertragende Sanierungen darstellt,[2] hat der Gesetzgeber der Insolvenzordnung im Prinzip an ihr festgehalten. Er hat lediglich mit § 128 eine **vermittelnde Lösung** gesucht, die zu einer modifizierten Anwendung des § 613a BGB im Insolvenzverfahren führt und die praktischen Schwierigkeiten, die mit der Vorschrift verbunden sind, überwinden oder zumindest verringern soll.[3]

§ 613a BGB setzt die **Betriebsübergangsrichtlinie der EG** (RL 2001/23/EG vom 12. 3. 2001; früher RL 77/187/EWG vom 14. 2. 1977) um. Diese erfasst, wie in der Änderungsrichtlinie vom 29. 6. 1998 (98/50/EG) klargestellt worden war, in ihren wesentlichen Bestimmungen nicht den Betriebsübergang in der Insolvenz.[4] Dem Gesetzgeber stünde es also frei, von einer Anwendung des § 613a BGB in der Insolvenz abzusehen.

§ 128 betrifft § 613a BGB insoweit, als dieser **Bestandsschutz** gewährt: Die in den §§ 125 bis 127 vorgesehene Erleichterung von Kündigungen durch den Insolvenzverwalter wird auf den Fall der Betriebsveräußerung durch den Insolvenzverwalter erstreckt (Abs. 1), das Verbot der Kündigung von Arbeitsverhältnissen wegen Betriebsübergangs verfahrensrechtlich zurückgedrängt (Abs. 2). § 128 **betrifft hingegen nicht den Übergang der**

---

[1] Grundlegend BAG AP BGB § 613a Nr. 18 = NJW 1980, 1124 zum Konkursverfahren; BAG AP BetrAVG § 1 – Betriebsveräußerung – Nr. 10 = NZA 1990, 188 zum konkursabwendenden Vergleichsverfahren.
[2] Vgl. *Gravenbrucher Kreis* ZIP 1993, 625, 626; *Kilger* KTS 1989, 495, 510; *Stürner* ZZP 94 (1981) S. 263, 282f.; *Drukarczyk*, Unternehmen und Insolvenz, 1987, S. 380ff. aus betriebswirtschaftlicher Sicht; *Keller-Stoltenhoff* S. 64ff.; *Laux* S. 87ff.; *Wellensiek* NZI 2005, 603, 606.
[3] Begr. zu § 131 RegE, BT-Drucks. 12/2443 S. 150.
[4] Vgl. im Einzelnen *Bergwitz* DB 1999, 2005, 2006; *Kempter* NZI 1999, 93, 94; *Schumacher* S. 138ff., 147ff.

Rechte und Pflichten aus dem Arbeitsverhältnis auf den Betriebserwerber. Insoweit hat es der Gesetzgeber bei den vom Bundesarbeitsgericht entwickelten Grundsätzen belassen, welche die Haftung des Betriebserwerbers für bereits vor Insolvenzeröffnung entstandene Ansprüche der Arbeitnehmer eingeschränkt hat (unten RdNr. 17 ff.).

4 **2. Anwendungsbereich.** § 128 setzt voraus, dass ein Interessenausgleich nach § 125 zustande kommt oder die soziale Rechtfertigung der Kündigungen gesammelt im Beschlussverfahren nach § 126 festgestellt wird. Erfasst wird der gesamte **Anwendungsbereich der §§ 125 und 126.** Insbesondere erfasst § 128 alle Feststellungsverfahren nach § 126, also auch diejenigen, denen keine Betriebsänderung im Sinne des § 111 Satz 3 BetrVG, sondern lediglich betriebsbedingte Kündigungen zugrundeliegen (dazu § 126 RdNr. 6). Dass Abs. 1 den Begriff der Betriebsänderung verwendet, steht nicht entgegen. Er ist im Hinblick auf die gerichtliche Feststellung und ihrer Bindungswirkung allgemeiner im Sinne von „betrieblicher Maßnahme" zu verstehen.[5]

5 Auch § 128 gilt nicht nur für die Beendigungskündigung, sondern auch für die **Änderungskündigung.**

II. Übergang der Arbeitsverhältnisse auf den Betriebsnachfolger in der Insolvenz

6 **1. Anwendungsvoraussetzungen des § 613a BGB. a) Rechtsgeschäftlicher Betriebsübergang.** § 613a Abs. 1 BGB setzt den Übergang des Betriebs voraus. Notwendig ist der Übergang der betreffenden wirtschaftlichen Einheit unter Wahrung ihrer Identität. Der Begriff **wirtschaftliche Einheit** bezieht sich auf eine organisatorische Gesamtheit von Personen und Sachen zur auf Dauer angelegten Ausübung einer wirtschaftlichen Tätigkeit mit eigener Zielsetzung. Bei der Prüfung, ob eine solche Einheit übergegangen ist, müssen sämtliche den betreffenden Vorgang kennzeichnenden Tatsachen berücksichtigt werden. Dazu gehören als Teilaspekte der Gesamtwürdigung namentlich die Art des betreffenden Unternehmens oder Betriebs, der etwaige Übergang der materiellen Betriebsmittel wie Gebäude oder bewegliche Güter, der Wert der immateriellen Aktiva im Zeitpunkt des Übergangs, die etwaige Übernahme der Hauptbelegschaft, der etwaige Übergang der Kundschaft sowie der Grad der Ähnlichkeit zwischen den vor und nach dem Übergang verrichteten Tätigkeiten und die Dauer einer eventuellen Unterbrechung dieser Tätigkeit. Die Identität der Einheit kann sich auch aus anderen Merkmalen wie ihrem Personal, ihren Führungskräften, ihrer Arbeitsorganisation, ihren Betriebsmethoden und gegebenenfalls den ihr zur Verfügung stehenden Betriebsmitteln ergeben.

7 Den für das Vorliegen eines Übergangs maßgeblichen **Kriterien** kommt je nach der ausgeübten Tätigkeit und je nach den Produktions- und Betriebsmethoden **unterschiedliches Gewicht** zu. In Branchen, in denen es im Wesentlichen auf die menschliche Arbeitskraft ankommt, kann auch eine Gesamtheit von Arbeitnehmern, die durch eine gemeinsame Tätigkeit dauerhaft verbunden ist, eine wirtschaftliche Einheit darstellen. Die Wahrung der Identität der wirtschaftlichen Einheit ist in diesem Fall anzunehmen, wenn der neue Betriebsinhaber nicht nur die betreffende Tätigkeit weiterführt, sondern auch einen nach Zahl und Sachkunde wesentlichen Teil des Personals übernimmt, das sein Vorgänger gezielt bei dieser Tätigkeit eingesetzt hatte. Hingegen stellt die bloße Fortführung der Tätigkeit durch einen anderen Auftragnehmer (Funktionsnachfolge) ebenso wenig einen Betriebsübergang dar wie die reine Auftragsnachfolge. In betriebsmittelgeprägten Betrieben kann ein Betriebsübergang auch ohne Übernahme von Personal vorliegen.[6]

8 Die genannten Voraussetzungen eines Betriebsübergangs gelten auch im Fall einer **Auftragsneuvergabe,** und zwar auch dann, wenn die Betriebsmittel vom Auftraggeber gestellt werden. Dass der neue Auftragnehmer sie „eigenwirtschaftlich" nutzt, wie das die frühere

---

[5] *Caspers* RdNr. 301; aA *Kübler/Prütting/Moll* § 128 RdNr. 19.
[6] St. Rspr., zuletzt zusammengefasst von BAG AP BGB § 613a Nr. 305 = NZA 2006, 1101 = NJW 2007, 106 = ZIP 2006, 1917; s. auch EuGH AP EWG-Richtlinie Nr. 77/187 Nr. 34 = NZA 2003, 1385 = ZIP 2003, 2315.

Rechtsprechung des BAG gefordert hat,[7] ist nicht notwendig.[8] Wird einem insolventen Kantinenpächter die Bewirtschaftung der Kantine entzogen und diese an einen neuen Pächter vergeben, kommt es für das Vorliegen eines Betriebsübergangs also nicht mehr darauf an, ob der neue Pächter die Bewirtschaftung mit eigener Kalkulation betreibt oder von der Auftraggeberin eine feste Vergütung erhält.

Nach § 613a Abs. 1 BGB genügt auch der Übergang eines **Betriebsteils**. Unter Betriebsteil ist eine organisatorische Untergliederung des Betriebs zu verstehen, in der bestimmte arbeitstechnische Teilzwecke verfolgt werden. Dass es sich um einen für den Gesamtbetrieb wesentlichen Betriebsteil handelt, ist nicht erforderlich; eine untergeordnete Hilfsfunktion genügt.[9] Auch bei Übertragung des Betriebsteils müssen sowohl der arbeitstechnische Teilzweck als auch die wesentlichen Betriebsmittel, mit denen er verfolgt wird, übergehen und die Identität der wirtschaftlichen Einheit gewahrt bleiben. Werden Räumlichkeiten, Maschinenpark, Strom und Wasser zur Verfügung gestellt, genügt das für die Annahme eines Betriebsübergangs, auch wenn der Erwerber Arbeitsgeräte und Arbeitskleidung stellt.[10]

Die Übertragung des Betriebs oder Betriebsteils muss **durch Rechtsgeschäft** erfolgen. Dabei kommt neben dem Verkauf des Betriebs durch den Insolvenzverwalter an einen Dritten auch die Übertragung an eine eigens gegründete Auffanggesellschaft in Betracht.[11] Eine rechtsgeschäftliche Übertragung des Betriebs stellt auch die Betriebsverpachtung dar.[12] Die Rückgabe eines vom Schuldner gepachteten Betriebes durch den Insolvenzverwalter an den Verpächter stellt nur dann einen Betriebsübergang dar, wenn der Verpächter den Betrieb tatsächlich selbst weiterführt; die bloße Möglichkeit dazu genügt nicht.[13]

b) Bestehen des Arbeitsverhältnisses im Zeitpunkt des Betriebsübergangs. Auf den Erwerber gehen diejenigen Arbeitsverhältnisse über, die zum Zeitpunkt des Betriebsübergangs bestehen. Zum Zeitpunkt des Betriebsübergangs bereits ausgeschiedene Arbeitnehmer müssen ihre Rechte in der Insolvenz geltend machen. Maßgeblich ist der Zeitpunkt der **Übernahme** des Betriebs, also der Zeitpunkt, zu dem der Betriebserwerber die wirtschaftliche Einheit nutzt und fortführt,[14] nicht hingegen schon der Zeitpunkt des Abschlusses des Übernahmevertrags.[15] Erfolgt die Übernahme der Betriebsmittel in mehreren Schritten, ist der Betriebsübergang jedenfalls in dem Zeitpunkt erfolgt, in dem die wesentlichen, zur Fortführung des Betriebs erforderlichen Betriebsmittel übergegangen sind und die Entscheidung über den Betriebsübergang nicht mehr rückgängig gemacht werden kann.[16]

c) Widerspruchsrecht des Arbeitnehmers. Nach § 613a Abs. 6 Satz 1 BGB kann der Arbeitnehmer dem Übergang des Arbeitsverhältnisses auf den Betriebsnachfolger widersprechen und damit den Fortbestand des Arbeitsverhältnisses mit dem bisherigen Arbeitgeber erreichen. Der Widerspruch kann gegenüber dem Insolvenzverwalter oder gegenüber dem neuen Inhaber erklärt werden (§ 613a Abs. 6 Satz 2 BGB). In der Insolvenz kann der Widerspruch für den Arbeitnehmer bei einer Teilübertragung von Interesse sein, wenn er

---

[7] BAG AP BGB § 613a Nr. 171 = NZA 1998, 532 = NJW 1998, 2549 = ZIP 1998, 663.
[8] EuGH AP Richtlinie 2001/23/EG Nr. 1 = NZA 2006, 29 = NJW 2006, 889 = ZIP 2006, 95; BAG AP BGB § 613a Nr. 302 = NZA 2006, 1105 = NJW 2006, 3375 (Ls.); BAG AP BGB § 613a Nr. 305 = NZA 2006, 1101 = NJW 2007, 106 = ZIP 2006, 1917.
[9] BAG AP BGB § 613a Nr. 105 = NZA 1994, 686 für die Rindfleischzerlegung in einem Schlachthof; BAG AP BGB § 613a Nr. 302 = NZA 2006, 1105 = NJW 2006, 3375 (Ls.) für die Bereederung von Forschungsschiffen.
[10] BAG AP BGB § 613a Nr. 187 = NZA 1999, 420 = NJW 1999, 1884.
[11] BAG AP BGB § 613a Nr. 38 = NZA 1985, 393 = NJW 1985, 1574; BAG AP BetrAVG § 7 Nr. 23 = NZA 1986, 93 = NJW 1986, 450; kritisch *Loritz* RdA 1987, 65, 75 f.
[12] BAG AP BetrVG § 111 Nr. 18 = NZA 1987, 523.
[13] Vgl. BAG AP BGB § 613a Nr. 189 = NZA 1999, 704 = NJW 1999, 2461 = SAE 2001, 10 mit zust. Anm. *D. Kaiser*.
[14] BAG AP InsO § 113 Nr. 10 = NZA 2003, 318 = NZI 2003, 222 = ZIP 2003, 222; BAG AP § 613a Nr. 292 = NZA 2006, 668.
[15] BAG AP BGB § 613a Nr. 148 = NZA 1997, 94 = NJW 1997, 1027.
[16] BAG AP BGB § 613a Nr. 292 = NZA 2006, 668. s. im Einzelnen MünchKommBGB-*Müller-Glöge* § 613a RdNr. 56 ff.

damit rechnen kann, seine Weiterbeschäftigung zu erreichen. Der Widerspruch nimmt ihm dabei auch nicht das Recht, sich auf die Möglichkeit einer Weiterbeschäftigung an einem anderen freien Arbeitsplatz und auf eine fehlerhafte **Sozialauswahl** zu berufen.[17] Zu berücksichtigen, dass der Arbeitnehmer seine bisherige Arbeitsmöglichkeit aus freien Stücken aufgegeben hat[18] oder dass der Arbeitsplatz auch beim Erwerber dauerhaft sicher erscheint,[19] lässt sich mit der Beschränkung der Sozialauswahl auf die vier ausdrücklich genannten Gesichtspunkte Dauer der Betriebszugehörigkeit, Lebensalter, Unterhaltspflichten und Schwerbehinderung nicht vereinbaren. Lediglich soweit dem Insolvenzverwalter ein Spielraum bei der Berücksichtigung dieser Gesichtspunkte verbleibt (vgl. § 125 RdNr. 33), kann er solchen Gesichtspunkten Geltung verschaffen.[20] Ein Widerspruch, lediglich um sich für den Lauf der Kündigungsfrist den **Annahmeverzugslohn,** der nach Verfahrenseröffnung Masseverbindlichkeit wäre, zu sichern, führt aber regelmäßig nicht zum Ziel, denn es liegt dann ein böswilliges Unterlassen anderweitigen Erwerbs vor, welches nach § 615 Satz 2 BGB den Anspruch auf den Annahmeverzugslohn ausschließt.[21]

13 Widersprochen werden muss nach § 613a Abs. 6 Satz 1 BGB schriftlich und innerhalb eines Monats, nachdem dem Arbeitnehmer die in § 613a Abs. 5 BGB vorgeschriebene **Unterrichtung** über den Betriebsübergang zugegangen ist. Diese Information muss in **Textform** erfolgen und sich auf den Zeitpunkt oder den geplanten Zeitpunkt des Übergangs, den Grund für den Übergang, die rechtlichen, wirtschaftlichen und sozialen Folgen des Übergangs für die Arbeitnehmer und die hinsichtlich der Arbeitnehmer in Aussicht genommenen Maßnahmen erstrecken (§ 613a Abs. 5 Nr. 1 bis 4 BGB). Zu der Unterrichtung über die Folgen des Übergangs zählt auch die Unterrichtung über die Folgen eines Widerspruchs, wie z. B. über beabsichtigte Kündigungen seitens des Veräußerers und etwaige Ansprüche aus einem bei diesem bestehenden Sozialplan.[22]

14 Die **Frist** zur Erklärung eines Widerspruchs gegen den Übergang eines Arbeitsverhältnisses gem. § 613a Abs. 6 BGB wird nur durch eine ordnungsgemäße Unterrichtung ausgelöst. Eine unterbliebene oder fehlerhafte Unterrichtung führt nicht zum Fristbeginn. Allerdings ist eine fehlerhafte Unterrichtung über Rechtsfragen im Rahmen des § 613a Abs. 5 BGB dann nicht unwirksam, wenn der Unterrichtungspflichtige die Rechtslage gewissenhaft geprüft und einen vertretbaren Rechtsstandpunkt eingenommen hat.[23] Erfolgt die Unterrichtung erst nach dem Betriebsübergang, ist ein Widerspruch noch möglich. Die Widerspruchsfrist beginnt dann erst mit der Unterrichtung. Der Widerspruch wirkt nach der Rechtsprechung des BAG auf den Zeitpunkt des Betriebsübergangs zurück.[24]

15 Das **Widerspruchsrecht geht unter,** wenn der Arbeitnehmer vor oder nach Betriebsübergang der Übertragung seines Arbeitsverhältnisses ausdrücklich oder stillschweigend zustimmt.

16 **2. Rechtsfolgen. a) Eintritt des Betriebserwerbers in die Arbeitsverhältnisse.** Der Erwerber tritt nach § 613a Abs. 1 Satz 1 BGB in alle Rechte und Pflichten aus den im Zeitpunkt des Übergangs bestehenden Arbeitsverhältnissen ein. Er hat alle Haupt- und Nebenforderungen der Arbeitnehmer aus dem Arbeitsverhältnis zu erfüllen. Umgekehrt sind diese zur Erfüllung aller Haupt- und Nebenleistungen verpflichtet. Auch die Dauer der Betriebszugehörigkeit beim Betriebsveräußerer muss der Erwerber gegen sich gelten lassen.[25] Etwa muss er bei der Berechnung eines von der Dauer der Betriebszugehörigkeit

---

[17] BAG AP BGB § 613a Nr. 284 = NZA 2005, 1302 = ZIP 2005, 1978.
[18] BAG vom 24. 2. 2000 – 8 AZR 145/99 – nicht veröffentlicht.
[19] BAG AP KSchG 1969 § 1 – Soziale Auswahl – Nr. 41 = NZA 1999, 870 = NJW 1999, 3508.
[20] *Löwisch/Spinner,* Kommentar zum Kündigungsschutzgesetz, 9. Aufl. 2004, § 1 RdNr. 363.
[21] BAG AP BGB § 613a Nr. 177 = NZA 1998, 750 = NJW 1998, 3138.
[22] BAG AP BGB § 613a Nr. 311 = NZA 2006, 1273 = NJW 2007, 244 = ZIP 2006, 2143; zum Inhalt der Unterrichtung sowie zur Darlegungs- und Beweislast im Einzelnen BAG AP BGB § 613a Nr. 312 = NZA 2006, 1268 = NJW 2007, 246 = ZIP 2006, 2050; BAG NZA 2007, 682 = NJW 2007, 2134.
[23] BAG AP BGB § 613a Nr. 311 = NZA 2006, 1273 = NJW 2007, 244 = ZIP 2006, 2143.
[24] BAG AP BGB § 613a Nr. 312 = NZA 2006, 1268 = NJW 2007, 246 = ZIP 2006, 2050; kritisch zur Rückwirkung *Rieble,* NZA 2004, 1 ff. und *Löwisch,* Festschrift Birk, 2008.
[25] BAG AP BGB § 613a Nr. 35 = NJW 1984, 1254.

abhängenden Zusatzurlaubs die Jahre der Betriebszugehörigkeit beim Veräußerer mitzählen.

In der Insolvenz erfasst der Übergang der Verpflichtungen aus dem Arbeitsverhältnis auf den Betriebserwerber, anders als sonst, nicht die zum Zeitpunkt der Eröffnung des Insolvenzverfahrens **bereits entstandenen Ansprüche.** Insoweit gibt die Rechtsprechung des Bundesarbeitsgerichts den Verteilungsgrundsätzen des Insolvenzverfahrens Vorrang, um zu verhindern, dass mittelbar die Quoten der Gläubiger durch entsprechende Abschläge beim Kaufpreis für die Betriebsübernahme und eine daraus resultierende geringere Masse reduziert werden.[26] Als entstanden sind dabei die Arbeitnehmerforderungen anzusehen, die **zurzeit der Verfahrenseröffnung** bereits durch eine entsprechende Arbeitsleistung „erdient" waren. Der Erwerber haftet also weder für rückständige Lohnansprüche noch für Abfindungsansprüche aus einem vor Insolvenzeröffnung abgeschlossenen Sozialplan.[27] Für Gewinnbeteiligungen, Weihnachtsgratifikationen und ähnliche Leistungen sowie für den Urlaubsanspruch haftet er insoweit, als diese (anteilig) auf die Zeit nach der Insolvenzeröffnung entfallen.[28]

Besonders wichtig ist diese Einschränkung der Haftung für die Ansprüche der Arbeitnehmer auf eine **betriebliche Altersversorgung.** Der Betriebserwerber tritt zwar in die Versorgungsanwartschaften der übernommenen Belegschaft ein. Er schuldet aber nur den Teil der Versorgungsleistung, den der Arbeitnehmer nach Insolvenzeröffnung erdient hat.[29] Außerdem hat der Erwerber die Möglichkeit, bei Vorliegen eines sachlichen Grundes auf arbeitsvertraglicher Grundlage basierende Versorgungsregeln für die Zukunft einzuschränken oder aufzuheben.[30] Zur Änderung von Regelungen in Betriebsvereinbarungen und Tarifverträgen s. § 120 RdNr. 37, 46 ff.

Dass der Erwerber für die **Versorgungsanwartschaften aus der Zeit vor Verfahrenseröffnung** nicht haftet, lässt Arbeitnehmer und Betriebsrentner nicht schutzlos: Nach §§ 7 ff. BetrAVG tritt die Insolvenzsicherung über den Pensionssicherungsverein ein (vgl. vor § 113 RdNr. 31 f.).

Die Rechtsprechung des Bundesarbeitsgerichts schließt die Haftung des Betriebserwerbers nur für vor Verfahrenseröffnung entstandene Ansprüche der Arbeitnehmer aus. Das hat zur Folge, dass der Erwerber für Ansprüche der Arbeitnehmer haftet, die in der **Zeit zwischen Verfahrenseröffnung und Betriebsübergang** entstehen und als Masseverbindlichkeit gem. § 55 Abs. 1 Nr. 2 zu berichtigen sind.[31] Die Haftung der Insolvenzmasse wird insoweit zur Mithaftung nach § 613a Abs. 2 BGB. Die Auffassung des Bundesarbeitsgerichts ist indessen abzulehnen. Sie führt in Fällen der Masseunzulänglichkeit zu einem Verstoß gegen das aus § 209 für den jeweiligen Rang folgende Gebot der gleichmäßigen Befriedigung der Massegläubiger (vgl. § 209 RdNr. 13): Der Betriebserwerber, der für die Masseforderungen der Arbeitnehmer einzutreten hat, wird den Preis für den Betriebserwerb entsprechend mindern. Die Folge ist, dass der in die Masse fließende Erlös für die Befriedigung der

---

[26] BAG AP BGB § 613a Nr. 18 = NJW 1980, 1124; BAG AP BetrAVG § 1 – Betriebsveräußerung – Nr. 4 = ZIP 1986, 1001.
[27] Vgl. BAG AP SozplKonkG § 2 Nr. 1 = NZA 2002, 1034 = NZI 2002, 568 = NJW 2002, 3493 = ZIP 2002, 1543 zum Sozialplan im Konkurs.
[28] Vgl. BAG AP InsO § 113 Nr. 16 = NZA 2004, 654 = NZI 2005, 120 = NJW 2004, 1972 = ZIP 2004, 1011.
[29] BAG AP BGB § 613a Nr. 283 = NZA-RR 2006, 373 = ZIP 2005, 1706; vgl. auch schon BAG AP BetrAVG § 1 – Betriebsveräußerung – Nr. 10 = NZA 1990, 188: Wenn dort von dem beim Betriebserwerber erdienten Teil der Leistungen gesprochen wird, ist das mißverständlich. Das BAG meint, wie die Gründe zeigen, den nach Verfahrenseröffnung erdienten Teil.
[30] BAG AP BGB § 613a Nr. 18 = NJW 1980, 1124.
[31] So für das Recht der Konkursordnung BAG AP BGB § 613a Nr. 56 = NZA 1987, 460 = NJW 1987, 1966; bestätigt durch BAG AP BGB § 613a Nr. 132 = NZA 1996, 432; für das Recht der InsO BAG AP InsO § 113 Nr. 16 = NZA 2004, 654 = NZI 2005, 120 = NJW 2004, 1972 = ZIP 2004, 1011; BAG AP InsO § 113 Nr. 17 = NZA 2004, 651 = NZI 2005, 118 = BAG AP BGB § 613a Nr. 283 = NZA-RR 2006, 373 = ZIP 2005, 1706, wo allerdings offengelassen wird, ob etwas anderes gilt, wenn Masseunzulänglichkeit vorliegt.

anderen an sich gleichrangigen Massegläubiger nicht mehr ausreicht, während die Arbeitnehmer durch den Erwerber voll befriedigt werden.[32]

21 Ausgeschlossen werden muss die Haftung des Betriebserwerbers jedenfalls für Forderungen aus **vom Insolvenzverwalter abgeschlossenen Sozialplänen**. Würden die Arbeitnehmer insoweit durch den Erwerber voll befriedigt, während die Masse um den Gesamtbetrag dieser Forderungen gemindert würde, widerspräche das dem Prinzip des § 123 Abs. 2 Satz 2, nach dem für die Sozialplanforderungen nicht mehr als ein Drittel der Masse verwendet werden darf, die ohne einen Sozialplan zur Verteilung an die Insolvenzgläubiger zur Verfügung stünde (dazu § 123 RdNr. 66 ff.). Die Situation ist der Sache nach keine andere, als sie unter der Geltung der KO und des § 4 SozPlKG bestand, für die das BAG die Haftung des Betriebserwerbers ausgeschlossen hat.[33]

22 Die Haftungsbeschränkung gilt nach ständiger Rechtsprechung nur, wenn der **Betriebsübergang nach Verfahrenseröffnung** stattgefunden hat: Wird der Betrieb vor Verfahrenseröffnung auf einen Erwerber übertragen, kommen die Rechtsfolgen des § 613a BGB insoweit uneingeschränkt zur Anwendung.[34]

23 b) **Fortgeltung von Kollektivnormen.** Soweit Arbeitnehmerforderungen auf Rechtsnormen eines zurzeit des Betriebsübergangs geltenden Tarifvertrags oder auf Betriebsvereinbarungen beruhen, gelten sie im Falle des Betriebsübergangs im Verhältnis zwischen Arbeitnehmer und Erwerber mit ihrem zum Zeitpunkt des Betriebsübergangs bestehenden Inhalt als **Inhalt des Arbeitsverhältnisses** fort. Sie können vor Ablauf eines Jahres nach dem Zeitpunkt des Übergangs nicht zum Nachteil des Arbeitnehmers geändert werden (§ 613a Abs. 1 Satz 2 BGB). Danach ist eine Änderung durch Vertrag oder mit Hilfe einer Änderungskündigung grundsätzlich möglich.

24 Die einseitig zwingende Wirkung für ein Jahr nach Betriebsübergang gilt nach § 613a Abs. 1 Satz 3 BGB dann nicht, wenn die Arbeitsverträge bei dem (tarifgebundenen) Betriebserwerber durch **Rechtsnormen eines anderen Tarifvertrags oder durch eine andere Betriebsvereinbarung** geregelt werden. Dies gilt auch dann, wenn der Tarifvertrag oder die Betriebsvereinbarung erst nach dem Betriebsübergang abgeschlossen wird.[35] Hier kann auch zuungunsten der (tarifgebundenen) Arbeitnehmer vom bisherigen Inhalt des Arbeitsverhältnisses abgewichen werden. Spätere Änderungen des ursprünglichen Tarifvertrags haben keinen Einfluss mehr auf den Inhalt der übergegangenen Arbeitsverhältnisse.[36]

25 Die Regelung in § 613a Abs. 1 Satz 2 bis 4 BGB hat nur **Auffangfunktion**. Ist der Erwerber schon kraft Tarif- oder Betriebsverfassungsrecht an dieselben Tarifverträge und Betriebsvereinbarungen gebunden, bleibt es bei der normativen Wirkung. Dies ist beim Tarifvertrag der Fall, wenn Schuldner und Erwerber demselben tarifschließenden Arbeitgeberverband angehören. Auf die Betriebsvereinbarung trifft das bei der Veräußerung des gesamten Betriebs zu, weil dann die Identität erhalten bleibt.[37] Hingegen können bei Betriebsteilveräußerungen Betriebsvereinbarungen normativ nicht weitergelten, weil der Betriebsteil nicht mehr mit dem bisherigen Betrieb identisch ist.[38]

---

[32] Im Ergebnis wie hier *Henckel* ZIP 1980, 173; *Hanau,* Gutachten E zum 54. DJT, E 72; *Willemsen* Anm. zu BAG AP BGB § 613a Nr. 56; wie das BAG KR-*Pfeiffer* § 613a BGB RdNr. 135.

[33] BAG AP SozplKonkG § 2 Nr. 1 = NZA 2002, 1034 = NZI 2002, 568 = NJW 2002, 3493 = ZIP 2002, 1543; auch *Däubler* in Kittner/Däubler/Zwanziger, Kündigungsschutzrecht, 6. Aufl. 2004, § 128 InsO RdNr. 10; im Ergebnis auch *Hess* Anm. zu BAG AP SozplKonkG § 2 Nr. 1.

[34] St. Rspr., vgl. BAG AP InsO § 113 Nr. 10 = NZA 2003, 318 = NZI 2003, 222 = ZIP 2003, 222; zuvor BAG AP BetrAVG § 1 – Betriebsveräußerung – Nr. 15 = NZA 1993, 643; BAG AP BGB § 613a Nr. 148 = NZA 1997, 94 = NJW 1997, 1027 (unter B II 1 der Gründe mwN); kritisch *Lohkemper* ZIP 1999, 1251, 1253 ff., der die Erwerberhaftung auch bei Betriebsveräußerungen im Eröffnungsverfahren begrenzen will.

[35] BAG AP BGB § 613a Nr. 49 = NZA 1986, 687.

[36] BAG AP TVG § 1 – Rückwirkung – Nr. 11 = NZA 1995, 740; BAG AP TVG § 1 – Bezugnahme auf Tarifvertrag – Nr. 17 = NZA 2002, 513 = ZIP 2002, 721.

[37] BAG AP BGB § 613a Nr. 118 = NZA 1995, 222.

[38] *Löwisch* BB 1990, 1698, 1699.

§ 613a Abs. 1 Satz 2 BGB gilt nur für Arbeitsverhältnisse, bei denen Arbeitgeber und Arbeitnehmer gem. § 3 Abs. 1 TVG tarifgebunden sind. Ist in den Arbeitsverträgen **auf Tarifverträge Bezug genommen,** gilt deren Inhalt aber nach § 613a Abs. 1 Satz 1 BGB im Arbeitsverhältnis mit dem Erwerber weiter. Während nach der bisherigen Rechtsprechung des Bundesarbeitsgerichts eine solche Bezugnahme nur „statisch" wirkte, weil mit ihr lediglich die nicht-tarifgebundenen Arbeitnehmer den tarifgebundenen gleichgestellt werden sollten, steht das Bundesarbeitsgericht nunmehr auf dem Standpunkt, solche Bezugnahmen wirkten regelmäßig „dynamisch", so dass auch spätere Änderungen des Tarifvertrags auf die Arbeitsverhältnisse der nicht-tarifgebundenen Arbeitnehmer einwirkten.[39] Diese Rechtsprechungsänderung ist abzulehnen, weil sie darauf hinausläuft, dass für den Betriebserwerber künftige Tarifverträge gelten, auf deren Abschluss und inhaltliche Gestaltung er keinen Einfluss hat. Darin liegt, wie der EuGH inzwischen hervorgehoben hat, ein Verstoß gegen die negative Koalitionsfreiheit des Betriebserwerbers, der, wie es der EuGH formuliert, „in der Lage sein muss, die für die Fortsetzung seiner Tätigkeit erforderlichen Anpassungen vorzunehmen".[40]

3. Kündigung der Arbeitsverhältnisse. Um eine Umgehung des mit dem Übergang des Arbeitsverhältnisses auf den Betriebserwerber verbundenen Schutzes der Arbeitnehmer zu verhindern, verbietet § 613a Abs. 4 Satz 1 BGB Veräußerer wie Erwerber die Kündigung der Arbeitsverhältnisse wegen des Übergangs des Betriebs oder Betriebsteils. § 613a Abs. 4 BGB enthält ein **eigenständiges Kündigungsverbot** und nicht lediglich eine Konkretisierung der Sozialwidrigkeit im Sinne des § 1 Abs. 1 KSchG.[41] Der Schutz des § 613a Abs. 4 BGB greift damit auch für Arbeitnehmer, die die Wartezeit nicht erfüllt haben oder Betrieben mit weniger als elf Arbeitnehmern angehören. Einem **Auflösungsvertrag** steht § 613a Abs. 4 BGB nur entgegen, wenn das Arbeitsverhältnis beim Erwerber unter verschlechterten Arbeitsbedingungen fortgeführt werden soll.[41a]

Eine Kündigung „wegen" des Betriebsüberganges liegt nur vor, wenn dieser **tragender Grund** für die Kündigung ist. Daran fehlt es von vornherein, wenn die Kündigung erfolgt, bevor ein Betriebsübergang überhaupt erwogen wird.[42] Aber auch wenn der Betriebsübergang schon in Rede steht, kann das Arbeitsverhältnis aus anderen Gründen als dem Betriebsübergang als solchem gekündigt werden (§ 613a Abs. 4 Satz 2 BGB). Insbesondere kommt eine betriebsbedingte Kündigung sowohl durch den Insolvenzverwalter als auch durch den Erwerber in Betracht.

Der Insolvenzverwalter kann die Kündigung nicht mit dem bloßen Umstand der Betriebsveräußerung oder der Überlegung begründen, dass der Erwerber freie Hand bei der Besetzung von Arbeitsplätzen haben müsse. Liegt aber ein verbindliches Konzept oder ein **Sanierungsplan des Erwerbers** vor, dessen Durchführung im Zeitpunkt des Zugangs der Kündigungserklärung bereits greifbare Formen angenommen hat, verstößt eine darauf gestützte Kündigung des Insolvenzverwalters nicht gegen § 613a Abs. 4 BGB, weil dieser keine „künstliche Verlängerung" des Arbeitsverhältnisses bei einer vorhersehbar fehlenden Beschäftigungsmöglichkeit für den Arbeitnehmer beim Erwerber bezweckt.[43]

Der **Erwerber kann kündigen,** wenn sein Arbeitskräftebedarf nicht so groß ist, dass er sowohl die bisherigen wie die hinzugekommenen Arbeitnehmer weiterbeschäftigen kann. Er muss nur bei einer betriebsbedingten Kündigung, insbesondere bei der Sozialauswahl, übernommene und bisherige Arbeitnehmer nach den gleichen Kriterien behandeln.[44]

---

[39] BAG AP TVG § 1 – Bezugnahme auf Tarifvertrag – Nr. 39 = NZA 2006, 607 = NJW 2006, 2571 = EzA TVG § 3 – Bezugnahme auf Tarifvertrag – Nr. 32.
[40] EuGH AP Richtlinie Nr. 77/187/EWG Nr. 2 = NZA 2006, 376; s. ausführlich *Löwisch/Feldmann* Anm. zu BAG EzA TVG § 3 – Bezugnahme auf Tarifvertrag – Nr. 32.
[41] BAG AP BGB § 613a Nr. 40 = NZA 1985, 593 = NJW 1986, 87.
[41a] BAG AP BGB § 613a – Wiedereinstellung – Nr. 1 = NZA 2007, 866 = NJW 2007, 2351 (Ls.).
[42] BAG AP BGB § 613a Nr. 74 = NZA 1989, 265.
[43] BAG AP BGB § 613a Nr. 250 = NZA 2003, 1027 = NZI 2003, 674 = NJW 2003, 3506 = ZIP 2003, 1671.
[44] MünchHdbArbR-*Wank* § 125 RdNr. 27 ff.

31 Ist einem Arbeitnehmer wegen einer bevorstehenden Betriebsstilllegung wirksam gekündigt worden und kommt es nach dem Zugang der Kündigung doch zu einem Betriebsübergang, hätte er nach der Rechtsprechung des Achten Senats des Bundesarbeitsgerichts einen **Anspruch auf Einstellung gegen den Betriebserwerber,** soweit bei diesem eine Weiterbeschäftigungsmöglichkeit besteht[45] (allgemein zum Wiedereinstellungsanspruch § 125 RdNr. 105). Diesen Anspruch lässt das Bundesarbeitsgericht indessen jedenfalls dann nicht gelten, wenn der Betriebsübergang erst nach Ablauf der Kündigungsfrist **im Zuge eines Insolvenzverfahrens** über das Vermögen des Veräußerers erfolgt, weil solche Wiedereinstellungsansprüche die Gefahr des Scheiterns übertragender Sanierungen mit sich bringen.[46]

III. Anwendbarkeit der §§ 125 bis 127

32 **1. Interessenausgleich und Feststellungsantrag vor Betriebsübergang.** Nach Abs. 1 Satz 1 wird die Anwendung der §§ 125 bis 127 nicht dadurch ausgeschlossen, dass die Betriebsänderung, die dem Interessenausgleich oder dem Feststellungsantrag zugrundeliegt, erst nach einer Betriebsveräußerung durchgeführt werden soll. Gemessen an der neueren Rechtsprechung des Bundesarbeitsgerichts, nach der die Kündigung des Betriebsveräußerers auf Grund eines verbindlichen Konzepts oder eines **Sanierungsplans des Erwerbers** nicht gegen § 613a Abs. 4 BGB verstößt (RdNr. 29), hat dies insoweit nur klarstellende Bedeutung. Insbesondere kommt es für die Wirksamkeit einer betriebsbedingten Kündigung durch den Insolvenzverwalter nicht darauf an, ob auch er das Konzept hätte umsetzen können.[47]

33 Abs. 1 ist weiter so zu verstehen, dass die Rechtsfolgen des § 125 Abs. 1 bzw. die Feststellung und Bindung nach den §§ 126, 127 auch dann nicht ausgeschlossen sind, wenn unmittelbar nach der Vereinbarung des Interessenausgleichs durch Verwalter und Betriebsrat oder der gerichtlichen Feststellung durch das Arbeitsgericht der Betriebsübergang erfolgt und erst nach dem Betriebsübergang **der Erwerber die Kündigungen ausspricht.** Zwar wird dies für die Mehrzahl der Kündigungen praktisch selten vorkommen, weil bereits der Verwalter zum frühest möglichen Zeitpunkt kündigen wird, um die Kündigungsfristen in Gang zu setzen. Liegt aber beispielsweise den Kündigungen eine Betriebsänderung nach § 111 BetrVG, etwa ein betriebseinschränkender Personalabbau, zugrunde und wurde die soziale Rechtfertigung der Kündigungen nach § 126 festgestellt, aber nicht die Zustimmung nach § 122 zur Durchführung der Betriebsänderung erteilt, so dass bei sofortigem Ausspruch der Kündigungen Ansprüche auf Nachteilsausgleich entstünden, kann der Betriebsübergang vorab erfolgen und den Arbeitnehmern erst später vom Erwerber gekündigt werden, mit der Folge, dass die Bindungswirkung des § 127 Abs. 1 gilt. Dass die Kündigungen erst vom Erwerber ausgesprochen werden sollen, ist im Feststellungsverfahren entsprechend darzulegen. Außerdem ist darzutun, dass die Kündigungen durch dringende betriebliche Erfordernisse bedingt und sozial gerechtfertigt sind.[48]

34 Es kann auch sinnvoll sein, einzelne **Arbeitnehmer, die vom Betriebserwerber nur übergangsweise benötigt werden,** bereits vor der Übertragung in den Interessenausgleich nach § 125 Abs. 1 einzubeziehen und erst einige Zeit nach dem Betriebsübergang zu kündigen. Freilich muss in diesem Fall auch der Betriebsübergang Inhalt des Interessenausgleichs sein, da sich andernfalls mit ihm die Sachlage im Sinne des § 125 Abs. 1 Satz 2 wesentlich änderte, mit der Konsequenz, dass die Rechtsfolgen des § 125 Abs. 1 Satz 1 Nr. 1 und 2 nicht gelten würden (vgl. § 125 RdNr. 101 ff.). Das Gleiche gilt hinsichtlich

---

[45] BAG AP BGB § 613a Nr. 169 = NZA 1998, 251 = NJW 1998, 1885.
[46] BAG AP BGB § 613a Nr. 185 = NZA 1999, 422 = ZIP 1999, 320; BAG AP BGB § 613a Nr. 264 = ZIP 2004, 1610; BAG NZA 2005, 405; vgl. auch *Annuß* ZInsO 2001, 49, 58 f.; *Lembke* BB 2007, 1333, 1337; gegen jeden Wiedereinstellungsanspruch in der Insolvenz *Hanau* ZIP 1998, 1817, 1820.
[47] BAG AP BGB § 613a Nr. 250 = NZA 2003, 1027 = NZI 2003, 674 = NJW 2003, 3506 = ZIP 2003, 1671.
[48] *Caspers* RdNr. 303; *Nerlich/Römermann/Hamacher* § 128 RdNr. 71.

der zeitlichen Grenzen der Rechtskraft des Feststellungsbeschlusses nach den §§ 126, 127 Abs. 1 Satz 2 (§ 127 RdNr. 13 ff.).

Die Wirkungen der §§ 125 bis 127 greifen zwar unabhängig davon, ob der Insolvenzverwalter vor dem Betriebsübergang oder der Erwerber nach dem Betriebsübergang kündigt. Allerdings muss noch **vor dem Betriebsübergang** der Interessenausgleich nach § 125 Abs. 1 vom Verwalter mit dem Betriebsrat vereinbart bzw. das Feststellungsverfahren vom Verwalter beantragt werden. Diese Instrumente stehen dem Erwerber nicht zur Verfügung. 35

2. Beteiligung des Erwerbers im Feststellungsverfahren. Nach Abs. 1 Satz 2 ist am Feststellungsverfahren des § 126 der Erwerber des Betriebes beteiligt. Erwerber des Betriebes ist in erster Linie derjenige, mit dem der Insolvenzverwalter einen Übernahmevertrag geschlossen hat. Wird das Feststellungsverfahren vom Insolvenzverwalter im Hinblick auf eine in Aussicht genommene Betriebsveräußerung eingeleitet, ist an dem Verfahren nach § 126 auch der potentielle Betriebserwerber beteiligt. Ob der Übernahmevertrag bereits abgeschlossen ist oder die Verhandlungen noch laufen, spielt dabei keine Rolle. Auch im letzteren Falle treffen den Erwerber die Folgen der Entscheidung nach § 126.[49] 36

3. Erweiterung der Vermutungs- und Feststellungswirkung. a) Die Vermutung nach § 125 Abs. 1 Satz 1 Nr. 1. Vereinbaren Insolvenzverwalter und Betriebsrat einen Interessenausgleich, in dem die zu kündigenden Arbeitnehmer namentlich bezeichnet sind, so erstreckt sich im Falle eines Betriebsüberganges gem. Abs. 2 die Vermutung des § 125 Abs. 1 Satz 1 Nr. 1 auch darauf, dass die Kündigung der Arbeitsverhältnisse nicht wegen des Betriebsübergangs erfolgt, sondern Insolvenzverwalter oder Erwerber aus anderen Gründen, nämlich aus dringenden betrieblichen Erfordernissen (§ 125 RdNr. 83 ff.) gekündigt haben. 37

An sich trifft den Arbeitnehmer schon unabhängig von dieser insolvenzrechtlichen Regelung die Darlegungs- und Beweislast dafür, dass die Kündigung „wegen des Betriebsübergangs" erklärt worden ist, wenn er sich auf die Unwirksamkeit der Kündigung nach § 613 a Abs. 4 Satz 1 BGB stützt.[50] Im Geltungsbereich des Kündigungsschutzgesetzes trifft den Arbeitgeber bzw. den Insolvenzverwalter indessen die Beweislast des § 1 Abs. 2 Satz 4 KSchG. Bei einem Betriebsübergang muss er beweisen, dass eine Kündigung aus anderen Gründen im Sinne des § 613 a Abs. 4 Satz 2 BGB vorliegt.[51] Gelingt dem Insolvenzverwalter der Beweis nicht, ist die Kündigung sozialwidrig und der Kündigungsschutzklage des Arbeitnehmers stattzugeben, ohne dass es der Feststellung bedarf, die Kündigung beruhe tragend auf dem Betriebsübergang. Insoweit hat § 128 Abs. 2 im Anwendungsbereich des Interessenausgleichs nach § 125 Abs. 1 **lediglich klarstellende Funktion:** Denn wenn die Vermutung des § 125 Abs. 1 Satz 1 Nr. 1 gilt, dass die Kündigung durch dringende betriebliche Erfordernisse bedingt ist, erstreckt sie sich zugleich darauf, dass die Kündigung des Arbeitsverhältnisses aus anderen Gründen im Sinne des § 613 a Abs. 4 Satz 2 BGB erfolgt. Einer Ausdehnung der Vermutung über Abs. 2 dahingehend, dass die Kündigung nicht wegen des Betriebsübergangs erfolgt (§ 613 a Abs. 4 Satz 1 BGB) bedarf es dann nicht.[52] 38

Eine **eigenständige Funktion** kommt Abs. 2 lediglich dann zu, wenn ein Arbeitnehmer sich allein auf den Unwirksamkeitsgrund des § 613 a Abs. 4 Satz 1 BGB beruft, weil er beispielsweise die Wartezeit des § 1 Abs. 1 KSchG noch nicht erfüllt hat. Wie sich der Wertung des Abs. 2 entnehmen lässt, ist es nicht ausgeschlossen, dass auch diese Arbeitnehmer im Interessenausgleich nach § 125 Abs. 1 namentlich bezeichnet werden – beispielsweise, wenn dem Interessenausgleich ein einheitliches Sanierungskonzept zugrunde liegt. Dann gilt nach Abs. 2 i. V. m. § 125 Abs. 1 Satz 1 Nr. 1 die Vermutung, dass die Kündigung 39

---

[49] *Caspers* RdNr. 305; *Kübler/Prütting/Moll* § 128 RdNr. 24; einschränkend *Lakies* RdA 1997, 145, 155; *Nerlich/Römermann/Hamacher* § 128 RdNr. 72.
[50] BAG AP BGB § 613 a Nr. 47 = NZA 1986, 522 = NJW 1986, 2008.
[51] Vgl. BAG AP BGB § 613 a Nr. 47 (unter B II 2 a der Gründe).
[52] *Caspers* RdNr. 306 ff.; *Oetker/Friese* DZWIR 2001, 177, 185; aA wohl *Nerlich/Römermann/Hamacher* § 128 RdNr. 75 f.

nicht wegen des Betriebsübergangs erfolgt. Zwar trifft den Arbeitnehmer diesbezüglich ohnehin die Darlegungs- und Beweislast. Jedoch wird ihm allgemein mit Beweiserleichterungen auf Grund von Indizien (Anscheinsbeweis) geholfen.[53] Mit Abs. 2 i. V. m. § 292 Satz 1 ZPO ist hingegen angeordnet, dass der Arbeitnehmer die Vermutung zu widerlegen hat, dass die Kündigung seines Arbeitsverhältnisses nicht wegen des Betriebsübergangs erfolgt ist. Hierfür können richtigerweise keine Beweiserleichterungen eingreifen. Solche können nur für andere Kündigungsverbote gelten. Etwa gilt § 22 AGG bei einer gegen ein Benachteiligungsverbot verstoßenden Kündigung (§ 125 RdNr. 99).

40   **b) Die Feststellung nach § 126 Abs. 1 Satz 1.** Gem. Abs. 2 erstreckt sich die gerichtliche Feststellung nach § 126 Abs. 1 Satz 1 auch darauf, dass die Kündigung der Arbeitsverhältnisse nicht wegen des Betriebsübergangs erfolgt. Die Feststellung kann nicht widerlegt werden, sondern bindet gem. § 127 Abs. 1 Satz 1 in einem Kündigungsschutzverfahren.

41   Wie schon beim Interessenausgleich nach § 125 Abs. 1, hängt die Bedeutung des Abs. 2 für das Feststellungsverfahren nach § 126 Abs. 1 Satz 1 davon ab, ob zugleich das **Kündigungsschutzgesetz auf das jeweilige Arbeitsverhältnis** Anwendung findet. Ist dies der Fall, hat Abs. 2 nur **klarstellende Funktion.** Denn die Feststellung, dass eine Kündigung sozial gerechtfertigt ist, umfasst zugleich, dass eine Kündigung aus anderen Gründen i. S. d. § 613a Abs. 4 Satz 2 BGB vorliegt. Die Feststellung und Bindung folgt dann direkt aus den §§ 126 Abs. 1, 127 Abs. 1 Satz 1, ohne dass es auf Abs. 2 ankommt. Eine Unwirksamkeit der Kündigung wegen Betriebsüberganges nach § 613a Abs. 4 Satz 1 BGB scheidet dann schon wegen Satz 2 dieser Bestimmung aus.

42   Abs. 2 hat aber **eigenständige Funktion,** wenn die **Arbeitsverhältnisse nicht dem Kündigungsschutzgesetz** unterliegen, sei es, weil das Kündigungsschutzgesetz nach § 23 Abs. 1 KSchG nicht gilt, da es sich um einen Kleinbetrieb handelt, sei es, weil bestimmte Arbeitnehmer die Wartezeit des § 1 Abs. 1 KSchG noch nicht erfüllt haben. Als eigenständiges Kündigungsverbot erfasst § 613a Abs. 4 Satz 1 BGB auch diese Arbeitsverhältnisse (oben RdNr. 27). Nach seinem Wortlaut findet § 126 Abs. 1 Satz 1 isoliert auf diese Arbeitsverhältnisse keine Anwendung, vielmehr setzt diese Vorschrift die Geltung des Kündigungsschutzgesetzes voraus, da es allein um die soziale Rechtfertigung der Kündigungen aus betriebsbedingten Gründen geht. Damit Abs. 2 bezogen auf die Feststellung nach § 126 Abs. 1 Satz 1 einen eigenständigen Sinn bekommt, muss man die Bestimmung jedoch so in § 126 Abs. 1 hineinlesen, dass der Insolvenzverwalter hinsichtlich der Arbeitnehmer, die nicht dem Kündigungsschutzgesetz unterliegen, die Feststellung beantragen kann, dass die Kündigung nicht wegen des Betriebsübergangs erfolgt. Die positive Beweislast trifft den Arbeitnehmer (vgl. RdNr. 38), denn trotz des Untersuchungsgrundsatzes finden auch im Beschlussverfahren die Beweislastgrundsätze Anwendung (§ 126 RdNr. 35).

43   Wird dem Feststellungsantrag des Verwalters stattgegeben, gilt die **Bindungswirkung** des § 127 Abs. 1 Satz 1 in einem Kündigungsschutzverfahren, mit dem der Arbeitnehmer die Feststellung begehrt, dass das Arbeitsverhältnis nicht aufgelöst ist. Der Arbeitnehmer ist dann in der Frage des Betriebsübergangs als Beweggrund der Kündigung präjudiziert.

44   Wird umgekehrt der **Antrag des Verwalters in der Sache abgewiesen,** ist das genaue Gegenteil festgestellt (vgl. § 127 RdNr. 10). Ein Kündigungsschutzverfahren ist dann zugunsten des Arbeitnehmers präjudiziert. Hierin liegt ein besonderes Risiko für den Verwalter, wenn er das Feststellungsverfahren vor Ausspruch der Kündigungen einleitet, ohne zu wissen, welche Arbeitnehmer Kündigungsschutzklage erheben werden (vgl. § 126 RdNr. 8).[54]

---

[53] MünchHdbArbR-*Wank* § 125 RdNr. 32 ff.; siehe zur Frage des Anscheinsbeweises auch *Lohkemper* KTS 1996, 1, 30.
[54] Zu den einzelnen Fallgruppen hinsichtlich der zeitlichen Koordinierung von Kündigung, Feststellungsverfahren und Betriebsübergang je nach Zeitpunkt der Kündigung vgl. ausführlich *Caspers* RdNr. 316 ff.

Dritter Abschnitt. Insolvenzanfechtung

Vorbemerkungen vor §§ 129 bis 147

Schrifttum: *Allgayer,* Rechtsfolgen und Wirkungen der Gläubigeranfechtung, 2000; *Baumann,* Konkurs und Vergleich, Lehrbuch, 2. Aufl., 1981; *Beisel/Klumpp,* Der Unternehmenskauf, 5. Aufl., 2006; *Beissenhirtz,* Die Insolvenzanfechtung in Deutschland und England, 2003; *Berscheid,* Konkurs-Gesamtvollstreckung-Sanierung, 1992; *Bindseil,* Die Absichtsanfechtung außerhalb und innerhalb des Konkurses im Verhältnis zu den §§ 138 I, 823, 826 BGB, Diss. Heidelberg 1965; *A. Blomeyer,* Zivilprozeßrecht Vollstreckungsverfahren, 1975; *de Boor/Erkel,* Zwangsvollstreckung, Konkurs und Vergleich, 2. Aufl., 1962; *Bork,* Handbuch des Insolvenzanfechtungsrechts, 2006; *Bruski,* Die Voraussetzungen der Konkursanfechtung, Diss. Bonn 1990; *von Campe,* Insolvenzanfechtung in Deutschland und Frankreich, 1995; *Cosack,* Das Anfechtungsrecht der Gläubiger eines zahlungsunfähigen Schuldners innerhalb und außerhalb des Konkurses nach deutschem Reichsrecht, 1884; *Crome,* System des Bürgerlichen Rechts, Band 1, 1900; *Dauernheim,* Das Anfechtungsrecht in der Insolvenz, 1999; *Diem,* Die Voraussetzungen der Gläubigeranfechtung nach schweizerischem und deutschem Recht, 1987; *Eckardt,* Die Anfechtungsklage wegen Gläubigerbenachteiligung, 1994; *Eckert,* Probleme der Bestimmung des für die Insolvenzanfechtung relevanten Zeitpunkts nach § 140 InsO, 2003; *Eichberger,* Die besondere Konkursanfechtung, Diss. Regensburg 1990; *H. Emmerich,* Die Sanierung, 1930; *Emmrich,* Das Firmenrecht im Konkurs, 1992; *H. Fuchs,* Der Sozialplan nach dem Betriebsverfassungsgesetz 1972, 1977; *Galperin/Löwisch,* Kommentar zum Betriebsverfassungsgesetz, 6. Aufl., 1982; *Gerhardt,* Die systematische Einordnung der Gläubigeranfechtung, 1969; *Gerhardt/Kreft,* Aktuelle Probleme der Insolvenzanfechtung, 10. Aufl., RWS-Skript 82, 2006; *Germann,* Die Anfechtung von Unterlassungen nach dem Anfechtungsgesetz und der Konkursordnung, Diss. Würzburg 1968; *Gernhuber/Coester-Waltjen,* Lehrbuch des Familienrechts, 5. Aufl., 2006; *Glunz,* Vertragliche Regelungen des Abfindungsanspruchs bei der Offenen Handelsgesellschaft in den Fällen des Ausscheidens unter Lebenden, Diss. Münster 1963; *Godbersen,* Das Verhältnis der §§ 138 Abs. 1, 826 BGB zu den Vorschriften über die Gläubigeranfechtung innerhalb und außerhalb des Konkurses, besonders im Hinblick auf die Behandlung der Sicherungsübertragungen, Diss. Göttingen 1968; *Goldschmidt,* Zivilprozeßrecht, 2. Aufl., 1932; *Grunsky,* Das Arbeitsverhältnis im Konkurs- und Vergleichsverfahren, RWS-Skript 86, 3. Aufl., 1994; *Grunwald,* Sittenwidrigkeit, Rechtswidrigkeit und dolus malus, Diss. Göttingen 1974; *Güther,* Die Insolvenzanfechtung der Deckung von Altverbindlichkeiten, 2006; *Hallermann,* Die Risiken einer Insolvenzanfechtung für den Käufer eines Unternehmens, 2007; *Hassold,* Zur Leistung im Dreipersonenverhältnis, 1981; *Heckelmann,* Abfindungsklauseln in Gesellschaftsverträgen, 1973; *Heile,* Die Anweisung im Konkurs des Anweisenden, 1976; *Hellmann,* Lehrbuch des deutschen Konkursrechts, 1907; *Hellwig,* Verträge auf Leistung an Dritte, 1899; *Hellwig,* System des deutschen Zivilprozeßrechts, 1. Teil, 1912; *Holzapfel,* Ehegattenschenkungen und Gläubigerschutz, 1979; *Huber,* Anfechtungsgesetz, 10. Aufl., München 2006; *Huth,* Kreditsicherungsrecht im Lichte der neueren Rechtsprechung, 2000; *Jaeger,* Gläubigeranfechtung, 2. Aufl., 1938; *Jaeger,* Lehrbuch des Deutschen Konkursrechts, 8. Aufl., 1932; *Jansen,* Gesetz über die Freiwillige Gerichtsbarkeit, Kommentar, 2. Aufl., 1969–1971; *Kamlah,* Die Anfechtung in der Insolvenz von Unternehmen, dargestellt am deutschen und englischen Recht, 1995; *Kaven,* Das Recht des Sozialplans, 1977; *Kayser,* Höchstrichterliche Rechtsprechung zum Insolvenzrecht, 2. Aufl., 2007; *Kipp/Coing,* Erbrecht, 14. Bearbeitung, 1990; *Kohler,* Lehrbuch des Konkursrechts, 1891; *König,* Die Anfechtung nach der Insolvenzordnung, 3. Aufl., 2003; *Koss,* Zur Wirkung der Anfechtung nach der Insolvenzrechtsreform, 2001; *Koziol,* Grundlagen und Streitfragen der Gläubigeranfechtung, 1991; *Kuder,* Die Zahlstelle in der Insolvenz des Lastschriftschuldners im Einzugsermächtigungsverfahren, 2006; *H.-G. Lange,* Voraussetzungen und Wirkungen der Konkursanfechtung, Diss. Bonn, 1973; *Mauer,* Der Anfechtungsprozess, 2000; *Menkhaus,* Kreditsicherung beim Dokumenteninkasso, 1984; *Mesch,* Die Anfechtung der Gläubigeranfechtung innerhalb und außerhalb des Konkurses, 1993; *Mitlehner,* Mobiliarsicherheiten im Insolvenzverfahren, 2007; *Ohl,* Der Sozialplan, 1977; *Prölss/Martin,* Versicherungsvertragsgesetz, 27. Aufl., 2004; *Raschke,* Funktion und Abgrenzung des Bargeschäftstatbestandes in § 142 InsO, Diss. Hamburg 1999; *Rebmann,* Die Anfechtung von Zwangsvollstreckungsmaßnahmen nach § 131 InsO und die Vollstreckungssperren (u. a. § 88 InsO), Diss. Tübingen, 2003; *Rutkowsky,* Rechtsnatur und Wirkungsweise der Gläubigeranfechtung, 1969; *W. Schlosser,* Sittenwidrigkeit der Sicherungsübereignung infolge Schuldnerknebelung und Gläubigergefährdung, Diss. Köln 1959; *Schlüter,* Die konkursrechtliche Behandlung der Sozialplananspüche und der Ausgleichsansprüche nach § 113 BetrVG, 1977; *H. Schulte,* Zum Anwendungsverständnis der Absichtsanfechtung, Diss. Frankfurt a. M. 1984; *Seetzen,* Der Verzicht im Immaterialgüterrecht, 1969; *Tipke/Kruse,* Abgabenordnung, Kommentar, Stand 2006; *H. Wagner,* Insolvenzordnung, 1998; *H. Westermann,* Interessenkollisionen und ihre richterliche Wertung bei den Sicherungsrechten an Fahrnis und Forderungen, Schriftenreihe der Juristischen Studiengesellschaft Karlsruhe, Heft 11, 1954; *Wichmann,* Der Arbeitnehmer, Lehrling und Pensionär im Konkurs- und Vergleichsverfahren des Arbeitgebers, 1965; *Wiringer-Seiler,* Das Anfechtungsrecht im Konkurs, 1988; *Wischemeyer,* Die Insolvenzanfechtung der Rückführung debitorischer Konten durch Einstellung von Gutschriften in der Krise, Diss. Berlin, 2001; *M. Zeuner,* Die Anfechtung in der Insolvenz, 2. Aufl., 2007.

Übersicht

	RdNr.		RdNr.
I. Aufgabe und Bedeutung der Insolvenzanfechtung	1	c) Publizitätslose Mobiliarsicherheiten	68
II. Rechtstatsachen	5	aa) Globalabtretung	71
III. Entwicklung des Rechts der Insolvenzanfechtung	7	bb) Kreditbetrug	72
		cc) Übersicherung	73
IV. Rechtsnatur der Insolvenzanfechtung	11	dd) Gläubigergefährdung und Insolvenzverschleppung	74
1. Darstellung der unterschiedlichen Ansichten	12	ee) Nachträgliche Besicherung	76
a) Dinglichkeitstheorien	13	d) Sicherungsrechte für den Insolvenzfall	77
b) Schuldrechtliche Theorien	17	e) Gesellschaftsrechtliche Abfindungsklauseln	78
c) Haftungsrechtliche Theorien	18	6. Anfechtbarkeit nichtiger Rechtsgeschäfte	82
2. Praktische Bedeutung des Theorienstreits	20	7. Anfechtbarkeit von Sozialplänen	83
a) Akzessorische Sicherheiten für anfechtbar erlassene Schuld	21	8. Familien- und erbrechtliche Sonderregelungen	84
b) Sicherung des Anfechtungsanspruchs	22	9. Insolvenzrechtliche Vollstreckungsbeschränkungen	85
c) Anfechtungsrecht in der Insolvenz des Anfechtungsgegners	23	10. Konkurrenz von Rückgewähransprüchen	86
d) Prozessuale Auswirkungen	24	a) § 823 Abs. 2 BGB	87
e) Schuldner einer anfechtbar abgetretenen Forderung als Rechtsnachfolger des Insolvenzschuldners	25	b) § 823 Abs. 1 BGB	88
		c) § 826 BGB	89
3. Stellungnahme		aa) Gegenüber dem Schuldner	90
a) Keine dinglichen Wirkungen der Anfechtung	26	bb) Gegenüber dem Anfechtungsgegner	91
b) Haftungsrechtliche Ableitung ohne automatische Drittwirkung	31	VI. Übersicht über den Gesetzesabschnitt „Insolvenzanfechtung"	
c) Schuldrechtliche Ausgestaltung	35	1. Gliederung des Abschnitts	93
d) Anfechtung als Rechtsinstitut eigener Art	37	2. Konkurrenz der einzelnen Anfechtungstatbestände	94
V. Abgrenzungen und Konkurrenzen		VII. Anfechtbare Rechtshandlungen im Rahmen notarieller Amtsgeschäfte	96
1. Anfechtung nach BGB	40		
2. Anfechtungsgesetz	42	VIII. Anfechtung in besonderen Insolvenzverfahren	
3. Anfechtung von AGB-Klauseln	44	1. Eigenverwaltung und Verbraucherinsolvenzverfahren	99
4. § 134 BGB	45	2. Nachlassinsolvenzverfahren	100
a) StGB-Normen als Schutzgesetze	46	3. Anfechtung von Rechtshandlungen einer erloschenen Personengesellschaft	102
b) § 119 kein Schutzgesetz	48	4. Insolvenz von Kreditinstituten	104
5. § 138 BGB	50	IX. Insolvenzanfechtung mit Auslandsbezug	107
a) Rechtsgeschäfte	53		
b) Erschwerende Umstände	54	X. Übergangsregelung	108
aa) Verfolgte Ziele	57		
bb) Eingesetzte Mittel	59		
cc) Angerichteter Schaden	64		
dd) Eingriff in weitere geschützte Rechtsgüter	66		

I. Aufgabe und Bedeutung der Insolvenzanfechtung

1 Der Grundsatz gleichmäßiger Gläubigerbefriedigung gilt unmittelbar erst im Insolvenzverfahren. Dann sind gegen ihn verstoßenden Maßnahmen des Schuldners oder einzelner Gläubiger nach Maßgabe der §§ 80 bis 82, 89, 91 sowie 96 Abs. 1 Nr. 1 und 2 unwirksam. Dieser dinglich wirkende Schutz der Insolvenzmasse kann gem. § 21 weitgehend auf die Zeit ab Stellung des Eröffnungsantrags vorverlegt werden.

2 Vieljährige Erfahrungen haben aber gezeigt, dass schon lange vor Stellung eines Insolvenzantrags einzelne Gläubiger, die enge Beziehungen zum Schuldner unterhalten oder über dessen wirtschaftliche Verhältnisse besonders gut unterrichtet sind oder ihre Interessen außergewöhnlich hart durchsetzen, wegen ihrer Forderungen noch voll oder wenigstens in erheblichem Maße befriedigt werden, während die meisten Gläubiger nach der späteren Insolvenz nahezu leer ausgehen. Eine solche Besserstellung Einzelner soll vermieden werden, soweit sie nicht nach den gesamten Umständen als gerechtfertigt empfunden wird. Deshalb begründen die §§ 129 ff. die Möglichkeit, unter bestimmten Voraussetzungen Verringerungen des Schuldnervermögens rückgängig zu machen, die vor Eröffnung des Insolvenzverfahrens erfolgt sind. Der Bestand des allen Gläubigern haftenden Schuldnervermögens soll durch die Anfechtung möglichst wieder hergestellt werden;[1] auch sollen Verbindlichkeiten, die der Schuldner in demselben Zeitraum in missbilligenswerter Weise eingegangen ist, die den Gläubigern zur Verfügung stehende Insolvenzmasse nicht schmälern. Deren Schutz wird also in abgeschwächter Form zeitlich vorverlegt.[2]

Die Anfechtung soll zugleich ein wichtiges Mittel sein, um die Insolvenzmasse wieder anzureichern und damit den Verfahrenszweck insgesamt zu fördern.[3]

Die Grenzen der Anfechtungsmöglichkeit im Einzelnen hat der Gesetzgeber auf Grund einer Abwägung der berechtigten Interessen aller Beteiligten gezogen, wobei einschränkend der Gedanke der Rechtssicherheit und der Schutz des Vertrauens eines gutgläubigen Leistungsempfängers in die formal noch bestehende Privatautonomie des Schuldners und damit in die Rechtsbeständigkeit des Erwerbs berücksichtigt sind.[4] Andernfalls würde die Kreditversorgung der Wirtschaft gefährdet.[5] Die Anfechtungstatbestände sind wegen ihres Zwecks nicht abdingbar; nur über die Rechtsfolgen sind Vereinbarungen mit dem Anfechtenden zulässig (s. u. § 129 RdNr. 196).

II. Rechtstatsachen

Nach einer für das Jahr 1975 durchgeführten rechtssoziologischen Untersuchung wurde während der Geltung der Konkursordnung von der Anfechtungsmöglichkeit verhältnismäßig selten Gebrauch gemacht. Statistisch wurde nur in jedem vierten bis fünften Konkurs eine Anfechtungsklage erhoben.[6] Von 69 Prozessen wurden lediglich neun erfolgreich durch Urteil und 18 durch Vergleich beendet. Als Gründe für die Zurückhaltung der Verwalter wurden vor allem genannt: Beweisschwierigkeiten (57%), fehlende finanzielle Mittel (38%) und zu kurze Fristen (3%).[7]

Diesen Hinderungsgründen soll durch die neu gestaltete Insolvenzanfechtung (unten RdNr. 8) und die erleichterte Möglichkeit, Insolvenzverwaltern Prozesskostenhilfe zu bewilligen,[8] entgegengewirkt werden. Praktisch bedeutsam wird die Anfechtungsmöglichkeit zudem als Druckmittel in vorprozessualen Verhandlungen des Insolvenzverwalters mit potentiellen Anfechtungsgegnern.

III. Entwicklung des Rechts der Insolvenzanfechtung

Die §§ 29 bis 42 KO sahen eine Konkursanfechtung vor, deren Systematik und Regelungsgehalt im Kern bereits der jetzigen Insolvenzanfechtung entsprach.[9] Eine Kurzfassung

---

[1] RegE S. 156. Vgl. BGHZ 58, 240, 242 f. = NJW 1972, 870, 871 und näher unten RdNr. 31.
[2] Vgl. BGHZ 59, 230, 232 = NJW 1972, 2084; *Canaris*, Festschrift 100 Jahre KO S. 78 f.; *Häsemeyer*, RdNr. 21.02 ff.
[3] RegE S. 82, 85; BGHZ 15, 333, 337 = NJW 1955, 259, 260; *Gottwald/Huber*, Insolvenzrechts-Handbuch / 46 RdNr. 3; *Kübler/Prütting/Paulus* § 129 RdNr. 2 f.
[4] RegE S. 82.
[5] Vgl. 1. KommBer. S. 400.
[6] *Gessner/Rhode/Strate/Ziegert* S. 38.
[7] *Gessner/Rhode/Strate/Ziegert* S. 215.
[8] Vgl. BGHZ 119, 372, 376 f. = NJW 1993, 135, 136 f.; BGH NJW 1991, 40, 41; NJW 1994, 3170, 3171; OLG Naumburg ZIP 1994, 383, 384; OLG Hamm ZIP 1995, 758 f.; OLG München ZIP 1996, 512 f. mwN; OLG Stuttgart ZIP 1996, 1670 f. mwN; OLG Düsseldorf InVo 1997, 17 mwN; OLG Frankfurt ZIP 1997, 1660 f.; einschränkend BGHZ 138, 188, 190 ff.
[9] Zur Entstehungsgeschichte der Normen auch über die Konkursanfechtung vgl. *Gerhardt*, Gläubigeranfechtung S. 94 ff.

mit weitgehend vergleichbarem Inhalt wurde auch in § 10 GesO aufgenommen, während es in Verfahren nach der Vergleichsordnung keine Anfechtung gab, solange nicht Anschlusskonkurs eröffnet wurde. Im Rahmen des neuen, einheitlichen Insolvenzverfahrens konnte und sollte diese Einschränkung nicht aufrechterhalten werden.[10] Das erscheint auch insoweit sachgerecht, als das jetzige Verfahren – insbesondere durch einen Insolvenzplan – mit der Sanierung des Schuldners selbst enden kann: Sogar in diesem Falle kommt das durch die Anfechtung zurückgeholte (frühere) Schuldnervermögen bestimmungsgemäß der Gläubigergesamtheit in Form eines höheren Erlöses zugute, während die Anfechtungsschuldner nur ihre unberechtigte Besserstellung verlieren.[11]

8 Zudem wurde die Konkursanfechtung zuletzt als zu wenig wirksam empfunden.[12] Der Gesetzgeber hat deshalb verschiedene Einzelregelungen verschärft, vor allem durch Verlängerung von Anfechtungsfristen, daneben durch Einschränkung subjektiver Voraussetzungen und Einführung von Beweiserleichterungen.[13] Hierin lag ein Schwerpunkt der ganzen Insolvenzrechtsreform[14] sowie ein Ausgleich für den – durch Art. 33 Nr. 16 EGInsO verwirklichten – Wegfall der Haftung des Vermögensübernehmers gem. § 419 BGB aF.[15]

9 Der Gesetzgeber hat aber nicht etwa einseitig nur das Ziel verfolgt, das Anfechtungsrecht zu verschärfen, sondern insgesamt einen angemessenen Ausgleich zwischen den Interessen der Insolvenzgläubiger wie der Drittbeteiligten angestrebt. Bei einzelnen Anfechtungsvoraussetzungen (§ 140 Abs. 2 und 3) und -folgen (§ 143 Abs. 1 Satz 2) wurde eine als zu streng empfundene frühere Auslegung gesetzlich abgemildert. Vorschläge des Bundesrats, die auf eine noch wirksamere Ausgestaltung des Anfechtungsrechts in zwei Einzelpunkten abzielten,[16] wurden nicht aufgegriffen. Im Gegenteil hat der Bundestag die im Regierungsentwurf vorgesehene Einschränkung subjektiver Voraussetzungen lediglich teilweise verwirklicht.[17]

10 Der Umstand, dass die Insolvenzanfechtung nur eine punktuell verbesserte Fassung der früheren Konkursanfechtung sein soll, rechtfertigt es, die Rechtsprechung und Rechtslehre zu den unverändert gebliebenen Grundlagen und Teilbereichen des Anfechtungsrechts weiter zu berücksichtigen.

IV. Rechtsnatur der Insolvenzanfechtung

11 Die Rechtsnatur der Anfechtung innerhalb wie außerhalb eines Insolvenzverfahrens – also auch gemäß dem Anfechtungsgesetz – ist seit über einem Jahrhundert umstritten.

12 **1. Darstellung der unterschiedlichen Ansichten.** Die unterschiedlichen Ansichten, die hierzu während der Geltung der §§ 29 ff. KO entwickelt worden sind, können in drei Hauptgruppen eingeteilt werden.[18]

13 a) Die **Dinglichkeitstheorien** gehen davon aus, dass das der Anfechtung unterliegende Vollzugsgeschäft fehlerhaft, also der Erwerb des Anfechtungsgegners dinglich unwirksam sei. Hinsichtlich der Voraussetzungen im Einzelnen sind zwei Untergruppen von Theorien zu unterscheiden:

14 Nach der einen Auffassung löst erst die Anfechtungs**erklärung** Rechtswirkungen aus. Sie hat rückwirkend rechtsgestaltende Kraft, vergleichbar derjenigen gemäß § 142 Abs. 1 BGB.[19]

---

[10] RegE S. 74, 82, 156.
[11] *Henckel*, Kölner Schrift S. 814 ff. RdNr. 3 ff.; *Biehl* KTS 1999, 313 f.; vgl. *Koss* S. 147 ff.; kritisch *v. Campe* S. 21 f.
[12] 1. KommBer. S. 21 ff., 399 f.; *Uhlenbruck* BB 1984, 1949, 1956 f.; *Gerhardt* ZIP 1985, 582 ff.
[13] RegE S. 156 f.
[14] Vgl. RegE S. 82.
[15] RegE S. 82, 157.
[16] BR-Stellungnahme Nr. 24 und 25, S. 253 f.
[17] § 130 Abs. 2, § 131 Abs. 2 Satz 1, § 137 Abs. 2 Satz 2. Vgl. dazu *Kirchhof* in *Henckel/Kreft* S. 143, 145.
[18] Ausführliche Übersichten bei *Gerhardt*, Gläubigeranfechtung S. 1 bis 14; *Rutkowsky* S. 18 ff.
[19] *Hellwig* ZZP 26 (1899), 474, 478; DJZ 1905, 249 ff.; *Hellmann* S. 347, 353; zu § 10 GesO auch *M. Zeuner*, Gesamtvollstreckungsordnung der fünf neuen Bundesländer, 1992, S. 191 ff.; dagegen BGH ZIP 2000, 932, 933.

Die zweite Gruppe von Meinungen geht von einer schon mit der Vornahme der benachteiligenden Rechtshandlung unmittelbar kraft Gesetzes eintretenden Unwirksamkeit aus. Das anfechtbar weggegebene Vermögen steht danach dem Vollstreckungszugriff des Verwalters – für die Insolvenzgläubiger – offen; dessen Vorgehen schafft nur die prozessualen Voraussetzungen für die Vollstreckungserweiterung zugunsten der Insolvenzgläubiger.[20]

Neuerdings wird offengelassen, ob die Anfechtungserklärung rechtsgestaltende Kraft habe. Gemäß dieser Ansicht tritt jedenfalls nach erfolgter Anfechtung – die durch außerprozessuale Erklärung analog § 143 BGB möglich sei[21] – Unwirksamkeit für und gegen jedermann ein, allerdings nur in dem sachlichen Umfang, der durch das Befriedigungsinteresse der Gläubiger geboten ist.[22]

b) Schuldrechtliche Theorie. Danach begründet die Verwirklichung eines Anfechtungstatbestandes einen rein obligatorisch wirkenden Anspruch gegen den Anfechtungsgegner auf Rückgewähr des Empfangenen in das Vermögen des Schuldners.[23] Der Anspruch ist Bestandteil eines eigenständig geregelten gesetzlichen Schuldverhältnisses[24] und entsteht ohne weiteres schon mit der Verwirklichung eines Anfechtungstatbestandes sowie der Eröffnung des Insolvenzverfahrens.[25] Teilweise werden die Grundlagen bereicherungsrechtlich eingeordnet.[26]

c) Die haftungsrechtlichen Theorien sind zuletzt entwickelt worden. Sie gehen davon aus, dass das Anfechtungsrecht – nur – die Minderung der Haftungssumme beim Schuldner ausgleichen soll und deshalb allein haftungsrechtlich sowie zugunsten der Gläubiger zur Unwirksamkeit anfechtbarer Rechtshandlungen führt; dagegen soll die angestrebte Änderung der Rechtszuständigkeit und Vermögenszuordnung uneingeschränkt wirksam bleiben. Die haftungsrechtliche Unwirksamkeit besteht danach ohne weiteres und bedarf keines schuldrechtlichen Anspruchs auf Wiederbegründung der früheren Haftungsmasse.[27]

Teilweise wird die so verstandene haftungsrechtliche Unwirksamkeit bereicherungsrechtlich als Ausdruck einer Eingriffskondiktion aufgefasst.[28] Andere nehmen für die Schenkungsanfechtung eine nur eingeschränkt „dingliche" Wirkung an.[29]

2. Praktische Bedeutung. Der Theorienstreit wirkt sich vor allem auf die Art der Begründung allgemein als richtig hingenommener Ergebnisse aus. Jedoch wird auch die Lösung insbesondere folgender praktischer Probleme davon beeinflusst:[30]

---

[20] *Goldschmidt* S. 328; *Lippmann* IherJb 36 (1896), 145, 147 ff.; *Lenhart* ZZP 38 (1909), 165, 167, 177, 191 f., 203 f.; *Geib* AcP 113 (1915), 335, 362 f.; *Schulin* LZ 1922, 601 ff.
[21] *Marotzke* KTS 1987, 569, 585.
[22] *Marotzke* KTS 1987, 1, 3, 5 f. Trotz der letztgenannten Einschränkung geht die Unwirksamkeit hiernach über eine bloß haftungsrechtliche im Sinne der Auffassungen unten RdNr. 18 hinaus, vgl. *Marotzke* KTS 1987, 569, 595 f.
[23] BGHZ 22, 128, 134 = NJW 1957, 137, 138; BGH NJW 1962, 1200, 1201 f.; WM 1970, 756; BGHZ 59, 353, 356 = NJW 1973, 100, 101; BFHE 92, 293, 295; OLG Posen OLGR 25, 327, 328; FK-*Dauernheim* § 129 RdNr. 9; *Jaeger* KuT 1929, 147; *Mesch* S. 102 f.; *Serick* Bd. III § 32 I 3, S. 142; *Baur/Stürner* Rd-Nr. 18.12, 18.19; für die Konkursanfechtung – im Gegensatz zur Einzelgläubigeranfechtung – auch *Lent* ZZP 70 (1957), 401, 422; *Rutkowsky* S. 144; *Jauernig* § 51 II, S. 238 f.; zur Anfechtung nach §§ 129 ff. InsO *Hess*, Festschrift für Fuchs S. 79, 94; *Koss* S. 161 ff.; wohl auch *Haas/Müller* ZIP 2003, 49, 51 f.
[24] BGHZ 101, 286, 288 = NJW 1987, 2821, 2822; *Cosack* S. 24; *Jaeger*, Lehrbuch S. 152 f.; *de Boor/Erkel* § 32 I 5, S. 198; dagegen *Allgayer* RdNr. 514.
[25] BGHZ 15, 333, 337 = NJW 1955, 259, 260; BGHZ 101, 286, 288 = NJW 1987, 2821, 2822; RGZ 58, 44, 47; RG LZ 1907, 837, 839; RGZ 133, 46, 48; *Gottwald/Huber* (Fn. 3) § 52 RdNr. 2. Nach *Bötticher*, Festschrift für Dölle S. 50 Fn. 16 schafft erst der Urteilsausspruch gestaltend den Anfechtungsanspruch.
[26] *Von Caemmerer*, Festschrift für Rabel S. 367 f.
[27] *G. Paulus* AcP 155–1952 –, 277, 300 ff., 323 ff.; *K. Schmidt* JuS 1970, 545, 548 und JZ 1987, 889, 890; *Wacke* ZZP 83 (1970), 418, 422, 434; *Henckel* JuS 1985, 836, 842; *A. Blomeyer*, Vollstreckungsverfahren § 29 V 5, S. 102 f.; *Kübler/Prütting/Paulus* § 129 RdNr. 48 ff.; *Uhlenbruck/Hirte* § 129 RdNr. 138; *Biehl* KTS 1999, 313, 317 ff.; *Koziol* S. 45 ff.
[28] *Gerhardt*, Gläubigeranfechtung S. 177 ff., 284 f.
[29] *Costede/Kaehler* ZZP 84 (1971), 395, 412 ff.
[30] Vgl. den Überblick bei *Gerhardt*, Gläubigeranfechtung S. 17 ff.

21 **a) Akzessorische Sicherheiten, die für eine anfechtbar erlassene Schuld bestellt worden waren:** Nach den Dinglichkeitslehren und den haftungsrechtlichen Theorien bestehen die Sicherheiten zugunsten des Anfechtenden grundsätzlich fort,[31] während sie nach der schuldrechtlichen Theorie neu zu begründen sind,[32] notfalls an späterer Rangstelle. Letzteres ist jedenfalls im Ergebnis nicht richtig, soweit nicht Publizitätserfordernisse bestehen oder Dritte eigene Rechte unanfechtbar erlangt haben.[33]

22 **b) Sicherung des Anfechtungsanspruchs,** insbesondere bei anfechtbaren Grundstücksveräußerungen: Da nach den Dinglichkeitslehren die Veräußerung unwirksam ist, kommt folgerichtig ein Widerspruch gem. § 899 BGB in Betracht.[34] Demgegenüber gewähren schuld- und haftungsrechtliche Theorien für den Insolvenzfall – nur insoweit übereinstimmend – die Vormerkung zur Sicherung des Rückgewähranspruchs.[35] Dies trifft zu (vgl. § 143 RdNr. 31, § 146 RdNr. 44).

23 **c) Anfechtungsrecht in der Insolvenz des Anfechtungsgegners** und gegenüber Vollstreckungsmaßnahmen seiner Eigengläubiger in den anfechtbar erlangten Gegenstand: Nach den schuldrechtlichen Theorien besteht lediglich ein obligatorischer Verschaffungsanspruch, der eine bloße Insolvenzforderung begründet[36] und folgerichtig kein Drittwiderspruchsrecht zu stützen vermag.[37] Dagegen gewähren die Dinglichkeits- und haftungsrechtlichen Theorien dem anfechtenden Insolvenzverwalter – nur insoweit meist übereinstimmend – ein Aussonderungsrecht in der Insolvenz des Anfechtungsgegners und die Drittwiderspruchsklage gem. § 771 ZPO gegenüber Einzelvollstreckungen bei diesem.[38] Letzteres erscheint zutreffend (s. u. RdNr. 39, § 143 RdNr. 20a, § 145 RdNr. 15, 21, 30).

24 **d) Prozessuale Auswirkungen** der Anfechtungsklage: Nach den Dinglichkeitslehren begründet die Anfechtungsklage die Streitbefangenheit des zurückzugewährenden Gegenstandes im Sinne der §§ 265, 325 Abs. 1 ZPO.[39] Der schuldrechtlichen Theorie zufolge kann eine solche Wirkung nicht eintreten, weil nur ein obligatorisch wirkender Verschaffungsanspruch eingeklagt wird.[40] Aber auch Vertreter der haftungsrechtlichen Theorien lehnen die Streitbefangenheit ab, weil die haftungsrechtliche Unwirksamkeit lediglich Vorfrage für den Rückgewähranspruch sei.[41] Dieses Ergebnis trifft zu (vgl. § 146 RdNr. 42).

25 **e) Haftung des (Dritt-)Schuldners einer anfechtbar abgetretenen Forderung,** der diese an den neuen Gläubiger erfüllt, als Rechtsnachfolger des Abtretenden (Insolvenzschuldners) im Sinne von § 145 Abs. 2 gegenüber dem anfechtenden Verwalter: Anhänger der Dinglichkeitslehren nehmen eine Einzelrechtsnachfolge an, weil eine erfolgreiche Anfechtung im Verhältnis zum Neugläubiger rückwirkend dessen Empfangs-

---

[31] Vgl. auf der Grundlage der Dinglichkeitslehre *Hellwig* ZZP 26 (1899), 474, 476, 481 ff.; für die haftungsrechtlichen Theorien *G. Paulus* (Fn. 21) S. 309 Fn. 56; *Gerhardt*, Gläubigeranfechtung S. 20 ff., 328.

[32] Vgl. *Cosack* S. 255 mit Fn. 8; *Jaeger/Lent* § 37 RdNr. 13.

[33] Vgl. näher RdNr. 33, 34, 39 sowie § 143 RdNr. 47.

[34] *Crome* § 80 Fn. 55, S. 355; *Voß* IherJb 51 (1907), 413, 460.

[35] Vgl. auf der Grundlage der schuldrechtlichen Theorie *Jauernig* § 51 IV 1, S. 241; für die haftungsrechtlichen Theorien *G. Paulus* (Fn. 21) S. 335 Fn. 101 zu a; *Gerhardt*, Gläubigeranfechtung S. 28 ff., 332.

[36] RGZ 13, 5, 6; für § 7 AnfG auch BGHZ 71, 296, 302 = NJW 1978, 1525, 1526.

[37] BGH NJW 1990, 990, 992; *Jaeger* LZ 1908, 611 f.; *Oertmann* ZZP 33 (1904), 1, 3; *Rutkowsky* S. 171; *Baur/Stürner* RdNr. 20.19; *Jauernig* § 51 IV 1, S. 242; aM RGZ 30, 394, 397; 40, 371, 372; RG JW 1895, S. 202 Nr. 15; LZ 1908, 609 ff.; JW 1910, S. 114 Nr. 18; *Haas/Müller* ZIP 2003, 49, 52 ff.

[38] Vgl. auf der Grundlage der Dinglichkeitslehren *Hellmann* S. 365 mit Fn. 1, S. 377; *Hellwig*, Verträge S. 381 Fn. 798; für die haftungsrechtlichen Theorien *G. Paulus* (Fn. 21) S. 336 ff. und in Festschrift für Nipperdey, 1965, Bd. I S. 909, 931 Fn. 36, S. 936; *Henckel* JuS 1985, 836, 842; *K. Schmidt* JZ 1990, 622 f.; *Gerhardt*, Gläubigeranfechtung S. 34 ff., 334 ff.; *A. Blomeyer*, Vollstreckungsverfahren § 29 VI 4, S. 104 f.; zweifelnd aber *Eckardt* KTS 2005, 15, 31 ff.

[39] *Hellwig*, Zivilprozeßrecht § 129 II 3 b, S. 366.

[40] *Oertmann* ZZP 33 (1904), 1, 6; *Wieczorek* § 265 Anm. B I b 1; für § 7 (jetzt § 11) AnfG aF auch RGZ 103, 113, 121; OLG Stettin OLGRspr 4 (1902), 177 f.

[41] *Jaeger/Henckel* § 37 RdNr. 147; *Kilger/K. Schmidt* § 40 KO Anm. 9.

berechtigung auch mit Wirkung gegenüber dem Leistenden vernichte.[42] Die Vertreter der schuldrechtlichen Theorie verneinen eine Rechtsnachfolge, weil diese durch einen bloß obligatorisch wirkenden Rückgewähranspruch nicht hergestellt werden könne.[43] Befürworter der haftungsrechtlichen Theorien kommen zu unterschiedlichen Ergebnissen, je nachdem, ob sie vorrangig der anfechtungsrechtlichen Haftung eine pfandrechtsähnliche Wirkung beimessen[44] oder stärker das Surrogationsprinzip als Voraussetzung einer Rechtsnachfolge betonen.[45] Eine Rechtsnachfolge sollte in derartigen Fällen abgelehnt werden.[46]

3. Stellungnahme. a) Keine allgemeinen dinglichen Wirkungen der Anfechtung: 26
In der neuen Insolvenzordnung fehlen alle Formulierungen, aus denen zuvor eine dingliche Wirkung der Anfechtung abgeleitet wurde. Die Dinglichkeitslehren stützen sich vor allem auf die Fassung des früheren § 29 KO, dass Rechtshandlungen „als dem Konkursgläubigern gegenüber unwirksam" angefochten werden konnten. Auf diese Worte hat der Gesetzgeber in § 129 bewusst verzichtet, um nicht das Missverständnis einer relativen Unwirksamkeit entstehen zu lassen.[47] Dieser Wille des Gesetzgebers ist, wie ein Vergleich mit der Fassung der §§ 81 Abs. 1 Satz 1, 88 und 91 Abs. 1 zeigt, im Gesetz zum Ausdruck gekommen und daher verbindlich.

Mit einer automatisch eintretenden Unwirksamkeit (s. o. RdNr. 15) wäre auch die 27 amtliche Begründung zu § 88 nicht vereinbar; danach liegt ein Gegensatz der Rückschlagsperre zur Insolvenzanfechtung gerade darin, dass für diese „eine Unwirksamkeit ipso iure ... nicht vorgesehen" ist.[48] Gegen die Theorie, dass das Anfechtungsbegehren nur die prozessuale Voraussetzung für eine erweiterte Zwangsvollstreckung aus Titeln der Insolvenzgläubiger unmittelbar gegen den Schuldner schaffe (s. o. RdNr. 15), spricht ferner die Ausgestaltung des Anfechtungsrechts als materieller Anspruch gegen den Anfechtungsgegner in den §§ 143 und 146.[49]

Die Verwendung des Begriffs „Anfechtung" ist mehrdeutig. Einer Gleichstellung mit der 28 Anfechtung nach §§ 142 f. BGB (s. o. RdNr. 14, 16) steht entscheidend entgegen, dass § 146 als Folge der Anfechtung nur einen – der Verjährung unterliegenden – „Anfechtungsanspruch" gewährt.

Die Dinglichkeitslehren sind ferner nicht mit § 141 zu vereinbaren. Die in dieser Vor- 29 schrift genannten Vollstreckungstitel und Maßnahmen der Zwangsvollstreckung sind allgemein nicht allein deswegen ohne weiteres unwirksam, weil sie zu Zwecken erwirkt wurden, die rechtlich nicht als schutzwürdig gelten; zur Beseitigung bedarf es gemäß der prozessualen Systematik eines besonderen Ausspruchs der dafür speziell zuständigen Gerichte. Entsprechendes gilt für anfechtbare Rechtshandlungen in Erkenntnisverfahren, wie z. B. Anerkenntnisse oder bewusste Fristversäumnisse.[50]

Vor allem missachten die Dinglichkeitslehren die Gebote der Rechtssicherheit und des 30 Vertrauensschutzes, wenn sie einen nach den Vorschriften des BGB einwandfreien Rechtserwerb ohne weiteres gegenüber jedermann für unwirksam erklären. Das könnte sich in vielfältiger Weise auch auf entferntere Rechtsbeziehungen zu nur mittelbar beteiligten Dritten auswirken und wäre durch den Schutzzweck der Insolvenzanfechtung weder geboten noch gerechtfertigt. Diese Theorien sind jedenfalls mit der neuen Insolvenzanfechtung *nicht* zu vereinbaren.

---

[42] *Marotzke* KTS 1987, 569, 575 ff.; vgl. schon *Hellwig* Recht und Wirtschaft 1912, 84, 85.
[43] *Jaeger* LZ 1914, 1065, 1075 f.; für § 11 (jetzt § 15) Abs. 2 AnfG auch BGHZ 100, 36, 40 = NJW 1987, 1703, 1704 f.; RGZ 61, 150, 152; 81, 41, 46.
[44] *Jaeger/Henckel* § 37 RdNr. 24, S. 1204; vgl. auch *Henckel* EWiR 1987, 427.
[45] *Gerhardt* JR 1987, 415, 416.
[46] S. u. RdNr. 39, § 143 RdNr. 36, § 145 RdNr. 18.
[47] RegE S. 157 zu § 144.
[48] RegE S. 137 zu § 99.
[49] Vgl. auch *Gerhardt*, Gläubigeranfechtung S. 154 f.
[50] *Gerhardt*, Gläubigeranfechtung S. 126 f.

31 b) **Haftungsrechtliche Ableitung:** Im Ansatz überzeugt die Erklärung der Insolvenzanfechtung als ein haftungsrechtliches Instrument. Sie verwirklicht den Grundsatz, dass das Vermögen des Schuldners für seine Pflichten haften soll. Sie begründet deshalb in der Person des Anfechtungsgegners eine Haftung für fremde Schuld, nämlich für die des Insolvenzschuldners, dessen Vermögen verkürzt wurde (s. o. RdNr. 2).

32 Aus diesem Regelungsziel lassen sich aber keine Rückschlüsse auf eine einheitliche Rechtsnatur der Anfechtung ziehen, weil der Gesetzgeber die Haftung mit verschiedenartigen Mitteln durchsetzt.[51]

33 Insbesondere geht diejenige haftungsrechtliche Theorie zu weit, die eine potentiell gegen jedermann bestehende Unwirksamkeit anfechtbarer Rechtshandlungen – sei es auch nur für Zwecke des Insolvenzverfahrens – annimmt.[52] Der Gesetzeswortlaut bietet keinen Anhaltspunkt für eine dingliche, pfandrechtsähnliche „Verhaftung" des Schuldnervermögens zugunsten der Insolvenzgläubiger, obwohl der Theorienstreit dem Gesetzgeber bekannt war.[53] Die Belastung einer in ihrem Bestande wechselnden Vermögensgesamtheit mit einer pfandrechtsähnlichen Haftung – vergleichbar den §§ 1120 ff. BGB[54] –, die nicht in einem öffentlichen Register publiziert wird, ist dem deutschen Recht fremd.[55] Auch zur Rechtsklarheit und wegen des gebotenen Verkehrsschutzes wären für eine derartige allgemeine Wirkung gegenüber Dritten deutlichere Anhaltspunkte nötig (s. o. RdNr. 30). Ferner fehlt für eine Gleichstellung des Empfängers der anfechtbaren Leistung mit einem Treuhänder[56] die Grundlage: Jener nimmt in aller Regel auch im Innenverhältnis bestimmungsgemäß allein eigene Interessen wahr; das widerspricht einer Treuhänderstellung. Im Ergebnis führt diese Ansicht – wie die Dinglichkeitslehren (s. o. RdNr. 29) – dazu, den Interessen der Insolvenzmasse pauschal und unabhängig von den Voraussetzungen des § 145 Vorrang vor den Interessen auch solcher **Dritter** einzuräumen, die nach der allgemeinen Güterzuordnung (dinglich) berechtigt sind.[57] Dem ist **nicht** zu folgen.[58]

34 Dagegen kann im Verhältnis zum Anfechtungsgegner selbst der haftungsrechtliche Ursprung der Anfechtung auch zu einer unmittelbaren Gestaltungswirkung führen. Das gilt insbesondere für die Rückgewähr im Falle einer anfechtbaren Schuldbegründung[59] oder für die rechtstechnische Begründung der Anfechtungseinrede nach § 146 Abs. 2 (s. u. RdNr. 38).

35 c) Die **schuldrechtliche Ausgestaltung** wird durch die neue Insolvenzordnung verstärkt. § 143 Abs. 1 Satz 1 bezeichnet – wie § 37 Abs. 1 Satz 1 KO, als wichtige Stütze der schuldrechtlichen Theorie – eine Rückgewährpflicht als vorrangige Rechtsfolge der erfolgreichen Anfechtung. Der Umfang der Rückgewähr ist in § 143 Abs. 1 Satz 2 erstmals durch Verweisung auf § 819 Abs. 1 und § 818 Abs. 4 BGB festgelegt; eine umfassende Anwendung von Bereicherungsrecht ist andererseits weiterhin nicht vorgesehen. Nach § 146 Abs. 1 und 2 verjährt „der Anfechtungsanspruch" gemäß den Vorschriften über die Verjährung zivilrechtlicher Forderungen; diese Verjährung ersetzt die frühere, spezielle Ausschlussfrist des § 41 Abs. 1 KO.

36 Jedoch erkennt § 96 Abs. 1 Nr. 3 der Anfechtbarkeit auch unmittelbar rechtsgestaltende Wirkungen zu, indem erstmals die Aufrechnung kraft Gesetzes ohne weiteres für unzulässig erklärt wird, wenn die Möglichkeit dazu durch eine anfechtbare Handlung erlangt wurde. Ferner kann sich der Rückgewähranspruch nach § 143 Abs. 1 Satz 1 in der Insolvenz des

---

[51] Vgl. *Lent* ZZP 70 (1957), 401, 422; einschränkend auch *Häsemeyer*, Insolvenzrecht RdNr. 21.15; *Kübler/Prütting/Paulus* § 129 RdNr. 51; *Bork*, Einführung RdNr. 224; *Allgayer* RdNr. 730 f.; *Pollak* GrünhutsZ 40 (1914), S. 636, 639.
[52] *Henckel* JuS 1985, 836, 842.
[53] RegE S. 157 zu § 144; s. o. RdNr. 26.
[54] So *Jaeger/Henckel*, KO § 37 RdNr. 24, S. 1204.
[55] *Wacke* ZZP 83 (1970), 418, 426 ff.; *Rosenberg/Gaul/Schilken* § 35 II, S. 537 f.
[56] So *G. Paulus* (Fn. 21) S. 332 f.
[57] Vgl. *Baur/Stürner* RdNr. 18.19; *Allgayer* RdNr. 520 f. Ergänzend s. u. § 129 RdNr. 196 a.
[58] So zu einer Abtretung auch BGH ZInsO 2006, 1217, 1218 f.
[59] *G. Paulus* (Fn. 21) S. 333 f.; s. u. § 143 RdNr. 54.

Anfechtungsgegners sowie bei gegen ihn gerichteten Einzelzwangsvollstreckungen gegen den Zugriff der übrigen Gläubiger durchsetzen (vgl. RdNr. 23, 39).

d) Rechtsinstitut eigener Art: Insgesamt ist das Anfechtungsrecht gesetzlich zu eigenartig und vielschichtig ausgestaltet, als dass es uneingeschränkt von einer der dargestellten Theorien allein erfasst werden könnte.[60] Versuche, eine allgemeine Rechtsnatur der insolvenzrechtlichen Anfechtung aus den Einzelregelungen herauszuschälen und daraus sodann allgemein weitere Folgen begrifflich abzuleiten, sind entweder mit der Gesetzesfassung nicht voll vereinbar oder führen nicht immer zu ausgewogenen und angemessenen Ergebnissen. Statt dessen sind auftretende Rechtsfragen, soweit ausdrückliche gesetzliche Regelungen fehlen, jeweils einzeln aus Systematik und Zweck des Anfechtungsrechts (s. o. RdNr. 1–4) wertend zu beantworten.[61] Hierbei kann nicht allein aus dem Umstand, dass das Anfechtungsrecht als Ganzes tendenziell verschärft werden sollte, eine Verschärfung auch für jede Einzelheit abgeleitet werden (s. o. RdNr. 9). 37

Die Haftung des Schuldnervermögens auf Grund Insolvenzanfechtung verwirklicht sich hauptsächlich in den Rechtsfolgen des § 143. Diese sind, wie diejenige des § 96 Abs. 1 Nr. 3, hinsichtlich aller Anfechtungsgründe einheitlich; nur für gutgläubige Empfänger unentgeltlicher Leistungen sieht § 143 Abs. 2 eine Begünstigung vor.[62] Eine grundsätzliche Trennung zwischen den verschiedenen Anfechtungsgründen rechtfertigt das nicht. In den meisten Fällen – nicht nur für die Folge des Wertersatzes – ist ein schuldrechtlicher Anspruch im Sinne des § 194 Abs. 1 BGB das Mittel der Rückgewähr. Das gesetzliche Rechtsverhältnis eigener Art lässt aber, über § 96 Abs. 1 Nr. 3 hinaus, vor allem im Verhältnis zum unmittelbaren Leistungsempfänger auch andere Formen der Rückgewähr zu (s. o. RdNr. 34). Insbesondere kann sie – je nach den objektiven Umständen und der Verwertungsentscheidung des Verwalters – gegebenenfalls zu leisten sein durch Verzicht des Erwerbers auf Rechte aus einer Zwangsvollstreckung, durch seine Duldung von Verwertungsmaßnahmen des Verwalters oder durch das Einverständnis mit anderen, zweckmäßig und zumutbar erscheinenden Mitteln des allgemeinen Vermögensrechts.[63] Als „Anfechtungsanspruch" im Sinne des § 146 ist danach jedes konkrete Begehren zu verstehen, mit dem auf Grund einer Insolvenzanfechtung günstige Folgen für die Masse verwirklicht werden sollen. Er entsteht mit der Verwirklichung eines Anfechtungstatbestandes und der Insolvenzeröffnung unabhängig von einer Handlung des Verwalters (vgl. § 129 RdNr. 186); die Verjährungsfrist begrenzt nur nach allgemeinen Regeln den Zeitraum, während dessen der „Anspruch" gegen den Willen des anderen Teils durchgesetzt werden kann. 38

Im Verhältnis zu Dritten kann das berechtigte Anliegen, die Anfechtung wirksamer zu gestalten, systemkonform durch eine weite Auslegung der Begriffe „Rechtsnachfolger" im Sinne von § 145 Abs. 2 (vgl. § 145 RdNr. 7, 17) sowie „unentgeltlich" gemäß § 134 Abs. 1 und § 145 Abs. 2 Nr. 3 (vgl. § 134 RdNr. 17, 21, 40; § 145 RdNr. 29) verwirklicht werden. Andererseits ist Dritten gegenüber zugleich die dem § 145 Abs. 2 zugrundeliegende gesetzliche Wertung zu beachten. Danach sollen Rechtsnachfolger des Empfängers der anfechtbaren Leistung den Insolvenzgläubigern nur haften, wenn auch in ihrer eigenen 39

---

[60] Ebenso *Rosenberg/Gaul/Schilken* § 35 II, S. 537 f.; für das österreichische Recht *König* RdNr. 2/8; vgl. auch *Allgayer* RdNr. 734.
[61] Ebenso BGHZ 155, 199, 203 = NJW 2003, 3345, 3346; BGHZ 156, 350, 359 = NJW 2004, 214, 216; HK-*Kreft* § 129 RdNr. 64; krit. *Gerhardt* ZIP 2004, 1675, 1677 f.
[62] Damit ist der Versuch von *Costede/Kaehler* (ZZP 84 – 1971 –, 395, 412 ff.) nicht vereinbar, allgemein zwischen der Rechtsnatur der Schenkungsanfechtung einerseits und derjenigen der sonstigen Anfechtungsgründe andererseits zu unterscheiden.
[63] Vgl. *Häsemeyer*, Insolvenzrecht RdNr. 21.13; *Kilger/K. Schmidt* § 29 KO Anm. 2 a, 3. Stünden beispielsweise der Insolvenzmasse aus positiver Vertragsverletzung Schadensersatzansprüche zu, wenn nicht der Insolvenzschuldner eine abweichende Vereinbarung mit dem Schadensersatzpflichtigen abgeschlossen hätte, so kann der Insolvenzverwalter auf Grund einer erfolgreichen Anfechtung dieser Vereinbarung sogleich den Schadensersatz fordern; demgegenüber darf sich der Verpflichtete gemäß § 143 nicht auf die Vereinbarung berufen (s. u. § 143 RdNr. 46 ff.).

Person jeweils ein besonderer, dies rechtfertigender Umstand vorliegt.[64] Diese Interessenabwägung erscheint verallgemeinerungsfähig. Sie schließt eine „dingliche" Wirkung der Anfechtung gegen Dritte außerhalb der – weit auszulegenden – Voraussetzungen der Rechtsnachfolge aus.[65]

V. Abgrenzung und Konkurrenzen

40 1. **Anfechtung nach BGB.** Die Insolvenzanfechtung unterscheidet sich grundlegend von der Anfechtung nach §§ 119 ff., 2078 f. BGB.[66] Diese ist ein Gestaltungsrecht. Dessen Ausübung vernichtet einseitig eine – nicht dem wirklichen Willen des Erklärenden entsprechende – Willenserklärung von Anfang an, § 142 Abs. 1 BGB. Die insolvenzrechtliche Anfechtung ist dagegen ein Rechtsinstitut eigener Art, durch das früheres Schuldnervermögen wieder der Masse zugeführt werden soll. Sie lässt das zugrundeliegende Rechtsgeschäft in seinem Bestande unberührt[67] und bewirkt nur, dass daraus keine Rechte zum Nachteil der Masse verwirklicht werden können – insbesondere gemäß § 96 Abs. 1 Nr. 3 oder § 146 Abs. 2 – oder dass nach Maßgabe des § 143 zurückgewährt werden muss. Dem entspricht die jeweilige Art der Ausübung des Anfechtungsrechts. Entsprechendes gilt im Verhältnis zur gesellschaftsrechtlichen Anfechtbarkeit nach § 246 AktG.[68]

41 Der Verwalter ist nicht auf die insolvenzrechtliche Anfechtung beschränkt, sondern kann wahlweise gemäß § 80 Abs. 1 auch ein dem Schuldner nach BGB etwa zustehendes Anfechtungsrecht ausüben.[69] Wegen der Auswirkungen einer solchen Anfechtung auf die für jede Insolvenzanfechtung vorauszusetzende Gläubigerbenachteiligung vergleiche § 129 RdNr. 134, 135.

42 2. **Anfechtungsgesetz.** Mit der Anfechtung nach dem Anfechtungsgesetz ist die Insolvenzanfechtung eng verwandt. Beide haben das Ziel, die gesetzliche Haftungsordnung zu verwirklichen. Die Insolvenzanfechtung dient aber der Gesamtheit der Gläubiger und ihrer Gleichbehandlung, während das Anfechtungsgesetz jedem einzelnen Gläubiger nützen soll. Deshalb geht nach Eröffnung eines Insolvenzverfahrens die Insolvenzanfechtung nach näherer Maßgabe der §§ 16 bis 18 AnfG der Einzelgläubigeranfechtung vor (vgl. § 129 RdNr. 201 ff.). Ferner können wegen des unterschiedlichen Zwecks die vor Insolvenzeröffnung entstandenen Anfechtungsansprüche einzelner Gläubiger nicht uneingeschränkt dem Insolvenzanfechtungsrecht gleichgesetzt werden.[70]

43 Die Anfechtungsvoraussetzungen der §§ 133 bis 135, 145 und 322 sind mit denen der §§ 3 bis 6 sowie 15 Abs. 1 und 2 AnfG identisch. Soweit die Anfechtungsvoraussetzungen und -folgen gleich sind, können die Ergebnisse von Rechtsprechung und Rechtslehre zum Anfechtungsgesetz auch auf die Insolvenzanfechtung übertragen werden, und umgekehrt. Der Anwendungsbereich der §§ 130 bis 132 geht über den des Anfechtungsgesetzes hinaus, weil diese Anfechtungsgründe gezielt an einen Antrag auf Eröffnung des Insolvenzverfahrens anknüpfen. Auch die nach § 143 möglichen Rechtsfolgen sind wegen des gemeinschaftlichen Interesses aller Gläubiger umfassender als die des § 11 AnfG.

44 3. **Anfechtung von AGB-Klauseln.** Soweit vorformulierte Vereinbarungen anfechtbar sein könnten, bleiben die Normen des AGBG uneingeschränkt anwendbar, weil die

---

[64] Vgl. § 145 RdNr. 1, 24; ferner HK-*Kreft* § 129 RdNr. 71; *Gottwald/Huber* Insolvenzrechts-Handbuch, § 52 RdNr. 3; *Mesch* S. 118 ff.; aM *Allgayer* RdNr. 531 f.
[65] Ebenso BGH ZInsO 2006, 1217, 1218 f. zu einer Abtretung.
[66] Vgl. § 129 RdNr. 134 f. und näher RG LZ 1907, 837, 838; OLG Schleswig ZIP 1987, 1331, 1332; *Baur/Stürner* RdNr. 18.8; *Rosenberg/Gaul/Schilken* § 35 I und II, S. 534; *Jaeger* KuT 1929, 147.
[67] S. o. RdNr. 26, 29 f., 33 und näher § 143 RdNr. 3, 24, 26.
[68] Vgl. *Uhlenbruck/Hirte* § 129 RdNr. 6.
[69] Vgl. *Uhlenbruck/Hirte* § 129 RdNr. 7; *Jaeger/Henckel* § 29 RdNr. 213; *Kilger/K. Schmidt* § 29 KO Anm. 2 b; *Baur/Stürner* RdNr. 18.9; *Baumann* § 11 III 1 a, S. 136; *Gottwald/Huber* (Fn. 3) § 46 RdNr. 8.
[70] BGH NJW 1995, 2783, 2784, insoweit nicht in BGHZ 130, 138; dazu kritisch *Henckel* JZ 1996, 531, 532.

Verwendung allgemeiner Geschäftsbedingungen ein Umstand von selbständiger Bedeutung ist. Im Rahmen einer Inhaltskontrolle gemäß § 307 BGB kann auch eine gerade für den Insolvenzfall vorgesehene Benachteiligung berücksichtigt werden. Lösungsklauseln für den Insolvenzfall (s. u. RdNr. 48) können an § 308 Nr. 3 BGB scheitern. Gegebenenfalls ist auf der Grundlage des § 306 BGB zu prüfen, ob eine objektive Gläubigerbenachteiligung als Voraussetzung der Insolvenzanfechtung (vgl. § 129 RdNr. 100) bestehen bleibt.

4. § 134 BGB. Die §§ 129 ff. sind keine Verbotsgesetze im Sinne des § 134 BGB. Diese 45 Norm ordnet Nichtigkeit nur für den Fall an, dass sich nichts anderes aus dem Gesetz ergibt. Die §§ 143 f. legen aber für den Regelfall weniger einschneidende Rechtsfolgen einer Insolvenzanfechtung fest und setzen diese auf selbständige Weise durch. Daher ist ein Rechtsgeschäft regelmäßig nicht allein deswegen nichtig, weil ein Anfechtungstatbestand erfüllt ist.[71] Überschneidungen können jedoch insbesondere mit folgenden möglichen Verbotsgesetzen auftreten:

a) StGB-Normen. § 134 BGB greift auch dann nicht ein, wenn die anfechtbare Handlung 46 des Schuldners zugleich den Tatbestand der Gläubigerbegünstigung im Sinne des § 283 c StGB erfüllt.[72] Diese Norm richtet sich einseitig gegen den Schuldner; die Mitwirkungshandlung des Gläubigers geht nicht über diejenige nach § 131 Abs. 1 Nr. 2 hinaus. Aus gleichartigen Gründen kann § 283 Abs. 1 Nr. 1 StGB keine Nichtigkeit von Rechtsgeschäften begründen, durch die Vermögensbestandteile des Schuldners an einen Dritten „beiseite geschafft" werden. Denn dessen Teilnahme verwirklicht regelmäßig allenfalls den Tatbestand des § 133 Abs. 1. Dasselbe gilt für Verstöße gegen § 288 StGB, falls der Schuldner erst später insolvent wird.[73]

Verwirklicht die anfechtbare Handlung daneben andere Straftatbestände – zum Beispiel 47 gem. §§ 246, 266 oder 267 StGB – so kann § 134 BGB nach allgemeinen Regeln anwendbar sein.

b) § 119. Als anfechtbare Handlung kommt unter anderem die Vereinbarung einer 48 Klausel in Betracht, die dem Schuldner gerade für den Insolvenzfall Vermögensnachteile auferlegt. Solche Vereinbarungen können tatsächlich oder rechtlich zugleich das Wahlrecht des Insolvenzverwalters nach §§ 103 ff. beeinträchtigen. Die Anwendung dieser Bestimmungen ist gem. § 119 nicht im voraus wirksam auszuschließen oder zu beschränken. Soweit diese Norm eingreift, kann eine objektive Gläubigerbenachteiligung als Anfechtungsvoraussetzung fehlen (vgl. § 129 RdNr. 134). Fraglich ist aber die Anwendbarkeit des § 119 insbesondere auf Vereinbarungen, die eine Vertragsauflösung oder -umgestaltung schon im unmittelbaren Vorfeld einer Insolvenz oder als direkte Folge der Verfahrenseröffnung selbst ermöglichen, also formal ein Wahlrecht des Verwalters gar nicht erst entstehen lassen (s. o. § 119 RdNr. 19 f.). Außerhalb des Anwendungsbereichs jener Bestimmung bleibt jedenfalls die Insolvenzanfechtung nach allgemeinen Regeln möglich, soweit ein Gläubiger sich für den Fall der Insolvenz unangemessene Vermögensvorteile sichert.

Vor Inkrafttreten des § 119 ist teilweise eine Anwendung des § 134 BGB auf die Begründung 49 von Sicherungsrechten unter der aufschiebenden Bedingung eines Insolvenzeintritts

---

[71] BGH NJW-RR 1987, 1401; ZIP 1997, 1180, 1181; ZInsO 2006, 1217, 1218; RGZ 69, 143, 146; RG KuT 1940, 40, 41; BFHE 92, 293, 295; *Uhlenbruck/Hirte* § 129 RdNr. 29; *Kilger/K. Schmidt* § 29 Anm. 6; *Soergel/Hefermehl* § 134 RdNr. 88 unter aa; RGRK-*Krüger-Nieland/Zöller* § 134 RdNr. 39; MünchKommBGB-*Mayer-Maly/Armbrüster* § 134 RdNr. 58; *Nerlich* in Nerlich/Römermann § 129 RdNr. 12; zum AnfG auch BGH WM 1958, 168, 171; WM 1958, 1278 f.; WM 1968, 1057 f.; NJW 1973, 513; NJW 1993, 2041 f.; NJW-RR 2005, 1361, 1362.

[72] *Jaeger/Henckel* § 29 RdNr. 200; *Erman/Palm* § 134 RdNr. 94; zu § 241 KO aF auch BGH WM 1963, 526, 527; RGZ 56, 229, 230; *Rutkowsky* S. 17 f.; *Bindseil* S. 74 f.; *Soergel/Hefermehl* § 134 RdNr. 87 unter cc. Das übersah RGZ 74, 224, 226.

[73] Vgl. RG LZ 1917, 257, 258 und ergänzend unten RdNr. 87 zum Verhältnis des § 288 StGB zum AnfG auch BGH NJW 1993, 2041 f.; ZIP 1996, 1475; NJW 2000, 1259, 1263. Dieses Konkurrenzverhältnis wurde nicht erkannt von BGH NJW-RR 1991, 467; SchlHOLG SchlHA 1957, 96 f.

befürwortet worden, weil diese Norm allgemein das Gebot zur Gleichbehandlung aller Gläubiger im Insolvenzfall schütze.[74] Das geht für den Regelfall zu weit.[75] Das Gleichbehandlungsgebot wird für die Zeit vor Insolvenzeröffnung speziell und normalerweise abschließend durch die §§ 88, 129 ff. sowie für die Zeit danach durch die §§ 80 ff., 89 ff. verwirklicht (s. o. RdNr. 1, 2). Gläubigerbenachteiligende Vereinbarungen der bezeichneten Art können nach § 130 oder § 132 und § 133 Abs. 1 anfechtbar sein.[76] Eine allgemeine Nichtigkeit im Sinne des § 134 BGB ist damit nicht vereinbar. Wenn besonders erschwerende Umstände hinzutreten, kommt zusätzlich eine Anwendung – nur – des § 138 Abs. 1 BGB in Betracht (s. u. RdNr. 77).

50 5. § 138 BGB. Im Verhältnis zu § 138 Abs. 1[77] BGB sind die §§ 129 ff., soweit sie reichen, die spezielleren Normen. Da sie andere, meist weniger einschneidende Rechtsfolgen vorsehen, kann ein Rechtsgeschäft nicht allein deshalb wegen Sittenwidrigkeit nichtig sein, weil es einen Anfechtungstatbestand erfüllt[78] oder nicht einmal voll erfüllt.[79]

51 Zwar wird teilweise angenommen, die Verwirklichung insbesondere des Tatbestands der Absichtsanfechtung nach § 133 stelle regelmäßig zugleich eine sittenwidrige Handlung dar.[80] Einigkeit besteht aber darin, dass dies für sich nicht mehr als die Rechtsfolgen der Anfechtbarkeit auslöst.[81] Bedeutung hat der Meinungsstreit deshalb bisher allein für eine Anwendung des § 817 BGB gewonnen.[82] Richtigerweise ist davon auszugehen, dass das Unwerturteil der Sittenwidrigkeit für ein seinem Inhalt nach an sich erlaubtes Rechtsgeschäft eine umfassende Würdigung seines Gesamtcharakters voraussetzt.[83] Danach mag zwar eine absichtliche Gläubigerbenachteiligung in Einzelfällen als sittenwidrig erscheinen. Eine entsprechende allgemeine Regel lässt sich aber nicht aufstellen. Denn für eine Anfechtung sogar nach § 133 reicht bedingter Vorsatz aus; und Vermögenszuwendungen, bei denen die Gläubigerbenachteiligung nur billigend in Kauf genommen wird, können auf

---

[74] RGSt 63, 78, 79; *Weber* in Anm. AP § 29 KO Nr. 1 unter 2 b; *Kuhn/Uhlenbruck* § 43 RdNr. 8 c, 37 aE; *Kilger/K. Schmidt* § 43 KO Anm. 11 a auf S. 248; nur hypothetisch und ohne rechtliche Einordnung RGZ 92, 105, 109; offengelassen in RGZ 133, 234, 242 f. Andere in diesem Zusammenhang teilweise zitierte Entscheidungen (RG JW 1914, 528 f. und 830 Nr. 6; WarnR 1933 Nr. 62; JW 1936, 1953 f.) sind nicht einschlägig, sondern betrafen Vereinbarungen, nach denen das Einziehungsrecht nicht einmal bedingt auf den „Abtretungsempfänger" übergehen sollte (so zutreffend BGHZ 26, 185, 192 f. = NJW 1958, 457, 458; BGH LM § 398 BGB Nr. 9 a aE; RG Recht 1918 Nr. 33; JW 1937, 3029 Nr. 15); es handelte sich um unvollkommene Versuche der heutigen stillen Abtretung. Eine solche hielt RG JW 1932, 1655 Nr. 9 noch wegen Beeinträchtigung anderer Gläubiger allgemein für unwirksam. RGZ 138, 89, 94 betraf allein die schuldrechtliche Verpflichtung zur Abtretung, die aber mit Insolvenzeröffnung gemäß §§ 103 ff. ohnehin wirkungslos wird. Im Falle RGZ 142, 373, 376 f. kam sachlich § 851 Abs. 2 ZPO als Verbotsgesetz in Betracht.

[75] *Jaeger/Henckel*, KO § 30 RdNr. 93; *Höfer/Kemper* DB 1979, 2371, 2373 f.; *Gerhardt*, Festschrift für Lüke, 1997, S. 121, 126 f.; offengelassen von BAG AP § 30 KO Nr. 4 unter II 2; anders wohl jetzt noch BGH, Urt. v. 10. 3. 1981 – 1 StR 539/80; LK-*Tiedemann* StGB 11. Aufl. § 283 c RdNr. 16, 23; *Tröndle/Fischer*, StGB 53. Aufl., § 283 c RdNr. 7.

[76] S. u. RdNr. 77, § 133 RdNr. 28, § 140 RdNr. 52 und BGH NJW 1993, 1640, 1641; 1994, 449, 450 f., insoweit nicht in BGHZ 124, 76.

[77] § 138 Abs. 2 BGB wird wegen seiner besonderen Voraussetzungen durch die Anfechtungsregeln nicht berührt.

[78] BGH WM 1963, 526, 527; WM 1965, 84, 86; BGHZ 56, 339, 355, insoweit nicht in NJW 1971, 1938; BGH NJW-RR 1987, 1401; NJW 1993, 1640, 1641; RGZ 56, 229, 230; 69, 143, 146 f.; RG JW 1912, 854 Nr. 5; KuT 1940, 40, 41; BAG AP § 30 KO Nr. 4 unter II 2; NZI 2007, 58, 61; BFHE 92, 293, 295; LAG Berlin ZInsO 2005, 1063, 1064; *Bindseil* S. 54 ff.; *Godbersen* S. 8, 15; *Barkhausen* in MünchKomm BGB 1955, 1272; *Uhlenbruck/Hirte* § 129 RdNr. 30; *Nerlich* in *Nerlich/Römermann* § 129 RdNr. 12; *Schulte* S. 73 f.

[79] RG LZ 1917, 257, 258; *Glunz* S. 200 f.; vgl. auch BGH JZ 1971, 24, 25 unter II 2 b.

[80] RG JW 1914, 834 f.; *Brandt* DR 1940, 542; *Glunz* S. 199; *Serick* Bd. III § 32 II 2, S. 152; aM RGZ 56, 229, 230 f.; RG DR 1940, 541; *Bindseil* S. 48 f.

[81] Vgl. BGH WM 1968, 1057 f.; BGHZ 60, 102, 104 = NJW 1973, 465 f.; NJW-RR 2002, 1359, 1361 f.; RGZ 69, 143, 146 f.; RG JW 1912, 854 Nr. 5; LZ 1928, 1324, 1325; *Armbrüster*, Festschrift für Canaris, 2007, S. 23, 28 ff.

[82] Vgl. RG JW 1912, 854 Nr. 5; 1914, 834, 835; DR 1940, 541.

[83] BGHZ 10, 228, 232 = NJW 1953, 1665; BGH NJW 1980, 445, 446; 1982, 1455; BGHZ 86, 82, 88 = NJW 1983, 1851, 1852; NJW 1991, 353, 354; *Palandt/Heinrichs* § 138 RdNr. 8; MünchKommBGB-*Mayer-Maly/Armbrüster* § 138 RdNr. 29 f. Vgl. ergänzend RdNr. 55.

Grund der weiteren Umstände – insbesondere der verfolgten, anerkennenswerten Beweggründe – im Einzelfall als nicht sittenwidrig erscheinen.[84] Einer darauf gestützten Anfechtung steht § 817 Satz 2 BGB nicht entgegen.[85]

Für die Abgrenzung zwischen Anfechtbarkeit und Nichtigkeit gilt im Einzelnen: 52

a) Rechtsgeschäfte. § 138 BGB betrifft nur „Rechtsgeschäfte". Demgegenüber ist der 53 Umfang der nach § 129 anfechtbaren „Rechtshandlungen" weiter (vgl. § 129 RdNr. 21 ff.). Deshalb sind insbesondere anfechtbare Unterlassungen des Schuldners, Besitzübertragungen oder Vollstreckungsmaßnahmen von Gläubigern nicht an § 138 BGB zu messen.

b) Erschwerende Umstände. Ein Rechtsgeschäft, das seiner Struktur nach unter einen 54 Anfechtungstatbestand fallen kann, ist gemäß § 138 Abs. 1 BGB nur nichtig, wenn – über den Tatbestand der Anfechtungsnorm hinaus – zusätzliche Umstände von hinreichendem Gewicht vorliegen, die das Rechtsgeschäft insgesamt als sittenwidrig erscheinen lassen.[86] Derartige Umstände sind für eine Sittenwidrigkeit auch nötig, wenn der Anfechtungstatbestand im Einzelnen nicht einmal voll erfüllt, z. B. der Benachteiligungsvorsatz des Schuldners oder die Kenntnis des Anfechtungsgegners davon (§ 133 Abs. 1) nicht festzustellen ist. Die den Anfechtungsnormen und ihrer Sperrwirkung zugrunde liegende Wertung des Gesetzgebers darf nicht dadurch unterlaufen werden, dass ein weniger gewichtiger Fall vergleichbar schwere oder sogar einschneidendere Rechtsfolgen auslöst.[87] Anders verhält es sich, wenn das zu beurteilende Rechtsgeschäft wenigstens eine wesentliche Anfechtungsvoraussetzung begrifflich nicht erfüllen kann,[88] zum Beispiel weil es unpfändbares Vermögen betrifft (vgl. § 129 RdNr. 84).

Ob zusätzliche Umstände die Sittenwidrigkeit begründen, ist jeweils auf Grund einer 55 Gesamtabwägung – auch im Vergleich mit der Normalgestaltung einer anfechtbaren Handlung – zu beurteilen.[89] Dabei sind die die Anfechtbarkeit begründenden Elemente, insbesondere ein Benachteiligungsvorsatz, mit zu berücksichtigen;[90] die Spezialität des Anfechtungsrechts geht nicht so weit, dass etwa Sittenwidrigkeit ausschließlich aus anfechtungsfremden Anhaltspunkten abgeleitet werden dürfte.[91] Unzuverlässig wäre eine Abgrenzung allein auf Grund einer – im Kern stets subjektiven – Bewertung der Anstößigkeit der inneren Einstellung der Beteiligten,[92] weil Anfechtbarkeit wie Sittenwidrigkeit aus jeweils verschiedenen und nicht ohne weiteres vergleichbaren Umständen folgen können.

Nach allgemeinen Grundsätzen können insbesondere folgende Umstände – jeweils allein 56 oder in Verbindung miteinander – den Ausschlag für Nichtigkeit geben:
aa) Dass die verfolgten **Ziele** besonders sozialschädlich sind;
bb) dass die eingesetzten **Mittel** besonders sozialschädlich sind;
cc) dass der im Einzelfall in zurechenbarer Weise angerichtete **Schaden** außergewöhnlich breit angelegt oder hoch ist;
dd) dass in **weitere** geschützte **Rechtsgüter** eingegriffen wird.

aa) Besonders verwerfliche **Ziele** können insbesondere vorliegen, wenn es dem Schuld- 57 ner ausnahmsweise nicht in erster Linie darum geht, Vermögen für sich oder Nahestehende

---

[84] RGZ 74, 224, 226; vgl. BGH NJW 1994, 449, 451, insoweit nicht in BGHZ 124, 76; *Bindseil* S. 46 f.
[85] OLG Celle ZInsO 2003, 803, 804; ergänzend s. u. § 134 RdNr. 45, § 143 RdNr. 10.
[86] BGHZ 138, 291, 299 f. = NJW 1998, 2592, 2594 f.; BGH WM 1968, 1057 f.; 2002, 1186, 1187; RG WarnR 1929 Nr. 164; OLG Naumburg ZIP 2006, 716, 717; HK-*Kreft* § 129 RdNr. 74; *Kilger/K. Schmidt* § 29 KO Anm. 6; MünchKommBGB-*Mayer-Maly/Armbrüster* § 138 RdNr. 5; RGRK-*Krüger-Nieland/Zöller* § 138 RdNr. 163; *Soergel/Hefermehl* § 138 RdNr. 67; zum AnfG auch BGH WM 1966, 584, 585; NJW 1973, 513; NJW-RR 1990, 142, 143 f.; NJW 1990, 1356, 1357; 1993, 2041; NJW-RR 2005, 1361, 1362. Ergänzend s. o. RdNr. 50.
[87] AM *Serick* Bd. III § 32 II 2, S. 153 f.
[88] Vgl. BGH NJW 1993, 2041, 2042 unter II 2 b; RGZ 155, 327, 330, jeweils zum AnfG.
[89] Vgl. BGH WM 1958, 590, 591 f.; WM 1958, 845, 846; WM 1958, 1082, 1084; RGZ 143, 48, 52; RG KuT 1934, 178. Ergänzend s. o. RdNr. 51.
[90] Vgl. RGZ 170, 328, 332; OLG Celle LZ 1917, 290 f.
[91] *Armbrüster* (Fn. 81) S. 31 f.; aM *Bindseil* S. 72 f., 83.
[92] Ebenso *Bindseil* S. 82.

zu sichern, sondern vorrangig bestimmte Gläubiger zu schädigen. Dies wurde beispielsweise bei einem Schuldner angenommen, der jegliche Unterhaltsansprüche eines nahen Angehörigen vereiteln wollte, indem er planmäßig seine Erwerbstätigkeit aufgab und sein ganzes greifbares Vermögen einem mit der Sachlage vertrauten Dritten übertrug.[93] Nichtigkeit liegt auch vor, wenn ein Schuldner zur Schädigung seiner Gläubiger auf ein Patent verzichtet, weil er mit dieser Rechtszerstörung niemandem nutzen kann.[94]

58 Besonders verwerflich in diesem Sinne ist hingegen *nicht* schon der normale Eigennutz von Schuldnern oder Gläubigern, dessen Auswirkungen gerade durch die Anfechtbarkeit beseitigt werden sollen;[95] das gilt sogar dann, wenn der Gläubiger erkennt, dass der wirtschaftliche Zusammenbruch des Schuldners – zum möglichen Schaden Dritter – unvermeidlich ist, falls der Gläubiger die ihm von Rechts wegen gebührende Leistung erhält.[96] Auch der Umstand, dass der benachteiligte Gläubiger ein naher Familienangehöriger des Schuldners ist, reicht allein nicht aus.[97] Ferner genügt es nicht schon, dass zwar der Schuldner sich vorrangig von der Absicht leiten lässt, einen bestimmten Gläubiger zu schädigen, der Leistungsempfänger dies aber nicht erkennt;[98] dessen grobe Fahrlässigkeit insoweit schadet allein noch nicht, falls er seinerseits die Leistung zu beanspruchen hatte (s. u. RdNr. 62).

59 **bb)** Verhältnismäßig am häufigsten sind die angewendeten **Mittel** verwerflich. Als solche kommen vor allem Täuschung oder planmäßiges Zusammenwirken mit Helfern in Betracht.[99]

60 Eine sittenwidrige (einseitige) **Täuschung** ist insbesondere beim Kreditbetrug (s. u. RdNr. 72) gegeben, aber auch dann, wenn beispielsweise ein Treuhandverhältnis ausschließlich zu Täuschungszwecken begründet wird.[100]

61 Das **Zusammenwirken mit Dritten** ist sittenwidrig, wenn diese in bewusster und gewollter Abstimmung mit dem Schuldner Gegenstände seines Vermögens dem Vollstreckungszugriff von Gläubigern zu dem Zweck entziehen, sie wirtschaftlich dem Schuldner zu erhalten.[101] Dazu dienen vor allem Scheingeschäfte[102] oder die einvernehmliche Vortäu-

---

[93] So jeweils zu § 826 BGB BGH LM § 826 [Ge] BGB Nr. 2, insoweit nicht in NJW 1954, 600; LM § 826 [Gd] BGB Nr. 29; WM 1964, 613 f.; WM 1970, 404 f.; ZInsO 2000, 497, 498; RGZ 74, 224, 229 f.; 155, 327, 329 f.; KG JW 1925, 1889 Nr. 2; JW 1931, 2578 f.; RGRK-*Steffen* § 826 RdNr. 60. Die erforderliche Gesamtabwägung kann allerdings auch in derartigen Fällen zum Ergebnis führen, dass zusätzliche entlastende Umstände die Sittenwidrigkeit ausschließen, etwa wenn das übertragene Vermögen kaum noch Zugriffsmöglichkeiten bot, während mit dem wirtschaftlichen Neubeginn in der Person des Empfängers zugleich Altschulden getilgt werden sollten: Vgl. BGH WM 1958, 168, 171; RG DR 1939, 1081, 1082 f.

[94] S. u. § 129 RdNr. 17; aM *Jaeger/Henckel* § 29 RdNr. 17.

[95] So jeweils zu § 826 BGB BGH NJW 1988, 700, 703; RGRK-*Steffen* vor § 823 RdNr. 45; vgl. auch BGH NJW 1955, 586; *Koller* JZ 1985, 1013, 1020.

[96] BGH WM 1956, 1517; NJW 1957, 587, 588; WM 1959, 115, 116 f.; WM 1959, 1419, 1420; *M. Obermüller* ZIP 1981, 352; vgl. auch BGH WM 1956, 597 f., insoweit nicht in NJW 1956, 945; WM 1958, 249, 251 f.; NJW 1970, 657, 658; BGHZ 56, 339, 356, insoweit nicht in NJW 1971, 1938 f.; *Serick* Bd. III § 31 IV 1, S. 127 f. Ergänzend s. u. RdNr. 63, 65.

[97] BGH WM 1958, 1278, 1279.

[98] AM *Rutkowsky* S. 15.

[99] RGRK-*Steffen* § 826 RdNr. 104; *Soergel/Hönn* § 826 RdNr. 124 ff.; *Erman/G. Schiemann* § 826 RdNr. 35.

[100] RG Gruchot 54 (1910), 162, 167 zu § 826 BGB.

[101] BGH NJW 1972, 719, 721; BGHZ 130, 314, 331 = NJW 1995, 2846, 2850; BGH NJW 1996, 2231, 2232; NJW 2000, 1259, 1263; ZInsO 2005, 371, 372; RG WarnR 1920 Nr. 103, S. 132 f.; HRR 1928 Nr. 907; RGRK-*Krüger-Nieland/Zöller* § 138 RdNr. 163; HK-*Kreft* § 129 RdNr. 74; zu § 826 BGB auch BGH LM § 393 BGB Nr. 1; WM 1964, 613 f.; WM 1974, 99, 100 f.; OLG Celle LZ 1917, 290, 291; RGRK-*Steffen* § 826 RdNr. 60, 89; MünchKommBGB-*Wagner* § 826 RdNr. 73; *Soergel/Hönn* § 826 RdNr. 142. Zur Abgrenzung gegenüber dem nur anfechtbaren Erwerb durch mittelbare Zuwendung s. u. RdNr. 63 aE.

[102] Vgl. BGH NJW 1988, 902, 903; RG JW 1904, 499, 501; Recht 1906 Nr. 1080; OLG Kiel SeuffA 70 (1915) Nr. 34; *Ewald* AcP 120 (1922), 251, 254 f.

schung eines anderen Rechtsgrundes für die zur Gläubigerbenachteiligung ernsthaft gewollte treuhänderische Vermögensübertragung.[103]

Sittenwidrige Mittel können auch von **Gläubigern** eingesetzt werden. Dies kommt beispielsweise in Betracht, wenn sich ein Gläubiger eine Aufrechnungslage erschleicht, indem er in Kenntnis der Zahlungsschwierigkeiten des Schuldners eine Verbindlichkeit diesem gegenüber eingeht, die im Innenverhältnis offensichtlich einem anderen Gläubiger gegenüber zu erfüllen ist, etwa indem bewusst eine unter Eigentumsvorbehalt stehende Sache gekauft wird.[104] Ein sittenwidriges Mittel setzt ein Gläubiger ferner ein, welcher – wie bei der vereinbarten Globalabtretung ohne Rücksicht auf branchenübliche verlängerte Eigentumsvorbehalte (s. u. RdNr. 71) – den Schuldner planmäßig zum Vertragsbruch gegenüber Dritten verleitet,[105] oder welcher den Schuldner veranlasst, trotz Vorliegens eines Eröffnungsgrundes keinen Eröffnungsantrag zu stellen, damit die Frist für Anfechtungen insbesondere nach §§ 130 bis 132 verstreicht.[106] Das Zusammenwirken mehrerer gegen einen Dritten kann aus diesem Grunde aber nur dann sittenwidrig sein, wenn alle Handelnden die Umstände kennen, welche das Unwerturteil begründen.[107] 62

Dagegen sind folgende Umstände aufseiten Dritter jeweils für sich allein im Allgemeinen *nicht* bedeutsam genug, um Nichtigkeit nach § 138 Abs. 1 BGB zu begründen: Dass der Erwerber der gesetzliche Vertreter des Schuldners ist und die Übertragung nicht offengelegte;[108] dass ein Gläubiger keinen Anspruch auf die ihm eingeräumten Sicherheiten hat, diese also inkongruent im Sinne von § 131 sind,[109] oder dass er sie sich erst nachträglich gewähren lässt (s. u. RdNr. 76); dass er mit einem normalen Umsatzgeschäft vorrangige Befriedigung durch Verrechnung erstrebt;[110] dass der durch die anfechtbare Handlung begünstigte Teil den Gläubigerbenachteiligungsvorsatz des Schuldners (§ 133) kennt;[111] dass der die Erfüllung oder Sicherung einer eigenen Forderung erstrebende Gläubiger seinerseits die vom Schuldner gewollte Benachteiligung anderer Gläubiger billigend in Kauf nimmt[112] oder den Schuldner zur anfechtbaren Handlung sogar anstiftet bzw. ihm dazu Beihilfe leistet.[113] Für die Abgrenzung der Mitwirkungshandlungen des Leistungsempfängers ist also wesentlich, ob er eigene schutzwürdige Interessen verfolgt oder vorrangig die Rechte Dritter vereiteln helfen will.[114] Ferner begründet der Umstand, dass statt des Schuldners ein Treuhänder einen Vermögensgegenstand in mittelbarer Zuwendung (vgl. § 129 RdNr. 68) erwirbt, nicht ohne weiteres Nichtigkeit;[115] entscheidend sind dann die Beweggründe der Beteiligten. 63

cc) Der angerichtete **Schaden** kann z. B. über die normale Gläubigerbenachteiligung hinausgehen, wenn der Gläubiger als unterhaltsberechtigter Angehöriger des Schuldners 64

---

[103] Vgl. RG JW 1904, 499, 501; LZ 1908, 862, 863 f.; JW 1911, 650, 651; RGRK-*Steffen* vor § 823 RdNr. 45.
[104] RGRK-*Steffen* § 826 RdNr. 62; vgl. BGH NJW 1957, 587, 588; NJW 1965, 249, 250 f.; RG HRR 1935 Nr. 1587.
[105] Vgl. BGHZ 12, 308, 317 f., insoweit nicht in NJW 1954, 1159, 1160; BGHZ 32, 357, 360, insoweit nicht in NJW 1960, 1712; BGH WM 1962, 906, 908; NJW 1968, 1516, 1518; NJW 1981, 2184, 2185; NJW 1992, 2152, 2153; NJW 1994, 128, 129; *Esser* JZ 1968, 1156; RGRK-*Steffen* § 826 RdNr. 60, 104; Münch-KommBGB-*Wagner* § 826 RdNr. 47; *Erman/G. Schiemann* § 826 RdNr. 28.
[106] BGHZ 162, 143, 156 = NJW 2005, 1121, 1124.
[107] BGH WM 1968, 195 f.; RGZ 114, 338, 341; 160, 52, 58 f.; vgl. auch BGH BB 1952, 702, insoweit nicht in NJW 1952, 1056 Nr. 8.
[108] Anders noch RG JW 1911, 650, 651 f. – zu § 826 BGB –, aber die heutige Wirtschaftsordnung ist mit publizitätslosen Rechtsübertragungen besser vertraut, s. u. RdNr. 68 ff.
[109] RGRK-*Steffen* vor § 823 RdNr. 45.
[110] RGRK-*Steffen* § 826 RdNr. 62, 94.
[111] BGHZ 56, 339, 355, insoweit nicht in NJW 1971, 1938 f.; BAG AP § 30 KO Nr. 4; BFHE 92, 293, 295; *Baur/Stürner* RdNr. 18.15; aM *Ortlieb* ArchBürgR 30 (1907), 32, 36.
[112] Vgl. RG WarnR 1910 Nr. 20 und ergänzend RdNr. 58, 65.
[113] RGZ 56, 229, 230; vgl. auch BGH WM 1956, 1517; WM 1958, 249, 252.
[114] BGH WM 1966, 620, 621; vgl. auch RGZ 88, 361, 366 und zu § 826 BGB RG DR 1939, 1081, 1082 f.; OLG Rostock ZIP 2007, 1073, 1074.
[115] RG LZ 1910, 162, 164; vgl. auch RGZ 160, 52, 56 f.; *Erman/Palm* § 138 RdNr. 179.

durch die Vermögensverschiebung in tiefste existenzielle Not gestürzt wird.[116] Sittenwidrigkeit setzt allerdings in derartigen Fällen voraus, dass der Schuldner sich über diese Erkenntnis mindestens leichtfertig hinwegsetzt.[117]

65 Nichtigkeit wird aber *nicht* schon dadurch ausgelöst, dass die übertragenen Rechtsgüter nahezu das ganze Vermögen des Schuldners ausmachen;[118] dieser Umstand kann nur die Insolvenzreife des Schuldners anzeigen und deshalb Anlass zu besonderer Sorgfalt bieten.[119] Daran, dass der Einsatz des letzten Vermögens nicht ohne weiteres sittenwidrig ist, ist trotz Wegfalls des § 419 BGB aF festzuhalten, weil sonst der mit dessen Aufhebung verfolgte Zweck vereitelt würde. Ein weitergehender Schaden tritt auch nicht ein, wenn ein Schuldner, in dessen Person ein Insolvenzgrund vorliegt, eine Rechtshandlung vornimmt, durch die andere Gläubiger leer ausgehen, sofern der Empfänger die Erfüllung oder Sicherung einer eigenen Forderung erstrebt; dann schadet sogar dessen Kenntnis der Insolvenzreife nicht.[120] Ebensowenig ist es im Regelfall nichtig, wenn eine Sicherungsübertragung auch Produkte aus einem speziellen Erzeugungsvorgang erfasst, den ein anderer Gläubiger finanziert hat, ohne eine wirksame Sicherung zu begründen,[121] oder wenn ein Gläubiger einen notleidend gewordenen Kredit kündigt, obwohl dies erkennbar zur Insolvenz des Schuldners führt.[122]

66 dd) Die Verletzung **weiterer Rechtsgüter** wurde angenommen bei einer Zuwendung, die nicht nur Unterhaltsansprüche der geschiedenen Ehefrau vereiteln, sondern zugleich die Erwerberin im Wesentlichen für geschlechtliche Hingabe belohnen sollte;[123] ferner beim bewussten Verstoß beider Vertragspartner mit einer gemäß § 133 anfechtbaren Darlehenseinräumung gegen ein vom Bundesaufsichtsamt für das Kreditwesen nach § 46 Abs. 1 KWG angeordnetes Kreditgewährungsverbot.[124]

67 Dagegen beeinträchtigt die Tatsache, dass die im Einzelfall benachteiligten Gläubiger unterhaltsberechtigte nahe Familienangehörige des Schuldners sind, für sich noch *nicht* weitere Rechtsgüter.[125] Auch der Umstand, dass der Schuldner einer Insolvenzantragspflicht – z. B. gemäß § 64 GmbHG – unterliegt und dennoch an einen Gläubiger, der das Vorliegen des Eröffnungsgrundes kennt, auf dessen Verlangen Zahlungen leistet, wird von den Anfechtungsbestimmungen und den die jeweilige Antragspflicht regelnden Normen abschließend erfasst.

68 c) **Publizitätslose Mobiliarsicherheiten.** Dieselben Abgrenzungskriterien (s. o. RdNr. 54 bis 67) gelten für die anfechtbare Bestellung publizitätsloser Mobiliarsicherheiten.[126] Die früher teilweise vertretene Ansicht, der Gesetzgeber des Anfechtungsrechts habe die

---

[116] Vgl. RG SeuffA 75 (1920) Nr. 86 aE.
[117] Vgl. BGHZ 10, 228, 233 = NJW 1953, 1665, 1666; BGHZ 20, 43, 52 = NJW 1956, 706, 707; BGH WM 1966, 495, 496; NJW 1990, 567, 568; RGRK-*Krüger-Nieland/Zöller* § 138 RdNr. 31; *Erman/Palm* § 138 RdNr. 43; *Palandt/Heinrichs* § 138 RdNr. 8.
[118] BGHZ 138, 291, 300 = NJW 1998, 2592, 2594 f.; BGH NJW 1984, 728; NJW-RR 1987, 1401; *Staudinger/Oechsler* § 826 RdNr. 338; vgl. auch BGH WM 1958, 895, 896; NJW-RR 1990, 142, 144; *Flessa* NJW 1953, 84, 85; s. u. RdNr. 76; aM unter Verallgemeinerung des § 419 BGB aF *Godbersen* S. 103, 130.
[119] So BGHZ 20, 43, 52 = NJW 1956, 706, 707; BGH NJW 1955, 1272, 1273; NJW 1956, 417, 418; *Johannsen* in LM § 138 BGB [Cb] Nr. 5; vgl. auch BGH NJW 1959, 1533, 1535, insoweit nicht in BGHZ 30, 149; RG LZ 1931, 694 Nr. 4.
[120] BGHZ 19, 12, 16 = NJW 1956, 337; BGH WM 1956, 283, 284; WM 1964, 673; WM 1965, 475; vgl. auch BGH NJW-RR 1987, 1401; NJW 1988, 700, 703; NJW-RR 1990, 142, 144. Ergänzend s. o. RdNr. 58, 63.
[121] BGH WM 1960, 1223 f.; vgl. auch BGH WM 1956, 1517.
[122] BGH WM 1956, 527, 529 f.; WM 1956, 597 f., insoweit nicht in NJW 1956, 945; vgl. auch BGHZ 90, 381, 399 = NJW 1984, 1893, 1900.
[123] BGH NJW 1973, 513 f.
[124] BGH NJW 1990, 1356, 1357.
[125] BGH NJW 1958, 1278, 1279; WM 1968, 1057, 1058; NJW 1973, 513; RG SeuffA 75 (1920) Nr. 86; RGRK-*Krüger-Nieland/Zöller* § 138 RdNr. 163 aE.
[126] Vgl. RGRK-*Pikart* § 930 RdNr. 89 aE, 94. *Godbersen* (S. 143 f.) will dies nur für § 826 BGB, nicht für § 138 BGB gelten lassen. Jedoch lässt sich die Gläubigerschädigung rechtlich nicht vom zugrundeliegenden Rechtsgeschäft trennen; zudem genügt es nicht, mit Hilfe des § 826 BGB nur jeweils einzelne schädigende Auswirkungen zu beseitigen, statt die Ursache der Gläubigerschädigung einheitlich zu vernichten (vgl. auch *Serick* Bd. III § 31 I 2, S. 103 f.).

Entwicklung derartiger Sicherheiten nicht vorausgesehen,[127] trifft jedenfalls für den Gesetzgeber der Insolvenzordnung nicht zu.[128] Andererseits besteht kein Anhaltspunkt dafür, dass das Ergebnis der bisherigen Rechtsentwicklung insoweit hätte geändert werden sollen.[129] Diese ist deshalb mit dem neuen Anfechtungsrecht in Übereinstimmung zu bringen. Zur Abgrenzung eignet sich nicht der Versuch,[130] allgemein das Anfechtungsrecht auszuscheiden, wenn der Leistungsempfänger bestimmenden Einfluss auf die Vermögensübertragung nimmt. Denn das Anfechtungsrecht verfolgt nicht allein den Zweck, „Schiebungen" im Interesse des Schuldners selbst zu verhindern (s. o. RdNr. 2, 3). Hat insbesondere der Leistungsempfänger (Sicherungsnehmer) nicht nur Kenntnis vom Benachteiligungsvorsatz des Schuldners (Sicherungsgebers), sondern hat er diesen Vorsatz sogar hervorgerufen, dann ändert sich am anfechtbaren Verhalten des Schuldners nichts;[131] jedoch kann die Mitwirkung des Sicherungsnehmers einen besonderen Umstand darstellen, der im Einzelfall die Voraussetzungen des §§ 138 Abs. 1 BGB erfüllt (s. o. RdNr. 61, 62).

69 Im Vergleich mit dem Normalfall einer anfechtbaren Handlung schafft die Bestellung publizitätsloser Sicherheiten regelmäßig eine erhöhte abstrakte Gefährdung (s. o. RdNr. 56 unter cc, 64) für eine Vielzahl gegenwärtiger und künftiger Gläubiger,[132] die zwar wegen ihrer heutigen Verkehrsüblichkeit für sich allein noch keine Nichtigkeit begründen,[133] aber bei der Gesamtabwägung mit ins Gewicht fallen.[134] Bewirkt die Sicherheitenbestellung, dass der Schuldner seine wirtschaftliche Selbständigkeit gegenüber dem Gläubiger verliert, so ist das stets ein besonderer Umstand, der den Sachverhalt aus allen Anfechtungstatbeständen heraushebt; das gilt auch dann, falls durch eine solche „Knebelung" zugleich andere Gläubiger getäuscht werden.[135]

70 Schwierig ist die Abgrenzung deshalb nur, wenn die Sicherheitenbestellung ausschließlich andere mögliche Gläubiger gefährdet, also denselben Personenkreis, der durch das Anfechtungsrecht geschützt wird.

71 aa) Bei der **Globalabtretung** verleitet der Abtretungsempfänger, der auf einen branchenüblichen verlängerten Eigentumsvorbehalt keine Rücksicht nimmt, den Abtretenden zum Vertragsbruch gegenüber seinen Lieferanten.[136] Das ist ein unlauteres Mittel, das allgemein zur Sittenwidrigkeit führen kann (s. o. RdNr. 62).

72 bb) Der **Kreditbetrug** setzt insbesondere eine vorsätzliche Täuschung des späteren Geldgebers über die Kreditwürdigkeit des Schuldners und zusätzlich die Absicht voraus, diesem dadurch einen Kredit zu verschaffen.[137] Diese Zielrichtung stellt stets einen besonderen Umstand im Vergleich mit den Anfechtungsnormen dar (s. o. RdNr. 60).

---

[127] *Flume* AcP 154 (1955), 560, 563 f.; *Heckelmann*, Abfindungsklauseln S. 122 f.; *Serick* Bd. III § 32 II 2, S. 155; wohl auch *v. Caemmerer* in Anm. JZ 1956, 97; *Godbersen* S. 5, 26, 129.
[128] Vgl. im Gegenteil Art. 33 Nr. 17 EG InsO.
[129] AM *Kübler/Prütting/Paulus* § 129 RdNr. 39.
[130] Von *W. Schlosser* S. 36; vgl. auch *Johannsen* in Anm. LM § 138 [Bb] BGB und Nr. 5.
[131] Ebenso *Godbersen* S. 23. Auch *Grunwald* (S. 182 unter b) sieht in dieser Unterscheidung „kaum Abgrenzungswert" (anders aber S. 184 unter III).
[132] Vgl. zu diesem Gesichtspunkt *G. Paulus* in Anm. JZ 1951, 687; *Berges* BB 1954, 886, 888; *Roth-Stielow* NJW 1956, 1584 f.; *Godbersen* S. 20; *Schimansky/Bunte/Lwowski/Ganter*, Bankrechts-Handbuch, § 90 Rd-Nr. 363.
[133] RGZ 132, 183, 187; 133, 234, 237 f.; 136, 100, 105 f.
[134] Vgl. RG JW 1917, 217, 218 f.; LZ 1931, 694 Nr. 4; *Flessa* NJW 1953, 84, 86; *Koller* JZ 1985, 1013, 1021; *RGRK-Steffen* § 826 RdNr. 94; aM *H. Westermann* Interessenkollisionen S. 36 f.
[135] Vgl. dazu BGH NJW 1955, 1272, 1273 f.; WM 1955, 1580, 1581; NJW 1956, 417; WM 1958, 590, 592; WM 1962, 1220, 1222; NJW 1977, 2261 f.; ZIP 1985, 921, 927; RG JW 1911, 650, 651; RGZ 143, 48, 52; *H. Lange* NJW 1950, 565, 568; *Meyer/Cording* JZ 1953, 665, 667; *M. Obermüller* ZIP 1981, 352 f.; *Serick* Bd. III § 31 II 1, S. 106 f. S. u. RdNr. 73.
[136] BGHZ 30, 149, 153 = NJW 1959, 1533, 1536; BGH WM 1969, 1072, 1074; WM 1970, 900, 902; BGHZ 55, 34, 36 = NJW 1971, 372, 373; NJW 1995, 1668, 1669; RG HRR 1935 Nr. 1587; *Flume* NJW 1959, 913, 918 f.
[137] RGZ 136, 247, 254; *Soergel/Hefermehl* § 138 RdNr. 170; *RGRK-Steffen* § 826 RdNr. 97; *Erman/G. Schiemann* § 826 RdNr. 32 f.; von *Soergel/Hönn* § 826 RdNr. 144 und *Mertens* ZHR 143 (1979), 174, 186 als „Kredittäuschung" bezeichnet; vgl. auch RG JW 1911, 650, 651.

73 cc) Die **Übersicherung** in einem Individualvertrag führt gemäß § 138 Abs. 1 BGB – erst – zur Nichtigkeit, wenn sie entweder eine Knebelung des Schuldners bewirkt[138] oder von diesem lediglich aus einer Notlage heraus gewährt wird;[139] dabei kann allerdings nach allgemeinen Grundsätzen[140] in einem besonders groben Mißverhältnis zwischen dem Umfang der Sicherung und der gesicherten Forderung zugleich eine auf Ausbeutung gerichtete, verwerfliche Gesinnung des Sicherungsnehmers zum Ausdruck kommen.[141] Das sind im Verhältnis zum Anfechtungsrecht jeweils besondere Umstände. Darüber hinaus kann eine Übersicherung zu einer Gläubigergefährdung beitragen[142] (s. u. RdNr. 74).

74 dd) Bei der **Gläubigergefährdung**[143] und der **Insolvenzverschleppung**[144] waren im Kern stets zwei Umstände für die Annahme einer Sittenwidrigkeit entscheidend:[145] Zum einen die Größe der konkreten Gefahr für andere Gläubiger und zum anderen das Verhalten des Sicherungsnehmers ihr gegenüber. Die speziellere Insolvenzverschleppung setzt die erkennbare Insolvenzreife des Schuldners sowie aufseiten des Gläubigers voraus, dass er den – zur Sanierung unzureichenden – zu sichernden Kredit nur gewährt, um den Zusammenbruch hinauszuschieben, weil er sich davon Vorteile verspricht.[146] Für die allgemeinere Gläubigergefährdung ist ebenfalls die erkennbare Wahrscheinlichkeit der baldigen Insolvenz des Schuldners und damit die Gefahr der Schädigung anderer Gläubiger maßgeblich: Je größer sie ist, desto gründlicher muss der Gläubiger, der sich eine neue Sicherheit versprechen und bestellen lässt, der Gefahr entgegenwirken, dass infolgedessen andere Gläubiger wegen Irrtums über die Kreditfähigkeit des Schuldners geschädigt werden.[147] Rechtfertigender Beweggrund ist demgegenüber letztlich nur die hinreichend berechtigt erscheinende Erwartung des Gläubigers, durch die Gewährung gerade des zu sichernden Kredits eine allgemeine Besserung der wirtschaftlichen Verhältnisse des Schuldners zu bewirken.[148]

75 Sowohl die Größe der konkreten Gefahr für Drittgläubiger als auch die vom Kreditgeber verfolgten Zwecke können besondere Umstände sein, die über den normalen Anfechtungstatbestand hinausgehen (s. o. RdNr. 62, 64). Vor allem das Ausmaß der konkreten Gefährdung für breite Gläubigerkreise hebt die Fallgruppen vom Normaltatbestand einer anfechtbaren Handlung ab,[149] für den schon die Benachteiligung späterer Insolvenzgläubigers im Allgemeinen ausreicht, ohne dass diese im Zeitpunkt der anfechtbaren Rechtshandlung bereits vorhanden gewesen sein müssten.[150] In subjektiver Hinsicht braucht der Leistungsempfänger nach §§ 130 bis 132 hinsichtlich eines tatsächlichen Schadenseintritts nicht

---

[138] Vgl. BGHZ 26, 178, 182 f. = NJW 1958, 417 f.; BGHZ 26, 185, 190 f. = NJW 1958, 457, 458; BGH WM 1971, 441 f.; BGHZ 79, 16, 18 = NJW 1981, 816, 817; BGHZ 94, 105, 113 = NJW 1985, 1836, 1837; BGH NJW 1991, 353, 354 f.; *Serick* Bd. III § 30 VII 2 b, S. 79 f. S. o. RdNr. 69 aE.

[139] Vgl. BGH WM 1966, 13, 15; *Ganter* ZIP 1994, 257, 259.

[140] Vgl. BGH WM 1966, 832, 835, insoweit nicht in NJW 1966, 1917; NJW 1979, 758; BAG NJW 1985, 2661, 2662; RGZ 150, 1, 6; *Palandt/Heinrichs* § 138 RdNr. 34 a.

[141] BGH NJW 1991, 353, 354 f.

[142] Vgl. BGH WM 1965, 1248, 1249 f.; NJW 1991, 353, 355.

[143] Im Sinne von BGHZ 10, 228, 229 ff. = NJW 1953, 1665; RGZ 136, 247, 254. Von RGZ 143, 48, 51 f. und *Staub/Canaris*, Bankvertragsrecht RdNr. 130 auch Kredittäuschung genannt. Zur Abgrenzung vgl. RGRK-*Steffen* § 826 RdNr. 36; *Soergel/Hönn* § 826 RdNr. 147.

[144] Bisher Konkursverschleppung: RGZ 136, 247, 253.

[145] Ebenso *Godbersen* S. 55.

[146] BGH WM 1961, 1103, 1106; NJW 1970, 657, 658; BGHZ 75, 96, 114 f. = NJW 1979, 1823, 1828; BGHZ 90, 381, 399 = NJW 1984, 1893, 1900; NJW 1986, 837, 838 und 841; BGHZ 108, 134, 142 f. = NJW 1989, 3277, 3278 f.; BGH NJW 1995, 1668, 1669; *Soergel/Hefermehl* § 138 RdNr. 169; *Palandt/Sprau* § 826 RdNr. 44.

[147] Vgl. BGHZ 138, 291, 300 = NJW 1998, 2592, 2595; BGH WM 1958, 895, 896; WM 1961, 1126, 1127; WM 1964, 671, 672; NJW 1984, 728 f.; NJW 1995, 1668; RGZ 136, 293, 296; *Ascher* in Anm. LM § 138 [Bb] BGB Nr. 3; *Koller* JZ 1985, 1018 f., 1023.

[148] Vgl. BGHZ 10, 228, 234 = NJW 1953, 1665, 1666; BGH NJW 1955, 1272, 1274; WM 1958, 845, 846; WM 1965, 918, 919; *Johannsen* in Anm. LM § 138 [Cb] BGB Nr. 5; RGRK-*Steffen* § 826 RdNr. 100; ferner *Serick* Bd. III § 30 VI 3, S. 70 f.

[149] Ebenso *G. Paulus* in Anm. JZ 1951, 687. Vgl. auch *Erman/G. Schiemann* § 826 RdNr. 35; *Godbersen* S. 55.

[150] Vgl. § 129 RdNr. 104, 120; § 133 RdNr. 16.

einmal fahrlässig zu handeln. Zwar setzt § 133 Abs. 1 die Kenntnis eines Benachteiligungs**vorsatzes** des Schuldners voraus, während der Vorwurf der Sittenwidrigkeit unter Umständen schon bei leichtfertigem Verhalten erhoben werden kann; dieser Vorwurf muss sich aber auf die Insolvenzgefahr und die Möglichkeit ihrer Beseitigung beziehen, also auf eine wesentlich breitere objektive Grundlage. Die von Rechtsprechung und Rechtslehre entwickelten tatbestandsmäßigen Anforderungen an die Nichtigkeitsfolge sind deshalb in Teilbereichen wie in ihrer Kumulation stets höher als die Mindestvoraussetzungen irgendeines Anfechtungstatbestandes. Beide rechtlichen Möglichkeiten sind miteinander vereinbar.[151]

ee) Dagegen stellt die Tatsache, dass eine **Sicherheit** erst **nachträglich** gewährt wurde, für sich allein keinen über § 131 hinausgehenden Umstand dar.[152] Nichtigkeit nach § 138 Abs. 1 BGB kann deshalb nur in Betracht kommen, wenn wegen des Umfangs der späteren Sicherung die Grenze zur Knebelung oder Gläubigergefährdung überschritten wird.[153] Dann vergrößert die nachträgliche Sicherheitenbestellung den Schaden für andere Gläubiger;[154] ferner mag sie im Einzelfall anzeigen, dass der Gläubiger die Insolvenzreife des Schuldners und damit die drohende Schädigung Dritter erkannt hat.[155] Auch dass das letzte pfändbare Vermögen des Schuldners als Sicherheit genommen wird, begründet noch keine Sittenwidrigkeit, wenn die wirtschaftliche Krise als vorübergehend anzusehen ist.[156]

d) Sicherungsrechte für den Insolvenzfall. Die Bestellung von Sicherungsrechten allein für den Insolvenzfall ist – entgegen einer teilweise vertretenen Ansicht – nicht ohne weiteres nach § 138 Abs. 1 BGB nichtig.[157] Die für den Insolvenzfall aufgeschobene Sicherung belastet die Gläubiger objektiv nicht stärker als die sofort wirksame. Allerdings kann es für außenstehende Gläubiger schwerer zu überblicken sein, wenn eine publizitätslose Sicherheit nicht mit sofortiger, sondern mit einer erst bei der Insolvenz eintretenden Wirkung eingeräumt wird. Vor allem belastet die in solcher Weise aufgeschobene Sicherheit nicht den Schuldner selbst während der Zeit einer eigenen Geschäftsführung, sondern erst seine Insolvenzgläubiger im Falle seines wirtschaftlichen Zusammenbruchs. Auch insoweit genügen dem Gläubigerschutzgedanken jedoch regelmäßig die Anfechtungsnormen, insbesondere § 133.[158] Im Einzelfall kann die ernst gemeinte insolvenzbedingte Sicherheitenbestellung gemäß den dargestellten Grundsätzen unwirksam sein, wenn sie wegen ihres Umfangs andere Gläubiger zu einem Irrtum über die Kreditfähigkeit des Schuldners verleiten kann (s. o. RdNr. 74, 75), oder wenn beispielsweise nur vorgetäuschte Forderungen abstrakt gesichert werden sollen (s. o. RdNr. 61).

e) Gesellschaftsrechtliche Abfindungsklauseln. Bei gesellschaftsrechtlichen Klauseln über das Ausscheiden und die Abfindung eines insolventen Gesellschafters mit einem nicht vollwertigen Entgelt ist zu unterscheiden:

---

[151] BGH NJW 1995, 1668. Dies berücksichtigen *H. Westermann*, Interessenkollisionen S. 26 f., 33 f. und *Barkhausen* NJW 1955, 1272 nicht hinreichend.
[152] Ebenso im Ergebnis BGH WM 1964, 671, 672 f.; *Staub/Canaris*, Bankvertragsrecht RdNr. 132; *Serick* Bd. III § 30 III 4, S. 34 f.; und *M. Obermüller* ZIP 1981, 352, der aber aus dem Umstand zu Unrecht auch keinerlei Indizwirkung für Sittenwidrigkeit zuerkennen will (dagegen s. u. über drittnächster Fn.). Anders noch BGH NJW 1955, 1272, 1273; und nach einem Vergleich BGH WM 1970, 900, 901.
[153] Vgl. BGH NJW 1956, 585; *Johannsen* in Anm. LM § 138 [Cb] BGB Nr. 5.
[154] Vgl. hierzu *Koller* JZ 1985, 1013, 1023.
[155] Vgl. *Flessa* NJW 1953, 84, 86; *H. Westermann*, Interessenkollisionen S. 32, 38 f.; *Godbersen* S. 71; ferner LAG Berlin ZInsO 2005, 1063, 1064; *Wortberg* ZInsO 2003, 1032, 1035 ff.; *Stiller* ZInsO 2005, 423, 427 f.; aM *Häsemeyer* RdNr. 10.23; *C. Paulus* EWiR 1993, 389, 390; *Flume* NJW 1950, 841, 845.
[156] OLG Hamm ZInsO 1999, 574, 576; s. o. RdNr. 65.
[157] BGH NJW 1993, 1640, 1641; NJW 1994, 449, 450 f., insoweit nicht in BGHZ 124, 76; BAG AP § 30 KO Nr. 4 unter II 2 mit zustimmender Anm. von *Uhlenbruck*; *Huhn/Beyer* ZIP 2003, 1965, 1966; offengelassen in BGHZ 26, 185, 193 = NJW 1958, 457, 458; aM RGZ 138, 89, 93 f. – für eine bloß schuldrechtliche Verpflichtung zur Sicherungsabtretung im Insolvenzfall – und beiläufig RGZ 142, 139, 141; *Weber* in Anm. AP § 29 KO Nr. 1 unter 2 b; *Häsemeyer* RdNr. 10.23 – alle ohne Abgrenzung gegenüber der Konkursanfechtung. *C. Paulus* EWiR 1993, 389, 390 berücksichtigt nicht, dass jede normale Kreditsicherung zwar auch, aber nicht ausschließlich für den Insolvenzfall vereinbart wird.
[158] S. o. RdNr. 48, 49. Im Einzelnen vgl. § 129 RdNr. 130; § 133 RdNr. 28; § 140 RdNr. 52.

79 Allgemein geltende, rechtswirksame Begrenzungen des Abfindungsguthabens müssen die Gläubiger der Gesellschafter hinnehmen.[159] Das gilt auch in anfechtungsrechtlicher Hinsicht (s. u. § 129 RdNr. 133, § 134 RdNr. 39).

80 Benachteiligt andererseits die allgemein getroffene Regelung schon die freiwillig zum Ausscheiden bereiten Gesellschafter in unbilliger Weise, so kommt Nichtigkeit wegen unzulässiger Beschränkung des Kündigungs- oder Übertragungsrechts gemäß § 723 Abs. 3 BGB, § 133 Abs. 3 HGB, § 15 GmbHG i. V. m. § 134 BGB[160] oder wegen sittenwidriger Knebelung nach § 138 Abs. 1 BGB[161] in Betracht.

81 Bleiben jedoch die Gesellschafter selbst von unzulässigen Einbußen praktisch ausgenommen und trifft die Klausel allein Außenstehende – insbesondere Gläubiger –, so folgt daraus die Zielsetzung, gerade Dritte zu schädigen.[162] Dem soll das in §§ 725, 728 i. V. m. §§ 736, 738 Abs. 1 Satz 2 BGB, §§ 131 Nr. 5, 135 HGB, § 15 GmbHG, § 241 Nr. 3 AktG verankerte spezielle Gläubigerschutzprinzip entgegenwirken.[163] Ein dagegen verstoßendes Rechtsgeschäft ist auch dann nichtig, wenn die Minderung der Abfindung schon vereinbart wird, ehe im Einzelfall die Insolvenz eines Gesellschafters abzusehen ist.[164] Es ist der Missbrauch der regelmäßig auf lange Dauer – verglichen mit den Fristen der §§ 130 bis 136 – angelegten gesellschaftsrechtlichen Gestaltungsmöglichkeiten, der solche generellen Klauseln aus dem insbesondere durch § 133 typisierten Verhalten heraushebt.[165] Das gemeinsame Zusammenwirken mehrerer Gesellschafter – sämtlich potentielle Schuldner – zur Verhinderung des Gläubigerzugriffs stellt einen besonderen Umstand dar, der zur Sittenwidrigkeit der vertraglichen Abrede führt (s. o. RdNr. 61).

82 **6. Anfechtbarkeit nichtiger Rechtsgeschäfte.** Eine Konkurrenz im umgekehrten Sinne tritt bei der Frage auf, ob ein nichtiges Rechtsgeschäft angefochten werden kann. Dies hängt davon ab, ob trotz Nichtigkeit eine objektive Gläubigerbenachteiligung eintritt (vgl. § 129 RdNr. 134).

83 **7. Anfechtbarkeit von Sozialplänen.** Eine Sonderregelung stellt § 124 für Sozialpläne auf, die vor Eröffnung des Insolvenzverfahrens, jedoch nicht früher als drei Monate vor dem Eröffnungsantrag geschlossen worden sind. Soweit das Widerrufsrecht des Insolvenzverwalters nach § 124 Abs. 1 reicht, mag zwar auch die Anfechtung zulässig sein,[166] doch ist der Widerruf jedenfalls einfacher. Dagegen bleiben die Anfechtungsregeln anwendbar auf noch ältere Sozialpläne sowie hinsichtlich von Leistungen, die ein Arbeitnehmer auf jeden vor Verfahrenseröffnung geschlossenen Sozialplan erhalten hat; insbesondere schließt § 124 Abs. 3 Satz 2 nicht die Rückforderung solcher Leistungen aufgrund Insolvenzanfechtung aus.[167]

---

[159] Vgl. BGHZ 65, 22, 24 f. = NJW 1975, 1835, 1836; OLG Frankfurt BB 1978, 170 f.; OLG Hamburg ZIP 1982, 1327 f.; OLG Celle WM 1986, 161, 162; *Fischer* in Anm. LM § 34 GmbHG Nr. 3; *Rittstieg* DB 1985, 2285, 2287 f.; *Hachenburg/Ulmer* § 34 RdNr. 44 f.; *Schlegelberger/K. Schmidt* § 138 RdNr. 64; *Baumbach/Hueck/Fastrich* § 34 RdNr. 30; aM *Engel* NJW 1986, 345, 347.

[160] Vgl. BGH NJW 1985, 192, 193; *Ulmer* NJW 1979, 81, 82 f.; *Engel* NJW 1986, 345, 347.

[161] *Knöchlein* DNotZ 1960, 452, 455; *Ulmer*, Festschrift für Quack S. 486 ff.; *Schlegelberger/K. Schmidt* § 138 RdNr. 68, 70; vgl. auch BGH NJW 1989, 2685, 2686; BGHZ 116, 359, 368 = NJW 1992, 892, 894.

[162] BGHZ 65, 22, 26 = NJW 1975, 1835, 1836; RGRK-*Krüger-Nieland/Zöller* § 138 RdNr. 134.

[163] BGHZ 32, 151, 155 f. = NJW 1960, 1053 f.; *Ulmer* NJW 1979, 81, 83 und in Festschrift für Quack S. 487 f.; vgl. *Bischoff* GmbHR 1984, 61, 63; *Baumbach/Hueck/Fastrich* § 34 RdNr. 30; *Armbrüster* (Fn. 81) S. 38 ff.

[164] BGH NJW 2000, 2819, 2820, z. V. b. in BGHZ; *Scholz/H. P. Westermann* § 34 RdNr. 27; *Gehrlein* ZIP 1996, 1157, 1159; *Schlegelberger/K. Schmidt* § 138 RdNr. 64; vgl. RGZ 142, 373, 376 f.; dagegen für Anfechtbarkeit *Glunz* S. 195 f., 198 ff.; *Heckelmann*, Abfindungsklauseln S. 116, 120 und in ZZP 92 (1979), 28, 49 f.; *Möhring*, Festschrift für Barz S. 49, 64 f.

[165] Vgl. *Fleck* in Anm. LM § 34 GmbHG Nr. 6; *Hachenburg/Ulmer* § 34 RdNr. 90. Dagegen erscheint die Möglichkeit, dass der schuldende Gesellschafter nicht selbst an der Gesellschaftsgründung mitgewirkt, sondern seinen Anteil erst später erworben haben kann, im Hinblick auf § 145 in diesem Zusammenhang nicht als unterscheidungskräftig.

[166] *Uhlenbruck/Hirte* § 129 RdNr. 69. Dagegen betrifft die amtliche Begründung zu § 142 RegE nur die Rückforderung bereits ausgezahlter Sozialplanleistungen.

[167] Ebenso RegE S. 155 zu § 142; HK-*Kreft* § 129 RdNr. 17.

8. Familien- und erbrechtliche Sonderregelungen. Einige Rechtshandlungen, die 84
möglicherweise anfechtbare unentgeltliche Drittbegünstigungen darstellen könnten, sind in
Vorschriften des BGB gesondert geregelt. Ihnen ist gemeinsam, dass nur einzelne bestimmte Gläubiger geschädigt werden: In **§ 1375 Abs. 2 Nr. 1 und 3, § 1390 Abs. 1 BGB** der
andere Ehegatte, in **§ 2287 BGB** der Vertragserbe, in **§§ 2325**, 2329 (ggfs. i. V. m.
§ 2338 a) **BGB** der Pflichtteilsberechtigte. Da hier die Rechtsfolgen einer solchen Handlung abschließend festgelegt sind, kommt daneben eine Insolvenzanfechtung – zugunsten
der Allgemeinheit von Gläubigern – nicht gegenüber dem Leistungsempfänger in Betracht.
Allenfalls kann die Rechtsbeständigkeit der Leistung nach allgemeinen Regeln geprüft
werden.[168]

9. Insolvenzrechtliche Vollstreckungsbeschränkungen. *Keine* Sonderregelung stellen 85
die §§ 88, 110 Abs. 2 Satz 2 und 114 Abs. 3 dar. Diese Einschränkungen vor Insolvenzeröffnung ausgebrachter Vollstreckungsmaßnahmen sollen nur das Anfechtungsrecht ergänzen.[169]
Soweit ihre Wirkung reicht, kann allerdings eine Gläubigerbenachteiligung als Anfechtungsvoraussetzung entfallen (vgl. § 129 RdNr. 134).

10. Konkurrenz von Rückgewähransprüchen. Rückgewähransprüche gemäß § 143 86
können in Konkurrenz zu anderen Forderungen treten, sind also nicht subsidiär. Sie stehen
selbständig neben Bereicherungsansprüchen nach §§ 812 ff. BGB[170] oder vertraglichen
Forderungen,[171] die der Insolvenzmasse aus Anlass des anzufechtenden Vorgangs ebenfalls
zustehen mögen. Solche Ansprüche schließen auch nicht von vornherein eine Gläubigerbenachteiligung als Anfechtungsvoraussetzung aus (s. u. § 129 RdNr. 101 a, 134). Umgekehrt kann die (hypothetische) Anfechtbarkeit einer Leistung des Schuldners, falls dieser sie
erbracht hätte, einen erstattungsfähigen Schaden des Gläubigers ausschließen, welcher aus
dem tatsächlichen – pflichtwidrigen – Unterlassen der Leistung hergeleitet wird.[172] Für das
Verhältnis zu Forderungen aus unerlaubter Handlung gilt:

a) **§ 823 Abs. 2 BGB.** Die §§ 129 ff. sind keine Schutzgesetze im Sinne des § 823 87
Abs. 2 BGB, sondern bestimmen ihre Rechtsfolgen selbst.[173] Dagegen kann § 823 Abs. 2
BGB gemäß allgemeinen Regeln eingreifen, wenn eine anfechtbare Rechtshandlung
zugleich ein anderes Schutzgesetz verletzt.[174] Insbesondere sind die strafbewehrten Vorschriften über die Pflicht zur Stellung eines Insolvenzantrags (§ 84 Abs. 1 Nr. 2
GmbHG, § 401 Abs. 1 Nr. 2 AktG, § 148 Nr. 2 GenG) derartige Schutzgesetze.[175]
Jedoch ist bei § 283 Abs. 1 Nr. 1 StGB als Schutzgesetz zu beachten, dass die Erfüllung
dieses Tatbestands zugleich eine anfechtbare Handlung darstellen kann. Da § 133 hieran
für den Leistungsempfänger – als Gehilfen (§ 27 StGB) des Schuldners – andere, regelmäßig weniger einschneidende Rechtsfolgen knüpft, setzt ein Schadensersatzanspruch
gegen den Leistungsempfänger zusätzliche, erschwerende Umstände voraus.[176] Andererseits berührt § 143 regelmäßig nicht Schadensersatzansprüche gegen den Schuldner
selbst.[177]

---

[168] *K. Schmidt* FamRZ 1974, 518, 521 und in *Schlegelberger* § 138 RdNr. 65; *Heckelmann*, Abfindungsklauseln S. 118 f.
[169] RegE S. 137 zu § 96.
[170] BGHZ 41, 98, 103 = NJW 1964, 1319, 1320; BGHZ 141, 96, 105 f. = NJW 1999, 1549, 1551 f.; NJW-RR 2001, 1552; *Baur/Stürner* RdNr. 18.15. Ergänzend vgl. § 143 RdNr. 10.
[171] Vgl. *Uhlenbruck/Hirte* § 129 RdNr. 8; zu gesellschaftsrechtlichen Bestimmungen auch OLG Frankfurt NZI 2006, 241, 242 f.; *Haas* ZIP 2006, 1373, 1382.
[172] Vgl. BGH NJW 2001, 967, 969; 2005, 2546, 2548; OLG Düsseldorf ZInsO 2002, 674, 675 f.; *Stahlschmidt/Laws* GmbHR 2006, 410, 414; *Nacke* DB 2006, 1182, 1184 f. BFH ZIP 2007, 1604 f. und 1659 f.
[173] RGZ 74, 224, 226; *Kübler/Prütting/Paulus* § 129 RdNr. 39 aE.
[174] *Bindseil* S. 95 ff.
[175] BGHZ 162, 143, 156 = NJW 2005, 1121, 1124.
[176] Vgl. BGH NJW 1993, 2041 f.; RGRK-*Steffen* vor § 823 RdNr. 45. Das verkennt *Ewald* AcP 120 (1922), 251, 258 f. Ergänzend s. o. RdNr. 46.
[177] BGHZ 130, 314, 330 = NJW 1995, 2846, 2850. Ergänzend s. u. RdNr. 90.

88   **b) § 823 Abs. 1 BGB.** In absolut geschützte Rechtsgüter im Sinne von § 823 Abs. 1 BGB wird eine anfechtbare Handlung – sei es auch unter dem Gesichtspunkt der Beteiligung nach § 830 – nur selten eingreifen. Unter solchen besonderen Umständen ist gemäß § 823 Abs. 1 BGB Schadensersatz als Rechtsfolge ebenfalls möglich.[178] In Betracht kommt dies beispielsweise, wenn aufgrund einer anfechtbar erworbenen Rechtsposition eine Drittwiderspruchsklage gemäß § 771 ZPO erhoben und damit in das Pfändungspfandrecht des Gläubigers eingegriffen wird.[179]

89   **c)** Hinsichtlich **§ 826 BGB** ist zu unterscheiden:

90   **aa)** Gegen den **Schuldner** selbst richten die Folgen der Anfechtung regelmäßig nicht. Soweit er in dieser Eigenschaft handelt, kann er nach allgemeinen Regeln gemäß § 826 BGB haften. Soweit er dagegen als Rechtsnachfolger im Sinne von § 145 in Anspruch genommen wird, gelten dieselben, nachfolgend dargestellten Konkurrenzen wie gegen andere Leistungsempfänger.[180]

91   **bb)** Der **Anfechtungsgegner** löst nicht allein schon dadurch eine Ersatzpflicht nach § 826 BGB aus, dass er in anfechtbarer Weise eine Leistung empfängt[181] oder nicht einmal einen Anfechtungstatbestand voll verwirklicht.[182] Da das Gesetz an eine anfechtbare Handlung andere, regelmäßig weniger einschneidende Rechtsfolgen knüpft, setzt ein Schadensersatzanspruch wegen vorsätzlicher sittenwidriger Schädigung weitergehende Umstände voraus.[183] Die Abgrenzung im Einzelnen richtet sich nach denselben Grundsätzen wie gegenüber der Sittenwidrigkeit gemäß § 138 Abs. 1 BGB (s. o. RdNr. 54 bis 76),[184] weil die Maßstäbe der Sittenwidrigkeit für sich in beiden Normen gleich sind.[185] Zusätzlich zur Sittenwidrigkeit der Handlung setzt § 826 BGB stets eine vorsätzliche Schadenszufügung voraus. Umgekehrt erfüllt nicht jede vorsätzliche und sittenwidrige Gläubigerschädigung zugleich einen Anfechtungstatbestand.[186]

92   Ein danach möglicher Schadensersatzanspruch aus § 826 BGB steht regelmäßig allein dem einzelnen **geschädigten** (Dritt-)Gläubiger zu.[187] Nur ausnahmsweise ist der Insolvenzverwalter gemäß § 92 für die Masse einziehungsbefugt, wenn und soweit ein Gesamtschaden herbeigeführt wurde. Dann kann es zu einer freien Konkurrenz zwischen dem Anfechtungs- und einem Schadensersatzanspruch aus § 826 BGB kommen.[188] Dieser beschränkt sich nicht auf Rückgewähr übertragener Vermögensgegenstände, sondern ist auf Ersatz des vollen nega-

---

[178] Vgl. BGHZ 74, 9, 13 f. = NJW 1979, 1351 f.; BGHZ 95, 10, 16 = NJW 1985, 1959, 1961; *Bindseil* S. 92 ff.
[179] Vgl. RG LZ 1908, 862, 864 zum AnfG.
[180] BGHZ 130, 314, 330 f. = NJW 1995, 2846, 2850. Ergänzend s. u. RdNr. 91.
[181] BGH WM 1958, 1278, 1279; *Uhlenbruck/Hirte* § 129 RdNr. 27.
[182] RG LZ 1912, 83 Nr. 6 aE; LZ 1917, 257, 258; RGZ 155, 327, 330; *Godbersen* S. 13 f.; *Grunwald* S. 185, aber unklar S. 183 f.
[183] BGH LM § 826 [Ge] BGB Nr. 2, insoweit nicht in NJW 1954, 600; LM § 393 BGB Nr. 1; WM 1966, 584, 585; WM 1970, 404; BGHZ 56, 339, 355, insoweit nicht in NJW 1971, 1938; BGH NJW 1972, 719, 721; WM 1974, 99, 100 f.; BGHZ 130, 314, 330 f. = NJW 1995, 2846, 2849 f.; BGH NJW 1996, 1283; 1996, 2231, 2232; 2000, 1259, 1263; 2000, 3138, 3139; RGRK-*Steffen* vor § 823 RdNr. 45, § 826 RdNr. 9, 89; MünchKommBGB-*Wagner* § 826 RdNr. 72; *Erman/G. Schiemann* § 826 RdNr. 26; *Baur/Stürner* RdNr. 18.17; im Ergebnis auch *Staudinger/Oechsler* § 826 RdNr. 134, 336; zweifelnd *Eckardt* EWiR 2001, 1, 2; für freie Anspruchskonkurrenz *Ortlieb* ArchBürgR 30 (1907), 32, 35 ff.; *Bindseil* S. 84 ff., 104; zu § 3 AnfG anscheinend auch RG Gruchot 52 (1908), 1012, 1016.
[184] Vgl. BGH WM 1958, 249, 250. Daran ändert es nichts, dass die Auswirkungen gegenüber den am Rechtsgeschäft Beteiligten (§ 138 BGB) uU anders zu bewerten sein können als diejenigen gegenüber Drittgeschädigten im Falle des § 826 BGB, vgl. BGH NJW 1970, 657, 658.
[185] *Serick* Bd. III § 31 I 1, S. 101.
[186] *Serick* Bd. III § 32 II 1, S. 151; *Bindseil* S. 84 ff., 102 ff. Der Unrechtsgehalt eines Verstoßes gegen § 826 BGB darf aber nicht weniger schwer wiegen als der einer anfechtbaren Handlung: BGH NJW 1984, 1893, 1900, insoweit nicht in BGHZ 90, 381.
[187] RG JW 1931, 515, 518; *Serick* Bd. III § 32 II 4, S. 157; *Canaris*, Bankvertragsrecht RdNr. 138 a. Vgl. aber RGZ 97, 107, 108 f.; BGH LM § 826 [Ge] BGB Nr. 9 unter II 2; NJW 1986, 1174, 1175; RGRK-*Steffen* § 826 RdNr. 93.
[188] Vgl. OLG Brandenburg ZIP 1999, 1012, 1013; WM 2001, 626, 628.

tiven Interesses gerichtet (§ 249 BGB).[189] Die Erfüllung des einen Anspruchs führt, soweit sich Inhalt und Höhe der Forderungen decken, zugleich zum Erlöschen der anderen Ansprüche.[190]

VI. Übersicht über den Gesetzesabschnitt „Insolvenzanfechtung"

1. Gliederung des Abschnitts. Die §§ 130 bis 136 enthalten die eigentlichen Anfechtungstatbestände. Die §§ 129, 137 bis 142 und 147 behandeln gemeinsame weitere oder spezielle Anfechtungsvoraussetzungen. Die §§ 143 bis 146 regeln die Rechtsfolgen der berechtigten Anfechtung.

2. Konkurrenz der einzelnen Anfechtungstatbestände. Die mehreren Anfechtungsgründe der §§ 130 bis 136 stehen selbständig nebeneinander. Sie schließen sich grundsätzlich nicht gegenseitig aus, sondern können im Allgemeinen gleichzeitig erfüllt sein. Andererseits bedeutet die Verneinung der Voraussetzungen eines Anfechtungsgrundes in einem konkreten Fall nicht schon, dass damit die anderen Anfechtungsgründe ebenfalls nicht anzuwenden wären.[191] Das gilt im Ansatz auch im Verhältnis der §§ 130 und 131 zu § 134, soweit einem Insolvenzgläubiger ohne Gegenleistung eine Sicherung oder Befriedigung verschafft wurde: § 134 ist dann nicht kraft Gesetzes ausgeschlossen, sondern es kann allenfalls an der Unentgeltlichkeit fehlen.[192] Jedoch können sich § 132 einerseits und § 130 sowie § 131 andererseits gegenseitig ausschließen, weil § 132 das Verpflichtungsgeschäft betrifft, dagegen die §§ 130 und 131 selbständig das Erfüllungsgeschäft erfassen.[193] Andererseits schließt weder § 131 noch § 135 den § 130 aus; vielmehr dient § 130 als Auffangtatbestand, falls die Inkongruenz einer Deckungshandlung bzw. die eigenkapitalersetzende Funktion der gesicherten oder erfüllten Forderung nicht zu beweisen ist.[194] § 133 kann neben allen anderen Anfechtungsnormen anwendbar sein.[195] Zu einem möglichen Vorrang der Leistungsanfechtung in Dreiecksverhältnissen s. u. § 129 RdNr. 49 ff.

In zeitlicher Hinsicht wirken die einzelnen Anfechtungstatbestände unterschiedlich weit zurück. Der Zeitraum vor Stellung des Insolvenzantrages, der erfasst werden kann, ist wie folgt gestaffelt:

Rückwirkung bis	Anfechtungstatbestand	
10 Jahre	§ 133 Abs. 1	Vorsätzliche Gläubigerbenachteiligung
	§ 135 Nr. 1	Sicherung kapitalersetzender Darlehen
4 Jahre	§ 134 Abs. 1	Unentgeltliche Leistung
2 Jahre	§ 133 Abs. 2	Vorsätzliche Gläubigerbenachteiligung zugunsten Nahestehender
1 Jahr	§ 135 Nr. 2	Befriedigung kapitalersetzender Darlehen
3 Monate	§ 130 Abs. 1 Nr. 1	Kongruente Deckung bei Zahlungsunfähigkeit

---

[189] RG JW 1904, 499, 500 f.; RGZ 143, 48, 53 f.; OLG München Recht 1916 Nr. 2094; OLG Celle LZ 1917, 290, 291; *Ewald* AcP 120 (1922), 251, 253 f.; *RGRK-Steffen* § 826 RdNr. 100 a; vgl. auch BGH LM § 826 [Ge] BGB Nr. 2, insoweit nicht in NJW 1954, 600; BGHZ 130, 314, 330 = NJW 1995, 2846, 2849; aM OLG Kiel SeuffA 70 (1915) Nr. 34, S. 54.
[190] *Ortlieb* ArchBürgR 30 (1907), 32, 38 ff.
[191] BGHZ 58, 240, 241 = NJW 1972, 870, 871; *Jaeger/Henckel* § 29 RdNr. 198; *Uhlenbruck/Hirte* § 129 RdNr. 90.
[192] Näher s. u. § 134 RdNr. 3, 24–30; offengelassen von BGHZ 112, 136, 139 = NJW 1990, 2626 f.; aM BGHZ 58, 240, 245 = NJW 1972, 870, 871 f.; RG SeuffA 38 (1883) Nr. 296, S. 383 f.; *Bähr* in Anm. JR 1972, 469; *Gottwald/Huber* (Fn. 3) § 46 RdNr. 6; *Uhlenbruck/Hirte* § 129 RdNr. 90.
[193] S. u. § 132 RdNr. 5.
[194] S. u. § 130 RdNr. 5, 6; § 131 RdNr. 4.
[195] Vgl. BGHZ 58, 240, 245 = NJW 1972, 870, 872.

Rückwirkung bis	Anfechtungstatbestand	
	§ 131 Abs. 1 Nr. 2 und 3, Abs. 2	Inkongruente Deckung
	§ 132 Abs. 1 Nr. 1	Unmittelbar benachteiligende Rechtshandlungen
1 Monat	§ 131 Abs. 1 Nr. 1	Inkongruente Deckung ohne Zahlungsunfähigkeit
Eröffnungsantrag	§ 130 Abs. 1 Nr. 2	Kongruente Deckung
	§ 132 Abs. 1 Nr. 2	Unmittelbar benachteiligende Rechtshandlungen

VII. Anfechtbare Rechtshandlungen im Rahmen notarieller Amtsgeschäfte

96   Anfechtbare Grundstücksübertragungen oder gesellschaftsrechtliche Maßnahmen werden oft vor Notaren abgewickelt. Nur gelegentlich werden diese allerdings die gläubigerbenachteiligenden Bezüge erkennen können. Dann gilt:

97   Der Notar ist nicht allgemein verpflichtet, seine Mitwirkung an einem anfechtbaren Rechtsgeschäft zu versagen; denn die Anfechtbarkeit führt nicht zu dessen Nichtigkeit (s. o. RdNr. 30, 33 aE). Allenfalls im Zusammenhang mit einem Benachteiligungsvorsatz (§ 133) kann der Schuldner sittenwidrig handeln (s. o. RdNr. 51). Unerlaubte oder unredliche Zwecke im Sinne von § 14 Abs. 2 BNotO, § 4 BeurkG verfolgt der Schuldner nur unter den erschwerenden Umständen, die zur Anwendung des § 138 BGB oder § 826 BGB führen (s. o. RdNr. 54 ff., 91) sowie in denjenigen Fällen, in denen die anfechtbare Handlung zugleich einen Straftatbestand – insbesondere nach § 283 StGB oder § 283 c StGB – verwirklicht.[196] Der Notar muss jedoch von dieser Zielrichtung überzeugt sein; bloße Zweifel verpflichten ihn nicht zur Ablehnung der Beurkundung.[197] Dasselbe gilt für den Vollzug beurkundeter Rechtsgeschäfte gemäß § 53 BeurkG,[198] aber auch für Unterschriftsbeglaubigungen bezüglich anfechtbarer Erklärungen, für die § 40 Abs. 2 BeurkG u. a. auf § 4 BeurkG verweist;[199] jedoch dürften die tatsächlichen Erkenntnismöglichkeiten des Notars in diesen Zusammenhängen noch geringer sein.

98   Der beurkundende Notar hat nach ganz überwiegender Auffassung gemäß § 17 Abs. 1 BeurkG regelmäßig über die Rechtsfolgen jeder erkennbaren Anfechtbarkeit zu belehren.[200] Gegen diesen rechtlichen Ansatz bestehen insoweit Bedenken, als die Anfechtbarkeit gemäß §§ 129 ff. nicht den rechtlichen Bestand des zu beurkundenden Geschäfts vernichtet (s. o. RdNr. 30, 33, aber auch 38 f.); zudem dürfte eine generelle Belehrungspflicht zu weit gehen. Jedoch gefährdet die Anfechtung den wirtschaftlichen Erfolg des Rechtsgeschäfts, so dass eine erweiterte Belehrungspflicht nach § 14 Abs. 1 Satz 2 BNotO bestehen kann. Eine solche Warnpflicht setzt zwar voraus, dass sich Beteiligte der Gefahr einer Anfechtbarkeit nicht bewusst sind. Dies liegt aber mindestens für den Anwendungsbereich der §§ 130 bis

---

[196] S. o. RdNr. 44; vgl. *Ganter* DNotZ 2004, 421, 423.

[197] *Röll* DNotZ 1976, 453, 457 f., 461, 463 f., 467 ff., 472, 474 f.; *Heckschen* in Kölner Schrift S. 1825, 1829 RdNr. 16; *Uhlenbruck* MittRhNotK 1994, 305, 307, 309 f.; *Schippel/Bracker*, BNotO 8. Aufl., 2006, § 14 RdNr. 13 aE; *Jansen*, FGG § 4 BeurkG RdNr. 6, 7; *Keidel/Winkler*, FGG 15. Aufl., 2003, § 4 BeurkG RdNr. 10, 29; *Huhn/von Schuckmann/Preuß*, BeurkG 4. Aufl., 2003, § 4 BeurkG RdNr. 26; *Eylmann/Vaasen/Frenz*, BNotO 2. Aufl., 2004, § 14 RdNr. 34; *Arndt/Lerch/Sandkühler*, BNotO 5. Aufl., 2003, § 14 RdNr. 87.

[198] *Goost* MittRhNotK 1965, 39, 47; *Röll* DNotZ 1976, 453, 459 f., 462 f., 464, 471, 472, 475; *Heckschen* (Fn. 197) S. 1833 RdNr. 28; *Huhn/von Schuckmann/Preuß* (Fn. 197) § 4 BeurkG RdNr. 26 i. V. m. RdNr. 15; *Eylmann/Vaasen/Frenz* (Fn. 197) § 14 RdNr. 35; *Arndt/Lerch/Sandkühler* (Fn. 197) § 14 RdNr. 92 f.; vgl. auch RG DNotZ 1933, 180 f.; KG KGJ 1938 A 8, 9 f.; *Uhlenbruck* MittRhNotK 1994, 305, 310; *Schippel/Bracker* (Fn. 197) § 14 RdNr. 21; *Keidel/Winkler* (Fn. 197) § 4 BeurkG RdNr. 44.

[199] Vgl. *Riedel/Feil* BeurkG 1970, § 40 RdNr. 32 f.

[200] RG DNotZ 1933, 799; *Goost* MittRhNotK 1965, 39, 47; *Röll* DNotZ 1976, 453, 458 f., 462, 464, 471 f., 475; *Uhlenbruck* MittRhNotK 1994, 305, 310; *Heckschen* (Fn. 197) S. 1829 RdNr. 17, 24, 26; *Haug*, Die Amtshaftung des Notars, 2. Aufl. 1997, RdNr. 479; *Huhn/von Schuckmann* (Fn. 197) § 17 RdNr. 68, 98; zu § 145 differenzierend *Schilling* MittBayNot 2002, 347, 352.

132 und 134 bis 136 nicht fern. Sogar § 133 lässt für Beteiligte eines Rechtsgeschäfts die Kenntnis von Tatsachen ausreichen (s. u. § 133 RdNr. 15). Der gebotene Schutz rechtlich unerfahrener Urkundsbeteiligter kann deshalb in Einzelfällen eine Warnpflicht des Notars gebieten.[201] Denn die in § 143 niedergelegte Rückgewährpflicht kann die Rechtsfolgen des zu beurkundenden Geschäfts vereiteln.

VIII. Anfechtung in besonderen Insolvenzverfahren

1. Eigenverwaltung und Verbraucherinsolvenzverfahren. In der Eigenverwaltung des Schuldners übt gemäß § 280 der Sachwalter – entsprechend dem Insolvenzverwalter nach § 129 Abs. 1 – das Anfechtungsrecht aus. Dagegen sind in der Verbraucherinsolvenz gemäß § 313 Abs. 2 die Insolvenzgläubiger – nicht der Treuhänder – zur Anfechtung berechtigt; die Anfechtungsvoraussetzungen sind aber die der §§ 129 bis 147, also nicht die Regeln über die Einzelgläubigeranfechtung gemäß Anfechtungsgesetz.[202] Nach § 313 Abs. 2 Satz 1 kann die Gläubigerversammlung den Treuhänder oder einen bestimmten Gläubiger mit der Anfechtung beauftragen. **99**

2. Nachlassinsolvenzverfahren. Die Nachlassinsolvenz wird als Sonderverfahren über den Nachlass abgewickelt. Insolvenzschuldner im anfechtungsrechtlichen Sinne ist der Erblasser mit Bezug auf Vorgänge bis zum Erbfall. Jedoch können auch spätere Verhaltensweisen der Erben oder ihnen gegenüber bis zur Insolvenzeröffnung anfechtungsrechtlich bedeutsam werden.[203] Insbesondere können gem. § 322 Rechtshandlungen der Erben angefochten werden, soweit diese die zurzeit des Erbfalls bestehende Rechtslage durch die Erfüllung bestimmter nachrangiger Verbindlichkeiten aus dem Nachlass verändert haben. Rechtshandlungen eines Nachlasspflegers (§ 1960 Abs. 2 BGB), Nachlassverwalters (§ 1981 BGB) oder Testamentsvollstreckers (§§ 2197 ff. BGB) können in gleicher Weise wie solche des Erben anfechtbar sein.[204] Eine Gläubigerbenachteiligung als Anfechtungsvoraussetzung (vgl. § 129 RdNr. 85) tritt jedoch nach § 328 Abs. 1 nicht ein, soweit im Einzelfall nur noch nachrangige Verbindlichkeiten im Sinne des § 327 Abs. 1 zu erfüllen sind. **100**

Entsprechendes gilt gem. § 332 Abs. 1 für die Insolvenz des Gesamtguts einer fortgesetzten Gütergemeinschaft. Dagegen entscheidet im Insolvenzverfahren über das gemeinschaftlich verwaltete Gesamtgut einer Gütergemeinschaft (§§ 333, 334) das Verhalten der verwaltenden und regelmäßig beide noch lebenden Ehegatten.[205] **101**

3. Rechtshandlungen einer erloschenen Personengesellschaft. Hat eine Personenhandelsgesellschaft anfechtbare Handlungen vorgenommen und ist sie danach in eine Kapitalgesellschaft durch Übernahme aller Gesellschaftsanteile aufgegangen, so ist über das Vermögen der – erloschenen – Personenhandelsgesellschaft kein Insolvenzverfahren mit der Möglichkeit zur Anfechtung gem. §§ 129 ff. mehr zulässig. Wird jedoch die übernehmende Kapitalgesellschaft insolvent, so kann der Verwalter im Insolvenzverfahren über deren Vermögen auch die Rechtshandlungen der früheren Personenhandelsgesellschaft anfechten, wenn noch nicht befriedigte Gläubiger von ihr vorhanden sind. Vermögenswerte, die auf solche Weise zur Masse der Kapitalgesellschaft gelangen, sollen nicht für deren Gläubiger im Allgemeinen verwendet werden, sondern eine Sondermasse zugunsten der Gläubiger der Personenhandelsgesellschaft bilden.[206] Das trifft wegen der Aussonderungskraft des Anfechtungsanspruchs (s. u. § 143 RdNr. 20a, § 145 RdNr. 15, 30) im Ergebnis jedenfalls zu, **102**

---

[201] AM *Ganter* DNotZ 2004, 421, 424 f.
[202] RegE S. 228 zu § 353, auf den der Bericht des BTag in seiner Begründung zu § 357j, S. 193, verweist.
[203] Vgl. BGH NJW 1969, 1349 f.; RG LZ 1912, 461 Nr. 33; *Kilger/K. Schmidt* § 214 KO Anm. 3 a; *Jaeger/Weber* § 214 RdNr. 7 bis 9; *Gottwald/Döbereiner*, Insolvenzrechts-Handbuch, § 113 RdNr. 37.
[204] *Gottwald/Döbereiner*, Insolvenzrechts-Handbuch, § 113 RdNr. 38; *Häsemeyer* RdNr. 33.29 a; vgl. auch *Jaeger/Henckel* § 29 RdNr. 21; *Uhlenbruck/Lüer* § 222 RdNr. 3; LG Stuttgart ZIP 1998, 77, 78 und § 129 RdNr. 42 sowie § 222 RdNr. 4.
[205] Vgl. *Schuler* NJW 1958, 1609, 1613.
[206] BGHZ 71, 296, 298 ff. = NJW 1978, 1525, 1526 f.; HK-*Kreft* § 129 RdNr. 29; *Jaeger/Henckel* § 30 RdNr. 43. Vgl. auch § 129 RdNr. 41 und *Schmitz-Beuting* KTS 1957, 35, 42; aM *Petersen* NZG 2001, 836, 837 f.

solange das anfechtbar Erlangte noch in Natur oder als Surrogat (§ 48) im Vermögen der Kapitalgesellschaft vorhanden ist. Der Wegfall der früher umwandlungsrechtlich gebotenen halbjährigen getrennten Verwaltung berührt diese anfechtungsrechtliche Haftung nicht.[207] Für bloße Wertersatzansprüche sollten dagegen alte und neue Insolvenzgläubiger gleich behandelt werden. Entsprechendes muss nicht nur für die Verschmelzung von Gesellschaften, sondern auch dann gelten, wenn ein Einzelkaufmann das Vermögen einer Personenhandelsgesellschaft mit Aktiven und Passiven übernimmt und diese Gesellschaft infolgedessen nicht mehr – als insolvenzfähig (§ 11 Abs. 2 Nr. 1) – fortbesteht.[208] Scheidet der einzige Komplementär einer KG aus, so bleibt ein Sonderinsolvenzverfahren über das Vermögen auch eines einzigen Kommanditisten möglich, welches auf dasjenige Vermögen der KG beschränkt ist, das im Wege der Gesamtrechtsnachfolge auf den Kommanditisten übergegangen ist.[209] Allein in diesem Verfahren sind Anfechtungsansprüche wegen Benachteiligung der Gesellschaftsgläubiger geltend zu machen.

103 Hat dagegen ein Einzelkaufmann sein Geschäft, in dessen Betrieb er anfechtbare Handlungen vorgenommen hatte, an eine Personenhandelsgesellschaft übertragen, so bleibt der frühere Einzelkaufmann als natürliche Person weiter insolvenzfähig (§ 11 Abs. 1 Satz 1) und kann die Anfechtung gem. §§ 129 ff. in einem Insolvenzverfahren über sein eigenes Vermögen erfolgen. Deshalb ist für eine Anfechtung seiner Handlungen im Insolvenzverfahren über das Vermögen der übernehmenden Gesellschaft kein Raum.[210]

104 **4. Insolvenz von Kreditinstituten.** Gegen Kreditinstitute kann nach § 46 b Satz 4 KWG nur die Bundesanstalt für Finanzdienstleistungsaufsicht den Eröffnungsantrag wirksam stellen. Dennoch ist für die Insolvenzanfechtung nicht dieser Antrag maßgeblich, soweit die §§ 130 bis 136 Fristen mit dem Eröffnungsantrag beginnen lassen. Vielmehr verlegt § 46 c KWG den Fristbeginn vor auf den Erlass von Maßnahmen gem. § 46 a Abs. 1 KWG durch die Bundesanstalt, also den Erlass eines Veräußerungs-, Zahlungs- oder Zahlungsannahmeverbots oder die Schließung des Kreditinstituts. Grund hierfür ist das Vollstreckungsverbot, das § 46 a Abs. 1 Satz 4 KWG an derartige Anordnungen knüpft; die Vorverlegung des Fristbeginns soll verhindern, dass durch ein solches behördlich verfügtes Moratorium Anfechtungsfristen verstrichen sind, wenn später dennoch das Insolvenzverfahren eröffnet werden muss. Ergänzend s. u. § 139 RdNr. 3.

105 Gegenüber Versicherungsunternehmen bestehen nach § 89 VAG keine unmittelbar ins Vollstreckungsrecht hineinreichende Befugnisse des Bundesaufsichtsamts für das Versicherungswesen, so dass auch eine entsprechende Fristenregelung entfällt. Maßgebend bleibt hier der – nur vom Aufsichtsamt zu stellende (§ 88 Abs. 1 Satz 2 VAG) – Eröffnungsantrag.

106 § 46 a Abs. 1 Satz 2 KWG gestattet es dem Kreditinstitut, sogar nach Erlass eines Veräußerungs- und Zahlungsverbots gemäß Satz 1 Nr. 1 Abwicklungsgeschäfte vorzunehmen, soweit die Sicherungseinrichtung eines Verbandes der Kreditinstitute die erforderlichen Mittel zur Verfügung stellt oder zusagt. Derartige Geschäfte dienen der Einlagensicherung. Sie begründen keine objektive Gläubigerbenachteiligung und berechtigen deshalb im Falle eines späteren Insolvenzverfahrens nicht zur Anfechtung.[211]

IX. Insolvenzanfechtung mit Auslandsbezug

107 § 339 geht davon aus, dass sich die Insolvenzanfechtung weltweit grundsätzlich nach dem Recht des Staates der Insolvenzeröffnung richtet. Für Formen, Fristen und Rechtsfolgen der Anfechtung gilt das uneingeschränkt. Die **materiellen** Anfechtungsvoraussetzungen sind aber zum Schutz des Rechtsverkehrs in Deutschland verschärft; die Anfechtung ist aus-

---

[207] AM *Uhlenbruck/Hirte* § 145 RdNr. 7, einschränkend aber RdNr. 13.
[208] *Jaeger/Henckel* § 30 RdNr. 43 aE.
[209] LG Dresden ZIP 2005, 956; AG Hamburg ZInsO 2005, 837; *Bork/Jacoby* ZGR 2005, 611, 643 f.; *K. Schmidt* GmbHR 2002, 1209 f.; *Gundlach/Schmidt/Schirrmeister* DZWIR 2004, 451.
[210] BGH WM 1955, 1195, 1197 m. Anm. von *Böttcher* MDR 1956, 88 f.; HK-*Kreft* § 129 RdNr. 28; HambKomm-*Rogge* § 129 RdNr. 24; einschränkend *Kilger/K. Schmidt* § 40 KO Anm. 2 b.
[211] *Knapp* NJW 1976, 873, 877; *Jaeger/Henckel* § 29 RdNr. 61.

Grundsatz **§ 129**

geschlossen, wenn der Anfechtungsgegner nachweist, dass für die Rechtshandlung das Recht eines anderen Staates maßgebend und sie nach diesem Recht in keiner Weise angreifbar ist. Eine ähnliche Regelung sieht Art. 4 Abs. 2 i. V. m. Art. 13 EuInsVO für die beteiligten europäischen Staaten vor.[212] Zu Zuständigkeitsfragen s. u. § 146 RdNr. 32.

X. Übergangsregelung

Gemäß Art. 103 EGInsO gilt das frühere Recht einheitlich für Insolvenzverfahren, die bis einschließlich 31. Dezember 1998 beantragt wurden. Für alle danach beantragten Verfahren ist allgemein das Recht der Insolvenzordnung auch auf solche Rechte und Rechtsverhältnisse anzuwenden, die vorher begründet wurden, Art. 104 EGInsO. Speziell für die Insolvenzanfechtung schützt jedoch **Art. 106 EGInsO** das Vertrauen in weniger strenges früheres Recht: Für Rechtshandlungen, die vor dem 1. Januar 1999 vorgenommen wurden und nach altem Recht nicht oder nur in geringerem Umfange anfechtbar waren, bleibt dieses insoweit maßgeblich.[213] Dies gilt insbesondere hinsichtlich der Begriffsbestimmung der „Zahlungsunfähigkeit" in §§ 130 bis 132 i. V. m. § 17 Abs. 2 im Vergleich mit der früher maßgeblichen Definition der „Zahlungseinstellung", ferner für alle materiellen Fristen und Beweislastregeln,[214] nicht aber für die bloße Ausübungsfrist des § 146 Abs. 1.[215] Nach § 10 Abs. 1 Nr. 4 GesO musste dem Anfechtungsgegner – auch bei inkongruenten Deckungen – die Zahlungseinstellung mindestens „bekannt sein"; dies war eine zusätzliche, erschwerende Voraussetzung im Vergleich mit § 131 Abs. 1 Nr. 1 und 2 InsO.[216] Dagegen war die Vorsatzanfechtung gem. § 10 Abs. 1 Nr. 1 GesO nicht milder als § 133 Abs. 1 Satz 1 InsO;[217] jedoch fehlte die Vermutung des § 133 Abs. 1 Satz 2 InsO sowohl in § 31 Nr. 1 KO als auch in § 10 Abs. 1 Nr. 1 GesO.[218]

108

§ 129 Grundsatz

(1) Rechtshandlungen, die vor der Eröffnung des Insolvenzverfahrens vorgenommen worden sind und die Insolvenzgläubiger benachteiligen, kann der Insolvenzverwalter nach Maßgabe der §§ 130 bis 146 anfechten.

(2) Eine Unterlassung steht einer Rechtshandlung gleich.

Übersicht

	RdNr.		RdNr.
I. Normzweck	1	aa) Auf materiell-rechtlichem Gebiet	25
II. Entstehungsgeschichte	2	bb) Auf prozessualem Gebiet	27
III. Inhalt der Regelung im Allgemeinen	5	cc) Vom Schuldner ausgehend	29
IV. Rechtshandlung	6	c) Rechtswirksamkeit keine Voraussetzung	30
1. Begriff	7	d) Zeitpunkt der Vornahme	33
a) Handlungen im Sinne des Abs. 1	11	2. Urheber der Rechtshandlung	34
aa) Willenserklärungen	11	a) Dritte Personen	35
bb) Rechtsgeschäftsähnliche Handlungen	21	b) Fälle der Beschränkung auf den Schuldner	36
cc) Realakte	22	c) Vertreter und Organe	37
b) Unterlassungen (Abs. 2)	23	aa) Vollmachtlose Vertreter	38

---

[212] Dazu s. u. Band 3.
[213] Für eine Vorverlegung bis zur Verkündung der InsO am 16. 10. 1994 *Uhlenbruck/Hirte* § 129 RdNr. 55.
[214] *HK-Kreft* EGInsO Art. 106 RdNr. 9–11; für eine Vorwirkung des § 140 Abs. 2 zu Unrecht *M. Zeuner*, Anfechtung RdNr. 8, S. 8.
[215] *Kreft* ZInsO 1999, 370 f.; *Spliedt* NZI 2001, 127, 128 f.; *Hirte* ZInsO 2001, 784, 786; aM *Kübler/Prütting/Paulus* § 129 RdNr. 57; *Johlke/Schröder* EWiR 1999, 511, 512; *M. Zeuner*, Anfechtung RdNr. 8, S. 7.
[216] Vgl. BGH NJW 2004, 1444, 1446, insoweit nicht in BGHZ 157, 350.
[217] OLG Stuttgart ZInsO 2004, 752, 753.
[218] Vgl. *Münch*, Festschrift für Gerhardt, 2004, S. 621, 624.

§ 129

	RdNr.		RdNr.
bb) Juristische Personen	39	e) Besitzübertragungen	136
cc) Gemeinschaftsverhältnisse mit Schuldnern	40	f) Treuhandverhältnisse	139
dd) Selbständige Vermögensverwalter	42	g) Erfüllung von Verbindlichkeiten des Insolvenzschuldners	
ee) Mitwirkung von Behörden	47	aa) Kongruente Erfüllung	142
ff) Mittelbare Stellvertreter, Anweisungen, Verträge zugunsten Dritter	48	bb) Anweisungsfälle	144
		cc) Erfüllungshandlungen des Gläubigers: Lastschriften, Auf- oder Verrechnung	147
d) Zustimmung Dritter	54	h) Kreditsicherheiten	150
3. Selbständige Prüfung jeder Rechtshandlung	55	aa) Allgemeines	150
a) Grund- und Erfüllungsgeschäft	57	bb) Absonderungsrechte im Allgemeinen	152
aa) Grundsatz der getrennten Prüfung	59	cc) Eigentumsvorbehalt, Sicherungseigentum	155
bb) Gemeinsame Anfechtung	64	dd) Forderungsabtretung, Factoring	156
b) Anfechtung von Gesamtvorgängen	65	ee) Grundpfandrechte	158
aa) Stufenweise Übertragungen	66	ff) Kreditrückzahlung	160
bb) Zuwendungen über Mittelspersonen	68	gg) Pfändungen	161
		hh) Verwertung von Sicherheiten	162
4. Vornahme vor Verfahrenseröffnung	74	i) Sanierungsmaßnahmen	169
V. Gläubigerbenachteiligung	76	aa) Vergütung für Dienstleistungen	163
1. Verkürzung des Schuldnervermögens	77	bb) Übertragende Sanierung	166
a) Schuldnerfremdes Vermögen unerheblich	78	cc) Sanierungskredite	168
b) Auch künftiges Vermögen erfasst	79	j) Wertschöpfungen aus Schuldnervermögen	168a
c) Unpfändbares Vermögen ausgenommen	84	**VI. Zurechnungszusammenhang**	169
d) Persönlichkeitsrechte ausgenommen	88	1. Ursächlichkeit	169
aa) Allgemeiner Anwendungsbereich	89	a) Natürliche Kausalität	169
bb) Arbeitskraft des Schuldners	91	b) Jede von mehreren Ursachen	171
cc) Gewerbliche Schutzrechte	97	c) Verhinderung des Erfolgseintritts	174
2. Beeinträchtigung des Gläubigerzugriffs	100	2. Keine Vorteilsausgleichung	175
a) Abzustellen auf Insolvenzgläubiger	103	3. Beseitigung eines real verwirklichten Ursachenzusammenhangs	177
b) Insolvenzmasse ausreichend für alle Gläubiger	107	a) Tatsächliche Rückgewähr	178
c) Wirtschaftlich neutrale Vorgänge ausgenommen	108	b) Wertersatz bei Unmöglichkeit	180
aa) Bankmäßige Buchungen	108a	c) Reservursachen	181
bb) Sicherheitentausch	108d	d) Freigabe durch Insolvenzverwalter	184
cc) Wertausschöpfend belastete Gegenstände	109	**VII. Ausübung des Anfechtungsrechts**	186
dd) Befreiende Schuldübernahme	110	1. Inhaber des Anfechtungsrechts	187
3. Arten der Gläubigerbenachteiligung	111	2. Ausübung durch Insolvenzverwalter	192
a) Unmittelbare Benachteiligung	112	a) Bedeutung der Ausübungsbefugnis	194
aa) Begriff	113	b) Ausschluss des Schuldners	197
bb) Einzelfälle für das Vorliegen der Benachteiligung	114	c) Ausschluss der Gläubiger	198
cc) Fehlende Benachteiligung	117	3. Verhältnis zur Einzelgläubigeranfechtung	200
dd) Abgrenzung	119	a) Übergang der Anfechtungsbefugnis	202
b) Mittelbare Benachteiligung	121	b) Betroffene Gläubiger	208
4. Wichtige Fallgruppen der Gläubigerbenachteiligung	127	c) Beendigung des Insolvenzverfahrens	210
a) Verträge mit komplexen Gegenleistungen	127	4. Abtretbarkeit des Anfechtungsanspruchs	214
b) Nachteilige Vertragsklauseln speziell für den Insolvenzfall	130	a) Zweck	216
		b) Gegenleistung	217
c) Gesellschaftsrechtliche Benachteiligungen im Insolvenzfall	132	c) Schutz weiterer Beteiligter	219
d) Unwirksame Rechtshandlungen	134	d) Rechtstellung des Abtretungsempfängers	221
		5. Erlöschen des Anfechtungsrechts	222
		6. Beweislast	226

I. Normzweck

§ 129 regelt vorab **allgemeine** Fragen, die für jeden der folgenden Anfechtungstatbestände wesentlich sind.[1] Er enthält einheitliche Grundlagen der Insolvenzanfechtung und dient zugleich dazu, diese von anderen Mitteln zur Anreicherung der Insolvenzmasse abzugrenzen. 1

II. Entstehungsgeschichte

§ 129 Abs. 1 entspricht inhaltlich dem früheren § 29 KO, bezieht aber hinsichtlich des Anfechtungsrechts des Verwalters § 36 KO mit ein. § 10 Abs. 1 GesO enthielt eine gleichartige Regelung, die – entgegen dem teilweise zu engen Wortlaut – nicht nur Rechtshandlungen des Schuldners erfasste.[2] 2

Absatz 2 kodifiziert die einhellige Auffassung, die sich seit langem in Rechtsprechung[3] und Schrifttum[4] zur Anfechtbarkeit von Unterlassungen gebildet hatte. 3

Der jetzige Inhalt der Vorschrift war – in teilweise erweiterter Form – schon in Leitsatz 5.1 des 1. KommBer. sowie in § 134 DE und RefE vorgesehen. Der entsprechende § 144 RegE wurde im Gesetzgebungsverfahren nicht inhaltlich geändert, sondern lediglich redaktionell angepasst. 4

III. Inhalt der Regelung im Allgemeinen

Nach § 129 besteht ein Anfechtungsrecht nur, wenn die tatbestandsmäßigen Voraussetzungen der Rechtshandlung (s. u. RdNr. 6 ff.), der Gläubigerbenachteiligung (s. u. RdNr. 76 ff.) und des Zurechnungszusammenhangs zwischen beiden (s. u. RdNr. 169 ff.) vorliegen. Zusätzlich muss mindestens einer der speziellen Anfechtungstatbestände (§§ 130 bis 136) erfüllt sein. Ferner sieht § 129 die alleinige Anfechtungsbefugnis des Insolvenzverwalters vor (s. u. RdNr. 186 ff.). 5

IV. Rechtshandlung

Allgemeine Voraussetzung jeder Insolvenzanfechtung ist das Vorliegen einer Rechtshandlung, auch wenn rechtstechnisch nicht diese selbst, sondern die durch sie ausgelöste Wirkung „angefochten" wird.[5] Zweck dieses Tatbestandsmerkmals ist es, zufällige Vermögensveränderungen aus der Anfechtung auszuscheiden sowie die persönliche Verantwortlichkeit für eine bewusste Minderung der späteren Insolvenzmasse genauer erfassen zu helfen (s. u. RdNr. 34 ff., 49, 53). Die Rechtshandlung muss zudem regelmäßig vor Eröffnung des Insolvenzverfahrens vorgenommen worden sein (s. u. RdNr. 74, 75). 6

1. Begriff der Rechtshandlung. Unter diesem speziellen anfechtungsrechtlichen Begriff ist jede bewusste Willensbetätigung zu verstehen, die eine rechtliche Wirkung auslöst,[6] gleichgültig ob diese selbst gewollt ist oder nicht.[7] Rein tatsächlich wirkende Maßnahmen bleiben außer Betracht, so z. B. Buchungen über getätigte Bareinzahlungen des Schuldners 7

---

[1] Zum Verhältnis dieser Tatbestände zueinander vgl. Vorb. RdNr. 94.
[2] BGHZ 143, 332, 333 ff. = NJW 2000, 1117 ff.; BGH NJW-RR 2000, 1297 f.; 2002, 261; 2005, 695, 696; NJW 2002, 1574, 1576.
[3] RGZ 6, 367, 369; RG JW 1914, 106, 107 zu § 3 AnfG.
[4] Germann S. 40 ff.; *Jaeger/Henckel,* KO § 29 RdNr. 5; *Kuhn/Uhlenbruck* § 29 RdNr. 6; *Kilger/K. Schmidt* § 29 KO Anm. 8; *Baur/Stürner* RdNr. 18.23, jeweils zu § 29 KO; *Haarmeyer/Wutzke/Förster* GesO § 10 RdNr. 12; *Hess/Binz/Wienberg* GesO § 10 RdNr. 14, 16; *Smid/Zeuner* GesO § 10 RdNr. 24, jeweils zu § 10 GesO.
[5] BGH NJW 1995, 1668, 1670 f.; NZI 1999, 152, 153; BGHZ 147, 233, 236 = NJW 2001, 1940, 1941; OLG Hamm WM 2003, 2115, 2116; *Henckel* in: *Leipold,* Insolvenzrecht, S. 239, 240 f.; *HK-Kreft* § 129 RdNr. 5; *Smid/Zeuner* InsO § 129 RdNr. 41; *Eckardt,* Festschrift für Gerhardt, 2004, S. 145, 166 f.; *Allgayer* RdNr. 240; zum AnfG auch *Gerhardt,* Gläubigeranfechtung S. 124 ff. Vgl. § 140 Abs. 1.
[6] *Ulmer* ZIP 1984, 1163, 1169; *HK-Kreft* § 129 RdNr. 10; *Smid/Zeuner* § 129 RdNr. 40; *Bork* Einführung RdNr. 206; *Uhlenbruck/Hirte* § 129 RdNr. 62; *Kilger/K. Schmidt* § 29 KO Anm. 8; *Baur/Stürner* RdNr. 18.22; *Eckardt* S. 37 f.; vgl. auch BGH WM 1975, 1182, 1184 unter III 2; RGZ 59, 53, 57.
[7] BGH NJW 2004, 1660 f.; OLG Karlsruhe ZInsO 2004, 1036, 1037; *Germann* S. 33; *Kübler/Prütting/Paulus* § 129 RdNr. 11; *FK-Dauernheim* § 129 RdNr. 19; *Rosenberg/Gaul/Schilken* § 35 III 1, S. 539 zu § 3 AnfG.

selbst,[8] zu stornierende Buchungen (s. u. RdNr. 78 b, 108 a) sowie die Wertstellung im bankmäßigen Lastschriftverfahren[9] oder regelmäßig das Einreichen von Lastschriften durch den Kunden bei der Inkassostelle.[10] Der Begriff „Rechtshandlung" ist bewusst weit gefasst,[11] damit grundsätzlich alle Arten benachteiligender Maßnahmen Gegenstand einer Anfechtung sein können. Als Ausgleich dafür sind die einzelnen Anfechtungstatbestände, von denen einer zusätzlich erfüllt sein muss (s. o. RdNr. 5), verhältnismäßig eng und genau umschrieben.[12] Maßnahmen, die dem Schuldner von Rechts wegen unwiderstehlich aufgezwungen werden, sind zwar nicht seine eigenen Rechtshandlungen,[13] doch können sie auf Rechtshandlungen des den Druck ausübenden Teils beruhen, so dass diese Unterscheidung vor allem für die Urheberschaft der Handlung bedeutsam wird (s. u. RdNr. 34 ff., § 133 RdNr. 7 ff.); außerdem ist sie für die Rechtserheblichkeit von Unterlassungen wesentlich (s. u. RdNr. 24, 28).

8 Wegen des Zwecks der Insolvenzanfechtung (s. o. vor § 129 RdNr. 2, 3) ist der Begriff „Rechtshandlung" auf Grund einer Betrachtungweise auszulegen, welche die zu beurteilenden Vorgänge vollständig und wirtschaftlich zutreffend erfasst.[14] Nicht nötig ist, dass durch die Rechtshandlung der Vermögenswert endgültig aus dem Schuldnervermögen ausscheidet; es genügen zeitlich beschränkte Vermögensopfer, z. B. die Bestellung von Sicherheiten. Der Begriff der Rechtshandlung setzt aufseiten des Anfechtungsgegners auch nicht einen entsprechenden Rechtserwerb voraus; dieser ist vielmehr erst für die zusätzliche Frage erheblich, ob der Anfechtungsgegner etwas zurückzugewähren hat (§ 143). Deshalb kann beispielsweise die Eigentumsaufgabe anfechtbar sein.[15] Der Begriff der Rechtshandlung ist nicht identisch mit dem bereicherungsrechtlichen Begriff der Leistung; erfüllt der spätere Insolvenzschuldner eine Verbindlichkeit seines Gläubigers durch Zahlung an einen Dritten, liegt darin auch diesem gegenüber eine Rechtshandlung des Insolvenzschuldners.[16]

9 Im Hinblick auf die weitere Anfechtungsvoraussetzung der Gläubigerbenachteiligung (s. u. RdNr. 76 ff.) kommen praktisch nur vermögensbezogene Handlungen in Betracht,[17] also z. B. nicht der Erbverzicht, das Nichtausüben der Arbeitskraft (s. u. RdNr. 88 ff.) oder das Unterlassen, einen Eröffnungsantrag zu stellen (s. u. RdNr. 28). Eigenständige begriffliche Voraussetzung der „Rechtshandlung" ist das aber nicht.

10 Allein § 132 Abs. 1 und 2 begrenzt die Anfechtbarkeit auf „Rechtsgeschäfte" und § 133 Abs. 2 auf „Verträge" (dazu s. u. RdNr. 11 ff.). Dagegen engt der Begriff der – unentgeltlichen – „Leistung" in § 134 nicht die möglichen verursachenden Rechtshandlungen ein, sondern drückt lediglich aus, dass zusätzlich die Aufgabe eines Vermögensguts erforderlich ist.

---

[8] BGHZ 74, 129, 131 f. = NJW 1979, 1461, 1462 f.; *Bork*, Zahlungsverkehr RdNr. 370; *Peschke* S. 201 f.; vgl. auch OLG Hamm ZIP 1982, 722, 724. Anders verhält es sich bei konstitutiven Buchungen und deklaratorischen Schuldanerkenntnissen im engeren Sinne, s. u. RdNr. 12; dazu gehört auch die Verbuchung von Einzahlungen Dritter, vgl. *Bork*, Zahlungsverkehr RdNr. 365.
[9] BGHZ 70, 177, 181 = NJW 1978, 758 f.; vgl. *Canaris* ZIP 1980, 516 f. sowie für einen bankinternen Sperrvermerk BGH NJW-RR 1986, 848, 849; LG Aachen WM 1990, 1042, 1043 für die Stornierung nicht eingelöster Lastschriften.
[10] BGHZ 70, 177, 181 = NJW 1978, 758 f. Anderes gilt, soweit die Bank mit dem Einreichen der Lastschrift gemäß Nr. 15 Abs. 2 AGB-Banken/Nr. 25 Abs. 2 AGB-Sparkassen die zugrunde liegende Forderung erwirbt (*Bork*, Zahlungsverkehr RdNr. 313).
[11] Vgl. BT-Drucks. S. 157 zu § 144; *Germann* S. 32 f.; *Jaeger/Henckel*, KO § 29 RdNr. 4; ferner BGH WM 1975, 1182, 1184 unter III 2. Ergänzend vgl. § 130 RdNr. 13, 13 a und rechtsvergleichend *Bruski* S. 25 ff.
[12] *Baur/Stürner* RdNr. 18.2; *Gottwald/Huber*, Insolvenzrechts-Handbuch, § 46 RdNr. 15.
[13] Vgl. BGHZ 162, 143, 154 f. = NJW 2005, 1121, 1122 ff.
[14] *Baur/Stürner* RdNr. 18.22; vgl. BGH WM 1955, 407, 409; BGHZ 41, 298, 300, insoweit nicht in NJW 1964, 1960; BGH WM 1971, 908, 909; BGHZ 72, 39, 41 f., 44 = NJW 1978, 1921, 1922. Im Einzelnen s. u. RdNr. 101, § 143 RdNr. 21.
[15] Zu eng *Jaeger/Henckel*, KO § 29 RdNr. 16, der anscheinend nur eine Anfechtung wegen Unentgeltlichkeit (§ 134) zulassen will; ähnlich FK-*Dauernheim* § 129 RdNr. 52. Die Dereliktion kann aber auch gezielt als Mittel zur Vermögensverschiebung (§ 133) eingesetzt werden, vgl. *C. Paulus* ZIP 1996, 2141, 2147. Ergänzend s. u. RdNr. 16.
[16] Vgl. BGH NJW-RR 2004, 983 f. Zur Abgrenzung gegenüber unentgeltlichen Leistungen s. u. § 134 RdNr. 5 ff.
[17] Vgl. *Baur/Stürner* RdNr. 18.22, 18.42.

Grundsatz 11, 12 § 129

a) Handlungen im Sinne des **Absatz 1.** 11

aa) Willenserklärungen. Rechtshandlungen sind der Abschluss ein- oder zweiseitig **verpflichtender** Rechtsgeschäfte wie z. B. Miet-,[18] Transport-,[19] Darlehens-[20] oder Gesellschaftsverträge,[21] der Kaufvertrag über ein Unternehmen[22] oder Gesellschaftsanteile, der Sicherheiten-Poolvertrag,[23] ein Vergleich im Sinne von § 779 BGB,[24] Güterrechtsverträge[25] – im Gegensatz zum Eintritt eines bestimmten Güterstandes kraft Gesetzes –, ferner Vereinbarungen über den Versorgungs- oder Zugewinnausgleich,[26] unbenannte Zuwendungen zwischen Eheleuten[27] sowie das Eingehen einer Treuhänderstellung,[28] die Bezeichnung als Begünstigter aus einem Versicherungsvertrag (s. u. RdNr. 52), aber auch die Ausübung eines einseitigen Optionsrechts auf Vertragsschluss oder -verlängerung,[29] das Geltendmachen eines Heimfallanspruchs gemäß § 2 Nr. 4 ErbbRVO[30] und eine Mithaftungs- oder Bürgschaftsübernahme durch den Schuldner.[31] Stellt der spätere Insolvenzschuldner für eine eigene Schuld einen Bürgen oder Garanten, enthält die wenigstens konkludent zugrunde liegende Sicherungsvereinbarung mit dem Gläubiger auch diesem gegenüber eine Rechtshandlung des Schuldners.[32] Erfasst wird jede einzelne – benachteiligende (dazu s. u. RdNr. 130, §§ 143 RdNr. 18) – Bestimmung eines Rechtsgeschäfts.

Als Rechtshandlungen können die Begründung eines abstrakten Schuldanerkenntnisses 12 oder einer konstitutiv wirkenden Gutschrift im **Bankverkehr**,[33] aber auch deklaratorische Schuldanerkenntnisse – soweit dadurch Verteidigungsmöglichkeiten ausgeschlossen werden[34] – sowie der Überweisungsauftrag an ein Kreditinstitut in Verbindung mit dessen Ausführung[35] anfechtbar sein. In Betracht kommen ferner die zugunsten eines Gläubigers erteilte Weisung des Schuldners an seine Bank zur Abbuchung von dessen Girokonto im Abbuchungsauftragsverfahren[36] sowie das Vervollständigen eines Blankowechsels durch den Gläubiger. Zur Unerheblichkeit rein deklaratorisch wirkender Buchungen vgl. RdNr. 7, zu Verrechnungen RdNr. 15. Die Aufnahme eines Darlehens einerseits und dessen Auszahlung an einen Dritten andererseits sind auch dann zwei getrennte Rechtshandlungen, wenn sie in unmittelbarem zeitlichen Zusammenhang erfolgen.[37]

---

[18] Vgl. *Jaeger/Henckel*, KO § 29 RdNr. 43 f.
[19] Vgl. BGHZ 150, 326, 329 f. = NJW-RR 2002, 1417, 1418.
[20] Vgl. BGH NJW 1989, 1037 f.; *Jaeger/Henckel*, KO § 29 RdNr. 45.
[21] Vgl. RGZ 142, 373, 377; *Jaeger/Henckel*, KO § 29 RdNr. 55. Ferner s. o. Vorb. RdNr. 78 ff. und zur selbständigen Anfechtung der Einlagen s. u. RdNr. 94.
[22] Vgl. *Jaeger/Henckel*, KO § 29 RdNr. 57. Zur selbständigen Anfechtung des Erfüllungsgeschäfts s. u. RdNr. 14, 94.
[23] BGHZ 138, 291, 306 = NJW 1998, 2592, 2597 f.; BGH NJW 1984, 803 f.; NJW-RR 1993, 235, 236; OLG Köln ZIP 1994, 1461, 1462; *Smid* NZI 2000, 505, 512 f.
[24] OLG Düsseldorf ZInsO 2002, 674, 675; *Gerhardt* KTS 2004, 195 ff.; zu § 1 AnfG BGH NJW-RR 2004, 1534, 1535. Zur Gläubigerbenachteiligung s. u. RdNr. 114.
[25] BGHZ 57, 123, 124 = NJW 1972, 48 zu § 3 AnfG; vgl. auch RG Gruchot 48 (1904), 958, 959 f.; *Jaeger/Henckel*, KO § 29 RdNr. 46 ff.
[26] *Jaeger/Henckel*, KO § 29 RdNr. 50.
[27] Vgl. *Morhard* NJW 1987, 1734, 1736 f.
[28] BGH NJW 1993, 2041, 2042; BGHZ 124, 298, 300 = NJW 1994, 726, 727, jeweils zu § 3 AnfG; *Uhlenbruck/Hirte* § 129 RdNr. 66; *Bork* NZI 1999, 337, 343; vgl. auch RG JW 1911, 107, 108. Ergänzend s. u. RdNr. 139 ff.
[29] Vgl. BGH WM 1975, 1182, 1184 zu § 3 AnfG.
[30] Vgl. OLG Naumburg ZIP 2006, 716, 718. Ergänzend s. u. RdNr. 130 f.
[31] Vgl. BGH NJW-RR 2005, 1283; *Kirchhof*, Festschrift für Fuchs, 1996, S. 97, 99.
[32] *Mundt* NZBau 2003, 527, 528; vgl. BGH NJW 1999, 3046, 3047; NJW-RR 2005, 1283; *C. Paulus* ZBB 1990, 200, 206.
[33] Vgl. BGHZ 70, 177, 181 f. = NJW 1978, 758, 759.
[34] Zu dieser Rechtswirkung vgl. BGH NJW 1970, 321; BGHZ 66, 250, 253 f. = NJW 1976, 1259, 1260; BGH NJW 1983, 1903, 1904; *Palandt/Sprau* § 781 RdNr. 4; MünchKommBGB-*Hüffer* § 781 RdNr. 5, 20.
[35] Vgl. BGH NJW-RR 1986, 848, 850.
[36] S. u. RdNr. 50 und zur Einzugsermächtigung auch RdNr. 14.
[37] Vgl. BGH NJW 2002, 1574, 1575 f.

13 Rechtshandlung ist ferner das Eingehen von **Arbeitsverträgen**[38] und ergänzenden Vereinbarungen – z. B. Ruhegeldzusagen[39] – oder Änderungsverträgen wie beispielsweise Lohnerhöhungen[40] oder Vereinbarungen der Unkündbarkeit.[41] Die Wahl einer (ungünstigen) Steuerklasse kann eine Rechtshandlung gegenüber dem begünstigten Ehegatten darstellen.[42] Der Abschluss von **Sozialplänen** kann angefochten werden,[43] insbesondere soweit sie nicht unter die Sonderregelung der §§ 123, 124 fallen (s. o. vor § 129 RdNr. 83), also vor der Dreimonatsfrist des § 124 Abs. 1 abgeschlossen wurden;[44] obwohl sie nur einfache Insolvenzforderungen begründen, kann die dadurch bedingte Vermehrung der Passivmasse die Gläubiger benachteiligen. Eine anfechtbare Rechtshandlung kann dann auch vorliegen, wenn der Sozialplan durch den Spruch der Einigungsstelle nach §§ 112 Abs. 4, 76 Abs. 5 BetrVG zustande gekommen ist.[45] Denn dieser ersetzt nur die Willenserklärungen der konkret Beteiligten, dient aber gemäß § 76 Abs. 5 Satz 3 BetrVG jedenfalls vor einem Insolvenzverfahren **nicht** der Gleichbehandlung **aller** Gläubiger;[46] zudem lässt § 141 erkennen, dass nicht einmal hoheitliche Einwirkungen die Anfechtbarkeit ausschließen würden (s. u. RdNr. 35). Davon zu trennen ist die Frage, ob für einen solchen Sozialplan ein Gläubigerbenachteiligungsvorsatz des Schuldners festgestellt werden kann (s. u. § 133 RdNr. 18, 32). Ohne Sonderregelungen anfechtbar kann weiter der freiwillige Abschluss einer sozialplanähnlichen Betriebsvereinbarung (i. S. v. § 88 BetrVG) sein, die nicht gemäß § 111 BetrVG vorgeschrieben ist.[47]

14 Rechtshandlungen sind auch **verfügende** Rechtsgeschäfte: z. B. das Erbringen wie die Entgegennahme[48] von **Erfüllungs**handlungen einschließlich Steuerzahlungen,[49] Rückzahlungen aus einem Cash-Pool[50] oder Erfüllung von Vermächtnissen (vgl. § 322), das Aufladen einer Geldkarte,[51] die Genehmigung einer Lastschrift im Einzugsermächtigungsverfahren,[52] Lieferung geschuldeter Ware[53] oder Erbringung von Werkleistungen,[54] die Gestellung von

---

[38] *Schaub* ZIP 1993, 969; *Grunsky,* Arbeitsverhältnis S. 10; vgl. auch *Jaeger/Henckel,* KO § 29 RdNr. 31 f.
[39] Vgl. *Kuhn/Uhlenbruck* § 22 RdNr. 7, § 29 RdNr. 7.
[40] Vgl. *Lohkemper* KTS 1996, 1, 30 f.; *Wichmann* S. 106 ff.; *Jaeger/Henckel,* KO § 29 RdNr. 32.
[41] *Grunsky,* Arbeitsverhältnis S. 11.
[42] Vgl. *Ernst* ZVI 2003, 107, 108 f.; *Kübler/Prütting/Paulus* § 129 RdNr. 12; s. u. RdNr. 92.
[43] LAG Hamm ZIP 1982, 615, 617; *Schils* KTS 1976, 267, 278 f.
[44] *Von Campe* S. 192 f.; *Kübler/Prütting/Paulus* § 132 RdNr. 6; HambKomm-*Rogge* § 129 RdNr. 7; *Uhlenbruck/Hirte* § 129 RdNr. 69, HK-*Kreft* § 129 RdNr. 17; vgl. *Lohkemper* KTS 1996, 1, 31 f.
[45] *Kaven* S. 150 f.; *Ohl* S. 186; *Schlüter* S. 83 f.; *Jaeger/Henckel,* KO § 29 RdNr. 39; *Richardi,* Sozialplan und Konkurs, 1975, S. 72; FK-*Dauernheim* § 129 RdNr. 14; grundsätzlich auch *Galperin/Löwisch* § 112 RdNr. 74; für Anfechtbarkeit unterlassener Rechtsbehelfe *Uhlenbruck/Hirte* § 129 RdNr. 69; aM *H. Fuchs,* Sozialplan S. 54; *Willemsen* ZIP 1982, 649, 651 f.; einschränkend auch *Hanau* ZfA 1974, 89, 114; *Eichberger* S. 93. Ergänzend vgl. *Lohkemper* KTS 1996, 1, 32.
[46] Vgl. BAGE 31, 176, 191 = NJW 1979, 774, 776. BAG NJW 1987, 92, 93 nimmt Abweichendes erst für die im Insolvenzverfahren selbst aufzustellenden Sozialpläne an.
[47] LAG München ZIP 1987, 589, 590; *Balz* EWiR 1987, 501, 502; *Berscheid,* Konkurs RdNr. 154; *Däubler* in: *Däubler/Kittner/Klebe* § 111 RdNr. 30.
[48] Dazu gehört auch die Annahme von Kundenzahlungen durch die Bank des Schuldners, insbesondere wenn diese die sich daraus ergebenden Gutschriften mit einem Schuldsaldo verrechnet: vgl. BGHZ 150, 122, 125 f. = NJW 2002, 1722 f.; LG Cottbus NZI 2003, 207, 208; ferner BGH NJW 2004, 2163 f.; NJW-RR 2005, 695 f. Dies wurde von KG ZInsO 2004, 1259, 1260 verkannt.
[49] Vgl. BGH NJW 1994, 2893, 2894; OLG Braunschweig MDR 1950, 356 f.; OLG Köln NJW-RR 1992, 1382, 1383; NJW-RR 1993, 448, bestätigt von BGH ZIP 1999, 448; OLG Stuttgart ZIP 1996, 1621, 1622. Daran ändert es nichts, wenn der Insolvenzschuldner zahlt, um einer persönlichen Haftung oder Bestrafung zu entgehen: *Plagemann* EWiR 1997, 793 zu OLG Dresden für entrichtete Beiträge an einen Sozialversicherungsträger.
[50] Vgl. *Thomas* ZInsO 2007, 77, 78.
[51] Vgl. *Bork,* Zahlungsverkehr RdNr. 399.
[52] OLG Düsseldorf ZIP 1991, 330, 331; OLG Karlsruhe ZIP 2007, 286, 287 f. Zum Abbuchungsauftrag s. o. RdNr. 12.
[53] Vgl. BGH ZIP 1981, 1229, 1230 f.; RGZ 27, 130, 133 f.; *Gerhardt,* Gedächtnisschrift für Knobbe-Keuk, 1997, S. 169, 179 f.
[54] Vgl. BGHZ 129, 336, 344 = NJW 1995, 1966, 1968; BGHZ 147, 28, 35 = NJW 2001, 3704, 3706; BGH NJW-RR 2002, 262, 263; *Kreft* in *Berger* u. a., 3. Leipziger Insolvenzrechtstag, 2002, S. 7, 10 f.; *Schmitz* ZInsO 2004, 1051, 1053 f.; *Beiner/Luppe* NZI 2005, 15. 21 f. S. u. RdNr. 56 a, 104 a, 148 a, 168 a.

Grundsatz 15 § 129

Arbeitskräften und Geräten,[55] Leistungen auf einen nicht unter die §§ 123, 124 fallenden Sozialplan (s. o. RdNr. 13) oder über die darin aufgestellten Grenzen hinaus.[56] Entstehen durch Lieferungen des Schuldners an Dritte Umsatzsteuerforderungen des Finanzamts, so ist auch dies eine Folge der Rechtshandlung „Lieferung";[57] dasselbe gilt, wenn durch den Abschluss eines Transportvertrags weitere Ansprüche des Frachtführers mit besichert werden.[58] War die vom Schuldner getilgte Verbindlichkeit durch Sicherheiten Dritter verstärkt, können diese durch die Erfüllungshandlung frei werden; auch eine solche Wirkung wird der Rechtshandlung zugerechnet (s. u. RdNr. 170). Insbesondere wenn der Schuldner in seiner wirtschaftlichen Krise ausgewählte eigene Verbindlichkeiten tilgt, so dass seine Angehörigen aus ihrer Mithaft gegenüber dem Gläubiger entlassen werden oder eine bessere Rechtsposition erhalten, kann diese Wirkung ebenfalls anfechtbar sein.[59] Die Zahlung durch einen Drittschuldner ist gegenüber der vorangegangenen Pfändung und Überweisung eine selbständige Rechtshandlung.[60]

Als Rechtshandlungen anfechtbar können ferner der Erlassvertrag (§ 397 BGB), der Verzicht auf ein Benennungsrecht[61] oder auf Nacherfüllungsansprüche gemäß § 635 BGB,[62] die Zustimmung zur Aufhebung einer Patronatserklärung,[63] die Genehmigung einer befreienden Schuldübernahme[64] oder Erfüllungssurrogate wie Leistungen an Erfüllungs Statt (§ 364 Abs. 1 BGB) sein. Die Ausübung eines Kündigungs- oder Pfandrechts[65] oder Zurückbehaltungsrechts, **Aufrechnung**[66] oder Verrechnung[67] sind ebenfalls Rechtshandlungen im anfechtungsrechtlichen Sinne. Jedoch enthält § 96 Abs. 1 Nr. 3 eine Sonderregelung für alle Fälle, in denen schon die Aufrechnungslage für Gläubiger irgendwie[68] in anfechtbarer Weise herbeigeführt wurde;[69] dann tritt eine Tilgungswirkung für Zwecke des Insolvenzverfahrens[70] von vornherein nicht ein. Selbständig bedeutsam bleibt nur die Aufrechnungserklärung des Schuldners, wenn allein dieser, nicht aber der Gläubiger zur Auf-

15

---

[55] Vgl. OLG Hamm ZIP 1982, 722; OLG Frankfurt ZIP 2005, 2325 f.
[56] *Balz* DB 1985, 689, 692 unter 4 aE.
[57] Vgl. *Bork* ZInsO 2003, 686, 688; *Onusseit* ZInsO 2005, 638, 641 f. BFH ZIP 2005, 628 erörtert dies nicht.
[58] Vgl. BGHZ 150, 326, 329 f. = NJW-RR 2002, 1417, 1418; BGH NJW-RR 2005, 916 f.
[59] Vgl. BGH NJW 1995, 2783, 2784, insoweit nicht in BGHZ 130, 38; RG JW 1909, 280 Nr. 19; s. u. RdNr. 72, 142.
[60] BGH NZI 2000, 310 f.
[61] BGH WM 1975, 1182, 1184.
[62] Vgl. BGH NJW-RR 2004, 1534 zu § 1 AnfG.
[63] OLG München ZIP 2004, 2102, 2105.
[64] OLG Nürnberg KTS 1967, 170, 171.
[65] BGH NJW 2004, 1660 f.; vgl. BGH NJW-RR 2004, 1190, 1191. Dagegen benachteiligt das bloße Geltendmachen eines bereits bestehenden und verwertungsreifen Pfandrechts die Insolvenzgläubiger nicht mehr zusätzlich: BGH ZIP 1996, 2080, 2081; s. u. RdNr. 16 aE.
[66] Vgl. BGHZ 86, 349, 353 f. = NJW 1983, 1120, 1121 f.; BGH NJW 1991, 2144, 2146; OLG Hamm ZIP 1988, 253, 254 f. Ergänzend s. u. RdNr. 148 f.
[67] Vgl. zu dieser Folge einer entsprechenden Vereinbarung BGHZ 86, 190, 193 = NJW 1983, 887, 888; BGHZ 87, 246, 250 = NJW 1983, 2501, 2502; BGH NJW-RR 1989, 1010; BGHZ 118, 171, 174, 176 f. = NJW 1992, 1960, 1961; BGHZ 129, 336, 343 f. = NJW 1995, 1966, 1968; KG KTS 1983, 447, 448; OLG Hamburg ZIP 1988, 927, 929; OLG Köln NZI 2005, 112, 113; OLG Celle NZI 2005, 334, 335; LG Köln KTS 1958, 94, 95. Dagegen liegt keine „Verrechnung" vor, wenn auf einem Gesellschaftskonto die Einlagen der Gesellschafter nur deklaratorisch gegengerechnet werden (vgl. OLG Hamm ZIP 1982, 722, 723 f.) oder soweit eine Saldierung kraft Gesetzes – z. B. gemäß § 16 Abs. 2 UStG – eintritt (vgl. *Bork* ZInsO 2003, 686, 691).
[68] Die Vorschrift gilt für alle Anfechtungstatbestände, nicht nur für § 130: Vgl. OLG Dresden DZWIR 2001, 470, 471 f. mit zust. Anm. *Flöther*; s. o. § 96 RdNr. 30 mwN, auch zur Gegenansicht, und ergänzend s. u. RdNr. 67.
[69] RegE S. 141 zu § 108; BGHZ 145, 245, 254 = NJW 2001, 367, 369; BGHZ 147, 233, 236 und 238 = NZI 2001, 357 ff.; BGH NJW-RR 2002, 262, 263; 2004, 846 f.; NZI 2004, 445 f.; NJW-RR 2005, 125, 126; OLG Rostock ZIP 2003, 1903, 1905 f.; OLG Karlsruhe ZInsO 2004, 1036 f.; *Gerhardt*, Festschrift für Zeuner, 1994, S. 366; *v. Campe* S. 107 ff.; *Kreft* (Fn. 51) S. 8 ff.; *Wischemeyer* S. 7 ff.; vgl. OLG Köln WM 2002, 354, 355 f. Ergänzend s. u. § 143 RdNr. 52 f.; § 146 RdNr. 56.
[70] Vgl. *Kreft* WuB VI A. § 96 InsO 3.05.

rechnung befugt war.[71] Wendet man § 96 Abs. 1 Nr. 3 gemäß seiner zwingenden Rechtsnatur auch auf Verrechnungen im Rahmen einer laufenden Vertragsbeziehung an,[72] so bleibt für eine konstitutive Anfechtung der Verrechnungsabrede kaum Raum. Näheres s. u. RdNr. 148, 148 a. Zur gesetzlich angeordneten Verrechnung der Umsatzsteuerschuld mit den abziehbaren Vorsteuerbeträgen gem. § 16 Abs. 2 Satz 1 UStG vgl. *Bork* ZInsO 2003, 686, 691; *Onusseit*, Festschrift für Gerhardt, 2004, S. 725, 740 ff.

16 **Übereignungen** – auch Sicherungsübereignungen[73] – von Sachen, Bestellung oder Übertragung von Anwartschaftsrechten wie beim Erwerb unter Eigentumsvorbehalt,[74] Belastung von Sachen[75] einschließlich der Einbeziehung von Allgemeinen Geschäftsbedingungen, die ein Pfandrecht eines Vertragsteils (insbesondere eines Kreditinstituts) vorsehen,[76] Aufhebung von Grundpfandrechten (§§ 876, 1183 BGB), die – schuldrechtliche – Vereinbarung des Sicherungszwecks einer Grundschuld,[77] der Verzicht auf dingliche Rechte[78] oder auf ein Wechselakzept[79] können ebenso anfechtbar sein wie der Erlass eines schon entstandenen Pflichtteilsanspruchs.[80] Dasselbe gilt für die **Abtretung**[81] von Rechten – einschließlich der Vorausabtretung künftiger Forderungen[82] oder der Abtretung an einen Treuhänder zu Sanierungszwecken[83] – und für die Erteilung einer Einziehungsermächtigung gemäß § 185 Abs. 1 BGB oder für die Einwilligung des Schuldners in eine bestimmte Verwertung seines Sicherungsguts durch den Gläubiger.[84] Das trifft grundsätzlich auch zu, wenn der Schuldner über erst künftig entstehende Rechte verfügt (näher s. u. RdNr. 79 ff.) oder eine Vormerkung für einen künftigen Auflassungsanspruch bestellt.[85] Überträgt der Schuldner einen Gegenstand, damit der Empfänger ihn sogleich an einen Dritten weiterübertragen soll, handelt es sich bei beiden Übertragungen grundsätzlich um selbständige Rechtshandlungen (s. u. RdNr. 48). Die Ausübung eines Pfandrechts hat als Handlung Rechtswirkungen nur, wenn sie konstitutiv wirkt, z. B. in dem Fall, dass die zu sichernde Forderung noch nicht fällig ist.[86] Dagegen ist das bloße (deklaratorische) Geltendmachen eines bereits bestehenden und verwertungsreifen Pfandrechts keine rechtlich benachteiligende Handlung; maßgebend ist dann vielmehr schon die Begründung des Pfandrechts selbst.[87] Zur pfandrechtsbegründenden Besitzergreifung s. u. RdNr. 22.

---

[71] Insbesondere weil die Gegenforderung des Gläubigers noch nicht fällig oder einredebehaftet oder unklagbar war oder für ihn ein Aufrechnungsverbot bestand: Vgl. *v. Olshausen* KTS 2001, 45, 47 f.; HK-*Kreft* § 129 RdNr. 16.
[72] So zutreffend OLG Dresden DZWIR 2001, 470, 471; OLG Hamm DZWIR 2005, 218; OLG Frankfurt ZIP 2005, 2325 f.; *Bork*, Zahlungsverkehr RdNr. 127; vgl. auch BGH ZInsO 2006, 1215, 1216, z. V. b. in BGHZ; aM *Peschke* S. 185 f.
[73] Vgl. BGH NJW-RR 1993, 238, 239; *Serick* Bd. III § 32 I 2 a, S. 135.
[74] *Jaeger/Henckel*, KO § 29 RdNr. 18; vgl. RGZ 67, 425, 430; RG Gruchot 54 (1910), 1164, 1166.
[75] BGHZ 86, 340, 346 = NJW 1983, 1123, 1125 und LG Stuttgart DZWIR 2002, 79, 80 für die Bestellung eines Pfandrechts; BGHZ 118, 171, 178 = NJW 1992, 1960, 1961; BGH ZIP 1997, 423, 424; OLG Brandenburg OLG-NL 2006, 105; LG Potsdam DZWIR 1999, 40 für die Bestellung eines Grundpfandrechts; *Baur/Stürner* RdNr. 18.22. Ergänzend s. o. RdNr. 15.
[76] BGH ZIP 1996, 2080, 2081 f.
[77] LG Potsdam ZIP 1997, 1383 m. zust. Anm. v. *Pape* EWiR 1997, 795, 796.
[78] ZB nach § 1168 Abs. 1, § 1177 Abs. 1 BGB.
[79] *Kuhn/Uhlenbruck* § 29 RdNr. 29.
[80] *Jaeger/Henckel*, KO § 29 RdNr. 59 aE.
[81] Vgl. BGH WM 1987, 986, 987 und RGZ 37, 103, 105 f. zu § 3 AnfG. Insoweit schränkt auch § 1124 Abs. 2 BGB nicht die Anfechtung ein: RG Gruchot 57 (1913), 1005, 1006 f. Das Abtretungsangebot des Schuldners bleibt auch dann seine eigene Rechtshandlung, wenn es unter der Bedingung seiner Insolvenz erklärt wird, wie im Fall BGH NJW 1993, 1640, 1641; dies berücksichtigt *C. Paulus* ZIP 1996, 2141, 2142 und EWiR 1993, 389 nicht hinreichend. Zur Abtretungsanzeige s. u. RdNr. 21.
[82] Vgl. BGHZ 30, 238, 240 = NJW 1959, 1539 f.; BGHZ 64, 312, 313 = NJW 1975, 1226, 1227; BGH ZIP 1997, 513, 514.
[83] Vgl. BGH ZIP 1996, 1475; OLG Hamm InVo 1996, 264 f.
[84] BGH NJW 1997, 1063, 1065.
[85] Vgl. BGHZ 149, 1, 9 = NJW 2002, 213, 217; *Fritsche* DZWIR 2002, 92, 95. Ergänzend s. u. § 140 RdNr. 46.
[86] Vgl. BGH NJW 2004, 1660 f.; NJW-RR 2004, 1190, 1191; LG Köln ZVI 2002, 72, 73 f.
[87] BGH ZIP 1996, 2080, 2081.

Dagegen ist der in Gläubigerbenachteiligungsabsicht erklärte Verzicht auf gewerbliche 17
Schutzrechte gemäß § 138 Abs. 1 BGB nichtig.[88] Nach Anfechtungsregeln könnte hier zwar ein Gläubigerschutz gegenüber solchen Dritten erreicht werden, denen auf Grund des Verzichts gezielt die Gelegenheit zugewendet wird, zeitlich vor anderen tatsächliche Nutzungsvorteile zu ziehen.[89] Die Substanz des Schutzrechts kann aber nur beim verzichtenden Inhaber erfasst werden; und dafür erscheint eine bloße haftungsrechtliche Unwirksamkeit des Verzichts (vgl. Vor § 129 RdNr. 31) als eine zu wenig tragfähige Grundlage. Der fehlende **Rechts**erwerb Dritter unterscheidet diesen Verzicht von der Dereliktion (s. o. RdNr. 8 aE).

Anfechtbar kann die Einbringung der Stammeinlage in eine Kapital**gesellschaft** sein.[90] 18
Die gegenteilige Auffassung, die derartige Leistungen wegen des Kapitalerhaltungsgrundsatzes (§ 30 GmbHG, § 57 Abs. 1 Satz 1 AktG) – jedenfalls gegenüber einer in Vollzug gesetzten Gesellschaft – von der Anfechtung ausnehmen will,[91] begünstigt einseitig die Gesellschaftsgläubiger gegenüber anderen und verletzt den Grundsatz der Gleichbehandlung aller Gläubiger in der Insolvenz. Die Insolvenzordnung bietet keine Grundlage für einen solchen Nachrang der Gläubiger eines Gesellschafters, der sein Vermögen schon in einer nach allgemeinen Regeln anfechtbaren Weise eingebracht hatte. Statt dessen kann die Gesellschaft wegen der auf Grund erfolgreicher Anfechtung fehlenden Stammeinlage nach §§ 21 ff. GmbHG, §§ 64 ff. AktG vorgehen. Zu der durch die Einbringung verursachten Gläubigerbenachteiligung s. u. RdNr. 132.

Als anfechtbare Rechtshandlungen kommen weiter die Beschlüsse eines Gesellschafts- 19
organs,[92] die Auflösung einer Gesellschaft oder Gemeinschaft[93] oder das Ausscheiden daraus,[94] die Betriebsaufspaltung,[95] die Unternehmensübertragung[96] oder die Sitzverlegung[97] sowie die Einziehung eines Geschäftsanteils bzw. die Zustimmung dazu[98] in Betracht, soweit sie eine Gläubigerbenachteiligung im Rechtssinne verursachen (dazu s. u. RdNr. 133). Für die Rückgewähr von Gesellschafterleistungen gelten teilweise Sondervorschriften (§§ 32a, 32b GmbHG; §§ 135, 136). Die Aufhebung eines zuvor vereinbarten Rangrücktritts[99] kann ebenso eine anfechtbare Rechtshandlung darstellen wie Absprachen innerhalb eines Konzerns, beispielsweise über die unentgeltliche Vornahme von Dienstleistungen, die Belieferung zu Vorzugspreisen oder die Mitteilung von Know-how.[100]

Auch Partei**prozess**handlungen können anfechtbar sein: ZB Klageverzicht (§ 306 ZPO) 20
oder -anerkenntnis (§ 307 ZPO),[101] die Rücknahme einer Klage (§ 269 ZPO), eines Insolvenzantrags[102] oder eines Rechtsmittels (§ 515 ZPO),[103] Geständnisse im Sinne von § 288 ZPO, ferner die Aufnahme einer vollstreckbaren Urkunde (§ 794 Abs. 1 Nr. 5 ZPO),[104] das

---

[88] Vgl. vor § 129 RdNr. 57; LG und OLG Düsseldorf GRUR 1953, 165 f. m. zust. Anm. von *Tetzner* JZ 1952, 752; *Jaeger/Henckel*, KO § 29 RdNr. 17; aM *Seetzen* S. 130 ff.
[89] Vgl. *Allgayer* RdNr. 607.
[90] RGZ 74, 16, 17 f.; RG LZ 1915, 300, 301; *Jaeger/Henckel*, KO § 29 RdNr. 56; *Allgayer* RdNr. 571; *Bork*, Festschrift für Uhlenbruck, 2000, S. 279, 281 f.; *Uhlenbruck/Hirte* § 129 RdNr. 113, § 143 RdNr. 19; *Haas* ZIP 2006, 1373, 1375; zum AnfG BGHZ 128, 184, 193 f. = NJW 1995, 659, 662; RGZ 24, 14, 21 f.; ferner Kölner Kommentar-*Kraft* § 23 RdNr. 121.
[91] *Hachenburg/Ulmer* § 2 RdNr. 134 f.; *Rowedder/Rittner/Schmidt-Leithoff* § 2 RdNr. 66.
[92] OLG Hamburg MDR 1951, 497 f.; *Jaeger/Henckel*, KO § 29 RdNr. 4; vgl. RGZ 76, 244, 249; *Haas* ZIP 2006, 1373, 1375.
[93] Zum Vorliegen einer Gläubigerbenachteiligung in diesen Fällen s. u. RdNr. 133.
[94] *Uhlenbruck/Hirte* § 129 RdNr. 67; vgl. BGHZ 86, 349, 354 = NJW 1983, 1120, 1121 f.
[95] *Jaeger/Henckel*, KO § 29 RdNr. 58; *Uhlenbruck/Hirte* § 129 RdNr. 68; *C. Paulus* ZGR 2002, 320, 331.
[96] *K. Schmidt* BB 1988, 5.
[97] *C. Paulus* ZIP 1996, 2141, 2146.
[98] RGZ 142, 373, 377; vgl. *Glunz* S. 203.
[99] Vgl. *K. Schmidt* ZIP 1999, 1241, 1247; *Habersack* ZGR 2000, 384, 406; zur Gläubigerbenachteiligung s. u. RdNr. 103.
[100] *C. Paulus* ZIP 1996, 2141, 2146; vgl. auch *Lutter*, Festschrift für Werner, 1984, S. 484 f.
[101] *Gottwald/Huber* (Fn. 12) § 46 RdNr. 16.
[102] *Kübler/Prütting/Paulus* § 129 RdNr. 12.
[103] *Jaeger/Henckel*, KO § 29 RdNr. 4.
[104] RGZ 47, 223, 225 f.; 126, 304, 307; *Kilger/K. Schmidt* § 29 KO Anm. 8 d.

Erwirken eines Vollstreckungstitels,[105] der Antrag auf Eintragung im Grundbuch[106] oder auf Einleitung der Zwangsvollstreckung sowie sonstige Parteihandlungen in Zwangsvollstreckungsverfahren[107] und im Arrestvollzug[108] einschließlich der Pfändungsverfügung des Finanzamts.[109] Insbesondere kann die Abgabe des Meistgebots in der Zwangsversteigerung als Rechtshandlung anzusehen sein.[110] In allen Fällen prozessualer Rechtshandlungen steht schon wegen § 141 die mögliche Rechtskraft einer ergangenen Gerichtsentscheidung nicht der Anfechtung entgegen.[111] Die Pfändung und Überweisung einer Forderung einerseits sowie die Zahlung durch den Drittschuldner andererseits sind selbständige Rechtshandlungen.[112] Die Zustimmung des **Finanzamts** zu einer Steueranmeldung mit der Feststellungswirkung des § 168 Satz 2 AO ist eine Rechtshandlung.[113]

21 bb) **Rechtsgeschäftsähnliche** Handlungen können anfechtbar sein,[114] also solche, die kraft Gesetzes – unabhängig von einem darauf gerichteten rechtsgeschäftlichen Willen – Rechtswirkungen hervorbringen: z. B. die Mahnung nach § 284 Abs. 1 BGB oder Fristsetzung mit Ablehnungsandrohung gemäß § 326 Abs. 1 BGB,[115] Mängelrügen (§ 478 BGB; §§ 377, 378 HGB)[116] oder die Abtretungsanzeige, soweit sie nach § 409 BGB einen Rechtsschein begründen kann.[117] Gleiches gilt für die Aufgabe oder Änderung einer handelsrechtlichen Firma[118] oder für eine – nach § 34 Abs. 2 GmbHG nötige – Zustimmung eines Gesellschafters zur Einziehung seines Gesellschaftsanteils.[119]

22 cc) Anfechtbar können endliche **Realakte** im weitesten Sinne sein, d. h. gewollte reine Tathandlungen, die rechtserheblich sind, bei denen es aber nicht darauf ankommt, ob gerade der konkret eingetretene Rechtserfolg gewollt ist. Deshalb kann die Herbeiführung eines Bedingungseintritts (§ 158 BGB)[120] unterhalb der Schwelle des § 162 BGB ebenso angefochten werden wie die Besitzergreifung (§ 854 Abs. 1 BGB) oder -übertragung,[121] die Einbringung oder Aushändigung einer Sache, die zu einem Nutzungsrecht,[122] einem Vermieter-[123] oder Unternehmerpfandrecht (§§ 559, 647 BGB) oder einem Frachtführerpfandrecht (§ 441 HGB)[124] führt, die Verlegung des Sitzes einer Gesellschaft[125] sowie die Verwendung auf fremde Sachen oder auf den Anteil eines Miteigentümers[126] oder der Eigen-

---

[105] Vgl. OLG Stuttgart WM 1994, 1495, 1497.
[106] Vgl. RG JW 1894, 316 Nr. 14 zum AnfG.
[107] RGZ 68, 150, 151.
[108] BGH WM 1969, 374, 375 f.; RGZ 2, 374, 377 f.; 10, 33, 35; *Kilger/K. Schmidt* § 29 KO Anm. 9.
[109] Vgl. BGHZ 114, 315, 321 f. = NJW 1991, 2147, 2149; BGHZ 128, 196, 197 f. = NJW 1995, 1090 f.; BGH NJW 2000, 1118 f.; 2005, 1121.
[110] Es wird allerdings meist nicht zu einer Gläubigerbenachteiligung führen, vgl. RdNr. 147 aE; BGH NJW-RR 1986, 1115, 1116 f.; *Jaeger/Henckel*, KO § 31 RdNr. 2.
[111] RG Gruchot 50 (1906), 1122, 1125; *Jaeger/Henckel*, KO § 29 RdNr. 20; vgl. auch BayObLG SeuffA 42 (1887) Nr. 115, S. 167.
[112] BGH NZI 2000, 310 f.; OLG Hamm ZInsO 2002, 132 f.
[113] LG Kiel ZVI 2002, 419, 420.
[114] Vgl. BGH WM 1975, 1182, 1184 unter III 2; *Kilger/K. Schmidt* § 29 KO Anm. 8 b; *Uhlenbruck/Hirte* § 129 RdNr. 62.
[115] *Baur/Stürner* RdNr. 18.24.
[116] *Gottwald/Huber* (Fn. 12) RdNr. 19.
[117] *Jaeger/Henckel*, KO § 29 RdNr. 4; vgl. RG JW 1902, 444 Nr. 7. Gem. § 46 Abs. 2 AO und § 14 Abs. 4 ALB 94 wirkt die Anzeige rechtsbegründend, vgl. OLG Nürnberg DZWIR 1999, 37, 38, sonst aber meist nur deklaratorisch.
[118] OLG Düsseldorf ZIP 1989, 457, 458; *Uhlenbruck* GmbHR 1987 R 41 f.; *Jaeger/Henckel*, KO § 29 RdNr. 105.
[119] RGZ 142, 373, 377; *Uhlenbruck/Hirte* § 129 RdNr. 62.
[120] *Baur/Stürner* RdNr. 18.24.
[121] Vgl. RG JW 1911, 67 Nr. 75; OLG Düsseldorf ZInsO 2006, 154, 161 f. Zur Frage einer hierdurch bewirkten Gläubigerbenachteiligung s. u. RdNr. 136 ff.
[122] Vgl. OLG Frankfurt NZI 2006, 241, 242; ergänzend s. u. RdNr. 168 a.
[123] *Ehricke*, Festschrift für Gerhardt, 2004, S. 191, 201 f.
[124] Vgl. BGH NJW-RR 2005, 916, 917.
[125] *Uhlenbruck/Hirte* § 129 RdNr. 68.
[126] Vgl. BGH NJW 1980, 1580 f. Ergänzend s. o. RdNr. 14.

tumserwerb kraft Vermischung oder Verarbeitung (§§ 948, 950 BGB) einschließlich einer Verarbeitungsklausel, etwa beim verlängerten Eigentumsvorbehalt.[127] Für den Eigentumserwerb auf Grund Verbindung (§§ 946, 947 BGB) gilt nichts anderes:[128] Es genügt, dass die Verbindung im Einzelfall von einem Menschen (mit) vorgenommen wird; dann ist es nach dem Gesetzeszweck unerheblich, ob theoretisch auch Naturereignisse gelegentlich einen gleichen Erfolg bewirken könnten. Die Nachricht an einen Gläubiger von der bevorstehenden Zwangsvollstreckung durch andere, verbunden mit der Aufforderung, diesen zuvorzukommen, oder das Verheimlichen von Pfandgegenständen vor anderen Gläubigern, um jene für den Zugriff des Begünstigten zurückzuhalten, sind Rechtshandlungen,[129] ebenso die Einstellung eines Gewerbebetriebs durch den Schuldner, damit eine ihm nahe stehende Person den Betrieb faktisch fortsetzen kann.[130]

b) Absatz 2 stellt klar, dass **Unterlassungen** allgemein den Rechtshandlungen gleichstehen. Eine Einschränkung gilt lediglich im Rahmen des § 132 Abs. 1 sowie des § 133 Abs. 2, soweit dort das Zustandekommen eines Rechtsgeschäfts oder eines Vertrages vorausgesetzt wird; dazu kann ein Unterlassen nur ausnahmsweise beitragen (s. u. RdNr. 26). Zu Besonderheiten bei der Rückgewähr nach erfolgreicher Anfechtung von Unterlassungen vgl. § 143 RdNr. 55, 56.

Erforderlich ist, dass die Unterlassung auf einer Willensbetätigung beruht, also bewusst und gewollt erfolgt.[131] Bloße Unachtsamkeit oder Vergesslichkeit genügt nicht, weil die Anfechtbarkeit nicht Sanktion für Fahrlässigkeit sein soll.[132] Nötig ist das Bewusstsein, dass das Nichthandeln irgendwelche Rechtsfolgen haben wird;[133] unschädlich ist, wenn es auf einem Rechtsirrtum beruht.[134] Die Unterlassung muss nicht etwa einer speziellen Handlungspflicht zuwiderlaufen; denn es entscheidet nicht eine Rechtswidrigkeit des Tuns für sich, sondern der – mit herbeigeführte – gläubigerbenachteiligende Erfolg.[135] Ferner ist nicht ein einvernehmliches Zusammenwirken mit dem Begünstigten vorauszusetzen, nicht einmal zwangsläufig insoweit, als eine Rechtshandlung des Schuldners selbst gefordert wird.[136] Im Einzelnen kommen als anfechtbare Unterlassung insbesondere in Betracht:

aa) Auf materiell-rechtlichem Gebiet: Anfechtbar kann es sein, wenn aus einer Situation, die naheliegender Weise materiellrechtliche Ansprüche auslöst, bewusst keine Konsequenzen gezogen werden,[137] z. B. das Unterlassen, eine Nachforderung gemäß § 16 Nr. 3 Abs. 2 VOB/B zu verweigern[138] oder eine Anfechtung insbesondere nach §§ 119, 121 BGB zu erklären,[139] Sachmängel zu rügen (§ 377 HGB), Einwendungen gegen Lastschriften inner-

---

[127] *Serick* Bd. V § 63 II 2 a, S. 419 f.; *Uhlenbruck/Hirte* § 129 RdNr. 62; HambK/*Rogge* § 129 RdNr. 12; *Elz* ZInsO 2000, 478, 482.
[128] Ebenso *Jaeger/Henckel*, KO § 29 RdNr. 4; *Henckel*, Kölner Schrift, S. 803, 820 RdNr. 19; *Kübler/Prütting/Paulus* § 129 RdNr. 12; *Kirchhof*, Festschrift für Uhlenbruck, 2000, S. 269, 275 f.; aM *Baur/Stürner* RdNr. 18.24; FK-*Dauernheim* § 129 RdNr. 25.
[129] BGH WM 1965, 14, 15; RGZ 47, 223, 225.
[130] Vgl. BGH WM 1962, 1316 f. zu § 3 AnfG; s. u. RdNr. 66 aE.
[131] BGH ZIP 1996, 2080, 2081; OLG Hamburg NJW-RR 1988, 46, 49 f.; HK-*Kreft* § 129 RdNr. 23; *Kübler/Prütting/Paulus* § 129 RdNr. 16; *Nerlich* in: Nerlich/Römermann § 129 RdNr. 37; *Germann* S. 59 ff.; *v. Campe* S. 25; *Jaeger/Henckel*, KO § 29 RdNr. 5; *Uhlenbruck/Hirte* § 129 RdNr. 64; *Eckert* S. 41 f.; vgl. auch RG JW 1914, 106, 107.
[132] *Germann* S. 34.
[133] BGHZ 165, 343 ff. = NJW 2006, 908, 910 zu § 1 Abs. 2 AnfG; *Fischer* ZGR 2006, 403, 415.
[134] Vgl. *Germann* S. 60.
[135] *Baur/Stürner* RdNr. 18.23; *Uhlenbruck/Hirte* § 129 RdNr. 64; HambKomm-*Rogge* § 129 RdNr. 15.
[136] Insoweit irreführend RGZ 69, 163, 164 f.; RG WarnR 1935 Nr. 137. Dort war richtigerweise ein kollusives Zusammenwirken oder eine objektiv ungerechtfertigte Begünstigung des Leistungsempfängers – nur – als Indiz für den tatsächlichen Nachweis eines bewussten Stillhaltens des Schuldners sowie seines erkennbaren Benachteiligungsvorsatzes bedeutsam.
[137] BGHZ 165, 343 ff. = NJW 2006, 908, 909 f. zu § 1 Abs. 2 AnfG; *Fischer* ZGR 2006, 403, 416.
[138] Vgl. *Heidland* RdNr. 524 ff.
[139] *Jaeger/Henckel*, KO § 29 RdNr. 10; *Uhlenbruck/Hirte* § 129 RdNr. 65; krit. *C. Paulus*, Festschrift für Uhlenbruck, 2000, S. 33, 43.

halb der Frist der Nr. 7 Abs. 3 AGB-Banken zu erheben,[140] die Verjährungseinrede zu erheben (§ 214 Abs. 1 BGB), die Verjährung zu hemmen (§§ 203 ff. BGB) oder neu beginnen zu lassen (§ 212 Abs. 1 Nr. 2 BGB), die Ersitzung (§ 941 BGB) oder eine Ausschlussfrist zu unterbrechen[141] oder einen Wechselprotest (Art. 44 WG) zu erheben.[142] Das Belassen einer Sicherung, nachdem der gesicherte Gesellschafterkredit erkennbar kapitalersetzend geworden ist,[143] die Unterlassung einer Gesellschaft, einen Freistellungs-/Erstattungsanspruch nach den Rechtsprechungsregeln zum Kapitalersatzrecht gegen ihre Gesellschafter geltend zu machen[144] sowie das Schweigen gemäß § 362 Abs. 1 HGB oder auf ein kaufmännisches Bestätigungsschreiben können anfechtbar sein. Die bewusste Nichterfüllung einer fälligen Forderung des Insolvenzschuldners durch dessen Schuldner – z. B. um eine Aufrechnungslage herbeizuführen – ist eine Rechtshandlung, doch werden insoweit die subjektiven Anfechtungsvoraussetzungen nur schwer zu beweisen sein: Die Nichtzahlung allein aus Geldmangel oder die Zahlungseinstellung[145] genügt nicht.

26 Die bloße Unterlassung eines erst angetragenen Erwerbs führt allerdings nicht zu einer Gläubigerbenachteiligung im Rechtssinne und ist deshalb nicht anfechtbar.[146] Daran hat die Einbeziehung auch künftigen Vermögenserwerbs in die Insolvenzmasse durch § 35 nichts geändert. Diese Vorschrift erfasst Vermögen, das der Schuldner erst nach Insolvenzeröffnung erlangt; dann darf beispielsweise an seiner Stelle der Insolvenzverwalter über die Annahme eines – noch wirksamen – Vertragsantrags entscheiden. Verhindert der Schuldner vorher durch aktives Tun einen solchen Vermögensanfall, so kann das nach allgemeinen Regeln anfechtbar sein (s. u. RdNr. 81). Bleibt der Schuldner jedoch gegenüber einem Schenkungsangebot mit der Folge untätig, dass der Antrag gemäß § 146 BGB schon vor Insolvenzeröffnung erlischt, so benachteiligt das die Gläubiger nicht im Rechtssinne, weil sie vorher noch keine geschützte Position hinsichtlich der bloßen Erwerbsmöglichkeit des Schuldners hatten. Das deutsche Anfechtungsrecht lässt nicht allgemein für die bestmögliche Vermehrung des Schuldnervermögens haften,[147] sondern nur bei Verminderung der für die Gläubiger bereits greifbaren Vermögensrechte.

27 **bb)** Als anfechtbare Unterlassungen auf **prozessualem** Gebiet kommen beispielsweise in Betracht: Das bewusste Unterlassen von Angriffs- oder Verteidigungsmitteln oder die bewusste Versäumung eines Termins (§§ 330, 331, 333, 345 ZPO), das Nichterheben prozessualer Einreden (z. B. nach §§ 110, 269 Abs. 4, 1027 a ZPO) oder Nichtstellen eines Beweisantrags, das bewusste Nichtbeachten von Fristen mit der Folge einer Zurückweisung des Vorbringens als verspätet (§§ 296, 527 bis 529 ZPO) oder das Nichteinlegen eines Rechtsbehelfs.[148] Auch in diesem Zusammenhang ist zu beachten, dass die Rechtskraft einer Entscheidung gemäß § 141 nicht die Anfechtung hindert.

28 Alle prozessualen Unterlassungen bewirken regelmäßig eine (mittelbare) Gläubigerbenachteiligung nur in Verbindung mit zusätzlichem positivem Tun, meist eines Dritten – insbesondere im Wege einer Zwangsvollstreckung –, und werden im Ergebnis erst danach anfechtbar. Die praktische Bedeutung einer Anfechtbarkeit der vorangegangenen Unterlas-

---

[140] *Kuder* S. 85; *Spliedt* ZIP 2005, 1260, 1266; vgl. LG Köln NZI 2007, 469, 471.
[141] BGH WM 1975, 1182, 1184 unter III 2; *Uhlenbruck/Hirte* § 134 RdNr. 6; FK-*Dauernheim* § 134 RdNr. 8.
[142] *Kilger/K. Schmidt* § 29 KO Anm. 8, c.
[143] Vgl. OLG Hamburg NJW-RR 1988, 46, 49; *Bork,* Festschrift für Uhlenbruck, 2000, S. 279, 283 ff.; ferner § 135 Nr. 1.
[144] BGHZ 165, 343, 346 ff. = NJW 2006, 908, 909 f.; vgl. *Haas* ZIP 2006, 1373, 1376; *Koziol* S. 96 ff.
[145] Vgl. *Uhlenbruck/Hirte* § 129 RdNr. 65.
[146] *Gerhardt* ZZP 99 (1986), 407, 415 f.; *Germann* S. 128 f.; *Kübler/Prütting/Paulus* § 129 RdNr. 16; *Jaeger/Henckel,* KO § 29 RdNr. 15, § 32 RdNr. 32.
[147] AM anscheinend *Windel* KTS 1995, 367, 386, 408; weiter gehend für das österreichische Recht *König* RdNr. 3/12 ff., 3/17 ff., 15/6 f.
[148] Vgl. RGZ 6, 367, 368 f.; RG JW 1914, 106, 107; JW 1917, 478, 479 aE; OLG Darmstadt SeuffA 40 (1885) Nr. 171; BayObLG SeuffA 42 (1887) Nr. 115, S. 166; *Uhlenbruck/Hirte* § 129 RdNr. 65; *Kilger/K. Schmidt* § 29 KO Anm. 8 d; vgl. LG Dresden ZInsO 2007, 221, 222. Zur Ursächlichkeit solcher Unterlassungen s. u. RdNr. 170 a.

sung insbesondere des Schuldners liegt darin, dass hierdurch das aktive Vorgehen des Dritten als eigene Rechtshandlung des Schuldners gewertet werden kann, wo ein Anfechtungstatbestand dies voraussetzt (s. u. RdNr. 36). Das – sei es auch pflichtwidrige – Unterlassen des Schuldners, einen *Eröffnungsantrag* zu stellen, fällt *nicht* unter Absatz 2, weil es nur den Lauf der Anfechtungsfristen im Allgemeinen hinausschiebt. Eine dadurch möglicherweise bewirkte Beeinträchtigung von Anfechtungsmöglichkeiten reicht nicht als Gläubigerbenachteiligung im Sinne von Absatz 1 aus.[149]

cc) Im Hinblick auf das weitere Erfordernis, dass die Unterlassung – wie jede Rechtshandlung – eine Gläubigerbenachteiligung verursacht haben muss (s. u. RdNr. 100, 169 ff.), werden praktisch fast nur Unterlassungen **des Schuldners** selbst als anfechtbar in Betracht kommen. Das bloße Unterlassen eines Gläubigers oder sonstigen Dritten wird selten die Gläubiger im Rechtssinne benachteiligen.[150]

c) Die **Rechtswirksamkeit** des Vorgangs ist **nicht** begriffsnotwendige Voraussetzung für eine – anfechtbare – Rechtshandlung.[151] Vielmehr kann schon ihre tatsächliche Ausführung Besitz- oder Rechtsverhältnisse ändern und deshalb rechtliche Wirkungen auslösen (s. o. RdNr. 7). Auch kann z. B. ein Besitzwechsel gemäß § 932, 1006 BGB oder § 808 Abs. 1 ZPO, eine Grundbucheintragung nach §§ 892, 893, 1138 BGB[152] oder eine Abtretungsurkunde gemäß §§ 409, 1140, 1154, 1185 BGB[153] einen Rechtsschein begründen, auf Grund dessen die Insolvenzmasse Nachteile erleidet. Ein fehlerhaft erwirkter Vollstreckungstitel – etwa der Prozessvergleich eines Minderjährigen – oder eine fehlerhafte prozessuale oder Vollstreckungsmaßnahme kann Grundlage für Rechtsänderungen sein.

Demgemäß ist die Geschäftsfähigkeit des Handelnden (§§ 104 ff. BGB) nicht schon Voraussetzung einer Rechtshandlung.[154] Nach deren Zweck muss es genügen, wenn das Gesetz an den Regelfall der konkreten Willensbetätigung eine Rechtwirkung knüpft. Die Frage, ob im Einzelfall Hindernisse entgegenstehen, kann komplexe Auswirkungen haben, die zuverlässiger im Zusammenhang mit dem Vorliegen einer Gläubigerbenachteiligung (s. u. RdNr. 134 f.) erfasst werden. Die Gegenmeinung verknüpft zu Unrecht den Begriff der Rechtshandlung mit dem Eintritt einer Gläubigerbenachteiligung und würde die Anfechtung in Fällen von zweifelhafter Rechtswirksamkeit unnötig erschweren. Die Bestätigung eines natürlichen Willens reicht also nicht nur bei Realakten,[155] sondern auch bei Willenserklärungen aus, sofern sie irgendeine rechtliche Wirkung auslöst (s. u. § 140 RdNr. 5).

Entsprechendes gilt für Scheingeschäfte im Sinne von § 117 BGB,[156] die etwa zur Irreführung von Gläubigern oder zum Anlocken weiterer Kunden vorgenommen werden;[157] unter Umständen kann das verdeckte Geschäft (§ 117 Abs. 2 BGB) ebenfalls anfechtbar sein.[158] Rechtsgeschäfte, die wegen Sittenwidrigkeit (§ 138 BGB)[159] oder aus anderen Gründen (z. B. wegen § 112 BetrVG)[160] nichtig sind, können ebenso anfechtbare Rechtshandlungen sein wie ein wegen Rückschlagsperre (§ 88) unwirksamer Erwerb.[161] Ferner

---

[149] BGHZ 162, 143, 155 f. = NJW 2005, 1121, 1124; HK-*Kreft* § 129 RdNr. 23; *Bork* ZIP 2004, 1684, 1686; *Schoppmeyer* NZI 2005, 185, 193 f.; aM *Rendels* ZIP 2004, 1289, 1294 f. Ergänzend s. u. RdNr. 76, 170.
[150] Vgl. *Germann* S. 66 ff.; iE auch *v. Campe* S. 30; aber s. o. RdNr. 25 aE.
[151] *Kübler/Prütting/Paulus* § 129 RdNr. 24; *Uhlenbruck/Hirte* § 129 RdNr. 76; vgl. auch § 339, 2. Halbs.; aM *Kamlah* S. 110 f.
[152] Vgl. RGZ 50, 120, 123; RG JW 1911, 595 f.
[153] Vgl. RG JW 1914, 304, 305; KG JW 1932, 663 Nr. 2.
[154] Vgl. BGH NJW 1979, 102, 103; aM *Uhlenbruck/Hirte* § 129 RdNr. 63; *Nerlich* (Fn. 131) § 129 RdNr. 51. Zum Beginn der Anfechtungsfrist in derartigen Fällen vgl. § 140 RdNr. 8.
[155] So *Jaeger/Henckel*, KO § 29 RdNr. 4.
[156] RG LZ 1914, 586, 587; *Uhlenbruck/Hirte* § 129 RdNr. 77; *Hess* InsO § 129 RdNr. 63; *Gottwald/Huber* (Fn. 12) § 46 RdNr. 24.
[157] Vgl. BGHZ 113, 98, 101 ff. = NJW 1991, 560, 561 f.; BGH WM 1991, 331, 332 f.
[158] *Uhlenbruck/Hirte* § 129 RdNr. 77 aE.
[159] Vgl. KG JW 1932, 663 Nr. 2; *Uhlenbruck/Hirte* § 129 RdNr. 78.
[160] LAG Hamm ZIP 1982, 615, 619.
[161] OLG Stuttgart WM 1994, 1495, 1498; LG Aachen MDR 1952, 368 Leitsatz, jeweils zu §§ 104, 28 VerglO. Ergänzend s. o. vor § 129 RdNr. 85.

können schwebend unwirksame Rechtshandlungen schon anfechtbar sein.[162] Bei der Anfechtung einer an sich unwirksamen Rechtshandlung ist aber stets besonders zu prüfen, ob trotz der Unwirksamkeit eine objektive Gläubigerbenachteiligung eingetreten ist (s. u. RdNr. 134 f.).

33 d) Den **Zeitpunkt**, in dem Rechtshandlungen als **vorgenommen** gelten, regelt § 140 näher.

34 2. **Urheber** der Rechtshandlung. Unerheblich ist – anders als nach § 1 Abs. 1 AnfG – grundsätzlich, **wer** die (anzufechtende) Rechtshandlung vorgenommen hat. Zu Unterlassungen s. o. RdNr. 29, zu den möglichen Rückgewährpflichtigen s. u. § 143 RdNr. 5 bis 8.

35 a) Außer dem Schuldner kommen auch **Dritte**, vor allem Gläubiger oder Leistungsempfänger, als anfechtbar Handelnde in Betracht.[163] Anfechtbar können also Rechtshandlungen sein, die ohne Beteiligung des Schuldners oder sogar gegen seinen Willen (vgl. § 141) vorgenommen wurden: Insbesondere eine Auf- oder Verrechnung (s. o. RdNr. 15), der Forderungseinzug im Lastschriftverkehr,[164] gerichtliche Vermögensauseinandersetzungen,[165] durch Entscheidung einer Spruchstelle zustande gekommene Sozialpläne (s. o. RdNr. 13), ausnahmsweise Handlungen eines Rechtsvorgängers in der Insolvenz seines Gesamtrechtsnachfolgers,[166] Vollstreckungsakte oder schon das vorangegangene Erwirken des Vollstreckungstitels (s. o. RdNr. 20), ferner die Hinterlegung des gepfändeten Betrages durch den Drittschuldner.[167] Drittschuldner des Insolvenzschuldners können ebenfalls dessen Gläubiger benachteiligen, indem sie die ihnen obliegende Leistung – schuldbefreiend (s. u. RdNr. 101) – an einen Einzelnen dieser Gläubiger statt an deren Gesamtheit erbringen. Das kommt z. B. für die Leistung einer Kommanditeinlage durch Zahlung an einen Gläubiger der KG in Betracht.[168]

36 b) Einzelne Anfechtungstatbestände beschränken die Anfechtbarkeit allerdings auf Rechtshandlungen des **Schuldners:** § 132 Abs. 1 und 2, § 133 Abs. 1 und 2, § 134 Abs. 1.[169] In § 133 Abs. 2 wird zusätzlich die Mitwirkung ihm nahe stehender Personen vorausgesetzt.

37 c) Rechtshandlungen eines Organs im Sinne der §§ 31, 89 BGB oder eines gesetzlichen **Vertreters** (z. B. nach § 1629 Abs. 1, § 1793 Satz 1, §§ 1902, 1915, 1960 Abs. 2, § 1981 BGB) bzw. rechtsgeschäftlichen Vertreters (§ 164 BGB) werden durchweg der vertretenen Person als eigene Handlung zugerechnet.[170] Das gilt auch für Rechtshandlungen postmortal Bevollmächtigter[171] oder des zuständigen Sachbearbeiters einer Behörde bzw. eines Kreditinstituts.[172] Überschreiten derartige Vertreter ihre Vertretungsmacht in einer dem Schuldner nicht zurechenbaren Weise, so ist dieser nicht Handelnder (s. u. RdNr. 38). Umgekehrt liegt auch keine Rechtshandlung gerade des Schuldners vor, soweit er nur als direkter Stellvertreter im Namen eines Dritten handelt.[173] Zur Zurechnung der Kenntnis in Vertretungsfällen vgl. § 130 RdNr. 41 bis 51.

---

[162] Vgl. BGH, WM 1958, 1417, 1419. Zum Zeitpunkt der Vornahme in derartigen Fällen vgl. § 140 RdNr. 8.

[163] BGH WM 1969, 374, 375 f.; RGZ 2, 374, 375 f.; RG WarnR 1930 Nr. 126, S. 251; OLG Köln WM 2002, 354, 356; HK-*Kreft* § 129 RdNr. 24; *Kübler/Prütting/Paulus* § 129 RdNr. 17; *Kilger/K. Schmidt* § 29 KO Anm. 9; vgl. BGHZ 70, 177, 181 = NJW 1978, 758; BGHZ 86, 190, 193 = NJW 1983, 887, 888; BGH WM 1957, 1099, 1100 aE; BGHZ 143, 332, 333 ff. = NJW 2000, 1117, 1118.

[164] OLG Düsseldorf ZIP 1991, 330, 331.

[165] RegE zu § 144, S. 157.

[166] *Uhlenbruck/Hirte* § 129 RdNr. 16; HK-*Kreft* § 129 RdNr. 28 f.; s. o. vor § 129 RdNr. 102.

[167] BAG ZIP 1998, 33, 36.

[168] HK-*Kreft* § 129 RdNr. 33; *Jaeger/Henckel* KO, § 29 RdNr. 176 f. Zur Gläubigerbenachteiligung s. u. RdNr. 104.

[169] Zur Abgrenzung s. u. § 133 RdNr. 7 ff.

[170] *Jaeger/Henckel* § 29 RdNr. 21; *Uhlenbruck/Hirte* § 129 RdNr. 80.

[171] Vgl. OLG Köln ZIP 1988, 1203 f.

[172] Vgl. BGH NJW 1984, 1953 f.

[173] Vgl. BGH WM 1985, 364, 365.

aa) Rechtshandlungen eines **vollmachtlosen Vertreters** (§ 177 Abs. 1, § 180 Satz 2 und 3 BGB) oder Verfügungen eines Nichtberechtigten (§ 185 BGB) werden dem „Vertretenen" bzw. Berechtigten regelmäßig erst nach dessen Genehmigung zugerechnet;[174] die Rückwirkung des § 184 BGB gilt insoweit nicht.[175] Der Umstand allein, dass der vollmachtlose Vertreter aus Mitteln des (späteren) Insolvenzschuldners leistet, macht die Leitung noch nicht zu einer solchen des Schuldners;[176] das Rechtsverhältnis ist gegebenenfalls nach allgemeinen zivilrechtlichen Regeln abzuwickeln. Soweit jedoch Rechtshandlungen vollmachtloser Vertreter das haftende Schuldnervermögen verringern, können sie nach allgemeinen Regeln anfechtbar sein.[177] 38

bb) Für **juristische Personen** handeln grundsätzlich deren satzungsmäßige Vertreter. Nur soweit die benachteiligende Rechtshandlung einer – später insolvent werdenden – juristischen Person ausnahmsweise schon in der Satzung selbst begründet ist, handeln die Gesellschafter oder Vorgesellschafter.[178] Weisen die Gesellschafter einer GmbH deren Fremdgeschäftsführer zu einer Rechtshandlung an, wird die Ausführung durch diesen der Gesellschaft zugerechnet.[179] 39

cc) Als anfechtbar kommen unter anderem Verfügungen des **Schuldners** zusammen mit einem Mitberechtigten in Betracht.[180] In einem **Gemeinschaftsverhältnis** ist zu unterscheiden, ob der Schuldner über seinen eigenen Anteil oder über das Ganze verfügt. Leistungen der Teilhaber einer (Bau-)Arbeitsgemeinschaft an den Auftraggeber sind im Außenverhältnis durchweg Rechtshandlungen der Arbeitsgemeinschaft; die Beiträge der einzelnen Gesellschafter sind auch anfechtungsrechtlich zwischen diesen auszugleichen.[181] Verfügt der Schuldner als Teilhaber einer Gesamthandsgemeinschaft mit, so richtet sich die Anfechtung zwar nur gegen dessen Mitwirkungshandlung, erfasst aber die gesamte Verfügung, wenn diese nicht ohne die anfechtbare Handlung des Schuldners wirken konnte.[182] 40

Bei Rechtshandlungen von **Personengesellschaften** handeln diese durch ihre Vertretungsberechtigten, nicht ihre Gesellschafter als solche;[183] das gilt auch, soweit ein Vertretungsberechtigter mit sich selbst als Gesellschafter kontrahiert.[184] Das gilt unabhängig von der Streitfrage, ob in der Insolvenz einer solchen Gesellschaft diese selbst die Schuldnerstellung wahrnimmt[185] oder ob die Gesellschafter persönlich die Schuldner sind.[186] Denn die Rechtshandlung steuert die Zuordnung der – regelmäßig **vor** Verfahrenseröffnung eintretenden – Vermögensminderung entweder zum gesellschaftlich gebundenen Sondervermögen oder zum Privatvermögen der Gesellschafter; diese Wirkung tritt unabhängig von der späteren Schuldnerrolle **nach** Insolvenzeröffnung über das Gesellschaftsvermögen ein. Bringt allerdings ein Einzelkaufmann sein Geschäft in eine Kommanditgesellschaft ein, deren persönlich haftender Gesellschafter er wird, und bezahlt diese Schulden des Kaufmanns, die schon vor ihrer Gründung entstanden waren, zu Lasten von dessen Privatkonto, so handelt es sich um dessen persönliche Leistung (s. u. RdNr. 50); eine aus § 28 HGB folgende bloße Mithaftung der Kommanditgesellschaft ändert daran nichts.[187] Zur Anfechtung nach Verschmelzung mehrerer Gesellschaften vgl. vor § 129 RdNr. 102. 41

---

[174] *Jaeger/Henckel*, KO § 29 RdNr. 21; *Uhlenbruck/Hirte* § 129 RdNr. 80.
[175] BGH NJW 1979, 102, 103; RGZ 88, 216, 217.
[176] *Jaeger/Henckel*, KO § 29 RdNr. 21; vgl. BGH WM 1955, 1195, 1197 und oben RdNr. 35.
[177] Vgl. BGH NJW-RR 2001, 1552 f.
[178] *C. Paulus* ZIP 1996, 2141, 2147 f.
[179] Vgl. BGH ZIP 2004, 957, 960; *Haas* ZIP 2006, 1373, 1376.
[180] *Jaeger/Henckel*, KO § 29 RdNr. 22; vgl. auch BGH NJW 1978, 1921, 1922 f.; BGHZ 116, 222, 224 f. = NJW 1992, 830, 831; BGH NJW 1992, 834, 835.
[181] Vgl. BGH NJW 1983, 1123, 1124 unter I 2 b aa, insoweit nicht in BGHZ 86, 340.
[182] BGHZ 116, 222, 225 = NJW 1992, 830, 831; HK-*Kreft* § 129 RdNr. 25; *Allgayer* RdNr. 567.
[183] *K. Schmidt* ZGR 1986, 176, 186; vgl. KG ZIP 1983, 593, 594 f.
[184] OLG Dresden OLGR 35, 257, 258 f.
[185] So *Kilger/K. Schmidt* § 209 KO Anm. 2 c und 3 c.
[186] So BGHZ 34, 293, 297 = NJW 1961, 1022 f.; *Baur/Stürner* RdNr. 33.6.
[187] BGH ZIP 1982, 76 f.

42 **dd) Selbständige Verwalter** fremden Vermögens – wie der Testamentsvollstrecker (§ 2205 BGB)[188] oder Nachlassverwalter (§ 1985 BGB)[189] – handeln anfechtungsrechtlich für dieses.[190] Rechtshandlungen des Insolvenzverwalters selbst sind sogar im Falle späterer Masselosigkeit oder -unzulänglichkeit nicht anfechtbar (vgl. § 130 RdNr. 20, § 147 RdNr. 19). Eine Anfechtbarkeit sah § 320 Abs. 2 RegE nicht einmal als Folge der vorgeschlagenen gerichtlichen Feststellung der Masseunzulänglichkeit vor; eine weitergehende Wirkung war auch nicht mit der durch § 234b Abs. 3 Bericht BTag (jetzt: § 208 Abs. 3) vorgenommenen Vereinfachung der Regelung beabsichtigt. Dasselbe gilt für Handlungen des selbstverwaltenden Schuldners auch nach einer Aufhebung der Eigenverwaltung gem. § 272.[191]

43 Wegen der Anfechtbarkeit von Rechtshandlungen **vorläufiger Insolvenzverwalter** gemäß §§ 21, 22 ist zu unterscheiden:

44 Ist dem Schuldner ein **allgemeines Verfügungsverbot** nach § 21 Abs. 2 Nr. 2 auferlegt worden, so geht auf ihn gemäß § 22 Abs. 1 Satz 1 die Verwaltungs- und Verfügungsbefugnis betreffend das Schuldnervermögen über. Hinsichtlich der Handlungsbefugnis entspricht seine Stellung weitgehend derjenigen des endgültigen Insolvenzverwalters. Wie dieser handelt der „starke" vorläufige Insolvenzverwalter im eigenen Namen als Organ der Insolvenzmasse. Rechtshandlungen dieses Verwalters sollten deshalb jedenfalls insoweit *nicht anfechtbar* sein, als er gemäß § 55 Abs. 2 *Masseverbindlichkeiten* begründet,[192] besichert[193] oder tilgt. Denn damit schafft er im Rechtsverkehr stets berechtigtes Vertrauen. Das gilt auch für werkvertragliche Leistungen an Auftraggeber (abgrenzend s. u. RdNr. 46a). Faktisch bleiben aber die Handlungsmöglichkeiten jedes vorläufigen Insolvenzverwalters insoweit hinter denjenigen der endgültigen zurück, als er seine Tätigkeit kurzfristig beginnt und oft schnelle Entscheidungen treffen muss, ohne alle in Betracht kommenden Handlungsalternativen erfassen oder ausnutzen zu können. Dadurch ist er für Druck- oder Überrumpelungsversuche genauso anfällig wie jeder andere vorläufige Insolvenzverwalter. Dies rechtfertigt es, die Erfüllung oder Besicherung bloßer *Insolvenzforderungen* aus der künftigen Insolvenzmasse auch durch den vollberechtigten vorläufigen Verwalter nach denselben Grundsätzen (s. u. RdNr. 46 ff.) für *anfechtbar* zu halten wie die gleichen Handlungen des „schwachen" vorläufigen Verwalters.[194] Als Alternative käme in Betracht, der tatsächlich schwächeren Lage vorläufiger Insolvenzverwalter einen Anhaltspunkt für evidente Insolvenzzweckwidrigkeit und damit Nichtigkeit ihm aufgezwungener Handlungen zu entnehmen.[195]

45 Wurden andererseits dem vorläufigen Insolvenzverwalter **keinerlei Verwaltungs-** oder **Verfügungsbefugnisse** übertragen, so kann der dennoch bestellte Verwalter durchweg nicht an Stelle des Schuldners rechtlich handeln, sondern nur durch persönliche Einwirkung auf ihn. Die Rechtshandlungen werden regelmäßig weiterhin im Namen des Schuldners vor-

---

[188] *Uhlenbruck/Hirte* § 129 RdNr. 81.
[189] *Jaeger/Henckel*, KO § 29 RdNr. 21.
[190] *Haegele* KTS 1969, 158, 161; *Hess* InsO § 129 RdNr. 41; *Nerlich* (Fn. 131) § 129 RdNr. 50; *Gottwald/Huber* (Fn. 12) § 46 RdNr. 24; s. o. Vor § 129 RdNr. 100.
[191] *C. Paulus*, in: Berger u. a., Erster Leipziger Insolvenzrechtstag, 2000, S. 89, 93.
[192] *Jaeger/Gerhardt*, InsO § 22 RdNr. 226; *Jaeger/Henckel*, InsO § 55 RdNr. 90; HK-*Kreft* § 129 RdNr. 31; *Kübler/Prütting/Paulus* § 129 RdNr. 17; *Braun/de Bra* § 129 RdNr. 22; *Smid/Zeuner* § 129 RdNr. 24; *Hess*, InsO § 129 RdNr. 48; *Foerste* RdNr. 291; *Bork*, Einführung RdNr. 208; *Marotzke*, Gegenseitige Verträge RdNr. 14.82 f.; *Binder* KTS 2006, 1, 23 f.; *Güther* S. 173 f.; aM FK-*Dauerheim* § 129 RdNr. 30. Zum früheren § 106 VerglO vgl. Vorauf. RdNr. 45.
[193] So zu § 106 VerglO *Serick* Bd. III § 36 II 2, S. 373.
[194] Ebenso AG Bielefeld DZWIR 2005, 167 f.; AG Hamburg-St. Georg DZWIR 2005, 392 f.; HambKomm-*Rogge* § 129 RdNr. 21; vgl. OLG Dresden ZInsO 2005, 1221 f.; *Röpke/Rothe* NZI 2004, 430, 432; *Kirchhof* ZInsO 2000, 297, 298 f.; *Güther* S. 173 ff.; ferner *Binder* KTS 2006, 1, 15 f., 25 ff.; aM *Jaeger/Gerhardt* § 22 RdNr. 228 f.; wohl auch *Uhlenbruck/Hirte* § 129 RdNr. 17; *Nerlich* (Fn. 131) § 129 RdNr. 47; *Gottwald/Huber* (Fn. 12) § 46 RdNr. 32; *Bork*, Insolvenzrecht RdNr. 208; *Marotzke*, Gegenseitige Verträge RdNr. 14.87 f., der aber eine Anfechtung nach § 133 nicht ausschließen will.
[195] Vgl. hierzu BGHZ 118, 374, 379 f.= NJW 1992, 2483, 2484; BGHZ 150, 353, 360 ff. = NJW 2002, 2783, 2785 f.; *Ganter*, Festschrift für Gerhardt, 2004, 237, 248 ff.; HK-*Kreft*) 129 RdNr. 31; krit. *Binder* KTS 2006, 1, 36. Ergänzend s. u. RdNr. 217 m. w. N.

genommen und sind als solche nach Insolvenzeröffnung *anfechtbar*.[196] Darauf, ob die angefochtene Maßnahme zu einer Betriebsfortführung nötig war, kommt es nicht an.[197] Unanfechtbarkeit kann grundsätzlich nur unter den Voraussetzungen des Bargeschäfts (§ 142)[198] oder insoweit eingreifen, als mit der Rechtshandlung ein schutzwürdiger Vertrauenstatbestand (§ 242 BGB) beim anderen Teil begründet worden ist. Davon wird bei einem sonst machtlosen vorläufigen Insolvenzverwalter nur auszugehen sein, wenn das Insolvenzgericht ihn im Einzelfall *ermächtigt* hat, *Masseverbindlichkeiten* entsprechend § 55 Abs. 2 zu begründen:[199] Eine solche gerichtliche Anordnung – welche das Vertrauen des Rechtsverkehrs in die Tätigkeit des vorläufigen Verwalters stärken und ihn kreditfähig machen soll – wäre sinnlos, wenn die Masseverbindlichkeiten im Wege der Anfechtung wieder beseitigt werden könnten.[200]

Eine Zwischenstellung nimmt der „schwache" vorläufige Insolvenzverwalter ein, wenn das Insolvenzgericht einen **Zustimmungsvorbehalt** im Sinne von § 21 Abs. 2 Satz 1 Nr. 2, zweiter Halbs. erlassen hat. Er beschränkt allein **Verfügungen** des Schuldners, nicht aber den Abschluss schuldrechtlicher Verträge; insoweit wird § 132 nicht eingeschränkt.[201] Wären dagegen Verfügungen des Schuldners – insbesondere nach Maßgabe der §§ 130, 131 – trotz Zustimmung des vorläufigen Verwalters uneingeschränkt anfechtbar, so wäre diese praktisch wertlos. Entgegen dem Zweck des Gesetzes, Rechtssicherheit mit Bezug auf eine als zweckmäßig erachtete Masseminderung zu schaffen, könnte sich kein Leistungsempfänger auf die Insolvenzbeständigkeit dieser Handlung verlassen. Ein solcher Vertrauensverlust müsste zugleich die für eine Unternehmensfortführung nötige[202] Handlungsfähigkeit des Verwalters beeinträchtigen. Das ist unabhängig davon zu vermeiden, ob der endgültige Insolvenzverwalter dieselbe Person ist wie der handelnde vorläufige Verwalter, weil das Vertrauen des Rechtsverkehrs typischerweise an die Funktion jedes vorläufigen Verwalters anknüpft.[203] Dementsprechend schränkt die Rechtsprechung die – grundsätzlich bejahte – Anfechtbarkeit von Rechtshandlungen auch eines solchen vorläufigen Insolvenzverwalters nach Maßgabe schutzwürdigen Vertrauens wie folgt ein: **46**

Stimmt der mit Zustimmungsvorbehalt ausgestattete vorläufige Insolvenzverwalter einer Erfüllungshandlung des Schuldners zu, die **nicht im Zusammenhang mit** einem **neuen Vertragsschluss** steht, so ist der Leistungsempfänger in aller Regel nicht schutzwürdig, die Handlung also anfechtbar. Unerheblich ist es insoweit, ob die getilgte Verbindlichkeit vor dem Insolvenzantrag vertraglich oder gesetzlich begründet wurde.[204] Dasselbe sollte gelten, soweit insbesondere durch werkvertragliche Leistungen aus der künftigen Insolvenzmasse an einen Vertragspartner für diesen eine Aufrechnungslage geschaffen wird[205] oder Sicherungsrechte sonstiger Insolvenzgläubiger aufgefüllt werden;[206] für solche weiter gehenden Folgen besteht kein Vertrauensschutz. Dies trifft erst recht für Zahlungen zu, mit denen nur die Forderung des Insolvenzantragstellers erfüllt werden soll.[207] **46 a**

---

[196] HK-*Kreft* § 129 RdNr. 30; *Smid/Zeuner* § 129 RdNr. 24; *Nerlich* (Fn. 131) § 129 RdNr. 45; *Hess* InsO § 129 RdNr. 46.
[197] BGHZ 118, 374, 381 f. = NJW 1992, 2483, 2484 zum Sequester nach § 106 KO; *Hess* InsO § 129 RdNr. 47.
[198] Vgl. dazu BGHZ 151, 374, 381 f. = NJW 2002, 3326, 3330; LG Bad Kreuznach NZI 2006, 45 f.; *Kirchhof* ZInsO 2000, 297, 299 f.
[199] Vgl. dazu BGHZ 151, 353, 366 f. = NJW 2002, 3326, 3329 f.
[200] HK-*Kreft* § 129 RdNr. 31; *Uhlenbruck/Hirte* § 129 RdNr. 17; *Marotzke*, Gegenseitige Verträge RdNr. 14.87; *A. Schmidt/Roth* ZInsO 2006, 177, 180; *Binder* KTS 2006, 1, 23.
[201] Vgl. BGHZ 154, 190, 194 ff. = NJW 2003, 1865, 1866.
[202] Vgl. zu diesem Gesichtspunkt *Binder* KTS 2006, 1, 28 ff.
[203] BGHZ 161, 315, 321 = NJW 2005, 1118, 1120; *Gottwald/Huber* (Fn. 12) § 46 RdNr. 32; *Hess* InsO § 129 RdNr. 48; vgl. *Andres/Leithaus* § 129 RdNr. 6.
[204] BGHZ 161, 315, 322 = NJW 2005, 1118, 1120; vgl. BAG NJW 2005, 1389 f.; OLG Celle NZI 2005, 158 f.; OLG Karlsruhe ZIP 2007, 286, 290; AG Hamburg ZInsO 2004, 102, 103 f.; *Andres/Leithaus* § 129 RdNr. 6.
[205] Vgl. dazu BGHZ 147, 28, 35 = NJW 2001, 3704, 3706; BGH NJW-RR 2002, 262, 263.
[206] Vgl. dazu OLG Dresden ZIP 2005, 2167 f.
[207] AG Hamburg ZInsO 2004, 102, 103 f.

46 b Hingegen begründet der vorläufige Verwalter einen schutzwürdigen Vertrauenstatbestand regelmäßig, wenn er Leistungen des Schuldners auf Verträge vorbehaltlos zustimmt, die dieser mit einem Gläubiger nach Anordnung von Sicherungsmaßnahmen geschlossen hat und in denen Erfüllungszusagen auch für Altverbindlichkeiten gegeben wurden, welche im Zusammenhang stehen mit **neuen Leistungen** des **Gläubigers** an ein Unternehmen des Schuldners.[208]

46 c Mit der Anfechtung der Erfüllung von Altverbindlichkeiten handelt der Insolvenzverwalter trotz der in RdNr. 46 b aufgeführten Verknüpfung dann nicht treuwidrig, wenn der begünstigte **Gläubiger** nur aufgrund seiner wirtschaftlichen **Machtstellung** die Zustimmung des vorläufigen Verwalters durchsetzen konnte, obwohl dieser zunächst seinen Widerstand erklärt hatte. Bringt insbesondere der vorläufige Verwalter vor Erteilung seiner Zustimmung deutlich zum Ausdruck, dass er den vom Gläubiger erstrebten oder vertraglich begründeten Sondervorteil nicht für gerechtfertigt hält, zerstört er jedes schutzwürdige Vertrauen, falls dem Verwalter zur Aufrechterhaltung eines Geschäftsbetriebs des Schuldners letztlich keine andere Wahl blieb als dem Begehren des Gläubigers nachzugeben.[209] Die Darlegungs- und Beweislast für entsprechende Tatsachen obliegt aber dem anfechtenden Insolvenzverwalter.[210] Ein dem vorläufigen Insolvenzverwalter möglicherweise abverlangter Verzicht auf spätere Anfechtung wäre ohnehin unwirksam (s. u. RdNr. 193).

46 d Das **Wertverhältnis** zwischen einer Leistung des Gläubigers in die Insolvenzmasse einerseits und deren Gegenleistung andererseits kann für den gerechtfertigten Vertrauensschutz gegenüber Anfechtungen (s. o. RdNr. 46 b) ebenfalls bedeutsam sein. Jedenfalls wenn der Wert der Leistung des Gläubigers weitaus geringer ist als seine befriedigten Altforderungen ist sein etwaiges Vertrauen in die Insolvenzbeständigkeit der Erfüllung nicht schutzwürdig.[211] Eine Verdoppelung des Marktpreises für die Leistung des Gläubigers sollte stets zuviel sein.[212]

47 ee) Rechtshandlungen unter **un**eigennützige Mitwirkung einer **Behörde** gelten als solche des Veranlassers; anfechtungsrechtlich ist dessen Mitwirkungshandlung maßgeblich (zu deren Beendigung s. u. § 140 RdNr. 8). Das trifft insbesondere für Grundbucheintragungen,[213] devisenrechtliche Genehmigungen,[214] Vollstreckungsakte durch neutrale Vollstreckungsorgane wie den Gerichtsvollzieher sowie für den Zuschlagsbeschluss des Versteigerungsgerichts nach §§ 87 ff. ZVG[215] zu. Dagegen werden Vollstreckungshandlungen verwaltungseigener Vollziehungsbeamter, vor allem der Finanzämter, der veranlassenden Behörde in vollem Umfang – auch hinsichtlich des eingetretenen Erfolgs – zugerechnet;[216] insoweit handelt die Behörde in eigener Angelegenheit. Dasselbe gilt, soweit die Finanzbehörde einer Steueranmeldung gemäß § 168 Satz 2 AO zustimmt und dadurch eine Aufrechnungslage herbeiführt.[217] Die **Staatsanwaltschaft** handelt bei Maßnahmen im Rahmen der Rück-

---

[208] BGHZ 185, 283, 286 f. = NJW 2006, 1134, 1135; aM *Güther* S. 170 f.
[209] BGHZ 165, 283, 287 f. = NJW 2006, 1134, 1135; vgl. OLG Stuttgart ZIP 2002, 1900, 1902; OLG Celle ZIP 2003, 412, 413 f.; zu § 30 KO auch BGHZ 97, 87, 92 f. = NJW 1986, 1496, 1497 f.
[210] BGHZ 165, 283, 288 = NJW 2006, 1134, 1135; iE auch *Kesseler* ZInsO 2006, 530, 532.
[211] Vgl. BGHZ 165, 283, 288 f. = NJW 2006, 1134, 1135; ferner BGHZ 154, 190, 194 f. = NJW 2003, 1865, 1866; weitergehend *Spliedt* ZInsO 2007, 405, 412 ff. Für Lösung allein über Insolvenzzzweckwidrigkeit *Ganter*, Festschrift für Gerhardt, 2004, S. 237, 248 ff.
[212] Vgl. zum entsprechenden Richtwert für Wucher BGH NJW-RR 1989, 1067, 1068; NJW 1990, 1595, 1596; BGHZ 128, 255, 266 f. = NJW 1995, 1019, 1020 f.; *Palandt/Heinrichs* § 138 RdNr. 67.
[213] RGZ 9, 66, 70; *Uhlenbruck/Hirte* § 129 RdNr. 63; *Jaeger/Henckel*, KO § 29 RdNr. 26; *Baur/Stürner* RdNr. 18.28; vgl. OLG Stuttgart WM 1994, 1495, 1497. Entgegen *Wacke* ZZP 82 (1969), 377, 405 f. ist dies von der Frage nach dem Zeitpunkt der Vornahme einer eintragungsbedürftigen Rechtshandlung zu trennen und wird nach § 140 Abs. 2 erst die Eintragung maßgeblich ist.
[214] Vgl. BGH WM 1958, 1417, 1418 f.
[215] Vgl. RdNr. 20 und BGH NJW-RR 1986, 1115, 1116 f. Dies berücksichtigt *Rebmann* S. 18 f., 31 nicht. Andererseits heilt ein späterer Erwerb durch Zwangsversteigerung nicht denjenigen durch eine frühere anfechtbare Handlung: BGHZ 159, 397, 400 f. = NJW 2004, 2900 f. zu § 1 AnfG.
[216] Vgl. BGHZ 128, 196, 197 f. = NJW 1995, 1090 f. Zu den für eine Kenntnis wesentlichen Personen s. u. § 130 RdNr. 51.
[217] LG Kiel ZVI 2002, 419 f.

Grundsatz   48, 49 § 129

gewinnungshilfe nach §§ 111 g ff. StPO als uneigennützige Behörde; denn die Ausübung ihres Ermessens ist durch § 111 k StPO in Verbindung mit Nr. 75 RiStBV zugunsten der Geschädigten hoheitlich geregelt.[218] Die notarielle Beurkundungstätigkeit ist zwar uneigennützig; stellt ein **Notar** aber für Beteiligte Eintragungsanträge oder ergreift er sonstige betreuende Maßnahmen für sie, ist er insoweit wie ihr Stellvertreter zu behandeln.[219]

ff) Erbringt der (spätere) Insolvenzschuldner eine Leistung an einen Dritten unter Einschaltung eines im eigenen Namen handelnden **mittelbaren Stellvertreters,** der hierfür rechtlich eigenes Vermögen einsetzt, so liegen im Allgemeinen zwei getrennte Rechtshandlungen vor:[220] Zum einen der Auftrag des Schuldners an den mittelbaren Stellvertreter und zum anderen dessen Leistung an den Dritten; diese kann – vorbehaltlich der Grundsätze über mittelbare Zuwendungen (s. u. RdNr. 68 ff.) – nicht in der Insolvenz des Auftraggebers angefochten werden. Entsteht dem mittelbaren Stellvertreter auf Grund seiner Leistung an den Dritten ein Ausgleichsanspruch gegen den Schuldner, kann unter Umständen diese Vermehrung der Schuldenmasse anfechtbar sein. Der erforderliche Schutz des Anfechtungsgegners gebietet es aber, dass für ihn wenigstens objektiv erkennbar sein muss, von wem er eine Zuwendung erhält; erst dann hat er sich auf eine Haftung für dessen Vermögen einzurichten. Entsprechende Grundsätze gelten für die Einschaltung von **Treuhändern** in einen Zuwendungsvorgang (s. u. RdNr. 139 ff.); deren rechtlich selbständige Stellung darf nicht ohne weiteres mit derjenigen bloßer Hilfspersonen gleichgestellt werden, deren Verhalten vom Schuldner gesteuert wird.[221] Zieht eine zentrale sozialversicherungsrechtliche **Einzugsstelle** Beiträge – auch – für andere Sozialversicherungsträger ein, kommt es nicht entscheidend darauf an, ob die Einzugsstelle, wie gemäß § 28 h Abs. 1 SGB IV, selbst Inhaberin der einzuziehenden Forderung wird[222] oder nur zur Einziehung ermächtigt ist;[223] denn im Außenverhältnis wirkt die Einzugsstelle in beiden Fällen allein als vollstreckende Gläubigerin, die nur im Innenverhältnis das Erlangte in ein einheitliches Verrechnungssystem einstellt.[224]

Ausnahmsweise gibt es einen direkten anfechtungsrechtlichen „Durchgriff" vom Insolvenzschuldner auf den Dritten (Leistungsempfänger), wenn eine – im eigenen Namen handelnde – **Zwischenperson** mit einer einheitlichen Handlung zugleich unmittelbar sowohl die Minderung des den Insolvenzgläubigern haftenden Vermögens als auch die Zuwendung an den Dritten bewirkt. Ist für letzteren wenigstens erkennbar, dass er wirtschaftlich eine Leistung des Auftraggebers (späteren Insolvenzschuldners) – also nicht der Zwischenperson – erhält, so kommt eine Anfechtung der ausgeführten Leistung durch dessen Insolvenzverwalter unmittelbar (nur) gegen den Dritten in Betracht.[225] Das entspricht inhaltlich den Voraussetzungen, unter denen auch bereicherungsrechtlich in Dreipersonenverhältnissen die funktional gewollten Zuwendungen durchweg als Leistungen gewertet werden.[226] Damit wird zur Rechtsklarheit der richtige Begünstigte einer einheitlichen

---

[218] Vgl. hierzu OLG Hamm NJW-RR 2000, 286, 287 f.; OLG Köln ZIP 2004, 2013, 2015; LG Neubrandenburg ZInsO 2000, 676; *Breuer* KTS 1995, 1, 13 ff.; *Moldenhauer/Mommsen* wistra 2001, 456, 458; *Malitz* NStZ 2003, 61, 66 f.; *Hees* ZIP 2004, 298, 299.
[219] Bei derartigen Tätigkeiten gelten Notare auch als Erfüllungsgehilfen des Auftraggebers: BGHZ 62, 119, 121 f. = NJW 1974, 692 f.; BGH NJW 1984, 1748, 1749; NJW 1993, 648, 652; NJW 1993, 3061, 3064.
[220] Vgl. RdNr. 16 aE und BGH ZIP 2000, 1550, 1551.
[221] Insoweit zu verallgemeinernd OLG Köln NZI 2003, 99. Abgrenzend s. u. RdNr. 49, 68 ff. Demgegenüber betrifft BGHZ 124. 298, 301 ff. = NJW 1994, 726 f. allein den Umfang der Rückgewährpflicht des Treuhänders entsprechend § 143.
[222] So der Fall in OLG Hamburg ZIP 2001, 708; OLG Koblenz ZInsO 2005, 324, 328.
[223] So gemäß § 34 Abs. 2 VTV.
[224] Vgl. BGH NJW 2004, 2163 f.; NJW-RR 2005, 695 f.; OLG Stuttgart NZI 2000, 179; *Noll* ZInsO 2004, 492 f.; aM KG NZI 2002, 660 f. Zur Bestimmung der Gläubigerbenachteiligung in derartigen Fällen s. u. RdNr. 148.
[225] Vgl. BGH, Beschl. v. 21. 4. 2005 – IX ZR 271/01; zweifelnd *Bork,* Festschrift für Kirchhof, 2003, 57, 67 f.
[226] Vgl. – mit unterschiedlichen Begründungen – BGHZ 87, 246, 249 f. = NJW 1983, 2501; BGHZ 89, 376, 378 f. = NJW 1984, 1348, 1349; BGHZ 122, 46, 50 ff. = NJW 1993, 1578, 1579 f.; MünchKommBGB-

Handlung festgelegt (s. o. RdNr. 6). Die grundsätzlich mögliche Anfechtbarkeit der Leistung gegenüber dem Dritten schließt eine denkbare Anfechtung nach § 132 gegenüber der Zwischenperson – soweit sie zugleich eine eigene Leistungspflicht gegenüber dem (späteren) Insolvenzschuldner erfüllt haben mag – aus.[227] Der Anfechtende hat dann nicht die Wahl zwischen mehreren möglichen Anfechtungsgegnern. Folgerichtig ist auch die Ermächtigung des – späteren – Insolvenzschuldners an die Zwischenperson, an den Dritten zu leisten, nur bis zur Ausführung der Leistung anfechtbar;[228] auf das allgemeine Konkurrenzverhältnis zwischen Deckungsanfechtung und § 132 (s. u. § 132 RdNr. 5) kommt es insoweit nicht entscheidend an, weil die Zwischenperson nicht als Insolvenzgläubigerin, sondern im Gegenteil als Schuldnerin des späteren Insolvenzschuldners leistet. Ebenso ist die Frage unerheblich, ob die Zwischenperson die Leistung aus einem Guthaben des Insolvenzschuldners erbracht oder diesem mit ihr einen Kredit gewährt hat (s. u. RdNr. 144): In beiden Fällen wird ein (Rückzahlungs- oder Kreditgewährungs-)Anspruch des Insolvenzschuldners erfüllt. In einer Insolvenz der Zwischenperson hat sich die Anfechtung allein gegen den Auftraggeber zu richten. Beauftragt der spätere Insolvenzschuldner seine Bank, eine Bürgschaft zugunsten eines seiner Gläubiger zu übernehmen, liegt darin auch eine – sichernde – Leistung des Schuldners an den Gläubiger (ergänzend s. u. RdNr. 108 b aE).

49 a Das alles gilt allerdings nicht, soweit die Vermögensübertragung unmittelbar auch darüber hinausgehende, eigene Rechte oder Pflichten der Zwischenperson – z. B. als (Mit-)Schuldner oder Sicherungsnehmer – berührt,[229] diese also nicht allein nach Art der „Zahlungs- und Verrechnungsstelle" eingeschaltet ist. Deshalb liegt eine direkte Zuwendung im zuvor für unanfechtbar gehaltenen Sinne nicht vor, wenn der spätere Insolvenzschuldner einer ihm nahestehenden Person schenk- oder darlehensweise Geld auf ihr im Soll stehendes Konto überweist, soweit dadurch zugleich die Darlehensforderung der Empfängerbank gegen die Kontoinhaberin getilgt wird; gegenüber dieser Bank kann nur unter den Voraussetzungen der echten mittelbaren Zuwendung (s. u. RdNr. 53, 68 ff.) angefochten werden.[230] Entsprechendes muss für die Zahlung von Umsatzsteuer an das Finanzamt durch den Leistungsempfänger als Steuerschuldner nach §§ 13 a, 13 b UStG[231] sowie für die Abführung der Gesamtsozialversicherungsbeiträge durch den persönlich schuldenden Arbeitgeber (§ 28 e Abs. 1 Satz 1 SGB IV)[232] gelten. Dasselbe trifft für die Entrichtung der Bauabzugssteuer gemäß § 48 EStG[233] und für die Abführung der Lohnsteuer (§§ 38, 41 EStG)[234] zu, für die der Arbeitgeber nach § 42 d Abs. 3 EStG mit haftet.[235] In gleicher Weise haftet gemäß § 13 c UStG der Sicherungsnehmer von Ansprüchen auf die Gegenleistung für steuerpflichtige Umsätze,[236] so dass in allen jenen Fällen nicht der Zahlungspflichtige, sondern der hoheitliche Zahlungsempfänger als Gegner der Deckungsanfechtung in Betracht kommt. Die Rolle als reine „Zahlungs- und Verrechnungsstelle" verläßt zudem, wer sich an einer vorsätzlichen Gläubigerbenachteiligung beteiligt; deshalb bleibt eine Anfechtung aus § 133 auch gegen die Zwischenperson möglich. Bei Ungewissheit über die Rechtsgrundlage des Handelns der Zwischenperson kann die Verjährung gegen den anderen möglichen Anfechtungsgegner durch Streitverkündung unterbrochen werden (s. u. § 146 RdNr. 25 aE).

Lieb § 812 RdNr. 31 ff., 111, 117; *Staudinger/W. Lorenz* § 812 RdNr. 36 ff.; *RGRK-Heimann-Trosien* § 812 RdNr. 25 ff.; *AK-BGB-Joerges* § 812 RdNr. 26 ff.; *Erman/H. P. Westermann* § 812 RdNr. 16 ff.; *Palandt/Sprau* § 812 RdNr. 49 ff.

[227] Ebenso iE BGH NJW 1999, 3636 f. = BGHZ 142, 284, 288.
[228] *W. Lüke* ZIP 2001, 1, 6 f.; ergänzend s. u. RdNr. 56 aE.
[229] Vgl. RGZ 117, 86, 88.
[230] Vgl. Rostock ZIP 2007, 1073; unklar BGH NJW 1998, 2592, 2599, insoweit nicht im BGHZ 138, 291 abgedr.
[231] Vgl. *Kroth* NZI 2004, 345, 348 ff.
[232] Vgl. BGHZ 149, 100, 105 ff. = NJW 2002, 512 f.; BGH NJW 2002, 2568 f.; NJW-RR 2003, 1632 f.
[233] Vgl. BFH ZInsO 2003, 76, 78; *Kroth* NZI 2004, 345, 348.
[234] Vgl. *Kroth* NZI 2004, 345, 349.
[235] Vgl. BGHZ 157, 350, 358 ff. = NJW 2004, 1444, 1446 f.
[236] Vgl. *Kroth* NZI 2004, 345, 349 ff.

Die im Auftrag und auf Rechnung des Schuldners vorgenommene Überweisung seines 50
Kreditinstituts an einen Dritten gilt gemäß den Ausführungen in RdNr. 49 anfechtungsrechtlich ebenso als eigene Leistung des Schuldners[237] wie die auf Grund seines Auftrags erfolgte Abbuchung von seinem Konto durch den Gläubiger,[238] oder seine mittels Kreditkarte verfügte Zahlung.[239] Dasselbe trifft für andere **Anweisungsfälle** zu, insbesondere wenn der persönlich haftende Gesellschafter einer Kommanditgesellschaft diese anweist, Leistungen an eine eingeweihte Person – als Gläubiger – zu erbringen und hierfür zugleich sein Gesellschafterkonto mit Privatentnahmen zu belasten,[240] oder wenn der (spätere) Insolvenzschuldner seinen (Dritt-)Schuldner anweist, die Schuld gegenüber einem Gläubiger des Insolvenzschuldners zu erfüllen.[241] Bezahlt beispielsweise der Schuldner den Kaufpreis, während der Dritte den Kaufgegenstand vom Verkäufer geliefert erhält, so hat der Schuldner den von ihm gekauften (§ 433 Abs. 1 BGB) Gegenstand selbst im Sinne von § 143 Abs. 1 Satz 1 an den Dritten „weggegeben". Zahlt ein Werkbesteller gem. § 16 Nr. 6 VOB/B den einem Werkunternehmer geschuldeten Werklohn befreiend an Subunternehmer des – insolvent werdenden – Werkunternehmers, hat sich die Anfechtung gegen die Subunternehmer – als Gläubiger – zu richten.[242] Die Annahme einer einheitlichen Rechtshandlung des Schuldners bewährt sich zugleich in der Insolvenz des Angewiesenen:[243] Wird er nach Ausführung der Anweisung selbst insolvent, so kommen in dessen Verfahren Ansprüche aus dem Deckungsverhältnis gegen den Anweisenden in Betracht. Versagen diese, etwa bei Unentgeltlichkeit der Leistung, kann sich die Anfechtung gegen den Leistungsempfänger richten, für den der Angewiesene bewusst seinen Vermögenswert weggegeben hat (s. u. § 134 RdNr. 31 f.). Ob die Anweisung auf eine Schuld der Zwischenperson oder auf einen von ihm einzuräumenden Kredit erfolgt, ist für die Frage der Rechtshandlung unerheblich, sondern erst für den Eintritt einer Gläubigerbenachteiligung bedeutsam (s. u. RdNr. 144). Hat der Angewiesene mit der Leistung dem Anweisenden Kredit gewährt und wird der Anweisende ebenfalls insolvent, so tragen auch die Gläubiger des Angewiesenen das allgemeine Risiko jedes Kreditgebers. Dann scheidet eine Anfechtung gegenüber dem Leistungsempfänger aus, der aus seiner Sicht eine Leistung des Anweisenden erhält.

Entsprechendes gilt im umgekehrten Falle, dass der Gläubiger den (späteren) Insolvenz- 51
schuldner anweist, eine ihm – dem Gläubiger – gebührende Leistung nicht an ihn persönlich, sondern an einer Zwischenperson zu erbringen. Erwächst dem Gläubiger mit dem Eingang der Leistung bei der Zwischenperson, insbesondere einer Zahlstelle, ein Erstattungsanspruch, oder tilgt der Gläubiger auf diese Weise eine eigene Schuld gegenüber der Zwischenperson, so gilt dies als unmittelbare Leistung des Insolvenzschuldners an den Gläubiger.[244]

Eine einheitliche Rechtshandlung ist ferner anzunehmen, wenn der Schuldner durch 52
Abschluss eines **Vertrages zugunsten Dritter** (§ 328 Abs. 1 BGB) dem Anfechtungsgegner ein Forderungsrecht gegen den Versprechenden zuwendet; das gilt auch für die

---

[237] BGH ZIP 1980, 21, 22; 1982, 76, 77 unter 2 b; OLG Braunschweig OLGRspr 32 (1916), 373; *Kübler/Prütting/Paulus* § 130 RdNr. 16, 16a; vgl. auch BGH WM 1955, 407, 410; RGZ 81, 144, 145 f.; *Jaeger/Henckel* § 30 RdNr. 146 ff., 153 ff.; *Bork*, Zahlungsverkehr RdNr. 132, 138, 142.
[238] Vgl. BGH NZI 2003, 253, 254 f.; *Bork*, Zahlungsverkehr RdNr. 270; *Kuder* S. 89 ff.
[239] Vgl. *Obermüller*, Festschrift für Gerhardt, 2004, S. 683, 689 f.
[240] BGH ZIP 1982, 76, 77 unter 2 a, 3; OLG Hamburg KTS 1985, 556 f.
[241] BGHZ 38, 44, 46 = NJW 1962, 2297, 2298; BAG KTS 1985, 57 Leits.; RGZ 43, 83, 84 f.; 46, 101, 103; 48, 148, 149 f.; 59, 195, 196 f.; 69, 44, 47 f.; RG JW 1899, 540 Nr. 27; JW 1900, 624 Nr. 9; Gruchot 46 (1902), 394, 397 f.; Recht 1906 Nr. 1531; WarnR 1908 Nr. 346; LZ 1909, 693 f.; LZ 1910, 866 f.; LZ 1914, 1043 Nr. 102; OLG Breslau LZ 1915, 548 Nr. 33.
[242] BGH ZInsO 2002, 766 f. zu OLG Dresden ZIP 1999, 2161, 2162 f. Zur Abgrenzung s. u. RdNr. 134, zur Inkongruenz § 131 RdNr. 35.
[243] Die gegenteilige Meinung von *Hassold* (S. 214 f.) berücksichtigt nicht, dass bei der Anfechtung der Nachteil für die Insolvenzgläubiger nicht genau dem Vorteil für die Leistungsempfänger entsprechen muss, s. u. RdNr. 102.
[244] Vgl. BGH NJW 1995, 1093; *Kübler/Prütting/Paulus* § 130 RdNr. 17; zur Entgegennahme mit anschließendem Cash-Pool *Wittig* NZI 2005, 606, 609.

Erfüllungshandlung. Der Insolvenzverwalter des Versprechensempfängers (Schuldners) kann deshalb gegebenenfalls gegenüber dem Dritten (Leistungsempfänger) anfechten, derjenige des Versprechenden statt dessen gegenüber dem Versprechensempfänger.[245] Das gilt uneingeschränkt auch dann, wenn – innerhalb eines von der Anfechtung erfassten Zeitraums – dem Dritten das Bezugsrecht aus einem **Lebensversicherung**svertrag, § 330 BGB, eingeräumt wird.[246] Die früher herrschende Meinung erkannte dies nur für diejenigen Fälle an, in denen der Dritte erst nachträglich – unwiderruflich – bezugsberechtigt wird.[247] Die formale Begründung, wenn der Dritte von Anfang an unwiderruflich bedacht werde, erhalte er das Bezugsrecht nicht aus dem Vermögen des Versprechensempfängers (Insolvenzschuldners), sondern originär in eigener Person, trifft jedoch anfechtungsrechtlich nicht zu: Allein der Lebensversicherungsvertrag zwischen Versprechendem und Versprechensempfänger begründet dessen eigenes Forderungsrecht; nur als Empfänger bestimmt er eine andere Person, gleichgültig ob widerruflich oder nicht. Für eine Anfechtung genügt dieser rechtliche und wirtschaftliche Zusammenhang (vgl. RdNr. 8, 49 und abgrenzend RdNr. 72). Die weitere Erwägung, die Versorgung des Begünstigten solle geschützt werden,[248] rechtfertigt es jedenfalls in den heutigen Zeiten chronischer Massearmut nicht, den Grundsatz der Gleichberechtigung aller Gläubiger in der Insolvenz zu durchbrechen: Die Insolvenzordnung hat alle Vorrechte abgeschafft. Nach ihr genießt der Versorgungszweck keinen Schutz über § 100 und die Pfändungsgrenzen (§§ 850 b, 850 c, 850 f. ZPO) hinaus. Das den Gläubigern haftende Vermögen ist nach dem Zweck des Anfechtungsrechts (s. o. vor § 129 RdNr. 2 und 3) gegenüber solchen Sondervorteilen Einzelner zu schützen. Lediglich wenn das Bezugsrecht selbst schon in nicht (mehr) anfechtbarer Form oder Zeit begründet wurde, beschränkt sich die Zuwendung auf die Wertsteigerung durch einzelne spätere Prämienzahlungen;[249] bei der Direktversicherung leistet der Arbeitgeber sie an seinen versicherten Arbeitnehmer, nicht an den Versicherer.[250] Insoweit handelt es sich um selbständige Erfüllungshandlungen (s. u. RdNr. 55, 57 ff.), deren Anfechtbarkeit – wie § 130 verdeutlicht – nicht davon abhängt, ob der schuldrechtliche Anspruch originär oder derivativ begründet wurde.[251]

53 Die in RdNr. 49 bis 52 genannten Fälle sind in der Vergangenheit des Öfteren als „mittelbare Zuwendungen" wie Umgehungsgeschäfte für anfechtbar gehalten worden. Dessen bedarf es jedoch nicht, wenn die Einheitlichkeit der Vermögenszuwendung vom Schuldner an den Dritten nach der Verkehrsauffassung durch ein und dieselbe Rechtshandlung der Mittelsperson objektiv gewahrt bleibt. Ein Umgehungsgeschäft setzt demgegenüber einen hierauf gerichteten Willen voraus und beschränkt die Anfechtbarkeit damit im Ergebnis typischerweise auf die Fälle des § 133 oder § 134. Das ist nicht gerechtfertigt.[252] Liegt eine einheitliche Rechtshandlung im dargestellten Sinne vor, so ist dem gebotenen Schutz

---

[245] *Hassold* S. 267 f.; *Jaeger/Henckel,* KO § 30 RdNr. 172 f.
[246] BGHZ 156, 350, 355 f. = NJW 2004, 214, 215; *G. und D. Reinicke* NJW 1956, 1053, 1054 f.; *Heilmann* VersR 1972, 997, 1001 und KTS 1972, 14, 18 f.; *Hassold* S. 308 ff.; *Prölss/Martin/Kollhosser* § 13 ALB 86 RdNr. 43; *Jaeger/Henckel* § 32 RdNr. 41; *Kübler/Prütting/Paulus* § 134 RdNr. 28; *Mauer* RdNr. 228; *v. Campe* S. 219 f.; *Müller-Feldhammer* NZI 2001, 343, 349 f.; *Kayser,* Festschrift für Kreft, 2004, 341, 349 ff.; *Thiel* ZIP 2002, 1232, 1235 f.; *Elfring* NJW 2004, 483 f.; *Westhelle/Micksch* ZIP 2003, 2054, 2057 f. *Hasse* VersR 2005, 15, 30 ff. und 1176, 1184 f. sowie *Palandt/Grüneberg* § 330 RdNr. 6 wollen dies nicht für die unwiderrufliche – im Gegensatz zur widerruflichen – anfängliche Begünstigung gelten lassen. Ergänzend s. u. § 134 RdNr. 15 f.
[247] RGZ 62, 46, 47 f.; 66, 158, 159 f.; 153, 220, 227 f.; RG JW 1906, 383 Nr. 10; OLG München ZIP 1991, 1505; *Nerlich* (Fn. 131) § 134 RdNr. 33; FK-*Dauernheim* § 134 RdNr. 28; *Holzapfel* S. 27; *H.-G. Lange* S. 137 f.; RGRK-*Ballhaus* § 330 RdNr. 6, 7; *Uhlenbruck/Hirte* § 134 RdNr. 15; *Kilger/K. Schmidt* § 32 KO Anm. 9; *Hasse* VersR 2005, 15, 22 f. Für generelle Anfechtbarkeit nur der Prämienzahlung *Staudinger/Jagmann* § 330 RdNr. 48; *Erman/H. P. Westermann* § 330 RdNr. 51 f.
[248] Vgl. MünchKommBGB-*Gottwald* § 330 RdNr. 20; *Soergel/Hadding* § 330 RdNr. 17 aE.
[249] Vgl. hierzu BGH NJW 1998, 312, 315, insoweit nicht in BGHZ; *Nerlich* (Fn. 131) § 134 RdNr. 32; *Hasse* VersR 2005, 1176, 1186 ff. Zu den Rechtsfolgen s. u. § 143 RdNr. 23 a.
[250] Dies berücksichtigt OLG Karlsruhe ZIP 2007, 286, 287 ff. nicht.
[251] Dies berücksichtigen *Westhelle/Micksch* ZIP 2003, 2054, 2059 nicht.
[252] Ebenso *Jaeger/Henckel,* KO § 30 RdNr. 150 f.

Grundsatz 54–56 § 129

des Anfechtungsgegners genügt, wenn er sie als solche auf Grund der Verkehrsauffassung wenigstens erkennen kann.²⁵³ Unter diesen Voraussetzungen kommen alle Anfechtungstatbestände in Betracht. Der Begriff der „mittelbaren Zuwendung" sollte statt dessen denjenigen Anfechtungsfällen vorbehalten bleiben, in denen auch nach natürlicher Auffassung **mehrere** Rechtshandlungen vorliegen und ein unmittelbarer Durchgriff auf den Leistungsempfänger nur noch wegen einer gezielten Zuwendung möglich ist (s. u. RdNr. 68 ff.).

d) Die **Zustimmung** eines **Dritten** beseitigt die Rechtshandlung des Schuldners auch **54** dann nicht, wenn sie zur Rechtswirksamkeit erforderlich ist.²⁵⁴ Die Anfechtbarkeit setzt in Fällen schwebender Unwirksamkeit allerdings voraus, dass eine Gläubigerbenachteiligung eingetreten ist (vgl. RdNr. 32, 134 f.).

3. Selbständige Prüfung jeder Rechtshandlung. Grundsätzlich ist jede Rechtshand- **55** lung selbständig auf ihre Ursächlichkeit für gläubigerbenachteiligende Folgen (s. u. RdNr. 169 ff.) zu überprüfen²⁵⁵ und gegebenenfalls in deren Anfechtung einzubeziehen. Das gilt auch, wenn mehrere Rechtshandlungen gleichzeitig vorgenommen²⁵⁶ oder in einer Urkunde zusammengefasst wurden²⁵⁷ oder aufgrund eines Rahmenvertrages durchgeführt werden²⁵⁸ oder sich wirtschaftlich ergänzen.²⁵⁹ Die Übertragung von Grundeigentum und die damit verbundene Abtretung von Ansprüchen auf Rückgewähr nicht mehr valutierender Grundschulden sind selbständige Rechtshandlungen (BGH WM 2007, 1377, 1381 zum AnfG gegen BGH WM 1985, 427). Abzustellen ist darauf, welche Rechtshandlung jeweils die Gläubigerbenachteiligung verursacht haben soll, deren Beseitigung die Anfechtung gegen den bestimmten Empfänger (s. u. § 143 RdNr. 5) bezweckt. Beispielsweise kann die auf einer Zwangsvollstreckung beruhende Vermögensminderung sowohl auf dem Vollstreckungsantrag des Gläubigers als auch auf einer Mitwirkung des Schuldners bei der Schaffung des Vollstreckungstitels – z. B. gemäß §§ 307, 330, 331 oder 794 Abs. 1 Nr. 5 ZPO – beruhen; andererseits erfasst die Anfechtung einer Übertragung von Gesellschaftsanteilen nicht zugleich den Übergang einzelner, bestimmter Gegenstände des Gesellschaftsvermögens. Die Zahlung aus einem Bankguthaben kann darauf beruhen, dass die Bank zuvor durch eine Kontosperre andere Auszahlungen verhindert hatte.²⁶⁰ Stellt sich die Ursächlichkeit einer anderen Rechtshandlung erst nachträglich heraus, so kann eine bereits erhobene Anfechtungsklage gegen denselben Beklagten auch noch nach Ablauf der Frist des § 146 Abs. 1 darauf gestützt werden, sofern die Handlung zu dem in der Klage festgelegten, umfassenden Lebenssachverhalt gehört (s. u. § 146 RdNr. 19).

Grundlage der Anfechtung braucht nicht nur eine einzige Handlung im natürlichen Sinne **56** zu sein. Oft erwächst der Rückgewähranspruch aus mehreren Handlungen oder Unterlassungen des Schuldners und/oder des Leistungsempfängers, teilweise auch unter Einschaltung Dritter (s. o. RdNr. 35, 47). Übertragungen ein und desselben Vermögensguts mit dinglicher Wirkung, die rechtlich in mehreren Einzelakten verwirklicht werden, stellen insgesamt stets eine einzige Rechtshandlung im anfechtungsrechtlichen Sinne dar; der Zeitpunkt ihrer Vornahme ergibt sich jeweils aus § 140 (s. u. § 140 RdNr. 8 bis 18). Insbesondere gilt dies für die Übereignung oder Pfandbestellung durch Einigung und Übergabe (§ 929 Satz 1, § 1205 BGB) oder Einigung und Eintragung (§ 873 Abs. 1, § 925 Abs. 1, § 1115 BGB), für den Erlass eines Pfändungsbeschlusses mit Zustellung an den Drittschuldner (§ 829 Abs. 3 ZPO) – gegebenenfalls auch erst mit dem nachträglichen Entstehen der gepfändeten Forderung – sowie für die Verfügung eines Nichtberechtigten mit Genehmigung des Berechtigten (§ 185

---

²⁵³ Zu weit gehend *Jaeger/Henckel,* KO § 30 RdNr. 151, der sogar von dieser Voraussetzung absehen will.
²⁵⁴ Vgl. BGH NJW 1966, 730, 731 zu § 3 AnfG; *Jaeger/Henckel,* KO § 29 RdNr. 21.
²⁵⁵ Vgl. BGH NJW 1987, 1812, 1813; NJW-RR 2000, 1215; NJW 2002, 1574, 1575 f.; Beschl. v. 14. 12. 2006 – IX ZR 22/06.
²⁵⁶ Vgl. RG LZ 1908, 608, 609 für mehrere Abtretungen.
²⁵⁷ Vgl. RG WarnR 1917, Nr. 225, S. 350 f.
²⁵⁸ Vgl. zu Swap-Geschäften *Obermüller,* Festschrift für Merz, 1992, S. 423, 428.
²⁵⁹ BGH NZI 2002, 255 f.; 2004, 82 f.; NJW-RR 2005, 1641 f.; WM 2006, 1731, 1733.
²⁶⁰ Vgl. BGH NZI 2004, 248 f.

Abs. 2 BGB). Wegen des Gebots, den wirtschaftlichen Vorgang vollständig und richtig zu erfassen (s. o. RdNr. 8), darf eine einheitlich angelegte Vermögenszuwendung nicht sinnentstellend in verschiedene Einzelteile zerlegt werden (s. o. RdNr. 50 bis 52). Deshalb sind insbesondere im Hinblick auf § 364 Abs. 2 BGB die wechselmäßige Anweisung und die Leistung des Angewiesenen nur eine einzige Erfüllungshandlung im anfechtungsrechtlichen Sinne.[261] Dagegen sind die Pfändung – und Überweisung – einer Forderung sowie deren anschließende Erfüllung zwei verschiedene Rechtshandlungen.[262]

56a Ein und dieselbe Rechtshandlung kann aber auch unmittelbar **mehrere Rechtsfolgen** auslösen. Deren Anfechtbarkeit ist dann jeweils gesondert zu prüfen, z. B. wenn die Lieferung des Schuldners an einen Abnehmer – außer der privatrechtlichen Schuldtilgung – gemäß §§ 1, 16 UStG zugleich das Entstehen einer Umsatzsteuerschuld bewirkt (vgl. RdNr. 14, 171), oder wenn durch Abschluss eines Frachtvertrages das Frachtführerpfandrecht auch auf ältere Forderungen mit erstreckt wird (§ 441 Abs. 1 HGB; s. u. § 131 RdNr. 24) oder durch die zur Vereinigung eines Grundpfandrechts mit dem Eigentum nach § 1179a BGB führenden Rechtshandlungen auch ein Löschungsanspruch eines nachrangigen Grundpfandgläubigers entsteht.[263] Entsprechendes gilt, wenn der Schuldner vertragsgemäß Werkleistungen an einen Auftraggeber erbringt und dadurch seine Werklohnforderung wirtschaftlich werthaltiger macht, diese aber an einen Gläubiger abgetreten ist (s. u. RdNr. 104, 168a). Zur gleichzeitigen Herstellung einer Aufrechnungslage durch die letzte daran fehlende Rechtshandlung vgl. RdNr. 148, § 143 RdNr. 52f.

57 **a) Grund- und Erfüllungsgeschäft.** Wegen des Abstraktionsgrundsatzes ist die Anfechtbarkeit von Grund- und Erfüllungsgeschäften regelmäßig gesondert zu beurteilen.[264] Wird allein das Grundgeschäft erfolgreich angefochten, so verliert es seine rechtfertigende Wirkung und erfolgt die Rückabwicklung der daraus erbrachten Leistungen zu Gunsten der Insolvenzmasse nach allgemeinen Vorschriften, insbesondere §§ 812 ff. BGB.[265] Ist – was praktisch viel häufiger vorkommt (s. u. RdNr. 59) – lediglich das Erfüllungsgeschäft angefochten, bleibt die Masse gemäß § 144 Abs. 1 aus dem Kausalverhältnis im Wege einer Insolvenzforderung belastet. Nur wenn beide Geschäfte erfolgreich angefochten sind, ist der Leistungsgegenstand selbst nach Maßgabe des § 144 zurückzugewähren.

58 Soweit zu § 29 KO überwiegend Verpflichtungs- und Erfüllungsgeschäfte als Einheit betrachtet wurden,[266] beruhte das auf einer – nicht zwingenden – Gleichsetzung von Rechtshandlung einerseits und Eintritt des gläubigerbenachteiligenden Enderfolges andererseits. Diese ist angesichts der Sonderregelung in § 140 Abs. 2 und 3 allgemein nicht mehr aufrechtzuerhalten: Die §§ 130 bis 132 gehen von einer getrennten Betrachtung der Deckungs- und Verpflichtungsgeschäfte aus, ohne dass § 140 dafür einen einheitlichen Vornahmezeitpunkt vorsähe.

59 **aa)** Deshalb ist, wenn nur noch das zeitlich spätere (meist das Erfüllungs-)Geschäft in eine laufende Anfechtungsfrist fällt, bei der Prüfung seiner Anfechtbarkeit das jeweils frühere (meist das Verpflichtungs-)Geschäft als unanfechtbar der Beurteilung zugrunde zu legen.

60 Das bedeutet aber nicht etwa, dass Erfüllungshandlungen stets unabhängig von dem zugrundeliegenden Verpflichtungsgeschäft zu beurteilen wären. Im Gegenteil bestehen in

---

[261] BGH NJW 1974, 1336. Ergänzend vgl. RdNr. 49, § 140 RdNr. 11.
[262] BGH NZI 2000, 310f.
[263] Dies wurde von OLG Köln ZIP 2005, 1038, 1040f. nicht geprüft. Ergänzend s. u. RdNr. 69.
[264] BGH ZInsO 2007, 658, 660; RGZ 27, 130, 132; HK-*Kreft* § 129 RdNr. 12; *Kübler/Prütting/Paulus* § 129 RdNr. 14; *Uhlenbruck/Hirte* § 129 RdNr. 70; *Jaeger/Henckel*, KO § 29 RdNr. 72ff., § 30 RdNr. 110, 114; *Kilger/K. Schmidt* § 29 KO Anm. 10; *Baur/Stürner* RdNr. 18.25f.; *Gottwald/Huber* (Fn. 12) § 46 RdNr. 42; *Ganter*, Festschrift für Gerhardt, 2004, S. 237, 257; aM *Nerlich* (Fn. 131) § 129 RdNr. 52.
[265] *Jaeger/Henckel*, KO § 29 RdNr. 73, § 37 RdNr. 91; *Baur/Stürner* RdNr. 18.25; aM FK-*Dauernheim* § 129 RdNr. 34; *Allgayer* RdNr. 706 ff. Für den Anfechtungsgegner kommt § 144 Abs. 2 als Anspruchsgrundlage in Betracht.
[266] BGHZ 41, 298, 300, insoweit nicht in NJW 1964, 1960 Nr. 6; BGH NJW 1979, 102, 103; RGZ 116, 134, 136; SchlHOLG SchlHA 1963, 122f.; *Jaeger* KuT 1929, 147; *Kuhn/Uhlenbruck* § 29 RdNr. 8; *Mauer* RdNr. 36; weiter s. u. RdNr. 61 aE.

den Fällen der Vorsatz- und Schenkungsanfechtung (§§ 133, 134) inhaltliche Anfechtungsvoraussetzungen, die durchweg nur unter Bezugnahme auf das Verpflichtungsgeschäft bewertet werden und im Ergebnis bewirken können, dass ein hinsichtlich des Verpflichtungsgeschäfts verwirklichter Anfechtungstatbestand auch die Erfüllung selbständig anfechtbar macht. Deshalb bleiben die Ergebnisse, zu denen die frühere abweichende Meinung gelangte, für die Insolvenzanfechtung im Allgemeinen weiterhin richtig:

Für die Anfechtbarkeit unentgeltlicher Leistungen nach § 134 stellt die Erfüllung einer Rechtspflicht ausnahmsweise kein „Entgelt" dar, wenn diese Rechtspflicht selbst wieder auf Unentgeltlichkeit beruht (s. u. § 133 RdNr. 41, § 134 RdNr. 19, 24). Die Unanfechtbarkeit des Verpflichtungsgeschäfts schafft dann für sich noch kein „Entgelt".[267] Denn nach § 39 Abs. 1 Nr. 4 sind Forderungen auf eine unentgeltliche Leistung des Schuldners in der Insolvenz stets nachrangig, ohne dass dies von einer selbständigen Anfechtbarkeit der Forderung abhinge. Diese Wertung, dass Ansprüche auf Grund Freigebigkeit des Schuldners im Falle seiner Vermögensunzulänglichkeit zurückzutreten haben, setzt sich auch bei der Anfechtung ihrer Erfüllung durch: Gewährt der Empfänger das Erlangte zurück, so lebt seine Forderung gemäß § 144 Abs. 1 als nachrangige wieder auf. Daran ändert es nichts, wenn der Schenkungsanspruch bereits vor der kritischen Zeit und damit unanfechtbar durch eine Vormerkung gesichert war: § 106 Abs. 1 verhindert zwar die Vernichtung einer solchen Forderung nach Maßgabe der §§ 103 ff., verstärkt ihre Wirkung aber nicht über die allgemeinen insolvenzrechtlichen Grenzen – insbesondere des § 39 Abs. 1 Nr. 4 – hinaus. Die Gegenmeinung[268] wäre eine Einladung an Schuldner, ihre Immobilien rechtzeitig durch vormerkungsgesicherte Schenkungsversprechen Nahestehenden zu erhalten, die intern erst im Insolvenzfalle des Schuldners davon Gebrauch machen dürfen. Soweit die Verknüpfung von Schenkungsversprechen und deren Erfüllung in der Vergangenheit häufig damit begründet worden ist, eine unentgeltliche Zuwendung sei erst mit der Erfüllung abgeschlossen,[269] bedarf es einer solchen Erweiterung des Begriffs der Rechtshandlung nicht.

In den Fällen der Anfechtung wegen vorsätzlicher Benachteiligung (§ 133) wirkt sich derselbe auf Benachteiligung gerichtete Vorsatz, der zum Verpflichtungsgeschäft geführt hat, oft noch bei dessen Erfüllung aus.[270] Da die Gläubigerbenachteiligung nicht der Beweggrund für die – anfechtbare – Rechtshandlung zu sein braucht, schließt das Bestreben, eine für sich unanfechtbare Verpflichtung zu erfüllen, nicht den Benachteiligungsvorsatz aus (s. u. § 133 RdNr. 33). Die rein tatsächliche Vermutung, dass kongruente Deckungen keinen Benachteiligungsvorsatz ausdrücken, ist bereits erschüttert, wenn feststeht oder gemäß § 133 Abs. 2 von Rechts wegen zu vermuten ist, dass der Schuldner die Verpflichtung mit Benachteiligungsvorsatz begründet hat; denn dann wird dessen Fortdauer vermutet.[271] Das liegt bei unentgeltlichen Verfügungen eines Schuldners, dessen Insolvenz droht, nahe. Erst recht gilt das in denjenigen Fällen, in denen die Vermögensverschiebung von vornherein als Teil eines einheitlichen Planes beabsichtigt war.[272]

Soweit endlich die rechtlich getrennte Behandlung von Verpflichtungs- und Erfüllungsgeschäften dazu führen kann, dass auf letztere § 130 – statt § 131 – anzuwenden ist, ist das jedenfalls nach der Änderung auch der für die kongruente Deckung geltenden Anfechtungsfristen (vgl. § 130 RdNr. 2, 24) hinzunehmen. Die erfolgreiche Anfechtung aus diesem Tatbestand führt dann zu dem gerecht erscheinenden Ergebnis, dass der schuldrechtliche

---

[267] *Jaeger/Henckel* § 32 RdNr. 29, 51; *Kilger/K. Schmidt* § 32 KO Anm. 5 aE, § 39 Anm. 1; iE auch BGH NJW-RR 1988, 841; vgl. ferner *Baur/Stürner* RdNr. 18.26 aE Das übersehen OLG Bremen ZIP 1987, 1067 f. und *v. Campe* S. 29 f. Ergänzend s. u. § 134 RdNr. 24, § 140 RdNr. 46, § 144 RdNr. 9.
[268] *Gerhardt* ZIP 1988, 749, 751; *Baur/Stürner* RdNr. 19.7 aE.
[269] BGH WM 1955, 407, 411; WM 1972, 363, 364; NJW-RR 1988, 841 f.; BGHZ 141, 96, 103 = NJW 1999, 1549, 1551; BFHE 125, 500, 506; 133, 501, 506; RG ZZP 60 (1936/1937), 426, 427 f.
[270] Ebenso HK-*Kreft* § 129 RdNr. 12 aE.
[271] So im Ergebnis RGZ 116, 134, 138; vgl. ferner RG LZ 1914, 1912, 1913 aE. Im Ansatz entscheidet RGZ 27, 130, 136 gleich; hier wird jedoch auf S. 135 die beweisrechtliche Bedeutung der kongruenten Deckung überbewertet.
[272] Vgl. RG Gruchot 50 (1906), 1122, 1124 f. und unten RdNr. 65 ff.

Anspruch des Anfechtungsgegners gemäß § 144 Abs. 1 wieder auflebt und gemäß den allgemeinen insolvenzrechtlichen Regeln zu behandeln ist.[273]

64 bb) Auch wenn Verpflichtungs- und Erfüllungsgeschäft getrennt angefochten werden dürfen, ist es für die Insolvenzmasse im Hinblick auf die Erfüllung der Anfechtungsvoraussetzungen durchweg günstiger, wenn beide Rechtshandlungen *zusammen* angefochten werden. Im Zweifel wird eine Klage jedenfalls dann im Sinne der einheitlichen Anfechtung auszulegen sein, wenn der schuldrechtliche Vertrag und dessen Erfüllung äußerlich eine Einheit darstellen[274] oder in einem einheitlichen Streitgegenstand erfasst werden können.

65 **b) Anfechtung von Gesamtvorgängen.** Gelegentlich werden Vermögensverschiebungen derart in mehrere rechtlich selbständige Einzelakte zerlegt, dass erst der Gesamtvorgang die Insolvenzgläubiger wirtschaftlich benachteiligt. Soweit eine solche Abwicklung auf einem vorgefassten Plan beruht, ist es zulässig und geboten, den Gesamtvorgang im Hinblick auf das beabsichtigte Ergebnis unter wirtschaftlichen Gesichtspunkten als einheitliche Rechtshandlung zu erfassen.[275] Klammer ist der zielgerichtete Wille des Schuldners. Ein tatsächlicher Anhaltspunkt dafür ist es, wenn verständige Beteiligte, die keine Vermögensverschiebung beabsichtigen, den Vorgang als rechtlich einheitlichen gestalten würden.

66 aa) Beispielsweise bereitete ein Schuldner die Übertragung seines Grundstücks auf eine Angehörige in der Weise vor, dass er zunächst sich selbst eine wertausschöpfende Eigentümer-Briefgrundschuld bestellte. Anschließend übertrug er diese – außerhalb des Grundbuchs und damit für Gläubiger unerkennbar – auf die Angehörige. Die Eigentumsübertragung erfolgte schließlich zwar in der kritischen Zeit, aber unter Hinweis auf fehlende Gläubigerbenachteiligung wegen der früheren wertausschöpfenden Belastung.[276] Beruhte das auf einem einheitlichen Plan, so wird durch eine einzige fortgesetzte Rechtshandlung das Eigentum an einem unbelasteten Grundstück übertragen; die gesamte Zuwendung ist erst mit dem Eigentumserwerb abgeschlossen. Entsprechendes gilt, wenn Grundeigentum in der Weise planmäßig übertragen wird, dass der spätere Insolvenzschuldner mit dem zu Begünstigenden zum gemeinsamen Halten des Grundstücks eine BGB-Gesellschaft eingeht und dann aus dieser ausscheidet, § 738 Abs. 1 Satz 1 BGB.[277] Ein Zusammenwirken zwischen einem überschuldeten Schuldner und einem Gläubiger ist auch in der Weise möglich, dass dieser das verbliebene Aktivvermögen des Schuldners unter Anrechnung zu einem angemessenen Preis auf seine Forderungen übernimmt und den anderen Gläubigern kein nennenswertes haftendes Vermögen überlässt; wird eine solche Übertragung planmäßig in mehreren Schritten durchgeführt, kann sie ebenfalls als Einheit anfechtbar sein.[278] Ebenso verhält es sich, wenn der Schuldner seinen – nicht freiberuflichen (s. u. RdNr. 93) – Gewerbebetrieb einstellt, damit sein Angehöriger ihn, wie beabsichtigt, faktisch fortsetzen kann.[279]

---

[273] Gelegentlich ist auch im Zusammenhang mit § 30 Nr. 1 Fall 1 und § 31 Nr. 2 KO – entsprechend § 132 und § 133 Abs. 2 InsO – darauf abgestellt worden, dass erst ein Gesamtvorgang die anfechtbare Rechtshandlung ergebe (BGH WM 1955, 404, 405 f., insoweit nicht in NJW 1955, 709 Nr. 6; RGZ 110, 134, 137). Damit wurde im konkreten Zusammenhang aber nur die – jeweils erforderliche – unmittelbare Gläubigerbenachteiligung bestimmt. Die Begründung betraf deshalb nicht den Begriff der Rechtshandlung für sich, sondern deren Ursächlichkeit für einen vorausgesetzten bestimmten Erfolg und damit die Anfechtbarkeit insgesamt.

[274] *Hess* InsO § 129 RdNr. 9.

[275] BGH WM 1955, 407, 409 f.; NJW 1992, 834, 835 unter I 3 – insoweit nicht in BGHZ 116, 222 – zu § 7 AnfG; RG bei Bolze 11 (1891) Nr. 163; LZ 1909, 557, 558 f. Zum maßgeblichen Zeitpunkt s. u. § 140 RdNr. 21.

[276] S. u. RdNr. 109. Dieser Fallgestaltung lag der BGH-Entscheidung BGHR AnfG § 2 Schuldtitel 4 zugrunde. Vgl. auch RG JW 1906, 234 f.

[277] Vgl. *Holzapfel* S. 36 ff.

[278] Vgl. *Lutter*, Festschrift für Werner, 1984, S. 488 ff.

[279] Vgl. BGH WM 1962, 1316; ZIP 1996, 637 f. Zur möglichen Sittenwidrigkeit s. o. vor § 129 RdNr. 57, 61.

Grundsatz 67–70 § 129

Ein weiterer Anwendungsfall kann das Herbeiführen einer **Aufrechnungslage** im Sinne 67
von § 96 Abs. 1 Nr. 3 durch den Gläubiger im Hinblick auf eine drohende oder eingetretene Insolvenz seines Schuldners sein.[280] Allerdings ist bei einem Einvernehmen mit dem Schuldner vorrangig zu prüfen, ob nicht in Wahrheit eine Leistung an Erfüllungs Statt gewollt ist (s. u. § 143 RdNr. 53).

bb) Häufiger sind **mittelbare Zuwendungen,** bei denen der Schuldner Vermögens- 68
bestandteile mit Hilfe einer Mittelperson an den gewünschten Empfänger verschiebt, ohne mit diesem äußerlich in unmittelbarer Rechtsbeziehungen zu treten.[281] Die Mittelperson handelt im eigenen Namen, aber auf Weisung und Kosten des Schuldners, beispielsweise wie ein mittelbarer Stellvertreter (s. o. RdNr. 48), ohne dass Auftragserteilung und -ausführung in einer einzigen Handlung zusammenfielen (s. o. RdNr. 49 bis 52). Wirtschaftlich wird auf diese Weise das Vermögen des Schuldners zugunsten des Dritterwerbers gemindert. Ist das von Anfang an gewollt, so ist anfechtungsrechtlich das gesamte Rechtsverhältnis so anzusehen, als ob – nur – der Dritte unmittelbar vom Schuldner erworben hätte,[282] wenn dieser für den Dritten wenigstens als wirtschaftlich leistende Person erkennbar ist (s. o. RdNr. 49). Es handelt sich um einen Erwerb unmittelbar vom Schuldner selbst, nicht erst um eine Rechtsnachfolge im Sinne von § 145.[283]

Typische Anwendungsfälle dafür sind, über § 850h Abs. 1 ZPO hinaus: Die Wahl einer 69
ungünstigeren Steuerklasse durch einen Ehegatten zugunsten des anderen.[284] Der Schuldner überträgt den Vermögensgegenstand unter Zwischenerwerb durch einen Treuhänder[285] mit zeitlicher Verzögerung auf den von Anfang an beabsichtigten Empfänger. Der Schuldner hebt einen ihm wirtschaftlich günstigen Vertrag einvernehmlich auf und veranlasst seinen Vertragspartner, einen neuen Vertrag zu gleichartigen Bedingungen alsbald mit der Ehefrau des Schuldners abzuschließen.[286] Der Schuldner weist seine Abkäufer an, auf ein bestimmtes, im Soll geführtes Bankkonto zu zahlen, um durch die Rückführung (nur) dieser einzelnen Schuld die Mithaftung einer ihm nahe stehenden Person zum Erlöschen zu bringen.[287] Der Schuldner führt den geringen Rest einer grundpfandrechtlich gesicherten Forderung zurück, um dadurch den Löschungsanspruch (§ 1179a BGB) eines nahen Angehörigen auszulösen, für den die nächstrangige Grundschuld eingetragen ist (s. o. RdNr. 56a).

Für die Zusammenfassung sind die Beweggründe der Mittelperson grundsätzlich uner- 70
heblich; sie kann gutgläubig sein.[288] Unterstützt sie allerdings bewusst einen in Schädigungsabsicht handelnden Schuldner, so kann der gesamte Vorgang gemäß § 138 Abs. 1 BGB nichtig sein (vgl. vor § 129 RdNr. 61). Erlangt die Mittelperson selbst Vorteile aus dem Geschäft, kann es insoweit auch ihr gegenüber anfechtbar sein.[289]

---

[280] BGH WM 1971, 908, 909; BGHZ 86, 349, 353f. = NJW 1983, 1120, 1121f.; vgl. auch BGHZ 87, 246, 250 = NJW 1983, 2501, 2502; BGH NJW-RR 1989, 1010; RG JW 1906, 234f.; HK-*Kreft* § 129 RdNr. 16; *Jaeger* KuT 1929, 147f. Vgl. ergänzend RdNr. 15, § 130 RdNr. 9, 10, § 131 RdNr. 7, 17, § 140 RdNr. 21.
[281] BGHZ 38, 44, 46 = NJW 1962, 2297f.; BGH NJW 1980, 1795; BGHZ 78, 318, 326ff. = NJW 1981, 522, 525; BFHE 138, 10, 13f. = ZIP 1983, 727, 729; RG JW 1905, 57f.; RGZ 133, 290, 291f.; OLG Celle KTS 1963, 50, 52; *Uhlenbruck/Hirte* § 129 RdNr. 83f.; vgl. auch *Jaeger/Henckel*, KO § 32 RdNr. 27.
[282] BGH NJW 1996, 2231, 2233; NJW 1998, 2592, 2599, insoweit nicht in BGHZ 138, 291; BGHZ 142, 284, 287 = NJW 1999, 3636f.; RG WarnR 1908 Nr. 346, S. 255; vgl. auch BGH NJW 1985, 1560; 1998, 2592, 2599; *Uhlenbruck/Hirte* § 143 RdNr. 43.
[283] BGH NJW 2002, 1342f.; RG WarnR 1908 Nr. 346, S. 254; *Uhlenbruck/Hirte* § 145 RdNr. 22; *Gottwald/Huber* (Fn. 12) § 51 RdNr. 59, 61; *Schilling* MittBayNot 2002, 347, 348; zu § 11 AnfG auch BGH NJW 1980, 1795; RG LZ 1910, 866, 867; *Jaeger*, Gläubigeranfechtung § 11 RdNr. 8, 15.
[284] Vgl. *Ernst* ZVI 2003, 107, 109.
[285] BGH NJW 1980, 1795; NJW 1995, 1093 unter I; RGZ 69, 44, 48f.
[286] BGH NJW 1992, 834, 835; vgl. auch KG HRR 1937 Nr. 1421.
[287] Diese Fallgestaltung wurde von OLG Schleswig DZWIR 2005, 258, 259 nicht geprüft.
[288] Vgl. BGH NJW 1980, 1795; RG LZ 1909, 557, 559.
[289] *Uhlenbruck/Hirte* § 129 RdNr. 89; vgl. auch RGZ 117, 86, 88. Im Falle RG JW 1899, 227, 228 war die vom Mittelsmann erlangte Befreiung von eigener Bürgenschuld nicht Streitgegenstand.

71 Wegen der zusätzlich vorauszusetzenden Gläubigerbenachteiligung kommt eine mittelbare Zuwendung allerdings nur in Betracht, wenn der Schuldner eine Rechtsposition aus seinem Vermögen aufgibt, die selbst Grundlage der Anfechtung sein könnte.[290] Stand ihm vor der Transaktion weder ein schuldrechtlicher Anspruch noch auch nur eine rechtlich abgesicherte Option auf die Leistung zu, so liegt keine Zuwendung vor.[291] Die erstmalige Begründung eines Vermögensrechts in der Person des Mittelsmannes anstelle des Schuldners selbst ist nicht anfechtbar (s. u. RdNr. 82). Jedoch genügt es zur Anfechtbarkeit schon, wenn nur der Gegenwert für den Erwerb aus dem Vermögen des Schuldners stammt.[292]

72 Ferner muss die Absicht mindestens des Schuldners darauf gerichtet sein, den Vermögenswert im Endergebnis gerade dem Dritten zuzuwenden (s. o. RdNr. 68); dass dies nur als weitere Folge eines anderen Geschäfts zufällig mit eintritt, genügt nicht für die Zusammenfassung. An jener Voraussetzung fehlt es z. B. oft, wenn ein Schuldner eine eigene Verbindlichkeit tilgt und hierdurch zugleich Mitverpflichtete aus ihrer Haftung befreit; dann muss eine entsprechende Zuwendungsabsicht des Schuldners bezüglich des Begünstigten im Einzelfall festgestellt werden.[293] Die nötige Absicht fehlt regelmäßig, wenn der (spätere) Insolvenzschuldner ein ihm gehöriges Handelsgeschäft in der Weise auf einen Erwerber überträgt, dass dieser den bisherigen Gläubigern gemäß § 25 Abs. 1 HGB haftet: Die Gläubiger des früheren Inhabers werden hierdurch im Allgemeinen auch dann nicht mittelbar Empfänger einer – anfechtbaren – Leistung des Insolvenzschuldners, wenn die Schuldübernahme zugleich im Innenverhältnis unter Anrechnung auf den vom Erwerber zu zahlenden Kaufpreis vereinbart war.[294] Eine Anfechtung kann dann nur nach allgemeinen Regeln gegenüber dem Erwerber in Betracht kommen; zu prüfen ist dazu, ob die konkret vereinbarte Gegenleistung den Erwerb des Geschäfts ausgleicht. Aus Sicht der vom Erwerber befriedigten Gläubiger hingegen hat er (auch) eine eigene Schuld diesen gegenüber getilgt, so dass durchweg er und nicht der Insolvenzschuldner als Leistender erscheint. Gegenüber den Geschäftsgläubigern rechtfertigt sich eine Anfechtung auch nicht allein wegen ihrer faktischen Besserstellung im Vergleich mit den Privatgläubigern, die keinen zusätzlichen Schuldner erhalten; der Gleichbehandlungsgrundsatz rechtfertigt nicht selbständig eine Ausweitung der Anfechtungsnormen. Die Gegenmeinung[295] würde zudem die Sanierung wirtschaftlich noch lebensfähiger Teile des Schuldnervermögens wesentlich erschweren, wenn die Gläubiger mit einem Haftungsdurchgriff rechnen müssten.

73 In zeitlicher Hinsicht muss lediglich die Beteiligung des Insolvenzschuldners vor Verfahrenseröffnung vorgenommen sein.[296] Diejenige der rechtlich selbständigen Mittelsperson kann auch später liegen;[297] denn ihr gegenüber versagt der Schutz der §§ 80 bis 82 und 89.

74 **4. Vornahme vor Verfahrenseröffnung.** § 129 Abs. 1 stellt nur ab auf Rechtshandlungen, die *vor* Eröffnung des jetzigen Insolvenzverfahrens vorgenommen wurden,[298] sei es auch in einem früheren Insolvenzverfahren.[299] Gegenüber späteren Maßnahmen schützen regelmäßig die §§ 80 bis 82, 89, 91 sowie 96 Abs. 1 Nr. 1, 2 und 4 die Insolvenzmasse. Eine Ausnahme gilt allein im Rahmen des § 147. Ist allerdings in zeitlicher Hinsicht unklar, ob die insolvenzrechtlichen Verfügungsbeschränkungen eingreifen, wird man alternativ auch

---

[290] BGHZ 72, 39, 42 = NJW 1978, 1921, 1922.
[291] Vgl. § 143 RdNr. 23 und BGH WM 1955, 407, 409 f.
[292] BGH WM 1955, 407, 409; NJW 1992, 834, 835; RGZ 133, 290, 292; OLG Düsseldorf ZInsO 2002, 769, 770; *Uhlenbruck/Hirte* § 129 RdNr. 85 f.; im Ergebnis auch BGHZ 72, 39, 44 f. = NJW 1978, 1921, 1922 unter Annahme eines Wertersatzanspruchs; vgl. OLG Celle KTS 1963, 50, 53; aM OLG Darmstadt LZ 1918, 230 f. m. abl. Anm. von *Langenbach*.
[293] S. o. RdNr. 14 aE; zu Unrecht allgemein verneinend *Jaeger/Weber*, KO §§ 209, 210 RdNr. 24.
[294] BGHZ 38, 44, 46 f. = NJW 1962, 2297 f.; *Uhlenbruck/Hirte* § 129 RdNr. 86; mit abweichender Begründung auch *Kuhn* WM 1964, 998, 1003.
[295] *Berges* KTS 1961, 65, 66 f.
[296] *Uhlenbruck/Hirte* § 129 RdNr. 88.
[297] *Berges* KTS 1961, 65, 69; s. u. § 140 RdNr. 22.
[298] Vgl. BGHZ 141, 96, 107 = NZI 1999, 188, 190.
[299] Vgl. RG Gruchot 49 (1905), 123, 126.

Grundsatz 75–77 § 129

auf die Anfechtungsnormen abstellen können.[300] Zur Unanfechtbarkeit von Rechtshandlungen des Insolvenzverwalters betreffend Massevermögen im Falle späterer Masseunzulänglichkeit vgl. § 147 RdNr. 9, zur Unanfechtbarkeit von Maßnahmen des eigenverwaltenden Schuldners (§§ 270 ff.) s. o. RdNr. 42.

Mit der „Eröffnung des Insolvenzverfahrens" ist das Wirksamwerden des Eröffnungsbeschlusses nach § 27 gemeint. Ist dieser rechtskräftig, schaden ihm anhaftende Fehler nur, falls sie seine Nichtigkeit bewirken[301] In den durch Anfechtung zu erfassenden Zeitraum fallen auch das Eröffnungs- und das Schuldenbereinigungsplanverfahren nach §§ 305 bis 310,[302] nicht aber der Zeitraum eines vom Bundesamt für Finanzdienstleistungsaufsicht gemäß § 46a Abs. 1 Nr. 4 KWG angeordneten Moratoriums (vgl. vor § 129 RdNr. 104, § 139 RdNr. 3). Auf der anderen Seite wird der Zeitpunkt der „Vornahme" der Rechtshandlung durch § 140 bestimmt. Bei zu einer Einheit zusammengefassten Vermögensverschiebungen (s. o. RdNr. 68 ff.) entscheidet der letzte vom Insolvenzschuldner vorgenommene Akt (s. o. RdNr. 73). 75

V. Gläubigerbenachteiligung

Jede Rechtshandlung ist nach § 129 Abs. 1 nur anfechtbar, wenn sie die Insolvenzgläubiger benachteiligt. Die Anfechtung soll der Insolvenzmasse nicht Vorteile verschaffen, die ihr ohne die Rechtshandlung auch nicht zugestanden hätten.[303] Als Benachteiligung genügt und ist erforderlich der objektiv nachteilige Erfolg[304] ohne Rücksicht auf einen ihn erstrebenden Vorsatz; dieser ist – nur – in § 133 zusätzliche Anfechtungsvoraussetzung. Ferner ist eine Bereicherung des Anfechtungsgegners als Anfechtungsvoraussetzung nicht nötig;[305] ihr Fehlen kann nur den Umfang der Rückgewährpflicht einschränken (s. u. § 143 RdNr. 21, 102 ff.). Jedoch muss der Nachteil gerade in der Beeinträchtigung des den Gläubigern im Zeitpunkt der Verfahrenseröffnung (s. o. RdNr. 74 f.) haftenden Schuldnervermögens bestehen; die allgemeine Verkürzung denkbarer Anfechtungsansprüche – erst – der Insolvenzmasse (s. u. RdNr. 191) durch ein verspätetes Stellen des Eröffnungsantrags genügt nicht.[306] 76

1. Verkürzung des Schuldnervermögens. Den Insolvenzgläubigern haftet allein das Vermögen des **Schuldners** spätestens zum Zeitpunkt des § 140. Die Beeinträchtigung anderer Gegenstände berechtigt nicht zur Insolvenzanfechtung,[307] beispielsweise soweit der Schuldner nur als Bevollmächtigter eines Dritten handelt (s. o. RdNr. 37). Eine Zahlung aus dem privaten Vermögen eines persönlich haftenden Gesellschafters mag zwar dessen Gläubiger benachteiligen; in der Insolvenz allein seiner OHG oder KG ist sie hingegen nicht anfechtbar,[308] sogar wenn der Gesellschafter damit seinerseits zahlungsunfähig wird.[309] Das gilt insbesondere für Leistungen von Geschäftsführern,[310] Bürgen[311] oder Mithaftenden aus eigenem Vermögen auf Verbindlichkeiten des Schuldners. Aus eigenem Vermögen leistet aber nicht, wer eine Verbindlichkeit gegenüber dem Schuldner weisungsgemäß durch Leis- 77

---

[300] Vgl. *Häsemeyer,* Insolvenzrecht, RdNr. 21.31; s. u. RdNr. 134 f.
[301] BGH NJW-RR 2003, 697 f.
[302] Vgl. *Uhlenbruck/Hirte* § 129, 43.
[303] BGH WM 1971, 908, 909; BGHZ 86, 349, 355 = NJW 1983, 1120, 1122; BGH NJW 1983, 1123, 1124, insoweit nicht in BGHZ 86, 340; BGHZ 97, 87, 96 = NJW 1986, 1496, 1498; *Uhlenbruck/Hirte* § 129 RdNr. 91; *Baur/Stürner* RdNr. 18.3.
[304] RG SeuffBl. 72 (1907), 478, 479; *Jaeger/Henckel,* KO § 29 RdNr. 63.
[305] RG JW 1911, 107, 108; *Diem* S. 88.
[306] BGHZ 162, 143, 154 f. = NJW 2005, 1121, 1124. Die in diesem Urteil angenommene Voraussetzung, „dass eine andere Person durch die Rechtshandlung eine Vermögenszuwendung erhalten hat," geht aber zu weit: Vgl. RdNr. 6, 102. Ergänzend s. o. RdNr. 28.
[307] BGH NJW 1980, 1964; NJW-RR 2004, 1493, 1494; vgl. auch BGH NJW-RR 1986, 536, 538 und § 143 Abs. 1 Satz 1: „... aus dem Vermögen des Schuldners veräußert ...". Ausnahme: früheres Schuldnervermögen nach § 145.
[308] Vgl. BGH NJW-RR 2003, 1632 f. Ergänzend s. u. RdNr. 133 a.
[309] OLG Schleswig WM 1968, 137, 139.
[310] LG Hamburg DZWIR 2006, 43; vgl. BGH NJW-RR 2003, 1632, 1634; 2004, 1493, 1494.
[311] Vgl. OLG Köln ZInsO 2002, 444, 445.

tung an einen Dritten tilgt; denn dadurch wird Aktivvermögen des Schuldners verringert (vgl. RdNr. 49 ff., § 131 RdNr. 35). Stand dem Schuldner an einem weggegebenen fremden Gegenstand zugleich ein eigenes Recht zu – beispielsweise ein Anwartschaftsrecht beim Kauf unter Eigentumsvorbehalt (§ 107 Abs. 2) –, so kann dessen Aufgabe die Insolvenzgläubiger benachteiligen (s. u. RdNr. 108 und § 143 RdNr. 22). Zur Voraussetzung des unmittelbaren Betroffenseins des Schuldnervermögens s. u. RdNr. 170 a.

78 a) Eine erfolgreiche Anfechtung setzt voraus, dass ihr Gegenstand ohne die Rechtshandlung gerade zum haftenden Vermögen des Insolvenzschuldners gehört, also dem Zugriff seiner Insolvenzgläubiger offen gestanden hätte;[312] die Herkunft – zB aus einer Straftat – ist unerheblich (OLG Hamm NZI 2006, 532 f.; s. u. RdNr. 104). Rechtshandlungen, die ausschießlich **schuldnerfremdes** Vermögen betreffen, wirken sich **nicht** auf die Insolvenzmasse und damit auf die Befriedigungsmöglichkeit der Insolvenzgläubiger nachteilig aus (s. o. RdNr. 77). Soweit sie allerdings den Schuldner zum Aufwendungs- oder Schadensersatz verpflichten, kommt in diesem Umfang eine Gläubigerbenachteiligung durch Vermehrung der Schuldenmasse (s. u. RdNr. 100) in Betracht; soweit sie eine Forderung des Schuldners gegen Dritte tilgen, verringert sich die Aktivmasse (vgl. BGH ZInsO 2007, 658, 659; s. u. RdNr. 123).

78 a Wird fremdes Vermögen zur Tilgung von Verbindlichkeiten des Schuldners eingesetzt, bleibt eine Gläubigerbenachteiligung nur ausgeschlossen, wenn die Leistung **ohne Durchgang durch** das **Schuldnervermögen** unmittelbar vom Dritten an den Gläubiger fließt; stellt dagegen der Dritte dem Schuldner selbst Geld zur Verteilung an seine Gläubiger zur Verfügung – etwa durch Übergabe von Bargeld oder eines Schecks oder durch Einzahlung auf ein eigenes Konto des Schuldners –, so haften auch diese Mittel der Gläubigergesamtheit.[313] Entscheidend ist insoweit, ob die Zahlungsmittel objektiv zunächst dem Schuldner übertragen oder sofort an ihm vorbeigeleitet worden sind, sei es auch durch die Einschaltung eines Treuhänders;[314] auf einen Zuwendungswillen des Dritten kommt es dafür allenfalls indiziell an,[315] auf den Zuwendungsgrund – z. B. Schenkung oder Darlehen – allein im Hinblick auf etwaige Ausgleichspflichten des Schuldners. Gesellschafterdarlehen werden im Allgemeinen der Gesellschaft (Schuldnerin) gewährt, auch wenn die Valuta direkt an den Gläubiger ausgezahlt wird.[316] Ferner wirken solche Leistungen Dritter gläubigerbenachteiligend, die unmittelbar (auch) das Schuldnervermögen schmälern, insbesondere unter Besicherung daraus (s. u. RdNr. 150 ff.) oder bei Anweisungen auf Kosten des Schuldners (s. o. RdNr. 49 ff.). Hat der Schuldner einen Gegenstand in der dem Verkäufer bekannten Absicht erworben, jenen sofort an einen Dritten weiter zu veräußern, bewirkt die anschließende Übertragung aus dem Schuldnervermögen dennoch regelmäßig eine Gläubigerbenachteiligung.[317] Stellen Angehörige oder Gesellschafter der Schuldnerin aus eigenem Vermögen Sicherheiten für einzelne Insolvenzgläubiger, so benachteiligt die Sicherheitenbestellung als solche – im Gegensatz zu möglichen Ausgleichsansprüchen aus diesem Anlass – nicht die Gläubigergesamtheit; dasselbe gilt, wenn die Sicherungsgeber die Sicherheit aus eigenem Vermögen ablösen.[318] Erwirbt der Schuldner einen dinglich belasteten Gegenstand, so werden seine Gläubiger nicht allein dadurch benachteiligt, dass zuvor die Belastung auf Kosten des Veräußerers anfechtbar bestellt worden war; allenfalls der Erwerbsakt selbst kann dann die Gläubiger des Erwerbers benachteiligen (abgrenzend s. o. RdNr. 68 f.).

---

[312] Vgl. BGHZ 72, 39, 42 f. = NJW 1978, 1921, 1922; BGH NJW-RR 2004, 1453, 1454 f.

[313] BGHZ 155, 75, 81 f. = NJW 2003, 3347, 3348 f.; OLG Schleswig ZInsO 2004, 1297 f.; LG Stuttgart ZInsO 2006, 382, 383; AG Hamburg ZInsO 2004, 102, 103; *Foerste* RdNr. 295; vgl. BGH NJW-RR 2003, 1632, 1634; LG Berlin ZIP 2006, 862, 863. Ergänzend s. u. RdNr. 108 ff.

[314] Vgl. BGH NJW-RR 2004, 1493 f.

[315] Zu weit gehend *Bischoff* ZInsO 2004, 1296, 1297 ff.

[316] Vgl. LG Cottbus NZI 2003, 207, 208 f. Ergänzend s.u. RdNr. 108.

[317] Vgl. BGH NJW-RR 2001, 1552 f. für eine Bundesliga-Lizenz im Sport; zum AnfG BGH NJW-RR 2001, 44 f. betreffend eine Sache.

[318] Vgl. BGH NJW-RR 2004, 1493, 1494 f.

Grundsatz 78 b, 78 c **§ 129**

Gegenstände im Herrschaftsbereich des Schuldners sind nur dann schuldnerfremd, wenn sie **78 b** ausgesondert (§ 47) werden dürften.[319] **Absonderungsrechte** (§§ 49 ff.) scheiden dagegen den Gegenstand anfechtungsrechtlich nicht ohne weiteres aus dem Schuldnervermögen aus,[320] rn sind nur insoweit bedeutsam, als sie den wirtschaftlichen Wert des Gegenstands voll ausschöpfen (s. u. RdNr. 108, 152). Noch nicht zum Schuldnervermögen gehört die Gutschrift auf seinem Konto, solange ihr ein Stornorecht (Nr. 8 Abs. 1 AGB Banken/Sparkassen) oder eine Bereicherungseinrede der kontoführenden Bank gem. § 821 BGB entgegensteht.[321] Dem Insolvenzschuldner muss am weggegebenen Gegenstand eine rechtlich geschützte Position wirklich zugestanden haben; die Anfechtung dient nicht dazu, nur die Prüfung des Insolvenzverwalters vorzubereiten, ob er den Gegenstand in der Masse behalten darf.[322]

Entrichtet ein Arbeitgeber Prämien für die Direktversicherung eines Arbeitnehmers **78 c** aufgrund einer Gehaltsumwandlung, so begründet dies allein keine treuhänderische Berechtigung des Arbeitnehmers an den eingezahlten Beträgen.[323] Die vom Arbeitgeber einbehaltene **Lohnsteuer** der Arbeitnehmer[324] und deren von ihm einbehaltener Anteil der **Sozialversicherungsbeiträge**[325] gehören nach zivilrechtlichen Regeln zum haftenden Vermögen des Arbeitgebers, solange sie mit diesem vermischt sind. Darauf hat die Richtlinie 80/987/EWG über die Insolvenzsicherung rückständiger Löhne für Arbeitnehmer schon deshalb keinen Einfluss, weil sie nicht regelt, wie die zu diesem Zweck nötigen finanziellen Mittel aufzubringen sind.[326] Anderes kann nur gelten, wenn die abzuführenden Beträge in einer Weise vom allgemeinen Vermögen des Arbeitgebers getrennt verwaltet werden, welche die Voraussetzungen einer treuhänderischen Verwahrung – sei es für die Arbeitnehmer, das Finanzamt oder den Sozialversicherungsträger – erfüllt (s. u. RdNr. 139 f.). Dazu genügt es aber nicht einmal, dass die Beträge auf einem gesonderten Konto verbucht werden.[327] Vielmehr müsste auch für pfändende Gläubiger offenkundig sein, dass der Arbeitgeber über die auf einem solchen Habenkonto angesammelten Geldmittel nur durch Auszahlung an die zuständigen Finanzämter und/oder Sozialversicherungsträger verfügen darf.[328] Derartige Vermögenstrennungen kommen praktisch kaum vor. Sie entfallen von vornherein, wenn der diesbezügliche Zahlungsverkehr des Arbeitgebers über debitorisch geführte Bankkonten abgewickelt wird.

---

[319] BAGE 20, 11, 15 f. = NJW 1967, 2425; *Kilger/K. Schmidt* § 29 KO Anm. 15; vgl. auch BGH WM 1985, 364, 365; NJW-RR 2002, 775, 776; *Uhlenbruck/Hirte* § 143 RdNr. 20 und § 2115 BGB.

[320] Vgl. BGH ZIP 1996, 842, 843; BGHZ 147, 233, 239 = NZI 2001, 357, 358; BGH NZI 2005, 323, 324, insoweit nicht in BGHZ 162, 276; BGH NZI 2005, 622 f.

[321] BGH NJW 1995, 1484, 1485; ZIP 2003, 2021, 2022; *Kübler/Prütting/Paulus* § 129 RdNr. 28; zum Scheckstorno OLG Koblenz ZInsO 2002, 1036 f. Ergänzend vgl. RdNr. 7 und zur Unerheblichkeit der Stornierung von Belastungsbuchungen RdNr. 108 a.

[322] BGH NJW 1992, 624, 627.

[323] BGH NJW 2002, 3253, 3254; BAG ZIP 1996, 965, 968; OLG Karlsruhe ZIP 2007, 286, 289 f.; *Kayser* S. 59 ff.

[324] BGH ZIP 1993, 1885, 1886 zu OLG Köln NJW-RR 1993, 928, 929; BGHZ 157, 350, 358 f. = NJW 2004, 1444, 1446 f.; BGH WM 2004, 1587, 1588; OLG Schleswig ZInsO 2003, 129, 130; ZInsO 2003, 187 f.; HambKomm-*Rogge* § 129 RdNr. 57; *Gottwald/Huber* (Fn. 12) § 46 RdNr. 57; *Kayser* ZIP 2007, 49, 52; aM *Sauer* ZInsO 2006, 1200, 1201 f., der eine „steuergesetzliche Treuhandschaft" konstruiert.

[325] BGH ZInsO 1998, 141 f. zu OLG Dresden ZIP 1997, 1036, 1038; BGHZ 149, 100, 104 ff. = NJW 2002, 512 f.; BGH ZIP 2002, 228, 229; NJW 2002, 2568; NJW-RR 2003, 1632 f.; NJW 2005, 2546, 2548; 2006, 1348, 1349; Beschl. v. 13. 4. 2006 – IX ZR 36/05; OLG Hamburg ZIP 2001, 708, 710; ZIP 2002, 1362 f.; OLG-Report 2002, 373, 374 f., 377 f.; OLG Frankfurt ZIP 2002, 1852, 1855 f.; OLG Stuttgart ZInsO 2004, 752, 753 ff.; ZIP 2005, 1837, 1840; LG Coburg ZInsO 2001, 973 f.; LG Stuttgart ZIP 2001, 2014 f.; LG Kiel ZIP 2001, 1726 f.; LG Halle ZVI 2003, 357, 358 f.; *Uhlenbruck/Hirte* § 129 RdNr. 105; *Gundlach/Frenzel/Schmidt* DZWIR 2002, 89, 90 f.; *Flöther/Bräuer* DZWIR 2005, 441, 442; aM OLG Dresden ZIP 2003, 360, 363 f.; *Brückl/Kersten* NZI 2004, 422, 423 f.

[326] BGH ZIP 2005, 2217 f. zu OLG Koblenz ZInsO 2005, 324, 325 ff.; OLG Koblenz ZInsO 2005, 1111, 1112; vgl. auch EuGH, Urt. v. 25. 1. 2007, Rs C-278/05.

[327] Vgl. *Gundlach/Frenzel/Schmidt* DZWIR 2002, 89, 91 f. Entgegen deren Verständnis lässt auch BGHZ 149, 100, 104 f. = NJW 2002, 512 f. diese konkret für nötig gehaltene Voraussetzung allein nicht ausreichen.

[328] Vgl. OLG Frankfurt ZIP 2002, 1852, 1856 f.; OLG Hamburg OLGReport 2002, 373, 377 f.; *Gundlach/Frenzel/Schmidt* DZWIR 2002, 89, 91 f.

79 b) Auch künftiges Vermögen erfasst. § 35 erweitert den Bereich der möglichen Gläubigerbenachteiligung, indem er auch solches Vermögen der Masse zuweist, das der Schuldner erst während des Verfahrens erlangt. Im Einzelnen ist zu unterscheiden:

80 Hatte der Schuldner vor Verfahrenseröffnung bereits eine gesicherte Rechtsposition, so benachteiligt deren Aufgabe – wie schon unter Geltung des § 1 Abs. 1 KO – die Gläubiger. Gesichert sind insbesondere Anwartschaften[329] und bedingte (§ 158 BGB) oder betagte (§ 163 BGB) Ansprüche[330] ebenso wie das Recht des Schuldners, einen Gegenstand nutzen zu dürfen.[331] Ist in einem Mietvertrag vereinbart, dass dem Mieter bei vorzeitigem Mietende unter bestimmten Voraussetzungen ein Aufwendungsersatzanspruch zustehen soll, so begründet das bereits einen bedingten Anspruch; verzichtet der Mieter später darauf, so kann dies seine Gläubiger benachteiligen.[332] Ein Wechselakzept – auch ein Blankoakzept – zugunsten des Insolvenzschuldners ist ebenso schon ein gegenwärtiger Vermögenswert wie die Bezugsberechtigung aus einer Lebensversicherung (s. o. RdNr. 52). Hingegen bewirkt die Erteilung einer Vollmacht durch den Schuldner allein noch keine Gläubigerbenachteiligung.

81 § 35 führt – nur – insoweit über die bisherige Rechtslage hinaus, als nach Verfahrenseröffnung der Insolvenzverwalter anstelle des Schuldners über einen Vermögenserwerb zugunsten der Insolvenzmasse wirksam entscheiden kann, beispielsweise bei einem echten Vertrag zugunsten des Schuldners (§§ 328 Abs. 1, 333 BGB). Das ist eine rechtlich geschützte Stellung der Insolvenzmasse. Hat z. B. der Schuldner künftig anfallende Zinseinkünfte im voraus abgetreten (vgl. OLG Frankfurt NZI 2007, 413, 414 f.) oder den künftigen Erlös aus einem günstigen, fortdauernden Werkvertrag in anfechtbarer Weise abgetreten, kann das Erwerbsrechte des Insolvenzverwalters beeinträchtigen und damit die Insolvenzgläubiger benachteiligen.[333] Verhindert der Schuldner vor Insolvenzeröffnung durch aktives Tun[334] einen Vermögensanfall, den sonst nach dem Eröffnungsbeschluss der Verwalter noch erzielen könnte, so kann die Rechtshandlung des Schuldners nach allgemeinen Regeln anfechtbar sein. Das gilt beispielsweise, wenn der Schuldner in seiner wirtschaftlichen Krise ein günstiges Vertragsangebot ausschlägt,[335] um die Erwerbsmöglichkeit einem Angehörigen zuzuspielen; hätte ohne das Eingreifen des Schuldners der Verwalter das Angebot noch wirksam annehmen dürfen, kommt eine Gläubigerbenachteiligung in Betracht. Aus der Fassung des § 143 Abs. 1 Satz 1 („*aus* dem Vermögen des Schuldners veräußert ...") ergeben sich dagegen keine Bedenken, weil in jenem Falle bereits die sichere Erwerbsmöglichkeit des Angebotsempfängers (§ 145 ff. BGB) zum gegenwärtigen Schuldnervermögen gehört und gemäß § 35 in die Insolvenzmasse fällt. Dem steht § 517 BGB schon deshalb nicht entgegen, weil diese Vorschrift allenfalls die Unentgeltlichkeit eines solchen Erwerbs ausschließt. Allerdings ist gegebenenfalls durch Auslegung nach § 133 BGB zu ermitteln, ob das Angebot – beispielsweise einer Schenkung – möglicherweise für den Fall der Insolvenz des

---

[329] BGHZ 128, 184, 187 f. = NJW 1995, 659, 660.
[330] Vgl. BGH WM 1975, 1182, 1184; RGZ 67, 425, 430; RG Gruchot 54 (1910), S. 1164, 1166. Bei der Abtretung künftiger (befristeter) Forderungen sind dagegen Rechtshandlung und Gläubigerbenachteiligung erst mit dem Entstehen der künftigen Forderung abgeschlossen (s. u. § 140 RdNr. 14). Entsteht sie nicht vor der Verfahrenseröffnung, so hindern bereits die §§ 80, 91 den späteren Erwerb durch Dritte.
[331] Vgl. BGH NJW 1989, 1037 f.; RG JW 1899, 540 Nr. 29; RGZ 19, 65, 7 f.
[332] Die gegenteilige Begründung von BGH NJW-RR 1990, 142, 144 trifft nicht zu: Die vorzeitige Vertragsauflösung ist nur die Bedingung für das Erstarken des Anspruchs. Anderenfalls hätten es die Mietparteien in der Hand, nachträglich Aufwendungen des Mieters auf Kosten seiner Gläubiger dem Vermieter zuzuwenden. Im konkret entschiedenen Fall dürfte es aber an der weiteren Voraussetzung gefehlt haben, dass die Vertragsbeendigung nicht vom Mieter zu vertreten war.
[333] Das gegenteilige, zu § 3 AnfG ergangene Urteil RG JW 1905, 442 Nr. 27 ist jedenfalls zu § 36 InsO überholt. Ergänzend s. u. RdNr. 92.
[334] Weiter gehend für das österreichische Recht *König* RdNr. 3/12 ff., 15/6 f. Zum Unterlassen s. o. RdNr. 26.
[335] Ebenso *Kohler* S. 218; aM *Uhlenbruck/Hirte* § 129 RdNr. 99; *HK-Kreft* § 129 RdNr. 21; Hamb-Komm-*Rogge* § 129 RdNr. 5; *Jaeger/Henckel*, KO § 29 RdNr. 15; *Koziol* S. 95 ff. für das österreichische Recht.

Empfängers nicht gelten soll.³³⁶ Anfechtbar kann danach beispielsweise auch der Verzicht auf den **vorbehaltenen** Widerruf eines Schenkungsversprechens sein, für den § 517 BGB ebenso wenig gilt³³⁷ wie die §§ 528, 530 BGB. Eine bloße Untätigkeit des Schuldners genügt dagegen in diesem Zusammenhang nicht (s. o. RdNr. 26), beispielsweise wenn ein an ihn gerichtetes Vertragsangebot allein infolge Fristablaufs erlischt, ohne dass der Insolvenzverwalter es rechtzeitig hätte annehmen können.

Hatte der Schuldner nur eine rechtlich ungesicherte Erwerbsaussicht, so beeinträchtigt **82** deren Verlust seine Gläubiger nicht. Deshalb kommt z. B. eine Anfechtung nicht in Betracht, wenn Eltern bei einer vorweggenommenen Erbauseinandersetzung unter Lebenden einem insolvent gewordenen Kind als einzigem nur ein unpfändbares Wohnungsrecht einräumen.³³⁸

Die Verhinderung eines Erwerbs, der noch von der Ausübung eines Persönlichkeitsrechts **83** des Schuldners abhängt, wirkt nach wie vor nicht gläubigerbenachteiligend (s. u. RdNr. 88 ff.).

c) Unpfändbares Vermögen nicht erfasst. Wegen § 36 ist regelmäßig nicht anfechtbar **84** die Verfügung über unpfändbare Sachen³³⁹ und Rechte.³⁴⁰ Deshalb ist der Verzicht des Schuldners auf ein dingliches Wohnungsrecht, das entsprechend §§ 1093, 1092 Abs. 1 Satz 2 BGB an Dritte nicht einmal zur Ausübung erlassen werden darf,³⁴¹ nicht anfechtbar;³⁴² dagegen fiele ein hierfür etwa erlangtes Entgelt in die Insolvenzmasse,³⁴³ so dass dessen Verschiebung anfechtbar wäre. Die Pfändbarkeit richtet sich allein nach den gesetzlichen Bestimmungen. Barvermögen des Schuldners ist – von § 850 k ZPO und § 55 Abs. 1 Satz 1 SGB I abgesehen –, grundsätzlich ohne Rücksicht darauf pfändbar, ob es aus für sich unpfändbaren Einkünften gebildet worden ist.³⁴⁴ Auch ein **vertraglich** vorbehaltenes, nicht höchstpersönliches Recht zum Schenkungswiderruf gegenüber einem Ehegatten kann in die Insolvenzmasse fallen,³⁴⁵ ebenso ein vertraglicher Darlehensanspruch mit Zweckbestimmung.³⁴⁶ Ist das Recht zur Teilnahme mit Mannschaften am sportlichen Wettbewerb von Rechts wegen übertragbar und werden für die Übertragung üblicherweise Geldbeträge gezahlt, so ist es grundsätzlich pfändbar und unterliegt dem Insolvenzbeschlag.³⁴⁷ Wird ein zurzeit der Vornahme der Rechtshandlung unpfändbares Recht später beschlagfähig, können die Gläubiger – mittelbar – benachteiligt sein;³⁴⁸ eine Ausnahme mag aus Gründen der Rechtsklarheit für solche Sachen gelten, deren Unpfändbarkeit gemäß § 811 ZPO von den jeweiligen persönlichen Verhältnisse des Schuldners abhängt.³⁴⁹ Vorschriften über berufliche Verschwiegenheitspflichten – z. B. für Ärzte, Rechtsanwälte oder Steuerberater – verhindern nicht den Insolvenzbeschlag.³⁵⁰

Pfändbar ist insbesondere der **Anspruch** des Bankkunden gegen sein Kreditinstitut auf **84 a** **Auszahlung** eines zugesagten **Darlehens**³⁵¹ oder eines zugesagten Dispositionskredits,

---

³³⁶ Dazu näher *Jaeger/Henckel*, KO § 7 RdNr. 36; vgl. auch oben Vorb. RdNr. 48, 49 und *Windel* KTS 1995, 367, 404 f. Zu pauschal *Nerlich* (Fn. 131) § 129 RdNr. 103 f.
³³⁷ MünchKommBGB-*Kollhosser* § 517 RdNr. 6. Die Entscheidung des OLG Hamm (mitgeteilt bei *App* EWiR 1995, 947 f.) trifft jedenfalls für die Insolvenzanfechtung nicht zu.
³³⁸ BGH WM 1966, 584, 585 verneint die Sittenwidrigkeit einer solchen Absprache.
³³⁹ ZB nach §§ 811, 811 c, 812 ZPO. Vgl. OLG Braunschweig MDR 1953, 741.
³⁴⁰ Insbesondere nach §§ 850 bis 850 i, 851, 857 ZPO. Vgl. HK-*Kreft* § 129 RdNr. 51.
³⁴¹ Vgl. § 857 Abs. 3 ZPO und dazu BGH NJW 1962, 2392 f. sowie BGH, Urt. v. 29. 5. 2006 – V ZR 25/06, z. V. b.
³⁴² BGHZ 130, 314, 318 = NJW 1995, 2846, 2847; vgl. auch BGH NJW 1963, 2319; NZI 2002, 175 f. zum AnfG.
³⁴³ Vgl. *Baur/Stürner* RdNr. 18.41.
³⁴⁴ AG Kiel ZInsO 2004, 519, 520.
³⁴⁵ Unzutreffend OLG Hamm, mitgeteilt von *App* EWiR 1995, 947 f.
³⁴⁶ BGH ZIP 2001, 1248 f.
³⁴⁷ BGH NZI 2001, 360 f.; *Jaeger/Henckel* 35 RdNr. 63.
³⁴⁸ *Uhlenbruck/Hirte* § 129 RdNr. 102; ergänzend s. u. RdNr. 125.
³⁴⁹ Enger *Jaeger/Henckel* § 29 RdNr. 61, S. 792; *Uhlenbruck/Hirte* § 129 RdNr. 102; allgemein für die Maßgeblichkeit des Zeitpunkts der Insolvenzeröffnung *Kübler/Prütting/Paulus* § 129 RdNr. 29.
³⁵⁰ BGHZ 141, 173, 175 ff. = NJW 1999, 1544, 1546; BGH NJW-RR 2004, 54 f. Ergänzend s. o. § 35 RdNr. 385 f., 438; § 50 RdNr. 74.
³⁵¹ Vgl. BGH JR 1978, 419, 420.

soweit der Kunde diesen in Anspruch nimmt.³⁵² Daran ändert eine interne Vereinbarung über eine bestimmte Zweckbindung des Kredits regelmäßig nichts: Insoweit steht § 851 Abs. 1 ZPO jedenfalls dem Insolvenzbeschlag (vgl. § 80 Abs. 2) nicht entgegen, wenn die Zweckbestimmung nicht zu einer treuhänderischen Bindung des Anspruchs geführt hat.³⁵³ Pfändbar ist auch die einem Milcherzeuger zustehende Auslieferungs-Referenzmenge („Milchquote") gemäß der Milchabgabenverordnung.³⁵⁴

85   Erlangt der Schuldner einen Pflichtteils- oder Pflichtteilsergänzungsanspruch, so ist dieser sogleich bedingt pfändbar für den Fall, dass er durch Vertrag anerkannt oder rechtshängig wird (§ 852 Abs. 1 ZPO). Tritt der Schuldner in seiner wirtschaftlichen Krise den Anspruch – beispielsweise an einen Angehörigen – ab, so wird die Bedingung ausgelöst. Infolgedessen werden zugleich die Gläubiger in anfechtbarer Weise benachteiligt.³⁵⁵

86   Nach denselben Grundsätzen haften den Gläubigern Rechte des Schuldners auf Rückforderung einer Schenkung wegen Verarmung (§ 528 BGB; § 852 Abs. 2 ZPO)³⁵⁶ sowie der Zugewinnausgleichsanspruch eines Ehegatten (§ 1378 BGB; § 852 Abs. 2 ZPO).³⁵⁷

87   Beschränkte persönliche Dienstbarkeiten sind nach § 1092 Abs. 1 BGB iVm § 857 Abs. 3 ZPO – nur – pfändbar, wenn ihre Ausübung durch Dritte gestattet ist, dann aber auch ohne Eintragung dieser Ausübungsgestattung im Grundbuch.³⁵⁸ Bedarf – wie nach § 5 Abs. 1 i. V. m. § 8 ErbbRVO – nicht schon die Pfändung, sondern erst die Verwertung der Zustimmung eines Dritten, so kann eine mit dieser Zustimmung vorgenommene Übertragung anfechtbar sein; dass der Dritte zusätzlich einen schuldrechtlichen Heimfallanspruch im Sinne von § 2 Nr. 4, § 3 ErbbRVO gehabt hätte, hindert die Anfechtung ebenfalls nicht.³⁵⁹

88   **d) Persönlichkeitsrechte nicht erfasst.** Nicht anfechtbar sind Rechtshandlungen betreffend reine Persönlichkeitsrechte des Schuldners, weil diese nicht Vermögensbestandteile sind und deshalb nicht seinen Gläubigern haften. Anfechtbare Rechtshandlungen müssen stets einen unmittelbaren Vermögensbezug haben.³⁶⁰

89   aa) Deshalb sind Änderungen im Personenstand des Schuldners sogar dann nicht anfechtbar, wenn sie mittelbar wirtschaftliche Belastungen bewirken, z. B. die Eheschließung oder Annahme an Kindes Statt mit dadurch begründeten Unterhaltspflichten.³⁶¹ Dagegen können selbständige Unterhaltsvereinbarungen des Schuldners anfechtbar sein, weil sie vorwiegend vermögensentäußernden Charakter haben. Die Umwandlung des Güterstandes selbst – etwa die Vereinbarung von Gütertrennung statt Zugewinngemeinschaft – ist nicht anfechtbar, sondern Ausfluss persönlicher Selbstbestimmung; dagegen kann die nachfolgende Auseinandersetzung der Zugewinngemeinschaft eine anfechtbare Rechtshandlung sein.³⁶² Der (nur)

---

³⁵² BGHZ 147, 193, 195 ff. = NJW 2001, 1937, 1938 f.; vgl. BGH NZI 2002, 255 f.; BGHZ 154, 350, 355 f. = NJW 2004, 1444, 1445; BGH ZIP 2004, 669, 670.
³⁵³ BGH NJW-RR 2001, 1490 f.; *von Olshausen* LM GesO Nr. 68 Bl. 4; *Gerhardt* EWiR 2001, 1007, 1008. Ergänzend s. u. RdNr. 108 b.
³⁵⁴ BGH, Beschl. v. 20. 12. 2006 – VII ZB 92/05, z. V. b. Zu Einschränkungen s. u. RdNr. 108.
³⁵⁵ Vgl. BGHZ 123, 183, 185 f. = NJW 1993, 2876, 2877; nach Inkrafttreten des § 35 käme im entschiedenen Fall die Insolvenz- statt der Einzelgläubigeranfechtung zum Zuge. Vgl. ferner *Hannich*, Die Pfändungsbeschränkung des § 852 ZPO, 1998, S. 161 ff.; 168 ff.; *Jaeger/Henckel*, KO § 9 RdNr. 16; *Bartels* KTS 2003, 41, 45 f.
³⁵⁶ BGH, Urt. v. 7. 11. 2006 – X ZR 184/04, z. V. b. in BGHZ; HK-*Kreft* § 129 RdNr. 52; *Hannich* (vorige Fn.) aaO; *Stein/Jonas/Brehm* § 852 RdNr. 6, 2. Absatz. Dagegen bleibt das Widerrufsrecht nach § 530 BGB höchstpersönlich (vgl. dessen Abs. 2): Die Ausübung des Widerrufs als Sanktion für persönlichen Undank betrifft die Gläubiger nicht, im Gegensatz zu einer durch frühere Schenkung mit herbeigeführten Verarmung und Insolvenz des Schuldners.
³⁵⁷ Vgl. *Hannich* (vorletzte Fn.) aaO; *Jaeger/Henckel*, KO § 29 RdNr. 50.
³⁵⁸ BGH ZInsO 2006, 1324, 1325 f. Zum Nießbrauch vgl. § 1059 Satz 2 BGB.
³⁵⁹ Vgl. BGH NJW 1966, 730, 731.
³⁶⁰ *Jaeger/Henckel* § 29 RdNr. 102; vgl. BGH WM 1964, 505, 506 f.
³⁶¹ *Uhlenbruck/Hirte* § 129 RdNr. 101, § 134 RdNr. 29; *Kilger/K. Schmidt* § 29 KO Anm. 14; *Baur/Stürner* RdNr. 18.42; *Gottwald/Huber* (Fn. 12) § 46 RdNr. 47.
³⁶² Vgl. BGHZ 57, 123, 126 f. = NJW 1972, 48 f.; OLG Zweibrücken OLGZ 1965, 304, 306 ff.; *Krause* JuS 1990, 877, 881.

Grundsatz 90–92 § 129

vertraglich vorbehaltene Widerruf einer Schenkung an den Ehegatten betrifft kein höchstpersönliches Recht:³⁶³ Regeln Eheleute ihre wirtschaftlichen Beziehungen allgemeinvertraglich, so wird diese Rechtsgestaltung nicht durch Persönlichkeitsrechte geschützt. Aus demselben Grunde kann die Übertragung einer auf Wegfall der Geschäftsgrundlage gestützten Ausgleichsforderung zwischen (geschiedenen) Eheleuten³⁶⁴ anfechtbar sein. Unanfechtbar sind dagegen der Verzicht auf das Widerrufsrecht nach § 530 BGB³⁶⁵ und der Wechsel des Wohnsitzes einer natürlichen Person.

Nicht anfechtbar ist die Ausschlagung einer Erbschaft (§§ 1942, 1953 BGB)³⁶⁶ oder eines Vermächtnisses (§§ 2176, 2180 BGB)³⁶⁷ durch den Schuldner: § 83 Abs. 1 Satz 1 zeigt, dass diese Entscheidung weiterhin allein dem persönlichen Bereich des Schuldners zugerechnet werden soll. Dasselbe muss für den Erbverzicht nach § 2346 BGB³⁶⁸ und für das Unterlassen der Geltendmachung eines Pflichtteilsanspruchs³⁶⁹ oder eines sonstigen höchstpersönlichen Erwerbs gelten: beispielsweise für den Verzicht eines bäuerlichen Nutznießungsrechts gemäß § 14 HöfeO,³⁷⁰ die Ablehnung der fortgesetzten Gütergemeinschaft (§ 1484 Abs. 1 BGB, § 83 Abs. 1 Satz 2 InsO) oder den Verzicht auf eine höchstpersönliche Wirtschaftskonzession.³⁷¹ Umgekehrt benachteiligt das Unterlassen, eine – überschuldete – Erbschaft oder eines Vermächtnisses auszuschlagen, im Allgemeinen nicht die Insolvenzgläubiger,³⁷² der Verwalter kann die Insolvenzmasse dagegen gemäß §§ 1975 ff., 2187 ff. BGB schützen, solange der Erbe nicht schon unbeschränkt haftete (§ 2013 BGB). 90

bb) Auch die **Arbeitskraft** des Schuldners unterliegt im Hinblick auf § 888 Abs. 2 ZPO **nicht** dem Insolvenzbeschlag; die Gläubiger haben keinen Anspruch auf ihre Ausnutzung.³⁷³ Daran hat die Obliegenheit des Schuldners nach § 295 Abs. 1 Nr. 1, sich um Erwerbseinkünfte zu bemühen, nichts geändert: Als Sanktion für ein Zuwiderhandeln verliert er allenfalls die Restschuldbefreiung (§ 296). Deshalb ist z. B. die Aufgabe einer gut bezahlten Stellung durch den Schuldner ebenso wenig anfechtbar³⁷⁴ wie die Nichtaufnahme einer zumutbaren entgeltlichen Arbeit.³⁷⁵ Arbeitet der Schuldner im Betriebe eines ihm Nahestehenden unentgeltlich in einer Weise mit, die üblicherweise vergütet zu werden pflegt, so können Gläubiger – oder Insolvenzverwalter – zwar nicht eine unterlassene Vergütungsvereinbarung, wohl aber die tatsächlich erbrachte unentgeltliche Dienstleistung³⁷⁶ anfechten. Stellt der spätere Insolvenzschuldner die Arbeitskraft eines bei ihm angestellten Arbeitnehmers einem Dritten zur Verfügung, können die Insolvenzgläubiger sogar dann benachteiligt sein, wenn der Schuldner selbst keine Verwendung für die Dienste mehr hat.³⁷⁷ 91

Nimmt der Schuldner eine Arbeit gegen Entgelt an, so fällt sein gegenwärtiges und künftiges Arbeitseinkommen in die Insolvenzmasse (§§ 35, 89 Abs. 2, 114); die – wirksame 92

---

³⁶³ Unzutreffend OLG Hamm, mitgeteilt von *App* EWiR 1995, 947 f.
³⁶⁴ Vgl. dazu BGHZ 68, 299, 304 f. = NJW 1977, 1234, 1235 f.; BGH NJW 1982, 2236 f.; WM 1982, 697, 698.
³⁶⁵ *Uhlenbruck/Hirte* § 129 RdNr. 100. Zur Abgrenzung s. o. RdNr. 84, 86.
³⁶⁶ RGZ 54, 289, 291 f.; 84, 342, 347; *Jaeger/Henckel*, KO § 9 RdNr. 9, § 29 RdNr. 59; *Uhlenbruck/Hirte* § 129 RdNr. 100; *MünchKommBGB-Leipold* § 1942 RdNr. 14; *Kipp/Coing* § 87 V, S. 487 f.; aM *Bartels* KTS 2003, 41, 48 ff.
³⁶⁷ *Gottwald/Huber* (Fn. 12) § 46 RdNr. 47; aM *Bartels* KTS 2003, 41, 48 ff.
³⁶⁸ *Uhlenbruck/Hirte* § 129 RdNr. 100; *Jaeger/Henckel*, KO § 9 RdNr. 11.
³⁶⁹ BGH NJW 1997, 2384 f.; vgl. aber oben RdNr. 85.
³⁷⁰ BGH WM 1964, 505, 507; *Jaeger/Henckel*, KO § 29 RdNr. 16.
³⁷¹ RG LZ 1912, 661 Nr. 30; OLG Celle DJZ 1908, 1352; *Jaeger/Henckel*, KO § 29 RdNr. 107; vgl. auch BGH WM 1964, 114, 116; OVG Lüneburg NZI 2007, 300; VG Gießen ZIP 2005, 2074, 2075. Ergänzend s. o. § 35 RdNr. 511 ff.
³⁷² Vgl. *Jaeger/Henckel*, KO § 9 RdNr. 10, § 29 RdNr. 59.
³⁷³ BGH WM 1964, 114, 116; RGZ 69, 59, 63; *Jaeger/Henckel*, KO § 29 RdNr. 31, 106; *Uhlenbruck/Hirte* § 129 RdNr. 96.
³⁷⁴ RGZ 70, 226, 230; *Nerlich* (Fn. 131) § 129 RdNr. 92; vgl. *Gerhardt*, Festschrift für Gaul S. 241.
³⁷⁵ *Gottwald/Huber* (Fn. 12) § 46 RdNr. 47.
³⁷⁶ S. u. § 134 RdNr. 14 und zur Vereinbarung einer zu niedrigen Vergütung s. u. RdNr. 92.
³⁷⁷ BGH NZI 2004, 253 f.

– Verfügung über das Entgelt kann anfechtbar sein.[378] Das Entgelt für eine tatsächlich ausgeübte Erwerbstätigkeit des Schuldners ist ein Vermögensgut (vgl. §§ 850 ff. ZPO). Das gilt auch bei Vereinbarung eines unangemessen niedrigen Entgelts; dann erfasst der Insolvenzbeschlag nach Maßgabe des § 36 Abs. 1 Satz 2 in Verbindung mit § 850 h Abs. 2 ZPO die angemessene Vergütung.[379] Der Umstand, dass Arbeitgeber wie Arbeitnehmer ihr Vertragsverhältnis unanfechtbar beenden könnten, schließt – solange es besteht und erfüllt wird – eine Gläubigerbenachteiligung durch Abtretung pfändbarer Lohnansprüche nicht aus. Diese entstehen gemäß § 140 Abs. 1 mit der jeweils zu vergütenden Arbeitsleistung des Schuldners; damit ist eine Vorausverfügung als anfechtbare Rechtshandlung abgeschlossen und tritt die Gläubigerbenachteiligung ein.[380] Die Wirkung der Vorausabtretung hängt zwar vom tatsächlichen Einsatz des Schuldners in der Folgezeit ab; erbringt er ihn aber, so darf die Gläubigerbenachteiligung nicht mit der rein hypothetischen Erwägung verneint werden, dass der Schuldner sich unanfechtbar anders hätte verhalten können (s. u. RdNr. 181). Deshalb begründet die Abtretung künftiger Lohnforderungen auch insoweit eine Gläubigerbenachteiligung, als der Schuldner später ein Arbeitsverhältnis eingeht und seinerseits erfüllt: Sie liegt nicht im Vertragsschluss oder der Arbeitsleistung selbst, sondern in der dadurch ausgelösten Abtretungswirkung. Diese führt nunmehr die masseschädigende Wirkung des § 114 Abs. 1 herbei.[381] Die Wahl einer übergesetzlich günstigen Steuerklasse – III statt IV – zugunsten des Ehegatten des Schuldners kann ebenfalls gläubigerbenachteiligend wirken.[382]

93 Nicht anfechtbar ist die bloße **Aufgabe** einer **freiberuflichen** – beispielsweise anwaltlichen oder ärztlichen – Praxis, weil diese auf der persönlichen Arbeitskraft des Schuldners beruht.[383] Hingegen kann eine – nach allgemeinen Regeln wirksame[384] – **Veräußerung** der Praxis anfechtbar sein.[385] Diese fiele in die Insolvenzmasse, wenn sie bei Verfahrenseröffnung noch vorhanden wäre.[386] Vergütet werden bei der Veräußerung zwar außer Sachwerten (Praxiseinrichtung) vor allem Patienten- oder Klientenstamm sowie „good will". Diese wurden durch den Einsatz des Schuldners (Freiberuflers) in der Vergangenheit geschaffen und sind danach nicht mehr sein höchstpersönliches Gut, sondern das Entgelt dafür haftet seinen Gläubigern. Auf die Frage, inwieweit der Verwalter selbst die Praxis verwerten könnte, wenn sie bei Verfahrenseröffnung noch im Vermögen des Schuldners gewesen wäre,[387] kommt es hier nicht entscheidend an. Denn tatsächlich **hat** der Schuldner die ihm zustehende Entscheidungsfreiheit durch die Veräußerung ausgeübt; dass andere Verhaltensweisen denkbar gewesen

---

[378] Vgl. *Jaeger/Henckel*, KO § 29 RdNr. 31; *Baur/Stürner* RdNr. 18.42; *Gottwald/Huber* (Fn. 12) § 46 RdNr. 59; *Mauer* RdNr. 44.

[379] *Uhlenbruck/Hirte* § 129 RdNr. 96; *Jaeger/Henckel*, KO § 1 RdNr. 72.

[380] Insoweit übereinstimmend RG LZ 1913, 862, 863 f. und *Jaeger* LZ 1914, 1065, 1077. Davon zu unterscheiden ist der Fall (z. B. RG JW 1913, 885, 886 f.), dass der „Abtretungsempfänger" den ganzen Vertrag des Schuldners mit dessen Auftraggeber einvernehmlich „übernimmt"; hier kommt die Anfechtung – einer mittelbaren Zuwendung (s. o. RdNr. 67, 69) – nur in Betracht, wenn der Schuldner persönlich die Arbeitsleitung dennoch so erbringt wie zunächst vereinbart.

[381] Ebenso *Jaeger/Henckel*, KO § 29 RdNr. 31; *Balz* EWiR 1987, 209 f.; wohl auch *Gottwald/Huber* (Fn. 12) § 46 RdNr. 59. Wegen hypothetischer Kausalitätsprüfung überholt ist BGH NJW 1987, 1268, 1269 und WM 1987, 191, 192.

[382] Vgl. BGH NZI 2006, 114 f.; HambKomm-*Rogge* § 129 RdNr. 41; ferner *Mork/Heß* ZInsO 2007, 314 ff.

[383] Vgl. RGZ 70, 226, 230.

[384] BGH BB 1958, 496 f., insoweit nicht in WM 1958, 702 f.; NJW 1973, 98, 100; WM 1988, 1566, 1567; NJW 1989, 763; BFH ZIP 1994, 1283, 1284; im Hinblick auf Datenschutzvorschriften einschränkend BGHZ 116, 268, 277 = NJW 1992, 737, 740; BGH NJW 1995, 2026 f.; NJW 1996, 773, 774.

[385] *Jaeger/Henckel*, KO § 29 RdNr. 106; *Uhlenbruck/Hirte* § 129 RdNr. 97; *Hess* KO, § 29 RdNr. 34; für den Gesellschaftsanteil an einer ärztlichen Gemeinschaftspraxis (Kassenvertragssitz) auch AG Hamburg ZInsO 2006, 1232; aM *Kilger/K. Schmidt* § 29 KO Anm. 14; *Nerlich* in: *Nerlich/Römermann* § 129 RdNr. 93.

[386] S. o. § 35 RdNr. 507 ff.; vgl. BFH ZIP 1994, 1283, 1284 f.; *Schick* NJW 1990, 2359, 2360; *Gerhardt*, Festschrift für Gaul S. 145; *Riering* S. 48 f.; *Uhlenbruck*, InsO § 35 RdNr. 47; *Jaeger/Henckel* § 35 RdNr. 14; *Kilger/K. Schmidt* § 1 KO Anm. 2 D a bb, § 29 KO Anm. 2; *Kluth* NJW 2002, 186 ff.; aM FG Düsseldorf ZIP 1992, 635 f. m. zust. Anm. von *Grub* EWiR 1992, 581, 582.

[387] Vgl. dazu *Gerhardt*, Festschrift für Gaul S. 145; *Jaeger/Henckel* § 35 RdNr. 14; *Uhlenbruck*, InsO § 35 RdNr. 50; *Kluth* NJW 2002, 186 ff.

Grundsatz 94, 95 § 129

wären, ist unerheblich (s. u. RdNr. 181). Die Gläubiger können insbesondere durch eine unentgeltliche Übertragung oder eine Veräußerung zu einem zu geringen Preis oder durch die Zahlung eines vollwertigen Entgelts an einen Dritten[388] benachteiligt werden; hierdurch versucht der Schuldner, sich selbst den Gegenwert seines früheren Einsatzes zu erhalten, ihn aber seinen Gläubigern zu entziehen. Soweit die Rückgewähr in Natur (§ 143 Abs. 1 Satz 1) wegen der erforderlichen Zustimmung der beteiligten Freiberufler und Patienten/Klienten unmöglich ist, ist der Wert der Zuwendung zu ersetzen.

Erst recht bestehen unter dem Gesichtspunkt eines höchstpersönlichen Guts keine Bedenken gegen eine Anfechtung der Veräußerung eines **kaufmännischen Unternehmens** des Insolvenzschuldners: Es lebt nicht zwangsläufig von dessen persönlicher Arbeitskraft. Entsprechendes gilt für die Kündigung einer gesellschaftsrechtlichen Beteiligung des Schuldners.[389] Nur die Beendigung einer persönlichen geschäftsführenden Tätigkeit durch den Schuldner und z. B. sein Einsatz für ein anderes Unternehmen wirken für sich nicht gläubigerbenachteiligend.[390] Anfechtbar ist die Veräußerung des Unternehmens[391] als Ganzes, nicht allein der übertragenen einzelnen Bestandteile. Es umfasst zwar nicht lediglich pfändbare Gegenstände, sondern zugleich rein tatsächliche Werte, die gemäß §§ 803 ff. ZPO nicht einer Einzelzwangsvollstreckung unterliegen. Deren Übertragung benachteiligt die Insolvenzgläubiger jedoch, weil sie – trotz § 36 Abs. 1 – zur Insolvenzmasse gehören: § 1 Satz 1 letzter Halbsatz, § 22 Abs. 1 Satz 2 Nr. 2, § 36 Abs. 2,[392] § 156 Abs. 1 Satz 2, § 157 Satz 1, §§ 158, 160 Abs. 2 Nr. 1, §§ 162, 163, 229 und 230 setzen das voraus. Der sachenrechtliche Bestimmtheitsgrundsatz steht nicht selbständig der Anfechtung entgegen:[393] Er gilt nicht für das zugrundeliegende Verpflichtungsgeschäft. Ist dieses und gegebenenfalls dessen Erfüllung (§ 362 BGB) anfechtbar, so werden sachenrechtliche Vorschriften erst für die Art der Rückgewähr, § 143, bedeutsam;[394] notfalls ist Wertersatz zu leisten (s. u. § 143 RdNr. 42). Zum Eintritt einer Gläubigerbenachteiligung, wenn die Übernahme der Verbindlichkeiten einen Teil des Kaufpreises darstellt, s. u. RdNr. 110, 128.

Wegen der Einbindung in das kaufmännische Unternehmen kann auch die selbständige Aufgabe der **Firma** (§ 23 HGB), unter der es betrieben wird, die Gläubiger benachteiligen, sofern das Unternehmen selbst in die Insolvenzmasse fällt.[395] Auf die Streitfrage, ob der Insolvenzverwalter für die Veräußerung insbesondere eines Einzelhandelsunternehmens oder einer Personenhandelsgesellschaft mit Firma die Zustimmung des Namensträgers benötigt,[396] kommt es insoweit nicht entscheidend an. Denn die Gläubiger können schon durch die Erschwerung benachteiligt werden, die der Wegfall der bisherigen Firma für die **Fortführung** des Unternehmens[397] bedeutet. Zur Art der Rückgewähr s. u. § 143 RdNr. 40.

---

[388] RG LZ 1914, 491, 492 f. ist überholt.
[389] Zur Gläubigerbeeinträchtigung in derartigen Fällen vgl. aber RdNr. 133.
[390] Vgl. BGH WM 1964, 114, 116 und ergänzend WM 1970, 404 f.
[391] *Uhlenbruck/Hirte* § 129 RdNr. 95; *Kilger/K. Schmidt* § 29 KO Anm. 14; *Baur/Stürner* RdNr. 18.42 Fn. 149; *Häsemeyer*, Insolvenzrecht, RdNr. 21.21; vgl. auch RGZ 134, 91, 98 f.; OLG Dresden LZ 1910, 332, 334; *Jaeger/Henckel* § 35 RdNr. 11.
[392] Zu Kundenlisten vgl. OLG Saarbrücken ZIP 2001, 164, 165.
[393] So auch *Gerhardt*, Festschrift für Gaul S. 144 f.; *Jaeger/Henckel*, KO § 29 RdNr. 57; FK-*Dauernheim* § 129 RdNr. 38; *Nerlich* (Fn. 131) § 129 RdNr. 95 und – mit abweichender Begründung – *K. Schmidt* BB 1988, 5, 6 f.; aM *Weimar* MDR 1964, 566, 567 und für die Einzelgläubigeranfechtung BGH WM 1964, 114, 115; RGZ 70, 226, 231 f.
[394] Vgl. BGH WM 1962, 1316 f.; NJW 1968, 392, 393; *Gerhardt*, Festschrift für Gaul S. 148 f.; vgl. *Jaeger/Henckel* § 35 RdNr. 10.
[395] OLG Düsseldorf ZIP 1989, 457, 458; *Emmrich* S. 58 ff.; *Uhlenbruck* GmbHR 1987 R 41 f.; *Nerlich* (Fn. 131) § 129 RdNr. 96; *Uhlenbruck/Hirte* § 129 RdNr. 95; *Jaeger/Henckel* § 29 RdNr. 105; *Kilger/ K. Schmidt* § 29 KO Anm. 14; s. o. 35 RdNr. 486 ff.; vgl. auch BGHZ 85, 221, 222 f. = NJW 1983, 755 f.; für Nichtigkeit *Schultze* DZWIR 2005, 56, 59; aM RG Gruchot 38 (1894), 1184 f.
[396] Bejahend BGHZ 32, 103, 105 ff. = NJW 1960, 1008 f.; BGHZ 109, 364, 366 f. = NJW 1990, 1605, 1606 f.; *Jaeger/Henckel* § 35 RdNr. 23; *Emmrich* S. 84 ff., 97 ff.; *Wertenbruch* ZIP 2002, 1931, 1935 f.; einschränkend *Kilger/K. Schmidt* § 1 KO Anm. 2 D c bb; *Beisel/Klump* 5. Kap. RdNr. 9 f.; *Uhlenbruck* ZIP 2000, 401, 402 f.; verneinend *Steinbeck* NZG 1999, 133, 138; *Barnert* KTS 2003, 523, 538 ff.
[397] Vgl. dazu BGH NJW-RR 1989, 1263; *Emmrich* S. 30 ff.

96 Geschäftliche **Marken** unterliegen nach § 29 Abs. 3 MarkenG dem Konkursbeschlag, so dass ihre vorherige Aufgabe oder Veräußerung zu einer Gläubigerbenachteiligung im Sinne des Anfechtungsrechts führen kann.[398]

97 **cc) Gewerbliche Schutzrechte.** Nicht höchstpersönlich und deshalb dem Insolvenzbeschlag unterworfen sind Immaterialgüterrechte, also Patente,[399] Geschmacks- und Gebrauchsmuster,[400] gewerblich ausgewertete Geheimverfahren[401] und ausschließliche Lizenzen[402] des Schuldners (s. o. § 35 RdNr. 283 ff.). Verfügungen darüber können deshalb anfechtbar sein.[403] Bei einfachen Lizenzen gehören die durch sie begründeten schuldrechtlichen Ansprüche ebenfalls zum insolvenzrechtlich geschützten Vermögen.[404] Ein in Gläubigerbenachteiligungsvorsatz erklärter Verzicht auf ein gewerbliches Schutzrecht ist allerdings nichtig (s. o. RdNr. 17), so dass eine Anfechtung entfällt.

98 **Urheberrechte** sind gemäß § 113 UrhG allein wegen ihres Nutzungswertes pfändbar. Da die Pfändung zudem der Einwilligung des Urhebers bedarf, ist sogar die Einräumung oder Veränderung eines Nutzungsrechts durch ihn nur mit jener Einwilligung, also praktisch kaum je anfechtbar.[405] Rechtshandlungen der Inhaber von Nutzungsrechten im Sinne des § 31 UrhG können dagegen in der Insolvenz des Inhabers wie solche über Lizenzen (s. o. RdNr. 97) gläubigerbenachteiligend wirken.[406] Zwar bedürfte gemäß § 34 Abs. 1 Satz 1 UrhG auch die Zwangsverwertung des Nutzungsrechts regelmäßig der Zustimmung des Urhebers, doch wird gerade in der Insolvenz oft die Ausnahme des § 34 Abs. 3 UrhG – die Gesamtveräußerung des Unternehmens durch den Insolvenzverwalter – in Betracht kommen.[407] Im Übrigen wäre die Verweigerung der Zustimmung bei Treuwidrigkeit unbeachtlich (§ 34 Abs. 1 Satz 2 UrhG).[408]

99 Das Zustimmungserfordernis (s. o. RdNr. 98) gilt nach §§ 69 a, 69 c UrhG ebenfalls für Verfügungen des Urhebers oder Ausübungsberechtigten (§ 69 b UrhG) bezüglich Computer-**Software**. Folgt man allerdings der Ansicht, dass Computer-Programme wie gewerbliche Schutzrechte pfändbar sind, weil sie regelmäßig in Verwertungsabsicht entwickelt werden,[409] so könnten die Insolvenzgläubiger durch eine Verfügung des Erfinders auch anfechtungsrechtlich benachteiligt werden. Jedenfalls muss diese Erwägung für Rechtshandlungen des bloßen Vertriebsberechtigten gelten: Sogar ohne besondere Regelungen in § 69 c UrhG ist wenigstens die Einschränkung des § 34 Abs. 1 Satz 2 UrhG entsprechend anzuwenden, dass die treuwidrige Verweigerung der Zustimmung durch den Rechtsinhaber unbeachtlich ist.[410] Die Ausnahme für Unternehmensveräußerungen im ganzen (§ 34 Abs. 3 UrhG) hat ebenfalls einzugreifen. Hingegen kommen in der Insolvenz des bloßen Software-Anwenders, der die Programme selbst nicht veräußern darf, allein Einwirkungen auf sein Nutzungsrecht als anfechtbar in Betracht, solange nicht das Verbreitungsrecht des Urhebers im Sinne von § 17 Abs. 2 UrhG erschöpft ist. Bei der „Internet-Domain" fällt die Gesamt-

---

[398] Vgl. § 35 RdNr. 367 ff.; *Bergmann*, Festschrift für Kreft, 2004, S. 207, 208 ff. *Jaeger/Henckel* § 35 RdNr. 37 und zum früheren Warenzeichenrecht BGHZ 109, 364, 366 = NJW 1990, 1605, 1606.
[399] *Jaeger/Henckel* § 35 RdNr. 58; s. o. § 35 RdNr. 296 ff.; vgl. auch BGHZ 125, 334, 337 ff. = NJW 1994, 3099, 3100; *Tetzner* JR 1951, 166.
[400] BGH NJW-RR 1998, 1057, 1058; *Jaeger/Henckel* § 35 RdNr. 56 f.; s. o. § 35 RdNr. 293 ff., 325 ff.
[401] Vgl. § 35 RdNr. 377 ff.; BGHZ 16, 172, 175 f. = NJW 1955, 628, 629; OLG Hamm JMBl NW 1951, 151.
[402] *Jaeger/Henckel* § 35 RdNr. 62. Im Einzelnen s. o. § 35 RdNr. 310 ff.
[403] Vgl. BGH ZIP 1996, 184, 185; OLG Düsseldorf ZIP 1986, 185, 189.
[404] Vgl. RGZ 134, 91, 95 ff.; *Jaeger/Henckel* § 35 RdNr. 62; weiter gehend *Wallner* NZI 2002, 70, 76 ff.
[405] Vgl. *Schwab* KTS 1999, 49, 50 f.; *Stickelbrock* WM 2004, 549, 552 ff.; *Jaeger/Henckel* § 35 RdNr. 43 f.
[406] Vgl. RG JW 1937, 3243; HambKomm-*Rogge* § 129 RdNr. 47.
[407] Vgl. *Stickelbrock* WM 2004, 549, 555 f.
[408] Vgl. dazu BGH NJW-RR 2005, 1403, 1405.
[409] *C. Paulus* CR 1987, 651, 655 f. und ZIP 1996, 1, 4; *Roy/Palm* NJW 1995, 690, 692; *Breidenbach* CR 1989, 971, 972 ff.; *Gesper* CR 1989, 8, 11; *Jaeger/Henckel* § 35 RdNr. 51.
[410] *Roy/Palm* NJW 1995, 690, 693.

Grundsatz 100, 101 § 129

heit der schuldrechtlichen Ansprüche, die dem Inhaber der Domain gegenüber der Vergabestelle zustehen, in die Insolvenzmasse.[411]

2. Beeinträchtigung des Gläubigerzugriffs. Anfechtbar sind Rechtshandlungen nur, 100 wenn sie den Zugriff der Gläubiger auf das Schuldnervermögen (s. o. RdNr. 77 ff.) beeinträchtigen.[412] Dies kann zutreffen, wenn entweder die – in der Insolvenz zu befriedigenden – Verbindlichkeiten des Schuldners vermehrt wurden[413] oder sein Aktivvermögen verringert wurde.[414] Eine Benachteiligung durch Verkürzung der Aktivmasse muss gerade aus der Veräußerung, Auf- oder Weggabe von Werten des massezugehörigen Schuldnervermögens folgen.[415] Im Ergebnis muss die Aussicht ungesicherter Insolvenzgläubiger auf Befriedigung verringert sein. Demgegenüber setzt die Anfechtbarkeit dem Grunde nach nicht voraus, dass die angefochtene Rechtshandlung den Leistungsempfänger bereichert hat; dies kann allenfalls den Umfang der Rückgewährpflicht nach §§ 143, 144 beeinflussen.

Bei dieser Prüfung ist von der jeweils tatbestandsmäßigen Rechtshandlung auszugehen: 101 ZB kommt es für die Anfechtung nach §§ 130, 131 allein auf die Folgen der Deckungshandlung an, während eine etwaige Gegenleistung – von § 142 abgesehen – nur für § 132 und § 144 bedeutsam wird (s. u. RdNr. 129). Die in Frage stehende Vermögensverschiebung ist in ihrer wirtschaftlichen Bedeutung – nicht nur formalrechtlich – zu erfassen.[416] Die Benachteiligung kann schon in einer – nicht unbedeutenden – Erschwerung[417] oder Verzögerung[418] der Gläubigerbefriedigung liegen, beispielsweise in einer Besitzübertragung (s. u. RdNr. 136), einer materiell-rechtlich unrichtigen Grundbucheintragung,[419] in der Umqualifizierung eines Gesellschafter-Darlehens in haftendes Eigenkapital[420] oder darin, dass der Schuldner Vermögen in einem ersten Schritt auf ein Konto unter Mitberechtigung

---

[411] Zur Pfändbarkeit vgl. BGH WM 2005, 1849 ff.; OLG München ZIP 2004, 2451 Ls; *Empting* ZInsO 2006, 229 f.

[412] BGH ZIP 1981, 1229, 1230 f.; BGHZ 105, 168, 187 = NJW 1988, 3143, 3148; BGH NJW 1989, 1037; *Baur/Stürner* RdNr. 18.36.

[413] NJW 1992, 624, 627; 2002, 1574, 1575; NJW-RR 2006, 1134, 1135 f.; RGZ 27, 130, 132 f.; 36, 161, 166 f.; *Jaeger/Henckel*, KO § 29 RdNr. 61, S. 790 f.; *Uhlenbruck/Hirte* § 129 RdNr. 117; HK-*Kreft* § 129 RdNr. 36; FK-*Dauernheim* § 129 RdNr. 36; *Gottwald/Huber* (Fn. 71) § 46 RdNr. 38; *Nerlich* (Fn. 131) § 129 RdNr. 63; *Baur/Stürner* RdNr. 18.37; *Häsemeyer* Insolvenzrecht RdNr. 21.23. Zur Rücknahme einer Forderungsanmeldung s. u. RdNr. 179 a.

[414] NJW 1992, 2485, 2486; BGHZ 124, 76, 78 f. = NJW 1994, 449, 450; BGH WM 2006, 1018, 1019; ZInsO 2007, 596, 597; 2007, 658, 659; OLG Stuttgart ZInsO 2005, 942, 944; OLG Naumburg ZIP 2006, 716, 718; *Jaeger/Henckel*, KO § 29 RdNr. 61, S. 790; *Uhlenbruck/Hirte* § 129 RdNr. 91; *Häsemeyer*, Insolvenzrecht, RdNr. 21.20, 21.23; HK-*Kreft* § 129 RdNr. 36; *Nerlich* (Fn. 131) § 129 RdNr. 63; FK-*Dauernheim* § 129 RdNr. 36; *Gottwald/Huber* (Fn. 12) § 46 RdNr. 51; vgl. auch BGH NJW-RR 1986, 848; 1989, 1080; NJW 1991, 2144, 2146; RGZ 81, 144, 145 f.; RG JW 1914, 255, 256; LAG Hamm ZIP 1982, 615, 618.

[415] BGH NJW-RR 1986, 536, 538. Zur Begrenzung auf das unmittelbar betroffene Vermögen s. u. RdNr. 170 a.

[416] Vgl. BGH WM 1955, 404, 405; WM 1955, 407, 409; WM 1960, 381, 382; ZIP 1981, 1229, 1230 f.; ZIP 1985, 816, 817 f.; NJW-RR 1989, 1010; BGHZ 128, 184, 187 = NJW 1995, 450; BGH NZI 2006, 700, 701; OLG München ZInsO 2004, 1040, 1044; *Nerlich* (Fn. 131) § 129 RdNr. 63; *Andres/Leithaus* § 129 RdNr. 8; *M. Zeuner*, Anfechtung RdNr. 46; *Gottwald/Huber* (Fn. 12) § 46 RdNr. 51; *Baur/Stürner* RdNr. 18.38; *Smid* NZI 2000, 505, 513; *Uhlenbruck/Hirte* § 129 RdNr. 93; *Jauernig* § 51 V 2, S. 245. Dies bedeutet – entgegen *Häsemeyer* (Insolvenzrecht RdNr. 21.19) – keinen „Verzicht auf juristische Begründungen", sondern das Gebot, eine Vermögensverschiebung einheitlich von ihrem wirtschaftlichen Endergebnis her zu erfassen und nicht bei juristischen Zwischenschritten stehen zu bleiben. Anderenfalls könnten entweder rechtlich selbständige, wirtschaftlich ausgleichende Gegenleistungen übersehen oder umgekehrt könnte das benachteiligende Ziel verschleiert werden. Vgl. ergänzend RdNr. 8 und § 143 RdNr. 21; *Jaeger/Henckel*, KO § 29 RdNr. 2.

[417] BGH NJW 1989, 1037; zum AnfG auch BGH WM 1959, 888, 890; BGHZ 78, 318, 328 = NJW 1981, 522, 524; WM 1990, 1981, 1983, insoweit nicht in NJW-RR 1991, 104; BGHZ 165, 343, 350 = NJW 2006, 908, 910; RG bei Bolze Bd. 13 (1892) Nr. 198; LZ 1913, 488, 489 aE; OLG Düsseldorf ZIP 1991, 330, 333; *Jauernig* § 51 V 2, S. 244; einschränkend *Jaeger/Henckel*, KO § 29 RdNr. 65, S. 795.

[418] RegE S. 157 zu § 144; BGH NJW 1989, 1037; *Baur/Stürner* RdNr. 18.37; *Häsemeyer*, Insolvenzrecht, RdNr. 21.21; FK-*Dauernheim* § 129 RdNr. 36; *Uhlenbruck/Hirte* § 129 RdNr. 91; zum AnfG auch BGH WM 1964, 505, 506 f.; ZIP 1990, 1420, 1422.

[419] Vgl. BGH NJW 1996, 3147, 3148.

[420] *Bork*, Festschrift Uhlenbruck, 2000, S. 279, 285 f.

des Empfängers⁴²¹ oder zur Verschleierung auf einen Treuhänder überträgt (s. u. RdNr. 140). Es steht der Anfechtung auch nicht schlechthin entgegen, wenn das Vermögen des Schuldners auf Grund der Rechtshandlung in einer Handelsbilanz noch nicht als vermindert erschiene.⁴²² Eine Beeinträchtigung liegt z. B. vor, falls der Schuldner eine ihm gehörige Sache langfristig an einen Dritten vermietet⁴²³ oder eine ihm zustehende Forderung gegen einen Dritten durch Übernahme eines schwer verwertbaren Warenlagers zum Erlöschen bringt.⁴²⁴ Zur Bildung von Sicherheitenpools s. u. RdNr. 162.

101 a Die Verlagerung von Schuldnervermögen aus dem Inland an einen ausländischen Sitz des Schuldners benachteiligt dessen Gläubiger nur, soweit sie dort nicht unter vergleichbaren Voraussetzungen darauf zugreifen können.⁴²⁵ Das *Auswechseln* eines **Insolvenzgläubigers** gegen einen anderen, gleichrangigen benachteiligt die Gläubigergesamtheit *nicht*, z. B. wenn der – spätere – Insolvenzschuldner einen Dritten veranlasst, aus eigenen Mitteln einen Gläubiger (des Schuldners) wegen einer jedenfalls nicht schlechter gesicherten Forderung sicher zu stellen oder zu befriedigen.⁴²⁶ Das gilt aber nicht ohne weiteres für den umgekehrten Fall, nämlich den Austausch eines Schuldners des Insolvenzschuldners gegen einen anderen, weil dessen Bonität und die Einredefreiheit seiner Verpflichtung zusätzlich zu berücksichtigen sind.⁴²⁷ Eine Benachteiligung tritt auch beim Gläubigertausch ein, soweit nur der neue Gläubiger – z. B. ein Bürge – wegen seiner Forderung gesichert ist.⁴²⁸

101 b Zwar liegt eine Gläubigerbenachteiligung nicht vor, wenn ein zweifelsfrei zahlungsfähiger (Dritt-)Schuldner des Insolvenzschuldners die geschuldete Leistung trotz eines allgemeinen Verfügungsverbots an eine nicht (mehr) berechtigte Person erbringt und hierdurch offenkundig **nicht von** seiner **Leistungspflicht** gegenüber der Insolvenzmasse **befreit** wird;⁴²⁹ in diesem Fall wird das haftende Schuldnervermögen von vornherein nicht verringert. Insoweit verhält es sich jedoch anders, wenn ein Vermögensgegenstand aus dem Schuldnervermögen ausgeschieden wurde und statt dessen (nur) zusätzliche **Ausgleichsmöglichkeiten** in Betracht kommen, die aktiv gegenüber dritten Personen verfolgt werden müssten. Deshalb schließt der Umstand, dass der Schuldner – oder sein Insolvenzverwalter – möglicherweise aus einem weiteren Rechtsgrund vom dinglich berechtigten **Leistungsempfänger** Rückgewähr beanspruchen darf, z. B. gemäß § 667 oder § 812 BGB, **nicht** für sich die Gläubigerbenachteiligung aus: Zu vergleichen ist die infolge der Rechtshandlung eingetretene Vermögenslage des Schuldners mit der sich ohne die Handlung ergebenden. Hierbei steht ein schuldrechtlicher Anspruch nicht ohne weiteres (s. o. RdNr. 101) und in vollem Umfang dem Vermögensgegenstand selbst gleich (s. u. RdNr. 134 f.). Je nach den Umständen des Einzelfalles kann ein solcher Anspruch weniger zur Gläubigerbefriedigung taugen;⁴³⁰ zudem wird der Insolvenzverwalter darüber sowie über die Solvenz des Verpflichteten innerhalb der Anfechtungsfrist nicht stets Klarheit erlangen

---

⁴²¹ Vgl. LG Berlin ZIP 2006, 862, 864.
⁴²² Gläubiger können benachteiligt sein, ohne dass der Insolvenzschuldner persönlich bilanziell eine Vermögensminderung erleidet: Vgl. RG Gruchot 27 (1883), 157, 159; RG bei Bolze Bd. 2 (1886) Nr. 573.
⁴²³ BGH NJW 1989, 1037.
⁴²⁴ BGH WM 1959, 888, 890 zu § 3 AnfG.
⁴²⁵ S. u. Art. 102 EGInsO RdNr. 252 (Voraufl.); *König* RdNr. 5/2; aM *Trunk*, Internationales Insolvenzrecht S. 252 Fn. 626.
⁴²⁶ RGZ 48, 148, 150 f.; OLG Hamm ZIP 1988, 588, 589; *Jaeger/Henckel*, KO § 29 RdNr. 61, S. 792, und § 30 RdNr. 164; *Fr. Weber* in Anm. AP § 30 KO Nr. 1 unter II c; vgl. BGH NJW 2002, 1578, 1579; OLG Dresden ZInsO 1999, 239 LS; *C. Schmitz* EWiR 2005, 771, 772 für Bürgschaften. Ergänzend s. u. RdNr. 108 c, 144, 154, 157.
⁴²⁷ Vgl. BGH ZInsO 2007, 658, 659; *Heile* S. 81.
⁴²⁸ OLG Hamburg ZInsO 2006, 877, 878; vgl. BGH NJW 1999, 3046, 3047.
⁴²⁹ BGH WM 1999, 1581, 1582, insoweit nicht in BGHZ 142, 72; BGH NJW 2006, 908 f.; vgl. *Zeuner* NZI 2007, 369, 370.
⁴³⁰ BGHZ 165, 343, 349 ff. = NJW 2006, 1525, 1526 nimmt zu § 1 AnfG eine Schlechterstellung von Gesellschaftsgläubigern an, wenn die schuldende Gesellschaft ins Ausland verlegt und dort still liquidiert wird; deren mögliche Ansprüche gegen Gesellschafter schließen dann die Benachteiligung nicht aus.

Grundsatz **102 § 129**

können. Der Rückgewähranspruch aus § 143 steht in freier Anspruchskonkurrenz mit anderen möglichen Forderungen des Schuldners, die sich aus demselben Sachverhalt ergeben könnten,[431] ist also nicht subsidiär. Die Wirkungen insbesondere des § 143 Abs. 1 – ggfls. in Verbindung mit § 96 Abs. 1 Nr. 1 – und des § 145 Abs. 2 gehen über diejenigen gewöhnlicher schuldrechtlicher Ansprüche hinaus. Klagen können vorsorglich auf alle möglicherweise in Betracht kommenden Anspruchsgrundlage gestützt werden (s. u. RdNr. 134 f.). Allgemein schließen auch Forderungen gegen Dritte grundsätzlich nicht die Gläubigerbenachteiligung aus;[432] dies gilt insbesondere mit Bezug auf mögliche Ansprüche des Schuldners gegen seine Haftpflichtversicherung[433] oder gegen die eigenen Gesellschafter oder Geschäftsführer einer insolventen Gesellschaft (s. u. RdNr. 192). Soweit BGHZ 141, 96, 105 f.[434] Abweichendes – ohne Entscheidungserheblichkeit – bei ohne weiteres begründeten und durchsetzbaren Ansprüchen gegen Dritte erwogen hat, überzeugt das nicht:[435] Die Insolvenzmasse war im zugrunde liegenden Fall durch Zahlungen an eine Gläubigerbank tatsächlich verkürzt. Dieser Nachteil hätte nur durch eine Bereicherungsklage wieder ausgeglichen werden können. Behielt die Leistung hingegen Bestand, begünstigte sie zugleich einen Dritten, dessen Schulden gegenüber der Bank erloschen; anderenfalls hätte er nichts erlangt. Wenn in dieser Lage der Insolvenzverwalter im Wege der Anfechtung die Rückgewähr der Schuldbefreiung vom Dritten verlangte, konnte er nur Erfolg haben, indem er die Zahlung an die Bank genehmigte; dazu war er befugt, ohne die Anfechtungsmöglichkeit einzubüßen (s. u. RdNr. 171, 192). Die Wahl, welcher Weg für die Insolvenzmasse im Einzelfall günstiger ist, sollte dem Insolvenzverwalter nicht durch vorrangige Abstufungen inerhalb der in Betracht kommenden Gläubigerbenachteiligungen genommen werden. Erst wenn die Insolvenzmasse in vollem Umfang anfechtungsrechtliche Rückgewähr erlangt, sollte dies entsprechend § 422 Abs. 1 BGB dem kumulativen Geltendmachen des weiteren Anspruchs entgegenstehen.[436]

Die Beeinträchtigung ist nach § 129 nur Voraussetzung der Anfechtung, bestimmt aber **102 nicht** zugleich deren **Umfang**. Benachteiligende Rechtshandlungen sind grundsätzlich insgesamt anfechtbar, auch wenn sie die Gläubiger nur in geringerem Umfange benachteiligen: § 129 gestattet die Anfechtung nicht etwa nur, „soweit" eine Benachteiligung eintritt.[437] Statt dessen führt § 144 den Ausgleich herbei: Soweit die Gegenleistung – in ihrem nicht beeinträchtigenden Teil – in der Masse wenigstens wertmäßig noch vorhanden ist, erhält der Anfechtungsgegner sie zurück; im Übrigen wird er auf eine Insolvenzforderung verwiesen. Erhält beispielsweise ein Gläubiger eine Sicherheit, die vereinbarungsgemäß eine neu zu begründende Forderung angemessen sichern, zugleich aber auch als Sicherheit für eine schon bestehende Verbindlichkeit dienen soll, ohne dass zuvor ein Anspruch hierauf bestand, so benachteiligt nur die letztgenannte Erweiterung die Insolvenzgläubiger unmittelbar; dennoch kann die Sicherheitenbestellung im ganzen der Anfechtung unterliegen,[438] wodurch allerdings der schuldrechtliche Anspruch auf Sicherung für den neuen Kredit wieder auflebt.

---

[431] Vgl. RdNr. 192, vor § 129 RdNr. 86 und BGH NJW 1996, 3147, 3148; LG Stuttgart ZIP 1998, 77, 78; *Heidland* RdNr. 511; aM anscheinend *Henckel* ZIP 2004, 1669, 1673 f.
[432] *Kübler/Prütting/Paulus* § 129 RdNr. 39; HambKomm-*Rogge* § 129 RdNr. 63; ergänzend s. u. Rd-Nr. 175 f.
[433] OLG Hamm WM 2003, 2115, 2117. Ergänzend s. u. RdNr. 108 a.
[434] Abdruck auch in NJW 1999, 1549, 1551 f.
[435] Krit. auch *Hirte/Groß* WuB VI B. § 30 Nr. 2 KO 1.02; *Eckardt* EWiR 1999, 801, 802.
[436] Nur insoweit zutreffend OLG Hamm ZIP 2004, 1427, das § 242 BGB anwendet; vgl. auch OLG Bamberg OLGReport 2003, 126; *Henkel* ZInsO 2005, 578, 579 f. Ergänzend s. u. RdNr. 179, 192, 216, § 143 RdNr. 15 und § 144 RdNr. 3, 9.
[437] Vgl. HambKomm-*Rogge* § 129 RdNr. 60; *Kirchhof*, Festschrift für Uhlenbruck, 2000, S. 269, 278; *C. Paulus* ZBB 1990, 200, 203.
[438] Vgl. RGZ 114, 206, 210 f.; *Serick* Bd. III § 35 IV 3 b, S. 329 f. Die Aufteilung einer solchen einheitlichen Vereinbarung in selbständige Sicherungsabreden für den bestehenden wie für einen neuen Kredit wird – entgegen RG JW 1937, 3241 Nr. 38 – nur unter besonderen Umständen gewollt sein, vgl. OLG Hamburg ZIP 1984, 1373, 1375 f. Ergänzend s. u. RdNr. 151.

103 a) Maßgeblich sind die Befriedigungsmöglichkeiten der (nicht voll gesicherten) **Insolvenzgläubiger**.[439] Massegläubiger (§ 53) sind dagegen nicht auf die Anfechtung angewiesen (s. u. RdNr. 105 a). Die durch einen Kreditrahmen i. S. v. § 264 Begünstigten sind in einem weiteren Insolvenzverfahren, trotz ihres Vorrangs gem. §§ 265 f., nur Insolvenzgläubiger. Das gilt gemäß §§ 49 ff., 74 Abs. 1 Satz 2, 190 auch für Absonderungsberechtigte, soweit nicht gerade ihr Sicherungsrecht betroffen ist oder dieses voll ausreicht (s. o. RdNr. 78). Nach der Insolvenzordnung genügt als Gläubigerbenachteiligung sogar die Beeinträchtigung der nachrangigen Insolvenzgläubiger im Sinne des § 39,[440] an die bei sehr günstiger Masse ebenfalls zu verteilen ist. Wer dagegen erst nach Insolvenzeröffnung Gläubiger des Schuldners geworden ist, nimmt nach § 38 nicht an diesem Insolvenzverfahren teil und verringert deswegen nicht die Befriedigungsaussichten darin.

104 Abzustellen ist auf die Benachteiligung der Insolvenzgläubiger in ihrer Gesamtheit.[441] Ob sie als solche im Zeitpunkt der anfechtbaren Rechtshandlung schon vorhanden waren, ist für den objektiven Tatbestand unerheblich.[442] Der Vorteil nur für einzelne von ihnen schließt die Benachteiligung im anfechtungsrechtlichen Sinne nicht aus. Insbesondere sind die Insolvenzgläubiger im Allgemeinen benachteiligt, wenn einer von ihnen wegen einer an sich berechtigten Insolvenzforderung volle Befriedigung oder eine Sicherheit erhält, während den anderen lediglich eine entsprechend geringere Quote bleibt.[443] Das Opfer eines Vermögensdelikts hat nicht allein deswegen ein Recht auf bevorzugte Befriedigung aus dem Vermögen des insolvent werdenden Täters.[444] Die Gläubiger insgesamt werden auch benachteiligt, soweit der Schuldner vertragsgemäß Leistungen an einen Auftraggeber erbringt, der dadurch wirtschaftlich werthaltiger werdende Vergütungsanspruch aber an einen einzelnen Gläubiger abgetreten ist[445] oder dem Auftraggeber eine Aufrechnungslage für eine Insolvenzforderung schafft.[446] Die Gläubiger einer insolventen Kommanditgesellschaft werden benachteiligt, wenn einer von ihnen in solcher Weise befriedigt wird, dass dadurch der Anspruch aus § 171 HGB auf Zahlung der Haftsumme gegen einen Kommanditisten erlischt.[447] Entsprechendes gilt z. B. in der Insolvenz einer Aktiengesellschaft, soweit einer ihrer Gläubiger auf Kosten eines der in § 93 Abs. 5, § 117 Abs. 5 und § 309 Abs. 5 AktG genannten Ersatzansprüche Befriedigung erlangt.[448] Dagegen benachteiligt die Verkürzung einer Zahlungsfrist die Insolvenzgläubiger nicht, soweit § 41 eingreift.

---

[439] BGH NJW-RR 2004, 1493, 1494; OLG Stuttgart ZInsO 2005, 942, 944; *Jaeger/Henckel*, KO § 29 RdNr. 60, 100.

[440] Vgl. RegE S. 157 zu § 145; OLG München ZIP 2002, 1210, 1212 f.; *Henckel* in Kölner Schrift S. 651 RdNr. 10, 12; HK-*Kreft* § 129 RdNr. 36, einschränkend aber RdNr. 60; *Uhlenbruck/Hirte* § 129 RdNr. 92, einschränkend aber RdNr. 108; *Kübler/Prütting/Paulus* § 129 RdNr. 21; FK-*Dauernheim* § 129 RdNr. 37; *Smid/M. Zeuner* § 129 RdNr. 52; *Nerlich* (Fn. 131) § 129 RdNr. 88; *Gottwald/Huber* (Fn. 12) § 46 RdNr. 66; *O'Sullivan* EWiR 2002, 529, 530.

[441] RegE S. 157 zu § 144; BGH WM 1962, 1316, 1317; ZIP 1981, 1229, 1231; BGHZ 86, 349, 354 f. = NJW 1983, 1120, 1122; BGH NJW 1983, 1123, 1124, insoweit nicht in BGHZ 86, 340; BGH NJW-RR 1989, 1010; LAG Düsseldorf KTS 1988, 163, 167; *Jaeger/Henckel*, KO § 29 RdNr. 83, 101; *Uhlenbruck/Hirte* § 129 RdNr. 107; *Kilger/K. Schmidt* § 29 KO Anm. 16; *Baur/Stürner* RdNr. 18.38.

[442] OLG Stuttgart ZInsO 2004, 752, 753; OLG Dresden ZInsO 2007, 497 f.; ergänzend s. u. RdNr. 120.

[443] BGHZ 87, 246, 250 = NJW 1983, 2501, 2502; BGH NJW 1991, 2144, 2146; RG Gruchot 27 (1883), 157, 159; JW 1914, 255, 256; LZ 1916, 63 Nr. 21; OLG Stuttgart ZInsO 2004, 752, 753; LG Dresden ZIP 2001, 1428, 1429; vgl. BGH NJW 2000, 211, 213; *Thomas* ZInsO 2007, 77, 78 für einen Cash-Pool.

[444] BGHZ 149, 100, 106 f. = NJW 2002, 512, 514 BGH NJW-RR 2003, 1632 f.; vgl. OLG Hamm NZI 2006, 532, 533. Ergänzend s. u. RdNr. 19.

[445] Vgl. OLG Dresden ZIP 2005, 2167, 2169; *Gerhardt*, Gedächtnisschrift für Knobbe-Keuk. 1997, S. 169, 180; *Kirchhof*, Festschrift für Uhlenbruck, 2000, S. 269, 277; *Beiner/Luppe* NZI 2005, 15, 20 f. Ergänzend vgl. RdNr. 14, 22, 56 a, 148 a.

[446] Vgl. BGHZ 147, 28, 35 = NJW 2001, 3704, 3706; NJW-RR 2002, 262, 263.

[447] *Häsemeyer* ZHR 149 (1985), 42, 57; *Jaeger/Henckel*, KO § 29 RdNr. 176; *Schlegelberger/K. Schmidt* §§ 171, 172 RdNr. 106. Ergänzend s. o. RdNr. 35.

[448] *Jaeger/Henckel*, KO § 29 RdNr. 177. Ergänzend s. u. RdNr. 116, 123.

Grundsatz 105–106 § 129

Der Vor- oder Nachteil für den **Insolvenzschuldner** persönlich[449] oder für **andere als** 105
Insolvenzgläubiger[450] – insbesondere für Aussonderungsberechtigte oder Massegläubiger[451] – hindert oder begründet **nicht** die Anfechtbarkeit. Veräußert der Schuldner beispielsweise eine von ihm nur geliehene Sache rechtswirksam an einen Dritten, so benachteiligen allenfalls die hierdurch entgangene Nutzungsmöglichkeit (§ 598 BGB) und eine durch die Veräußerung ausgelöste Schadensersatzpflicht die Insolvenzgläubiger; wegen des Eigentums muss der geschädigte Verleiher seine Rechte als Aussonderungsberechtigter geltend machen (s. o. RdNr. 78).[452] Dasselbe gilt grundsätzlich, wenn ein Gläubiger eine vom Insolvenzschuldner nur geleaste Sache pfändet; die Insolvenzgläubiger werden dann lediglich benachteiligt, wenn die Pfändung entweder ein günstiges Optionsrecht des Schuldners vereitelt oder Ersatzansprüche gegen die Masse auslöst.[453]

Die Besicherung[454] oder Bezahlung von Masseschulden im Sinne der §§ 53 bis 55 105a
benachteiligt die Insolvenzgläubiger nicht,[455] weil diese immer erst nach den **Massegläubigern** berücksichtigt werden. Unabhängig davon ist im Falle der **Masseunzulänglichkeit** (§§ 208, 209) die Anfechtung möglich. Denn das Verfahren nach § 208 Abs. 3 dient mittelbar den Interessen **aller** Gläubiger; die vorrangige Befriedigung der Massegläubiger ist hier nur als Vorstufe zur angestrebten Berücksichtigung auch der Insolvenzgläubiger gedacht. Diese bleiben wegen eines völligen Ausfalls erst recht benachteiligt.[456] Das ist sogar im Fall mangelnder Kostendeckung im Sinne von § 207 nicht grundsätzlich ausgeschlossen.[457] Zur Unanfechtbarkeit von Altmasseverbindlichkeiten s. u. § 147 RdNr. 9. Leistungen des Schuldners auf einen vor Verfahrenseröffnung aufgestellten Sozialplan wären zwar insoweit nicht anfechtbar, wie sie auch auf der Grundlage des § 123 zu erbringen sind. Dies stellt sich aber nach § 123 Abs. 2 Satz 2 (vgl. auch Abs. 3 Satz 2) erst heraus, wenn feststeht, wieviel Masse zur Verteilung an die Insolvenzgläubiger verfügbar ist. Solange danach Zweifel bleiben, sind die vom Arbeitnehmer empfangenen Leistungen – gegebenenfalls vorläufig – an die Masse zurückzuzahlen.[458]

Aufgrund besonderer Gesetzesvorschriften können bestimmte Arten des Schuldnervermögens für einzelne Gläubigergruppen **zweckbestimmt** sein. Ausgleichsleistungen nach § 6 Abs. 1 Satz 2 und Abs. 4 VermG konnten nur von werbend am Markt tätigen Unternehmen beansprucht werden, nicht jedoch von Insolvenzschuldnern und ihren Gläubigern; 106

---

[449] Vgl. RG Gruchot 27 (1883), 157, 159; *Uhlenbruck/Hirte* § 129 RdNr. 117; *Kilger/K. Schmidt* § 29 KO Anm. 16.
[450] Vgl. *Jaeger/Henckel*, KO § 29 RdNr. 100; *Baur/Stürner* RdNr. 18.38.
[451] Z. B. für den Nachlasspfleger in der Nachlassinsolvenz nach § 324 Abs. 1 Nr. 4: vgl. BGH, Beschl. v. 15. 12. 2005 – IX ZA 3/04.
[452] Vgl. BGH NJW-RR 1986, 536, 538; BAGE 20, 11, 15 = NJW 1967, 2425; OLG Hamm ZIP 1988, 588, 589 f.; *Baur/Stürner* RdNr. 18.43.
[453] BGH NJW 1992, 624, 627.
[454] Vgl. BGH WM 2005, 319, 322 zur KO.
[455] BGH NJW-RR 1998, 1057, 1060 zur KO; *Häsemeyer* KTS 1982, 507, 541 f.; *Jaeger/Henckel* § 29 RdNr. 100. Ergänzend s. o. RdNr. 45, 46.
[456] BGH ZIP 2001, 1641, 1643 f.; Beschl. v. 15. 12. 2005 – IX ZA 3/04; OLG Hamburg ZIP 2002, 1360, 1361 f.; OLG Brandenburg ZIP 2002, 1698, 1699; LG Hamburg ZIP 2001, 711, 713; LG Essen NZI 2007, 78, 79; AG Dresden ZInsO 2004, 1268, 1269; *Uhlenbruck/Hirte* § 129 RdNr. 10; *Gottwald/Huber* (Fn. 12) § 46 RdNr. 66; *Ahrendt/Struck* ZInsO 2007, 264, 266; *Pape* ZIP 2001, 901, 903 f.; *Kreft*, in Berger u. a., 3. Leipziger Insolvenzrechtstag, 2002, S. 7, 16; *Biehl/Bograkos* DZWIR 2002, 139, 140 f.; *Gundlach/Frenzel/Schmidt* NZI 2004, 184, 186 f.; *Kröpelin* RdNr. 430 ff.; HambK/*Rogge* § 129 RdNr. 40, § 143 RdNr. 123; vgl. *A. Schmidt* NZI 2000, 442, 443; zum österreichischen Recht *König* RdNr. 5/3; *Koziol* S. 37; aM OLG Dresden NZI 2001, 259, 260; *Dinstühler* ZIP 1998, 1697, 1705 f.; *Kübler/Prütting/Paulus* § 129 RdNr. 22; *Häsemeyer* KTS 2002, 603, 611; krit. auch Brückl/Kersten NZI 2004, 422, 424.
[457] Vgl. *Kröpelin* RdNr. 542 ff.
[458] So für die entsprechende frühere Problematik der nach § 61 KO bevorrechtigten Konkursgläubiger BGHZ 114, 315, 322 f. = NJW 1991, 2147, 2149; BGH NJW 1992, 2485, 2486; 1994, 2893, 2894; NZI 1999, 268, 269. Ergänzend vgl. RdNr. 107. Unerheblich ist dagegen, ob der Betriebsrat einen entsprechenden Sozialplan vor einem Insolvenzverfahren hätte erzwingen können (aM *Schlüter* S. 84); über die objektive Gläubigerbenachteiligung entscheidet vielmehr nur, ob gleiche Leistungen in der Insolvenz geschuldet würden (vgl. RdNr. 13, 110, 122).

diese wurden deshalb durch den Verlust solcher Forderungen nicht benachteiligt.[459] Anders verhält es sich mit Baugeld im Sinne des Gesetzes über die Sicherung von Bauforderungen.[460] Nach dessen § 1 Abs. 1 ist der Empfänger von Baugeld verpflichtet, dieses allein zur Befriedigung der an der Bauherstellung Beteiligten zu verwenden; dazu ist auch noch dessen Insolvenzverwalter in der Lage. Dementsprechend ist auch die Zweckbindung der finanziellen Mittel, die als **Baugeld** in deas Vermögen des Schuldners gelangt sind, **nicht** insolvenzfest.[461] Dazu wäre eine dingliche Berechtigung Dritter oder eine treuhänderische Trennung vom allgemeinen Schuldnervermögen (s. o. RdNr. 78 a, 78 b) nötig. Entsprechendes gilt für tarifvertragliche Zweckbindungen von Beitragsansprüchen der Sozialkassen gegenüber den Erstattungsansprüchen des Schuldners über die Gegenseitigkeit im Sinne von § 387 BGB hinaus.[462]

107 b) Die Gläubiger werden nicht benachteiligt, wenn die **Insolvenzmasse** (ausnahmsweise) trotz der Rechtshandlung im Zeitpunkt des Anfechtungsprozesses noch **zur Befriedigung aller Gläubiger** – sogar der nachrangigen (s. o. RdNr. 103) – **ausreicht**.[463] Jedoch spricht eine tatsächliche Vermutung gegen eine solche Möglichkeit, weil Zahlungsunfähigkeit oder Überschuldung schon Eröffnungsvorausetzungen sind (§§ 16 bis 19); der Anfechtungsgegner muss deshalb die voraussichtliche Vermögensunzulänglichkeit der Masse entkräften.[464] Das trifft regelmäßig auch dann zu, wenn das Verfahren auf Grund erst drohender Zahlungsunfähigkeit (§ 18) eröffnet worden ist:[465] Eine solche Maßnahme setzt Zahlungsunfähigkeit für die konkret absehbare Zukunft als überwiegend wahrscheinlich voraus, und der vorausberechnete Zeitraum dürfte bis zur Entscheidung über die Anfechtungsklage durchweg abgelaufen sein. Bei der Prüfung der Vermögensunzulänglichkeit bleiben ausstehende Forderungen des Insolvenzschuldners, deren Durchsetzung nicht gewiss ist, außer Betracht.[466] Umgekehrt sind im Sinne von § 178 Abs. 1 Satz 1 bestrittene Gläubigerforderungen, deren Feststellung noch möglich ist, zu berücksichtigen.[467] Das gilt auch, wenn nur die Bestellung einer Sicherheit gemäß § 135 Nr. 1 angefochten wird;[468] denn über das Schicksal der gesicherten Gläubigerforderung selbst wird in diesem Anfechtungsprozess nicht zwangsläufig mitentschieden. Gehen der Sicherheit allerdings nach dem vereinbarten Rang sämtliche Insolvenzforderungen vor, ist sie nicht gläubigerbenachteiligend,[469] sofern die nach §§ 165 ff. vorgesehenen Verwertungsrechte der Insolvenzmasse nicht verkürzt werden. Unerheblich ist in diesem Zusammenhang die Insolvenzquote, die dem Anfechtungsgegner im Hinblick auf Gegenansprüche gemäß § 144 Abs. 2 Satz 2 bei Verfahrensende zugeteilt werden könnte: Jedenfalls nachdem die bevorrechtigten Konkursforderungen des § 61 Nr. 1 bis 5 KO abgeschafft worden sind,[470] ist zuerst das anfechtbar Weggegebene zurückzugewäh-

---

[459] BGH, Beschl. v. 2. 12. 2004 – IX ZA 14/04; vgl. BVerwGE 95, 1, 6 f.; BVerwG ZOV 2003, 125, 127 f.
[460] Vom 1. Juni 1909, RGBl. I 449.
[461] OLG Hamm ZIP 2007, 240, 241 f.; *Schmitz*, Bauinsolvenz RdNr. 501 ff.; *Heidland* RdNr. 437; *Gleichenstein* EWiR 2002, 717, 718; aM LG Dresden ZIP 2002, 91, 92 f. (über § 242 BGB). Die in der Voraufl. vertretene gegenteilige Meinung wird aufgegeben.
[462] BGH NJW-RR 2005, 695, 696.
[463] BGH NJW-RR 1986, 991; BGHZ 105, 168, 187 = NJW 1988, 3143, 3148; RGZ 162, 292, 293 f.; OLG Hamm ZIP 1992, 1755 f.; OLG Düsseldorf ZIP 1991, 330, 333; OLG München ZIP 2002, 1210, 1212; *Jaeger/Henckel*, KO § 29 RdNr. 61, S. 792 f.; *Baur/Stürner* RdNr. 18.37.
[464] BGH NJW 1994, 2893, 2894; ZIP 1997, 853, 854 f.; 2001, 1641, 1644; ZInsO 2002, 276, 277; OLG Hamburg GmbHR 1988, 141, 147; OLG Stuttgart ZIP 2005, 1837, 1838; *Uhlenbruck/Hirte* § 129 RdNr. 131; *Jaeger/Henckel*, KO § 29 RdNr. 181; speziell für die Verfahrenseröffnung wegen Überschuldung RGZ 162, 292, 293 f.; *Nerlich* (Fn. 131) § 129 RdNr. 107; für Verfahrenseröffnung wegen Zahlungsunfähigkeit BGH NJW-RR 1986, 991; NJW-RR 1993, 235, 236 f.; KG ZInsO 2002, 974, 976; OLG Naumburg WM 2006, 1677, 1678.
[465] AM HK-*Kreft* § 129 RdNr. 61 aE; *Uhlenbruck/Hirte* § 129 RdNr. 131.
[466] BGH NJW 1992, 2485, 2486; vgl. OLG Düsseldorf ZIP 1991, 330, 333.
[467] BGHZ 105, 168, 187 f. = NJW 1988, 3143, 3148; OLG München ZIP 2002, 1210, 1212 f.; vgl. auch RGZ 162, 292, 294.
[468] Insoweit aM *Jaeger/Henckel*, KO § 32 a RdNr. 84.
[469] BGH NZI 2006, 232, 233.
[470] Vgl. hierzu BGHZ 114, 315, 323 = NJW 1991, 2147; BGH ZIP 2001, 1641, 1644.

ren, ehe die Insolvenzquote für die einzelnen Gläubiger zu ermitteln ist.[471] Hat der Schuldner (auch) im Ausland Vermögen, so ist darauf abzustellen, ob es – sei es über ein weiteres ausländisches Insolvenzverfahren – zur Verteilung an alle Insolvenzgläubiger zur Verfügung steht.

c) Nicht anfechtbar sind Vorgänge, die für die Insolvenzmasse **wirtschaftlich neutral** sind. Tilgt z. B. die Bank ein ausgereichtes Darlehen durch Umbuchung von einem Kontokorrentkonto desselben Schuldners, werden dessen Gläubiger nur benachteiligt, wenn die getilgte Forderung nicht schlechter gesichert[472] oder für den Schuldner kostengünstiger war oder die Darlehensmittel seinem Abruf leichter offen standen. Auch tritt eine Benachteiligung nicht ein durch Rechtshandlungen über **Gegenstände,** die für die Insolvenzmasse wirtschaftlich **wertlos** sind,[473] z. B. die Verleihung einer für den Schuldner nicht gebrauchsfähigen Sache,[474] die Übertragung von Anteilen an einer vermögenslosen Gesellschaft oder von einer rechtlich nicht durchsetzbaren Forderung sowie die Aufgabe einer bloßen Scheinposition ohne Besitz (s. u. RdNr. 134 ff.) oder ohne Gutglaubensschutz infolge Registereintragung. Die Übertragung einer „Milchquote" auf den Verpächter bei Aufhebung eines landwirtschaftlichen Pachtvertrages benachteiligt die Insolvenzgläubiger des Pächters nicht, soweit dies die gesetzliche Folge einer Kündigung durch den Pächter und/oder Rückgewähr des ganzen Betriebes ist.[475] Grundsätzlich ist jedoch von der Werthaltigkeit eines weggegebenen Vermögensguts auszugehen, wenn ihm im Geschäftsverkehr üblicherweise ein Wert zukommt und es deshalb regelmäßig nur gegen Entgelt übertragen wird, insbesondere bei der Überlassung von Arbeitskräften.[476] Wird ein dem Schuldner zustehender Erbanteil übertragen, benachteiligt das die Gläubiger nicht, falls der Nachlass überschuldet war.[477] Bei einer unklagbaren Verbindlichkeit beeinträchtigt nicht bereits deren Begründung, sondern erst die Erfüllung die Gläubiger. Ist die Übertragung von Vermögensgütern des Schuldners rechtsunwirksam, so benachteiligt sie die Insolvenzgläubiger im Allgemeinen zwar nicht; zur möglichen Anfechtbarkeit nichtiger Rechtshandlungen vergleiche aber RdNr. 30, 32, 134 f. Eine etwaige Wertlosigkeit ist für den nach § 140 maßgeblichen Zeitpunkt festzustellen; dagegen ist ein möglicher Aufwendungsersatzanspruch des Anfechtungsgegners wegen späterer Verwendungen nur aufgrund eines Zurückbehaltungsrechts zu beachten.[478]

aa) Insbesondere stellen **bankmäßige Gutschriften,** die irrtümlich oder nur unter Vorbehalt erteilt sind – z. B. für einzuziehende Schecks – und nach Nr. 9 Abs. 1 AGB-Banken/AGB-Sparkassen ohne weiteres rückgängig gemacht werden dürfen, rechtlich noch keinen Vermögenswert des Bankkunden dar; ihre Stornierung benachteiligt deshalb für sich dessen Insolvenzgläubiger nicht (s. o. RdNr. 7, 78 b). Entsprechendes gilt, wenn eine nicht genehmigte Lastschrift storniert und dadurch ein ausgewiesener Sollsaldo verringert wird; darin liegt keine – anfechtbare – Verrechnung, sondern nur eine deklaratorische Berichtigung des Kontostandes.[479] Zahlt der (spätere) Insolvenzschuldner Geld auf ein als Guthaben geführtes Bankkonto ein, so benachteiligt wegen der mutmaßlichen Solvenz der Bank regelmäßig nicht allein diese Einzahlung,[480] sondern nur die Herstellung einer Aufrech-

---

[471] BGH NJW 1992, 2485, 2486; NZI 1999, 268, 269; OLG Brandenburg ZIP 1999, 1015, 1016; OLG Dresden bei *Plagemann* EWiR 1997, 793 f.; KG ZInsO 2002, 974, 975 f.; ergänzend s. u. RdNr. 110 aE, § 144 RdNr. 20.
[472] So OLG Naumburg WM 2006, 1677, 1678.
[473] BGH ZIP 1981, 1229, 1230 f.; NJW-RR 2004, 696, 697; LAG Düsseldorf KTS 1988, 163, 167; *Uhlenbruck/Hirte* § 129 RdNr. 103; *Gottwald/Huber* (Fn. 12) § 46 RdNr. 64; vgl. auch BGH NJW 1983, 1738, 1739 unter I 2.
[474] OLG Stuttgart NJW-RR 1987, 570; *Jaeger/Henckel*, KO § 29 RdNr. 43; vgl. auch OLG Hamm ZIP 1982, 722. Dies gilt nicht für die Überlassung von Arbeitskräften: vgl. übernächste Fußnote.
[475] BGH ZInsO 2006, 1265, 1266 f. Ergänzend s. o. RdNr. 64 a.
[476] BGH NZI 2004, 253 f.; HK-*Kreft* § 129 RdNr. 36, 49.
[477] BGH NJW-RR 1992, 733, 735 zum AnfG.
[478] S. u. § 143 RdNr. 64; anders öOGH (ö)JBl 1987, 46 ff.
[479] BGH NZI 2003, 33; *Kuder* S. 171; aM *Spliedt* ZIP 2005, 1260, 1266 f. Ergänzend vgl. RdNr. 7, 100, 147.
[480] RGZ 45, 110, 113 f.

nungslage oder eine spätere Verfügung über das Guthaben die Insolvenzgläubiger. Die Stornierung einer Belastungsbuchung auf einem debitorischen Konto des Schuldners kann dessen Insolvenzgläubiger allenfalls unter besonderen Umständen belasten,[481] etwa wenn die Forderung der Bank besser gesichert ist als diejenige, deren beabsichtigte Tilgung storniert wurde.

108 b Überweist der Schuldner einen Geldbetrag von einem **im Soll** geführten **Bankkonto** an einen Gläubiger, so tritt im Verhältnis zur Bank keine Gläubigerbenachteiligung dadurch ein, dass deren Forderung im selben Umfang steigt wie diejenige des befriedigten Gläubigers erlischt.[482] Anders ist das im Verhältnis zu diesem Gläubiger (das kann auch die Bank selbst bei internen Verrechnungen oder Umbuchungen sein): Der Anspruch des Schuldners gegen seine Bank auf Auszahlung der Kreditmittel (§ 488 Abs. 1 Satz 1 BGB) ist ein – pfändbarer (s. o. RdNr. 84 a) – Aktivposten seines Vermögens; dessen Aufgabe zwecks Tilgung einer bloßen Insolvenzforderung benachteiligt die Gläubigergesamtheit.[483] Ob das Darlehen nach interner Vereinbarung einem bestimmten Zweck dienen soll, ist regelmäßig unerheblich;[484] anders wäre dies bei einer insolvenzfesten unmittelbaren Berechtigung Dritter im Außenverhältnis oder wenigstens einer treuhänderischen Bindung des Anspruchs außerhalb des Schuldnervermögens (s. u. RdNr. 139 f.) oder wenn die Bank selbst im Falle anderer Mittelverwendung ein Leistungsverweigerungsrecht hätte.[485] Die bloße Verbürgung durch Dritte genügt nicht für eine insolvenzfeste Zweckbindung.[486] Danach ist es bedeutungslos, ob die Bedingungen der Kreditaufnahme ungünstiger waren als diejenigen der getilgten Forderung oder ob der Schuldner die eingesetzten Kreditmittel günstiger hätte verwenden können (s. u. RdNr. 176). Auch ein Einwand des Leistungsempfängers, ohne die Schuldtilgung ihm gegenüber wäre der Kredit anderweitig verbraucht worden, beträfe nur eine unerhebliche hypothetische Reserveursache (s. u. RdNr. 181 ff.).

108 c Ferner ist es unerheblich, ob der Schuldner die vereinbarte Kreditlinie bereits ausgeschöpft hatte, falls die Bank ihm durch Ausführung der Überweisung tatsächlich doch weiteren Kredit gewährt.[487] Denn dadurch kommt regelmäßig – zeitlich unmittelbar vor dem maßgeblichen Zugang der Überweisung (§ 140 Abs. 1) – konkludent ein auf diesen Einzelfall bezogener Kreditgewährungsvertrag des Schuldners mit seiner Bank zustande;[488] in der Praxis ist es sogar banküblich, Kontoüberziehungen im Umfang von etwa 10% zu dulden.[489] Ob die Bank vom Schuldner die sofortige Rückführung der Überziehung verlangen kann, betrifft dann allein die Fälligkeit des – neuen – Kredits im Innenverhältnis und damit die (In-)Kongruenz einer

---

[481] Nur iE zutreffend OLG Koblenz ZInsO 2002, 1036 f.
[482] *Bork*, Zahlungsverkehr RdNr. 131 f.; vgl. RGZ 48, 148, 150 f.; *Uhlenbruck/Hirte* § 129 RdNr. 84; aM *Wischemeyer* S. 82 f., der zu Unrecht auch im Verhältnis des Kunden zu seiner Bank dessen Forderung als selbständigen Aktivposten, jedoch deren Ansprüche – trotz der Kontokorrentbindung – als bloße Insolvenzforderungen werten will. Ergänzend s. u. RdNr. 144.
[483] BGH NJW 2002, 1574, 1575 f.; OLG Hamburg OLGReport 2002, 373, 376; ZIP 2002, 1360, 1363 f.; 2006, 44; OLG Koblenz ZInsO 2006, 946, 947; OLG Karlsruhe ZIP 2007, 286, 288; LG Hamburg ZIP 2001, 711, 714 f.; AG Kempen ZIP 2006, 2088, 2089; *Gerhardt/Kreft* RdNr. 134 ff.; vgl. *Kulzer/Müller* ZInsO 2002, 313, 316 f. aM *Peschke* S. 264 f., der zu Unrecht § 115 auf den Darlehensanspruch anwenden will; unklar OLG Köln ZIP 2004, 2152, 2153.
[484] BGH NZI 2001, 539 f.; *Gerhardt* EWiR 2001, 1007 f.; *v. Olshausen* LM GesO Nr. 68 Bl. 3; vgl. BGH NJW 2002, 1574, 1575 f.; OLG Stuttgart ZInsO 2005, 942, 945.
[485] Vgl. dazu *Spliedt* NZI 2001, 524, 525. Das prüft AG Kempen ZIP 2006, 2088, 2089 nicht.
[486] Vgl. BGH NZI 2001, 539, 540.
[487] OLG Hamburg ZIP 2002, 1360, 1363; OLGReport 2002, 373, 376; ZInsO 2005, 937; OLG Stuttgart ZIP 2005, 1837, 1839 f.; *Braun/de Bra* § 129 RdNr. 31 aE; HambKomm-*Rogge* § 129 RdNr. 49; *Blank* ZInsO 2004, 983 f.; *Henkel* ZInsO 2005, 468, 469 ff.; *Stiller* ZInsO 2005, 72, 74 f.; *Vendolsky* ZIP 2005, 786, 788 f.; aM OLG Köln ZInsO 2004, 624, 625; LG Hamburg ZIP 2004, 2197; LG Ellwangen ZInsO 2004, 1371, 1372; *Geiger* ZInsO 2004, 1188.
[488] MünchKomm-HGB/*Hadding/Häuser* Bd. 5 ZahlungsV RdNr. A 183; *Palandt/Weidenkaff* § 493 RdNr. 16; *Obermüller*, Insolvenzrecht RdNr. 3.112 Fn. 154; *Jungmann* ZInsO 1999, 64, 72; *Bitter* WM 2001, 889, 890; *Stiller* ZInsO 2005, 72, 73; *Spliedt* EWiR 2005, 479, 480.
[489] Vgl. OLG Köln WM 1999, 1003, 1004; *Hellner* WuB I C 3.–3.99; *Schimansky/Bunte/Lwowski/Hadding*, Bankrechts-Handbuch, Anhang 1 zu § 35, Nr. 3; ebendort aber abgrenzend *Lwowski* § 77 RdNr. 13.

Grundsatz 108 d § 129

Tilgung (s. u. § 131 RdNr. 40 ff.). Der BGH[490] hat aber nun ausgesprochen, dass eine Deckung in der Regel mangels Gläubigerbenachteiligung nicht angefochten werden kann, wenn ein Gläubiger mit Mitteln befriedigt wird, die der Schuldner aus einer lediglich geduldeten *Kontoüberziehung* schöpft. Das Urteil betrifft die Einlösung eines Schecks, jedoch wird der Leitsatz auf alle Tilgungsfälle verallgemeinert. Verneint wird die Pfändbarkeit eines Kredits aus geduldeter Überziehung,[491] weil dafür die zwischen der Genehmigung der Überziehung liegende „logische Sekunde" nicht ausreiche; sodann wird dieses Ergebnis schematisch auf die anfechtungsrechtliche Gläubigerbenachteiligung übertragen. Die hierfür gem. § 140 Abs. 1 geltenden, abweichenden und unterschiedlichen Zeitpunkte werden nicht berücksichtigt: Für Schecks kommt es regelmäßig auf die Einlösung durch die bezogene Bank an (s. u. § 140 RdNr. 11 a). Überweisungen sind erst vorgenommen, wenn der Anspruch des Berechtigten auf die Gutschrift seiner Bank entsteht (s. u. § 140 RdNr. 11); dies kann einige Bankgeschäftstage dauern. Lastschriften im Einzugsermächtigungsverfahren sind erst mit der Genehmigung durch den Schuldner vorgenommen (s. u. § 140 RdNr. 11); das kann bis zu sechs Wochen nach einer Quartalsabrechnung dauern. In allen Fällen könnten nicht nur Voraufpfändungen, sondern auch neu ausgebrachte Pfändungen zwischen der Genehmigung der Kontoüberziehung seitens der Schuldnerbank und der Vornahme der Rechtshandlung wirksam werden. Das Urteil setzt sich ferner nicht damit auseinander, dass der Ausschluss der Pfändbarkeit eines Überziehungskredits nicht – wie normale Pfändungsverbote (§§ 811, 850 ff. ZPO) – die wirtschaftliche Erwerbs- und Existenzgrundlage des Schuldners, sondern seine Entscheidungsfreiheit schützen soll; demgegenüber knüpft die Gläubigerbenachteiligung i. S. v. § 129 Abs. 1 erst an die *Folgen* des früheren privatautonomen Kreditabrufs des Schuldners an und regelt diese im Hinblick auf das Gebot der Gläubigergleichbehandlung.[492] Insoweit fällt ins Gewicht, dass sich Schuldner, welche sogar die ihnen eingeräumte Kreditlinie überziehen, typischerweise in einer akuten Liquiditätskrise befinden; bezeichnenderweise erfolgte auch in dem vom BGH entschiedenen Fall der Insolvenzantrag weniger als einen Monat nach der Scheckeinlösung. Gerade auf solche Weise noch begünstigte Gläubiger allgemein anfechtungsfrei zu stellen, verstößt gegen eines der Hauptziele der InsO: durch frühe Verfahrenseröffnung mehr Haftungsmasse zusammenzuhalten.[493] Hat der Schuldner einem Gläubiger eine Bankbürgschaft gestellt, benachteiligt dies die Gläubigergesamtheit, soweit der Rückgriffsanspruch der Bank besser gesichert ist als die verbürgte Forderung;[494] dagegen dürfte die Belastung des Schuldners mit Gebühren und Provisionen nicht als Benachteiligung mit Bezug auf die Hauptforderung ausreichen.[495]

bb) Nicht benachteiligend wirkt der bloße **Austausch** gleichwertiger **Sicherheiten**,[496] 108 d der Tausch völlig gleichwertiger Gegenstände oder die Ablösung eines vollwertigen Pfandrechts, solange der Pfandgegenstand beim Schuldner verbleibt oder die Zahlung auf ein insolvenzbeständiges Pfändungspfandrecht (§ 804 ZPO) erfolgt.[497] An einer Benachteiligung fehlt es ferner bei der Übertragung der Eigentumsanwartschaft an einer Sache, deren Wert nicht höher ist als der noch offene Kaufpreis,[498] bei der Verfügung des Schuldners über einen

---

[490] NJW 2007, 1357, 1358 f. gegen OLG Stuttgart ZIP 2005, 1837, 1839 f.; vgl. auch BGH ZInsO 2007, 323, 324. Ergänzend s. u. § 146 RdNr. 43 a und zu Folgefragen *Mock* ZInsO 2007, 561, 562 ff.
[491] Im Anschluss an BGHZ 93, 315, 325 = NJW 1985, 1218, 1219 und BGHZ 147, 193, 202 = NJW 2001, 1937, 1940.
[492] *Bitter* WuB VI A. § 129 InsO 3.05 aE.
[493] Vgl. RegE S. 80 f., 82, 84 ff.
[494] So in den Fällen BGH NJW 1999, 3046 f.; NJW-RR 2005, 1283.
[495] *C. Schmitz* EWiR 2005, 771, 772; aM *Mundt* NZBau 2003, 527, 528. Ergänzend s. u. RdNr. 170.
[496] BGHZ 64, 312, 315 f. = NJW 1975, 1226, 1227; LG Nürnberg BB 1953, 956; *Serick* ZIP 1982, 507, 509 f.; *Baur/Stürner* RdNr. 18.41; vgl. auch BGH NJW 1978, 1921, 1923; RG WarnR 1917 Nr. 225, S. 351; HRR 1933 Nr. 335; ergänzend s. u. RdNr. 150.
[497] Vgl. BGH NJW 1992, 624, 626; NJW-RR 2000, 1215 f.; BGHZ 157, 350, 357 = NJW 2004, 1444, 1445; BGHZ 162, 143, 156 = NJW 2005, 1121, 1124; NJW-RR 2006, 1134, 1135; Urt. v. 13. 3. 2007 – XI ZR 383/06, z. V. b. Ergänzend s. u. RdNr. 124, 142 a, 150.
[498] *Jaeger/Henckel*, KO § 29 RdNr. 132 f.; ergänzend s. o. RdNr. 77.

§ 129 109, 109a   3. Teil. 3. Abschnitt. Insolvenzanfechtung

Gegenstand, den er schon vorher durch verlängerten Eigentumsvorbehalt wirksam und insolvenzfest veräußert hatte,[499] oder beim Austausch einer gesicherten Forderung gegen eine nicht höhere andere sowie bei dem Ersetzen eines rechtswirksamen Sicherungsvertrags durch einen anderen mit – für den Schuldner – nicht nachteiligeren Bedingungen.[500] Dagegen kann der Austausch einer „harten" Patronatserklärung gegen eine „weichere" benachteiligend wirken.[501] Ist eine Forderung des Insolvenzschuldners rechtlich nicht durchsetzbar – z. B. mangels Fälligkeit (§§ 271, 641 BGB) oder wegen Gegenrechten nach §§ 320, 273 BGB –, so benachteiligt es die Insolvenzgläubiger nicht, wenn die (Dritt-)Schuldner den zur Herstellung der Durchsetzbarkeit nötigen Teil der Forderung an einen Treuhänder zahlen, der mit dem Betrag seinerseits die rechtlichen Hinderungsgründe ausräumen soll.[502] Nicht benachteiligend wirkt im Hinblick auf §§ 1123 ff. BGB eine Verfügung des Insolvenzschuldners über die Miet- oder Pachtzinsen seines Grundstücks zugunsten der Grundpfandgläubiger, soweit die Einkünfte aus dem Grundstück nicht die grundpfandrechtlich gesicherten Forderungen übersteigen.[503]

109   Ferner wirkt die Veräußerung von Gegenständen, die schon **wertausschöpfend belastet** sind, regelmäßig[504] **nicht** gläubigerbenachteiligend,[505] weil sie im Insolvenzfall allein zur abgesonderten Befriedigung der gesicherten Gläubiger gedient hätten und für die Insolvenzgläubiger im Allgemeinen (s. o. RdNr. 103 f.) nichts übrig geblieben wäre. Das gilt auch für die Erfüllung persönlicher Verbindlichkeiten des Schuldners, die in voller Höhe durch öffentliche Lasten – im Sinne von § 10 Abs. 1 Nr. 3 ZVG – werthaltig gesichert sind.[506] Allerdings mag die befreiende Veräußerung eines voll belasteten Gegenstands an einen Erwerber, der nicht Inhaber des belastenden Rechts ist, in der Insolvenz in Einzelfällen auf andere Weise die Gläubiger benachteiligen, indem die Schuldenlast (s. o. RdNr. 100) um die sodann nicht mehr gesicherte Forderung des früheren Inhabers des belastenden Rechts steigt; dies bedarf jedoch jeweils besonderer Prüfung.[507] Wurden mehrere Gegenstände, von denen nur einzelne wertausschöpfend belastet waren, in einem einheitlichen Vertrag veräußert, beschränkt sich die Anfechtungsfolge auf die nicht ausgelasteten Gegenstände.[508] Bestellt der Schuldner an seinem Grundstück einen Nießbrauch und überträgt er danach das Grundstück auf eine nahestehende Person, so ist die hierdurch verursachte Gläubigerbenachteiligung unabhängig von der Belastung mit dem Nießbrauch zu bewerten, sofern dieser selbst auch (noch) anfechtbar ist;[509] die Rechtsgeschäfte sind dann getrennt zu beurteilen. Wegen weiterer Einzelheiten vgl. RdNr. 152 ff., zur Beweislast RdNr. 228.

109a   Der Umstand, dass der Insolvenzmasse durch eine Verwertungshandlung des Gläubigers die **Verwertungskostenbeiträge** nach § 171 Abs. 2 entgehen, benachteiligt die Insolvenzgläubiger nicht ohne weiteres;[510] denn diese Beiträge sollen nur einen tatsächlichen Kosten-

---

[499] BGH NJW-RR 2000, 1154, 1156.
[500] Vgl. LG München I WM 1995, 41, 42.
[501] OLG München ZInsO 2004, 1040, 1043 f.
[502] BGH NJW-RR 2002, 775, 776 f.
[503] RGZ 64, 339, 343; *Jaeger/Henckel,* KO § 29 RdNr. 62; vgl. auch RG Gruchot 51 (1907), 1107, 1110; WarnR 1917 Nr. 18.
[504] Vgl. aber OLG Hamburg NZI 2001, 424, 425; *Uhlenbruck/Hirte* § 129 RdNr. 103 wegen eines Lästigkeitswerts.
[505] BGH NJW-RR 1986, 536, 538; NJW 1992, 624, 626; NJW 1995, 1668, 1670; NJW-RR 2000, 1215; 2004, 1493, 1494; RG JW 1906, 722 Nr. 22; RGZ 126, 304, 308; HK-*Kreft* § 129 RdNr. 53; *Baur/Stürner* RdNr. 18.41 mit Fn. 140; zum AnfG auch BGHZ 90, 207, 212 = NJW 1984, 1968, 1969; BGH 104, 355, 357 = NJW 1988, 3265; BFHE 133, 501, 505 = BB 1981, 1941. Ergänzend s. o. RdNr. 175.
[506] Vgl. BGH ZIP 1985, 816, 817 f.
[507] Ebenso *Baur/Stürner* RdNr. 18.41 Fn. 140 gegen *Steines* KTS 1986, 21, 23.
[508] RGZ 21, 95, 99 f.; RG JW 1898, 51, 52; *Jaeger/Henckel,* KO § 31 RdNr. 7; vgl. BGH NJW 1996, 3147, 3149.
[509] OLG Stuttgart NZI 2002, 495, 496; vgl. BGH NJW 1996, 3147, 3149.
[510] BGH NJW-RR 2004, 340, 341; NZI 2004, 620, 621; OLG Frankfurt ZIP 2002, 2140, 2141; vgl. BGH NZI 2004, 82, 83.

Grundsatz **110 § 129**

aufwand der Insolvenzmasse ausgleichen, den ihr die Verwertung durch den Gläubiger ersparen kann. Dieselbe Erwägung hat der BGH[511] – ohne diesbezügliche Begründung – auch auf die Feststellungskostenpauschale nach § 171 Abs. 1 angewendet, obwohl dieser Beitrag der Insolvenzmasse ohne Rücksicht auf die tatsächlich entstehenden Kosten gebühren soll,[512] also auch dann, wenn der Gläubiger nach Insolvenzeröffnung selbst verwertet.[513] Die Rechtsbeständigkeit und Insolvenzfestigkeit des (sogar getilgten) Sicherungsrechts hat der Insolvenzverwalter nach Verfahrenseröffnung regelmäßig im Hinblick auf mögliche Rückgewähransprüche zu prüfen.[514] Die Benachteiligung durch eine frühere Rechtshandlung des Gläubigers kann deshalb darin liegen, dass dem Insolvenzverwalter der Kostenbeitrag für die gebotene Prüfung entgeht. Zwar sehen die §§ 170, 171 keine Feststellungskostenbeiträge für – rechtmäßige – Verwertungshandlungen von Gläubigern oder rechtswidrige Verwertungsmaßnahmen vorläufiger Insolvenzverwalter vor der Verfahrenseröffnung vor;[515] dementsprechend liegt auch im Verlust derartiger Beiträge allein keine Gläubigerbenachteiligung im Sinne von § 129 Abs. 1.[516] Anders sollte es sich jedoch verhalten, wenn ein Gläubiger durch zusätzliches rechtswidriges und/oder potentiell anfechtbares Vorgehen vor der Insolvenzeröffnung die eigene Verwertung überhaupt erst möglich macht und dadurch das Entstehen der Kostenbeiträge als bereits gegenständlich angelegtes künftiges (s. o. RdNr. 81) Massevermögen verhindert.[517] Da die Ausübung eines insolvenzbeständigen Verwertungsrechts regelmäßig nicht selbständig anfechtbar ist (s. u. RdNr. 150), kann sich die Frage einer Gläubigerbenachteiligung durch Wegfall eines Kostenbeitrags im Allgemeinen nur nach weiter gehenden Eingriffen des Absonderungsberechtigten stellen, insbesondere wenn er in Kenntnis der wirtschaftlichen Krise des Schuldners diesen veranlasst, Sicherungsgut herauszugeben (s. u. RdNr. 137). Die Frage, ob der Sicherungsnehmer die Herausgabe verlangen durfte, ist nur für deren Kongruenz bedeutsam (s. u. § 131 RdNr. 43); dagegen bleibt die mittelbare Gläubigerbenachteiligung auch bei Erfüllung eines fälligen Anspruchs bestehen. Die Insolvenzordnung sollte ein Auseinanderreißen des Schuldnervermögens vor Verfahrenseröffnung durch den Zugriff von Absonderungsberechtigten gezielt verhindern.[518] Dieses Ziel lässt sich nicht allein durch Schadensersatzansprüche[519] erreichen, wenn der Sicherungsnehmer mit dem Schuldner zusammenwirkt; vielmehr liegt darin auch eine Gläubigerbenachteiligung im Sinne von § 129 Abs. 1. Ein solches Vorgehen kann überdies – entgegen § 172 Abs. 2 Satz 3 – eine zusätzliche Belastung der Insolvenzmasse mit Umsatzsteuer und diese eine Gläubigerbenachteiligung begründen.[520]

cc) An einer Benachteiligung fehlt es, wenn Ansprüche befriedigt werden, die der **110** Verwalter im Insolvenzverfahren genauso hätte erfüllen müssen;[521] das kann aber nur Aus-

---

[511] NZI 2005, 165, 166 f.; ohne Unterscheidung auch OLG Düsseldorf NZI 2006, 702, 703 ff.; *Zenker* WuB VI A. § 129 InsO 2.05; *Eckardt* ZIP 1999, 1734, 1739 f.; *Uhlenbruck/Hirte* § 132 RdNr. 3; zustimmend HK-*Kreft* § 129 RdNr. 58. Dagegen hatte in dem vom OLG Frankfurt (vorige Fn.) entschiedenen Fall der Absonderungsberechtigte die *Feststellungskosten* freiwillig erstattet.
[512] BGH NJW 2002, 3475, 3477.
[513] BGHZ 154, 72, 76 ff. = NJW 2003, 2240, 2241; BGH NJW-RR 2004, 340, 341; vgl. BGH ZInsO 2006, 1320, 1321.
[514] BGH NJW-RR 2004, 340, 341; *Henckel*, in Kölner Schrift S. 813, 819 RdNr. 14; *Gundlach/Frenzel/Schmidt* NZI 2002, 20, 21.
[515] BGHZ 154, 72, 80 f. = NJW 2003, 2240, 2242 zugleich zu möglichen Ausnahmen bei rechtmäßigem Verhalten vorläufiger Insolvenzverwalter.
[516] Nur insoweit zutreffend *Peschke* S. 218 f.; *Beiner/Luppe* NZI 2005, 15, 18 f.; aM *Janca* ZInsO 2003, 449, 450 f.
[517] *Henckel*, in Kölner Schrift S. 813, 819 RdNr. 14; *Kübler/Prütting/Paulus* § 132 RdNr. 8 aE; *Gundlach/Schmidt* NZI 2004, 83, 84 f.; *Gundlach/Schirrmeister* NZI 2004, 620, 621; *Zeuner* NZI 2007, 369; aM pauschal BGH NZI 2005, 168 f., allerdings i. E. zutreffend für Fälle rechtmäßigen Forderungseinzugs; OLG Düsseldorf ZInsO 2006, 154, 157 f. Ergänzend s. u. RdNr. 136 f.
[518] RegE S. 79, S. 116 zu § 25, S. 148 zu § 126, S. 178 zu § 191.
[519] Vgl. dazu BGH NJW-RR 2004, 340, 341.
[520] BGH ZInsO 2007, 605, 607.
[521] BGH WM 1962, 1316, 1317 f.; BGHZ 114, 315, 322 = NJW 1991, 2147, 2149; *Kilger/K. Schmidt* § 29 KO Anm. 13, S. 161; s. u. RdNr. 142.

sonderungsrechte oder Masseverbindlichkeiten betreffen (s. o. RdNr. 78 b), solange nicht alle Insolvenzgläubiger im Sinne von § 38 befriedigt sind. Wird ein Eröffnungsantrag gemäß § 26 mangels Masse rechtskräftig abgewiesen und bezahlt der Schuldner die Vergütung des vorläufigen Insolvenzverwalters (§ 22 Abs. 1 Satz 2 Nr. 3, Abs. 2), so benachteiligt dies die Insolvenzgläubiger in einem danach beantragten und eröffneten Insolvenzverfahren gegen denselben Schuldner;[522] denn sogar ungetilgte Masseschulden aus einem früheren Insolvenzverfahren wären in einem neuen, selbständigen Verfahren allenfalls als Insolvenzschulden zu begleichen. Schließt der spätere Insolvenzschuldner einen Sanierungsvergleich ab und zahlt er die vereinbarten Quoten aus, so werden – wenn danach ein Insolvenzverfahren eröffnet wird – die Insolvenzgläubiger im Allgemeinen durch die Vermögensminderung grundsätzlich in vollem Umfang benachteiligt; ein Einwand der begünstigten Gläubiger, dass sie einen Betrag von gleicher Höhe auch als Insolvenzquote erhalten hätten, ist im Anfechtungsprozess nicht zu beachten (s. o. RdNr. 107 aE).

110 a   Nicht benachteiligend wirkt es, wenn ein Dritter zwar das Vermögen des Schuldners, aber damit zugleich dessen sämtliche Schulden **befreiend** (§§ 414, 415 BGB) übernimmt.[523] Der bloße Schuldbeitritt des Übernehmers oder gar eine Erfüllungsübernahme im Innenverhältnis schließt eine Gläubigerbenachteiligung dagegen nicht ohne weiteres aus; denn damit treten die Gläubiger des Übernehmers in Konkurrenz mit denen des Insolvenzschuldners, ohne dass andererseits die Wertbeständigkeit des übernommenen Vermögens in der Person des Übernehmers gewährleistet wäre.[524] Das gilt z. B. für die dingliche Mithaft des Käufers bei einem Grundstückskauf vom Insolvenzschuldner (s. u. RdNr. 128), aber auch, soweit eine Mithaftung des Schuldners gemäß § 25 HGB eingreift.[525] Die Gläubiger des Insolvenzschuldners wären allenfalls dann nicht schlechtergestellt, wenn die Zahlungsfähigkeit des Übernehmers dem Wert des übernommenen Vermögens dauerhaft wenigstens entspräche und alle späteren Insolvenzgläubiger ebenfalls forderungsberechtigt wären;[526] derartiges wird praktisch kaum je vereinbart. Zuwendungen aus dem Gesellschaftsvermögen einer OHG an einen Gesellschafter oder aus dem ehelichen Gesamtgut in das Vorbehaltsgut eines Ehegatten werden durch die jeweilige persönliche Haftung des Begünstigten in der Insolvenz der Gesellschaft oder des Gesamtguts wegen der Konkurrenz mit den Eigengläubigern des Begünstigten nicht ausgeglichen.[527]

111   **3. Arten der Gläubigerbenachteiligung.** Die Insolvenzordnung unterscheidet zwischen unmittelbarer und mittelbarer Gläubigerbenachteiligung.

112   **a) Unmittelbare** Gläubigerbenachteiligung. Lediglich die §§ 132 Abs. 1 und 133 Abs. 2 setzen eine unmittelbare Gläubigerbenachteiligung voraus. Nur unter dieser engeren Voraussetzung gelten die dort umschriebenen Rechtshandlungen als hinreichend verdächtig für eine – teilweise verschärfte – Anfechtbarkeit. Das Erfordernis der Unmittelbarkeit bezweckt allein, denjenigen Nachteil als unerheblich auszuschließen, der durch den späteren Verlust oder die Entwertung der Gegenleistung beim Insolvenzschuldner eintritt; dagegen gelten die übrigen Voraussetzungen der Gläubigerbenachteiligung unverändert auch hierfür.[528]

113   **aa)** „Unmittelbar" ist eine Benachteiligung, die – ohne Hinzukommen späterer Umstände – schon mit der Vornahme der angefochtenen Rechtshandlung selbst eintritt.[529] Maßgeblicher Zeitpunkt ist also durchweg derjenige der Vollendung der Rechtshandlung (§ 140).[530]

---

[522] Vgl. AG Dresden ZInsO 2004, 1268, 1269. Ergänzend s. u. RdNr. 163 a.
[523] RGZ 51, 64, 65 f.
[524] HambKomm-*Rogge* § 129 RdNr. 71.
[525] Vgl. RG LZ 1913, 488, 489; ferner *C. Paulus* ZIP 1996, 2141, 2147 f. für Verlustausgleichspflichten im Konzern.
[526] Vgl. zu § 419 BGB aF *Jaeger/Henckel*, KO § 29 RdNr. 219.
[527] *Jaeger/Weber*, KO §§ 209, 210 RdNr. 24, § 236 a–c RdNr. 25.
[528] Vgl. *Jaeger/Henckel*, KO § 30 RdNr. 173, S. 979.
[529] BGH ZIP 1997, 853, 854; *Gottwald/Huber* (Fn. 12) § 46 RdNr. 68.
[530] BGHZ 129, 236, 242 f. = ZIP 1995, 1021, 1023; *Uhlenbruck/Hirte* § 129 RdNr. 126; *Kilger/K. Schmidt* § 29 KO Anm. 19 b; vgl. auch RG Recht 1923 Nr. 230. Im einzelnen s. u. RdNr. 118.

Hat jedoch der Insolvenzschuldner bereits zuvor eine ausgleichende Gegenleistung erhalten, so ist deren spätere Verschlechterung in seinem Herrschaftsbereich wegen des Zwecks dieses Anfechtungsmerkmals (s. o. RdNr. 112) unerheblich.[531] Nicht nötig ist es andererseits, dass der Schuldner schon im maßgeblichen Zeitpunkt andere Gläubiger hatte (s. u. RdNr. 120).

bb) Eine unmittelbare Gläubigerbenachteiligung **tritt** stets bei einseitigen Vermögensopfern des Insolvenzschuldners **ein**, insbesondere bei Leistungen seinerseits ohne ausgleichende Gegenleistung des Empfängers[532] oder wenn der Schuldner jemanden für Leistungen vergütet, die dieser unentgeltlich zu erbringen hatte,[533] ferner bei der Gewährung einer nicht geschuldeten Kreditsicherheit oder die Tilgung eines Eigenkapital ersetzenden Darlehens.[534] Die Bestellung einer Grundschuld, die nicht nur ein neu ausgereichtes Darlehen, sondern auch zuvor begründete Kreditverbindlichkeiten absichern soll, benachteiligt unmittelbar und einheitlich wegen der erstmaligen Einbeziehung der ungesicherten Schulden. Dasselbe gilt, wenn der Schuldner einen Grundpfandgläubiger veranlasst, sich für die bisher ungesicherte Forderung eines anderen Insolvenzgläubigers zu verbürgen und der Rückgriffsanspruch des Bürgen gegen den Schuldner durch das (werthaltige) Grundpfandrecht mit besichert wird.[535] Dagegen benachteiligt der Abschluss eines Vergleichs die Insolvenzgläubiger nur dann unmitelbar, wenn das Nachgeben des Schuldners auch unter Berücksichtigung aller für ihn bestehenden Risiken objektiv nicht gerechtfertigt ist.[536] Bei Leistungen im Dreiecksverhältnis kommt es für das Vorliegen einer unmittelbaren Gläubigerbenachteiligung darauf an, ob im selben Zusammenhang eine ausgleichende Gegenleistung ins Schuldnervermögen zurückgelangt. Sichert der spätere Insolvenzschuldner eine fremde Verbindlichkeit, so ist der Befreiungsanspruch gegen deren Schuldner regelmäßig weniger sicher und deshalb kein voll ausgleichender Gegenwert.[537] Auch die den Schuldner treffenden Avalzinsen für eine von ihm übernommene Bürgschaft belasten sein haftendes Vermögen unmittelbar, wenn kein Ausgleich sichergestellt ist.[538] Das Eingehen einer abstrakten Verbindlichkeit – insbesondere einer Wechselschuld – des (späteren) Insolvenzschuldners begründet nicht ohne weiteres eine Gläubigerbenachteiligung; entscheidend ist vielmehr, ob dem Schuldner nach dem Grundgeschäft ein ausreichender Gegenwert zusteht.[539]

Unmittelbar benachteiligend sind beispielsweise Veräußerungen unter Wert durch den Insolvenzschuldner[540] oder das Gewähren eines langfristigen Darlehens zu geringeren als marktüblichen Zinsen.[541] Gleichwertig ist es auch nicht, wenn eine Maschine im realisierbaren Wert von 15 340 Euro als Sicherheit für einen zusätzlichen Kredit von nur 4090 Euro übereignet wird[542] oder wenn ein Sicherungsgeber dem Sicherungsnehmer gestattet, das Sicherungsgut unter Wert zu veräußern,[543] oder wenn der Schuldner auf durchsetzbare werkvertragliche Nacherfüllungsansprüche im Wert von 56 600 Euro gegen Zahlung von 12 800 Euro verzichtet.[544] Die Ersetzung einer „harten" Patronatserklärung durch eine weniger weit reichende benachteiligt die Gläubiger der auszustattenden Tochtergesellschaft

---

[531] BGH WM 1955, 404, 406; RGZ 116, 134, 137; *Jaeger/Henckel*, KO § 29 RdNr. 71.
[532] LG Dresden ZIP 1999, 1364.
[533] Vgl. BGH NJW 1995, 1093 f.
[534] OLG Koblenz ZInsO 2006, 946, 947 f.
[535] BGH NJW 1999, 3046, 3047.
[536] Vgl. BGH NJW-RR 2004, 1534, 1535 f. zum AnfG.
[537] *Kamlah* S. 41.
[538] Ohne diese Einschränkung und deshalb zu weit gehend *Mundt* NZBau 2003, 527, 528.
[539] Vgl. BGHZ 162, 125, 137 f. = ZInsO 2006, 322, 326; vgl. *Uhlenbruck/Hirte* § 129 RdNr. 122. Ergänzend s. u. RdNr. 145, 229 aE.
[540] RG LZ 1908, 787 Nr. 4; *Jaeger/Henckel*, KO § 30 RdNr. 106. Ergänzend s. u. § 132 RdNr. 12 ff., § 133 RdNr. 44.
[541] BGH NJW 1989, 1037.
[542] BGH WM 1964, 1166 f. zu § 3 AnfG. Zur Begrenzung zulässiger Risikozuschläge s. u. § 142 RdNr. 13.
[543] BGH NJW 1997, 1063, 1065; *Foerste* RdNr. 295.
[544] BGH NJW-RR 2004, 1534, 1535 f. zum AnfG.

ebenso unmittelbar[545] wie die Einbringung eines Grundstücks in eine GmbH die Gläubiger des einbringenden Gesellschafters benachteiligt, weil der Gesellschaftsanteil schwerer verwertbar ist.[546] Ergänzend s. u. § 132 RdNr. 11 ff., § 133 RdNr. 44, § 142 RdNr. 12, 24 a.

116 An einem ausgleichenden Gegenwert fehlt es ferner, wenn die dem Schuldner gewährte Gegenleistung nicht wenigstens potentiell allen Insolvenzgläubigern, sondern bestimmungsgemäß nur einzelnen von ihnen zugute kommen soll. Verkauft und überträgt der (spätere) Insolvenzschuldner einen Gegenstand in der Weise, dass der Kaufpreis lediglich an bestimmte Gläubiger des Schuldners fließen soll, so benachteiligt das die Insolvenzgläubiger im Allgemeinen unmittelbar.[547] Eine unmittelbare Gläubigerbenachteiligung tritt auch ein, wenn ein Käufer den Kaufpreis für eine an sich gleichwertige Gegenleistung des Insolvenzschuldners (Verkäufers) an einen Dritten (Kreditinstitut) entrichten soll, um dessen Forderung gegen den Insolvenzschuldner zu tilgen, für welche der Käufer wiederum gebürgt hatte;[548] denn auf diese Weise bringt der Insolvenzschuldner aus eigenen Mitteln gezielt die Bürgschaft des Käufers zum Erlöschen. Entsprechendes gilt, falls eine Gesellschaft unter Ausnutzung eines Überziehungskredits eine kapitalersetzende Leistung ihres Gesellschafters zurückzahlt, weil dessen Forderung – im Gegensatz zum Anspruch des überweisenden Kreditinstituts – nicht rechtsbeständig ist.[549] Auch wenn ein Gesellschafter für seine (schuldende) Gesellschaft eine Prozessbürgschaft zugunsten ihres Prozessgegners abgibt, werden die Insolvenzgläubiger im Allgemeinen dadurch benachteiligt, dass die Gesellschaft ihrem Gesellschafter Sicherheiten für den Bürgschaftsfall bestellt.[550] Die Bezahlung des Schuldners für ein ihm persönlich bestelltes unpfändbares dingliches Wohnrecht benachteiligt die Insolvenzgläubiger unmittelbar,[551] weil es für diese nicht zu verwerten ist. Das Einverständnis des Schuldners – als Sicherungsgeber – mit einer ungünstigen Verwertung des Sicherungsguts durch den Sicherungsnehmer benachteiligt die Insolvenzgläubiger unmittelbar, wenn sonst ein höherer Erlös erzielt worden wäre.[552]

116 a Gewährt der Schuldner eine – nur – nach Art oder Zeit inkongruente Deckung (vgl. § 131 Abs. 1), so hängt der Eintritt einer Gläubigerbenachteiligung davon ab, ob die Gegenleistung wenigstens im Ergebnis den Gläubigern gleichwertige Befriedigungsmöglichkeiten bietet (ergänzend s. u. RdNr. 118). Ein durch Zwangsvollstreckungsmaßnahmen in der Frist des § 131 begründetes Pfandrecht benachteiligt die übrigen Insolvenzgläubiger unmittelbar, weil die §§ 803 ff. ZPO kein Recht auf Befriedigung mit staatlichen Zwangsmitteln **in der** wirtschaftlichen **Krise** des Schuldners mehr verleihen.[553] Erfaßt die Pfändung allerdings nur schuldnerfremde Gegenstände, so benachteiligt sie die Insolvenzgläubiger des Schuldners im Allgemeinen nicht (vgl. RdNr. 77 f., 105, 161).

117 cc) Eine unmittelbare Gläubigerbenachteiligung **fehlt,** wenn für eine Leistung des Insolvenzschuldners eine Gegenleistung in sein Vermögen gelangt, die den Insolvenzgläubigern im Allgemeinen (s. o. RdNr. 103 f.) eine gleichwertige Befriedigungsmöglichkeit bietet, insbesondere beim Austausch gleichwertiger Leistungen,[554] z. B. beim Verkauf von Forderungen des Schuldners zum Marktwert beim Factoring (s. u. RdNr. 157). Erhält der Schuld-

---

[545] Vgl. OLG München ZInsO 2004, 1040, 1043 f.
[546] *Foerste* RdNr. 295; zum AnfG BGHZ 128, 184, 189 = NJW 1995, 659, 660.
[547] BGH WM 1955, 404, 405; RG JW 1894, 546 Nr. 4; LZ 1915, 637 f.; RGZ 53, 234, 236; LG Hamburg ZIP 1991, 1507, 1509 f.; *Uhlenbruck/Hirte* § 129 RdNr. 124; *Hallermann* S. 50; vgl. *Jaeger/Henckel*, KO § 30 RdNr. 173, S. 979. Dass der Insolvenzschuldner die Gegenleistung nur von sich aus einseitig verwendet, begründet jedoch keine unmittelbare Gläubigerbenachteiligung, s. u. RdNr. 118 aE.
[548] BGH NJW 1995, 2783, 2784, insoweit nicht in BGHZ 130, 38; vgl. auch RG Recht 1911 Nr. 2751; JW 1914, 255, 256.
[549] BGH NJW 1990, 2687, 2688.
[550] BGH NJW-RR 1990, 230, 232.
[551] BGHZ 130, 314, 318 = NJW 1995, 2846, 2847.
[552] BGH NJW 1997, 1063, 1065.
[553] Vgl. BGHZ 136, 309, 313 f. = NJW 1997, 3445, 3446.
[554] BGH WM 1955, 404, 405; BGHZ 128, 184, 187 = NJW 1995, 659, 660; BGHZ 129, 236, 240 f. = ZIP 1995, 1021, 1022; BGH ZIP 1997, 853, 854; NJW 1999, 643, 644; RGZ 116, 134, 136 f.

Grundsatz 118, 119 § 129

ner als Ausgleich etwas, das zwar keine Gegenleistung darstellt, sich aber in anderer Weise als zumindest gleichwertiger Vorteil erweist, kommt es darauf an, ob sich der Vorteil unmittelbar in einer – das Vermögensopfer wenigstens ausgleichenden – Mehrung des Schuldnervermögens niederschlägt.[555] Der Umstand, dass z. B. an die Stelle einer veräußerten Sache eine (vollwertige) Kaufpreisforderung tritt, stellt für sich allein noch keine unmittelbare – im Gegensatz zu einer möglichen mittelbaren (s. u. RdNr. 122) – Gläubigerbenachteiligung dar.[556] Auch fachgerechte Dienstleistungen können die angemessene Vergütung ausgleichen (s. u. RdNr. 163 ff.). Für die Bestimmung einer Benachteiligung ist das Wertverhältnis zwischen Leistung und Gegenleistung nicht nach den subjektiven Vorstellungen der Beteiligten, sondern – dem Zweck dieser Anfechtungsvoraussetzung entsprechend – allein nach objektiven wirtschaftlichen Gegebenheiten zu bestimmen.[557] Eine geringfügige Stundung der Gegenleistung beeinträchtigt die Gleichwertigkeit noch nicht.[558] Bei der Übertragung von Computerprogrammen ist deren gegenwärtig kurze Entwertungszeit im Preis zu berücksichtigen.[559]

Die Tilgung eigener vollwertiger Verbindlichkeiten des Schuldners benachteiligt dessen Gläubiger ebenso wenig unmittelbar[560] wie die Bestellung einer dem Umfange nach angemessenen Sicherheit gegen Gewährung eines neuen Kredits (s. u. RdNr. 123 a, 151, § 142 RdNr. 13) oder die Ablösung einer vollwertigen, selbst insolvenzbeständigen Sicherheit.[561] Verrechnet eine Bank Zahlungseingänge für ihren Kunden mit einem Schuldsaldo auf dessen Konto, lässt sie aber gleichzeitig weitere Verfügungen des Kunden darüber zu, so benachteiligt der Gesamtvorgang dessen Gläubiger in diesem Umfang im Verhältnis zur Bank nicht unmittelbar.[562] Dasselbe trifft für eine vorübergehende Kreditrückführung durch Einzahlungen des Schuldners selbst – z. B. um Zinsen zu sparen – zu, soweit der Schuldner über den revolvierend gestalteten Kredit später wieder verfügt. Zahlt der Schuldner ein Darlehen vor Fälligkeit zurück, so sind die anderen Gläubiger unmittelbar nur in Höhe eines Zwischenzinses benachteiligt;[563] eine mittelbare – Benachteiligung wegen der Darlehenssumme selbst kommt nur in Betracht, soweit das Darlehen bei Fälligkeit – z. B. im Hinblick auf § 21 Abs. 2 Nr. 2 – nicht mehr rechtswirksam zu erfüllen[564] oder aus Rechtsgründen – z. B. gem. § 32 a GmbHG – nicht vollwertig gewesen wäre (s. u. RdNr. 143). Die Insolvenzgläubiger werden hingegen unmittelbar benachteiligt, soweit der Schuldner eine Verbindlichkeit bezahlt, die er durch eine Einwendung hätte abwehren können.[565] Liegt eine vollwertige Gegenleistung vor, so tritt eine unmittelbare – im Gegensatz zur mittelbaren (s. u. RdNr. 122) – Gläubigerbenachteiligung auch dann nicht ein, wenn die Gegenleistung entwertet[566] oder sofort verbraucht wird,[567] oder wenn der Gegner vorgeleistet hat und seine Leistung schon verbraucht war, ehe die Leistung des Schuldners aus seinem Vermögen herausging.[568]

dd) Abgrenzungen. Irreführend ist es, in diesem Zusammenhang von Bargeschäften 119 (§ 142) zu sprechen. Zwar entfällt bei einem Bargeschäft stets jede unmittelbare Gläubiger-

---

[555] BGHZ 154, 190, 195 f. = NZI 2003, 315, 316.
[556] BGH WM 1955, 404, 405; RGZ 27, 98, 99 f.; 29, 77, 79; RG JW 1900, 716 Nr. 31; *Jaeger/Henckel*, KO § 29 RdNr. 55, S. 795.
[557] *Baur/Stürner* RdNr. 18.50; *Jauernig* § 51 V 2, S. 245.
[558] Vgl. RG Gruchot 48 (1904), 112, 115.
[559] LG Bonn CR 1995, 403, 404 f.
[560] BGHZ 129, 236, 240 f. = ZIP 1995, 1021, 1022; BGH ZIP 2002, 404, 405.
[561] BGH NJW 1992, 624, 626; NZI 2000, 310 f.; RGZ 90, 69, 73; 126, 304, 308; RG JW 1902, 273 Nr. 17; OLG Düsseldorf WM 1997, 913, 918; *Jaeger/Henckel*, KO § 30 RdNr. 132; aM OLG Frankfurt MDR 1968, 675 f. Näher s. u. RdNr. 142.
[562] *Peschke* S. 234 ff.; vgl. BGHZ 150, 122, 131 ff. = NJW 2002, 1722, 1723 f. Ergänzend s. u. § 142 RdNr. 13.
[563] BGH ZIP 1997, 853, 854.
[564] BGH NJW-RR 2005, 1575, 1576.
[565] BGHZ 129, 236, 247 f. = ZIP 1995, 1021, 1025, 1028.
[566] Vgl. *Jaeger/Henckel*, KO § 30 RdNr. 104.
[567] RGZ 27, 98, 99 f.; 29, 77, 79; 116, 134, 136 f.
[568] BGH WM 1955, 404, 406; RGZ 116, 134, 137 f.

benachteiligung, weil definitionsgemäß eine gleichwertige Gegenleistung ins Schuldnervermögen gelangen muss. Umgekehrt ist das Bargeschäft aber nur einer von mehreren Anwendungsfällen für das Fehlen einer unmittelbaren Gläubigerbenachteiligung; diese kann auch dort entfallen, wo – etwa aus zeitlichen Gründen – kein Bargeschäft vorliegt. Selbständige Bedeutung erlangt der Begriff des Bargeschäfts zudem nur im Rahmen des § 130, der an sich eine mittelbare Gläubigerbenachteiligung ausreichen lässt (vgl § 130 RdNr. 23). Die Grundsätze des Bargeschäfts sollen gerade dort die Anfechtung ausschließen, wo nach allgemeinen Regeln an sich eine (mittelbare) Gläubigerbenachteiligung gegeben wäre, nämlich bei der kongruenten Befriedigung oder Sicherung einzelner Gläubiger.[569]

120 Das Vorliegen einer unmittelbaren Gläubigerbenachteiligung ist isoliert mit auf Bezug auf die jeweilige Rechtshandlung zu prüfen, die angefochten werden soll. Hingegen ist die Beurteilung nicht mit der weiteren Frage zu verwechseln, ob zurzeit der Handlung bereits konkret Gläubiger vorhanden waren, die möglicherweise später ausfallen konnten. Die im Rechtsgeschäft selbst angelegte potentielle Masseverkürzung genügt als objektive Anfechtungsvoraussetzung, wenn das Schuldnervermögen jetzt unzulänglich (s. o. RdNr. 107) ist; dieser Nachteil muss sich nicht schon von Anfang an verwirklicht haben.[570] Deshalb kann eine unmittelbare Benachteiligung auch dann gegeben sein, wenn der Insolvenzschuldner Vermögensstücke ohne entsprechende Gegenleistung zu einer Zeit weggegeben hat, als er an sich noch über hinreichende Mittel verfügte, um seine sämtlichen damaligen Gläubiger zu befriedigen:[571] Die Vermögenshaftung ist nicht nach Zeitabschnitten auf Gläubiger begrenzt, und von vornherein einseitige Vermögensopfer des Schuldners werden auch nicht durch den Zweck der Einschränkung auf eine unmittelbare Benachteiligung (s. o. RdNr. 112) erfasst. Statt dessen wird in einem solchen Fall im Allgemeinen – nur – ein Gläubigerbenachteiligungsvorsatz fehlen (s. u. § 133 RdNr. 44).

121 **b) Mittelbare Gläubigerbenachteiligung.** Für alle anderen Anfechtungstatbestände als die §§ 132 und 133 Abs. 2 (s. o. RdNr. 112) reicht der Eintritt einer bloß mittelbaren Gläubigerbenachteiligung aus.[572] Sie ist regelmäßig verwirklicht, wenn eine unmittelbare Benachteiligung (s. o. RdNr. 113 ff.) vorliegt,[573] kann aber auch unter erweiterten Voraussetzungen gegeben sein: Es genügt, wenn zwar die Rechtshandlung allein noch keinen (unmittelbaren) Nachteil für Gläubiger bewirkte, aber die Grundlage für einen weiteren, gläubigerschädigenden Ablauf schuf. Nicht nötig ist, dass die hinzutretende weitere Ursache ihrerseits wieder durch die angefochtene Rechtshandlung verursacht wurde.[574] Jedoch muss sie unmittelbar auf das haftende Schuldnervermögen im Sinne einer Minderung der Aktiva oder Vermehrung der Passiva (s. o. RdNr. 100) einwirken. Eine allgemeine Einschränkung der wirtschaftlichen Bewegungsfreiheit des – sei es auch vorläufigen – Insolvenzverwalters genügt nicht, insbesondere wenn er wegen Erschöpfung des Schuldnervermögens keine neuen Kredite aufzunehmen vermag.[575]

122 Beispiele für eine (nur) mittelbare Gläubigerbenachteiligung im Sinne von § 129 sind: Die **Veräußerung** eines Gegenstands des Schuldners zu einem angemessenen Preis, wenn der Erlös nicht mehr für die Gläubigerbefriedigung zur Verfügung steht,[576] etwa weil der Schuldner das Entgelt verbirgt oder ins Ausland verschiebt, um es dem Zugriff der Gläubiger

---

[569] HK-*Kreft* § 129 RdNr. 46 f.; s. u. RdNr. 122.
[570] FK-*Dauernheim* § 129 RdNr. 41. Ergänzend vgl. RdNr. 104, § 134 RdNr. 43.
[571] S. u. § 133 RdNr. 44 aE; aM RG Recht 1923 Nr. 230; *Uhlenbruck/Hirte* § 129 RdNr. 125; *Diem* S. 70 ff., der zu Unrecht eine Überschuldung des Schuldners schon im Zeitpunkt der Rechtshandlung zur Voraussetzung jeder Anfechtung erheben will und damit den Anfechtungszweck (s. o. Vor § 129 RdNr. 2–4) verkennt.
[572] RegE S. 157 zu § 144; BGH WM 1960, 381, 382; RGZ 33, 120, 122 f.; RG LZ 1916, 63; LZ 1925, 870; *Jaeger/Henckel* § KO 29 RdNr. 64.
[573] Zur nachträglichen Beseitigung einer solchen Benachteiligung als einzig möglicher Ausnahme s. u. RdNr. 178.
[574] BGH NJW 2000, 1259, 1261; s. u. RdNr. 169.
[575] AM *Mundt* NZBau 2003, 527, 528.
[576] BGH NJW-RR 1988, 827, 828 zu § 3 AnfG.

zu entziehen;[577] ferner wenn der Schuldner das Entgelt für den Unterhalt seiner Familie[578] oder zur Befriedigung anderer Gläubiger[579] verbraucht hat. Die Insolvenzgläubiger werden mittelbar benachteiligt, wenn der Schuldner einen eigenen Gegenstand zwar zu einem günstigen Preis veräußert, der Erlös aber uneinbringlich ist,[580] beispielsweise bei Zahlungsunfähigkeit des Erwerbers, oder wenn der Schuldner einen Kredit zu angemessenen Bedingungen für eine geschäftliche Transaktion aufnimmt, bei der er sein Geld verliert.[581] Eine mittelbare Benachteiligung tritt ein, wenn der Schuldner Wertpapiere zum Zeitwert veräußert, deren Wert später ansteigt,[582] oder wenn der Schuldner seinerseits für einen angemessenen Preis einen Gegenstand erworben hat, der danach bei ihm zerstört oder entwertet wird.[583] Auch Leistungen auf einen erzwingbaren Sozialplan benachteiligen die Insolvenzgläubiger mittelbar, soweit sie nicht in der Insolvenz ebenfalls zu erbringen gewesen wären (s. o. RdNr. 105, 110); § 112 BetrVG rechtfertigt derartige Leistung in der Insolvenz nur im Umfange der §§ 123 f.[584] Eine mittelbare – im Gegensatz zur unmittelbaren (s. o. RdNr. 117) – Benachteiligung kann ferner durch die angemessene Vergütung für Sanierungsbemühungen eintreten, die letztlich die Insolvenz nicht abgewendet haben.[585] Das Aufladen einer Geldkarte benachteiligt, soweit das dadurch geschaffene Guthaben verbraucht ist.

Die **Tilgung** einer eigenen Verbindlichkeit des Insolvenzschuldners benachteiligt dessen **123** übrige Gläubiger im Insolvenzfall regelmäßig, weil für diese nur eine entsprechend geringere Quote übrig bleibt.[586] Dass die Forderung des befriedigten Gläubigers erlischt, schließt die mittelbare Benachteiligung der anderen ebensowenig aus (s. u. RdNr. 142) wie im Ansatz der Umstand, dass der Insolvenzschuldner die Erfüllungsleistung unter Ausnutzung eines Kreditlimits von einem debitorisch geführten Bankkonto vorgenommen haben mag. Die (mittelbare) Gläubigerbenachteiligung kann schon darin liegen, dass die auf Kosten der Insolvenzmasse als Kredit gewährten Mittel zur Tilgung einer bloßen Insolvenzforderung verwendet wurden (s. o. RdNr. 108 b). Zur mittelbaren Gläubigerbenachteiligung durch **Wertschöpfung** aus dem Schuldnervermögen s. u. RdNr. 168 b.

Entsprechendes gilt für die – an sich geschuldete – (nachträgliche) Bestellung einer **123 a** Sicherheit für einzelne Insolvenzgläubiger, wenn das als Gegenleistung gewährte Darlehen inzwischen verbraucht ist.[587] Droht ein Energie-Versorgungsunternehmen eine Stromsperre an, falls der Schuldner nicht Zahlungsrückstände ausgleicht, so ist die weitere, für sich voll entgeltliche Belieferung mit Strom kein ausgleichendes Entgelt für die Tilgung der Rückstände; der Berechnung des Nachteils sind die vertraglich vereinbarten, besonders günstigen Tarife – nicht fiktiv höhere Normaltarife – zugrunde zu legen, solange der Vertrag nicht aufgelöst ist.[588] Der Umstand, dass ein Gläubiger (Finanzamt) nicht die Schließung des Schuldnerunternehmens wegen der Schulden betreibt, ist keine ausgleichende Gegenleistung für die Begleichung rückständiger (Steuer-)Schulden, s. u. RdNr. 181 ff.

Allerdings wirken Befriedigung oder Sicherung dann *nicht* benachteiligend, wenn der **124** Empfänger dafür auf werthaltige Sicherungsrechte in gleichem Umfang verzichtet,[589] die selbst in die Insolvenzmasse gelangen. Deshalb benachteiligt nicht die Erfüllung einer grundpfandrechtlich voll aus Schuldnervermögen gesicherten Forderung oder die Vorausabtretung

---

[577] RegE S. 157 zu § 144.
[578] *Baur/Stürner* RdNr. 18.37 aE.
[579] *Jaeger/Henckel*, KO § 29 RdNr. 80; vgl. RG JW 1919, 244; OLG Hamburg ZIP 1984, 1373, 1377.
[580] Vgl. RGZ 10, 5, 8 zu § 3 AnfG.
[581] OLG Hamburg ZIP 1984, 1373, 1377.
[582] *Jaeger/Henckel*, KO § 29 RdNr. 99.
[583] Vgl. *Gottwald/Huber* (Fn. 12) § 46 RdNr. 69.
[584] Das übersieht *Willemsen* ZIP 1982, 649, 650 f.
[585] BGH NJW 1998, 1561, 1564; näher s. u. RdNr. 163 ff.
[586] Vgl. RdNr. 104; BGH ZInsO 2007, 816, 819. Demgegenüber verwechselt BFH NV 1999, 745, 746 f. die unmittelbare mit der mittelbaren Gläubigerbenachteiligung.
[587] BGH WM 1997, 436, 438. Ergänzend s. u. RdNr. 151.
[588] BGHZ 97, 87, 96 = NJW 1986, 1496, 1498; vgl. auch BGH LM KO § 30 Nr. 1.
[589] BGH WM 1960, 381, 382; RG LZ 1916, 63; WarnR 1917 Nr. 225, S. 350 f.; LZ 1925, 870. Ergänzend vgl. RdNr. 108 c, 142.

künftiger Forderungen im Wege des verlängerten Eigentumsvorbehalts, wenn und soweit sie sich auf die gerade mit der Vorbehaltsware erlangte Forderung beschränkt.[590] Auch die Herstellung einer Aufrechnungslage durch Verkauf eines Gegenstands an einen Gläubiger benachteiligt nicht, wenn dieser daran schon vorher insolvenzbeständig so gesichert war, dass der Verkehrswert voll ausgeschöpft wird.[591] Eine Schiedsvereinbarung verursacht im Allgemeinen keine Gläubigerbenachteiligung.[592] Zur Erbringung der vertraglich geschuldeten Gegenleistung durch den Anfechtungsgegner vgl. RdNr. 122, § 142 RdNr. 4 ff., § 144 RdNr. 13 ff.

125 Maßgeblicher **Zeitpunkt** für die Beurteilung, ob eine mittelbare Gläubigerbenachteiligung eingetreten ist, ist derjenige der letzten mündlichen Verhandlung in der Tatsacheninstanzen, in welcher die Einführung neuer Tatsachen noch zulässig ist.[593] Das gilt auch, wenn der Anfechtungsgegner eine zunächst angemessene Gegenleistung erbracht hat, deren Wert aber – erst – nach der Verfahrenseröffnung wesentlich gesunken ist. Wertsteigerungen einer Sicherheit, die infolge Wegfalls vorrangiger Sicherungsrechte bis zur Verhandlung eintreten, sind zu berücksichtigen.[594] Aus Gründen der Rechtsklarheit ist an einem einheitlichen Beurteilungszeitpunkt festzuhalten. War die Entwicklung vorauszusehen, dann erscheint dieses Ergebnis auch als gerecht; andernfalls wird ohnehin kaum ein Benachteiligungsvorsatz des Schuldners noch gar eine entsprechende Kenntnis des Anfechtungsgegners festzustellen sein. Durch den Anfechtungsgegner selbst nach dessen Erwerb verursachte Wertminderungen bleiben außer Betracht (s. u. § 143 RdNr. 34, 76, 89). Dagegen mag man den §§ 80 bis 82 und 91 die gesetzliche Wertung entnehmen, dass Einwirkungen des **Schuldners** auf die Gegenleistung *nach* Insolvenzeröffnung mit anderen Mitteln zu begegnen ist als mit der Anfechtung, dass sie also nicht mehr dem Anfechtungsgegner zur Last fallen sollen.[595] Dasselbe gilt für schädliche Einwirkungen des Insolvenzverwalters;[596] dagegen schützt § 60. Eine Gläubigerbenachteiligung, die allein in der Vermehrung der – ungesicherten – Insolvenzschulden liegt, ist auszuschließen, wenn sich der Gläubiger endgültig nicht am Insolvenzverfahren beteiligt;[597] doch genügt die Rücknahme der Forderungsanmeldung für eine solche Feststellung nur, wenn die Anmeldung nicht wiederholt werden kann.

126 Unerheblich sind hypothetische weitere Verhaltensweisen des Gläubigers oder Schuldners für den Fall, dass dieser die Leistung nicht erbracht hätte. Ergänzend s. u. RdNr. 181 ff.

127 **4. Fallgruppen der Gläubigerbenachteiligung. a) Verträge mit komplexen Gegenleistungen für Zuwendungen des Insolvenzschuldners.** Die Beurteilung, ob der Schuldner für seine Rechtshandlung eine ausgleichende Gegenleistung erhält (s. o. RdNr. 113 f.), bereitet nicht selten Schwierigkeiten. Die vereinbarte Übernahme der dinglichen Belastungen einer Sache durch deren Erwerber mindert den Wert der von ihm erhaltenen Zuwendung – im Umfang der tatsächlichen Valutierung der Lasten –, ist aber kein Entgelt für die Übertragung.[598] Übernimmt ein Käufer in Anrechnung auf den Kaufpreis eine Reallast, deren Berechtigter danach vor Ablauf der erwarteten Laufzeit stirbt, benachteiligt der Verkauf die Insolvenzgläubiger des Verkäufers zwar nicht unmittelbar wohl aber mittelbar.[599] Überträgt ein Schuldner ein eigenes Grundstück und behält er sich selbst daran den Nießbrauch

---

[590] BGHZ 64, 312, 313 f. = NJW 1975, 1226, 1227 f.
[591] BGH NZI 2004, 620 f. Ergänzend s. u. RdNr. 150.
[592] Vgl. *Kück* ZInsO 2006, 11, 13 f.
[593] BGH NJW-RR 1993, 235, 236; OLG Köln ZInsO 2004, 624, 625 f.; *Uhlenbruck/Hirte* § 129 RdNr. 128; *Kilger/K. Schmidt* § 29 KO Anm. 19 a; *Baur/Stürner* RdNr. 18.51 Fn. 189; zum AnfG auch BGH WM 1963, 269; WM 1965, 917, 918; ZIP 1990, 1420, 1423; NJW 1996, 3341, 3342; NJW 1999, 1395, 1396; ZInsO 2007, 101, 102; WM 2007, 1377, 1379; Beschl. v. 9. 11. 2006 – IX ZA 13/06; RG Recht 1928 Nr. 148.
[594] BGH NJW-RR 1993, 235, 237; *Jaeger/Henckel*, KO § 29 RdNr. 99.
[595] *Jaeger/Henckel*, KO § 29 RdNr. 99.
[596] Vgl. *König* RdNr. 5/23.
[597] OLG Köln ZInsO 2004, 624, 625 f.
[598] BGHZ 121, 179, 187 = NJW 1993, 663, 665; vgl. auch BGH NJW 1989, 2122.
[599] BGH WM 1987, 881, 882; *Mauer* RdNr. 45.

Grundsatz

vor, so mindert das unmittelbar den Wert der Zuwendung,[600] weil der Nießbrauch auch für die Insolvenzgläubiger verwertbar ist. Behält sich der Schuldner dagegen persönlich ein – unpfändbares – Wohnrecht vor, gleicht dieses die Vermögenszuwendung nicht einmal teilweise aus.[601] Läßt der Schuldner den Nießbrauch zugunsten eines Nahestehenden bestellen, dann benachteiligt das die Insolvenzgläubiger unmittelbar, weil ein solches „Entgelt" für sie weniger leicht oder rasch verwertbar ist.[602] Überträgt er das Grundstück an seine Ehefrau und bestellt er unmittelbar zuvor seinen Kindern einen Nießbrauch daran, sind beide Rechtsgeschäfte anfechtungsrechtlich getrennt zu beurteilen.[603] Ist der Kaufpreis nicht an den Schuldner als Verkäufer, sondern an einzelne seiner Gläubiger zu zahlen, so werden die Insolvenzgläubiger im Allgemeinen benachteiligt (s. o. RdNr. 104 f., 116). Gleiches gilt, wenn statt der Zahlung eine – sogar befreiende – Schuldübernahme durch den Käufer gegenüber bestimmten Gläubigern vereinbart wird.[604] Zu weiteren Einschränkungen bei einem bloßen Schuldbeitritt oder einer Erfüllungsübernahme s. o. RdNr. 110.

128 Lässt sich der Insolvenzschuldner einen Rückauflassungsanspruch für den Fall einräumen und vormerken, dass der Erwerber das Grundstück anderweitig veräußert, ist ein solcher Anspruch für die Insolvenzgläubiger zwar rechtlich, aber regelmäßig aus wirtschaftlichen Gründen nicht verwertbar; es schließt deshalb eine unmittelbare Gläubigerbenachteiligung nicht aus.[605]

129 Bringt der (spätere) Insolvenzschuldner ein Grundstück als Stammeinlage in eine GmbH ein, so benachteiligt das die Gläubiger unmittelbar, weil der Gesellschaftsanteil schwerer zu verwerten ist als ein Grundstück. War dieses mit einem Bankkredit erworben worden, so benachteiligt die vereinbarte Bestellung einer sichernden Grundschuld zugunsten der Bank die Insolvenzgläubiger unmittelbar, sofern die Grundschuld erst nachträglich bestellt wurde, die Bank also nicht dafür gesorgt hatte, dass der Erwerb des Schuldners von vornherein nur Zug um Zug durch ein entsprechendes Sicherungsrecht eingeschränkt war; anderes kann im Verhältnis zur GmbH gelten, die auf Grund einer Vereinbarung mit dem Gesellschafter (Insolvenzschuldner) Zug um Zug gegen die Einbringung des Grundstücks die Grundschuld bewilligt.[606] Eine Verzögerung bei der Bestellung des Sicherungsrechts würde der Bank allerdings dann meist nicht schaden, wenn die Voraussetzungen des Bargeschäfts gewahrt blieben (s. u. § 142 RdNr. 13, 18).

130 **b) Nachteilige Vertragsklauseln speziell für den Insolvenzfall.** Grundsätzlich können Rechtshandlungen nur einheitlich angefochten werden (vgl. § 143 RdNr. 17), ein Vertragsschluss also ganz oder gar nicht. Jedoch werden des Öfteren an sich ausgewogene Verträge abgeschlossen, die nur für den Fall, dass ein Vertragsteil insolvent wird, diesem einseitig Vermögensopfer auferlegen. Auch soweit die vereinbarte Beendigung eines Vertrages gerade für den Insolvenzfall wirksam ist,[607] gilt das nicht ohne weiteres für darüber hinausgehende Vermögenseinbußen zu Lasten der Insolvenzgläubiger im Allgemeinen. Solche durch den Insolvenzfall bedingte Klauseln gefährden die Gläubiger keinesfalls weniger als sofort wirksam werdende:[608] Erstens sind sie für die anderen Gläubiger noch

---

[600] BGH ZIP 1990, 1420, 1423.
[601] Vgl. BGH NJW-RR 1986, 991 f.; NJW 1999, 643, 644; BGHZ 130, 314, 318 = NJW 1995, 2846, 2847; BFHE 133, 501, 505 = BB 1981, 1941; *Mauer* RdNr. 50; ferner zu Altenteilsverträgen RGZ 51, 64, 65 f.; RG bei *Bolze* Bd. 13 (1892) Nr. 198; RG LZ 1913, 488 f.
[602] BGH ZIP 1990, 1420, 1423; ergänzend s. o. RdNr. 101.
[603] Vgl. BGH NJW 1996, 3147, 3149; OLG Stuttgart NZI 2002, 495, 496. Ergänzend s. o. RdNr. 55 f.
[604] Vgl. RGZ 46, 101, 103 f.
[605] Vgl. BGHZ 130, 314, 321 f. = NJW 1995, 2846, 2847 f.
[606] BGHZ 128, 184, 189 f. = NJW 1995, 659, 661; ergänzend s. u. RdNr. 132.
[607] S. o. § 119 RdNr. 19 ff. Für eine Anfechtung masseverkürzender Wirkungen nach § 133 *Hess* InsO § 129 RdNr. 69; *Wortberg* S. 153 ff.; soweit *Adam DZWIR* 1, 3 und WM 2005, 1583, 1584 sie mangels „Gläubigerbereicherung" ausschließen will, ist dieses Kriterium bedeutungslos (s. o. RdNr. 100 aE).
[608] Vgl. zur insolvenzbedingten Sicherheitenbestellung BGH NJW 1993, 1640, 1641. Dies berücksichtigen *Häsemeyer* ZIP 1994, 418, 419 und *C. Paulus* ZIP 1996, 2141, 2142 nicht. Mit der Auflösung verpflichtender Verträge, die an §§ 103 ff. zu messen wäre, ist der endgültige, insolvenzbedingte Verlust von Schuldnervermögen nicht zu vergleichen.

weniger zu erkennen als beispielsweise „stille" Sicherheiten, die mindestens sofortige Überwachungsrechte des Gläubigers auslösen und gegebenenfalls von Anfang an dem sachenrechtlichen Publizitätsgebot unterliegen. Vor allem empfinden die Vertragschließenden selbst derartige Absprachen als nicht sonderlich belastend, weil diese erst eingreifen, wenn die wirtschaftliche Existenzgrundlage des Betroffenen ohnehin vernichtet ist, die Folgen also fast ausschließlich dessen – andere – Gläubiger treffen. Eine solche Vertragsgestaltung zu Lasten Dritter kann im Einzelfall gegen § 134 oder § 138 Abs. 1 BGB verstoßen (vgl. vor § 129 RdNr. 49, 77), doch sind die Voraussetzungen der Gesetz- oder Sittenwidrigkeit nicht in jedem Fall erfüllt, so dass Raum für die Prüfung der Anfechtbarkeit bleibt. Die Abgrenzung im Hinblick auf eine mögliche Gläubigerbenachteiligung hat danach zu erfolgen, ob auch ohne die Klausel gleich nachteilige Folgen eingetreten wären,[609] oder ob der Vertragspartner des Schuldners in dessen Insolvenz wenigstens kraft Gesetzes dieselbe Rechtsfolge wie vereinbart hätte herbeiführen dürfen, insbesondere wegen Leistungsverzugs (§ 326 BGB); unter dieser Voraussetzungen sind die Insolvenzgläubiger nicht im Rechtssinne benachteiligt. Dasselbe gilt, soweit ein Vertrag ohnehin mit Insolvenzeröffnung gemäß §§ 103 ff. außer Kraft tritt und die vereinbarten Folgen im Ergebnis nicht über diejenigen des § 103 Abs. 2 Satz 1 hinausgehen. Ist jedoch die Gläubigerbenachteiligung für den Insolvenzfall weder gesetzlich gerechtfertigt noch bei einer Gesamtbetrachtung aller Umstände zur Erreichung des Vertragszwecks vorrangig geboten, so ist die Regelung nicht als untrennbarer Vertragsbestandteil zu behandeln, sondern ihre Einbeziehung in den Vertrag selbständig anzufechten.[610] Da die Insolvenzeröffnung dann von vornherein eine Vertragsbedingung ist, benachteiligt das Rechtsgeschäft die Insolvenzgläubiger sogar unmittelbar.

131 Danach könnte insbesondere die Einbeziehung des § 8 Nr. 2 Abs. 2 Satz 2 VOB/B in den Bauvertrag eine Gläubigerbenachteiligung im Sinne von § 129 bewirken. Diese Bestimmung sieht einen Schadensersatzanspruch des Auftraggebers allein aus dem Grunde vor, dass er selbst den Vertrag wegen Insolvenz des Auftragnehmers kündigt. Wegen des vorauszusetzenden Vertrauensverhältnisses mag das einseitige Kündigungsrecht des Auftraggebers unter jener Voraussetzung noch hinzunehmen sein (s. o. § 119 RdNr. 23 ff.). Ohnehin wird dieser meist einen Grund haben, dem Insolvenzschuldner den Auftrag gemäß § 8 Nr. 3 VOB/B zu entziehen; dann haben auch die Insolvenzgläubiger die Nachteile hinzunehmen. Hat sich jedoch der Auftragnehmer bis zur Eröffnung des Insolvenzverfahrens über sein Vermögen vertragstreu verhalten, und bietet der Insolvenzverwalter die Vertragserfüllung an, ohne dass seine Leistungsunfähigkeit konkret festzustellen ist, dann erscheint die Besserstellung des Auftraggebers sogar im Vergleich mit der normalen Kündigungsmöglichkeit nach § 8 Nr. 1 Abs. 2 VOB/B allein wegen der Insolvenz nicht gerechtfertigt. § 279 BGB betrifft nicht den bloßen Verdacht auf Leistungsunvermögen. Der Auftraggeber ist – anders als beispielsweise Mitgesellschafter (dazu unten RdNr. 133) – nicht schutzwürdiger als sonstige Vertragspartner des Insolvenzschuldners, die im Vertrauen auf dessen Leistungsfähigkeit wirtschaftlich disponiert haben und insoweit bisher tatsächlich noch *nicht* enttäuscht wurden. Dem Auftraggeber ist deshalb – entsprechend der gesetzlichen Regelung (§ 649 BGB) – die Abwägung zuzumuten, ob ihm der Vertrauensverlust eine Kündigung gemäß § 8 Nr. 1 VOB/B wert ist. Seinen Schadensersatzanspruch aus § 8 Nr. 2 Abs. 2 Satz 2 VOB/B hingegen kann der Verwalter dann wenigstens mit der Anfechtungseinrede abwehren, wenn er als Insolvenzforderung geltend gemacht wird. Entsprechendes gilt für Klauseln in Erbbaurechtsverträgen, die vorsehen, dass der Erbbauberechtigte allein wegen Zahlungsunfähigkeit eine Vergütung für das Erbbaurecht (§ 32 Abs. 1 ErbbauVO) verlieren soll.[611]

---

[609] Vgl. BGH NZI 2000, 308, 310.

[610] BGHZ 124, 76, 80 f. = NJW 1994, 449, 451; v. Wilmowsky ZIP 2007, 553, 556 ff.; wohl auch *C. Paulus*, Festschrift für Uhlenbruck, 2000, S. 33, 45 ff.; *Wortberg* S. 186 ff. Ergänzend s. o. § 119 RdNr. 53 ff.

[611] Zum Heimfallanspruch wegen Insolvenz vgl. einerseits OLG Karlsruhe NJW-RR 2002, 413 f., andererseits BGH ZInsO 2007, 600, 601.

c) **Gesellschaftsrechtliche Benachteiligungen im Insolvenzfall.** Die Leistung der 132 Gesellschaftseinlage oder Einzahlung des Stammkapitals aus dem freien Vermögen des Schuldner-Gesellschafters kann dessen Gläubiger benachteiligen, weil sie den Gesellschaftsanteil weniger leicht zu verwerten vermögen (s. o. RdNr. 18, 129).

Die **Auflösung** einer Gesellschaft oder das Ausscheiden eines Gesellschafters daraus kann 133 zwar auf einer anfechtbaren Handlung beruhen (s. o. RdNr. 19, 94). Eine Gläubigerbenachteiligung liegt aber nicht in dem Gewinn, der dem Schuldner-Gesellschafter infolge seines Ausscheidens entgeht; denn dieser entsteht im Ergebnis untrennbar auch aus den Beiträgen der anderen Gesellschafter. Allenfalls die Folgen der Auseinandersetzung können die Insolvenzgläubiger benachteiligen, soweit sie zu deren Ungunsten von der gesetzlichen Regelung abweichen.[612] Gesellschaftsverträge sehen häufig vor, dass die Gesellschaft ungeachtet des Ausscheidens fortbestehen und – im Interesse ihrer wirtschaftlichen Überlebensfähigkeit – der gesetzliche Abfindungsanspruch ausscheidender Gesellschafter nicht nach dem wirklichen Wert seines Anteils, sondern nach einem geringeren Wert bemessen werden soll. Solche allgemeinen Einschränkungen der Rechte ausscheidender Gesellschafter begründen ebenfalls keine Benachteiligung speziell der Insolvenzgläubiger im Sinne von § 129. Denn der Gesellschaftsanteil entsteht von vornherein nur mit dieser Begrenzung, und der Gläubiger kann nicht mehr verlangen, als auch dem Schuldner-Gesellschafter selbst von Rechts wegen zusteht.[613] Des öfteren unterscheiden die Abfindungsklauseln nach dem Grund des Ausscheidens, wobei Gesellschafter, denen gegenüber ein wichtiger Grund zum Ausschluss vorliegt, schlechtergestellt werden; als ein solcher wichtiger Grund wird unter anderem die Insolvenz eines Gesellschafters behandelt.[614] Dies erscheint insolvenzrechtlich vertretbar, weil und soweit die Gesellschaft auf der Mitwirkung ihrer Gesellschafter zur gemeinsamen Erreichung des Gesellschaftszwecks aufbaut und diese durch den Vermögensverfall sogar nur eines einzelnen Gesellschafters gefährdet wird: beispielsweise durch den Verlust an Ansehen und Kreditwürdigkeit oder durch das Eindringen Fremder, nämlich der Gläubiger des insolventen Gesellschafters. Dies verdeutlichen § 728 Abs. 2 BGB und § 131 Abs. 3 Satz 1 Nr. 2 HGB nF, welche die Insolvenzeröffnung gegen einen Gesellschafter ohne weiteres als Auflösungs- oder Ausscheidensgrund behandeln. Wird hingegen im Wesentlichen allein der insolvente Gesellschafter schlechtergestellt, so benachteiligt eine derartige Regelung seine Gläubiger, doch wäre sie sogar gemäß § 138 Abs. 1 BGB nichtig (vgl. Vor § 129 RdNr. 81). Das dürfte insbesondere für die unentgeltliche Einziehung eines werthaltigen Gesellschaftsanteils[615] zutreffen. Soll ein Gesellschaftsanteil mit dem Tod des Gesellschafters nicht dessen allgemeinen Erben zufallen, sondern gem. § 331 BGB auf einen Dritten übergehen, so wird den Erben noch keine rechtlich geschützte Vermögensposition entzogen.[616] Auf eine Anfechtung solcher Klauseln wird es deshalb in der Praxis kaum ankommen. Zu vertraglichen Regelungen, nach denen ein Gesellschafter mit Stellung eines Insolvenzantrags aus der Gesellschaft ausscheidet, aber den Mitgesellschaftern weitere Lieferungen und/oder Leistungen erbringen muss, s. u. RdNr. 168 a.

Dagegen benachteiligt die **Rückzahlung** einer Gesellschaftseinlage auch dann die Insolvenzgläubiger, wenn der begünstigte Gesellschafter durch arglistige Täuschung zur Beteiligung bewogen worden war;[617] ein solcher Rechtsgrund der Rückgewährforderung begründet keine Besserstellung gegenüber anderen Insolvenzgläubigern (vgl. § 131 RdNr. 19). Stundet ein Mitgesellschafter einer offenen Handelsgesellschaft beim Ausscheiden daraus 133 a

---

[612] BGH ZIP 1981, 1229, 1231; *Jaeger/Henckel*, KO § 29 RdNr. 54; *Uhlenbruck/Hirte* § 129 RdNr. 100 aE. Die gesetzlichen Auseinandersetzungsregeln als Folge des Ausscheidens eines Gesellschafters haben dessen Gläubiger hinzunehmen (vgl. BGHZ 86, 349, 355 = NJW 1983, 1120, 1122; BGH ZInsO 2007, 213, 215, z. V. b. in BGHZ).
[613] Vgl. vor § 129 RdNr. 79; BGH WM 1959, 719, 721; *Jaeger/Weber*, KO § 212 Anm. 6.
[614] BGHZ 65, 22, 28 f. = NJW 1975, 1835, 1837; OLG Frankfurt BB 1978, 170 f.; *Gehrlein* ZIP 1996, 1157, 1158 f.
[615] Vgl. hierzu RGZ 142, 373, 377.
[616] Vgl. RdNr. 82 und RGZ 80, 175, 177 f.
[617] OLG Hamm ZIP 1999, 1530, 1533.

seinen Abfindungsanspruch gegen den verbliebenen Gesellschafter gegen Sicherungsübertragung von Gesellschaftsvermögen, so benachteiligt diese Entziehung haftenden Vermögens die Insolvenzgläubiger des – als Einzelkaufmann – verbliebenen Gesellschafters.[618] Auch die Anteilsübertragung kann benachteiligend wirken.[619]

133 b Eine Betriebsaufspaltung benachteiligt die Gläubiger des ursprünglich einheitlichen Unternehmens, soweit ihnen dadurch haftendes Vermögen entzogen wird.[620] **Verbürgt sich ein Gesellschafter** für Schulden seiner Gesellschaft gegenüber deren Gläubigern und zahlt er auf seine Bürgschuld, so benachteiligt dies die Gesellschaftsgläubiger insoweit nicht, als seine Rückgriffsrechte unter § 39 Abs. 1 Nr. 5 fallen; kein anfechtungsrechtlich erhebliches Kriterium ist es in diesem Zusammenhang, ob der Gesellschafter statt dessen die zur Schuldtilgung verwendeten Mittel seiner Gesellschaft zu deren freier Verfügung hätte überlassen müssen.[621] Jedoch tritt eine Benachteiligung im Umfang des Rückgriffsanspruchs (z. B. nach § 774 BGB) ein, soweit eine Tochtergesellschaft auf eine eigene Bürgschuld gegenüber Gläubigern der Konzernmutter leistet. Andererseits begründet eine bürgschaftsbedingte Minderung des Werts der Gesellschaftsanteile an der Tochtergesellschaft nicht zugleich eine eigenständige Benachteiligung der Muttergesellschaft im Sinne von § 129 Abs. 1.[622] Die Ersetzung einer „harten" Patronatserklärung der Muttergesellschaft durch eine weniger weit reichende benachteiligt die Gläubiger der auszustattenden Tochtergesellschaft.[623] Zu Gesellschafterdarlehen s. o. RdNr. 78.

134 **d) Unwirksame Rechtshandlungen.** Zum Begriff der Rechtshandlung gehört nicht deren Wirksamkeit (s. o. RdNr. 30 ff.). Allerdings benachteiligt eine Rechtshandlung des Schuldners, die – insbesondere wegen Nichtigkeit – im Einzelfall keine Rechtswirkungen auslöst, im Allgemeinen die Gläubiger nicht.[624] Zahlt der Schuldner des (späteren) Insolvenzschuldners an einen Dritten, ohne hierdurch von seiner Leistungspflicht gegenüber der Insolvenzmasse frei zu werden, benachteiligt das regelmäßig nicht die Insolvenzgläubiger, so dass gegenüber dem Zahlungsempfänger nicht angefochten werden kann,[625] solange der Zahlende selbst solvent bleibt. Wird eine Zwangsvollstreckungsmaßnahme gegen den Schuldner von § 88 oder § 21 Abs. 2 Satz 1 Nr. 3 erfasst, benachteiligt sie regelmäßig nicht zusätzlich im Sinne von § 129 Abs. 1. Unwirksame Rechtshandlungen können aber unter Umständen eine formale Rechtsstellung, insbesondere eine Grundbuch-Eintragung, schaffen, die den Zugriff des Insolvenzverwalters behindert; eine solche Erschwerung der Vollstreckungsmöglichkeit genügt schon als objektive Gläubigerbenachteiligung.[626] Im Übrigen sind in der Lebenswirklichkeit die tatsächlichen Voraussetzungen und sogar die rechtlichen Wertungen für eine Unwirksamkeitsfolge oft nicht eindeutig. Nichtigkeitsgründe können sich mit den Voraussetzungen für andere Vernichtbarkeitsgründe überschneiden. Die Anfechtung gemäß §§ 129 ff. begründet zwar keine Nichtigkeit;[627] dennoch können sich ihre Rechtsfolgen weitgehend mit denjenigen decken, die zur Rückabwicklung eines nichtigen

---

[618] RG JW 1919, 34, 35.
[619] *Uhlenbruck/Hirte* § 143 RdNr. 10.
[620] Vgl. *C. Paulus* ZGR 2002, 319, 331. Ergänzend s. u. RdNr. 166.
[621] S. u. RdNr. 170; anders LG Cottbus NZI 2003, 207, 209, das zu Unrecht Maßstäbe des Eigenkapitalersatzes ins allgemeine Anfechtungsrecht überträgt.
[622] S. u. RdNr. 170a; aM Hirte ZInsO 2004, 1161, 1165.
[623] OLG München ZInsO 2004, 1040, 1043 f.
[624] *Jaeger/Henckel*, KO § 29 RdNr. 214 f., § 30 RdNr. 204; *v. Campe* S. 27. S. o. RdNr. 108.
[625] BGH NJW 1999, 2969, 2970, insoweit nicht in BGHZ 142, 72 abgedr.; zur Abgrenzung s. o. RdNr. 50.
[626] S. o. RdNr. 101 und insbesondere BGHZ 141, 96, 105 f. = NJW 1999, 1549, 1551 f.; BGH NZI 2001, 360; NJW 1996, 3147, 3148; RGZ 50, 121, 123 f.; RG JW 1911, 595 f.; KG JW 1932, 663 Nr. 2; OLG Celle KuT 1938, 92; *Berges* in Anm. BB 1952, 869; HK-*Kreft* § 129 RdNr. 22; *Kübler/Prütting/Paulus* § 129 RdNr. 24; einschränkend *Jaeger/Henckel*, KO § 29 RdNr. 214.
[627] Vgl. Vorb. RdNr. 26 bis 30, 39. Deshalb sind die allgemeinen Grundsätze über die Doppelwirkung im Recht – vgl. dazu einerseits BGH WM 1955, 1290 f.; *H. Wagner* § 129 RdNr. 1; *Staudinger/Roth* § 142 RdNr. 27 bis 30; *Palandt/Heinrichs* Übbl. RdNr. 35 vor § 104; andererseits MünchKommBGB-*Mayer-Maly* § 142 RdNr. 11 – nicht unmittelbar anwendbar.

Rechtsgeschäfts – z. B. gemäß § 812 BGB – eingreifen. Gegenüber Klagemöglichkeiten aus dem materiellen Recht ist die Anfechtung nicht subsidiär (s. o. RdNr. 101 a und vor § 129 RdNr. 86 ff.). § 339 stellt ebenfalls die Anfechtbarkeit anderen Gründen gleich, deretwegen die Rechtshandlung keinen Bestand hat. Zudem ist der Eintritt einer Gläubigerbenachteiligung auch Voraussetzung einer Anfechtung gegen den Rechtsnachfolger, der seinerseits das unwirksam Weggegebene zivilrechtlich wirksam erworben haben mag (s. u. § 145 RdNr. 24).

Nichtigkeits- wie Anfechtungsgründe folgen zudem meist aus demselben Lebenssachverhalt im Sinne der prozessualen Streitgegenstandslehre. Im Wege der alternativen Klagebegründung steht es dem Anfechtenden dann frei, seine Rückgewährklage entweder auf die eine oder die andere Anspruchsgrundlage zu stützen.[628] Müßte hierzu ausnahmsweise auf verschiedene Streitgegenstände zurückgegriffen werden, so käme eine alternative Klagehäufung im Sinne von § 260 ZPO in Betracht. Aufwand und Risiko einer Beweisaufnahme über Nichtigkeitsgründe sind entbehrlich, soweit dieselbe Rechtsfolge aus einer Anfechtung hergeleitet werden kann: Eine wahlweise Feststellung ist möglich. Aus diesem prozessualen Grunde ist es gerechtfertigt, dass die Praxis die „Anfechtung nichtiger Rechtshandlungen"[629] oder von Scheingeschäften[630] oder nach §§ 119, 123 BGB anfechtbarer Willenserklärungen[631] zulässt. Nur soweit der Anfechtungskläger (Insolvenzverwalter) aus einer der mehreren möglichen Klagebegründungen – praktisch stets dem Nichtigkeitsgrund – einen weitergehenden Anspruch herleitet, sind dessen Voraussetzungen aufzuklären; das weniger weitgehende Rechtsschutzziel kann dabei im Wege eines Hilfsantrags verfolgt werden. Gegen mehrere mögliche Anfechtungsgegner empfiehlt sich zur Verjährungsunterbrechung die Streitverkündung (s. u. § 146 RdNr. 25). Soweit Zwangsvollstreckungsmaßnahmen eines Gläubigers gemäß §§ 88, 114 Abs. 3 unwirksam sind, wird es allerdings im Allgemeinen so zweifelsfrei sein, dass daneben eine Anfechtung nicht nötig ist; nur ausnahmsweise werden die Löschungsvoraussetzungen gegenüber dem Grundbuchamt noch durch ein Anfechtungsurteil nachgewiesen werden müssen.[632] Entsprechendes gilt für eine nach § 110 Satz 1 unwirksam werdende Vorausverfügung über Mietzinsansprüche des Schuldners. Ist eine Aufrechnung gemäß § 96 Abs. 1 Nr. 3 unwirksam, so geht in diesem Umfange die Prüfung der Anfechtbarkeit darin auf.[633]

e) Besitzübertragungen. Bereits die Aufgabe des – nicht fehlerhaften (§ 858 Abs. 2 BGB) – Besitzes an einer Sache durch den Gemeinschuldner kann dessen Insolvenzgläubiger benachteiligen.[634] Das trifft einmal zu, wenn dem neuen Besitzer zugleich ein Recht zum Besitz, etwa als Mieter, eingeräumt wird; dann ist (auch) dieser Rechtsvorgang anzufechten.[635] Darüber hinaus kann die Insolvenzmasse durch die Erwerbsmöglichkeit beeinträchtigt werden, die mit dem Besitz verbunden ist, beispielsweise gemäß §§ 937, 943, 973 ff. BGB. Die an den Besitz anknüpfende Eigentumsvermutung (§ 1006) kann ebenfalls für die Insolvenzgläubiger nachteilig sein.[636] Der Besitz ist auch ohne ein zugrundeliegendes Recht

---

[628] Ähnlich *Jaeger/Henckel*, KO § 29 RdNr. 217; *Uhlenbruck/Hirte* § 129 RdNr. 32, 79; *HK-Kreft* § 129 RdNr. 22; *Baur/Stürner* RdNr. 18.15; *Kübler/Prütting/Paulus* § 129 RdNr. 40; *FK-Dauernheim* § 129 RdNr. 49; *HambK/Rogge* § 129 RdNr. 14, 37; *Häsemeyer* RdNr. 21.33 f.; *Diem* S. 53 ff.; für das österreichische Recht *König* RdNr. 17/116.
[629] BGHZ 118, 374, 380 = NJW 1992, 2483, 2484; BAG NZI 2007, 58, 61; RG WarnR 1920 Nr. 206, S. 260; KG JW 1932, 663 Nr. 2; LAG Hamm ZIP 1982, 615, 619; *Uhlenbruck/Hirte* § 129 RdNr. 76 f.; für den Fall einer Unwirksamkeit wegen Vollmachtsüberschreitung auch BGH NZI 2001, 360 LAG München ZIP 1987, 589, 590; vgl. ferner BGH NJW 1979, 102, 103. Im Ergebnis zustimmend *Jaeger/Henckel*, KO § 29 RdNr. 217. Die prozessualen Zusammenhänge berücksichtigt *v. Campe* S. 27 nicht.
[630] BGH NJW 1996, 3147, 3148; RG JW 1906, 234 f.; JW 1914, 304, 305.
[631] KG JW 1932, 663 Nr. 2.
[632] Vgl. früher OLG Stuttgart ZIP 1994, 722, 724; nunmehr aber BGH NJW 2000, 2427 f.; BayObLG NZI 2000, 427.
[633] Vgl. *Jaeger/Henckel*, KO § 30 RdNr. 290.
[634] RG JW 1911, 67. Zur Besitzverlagerung als Rechtshandlung s. o. RdNr. 22, 30.
[635] *Jaeger/Henckel*, KO § 29 RdNr. 109; vgl. RG LZ 1909, 63 Nr. 28.
[636] Vgl. OLG Kiel OLGRspr. 15 (1907), 234 f.

ein Vermögensgut. Gläubiger des neuen Besitzers können darein vollstrecken (§ 808 Abs. 1 ZPO). Zwar mag dem Insolvenzverwalter häufig zugleich ein anderer Rechtsbehelf, insbesondere eine Herausgabeklage aus materiellem Recht, offen stehen, wenn der Dritte kein Recht zum Besitz hat. Das Merkmal der Gläubigerbenachteiligung ist aber nicht dahin zu verstehen, dass die Anfechtung gegenüber allen anderen Mitteln der Rechtsverfolgung subsidiär wäre.[637] Der Nachweis der anderen Anspruchsvoraussetzungen kann im Einzelfall schwieriger sein als derjenige der Anfechtungsvoraussetzungen. Dann hat der Verwalter auf Grund der tatsächlich vorhandenen Nachteile die Wahl, wie er seine Klage begründet; auch eine alternative Begründung ist zulässig (s. o. RdNr. 135). Ferner kann die Rechtsfolge des Wertersatzes nach § 143 Abs. 1 Satz 2 für die Gläubiger im Einzelfall günstiger sein als die Folgen einer Nichterfüllung des materiell-rechtlichen Anspruchs. Soll allerdings allein die mit der Besitzüberlassung verbundene Nutzungsmöglichkeit angefochten werden, setzt dies voraus, dass die Sache in demselben Zeitraum auch zugunsten der (späteren) Insolvenzmasse nutzbar gewesen wäre (vgl. RdNr. 108 über Fn. 313 und zur Abgrenzung § 143 RdNr. 61).

137 Besondere Bedeutung gewinnt der Besitz an **Sicherungsgut** durch § 166 Abs. 1. Danach darf der Insolvenzverwalter bewegliches Sicherungsgut verwerten, das sich in seinem Besitz befindet. Wird das vor Verfahrenseröffnung verhindert, indem der Schuldner den Besitz an einen Dritten überträgt oder dieser sich den Besitz verschafft, kann das anfechtbar sein, falls die Gläubiger sich bei einer (einheitlichen) Verwertung durch den Insolvenzverwalter bessergestellt wären.[638] Der weite Begriff der Rechtshandlung (vgl. RdNr. 22, § 132 RdNr. 21) erfasst solche Besitzverlagerungen ebenso wie der Benachteiligungsbegriff.[639] Insbesondere kann die Insolvenzmasse hinsichtlich der entgangenen Feststellungskosten (§ 171 Abs. 1) benachteiligt sein; ein entsprechender Nachweis im Einzelfall wird nicht durch die §§ 170, 171 ausgeschlossen.[640] Zudem kann eine Belastung mit Umsatzsteuer benachteiligend wirken.[641]

138 Verpfändet der Schuldner eine Wertsache, die ihm ein Dritter (nur) zu diesem Zweck unentgeltlich zur Verfügung gestellt hatte, so benachteiligt das die Insolvenzgläubiger nicht, weil der Dritte die Sache andernfalls hätte aussondern können (vgl. RdNr. 105, 150). Auf die Frage, ob der Schuldner im eigenen (§ 185 BGB) oder fremden Namen (§ 164 BGB) verpfändete, kommt es nicht an; eine unwirksame Verpfändung würde die Gläubiger ebenfalls nicht benachteiligen.

139 f) **Treuhandverhältnisse.** Zu den Voraussetzungen für eine Insolvenzfestigkeit von Treuhandabreden s. o. § 47 RdNr. 354 ff. Als Treuhänder ist haftungsrechtlich auch der „Strohmann" zu behandeln, obwohl dessen fremdnützige Stellung nach außen verborgen werden soll.[642]

139a Bei der *uneigennützigen* (Verwaltungs-)Treuhand werden in der Insolvenz des **Treuhänders** dessen Gläubiger nicht durch Verfügungen über das Treugut benachteiligt, weil es haftungsrechtlich ohnehin nicht im Vermögen des Treuhänders steht:[643] Der Treugeber hätte

---

[637] S. o. RdNr. 101. In diesem Punkt anscheinend aM *Jaeger/Henckel*, KO § 29 RdNr. 108; *Nerlich* (Fn. 131) § 129 RdNr. 102.

[638] *Henckel* in Kölner Schrift S. 818 f.; HK-*Kreft* § 129 RdNr. 57; aM *Obermüller* DZWIR 2000, 10, 11 f. Ergänzend s. u. RdNr. 153.

[639] Ebenso *Bork*, Festschrift für Gaul, 1997, S. 71, 76; vgl. BGH NJW-RR 2004, 1493, 1494; *Smid* WM 1999, 1141, 1153; HK-*Kreft* § 129 RdNr. 57; *Uhlenbruck/Hirte* § 129 RdNr. 110. Ergänzend s. o. RdNr. 109a.

[640] *Henckel* in Kölner Schrift S. 818 f.; HK-*Kreft* § 129 RdNr. 57; aM *Hess* InsO § 129 RdNr. 133; *Obermüller* DZWIR 2000, 10, 11 f.; *Eckardt* ZIP 1999, 1734, 1739 f. Ergänzend s. u. § 143 RdNr. 87.

[641] BGH ZInsO 2007, 605, 607.

[642] Vgl. *Gerhardt*, Festschrift für Lüke, 1997, S. 121, 126.

[643] BGH WM 1969, 475 f.; NJW-RR 1993, 301; 2004, 1493, 1494 f.; RGZ 45, 80, 82 ff.; 79, 121, 122; 91, 12, 14; *Jaeger/Henckel*, KO § 29 RdNr. 140; *Hirschberger* S. 42 f. Zur Treuhänderstellung von Refinanzierungsunternehmen mit Bezug auf Vermögensgegenstände, die in ein Refinanzierungsregister eingetragen sind, vgl. § 22j Abs. 1 KWG.

Grundsatz

das Treugut aussondern können (s. o. RdNr. 105, § 47 RdNr. 359, 369). Dementsprechend werden die Insolvenzgläubiger nicht benachteiligt, wenn der Schuldner als Versicherungsnehmer einer Versicherung für fremde Rechnung (§ 75 VVG) die Entschädigung vor Insolvenzeröffnung an den Versicherten „abtritt".[644] Allerdings ist die rechtliche Tragweite der treuhänderischen Bindung zu beachten: Hat der Schuldner eine Sache, die ihm zu uneigennütziger Treuhand übereignet worden war, im eigenen Namen veräußert, so fällt der Erlös nicht ohne weiteres unter die Treuhandabrede; eine dingliche Surrogation findet nicht statt. Die Auszahlung des Erlöses an den Treugeber kann deshalb anfechtbar sein,[645] sofern der Schuldner nicht vorher ein Treuhandverhältnis auch hinsichtlich des Erlöses gesondert „offenkundig" gemacht hatte.[646] Nach denselben Grundsätzen kann die Auszahlung des Kaufpreises durch den Kommissionär an den Kommittenten die Gläubiger des Kommissionärs benachteiligen, wenn man § 392 Abs. 2 HGB auf die Kaufpreisforderung beschränkt, also nicht auf den erbrachten Kaufpreis anwendet.[647]

In der Insolvenz des **Treugebers** kann schon die Begründung des Treuhandverhältnisses 140 unmittelbar benachteiligend wirken, weil dadurch ein Zugriffshindernis für die Insolvenzgläubiger entsteht.[648] Das gilt trotz § 115 auch in der Insolvenz, weil diese Vorschrift nicht dingliche Berechtigungen beseitigt, die oft mit der Verwaltungsbefugnis[649] verbunden sind; der Insolvenzverwalter ist auch nicht vorrangig auf alternative Anspruchsmöglichkeite angewiesen.[650] Treuhandverhältnisse werden nicht selten dazu benutzt, Vermögen des Schuldners zu verschleiern oder die Anfechtungsfristen der §§ 130 bis 132 bzw. die Kapitalersatzregelung des § 32 a GmbHG zu unterlaufen. Unabhängig von der Auflösung des Treuhandverhältnisses ab Insolvenzeröffnung benötigt der Verwalter einen Herausgabetitel gegen den Treuhänder; und bis zur Durchsetzung bleibt der Treuhänder wenigstens faktisch in der Lage, über das Treugut – nach §§ 932 ff. BGB unter Umständen rechtswirksam – zu verfügen (s. o. RdNr. 136). Nicht erst die Verfügung des Treuhänders,[651] sondern schon die Rechtshandlung des Schuldners, die jene ermöglichte, begründet die Benachteiligung; nur hinsichtlich eines Wertersatzanspruchs kommen Einschränkungen in Betracht.[652] Erst recht können die Insolvenzgläubiger benachteiligt werden, wenn der Treuhänder das Treugut zugleich für weitere Treugeber hält;[653] diesen gegenüber ist die Anfechtbarkeit nach allgemeinen Regeln zu prüfen.[654] Für eine Sanierungstreuhand gilt grundsätzlich nichts Abweichendes (s. u. RdNr. 167). Eine Benachteiligung scheidet dagegen aus, wenn ein Treuhänder bestellt wird, um eine von der Schuldnerin geschuldete Werkleistung zu erbringen und jenem eine vom Besteller geschuldete gleichwertige Vergütung gezahlt wird, die ohne die Vollendung des Werks rechtlich nicht durchsetzbar wäre.[655] Die Anfechtung einer objektiv sachgerechten, vor den Fristen der §§ 130 bis 132 bestellten Treuhandschaft wird häufig an fehlendem Benachteiligungsvorsatz scheitern (vgl. § 133 RdNr. 33 ff.).

---

[644] RG WarnR 1940 Nr. 112, S. 242; *Jaeger/Henckel*, KO § 29 RdNr. 143; vgl. auch BGHZ 10, 376, 384 = NJW 1953, 1825, 1826.
[645] RGZ 94, 305, 307 m. Anm. von *Jaeger* JW 1919, 107; vgl. auch RGZ 84, 214, 217, *Serick* Bd. II § 19 II 2, Bd. III § 81 f., Bd. III § 34 IV 5 b, S. 334 f.; *Nerlich* (Fn. 131) § 129 RdNr. 98; *Uhlenbruck/Hirte* § 129 RdNr. 105; *Kilger/K. Schmidt* § 29 KO Anm. 15.
[646] Vgl. hierzu *Jaeger/Henckel*, KO 29 RdNr. 142.
[647] Vgl. hierzu BGH NJW 1974, 456, 457; BGHZ 79, 89, 94 = NJW 1981, 918, 919; *Schlegelberger/Hefermehl* § 392 RdNr. 2; aM *Staub/Koller* § 392 RdNr. 2.
[648] Vgl. BGH NJW 1993, 2041, 2042; BGHZ 124, 298, 301 f. = NJW 1994, 726, 727 im Anschluss an BGHZ 11, 37, 43 = NJW 1954, 190; BGH WM 1979, 776, 777 unter II 2 b; OLG Düsseldorf ZInsO 2002, 769, 770; *Kirchhof*, Festschrift für Kreft, 2004, S. 359, 363 ff. Für einen Durchgriff gegen „Strohmänner" ohne weitere Voraussetzungen *Gerhardt*, Festschrift für Lüke, 1997, S. 121, 129 ff.
[649] Vgl. dazu *Gerhardt/Kreft* RdNr. 51.
[650] S. o. RdNr. 101 b; aM *Hirschberger* S. 82.
[651] *Jaeger/Henckel*, KO § 29 RdNr. 145; s. o. RdNr. 52, 68, s. u. § 131 RdNr. 9.
[652] S. u. § 143 RdNr. 79; insoweit ungenau BGH NZI 2000, 468, 469. Zur Frage einer Unentgeltlichkeit s. u. § 134 RdNr. 13.
[653] BGH WM 1962, 1316, 1317; *Jaeger/Henckel*, KO § 29 RdNr. 144; vgl. *Bork* NZI 1999, 337, 343.
[654] Vgl. *Kirchhof*, Festschrift für Kreft, 2004, S. 359, 366 ff.
[655] BGH NJW-RR 2002, 775, 776 f.

141 Die Gläubigerbenachteiligung durch **eigennützige** Treuhandschaften betrifft im Wesentlichen die Kreditsicherheiten, s. u. RdNr. 150 ff. Zu Doppeltreuhandschaften vgl. § 47 RdNr. 386 ff. und *Bork* NZI 2000, 468, 469, zur „treuhänderischen" Berechtigung des Poolführers in einem Sicherheiten-Pool s. u. RdNr. 162.

142 **g) Erfüllung von Verbindlichkeiten des Insolvenzschuldners. aa) Kongruente Erfüllung.** Erfüllt der (spätere) Insolvenzschuldner eine Verbindlichkeit genauso, wie er sie schuldet, kann das die Gläubiger – vorbehaltlich des § 142 – zwar mittelbar, nicht aber unmittelbar benachteiligen. Leistet der Schuldner dagegen mehr oder früher als geschuldet, kommt im Umfange der Abweichung auch eine unmittelbare Benachteiligung in Betracht (s. o. RdNr. 118, 123). Maßgeblich ist der Wert des Geleisteten. Demgemäß werden die Gläubiger (allenfalls) mittelbar benachteiligt, wenn der Schuldner einer Geldschuld erfüllungshalber – oder an Erfüllungs Statt – Waren gleichen Werts liefert.[656] Eine Gläubigerbenachteiligung entfällt nicht deshalb, weil der Gläubiger wegen der Zahlung davon absieht, den Betrieb des Schuldners zum Stillstand zu bringen, obwohl er dazu rechtlich in der Lage gewesen wäre (s. u. RdNr. 181). Für die Erfüllung einer Geldstrafe im Sinne von § 39 Abs. 1 Nr. 3 gelten keine Besonderheiten; der Umstand, dass sie von der Rechtschuldbefreiung ausgenommen ist (§ 302 Nr. 2), soll nur den Schuldner persönlich treffen, privilegiert solche Forderungen aber nicht auch haftungsrechtlich gegenüber dessen Insolvenzgläubigern.[657]

142 a Andererseits scheidet sogar eine mittelbare Benachteiligung aus, soweit der befriedigte **Gläubiger** im Umfang der Zahlung insolvenzbeständig am Schuldnervermögen **gesichert** war und nach der Zahlung der Wert des Sicherungsguts im gleichen Umfang wirtschaftlich dem Vermögen des Schuldners zuzuordnen ist (vgl. RdNr. 108 d, 150), z. B. bei seiner Zahlung auf eine von ihm unter Eigentumsvorbehalt erworbene Sache,[658] bei Ablösung einer insolvenzfesten Sicherheit durch Zahlung eines dem (Sicherungs-)Wert entsprechenden Betrages[659] oder wenn Drittschuldner auf Forderungen, die der Insolvenzschuldner vorher an ein Kreditinstitut – sei es auch still – abgetreten hatte, an dieses Institut zahlen; denn dann erfasst dessen Pfandrecht gemäß Nr. 14 AGB-Banken/Nr. 21 AGB-Sparkassen nahtlos auch den Erlös.[660] Das gilt allerdings nicht ohne weiteres (s. u. RdNr. 155), wenn der Drittschuldner befreiend an den Insolvenzschuldner selbst zahlt[661] oder wenn der Abtretungsempfänger sein Sicherungsrecht nicht auch auf den bei ihm eingehenden Erlös erweitert hat; denn dann erlischt mit dem Zahlungseingang auch die sicherungshalber abgetretene Forderung durch Erfüllung (§ 362 BGB) ersatzlos.[662] Die Gläubiger sind nicht benachteiligt, wenn der Schuldner auf Grund seiner Leistung eine vertraglich vereinbarte, gleichwertige Gegenleistung erhält, die der andere Teil sonst hätte verweigern dürfen.[663]

142 b Erfüllt der (spätere) Insolvenzschuldner dagegen eine Verbindlichkeit, für die ein **Dritter** eine Sicherheit bestellt hatte, so kann in der Auslösung dieser Sicherheit ebenso eine anfechtbare Zuwendung an den Dritten liegen,[664] wie wenn eine vom Schuldner – auch –

---

[656] Vgl. BGH ZIP 1985, 1008, 1009 zu § 3 AnfG.
[657] Zu Bewährungsauflagen vgl. *Brömmekamp* ZIP 2001, 951 ff.; *Ahrens* NZI 2001, 456 ff.
[658] *Jaeger/Henckel*, KO § 29 RdNr. 139; *Serick* Bd. I § 13 II 5, S. 352; vgl. BGH WM 1960, 381, 382, insoweit nicht in NJW 1960, 1011.
[659] Vgl. BGH NJW 1992, 624, 626 unter II a; NJW-RR 2005, 784.
[660] BGHZ 64, 312, 314 f. = NJW 1975, 1226, 1227; BGH NJW 1983, 2147, 2149 unter Aufhebung von OLG Hamm ZIP 1982, 1343, 1344; BGH ZIP 1985, 1126, 1127; BGHZ 123, 320, 327 = NJW 1993, 3267, 3268; BGH WM 1997, 1774 zu b; NJW-RR 2000, 712, 713; NJW 2003, 360, 362; OLG Koblenz ZIP 1984, 1378, 1379 f.; LG Berlin ZIP 2007, 346; *Canaris*, Bankvertragsrecht RdNr. 499 aE; *Bork*, Zahlungsverkehr RdNr. 222; *Peschke* S. 217 ff.; *Peters/Lwowski* WM 1999, 258, 264 f.; für Zahlungen aus einem Akkreditiv auch BGH WM 1997, 1774 zu OLG Hamburg WM 1997, 1773 f.; aM *Wischemeyer* S. 44 ff. Ergänzend s. u. RdNr. 148 a, 150, 156.
[661] Vgl. OLG Stuttgart ZIP 1980, 860, 861.
[662] Insoweit zutreffend *Jaeger/Henckel*, KO § 30 RdNr. 272; *Spliedt* DZWIR 2001, 27, 28 f.
[663] Vgl. BGH WM 1979, 776, 778 zu § 3 AnfG; *Jaeger/Henckel*, KO § 29 RdNr. 92. Ergänzend s. u. § 142 RdNr. 13.
[664] RG Recht 1911 Nr. 2751; ergänzend s. o. RdNr. 116.

für die Rückgriffsforderung eines Dritten bestellte Sicherheit verwertet wird.[665] Darüber hinaus benachteiligt die Rückzahlung die Insolvenzgläubiger des Leistenden selbst mittelbar, weil dieser keinen voll ausgleichenden Gegenwert erhält.[666]

Nicht selbständig erheblich ist in diesem Zusammenhang, ob eine schuldende Kapitalgesellschaft einen Anspruch getilgt hat, der wegen ihrer zwischenzeitlichen Überschuldung nicht mehr vollwertig war.[667] Diese aus dem Gesellschaftsrecht stammende Frage[668] wird anfechtungsrechtlich durch das Merkmal der „mittelbaren" Gläubigerbenachteiligung aufgefangen (s. o. RdNr. 123): Die Überschuldung ist eine Vorstufe zur Eröffnung des Insolvenzverfahrens; und der gerade dadurch ausgelösten Schlechterstellung der Insolvenzgläubiger trägt das Anfechtungsrecht insoweit Rechnung, als es für die meisten Anfechtungstatbestände die bloß mittelbare Gläubigerbenachteiligung ausreichen lässt. Diese spezielle und genauere Regelung verteilt die Risiken im Insolvenzverfahren abschließend. Sie würde unterlaufen, wenn man daneben allein wegen der Überschuldung etwa eine allgemeine Umkehr der Beweislast insbesondere für das Vorliegen einer Gläubigerbenachteiligung annähme. Die Beweislast dafür liegt vielmehr – von einzelnen Beweiserleichterungen abgesehen (s. u. RdNr. 229) – beim Anfechtenden. Gesellschaftsrechtliche Besonderheiten berücksichtigt das Anfechtungsrecht insoweit allein im Rahmen der §§ 135, 136.

bb) Anweisungsfälle. Erfüllt der Schuldner unter Einschaltung einer rechtlich selbständigen, aber weisungsgebundenen Zwischenperson, die mittelbar auf seine Rechnung handelt – insbesondere durch ein Kreditinstitut –, so gilt dies als Leistung des Schuldners selbst (s. o. RdNr. 50). In diesem Falle benachteiligt noch nicht die – einseitige – Zahlungsanweisung (§§ 665, 783 BGB) des Schuldners seine Gläubiger, solange sie frei widerruflich ist.[669] Erst ihre Ausführung zugunsten des Empfängers kann gläubigerbenachteiligend wirken. Insoweit ist grundsätzlich zu unterscheiden zwischen der Anweisung auf Schuld und derjenigen auf Kredit. Die Anweisung auf Schuld, also insbesondere die Überweisung durch das Kreditinstitut von einem Guthaben des Schuldners, wirkt in dessen Insolvenz gläubigerbenachteiligend wie eine Barzahlung;[670] die Anfechtung hat sich gegen den Überweisungsbegünstigten – nicht gegen das Kreditinstitut – zu richten (s. o. RdNr. 49). Der durch § 16 Nr. 6 VOB/B eingeräumten Befugnis des Auftraggebers, Zahlungen an Gläubiger des Auftragnehmers zu leisten, liegt eine entsprechende, vertragliche Anweisung des Auftragnehmers zugrunde; die Anfechtung in dessen Insolvenz richtet sich allein gegen die begünstigten Gläubiger.[671] Bei der Anweisung auf Kredit wird dagegen nur der Leistungsempfänger als Insolvenzgläubiger ausgewechselt durch den Angewiesenen – insbesondere das Kreditinstitut – als neuen Kreditgeber. Das benachteiligt die Insolvenzgläubiger im Verhältnis zum Angewiesenen lediglich, soweit der neue Kredit zu ungünstigeren Bedingungen gewährt wird als der alte,[672] insbesondere erstmals gegen Sicherheiten. Auch in diesem Falle ist regelmäßig gegenüber dem Überweisungsbegünstigten anzufechten, es sei denn, das Kreditinstitut hätte die Sicherheit erst nachträglich erlangt.[673] Für einen Überweisungsvertrag (§ 676a BGB) gilt Entsprechendes.

---

[665] RGZ 117, 86, 88.
[666] Vgl. *Obermüller* WM 1994, 1829, 1834; *Gaiser* DZWIR 1999, 446, 447; *Huth* S. 82.
[667] AM anscheinend *Soehring* WuB VI G. § 10 GesO 5.97 unter 5.; offengelassen von BGH ZIP 1997, 853, 854.
[668] Vgl. BGHZ 90, 370, 373 f. = NJW 1984, 1891 f.; BGHZ 125, 141, 145 f. = NJW 1994, 1477, 1478.
[669] RG Gruchot 58 (1914), 1110, 1112; *Heile* S. 79 f.; *Jaeger/Henckel*, KO § 30 RdNr. 142, 161; *Canaris*, Bankvertragsrecht RdNr. 354 f.; *Bork*, Zahlungsverkehr RdNr. 268. Dagegen bindet der Überweisungsvertrag (§ 676a BGB) von seinem Zustandekommen an; die bloße Kündigungsmöglichkeit nach § 676a Abs. 4 BGB ändert daran nichts.
[670] Vgl. RdNr. 142 und RGZ 48, 148, 149 f.; *Jaeger/Henckel*, KO § 30 RdNr. 148.
[671] Nur insoweit zutreffend LG Dresden ZIP 1997, 2052, 2053. BGH NJW 1999, 2969, 2970 verneinte eine wirksame Zahlung. Vgl. ergänzend *Hess* EWiR 1998, 133 f.
[672] Vgl. RdNr. 108 b und RGZ 48, 148, 150 f.; 81, 144, 145 f.; RG Gruchot 58 (1914), 1110, 1113; *Jaeger/Henckel*, KO § 30 RdNr. 164; *Peschke* S. 260 ff.
[673] RG Gruchot 58 (1914), 1110, 1113. Anderenfalls wird für das Kreditinstitut regelmäßig eine – unanfechtbare – Bardeckung vorliegen, vgl. BGHZ 70, 177, 184 f. = NJW 1978, 758, 759.

§ 129   145–148   3. Teil. 3. Abschnitt. Insolvenzanfechtung

145 Für die Ausstellung und Begebung eines **Schecks** oder Wechsels treffen die für die Anweisung dargestellten Regeln (s. o. RdNr. 144) mit folgenden Besonderheiten zu: Bereits die Ausstellung eines solchen Wertpapiers verpflichtet den (späteren) Insolvenzschuldner gem. Art. 9 WG bzw. Art. 12 SchG gegenüber dem Nehmer und kann die Insolvenzgläubiger benachteiligen, soweit sich jene Verpflichtung im Einzelfall entscheidend auswirkt. Entsprechendes gilt für eine mit der abstrakten Verbindlichkeit unter Umständen verbundene Beweislastumkehr (§ 812 Abs. 2 BGB), für die Zinsen und Kosten im Falle des Rückgriffs[674] oder für eine gegenüber Dritterwerbern möglicherweise eintretende Haftungsverschärfung (Art. 16, 17 WG; Art. 21, 22 SchG).[675] Spätestens werden die Insolvenzgläubiger durch die Einlösung eines Schecks oder Wechsels des Schuldners benachteiligt.[676] Im Falle eines **angenommenen** Wechsels oder eines garantierten Schecks tritt ein Vermögensverlust wirtschaftlich schon mit der Begebung ein, so dass die spätere Einlösung des Wertpapiers die Gläubiger nicht mehr zusätzlich benachteiligen soll.[677]

146 In der **Insolvenz** des **Angewiesenen** (Kreditinstituts) werden dessen Gläubiger durch die Auszahlung von einem Guthaben eines Gläubigers regelmäßig mittelbar, durch die Auszahlung auf Kredit aber nur insoweit benachteiligt, als die dafür entstehende Darlehensforderung gegen den Anweisenden schlechter durchzusetzen ist.[678] Nimmt der spätere Insolvenzschuldner einen Wechsel auf Kredit an, so werden seine Gläubiger durch die darin liegende Kreditgewährung an den Aussteller benachteiligt; erfolgt die Annahme auf Schuld, so kann regelmäßig allenfalls die wechselmäßige Haftungsverschärfung (Art. 28 WG; s. o. RdNr. 144) gläubigerbenachteiligend wirken.[679]

147 **cc) Erfüllungshandlungen des Gläubigers.** Benachteiligend kann es wirken, wenn ein Insolvenzgläubiger selbst die Befriedigungshandlung vornimmt. Ist insbesondere der Gläubiger ermächtigt, die zu seinen Gunsten fälligen Rechnungsbeträge mittels **Lastschriften** vom Konto des Insolvenzschuldners bei dessen Kreditinstitut abzurufen, so ist dies wie eine Leistung des Schuldners selbst zu werten:[680] Er bedient sich dazu seines abbuchenden Kreditinstituts (s. o. RdNr. 49), während das Handeln der abrufenden Bank des Gläubigers diesem zuzurechnen ist. Eine Benachteiligung nicht des Schuldners, sondern allein seiner Bank – als Zahlstelle – kommt nur in Betracht, wenn die Einlösung zwar ihr gegenüber wirksam, der Insolvenzmasse gegenüber jedoch unwirksam ist, insbesondere weil die Bank die Lastschriften nicht rechtzeitig zurückgegeben hatte, der Weiterbelastung des Schuldners aber schon ein Veräußerungsverbot (§§ 24, 81, 82)[681] oder ein Widerruf entgegenstand. Ersteigert ein Gläubiger ein Grundstück des (späteren) Insolvenzschuldners, so benachteiligt die Abgabe des Meistgebots regelmäßig nicht die Insolvenzgläubiger;[682] im Einzelfall ist dies insbesondere im Hinblick auf § 74a Abs. 4 und § 85a Abs. 2 Satz 2 ZVG zu überprüfen.

148 Bei einer **Auf-** oder **Verrechnung** des Gläubigers[683] ist gemäß § 96 Abs. 1 Nr. 3 nicht die Aufrechnungserklärung als solche anfechtbar, weil die dadurch verursachte Rechtsgestaltung nicht selbständig die Insolvenzgläubiger benachteiligt, wenn die zugrundeliegende Aufrech-

---

[674] Vgl. BGHZ 166, 125, 137 f. = NZI 2006, 287, 290.
[675] Heile S. 86, 114 f.; Jaeger/Henckel, KO § 30 RdNr. 143, 154 f. Daraus lässt sich aber nicht allgemein eine Anfechtbarkeit abstrakter Schuldverpflichtungen ableiten, s. u. RdNr. 229.
[676] OLG Dresden ZIP 2007, 737, 738; Canaris, Bankvertragsrecht RdNr. 819; Bork, Zahlungsverkehr RdNr. 424, 427. Ergänzend s. u. § 131 RdNr. 11, § 140 RdNr. 9a, 11a.
[677] Canaris, Bankvertragsrecht RdNr. 819; Jaeger/Henckel, KO § 30 RdNr. 157 f., 166; i. E. auch BGH NJW 1974, 1336.
[678] Jaeger/Henckel, KO § 30 RdNr. 169.
[679] Jaeger/Henckel, KO § 30 RdNr. 170.
[680] Vgl. OLG Düsseldorf ZIP 1991, 330, 332; Canaris, Bankvertragsrecht RdNr. 664; Jaeger/Henckel, KO § 30 RdNr. 148. Zur Benachteiligung seiner Gläubiger vgl. RdNr. 108a und Bork, Zahlungsverkehr RdNr. 276.
[681] Diese Fallgestaltung lag BGH NJW 1980, 1964 zugrunde, vgl. Canaris ZIP 1980, 516, 517 f. Ergänzend s. o. RdNr. 108a.
[682] Vgl. BGH NJW-RR 1986, 1115, 1116 f.
[683] Zur Aufrechnung durch den Schuldner s. o. RdNr. 15.

Grundsatz 148 § 129

nungslage materiell- und insolvenzrechtlich wirksam ist;[684] anderenfalls wäre die Aufrechnungserklärung unwirksam und könnte deswegen nicht die Insolvenzmasse verringern. Aufgrund der §§ 389, 390 Satz 2 BGB tritt eine als Gläubigerbenachteiligung ausreichende Sicherung zugunsten des Aufrechnungsbefugten (Gläubigers) schon mit der Herstellung einer nach §§ 94, 95 insolvenzfesten Aufrechnungslage ein; dadurch ermöglicht der Gläubiger die volle Befriedigung seiner Gegenforderung auf Kosten der Insolvenzmasse, während ihm sonst nur ein Insolvenzanspruch zugestanden hätte.[685] Die Aufrechnungserklärung vollendet lediglich die Erfüllungswirkung; sie benachteiligt auch dann nicht selbständig die Insolvenzgläubiger, wenn eine besondere Verrechnungsstelle eingeschaltet ist.[686] Die Insolvenzbeständigkeit der Aufrechnung wird zwar im Rahmen des § 96 Abs. 1 Nr. 3 geprüft, doch setzt diese Vorschrift wiederum die Verwirklichung eines Anfechtungstatbestands,[687] also auch eine Gläubigerbenachteiligung voraus. Benachteiligend wirken einerseits jeder Forderungserwerb – von Fällen der Gesamtrechtsnachfolge ohne Zutun des Erwerbers abgesehen – und jede Forderungsbegründung gegen den Schuldner, wenn ihm der Erwerber seinerseits verpflichtet ist. Umgekehrt benachteiligt auch jede Verpflichtung die Insolvenzgläubiger, welche einer von ihnen, der schon forderungsberechtigt ist, gegenüber dem Schuldner eingeht oder in die dieser Gläubiger gegenüber dem Schuldner eintritt (ergänzend s. u. § 130 RdNr. 9). Verkauft z. B. der spätere Insolvenzschuldner einem solventen Gläubiger Gegenstände zu einem angemessenen Preis mit der Folge, dass der Gläubiger mit einer eigenen (Insolvenz-)Forderung gegen die neu entstehende Kaufpreisschuld aufrechnen kann, benachteiligt nur diese Aufrechnungslage die Insolvenzgläubiger; die Kaufpreisforderung des Schuldners erlischt deswegen nicht.[688] Daran ändert es nichts, wenn der Anfechtungsgegner in dem Übernahmevertrag umfangreiche, andersartige Gegenleistungen verspricht.[689] Anders wäre das, wenn statt eines Kaufs eine echte Leistung an Erfüllungs statt vereinbart würde;[690] diese wäre nach den Maßstäben der – inkongruenten – Erfüllungshandlung zu prüfen (vgl. RdNr. 142 f., § 131 RdNr. 32). Verkauft der Schuldner Sachen, an denen der kaufende Gläubiger bereits insolvenzbeständiges Sicherungseigentum hatte, benachteiligt die so zugunsten des Gläubigers hergestellte Aufrechnungslage nicht die Gläubigergesamtheit,[691] es sei denn, dass die zuvor gesicherte Forderung den Wert der gekauften Sache nicht voll ausschöpft. Ferner bleibt die Benachteiligung bestehen, wenn der Sicherungseigentümer die Sache nicht selbst erwirbt, sondern sie nur zur Veräußerung an einen bestimmten Dritten – mit anderen Gegenforderungen – freigibt.[692] Benachteiligend wirkt auch die Aufrechnungslage, die dadurch entsteht, dass der Schuldner durch eigene Werkleistungen oder Nutzungsüberlassungen eine Forderung gegen einen Auftraggeber werthaltiger macht, welchem seinerseits Insolvenzforderungen gegen den Schuldner zustehen.[693] Das soll aber im Hinblick auf § 84 nicht gelten, wenn der Schuldner unter den Voraussetzungen des § 130 oder § 131 – insbesondere nach dem Eröffnungsantrag – dem Partner einer noch nicht aufgelösten Bau-Arbeitsgemeinschaft Leistungen erbringt, die der Mitgesellschafter in einer Auseinandersetzungsbilanz mit eigenen Insolvenz-

---

[684] RGZ 26, 81, 84; RG JW 1895, 82, 83; OLG Stuttgart WM 1957, 529, 530; *Jaeger/Henckel*, KO § 30 RdNr. 284, S. 1037; *Uhlenbruck/Hirte* § 129 RdNr. 33; vgl. auch BGH WM 1971, 908, 909; BGHZ 129, 336, 344 = NJW 1995, 1966, 1968. Ergänzend s. o. RdNr. 15.
[685] BGHZ 89, 189, 195 = NJW 1984, 1557, 1558; BGH ZIP 1995, 2207, 2210; NZI 2004, 376 f. zur KO; OLG Dresden DZWIR 2001, 470, 471; OLG Hamm ZInsO 2006, 45; *Wischemeyer* S. 23. Ergänzend vgl. RdNr. 15 und § 130 RdNr. 9.
[686] Vgl. BGH NJW-RR 2005, 695 f. Ergänzend s. o. RdNr. 48.
[687] Vgl. BGHZ 159, 388, 393 = NJW 2004, 3118, 3119.
[688] BGHZ 147, 233, 236 ff. = NJW 2001, 1940, 1941 f.; BGH NJW-RR 2002, 262 f.; NZI 2004, 82 f.; zur GesO BGH NZI 2004, 376 f.; für den Abschluss eines Werkvertrags OLG Hamm WM 2003, 2115, 2116 f.
[689] BGH NJW-RR 2005, 1641 f.
[690] Vgl. BGH NJW 1999, 359, 360; NZI 2004, 445 f.; *Eckardt* EWiR 2004, 977, 978.
[691] BGH NZI 2004, 620, 621 f.; vgl. auch BGH NJW-RR 1986, 536, 538 f. und für ein AGB-Pfandrecht BGH Urt. v. 13. 3. 2007 – XI ZR 383/06, z. V. b. Ergänzend s. u. RdNr. 150 ff.
[692] Vgl. BGH NZI 2004, 82 f.
[693] BGHZ 145, 245, 253 f. = NJW 2001, 367, 369; BGHZ 147, 28, 35 = NJW 2001, 3704, 3706; BGH NJW-RR 2002, 262, 263 f.; *Heidland* RdNr. 983 a. Ergänzend vgl. RdNr. 14, 56 a und 168 a.

forderungen verrechnet.[694] Die bloße Abnahme eines vertragsgerechten Werks durch den Auftraggeber ist für sich keine wertsteigernde Rechtshandlung.[695] Ermächtigt der Schuldner einen Insolvenzgläubiger, Sachen des Schuldners zu verkaufen und den Erlös über das Konto des Gläubigers einzuziehen, benachteiligt die so entstehende Aufrechnungslage die Gläubigergesamtheit.[696] Die Verrechnung der Beitragsansprüche von Sozialkassen des Baugewerbes mit den Leistungsansprüchen eines Bauarbeitgebers benachteiligt insoweit nicht dessen Insolvenzgläubiger, als bereits die leistungspflichtige Sozialkasse vor Herstellung der Aufrechnungslage mit ihren Anteilen am Gesamtbeitrag gegen die Leistungsansprüche hätte aufrechnen können.[697] Unabhängig von § 96 Abs. 1 Nr. 3 kann der Abschluss des die Aufrechnung ermöglichenden Geschäfts selbst angefochten werden, wenn es selbständig die Voraussetzungen dafür erfüllt, insbesondere also aus sich heraus die Insolvenzgläubiger benachteiligt.[698]

148 a Eine benachteiligende Aufrechnungslage kann auch entstehen, wenn Drittschuldner auf Rechnung des Insolvenzschuldners an einen seiner Insolvenzgläubiger leisten, insbesondere also durch Einzahlungen auf ein debitorisch geführtes Konto des Schuldners bei einem **Kreditinstitut**.[699] Verrechnet dieses die Kreditforderungen mit den Zahlungseingängen, die auf dem Schuldnerkonto eingehen, so sind die Insolvenzgläubiger in dem Umfange benachteiligt, wie die Verrechnung nach bürgerlichem Recht zur Erfüllung führt,[700] es sei denn, der Schuldner hätte bereits vorher seine Ansprüche gegen die Zahlenden insolvenzbeständig an das Kreditinstitut abgetreten (vgl. RdNr. 142 a, 150, 156) oder diesem stünden daran andere Sicherungsrechte zu.[701] Versucht ein Gläubiger im Lastschriftverfahren eine Abbuchung von einem kreditorisch geführten Konto des Schuldners, und scheitert dies am Widerspruch des Schuldners oder Insolvenzverwalters, weil keine wirksame Einziehungsermächtigung vorlag, so benachteiligt dieser Vorgang nicht selbständig die Insolvenzgläubiger; rechnet die Bank des Schuldners später gegen das verbliebene Guthaben auf, sind die Voraussetzungen für eine Anfechtung der Tilgung (allein) auf Grund der vor dem Abbuchungsversuch begründeten Umstände zu prüfen. Lag hingegen eine Lastschriftermächtigung vor, so gestaltet ein wirksamer Widerspruch die Rechtslage neu; nutzt die Bank dies für ihre Aufrechnung aus, kann das die Insolvenzgläubiger benachteiligen.[702] Benachteiligend wirken ferner Vereinbarungen mit dem Schuldner, denen zufolge Gläubiger unter erleichterten Voraussetzungen – im Vergleich mit § 387 BGB – auf- oder verrechnen dürfen;[703] soweit dagegen der Gläubiger schon nach §§ 387 ff. BGB zur Aufrechnung befugt ist, benachteiligt eine gesonderte Verrechnungsabrede für sich nicht die Insolvenzgläubiger.[704] Rechnet ein Gläubiger gemäß § 407 Abs. 1 BGB wirksam gegen eine Forderung auf, die der Insolvenzschuldner insolvenzbeständig an einen Dritten abgetreten hatte, so benachteiligt das die Insolvenzgläubiger nicht; denn den Nachteil hat nur der Abtretungsempfänger.[705] Keine anfechtbare Aufrechnung des Kreditinstituts liegt vor, soweit es seinem Kunden (dem späteren Insolvenzschuldner) gestattet, selbst wieder zeitnah über Eingänge zu verfügen.[706]

---

[694] BGH ZInsO 2007, 213, 214 f., z. V. b. in BGHZ; OLG Frankfurt ZInsO 2006, 105, 107.
[695] BGH NJW-RR 2001, 1337 f.
[696] OLG Dresden DZWIR 2001, 470, 471.
[697] BGH NJW-RR 2005, 695 f.
[698] BGHZ 147, 233, 235 = NJW 2001, 1940, 1941; BGH NZI 2004, 376 f.; *Gerhardt/Kreft* RdNr. 22 ff.
[699] *Häsemeyer*, Kölner Schrift S. 645, 656 f.
[700] Vgl. BGH NJW-RR 1989, 1010 unter c; ferner BGHZ 58, 108, 113 = NJW 1972, 633, 634.
[701] Vgl. OLG Dresden ZInsO 2007, 45, 46. Das kommt insbesondere beim Wechsel-, Scheck- und sonstigen Dokumenteninkasso der Banken in Betracht, wenn diese zuvor gem. Nr. 14 ihrer AGB ein insolvenzbeständiges Pfandrecht an den einzuziehenden Dokumenten erworben hatten: Vgl. BGHZ 118, 171, 178 = NJW 1992, 1960, 1961; *Menkhaus* S. 207; andererseits OLG Hamm ZIP 2001, 1683, 1687 f.
[702] *Canaris*, Bankvertragsrecht RdNr. 661 a.
[703] *Jaeger/Henckel*, KO § 30 RdNr. 289; vgl. § 94, 2. Fallgruppe.
[704] BGH WM 1971, 908, 909.
[705] OLG Hamm ZIP 1988, 588, 589; *Jaeger/Henckel*, KO § 30 RdNr. 279 aE; vgl. auch BGH NJW-RR 1986, 536, 538 und RdNr. 104.
[706] Vgl. RdNr. 144, § 142 RdNr. 18 und BGHZ 70, 177, 184 f. = NJW 1978, 758, 759; *M. Obermüller*, Festschrift für Fuchs S. 161 f.; *Canaris*, Bankvertragsrecht RdNr. 653; einschränkend *v. Usslar* BB 1980, 916, 919.

Die Herstellung einer Aufrechnungslage schafft regelmäßig nur eine **mittelbare** Gläubigerbenachteiligung, weil die Aufrechnung als ein generell zulässiges Erfüllungssurrogat zu einer ausgleichenden Schuldtilgung aufseiten des Schuldners führt; erst die Eröffnung des Insolvenzverfahrens über sein Vermögen bewirkt insoweit die Benachteiligung, indem der Aufrechnungsbefugte mehr als die allgemeine Insolvenzquote erhält.[707] Allerdings begründet schon vorher die Aufrechnungslage eine Sicherung für den Gläubiger.[708] Es ginge aber zu weit, allein hieraus in jedem Falle bereits eine unmittelbare Gläubigerbenachteiligung abzuleiten, weil dann auch jeder normale, auf Verrechnung aufbauende Geschäftsverkehr erfasst würde. Ob die Herstellung der Aufrechnungslage eine unmittelbar benachteiligende Gläubigersicherung schafft, ist vielmehr aus der Natur der sie begründenden Rechtshandlung heraus zu beurteilen: Nur wenn diese für sich zu einer unmittelbaren Gläubigerbenachteiligung führt, wirkt sich das zugleich auf die Aufrechnungslage aus. Dementsprechend kann eine unmittelbare Gläubigerbenachteiligung in den Fällen der mittelbaren Vermögensverschiebung (s. o. RdNr. 67) angenommen werden, in denen wenigstens der Aufrechnungsberechtigte von vornherein die Aufrechnungslage im Hinblick auf die drohende Insolvenz herbeiführen will, diese Benachteiligung also Teil seines Gesamtvorsatzes ist.[709] Zur Kongruenz von Aufrechnungslagen s. u. § 131 RdNr. 16 bis 18, 43, 44.

h) Kreditsicherheiten. aa) Allgemeines zur Gläubigerbenachteiligung. Grundsätzlich verkürzen Sicherheiten, die der Schuldner aus seinem eigenen Vermögen (dazu s. o. RdNr. 77, 105) leistet, die Zugriffsmöglichkeiten der anderen Insolvenzgläubiger darauf, so dass diese benachteiligt werden. Das gilt ausnahmsweise nicht, soweit der Vorgang für die Insolvenzmasse wirtschaftlich neutral ist, z. B. weil er unpfändbare (s. o. RdNr. 84) oder wertlose Gegenstände betrifft oder einen bloßen Austausch gleichwertiger Sicherheiten darstellt (s. o. RdNr. 108 d). Dieser setzt allerdings voraus, dass das ausgetauschte Sicherungsrecht selbst wirksam, insolvenzbeständig und nicht seinerseits anfechtbar war;[710] die Sicherung durch ein wirksames Ersatzaus- oder -absonderungsrecht im Sinne von § 48 genügt.[711] Die Insolvenzgläubiger werden nicht dadurch benachteiligt, dass der (spätere) Insolvenzschuldner einen Gegenstand, den er bereits wirksam und unanfechtbar sicherungshalber einem Gläubiger übertragen hatte, diesem erneut zur Sicherung desselben Anspruchs überträgt;[712] eine Gläubigerbenachteiligung kommt jedoch in Betracht, wenn das Sicherungsgut nunmehr weiter gehende Forderungen sichern soll.[713] Verwertet der Gläubiger ein eigenes, insolvenzbeständiges Sicherungsrecht ordnungsgemäß, so benachteiligt das nicht die Insolvenzgläubiger.[714] Jedoch bezieht sich die – wirksame – Bestellung einer Sicherheit nicht ohne weiteres auf Ersatzstücke: Hatte z. B. der (spätere) Insolvenzschuldner Forderungen sicherungshalber an einen Gläubiger abgetreten, und tilgen die Forderungsschuldner ihre Verbindlichkeit vor Offenlegung der Abtretung auf ein Bankkonto des Schuldners, so dient der Anspruch des Schuldners gegen seine Bank nicht als Sicherheit für den Abtretungsempfänger.[715] Gibt der Gläubiger eine Sicherheit frei, ehe eine neue rechtswirksam begründet ist, benachteiligt deren Bestellung die Insolvenzgläubiger auch dann, wenn ein Austausch schuldrechtlich vereinbart war (vgl. BGH ZInsO 2007, 658, 659 f.). Da jede Rechtshandlung selbständig auf Anfechtbarkeit zu prüfen ist (s. o. RdNr. 55), ist auch die Benachteiligung durch jedes einzelne Sicherungsrecht individuell zu beurteilen; ein pauschales „Sicherheiten-Kontokorrent", bei dem nur der Gesamt-

---

[707] Skrotzki KTS 1961, 6, 7; Jaeger/Lent, KO § 53 RdNr. 27.
[708] Insoweit zutreffend Jaeger/Henckel, KO § 30 RdNr. 279. Vgl. RdNr. 148, § 130 RdNr. 9.
[709] So BGH WM 1971, 908, 909; OLG Hamm NZI 2001, 432, 433 f.
[710] Vgl. BGHZ 114, 315, 323 f. = NJW 1991, 2147, 2149 f.; BGH NJW 1991, 2144, 2146; NJW 1995, 1668, 1670; RG LZ 1914, 1044 f.; Jaeger/Henckel, KO § 29 RdNr. 61, S. 791.
[711] Vgl. BGH NJW-RR 1986, 536, 538 f.
[712] BGH NZI 2000, 364 f.; NJW 2000, 3777, 3778. Dasselbe gilt für die (erneute) Verpfändung eines schon pfandrechtsbehafteten Gegenstands: BGH NJW-RR 2004, 1493, 1494 f.
[713] Vgl. Kirchhof, in: Bork/Kübler, Insolvenzrecht 2000, S. 55, 56.
[714] Vgl. RGZ 126, 304, 308.
[715] BGH NJW-RR 1989, 1010; vgl. OLG Stuttgart ZIP 1980, 860, 861. Ergänzend s. u. RdNr. 158.

bestand zu Beginn und am Ende eines Zeitraums zu vergleichen wäre, ist anfechtungsrechtlich bedeutungslos.[716]

150a Veräußert der (spätere) Insolvenzschuldner Sicherungsgut, das ihm ein eigener Schuldner als Sicherungsgeber übertragen hatte, im eigenen Namen, können die Insolvenzgläubiger nur durch entsprechende Ersatzansprüche des Sicherungsgebers benachteiligt werden. Zahlt der Insolvenzschuldner dagegen dem Sicherungsgeber den Erlös aus, der die gesicherte Forderung übersteigt, so benachteiligt dies die Insolvenzgläubiger; denn der Erlös fiel in das Eigentum des Sicherungsnehmers (Insolvenzschuldners), ohne regelmäßig noch treuhänderisch gebunden zu sein.[717] Veräußert ein Schuldner eine schon sicherungshalber übereignete Sache, deren Wert durch die gesicherte Forderung voll ausgeschöpft ist, an den Sicherungsnehmer, benachteiligt dies die Insolvenzgläubiger nicht.[718] Veräußert er sie an einen Dritten, so muss der geschädigte Sicherungsgläubiger als Absonderungsberechtigter eigene Rechte geltend machen; eine Anfechtungsmöglichkeit entfällt.[719] Jedoch kann die Umwandlung eines Ab- in ein Aussonderungsrecht, etwa des bloßen Sicherungseigentums in Volleigentum, wegen dessen stärkeren Wirkungen die Insolvenzgläubiger benachteiligen.[720] Zur Sicherheitenbestellung allein für den Insolvenzfall s. o. RdNr. 130, zur Treuhänderstellung von Refinanzierungsunternehmen mit Bezug auf Vermögensgegenstände, die in ein Refinanzierungsregister eingetragen sind, vgl. § 22j Abs. 1 KWG.

151 Der Umstand, dass die Sicherheit genauso bestellt wird, wie sie geschuldet war, kann zwar eine unmittelbare (s. o. RdNr. 117), nicht aber stets eine mittelbare Gläubigerbenachteiligung ausschließen (s. o. RdNr. 122, 123a); ist allerdings eine vom Umfang her angemessene (vgl. dazu RdNr. 115) Sicherheit vereinbarungsgemäß in unmittelbarem zeitlichem Zusammenhang mit einer Kreditgewährung bestellt worden, so kommt die Anfechtung einer solchen Bardeckung (§ 142) allenfalls noch nach § 133 Abs. 1 in Betracht. Eine – unmittelbare – Gläubigerbenachteiligung scheidet nur aus, wenn sich der Sicherungsanspruch gerade (auch) auf die konkret bestellte Sicherheit bezog.[721] Eine erst nach der Auszahlung vereinbarte Sicherheit ist, von bloßen Austauschfällen (s. o. RdNr. 108, 150) abgesehen, keine ausgleichende Gegenleistung für den Kredit mehr, sondern benachteiligt die Insolvenzgläubiger unmittelbar. Werden Sicherheiten nicht lediglich für neu begründete, sondern zugleich für bestehende Verbindlichkeiten des Schuldners bestellt, so kann die Sicherheitenbestellung insgesamt der Anfechtung unterliegen (s. o. RdNr. 102 aE). Der Umstand allein, dass der Insolvenzschuldner eine Rückdeckungsversicherung für Versorgungsansprüche eines Beschäftigen abgeschlossen hatte, verschafft diesem noch kein Recht auf die Versicherung selbst;[722] dagegen kann die Verpfändung die Versicherungsforderung einer Anfechtung entziehen.[723]

152 **bb) Absonderungsrechte im Allgemeinen.** Absonderungsrechte lösen das Sicherungsgut nicht der Substanz nach aus dem Vermögen des Sicherungsgebers. Dieser bleibt Inhaber des Sicherungsguts, das in seiner Insolvenz – trotz der Belastung – noch einen selbständigen, im Kern geschützten Vermögenswert darstellt.[724] Deshalb kann auch die Veräußerung sicherungsübereigneter Gegenstände – mit Zustimmung des Sicherungsnehmers – an einen Dritten die Insolvenzgläubiger des Sicherungsgebers benachtei-

---

[716] AM *Molitor* ZInsO 2006, 23, 25.
[717] *Serick* Bd. III § 35 IV 5b, S. 334f.
[718] BGH NZI 2004, 620, 621 f.; vgl. für ein AGB-Pfandrecht BGH, Urt. v. 13. 3. 2007 – XI ZR 383/06, z. V. b.
[719] Vgl. BGH NJW-RR 1986, 536, 538; OLG Hamm ZIP 1988, 588, 589f.; *Baur/Stürner* RdNr. 18.43; *Gottwald/Huber* (Fn. 12) § 46 RdNr. 64.
[720] Vgl. BGH NJW 1980, 226.
[721] Vgl. BGHZ 33, 389, 393 f. = NJW 1961, 408, 409; BGH WM 1969, 968 f.; WM 1998, 248, 249.
[722] Vgl. BAG DB 1978, 1843, 1844m. zust. Anm. von *Uhlenbruck* AP § 30 KO Nr. 4; aM *Heissmann* BB 1966, 664, 665.
[723] Vgl. BGH NJW 1998, 312, 315, insoweit nicht in BGHZ 136, 220; *Kayser* S. 43.
[724] BGHZ 147, 233, 239 = NJW 2001, 1940, 1941 f.; BGH NJW 2003, 360, 362; NJW-RR 2005, 1636 f.; 2006, 1062, 1063; ZInsO 2007, 605, 606; *Kreft*, Festschrift für Horn, 2006, S. 761, 771.

ligen.⁷²⁵ Gibt der Schuldner Sachen, an denen sich der Lieferant das Eigentum vorbehalten hat, an einen Insolvenzgläubiger heraus, damit dieser sie verkauft und den Erlös auf ein eigenes Konto einzieht, benachteiligt die dadurch für den Gläubiger entstehende Aufrechnungslage, unabhängig von einem hypothetischen Ersatzabsonderungsrecht des Eigentümers an einem sonst beim Schuldner eingehenden Erlös, die Gläubigergesamtheit schon durch den Wegfall des Gegenwerts für die verbleibende Verbindlichkeit aus dem Ankauf.⁷²⁶

152 a
Die Veräußerung wertausschöpfend **belasteter Gegenstände** des Schuldners benachteiligt dessen Insolvenzgläubiger nicht (s. o. RdNr. 109), sofern nicht über die Wertgrenze hinaus eingetragene Grundpfandrechte einen eigenen „Lästigkeitswert" haben.⁷²⁷ Die bloße obligatorische Verpflichtung des Schuldners zur Rückführung der Belastungen ändert daran nichts, statt dessen kann diese Rückführung selbständig anfechtbar sein (BGH WM 2007, 1377, 1378 zum AnfG). Füllt die gesicherte Forderung den Wert einer abstrakten, zur Absonderung berechtigenden Sicherheit (z. B. einer Grundschuld) nicht voll aus, so werden die Insolvenzgläubiger durch die Übertragung des belasteten Gegenstands (z. B. des Grundstücks) benachteiligt,⁷²⁸ es sei denn, der schuldrechtliche Anspruch auf Rückgewähr des nicht valutierten Teils des Sicherungsrechts verbliebe – ausnahmsweise – beim Schuldner. Maßgeblich für die Berechnung der Belastung ist regelmäßig nicht der Nennwert der den Gegenstand belastenden abstrakten Sicherungsrechte, sondern die Höhe, bis zu der sie noch Forderungen sichern.⁷²⁹ Zu berücksichtigen sind nur insolvenzbeständige Sicherungsrechte, die also insbesondere nicht selbst durch Anfechtung beseitigt werden können.⁷³⁰ Im Einzelnen ist der Verkehrswert des übertragenen Gegenstands zum jeweils maßgeblichen Zeitpunkt (s. o. RdNr. 113, 125) dem Betrag der gesicherten Forderung gegenüberzustellen.⁷³¹ Dieser sind die – mit gesicherten – fälligen Zinsen bis zum Stichtag hinzuzurechnen.⁷³² Fallen vorrangige Belastungen bis zur letzten mündlichen Verhandlung fort, ist dies zugunsten des Anfechtenden (Insolvenzverwalters) zu berücksichtigen, soweit eine mittelbare Gläubigerbenachteiligung ausreicht.⁷³³ Besteht die Belastung z. B. in einer Reallast, die eine Rentenverpflichtung sichert, so ist diese im Ansatz für die mutmaßliche Lebensdauer des Berechtigten zum Zeitpunkt der anfechtbaren Übertragung zu kapitalisieren; stirbt der Berechtigte aber bis zur letzten mündlichen Verhandlung des Anfechtungsprozesses, so kann der vorzeitige Wegfall der Belastung eine – mittelbare – Gläubigerbenachteiligung (s. o. RdNr. 121 f.) herbeiführen.⁷³⁴

152 b
Als **Grundstückswert** ist – anders als für § 1 AnfG⁷³⁵ – nicht allein der in der Zwangsversteigerung erzielbare Wert zu berücksichtigen; denn der Insolvenzverwalter darf auch freihändig veräußern. Die Ausübung dieses Rechts kann schon durch die Buchberechtigung des Erwerbers eines anfechtbaren Grundstücksrechts beeinträchtigt werden (s. o. RdNr. 101). Der maßgebliche Grundstückswert ist im Streitfall durch ein Sachverständigengut-

---

⁷²⁵ BGH NZI 2004, 82 f.; HK-*Kreft* 129 RdNr. 57; für einen verlängerten Eigentumsvorbehalt OLG Dresden DZWIR 2001, 470, 471.
⁷²⁶ Dies prüfte OLG Dresden DZWIR 2001, 470, 471 nicht.
⁷²⁷ Vgl. OLG Hamburg NZI 2001, 424, 425 f.; *Uhlenbruck/Hirte* § 129 RdNr. 103; HambKomm-*Rogge* § 129 RdNr. 66.
⁷²⁸ Vgl. zu § 3 AnfG BGH ZIP 1985, 372, 374 f. Näher s. u. RdNr. 158.
⁷²⁹ BGH NJW 1984, 2890, 2891; ZIP 1985, 372, 374; BGHZ 113, 393, 395 = NJW 1991, 1610; BGH NJW 1999, 1395, 1396 f.; *Gottwald/Huber* (Fn. 12) § 46 RdNr. 60; zur Reallast auch BGH WM 1987, 881, 882. Dagegen ist ausnahmsweise auf die Nominalbeträge abzustellen, soweit der Schuldner den Anspruch auf Rückgewähr des nicht valutierten Teils des Sicherungsrechts an eine weitere Person abgetreten hat (vgl. BGH NJW 1996, 3341, 3342); eine solche Übertragung wäre selbständig anzufechten. Zur Beweislast s. u. RdNr. 228.
⁷³⁰ Vgl. BGH NJW 1996, 3147, 3149.
⁷³¹ Vgl. BGH NJW-RR 1993, 235, 237; NJW 1996, 3147, 3149; Beschl. v. 14. 12. 2006 – IX ZR 236/03. Zur Zulässigkeit von Risikozuschlägen bei beweglichem Sicherungsgut s. u. § 142 RdNr. 13.
⁷³² Vgl. LG Mainz ZInsO 2003, 94, 95.
⁷³³ BGH NJW 1996, 3147, 3149. S. o. RdNr. 125.
⁷³⁴ BGH WM 1987, 881, 882.
⁷³⁵ Vgl. hierzu BGH NJW-RR 2006, 552 f.; Beschl. v. 14. 12. 2006 – IX ZR 236/03.

achten zu ermitteln.[736] Eine Benachteiligung kann z. B. vorliegen, wenn ein Grundstück mit einem Verkehrswert von 197 000 Euro für 189 000 Euro veräussert wird.[737] Für die Anfechtung reicht es aus, wenn eine Verwertung des vom Schuldner übertragenen Gegenstands nicht als aussichtslos erscheint. Steigt dessen Wert, so ist dies grundsätzlich zugunsten des Anfechtenden (Insolvenzverwalters) zu berücksichtigen, wenn eine mittelbare Gläubigerbenachteiligung ausreicht; dem Anfechtungsgegner kann ein Aufwendungsersatzanspruch (s. u. § 143 RdNr. 64 ff.) zustehen, soweit er den Wert des anfechtbar erworbenen Gegenstands unter Einsatz eigener Mittel erhöht hat.[738] Werden Sicherungsrechte an mehreren Sachen des Schuldners bestellt, ist grundsätzlich nicht auf den Gesamtwert, sondern auf den Wert der einzelnen Sachen und ihre Belastung abzustellen.[739] Übernimmt der Käufer eines Grundstücks nicht nur die darauf ruhenden dinglichen Lasten, sondern verpflichtet er sich, zusätzlich einen Teil des Kaufpreises bar zu zahlen, so benachteiligt eine Übertragung dieses Zahlungsanspruchs unabhängig von der Valutierung der Lasten in jedem Falle die Insolvenzgläubiger.[740]

153 Der Sicherungswert bei Absonderungsrechten ist unter Beachtung der §§ 170 ff. zu bestimmen. Die der Masse danach gebührenden Unkostenbeiträge sind nicht auf den Anfechtungsanspruch anzurechnen, sondern gelten nur einen gesonderten Verwaltungsaufwand ab. Da sie andererseits den Reinerlös für den gesicherten Gläubiger verringern, wird der realisierbare Wert des Gegenstands seltener ausreichen, um die Forderungen des Gläubigers zu befriedigen; entsprechend seltener führt die Weggabe des Sicherungsgegenstands durch den Schuldner zu einer Gläubigerbenachteiligung. Zur denkbaren Benachteiligung bei Verarbeitungsklauseln gem. § 950 BGB vgl. *Elz* ZInsO 2000, 478, 482.

154 Die Abtretung nicht valutierender Grundschulden benachteiligt die Insolvenzgläubiger.[741] Diese können auch dadurch benachteiligt werden, dass der Schuldner eine nicht voll valutierende Sicherheit mit anderen zu sichernden Forderungen auffüllt[742] oder den Sicherungszweck einer wirtschaftlich nicht (voll) ausgenützten abstrakten Sicherheit – insbesondere einer Grundschuld – zugunsten einer neuen Verbindlichkeit erweitert.[743] Erwirbt ein Kreditgeber, dem der Schuldner Sicherheiten bestellt hat, die Forderungen anderer, ungesicherter Gläubiger, so werden die Insolvenzgläubiger benachteiligt, wenn auch diese Forderungen nunmehr gesichert werden.[744] Gläubigerbenachteiligend wirkt eine Sicherheit, die der Schuldner für eine eigene Bürgenschuld oder für die von ihm verbürgte Hauptschuld bestellt,[745] oder die dadurch zusätzliche Verbindlichkeiten sichert, dass der Schuldner sich nachträglich für diese verbürgt.[746] Wird eine unanfechtbar bestellte Sicherheit – z. B. eine abgetretene Werklohnforderung – durch weitere Leistungen des Schuldners insolvenznah werthaltiger gemacht – z. B. durch Fertigstellung des Werks –, so benachteiligen die dafür aufgewendeten Herstellungskosten durch die entsprechende Verringerung der Aktivmasse die Insolvenzgläubiger im Allgemeinen (s. u. RdNr. 168 a).

155 cc) Insbesondere können Rechtshandlungen betreffend **Eigentumsvorbehalt** und **Sicherungseigentum** nach den in RdNr. 108 d sowie 152 bis 154 dargestellten Regeln

---

[736] Vgl. BGH NJW 1993, 1796, 1797.
[737] OLG Celle ZInsO 2000, 171 Leits.
[738] BGH NJW 1996, 3341, 3342 zum AnfG; BGH ZInsO 2007, 101, 103 berücksichtigt eine vom Anfechtungsgegner bewirkte Verringerung der Belastung systemwidrig schon bei Bemessung der Gläubigerbenachteiligung. Dagegen will *J. Blomeyer* KTS 1976, 81, 86 dem Anfechtenden nur Wertersatz gewähren.
[739] So für Grundstücke BGH NJW 1996, 3147, 3149; RGZ 21, 95, 100; RG JW 1898, 51, 52; *Jaeger/Henckel*, KO § 31 RdNr. 7.
[740] Vgl. BGH WM 1979, 776, 777 zu § 3 AnfG.
[741] BGH NJW 1999, 1395, 1397.
[742] BGH WM 1975, 947, 948; *Häsemeyer*, Insolvenzrecht, RdNr. 21.24.
[743] Vgl. LG Potsdam ZIP 1997, 1383, 1384. Ergänzend s. u. § 130 RdNr. 8; § 131 RdNr. 7 und 25, § 133 RdNr. 11.
[744] Vgl. BGHZ 59, 230, 233 f. = NJW 1972, 2084 f.; RGZ 81, 144, 145 f.; *Kilger/K. Schmidt* § 30 KO Anm. 20, S. 182. Allerdings dürften entsprechende formulärmäßige Vereinbarungen zugunsten des Kreditgebers heute regelmäßig schon an § 307 BGB scheitern (vgl. auch BGH NJW 1975, 122 f.).
[745] Vgl. RGZ 152, 321, 323; *Kilger/K. Schmidt* § 30 KO Anm. 20, S. 182.
[746] BGH NJW 1999, 3046, 3047.

Grundsatz **156 § 129**

gläubigerbenachteiligend wirken. Hatte der Schuldner eine eigene Sache schon sicherungshalber übereignet, so kann er sein verbliebenes Anwartschaftsrecht oder seinen schuldrechtlichen Anspruch auf Rückübereignung nach Wegfall des Sicherungszwecks (nämlich der Befriedigung des ersten Sicherungsnehmers) im Voraus an einen neuen Kreditgeber übertragen; die spätere unmittelbare Übereignung vom ersten an den zweiten Sicherungsnehmer benachteiligt dann die Insolvenzgläubiger des Schuldners nicht selbständig.[747] Überträgt jedoch der erste Sicherungsnehmer zunächst die Sache dinglich wirksam an den Schuldner zurück, so scheidet ein bloßer schuldrechtlicher Verschaffungsanspruch des zweiten Sicherungsnehmers gegen den Schuldner die Sache anfechtungsrechtlich noch nicht aus dessen Vermögen aus; die Weiterübereignung vom Schuldner an den zweiten Sicherungsnehmer kann dann die Insolvenzgläubiger benachteiligen. Übersendet ein Kunde des (späteren) Insolvenzschuldners diesem zur Erfüllung einer Forderung, die, ohne Offenlegung, an einen Gläubiger abgetreten worden war, einen Scheck, so werden die Insolvenzgläubiger regelmäßig benachteiligt, wenn der (Insolvenz-)Schuldner den Scheck an den Gläubiger/Abtretungsempfänger weiter überträgt; denn dessen Sicherungsrecht erstreckt sich – ohne eine antizipierte Übertragung auch des eingehenden Erlöses – nicht auf den Scheck.[748] Anders verhält es sich, wenn auch die Übereignung von Wertpapieren, die als Erlös eingehen, an den Gläubiger im voraus vereinbart war.[749] Dasselbe dürfte zutreffen, wenn der Schuldner die von ihm zuvor abgetretene Forderung erkennbar im Namen des Abtretungsempfängers einzieht. War der Schuldner (lediglich) schuldrechtlich verpflichtet, den Gegenwert eines bei ihm eingehenden Erlöses an den Sicherungsnehmer abzuführen, kommt für diesen nach Maßgabe des § 48 eine Ersatzabsonderung in Betracht, wenn der Schuldner den Gegenwert auf ein eigenes Konto bei einer (anderen) Bank einzahlt.[750] Veräußert der Schuldner sicherungshalber übereignete Ware rechtmäßig an Abnehmer und geht die hierdurch entstehende Kaufpreisforderung im Wege der Vorausabtretung auf den (früheren) Sicherungseigentümer über, so entfällt eine Gläubigerbenachteiligung, sofern dessen gesicherte Ansprüche nicht niedriger sind als der Wert des Sicherungsguts.[751] Beim verlängerten Eigentumsvorbehalt unterliegt die Vorausabtretung künftiger Forderungen insoweit keiner Anfechtung, als sie sich auf den mit der Vorbehaltsware erlangten Teil der Forderung beschränkt;[752] hat sie einen größeren Umfang, so benachteiligt die Abtretung die Gläubiger.

dd) Die **Forderungsabtretung** wirkt nach deutschem Recht[753] – schon vor ihrer **156** Offenlegung – regelmäßig[754] sofort mit dem Entstehen der abgetretenen Forderung. Deshalb benachteiligt die Offenlegung einer zunächst „stillen" Abtretung meist nicht selbständig die Insolvenzgläubiger, sofern damit nicht eine verfrühte Verwertung der Sicherheit (s. u. § 131 RdNr. 42 aE) eingeleitet wird. Jedoch erlischt das Sicherungsrecht zugleich mit der abgetretenen Forderung selbst, insbesondere durch Erfüllung (§ 362 BGB). Bezahlt der Drittschuldner die abgetretene Forderung durch Überweisung auf ein Konto des – späteren – Insolvenzschuldners bei einem anderen als dem gesicherten Kreditinstitut, geht dessen Sicherheit unter.[755] Daran ändert es nichts, wenn die Bank, welche die Zahlung erlangt, im schuldrechtlichen Innenverhältnis zugleich „treuhänderisch" für die Gläubigerbank han-

---

[747] OLG Hamburg ZIP 1981, 1353, 1355.
[748] OLG Stuttgart ZIP 1980, 860, 861.
[749] OLG Stuttgart ZIP 2001, 2183, 2184 f.
[750] Vgl. BGH NZI 2006, 700, 701.
[751] Vgl. BGH NJW-RR 1986, 536, 538.
[752] BGHZ 64, 312, 313 f. = NJW 1975, 1226, 1227; BGH ZIP 2000, 932, 933 f.; *Serick* Bd. V § 62 V 2, S. 373 f., und § 62 V 3b, S. 379 f. S. o. RdNr. 108.
[753] Viele ausländische Rechtsordnungen setzen dagegen für ein Wirksamwerden der Abtretung die Anzeige an den Drittschuldner voraus. Ist ein solches ausländisches Recht materiell maßgeblich, so ist auch die insolvenzrechtliche Benachteiligung auf dieser Grundlage zu bestimmen.
[754] Ausnahmsweise ist z. B. nach § 46 AO für die Abtretung von Ansprüchen gegen Finanzbehörden die Anzeige an diese Behörden und nach § 14 Abs. 4 ALB 1994 für die Abtretung von Lebensversicherungsansprüchen die Anzeige an den Versicherer Wirksamkeitsvoraussetzung.
[755] BGH NZI 2005, 622 f.; 2006, 700, 701; vgl. Beschl. v. 5. 2. 2004 – IX ZR 161/00.

delt.⁷⁵⁶ Zahlen dagegen die Forderungsschuldner auf ein Konto des Insolvenzschuldners bei dem gesicherten Kreditinstitut selbst, so erstreckt sich dessen Pfandrecht nach Nr. 14 AGB-Banken/Nr. 21 AGB-Sparkassen sogleich auch auf den Zahlungseingang; verrechnet es den Eingang mit einem Schuldsaldo des Insolvenzschuldners, so benachteiligt das die Insolvenzgläubiger nicht, sofern die Abtretung selbst rechtswirksam und unanfechtbar war (vgl. RdNr. 142 a, 148 a, 150). Hierdurch kann insbesondere beim Dokumenten-Inkassogeschäft der Banken auf der Grundlage des Nr. 15 Abs. 2 AGB-Banken nF der maßgebliche Zeitpunkt für die Insolvenzanfechtung auf denjenigen der Abtretung vorverlegt werden.⁷⁵⁷ Tritt ein Schuldner sowohl einen Kaufpreisanspruch als auch seinen Anspruch aus dem dafür vom Käufer gestellten Akkreditiv rechtswirksam ab, werden die Insolvenzgläubiger nicht dadurch benachteiligt, dass der Käufer den Kaufpreis an den Abtretungsempfänger zahlt.⁷⁵⁸ Die Einzahlung eines Geldbetrages auf ein Sperrkonto mit der Maßgabe, dass eine Verfügung lediglich mit Zustimmung eines „Sicherungsnehmers" getroffen werden darf, stellt hingegen nicht ohne weiteres ein insolvenzbeständiges Sicherungsrecht (Abtretung oder Verpfändung) an der Forderung auf das Kontoguthaben dar; erhält der zustimmungsberechtigte „Sicherungsnehmer" später das Guthaben ausbezahlt, so kann das die Gläubiger des Kontoinhabers benachteiligen.⁷⁵⁹ Zur möglichen Gläubigerbenachteiligung bei der Abführung von Umsatzsteuer durch den gemäß § 13 c UStG mit haftenden Abtretungsempfänger (s. o. RdNr. 49 a) vgl. *Kroth* NZI 2004, 345, 351 ff.; *Molitor* ZInsO 2006, 804 ff.

157 Das echte **Factoring** oder die Forfaitierung von Forderungen benachteiligt die Insolvenzgläubiger des Anschlusskunden bzw. Forfaitisten nicht unmittelbar, wenn der Schuldner im Austausch für die von ihm an die Bank abgetretenen Forderungen den angemessenen Gegenwert erhält.⁷⁶⁰ Dasselbe gilt für die Veräußerung verbriefter Bankforderungen zur Refinanzierung (ABS).⁷⁶¹ Dagegen stellt das unechte Factoring – bei dem das Risiko der Zahlungsunfähigkeit der Drittschuldner (Delkredere-Risiko) beim Anschlusskunden verbleibt – wirtschaftlich nur eine Form der Kreditsicherung dar: In der Insolvenz des Anschlusskunden greifen die Grundsätze über die Sicherungsabtretung ein.⁷⁶² Das gilt auch, wenn wenigstens ein Teil der Gegenleistung des Factors – insbesondere über ein Sperrkonto – dieses Risiko mit absichert.⁷⁶³ Die Insolvenzgläubiger im Allgemeinen werden sogar unmittelbar benachteiligt, wenn einer von ihnen im Rahmen einer Umschuldungsaktion von dem eingeschalteten Kreditinstitut des (späteren) Insolvenzschuldners volle Befriedigung auf eine ungesicherte Forderung erhält, während der hierdurch entstehende Darlehensanspruch des Kreditinstituts gegen den Insolvenzschuldner gesichert ist.⁷⁶⁴

158 ee) Die in RdNr. 109 sowie 152 bis 154 dargestellten Regeln gelten insbesondere für die Frage, ob ein übertragenes Grundstück wertausschöpfend mit **Grundpfandrechten** belastet war. Günstige Verwertungsmöglichkeiten durch eine Zwangsverwaltung sind zu berücksichtigen,⁷⁶⁵ während eine Zwangssicherungshypothek als ein bloßes Sicherungsmittel die

---

⁷⁵⁶ Vgl. BGH NJW-RR 2005, 1636 f. m. zust. Anm. *Leithaus* NZI 2005, 592, 593; *Kreft*, Festschrift für Horn, 2006, S. 761, 772.
⁷⁵⁷ *Canaris*, Bankvertragsrecht RdNr. 1081; *Bork*, Zahlungsverkehr RdNr. 322, 464, 468; vgl. BGHZ 95, 149, 151 f. = NJW 1985, 2649 f.; einschränkend *Wischemeyer* S. 55 ff.
⁷⁵⁸ BGH WM 1997, 1774 unter Bestätigung von OLG Hamburg WM 1997, 1773 f.
⁷⁵⁹ BGH NJW-RR 1986, 848, 849; vgl. auch BGH NZI 1999, 191, 192, insoweit nicht in BGHZ 141, 173 abgedr.
⁷⁶⁰ Vgl. BGHZ 69, 254, 257 f. = NJW 1977, 2207, 2208; BGHZ 100, 353, 358 = NJW 1987, 1878, 1879; einschränkend *Canaris*, Großkomm. HGB RdNr. 1676, 2. Absatz. Ergänzend s. u. § 142 RdNr. 13 d.
⁷⁶¹ Vgl. *Obermüller*, Festschrift für Kreft, 2004, S. 427, 435.
⁷⁶² BGHZ 58, 364, 366 f. = NJW 1972, 1715 f.; BGHZ 82, 50, 61 = NJW 1982, 164, 165 f.; *Martinek/Oechsler* in Bankrechts-Handbuch § 102 RdNr. 48; *Serick* Bd. IV § 52 II 2 b, S. 544 ff.; aM *Häcker* Abgesonderte Befriedigung aus Rechten, 2001, RdNr. 112–122.
⁷⁶³ *Eichberger* S. 40 f.; vgl. auch *Heidland* KTS 1970, 165, 174.
⁷⁶⁴ Vgl. RGZ 81, 144, 145 f.
⁷⁶⁵ BGH NJW 1996, 3341, 3342; RGZ 64, 339, 340; LG Lüneburg BB 1979, 1633; *Huber*, AnfG § 1 RdNr. 40; vgl. auch RG SeuffBl Bd. 72 (1907), 478, 479. Ergänzend s. o. RdNr. 152 b.

Verwertungsaussichten nicht selbständig steigert.[766] Gehörte dem Schuldner nur ein ideeller Bruchteil des Grundstücks, über den er verfügt hat, so kann dennoch wegen der Möglichkeit, gemäß §§ 180 ff. ZVG vorzugehen, der bei einer Versteigerung des *ganzen* Grundstücks erzielbare höhere Erlös in der Weise maßgeblich sein, dass – nur – der erzielbare Überschuss auf jeden Eigentümer rechnerisch zu verteilen ist.[767] Verfügungen des Schuldners über die Miet- oder Pachtzinsansprüche aus seinem Grundstück zugunsten von Grundpfandgläubigern benachteiligen die Insolvenzgläubiger im Hinblick auf § 1123 Abs. 1 BGB bis zur zeitlichen Grenze des § 110 nur, soweit die Einkünfte aus dem Grundstück die Hypothekenforderungen übersteigen.[768] Denn der Hypothekenhaftungsverband erstreckt sich schon vom Entstehen des Grundpfandrechts an auch zugunsten seines Gläubigers aufschiebend bedingt (§ 140 Abs. 3) auf die künftig entstehenden Mieten.[769] Bestellt der Schuldner unter Ausnutzung eines Rangvorbehalts einem Gläubiger ein Grundpfandrecht, so werden die Insolvenzgläubiger auch insoweit benachteiligt, als die Verwertung des Grundstücks ohne Ausnutzung des Rangvorbehalts der Insolvenzmasse einen höheren Erlös erbracht hätte.[770] Verfügt der Schuldner über eine Eigentümergrundschuld an einem eigenen Grundstück, benachteiligt das die Insolvenzgläubiger nicht, soweit die Grundschuld zuvor schon – rechtswirksam und insolvenzfest – an Dritte weiter übertragen worden war.[771]

159 Gelegentlich nutzt der Schuldner den nicht mehr valutierten Teil einer Briefgrundschuld in der Weise zur – erneuten – Kreditbeschaffung aus, dass er ihn sich von einem anderen Kreditgeber wieder beleihen lässt, aber der Grundschuldbrief bei dem ursprünglichen Kreditgeber verbleibt; dieser hält den Brief danach für den erstrangigen Teil der Grundschuld im eigenen Interesse und für den nachrangigen Teil als Treuhänder für den zweiten Kreditgeber. Eine solche dreiseitige Abrede vermag sofort ein Sicherungsrecht auch des zweiten Kreditgebers zu begründen.[772] Eine unmittelbare Gläubigerbenachteiligung tritt deshalb nicht ein, wenn Zug um Zug gegen Begründung der Treuhandabrede der zweite Kredit ausbezahlt wird; das gilt auch dann, wenn später der erste Sicherungsnehmer befriedigt wird und er die Grundschuld mit dinglicher Wirkung auf den zweiten Kreditgeber überträgt.[773] Die Treuhandabrede selbst ist ebenfalls insolvenzbeständig (s. o. RdNr. 139 f.). Bestellen Miteigentümer, die in einer Bruchteilsgemeinschaft verbunden sind, eine Eigentümer-Gesamtgrundschuld an ihrem Grundstück, so erwirbt jeder von ihnen eine vermögensmäßige Beteiligung auch am Bruchteil des anderen; dadurch können die Insolvenzgläubiger jedes Miteigentümers jedenfalls dann benachteiligt werden, wenn die Grundschuld an einen Fremdgläubiger abgetreten wird.[774]

160 **ff)** Die – nicht vorzeitige – **Kreditrückzahlung** zur Ablösung einer zuvor vom Schuldner geleisteten Sicherheit benachteiligt die Gläubiger nie unmittelbar (s. o. RdNr. 142); sie kann aber zu einer mittelbaren Benachteiligung führen, wenn die Sicherheit nicht vollwertig oder von einem Dritten gestellt war.[775] Ist danach die Schuldtilgung anfechtbar, so kann der

---

[766] BGH NJW 1996, 3341, 3342 f.
[767] Vgl. RG LZ 1915, 637, 638; *Mauer* RdNr. 46 f., 49 und zu § 3 AnfG BGHZ 90, 207, 214 f. = NJW 1984, 1968, 1970; BGH ZIP 1985, 372, 374, insoweit nicht in NJW 1985, 2031.
[768] BGH ZInsO 2006, 1321, 1322; KG KGBl. 1914, 11, 12; LG Leipzig LZ 1912, 959 Nr. 4 zu § 3 AnfG; *Jaeger/Henckel*, KO § 29 RdNr. 62; *Uhlenbruck/Hirte* § 129 RdNr. 121; *Bräuer* ZInsO 2006, 742, 749 f.; aM KG KGBl 1914, 12 unter II; *Hawelka* ZHR 2006, 258 f.; *Wazlawik* NZI 2007, 320, 321 f. Das gilt auch, wenn der Schuldner einem Dritten ein Nießbrauchsrecht bestellt: RG LZ 1915, 1528 f. unter A; zu § 3 AnfG auch RG LZ 1914, 1378, 1379; LZ 1915, 1529 unter B; LZ 1916, 1027, 1028; WarnR 1917 Nr. 18; JW 1918, 176 Nr. 13.
[769] S. u. § 140 RdNr. 9 b, 50 b; aM *Mitlehner* ZIP 2007, 804, 805 f.
[770] Vgl. BGHZ 12, 238, 240, insoweit nicht in NJW 1954, 954 abgedr.; RG JW 1928, 1345, 1346; *Jaeger/Henckel*, KO § 31 RdNr. 7.
[771] RG WarnR 1931 Nr. 151, S. 300; s. o. RdNr. 78.
[772] Vgl. OLG Stuttgart ZIP 1988, 1379, 1380 f.; *Gaberdiel*, 7. Aufl. RdNr. 922; *Clemente*, 3. Aufl. RdNr. 297 ff.; *MünchKommBGB-Eickmann* § 1191 RdNr. 69 f.; *Stürner* KTS 2004, 259, 264 ff.
[773] Vgl. BGH, Beschl. v. 20. März 1997 – IX ZR 179/96; v. 10. 7. 1997 – IX ZR 313/96.
[774] BGH NJW 1996, 2231, 2233.
[775] *M. Obermüller* WM 1994, 1829, 1834 unter 8; vgl. auch oben RdNr. 124 und RG LZ 1911, 944, 945 f.

§ 129   161, 162

Gläubiger die von ihm zuvor als erledigt aufgegebene Sicherheit – nur – nach Maßgabe des § 144 Abs. 1 zurückfordern. An jeder Gläubigerbenachteiligung fehlt es, wenn der Insolvenzschuldner als Sicherungs*nehmer* nach Befriedigung seiner Ansprüche das Sicherungsgut dem Sicherungsgeber zurückgibt; denn dieser hätte es kraft seines dinglichen oder mindestens schuldrechtlichen Herausgabeanspruchs aussondern dürfen.[776] Dasselbe gilt aber nach der Neugestaltung der insolvenzrechtlichen Wirkungen von Absonderungsrechten (§§ 166 ff.) nicht mehr ohne weiteres für den umgekehrten Fall, dass der Insolvenzschuldner als Sicherungs*geber* nach Eintritt des Sicherungsfalls eine – bewegliche – Sicherheit an den Sicherungsnehmer herausgibt, dem in einem Insolvenzverfahren lediglich ein Absonderungsrecht zugestanden hätte (s. o. RdNr. 137). Allerdings kann eine Anfechtung nur auf die Grundsätze der kongruenten Erfüllung (§ 130 und § 133 RdNr. 33) gestützt werden, falls der Gläubiger wegen Eintritt der Pfandreife einen Herausgabeanspruch hatte.

161 gg) Die **Pfändung** – einschließlich der Anschlusspfändung[777] – eines Insolvenzgläubigers in das Vermögen des Schuldners benachteiligt die anderen Gläubiger grundsätzlich unmittelbar, weil ihnen haftendes Vermögen entzogen wird;[778] nach Eintritt der wirtschaftlichen Krise des Schuldners wird die Einzelzwangsvollstreckung durch die insolvenzrechtliche Gesamtvollstreckung verdrängt.[779] An einer Gläubigerbenachteiligung fehlt es dagegen, wenn ein Gläubiger ihm selbst gehörende Gegenstände beim Schuldner pfändet.[780] Stand dem Gläubiger zuvor lediglich ein Absonderungs-(Sicherungs-)recht an den Gegenständen zu, fehlt eine Benachteiligung nur wegen und bis zur Höhe der dadurch gesicherten Forderung.[781] Pfändet der Gläubiger wegen einer anderen als der gesicherten Forderung, so benachteiligt das die Gläubiger nicht, soweit die durch das Absonderungsrecht an sich gesicherte Forderung den Wert des Sicherungsguts mindestens erschöpft[782] und nicht anderweitig gesichert ist; anderenfalls könnte durch die Pfändung die ungesicherte Forderung zusätzlich unter das Sicherungsrecht gestellt werden. Die Auszahlung auf eine rechtswirksam und insolvenzfest gepfändete Forderung benachteiligt die Insolvenzgläubiger nicht (mehr).[783] Ergänzend vgl. RdNr. 108 d, 109 und 152, zur Vollendung der Pfändung § 140 RdNr. 17 und zu ihrer Inkongruenz § 131 RdNr. 26.

162 hh) Die Zustimmung des Sicherungsgebers zu einer vom Sicherungsnehmer beabsichtigten **Verwertung** einer Sicherheit befreit diesen von weiteren Bemühungen um eine günstigere Verwertung. Stimmt der (spätere) Insolvenzschuldner in solcher Weise zu, so kann er damit die Insolvenzgläubiger benacheiligen, wenn anderenfalls ein besserer Erlös erzielt worden wäre.[784] Schließen mehrere Gläubiger miteinander einen Vertrag zur Zusammenfassung ihrer Sicherheiten **(Poolvertrag),** benachteiligt das die Insolvenzgläubiger nicht, soweit die beteiligten Gläubiger insgesamt nicht mehr Rechte erhalten, als ihnen einzeln ohnehin zustehen.[785] Eine damit verbundene Beweiserleichterung bei der Durchsetzung der Rechte der beteiligten Gläubiger[786] ist keine Gläubigerbenachteiligung im Sinne von § 129.[787] Denn

---

[776] *Serick* Bd. III § 35 IV 5 a, S. 332 f.; s. o. RdNr. 108.
[777] *Rebmann* S. 82.
[778] RG JW 1917, 478, 479; vgl. auch oben RdNr. 116 aE und BGH NJW 1985, 200 f.; WM 1991, 150 f.; NJW 1991, 980; NJW 1995, 1090, 1092 unter C, insoweit nicht in BGHZ 128, 196.
[779] S. u. § 131 RdNr. 26.
[780] BGH NJW 1995, 1668, 1670.
[781] BGH NJW 1992, 624, 626; NJW 1995, 1668, 1670.
[782] RG WarnR 1917 Nr. 179.
[783] BGH NJW-RR 2000, 1215 f.; 2004, 1047, 1048; LG Paderborn ZInsO 2002, 247 LS m. krit. Anm. von *Krumm* EWiR 2002, 527, 528, der die Prüfung vermisst, ob das Pfandrecht durch § 88 unwirksam geworden war.
[784] Vgl. BGH NJW 1997, 1093, 1095 und ergänzend oben RdNr. 137.
[785] Vgl. BGH ZIP 1982, 543, 544.
[786] Vgl. dazu BGH NJW 1989, 895, 896; NJW-RR 1993, 235, 236; *Martinek/Oechsler* in Bankrechts-Handbuch § 97 RdNr. 50. Anders wäre es nur, wenn Sicherungsrechte der einzelnen Teilhaber mangels genügender Bestimmbarkeit gar nicht entstanden wären, sondern erstmals die gemeinsame Abrede aller Gläubiger mit dem Schuldner eine Bestimmbarkeit ermöglichte, vgl. *Lwowski* Kreditsicherung RdNr. 206.
[787] *Riggert* NZI 2000, 525, 527; *Smid* WuB VI B. § 30 Nr. 2 KO 1.93, aM jedoch NZI 2000, 505, 513.

der Schuldner hat kein Recht darauf, dass seine Gläubiger sich nicht untereinander in allgemein zulässiger Weise organisieren. Nur soweit der Schuldner einer Erweiterung des Sicherungszwecks von bestehenden Sicherheiten zustimmt[788] oder der Vertrag auch Vermögensstücke des Schuldners einbezieht, die bisher nicht als Sicherheit dienten,[789] können die anderen Gläubiger – vorbehaltlich des § 142 – benachteiligt werden. Tritt ein weiterer Gläubiger einem Poolvertrag bei, so begründet die (schuldrechtliche) Zusage des Poolführers, die Sicherheit treuhänderisch auch für den Beitretenden zu halten, kein Absonderungsrecht.[790] Ob dies anders ist, wenn der Sicherungszweck nicht ausgedehnt, sondern nur – in einer die Insolvenzgläubiger nicht zusätzlich benachteiligenden Weise – anders zwischen den Poolmitgliedern aufgeteilt wird, ist offen.[791] Ergänzend s. o. RdNr. 139 f., 159.

i) Sanierungsmaßnahmen. aa) Vergütung für **Dienstleistungen.** Wären Vereinbarungen des Schuldners über die Vergütung außergerichtlicher Sanierungsbemühungen vor Eröffnung des Insolvenzverfahrens allein deswegen nach § 132 Abs. 1 anfechtbar, weil die Bemühungen letztlich scheitern, so würden sogar sachgerechte Versuche meist unterbleiben, weil jeder Beteiligte damit rechnen müsste, ein empfangenes Entgelt im Misserfolgsfalle gemäß § 143 Abs. 1 zurückgewähren zu müssen. Andererseits rechtfertigt es nicht schon jedes Bestreben des Schuldners, seine Insolvenz zu vermeiden, die Interessen seiner späteren Insolvenzgläubiger zurückzusetzen; offensichtlich aussichtslose oder gar lediglich vorgetäuschte Versuche sind nicht zu begünstigen. Angemessene Aufwendungen für Sanierungsbemühungen zugunsten des Schuldners benachteiligen die Gläubiger im Allgemeinen vielmehr – nur – unter folgenden **Voraussetzungen** nicht unmittelbar:[792]

Objektiv muss ein in sich schlüssiges **Sanierungskonzept** zugrundeliegen oder erarbeitet werden, das von den erkannten und erkennbaren tatsächlichen Gegebenheiten ausgeht und nicht offensichtlich undurchführbar (im Sinne von § 231 Abs. 1 Nr. 2 oder Nr. 3) ist; dieses Konzept muss durch die angefochtene Aufwendung wenigstens in seinen Anfängen schon in die Tat umgesetzt worden sein, wozu die Ausarbeitung durch einen fachkundigen Berater ausreicht. Sowohl für die Erkennbarkeit der Ausgangslage als auch für die Prognose der Durchführbarkeit des Konzepts ist auf die Beurteilung eines unvoreingenommenen, branchenkundigen Fachmanns abzustellen, dem die vorgeschriebenen oder üblichen Buchhaltungsunterlagen zeitnah vorliegen. Insoweit ist an die Maßstäbe anzuknüpfen, die als Kriterien für die Sittenwidrigkeit eines Sanierungskredits entwickelt worden sind.[793] Der Fachberater darf nicht von ergebnisbezogenen Weisungen abhängen, kann aber gegebenenfalls einem Kreditgeber angehören und für diesen die Sanierungsaussichten prüfen.[794] Die Prüfung muss unter Berücksichtigung der verfügbaren Zeit die wirtschaftliche Lage des Schuldners im Rahmen seiner Wirtschaftsbranche analysieren und die Krisenursachen sowie die Vermögens-, Ertrags- und Finanzlage erfassen. Das gilt grundsätzlich auch für den Versuch der Sanierung eines kleineren Unternehmens, weil dabei ebenfalls Gläubiger in für sie beträchtlichem Umfange geschädigt werden können; lediglich das Ausmaß der Prüfung kann dem Umfang des Unternehmens angepasst werden.[795] Subjektiv müssen der Schuldner und der Leistungsempfänger den Sanierungserfolg ernsthaft anstreben.

---

[788] Vgl. BGH NJW-RR 1993, 235, 237; 1993, 238, 240; s. u. § 131 RdNr. 21.
[789] Vgl. BGHZ 138, 291, 304 ff. = NJW 1998, 2592, 2597 f.; OLG Hamburg ZIP 1984, 1373, 1375; *Kreft*, Festschrift für Horn, 2006, 761, 769 f.; *Smid* WuP VI B. § 30 Nr. 2 KO 1.93; *Martinek/Oechsler* Bankrechts-Handbuch § 97 RdNr. 54 f.; *Mitlehner* RdNr. 859. Eine „Öffnungsklausel" könnte die Benachteiligung allenfalls dann ausschließen, wenn sie auch gegenüber allen bis dahin nicht gesicherten Insolvenzgläubigern gelten würde.
[790] BGH NZI 2005, 622 f.; vgl. dazu *Leithaus* NZI 2005, 592, 593.
[791] Vgl. *Stürner* KTS 2004, 259, 270 ff.
[792] Vgl. BGH NJW-RR 1993, 238, 241; NJW 1998, 1561, 1563 f.
[793] BGH 10, 228, 234 = NJW 1953, 1665; BGH NJW 1955, 1272, 1273 f.; NJW 1956, 417, 418; NJW 1956, 585 f.; *Wiringer-Seiler* S. 159 f.
[794] Vgl. BGH NJW 1998, 1561, 1564; *Barkhausen* NJW 1953, 1665.
[795] BGH NJW 1998, 1561, 1564.

163 b Unter diesen Voraussetzungen **entfällt** eine *unmittelbare* Gläubigerbenachteiligung, weil ein Nachteil nicht unmittelbar durch den in sich ausgewogenen Vertragsschluss, sondern erst zusätzlich durch das Scheitern der Sanierungsbemühungen eintreten könnte (s. u. § 132 RdNr. 14). Die Erfüllung des Vergütungsanspruchs kann allerdings die Insolvenzgläubiger nach allgemeinen Maßstäben (s. o. RdNr. 121) mittelbar benachteiligen.[796] Anfechtungsfest wird sie unter den Voraussetzungen des Bargeschäfts (s. u. § 142 RdNr. 14); darüber hinaus wird es bei einer kongruenten Erfüllung regelmäßig an einem Gläubigerbenachteiligungsvorsatz im Sinne von § 133 fehlen (vgl. § 133 RdNr. 33). Entsprechendes gilt, wenn ein Insolvenzantrag gemäß § 26 mangels Masse rechtskräftig abgewiesen wurde und der Schuldner die Vergütung des vorläufigen Insolvenzverwalters (§ 22 Abs. 1 S. 2 Nr. 3, Abs. 2) bezahlt hat, alsbald aber ein selbständiges Insolvenzverfahren gegen denselben Schuldner eröffnet wird.[797]

164 Dementsprechend ist während der Geltung der Vergleichsordnung die angemessene **Vergütung** von Rechtsanwälten oder Steuerberatern für den – nicht aussichtslosen[798] – gerichtlichen Vergleichsantrag der Anfechtung im späteren Anschlusskonkurs entzogen worden.[799] Gleiches ist für Bemühungen um eine außergerichtliche Schuldenregulierung (§ 305 Abs. 1 Nr. 1) oder den Entwurf eines Insolvenzplanes anzunehmen, den der Schuldner vor der Eröffnung des Insolvenzverfahrens einreicht und zeitnah vergütet, bzw. wenn er für die Vergütung bei Fälligkeit eine Sicherheit bestellt.[800] Ist die Vergütung – oder die Sicherheit dafür – unangemessen hoch, so ist bei Teilbarkeit der Vergütung nur der nicht angemessene Teil zur Insolvenzmasse zurückzugewähren.[801] Ist danach die Aufteilung einer Rechtsanwaltsvergütung nötig, so braucht hierfür kein Gutachten der Rechtsanwaltskammer gemäß § 12 BRAGO eingeholt zu werden.[802] Die Vorbereitung eines Planes, der gemäß § 231 Abs. 1 von vornherein zurückzuweisen ist, wird allerdings im Allgemeinen nicht den Anforderungen an einen fachgerechten Sanierungsversuch (s. o. RdNr. 163) genügen.

165 Entsprechendes kann für die Vergütung eines Treuhänders zutreffen, der das Schuldnervermögen außergerichtlich liquidieren und an die Gläubiger verteilen soll, falls seine Einschaltung den Gläubigern Vorteile im Vergleich mit einer Verwertung durch den Schuldner selbst versprach.[803] Eine treuhänderische Übertragung des Schuldnervermögens auf den Sanierer kann im Einzelfalle zugleich als Sicherung seiner Vergütungsansprüche gewollt sein.[804] Nach denselben Grundsätzen ist die Anfechtbarkeit der an das Bundesaufsichtsamt für das Kreditwesen nach § 51 Abs. 3 KWG gezahlten Kosten für Prüfungs- und Schutzmaßnahmen zu beurteilen[805]

165 a Von der Vereinbarung eines angemessenen Honorars (§ 132 Abs. 1) ist aber dessen **Erfüllung** in der kritischen Zeit des § 130 zu unterscheiden. Die für die Anfechtung nach dieser Bestimmung ausreichende *mittelbare* Gläubigerbenachteiligung tritt im Insolvenzfall schon deswegen ein, weil die Insolvenzmasse um das Honorar verkürzt ist.[806] Die Anfechtung der Erfüllung – oder Besicherung – des Vergütungsanspruchs lässt sich dann oft nur

---

[796] BGH NJW 1998, 1561, 1563 f.; *Jaeger/Henckel*, KO § 30 RdNr. 116, S. 951; dies verkennt OLG Köln NZI 2001, 252, 253.
[797] Vgl. AG Dresden ZInsO 2004, 1268, 1269 f.
[798] Vgl. LG Saarbrücken NJW-RR 1996, 1274.
[799] BGHZ 28, 344, 347 f. = NJW 1959, 147 m. zust. Anm. von *Pohle* MDR 1959, 189 f.; BGHZ 77, 250, 253 = NJW 1980, 1962, 1963; BGH NJW-RR 1988, 571, 572; KG KuT 1928, 47; *Jaeger* KuT 1932, 49, 52; *Jaeger/Henckel*, KO § 30 RdNr. 116; *Kuhn/Uhlenbruck* § 30 RdNr. 26; *Kilger/K. Schmidt* § 30 KO Anm. 8; vgl. auch RGZ 162, 292, 296 ff.; aM noch OLG Breslau JW 1930, 1523, 1524 m. krit. Anm. v. *Erlanger*; OLG Hamburg JW 1934, 781, 782 f. m. zust. Anm. v. *Thiesing*.
[800] Vgl. *Kirchhof* ZInsO 2005, 340, 342, 345.
[801] BGHZ 77, 250, 255 f. = NJW 1980, 1962, 1963 f.; vgl. auch BGH NJW 1995, 1093, 1094 f. Ergänzend s. u. § 143 RdNr. 18.
[802] BGHZ 77, 250, 254 = NJW 1980, 1962, 1963.
[803] Vgl. RGZ 162, 292, 296 f.; für den Rechtsberater des Liquidators auch OLG Hamm NJW 1998, 1871 f.; aM noch RGZ 136, 152, 156 f.
[804] RGZ 136, 152, 160; *Jaeger/Henckel*, KO § 30 RdNr. 116; *Kilger/K. Schmidt* § 30 KO Anm. 8.
[805] Zu weit gehend KG NZI 2000, 537 f.
[806] BGH NJW 2002, 3252 f.; *Kirchhof* ZInsO 2005, 340, 343 f. Ergänzend s. o. RdNr. 123.

unter den Voraussetzungen des Bargeschäfts (s. u. § 142 RdNr. 14, 19) vermeiden. Dagegen wird eine kongruente Honorarzahlung vor der Dreimonatsfrist der § 130 ff. häufig nicht mehr anfechtbar sein, weil die subjektiven Voraussetzungen des § 133 Abs. 1 nur schwer festzustellen sind, wenn die vereinbarte Vergütung nicht überhöht ist (s. u. § 133 RdNr. 37).

bb) Übertragende Sanierung. Wird das Vermögen des Schuldners ohne vollen Wertersatz im Wege der übertragenden Sanierung auf einen anderen zur Betriebsfortführung übertragen, so werden die Altgläubiger durch diesen Entzug der Haftungsmasse selbst durchweg unmittelbar benachteiligt, wenn es hierbei nicht zu einer befreienden Schuldübernahme kommt (s. o. RdNr. 110). Die bloße Schuldmitübernahme oder – gesetzliche – Mithaftung ist keine ausgleichende Gegenleistung,[807] und zwar auch nicht im Sinne eines Bargeschäfts (s. u. § 142 RdNr. 9). Vielmehr hat insoweit die Anfechtung nach dem Wegfall des § 419 BGB eine erhöhte Bedeutung gewonnen. Dementsprechend benachteiligt auch eine Betriebsaufspaltung oder -ausgliederung regelmäßig die Gläubiger, wenn der bisherige Rechtsträger damit rechtlich Vermögen aufgibt und keine Gegenleistung in Höhe des Verkehrswerts der Aktivposten erhält (ergänzend s. o. RdNr. 133 b). Eine nicht nur kurzfristige Vermietung der Betriebsanlagen an eine Auffanggesellschaft wirkt wegen der damit verbundenen Verzögerung einer Verwertung gläubigerbenachteiligend.[808] 166

Nach denselben Grundsätzen kann es anfechtbar sein, wenn ein Schuldner im Rahmen eines außergerichtlichen Vergleichs sein haftendes Vermögen auf einen Treuhänder überträgt, der es an alle am Vergleich beteiligten Gläubiger verteilen soll.[809] Das gilt sogar dann, wenn der Treuhänder die Gesamtheit aller Insolvenzgläubiger in gleicher Weise wie innerhalb eines Verfahrens berücksichtigen soll (s. o. RdNr. 110), weil er anderenfalls den gerichtlich bestellten Insolvenzverwalter von der Erfüllung seiner Aufgaben hinsichtlich des noch vorhandenen Vermögens ausschließen könnte. Die Auffassung, allein schon die Übertragung des Schuldnervermögens auf einen Sanierungstreuhänder schließe objektiv jede Gläubigerbenachteiligung aus,[810] ist abzulehnen: Von Rechts wegen darf kein Gläubiger gezwungen werden, sich an einem außergerichtlichen Vergleich zu beteiligen,[811] einem von ihm nicht mitbestimmten „Treuhänder" zu vertrauen und dafür von einem staatlichen Insolvenzverfahren Abstand zu nehmen. Rechtliche Wirkungen zu Lasten Nichtbeteiligter äußert eine solche Treuhand nicht. Auch setzt der Begriff der – objektiven – Gläubigerbenachteiligung keine „ordnungswidrige Verhaltensweise" des Schuldners voraus. Ergänzend s. o. RdNr. 140. 167

cc) Sanierungskredite. Die Besicherung von Sanierungskrediten unterliegt weitgehend den allgemeinen Regeln über die Gläubigerbenachteiligung durch Kreditsicherheiten (s. o. RdNr. 150 ff.). Allein eine unmittelbare Gläubigerbenachteiligung entfällt, wenn im Rahmen eines Sanierungsversuchs für einen Kredit eine angemessene Sicherheit bestellt wird.[812] Das gilt regelmäßig auch, wenn der Kreditnehmer zu dieser Zeit überschuldet ist, weil unabhängig davon die Leistung des Kreditgebers vollwertig ist.[813] Der Darlehensgeber schuldet nach § 488 Abs. 1 Satz 1 BGB nur die Kapitalüberlassung, während der Sanierungserfolg typischerweise allein in die Verantwortung des Kreditnehmers fällt; anders wäre dies nur, soweit der Darlehensgeber seinerseits die Mittelverwendung vorschreibt. Zum Schutz der Interessen Dritter (vgl. vor § 129 RdNr. 74 ff., § 132 RdNr. 15, § 133 RdNr. 37) genügt die mittelbare 168

---

[807] Vgl. *Beisel/Klump,* Unternehmenskauf, 5. Aufl., 5. Kap. RdNr. 39 f. Ergänzend s. o. RdNr. 110.
[808] *Spengler* KTS 1955, 25 f.; s. o. RdNr. 101.
[809] RG JW 1911, 107, 108; vgl. auch BGH ZIP 1996, 1475; RGZ 39, 89, 91 f.; OLG Hamm ZIP 1996, 1140, 1141; OLG Koblenz KTS 1963, 65, 66 zu § 3 AnfG. In derartigen Fällen mag nur der Vorsatz zur Gläubigerbenachteiligung zweifelhaft sein, vgl. RG Gruchot 49 (1905), 1115, 1118; LZ 1913, 158 ff.; OLG Celle JW 1933, 1146.
[810] OLG Dresden JW 1927, 1391; OLG Celle NJW 1976, 1983; *Nerlich* (Fn. 131) § 129 RdNr. 87; *H. Emmerich* S. 115 bis 118; *Merkel* JW 1930, 1342, 1343 f.; *Jaeger/Henckel,* KO § 31 RdNr. 7.
[811] BGHZ 116, 319, 321 f. = NJW 1992, 967, 968; vgl. BGHZ 122, 297, 301 = NJW 1993, 1851, 1852.
[812] Vgl. RG KuT 1929, 40; *Jaeger/Henckel,* KO § 30 RdNr. 117.
[813] AM *Jaeger/Henckel,* KO § 30 RdNr. 117; *Uhlenbruck/Hirte* § 132 RdNr. 9; *Obermüller* WM 1994, 1869, 1870 f.; *C. Paulus* BB 2001, 425, 426 ff.; *Huth* S. 63.

Gläubigerbenachteiligung, die mit dem Verlust der Darlehensmittel eintritt. Dagegen werden die Insolvenzgläubiger sogar unmittelbar benachteiligt, wenn sich die Sicherheit nicht allein auf die ausgereichten Kredite beschränkt, sondern auch Altkredite mit einbezieht.[814] Beim Scheitern der Sanierungsbemühung tritt im Falle nachfolgender Insolvenz in jedem Falle eine mittelbare Gläubigerbenachteiligung ein, soweit die gewährten Kreditmittel bei Insolvenzeröffnung – wie meist – nicht mehr in der Masse sind.[815] Erfolgte die Besicherung nicht im Wege eines Bargeschäfts (s. u. § 142 RdNr. 13, 18), kann das Sanierungsbestreben lediglich die Wirkung haben, dass die subjektiven Voraussetzungen des § 133 entfallen.[816]

168 a   **j) Wertschöpfungen aus dem Schuldnervermögen.** Häufig führen vorläufige Insolvenzverwalter im Rahmen der Unternehmensfortführung vertraglich Aufträge für den Schuldner aus, sei es als Lieferungen, Gebrauchsüberlassungen, Dienst- oder Werkleistungen. Ist die dem Schuldner dafür gebührende Gegenleistung an Sicherungsnehmer abgetreten, so vermehren die Leistungen aus der Insolvenzmasse wirtschaftlich – bis zur Grenze der gesicherten Forderung – vorrangig das Vermögen des Sicherungsnehmers. Entsprechendes gilt, soweit dem Empfänger der vertraglichen Leistung selbst eine Insolvenzforderung gegen den Schuldner zusteht; dann wird wirtschaftlich die für den Vertragspartner bestehende Aufrechnungslage aufgefüllt (§ 96 Abs. 1 Nr. 3; s. o. RdNr. 148). In jenen Fällen liegt eine mittelbare Gläubigerbenachteiligung im Sinne von § 129 Abs. 1 darin, dass mit dem vollwertigen wirtschaftlichen Aufwand aus dem Schuldnervermögen unmittelbar – nur – eine minderwertige Insolvenzforderung des anderen Teils besichert oder getilgt wird.[817] Die Benachteiligung bemisst sich nach den Aufwendungen aus dem Schuldnervermögen, die ohne die Leistung vermieden worden wären;[818] diese begrenzen andererseits nicht den Umfang der Anfechtung.[819] Dieselben Regeln gelten schon, wenn der Schuldner selbst – insbesondere in der Zeit seiner wirtschaftlichen Krise – derartige Leistungen erbracht hat, doch werden dann die weiteren Anfechtungsvoraussetzungen nach §§ 130, 131 oder 133 schwerer festzustellen sein. Erbringt der spätere Insolvenzschuldner Leistungen als Gesellschafter einer Bau-Arge, sollen diese nicht selbständig anfechtbar, sondern in die Auseinandersetzungsbilanz eingebunden sein;[820] anders ist dies, wenn der Schuldner nach seinem Ausscheiden aus der Arge dieser weiterhin Geräte und/oder Personal gegen Vergütung zu überlassen hat.[821] Zur Übertragung der Werklohnforderung aus einem angearbeiteten Auftrag vgl. BGH ZInsO 2007, 598, 599.

VI. Zurechnungszusammenhang

169   **1. Ursächlichkeit. a)** Die Anfechtung ist nur möglich, wenn die Rechtshandlung die Gläubigerbenachteiligung herbeigeführt hat. Vorausgesetzt wird ein **ursächlicher Zusammenhang im natürlichen Sinne:** Wird die Rechtshandlung hinweggedacht, so müsste ein entäußertes Vermögensobjekt noch uneingeschränkt den Insolvenzgläubigern haften,[822] oder diese müssten mit einer geringeren Schuldsumme belastet sein. Da es nicht um einen Schadensersatzanspruch geht (vgl. § 143 RdNr. 10), der sich unter Umständen auch auf entfernte Folgen einer Handlung erstrecken kann, bedarf es für die Anfechtbarkeit nicht der

---

[814] Vgl. BGH NJW-RR 1993, 238, 240; NJW-RR 1993, 235, 237.
[815] BGH NJW 1998, 1561, 1563.
[816] S. u. § 133 RdNr. 37; vgl. Kübler/Prütting/Paulus § 129 RdNr. 27.
[817] Zur Wertsteigerung von Sicherungsrechten vgl. § 131 RdNr. 22 und OLG Dresden ZIP 2005, 2167 f.; Gerhardt, Gedächtnisschrift für Knobbe-Keuk, 1997, S. 169, 179 f.; zu Aufrechnungslagen vgl. BGHZ 129, 336, 344 = NJW 1995, 1966, 1968 und RdNr. 148 a. Ergänzend vgl. zur Rechtshandlung RdNr. 14 und 56 a, zur Anfechtbarkeit von Rechtshandlungen vorläufiger Insolvenzverwalter RdNr. 43 ff., zur Verrechnung innerhalb nicht aufgelöster Gesellschaften RdNr. 148.
[818] Vgl. LG Aachen ZInsO 2007, 109, 110.
[819] Kirchhof, Festschrift Uhlenbruck, 2000, 269, 278; ergänzend s. u. § 143 RdNr. 94 b.
[820] BGH ZInsO 2007, 213, 214 f. Ergänzend s. o. RdNr. 148.
[821] Spliedt DZWIR 2000, 418, 425; vgl. BGHZ 145, 245, 253 f. = NJW 2001, 367, 369.
[822] Vgl. BGH NJW-RR 1989, 1010; RGZ 33, 120, 122 f.; Jaeger/Henckel, KO § 29 RdNr. 85; Kilger/K. Schmidt § 29 KO Anm. 16; zu § 3 AnfG auch RGZ 10, 5, 9.

Einschränkung durch die Adäquanztheorie.[823] Die Anfechtungstatbestände grenzen vielmehr mit eigenen Mitteln zu weitgehende Folgen von der Haftung aus (s. u. RdNr. 178, 179). Soweit der Anfechtungsgegner statt des ursprünglich empfangenen Gegenstands Wertersatz leisten soll, schränkt nunmehr § 143 Abs. 1 Satz 2 oder Abs. 2 selbständig die Haftung für die Unmöglichkeit der Herausgabe ein.[824]

Zu berücksichtigen sind grundsätzlich alle realen Umstände, die – ausgelöst durch die anzufechtende Handlung oder Unterlassung – im weiteren Verlauf die Gläubigerbefriedigung verkürzen.[825] Die Kontosperre einer Bank kann ursächlich für das Annwachsen eines Guthabens sein, gegen das sodann eine Forderung der Bank aufgerechnet wird, wenn anderenfalls der Schuldner vorher über das Kontoguthaben anderweitig verfügt hätte.[826] Tilgt der Schuldner in der Krise ausgewählte eigene Verbindlichkeiten zugunsten eines Dritten, so dass auch seine Angehörigen aus ihrer Mithaft entlassen werden oder eine bessere Rechtsposition erhalten, so ist diese Folge ebenfalls durch die Erfüllungshandlung mit verursacht.[827] Rein hypothetische Erwägungen können dagegen den Ursachenzusammenhang nicht herstellen (BGH ZInsO 2007, 596, 598). Hat insbesondere eine Rechtshandlung real die Insolvenzgläubiger nicht beeinträchtigt, so reicht für eine Anfechtung nicht die Erwägung aus, dass der Schuldner sich ohne die Handlung anders, nämlich in einem den Gläubigern günstigeren Sinne verhalten hätte.[828]

Auf einer **Unterlassung** kann eine Gläubigerbenachteiligung nur beruhen, wenn ohne sie die Benachteiligung im Rechtssinne (s. o. RdNr. 76 ff.) nicht eingetreten oder vor Insolvenzeröffnung rückgängig gemacht worden wäre.[829] Das Unterlassen eines Rechtsbehelfs (s. o. RdNr. 27) kann also nur dann einen anfechtbaren Erfolg verursachen, wenn der Rechtsbehelf hätte Erfolg haben müssen.

In Betracht kommen allein Umstände, die unmittelbar auf das **Vermögen** des **Schuldners** selbst einwirken. Erleidet dagegen ein späterer Insolvenzschuldner durch eine gegenüber einem Anderen begangene anfechtbare Rechtshandlung nur mittelbar ebenfalls Vermögensnachteile, begründet dies kein Anfechtungsrecht. Der lediglich mittelbar Benachteiligte kann also keine Anfechtungsansprüche neben demjenigen erheben, dessen Vermögen unmittelbar verkürzt worden ist. Insbesondere ist ein (später insolvent werdender) Gesellschafter nicht dadurch im Sinne von § 129 Abs. 1 benachteiligt, dass wegen einer gegen seine – gemäß § 11 selbst insolvenzfähige – Gesellschaft begangenen anfechtbaren Handlung der Wert seines Gesellschaftsanteils vermindert wird; ob dies schadensersatzrechtlich anders zu beurteilen wäre, ist unerheblich. Das gilt auch im Konzern einer – insolvent werdenden – Muttergesellschaft im Verhältnis zu deren Tochtergesellschaft.[830] Ob letztere ebenfalls insolvent wird, ist bedeutungslos; ihr Vermögen haftet anfechtungsrechtlich nur ihren eigenen Gläubigern, sei es nach §§ 129 ff. oder nach den Vorschriften des Anfechtungsgesetzes.

b) Umgekehrt muss die anzufechtende Rechtshandlung **nicht die einzige Ursache** für eine mittelbare Gläubigerbenachteiligung gewesen sein. Tritt der gläubigerschädigende Erfolg erst dadurch ein, dass noch andere Einflüsse mitwirken, so schließt das den nötigen Ursachenzusammenhang nur insoweit aus, als der Normzweck des jeweiligen Anfechtungstatbestands dies gebietet. Beispielsweise setzen die §§ 132 bis 134 Rechtshandlungen gerade des Schuldners voraus, die sich entweder in bestimmter Weise auswirken (§ 132 Abs. 2) oder

---

[823] BGHZ 143, 246, 253 = NJW 2000, 1259, 1261 zu § 3 AnfG; *Uhlenbruck/Hirte* § 129 RdNr. 123; *Foerste* RdNr. 294; *Jaeger/Henckel*, KO § 29 RdNr. 86 f.; *König* RdNr. 5/24; aM *Hess* InsO § 129 RdNr. 154; *Baur/Stürner* RdNr. 18.48.
[824] S. u. RdNr. 180 und § 143 RdNr. 73, 101.
[825] *Jaeger/Henckel*, KO § 29 RdNr. 88.
[826] Vgl. BGH NJW-RR 2004, 1191; NZI 2004, 314 f.
[827] Vgl. BGH NJW 1995, 2783, 2784; RG JW 1909, 280 Nr. 19; LZ 1911, 944, 945 f. S. o. RdNr. 14, 56 a.
[828] Insoweit zutreffend OlG Hamm ZIP 1988, 588, 589.
[829] Vgl. BGHZ 162, 143, 154 f. = NJW 2005, 1121, 1124, wo allerdings – ungenau – auch auf einen Zugewinn des Gläubigers abgestellt wird.
[830] AM *Hirte* ZInsO 2004, 1161, 1165.

eine unentgeltliche „Leistung" darstellen (§ 134) oder vom Gläubigerbenachteiligungsvorsatz des Schuldners umfasst sein (§ 133) müssen. Alle zusammen mit der Rechtshandlung mitwirkenden Faktoren, die sich noch unter diese Voraussetzungen einordnen lassen, sind dem Anfechtungsgegner ebenso zuzurechnen wie das Handeln weisungsgemäß tätig werdender Zwischenpersonen (vgl. hierzu RdNr. 49). Zuzurechnen ist auch eine Vermögenszuwendung, die erst dadurch endgültig wird, dass der Insolvenzverwalter die Leistung des Schuldners an einen Dritten genehmigt (s. o. RdNr. 101 b). Entsprechendes gilt für zusätzliche Folgen, die kraft Gesetzes an eine Rechtshandlung anknüpfen, z. B. für das Entstehen einer Umsatzsteuerforderung oder eines Löschungsanspruchs gemäß § 1179 a BGB oder für die Ausweitung des Sicherungszwecks eines Pfandrechts (s. o. RdNr. 56 a).

172 Insbesondere in den Fällen der §§ 130, 131, 135 und 136 genügt in objektiver Hinsicht der Eintritt eines bestimmt umrissenen Erfolgs. Jede hierbei mitwirkende Handlung kann selbständig anfechtbar sein. Hat beispielsweise ein selbständiges Beförderungsunternehmen eine für einen anderen bestimmte Leistung des Schuldners eigenmächtig oder irrtümlich an einen seiner Insolvenzgläubiger ausgeliefert und diesem hierdurch eine rechtswirksame Sicherung oder Befriedigung verschafft, so kann darin eine selbständige anfechtbare Handlung liegen, weil nach den genannten Vorschriften allein die persönlichen Umstände oder Kenntnisse des objektiv begünstigten Gläubigers die Anfechtbarkeit begrenzen, während die Einstellung der handelnden Person unerheblich ist.

173 Hat der Schuldner über ein Anwartschaftsrecht verfügt, für welches dem Insolvenzverwalter ohne die Verfügung ein Wahlrecht gemäß §§ 103 ff. zugestanden hätte, so bleibt die jeweils massegünstigste Entscheidung des Verwalters ursächlich durch die Rechtshandlung bedingt. Die Gegenmeinung[831] verkennt den Zweck der Anfechtung, die Insolvenzmasse anzureichern (s. o. vor § 129 RdNr. 3).

174 c) Reale, gegenläufig wirkende Umstände können den Eintritt einer Gläubigerbenachteiligung im Rechtssinne von vornherein **verhindern.** Wird beispielsweise der vom Schuldner in Gläubigerbenachteiligungsabsicht weggegebene Gegenstand wegen seiner Herkunft oder Beschaffenheit auf dem Wege zum beabsichtigten Empfänger hoheitlich beschlagnahmt, so benachteiligt diese Zwangsmaßnahme, nicht aber die – vereitelte – Besitzübertragung die Insolvenzgläubiger; anfechtbar kann dann nur noch eine **Rechts**stellung sein, die dem Empfänger unabhängig vom Besitz eingeräumt wurde und die mögliche Ansprüche der Insolvenzmasse gegenüber dem Staat zu beeinträchtigen geeignet ist. Ebenso entfällt eine Gläubigerbenachteiligung gerade durch eine Grundstücksübertragung insoweit, als es dem Schuldner gelingt, das Grundstück vor der Umschreibung im Grundbuch auf den Anfechtungsgegner rechtswirksam mit Grundschulden zugunsten eines Dritten zu belasten; diese Belastung stellt dann eine selbständig anfechtbare Rechtshandlung dar. Anders verhält es sich, wenn die Belastung nur auf Grund einer Duldung des – insbesondere im Grundbuch schon vorgemerkten (§ 883 Abs. 2 und 3 BGB) – künftigen Eigentümers diesem gegenüber wirken kann;[832] dann kann die Anfechtung auch auf dessen Zustimmung erstreckt werden. Zum nachträglichen Wegfall einer einmal eingetretenen Benachteiligung s. u. RdNr. 178 ff., zur Unerheblichkeit bloß hypothetischer Umstände s. u. RdNr. 181 f.

174 a Eine durch wirksame Aufrechnung allein des Schuldners verursachte Gläubigerbenachteiligung wird real beseitigt, wenn vor Insolvenzeröffnung auch für den Gläubiger eine insolvenzfeste Aufrechnungslage entsteht.[833] Wird ein **Kontokorrentkredit** in der Weise bis zu einer vereinbarten Obergrenze revolvierend ausgenutzt, dass jeweils Rückführungen erneute Inanspruchnahmen ermöglichen, können die einzelnen Rückführungen in ihrer Summe nicht über die Kreditobergrenze hinaus angefochten werden. Denn diese hätte von Rechts

---

[831] FK-*Dauernheim* § 129 RdNr. 45; OLG Hamm ZIP 1988, 588, 589. Im Ergebnis traf diese Entscheidung aber zu, weil das Anwartschaftsrecht für die Insolvenzgläubiger objektiv keinen Wert hatte, s. u. RdNr. 175.

[832] So der Fall BGHZ 128, 184, 189 f. = NJW 1995, 659, 661.

[833] Vgl. *von Olshausen* KTS 2001, 45, 51 ff. Ergänzend s. u. § 131 RdNr. 45.

wegen regelmäßig jede weitergehende Inanspruchnahme des Kredits verhindert. Deshalb entfällt – auch ohne Vorliegen von Bargeschäften (s. u. § 142 RdNr. 13) – eine Benachteiligung durch einzelne Kreditrückführungen insoweit, als ohne sie Kreditmittel, welche der Schuldner danach tatsächlich noch erhalten hat, ihm nicht mehr zugeflossen wären.[834]

2. Keine Vorteilsausgleichung. Der Eintritt einer Gläubigerbenachteiligung ist isoliert mit Bezug auf die konkret angefochtene Minderung des Aktivvermögens oder die Vermehrung der Passiva des Schuldners (s. o. RdNr. 100) zu beurteilen. Dabei sind lediglich solche Folgen zu berücksichtigen, die an die anzufechtende Rechtshandlung selbst anknüpfen.[835] Hierzu gehören insbesondere alle Umstände, die unmittelbar den **Wert** eines vom Schuldner weggegebenen Vermögensgegenstands gerade für die Insolvenzgläubiger bilden. Indem beispielsweise angenommen wird, dass die Verfügung über einen schon wertausschöpfend belasteten Gegenstand des Schuldners nicht dessen Insolvenzgläubiger benachteiligt (s. o. RdNr. 109, 150 ff.), trägt dies zugleich der Erwägung Rechnung, dass dann, wenn der jeweilige Leistungsempfänger den Gegenstand nicht erhalten hätte, der Absonderungsberechtigte ihn mit an Sicherheit grenzender Wahrscheinlichkeit doch den Insolvenzgläubigern entzogen hätte.[836] Ist ein Betrieb des Schuldners nur mit Zustimmung eines Lieferanten günstig zu verwerten und macht dieser seine Einwilligung davon abhängig, dass ihm der Schuldner ausstehende Schulden bezahlt, so benachteiligt diese Schuldtilgung die anderen Insolvenzgläubiger nicht, wenn der Betrieb ohne die „erkaufte" Einwilligung weniger wert gewesen wäre als der tatsächlich erzielten Kaufpreis abzüglich der Tilgungsleistung.[837] 175

Hingegen bleiben entferntere Ereignisse regelmäßig sogar dann außer Betracht, wenn sie adäquat kausal verursacht sind.[838] Insbesondere greifen die schadensersatzrechtlichen Grundsätze der Vorteilsausgleichung[839] nicht ein.[840] Nur die §§ 143, 144 regeln selbständig, inwieweit mögliche ausgleichende Vorteile zu berücksichtigen sind. Danach entfällt beispielsweise **nicht** eine Gläubigerbenachteiligung als Folge der Bezahlung von Schulden für Stromlieferungen aus dem Grunde, dass sonst die – berechtigte – Einstellung der Stromversorgung zu einem Produktionsausfall geführt hätte.[841] Die fortgesetzte Nutzung der vom Schuldner gemieteten Räume gleicht nicht die Pfändung des Vermieters wegen älterer Mietforderungen aus.[842] Dass ein Unternehmer gegen zusätzliche Zahlungen auf ausstehende Forderungen oder gegen die Bewilligung einer Sicherheit dafür die ihm übertragenen Arbeiten gegen volles Entgelt weiterführt, gleicht den Verlust des haftenden Vermögens für die Insolvenzgläubiger des Auftraggebers nicht aus.[843] Ebensowenig gleicht der Vorteil einer Vertragsabwicklung die Benachteiligung der Insolvenzgläubiger durch eine unveranlasst nachteilige Vertragsklausel speziell für den Insolvenzfall aus.[844] Mögliche Rückgriffsansprüche der Insolvenzmasse gegen einen Versicherer schließen die Gläubigerbenachteiligung nicht aus; die Anfechtungsmög- 176

---

[834] Vgl. *Obermüller*, Insolvenzrecht RdNr. 3.104a, der jedoch auf die Verrechnung im Kontokorrent abstellen will (dazu s. u. § 131 RdNr. 16, 44a).
[835] BGH NJW-RR 2005, 1641, 1642 f.; 2006, 1555, 1557. Ergänzend s. o. RdNr. 108 bis 110, 170b.
[836] Vgl. hierzu BGH NJW-RR 1986, 536, 538 f.; RGZ 64, 339, 342; OLG Karlsruhe BadRpr 1913, 117 Nr. 45; *Jaeger/Henckel*, KO § 29 RdNr. 96.
[837] BGH WM 1960, 377, 379. Zu einer gesetzlich gebundenen, unentgeltlich zu erteilenden Einwilligung s. u. RdNr. 182.
[838] BGH BB 1952, 868 f.
[839] Vgl. hierzu MünchKommBGB-*Oetker* § 249 RdNr. 222; *Palandt/Heinrichs*, vor § 249 RdNr. 119 ff.
[840] BGH WM 1962, 1316, 1317; NJW 1970, 44, 46; RGZ 100, 87, 90; RG LZ 1918, 772 Nr. 22; *Jaeger/Henckel*, KO § 29 RdNr. 61; *Kilger/K. Schmidt* § 37 KO Anm. 9; *Baur/Stürner* RdNr. 18.44; *C. Paulus* BB 2001, 425, 426 f.; aM *Güther* S. 118 ff. mit Bezug auf Vorteile für eine Betriebsfortführung.
[841] BGH BB 1952, 868 f.; BGHZ 97, 87, 95 f. = NJW 1986, 1496, 1498 unter Bestätigung von OLG Schleswig ZIP 1985, 820, 822. Zur Gläubigerbenachteiligung in derartigen Fällen s. o. RdNr. 123.
[842] OLG Frankfurt HRR 1936 Nr. 480 aE.
[843] Vgl. BGH WM 1984, 1194, 1195; BGHZ 154, 190, 196 = NZI 2003, 315, 316 f.; BGH NZI 2004, 446. Ergänzend s. o. RdNr. 46b.
[844] BGH NJW 1994, 449, 451, insoweit nicht in BGHZ 124, 76.

lichkeit mag innerhalb des Versicherungsverhältnisses berücksichtigt werden.[845] Die Tilgung von Steuerschulden benachteiligt die Insolvenzgläubiger im Allgemeinen, obwohl anderenfalls das Gewerbe des Schuldners möglicherweise noch vor der tatsächlichen Eröffnung des Insolvenzverfahrens hätte geschlossen werden müssen:[846] Die Insolvenzordnung bezweckt gerade eine möglichst frühe Insolvenzeröffnung, wenn ein Schuldner zahlungsunfähig wird. Nur im Rahmen des Wertersatzanspruchs gem. § 143 Abs. 1 Satz 2 kann eine Vorteilsausgleichung in eng begrenztem Maße in Betracht kommen (s. u. RdNr. 183, § 143 RdNr. 83).

177 **3. Beseitigung eines real verwirklichten Ursachenzusammenhangs.** Die Gläubigerbenachteiligung muss im maßgeblichen Zeitpunkt vorliegen, also bei der unmittelbaren Benachteiligung schon im Zeitpunkt der angefochtenen Handlung selbst (s. o. RdNr. 113), bei der mittelbaren zur Zeit der letzten Tatsachenverhandlung im Anfechtungsprozess (s. o. RdNr. 125). Vor allem hier stellt sich die Frage, ob eine zuvor verwirklichte mittelbare Benachteiligung von Rechts wegen später wieder entfallen kann.

178 **a)** Eine zunächst eingetretene Benachteiligung kann nachträglich dadurch wieder beseitigt werden, dass der Anfechtungsgegner den anfechtbar erhaltenen Gegenstand oder dessen vollen Wert **in das Vermögen des Schuldners zurückführt.**[847] Dies setzt zumindest voraus, dass die entsprechende „Rückgewähr" des Anfechtungsgegners eindeutig zu dem Zweck erfolgt, dem Schuldner den entzogenen Vermögenswert wieder zu geben und damit die Verkürzung der Haftungsmasse ungeschehen zu machen. Es muss sich von der Zweckbestimmung her um eine vorweggenommene Befriedigung des individuellen Rückgewähranspruchs handeln. Daran fehlt es insbesondere, wenn ein Kreditinstitut auf anfechtbare Weise die Tilgung einer ausstehenden Darlehensschuld erlangt hat und anschließend dem Schuldner erneut ein Darlehen gewährt:[848] Damit wird rechtlich ein neuer Schuldgrund geschaffen, der zudem die vorangegangene Schuldtilgung allenfalls bei mindestens gleichen Bedingungen wirtschaftlich wieder ausgleichen könnte. Entsprechendes gilt, wenn ein Gesellschafter sich eine Eigenkapital ersetzende Leistung zurückgewähren lässt, um den erlangten Betrag alsbald wieder als Kapitaleinlage an die Gesellschaft zurückzuzahlen.[849] Dagegen muss es entsprechend § 422 Abs. 1 BGB als Rückgewähr ausreichen, wenn der Insolvenzmasse aus Anlass derselben Rechtshandlung Ersatzansprüche – sei es auch aus verschiedenen Rechtsgründen – gegen mehrere Personen zustehen und eine von ihnen die gesamte Benachteiligung ausgleicht;[850] zu deren Gunsten sollte § 255 BGB anzuwenden sein (vgl. RdNr. 101 b, 192, 216; § 143 RdNr. 15). Zur Rückgewähr nach Vermögensvermischung zwischen verbundenen Gesellschaften s. o. RdNr. 104.

179 Hatte der Schuldner ein Grundstück anfechtbar übertragen, entfällt der Rückgewähranspruch nicht dadurch, dass derselbe Erwerber das Grundstück später durch Zuschlag in der Zwangsversteigerung ersteht.[851] Für eine Beseitigung der Gläubigerbenachteiligung reicht es auch nicht aus, wenn der Anfechtungsgegner mit dem anfechtbar erhaltenen Geld andere Gläubiger des Schuldners befriedigt hat.[852] Denn damit kommt es nicht, wie erforderlich (s. o. RdNr. 104, 116), der Gesamtheit aller Insolvenzgläubiger, sondern nur einzelnen von ihnen zugute. Unerheblich ist insoweit grundsätzlich, ob die anderen Gläubiger vor oder nach Eintritt der wirtschaftlichen Krise des Schuldners befriedigt werden: Dies mag gegebenenfalls für das Vorliegen einer Rückgewährpflicht dem Grunde nach bedeutsam werden. Sind aber

---

[845] Vgl. OLG Hamm WM 2003, 2115, 2117. Ergänzend s. u. RdNr. 192.
[846] OLG Köln NJW-RR 1992, 1382, 1384; *Baur/Stürner* RdNr. 18.44; aM OLG Braunschweig MDR 1950, 356, 357.
[847] RGZ 14, 311, 312 ff.; 37, 97, 100 ff.; 69, 44, 48; RG JW 1910, 38, 39, das allerdings im Einzelfall zu Unrecht eine Abtretung als durch eine bloße Einziehungsermächtigung ausgeglichen ansah; *Gottwald/Huber* (Fn. 12) § 46 RdNr. 70; kritisch im Hinblick auf den Wertersatz *Baur/Stürner* RdNr. 18.37 Fn. 120; *Kübler/Prütting/Paulus* § 129 RdNr. 28. Zur Beweislast des Anfechtungsgegners s. u. RdNr. 228.
[848] So im Fall OLG Düsseldorf WM 1985, 1009, 1011; aM anscheinend RG JW 1905, 184 Nr. 33.
[849] OLG Naumburg ZIP 2005, 1564, 1565.
[850] Vgl. OLG Hamm ZIP 2004, 1427, das § 242 BGB anwenden will.
[851] BGHZ 159, 397, 400 f. = NJW 2004, 2900 f. zu § 11 AnfG.
[852] BGH WM 1962, 1316, 1317; NJW 1970, 44, 46.

Grundsatz 179a–182 **§ 129**

die objektiven und subjektiven Voraussetzungen eines Anfechtungstatbestandes verwirklicht, so ist die Kausalität für sich zu prüfen; sie ist von der Kenntnis der Krise unabhängig. Auf diese kann es dann erst wieder im Rahmen des § 143 Abs. 2 Satz 2 ankommen,[853] also zugunsten eines – sonst gutgläubigen – Empfängers einer unentgeltlichen Leistung (§ 134).

Eine Gläubigerbenachteiligung infolge Vermehrung von Insolvenzverbindlichkeiten kann durch die Rücknahme der Anmeldung dieser Verbindlichkeiten zur Insolvenztabelle nur beseitigt werden, wenn auch eine wirksame Wiederholung der Anmeldung ausgeschlossen ist.[854] Eine durch eine anfechtbare Sicherungsübertragung von Betriebsinventar eingetretene Gläubigerbenachteiligung entfällt nicht ohne weiteres dadurch, dass der **Insolvenzverwalter** den Betrieb des Schuldners samt Inventar entgeltlich an einen Erwerber **veräußert.** Denn diesem gegenüber haftet die Insolvenzmasse für Rechtsmängel regelmäßig nach Maßgabe der §§ 437, 435, 433 Abs. 1 Satz 2 BGB. Hat der Verwalter andererseits bei der Veräußerung auf das mögliche fremde Sicherungsrecht hingewiesen, wird durchweg ein entsprechender Teil des Kaufpreises bis zur Klärung des Anfechtungsrechts sichergestellt bleiben. Zur Freigabe durch Insolvenzverwalter s. u. RdNr. 184 f. **179a**

b) Soweit der Empfänger des anfechtbar weggegebenen Gegenstands diesen selbst nicht mehr herausgeben kann – ohne dass er ihn zuvor dem Schuldner zurückgewährt hätte (s. o. RdNr. 178) –, ist die Bedeutung eines solchen Umstands allein an § 143 Abs. 1 Satz 2 oder Abs. 2 zu messen (vgl. § 143 RdNr. 73 ff., 100 ff.). **180**

c) Soweit der Empfänger tatsächlich noch über den Gegenstand selbst oder den an dessen Stelle getretenen Wert[855] verfügen kann, steht allenfalls die Berücksichtigung von Reserveursachen[856] in Frage, die mutmaßlich dem Insolvenzschuldner denselben Leistungsgegenstand unabhängig von der anfechtbaren Rechtshandlung ebenfalls ganz oder teilweise entzogen hätten. Derartige **hypothetische Ursachen** sind grundsätzlich *nicht* zu berücksichtigen.[857] Das Anfechtungsrecht regelt die Zurechnungsfrage gemäß seinem Normzweck (s. o. vor § 129 RdNr. 2 bis 4) selbst. Es knüpft bei Vorliegen genau umschriebener Tatumstände – auch aus Gründen der Rechtsklarheit – allein an die tatsächlich eingetretene Gläubigerbenachteiligung an. Nur gegenüber der Verpflichtung zum **Wertersatz,** die – bei dem Grunde nach bestehender Rückgewährpflicht – durch jede denkbare Form der Unmöglichkeit ausgelöst werden könnte, kommt ein zusätzlicher Schutz für den Anfechtungsgegner in Betracht (s. u. RdNr. 183). **181**

Deshalb ist es insbesondere **unerheblich:** Ob der Schuldner über den fraglichen Gegenstand auch unanfechtbar hätte verfügen können[858] oder mutmaßlich noch vor Insolvenzeröffnung verfügt hätte, wenn er ihn nicht zuvor dem Anfechtungsgegner hätte zukommen lassen;[859] ob der begünstigte Gläubiger hätte vollstrecken können statt gegen Sicherheit Stundung zu gewähren[860] oder ob sich die Zugriffslage für die Gläubiger ohne eine dem Schuldner gegen Sicherheit gewährte Stundung auch nicht besser dargestellt **182**

---

[853] Vgl. RGZ 92, 227, 229; *Jaeger/Henckel*, KO § 29 RdNr. 91.
[854] Zu Unrecht ohne diese Einschränkung OLG Köln ZInsO 2004, 624 f.
[855] Vgl. hierzu BGHZ 123, 183, 191 = NJW 1993, 2876, 2878; BGH NJW 2002, 1574, 1576.
[856] Vgl. hierzu BGHZ 78, 209, 214 = NJW 1981, 628, 630; MünchKommBGB-*Oetker* § 249 RdNr. 201 ff.; *Palandt/Heinrichs* vor § 249 RdNr. 96 ff.
[857] BGHZ 123, 320, 325 f. = NJW 1993, 3267, 3268; *Jaeger/Henckel*, KO § 29 RdNr. 90 ff.; *Uhlenbruck/Hirte* § 129 RdNr. 124; *Baur/Stürner* (Fn. 12) § 46 RdNr. 73; *Häsemeyer*, Insolvenzrecht, RdNr. 21.22; HK-*Kreft* § 129 RdNr. 63; FK-*Dauernheim* § 129 RdNr. 40; *Nerlich* (Fn. 131) § 129 RdNr. 70; zu § 3 AnfG auch BGHZ 104, 355, 360 = NJW 1988, 3265, 3266; BGH NJW-RR 1992, 734, 735; BGHZ 121, 179, 187 = NJW 1993, 663, 665; BGHZ 123, 183, 190 f. = NJW 1993, 2876, 2878; BGH NZI 2000, 468 f.; BGHZ 159, 397, 401 = NJW 2004, 2900, 2901; RG LZ 1912, 681 Nr. 9; KuT 1936, 89; OLG Koblenz WM 1998, 1090, 1091; *Gerhardt* ZIP 1984, 397, 398 f.; vgl. *Kübler/Prütting/Paulus* § 129 RdNr. 26.
[858] BGHZ 128, 184, 192 = NJW 1995, 659, 661; BGHZ 130, 314, 321 = NJW 1995, 2846, 2847; RGZ 10, 5, 8 f.; vgl. auch RG WarnR 1935 Nr. 14, S. 35.
[859] So zutreffend *Gerhardt* ZIP 1984, 397, 399 gegen BGHZ 90, 207, 212 = NJW 1984, 1968, 1969; LG Düsseldorf ZIP 1981, 601, 604; *Jaeger*, Gläubigeranfechtung § 1 RdNr. 64.
[860] BGH NJW 1997, 3175, 3176; aM *App* NJW 1985, 3001, 3003.

hätte;[861] ob der eingetretene Erfolg auch ohne Zwischenschaltung des Schuldners hätte erreicht werden können;[862] ob andere Gläubiger unanfechtbar auf den Gegenstand zugegriffen hätten, wenn der Anfechtungsgegner ihn nicht erhalten hätte;[863] ob eine staatliche Investitionszulage nicht gewährt worden wäre, wenn zuvor nicht in anfechtbarer Weise Gehaltszahlungen geleistet worden wären; ob über das Vermögen des Schuldners früher und möglicherweise mit anderem Ergebnis das Insolvenzverfahren eröffnet worden wäre, wenn er die angefochtene Leistung nicht erbracht hätte;[864] ob der Gegenstand mutmaßlich durch einen Brand beim Schuldner vernichtet worden wäre, wenn dieser ihn nicht zuvor dem Anfechtungsgegner überlassen hätte,[865] oder ob der Leistungsgegenstand, der dem Anfechtungsgegner wenigstens wertmäßig verblieben ist, beim Schuldner ohne die Weggabe hoheitlich beschlagnahmt worden wäre; ob der Pflichtteilsberechtigte die Voraussetzungen für die Pfändbarkeit seines Pflichtteils (s. o. RdNr. 85) möglicherweise nicht geschaffen hätte, wenn er ihn nicht – wie tatsächlich geschehen – in anfechtbarer Weise abgetreten hätte;[866] ob der Schuldner einen Kredit bei Kenntnis der Anfechtbarkeit nicht abgerufen hätte; ob er ohne eine angefochtene Zahlung die Kreditmittel nutzbringender verwendet hätte[867] oder ob die Kreditbedingungen der Bank nachteiliger sind als mögliche Nichterfüllungsfolgen gegenüber dem begünstigten Gläubiger;[868] ob der Gläubiger einen Vertrag mit dem Schuldner nicht abgeschlossen hätte, wenn dadurch keine Aufrechnungslage begründet worden wäre[869] oder ob er einen Vertrag ohne eine benachteiligende Klausel nicht abgeschlossen hätte;[870] ob der Schuldner eine Arbeitsstelle nicht angenommen hätte, wenn er den pfändbaren Teil seines Lohns nicht abgetreten hätte;[871] ob der Gläubiger einen neuen Kredit nicht gewährt hätte, wenn nicht auch Altforderungen mitbesichert worden wären.[872] Ob ein Grundstückseigentümer, welcher der Veräußerung eines Erbbaurechts zustimmen muss und tatsächlich – unentgeltlich – zugestimmt hat, einer anderen Veräußerung als an den Anfechtungsgegner möglicherweise nicht zugestimmt hätte, ist ebenfalls unerheblich;[873] denn die Verweigerung ist im Hinblick auf § 7 ErbbRVO gerichtlich überprüfbar. Etwas anderes könnte gelten, wenn die Zustimmung im freien, gerichtlich nicht nachprüfbaren Ermessen des Berechtigten stünde; dann könnte es an der Vermögenseigenschaft des aufgegebenen Gutes fehlen.[874]

183 Ausnahmsweise können hypothetische Umstände bei Bestimmung einer **Wertersatzpflicht** im Rahmen des § 143 Abs. 1 Satz 2 zu **berücksichtigen** sein,[875] weil insoweit nicht die engen Begrenzungen der einzelnen Anfechtungstatbestände eingreifen, sondern der Zurechnungszusammenhang selbständig gemäß dem Normzweck einzuschränken ist. Hat der Anfechtungsgegner das ihm Geleistete zu demselben Zweck verwendet, für den es auch der Insolvenzschuldner von Rechts wegen – anfechtungsfrei – hätte verwenden müssen, oder zu einem Zweck, der in vollem Umfang der Gesamtheit der Insolvenzgläubiger (s. o. Rd-

---

[861] BGH NJW-RR 2006, 414, 415.
[862] BGH NZI 2000, 468, 469 zu § 1 AnfG.
[863] BGHZ 104, 355, 361 = NJW 1988, 3265, 3266; BGHZ 123, 320, 325 f. = NJW 1993, 3267, 3268; OLG Braunschweig bei *Gerhardt* EWiR 1999, 125, 126. Dies verkennt *Piekenbrock* NZI 2007, 384, 385.
[864] Vgl. BGHZ 121, 179, 187 f. = NJW 1993, 663, 665; überholt sind RGZ 39, 89, 92 f.; OLG Dresden JW 1927, 1391; OLG Hamm NJW 1976, 1983; OLG Düsseldorf WM 1985, 1009, 1011.
[865] *Gerhardt* ZIP 1984, 397, 399.
[866] BGHZ 123, 183, 190 f. = NJW 1993, 2876, 2878; vgl. auch BGH NJW-RR 1992, 734, 735; RG KuT 1936, 89.
[867] Vgl. OLG Hamburg ZIP 2002, 1360, 1363 f.; OLGReport 2002, 373, 376 f.; aber s. o. RdNr. 108 c.
[868] BGH NJW 2002, 1574, 1576; aber ergänzend s. o. RdNr. 108 c.
[869] BGH NJW-RR 2005, 1641, 1643.
[870] Vgl. OLG Naumburg ZIP 2006, 716, 718 f.
[871] RGZ 69, 59, 60 f. ist überholt.
[872] RG JW 1935, 118, 119; vgl. auch *Kirchhof* ZInsO 2000, 297, 298 f.
[873] BGH NJW 1966, 730, 731.
[874] S. o. RdNr. 82. Zur Wertberechnung bei einer Zustimmung nur gegen eine ausgleichende Zahlung in derartigen Fällen vgl. oben RdNr. 175.
[875] *Jaeger/Henckel*, KO § 29 RdNr. 90 ff.; HambKomm-*Rogge* § 129 RdNr. 112; *Kamlah* S. 27; s. u. § 143 RdNr. 83 f.

Nr. 179) zugute gekommen ist, so ist Rückgewähr durch Wertersatz ausgeschlossen. Denn dann ist den Insolvenzgläubigern jedenfalls der Wert des Geleisteten nicht verloren gegangen. Dementsprechend ist für die Abtretung von Ruhegeldansprüchen nicht mit Wirkung für die Vergangenheit Wertersatz zu leisten, soweit der Abtretungsempfänger die von ihm eingezogenen Beträge ebenfalls für den Unterhalt des Schuldners oder seine unterhaltsberechtigten Angehörigen verwendet hat;[876] mit Wirkung für die Zukunft dagegen kann die Abtretung bezüglich des allgemein pfändbaren Teils des Ruhegeldes anfechtbar sein. Hat der Anfechtungsgegner Wertsteigerungen durch anfechtbare Verwendungen auf sein Grundstück dem Grunde nach auszugleichen, so kann die Verpflichtung entfallen, wenn das Grundstück auf Betreiben anderer Gläubiger zu einem Preis zwangsversteigert wird, der nicht einmal die auf dem Grundstück lastende Schuldenmasse deckt.[877] Hat dagegen der Anfechtungsgegner ein vom Schuldner erhaltenes Grundstück dinglich belastet und vermag er die Belastung nicht zu beseitigen, so wird seine Ersatzpflicht allein durch § 143 Abs. 1 Satz 2 oder Abs. 2 begrenzt;[878] auf die Frage, ob auch der Schuldner mutmaßlich eine gleiche Belastung vorgenommen hätte, kommt es nicht entscheidend an, weil der Schuldner hierzu weder verpflichtet war noch eine solche Belastung der Gläubigergesamtheit zugute gekommen wäre.[879] Der Umstand allein, dass der Schuldner selbst eine gleichartige Belastung möglicherweise anfechtungsfrei hätte vornehmen können, genügt auch im Wertersatzrecht nicht (s. o. RdNr. 182).

d) Freigabe durch den Insolvenzverwalter. Der Insolvenzverwalter darf zwar nicht das Anfechtungsrecht als solches „freigeben", weil dies allein dem Insolvenzschuldner oder dem Anfechtungsgegner nutzen würde (s. u. RdNr. 217). Gibt er aber den vom Schuldner zuvor anfechtbar entäußerten Gegenstand rechtswirksam aus der Insolvenzmasse frei, so entfällt bei wertender Betrachtungsweise das Recht zur Insolvenzanfechtung.[880] Auf einen – gelegentlich zweifelhaften – Verzichtswillen des Verwalters gerade bezüglich des Anfechtungsrechts kommt es insoweit ebenso wenig an wie auf einen Anfechtungsvorbehalt seinerseits.[881] Wäre nämlich seine Freigabeerklärung offensichtlich insolvenzzweckwidrig, dann wäre sie ohnehin nichtig. Verletzt sie dagegen nicht in solcher Weise den Insolvenzzweck, so hätte auch der anfechtbar weggegebene Gegenstand selbst nicht mehr den Insolvenzgläubigern dienen können; die Insolvenzanfechtung vermag ihnen dann sogar mit einem Vorbehalt des Verwalters kraft Gesetzes keine weitergehenden Rechte zu sichern. Nicht das Anfechtungsrecht, sondern gegebenenfalls § 60 schützt gegen massenschädigende Freigabeerklärungen des Insolvenzverwalters. Zur Frage der Anfechtungsmöglichkeit der einzelnen Gläubiger des (Insolvenz-)Schuldners nach einer Freigabeerklärung des Insolvenzverwalters s. u. RdNr. 210.

Der Insolvenzverwalter darf dagegen den inhaltlichen **Umfang** einer Freigabe **einschränken,** beispielsweise indem er bei der Freigabe eines überschuldeten Grundstücks eine anfechtbar bestellte Hypothek ausnimmt;[882] dann verbleibt auch das Anfechtungsrecht in diesem Umfang bei ihm. Im übrigen kommt für ihn statt einer Freigabe die Abtretung des Anfechtungsanspruchs in Betracht (s. u. RdNr. 214 ff.), wenn er das Anfechtungsrecht für die Insolvenzmasse verwerten, aber selbst darüber keinen Prozess führen will. Zur entgeltlichen Veräußerung des Anfechtungsgegenstands an einen Erwerber s. o. RdNr. 179 a.

---

[876] RGZ 150, 42, 44 f.
[877] BGH NJW 1980, 1580, 1581.
[878] *Gerhardt* ZIP 1984, 397, 400.
[879] Insoweit aM BGHZ 90, 207, 212 = NJW 1984, 1968, 1969 und – mit anderer Begründung – *Jaeger/Henckel*, KO § 29 RdNr. 94.
[880] RGZ 60, 107, 109 unter Bestätigung von OLG Kiel OLGRspr 10 (1905), 220; *Jaeger/Henckel*, KO § 29 RdNr. 173; *Uhlenbruck/Hirte* § 129 RdNr. 104; HambKomm-*Rogge* § 129 RdNr. 114; *Baur/Stürner* RdNr. 18.43. Allerdings bedeutet die Freigabe eines Grundstücks nicht zugleich diejenige aller grundpfandrechtlichen Belastungen zugunsten des Schuldners: vgl. *Uhlenbruck/Hirte* § 129 RdNr. 104; HambKomm-*Rogge* § 129 RdNr. 67.
[881] Insoweit aM *Kilger/K. Schmidt* § 29 KO Anm. 15, S. 163.
[882] Vgl. hierzu *Jaeger/Henckel*, KO § 29 RdNr. 173.

VII. Ausübung des Anfechtungsrechts

186 Das Anfechtungsrecht entsteht zwar ohne weiteres mit der Vollendung eines Anfechtungstatbestands,[883] jedoch für die Insolvenzmasse – in Abgrenzung zur Einzelgläubigeranfechtung gemäß dem Anfechtungsgesetz – aufschiebend bedingt durch die Eröffnung des Insolvenzverfahrens.[884] Das gilt wegen der unterschiedlichen Zweckbestimmung und Gestaltung gerade der Insolvenzanfechtung auch dann, wenn vorher auf Grund desselben Sachverhalts ein Einzelgläubiger hätte anfechten können:[885] Die gesetzlich angeordnete Möglichkeit einer Rechtsnachfolge gemäß §§ 16, 17 AnfG setzt nicht die völlige Identität beider Rechtsbehelfe voraus;[886] eine solche besteht umso weniger, als Inhalt und Berechtigter des Anfechtungsrechts (s. u. RdNr. 189, 191) unterschiedlich sind. Eine Aufrechnung wird gem. § 96 Abs. 1 Nr. 3 ebenfalls erst mit Insolvenzeröffnung gegenüber der Masse unwirksam. Zum Ausschluss der Aufrechnung mit Insolvenzforderungen gegen den Anfechtungsanspruch s. u. § 143 RdNr. 11. Tritt die benachteiligende Wirkung erst nach Verfahrenseröffnung ein – vor allem in den Fällen des § 147 –, kann das Anfechtungsrecht auch erst später entstehen. Sein Inhalt entspricht den gesetzlichen Befugnissen, die durch die §§ 143, 144 und 96 Abs. 1 Nr. 3 gewährt werden (s. o. Vor § 129 RdNr. 38).

187 **1. Inhaber des Anfechtungsrechts.** Umstritten ist, wer Inhaber des Anfechtungsrechts ist. Praktische Auswirkungen hat der Streit jedoch kaum.

188 Die überwiegende Meinung zu § 36 KO sah den Konkursverwalter als Inhaber des Anfechtungsanspruchs an.[887] Damit wird ihm aber ohne zwingenden Grund materiell eine stärkere Rechtsstellung zugelegt, als er bedarf und als das Insolvenzrecht ihm allgemein zugesteht. Diese Ansicht würde beispielsweise Schwierigkeiten bei der Begründung der Gegenseitigkeit für eine Aufrechnung gemäß § 387 BGB gegen Masseverbindlichkeiten schaffen. Gegen die Auffassung spricht auch die Entscheidung des Gesetzgebers, im Rahmen der Verbraucherinsolvenz (§ 313 Abs. 2 Satz 1) die Befugnis nicht dem Treuhänder – der hier allgemein an die Stelle des Insolvenzverwalters tritt –, sondern den Gläubigern zuzuerkennen (s. u. RdNr. 191).

189 Wirtschaftlich dient das Anfechtungsrecht den Interessen der Gläubiger, die außerhalb des Insolvenzverfahrens – gemäß § 2 AnfG – auch selbst dessen Träger sind. Deshalb wurden früher teilweise die Gläubiger auch als Inhaber des Anfechtungsrechts in der Insolvenz angesehen.[888] Jedoch stehen die Gläubiger nicht in einem rechtlichen Verbund. Zudem weisen die §§ 129 Abs. 1 und 280 die Ausübung des Anfechtungsrechts allein dem Insolvenzverwalter bzw. Sachwalter zu; er ist nicht Stellvertreter der Gläubiger, sondern neutraler

---

[883] RGZ 58, 44, 47; 133, 46, 48; *Kilger/K. Schmidt* § 29 KO Anm. 3; zum AnfG auch BGHZ 98, 6, 9 = NJW 1986, 2252, 2253; RGZ 44, 92, 93 f.; 77, 65, 69. Dies rechtfertigt die Rückwirkung der Rechtsfolgen gem. § 143 Abs. 1 Satz 2.

[884] BGHZ 15, 333, 337 = NJW 1955, 259, 260; BGHZ 101, 286, 288 = NJW 1987, 2821, 2822; BFHE 92, 293, 295; *Kübler/Prütting/Paulus* § 143 RdNr. 6; *Jaeger/Henckel*, KO § 37 RdNr. 84; *Kilger/K. Schmidt* § 29 KO Anm. 3, § 37 KO Anm. 1 b; *Gerhardt/Kreft* RdNr. 220; *Baur/Stürner* RdNr. 18.13; wohl auch *Uhlenbruck/Hirte* § 129 RdNr. 4; vgl. ferner § 143 RdNr. 3, HK-*Kreft* § 129 RdNr. 79; *Gottwald/Huber* (Fn. 12) § 52 RdNr. 2 und BGH WM 1956, 703, 706. Soweit es in BGHZ 15, 333, 337 = NJW 1955, 259, 260; BGH ZIP 1982, 76, 78; BGHZ 101, 286, 288 = NJW 1987, 2821, 2822; BGHZ 113, 98, 105 = NJW 1991, 560, 562 heißt, der Anspruch entstehe „mit" Konkurseröffnung, ging die Tragweite des Ausspruchs für das konkrete Ergebnis nicht weiter, als dass der Konkursanfechtungsanspruch als solcher (jedenfalls) „nicht vor" der Konkurseröffnung vollständig entstehe; eine anderenfalls beabsichtigte Abweichung von den in der vorigen Fn. genannten Urteilen hätte offengelegt werden müssen. Ergänzend s. u. § 146 RdNr. 8, für Entstehung mit Konkurseröffnung nach österreichischem Recht *König* RdNr. 2/21.

[885] BGH NJW 1995, 2783, 2784, insoweit nicht in BGHZ 130, 38; HK-*Kreft* § 129 RdNr. 79; *C. Paulus* WuB VI B. § 55 KO 1.96 aE; aM *Jaeger/Henckel*, KO § 37 RdNr. 84. Den veränderten und begrenzten Begründungsansatz berücksichtigt nicht *Gerhardt* EWiR 1995, 795, 796; *Henckel* JZ 1996, 531, 532 in Anm.; *Kübler/Prütting/Paulus* § 143 RdNr. 6.

[886] Ebenso *Huber*, AnfG § 16 RdNr. 8.

[887] BGHZ 83, 102, 105 = NJW 1982, 1765, 1766; BGHZ 86, 190, 196 = NJW 1983, 887, 888; BGH NJW 1989, 985, 986; RGZ 31, 40, 43; OLG Schleswig ZIP 1985, 820, 821.

[888] *Cosack* S. 231 f.; *Kohler*, Lehrbuch S. 209 f.

Amtswalter. Das Anfechtungsrecht soll also im Interesse *aller* Verfahrensbeteiligten ausgeübt werden; darauf deutet ferner die Regelung des § 313 Abs. 2 hin, dass sogar der von einem einzelnen Gläubiger auf Grund der Anfechtungsklage erstrittene Überschuss an die Insolvenzmasse abzuführen ist.

Teilweise wird die Auffassung vertreten, der Insolvenzschuldner sei Inhaber des Anfechtungsrechts, weil es Bestandteil der ihm zuzuordnenden Masse sei.[889] Dem steht aber entgegen, dass der Schuldner selbst kraft Gesetzes nie anfechten kann: Sogar im Rahmen seiner Eigenverwaltung darf gemäß § 280 nur der Sachwalter die Anfechtung ausüben; in der Verbraucherinsolvenz weist § 313 Abs. 2 Satz 1 die Befugnis den Gläubigern zu.

Danach überzeugt am meisten die Erklärung, dass das – verstärkte – Anfechtungsrecht in der Insolvenz im **Sondervermögen** „Insolvenzmasse" des Schuldners gebündelt und der Verfügungsbefugnis des Insolvenzverwalters unterstellt wird, um die Nutzung zum gemeinsamen Interesse aller Gläubiger sicherzustellen.[890] Im Verbraucherinsolvenzverfahren (§ 313 Abs. 2) übt die Gläubigergemeinschaft selbst diese Verfügungsbefugnis aus;[891] sie kann den Treuhänder oder einen Gläubiger mit der Ausübung beauftragen.[892]

2. Ausübung durch Insolvenzverwalter. Die Anfechtung ist nur zulässig, wenn das Insolvenzverfahren wirksam eröffnet wurde; dies setzt einen vom Richter unterschriebenen Eröffnungsbeschluss voraus.[893] Liegt jedoch ein (rechtskräftiger) Eröffnungsbeschluss vor, der nicht ausnahmsweise an einem zur Nichtigkeit führenden Mangel leidet, hat das Prozessgericht ihn als gültig hinzunehmen.[894] Gemeint ist der jeweils wirksam bestellte Verwalter, also nach einem Ausscheiden des ersten dessen Nachfolger im Amt.[895] Eine Abweisung mangels Masse genügt nicht.[896] Gemäß § 129 Abs. 1 kann grundsätzlich nur der Insolvenzverwalter das Anfechtungsrecht ausüben; ihm steht der Sachwalter nach § 280 gleich.[897] Er handelt dabei weisungsfrei kraft seines Amtes im eigenen Namen.[898] Seine Entscheidung trifft er allein nach Zweckmäßigkeit für die von ihm verwaltete Insolvenzmasse. Dabei hat er in vorausschauender Sicht die mutmaßlichen Erfolgsaussichten des jeweiligen Vorgehens und die Zahlungsfähigkeit der betroffenen Gegner abzuschätzen. Insbesondere ist der Verwalter in der Insolvenz einer GmbH jedenfalls insolvenzrechtlich nicht verpflichtet, einen Anfechtungsprozess zu führen, ehe er die Haftung des Geschäftsführers gemäß § 64 Abs. 2 GmbHG geltend macht.[899] Entsprechendes gilt für mögliche Ansprüche der Insolvenzmasse aus dem die Anfechtung begründenden Sachverhalt gegen einen etwaigen Versicherer (s. o. RdNr. 176). Zur Unanfechtbarkeit eigener Rechtshandlungen des Insolvenzverwalters s. u. § 147 RdNr. 9, zu einer denkbaren Treuwidrigkeit der Anfechtung vgl. RdNr. 46, 46 b, § 143 RdNr. 12. Die Kosten erfolgloser Anfechtungsprozesse schuldet grundsätzlich allein die Insolvenzmasse. Bei Masselosigkeit oder -unzulänglichkeit haftet der Insolvenzverwalter persönlich – nur – nach Maßgabe der §§ 826, 823 Abs. 2 BGB; § 61 InsO greift nicht ein.[900]

---

[889] *Jaeger/Lent,* KO Vorb. IV 3 vor § 29, § 36 RdNr. 5, § 37 RdNr. 21.
[890] Ebenso HK-*Kreft* § 129 RdNr. 81; *Weber* KTS 1961, 49, 56; *K. Schmidt* KTS 1984, 345, 380 f.; *Jaeger/Henckel,* KO § 6 RdNr. 39, § 36 RdNr. 1, § 37 RdNr. 80, *Baur/Stürner* RdNr. 20.1; HambKomm-*Rogge* § 143 RdNr. 4; wohl auch *Kübler/Prütting/Paulus* § 129 RdNr. 54.
[891] *Wagner* ZIP 1999, 689, 696 ff.; vgl. BGH Urt. v. 19. 7. 2007 – IX ZR 77/06, z. V. b.
[892] Vgl. *Fuchs* ZInsO 2002, 358, 360 f.; weiter gehend *Gundlach/Frenzel/Schmidt* ZVI 2002, 5, 6 f.
[893] BGHZ 137, 49, 57 f. = NJW 1998, 609 f.
[894] BGHZ 138, 40, 44 f. = NJW 1998, 1318, 1319; BGH WM 2004, 835, 1837. Ergänzend s. u. RdNr. 196, 227.
[895] *Uhlenbruck/Hirte* § 129 RdNr. 23.
[896] *Uhlenbruck/Hirte* § 129 RdNr. 9.
[897] Lediglich im Verbraucherinsolvenzverfahren üben gemäß § 313 Abs. 2 die Gläubiger das Anfechtungsrecht aus, s. o. RdNr. 191.
[898] BGHZ 83, 102, 105 = NJW 1982, 1765, 1766; *Jaeger/Henckel,* KO § 36 RdNr. 6; vgl. auch RGZ 120, 189, 192.
[899] Ergänzend vgl. RdNr. 101 b und zum Ausgleich unter mehreren Verpflichteten § 143 RdNr. 15.
[900] BGHZ 161, 236, 239 ff. = NJW 2005, 901, 902; zu § 826 BGB vgl. BGHZ 154, 269, 271 ff. = NJW 2003, 1934 f.; teilweise aM *Uhlenbruck/Hirte* § 129 RdNr. 14.

193 Die Anfechtungsbefugnis steht **nicht** schon dem **vorläufigen** Insolvenzverwalter gemäß § 22 zu,[901] weil die Anfechtung zu der – dem endgültigen Verwalter vorbehaltenen – Verwertung des Schuldnervermögens gehört; deshalb beginnt auch die Verjährung nicht vor der Verfahrenseröffnung (§ 146 Abs. 1). Dementsprechend wäre ein vom vorläufigen Verwalter erklärter „Verzicht" auf die Anfechtung unwirksam.[902] Der vorläufige Verwalter bedarf des Verzichts aber auch nicht, soweit er selbst anfechtungsfrei handeln darf (s. o. RdNr. 45 ff.). Über die Anfechtungsbefugnis eines **ausländischen** Insolvenzverwalters entscheidet allein des Recht des Eröffnungsstaates (Art. 4 Abs. 2 Satz 2 EuInsVO, §§ 335, 343 Abs. 1 InsO); die Beschränkungen des Art. 13 EuInsVO oder § 339 InsO gelten lediglich für die materiellen Anfechtungsvoraussetzungen.

194 **a) Bedeutung der Ausübungsbefugnis.** Erst die – nicht formbedürftige – Willensentscheidung des Insolvenzverwalters macht den Rückgewähranspruch (§ 143) durchsetzbar. Allerdings ist die Ausübung der Anfechtungsbefugnis kein Gestaltungsrecht,[903] sondern bedeutet lediglich das Geltendmachen der Rechtsfolgen, die sich im jeweiligen Einzelfall aus der von selbst bestehenden Anfechtbarkeit (s. o. RdNr. 186) ergeben.[904] Es entspricht funktional dem Verlangen des Berechtigten bei einem verhaltenen Anspruch.[905] Meist erfolgt die Anfechtung durch Einleitung eines auf die benachteiligende Rechtshandlung gestütztes, auf Rückgewähr zielendes Gerichtsverfahren.[906] Nach der Ersetzung der früheren Ausschlussfrist des § 41 KO durch eine Verjährungsfrist (§ 146) reicht darüber hinaus als „Ausübung" jedes rechtserhebliche, auch außergerichtliche Berufen des Insolvenzverwalters auf den Rückgewähranspruch aus, also jede erkennbare Willensäußerung, dass der Insolvenzverwalter die Gläubigerbenachteiligung in der Insolvenz nicht hinnimmt, sondern sie zur Massenbereicherung wenigstens wertmäßig auf Kosten des Anfechtungsgegners wieder auszugleichen sucht. Davon ist die Frage zu trennen, auf welche Weise erforderlichenfalls die Verjährung unterbrochen werden kann; das erfordert ein Verhalten nach Maßgabe der §§ 203 ff. BGB (vgl. § 146 RdNr. 13 ff.). Der Insolvenzverwalter bleibt an seine Entscheidung nicht ohne weiteres gebunden. Insbesondere darf er grundsätzlich von der Verfolgung einer zunächst geltend gemachten Anfechtung eines Vertragsschlusses später Abstand nehmen und statt dessen Vertragserfüllung fordern, solange der Anfechtungsanspruch nicht erfüllt ist (s. u. § 143 RdNr. 16 a). Grenzen setzen insoweit § 103 Abs. 2 und § 242 BGB,[907] insbesondere wenn das vorausgegangene Verhalten des Verwalters aus Sicht des Vertragspartners als ernsthafte und endgültige Erfüllungsverweigerung erschien und dieser sich hierauf eingerichtet hatte.

195 Der Verwalter übt das Anfechtungsrecht **für die Insolvenzmasse** aus. Rückgewähr gemäß § 143 hat regelmäßig an diese zu erfolgen, so dass die anfechtbar weggegebenen Gegenstände mit der Rücknahme durch den Verwalter wieder Massebestandteile, also Eigentum des Insolvenzschuldners werden (s. u. § 143 RdNr. 25, § 146 RdNr. 39), mit der Bestimmung, der gleichmäßigen Gläubigerbefriedigung zu dienen. Ein Klageantrag, mit dem ein Insolvenzverwalter Leistung an sich begehrt, ist regelmäßig dahin auszulegen, dass

---

[901] OLG Hamm ZInsO 2005, 217, 218; HK-*Kreft* § 129 RdNr. 79; *Uhlenbruck/Hirte* § 129 RdNr. 11.

[902] OLG Hamm ZInsO 2005, 217 f.; *Bork* ZIP 2006, 589, 594 ff.; für Sequester gemäß § 106 KO LG Bremen ZIP 1991, 1224 m. zust. Anm. von *Johlke* EWiR 1991, 1001; *Kilger/K. Schmidt* § 36 KO Anm. 4 a. Ergänzend s. o. RdNr. 45 f.

[903] BGHZ 135, 140, 149 = NJW 1997, 1857, 1859; *Gerhardt*, Gläubigeranfechtung S. 124 ff.; *Bork* ZIP 2006, 589, 590; s. u. RdNr. 196; aM *Bode* WuB VI B § 37 KO 1.97.

[904] Vgl. *Foerste* RdNr. 338. Diese Unterscheidung ist – entgegen *Bork* ZIP 2006, 589, 590 – als Voraussetzung für die Überlassung des Anfechtungsrechts an Dritte (s. u. RdNr. 214, 223) nötig, die sonst nicht ausübungsbefugt wären.

[905] Vgl. dazu BAG NZI 2007, 58, 60; *Palandt/Heinrichs* § 271 RdNr. 1; MünchKomm-BGB/*Krüger* § 271 RdNr. 4.

[906] BGHZ 135, 140, 149 = NJW 1997, 1857, 1859; *Gerhardt* JZ 1990, 243, 244. Dies kann auch durch Aufnahme eines unterbrochenen Rechtsstreits des Schuldners geschehen: OLG Rostock ZInsO 2004, 1148, 1149.

[907] *Jaeger/Henckel*, KO § 37 RdNr. 29; *Kilger/K. Schmidt* § 37 KO Anm. 1 c.

Grundsatz

Leistung an ihn gerade in seiner Eigenschaft als Verwalter – nicht als Privatperson – verlangt wird.[908] Im Rahmen des Insolvenzzwecks kann der Verwalter allerdings auch andere Personen als Leistungsempfänger bestimmen.[909] Zur **prozessualen Geltendmachung** im Einzelnen s. u. **§ 146 RdNr. 30 ff.**

Die Ausübungsbefugnis des Verwalters bedeutet, dass Rechtshandlungen mit Bezug auf das Anfechtungsrecht wirksam nur von ihm und gegen ihn vorgenommen werden können. Er allein kann es fristwahrend durch Klage oder im Wege der Einrede geltend machen, den Anfechtungsgegner in Verzug setzen[910] oder sich mit ihm auf einen Wertersatzanspruch statt Rückgewähr einigen,[911] Erfüllungsleistungen entgegennehmen, einen Vergleich über den Anfechtungsanspruch abschließen[912] oder diesen erlassen;[913] zur Möglichkeit der Abtretung s. u. RdNr. 214 ff. Dem Insolvenzverwalter steht es ferner zu, den Anfechtungsgegner – vor gerichtlicher Geltendmachung des Hauptanspruchs – auf Auskunft in Anspruch zu nehmen[914] oder den Rückgewähranspruch vorsorglich durch Arrest oder einstweilige Verfügung sichern zu lassen.[915] Grundsätzlich sind alle derartigen Maßnahmen des Insolvenzverwalters von seiner Verfügungsmacht gedeckt und für die Insolvenzmasse wirksam, solange sie nicht offensichtlich gegen den Insolvenzzweck verstoßen (s. u. RdNr. 217). Die Wirksamkeit seiner Bestellung durch einen nicht nichtigen Beschluss des Insolvenzgerichts (§ 27 Abs. 2 Nr. 2, § 56 Abs. 1) darf nicht im Anfechtungsstreit überprüft werden; zugleich sind hier alle Einwendungen gegen den Eröffnungsbeschluss unzulässig (vgl. RdNr. 192, 227). Über das Anfechtungsrecht kann auch im Rahmen eines Insolvenzplans entsprechend § 230 wirksam nur verfügt werden, wenn der Insolvenzverwalter – der als solcher nicht im Sinne der §§ 221 ff. beteiligt ist – zustimmt.[916]

Andere Personen, z. B. Drittschuldner, können sich **nicht** selbständig auf die Anfechtbarkeit einer Rechtshandlung berufen, etwa darauf, dass der Gläubiger die geltend gemachte Forderung zuvor nur in anfechtbarer Weise von einem Insolvenzschuldner erworben habe.[917] Bei hierdurch verursachter Ungewissheit über die Berechtigung des jeweiligen Anspruchstellers sind §§ 410, 409 BGB anwendbar.

b) Der **Schuldner** ist stets von der Anfechtung **ausgeschlossen**.[918] Macht der Verwalter die Anfechtung gerichtlich geltend, kann der Schuldner nicht ihm als Streithelfer beitreten, wohl aber unter Umständen dem Anfechtungsgegner.[919] Unterlässt der Verwalter es, eine Anfechtung geltend zu machen, oder erhebt er eine offensichtlich aussichtslose Anfechtungsklage, kann der Schuldner allenfalls die Aufsicht des Insolvenzgerichts (§ 58) anrufen oder vom Verwalter Schadensersatz verlangen (§ 60). Wegen seiner persönlichen Verpflichtung, die im Falle erfolgreicher Anfechtung wiederaufleben würde (s. u. § 144 RdNr. 16 c), kann

---

[908] Vgl. BGH WM 1961, 387, 389; *Uhlenbruck/Hirte* § 129 RdNr. 16; *Kilger/K. Schmidt* § 36 KO Anm. 2; *Gottwald/Huber* (Fn. 12) § 51 RdNr. 31; s. u. § 146 RdNr. 39.
[909] Vgl. *Jaeger/Henckel*, KO § 36 RdNr. 2.
[910] Vgl. BGH WM 1968, 407, 409; *Eckardt*, Anfechtungsklage S. 26; *Jaeger/Henckel*, KO § 36 RdNr. 2; *Uhlenbruck/Hirte* § 129 RdNr. 11.
[911] Vgl. hierzu BGH NJW 1995, 2783, 2784, insoweit nicht in BGHZ 130, 38.
[912] *Jaeger/Henckel*, KO § 36 RdNr. 5; *Uhlenbruck/Hirte* § 129 RdNr. 11, § 143 RdNr. 4. Ergänzend s. u. RdNr. 210, § 146 RdNr. 38.
[913] Vgl. BGH WM 1975, 534, 536 unter VI, insoweit weder in BGHZ 64, 312 noch in NJW 1975, 1226; RG JW 1885, 7 Nr. 8; Gruchot 48 (1904), 409, 415; OLG Hamburg ZIP 1988, 927, 928; *Jaeger/Henckel*, KO § 36 RdNr. 2; *Uhlenbruck/Hirte* § 129 RdNr. 11; *Kilger/K. Schmidt* § 36 Anm. 4a; ergänzend s. u. RdNr. 222.
[914] BGHZ 74, 379, 380 f. = NJW 1979, 1832; BGH NJW 1987, 1812, 1813; *Jaeger/Henckel*, KO § 37 RdNr. 136; *Kilger/K. Schmidt* § 37 KO Anm. 11; s. u. § 143 RdNr. 14.
[915] *Eckardt*, Anfechtungsklage S. 27; *Jaeger/Henckel*, KO § 37 RdNr. 150; *Baur/Stürner* RdNr. 20.21; s. u. § 146 RdNr. 14.
[916] Für uneingeschränkte Unzulässigkeit *Uhlenbruck/Hirte* § 129 RdNr. 39.
[917] Vgl. BGH ZInsO 2006, 1217, 1218, z. V. b. in BGHZ; LG Köln ZIP 1993, 638; ergänzend vgl. RdNr. 198 und Vor § 129 RdNr. 33. Dies übersah OLG Frankfurt ZInsO 2003, 283, 284 mit Bezug auf eine Pfändung.
[918] BGHZ 83, 102, 105 = NJW 1982, 1765, 1766; *Uhlenbruck/Hirte* § 129 RdNr. 12.
[919] *Jaeger/Henckel*, KO § 36 RdNr. 9 aE.

der Schuldner aber ein rechtliches Interesse i. S. v. § 66 Abs. 1 ZPO für eine Nebenintervention auf Seiten des Anfechtungsgegners haben.[920]

198   c) Auch die einzelnen **Gläubiger** können von der Verfahrenseröffnung an -außerhalb des vereinfachten Insolvenzverfahrens (§ 313 Abs. 2) – rechtlich *nicht* auf die Anfechtungsentscheidung des Insolvenzverwalters einwirken,[921] abgesehen von der Möglichkeit, Maßnahmen der gerichtlichen Aufsicht anzuregen[922] oder Schadensersatz zu fordern (§ 60). Im Feststellungsprozess nach Maßgabe des § 179 können weder einzelne Gläubiger noch alle zusammen ihren Widerspruch selbständig auf die Anfechtbarkeit der festzustellenden Forderung stützen.[923] Gläubiger können allerdings dem Insolvenzverwalter in Anfechtungsprozessen als Streithelfer gemäß § 66 ZPO beitreten.[924] Trotz der möglichen Rechtskrafterstreckung eines Urteils über die Insolvenzanfechtung auch gegenüber den einzelnen Gläubigern (s. u. RdNr. 210) bleibt ihnen jedoch die Einflussmöglichkeit eines streitgenössischen Nebenintervenienten (§ 69 ZPO) durch § 129 verschlossen.[925] Das gilt auch für Absonderungsberechtigte als Streithelfer.[926] Im Einzelnen verschafft § 184 Abs. 1 Nr. 2 oder 3 SGB III nicht der Bundesanstalt für Arbeit ein eigenes Anfechtungsrecht im eröffneten Insolvenzverfahren; sie kann darin vielmehr die Zahlung von Insolvenzausfallgeld nur versagen, wenn der Insolvenzverwalter angefochten oder die Leistung verweigert hat.[927]

199   Der Gläubigerausschuss ist lediglich unter den Voraussetzungen des § 160 Abs. 1 oder Abs. 2 Nr. 3 um seine Zustimmung zu ersuchen, ehe der Verwalter über eine besonders bedeutsame Anfechtung entscheidet; die Wirksamkeit seiner Maßnahme im Außenverhältnis hängt hiervon nicht ab (§ 164). Im Übrigen haben weder der Gläubigerausschuss als solcher noch seine Mitglieder eigenständige Mitwirkungsrechte bei der Anfechtung. Mitglieder des Gläubigerausschusses können in dieser Eigenschaft auch nicht als Streithelfer gemäß § 66 ZPO in Anfechtungsprozessen auftreten.[928]

200   **3. Verhältnis zur Einzelgläubigeranfechtung.** Soweit der Insolvenzverwalter selbst – für die Insolvenzmasse – Vermögen von einem Dritten anfechtbar erwirbt, unterliegt dies der Anfechtung durch die Gläubiger des Dritten gemäß § 2 AnfG.[929] Für den Insolvenzverwalter als Anfechtungs*beklagten* gelten grundsätzlich keine Sonderregeln.

201   Dagegen wird die **Berechtigung** zur Anfechtung durch die §§ 16 bis 18 AnfG zwischen Insolvenzverwalter und Einzelgläubigern geregelt, soweit der anfechtbar weggegebene Gegenstand ohne die anfechtbare Rechtshandlung in die Insolvenzmasse (§§ 35, 36) gefallen wäre. Lediglich für beschlagfreies Vermögen des Schuldners fehlt eine besondere Bestimmung: § 13 Abs. 5 AnfG aF wurde nicht übernommen, weil die Frage keine praktische Bedeutung mehr habe, nachdem § 35 auch den Neuerwerb des Schuldners zur Insolvenzmasse zieht.[930] Soweit ausnahmsweise insolvenz*freies* Vermögen des Schuldners entstünde und anfechtbar weggeben würde, könnte es zu einer Konkurrenz aller einzelnen (Alt- wie Neu-)Gläubiger unter Ausschluss des Insolvenzverwalters um die Anfechtung kommen.

202   **a) Übergang der Anfechtungsbefugnis.** Mit Eröffnung des Insolvenzverfahrens (§ 27) über das Vermögen des Schuldners geht die Anfechtungsbefugnis gemäß § 16 Abs. 1 Satz 1

---

[920] Vgl. *König* RdNr. 17/95.
[921] Vgl. RGZ 30, 71, 74; *Uhlenbruck/Hirte* § 129 RdNr. 13.
[922] *Jaeger/Henckel*, KO § 36 RdNr. 3; *Kilger/K. Schmidt* § 36 KO Anm. 1.
[923] *Jaeger/Henckel*, KO § 36 RdNr. 4; *Kilger/K. Schmidt* § 36 Anm. 1. Ergänzend s. o. RdNr. 196 a.
[924] RG JW 1891, 273 Nr. 11; *Jaeger/Henckel*, KO § 36 RdNr. 8; *Uhlenbruck/Hirte* § 129 RdNr. 13; vgl. für österreichisches Recht *König* RdNr. 17/96 ff.
[925] RG JW 1889, 203; *Jaeger/Henckel*, KO § 36 RdNr. 8.
[926] RGZ 100, 87, 89; *Jaeger/Henckel*, KO § 36 RdNr. 13.
[927] *Heilmann* KTS 1979, 251, 254 f.; *Uhlenbruck/Hirte* § 129 RdNr. 111; vgl. *Gagel/Peters-Lange*, SGB III Arbeitsförderung, 1999 ff. § 184 RdNr. 12; *Hess* InsO Anh. C SGB III § 184 RdNr. 18; FK-*Mues* Anh. zu § 113 RdNr. 154.
[928] RGZ 36, 367, 368 f.; *Stein/Jonas/Bork* § 66 RdNr. 13; *Jaeger/Henckel*, KO § 36 RdNr. 8 aE; *Uhlenbruck/Hirte* § 129 RdNr. 13.
[929] Vgl. BGHZ 121, 179, 184 ff. = NJW 1993, 663, 664 f.; *Huber* § 1 RdNr. 56.
[930] RegE zu Art. 1 §§ 16 bis 18 EGInsO, 2. Abs.

AnfG von anfechtenden Gläubigern auf den Insolvenzverwalter über. Hatte ein Gläubiger vorher bereits einen vollstreckbaren – sogar rechtskräftigen – Titel über einen Anfechtungsanspruch gegen den (späteren) Insolvenzschuldner erwirkt, so kann der Insolvenzverwalter als Rechtsnachfolger im Sinne der §§ 727, 325 ZPO den Titel auf sich umschreiben lassen; dabei kann die Klausel den Besonderheiten des § 143 angepasst werden.[931] Für eine neue Anfechtungsklage des Insolvenzverwalters mit nicht weitergehendem Ziel fehlt damit im Allgemeinen das Rechtsschutzinteresse.[932] Ist das vom Gläubiger erwirkte Urteil erst vorläufig vollstreckbar, so darf der Gläubiger daraus zwar selbst nach Insolvenzeröffnung nicht mehr vollstrecken; der Insolvenzverwalter seinerseits darf daraus Rechte aber nur ableiten, wenn er nicht die Aufnahme des Prozesses ablehnt.[933] Ein in dem vom Gläubiger erwirkten Urteil enthaltener Vorbehalt im Sinne von § 14 AnfG entfällt, sobald der Insolvenzverwalter den Anspruch für die Masse verfolgt.[934] Dem Gläubiger sind stets lediglich seine Kosten vorweg aus einem vom Insolvenzverwalter beigetriebenen Erlös zu erstatten (§ 16 Abs. 1 Satz 2 AnfG); der Restbetrag dient der gleichmäßigen Befriedigung aller Insolvenzgläubiger. Ein zugunsten eines Einzelgläubigers ergangenes Urteil erwächst auch in der Weise in materielle Rechtskraft für den Insolvenzverwalter, dass diesem gegenüber der Anfechtungsgegner ebenfalls keine Einwendungen oder Einreden geltend machen kann, die gegenüber dem Einzelgläubiger ausgeschlossen sind.[935]

Hat der Einzelgläubiger auf Grund seines Anfechtungsanspruchs eine Sicherung oder Befriedigung erlangt, so ist sie als kongruentes Deckungsgeschäft unter den Voraussetzungen des § 130 anfechtbar (§ 16 Abs. 2 AnfG), also insbesondere, wenn die der Einzelanfechtung zugrundeliegende Forderung nur zur Insolvenzforderung wird (vgl. § 130 RdNr. 17, § 131 RdNr. 30). Allerdings sind auch insoweit dem Gläubiger gemäß § 16 Abs. 1 Satz 2 AnfG die Kosten des Rechtsstreits gegen den Insolvenzschuldner zu belassen. Der Anfechtungsgegner, der an den Gläubiger geleistet hat, kann nach Maßgabe der §§ 407 Abs. 1, 412 BGB von seiner Verpflichtung befreit werden.[936]

Ist das Verfahren über den Anfechtungsanspruch des Gläubigers im Zeitpunkt der Insolvenzeröffnung noch rechtshängig, so wird es gemäß § 17 Abs. 1 Satz 1 AnfG unterbrochen.[937] Das gilt allerdings nicht für die bloße Einrede der Anfechtbarkeit im Sinne von § 9 AnfG.[938] **Anfechtungsklagen** oder -widerklagen von Einzelgläubigern kann der Insolvenzverwalter – auch der Treuhänder nach Maßgabe des § 313 Abs. 2 Satz 2[939] – in der Form des § 250 ZPO aufnehmen (§ 17 Abs. 1 Satz 2 AnfG). Die Aufnahme kann für die Insolvenzmasse insbesondere günstig sein, wenn die Anfechtung an die verkürzten Fristen des § 133 Abs. 2 Satz 2 (§ 3 Abs. 2 Satz 2 AnfG), § 134 Abs. 1 (§ 4 Abs. 1 AnfG) oder § 135 Nr. 2 (§ 6 Nr. 2 AnfG) gebunden ist; in diesen Fällen kommt eine rechtzeitige Anfechtung durch den Einzelgläubiger auch der Insolvenzmasse zugute.[940] Ferner schützt eine einstweilige Verfügung oder ein Arrest, die der Einzelgläubiger gegen den Anfechtungsgegner erwirkt haben mag, im Falle der Verfahrensaufnahme die Insolvenzmasse.[941] Von mehreren rechtshängigen Klagen verschiedener Gläubiger gegen denselben Anfechtungsgegner auf Grund desselben Anfechtungstatbestandes kann der Insolvenzverwalter nur eine aufnehmen.[942] Hatte

---

[931] Jaeger/Henckel, KO § 36 RdNr. 19; Uhlenbruck/Hirte § 129 RdNr. 21; Gottwald/Huber (Fn. 12) § 51 RdNr. 16; vgl. auch RGZ 30, 67, 71.
[932] Jaeger/Henckel, KO § 36 RdNr. 19 aE; Huber § 16 RdNr. 13.
[933] Jaeger/Henckel, KO § 36 RdNr. 19. Ergänzend s. u. RdNr. 206.
[934] Vgl. RGZ 30, 67, 70 f.; Jaeger/Henckel, KO § 36 RdNr. 19.
[935] Jaeger/Henckel, KO § 36 RdNr. 20. Jedoch wirkt die Rechtskraft nicht zu Lasten der Insolvenzmasse, s. u. RdNr. 207.
[936] Huber § 16 RdNr. 12; Dauernheim S. 228.
[937] Vgl. OLG Stuttgart NZI 2002, 495, 496 ff.
[938] Huber § 17 RdNr. 3; Kübler/Prütting/Paulus § 17 AnfG RdNr. 1.
[939] Vgl. OLG Koblenz ZInsO 2007, 334 f.
[940] Vgl. Jaeger/Henckel, KO § 36 RdNr. 15.
[941] Huber § 17 RdNr. 14, 19; Dauernheim S. 230; vgl. OLG Kassel SeuffA 65 (1910) Nr. 100.
[942] Huber § 17 RdNr. 15.

der Gläubiger mit der Klage neben dem Anfechtungsrecht zugleich aus einem anderen Lebenssachverhalt einen Schadensersatzanspruch verfolgt, tritt hinsichtlich dieses Anspruchs eine Unterbrechung nicht ein;[943] etwas anderes gilt nur für einen Gesamtschaden im Sinne des § 92.[944] Um einen Gesamtschaden wird es sich regelmäßig auch handeln, wenn das Anfechtungsrecht aus demselben Lebenssachverhalt folgt, auf dem zugleich die anderen Anspruchsgrundlagen beruhen; dann kann nach der Insolvenzeröffnung der Verwalter den Rückgewähranspruch unter sämtlichen rechtlichen Gesichtspunkten geltend machen.[945] Eine Möglichkeit zur Aufnahme dürfte nicht bestehen, wenn eine Verwaltungsbehörde gemäß § 191 Abs. 1 Satz 2 AO einen Anfechtungsanspruch durch Duldungsbescheid festgesetzt hat; das Widerspruchsverfahren wird zwar mit der Insolvenzeröffnung unterbrochen,[946] doch kann der Insolvenzverwalter nicht anstelle des Hoheitsträgers die Rechte aus einem Duldungsbescheid weiter verfolgen.

205   Der Insolvenzverwalter kann den Anfechtungsrechtsstreit auch noch in der Revisionsinstanz **aufnehmen.**[947] Nimmt er ihn auf, so soll er sich nach einem Urteil des BGH weiter auf die Vorschriften des Anfechtungsgesetzes stützen.[948] Diese Formulierung dürfte darauf beruhen, dass im entschiedenen Fall § 545 ZPO neuen Tatsachenvortrag in der Revisionsinstanz ausschloss. Ein Parteiwechsel und veränderte rechtliche Gesichtspunkte sind jedoch zu beachten. Da die §§ 3 bis 6 AnfG inhaltlich den §§ 133, 134, 322 und 135 InsO entsprechen, ist jedenfalls zur Umstellung auf die geänderte Anspruchsgrundlage neuer Tatsachenvortrag nicht nötig.[949] Nach der Aufnahme kann der Insolvenzverwalter den Klageantrag gemäß § 17 Abs. 2 AnfG anpassen, um den Unterschieden zwischen §§ 11 bis 13 AnfG einerseits und §§ 143, 144 andererseits Rechnung zu tragen. Ferner kann er die Klage erweitern, insbesondere um Tatbestände der besonderen Insolvenzanfechtung einzuführen,[950] wobei jedoch materiell-rechtlich die Verjährungsfrist des § 146 Grenzen setzt[951] und prozessual eine etwaige Notwendigkeit sowie Möglichkeit neuen Tatsachenvortrags zu berücksichtigen sind. Im Falle der Aufnahme ist der Verwalter verfahrensrechtlich an die Prozessführung des bisherigen Klägers gebunden,[952] nicht aber an dessen materiell-rechtliche Dispositionen.[953] Der Gläubiger kann gemäß § 16 Abs. 1 Satz 2 AnfG vorrangig Erstattung seiner – anderweitig nicht zu ersetzenden – notwendigen Prozesskosten aus dem Erlös verlangen.[954] Zur Anfechtung durch einen Abtretungsempfänger s. u. RdNr. 221.

206   Der Anfechtungsgegner – nicht der gemäß § 2 AnfG klagende Gläubiger[955] – kann unter den Voraussetzungen des § 17 Abs. 1 Satz 3 AnfG in Verbindung mit § 239 Abs. 2 bis 4 ZPO eine Entscheidung des Insolvenzverwalters über die Aufnahme erzwingen. Dieser wird die Aufnahme **ablehnen,** wenn sie nicht zur Fristwahrung erforderlich ist und die bisherige Prozessführung durch den Gläubiger für die Insolvenzmasse ungünstig war (zur Bindungswirkung s. o. RdNr. 205). Lehnt der Verwalter die Aufnahme ab, so kann jede der ursprünglichen Parteien das Verfahren aufnehmen, allerdings nur noch mit dem Ziel, eine Entschei-

---

[943] RGZ 143, 267, 269 f.; *Huber* § 17 RdNr. 3.
[944] *Jaeger/Henckel,* KO § 36 RdNr. 15; vgl. auch BGHZ 82, 209, 216 f. = NJW 1982, 883, 885; BGH NJW 1982, 2253 f.; *Uhlenbruck/Hirte* § 129 RdNr. 22.
[945] BGHZ 143, 249, 252 = NJW 2000, 1259, 1260; vgl. auch *Süß* JW 1934, 1169 f. in Anm.
[946] BFH ZIP 1994, 1707, 1708 f.; *Huber* § 17 RdNr. 4; für ein Außerkrafttreten des Bescheids *Jaeger/Henckel,* KO § 36 RdNr. 15 aE; *Tipke/Kruse* § 191 RdNr. 147.
[947] BGHZ 143, 249, 252 = NJW 2000, 1259, 1260; vgl. dazu *G. Paulus,* in: Berger u. a., Erster Leipziger Insolvenzrechtstag, 2000, S. 89, 94 f.
[948] BGHZ 143, 249, 252 f. = NJW 2000, 1259, 1261.
[949] Zutreffend *Henckel,* Festschrift 50 Jahre BGH, 2000, S. 785, 794 ff.
[950] Vgl. hierzu *Huber* § 17 RdNr. 9, 10; *Kübler/Prütting/Paulus* § 17 AnfG RdNr. 9; *Dauernheim* S. 229. Dies soll nach OLG Koblenz ZInsO 2007, 334 f. nicht für den gem. § 313 Abs. 2 anfechtenden Gläubiger gelten.
[951] Vgl. *Huber* § 17 RdNr. 13; *Kübler/Prütting/Paulus* § 17 AnfG RdNr. 8.
[952] *Jaeger/Henckel* § 36 RdNr. 15; vgl. auch *Huber* § 17 RdNr. 8.
[953] *Jaeger/Henckel* § 36 RdNr. 15. S. u. RdNr. 207.
[954] *Huber* § 16 RdNr. 14; *Kübler/Prütting/Paulus* § 16 AnfG RdNr. 8; *Dauernheim* S. 230.
[955] OLG Koblenz ZInsO 2005, 1222, 1223.

dung über die Prozesskosten zu erreichen (§ 17 Abs. 3 Satz 1 AnfG). Die Hauptsache ist infolge des Übergangs der Prozessführungsbefugnis auf den Insolvenzverwalter erledigt. Der Gläubiger soll sie sogar dann nicht aufnehmen können, wenn der Insolvenzverwalter den Anfechtungsanspruch wegen vermeintlicher Aussichtslosigkeit „freigibt".[956] Anders verhält es sich, wenn der Verwalter zusammen mit der Freigabeerklärung einen – nicht wegen Insolvenzzweckwidrigkeit nichtigen – materiell-rechtlichen Verzicht auf das Anfechtungsrecht ausgesprochen hat (zu dessen Wirkungen s. u. RdNr. 210, 223), an den auch ein neuer Insolvenzverwalter gebunden bliebe. Eine Entscheidung des Verwalters, die Prozessaufnahme abzulehnen, gilt aber nicht zugleich als „Verzicht" auf die Insolvenzanfechtung selbst.[957] Vielmehr steht es dem Verwalter frei, die Anfechtung durch eine eigenständige Klage statt durch Aufnahme geltend zu machen (§ 17 Abs. 3 Satz 2 AnfG).

Ist die Anfechtungsklage eines Gläubigers rechtskräftig abgewiesen worden, so erwächst **207** ein solches Urteil nicht in Rechtskraft gegenüber der Insolvenzmasse.[958] Der Unterschied zur Rechtskrafterstreckung *zugunsten* der Insolvenzmasse (s. o. RdNr. 202) ergibt sich aus dem Zweck der §§ 16 bis 18 AnfG, die Rechte der Gläubigergesamtheit im Verhältnis zum Einzelgläubiger zu stärken. Der Insolvenzverwalter ist also nicht gehindert, auf Grund desselben Sachverhalts, der schon dem erfolglosen Prozess des Einzelgläubigers zugrunde lag, die **Insolvenz**anfechtung geltend zu machen. Auch an einen Vergleich, den der Einzelgläubiger abgeschlossen haben mag, ist der Insolvenzverwalter nicht zum Nachteil der Insolvenzmasse gebunden.[959]

b) Betroffene Gläubiger. Der Verlust der Anfechtungsbefugnis mit Insolvenzeröffnung **208** bezüglich aller dem Insolvenzbeschlag unterliegenden Rechte (s. o. RdNr. 201) trifft *sämtliche* Insolvenzgläubiger (§ 38) einschließlich der nachrangigen (im Sinne des § 39). Massegläubiger (§ 53) werden durch § 129 ebenfalls gehindert, nach Insolvenzeröffnung Rechtshandlungen des Schuldners gemäß § 2 AnfG anzufechten, weil die Anfechtung dann gerade die Insolvenzmasse anreichern soll, die vorrangig zur Befriedigung der Massegläubiger dient; ein eigenmächtiges Vorgehen eines Massegläubigers könnte dagegen ein Vollstreckungsverbot gemäß §§ 90, 210 oder die Verteilungsreihenfolge des § 209 unterlaufen. Neuen Gläubigern haftet die Insolvenzmasse einschließlich der dazu gehörigen Anfechtungsansprüche nicht; allerdings dürfte dies ihren Zugriff auf Neuvermögen, das der Schuldner anfechtbar weggegeben hat, erst ausschließen, wenn auch der Insolvenzverwalter die Weggabe anficht.[960] § 129 beschränkt nicht die **Aussonderungsberechtigten** mit Bezug auf ihre Aussonderungsrechte; zu den Rechten, die sie gemäß § 47 Satz 2 uneingeschränkt außerhalb des Insolvenzverfahrens verfolgen können, gehört deshalb auch die Einzelgläubigeranfechtung, soweit der Schuldner über den auszusondernden Gegenstand in anfechtbarer Weise verfügt hat.

Für **Absonderungsberechtigte** wurde bisher ebenfalls angenommen, diese könnten **209** selbst die Anfechtung benachteiligender Verfügungen des (Insolvenz-)Schuldners über den Absonderungsgegenstand unabhängig vom Verwalter verfolgen.[961] Nach Wegfall des § 4 Abs. 2 KO und Einbeziehung der Absonderungsberechtigten mit ihrer gesamten gesicherten Forderung ins Insolvenzverfahren (§§ 49 ff.; s. o. RdNr. 152) ist dieser Rechtssatz aber einzuschränken. Es besteht nunmehr rechtlich ein Konkurrenzverhältnis zwischen Absonde-

---

[956] BFH ZIP 1994, 1707, 1709; *Huber* § 17 RdNr. 16; *Dauernheim* S. 227. Zur „Freigabe" s. o. RdNr. 184.
[957] Vgl. RdNr. 196, 223; *Huber* § 17 RdNr. 15; *Kübler/Prütting/Paulus* § 17 AnfG RdNr. 11, § 18 AnfG RdNr. 9.
[958] *Jaeger/Henckel*, KO § 36 RdNr. 20; *Nerlich* (Fn. 131) § 129 RdNr. 19.
[959] *Jaeger/Henckel*, KO § 36 RdNr. 19 aE.
[960] *Uhlenbruck/Hirte* § 129 RdNr. 36.
[961] RGZ 16, 32, 36; 117, 160, 161; RG WarnR 1927 Nr. 125; OLG Dresden SächsArch für Bürgerliches Recht und Prozess Bd. 13 (1903), 260 f.; OLG Posen OLGRspr 35 (1917), 249 f.; *Jaeger/Henckel*, KO § 36 RdNr. 11; *Kilger/K. Schmidt* § 36 KO Anm. 3 c; *Salomon* in abl. Anm. zu OLG Köln JW 1931, 2156; vgl. auch BGHZ 109, 240, 249 = NJW 1990, 716, 718; RGZ 100, 87, 89; so jetzt auch *Uhlenbruck/Hirte* § 129 RdNr. 37 sowie grundsätzlich *Huber* § 16 RdNr. 6.

rungsberechtigten und der Insolvenzmasse bei der Verwertung des Absonderungsguts. Soweit die vorrangige Verwertungsbefugnis des Insolvenzverwalters (§§ 165 ff.) reicht, muss auch sein Anfechtungsrecht vorgehen, also hinsichtlich der in seinem Besitz befindlichen beweglichen Sachen und der vom Schuldner sicherungshalber abgetretenen Forderungen (§ 166). In diesem Umfangen gelten die §§ 16 bis 18 AnfG, soweit eine Insolvenzanfechtung von Rechtshandlungen, die für das Absonderungsrecht nachteilig sind, überhaupt in Betracht kommen kann, also nicht, soweit der Wert des beweglichen Sicherungsguts auch ohne diese Handlungen schon voll für andere Gläubiger ausgeschöpft war (s. o. RdNr. 108 d, 150 f.). Dem Vorrang der Insolvenzanfechtung entspricht es, dass derartige Sicherheiten im Insolvenzverfahren teilweise ohne weiteres außer Kraft treten (§§ 88, 114 Abs. 1 und 3). Auch darüber hinaus obliegt es vorrangig dem Insolvenzverwalter, die Pfändung eines Gläubigers in ein bewegliches Vermögensgut des Schuldners abzuwehren, das gemäß §§ 35, 36 in die Insolvenzmasse fällt. Wird insoweit eine Anfechtungsklage des Verwalters als unbegründet rechtskräftig abgewiesen, ohne dass dies nur auf einer fehlenden Benachteiligung gerade der Insolvenzgläubiger beruht, so gebietet es der Schutz des Anfechtungsgegners, dass eine solche Entscheidung in Rechtskraft auch gegenüber allen Einzelgläubigern erwächst.[962] Dagegen muss es dem von einem Dritten auf Freigabe oder Nachrangigkeit gemäß §§ 771, 805 ZPO verklagten Absonderungsberechtigten weiterhin freistehen, sein Recht durch Erhebung der Anfechtungseinrede zu verteidigen; damit greift er noch nicht in berechtigte Belange der Insolvenzmasse ein.[963] Eine solche selbständige Rechtsverteidigung kann dann nicht umgekehrt Rechtskraft zugunsten der Insolvenzmasse schaffen (s. o. RdNr. 202).

210 c) **Beendigung des Insolvenzverfahrens.** Die Anfechtungsbefugnis des Verwalters endet mit der Aufhebung oder Einstellung des Insolvenzverfahrens (§§ 200, 215 Abs. 2 Satz 1), soweit der Verwalter das Anfechtungsrecht bis dahin nicht wirksam ausgeübt hat oder ausüben konnte.[964] Hält man eine Abtretung des Anfechtungsanspruchs für zulässig (s. u. RdNr. 214 ff.), so wäre auch diese eine „Ausübung" durch den Insolvenzverwalter, die das Recht den Einzelgläubigern entzieht (s. u. RdNr. 221). Hat der Verwalter sein Recht nicht in beständiger Weise ausgeübt, so können die einzelnen Gläubiger nach Verfahrensende wieder ihre Anfechtungsansprüche verfolgen (§ 18 AnfG). Jedoch stehen dem Anfechtungsgegner „Einreden", die er gegen den Insolvenzverwalter erlangt hatte, gemäß § 18 Abs. 1, letzter Halbsatz AnfG auch gegenüber allen einzelnen Gläubigern zu. Damit sind nicht nur sämtliche materiellen Einwendungen oder Einreden – wie Erfüllung, Erlass, Stundung oder Vergleich – gemeint. Vielmehr begründet die Vorschrift auch eine Rechtskrafterstreckung zu Lasten der Einzelgläubiger: Wurde eine Anfechtungsklage des Insolvenzverwalters rechtskräftig als unbegründet abgewiesen, so kann damit zugleich auch der Anfechtungsanspruch jedes einzelnen Gläubigers auf Grund desselben Sachverhalts aberkannt sein.[965] Gemäß allgemeinen prozessualen Regeln wird diese Rechtskraftwirkung allerdings durch die Tragweite der Entscheidung begrenzt: Wurde beispielsweise die Klage des Verwalters mit der Begründung abgewiesen, dass der anfechtbar weggegebene Gegenstand schon wertausschöpfend belastet gewesen sei (s. o. RdNr. 108), so wird davon jedenfalls der erstrangig gesicherte Gläubiger nicht betroffen. Dieselben Schranken sollten auch für die Rechte der Einzelgläubiger nach einer Freigabeerklärung durch den Insolvenzverwalter gelten (s. o. RdNr. 184, 206).

211 Hatte der Insolvenzverwalter den Anfechtungsprozess eines Einzelgläubigers gemäß § 17 Abs. 1 Satz 2 AnfG aufgenommen, und endet das Insolvenzverfahren vor Abschluss des

---

[962] Deshalb wäre der in RGZ 16, 32 entschiedene Fall heute anders zu beurteilen.
[963] Deshalb würde sich auch heute nichts an der Beurteilung der von RGZ 117, 160; OLG Dresden (s. o. Fn. 600) und OLG Posen OLGRspr 35 (1917), 249 entschiedenen Fälle ändern, während die Urteile des OLG Köln JW 1931, 2156 und des OLG Posen SeuffA 67 (1912) Nr. 51 weiterhin unrichtig erscheinen.
[964] S. u. RdNr. 211 und zu anderen Erlöschenstatbeständen § 143 RdNr. 11.
[965] *Jaeger/Henckel*, KO § 36 RdNr. 16; *Gottwald/Huber* (Fn. 12) § 51 RdNr. 18; *Kübler/Prütting/Paulus* § 18 AnfG RdNr. 8; *Dauernheim* S. 232 f.

Rechtsstreits, so kann – nur – der früher klagende Gläubiger ihn auf Klägerseite wieder aufnehmen (§ 18 Abs. 1 AnfG).[966] Ein erst vom Insolvenzverwalter begonnener Anfechtungsrechtsstreit kann in der Hauptsache weder von einem Insolvenzgläubiger noch vom Insolvenzschuldner aufgenommen werden;[967] der Prozess wird mit Insolvenzbeendigung nicht unterbrochen, sondern ist regelmäßig in der Hauptsache erledigt.[968] Der frühere Insolvenzschuldner und der Anfechtungsgegner können den Prozess – nur – wegen der Kosten fortführen.[969] Hinsichtlich der Hauptsache kann der Verwalter auch von keiner anderen Person wirksam prozessual ermächtigt werden, einen Anfechtungsprozess nach Verfahrensende fortzuführen.[970] Dritte vermag der Verwalter ebenfalls nicht wirksam zu ermächtigen, wenn er ihnen nicht zugleich die materielle Klagebefugnis verschafft (s. u. RdNr. 214f.). Dagegen kann der Insolvenzverwalter einen Anfechtungsrechtsstreit fortsetzen oder – innerhalb der Verjährungsfrist des § 146 Abs. 1 – sogar neu beginnen, wenn das Insolvenzgericht bei der Verfahrensaufhebung gemäß § 200 den Ertrag der Anfechtung einer Nachtragsverteilung vorbehalten hat; dann dauert der Insolvenzbeschlag insoweit fort.[971] Entsprechendes gestattet § 259 Abs. 3, wenn ein Insolvenzplan eine fortdauernde Prozessführung vorsieht; dies sollte vorsorglich in spezifizierter Form erfolgen, doch genügt notfalls auch die Formulierung „§ 259 Abs. 3 InsO findet Anwendung" im gestaltenden Teil des Insolvenzplans.[972] Die weitere Prozessführung ist anfechtungsrechtlich auch dann nicht ohne weiteres bedenklich, wenn der Rechtsstreit gem. § 259 Abs. 3 Satz 2 „auf Rechnung des Schuldners" geführt wird;[973] denn der (erhoffte) Ertrag kann zuvor schon mit in die Befriedigungsquoten für die Insolvenzgläubiger eingerechnet worden sein und ihnen deshalb mittelbar zugute kommen. Bleibt der Anfechtungsanspruch auf solche Weise insolvenzbefangen, so fehlt jedem Einzelgläubiger für ein eigenes Anfechtungsverfahren die Prozessführungsbefugnis. Soweit hierfür unter der Geltung des § 41 KO die Rechtshängigkeit des Konkursanfechtungsprozesses vorausgesetzt wurde, ist diese Einschränkung dadurch entfallen, dass das Anfechtungsrecht nach § 129 auch außergerichtlich „ausgeübt" werden kann (s. o. RdNr. 194). Eine gemäß § 203 angeordnete Nachtragsverteilung kann ein neues Anfechtungsrecht des Verwalters begründen.[974]

Hatte der Insolvenzverwalter gegen einen Anfechtungsgegner bereits einen Titel erlangt, ohne dass dieser bis zur Verfahrensbeendigung verbraucht wäre, so kommt nicht ohne weiteres eine Rechtsnachfolge in den titulierten Anspruch in Betracht: Weder ein einzelner Gläubiger noch der Insolvenzschuldner (vgl. insoweit oben RdNr. 190) sind Rechtsnachfolger im Sinne der §§ 727, 325 ZPO in den Anfechtungsanspruch. Eine Rechtskrafterstreckung zugunsten der Einzelgläubiger sieht auch die Insolvenzordnung nicht vor. Jedoch wird man wenigstens für derartige Fälle dem Insolvenzverwalter eine Verwertung der Forderung durch Abtretung gestatten müssen (s. u. RdNr. 214). 212

Wird erst nach Aufhebung des Insolvenzverfahrens ein früher anfechtbar weggegebenes Vermögensobjekt des Schuldners festgestellt, kommt insoweit eine Nachtragsverteilung gemäß § 203 Abs. 1 Nr. 3 in Betracht. Diese muss ausdrücklich angeordnet werden und wirkt nur für die Zukunft. Der Verwalter ist dann für den Anfechtungsanspruch (wieder) ver- 213

---

[966] *Jaeger/Henckel,* KO § 36 RdNr. 16; *Huber* § 18 RdNr. 10; *Kübler/Prütting/Paulus* § 18 AnfG RdNr. 6; *Dauernheim* S. 232; vgl. OLG Karlsruhe JW 1933, 1147 f.
[967] Vgl. hierzu BGHZ 83, 102, 105 f. = NJW 1982, 1765, 1766; RGZ 7, 35, 36; 31, 40, 43; *Jaeger/Henckel,* KO § 36 RdNr. 16; *Uhlenbruck/Hirte* § 129 RdNr. 26.
[968] RGZ 7, 35, 36; 52, 330, 333 f.; 58, 414, 416 f.; *Kilger/K. Schmidt* § 36 KO Anm. 4, b.
[969] RGZ 31, 40, 42; 52, 330, 333 f.; *Jaeger/Henckel,* KO § 36 RdNr. 18; vgl. auch RGZ 58, 414, 418.
[970] RGZ 135, 347, 350.
[971] BGHZ 83, 102, 103 = NJW 1982, 1765 f.; RGZ 28, 68, 69 f.; RG JW 1936, 2927, 2928 f.; HK-*Kreft* § 129 RdNr. 82; *Uhlenbruck* ZIP 1993, 241, 246; *Jaeger/Henckel,* KO § 36 RdNr. 17; *Stein/Jonas/Roth* § 240 RdNr. 37; *Baur/Stürner* RdNr. 20.2; *Gottwald/Huber* (Fn. 12) § 51 RdNr. 10; vgl. auch BGH NJW 1973, 1198, 1199; RGZ 31, 40, 42.
[972] BGH NJW-RR 2006, 491, 492 ff.; OLG Jena NZI 2002, 435; vgl. *Uhlenbruck/Hirte* § 129 RdNr. 25, 39; LG Wuppertal ZInsO 2002. 337, 338.
[973] Vgl. *Jauernig* § 51 II 5, S. 239 f.
[974] Vgl. *Huber* § 18 RdNr. 11; *Dauernheim* S. 233 f.

fügungsbefugt (s. o. RdNr. 211 aE). Hatte inzwischen ein Gläubiger einen Anfechtungsprozess eingeleitet, gilt insoweit erneut § 17 AnfG. Zum maßgeblichen Zeitpunkt der Antragstellung und Verfahrenseröffnung in derartigen Fällen vgl. § 139 RdNr. 5, § 146 RdNr. 8.

214 **4. Abtretbarkeit des Anfechtungsanspruchs.** Nach bisher herrschender Meinung war der auf Grund einer Konkursanfechtung entstehende Rückgewähranspruch gemäß § 37 Abs. 1 KO nicht abtretbar.[975] Diese Auffassung erscheint nicht mehr gerechtfertigt, nachdem § 146 ihn im Regelfall als ein gewöhnliches, der Verjährung unterliegendes Forderungsrecht (§ 194 Abs. 1 BGB) ausgestaltet hat.[976] Grundsätzlich können gemäß § 398 BGB alle Forderungen abgetreten werden. Das trifft künftig auch für den „Anfechtungsanspruch" (§ 143) zu. Dieser ist nicht – wie derjenige des anfechtenden Einzelgläubigers (§§ 2, 11 AnfG) – im Sinne von § 401 BGB akzessorisch mit einer bestimmten, zu vollstreckenden Hauptforderung verknüpft. § 313 Abs. 2 sieht die „Beauftragung" mit der Anfechtung ausdrücklich vor. Ferner steht § 399, 1. Fall BGB nicht der Abtretung entgegen,[977] weil der Leistungsgegenstand auch in anderer Form der Insolvenzmasse zugute kommen kann (s. u. RdNr. 216 ff.). Die Geltendmachung des Rückgewähranspruchs ist von der Ausübung der Anfechtungsbefugnis zu trennen. Die gemäß § 129 weiterhin erforderliche Ausübung durch den Insolvenzverwalter[978] erschöpft sich dann in seiner Entscheidung, den Rückgewähranspruch zu dessen Durchsetzung abzutreten.

215 Schon bisher wurde angenommen, dass der Verwalter grundsätzlich einen anderen wirksam ermächtigen kann, das Anfechtungsrecht im Wege gewillkürter Prozessstandschaft mit dem Ziel der Leistung an die Masse auszuüben.[979] Ferner wurde dem Verwalter die Befugnis zuerkannt, einen anderen Leistungsempfänger als die Insolvenzmasse zu bezeichnen.[980] Schließlich sollte das Abtretungsverbot nach einer Meinung[981] nicht für den Wertersatzanspruch (jetzt: § 143 Abs. 1 Satz 2 bzw. Abs. 2) gelten. Aber auch der Inhalt des vorrangigen Rückgewähranspruchs (§ 143 Abs. 1 Satz 1) ändert sich nicht notwendigerweise, wenn er nicht gegenüber der Insolvenzmasse, sondern weisungsgemäß an einen Dritten zu erfüllen ist: Das Gebot der Rückgewähr „zur Insolvenzmasse" unterliegt in seiner rechtlichen Ausgestaltung ebenfalls der Disposition des Insolvenzverwalters (s. o. RdNr. 196). Im Interesse der Insolvenzgläubiger ist es nur **wertmäßig** absolut zu schützen. Wegen des Zwecks des Insolvenzverfahrens, die Masse anzureichern, hat der Verwalter auch das Anfechtungsrecht bestmöglich auszunutzen. Vermag er ein besseres Ergebnis für die Insolvenzmasse zu erzielen als durch das Verlangen auf Rückgewähr des anfechtbar Weggegebenen selbst, wird das noch durch Zweck und Inhalt des Anfechtungsrechts gedeckt.

216 **a) Zweck** der Abtretbarkeit. Auch wenn die praktische Durchsetzung des Anfechtungsrechts inzwischen erleichtert worden ist (vgl. vor § 129 RdNr. 6), kann eine Abtretung je nach den Umständen die Insolvenzabwicklung wesentlich beschleunigen und verbilligen. Zum einen mag ein Abtretungsempfänger bereit sein, das Risiko einer Prozessführung auf sich zu nehmen, falls dem Insolvenzverwalter Prozesskostenhilfe versagt bleibt.[982] Vor allem wenn

---

[975] RGZ 30, 71, 73 f.; RG JW 1909, 657, 658; *Jaeger/Henckel*, KO § 37 RdNr. 83; *Kilger/K. Schmidt* § 37 KO Anm. 1 c; *Baur/Stürner* RdNr. 20.2.; vgl. auch BGHZ 83, 102, 105 = NJW 1982, 1765, 1766; aM *Eckardt* KTS 1993, 585, 608; *Braun* ZIP 1983, 786 ff.; *von Wilmowski/Kurlbaum* § 36 Anm. 3; einschränkend auch *Hanisch* ZIP 1983, 195, 198 im Anschluss an Schweizer. BG ZIP 1982, 596, 597.
[976] *Kreft* ZInsO 1999, 370, 372 f.; HK-*Kreft* § 129 RdNr. 88; *Kübler/Prütting/Paulus* § 143 RdNr. 8; *Gerhardt*, Studia in honorem, Pelaya Yessiou-Faltsi, 2007, S. 187, 195 f.; vgl. auch *Wagner* ZIP 1999, 689, 700; *Uhlenbruck/Hirte* § 129 RdNr. 18, § 143 RdNr. 4; aM *Nerlich* in: *Nerlich/Römermann* § 129 RdNr. 31; FK-*Dauernheim* § 143 RdNr. 33; *M. Zeuner*, Anfechtung RdNr. 313.
[977] *Allgayer* RdNr. 719 f.
[978] S. o. RdNr. 194 auch dazu, dass damit – entgegen dem Verständnis von *Bork* ZIP 2006, 589, 590 – keine Verfügungsbefugnis verbunden ist.
[979] *Kilger/K. Schmidt* § 36 KO Anm. 2; *Gottwald/Huber* (Fn. 12) § 51 RdNr. 5 im Anschluss an BGHZ 35, 180, 183 f. = NJW 1961, 1528 f.; BGHZ 100, 217, 218 = NJW 1987, 2018; aM *F. Weber* JZ 1963, 223, 225.
[980] *Jaeger/Henckel*, KO § 36 RdNr. 2.
[981] *Jaeger/Henckel*, KO § 37 RdNr. 83.
[982] Rechtsvergleichend *Beissenhirtz* S. 63 f.

als wesentliches Vermögensobjekt nur noch ein Anfechtungsanspruch in der Masse ist, dessen Durchsetzung aber lange dauern wird, kann es für alle Insolvenzgläubiger günstiger sein, wenn der Verwalter den Anspruch durch Verkauf zu einem angemessenen Preis – insbesondere nach Art des Factoring – verwertet und alsbald das Insolvenzverfahren abschließt (§ 200). Das gilt erst recht, falls der Insolvenzverwalter schon einen Titel gegen den Anfechtungsgegner erwirkt hat, aber ein Vollstreckungsversuch erfolglos geblieben ist. Dann muss ihm sinnvollerweise der Verkauf der titulierten Forderung zu einem realistischen Restwert (s. u. RdNr. 217) erlaubt sein; die Alternative, eine Nachtragsverteilung bis zu einer möglichen Besserung der Vermögensverhältnisse des Drittschuldners vorzubehalten, wäre unpraktisch. Ferner erleichtert die Abtretung den Innenausgleich zwischen mehreren Rückgewährpflichtigen, insbesondere wenn sie aus unterschiedlichen Rechtsgründen haften (s. u. § 143 RdNr. 15).

b) Gegenleistung. Allerdings wäre eine Abtretung ohne eine als ausgleichend beabsichtigte Gegenleistung offensichtlich insolvenzzweckwidrig und deshalb nichtig.[983] Vermag der Verwalter jedoch – insbesondere in Form eines angemessenen Anteils am Einziehungserlös oder durch einen Verkauf des Anfechtungsanspruchs – eine ausgleichende Gegenleistung zu erzielen, so gelangt dieser Erlös anstelle des Anfechtungsanspruchs als haftendes Vermögen in die Insolvenzmasse. Eine Gegenleistung in voller Höhe des Nennwerts ist in keinem Falle vorauszusetzen.[984] Zum einen dürfen die mutmaßlichen Kosten einer etwaigen Rechtsverfolgung durch den Insolvenzverwalter selbst abgerechnet werden. Darüber hinaus kann die Übernahme des Prozessrisikos durch den Abtretungsempfänger – wie auch bei jedem Prozessvergleich[985] – einen angemessenen Teil der Gegenleistung darstellen: Ginge der Anfechtungsprozess letztlich verloren, so hätte die Insolvenzmasse gar keinen Nutzen davon. 217

Die angemessenen Abschläge vom Nennwert des Anfechtungsanspruchs sind schwer abzuschätzen.[986] Eine Unwirksamkeit der Abtretung im Außenverhältnis kann aus Gründen des Verkehrsschutzes nur angenommen werden, wenn die Unangemessenheit der Gegenleistung sogar für den Abtretungsempfänger offenkundig war, wenn also auch aus dessen objektivierter Sicht der Anfechtungsanspruch im Ergebnis „verschenkt" wurde.[987] Im Innenverhältnis hat der Verwalter dagegen im Rahmen des § 60 allen Beteiligten für die Angemessenheit der Gegenleistung einzustehen; er mag deshalb gut daran tun, vor einer Abtretung eine Entscheidung wenigstens des Gläubigerausschusses gemäß § 160 Abs. 1 einzuholen. Gelangt die Gegenleistung nicht zugleich Zug um Zug gegen die Abtretung in die Insolvenzmasse – also insbesondere, wenn diese nur am Verwertungserlös beteiligt werden soll –, sind zudem die Rechte der Masse durch dinglich wirkende Teil-Vorausrückabtretungen des Rückgewähranspruchs zu sichern, um sie dem Zugriff etwaiger Gläubiger des Abtretungsempfängers zu entziehen. 218

c) Schutz weiterer Beteiligter. Die aus § 144 folgenden Rechte des **Anfechtungsgegners** werden durch eine Abtretung des Rückgewähranspruchs nicht gefährdet. Soweit der Anfechtungsgegner Einwendungen gegen den Anfechtungsanspruch selbst hat, bleiben sie ihm gemäß §§ 404, 406 BGB erhalten; die Insolvenzmasse muss dem Abtretungsempfänger dafür möglicherweise gemäß § 434 BGB Gewähr leisten. Soweit andererseits auf Grund vollzogener Anfechtung Rechte des Anfechtungsgegners gegen die Insolvenzmasse aufleben, geschieht das unabhängig von der Person des Anfechtungsklägers; der 219

---

[983] Vgl. hierzu BGH WM 1955, 312; NJW 1971, 701, 702 f.; NJW 1983, 2018, 2019; ZIP 1996, 1307, 1308; BGHZ 150, 353, 360 ff. = NJW 2002, 2783, 2785 f.; BVerwG NJW 1984, 2427; *Jaeger/Henckel*, KO § 6 RdNr. 150, 153, 157; *Uhlenbruck* § 80 RdNr. 101 f.; vgl. auch BGH NJW 1994, 323, 326; *Kilger/K. Schmidt* § 6 KO Anm. 6 a aa; *Bork* ZIP 2006, 589, 591 ff. Ergänzend vgl. RdNr. 196, 222 und zur – unzulässigen – Freigabe" RdNr. 184.
[984] So aber anscheinend RGZ 30, 71, 76.
[985] Einen Prozessvergleich darf der Insolvenzverwalter trotz des in § 779 Abs. 1 BGB vorausgesetzten Nachgebens abschließen (RGZ 29, 80, 82; vgl. *Lent* KTS 1957, 27, 28 f.); ergänzend s. o. RdNr. 196.
[986] Vgl. näher *Braun* ZIP 1985, 786, 789 f.
[987] Vgl. dazu RGZ 29, 80, 82; 53, 190, 193; 57, 195, 198 f.; RG JW 1886, 196 Nr. 15.

Insolvenzverwalter wird dem notfalls durch Hinterlegung (§ 198) Rechnung zu tragen haben.[988]

220 Über das Anfechtungsrecht der **einzelnen Gläubiger** darf der Insolvenzverwalter im Rahmen des § 18 Abs. 1, letzter Halbsatz AnfG im Interesse der Gläubigergesamtheit disponieren (s. o. RdNr. 210). Ob dies durch einen eigenen Anfechtungsprozess des Verwalters geschieht oder durch Abtretung des Rückgewähranspruchs, ist für die Rechtsstellung der Einzelgläubiger unerheblich.

221 **d) Rechtsstellung des Abtretungsempfängers.** Der Abtretungsempfänger kann einen Rückgewähranspruch in derselben Weise geltend machen wie der Insolvenzverwalter (s. o. RdNr. 194, 196). Einen bereits anhängigen Anfechtungsprozess kann er nach § 17 Abs. 1 und 2 AnfG aufnehmen.[989] Die nötige Gläubigerbenachteiligung (s. o. RdNr. 100) entfällt nicht durch die Abtretung, weil der Bestand der hierfür erlangten Gegenleistung (s. o. RdNr. 217) weiterhin davon abhängt. Die Verjährungsfrist des § 146 ist unverändert – also grundsätzlich ab Insolvenzeröffnung – zu berechnen.[990] Auch ist die Rechtsstellung des Abtretungsempfängers in derselben Weise wie diejenige des Insolvenzverwalters (s. o. RdNr. 210 ff.) an die Dauer des Insolvenzverfahrens zu knüpfen. Erfolgt aber die Abtretung – als Ausübung des Anfechtungsrechts – vor Aufhebung des Insolvenzverfahrens, so kann die Fortdauer der Rechtsstellung des Abtretungsempfängers über das Verfahrensende hinaus im Allgemeinen jedenfalls über § 203 sichergestellt werden:[991] Die Gegenleistung wird der Abtretungsempfänger durchweg endgültig erst schulden, wenn der Anfechtungsprozess abgeschlossen ist. Solange darf dann auch ein vom Abtretungsempfänger etwa gezahlter „Vorschuss" nicht abschließend verteilt werden, sondern er ist für eine Nachtragsverteilung zurückzubehalten.[992] Für eine bloße Anfechtungseinrede i. S. v. § 146 Abs. 2 wird eine solche Fallgestaltung jedoch nur selten in Betracht kommen (ergänzend s. u. § 146 RdNr. 45).

222 **5. Erlöschen des Anfechtungsrechts.** Der Rückgewähranspruch (§ 143) erlischt mit Erfüllung (§§ 362 ff. BGB) und gemäß den Erfüllungssurrogaten (§§ 372 ff. BGB) einschließlich eines Erlassvertrages (§ 397 BGB). Darüber hinaus kommen spezielle Erlöschensgründe für das Anfechtungsrecht in Betracht.

223 Der Insolvenzverwalter kann auf die Ausübung seiner Anfechtungsbefugnis **„verzichten"**.[993] Regelmäßig ist dazu ein Erlassvertrag (§ 397 Abs. 1 BGB) mit dem Anfechtungsgegner nötig; soweit die Anfechtung ausnahmsweise unmittelbar rechtsgestaltende Wirkung hat,[994] kann nur eine erneute Vornahme des Rechtsgeschäfts durch den Insolvenzverwalter Außenwirkungen gegenüber der Insolvenzmasse haben. An die Annahme eines solchen „Verzichts" sind gemäß allgemeinen vertraglichen Auslegungsregeln strenge Anforderungen zu stellen.[995] Er kann zwar durch schlüssiges Verhalten erklärt werden, ist aber jedenfalls nicht anzunehmen, solange der Verwalter die anfechtbare Handlung nicht kennt.[996] Deshalb liegt kein „Verzicht" darin, dass der Verwalter den Anspruch des Insolvenzschuldners gegen dessen Bank auf Ausführung eines vor Verfahrenseröffnung erteilten Zahlungsauftrags an den begünstigten Gläubiger abtritt, solange der Verwalter die Verrechnung des Kontoguthabens durch die Bank nicht kennt.[997] Lehnt der Verwalter die Aufnahme eines von einem Einzelgläubiger eingeleiteten Anfechtungsprozesses ab, so liegt darin allein noch kein „Verzicht" (s. o. RdNr. 206). Dasselbe gilt für das Erfüllungsverlangen eines Verwalters gemäß § 103 (s. o.

---

[988] RGZ 30, 71, 75 f. berücksichtigt diese Möglichkeiten nicht.
[989] *Kübler/Prütting/Paulus* § 17 AnfG RdNr. 3; ergänzend s. o. RdNr. 205.
[990] Vgl. *Eckardt*, Anfechtungsklage S. 128 f.
[991] Vgl. RdNr. 210 ff. und *Uhlenbruck/Hirte* § 129 RdNr. 23, 24.
[992] Vgl. *Braun* ZIP 1985, 786, 788 unter 2.2.2 aE.
[993] S. o. RdNr. 196. Zum Unterschied zwischen Anfechtungsbefugnis und Rückgewähranspruch s. o. RdNr. 214.
[994] S. o. Vor § 129 RdNr. 38. Diese Fallgestaltung berücksichtigt *Bork* ZIP 2006, 589, 590 nicht.
[995] BGH NJW 1990, 2626, 2627, insoweit nicht in BGHZ 112, 136 abgedr.
[996] OLG Hamburg ZIP 1988, 927, 928 f.; *Jaeger/Henckel*, KO § 36 RdNr. 5.
[997] OLG Hamburg ZIP 1988, 927, 928 f.; *Kilger/K. Schmidt* § 36 KO Anm. 4 a.

Grundsatz 224–227 § 129

RdNr. 194). Hat dagegen ein Gläubiger einer angemeldeten Forderung unter Hinweis auf deren anfechtbare Begründung widersprochen, kann das Nichtbestreiten des Insolvenzverwalters in Kenntnis dieses Umstands im Einzelfall einen „Verzicht" auf das Anfechtungsrecht ausdrücken.[998] Die „Freigabe" des Anfechtungsanspruchs durch den Insolvenzverwalter kann als Aufhebungsangebot (§ 151 BGB) auszulegen sein.[999] Ein wirksamer „Verzicht" verhindert nach Beendigung des Insolvenzverfahrens auch jede Einzelgläubigeranfechtung (s. o. RdNr. 210). Eine entsprechende Willenserklärung des Verwalters ist gemäß allgemeinen Regeln (insbesondere §§ 119, 123 BGB) anfechtbar[1000] und kann wegen eines offenkundigen Verstoßes gegen den Insolvenzzweck nichtig sein (s. o. RdNr. 217). Dem vorläufigen Insolvenzverwalter (§ 22) steht ein Recht zum „Verzicht" noch nicht zu (s. o. RdNr. 193).

Das Anfechtungsrecht erlischt weiter durch rechtskräftige Aberkennung. Deshalb führt das **Nichtbestreiten** einer anfechtbar erworbenen Insolvenzforderung im **Prüfungstermin** (§ 176) gemäß § 178 Abs. 1 und 3 zur Unanfechtbarkeit der zur Tabelle festgestellten Forderung,[1001] wenn auch kein Insolvenzgläubiger ihr widersprochen hat. 224

Endlich erlischt das Anfechtungsrecht durch die **Beendigung** des **Insolvenzverfahrens,**[1002] sofern der Verwalter nicht zuvor seine Anfechtungsbefugnis rechtsbeständig ausgeübt hat. Ein anhängiger Anfechtungsprozess erledigt sich deshalb mit der Verfahrensbeendigung in der Hauptsache, soweit nicht das Ergebnis des Prozesses ausdrücklich vorbehalten wurde (s. o. RdNr. 211); zur Möglichkeit vorheriger Abtretung vgl. RdNr. 221. Dagegen führt der Ablauf der Anfechtungsfrist nach § 146 nicht mehr – wie gemäß § 41 KO – zum Erlöschen des Anfechtungsanspruchs, sondern ergibt nur eine Verjährungseinrede im Sinne von § 222 BGB. 225

6. Beweislast. Der Anfechtende (Insolvenzverwalter) trägt die Darlegungs- und Beweislast für die allgemeinen Anfechtungsvoraussetzungen des § 129, und zwar auch insoweit, als sie nach § 96 Abs. 1 Nr. 3 eine Aufrechnung ausschließen soll.[1003] Daran ändert es nichts, falls der Insolvenzschuldner etwa keine brauchbaren Aufzeichnungen geführt hat.[1004] Die Beweislast für den Einwand, der Anfechtende handele rechtsmissbräuchlich i. S. v. § 242 BGB, liegt dagegen beim Anfechtungsgegner.[1005] 226

Insbesondere hat der Anfechtende die Rechtsstellung des das Anfechtungsrecht ausübenden Insolvenzverwalters zu beweisen. Solange jedoch der Eröffnungsbeschluss des Insolvenzgerichts oder die Verwalterbestellung nicht nichtig oder aufgehoben ist, kann dem klagenden Verwalter im Anfechtungsprozess nicht entgegengehalten werden, das Insolvenzverfahren sei unzulässig und er deshalb zur Klageerhebung nicht befugt.[1006] Das gilt zugleich für jeden Rechtsnachfolger des Verwalters. Ferner hat der Anfechtende das Vorliegen einer **Rechtshandlung** zu beweisen,[1007] bei Unterlassungen also auch das Bewusstsein des Handelnden, ein mögliches Handeln zu unterlassen. Jedoch besteht z. B. ein erhebliches Beweisanzeichen für das bewusste Unterlassen, Ausgleichsansprüche gegen Gesellschafter durchzusetzen, wenn Gesellschaftsanteile an einen Erwerber veräußert werden, der eine faktische Liquidation durchführen soll, ohne etwa noch offene Forderungen zu realisieren und Gläubiger zu befriedigen.[1008] 227

---

[998] *Jaeger/Henckel,* KO § 36 RdNr. 5.
[999] Vgl. den von BFH ZIP 1994, 1707, 1709 f. entschiedenen Fall. Zu den Wirkungen s. o. RdNr. 206.
[1000] *Jaeger/Henckel,* KO § 36 RdNr. 5.
[1001] *Jaeger/Henckel,* KO § 26 RdNr. 5; *Jaeger/Weber* § 145 RdNr. 5 auf S. 346, RdNr. 10 auf S. 349; vgl. BGHZ 113, 381, 382 f. = NJW 1991, 1615.
[1002] RGZ 31, 40, 43; 135, 347, 350; *Jaeger/Henckel,* KO § 36 RdNr. 6; *Kilger/K. Schmidt* § 36 KO Anm. 4 b; *Baur/Stürner* RdNr. 20.2; *Gottwald/Huber* (Fn. 12) § 51 RdNr. 10; *HK-Kreft* § 129 RdNr. 82; *Nerlich* (Fn. 131) § 129 RdNr. 28; vgl. BGHZ 83, 102, 105 = NJW 1982, 1765 und oben RdNr. 211. Beendigung in diesem Sinne ist die Aufhebung (§ 200) oder die Einstellung gem. § 215 Abs. 2 Satz 1.
[1003] Vgl. BGHZ 135, 30, 36 f. zu § 55 Nr. 3 KO und zur GesO.
[1004] Vgl. BGH NJW 1978, 1632.
[1005] BGH NJW 2000, 1259, 1261.
[1006] RGZ 129, 390, 391 f.; 136 97, 99 f.; HK-*Kirchhof* § 27 RdNr. 32. Ergänzend s. o. RdNr. 192, 196.
[1007] *Jaeger/Henckel,* KO § 29 RdNr. 178.
[1008] BGHZ 165, 343, 348 f. = NJW 2006, 908, 910 zu § 1 AnfG.

§ 129 228–229   3. Teil. 3. Abschnitt. Insolvenzanfechtung

228 Weiter hat der Anfechtende das Vorliegen einer **Gläubigerbenachteiligung**[1009] einschließlich der besonderen Voraussetzungen ihrer Unmittelbarkeit[1010] zu beweisen, soweit diese erforderlich ist. Dazu gehört es, dass die Leistung aus dem Vermögen des Schuldners – statt eines Dritten – erfolgt ist.[1011] Zur Frage, ob der Insolvenzverwalter darlegen und beweisen muss, dass eine bargeldlose Zahlung des Schuldners nicht aus einem überzogenen Kreditkonto stammt, vgl. RdNr. 108 c und § 146 RdNr. 43 a. Hängt die Gläubigerbenachteiligung davon ab, ob der übertragene Gegenstand wertausschöpfend mit Grundpfandrechten belastet war (s. o. RdNr. 109, 152 a), genügt im Allgemeinen zunächst die Behauptung des Anfechtenden, diese Rechte seien nicht werthaltig gewesen. Den Anfechtungsgegner, der sich auf eine wertausschöpfende Belastung des ihm übertragenen Gegenstands beruft, trifft eine sekundäre Darlegungslast dazu, in welcher Höhe im Zeitpunkt seines Erwerbs Belastungen bestanden und valutierten;[1012] erst wenn solche Angaben nicht widerlegt werden, bleibt der Anfechtende beweisfällig.[1013]

228 a Ferner steht der **Zurechnungszusammenhang** zur Beweislast des Anfechtenden. Der Beweislast wird nicht schon damit genügt, dass der Verwalter die Übertragung eines zum beschlagfähigen Vermögen des Insolvenzschuldners gehörigen Gegenstands beweist.[1014] Vielmehr muss er sogar für eine mittelbare Benachteiligung grundsätzlich auch das Fehlen einer voll ausgleichenden Gegenleistung behaupten. Dann obliegt es dem Anfechtungsgegner, diese negative Voraussetzung substantiiert zu bestreiten, indem er im Einzelnen angibt, welche – insolvenzbeständige – Gegenleistung er wann und in welcher Weise erbracht haben will. Erst wenn solche Angaben letztlich nicht zu widerlegen sind, gereicht das dem klagenden Insolvenzverwalter zum Nachteil. Dieser muss erforderlichenfalls auch nachweisen, dass eine erbrachte Gegenleistung in der Insolvenz nicht – mehr – vorhanden oder vollwertig ist.[1015] Er hat jedoch seiner Beweislast genügt, wenn feststeht, dass der Anfechtungsgegner einen Gegenstand aus dem Schuldnervermögen ohne – voll ausgleichende – Gegenleistung erlangt hat[1016] bzw. – wo mittelbare Gläubigerbenachteiligung ausreicht – dass sie nicht mehr vorhanden ist.[1017] Dann muss der Anfechtungsgegner im Einzelnen solche Tatsachen beweisen, die ihm zum Erwerb des umstrittenen Gegenstands schon durch einen früheren Rechtsvorgang oder zu einem vorrangigen Sicherungsrecht verholfen haben sollen.[1018] Ein derartiger Beweis ist nicht bereits erbracht, wenn allgemein die Vereinbarung eines verlängerten Eigentumsvorbehalts erwiesen ist; vielmehr muß dieser sich nachweislich gerade auf den anfechtbar weggegebenen Gegenstand erstrecken.[1019] Hatte der Anfechtungsgegner für eine vereinbarungsgemäß unentgeltlich zu erbringende Leistung eine Vergütung erhalten, so hat er zu beweisen, dass er mehr geleistet hat als vereinbart war.[1020]

229 Zur Gläubigerbenachteiligung bestehen für den Insolvenzverwalter verschiedene **Beweiserleichterungen:** Die Insolvenzeröffnung begründet die tatsächliche Vermutung der Mas-

---

[1009] BGHZ 77, 250, 254 f. = NJW 1980, 1962, 1963; NJW 2000, 3777, 3778; NZI 2005, 622 f.; LG Ellwangen ZInsO 2004, 1371, 1372 f.; *Jaeger/Henckel,* KO § 29 RdNr. 178 f.; *Baur/Stürner* RdNr. 18.35 aE; *Nerlich* (Fn. 131) § 129 RdNr. 107; vgl. auch BGH NJW-RR 1986, 991 und zu § 3 AnfG BGH NJW-RR 1988, 827, 828; WM 1999, 226, 228.
[1010] *Uhlenbruck/Hirte* § 129 RdNr. 130; *Kilger/K. Schmidt* § 29 KO Anm. 20; vgl. RGZ 39, 89, 93 f.
[1011] BGH NJW-RR 2004, 1493, 1494.
[1012] BGH NJW-RR 2006, 552, 553; KG ZInsO 2005, 656, jeweils zu § 1 AnfG; zum österreichischen Recht vgl. *König* RdNr. 5/5.
[1013] BGH WM 1965, 917 f.; NJW 1999, 1395, 1397; *Mauer* RdNr. 48. Das wurde von BGH NJW-RR 1988, 827, 828 verkannt.
[1014] *Jaeger/Henckel,* KO § 29 RdNr. 178.
[1015] Vgl. *Jaeger/Henckel,* KO § 29 RdNr. 179.
[1016] BGH WM 1962, 1316, 1318; NJW 1992, 2485, 2486.
[1017] Vgl. BGH WM 1988, 799, 801; HK-*Kreft* § 129 RdNr. 61.
[1018] BGHZ 114, 315, 322 f. = NJW 1991, 2147; BGH NJW 1992, 624, 626 f.; NJW 1992, 2485, 2486; NJW-RR 2006, 1134, 1136; *Jaeger/Henckel,* KO § 29 RdNr. 180 f.
[1019] *Kirchhof,* in: *Bork/Kübler,* Insolvenzrecht 2000, 2001, S. 55, 57 f. gegen BGH NJW 2000, 3777, 3778.
[1020] BGH NJW 1995, 1093, 1095.

seunzulänglichkeit (s. o. RdNr. 107). Für den Nachweis einer Leistung aus dem Schuldnervermögen genügt zB regelmäßig die Vorlage der Quittung eines Vollziehungsbeamten, welche den Schuldner als Zahlenden vermerkt (OLG Hamburg bei *Stiller* EWiR 2006, 373 f.). In den Fällen der Deckungsanfechtung (§§ 130, 131) ergibt sich eine – mittelbare – Gläubigerbenachteiligung regelmäßig schon aus der Sicherung oder Befriedigung, die der Anfechtungsgegner gerade in der kritischen Zeit erhalten hat und die damit den anderen Insolvenzgläubigern entzogen wurde. Jedoch kehrt sich die Beweislast nicht allein deswegen um, weil eine Kapitalgesellschaft eine Verbindlichkeit erst zu einer Zeit tilgte, als diese wegen Überschuldung der Gesellschaft bereits nicht mehr vollwertig war (s. o. RdNr. 143). Im Falle des § 134 Abs. 1 folgt die Gläubigerbenachteiligung aus der Unentgeltlichkeit der Leistung. Richtet sich die Anfechtung gegen den Ehegatten des Insolvenzschuldners, greift die Vermutung des § 1362 BGB auch zugunsten des Insolvenzverwalters ein.[1021] Sie gilt aber nicht gegen einen nicht ehelichen Lebenspartner.[1022] Den Anfechtungsgegner trifft die Beweislast, soweit er behauptet, die zunächst eingetretene Gläubigerbenachteiligung wieder beseitigt zu haben, insbesondere indem er – über eine vertraglich vereinbarte Gegenleistung hinaus – Leistungen zugunsten der Insolvenzmasse erbracht habe.[1023] Dagegen wird eine Beweiserleichterung nicht schon allein durch den Umstand geschaffen, dass der Insolvenzschuldner eine abstrakte Verbindlichkeit eingegangen ist; einen typischen Geschehensablauf dahin, dass abstrakte Verbindlichkeiten – insbesondere Wechsel – ohne ein ausgleichendes Kausalgeschäft begründet werden, gibt es nicht.[1024]

§ 130 Kongruente Deckung

(1) Anfechtbar ist eine Rechtshandlung, die einem Insolvenzgläubiger eine Sicherung oder Befriedigung gewährt oder ermöglicht hat,

1. wenn sie in den letzten drei Monaten vor dem Antrag auf Eröffnung des Insolvenzverfahrens vorgenommen worden ist, wenn zur Zeit der Handlung der Schuldner zahlungsunfähig war und wenn der Gläubiger zu dieser Zeit die Zahlungsunfähigkeit kannte oder
2. wenn sie nach dem Eröffnungsantrag vorgenommen worden ist und wenn der Gläubiger zur Zeit der Handlung die Zahlungsunfähigkeit oder den Eröffnungsantrag kannte.

Dies gilt nicht, soweit die Rechtshandlung auf einer Sicherungsvereinbarung beruht, die die Verpflichtung enthält, eine Finanzsicherheit, eine andere oder eine zusätzliche Finanzsicherheit im Sinne des § 1 Absatz 17 des Kreditwesengesetzes zu bestellen, um das in der Sicherungsvereinbarung festgelegte Verhältnis zwischen dem Wert der gesicherten Verbindlichkeiten und dem Wert der geleisteten Sicherheiten wiederherzustellen (Margensicherheit).

(2) Der Kenntnis der Zahlungsunfähigkeit oder des Eröffnungsantrags steht die Kenntnis von Umständen gleich, die zwingend auf die Zahlungsunfähigkeit oder den Eröffnungsantrag schließen lassen.

(3) Gegenüber einer Person, die dem Schuldner zur Zeit der Handlung nahestand (§ 138), wird vermutet, daß sie die Zahlungsunfähigkeit oder den Eröffnungsantrag kannte.

Schrifttum: *Müller-Freienfels,* Die Vertretung beim Rechtsgeschäft, 1955; *Schilken,* Wissenszurechnung im Zivilrecht, 1983.

[1021] BGH NJW 1955, 20 Nr. 4; RGZ 120, 107, 109 f.; *Jaeger/Henckel,* KO § 29 RdNr. 179; MünchKommBGB-*Wacke* § 1362 RdNr. 19; *Soergel/H. Lange* § 1362 RdNr. 4; *Gernhuber/Coester-Waltjen* § 22 RdNr. 15.
[1022] BGH NJW 2007, 992, 993 f., z. V. b. in BGHZ.
[1023] BGH WM 1962, 1316, 1318; *Jaeger/Henckel,* KO § 29 RdNr. 180; s. o. RdNr. 178.
[1024] *Jaeger/Henckel,* KO § 29 RdNr. 178; wohl auch *Uhlenbruck/Hirte* § 129 RdNr. 122; aM RGZ 26, 74, 76; 58, 141, 145. Ergänzend s. o. RdNr. 114 aE.

Übersicht

	RdNr.		RdNr.
I. Normzweck	1	a) Begriff	28
II. Entstehungsgeschichte	2	b) Ursachenzusammenhang	30
III. Anwendungsbereich	5	3. Kenntnis des Gläubigers von der Zahlungsunfähigkeit	31
1. Allgemein	5	a) Begriff der Kenntnis	33
2. Einschränkung des Abs. 1 Satz 2	5 a	b) Gleichstehende Umstände (Abs. 2)	34
a) Finanzsicherheiten	5 b	aa) Kenntnis der Tatsachen	35
b) Nachbesicherung	5 d	bb) Schluss auf Zahlungsunfähigkeit	36
c) Rechtsfolge	5 f	cc) Einzelfälle	37
IV. Gemeinsame Anfechtungsvoraussetzungen nach Abs. 1		c) Kenntnis des Gläubigers	40
		aa) Stellvertretung	41
1. Sicherung oder Befriedigung	6	bb) Wissensvertretung	46
a) Befriedigung	7	cc) Juristische Person als Gläubigerin	49
b) Sicherung	8	dd) Wissen von Amtspersonen	51
2. Rechtshandlung	11	VI. Besondere Anfechtungsvoraussetzungen des Abs. 1 Nr. 2	52
a) Gewährende	12		
b) Ermöglichende	13	1. Zeitpunkt der Vornahme	52
3. Insolvenzgläubiger	16	2. Kenntnis des Eröffnungsantrags	53
a) Mögliche Insolvenzgläubiger	17	a) Begriff der Kenntnis	54
b) Gläubiger, die nicht Insolvenzgläubiger sind	20	b) Gleichstehende Umstände (Abs. 2)	56
c) Zeitpunkt der Gläubigerstellung	21	c) Kenntnis des Gläubigers	57
4. Gläubigerbenachteiligung	23	3. Alternativ: Kenntnis der Zahlungsunfähigkeit	58
V. Besondere Anfechtungsvoraussetzungen des Abs. 1 Nr. 1	24	VII. Beweislast	61
1. Zeitpunkt der Vornahme	24	1. Regelfall	61
2. Zahlungsunfähigkeit	27	2. Anfechtung gegenüber Nahestehenden (Abs. 3)	66

I. Normzweck

1 Die Vorschrift erklärt – wie die §§ 131 und 132 als die weiteren Tatbestände der „besonderen Insolvenzanfechtung" – bestimmte Handlungen für anfechtbar, die während der **wirtschaftlichen Krise** des Schuldners vorgenommen worden sind. Sie soll damit den Grundsatz der Gleichbehandlung aller Gläubiger schon für den Zeitpunkt des Eintritts derjenigen Vermögensverschlechterung durchsetzen, welche die Insolvenz zur Folge hat,[1] soweit die Interessen der einzelnen begünstigten Partner nicht Vorrang verdienen.[2] Insbesondere § 130 erfasst die Gewährung von Befriedigungen oder Sicherungen an Gläubiger, denen diese an sich gebühren. Für diese Fallgestaltung entscheidet bei der gebotenen Abwägung der beiderseitigen Interessen, ob der begünstigte Gläubiger die Krise des Schuldners kannte bzw. nur infolge „Rechtsblindheit" nicht kannte.

II. Entstehungsgeschichte

2 Die Norm ist aus § 30 Nr. 1, 2. Fall KO und § 10 Abs. 1 Nr. 4 GesO weiterentwickelt worden. Während § 33 KO die Anfechtbarkeit wegen Kenntnis der Zahlungseinstellung auf sechs Monate vor der **Eröffnung** des Konkursverfahrens begrenzte, bestimmt § 130 **Abs. 1 Satz 1** diese zeitliche Grenze auf drei Monate vor dem **Eröffnungsantrag**. Die inhaltliche Erweiterung des § 130 auf Rechtshandlungen, welche die Sicherung oder Befriedigung erst „ermöglicht" haben, wurde auf Grund des Leits. 5.2.1 des 1. KommBer. neu eingeführt.

---

[1] BGHZ 58, 240, 242 f. = NJW 1972, 870, 871; BGHZ 59, 230, 232 = NJW 1972, 2084; BGH WM 1963, 748, 749 unter a; *Baur/Stürner* RdNr. 19, 20 f.; *Gottwald/Huber*, Insolvenzrechts-Handbuch, § 47 RdNr. 1; *Häsemeyer* KTS 1982, 507, 526 f.; *Henckel* ZIP 1982, 391, 394 f.; *Kamlah* S. 229 f.; *Schoppmeyer* NZI 2005, 185, 186 f.

[2] *Jaeger/Henckel*, KO § 30 RdNr. 1, 2, 190.

Die Einschränkung des **Satz 2** setzt die Richtlinie 2002/47/EG des Europäischen Parlaments und des Rates v. 6. 6. 2002 über Finanzsicherheiten[3] um.

Während § 30 Nr. 1 KO die Kenntnis des Anfechtungsgegners von Zahlungseinstellung 3 oder Eröffnungsantrag voraussetzte, ließ § 10 Abs. 1 Nr. 4 GesO schon genügen, dass jene Umstände dem Anfechtungsgegner „den Umständen nach bekannt sein" mussten. Leits. 5.2.1 des 1. KommBer. schlug vor, für die Anfechtbarkeit auf Kenntnis oder „grob fahrlässige Unkenntnis" von Zahlungsunfähigkeit oder Eröffnungsantrag abzustellen. § 145 Abs. 1 RegE übernahm dies, außer für Rechte an Grundstücken. Die jetzige Fassung des **Abs. 2** stammt vom Bundestag[4] und gilt einheitlich für jeden Rechtserwerb.

Die Vermutung des **Abs. 3** wurde auf Grund von Leits. 5.2.6 Abs. 1 des 1. KommBer. 4 neu eingeführt und im Gesetzgebungsverfahren nur redaktionell angepasst.

III. Anwendungsbereich

1. Allgemein. Die Vorschrift knüpft an die Voraussetzungen des § 129 an, die zusätzlich 5 erfüllt sein müssen (vgl. § 129 RdNr. 1, 5). § 130 kann mit allen anderen Anfechtungstatbeständen außer § 132 frei konkurrieren. Reine Überweisungs-, Zahlungs- oder Verrechnungsverträge, durch die Insolvenzgläubiger unmittelbar eine Deckung erhalten, fallen unter § 130 oder § 131, nicht unter § 132, weil derartige Rechtsgeschäfte nur die Deckung vorbereiten (vgl. § 129 RdNr. 50). Im Übrigen kann die Begründung eines Schuldverhältnisses allenfalls unter § 132 fallen (s. u. § 132 RdNr. 5); dasselbe trifft für die Ausübung eines Gestaltungsrechts zu, die einen – später zu erfüllenden – Anspruch überhaupt erst auslöst. Im Verhältnis zu § 131 und § 135 ist § 130 Auffangtatbestand, wenn die Inkongruenz der Deckungshandlung bzw. die eigenkapitalersetzende Funktion der gesicherten oder erfüllten Forderung nicht festzustellen ist.[5]

2. Einschränkung des Abs. 1 Satz 2. Die Vorschrift nimmt unter bestimmten Voraus- 5 a setzungen die Bestellung von Finanzsicherheiten von der Anfechtung nach § 130 aus.

a) Die Norm betrifft nur **Finanzsicherheiten.** Darunter sind nach § 1 Abs. 17 KWG 5 b im wesentlichen Barguthaben, Wertpapiere, Geldmarktinstrumente oder sonstige Schuldscheindarlehen zu verstehen, die als Sicherheit in Form eines beschränkt dinglichen Sicherungsrechts oder der Vollrechtsübertragung bestellt werden.[6] *Nicht* dazu gehören insbesondere *Sicherungseigentum*[7] oder *Globalzessionen*[8] von Lieferantenforderungen.

Finanzsicherheiten im maßgeblichen Sinne können auch nur zwischen Sicherungsnehmern 5 c und -gebern im Sinne des Art. 1 Abs. 2 Buchst. a bis e der Finanzsicherheitenrichtlinie[9]

---

[3] AblEG Nr. L 168, S. 43.
[4] Empfehlung seines Rechtsausschusses, BT-Drucks. 12/7302 S. 54 f.
[5] HambKomm-*Rogge* § 130 RdNr. 6; zum Verhältnis zwischen § 130 und 131 HK-*Kreft* § 130 RdNr. 10; Kübler/Prütting/Paulus § 130 RdNr. 13; FK-*Dauernheim* § 130 RdNr. 3, 24; *Fischer*, Festschrift für Kirchhof, 2003, S. 73, 76 f.; vgl. auch *Jaeger/Henckel*, KO § 30 RdNr. 6 aE, 9, 184; *Baur/Stürner* RdNr. 19.31. Ergänzend vgl. RdNr. 6, Vor § 129 RdNr. 94.
[6] Vgl. näher *Obermüller/Hartenfels* BKR 2004, 440, 442 f.; *Kollmann* WM 2004, 1012, 1014 ff.
[7] *Obermüller* ZIP 2003, 2336, 2338 f.; *Flöther/Bräuer* DZWIR 2004, 89, 91.
[8] *Kieper* ZInsO 2003, 1109, 1117; *Obermüller* ZInsO 2004, 187, 189 f.; *Flöther/Bräuer* DZWIR 2004, 89, 93.
[9] S. o. RdNr. 2. Diese Bestimmungen lauten:
a) öffentlich-rechtliche Körperschaften, mit Ausnahme von Unternehmen, die mit einer öffentlichen Garantie ausgestattet sind, sofern sie nicht durch die Buchstaben b) bis e) erfasst werden, einschließlich
   i) der öffentlichen Stellen der Mitgliedstaaten, die für die Verwaltung der Schulden der öffentlichen Hand zuständig sind oder daran mitwirken, und
   ii) der öffentlichen Stellen der Mitgliedstaaten, die berechtigt sind, Konten für Kunden zu führen,
b) Zentralbanken, die Europäische Zentralbank, die Bank für Internationalen Zahlungsausgleich, multilaterale Entwicklungsbanken im Sinne von Artikel 1 Nummer 19 der Richtlinie 2000/12/EG des Europäischen Parlaments und des Rates vom 20. März 2000 über die Aufnahme und Ausübung der Tätigkeit der Kreditinstitute, der Internationale Währungsfonds und die Europäische Investitionsbank,
c) beaufsichtigte Finanzinstitute, einschließlich der
   i) Kreditinstitute im Sinne von Artikel 1 Nummer 1 der Richtlinie 2000/12/EG einschließlich der in Artikel 2 Absatz 3 der Richtlinie 2000/12/EG bezeichneten Institute,

vereinbart werden.[10] Dazu zählen vor allem öffentlich-rechtliche Körperschaften, Zentralbanken, beaufsichtigte Finanzinstitute einschließlich Versicherungsunternehmen, zentrale Verrechnungs- und Clearingstellen aber auch andere juristische Personen, Einzelkaufleute oder Personengesellschaften, welche mit einer der vorgenannten Einheiten in bestimmten Vertragsbeziehungen stehen. Diese Personen brauchen zwar nicht dem Finanzsektor anzugehören, doch muss dann die von ihnen begebene Sicherheit für Verbindlichkeiten aufgrund von Verträgen über Finanzinstrumente bestellt sein.[11] Hierunter sind bestimmte Termingeschäfte (§ 1 Abs. 17 S. 3 KWG) und – nach § 1 Abs. 11 KWG – Wertpapiere, Geldmarktinstrumente, Devisen und Rechnungseinheiten sowie Derivate zu verstehen, nicht aber gewöhnliche Darlehen von Kreditinstituten an ihre Kunden.[12] Nichtkaufleute werden nicht erfasst.[13] Diese Eingrenzung im **persönlichen Anwendungsbereich** für Sicherungsgeber bewirkt, dass die Norm außerhalb des Finanzsektors allenfalls beschränkte praktische Bedeutung erlangen kann.

5 d b) Inhaltlich schränkt § 130 Abs. 1 Satz 2 die Ausnahme zusätzlich weiter ein. Vorausgesetzt wird die für sich insolvenzfeste Vereinbarung einer oder mehrerer Finanzsicherheit(en) als *Basissicherheit*. Für deren – erstmalige – Bestellung bei Abschluss des jeweiligen Finanzgeschäfts gilt die Privilegierung des Abs. 1 Satz 2 *nicht*. Jene kann also unter den allgemeinen Voraussetzungen der §§ 130 ff. angefochten werden; damit würde auch dem für sich gemäß § 130 Abs. 1 Satz 2 privilegierten Sicherungsgeschäft die Grundlage entfallen.[14]

5 e Abs. 1 Satz 2 privilegiert nur eine vereinbarte **Nachbesicherung** im Sinne des Art. 8 der Finanzsicherheitenrichtlinie.[15] Als Voraussetzung dafür muss die zugrunde liegende Sicherungsvereinbarung ein beständiges Verhältnis zwischen dem Wert der gesicherten Verbindlichkeiten und dem Wert der geleisteten Basissicherheit (s. o. RdNr. 5 d) verbindlich festlegen. Fällt danach der Marktpreis der Sicherheit oder wächst der Wert der zu sichernden Forderung an, so entsteht eine ungedeckte Sicherungslücke. Wird (nur) diese Marge vereinbarungsgemäß durch die Bestellung weiterer Finanzsicherheiten (s. o. RdNr. 5 b) gedeckt, soll diese *„Margensicherheit"* nicht allein wegen der zeitlichen Nähe zu einer späteren Insolvenz ihres Sicherungsgebers anfechtbar sein. Die wenigstens erkennbare Festlegung des Wertverhältnisses in der Sicherheitenvereinbarung ist deshalb eine notwendige Vorausset-

---

ii) Wertpapierfirmen im Sinne von Artikel 1 Nummer 2 der Richtlinie 93/22/EWG des Rates vom 10. Mai 1993 über Wertpapierdienstleistungen,
    iii) Finanzinstitute im Sinne von Artikel 1 Nummer 5 der Richtlinie 2000/12/EG,
    iv) Versicherungsunternehmen im Sinne von Artikel 1 Buchstabe a) der Richtlinie 92/49/EWG des Rates vom 18. Juni 1992 zur Koordinierung der Rechts- und Verwaltungsvorschriften für die Direktversicherung (mit Ausnahme der Lebensversicherung) und Lebensversicherungsunternehmen im Sinne von Artikel 1 Buchstabe a) der Richtlinie 92/96/EWG des Rates vom 10. November 1992 zur Koordinierung der Rechts- und Verwaltungsvorschriften für die Direktversicherung (Lebensversicherung),
    v) Organismen für gemeinsame Anlagen in Wertpapieren (OGAW) im Sinne von Artikel 1 Absatz 2 der Richtlinie 85/611/EWG des Rates vom 20. Dezember 1985 zur Koordinierung der Rechts- und Verwaltungsvorschriften betreffend bestimmte Organismen für gemeinsame Anlagen in Wertpapieren (OGAW),
    vi) Verwaltungsgesellschaften im Sinne von Artikel 1 a Absatz 2 der Richtlinie 85/611/EWG,
    d) zentrale Vertragsparteien, Verrechnungsstellen und Clearingstellen im Sinne von Artikel 2 Buchstabe c) bzw. Buchstabe e) der Richtlinie 98/26/EG und vergleichbare Einrichtungen, die einer Aufsicht nach dem Recht eines Mitgliedstaats unterliegen und für Terminkontrakt-, Options- und Derivatmärkte fungieren, soweit sie nicht bereits von der genannten Richtlinie erfasst werden, sowie juristische Personen, die als Treuhänder oder Vertreter für eine oder mehrere Personen tätig sind, insbesondere für Anleihegläubiger oder Inhaber sonstiger verbriefter Forderungen oder für eine Einrichtung im Sinne der Buchstaben a) bis c)
    e) andere als natürliche Personen sowie Einzelkaufleute und Personengesellschaften, sofern die andere Vertragspartei eine Einrichtung im Sinne der Buchstaben a) bis d) ist.

[10] Vgl. näher *Obermüller/Hartenfels* BKR 2004, 440 ff.
[11] Vgl. *Obermüller/Hartenfels* BKR 2004, 440, 441 f.
[12] *Flöther/Bräuer* DZWIR 2004, 89, 91 f.
[13] *Braun/de Bra* § 130 RdNr. 43; HambKomm-*Rogge* § 130 RdNr. 52.
[14] HK-*Kreft* § 130 RdNr. 36; *Obermüller* ZInsO 2004, 187, 188; weiter gehend *Flöther/Bräuer* DZWIR 2004, 89, 93.
[15] Stellungnahme der Bundesregierung in BT-Drucks. 15/1583, S. 32 zu Nr. 3; HK-*Kreft* § 130 RdNr. 36; *Braun/de Bra* § 130 RdNr. 42; *Obermüller* ZInsO 2004, 187, 189; *Kollmann* WM 2004, 1012, 1022.

zung für den Ausschluss der Anfechtbarkeit.[16] Andererseits ist es unerheblich, ob die Nachbesicherung durch Ersetzung der bisherigen Basissicherheit mit einer anderen Finanzsicherheit erfolgt oder ob zusätzliche Sicherheiten bestellt werden; ein solcher Vorgang kann sich bei späteren Wertverschiebungen auch wiederholen.

c) Als **Rechtsfolge** schließt Abs. 1 Satz 2 (nur) die Anfechtung gemäß § 130 allgemein aus, während insbesondere diejenige nach § 133 uneingeschränkt möglich bleibt.[17] Fraglich ist die Anfechtbarkeit gemäß § 131, insbesondere wenn die Art der zu bestellenden Margensicherheit nicht rechtzeitig vor der wirtschaftlichen Krise des Sicherungsgebers festgelegt war und deshalb die Besicherung nach allgemeinen Maßstäben der Art nach inkongruent ist (s. u. § 131 RdNr. 20, 36 ff.). Eine richtlinienkonforme Auslegung des Art. 8 Abs. 1 und 2 der Finanzsicherheitenrichtlinie dürfte zum Ergebnis führen, dass unter den Voraussetzungen des § 130 Abs. 1 Satz 2 jedenfalls auch § 131 Abs. 1 *Nr. 1* nicht die Finanzsysteme destabilisieren soll. Denn die Richtlinie soll verhindern, dass Finanzsicherheiten allein deshalb rückgängig gemacht werden, weil sie innerhalb eines bestimmten Zeitraums vor der Insolvenzeröffnung bestellt wurden.[18] Auf Grund dieser Erwägung wird man auch § 131 Abs. 1 *Nr. 2* ausschließen müssen, weil die darin zusätzlich – nur – vorausgesetzte Zahlungsunfähigkeit des Schuldners/Sicherungsgebers sich ebenfalls rein objektiv auf die Insolvenznähe bezieht. Fraglich ist dies jedoch im Hinblick auf § 131 Abs. 1 *Nr. 3*, der zusätzlich die *Kenntnis* (hier: des Sicherungsnehmers) von der Krise voraussetzt.

IV. Gemeinsame Anfechtungsvoraussetzungen nach Abs. 1

1. Sicherung oder Befriedigung. Nach § 130 kann nur das Verschaffen einer Sicherung oder Befriedigung (d. h. Deckung) anfechtbar sein. Bardeckungen i. S. v. § 142 scheiden aus. Dass der zur Sicherung oder Befriedigung bestimmte Gegenstand rechtswirksam übertragen wird, ist nicht begriffliche Voraussetzung (vgl. § 129 RdNr. 30–32); die entsprechende Zweckbestimmung der Deckungshandlung genügt. Jedoch kann bei einer unwirksamen Übertragung der Eintritt einer objektiven Gläubigerbenachteiligung fraglich sein (vgl. § 129 RdNr. 134 ff.). Dem Wortlaut nach wird jede Deckung erfasst;[19] die Unterscheidung zwischen ihrer Kongruenz oder Inkongruenz hat rechtliche Bedeutung allein für die Anwendbarkeit des § 131. Da diese Norm die Anfechtung erleichtert, wird die Praxis allerdings auf § 130 lediglich die Anfechtung – wenigstens möglicherweise – **kongruenter** Deckungen stützen (zur Abgrenzung vgl. § 131 RdNr. 8 ff.). Mehr als diesen praktischen Anwendungsbereich drückt auch die amtliche Überschrift zu § 130 nicht aus; insbesondere soll damit nicht erkennbar die rechtliche Tragweite der Norm eingeschränkt werden.[20] Derartiges lässt sich ferner nicht der amtlichen Begründung zu Abs. 1 Satz 2 entnehmen (s. o. RdNr. 5 f); diese spricht sich nur für eine korrespondierende Auslegung des § 131 aus. Entsprechendes gilt für § 135, der die Anfechtung sehr erleichtert, falls die Deckung für ein eigenkapitalersetzendes Darlehen gewährt wurde (s. o. RdNr. 5).

a) Befriedigung ist die Erfüllung eines Anspruchs (i. S. v. § 194 Abs. 1 BGB) mit der Folge seines Erlöschens. Der Eintritt einer schuldtilgenden Wirkung ist allerdings nicht notwendige Voraussetzung, insbesondere wenn auf eine vermeintliche Schuld geleistet wird (vgl. RdNr. 6, § 131 RdNr. 6, 7) und hierdurch die Insolvenzgläubiger objektiv benachteiligt werden. Der Begriff der „Befriedigung" erfasst auch Leistungen an Erfüllungs Statt (§ 364 Abs. 1 BGB), die schuldtilgende Hinterlegung (§§ 372 ff. BGB) und den abstrakten Erlassvertrag (§ 397 BGB), während ein dafür schuldrechtlich vereinbarter Erlassgrund – z. B. Schenkung – unter § 132 Abs. 1 fallen kann, vgl. § 129 RdNr. 57 ff. Eine Erfüllungshandlung liegt nicht vor, wenn der Schuldner im voraus auf das Entstehen eigener

---
[16] HK-*Kreft* § 130 RdNr. 36.
[17] *Sabel* ZIP 2003, 781, 787; *Obermüller* ZInsO 2004, 187, 189 f.
[18] Vgl. Stellungnahme der Bundesregierung (Fn. 15), S. 26 zu Nr. 3; *Obermüller* ZInsO 2004, 187, 188.
[19] *Foerste* RdNr. 304.
[20] Ebenso *Foerste* RdNr. 304; aM *M. Zeuner*, Anfechtung RdNr. 89 aE.

Ansprüche verzichtet[21] oder wenn ein Verpflichtungsgeschäft übereinstimmend aufgehoben wird;[22] derartige Vereinbarungen können nur unter §§ 132 bis 134 fallen. Bei der Aufrechnung ist nicht auf die Aufrechnungserklärung (vgl. § 129 RdNr. 15, 148 a), sondern schon auf die Begründung der Aufrechnungslage abzustellen (s. u. RdNr. 9, 10). Deshalb kann jede einzelne – sei es auch zeitweilige – Rückführung eines revolvierend auszunutzenden Kontokorrentkredits im Hinblick auf § 140 Abs. 3 auch schon vor einer periodischen Saldierung eine anfechtbare Rechtshandlung darstellen.[23] Die Annahme einer Leistung erfüllungshalber (vgl. § 364 Abs. 2 BGB) bewirkt für sich allenfalls eine Sicherung (s. u. RdNr. 8); Befriedigung tritt erst mit dem Eingang der erfüllungshalber vereinbarten Leistung ein. Zur Erfüllungshandlung in Dreiecksbeziehungen vgl. § 129 RdNr. 48 bis 52, zum Eintritt der erforderlichen Gläubigerbenachteiligung § 129 RdNr. 142 bis 147. Eine Erfüllungshandlung des Schuldners selbst liegt vor, wenn er einen Kundenscheck, den er zum Ausgleich einer eigenen Forderung von seinem Drittschuldner – als Aussteller des Schecks – erhalten hat, an einen Gläubiger weiterreicht, dem die Forderung still abgetreten worden war; eine Scheckübertragung unmittelbar vom Drittschuldner an den Abtretungsempfänger scheidet dann aus.[24] Für die Einlösung von Wechseln oder Schecks gelten die Besonderheiten des § 137.

8 **b) Sicherung** ist eine Rechtsposition, die geeignet ist, die Durchsetzung des Anspruchs, für den sie eingeräumt ist und der fortbesteht, zu erleichtern.[25] Unter diesen, weit zu verstehenden, Begriff fallen alle Arten von Sicherheiten, gleichgültig, ob gesetzlich oder vertraglich begründet, also z. B. neben Pfand- und Zurückbehaltungsrechten, Sicherungseigentum oder der Vorausabtretung von Forderungen[26] auch treuhänderische oder Personalsicherheiten, soweit diese die Insolvenzgläubiger benachteiligen,[27] ferner mittelbar zugewendete Sicherheiten wie die Bürgschaft auf erstes Anfordern[28] sowie die Hinterlegung zum Zwecke der Sicherheitsleistung.[29] Die Vormerkung i. S. v. §§ 883 ff. BGB ist ebenfalls ein Sicherungsmittel in diesem Sinne, auch wenn sie sachenrechtlich die geschuldeten dinglichen Rechtswirkungen teilweise vorwegnimmt: Bei der Zuordnung zu den anfechtungsrechtlichen Wirkungen entscheidet, dass sie einem bloß schuldrechtlichen Verschaffungsanspruch eine quasi-dingliche Sicherung verleiht, die nicht nur gegen Verfügungen des Schuldners, sondern auch gegen Zwangszugriffe anderer Gläubiger schützt.[30] Als Sicherung wird ferner die durch Zwangsmaßnahmen von Gläubigern – insbesondere Pfändungen – erlangte Rechtsstellung erfasst.[31] Behält sich dagegen ein Lieferant sein Eigentum gegenüber dem Schuldner vor, stammt diese Sicherung noch nicht aus dessen Vermögen; anders ist es, wenn der Schuldner ein eigenes Anwartschaftsrecht überträgt (s. o. § 129 RdNr. 77 f.).

9 Auch die Herstellung einer **Aufrechnungslage** (§ 96 Abs. 1 Nr. 3) begründet schon eine Sicherung in diesem Sinne, ebenso wie diejenige einer gesellschaftsrechtlichen[32] oder kontokorrentmäßigen Verrechnungslage;[33] zur ermöglichten Befriedigung kann erst die

---

[21] BGH NJW 1997, 1063, 1065.
[22] Vgl. RG WarnR 1931 Nr. 92, S. 186 aE; *H.-G. Lange* S. 161; s. u. § 131 RdNr. 34.
[23] S. u. RdNr. 9; zweifelnd *Obermüller,* Insolvenzrecht RdNr. 3.103. Ergänzend s. o. § 129 RdNr. 174 a.
[24] OLG Stuttgart ZIP 1980, 860, 861. Zum Eintritt der Gläubigerbenachteiligung vgl. § 129 RdNr. 150.
[25] Vgl. *Baur/Stürner* RdNr. 19.35; HK-*Kreft* § 131 RdNr. 11.
[26] Vgl. BGHZ 30, 238, 239 = NJW 1959, 1539.
[27] Zu der durch die üblichen Sicherungsmittel ausgelösten Gläubigerbenachteiligung vgl. § 129 RdNr. 150 bis 159, 161.
[28] Vgl. BGH NJW 1999, 3046, 3047. Entsprechendes gilt für die Bankgarantie oder den Standby Letter of Credit, vgl. *C. Paulus* ZBB 1990, 200, 205 f.
[29] *H.-G. Lange* S. 169.
[30] Ebenso *Kübler/Prütting/Paulus* § 130 RdNr. 26; HambKomm-*Rogge* § 130 RdNr. 7; vgl. *Häsemeyer* RdNr. 21.59; aM BGHZ 34, 254, 256 ff. = NJW 1961, 456, 457 auf Grund rein begrifflicher Ableitung; FK-*Dauernheim* § 131 RdNr. 15; *Baur/Stürner* RdNr. 19.35; für eine Zwangsvormerkung auch RGZ 68, 150, 151.
[31] Zu ihrer Inkongruenz vgl. § 131 RdNr. 26 ff.
[32] Vgl. BGHZ 86, 349, 352 f. = NJW 1983, 1120, 1121; *Jaeger/Henckel,* KO § 30 RdNr. 273.
[33] Vgl. BGHZ 87, 246, 250 = NJW 1986, 2501, 2502; BGH NJW-RR 2005, 695 f.; RG WarnR 1930, Nr. 126, S. 250 f.; OLG Dresden ZInsO 2007, 45; LG Köln KTS 1958, 94, 95; *Canaris,* Bankvertragsrecht

Aufrechnungserklärung führen. Der Begriff der Sicherung hängt nicht davon ab, auf welche Weise die Aufrechnungslage herbeigeführt wurde (s. o. § 129 RdNr. 67, 148a ff.), z. B. durch Erlangung einer Gegenforderung des Insolvenzgläubigers gegen den Schuldner[34] oder durch Begründung einer Verbindlichkeit ihm gegenüber,[35] durch einen Vorschuss des Schuldners[36] oder durch Überweisung eines Dritten auf das debitorisch geführte Bankkonto des Schuldners,[37] durch bankmäßige Einziehung eines Akkreditivbetrages zugunsten des Schuldners[38] oder durch Gutschrift zu seinen Gunsten im Lastschriftverfahren gegenüber einem seiner Drittschuldner.[39] Die auf Grund eines fristgerechten Widerspruchs gegen eine Abbuchung vom Konto des Schuldners entstehende Gutschrift kann ebenfalls eine Verrechnungslage begründen, insbesondere nach einem Widerruf des Schuldners.[40] Lag allerdings keine wirksame Lastschriftermächtigung vor, so ist die Rechtslage unabhängig von der – stornierten – Lastschrift zu beurteilen.[41] Ferner schafft der Abschluss eines Aufrechnungsvertrages oder einer Verrechnungsabrede eine Sicherung; er fällt deshalb unmittelbar unter die Deckungsanfechtung, nicht unter § 132 Abs. 1.[42] Er benachteiligt die Insolvenzgläubiger allerdings nur, soweit er die Aufrechnung unter erleichterten Bedingungen als denen der §§ 387 ff. BGB oder des § 95 Abs. 2 InsO zulässt. Soweit eine Bank Geldbeträge, die bei ihr auf einem Girokonto des Schuldners eingehen, nicht dazu ausnutzt, um eigene Forderungen gegen den Schuldner zu tilgen, sondern ihm nach der Gutschrift die Weiterüberweisung gestattet, kann eine Anfechtung nach den Grundsätzen des Bargeschäfts entfallen.[43] Zu der durch eine Aufrechnungslage herbeigeführten Gläubigerbenachteiligung vgl. § 129 RdNr. 148a ff.

Die Aufrechnungslage entsteht beim Scheckinkasso erst in dem **Zeitpunkt**, in dem die Inkassobank buchmäßige Deckung für den Scheck erlangt.[44] Die anschließende Gutschrift hat regelmäßige nur deklaratorische Bedeutung.[45] Verwendet eine Bank Geldbeträge, die bei ihr mit anderer Zweckbestimmung eingegangen sind, um einen Schuldsaldo des Schuldners zu verringern, so entsteht die Aufrechnungslage erst zu dieser Zeit, bei einem Kontokorrent also mit dessen Abschluss.[46] Hat die Bank – insbesondere auf Grund ihrer Allgemeinen Geschäftsbedingungen – mit Einreichung eines Schecks oder eines Lastschriftauftrags zugleich die zugrundeliegende Forderung erworben, so hat sie schon damit eine entsprechende Sicherung erlangt; maßgebender Zeitpunkt ist insoweit derjenige der Abtretung.[47] Bei einem gegenseitig verpflichtenden Vertrag entsteht die Aufrechnungslage bereits mit Vertragsschluss.[48]

RdNr. 499; *Dampf* KTS 1998, 145, 154 ff.; *Kübler/Prütting/Paulus* § 130 RdNr. 14; *Bork*, Zahlungsverkehr RdNr. 127. Vgl. auch § 129 RdNr. 15, 67.
[34] BGH WM 1971, 908, 909; vgl. *Jaeger/Henckel*, KO § 30 RdNr. 279.
[35] Vgl. § 129 RdNr. 148; § 131 RdNr. 7; BGHZ 86, 349, 354 = NJW 1983, 1120, 1121.
[36] BGHZ 86, 190, 194 = NJW 1983, 887, 888.
[37] Vgl. BGHZ 58, 108, 110 ff. = NJW 1972, 633, 634; RG WarnR 1930, Nr. 126, S. 250 f.; LG Köln KTS 1958, 94 f; vgl. *Peschke* S. 186 f.
[38] *Canaris*, Bankvertragsrecht RdNr. 1081.
[39] *Jaeger/Henckel*, KO § 30 RdNr. 272.
[40] AM LG Aachen WM 1990, 1042, 1044 und OLG Köln WM 1991, 28, 29, die jedoch verkennen, dass der Widerruf selbst eine anfechtbare Rechtshandlung ist (vgl. § 129 RdNr. 12 und zur Gläubigerbenachteiligung § 129 RdNR. 15, 148a ff.).
[41] Vgl. BGHZ 63, 87, 93 = NJW 1974, 2285, 2286; *Jaeger/Henckel* § 30 RdNr. 272. Das gilt erst recht für eine bloße Stornierung mangels Deckung: LG Aachen WM 1990, 1042, 1043. Ergänzend s. o. § 129 RdNr. 108a.
[42] Vgl. BGH NJW 1999, 3636 f.; krit. *W. Lüke* ZIP 2001, 1, 5 f.
[43] S. u. § 142 RdNr. 13. Dasselbe gilt nach Einzahlungen des Schuldners auf sein eigenes Bankkonto zur Ermöglichung der Weiterüberweisung.
[44] BGHZ 118, 171, 176 f. = NJW 1992, 1960, 1961.
[45] *Jaeger/Henckel*, KO § 30 RdNr. 275. Ergänzend s. u. § 140 RdNr. 11a.
[46] BGHZ 74, 129, 133 = NJW 1979, 1461, 1462.
[47] BGHZ 118, 171, 178 = NJW 1992, 1960, 1961; *Jaeger/Henckel*, KO § 30 RdNr. 275; *Canaris*, Bankvertragsrecht RdNr. 653.
[48] Vgl. BGHZ 129, 336, 344 = NJW 1995, 1996, 1998.

11 **2. Rechtshandlung.** Die dem Gläubiger gewährte Deckung muss durch eine Rechtshandlung bewirkt sein. Dieser Begriff ist im umfassenden Sinne des § 129 zu verstehen (vgl. § 129 RdNr. 7 bis 32). Anfechtbar können danach auch Rechtshandlungen Dritter sein, die gegen den Willen des Schuldners vorgenommen werden (vgl. § 129 RdNr. 35), sowie Zuwendungen des Schuldners unter Einschaltung eines Dritten (vgl. § 129 RdNr. 49 bis 53, 68 bis 73). Zur Frage, inwieweit Rechtshandlungen anfechtbar sind, die mit Zustimmung eines vorläufigen Insolvenzverwalters vorgenommen wurden, s. o. § 129 RdNr. 44 ff.

12 **a)** In Betracht kommen einerseits Rechtshandlungen, die eine Deckung (s. o. RdNr. 6) **gewähren:** Erfüllungsleistungen aller Art einschließlich Werkleistungen oder die Übertragung einer Kaufsache,[49] Rückführungen eines Kontokorrentkredits sogar wenn dieser später wieder in Anspruch genommen wird (s. o. RdNr. 7, 9), Abtretungen in den Deckungsbereich einer Sicherung hinein,[50] der Einbau einer beweglichen Sache in ein Grundstück mit der Wirkung des § 946 BGB, das Einbringen einer Sache durch den – später insolvent werdenden – Mieter, welches das Vermieterpfandrecht nach § 559 BGB auslöst, oder eine Leistung gegen Aufrechnung statt Zahlung (vgl. § 129 RdNr. 67). Der Zeitpunkt, in dem die Deckung „gewährt" ist, ergibt sich aus § 140 (vgl. § 140 RdNr. 11, 21).

13 **b)** § 130 lässt schon Rechtshandlungen ausreichen, die eine Deckung (s. o. RdNr. 6) nur **ermöglicht** haben. Diese Regelung richtet sich gegen vorbereitende Verhaltensweisen, die zwar selbst dem Gläubiger noch keine Sicherung oder Befriedigung gewähren, diesen aber in die Lage versetzen, sich eine solche zu verschaffen. Er muss sie – oder wenigstens eine Anwartschaft darauf – aber letztlich auch erlangt haben; anderenfalls würden die anderen Insolvenzgläubiger nicht benachteiligt. Tritt eine solche Benachteiligung ein, so genügt jede mitwirkende Handlung.[51] Dagegen ist es nicht begriffliche Voraussetzung des Ermöglichens, dass die Rechtshandlung den künftigen Insolvenzgläubiger der Deckung in dem Sinne „zwingend" näher bringt, dass er sich das daran noch Fehlende selbst verschaffen kann.[52] Ebenso wenig ist ein erfolgsgerichteter Wille des Handelnden begriffliche Voraussetzung;[53] dieses Merkmal ist insbesondere den §§ 130, 131 fremd und käme nur für § 133 in Betracht (ergänzend s. o. § 129 RdNr. 7). Vielmehr wird die nötige Begrenzung der Anfechtbarkeit auch insoweit jeweils durch die zusätzlichen Tatbestandsmerkmale der §§ 130, 131 gewährleistet. Insbesondere ist bei der Herstellung einer Aufrechnungslage jede Mitwirkungshandlung zu berücksichtigen, nicht erst die letzte, welche die Aufrechnungsvoraussetzungen vervollständigt (ergänzend s. o. § 129 RdNr. 148 ff.). Zum maßgeblichen Zeitpunkt s. u. § 140 RdNr. 11 b.

13 a Anfechtbar kann aktives Tun, können aber auch bewusste Unterlassungen des Schuldners im Sinne von § 129 Abs. 2 (vgl. § 129 RdNr. 23 bis 29) sein, gleichgültig, ob sie sich materiell- oder verfahrensrechtlich auswirken. Insbesondere kann die Anweisung des Schuldners an einen Drittschuldner, dessen Schuld durch Überweisung auf ein bestimmtes Konto zu tilgen, ebenso eine anfechtbare Rechtshandlung sein wie das anschließende freiwillige Stehenlassen des eingezahlten Betrages auf dem Konto, wenn dadurch zugunsten der kontoführenden Bank letztlich eine Auf- oder Verrechnungslage (s. o. RdNr. 9, 10) geschaffen wird. Eine „Ermöglichen" liegt ferner vor, wenn der Schuldner z. B. Wertpapiere bei einer Bank einlagert und dadurch ihr Pfandrecht nach Nr. 14 AGB-Banken auslöst. Bei einem mehraktigen Erwerbsvorgang – z. B. Einigung und Übergabe (§ 929 Satz 1 BGB), Angebot und Annahme zu einem Erlassvertrag (§ 397 BGB) oder eine zielstrebige Zuwendung an einen Dritten über eine Mittelsperson (vgl. § 129 RdNr. 68 bis 73) – „ermöglicht" bereits der erste Akt die Deckung.[54] Erbringt ein Werkunternehmer

---

[49] Vgl. BGHZ 89, 189, 193 f. = NJW 1984, 1557, 1558; BGHZ 129, 336, 344 = NJW 1995, 1966, 1968.
[50] BGHZ 59, 230, 234 f. = NJW 1972, 2084.
[51] Vgl. BGH NZI 2004, 248, 249. Ergänzend s. o. § 129 RdNr. 55 f., 171.
[52] AM *Peschke* S. 176 f.
[53] AM *Kübler/Prütting/Paulus* § 130 RdNr. 12; wohl auch *Uhlenbruck/Hirte* § 130 RdNr. 9.
[54] *Kübler/Prütting/Paulus* § 130 RdNr. 11, 12.

Leistungen, obwohl seine Werklohnforderung im Voraus an Gläubiger abgetreten ist, ermöglichen seine Leistungen deren Sicherung mit, indem sie die abgetretene Forderung werthaltiger machen.[55] Einzahlungen des Versicherungsnehmers auf eine Direktversicherung ermöglichen einen höheren Anspruch gegen die Versicherung.[56] Das bloße Unterlassen einer Kündigung ist keine „ermöglichende" Rechtshandlung des Schuldners, solange er die Kündigung nicht bewusst in Betracht gezogen hat.[57] Als ermöglichende Prozesshandlung des Schuldners kommt insbesondere sein Anerkenntnis in einem Zivilprozess[58] oder gemäß § 794 Abs. 1 Nr. 5 ZPO ebenso in Betracht wie seine Entscheidung, gegen einen Vollstreckungsbescheid oder eine Vorpfändung keine Erinnerung einzulegen; erwirbt der Gläubiger in der Folgezeit auf Grund des Titels ein Pfändungspfandrecht oder gar die Erfüllung seiner Forderung, kann als anfechtbare Rechtshandlung das Verhalten des Schuldners selbstständig erfasst werden.

Auch eine Handlung des Gläubigers kann seine Sicherung ermöglichen, etwa sein Eintragungsantrag beim Grundbuchamt oder das Erwirken eines Titels, aus dem später vollstreckt wird. In materiell-rechtlicher Hinsicht kommt ein Ermöglichen durch den Gläubiger z. B. in Betracht, wenn er sich den Besitz an Sicherungsgut verschafft[59] oder eine eigene fällige Verbindlichkeit bewusst nicht erfüllt, um eine Aufrechnungslage für künftige Gegenansprüche gegen den Schuldner zu verschaffen,[60] oder wenn ein Gesellschafter einer Bau-Arge Personal, Geräte oder Baumaterial seines insolvent gewordenen Partners weiter auf der Baustelle einsetzt.[61] **14**

Da die Fristen der §§ 130 bis 132 vom Eröffnungsantrag zurückgerechnet werden (s. u. RdNr. 24), wird meist die Anfechtung des letzten, gewährenden Aktes leichter sein als diejenige der Vorbereitungshandlung; jener wird eher in die kritische Zeit fallen als die erst vorbereitende Maßnahme.[62] Jedoch kann das „Ermöglichen" auch die einzige anfechtbare Rechtshandlung sein (s. o. RdNr. 13 a) oder dazu führen, dass der Gläubiger eine kongruente statt einer nur inkongruenten Deckung erlangt. Daran ist insbesondere zu denken, wenn Gläubiger oder Schuldner in der kritischen Zeit ein diesem gewährtes Darlehen kündigen und hierdurch z. B. ein bis dahin nicht berechtigtes Pfandrecht kongruent wird. Gleiches gilt, wenn Gläubiger oder Schuldner z. B. den Eintritt einer Bedingung i. S. v. § 158 BGB auslösen oder die Anfechtung (§§ 119, 123 BGB) eines Verpflichtungsgeschäfts unterlassen, so dass die vom Gläubiger erlangte Deckung kongruent wird. **15**

3. Insolvenzgläubiger. Die Rechtshandlung (s. o. RdNr. 11 bis 15) muss die Deckung (s. o. RdNr. 6 bis 10) gerade eines Insolvenzgläubigers bewirkt haben. Durch diese Einschränkung sollen zum einen solche Leistungsempfänger von der Deckungsanfechtung allgemein ausgenommen werden, die in der Insolvenz kraft Gesetzes von vornherein bessergestellt sind als die – durch die Anfechtung zu begünstigenden – Insolvenzgläubiger (s. u. RdNr. 20). Zum anderen ermöglicht es der Begriff „Insolvenzgläubiger", die Deckungsanfechtung von der Anfechtung nach § 132 abzugrenzen (s. u. RdNr. 21). Erfüllungsleistungen an den Schuldner selbst können nicht unter die §§ 130, 131 fallen. **16**

a) Insolvenzgläubiger ist danach jeder, der ohne die erlangte Deckung in dem anschließenden Insolvenzverfahren keine bessere Stellung in Bezug auf die befriedigte oder gesicherte Forderung gehabt hätte als gemäß § 38.[63] Denn dann ist dessen Erfüllung oder Sicherung **17**

---

[55] BGH ZIP 2001, 1380, 1382; *Kirchhof*, Festschrift für Uhlenbruck, 2000, S. 269, 277. Ergänzend s. o. § 129 RdNr. 168 a.
[56] Dies berücksichtigen *Westhelle/Micksch* ZIP 2003, 2054, 2057 f. nicht. Ergänzend vgl. § 129 RdNr. 52, § 134 RdNr. 15 f.
[57] Vgl. BGH ZIP 1996, 2080, 2081. Ergänzend vgl. § 129 RdNr. 24, § 131 RdNr. 41.
[58] § 307 ZPO. Vgl. dazu *Henckel*, Kölner Schrift S. 813, 822 RdNr. 23.
[59] *Gundlach/Frenzel/Schmidt* NZI 2002, 22. Ergänzend s. o. § 129 RdNr. 22, 109 a, 136 f.
[60] Vgl. *Paulus/Schröder* WM 1999, 253, 256. Zur Kongruenz einer solchen Aufrechnungslage vgl. § 131 RdNr. 40.
[61] OLG Frankfurt ZInsO 2006, 105, 107.
[62] Vgl. *Kirchhof*, Festschrift für Uhlenbruck, 2000, S. 269, 271 f.
[63] Vgl. BGHZ 89, 189, 194 = NJW 1984, 1557, 1558; BGH WM 1984, 265; NJW-RR 2006, 1134.

§ 130 18

geeignet, die Befriedigungsaussichten der anderen Insolvenzgläubiger über das kraft Gesetzes vorgegebene Maß hinaus zu schmälern. Unerheblich ist es deshalb, ob der Berechtigte schon Insolvenzgläubiger war, als er eine Sicherheit erlangte; entscheidend ist, inwieweit er die Sicherheit im Verfahren zur Verstärkung einer bloßen Insolvenzforderung einsetzt.[64] In Betracht kommen neben den **normalen** auch die **nachrangigen** Insolvenzgläubiger im Sinne von § 39.[65] Ob der Gläubiger im Einzelfall am Insolvenzverfahren teilnimmt, ist unerheblich,[66] ebenso der Rechtsgrund, auf dem seine Forderung beruht: Insolvenzgläubiger können daher z. B. die Inhaber öffentlich-rechtlicher Ansprüche – etwa gerichtet auf Steuern, Gebühren oder Abgaben – sein.[67] Im Falle der Aufrechnung durch einen Insolvenzgläubiger (§ 96 Abs. 1 Nr. 3) kommt es nicht entscheidend darauf an, ob die Hauptforderung des Insolvenzschuldners vor oder nach der Gegenforderung entstanden ist.[68] Zum Fehlen eines Rechtsgrundes für die Deckungshandlung s. u. § 131 RdNr. 6, 7. Tilgt der Schuldner eine Verbindlichkeit, für die ein anderer eine Sicherheit bestellt hatte, so erfüllt er damit regelmäßig zugleich den Befreiungsanspruch des Sicherungsgebers (vgl. § 44); dann ist auch dieser in Höhe des Wertes seiner Sicherheit Insolvenzgläubiger i. S. d. § 130.[69] Ein Geldinstitut, das einen Zahlungsauftrag des späteren Insolvenzschuldners ausführt, ist insoweit nicht dessen Insolvenzgläubiger.[70] Die Stellung als Insolvenzgläubiger ist auf die jeweils betroffene konkrete Forderung zu beziehen: Der Kreditgeber des Insolvenzschuldners ist insoweit nicht dessen Insolvenzgläubiger, als jenem die eigene Pflicht zur bestmöglichen Verwertung von Sicherungsgut erlassen wird.[71]

18 Auf Grund der Neuregelung der §§ 52 Satz 1, 77 Abs. 3 Nr. 2, 223 sind die Inhaber von **Absonderungs-** oder **Ersatzabsonderungsrechten** wegen ihrer gesamten persönlichen Forderung gegen den Schuldner, nicht nur wegen ihres Ausfalls Insolvenzgläubiger. Deshalb betreffen Rechtshandlungen, welche die durch das Absonderungsrecht gesicherte Forderung verringern, deren Berechtigte im Zweifel in ihrer Eigenschaft als Insolvenzgläubiger.[72] Abweichendes gilt nur für solche Rechtshandlungen, die sich erkennbar allein auf das Sicherungsrecht – unabhängig vom Bestand der zugrunde liegenden Forderung – beziehen, z. B. die Ablösung einer Grundschuld (§§ 1142, 1150, 1192 Abs. 1 BGB) oder die Verwertung bzw. den Ankauf des Sicherungsguts.[73] Soweit sich der Absonderungsberechtigte in der kritischen Zeit den Besitz an beweglichem Sicherungsgut des Schuldners verschafft, handelt er im Hinblick auf seine gesicherte Forderung gegen den Schuldner – deren Erfüllung durch die Kostenbeitragspflicht (§ 171) beeinrächtigt werden kann – ebenfalls als Insolvenzgläubiger.[74] Jedoch schließt das insolvenzbeständige Sicherungsrecht regelmäßig im

---

[64] AM *Kuder* S. 174 f. für Pfandrechte, die vor einem Lastschriftwiderruf entstehen.

[65] *Kübler/Prütting/Paulus* § 130 RdNr. 5; *Nerlich* in: *Nerlich/Römermann* § 130 RdNr. 45; *H. Wagner* § 130 RdNr. 2; vgl. oben § 129 RdNr. 103 und schon *Jaeger/Henckel*, KO § 30 RdNr. 139. Jedenfalls überholt ist OLG München KTS 1979, 327 f. Gegenüber Forderungen auf kapitalersetzende Gesellschafterdarlehen (§ 39 Abs. 1 Nr. 5) kommt zusätzlich § 135 als Anfechtungsgrundlage in Betracht.

[66] BGH NJW-RR 2006, 1718; *Häsemeyer* KTS 1982, 507, 532; *Jaeger/Henckel*, KO § 30 RdNr. 124; *Kübler/Prütting/Paulus* § 130 RdNr. 4.

[67] BGH ZIP 1994, 1194, 1195; vgl. *Jaeger/Henckel*, KO § 30 RdNr. 296; *Kübler/Prütting/Paulus* § 130 RdNr. 4.

[68] OLG Köln NZI 2001, 474, 475; *Bork* ZInsO 2003, 686, 687; *von Olshausen* ZIP 2003, 893. Ergänzend vgl. § 96 RdNr. 27, 131 RdNr. 7.

[69] *Jaeger/Henckel*, KO § 30 RdNr. 124; vgl. RG LZ 1911, 944, 946.

[70] RG LZ 1914, 1043. Vgl. § 129 RdNr. 50.

[71] Vgl. BGH NJW 1997, 1063, 1065.

[72] BGH ZInsO 2007, 605, 607; OLG Frankfurt MDR 1968, 675, das allerdings zu Unrecht eine Gläubigerbenachteiligung annahm; *Eichberger* S. 117; vgl. RGZ 155, 95, 99 ff. Anders für die Auslösung oder Verwertung des Absonderungsrechts RGZ 90, 69, 71 f.; 126, 304, 307.

[73] Vgl. *Uhlenbruck/Hirte* § 130 RdNr. 28.

[74] BGH ZInsO 2007, 605, 607; 1. KommBer. Leits. 5.5; HK-*Kreft* § 130 RdNr. 10; *Nerlich* (Fn. 65) § 130 RdNr. 44; HambKomm-*Rogge* § 130 RdNr. 4; *Gundlach/Frenzel/Schmidt* NZI 2002, 20, 22; wohl auch *Bork*, Festschrift für Gaul S. 71, 76; zu eng *Kübler/Prütting/Paulus* § 130 RdNr. 5; *Henckel* in Kölner Schrift S. 813, 819 f.; *C. Paulus* WM 2000, 2225, 2227; *Eckardt* ZIP 1999, 1734, 1740 f.; *Zenker* WuB VI A § 129 2.05; aM *Braun/de Bra* § 130 RdNr. 8. Ergänzend vgl. § 129 RdNr. 109 a, 136 f., § 132 RdNr. 21, 23.

Umfang seines Nettowertes (§ 170 Abs. 1 Satz 2) eine Gläubigerbenachteiligung aus.[75] Gemäß denselben Grundsätzen sind – nach dem Wegfall von Vorzugsrechten bei der insolvenzmäßigen Verteilung – auch die Pfandbriefgläubiger einer Hypothekenbank sowie Baugläubiger als Insolvenzgläubiger einzustufen; § 35 HypBankG bzw. § 1 Abs. 1 GSB stellen deren Forderungen nicht allgemein besser, sondern begründen allenfalls (vgl. § 129 RdNr. 106) einen bevorrechtigten Zugriff auf besondere Haftungsmassen, der in diesem Umfange eine Gläubigerbenachteiligung ausschließen kannn. Insolvenzgläubiger ohne besondere Vorrechte ist auch, wer durch eine vorsätzliche unerlaubte Handlung des Schuldners geschädigt wurde[76] oder seinerseits einen Anfechtungsanspruch gemäß §§ 1 ff. AnfG gegen diesen durchgesetzt hat.[77] Zur Aussonderung s. u. RdNr. 20.

Stellt der Schuldner eine Sicherheit für die Verbindlichkeit eines **Dritten** oder tilgt er **19** diese (§ 267 Abs. 1 BGB), so ist zu unterscheiden: Ist der Insolvenzschuldner selbst ebenfalls Schuldner des Gläubigers – z. B. auf Grund einer Bürgschaft oder nach § 44 Abs. 1 Satz 1 AO –, so ist dieser auch Insolvenzgläubiger.[78] Der Dritte kann – zusätzlich – Insolvenzgläubiger sein, wenn ihm der Insolvenzschuldner zur Bestellung der Sicherheit oder zur Tilgung verpflichtet war.[79] Haftet ein Dritter für eine Verbindlichkeit des Schuldners mit und ist dieser dem Dritten im Innenverhältnis zur Tilgung verpflichtet, so ist bei einer späteren Tilgung durch den Schuldner der Dritte wegen seines Befreiungsanspruchs ebenfalls Insolvenzgläubiger;[80] insbesondere der Ausgleichsanspruch aus § 426 Abs. 1 BGB entsteht schon mit der Begründung eines Gesamtschuldverhältnisses. Nur soweit der Schuldner die Leistung gewährt hat, ohne hierzu vorher verpflichtet gewesen zu sein, entfällt die Deckungsanfechtung;[81] statt dessen sind insbesondere die §§ 132 bis 134 als Anfechtungsgrundlagen in Betracht zu ziehen (s. u. § 132 RdNr. 5, § 134 RdNr. 31).

b) Insolvenzgläubiger ist **nicht** der der durch eine Bewährungsauflage – nur mittelbar – **20** Begünstigte,[82] der **Aussonderungsberechtigte** (§ 47)[83] oder Ersatzaussonderungsberechtigte (§ 48), ebenso wenig der **Massegläubiger** (§§ 54, 55):[84] Dessen Schutz dient die Insolvenzanfechtung nicht einmal im Falle der Massengelosigkeit oder -unzulänglichkeit (§§ 207, 208); die Abwicklungsmaßnahmen des Verwalters können sogar in diesen Fällen nicht mit Handlungen des Schuldners vor der Verfahrenseröffnung gleichgestellt werden.[85] Wer dagegen als Gläubiger eines gegenseitig verpflichtenden Vertrages (§ 103) vor der Verfahrenseröffnung teilweise Deckung erhalten hat, kann im Hinblick auf die Folgeregelung der §§ 105, 108 Abs. 2 unabhängig davon Insolvenzgläubiger sein, ob der Insolvenzverwalter wegen eines abtrennbaren Rests Erfüllung wählt.[86]

---

[75] OLG Düsseldorf ZInsO 2006, 154, 158. Ergänzend s. o. § 129 RdNr. 150.
[76] BGH WM 1959, 470, 471.
[77] Vgl. § 129 RdNr. 203 und ergänzend § 131 RdNr. 30.
[78] RGZ 152, 321, 322 f.; iE auch *Jaeger/Henckel*, KO § 30 RdNr. 125. Entgegen seiner Auffassung ist es jedoch nicht ohne weiteres erheblich, ob die Insolvenzmasse als Ausgleich einen werthaltigen Rückgriffs- oder Freistellungsanspruch gegen den Hauptschuldner hat, s. o. § 129 RdNr. 101.
[79] OLG Köln ZInsO 2006, 1329; *Jaeger/Henckel*, KO § 30 RdNr. 125.
[80] BGH NJW-RR 2006, 1718 gegen OLG Schleswig DZWIR 2005, 258, 259.
[81] BGH NJW-RR 2004, 983 f.; NJW 2005, 1867 f.; *Kübler/Prütting/Paulus* § 130 RdNr. 5 aE; HambKomm-*Rogge* § 130 RdNr. 3; *Henckel* ZIP 2004, 1671 f.; aM *Uhlenbruck/Hirte* § 130 RdNr. 31.
[82] *Brömmekamp* ZIP 2001, 951. Vgl. aber § 129 RdNr. 142 aE, § 134 RdNr. 7.
[83] RG JW 1896, 4 f. und OLG Hamburg OLGR 32, 374, die jedoch zu Unrecht auch die Lastenfreistellung für unanfechtbar hielten; vgl. *Jaeger/Henckel*, KO § 30 RdNr. 126, 131. Zur Absonderung s. o. RdNr. 18.
[84] *Jaeger/Henckel*, KO § 30 RdNr. 137; FK-*Dauernheim* § 130 RdNr. 9; BGH, Beschl. v. 15. 12. 2005 – IX ZA 3/04, zu § 324 Abs. 1 Nr. 4.
[85] Vgl. § 129 RdNr. 45; § 147 RdNr. 9. Dem Schutz der Massegläubiger dient vor allem § 61.
[86] Vgl. BGHZ 89, 189, 194 = NJW 1984, 1557, 1558; BGH WM 1984, 265 f.; *Jaeger/Henckel*, KO § 30 RdNr. 136; *Eichberger* S. 117 f. Eine bloße Vorauszahlung des Schuldners/Auftraggebers auf eine insgesamt noch ausstehende Leistung des Auftragnehmers ist aber keine verselbständigte Teilleistung in diesem Sinne: nur iE zutreffend *Heidland* RdNr. 700.

21 c) Der Anspruch des Insolvenzgläubigers muss grundsätzlich bereits vor der Deckungshandlung bestanden haben. Unschädlich ist es, wenn die Forderung im **Zeitpunkt** der Deckungshandlung – z. B. wegen Akzessorietät – noch nicht durchsetzbar oder nichtig war.[87] Eine bedingte Forderung genügt;[88] deshalb ist ein Kreditgeber auch in der Insolvenz des Bürgen bereits Insolvenzgläubiger mit Bezug auf die Kreditbürgschaft.[89] Wird dagegen die erfüllte oder gesicherte Forderung erst zugleich mit der Leistungshingabe oder sogar später begründet, handelt es sich regelmäßig um einen Anwendungsfall des § 132.[90] Wird z. B. ein Arbeitsverhältnis gegen sofortige Zahlung eines überhöhten Entgelts aufgehoben, so entsteht dieser Zahlungsanspruch erst durch die Aufhebungsvereinbarung; der Arbeitnehmer ist deshalb insoweit nicht Insolvenzgläubiger.[91] Tilgt der Schuldner, ohne hierzu gegenüber irgend jemandem verpflichtet zu sein, die Schuld eines Dritten, so entfällt die Deckungsanfechtung (vgl. RdNr. 19, § 132 RdNr. 8). Beim Dokumenteninkasso ist die mit der Einziehung beauftragte Bank Insolvenzgläubigerin, wenn der spätere Insolvenzschuldner die Dokumente im Rahmen eines im Soll geführten Kontokorrentkontos hereingegeben hatte; dagegen ist sie es nicht, soweit sie dem Schuldner Zug um Zug gegen Einreichung der Dokumente einen zusätzlichen Kredit als „Vorschuss" gewährt.[92] Im Überweisungsverkehr ist die Bank, die einen Überweisungsauftrag des späteren Insolvenzschuldners ausführt, nicht wegen des daraus erst folgenden Aufwendungsersatzanspruchs dessen Insolvenzgläubigerin.[93] Der Angewiesene ist auch nicht Insolvenzgläubiger des Leistungsempfängers;[94] statt dessen kommt es auf dessen Verhältnis zum Anweisenden an. Unerheblich ist, ob die Forderung eines Insolvenzgläubigers erst nach Eintritt der Zahlungsunfähigkeit des Schuldners entsteht.[95] Der Sanierungstreuhänder, der Vermögen des Schuldners zwecks Verteilung an dessen Gläubiger übernimmt, wird damit allein nicht selbst zu dessen Insolvenzgläubiger.[96] Ergänzend s. u. § 131 RdNr. 7.

22 Die Eigenschaft als Insolvenzgläubiger sollte nicht mit dem Vorliegen eines Bargeschäfts verknüpft werden: Für dieses gilt die Sonderregelung des § 142, die auch dann eingreifen kann, wenn die Deckungshandlung – geringfügig – nach Begründung der Insolvenzforderung stattfindet.[97]

23 4. Mittelbare **Gläubigerbenachteiligung** (vgl. § 129 RdNr. 121 bis 126) genügt als Folge der Rechtshandlung.[98] Sie tritt bei Erfüllungshandlungen aus dem Schuldnervermögen einschließlich der Erfüllungssurrogate – vor allem bei Auf- oder Verrechnungen – regelmäßig ein, weil diese für andere Insolvenzgläubiger weniger Haftungsmasse übrig lassen. Dasselbe gilt bei der Erlangung von Sicherheiten aus dem Schuldnervermögen. Sogar die mittelbare Benachteiligung fehlt dagegen beim bloßen Austausch von Sicherheiten (vgl. § 129 RdNr. 108, 150) oder bei Befriedigungen, durch die gleichwertige, insolvenzfeste Sicherheiten zugunsten der Insolvenzgläubiger frei werden (vgl. § 129 RdNr. 142). Vor allem wirkt sich im Rahmen des § 130 die Unanfechtbarkeit von Bargeschäften (§ 142) aus.

---

[87] HambKomm-*Rogge* § 130 RdNr. 5. S. u. § 131 RdNr. 6, 7.
[88] RGZ 152, 321, 322; iE auch *Jaeger/Henckel*, KO § 30 RdNr. 125 aE.
[89] *Kirchhof*, Festschrift für Fuchs, 1996, S. 97, 105.
[90] BGH WM 1955, 404, 406; RGZ 29, 77, 78; 136, 154, 158; RG JW 1890, 192 Nr. 6; LZ 1910, 476, 477; *Kübler/Prütting/Paulus* § 130 RdNr. 4; *Jaeger/Henckel*, KO 30 RdNr. 123. Ergänzend s. u. § 132 RdNr. 5, 8.
[91] *Gerhardt* EWiR 1989, 609, 610 gegen OLG Düsseldorf ZIP 1989, 1073, 1074.
[92] AM insoweit *Menkhaus* S. 97.
[93] *Jaeger/Henckel* § 30 RdNr. 146; *Kübler/Prütting/Paulus* § 130 RdNr. 16.
[94] *Kübler/Prütting/Paulus* § 130 RdNr. 17; *FK-Dauernheim* § 131 RdNr. 5.
[95] BGH WM 1955, 404, 406, insoweit in NJW 1955, 709 Nr. 6 nur Leitsatz; *Kübler/Prütting/Paulus* § 130 RdNr. 4.
[96] RG LZ 1911, 854, 855; vgl. BGH NJW 1980, 1962, 1963, insoweit nicht in BGHZ 77, 250 abgedr.
[97] S. u. § 142 RdNr. 15 ff.; vgl. *Eichberger* S. 116; *Raschke* S. 81 ff.
[98] BGH NJW 1992, 2485, 2486; ZInsO 2007, 816, 819; HK-*Kreft* § 130 RdNr. 9; *Nerlich* (Fn. 65) § 130 RdNr. 61; *Kübler/Prütting/Paulus* § 130 RdNr. 3; FK-*Dauernheim* § 130 RdNr. 4.

V. Besondere Anfechtungsvoraussetzungen des Abs. 1 Nr. 1

1. Zeitpunkt der Vornahme. Verdächtig wird die kongruente Deckung durch den Zeitpunkt ihrer Vornahme (zu dessen Bestimmung vgl. § 140). **Nr. 1** erfasst alle Handlungen, die bis zu **drei Monate** (einschließlich) **vor** Stellung des **Eröffnungsantrags** (§ 13) vorgenommen wurden. Die Regelung eröffnet den anderen, nicht begünstigten Gläubigern mittelbar zugleich die Möglichkeit, den Gleichbehandlungsgrundsatz zu verwirklichen, sobald sie von einer solchen bevorzugten Deckung erfahren, indem sie innerhalb von drei Monaten seit deren Vornahme die Eröffnung des Insolvenzverfahrens beantragen. 24

Maßgeblich ist einerseits – nach näherer Bestimmung des § 139 Abs. 2 – der Eingang des frühesten zulässigen und begründeten Eröffnungsantrags beim Insolvenzgericht.[99] Unerheblich ist, auf welchen Antrag der Eröffnungsbeschluss gestützt wird und wie lange es bis zur Insolvenzeröffnung dauert.[100] Voraussetzung ist allerdings, dass das Insolvenzverfahren tatsächlich eröffnet wird;[101] kommt es dazu nicht, bleibt nur die Einzelgläubigeranfechtung gemäß §§ 3 bis 6 AnfG. Unzulässige, unbegründete, für erledigt erklärte oder zurückgenommene Anträge bleiben nach näherer Maßgabe des § 139 Abs. 2 außer Betracht (s. u. § 139 RdNr. 9 a). Zu Besonderheiten in der Insolvenz von Kreditinstituten s. u. § 139 RdNr. 3. 25

Die Dreimonatsfrist ist andererseits auf Grund des § 139 Abs. 1 zu berechnen. Anfechtbar ist die Rechtshandlung nach Nr. 1 nur, wenn sie innerhalb dieser Frist vorgenommen worden ist; nach näherer Maßgabe des § 140 genügt es dafür regelmäßig, wenn der letzte, vollendende Akt in die Frist fällt. Es handelt sich um eine zum Klagegrund gehörende Frist, nicht um eine Verjährungsfrist, so dass die §§ 193, 202 ff. BGB nicht gelten.[102] 26

2. Zahlungsunfähigkeit. Die Deckungshandlung ist nach Nr. 1 nur anfechtbar, wenn zusätzlich der Schuldner im Zeitpunkt ihrer Vornahme (s. o. RdNr. 24) – und damit spätestens innerhalb der drei Monate vor Stellung des Insolvenzantrags[103] – zahlungsunfähig war. Es schadet nichts, wenn die Zahlungsunfähigkeit schon länger andauerte. Andererseits kann bereits diejenige Handlung anfechtbar sein, welche die Zahlungsunfähigkeit erst begründet;[104] dann mag allerdings die Kenntnis des Anfechtungsgegners hiervon (s. u. RdNr. 31 ff.) oft fraglich sein. Bei Auslandsinsolvenzen greift insoweit § 356 Abs. 3 nicht ein; diese Norm erleichtert schon ihrem Wortlaut nach nur die „Eröffnung" eines inländischen Zweitverfahrens, ermöglicht es dagegen nicht, einen bestimmten Zeitpunkt *vor* der Eröffnung als denjenigen der Zahlungsunfähigkeit festzulegen. Für die Anfechtbarkeit muss vielmehr die Zahlungsunfähigkeit auch dann festgestellt werden, wenn im Ausland deswegen ein Insolvenzverfahren eröffnet wurde; dieser Umstand ist aber als ein mögliches Indiz mit zu berücksichtigen.[105] 27

a) Zahlungsunfähigkeit ist im Sinne von § 17 Abs. 2 Satz 1 zu verstehen. Sie liegt also regelmäßig vor, wenn der Schuldner für einen Zeitraum von mehr als drei Wochen außerstande ist, wenigstens über 90% seiner fälligen Gesamtverbindlichkeiten zu tilgen; eine Zahlungsunfähigkeit kann dann nur ausscheiden, wenn ausnahmsweise mit an Sicherheit grenzender Wahrscheinlichkeit zu erwarten ist, dass die Liquiditätslücke demnächst (fast) vollständig beseitigt wird und den Gläubigern ein Zuwarten nach den besonderen Umständen des Einzelfalles zuzumuten ist. Beträgt andererseits eine innerhalb von drei Wochen zu beseitigende Liquiditätslücke des Schuldners weniger als 10%, so ist regelmäßig von Zahlungsfähigkeit auszugehen, falls nicht bereits abzusehen ist, dass die Lücke demnächst mehr 28

---

[99] BGHZ 162, 143, 146 f. = NJW 2005, 1121 f.; HK-*Kreft* § 130 RdNr. 21.
[100] Vgl. BGH NJW-RR 2000, 779 Nr. 40; HK-*Kreft* § 130 RdNr. 5; *Huber* EWiR 2000, 491, 492.
[101] Vgl. RGZ 36, 73; 88, 237; *M. Zeuner*, Anfechtung RdNr. 102.
[102] Vgl. *Nerlich* (Fn. 65) § 130 RdNr. 62, 66; RGZ 17, 70, 71; 139, 111; *Kilger/K. Schmidt* § 33 KO Anm. 2.
[103] Zum Eintritt der Zahlungsunfähigkeit erst nach dem Eröffnungsantrag s. u. RdNr. 58 ff.
[104] ROHG 10, 66, 69 f.; vgl. BGH WM 1955, 1468, 1470 f.; NJW 1998, 607, 608; 1999, 645, 646.
[105] Vgl. BGH NJW 1992, 624 f.; *Jaeger/Henckel*, KO § 30 RdNr. 16; weitergehend FK-*Dauernheim* § 130 RdNr. 46. Ergänzend s. u. Fn. 67.

als 10% erreichen wird.[106] Dies kann z. B. anzunehmen sein, wenn ein vom Schuldner betriebenes Unternehmen über 15 Monate hinweg einen Rückstand in Höhe von ein bis zwei Monatsraten mit Sozialversicherungsbeiträgen von beträchtlicher Höhe nicht auszugleichen vermag; die Tatsache laufender Teilzahlungen spricht gegen bloße Zahlungsunwilligkeit.[107] Im Anfechtungsprozess ist dies im Allgemeinen rückblickend festzustellen.[108] Einzelne – sogar beträchtliche – Zahlungen, die der Schuldner noch leistet, schließen seine Zahlungsunfähigkeit nicht aus,[109] es sei denn, sie würden mehr als 90% seiner gesamten fälligen Zahlungspflichten tilgen. Außenstände und Anlagevermögen des Schuldners können nur berücksichtigt werden, wenn sie innerhalb von drei Wochen ab Eintritt einer Zahlungsstockung in liquide Mittel umgewandelt werden können.[110] Die Berechtigung und Fälligkeit der als berücksichtigungsfähig schlüssig vorgetragenen Verbindlichkeiten brauchen im Anfechtungsprozess nur aufgeklärt zu werden, soweit sie streitig[111] und für die maßgebliche Höhe der Liquiditätslücke erheblich sind.

28 a Die erst *drohende* Zahlungsunfähigkeit nach § 18 ist schon vom Wortlaut her **nicht** gemeint;[112] der Gesetzgeber hat die Anfechtbarkeit zeitlich nicht so weit vorverlegen wollen, um so weniger, als die Gläubiger durch eine für sie von außen kaum zu erkennende, nur drohende Zahlungsunfähigkeit nicht gewarnt werden. *Überschuldung* (§ 19) steht der Zahlungsunfähigkeit in diesem Zusammenhang aus Gründen der Rechtsklarheit ebenfalls nicht gleich,[113] und zwar auch dort nicht, wo sie Eröffnungsgrund ist und sogar eine Pflicht zur Antragstellung begründet. Da sie meist vor der Zahlungsunfähigkeit eintritt, würde ein Abstellen auf Überschuldung die Deckungsanfechtung weiter vorverlegen als vom Gesetzgeber bestimmt.

28 b Über die Anfechtbarkeit in Gesellschaftsinsolvenzen (§ 11 Abs. 1, Abs. 2 Nr. 1) entscheidet allein die Zahlungsunfähigkeit des insolvenzbefangenen **Sondervermögens,** z. B. des Gesamthandsvermögens einer OHG,[114] nicht ihrer Gesellschafter persönlich. Hat dagegen eine Einzelperson die Gesellschaft mit Aktiven und Passiven übernommen und fortgeführt, ist lediglich das Zahlungsverhalten des jetzigen Inhabers maßgebend.[115] In der Nachlassinsolvenz (§ 11 Abs. 2 Nr. 2) ist auf die Nichterfüllung der Nachlassverbindlichkeiten abzustellen, insbesondere – aber nicht nur – durch den Erblasser.[116] Die Insolvenz eines gemeinschaftlich verwalteten ehelichen Gesamtguts hängt von der Zahlungsunfähigkeit beider Eheleute ab.[117] Ein Nebeninsolvenzverfahren über Inlandsvermögen eines ausländischen Schuldners gemäß § 356 betrifft jedoch nicht nur ein Sondervermögen in diesem Sinne; entscheidend ist deshalb das gesamte Zahlungsverhalten des ausländischen Schuldners.[118]

---

[106] BGHZ 163, 134, 137 ff. = NJW 2005, 3062, 3063 ff.; BGH, Urt. v. 12. 10. 2006 – IX ZR 228/03, z. V. b.; HambKomm-*Rogge* § 130 RdNr. 12; ergänzend vgl. HK-*Kirchhof* § 17 RdNr. 5 ff. Zur Ermittlung der Deckungslücke s. o. § 17 RdNr. 7 ff.

[107] OLG Rostock ZInsO 2006, 1109, 1110 f.

[108] Vgl. BGH ZInsO 2006, 1210, 1211.

[109] BGH NJW 1982, 1952, 1954; 1985, 1785 f.; ZIP 1997, 423, 425; NJW 1998, 607, 608; ZIP 1998, 2008, 2009; NJW-RR 2000, 1297, 1298; 2001, 1204; 2003, 1632 f.; ZInsO 2006, 1210, 1211; RG LZ 1908, 703, 704; JW 1927, 386 Nr. 17; AG Kempen ZIP 2006, 2088, 2089; HambKomm-*Rogge* § 130 RdNr. 12.

[110] Vgl. BGH NJW 1999, 645, 646 zu § 10 GesO noch mit einer Monatsfrist gemäß früherem Recht; dem folgend HambKomm-*Rogge* § 130 RdNr. 14.

[111] BGH NJW-RR 2001, 1204 f.

[112] Ebenso OLG Köln NZI 2005, 112, 1114; 1. KommBer. S. 111 zu Leits. 1.2.5; HK-*Kreft* § 130 RdNr. 16; *Kübler/Prütting/Paulus* § 130 RdNr. 27, 36; *Andres/Leithaus* § 130 RdNr. 7.

[113] RGZ 25, 34, 38 f.; RG JW 1885, 92 f.; LZ 1912, 461 Nr. 33; BayObLG SeuffBl. 65 [1903], 192, 194; OLG Köln NZI 2005, 112, 114; HK-*Kreft* § 130 RdNr. 16; *Jaeger/Henckel*, KO § 30 RdNr. 30.

[114] RG LZ 1916, 308 Nr. 24; *Jaeger/Henckel*, KO § 30 RdNr. 43; *Kilger/K. Schmidt* § 30 KO Anm. 6 d; vgl. RG WarnR 1933 Nr. 30.

[115] RG JW 1897, 307 Nr. 20; OLG Dresden LZ 1915, 268 f.; *Jaeger/Henckel*, KO § 30 RdNr. 43; *Kilger/K. Schmidt* § 30 KO Anm. 6 d. Vgl. aber vor § 129 RdNr. 102.

[116] *Jaeger/Henckel*, KO § 30 RdNr. 41.

[117] *Jaeger/Weber*, KO §§ 236 a–c RdNr. 25; *Schuler* NJW 1958, 1609, 1613.

[118] Vgl. näher BGH NJW 1992, 624; RG WarnR 1915 Nr. 63, S. 87. Ergänzend s. o. RdNr. 27.

Kongruente Deckung   29–30 § 130

Anders als für die Verfahrenseröffnung (§§ 16, 27) genügt es für die Anfechtbarkeit nicht, **29** wenn Zahlungsunfähigkeit erst bis zum **Zeitpunkt** der abschließenden Entscheidung eintritt; sie muss vielmehr spätestens auf den Zeitpunkt der angefochtenen Rechtshandlung datiert werden können.

Ferner setzt die Anfechtung nach §§ 130, 132 voraus, dass eine Zahlungsunfähigkeit des **29 a** Schuldners dem Anfechtungsgegner *bekannt* war oder sich ihm wenigstens aufdrängte (s. u. RdNr. 34 ff.). Das wird in den weitaus meisten Fällen nur anzunehmen sein, wenn die Zahlungsunfähigkeit nach außen hervorgetreten ist, also **Zahlungseinstellung** i. S. v. § 17 Abs. 2 Satz 2 vorliegt.[119] Darunter ist ein nach außen hervortretendes Verhalten des Schuldners zu verstehen, aus dem für die beteiligten Verkehrskreise erkennbar wird, dass er nicht in der Lage ist, seine fälligen Zahlungspflichten binnen drei Wochen zu erfüllen.[120] Eine Erklärung des Schuldners selbst, fällige Verbindlichkeiten nicht begleichen zu können,[121] oder sein außergerichtlicher Schuldenbereinigungsplan im Sinne von § 305 Abs. 1 Nr. 1, aus dem ein wesentliches Zahlungsunvermögen folgt, reicht z. B. ebenso aus wie sein auf Zahlungsunfähigkeit gestützter Insolvenzeröffnungsantrag nach dessen Abweisung gem. § 26. Es genügt, wenn die Zahlungseinstellung nur gegenüber dem Anfechtungsgegner zum Ausdruck gekommen ist.[122] Richtet sich die Anfechtung gegen die Besicherung einer Forderung, die der Gläubiger zuvor eingefordert hatte, bleibt auch diese mit in die Beurteilung einzubeziehen, ob der Schuldner vor der Besicherung seine Zahlungen eingestellt hatte.[123] Zur Bedeutung von Teilzahlungen s. o. RdNr. 28. Eine einmal eingetretene Zahlungseinstellung wirkt fort. Sie kann nur dadurch wieder beseitigt werden, dass der Schuldner seine Zahlungen im erforderlichen Maße (s. o. RdNr. 28) wieder aufnimmt;[124] dies hat der Anfechtungsgegner zu beweisen, der sich auf den nachträglichen Wegfall beruft.[125]

b) Maßgeblich ist – nur – diejenige Zahlungsunfähigkeit, die auch noch bei der späteren **30** Insolvenzeröffnung vorlag;[126] ob der Eröffnungsbeschluss tatsächlich darauf gestützt wurde, ist hingegen unerheblich. Der nötige **Ursachenzusammenhang** zwischen Zahlungsunfähigkeit und dem Insolvenzverfahren fehlt, wenn die Zahlungsunfähigkeit zwischen der Deckungshandlung des Schuldners und der Verfahrenseröffnung allgemein beseitigt wurde;[127] dann ist allein auf eine etwa später neu eintretende Zahlungsunfähigkeit abzustellen, die schließlich bis zur Verfahrenseröffnung angedauert hat.[128] Wird die Insolvenzeröffnung gemäß § 26 abgelehnt oder ein eröffnetes Verfahren nach § 207 eingestellt, dann aber (erneut) ein Insolvenzverfahren eröffnet, bleibt die ursprüngliche Zahlungsunfähigkeit des Schuldners maßgeblich, wenn sie nicht zwischenzeitlich behoben wurde.[129] Bei nur kurzfristigen zwischenzeitlichen Zahlungen des Schuldners wird es sich meist lediglich um seinen

---

[119] BGHZ 149, 178, 184 = NJW 2002, 515, 517; BGH NJW 2004, 1444, 1445 f., insoweit nicht in BGHZ 157, 350, NJW-RR 2001, 1204 f.; 2003, 697, 698 f.; ZInsO 2006, 1210, 1211; ZIP 2007, 1507, 1510; HK-*Kreft* § 130 RdNr. 13.

[120] BGH NJW 2004, 1444, 1445 f. insoweit nicht in BGHZ 157, 350; ZInsO 2006, 1210, 1211; 2007, 816, 818; zu § 30 KO BGH NJW-RR 2001, 1204 f.; 2002, 1419, 1421; zu § 10 GesO BGHZ 149, 100, 108 = NJW 2002, 512, 513; BGH NJW-RR 2002, 261 f.; NZI 2005, 329, 330; Beschl. v. 3. 2. 2005 – IX ZR 47/01. Ergänzend vgl. § 17 RdNr. 27 ff. und HK-*Kirchhof* § 17 RdNr. 24 ff.

[121] Vgl. BGH ZInsO 2006, 1210, 1211; *Hölzle* ZIP 2007, 613, 618.

[122] BGH WM 1955, 1468, 1471; NJW 1995, 2103, 2104; 1997, 1063, 1065; ZIP 1996, 2080, 2082; 2001, 524, 525; RG JW 1901, 653 Nr. 10; *Jaeger/Henckel*, KO § 30 RdNr. 17.

[123] BGH NJW 1998, 607, 608; NJW-RR 2002, 261 f.; HambKomm-*Rogge* § 130 RdNr. 12.

[124] BGH ZInsO 2007, 819, 821; BFH ZInsO 2005, 1105.

[125] BGHZ 149, 178, 188 = NJW 2002, 515, 517; BGH ZIP 2006, 2222, 2224; ZInsO 2007, 816, 818; OLG Frankfurt ZIP 2002, 1852, 1854; OLG Celle ZInsO 2002, 979, 981; OLG Köln ZInsO 2004, 99; OLG Dresden ZInsO 2004, 746, 747; OLG Schleswig ZInsO 2006, 1224, 1227; LG Leipzig InVo 2003, 231, 233; HambKomm-*Rogge* § 130 RdNr. 58.

[126] RGZ 69, 254, 257; 100, 62, 65; *Nerlich* (Fn. 65) § 130 RdNr. 22; HK-*Kreft* § 130 RdNr. 15.

[127] Vgl. hierzu HK-*Kirchhof* § 17 RdNr. 43.

[128] RGZ 129, 390, 393; RG LZ 1908, 388, 389; WarnR 1931 Nr. 151, S. 301 f.; *Jaeger/Henckel*, KO § 30 RdNr. 32; *Kilger/K. Schmidt* § 30 KO Anm. 6 a.

[129] OLG München BayJMBl 1953, 119; OLG Schleswig ZInsO 2006, 1224, 1227; LG Magdeburg LZ 1915, 1407; *Jaeger/Henckel*, KO § 30 RdNr. 31.

vergeblichen und deshalb bedeutungslosen Versuch handeln, wieder zahlungsfähig zu werden.[130]

31 **3. Kenntnis des Gläubigers von der Zahlungsunfähigkeit.** Aus Gründen des Verkehrsschutzes wird der Gläubiger grundsätzlich der Anfechtung nach Nr. 1 erst ausgesetzt, wenn er die Zahlungsunfähigkeit des Schuldners (i. S. v. RdNr. 27, 28) erkennt; zur Erweiterung bei Kennenmüssen gemäß Abs. 2 s. u. RdNr. 33 ff. und zur Beweislastumkehr gegenüber nahestehenden Personen s. u. RdNr. 66 f. Kennt der Gläubiger die Zahlungseinstellung (s. o. RdNr. 29), ist gemäß § 17 Abs. 2 Satz 2 regelmäßig auch seine Kenntnis der Zahlungsunfähigkeit anzunehmen. Die Kenntnis der Zahlungsunfähigkeit des Schuldners schadet dem Gläubiger auch dann, wenn er irrig annimmt, die Leistung von einer anderen Person empfangen zu haben; ein solcher Irrtum begründet keine Schutzwürdigkeit gegenüber den Insolvenzgläubigern des tatsächlich Leistenden. Hat der Gläubiger die Zahlungsunfähigkeit einmal erkannt, hilft es ihm nichts, wenn er ohne wesentliche neue Tatsachen irrtümlich annimmt, sie sei nachträglich wieder behoben worden.[131] Auch der gute Glaube an die Richtigkeit der Eintragung des Schuldners im Grundbuch (§§ 892, 893 BGB) steht der Anfechtbarkeit nicht entgegen, weil diese sich auf andere Bezugspunkte stützt.[132]

32 Die erforderliche Kenntnis muss der begünstigte Gläubiger im **Zeitpunkt** der Vornahme der Rechtshandlung (§ 140) haben, also spätestens bei Eintritt ihrer Rechtswirkungen.[133] Eine der Deckungshandlung erst nachfolgende Kenntnis schadet ihm nicht.[134] Insbesondere im Fall einer Auf- oder Verrechnung kommt es also auf die Kenntnis bei Entstehung der Aufrechnungslage an.[135] Zum maßgeblichen Zeitpunkt bei Zurechnung der Kenntnis des Vertretenen gemäß § 166 Abs. 2 Satz 1 BGB s. u. RdNr. 45.

33 a) **Kenntnis** bedeutet für sicher gehaltenes Wissen.[136] Der Gläubiger kennt die Zahlungsunfähigkeit oder Zahlungseinstellung (s. o. RdNr. 31) – als komplexen Rechtsbegriff – nur, wenn er selbst die Liquidität oder das Zahlungsverhalten des Schuldners wenigstens laienhaft so wertet. Die Kenntnis allein der einzelnen Tatsachen, die eine Zahlungsunfähigkeit begründen, genügt für sich nicht;[137] sie kann jedoch zur Anwendung des Abs. 2 führen (s. u. RdNr. 34). Für eine Kenntnis reicht es aus, wenn der Gläubiger aus den ihm bekannten Tatsachen und dem Verhalten des Schuldners bei natürlicher Betrachtungsweise selbst den zutreffenden Schluss zieht, dass jener wesentliche Teile seiner ernsthaft eingeforderten Verbindlichkeiten im Zeitraum der nächsten drei Wochen nicht wird tilgen können.[138] Eine genaue Kenntnis der rechtlichen Zusammenhänge oder gar der Anfechtbarkeit als Rechtsfolge wird nicht vorausgesetzt.[139] Andererseits genügt weder, dass der

---

[130] Vgl. RGZ 114, 206, 209; 132, 281, 283 f.; RG JW 1916, 1118 Nr. 8 mit zustimmender Anmerkung von *Jaeger*.
[131] RG JW 1916, 1118; OLG Colmar OLGR 15, 230; *Jaeger* LZ 1914, 741 f., 1344 f. mwN; *Jaeger/Henckel*, KO § 30 RdNr. 32, 50 jeweils aE; aM *Rothbarth* LZ 1914, 1343 f.
[132] *Kuhn/Uhlenbruck* § 30 RdNr. 29 c. Vgl. § 147 Abs. 1.
[133] BGH ZIP 1995, 630, 634 f., insoweit nicht in NJW 1995, 2103; ZIP 1997, 423, 426; HK-*Kreft* § 130 RdNr. 22; *Smid/Zeuner*, InsO § 130 RdNr. 30; *Jaeger/Henckel*, KO § 30 RdNr. 74 f.; *Uhlenbruck/Hirte* § 130 RdNr. 53; vgl. auch BGHZ 41, 17, 19 = NJW 1964, 1277; BGH WM 1958, 1417, 1419; 1961, 1371; NJW 1984, 1953 f.; NJW-RR 2001, 1204, 1205; BGHZ 143, 332, 338; LG Braunschweig ZIP 1996, 35, 36.
[134] HK-*Kreft* § 130 RdNr. 22; *Uhlenbruck/Hirte* § 130 RdNr. 53.
[135] FG Münster ZIP 1991, 1155, 1156; *Kübler/Prütting/Paulus* § 130 RdNr. 35; *Jaeger/Henckel*, KO § 30 RdNr. 89 f.; *Canaris*, Festschrift 100 Jahre KO, S. 73, 80.
[136] Sogenanntes „positives Wissen", vgl. BGH WM 1991, 150, 151; HK-*Kreft* § 30 RdNr. 22.
[137] RGZ 23, 112, 114 f.; RG JW 1908, 459; WarnR 1912 Nr. 50; KuT 1935, 87; *Kilger/K. Schmidt* § 30 KO Anm. 9; vgl. BGH KTS 1964, 166, 169 unter 3 b.
[138] BGH, Urt. v. 12. 10. 2005 – IX ZR 228/03, z. V. b.; HK-*Kreft* § 130 RdNr. 23; *C. Paulus* WM 2000, 2225, 2227 f., im Anschluss an BGH NJW 1995, 2103, 2104 zur einmonatigen Zahlungsfrist des § 30 KO; im Ansatz schon RG JW 1895, 226 Nr. 15; aM RG LZ 1908, 378 Nr. 22. § 17 Abs. 2 verkürzt diese Frist leicht.
[139] RG WarnR 1910 Nr. 395; OLG Frankfurt ZIP 2003, 1055, 1056; *Kübler/Prütting/Paulus* § 130 RdNr. 29; *Jaeger/Henckel*, KO § 30 RdNr. 50.

Gläubiger nur die ungewisse Möglichkeit einer Zahlungsunfähigkeit befürchtet und jene bewusst in Kauf nimmt,[140] noch dass er in allgemeiner Form den Vermögensverfall des Schuldners kennt[141] und Bedenken gegen dessen weitere Kreditwürdigkeit hat,[142] noch dass er eine Zahlungsstockung des Schuldners[143] und sogar dessen drohende Zahlungsunfähigkeit positiv kennt.[144]

b) Nach **Abs. 2** steht der Kenntnis der Zahlungsunfähigkeit selbst die **Kenntnis** solcher **Umstände** gleich, die zwingend auf die Zahlungsunfähigkeit schließen lassen. Die Bestimmung setzt also in diesem Zusammenhang voraus, dass der begünstigte Gläubiger die **tatsächlichen** Umstände – gleichgültig aus welchen Quellen – positiv kennt, aus denen die Zahlungsunfähigkeit objektiv folgt.[145] Deren – sogar grob fahrlässige – Unkenntnis schadet ihm nicht; nach den Tatsachen braucht er sich nicht zu erkundigen.[146] Die Norm sieht nur von der weiteren Voraussetzungen des Abs. 1 ab, dass der Leistungsempfänger den Schluss von den tatsächlichen Voraussetzungen auf die Folge „Zahlungsunfähigkeit" selbst zieht (s. o. RdNr. 33). Statt dessen schadet ihm insoweit eine **zweifelsfreie Fehlbewertung** (s. u. RdNr. 36). Entscheidend ist gemäß dem Wortlaut die Eindeutigkeit der Rechtslage. Auf einen individuellen Schuldvorwurf stellt der Begriff „zwingend" dagegen nicht ab, so dass die Gleichsetzung mit „grober Fahrlässigkeit"[147] irreführen könnte.

aa) Für eine Anwendung des Abs. 2 muss der Anfechtungsgegner folglich insbesondere die in § 17 Abs. 2 Satz 1 genannten – teilweise selbst wieder komplexen – **Tatsachen kennen**. Er muss also wissen, dass der Schuldner von seinen als fällig eingeforderten Geldschulden einen nicht unwesentlichen Teil (regelmäßig 10%) derzeit nicht erfüllen kann und auch keine konkrete Aussicht hat, hierfür ausreichende und verwendbare Geldmittel in den nächsten drei Wochen zu erlangen.[148] Einen solchen Überblick haben vor allem selbständige Berater des Schuldners, welche dessen Buchhaltung führen[149] oder mit – letztlich erfolglosen – Sanierungsbemühungen oder der Vorbereitung eines Restschuldbefreiungsverfahrens für ihn beauftragt sind; sie können dann eine erfolgreiche Anfechtung von Honorarzahlungen im zeitlichen Rahmen des § 130 nur unter den Voraussetzungen des Bargeschäfts (§ 142) vermeiden.[150] Auch das einzige oder hauptsächliche Kreditinstitut des Schuldners wird oft einen ausreichenden Überblick haben.[151] Dagegen erhalten außenstehende Gläubiger nur selten einen solchen Überblick über die wirtschaftlichen Verhältnisse des Schuldners. Da jedoch Zahlungsunfähigkeit nur gegenüber einem einzigen Gläubiger zum Ausdruck zu kommen braucht (siehe oben RdNr. 29), genügt es im vorliegenden Zusammenhang, wenn der (Groß-)Gläubiger vor oder bei dem Empfang der angefochtenen Leistung seine unstrei-

---

[140] Vgl. RG Gruchot Bd. 58 (1914), 1115, 1118.
[141] RG JW 1895, 505 f.; Gruch 49 [1905], 1087, 1088; HRR 1928 Nr. 179; RAG KuT 1929, 26; OLG Karlsruhe WM 1956, 1033, 1035; *Jaeger/Henckel*, KO § 30 RdNr. 50; aM OLG Frankfurt OLGR 10, 219.
[142] RG JW 1896, 34 Nr. 22; *Jaeger/Henckel*, KO § 30 RdNr. 50.
[143] AG Wetzlar WM 1986, 1532, 1533; *Jaeger/Henckel*, KO § 30 RdNr. 50. Es genügt aber, wenn der Gläubiger weiß, dass sein Vorgehen eine bisher beim Schuldner bestehende Zahlungsstockung in eine Zahlungseinstellung verwandelt wird: RG Recht 1913, Nr. 413.
[144] RG LZ 1910, 476, 477; 1910, 862, 864; *Jaeger/Henckel*, KO § 30 RdNr. 50; vgl. auch RGZ 95, 152, 153 f. Ergänzend s. u. RdNr. 35, 38 a.
[145] BGHZ 149, 178, 185 ff. = NJW 2002, 515, 517; BGH NJW-RR 2003, 697, 699; HambKomm-*Rogge* § 130 RdNr. 21; *Gottwald/Huber* (Fn. 1), § 47 RdNr. 26; vgl. OLG Frankfurt ZInsO 2003, 381 und zu § 10 Abs. 4 GesO weitergehend BGH NJW 1998, 607, 608; ZIP 1998, 2008, 2011.
[146] *H. Wagner* § 130 RdNr. 6; zu § 10 Abs. 1 Nr. 4 GesO weitergehend BGH NJW-RR 2001, 1699 f. mwN. Eine Erkundigung kann der Empfänger nur hinsichtlich der rechtlichen Bewertung obliegen, s. u. RdNr. 36.
[147] So *Kübler/Prütting/Paulus* § 130 RdNr. 33.
[148] OLG Frankfurt ZIP 2003, 1055, 1056.
[149] Vgl. KG ZInsO 2006, 833, 837; LG Essen NZI 2007, 178, 179.
[150] *Kirchhof* ZInsO 2005, 340, 343 ff.; *Biernat* ZVI 2004, 276 f.; vgl. BGHZ 28, 344, 348; BGH NJW 2001, 517, 519; 2002, 3252 f.; ZInsO 2006, 712, 713 f.; AG Osnabrück ZInsO 2001, 1021, 1022; AG Hannover ZInsO 2002, 89 f.; AG Rosenheim ZInsO 2003, 958 f.; AG Hattingen NZI 2006, 111, 112. Ergänzend vgl. § 129 RdNr. 163 ff., § 142 RdNr. 14, 19 f.
[151] Vgl. BGH NJW 1995, 2103, 2104; NJW 2001, 1650, 1651 f.; AG Kempen ZIP 2006, 2088, 2089.

tigen Ansprüche vergeblich eingefordert hat sowie weiß, dass diese verhältnismäßig hoch sind, und wenn der Gläubiger keine greifbare Grundlage für eine Erwartung sieht, dass der Schuldner genügend flüssige Geldmittel erhalten wird, um die Forderung spätestens drei Wochen nach Fälligkeit zu erfüllen zu können.[152] In letztgenannter Hinsicht wird es vor allem darauf ankommen, ob der Schuldner selbst einen rechtzeitigen Liquiditätszufluss in bestimmter und einleuchtender Weise ankündigt.[153] Finanzbehörden erlangen entsprechende Kenntnisse nicht selten nach Liquiditätsprüfungen.[154] Ersatzweise reicht es für die Anfechtung aus, wenn der Leistungsempfänger **Indiztatsachen** von solcher Beweiskraft kennt, dass sich daraus eine Zahlungseinstellung (s. o. RdNr. 29 a) eindeutig ergibt. Dazu kann ein einziger Anhaltspunkt von hinreichendem Aussagewert genügen,[155] zB die Erklärung des mit der außergerichtlichen Schuldenbereinigung beauftragten Rechtsanwalts des Schuldners, dieser sei „nach überschlägiger Auswertung der vorhandenen Informationen" zahlungsunfähig.[156] Hängt die Zahlungsunfähigkeit von der Begründetheit einer einzigen hohen, aber bestrittenen Forderung ab, entscheidet der Zeitpunkt, in welchem der Anfechtungsgegner von ihrer Berechtigung in einem nicht ernsthaft zweifelhaftem Maße – insbesondere, aber nicht nur durch einen bestandskräftigen Titel – erfährt.

36 bb) Kennt der Anfechtungsgegner Tatsachen der in RdNr. 35 genannten Art, so darf er seine Augen nicht verschließen vor der **Zahlungsunfähigkeit,** deren Vorliegen ein durchschnittlich geschäftserfahrener, unvoreingenommener Gläubiger auf Grund jener Tatsachen ohne ernsthafte Zweifel annehmen würde.[157] Gemäß diesem **objektiven Maßstab** ist der jeweilige Leistungsempfänger unwiderleglich[158] so zu behandeln, als hätte er die Zahlungsunfähigkeit selbst gekannt. Denn ihm wäre dann notfalls die gezielte Einholung von Rechtsrat geboten und zumutbar gewesen.

37 cc) **Einzelfälle.** Auf dieser Grundlage wird die Feststellung der subjektiven Anfechtungsvoraussetzungen insbesondere in folgenden Fallgruppen allgemein *erleichtert,* in denen die Rechtsprechung bisher auf Grund einer Abwägung in jedem Einzelfall die Kenntnis der Zahlungseinstellung angenommen hat: Der Schuldner erklärt u. a. dem Anfechtungsgegner – sei auch in einem Vergleichsangebot –, dass er wesentliche fällige Schulden nicht alsbald zu tilgen vermag;[159] eine Zahlungsunfähigkeit wäre dann nur ausgeräumt, wenn daraufhin ein Vergleich mit allen wesentlichen Gläubigern fristgerecht zustande kommt. Entsprechendes gilt, wenn der Schuldner dem Gläubiger eines verhältnismäßig hohen Anspruchs auf dessen Zahlungsaufforderung erwidert, er könne nicht zahlen, dafür aber die Abtretung seiner Kundenforderungen anbietet.[160] Lässt sich der Gläubiger dahin ein, er habe die Ankündigung des Schuldners nicht ernst genommen, so kennt er dennoch die Tatsache der Erklärung, die für sich geeignet ist, eine Zahlungseinstellung auszudrücken; die Eindeutigkeit dieser Schlussfolgerung wird aus Rechtsgründen nur dann zu erschüttern sein, wenn der Gläubiger tatsächliche Anhaltspunkte für objektiv berechtigte Zweifel daran angibt. Auch Presseberichten, die keine amtliche Verlautbarung enthalten, kann der Gläubiger Umstände entnehmen, die zwingend auf eine Zahlungsunfähigkeit des Schuldners hinweisen.[161]

38 Weitere Beispielsfälle für die Anwendung des Abs. 2 sind: Der Anfechtungsgegner verschafft sich Deckung für fällige, eingeforderte Ansprüche von beträchtlicher Höhe, nachdem er erfahren hat, dass der Schuldner wegen Vermögensdelikten verhaftet worden ist und sein

---

[152] Vgl. BGH NJW 1998, 607, 608; ZIP 1998, 477, 479.
[153] Vgl. LG Kiel ZInsO 2004, 281, 282.
[154] Vgl. dazu *Maus* ZInsO 2004, 837, 838 f.
[155] HK-*Kirchhof* § 17 RdNr. 44; vgl. *Hölzle* ZIP 2006, 101, 104.
[156] KG NZI 2007, 247.
[157] HK-*Kreft* § 130 RdNr. 27; FK-*Dauernheim* § 130 RdNr. 34.
[158] *Huth* S. 68; HambKomm-*Rogge* § 130 RdNr. 22.
[159] BGH ZIP 1984, 809, 812; NJW 2003, 3560, 3561; RG LZ 1914, 1042 f.; OLG Dresden InVo 2002, 366 f.; OLG Rostock ZIP 2003, 1451 f.; LG Leipzig InVo 2003, 65 f.; vgl. auch BGH NZI 2005, 329 f.
[160] Vgl. BGH NJW 1998, 607, 608 f.
[161] BGH ZIP 2001, 1641, 1642 f. zu § 10 Abs. 1 Nr. 4 GesO.

Geschäft deshalb nicht fortführen kann.[162] Ein Gläubiger vereinnahmt auf Grund einer vom Schuldner erteilten Vollmacht wegen dessen Zahlungsrückständen wissentlich dessen gesamtes Bankguthaben.[163] Die Hausbank des Schuldners, die sich über dessen wirtschaftliche Verhältnisse anhand der Buchhaltungsunterlagen laufend informiert hatte, stellt alle ihm gewährten Kredite zur sofortigen Rückzahlung fällig, weil sie ihn für nicht mehr kreditfähig hält und nicht an eine Besserung glaubt; anschließend verrechnet sie Zahlungseingänge mit dem Sollsaldo, der den größten Teil der Verbindlichkeiten des Schuldners ausmacht.[164] Sperrt die Bank dagegen nur den Kredit, ohne ihn zur Rückzahlung fällig zu stellen, kommt es darauf an, ob sie erkennt, dass der Schuldner infolge der Kreditsperre erhebliche Verbindlichkeiten (s. o. RdNr. 28) gegenüber anderen Gläubigern in absehbarer Zeit nicht mehr zu erfüllen vermag.[165] Es kann auch genügen, wenn mehrere Pfändungen von beträchtlicher Höhe in das Konto des Schuldners bei seiner Hausbank erfolglos bleiben, diese aber noch einzelne Zahlungen erhält.[166]

Aufschlussreich sind ferner mehrfach nicht eingelöste Schecks[167] oder nicht eingehaltene Zahlungsversprechen des Schuldners.[168] Lässt ein geschäftlich tätiger Schuldner monatelang einen Rückstand von erheblicher Höhe (s. o. RdNr. 28) mit betriebsnotwendigen **fortlaufenden Verbindlichkeiten** – insbesondere Steuern und Sozialabgaben, aber auch Löhne und Mieten – aufkommen, zahlt er danach unregelmäßig einzelne Raten, ohne jedoch die Gesamtschuld verringern zu können, so deuten diese Tatsachen auf eine Zahlungsunfähigkeit hin.[169] Die Erfahrung, dass Teilzahlungen allein nicht die fortdauernde Zahlungsunfähigkeit beseitigen (s. o. RdNr. 29a), besteht erst recht, wenn solche Zahlungen nur unter dem Druck der Einzelvollstreckung oder eines Insolvenzantrags oder einer Strafanzeige nach § 266a StGB erfolgen; denn unter solchen Umständen muss sich dem Gläubiger redlicherweise die Erkenntnis aufdrängen, dass der Schuldner lediglich letzte verfügbare Zahlungsmittel an die ihn am meisten bedrängenden Gläubiger abführt, ohne die anderen in gleicher Weise berücksichtigen zu können. Beantragt danach ein anderer, nicht begünstigter Gläubiger erfolgreich die Insolvenzeröffnung wegen derselben, fortdauernden Zahlungsunfähigkeit, kann die Kenntnis davon dem ersten Gläubiger im Allgemeinen gemäß Abs. 2 zugerechnet werden.[170] Hierfür ist es regelmäßig unerheblich, ob dieser selbst von der Zahlungsunfähigkeit des Schuldners überzeugt war oder sie in einem früheren Eröffnungsantrag nur vorgeschoben hatte; denn es genügt die Kenntnis der eindeutigen Tatsachen.[171] Ebenso ist es unerheblich, ob eine Finanzbehörde als Gläubigerin trotz Kenntnis aller Tatsachen die Stundungsvoraussetzungen des § 258 AO bejaht.[172]

Dagegen dürften folgende Umstände *allein* regelmäßig **nicht** als Zurechnungsgrundlage ausreichen: Eine bloße Stundungsbitte des Schuldners, begründet mit kurzfristigen Engpäs-

---

[162] BGH WM 1991, 150, 151.
[163] BGH NJW-RR 1986, 848, 849f.
[164] BGH NJW 1995, 2103, 2104; NJW 2001, 1650, 1651f.; vgl. HambKomm-*Rogge* § 130 RdNr. 25. Abgrenzend s. u. RdNr. 39.
[165] Vgl. BGH NJW-RR 2000, 1297, 1298. Abgrenzend s. u. RdNr. 39.
[166] Vgl. KG ZInsO 2004, 394, 395f.
[167] Vgl. BGH ZIP 2002, 228f.
[168] OLG Frankfurt InVo 2003, 63f.; vgl. auch OLG Hamm NZI 2002, 161f.
[169] Vgl. BGH NJW-RR 2002, 261f.; BGHZ 149, 178, 179 = NJW 2002, 515, 517; BGH NJW-RR 2003, 1632, 1633f.; NJW 2003, 3560, 3562; BFH NZI 2006, 53f.; DStRE 2006, 560; OLG Frankfurt InVo 2003, 63f.; OLG Rostock ZInsO 2006, 1109, 1111; LAG Düsseldorf KTS 1988, 163, 166; HambKomm-*Rogge* § 130 RdNr. 24f.; *Frotscher* BB 2006, 351, 352f.
[170] BGH NJW 2000, 211, 212f.; BGHZ 149, 100, 111 = NJW 2002, 512, 513f.; BGHZ 149, 178, 185ff. = NJW 2002, 515, 517f.; BGH NJW-RR 2003, 697, 698f.; OLG Hamm ZIP 1996, 469f.; OLG Dresden ZIP 1997, 1036f., dazu BGH ZInsO 1998, 141f.; OLG Frankfurt NZI 2002, 491, 493; OLG Celle ZInsO 2002, 981, 983; *Foerste* RdNr. 307; vgl. BGH NZI 2002, 255, 256f.; LG Magdeburg DWZIR 1999, 472, 473f.; *Silcher* InVo 1999, 48 in Anm. Zur möglichen Inkongruenz s. u. § 131 RdNr. 26ff.
[171] Vgl. BGH NJW-RR 2003, 1633f.; OLG Frankfurt ZIP 2002, 1852, 1854f.; ferner *König* RdNr. 11/26; aM *Brückl/Kersten* NZI 2004, 422, 426f.
[172] BGH NJW 2003, 3560, 3562.

sen,[173] eine Kenntnis seiner Überschuldung, weil diese nicht alsbald zur Zahlungsunfähigkeit führen muss, ein Rückstand mit – sei es auch erheblichen – Versicherungsbeiträgen[174] oder die Bezahlung einer nicht auffallend hohen Verbindlichkeit erst nach mehreren Mahnungen.[175] Die Hausbank des Schuldners lässt keine Belastungsbuchungen auf dessen Girokonto mehr zu,[176] oder sie kündigt die gewährten Kredite ohne deren Rückzahlung zu verlangen.[177] Wird die Kündigung auf eine wesentliche Verschlechterung der Vermögenslage des Schuldners gestützt (Nr. 19 Abs. 3 AGB-Banken, Nr. 26 Abs. 2 AGB-Sparkassen), hängt es von den Umständen des Einzelfalls ab, ob die angenommene Verschlechterung in Verbindung mit der Kündigung schon zwingend auf eine Zahlungsunfähigkeit des Schuldners schließen lässt. Auch soweit § 18 Abs. 1 Satz 1 KWG Kreditinstituten vorschreibt, sich vor der Gewährung von Krediten in Höhe von mehr als 750 000 Euro die wirtschaftlichen Verhältnisse des Kreditnehmers offenlegen zu lassen, ist daraus nicht ohne weiteres zu schließen, das Kreditinstitut habe die wirklichen (schlechten) wirtschaftlichen Verhältnisse tatsächlich gekannt;[178] denn erstens lässt sich der Eintritt einer Zahlungsunfähigkeit oft eine Zeit lang verzögern und verschleiern, und zweitens werden sogar vorgeschriebene Prüfungen erfahrungsgemäß mit unterschiedlicher Intensität durchgeführt. Ob auf Zahlungsunfähigkeit „zwingend" zu schließen ist, wenn der Gläubiger ein Guthabenkonto des Schuldners pfändet, nachdem dieser eine eidesstattliche Offenbarungsversicherung abgegeben hatte,[179] hängt entscheidend vom Inhalt dieser Versicherung und gegebenenfalls davon ab, ob der Gläubiger ihn kannte. Ob die Insolvenz einer Konzernmuttergesellschaft die sofortige Zahlungsunfähigkeit jeder rechtlich selbständigen Tochtergesellschaft zur Folge hat, lässt sich ebenfalls nicht allgemein bejahen.[180]

40 c) Die Kenntnis im maßgeblichen Zeitpunkt (s. o. RdNr. 32) muss im Ansatz gerade derjenige **Gläubiger** haben, der die Deckung erlangt; sie muss sich entweder auf die Zahlungsunfähigkeit des Schuldners selbst (s. o. RdNr. 33) oder mindestens auf diejenigen Tatsachen beziehen, aus denen diese zwingend folgt (s. o. RdNr. 35).

41 aa) Hat der begünstigte Gläubiger sich an der Deckungshandlung durch einen rechtsgeschäftlichen **Stellvertreter** beteiligt, steht gemäß § 166 Abs. 1 BGB dessen Kenntnis grundsätzlich derjenigen des Gläubigers gleich.[181] Die Zurechnung bezieht sich im Falle des § 130 Abs. 2 allein auf die Kenntnis der Tatsachen; die Wertung, ob diese zwingend auf die Zahlungsunfähigkeit schließen lassen, erfolgt dagegen rein objektiv auf Grund allgemeiner Erfahrungswerte und Rechtskenntnisse. Stellvertreter in diesem Sinne sind auch der mit der bloßen Vermittlung von Geschäften betraute Handelsvertreter,[182] der Poolführer für die übrigen Mitglieder eines Sicherheitenpools, der Betriebsrat für die einzelnen Arbeitnehmer beim Abschluss einer Betriebsvereinbarung[183] – nicht bei der Auszahlung einzelner Leistun-

---

[173] RG JW 1910, 622, 623; LZ 1927, 535, 536.
[174] OLG Schleswig DZWIR 2002, 914, 915.
[175] OLG Frankfurt ZIP 2003, 1055, 1056 m. krit. Anm. *Huber* EWiR 2003, 937, 938; vgl. OLG Dresden InVo 2003, 145, 146; OLG Düsseldorf NZI 2003, 439, 440; LG Hamburg NZI 2003, 441.
[176] BGH NJW 1998, 1318, 1320; BGH ZInsO 2002, 200; anders jedoch bei Hinzutreten weiterer indizieller Umstände: BGH NZI 2000, 363. Zur Abgrenzung s. o. RdNr. 38.
[177] BGHZ 118, 171, 175 f. = NJW 1992, 1960 f. Zu einer Rückführung in mehreren Zeitabschnitten vgl. *Obermüller* ZInsO 2005, 198.
[178] AM *C. Paulus* WM 2000, 2225, 2228.
[179] Vgl. hierzu LG Stuttgart ZIP 1992, 1161 einerseits; *Kraemer* Rpfleger 1993, 425 und *Kübler/Prütting/Paulus* § 130 RdNr. 33 andererseits.
[180] Vgl. BGH NJW 1998, 1318, 1320, insoweit nicht in BGHZ 138, 40.
[181] BGHZ 41, 17, 21 = NJW 1964, 1277, 1278; BGH NJW 1984, 1953, 1954; 1991, 980, 981; 1995, 2103, 2105; RGZ 72, 133; RG JW 1902, 444 Nr. 7; *Kilger/K. Schmidt* § 30 KO Anm. 9; HK-*Kreft* § 130 RdNr. 24; *Kübler/Prütting/Paulus* § 130 RdNr. 31; vgl. BGH, Beschl. v. 14. 12. 2006 – IX ZR 22/04.
[182] Vgl. RG SeuffA 83 [1929], Nr. 153; OLG Frankfurt OLGZ 1976, 224, 225 f., in NJW 1976, 1355 nur Leitsatz; vgl. BGH WM 1957, 981, 983 f.; BGHZ 102, 194, 195 ff. = NJW 1988, 973, 974; *Schilken,* Wissenszurechnung S. 228.
[183] *Richardi,* Sozialplan und Konkurs, 1975, S. 73.

gen daraus[184] – und der zur Ausfüllung eines Blanketts (Blankowechsels) ermächtigte Empfänger.[185] Im Falle einer mittelbaren Zuwendung ist das Wissen der Mittelsperson jedem zuzurechnen, zu dessen Gunsten sie bei dem Rechtsgeschäft weisungsgebunden handelt.[186] § 166 BGB ist entsprechend anzuwenden auf die nicht-rechtsgeschäftliche Stellvertretung, insbesondere bei Prozesshandlungen.[187] Deshalb schadet dem Gläubiger die Kenntnis seines Verfahrensbevollmächtigten, der für ihn beim Schuldner pfänden lässt.[188] Ist das Mandat einer Anwaltssozietät erteilt, schadet nur die Kenntnis des Anwalts, der die Sache bearbeitet hat,[189] gegebenenfalls auch die eines Unterbevollmächtigten[190] und eines mit der Sache befasst gewesenen Vertreters. Dagegen ist die Kenntnis anderer Sozietätsmitglieder dem Mandanten nicht ohne weiteres zuzurechnen,[191] weil jene typischerweise ihre Sozien nicht über die Zahlungsunfähigkeit von Personen zu unterrichten haben, gegen die in anderen Aufgabenbereichen Prozesse geführt werden. Ebensowenig wird die Kenntnis des anwaltlichen Vertreters, die dieser allein aus der Vertretung anderer Auftraggeber erlangt hat,[192] oder diejenige eines für die Zwangsvollstreckung nicht bevollmächtigten Kanzleiangestellten des Anwalts dem Gläubiger zugerechnet.[193] Zur Zurechnung der Kenntnis des auftraggebenden Gläubigers selbst s. u. RdNr. 45.

Die Kenntnis eines **vollmachtlosen Vertreters** wird dem Gläubiger nicht ohne weiteres **42** zugerechnet,[194] sondern nur, wenn er dessen Handlung genehmigt (§ 177 Abs. 1 BGB).[195] Dem Genehmigenden schadet außerdem jede Kenntnis, die er seinerseits bis hin zum Zeitpunkt seiner Genehmigung erlangt, weil erst diese das Ausscheiden des zugewendeten Gegenstands aus dem Vermögen des Insolvenzschuldners bewirkt.[196]

Gemäß § 166 Abs. 1 BGB wird auch die Kenntnis des allgemeinen **gesetzlichen** **43** **Vertreters** einer nicht (voll) geschäftsfähigen natürlichen Person zugerechnet.[197] Im Falle der Gesamtvertretung genügt im Hinblick auf § 28 Abs. 2 S. 3 BGB, §§ 125 Abs. 2 S. 3, 150 Abs. 2 S. 2 HGB, § 35 Abs. 2 S. 3 GmbHG, § 78 Abs. 2 S. 2 AktG, § 25 Abs. 1 S. 3 GenG und § 171 Abs. 3 ZPO die Kenntnis eines der mehreren Gesamtvertreter,[198] insbesondere diejenige eines Mitvormunds im Regelfall des § 1797 Abs. 1 BGB.[199] Unerheblich ist deshalb, ob auch ein etwa zusätzlich bestellter Ergänzungspfleger diese Kenntnis

---

[184] *Richardi* (Fn. 176) S. 74.
[185] BGHZ 22, 128, 133 = NJW 1957, 137 f.; BGH WM 1972, 994 f.
[186] *Kübler/Prütting/Paulus* § 130 RdNr. 31.
[187] RG LZ 1910, 161 Nr. 8; OLG Hamm OLGR 30, 350; *Schilken*, Wissenszurechnung S. 203, 207 f.; *Jaeger/Henckel*, KO § 30 RdNr. 59.
[188] BGH NJW 1991, 980, 981; RGZ 7, 36, 37 f.; RG JW 1902, 444 Nr. 7; Gruch 49 [1905], 1082, 1086; JW 1916, 317, 318; *Kübler/Prütting/Paulus* § 130 RdNr. 31; FK-*Dauernheim* § 130 RdNr. 51; *Schilken*, Wissenszurechnung S. 207 f.
[189] OLG Celle ZIP 1981, 467, 468; *Uhlenbruck/Hirte* § 130 RdNr. 59.
[190] *Jaeger/Henckel*, KO § 30 RdNr. 59; HambKomm-*Rogge* § 130 RdNr. 32.
[191] *Kübler/Prütting/Paulus* § 130 RdNr. 31; *Hess*, InsO § 130 RdNr. 65; *Jaeger/Henckel*, KO § 30 RdNr. 59; *Nerlich* (Fn. 65) § 130 RdNr. 74; aM OLG Dresden OLGR 9, 125, 126.
[192] OLG Köln ZIP 2004, 919, 921; HambKomm-*Rogge* § 130 RdNr. 32.
[193] RG LZ 1912, 236, 237.
[194] Vgl. RG WarnR 1913, Nr. 86.
[195] BGH ZIP 1990, 1420, 1423, insoweit nicht in NJW-RR 1991, 104; RGZ 128, 116, 120; HK-*Kreft* § 130 RdNr. 24; *Kilger/K. Schmidt* § 30 KO Anm. 9; vgl. BGHZ 78, 318, 331 f. = NJW 1981, 522, 525; BGH NJW 1992, 899, 900.
[196] RGZ 68, 374, 377 f.; *Jaeger/Henckel*, KO § 30 RdNr. 73; *Schilken*, Wissenszurechnung S. 78 f.; FK-*Dauernheim* § 130 RdNr. 48.
[197] Vgl. BGHZ 38, 65, 66 f. = NJW 1962, 2251; *Soergel/Leptien* § 166 RdNr. 4; *Kübler/Prütting/Paulus* § 130 RdNr. 31; FK-*Dauernheim* § 130 RdNr. 52. Nach RGZ 116, 134, 138 f. soll das nicht gelten, wenn der gesetzliche Vertreter nur genehmigend tätig wird. Dann greifen aber die Grundsätze der Wissenszurechnung ein (s. u. RdNr. 47).
[198] BGHZ 20, 149, 153 = NJW 1956, 869; BGH NJW 1988, 1199, 1200; BAG DB 1985, 237 f.; RGZ 53, 227, 230; 78, 347, 353 f.; 134, 33, 36; RG JW 1911, 1012, 1013; 1914, 399, 401; 1927, 1675, 1676; 1935, 2044 Nr. 9; *Uhlenbruck/Hirte* § 130 RdNr. 59; *Kilger/K. Schmidt* § 30 KO Anm. 9; *Staudinger/Schilken* § 166 RdNr. 24; *Soergel/Leptien* § 166 RdNr. 5; MünchKommBGB/*Schramm* § 166 RdNr. 14.
[199] *Jaeger/Henckel*, KO § 30 RdNr. 51; HambKomm-*Rogge* § 130 RdNr. 32.

hat.²⁰⁰ Zum gesetzlichen Vertreter als Wissensvertreter s. u. RdNr. 47, zu Amtswaltern s. u. RdNr. 51.

44 Die Kenntnis des Vertreters ist dem vertretenen Insolvenzgläubiger auch dann zuzurechnen, wenn der Vertreter zugleich für den anderen Teil – den Schuldner – gehandelt hat.²⁰¹ Hat der Schuldner eine Sicherung oder Befriedigung im eigenen Namen und zugleich im Wege rechtswirksamen **Selbstkontrahierens** (§ 181 BGB) als Vertreter des begünstigten Gläubigers erbracht, so ist diesem die – meist umfassende – Kenntnis des Schuldners nach § 166 Abs. 1 BGB zuzurechnen.²⁰² Hat umgekehrt der begünstigte Gläubiger ein Deckungsgeschäft zugleich im eigenen Namen und als Vertreter des Schuldners rechtswirksam abgeschlossen, entscheidet grundsätzlich allein das Wissen des Gläubigers.²⁰³

45 Nicht selten schiebt der begünstigte Gläubiger, der selbst die Zahlungsunfähigkeit des Schuldners kennt, unwissende Vertreter vor, um das Rechtsgeschäft als unverdächtig erscheinen zu lassen. Soweit der rechtsgeschäftliche Vertreter **auf Weisung handelt,** schadet dem Gläubiger gemäß § 166 Abs. 2 Satz 1 BGB auch seine eigene Kenntnis. Dazu genügt es, dass sich seine Vollmacht auf ein bestimmtes Rechtsgeschäft bezieht,²⁰⁴ im Falle des § 130 also auf den Erwerb gerade vom Schuldner²⁰⁵ in der kritischen Zeit; auch ein Auftrag zur Zwangsvollstreckung reicht aus.²⁰⁶ Nicht nötig ist, dass der Gläubiger auf die nähere Ausgestaltung des Geschäfts Einfluss nahm.²⁰⁷ Dem Vertretenen kann seine gesamte eigene Kenntnis bis hin zu dem Zeitpunkt zugerechnet werden, in dem er noch auf die Vornahme der Rechtshandlung maßgeblich hätte Einfluss nehmen können.²⁰⁸ § 166 Abs. 2 Satz 1 BGB kann grundsätzlich auch auf den gesetzlichen Vertreter entsprechend anwendbar sein.²⁰⁹

46 **bb)** Da es für Kenntnis i. S. v. § 130 allein auf Wissenszurechnung, nicht auf rechtsgeschäftliche Wirkungen ankommt, bildet § 166 keine abschließende Schranke. Unter Verallgemeinerung des dieser Norm zugrundeliegenden Rechtsgedankens muss allgemein jeder, der am Rechtsverkehr unter Einsatz weisungsgebundener Hilfspersonen teilnimmt, sicherstellen, dass die diesen im Rahmen ihrer Aufgabe zugehenden, rechtserheblichen Informationen vom Entscheidungsträger zur Kenntnis genommen werden können. Er muss es deshalb so einrichten, dass seine Repräsentanten, die dazu berufen sind, im Rechtsverkehr bestimmte Aufgaben in eigener Verantwortung zu erledigen und die dabei angefallen Informationen zur Kenntnis zu nehmen, die erkennbar erheblichen Informationen tatsächlich an den oder die Entscheidungsträger weiterleiten.²¹⁰ Die unterlassene Weitergabe des

---

²⁰⁰ BGHZ 38, 65, 66 f. = NJW 1962, 2251 f.; *Kilger/K. Schmidt* § 30 KO Anm. 9; *Erman/Palm* § 166 RdNr. 17; aM RGRK-*Steffen* § 166 RdNr. 23; *Schilken*, Wissenszurechnung S. 159 ff., 177 ff.; *G. Paulus*, Festschrift Michaelis S. 225 ff.
²⁰¹ Vgl. BGH NJW 2000, 1404, 1405.
²⁰² BGHZ 94, 232, 237 = NJW 1985, 2407, 2408; ZIP 1990, 1420, 1423, insoweit nicht in NJW-RR 1991, 104 abgedr.; RG LZ 1911, 948 f.; *Jaeger/Henckel*, KO § 30 RdNr. 64; HambKomm-*Rogge* § 130 RdNr. 32; vgl. BGH NJW 1999, 1395, 1398; RG LZ 1918, 925 f.
²⁰³ Vgl. *Jaeger/Henckel*, KO § 30 RdNr. 66; ferner BGHZ 22, 128, 134 f. = NJW 1957, 137, 138.
²⁰⁴ BGHZ 50, 364, 368 = NJW 1969, 37, 38 f.; BAG NJW 1997, 1940, 1941; RGZ 161, 153, 161 f.; RG SeuffA 82 [1928], Nr. 41; MünchKommBGB/*Schramm* § 166 RdNr. 25; *Schilken*, Wissenszurechnung S. 61 ff.; *Müller-Freienfels* S. 397 ff.; weiter gehend *Beuthien* NJW 1999, 3585 ff.
²⁰⁵ *Jaeger* LZ 1912, 205, 207; vgl. BGH NZI 2004, 376, 377 f.; OLG Colmar LZ 1912, 865 Nr. 4; *Jaeger/Henckel*, KO § 30 RdNr. 67.
²⁰⁶ OLG Hamm OLGR 30, 351 f.; FK-*Dauernheim* § 130 RdNr. 51; *Schilken*, Wissenszurechnung S. 208. Ergänzend vgl. § 131 RdNr. 15.
²⁰⁷ BGHZ 38, 65, 68 = NJW 1962, 2251; RG JW 1916, 317, 318 f.; HambKomm-*Rogge* § 130 RdNr. 33.
²⁰⁸ Vgl. BGHZ 50, 364, 368 = NJW 1969, 37, 38 f.; *Soergel/Leptien* § 166 RdNr. 31; *Jaeger/Henckel*, KO § 30 RdNr. 68. Zum maßgeblichen Zeitpunkt im Übrigen s. o. RdNr. 32.
²⁰⁹ LG Braunschweig JW 1934, 2799 m. zust. Anm. Oertmann; *Jaeger/Henckel*, KO § 30 RdNr. 69; *Müller-Freienfels* S. 395 f.; einschränkend MünchKommBGB/*Schramm* § 166 RdNr. 52; RGRK-*Steffen* § 166 RdNr. 23; *Staudinger/Schilken* § 166 RdNr. 31. Zur Wissenszurechnung s. u. RdNr. 47.
²¹⁰ *Grunewald*, Festschrift für Beusch, 1993, S. 304 ff.; *Taupitz*, Karlsruher Forum S. 25 ff.; JZ 1996, 734, 735; vgl. BGHZ 109, 327, 330 ff. = NJW 1990, 975, 976; BGHZ 117, 104, 106 f. = NJW 1992, 1099, 1100; BGHZ 132, 30, 35 ff. = NJW 1996, 1339, 1340; BGHZ 135, 202, 205 ff. = NJW 1997, 1917 f.; *Medicus*, Karlsruher Forum S. 10 ff.; *Palandt/Heinrichs* § 166 RdNr. 8; *Bohrer* DNotZ 1991, 124, 129 f.; FK-*Dauernheim* § 130 RdNr. 49; kritisch *Koller* JZ 1998, 75, 77 ff.

maßgeblichen Wissens stellt dann eine Verletzung jener Organisationspflicht dar. Ist nach den Umständen des konkreten Einzelfalls ein Informationsaustausch zwischen **Wissensvertreter** und Entscheidungsträger möglich und geboten, so ist diesem das Wissen des Repräsentanten auch dann zuzurechnen, wenn dieser an der Handlung, für die das Wissen erheblich ist, selbst nicht mitgewirkt hat.[211]

Dementsprechend ist das Wissen eines Beschäftigten des Schuldners, der zugleich dessen **47** Geschäftsführung als Vertrauensmann des Gläubigers überwacht, diesem zuzurechnen.[212] Dasselbe trifft für die Kenntnis einer Ehefrau zu, die mit der Abwicklung aller Geldgeschäfte des Ehemannes beauftragt ist und Kontovollmacht hat, wenn sie ein Darlehensgeschäft ohne Vollmacht für ihn abschließt.[213] Während § 166 BGB für Boten nicht gilt,[214] kann die ihnen zugehende Mitteilung insoweit ihren Geschäftsherrn zugerechnet werden, als sie nach ihrem sonstigen Aufgabenbereich seine Wissensvertreter sind.[215] Entsprechendes kann für Besitzdiener gelten.[216] Schließt der Schuldner in seiner wirtschaftlichen Krise mit seinem minderjährigen Kind einen Vertrag und genehmigt er diesen anschließend kraft seiner elterlichen Vertretungsbefugnis, so dass das Rechtsgeschäft wirksam wird, ist die Kenntnis des Vaters als Wissensvertreter seinem Kind zuzurechnen.[217] Lässt der Schuldner statt dessen sein Kind bei Vertragsschluss durch einen – arglosen – Ergänzungspfleger vertreten, gilt dasselbe;[218] denn der Vater hat diesen auf Grund der umfassenden elterlichen Fürsorgepflicht (§ 1618a BGB) über die wirtschaftliche Krise aufzuklären, weil sie offenkundig für die Rechtsbeständigkeit des Geschäfts Bedeutung haben kann. Sogar wenn der Schuldner mit seinem minderjährigen Kind ein Rechtsgeschäft vornimmt, das gemäß § 107 BGB sofort wirksam wird, weil es davon lediglich einen rechtlichen Vorteil erlangt, hat der Vater als Wissensvertreter des Kindes zu gelten, solange er dessen gesetzlicher Vertreter ist.[219]

Dagegen ist der vom Schuldner selbst zur Schuldenregulierung bestellte Treuhänder, mit **48** dem er einen Vertrag zugunsten der Gläubiger (§ 328 BGB) schließt, nicht deren Wissensvertreter, weil er sie bei dem Geschäft nicht repräsentiert.[220] Dem Mieter ist aus gleichem Grunde nicht die Kenntnis des Vermieters von Wohnraum zuzurechnen, der nach Eintritt seiner Zahlungsunfähigkeit die vom Mieter zuvor gezahlte Mietkaution entsprechend der

---

[211] OLG Hamm ZInsO 2006, 45, 46; *Kübler/Prütting/Paulus* § 130 RdNr. 31; HambKomm-*Rogge* § 130 RdNr. 39; *Jaeger/Henckel,* KO § 30 RdNr. 52 bis 54, 57; MünchKommBGB/*Schramm* § 166 RdNr. 35, 44; vgl. BGHZ 33, 389, 397 = NJW 1961, 408, 410; BGH WM 1964, 94, 97; NJW 1999, 284, 286; *Richardi* AcP 169 [1969], 385, 397 ff.; *Schultz* NJW 1990, 477, 480 f.

[212] BGHZ 41, 17, 20 f. = NJW 1964, 1277, 1278; BGH WM 1969, 1079, 1081; *Uhlenbruck/Hirte* § 130 RdNr. 58 b; dagegen zu einseitig die Informationserweiterung schützend *Koller* JZ 1998, 75, 82.

[213] *Kübler/Prütting/Paulus* § 130 RdNr. 31; *Jaeger/Henckel,* KO § 30 RdNr. 54; zu § 819 BGB auch BGHZ 83, 293, 295 ff. = NJW 1982, 1585, 1586; aM *Häsemeyer* JuS 1984, 176, 179 f.

[214] *Staudinger/Schilken* § 166 RdNr. 4; *Soergel/Leptien* § 166 RdNr. 10.

[215] *Jaeger/Henckel,* KO § 30 RdNr. 62, 63 aE; vgl. *Staudinger/Schilken* § 166 RdNr. 39.

[216] Vgl. BGHZ 32, 53, 56 ff. = NJW 1960, 860 f.; RG SeuffA 79 [1925], Nr. 186; *Raiser* JZ 1961, 26 f.; *Uhlenbruck/Hirte* § 130 RdNr. 58; HambKomm-*Rogge* § 130 RdNr. 35; RGRK-*Steffen* § 166 RdNr. 8.

[217] *Jaeger/Henckel,* KO § 30 RdNr. 71; *Tintelnot* JZ 1987, 795, 799; aM – für Anfechtungen nach BGB – MünchKommBGB/*Gitter* § 108 RdNr. 14. RGZ 116, 134, 138 f. ließ die Kenntnis der fast volljährigen Begünstigten für die Anfechtung genügen, doch wäre das schon über § 166 Abs. 2 Satz 1 BGB zu erreichen gewesen (s. o. RdNr. 45). In dem dort entschiedenen Fall war der gesetzliche Vertreter arglos, während der Ehemann der Minderjährigen der Schuldner war; damit entsprach die Konstellation derjenigen der in der übernächsten Fußnote abgehandelten.

[218] BGHZ 38, 65, 67 ff. = NJW 1962, 2251 f.; LG Braunschweig JW 1934, 2799 m. zust. Anm. Oertmann; *Jaeger/Henckel,* KO § 30 RdNr. 71; MünchKommBGB/*Schramm* § 166 RdNr. 52; *Müller-Freienfels* S. 396; aM *Schilken,* Wissenszurechnung S. 229 ff.; *G. Paulus,* Festschrift für Michaelis, 1972, S. 225 ff.; RGRK-*Steffen* § 166 RdNr. 10, 23.

[219] OLG Celle NJW 1978, 2159 Nr. 13 Leitsatz; *Jaeger/Henckel,* KO § 30 RdNr. 71; *Tintelnot* JZ 1987, 795, 798 ff.; *Müller-Freienfels* S. 396; aM BGHZ 94, 232, 239 f. = NJW 1985, 2407, 2408 f. Mit dem Urteil des BGH vom 12. Juli 1967 – VIII ZR 70/65, n.v., hat die Frage nichts zu tun, weil in dem dort entschiedenen Fall die beschenkte Tochter – soweit festgestellt – volljährig war.

[220] BGHZ 55, 307, 310 ff. = NJW 1971, 1702, 1703 f.; *Uhlenbruck/Hirte* § 130 RdNr. 64; HambKomm-*Rogge* § 130 RdNr. 40; *Jaeger/Henckel,* KO § 30 RdNr. 57.

§ 130 49, 50

Verpflichtung des § 550b Abs. 2 Satz 1 BGB anlegt.[221] Der Steuerberater des Gläubigers darf diesen schon im Hinblick auf die Verschwiegenheitspflicht nach § 57 Abs. 1 StBerG nicht davor warnen, dass der Schuldner – ebenfalls Mandant des Steuerberaters – insolvent zu werden droht.[222] Zu Amtswaltern s. u. RdNr. 51.

49 cc) Einer **juristischen Person** als Gläubigerin ist die Kenntnis ihres handelnden Vertreters stets zuzurechnen,[223] diejenige der übrigen Mitglieder ihres Vertretungsorgans aber nur, soweit es sich um typischerweise aktenmäßig festzuhaltendes Wissen handelt;[224] das gilt insbesondere bei Vorgängen, die für die juristische Person inhaltlich bedeutsam sind, weil diesbezügliches Wissen an das zuständige Organmitglied weiterzuleiten ist. Diese Pflicht greift allerdings nicht ein, soweit das Organmitglied als Privatperson mit der juristischen Person ein Rechtsgeschäft schließt[225] und von deren Vertretung gemäß § 181 BGB ausgeschlossen ist. Die Kenntnis eines Aktionärs reicht nicht für die Anfechtung gegenüber der AG, diejenige eines Genossen nicht für die Anfechtung gegenüber der eGmbH.[226] Bei einer GmbH ist das Wissen des Allein- oder beherrschenden Gesellschafters im Hinblick auf § 166 Abs. 2 Satz 1 BGB jedenfalls dann zugleich Wissen der GmbH, wenn er die angefochtene Rechtshandlung vor ihrer Ausführung kennt.[227] Unterhalb der organschaftlichen Ebene ist der Gesellschaft die Kenntnis zuzurechnen, die weiter bestellte Vertreter – insbesondere z. B. ein Filialleiter[228] oder ein Prokurist – erlangen. Dasselbe gilt für die Kenntnis eines Kassierers[229] oder des zuständigen Kreditsachbearbeiters[230] oder desjenigen, der mit dem Forderungseinzug betraut ist.[231] Der gebotene Umfang der Erinnerungs- und Nachforschungspflicht hängt von der Bedeutung des jeweiligen Geschäftsvorfalls ab; für bedeutsame Vorgänge ist dasjenige Wissen als vorhanden anzusehen, das bei sachgerechter Organisation dokumentiert und verfügbar ist.[232]

50 Bei Personengesellschaften genügt jedenfalls in Fällen der Gesamtvertretung die Kenntnis eines der mehreren Vertreter, die nur gemeinschaftlich handeln dürfen (s. o. RdNr. 43). Sind mehrere einzelvertretungsbefugte Gesellschafter vorhanden, so ist der Gesellschaft das Wissen eines anderen als des konkret handelnden, vertretungsbefugten Gesellschafters jedenfalls unter den Voraussetzungen der Wissenszurechnung (s. o. RdNr. 46, 47) anzulasten.[233] Das Wissen nicht vertretungsberechtigter Gesellschafter als solcher ist dagegen ohne jene Voraus-

---

[221] *Jaeger/Henckel*, KO § 30 RdNr. 57; *Derleder* ZIP 1988, 415, 419 f.; NJW 1988, 2988, 2989; *M. Zeuner*, Anfechtung RdNr. 117; zweifelnd *Eckert* EWiR 1989, 179, 180.
[222] *Jaeger/Henckel*, KO § 30 RdNr. 57; FK-*Dauernheim* § 130 RdNr. 56.
[223] Vgl. BGH NJW 1999, 1395, 1398; OLG Düsseldorf ZIP 1991, 330, 333.
[224] BGHZ 132, 30, 35 ff. = NJW 1996, 1339, 1341; BGH NJW 2001, 359, 360; MünchKommBGB-*Schramm* § 166 RdNr. 20; *Staudinger/Schilken* § 166 RdNr. 32; für eine uneingeschränkte Zurechnung noch BGHZ 20, 149, 153 = NJW 1956, 1047 Nr. 5; BGH NJW-RR 1986, 848, 849; 1990, 1330, 1332; *Uhlenbruck/Hirte* § 130 RdNr. 57; *Jaeger/Henckel*, KO § 30 RdNr. 51, aber einschränkend RdNr. 52; FK-*Dauernheim* § 130 RdNr. 50; HK-*Kreft* § 130 RdNr. 24; HambKomm-*Rogge* § 130 RdNr. 36; vgl. RG WarnR 1935 Nr. 14, S. 36 und ergänzend RdNr. 43.
[225] RG WarnR 1911 Nr. 390.
[226] RG HRR 1938 Nr. 411.
[227] *Schilken*, Wissenszurechnung S. 147; *Müller-Freienfels* S. 416 Fn. 7; Hachenburg/*Mertens* Anh. § 13 RdNr. 70; vgl. BGHZ 78, 318, 331 = NJW 1981, 522, 525; BGH NJW 1990, 1915; RGZ 81, 433, 436; *Altmeppen* BB 1999, 749, 753; *Baumbach/Hueck/Fastrich* § 13 RdNr. 21; vgl. BGH NZI 2004, 376, 377 f.; *Fridgen* ZInsO 2004, 1341 f.; aM RG Recht 1929 Nr. 1025. Ergänzend s. o. RdNr. 45.
[228] BGH NJW 1984, 1953, 1954; 1989, 2879, 2880 f.; 1989, 2881, 2882; HK-*Kreft* § 130 RdNr. 24; vgl. RG WarnR 1935 Nr. 14, S. 36.
[229] BGH NJW 1984, 1953, 1954; HK-*Kreft* § 130 RdNr. 24; *Jaeger/Henckel*, KO § 30 RdNr. 54; *Schultz* NJW 1990, 477, 480.
[230] BGH NJW 1995, 2103, 2105; *Kübler/Prütting/Paulus* § 130 RdNr. 32; vgl. auch BGH NJW 1974, 458, 459; OLG Hamburg WM 1972, 324, 325 f.; OLG Bamberg WM 2007, 389, 391; *Bork*, Zahlungsverkehr RdNr. 432 i. V. m. RdNr. 173.
[231] OLG Hamm ZInsO 2006, 45, 46.
[232] BGHZ 135, 202, 206 f. = NJW 1997, 1917 f.; vgl. auch BGH NZI 2006, 175, 176.
[233] HambKomm-*Rogge* § 130 RdNr. 37; *Staub/Habersack* § 125 RdNr. 24; *Schilken*, Wissenszurechnung S. 106 ff., 118 f.; vgl. BGH NJW 1999, 284, 286; RG JW 1900, 624 f.; MünchKommBGB/*Schramm* § 166 RdNr. 21.

setzung nicht zuzurechnen.²³⁴ Eine Erbengemeinschaft muss sich im Hinblick auf § 2038 BGB die Kenntnis jedes der Miterben zurechnen lassen.²³⁵ Der staatlichen Verwaltung ist die Kenntnis der zuständigen Behördenleiter und die der jeweiligen Sachbearbeiter nach den Grundsätzen der Wissenszurechnung anzulasten.²³⁶ Jede Zurechnung wirkt aber grundsätzlich nur zu Lasten der juristischen Person oder der nichts rechtsfähigen Organisation selbst, hingegen nicht zu Lasten ihrer Organe oder Mitglieder persönlich.²³⁷

dd) Der Gerichtsvollzieher, der für den Gläubiger einen Vollstreckungsauftrag ausführt, **51** ist weder Stellvertreter noch Wissensvertreter des Gläubigers,²³⁸ sondern Organ der staatlichen Rechtspflege: Sein Wissen oder Nichtwissen wird keinem Beteiligten zugerechnet. Das gilt auch, wenn er vor Beginn einer Vollstreckungshandlung freiwillige Zahlungen des Schuldners entgegennimmt,²³⁹ und ebenso für den Vollziehungsbeamten einer **öffentlich-rechtlichen** Vollstreckungsstelle;²⁴⁰ denn dieser darf weder von sich aus von der Vollstreckung absehen noch ist er allgemein beauftragt, Informationen über den Schuldner zu sammeln und weiterzuleiten. Dagegen ist im Hinblick auf § 249 Abs. 2 AO die Kenntnis des Leiters oder Sachbearbeiters der zuständigen²⁴¹ Vollstreckungsstelle (§§ 249, 250 AO) dem Steuergläubiger (§ 252 AO) zuzurechnen.²⁴² Der Notar kann bei Vollzugs-, nicht aber bei neutralen Beurkundungsgeschäften als Vertreter des Gläubigers gelten (vgl. § 129 RdNr. 47). Wird der Gläubiger selbst insolvent, so kommt es für die Zeit nach der Eröffnung des Insolvenzverfahrens über sein Vermögen allein auf die Kenntnis des Insolvenzverwalters an;²⁴³ auf die persönliche Kenntnis des Gläubigers, der zugleich Insolvenzschuldner ist, oder seiner Vertreter ist dagegen nur abzustellen, soweit sie vor Verfahreneröffnung erlangt²⁴⁴ oder an den Verwalter tatsächlich weitergegeben wurde. Entsprechend muss sich eine Erbengemeinschaft das Wissen zurechnen lassen, das ihr Testamentsvollstrecker im Rahmen seiner Verwaltungsaufgaben erworben hat.²⁴⁵

VI. Besondere Anfechtungsvoraussetzungen des Abs. 1 Nr. 2

1. Zeitpunkt der Vornahme. Abs. 1 **Nr. 2** erfasst nur Rechtshandlungen, die **nach** **52** dem **Eröffnungsantrag** – und bis zur Eröffnung (s. o. § 129 RdNr. 74 f.) – vorgenommen wurden. Zum maßgeblichen Eröffnungsantrag wird auf RdNr. 25, zum Zeitpunkt der Vornahme der Rechtshandlung auf § 140 verwiesen. Fallen beide Ereignisse auf denselben Tag, ist die genaue Uhrzeit zu vergleichen. Bei Unaufklärbarkeit ist eine Alternativfest-

---

[234] *Uhlenbruck/Hirte* § 130 RdNr. 57; *Staub/Habersack* § 125 RdNr. 26; vgl. RG LZ 1915, 290 f.
[235] HambKomm-*Rogge* § 130 RdNr. 37; *Jaeger/Henckel*, KO § 30 RdNr. 51; *Schilken*, Wissenszurechnung S. 112.
[236] Vgl. BGHZ 109, 327, 330 f. = NJW 1990, 975, 976; BGHZ 117, 104, 107 f. = NJW 1992, 1099, 1100; BGH NJW 1994, 1150, 1151; Urt. v. 28. 11. 2006 – VI ZR 196/07, z. V. b.; RGZ 59, 400, 408; *Staudinger/Schilken* § 166 RdNr. 40. Ergänzend s. u. RdNr. 51.
[237] BGH NJW 2001, 359, 360.
[238] RGZ 90, 193, 194 f.; 95, 152, 154; RG JW 1912, 306, 307; 1914, 863 f.; OLG Hamburg LZ 1917, 292, Nr. 9; *Kübler/Prütting/Paulus* § 130 RdNr. 31; *Nerlich* (Fn. 65) § 130 RdNr. 77; *Uhlenbruck/Hirte* § 130 RdNr. 62; *Kilger/K. Schmidt* § 130 KO Anm. 10; *Schilken*, Wissenszurechnung S. 197; *Schmid* ZIP 1985, 202 f.; *Baumbach/Lauterbach/Hartmann* § 754 ZPO RdNr. 12.
[239] *Jaeger/Henckel*, KO § 30 RdNr. 61; *Schilken*, Wissenszurechnung S. 195 ff.; *Fahland* ZZP 92 [1979], 432, 447.
[240] OLG München NJW-RR 1993, 106 f.; LG Oldenburg MDR 1951, 683; FK-*Dauernheim* § 131 RdNr. 54; *M. Zeuner*, Anfechtung RdNr. 117; *Uhlenbruck/Hirte* § 130 RdNr. 63; *Kilger/K. Schmidt* § 30 KO Anm. 10 aE; *Schilken*, Wissenszurechnung S. 200 f.; aM *Jaeger/Henckel*, KO § 30 RdNr. 60.
[241] Kenntnisse der Bediensteten von Steuerbehörden eines Landes können einer darin gelegenen Stadt nicht zugerechnet werden: BGH, Beschl. v. 29. 6. 2006 – IX ZR 167/04.
[242] *Uhlenbruck/Hirte* § 130 RdNr. 63; vgl. OLG München NJW-RR 1993, 106, 107.
[243] FK-*Dauernheim* § 30 RdNr. 53; HambKomm-*Rogge* § 130 RdNr. 40; *K. Schmidt* KTS 1984, 345, 392; vgl. RG WarnR 1914 Nr. 271.
[244] *Jaeger/Henckel*, KO § 30 RdNr. 58; *Schilken*, Wissenszurechnung S. 188.
[245] LG Stuttgart ZIP 1998, 77, 78; vgl. *Schilken*, Wissenszurechnung S. 187; *Smid/Zeuner* § 133 RdNr. 32. Zur Zurechnung auch der Kenntnis eines bösgläubigen Erben entsprechend § 166 Abs. 2 BGB vgl. *Schilken* aaO S. 189 f.

§ 130 53–55   3. Teil. 3. Abschnitt. Insolvenzanfechtung

stellung zwischen Nr. 1 und Nr. 2 zulässig. Auf Rechtshandlungen, die nach dem Eröffnungsantrag vorgenommen wurden, können sich zusätzlich Sicherungsmaßnahmen gem. § 21 auswirken. Zur Anfechtung von Rechtshandlungen vorläufiger Insolvenzverwalter s. o. § 129 RdNr. 44 ff.

53 **2. Kenntnis des Eröffnungsantrags.** Die Rechtshandlung im Sinne von RdNr. 52 ist nur anfechtbar, wenn zusätzlich eine von zwei Alternativen erfüllt ist. Die erste davon ist, dass der begünstigte Gläubiger im Zeitpunkt der Vornahme der Rechtshandlung (zu dieser Voraussetzung siehe oben RdNr. 32) den **Eröffnungsantrag** kennt. Für diesen Fall ist es unerheblich, ob der Schuldner zahlungsunfähig war oder ist; Nr. 2 kann also zeitlich schon vor Nr. 1 eingreifen. Der Wortlaut der Nr. 2 fordert Zahlungsunfähigkeit nicht für alle Fälle. Die Entstehungsgeschichte[246] und der Gesetzeszweck sprechen für diese Auslegung: Maßgeblich für die Anfechtbarkeit ist die Warnfunktion, die von einem Eröffnungsantrag für andere Gläubiger ausgeht. Dafür ist der Rechtsgrund, auf den der Antrag gestützt ist, unerheblich. Wer in Kenntnis irgendeines Eröffnungsantrags eine Befriedigung oder Sicherung vom Schuldner erlangt, muss mit dem Vorrang des Gleichbehandlungsgrundsatzes in einem anschließend eröffneten Insolvenzverfahren rechnen. Deshalb genügen auch Eröffnungsanträge, die auf drohende Zahlungsunfähigkeit oder Überschuldung gestützt sind.[247]

54 **a) Kenntnis** ist das für sicher gehaltene Wissen des Gläubigers, dass ein Eröffnungsantrag gestellt, d. h. dass eine als Eröffnungsantrag i. S. v. § 13 zu wertende Erklärung beim Insolvenzgericht eingegangen ist. Das Wissen, dass ein Antragsberechtigter zurzeit der Rechtshandlung einen Eröffnungsantrag zum Gericht bringt, genügt noch nicht.[248] War nur ein einziger Antrag gestellt, kommt es allein darauf an, dass dieser Antrag später zur Eröffnung des Insolvenzverfahrens geführt hat; ob er schon im Zeitpunkt der Antragstellung und der Rechtshandlung zulässig und begründet war, ist bedeutungslos.[249] Sind mehrere Eröffnungsanträge gestellt, so reicht entsprechend § 139 Abs. 2 die Kenntnis eines einzigen – gegebenenfalls des frühesten – aus, der letztlich die Eröffnungsvoraussetzungen erfüllt, auch wenn die Verfahrenseröffnung auf einen anderen Antrag gestützt wird.[250] Andererseits wird nicht vorausgesetzt, dass der Gläubiger auch die Zulässigkeit und Begründetheit des Antrags kennt; diese sind vielmehr rein objektive Voraussetzungen für dessen Berücksichtigung. Deshalb ist es belanglos, ob der Gläubiger den Antrag nicht ernstgenommen oder für unbegründet gehalten hat; unerheblich ist es auch, wielange das Eröffnungsverfahren dauerte.[251] Die – objektiv unbegründete – Annahme, der Antrag sei inzwischen erledigt, hilft dem Gläubiger regelmäßig nicht.[252]

55 Diese Regelung hat zur Folge, dass Zahlungen, die der Schuldner nach einem Antrag auf Insolvenzeröffnung an einen **antragstellenden** Gläubiger leistet, ohne weiteres anfechtbar sind, wenn das Verfahren später – sei es auch auf Grund eines anderen Antrags – eröffnet wird und der Antrag des begünstigten Gläubigers nicht zurückgenommen oder zurück-

---

[246] Schon die entsprechende Regelung in § 30 Nr. 1 KO wurde einhellig in diesem Sinne ausgelegt: RGZ 36, 73 f.; *Jaeger/Henckel*, KO § 30 RdNr. 47; *Kuhn/Uhlenbruck* § 30 RdNr. 17. Das wurde von der Kommission für Insolvenzrecht übernommen (1. KommBer. S. 403, 405) und führte zur Gestaltung des gegenwärtigen § 130.

[247] Ebenso HK-*Kreft* § 130 RdNr. 20; *Kübler/Prütting/Paulus* § 130 RdNr. 28; *Nerlich* in: *Nerlich/Römermann* § 130 RdNr. 26; FK-*Dauernheim* § 130 RdNr. 35; *Breutigam/Blersch/Goetsch* § 130 RdNr. 15, 16; *Breutigam/Tanz* ZIP 1998, 717, 719 f.; *M. Zeuner*, Anfechtung RdNr. 103 gegen RdNr. 89, 114; aM *Obermüller/Hess*, InsO RdNr. 328, 1. Absatz. Rechtspolitisch kritisch *Gerhardt*, Festschrift für *Brandner*, 1996, S. 617.

[248] *Jaeger/Henckel*, KO § 30 RdNr. 50.

[249] HK-*Kreft* § 130 RdNr. 28.

[250] HK-*Kreft* § 130 RdNr. 21, 29; *Kübler/Prütting/Paulus* § 130 RdNr. 30; wohl auch FK-*Dauernheim* § 130 RdNr. 47. Diese Folge geht möglicherweise über § 30 KO hinaus, vgl. RGZ 88, 237 f.; *Uhlenbruck/Hirte* § 139 RdNr. 11; andererseits schon dafür erweiternd *Jaeger/Henckel*, KO § 30 RdNr. 47; *Kilger/K. Schmidt* § 30 KO Anm. 7 a, 10. Ergänzend s. o. RdNr. 25.

[251] *Jaeger/Henckel*, KO § 30 RdNr. 47.

[252] Vgl. OLG Stuttgart KTS 1957, 15, 16.

Kongruente Deckung 56–62 § 130

gewiesen oder für erledigt erklärt wird oder sich sonst als ungerechtfertigt erweist.[253] Dies gilt grundsätzlich auch für Zahlungen vorläufiger Insolvenzverwalter auf bloße Insolvenzforderungen; Einschränkungen gibt es nur bei echten Treuhandverhältnissen[254] sowie unter dem Gesichtspunkt des Vertrauensschutzes (s. o. § 129 RdNr. 44 ff.). Wegen einer Beweislastumkehr gegenüber nahe stehenden Personen s. u. RdNr. 66, 67.

b) Nach **Abs. 2** steht der Kenntnis des Eröffnungsantrags die **Kenntnis** solcher **Umstände** gleich, die zwingend auf einen derartigen Antrag schließen lassen. In diesem Zusammenhang ist die Norm dahin zu verstehen, dass der Gläubiger die tatsächlichen Umstände kennen muss, dass aber für die weitere Voraussetzung, ob aus ihnen das Vorliegen eines Eröffnungsantrags folgt, eine zweifelsfreie Fehlbewertung schadet. Wer insbesondere weiß, dass das Insolvenzgericht eine Sicherungsmaßnahme i. S. v. § 21 erlassen hat, hat zwingend damit zu rechnen, dass dies nicht ohne Vorliegen eines Eröffnungsantrags geschehen ist.[255] Jedoch muss die Sicherungsmaßnahme dem Gläubiger tatsächlich bekannt sein; die bloße Zustellungswirkung des § 9 Abs. 3 ersetzt die Kenntnis nicht,[256] sondern kann allenfalls Rückschlüsse darauf zulassen. Ferner dürfte es allein noch nicht ausreichen, wenn der Insolvenzschuldner oder ein Gläubiger die Stellung eines Insolvenzantrags nur als bevorstehend angekündigt hat.[257] 56

c) Die erforderliche Kenntnis (s. o. RdNr. 54, 56) muss gerade der **Gläubiger** haben, der die Deckung erlangt. Das Wissen anderer Personen ist ihm unter denselben Voraussetzungen wie bei der Kenntnis einer Zahlungsunfähigkeit zuzurechnen (s. o. RdNr. 41 bis 51). Für die Frage, ob jemand als Wissensvertreter des Gläubigers (s. o. RdNr. 46) anzusehen ist, kommt es entscheidend darauf an, ob er speziell auch auf das Vorliegen von Insolvenzanträgen gegen Schuldner zu achten hat. 57

3. Kenntnis der Zahlungsunfähigkeit. Anstelle der Kenntnis vom Eröffnungsantrag (s. o. RdNr. 53) schadet dem Gläubiger gleichermaßen die Kenntnis von der Zahlungsunfähigkeit des Schuldners. Es handelt sich um eine selbständige, nicht von Nr. 1 abgeleitete Anfechtungsvoraussetzung.[258] 58

Die Anfechtung setzt einmal voraus, dass der Schuldner im Zeitpunkt der Vornahme der Rechtshandlung (s. o. RdNr. 27) objektiv **zahlungsunfähig** war (s. o. RdNr. 28 bis 30). Ob die Zahlungsunfähigkeit schon vor dem Eröffnungsantrag bestand oder erst danach – jedoch bis zur Rechtshandlung – eintrat, ist unerheblich.[259] 59

Wegen der **Kenntnis** der Zahlungsunfähigkeit wird auf die Ausführungen RdNr. 31 bis 51 verwiesen. Auch hier gilt insbesondere die Erleichterung des Abs. 2 und die Beweislastumkehr des Abs. 3 (s. u. RdNr. 67). 60

VII. Beweislast

1. Regelfall. Regelmäßig muss der Insolvenzverwalter alle objektiven und subjektiven Voraussetzungen der Deckungsanfechtung beweisen.[260] Dazu gehören insbesondere: 61

das Vorliegen einer Rechtshandlung, die einem Insolvenzgläubiger eine Sicherung oder Befriedigung gewährt oder ermöglicht hat.[261] Macht der Anfechtungsgegner jedoch geltend, 62

---

[253] Vgl. OLG Dresden ZIP 1997, 1428; *Kübler/Prütting/Paulus* § 130 RdNr. 28; FK-*Dauernheim* § 130 RdNr. 47. Ergänzend s. o. RdNr. 24.
[254] Vgl. § 129 RdNr. 139 f. und abgrenzend *Kirchhof*, Festschrift für Kreft, 2004, S. 359, 360.
[255] Vgl. *Jaeger/Henckel*, KO § 30 RdNr. 50.
[256] OLG Schleswig DZWIR 2002, 514, 515; aM LG Itzehoe ZInsO 2003, 809, 810.
[257] FK-*Dauernheim* § 130 RdNr. 47; *C. Paulus* WM 2000, 2225, 2227; aM HK-*Kreft* § 130 RdNr. 30 und *Foerste* RdNr. 307 für den Fall, dass der Antrag gestellt wird und der Gläubiger sich nicht danach erkundigt.
[258] *Kübler/Prütting/Paulus* § 130 RdNr. 28.
[259] Vgl. HK-*Kreft* § 130 RdNr. 19.
[260] RegE S. 158 zu § 145; *Hess*, InsO § 130 RdNr. 195; *Breutigam/Blersch/Goetsch* § 130 RdNr. 19; *Kübler/Prütting/Paulus* § 130 RdNr. 38; vgl. *Baur/Stürner* RdNr. 19.32.
[261] *Uhlenbruck/Hirte* § 130 RdNr. 65; vgl. *Jaeger/Henckel*, KO § 30 RdNr. 261 und zur Stellung als Insolvenzgläubiger RG WarnR 1930, Nr. 185.

er habe die Sicherung oder Befriedigung nicht durch den angefochtenen, sondern durch einen früheren Vertrag (zur Sicherheit) übereignet erhalten, trifft ihn hierfür die Beweislast.[262]

63 Zur Beweislast des Insolvenzverwalters stehen ferner die Vornahme der Rechtshandlung in der kritischen Zeit vor (Abs. 1 Nr. 1) oder nach (Abs. 1 Nr. 2) dem Eröffnungsantrag[263] und eine dadurch bewirkte, mindestens mittelbare Gläubigerbenachteiligung.[264] Diese tritt aber regelmäßig ein, wenn der Schuldner in der kritischen Zeit einem Insolvenzgläubiger eine Deckung gewährt.[265]

64 Im Fall des Abs. 1 *Nr. 1* hat der Insolvenzverwalter zu beweisen, dass der Schuldner bei Vornahme der Deckungshandlung **zahlungsunfähig** war.[266] An diesen Nachweis dürfen keine zu hohen Anforderungen gestellt werden.[267] Insbesondere ist nicht ohne weiteres eine vollständige Aufzählung der fälligen Verbindlichkeiten des Schuldners nötig;[268] es genügt, dass der Zahlungsrückstand nicht als unwesentlich erscheint (s. o. RdNr. 28). Auch braucht die Fälligkeit oder Rechtsbeständigkeit der gegen den Schuldner erhobenen Forderungen – nur – im Bestreitensfalle näher substantiiert zu werden.[269] Eine spätere Wiederaufnahme der Zahlungen hat der Anfechtungsgegner zu beweisen (s. o. RdNr. 29 a), die Vermutungswirkung der Zahlungseinstellung hat er zu widerlegen (BGH ZInsO 2007, 816, 818). Hat der Schuldner seine Zahlungseinstellung nicht tatsächlich durch Aufnahme weiterer Kredite abgewendet, braucht der anfechtende Insolvenzverwalter jedenfalls solange nicht die Möglichkeit einer weiteren Kreditaufnahme auszuräumen, wie nicht bestimmte tatsächliche Anhaltspunkte für die Bereitschaft und die objektive Aussicht des Schuldners feststehen, kurzfristig (s. o. RdNr. 28) einen Kredit in der zur Abwendung der Zahlungseinstellung ausreichenden Höhe zu erhalten.[270] Für die Anfechtung nach *Nr. 2* ist die Zahlungsunfähigkeit – nur – zu beweisen, falls der Gläubiger den Eröffnungsantrag nicht kannte. Der Zeitpunkt der objektiven Zahlungsunfähigkeit muss feststehen, ehe die Kenntnis des Gläubigers hiervon festgestellt werden kann. Die früher herrschende Auffassung, das Vorliegen einer Zahlungseinstellung sei eine reine Tatfrage, trifft nach der gesetzlichen Definition in § 17 Abs. 2 nicht mehr zu.[271]

65 Schließlich hat der Insolvenzverwalter zu beweisen, dass der Gläubiger bei Vornahme der Rechtshandlung den Eröffnungsantrag (Abs. 1 Nr. 2) oder die Zahlungsunfähigkeit (Abs. 1 Nr. 1 oder 2) **kannte**.[272] Dazu ist auch die Behauptung einer nur vermuteten Tatsache zulässig, wenn greifbare Anhaltspunkte dafür bestehen;[273] denn über die Kenntnis des anderen Teils kann der Insolvenzverwalter regelmäßig kein eigenes unmittelbares Wissen haben. Der Beweis kann unter anderem durch Antrag auf Parteivernehmung des Anfechtungsgegners (§§ 445 ff. ZPO) geführt werden. In jedem Fall genügt im Hinblick auf Abs. 2 der Beweis, dass der Gläubiger diejenigen tatsächlichen Umstände kannte, aus denen sich – aus Rechtsgründen – die Zahlungsunfähigkeit ergibt. Dies wird nach einer Zahlungseinstellung gegenüber diesem Gläubiger (s. o. RdNr. 29 a) regelmäßig zutreffen.

66 **2. Anfechtung gegenüber Nahestehenden (Abs. 3).** Nur in Bezug auf die subjektive Voraussetzung (s. o. RdNr. 65) verlagert Abs. 3 die Beweislast auf solche begünstigten

---

[262] BGH WM 1957, 1097, 1098; *Kübler/Prütting/Paulus* § 130 RdNr. 38; *Jaeger/Henckel,* KO § 30 RdNr. 260; vgl. RG KuT 1934, 116, 117.
[263] *Uhlenbruck/Hirte* § 130 RdNr. 65; vgl. OLG Bamberg LZ 1908, 874.
[264] *Uhlenbruck/Hirte* § 130 RdNr. 65; vgl. § 129 RdNr. 228, 229.
[265] Vgl. § 129 RdNr. 123; *Jaeger/Henckel,* KO § 29 RdNr. 179.
[266] Vgl. BGH WM 1975, 6.
[267] Vgl. BGH ZIP 1998, 2008, 2010; RG LZ 1913, 486, 488.
[268] RG LZ 1913, 486, 488; FK-*Dauernheim* § 130 RdNr. 57; HambKomm-*Rogge* § 130 RdNr. 57.
[269] Vgl. OLG Köln NZI 2005, 112, 115; *Hölzle* ZIP 2006, 101, 103 f.
[270] BGH NJW 1998, 607, 608 f.
[271] *Kirchhof* in Kölner Schrift S. 285, 292, RdNr. 21 f.
[272] OLG Stuttgart ZInsO 2004, 156, 158; *Nerlich* (Fn. 65) § 130 RdNr. 78; vgl. BGHZ 89, 189, 196 = NJW 1984, 1557, 1559; BGH NJW-RR 2004, 1563, 1565; *Uhlenbruck/Hirte* § 130 RdNr. 66.
[273] Vgl. BGH NJW-RR 2002, 1419, 1420 f.; *Huber,* in Festschrift für Gerhardt, 2004, S. 379 ff.

Gläubiger, die dem Schuldner i. S. v. § 138 **nahe stehen**. Das beruht auf der Erfahrung, dass derartige Personen regelmäßig besondere Möglichkeiten haben, sich über die wirtschaftlichen Verhältnisse des Schuldners zu unterrichten.[274] Die Beziehung des Gläubigers zum Schuldner im Sinne von § 138 muss in dem Zeitpunkt bestanden haben, in dem die angefochtene Handlung gemäß § 140 vorgenommen wurde.[275]

Während der Insolvenzverwalter die objektiven Voraussetzungen (s. o. RdNr. 62 bis 64) auch gegenüber nahe stehenden Personen voll zu beweisen hat, wird diesen gegenüber – nur – vermutet, dass sie die Zahlungsunfähigkeit oder den Eröffnungsantrag **kannten**. Abs. 3 bewirkt insoweit eine gesetzliche Umkehr der Beweislast, nicht nur eine tatsächliche Vermutung.[276] Die nahe stehende Person hat deshalb ihre Unkenntnis voll zu beweisen. Dies kann ihr nur durch den Nachweis gelingen, dass sie auch die **tatsächlichen Umstände** nicht kannte, welche die Kenntnis zwingend ergeben. Denn kannte sie diese und vermag sie (ausnahmsweise) zu beweisen, dass sie dennoch den rechtlichen Schluss auf Zahlungsunfähigkeit oder einen Eröffnungsantrag nicht gezogen hat, so greift nach allgemeinen Regeln Abs. 2 ein. Es gibt keinen Anhaltspunkt dafür, dass diese Norm gegenüber Nahestehenden nicht anwendbar sein sollte,[277] der Insolvenzverwalter also seinerseits ihnen auch nur die Tatsachenkenntnis nachweisen müsste. Vielmehr ist gerade deren Wahrscheinlichkeit der Grund für die Umkehrung der Beweislast (s. o. RdNr. 66).

§ 131 Inkongruente Deckung

(1) Anfechtbar ist eine Rechtshandlung, die einem Insolvenzgläubiger eine Sicherung oder Befriedigung gewährt oder ermöglicht hat, die er nicht oder nicht in der Art oder nicht zu der Zeit zu beanspruchen hatte,

1. wenn die Handlung im letzten Monat vor dem Antrag auf Eröffnung des Insolvenzverfahrens oder nach diesem Antrag vorgenommen worden ist,
2. wenn die Handlung innerhalb des zweiten oder dritten Monats vor dem Eröffnungsantrag vorgenommen worden ist und der Schuldner zur Zeit der Handlung zahlungsunfähig war oder
3. wenn die Handlung innerhalb des zweiten oder dritten Monats vor dem Eröffnungsantrag vorgenommen worden ist und dem Gläubiger zur Zeit der Handlung bekannt war, daß sie die Insolvenzgläubiger benachteiligte.

(2) ¹Für die Anwendung des Absatzes 1 Nr. 3 steht der Kenntnis der Benachteiligung der Insolvenzgläubiger die Kenntnis von Umständen gleich, die zwingend auf die Benachteiligung schließen lassen. ²Gegenüber einer Person, die dem Schuldner zur Zeit der Handlung nahestand (§ 138), wird vermutet, daß sie die Benachteiligung der Insolvenzgläubiger kannte.

Schrifttum: *Honsdorf,* Zur Aufrechnung im Konkurs, Diss. Freiburg 1982; *Hüper,* Zwangsvollstreckung als inkongruente Deckung, Diss. Göttingen 1983; *Pfefferle,* Konkursanfechtung und Rückschlagsperre, Diss. Heidelberg 1982; *Rebmann,* Die Anfechtung von Zwangsvollstreckungsmaßnahmen nach § 131 InsO und die Vollstreckungssperre (u. a. § 88 InsO), Diss. Tübingen 2003.

---

[274] RegE S. 158 zu § 145.
[275] Vgl. RegE S. 158 zu § 145.
[276] RegE S. 158 zu § 145; HK-*Kreft* § 130 RdNr. 31, 32.
[277] Soweit RegE S. 158 zur damaligen Fassung des § 145 die Ansicht vertrat, Abs. 3 gelte nicht gegenüber einer Beurteilung der groben Fahrlässigkeit, ist dem durch die geänderte Fassung des § 130 Abs. 2 die Grundlage entzogen (ebenso *Kübler/Prütting/Paulus* § 130 RdNr. 34; HK-*Kreft* § 130 RdNr. 34; HambKomm-*Rogge* § 130 RdNr. 60; *Uhlenbruck/Hirte* § 130 RdNr. 67; *Braun/de Bra* § 130 RdNr. 46; aM *Nerlich* (Fn. 65) § 130 RdNr. 80). Denn gerade zu den im jetzigen Absatz 2 genannten Tatsachen hat der Nahestehende erleichterten Zugang, während der rechtliche Bewertungsmaßstab im Hinblick auf eine grobe Fahrlässigkeit für alle Teilnehmer am Rechtsverkehr gleich ist. Vgl. auch *v. Campe* S. 143.

§ 131 1–3

3. Teil. 3. Abschnitt. Insolvenzanfechtung

Übersicht

	RdNr.		RdNr.
I. Normzweck	1	VI. Besondere Anfechtungsvoraussetzungen des Abs. 1 Nr. 2	47
II. Enstehungsgeschichte	2	1. Zeitpunkt der Vornahme	47
III. Anwendungsbereich	4	2. Zahlungsunfähigkeit	48
IV. Gemeinsame Anfechtungsvoraussetzungen nach Abs. 15		VII. Besondere Anfechtungsvoraussetzungen des Abs. 1 Nr. 3	49
1. Sicherung oder Befriedigung eines Insolvenzgläubigers durch eine Rechtshandlung	5	1. Zeitpunkt der Vornahme	50
		2. Benachteiligung der Insolvenzgläubiger	51
2. Inkongruenz	8		
a) Allgemeines	9	3. Kenntnis	52
b) Nicht zu beanspruchende Deckung	13	a) Kenntnis der Zahlungsunfähigkeit oder des Eröffnungsantrags	53
aa) Befriedigung	14	b) Kenntnis der Umstände (Abs. 2 Satz 1)	54
bb) Aufrechnung	16		
cc) Sicherung	19	c) Kenntnis des Gläubigers	56
dd) Zwangsvollstreckung	26	VIII. Beweislast	57
c) Nicht in der Art zu beanspruchen	31	1. Regelfall	57
aa) Befriedigung	32	2. Erleichterungen zu Abs. 1 Nr. 3	62
bb) Sicherung	36	a) Inkongruenz	63
d) Nicht zu der Zeit zu beanspruchen	40	b) Nahestehende Personen (Abs. 2 Satz 2)	64
aa) Befriedigung	42		
bb) Sicherung	43		
3. Gläubigerbenachteiligung	45		
V. Besondere Anfechtungsvoraussetzung des Abs. 1 Nr. 1	46		

I. Normzweck

1   Die Vorschrift dient demselben Zweck wie § 130 (vgl. dort RdNr. 1), erleichtert aber im Vergleich damit die Anfechtung, weil ein Insolvenzgläubiger, der sich eine ihm nicht gebührende Sicherung oder Befriedigung gewähren lässt, weniger schutzwürdig erscheint: Eine solche Inkongruenz zwischen Verpflichtung und Deckung steht wertungsmäßig der Schenkung (vgl. dazu § 134) nahe.[1] Zudem weckt der Gläubiger, der so vorgeht, den Verdacht, dass er die wirtschaftliche Krise des Schuldners kennt oder voraussieht.[2] Der Schuldner, der eine inkongruente Deckung gewährt, kann sogar nach näherer Maßgabe des § 283 c StGB strafbar werden.

II. Entstehungsgeschichte

2   Die Norm ist aus § 30 Nr. 2 KO weiterentwickelt worden, während § 10 Abs. 1 Nr. 4 GesO nicht ausdrücklich zwischen inkongruenten und anderen Deckungshandlungen unterschied. § 30 Nr. 2 in Verbindung mit § 33 KO begrenzte die Anfechtbarkeit wegen (vermuteter) Kenntnis der Zahlungseinstellung auf zehn Tage vor deren objektivem Eintritt oder dem Eröffnungsantrag, längstens auf sechs Monate vor dem Konkurseröffnungsbeschluss. Demgegenüber zieht § 131 diese zeitliche Grenze auf längstens drei Monate vor dem Eröffnungsantrag, untergliedert diese Frist aber weiter: Die Anfechtung wird zusätzlich erleichtert, wenn die Deckungshandlung innerhalb des letzten Monats vor dem Eröffnungsantrag vorgenommen wurde (Abs. 1 Nr. 1).

3   Während § 30 Nr. 2 KO – nur – die Beweislast hinsichtlich der subjektiven Anfechtungsvoraussetzungen, im Vergleich mit der Anfechtung kongruenter Deckungen, umkehrte, sieht § 131 Abs. 1 Nr. 1 und 2 völlig von subjektiven Anfechtungsvoraussetzungen ab. Dies entspricht Leitsatz 5.2.2 Abs. 1 Nr. 1 und 2 des 1. KommBer. und § 146 Abs. 1 Nr. 1 und 2 RegE; es wirkt wie die qualifizierte Vorverlagerung des Gläubigergleichbehandlungs-

---

[1] *Henckel* ZIP 1982, 391, 396; *Baur/Stürner* RdNr. 19.34.
[2] Vgl. BGH ZIP 1998, 2008, 2011.

Inkongruente Deckung 4–6 § 131

grundsatzes.³ § 131 Abs. 1 Nr. 3 ersetzt dagegen die objektive Voraussetzung der Zahlungsunfähigkeit in Nr. 2 alternativ durch eine subjektive: die Kenntnis von einer benachteiligenden Wirkung der Deckungshandlung. Während insoweit nach Leitsatz 5.2.2 Abs. 1 Nr. 3 des 1. KommBer. und § 146 Abs. 1 Nr. 3 RegE dem Gläubiger schon eine grob fahrlässige Unkenntnis schaden sollte, stammt die jetzige Fassung der Nr. 3 vom BTag,⁴ der in Ergänzung dazu auch den Abs. 2 Satz 1 neu eingeführt hat. Die Vermutung gegenüber Nahestehenden in Abs. 2 Satz 2 ist aus dem zweiten Halbsatz des § 146 Abs. 1 Nr. 3 RegE übernommen und inhaltlich der Neufassung der Nr. 3 angepasst worden.

III. Anwendungsbereich

Die Vorschrift knüpft an die Voraussetzungen des § 129 an, die zusätzlich erfüllt sein **4** müssen (vgl. § 129 RdNr. 1, 5). § 131 kann mit allen anderen Anfechtungstatbeständen außer § 132 frei konkurrieren; im Vergleich mit § 130 erleichtert die Norm – wenn Inkongruenz als erschwerender Umstand vorliegt – die Anfechtung (vgl. RdNr. 8 und § 130 RdNr. 5, 6). War eine geleistete Deckung nicht geschuldet (s. u. RdNr. 14ff.), wird § 131 nicht durch § 134 verdrängt (s. o. Vor § 129 RdNr. 94). Die Inkongruenz einer Deckung hat darüber hinaus Bedeutung als Beweisanzeichen im Rahmen der Vorsatzanfechtung (s. u. § 133 RdNr. 29 ff.).

IV. Gemeinsame Anfechtungsvoraussetzungen nach Abs. 1

1. Sicherung oder Befriedigung eines Insolvenzgläubigers durch eine Rechts- **5** **handlung.** Nach § 131 kann nur eine Rechtshandlung anfechtbar sein, die einem Insolvenzgläubiger eine Sicherung oder Befriedigung (Deckung) gewährt oder ermöglicht hat. Diese Begriffe sind in demselben Sinne zu verstehen wie nach § 130 (vgl. dort RdNr. 6–22). Inkongruente Deckungen können keine anfechtungsfreien Bargeschäfte sein (vgl. § 142 RdNr. 6 bis 8).

Insolvenzgläubiger im Sinne von § 131 ist jeder, der diese Eigenschaft ohne die erlangte **6** Deckung hätte, der also seinen Vermögensanspruch nur als Insolvenzforderung verfolgen könnte.⁵ Das trifft auch für denjenigen zu, der eine Deckung ohne einen objektiv wirksamen Rechtsgrund erlangt.⁶ Der Begriff dient der Abgrenzung gegenüber Massegläubigern und Aussonderungsberechtigten einerseits sowie gegenüber § 132 andererseits (vgl. § 130 RdNr. 16). Er soll bei zweckorientierter Auslegung aber nicht diejenigen von der Deckungsanfechtung – und damit von der besonderen Insolvenzanfechtung insgesamt – ausnehmen, die innerhalb der wirtschaftlichen Krise des Schuldners Leistungen auf Grund eines nichtigen Rechtsgrundes erlangen; § 131 ist insoweit nicht subsidiär gegenüber §§ 812ff. BGB.⁷ Hierfür spricht der Umstand, dass § 131 seinem Wortlaut nach gerade auch Deckungen erfasst, die der Begünstigte (überhaupt) „nicht ... zu beanspruchen hatte". Dies auf die Fälle zu beschränken, in denen einem Anspruch Einwendungen oder Einreden entgegenstehen,⁸ ist nicht durch den Wortlaut geboten und verstößt gegen den Sinn der Anfechtung nach § 131: Diese soll nicht nur die minder schweren Fälle – z. B. Leistung trotz Einrede, vor Fälligkeit oder erfüllungshalber – unter die Gläubigergleichbehandlung stellen, sondern erst recht die nachteiligeren einer Leistung ohne jeden rechtsgültigen Anspruch. Insoweit ist auf Grund der Rechtsnatur des vermeintlich getilgten oder gesicherten Anspruchs, ggfls. der

---

³ *Kübler/Prütting/Paulus* § 131 RdNr. 1.
⁴ Bericht BTag S. 173 zu § 146.
⁵ BGHZ 89, 189, 194 = NJW 1984, 1757, 1758; BGH WM 1984, 265; OLG Köln ZInsO 2006, 1329f. Ergänzend vgl. § 130 RdNr. 16–22.
⁶ Ebenso *Jaeger/Henckel*, KO § 30 RdNr. 204; *Breutigam/Blersch/Goetsch* § 131 RdNr. 2; vgl. *Kilger/ K. Schmidt* § 30 KO Anm. 19a; aM *Hess* InsO § 131 RdNr. 39; *Eichberger* S. 133f. Ergänzend vgl. RdNr. 14 und § 130 RdNr. 21 sowie zur möglichen Gläubigerbenachteiligung § 129 RdNr. 101, 134ff.
⁷ BGHZ 141, 96, 105f. = NJW 1999, 1549, 1551f. S. o. Vor § 129 RdNr. 86ff.; § 129 RdNr. 108, 134f.
⁸ So *Kübler/Prütting/Paulus* § 131 RdNr. 6, anders aber RdNr. 8.

§ 131 7–9   3. Teil. 3. Abschnitt. Insolvenzanfechtung

dazu vorgetragenen Umstände, zu prüfen, ob der Leistungsempfänger objektiv[9] eine andere Stellung als die eines Insolvenzgläubigers hätte. Liegt danach eine verdeckte Schenkung vor, greift § 134 ein. Die Inhaber anderer angeblicher Forderungen sind anfechtungsrechtlich jedenfalls nicht besserzustellen als diejenigen von Forderungen, die wenigstens zur Teilnahme am Insolvenzverfahren berechtigen. Die Entstehungsgeschichte der §§ 130, 131 bietet keinen Anhaltspunkt dafür, dass der Gesetzgeber insoweit hinter dem zu § 30 KO entwickelten Stand der Rechtsprechung hätte zurückbleiben wollen.

7   Insolvenzgläubiger ist danach insbesondere, wer zunächst eine Leistung ohne Rechtsgrund erhielt, wenn dieser nachträglich und in der kritischen Zeit des § 131 geschaffen wird,[10] oder derjenige, dem eine nicht anmeldbare (einklagbare) Forderung zusteht (s. u. RdNr. 14). Insolvenzgläubiger ist im Hinblick auf § 77 Abs. 3 Nr. 1, § 191 auch der Inhaber aufschiebend bedingter Forderungen (s. u. RdNr. 15), ferner der Schuldner des späteren Insolvenzschuldners, der zur Herstellung einer Aufrechnungslage eine Gegenforderung erwirbt und hierdurch – erstmals – selbst zum Insolvenzgläubiger wird.[11] Diese Fallgestaltung war früher in § 55 Nr. 3 KO speziell geregelt.[12] Mit der umfassenden Neuregelung des § 96 Abs. 1 Nr. 3 InsO, der allgemein auf eine „anfechtbare Rechtshandlung" abstellt, sollte der aufgezeigte Fall nicht aus der besonderen Insolvenzanfechtung herausgenommen werden.[13] Zur Einordnung als Insolvenzgläubiger genügt jedenfalls nach § 52 Satz 1 InsO (vgl. § 130 RdNr. 18) die Stellung eines Sicherungsnehmers, der sich vom späteren Insolvenzschuldner vorbeugend eine nicht akzessorische Sicherheit – z. B. eine Grundschuld – auch für künftige Forderungen hat gewähren lassen und erst in der kritischen Zeit des § 131 einen persönlichen Anspruch gegen den Insolvenzschuldner begründet oder erwirbt und jenen damit unter die Sicherheit stellt.[14] Dass das Sicherungsrecht vorher einredebehaftet ist, schließt die Gläubigerstellung allgemein nicht aus (vgl. § 130 RdNr. 21). Dagegen ist nicht Insolvenzgläubiger derjenige Dritte, dem der Insolvenzschuldner eine Sicherheit bestellt, ohne jenem gegenüber verpflichtet zu sein (s. o. § 130 RdNr. 19).

8   **2. Inkongruenz.** Der Grund für die erleichterte Anfechtung nach § 131 liegt darin, dass der Gläubiger die Deckung nicht so zu beanspruchen hatte, wie er sie erlangt hat. § 131 nennt drei mögliche Fälle der Abweichung: Dass die Leistung dem Gläubiger entweder – gar – nicht (s. u. RdNr. 13 bis 30) oder nicht in der Art (s. u. RdNr. 31 bis 39) oder nicht zu der Zeit (s. u. RdNr. 40 bis 44) zustand.

9   **a) Allgemeines.** Entscheidend ist das Abweichen der konkreten Deckungshandlung vom Inhalt des Schuldverhältnisses, das zwischen Insolvenzgläubiger und Schuldner besteht; ein Gläubigerwechsel allein genügt nicht.[15] Deshalb ist zunächst die geschuldete Leistung rechtlich genau zu bestimmen.[16] Sind z. B. mehrere Forderungen zu unterschiedlichen Zwecken abgetreten worden, sind diese getrennt zu prüfen.[17] Die Verpflichtung kann aus einem Rechtsgeschäft oder einer unmittelbaren gesetzlichen Anordnung (s. u. RdNr. 23) folgen. Bei einem Vertrag ist maßgeblich, was die Beteiligten tatsächlich vereinbart haben, nicht,

---

[9] Für eine Einordnung gemäß den subjektiven Vorstellungen der Beteiligten *Flatau* JW 1912, 660, 661 f. Dagegen s. u. RdNr. 9.
[10] *Kübler/Prütting/Paulus* § 131 RdNr. 2, 8; *Uhlenbruck/Hirte* § 131 RdNr. 2.
[11] OLG Köln NZI 2001, 474, 475; *M. Zeuner,* Anfechtung RdNr. 132; *C. Paulus* ZIP 1997, 569, 576; *Häsemeyer,* in Kölner Schrift S. 645, 648 RdNr. 7; *Gerhardt,* Festschrift für Brandner, 1996, S. 605, 613; *Bork* RdNr. 266. Ergänzend s. o. § 96 RdNr. 27, § 130 RdNr. 17.
[12] Vgl. *Honsdorf* S. 73 ff., 88 ff.
[13] RegE S. 141 zu § 108 Nr. 3.
[14] Vgl. BGHZ 59, 230, 234 f. = NJW 1972, 2084, 2085; BGH WM 1975, 947, 948; *Menkhaus* S. 97; aM *Jaeger/Henckel,* KO § 30 RdNr. 226 bis 228 und FK-*Dauernheim* § 131 RdNr. 20, welche die Problematik allein auf der Grundlage des § 132 (früher: § 30 Nr. 1 Fall 1 KO) lösen wollen; so wohl auch *Kübler/Prütting/Paulus* § 131 Fn. 40. Dem liegt jedoch eine zu enge Auslegung des Begriffs „Insolvenzgläubiger" zugrunde. Ergänzend s. u. RdNr. 25.
[15] BGH NJW-RR 2004, 1130, 1131.
[16] *Kübler/Prütting/Paulus* § 131 RdNr. 4; vgl. BGH NJW 1990, 2687, 2688.
[17] Vgl. RG LZ 1908, 608, 609.

was sie hätten vereinbaren können.[18] Dies und die Übereinstimmung der Deckung mit dem Schuldinhalt sind objektiv zu beurteilen; abweichende subjektive Vorstellungen der Beteiligten sind wegen des Normzwecks unerheblich. Daher kann eine Deckung inkongruent sein, obwohl die Beteiligten irrtümlich annehmen, sie entspreche ihrer Vereinbarung, und sie kann kongruent sein, wenn die Beteiligten meinten, sie sei so nicht geschuldet.[19] Zur Voraussetzung, dass die zu erfüllende Verpflichtung inhaltlich hinreichend bestimmt sein muss, s. u. RdNr. 20, 39. Unerheblich sind die Gründe, die zu einer Abweichung von der Leistungspflicht geführt haben,[20] und ebenso, ob die erbrachte Leitung denselben wirtschaftlichen Wert hat wie im Zeitpunkt der Vereinbarung.[21] Inkongruenz darf ferner nicht mit der Begründung bejaht werden, dass der Gläubiger mehr erhalten hat, als er auf Grund der Vermögensverhältnisse des Schuldners erwarten durfte.[22]

Maßgeblicher **Zeitpunkt** für das Vorliegen einer Inkongruenz ist derjenige, in dem die Rechtshandlung vorgenommen, also nach § 140 regelmäßig, in welchem sie vollendet wurde.[23] War die Deckung, gemessen an der ursprünglichen Vereinbarung, inkongruent, kann eine abändernde Absprache die Kongruenz nicht mehr innerhalb der Monatsfrist des Abs. 1 Nr. 1 herstellen, und innerhalb der Dreimonatsfrist des Abs. 1 Nr. 2 und 3 nur, wenn der Schuldner bei der Nachtragsvereinbarung weder zahlungsunfähig war noch der Gläubiger die benachteiligende Wirkung kannte.[24] Derartige Absprachen innerhalb dieser Fristen sind nicht nur unter den – engeren – Voraussetzungen des § 132 anfechtbar, sondern betreffen unmittelbar die Einordnung der Deckungshandlung und unterliegen deshalb den Grundsätzen der Deckungsanfechtung. Vor Beginn der Dreimonatsfrist kann der Schuldgrund zwar nachträglich der Leistung mit der Wirkung angepasst werden, dass für die Folgezeit eine kongruente Deckung vorliegt;[25] die abändernde Vereinbarung selbst kann aber unter den Voraussetzungen des § 133 anfechtbar sein, wobei die zuvor bestehende Inkongruenz auf einen Benachteiligungsvorsatz hinweist.[26] Das Erbringen der inkongruenten Leistung allein enthält regelmäßig nicht einmal eine Abänderung des Schuldgrundes; dazu wäre gemäß §§ 133, 157 BGB wenigstens nötig, dass die Beteiligten die Inkongruenz erkannt hätten und die abweichende Leistung fortan als die geschuldete behandeln wollten. 10

Die Kongruenz zwischen Anspruch und Deckungsleistung ist im Interesse der Gleichbehandlung aller Insolvenzgläubiger nach strengen Maßstäben zu beurteilen.[27] Nur **geringfügige Abweichungen** zwischen Anspruch und Deckung schaden nicht.[28] Dabei ist auf die Verkehrssitte (§§ 157, 242 BGB) und Handelsbräuche (§ 346 HGB) Rücksicht zu nehmen. Deshalb ist die verkehrsübliche bargeldlose Überweisung eines Geldbetrages jedenfalls auf ein bekannt gegebenes Konto kongruent,[29] ebenso die Einziehung im Lastschriftverfahren auf Grund einer Ermächtigung des Schuldners und die kontomäßige Gutschrift auf einen 11

---

[18] BGH NJW-RR 1998, 1057, 1061; *Kübler/Prütting/Paulus* § 131 RdNr. 5.
[19] *Jaeger/Henckel*, KO § 30 RdNr. 203; *Kübler/Prütting/Paulus* § 130 RdNr. 7; *Eichberger* S. 132; aM *Flatau* JW 1912, 660, 661 f. Jedoch kann ein Benachteiligungsvorsatz i. S. v. § 133 vorliegen.
[20] *Kübler/Prütting/Paulus* § 130 RdNr. 7.
[21] Zu zwischenzeitlichen Zins- oder Kursschwankungen vgl. *Obermüller*, Festschrift für Merz, 1992, S. 423, 427.
[22] *Jaeger/Henckel*, KO § 30 RdNr. 207; FK-*Dauernheim* § 131 RdNr. 10.
[23] BGH WM 1959, 470, 471; NJW-RR 2002, 1419 f.; 2005, 1575, *Jaeger/Henckel*, KO § 30 RdNr. 199; *Kübler/Prütting/Paulus* § 131 RdNr. 5; HK-*Kreft* § 131 RdNr. 7; vgl. auch BGHZ 159, 388, 393 f. = NJW 2004, 3118, 3119 und zur KO BGHZ 138, 40, 46 f. = NJW 1998, 1318, 1319; BGH NJW 1998, 1561, 1563.
[24] HK-*Kreft* § 131 RdNr. 12; *Kübler/Prütting/Paulus* § 131 RdNr. 5; *Eckardt* ZIP 1999, 1417, 1418; FK-*Dauernheim* § 131 RdNr. 4; *Nerlich* in: *Nerlich/Römermann* § 131 RdNr. 51; vgl. LG Dresden ZInsO 2006, 998, 999; zu § 30 Nr. 2 KO auch BGHZ 59, 230, 235 = NJW 1972, 2084, 2085; BGH NJW 1998, 1561, 1563; *Jaeger/Henckel*, KO § 30 RdNr. 200; ungenau *Smid/Zeuner* § 140 RdNr. 17.
[25] Vgl. BGHZ 166, 125, 137 = ZIns 2006, 322, 325 f.
[26] Vgl. BGHZ 123, 320, 325 f. = NJW 1993, 3267, 3268; OLG Stuttgart ZInsO 2004, 156, 157.
[27] BGHZ 33, 389, 393 = NJW 1961, 408, 409; BGH LM KO § 30 Nr. 1; *Baur/Stürner* RdNr. 19.34.
[28] HK-*Kreft* § 130 RdNr. 10; vgl. RG LZ 1910, 474, 475.
[29] *Jaeger/Henckel*, KO § 30 RdNr. 209, 211; *Kübler/Prütting/Paulus* § 131 RdNr. 13; *König* RdNr. 10/59; *Bork*, Zahlungsverkehr RdNr. 139. Ergänzend s. u. RdNr. 35.

§ 131 12   3. Teil. 3. Abschnitt. Insolvenzanfechtung

Barscheck.³⁰ Dasselbe mag für die Begebung eines Schecks statt einer vereinbarten Überweisung³¹ sowie für die auf Anweisung des Schuldners erfolgende Direktzahlung eines Finanziers an einen Gläubiger auf dessen Leistungen für das zu finanzierende Projekt des Schuldners zutreffen.³² Ob die Bezahlung mit gezogenem Wechsel statt in bar heute noch verkehrsüblich ist, ist zweifelhaft;³³ die Einlösung eines begebenen Wertpapiers ist aber für sich kongruent (s. o. § 129 RdNr. 145). Ist Wechselprolongation vereinbart, können statt Wechsel auch einfache Anweisungen genommen werden.³⁴ Eine mangelhafte (§ 459 BGB) oder genehmigungsfähig abweichende (§ 378 HGB) Leistung ist ebenfalls nicht inkongruent, im Gegensatz zur Lieferung einer anderen als der geschuldeten Sache. Dass die an Erfüllungs Statt angenommene, andersartige Leistung hinter dem Wert der Forderung zurückbleibt, schließt die Anwendung des § 131 nicht aus.³⁵ Die Leistung an einem anderen Ort als dem Erfüllungsort begründet nicht ohne weiteres die Inkongruenz.³⁶ Eine Zahlung durch inländische Banküberweisung ist im Hinblick auf die Bearbeitungsfrist des § 676a Abs. 2 Nr. 2 BGB erst dann in inkongruenter Weise verfrüht, wenn sie länger als fünf Bankgeschäftstage vor Fälligkeit eingeht.³⁷ Werden in einem Globalabtretungsvertrag nur die Deckungs- oder Freigabegrenzen der geänderten Rechtsprechung angepasst, wird die Sicherung nicht allein dadurch inkongruent.³⁸ Wird dagegen der Sicherungszweck nachträglich auch auf künftige Ansprüche des Gläubigers erstreckt, ist dies inkongruent.³⁹ Eine einheitliche Rechtshandlung kann nur insgesamt kongruent sein; ist sie wenigstens teilweise inkongruent, so ist sie es in vollem Umfang (s. u. RdNr. 21, 42). Allerdings kann sich das Ausmaß der Inkrunzenz auf deren Bedeutung als Beweisanzeichen für Benachteiligungsvorsatz und Kenntnis auswirken (s. u. § 133 RdNr. 29 a, 38 b).

12   Ermöglicht das zugrundeliegende Schuldverhältnis mehrere verschiedenartige Leistungen, so ist maßgeblich, was der Schuldner zu leisten **verpflichtet** ist und der Gläubiger deshalb als Erfüllung annehmen muss (s. u. RdNr. 32). Bei der **Wahlschuld** ist jede der vom Schuldner zu erbringenden Leistungen kongruent, gleichgültig, wer die Wahl vorzunehmen hat.⁴⁰ Stand dem Schuldner eine **Ersetzungsbefugnis** zu, so ist jede Leistung kongruent, durch die sich der Schuldner von seiner Pflicht befreien darf.⁴¹ Denn die möglichen Leistungen sind jeweils von vornherein individualisiert. Dagegen ist die erst nachträglich und in der Zeit der Krise vereinbarte Ersetzungsbefugnis inkongruent.⁴² Kongruent ist die vor der kritischen Zeit getroffene Vereinbarung des Schuldners mit seiner Bank, seine Verpflichtungen durch die Hereingabe von Lastschriftaufträgen zu erfüllen.⁴³ Eine Teilleistung ist trotz § 266 BGB kongruent, weil der Gläubiger sie zu fordern hat und annehmen darf.⁴⁴ Eine Sonderstellung für Sozialversicherungsträger begründet nicht § 76 Abs. 1 SGB IV.⁴⁵

---

³⁰ BGH NJW-RR 2003, 842, 844; *Bork,* Zahlungsverkehr RdNr. 273; FK-*Dauernheim* § 130 RdNr. 33. Entgegen dessen Auffassung dürfte dagegen die Barauszahlung auf einen Verrechnungsscheck nicht mehr kongruent sein. Ergänzend s. u. RdNr. 18, 35.
³¹ Vgl. BGHZ 166, 125, 139 = ZInsO 2006, 322, 326.
³² Vgl. BGH ZInsO 2007, 816, 817; OLG Düsseldorf WM 1985, 1042, 1043. Abgrenzend zu Leistungen durch sonstige Dritte s. u. RdNr. 35.
³³ Vgl. *Uhlenbruck/Hirte* § 131 RdNr. 9. Zum eigenen Wechsel s. u. RdNr. 35.
³⁴ RG LZ 1910, 474, 475.
³⁵ Vgl. *Jaeger/Henckel,* KO § 30 RdNr. 207.
³⁶ *Uhlenbruck/Hirte* § 131 RdNr. 12; *Jaeger/Henckel,* KO § 30 RdNr. 209.
³⁷ BGH NJW-RR 2005, 1575 f.; vgl. auch OLG Koblenz ZInsO 2001, 967, 968.
³⁸ OLG München WM 1997, 312, 316.
³⁹ Vgl. BGH NJW 1998, 1561, 1563; *Kreft,* Festschrift für Horn, 2006, S. 261, 273.
⁴⁰ RGZ 71, 89, 91; *Jaeger/Henckel,* KO § 30 RdNr. 213; *Eichberger* S. 136.
⁴¹ BGHZ 70, 177, 183 f. = NJW 1978, 758, 759; BGH, Beschl. v. 12. 1. 2006 – IX ZR 83/02; RGZ 71, 89/91; *Jaeger/Henckel,* KO § 30 RdNr. 213; *Uhlenbruck/Hirte* § 131 RdNr. 11; HK-*Kreft* § 131 RdNr. 9.
⁴² BGH NJW-RR 2006, 414, 415.
⁴³ Vgl. BGHZ 70, 177, 183 f. = NJW 1978, 758, 759; *Jaeger/Henckel,* KO § 30 RdNr. 213.
⁴⁴ Vgl. RG WarnR 1933, Nr. 18, S. 32.
⁴⁵ BGH NZI 2006, 159, 160. Die Norm bestimmt, dass Einnahmen der Sozialversicherungsträger rechtzeitig und vollständig zu erheben sind.

b) Die Deckung ist **nicht zu beanspruchen,** wenn der Gläubiger gar keinen Anspruch 13
gegen den Schuldner auf dessen Leistung hat (siehe oben RdNr. 6, 7), wenn der Anspruch
nicht durchsetzbar ist oder dessen Durchsetzung ein Einwand oder eine andauernde Einrede[46] entgegensteht. Leistet der Schuldner hingegen auf eine fremde Schuld an einen
Dritten, ist dies nicht gegenüber dem Empfänger anfechtbar, weil er nicht Insolvenzgläubiger ist (s. o. § 130 RdNr. 19).

aa) Nicht zu beanspruchende **Befriedigung.** Inkongruent ist insbesondere die Bezah- 14
lung von Leistungen, die unentgeltlich zu erbringen waren,[47] ebenso die Zahlung auf einen
Gewinnbeteiligungsanspruch, obwohl nur ein Scheingewinn erzielt wurde,[48] ferner die Leistung an einen Gläubiger, der sein Recht aus einem formungültigen Vertrag herleitet; hieran
ändert der Umstand nichts, dass als weitere Folge der Erfüllung der Formmangel, z. B. nach
§ 311 b Abs. 1 Satz 2, § 766 Satz 3 BGB, § 15 Abs. 4 S. 2 GmbHG, geheilt werden mag.[49]
Dementsprechend bleibt die Tilgung einer anwaltlichen Gebührenforderung, die – ohne
schriftliche Honorarvereinbarung – den gesetzlichen Gebührenrahmen übersteigt, in diesem
Umfang trotz § 4 Abs. 1 Satz 3 RVG inkongruent.[50] Arbeitnehmer haben zwar nicht kraft
Gesetzes einen Anspruch auf eine Lebensversicherung mit unwiderruflichem Bezugsrecht,
doch kann er – nicht nur im Fall der Entgeltumwandlung – vor der wirtschaftlichen Krise
des Arbeitgebers vereinbart werden; ein solches Recht ist dann nicht nach § 131, sondern
allenfalls nach § 133 oder § 134 anfechtbar.[51] Wird jedoch das Bezugsrecht erst nachträglich
und innerhalb der Dreimonatsfrist des § 131 eingeräumt, ist es inkongruent, wenn dem
Arbeitnehmer noch keine unverfallbare Anwartschaft gemäß §§ 1, 30 f. BetrAVG zustand.[52]

Nichts zu beanspruchen hat der Gläubiger einer verjährten Forderung oder einer nicht 14a
einklagbaren Verbindlichkeit, z. B. nach §§ 656, 762 BGB, §§ 254 Abs. 3, 301 Abs. 3
InsO.[53] Denn in der Insolvenz werden nur klagbare Ansprüche berücksichtigt. Der Gläubiger, dessen Forderung eine **Einwendung** – z. B. der Sittenwidrigkeit (§ 138 BGB) oder
Anfechtbarkeit (§§ 119, 123 BGB) – entgegensteht, hat die Leistung nicht zu verlangen.[54]
Das gilt auch für die Nachforderung eines Auftragnehmers, welcher die Einrede einer
vorangegangenen Schlussrechnung gemäß § 16 Nr. 3 Abs. 2 VOB/B entgegensteht.[55] § 131
ist nicht subsidiär gegenüber anderen möglichen Anspruchsgrundlagen, z. B. nach § 812
oder § 823 Abs. 2 BGB, auf Rückgewähr der erbrachten Leistung (s. o. § 129 RdNr. 101 a,
134 f.). Ist die Leistung des Schuldners als Bestätigung eines anfechtbaren Geschäfts i. S. v.
§ 144 BGB zu werten, so ist diese – innerhalb der kritischen Zeit (s. o. RdNr. 10) –
ebenfalls als inkongruent anfechtbar.[56] Wird das eine Kongruenz begründende Kausalgeschäft erfolgreich angefochten, gilt die darauf erbrachte Leitung ohne weiteres als inkon-

---

[46] *Andres/Leithaus* § 131 RdNr. 2; zum nur vorübergehenden Leistungsverweigerungsrecht s. u. RdNr. 40.
[47] Vgl. BGH NJW 1995, 1093, 1094; *Kübler/Prütting/Paulus* § 131 RdNr. 7; *Uhlenbruck/Hirte* § 131
RdNr. 6. Daneben bleibt § 134 zu prüfen (s. o. RdNr. 4).
[48] BAG KTS 1985, 57 Leits.
[49] RG JW 1895, 44 Nr. 17; HK-*Kreft* § 131 RdNr. 8; FK-*Dauernheim* § 131 RdNr. 7; *Nerlich* (Fn. 24)
§ 131 RdNr. 16; *Eichberger* S. 134; *Jaeger/Henckel*, KO § 30 RdNr. 204; *Kilger/K. Schmidt* § 30 Anm. 19 a;
Breutigam/Blersch/Goetsch § 131 RdNr. 2; *Uhlenbruck/Hirte* RdNr. 19.36; aM *Kübler/Prütting/Paulus* § 131 RdNr. 6; *Häsemeyer*, Insolvenzrecht RdNr. 21.57. Ergänzend s. o. RdNr. 7.
[50] Vgl. LG Wuppertal ZInsO 2002, 337, 338 f.; aM *Gerhardt* EWiR 2002, 1055 f., der ausschließlich § 134
anwenden will. Hiergegen s. o. RdNr. 4.
[51] AM *Westhelle/Micksch* ZIP 2003, 2054, 2059.
[52] Vgl. BAG ZIP 2004, 229. 230.
[53] S. o. RdNr. 7 und 1. KommBer S. 410 zu Leits. 5.2.3; HK-*Kreft* § 131 RdNr. 8; *Kübler/Prütting/Paulus*
§ 131 RdNr. 6; FK-*Dauernheim* § 131 RdNr. 7; *Nerlich* (Fn. 24) § 131 RdNr. 16; *Uhlenbruck/Hirte* § 131
RdNr. 4; *Baur/Stürner* RdNr. 19.36; aM *M. Zeuner*, Anfechtung RdNr. 129; *Hess*, InsO § 131 RdNr. 39;
Eichberger S. 134. Für eine Anwendung des § 134 *Häsemeyer* RdNr. 21.57.
[54] HK-*Kreft* § 131 RdNr. 8; *Kübler/Prütting/Paulus* § 131 RdNr. 7; *M. Zeuner*, Anfechtung RdNr. 130;
Nerlich (Fn. 24) § 131 RdNr. 16; *Mauer* RdNr. 142; *Jaeger/Henckel*, KO § 30 RdNr. 204; vgl. *Uhlenbruck/
Hirte* § 131 RdNr. 4; aM *Hess* InsO § 131 RdNr. 39.
[55] *Heidland* RdNr. 524 f.
[56] FK-*Dauernheim* § 131 RdNr. 6. Zum Verstreichenlassen einer Anfechtungsfrist s. o. § 129 RdNr. 25,
§ 130 RdNr. 13.

gruent.⁵⁷ Verzichtet der Schuldner im Rahmen eines Vergleichs (§ 779 BGB) in einem Umfang auf eigene Rechte, welcher über das nach der Rechtslage und den bestehenden Ungewissheiten gerechtfertigte Maß objektiv hinausgeht, kann dies inkongruent sein;⁵⁸ dagegen sollte ein ausgewogenes gegenseitiges Nachgeben wie eine vereinbarte Verrechnung behandelt werden, so dass auf die zugrunde liegenden Ansprüche („Aufrechnungslage") abzustellen ist.⁵⁹ Kongruent ist das Geldwechseln oder das Aufladen einer Geldkarte des Schuldners bei seiner Bank, durch dass er sich unmittelbar die gleichwertige Befugnis zur Verfügung über Vermögen des anderen Teils verschafft.⁶⁰ Sogar die Bezahlung einer überhöhten, aber rechtswirksam und insolvenzfest vereinbarten Schuld ist kongruent; eine Anfechtung kann sich nach § 132 gegen die Vereinbarung der überhöhten Leistung richten.⁶¹

15 Der Inhaber einer erst aufschiebend **bedingten Forderung** (§ 158 Abs. 1 BGB) hat vor Eintritt der Bedingung – noch – nichts zu beanspruchen.⁶² Tritt die Bedingung nachträglich – sogar nach Insolvenzeröffnung (vgl. § 77 Abs. 3 Nr. 1) – ein, kann die Deckung kongruent werden. Andererseits ist eine unter auflösender Bedingung (§ 158 Abs. 2 BGB) vereinbarte Leistung, wie § 42 zeigt, zunächst auch in der Insolvenz zu beanspruchen, also kongruent; tritt diese Bedingung später ein, so kann die Leistung jedenfalls als rechtsgrundlos erbracht (§ 812 Abs. 1 BGB) zurückgefordert werden.⁶³ Fällt auf Lieferungen des Schuldners an Abnehmer – oder umgekehrt – in der kritischen Zeit Umsatzsteuer an, soll den §§ 1, 16 UStG zu entnehmen sein, dass die Steuerforderung des Fiskus originär und kongruent entsteht, obwohl dieser vorher keinen Anspruch auf Abschluss des steuerpflichtigen Geschäfts hatte.⁶⁴ Entsprechendes müsste folgerichtig für die Belastung des Leistungsempfängers mit der Abzugssteuer gemäß § 13b Abs. 1 Nr. 4 und Abs. 2 UStG gelten.⁶⁵

16 **bb)** Die **Aufrechnung** ist zwar nach §§ 387 ff. BGB ein Erfüllungssurrogat, doch steht anfechtungsrechtlich die Sicherungswirkung im Vordergrund, weil durchweg nicht die Aufrechnungserklärung angefochten, sondern gem. § 96 Abs. 1 Nr. 3 auf die Herstellung der – regelmäßig bereits früher eintretenden – Aufrechnungslage abgestellt wird.⁶⁶ Dies ist dann zugleich der maßgebliche Zeitpunkt für die Beurteilung der Kongruenz der Aufrechnungslage.⁶⁷ Ist sie durch Banküberweisung, Scheckbegebung oder Bareinzahlung auf einem Konto des Insolvenzschuldners entstanden, entscheidet der Zeitpunkt, in dem die Bank buchmäßige Deckung erlangt hat.⁶⁸ Entsprechendes gilt grundsätzlich für Verrechnungen.⁶⁹ Zwar liegt ihnen ein Vertrag über die Saldierung zugrunde, doch deckt diese allein nicht die – endgültige – Rückführung eines eingeräumten Kredits,⁷⁰ sondern lediglich das Offenhal-

---

⁵⁷ *Kübler/Prütting/Paulus* § 131 RdNr. 7; vgl. BGH NJW 1995, 1668, 1671.
⁵⁸ Vgl. BGH NJW-RR 2004, 1534, 1535 zu § 3 AnfG; ferner OLG Dresden ZInsO 2001, 910, 911.
⁵⁹ Vgl. *Gerhardt* KTS 2004, 195, 201 f.
⁶⁰ *Bork*, Zahlungsverkehr RdNr. 400.
⁶¹ *Gerhardt* EWiR 1989, 609, 610; dagegen wurde in dem vom OLG Düsseldorf ZIP 1989, 1073, 1074 entschiedenen Fall die Schuld selbst erst wenige Tage vor dem Eröffnungsantrag anfechtbar begründet; dem zustimmend *Hess* InsO § 131 RdNr. 40; wohl auch *Kübler/Prütting/Paulus* § 131 RdNr. 7.
⁶² *HK-Kreft* § 131 RdNr. 8; *Kübler/Prütting/Paulus* § 131 RdNr. 6; *Jaeger/Henckel*, KO § 30 RdNr. 204. Ergänzend vgl. RdNr. 7, 40.
⁶³ *Jaeger/Henckel*, KO § 30 RdNr. 204.
⁶⁴ So wohl BFH ZIP 2005, 628, 629 f.; aM *Onusseit* ZInsO 2005, 638, 1642; *Bork* ZInsO 2003, 684, 689. Ergänzend s. u. RdNr. 24.
⁶⁵ Im Ergebnis aM *Heinze* DZWIR 2005, 282, 283. Ergänzend s. u. RdNr. 35.
⁶⁶ S. o. § 129 RdNr. 148, § 130 RdNr. 9 und 10.
⁶⁷ *Jaeger/Henckel*, KO § 30 RdNr. 275; vgl. BGH NZI 2006, 345, 346.
⁶⁸ BGHZ 118, 171, 176 f. = NJW 1992, 1960, 1961; *Jaeger/Henckel*, KO § 30 RdNr. 275; *Canaris*, Festschrift KO S. 73, 80; vgl. BGHZ 74, 129, 132 = NJW 1979, 1461, 1462; aM *Menkhaus* S. 183 ff., 206, der den Zeitpunkt der Einlösung von Inkassodokumenten durch die Schuldnerbank für maßgeblich hält; *v. Usslar* BB 1980, 916, 917 f., der auf die Erteilung der Deckungszusage gegenüber der Empfangsbank oder die Erteilung der Gutschrift abstellen will.
⁶⁹ AM *H.-G. Lange* S. 160 f.
⁷⁰ AM *Eichberger* S. 126.

ten des Kreditlimits für weitere Verfügungen des Kunden (s. u. RdNr. 44 aE, § 142 RdNr. 13 a).

Wird der Gläubiger, der vom Insolvenzschuldner eine Zahlung zu fordern hat, durch pflichtgemäßes Verhalten seinerseits Schuldner einer Gegenforderung des späteren Insolvenzschuldners, so ist die Aufrechnungslage dem Grunde nach kongruent hergestellt. Dies trifft z. B. zu, wenn die Aufrechnungslage durch eine entgeltliche Nutzung von Gegenständen entsteht, welche der Anfechtungsgegner schon vor der kritischen Zeit zu beanspruchen hatte.[71] Anders verhält es sich, wenn der Gläubiger die Verpflichtung – insbesondere durch Abschluss eines Vertrages – erst innerhalb der kritischen Zeit (s. o. RdNr. 10) begründet (vgl. § 129 RdNr. 67, 149). Hat z. B. ein späterer Insolvenzgläubiger seinem Schuldner in den Fristen des § 131 einen Werkleistungsauftrag erteilt oder von ihm einen Gegenstand gekauft und damit für seine Insolvenzforderung eine Aufrechnungslage geschaffen, dann ist diese Deckung inkongruent.[72] Ebenso liegt es, wenn sich ein Schuldner des späteren Insolvenzschuldners in der Zeit von dessen wirtschaftlicher Krise eine gegen diesen gerichtete Insolvenzforderung von deren Inhaber abtreten lässt, um mit ihr gegen die eigene Verbindlichkeit aufzurechnen.[73] Entscheidend ist nicht, ob der Gläubiger zum Abschluss des Gegengeschäfts berechtigt ist, sondern ob er ihn konkret zu *beanspruchen* hatte; eine allgemeine Verpflichtung des Schuldners, in einem bestimmten Zeitraum beim Gläubiger Einkäufe mit einem bestimmten Gesamtwert zu tätigen, genügt nicht ohne weiteres.[74] Beim Credit Default Swap hat der Sicherungsgeber keinen Anspruch gegen den – insolvent werdenden – Referenzschuldner auf Erwerb der gegen diesen gerichteten Forderungen; ein solcher Erwerb – im Wege des physical settlement – ist, unabhängig vom Verhältnis zum Sicherungsnehmer, inkongruent.[75] Sogar wenn die Gegenseitigkeit vertragsgerecht hergestellt worden ist, ist stets zusätzlich zu prüfen, ob die Aufrechnung „zur rechten Zeit" erfolgte (s. u. RdNr. 43, 44).

Zahlen Kunden des Insolvenzschuldners auf dessen Weisung auf ein Konto ein, das er bei einem Geldinstitut unterhält, darf dieses dem Grunde nach gegen seine Verpflichtung zur Herausgabe der erlangten Beträge (§ 667 BGB) mit eigenen – fälligen (s. u. RdNr. 44) – Kreditforderungen gegen den Insolvenzschuldner aufrechnen. Zwar hat das Geldinstitut keinen eigenen Anspruch auf diesen Zahlungseingang, doch ist diese Form der bargeldlosen Überweisung unter Einbeziehung des Geldinstituts verkehrsüblich, also auch für dieses nicht ohne weiteres inkongruent.[76] Entsprechendes gilt, wenn der Kunde seiner Bank Aufträge zum Lastschrifteinzug erteilt, für die Deckung, die sie dadurch erlangt,[77] oder wenn Schuldner des späteren Insolvenzschuldners auf dessen, ihnen bekannt gegebenes, Bankkonto bar einzahlen.[78] Reicht der Schuldner selbst seinem Kreditinstitut einen Scheck zur Einziehung über sein Konto herein, so ist die Verrechnung mit dem darauf bestehenden Schuldsaldo nicht wegen dieser Art des Geldeingangs inkongruent.[79] Erfolgt die Gutschrift auf einem anderen, nicht debitorischen Konto des Insolvenzschuldners, darf das Geldinstitut zwar die beiden Konten nicht kontokorrentmäßig *ver*rechnen. Die Kongruenz der gemäß § 387 BGB entstehenden *Auf*rechnungslage scheitert aber nicht allein an der unterschiedlichen

---

[71] Vgl. BGHZ 145, 245, 253 ff. = NJW 2001, 367, 369.
[72] BGHZ 147, 233, 238 = NJW 2001, 1940, 1942; BGH ZIP 2003, 2370, 2371; NZI 2004, 82 f.; 2004, 376. 377; BGHZ 159, 388, 393 f. = NJW 2004, 3118, 3119 f.; OLG Dresden DZWIR 2001, 470, 471; OLG Rostock ZIP 2003, 1903, 1904; OLG Hamm WM 2003, 2115, 2116; ZInsO 2006, 45 f.; HK-*Kreft* § 131 RdNr. 8; *Jaeger/Henckel,* KO § 30 RdNr. 274; *Foerste* RdNr. 308; *Peschke* S. 179 ff.; für anwaltlichen Forderungseinzug BGH, Urt. v. 14. 6. 2007 – IX ZR 56/06, RdNr. 21; aM *Bork,* Festschrift für Ishikawa, 2001, S. 31, 43 für jeden Fall späteren originären Forderungserwerbs des Aufrechnenden.
[73] Vgl. OLG Köln NZI 2001, 474, 475; so auch *Bork* (vorige Fn.).
[74] BGH NZI 2006, 345, 346 m. zust. Anm. von *Gundlach/Schmidt*.
[75] *Obermüller,* Gedächtnisschrift für Bosch, 2006, S. 157, 162.
[76] S. o. RdNr. 11; aM *M. Zeuner,* Anfechtung RdNr. 130; *Bork,* Zahlungsverkehr RdNr. 216 und Festschrift für Kirchhof, 2003, S. 57, 62 f., 67 ff.; *Peschke* S. 188 ff.
[77] S. o. RdNr. 11; aM *Bork,* Zahlungsverkehr RdNr. 317 ff.
[78] S. o. RdNr. 11; aM *Bork,* Zahlungsverkehr RdNr. 366.
[79] BGH, Beschl. v. 27. November 1997 – IX ZR 69/97; aM *Bork,* Zahlungsverkehr RdNr. 467. Die zeitliche Inkongruenz (s. u. RdNr. 40 ff.) bleibt dagegen möglich.

§ 131 19   3. Teil. 3. Abschnitt. Insolvenzanfechtung

Verbuchung; maßgeblich ist insoweit, ob das Geldinstitut zur Annahme der Kundenzahlung auf Grund seines Geschäftsbesorgungsvertrages mit dem Insolvenzschuldner verpflichtet war.[80] Dagegen wäre die Aufrechnungslage in inkongruenter Weise hergestellt, wenn das Geldinstitut von sich aus und ohne hinreichende vertragliche Grundlage die Kunden veranlasst hätte, an es zu zahlen. Zahlt der spätere Insolvenzschuldner seinem Kreditinstitut Bargeld ein, damit dieses gleichzeitig erteilte Überweisungsaufträge ausführt, und unterlässt es die Ausführung, so wäre eine Verrechnung des eingegangenen, zweckbestimmten Geldbetrags mit einem Sollsaldo auf dem Konto des Schuldners inkongruent.[81] Eine deklaratorisch wirkende Stornobuchung i. S. v. Nr. 8 Abs. 1 AGB-Banken (Nr. 8 AGB-Sparkassen) ist schon mangels Gläubigerbenachteiligung nicht anfechtbar;[82] anders verhält es sich mit Berichtigungsbuchungen gemäß Nr. 8 Abs. 2 AGB-Banken nach einem Rechnungsabschluss, deren Bestand von der (stillschweigenden) Genehmigung des Kunden abhängt.[83]

19   cc) Eine **Sicherung** kann der Insolvenzgläubiger durch Vertrag oder kraft Gesetzes (s. u. RdNr. 23) zu beanspruchen haben. Die Forderung auf die Hauptleistung allein gibt aber dem Gläubiger durchweg noch kein Recht auf eine Sicherung: Erfüllung und Sicherung einer Forderung sind inhaltlich verschieden.[84] Auch wer durch eine vorsätzliche unerlaubte Handlung des Schuldners geschädigt wurde, hat deswegen noch keinen Anspruch auf Sicherung,[85] soweit diese nicht im Einzelfall gerade als Naturalrestitution i. S. v. § 249 S. 1 BGB geschuldet wird. Ein anfechtungsfreier Anspruch auf die Sicherung kann u. a. durch einen Vertrag zugunsten Dritter (§ 328 BGB) geschaffen werden.[86] Wurde der Anspruch auf Sicherung in demselben Vertrag eingeräumt, durch den der gesicherte Anspruch selbst entstand, kommt eine Anfechtung allenfalls nach §§ 132 f. in Betracht.[87] Das gilt auch, wenn die Sicherung vereinbarungsgemäß überhöht ist, z. B. wenn für ein Darlehen von nur 220 000 Euro eine verzinsliche Grundschuld von 307 000 Euro versprochen und bestellt wird.[88] Ist ursprünglich nur eine Tilgung vereinbart, so ist eine nachträgliche Besicherungsabrede auch dann inkongruent, wenn gleichzeitig Ratenzahlung gewährt wird.[89] Dagegen ist die nachträgliche Besicherung insoweit kongruent, als gleichzeitig ein neuer Kredit eingeräumt wird[90] oder der Sicherungsnehmer weiter vertragliche Leistungen an die spätere Insolvenzschuldnerin erbringt, die er ohne Besicherung – z. B. wegen Zahlungsverzugs der Schuldnerin – hätte verweigern können.[91] Schließt ein Werkunternehmer gleichzeitig einen Vertrag, durch welchen er die von ihm übernommenen Arbeiten an eine Subunternehmerin

---

[80] *Kuhn/Uhlenbruck* § 30 RdNr. 42 b; vgl. *Canaris*, Festschrift KO S. 73, 81; aM *C. Paulus* ZIP 1997, 569, 577; *Jaeger/Henckel*, KO § 30 RdNr. 274; FK-*Dauernheim* § 131 RdNr. 9. Dagegen verkehrt LG Köln ZIP 1995, 1609, 1610 das Regel- und Ausnahmeverhältnis, wenn es nur darauf abstellt, ob die Aufrechnung vertraglich ausgeschlossen war; ob der Zahlungseingang seinerseits anfechtbar ist, ist ebenfalls belanglos.

[81] BGHZ 74, 129, 132 f. = NJW 1979, 1461, 1462; *Kübler/Prütting/Paulus* § 131 RdNr. 7; *Nerlich* (Fn. 24) § 131 RdNr. 28; *Jaeger/Henckel*, KO § 30 RdNr. 275. Dasselbe gilt für die absprachewidrige Umbuchung eines Zahlungseingangs von einem zweckgebundenen Sonderkonto auf ein debitorisch geführtes allgemeines Konto des Schuldners: BGH NJW 1984, 1893, 1897 f., insoweit nicht in BGHZ 90, 381.

[82] Vgl. LG Aachen WM 1990, 1042, 1043 m. Anm. v. *Obermüller* WuB VI B. § 30 Nr. 2 KO 2.90; *Hess* InsO § 131 RdNr. 65. Ergänzend s. o. § 129 RdNr. 7.

[83] Vgl. BGHZ 87, 246, 248, 251 f. = NJW 1983, 2501, 2502.

[84] BGH WM 1968, 683, 684; NJW 1983, 1679, 1680; WM 1985, 923, 925; NJW-RR 2006, 1281, 1282; RGZ 10, 33, 36; HK-*Kreft* § 131 RdNr. 12; *Kübler/Prütting/Paulus* § 130 RdNr. 9; *Jaeger/Henckel*, KO § 30 RdNr. 218; *Uhlenbruck/Hirte* § 131 RdNr. 20; vgl. BGH NJW-RR 1999, 272, 274; NJW 2000, 957, 958;. RGZ 17, 26, 29; BayObLG SeuffA 60 [1905], Nr. 203.

[85] BGH WM 1959, 470 f.; FK-*Dauernheim* § 131 RdNr. 16; *Uhlenbruck/Hirte* § 131 RdNr. 20; vgl. OLG Hamm NZI 2006, 532, 533; LG Köln ZIP 2006, 1059, 1060. Ergänzend s. o. § 129 RdNr. 104.

[86] HK-*Kreft* § 131 RdNr. 12; *Jaeger/Henckel*, KO § 30 RdNr. 219; vgl. RG WarnR 1929, Nr. 164 S. 304.

[87] HK-*Kreft* § 131 RdNr. 12; *Jaeger/Henckel*, KO § 30 RdNr. 218; *Uhlenbruck/Hirte* § 131 RdNr. 15; *Serick* Bd. III § 35 IV 3 b, S. 327 f.; vgl. BGH WM 1955, 404, 406; 1965, 84, 87; NJW 1998, 1561, 1563; OLG Dresden ZInsO 2004, 747 f.

[88] Vgl. BGH NJW 2001, 2545, 2547 f.; NJW-RR 2001, 1337, 1338; aM LG Potsdam DZWiR 1999, 40, 41.

[89] BGH, Beschl. v. 21. 11. 2002 – IX ZR 181/01, n.v.

[90] Vgl. BGH NJW 1998, 2592, 2597, insoweit nicht in BGHZ 138, 291 ff.

[91] Vgl. BGH NJW-RR 1998, 1057, 1062.

überträgt, sowie einen weiteren Vertrag, durch den er seine Ansprüche gegen den (Haupt-)Auftraggeber an die Subunternehmerin sicherungshalber abtritt, so ist diese Besicherung kongruent; das gilt auch dann, wenn die abgetretene Forderung geringfügig höher ist als die zu sichernde Auftragssumme.[92]

Wird der Anspruch auf Sicherung dagegen nachträglich und in den Fristen des § 131 begründet, kann die Sicherheit unter den Voraussetzungen dieser Norm anfechtbar sein.[93] Dasselbe gilt, wenn sich ein Gläubiger vom späteren Insolvenzschuldner in dessen Krise eine Sicherheit für eine (bisher ungesicherte) Forderung eines anderen Insolvenzgläubigers gewähren lässt, die dieser gleichzeitig an den Sicherungsnehmer abtritt,[94] oder soweit in eine bestehende Sicherungsvereinbarung später ein zusätzlicher Sicherungsgeber – z.B. durch einen Poolvertrag – eingebunden wird und erstmals aus seinem Vermögen Sicherheiten stellt, ehe er insolvent wird.[95] Daran ändert es nichts, wenn der Drittsicherungsgeber in einen Konzern eingebunden ist und infolge einer früheren vertraglichen Festlegung des Mutterkonzerns „keine Entscheidungsfreiheit hat"; denn da es keine Konzerninsolvenz gibt, ist auch das Vermögen jeder einzelnen Konzerngesellschaft gemäß seinen eigenen rechtlichen Bindungen jeweils getrennt zu beurteilen.[96] Grundsätzlich ohne Bedeutung für § 131 ist es, ob die Sicherung entgeltlich oder unentgeltlich eingeräumt wurde; auch die entgeltliche Sicherheitenbestellung ist inkongruent, wenn sie von der vertraglichen Regelung abweicht.[97] Sanierungsbemühungen allein ändern daran nichts (vgl. § 129 RdNr. 168). Die Vereinbarung, einen Kredit gegen Gewährung einer (neuen) Sicherheit „stehenzulassen", begründet jedenfalls dann keine Kongruenz, wenn ihn der Gläubiger voraussichtlich ohnedies nicht im Umfang der verabredeten Sicherung hätte zurückerlangen können.[98] Eine typische inkongruente Sicherheit liegt danach vor, wenn der zahlungsunfähige Schuldner einen ihn bedrängenden Gläubiger durch die Gewährung der Sicherheit hinzuhalten versucht.[99] Hat ein Arbeitnehmer eine vertragliche Forderung auf künftige Zahlung einer Versorgungsrente, so begründet das allein noch keinen Anspruch auf Abtretung eines zur Rückdeckung abgeschlossen Lebensversicherungsvertrages; diese ist inkongruent.[100] Die Inkongruenz einer Besicherung wirkt gemäß § 398 Satz 2 BGB gegenüber dem Erwerber der besicherten Forderung fort.[101]

Ein Anspruch auf Sicherstellung kann die Kongruenz nur begründen, wenn er im maßgeblichen Zeitpunkt (s. o. RdNr. 10) hinreichend **bestimmt** war;[102] dies gilt hinsichtlich des zu sichernden Anspruchs, des Sicherungsmittels (s. u. RdNr. 39 f.) und der Zeit der Absicherung (s. u. RdNr. 43). Eine schuldrechtliche Sicherungsvereinbarung muss soweit konkretisiert sein, dass daraus auf Bestellung individueller Sicherheiten geklagt werden könnte,[103] anderseits aber nicht schon so weit wie eine dingliche Einigung selbst.[104] Ist

---

[92] BGH NJW-RR 2001, 1337, 1338.
[93] Vgl. BGHZ 59, 230, 235 f. = NJW 1972, 2084, 2085; BGH NJW-RR 1993, 235, 238; 1998, 1057, 1060 f.; 2004, 1130, 1131; 2006, 414, 415; RGZ 114, 206, 209 f.; OLG Dresden ZInsO 2004, 746, 747 f.; LG Cottbus NZI 2003, 207, 208; *Kreft,* Festschrift für Horn, 2006, S. 761, 773; *Kirchhof* ZInsO 2005, 340, 345.
[94] BGH NJW-RR 2004, 1130, 1131.
[95] BGHZ 138, 291, 308 = NJW 1998, 2592, 2598.
[96] Dies berücksichtigte BGHZ 138, 291, 310 f. = NJW 1998, 2592, 2599 nicht. Zu einer weiteren Einschränkung dieses Urteils vgl. BGH NZI 2006, 399, 400.
[97] *Jaeger/Henckel,* KO § 30 RdNr. 219.
[98] Vgl. BGH NJW 1998, 1561, 1563; ZIP 1999, 76, 78.
[99] Vgl. BGH NJW 2000, 957, 958; HK-*Kreft* § 131 RdNr. 13.
[100] *Fr. Weber* in Anm. AP § 29 KO Nr. 1 Bl. 8 R.
[101] BGH NJW-RR 2004, 1130, 1131.
[102] BGHZ 137, 267, 283 = ZIP 1998, 257, 262 f.; OLG Bremen ZInsO 2003, 1012 LS; *Kuhn* WM 1957, 150, 151 f.; vgl. OLG Hamburg ZIP 1984, 1373, 1375 f.; OLG Hamm ZIP 1992, 1565, 1566; OLG Köln ZIP 1994, 1461, 1462. Ergänzend s. u. RdNr. 39.
[103] BGH WM 1968, 683, 684 f.; NJW-RR 1993, 238, 240; *Kübler/Prütting/Paulus* § 131 RdNr. 9; vgl. BGHZ 59, 230, 235 f. = NJW 1972, 2084, 2085.
[104] BGH NJW 1998, 1561, 1562; HK-*Kreft* § 131 RdNr. 13; FK-*Dauernheim* § 131 RdNr. 17; *Uhlenbruck/Hirte* § 131 RdNr. 15.

eine Vereinbarung in diesem Sinne zu unbestimmt, ist – erst – die spätere einvernehmliche Auswahl eines individuellen Sicherungsobjekts durch die Beteiligten geeignet, die Kongruenz herzustellen; sie kann insbesondere dann unanfechtbar sein, wenn sie vor der kritischen Zeit vorgenommen wurde.[105] An diesen Maßstäben ändert Art. 8 Abs. 3 der EU-Finanzsicherheitenrichtlinie nichts.[106]

21 Soll die in der kritischen Zeit bestellte Sicherheit sowohl einen als Bardeckung neu gewährten Kredit als auch eine schon vorher entstandene Forderung des Sicherungsnehmers sichern, ohne dass festgelegt wird, welcher Teil der Sicherheit sich auf den Alt- und welche sich auf den Neukredit bezieht, so kann die Sicherung **im Ganzen** anfechtbar sein.[107] Das kommt insbesondere bei der Bildung eines Sicherheitenpools in Betracht.[108] Eine **Teil**anfechtung ist nur möglich, wenn sich das Sicherungsgeschäft in selbständige Teile zerlegen lässt (s. u. § 143 RdNr. 18). Dazu muss vor dem maßgeblichen Zeitpunkt (s. o. RdNr. 10) erkennbar festgelegt sein, in welchem Umfang die Sicherheit für die alte bzw. die neue Forderung dienen soll. Wegen der strengen anfechtungsrechtlichen Maßstäbe (s. o. RdNr. 11) kann lediglich ein eindeutiger Aufteilungsmaßstab die Kongruenz begründen. Der Umstand, dass der Sicherungsnehmer später (zunächst) nur neu besicherte Ansprüche einklagt, genügt nicht, weil die Aufteilung nicht allein von seinem Willen abhängt.[109] Entsprechendes gilt, wenn ein Steuerberater seine weitere Tätigkeit von der Sicherung nicht nur seiner künftigen Ansprüche, sondern auch bereits aufgelaufener Rückstände abhängig macht,[110] oder wenn ein vorläufiger Insolvenzverwalter ohne begleitendes Verfügungsverbot neben den von ihm begründeten Verbindlichkeiten auch Altschulden sichert (vgl. § 129 RdNr. 46).

22 Ist ein **verlängerter Eigentumsvorbehalt** von Anfang an vereinbart worden, so ist die Sicherung, die dadurch mit der Begründung der vorausabgetretenen Forderung entsteht, kongruent;[111] zu einer möglichen objektiven Gläubigerbenachteiligung s. o. § 129 RdNr. 150, 155. Entsprechendes gilt für die Befugnis, Sachen im Sicherungseigentum des Gläubigers gegen Abtretung der Forderung auf den Erlös und/oder gegen unverzügliche Einräumung vergleichbarer Ersatzsicherheiten zu veräußern.[112] Wurde allerdings zunächst nur ein einfaches Sicherungsrecht bestellt und dessen Verlängerung durch Vorausabtretung der Forderung aus dem Weiterkauf erst nachträglich vereinbart, so benachteiligt dies nicht nur die Insolvenzgläubiger, sondern die Vereinbarung ist auch inkongruent, wenn sie innerhalb der kritischen Zeit (s. o. RdNr. 10) getroffen wird.[113] Hatte der Gläubiger die Sicherheit gegen die bloße Verpflichtung des späteren Insolvenzschuldners aufgegeben, eine Ersatzsicherheit zu bestellen, so ist deren Gewährung innerhalb der kritischen Zeit im ganzen anfechtbar, und zwar nach § 130, falls die Vereinbarung hinreichend bestimmt und schon vor dieser Zeit getroffen worden war,[114] und gemäß § 131, falls auch die abändernde Vereinbarung in diese Zeit fällt; die Gläubigerbenachteiligung liegt darin, dass der Gläubiger nach Aufgabe seiner ursprünglichen Sicherheit und bis zur Abtretung nur noch einen

---

[105] Vgl. BGHZ 138, 267, 291 = NJW 1998, 2592, 2597.
[106] S. o. § 130 RdNr. 5 f.; aM anscheinend die Begründung der Bundesregierung zu Art. 1 Nr. 5 des Gesetzentwurfs zur Umsetzung dieser Richtlinie, BT-Drucks. 15/1853 S. 16 zu Nr. 5.
[107] BGH NJW-RR 1993, 238, 240; NJW 1998, 609, 612, insoweit nicht in BGHZ 137, 49; BGHZ 138, 291, 308 = NJW 1998, 2592, 2598; BGH NZI 2005, 329, 330 f.; RGZ 114, 206, 210 f.; RG WarnR 1919, Nr. 111; JW 1927, 383, 385; 1935, 118, 119; OLG Hamburg ZIP 1984, 1373, 1375 f.; OLG Jena ZInsO 1999, 534, 535; OLG Bremen ZInsO 2003, 1012 LS; *Uhlenbruck/Hirte* § 131, RdNr. 15, 25; *Mauer* RdNr. 147; *Nerlich* (Fn. 24) § 131 RdNr. 48; *Jaeger/Henckel*, KO § 30 RdNr. 218; *Hess* InsO § 131 RdNr. 141; vgl. FK-*Dauernheim* § 142 RdNr. 4; *Kreft*, Festschrift für Horn, 2006, S. 761, 764 f.
[108] BGH NJW-RR 1993, 235, 236; BGHZ 138, 291, 308 = NJW 1998, 2592, 2597 f.; OLG Köln ZIP 1994, 1461, 1462; HK-*Kreft* § 131 RdNr. 12; *Obermüller*, Insolvenzrecht RdNr. 6.137; vgl. RdNr. 11 aE, 42, § 129 RdNr. 162.
[109] Dies wurde von BGH NJW-RR 2001, 1337, 1338 nicht beachtet.
[110] Vgl. OLG Nürnberg DZWiR 1999, 37 f.
[111] *Jaeger/Henckel*, KO § 30 RdNr. 221; *Serick* Bd. V § 62 V 3, S. 372.
[112] *Kirchhof* ZInsO 2004, 465, 469 f.
[113] *Jaeger/Henckel*, KO § 30 RdNr. 221; vgl. RG JW 1935, 118 f.
[114] OLG Kassel OLGR 10, 219 f.; *Jaeger/Henckel*, KO § 30 RdNr. 221.

schuldrechtlichen Anspruch, aber kein insolvenzfestes dingliches Recht hatte. Entsprechendes gilt für die **Verarbeitungsklausel** im Zusammenhang mit einem verlängerten Eigentumsvorbehalt: Das infolge dieser Klausel geschaffene, höherwertige Eigentum (§ 950 BGB) des Vorbehaltsverkäufers am Produkt der Verarbeitung ist je nachdem kongruent oder inkongruent, ob die Klausel vor oder innerhalb der kritischen Zeit vereinbart wurde.[115] Eine Gläubigerbenachteiligung bewirkt sie aber stets nur in dem Umfang, wie der Wert der neugeschaffenen Sache denjenigen des bis dahin unter Eigentumsvorbehalt stehenden, verarbeiteten Materials übersteigt. Ist z. B. ein Werklohnanspruch sicherungshalber im voraus abgetreten und erbringt der Werkunternehmer anschließend die geschuldete Werkleistung, so ist das zwar im Verhältnis zum Werkbesteller eine kongruente Erfüllung seines Anspruchs aus § 631 Abs. 1 BGB;[116] der Abtretungsempfänger hat aber nach den (bisherigen) Sicherungsverträgen regelmäßig keinen Anspruch auf Erbringung der Werkleistung, so dass ihm gegenüber die dadurch verwirklichte Valutierung der abgetretenen Werklohnforderung – §§ 320, 641 BGB – inkongruent ist.[117]

Ein **gesetzlicher Anspruch** auf Sicherung ergibt sich insbesondere aus § 648 BGB: Bestellt der Bauherr (und spätere Insolvenzschuldner) entsprechend dieser Bestimmung dem Werkunternehmer eine Bauhandwerkersicherungshypothek, so ist diese kongruent.[118] Weitere gesetzliche Ansprüche auf eine Sicherheit begründen z. B. §§ 775 Abs. 2 i. V. m. Abs. 1, 1039 Abs. 1 Satz 2, 1051, 1067 Abs. 2 und 2128 BGB. Dagegen verschafft § 648 a BGB keinen Anspruch auf die Sicherheitsleistung selbst, sondern nur ein Verweigerungsrecht hinsichtlich der vom Unternehmer zu erbringenden Vorleistungen und ein Kündigungsrecht gemäß § 643 BGB,[119] solange die geforderte Sicherheit nicht geleistet ist. Da dies eine weitere Willensentschließung des Bestellers voraussetzt, begründet erst seine diesbezügliche Einigung mit dem Unternehmer die Kongruenz.[120] Auch § 222 Satz 2 AO gewährt dem Finanzamt noch nicht unmittelbar einen Anspruch auf eine Sicherheitsleistung: Wenn danach eine Stundung in der Regel nur gegen Sicherheitsleistung bewilligt werden soll, hat die Behörde zunächst allein die Befugnis, ohne eine solche die Stundung abzulehnen. Erst die entsprechende Verpflichtung des Steuerschuldners und die Annahme durch die Finanzbehörde begründen den Anspruch auf die Sicherheitsleistung; fällt wenigstens der letzte Teil einer solchen Absprache in die kritische Zeit (s. o. RdNr. 10) des § 131, ist die Sicherheitsleistung inkongruent.[121] Das gilt erst recht, soweit die Einstellung oder Beschränkung der Vollstreckung gemäß § 258 AO oder die Aussetzung der Vollziehung nach § 361 Abs. 2 und 3 AO (§ 69 Abs. 2 und 3 FGO) von einer Sicherheitsleistung abhängig gemacht wird. Die 4. KreditVO der DDR gab Kreditinstituten keinen hinreichend bestimmten Anspruch auf einzelne Sicherheiten.[122] Die Regelung des § 490 Abs. 1 Satz 1 BGB, dass vor einer außerordentlichen Kündigung eines Darlehens auch die Werthaltigkeit gestellter Sicherheiten zu berücksichtigen ist, gibt kein Recht auf solche Sicherheiten; vielmehr sind umgekehrt nicht insolvenzfeste Sicherheiten weniger werthaltig.[123]

---

[115] Kübler/Prütting/Paulus § 131 RdNr. 12; FK-Dauernheim § 131 RdNr. 19; Jaeger/Henckel, KO § 30 RdNr. 222.
[116] Vgl. BGHZ 147, 28, 35 = NJW 2001, 3704, 3706.
[117] Andres/Leithaus § 131 RdNr. 4; Beiner/Luppe NZI 2005, 15, 21 f.; Kirchhof, Festschrift für Uhlenbruck, 2000, S. 269, 277.
[118] Kübler/Prütting/Paulus § 130 RdNr. 8; Jaeger/Henckel, KO § 30 RdNr. 223; Uhlenbruck/Hirte § 130 RdNr. 20; Kilger/K. Schmidt § 30 Anm. 20.
[119] Vgl. BGHZ 146, 24, 27 ff. = NJW 2001, 222, 223; MünchKommBGB-Busche § 648 a RdNr. 4; Palandt/Sprau § 648 a RdNr. 5 f., 16 ff.
[120] BGH NZI 2005, 329, 331; ZInsO 2007, 662, 663; HK-Kreft § 131; ZInsO 2007, 662, 663; RdNr. 13; Mundt NZBau 2003, 527, 529; vgl. LG Dresden ZIP 2001, 1428, 1429; aM FK-Dauernheim § 131 RdNr. 21; Smid/Zeuner § 131 RdNr. 28; Heidland RdNr. 420, 527 f.; auch Schmitz, Bauinsolvenz RdNr. 477 f. für die Zeit, ehe der Unternehmer seine Leistung voll erbracht hat.
[121] BGH NJW-RR 2006, 414, 415 f.; Kübler/Prütting/Paulus § 130 RdNr. 8; Jaeger/Henckel, KO § 30 RdNr. 223; Uhlenbruck/Hirte § 131 RdNr. 24; FK-Dauernheim § 131 RdNr. 21; aM App NJW 1985, 3001, 3003.
[122] BGHZ 137, 267, 282 f.
[123] Offen gelassen von BGH NZI 2005, 622, 623 f.

24 Auf die **kraft Gesetzes** entstehenden **Pfandrechte** besteht zwar vorher kein schuldrechtlicher Anspruch. Vielmehr knüpft z. B. § 559 BGB das Entstehen des Pfandrechts mit dinglicher Wirkung an das Einbringen der Sachen des Mieters, § 647 BGB das Werkunternehmerpfandrecht an die Besitzübergabe im Rahmen des Werkvertrags. Damit entsteht zugleich der vertragliche Schuldgrund für das Behaltendürfen. § 647 BGB beschränkt den Umfang des Pfandrechts auf die Ansprüche aus dem bestehenden Werkvertrag, § 50 Abs. 2 InsO diejenigen des Vermieterpfandrechts auf die Ansprüche für das letzte Jahr vor der Eröffnung des Insolvenzverfahrens. Dies umfasst den in § 131 behandelten Zeitraum. Wenn die Pfandrechte dennoch gemäß § 50 Abs. 1 InsO ein insolvenzbeständiges Absonderungsrecht begründen, lässt das den Schluss zu, dass diese Pfandrechte als von Anfang an durch den zugrunde liegenden Vertrag gerechtfertigt gelten sollen,[124] also anfechtungsrechtlich unverdächtig sind. Eine Abgrenzung im Einzelfall dahin, ob der Mieter etwa unnötige viele oder wertvolle Sachen eingebracht hat,[125] würde kaum zu bewältigende praktische Schwierigkeiten aufwerfen. Danach bleibt nur der Schluss, dass gesetzliche Pfandrechte regelmäßig in **kongruenter** Weise entstehen.[126] Läßt sich im Einzelfall feststellen, dass der Schuldner in verdächtiger Weise Wertsachen in den Mietraum verbracht hat, kommt eine Anfechtung gemäß § 133 in Betracht. Entsprechendes gilt für das gesetzliche Pfandrecht des § 397 HGB, aber auch für die Zurückbehaltungsrechte im Sinne von § 51 Nr. 2 und 3 InsO.[127] Das Frachtführerpfandrecht nach § 441 HGB sichert in kongruenter Weise auch offene unbestrittene Altforderungen aus früheren Transportgeschäften, wenn der – später insolvent werdende – Absender innerhalb der Fristen des § 131 dem Frachtführer unter Überlassung des Transportguts einen neuen Frachtauftrag erteilt;[128] in diesem Umfang soll sich die Kongruenz sogar regelwidrig auf die als Surrogat abgetretene Werklohnforderung des Auftraggebers erstrecken.[129]

25 Hat der Insolvenzschuldner vor der kritischen Zeit eine nicht-akzessorische Sicherheit, z. B. eine Grundschuld, bestellt und mit dem Sicherungsnehmer vereinbart, dass die Sicherheit für alle Forderungen haften soll, die der Sicherungsnehmer gegen den Schuldner – auch später durch Abtretung von Dritten – erwirbt, so ist diese Sicherung mit Bezug auf solche Forderungen inkongruent, die der Sicherungsnehmer erst in der kritischen Zeit des § 131 (s. o. RdNr. 10) durch Abtretung von Dritten erwirbt.[130] Die Anfechtung kann sich auch unmittelbar gegen den Bestand oder Umfang der Sicherheit richten; denn der Absonderungsberechtigte ist regelmäßig ebenfalls Insolvenzgläubiger (s. o. RdNr. 7, § 130 RdNr. 18). Gleiches gilt, wenn sich ein Gläubiger nachträglich und in der Zeit der Krise eine Bürgschaft oder Bankgarantie (standby letter of credit) erteilen lässt, für welche die Bank Sicherheiten aus dem Vermögen des Schuldners hat; erlangt der Gläubiger auf Grund dessen von der Bank Zahlungen, kann deren Rückgewähr nach § 131 durchgesetzt werden,[131] weil sich die mehreren Anfechtungsmöglichkeiten nicht gegenseitig ausschließen. Dagegen ist das Nachrücken weiterer bestehender Forderungen des Sicherungsnehmers in frei werdende Grundschulden kongruent, wenn es schon vor der kritischen Zeit in hinreichend bestimmter

---

[124] Ebenso *Kübler/Prütting/Paulus* § 130 RdNr. 8; *Nerlich* (Fn. 24) § 131 RdNr. 36, 37; *Kilger/K. Schmidt* § 30 KO Anm. 20.

[125] So FK-*Dauernheim* § 131 RdNr. 21; *Jaeger/Henckel*, KO § 30 RdNr. 224; *Uhlenbruck/Hirte* § 130 RdNr. 20.

[126] So zu § 441 HGB BGHZ 150, 326, 330 = NJW-RR 2002, 1417, 1418 f.

[127] *Kübler/Prütting/Paulus* § 130 RdNr. 8; *Jaeger/Henckel*, KO § 30 RdNr. 224; *Uhlenbruck/Hirte* § 130 RdNr. 20 für das kaufmännische Zurückbehaltungsrecht nach § 369 Abs. 1 HGB.

[128] BGHZ 150, 326, 329 ff. = NJW-RR 2002, 1417, 1418.

[129] BGH NZI 2005, 389, 390 f.; dazu krit. *Leithaus* NZI 2005, 532, 534. Fraglich ist statt dessen die Gläubigerbenachteiligung (s. o. § 129 RdNr. 108 d).

[130] BGHZ 59, 230, 233 = NJW 1972, 2084 f.; BGH WM 1975, 947, 948; HK-*Kreft* § 131 RdNr. 12; *Nerlich* (Fn. 24) § 131 RdNr. 41; *Kübler/Prütting/Paulus* § 131 RdNr. 10; *Hess* InsO § 131 RdNr. 176; *Uhlenbruck/Hirte* § 131 RdNr. 23; *Kilger/K. Schmidt* § 30 KO Anm. 20; vgl. BGH NJW 1975, 122 f.; NJW 1981, 1600 Nr. 2; NJW 1983, 1735 f.

[131] BGH NZI 1999, 268, 269; *C. Paulus* ZBB 1990, 200, 206; vgl. § 129 RdNr. 154, § 130 RdNr. 8, § 133 RdNr. 11.

Inkongruente Deckung 26, 26a § 131

Form vereinbart war.[132] Inkongruent ist die von einem Bürgen gestellte Sicherheit für die von ihm verbürgte Hauptschuld.[133]

dd) Zwangsvollstreckung. Der Schuldner, der über fällige Schulden vollstreckbare Urkunden i. S. v. § 794 Abs. 1 Nr. 5 ZPO aufnehmen lässt, handelt zwar noch kongruent.[134] Dasselbe gilt für den Gläubiger, der über seine Forderung einen Vollstreckungstitel erwirkt (s. u. RdNr. 26c). Dagegen hat der Gläubiger eines *Zahlungsanspruchs* nicht dessen Durchsetzung mit staatlichen Zwangsmitteln während der Krise des Schuldners im Sinne von § 131 gegenüber den anderen Insolvenzgläubigern zu beanspruchen; solche Deckungen im Wege der Zwangsvollstreckung sind vielmehr unterschiedslos für alle Gläubiger **inkongruent.**[135] Denn § 131 bezweckt, während der letzten drei Monate vor dem Eröffnungsantrag den Grundsatz des Vorrangs des schnelleren Gläubigers, der in der Einzelzwangsvollstreckung nach § 804 Abs. 2 ZPO gilt, durch den Grundsatz der Gleichbehandlung aller Gläubiger zu ersetzen (s. o. RdNr. 1); dieser soll nicht gerade vom Staat mit seinen Zwangsmitteln eingeschränkt werden. 26

Diese Auslegung des § 131 verstößt weder gegen den Gleichbehandlungsgrundsatz (Art. 3 Abs. 1 GG) noch gegen das Gewaltenteilungsprinzip (Art. 20 Abs. 3 GG).[136] Der Gesetzgeber jedenfalls der Insolvenzordnung hat die seit 1883 ständig verfolgte Rechtsprechung und fast einhellige Lehre über die Inkongruenz von Vollstreckungsmaßnahmen[137] gekannt und erkennbar gebilligt: Leitsatz 5.2.2 Abs. 1 des Ersten Berichts der Kommission für Insolvenzrecht schlug eine dem jetzigen § 131 Abs. 1 im Kern entsprechende Regelung vor. In der Begründung dazu hieß es unter anderem, „dass Sicherungen und Befriedigungen, die sich ein Gläubiger in kritischer Zeit durch eine Zwangsvollstreckung ... verschafft hat, als inkongruenter Erwerb ... angefochten werden können."[138] Abs. 2 des Leitsatzes 5.2.2 sah zusätzlich die Befugnis des Insolvenzgerichts vor, Sicherungen aufzuheben, die ein Insolvenzgläubiger bis zu einem Monat vor dem Eröffnungsantrag durch Zwangsvollstreckung erlangt hat. Dieser Vorschlag ist in verschärfter Form in § 88 übernommen worden. In der Begründung hierzu verweist die Bundesregierung ausdrücklich auf die Ergänzung dieser Vorschrift durch die Anfechtungsnorm des § 146 des Entwurfs „inkongruente Deckung".[139] Damit wurde gerade die Inkongruenz der Vollstreckungsmaßnahme innerhalb der kritischen Zeit bestätigt.[140] Ferner schränken § 114 Abs. 3, § 312 Abs. 1 Satz 3 und § 321 die Wirkung von Zwangsvollstreckungsmaßnahmen in der Insolvenz gezielt ein; demgegenüber besagt § 141 nichts über mögliche Anfechtungsgründe. Die Rechtsprechung seit 1997 ist über die frühere, teilweise 26a

---

[132] *Wiringer-Seiler* S. 149.
[133] RGZ 152, 321, 323; FK-*Dauernheim* § 131 RdNr. 20.
[134] RG JW 1900, 651 Nr. 11.
[135] BGHZ 136, 309, 313f. = NJW 1997, 3445, 3446; BGH NZI 2000, 310, 311; NJW 2003, 2171; WM 2004, 669, 670; NJW-RR 2004, 1047, 1049; BGHZ 157, 350, 353 = NJW 2004, 1444f.; BGH NJW 2006, 1870, 1871, z. V. b. in BGHZ 167; OLG Schleswig ZIP 2003, 727f.; OLG Oldenburg ZInsO 2005, 328f.; OLG Hamm NZI 2006, 532, 533; ZIP 2007, 240, 242; LG Halle ZVI 2003, 357, 358; HK-*Kreft* § 131 RdNr. 15; *Nerlich* (Fn. 24) § 131 RdNr. 43; FK-*Dauernheim* § 131 RdNr. 24; *Gottwald/Huber*, Insolvenzrechts-Handbuch § 47 RdNr. 41; *M. Zeuner*, Anfechtung RdNr. 76ff.; *Gerhardt*, Festschrift für Kreft, 2004, S. 267, 276; *Smid* DZWIR 2005, 414, 415; *Jaeger/Henckel*, KO § 30 RdNr. 232–235; *Thole* DZWIR 2006, 191, 193; aM *Kübler/Prütting/Paulus* § 130 RdNr. 26; *C. Paulus/Allgayer* ZInsO 2001, 241 ff.; *Baur/Stürner* RdNr. 19.37, 19.38; *Lind* (vor § 133) S. 136f.; *Foerste* RdNr. 309, 314; *Marotzke* ZInsO 2006, 7, 8 f.; *App* DZWIR 2003, 302, 303. Dies war – mit abweichender Begründung – schon zu § 30 Nr. 2 KO herrschende Meinung (vgl. die Nachweise in der übernächsten Fn.).
[136] LG Hagen ZInsO 2005, 49 gegen AG Hagen ZInsO 2004, 935, 936; LG Köln ZInsO 2006, 839 gegen AG Kerpen ZIP 2005, 2327, 2328f.; *Jacobi* KTS 2006, 239, 254f.; zweifelnd *Marotzke* ZInsO 2006, 190, 190ff.
[137] RGZ 10, 33, 36ff.; 32, 65, 67ff.; RG JW 1893, 78 Nr. 16; BGH WM 1959, 891, 892; NJW 1985, 1785, 1786; 1995, 1090, 1092; 1995, 1668, 1670; BGHZ 135, 140, 148 = NJW 1997, 1857, 1859; BayObLG SeuffA 60 (1905), Nr. 203; OLG Dresden LZ 1909, 494, 495; OLG Frankfurt HRR 1936 Nr. 480; LAG Düsseldorf KTS 1988, 1163, 166f.; LG Stuttgart ZIP 1992, 1161, 1163; *Kuhn/Uhlenbruck* § 30 RdNr. 47b; *Kilger/K. Schmidt* § 30 KO Anm. 20.
[138] 1. KommBer S. 408.
[139] RegE S. 137 zu § 99; vgl. auch *Grothe* KTS 2001, 205, 211f.
[140] Abgelehnt wurde nur die noch weiter gehende Regelung des § 7 Abs. 3 Satz 2 GesO über ein automatisches, unbefristetes Außerkrafttreten aller bei Insolvenzeröffnung nicht abgeschlossener Vollstreckungsmaßnahmen.

§ 131 26b, 26c   3. Teil. 3. Abschnitt. Insolvenzanfechtung

uneinheitliche Rechtsprechung nur insoweit hinaus gegangen, als bei einer inkongruenten *Sicherung* durch das Pfändungspfandrecht (s. u. RdNr. 27) auch die *Befriedigung* durch Auskehrung des Erlöses inkongruent bleibt.[141] Andererseits wurde die Anfechtbarkeit in der Weise erheblich eingeschränkt, dass die Inkongruenz auf die Dreimonatsfrist des § 131 beschränkt bleibt.[142] Beides entspricht der Begründung im Ersten Kommissionsbericht. Der Gesetzgeber war ferner ohne Verstoß gegen Art. 3 Abs. 1 GG befugt, den Vorrang des zeitlich früheren Gläubigers (§ 804 Abs. 3 ZPO) ohne subjektive Voraussetzungen begrenzt einzuschränken, wenn das Vermögen eines Schuldners nicht mehr ausreicht, um alle seine Gläubiger zu befriedigen, also wenn ein Eröffnungsgrund im Sinne von § 17 vorliegt oder konkret droht (§ 18). Die stärkere Einschränkung für diejenigen Gläubiger, die Befriedigung durch Zwangsvollstreckung – im Gegensatz zu freiwilliger Zahlung (§ 130) – finden, ist sachlich gerechtfertigt, weil gerade der Zahlungsrückstand des Schuldners, welcher den Gläubiger zur Einleitung von Vollstreckungsmaßnahmen veranlasst, den Verdacht weckt, dass der Schuldner insolvenzreif ist, also nicht mehr *alle* seine Gläubiger zu befriedigen vermag. Der Erfahrung, dass viele Schuldner in solcher Lage geneigt sind, bestimmte, ihnen näher stehende Gläubiger bevorzugt zu bedienen, hat der Gesetzgeber mit § 130 Abs. 3 und § 131 Abs. 2 Satz 2 in typisierender Weise ausreichend Rechnung getragen.

26 b   Für Anschlusspfändungen (§ 826 ZPO)[143] und die Zwangsvollstreckung aus hoheitlichen Titeln[144] gelten dieselben Regeln. Inkongruent ist ferner die durch einen **Arrestvollzug** erlangte Sicherung;[145] zeitlich ist hierbei erst auf die Eintragung, nicht schon auf den Eintragungsantrag abzustellen.[146] Ausnahmsweise kongruent ist dagegen kraft ausdrücklicher gesetzlicher Anordnung die Sicherung oder Befriedigung, die der Inhaber eines Anfechtungsanspruchs im Sinne von § 16 Abs. 2 AnfG erlangt (s. u. RdNr. 30). Die Pfändung eigener Sachen des Gläubigers begründet keine Gläubigerbenachteiligung (vgl. § 129 RdNr. 161).

26 c   Die Inkongruenz erstreckt sich auch auf – innerhalb der Fristen des § 131 – geleistete Zahlungen (oder Ablösungsvereinbarungen: BGH ZInsO 2007, 658, 660) zur **Abwendung einer angedrohten Einzelzwangsvollstreckung.**[147] Der Erste Bericht der Kommission für

---

[141] BGHZ 136, 309, 311 f. = NJW 1997, 3445, 3446; RG JW 1889, 109 Nr. 12; LG Stralsund ZIP 2001, 2058 f.; *Jaeger/Henckel,* KO § 30 RdNr. 242; *Hüper* S. 92 f.; *Branz/Hefermehl* BB 1992, 1506, 1509; *Münzberg* JZ 1998, 608, 609; *v. Campe* S. 112–115; *Nerlich* (Fn. 24) § 131 RdNr. 44; *Hess* InsO § 131 RdNr. 105; *Rebmann* S. 74 ff. vgl. BGH WM 2003, 59, 60; 2003, 896, 897; 2004, 835, 837; RGZ 23, 112, 113 f.; 40, 89, 91; krit. *Uhlenbruck/Hirte* § 131 RdNr. 20; aM RG SeuffA 39 [1884], Nr. 177; *Baumbach/Lauterbach/Hartmann* § 815 ZPO RdNr. 9; *Mauer* RdNr. 148.

[142] BGHZ 155, 75, 82 f. = NJW 2003, 3347, 3348; BGHZ 157, 242, 255 f. = NJW 2004, 1385, 1388; BGH WM 2004, 1587 f.; vgl. BGH NJW 2003, 3560 f.; NJW-RR 2004, 342, 343; NZI 2005, 34, 36; Beschl. v. 20. 1. 2005 – IX ZR 112/03; zust. *Bork* ZIP 2004, 1684, 1689 f.; wohl auch OLG Frankfurt ZInsO 2006, 943, 944 f.; *Kreft* DStR 2005, 1192, 1195 f. und 1232, 1233 f.; *Schoppmeyer* NZI 2005, 185, 190 f.; aM *Flöther/Bräuer* ZInsO 2005, 1244, 1245 f.; *Huber* ZInsO 2003, 1025, 1030; *Homann* EWiR 2004, 865, 866.

[143] *Rebmann* S. 82. Zum maßgeblichen Zeitpunkt s. u. RdNr. 27.

[144] BGH NJW 2002, 1574, 1576.

[145] BGH WM 1975, 6; NJW 1985, 200 f.; 1991, 980; 1992, 624, 626; RGZ 2, 374, 377 f.; 2, 395, 397 f.; 6, 367, 368 f.; 17, 26, 29; 25, 34, 40; 55, 321, 322 f.; 78, 331, 334; BayObLG NJW-RR 1996, 1017, 1018; OLG München WM 1996, 1747, 1749, dazu BGH WM 1996, 1750 f.; *Hüper* S. 86 ff.; *Rebmann* S. 70 ff., 101.

[146] S. u. RdNr. 27, § 140 RdNr. 24; OLG Hamm NZI 2006, 331, 334; vgl. *Uhlenbruck/Hirte* § 131 RdNr. 20; aM *Grothe* KTS 2001, 205, 226 f.

[147] BGHZ 136, 309, 312 = NJW 1997, 3445, 3446; BGH NJW-RR 2003, 1201, 1202; ZIP 2002, 228, 229; Urt. v. 12. 2. 2004 – IX ZR 146/03; NZI 2004, 267, 269 f.; ZInsO 2007, 269 f.; OLG Jena ZIP 2000, 1734, 1735 m. zust. Anm. v. *Eckardt* EWiR 2001, 83, 84; OLG Stuttgart ZIP 2002, 2264, 2268; ZInsO 2005, 942, 944; OLG Brandenburg ZIP 2002, 1698, 1699 f.; OLG München ZIP 2002, 1542, 1543; ZIP 2003, 131 f.; OLG Koblenz ZInsO 2005, 324 f.; LG Hamburg ZIP 2001, 711, 713; LG Leipzig InVo 2003, 231, 232; AG Bonn ZIP 1999, 976, 977; LG Bonn ZIP 1997, 82, 83; AG Duisburg ZIP 1999, 668 f.; FK-*Dauernheim* § 131 RdNr. 24; *Uhlenbruck/Hirte* § 131 RdNr. 20 f.; *Branz/Hefermehl* BB 1992, 1506, 1509; differenzierend *Jaeger/Henckel* § 30 RdNr. 248 f.; *Münzberg* JZ 1998, 308, 310; *Hüper* S. 164 ff., 169 ff.; anders noch BGH WM 1969, 374, 376; RG JW 1891, 250 Nr. 13; OLG Celle ZIP 1981, 467; *Kilger/K. Schmidt* § 30 KO Anm. 20; aM *Kübler/Prütting/Paulus* § 130 RdNr. 24; *v. Campe* S. 112; *App* EWiR 1997, 179, 180; *Nerlich* (Fn. 24) § 131 RdNr. 45; *Bork* ZIP 2004, 1684, 1690; *Gerhardt,* Festschrift für Kreft, 2004, S. 167, 276 f.; *Tappmeier* EWiR 2000, 93, 94; wohl auch *Holzer* EWiR 2000, 91, 92; krit. *Grothe* EWiR 2002, 297, 298. Das ebenfalls

Insolvenzrecht[148] hatte dies – nur – für freiwillige Zahlungen vorgeschlagen, die nach der die Vollstreckung einleitenden Aufforderung des Gerichtsvollziehers erfolgen. Diese Begrenzung entspricht im Zeitalter des bargeldlosen Zahlungsverkehrs nicht mehr der inzwischen – insbesondere von hoheitlichen Gläubigern – entwickelten Praxis, Zahlungen durch vorherige Androhung unterschiedlicher Vollstreckungsmaßnahmen zu erzwingen und dies mit der erklärten Erwägung zu rechtfertigen, dass ohne solchen Druck Zahlungen nicht mehr zu erlangen seien.[149] Gerade die Erwartung, dass der Schuldner nicht alle Gläubiger befriedigen könne, begründet die Inkongruenz des Vollstreckungsdrucks innerhalb der Fristen des § 131 im Wettlauf der Gläubiger. Ein solcher Druck beginnt, wenn der Schuldner zur Zeit seiner Leistung damit rechnen muss, dass ohne sie der Gläubiger nach dem kurz bevorstehenden Ablauf einer letzten Zahlungsfrist mit der zulässigen Zwangsvollstreckung beginnt. Dies ist aufgrund des Verhaltens des Gläubigers nach dem unvoreingenommenen Verständnis eines durchschnittlichen Empfängers objektiv zu beurteilen.[150] Der Druck kann auch eine Zeitlang fortdauern, z. B. wenn der Schuldner nach der Aufforderung eines Vollziehungsbeamten Ratenzahlungen zusagt und einhält;[151] liegt die Vollstreckungsandrohung aber ein Jahr oder länger vor der angefochtenen Zahlung, kann regelmäßig nicht mehr von einer Nachwirkung ausgegangen werden.[152] Zu Zahlungen auf Grund einer Vorpfändung s. u. RdNr. 28. Das Erwirken eines Vollstreckungstitels allein genügt als Druckausübung nicht, weil daraus im allgemeinen nicht sofort vollstreckt werden kann und eine solche Maßnahme zudem noch keinen Hinweis auf Zahlungsunvermögen – im Gegensatz zu bloß fehlendem Zahlungswillen – des Schuldners gestattet.[153] Anders verhält es sich, wenn dieser nach erfolgter Zustellung eine Prozessbürgschaft zur Abwendung der Zwangsvollstreckung stellt.[154] Ferner muss sich die angedrohte Zwangsvollstreckung gerade gegen den späteren Insolvenzschuldner selbst richten. Die Androhung der Verwertung einer Drittsicherheit – sei es auch durch Zwangsvollstreckung gegen den Sicherungsgeber (vgl. § 794 Abs. 1 Nr. 5 ZPO) – genügt sogar dann nicht,[155] wenn dieser dem Schuldner persönlich nahe steht; denn gerade die Einbeziehung fremden haftenden Vermögens berührt nicht die Zugriffsmöglichkeiten von Gläubigern auf Aktivvermögen des Schuldners.

Zeitlich unbegrenzt – also nicht nur während der Fristen des § 131 – sind Leistungen inkongruent, die der Schuldner zur Ausräumung eines bereits gegen ihn gestellten **Insolvenzantrags**[156] oder zur Abwendung eines solchen Antrags erbringt, welchen der Gläubiger zur Durchsetzung seiner Forderung angedroht hat.[157] Denn eine auf Einleitung einer *Gesamtvollstreckung* gerichtete Maßnahme ist erst recht kein zulässiges Mittel zur Durchsetzung von Forderungen einzelner Gläubiger. Auf die Absichten des so vorgehenden Gläubigers im Einzelfall kommt es nicht an. Eine die Inkongruenz begründende Drucksituation ist

26 d

---

entgegenstehende Urteil BAG ZIP 1998, 33, 35 beruht noch auf der früheren Rechtsprechung des BGH und ist durch die Neuregelung der InsO überholt.

[148] S. 408 zu Leitsatz 5.2.2.
[149] Vgl. BGH NJW-RR 2003, 1632, 1634.
[150] BGH NJW-RR 2003, 1201, 1202; LG Stuttgart ZInsO 2006, 382, 383.
[151] Vgl. OLG Karlsruhe ZIP 2002, 1591, 1592.
[152] Vgl. OLG Rostock ZInsO 2006, 1109, 1110.
[153] BGH ZInsO 2007, 99 f.; OLG Düsseldorf NZI 2003, 439 f.
[154] BGH NJW-RR 2005, 1283; LG München I ZVI 2004, 41, 43; aM *Rebmann* S. 143.
[155] Gegenüber dem Drittsicherheitsgeber gelten die allgemeinen Grundsätze über die (In-)Kongruenz von Sicherheitenverwertungen, s. u. RdNr. 42.
[156] OLG Schleswig ZInsO 2004, 100, 101 gegen LG Kiel ZInsO 2002, 1042, 1043; OLG Koblenz ZInsO 2005, 324 f.; AG Hamburg ZInsO 2004, 102, 103; *Flöther/Bräuer* ZInsO 1244, 1245; vgl. auch *Pape* EWiR 2004, 607, 608; differenzierend je nach Antragszweck *Bork* ZIP 2004, 1684, 1690 f.; aM *Brückl/Kersten* NZI 2004, 422, 425. Das gilt auch, wenn der Antrag daraufhin zurückgenommen wird: OLG Frankfurt ZIP 2002, 1582, 1583.
[157] BGHZ 157, 242, 245 ff. = NJW 2004, 1385, 1386; OLG Hamm OLGReport 2004, 30 f.; OLG Koblenz ZInsO 2005, 1111 f.; *Huber* ZInsO 2005, 628, 629; *Homann* EWiR 2004, 265, 266; vgl. BGH NJW 1999, 3046, 3047; aM *Gerhardt*, Festschrift für Kreft, 2004, S. 267, 274 f. Ohne eine solche Androhung kann die vom Schuldner trotz Kenntnis seiner drohenden Insolvenz freiwillig geleistete Schuldtilgung nur von § 130 oder § 133 Abs. 1 Satz 2 erfasst werden.

jedenfalls dann anzunehmen, wenn die mit einer Mahnung verbundenen Hinweise auf ein mögliches Insolvenzverfahren gezielt als Mittel der Durchsetzung eines persönlichen Anspruchs erscheinen.[158] Der für eine Inkongruenz nötige zeitliche Zusammenhang zwischen der Drohung mit einem Insolvenzantrag und der Leistung des Schuldners endet je nach den Umständen nicht mit dem Ablauf der vom Gläubiger mit der Androhung gesetzten Zahlungsfrist; vielmehr kann der Leistungsdruck über mehrere Monate fortbestehen, wenn der Gläubiger vom Schuldner fortlaufend Zahlungen verlangt ohne von der Drohung abzurücken.[159] Im Verhältnis zu Drittbeteiligten begründet ein (angedrohter) Insolvenzantrag gegen den Schuldner aber keine Inkongruenz (s. o. RdNr. 26 c aE).

26 e Maßnahmen außerhalb geregelter zivilgerichtlicher Verfahren – insbesondere Strafanzeigen oder nötigende vorprozessuale Inkassomethoden – sollten allein nach den allgemeinen gesetzlichen Normen beurteilt werden.[160] Entscheidend für die Einstufung als inkongruente Maßnahme ist weniger die Willlensfreiheit des Schuldners als der Bezug zur Ausübung des staatlichen Vollstreckungsmonopols in der wirtschaftlichen Krise des Schuldners (s. o. RdNr. 26). Insbesondere begründet die Drohung mit der – sei es auch vertragswidrigen – Zurückbehaltung einer für die Betriebsfortführung nötigen Leistung für sich ebenso wenig die Inkongruenz einer dadurch ausgelösten Zahlung des Schuldners[161] wie diejenige mit der Niederlegung des anwaltlichen Mandats für den Fall der unterlassenen Bezahlung von Gebühren.[162] Solche Maßnahmen aus dem allgemeinen Wirtschaftsleben haben keinen Bezug zum Normzweck des § 131 sondern werden durch das allgemeine Vertragsrecht oder das Recht der unerlaubten Handlungen hinreichend geregelt. Erst recht löst ein gemäß Nr. 13 Abs. 2 AGB-Banken/Nr. 22 Abs. 1 AGB-Sparkassen vertragsgerechtes Verlangen eines Kreditinstituts auf Nachbesicherung, verbunden mit der Ankündigung der Vertragsbeendigung für den Fall der Nichterfüllung, keinen die Inkongruenz begründenden Druck aus.[163] Unterbreitet der Schuldner seinen Gläubigern einen Vergleichsvorschlag unter Hinweis auf seine Zahlungsunfähigkeit, fallen Teilzahlungen an zustimmende Gläubiger nicht unter § 131,[164] sondern unter § 130 (s. o. § 130 RdNr. 28 a, 39).

27 Der maßgebende **Zeitpunkt** ist allgemein derjenige, in dem der Gläubiger die Sicherung – gegebenenfalls als Vorstufe zur Befriedigung – erlangt (vgl. § 140 RdNr. 17); nur wenn dieser vor der Dreimonatsfrist des § 131 liegt, ist die Sicherung (§§ 49, 50 Abs. 1) kongruent.[165] Dem Gläubiger schadet es deshalb insoweit nicht, wenn allein die Verwertungshandlung noch in die kritische Zeit fällt;[166] dies entspricht der Regelung des § 88. Umgekehrt nützt es ihm nichts, wenn nur der Vollstreckungstitel früher erwirkt wurde. Bei der Pfändung erst künftig entstehender Forderungen kommt es auf die Zeitpunkte ihres jeweiligen Entstehens an.[167] Bei einer Anschlusspfändung (s. o. RdNr. 26 b) ist darauf abzustellen, wann diese ausgebracht wurde: Sie ist gegebenenfalls gesondert anzufechten. Die Anfechtung allein der Erstpfändung beseitigt die Anschlusspfändung nicht, weil diese nach erstmaliger Vollstreckungswirkung vom weiteren Schicksal der Erstpfändung unabhängig fortbesteht.[168] Zahlt der Schuldner zur Abwendung der Zwangsvollstreckung, entscheidet der Zeitpunkt dieser Zahlung.

---

[158] BGHZ 157, 242, 248 = NJW 2004, 1385, 1386.
[159] BGHZ 157, 242, 247 ff. = NJW 2004, 1385, 1386.
[160] *Kirchhof* ZInsO 2004, 1168, 1171; vgl. OLG Düsseldorf NZI 2003, 439 f.; aM *Homann* EWiR 2003, 1925, 1926; *Flöther/Bräuer* DZWIR 2005, 441, 443 f. BGH NJW 2005, 1118 f. beurteilte die Drohung mit einer Strafanzeige nur nach § 130 InsO.
[161] OLG Köln NZI 2007, 176, 177 f.; *Kreft* DStR 2005, 1332, 1333; aM OLG Rostock ZInsO 2004, 454 f.; zweifelnd *Brauns* BauR 2003, 301, 304.
[162] Insoweit aM *Lindemann* EWiR 2003, 1153, 1154.
[163] *Obermüller* ZInsO 2005, 198, 199.
[164] AM *Janca* ZInsO 2003, 209, 210 f.
[165] Vgl. RGZ 17, 26, 27 f.; *Jaeger/Henckel*, KO § 30 RdNr. 241; *Hess* InsO § 131 RdNr. 44.
[166] Vgl. BGH NZI 2000, 310.
[167] BGHZ 157, 350, 353 ff. = NJW 2004, 1444 f.; BGH NJW-RR 2004, 1047, 1049; ZInsO 2004, 385, 386; aM LG Paderborn bei *Krumm* EWiR 2002, 527 f. Ergänzend s. u. § 140 RdNr. 14 f.
[168] *Jaeger/Henckel*, KO § 30 RdNr. 247; *Stein/Jonas/Münzberg* § 826 RdNr. 10; *Hüper* S. 96, 191 f.

Inkongruente Deckung 28–30 § 131

Vorpfändung (§ 845 ZPO) und Hauptpfändung sind Teile einer einzigen mehraktigen 28 Rechtshandlung. Die Anfechtung der Vorpfändung allein genügt nicht, soweit sie eine – auch im Hinblick auf §§ 88, 89 – wirksame Hauptpfändung unberührt ließe;[169] dann könnte nur der gerade durch das vorläufige Zahlungsverbot begründete Vorrang beseitigt werden. Demgegenüber bewirkt die erfolgreiche Anfechtung der Hauptpfändung gemäß § 845 Abs. 2 ZPO zugleich die Unwirksamkeit der Vorpfändung. Das gilt sogar, wenn die Vorpfändung schon vor den nach § 131 kritischen Zeiten – für sich rechtwirksam – ausgebracht wurde (vgl. § 140 RdNr. 18), aber die Hauptpfändung erst innerhalb der Fristen des § 131 nachfolgt; dann richtet sich die Anfechtung insgesamt nach § 131 InsO.[170] Die Vorpfändung „ermöglicht" die Befriedigung, welche die Hauptpfändung endgültig „gewähren" soll.[171] Letztere ist auch keine – rechtsgeschäftliche – Bedingung im Sinne von § 140 Abs. 3, sondern nur rechtliche Voraussetzung für die Beständigkeit der (öffentlich-rechtlichen) Sicherung.[172] Danach begründet die Vorpfändung allein – im Gegensatz zur Hauptpfändung (§ 50 Abs. 1) – noch kein insolvenzgeschütztes Sicherungsrecht.[173]

Die Erwägung, dass Zwangsvollstreckungen in den letzten drei Monaten vor einem – 29 erfolgversprechenden – Eröffnungsantrag nicht die Gläubigergleichbehandlung stören sollen, ist nicht auf die Vollstreckung aus Zahlungstiteln beschränkt. Vielmehr fallen auch **Vormerkungen** zur Sicherung des Anspruchs auf Einräumung einer Bauhandwerkersicherungshypothek (§ 648 BGB) unter die Rückschlagsperre des § 88, wenn sie in Vollziehung einer einstweiligen Verfügung eingetragen worden sind.[174] Gerade dieses Zwangsmittel wird typischerweise gegen zahlungsschwache Auftraggeber eingesetzt. Die gleiche Wurzel des § 131 mit § 88 (s. o. RdNr. 26 a) spricht dafür, diese Wertung auf alle Arten von Zwangsvollstreckungen zu übertragen. Demgemäß verschafft auch die Vollstreckung wegen eines **Sachleistungs**anspruchs – z. B. gemäß § 433 Abs. 1 BGB, §§ 887 ff. ZPO – dessen Gläubiger eine **inkongruente** Deckung.[175] Die Sicherung eines solchen Anspruchs durch Vormerkung, die gemäß § 885 Abs. 1 BGB auf Grund einstweiliger Verfügung eingetragen wird, ist folglich inkongruent.[176]

§ 16 Abs. 2 AnfG nF verweist auf § 130, falls ein Insolvenzgläubiger bereits vor Eröffnung 30 des Insolvenzverfahrens auf Grund seines Anfechtungsanspruchs Sicherung oder Befriedigung erlangt hat. Diese gilt also als kongruent. Den gegen die Vorgängernorm des § 13 Abs. 3 AnfG aF erhobenen Bedenken[177] hat der Gesetzgeber damit – ohne Begründung – nicht entsprochen. Die neugefasste Vorschrift ist als Begünstigung derjenigen Gläubiger zu verstehen, welche die Mühe einer Einzelanfechtung gegen Dritte auf sich genommen und vor der

---

[169] *Jaeger/Henckel* § 30 RdNr. 244; *Kirchberger* LZ 1908, 765; *Hüper* S. 102.
[170] BGH NJW 2006, 1870, 1871 f., in BGHZ 167; Urt. v. 9. 11. 2006 – IX ZR 88/05; FK-*Dauernheim* § 131 RdNr. 25, § 140 RdNr. 4; *Rebmann* S. 94 ff.; so schon früher OLG Naumburg LZ 1913, 324, 325 f.; *Jaeger/Henckel*, KO § 30 RdNr. 245, 246; *Kirchberger* JW 1915, 491, 492 f.; *Hüper* S. 106 ff.; *Zöller/Stöber* § 845 RdNr. 5; wohl auch *Vogels* DJ 1936, 1168 unter 2.; vgl. ferner LG München I ZIP 2006, 199 LS; aM RGZ 17, 328, 331 f.; 83, 332, 335 f.; RG WarnR 1933, Nr. 30; *Baur/Stürner* RdNr. 19.30; *Kilger/K. Schmidt* § 30 KO Anm. 14; *Stein/Jonas/Brehm* § 845 RdNr. 23; *Baumbach/Lauterbach/Hartmann* § 845 ZPO RdNr. 10. Das gilt auch, wenn die Monatsfrist des § 845 Abs. 2 ZPO gewahrt blieb.
[171] *Kübler/Prütting/Paulus* § 130 RdNr. 12.
[172] S. u. § 140 RdNr. 50; aM *Grothe* KTS 2001, 205, 226.
[173] Zu Zahlungen auf Grund von Vorpfändungen vgl. OLG München ZIP 2001, 1924, 1926 f.; OLG Karlsruhe ZIP 2002, 1591, 1592; LG Bonn ZIP 1997, 82, 83; LG München I ZIP 2006, 199 LS.
[174] BayObLG NZI 2000, 427; *Gerhardt/Kreft* RdNr. 427; zu § 7 Abs. 3 GesO schon BGH NJW 1999, 3122, 3123 f.; NJW 2000, 2427 f.; vgl. FK-*App* § 88 RdNr. 5; *Kübler/Prütting/Lüke* § 89 RdNr. 9; aM *Grothe* KTS 2001, 205, 221 f.
[175] *Häsemeyer* RdNr. 21.60; *Pferfferle* S. 61 ff.; *Hüper* S. 122 ff.; aM *Jaeger/Henckel*, KO § 30 RdNr. 250; FK-*Dauernheim* § 131 RdNr. 26.
[176] *Kübler/Prütting/Paulus* § 130 RdNr. 26; *Pferfferle* S. 89 f.; *Hüper* S. 125 f.; *Rebmann* S. 106 f.; offen gelassen von HK-*Kreft* § 131 RdNr. 15; aM BGHZ 34, 254, 256 ff. = NJW 1961, 456 f.; *Jaeger/Henckel*, KO § 30 RdNr. 253 bis 256; *Kilger/K. Schmidt* § 30 KO Anm. 20; *Nerlich* (Fn. 24) § 130 RdNr. 60, § 131 RdNr. 38, 47; *Mauer* RdNr. 149; *Jauernig* § 51 IV 3, S. 231; vgl. auch BGH WM 1984, 264, 265; OLG Stuttgart ZIP 1994, 722, 723 f.
[177] *Jaeger/Henckel*, KO § 30 RdNr. 259, § 36 RdNr. 21.

§ 131 31–34

Eröffnung des Insolvenzverfahrens über den Hauptschuldner damit Erfolg gehabt haben;[178] regelmäßig wird ihre Forderung nur eine Insolvenzforderung im Sinne von §§ 38, 39 werden.

31 c) Eine Deckung ist **nicht in der Art** zu beanspruchen, wenn dem Gläubiger zwar eine Befriedigung oder Sicherung zusteht, aber in einer Art, welche die Insolvenzgläubiger weniger benachteiligt als die konkret gewährte. Wegen des Normzwecks ist der Maßstab dafür, ob eine Abweichung als geringfügig unschädlich ist (s. o. RdNr. 11), die Gleichwertigkeit im Hinblick auf die Gläubigerbefriedigung;[179] die genaue rechtliche Einordnung ist dagegen nicht selbständig ausschlaggebend. Der Umstand allein, dass sich der Liquidator einer Gesellschaft die ihm gebührende Vergütung selbst aus der Gesellschaftskasse entnimmt,[180] macht die Erfüllung nicht inkongruent.

32 aa) Nicht in der Art zu beanspruchende **Befriedigung.** Inkongruent ist die Gewährung einer anderen als der geschuldeten Leistung **an Erfüllungs Statt** (§ 364 BGB) oder erfüllungshalber,[181] insbesondere die Übertragung von Vermögensgegenständen des Schuldners zur Abgeltung einer ihm geleisteten Arbeit,[182] die Begleichung einer Geldschuld des Insolvenzschuldners durch Übertragung oder Hinterlegung von Gegenständen[183] oder die Übernahme einer Verbindlichkeit des Insolvenzschuldners als Ausgleich für dessen vollwertige Gegenleistung an den Übernehmer in der Zeit der Krise.[184] Dagegen ist die Hinterlegung der geschuldeten Leistung selbst als echtes Erfüllungssurrogat (§§ 372 ff. BGB) kongruent.[185] Dasselbe gilt, soweit schon bei Vertragsschluss wahlweise Erfüllungsmöglichkeiten für den Schuldner vereinbart wurden, insbesondere nach Art der Wahlschuld (§§ 262 ff. BGB) oder der Ersetzungsbefugnis (s. o. RdNr. 12).

33 Die Abtretung einer Forderung anstelle einer geschuldeten Geldzahlung ist inkongruent;[186] daran ändert es nichts, wenn der Gläubiger dafür Stundung gewährt.[187] Wer die Abtretung einer Forderung nur als **Sicherheit** verlangen kann, hat damit noch keinen Anspruch auf Abtretung zwecks **Befriedigung** seiner Geldforderung.[188] War dagegen die Forderung angekauft, also ein Entgelt für ihre Abtretung zu bezahlen, ist diese kongruent; neben der Erfüllung (§ 130) kann der Kaufvertrag selbst gemäß §§ 132 bis 134 anfechtbar sein, soweit die vereinbarte Gegenleistung nicht dem Wert der abgetretenen Forderung entsprach.[189]

34 Inkongruent ist es, wenn der spätere Insolvenzschuldner, statt einen Kaufpreis zu bezahlen, an den Verkäufer die Kaufsache zurückgibt, die zuvor bereits in sein Eigentum gelangt war.[190] Erfolgt die Rückgabe jedoch auf Grund eines – vor der kritischen Zeit (s. o. RdNr. 10) – vereinbarten oder eines gesetzlichen Rücktrittsrechts nach Erklärung des **Rücktritts,** ist sie kongruente Deckung, weil der Verkäufer dann die Rückgabe nach §§ 323 ff., 346 BGB zu beanspruchen hatte.[191]

---

[178] Vgl. § 129 RdNr. 203, § 145 RdN. 21; ferner *Hüper* S. 57 f.
[179] Vgl. *Jaeger/Henckel,* KO § 30 RdNr. 229.
[180] Vgl. LG München I ZIP 1995, 764 f.
[181] BGH WM 1968, 683, 684; NZI 2005, 329, 331; *Jaeger/Henckel,* KO § 30 RdNr. 205; vgl. BGHZ 123, 320, 324 = NJW 1993, 3267, 3268; BGH NJW-RR 1999, 272, 274; *Kübler/Prütting/Paulus* § 131 RdNr. 14.
[182] BGH WM 1962, 1369, 1371.
[183] Vgl. BGH WM 1961, 387, 388; ZIP 1999, 33, 36; LG Mönchengladbach WM 1992, 752, 753; *Kübler/Prütting/Paulus* § 131 RdNr. 14.
[184] RGZ 46, 101, 103 f.; *Kübler/Prütting/Paulus* § 131 RdNr. 14.
[185] *Jaeger/Henckel,* KO § 30 RdNr. 205.
[186] BGH WM 1968, 683, 684; RG LZ 1908, 71, 72; 1908, 608, 609; 1915, 638, 639; WarnR 1940 Nr. 112; OLG Karlsruhe BadRpr 1907, 113 f.; OLG Schleswig ZIP 1982, 82 f.; OLG Zweibrücken WM 1985, 295, 296; OLG Frankfurt ZIP 1997, 598, 599; OLG Brandenburg ZIP 1998, 1367, 1368; LG Stuttgart ZIP 1992, 1161, 1163 f.; *Hess* InsO § 131 RdNr. 182; *Uhlenbruck/Hirte* § 131 RdNr. 7.
[187] BGH WM 2005, 2193. Ergänzend s. o. RdNr. 23.
[188] RG LZ 1914, 867, 868; *Jaeger/Henckel,* KO § 30 RdNr. 206; vgl. BGH NJW-RR 1999, 272, 274.
[189] RG LZ 1908, 608, 609.
[190] RGZ 31, 134, 136 f.; *Jaeger/Henckel,* KO § 30 RdNr. 208; *Kübler/Prütting/Paulus* § 131 RdNr. 15; *Nerlich* (Fn. 24) § 131 RdNr. 21.
[191] RG WarnR 1931 Nr. 92; *Uhlenbruck/Hirte* § 131 RdNr. 7; *Jaeger/Henckel,* KO § 30 RdNr. 208; *H.-G. Lange* S. 161. Ergänzend vgl. RdNr. 41, § 130 RdNr. 7.

Die verkehrsübliche Zahlung durch Banküberweisung, statt in bar, ist kongruent (s. o. **35** RdNr. 11), ebenso die Zahlung mittels eines – sogar vordatierten[192] – eigenen **Schecks**.[193] Die Hingabe eines Kundenschecks ist dagegen grundsätzlich eine inkongruente Deckung, weil sie dem begünstigten Gläubiger zusätzlich gemäß Art. 12 ScheckG einen Anspruch gegen den Scheckaussteller verschafft;[194] kongruent kann sie nur sein, wenn diese Zahlungsweise schon vorher unanfechtbar vereinbart war.[195] Die Zahlung eines (Dritt-)Schuldners des Insolvenzschuldners an dessen Gläubiger bewirkt regelmäßig eine inkongruente Deckung, sofern nicht ein eigenes Forderungsrecht für diesen schon vorher unanfechtbar begründet war.[196] Dementsprechend gewährt die Direktzahlung eines Auftraggebers des Insolvenzschuldners gem. § 16 Nr. 6 VOB/B an dessen Gläubiger diesem eine inkongruente Befriedigung, weil er die Leistung eines **Dritten** nicht zu fordern hatte.[197] Inkongruent ist auch die nicht von vornherein vereinbarte Direktzahlung eines privaten Krankenversicherers an den Arzt des Gläubigers[198] sowie die Gestaltung, dass ein vom Schuldner erzielter Verkaufserlös zum Ausgleich einer nicht durch den Verkauf selbst ausgelösten Abgabenschuld unmittelbar an den hoheitlichen Gläubiger gezahlt wird.[199] Anders dürfte es sich dagegen verhalten, soweit der Leistungsempfänger kraft Gesetzes zur Zahlung von Umsatzsteuer für den Leistenden verpflichtet ist (s. o. RdNr. 15). Der eigene Wechsel ist kein verkehrsübliches Zahlungsmittel, sondern seine Hingabe ist inkongruent;[200] er benachteiligt die Insolvenzgläubiger allerdings nur, soweit sich die Verstärkung der zugrundeliegenden Kausalforderung durch die zusätzliche, wechselmäßige Verpflichtung auswirkt (vgl. § 129 RdNr. 114, 145). Die Hingabe eines Kundenwechsels anstelle einer Barzahlung ist erst recht regelmäßig inkongruent, weil der Gläubiger einer Zahlungsforderung keinen Anspruch auf eine solche Verstärkung hat.[201] Hatte sich allerdings die Bank des späteren Insolvenzschuldners verpflichtet, Kundenwechsel in Zahlung zu nehmen, so hatte der Schuldner ihr gegenüber eine Ersetzungsbefugnis (s. o. RdNr. 32 aE), welche die Kongruenz begründet.[202] Die Einziehung durch Lastschrift ohne entsprechende Ermächtigung des Schuldners ist inkongruent.[203]

bb) Nicht in der Art zu beanspruchende **Sicherung.** Ist der Schuldner zur Bestellung **36** einer bestimmten Sicherheit verpflichtet, ist deren Leistung kongruent. Dasselbe gilt bei unwesentlichen Abweichungen, z. B. wenn der spätere Insolvenzschuldner zur Verpfändung einer Sache verpflichtet war und der Gläubiger diese nunmehr pfändet,[204] oder wenn der Schuldner eine Hypothek zu bestellen hatte und der Gläubiger eine Zwangshypothek in

---

[192] OLG Dresden ZInsO 2004, 746, 747.
[193] BGHZ 166, 125, 138 = ZInsO 2006, 322, 326; BGH, Urt. v. 28. 9. 2004 – IX ZR 157/03; ZInsO 2006, 1210, 1211; RG LZ 1918, 770 f.; OLG Düsseldorf WM 1985, 1042, 1043; OLG Frankfurt OLGReport 2000, 50, 52; *Kübler/Prütting/Paulus* § 131 RdNr. 13; *Bork,* Zahlungsverkehr RdNr. 416.
[194] BGHZ 123, 320, 324 f. = NJW 1993, 3267, 3268; BGHSt 16, 279 f. = NJW 1962, 117 Nr. 18; OLG Stuttgart ZIP 1996, 1621, 1622; OLG Düsseldorf NJW-RR 1990, 576; OLG Brandenburg bei *Gerhardt* EWiR 1999, 125 f.; *Kübler/Prütting/Paulus* § 30 RdNr. 18; *König* RdNr. 10/58; *H.-G. Lange* S. 159 f.
[195] Vgl. OLG Stuttgart ZInsO 2004, 156, 157. Ergänzend s. o. RdNr. 10.
[196] Vgl. BGH NJW-RR 2003, 842, 844; NZI 2006, 159 f.; ZInsO 2007, 662, 663; Beschl. v. 12. 1. 2005 – IX ZR 121/04; HK-*Kreft* § 131 RdNr. 8; zur GesO BGH NJW-RR 1999, 272, 274. Ergänzend s. o. RdNr. 10 und – zur Kongruenz von Bareinzahlungen von Drittschuldnern auf das eigene Bankkonto des Schuldners – RdNr. 18.
[197] BGH ZInsO 2002, 766 f.; OLG Dresden ZIP 1999, 2161, 2165; HK-*Kreft* § 131 RdNr. 9; *Dähne* BauR 1976, 29, 33; *Schmitz* ZIP 1998, 1421, 1430; vgl. auch OLG Köln ZInsO 2006, 656, 657; aM LG Dresden ZIP 1997, 2052, 2053 und EWiR 2000, 253, 254; *Brauns* BauR 2003, 301, 309 f.
[198] OLG Karlsruhe ZInsO 2004, 1367 f.
[199] OLG Rostock ZInsO 2004, 933, 934.
[200] *Jaeger/Henckel,* KO § 30 RdNr. 211; *Kübler/Prütting/Paulus* § 131 RdNr. 14; FK-*Dauernheim* § 131 RdNr. 13; aM RG GA 39 [1891], 230 f.; *Nerlich* (Fn. 24) § 131 RdNr. 19. Zur Begebung eines gezogenen Wechsels: s. o. RdNr. 11.
[201] RG Gruch 26 [1882], 1188 f.; JW 1927, 1106; OLG Celle NJW 1958, 1144, 1145; *Jaeger/Henckel,* KO § 30 RdNr. 212; *Kübler/Prütting/Paulus* § 131 RdNr. 14; *H.-G. Lange* S. 159 f.
[202] RGZ 71, 89, 90 f.; *Jaeger/Henckel,* KO § 30 RdNr. 212.
[203] *Kuder* S. 93.
[204] *Jaeger/Henckel,* KO § 30 RdNr. 229.

gleicher Höhe an demselben Grundstück in keiner besseren Rangstelle eintragen lässt. Es soll sogar als gleich gelten, wenn der Absender von Frachtgut mit dem Frachtführer vereinbart, dessen Pfandrecht (§ 441 HGB) durch die Abtretung der Werklohnforderung gegen den Auftraggeber abzulösen (s. o. RdNr. 24 aE).

37 Leistet der Schuldner eine andere Sicherheit als geschuldet, ist die Inkongruenz danach zu beurteilen, ob die Abweichung geringfügig ist und die Gläubiger nicht stärker beeinträchtigt (s. o. RdNr. 10, 30). Die Bestellung eines Grundpfandrechts an einem anderen Grundstück als dem zuvor vereinbarten ist inkongruent.[205] Dagegen ist die Bestellung einer Grundschuld statt einer versprochenen Hypothek im Allgemeinen kongruent, weil sie die übrigen Insolvenzgläubiger nur ausnahmsweise schlechterstellen kann.[206] Entsprechendes gilt, wenn der Schuldner anstelle eines versprochenen Pfandrechts an einem Gegenstand dem Gläubiger ein treuhänderisches Vollrecht (Sicherungseigentum oder -abtretung) daran bestellt,[207] das ebenfalls nur ein Absonderungsrecht in der Insolvenz begründet. Verspricht der Schuldner einem Gläubiger die hypothekarische Sicherstellung an einem bestimmten Grundstück, das später zwangsversteigert wird, so kann die Verpfändung oder Sicherungsabtretung eines entsprechenden Anteils des Schuldners am Versteigerungserlös ein kongruenter Ersatz sein.[208] Hat der spätere Insolvenzschuldner z. B. die Abtretung aller Forderungen gegen seine Schuldner mit den Anfangsbuchstaben A bis K versprochen, kann es im Einzelfall gleichwertig sein, statt dessen die Schuldner von L bis Z zu erfassen (s. u. § 142 RdNr. 7). Die Verbürgung eines Dritten – auch eines Gesellschafters – auf Veranlassung des späteren Insolvenzschuldners zugunsten eines seiner Gläubiger ist inkongruent,[209] sofern sie nicht rechtzeitig vorher vereinbart war. Auch die Mithaftung eines Gesellschafters für eine Schuld „seiner" GmbH hat der Gläubiger nicht vor einer entsprechenden Vereinbarung mit jenem zu verlangen; wird diese erst innerhalb der Krise getroffen, ist die Besicherung inkongruent.

38 Unerheblich ist, ob die ersatzweise gestellte, erheblich abweichende Sicherheit für den Gläubiger eine Sicherung geringerer Art darstellt, weil die Vermutung naheliegt, dass der Schuldner andere Sicherheiten nicht mehr anbieten konnte. Übereignet z. B. ein Schuldner, der Wertpapiere zu hinterlegen hatte, statt dessen eigene Waren sicherheitshalber, so ist dies inkongruent.[210]

39 Da die Vereinbarung, welche die Kongruenz begründen soll, hinreichend bestimmt sein muss (s. o. RdNr. 20), genügen nicht Absprachen, die es dem Ermessen eines Beteiligten oder dem Zufall überlassen, welche konkrete Sicherheit erfasst wird. Insbesondere begründet Nr. 13 AGB-Banken/Nr. 22 AGB-Sparkassen einen Anspruch des Kreditinstituts auf Bestellung oder Verstärkung von Sicherheiten. Dies legt das Sicherungsgut nicht in der erforderlichen Weise im Voraus fest und begründet deshalb keine Kongruenz.[211] Das gilt auch dann, wenn dem Kunden letztlich nur noch ein einziges werthaltiges Objekt übrigbleibt, das als Sicherheit tauglich wäre.[212] Entsprechendes trifft für Allgemeine Verkaufs- und Lieferbedingungen zu, die dem Lieferanten allgemein einen Anspruch auf „Sicherheiten"

---

[205] BGH NJW 1999, 645 f.
[206] RG WarnR 1933 Nr. 18; *Jaeger/Henckel*, KO § 30 RdNr. 229; aM OLG Stuttgart Recht 1908 Nr. 1439.
[207] RG JW 1909, 734, 735; *Kübler/Prütting/Paulus* § 130 RdNr. 13; *Nerlich* (Fn. 24) § 131 RdNr. 49; *Serick* Bd. III § 35 IV 3 a, S. 324 f.
[208] RG KuT 1931, 106.
[209] BGH, Urt. v. 28. 9. 2004 – IX ZR 157/03. Zur möglichen Gläubigerbenachteiligung vgl. § 129 RdNr. 104, 116 und BGH NJW 1999, 3046, 3047.
[210] BGH LM § 30 KO Nr. 1; *Jaeger/Henckel*, KO § 30 RdNr. 229; FK-*Dauernheim* § 131 RdNr. 22; vgl. *Serick* Bd. III § 35 IV 3 a, S. 324.
[211] BGHZ 33, 389, 393 f. = NJW 1961, 408, 409; BGH WM 1969, 888, 890 unter 4.; NJW 1969, 1718, 1719; 1995, 2348, 3250; OLG Celle ZIP 1982, 158, 160; *Nerlich* (Fn. 24) § 131 RdNr. 39; *Eichberger* S. 125 f.; *Kübler/Prütting/Paulus* § 131 RdNr. 9; vgl. auch BGH NJW-RR 1993, 238, 240; aM *Scholz* NJW 1961, 2006 f.
[212] BGH NJW 1999, 645, 646; LG Dresden ZIP 2001, 1428, 1429; *Uhlenbruck/Hirte* § 131 RdNr. 15; *Eckardt* DZWIR 1999, 206, 207. Anders mag dies sein, wenn von vornherein nur ein einziges Sicherungsgut einvernehmlich für tauglich gehalten wurde, vgl. *Obermüller* RdNr. 6.102.

einräumen.²¹³ Dagegen ist die Fälligkeit der gesicherten Forderung selbst unerheblich, weil das Entstehen des Pfandrechts nicht von seiner Verwertungsreife abhängt.²¹⁴

Nach Nr. 14 Abs. 1 AGB-Banken (Nr. 21 Abs. 1 AGB-Sparkassen) sind sich Kunde und Bank über das Entstehen eines Pfandrechts der Bank an Sachen des Kunden in deren Besitz sowie an Forderungen des Kunden gegen sie einig. Sogar wenn damit zugleich ein schuldrechtlicher Anspruch der Bank auf derartige Pfandrechte entsteht,²¹⁵ wird er erst in dem Zeitpunkt auf einen bestimmten Pfandgegenstand konkretisiert, in dem die Sache in den Besitz der Bank gelangt oder die Forderung entsteht.²¹⁶ Entsprechendes gilt für die Bestimmungen eines Sicherheiten-Poolvertrages, dass der Schuldner auch seine künftigen Forderungen jedem am Pool beteiligten Gläubiger für dessen Ansprüche mit verpfändet oder dass die am Pool beteiligten Gläubiger ihre eigenen Sicherheiten jeweils treuhänderisch für die anderen verwalten.²¹⁷ Derartige Absprachen sind dann selbst wieder nach den in RdNr. 10 dargelegten Regeln – zusammen mit der Sicherheit selbst – anfechtbar. Dementsprechend ist insbesondere das Sicherungseigentum an Kundenschecks oder Wechseln meist inkongruent, welches das Geldinstitut gemäß Nr. 15 Abs. 1 AGB-Banken/Nr. 25 Abs. 1 AGB-Sparkassen durch die Einreichung innerhalb der Fristen des § 131 erlangt.²¹⁸ Dasselbe gilt für die Sicherungsabtretung der dem Wertpapier zugrunde liegenden Forderung nach Nr. 15 Abs. 2 AGB-Banken/Nr. 25 Abs. 1 AGB-Sparkassen.²¹⁹ Die Inkongruenz würde auch durch eine nachträgliche Verwertung des Pfandrechts nicht beseitigt. Jedoch lösen Banken für ihre eigenen Kunden Schecks im Allgemeinen auf Grund des Geschäftsbesorgungsvertrages, nicht aber zur Verwertung eines eigenen Pfandrechts ein; dieser Einzug kann im weiteren Verlauf zu einer kongruenten Aufrechnungslage führen, während die früher begründete pfandmäßige Sicherung inkongruent bleibt.²²⁰ Auch die Vereinbarung eines Kreditinstituts mit dem (späteren) Insolvenzschuldner, dieser solle sein Konto laufend zurückführen, gibt dem Institut noch keinen Anspruch auf Kundenschecks, die für den Schuldner bestimmt sind.²²¹

Nicht hinreichend bestimmt und deshalb inkongruent sind eine allgemeine Gleichstellungsverpflichtung in einer Negativklausel,²²² der Nachbesicherungsanspruch aus einer allgemeinen Positiverklärung²²³ oder aus Financial Covenants²²⁴ sowie eine Absprache, das „gesamte Grundvermögen" des Schuldners solle dem Gläubiger haften.²²⁵ Dagegen kann ein Mantelzessionsvertrag aus sich heraus individuell bestimmt genug ausgestaltet werden; dann hat die später auf Grund dessen erstellte Zessionsliste nur deklaratorische Bedeutung, benachteiligt also die Gläubiger nicht mehr selbständig.²²⁶ Ausreichend bestimmt ist z. B. die Übereignung des „gesamten Maschinenparks (gemietete Maschinen ausgenommen)," sofern sich die gemeinten – im Zeitpunkt des Vertragsschlusses vorhandenen – Sachen durch eine hinreichende räumliche Konkretisierung individualisieren lassen.²²⁷ Die tarifvertragliche

---

²¹³ OLG Dresden ZInsO 2004, 746, 748.
²¹⁴ AM *Feuerborn* ZIP 2002, 290, 293 ff.
²¹⁵ AM OLG Celle NJW 1958, 1144, 1145; *Bork,* Festschrift für Kirchhof, 2003, S. 57, 71.
²¹⁶ Vgl. BGHZ 59, 230, 235 = NJW 1972, 2084; BGHZ 150, 122, 126 = NJW 2002, 1722 f.; *Stiller* ZInsO 2002, 651, 652 f.; *Bork,* Festschrift für Kirchhof, 2003, S. 57, 71; aM *Wischemeyer* S. 32 ff.
²¹⁷ BGH NZI 2005, 622, 623.
²¹⁸ Vgl. BGHZ 118, 171, 178 = NJW 1992, 1960, 1961; OLG Köln ZIP 1995, 1684, 1687; OLG Brandenburg ZInsO 2004, 504, 506; *Canaris,* Festschrift KO S. 73, 86; FK-*Dauernheim* § 131 RdNr. 19; aM *Eckardt* ZIP 1999, 1416, 1419 f.; *Huth* S. 65, die nur auf die Vereinbarung über die Einbeziehung der AGB abstellen wollen.
²¹⁹ BGH WM 2007, 897 f.; *Bork,* Zahlungsverkehr RdNr. 313.
²²⁰ *Jaeger/Henckel,* KO § 30 RdNr. 212; weitergehend AG Wetzlar WM 1986, 1532; *Canaris,* Festschrift KO S. 86 f. Dagegen sieht BGH NJW 1985, 2649, 2650 im Einzug der Forderung eine Pfandverwertung.
²²¹ OLG Hamm ZIP 1992, 1565, 1566.
²²² Vgl. hierzu *Jaeger/Henckel,* KO § 30 RdNr. 220; aM *Merkel,* Die Negativklausel [1985], S. 158.
²²³ Vgl. *Obermüller* RdNr. 6.103; *Kirchhof* ZInsO 2004, 465, 469.
²²⁴ *Wittig* WM 1996, 1381, 1386 f.; *Hess* InsO § 131 RdNr. 140.
²²⁵ *Hess* InsO § 131 RdNr. 142.
²²⁶ Vgl. FK-*Dauernheim* § 130 RdNr. 30; *Obermüller* RdNr. 6.188; *Kirchhof* ZInsO 2004, 465, 469. Zur Globalzession s. u. RdNr. 39 c.
²²⁷ Vgl. BGH NJW 1998, 1561, 1562 f.

§ 131   39 c, 40

Verpflichtung eines Arbeitgebers, Ansprüche der Arbeitnehmer aus Altersteilzeitarbeitsverhältnissen zu sichern, begründet noch keinen Anspruch des einzelnen Arbeitnehmers auf eine bestimmte Sicherheit; wird diese erst in der Krise des Arbeitgebers ausgewählt, ist sie inkongruent.[228]

39 c   Die Vereinbarung einer umfassenden **Vorausabtretung** aller Forderungen des Schuldners ist nicht im vorauszusetzenden Maß (s. o. RdNr. 39) bestimmt.[229] Eine solche Globalzession hat zur Folge, dass – wegen der Unmöglichkeit eines gutgläubigen Forderungserwerbs – alle späteren Gläubiger von diesem wichtigen Kreditsicherungsmittel ausgeschlossen werden, ohne dies erkennen zu können, solange die Abtretung nicht offengelegt wird: Wer sie zuerst vereinbart, erlangt dinglich unbegrenzten Vorrang. Mit dem insolvenzrechtlichen Gleichbehandlungsgrundsatz ist dies nur vereinbar, wenn jede abzutretende Forderung bis zum maßgeblichen Zeitpunkt ihrer Entstehung (s. u. § 140 RdNr. 14) wenigstens schon individualisierbar war. Dazu ist mindestens nötig, dass eine im voraus überschaubare Zahl von Forderungen – etwa aus begrenzten Geschäftsbereichen oder gegen bestimmte Gruppen von Abnehmern – erfasst werden soll. Eine Aufteilung nach den Anfangsbuchstaben unbestimmt vieler Schuldner genügt nicht. Zu einem möglichen Bargeschäft s. u. § 142 RdNr. 5 a, 13 e.

40   **d)** Eine Deckung ist **nicht zu der Zeit** zu beanspruchen, wenn der Gläubiger sie früher erhält als geschuldet, also wenn der Anspruch darauf im Zeitpunkt der Erfüllung entweder noch nicht fällig oder befristet war.[230] Die Fälligkeit vertraglicher Zahlungspflichten ist gegebenenfalls auch unter Berücksichtigung vereinbarter oder gemäß § 632 a BGB geschuldeter Abschlagszahlungen zu bestimmen.[231] Dass der Schuldner die Leistung im Zweifel vor der Fälligkeit bewirken darf (§ 271 Abs. 2 BGB), begründet noch nicht deren Kongruenz.[232] Die Satzungsregelung eines Sozialversicherers, dass Beiträge „am letzten Tag des Monats, für den sie gelten, fällig und bis spätestens 15. des Folgemonats zu zahlen" sind, begründet Fälligkeit erst zum späteren Zeitpunkt.[233] § 52 SGB I, demzufolge der für eine Geldleistung zuständige Leistungsträger Ansprüche eines *anderen* Leistungsträgers mit dessen Ermächtigung verrechnen darf, begründet eine Aufrechnungslage – und damit Kongruenz – nicht vor dem Zeitpunkt einer auf den Einzelfall bezogenen Ermächtigung,[234] jedoch bei inhaltlich unbestimmter allgemeiner Ermächtigung erst mit der Verrechnungserklärung.[235] Steht dem Schuldner ein vorübergehendes Leistungsverweigerungsrecht, z. B. nach § 273 Abs. 1 BGB, zu, so ist seine trotzdem erbrachte Leistung inkongruent.[236] Soll ein Pfandrecht

---

[228] LG Stuttgart DZWIR 2002, 79, 80 f. m. abl. Anm. Bichlmeier.
[229] OLG Karlsruhe ZIP 2005, 1248 f.; OLG Dresden ZIP 2005, 2167, 2168; ZInsO 2006, 1057, 1059; OLG München NZI 2006, 530 f.; *Kübler/Prütting/Paulus* § 131 RdNr. 11; *HK-Kreft* § 131 RdNr. 13; *Hess* InsO § 131 RdNr. 137; *Jacobs* ZIP 2006, 2351, 2353 ff. ab einer Verrechnung oder Kontensperre; für die *Verpfändung* im voraus auch BGHZ 150, 122, 126 = NJW 2002, 1722 f.; für die *Pfändung* im voraus BGH NJW 2003, 2171 f.; aM LG Arnsberg bei *Lange/Reimann* BKR 2006, 230 f.; LG Berlin ZIP 2007, 346, 347; LG Chemnitz WM 2007, 397, 398; *Steinhoff* ZIP 2000, 1141, 1148; *Beiner/Luppe* NZI 2005, 15, 20; *Kuder* ZInsO 2006, 1065, 1067; *Himmelsbach/Achsnick* NZI 2006, 104, 105; *Walden* BKR 2006, 162 f.; *Brandt* BKR 2006, 232, 234 f.; *Blum* ZInsO 2007, 528, 529 ff.; wohl auch *Piekenbrock* NZI 2006, 658, 686 f. und WM 2007, 141, 143 f.; für die Vorausverpfändung ferner *Eckardt* ZIP 1999, 1417, 1420.
[230] OLG Saarbrücken ZInsO 2003, 233, 234; *König* RdNr. 10/60. Zu bedingten Ansprüchen s. o. RdNr. 15, zu geringfügig verfrühten Leistungen s. o. RdNr. 11.
[231] Vgl. BGH NJW 1990, 2687, 2688; NJW-RR 2002, 1419, 1420.
[232] RG JW 1898, 52 Nr. 24; *Kübler/Prütting/Paulus* § 131 RdNr. 16; *FK-Dauernheim* § 131 RdNr. 14; *Nerlich* (Fn. 24) § 131 RdNr. 33; *Kilger/K. Schmidt* § 30 KO Anm. 19 c; *Lwowski,* Festschrift für Uhlenbruck, 2000, S. 299, 304 f.; *Mauer* RdNr. 145; *Eichberger* S. 138 f.; *Uhlenbruck/Hirte* § 131 RdNr. 13; Thomas ZInsO 2007, 77, 78. Bietet der Schuldner die Leistung nur in anfechtbarer Weise an, gerät der Gläubiger durch deren Ablehnung nicht in Annahmeverzug (§ 294 BGB).
[233] BGH NJW 1998, 1306 f.; NJW-RR 2005, 1575; *HK-Kreft* § 131 RdNr. 10; iE auch *Muthorst* KTS 2006, 65; aM LG Hamburg ZIP 2003, 544, 545.
[234] *Wenzel* ZInsO 2006, 169, 175.
[235] BGH NJW-RR 2005, 695, 696. Vgl. für Konzernverrechnungsklauseln BGHZ 160, 107, 108 ff. = NJW 2004, 3185, 3186 f.; BGH NJW 2006, 3631, 3632 f.; für entsprechende AGB-Klauseln der öffentlichen Hand OLG Köln WM 2005, 1798, 1800.
[236] Vgl. *Kübler/Prütting/Paulus* § 131 Fn. 24.

– wie gemäß Nr. 21 Abs. 3 Satz 3 AGB-Sparkassen – nur künftige Ansprüche sichern, ist eine frühere Ausübung inkongruent.[237]

Gewährt dagegen der Schuldner die Leistung erst *später* als geschuldet, so bleibt dies 40a kongruent, weil die Insolvenzgläubiger durch diese Abweichung typischerweise nicht schlechtergestellt werden.[238] Der Umstand allein, dass der Liquidator einer Gesellschaft die ihm bereits gebührende Vergütung erst entnimmt, nachdem er den Insolvenzantrag für die Gesellschaft gestellt hat, macht die Erfüllung nicht inkongruent;[239] die Anfechtung ist vielmehr gemäß § 130 Abs. 1 Nr. 2 ohne weiteres begründet. Die Anordnung eines im Eröffnungsverfahren bestellten vorläufigen Insolvenzverwalters, ohne seine Genehmigung dürften keine Leistungen mehr erbracht werden, vermag nicht in bestehende schuldrechtliche Leistungspflichten einzugreifen, begründet also nicht für sich die Inkongruenz der anordnungswidrig erbrachten Leistungen an die Gläubiger fälliger Forderungen.[240] Auch gerichtliche Anordnungen im Sinne von § 21 Abs. 2 Nr. 2 beeinträchtigen Verfügungsgeschäfte kraft Gesetzes und aus sich heraus, beeinflussen aber nicht die Frage der anfechtungsrechtlichen Kongruenz.[241]

Ist eine Leistung vor Fälligkeit erbracht worden, diese aber noch vor der Insolvenzeröff- 41 nung eingetreten, so bleibt die Leistung selbst zwar inkongruent; eine eintretende Gläubigerbenachteiligung beruht aber regelmäßig nicht mehr auf der Vorzeitigkeit der Leistung.[242] Allerdings bleibt der Zurechnungszusammenhang gewahrt, wenn noch vor Eintritt der Fälligkeit Sicherungsmaßnahmen gemäß § 21 eine rechtlich wirksame Erfüllungshandlung verhindert hätten.[243]

Führt erst eine **Kündigung** die Fälligkeit herbei, so kann auch diese eine anfechtbare 41a Rechtshandlung darstellen, welche die Deckung für die Zeit danach vertragsgemäß, also kongruent macht.[244] Fällig wird der Anspruch durch eine Kündigung des *Gläubigers* aber nur, wenn ein rechtswirksamer Kündigungsgrund vorliegt. Ist das der Fall, kann der Ausspruch einer Kündigung durch einen Insolvenzgläubiger sogar dann zu einer kongruenten Deckung führen, wenn die Kündigung in die von § 131 erfasste kritische Zeit fällt:[245] Gerade der Kündigungsgrund verschafft im anfechtungsrechtlichen Sinne den Anspruch auf Fälligstellung der Leistung. § 131 mutet dem Gläubiger nicht zu, dass er ihm von Rechts wegen zustehende Gestaltungsrechte nicht ausüben darf. Inkongruent könnte zwar die Herbeiführung des Kündigungsgrundes selbst sein. Das wäre der Fall, wenn er sich nicht schon aus dem Gesetz oder Vertrag ergibt, sondern erst innerhalb der kritischen Zeit oder sonstwie anfechtbar vereinbart wird.[246] Folgt der Kündigungsgrund hingegen aus einer Nichterfüllung von Pflichten, insbesondere einem Zahlungsverzug, des Schuldners gegenüber dem betroffenen Gläubiger, ist dieses Verhalten nur die – entsprechend § 140 Abs. 3 bedeutungslose – Bedingung, welche das insolvenzbeständige Kündigungsrecht auslöst.[247]

---

[237] Vgl. BGH ZIP 1999, 79 f.
[238] BGH ZIP 1995, 1021, 1029, insoweit nicht in BGHZ 129, 236. Ergänzend s. u. RdNr. 41 für den Fall, dass der Leistungsverzug des Schuldners den Gläubiger zur Kündigung berechtigt. Das bloße Zuwarten des Gläubigers bedeutet auch noch keine Stundung; OLG Köln NZI 2001, 252, 253.
[239] AM *Kübler/Prütting/Paulus* § 131 RdNr. 17. LG München I ZIP 1995, 764 f. unterscheidet dagegen nicht hinsichtlich der Kongruenz.
[240] *Jaeger/Henckel*, KO § 30 RdNr. 215.
[241] Vgl. OLG Köln KTS 1971, 51, 52.
[242] LG Münster NZI 2005, 563, 564; *Jaeger/Henckel*, KO § 30 RdNr. 201; aM *H.-G. Lange* S. 146. Ergänzend s. u. RdNr. 45.
[243] BGH NJW-RR 2005, 1575, 1576.
[244] Dies verkennt *Peschke* S. 204 f.
[245] *Kirchhof*, Festschrift für Uhlenbruck, 2000, S. 269, 273 f.; vgl. OLG Köln NZI 2001, 262, 263; *Obermüller* ZInsO 2005, 198, 199; aM *Kübler/Prütting/Paulus* § 130 RdNr. 15, § 131 RdNr. 16; wohl auch *Bork*, Festschrift für Kirchhof, S. 57, 69.
[246] *Jaeger/Henckel*, KO § 30 RdNr. 217.
[247] *Steinhoff* ZIP 2000, 1141, 1145; *Obermüller*, Insolvenzrecht RdNr. 3.124; aM *Kübler/Prütting/Paulus* § 130 RdNr. 15, § 131 RdNr. 16 und – ohne Differenzierung je nach dem Kündigenden – *Hess* InsO § 131 RdNr. 56; *Feuerborn* ZIP 2002, 290, 294; s. o. § 96 RdNr. 34.

§ 131   42

Kongruent ist daher – in den Grenzen des § 119 – regelmäßig die durch Kündigung nach Nr. 19 AGB-Banken (Nr. 26 AGB-Sparkassen) herbeigeführte Fälligkeit; eine aus wichtigem Grunde (Nr. 19 Abs. 3 und 4 AGB-Banken) ausgesprochene Kündigung wird allerdings häufig eine Kenntnis der Bank im Sinne von § 130 Abs. 2 nahelegen (s. o. § 130 RdNr. 39). Entsprechendes gilt, wenn eine Stundung vorzeitig aufgehoben wird; abzustellen ist dann darauf, ob der Gläubiger ein insolvenzbeständiges Recht auf die alsbaldige Fälligstellung hatte. Inkongruent ist dagegen regelmäßig die vom *Schuldner* ausgesprochene Kündigung oder seine Mitwirkung bei einer Vertragsaufhebung bzw. die Vereinbarung eines Kündigungsgrundes in der Zeit seiner wirtschaftlichen Krise, weil er damit dem Gläubiger mehr Rechte verschafft als diesem von sich aus gebühren; die entsprechende Befugnis des Schuldners verschafft dem Gläubiger noch kein Recht auf deren Ausübung.[248]

42   **aa) Nicht zu der Zeit zu gewährende Befriedigung.** Eine Zahlung durch inländische Banküberweisung, die beim Gläubiger früher als fünf Bankgeschäftstage vor Fälligkeit eingeht, ist inkongruent; eine weniger verfrühte Zahlung kann dagegen noch dem Bemühen um pünktliche Zahlung entspringen und wird deshalb vom Rechtsverkehr als bedeutungslos angesehen.[249] Die Zahlung auf eine gestundete Forderung ist ebenso inkongruent wie die Einlösung eines Wechsels vor Fälligkeit.[250] Wird ein (fälliger) Anspruch erst aufgrund einer Berechnung – z. B. nach § 10 Abs. 1 Satz 1 RVG, § 9 StBGebV – einforderbar, ist eine frühere Tilgung inkongruent;[251] auch ein Vorschuss darauf ist nach Beendigung der Angelegenheit nicht mehr zu verlangen, also inkongruent.[252] Ein Vorschuss auf eine noch nicht fällige oder durchsetzbare Forderung ist regelmäßig inkongruent, es sei denn, dass der Gläubiger ihn kraft Gesetzes (z. B. § 9 RVG, § 8 StBGebV) oder sonst vereinbarungsgemäß – z. B. wegen Vermögensverfalls des Schuldners – fordern darf.[253] Abschlagszahlungen sind nur nach besonderer Vereinbarung oder gemäß § 632 a BGB zu beanspruchen; liegen die Voraussetzungen nicht vor, sind die Zahlungen inkongruent.[254] Die Fälligkeit der Zahlung auf ein Grundpfandrecht richtet sich nach der gesicherten Hauptforderung.[255] Die partielle Tilgung eines durch eine Gesamtgrundschuld gesicherten Zwischenkredits ist in dem Umfang kongruent, wie sie entsprechend § 3 Abs. 1 Nr. 3 MaBV vereinbarungsgemäß aufgrund von Kaufpreiszahlungen der Erwerber erfolgt; diese spezielle Norm geht dem allgemeinen Grundsatz vor, dass auch eine nur teilweise inkongruente Leistung insgesamt als inkongruent gilt (s. o. RdNr. 11 aE). Die Bezahlung vereinbarter monatlicher Tilgungsraten und fälliger Darlehenszinsen ist kongruent.[256] Hat der Gläubiger einen fälligen Anspruch auf Sicherheitenbestellung, während die zu sichernde Forderung noch nicht fällig ist, ist deren sofortige Erfüllung inkongruent. Ob ein Freistellungsanspruch gegen einen Gesamtschuldner fällig ist, richtet sich vorrangig nach etwaigen vertraglichen Absprachen; insbesondere lässt sich § 257 Satz 2, § 738 Abs. 1 Satz 3 und § 775 Abs. 2 BGB keine allgemeine Regel für sofortige Fälligkeit entnehmen.[257] Steht einem Arbeitnehmer ein vertraglicher Versorgungsanspruch (erst) für den Fall seines Ausscheidens zu, so ist eine Übertragung von Versicherungsansprüchen auf ihn schon während der Dauer seines Arbeitsverhältnisses vor-

---

[248] *Uhlenbruck/Hirte* § 131 RdNr. 13; *Kübler/Prütting/Paulus* § 131 RdNr. 16; *Jaeger/Henckel*, KO § 30 RdNr. 217; *Kirchhof*, Festschrift für Uhlenbruck, 2000, S. 269, 273. Zur Aufrechnung durch den Schuldner s. u. RdNr. 42 aE.
[249] BGH NJW-RR 2005, 1575, 1576; *Andres/Leithaus* § 131 RdNr. 6; iE auch *Muthorst* KTS 2006, 65, 66. Ergänzend s. o. RdNr. 11.
[250] OLG Celle ZInsO 2001, 1160.
[251] OLG Frankfurt OLGReport 2000, 50, 52 f.
[252] BGH NJW 2006, 2701, 2703, z. V. b. in BGHZ.
[253] Vgl. hierzu BGHZ 86, 190, 193 f. = NJW 1983, 887, 888; BGH NJW 2006, 2701, 2703, z. V. b. in BGHZ; *Hess* InsO § 131 RdNr. 172; krit. *C. Paulus* WuB VI A. § 133 InsO 1.06.
[254] Vgl. BGH NJW-RR 2002, 1419, 1420; *Schmitz*, Bauinsolvenz RdNr. 493 f.
[255] Vgl. RG LZ 1910, 474, 475 f.
[256] Vgl. BGH NJW 1999, 3780, 3781.
[257] BGH NJW-RR 2006, 1718 f.

Inkongruente Deckung 42 a–43 a § 131

zeitig, also inkongruent.[258] Hieran ändert es nichts, wenn die Abtretung zu dem Zweck erfolgt ist, den Arbeitnehmer im Unternehmen des Insolvenzschuldners zu halten, weil dadurch kein Anspruch auf die Abtretung geschaffen wird.[259] Eine Aufrechnung durch den späteren Insolvenzschuldner, die für den Gläubiger – insbesondere im Hinblick auf § 387, letzter Halbs., §§ 390, 393 oder 394 BGB – nicht wirksam gewesen wäre, ist inkongruent.[260] Eine verfrühte Zahlung unterliegt als Ganzes – nicht etwa nur hinsichtlich eines Zwischenzinses – der Anfechtung.[261]

Übt ein Sicherungsnehmer sein **Sicherungsrecht** – z. B. durch eine Kontosperre – vor Fälligkeit (z. B. nach § 1281 BGB) **aus,** darf dies nur zur Sicherstellung führen; eine Befriedigung – insbesondere durch Verrechnung – wäre verfrüht, also inkongruent.[262] Verursacht eine als verfrüht inkongruente Sicherstellung eine Befriedigung, so ist diese wiederum insoweit inkongruent, als sie ohne die Ausübung des Sicherungsrechts nicht eingetreten wäre.[263] Entsprechendes gilt für die vorzeitige Abholung einer als Sicherheit dienenden Sache beim Schuldner (s. o. § 129 RdNr. 137). Allerdings kann eine Bank von ihrem Pfandrecht an den Forderungen eines Kunden aus einem Kontoguthaben – wenn ein entsprechendes Sicherungsbedürfnis besteht – auch schon vor Pfandreife Gebrauch machen, indem sie zur Sicherung einer späteren Verwertung das Konto des Kunden sperrt; das wäre kongruent. Lässt die Bank es danach aber zu, dass der Kunde über sein Kontoguthaben wenigstens teilweise verfügt, gibt sie insoweit ihr Pfandrecht frei; erhöht sich anschließend in den Fristen des § 131 durch Gutschriften der Kontostand, ist das in entsprechender Höhe neu entstehende Pfandrecht inkongruent.[264] 42 a

bb) Nicht zu der Zeit zu gewährende Sicherungen. Der Inhaber einer Grundschuld hat die durch sie gewährte Sicherung erst zu beanspruchen, wenn ihr eine schuldrechtliche Forderung zugrunde liegt; erwirbt er sie erst in der Zeit der Krise des Schuldners, ist die Valutierung der Grundschuld inkongruent.[265] Auch hinsichtlich der Fälligkeit muss ein Anspruch auf Sicherung hinreichend bestimmt sein (s. o. RdNr. 20). Zur verfrühten Verwertung einer Sicherheit s. o. RdNr. 42 a. 43

Insbesondere bei Herstellung der – sichernden (s. o. § 130 RdNr. 9) – **Aufrechnungslage** entscheidet oft, wann der aufrechnungsbefugte Gläubiger hierauf einen Anspruch hatte. Dies ist im Hinblick auf § 387 BGB regelmäßig derjenige Zeitpunkt, in dem die Gegenforderung, mit welcher der Insolvenzgläubiger aufrechnet, voll wirksam und fällig und die Hauptforderung des Insolvenzschuldners wenigstens erfüllbar ist. Abweichende Vereinbarungen, welche die beiderseitige Auf- oder Verrechenbarkeit allgemein – also nicht nur für den Krisenfall – rechtswirksam schon für einen früheren Zeitpunkt vorsehen, sind grundsätzlich auch in der Insolvenz eines Vertragsteils gültig. Die Kongruenz können sie aber nur bewirken, wenn sie vor der von § 131 erfassten Zeit (s. o. RdNr. 10) abgeschlossen wurden. Ist das der Fall, so ist die darauf gestützte Aufrechnung nicht allein deswegen inkongruent, weil die Voraussetzungen des § 387 BGB noch nicht vorliegen: Kongruenz kann nicht nur durch gesetzliche, sondern auch durch vertraglich geregelte Ansprüche herbeigeführt werden. Die Gegenmeinung[266] unterläuft § 94. Erfüllt ein Schuldner des späteren Insolvenzschuldners eine diesem gegenüber bestehende Verpflichtung nicht, um 43 a

---

[258] BAGE 20, 11, 22 = NJW 1967, 2425, 2427; vgl. LG Dresden ZInsO 2006, 998, 999.
[259] *Jaeger/Henckel,* KO § 30 RdNr. 216; *Fr. Weber* AP § 29 KO Nr. 1 Bl. 9 Rs. mit insoweit abl. Anm. zu BAGE 20, 11, 22 = NJW 1967, 2425, 2427.
[260] *Von Olshausen* KTS 2001, 45, 48 f. Zur Ursächlichkeit s. u. RdNr. 45, zur Kündigung durch den Schuldner s. o. RdNr. 41 a.
[261] *Jaeger/Henckel,* KO § 30 RdNr. 217. Zu der dadurch verursachten (mittelbaren) Gläubigerbenachteiligung s. u. RdNr. 45; dagegen betrifft BGH ZIP 1997, 853, 854 allein die Verursachung einer unmittelbaren Gläubigerbenachteiligung. Ergänzend s. o. RdNr. 11 aE.
[262] Vgl. BGH NZI 2006, 700, 701; *Bork,* Festschrift für Kirchhof, 2003, S. 57, 71.
[263] Vgl. BGH NJW-RR 2004, 1190, 1191; HK-*Kreft* § 131 RdNr. 12 aE. Ergänzend s. u. RdNr. 45.
[264] Vgl. BGH NZI 2004, 314, 315.
[265] BGH WM 1975, 947, 948.
[266] *Häsemeyer,* Kölner Schrift S. 645, 658 RdNr. 38; HK-*Eickmann* § 94 RdNr. 25.

§ 131 44, 44a

gegen eine erst später fällig werdende Verbindlichkeit des Insolvenzschuldners aufrechnen zu können, hat er diese Aufrechnungslage in inkongruenter Weise ermöglicht;[267] sie benachteiligt die Insolvenzgläubiger weitergehend als eine verspätete Zahlung des Insolvenzschuldners selbst (hierzu s. o. RdNr. 40 a).

44 Dieselben Regeln gelten für die bankmäßige *Verrechnung*, insbesondere mit Zahlungseingängen. Einen Anspruch auf eine solche Sicherung hat der Gläubiger, also meist das Kreditinstitut, sobald ihm ein fälliger Anspruch auf Ausgleich des Saldos zusteht.[268] In dieser Hinsicht liegen verschiedene Möglichkeiten nahe: Hat die Bank einen Gegenanspruch auf Grund eines Kredits mit fester Laufzeit, kommt es auf den Ablauf der vereinbarten Zeit an,[269] solange nicht eine fristlose Kündigung berechtigt und früher ausgesprochen ist (s. o. RdNr. 41 a). Das gilt insbesondere für den Ratenkredit.[270] Dagegen ist eine Verrechnung vor Ablauf der Kündigungsfrist inkongruent. Ist der Kredit nicht befristet, endet er nach § 609 Abs. 1 BGB erst auf Grund einer Kündigung und gegebenenfalls nach Ablauf der Kündigungsfrist.[271] Das Fehlen einer festen Laufzeit führt allein noch nicht zur jederzeitigen Fälligkeit;[272] sogar die nach Nr. 19 Abs. 2 und 3 AGB-Banken (Nr. 26 Abs. 2 AGB-Sparkassen) mögliche fristlose Kündigung ist an die dort jeweils genannten besonderen Voraussetzungen gebunden und führt die Fälligkeit nicht vor ihrem Ausspruch herbei. Dasselbe trifft zu, wenn ein zunächst befristeter Kredit nach Fristablauf durch wenigstens konludente Vereinbarung fortgesetzt wird.[273] Die bloße Sperre des Kontos für weitere Belastungen ist noch keine Kündigung eines bereits ausgereichten Kredits,[274] ebenso wenig die bankinterne Umbuchung auf ein anderes Konto.[275] Die Erklärung der Aufrechnung enthält für sich nicht ohne weiteres auch den Ausspruch der Kündigung.

44a Dieselben Regeln sind auf den *unbefristet* gewährten Kontokorrentkredit anwendbar, also typischerweise bis zu der eingeräumten Obergrenze; auch dieser endet erst auf Grund einer Kündigung. Eine Rückführung vor Ablauf der Kündigungsfrist ist inkongruent. Hat die Bank die Kündigung des Kredits ausgesprochen, so bedeutet ihre Ankündigung, noch einzelne Kontoüberziehungen zu dulden, allein noch nicht die Rücknahme der Kündigung.[276] Der Umstand, dass das Geldinstitut vertraglich verpflichtet ist, die Zahlungen der Drittschuldner anzunehmen, rechtfertigt nicht die Verrechnung zu Tilgungszwecken.[277] Kongruenz tritt jedoch (nur)[278] in dem *Umfang* ein, wie die Bank dem Kunden den Kredit vertragsgemäß zur Verfügung stellt.[279] Überzieht der Kunde (spätere Insolvenzschuldner) die Obergrenze des Kredits, hängt die sofortige Rückzahlbarkeit vom Verhalten der Bank ab: Vereinbart sie mit dem Kunden wenigstens stillschweigend die Überziehung, liegt darin einer weitergehende Kreditgewährung, die erst wieder gekündigt werden muss.[280] Dass die Bank nicht sofort auf der Rückführung der Überziehung besteht, bedeutet für sich allein

---

[267] *C. Paulus/Schröder* WM 1999, 253, 256.
[268] BGH NJW 1998, 1318, 1320, insoweit nicht in BGHZ 138, 40; *Jaeger/Henckel*, KO § 30 RdNr. 274; *Canaris*, Bankvertragsrecht RdNr. 499; vgl. BGH NJW-RR 1989, 1010, 1011.
[269] *Obermüller*, Insolvenzrecht RdNr. 3.113.
[270] *FK-Dauernheim* § 131 RdNr. 8; *Canaris*, Festschrift KO S. 73, 81; *Nerlich* (Fn. 24) § 131 RdNr. 28.
[271] BGHZ 138, 40, 47 f. = NJW 1998, 1318, 1320; *Obermüller*, Insolvenzrecht RdNr. 3.114; *Dampf* KTS 1998, 145, 158 f.
[272] BGH NJW 1999, 3780, 3781; vgl. OLG Hamm ZIP 2001, 1683, 1685; *de Bra* NZI 1999, 249, 250, 254; aM anscheinend *Obermüller* RdNr. 3.112; *Peters/Lwowski* WM 1999, 258, 264.
[273] OLG Düsseldorf ZIP 2004, 1008, 1009 f.
[274] Vgl. BGHZ 118, 171, 175 f. = NJW 1992, 1960 f.; BGH NJW 2003, 360, 361.
[275] LG Köln ZVI 2002, 72, 73 auch für den Fall, dass der Schuldner zustimmt.
[276] BGH NJW 2001, 1650, 1651.
[277] BGH NJW 1999, 3780, 3781; BGHZ 150, 122, 127 f. = NJW 2002, 1722, 1723 f.; BGH NZI 2004, 491 f.; OLG Köln NZI 2005, 112, 113 f.; OLG Celle ZInsO 2005, 377, 378; vgl. auch BGH NJW 2003, 361, 362.
[278] Vgl. OLG Schleswig ZInsO 2006, 1224, 1226.
[279] BGHZ 150, 122, 127 ff. = NJW 2002, 1722, 1723; BGH NJW 2003, 360, 362; NZI 2004, 491 f.; Beschl. v. 6. 4. 2006 – IX ZR 107/05; wohl auch *König* RdNr. 10/63; aM OLG Rostock WM 2007, 980, 981; *Peschke* S. 190 ff.; *Bork*, Festschrift für Kirchhof, 2003, S. 57, 67 f.
[280] Vgl. BGH NJW 1998, 1318, 1320; *Lwowski* in: *Schimansky/Bunte/Lwowski*, Bankrechtshandbuch § 75 RdNr. 13–15. Dies berücksichtigt *Canaris*, Festschrift KO S. 73, 81, nicht.

allerdings noch keine rechtsgeschäftliche Bindung; nötig sind vielmehr zusätzliche Anhaltspunkte.[281] Bei nicht genehmigten Überziehungen hat die Bank einen täglich fälligen Anspruch auf Rückführung.[282] Genauso liegt es, wenn nur ein Girokonto ohne gleichzeitige Einräumung eines Überziehungskredits geführt wird; hier stellt jeder Schuldsaldo eine – zunächst – ungenehmigte Überziehung dar.[283] In diesen Fällen ist die Verrechnung kongruent. Dasselbe gilt, soweit eine Verrechnung durchgeführt wird, um dem Kunden zu ermöglichen, den Kredit im vereinbarten Rahmen unmittelbar wieder in Anspruch nehmen zu können (vgl. RdNr. 16, § 142 RdNr. 13 a, 18 a).

3. Gläubigerbenachteiligung. Eine mittelbare Gläubigerbenachteiligung (vgl. § 129 **45** RdNr. 121 ff.) genügt;[284] sie braucht durch eine inkongruente – insbesondere ermöglichende – Maßnahme auch nur mit verursacht worden zu sein.[285] Sie tritt bei inkongruenten Erfüllungshandlungen aus dem Schuldnervermögen fast immer ein, weil diese Art der Erfüllung zuungunsten der Insolvenzgläubiger von dem materiell an sich gerechtfertigten Maß der Vermögensminderung auf der Schuldnerseite abweicht. Allerdings gibt es seltene Ausnahmefälle, in denen die Gläubigerbenachteiligung wertungsmäßig nicht auf der Inkongruenz der Leistung beruht.[286] Dies kommt insbesondere in Betracht, wenn nur zeitliche Abweichungen die Inkongruenz begründen: Ist eine Leistung zwar vor *Fälligkeit* erbracht worden, diese aber noch vor der *Insolvenzeröffnung* unanfechtbar eingetreten, kann eine Anfechtung regelmäßig allein auf § 130 gestützt werden,[287] wobei allerdings gerade die Inkongruenz der verfrühten Leistung auf eine Kenntnis der Zahlungsunfähigkeit hinweisen kann (s. u. RdNr. 63). Zudem ist ein durch vorzeitige Tilgung eingetretener Nutzungsvorteil inkongruent. Dagegen bleibt der Zurechnungszusammenhang zur Inkongruenz sogar mit Bezug auf die Hauptschuld bestehen, falls vor Eintritt der Fälligkeit Sicherungsmaßnahmen gemäß § 21 erlassen wurden, die eine insolvenzfeste Leistung verhindert hätten.[288] Die Insolvenzgläubiger werden nicht benachteiligt, soweit ein Kreditinstitut Zahlungen von Kunden des späteren Insolvenzschuldners verrechnet, deren Verbindlichkeiten dem Institut schon als Sicherheit dienten (s. o. § 129 RdNr. 142 a).

V. Besondere Anfechtungsvoraussetzungen des Abs. 1 Nr. 1

Die Anfechtung hängt gemäß **Nr. 1** zusätzlich nur davon ab, dass die Deckungshandlung **46** bis zu **einem Monat** (einschließlich) vor Stellung des Eröffnungsantrags oder danach – bis zur Verfahrenseröffnung (s. o. § 129 RdNr. 74 f.) – vorgenommen worden ist. Zur Vornahme der Handlung einerseits vgl. § 140, zur Berechnung der Monatsfrist andererseits § 130 RdNr. 25, 26 und 52. Ob der Schuldner zu dieser Zeit schon zahlungsunfähig war, ist unerheblich. Die Vorschrift verallgemeinert die Rückschlagsperre des § 88 (s. o. RdNr. 26 bis 29).

VI. Besondere Anfechtungsvoraussetzungen des Abs. 1 Nr. 2

1. Zeitpunkt der Vornahme. Nr. 2 erschwert – im Vergleich mit Nr. 1 – die Anfech- **47** tung solcher Deckungshandlungen, die innerhalb des **zweiten oder dritten Monats** vor

---

[281] Vgl. BGH ZIP 2003, 1435, 1437; OLG Köln ZInsO 2004, 43, 44 f.; 2004, 624, 625.
[282] BGHZ 138, 40, 47 = NJW 1998, 1318, 1320; BGH NJW 1999, 3780, 3781; *Nerlich* (Fn. 24) § 131 RdNr. 25, anders RdNr. 26; vgl. BGH NZI 2004, 491 f.; OLG Rostock ZIP 2003, 1805, 1808; *Streit/Jordan* DZWIR 2004, 441, 445.
[283] LG Bochum ZIP 2001, 87, 88; *Heublein* ZIP 2000, 161, 166; vgl. *Gerth* BB 1978, 689, 690; *v. Usslar* BB 1980, 916, 918.
[284] *Uhlenbruck/Hirte* § 131 RdNr. 2; *Baur/Stürner* Nr. 19.42; *HK-Kreft* § 131 RdNr. 7; zu § 30 Nr. 2 KO BGHZ 147, 233, 238 = NZI 2001, 357, 358; LAG Düsseldorf KTS 1988, 163, 167; *Jaeger/Henckel*, KO § 30 RdNr. 122.
[285] BGH NZI 2004, 248, 249.
[286] Zu dieser Voraussetzung vgl. § 129 RdNr. 169 ff.
[287] Vgl. OLG Koblenz ZInsO 2001, 967, 968; *Jaeger/Henckel*, KO § 30 RdNr. 201; *König* RdNr. 10/60; *v. Olshausen* KTS 2001, 45, 51 ff. Ergänzend s. o. RdNr. 41.
[288] BGH NJW-RR 2005, 1575, 1576; *HK-Kreft* § 131 RdNr. 10 aE; *Muthorst* KTS 2006, 65, 67 f. Ergänzend s. o. RdNr. 42 a.

§ 131 48–53 3. Teil. 3. Abschnitt. Insolvenzanfechtung

dem Eröffnungsantrag vorgenommen worden sind. Diese Voraussetzung ist entsprechend den Ausführungen in § 130 RdNr. 24 bis 26 zu bestimmen, wobei hier der letzte Monat vor dem Eröffnungsantrag, im Hinblick auf Nr. 1, außer Betracht bleibt.

48   **2. Zahlungsunfähigkeit.** Die Anfechtung gemäß Nr. 2 setzt zusätzlich voraus, dass der Schuldner bei Vornahme der Deckungshandlung objektiv zahlungsunfähig war (vgl. dazu § 130 RdNr. 27 bis 30). Ob der Gläubiger das wußte, ist hier unerheblich.[289]

VII. Besondere Anfechtungsvoraussetzungen des Abs. 1 Nr. 3

49   Nach der amtlichen Begründung der Bundesregierung stellt **Nr. 3** „einen auf inkongruente Deckung bezogenen Sonderfall der Anfechtung wegen vorsätzlicher Benachteiligung" (§ 133) dar.[290] Da die Norm aber einen Benachteiligungsvorsatz des Schuldners nebst entsprechender Kenntnis des Gläubigers unwiderleglich vermutet, bringt diese Vorstellung für die Rechtsanwendung keine zusätzliche Klarheit. Sachgerechter erscheint das Verständnis, dass auch diese Norm die Gläubigergleichbehandlung in der Zeit der wirtschaftlichen Krise des Schuldners verwirklichen helfen soll.[291] Rechtliche Folgen sind aus der Einordnung nicht abzuleiten. Insbesondere bieten weder Wortlaut noch Systematik noch Zweck der Vorschrift einen Anhaltspunkt dafür, dass nur Rechtshandlungen des Schuldners anfechtbar sein sollen:[292] Auch der Gläubiger, der sich in Kenntnis der wenigstens drohenden Krise eine inkongruente Deckung verschafft, ist nicht schutzwürdig (s. o. RdNr. 26 ff.); sein Verhalten liegt nur wenig unter demjenigen, bei welchem nach § 130 Abs. 1 Nr. 1 sogar kongruente Deckungen anfechtbar sind. Ergänzend vgl. § 133 RdNr. 30.

50   **1. Zeitpunkt der Vornahme.** In zeitlicher Hinsicht entspricht Nr. 3 der Nr. 2. Erfasst werden also Deckungshandlungen innerhalb des **zweiten oder dritten Monats** vor dem Eröffnungsantrag (s. o. RdNr. 47).

51   **2. Benachteiligung der Insolvenzgläubiger.** Nr. 3 enthält als zusätzliches erschwerendes Merkmal – anstelle der Zahlungsunfähigkeit in Nr. 2 – die Kenntnis des Begünstigten von der benachteiligenden Wirkung der Deckungshandlung. In objektiver Hinsicht wird damit allein die – durch die Handlung verursachte (vgl. § 129 RdNr. 169 ff.) – **mittelbare Gläubigerbenachteiligung** des § 129 Abs. 1 (vgl. dort RdNr. 121 ff.) vorausgesetzt (RegE S. 159 zu § 146 Abs. 1 Nr. 3). Auf eine Begünstigungsabsicht des Schuldners kommt es, anders als nach § 30 Nr. 2 KO, nicht mehr an.

52   **3. Kenntnis des Gläubigers von der Benachteiligung.** Der Begünstigte muss die durch die Deckungshandlung verursachte Benachteiligung (s. o. RdNr. 51) im Zeitpunkt der Vornahme der Rechtshandlung (vgl. § 130 RdNr. 32) kennen.

53   **a) Kenntnis** bedeutet hier das für sicher gehaltene Wissen,[293] dass die fragliche Deckungshandlung die Befriedigungsaussichten der anderen Insolvenzgläubiger mit verschlechtert. Der begünstigte Gläubiger muss also die Vorstellung haben, dass die Handlung das zur Gläubigerbefriedigung verfügbare Vermögen des Schuldners schmälert und dieses voraussichtlich nicht mehr ausreichen wird, um alle Insolvenzgläubiger zu befriedigen.[294] Andererseits fehlt die Kenntnis, wenn der Gläubiger sicher davon überzeugt war, dass das Vermögen

---

[289] HK-*Kreft* § 131 RdNr. 20.
[290] RegE S. 159 zu § 146 Abs. 1 Nr. 3; ebenso *M. Zeuner*, Anfechtung RdNr. 126; *Obermüller/Hess* InsO RdNr. 333; *Holzer* WiB 1997, 729, 735; *Huth* S. 70; *Beissenhirtz* S. 115; wohl auch *Schoppmeyer* NZI 2005, 185, 194.
[291] *Henkel* Kölner Schrift S. 830 f.; aM *Kübler/Prütting/Paulus* § 130 RdNr. 20; *Smid/M. Zeuner* § 131 RdNr. 13; *Nerlich* (Fn. 24) § 131 RdNr. 61, 81; *Lind* (vor § 133) S. 57 f. Schon der Einführung des § 30 Nr. 2 KO lag die Vorstellung des Gesetzgebers zugrunde, es handele sich um einen Sonderfall der Absichtsanfechtung (*Hahn* Die gesamten Materialien zu den Reichsjustizgesetzen, Bd. IV, S. 133 f.); diese Sicht hat sich mit Recht ebenfalls nicht durchgesetzt (s. o. § 130 RdNr. 1).
[292] HK-*Kreft* § 131 RdNr. 21; aM *Nerlich* (Fn. 24) § 131 RdNr. 64; für reine Zwangsvollstreckungsmaßnahmen auch *Schoppmeyer* NZI 2005, 187, 194.
[293] Vgl. zu diesem Maßstab § 130 RdNr. 33.
[294] BGHZ 157, 242, 250 = NJW 2004, 1385, 1386 f.; BGH NJW-RR 2004, 1563, 1565.

b) Nach **Abs. 2 Satz 1** steht der Kenntnis der Benachteiligung selbst die **Kenntnis** 54 solcher **Umstände** gleich, die zwingend auf die Benachteiligung schließen lassen. Der Gläubiger muss also die tatsächlichen Umständen in dem in RdNr. 53 genannten Sinne kennen.[296] Da der Begünstigte die Tatsachen, welche die Inkongruenz begründen, durchweg kennt und inkongruente Deckungshandlungen fast immer das haftende Vermögen des Schuldners schmälern (s. o. RdNr. 45), geht es hier vor allem um die Kenntnis der kritischen wirtschaftlichen Lage des Schuldners. Dafür ist nicht die Kenntnis einer Zahlungsunfähigkeit im Sinne von § 17 nötig; denn auch § 131 Abs. 1 Nr. 3 soll die Anfechtung im Vergleich mit § 130 Abs. 1 Nr. 1 erleichtern. Die Kenntnis einer drohenden Zahlungsunfähigkeit im Sinne von § 18 reicht stets aus,[297] doch muss sich die Kenntnis hier nicht einmal auf die gesetzlichen Voraussetzungen dieser Norm beziehen, insbesondere nicht darauf, dass die zu berücksichtigenden Verbindlichkeiten schon dem Grunde nach bestehen. Vielmehr genügt es, wenn der Begünstigte auf Grund der ihm bekannt gewordenen Tatsachen die Liquiditäts- und Vermögenslage des Schuldners als so unzulänglich einschätzt, dass dieser in absehbarer Zeit voraussichtlich nicht mehr in der Lage sein wird, alle seine Zahlungspflichten zu erfüllen, und dass dann Gläubiger wenigstens teilweise leer ausgehen.[298] Ob der Schuldner im Sinne von § 19 überschuldet ist, hat hierfür zwar keine unmittelbare Bedeutung, kann aber Rückschlüsse auf eine drohende Zahlungsunfähigkeit zulassen.[299] Dasselbe kann zutreffen, wenn ein Gläubiger sich nahezu das gesamte Vermögen des Schuldners hat übertragen lassen und diesem kaum Mittel verbleiben, um seine anderen Gläubiger zu befriedigen.[300] Ferner kennt ein Gläubiger von Ansprüchen auf fortlaufende Zahlungen im Allgemeinen Umstände, die zwingend auf die Benachteiligung schließen lassen, wenn er über Monate hinweg nur unvollständige Leistungen erhalten und sich mehrfach veranlasst gesehen hat, mit Nachdruck Insolvenzanträge anzudrohen.[301] Zu Beweiserleichterungen s. u. RdNr. 63, 64.

Kennt der Gläubiger die in RdNr. 54 bezeichneten Tatsachen, dann folgt daraus regel- 55 mäßig zugleich zwingend der Schluss auf die Benachteiligung. Denn wer weiß, dass der Schuldner mit überwiegender Wahrscheinlichkeit demnächst nicht mehr alle seine Gläubiger wird befriedigen können, und dennoch dabei mitwirkt, das diesen haftende Vermögen weiter zu verkürzen, muss zweifelsfrei mit deren vertiefter Benachteiligung rechnen. Die Kenntnis der Inkongruenz allein genügt aber nicht (s. u. RdNr. 63).

c) Die Kenntnis muss gerade der **Gläubiger** haben, der die Deckung erhält. Wegen 56 der Zurechnung der Kenntnis anderer Personen s. o. § 130 RdNr. 41 bis 51. Erteilt insbesondere der Gläubiger seinem Rechtsanwalt den Auftrag, umfassend gegen den Schuldner vorzugehen, so schadet dem Gläubiger gemäß § 166 BGB sowohl seine eigene

---

[295] HK-*Kreft* § 131 RdNr. 21; zur Begünstigungsabsicht nach § 30 Nr. 2 KO vgl. BGHZ 128, 196, 203 = NJW 1995, 1090, 1092; BGH ZInsO 2005, 373, 374 f.

[296] Vgl. BGHZ 157, 242, 250 f. = NJW 2004, 1385, 1387; HK-*Kreft* § 131 RdNr. 22; ergänzend s. o. § 130 RdNr. 34–36.

[297] Sie genügt sogar den strengen Anforderungen des § 133 Abs. 1 Satz 2.

[298] BGHZ 157, 242, 250 = NJW 2004, 1385, 1386 f.; HK-*Kreft* § 131 RdNr. 22; *Henckel* Kölner Schrift S. 820 RdNr. 29; vgl. *Hess* InsO § 131 RdNr. 218. Dieselbe Maßstab galt schon zum Fehlen der Gläubigerbegünstigungsabsicht und deren Kenntnis gemäß § 30 Nr. 2 KO: BGH WM 1959, 470, 471 f.; 1960, 377, 381; 1961, 1371, 1372 = NJW 1962, 202 L.; WM 1969, 968 f.; 1977, 539 f. = NJW 1977, 1884 L.; BGHZ 128, 196, 202 f. = NJW 1995, 1090, 1092; BGHZ 135, 140, 148 f. = NJW 1997, 1857, 1859; BGH NJW 1997, 3175 f.; 1997, 3445, 3446, insoweit nicht in BGHZ 136, 309; LG Bonn ZIP 1997, 82, 83. Ebenso zur Gläubigerbenachteiligungsabsicht und deren Kenntnis gemäß § 30 KO: BGH NJW 1962, 1369, 1371; NJW 1998, 1561, 1564; NJW 1998, 2592, 2598; ZIP 1999, 406, 408; vgl. auch BGH NJW 1990, 2626, 2627, insoweit nicht in BGHZ 112, 136; zu Sanierungsversuchen s. u. § 133 RdNr. 37, 37 a, 38 b.

[299] Vgl. insbesondere zu den Verhältnissen innerhalb eines Konzerns BGHZ 138, 291, 307 = NJW 1998, 2592, 2598; *Hölzle* ZIP 2006, 101, 106 f. Ergänzend s. u. § 133 RdNr. 24.

[300] Vgl. *Jauernig* § 52 IV 2 c, S. 250.

[301] Vgl. BGHZ 157, 242, 249 ff. = NJW 2004, 1385, 1387 f.; *Viertelhausen* InVo 2004, 345, 349.

VIII. Beweislast

57 **1. Regelfall.** Regelmäßig muss der Insolvenzverwalter alle objektiven und subjektiven Anfechtungsvoraussetzungen des § 131 beweisen.[302] Dazu gehören insbesondere:

58 Das Vorliegen einer Deckungshandlung gegenüber einem Insolvenzgläubiger in der jeweiligen kritischen Zeit (vgl. § 130 RdNr. 62, 63).

59 Die Inkongruenz der Deckungshandlung ist vom Insolvenzverwalter zu beweisen.[303] Insoweit genügt es, wenn die Behauptung des Insolvenzgläubigers, auf welche dieser seinen Deckungsanspruch stützt, widerlegt wird.[304]

60 Zum Beweis des Insolvenzverwalters steht die durch die Deckungshandlung bewirkte, mindestens mittelbare Gläubigerbenachteiligung (vgl. § 130 RdNr. 63), die allerdings durch inkongruente Deckungen fast immer verursacht wird (s. o. RdNr. 45).

61 Endlich hat der Insolvenzverwalter im Falle des **Abs. 1 Nr. 2** die **Zahlungsunfähigkeit** des Schuldners zurzeit der Handlung zu beweisen.[305]

62 **2. Erleichterungen zu Abs. 1 Nr. 3.** Grundsätzlich muss der Insolvenzverwalter im Rahmen des Abs. 1 Nr. 3 beweisen, dass der begünstigte Gläubiger bei Vornahme der Rechtshandlung die dadurch bewirkte **Gläubigerbenachteiligung kannte.**[306] Insoweit genügt im Hinblick auf Abs. 2 Satz 1 der Nachweis, dass der Gläubiger die wirtschaftliche Krise und Vermögensunzulänglichkeit des Schuldners kannte.[307] Für die Kenntnis des Gläubigers wird es vor allem auf Anzeichen für eine – wenigstens drohende – Zahlungseinstellung des Schuldners (§ 17 Abs. 2 Satz 2) ankommen, sofern er nicht ausnahmsweise weitergehenden Einblick in die Liquiditätslage und/oder Vermögensverhältnisse des Schuldners hatte.[308]

63 **a)** Da die **Inkongruenz** der Deckung bereits tatbestandsmäßige Voraussetzung für die durch Abs. 1 Nr. 3 erleichterte Anfechtung ist, kann sie nicht zugleich als regelmäßige und selbständige, zusätzliche Beweiserleichterung innerhalb dieser Norm dienen.[309] Das ändert jedoch nichts an der über ein Jahrhundert hinweg vielfältig und beständig belegten tatsächlichen Lebenserfahrung, dass Gläubiger eine andere als die ihnen gebührende Leistung sehr oft nur deswegen fordern oder annehmen, weil sie Sorge haben, dass sie die an sich geschuldete Leistung wegen eines befürchteten Vermögensverfalls des Schuldners nicht mehr erhalten würden.[310] Die Rechtsprechung hat deshalb der Inkongruenz bereits eine

---

[302] *Kübler/Prütting/Paulus* § 131 RdNr. 24; *Breutigam/Blersch/Goetsch* § 131 RdNr. 12; vgl. BGHZ 33, 389, 396.

[303] BGH WM 1969, 888, 890, insoweit nicht in NJW 1969, 1349; RG bei *Jaeger* LZ 1908, 876; RG JW 1936, 2406 Nr. 22 Leits. III; *Nerlich* (Fn. 24) § 131 RdNr. 70; *Jaeger/Henckel*, KO § 30 RdNr. 261 ff.; *Uhlenbruck/Hirte* § 131 RdNr. 33; *Hess* InsO § 131 RdNr. 223; *Baur/Stürner* RdNr. 19.34; vgl. OLG Hamburg ZIP 1984, 1373, 1375.

[304] RG LZ 1911, 856 f.; OLG Stuttgart ZInsO 2004, 156, 157; *Jaeger/Henckel*, KO § 30 RdNr. 261; FK-*Dauernheim* § 131 RdNr. 29; vgl. BGHZ 123, 320, 330 = NJW 1993, 3267, 3269.

[305] RegE S. 159 zu § 146; BGH NJW-RR 2004, 1563, 1565; OLG Köln NZI 2005, 112, 114 f.; HK-*Kreft* § 131 RdNr. 20; *Uhlenbruck/Hirte* § 131 RdNr. 33; vgl. BGH WM 1975, 6; RG bei *Jaeger* LZ 1908, 876; OLG Bamberg LZ 1908, 874; KG JW 1929, 598 Nr. 5; *Nerlich* (Fn. 24) § 131 RdNr. 71; *Jaeger/Henckel*, KO § 30 RdNr. 262, 265.

[306] *Nerlich* (Fn. 24) § 131 RdNr. 73; *Uhlenbruck/Hirte* § 131 RdNr. 43. Ergänzend s. o. § 130 RdNr. 65.

[307] Vgl. BGH NJW-RR 2004, 1563, 1565. Ergänzend s. o. RdNr. 54, 55.

[308] S. o. § 130 RdNr. 35; ergänzend vgl. HK-*Kreft* § 131 RdNr. 23.

[309] BGHZ 157, 242, 250 = NJW 2004, 1385, 1387; HK-*Kreft* § 131 RdNr. 24; *Gottwald/Huber* (Fn. 135), § 47 RdNr. 59.

[310] Vgl. RGZ 45, 23, 28 f.; RG LZ 1911, 864 bis 866 unter B-D; 1913, 486, 487; WarnR 1919, Nr. 111; 1927, Nr. 102 S. 178; BGH WM 1959, 1007, 1008; NJW 1984, 1893, 1899, insoweit nicht in BGHZ 90, 381; BGHZ 123, 320, 326 = NJW 1993, 3267, 3268; BGH NJW 1995, 2348, 2350; ZIP 1997, 423, 426 f.; 1997, 513, 515; 1997, 853, 855; NJW 1997, 3175, 3176; NJW 1998, 609, 612, insoweit nicht in BGHZ 137,

Indizwirkung im Hinblick auf eine Kenntnis der späteren Zahlungsunfähigkeit entnommen.[311] Dieser Erfahrungswert ist bei jeder lebensnahen Beweiswürdigung gemäß § 286 ZPO jedenfalls mitzuberücksichtigen, wenn der Gläubiger wusste, dass sich der Schuldner in einer finanziell beengten Lage befand; diese Voraussetzung hat ggfls. der Insolvenzverwalter zu beweisen.[312] Das Beweisanzeichen greift insbesondere dann ein, wenn der Gläubiger Sicherheiten anstelle der ihm gebührenden Erfüllung annimmt oder von dieser fühlbare anderweitige wirtschaftliche Abstriche vorläufig hinnimmt, oder wenn ein Gläubiger von Ansprüchen auf fortlaufende Zahlungen monatelang vielfältige Beitreibungsmaßnahmen gegen den Schuldner entfaltet hat und dennoch die Forderungen nicht geringer werden.[313] An eine Entkräftung des Indizes sind strenge Anforderungen zu stellen. Der Gläubiger, der den Erfahrungssatz allein mit der Behauptung erschüttern will, er habe die Deckung für kongruent gehalten, muss dazu grundsätzlich eine auf den Anlass und die begleitenden Umstände hin nachprüfbare Sachdarstellung geben, die Rückschlüsse auf seine Vorstellung zulassen.[314]

b) Nur in Bezug auf die Kenntnis der Benachteiligung (s. o. RdNr. 52 bis 55) verlagert **64 Abs. 2 Satz 2** die Beweislast auf solche begünstigten Gläubiger, die dem Schuldner im Zeitpunkt der Vornahme der Rechtshandlung (vgl. hierzu § 130 RdNr. 66) **nahe stehen.** Die nahe stehende Person hat ihre Unkenntnis voll zu beweisen. Dazu ist unter anderem der Nachweis nötig, dass sie nicht einmal die **tatsächlichen Umstände** kannte, welche die Kenntnis zwingend ergeben. Denn kannte sie diese und vermag sie (ausnahmsweise) zu beweisen, dass sie dennoch den rechtlichen Schluss auf die Gläubigerbenachteiligung nicht gezogen hat, so greift nach allgemeinen Regeln Abs. 2 Satz 1 ein (s. o. RdNr. 54). Es gibt keinen Anhaltspunkt dafür, dass diese Norm gegenüber Nahestehenden nicht anwendbar sein sollte.[315]

§ 132 Unmittelbar nachteilige Rechtshandlungen

(1) Anfechtbar ist ein Rechtsgeschäft des Schuldners, das die Insolvenzgläubiger unmittelbar benachteiligt,

1. wenn es in den letzten drei Monaten vor dem Antrag auf Eröffnung des Insolvenzverfahrens vorgenommen worden ist, wenn zur Zeit des Rechtsgeschäfts der Schuldner zahlungsunfähig war und wenn der andere Teil zu dieser Zeit die Zahlungsunfähigkeit kannte oder
2. wenn es nach dem Eröffnungsantrag vorgenommen worden ist und wenn der andere Teil zur Zeit des Rechtsgeschäfts die Zahlungsunfähigkeit oder den Eröffnungsantrag kannte.

(2) Einem Rechtsgeschäft, das die Insolvenzgläubiger unmittelbar benachteiligt, steht eine andere Rechtshandlung des Schuldners gleich, durch die der Schuldner ein Recht verliert oder nicht mehr geltend machen kann oder durch die ein vermögensrechtlicher Anspruch gegen ihn erhalten oder durchsetzbar wird.

(3) § 130 Abs. 2 und 3 gilt entsprechend.

49; BGH NJW 1998, 2592, 2598; ZIP 1998, 2008, 2011; BAGE 20, 11, 22 = NJW 1967, 2425, 2427; OLG Hamburg SeuffA 72 [1917], Nr. 110; LAG Düsseldorf KTS 1988, 163, 167 f.
[311] BGH ZIP 1998, 2008, 2011; ZIP 1999, 76, 77; OLG Dresden ZInsO 1999, 110; vgl. *Mankowski* WuB VI G. § 10 GesO 1.99.
[312] BGHZ 157, 242, 250 = NJW 2004, 1385, 1388; HK-*Kreft* § 131 RdNr. 24; iE auch *Kübler/Prütting/Paulus* § 131 RdNr. 20. Ergänzend s. o. RdNr. 54.
[313] BGHZ 157, 242, 250 = NJW 2004, 1385, 1387 f. Ergänzend s. o. RdNr. 54.
[314] So zu § 3 Abs. 1 Nr. 1 AnfG aF BGH WM 1968, 683, 684.
[315] OLG Rostock ZIP 2003, 1903, 1905; HK-*Kreft* § 131 RdNr. 25; wohl auch *Uhlenbruck/Hirte* § 131 RdNr. 40; aM *Kübler/Prütting/Paulus* § 131 RdNr. 24; wohl auch *Nerlich* (Fn. 24) § 131 RdNr. 74.

Übersicht

	RdNr.		RdNr.
I. Normzweck	1	b) Vornahme nach Eröffnungsantrag	19
II. Entstehungsgeschichte	2	V. Anfechtbarkeit anderer Rechtshandlungen (Abs. 2)	20
III. Anwendungsbereich	5	1. Rechtshandlungen des Schuldners	21
IV. Anfechtbarkeit von Rechtsgeschäften (Abs. 1)		2. Nachteilige Folgen für Schuldnervermögen	22
1. Rechtsgeschäfte	6	a) Aktivmasse verringert	23
a) Verträge	7	b) Schuldenmasse vermehrt	25
b) Einseitige Rechtsgeschäfte	9	3. Gläubigerbenachteiligung	27
c) Vom Schuldner vorgenommen	10	4. Zeitliche und subjektive Anfechtungsvoraussetzungen	28
2. Unmittelbare Gläubigerbenachteiligung		VI. Haftungsumfang	29
a) Vorliegen dieser Benachteiligung	11	VII. Beweislast	30
b) Ursächlichkeit	16		
3. Zeitliche und subjektive Anfechtungsvoraussetzungen	17		
a) Vornahme vor Eröffnungsantrag	18		

I. Normzweck

1 Die Vorschrift dient, ebenso wie § 130 (vgl. dort RdNr. 1), der Gläubigergleichbehandlung. Während jene Norm die Gewährung von Befriedigungen oder Sicherungen auf bereits bestehende Verbindlichkeiten des Schuldners erfasst, richtet sich § 132 Abs. 1 vor allem schon gegen das Begründen von Verbindlichkeiten zugunsten Einzelner in der wirtschaftlichen Krise des Schuldners, für die ihm kein ausgleichender Gegenwert zufließen soll („Verschleuderungsgeschäfte"). Typisch dafür sind Notverkäufe seiner Vermögensgüter weit unter Wert, mit denen er fehlende Liquidität zu gewinnen versucht. Jedoch erfasst Abs. 1 weitergehend unmittelbar nachteilige Rechtsgeschäfte aller Art, an denen der Schuldner beteiligt ist und die nicht unter die Deckungsanfechtung der §§ 130, 131 fallen. Abs. 2 dehnt diesen Gedanken auf sonstige, nicht rechtsgeschäftliche Handlungen des Schuldners mit vergleichbarer Wirkung aus. In allen diesen Fällen wird der begünstigte Teil dann nicht mehr geschützt, wenn er die wirtschaftliche Krise des Schuldners kannte oder nur infolge von „Rechtsblindheit" nicht kannte. Dagegen soll nicht ein gläubigerschädigendes Verhalten des Schuldners selbst geahndet werden.[1]

II. Entstehungsgeschichte

2 **Abs. 1** ist aus § 30 Nr. 1, erster Fall KO und § 10 Abs. 1 Nr. 4 GesO weiterentwickelt worden, wobei die zeitliche Grenze des § 33 KO – sechs Monate vor dem Eröffnungsbeschluss – durch die Dreimonatsfrist vor dem Eröffnungsantrag ersetzt wurde. Nach Leits. 5.2.5 Abs. 1 und 2 des 1. KommBer. und § 147 Abs. 1 RegE hatte dem Anfechtungsgegner schon eine grob fahrlässige Unkenntnis der wirtschaftlichen Krise des Schuldners schaden sollen; demgegenüber stammt die jetzige Fassung des Abs. 1 i. V. m. Abs. 3 vom BTag.[2]

3 **Abs. 2** ist gegenüber dem bisherigen Recht neu. Vorgeschlagen wurde die Norm durch Leits. 5.2.5 Abs. 3 des 1. KommBer. Insoweit wurde der dies im Wesentlichen übernehmende § 147 Abs. 2 RegE im Gesetzgebungsverfahren nicht geändert.

4 Die in **Abs. 3** enthaltene Verweisung auf § 130 Abs. 3 ist ebenfalls neu. Sie entspricht Leits. 5.2.6 Abs. 1 des 1. KommBer., wurde von § 147 Abs. 3 RegE übernommen und im Gesetzgebungsverfahren insoweit nur redaktionell angepasst.

---

[1] AM *Kamlah* S. 36, 42, 233 f., 243.
[2] BT-Drucks. 12/7302 S. 173, Nr. 85.

III. Anwendungsbereich

§ 132 kann grundsätzlich mit anderen Anfechtungsnormen frei konkurrieren. Jedoch ist 5
er inhaltlich durch die spezielleren §§ 130 und 131 ausgeschlossen, soweit die Erfüllung oder
Sicherung von Verbindlichkeiten des Schuldners gegenüber Insolvenzgläubigern (vgl. hierzu
§ 130 RdNr. 21) angefochten wird.[3] Ein und dieselbe Deckungshandlung dieser Art (dazu
s. o. § 130 RdNr. 5 ff.) kann deshalb nicht unter § 132 neben § 130 oder § 131 fallen. Wird
aber eine in der kritischen Zeit des § 132 begründete oder verstärkte Verbindlichkeit später,
jedoch noch vor der Verfahrenseröffnung erfüllt, liegen zwei getrennte Rechtshandlungen
vor, die jeweils selbständig – die schuldrechtliche Verbindlichkeit nach § 132, die Deckungshandlung nach § 130 oder § 131 – anfechtbar sein können;[4] dies gilt insbesondere, wenn
schon die Verbindlichkeit selbst die Insolvenzgläubiger unmittelbar benachteiligte. Dann
scheidet stets ein Bargeschäft im Sinne des § 142 aus (s. u. § 142 RdNr. 9). Wird einer
Person, die nicht Insolvenzgläubiger ist,[5] eine Sicherung oder Befriedigung gewährt, kann
allenfalls § 133 oder § 134 eingreifen.[6] Vereinbart der spätere Insolvenzschuldner mit einem
seiner Schuldner, dieser solle die Verbindlichkeit an bestimmte Insolvenzgläubiger erfüllen,
so verdrängt die Deckungsanfechtung gegen diese (§§ 130, 131) diejenige der bloßen
Verrechnungsvereinbarung nach § 132.[7] Zu Abs. 2 s. u. RdNr. 20.

IV. Anfechtbarkeit von Rechtsgeschäften (Abs. 1)

1. Rechtsgeschäfte. Der Begriff des Rechtsgeschäfts ist grundsätzlich im Sinne des BGB 6
zu verstehen. Er bezeichnet also den aus einer oder mehreren privaten **Willenserklärungen**, gegebenenfalls in Verbindung mit anderen Tatsachen, bestehenden Tatbestand, an den
die Rechtsordnung den Eintritt des in der Willenserklärung bezeichneten rechtlichen
Erfolgs knüpft.[8] Soweit Schweigen rechtsgeschäftlich wirkt, genügt es auch hier. Andere
Handlungen können allenfalls unter Abs. 2 fallen.

a) Vor allem werden **Verträge** erfasst, insbesondere schuldrechtlich verpflichtende. Z. B. 7
kann § 132 eingreifen, wenn der Schuldner Gegenstände zu einem überhöhten Preis
ankauft[9] oder zu einem für sich angemessenen Preis, aber mit der zusätzlichen Verpflichtung, Altschulden zu tilgen, deren Erfüllung rechtlich nicht (mehr) erzwungen werden
könnte,[10] oder wenn der Schuldner ein Darlehen zu niedrigeren Zinsen vergibt als
verkehrsüblich,[11] eine Bürgschaft übernimmt oder eine Wechselverbindlichkeit eingeht.[12]
Auch auf nachteilige Vertragsänderungen, Vergleiche (§ 779 BGB), Betriebsvereinbarungen gemäß § 88 BetrVG[13] oder güterrechtliche Auseinandersetzungsverträge kann § 132
anwendbar sein, ebenso auf Verträge mit nachteiligen Klauseln gerade für den Insolvenz-

---

[3] BGHZ 28, 344, 346 = NJW 1959, 147; *Häsemeyer* RdNr. 21.67; *Jaeger/Henckel*, KO § 29 RdNr. 198, § 30 RdNr. 10; *Kilger/K. Schmidt* § 30 KO Anm. 3 aE; vgl. RegE S. 159 zu § 147; BGHZ 142, 284, 286 f. = NJW 1999, 3636; offengelassen in RGZ 90, 69, 72. S. o. vor § 129 RdNr. 94.
[4] *Eckardt* ZInsO 2004, 888, 895.
[5] Zur Abgrenzung vgl. § 130 RdNr. 16 bis 21, § 131 RdNr. 6 und 7.
[6] *Kübler/Prütting/Paulus* § 132 RdNr. 2, 5; *Uhlenbruck/Hirte* § 132 RdNr. 4; *Henckel* ZIP 2004, 1671, 1673 f. Ergänzend s. u. RdNr. 8.
[7] Vgl. BGH NJW 1999, 3636 f.; *W. Lüke* ZIP 2001, 1, 3.
[8] Zu dieser Definition vgl. MünchKommBGB-*Kramer*, vor § 116 RdNr. 18; *Palandt/Heinrichs*, Einf. vor § 116 RdNr. 1.
[9] *Jaeger/Henckel*, KO § 30 RdNr. 106.
[10] Vgl. BGHZ 154, 190, 194 f. = NJW 2003, 1865 f.; *Gottwald/Huber* Insolvenzrechts-Handbuch § 47 RdNr. 64 für die Vereinbarung im Insolvenzeröffnungsverfahren, zusätzlich eine offenstehende Insolvenzforderung zu tilgen; offen gelassen in BGHZ 161, 315, 319 = NJW 2005, 1118, 1119 und BGHZ 165, 283, 289 = NJW 2006, 1134, 1136; ergänzend s. o. § 129 RdNr. 46 d. Demgegenüber berücksichtigen *Gundlach/Schirrmeister* EWiR 2003, 293, 294 nicht die sich aus einer solchen rechtlichen Verknüpfung ergebende überhöhte Gegenleistung.
[11] BGH NJW 1989, 1037.
[12] *Gottwald/Huber* (Fn. 10) § 47 RdNr. 65.
[13] LAG München ZIP 1987, 589, 590 zu § 30 Nr. 1 Fall 1 KO; *Uhlenbruck/Hirte* § 132 RdNr. 2.

fall.¹⁴ Für den Abschluss von Sozialplänen¹⁵ innerhalb der Dreimonatsfrist des § 132 greift nunmehr als erleichternde Sonderregel § 124 Abs. 3 ein; die darauf erbrachten Zahlungen können auf Grund der §§ 130, 133 anfechtbar sein.¹⁶

8   Auch **verfügende** Verträge können unter § 132 fallen, soweit sie nicht einem Insolvenzgläubiger eine Sicherung oder Befriedigung gewähren und damit von § 130 oder § 131 erfasst werden (s. o. RdNr. 5), z. B. die Abtretung einer Forderung des Schuldners an einen Dritten als Treuhänder (s. o. § 129 RdNr. 48, 140) zwecks Verteilung des Erlöses nur unter einzelnen, bestimmten Gläubigern.¹⁷ Für eine Anfechtung nach § 132 kommen z. B. ein Erlassvertrag gemäß § 397 Abs. 1 BGB und die langfristige Vermögensbindung in dritter Hand in Betracht, wenn die Rechtsposition des Dritten erst durch den Vertrag begründet wird. Dasselbe gilt für die Bestellung – überhöhter (s. u. RdNr. 12) – Sicherheiten gegen gleichzeitige Kreditgewährung (s. o. § 130 RdNr. 21). Zu Erfüllungsleistungen, die dem Schuldner gebühren und auf dessen Weisung an Dritte erbracht werden, vgl. RdNr. 5 aE, § 129 RdNr. 49 ff., § 131 RdNr. 25.

9   b) Durch die Formulierung, dass das Rechtsgeschäft „vorgenommen" – statt, wie nach § 30 Nr. 1, erster Fall KO, „eingegangen" – sein muss, wollte der Gesetzgeber klarstellen, dass auch **einseitige Rechtsgeschäfte** des Schuldners nach § 132 Abs. 1 anfechtbar sein können.¹⁸ Das gilt insbesondere für die Ausübung von Gestaltungsrechten, z. B. die Kündigung eines für den Schuldner günstigen Vertrages ohne ausgleichende Gegenleistung,¹⁹ für einen einseitig wirksamen Verzicht oder das Einverständnis mit einer bestimmten, gläubigerschädigenden Verwertungsart.²⁰ Auch Prozessgeschäfte werden erfasst, wie das Anerkenntnis (§ 307 ZPO) einer nicht bestehenden Forderung durch den Schuldner in einem Rechtsstreit, nicht jedoch Zwangsvollstreckungen gegen den Schuldner.²¹ Auf die Anfechtung kann eine Klage gemäß § 179 Abs. 2 gestützt, aber gegebenenfalls auch ein Anspruch des begünstigten Gläubigers nach § 146 abgewehrt werden (im Einzelnen vgl. § 143 RdNr. 56, § 146 RdNr. 45 ff.). Jedoch scheiden Aufrechnungserklärungen aus, weil insoweit § 96 Nr. 3 eine Sonderregelung bereits für die Herstellung der Aufrechnungslage enthält (vgl. § 129 RdNr. 15). Für eine entsprechende Anwendung des Abs. 1 auf bloß rechtsgeschäftsähnliche Handlungen, wie z. B. die Mahnung nach § 284 Abs. 1 Satz 1 BGB, auf Realakte oder Unterlassungen besteht kein Bedürfnis, weil insoweit Abs. 2 als Auffangtatbestand eingreifen kann.

10 c) Das Rechtsgeschäft muss auf der einen Seite **vom Schuldner vorgenommen** worden sein. Er muss also entweder Vertragspartner des Begünstigten sein, oder im Falle eines einseitigen Rechtsgeschäfts muss der Schuldner es vorgenommen haben. Stellvertretung ist beiderseits möglich.²²

11 2. **Unmittelbare Gläubigerbenachteiligung. a)** Durch das Rechtsgeschäft müssen die Insolvenzgläubiger **unmittelbar** benachteiligt worden sein. Zu diesem Begriff im Einzelnen vgl. § 129 RdNr. 112 bis 120. Das Schuldnervermögen muss also schon im Zeitpunkt der Vornahme des Rechtsgeschäfts (i. S. v. § 140) verkürzt worden sein. Steht dem Schuldner nur eine teilweise ausgleichende Gegenleistung zu, so benachteiligt das einheitliche Rechtsgeschäft dessen Gläubiger insgesamt unmittelbar; es kann nicht in einen voll unentgeltlichen und einen nicht benachteiligenden Teil aufgespalten werden (ergänzend vgl. RdNr. 29, § 129 RdNr. 115, § 142 RdNr. 12, 24). Gelangt dagegen eine

---

¹⁴ Vgl. § 129 RdNr. 130 f.; BGH NZI 2000, 308, 310.
¹⁵ Vgl. zu deren Anfechtbarkeit für länger zurückliegende Zeiträume § 129 RdNr. 13, § 133 RdNr. 32.
¹⁶ RegE S. 155 zu § 142.
¹⁷ RG JW 1911, 107, 108; *Uhlenbruck/Hirte* § 132 RdNr. 7.
¹⁸ RegE S. 159 zu § 147; vgl. HK-*Kreft* § 132 RdNr. 6; anders früher RGZ 90, 69, 72; *Jaeger/Henckel*, KO § 30 RdNr. 103.
¹⁹ RegE S. 159 zu § 147.
²⁰ Vgl. BGH NJW 1997, 1063, 1065, wo hierüber sogar ein Vertrag zustande kam.
²¹ *Uhlenbruck/Hirte* § 132 RdNr. 4; *Rebmann* S. 32 f.
²² *Baur/Stürner* RdNr 19.23. Vgl. § 129 RdNr. 37 bis 53.

gleichwertige Gegenleistung in das Vermögen des späteren Insolvenzschuldners, ist § 132 sogar dann nicht erfüllt, wenn die Gegenleistung später in der Insolvenzmasse nicht mehr vorhanden ist; das Verwendungsrisiko bleibt beim Schuldner.[23] Über die durch § 142 gewährte Unanfechtbarkeit von Bargeschäften hinaus fehlt es an einer unmittelbaren Gläubigerbenachteiligung auch, wenn die gleichwertige Gegenleistung auf Grund des Rechtsgeschäfts in einem nicht so engen zeitlichen Zusammenhang (vgl. § 142 RdNr. 15 ff.) ins Schuldnervermögen fließt.

Ob eine unmittelbare Benachteiligung vorliegt, ist ausschließlich mit Bezug auf das Wertverhältnis zwischen den konkret ausgetauschten Leistungen zu beurteilen. Erhält der leistende Schuldner etwas, das zwar keine Gegenleistung ist, sich aber in anderer Weise als Vorteil für ihn erweist, kommt es darauf an, ob sich dieser Vorteil unmittelbar und gegenständlich in einer – seine Leistung mindestens ausgleichenden – Mehrung des Schuldnervermögens niederschlägt. Das ist nicht der Fall, wenn der andere Teil vertraglich die Erbringung einer Leistung zu einem angemessenen Preis nur verspricht, wenn zusätzlich Altforderungen von nicht unbedeutender Höhe getilgt werden, die wegen der Krise des Schuldners schon nicht mehr voll werthaltig sind.[24] Eine unmittelbare Benachteiligung tritt insbesondere ein, wenn der Schuldner eine Sache unter ihrem Marktwert verkauft;[25] hierfür genügt es noch nicht allein, wenn Waren im marktüblichen Rahmen als „Sonderangebot" verbilligt verkauft werden.[26] Erfaßt werden weiter z. B. eine Vermietung von Sachen des Schuldners gegen einen nicht marktgerechten Mietzins, die – nicht nur kurzfristige – Verleihung (§ 598 BGB) einer auch für die Insolvenzgläubiger gebrauchsfähigen Sache, Schenkungen, Darlehensaufnahmen zu überhöhtem Zinssatz, die Vereinbarung einer sicheren, verzinslichen Grundschuld von 307 000 Euro für ein Darlehen von nur 220 000 Euro[27] und Verträge zugunsten Dritter.[28] Zur Gewährung eines unentgeltlichen Darlehens s. u. § 133 RdNr. 41. Fällt ein vom Schuldner geschlossener, gegenseitiger Vertrag unter § 103, weil beide Partner vor Insolvenzeröffnung noch nicht voll erfüllt haben, kann eine zwar vertragsgerechte, aber wirtschaftlich überhöhte Insolvenzforderung des anderen Teils auf Ersatz des Differenzschadens die Insolvenzgläubiger – weiterhin – benachteiligen; wählt allerdings der Verwalter die Erfüllung des Vertrages, entfällt eine Anfechtung, weil sie ein unzulässiger Widerruf der Erfüllungswahl wäre.[29]

Kaufverträge, die an sich einen angemessenen Kaufpreis vorsehen, aber dem Käufer die Möglichkeit zur Aufrechnung mit einer Insolvenzforderung verschaffen, können zwar hierdurch die Insolvenzgläubiger benachteiligen, doch wird diese Benachteiligung nicht schon unmittelbar durch den Vertragsschluss, sondern erst mittelbar durch die Insolvenzeröffnung verursacht; anfechtbar kann hier gemäß § 130 oder § 131 die durch die Aufrechnungslage geschaffene Sicherung sein.[30] Die Begründung einer nicht einklagbaren Verbindlichkeit, z. B. einer Spiel- oder Wettschuld, benachteiligt die Insolvenzgläubiger noch nicht; statt dessen kann deren Erfüllung unter § 131 fallen.[31] Risikoverträge wie Versicherungs- oder Leibrentenverträge benachteiligen die Insolvenzgläubiger, wenn der Umfang der Leistungspflichten nicht bereits festgelegt ist, nur dann unmittelbar, wenn die Ungleichheit der beiderseitigen Leistungen zu Lasten des Schuldners schon bei Vertragsschluss vorliegt.[32] Der Abschluss von Schiedsgerichtsvereinbarungen benachteiligt in der

---

[23] *Häsemeyer* RdNr. 21.69.
[24] BGHZ 154, 190, 195 ff. = NJW 2003, 1865, 1866 f.
[25] RG LZ 1908, 787 f. 17. Wegen weiterer Beispiele s. o. RdNr. 7–9.
[26] *Kübler/Prütting/Paulus* § 132 RdNr. 12; *Jaeger/Henckel*, KO § 30 RdNr. 104.
[27] Vgl. LG Potsdam DZWIR 1999, 40, 41.
[28] Vgl. BGH WM 1955, 404, 405 f., in NJW 1955, 709 Nr. 6 nur Leits.; RGZ 53, 234, 235 f.
[29] S. u. § 143 RdNr. 16.
[30] *Jaeger/Henckel*, KO § 30 RdNr. 109 in Weiterführung von BGHZ 89, 189, 194 ff. = NJW 1984, 1557, 1558. Ergänzend s. o. § 129 RdNr. 148.
[31] *Jaeger/Henckel*, KO § 30 RdNr. 105; dagegen für Anfechtbarkeit des Verpflichtungsgeschäfts *Kübler/Prütting/Paulus* § 132 RdNr. 13.
[32] *Kübler/Prütting/Paulus* § 132 RdNr. 14; *v. Campe* S. 193. Zu Vergleichen i. S. v. § 779 BGB s. u. § 134 RdNr. 40 a.

Insolvenz eines der Vertragspartner im Allgemeinen nicht dessen Insolvenzgläubiger unmittelbar.[33]

14 Vergütungsansprüche für Dienstleistungen oder Geschäftsbesorgungen, die dem Schuldner erbracht wurden, benachteiligen dessen Insolvenzgläubiger nicht allein deswegen unmittelbar, weil die Bemühung die Insolvenzeröffnung letztlich nicht abwenden konnte; dies wäre allenfalls eine mittelbare Gläubigerbenachteiligung. Der Dienstleistende schuldet durchweg nicht den Eintritt eines bestimmten Erfolgs, sondern nur die versprochenen Bemühungen. Deren objektiver Wert für die Insolvenzmasse und damit die Frage einer unmittelbaren Benachteiligung hängt grundsätzlich davon ab, ob die Leistungen des – an sich geeigneten – Geschäftsbesorgers einer fachgerechten, zweckmäßigen Sacherledigung gerade mit Bezug auf die konkreten Verhältnisse des späteren Insolvenzschuldners (Auftraggebers) dienten.[34] Insbesondere benachteiligt die fachmännische Beratung des Schuldners bei der Vorbereitung eines Insolvenzantrags – möglicherweise verbunden mit der Vorlage eines Insolvenzplanes – die Gläubiger nicht ohne weiteres unmittelbar.[35] Die Honorarvereinbarung kann die Gläubiger dagegen wertmäßig unmittelbar benachteiligen, wenn die zu vergütenden Dienste objektiv keinen gleichwertigen Nutzen bringen konnten. Dies kommt z. B. bei **Sanierungsversuchen** in Betracht, die von vornherein erkennbar aussichtslos waren.[36] Darüber hinaus kann eine Anfechtung gemäß § 132 eingreifen, soweit das vereinbarte Honorar selbst unangemessen hoch war.[37] Die Angemessenheit von Bemühungen eines Rechtsanwalts ist nicht allein nach den Gebührentatbeständen des RVG zu messen, sondern bei besonderen Schwierigkeiten kann auch ein höheres, vereinbartes Honorar (§ 4 Abs. 1 RVG) angemessen sein;[38] ein vereinbartes überhöhtes, aber teilbares Honorar soll im Wege der Anfechtung auf das angemessene Maß zurückgeführt werden können.[39] Sogar wenn die vereinbarte Vergütung angemessen und deshalb nicht gemäß § 132 anfechtbar ist, kann die spätere Bezahlung von § 130 erfasst werden, soweit nicht § 142 eingreift oder der Dienstleistende sich vor der wirtschaftlichen Krise eine anfechtungsfeste Sicherheit hat bestellen lassen.[40]

15 Auf andere als Dienstleistungen können die zuvor genannten Grundsätze nicht übertragen werden. Insoweit entscheidet allein die objektive Ausgewogenheit von Leistung und Gegenleistung. Insbesondere beurteilt sich die Frage, ob **Sanierungskredite** die Insolvenzgläubiger im Sinne von § 132 Abs. 1 unmittelbar benachteiligen, allein nach der inhaltlichen Angemessenheit der vereinbarten Kreditbedingungen, wobei das erhöhte Risiko berücksichtigt werden mag. Die Kreditgewährung selbst ist wertungsfrei. Die Bestellung von Sicherheiten für einen solchen Kredit kann gemäß §§ 130, 131 angefochten werden, wenn nicht § 142 eingreift.[41] Die bloße Sanierungserwartung aller Beteiligten bei der Kreditaufnahme schränkt die Anfechtbarkeit nur im Rahmen des § 133 ein (vgl. § 129 RdNr. 168; § 133 RdNr. 37). Demgemäß kommt es für die §§ 130 bis 132 regelmäßig nicht darauf an, ob schon bei Vertragsschluss die Kreditaufnahme als aussichtslos erkennbar war.[42] Insbesondere ist dem Versuch, mit einem zu marktüblichen Bedingungen gewährten Kredit die

---
[33] Vgl. *Kück* ZInsO 2006, 11, 13 f.
[34] RGZ 162, 292, 296 f.; *Jaeger/Henckel*, KO § 30 RdNr. 116; *Kilger/K. Schmidt* § 30 KO Anm. 8.
[35] Vgl. § 129 RdNr. 164, 165 sowie BGHZ 28, 344, 347 f. = NJW 1959, 147; BGHZ 77, 250, 253 = NJW 1980, 1962, 1963; BGH NJW-RR 1988, 571 f.; *Kuhn* WM 1959, 98, 101 f.; *Kübler/Prütting/Paulus* § 132 RdNr. 15.
[36] Vgl. § 129 RdNr. 163 sowie BGHZ 28, 344, 348 = NJW 1959, 147; BGHZ 77, 250, 253, 255 = NJW 1980, 1962, 1963; BGH NJW-RR 1988, 571, 572; *Jaeger/Henckel*, KO § 30 RdNr. 116; *Biernat* ZVI 2004, 276.
[37] Zur angemessenen Vergütungshöhe insbesondere bei einer Beratung zur Restschuldbefreiung vgl. *Kirchhof* ZInsO 2005, 340, 341 f.; *Grote u. a.* ZInsO 2005, 362.
[38] BGHZ 77, 250, 253 ff. = NJW 1980, 1962, 1963; *Jaeger/Henckel*, KO § 30 RdNr. 116; *Kilger/K. Schmidt* § 30 KO Anm. 8 aE.
[39] BGHZ 77, 250, 255 f. = NJW 1980, 1962, 1963; *Kübler/Prütting/Paulus* § 132 RdNr. 15. Vgl. § 129 RdNr. 164.
[40] *Jaeger/Henckel*, KO § 30 RdNr. 116.
[41] Vgl. § 129 RdNr. 168; § 131 RdNr. 19.
[42] Vgl. *Jaeger/Henckel*, KO § 30 RdNr. 117; aM *Uhlenbruck/Hirte* § 132 RdNr. 9; *Kübler/Prütting/Paulus* § 132 RdNr. 15 im Anschluss an *Canaris*, Festschrift KO S. 84 f.; *v. Campe* S. 194.

gebotene Eröffnung eines Insolvenzverfahrens über das Vermögen des Darlehensnehmers zu verschleppen, nicht mit § 132 zu begegnen.

b) Die Vornahme des Rechtsgeschäfts muss die unmittelbare Gläubigerbenachteiligung **verursacht** haben. Zum Zurechnungszusammenhang vgl. § 129 RdNr. 169 bis 185.

3. Zeitliche und subjektive Ansetzungsvoraussetzungen. Die weiteren Anfechtungsvoraussetzungen in zeitlicher und subjektiver Hinsicht entsprechen denen des § 130. Auf die subjektive Einstellung des Schuldners kommt es durchweg nicht an. Im Übrigen ist zu unterscheiden:

a) Vornahme vor Eröffnungsantrag. Die Anfechtbarkeit von Rechtsgeschäften, die bis zu **drei Monaten** vor dem Eröffnungsantrag vorgenommen wurden, hängt zusätzlich davon ab, ob der Schuldner im Zeitpunkt der Vornahme objektiv zahlungsunfähig war und der begünstigte Teil dies wusste. Vgl. zum Zeitpunkt der Vornahme des Rechtsgeschäfts § 140, zur Berechnung der Dreimonatsfrist § 139 sowie § 130 RdNr. 25 und 26, zum Vorliegen von Zahlungsunfähigkeit § 130 RdNr. 27 bis 30, zur nötigen Kenntnis des Gläubigers § 130 RdNr. 31 bis 33 sowie zur Wissenszurechnung bei Stellvertretung § 130 RdNr. 41 bis 51. Nach § 132 Abs. 3 i. V. m. § 130 Abs. 2 steht der Kenntnis der Zahlungsunfähigkeit die Kenntnis solcher Umstände gleich, die zwingend auf die Zahlungsunfähigkeit schließen lassen (vgl. hierzu näher § 130 RdNr. 34 bis 39). Die – zur unmittelbaren Gläubigerbenachteiligung führende – Unausgewogenheit des Rechtsgeschäfts (s. o. RdNr. 11 bis 15) braucht der Anfechtungsgegner nicht zu kennen.

b) Vornahme nach Eröffnungsantrag. Die Anfechtbarkeit von Rechtsgeschäften, die nach dem Eröffnungsantrag vorgenommen worden sind (vgl. hierzu einerseits § 140, andererseits § 130 RdNr. 25 und 52), hängt alternativ davon ab, ob der begünstigte Teil den Eröffnungsantrag im Zeitpunkt der Vornahme kannte (vgl. hierzu § 130 RdNr. 53 bis 55), oder anderenfalls, ob der Schuldner in diesem Zeitpunkt objektiv zahlungsunfähig war (vgl. § 130 RdNr. 27 bis 39, 58, 59) und der Begünstigte das wußte (vgl. § 130 RdNr. 30 bis 32, 59). Zur Wissenszurechnung bei Stellvertretung vgl. § 130 RdNr. 41 bis 51. Nach § 132 Abs. 3 i. V. m. § 130 Abs. 2 steht der Kenntnis des Eröffnungsantrags oder der Zahlungsunfähigkeit die Kenntnis solcher Umstände gleich, die zwingend auf den Eröffnungsantrag (vgl. hierzu § 130 RdNr. 56) oder die Zahlungsunfähigkeit (vgl. § 130 RdNr. 34 bis 39) schließen lassen. Wegen einer Beweislastumkehr bei Nahestehenden s. u. RdNr. 31.

V. Anfechtbarkeit anderer Rechtshandlungen (Abs. 2)

Die Neuschöpfung des **Abs. 2** ist ein Auffangtatbestand für bestimmte Rechtshandlungen, die für die Insolvenzgläubiger nachteilig sind, ohne Rechtsgeschäfte im Sinne von § 132 Abs. 1 darzustellen. Solche Rechtshandlungen sollen auch insoweit, als sie nicht unentgeltlich (§ 134) sind, unter erleichterten Voraussetzungen als denen des § 133 angefochten werden können, wenn sie innerhalb der wirtschaftlichen Krise des Schuldners erfolgen. Damit sollen vor allem Regelungslücken bezüglich der Anfechtung von Unterlassungen geschlossen werden.[43] Wegen der gebotenen Abgrenzung zur Deckungsanfechtung im Sinne der §§ 130, 131 scheiden auch in diesem Zusammenhang (s. o. RdNr. 5) solche Handlungen aus, die Insolvenzgläubigern eine Sicherung oder Befriedigung gewähren oder ermöglichen. Trotz der begrenzten Verweisung auf Abs. 1 stellt der zweite Absatz eine eigenständige Anfechtungsnorm mit besonderen Voraussetzungen dar.[44]

1. Rechtshandlungen des Schuldners. § 132 Abs. 2 erfasst alle Rechtshandlungen im Sinne des § 129 (vgl. dort RdNr. 6 bis 32), soweit sie nicht als Rechtsgeschäfte unter Abs. 1 fallen (s. o. RdNr. 6 bis 9). Insbesondere kommen Unterlassungen gemäß § 129 Abs. 2 in Betracht. Da allerdings unentgeltliche Rechtshandlungen dieser Art gemäß § 134 einfacher

---

[43] RegE S. 159 zu § 147.
[44] Ebenso *Henckel* in Kölner Schrift S. 813, 833 RdNr. 45; *Uhlenbruck/Hirte* § 132 RdNr. 12; vgl. *Häsemeyer* RdNr. 21.72; aM *Kübler/Prütting/Paulus* § 132 RdNr. 3.

anzufechten sind (vgl. § 134 RdNr. 9, 10), ist die Anfechtung nach § 132 Abs. 2 nur für entgeltliche Rechtshandlungen sinnvoll. Die Rechtshandlungen müssen vom Schuldner selbst oder einem Stellvertreter (vgl. hierzu § 129 RdNr. 37 bis 53) vorgenommen worden sein; Rechtshandlungen Dritter – insbesondere reine Zwangsvollstreckungen (s. u. § 133 RdNr. 9) – werden nicht erfasst. Deshalb betrifft § 132 Abs. 2 zwar die Herausgabe von Sicherungsgut i. S. v. § 166 Abs. 1 durch den Schuldner an einen Absonderungsberechtigten, ebenso das bewusste Dulden der Wegnahme durch den Sicherungsnehmer,[45] nicht aber dessen unbemerkte Besitzergreifung;[46] hiergegen hilft § 861 Abs. 1 BGB.

22 **2. Nachteilige Folgen für Schuldnervermögen.** Die Rechtshandlung (s. o. RdNr. 21) muss alternativ eine von zwei nachteiligen Folgen für das Vermögen des Schuldners haben, das später dem Insolvenzbeschlag unterlegen hätte: Entweder die Verringerung der Aktivmasse oder die Vermehrung der Schuldenmasse. Die Aufzählung in Abs. 2 ist als abschließend anzusehen, um einer uferlosen Ausweitung des Anfechtungsrechts vorzubeugen. Insbesondere lassen die während des Gesetzgebungsverfahrens erstellten Anwendungsbeispiele erkennen, dass lediglich an einer Auslösung der tatbestandlich festgelegten nachteiligen Folgen **unmittelbar** durch die Rechtshandlung des Schuldners selbst gedacht war, nicht aber daran, dass diese erst im weiteren Verlauf durch das Eingreifen zusätzlicher Personen die genau umrissenen Folgen auslöst. Z. B. bewirkt der Zahlungsverzug eines Mieters allein noch keinen Rechtsverlust seinerseits über die §§ 286 bis 288 BGB hinaus; erst durch eine darauf gestützte, berechtigte fristlose Kündigung (§ 543 BGB) verliert er sein Nutzungsrecht. Die Folgen einer solchen Kündigung sind nicht durch Anfechtung gemäß § 132 Abs. 2 zu beseitigen.[47] Andernfalls würde der Vermieter, dem sich die Zahlungsunfähigkeit seines Mieters wenigstens aufdrängt (vgl. hierzu Abs. 3 i. V. m. § 130 Abs. 2), bis zum Ablauf der Verjährungsfrist des § 146 Abs. 1 im Hinblick auf § 536 Abs. 3 BGB in die Ungewissheit versetzt, ob er die Mietsache weitervermieten kann, während der Insolvenzverwalter sich ebenso lange gegen eine Anfechtung und damit gegen eine Nachzahlung des Mietzinses entscheiden könnte. Eine solche Rechtsfolge ginge weit über § 112 wie auch über das „Gewähren" einer Sicherung oder Befriedigung durch Nichtzahlung (vgl. hierzu § 130 RdNr. 12, § 131 RdNr. 41) hinaus. Somit kann, wenn ein Gläubiger auf Grund einer Rechtshandlung des Schuldners berechtigterweise ein Gestaltungsrecht ausübt, diese entferntere Rechtsfolge nicht auf Grund des § 132 Abs. 2 beseitigt werden. Dagegen ist es unschädlich, wenn die Verwirklichung einer der tatbestandlichen Folgen (s. u. RdNr. 23, 24) im Einzelfall nicht schon von sich aus, sondern erst durch weitere Umstände – mittelbar – zu einer Gläubigerbenachteiligung führt (s. u. RdNr. 27).

23 **a) Verringerung der Aktivmasse.** § 132 Abs. 2 kann anwendbar sein, wenn die Rechtshandlung dazu führt, dass der Schuldner ein **Recht verliert.** Dies kommt insbesondere in Betracht, wenn er einen Protest nach Wechselrecht mit der Folge des Regressverlusts unterlässt, oder wenn er von der Unterbrechung einer Ersitzung absieht und infolgedessen Eigentum verliert.[48] Ferner kann das Verhalten eines Schuldners erfasst werden, mit dem er eine Bedingung im Sinne von § 158 BGB und hierdurch den Wegfall eines ihm zustehenden Vermögensrechts auslöst.[49] Unterlässt der werkvertragliche Auftragnehmer einen Vorbehalt gegen die Schlusszahlung des Auftraggebers, kann jener dadurch Nachforderungen nach Maßgabe des § 16 Nr. 3 Abs. 2–6 VOB/B verlieren. Ein „Recht" in diesem Sinne ist auch der Besitz als gem. §§ 857 ff. BGB geschützte Vermögensposition des Schuldners.[50]

---

[45] *Gundlach/Frenzel/Schmidt* NZI 2002, 20, 22 f.; 2002, 530, 534; vgl. *Kübler/Prütting/Paulus* § 132 RdNr. 8 aE; aM *Henckel* in Kölner Schrift S. 813, 820 RdNr. 17. Ergänzend vgl. RdNr. 23 und zur Gläubigerbenachteiligung § 129 RdNr. 109 a, 137.
[46] Vgl. *Eckardt* ZIP 1999, 1734, 1742.
[47] *Henckel*, Kölner Schrift S. 813, 833 f.; aM *Smid/M. Zeuner* § 132 RdNr. 19, 22.
[48] RegE S. 160 zu § 147.
[49] *Kübler/Prütting/Paulus* § 132 RdNr. 8. Zur Schaffung eines Kündigungsgrundes durch den Schuldner s. o. RdNr. 22.
[50] AM *Zenker* WuB VI A. § 129 InsO 2.05. Ergänzend s. o. RdNr. 21.

Statt eines materiellen Rechtsverlusts genügt es, dass ein Recht des Schuldners **nicht** 24 mehr **geltend gemacht** werden kann. Insoweit kommt in Betracht, dass der Schuldner in einem aussichtsreichen Aktivprozess gegen eine ihm ungünstige, sachlich unberechtigte Entscheidung nicht den möglichen Rechtsbehelf einlegt und infolgedessen sein Recht als aberkannt gilt, oder wenn der Schuldner es unterlässt, die Verjährung eines eigenen Anspruchs zu unterbrechen, so dass sein (Dritt-)Schuldner gemäß § 214 Abs. 1 BGB die Leistung verweigern darf.[51] Die Rechtskraft einer Gerichtsentscheidung hindert die Anfechtung gem. § 141 nicht.

b) Vermehrung der Schuldenmasse. Die Rechtshandlung kann auch anfechtbar sein, 25 wenn sie die Schuldenmasse zu Lasten der Insolvenzgläubiger vermehrt, indem sie einen vermögensrechtlichen **Anspruch gegen** den Schuldner erhält. Dies kommt insbesondere in Betracht, wenn der Schuldner es unterlässt, eine ihm ungünstige Willenserklärung rechtzeitig gemäß §§ 119 oder 123 BGB anzufechten,[52] eine ungünstigen Vertrag zu kündigen oder eine auflösende Bedingung herbeizuführen, ferner dann, wenn ein Auftraggeber auf die Einrede der Schlusszahlung gemäß § 16 Nr. 3 Abs. 2–6 VOB/B verzichtet.[53]

Statt eines materiellen Anspruchserhalts reicht es aus, wenn infolge der Rechtshandlung 26 ein vermögensrechtlicher Anspruch gegen den Schuldner **durchsetzbar wird.** Davon ist z. B. auszugehen, wenn der Schuldner es in einem Passivprozess unterlässt, eine – an sich begründete – Verjährungseinrede zu erheben,[54] oder wenn er gegenüber einem Mahn- und Vollstreckungsbescheid untätig bleibt und hierdurch die Verschaffung eines Titels über einen nicht bestehenden Anspruch gegen sich ermöglicht.[55]

3. Gläubigerbenachteiligung. Abs. 2 setzt **nicht** zusätzlich eine **unmittelbare** Gläubi- 27 gerbenachteiligung voraus.[56] Dies ergibt der Wortlaut, der die „andere Rechtshandlung" in vollem Umfang dem „Rechtsgeschäft (i. S. v. Abs. 1), das die Insolvenzgläubiger unmittelbar benachteiligt", gleichstellt. Das entspricht dem erklärten Willen des Gesetzgebers[57] und der Entwicklung des Abs. 2 aus Leits. 5.2.5 Abs. 3 des 1. KommBer.[58] Vor allem gehört eine spezifizierte Form der Beeinträchtigung des Schuldnervermögens schon zum Tatbestand des Abs. 2 (s. o. RdNr. 22 bis 26), so dass hieraus eine unmittelbare Gläubigerbenachteiligung regelmäßig zwangsläufig folgt. Danach ergibt die amtliche Gesetzesüberschrift zu § 131 insgesamt keine zuverlässigen gegenteiligen Rückschlüsse.[59] Eine durch die Rechtshandlung verursachte mittelbare Gläubigerbenachteiligung im Sinne von § 129 Abs. 1 ist zwar vorauszusetzen, folgt aber ebenfalls regelmäßig aus den speziellen tatbestandsmäßigen Voraussetzungen. Insbesondere gilt dies für die Überlassung des Besitzes an Absonderungsgut (vgl. § 129 RdNr. 137).

4. Zeitliche und subjektive Anfechtungsvoraussetzung. Die weiteren Anfechtungs- 28 voraussetzungen in zeitlicher und subjektiver Hinsicht entsprechen denen des Abs. 1 (s. o. RdNr. 17 bis 19).

VI. Haftungsumfang

Die Anfechtung nach § 132 kann gegebenenfalls einen Widerspruch des Insolvenzver- 29 walters gegen die Anmeldung einer vertraglichen Gläubigerforderung zur Insolvenztabelle

---

[51] RegE S. 160 zu § 147.
[52] RegE S. 160 zu § 147.
[53] *Heidland* RdNr. 525 a.
[54] RegE S. 160 zu § 147.
[55] *Kübler/Prütting/Paulus* § 132 RdNr. 8; vgl. § 141.
[56] HK-*Kreft* § 132 RdNr. 9; *Henckel*, Kölner Schrift S. 813, 833 RdNr. 45; *Nerlich* in: *Nerlich/Römermann* § 132 RdNr. 37; *Smid/Zeuner* § 132 RdNr. 5, 15, 20; *Hess*, InsO § 132 RdNr. 17; *Jauernig* § 52 IV 3, S. 251; *Gottwald/Huber* (Fn. 10) § 47 RdNr. 70; *Uhlenbruck/Hirte* § 132 RdNr. 14; *Andres/Leithaus* § 132 RdNr. 9; *Foerste* RdNr. 317; aM *Eckardt* ZIP 1999, 1734, 1742; unklar FK-*Dauernheim* § 132 RdNr. 7.
[57] RegE S. 159 zu § 147.
[58] 1. KommBer. S. 412 zu Leits. 5.2.5 Abs. 3.
[59] AM *Kübler/Prütting/Paulus* § 132 RdNr. 9.

§ 133

(§ 178 Abs. 1) stützen.[60] Im Falle einer erfolgreichen Anfechtung gem. § 132 hat der Anfechtungsgegner die empfangene Leistung insgesamt herauszugeben, während er seine Gegenleistung nur nach Maßgabe des § 144 geltend machen kann.[61] Die §§ 143, 144 gestatten keine Ausnahme für einzelne Anfechtungstatbestände. Für § 132 wäre eine automatische Saldierung auf die bloße Leistungsdifferenz auch nicht gerechtfertigt, weil die vorausgesetzte Kenntnis der wirtschaftlichen Krise des Schuldners hinreichend vor unausgewogenen Rechtshandlungen mit diesem warnt.[62]

VII. Beweislast

30 Regelmäßig hat der anfechtende **Insolvenzverwalter** alle objektiven und subjektiven Anfechtungsvoraussetzungen zu beweisen. Im Falle des Abs. 1 gehören dazu insbesondere das Vorliegen eines Rechtsgeschäfts unter Beteiligung des Schuldners und die hierdurch verursachte unmittelbare Gläubigerbenachteiligung;[63] im Falle des Abs. 2 hat der Anfechtende das Vorliegen einer Rechtshandlung des Schuldners mit einer der in RdNr. 23 bis 26 alternativ bezeichneten nachteiligen Folgen für das Schuldnervermögen zu beweisen.

31 Sowohl nach Abs. 1 als auch nach Abs. 2 hat der Verwalter weiter die Vornahme der angefochtenen Rechtshandlung innerhalb der kritischen Zeit (s. o. RdNr. 18, 19) als auch – soweit danach erforderlich – die Zahlungsunfähigkeit des Schuldners im Zeitpunkt der Vornahme zu beweisen.[64] Ferner obliegt ihm regelmäßig die Beweislast für die Kenntnis des Anfechtungsgegners von der Zahlungsunfähigkeit des Schuldners bzw. vom Eröffnungsantrag oder wenigstens der sie zwingend ergebenden tatsächlichen Umstände (vgl. § 130 RdNr. 65).

32 Nur in Bezug auf die Kenntnis des Anfechtungsgegners (s. o. RdNr. 30) verlagert Abs. 3 i. V. m. § 130 Abs. 3 die Beweislast auf solche begünstigte Gläubiger, die dem Schuldner i. S. v. § 138 **nahe stehen**. Vgl. hierzu im Einzelnen § 130 RdNr. 66, 67.

§ 133 Vorsätzliche Benachteiligung

(1) ¹ Anfechtbar ist eine Rechtshandlung, die der Schuldner in den letzten zehn Jahren vor dem Antrag auf Eröffnung des Insolvenzverfahrens oder nach diesem Antrag mit dem Vorsatz, seine Gläubiger zu benachteiligen, vorgenommen hat, wenn der andere Teil zur Zeit der Handlung den Vorsatz des Schuldners kannte. ² Diese Kenntnis wird vermutet, wenn der andere Teil wußte, daß die Zahlungsunfähigkeit des Schuldners drohte und daß die Handlung die Gläubiger benachteiligte.

(2) ¹ Anfechtbar ist ein vom Schuldner mit einer nahestehenden Person (§ 138) geschlossener entgeltlicher Vertrag, durch den die Insolvenzgläubiger unmittelbar benachteiligt werden. ² Die Anfechtung ist ausgeschlossen, wenn der Vertrag früher als zwei Jahre vor dem Eröffnungsantrag geschlossen worden ist oder wenn dem anderen Teil zur Zeit des Vertragsschlusses ein Vorsatz des Schuldners, die Gläubiger zu benachteiligen, nicht bekannt war.

Schrifttum: *Lind,* Zur Auslegung von § 133 InsO, insbesondere im System der Anfechtungstatbestände, 2006.

---

[60] Vgl. HK-*Kreft* § 132 RdNr. 6.
[61] *Eckardt* ZInsO 2004, 888, 894; ergänzend s. o. RdNr. 11.
[62] AM *Häsemeyer* RdNr. 21.71.
[63] Vgl. hierzu BGHZ 77, 250, 254 f. = NJW 1980, 1962, 1963; *Uhlenbruck/Hirte* § 132 RdNr. 17; s. u. § 143 RdNr. 56, § 146 RdNr. 45 ff.
[64] Vgl. hierzu § 130 RdNr. 64; *Eichberger* S. 108.

Vorsätzliche Benachteiligung § 133

Übersicht

	RdNr.		RdNr.
I. Normzweck	1	aa) Nachteilige Vereinbarungen für den Insolvenzfall	28
II. Entstehungsgeschichte	2	bb) Inkongruente Deckungsgeschäfte	29
III. Anwendungsbereich	5	cc) Unmittelbare Gläubigerbenachteiligung	32
IV. Anfechtungsvoraussetzungen nach Abs. 1	6	dd) Kongruente Deckungsgeschäfte	33
1. Rechtshandlung des Schuldners	6	ee) Sanierungsbemühungen	37
a) Rechtshandlungen	6	c) Beweisanzeichen zur Kenntnis des anderen Teils	38
b) Vom Schuldner vorgenommen	7	V. Anfechtungsvoraussetzungen nach Abs. 2	39
2. Zeitpunkt der Vornahme	10	1. Entgeltliche Verträge des Schuldners mit Nahestehenden	40
3. Gläubigerbenachteiligung	11	a) Verträge	40
4. Benachteiligungsvorsatz	12	b) Entgeltlichkeit	41
a) Begriff	13	c) Beteiligte	42
b) Maßgeblicher Zeitpunkt	17	2. Zeitpunkt des Vertragsschlusses	43
c) Zurechnung fremden Vorsatzes	18	3. Unmittelbare Gläubigerbenachteiligung	44
5. Kenntnis vom Benachteiligungsvorsatz	19	4. Benachteiligungsvorsatz und Kenntnis	45
6. Beweisfragen	22	5. Beweisfragen	46
a) Kenntnis drohender Zahlungsunfähigkeit (Abs. 1 Satz 2)			
aa) Voraussetzungen	24		
bb) Vermutungsfolgen	25		
b) Beweisanzeichen zum Benachteiligungsvorsatz	27		

I. Normzweck

Ein Rechtserwerb, der auf einer vorsätzlichen Gläubigerbenachteiligung durch den **1** Schuldner beruht, verdient gegenüber dem Interesse der Gläubiger an einer Anreicherung des haftenden Schuldnervermögens dann keinen Schutz, wenn der Geschäftsgegner den Vorsatz kannte (Abs. 1). Im Hinblick auf diesen Gesetzeszweck wirkt es sich verschärfend aus, wenn der Schuldner in verdachterregender zeitlicher Nähe zu seiner Vermögensunzulänglichkeit unmittelbar gläubigerbenachteiligende Verträge mit nahe stehenden Personen schließt (Abs. 2). Diese können die wirtschaftlichen Schwierigkeiten des späteren Insolvenzschuldners leichter erkennen und seine Pläne besser durchschauen; ferner ist ihre persönliche und/oder wirtschaftliche Verbundenheit mit dem Schuldner ein Anreiz, sie zulasten anderer Gläubiger zu begünstigen. Beide Absätze knüpfen zwar nicht objektiv, aber über die subjektiven Voraussetzungen (s. u. RdNr. 14, 15, 19) an die erkannte Vermögensunzulänglichkeit des Schuldners an; tritt sie ein, soll die bewusste Besserstellung einzelner Beteiligter keinen Bestand haben, weil sonst die Befriedigungsaussichten der anderen Gläubiger in sozial unangemessener Weise gezielt verschlechtert würden. § 133 entspricht deshalb inhaltlich weitgehend § 3 (i. V. m. § 2) AnfG, der denselben Normzweck verwirklichen soll. Gerichtsentscheidungen zu § 3 AnfG können demzufolge sinngemäß auf § 133 übertragen werden.[1] Die Vorschriften stellen keine Deliktstatbestände dar[2] und sollen nicht allgemein zu einer besonders ausgeprägten Redlichkeit im Geschäftsverkehr anhalten.

---

[1] S. o. Vorbem. RdNr. 43 vor § 129; ferner *FK-Dauernheim* § 133 RdNr. 1; *Kübler/Prütting/Paulus* § 133 RdNr. 2; *Jaeger/Henckel*, KO § 31 RdNr. 1; *Uhlenbruck/Hirte* § 133 RdNr. 1; vgl. *Kilger/K. Schmidt* § 31 KO Anm. 1.

[2] *FK-Dauernheim* § 133 RdNr. 4; *Jaeger/Henckel*, KO § 31 RdNr. 1, 6, 18; *Uhlenbruck/Hirte* § 133 RdNr. 2; vgl. BGH NZI 1999, 152, 153; *Kübler/Prütting/Paulus* § 133 RdNr. 2; aM RGZ 74, 224, 226 mwN; RGZ 84, 242, 253. Ergänzend s. u. RdNr. 13 a, § 146 RdNr. 32.

II. Entstehungsgeschichte

2 Der Anfechtungstatbestand wegen vorsätzlicher Gläubigerbenachteiligung ist römischrechtlichen Ursprungs[3] und international weit verbreitet. **Abs. 1** entspricht im Wesentlichen § 31 Nr. 1 KO und § 10 Abs. 1 Nr. 1 GesO. Die Ersetzung der früheren Voraussetzung einer „absichtlichen" durch eine „vorsätzliche" Benachteiligung bedeutet keine inhaltliche Änderung gegenüber der erweiternden Auslegung des Begriffs der Absicht durch die frühere Rechtsprechung und Lehre.[4] Die Verkürzung der zuvor in § 41 Abs. 1 Satz 3 KO vorgesehenen 30jährigen Anfechtungsfrist auf zehn Jahre (Abs. 1 Satz 1) entspricht der derzeitigen allgemeinen Tendenz zur Verkürzung von Verjährungsfristen;[5] zudem sind für einen Zeitraum von mehr als zehn Jahren vor dem Eröffnungsantrag die Anfechtungsvoraussetzungen ohnehin praktisch kaum noch nachweisbar. Die Beweiserleichterung des Satz 2 ist neu.

3 **Abs. 2** erleichtert die Anfechtung im Vergleich mit der Vorgängernorm des § 31 Nr. 2 KO in mehrfacher Hinsicht: Der Kreis der beweisbelasteten Personen – bisher nur „Ehegatten" oder „Verwandte" – ist durch die Verweisung auf § 138 erheblich ausgeweitet worden; in § 10 Abs. 1 Nr. 2 GesO war dies allerdings schon in gleicher Weise vorgesehen. Die in der letztgenannten Vorschrift ebenso wie in § 31 Nr. 2 KO vorgesehene Jahresfrist für die verschärfte Anfechtung wurde verdoppelt. Während bisher die Beweislast nur für die Kenntnis des Benachteiligungsvorsatzes des Schuldners umgekehrt wurde, gilt dies nunmehr auch für den Zeitpunkt des Vertragsschlusses (Abs. 2 Satz 2, erste Alt.). Andererseits konnten nach § 10 Abs. 1 Nr. 2 GesO alle entgeltlichen „Leistungen" des Schuldners angefochten werden; § 133 Abs. 2 begrenzt die Anfechtbarkeit – wie § 31 Nr. 2 KO – auf „Verträge". Wegen der weiten Auslegung dieses Begriffs (s. u. RdNr. 40) bedeutet dies aber keine wesentliche Einschränkung.

4 Die Vorschrift wurde im Gesetzgebungsverfahren nur durch die redaktionelle Verweisung in Abs. 2 auf § 138 geändert. Einem Antrag des Bundesrats, die Beweislastumkehr nach Abs. 1 Satz 2 auch auf den Benachteiligungsvorsatz des Schuldners zu erstrecken, wurde nicht entsprochen.[6]

III. Anwendungsbereich

5 Beide Absätze sind – im Rahmen ihrer jeweiligen tatbestandsmäßigen Voraussetzungen – uneingeschränkt auf alle Rechtshandlungen des Schuldners anzuwenden, Abs. 1 auch gegenüber Bargeschäften.[7] Abs. 1 kann ferner eingreifen, wenn ein Insolvenzgläubiger vor Insolvenzeröffnung aufgrund Einzelanfechtung eine Deckung erlangt. § 16 Abs. 2 AnfG steht nicht entgegen,[8] sondern besagt nur, dass die Deckung als kongruent gilt (s. o. § 131 RdNr. 30). Hat der Schuldner hierbei mit geholfen (s. u. RdNr. 9a, 9b), kann dieser zusätzliche Umstand zur Anwendbarkeit des § 133 führen. Dessen Abs. 1 ist im Verhältnis zu Abs. 2 Auffangtatbestand, wenn die erleichterten Anfechtungsvoraussetzungen des 2. Absatzes im Einzelfall nicht voll festgestellt werden können (s. u. RdNr. 39). Entsprechendes gilt für Abs. 2 im Verhältnis zu § 134, soweit die hierin vorausgesetzte Unentgeltlichkeit nicht festzustellen ist (s. u. RdNr. 41). Zum Verhältnis der Anfechtung nach § 133 zu den §§ 138, 826 BGB vgl. vor § 129 RdNr. 50 ff., 87 ff.

---

[3] *Baur/Stürner* RdNr. 18.4; *Gerhardt*, Gläubigeranfechtung S. 46 ff.; *Schulte* S. 24 ff.
[4] RegE S. 160 zu § 148; HK-*Kreft* § 133 RdNr. 2; *M. Zeuner*, Anfechtung RdNr. 176; *Breutigam/Blersch/Goetsch* § 133 RdNr. 5; *Hess* InsO § 133 RdNr. 55; ergänzend s. u. RdNr. 13. Zum früheren Rechtszustand vgl. BGH WM 1960, 546, 547; ZIP 1981, 1229, 1231 mwN; NJW 1991, 2144, 2145; ZIP 1999, 406, 408; RG JW 1937, 2214 f.; *Jaeger/Henckel*, KO § 31 RdNr. 9; *Kuhn/Uhlenbruck* § 31 RdNr. 7, 7 a; *Baur/Stürner* RdNr. 19.13.
[5] *Henckel*, Kölner Schrift S. 813, 835 RdNr. 48; *M. Zeuner*, Anfechtung RdNr. 175.
[6] BT-Drucks. 12/2443 S. 254 und 265 f., jeweils zu Nr. 25.
[7] Vgl. § 142 RdNr. 9, zugleich dazu, dass Abs. 2 schon tatbestandsmäßig kein Bargeschäft begründen kann.
[8] AM *Dauerheim* S. 231; *Jaeger*, Gläubigeranfechtung, 2. Aufl., 1938, § 13 RdNr. 13.

IV. Anfechtungsvoraussetzungen nach Abs. 1

1. Rechtshandlung des Schuldners. a) § 133 erfasst alle **Rechtshandlungen** im 6 Sinne von § 129 einschließlich Unterlassungen (vgl. § 129 RdNr. 7–32). Ob sie gerade einem Insolvenzgläubiger zugute kommen, ist – anders als nach §§ 130, 131 – unerheblich (s. u. RdNr. 21). Bargeschäfte sind nicht ausgenommen, doch wird hierbei oft der nötige Benachteiligungsvorsatz fehlen (s. u. RdNr. 33 a).

b) Die Rechtshandlung muss **vom Schuldner vorgenommen** worden sein. Das Han- 7 deln von Stellvertretern oder angewiesenen Zwischenpersonen[9] ist ihm gemäß allgemeinen Grundsätzen (vgl. § 129 RdNr. 37 bis 43) ebenso zuzurechnen wie die Mithilfe Dritter, die der Schuldner mit dem Ziel einer mittelbaren Zuwendung einschaltet (vgl. § 129 RdNr. 68 bis 73). Ob sonstige Umstände das Handeln des Schuldners unterstützen, ist unerheblich; es genügt, dass dessen Handeln die Gläubigerbenachteiligung mit herbeiführt.[10] Zu einer etwa erforderlichen Zustimmung Dritter vgl. § 129 RdNr. 54, zu anfechtbaren Gesamtvorgängen § 129 RdNr. 65 ff., § 140 RdNr. 21.

Rechtshandlungen **Dritter** sind grundsätzlich **nicht** nach § 133 anfechtbar (zur Abgren- 8 zung s. u. RdNr. 9 ff.). Z. B. fehlt ein Schuldnerhandeln, wenn ein vorläufiger Insolvenzverwalter seine angemessene Vergütung festsetzen lässt und sie danach dem Vermögen des kostenpflichtigen Schuldners entnimmt.[11] Jedoch ist stets zu prüfen, ob zum Erfolg des Dritthandelns möglicherweise auch eigene Rechtshandlungen des Schuldners ursächlich beigetragen haben; dann kann die Vermögensverlagerung insgesamt anfechtbar sein. Insbesondere kommen alle „ermöglichenden" Verhaltensweisen des Schuldners in Betracht (s. o. § 130 RdNr. 13 bis 15). Z. B. liegt eine Handlung des Schuldners selbst vor, wenn er einem Gläubiger – etwa durch Angabe einer Zahlstelle – zur Herstellung einer Aufrechnungslage verhilft,[12] einen Gläubiger zu der von diesem veranlassten Abbuchung im Lastschriftverfahren ermächtigt,[13] eine Sicherheit bestellt, ohne die er einen Kredit des Sicherungsnehmers nicht erhalten hätte (OLG Dresden ZInsO 2007, 497 f.), oder durch Annahme der Erfüllungsleistung eines Drittschuldners die Erfüllungswirkung mit herbeiführt.[14] Entsprechendes gilt, wenn der Schuldner einen Dritten veranlasst, sich gegenüber einem Gläubiger des Schuldners zu verbürgen,[15] oder einen eigenen (Dritt-) Schuldner anweist, dessen Leistung an einen Insolvenzgläubiger zu erbringen. Dagegen ist die bloße Weiterführung eines debitorischen Kontos keine ausreichende Mitwirkungshandlung des Insolvenzschuldners.[16] Rechtshandlungen des Schuldners oder vorläufigen Insolvenzverwalters im Eröffnungsverfahren werden leichter von § 130 Abs. 1 Nr. 2 oder § 131 Abs. 1 Nr. 1 erfasst (ergänzend s. o. § 129 RdNr. 44 ff.).

Zwangsvollstreckungsmaßnahmen von Gläubigern unterliegen regelmäßig nicht der 9 Anfechtung gemäß § 133.[17] Hat der Schuldner nur noch die Wahl, die geforderte Zahlung sofort zu leisten oder die Vollstreckung zu dulden, ist also jede Möglichkeit seines selbstbestimmten Handelns ausgeschaltet, fehlt es an einer Rechtshandlung des Schuldners im

---

[9] Vgl. hierzu BAG KTS 1985, 57 Leits.; *Kübler/Prütting/Paulus* § 133 RdNr. 4; *Jaeger/Henckel*, KO § 31 RdNr. 5.
[10] Vgl. § 129 RdNr. 169–173.
[11] LG Dresden ZInsO 2007, 221 f.
[12] BGH NZI 2004, 445 f.; OLG Hamm ZInsO 2005, 267, 268; *Bork*, Zahlungsverkehr RdNr. 210; *Peschke* S. 183 f., 208 f.
[13] BGH NZI 2003, 253, 257; *Bork*, Zahlungsverkehr RdNr. 315; s. o. § 129 RdNr. 147.
[14] *Kübler/Prütting/Paulus* § 133 RdNr. 4; *HambKomm-Rogge* § 133 RdNr. 5; *Jaeger/Henckel*, KO § 31 RdNr. 6; *Lind* S. 74 f.
[15] BGH NJW 1999, 3046, 3047.
[16] *Bork*, Zahlungsverkehr RdNr. 210.
[17] BGHZ 162, 143, 147 f. = NJW 2005, 1121 f.; BGH NZI 2006, 159, 162; NJW 2006, 1870, 1871, z. V. b. in BGHZ 167; OLG Stuttgart ZIP 2002, 2264, 2266; *Uhlenbruck/Hirte* § 133 RdNr. 8; *Gottwald/Huber*, Insolvenzrechts-Handbuch § 48 RdNr. 5; *Rebmann* S. 22 ff.; aM *Kreft* KTS 2004, 205, 216 ff.; *Kübler*, Festschrift für Greiner, 2005, S. 159, 160 f.; *Brinkmann/Luttmann* ZInsO 2007, 565 ff.; krit. *Marotzke* ZZP 105 (1992), 451 f.

§ 133   9a, 9b   3. Teil. 3. Abschnitt. Insolvenzanfechtung

Sinne von § 133 Abs. 1. Das bewusste Unterlassen des Schuldners, rechtzeitig ein Insolvenzverfahren zu beantragen, genügt als mitwirkende Handlung nicht.[18] Werden Ansprüche des Schuldners gegen sein Kreditinstitut gepfändet, so wird die Zahlung daraus regelmäßig erzwungen sein, also für § 133 nicht ausreichen.[19]

9a Die Wirkung des Vollstreckungsbeschlags kann nach § 133 nur angefochten werden, soweit sie (auch) auf einer selbstbestimmten **mitwirkenden Handlung** des **Schuldners** beruht (vgl. § 129 RdNr. 56, § 143 RdNr. 57). Leistungen des Schuldners zur Abwendung der Zwangsvollstreckung gemäß §§ 808 ff. ZPO können nur dann außer Betracht bleiben, wenn er pfändbare körperliche Sachen – insbesondere Bargeld – aus seinem Gewahrsam (§ 809 ZPO) übergibt, auf die der Vollstreckungsbeamte sonst von sich aus hätte zugreifen können.[20] Leistet der Schuldner dagegen zur Abwendung einer allgemein angekündigten Zwangsvollstreckung, indem er einen Geldbetrag von seinem Konto überweist[21] oder einen auf sein Konto gezogenen Scheck dem Gerichtsvollzieher aushändigt,[22] wirkt sich regelmäßig eine eigenverantwortliche Handlung des Schuldners aus, die zur Anwendung des § 133 Abs. 1 führt; denn die typischerweise angedrohte Vollstreckung nach §§ 808 ff. ZPO erfasst gerade nicht das Bankkonto des Schuldners.[23] Ehe der Gläubiger auf ein Bankguthaben des Schuldners, sogar wenn es ihm bekannt ist, nach Maßgabe der §§ 828 ff. 845 ZPO zugreifen könnte, stünde dem Schuldner die anderweitige Verfügung darüber frei; das gilt erst recht, wenn das Bankkonto des Schuldners im Soll geführt wird. Leistet der Schuldner weitere Zahlungen, nachdem sich der Vollstreckungsbeamte entfernt hat – sei es auch aufgrund einer diesem erteilten Ratenzahlungszusage –, so handelt er selbstbestimmt.[24]

9b Mitwirkende Rechtshandlungen des Schuldners können ferner vorliegen, wenn er einen Erfolg versprechenden Rechtsbehelf gegen das unberechtigte Erwirken eines Vollstreckungsbescheids oder Versäumnisurteils oder gegen eine – rechtswidrige – Zwangsvollstreckungsmaßnahme (vgl. § 141) bewusst unterlässt[25] oder wenn er das Vorgehen des Vollstreckungsgläubigers aktiv gefördert hat.[26] Letzteres kommt insbesondere in Betracht, wenn der Schuldner bei der Erwirkung des gegen ihn gerichteten Titels – z. B. durch Anerkenntnis, Säumnis, Abschluss eines Prozessvergleichs oder Vollstreckungsunterwerfung (§ 794 Abs. 1 Nr. 5 ZPO) – bewusst Hilfe geleistet hat,[27] ferner dann, wenn der Schuldner den Gläubiger auffordert, dem drohenden Zugriff anderer Gläubiger zuvorzukommen,[28] oder für einen einzelnen Gläubiger bis dahin verborgenes Zugriffsgut offengelegt hat.[29] Eine Mitwirkung

---

[18] BGHZ 162, 143, 154 f. = NJW 2005, 1121, 1124; OLG Frankfurt ZInsO 2005, 1110 f.; *Bork* ZIP 2004, 1684, 1685 f.; *Schoppmeyer* NZI 2005, 185, 190 ff.; *Lind* S. 64 ff.; aM *Rendels* ZIP 2004, 1289, 1293 f.; 2004, 2085.

[19] Vgl. BGHZ 162, 143, 154 = NJW 2005, 1121, 1124; BGH NZI 2006, 159, 162 konnte im Einzelfall offenlassen, ob der Schuldner über die Beträge „noch anders hätte verfügen können."

[20] Urteile, die vor BGHZ 162, 143 ff. = NJW 2005, 1121 ergangen sind, unterscheiden in dieser Hinsicht nicht immer genau.

[21] Vgl. BGHZ 155, 75, 79 f. = NJW 2003, 3347, 3348; BGH NJW 2003, 3560 f.; NZI 2004, 87 f.; BGHZ 162, 143, 150 f. = NJW 2005, 1121, 1123; OLG Frankfurt ZInsO 2006, 943, 944 f.; OLG Brandenburg ZInsO 2007, 40.

[22] Vgl. BGH NZI 2005, 692 f.; *Bork* ZIP 2004, 1684; zu § 31 KO BGH NJW 2002, 2568 f. Diese Frage wäre anders zu beurteilen, wenn der Vollstreckungsbeamte dafür auf Pfändung vorhandenen Bargelds in gleicher Höhe absieht.

[23] Dies verkennt OLG Frankfurt ZInsO 2005, 1110, 1111.

[24] Vgl. LG Kleve ZIP 2006, 1544 LS.

[25] HK-*Kreft* § 133 RdNr. 6; FK-*Dauernheim* § 133 RdNr. 6; *Breutigam/Blersch/Goetsch* § 133 RdNr. 2; *Lind* S. 72; zu § 31 KO BGH WM 1959, 891, 893; *Jaeger/Henckel*, KO § 29 RdNr. 12, § 31 RdNr. 2; *Kilger/K. Schmidt* § 31 KO Anm. 3; ferner zu § 3 Abs. 1 Nr. 1 AnfG aF BGH WM 1965, 14, 15 f.; RGZ 69, 163, 165; RG JW 1914, 106, 107; WarnR 1917 Nr. 70, S. 96 f.

[26] Vgl. RG LZ 1908, 388, 389; *Lind* S. 73 f.

[27] *Kübler/Prütting/Paulus* § 133 RdNr. 3; *Nerlich* in: *Nerlich/Römermann* § 133 RdNr. 9; *Uhlenbruck/Hirte* § 133 RdNr. 8; *Lind* S. 69 f.; zu § 3 Abs. 1 Nr. 1 AnfG vgl. BGH NJW 2000, 1259, 1262; RG Gruchot 50 [1906], 1140, 1144 f.; JW 1906, 179 f.; WarnR 1916 Nr. 299; 1919 Nr. 83.

[28] *Kübler/Prütting/Paulus* § 133 RdNr. 3; *Smid/Zeuner* § 133 RdNr. 19; FK-*Dauernheim* § 133 RdNr. 6; *Uhlenbruck/Hirte* § 133 RdNr. 8; zu § 3 Abs. 1 Nr. 1 AnfG RGZ 47, 223, 225.

[29] OLG Naumburg LZ 1913, 324, 326 f. (betr. Mitteilung möglicher Drittschuldner); HK-*Kreft* § 133 RdNr. 6; zu § 3 Abs. 1 Nr. 1 AnfG auch BGH WM 1964, 14, 15.

des Schuldners sollte auch angenommen werden, wenn er bewusst in die Durchsuchung seiner Wohnung einwilligt, obwohl ein sonst nötiger richterlicher Beschluss (§ 758 a Abs. 1 und 2 ZPO) nicht vorliegt.[30] Anfechtbar kann gegebenenfalls nur das Betreiben der Zwangsvollstreckung, nicht aber der hoheitliche Eigentumserwerb in der Versteigerung sein.[31] Zahlungen nach Androhung oder Anbringung eines Insolvenzantrags sind stets eigenverantwortlich, weil der Schuldner ein solches Verfahren dulden kann.[32] Zum Vorsatz s. u. RdNr. 33 ff.

2. Zeitpunkt der Vornahme. Die Rechtshandlung muss in den letzten zehn Jahren vor dem Eröffnungsantrag oder nach diesem Antrag – bis zur Verfahrenseröffnung (§ 129 RdNr. 74, 75) – vorgenommen worden sein. Bei noch länger zurückliegenden Handlungen erscheint eine gezielte Benachteiligung von Insolvenzgläubigern nahezu ausgeschlossen.[33] Zur Bestimmung des maßgeblichen Insolvenzantrags gemäß § 139 vgl. § 130 RdNr. 25, zur Vornahme der Rechtshandlung (§ 140) innerhalb der Anfechtungsfrist vgl. § 130 RdNr. 26 und 52. **10**

3. Gläubigerbenachteiligung. Eine **mittelbare** Gläubigerbenachteiligung genügt;[34] zu diesem Begriff im Einzelnen vgl. § 129 RdNr. 76 bis 110 und 121 bis 168. Deshalb kann auch die Veräußerung eines Vermögensobjekts des Schuldners gegen ein angemessenes Entgelt anfechtbar sein, wenn dieses später dem Zugriff der Insolvenzgläubiger entzogen ist.[35] Bestellt der Schuldner aus eigenem Vermögen einem seiner Gläubiger eine Sicherheit, verringert dies die den übrigen Insolvenzgläubigern haftende Masse, benachteiligt sie also; das kann auch zutreffen, wenn der Schuldner einen auf solche Weise gesicherten Dritten veranlasst, sich für eine bis dahin ungesicherte Verbindlichkeit des Schuldners zu verbürgen.[36] Eine Benachteiligung muss objektiv eingetreten sein; die darauf gerichtete Absicht allein reicht nicht aus, wenn sie nicht diesen Erfolg hat.[37] Andererseits muss sich die tatsächlich eingetretene Benachteiligung nicht mit der vom Vorsatz umfassten decken (s. u. RdNr. 16). **11**

4. Benachteiligungsvorsatz. Der Schuldner muss die Rechtshandlung (s. o. RdNr. 6 bis 9) mit dem Vorsatz vorgenommen haben, seine Gläubiger im Allgemeinen zu benachteiligen; hier liegt der Schwerpunkt für die Prüfung des § 133.[38] Handeln für den Schuldner mehrere Personen gemeinschaftlich, genügt es, wenn eine von ihnen dabei jenen Vorsatz hat; insoweit gelten die Regeln über die Kenntnis auf Gläubigerseite (s. o. § 130 RdNr. 43, 50) sinngemäß. Dem Schuldner ist auch der Vorsatz eines für ihn handelnden Stellvertreters gemäß § 116 Abs. 1 BGB zuzurechnen (vgl. RdNr. 7, 18). **12**

a) Vorsatz ist, wie in § 276 Abs. 1 Satz 1 BGB, das Wissen und Wollen des missbilligten Erfolges. Erforderlich und ausreichend ist für § 133 also das Bewusstsein des Schuldners, durch seine Handlung Gläubiger im Allgemeinen zu benachteiligen, und sein Handeln mit dem Willen, dieses Ziel (mit) zu erreichen. Es genügt, dass der Schuldner die Benachteiligung seiner Gläubiger im wirtschaftlichen Sinne will; der rechtlichen Zusammenhänge **13**

---

[30] LG Aachen ZIP 2007, 593 ff.
[31] BGH NJW-RR 1986, 1115, 1116 f.; HK-*Kreft* § 133 RdNr. 7; FK-*Dauernheim* § 133 RdNr. 7; *Jaeger/Henckel*, KO § 31 RdNr. 2. Ergänzend s. o. § 129 RdNr. 20.
[32] Vgl. BGHZ 157, 242, 253 f. = NJW 2004, 1385, 1387 f.
[33] Ebenso *Nerlich* (Fn. 27) § 133 RdNr. 7; *C. Paulus/Schröder* WM 1999, 253, 255.
[34] BGH NJW-RR 2004, 1130, 1131; NZI 2005, 692, 693; OLG Stuttgart ZIP 2002, 2264, 2266; ZInsO 2006, 274, 276; HK-*Kreft* § 133 RdNr. 6; *Smid/Zeuner* § 133 RdNr. 22; *Nerlich* (Fn. 27) § 133 RdNr. 14; *Bork* ZIP 2004, 1684, 1687; zu § 31 Nr. 1 KO schon BGHZ 123, 320, 322 f. = NJW 1993, 3267; BGHZ 124, 76, 79 = NJW 1994, 449, 450; RGZ 33, 120, 124 f.; RG HRR 1937 Nr. 833; *Jaeger/Henckel*, KO § 31 RdNr. 7; *Kilger/K. Schmidt* § 31 KO Anm. 6; zu § 10 Abs. 1 Nr. 1 GesO auch BGH NJW 1996, 461, 462, insoweit nicht in BGHZ 131, 189 abgedruckt.
[35] *Nerlich* (Fn. 27) § 133 RdNr. 19; *Jaeger/Henckel*, KO § 31 RdNr. 8.
[36] BGH NJW 1999, 3046, 3047; RGZ 81, 144, 145 f.; *Jaeger/Henckel*, KO § 30 RdNr. 164. Vgl. § 129 RdNr. 154, § 131 RdNr. 25.
[37] *Nerlich* (Fn. 27) § 133 RdNr. 15; *Jaeger/Henckel*, KO § 31 RdNr. 7; *Uhlenbruck/Hirte* § 133 RdNr. 11.
[38] Vgl. RGZ 162, 292, 297; *Uhlenbruck/Hirte* § 133 RdNr. 12.

§ 133   13 a   3. Teil. 3. Abschnitt. Insolvenzanfechtung

braucht er sich nicht bewusst zu sein.[39] Wer eine Kapitalgesellschaft ohne ordnungsmäßige Liquidation beseitigt, um so alle Verbindlichkeiten zu „erledigen", handelt mit Benachteiligungsvorsatz.[40] Ferner reicht es aus, dass der Schuldner – im Sinne des bedingten Vorsatzes – eine Gläubigerbenachteiligung wenigstens als notwendige (Neben-)Folge billigend in Kauf nimmt.[41] Das gilt auch für kongruente Deckungsgeschäfte;[42] bei diesen ist nur die Feststellung eines solchen Vorsatzes wesentlich schwerer (s. u. RdNr. 33–36). Nicht nötig ist, dass die Gläubigerbenachteiligung der Beweggrund oder vorrangige Zweck des Schuldnerhandelns war: Meist wird der Schuldner in der fraglichen Weise tätig, um sich selbst oder ihm nahe stehende Personen zu *begünstigen*. Erkennt er hierbei, dass der erstrebte Vorteil auf Kosten von Gläubigern geht, und nimmt er dies billigend in Kauf, handelt er vorsätzlich.[43] Dies gilt auch, wenn der Schuldner einzelne Gläubiger deswegen bevorzugt bedient, weil sie – etwa durch Zwangsvollstreckungsmaßnahmen oder Insolvenzanträge – seine wirtschaftliche Existenz besonders gefährden[44] oder ihm Strafanzeigen androhen.[45] Andererseits kann die Benachteiligung der Gläubiger auch ohne korrespondierende Begünstigung einzelner von ihnen gewollt sein. War Vermögen eines Straftäters gemäß §§ 111 b ff. StPO beschlagnahmt worden und tritt er es danach – in dem Bewusstsein, dass sein sonstiges Vermögen nicht zur Gläubigerbefriedigung ausreicht – an (nur) einzelne Insolvenzgläubiger ab, so wird sein Benachteiligungsvorsatz gegenüber den anderen nicht dadurch ausgeschlossen, dass er wegen (partieller) Schadenswiedergutmachung eine geringere Strafe erwartet.[46] Zu Beweisfragen s. u. RdNr. 23 ff.

13 a   Die zur Benachteiligungsabsicht gemäß § 31 KO früher verwendete Formulierung, diese Absicht müsse eine „unlautere" („fraudulöse", „dolose", „betrügerische") sein,[47] stammt aus einer Zeit, als der Tatbestand der „Absichtsanfechtung" noch als unerlaubte Handlung verstanden wurde.[48] Die Umschreibungen wurden nie als einschränkendes Tatbestandsmerkmal, sondern nur als *ein* Anhaltspunkt unter mehreren zur Abgrenzung insbesondere bei kongruenten Deckungsgeschäften verwendet.[49] In diesem Sinne sind die der Schwäche

---

[39] BGH WM 1959, 1007, 1009.
[40] BGHZ 165, 343, 352 = NJW 2006, 908, 910 zu § 3 AnfG.
[41] BGH NJW 2003, 3560, 3561; 2006, 2701, 2702; ZInsO 2007, 819, 820 f.; OLG Stuttgart ZIP 2003, 1052, 1053; OLG Koblenz ZInsO 2006, 946, 949; HK-*Kreft* § 133 RdNr. 10; *Smid/M. Zeuner* § 133 RdNr. 5; *Andres/Leithaus* § 133 RdNr. 4; zu § 31 KO BGH ZIP 1991, 807, 808 f.; BGHZ 124, 76, 81 f. = NJW 1994, 449, 451; BGH WM 1961, 387, 388; 1962, 1369, 1371; 1969, 374, 376; NJW 1993, 1640, 1641; NJW-RR 1998, 1057, 1061; NZI 2004, 376, 378; BAGE 20, 11, 20 f. = NJW 1967, 2425, 2426 f.; zu § 10 Abs. 1 Nr. 1 GesO BGHZ 131, 189, 195 = NJW 1996, 461, 462; zu § 3 Abs. 1 Nr. 1 AnfG BGHZ 130, 314, 319 = NJW 1995, 2846, 2847; NJW-RR 2006, 552, 553. Ergänzend s. o. RdNr. 2 über Fn. 4.
[42] BGHZ 155, 75, 84 = NJW 2003, 3347, 3349; BGH NJW 2003, 3560, 3561; NZI 2006, 159, 161; OLG Celle ZInsO 2002, 979, 982; *Nerlich* (Fn. 27) § 133 RdNr. 2; HambKomm-*Rogge* § 133 RdNr. 13; *Stiller* ZInsO 2003, 595, 597; *Sander* ZIP 2003, 613, 614; *Bork* ZIP 2004, 1684, 1687; vgl. BGH NZI 2005, 692, 693; *König* RdNr. 7/10; aM *Brückl/Kersten* NZI 2004, 422, 428 f.; *Foerste* NZI 2006, 6 ff. und zur „Benachteiligungsabsicht" nach § 31 KO *Jaeger/Henckel*, KO § 31 RdNr. 10, 11, 13.
[43] RegE S. 160 zu § 148; HK-*Kreft* § 133 RdNr. 9; *Smid/Zeuner* § 133 RdNr. 30; *Nerlich* (Fn. 27) § 133 RdNr. 21; vgl. BGH NZI 2005, 690, 692; zu § 31 KO BGH NJW 1991, 2144, 2145; RG WarnR 1991 Nr. 37; *Jaeger/Henckel*, KO § 31 RdNr. 9; *Kilger/K. Schmidt* § 31 KO Anm. 4; zu § 10 Abs. 1 Nr. 1 GesO BGH ZIP 1997, 423, 426; zu § 3 Abs. 1 Nr. 1 AnfG aF BGH WM 1975, 1182, 1184; ZIP 1985, 1008, 1009. Ergänzend s. u. RdNr. 15.
[44] BGHZ 155, 75, 83 f. = NJW 2003, 3347, 3349; BGH NJW 2003, 3560 f.; NJW-RR 2004, 342, 343; NZI 2005, 692, 693; 2006, 159, 161; BGH Dresden ZIP 2003, 1052, 1053; OLG Hamburg ZInsO 2005, 891; *Bork* ZIP 2004, 1684, 1688; vgl. auch OLG München ZIP 2001, 1924, 1927 zur Begünstigungsabsicht gemäß § 30 Nr. 2 KO; aM *Foerste* NZI 2006, 6, 8.
[45] Vgl. OLG Brandenburg ZIP 1999, 1015, 1017; *Uhlenbruck/Hirte* § 133 RdNr. 12.
[46] LG Köln ZIP 2006, 1059, 1061.
[47] RGZ 20, 180 ff.; 57, 161, 163; RG JW 1906, 390 f.; LZ 1911, 865 unter C; BGHZ 12, 232, 238 = NJW 1954, 673, 674; BGH NJW 1991, 2144, 2145; BGHZ 121, 179, 185 = NJW 1993, 663, 664; BAGE 20, 11, 21 = NJW 1967, 2425, 2427; *Jaeger/Henckel*, KO § 31 RdNr. 11; *Jauernig* § 51 II 1, S. 227; *Lorenz* KTS 1961, 147, 150; *Plander* BB 1972, 1480, 1483 f.; zu § 3 Abs. 1 Nr. 1 AnfG aF BGH WM 1965, 14, 16.
[48] Vgl. RGZ 84, 242, 253; zu § 3 Nr. 1 und 2 AnfG aF auch RGZ 48, 401, 402 f.
[49] Zutreffend *Bork* ZIP 2004, 1684, 1691; vgl. *Jaeger/Henckel*, KO § 31 RdNr. 11 f.

des insolvenzrechtlichen Erwerbs zugrunde liegenden Wertungen weiterhin maßgeblich (s. u. RdNr. 33), aber kein selbständiges Abgrenzungsmerkmal (s. o. RdNr. 13). Als durch § 133 Abs. 1 missbilligte Verhaltensweise genügt die *subjektive* Einstellung *beider* Beteiligter zur Durchbrechung des Gleichbehandlungsgrundsatzes bei erkannter Vermögensunzulänglichkeit des Schuldners: nämlich dessen vom Anfechtungsgegner erkannter Wille, mit seiner Rechtshandlung die nicht begünstigten Insolvenzgläubiger zu benachteiligen.[50] Würde man eine weitergehend abgestimmte Verhaltensweise von Gläubiger und Schuldner voraussetzen, so würde schon die Grenze zum Verbotsgesetz im Sinne von § 134 BGB und zur Sittenwidrigkeit erreicht oder überschritten (s. o. Vor § 129 RdNr. 45 ff., 54 ff.). Insbesondere verwirklicht die einseitige wissentliche Gläubigerbegünstigung durch eine inkongruente Deckung bei erkannter Zahlungsunfähigkeit – im späteren Insolvenzfall (§ 283 Abs. 6 StGB) – bereits den Straftatbestand des § 283 c Abs. 1 StGB. Als gesetzliche Einschränkung über den allgemeinen Vorsatzbegriff des § 133 hinaus würde das unbestimmte Merkmal der „Unlauterkeit" die Anfechtung nach dieser Norm zu sehr in die Nähe der Sittenwidrigkeit rücken und Abgrenzungsschwierigkeiten gegenüber §§ 134, 138, 826 BGB verursachen (s. o. Vor § 129 RdNr. 46, 60 f., 91). Ferner veranlasst ein solches Unwerturteil erfahrungsgemäß allein wegen der damit verbundenen Ansehensminderung angesehene Anfechtungsgegner zur – sachlich unbegründeten – Ablehnung von Anfechtungsbegehren. Zu dem in § 133 InsO verwendeten Vorsatzbegriff gehört eine solche Einschränkung nicht.[51]

Die bloß fahrlässige Unkenntnis der gläubigerbenachteiligenden Folge begründet keine Anfechtbarkeit. Das Bewusstsein drohender oder gar schon vorhandener Zahlungsunfähigkeit oder Vermögensunzulänglichkeit des Schuldners genügt zwar theoretisch nicht.[52] Es bedingt aber erfahrungsgemäß durchweg die weitergehende Erkenntnis, dass eine zusätzliche Verminderung des Schuldnervermögens die Gläubiger benachteiligt; deshalb ist es ein wesentliches Indiz für das Bewusstsein der Gläubigerbenachteiligung.[53] Hat der Schuldner das entscheidende Bewusstsein, seine Handlung benachteilige möglicherweise die Gläubiger, so ist grundsätzlich zu unterscheiden, ob er den Nichteintritt der Benachteiligung erwartet und wünscht – dann handelt er allenfalls in bewusster Fahrlässigkeit, die für § 133 nicht ausreicht[54] –, oder ob er mit dem Eintritt der Benachteiligung rechnet und sie in Kauf nimmt, ohne sich dadurch von seinem Handeln abhalten zu lassen. Im letzteren Fall handelt er regelmäßig mit Benachteiligungsvorsatz.[55] Will der Schuldner im Einzelfall – wie insbesondere bei kongruenten Deckungsgeschäften – mit seiner Handlung eine Rechtspflicht erfüllen, wird er eine dadurch mit bewirkte Benachteiligung anderer Gläubiger oft nicht billigen (s. u. RdNr. 33 bis 36).

Hat der Schuldner die gläubigerschädigende Wirkung seiner Rechtshandlung erkannt und billigend in Kauf genommen, kann sein Benachteiligungsvorsatz nur ausnahmsweise ausgeschlossen sein, nämlich wenn er auf Grund konkreter Vorstellungen davon überzeugt war, in absehbarer Zeit alle seine Gläubiger befriedigen zu können, wenn also aus seiner

---

[50] Vgl. *Schoppmeyer* NZI 2005, 185, 187 f. und 194.
[51] BGH NJW 2003, 3560, 3561; NZI 2005, 692, 693; OLG Dresden ZIP 2003, 1052, 1053; OLG Hamm DZWIR 2005, 218; *Andres/Leithaus* § 133 RdNr. 4; *Sander* ZIP 2003, 613, 614; vgl. schon RG WarnR 1927 Nr. 27; aM OLG Stuttgart ZIP 2002, 2264, 2268; *Foerste* NZI 2006, 6, 8 ff.; *Lind* S. 112 ff.; iE auch *Jacoby* KTS 2005, 371, 401; ferner de lege ferenda *Huber* ZInsO 2005, 786, 789.
[52] *Jaeger/Henckel,* KO § 31 RdNr. 10; *Kuhn/Uhlenbruck* § 31 RdNr. 8; vgl. RGZ 20, 180, 182; 33, 120, 125.
[53] BGHZ 155, 75, 83 f. = NJW 2003, 3347, 3349 f.; BGH NJW-RR 2004, 342, 343; NZI 2005, 692, 693; BGHZ 162, 143, 153 = NJW 2005, 1121, 1122 f.; vgl. *Lind* S. 85 f. Ergänzend s. u. RdNr. 24.
[54] *Nerlich* (Fn. 27) § 133 RdNr. 21; vgl. BGH WM 1960, 546, 547; 1969, 374, 376; RG JW 1896, 175 Nr. 29; RGZ 162, 292, 297; *Jaeger/Henckel,* KO § 31 RdNr. 10; zu § 3 Abs. 1 Nr. 1 AnfG aF ferner RG JW 1905, 442 f.; DR 1940, 872, 874. Zur beweismäßigen Würdigung s. u. RdNr. 23 über Fn. 62.
[55] *Kübler/Prütting/Paulus* § 133 RdNr. 7; *Uhlenbruck/Hirte* § 133 RdNr. 13; *Lind* S. 83 f.; vgl. BGH WM 1960, 546, 547; NJW 1991, 2144, 2145; NJW-RR 1993, 238, 241; RG LZ 1914, 1043, 1044. Ergänzend s. o. RdNr. 13.

Sicht seine Insolvenz so gut wie ausgeschlossen war;[56] das gilt auch bei inkongruenten Deckungen.[57] Schuldner in diesem Sinne ist auch der – später insolvent werdende – Bürge, der sich für einen Hauptschuldner verbürgt und auf Grund dessen an den Gläubiger geleistet hat.[58] Für die Befriedigungsaussichten kann es von Bedeutung sein, welche anderen Gläubiger noch vorhanden, wie hoch ihre Forderungen und wann diese fällig waren.[59] Danach kann dem Schuldner das Bewusstsein der Benachteiligung fehlen, wenn er z. B. sein Unternehmen in der festen Überzeugung und mit dem Willen veräußert, aus dem Erlös alle Gläubiger befriedigen zu können.[60] Dagegen schließt die Hoffnung allein, durch Steigerung des Geschäftsumsatzes in den nächsten Jahren höhere Gewinne erzielen und dadurch die Insolvenz vermeiden zu können, einen Benachteiligungsvorsatz ebensowenig aus[61] wie der Umstand, dass der Schuldner zur Zeit der Rechtshandlung noch weiteres pfändbares Vermögen hatte.[62] Auch die Überzeugung des Schuldners, seine Aktiven überstiegen die Passiven, hindert seinen Benachteiligungsvorsatz von Rechts wegen nicht, weil ein solcher Vermögensvergleich nicht ohne weiteres auf eine ausreichende Verteilungsmasse schließen lässt.[63] Vielmehr kommt es lediglich auf solche Vermögenswerte an, die in absehbarer Zeit in Zahlungsmittel umzuwandeln sind.[64] Unterstützungszusagen Dritter können ebenfalls nur erheblich sein, wenn sie ausreichend hoch, rechtlich gesichert[65] und alsbald zu verwirklichen sind.

16 Der Benachteiligungsvorsatz muss sich gerade auf Gläubiger – nicht auf andere Personen, z. B. Erben als solche – beziehen.[66] Unerheblich ist es dagegen, ob der Vorsatz sich gegen alle oder nur einzelne, gegen bestimmte oder unbestimmte, gegen schon vorhandene oder nur mögliche künftige Gläubiger richtet.[67] Deshalb ist die Anfechtung gem. § 133 mit Bezug auf künftige Gläubiger auch möglich, wenn der Schuldner zurzeit der anfechtbaren Handlung noch gar keine Gläubiger hatte.[68] Dass einzelne Gläubiger nicht benachteiligt werden, etwa weil sie anderweitig gesichert sind oder noch befriedigt werden, ist für die Anfechtung unerheblich.[69] Nicht notwendig ist es ferner, dass der Schuldner gerade diejenige Benachteiligung gewollt hat, die letztlich eingetreten ist.[70] Allenfalls nicht vorhersehbare Folgen können als ungewollt außer Betracht bleiben.[71]

---

[56] BGH NZI 2004, 376, 378; HK-*Kreft* § 133 RdNr. 15; *Nerlich* (Fn. 27) § 133 RdNr. 40; vgl. BGH WM 1959, 1007, 1009; 1962, 1369, 1371; NJW 1998, 1561, 1564; WM 1999, 1218, 1219; NZI 2003, 253, 258; ferner zu § 30 Nr. 2 KO BGHZ 128, 196, 202 = NJW 1995, 1090, 1092; BGH NJW 1997, 3175 f.; OLG München ZIP 2001, 1924, 1928.

[57] Vgl. BGH NJW 1990, 2626, 2627, insoweit nicht in BGHZ 112, 136 abgedruckt; BGH ZIP 1997, 513, 515; BGHZ 138, 291, 308 = NJW 1998, 2592, 2598; NJW-RR 2004, 1130, 1132; NZI 2005, 678. Ergänzend s. u. RdNr. 29.

[58] BGH, Beschl. v. 2. 6. 2005 – IX ZR 217/02, zu § 3 AnfG.

[59] *Uhlenbruck/Hirte* § 133 RdNr. 13; ergänzend s. u. RdNr. 16.

[60] *Nerlich* (Fn. 27) § 133 RdNr. 30; HambKomm-*Rogge* § 133 RdNr. 15; *Jaeger/Henckel,* KO § 31 RdNr. 12.

[61] BGH WM 1960, 546, 547; NJW 1995, 1093; *Uhlenbruck/Hirte* § 133 RdNr. 12; vgl. BGH NJW 1995, 1093, 1094; RGZ 10, 5, 10; RG JW 1919, 244 Nr. 12.

[62] RG JW 1900, 651 Nr. 10.

[63] BGH WM 1961, 387, 388; *Kübler/Prütting/Paulus* § 133 RdNr. 8; *Uhlenbruck/Hirte* § 133 RdNr. 13.

[64] Vgl. BGH NJW 1999, 645, 646.

[65] Vgl. RG LZ 1916, 63, 64.

[66] *Jaeger/Henckel,* KO § 31 RdNr. 16.

[67] OLG Dresden ZInsO 2007, 497 f.; *Kilger/K. Schmidt* § 31 KO Anm. 4 aE; zu § 3 AnfG auch BGH WM 1964, 1166, 1167; ZIP 1985, 1008, 1009; RGZ 26, 11, 14; RG JW 1888, 383 f.; 1938, 464 Nr. 24; OLG Koblenz KTS 1963, 55, 57; OLG Frankfurt KTS 1986, 355, 357; *Gerhardt,* Gläubigeranfechtung S. 187 ff. Ergänzend s. o. RdNr. 15.

[68] HK-*Kreft* § 133 RdNr. 10; *Nerlich* (Fn. 27) § 133 RdNr. 37; zu § 31 KO BGH WM 1955, 407, 412; RG ZZP 60 [1936/37], 426, 428; *Jaeger/Henckel,* KO § 31 RdNr. 16; *Uhlenbruck/Hirte* § 133 RdNr. 24; zu § 3 AnfG ferner OLG Marienwerder OLGR 10, 227; KG KGBl. 1907, 6 f.; einschränkend RGZ 15, 62, 64; RG JW 1904, 152 f.; aM OLG Jena LZ 1910, 93, 94.

[69] *Jaeger/Henckel,* KO § 31 RdNr. 16.

[70] *Jaeger/Henckel,* KO § 31 RdNr. 8, 10; *v. Campe* S. 237; vgl. *Kübler/Prütting/Paulus* § 133 RdNr. 7. Ergänzend s. o. RdNr. 11.

[71] Vgl. *Lind* S. 87 f.

b) Maßgeblicher **Zeitpunkt** für das Vorliegen des Vorsatzes ist derjenige der Vornahme 17 der Rechtshandlung im Sinne von § 140.[72] Einem ursprünglich gutgläubig handelnden Schuldner kann daher eine Kenntnis – mit einem hieran anknüpfenden Wollen – schaden, die er bis zu diesem Zeitpunkt erlangt, also spätestens bis zum Eintritt der Wirkungen der Rechtshandlung; bei der Vorausabtretung einer künftigen Forderung ist dies der Zeitpunkt, in dem die abgetretene Forderung entsteht.[73] Umgekehrt könnte ein Vorsatz i. S. v. § 133 entfallen, wenn eine anfängliche Kenntnis des Schuldners von der Gläubigerbenachteiligung bis zum Vornahmezeitpunkt ernsthaft erschüttert würde, doch verwirklicht sich eine solche Gestaltung angesichts der durchweg schlechter werdenden Vermögenslage von Insolvenzschuldnern praktisch nicht; der Fortbestand des Vorsatzes ist zu vermuten. Änderungen nach dem Vornahmezeitpunkt bleiben auch dann außer Betracht, wenn sie von Rechts wegen Rückwirkung haben.[74]

c) Grundsätzlich muss gerade der Schuldner mit Benachteiligungsvorsatz handeln (s. o. 18 RdNr. 12). Wird für ihn ein Stellvertreter oder eine Hilfsperson bei der Rechtshandlung tätig, so kann deren Wissen und Wollen ihm unter den Voraussetzungen des § 166 Abs. 1 BGB einschließlich derjenigen der Wissenszurechnung zugerechnet werden;[75] insoweit gelten die Ausführungen unter § 130 RdNr. 41 bis 44 und 46 bis 51 für den Schuldner – statt für den Gläubiger – entsprechend. Ist eine GmbH Schuldnerin, so ist ihr der Vorsatz ihres Geschäftsführers,[76] aber auch derjenige ihres Alleingesellschafters zuzurechnen, welcher den Geschäftsführer zur angefochtenen Rechtshandlung angewiesen hat.[77] Bei der Anfechtung eines Sozialplans kann dem begünstigten Arbeitnehmer die Kenntnis des auch für ihn handelnden Betriebsrats zugerechnet werden.[78] Im Allgemeinen jedoch wird der Schuldner seine eigene schlechtere Vermögenslage und die infolgedessen drohende Gläubigerbenachteiligung besser überblicken als ein Vertreter. Unter den Voraussetzungen des § 166 Abs. 2 BGB (vgl. dazu § 130 RdNr. 45, 49, 50) bleibt, trotz des Vertreterhandelns, der Benachteiligungsvorsatz des Schuldners selbst maßgeblich.[79] Dass lediglich der Anfechtungsgegner die Gläubigerbenachteiligung wollte, reicht für § 133 nicht aus (s. u. RdNr. 19).

5. Kenntnis vom Benachteiligungsvorsatz. Der Benachteiligungsvorsatz des Schuld- 19 ners muss dem anderen Teil bekannt gewesen sein. Dieser muss also wissen, dass der Schuldner seine Handlung für gläubigerbenachteiligend hält und eine solche Folge auch wenigstens billigend in Kauf nimmt.[80] Nicht nötig ist, dass der Anfechtungsgegner etwa bei der Verwirklichung des nachteiligen Erfolgs mitgewirkt oder auch nur seinerseits den Erfolg angestrebt hätte.[81] Umgekehrt genügt es nicht, dass der andere Teil seinerseits zwar die objektive Gläubigerbenachteiligung erkannt hat, nicht aber den darauf gerichteten Vorsatz

---

[72] BGH NJW-RR 2004, 1130, 1131 f.; HK-*Kreft* § 133 RdNr. 10; *Uhlenbruck/Hirte* § 133 RdNr. 23; *Nerlich* (Fn. 27) § 133 RdNr. 34; zu § 31 KO BGH NJW-RR 1993, 235, 237; RG JW 1906, 179, 180; LZ 1915, 637, 638; 1925, 870 Nr. 17; *Jaeger/Henckel,* KO § 31 RdNr. 17; zu § 10 Abs. 1 Nr. 1 GesO BGH ZIP 1996, 83, 86 f.; 1997, 423, 426; 1999, 406 f.; vgl. ferner BGH WM 1961, 387, 388 f.; NJW 1984, 1893, 1899, insoweit nicht in BGHZ 90, 381 abgedruckt; NJW 1995, 2348; sowie zur Einzelgläubigeranfechtung schon RGZ 4, 28, 32; aM *Lind* S. 91, der auf die letzte Ausführungshandlung des Schuldners abstellen will, damit aber die erfolgsorientierte Systematik des Anfechtungsrechts (s. o. § 129 RdNr. 6) verlässt.
[73] BGH NJW 1991, 2144, 2145; ZIP 1997, 513, 516; *Uhlenbruck/Hirte* § 133 RdNr. 23; vgl. RegE S. 166 zu § 159; BGHZ 30, 238, 240 = NJW 1959, 1539; BGHZ 64, 312, 313 = NJW 1975, 1226, 1227.
[74] RG WarnR 1931 Nr. 91, S. 184.
[75] OLG Koblenz ZInsO 2006, 946, 949; HK-*Kreft* § 133 RdNr. 11; zu § 31 KO BGHZ 22, 128, 134 f. = NJW 1957, 137, 138; BGH WM 1985, 295; ZIP 1995, 1021, 1028, insoweit nicht in BGHZ 129, 236 abgedruckt; *Jaeger/Henckel,* KO § 31 RdNr. 15.
[76] Vgl. LG Berlin ZInsO 2006, 722, 723; *Haas* ZIP 2006, 1373, 1376.
[77] BGH NZI 2004, 376, 378; HambKomm-*Rogge* § 133 RdNr. 11.
[78] *Willemsen* ZIP 1982, 649; s. o. § 129 RdNr. 13.
[79] Vgl. RG JW 1932, 165 f.; *Nerlich* (Fn. 27) § 133 RdNr. 33; *Kilger/K. Schmidt* § 31 KO Anm. 4, S. 189.
[80] Vgl. BGH NJW 2003, 3560, 3561; HK-*Kreft* § 133 RdNr. 21.
[81] *Kübler/Prütting/Paulus* § 133 RdNr. 12; *Nerlich* (Fn. 27) § 133 RdNr. 38; *Smid/M. Zeuner* § 133 RdNr. 31, 32; zu § 31 KO BGHZ 124, 76, 83 = NJW 1994, 449, 452; zu § 3 AnfG aF BGHZ 130, 314, 320 = ZIP 1995, 1364, 1365; BGH ZIP 1985, 1008, 1009.

des Schuldners, oder dass allein der Anfechtungsgegner die Benachteiligung von Gläubigern beabsichtigte, wenn der Schuldner selbst diese nicht wollte.[82] Sogar grob fahrlässige Unkenntnis steht der Kenntnis nicht gleich.[83] Wer am Vorsatz des Schuldners nicht ausgeräumte Zweifel hegt, kennt ihn nicht. Unnötig ist andererseits, dass der Anfechtungsgegner gerade die besondere Art und Weise kannte, in welcher der Schuldner die Benachteiligung herbeiführen wollte; vielmehr genügt es, dass jener im Allgemeinen vom Gläubigerbenachteiligungsvorsatz des Schuldners gewusst hat.[84] Kennt der Anfechtungsgegner die Umstände, aus denen ein Benachteiligungsvorsatz des Schuldners folgt, so wird seine Kenntnis dieses Vorsatzes nicht schon durch die bloße Hoffnung ausgeschlossen, die Insolvenz könne vermieden werden; dafür wäre vielmehr die Überzeugung des Anfechtungsgegners nötig, dass alle Insolvenzgläubiger in absehbarer Zeit befriedigt werden.[85]

20 Der andere Teil muss die nötige Kenntnis „zurzeit der Handlung" gehabt haben, also im **Zeitpunkt** ihrer **Vornahme** i. S. v. § 140.[86] Dieser Zeitpunkt ist mit demjenigen identisch, in welchem auch der Benachteiligungsvorsatz selbst vorliegen muss (s. o. RdNr. 17).

21 Der „andere Teil", dessen Kenntnis vorausgesetzt wird, ist derjenige, der den zum Nachteil der Gläubiger aufgeopferten und nach § 143 zurückzugewährenden Wert erhalten hat.[87] Im Falle eines Vertragsschlusses ist dies der Vertragspartner des Schuldners, nach einer angefochtenen Dereliktion der Aneignende, bei anfechtbarer Löschung einer Grundstücksbelastung regelmäßig der Grundeigentümer, im Falle einer nachteiligen Prozesshandlung der Prozessgegner. Es muss sich nicht um einen Insolvenzgläubiger handeln.[88] Hat der „andere Teil" durch Stellvertreter oder Hilfspersonen gehandelt, kann deren Kenntnis dem Anfechtungsgegner nach den Grundsätzen des § 166 BGB zugerechnet werden;[89] dasselbe trifft zu, wenn der Alleingesellschafter einer GmbH deren Geschäftsführer zu einer Mitwirkung anweist.[90] Im Einzelnen gelten dazu die Ausführungen unter § 130 RdNr. 41 bis 51 sinngemäß, insbesondere auch für den Fall des Selbstkontrahierens.

22 **6. Beweisfragen.** Für alle Anfechtungsvoraussetzungen des Abs. 1 trägt der Insolvenzverwalter die **Beweislast:** Für die Rechtshandlung des Schuldners innerhalb der Zehnjahresfrist, für die objektive Gläubigerbenachteiligung, den Benachteiligungsvorsatz des Schuldners sowie die Kenntnis des Anfechtungsgegners davon.[91] Der Schuldner kann als Zeuge aussagen,[92] der Anfechtungsgegner als Partei nach § 445 ff. ZPO vernommen

---

[82] BGH WM 1957, 902, 904; RG LZ 1914, 1895 Nr. 11; *Jaeger/Henckel,* KO § 31 RdNr. 18; *Uhlenbruck/Hirte* § 133 RdNr. 25.

[83] *Kübler/Prütting/Paulus* § 133 RdNr. 13; *Nerlich* (Fn. 27) § 133 RdNr. 39; *Jaeger/Henckel,* KO § 31 RdNr. 18; vgl. *Uhlenbruck/Hirte* § 133 RdNr. 25.

[84] RG JW 1902, 24, 25; *Kübler/Prütting/Paulus* § 133 RdNr. 12; *Nerlich* (Fn. 27) § 133 RdNr. 39; *Jaeger/Henckel,* KO § 31 RdNr. 18.

[85] *Nerlich* (Fn. 27) § 133 RdNr. 40 im Anschluss an BGH NJW 1997, 3175 f.; vgl. RG JW 1927, 386, 387. Ergänzend s. o. RdNr. 15.

[86] *Kübler/Prütting/Paulus* § 133 RdNr. 12; *Nerlich* (Fn. 27) § 133 RdNr. 42; wohl auch *Lind* S. 93; zu § 31 KO und § 10 Abs. 1 Nr. 1 GesO BGH NJW-RR 1993, 235, 237; ZIP 1997, 423, 427; NZI 1999, 152, 153; RG KuT 1929, 152; *Jaeger/Henckel,* KO § 31 RdNr. 21; *Uhlenbruck/Hirte* § 133 RdNr. 26; *Kilger/K. Schmidt* § 31 KO Anm. 5; zu § 3 Abs. 1 AnfG aF ferner OLG Frankfurt KTS 1986, 355, 358; nur insoweit zutreffend OLG München ZInsO 2007, 219, 220.

[87] *Jaeger/Henckel,* KO § 31 RdNr. 19.

[88] BGHZ 162, 143, 154 f. = NJW 2005, 1121, 1124; *Uhlenbruck/Hirte* § 133 RdNr. 25.

[89] OLG Hamm ZInsO 2006, 45, 46; HK-*Kreft* § 133 RdNr. 21; *Kübler/Prütting/Paulus* § 133 RdNr. 14; *Nerlich* (Fn. 27) § 133 RdNr. 45; *Smid/Zeuner* § 133 RdNr. 32; zu § 31 KO *Jaeger/Henckel,* KO § 31 RdNr. 20; *Uhlenbruck/Hirte* § 133 RdNr. 27; *Kilger/K. Schmidt* § 31 KO RdNr. 5; vgl. OLG Brandenburg ZInsO 2007, 40, 41; zu § 3 AnfG aF BGHZ 38, 65, 66 f. = NJW 1962, 2251 f. Zur zulässigen entsprechenden Anwendung des § 166 Abs. 2 BGB vgl. OLG Karlsruhe ZIP 1980, 260, 262.

[90] Vgl. BGH NZI 2004, 376, 378.

[91] RegE S. 160 zu § 148; OLG Stuttgart ZInsO 2004, 156, 157; HK-*Kreft* § 133 RdNr. 12, 22; *Nerlich* (Fn. 27) § 133 RdNr. 47; *Smid/Zeuner* § 133 RdNr. 34; zu § 31 KO *Jaeger/Henckel,* KO § 31 RdNr. 23; *Uhlenbruck/Hirte* § 133 RdNr. 29; *Kilger/K. Schmidt* § 31 KO Anm. 7.

[92] *Nerlich* (Fn. 27) § 133 RdNr. 50; *HambKomm-Rogge* § 133 RdNr. 24; *Jaeger/Henckel,* KO § 31 RdNr. 23; vgl. RGZ 29, 29 ff. Bei der Würdigung seiner Aussage ist allerdings eine ihm möglicherweise drohende Strafverfolgung gem. §§ 283 ff. StGB zu berücksichtigen.

werden. Der Tatrichter hat sich seine Überzeugung auf der Grundlage des **§ 286 ZPO** im Wege freier Beweiswürdigung zu bilden und dabei das entscheidungserhebliche Parteivorbringen erkennbar erschöpfend zu berücksichtigen.[93] Ist der Schuldner eine Verpflichtung mit Benachteiligungsvorsatz eingegangen, wird dessen Fortdauer bei der Erfüllung vermutet.[94]

Der Erfolg einer auf Abs. 1 gestützten Anfechtungsklage hängt in der Praxis sehr oft davon ab, ob ein Benachteiligungsvorsatz des Schuldners und eine Kenntnis des anderen Teils festgestellt werden können. Dabei darf der Tatrichter sich nicht allein mit der Erforschung der objektiven Lage begnügen, sondern er muss das Wissen und Wollen der konkret Handelnden zu ergründen suchen.[95] Grundlage dafür ist die Feststellung, welche objektiv maßgeblichen Tatsachen sie im entscheidenden Zeitpunkt (s. o. RdNr. 20) kannten. Allerdings ist insbesondere für den Vorsatz des Schuldners allein dessen persönliche Auffassung über die wirtschaftliche Lage zurzeit der Vornahme der angefochtenen Rechtshandlung erheblich;[96] diese Vorstellungen dürfen nicht zu stark objektiviert werden.[97] Der Vorsatz kann deshalb z. B. nicht lediglich auf Grund der Ermittlung einer objektiven Gläubigerbenachteiligung[98] oder der privaten Verwendung eines bilanziell ausgewiesenen Gewinns trotz fehlenden Eigenkapitals[99] festgestellt werden. Jedoch sind die maßgeblichen inneren Tatsachen oft nur mittelbar aus objektiven Anhaltspunkten zu erschließen. Zur Feststellung des Benachteiligungsvorsatzes genügt insbesondere regelmäßig das Bewusstsein des Schuldners von der hohen Wahrscheinlichkeit dieses Erfolgs.[100] Auch kann der Tatrichter aus dem Bewusstsein und der Vorstellung des Schuldners, dass die Gläubigerbenachteiligung die nahezu zwangsläufige Folge seines Handelns ist, im Einzelfall auf dessen darauf gerichteten Willen schließen.[101] Anders verhält es sich, wenn bestimmte Gründe dagegen sprechen, dass der Schuldner die Benachteiligung gebilligt hat (s. u. RdN. 33 bis 36). Liegt der Eintritt einer objektiven Gläubigerbenachteiligung eher fern, spricht dies gegen einen darauf gerichteten Vorsatz;[102] dies dürfte oft bei geringwertigen Gelegenheitsgeschenken i. S. v. § 134 Abs. 2 zutreffen. Dass die Rechtshandlung in besonderer Eile – vor allem im zeitlichen Zusammenhang mit einer sich abzeichnenden wirtschaftlichen Krise des Schuldners – vorgenommen wurde, kann Rückschlüsse auf eine erkannte und gewollte Gläubigerbenachteiligung zulassen.[103] Vorsatz kann im Einzelfall auch vorliegen, wenn der Schuldner eine benachteiligende Vertragsklausel nur auf Drängen des Gläubigers hingenommen hat,[104] z. B. auf Drohung mit einer Strafanzeige oder einem Insolvenzantrag;[105] das gilt sogar, wenn der Schuldner einen von der Einigungsstelle festgesetzten, überhöhten Sozialplan freiwillig erfüllt, weil dieser keine weitergehenden Wirkungen als ein rechtskräftiges Urteil (vgl. § 141) haben kann.[106] Jedoch bedarf es in derartigen Fällen besonderer Prüfung, ob der

---

[93] BGHZ 124, 76, 82 = NJW 1994, 449, 452; BGHZ 131, 189, 195 f. = NJW 1996, 461, 462 f.; BGH NJW 1991, 2144, 2145; NJW-RR 1993, 238, 240; HK-*Kreft* § 133 RdNr. 13; *Kübler/Prütting/Paulus* § 133 RdNr. 9; *Nerlich* (Fn. 27) § 133 RdNr. 22; vgl. BGH ZInsO 2007, 819, 821; *Smid/Zeuner* § 133 RdNr. 31.
[94] HambKomm-*Rogge* § 133 RdNr. 24; s. o. RdNr. 17, § 129 RdNr. 62.
[95] Vgl. *Kübler/Prütting/Paulus* § 133 RdNr. 9.
[96] HK-*Kreft* § 133 RdNr. 16. Ergänzend s. u. RdNr. 37, 37 a.
[97] Vgl. BGH NJW 1998, 1561, 1564 f.
[98] BGH WM 1985, 295.
[99] BGH WM 1960, 546, 547 f.; *Kübler/Prütting/Paulus* § 133 RdNr. 9.
[100] RG SeuffA 44 [1889], Nr. 182; vgl. RGZ 11, 173, 175.
[101] BGH WM 1960, 546, 547; 1961, 387, 388 f.; 1969, 374, 376; ZIP 1997, 423, 426; RG LZ 1911, 864 zu A; JW 1937, 2214 f.; JW 1906, 179 f. zu § 3 Abs. 1 Nr. 1 AnfG aF; OLG Karlsruhe ZIP 1980, 260, 262; HK-*Kreft* § 133 RdNr. 10; *Kilger/K. Schmidt* § 31 KO Anm. 4, S. 187; *Plander* BB 1972, 1480, 1482.
[102] Vgl. OLG Karlsruhe KTS 1969, 252, 254 f.
[103] Vgl. RG LZ 1908, 785, 786; WarnR 1915, Nr. 64.
[104] BGHZ 124, 76, 82 f. = NJW 1994, 449, 452; BGH NJW 1986, 1047, 1050, insoweit nicht in BGHZ 96, 352 abgedruckt; *Kübler/Prütting/Paulus* § 133 RdNr. 8; vgl. auch RG bei Bolze 11 [1891]; Nr. 170 aE; JW 1906, 179 f.; LZ 1911, 865, 866 sowie zu § 3 Abs. 1 Nr. 1 AnfG aF RG Gruchot 51 [1907], 396, 398 f.; WarnR 1927 Nr. 102. Für eine Anwendung des § 138 Abs. 1 BGB in Knebelungsfällen *Godbersen* S. 116.
[105] Vgl. BGH WM 1999, 1218, 1219; OLG Brandenburg ZIP 1999, 1015, 1017.
[106] So im Ergebnis auch *Willemsen* ZIP 1982, 649, 652.

Schuldner die damit verbundene Benachteiligung der anderen Insolvenzgläubiger gebilligt hat.[107] Dagegen schließt der Umstand, dass der Schuldner eine Erbschaft hätte ausschlagen können, nicht seinen Benachteiligungsvorsatz aus, wenn er sie statt dessen annimmt und seinen Miterbenanteil unter Wert an seinen Ehepartner überträgt.[108] Oft hängt der Nachweis wesentlich auch von möglichen Beweiserleichterungen ab (s. u. RdNr. 24 ff.).

24 a) Kenntnis drohender Zahlungsunfähigkeit (Abs. 1 Satz 2). aa) Abs. 1 Satz 2 setzt voraus, dass der andere Teil im maßgeblichen Zeitpunkt (s. o. RdNr. 20) eine drohende Zahlungsunfähigkeit des Schuldners i. S. v. § 18 Abs. 2[109] kannte (s. u. RdNr. 38 a) und zusätzlich wußte, dass die Rechtshandlung die Gläubiger wenigstens mittelbar (s. o. RdNr. 11) benachteiligte. Die Kenntnis der bereits eingetretenen Zahlungsunfähigkeit oder -einstellung (§ 17) genügt erst recht.[110] Ob das Organ einer juristischen Person den deswegen gebotenen Eröffnungsantrag stellt, ist unerheblich.[111] Zur Zurechnung des Wissens von Vertretern s. o. RdNr. 21, zum maßgeblichen Zeitpunkt für die Kenntnis s. o. RdNr. 20. Den Zeitraum vor einem Eröffnungsantrag, innerhalb dessen die Kenntnis erlangt sein darf, begrenzt Satz 2 zwar nicht; jedoch werden eine drohende Zahlungsunfähigkeit und erst recht eine Kenntnis des Gläubigerbenachteiligung meist umso schwerer festzustellen sein, je länger die Zeit von der anzufechtenden Rechtshandlung (§ 140) bis zum maßgeblichen Eröffnungsantrag (§ 139) dauert.

24 a Eine wenigstens *drohende Zahlungsunfähigkeit* werden oft diejenigen Personen kennen, die den Schuldner während seiner wirtschaftlichen Krise oder bei einer vorgerichtlichen Schuldenregulierung beraten haben (s. o. § 130 RdNr. 35), ferner „Firmenbestatter", die ein gescheitertes Unternehmen ohne ordnungsmäßige Liquidation möglichst unauffällig „beseitigen" sollen,[112] aber auch vorläufige Insolvenzverwalter nach Abweisung eines Eröffnungsantrags gemäß § 26 im Fall späterer Eröffnung.[113] Außenstehende haben eine solche Kenntnis seltener.[114] Diese kann aber im Hinblick auf die gesetzliche Vermutung des § 17 Abs. 1 Satz 2 z. B. daraus folgen, dass die Verbindlichkeiten des Schuldners gegenüber einem Gläubiger über einen längeren Zeitraum hinweg trotz intensiver Beitreibungsversuche ständig in beträchtlichem Umfang nicht ausgeglichen werden und wenn der Gläubiger weiss, dass es noch weitere Gläubiger mit ungedeckten Ansprüchen gibt.[115] Ferner können Gläubiger die erforderliche Kenntnis haben, die zuvor einen auf Zahlungsunfähigkeit gestützten Insolvenzantrag gegen den Schuldner gestellt, ihn aber nach Empfang von (Teil-)Zahlungen für erledigt erklärt oder zurückgenommen haben.[116] Zum möglichen Entlastungsbeweis s. u. RdNr. 25, 33 f. Ein erstmaliger Zahlungsrückstand dürfte dagegen regelmäßig *nicht* genügen.[117] Das Nachbesicherungsverlangen eines Kreditinstituts wegen Vermögensverschlechterung (Nr. 13 Abs. 2 AGB-Banken/Nr. 22 Abs. 1 AGB-Sparkassen) deutet wegen seiner geringeren Voraussetzungen allein noch nicht hinreichend auf eine Kenntnis drohender Zahlungsunfähigkeit des Schuldners hin; Abweichendes kann sich aus der konkreten Begründung ergeben oder bei einer zusätzlichen Kreditsperre oder gar nach einer außerordentlichen Kreditkündigung zutreffen.

---

[107] Vgl. RGZ 57, 161, 163.
[108] BGH NJW-RR 1992, 733, 735.
[109] Vgl. hierzu RegE S. 160 zu § 148.
[110] BGHZ 155, 75, 86 = NJW 2003, 3347, 3350; vgl. BGH NZI 2005, 692, 693; 2006, 159, 162; *Lind* S. 96.
[111] OLG Stuttgart ZIP 2004, 129, 132.
[112] Vgl. LG Berlin ZIP 2006, 862, 863 f.
[113] AG Dresden ZInsO 2004, 1268, 1269 f.
[114] Vgl. *Huber* ZInsO 2003, 1025, 1027.
[115] BGHZ 155, 75, 85 f. = NJW 2003, 3347, 3349 f.; BGH NJW-RR 2004, 342, 343; NZI 2005, 690, 692; 2005, 692, 693; ZInsO 2007, 819, 821 f.; OLG Frankfurt ZInsO 2006, 943, 945 f.; vgl. LG Kleve ZIP 2006, 1544 LS; *Viertelhausen* InVo 2004, 345, 350 f. Ergänzend s. o. § 130 RdNr. 38 a.
[116] Vgl. BGHZ 149, 100, 111 f. = NJW 2002, 512, 514 f.; BGHZ 149, 178, 185 ff. = NJW 2002, 515, 517 f. Ergänzend s. o. § 130 RdNr. 38 a.
[117] OLG Frankfurt ZInsO 2005, 548, 549 f.

Vorsätzliche Benachteiligung 24b–26 § 133

Die Kenntnis der drohenden Zahlungsunfähigkeit hat der anfechtende Insolvenzverwalter 24b
zu *beweisen*.[118] Entsprechend § 130 Abs. 2, § 132 Abs. 2 besteht eine – widerlegliche –
Vermutung für die Kenntnis der drohenden Zahlungsunfähigkeit im Rechtssinne, wenn der
Gläubiger Umstände kennt, die zwingend auf eine solche hindeuten;[119] demgegenüber kann
sich der Anfechtungsgegner dahin entlasten, dass er nicht den Schluss aus den ihm bekannten
tatsachen auf eine drohende Zahlungsunfähigkeit gezogen hat.

Die Kenntnis der *Überschuldung* i. S. v. § 19 genügt zwar für sich nicht, legt aber als deren 24c
Folge praktisch oft zugleich die Kenntnis der drohenden Zahlungsunfähigkeit nahe.[120]

Die **Gläubigerbenachteiligung kennt,** wer weiß, dass werthaltiges Schuldnerver- 24d
mögen, welches dem Insolvenzbeschlag unterliegen würde, vermindert oder dass die in
einem Insolvenzverfahren zu berichtigende Schuldenmasse vermehrt wird, sowie dass das
(verbleibende) Schuldnervermögen nicht ausreicht, um alle Verbindlichkeiten zu befriedigen.[121] Letzteres ist – widerlegich – zu vermuten, wenn der Gläubiger Umstände kennt, die
zwingend auf eine drohende Zahlungsunfähigkeit hindeuten;[122] denn dass dann jeder Abfluss
werthaltigen Vermögens die Befriedigungsaussichten der anderen Gläubiger im Insolvenzfall
weiter beeinträchtigt, liegt auf der Hand. Dies gilt im Ansatz auch für kongruente Deckungsgeschäfte, weil die vorab voll befriedigte Schuldnerverbindlichkeit in einem Insolvenzverfahren nur noch mit der Verteilungsquote berücksichtigt worden wäre (aber s. u.
RdNr. 25). Entscheidende Voraussetzung für eine Anwendung des zweiten Satzes ist also in
der Praxis vor allem die Kenntnis der drohenden Zahlungsunfähigkeit.

bb) Als Rechtsfolge bewirkt Satz 2 eine gesetzliche Umkehr der Beweislast hinsichtlich 25
der **Kenntnis** vom Benachteiligungsvorsatz (vgl. RdNr. 19–21, 38a). Dem anderen Teil
steht der Gegenbeweis offen (§ 292 ZPO). Dazu muss er konkrete Umstände beweisen, die
es nahelegen, dass ihm der Vorsatz des Schuldners nicht bekannt war (BGH ZInsO 2007,
819, 820 f.). Auf nicht belegte Vertröstungen des Schuldners über seine „Leistungsfähigkeit"
darf sich ein Gläubiger jedoch nicht ohne weiteres verlassen.[123] Im Übrigen sind die in
RdNr. 27–38 genannten Beweisanzeichen zu beachten. Insbesondere sollte bei kongruenten
Deckungsgeschäften der Gegenbeweis erleichtert sein, falls nicht im Einzelfall ein Schädi-
gungs- oder Begünstigungsmotiv des Schuldners (s. o. RdNr. 13) konkret naheliegt.

Nach dem Wortlaut des zweiten Satzes und der Vorstellung der Bundesregierung[124] soll 26
sich die Beweislast nicht zugleich für den **Benachteiligungsvorsatz** des Schuldners (s. o.
RdNr. 12–16) umkehren. Vielmehr soll es „der gerichtlichen Praxis überlassen bleiben",
einen Benachteiligungsvorsatz des Schuldners festzustellen. Hierbei wurde übersehen, dass
die Kenntnis des anderen Teils nur durch solche Tatsachen angezeigt werden kann, die
zugleich auf die zu kennende Tatsache selbst hinweisen. Dementsprechend sind die tatsächlichen Anknüpfungspunkte für die gesetzliche Vermutung auch von solcher Art, dass sie
gemäß allgemeiner Lebenserfahrung deutlich sowohl auf einen Benachteiligungsvorsatz als
auch auf eine Kenntnis davon hindeuten: Weiß der Schuldner, dass seine Zahlungsunfähigkeit droht, so muss ihm klar sein, dass er in Kürze nicht mehr alle seine Gläubiger wird

---

[118] BGH NJW 2003, 3560, 3561; HK-*Kreft* § 133 RdNr. 23.
[119] BGH NJW 2003, 3560, 3562; NZI 2005, 690, 692; 2005, 692, 693; HK-*Kreft* § 133 RdNr. 22; HambKomm-*Rogge* § 133 RdNr. 21, 29; *Andres/Leithaus* § 133 RdNr. 4; *Kübler*, in Festschrift für Greiner, 2005, S. 159, 166 f.; vgl. OLG Celle ZInsO 2002, 979, 983; *Lind* S. 97 f.
[120] Vgl. BGH NZI 2005, 692, 693; *C. Paulus/Schröder* WM 1999, 253, 256; *Hutz* S. 58 f.; ergänzend s. o. § 131 RdNr. 54.
[121] Vgl. BGH ZInsO 2007, 819, 822; OLG Celle ZInsO 2002, 979, 982; HambKomm-*Rogge* § 133 RdNr. 27. Zu den objektiven Merkmalen der Gläubigerbenachteiligung, auf die sich der Vorsatz beziehen muss, vgl. § 129 RdNr. 77–110.
[122] BGH NJW 2003, 3560, 3562; NZI 2005, 690, 692; 2005, 692, 693; OLG Dresden ZIP 2003, 1052, 1054; HK-*Kreft* § 133 RdNr. 23; vgl. BGH NJW-RR 2004, 342, 343; BGHZ 162, 143, 153 = NJW 2005, 1121, 1123; *C. Paulus/Schröder* WM 1999, 253, 255.
[123] Vgl. zur Begünstigungsabsicht nach § 30 Nr. 2 KO BGH NJW 1997, 3175 f.; OLG Celle ZInsO 2002, 979, 982.
[124] BT-Drucks. 12/2443 S. 265 f. zu Nr. 25 der BR-Stellungnahme.

befriedigen können. Befriedigt er dennoch einzelne von ihnen, dann muss sich ihm nahezu zwangsläufig die Erkenntnis aufdrängen, dass infolge dieser Handlung andere Gläubiger benachteiligt werden. Deshalb begründet der Nachweis, dass der **Schuldner** seine eigene drohende Zahlungsunfähigkeit und die Gläubigerbenachteiligung kannte, zugleich wenigstens eine – widerlegliche – Vermutung für seinen Benachteiligungsvorsatz.[125] Ist allein die in Satz 2 genannte Kenntnis des anderen Teils bewiesen, wird das Gericht insbesondere zu prüfen haben, ob Gründe dafür vorliegen, dass ausnahmsweise ein Außenstehender die drohende Zahlungsunfähigkeit des Schuldners besser erkannte als dieser selbst. Dadurch wird der sonst mögliche Widerspruch vermieden, dass zwar ein Benachteiligungsvorsatz des Schuldners nicht bewiesen, aber auch eine Kenntnis des Anfechtungsgegners von diesem Vorsatz nicht ausgeräumt ist.

27 **b) Tatsächliche Beweisanzeichen für Benachteiligungsvorsatz.** Unterhalb einer Beweislastumkehr haben sich im Laufe einer hundertjährigen Praxis mit dem entsprechenden § 31 Nr. 1 KO tatsächliche Erfahrungssätze herausgebildet, die in Einzelfällen eine mehr oder minder starke Überzeugungskraft im Hinblick auf einen Benachteiligungsvorsatz haben können. Diese Erfahrungswerte sind auch weiterhin bei jeder lebensnahen Beweiswürdigung gem. § 286 ZPO mit zu berücksichtigen; an diesen rein prozessualen Regeln hat die Einführung der Beweislastregelung in § 133 Abs. 1 Satz 2 nichts geändert.[126] Beispielsweise kann es auf einen Benachteiligungsvorsatz hindeuten, wenn der Schuldner sein Grundstück überträgt, sich aber gleichzeitig einen Rückauflassungsanspruch vormerken lässt; wird dieser nicht nachvollziehbar begründet, liegt die Vermutung nahe, dass das Grundstück beim Erwerber nur vor den Gläubigern des Schuldners sichergestellt werden soll.[127] Indizielle Bedeutung kann ferner ein Näheverhältnis im Sinne von § 138 zwischen Schuldner und Begünstigtem auch ohne Vorliegen einer unmittelbaren Gläubigerbenachteiligung – die zur vollen Beweislastumkehr gemäß Abs. 2 führen würde (s. u. RdNr. 39) – haben.

28 **aa)** Wird eine Sicherheit aus dem Schuldnervermögen unter der aufschiebenden **Bedingung** des Eintritts der **Insolvenz** bestellt (vgl. ergänzend Vor § 129 RdNr. 77, § 129 RdNr. 130), haben die Vertragsschließenden sogleich den unbedingten Willen, bei Eintritt dieses künftigen Ereignisses das Schuldnervermögen durch die Herausnahme der Sicherheit weiter zu schmälern. Indem sie auf die Insolvenz des Schuldners für diese Schmälerung abstellen, müssen sie nach aller Lebenserfahrung von vornherein damit rechnen, dass gerade in diesem Fall das Schuldnervermögen nicht mehr für alle Insolvenzgläubiger ausreichen wird. Für diese weitere Beeinträchtigung ist die bis dahin ungesicherte Forderung des Gläubigers kein Ausgleich. Somit ist der Eintritt einer objektiven Gläubigerbenachteiligung die nahezu zwangsläufige Folge ihrer Vereinbarung. Für eine Hoffnung, die Benachteiligung dennoch zu vermeiden, bleibt praktisch so gut wie kein Raum. Damit nimmt ein Schuldner, der sein Vermögen gezielt für den Fall seiner Insolvenz verringert, mit sehr hoher Wahrscheinlichkeit die hierdurch bewirkte Gläubigerbenachteiligung bewusst in Kauf; und dem anderen Teil, der davon den Nutzen hat, drängt sich diese Folgerung auf Grund der ihm in gleicher Weise bekannten Umständen zwingend auf. Zudem kommt es hier entscheidend auf den **Zeitpunkt** des Bedingungseintritts – also der **Insolvenz** – dafür an, ob der Schuldner den Benachteiligungsvorsatz hatte und der andere Teil das wußte (s. o. RdNr. 17, 20); § 140 Abs. 3 steht nicht entgegen, weil der Insolvenzfall keine zulässige Bedingung i. S. dieser Norm ist.[128] In diesem späten Zeitpunkt könnte praktisch allenfalls noch an der Kenntnis des anderen Teils gezweifelt werden. Deshalb begründet eine solche Vereinbarung einen Anscheinsbeweis sowohl für einen Gläubigerbenachteiligungsvorsatz des Schuldners

---

[125] BGH NJW 2003, 3560, 3562; NJW-RR 2004, 342, 343; NJW 2006, 2701, 2702, z. V. b. in BGHZ 167; HK-*Kreft* § 133 RdNr. 10; *Smid/Zeuner* § 133 RdNr. 48; *Bork* ZIP 2004, 1684, 1691 f.; *Stiller* ZInsO 2003, 595, 596; *Lind* S. l98 f.; vgl. HambKomm-*Rogge* § 133 RdNr. 31; aM *Uhlenbruck/Hirte* § 133 RdNr. 31.

[126] HK-*Kreft* § 133 RdNr. 19; aM *Uhlenbruck/Hirte* § 133 RdNr. 30.

[127] *Mauer* RdNr. 194; HambKomm-*Rogge* § 133 RdNr. 40.

[128] *Obermüller*, Gedächtnisschrift für Bosch, 2006, S. 157, 171; vgl. § 140 RdNr. 52; *Jaeger/Henckel*, KO § 30 RdNr. 93; zweifelnd *C. Paulus* ZIP 1996, 2, 7 Fn. 41; aM *Huhn/Bayer* ZIP 2003, 1965, 1970 f.

als auch für eine entsprechende Kenntnis des anderen Teils.[129] Ob die Beteiligten eine gleichartige Sicherung auch mit sofortiger Wirkung hätten vereinbaren können und ein Benachteiligungsvorsatz dann schwerer festzustellen gewesen wäre, ist unerheblich. Wer dies anders sieht, verstärkt nur die Argumente für eine Nichtigkeit solcher Vereinbarungen nach §§ 134, 138 BGB (s. o. Vor § 129 RdNr. 49, 77). Dagegen sind diese Grundsätze nicht auf sofort wirksam werdende Sicherheiten zu übertragen; der Umstand allein, dass alle Sicherheiten insbesondere vor einer Insolvenz des Sicherungsgebers schützen sollen, genügt nicht zur Konkretisierung eines Vorsatzes und der entsprechenden Kenntnis.[130]

Reine insolvenzbezogene Lösungsklauseln für einen Vertrag begründen insgesamt keine Gläubigerbenachteiligung im Sinne von § 129 Abs. 1 (s. o. § 129 RdNr. 130 f.). Dagegen drückt die Vereinbarung von Vertragsklauseln, welche sonstige Nachteile für das Schuldnervermögen – über die Vertragsauflösung hinaus – erst im Insolvenzfall eintreten lassen, auch schon den gegenwärtigen Willen der Vertragsschließenden aus, das Schuldnervermögen unter dieser Voraussetzung zu schmälern.[131] Insbesondere trifft dies für arbeitsvertragliche Vereinbarungen zu, die den Wegfall einer zuvor vereinbarten Lohnkürzung bei Stellung eines Insolvenzantrags gegen den Arbeitgeber ohne Gegenleistung vorsehen.[132] Jedoch soll der Vorsatz allein für den Zeitpunkt des Vertragsschlusses (s. o. RdNr. 17) zu bestimmen sein, soweit eine Vertragsklausel unter anderem die Entscheidung des Insolvenzverwalters, nicht die Vertragserfüllung zu wählen (§ 103 InsO), als wichtigen Kündigungsgrund ausreichen lässt;[133] dies ist mit den sonst üblichen Kriterien nicht zu vereinbaren. **28 a**

bb) Nach ständiger Rechtsprechung zu § 31 KO, § 10 Abs. 1 Nr. 1 GesO sowie § 3 Abs. 1 Nr. 1 und 2 AnfG aF bedeutet es ein – meist starkes – Beweisanzeichen sowohl für eine Benachteiligungsabsicht des Schuldners als auch für deren Kenntnis durch den anderen Teil (s. u. RdNr. 38), wenn diesem durch die Rechtshandlung eine **inkongruente Deckung** (vgl. hierzu § 131 RdNr. 8 bis 44) gewährt wurde.[134] Das begründet zwar keine Umkehr der Beweislast,[135] kann aber schon allein für den Nachweis ausreichen, wenn das Anzeichen nicht durch andere, vom Anfechtungsgegner zu beweisende, Umstände entkräftet wird.[136] Denn Schuldner sind im Allgemeinen nicht bereit, anderes oder mehr oder früher zu leisten, als sie schulden. Tun sie dies dennoch zugunsten eines Gläubigers, liegt der Verdacht nahe, dieser solle zum Nachteil der anderen Gläubiger begünstigt werden.[137] Überträgt der Schuldner z. B. einen pfändbaren Gegenstand unentgeltlich auf einen anderen, **29**

---

[129] BGH NJW 1993, 1640, 1641; 1997, 52, 53; NJW-RR 1998, 1057, 1060; HK-*Kreft* § 133 RdNr. 14 aE; HambKomm-*Rogge* § 133 RdNr. 39; *Obermüller* RdNr. 6.218 ff.; *Huth* S. 59; vgl. BGH ZInsO 2007, 600, 602; BAG AP Nr. 4 zu § 30 KO; v. *Wilmowsky* ZIP 2007, 553, 561 f.; *Thomas* ZInsO 2007, 77, 79 für eine insolvenzbedingte Fälligkeit; differenzierend *Lind* S. 152 ff.; aM – ohne Begründung – OLG Koblenz ZInsO 2003, 951 f.; *Kübler/Prütting/Paulus* § 133 RdNr. 9; für die Abtretung werkvertraglicher Gewährleistungsansprüche *Kesseler* RNotZ 2004, 176, 198 f. Rechtspolitisch kritisch *Häsemeyer* ZIP 1994, 418, 419.

[130] Vgl. BGH NJW 1998, 312, 315, insoweit nicht in BGHZ 136, 220.

[131] BGHZ 124, 76, 82 f. = NJW 1994, 449, 452; OLG Naumburg ZIP 2006, 716, 718; *Wortberg* ZInsO 2003, 1032, 1036 f.; für automatische Unwirksamkeit *Adam* DZWIR 2005, 1, 5 f.

[132] Vgl. BAG NZI 2007, 58, 62; *Stiller* ZInsO 2005, 425, 427 f.; LAG Berlin ZInsO 2005, 1063, 1064.

[133] BGH NZI 2006, 229, 231.

[134] BGH WM 1968, 683 f.; NJW 1984, 1893, 1899, insoweit nicht in BGHZ 90, 381 abgedruckt; ZIP 1985, 1008, 1010; NJW 1990, 2687, 2688; NJW-RR 1993, 1379, 1381 aE; BGHZ 123, 320, 326 = NJW 1993, 3267, 3268; BGH NJW 1995, 1093, 1094; 1995, 2348, 2350 aE; ZIP 1997, 423, 426; NJW 1997, 3175, 3176 aE; NJW-RR 1998, 1057, 1061; BGHZ 138, 291, 308 = NJW 1998, 2592, 2598; NJW 1999, 641, 643; 1999, 1395, 1397; 1999, 3046, 3047; NJW-RR 2002, 478, 480; BGHZ 157, 242, 248 f. = NJW 2004, 1385, 1387 f.; BGH NJW-RR 2004, 1130, 1132; NZI 2004, 376, 378; 2004, 445, 446 f.; 2006, 159, 161; RG Gruchot 51 [1907], 396, 398; JW 1911, 193, 194; LZ 1913, 486, 487; Recht 1928 Nr. 147; OLG Celle ZIP 1982, 158, 159 f.; KG KTS 1983, 453, 455; OLG Koblenz WM 1997, 1682, 1684; 1998, 1090, 1091; OLG Dresden WiB 1997, 647, 648; OLG Brandenburg ZIP 1999, 1005, 1006 f.; OLG Jena ZInsO 1999, 534, 535; OLG Bremen ZInsO 2003, 1012 LS; LG Ulm ZIP 1980, 751, 752 f.; LG Berlin ZInsO 2006, 722, 723; *Andres/Leithaus* § 133 RdNr. 4; *Jaeger/Henckel*, KO § 31 RdNr. 13; *Kilger/K. Schmidt* § 31 KO Anm. 4; *Bork*, Zahlungsverkehr RdNr. 375.

[135] BGH, Beschl. v. 9. 12. 2004 – IX ZR 213/01.

[136] BGH NJW-RR 2004, 1534 f. zu § 3 AnfG.

[137] BGH ZIP 1997, 513, 515; 1998, 2008, 2011; HK-*Kreft* § 133 RdNr. 17.

deutet dies auf einen Benachteiligungsvorsatz hin.[138] Dieser ist sogar regelmäßig zu bejahen, wenn der Schuldner die Schädigung anderer Gläubiger als notwendige Folge der einem bestimmten Gläubiger gewährten inkongruenten Deckung vorausgesehen hat.[139] Das gilt auch dann, wenn der Schuldner nur auf Drängen des Gläubigers[140] oder unter dem Druck insbesondere eines Insolvenzantrags leistete.[141] Anders kann es sich lediglich verhalten, wenn der Schuldner in der Überzeugung handelte, alle seine Gläubiger in absehbarer Zeit befriedigen zu können (s. o. RdNr. 15), insbesondere also, wenn er bei Wirksamwerden der Rechtshandlung zweifelsfrei liquide war.[142] Eine bloß vorübergehende und teilweise „Konsolidierung der Finanzen" des Schuldners räumt dessen wirtschaftliche Krise nicht aus.[143] Diese allgemeinen Grundsätze sind nicht an die Fristen des § 131 gebunden (s. u. RdNr. 30, 31) und gelten auch für die – inkongruente – Nachbesicherung bereits bestehender Darlehensverbindlichkeiten.[144]

29a Im Übrigen hängt die Bedeutung der Inkongruenz als Beweisanzeichen von deren Art und Ausmaß ab:[145] Je geringer das Ausmaß der Inkongruenz im Einzelfall ist, desto mehr tritt ihre Bedeutung als Beweisanzeichen zurück; als solches ist sie schon entkräftet, wenn Umstände feststehen, welche den Benachteiligungsvorsatz ernsthaft in Frage stellen.[146] Dazu reicht es aber nicht schon aus, dass die inkongruente Deckung als Erfüllung einer für besonders vordringlich gehaltenen sozialen Anstandspflicht – die noch keine kollidierende Rechtspflicht darstellt (hierzu s. u. RdNr. 35) – gewährt wurde.[147] Ferner verliert die Inkongruenz als Indiz an Beweiskraft, je länger die angefochtene Rechtshandlung vor dem Eröffnungsantrag liegt.[148] Dauert ein Erwerbsvorgang bis zu dem nach § 140 maßgeblichen Zeitpunkt länger und beseitigen die Beteiligten währenddessen eine anfänglich bestehende Inkongruenz durch Begründung eines entsprechenden Anspruchs des anderen Teils, so wird die Feststellung eines Benachteiligungsvorsatzes zwar nicht mehr für die Folgezeit erleichtert;[149] ist dieser Vorsatz aber schon für die vorangegangene Zeit ab Beginn der Rechtshandlung nachzuweisen, wird die Fortdauer vermutet (s. o. RdNr. 17, 22, § 131 RdNr. 10). Zur irrtümlichen Annahme der Kongruenz s. u. RdNr. 36.

30 Diese Erfahrungssätze gelten auch für § 133 Abs. 1 Satz 1 fort.[150] Zwar lässt § 131 Abs. 1 Nr. 3 die Anfechtung inkongruenter Deckungshandlungen bis zum dritten Monat vor einem Eröffnungsantrag nur noch von dem Nachweis abhängen, dass der Gläubiger deren benachteiligende Wirkung kannte. Das wird eine zusätzliche Beweiserleichterung für diesen begrenzten Zeitraum meist entbehrlich machen (vgl. aber § 131 RdNr. 63). Keinesfalls hindert

---

[138] Vgl. RG JW 1911, 67 Nr. 75.
[139] BGH WM 1959, 1007, 1008; 1961, 387, 388 f.; 1961, 671, 672; BAGE 20, 11, 21 f. = NJW 1967, 2425, 2427; RG LZ 1911, 864, 865; WarnR 1911 Nr. 153; JW 1915, 282 Nr. 8; LZ 1915, 638 f.; OLG Düsseldorf WM 1988, 1861 f. Ergänzend s. o. RdNr. 23.
[140] BGH NJW 1986, 1047, 1050, insoweit nicht in BGHZ 96, 352 abgedruckt; RG JW 1906, 179 f.
[141] BGHZ 157, 242, 246 f. = NJW 2004, 1385, 1386; BGH NZI 2006, 159, 161.
[142] BGHZ 157, 242, 251 = NJW 2004, 1385, 1388; BGH NZI 2004, 376, 378; NJW-RR 2004, 1130, 1132; HK-*Kreft* § 133 RdNr. 20; vgl. BGH ZIP 1999, 406, 407; Beschl. v. 24. 5. 2007 – IX ZR 125/04; OLG Hamm NJW-RR 1987, 585, 586.
[143] BGH NZI 2006, 159, 161.
[144] Zweifelnd *Leithaus* NZI 2005, 592, 594.
[145] BGH ZIP 1997, 853, 855; NJW 1998, 1561, 1563; BGHZ 137, 267, 283; vgl. auch BGH WM 1969, 374, 375; NZI 2005, 329, 330.
[146] BGH NJW-RR 1993, 238, 240; HK-*Kreft* § 133 RdNr. 18; *Nerlich* (Fn. 27) § 133 RdNr. 26; vgl. BGH WM 1969, 374, 375 unter 2.
[147] *Jaeger/Henckel*, KO § 31 RdNr. 14; *Fr. Weber* AP § 29 KO Nr. 1 in abl. Anm. zu BAGE 20, 11, 21 = NJW 1967, 2425, 2427.
[148] Vgl. BGHZ 157, 242, 254 = NJW 2004, 1385, 1388, wo jedoch – systemwidrig – auf die Insolvenzeröffnung abgestellt wird; ferner *Uhlenbruck/Hirte* § 133 RdNr. 16.
[149] Vgl. BGH ZIP 1997, 423, 426.
[150] Ebenso BGHZ 157, 242, 251 f. = NJW 2004, 1385, 1388; HK-*Kreft* § 133 RdNr. 19, 24; *Smid/Zeuner* § 133 RdNr. 7, 37, 48; *Nerlich* (Fn. 27) § 133 RdNr. 25, 26; FK-*Dauernheim* § 133 RdNr. 12; HambKomm-*Rogge* § 133 RdNr. 33; *Fischer*, in Festschrift für Kirchhof, 2003, S. 73, 83 f.; *Huber*, in Festschrift für Kirchhof, 2003, S. 247, 251 ff.; *Bork* ZIP 2004, 1684, 1688; *v. Campe* S. 239; vgl. *Häsemeyer* RdNr. 21.83.

Vorsätzliche Benachteiligung 31, 32 § 133

diese Neuregelung jedoch daran, das – schwächere – bloße Beweisanzeichen der Inkongruenz für Zeiträume anzuwenden, die länger als drei Monate vor einem Eröffnungsantrag liegen. Eine Besorgnis auslösende wirtschaftliche Krise des Schuldners (s. o. RdNr. 29) kann schon erheblich früher als drei Monate vor jedem Eröffnungsantrag eintreten; sogar gebotene Insolvenzanträge werden oft wesentlich länger verschleppt. Insoweit stellt § 131 Abs. 1 Nr. 3 keine abschließende Sonderregel dar. Die Gegenmeinung[151] nimmt zu Unrecht an, dass es sich um eine Anwendung materiellen Insolvenzrechts handele; statt dessen geht um den allgemeinen Grundsatz der freien Beweiswürdigung (§ 286 ZPO),[152] den auch der Gesetzgeber der Insolvenzordnung nicht eingeschränkt hat. Zudem ist das an die inkongruente Bevorzugung einzelner anknüpfende Beweisanzeichen dem jeweiligen Einzelfall anzupassen.

Ferner macht § 133 Abs. 1 Satz 2 nicht die mit der Inkongruenz verbundene Beweis- 31 erleichterung überflüssig;[153] diese greift gemäß § 286 ZPO unabhängig von der Beweislastverteilung ein. Jene Vorschrift knüpft an die (subjektive) Kenntnis der drohenden Zahlungsunfähigkeit und der Gläubigerbenachteiligung – also an besonders schwer wiegende Verdachtsmomente – die **gesetzliche Vermutung,** dass auch der Benachteiligungsvorsatz erkannt ist (s. o. RdNr. 25); diese Vermutung muss vom anderen Teil ggfs. voll widerlegt werden. Demgegenüber folgt das Beweisanzeichen der Inkongruenz unmittelbar aus der (objektiven) Art der Rechtshandlung, die zugunsten einzelner vom Pflichtenplan abweicht. Es kann, je nach den weiteren Umständen, ein unterschiedliches Gewicht haben und verändert nicht die Beweislast, die beim Insolvenzverwalter verbleibt. Statt dessen kann der Tatrichter diesen Beweis in Einzelfällen schon allein auf Grund des nicht entkräfteten Beweisanzeichens oder in Verbindung mit anderen Umständen als geführt ansehen oder umgekehrt die Beweiskraft je nach den gesamten Umständen für unzureichend halten. Insbesondere kann der Schluss von der Gewährung einer inkongruenten Deckung auf einen wenigstens bedingten Benachteiligungsvorsatz bereits ausgeschlossen sein, wenn weitere Umstände auf einen anderen, anfechtungsrechtlich unbedenklichen Willen hinweisen und das Bewusstsein der Benachteiligung anderer Gläubiger infolgedessen zurücktritt.[154]

cc) Ein Beweisanzeichen geringerer Wirkung liegt vor, wenn die angefochtene Rechts- 32 handlung eine **unmittelbare Gläubigerbenachteiligung** bewirkt. Hieraus allein ist im Allgemeinen noch kein darauf gerichteter Vorsatz des Schuldners zu folgern. Dies zeigen § 132, der für eine Anfechtbarkeit trotz unmittelbarer Gläubigerbenachteiligung zusätzlich eine Kenntnis vor allem der Zahlungsunfähigkeit voraussetzt, und § 133 Abs. 2, der eine Beweislastumkehr bei unmittelbarer Benachteiligung nur gegenüber nahe stehenden Personen vorsieht. Jedoch kann eine Sicherungsübertragung, die wertmäßig über eine Krediterhöhung hinausgeht, in Verbindung mit weiteren Umständen auf einen Benachteiligungsvorsatz hinweisen.[155] Auch unentgeltliche Zuwendungen[156] oder Verschleuderungsverträge[157] können Beweisanzeichen darstellen: Wenn ein Schuldner Gegenstände aus seinem Vermögen offensichtlich unter Wert veräußert, kann dies unabhängig von der Dreimonatsfrist des § 131 sowohl auf seinen Benachteiligungsvorsatz als auch auf eine Kenntnis des anderen Teils hinweisen.[158] Entsprechendes gilt für Sozialpläne, die vor der Frist des § 124

---

[151] *Henckel,* Kölner Schrift S. 836 ff. und in Festschrift 50 Jahre BGH, 2001, Bd. III, S. 785, 790.; *Kübler/Prütting/Paulus* § 133 RdNr. 6; *C. Paulus* ZInsO 1999, 242, 249; *C. Paulus/Schröder* WM 1999, 253, 255.
[152] Vgl. RGZ 45, 24, 25 f.; 51, 76, 77; RG JW 1902, 590 Nr. 13; 1902, 593 Nr. 18; 1906, 179; Gruchot 54 [1910], 623, 627 f.
[153] HK-*Kreft* § 133 RdNr. 19; *Häsemeyer* RdNr. 21.83; aM *Henckel,* in Kölner Schrift S. 813, 838 f., RdNr. 52 f.
[154] HK-*Kreft* § 133 RdNr. 18; *Nerlich* (Fn. 27) § 133 RdNr. 30; ergänzend s. u. RdNr. 35 bis 37.
[155] BGH NJW 1998, 1561, 1563; NJW-RR 1998, 1057, 1061; HK-*Kreft* § 133 RdNr. 15; vgl. auch RG JW 1919, 244 Nr. 12.
[156] Vgl. BGH NJW 1995, 1093, 1094; RG JW 1911, 67 Nr. 75; WarnR 1931 Nr. 173.
[157] *Kübler/Prütting/Paulus* § 133 RdNr. 6; *Smid/Zeuner* § 133 RdNr. 8; vgl. RG JW 1902, 24, 25; OLG Köln bei *Gerhardt* EWiR 2001, 775.
[158] BGH NZI 2005, 329, 331; *Smid/Zeuner* § 133 RdNr. 8; *Häsemeyer* RdNr. 21.82; zu § 3 AnfG BGH NJW-RR 2002, 478, 480; aM *Henckel,* Kölner Schrift S. 838 RdNr. 51.

Abs. 1 abgeschlossen wurden und zweifelsfrei überhöhte Leistungen festsetzen,[159] für eindeutig unangemessen hohe Versorgungszusagen[160] oder wenn eine GmbH Beratungsleistungen bezahlt, die ihrem Geschäftsführer erbracht wurden.[161] Gewichtige Unsicherheiten bei der Bewertung von Leistung oder Gegenleistung können andererseits einen Vorsatz ausschließen.

33 dd) Hat andererseits der Schuldner eine **kongruente Deckung** im Sinne von § 130 geleistet, ist sein Benachteiligungsvorsatz nicht von vornherein ausgeschlossen, weil er dennoch die Benachteiligung der anderen, unberücksichtigt gebliebenen Insolvenzgläubiger erkennen und wollen kann. Hierzu genügt der Nachweis, dass der Schuldner schon die später erfüllte Verpflichtung mit Benachteiligungsvorsatz begründet hat; dann wird dessen Fortdauer vermutet.[162] Im Übrigen gilt der gewöhnliche Vorsatzbegriff (s. o. RdNr. 13); es reicht also aus, dass der Schuldner sich eine Benachteiligung der anderen Gläubiger nur als möglich vorgestellt, sie aber billigend in Kauf genommen hat, ohne sich durch die Vorstellung dieser Möglichkeit von seinem Handeln abhalten zu lassen.[163] Nur bei dieser Feststellung ist der Pflichtenkollision Rechnung zu tragen, in welcher der Schuldner handelt: An den Nachweis seines Benachteiligungsvorsatzes sind erhöhte Anforderungen zu stellen;[164] denn im Falle einer kongruenten Deckung erschöpft sich sein Wille meist darin, seinen Verbindlichkeiten gerecht zu werden, ohne die Benachteiligung Anderer in den Blick zu nehmen. Eine Rechtspflicht zu nur noch anteilsmäßiger Befriedigung aller Gläubiger trifft ihn jedenfalls außerhalb der Fristen der §§ 130 bis 132 nicht.[165]

33 a Die Prüfung, ob der Schuldner bei einer kongruenten Deckungshandlung die Gläubigerbenachteiligung wenigstens „billigend" in Kauf genommen hat, wird regelmäßig von der Feststellung abhängen, dass es ihm im Einzelfall weniger auf die Erfüllung seiner Vertragspflichten als entweder auf die Schädigung der anderen Gläubiger durch Beseitigung von Zugriffsobjekten[166] oder – viel naheliegender – auf die Begünstigung des Leistungsempfängers ankam.[167] Ein solcher überwiegender Beweggrund gehört zwar nicht zum Vorsatzbegriff (s. o. RdNr. 13), ist aber ein tatsächlicher Anhaltspunkt bei der Würdigung im Rahmen des § 286 ZPO.[168] Auf ihn kann auch ein Gegenbeweis im Falle des Abs. 1 Satz 2 gestützt werden,[169] der jedoch mit zunehmender Nähe der angefochtenen Leistung zum Eröffnungsantrag erschwert wird.[170] Die gleiche Willensrichtung wird bei der Anfechtung von Bargeschäften im Sinne von § 142 bedeutsam.[171]

---

[159] Vgl. *Jaeger/Henckel*, KO § 29 RdNr. 37; *Schils* KTS 1976, 267, 279 f. und zur Anfechtung von Sozialplänen im Allgemeinen LAG Hamm ZIP 1982, 615, 617; LAG München ZIP 1987, 589, 590.

[160] Vgl. *Beinert/Hennerkes/Binz/Rauser* DB 1980, 2323, 2325.

[161] Vgl. LG Berlin ZIP 2006, 862, 863 f.

[162] Vgl. RGZ 27, 130, 135 f.

[163] BGHZ 155, 75, 84 = NJW 2003, 3347, 3349; BGH NZI 2005, 329, 331; *Sander* ZIP 2004, 613, 614 f.

[164] BGH NJW 2003, 3560, 3561; KG ZInsO 2006, 833, 834 f.; HK-*Kreft* § 133 RdNr. 14; vgl. RG LZ 1916, 65 Nr. 22; BFH NV 1999, 745, 747.

[165] LG Kiel ZInsO 2004, 1374; HambKomm-*Rogge* § 133 RdNr. 34; *König* RdNr. 7/9; aM *Diem* S. 113.

[166] BGH WM 1962, 1369, 1370; NJW 1969, 1719; 1984, 1893, 1898, insoweit nicht in BGHZ 90, 381 abgedruckt; NJW 1991, 2144, 2145; 1993, 1640, 1641; 1994, 2893, 2895; 1997, 3028, 3029; ZIP 1998, 793, 798 f.; RGZ 16, 27, 28 f.; 33, 120, 124 f.; 47, 223, 225 f.; RG JW 1896, 175 Nr. 29; 1898, 52 Nr. 25; 1900, 651 Nr. 11; 1901, 9 f.; 1906, 390, 391; LZ 1908, 388, 389 f.; JW 1919, 730 f.; Recht 1928 Nr. 1691; WarnR 1929 Nr. 164 aE; JW 1938, 1536 Nr. 26; 1938, 2841, 2842; DR 1940, 872, 874; OLG Stuttgart ZIP 2002, 2264, 2266; ZInsO 2006, 274, 276; HK-*Kreft* § 133 RdNr. 14; *Nerlich* (Fn. 27) § 133 RdNr. 30; *Jaeger/Henckel*, KO § 31 RdNr. 11; *Uhlenbruck/Hirte* § 133 RdNr. 18 f.; vgl. RGZ 51, 76, 78.

[167] OLG Dresden ZIP 2003, 1052, 1053; *Plander* BB 1972, 1480, 1485 f.; vgl. BGH ZIP 1996, 1475. Im Einzelnen s. u. RdNr. 34 a.

[168] Vgl. RG LZ 1911, 947 f.; diesen rein prozessualen Zusammenhang verkennt *Jacoby* KTS 2005, 371, 397 f.

[169] BGH NJW 2002, 3252 zu § 31 KO; vgl. LG Kiel ZInsO 2004, 1374 f. gegen AG Kiel ZInsO 2004, 519, 520.

[170] Vgl. AG Hannover ZInsO 2002, 89, 90; AG Dresden ZInsO 2004, 1268; zu weiteren Gegengründen auch OLG München ZInsO 2005, 496, 497 f.

[171] BGHZ 123, 320, 322 f. = NJW 1993, 3267 f.; HK-*Kreft* § 133 RdNr. 14; *Nerlich* (Fn. 27) § 133 RdNr. 44; *Smid/Zeuner* § 133 RdNr. 46; *Jaeger/Henckel*, KO § 31 RdNr. 12.

Veräußert der Schuldner Gegenstände seines Vermögens zu angemessenem Preis, kann sein **34**
Benachteiligungsvorsatz z. B. festgestellt werden, wenn er den Veräußerungserlös nachweislich
seinen Gläubigern entziehen will. Das bloße Bewusstsein, dass der Zugriff der Gläubiger auf
den – objektiv gleichwertigen – Veräußerungserlös schwerer ist als auf den ursprünglichen
Gegenstand, reicht jedoch regelmäßig nicht aus, um einen Benachteiligungswillen anzuzeigen.[172] Lässt der spätere Insolvenzschuldner Überweisungen seiner Schuldner auf sein debitorisch geführtes Bankkonto zu, deutet dies allein im Zeitalter des bargeldlosen Zahlungsverkehrs
nicht auf seinen Benachteiligungsvorsatz hin.[173] Die übliche Vereinbarung in einem Grundstückskaufvertrag, dass der Kaufpreis auf das Geschäftskonto des Verkäufers zu zahlen sei, ist für
sich ebenfalls unverdächtig, auch wenn dadurch zugunsten der Bank eine Verrechnungsmöglichkeit geschaffen wird.[174] Vorsatz und Kennenmüssen können aber z. B. darin zum Ausdruck
kommen, dass der Schuldner in seiner Krise auf Veranlassung der Bank auf seinen Rechnungsvordrucken andere – von mehreren – Bankverbindungen weglässt.[175] Die vertragsgemäße
Androhung einer Kreditkündigung oder einer Sicherheitenverwertung durch ein Kreditinstitut (vgl. § 490 Abs. 1 BGB, Nr. 19 AGB-Banken/Nr. 26 AGB-Sparkassen) und das Geltendmachen eines Nachbesicherungsanspruchs (Nr. 13 AGB-Banken/Nr. 22 AGB-Sparkassen)
sind normale Mittel zur – kongruenten – Durchsetzung bestehender Rechte; sie deuten nicht
ohne weiteres auf eine vorsätzliche Begünstigung des Kreditinstituts durch den Schuldner hin,
der dem Verlangen entspricht.[176] Ist die unwiderrufliche Alterssicherung eines Geschäftsführers schon im Anstellungsvertrag und vor der Krise der später insolvent werdenden Gesellschaft
vereinbart, so ist der entsprechende Abschluss eines Direktversicherung unverdächtig;[177] anders
verhält es sich, wenn die Unwiderruflichkeit erst nachträglich begründet wird.[178]

Ein weiterer Beweggrund für den Benachteiligungsvorsatz kann der Wille sein, vorrangig **34a**
den Anfechtungsgegner auf Kosten anderer Insolvenzgläubiger zu begünstigen.[179] Ein wichtiger Anhaltspunkt dafür ist es, ob der Schuldner in Kenntnis seiner Zahlungsfähigkeit
handelt (BGH ZInsO 2007, 819, 821 lässt objektive Zahlungsunfähigkeit ausreichen) oder
durch die Rechtshandlung einen über die Schuldtilgung hinausgehenden eigenen Vorteil
erlangte.[180] Dies liegt z. B. nahe, wenn der Schuldner sich von der kongruenten Befriedigung oder Sicherung bestimmter einzelner Gläubiger Vorteile für die Zeit nach der Insolvenzeröffnung verspricht, etwa bei der Begründung einer neuen wirtschaftlichen Existenz,[181] oder wenn der Leistungsempfänger – eine juristische Person – wirtschaftlich dem
Schuldner selbst gehört.[182] Dasselbe trifft insbesondere zu, wenn ein zahlungsschwacher
Schuldner im wesentlichen nur noch an solche Gläubiger leistet, die ihn besonders hart oder
sogar existenzbedrohend bedrängen. In Betracht kommen vor allem rücksichtslose Inkassomethoden, die ernst zu nehmende Drohung mit einer Strafanzeige (z. B. nach § 266a
StGB), die Pfändung aller Konten des Schuldners sowie angedrohte oder gestellte Anträge
auf Abgabe der eidesstattlichen Offenbarungsversicherung (§§ 807, 900 ZPO) oder auf
Eröffnung des Insolvenzverfahrens; dies gilt verstärkt, wenn derartige Maßnahmen zeitnah
wiederholt und/oder abgewechselt werden, ohne dass sich letztlich die Verbindlichkeit des
Schuldners wesentlich verringert.[183] Der eigene Wille des Leistungsempfängers ist dem-

---

[172] *Jaeger/Henckel*, KO § 31 RdNr. 12.
[173] *Bork,* Zahlungsverkehr RdNr. 211; *Obermüller* RdNr. 3.115.
[174] OLG Hamm ZInsO 2005, 267 f.
[175] *Obermüller* RdNr. 3.116.
[176] *Obermüller* ZInsO 2005, 198, 199 f.; aM *Rechtmann/Tetzlaff* ZInsO 2005, 196, 197 f.
[177] Vgl. OLG Brandenburg NZI 2002, 439, 440 f.
[178] Vgl. LG Görlitz ZInsO 2003, 808, 809 m. krit. Anm. von *Bert* EWiR 2002, 585 f.
[179] *Plander* BB 1972, 1480, 1485 f.; vgl. BGH ZIP 1996, 1475; OLG Dresden ZIP 2003, 1052, 1053 f.
[180] *Thole* DZWIR 2006, 191, 195 unter Hinweis auf eine entsprechende Beweisregel des englischen Rechts; *Beissenhirtz* S. 120 f.; vgl. auch § 30 Nr. 2 KO und *König* RdNr. 10/89 zu § 30 öKO.
[181] *Jaeger/Henckel*, KO § 31 RdNr. 11 aE; *Uhlenbruck/Hirte* § 133 RdNr. 37.
[182] Vgl. OLG Karlsruhe ZIP 1980, 260, 262.
[183] BGHZ 155, 75, 86 = NJW 3347, 3349 f.; BGH NZI 2005, 690, 692; 2006, 159, 162; OLG Stuttgart ZIP 2004, 129, 131 f.; OLG Brandenburg ZInsO 2007, 40, 41; vgl. BGHZ 149, 100, 111 = NJW 2002, 512,

gegenüber unerheblich; seine Kenntnis genügt (s. o. RdNr. 19). Deshalb ist es nicht selbständig bedeutsam, ob der Gläubiger die Druckmittel einsetzen durfte.[184] Führt dagegen schon die erste Vollstreckungsandrohung oder der erste Vollstreckungsversuch zum Erfolg, besteht regelmäßig kein Anhaltspunkt für eine nachhaltige Liquiditätskrise des Schuldners; erst recht deutet dann nichts auf eine gezielte Begünstigung nur dieses einen Gläubigers hin.[185] Die überfällige Bezahlung von Energieversorgungsleistungen drückt nicht schon deswegen eine vorrangige Begünstigungsabsicht aus, weil anderenfalls die Sperre weiterer Leistungen drohte.[186]

35   In vergleichbarer Weise ist der Nachweis eines Benachteiligungsvorsatzes zu prüfen, wenn der Schuldner die Rechtshandlung auf Grund ähnlicher, objektiver **Pflichtenkollisionen** vorgenommen hat: Die Erfüllung der einen Pflicht zeigt dann nicht ohne weiteres an, dass der Schuldner die dadurch erkennbar verursachte Benachteiligung der anderen Insolvenzgläubiger innerlich auch gewollt hat. Dies kommt z. B. in Betracht, wenn der Schuldner durch einen Notverkauf den notwendigen Unterhalt für sich und seine Familie beschaffen wollte;[187] allerdings schließt die Absicht des Schuldners, den Unterhalt der Familie zu sichern, die Anfechtung gemäß § 133 keinesfalls schlechthin aus.[188] Am Benachteiligungswillen kann es auch fehlen, wenn der Schuldner Mietzinsforderungen abtritt, um aus den künftigen Erträgnissen nur die laufenden Lasten des Grundstücks zu bestreiten und dadurch dessen Zwangsversteigerung abzuwenden,[189] oder wenn er sein Grundstück veräußert, um die Pfändung künftiger Mietzinsen durch einen persönlichen Gläubiger zu verhindern und damit den Zugriff der Grundpfandgläubiger auf die ihnen haftenden Mietzinsen zu erhalten.[190] Tritt der Schuldner eine Forderung ab, um damit das für die Fortsetzung seines Betriebes notwendige neue Material zu beschaffen und den Lieferanten für die Forderungen aus dem künftigen Bezug weiteren Materials zu sichern, ihn also zur Gewährung neuer Kredite zu veranlassen, so ist der Wille des Schuldners nicht ohne weiteres auf die Benachteiligung seiner übrigen Gläubiger gerichtet;[191] ein Benachteiligungswille dürfte allerdings meist vorliegen, wenn der Lieferant sich auf diese Weise zugleich seine offen stehenden, bis dahin ungesicherten Altforderungen sichern lässt (s. o. RdNr. 29 ff.).

36   Da es im vorliegenden Zusammenhang um die Feststellung eines Vorsatzes, also der inneren Einstellung des Schuldners, geht, ist schon die – ehrliche – Überzeugung des Schuldners erheblich, eine kongruente Deckung zu erbringen oder in einer Pflichtenkollision zu stehen: Der Schuldner, der **irrtümlich** annimmt, eine wirksame Verpflichtung zu erfüllen, unterscheidet sich in seiner subjektiven Haltung nicht grundsätzlich von demjenigen, der objektiv eine kongruente Rechtshandlung vornimmt.[192] Ein Benachteiligungsvorsatz kann dementsprechend auch fehlen, wenn der Schuldner irrig glaubt, eine ihm erbrachte Leistung gleichwertig auszugleichen[193] oder ein vorrangiges, wirksames Sicherungsrecht zu erfüllen.[194] Hinsichtlich einer Vermeidbarkeit des Irrtums ist zu unterscheiden: Kennt der Schuldner nicht alle maßgeblichen Tatsachen, so ist sein Irrtum erheblich; zu prüfen bleibt

---

514; *Kübler*, Festschrift für Greiner, 2005, S. 159, 168 f.; *Kirchhof* ZInsO 2004, 1166, 1174; vgl. *Viertelhausen* InVo 2004, 345, 350 f.

[184] AM *Jacoby* KTS 2005, 371, 399 f.
[185] *Bork* ZIP 2004, 1684, 1692.
[186] OLG Köln NZI 2007, 176, 177.
[187] RG JW 1905, 442 f.; *Nerlich* (Fn. 27) § 133 RdNr. 29; HambKomm-*Rogge* § 133 RdNr. 37.
[188] Vgl. BGH WM 1955, 407, 412; *Jaeger/Henckel*, KO § 31 RdNr. 14; *Kilger/K. Schmidt* § 31 KO Anm. 4.
[189] RG LZ 1915, 629 Nr. 29; *Nerlich* (Fn. 27) § 133 RdNr. 31; *Jaeger/Henckel*, KO § 31 RdNr. 12.
[190] RGZ 64, 339, 343 f.; *Jaeger/Henckel*, KO § 31 RdNr. 12.
[191] OLG Frankfurt LZ 1909, 89 Nr. 7; *Jaeger/Henckel*, KO § 31 RdNr. 12; vgl. auch OLG München WM 1972, 760, 763.
[192] HK-*Kreft* § 133 RdNr. 14; vgl. BGH ZIP 1990, 1088, 1090 aE, insoweit nicht in BGHZ 112, 136 oder NJW 1990, 2626 abgedruckt; NJW 1991, 2144, 2145; ZIP 1997, 423, 427; RGZ 69, 163, 166; RG WarnR 1931 Nr. 91; *Smid/Zeuner* § 133 RdNr. 41; *Jaeger/Henckel*, KO § 31 RdNr. 14 aE; andererseits BGH WM 1968, 683, 685.
[193] HK-*Kreft* § 133 RdNr. 16; vgl. BGH NJW 1998, 1561, 1565; NJW-RR 1998, 1057, 1061.
[194] BGH NJW-RR 1995, 766, 767 f.

dann allenfalls, ob die Unkenntnis nicht nur vorgetäuscht wird. Ein Irrtum allein in der rechtlichen Bewertung der bekannten Tatsachen ist dagegen (nur) im Regelfall unerheblich (s. u. RdNr. 38). Keinesfalls braucht sich der Kenntnisstand der Beteiligten auch auf die Schlussfolgerung zu erstrecken, mit einer nicht geschuldeten Leistung eine inkongruente Deckung im insolvenzrechtlichen Sinne zu erbringen.[195] Entsprechend fehlt es am Benachteiligungsvorsatz beziehungsweise der Kenntnis, wenn Schuldner und Anfechtungsgegner annahmen, das veräußerte Grundstück sei über seinen Wert hinaus belastet.[196]

ee) Ein sachgerechter **Sanierungsversuch** kann die unmittelbare Gläubigerbenachteiligung für die zu diesem Zweck erbrachten Dienstleistungen ausschließen (vgl. § 129 RdNr. 163 bis 165, § 132 RdNr. 14). Reicht, wie für § 133 Abs. 1, eine bloß mittelbare Gläubigerbenachteiligung aus, kann ein ernsthaftes, wenngleich letztlich erfolgloses Sanierungsbemühen im Einzelfall – nicht generell[197] – den Gläubigerbenachteiligungsvorsatz mit Bezug auf die zu diesem Zweck erbrachten Schuldnerleistungen ausschließen. Das gilt auch für das Grundkonzept vor einer Unternehmensgründung.[198] Der Vorsatz kann nach der Lebenserfahrung (§ 286 ZPO) insbesondere fehlen, wenn der Sanierungsversuch für den Schuldner zwar erkennbar mit Risiken belastet ist, die Bemühungen um eine Rettung des Unternehmens jedoch ganz im Vordergrund stehen und auf Grund konkret benennbarer Umstände eine positive Prognose nachvollziehbar und vertretbar erscheint.[199] Nicht nötig ist, dass der Schuldner bereits der sicheren Überzeugung sein durfte, der Sanierungsversuch werde gelingen.[200] Auch schadet es nicht ohne weiteres, wenn schon ein Eröffnungsgrund i. S. v. § 16 vorliegt;[201] sogar dann ist ein Sanierungsversuch weder allgemein zu missbilligen noch von vornherein aussichtslos. Jedoch müsste das Sanierungskonzept dann auch die baldige Beseitigung der Eröffnungsgründe in schlüssiger Weise vorsehen. Nach pflichtgemäßer Einschätzung eines unvoreingenommen urteilenden, fachkundigen Dritten muss das Unternehmen des Schuldners als sanierungsfähig erscheinen.[202] Wesentliche Gläubiger dürfen nicht ausgeschlossen sein (vgl. *Zeuner* NZI 2007, 369, 371). Ein von vornherein erkennbar aussichtsloser Rettungsversuch entlastet die Beteiligten nicht,[203] ebenso wenig eine bloße Beratung zwecks Umsatzsteigerung.[204] Auch ein Zahlungsaufschub reicht allein nicht aus, solange nicht die Krisenursachen planmäßig beseitigt werden. Dafür ist regelmäßig ein in sich schlüssiges, auf den Einzelfall bezogenes Sanierungskonzept vorauszusetzen, das jedenfalls in den Anfängen schon in die Tat umgesetzt und infolgedessen auf der Seite des Schuldners zurzeit der Rechtshandlung ernsthafte und begründete Aussicht auf Erfolg in überschaubarer Zeit zu rechtfertigen geeignet ist.[205]

---

[195] *Kirchhof*, in Bork/Kübler, Insolvenzrecht 2000, 2001, S. 55, 65 f.
[196] OLG Nürnberg KTS 1966, 250, 252; HambKomm-*Rogge* § 133 RdNr. 17 *Jaeger/Henckel*, KO § 31 RdNr. 12. Ergänzend s. u. RdNr. 46.
[197] Vgl. BGH ZIP 1996, 1475; RG LZ 1912, 152 Nr. 30; WarnR 1919 Nr. 83 S. 126; WarnR 1929 Nr. 165; OLG Hamm WM 1996, 1929, 1930 f.; *Uhlenbruck/Hirte* § 131 RdNr. 21; aM OLG Hamm NJW 1976, 1983 f.
[198] OLG Dresden ZInsO 2007, 497, 498 f.; abl. *Ingelmann* ZInsO 2007, 802, 803 f.
[199] RG KuT 1929, 151 f.; JW 1937, 834; 1937, 2214, 2215; HK-*Kreft* § 133 RdNr. 18; *Nerlich* (Fn. 27) § 133 RdNr. 27, 28; *Jaeger/Henckel*, KO § 31 RdNr. 12; *Baur/Stürner* RdNr. 19.13; vgl. BGH NJW 1991, 2144, 2145; ZInsO 2007, 816, 817; OLG Schleswig WM 1982, 25, 27 f.; *König* RdNr. 7/12.
[200] BGH NJW-RR 1993, 238, 241; vgl. OLG Hamm ZInsO 1999, 574, 576; *Breutigam* in: Breutigam/Blersch/Goetsch § 133 RdNr. 5.
[201] Vgl. *Lind* S. 85; aM *Raschke* S. 143 f.
[202] Vgl. zu § 32 a GmbHG BGH ZIP 2006, 279, 281.
[203] OLG Brandenburg ZIP 2002, 1902, 1907 f.; OLG Hamburg ZInsO 2005, 891 f.; OLG Dresden ZInsO 2007, 497, 498 f.; vgl. BGH NZI 2006, 159, 162.
[204] BGH NJW 1995, 1093, 1094.
[205] BGH NJW 1984, 1893, 1899, insoweit nicht in BGHZ 90, 381 abgedruckt; NJW-RR 1993, 238, 241; 1995, 766 f.; NJW 1998, 1561, 1563 f.; OLG Dresden WiB 1997, 647, 648; OLG Hamburg ZInsO 2005, 891 f.; *Smid/Zeuner* § 133 RdNr. 40; zu weit gehend RGZ 114, 206, 207. Zu den Anforderungen an eine Sanierungsprüfung vgl. *Rümker* KTS 1981, 493, 509 ff.; *Obermüller* RdNr. 5.126 ff.; *Wallner/Neuenhahn* NZI 2006, 553, 556 f.

37a Der Benachteiligungsvorsatz kann sogar dann ausgeschlossen sein, wenn dem verfolgten Konzept nicht alle – objektiv vorauszusetzenden (vgl. § 129 RdNr. 163) – Sanierungsprüfungen vorausgegangen sind, so dass z. B. in Verkennung längerfristiger Krisenursachen objektiv lediglich ein letztlich unzureichender *Überbrückungskredit* aufgenommen wurde. Ein Schuldner, der ernsthaft und mit aus seiner Sicht tauglichen Mitteln die Sanierung anstrebt, handelt subjektiv redlich; er will typischerweise den Eintritt der Gläubigerbenachteiligung gerade vermeiden, nimmt sie also durchweg nicht in Kauf. Allerdings kann eine nicht fachgerechte Einleitung eines Versuchs, je nach den Umständen, auch Rückschlüsse auf eine mangelnde Ernsthaftigkeit zulassen.[206] Die bloße Hoffnung, mit Hilfe neuer Kredite oder sonstiger Sanierungsmaßnahmen einen Konkurs abwenden zu können, genügt ebenso wenig[207] wie die Investition irgendwelcher Geldmittel[208] oder die entgeltliche Beratung mit dem Ziel der Umsatzsteigerung in der Hoffnung auf eine Konsolidierung.[209] Erbringt andererseits der Schuldner noch ungewöhnlich hohe Zahlungen, kann dies ausnahmsweise gegen eine Kenntnis des Zahlungsempfängers sprechen.[210] Sobald ein ursprünglich verfolgter Sanierungszweck als unerreichbar erkannt wird, spricht er nicht mehr gegen einen Benachteiligungsvorsatz des Schuldners.[211] Auch wenn bekannt wird, dass in den Vermögensverhältnissen des Schuldners außerplanmäßig eine wesentliche Verschlechterung eingetreten ist, welche die Sanierung als nicht mehr aussichtsreich erscheinen lässt,[212] rechtfertigt das Sanierungsbemühen jedenfalls dann keine weitere Verringerung des Schuldnervermögens mehr, wenn nicht kurzfristig ein zuverlässig erscheinender Ausgleich geschaffen wird.[213]

38 c) Ein Nachweis der **Kenntnis des anderen Teils** entfällt, wenn schon ein Benachteiligungsvorsatz des Schuldners nicht festgestellt ist;[214] die bloß irrtümliche Annahme eines Vorsatzes schadet nicht. Kennt der Anfechtungsgegner dagegen die Tatsachen, aus denen der Benachteiligungsvorsatz des Schuldners zweifelsfrei folgt, so kann daraus regelmäßig die Kenntnis dieses Vorsatzes selbst entnommen werden.[215] Regelmäßig genügt es, wenn der Schuldner die tatsächlichen Umstände kennt, bei deren Vorliegen der Rechtsbegriff der Inkongruenz erfüllt ist;[216] diese Vermutung sollte jedoch zu erschüttern sein, falls die Beurteilung der Inkongruenz von der Beantwortung schwieriger Rechtsfragen abhängt und der Anfechtungsgegner rechtsirrig annahm, die ihn gewährte Deckung beanspruchen zu dürfen.[217] Dies könnte z. B. für Werkunternehmer zutreffen, die sich eine Sicherheit gemäß § 648 a BGB gewähren lassen.[218] Wer die verursachte Gläubigerbenachteiligung kennt, kann daraus auf den entsprechenden Vorsatz des Schuldners schließen, wenn nicht nach der Sachlage ein anderer Beweggrund naheliegt.[219]

38a Abs. 1 **Satz 2** erleichtert den Nachweis: Beweist der Insolvenzverwalter, dass der Anfechtungsgegner Umstände kannte, die zwingend auf eine drohende Zahlungsunfähigkeit hin-

---

[206] BGH NJW 1998, 1561, 1564; HK-*Kreft* § 133 RdNr. 18; vgl. auch BGH WM 1985, 295.
[207] BGH NJW 1984, 1893, 1899, insoweit nicht in BGHZ 90, 381 abgedruckt; ZIP 1999, 406, 408; RG LZ 1916, 63, 65; *Smid/Zeuner* § 133 RdNr. 40; *Jaeger/Henckel*, KO § 31 RdNr. 14.
[208] BGH, Beschl. v. 17. 3. 2005 – IX ZR 112/03.
[209] BGH NJW 1995, 1093, 1094.
[210] BGH NZI 2005, 692, 693.
[211] BGH, Urt. v. 28. 9. 2004 – IX ZR 158/03; vgl. Urt. v. 3. 2. 2005 – IX ZR 47/01.
[212] Vgl. zu dieser Voraussetzung für eine Kündigung von Sanierungskrediten BGH WM 2004, 2200, 2201 f.
[213] Vgl. zu Leistungen nach Scheitern einer Sanierung BGH NJW-RR 1993, 238, 241 f.; NZI 2003, 253, 257; Urt. v. 28. 9. 2004 – IX ZR 158/03; OLG Dresden ZIP 2003, 1052, 1053 f.
[214] Vgl. RGZ 43, 387, 392 f.; 57, 161 f.; RG JW 1898, 480 f.; 1901, 123 Nr. 11; aM *Diem* S. 128.
[215] So BGH ZIP 1999, 1271, 1274 zur Kenntnis der Begünstigungsabsicht nach § 30 Nr. 2 KO; vgl. auch *Häsemeyer* RdNr. 21.79.
[216] BGH NJW 2000, 957, 958; NJW-RR 2004, 1130, 1132; NZI 2004, 445, 447; 2006, 159, 161; OLG Brandenburg ZInsO 2007, 40, 41; *Uhlenbruck/Hirte* § 133 RdNr. 25.
[217] BGH ZIP 1990, 1088, 1090 aE, insoweit nicht in BGHZ 112, 136 abgedruckt; ZIP 1997, 423, 427; NJW 1998, 1561, 1565; HK-*Kreft* § 133 RdNr. 23; vgl. andererseits RG Gruchot (1895), 434, 435.
[218] Vgl. *Mundt* NZBau 2003, 527, 529; zur Inkongruenz s. o. § 131 RdNr. 23. BGH NZI 2005, 329, 330 f. geht von einem „schwachen Indiz" aus.
[219] RG JW 1902, 24, 25.

deuteten (s. o. RdNr. 24), so wird widerleglich vermutet, dass er auch die drohende Zahlungsunfähigkeit als solche kannte.[220] Ferner wird die Kenntnis der Gläubigerbenachteiligung vermutet (s. o. RdNr. 24 b).

Im Einzelnen gelten zu dieser Kenntnis dieselben Beweisanzeichen wie zum Benachteiligungsvorsatz des Schuldners (s. o. RdNr. 25 bis 37) entsprechend, weil sich die Kenntnis wenigstens in allgemeiner Form spiegelbildlich auf die einzelnen Elemente des Vorsatzes beziehen muss;[221] dadurch kann eine Kenntnis ggf. auch unabhängig von Abs. 1 Satz 2 bewiesen werden. Insbesondere spricht ein starkes Beweisanzeichen für sie, wenn eine inkongruente Deckung gewährt wurde.[222] Das in der Inkongruenz liegende Beweisanzeichen kann allerdings entkräftet sein, wenn der Anfechtungsgegner keinen Zweifel an der Liquidität des Schuldners hatte (s. o. RdNr. 15, 29, 30). Wenn jener einen Vermögensgegenstand des Schuldners erkennbar unter Wert erwirbt, kann das auf seine Kenntnis des Benachteiligungsvorsatzes hindeuten.[223] Umgekehrt bereitet der Nachweis dieser Kenntnis in den Fällen kongruenter Deckung erhebliche Schwierigkeiten, weil der Gläubiger lediglich bekommen hat, was ihm zustand; dann können nur besondere Umstände des Einzelfalles dem Gericht dennoch die Überzeugung von der Kenntnis verschaffen.[224] Dies liegt insbesondere bei der Vereinbarung von Scheingeschäften zwischen Schuldner und dem anderen Teil[225] sowie dann nahe, wenn beide zusammenwirken, um anderen Gläubigern Zugriffsobjekte zu entziehen.[226] Der Anfechtungsgegner, der den Schuldner für wirtschaftlich gesund oder dessen Unternehmensfortführung für Erfolg versprechend hält, kennt dessen Benachteiligungsvorsatz möglicherweise nicht.[227]

V. Anfechtungsvoraussetzungen nach Abs. 2

Abs. 2 enthält keinen besonderen Anfechtungstatbestand, sondern eine Erweiterung gegenüber der Grundnorm des Abs. 1:[228] Seine Bedeutung liegt allein in der Umkehr der Beweislast für die in Abs. 2 vorausgesetzten, besonders verdächtigen Rechtshandlungen. Deshalb bleibt die Anfechtung entgeltlicher Verträge des Schuldners mit Nahestehenden, die früher als zwei Jahre vor dem Eröffnungsantrag geschlossen wurden, nach Abs. 1 möglich.[229] Gleiches gilt, wenn die zusätzlichen speziellen Voraussetzungen des Abs. 2 – entgeltlicher Vertrag und unmittelbare Gläubigerbenachteiligung – im Einzelfall nicht festzustellen sind; dann kann auf Abs. 1 zurückgegriffen werden (s. o. RdNr. 5, 27). Ferner könnten grundsätzlich auch Bargeschäfte im Sinne von § 142 gemäß § 133 Abs. 2 angefochten werden,[230] doch bewirken sie durchweg keine unmittelbare Gläubigerbenachteiligung (s. u. RdNr. 44).

1. Entgeltliche Verträge des Schuldners mit Nahestehenden. a) Abs. 2 erfasst nur **Verträge.** Dieser Begriff wurde, dem Gesetzeszweck entsprechend, schon auf der Grundlage der Vorgängernorm des § 31 Nr. 2 KO einhellig weit ausgelegt; und die Entstehungsgeschichte des § 133 Abs. 2 ergibt nicht, dass das geändert werden sollte. Unter dessen Vertragsbegriff fallen zum einen zweiseitige rechtsgeschäftliche Absprachen aller Art i. S. v. §§ 145 ff. BGB: Z. B. schuldrechtliche Vereinbarungen wie Kauf- oder Pacht-

---

[220] BGH NJW 2003, 3560, 3562; NZI 2005, 690, 692; 2005, 692, 693; HK-*Kreft* § 133 RdNr. 22. Ergänzend s. o. RdNr. 24 b.
[221] Vgl. BGH NJW 1998, 1561, 1564 f.; HK-*Kreft* § 133 RdNr. 21.
[222] BGHZ 123, 320, 326 = NJW 1993, 3267, 3268; BGH WM 1961, 387, 389; ZIP 1985, 1008, 1011; NJW 1995, 2348, 2350 aE; ZIP 1997, 423, 427; NZI 2006, 159, 161 f.; HK-*Kreft* § 133 RdNr. 23; *Nerlich* (Fn. 27) § 133 RdNr. 39; *Jaeger/Henckel,* KO § 31 RdNr. 18; vgl. *Eckardt* EWiR 2000, 291, 292.
[223] *Smid/Zeuner* § 133 RdNr. 44.
[224] RGZ 51, 76, 79 f.; *Jaeger/Henckel,* KO § 31 RdNr. 18; vgl. KG ZInsO 2006, 833, 835 f.
[225] *Kübler/Prütting/Paulus* § 133 RdNr. 12; vgl. BGH NJW 1996, 3147, 3148 ff.
[226] BGH NJW 1969, 1719; HK-*Kreft* § 133 RdNr. 14.
[227] BGH NJW 1992, 834, 836; NJW-RR 1993, 238, 241.
[228] *Kübler/Prütting/Paulus* § 133 RdNr. 15; *Nerlich* in: Nerlich/Römermann § 133 RdNr. 61; *Uhlenbruck/Hirte* § 133 RdNr. 33; *Jaeger/Henckel,* KO § 31 RdNr. 24; *Kilger/K. Schmidt* § 31 KO Anm. 1; *v. Campe* S. 240 f.
[229] HK-*Kreft* § 133 RdNr. 28; *Uhlenbruck/Hirte* § 13 RdNr. 40; *Hess* InsO § 133 RdNr. 211.
[230] *Kübler/Prütting/Paulus* § 133 RdNr. 15.

verträge.[231] Schuldanerkenntnisse,[232] dinglich wirkende Verträge wie die Übereignung von Sachen,[233] Abtretungen,[234] die Begründung von Sicherheiten[235] oder eines Nießbrauchs[236] sowie das Eingehen einer Wechselverbindlichkeit,[237] güterrechtliche Verträge,[238] Vermögensteilungsverträge[239] oder die Einlage in eine neu gegründete GmbH[240] sowie Ausschüttungen aus einer Gesellschaft.[241] Die Vorschrift erfasst auch nicht-rechtsgeschäftliche Erwerbsvorgänge, soweit sie auf wechselseitiger Willensübereinstimmung beruhen:[242] Insbesondere die Bewilligung einer vollstreckbaren Urkunde für eine bereits bestehende Forderung,[243] das Geben und Nehmen einer Leistung als **Erfüllung**[244] oder an Erfüllungs Statt,[245] ferner das Mitwirken des Schuldners bei einem Erfüllungssurrogat wie Aufrechnung oder Hinterlegung durch den Nahestehenden.[246] Der Begriff des Vertrages in Abs. 2 unterscheidet nicht – wie die §§ 130 bis 132 – zwischen Deckungshandlungen und anderen Rechtsgeschäften. Er deckt sich mit jeder Rechtshandlung des Schuldners, die in Übereinstimmung mit dem Willen des Anfechtungsgegners vorgenommen wurde.[247] Deshalb werden auch Rechtshandlungen Dritter erfasst, sofern der Schuldner dabei mitgewirkt hat, insbesondere Zwangsvollstreckungsmaßnahmen, die der Schuldner einvernehmlich unterstützt hat.[248] Rein einseitige Maßnahmen fallen jedoch nicht unter Abs. 2.

41 b) **Entgeltlich** sind Verträge, bei denen der Leistung (des Schuldners) eine ausgleichende Zuwendung (der ihm nahe stehenden Person) gegenübersteht und beide rechtlich voneinander abhängen.[249] Ausreichend kann jeder wirtschaftliche Vorteil des Schuldners sein, wie z. B. Kreditgewährungen, Zahlungserleichterungen, Stundungen oder ein Verzicht auf Rechte aus einer Kündigung.[250] Nicht nötig ist, dass die Erlangung einer Gegenleistung der Beweggrund der Rechtshandlung des Schuldners war.[251] Entgeltlich ist insbesondere die Tilgung einer durch einen entgeltlichen Vertrag begründeten Verbindlichkeit des Schuldners,[252] während die Befriedigung einer selbst unentgeltlich begründeten Verpflichtung wiederum unentgeltlich ist.[253] Bei einem zinslosen Darlehen ist nicht die Gewährung der Hauptsumme, sondern nur die zinsfreie Nutzungsmöglichkeit unentgeltlich (OLG Rostock

---

[231] Vgl. RG JW 1899, 540 Nr. 29.
[232] *Jaeger/Henckel*, KO § 31 RdNr. 25; vgl. RGZ 12, 6, 68.
[233] RGZ 27, 130, 132 f.
[234] OLG Celle ZInsO 1999, 474, 475.
[235] RGZ 29, 297, 299; RG JW 1898, 223 f.; 1912, 307 f.; LZ 1915, 637 f. für Pfandrechte; RG Gruchot 54 [1910], 623, 625 f. für treuhänderische Eigentumsübertragung.
[236] OLG Dresden SeuffA 70 [1915], Nr. 242; *Jaeger/Henckel*, KO § 31 RdNr. 25.
[237] RGZ 26, 74, 75 ff.; RG SeuffA 45 [1890], Nr. 231.
[238] OLG Zweibrücken OLGZ 1965, 304, 306 f.; *Jaeger/Henckel*, KO § 31 RdNr. 25.
[239] RG JW 1888, 383 f.; 1889, 20 Nr. 13.
[240] *Jaeger/Henckel*, KO § 31 RdNr. 25; vgl. RG LZ 1915, 300, 301.
[241] Vgl. *Haas* ZIP 2006, 1373, 1379.
[242] *Jaeger/Henckel*, KO § 31 RdNr. 25; *Kilger/K. Schmidt* § 31 KO Anm. 10, a; *Rosenberg/Gaul/Schilken* § 35 IV 1 b, S. 548.
[243] RGZ 9, 100, 103; *Jaeger/Henckel*, KO § 31 RdNr. 25.
[244] BGH NJW 1990, 2687, 2688; RGZ 51, 76 f.; OLG Celle NZI 2000, 378; HK-*Kreft* § 133 RdNr. 25; *Smid/Zeuner* § 133 RdNr. 20; vgl. auch BGHZ 129, 236, 241 ff.; BGH ZIP 1997, 853, 854; einschränkend *Th. Wolff*, KO § 31 Anm. 8, a. Zur Gläubigerbenachteiligung s. u. RdNr. 44.
[245] RGZ 29, 297, 300; RG JW 1897, 170, 171.
[246] *Jaeger/Henckel*, KO § 31 RdNr. 25.
[247] *Jaeger/Henckel*, KO § 31 RdNr. 25; *Uhlenbruck/Hirte* § 133 RdNr. 34; *Kübler/Prütting/Paulus* § 133 RdNr. 16.
[248] RGZ 9, 100, 101 f.; RG JW 1898, 52 f.; LZ 1909, 692 f.; HK-*Kreft* § 133 RdNr. 25; *Kübler/Prütting/Paulus* § 133 RdNr. 16; *Nerlich* (Fn. 27) § 133 RdNr. 57; *Smid/Zeuner* § 133 RdNr. 20; *Uhlenbruck/Hirte* § 133 RdNr. 37; *Kilger/K. Schmidt* § 31 KO Anm. 10, a. Ergänzend s. o. RdNr. 9.
[249] OLG Rostock ZInsO 2007, 713, 715; HK-*Kreft* § 133 RdNr. 26; vgl. auch *M. Zeuner*, Anfechtung RdNr. 180; *Kilger/K. Schmidt* § 31 KO Anm. 10, b. Zur Abgrenzung s. u. § 134 RdNr. 11; *v. Campe* S. 241.
[250] *Nerlich* (Fn. 27) § 133 RdNr. 58; *Smid/Zeuner* § 133 RdNr. 15.
[251] *Jaeger/Henckel*, KO § 31 RdNr. 26.
[252] BGHZ 129, 236, 244 = ZIP 1990, 459, 460; ZIP 1995, 1021, 1024; RGZ 27, 130, 134 f.; FK-*Dauernheim* § 133 RdNr. 22.
[253] Vgl. § 134 RdNr. 26; aM *Lind* S. 103.

ZInsO 2007, 713, 715). Zur Abgrenzung von unentgeltlichen Leistungen im Einzelnen vgl. § 134 RdNr. 17 ff. In Zweifelsfällen ist eine alternative Feststellung zulässig.[254] Bargeschäfte scheiden wegen des zusätzlichen Erfordernisses der unmittelbaren Gläubigerbenachteiligung (s. u. RdNr. 44) aus.[255]

c) Auf der einen Seite des Vertrages muss der Schuldner stehen. Auf der anderen Seite muss eine dem Schuldner im Zeitpunkt des Vertragsschlusses **nahe stehende Person** i. S. v. § 138 beteiligt sein. **Stellvertretung** ist beiderseits gemäß allgemeinen Regeln (s. o. RdNr. 7) zulässig. 42

2. Zeitpunkt des Vertragsschlusses. Der Vertrag i. S. v. RdNr. 40 muss innerhalb von zwei Jahren vor dem Eröffnungsantrag oder nach diesem Antrag (s. o. RdNr. 10) „geschlossen" worden sein. Der maßgebliche Eröffnungsantrag ergibt sich aus § 139. Mit dem „Abschluss" des Vertrages ist die Vornahme der jeweiligen einvernehmlichen Rechtshandlung gemeint,[256] die gem. § 140 zu bestimmen ist. Zur Berechnung der Frist vgl. § 130 RdNr. 25, 26, 52. Um der Gefahr täuschender Rückdatierungen zu begegnen, steht die Nichteinhaltung dieser Frist zur Darlegungs- und Beweislast des Anfechtungsgegners (s. u. RdNr. 46). 43

3. Unmittelbare Gläubigerbenachteiligung. Der Vertrag i. S. v. RdNr. 40 muss die Insolvenzgläubiger unmittelbar benachteiligen.[257] Maßgebend für den Eintritt einer solchen Benachteiligung sind also der Inhalt des Vertrages selbst und seine Auswirkungen auf das Vermögen des Schuldners; später eingetretene Umstände bleiben unberücksichtigt. Hat der Schuldner für das, was er aufgegeben hat, eine gleichwertige Gegenleistung erhalten, ist eine unmittelbare Benachteiligung sogar dann nicht gegeben,[258] wenn die Gegenleistung später untergeht. Eine aus mehreren Teilen bestehende Rechtsübertragung ist gemäß ihrer wirtschaftlichen Bedeutung als ein einheitliches Ganzes zu erfassen; die Gläubiger werden durch den Abschluss dann unmittelbar benachteiligt, wenn der rechtsgeschäftliche Vorgang insgesamt die Zugriffsmöglichkeit für die Gläubiger verschlechtert.[259] Reine Erfüllungshandlungen des Schuldners benachteiligen die Insolvenzgläubiger in diesem Sinne lediglich, wenn der erfüllte (entgeltliche) Anspruch rechtlich nicht mehr durchsetzbar war, z. B. bei der Rückzahlung Eigenkapital ersetzender Gesellschafterdarlehen.[260] Bezieht der Schuldner Waren oder Dienstleistungen, so gefährdet die von ihm erbrachte Bezahlung die Gläubiger nur insoweit unmittelbar, als der Preis den objektiven Wert des Erlangten schon im Zeitpunkt des Vertragsschlusses (s. o. RdNr. 43) übersteigt; sinkt der Wert der vom Schuldner erlangten, vertragsmäßigen Gegenleistung erst danach, kann das allenfalls eine – hier nicht ausreichende – mittelbare Gläubigerbenachteiligung bewirken.[261] Ausschüttungen aus einer Kapitalgesellschaft begründen eine unmittelbare Gläubigerbenachteiligung nur, soweit sie zur Erhaltung des Stammkapitals erforderlich wären.[262] Dagegen liegt bei inkongruenten Deckungshandlungen i. S. v. § 131 die unmittelbare Benachteiligung regelmäßig schon in der vermögensmindernden Leistung des Schuldners,[263] so z. B. wenn eine vom Schuldner gewährte Sicherheit neben Neu- auch Altschulden sichern soll. Die allein durch die vorzeitige Rückzahlung eines Darlehens bewirkte unmittelbare Benachteiligung bildet allerdings nur dann eine Grundlage für eine Anfechtung der Rückgewähr selbst, wenn der Kredit nicht vor Insolvenzeröffnung oder einer Verfügungsbeschränkung im Sinne von § 21 44

---

[254] Vgl. *Marotzke* EWiR 2002, 251 f.; BGH NJW-RR 2006, 552, 553 zu § 3 Abs. 2 und § 4 AnfG; LG Dresden ZInsO 2002, 140, 141 m. krit. Anm. von *Flöther* DZWIR 2002, 171, 172, das jedoch zu Unrecht beide Tatbestände kumulativ anwenden will; ähnlich *Lind* S. 101 f.
[255] S. u. § 142 RdNr. 24 aE.
[256] Vgl. BGHZ 128, 184, 189 f. = NJW 1995, 659, 661.
[257] Vgl. BGHZ 129, 236, 240 f.; BGH NJW-RR 1986, 991; NJW 1989, 1037, 1038; NJW 2002, 1342, 1343; RG Gruchot 48 (1904), 112, 115, jeweils zu § 31 Nr. 2 KO oder § 10 Abs. 1 Nr. 2 GesO.
[258] Vgl. § 129 RdNr. 113 bis 118.
[259] BGHZ 128, 184, 187 = NJW 1995, 659, 660.
[260] OLG Koblenz ZInsO 2006, 946, 948.
[261] BGHZ 129, 236, 241 ff. = ZIP 1995, 1021, 1022 f.
[262] *Haas* ZIP 2006, 1373, 1379.
[263] *Jaeger/Henckel*, KO § 31 RdNr. 43.

Abs. 2 Nr. 2 fällig wurde.[264] Zur Bestimmung der unmittelbaren Gläubigerbenachteiligung im Einzelnen vgl. § 129 RdNr. 112 bis 118 und § 132 RdNr. 11 bis 15, zum erforderlichen Zurechnungszusammenhang vgl. § 129 RdNr. 169 bis 185.

44a Auch der zweite Absatz des § 133 setzt nicht voraus, dass der Schuldner im Zeitpunkt des Vertragsschlusses schon andere Gläubiger hatte.[265]

45 **4. Benachteiligungsvorsatz und Kenntnis.** Liegen die in RdNr. 40 bis 42 und 44 genannten Voraussetzungen vor, so ist der *anfechtungsbegründende* Tatbestand erfüllt; insbesondere setzt Abs. 2 Satz 1 nicht zusätzlich einen Benachteiligungsvorsatz voraus. Wegen der Einordnung in eine insgesamt mit „Vorsätzliche Benachteiligung" überschriebene Vorschrift ist diese Regelung dahin zu verstehen, dass Abs. 2 unter den vorausgesetzten Umständen unterstellt, der Schuldner habe innerhalb der Zweijahresfrist mit Gläubigerbenachteiligungsvorsatz (zum Begriff im Einzelnen s. o. RdNr. 13 bis 18) gehandelt und die nahe stehende Person habe das gewusst. Abweichungen werden also deren Beweislast (s. u. RdNr. 46, 47) zugeordnet; das gilt sowohl für die Behauptung, der Schuldner habe nicht mit Benachteiligungsvorsatz gehandelt,[266] als auch für angeblich fehlende Kenntnis.[267] Eine entsprechende Beweislastverteilung war schon zu § 31 Nr. 2 KO allgemein anerkannt,[268] dessen Wortlaut in dieser Hinsicht gleich war. Ein Wille des Gesetzgebers, daran etwas zu ändern, ist nicht erkennbar. Sowohl bezüglich des Vorsatzes als auch seiner Kenntnis kommt es entscheidend auf den Zeitpunkt der Vornahme (§ 140) des jeweils angefochtenen „Vertrags" an.[269]

46 **5. Beweisfragen.** Der Anfechtende hat – nur – den Abschluss eines entgeltlichen Vertrages (s. o. RdNr. 40, 41) durch den Schuldner mit einer nahe stehenden Person (s. o. RdNr. 42) und die hierdurch verursachte unmittelbare Gläubigerbenachteiligung[270] zu beweisen. Dem Anfechtungsgegner steht ggfs. alternativ einer von zwei möglichen Gegenbeweisen offen: Entweder dass der Vertrag früher als zwei Jahre vor dem Eröffnungsantrag geschlossen wurde (s. o. RdNr. 43), oder dass der andere Teil einen Gläubigerbenachteiligungsvorsatz des Schuldners nicht kannte (s. o. RdNr. 45); der letztgenannte Nachweis kann auch dadurch geführt werden, dass ein Gläubigerbenachteiligungsvorsatz des Schuldners widerlegt wird, weil ein nicht vorhandener Vorsatz auch nicht bekannt sein kann (s. o. RdNr. 38). Der Beweis einer der beiden Alternativen genügt.

47 Der Gegenbeweis wird meist nur auf Grund von Indizien zu führen sein. Ein Beweis durch Zeugen über bestimmt bezeichnete Tatsachen, aus denen der Richter auf die Unkenntnis schließen müsste, ist möglich. Jedoch ist dazu insbesondere die Behauptung ungeeignet, dass ein einzelner Zeuge, der die aussichtslose Vermögenslage des Schuldners kannte, den Anfechtungsgegner nicht darüber unterrichtete.[271] Wird durch die – zulässige – Zeugenaussage des Insolvenzschuldners der Entlastungsbeweis nicht geführt, dürfen weitere geeignete Beweisanträge nicht übergangen werden.[272] Bei der Würdigung, ob der Entlastungsbeweis geführt ist, sind die Vermutung des § 133 Abs. 1 Satz 2 sowie die allgemeinen Beweisanzeichen (s. o. RdNr. 27 bis 38) zu berücksichtigen. Insbesondere ist eine Kenntnis des Gläubigerbenachteiligungsvorsatzes nur zu widerlegen, wenn auch feststeht, dass der Anfechtungsgegner weder eine drohende Zahlungsunfähigkeit des Schuldners noch Umstände kannte, die zwingend auf

---

[264] BGH ZIP 1997, 853, 854; LG Münster NZI 2005, 563, 564; abgrenzend BGH NJW-RR 2005, 1575, 1576.
[265] RG ZZP 60 [1936/37], 426, 428; *Jaeger/Henckel*, KO § 31 RdNr. 43. S. o. § 129 RdNr. 120.
[266] S. u. RdNr. 46. Ebenso *Gottwald/Huber* (Fn. 17) § 48 RdNr. 34; zu § 10 Abs. 1 Nr. 2 GesO auch BGHZ 129, 236, 256; zu § 3 Abs. 2 AnfG BGH NJW-RR 2006, 552, 553; OLG Koblenz ZInsO 2004, 212, 213 f.; aM *C. Paulus* EWiR 2000, 947, 948.
[267] BGHZ 129, 236, 256 zu § 10 Abs. 1 Nr. 2 GesO; BGH NJW-RR 2006, 552, 553 zu § 3 Abs. 2 AnfG.
[268] BGHZ 58, 20, 22 f. = NJW 1972, 495; *Jaeger/Henckel*, KO § 31 RdNr. 44.
[269] Vgl. zu § 3 Abs. 1 Nr. 2 AnfG aF BGH NJW 1999, 643, 644. Ergänzend s. o. RdNr. 19 bis 21.
[270] BGH ZIP 1995, 1021, 1024, insoweit nicht in BGHZ 129, 236 abgdruckt; *Uhlenbruck/Hirte* § 131 RdNr. 41; *Kilger/K. Schmidt* § 31 RdNr. 17; zu § 3 Abs. 2 AnfG BGH NJW-RR 2006, 552, 553. Ergänzend s. o. RdNr. 16, § 129 RdNr. 120.
[271] LG Frankfurt/Main ZIP 1986, 993, 997 f.; *Jaeger/Henckel*, KO § 31 RdNr. 44.
[272] BGH ZIP 1982, 856, 858.

Unentgeltliche Leistung 1 § 134

diese hindeuteten.[273] Ferner erschwert der Empfang einer inkongruenten Deckung den Gegenbeweis des Anfechtungsgegners erheblich;[274] jener bleibt aber möglich.[275] Umgekehrt wird der Gegenbeweis bei kongruenten Deckungsgeschäften leichter fallen;[276] er ist aber nicht entbehrlich.[277] Auch eine feststehende Unkenntnis des Anfechtungsgegners von der Inkongruenz kann deren Wirkung als Beweisanzeichen erschüttern.[278]

§ 134 Unentgeltliche Leistung

(1) Anfechtbar ist eine unentgeltliche Leistung des Schuldners, es sei denn, sie ist früher als vier Jahre vor dem Antrag auf Eröffnung des Insolvenzverfahrens vorgenommen worden.

(2) Richtet sich die Leistung auf ein gebräuchliches Gelegenheitsgeschenk geringen Werts, so ist sie nicht anfechtbar.

Übersicht

	RdNr.		RdNr.
I. Normzweck	1	dd) Sicherung fremder Schuld	33
II. Entstehungsgeschichte	2	ee) Leistungen im Arbeitsverhältnis	35
III. Anwendungsbereich	3	ff) Zuwendungen im Familienbereich	36
IV. Anfechtungsvoraussetzungen nach Abs. 1	5	gg) Vergütung von Diensten	38
1. Leistung des Schuldners	5	hh) Gesellschaftsrechtliche Zuwendungen	39
a) Leistungsbegriff	5	d) Subjektive Bewertung durch die Beteiligten	40
b) Vom Schuldner ausgehend	11	e) Teilweise unentgeltliche Leistungen	41
2. Leistungsempfänger	12	4. Gläubigerbenachteiligung	43
a) Erlangter Vermögensvorteil	12	5. Zeitliche Grenzen	44
b) Bestimmung des Empfängers	14	6. Haftungsumfang	45
3. Unentgeltlichkeit	17	V. Ausnahme für Gelegenheitsgeschenke (Abs. 2)	
a) Begriff	17	1. Gebräuchliche Gelegenheitsgeschenke	46
b) Maßgeblicher Zeitpunkt	20	2. Geringer Wert	48
c) Objektiver Wertvergleich	22	3. Konkurrenzen	48a
aa) Tilgung einer eigenen Verbindlichkeit	26	VI. Beweisfragen	49
bb) Sicherung einer eigenen Verbindlichkeit	27		
cc) Tilgung fremder Schuld	31		

I. Normzweck

Der Empfänger einer unentgeltlichen Leistung ist – entsprechend einem allgemeinen 1 Rechtsgrundsatz[1] – weniger schutzwürdig als Gläubiger, deren Forderungen entgeltliche Geschäfte zugrunde liegen. Sein Interesse an der Aufrechterhaltung der Zuwendung tritt gemäß Abs. 1 aus Billigkeitsgründen gegenüber dem Interesse der Insolvenzgläubiger im Allgemeinen auf Anreicherung der Insolvenzmasse zurück, wenn die Zuwendung in einer gewissen zeitlichen Nähe zur Insolvenz des „Schenkers" erfolgte.[2] Ausnahmen sieht Abs. 2 nur

---

[273] HK-*Kreft* § 133 RdNr. 27; s. o. RdNr. 24a, 24d.
[274] Vgl. *Jaeger/Henckel*, KO § 31 RdNr. 45.
[275] Vgl. RGZ 45, 23, 29.
[276] *Jaeger/Henckel*, KO § 31 RdNr. 45. Die Beweislast für die Kongruenz obliegt gegebenenfalls dem Anfechtungsgegner: RGZ 26, 1, 4.
[277] Vgl. RGZ 51, 76, 77 f.; 125, 242, 250; 136, 109, 110; 153, 350, 352; RG WarnR 1915 Nr. 64; 1932 Nr. 16; LZ 1911, 947 f. zu § 3 Nr. 1 AnG aF; OLG Schleswig SchlHA 1963, 122, 123.
[278] OLG Stettin OLGR 10, 225, 226; *Jaeger/Henckel* § 31 RdNr. 45. S. o. RdNr. 36, 38.
[1] Vgl. §§ 519, 528, 816 Abs. 1 Satz 2, 822, 988, 2287, 2325, 2329 BGB; ferner § 39 Abs. 1 Nr. 4 InsO, § 4 AnfG, § 1390 Abs. 1 BGB.
[2] Allgemeine Meinung, vgl. RegE S. 161 zu § 149; BGHZ 41, 298, 301 = NJW 1964, 1960 Nr. 6; BGHZ 58, 240, 243 = NJW 1972, 870, 871; OLG Karlsruhe OLG-Report 1999, 13, 14; HK-*Kreft* § 134 RdNr. 2; FK-*Dauernheim* § 134 RdNr. 2, 3; *Kübler/Prütting/Paulus* § 134 RdNr. 1; *Nerlich* in: *Nerlich/Römer-*

§ 134 2–5   3. Teil. 3. Abschnitt. Insolvenzanfechtung

für allgemein übliche Geschenke vor, um den Schuldner von gebräuchlichen Gepflogenheiten nicht auszuschließen, wenn die anderen Gläubiger wegen des geringen Werts des Geschenks nicht wesentlich belastet werden. Auf subjektive Vorwerfbarkeit stellt § 134 nicht ab.[3]

II. Entstehungsgeschichte

2 § 134 entspricht inhaltlich § 32 Nr. 1 KO und im Wesentlichen § 10 Abs. 1 Nr. 3, 1. Halbs. GesO; jedoch wurde die Anfechtungsfrist allgemein von einem auf vier Jahre verlängert. Dadurch wurden die früheren Sondervorschriften des § 32 Nr. 2 KO und § 10 Abs. 1 Nr. 3, 2. Halbs. GesO, denen zufolge unentgeltliche Leistungen zugunsten des Ehegatten bzw. nahe stehender Personen zwei Jahre lang angefochten werden konnten, überflüssig. Der in den Vorentwürfen noch nicht enthaltene Abs. 2 wurde erstmals in § 149 RegE aufgenommen. Er soll die Anfechtungsfreiheit gebräuchlicher Gelegenheitsgeschenke enger begrenzen als § 30 KO (RegE S. 161 zu § 149); § 10 Abs. 1 Nr. 3 GesO enthielt eine solche Ausnahme ohnehin nicht ausdrücklich. Beide Absätze wurden im weiteren Gesetzgebungsverfahren nicht geändert.

III. Anwendungsbereich

3 § 134 kann mit allen Anfechtungsnormen außer § 133 Abs. 2 frei konkurrieren; nur die letztgenannte Norm setzt Entgeltlichkeit voraus (vgl. § 133 RdNr. 5). Insbesondere können unentgeltliche Leistungen, die länger als vier Jahre zurückliegen, sowie gebräuchliche Gelegenheitsgeschenke unter den Voraussetzungen des § 133 Abs. 1 angefochten werden. Auch wird § 134 für die Fälle der Erfüllung oder Sicherung einer eigenen Verbindlichkeit des Schuldners sogar dann nicht durch die §§ 130, 131 systematisch ausgeschlossen, wenn die Leistung innerhalb der hiervon erfassten Drei-Monats-Frist erbracht wird.[4] Denn Zweck und Schutzbereich der §§ 130, 131 einerseits sowie des § 134 andererseits sind unterschiedlich.[5] Dies rechtfertigt es, dass einerseits derjenige, der vor Ausbruch der wirtschaftlichen Krise des Schuldners **unentgeltlich** eine Deckung erlangt, der Anfechtung gemäß § 134 unterliegen kann; nur deren Umfang wird dann durch § 143 Abs. 2 besonders begrenzt. Fällt die Deckung andererseits in die kritische Zeit, ohne im Einzelfall die in § 130 oder § 131 jeweils aufgestellten zusätzlichen Anforderungen zu erfüllen, kann der Gläubiger dennoch im Umfang seiner verbliebenen Bereicherung haften. Mit dem Interesse der Insolvenzgläubiger ist es hingegen nicht vereinbar, die ohne eigene Gegenleistung Begünstigten mit den Empfängern entgeltlicher Deckungen durchgehend gleich zu behandeln. Allgemein kann die Anfechtbarkeit unentgeltlicher Leistungen auf Grund anderer Normen, die an sich meist die Voraussetzungen enger begrenzen, für die Insolvenzmasse dann günstig sein, wenn der Anfechtungsgegner sich gegenüber § 134 auf einen Wegfall seiner Bereicherung (§ 143 Abs. 2) berufen könnte. Zum Vorrang des § 1390 Abs. 1 BGB vgl. Vor § 129 RdNr. 84.

4 In Nachlassinsolvenzverfahren findet § 134 auf die mit Nachlassmitteln bewirkte Erfüllung von Pflichtteilsansprüchen, Vermächtnissen und Auflagen durch den Erben entsprechende Anwendung (§§ 322, 332).

IV. Anfechtungsvoraussetzungen nach Abs. 1

5 **1. Leistung des Schuldners.** a) Der Begriff der **Leistung** ist an die Stelle des noch von § 32 KO verwendeten Wortes „Verfügungen" getreten, weil der Gesetzgeber zum Ausdruck

---

mann § 134 RdNr. 2; *Uhlenbruck/Hirte* § 134 RdNr. 1 f.; *Prütting* KTS 2005, 253, 254 f.; *M. Zeuner*, Anfechtung RdNr. 207; *Jaeger/Henckel*, KO § 32 RdNr. 1; *Gerhardt* ZIP 1991, 273, 281; *Holzapfel* S. 22.
[3] Motive zu dem Entwurf einer KO, S. 134 zu § 25; aM *Kamlah* S. 85.
[4] Vgl. vor § 129 RdNr. 94; ebenso *Jaeger/Henckel*, KO § 32 RdNr. 3, 4; *v. Campe* S. 206 f.; offengelassen von BGHZ 112, 136, 139 = NJW 1990, 2626 f. und BGH WM 1976, 622, 624 unter II 3; aM BGHZ 58, 240, 244 f. = NJW 1972, 870, 871 m. zust. Anm. von *Bähr* JR 1972, 469; RG SeuffA 38 [1883] Nr. 296, S. 383 f.; *Uhlenbruck/Hirte* § 134 RdNr. 3, 31; *Gottwald/Huber*, Insolvenzrechts-Handbuch § 46 RdNr. 6, § 47 RdNr. 60. Zur Entgeltlichkeit derartiger Deckungen s. u. RdNr. 26 ff.
[5] S. o. RdNr. 1 einerseits, § 130 RdNr. 1 und § 131 RdNr. 1 andererseits.

bringen wollte, dass nicht nur rechtsgeschäftliche Verfügungen im engen materiellrechtlichen Sinne erfasst werden sollen.[6] Die möglichen „Leistungen" sind – entsprechend der schon zu § 32 KO herrschenden Auffassung – weit zu verstehen. Erforderlich ist lediglich, dass eine Rechtshandlung im umfassenden Sinne (s. o. § 129 RdNr. 7 bis 29) dazu dient, einen Gegenstand aus dem haftenden Vermögen des Schuldners zugunsten eines anderen – sei es auch nicht mit unmittelbar dinglicher Wirkung – zu entfernen.[7] Sie muss nicht vom Begriff her rechtswirksam sein (s. o. § 129 RdNr. 30 bis 32); es genügt jedenfalls, dass sie den Begünstigten in die Lage versetzt, das zugewendete Vermögensgut tatsächlich zu nutzen und weiter zu übertragen.[8] Nichtige „Leistungen" werden allerdings nur ausnahmsweise die Insolvenzgläubiger benachteiligen (s. u. RdNr. 43).

Erfaßt werden einerseits Schenkungsversprechen i. S. v. § 518 BGB, also die schuldrechtliche **Verpflichtung** zur (unentgeltlichen) Vermögensübertragung.[9] Allerdings wird das im Zeitpunkt der Insolvenzeröffnung noch nicht erfüllte Schenkungsversprechen die Insolvenzgläubiger im Hinblick auf § 39 Abs. 1 Nr. 4 nur ausnahmsweise benachteiligen. Die auf § 63 Nr. 4 KO gestützte frühere Auffassung, Schenkungsversprechen könnten nie gläubigerbenachteiligend wirken,[10] ist jedoch durch die Aufwertung von Forderungen auf unentgeltliche Leistungen des Schuldners zu wenigstens nachrangigen Insolvenzforderungen überholt (zur Unentgeltlichkeit s. u. RdNr. 22); als solche gehen sie eigenkapitalersetzenden Gesellschafterdarlehen i. S. v. § 39 Abs. 1 Nr. 5 vor. Deshalb können auch – unentgeltlich übernommene – Bürgschaften[11] und abstrakte Schuldanerkenntnisse (s. u. RdNr. 30) des Schuldners der Anfechtung nach § 134 ebenso unterliegen wie seine Übernahme einer fremden Verbindlichkeit.[12] Ein echter Vergleich i. S. v. § 779 BGB kann allenfalls teilweise unentgeltlich sein (s. u. RdNr. 40 a, 41). 6

Leistungen i. S. v. § 134 sind ferner **Erfüllungshandlungen** zur Tilgung unentgeltlicher Verbindlichkeiten des Schuldners einschließlich der Leistungen an Erfüllungs Statt oder erfüllungshalber.[13] Zur Bestimmung ihrer Unentgeltlichkeit s. u. RdNr. 19 und 20, zur Erfüllung oder Besicherung fremder Verbindlichkeiten durch den Schuldner s. u. RdNr. 31 ff. Soweit das zugrundeliegende Verpflichtungsgeschäft nicht (mehr) anfechtbar ist, greifen dagegen die §§ 144, 39 Abs. 1 Nr. 4 ein. Die früher herrschende Auffassung, das Grundgeschäft sei trotz Fristablaufs stets zusammen mit dem Erfüllungsgeschäft anfechtbar, ist nicht aufrechtzuerhalten.[14] Insbesondere kommen Prämienzahlungen auf selbst nicht mehr anfechtbare Versicherungsverträge zugunsten Dritter als anfechtbare Leistungen in Betracht (s. u. RdNr. 16), ebenso die Leistung einer Bewährungsauflage.[15] Der Vollzug von Erfüllungshandlungen gegen den Willen des Schuldners, insbesondere die Aufrechnung mit dem Anspruch aus einem Schenkungsversprechen des Schuldners oder die Zwangsvollstreckung daraus, wird aber nur erfasst, wenn der Schuldner hierbei mitgewirkt hat (s. u. RdNr. 11). 7

---

[6] RegE S. 160 f. zu § 149.
[7] BGHZ 121, 179, 182 = NJW 1993, 663 f.; *Nerlich* (Fn. 2) § 134 RdNr. 5; vgl. BGH NJW-RR 1993, 1379, 1381; *Hess*, InsO § 134 RdNr. 9; *Breutigam/Blersch/Goetsch* § 134 RdNr. 4; *v. Campe* S. 203; *Prütting* KTS 2005, 253, 255.
[8] BGH ZIP 2001, 889, 890; HK-*Kreft* § 134 RdNr. 3.
[9] BGHZ 41, 298, 299; HK-*Kreft* § 134 RdNr. 6; FK-*Dauernheim* § 134 RdNr. 6; *Kübler/Prütting/Paulus* § 134 RdNr. 5; *Nerlich* (Fn. 2) § 134 RdNr. 5; *M. Zeuner*, Anfechtung RdNr. 210; *v. Campe* S. 203; *Baur/Stürner* Rn. 19.4; vgl. OLG Dresden LZ 1910, 243.
[10] *Kuhn/Uhlenbruck* § 32 RdNr. 3 a; *Kamlah* S. 24; *Allgayer* RdNr. 704; dagegen *Henckel*, Kölner Schrift S. 813, 840 RdNr. 55.
[11] RG JW 1913, 608, 609; OLG Braunschweig OLGR 27, 258, 259; vgl. *Kirchhof*, Festschrift für Fuchs, 1996, S. 97, 102 f. und zu eine Grundschuldzweckerklärung LG Potsdam ZIP 1997, 1383.
[12] *Uhlenbruck/Hirte* § 134 RdNr. 3; ergänzend s. u. RdNr. 31.
[13] *Jaeger/Henckel*, KO § 32 RdNr. 26; *M. Zeuner*, Anfechtung RdNr. 212; vgl. RG LZ 1914, 1912, 1913; OLG Jena LZ 1911, 241 f. Näher s. u. RdNr. 24.
[14] Vgl. § 129 RdNr. 57 bis 61; ebenso HambKomm-*Rogge* § 134 RdNr. 36; aM noch OLG Karlsruhe InsO 2003, 999, 1000.
[15] HambKomm-*Rogge* § 134 RdNr. 22; *Brömmekamp* ZIP 2001, 951 ff.; aM *Ahrens* NZI 2001, 456 ff. Ergänzend s. u. RdNr. 12.

8 Im Einzelnen können **rechtsgeschäftliche Verfügungen** i. S. des BGB, also unmittelbare Einwirkungen auf ein subjektives Recht des Insolvenzschuldners, das zu seinem haftenden Vermögen gehört, anfechtbare „Leistungen" sein. Hierzu gehören die Abtretung einer Forderung – auch zum Zweck der Aufrechnung durch den Abtretungsempfänger[16] – oder die Übertragung eines sonstigen Vermögensrechts (z. B. Eigentum), ebenso die Bestellung eines beschränkten dinglichen Rechts, insbesondere eines Pfandrechts, die Einräumung eines Vorrangs für ein Recht vor einem anderen, die Übertragung von Geld im Wege der – unverzinslichen – Darlehensgewährung[17] und die Einbringung des in einem Stiftungsgeschäft zugesicherten Vermögens in die Stiftung.[18] Eine Leistung i. S. v. § 134 kann ferner vorliegen, wenn ein Alleineigentümer ein Grundstück an eine Kommanditgesellschaft überträgt, deren persönlich haftender Gesellschafter er selbst ist.[19] Eine (unentgeltliche) Verfügung nimmt vor, wer einen Kundenscheck bei einer Bank einzieht zwecks Einlösung zugunsten des bei ihr auf den Namen eines Dritten geführten Kontos, ohne dass dieser eine Gegenleistung erbringt;[20] das gilt auch, wenn die Zahlung bestimmungsgemäß erst mittelbar über zwischengeschaltete Rechtsträger zum Dritten gelangt.[21] Die **Aufgabe** eines Rechts ohne Übertragung ist ebenfalls eine Leistung, die gem. § 134 anfechtbar sein kann, wenn ein anderer daraus einen Vorteil erlangt, insbesondere also der Verzicht auf ein dingliches Recht.[22] Der Beschluss einer Gesellschafterversammlung, Aufsichtsrat, Vorstand oder Geschäftsführern Entlastung zu erteilen (§ 119 Abs. 1 Nr. 3 AktG, § 46 Nr. 5 GmbHG), kann ebenso eine unentgeltliche Leistung sein[23] wie der Erlass einer Forderung.[24] Die Aufgabe des Rechts auf Widerruf einer Schenkung (§§ 530 ff. BGB) ist – nur – anfechtbar, wenn der Anspruch anerkannt oder rechtshängig geworden ist.[25] Hat der Insolvenzschuldner den Eigentümer eines mit einer Sicherungsgrundschuld belasteten Grundstücks trotz Fortbestehens des Sicherungszwecks von der Grundpfandhaftung für gesicherte Forderungen freigestellt, kann dies eine nach § 134 anfechtbare Leistung sein, wenn dafür keine Gegenleistung erbracht werden soll.[26] Die Ausübung eines vertraglich eingeräumten Drittbenennungsrechts kann ebenfalls unter § 134 fallen.[27]

9 Auch **nicht rechtsgeschäftliche** Handlungen können Leistungen i. S. v. § 134 darstellen, insbesondere die zum gesetzlichen Eigentumserwerb oder zur Wertsteigerung der Forderung (vgl. BGH ZInsO 2007, 598, 599) eines anderen führende unentgeltliche Sachverbindung, -vermischung oder -verarbeitung gem. § 946 ff. BGB.[28] Dasselbe gilt für Prozesshandlungen – z. B. ein Anerkenntnis (§ 307 ZPO) – des Insolvenzschuldners, die eine Aufopferung von haftendem Vermögen bewirken;[29] dass dieses Ergebnis erst durch ein Urteil oder eine Zwangsvollstreckung vollzogen wird, schadet nicht (vgl. § 141). Leistung im hier fraglichen Sinne ist ferner die **Gebrauchsüberlassung,** insbesondere die Übertragung des Besitzes an einer Sache, die üblicherweise nur gegen Entgelt überlassen wird,[30] oder die Überlassung der Dienstleistung eigener Arbeitnehmer an einen Dritten.[31]

---

[16] BGH ZIP 1982, 76, 78.
[17] *Jaeger/Henckel,* KO § 32 RdNr. 26.
[18] § 82 BGB; vgl. RGZ 5, 138, 141 ff.
[19] BGHZ 121, 179, 182 f. = NJW 1993, 663 f.
[20] BGH WM 1985, 364, 365 unter II 1.
[21] Vgl. BGH ZIP 1985, 427, 428 f.; s. o. § 129 RdNr. 49 ff., 68 ff.
[22] Vgl. BFHE 138, 10, 14 = ZIP 1983, 727, 729; OLG Hamburg KTS 1987, 727, 730; *Jaeger/Henckel,* KO § 32 RdNr. 27.
[23] Vgl. RGZ 76, 244, 249.
[24] Vgl. BGH ZIP 1999, 628, 630.
[25] *Jaeger/Henckel,* KO § 32 RdNr. 27.
[26] OLG Hamburg ZIP 1989, 777, 778 f.
[27] BGH WM 1975, 1182, 1184.
[28] *Jaeger/Henckel,* KO § 32 RdNr. 31; vgl. BGHZ 71, 61, 65 f. = NJW 1978, 1326 f.; BGH WM 1955, 407, 410 f.; OLG Nürnberg KTS 1966, 57, 60.
[29] *Nerlich* (Fn. 2) § 134 RdNr. 6.
[30] *Nerlich* (Fn. 2) § 134 RdNr. 6; HambKomm-*Rogge* § 134 RdNr. 3; *Jaeger/Henckel,* KO § 32 RdNr. 28; vgl. *Uhlenbruck/Hirte* § 134 RdNr. 26; zu eng OLG Stuttgart NJW-RR 1987, 570, 571.
[31] BGH NJW-RR 2004, 696, 697.

Endlich stehen **Unterlassungen** (§ 129 Abs. 2) einer „Leistung" gleich, wenn sie die **10** Geltendmachung eines zum haftenden Vermögen gehörenden Rechts ausschließen oder dieses Vermögen einer nicht mehr abzuwehrenden Haftung aussetzen,[32] z. B. die Unterlassung, die Verjährung einer Forderung des Schuldners zu unterbrechen oder einen zulässigen Rechtsbehelf gegen einen unberechtigten Titel einzulegen.[33] Benachteiligend wirkt aber lediglich eine Unterlassung mit Vermögensbezug, also regelmäßig nicht ein noch rechtlich ungesicherter, unterlassener Erwerb.[34] Ergänzend s. u. RdNr. 39 aE.

b) § 134 hält daran fest, dass nur Leistungen **des Schuldners** anfechtbar sind, obwohl zu **11** § 32 KO die Ansicht vertreten worden war, auch rein einseitige Zugriffsakte von Gläubigern seien erfasst.[35] Die letztgenannte Auffassung ist mit dem eindeutigen Wortlaut des § 134 nicht vereinbar.[36] Praktisch kann sich dies – nur – auswirken, wenn die Erfüllung einer vor mehr als vier Jahren rechtswirksam erteilten Schenkung versprochen und innerhalb des von § 134 erfassten Zeitraums, aber vor der Drei-Monats-Frist der §§ 130, 131 (oder bei Gutgläubigkeit im Sinne dieser Normen) zwangsweise durchgesetzt wird. In diesem Fall ist die Unanfechtbarkeit angesichts der von § 134 eingeführten Fristverlängerung hinzunehmen; die – zwangsweise verwirklichte – Erfüllung lässt nicht etwa zugleich das frühere Schenkungsversprechen als Einheit mit in die Vierjahresfrist des § 134 fallen.[37] Allerdings genügt als „Leistung" des Schuldners jede – nicht notwendigerweise freiwillige, aber selbst bestimmte – Mitwirkungshandlung seinerseits, insbesondere bei Herstellung einer Aufrechnungslage (s. o. RdNr. 8) oder bei der Verwirklichung von Zwangsvollstreckungsmaßnahmen,[38] ferner die Erteilung einer postmortalen Vollmacht, mit welcher der Bevollmächtigte Geldbeträge vom Konto des verstorbenen Schuldners abheben kann.[39] Handlungen seiner Vertreter sind dem Schuldner gemäß allgemeinen Regeln zuzurechnen (vgl. § 133 RdNr. 7). Bei Leistungen zu Lasten des ehelichen Gesamtguts genügt es, wenn nur einer der Eheleute sie vorgenommen hat.[40]

2. Leistungsempfänger. a) Anfechtbar kann eine Leistung – des Schuldners – nur sein, **12** wenn der **Anfechtungsgegner** durch sie einen Vermögenswert **erlangt** hat. Nicht nötig ist hingegen, dass er endgültig bereichert ist, also sein Vermögen zurzeit der Geltendmachung des Anfechtungsanspruchs noch vermehrt ist;[41] vielmehr sind die Folgen eines Wegfalls seiner Bereicherung allein gem. § 143 Abs. 2 zu bestimmen. Dementsprechend unterliegen echte **Schenkungen unter Auflage** (§§ 525, 527 BGB) als einseitige, wenngleich zweckbeschränkte Zuwendungen im Ganzen der Rückgewähr nach Maßgabe der §§ 134 und 143, auch wenn ihr Hauptzweck nicht eine Bereicherung des Empfängers selbst ist.[42] Entsprechendes gilt für Bewährungsauflagen (s. o. RdNr. 7) und für eheabedingte Zuwendungen (s. u. RdNr. 36). Zur Anfechtbarkeit genügt es, wenn nach dem Parteiwillen objektiv ein, wenngleich geringfügiger, Vorteil beim Empfänger verbleiben soll;[43] jedoch

---

[32] *Jaeger/Henckel*, KO § 29 RdNr. 13, § 32 RdNr. 32; vgl. *Baur/Stürner* RdNr. 19.4; *Bork*, Festschrift für Uhlenbruck, 2000, S. 279, 287 f.
[33] *Uhlenbruck/Hirte* § 134 RdNr. 6; *Braun/de Bra* § 134 RdNr. 4.
[34] Vgl. § 129 RdNr. 79 bis 83.
[35] *Jaeger/Henckel*, KO § 31 RdNr. 29; offen gelassen von BGH NJW 2000, 1259, 1262.
[36] Ebenso *Kübler/Prütting/Paulus* § 134 RdNr. 3; *Nerlich* (Fn. 2) § 134 RdNr. 36; *Smid/Zeuner*, InsO § 134 RdNr. 7; *Uhlenbruck/Hirte* § 134 RdNr. 5; HambKomm-*Rogge* § 134 RdNr. 6; aM HK-*Kreft* § 134 RdNr. 6; *v. Campe* S. 204 f.; *Henckel*, Kölner Schrift S. 813, 840 RdNr. 55.
[37] Vgl. RdNr. 7, § 140 RdNr. 21; aM *M. Zeuner*, Anfechtung RdNr. 210 aE.
[38] Vgl. § 133 RdNr. 9 a, 9 b; RG JW 1898, 52 f.; *Nerlich* (Fn. 2) § 134 RdNr. 6.
[39] OLG Köln ZIP 1988, 1203 f.
[40] *Schuler* NJW 1958, 1609, 1613.
[41] RGZ 92, 227, 228; RG LZ 1913, 562 f.; OLG Nürnberg KTS 1966, 57, 60; FK-*Dauernheim* § 134 RdNr. 6; *Kübler/Prütting/Paulus* § 134 RdNr. 5; *Nerlich* (Fn. 2) § 134 RdNr. 4; *M. Zeuner*, Anfechtung RdNr. 212; *Jaeger/Henckel*, KO § 32 RdNr. 8; *Uhlenbruck/Hirte* § 134 RdNr. 11; *v. Campe* S. 206.
[42] *Nerlich* (Fn. 2) § 134 RdNr. 125; HambKomm-*Rogge* § 134 RdNr. 7; *Jaeger/Henckel*, KO § 32 RdNr. 23; vgl. RGZ 60, 238, 240 f.
[43] *Jaeger/Henckel*, KO § 32 RdNr. 23; *v. Campe* S. 215 f.; vgl. RGZ 105, 305, 308; MünchKommBGB-*Kollhosser* § 525 RdNr. 2.

wird der Umfang der Rückgewährpflicht durch § 143 Abs. 2 begrenzt (s. u. RdNr. 45). Ist der Empfänger dagegen gehalten, den gesamten erlangten Vorteil weiter zu übertragen, liegt keine unentgeltliche Zuwendung an ihn, sondern eine uneigennützige Treuhandschaft (s. u. RdNr. 13) vor.

13   Die Übertragung von Treugut an einen **uneigennützigen Treuhänder** zu dem Zweck, es weisungsgemäß insgesamt weiter zu übertragen, ist dem Treuhänder gegenüber regelmäßig nicht gemäß § 134 anfechtbar, weil er nichts für sich erlangt hat.[44] Soweit er das Treugut noch in Besitz hat, ist es nach allgemeinen Normen zurückzugewähren; auch kommt eine Anfechtung nach §§ 130 bis 133 in Betracht, wenn und soweit die Treuhänderstellung die Insolvenzgläubiger im Einzelfall benachteiligt (s. o. § 129 RdNr. 139 bis 141). Im übrigen kann gegen die Empfänger angefochten werden, an die der Treuhänder das Vermögen weiterübertragen hat.[45] Wird der Treuhänder zugleich für zusätzliche Auftraggeber tätig (mehrseitige Treuhand), kann § 134 gegen diese wegen der von ihnen erlangten selbständigen Rechtsposition eingreifen.[46] Anders verhält es sich, soweit der Treuhänder – über seine angemessenen Gebühren hinaus – selbst ohne weitere Gegenleistung einen Teil des übertragenen Vermögens behalten soll; in diesem Fall ist die Übertragung insgesamt wie eine Schenkung unter Auflage (s. o. RdNr. 12) anzufechten. In jedem Einzelfalle bedarf es daher sorgfältiger Prüfung, ob wirklich eine uneigennützige Treuhandschaft begründet wurde.[47] Zur Anfechtung gegenüber eigennützigen Treuhändern, insbesondere Sicherungsnehmern, s. u. RdNr. 27 bis 29 und 33, 33 a.

14   **b)** Die Anfechtung gem. § 134 richtet sich gegen denjenigen, der die unentgeltliche Leistung erlangt. Dies ist nach objektiven Maßstäben aus der Sicht des Leistungsempfängers zu beurteilen; subjektive Fehlvorstellungen eines Beteiligten sind unerheblich. Insbesondere bei unentgeltlichen Leistungen durch *mitelbare Zuwendung* kann die Vermögensvermehrung dem **Bedachten** in anderer Gestalt zukommen als die Vermögensminderung beim Schuldner eintritt.[48] Grundsätzlich sind zwar die Fallgruppen zu unterscheiden, in denen einerseits durch eine einzige Leistung des Schuldners im Dreiecksverhältnis vereinbarungsgemäß mehrere Rechtsbeziehungen betroffen werden,[49] und andererseits diejenige, in denen der Schuldner an eine Zwischenperson leistet und erst diese – in gleicher oder veränderter Form – an den an sich bedachten Empfänger. Für § 134 entscheidet aber nur, ob der Empfänger unentgeltlich erlangt oder eine ausgleichende Gegenleistung erbracht hat. Ist letzteres nicht der Fall, greift § 134 gegen ihn ein (s. u. RdNr. 18), auch wenn die Zuwendung nicht unmittelbar aus dem Vermögen des Insolvenzschuldners stammt. Die mittelbare Leistung steht insoweit der unmittelbaren gleich.[50] Unerheblich ist, ob der Wert des vom Dritten empfangenen Gegenstands dem des vom Insolvenzschuldner an den Versprechenden geleisteten objektiv entspricht. Entscheidend ist allein, dass der Versprechende sich verpflichtet hat, für die vom Insolvenzschuldner versprochene Leistung die eigene Leistung an den Dritten zu erbringen:[51] Dieser hat das herauszugeben, was *er* unentgeltlich erlangt hat, sei es objektiv mehr oder weniger wert als die Leistung des Insolvenzschuldners. Ein Vertrag zugunsten eines Dritten liegt auch vor, wenn der Insolvenzschuldner mit seinem Arbeitgeber vereinbart, dass dieser die Vergütung an einen Dritten zahlt; § 850 h Abs. 1 ZPO schließt

---

[44] OLG Celle ZIP 2006, 1878, 1880; *Jaeger/Henckel*, KO § 32 RdNr. 9; s. o. RdNr. 12.
[45] *Kübler/Prütting/Paulus* § 134 RdNr. 23; HambKomm-*Rogge* § 134 RdNr. 8; *Jaeger/Henckel*, KO § 32 RdNr. 10. Zu derartigen mittelbaren Zuwendungen s. u. RdNr. 14.
[46] *Kübler/Prütting/Paulus* § 134 RdNr. 23; *Jaeger/Henckel*, KO § 32 RdNr. 9; *Johlke* EWiR 1991, 13 f. zu OLG Karlsruhe ZIP 1991, 43, 44 f.; *Bork* NZI 1999, 337, 343.
[47] Vgl. RGZ 92, 227, 228 f. zum Fall der Vermögensübertragung an die Ehefrau als „Treuhänderin".
[48] BGH WM 1955, 407, 409; OLG Celle KTS 1963, 50, 52; *Baur/Stürner* RdNr. 19.6 aE; vgl. BGH ZIP 1982, 76, 77; RGZ 43, 83, 84; 69, 44, 47 f.; 133, 280, 291 f.
[49] Vgl. RdNr. 16, 31 bis 34 und § 129 RdNr. 49 bis 53.
[50] OLG Nürnberg KTS 1966, 57, 60; *Jaeger/Henckel*, KO § 32 RdNr. 33; vgl. OLG Hamburg KTS 1985, 556, 557; FK-*Dauernheim* S. 134 RdNr. 26; *Uhlenbruck/Hirte* § 134 RdNr. 11; s. o. § 129 RdNr. 68 ff.
[51] HambKomm-*Rogge* § 134 RdNr. 9; *Jaeger/Henckel*, KO § 32 RdNr. 33.

die Gläubigerbenachteiligung und damit die Anfechtung jedenfalls auf Grund des neu gefassten § 35 nicht ohne weiteres aus.[52]

Wurde dem **Dritten** kein eigenes Recht auf die Leistung eingeräumt, sondern nur ein ermächtigender Vertrag zu seinen Gunsten geschlossen (vgl. § 328 Abs. 2 BGB), hat dieser vor der tatsächlichen Leistung noch nichts erlangt; eine Anfechtung gegen ihn ist solange nicht möglich.[53] Dies kommt insbesondere in Betracht, wenn der Insolvenzschuldner ein Sparbuch auf den Namen eines Dritten ausstellen ließ, aber es noch selbst in Besitz behielt;[54] solange gehört das Sparbuch in die Insolvenzmasse, so dass die Gläubiger nicht benachteiligt sind.[55] Soll ein Sparbuch im Wege der Schenkung auf den Todesfall zugewendet werden, kommt eine Anfechtung nach § 134 in Betracht;[56] sie erfasst das Sparguthaben, soweit es noch nicht ausgezahlt worden ist. Sind Zahlungen innerhalb der von § 134 erfassten Zeitspanne erfolgt, sind diese der Masse zuzuführen; sind dagegen Auszahlungen früher erfolgt, können nur diejenigen Einlagen zurückgefordert werden, die in den Zeitschranken des § 134 getätigt wurden.[57]

Eine **Lebensversicherung zugunsten** eines **Dritten** gewährt diesem das Bezugsrecht im Allgemeinen unentgeltlich. Entgeltlichkeit kommt dagegen insbesondere in Betracht, wenn die Versicherung als Vergütung für geleistete Dienste[58] oder als Sicherheit vereinbart wurde; ferner ist der Vertrag im Verhältnis zum Versicherer stets entgeltlich.[59] Soweit eine Versicherung dazu dient, den Anspruch eines Kreditgebers auf Kreditrückzahlung zu sichern, unterliegt sie den allgemeinen Regeln für Sicherungsgeschäfte (s. u. RdNr. 27 ff., 33 f.). Richtiger Anfechtungsgegner ist gegebenenfalls der begünstigte Dritte. Wurde diesem ein unwiderrufliches Bezugsrecht unentgeltlich eingeräumt, kann der Insolvenzverwalter des Versicherungsnehmers vom Bezugsberechtigten nicht dessen Berechtigung oder die Versicherungssumme verlangen, wenn der Versicherungsvertrag vor der kritischen Zeit des § 134 abgeschlossen und unwiderruflich wurde.[60] Er kann dann nur – vorbehaltlich des § 143 Abs. 2 – die in der kritischen Zeit vom Insolvenzschuldner bewirkte Mehrung des Versicherungsanspruchs verlangen.[61] Insoweit ist es unerheblich, ob etwa das Versicherungsunternehmen einen Anspruch auf die Prämien hatte, weil darin keine Gegenleistung gerade des Begünstigten liegt.[62] Ist hingegen das Bezugsrecht erst in der kritischen Zeit des § 134 unwiderruflich geworden (vgl. § 140 RdNr. 51), kann der Insolvenzverwalter dessen Gewährung uneingeschränkt anfechten, also auch, wenn es schon mit Abschluss des Versicherungsvertrages begründet wurde.[63] Ist das Bezugsrecht des Dritten noch widerruflich und der Versicherungsfall nicht eingetreten, kann der Insolvenzverwalter es widerrufen, so dass

---

[52] *Hassold* S. 308 ff.; *Uhlenbruck/Hirte* § 134 RdNr. 13; *Baur/Stürner* RdNr. 18.42 aE; s. o. § 129 RdNr. 79 bis 81; aM RG JW 1905, 442 Nr. 27; *Jaeger/Henckel*, KO § 32 RdNr. 33, aber einschränkend § 1 RdNr. 72.
[53] *HambKomm-Rogge* § 134 RdNr. 10; *Jaeger/Henckel*, KO § 32 RdNr. 33.
[54] Vgl. hierzu BGHZ 46, 198, 199 = NJW 1967, 101 f.; BGH NJW 1970, 1181, 1182.
[55] *Nerlich* (Fn. 2) § 134 RdNr. 29; *Jaeger/Henckel*, KO § 32 RdNr. 34.
[56] FK-*Dauernheim* § 134 RdNr. 27; vgl. BGHZ 41, 95, 97 = NJW 1964, 1124, 1125; BGH NJW 1975, 382, 383; RGZ 106, 1, 2.
[57] *Jaeger/Henckel*, KO § 32 RdNr. 34; vgl. auch *Hess* InsO § 134 RdNr. 53.
[58] *Kayser* S. 74. Dies kann auch durch nachträgliche Einräumung eines unwideruflichen Bezugsrechts geschehen: *Bert* EWiR 2002, 585, 586 gegen LG Görlitz ZInsO 2003, 808, 809.
[59] *Jaeger/Henckel*, KO § 32 RdNr. 35.
[60] *Kübler/Prütting/Paulus* § 134 RdNr. 28; *Nerlich* (Fn. 2) § 134 RdNr. 32; *Jaeger/Henckel*, KO § 32 RdNr. 36 f.; *Wussow* NJW 1964, 1259, 1260.
[61] *Kayser* S. 74 f.; *Elfring* NJW 2004, 483, 484; vgl. RGZ 153, 220, 228; *Uhlenbruck/Hirte* § 134 RdNr. 15; *Jaeger/Henckel*, KO § 32 RdNr. 38; BGH ZIP 1997, 1596, 1600, insoweit nicht in BGHZ 136, 220 abgedr. Zur Streitfrage, ob sich diese Mehrung nur in vom Schuldner gezahlten Versicherungsprämien oder dem Anwachsen des Kapitalertrags ausdrückt, s. u. § 143 RdNr. 23 a.
[62] Vgl. RdNr. 14 und 18; aM RG Gruchot 49 [1905], 1088, 1091 f.
[63] BGHZ 156, 350, 355 f. = NJW 2004, 214, 215; HambKomm-*Rogge* § 134 RdNr. 11; *Kayser* S. 70 f.; *Elfring* NJW 2004, 483, 484; aM *Uhlenbruck/Hirte* § 134 RdNr. 15; für die Begründung eines unwiderruflichen Bezugsrechts schon bei Vertragsschluss auch *Hasse* VersR 2005, 15, 22 ff., 31 f. Ergänzend s. o. § 129 RdNr. 52.

die Anfechtung überflüssig wird.[64] Für Unfallversicherungsverträge zugunsten eines Dritten (§§ 179 ff. VVG) gilt Entsprechendes.[65]

17   3. Unentgeltlichkeit. a) Begriff. Eine Leistung ist unentgeltlich, wenn der Erwerb des Empfängers (s. o. RdNr. 12 bis 16) in seiner Endgültigkeit vereinbarungsgemäß nicht von einer ausgleichenden Zuwendung abhängt.[66] Erforderlich ist also Einigkeit der Beteiligten darüber, dass der Empfänger für die Leistung des Schuldners keinen ausgleichenden Gegenwert erbringen soll; dagegen ist eine Vereinbarung über die Unentgeltlichkeit als solche, etwa im Sinne von § 516 BGB, nicht nötig.[67] Die Einigkeit kann formlos herbeigeführt werden, insbesondere indem der Schuldner einseitig eine Leistung zuwendet und der Empfänger sie in dem Bewusstsein annimmt, dass von ihm keine Gegenleistung erwartet wird.[68] Umgekehrt bindet die – unzutreffende – Bezeichnung der tatsächlich von einer Gegenleistung abhängigen Zuwendung als „Schenkung" nicht die Auslegung; gemä §§ 133, 157 BGB ist vielmehr der wahre Wille zu erforschen.[69] Nimmt auch nur einer der Beteiligten in tatsächlicher Hinsicht an, dass ein – objektiv ausgleichendes (s. u. RdNr. 21) – Entgelt zu erbringen ist, entfällt § 134. Dagegen sind sonstige subjektive Fehlvorstellungen unerheblich: Erhält z. B. der (spätere) Anfechtungsgegner objektiv eine unentgeltliche Leistung des Schuldners, so steht es der Anfechtung nach § 134 nicht entgegen, dass der Empfänger irrtümlich annahm, die entgeltliche Leistung eines Dritten erlangt zu haben (ergänzend s. u. RdNr. 22 ff.); sein guter Glaube wird allein im Rahmen des § 143 Abs. 2 geschützt. Eine übereinstimmende Leistungsbestimmung ist nicht mehr nachträglich abzuändern (s. u. RdNr. 20).

17 a   Das ausgleichende Entgelt muss nicht eine Gegenleistung i. S. d. §§ 320 ff. BGB sein; vielmehr genügt jeder entsprechend werthaltige Vermögensvorteil, den insbesondere der Schuldner durch die Rechtshandlung erlangt,[70] z. B. eine Stundung.[71] Unerheblich sind jedoch nicht rechtlich verknüpfte, sondern vom Insolvenzschuldner mit der Leistung nur mittelbar angestrebte wirtschaftliche Interessen oder Vorteile,[72] und erst recht das rein persönliche Bestreben, sich durch Großzügigkeit die Zuneigung Nahestehender zu erwerben[73] oder eine Eheschließung[74] oder die eheliche Lebensgemeinschaft zu fördern (zu ehebedingten Zuwendungen s. u. RdNr. 36). Eine bleibende Bereicherung des Empfängers ist nicht nötig (s. o. RdNr. 12). Die Erfüllung einer eigenen entgeltlichen rechtsbeständigen Schuld schließt als Gegenleistung die dadurch bewirkte Schuldbefreiung mit ein (s. u. RdNr. 26). Dagegen ist die Bezahlung einer von Rechts wegen nicht bestehenden Schuld unentgeltlich; die irrige Annahme sogar beider Beteiligter über die Wirksamkeit der Schuld vermag kein Entgelt zu schaffen,[75] und auch § 131 schließt nicht den § 134 aus (s. o. Vor § 129 RdNr. 94, § 131 RdNr. 3). Zur Behandlung bei nur zum Teil erfolgendem Ausgleich („gemischte Schenkung") s. u. RdNr. 41, 42. Die Erfüllung einer bloßen Anstandspflicht,

---

[64] *Jaeger/Henckel,* KO § 32 RdNr. 43; *Robrecht* DB 1967, 453; *Heilmann* KTS 1969, 40, 41; vgl. RG LZ 1914, 955 f. zur Anfechtbarkeit des Verzichts auf ein Widerrufsrecht.
[65] Vgl. FK-*Dauernheim* § 134 RdNr. 27 aE; *Jaeger/Henckel,* KO § 32 RdNr. 45.
[66] BGH NJW-RR 1993, 1379, 1381; BFHE 125, 500, 506 f.; OLG Nürnberg KTS 1966, 57, 60; HK-*Kreft* § 134 RdNr. 7; *Hess* InsO § 134 RdNr. 11; *Nerlich* (Fn. 2) § 134 RdNr. 7; vgl. *Kübler/Prütting/Paulus* § 134 RdNr. 8 bis 10. Ergänzend vgl. RdNr. 12, 41 und § 39 RdNr. 23.
[67] BGHZ 71, 61, 69 = NJW 1978, 1326, 1327 aE; BGHZ 113, 98, 103 = NJW 1991, 560, 561; BGHZ 113, 393, 396 = NJW 1991, 1610, 1611; BGH WM 1991, 331, 332; NJW-RR 1993, 1379, 1381; HK-*Kreft* § 134 RdNr. 8; FK-*Dauernheim* § 134 RdNr. 6; *Baur/Stürner* RdNr. 19.5; vgl. RG Gruchot 49 [1905], 1088, 1092.
[68] HambKomm-*Rogge* § 134 RdNr. 13.
[69] Vgl. OLG Karlsruhe ZInsO 2003, 999, 1001.
[70] FK-*Dauernheim* § 134 RdNr. 9; *v. Campe* S. 205; zu § 3 Nr. 3 AnfG aF RG JW 1905, 442 f.
[71] RG JW 1913, 608, 609; HambKomm-*Rogge* § 134 RdNr. 13.
[72] Vgl. BGH NJW-RR 2006, 1136, 1137; 2006, 1555, 1557.
[73] RG LZ 1910, 558 f.
[74] *Jaeger/Henckel,* KO § 32 RdNr. 47, S. 1101; aM RGZ 62, 273 ff.; RG JW 1906, 462; 1908, 71; 1913, 278; 1916, 588; *Uhlenbruck/Hirte* § 134 RdNr. 41 aE.
[75] *Gerhardt* EWiR 2002, 1055, 1056; s. u. RdNr. 22.

Unentgeltliche Leistung   17 b–19 § 134

die über die Grenzen des Abs. 2 hinausgeht, stellt keinen Ausgleich im Verhältnis zu den Insolvenzgläubigern dar.[76] Die Zwangsvollstreckung in Vermögen, das materiell nicht für die Verbindlichkeiten des Titelschuldners haftet, ist gegenüber dem Berechtigten unentgeltlich, solange dieser die Folgen des Eingriffs rückgäng machen kann und die titulierte Forderung deshalb insoweit auch nicht endgültig erloschen ist (vgl. § 145 RdNr. 30); zur eingeschränkten Anfechtbarkeit s. o. RdNr. 7, 11. Maßgebend für die Ermittlung der Entgeltlichkeit ist der Gesamtvorgang unter wirtschaftlicher Betrachtungsweise.[77]

Entscheidend ist, ob die Gegenleistung im oben dargestellten Sinne **vereinbart** war; 17 b bleibt sie dann später aus, stehen dem Insolvenzverwalter hiergegen gegebenenfalls die vertraglichen oder allgemeinen gesetzlichen Behelfe zu, nicht aber die Anfechtung.[78] Die Vermögenslage des Schuldners im Zeitpunkt der Leistung ist unerheblich: Eine Freigebigkeit kann anfechtbar werden, wenn der spätere Insolvenzschuldner trotz ihrer Vornahme zunächst noch über ausreichendes Vermögen verfügte und dieses erst später einbüßte (s. u. RdNr. 43). Dass die Leistung des Schuldners freiwillig erfolgt, wird nicht vorausgesetzt.[79]

Soweit früher teilweise darauf abgestellt wurde, ob gerade dem Verfügenden (Insolvenz- 18 schuldner) selbst nach dem Verständnis der Beteiligten eine ausgleichende Gegenleistung zufließen soll,[80] trifft das zwar für Leistungen in einem Zweipersonenverhältnis zu, ist aber zu eng, wenn eine dritte Person in einen Gesamtleistungsvorgang eingeschaltet wird. Die Gegenleistung kann auch **an Dritte** erbracht werden; entscheidend für die Entgeltlichkeit ist dann, ob der jeweilige Leistungsempfänger seinerseits eine ausgleichende Gegenleistung – z. B. im Valutaverhältnis – zu erbringen hat.[81] Hat dagegen der Empfänger der Leistung des Insolvenzschuldners dafür keinen Vermögenswert aufzuwenden, kann die Leistung auch dann unentgeltlich sein, wenn der Insolvenzschuldner etwas von einem Dritten erhält. Insbesondere bei gemeinsamer Verpflichtung mehrerer gegenüber einem Gläubiger gilt: Verzichtet der spätere Insolvenzschuldner hierbei im Innenverhältnis auf den ihm von Rechts wegen zustehenden Ausgleichsanspruch, ohne dass der hierdurch Begünstigte dafür etwas aufzuwenden hat, wird der Leistende (Insolvenzschuldner) zwar mit der Zahlung von einer eigenen Schuld gegenüber dem Gläubiger frei, bewirkt damit jedoch zugleich eine unentgeltliche Zuwendung gegenüber dem begünstigten Mithaftenden.[82] Verpflichten sich Eltern, ihrem Kind ein Grundstück lastenfrei zu schenken, so stellen auch die nach der Übereignung an Drittgläubiger geleisteten Zins- und Tilgungszahlungen zur Ablösung dinglicher Belastungen selbständige unentgeltliche Leistungen an das Kind dar; nur die Grundpfandgläubiger selbst erlangen die Zahlungen zum Ausgleich ihrer gesicherten Forderungen entgeltlich.[83]

Bei allen anderen Leistungen als Verpflichtungsgeschäften (s. o. RdNr. 7 bis 10) richtet 19 sich die Unentgeltlichkeit nach dem Grundgeschäft. Aus diesem ist abzuleiten, ob die isolierte Leistung – insbesondere eine abstrakte Verfügung – von einer ausgleichenden

---

[76] OLG Dresden LZ 1910, 243, 244; OLG Hamm ZIP 1992, 1755, 1757; FK-*Dauernheim* § 134 RdNr. 8; aM BFHE 138, 416, 420; *Jaeger/Henckel*, KO § 32 RdNr. 47.
[77] *Baur/Stürner* RdNr. 19.5 aE; vgl. BGHZ 41, 298, 300; OLG Jena LZ 1911, 241 f. Allerdings richtet sich die Anfechtung gegen die einzelnen „Leistungen" in diesem umfassend ausgewerteten Gesamtvorgang: vgl. BGHZ 57, 123, 125 = NJW 1972, 48.
[78] BGH NJW 1999, 1033 f.; Beschl. v. 21. 6. 2007 – IX ZR 165/04; *Uhlenbruck/Hirte* § 134 RdNr. 22; HambKomm-*Rogge* § 134 RdNr. 13; *Jaeger/Henckel*, KO § 32 RdNr. 7.
[79] OLG Nürnberg KTS 1966, 57, 60; vgl. *Jaeger/Henckel*, KO § 32 RdNr. 7 aE.
[80] BGH NJW 1978, 1326, insoweit nicht in BGHZ 71, 61 abgedr.; BGHZ 113, 393, 395 f. = NJW 1991, 1610, 1611.
[81] BGHZ 41, 298, 302 = NJW 1964, 1960 Nr. 6; BGH NJW 1992, 2421, 2422 f.; BGHZ 121, 179, 183 = NJW 1993, 663, 664; BGHZ 141, 96, 99 f.; BGHZ 162, 276, 282 = NZI 2005, 323, 324; BGH NJW-RR 2006, 1555, 1556; ZInsO 2007, 598, 599; OLG Schleswig WM 1982, 20, 21; OLG Hamm ZIP 2002, 313, 314; HK-*Kreft* § 134 RdNr. 7; HambKomm-*Rogge* § 134 RdNr. 14; *Kayser* WM 2007, 1, 4 f.; *Gerhardt* KTS 2004, 195, 197; *Kirchhof*, Festschrift für Fuchs, 1996, S. 99 f.; vgl. BGH WM 1955, 407, 410 f.; NJW-RR 2001, 1490, 1491 und ergänzend RdNr. 14, 28 bis 34.
[82] BGHZ 141, 96, 101.
[83] BGHZ 141, 96, 100 ff.

Zuwendung abhängt und damit entgeltlich oder unentgeltlich ist.[84] Bei der Bestellung von Sicherheiten ist Grundlage regelmäßig die Sicherungsabrede (Zweckvereinbarung).[85]

20   b) Maßgebender **Zeitpunkt** für die Beurteilung der Unentgeltlichkeit ist nach allgemeinen Grundsätzen derjenige der Vornahme der jeweils angefochtenen Leistung,[86] der gem. § 140 zu bestimmen ist. Der Zeitpunkt des Abschlusses des Kausalgeschäfts ist also stets maßgebend, wenn nur dieses angefochten wird.[87] Werden dagegen abstrakte Verfügungsgeschäfte oder isolierte Leistungen nicht-rechtsgeschäftlicher Art angefochten, ist grundsätzlich auf deren Vornahme – regelmäßig also deren Vollendung – abzustellen: Bis zu diesem Zeitpunkt steht es den Beteiligten frei, den Leistungszweck zu bestimmen oder zu ändern. Nachträglich kann die Leistungsbestimmung nicht mehr wirksam geändert, dürfen also insbesondere zuvor unentgeltlich erbrachte Leistungen nicht mehr als entgeltliche neu bestimmt werden;[88] die Beteiligten können nur die zuvor eingetretene Gläubigerbenachteiligung gemäß allgemeinen Grundsätzen wieder beseitigen.[89] Wird allerdings ein gegenseitig verpflichtender Vertrag bis zur Leistung nicht verändert, so bleibt die darin enthaltene Bewertung von Leistung und Gegenleistung unverändert auch für das Erfüllungsgeschäft maßgebend (s. o. RdNr. 19). Dementsprechend ist eine als Kaufpreis bestimmte Leistung des Schuldners unentgeltlich, wenn die Beteiligten sich bei ihrer Erbringung darüber einig waren, dass die als Gegenleistung zu liefernde Ware wertlos war; dagegen ist die Erfüllung eines Kaufvertrages nicht deshalb unentgeltlich, weil die vom Schuldner gekaufte Ware erst nach Vertragsschluss – vor oder nach der Übergabe – ihren Wert verliert.[90] Anderenfalls würde das vertraglich vereinbarte Synallagma nachträglich aufgelöst. Dieses muss auch bei einem echten entgeltlichen Vertrag zugunsten Dritter (§ 328 BGB) erhalten bleiben.[91] Zur nachträglichen Vergütung von Diensten s. u. RdNr. 38.

21   Ohne bindende vertragliche Preisabsprachen kann jedoch die maßgebliche **Wertrelation** nicht durch bloße kausale Leistungsbestimmungen festgelegt werden. Dies gilt insbesondere bei Leistungen im Drei-Personen-Verhältnis außerhalb des § 328 BGB. In diesen Fällen sind Leistungen allein auf den Zeitpunkt ihrer Erbringung (s. o. RdNr. 20) zu bewerten. Ist zu dieser Zeit die für die Leistung des Insolvenzschuldners von ihrem Empfänger als ausgleichend zu erbringende Zuwendung wertlos, so ist jene Leistung unentgeltlich. Das trifft insbesondere zu, wenn der Insolvenzschuldner Verbindlichkeiten eines inzwischen zahlungsunfähig gewordenen Dritten tilgt; ob dessen Gläubiger dem Dritten dafür vorher werthaltige Leistungen erbracht hatten, ist unerheblich.[92]

22   c) Darüber, ob die Leistung des Schuldners bestimmungsgemäß nicht – vollwertig – durch einen Vorteil ausgeglichen wird und damit unentgeltlich ist (s. o. RdNr. 17), entscheidet im Ansatz allein der **objektive Vergleich** der ausgetauschten **Werte.** Maßgeblich ist, ob sich Leistung und Gegenleistung in ihrem jeweils objektiv zu ermittelnden Wert entsprechen; subjektive Vorstellungen und Absichten von Schuldner und Empfänger treten

---

[84] *Nerlich* (Fn. 2) § 134 RdNr. 8; *Jaeger/Henckel,* KO § 32 RdNr. 3, 7; *v. Campe* S. 205; *Prütting* KTS 2005, 253, 257 f.; vgl. BGHZ 121, 179, 183 = NJW 1993, 663, 664.
[85] *Jaeger/Henckel,* KO § 32 RdNr. 4, *Kirchhof,* Festschrift für *Fuchs,* 1996, S. 102; vgl. *Schimansky/Bunte/Lwowski/Ganter,* Bankrechts-Handbuch § 90 RdNr. 12 ff.
[86] OLG Nürnberg KTS 1966, 57, 62; *Uhlenbruck/Hirte* § 134 RdNr. 42; vgl. BGHZ 41, 17, 19 = NJW 1964, 1277, 1278; BGH NJW 1983, 1679, 1680; NJW-RR 1993, 1379, 1381; BGHZ 162, 276, 281 = NZI 2005, 323, 324; FK-*Dauernheim* § 134 RdNr. 32 bis 34; *Huber,* AnfG § 4 RdNr. 20.
[87] Vgl. § 39 RdNr. 23 aE sowie BFHE 133, 501, 507; *Jaeger/Henckel,* KO § 32 RdNr. 19.
[88] BFHE 149, 204, 209 f. = NJW 1988, 3174, 3175; FK-*Dauernheim* § 134 RdNr. 21; HambKomm-*Rogge* § 134 RdNr. 16.
[89] *Jaeger/Henckel,* KO § 32 RdNr. 7, 19.
[90] *Jaeger/Henckel,* KO § 32 RdNr. 19; *Uhlenbruck/Hirte* § 134 RdNr. 42; vgl. RGZ 50, 134, 136.
[91] Vgl. *Uhlenbruck/Hirte* § 134 RdNr. 22. Darauf geht weder BGHZ 141, 96, 101 noch BGHZ 162, 276, 281 f. = NZI 2005, 323 ein.
[92] BGHZ 162, 276, 281 f. = NZI 2005, 323, 324; BGH NJW-RR 2006, 1136, 1137, OLG Koblenz ZIP 2005, 540, 541 f., bestätigt durch Beschl. des BGH v. 30. 3. 2006 – IX ZR 54/05; *Gundlach/Frenzel/Schmidt* InVo 2004, 485, 487 f.; aM OLG Koblenz WM 2004, 1931, 1932 f.; *Henckel* ZIP 2004, 1671, 1674. Ergänzend s. u. RdNr. 31.

Unentgeltliche Leistung   23 § 134

demgegenüber in ihrer Bedeutung zurück.[93] Wegen des gläubigerschützenden Normzwecks des § 134 können die zu § 516 BGB entwickelten subjektiven Abgrenzungsmerkmale nur eingeschränkt angewendet werden: Eindeutig irreale Vorstellungen der Beteiligten über Gegenleistungen verschaffen den Insolvenzgläubigern kein Zugriffsobjekt. Deshalb ist der einseitige Irrtum des Empfängers über den objektiven Wert der von ihm erbrachten Gegenleistung oder darüber, dass sich seine Gegenleistung auf die von dem Schuldner erbrachte Leistung bezieht, für die Frage der Entgeltlichkeit der Schuldnerleistung ohne Bedeutung.[94] Unentgeltlichkeit liegt deshalb bei der Tilgung der wertlosen Forderung eines Dritten durch den Insolvenzschuldner auch dann vor, wenn der Dritte (Gläubiger) die Wertlosigkeit nicht kennt.[95] Für den Irrtum des leistenden Schuldners selbst oder beider Teile, der den angemessenen Bewertungsspielraum (s. u. RdNr. 40) zweifelsfrei übersteigt, kann nichts anderes gelten. Unentgeltlichkeit liegt also vor, wenn der Schuldner irrtümlich eine vermeintliche, in Wirklichkeit aber nicht bestehende Schuld „erfüllt";[96] eine hierdurch eingetretene Gläubigerbenachteiligung wird allgemein nicht dadurch ausgeschlossen, dass auch andere Rückforderungsmöglichkeiten – insbesondere nach § 812 BGB – bestehen mögen (s. o. § 129 RdNr. 101). Die Anfechtung gemäß § 134 kann mit *Bereicherungsansprüchen* konkurrieren, ohne dass ihr z. B. § 814 BGB entgegen steht.[97] Ferner kann es wegen der Objektivierung des Begriffs der Unentgeltlichkeit nicht darauf ankommen, ob die Beteiligten die Unwirksamkeit eines Vertrages erkannten; die Abgrenzung gegenüber § 132 – mit viel kürzerer Anfechtungsfrist – oder gegen § 133 Abs. 2 hängt nicht von der subjektiven Einstellung der Beteiligten ab.[98]

Erst wenn feststeht, dass – objektiv betrachtet – der Schuldner oder ein Dritter überhaupt 23 einen Gegenwert für die Leistung bestimmungsgemäß erhalten hat oder ihm eine werthaltige Leistung versprochen wurde, ist Raum für die Prüfung, ob die Beteiligten die erbrachte oder versprochene Gegenleistung als Entgelt angesehen haben oder ob mit der Leistung des Schuldners Freigebigkeit bezweckt war.[99] Einseitige Vorstellungen des Schuldners über mögliche wirtschaftliche Vorteile, die in keiner rechtlichen Abhängigkeit von seiner Leistung stehen – z. B. verbesserte Verkaufsaussichten oder Verdeckung eines vorangegangenen Betruges –, vermögen eine Entgeltlichkeit nicht zu begründen.[100] Vereinbart der Schuldner z. B. mit seinem Vertragspartner, dass eine von diesem verdiente Belohnung zur Hälfte an dessen Ehegatten gezahlt wird, um insoweit den Schenkungssteuerfreibetrag auszunutzen, so ist die Zahlung an den Ehegatten auch dann unentgeltlich, wenn der beabsichtigte steuerliche Erfolg aus Rechtsgründen nicht eintritt.[101] Eine vom Schuldner

---

[93] BGH NZI 2004, 376, 378 f.; HK-*Kreft* § 134 RdNr. 9; vgl. BGH WM 1978, 671, 674, insoweit nicht in BGHZ 71, 296 abgedr.; BGHZ 113, 98, 102 f. = NJW 1991, 560, 561; BGHZ 113, 393, 395 ff. = NJW 1991, 1610, 1611; BGH NJW-RR 1993, 1379, 1381; NJW 1997, 866, 867; BFHE 133, 501, 507; LAG Hamm ZIP 1998, 920, 921 f.; *Gottwald/Huber,* Insolvenzrechts-Handbuch, § 49 RdNr. 11; *Gerhardt* KTS 2004, 195, 198; aM OLG Koblenz NZI 2000, 84, 85; *Kamlah* S. 86 f., krit. *Holzapfel* S. 24 f. Ergänzend s. u. RdNr. 40 und zur Leistung auf eine Nichtschuld s. o. RdNr. 17.
[94] HK-*Kreft* § 134 RdNr. 9; vgl. RGZ 51, 412, 416.
[95] BGHZ 162, 276, 280 f. = NZI 2005, 323, 324; BGH NJW-RR 2006, 1136, 1137.
[96] A. M. auf Grund früherer, allein auf die Willensrichtung abstellender Betrachtungsweise entsprechend § 516 BGB: RG Gruchot 59 [1915], 521, 522 f.; OLG Hamm ZIP 1992, 1755, 1756 f.; OLG Koblenz NZI 2000, 84, 85; LG Köln ZInsO 2006, 165, 166; FK-*Dauernheim* § 134 RdNr. 13; *v. Campe* S. 208 f.; auf Grund Verweisung auf andere Anspruchsgrundlagen LG Köln ZInsO 2005, 165, 166; *Henckel* ZIP 1990, 137, 140; *Gerhardt* KTS 2004, 195, 198; *M. Zeuner,* Anfechtung RdNr. 220. Ergänzend s. o. RdNr. 17, § 39 RdNr. 27.
[97] *Gerhardt* ZIP 1991, 273, 283; EWiR 2002, 1055, 1056; zur Gegenmeinung s. u. RdNr. 45.
[98] S. o. § 132 RdNr. 11, § 133 RdNr. 41; aM HambKomm-*Rogge* § 134 RdNr. 22; *M. Zeuner* RdNr. 220.
[99] BGHZ 113, 98, 102 = NJW 1991, 560, 561; BGHZ 113, 393, 397 = NJW 1991, 1610, 1611; BGH WM 1978, 671, 674, insoweit nicht in BGHZ 71, 296 abgedr.; WM 1991, 331, 332; HK-*Kreft* § 134 RdNr. 9. Im Einzelnen s. u. RdNr. 40, 41.
[100] BGHZ 113, 98, 103 f. = NJW 1991, 560, 562; BGH WM 1978, 671, 674, insoweit nicht in BGHZ 71, 296 abgedr.; WM 1991, 331, 333; HK-*Kreft* § 134 RdNr. 9.
[101] BGH NJW-RR 2006, 1555, 1556 f.

nur erhoffte Gegenleistung schafft ebenfalls keine Entgeltlichkeit;[102] deshalb sind z. B. Werbegeschenke oder Bestechungsgelder sogar dann unentgeltlich, wenn sie letztlich zur erhofften Auftragserteilung führen.[103] Gibt der Schuldner ein Vermögensgut weg, dem im Geschäftsverkehr üblicherweise ein Wert zukommt und das deshalb regelmäßig nur gegen Entgelt übertragen wird, so ist grundsätzlich von der Werthaltigkeit jenes Guts auszugehen; werthaltig ist danach insbesondere der arbeitsvertragliche Anspruch des Arbeitgebers auf die Dienste seiner Arbeitnehmer.[104]

24 Dementsprechend sind, außer Schenkungen i. S. v. § 516 BGB (s. o. RdNr. 6), regelmäßig **unentgeltlich:** Ein vom Insolvenzschuldner bewilligter Schuldenerlass (§ 397 BGB);[105] sein Verzicht auf die grundschuldmäßige Absicherung einer fortbestehenden Forderung;[106] der Abschluss eines äußerlich entgeltlichen Geschäfts nur zum Schein, um die Freigebigkeit zu verdecken („verschleierte Schenkungen", s. u. RdNr. 41), das vollstreckbare Anerkenntnis (§ 794 Abs. 1 Nr. 5 ZPO) einer nicht bestehenden Schuld und Leistungen des Insolvenzschuldners, denen als „Gegenleistung" nur die Abtretung einer wertlosen Forderung[107] oder Lieferung einer wertlosen Sache gegenübersteht. Unentgeltlich sind ferner Spenden;[108] eine steuerliche Abzugsfähigkeit ist keine Gegenleistung.[109] Auch die Schenkung eines belasteten Gegenstands ist unentgeltlich; nur die dadurch verursachte Gläubigerbenachteiligung ist im Umfange der Belastung eingeschränkt.[110] Dementsprechend ist bei einer Grundstücksschenkung die Bewilligung eines Nießbrauchs für den Schenkenden ebenfalls kein ausgleichender Gegenwert.[111] Dagegen kann die vereinbarte Freistellung des Veräußerers von Schulden eine Gegenleistung darstellen. Verschenkt ein Schuldner einen Miteigentumsanteil an den Miteigentümer, so werden oft auch die anteiligen Ansprüche des Schuldners auf Rückgewähr nicht valutierender Grundschulden – unentgeltlich – mit zugewendet.[112] Der Verzicht auf ein künftiges Pflichtteilsrecht nach einem insolventen Schuldner hat durchweg für die Insolvenzgläubiger keinen Vermögenswert und stellt deshalb objektiv keine Gegenleistung dar, welche die Unentgeltlichkeit ausschließen könnte.[113] Ferner sind die Auszahlung fingierter Scheingewinne[114] sowie Leistungen des Schuldners unentgeltlich, die nur zur Erfüllung einer Anstandspflicht erbracht wurden, weil darin kein Gegenvorteil im Rechtssinne (s. o. RdNr. 17 a) besteht. Objektiv unentgeltlich kann ferner die vorzeitige Erfüllung einer unverzinslichen Geldschuld des Insolvenzschuldners insoweit sein, als diesem die Zinsen für das zurückgezahlte Kapital entgehen und der Gläubiger die Möglichkeit erhält, das Kapital jetzt verzinslich anzulegen.[115] Zu Leistungen bei Versicherungen zugunsten Dritter s. o. RdNr. 16.

---

[102] OLG Celle NJW 1990, 720; *Jaeger/Henckel*, KO § 32 RdNr. 7; HambKomm-*Rogge* § 134 RdNr. 19; *Huber*, AnfG § 4 RdNr. 20; vgl. *Kübler/Prütting/Paulus* § 134 RdNr. 10. Ergänzend s. o. RdNr. 17 a.
[103] Insoweit aM *Kübler/Prütting/Paulus* § 134 RdNr. 13; teilweise auch *Uhlenbruck/Hirte* § 134 RdNr. 35.
[104] BGH NJW-RR 2004, 696, 697.
[105] HK-*Kreft* § 134 RdNr. 12; vgl. BGH ZIP 1980, 21, 22; und für die Haftentlassung aus einer Grundschuld OLG Hamburg KTS 1987, 727, 730 und ZIP 1989, 777, 779. Sind die Grundschulden allerdings nicht mehr valutiert, stellt ihre Löschung nur die Erfüllung eines schuldrechtlichen Freigabeverlangens dar und ist somit entgeltlich, s. u. RdNr. 26.
[106] OLG Hamburg KTS 1987, 727, 730.
[107] RGZ 50, 134, 136; 51, 412, 416; HK-*Kreft* § 134 RdNr. 12; vgl. BGHZ 113, 98, 103 = NJW 1991, 560, 561.
[108] FK-*Dauernheim* § 134 RdNr. 17; Hess InsO § 134 RdNr. 43; *Smid/Zeuner* § 32 RdNr. 23; s. o. RdNr. 17 a, § 39 RdNr. 25.
[109] BGH WM 1978, 671, 674; *Uhlenbruck/Hirte* § 134 RdNr. 25.
[110] BGHZ 121, 179, 187 = NJW 1993, 663, 665; BFHE 125, 500, 507; *Kübler/Prütting/Paulus* § 134 RdNr. 24; vgl. BGH NJW 1989, 2122; s. o. § 129 RdNr. 127.
[111] BGH ZIP 1999, 628, 630; BFHE 133, 501, 507.
[112] FK-*Dauernheim* § 134 RdNr. 25; vgl. BGH ZIP 1985, 372, 373.
[113] BGHZ 113, 393, 397 f. = NJW 1991, 1610, 1611; HK-*Kreft* § 134 RdNr. 12; Hess InsO § 134 RdNr. 62; vgl. auch § 322; aM *Kübler/Prütting/Paulus* § 134 RdNr. 10 aE.
[114] BGHZ 113, 98, 101 f. = NJW 1991, 560, 561; *Uhlenbruck/Hirte* § 129 RdNr. 22.
[115] *Jaeger/Henckel*, KO § 32 RdNr. 7; *Kilger/K. Schmidt* § 32 KO Anm. 2. Für die Darlehenssumme selbst mit Recht verneinend RG JW 1888, 103 Nr. 22; LZ 1914, 1913, 1914.

Unentgeltliche Leistung   25, 26 § 134

Regelmäßig **entgeltlich** sind dagegen Leistungen um einer verdeckten Gegenleistung 25
willen[116] oder ein „Besserungsschein" gegen Stundung.[117] Notverkäufe des Schuldners unter
Wert sind entgeltlich, soweit nicht bei der Preisabsprache der große Bewertungsspielraum
überschritten wurde.[118] Wird ein hoch belastetes Grundstück übertragen, kann eine ausgleichende Gegenleistung darin liegen, dass der Erwerber den Schuldner auch von der
persönlichen Schuld freizustellen hat;[119] das gilt allerdings nicht, soweit der Erwerber
ohnehin schon persönlicher Schuldner war, es sei denn, er verzichtet auf einen werthaltigen
Rückgriffsanspruch gegen den (Insolvenz-)Schuldner.[120] Wird ein zinsloses Darlehen gewährt, kann nur die zinslose Nutzung unentgeltlich sein (s. o. § 123 RdNr. 41). Entspricht
beim gegenseitigen Vertrage die versprochene Gegenleistung dem Wert der Leistung des
Insolvenzschuldners, so bleibt dessen Leistung auch dann entgeltlich, wenn die *Gegenleistung
ausgeblieben* ist (s. o. RdNr. 17 b). Ergänzend s. o. § 133 RdNr. 41, zu Erfüllungsgeschäften
s. u. RdNr. 26, 31 und zu Vergleichen (§ 779 BGB) s. u. RdNr. 40 a.

aa) Ob die **Erfüllung** einer **eigenen Verbindlichkeit** (s. o. RdNr. 7) unentgeltlich ist, 26
hängt von deren Rechtsgrund ab: Wurde die Verbindlichkeit des Insolvenzschuldners durch
einen entgeltlichen Vertrag rechtswirksam begründet, so ist zugleich deren Erfüllung entgeltlich.[121] Das gilt auch für Leistungen, die der Art nach inkongruent sind – z. B. Leistungen
erfüllungshalber oder an Erfüllungs Statt[122] –, sowie für die Erfüllung unvollkommener Verbindlichkeiten z. B. gem. §§ 762 ff. BGB[123] oder § 55 BörsG und von Freistellungsverpflich-
tungen. Dass die entgeltlich begründete Forderung, auf die der Schuldner geleistet hat,
verjährt ist, begründet im Hinblick auf § 214 Abs. 2 BGB ebenfalls nicht die Unentgeltlichkeit der zum Zwecke der Erfüllung vorgenommenen Leistung.[124] Die Erfüllung von Ansprüchen aus gesetzlichen Schuldverhältnissen ist stets entgeltlich.[125] Dagegen ist jede Befriedigung einer unentgeltlich begründeten Verpflichtung des Schuldners – etwa eines Schenkungsversprechens (s. o. RdNr. 6) – ebenfalls wieder unentgeltlich.[126] Daran ändert es im
Hinblick auf § 39 Abs. 1 Nr. 4 nichts, wenn ein Schenkungsversprechen etwa durch eine
Vormerkung gesichert ist.[127] Auch die Erfüllung einer bestimmten, nur vermeintlichen
Schuld ist unentgeltlich (vgl. RdNr. 21, 40). Ihr kann nicht als Entgelt eine andere Verbindlichkeit unterlegt werden, die nach beiderseitiger Vorstellung gerade nicht getilgt werden
sollte[128]; dieser gegenüber kommt allenfalls eine Aufrechnung in Betracht (vgl. aber § 143
RdNr. 11). Die Leistung auf eine aufschiebend bedingte Verpflichtung ist unentgeltlich,

---

[116] Vgl. *Jaeger/Henckel,* KO § 32 RdNr. 7. Zu verschleierten Schenkungen dagegen s. u. RdNr. 41.
[117] Vgl. RGZ 30, 33, 36 f.
[118] FK-*Dauernheim* § 134 RdNr. 6, 17; HambKomm-*Rogge* § 134 RdNr. 17; *Kilger/K. Schmidt* § 32 KO
Anm. 2; *v. Campe* S. 205. Ergänzend s. u. RdNr. 41, 42.
[119] Vgl. BGH NJW 1992, 834, 835; BFHE 133, 501, 507.
[120] HambKomm-*Rogge* § 134 RdNr. 18 in Abgrenzung zu OLG Schleswig ZIP 1987, 1331, 1333.
[121] BGHZ 112, 136, 138 = NJW 1990, 2626; HK-*Kreft* § 134 RdNr. 11; *Jaeger/Henckel,* KO § 31 Rd-
Nr. 26, § 32 RdNr. 3; *v. Campe* S. 206 f.; *Wittig* NZI 2005, 606, 607; ohne die ausdrückliche Beschränkung
auf entgeltliche Schuldbegründung RGZ 27, 130, 134; 51, 76; 62, 38, 45; BGHZ 58, 240, 244 f. = NJW
1972, 870, 871; BGH NJW 1990, 2687, 2688; *Kübler/Prütting/Paulus* § 133 Fn. 68; *Nerlich* in: *Nerlich/Römer-
mann* § 133 RdNr. 58.
[122] Vg. BGH WM 1987, 986, 988 unter cc.
[123] BGHZ 113, 98, 101 = NJW 1991, 560, 561; BGH WM 1991, 331, 332; HK-*Kreft* § 134 RdNr. 11;
aM *Häsemeyer* RdNr. 21.92.
[124] *Jaeger/Henckel,* KO § 32 RdNr. 7; *v. Campe* S. 205 f.
[125] HambKomm-*Rogge* § 134 RdNr. 22; *Jaeger/Henckel,* KO § 32 RdNr. 3; vgl. *App* NJW 1985, 3001,
3002; s. o. § 39 RdNr. 24.
[126] BGH NJW-RR 1988, 841 f.; HK-*Kreft* § 134 RdNr. 13; *Jaeger/Henckel,* KO § 31 RdNr. 26, § 32
RdNr. 3; *Gerhardt* ZIP 1988, 749, 751; *Prütting* KTS 2005, 253, 258; aM *Oertmann,* Entgeltliche Geschäfte,
1912, S. 88–91.
[127] HK-*Kreft* § 134 RdNr. 13; *Uhlenbruck/Hirte* § 134 RdNr. 42, § 140 RdNr. 16; *Jaeger/Henckel,* KO
§ 32 RdNr. 51; vgl. auch *Häsemeyer* RdNr. 21.95; aM *Kübler/Prütting/Paulus* § 134 RdNr. 30; *Gerhardt,*
Grundpfandrechte im Insolvenzverfahren, 11. Aufl., 2005, RdNr. 54. Ergänzend vgl. § 129 RdNr. 61, § 134
RdNr. 24, § 144 RdNr. 9.
[128] S. o. RdNr. 20; aM OLG Nürnberg NJW-RR 1991, 109, 110.

solange die Bedingung nicht eingetreten ist, weil die Schuld noch nicht besteht;[129] die zusätzliche Möglichkeit, diese Leistung nach § 812 Abs. 1 BGB zurückzufordern, schließt die Gläubigerbenachteiligung allgemein nicht aus (vgl. § 129 RdNr. 101). Dagegen ist die Leistung auf eine auflösend bedingte, entgeltlich begründete Verpflichtung entgeltlich, solange die Bedingung nicht eingetreten ist; denn bis dahin besteht die Verbindlichkeit rechtswirksam.[130] Der persönlich haftende Gesellschafter einer Kommanditgesellschaft tilgt keine eigene Schuld, wenn er ihr sein Vermögen zur Befriedigung ihrer Gläubiger überlässt; denn er haftet zwar diesen, nicht aber der Gesellschaft selbst.[131] § 138 greift insoweit nicht ein.

27 bb) Auch die **Sicherung** einer **eigenen**, unentgeltlichen **Verbindlichkeit** ist wiederum unentgeltlich; das gilt zugleich für die Bestellung einer Vormerkung für ein Schenkungsversprechen (s. o. RdNr. 26).

28 Dagegen soll die Sicherung einer eigenen **entgeltlich** begründeten Verbindlichkeit des Schuldners nach herrschender Meinung stets entgeltlich sein.[132] Dieses Ergebnis trifft im Regelfall zu, wird aber mit einer zu weit reichenden und systemwidrig formalen Begründung vertreten (s. u. RdNr. 28). Richtig ist es durchweg, weil bei einer gekündigten oder kündbaren Forderung schon deren „Stehenlassen" (Stundung oder Vereinbarung des Nichtgeltendmachens) dann ein ausgleichender Gegenwert für die Besicherung ist, wenn anderenfalls der Gläubiger seine Forderung hätte durchsetzen können.[133] Hiervon ist regelmäßig insoweit auszugehen, als der Schuldner zur Bestellung von Sicherheiten aus *eigenem Vermögen* in der Lage ist. Denn in diesem Umfang hätte der Schuldner den Sicherungsgegenstand normalerweise auch selbst verwerten und den Erlös an den Gläubiger abführen können. Eine derartige Gestaltung lag, soweit erkennbar, allen Fällen zugrunde, über welche die Rechtsprechung bisher zu entscheiden hatte. Darüber hinaus ist die Nachbesicherung auch insoweit entgeltlich, als der Schuldner damit eine – selbst insolvenzfeste – eigene entgeltliche Verbindlichkeit erfüllt.[134] Solche Pflichten können einerseits aus §§ 490, 648a Abs. 1 und 5, § 321 Abs. 2 Satz 2 BGB folgen und werden von Kreditinstituten üblicherweise schon in den ursprünglichen Kreditvertrag – also bereits vor dem maßgeblichen Zeitpunkt (s. o. RdNr. 20) – als Teil der vom Darlehensnehmer geschuldeten Gegenleistung aufgenommen, insbesondere durch Nr. 19 und 13 Abs. 2 AGB-Banken/Nr. 26 und 22 Abs. 1 AGB-Sparkassen. Diese Sichtweise löst den scheinbaren Widerspruch in der herrschenden Meinung auf, welche die Besicherung einer *fremden* Schuld gemäß allgemeinen Regeln als *unentgeltlich* bewertet (s. u. RdNr. 33). Denn die Besicherung durch Dritte wird meist erst nachträglich

---

[129] HambKomm-*Rogge* § 134 RdNr. 22; *Jaeger/Lent* KO 8. Aufl. § 32 Anm. 6; aM *Jaeger/Henckel* KO 9. Aufl § 32 RdNr. 7.

[130] *Jaeger/Henckel*, KO § 32 RdNr. 7.

[131] BGHZ 121, 179, 184 f. = NJW 1993, 663, 664; NJW-RR 2000, 1154, 1156. Anders verhält es sich nur bei der Übertragung an einen echten Treuhänder, s. o. RdNr. 13.

[132] BGHZ 112, 137, 138 f. = NJW 1990, 2626 f.; BGHZ 137, 267, 282; BGH NJW-RR 2000, 1154, 1156; 2004, 1563, 1564, jedoch inhaltlich zu einem Fall entgeltlicher Besicherung (s. o. RdNr. 17b); RGZ 6, 85 f.; 29, 297, 300; RG WarnR 1933 Nr. 158; OLG Düsseldorf WM 1997, 278, 282; OLG Koblenz ZInsO 203, 951 f. für einen Fall des Entgelts für weitere Belieferung; HK-*Kreft* § 134 RdNr. 11; *Kübler/Prütting/Paulus* § 134 RdNr. 21; *Hess* InsO § 134 RdNr. 26; HambKomm-*Rogge* § 134 RdNr. 23; *Andres/Leithaus* § 134 RdNr. 5, 6; *M. Zeuner*, Anfechtung RdNr. 220; *Häsemeyer* RdNr. 21.92; *Jaeger/Henckel*, KO § 32 RdNr. 4; *Gottwald/Huber* (Fn 4) § 49 RdNr. 14; *Obermüller* RdNr. 6.90; *Huth* S. 61; *Gerhardt* in Festschrift für Huber, 2006, 1231, 1242; *Wittig* NZI 2005, 606, 611; *Kayser* WM 2007, 1, 6 f.; offengelassen von BGHZ 58, 240, 242 = NJW 1972, 870, 871; BGH WM 1976, 622, 623 unter II 3; aM LG Köln NJW 1958, 1296, 1297; *Serick* Bd. II § 18 I 5, S. 60, Bd. III § 32 I 4, S. 148 f.; *Jaeger*, Gläubigeranfechtung § 3 AnfG RdNr. 52; *Johannsen* in Anm. LM AnfG § 3 Nr. 1; *Schimansky/Bunte/Lwowski/Ganter*, Bankrechts-Handbuch § 90 RdNr. 180; *Nerlich* (Fn. 2) § 134 RdNr. 15; beiläufig auch BGH NJW 1998, 2592, 2599; *Bähr* JR 1972, 469 der statt dessen einen Vorrang der Deckungsanfechtung sieht (s. o. RdNr. 3); krit. *Pape* WuB VI A. § 134 InsO 1.05; differenzierend *Jaeger/Lent*, KO 8. Aufl. § 32 RdNr. 7 mwN; *Kilger/K. Schmidt* § 32 Anm. 2.

[133] Vgl. LAG Hamm ZIP 1986, 1262, 1265; öOGH bei *König* RdNr. 9/21; offen gelassen für *Besicherungen* durch Dritte von BGH NJW-RR 2006, 1281, 1282. Dagegen stellt der BGH bei der *Tilgung* durch Dritte allgemein auf die Durchsetzbarkeit der erfüllten Forderung ab, s. u. RdNr. 31 ff. Zur Beweislast des Insolvenzverwalters s. u. RdNr. 49.

[134] *Wittig* NZI 2005, 606, 611; *Nerlich* (Fn. 2) § 134 RdNr. 15; s. o. RdNr. 26.

vereinbart und vor allem dann bedeutsam, wenn der Schuldner selbst zur Bestellung werthaltiger Sicherheiten nicht (mehr) imstande, die „stehengelassene" Forderung gegen ihn dementsprechend wertlos ist. Ferner stimmt die Annahme, dass die Besicherung aus eigenem Schuldnervermögen die Werthaltigkeit der gegen diesen Schuldner gerichteten Forderung indiziert, systematisch mit der Rechtsprechung überein, nach welcher die *Tilgung* einer *fremden* Verbindlichkeit insoweit entgeltlich ist, als deren Gläubiger dafür eine eigene vollwertige Forderung verliert, hingegen unentgeltlich, soweit die vom Dritten getilgte Forderung wertlos war (s. u. RdNr. 31, 31 a). Letzteres wird wiederum indiziert, wenn der Kreditnehmer selbst zur Tilgung oder Besicherung auf die Hilfe Dritter angewiesen war.

Die herrschende Begründung stützt sich statt dessen in einer von den allgemeinen Abgrenzungskriterien (s. o. RdNr. 17) abweichenden Weise vor allem auf die Motive zur Konkursordnung aus dem Jahre 1877 zu § 23 Nr. 2 KO aF[135] sowie auf die These, dass Sicherungsabrede und Kreditgeschäft stets eine Einheit bildeten und die Sicherung nur die Erfüllung vorbereite. Beides ist jedoch für die Insolvenzordnung nicht mehr maßgeblich. Die Motive sind sowohl hinsichtlich der wirtschaftlichen Bedeutung von Sicherungsgeschäften als auch insoweit überholt, wie sie auf eine fehlende „Bereicherung" des Gläubigers abstellten; diese wird von § 134 nicht vorausgesetzt (s. o. RdNr. 12). Zudem wird die Unentgeltlichkeit jetzt stärker objektiviert als früher (vgl. RdNr. 21, 40). Die amtliche Begründung zu § 134 schweigt zu der Frage. Allgemein stellen Kreditgeschäft und Sicherungsabrede auch kein einheitliches Rechtsgeschäft dar: Nach einhelliger Ansicht enthält der Anspruch auf Erfüllung nicht schon denjenigen auf Sicherstellung (vgl. § 131 RdNr. 19). Dieser folgt vielmehr aus der gesonderten Sicherungsabrede;[136] nach ihr ist die Frage der Entgeltlichkeit der bestellten Sicherheit zu beantworten. Insoweit entscheidet nicht allein, ob die Sicherheit von Anfang an oder erst nachträglich vereinbart,[137] sondern ob die spätere Besicherung schon im maßgeblichen Zeitpunkt (s. o. RdNr. 20) als *Entgelt* mit zugesagt wurde. Die These, dass die Sicherungsabrede für die Frage der Entgeltlichkeit stets in vollem Umfang eine Einheit mit dem Kreditgeschäft bilde,[138] wird nicht begründet, sondern nimmt nur das gewünschte Ergebnis vorweg. Die Vorstellung endlich, die Sicherung stelle lediglich einen Zwischenschritt („Hilfsgeschäft") zur Erfüllung dar, ist insolvenzrechtlich bedeutungslos, wie nunmehr § 88 – im Anschluss an § 7 Abs. 3 Satz 1 GesO – verdeutlicht: Die Sicherheit behält vor ihrer Verwertung ihre selbständige Bedeutung; frühestens mit der Auskehr des Verwertungserlöses[139] mündet sie in die Erfüllung ein. Ist sie dagegen bis zur Insolvenzeröffnung *nicht verwertet* worden, bleibt sie ein selbständiger forderungsverstärkender Vermögenswert, der von nun an (vgl. §§ 89, 91) dem Grundsatz der Gleichbehandlung aller Gläubiger und somit uneingeschränkt sowie selbständig der Anfechtung unterliegt. Bei einem sonst vermögenslosen Schuldner ist die von ihm gestellte Sicherheit der einzige greifbare Wert.

Entsprechendes gilt für das abstrakte **Anerkenntnis** einer bestehenden Schuld des Insolvenzschuldners, während die herrschende Ansicht diese ebenfalls für entgeltlich hält, sofern die anerkannte Schuld selbst wieder entgeltlich ist.[140] Allerdings benachteiligt das Anerkenntnis die Insolvenzgläubiger nur im Umfang der Verstärkung der kausalen zu einer

---

[135] Motive zu § 23 Nr. 2 KO, S. 123, in Materialien zur KO 1874–1876.
[136] Vgl. *Serick* Bd. I § 4 II 2 und 3, S. 57 ff.; Bd. II § 18 I 1, S. 44 f.; *Schimansky/Bunte/Lwowski/Ganter*, Bankrechts-Handbuch Bd. II § 90 RdNr. 12–16 (Sicherungszweck-Vereinbarung); ferner RG LZ 1914, 1912, 1913. Ergänzend s. o. RdNr. 19.
[137] Nur dann würde es sich – wie *Gerhardt*, in Festschrift für Huber, 2006, S. 1231, 1242 und *Kayser* WM 2007, 1, 7 annehmen – allein um eine Frage der Inkongruenz handeln.
[138] *Jaeger/Henckel*, KO § 32 RdNr. 4; *v. Campe* S. 207 f.; *Kamlah* S. 88; dagegen *König* RdNr. 9/21 m. Nachw. öOGH.
[139] Vgl. BGHZ 128, 365, 366 ff. = NJW 1995, 1159 f.; ferner BGHZ 130, 347, 349 ff. = NJW 1995, 2715 f. Im Fall RG WarnR 1933 Nr. 157 war der eingezogene Erlös aus der abgetretenen Forderung schon an den Gläubiger ausbezahlt.
[140] So auf der Grundlage der hM RGZ 162, 38, 44 f.; *Jaeger/Henckel*, KO § 32 RdNr. 4; vgl. auch § 39 RdNr. 26 und RGZ 9, 100, 103; 62, 38, 45.

abstrakten Verbindlichkeit, gegebenenfalls auch der erleichterten Vollstreckbarkeit nach §§ 592 ff., 794 Abs. 1 Nr. 5 ZPO. Bei einer Nießbrauchsbestellung überwiegt im Hinblick auf § 1030 Abs. 1 BGB die Tilgungswirkung, so dass sie entgeltlich erfolgen kann.[141] Die Ablösung einer *Sachsicherheit,* die in selbst nicht mehr anfechtbarer Weise bestellt wurde, durch den Sicherungsgeber benachteiligt dessen Insolvenzgläubiger nicht mehr selbständig.[142]

31   cc) **Tilgung fremder Schuld.** Eine Leistung kann entgeltlich sein, wenn für die Leistung des Schuldners vereinbarungsgemäß eine Gegenleistung an einen **Dritten** zu erbringen ist (s. o. RdNr. 18 und zur Bewertung RdNr. 21). An einen „Dritten" in diesem Sinne leistet allerdings nicht, wer auf das Bankkonto seines Gläubigers zahlt; dann ist die Bank des Gläubigers vielmehr dessen Mittelsperson (s. o. § 129 RdNr. 51). Dasselbe trifft bei einem Cash-Pool zu, in dem der gesamte Zahlungsverkehr aller Gesellschaften eines Konzerns zunächst auf den Konten der einzelnen Konzernunternehmen erfasst und erst danach konzernintern verrechnet wird.[143] Die Erfüllung einer entgeltlichen Forderung des Gläubigers gegen einen Dritten durch den Insolvenzschuldner ist im Verhältnis zum Gläubiger **entgeltlich,** wenn dieser dadurch eine vollwertige eigene Forderung – gegen den Dritten oder weitere Schuldner (vgl. FG Köln ZInsO 2007, 718, 719 f.) – verloren hat; eine unentgeltliche Leistung kann der Insolvenzschuldner in diesem Falle nur (im Deckungsverhältnis) dem Dritten erbracht haben, dessen Schuld getilgt wurde.[144] Die beim Insolvenzschuldner hierdurch eingetretene Gläubigerbenachteiligung wird sogar durch einen vollwertigen Ausgleichsanspruch – z. B. des Insolvenzschuldners als Bürgen gem. § 774 BGB (s. u. RdNr. 34) – gegen den Dritten nicht ohne weiteres ausgeschlossen;[145] der Ausgleichsanspruch ist auch keine Gegenleistung i. S. d. § 134.[146] War der Insolvenzschuldner dagegen dem Dritten auf Grund eines entgeltlichen Geschäfts zur Zahlung verpflichtet und erfüllte er deshalb zugleich eine eigene Verbindlichkeit (s. o. RdNr. 26) gegenüber dem Dritten – z. B. bei der Einlösung eines Gefälligkeitswechsels durch den Aussteller im Verhältnis zum Akzeptanten oder der Tilgung einer verbürgten Hauptschuld im Verhältnis zum Bürgen –, so ist die Leistung auch im Verhältnis zu diesem entgeltlich;[147] an der Beurteilung der Entgeltlichkeit im Verhältnis zum befriedigten Gläubiger ändert sich nichts. Dies trifft im Hinblick auf §§ 161, 128 HGB auch zu, wenn der Komplementär einer GmbH & Co deren Schuld gegenüber einem ihrer Gläubiger vor Insolvenzeröffnung über ihr Vermögen – sei es auch während des Eröffnungsverfahrens – tilgt;[148] derartige Fälle sind ggfs nach §§ 130, 131 zu beurteilen.

31 a   Dagegen ist die Erfüllung im Verhältnis zum Gläubiger **unentgeltlich,** wenn dessen Forderung gegen den Dritten für sich wirtschaftlich wertlos war[149] und der Gläubiger für deren Tilgung vereinbarungsgemäß auch sonst keine ausgleichende Gegenleistung erbringen sollte. Wertlosigkeit kann allerdings erst festgestellt werden, wenn der Zahlungspflichtige überschuldet ist; die (zeitpunktbezogene) Zahlungsunfähigkeit ist in diesem Zusammenhang

---

[141] S. o. RdNr. 26; iE auch RG WarnR 1911 Nr. 78.
[142] S. o. § 129 RdNr. 108 d; ferner *Wittig* NZI 2005, 606, 610.
[143] *Wittig* NZI 2005, 606, 609.
[144] BGHZ 41, 298, 302 = NJW 1964, 1960 Nr. 6; BGH NJW 1983, 1679 f.; NJW 1994, 2893, 2895; NJW-RR 2004, 983 f.; *Jaeger/Henckel,* KO § 32 RdNr. 8, 16; *Uhlenbruck/Hirte* § 134 RdNr. 18; *König* RdNr. 9/14; aM RGZ 10, 86, 87 f.
[145] Vgl. § 129 RdNr. 101 b; für eine wertlose Ausgleichsforderung ausdrücklich auch BGHZ 41, 298, 301; *Hirte* ZInsO 2004, 1161, 1162; aM *Jaeger/Henckel,* KO § 32 RdNr. 16. In den Entscheidungen BGH ZIP 1980, 21, 22 und ZIP 1982, 76 f. schied die Anfechtung aus, weil der Insolvenzschuldner auch eine eigene Schuld getilgt hatte (s. u. RdNr. 32).
[146] HambKomm-*Rogge* § 134 RdNr. 25, 28; *v. Campe* S. 212.
[147] RGZ 50, 134, 137; *Jaeger/Henckel,* KO § 32 RdNr. 16; *v. Campe* S. 212; *Prütting* KTS 2005, 253, 258 f.; vgl. BGHZ 162, 276, 282 = NZI 2005, 323, 324. Ergänzend s. u. RdNr. 31 a.
[148] AM OLG Rostock ZInsO 2004, 555 f.
[149] BGHZ 41, 298, 302 f.; BGHZ 162, 276, 280 = NZI 2005, 323, 324; BGH NJW-RR 2006, 1136, 1137; OLG Stuttgart NZI 2002, 112, 113 f.; OLG Rostock ZInsO 2004, 555, 556; HK-*Kreft* § 134 RdNr. 12; HambKomm-*Rogge* § 134 RdNr. 25; *Passarge* ZInsO 2005, 971, 973; vgl. BGH NJW 1983, 1679 f.; RGZ 38, 6, 8; 51, 412, 416; *Jaeger/Henckel,* KO § 32 RdNr. 8; *v. Campe* S. 212 f.; *Holzapfel* S. 25 f.

zwar ein Indiz, erbringt aber noch keinen vollen Beweis. Erst wenn die Aktiva des Schuldners deutlich geringer sind als seine Verbindlichkeiten, ist angesichts der schwierigen Bewertungsmaßstäbe und des Wertschätzungsermessens der Beteiligten (s. u. RdNr. 40) die Schwelle zur – wenigstens partiellen – Unentgeltlichkeit überschritten;[150] dann mag noch eine – nur – teilweise unentgeltliche Leistung (s. u. RdNr. 41 f.) in Betracht kommen. Unabhängig davon liegt eine ausgleichende „Gegenleistung" des Gläubigers auch dann vor, wenn ihm gegenüber der Schuldner, neben dem Dritten, eine eigene Zahlungspflicht – z. B. als Bürge – übernommen hatte, welche sich durch die Zahlung als werthaltig erwiesen hätte und erlöschen würde.[151] Ein rein wirtschaftliches eigenes Interesse des Insolvenzschuldners an der Tilgung genügt aber nicht (s. u. RdNr. 33 a). Interne Absprachen wie eine Erfüllungsübernahme im Deckungsverhältnis zwischen dem Dritten (Schuldner der getilgten Verbindlichkeit) und dem späteren Insolvenzschuldner (Leistenden) begründet ebenfalls keine Entgeltlichkeit gegenüber dem Gläubiger.[152] Anders sollte es sich jedoch verhalten, soweit dem Dritten ein eigener – pfändbarer – Zahlungsanspruch gegen den (späteren) Insolvenzschuldner zustand; denn in diesem Umfang wäre dann die – getilgte – Forderung des Gläubigers gegen den Dritten noch werthaltig gewesen.[153] Dasselbe sollte gelten, soweit der Dritte vom (späteren) Insolvenzschuldner die Befreiung gerade von der getilgten Forderung verlangen durfte; auch einen solchen Befreiungsanspruch hätte der Gläubiger pfänden können.[154]

Zusammenfassend greift nach Tilgung einer fremden Schuld die Anfechtung gemäß § 134 (nur) in derjenigen Rechtsbeziehung durch, in welcher kein werthaltiges Entgelt erbracht wurde; lediglich bei Unentgeltlichkeit sowohl im Deckungs- wie im Valutaverhältnis ist § 134 ausschließlich in der Leistungsbeziehung anzuwenden. Das gilt auch im Falle einer Doppelinsolvenz sowohl des Leistenden wie des Dritten und entspricht dem Ausgleich einer ungerechtfertigten Bereicherung in Dreiecksverhältnissen.[155] Unerheblich ist, ob der Insolvenzschuldner sich mit dem Gläubiger darüber einig war, dass er diesem etwas, nämlich die Erfüllung einer wertlosen Forderung, ohne Entgelt zuwenden wollte;[156] denn der Wille des Insolvenzschuldners, der selbst keine Gegenleistung erwartet, muss sich nicht auch auf das Verhältnis des Gläubigers zum Dritten erstrecken, also auf die Unentgeltlichkeitsfolge als solche (s. o. RdNr. 17). Unerheblich ist ferner, ob der Gläubiger die Wertlosigkeit seiner Forderung kannte (s. o. RdNr. 21). Diese Grundsätze gelten für Leistungen an Erfüllungs Statt[157] und die Übernahme einer fremden Schuld[158] entsprechend.

Entrichtet eine GmbH die Prämie für eine Kapitallebensversicherung ihres bereits zahlungsunfähigen Geschäftsführers ohne dazu verpflichtet zu sein, so erbringt der Versicherer allenfalls in Höhe des Risikoanteils für den vorzeitigen Todesfall eine eigene Gegenleistung; soweit er Kapital für den Geschäftsführer als Versicherungsnehmer ansammelt, ist die Prämienzahlung unentgeltlich.[159] Löst der Veräußerer eines Grundstücks und spätere Insolvenzschuldner eine Hypothek ab, die der Käufer mit der persönlichen Schuld übernehmen sollte, deren Übernahme jedoch der Gläubiger nicht genehmigt hat, so tilgt der Veräußerer eine eigene Schuld. Eine unentgeltliche Leistung an den Grundstückserwerber liegt darin regelmäßig nicht, weil der zahlende Insolvenzschuldner gemäß § 1164 BGB die Hypothek

---

[150] *Wittig* NZI 2005, 606, 608.
[151] *Wittig* NZI 2005, 606, 609 f. Ergänzend s. o. RdNr. 31 aE.
[152] BGHZ 162, 276, 282 = NZI 2005, 323, 324; BGH NJW-RR 2006, 1136, 1137.
[153] Diese Fallgestaltung behandeln die in der vorigen Fußnote genannten Entscheidungen nicht. Meine weitergehende Auffassung in der Festschrift für Fuchs, 1996, S. 97, 101 f. wird nicht aufrechterhalten. Ergänzend s. o. RdNr. 31 aE.
[154] Vgl. BGHZ 7, 244, 246; *Palandt/Heinrichs* § 257 RdNr. 1.
[155] Vgl. *Palandt/Sprau* § 812 RdNr. 49 ff., 58 ff., 63.
[156] HambKomm-*Rogge* § 134 RdNr. 25; aM *Jaeger/Henckel*, KO § 32 RdNr. 17.
[157] Vgl. OLG Jena LZ 1911, 241, 242.
[158] Vgl. *v. Campe* S. 211.
[159] OLG Köln NZI 2004, 217, 218.

§ 134 33, 33a   3. Teil. 3. Abschnitt. Insolvenzanfechtung

erwirbt,[160] der Erwerber also keine Freistellung erlangt. Anders verhält es sich, wenn die Hypothek ebenso wertlos wie die persönliche Rückgriffsforderung ist; dann kommt eine unentgeltliche Leistung an den Grundstückserwerber in Betracht.[161] Eine Anfechtung nach § 134 gegenüber dem Gläubiger scheidet dagegen in jedem Falle aus, weil der Grundstücksveräußerer eine entgeltlich begründete eigene Schuld getilgt hat (s. o. RdNr. 26). Zur Zahlung durch einen – später insolvent werdenden – Bürgen s. u. RdNr. 34.

33   dd) **Sicherung fremder Schuld.** Die Bestellung einer Sicherheit für eine fremde Schuld ohne rechtliche Verpflichtung des – später insolvent werdenden – Sicherungsgebers und ohne Gegenleistung ist sogar gegenüber dem Gläubiger/Sicherungsnehmer im Allgemeinen **unentgeltlich;** daran ändert es nichts, wenn der gesicherte Gläubiger dafür auf eine wertlose Forderung gegen seinen (Dritt-)Schuldner verzichtet.[162] Denn die Verstärkung seiner Forderung gegen den Dritten durch die vom Insolvenzschuldner gestellte Sicherheit hat der Gläubiger nicht ohne weiteres zu beanspruchen. Das gilt sogar dann, wenn die Muttergesellschaft eines Konzerns einen unbesicherten Kredit aufgenommen und an ihre Tochtergesellschaft weiter gereicht hat, ihn aber nachträglich aus deren Vermögen besichern lässt, ohne dass der Kreditgeber dafür eine weitere Leistung erbringt. Auch eine Vereinbarung im Valutaverhältnis zwischen Hauptschuldner und Gläubiger begründet allein – also ohne Gegenleistung des Gläubigers – keine Entgeltlichkeit gegenüber dem Sicherungsgeber (Insolvenzschuldner).[163]

33a   Dagegen ist die Sicherung einer fremden Verbindlichkeit mit Mitteln des Insolvenzschuldners im Verhältnis zum Gläubiger **entgeltlich,** wenn dieser und der Insolvenzschuldner die Sicherung vor oder bei Begründung der gesicherten Verbindlichkeit – selbst wieder unanfechtbar – vereinbart haben,[164] ferner dann, wenn der Gläubiger für die Sicherung dem Insolvenzschuldner einen eigenen ausgleichenden rechtlichen Vorteil – z. B. die Stundung oder den Teilerlass einer noch durchsetzbaren Verbindlichkeit – erbringt.[165] Das „Stehenlassen" einer Forderung, die zur Zeit der Besicherung nicht mehr durchsetzbar ist, stellt dagegen kein ausgleichendes Vermögensopfer dar.[166] Der vereinbarte Vorteil kann z. B. darin liegen, dass der Gläubiger einer Gesellschaft Kredit gewährt, die dem Schuldner gehört[167] oder mit ihm in einem Unternehmensverbund steht;[168] das ausgleichende Entgelt liegt in der entsprechenden Zuwendung aus dem Vermögen des Gläubigers. Die früher vertretene Ansicht, es genüge ein rein *wirtschaftliches* Interesse des Schuldners an der „Gegenleistung" des Gläubigers,[169] z. B. die Aufrechterhaltung einer Geschäftsbeziehung, hat der BGH aufgegeben.[170] Es soll nunmehr allein auf die *Rechts-*

---

[160] BGH ZIP 1980, 21, 22.
[161] BGH ZIP 1980, 21, 22; *Jaeger/Henckel*, KO § 32 RdNr. 17.
[162] BGH NJW 1983, 1679, 1680; RGZ 60, 259, 265; OLG Köln ZInsO 2000, 156, 157; 2004, 871, 872; HK-*Kreft* § 134 RdNr. 12; FK-*Dauernheim* § 134 RdNr. 11; *Hess* InsO § 134 RdNr. 29; *M. Zeuner*, Anfechtung RdNr. 216; *Nerlich* (Fn. 2) § 134 RdNr. 16; *Kilger/K. Schmidt* § 32 KO Anm. 2; einschränkend *Jaeger/Henckel*, KO § 32 RdNr. 18; zweifelnd *Kübler/Prütting/Paulus* § 134 RdNr. 21; aM *Häsemeyer* RdNr. 21.92.
[163] Vgl. LG Hamburg ZIP 1992, 1251, 1252; HambKomm-*Rogge* § 134 RdNr. 27; *Kayser* WM 2007, 1, 4 ff.; *Kirchhof*, Festschrift für *Fuchs*, 1996, S. 97, 102.
[164] HK-*Kreft* § 134 RdNr. 11; HambKomm-*Rogge* § 134 RdNr. 27; vgl. BGH NJW 1992, 2421, 2422 f.; OLG Schleswig WM 1982, 25, 28. Nur für das Verhältnis zum Gläubiger zutreffend RGZ 153, 350, 353 f.; jedoch wurde hier die Unentgeltlichkeit gegenüber der Kreditnehmerin verkannt.
[165] RGZ 60, 259, 265; vgl. OLG Braunschweig OLGR 27, 258, 259; OLG Schleswig WM 1982, 25, 28; *Kayser* WM 2007, 1, 7.
[166] BGH NJW-RR 2006, 1281, 1282; HK-*Kreft* § 134 RdNr. 12; *Mitlehner* RdNr. 339, 481; vgl. BGHZ 41, 298, 302 f. Ergänzend s. o. RdNr. 31 a.
[167] OLG Brandenburg InVo 1999, 230, 231.
[168] AM OLG Köln ZInsO 2000, 156, 157, das zusätzlich zur vertraglichen Vereinbarung ein eigenes wirtschaftliches Interesse des Insolvenzschuldners an der Leistung voraussetzt; dies betrifft aber allenfalls die Unentgeltlichkeit zwischen Insolvenzschuldner und Darlehensnehmer.
[169] BGH NJW 1998, 2592, 2599; RG JW 1905, 442 Nr. 28; 1913, 608, 609; OLG München ZIP 2004, 2451 LS; *Nerlich* (Fn. 2) § 134 RdNr. 18; *Andres/Leithaus* § 134 RdNr. 5; *Wittig* NZI 2005, 606, 612.
[170] BGH NJW-RR 2006, 1281, 1282.

beziehung im Zuwendungsverhältnis zwischen Insolvenzschuldner und Gläubiger ankommen.[171] Insbesondere das wirtschaftliche Interesse am Wohlergehen konzernverbundener Unternehmen untereinander reicht danach nicht aus,[172] kann aber ein Indiz für die Gewährung einer Gegenleistung sein.[173] Bestellen zwei verbundene Unternehmen wechselseitig für ihre Kredite schon bei deren Aufnahme Sicherheiten, liegt darin ein Entgelt für beide Kredite.[174] Zur Ablösung einer *Sachsicherheit* durch den Kreditgeber s. o. RdNr. 30 aE. Im Übrigen gelten für das Verhältnis zwischen Insolvenzschuldner, Gläubiger und Drittschuldner die in RdNr. 31 und 31b entwickelten Grundsätze sinngemäß. Dementsprechend kann bei einer im Verhältnis zum Gläubiger entgeltlichen Sicherheitenbestellung gegenüber dem Hauptschuldner Unentgeltlichkeit vorliegen,[175] z. B. wenn der spätere Insolvenzschuldner den Kredit eines Dritten (Hauptschuldners) besichert, den dieser vom Gläubiger dafür erhält.[176]

Nach den in RdNr. 33, 33a dargelegten Regeln ist auch der Fall zu behandeln, dass der **34** Insolvenzschuldner für einen Dritten die **Bürgschaft** oder Mithaftung für dessen Verbindlichkeiten übernimmt. Der infolgedessen gesicherte Gläubiger hat die Verstärkung seiner Rechtsstellung unentgeltlich erlangt, wenn er – insbesondere dem Hauptschuldner – keine Gegenleistung dafür erbracht hat; als eine solche würde es aber ausreichen, wenn er eine (noch) werthaltige Forderung gegen den Hauptschuldner nicht geltend macht. In einem derartigen Fall kann der Insolvenzverwalter für den Bürgen allenfalls gegenüber dem Hauptschuldner gemäß § 134 anfechten.[177] Die Anfechtung ist auf die Freistellung aus der Bürgenpflicht gerichtet.[178] Hat der Bürge allerdings schon vor der Insolvenzeröffnung über sein Vermögen gezahlt, gelten die Regeln über die Tilgung fremder Schulden (s. o. RdNr. 31). Insbesondere kann es dann für die Entgeltlichkeit auf die Werthaltigkeit der – gem. § 774 BGB auf den Bürgen übergehenden – gesicherten Forderung gegen den Hauptschuldner ankommen. Anderenfalls kann die Abwicklung allein zwischen Bürgen und Hauptschuldner erfolgen. Verzichtet der Insolvenzschuldner, der zusammen mit einem Anderen gesamtschuldnerisch einem Dritten haftet, auf von Rechts wegen bestehende Ausgleichsansprüche gegen den Mitschuldner, kann diesem die anteilige Schuldbefreiung unentgeltlich zugewendet sein.[179]

ee) Leistungen im Arbeitsverhältnis. Zuwendungen des Arbeitgebers für geleistete **35** Überstunden, die nach dem Arbeitsvertrag durch das Gehalt abgegolten werden, sind unentgeltlich.[180] Dasselbe gilt für Gratifikationen, die ausnahmsweise nur einen Dank ausdrücken sollen und über Abs. 2 hinausgehen.[181] Dagegen ist eine freiwillige, nicht überhöhte Weihnachtsgratifikation für besonderen Diensteifer an Arbeitnehmer diesen gegenüber auch dann entgeltlich, wenn sie von dem Alleingesellschafter einer Handelsgesellschaft geleistet wird, die Arbeitgeberin ist.[182] Auch Sozialplanleistungen sind im

---

[171] BGH NJW-RR 2006, 1136, 1137; Beschl. v. 30. 3. 2006 – IX ZR 54/05, unter Bestätigung von OLG Koblenz ZIP 2005, 540, 542. Ergänzend s. o. RdNr. 31a.
[172] AM noch BGH NJW 1998, 2592, 2599; OLG Stuttgart WM 1997, 105, 108; FK-*Dauernheim* § 134 RdNr. 11; vgl. auch OLG Schleswig WM 1982, 25, 28; einschränkend OLG Köln ZInsO 2000, 156, 157.
[173] BGH NJW-RR 2006, 1281, 1282f.
[174] OLG Stuttgart WM 1997, 105, 108; *Wittig* NZI 2005, 606, 612.
[175] *Nerlich* (Fn. 2) § 134 RdNr. 18; vgl. *Jaeger/Henckel*, KO § 32 RdNr. 18.
[176] OLG Karlsruhe OLGReport 1999, 13, 14f.
[177] *Kirchhof*, Festschrift für Fuchs, 1996, S. 97, 101–103.
[178] HambKomm-*Rogge* § 134 RdNr. 28. Ergänzend s. u. § 143 RdNr. 54.
[179] HambKomm-*Rogge* § 134 RdNr. 26; vgl. BGH ZIP 1980, 21, 22.
[180] LAG Hamm ZIP 1998, 920, 921f.; HambKomm-*Rogge* § 134 RdNr. 29.
[181] FK-*Dauernheim* § 134 RdNr. 18; *Hess* InsO § 134 RdNr. 51; *Uhlenbruck/Hirte* § 134 RdNr. 32.
[182] BGH NJW 1997, 866, 867; HK-*Kreft* § 134 RdNr. 11; FK-*Dauernheim* § 134 RdNr. 18; *Hess* § 134 RdNr. 84; *v. Campe* S. 208; vgl. auch BAGE 1, 36, 39f.; *Uhlenbruck/Hirte* § 134 RdNr. 32; *Braun/de Bra* § 134 RdNr. 29; aM *Huber* EWiR 1997, 267, 268; *M. Zeuner*, Anfechtung RdNr. 219, die jedoch nicht berücksichtigen, dass Unentgeltlichkeit nur im Verhältnis des Alleingesellschafters zur Handelsgesellschaft vorliegen kann. Zur nachträglichen Gewährung einer Gratifikation s. u. RdNr. 38.

Regelfall nicht unentgeltlich, sondern erfüllen eine Fürsorgepflicht des Arbeitgebers.[183] Das einem Arbeitnehmer versprochene oder gewährte Ruhegeld ist keine unentgeltliche, sondern eine auf Grund des Arbeitsverhältnisses gegebene entgeltliche Zuwendung.[184] Eine nicht überhöhte Ruhegehaltszusage wird auch nicht dadurch unentgeltlich, dass sie im Hinblick auf die drohende Insolvenz gegeben wird, um die Gläubiger zugunsten eines Geschäftsführers zu benachteiligen;[185] in derartigen Fällen greifen – nur – §§ 130 bis 133 ein. Entgeltlich ist ferner die Abtretung eines Anspruchs des Arbeitgebers aus einer Rückdeckungsversicherung, die er zur Erfüllung einer Ruhegehaltszusage abgeschlossen hat, soweit diese durch die Versicherung abgelöst werden soll;[186] denn mit der Direktversicherung bezweckt der Arbeitgeber eine Gegenleistung für die vom Arbeitnehmer geleisteten Dienste. Zur nachträglichen Vergütungszusage s. u. RdNr. 38.

36 **ff) Zuwendungen im Familienbereich.** Zuwendungen, die über den gesetzlich geschuldeten – und damit entgeltlichen (s. o. RdNr. 26) – Unterhalt zwischen Familienangehörigen hinausgehen, stellen auch dann grundsätzlich unentgeltliche Leistungen dar, wenn sie als „Entgelt" für die Führung des Haushalts oder die Kinderbetreuung durch den nicht berufstätigen Ehegatten bezeichnet werden.[187] Insbesondere sind regelmäßig die „unbenannten Zuwendungen" zwischen Ehegatten unentgeltliche Leistungen i. S. v. § 134;[188] die damit verbundene Erwartung, die eheliche Lebensgemeinschaft zu fördern, begründet kein Entgelt i. S. v. § 134 (s. o. RdNr. 17 a). Die Verpflichtung zur Unterhaltsleistung schließt weder diejenige zur Verschaffung von (Mit-)Eigentum an einem Eigenheim noch zu dessen Finanzierung für den anderen Ehegatten ein.[189] Weil derartige Leistungen objektiv nicht entgeltlich sein können, ändert auch eine entsprechende Vereinbarung der Ehegatten hieran nichts (vgl. RdNr. 21, 40). Arbeitet dagegen ein Ehegatte im Geschäft des anderen ohne Abschluss eines Dienst- oder Arbeitsvertrages in einer Weise mit, die üblicherweise vergütet wird, so ist eine dafür gewährte Vergütung grundsätzlich entgeltlich;[190] anders verhält es sich nur, soweit die Mitarbeit im Einzelfall gesetzlich geschuldet ist.[191] Entsprechende Regeln gelten sinngemäß für nichteheliche und andere Lebensgemeinschaften, mit der Besonderheit, dass in Ermangelung einer gesetzlichen Leistungspflicht allein die Absprachen der Beteiligten maßgeblich sind, soweit sie nicht gegen den besonderen Schutzzweck des § 134 verstoßen. Verträge über die Änderung eines ehelichen Güterstandes oder den Zugewinnausgleich sind regelmäßig entgeltlich,[192] doch kann das Vollzugsgeschäft eine unberechtigte

---

[183] *Willemsen* ZIP 1982, 649; *Jaeger/Henckel*, KO § 29 RdNr. 38; *Richardi*, Sozialplan und Konkurs, 1975, S. 75.
[184] *M. Zeuner*, Anfechtung RdNr. 219; *Hess* InsO § 134 RdNr. 85; *Uhlenbruck/Hirte* § 134 RdNr. 33; vgl. BAGE 22, 105, 110; RAG ARS 16, 281, 283. Zur nachträglichen Versorgungszusage s. u. RdNr. 38.
[185] *Jaeger/Henckel*, KO § 32 RdNr. 14; aM *Uhlenbruck/Hirte* § 134 RdNr. 33.
[186] BAGE 20, 11, 19 f. mit insoweit zust. Anm. von *Fr. Weber* AP Nr. 1 zu § 29 KO; FK-*Dauernheim* § 134 RdNr. 19; *Hess* InsO § 134 RdNr. 87; *Jaeger/Henckel*, KO § 32 RdNr. 14; *Beinert/Hennerkes/Binz/Rauser* DB 1980, 2323, 2324. Zur Deckungsanfechtung einer derartigen Abtretung vgl. aber § 131 RdNr. 19 a.
[187] OLG Hamburg KTS 1985, 556, 557; FK-*Dauernheim* § 134 RdNr. 21; *Jaeger/Henckel*, KO § 32 RdNr. 15; *v. Campe* S. 210; *Beissenhirtz* S. 127; vgl. BGHZ 71, 61, 66 f. = NJW 1978, 1326, 1327; RG LZ 1910, 558, 559; *Uhlenbruck/Hirte* § 134 RdNr. 30; aM *Bosch* in Anm. FamRZ 1978, 400.
[188] BGH NJW 1999, 1033; OLG Celle NJW 1990, 720 f.; OLG Hamm ZIP 1992, 1755, 1757; OLG Stuttgart NZI 2002, 495 f.; OLG München WM 2004, 1044, 1045; *Uhlenbruck/Hirte* § 134 RdNr. 30; *Sandweg* NJW 1989, 1965, 1973 f.; FK-*Dauernheim* § 134 RdNr. 21; *Jaeger/Henckel*, KO § 32 RdNr. 15; zu § 822 BGB auch BGHZ 142, 300, 302 ff. = NJW 2000, 134, 136; ergänzend s. o. § 39 RdNr. 24; aM *Morhard* NJW 1987, 1734, 1736 f. Zur Rechtsnatur der unbenannten Zuwendung vgl. BGHZ 116, 167, 169 f. = NJW 1992, 564; BGHZ 142, 137, 147 ff. = NJW 1999, 2962, 2963 f.; BGH FamRZ 1990, 600, 601; NJW 2006, 2330 f.; *MünchKommBGB-Kollhosser* § 516 RdNr. 64 ff.; *Palandt/Weidenkaff* § 516 RdNr. 10.
[189] BGHZ 71, 61, 67 = NJW 1978, 1326, 1327; BFHE 149, 204, 208 = NJW 1988, 3174, 3175; OLG Hamburg KTS 1985, 556, 557; *Jaeger/Henckel*, KO § 32 RdNr. 15; vgl. OLG Hamm ZIP 1982, 1755, 1757; *Mauer* RdNr. 229.
[190] FK-*Dauernheim* § 134 RdNr. 21; *Baur/Stürner* RdNr. 19.8; *v. Campe* S. 209 f.
[191] *Jaeger/Henckel*, KO § 32 RdNr. 15 aE; vgl. LG Düsseldorf KTS 1961, 46, 47.
[192] Vgl. BGHZ 116, 178, 180 = NJW 1992, 558; BGH FamRZ 1975, 572, 574 unter III 2, insoweit nicht in BGHZ 65, 79 oder NJW 1975, 1774 abgedr.; andererseits RGZ 87, 301, 303 f.

und damit unentgeltliche Bevorzugung eines der Ehepartner enthalten.[193] Zur Begünstigung durch Versicherungen s. o. RdNr. 16.

Die von einem Elternteil dem **Kind** gewährte, angemessene Ausstattung gilt zwar nach § 1624 Abs. 1 BGB nicht als unentgeltliche Leistung. Regelmäßig sind Eltern zur Ausstattung aber nicht verpflichtet. Neben dem gesetzlich geschuldeten Ausbildungsunterhalt (§ 1610 Abs. 2 BGB) ist eine Ausstattung selten geworden. Entschließt sich ein Elternteil oder gar ein Dritter freiwillig dazu, der alsbald insolvent wird, verdient die Besserstellung des Kindes – soweit sie über § 134 Abs. 2 InsO hinausgeht – keinen Schutz gegenüber den Insolvenzgläubigern des Leistenden. Deshalb ist die ohne besondere Gegenleistung erbrachte Ausstattung anfechtungsrechtlich eine unentgeltliche Leistung.[194]

Auch die Vermögensübertragung im Wege der vorweggenommenen **Erbauseinandersetzung** erfolgt regelmäßig unentgeltlich,[195] zumal dadurch die Rechtsnachfolgeregelung des § 145 Abs. 1 unterlaufen wird. Dagegen ist die Vergütung für eine – gesetzlich nicht geschuldete – Mitarbeit eines Kindes im Betrieb des Elternteils regelmäßig entgeltlich.[196]

gg) Wird nachträglich eine **Vergütung** für vorher unentgeltlich geleistete Dienste vereinbart und gezahlt, hängt es von den Umständen ab, ob diese spätere Zuwendung entgeltlich oder unentgeltlich ist. Im Hinblick auf das im Ansatz objektiv zu bestimmende Verhältnis von Leistung und Gegenleistung (s. o. RdNr. 21) sowie auf die zur Rechtsklarheit nötige zeitliche Schranke (s. o. RdNr. 20) kann die Vereinbarung der Beteiligten anfechtungsrechtlich nicht allein entscheiden. Vielmehr kann eine nachträgliche Vergütungsvereinbarung nur für solche Dienste anerkannt werden, die im Geschäftsleben von vornherein den Umständen nach zu vergüten wären (§ 612 Abs. 1 BGB). Dies kann insbesondere bei nachträglichen Lohnerhöhungen,[197] freiwillig gezahlten Leistungsgratifikationen[198] und Versorgungszusagen sogar gegenüber der Witwe eines verstorbenen Mitarbeiters[199] zutreffen. Hält die Leistungshöhe sich im Rahmen des Bewertungsspielraums (s. o. RdNr. 40), so entscheidet, ob der Wille der Beteiligten darauf gerichtet ist, die Zuwendung als nachträgliches Entgelt zu leisten; dies wird bei länger andauernden Dienstleistungen nahe liegen.[200] Beruht die spätere Zuwendung dagegen auf Freigebigkeit, oder soll sie nur eine Anstandspflicht oder familiäre Rücksichtnahme erfüllen, ist sie unentgeltlich[201] und lediglich unter den Voraussetzungen des Abs. 2 anfechtungsfrei.

Wird ein renommierter Vorstandsvorsitzender durch Sonderzahlungen eines Großaktionärs von einem beabsichtigten Rücktritt abgehalten, sind diese Zahlungen entgeltlich.[202] Dagegen leistet unentgeltlich derjenige Schuldner, der das Strafverteidigerhonorar eines Mitangeklagten bezahlt, weil er sich dadurch Vorteile für die eigene Strafverteidigung ver-

---

[193] Vgl. BGHZ 57, 123, 125 ff. = NJW 1972, 48 f.; OLG Zweibrücken OLGZ 1965, 304, 308 f.; *Uhlenbruck/Hirte* § 134 RdNr. 28; *Braun/de Bra* § 134 RdNr. 31 f.; *Schillig* MittBayNot 2002, 347, 350. Zu den Voraussetzungen für eine Gläubigerbenachteiligung bei Güterstandsänderung vgl. § 129 RdNr. 89 und zur Möglichkeit einer gemischten Schenkung s. u. RdNr. 41.
[194] RG JW 1897, 189 f.; LG Tübingen ZInsO 2005, 781 ff. zu § 4 AnfG; *Uhlenbruck/Hirte* § 134 RdNr. 41; HambKomm-*Rogge* § 134 RdNr. 33; MünchKommBGB-*v. Sachsen Gessaphe* § 1624 RdNr. 14; *Staudinger/Coester* § 1624 RdNr. 4; AK-BGB-*Münder* § 1624 RdNr. 4; *v. Campe* S. 210 f.; vgl. *Gernhuber/Coester-Waltjen* § 56 RdNr. 7; aM FK-*Dauernheim* § 134 RdNr. 122; *Hess* InsO § 134 RdNr. 86; *Jaeger/Henckel*, KO § 32 RdNr. 47; *H.-G. Lange* S. 134; *Soergel/Strätz* § 1624 RdNr. 5; *Palandt/Diederichsen* § 1624 RdNr. 1; *Erman/Michalski* § 1624 RdNr. 1; *Schillig* MittBayNot 2002, 347, 350; differenzierend *Huber*, AnfG § 4 RdNr. 23; vgl. RG JW 1916, 588, 589 und o. § 39 RdNr. 24.
[195] Vgl. BFHE 125, 500, 507; HambKomm-*Rogge* § 134 RdNr. 33.
[196] FK-*Dauernheim* § 134 RdNr. 22; vgl. BGH FamRZ 1965, 430, 431.
[197] *V. Campe* S. 208 f.
[198] Vgl. RGZ 35 und RGZ 94, 322, 325; *Baur/Stürner* RdNr. 19.8; andererseits LG Düsseldorf KTS 1961, 46, 47.
[199] Vgl. BAGE 8, 38, 42 ff.; RG JW 1927, 1190 f.; RAG JW 1934, 377 f.; HambKomm-*Rogge* § 134 RdNr. 29.
[200] *Jaeger/Henckel*, KO § 32 RdNr. 13.
[201] *Jaeger/Henckel*, KO § 32 RdNr. 13; vgl. BAG AP § 242 BGB Ruhegehalt Nr. 102; RGZ 94, 322, 324; 125, 380, 383.
[202] OLG Karlsruhe ZInsO 2003, 999, 1000 f.

spricht.[203] Unentgeltlich überträgt ferner ein Arbeitgeber seinen arbeitsvertraglichen Anspruch auf die Dienste von Arbeitnehmern, denen er zur Lohnfortzahlung verpflichtet bleibt, wenn er diese für einen Dritten arbeiten lässt, ohne dass hierfür ein Entgelt zu erbringen ist.[204]

39 **hh) Gesellschaftsrechtliche Zuwendungen.** Die Ausschüttung durch eine Kapitalgesellschaft an ihre Gesellschafter ist unentgeltlich, sobald bei der Gesellschaft eine Unterbilanz aufgetreten ist, weil dann Auszahlungsansprüche aus der Mitgliedschaft nicht hergeleitet werden können.[205] Weit verbreitet sind Bestimmungen in Gesellschaftsverträgen, denen zufolge die Gesellschafter einen Gesellschaftsanteil – insbesondere gem. § 34 Abs. 2 GmbHG – unter anderem dann einziehen können, wenn der Inhaber stirbt, sowie dass der Abfindungsanspruch der Erben ausgeschlossen oder eingeschränkt wird. Derartige Klauseln sollen nach inzwischen überwiegender Meinung unentgeltliche Zuwendungen des Geschäftsanteils oder des Abfindungsanspruchs durch den verstorbenen an die übrigen Gesellschafter darstellen.[206] Dann könnten sie, vor allem im Falle einer Nachlassinsolvenz, der Anfechtung gem. § 134 unterliegen, wenn der Gesellschaftsvertrag innerhalb der letzten vier Jahre vor dem Eröffnungsantrag geschlossen wurde; die darin weiter enthaltene Bedingung des Todesfalls bleibt nach § 140 Abs. 3 außer Betracht. Dagegen werden Klauseln, welche die Abfindungsansprüche beim Ausscheiden – insbesondere auf den Buchwert – beschränken, von der überwiegenden Meinung nicht als unentgeltlich angesehen.[207] Die Begründung stellt allerdings ausschließlich auf die subjektive Willensrichtung der Gesellschafter ab. Der anfechtungsrechtlich erforderliche objektive Gegenwert (s. o. RdNr. 22) könnte einerseits in der potentiellen Wertsteigerung jedes einzelnen Gesellschaftsanteils liegen, der sich alsbald aus der verbesserten Überlebensfähigkeit der Gesellschaft ergibt. Zum anderen kommt die rechtlich abgesicherte Aussicht jedes beteiligten Gesellschafters in Betracht, im Überlebensfall auf gleichartige Weise auch gesellschaftlich gebundenes Vermögen der Mitgesellschafter erwerben zu können. Ergänzend vgl. zur Abgrenzung zwischen Nichtigkeit und Anfechtbarkeit derartiger Klauseln Vor § 129 RdNr. 78 bis 81, zum möglichen Eintritt einer Gläubigerbenachteiligung § 129 RdNr. 133, zu Leistungen innerhalb eines Konzerns s. o. RdNr. 33 a. Das „Stehenlassen" einer Gesellschafterforderung mit der Folge, dass sie eigenkapitalersetzenden Charakter erhält, kann eine unentgeltliche Zuwendung durch Unterlassen (s. o. RdNr. 10) sein.[208] Zum Verzicht auf Haftungsansprüche gegen GmbH-Geschäftsführer vgl. *Haas* ZInsO 2007, 464 ff.

40 **d) Subjektive Bewertung durch die Beteiligten.** Grundsätzlich entscheidet die objektive Sach- und Rechtslage darüber, ob eine Gegenleistung vereinbart wurde und ob sie die Leistung des Schuldners wertmäßig ausgleicht (s. o. RdNr. 22). Demgegenüber ist die Willensrichtung der Beteiligten uneingeschränkt dafür maßgeblich, ob der Empfänger für die Leistung des Schuldners überhaupt einen ausgleichenden Gegenwert erbringen soll (s. o. RdNr. 17). Zum anderen sind ihre subjektiven Vorstellungen bei der Beurteilung mitzuberücksichtigen, ob eine Gegenleistung den Wert der Leistung des Schuldners erreicht;[209] hinsichtlich dieser Einschätzung steht den Beteiligten ein angemessener Bewertungsspielraum zu,[210] der auch objektiven Unsicherheiten bei Bewertung von Leistung und/oder Gegenleistung Rechnung zu tragen hat. Er darf sich freilich von den objektiven Verhältnissen nicht zu weit entfernen: Subjektive Bewertungen der Beteiligten können wegen des

---

[203] OLG Hamm ZIP 2002, 313, 315.
[204] BGH NJW-RR 2004, 696, 697.
[205] *Haas* ZIP 2006, 1373, 1378.
[206] *Hachenburg/Ulmer* § 34 RdNr. 97; *Scholz/H. P. Westermann* § 34 RdNr. 23; *Habersack* ZIP 1990, 625, 627; *Heckelmann* ZZP 92 (1979), 28, 42 f.
[207] Vgl. *K. Schmidt*, Gesellschaftsrecht § 50 IV 2 c, S. 1484; für eine gemischte Schenkung dagegen *Heckelmann* ZZP 92 [1979], S. 28, 58 f.
[208] *HambKomm-Rogge* § 134 RdNr. 30; FK-*Dauernheim* § 134 RdNr. 28.
[209] BGHZ 113, 98, 102 f. = NJW 1991, 560, 561; HK-*Kreft* § 134 RdNr. 10.
[210] BGHZ 71, 61, 66 = NJW 1978, 1326, 1327; BGH NZI 2004, 376, 378; FK-*Dauernheim* § 134 RdNr. 6; *Andres/Leithaus* § 134 RdNr. 4; *Hallermann* S. 74 ff.; vgl. BGHZ 57, 123, 127 = NJW 1972, 48, 49; BGH NJW-RR 1998, 1057, 1061 f.

gläubigerschützenden Normzwecks nur berücksichtigt werden, wenn sie eine reale Grundlage haben. Sogar gemeinsame irrtümliche Wertvorstellungen der Beteiligten, die der objektiven Sachlage eindeutig nicht entsprechen, können eine Entgeltlichkeit oder Unentgeltlichkeit der Leistung nicht begründen.[211] Eine unentgeltlich zu erbringende Gegenleistung kann die darauf bezogene Leistung des Insolvenzschuldners auch dann nicht als entgeltlich erscheinen lassen, wenn die Beteiligten persönlich sie als Entgelt ansehen.[212] Zahlt der spätere Insolvenzschuldner Geld zurück, weil er irrig annimmt, darauf keinen Anspruch zu haben, nimmt er eine unentgeltliche Leistung vor.[213] Haben die Beteiligten ihren Bewertungsspielraum überschritten, können im Einzelfall die Grundsätze über die Anfechtung teilweise unentgeltlicher Leistungen (s. u. RdNr. 41, 42) eingreifen. Die Motive des Schuldners für eine unentgeltliche Zuwendung sind unerheblich (s. o. RdNr. 1 aE).

Der **Erlass** einer (werthaltigen) Forderung ohne Gegenleistung ist unentgeltlich.[214] Beim Abschluss eines **Vergleichs** (§ 779 BGB) hat dagegen auch die Beseitigung tatsächlicher und/oder rechtlicher Unsicherheiten objektiv einen eigenen Vermögenswert, der bei der Beurteilung des Verhältnisses von Leistung und Gegenleistung zu berücksichtigen ist.[215] In dem dadurch bedingten Nachgeben – auch – des Schuldners liegt eine unentgeltliche Leistung nur, wenn der Vertragsinhalt denjenigen Bereich verlässt, der bei objektiver Beurteilung ernsthaft zweifelhaft sein kann.[216]

e) Eine **teilweise unentgeltliche Leistung** unterliegt der Anfechtung, sobald die Beteiligten den ihnen zustehenden Bewertungsspielraum (s. o. RdNr. 40) überschritten haben.[217] Wegen des gläubigerschützenden Zwecks des § 134 sind die zu § 516 BGB entwickelten Grundsätze über **gemischte Schenkungen**[218] im Anfechtungsrecht lediglich eingeschränkt anzuwenden. Insbesondere kann es zwar darauf ankommen, ob die Vertragspartner sich des Wertunterschieds zwischen Leistung und Gegenleistung bewusst sind und ob sie wollen, dass eine Leistung – diejenige des Insolvenzschuldners – teilweise unentgeltlich erbracht werden soll,[219] aber nur, wenn die Beteiligten sich innerhalb ihres Bewertungsspielraums halten. Dann wird ein Wille zu unentgeltlicher Leistung nur schwer zu beweisen sein, z. B. wenn eine Grundschuld von 205 000 Euro ein Darlehen von 154 000 Euro sichert.[220] Überschreitungen des Bewertungsspielraums sind dagegen insbesondere bei übersetzten Ausgleichszahlungen an Ehegatten,[221] überhöhten Kündigungsabfindungen[222] oder Hofübergabeverträgen gegen Altenteilsleistungen[223] nicht selten, ferner z. B. beim Verkauf eines Grundstücks im Wert von 1,44 Mio. Euro für nur 358 000 Euro an die Ehefrau des Schuldners, oder wenn Vertragsteile bewusst einen „Abschlag" auf einen als angemessen zugrunde gelegten Preis vereinbaren, ohne dass wirtschaftliche Gründe dies rechtfertigen.[224] Dagegen sind echte Notverkäufe unter Wert regelmäßig entgeltlich (s. o. RdNr. 25).

---

[211] HK-*Kreft* § 134 RdNr. 10; HambKomm-*Rogge* § 134 RdNr. 17; vgl. BGHZ 113, 393, 396 f. = NJW 1991, 1610, 1611.
[212] *Henckel* ZIP 1990, 137, 140; vgl. BGH NJW-RR 1993, 1379, 1381.
[213] S. o. RdNr. 23, 26; aM OLG Koblenz NZI 2000, 84, 85.
[214] Vgl. *Haas* ZInsO 2007, 464, 472.
[215] *Gerhardt* KTS 2004, 195, 198 f.
[216] BGH ZInsO 2006, 1322, 1324; *Gundlach/Frenzel/Schmidt* DZWIR 2007, 208, 209.
[217] BGH NJW-RR 1993, 1379, 1381; 1998, 1057, 1061 f.; HK-*Kreft* § 134 RdNr. 10; vgl. LG Dresden ZInsO 2002, 140, 141 m. Anm. von *Beck* ZInsO 2002, 516 f.; *Schilling* MittBayNot 2002, 347, 351.
[218] Vgl. dazu BGH NJW-RR 1996, 754, 755; NJW 2000, 134, 135, insoweit nicht in BGHZ 142, 300 abgedr.; MünchKommBGB-*Kollhosser* § 516 RdNr. 29; *Palandt/Weidenkaff* § 516 RdNr. 13.
[219] Vgl. hierzu BGH WM 1956, 703, 705; RGZ 81, 364, 365 f.; RG LZ 1908, 605, 606; 1909, 71 Nr. 6; 1910, 558, 559.
[220] Vgl. BGH NJW 1992, 2421, 2423.
[221] Vgl. BGHZ 57, 123, 128 f. = NJW 1972, 48, 49; OLG Nürnberg KTS 1966, 57, 60 f.
[222] *Gerhardt* EWiR 1989, 609, 610.
[223] *Jaeger/Henckel*, KO § 32 RdNr. 23; vgl. *Palandt/Weidenkaff* § 516 RdNr. 13. Ob die Altenteilsleistungen nur eine Auflage – so BGH NJW 1989, 2122, 2123 – oder eine Gegenleistung darstellen, ist anfechtungsrechtlich unerheblich (s. o. RdNr. 12).
[224] Vgl. BGH NZI 2004, 376, 378 f. für einen „Risiko"-Abschlag von 10%.

§ 134 41a–43 3. Teil. 3. Abschnitt. Insolvenzanfechtung

41a Nicht nach diesen Kriterien zu behandeln ist die **verschleierte Schenkung**; diese begründet nur den Anschein der Entgeltlichkeit, um die wirklich gewollte Freigebigkeit zu verdecken. Sie kann uneingeschränkt gemäß § 134 anfechtbar sein, während das lediglich vorgespiegelte entgeltliche Geschäft nach § 117 Abs. 2 BGB nichtig ist.[225]

42 Als Rechtsfolge der Anfechtung einer gemischt unentgeltlich/entgeltlichen Leistung (s. o. RdNr. 41) ist vorrangig der Wertüberschuss der Leistung des Insolvenzschuldners an die Insolvenzmasse zurückzuführen. Ist dessen Leistung teilbar, bleibt die Rechtsfolge der Anfechtung gemäß § 134 auf den überschießenden Teil beschränkt, der als unentgeltlicher gilt;[226] der weitergehende Teil, der das wertangemessene Entgelt darstellt, kann nur mit angefochten werden, wenn zusätzlich andere Normen eingreifen. Ist die – höherwertige – Leistung des Insolvenzschuldners unteilbar, richtet sich die Anfechtung auf Rückgewähr der Leistung insgesamt, jedoch Zug um Zug gegen Erstattung der erbrachten Gegenleistung;[227] die Beschränkung des § 144 Abs. 2 sollte für den entgeltlichen Teil der Leistung nicht gelten.[228] Der Anfechtungsgegner kann zudem die Rückgewähr der erlangten Leistung durch anteiligen Wertersatz abwenden, der regelmäßig auch den Interessen der Insolvenzmasse am besten nützt.[229] Dementsprechend ist nicht darauf abzustellen, ob der unentgeltliche oder der entgeltliche Teil überwiegt:[230] Dieses Abgrenzungsmerkmal ist lediglich für solche Rechtsfolgen bedeutsam, die – wie insbesondere die Formbedürftigkeit eines Schenkungsversprechens (§ 518 BGB) – nur einheitlich eintreten können. Dagegen soll die anfechtungsrechtliche Rückgewähr das haftende Vermögen im Umfang seiner vorangegangenen Minderung rein objektiv wieder herstellen. Die subjektive Einstellung der Beteiligten ist – nur – als Voraussetzung der Anfechtbarkeit mit zu berücksichtigen (s. o. RdNr. 41).

43 **4. Gläubigerbenachteiligung.** Gem. § 129 Abs. 1 setzt auch § 134 voraus, dass die Leistung des Schuldners eine Gläubigerbenachteiligung verursacht hat. Eine mittelbare Benachteiligung (vgl. hierzu § 129 RdNr. 121–126) genügt.[231] Ob der Schuldner schon im Zeitpunkt der Zuwendung Gläubiger hatte, ist unerheblich.[232] Die Benachteiligung folgt regelmäßig bereits aus der Unentgeltlichkeit, wenn die Verfügung das den Gläubigern haftende Vermögen betrifft.[233] Dies gilt auch für Geschenke, die über die Grenzen des Abs. 2 hinausgehen. Die Gläubigerbenachteiligung entfällt nicht allein deswegen, weil zugleich ein Widerruf der Schenkung nach §§ 528, 530 BGB möglich sein kann; ferner vermag sogar eine nichtige Schenkung oder ein Scheingeschäft in Einzelfällen eine Gläubigerbenachteiligung zu verursachen (vgl. § 129 RdNr. 101, 134, 135). Zur Benachteiligung durch Schenkungsversprechen s. o. RdNr. 6. An der Gläubigerbenachteiligung kann es andererseits fehlen, wenn ein wertausschöpfend belastetes Grundstück verschenkt wird.[234]

---

[225] BGH NJW-RR 1993, 1379, 1381; FK-*Dauernheim* § 134 RdNr. 23; HambKomm-*Rogge* § 134 Rd-Nr. 21; *M. Zeuner*, Anfechtung RdNr. 212; *Jaeger/Henckel*, KO § 32 RdNr. 12; vgl. RG JW 1896, 175 Nr. 30; s. o. § 39 RdNr. 28–30.
[226] BGH NJW 1992, 2421; NJW-RR 1998, 1057, 1061 f.; OLG Nürnberg KTS 1966, 57, 61; HK-*Kreft* § 134 RdNr. 10; FK-*Dauernheim* § 134 RdNr. 24; *Breutigam/Blersch/Goetsch* § 134 RdNr. 5; *Kübler/Prütting/Paulus* § 142 RdNr. 8; vgl. *Eckardt* ZInsO 2004, 888, 895 f. Ergänzend s. u. § 143 RdNr. 18.
[227] *Jaeger/Henckel*, KO § 32 RdNr. 21; *Eckardt* ZInsO 2004, 88, 896; vgl. auch BGH NJW 1989, 2122; RGZ 148, 236, 240; dagegen ausnahmslos für eine Rückgewähr der Leistung in Natur RGZ 165, 223, 224 f.
[228] *Schillig* MittBayNot 2002, 347, 354.
[229] HambKomm-*Rogge* § 134 RdNr. 20; vgl. *König* RdNr. 9/12.
[230] *V. Campe* S. 214; differenzierend *Jaeger/Henckel*, KO § 32 RdNr. 21; aM BGHZ 57, 123, 127 = NJW 1972, 48, 49; RGZ 165, 223, 224; RG HRR 1942 Nr. 424; LG Dresden ZInsO 2002, 140, 141; *M. Zeuner*, Anfechtung RdNr. 212; *Uhlenbruck/Hirte* § 134 RdNr. 39; *Mauer* RdNr. 218; *Breutigam/Blersch/Goetsch* § 134 RdNr. 5.
[231] Vgl. BGH WM 1956, 703, 704 f.; *Uhlenbruck/Hirte* § 134 RdNr. 2; zu § 3 Abs. 1 Nr. 3 AnfG aF (§ 4 AnfG nF) BGH NJW 1996, 3341, 3342; WM 2007, 1377, 1379; Beschl. v. 9. 11. 2006 – IX ZA 13/06.
[232] *Jaeger/Henckel*, KO § 32 RdNr. 11; *Holzapfel* S. 23; vgl. BGH WM 1956, 703, 704 f.
[233] HambKomm-*Rogge* § 134 RdNr. 35; *Jaeger/Henckel*, KO § 29 RdNr. 179, § 32 RdNr. 5.
[234] S. o. RdNr. 24 und § 129 RdNr. 109, 121, 125; ferner *Kirchhof* WuB VI B. § 4 AnfG 1.05.

Unentgeltliche Leistung   44–46 § 134

5. Zeitliche Grenze. Die Anfechtbarkeit entfällt, wenn die Leistung mehr als **vier** 44
Jahre vor dem Antrag auf Eröffnung des Insolvenzverfahrens vorgenommen worden ist.
Zur Fristberechnung vgl. § 139 sowie § 130 RdNr. 25 und 26, zum Zeitpunkt der
Leistungsvornahme s. o. RdNr. 20. Die Frist ist für jede anfechtbare Leistung – auch
Teilzahlungen[235] – selbständig zu bestimmen, ebenso für die Anfechtung eines Schenkungsversprechens einerseits sowie von dessen späterem Vollzug andererseits (s. o. RdNr. 7, § 129
RdNr. 57 bis 61). Sogar ein länger zurückliegendes, nicht erfülltes Schenkungsversprechen
wirkt aber in der Insolvenz gem. § 39 Abs. 1 Nr. 4 nur nachrangig (s. o. RdNr. 26). Auch
wenn insbesondere eine Grundstücksschenkung vor der Vierjahresfrist vollzogen wird, kann
eine versprochene Lastenfreistellung selbständig hineinfallen.[236] Die Beweislast dafür, dass
die Leistung nicht in die Anfechtungsfrist fällt, obliegt dem Anfechtungsgegner (s. u. Rd-
Nr. 50).

6. Haftungsumfang. Wird ein Lotterielos anfechtbar verschenkt, ist auch ein darauf 45
entfallender Gewinn herauszugeben.[237] Den Umfang der Haftung nach § 134 begrenzt
§ 143 Abs. 2 jedoch regelmäßig auf den Wert der Bereicherung (vgl. § 143 Rd-
Nr. 100 ff.). Danach ist es insbesondere gerechtfertigt, die Rückgewähr auf denjenigen Teil
der Leistung zu beschränken, der zur Tilgung aller Insolvenzforderungen nötig ist, wenn
diese ausnahmsweise niedriger sind als der Wert der Zuwendung;[238] dabei ist das in
RdNr. 42 dargelegte Verfahren sinngemäß anzuwenden. Nach einem Urteil des Bundesgerichtshofs soll der Rückgewähranspruch ausgeschlossen sein, wenn eine Aufrechnung
des Anfechtungsgegners daran scheitert, dass einer Forderung des Insolvenzschuldners
§ 814 BGB entgegensteht.[239] Dieses Urteil setzt aber zu Unrecht die – auch für die
Insolvenzmasse wirksame – Beschränkung eigener Ansprüche des Schuldners selbst, z. B.
gemäß §§ 814, 817 BGB, mit derjenigen originärer gesetzliche Ansprüche der Insolvenzmasse gleich (s. o. RdNr. 21). Eine Einschränkung des gesetzlichen Anspruchs aus § 143
Abs. 1 rechtfertigt § 814 BGB nicht;[240] der Empfänger der unentgeltlichen Leistung wird
– nur – durch § 143 Abs. 2 oder äußerstenfalls die allgemeinen Grundsätze des § 242
BGB geschützt.

V. Ausnahme für Gelegenheitsgeschenke (Abs. 2)

1. Gebräuchliche Gelegenheitsgeschenke. Durch den Begriff der Gelegenheits-"Ge- 46
schenke" wird die Anwendbarkeit des Abs. 2 auf **Schenkungen** i. S. v. § 516 BGB eingeschränkt.[241] Die für Abs. 1 eingeführte Erweiterung auf Leistungen aller Art (s. o. RdNr. 5)
hat der Gesetzgeber für die einschränkende Ausnahme nicht übernommen. **Gelegenheitsgeschenke** werden einerseits zu bestimmten Anlässen erbracht, z. B. Weihnachten, Geburtstag, Hochzeit, Taufe, Bestehen einer Prüfung, Jubiläen, besondere Ehrungen usw. Auch
Ausstattungen i. S. v. § 1624 BGB werden erfasst (s. o. RdNr. 37). Andererseits sind diese
Geschenke nicht an solche besonderen Anlässe gebunden. Vielmehr können auch zu
beliebiger Zeit sowie unregelmäßig vorgenommene Spenden zur Förderung eines gemein-
nützigen, mildtätigen oder kirchlichen Zwecks Gelegenheitsgeschenke sein.[242] Es besteht

---
[235] OLG Karlsruhe ZInsO 2003, 999, 1000.
[236] Vgl. BGH ZIP 1999, 628, 630 f.
[237] Vgl. FK-*Dauernheim* § 134 RdNr. 17; *Hess* InsO § 134 RdNr. 40; HambKomm-*Rogge* § 134 Rd-
Nr. 37; *Kilger/K. Schmidt* § 32 KO Anm. 2; *Uhlenbruck/Hirte* § 134 RdNr. 38 aE.
[238] Vgl. OLG Hamm ZIP 1992, 1755, 1757.
[239] BGHZ 113, 98, 105 f. = NJW 1991, 560, 562; OLG Nürnberg NJW-RR 1991, 109, 110; zust. *Hess*
InsO § 134 RdNr. 68; HambKomm-*Rogge* § 134 RdNr. 38; anscheinend auch FK-*Dauernheim* § 134 Rd-
Nr. 16. Dagegen betraf BGHZ 106, 169 ff. = NJW 1989, 580 ff. – zu § 817 Satz 2 BGB – keinen
Anfechtungsanspruch.
[240] *Uhlenbruck/Hirte* § 129 RdNr. 36; *Gerhardt/Kreft* RdNr. 563; *C. Paulus* ZInsO 1999, 242, 248. Ergänzend s. o. RdNr. 22.
[241] HK-*Kreft* § 134 RdNr. 16; *Kübler/Prütting/Paulus* § 134 RdNr. 32; aM *Uhlenbruck/Hirte* § 134 Rd-
Nr. 47.
[242] *M. Zeuner*, Anfechtung RdNr. 221.

kein sachlicher Grund, Parteispenden davon auszunehmen;²⁴³ sie sind ebenso gebräuchlich wie diejenigen zu anderen Zwecken. Legt man den Begriff weit aus, können auch Schenkungen erfasst werden, durch die einer sittlichen oder einer Anstandspflicht entsprochen wird;²⁴⁴ infolge der Begrenzung auf geringwertige Geschenke (s. u. RdNr. 48), die überdies dem konkreten Anlass entsprechen müssen, benachteiligt dies die Insolvenzgläubiger nicht wesentlich.

47 Die **Gebräuchlichkeit** eines Gelegenheitsgeschenks richtet sich wegen des Zwecks der Ausnahmebestimmung (s. o. RdNr. 1 aE) danach, ob es in denjenigen Teilen der Gesellschaft, denen der Schenkende angehört, nach Anlass, Art und Maß üblich ist.²⁴⁵ Dabei sind auch seine voraussehbaren Vermögensverhältnisse im Zeitpunkt des etwaigen Schenkungsversprechens zu berücksichtigen. Zwar wollte der Gesetzgeber mit der Neufassung des Abs. 2 einer zu weiten Ausdehnung der Ausnahme entgegenwirken (s. o. RdNr. 2). Dies erfolgte aber vor allem durch die Begrenzung auf den „geringen Wert" des Geschenks (s. u. RdNr. 48). Dagegen gestattet die Bezugnahme auf dessen „Gebräuchlichkeit" weiterhin eine Berücksichtigung individueller Vermögensverhältnisse, soweit das Geschenk nicht eindeutig aus dem üblichen Rahmen fällt:²⁴⁶ Dem Schenkenden muss es möglich bleiben, den Verhältnissen seines gesellschaftlichen Umfeldes zu entsprechen; nur ein nach den Umständen übertriebener Aufwand ist nicht mehr gebräuchlich.

48 2. **Geringer Wert.** Die Beschränkung auf „geringwertige" Geschenke soll – entsprechend dem Willen des Gesetzgebers (s. o. RdNr. 2) – vor allem eine **objektive** Kontrolle des Ausnahmetatbestandes ermöglichen. Während die persönlichen Umstände des Schenkenden mit der Voraussetzung der „Gebräuchlichkeit" berücksichtigt werden (s. o. RdNr. 47), ist für die Wertbegrenzung das Interesse der Insolvenzgläubiger maßgebend, denen das Gelegenheitsgeschenk als Haftungsobjekt entgeht.²⁴⁷ Dieses Interesse ist einerseits generell zu erfassen, andererseits zugleich auf die Größe der jeweiligen verbleibenden Haftungsmasse zu beziehen. Die allgemeine Obergrenze darf nicht zu eng bemessen werden, damit noch ein gewisser, individueller Spielraum für die „Gebräuchlichkeit" des Geschenks verbleibt.²⁴⁸ Auf die Vermögensverhältnisse des Schenkers im Zeitpunkt der Schenkung kommt es dagegen in diesem Zusammenhang wegen des Zwecks der Begrenzung nicht an.²⁴⁹ Da auch die Sichtweise von Kleingläubigern zu berücksichtigen ist, kann jedenfalls ein Geschenk, dessen Wert einen durchschnittlichen Netto-Monatslohn von zurzeit rund 1500 Euro²⁵⁰ – höchstens aber 10% der späteren Insolvenzmasse – übersteigt, nicht mehr als geringwertig angesehen werden.

48a 3. **Konkurrenzen.** Abs. 2 schließt nicht die Anfechtung gemäß anderen Normen – insbesondere §§ 130 bis 133 – aus. Diese wird jedoch angesichts des geringen Werts kaum praktisch werden.²⁵¹

---

²⁴³ *Jaeger/Henckel*, KO § 32 RdNr. 46; *Aden* BB 1985, 366, 369; *Uhlenbruck/Hirte* § 134 RdNr. 47; vgl. *Kilger/K. Schmidt* § 32 Anm. 4; aM *Nerlich* (Fn. 2) § 134 RdNr. 43; *Hess* InsO § 134 RdNr. 99.
²⁴⁴ *Nerlich* (Fn. 2) § 134 RdNr. 44; *Jaeger/Henckel*, KO § 32 RdNr. 47; *Holzapfel* S. 28 f.; vgl. *Huber*, Anfechtungsgesetz § 4 RdNr. 8. Einschränkend auf Anstandspflichten *Uhlenbruck/Hirte* § 134 RdNr. 49.
²⁴⁵ Vgl. *Kübler/Prütting/Paulus* § 134 RdNr. 33; *Aden* BB 1985, 366, 369; einschränkend HK-*Kreft* § 134 RdNr. 17 f.; *Uhlenbruck/Hirte* § 134 RdNr. 48.
²⁴⁶ HambKomm-*Rogge* § 134 RdNr. 39; *M. Zeuner*, Anfechtung RdNr. 221.
²⁴⁷ *Kirchhof*, in: *Henckel/Kreft*, Insolvenzrecht 1998, 1999, S. 143, 155; vgl. *Häsemeyer* RdNr. 21.94; *Huber*, Anfechtungsgesetz § 4 RdNr. 8.
²⁴⁸ Vgl. *Breutigam/Blersch/Goetsch* § 134 RdNr. 8; HambKomm-*Rogge* § 134 RdNr. 40.
²⁴⁹ AM *Kübler/Prütting/Paulus* § 134 RdNr. 32.
²⁵⁰ Wegen der durchschnittlichen Bruttomonatsverdienste der Arbeitnehmer im Jahre 1997 vgl. Statistisches Jahrbuch 1998 für die Bundesrepublik Deutschland, S. 583. Für eine Grenze von weniger als 250 Euro *v. Campe* S. 216, für eine solche von 250 bis 500 Euro *Nerlich* (Fn. 2) § 134 RdNr. 43; für 50 Euro *Hess* InsO § 134 RdNr. 104.
²⁵¹ HambKomm-*Rogge* § 134 RdNr. 41.

VI. Beweisfragen

Der *Insolvenzverwalter* hat die Vornahme einer unentgeltlichen Leistung[252] sowie die Verursachung einer Gläubigerbenachteiligung[253] zu beweisen. Hängt die Unentgeltlichkeit von der Wertlosigkeit einer getilgten Forderung ab (s. o. RdNr. 31 a), hat der Insolvenzverwalter auch diese zu beweisen.[254] Weist allerdings eine umfassend gestaltete Urkunde über eine Veräußerung keine Gegenleistung als vereinbart aus, spricht die Vermutung der Vollständigkeit und Richtigkeit der Urkunde für Unentgeltlichkeit.[255] Soweit die Entscheidung von (sei es auch indiziellen) Umständen aus dem Bereich des Anfechtungsgegners abhängt – z. B. ob dieser eine Gegenleistung erbracht hat –, trifft ihn eine sekundäre Darlegungslast.[256] Richtet sich die Anfechtung gegen den Ehegatten des Insolvenzschuldners, spricht die Vermutung des § 1362 Abs. 1 BGB zugunsten des Insolvenzverwalters gegen eine Gegenleistung aus gemeinsamem Besitz.[257] Es gibt aber keine allgemeine Lebenserfahrung dahin, ob Eheleute, die sich Vermögen zum Schutz vor Gläubigern übertragen, hierbei eine Schenkung vornehmen oder nur eine treuhänderische Bindung (s. o. RdNr. 13) vereinbaren.[258]

49

Dem *Anfechtungsgegner* obliegt der Nachweis, dass die Leistung mehr als vier Jahre vor dem Eröffnungsantrag erbracht wurde[259] und gegebenenfalls, dass die Zuwendung unter die Ausnahme des Abs. 2 fällt.[260] Ferner trifft den Anfechtungsgegner weitgehend die Beweislast, wenn er den Einwand des Bereicherungswegfalls (§ 143 Abs. 2) erhebt;[261] jedoch wird in diesem Zusammenhang seine Gutgläubigkeit vermutet (s. u. § 143 RdNr. 112).

50

§ 135 Kapitalersetzende Darlehen

Anfechtbar ist eine Rechtshandlung, die für die Forderung eines Gesellschafters auf Rückgewähr eines kapitalersetzenden Darlehens oder für eine gleichgestellte Forderung
1. Sicherung gewährt hat, wenn die Handlung in den letzten zehn Jahren vor dem Antrag auf Eröffnung des Insolvenzverfahrens oder nach diesem Antrag vorgenommen worden ist;
2. Befriedigung gewährt hat, wenn die Handlung im letzten Jahr vor dem Eröffnungsantrag oder nach diesem Antrag vorgenommen worden ist.

§ 32 a GmbHG [Rückgewähr von Darlehen]

(1) Hat ein Gesellschafter der Gesellschaft in einem Zeitpunkt, in dem ihr die Gesellschafter als ordentliche Kaufleute Eigenkapital zugeführt hätten (Krise der

---

[252] BGH NJW 1992, 2421, 2423; NJW 1999, 1033 f.; RGZ 62, 38, 44; RG JW 1913, 608, 609; OLG Hamm ZIP 1992, 1755, 1756; *Kübler/Prütting/Paulus* § 134 RdNr. 36; *Hess* InsO § 143 RdNr. 107; *Jaeger/Henckel*, KO § 32 RdNr. 52; *Uhlenbruck/Hirte* § 134 RdNr. 51.
[253] *Nerlich* (Fn. 2) § 134 RdNr. 45; *Breutigam/Blersch/Goetsch* § 134 RdNr. 10; *Kilger/K. Schmidt* § 32 KO Anm. 10 c.
[254] BGH NJW-RR 2006, 1136, 1137; *Wittig* NZI 2005, 606, 608.
[255] Vgl. OLG Hamm ZIP 1992, 1755, 1756; HambKomm-*Rogge* § 134 RdNr. 42.
[256] Vgl. BGH WM 1955, 407, 411; OLG Bamberg ZInsO 2003, 1047, 1048; ferner OLG Köln NZI 2004, 217, 218 zur Aufteilung von Versicherungsprämien.
[257] BGH NJW 1955, 20 Nr. 4; RGZ 120, 107, 109 f.; *Jaeger/Henckel*, KO § 32 RdNr. 52; *Uhlenbruck/Hirte* § 134 RdNr. 52; MünchKommBGB-*Wacke* § 1362 RdNr. 20; *Holzapfel* S. 29 f., 34.
[258] Vgl. BGH WM 1965, 664, 666 f.
[259] RegE S. 161 zu § 149; FK-*Dauernheim* § 134 RdNr. 34; *Kübler/Prütting/Paulus* § 134 RdNr. 36; *Nerlich* (Fn. 2) § 134 RdNr. 45; *Breutigam/Blersch/Goetsch* § 134 RdNr. 10; *Uhlenbruck/Hirte* § 134 RdNr. 51; *M. Zeuner*, Anfechtung RdNr. 228.
[260] *Kübler/Prütting/Paulus* § 134 RdNr. 36; HambKomm-*Rogge* § 134 RdNr. 43; *M. Zeuner*, Anfechtung RdNr. 208.
[261] Vgl. *Kübler/Prütting/Paulus* § 134 RdNr. 35; s. u. § 143 RdNr. 111.

§ 135

Gesellschaft), statt dessen ein Darlehen gewährt, so kann er den Anspruch auf Rückgewähr des Darlehens im Insolvenzverfahren über das Vermögen der Gesellschaft nur als nachrangiger Insolvenzgläubiger geltend machen.

(2) Hat ein Dritter der Gesellschaft in einem Zeitpunkt, in dem ihr die Gesellschafter als ordentliche Kaufleute Eigenkapital zugeführt hätten, statt dessen ein Darlehen gewährt und hat ihm ein Gesellschafter für die Rückgewähr des Darlehens eine Sicherung bestellt oder hat er sich dafür verbürgt, so kann der Dritte im Insolvenzverfahren über das Vermögen der Gesellschaft nur für den Betrag verhältnismäßige Befriedigung verlangen, mit dem er bei der Inanspruchnahme der Sicherung oder des Bürgen ausgefallen ist.

(3) ¹Diese Vorschriften gelten sinngemäß für andere Rechtshandlungen eines Gesellschafters oder eines Dritten, die der Darlehensgewährung nach Absatz 1 oder 2 wirtschaftlich entsprechen. ²Die Regeln über den Eigenkapitalersatz gelten nicht für den nicht geschäftsführenden Gesellschafter, der mit zehn vom Hundert oder weniger am Stammkapital beteiligt ist. ³Erwirbt ein Darlehensgeber in der Krise der Gesellschaft Geschäftsanteile zum Zweck der Überwindung der Krise, führt dies für seine bestehenden oder neugewährten Kredite nicht zur Anwendung der Regeln über den Eigenkapitalersatz.

§ 32 b GmbHG [Haftung für zurückgezahlte Darlehen]

¹Hat die Gesellschaft im Fall des § 32 a Abs. 2, 3 das Darlehen im letzten Jahr vor dem Antrag auf Eröffnung des Insolvenzverfahrens oder nach diesem Antrag zurückgezahlt, so hat der Gesellschafter, der die Sicherung bestellt hatte oder als Bürge haftete, der Gesellschaft den zurückgezahlten Betrag zu erstatten; § 146 der Insolvenzordnung gilt entsprechend. ²Die Verpflichtung besteht nur bis zur Höhe des Betrags, mit dem der Gesellschafter als Bürge haftete oder der dem Wert der von ihm bestellten Sicherung im Zeitpunkt der Rückzahlung des Darlehens entspricht. ³Der Gesellschafter wird von der Verpflichtung frei, wenn er die Gegenstände, die dem Gläubiger als Sicherung gedient hatten, der Gesellschaft zu ihrer Befriedigung zur Verfügung stellt. ⁴Diese Vorschriften gelten sinngemäß für andere Rechtshandlungen, die der Darlehensgewährung wirtschaftlich entsprechen.

§ 129 a HGB [Rückgewähr von Darlehen]

¹Bei einer offenen Handelsgesellschaft, bei der kein Gesellschafter eine natürliche Person ist, gelten die §§ 32 a und 32 b des Gesetzes betreffend die Gesellschaften mit beschränkter Haftung sinngemäß mit der Maßgabe, daß an die Stelle der Gesellschafter der Gesellschaft mit beschränkter Haftung die Gesellschafter oder Mitglieder der Gesellschafter der offenen Handelsgesellschaft treten. ²Dies gilt nicht, wenn zu den Gesellschaftern der offenen Handelsgesellschaft eine andere offene Handelsgesellschaft oder Kommanditgesellschaft gehört, bei der ein persönlich haftender Gesellschafter eine natürliche Person ist.

§ 172 a HGB [Rückgewähr von Darlehen]

¹Bei einer Kommanditgesellschaft, bei der kein persönlich haftender Gesellschafter eine natürliche Person ist, gelten die §§ 32 a, 32 b des Gesetzes betreffend die Gesellschaften mit beschränkter Haftung sinngemäß mit der Maßgabe, daß an die Stelle der Gesellschafter der Gesellschaft mit beschränkter Haftung die Gesellschafter oder Mitglieder der persönlich haftenden Gesellschafter der Komman-

ditgesellschaft sowie die Kommanditisten treten. ²Dies gilt nicht, wenn zu den persönlich haftenden Gesellschaftern eine offene Handelsgesellschaft oder Kommanditgesellschaft gehört, bei der ein persönlich haftender Gesellschafter eine natürliche Person ist.

Schrifttum: *Altmeppen,* Der „atypische Pfandgläubiger" – ein neuer Fall des kapitalersetzenden Darlehens?, ZIP 1993, 1677; *ders.,* Zur „finanzplanmäßigen Nutzungsüberlassung" als Kapitalersatz, ZIP 1996, 909; *ders.,* Verschlimmbesserungen im Kapitalersatzrecht, ZIP 1996, 1455; *ders.,* Änderungen der Kapitalersatz- und Insolvenzverschleppungshaftung aus „deutsch-europäischer" Sicht, NJW 2005, 1911; *Bäcker,* Eigenkapitalersetzende Rechtshandlungen der GmbH-Gesellschafter und Dritter, 1990; *Bayer/Graff,* Das neue Eigenkapitalersatzrecht nach dem MoMiG, DStR 2006, 1654; *Bieder,* Bindungswirkung und Minderheitenschutz bei der Gesellschaftsfinanzierung durch Finanzplankredite, WM 2000, 2533; *ders.,* Die Auswirkungen des Sanierungsprivilegs gem. § 32a III 3 GmbHG auf das Recht der kapitalersetzenden Gesellschafterleistungen, NZI 2000, 514; *Bormann,* Eigennützige Sanierungsdarlehen und § 32a Abs. 3 Satz 3 GmbHG, NZI 1999, 389; *Brandes,* Die Behandlung von Nutzungsüberlassungen im Rahmen einer Betriebsaufspaltung unter Gesichtspunkten des Kapitalersatzes und der Kapitalerhaltung, ZGR 1989, 244; *Claussen,* Anwendbarkeit des § 32a GmbHG auf Altkredite an DDR-Unternehmen?, GmbHR 1994, 1173; *ders.,* Zeitwende im Kapitalersatzrecht?, GmbHR 1994, 9; *ders.,* Die GmbH braucht eine Deregulierung des Kapitalersatzrechts, GmbHR 1996, 316; *Dauner-Lieb,* Die Freistellung geringfügig beteiligter Gesellschafter von der Kapitalersatzhaftung, DStR 1998, 609; *Dörrie,* Das Sanierungsprivileg des § 32a Abs. 3 Satz 3 GmbHG, ZIP 1999, 12; *Fastrich,* Ausfallsicherheiten als eigenkapitalersetzende Leistungen, NJW 1983, 260; *ders.,* Ketzerisches zur sogenannten Finanzierungsverantwortung, Festschrift für Wolfgang Zöllner, 1998, S. 143; *Fleck,* Das kapitalersetzende Bankdarlehen in der GmbH, Festschrift für Winfried Werner, 1984, S. 107; *ders.,* Der Grundsatz der Kapitalerhaltung – seine Ausweitung und seine Grenzen, Festschrift 100 Jahre GmbH-Gesetz, 1992, S. 391; *Fleischer,* Finanzplankredite und Eigenkapitalersatz im Gesellschaftsrecht, 1995; *ders.,* Eigenkapitalersetzende Gesellschafterdarlehen und Überschuldungsstatus, ZIP 1996, 773; *Früh,* Eigenkapitalersetzende Gesellschafterkredite, GmbHR 1999, 842; *Gehde,* Eigenkapitalersetzende Gesellschafterleistungen in Deutschland und in den USA, 1997; *Geißler,* Rechtsfragen um die Eigenkapitalersatzfunktion des in der Krise belassenen Gesellschafterdarlehens, GmbHR 1994, 152; *v. Gerkan,* Zum Stand der Rechtsentwicklung bei den kapitalersetzenden Gesellschafterleistungen, GmbHR 1990, 384; *ders.,* Die Rechtsfolgen der eigenkapitalersetzenden Nutzungsüberlassung – Fragen und Zweifel, ZHR 158 (1994), 668; *ders.,* Zur Umqualifizierung stehengelassener Gesellschafterkredite zu Eigenkapitalersatz, GmbHR 1996, 400; *ders.,* Das Recht des Eigenkapitalersatzes in der Diskussion, ZGR 1997, 173; *ders.,* Der Entwurf des „Kapitalaufnahmeerleichterungsgesetzes" und das Recht des Eigenkapitalersatzes, GmbHR 1997, 677; *v. Gerkan/Hommelhoff,* Handbuch des Kapitalersatzrechts, 2. Aufl. 2002; *Goette,* Zur Frage der Haftung auf Rückgewähr von Leistungen auf eine eigenkapitalersetzende Gesellschafterhilfe nach den Novellenregeln, DStR 2006, 479; *ders.,* Die höchstrichterliche Rechtsprechung zur Behandlung eigenkapitalersetzender Leistungen im GmbH-Recht, DStR 1997, 2027; *ders.,* Einige Aspekte des Eigenkapitalersatzrechts aus richterlicher Sicht, ZHR 162 (1998), 223; *Grunewald,* Plädoyer für eine Abschaffung der Rechtsregeln für eigenkapitalersetzende Gesellschafterdarlehen, GmbHR 1997, 7; *Haas,* Fragen zum Adressatenkreis des Kapitalersatzrechts, DZWIR 1999, 177; *ders.,* Eigenkapitalersetzende Gesellschafterdarlehen und Feststellung der Überschuldung oder Zahlungsunfähigkeit, NZI 1999, 209; *ders.,* Der Normzweck des Eigenkapitalersatzrechts, NZI 2001, 1; *Habersack,* Der Finanzplankredit und das Recht der eigenkapitalersetzenden Gesellschafterhilfen, ZHR 161 (1997), 457; *ders.,* Eigenkapitalersatz im Recht der Gesellschaftsrecht, ZHR 162 (1998), 201; *Hagemeister/Bültmann,* Konflikte von Sicherungsinstrumenten und Eigenkapitalersatz bei Projektfinanzierungen durch Banken, WM 1997, 549; *Hermanns,* Dispositionskredite als kapitalersetzende Darlehen, BB 1994, 2363; *Hirte,* Das Kapitalersatzrecht nach Inkrafttreten der Reformgesetzgebung, ZInsO 1998, 147; *Hommelhoff,* Eigenkapital-Ersatz im Konzern und in Beteiligungsverhältnissen, WM 1984, 1105; *Hommelhoff/Habighorst,* Staatsbank-Kredite und Eigenkapital-Ersatz, ZIP 1992, 979; *Hommelhoff/Kleindiek,* Flexible Finanzierungsinstrumente im GmbH-Recht, Festschrift 100 Jahre GmbH-Gesetz, 1992, S. 421; *Huber/Habersack,* GmbH-Reform: Zwölf Thesen zu einer möglichen Reform des Rechts der kapitalersetzenden Gesellschafterdarlehen, BB 2006, 1; *Hüffer,* Kapitalersatz durch Gesellschafterdarlehen einer Landesbank und durch Landesbürgschaft im Konkurs der illiquiden GmbH, ZHR 153 (1989), 322; *Joost,* Eigenkapitalersetzende Kommanditistenleistungen, ZGR 1987, 370; *Jungmann,* Das Zusammentreffen von Zwangsverwaltung und eigenkapitalersetzender Nutzungsüberlassung, ZIP 1999, 601; *Junker,* Das eigenkapitalersetzende Aktionärsdarlehen, ZHR 156 (1992), 394; *Karollus,* Zur geplanten Reform des Kapitalersatzrechts, ZIP 1996, 1893; *Knobbe-Keuk,* Die Verpachtung von Anlagevermögen und § 32a GmbHG, Festschrift für Alfred Kellermann, 1991, S. 227; *Koller,* Sicherung des Eigenkapitals bei der gesetzestypischen Kommanditgesellschaft, Festschrift für Theodor Heinsius, S. 357; *Koppensteiner,* Kritik des „Eigenkapitalersatzrechts", AG 1998, 308; *Kuhr,* Eigenkapitalersatz bei Publikumspersonengesellschaften mit gesplitteter Einlage, 1996; *Lutter,* Neues zum Gesellschafterdarlehen?, ZIP 1989, 477; *Maier-Reimer,* Kreditsicherung und Kapitalersatz in der GmbH, Festschrift für Heinz Rowedder, 1994, S. 245; *Mülbert,* Neuordnung des Kapitalrechts, WM 2006, 1977; *Noack,* Kapitalersatz bei verbundenen Unternehmen, GmbHR 1996, 153; *Obermüller,* Patronatserklärungen und kapitalersetzende Darlehen, ZIP 1982, 915; *ders.,* Änderungen des Rechts der kapitalersetzenden Darlehen durch KonTraG und KapAEG, ZInsO 1998, 51; *Pape,* Die Umqualifizierung stehengelassener Gesellschafterbürgschaften in Eigenkapitalersatz, ZIP 1996, 1409; *Pape/Voigt,* Einladung zur Umge-

§ 135　　　　　　　　　　　　　3. Teil. 3. Abschnitt. Insolvenzanfechtung

hung der Kapitalersatzregeln, DB 1996, 2113; *Pentz,* Zur Anwendbarkeit der GmbH-Eigenkapitalersatzregeln auf Leistungen geringfügig beteiligter Gesellschafter, BB 1997, 1265; *ders.,* Die Änderungen und Ergänzungen der Kapitalersatzregeln im GmbH-Gesetz, GmbHR 1999, 437; *Pfeifer,* „Neuere Entwicklung im Recht des Eigenkapitalersatzes", DZWir 1997, 84; *Pichler,* Unternehmenssanierung auf Grundlage des geänderten § 32a GmbHG, WM 1999. 411; *Priester,* Eigenkapitalersetzende Landesbankkredite – Konsolidierung der Rechtsprechung und neue Aspekte, ZBB 1989, 30; *Reiner,* Der deliktische Charakter der „Finanzierungsverantwortung" des Gesellschafters: Zu den Ungereimtheiten der Lehre vom Eigenkapitalersatz, in: Verantwortung und Gestaltung, Festschrift für Karlheinz Boujong, 1996, S. 415; *K. Schmidt,* Eigenkapitalersetzendes Darlehen und (Zwangs-)Vergleich, ZIP 1995, 969; *ders.,* Zwerganteile im GmbH-Kapitalersatzrecht, ZIP 1996, 1586; *ders.,* Eigenkapitalersatz und Überschuldungsfeststellung, GmbHR 1999, 9; *ders.,* Finanzplanfinanzierung, Rangrücktritt und Eigenkapitalersatz, ZIP 1999, 1241; *ders.,* Die Rechtsfolgen der „eigenkapitalersetzenden Sicherheiten", ZIP 1999, 1821; *ders.,* Vom Eigenkapitalersatz in der Krise zur Krise des Eigenkapitalrechts ?, GmbHR 2005, 797; *ders.,* Eigenkapitalersatz oder Gesetzesrecht versus Rechtsprechungsrecht, ZIP 2006, 1925; *Weimar,* Grundfragen zum Kapitalersatzrecht der Treuhandunternehmen, BB 1992, 82; *Westermann,* Die gesetzlichen Neuregelungen im Kapitalersatzrecht, DZWIR 2000, 1; *Wiedemann,* Eigenkapital und Fremdkapital, Festschrift für Karl Beusch, 1993, S. 893; *Wiedemann/Hermanns,* Liquiditätszusagen des GmbH-Gesellschafters, ZIP 1994, 997; *Wilken,* Kapitalersetzende Nutzungsüberlassungen im internationalen Unterordnungskonzern, 1993.

Übersicht

	RdNr.		RdNr.
I. Normzweck	1	cc) Geschäftsführer	36
1. Aufgabe des Kapitalersatzrechts	1	dd) Änderung der Voraussetzungen	37
2. Verhältnis des § 135 zu den §§ 32a, 32b GmbHG	5	ee) Anwendung im Rahmen des § 32a Abs. 3 Satz 1 GmbHG	38
3. Verhältnis des § 135 zu den Rechtsprechungsregeln	6	ff) Rechtsprechungsregeln	39
4. Anwendungsbereich	7	e) Maßgeblicher Zeitpunkt	40
II. Entstehungsgeschichte; Rechtspolitik	8	2. Eigenkapitalersatzfunktion	41
1. Entstehungsgeschichte	8	a) Begriff der „Krise"	41
2. Rechtspolitik	13	b) Feststellung der Kreditunwürdigkeit	43
III. Abgrenzungen	15	c) Partielle Kreditunwürdigkeit?	47
1. Kapitalersatz und Unterkapitalisierung	15	d) Überschuldung; Zahlungsunfähigkeit; drohende Zahlungsunfähigkeit	48
2. Kapitalersatz und einlagengleiche Leistungen	16	e) Finanzplankredite	50
IV. Kapitalersetzendes Darlehen	18	f) Subjektive Voraussetzungen	53
1. Darlehensgewährung durch einen Gesellschafter	18	3. Stehenlassen	56
a) Darlehensgewährung	18	a) Gleichstellung mit Darlehensgewährung	56
aa) Zuführung von Finanzierungsmitteln	18	b) Abzugsmöglichkeit	57
bb) Darlehenszusage	19	4. Dauer der Kapitalersatzfunktion	59
b) Sanierungsprivileg (§ 32a Abs. 3 Satz 3 GmbHG)	22	5. Beweislast	60
aa) Allgemeines	22	**V. Gleichgestellte Forderung**	61
bb) Erwerb von Geschäftsanteilen	23	1. Begriff	61
cc) Sanierungszweck	24	2. Gleichgestellte Maßnahmen	62
dd) Anwendung in den Fällen des § 32a Abs. 3 Satz 1 GmbHG	25	a) Rechtshandlung	62
ee) Rechtsfolgen	26	b) Einzelfälle	63
ff) Rechtsprechungsregeln	27	aa) Verbürgung für Drittschuld	63
c) Gesellschafter	28	bb) „Stehenlassen" von Forderungen	64
aa) Formelle Mitgliedschaft	28	cc) Stille Beteiligung	66
bb) Zweck und Umfang der Beteiligung	30	dd) Eigentumsvorbehalt	67
cc) Kredite der DDR-Staatsbank und der Treuhandanstalt	32	ee) Leasinggeschäfte	68
d) Geringfügige Beteiligungen (§ 32a Abs. 3 Satz 2 GmbHG)	34	3. Erweiterung auf Nichtgesellschafter	69
aa) Allgemeines	34	a) Mittelbare Stellvertreter; nahe Angehörige; Treugeber	69
bb) Beteiligungsumfang	35	b) Verbundene Unternehmen	70
		c) Stille Gesellschafter	72
		d) Pfandrechtsinhaber	73
		VI. Anfechtbarkeit nach § 135	74
		1. Allgemeine Anfechtungsvoraussetzungen	74

	RdNr.		RdNr.
2. Sicherung	75	IX. **Rechtsprechungsregeln**	104
3. Befriedigung	76	1. Allgemeines	104
VII. **Rechtsfolgen außerhalb des § 135**	78	2. Unterschiede gegenüber § 135, §§ 32 a, b GmbHG	106
1. Anfechtbarkeit nach § 6 AnfG	78	a) Unabhängigkeit vom Insolvenzverfahren	106
2. Nachrangigkeit im Insolvenzverfahren (§ 32 a Abs. 1 GmbHG)	79	b) Aufrechnung; Sicherheiten	107
a) Nachrangigkeit	79	c) Erhaltung des Stammkapitals	108
b) Behandlung im Insolvenzplan	80	3. Ausfallhaftung	110
c) Sicherheiten; Aufrechnung	81	X. **Kapitalersatz in der GmbH & Co.**	111
3. §§ 32 a Abs. 2, 32 b GmbHG	82	1. Gesetzliche Regelung	111
a) Tatbestand	82	2. Rechtsprechungsregeln	112
b) Rechtsfolgen für den Kreditgeber	85	a) Grundgedanke	112
aa) Vorrangige Haftung der Gesellschaftersicherheit	85	b) Folgerungen	113
bb) Doppelbesicherung	87	c) Nur-Kommanditist	114
c) Erstattungsanspruch gegen den Gesellschafter	88	d) Pflichteinlage	115
aa) Anspruchsgrund	88	3. Geringfügige Beteiligungen; Sanierungsprivileg	116
bb) Anspruchshöhe	89	4. Ausfallhaftung	117
cc) Ersetzungsbefugnis	90	XI. **Kapitalersatz in der Aktiengesellschaft**	118
dd) Freistellungsanspruch	91	1. Grundlage	118
VIII. **Nutzungsüberlassung**	92	2. Besonderheiten	119
1. Anwendbarkeit der Kapitalersatzregeln	92	a) Personenkreis	119
2. Tatbestand	94	b) Rechtsfolgen	121
a) Überlassungsunwürdigkeit	94	XII. **Kapitalersatz in der „normalen" Kommanditgesellschaft**	122
b) Eigentumszuordnung	95	1. Rechtliche Grundlagen	122
c) Betriebsaufspaltung; Finanzplan	97	2. Rechtsfolgen	125
3. Rechtsfolgen	98		
a) Nutzungsentgelt	98		
b) Dingliche Zuordnung	99		
c) Nutzungsrecht	100		
d) Wertersatz	102		

I. Normzweck

1. Aufgabe des Kapitalersatzrechts. § 135 ist Teil des zunächst von der Rechtsprechung entwickelten und später vom Gesetzgeber insbesondere in den §§ 32 a, 32 b GmbHG geregelten Kapitalersatzrechts. Dessen Aufgabe besteht darin, Finanzierungsmittel jeglicher Art, die die Gesellschafter ihrer Gesellschaft in anderer Weise als durch förmliche Einlage zur Verfügung stellen, aus Gründen des Gläubigerschutzes dem Eigenkapital weitgehend gleichzustellen, wenn die Gesellschaft ohne diese zusätzlichen Gesellschafterhilfen ihr Unternehmen nicht betreiben könnte, weil sie sich die für ihren Fortbestand erforderlichen finanziellen Mittel auf dem allgemeinen Kapitalmarkt nicht zu beschaffen vermag. 1

Über diese Grundaussage hinaus ist der Normzweck der Regelungen über den Eigenkapitalersatz trotz unzähliger Deutungsversuche letztlich ungeklärt.[1] In der Rechtsentwicklung[2] sind eine ganze Reihe von Gesichtspunkten angeführt worden, die die materielle Gleichsetzung von Gesellschafterhilfen mit Eigenkapital rechtfertigen sollen.[3] In der Rechtsprechung des Bundesgerichtshofs hat zunächst die Erwägung eine Rolle gespielt, dass ein Gesellschafter, der die sonst konkursreife Gesellschaft anstatt durch die wirtschaftlich gebotene Zufuhr neuen Eigenkapitals durch Darlehen zu stützen suche, sich zu seinem eigenen Verhalten und dem Zweck der gesetzlichen Kapitalerhaltungsvorschriften in Widerspruch setze, wenn er der Gesellschaft die als Kapitalgrundlage benötigten Mittel wieder entziehe, 2

---

[1] So auch *K. Schmidt* ZIP 1999, 1241; vgl. ferner *Haas* NZI 2001, 1, 2; *Baumbach/Hueck/Fastrich*, GmbHG, § 32 a RdNr. 1 mwN.
[2] Näheres RdNr. 8 f.; *Ulmer/Habersack* § 32 a/b RdNr. 20.
[3] Vgl. dazu im Einzelnen *Lutter/Hommelhoff* §§ 32 a/b RdNr. 3.

obwohl sie noch nicht ohne diese Mittel lebensfähig sei.[4] Später ist auch darauf abgestellt worden, dass ein Gesellschafter, der die notleidende Gesellschaft nicht durch die sonst gebotene Zuführung fehlenden Eigenkapitals, sondern durch Darlehen über Wasser zu halten suche, das damit verbundene Finanzierungsrisiko nicht auf außenstehende Gläubiger abwälzen dürfe; ein solcher Gesellschafter solle nicht in der Erwartung, sein Geld auf Grund besserer Informationsmöglichkeiten notfalls rechtzeitig in Sicherheit bringen zu können, auf dem Rücken der Gesellschaftsgläubiger spekulieren dürfen.[5] Dieser Gedanke der unzulässigen **Risikoabwälzung** ist sodann immer mehr in den Vordergrund getreten. Daneben ist aber in besonderen Fallgestaltungen auch dem Umfang des Einflusses Bedeutung beigemessen worden, den der Gesellschafter auf die Geschäftsführung ausüben kann. Den unternehmerischen Einflussmöglichkeiten des Gesellschafters wurden – in unterschiedlich starker Betonung – bei der Ausdehnung der Kapitalersatzregeln auf das Aktienrecht[6] sowie bei der Formulierung der Voraussetzungen Bedeutung beigemessen, unter denen ein stiller Gesellschafter[7] und ein Pfandrechtsinhaber[8] den kapitalersatzrechtlichen Bindungen unterworfen werden kann. Demgegenüber ist in einer jüngeren Entscheidung ausschließlich der Gedanke für ausschlaggebend erklärt worden, es müsse verhindert werden, dass der Gesellschafter das Unternehmensrisiko den übrigen Gläubigern aufbürde; unerheblich sei, ob der Gesellschafter in der Gesellschaft bestimmte unternehmerische Ziele verfolge.[9]

3 Unbestrittener Ausgangspunkt ist, dass die Gesellschafter in der Entscheidung darüber, ob und gegebenenfalls auf welche Weise sie die Gesellschaft am Leben erhalten wollen, grundsätzlich frei sind **(Finanzierungsfreiheit)**. Diese Freiheit ist aber eingeschränkt, sobald sich das Unternehmen in der Krise[10] befindet. Die Gesellschafter dürfen wegen ihrer Verantwortung für eine ordnungsgemäße Finanzierung eine liquidationsreife Gesellschaft nur dann fortführen, wenn ihr haftendes Kapital zur Verfügung gestellt wird.[11] Entscheidet sich ein Gesellschafter in dieser Situation dafür, der Gesellschaft weiteres Kapital zuzuführen, das sie sich anderweit nicht beschaffen könnte, so muss er sich, auch wenn er dies in anderer Form als durch Aufstockung seiner nominellen Einlage tut, so behandeln lassen, als hätte er weiteres haftendes Eigenkapital eingebracht. Denn die Fortführung einer aus eigener Kraft nicht lebensfähigen Gesellschaft ist mit dem Risiko behaftet, dass sie trotz der Stützung durch den Gesellschafter zusammenbricht. Dieses Risiko darf nicht auf die Gesellschaftsgläubiger abgewälzt, sondern muss im Umfang des finanziellen Engagements von dem die Gesellschaft stützenden Gesellschafter getragen werden.[12] Das ist der entscheidende Grundgedanke des Kapitalersatzrechts, der häufig als „**Finanzierungsverantwortung**" der Gesellschafter umschrieben worden ist.[13] Dabei geht es nicht um eine Haftung für rechtswidriges oder gar schuldhaftes Verhalten; der Gesellschafter hat lediglich die – negativen ebenso wie die positiven – Folgen zu tragen, die sich aus der Fortführung einer aus eigener Kraft nicht lebensfähigen Gesellschaft ergeben. Die Bezeichnung „**Finanzierungsfolgenverantwortung**"[14] erscheint daher treffender. Diese Verantwortung beruht auf der Stellung der Gesellschafter als der wirtschaftlichen Inhaber des Unternehmens und hängt deshalb – vorbehaltlich der sogleich folgenden Ausführungen[15] – grundsätzlich nicht davon ab, welche Möglichkeiten der einzelne Gesellschafter hat, unternehmerischen Einfluss auf die Ge-

---

[4] BGHZ 67, 171, 175 = NJW 1977, 104, 105.
[5] BGHZ 90, 381, 388 = NJW 1984, 1893, 1895.
[6] S. RdNr. 118 ff.
[7] S. RdNr. 72.
[8] S. RdNr. 73.
[9] BGH NJW 1997, 3026, 3027.
[10] S. dazu RdNr. 41 f.
[11] BGHZ 121, 31, 35 f. = NJW 1993, 392, 393.
[12] BGH WM 1963, 121; *Baumbach/Hueck/Fastrich* § 32 a RdNr. 1; *Pentz* GmbHR 1999, 437, 440.
[13] BGHZ 90, 381, 389 = NJW 1984, 1893, 1895; BGHZ 105, 168, 175 f. = NJW 1988, 3143, 3145; *Scholz/K. Schmidt* §§ 32 a, 32 b RdNr. 4; krit. aber auch gegenüber diesem Begriff *Haas* NZI 2001, 1 f.
[14] Vgl. BGHZ 127, 336, 344 f.; *Ulmer/Habersack* §§ 32 a/b RdNr. 11 ff.
[15] RdNr. 4.

schäftsführung auszuüben;[16] es geht bei den Rechtsfolgen des Kapitalersatzes nicht um eine „Insiderhaftung".[17]

Diese Beurteilung des Normzwecks bedarf angesichts der Neuregelungen durch das **4** Kapitalaufnahmeerleichterungsgesetz vom 20. April 1998, durch das Inhaber von sogenannten **„Zwerganteilen"** von bis zu 10% des Stammkapitals von der Geltung des Kapitalersatzrechts ausgenommen worden sind,[18] der Einschränkung.[19] Nach Ansicht der Gesetzesverfasser besteht der Grund für die Umqualifizierung eigenkapitalersetzender Gesellschafterdarlehen in Eigenkapital in der „mitunternehmerischen Verantwortung des Gesellschafters (Finanzierungsverantwortung)".[20] Damit dürften sie den Kerngedanken des Kapitalersatzrechts in seiner bisherigen Ausgestaltung mißverstanden haben;[21] das in der zitierten Äußerung zum Ausdruck kommende Verständnis der „Finanzierungsverantwortung" stellt im sonstigen Kapitalersatzrecht einen Fremdkörper dar.[22] Vorstellungen der am Gesetzgebungsverfahren beteiligten Personen sind zwar für die Gesetzesauslegung von untergeordneter Bedeutung, soweit sie im Wortlaut des Gesetzes keinen Niederschlag gefunden haben. Die Entwurfsbegründung zum Gesetz vom 20. April 1998 ist deshalb nicht geeignet, das gesamte Recht des Kapitalersatzes auf eine neue Grundlage zu stellen. Jedoch sind zum einen für das Verständnis dessen, was mit der Begrenzung auf einen Anteilsbesitz von 10% gemeint ist, die Motive des Gesetzgebers zu berücksichtigen.[23] Zum anderen zeigt der Systembruch, den die Einführung einer Beteiligungsgrenze zumindest innerhalb der neben dem gesetzlichen Kapitalersatzrecht geltenden „Rechtsprechungsregeln"[24] verursacht,[25] dass der entscheidende Geltungsgrund für das gesamte Kapitalersatzrecht neben einer angemessenen Insolvenzverschleppungshaftung der Geschäftsführer und der Gesellschafter noch immer nicht gefunden ist.[26]

2. Verhältnis des § 135 zu den §§ 32 a, 32 b GmbHG. Nach § 32 a Abs. 1 GmbHG **5** kann der Anspruch auf Rückgewähr eines kapitalersetzenden Darlehens im Insolvenzverfahren nur als nachrangige Insolvenzforderung geltend gemacht werden. § 32 a Abs. 2 GmbHG schränkt für den Fall, dass der Gesellschafter das Darlehen nicht selbst gewährt, sondern der Gesellschaft durch Absicherung aus seinem Vermögen zu einem Fremdkredit verhilft, in gewissem Umfang die Rechtsstellung des Fremdkreditgebers ein. § 32 a Abs. 3 Satz 1 GmbHG erfasst – weitere – Umgehungstatbestände, und § 32 b GmbHG gibt der Gesellschaft einen Ersatzanspruch gegen den Gesellschafter, wenn sie in den Fällen der Absätze 2, 3 Satz 1 des § 32 a GmbHG im letzten Jahr vor dem Antrag auf Eröffnung des Insolvenzverfahrens einen letztlich vom Gesellschafter ermöglichten Fremdkredit zurückgezahlt hat. § 135 ergänzt dieses System der Behandlung von Kapitalersatz als Risikokapital. Er gibt dem Insolvenzverwalter durch Einräumung eines Anfechtungsanspruchs die Möglichkeit, Absicherungen und Rückzahlungen, die dem Gesellschafter innerhalb bestimmter Zeiträume vor dem Eröffnungsantrag gewährt worden sind, rückgängig zu machen und so die Kapitalersatzmittel wieder zur Masse zu ziehen. Eine entprechende Regelung enthält § 6 AnfG für die Gläubigeranfechtung außerhalb des Insolvenzverfahrens. Bei diesem gesamten kodifizierten Regelungswerk handelt es sich, auch soweit es sich in den gesellschaftsrechtlichen Gesetzen (§§ 129 a, 172 a HGB) befindet, der Sache nach um insolvenzrechtliche Vorschriften.[27]

---

[16] Zutr. *Gehde* S. 124, 127; *Pentz* GmbHR 1999, 437, 439.
[17] *Goette* ZHR 162 (1998), 223, 227.
[18] BGBl. I S. 707; s. dazu RdNr. 9, 34 ff.
[19] Vgl. dazu *Altmeppen* ZGR 1999, 291, 297 ff.
[20] Begr. RegE BT-Drucks. 13/7141 S. 12, abgedr. in ZIP 1997, 707, 709.
[21] *Goette* ZHR 162 (1998), 223, 227; *Pentz* GmbHR 1999, 437, 439.
[22] *Dauner-Lieb* DStR 1998, 609, 613.
[23] Vgl. RdNr. 36, 38.
[24] RdNr. 6.
[25] RdNr. 39.
[26] So auch *K. Schmidt* ZIP 1999, 1241; ferner *Haas* NZI 2001, 1, 3 ff. – Näher dazu RdNr. 13 f.
[27] *Ulmer/Habersack* §§ 32 a/b RdNr. 2; *Fastrich*, Festschrift für Zöllner, S. 158; differenzierend *Scholz/ K. Schmidt* §§ 32 a, 32 b RdNr. 15, 167.

6 3. Verhältnis des § 135 zu den Rechtsprechungsregeln. Die Anfechtungsvorschriften des § 135 und des § 6 AnfG beziehen die sog. „**Rechtsprechungsregeln**"[28] in die Rechtsfolgen der von ihnen umschriebenen Anfechtungstatbestände und damit insoweit in das kodifizierte Kapitalersatzrecht ein.[29] Diese Verzahnung von gesetzlichem Insolvenzrecht und daneben bestehendem richterrechtlichen Gesellschaftsrecht mit teilweise abweichenden Tatbestandsvoraussetzungen und Rechtsfolgen[30] ist wohl einmalig.[31] Für die praktische Rechtsanwendung spielt das allerdings keine große Rolle; der gesetzliche insolvenzrechtliche Anfechtungsanspruch ist so gut wie immer schwächer als die sich aus den §§ 30 bis 32 b GmbHG ergebende Rechtsfolge, so dass die kapitalersatzrechtlichen Anfechtungstatbestände der §§ 135, 136 praktisch kaum benötigt werden.[32]

7 4. Anwendungsbereich. § 135 gilt für alle Gesellschaftsformen, bei denen es „kapitalersetzende Darlehen" gibt. Das sind in der Praxis in erster Linie die GmbH (§§ 32 a, 32 b GmbHG)[33] und die GmbH & Co. KG (§ 172 a HGB).[34] Über die in den Regelungsbereich des § 135 einbezogenen „Rechtsprechungsregeln" ist die Vorschrift sodann auf die Aktiengesellschaft anwendbar.[35] Schließlich sollte sie im Wege der Analogie auf alle Gesellschaften angewandt werden, bei denen es beschränkt haftende Gesellschafter gibt, insbesondere auf die gesetzestypische Kommanditgesellschaft.[36]

II. Entstehungsgeschichte; Rechtspolitik

8 1. Entstehungsgeschichte. Das Kapitalersatzrecht ist das Ergebnis einer jahrzehntelangen richterrechtlichen Entwicklung. Diese wurde bereits durch das Reichsgericht eingeleitet, das auf einschlägige Fallgestaltungen zunächst § 826 BGB anwandte,[37] aber auch schon darauf abstellte, dass Gesellschafterdarlehen in bestimmten Fällen materiell Einlagen darstellten.[38] Der Bundesgerichtshof unterwarf seit einer Grundsatzentscheidung aus dem Jahre 1959 kapitalersetzende Gesellschafterleistungen dem Rückgewährverbot der §§ 30, 31 GmbHG.[39] Die Regeln, die er dabei – im Wesentlichen mit Zustimmung der Literatur – herausgearbeitet hatte, griff der Gesetzgeber in der GmbH-Novelle 1980[40] mit dem Ziel auf, ihnen eine selbständige gesetzliche Grundlage zu geben.[41] Die mit den §§ 32 a, 32 b GmbHG, 129 a, 172 a HGB, 32 a KO, 3 b AnfG aF geschaffene Regelung blieb jedoch teilweise hinter dem von der Rechtsprechung erreichten Stand zurück. Der Bundesgerichtshof[42] erklärte deshalb die an die §§ 30, 31 GmbHG angelehnten Kapitalersatzregeln der Rechtsprechung (sog. **Rechtsprechungsregeln**) unter nahezu einhelliger Zustimmung des Schrifttums[43] für weiterhin anwendbar. Sie gelten daher auch heute neben dem gesetzlich normierten Recht weiter.[44] Die in den neuen Bundesländern bis zum Inkrafttreten der Insolvenzordnung geltende, auf Altfälle – wie die Konkursordnung – auch nach dem 31. Dezember 1998 anzuwendende Gesamtvollstreckungsordnung kannte ihrem Wortlaut nach eine dem § 32 a KO vergleichbare Regelung nicht; diese Vorschrift dürfte jedoch in jenem Bereich entsprechend anwendbar sein.[45]

---

[28] RdNr. 104 ff.
[29] RdNr. 10.
[30] RdNr. 105 ff.
[31] Vgl. zum Verhältnis beider Regelungssysteme (krit.) *Haas* NZI 2001, 1, 3 f.
[32] *Fischer* ZGR 2006, 403, 417 f.
[33] RdNr. 18 ff.
[34] RdNr. 111 ff.
[35] RdNr. 118 ff.
[36] RdNr. 122 ff.
[37] RG JW 1938, 862, 863 ff.; vgl. auch RG JW 1939, 229, 231.
[38] RG JW 1939, 355 f.
[39] BGHZ 31, 258, 265 ff. = NJW 1960, 285, 286 ff.
[40] Gesetz v. 4. Juli 1980, BGBl. I S. 836.
[41] Begr. RegE BT-Drucks. 8/1347 S. 39.
[42] BGHZ 90, 370, 380 f. = NJW 1984, 1891, 1893.
[43] Vgl. nur *Ulmer/Habersack* §§ 32 a/b RdNr. 254 mwN; krit. jedoch *Fastrich*, Festschrift für Zöllner, S. 158.
[44] Näher dazu RdNr. 104 ff.
[45] *Scholz/K. Schmidt* §§ 32 a, 32 b RdNr. 27; aA *Weimar* BB 1992, 82 ff.

Nach Verabschiedung, aber noch vor Inkrafttreten der Insolvenzordnung hat der Gesetz- **9** geber durch zwei kurz hintereinander beschlossene Neuregelungen das bis dahin geltende Kapitalersatzrecht in zwei Punkten geändert. Durch Art. 2 Nr. 1 des „Kapitalaufnahmeerleichterungsgesetzes" (KapAEG) vom 20. April 1998[46] ist § 32a Abs. 3 GmbHG ein Satz 2 angefügt worden, wonach die Regeln über den Eigenkapitalersatz für nicht geschäftsführende Gesellschafter, die mit 10% oder weniger am Stammkapital beteiligt sind, nicht gelten. Sodann hat das eine Woche später erlassene „Gesetz zur Kontrolle und Transparenz im Unternehmensbereich" (KonTraG) vom 27. April 1998[47] § 32a Abs. 3 GmbHG einen weiteren Satz 3 hinzugefügt. Nach dieser Neuregelung führt der Erwerb von Geschäftsanteilen durch einen Darlehensgeber zum Zweck der Überwindung einer bereits eingetretenen Krise für dessen bestehende und neugewährte Kredite nicht zur Anwendung der Eigenkapitalersatzregeln. Durch diese Herausnahme der Inhaber von sogenannten **„Zwerganteilen"**[48] aus dem Kapitalersatzrecht und die Einführung eines bis dahin von der Rechtsprechung stets abgelehnten Sanierungsprivilegs[49] ist die Reichweite des Kapitalersatzrechts erheblich eingeschränkt worden.

Das neue Recht der Insolvenzordnung übernimmt die bisher geltenden Vorschriften im **10** Kern unverändert, wendet jedoch teilweise eine andere Gesetzestechnik an. § 135 nimmt anders als § 32a KO nicht ausdrücklich auf § 32a Abs. 1 und 3 GmbHG Bezug, sondern umschreibt eigenständig den zu regelnden Tatbestand mit den auf diese Weise erstmals in ein Gesetz aufgenommenen Begriffen des *„kapitalersetzenden"* Darlehens und der *„gleichgestellten Forderung"*. Das bedeutet keinen sachlichen Unterschied zur früheren Rechtslage, sondern soll nur klarstellen, was auch nach altem Recht allgemeine Meinung war: Es werden nicht nur die unmittelbar von § 32a GmbHG geregelten Fälle, sondern auch die entsprechenden Tatbestände erfasst, die in den ihrerseits auf § 32a GmbHG verweisenden Vorschriften der §§ 129a, 172a HGB umschrieben sind. Darüber hinaus soll durch die allgemein gehaltene Fassung des Wortlauts die insolvenzrechtliche Anfechtungsmöglichkeit auch auf die bisher ausschließlich durch die Rechtsprechungsregeln[50] erfassten „weiteren Fälle kapitalersetzender Darlehen insbesondere bei der Aktiengesellschaft" erstreckt werden.[51] Mit den gleichgestellten Forderungen sind, wie in der Begründung ausdrücklich hervorgehoben wird, die Fälle des § 32a Abs. 3 Satz 1 GmbHG gemeint. Dagegen zielt diese Formulierung trotz des in der Begründung vorangestellten Wortes „insbesondere" nicht auf die sog. **„Finanzplankredite"**[52] als eine eigenständige Kategorie des Kapitalersatzes ab.[53] Es gibt vor allem keinen Hinweis darauf, dass der Anwendungsbereich des § 135 auf Kapitalersatz kraft Vereinbarung ausgedehnt werden sollte. Aus der in der Begründung zum Regierungsentwurf enthaltenen Aussage, die Anfechtbarkeit werde nicht dadurch beseitigt, dass der Nachrang der Forderung im Insolvenzverfahren *zusätzlich* vertraglich vereinbart sei, ergibt sich vielmehr das Gegenteil.

Wie im gesamten neuen Insolvenzanfechtungsrecht wird nach § 135 der **Anfechtungs-** **11** **zeitraum** nicht mehr vom Zeitpunkt der Verfahrenseröffnung, sondern von dem des Eröffnungsantrags an berechnet. Außerdem wird die Anfechtung von Rechtshandlungen, die dem Gläubiger (hier: Gesellschafter oder gleichgestellter Dritter) Sicherung gewähren, gegenüber der bisherigen Dreißigjahresfrist des § 41 Abs. 1 Satz 3 KO auf den Zeitraum von 10 Jahren vor dem Eröffnungsantrag beschränkt.

Gleichzeitig mit Inkrafttreten der Insolvenzordnung haben durch Art. 48 Nr. 2 und 3 **12** EGInsO die §§ 32a, 32b GmbHG – über die durch die Reformgesetze vom 20. und

---

[46] Gesetz zur Verbesserung der Wettbewerbsfähigkeit deutscher Konzerne an internationalen Kapitalmärkten und zur Erleichterung der Aufnahme von Gesellschafterdarlehen, BGBl. I S. 707; in Kraft getreten am 24. April 1998.
[47] BGBl. I S. 786, in Kraft getreten am 1. Mai 1998.
[48] S. RdNr. 34 ff.
[49] S. RdNr. 22 ff.
[50] Vgl. RdNr. 6.
[51] Begr. RegE, abgedr. bei *Kübler/Prütting* S. 349 f.
[52] RdNr. 16 f., 50 ff.
[53] So aber *Wilken* ZIP 1996, 61, 64.

§ 135   13, 14

27. April 1998 eingefügten Sätze 2 und 3 in § 32 a Abs. 3 GmbHG hinaus – eine neue Fassung erhalten. Abgesehen von den erforderlichen redaktionellen Änderungen ist der bisherige vollständige Ausschluss der Ansprüche auf Rückgewähr kapitalersetzender Leistungen von der Teilnahme am Konkursverfahren (§ 32 a Abs. 1 Satz 1 GmbHG aF: „kann ... im Konkurs ... oder im Vergleichsverfahren ... nicht geltend machen") durch die **Nachrangigkeit** solcher Forderungen ersetzt worden (vgl. auch § 39 Abs. 1 Nr. 5). Schließlich ist bei der Neufassung des Anfechtungsgesetzes durch Art. 1 EGInsO der bisher die kapitalersetzenden Leistungen regelnde § 3 b AnfG im nunmehrigen § 6 der Fassung des § 135 angepasst worden.

13 **2. Rechtspolitik.** Spätestens in der Herausnahme der Kredite an Treuhandunternehmen aus dem Kapitalersatzrecht durch § 56 e DMBilG[54] ist eine „Zeitwende" in dem vielfach als „Bremse für Beteiligungen an GmbH" und damit für die wirtschaftliche Entwicklung empfundenen Rechtsinstitut gesehen worden.[55] Die Bundesregierung hat sich dieses Unbehagen zu eigen gemacht und die schließlich im April 1998 verabschiedeten Gesetzesregelungen zu den **„Zwerganteilen"** und dem **„Sanierungsprivileg"**[56] auf den Weg gebracht. Diese Änderungen, von denen § 32 a Abs. 3 Satz 2 GmbHG das schon bis dahin geltende Recht angeblich lediglich „klarstellt",[57] sollen der „Deregulierung" und der Verbesserung der Kapitalbeschaffung für Gesellschaften mit beschränkter Haftung dienen. Das Vorhaben ist schon während des Gesetzgebungsverfahrens, aber auch nach Verabschiedung der Neuregelungen im Schrifttum einerseits auf zum Teil vehemente Kritik gestoßen.[58] Es hat aber andererseits nicht nur auch Zustimmung gefunden,[59] sondern darüber hinaus dazu Anlass gegeben, den Gesetzgeber zu ermuntern, die Freistellungsquote für „Zwerganteile" auf 25% zu erhöhen[60] oder bei dieser Gelegenheit das Kapitalersatzrecht gleich ganz abzuschaffen.[61]

14 Mit der beabsichtigten grundlegenden Reform des GmbH-Rechts soll eine vollständige Neukonzeption des Eigenkapitalrechts erfolgen. Nach dem im Regierungsentwurf eines Gesetzes zur Modernisierung des GmbH-Rechts und zur Bekämpfung von Missbräuchen (MoMiG) vom 23. Mai 2007 vorgesehenen Konzept soll es keine „kapitalersetzenden" Gesellschafterdarlehen mehr geben, sondern Rückzahlungsansprüche aus Gesellschafterkreditierungen sollen bei Eintritt der Insolvenz ungeachtet ihres eigenkapitalersetzenden Charakters grundsätzlich nachrangig sein. Die §§ 32 a, 32 b GmbHG, §§ 129 a, 172 a HGB sollen aufgehoben und durch ein insolvenz- und anfechtungsrechtliches Sonderregime für alle Gesellschafterkreditierungen ohne Rücksicht auf deren Eigenkapitalfunktion ersetzt werden. Kernstück der Neuregelung sind die nachfolgend abgedruckten § 39 Abs. 1 Nr. 5, Abs. 4 und 5, § 44 a, § 135 E-InsO:

§ 39 (Auszug)

(1)

5. nach Maßgabe der Absätze 4 und 5 Forderungen auf Rückgewähr eines Gesellschafterdarlehens oder Forderungen aus Rechtshandlungen, die einem solchen Darlehen wirtschaftlich entsprechen.

(4) Absatz 1 Nr. 5 gilt für Gesellschaften, die weder eine natürliche Person noch eine Gesellschaft als persönlich haftenden Gesellschafter haben, bei der ein persönlich haftender Gesellschafter eine natürliche Person ist. Erwirbt ein Gläubiger bei drohender oder eingetretener Zahlungsunfähigkeit der

---

[54] RdNr. 32 f.
[55] *Claussen* GmbHR 1994, 9, 14 f.
[56] S. RdNr. 9.
[57] Begr. RegE BT-Drucks. 13/7141 S. 12, abgedr. in ZIP 1997, 707, 709.
[58] *Altmeppen* ZIP 1996, 1455; *K. Schmidt* ZIP 1996, 1586; *Karollus* ZIP 1996, 1893; *Pape/Voigt* DB 1996, 2113; *Pentz* BB 1997, 1265; *ders.*, GmbHR 1999, 437, 440; vgl. auch *Pfeifer* DZWir 1997, 84, 85; *Boujong* WiB 1997, 292, 295; *v. Gerkan* ZGR 1997, 173, 179 f.; *ders.* GmbHR 1997, 677, 679, 682; *Goette* DStR 1997, 2027, 2029; *Dauner-Lieb* DStR 1998, 609; *Hirte* ZInsO 1998, 147, 151 ff.
[59] *Obermüller* ZInsO 1998, 51.
[60] *Claussen* GmbHR 1996, 316, 323 f.
[61] *Grunewald* GmbHR 1997, 7 ff.; insgesamt ablehnend gegenüber dem Kapitalersatzrecht auch *Koppensteiner* AG 1998, 308, 310 ff.

Gesellschaft oder bei Überschuldung Anteile zum Zweck ihrer Sanierung, führt dies bis zur nachhaltigen Sanierung nicht zur Anwendung von Absatz 1 Nr. 5 auf seine Forderungen aus bestehenden oder neu gewährten Darlehen oder auf Forderungen aus Rechtshandlungen, die einem solchen Darlehen wirtschaftlich entsprechen.

(5) Absatz 1 Nr. 5 gilt nicht für den nicht geschäftsführenden Gesellschafter einer Gesellschaft im Sinn von Absatz 4 Satz 1, der mit zehn Prozent oder weniger am Haftkapital beteiligt ist.

§ 44a Gesicherte Darlehen

In dem Insolvenzverfahren über das Vermögen einer Gesellschaft kann ein Gläubiger nach Maßgabe des § 39 Abs. 1 Nr. 5 für eine Forderung auf Rückgewähr eines Darlehens oder für eine gleichgestellte Forderung, für die ein Gesellschafter eine Sicherheit bestellt oder für die er sich verbürgt hat, nur anteilsmäßige Befriedigung aus der Insolvenzmasse verlangen, soweit er bei der Inanspruchnahme der Sicherheit oder des Bürgen ausgefallen ist.

§ 135 Gesellschafterdarlehen

(1) Anfechtbar ist eine Rechtshandlung, die für die Forderung eines Gesellschafters auf Rückgewähr eines Darlehens im Sinne von § 39 Abs. 1 Nr. 5 oder für eine gleichgestellte Forderung

1. Sicherung gewährt hat, wenn die Handlung in den letzten zehn Jahren vor dem Antrag auf Eröffnung des Insolvenzverfahrens oder nach diesem Antrag vorgenommen worden ist, oder
2. Befriedigung gewährt hat, wenn die Handlung im letzten Jahr vor dem Eröffnungsantrag oder nach diesem Antrag vorgenommen worden ist.

(2) Anfechtbar ist eine Rechtshandlung, mit der eine Gesellschaft einem Dritten für eine Forderung auf Rückgewähr eines Darlehens im Sinne des § 39 Abs. 1 Nr. 5 oder für eine gleichgestellte Forderung innerhalb der in Absatz 1 Nr. 2 genannten Fristen Befriedigung gewährt hat, wenn ein Gesellschafter für die Forderung eine Sicherheit bestellt hatte oder als Bürge haftete.

Nach dieser Konzeption ist der insolvenzrechtliche Anwendungsbereich der Regeln über Gesellschafterdarlehen im Grundansatz rechtsformneutral festgelegt und damit auch auf entsprechende Auslandsgesellschaften erstreckt.[62] Durch die insolvenzrechtliche Sonderregelung soll die parallele Anwendung des Rechts der Kapitalerhaltung auf Gesellschafterdarlehen verhindert und die verwirrende Doppelspurigkeit der sog. Rechtsprechungsregelungen und der Novellen-Regelungen beseitigt werden. Diesem Ziel dient auch die Anfügung eines Satzes 3 in § 30 Abs. 1 GmbHG, in dem generell angeordnet wird, dass Gesellschafterdarlehen und gleichgestellte Leistungen nicht wie haftendes Eigenkapital zu behandeln sind.

Die Erstreckung der §§ 39 Abs. 1 Nr. 5, 135 auf alle Gesellschafterforderungen geht auf entsprechende Überlegungen im Schrifttum zurück,[63] die auch in der jüngsten Rechtsprechung des Bundesgerichtshofs auf Zustimmung gestoßen sind.[64] Die bisherige Diskussion der Neuordnung des Eigenkapitalersatzrechts im MoMiG lässt eine weitgehende Zustimmung zu dem geplanten grundsätzlichen Systemwechsel erkennen,[65] so dass eine entsprechende Umsetzung durch den Gesetzgeber erwartet werden kann. Nach der geplanten Überleitungsvorschrift (Art. 103d EGInsO) sollen die neuen Regelungen auf Insolvenzverfahren anwendbar sein, die nach dem Inkrafttreten des MoMiG eröffnet werden. Das MoMiG soll nach den Vorstellungen des Bundesjustizministeriums in der ersten Hälfte 2008 in Kraft treten.[66]

---

[62] Begründung des Regierungsentwurfs S. 58.
[63] Vgl. *Röhricht* ZIP 2005, 505, 512; *Altmeppen* NJW 2005, 1911, 1914; *Huber/Habersack* BB 2006, 1, 2; *dies.* in Lutter, Das Kapital der Aktiengesellschaft in Europa, 2006, S. 370 ff.
[64] BGH NZI 2006, 311, 312.
[65] Vgl. nur *Bayer/Graff* DStR 2006, 1654; *Mülbert* WM 2006, 1977, 1978; *Noack* DB 2006, 1475, 1486 f.; *Römermann* GmbHR 2006, 673, 677 f.; *K. Schmidt* ZIP 2006, 1925, 1931 ff.; *Teichmann* NJW 2006, 2444, 2450.
[66] Vgl. Pressemitteilung vom 23. Mai 2007.

III. Abgrenzungen

15 **1. Kapitalersatz und Unterkapitalisierung.** Das für die GmbH gesetzlich vorgeschriebene Mindeststammkapital von 25 000 Euro (§ 5 Abs. 1 GmbHG) ist in den meisten Fällen unzureichend. Werden die für den Geschäftszweck über das Stammkapital hinaus tatsächlich erforderlichen Mittel überhaupt nicht aufgebracht, so handelt es sich um einen Fall der **materiellen Unterkapitalisierung**. Die Ansicht, die Gesellschafter müssten auf Grund eines ungeschriebenen Rechtssatzes einen solchen Zustand vermeiden und hafteten, wenn sie dagegen verstoßen, zumindest in Extremfällen – der Gesellschaft und/oder den Gläubigern – persönlich,[67] hat sich jedoch wegen der Schwierigkeit, den im konkreten Fall erforderlichen Kapitalbedarf festzustellen, bislang zumindest in der Rechtsprechung nicht durchsetzen können.[68] Gegenstand des Kapitalersatzrechts ist eine andere Form der Unterkapitalisierung, die dann vorliegt, wenn die Gesellschafter den durch Fremdfinanzierung nicht zu befriedigenden Kapitalbedarf der Gesellschaft durch eigene Leistungen an die Gesellschaft decken, dies jedoch auf andere Weise als durch Zuführung von Eigenkapital geschieht **(nominelle Unterkapitalisierung)**. Der tatsächliche Bedarf an Eigenkapital, der sich in der Einbringung von anderweitig nicht zu beschaffenden Mitteln durch die Gesellschafter manifestiert, wird zwar auf diese Weise – materiell – befriedigt; dies geschieht aber nicht durch nominelles, nämlich als satzungsmäßiges Stammkapital ausgewiesenes Eigenkapital. Aufgabe des Kapitalersatzrechts ist es, solche Gesellschafterhilfen als das zu behandeln, was sie zwar nicht formell, wohl aber materiell sind: als Eigenkapital.

16 **2. Kapitalersatz und einlagengleiche Leistungen.** Das Kapitalersatzrecht ist zwingendes Recht. Die Umqualifizierung von neben dem satzungsmäßigen Haftkapital gewährten Gesellschafterhilfen in Eigenkapital tritt kraft Gesetzes ein, ohne dass dies einer Entscheidung der Gesellschafter bedürfte und andererseits durch eine solche verhindert werden könnte. Daneben gibt es Gesellschafterhilfen, die kraft gesellschafts- oder individualvertraglicher Vereinbarung dem Eigenkapital gleichgestellt sind **(einlagengleiche Leistungen)**. Die Abgrenzung, die vor allem für die Frage eine Rolle spielt, ob durch – weitere – Vereinbarung die Rechtsfolge der Umqualifizierung wieder aufgehoben werden kann, ist auch nach der Entscheidung des Bundesgerichtshofs vom 28. Juni 1999[69] noch weitgehend ungeklärt. Es geht dabei hauptsächlich um den **Rangrücktritt**,[70] sodann um die von vornherein auf **Krisenfinanzierung** angelegten Gesellschafterhilfen, die vereinbarungsgemäß der Gesellschaft auch und gerade für den Fall verbleiben sollen, dass diese in eine Krise gerät und bei einem Abzug der Mittel liquidiert werden müsste,[71] und schließlich um die hinsichtlich der dogmatischen Einordnung außerordentlich umstrittenen sog. **Finanzplankredite**.[72] Mit dieser letzteren Erscheinungsform von Gesellschafterhilfen hatte sich die Rechtsprechung zunächst im Zusammenhang mit den sog. **„gesplitteten Einlagen"** bei den Publikumskommanditgesellschaften zu befassen;[73] das dort gefundene Ergebnis – die Gleichstellung solcher zusätzlichen Mittel mit Eigenkapital – hat sie später auf die „normale" GmbH & Co. KG übertragen.[74] Voraussetzung für die Zugehörigkeit zum „materiellrechtlichen Eigenkapital"[75] soll danach sein, dass die Darlehensgewährung auf einer gesellschaftsvertraglichen Verpflichtung beruht und die Gesellschafter die Darlehen „in der Sache wie

---

[67] Dazu *Baumbach/Hueck/Fastrich* § 5 RdNr. 6 mwN.
[68] Vgl. BGHZ 127, 17, 23; BGH NJW-RR 1991, 1312, 1315; *Wiedemann*, Festschrift für Beusch, S. 902.
[69] BGHZ 142, 116 = NJW 1999, 2809 m. Anm. *Altmeppen*.
[70] BGHZ 83, 341, 345 = NJW 1983, 42, 43.
[71] BGHZ 81, 252, 256 = NJW 1981, 2570, 257; BGH NJW 1987, 1080, 1081; BGH NJW 1992, 1763, 1764 mwN; BGHZ 142, 116, 120 = NJW 1999, 2809, 2810 f. m. Anm. *Altmeppen*.
[72] *Ulmer/Habersack* §§ 32 a/b RdNr. 242 ff.; *Scholz/K. Schmidt* §§ 32 a, 32 b RdNr. 42; *Dauner-Lieb* in v. Gerkan/Hommelhoff RdNr. 9. 1 ff.
[73] BGHZ 70, 61, 63 f. = NJW 1978, 376, 377; BGHZ 93, 159, 161 = NJW 1985, 1468, 1469.
[74] BGHZ 104, 33, 38 ff. = NJW 1988, 1841, 1842 f.
[75] *Wiedemann*, Festschrift für Beusch, S. 900; ähnl. *Fleischer*, Finanzplankredite, S. 96; krit. dazu *Haas* NZI 2001, 1, 5.

Einlagen" behandelt haben.⁷⁶ In Wirklichkeit ist für solche der Gesellschaft zusätzlich zum nominellen Eigenkapital zur Verfügung gestellten Gesellschaftermittel kennzeichnend, dass sie nach dem zwischen den Gesellschaftern vereinbarten „Finanzplan" „zur Erreichung des Gesellschaftszwecks unerlässlich"⁷⁷ sind, weil ohne sie die Aufnahme der außerdem erforderlichen Fremdmittel nicht zu erreichen ist.⁷⁸

Soweit der – gegebenenfalls durch Auslegung, auch des tatsächlichen Verhaltens der Gesellschafter,⁷⁹ zu ermittelnde⁸⁰ – Inhalt der Vereinbarung zwischen den Gesellschaftern ergibt, dass die Gesellschaftermittel wie Eigenkapital gebunden sein sollen, stehen sie den Gläubigern vorrangig vor den Gesellschaftern zur Befriedigung zur Verfügung.⁸¹ Diese durch Vertrag geschaffene Bindung kann aber als solche jederzeit – auch in der Krise der Gesellschaft bis zur Eröffnung des Insolvenzverfahrens⁸² oder bis zum Erlass eines allgemeinen Verfügungsverbots nach § 21 Abs. 2 Nr. 2 – einverständlich⁸³ wieder aufgehoben werden.⁸⁴ Eine Gleichstellung mit Eigenkapital, die bei Zugrundelegung allgemeiner Auslegungsgrundsätze von den Beteiligten nicht gewollt war, lässt sich nicht mit Begriffen wie **„Finanzplan"** oder „Grundstock der Haftungsmasse",⁸⁵ aber auch nicht mit „genetischer Verknüpfung" der Gesellschafterhilfe mit der Mitgliedschaft,⁸⁶ sondern nur mit zwingendem Kapitalersatzrecht begründen, sofern dessen Voraussetzungen gegeben sind.⁸⁷ Eine andere Frage ist, ob die genannten Sonderformen von Gesellschafterkrediten eine eigenständige Kategorie des zwingenden Kapitalersatzrechts darstellen. Auch dies ist jedoch zu verneinen.⁸⁸ Richtig ist zwar, dass es sich in den wesentlichen Fällen tatsächlich um Kapitalersatz handelt. Zu dieser Einordnung bedarf es jedoch bei richtigem Verständnis des Begriffs der „Krise" keiner eigenen Umqualifizierungskategorie mit eigenständigen Voraussetzungen.⁸⁹

IV. Kapitalersetzendes Darlehen

1. Darlehensgewährung durch einen Gesellschafter. a) Darlehensgewährung. aa) Zuführung von Finanzierungsmitteln. Darlehensgewährung im Sinne des § 135 wie auch des § 32 a Abs. 1 GmbHG ist jede Zurverfügungstellung von Kreditmitteln. Die Einräumung einer **Kreditlinie** steht, soweit diese ausgeschöpft wird, der Gewährung eines Darlehens gleich. Ebenso ist es beim sog. **unechten Factoring,** bei dem die Gesellschaft die Forderungen nicht veräußert, sondern unter deren zwischenzeitlicher Kreditierung lediglich zum Einzug abtritt.⁹⁰ Sind bei einem Unternehmenskauf auf der Veräußerer- und der Erwerberseite dieselben Personen beteiligt, so kann eine Hilfe, die ein Gesellschafter in diesem Zusammenhang der erwerbenden GmbH gewährt, eine kapitalersetzende Leistung darstellen.⁹¹ Grundsätzlich werden auch kurzfristige **Überbrückungskredite** erfasst; jedoch

---

⁷⁶ BGHZ 104, 33, 40 = NJW 1988, 1841, 1843; krit. zu dieser Rechtsprechung *Koller*, Festschrift für Heinsius, S. 375.
⁷⁷ BGH NJW 1980, 1522, 1523.
⁷⁸ BGH NJW 1980, 1522, 1523.
⁷⁹ BGHZ 104, 33, 40 = NJW 1988, 1841, 1843: „wenn die Gesellschafter die Gesellschafterdarlehen ... in der Sache wie Einlagen behandelt haben".
⁸⁰ *Kuhr* S. 47 ff.
⁸¹ Vgl. auch *Roth/Altmeppen* § 32 a RdNr. 76.
⁸² *K. Schmidt* ZIP 1999, 1241, 1247.
⁸³ Vgl BGHZ 142, 116, 120 ff. = NJW 1999, 2809, 2811 m. Anm. *Altmeppen*.
⁸⁴ *Scholz/K. Schmidt* §§ 32 a, 32 b RdNr. 55; *K. Schmidt* ZIP 1999, 1241, 1247; *Kuhr* S. 50; *Bieder* WM 2000, 2533, 2536; str., aA *v. Gerkan* ZGR 1997, 173, 195. – Zu der insoweit nicht ganz klaren Rechtsprechung s. RdNr. 50.
⁸⁵ BGHZ 104, 33, 40 = NJW 1988, 1841, 1843.
⁸⁶ *Fleischer* EWiR § 30 GmbHG 2/96 S. 553, 554.
⁸⁷ BGHZ 142, 116, 120 = NJW 1999, 2809, 2810 m. Anm. *Altmeppen*; *Wilken* ZIP 1996, 61, 63; im Ansatz auch *Habersack* ZHR 161 (1997), 457, 477 f.
⁸⁸ BGHZ 142, 116, 122 = NJW 1999, 2809, 2810 f. m. Anm. *Altmeppen*; im einzeln dazu RdNr. 50 ff.
⁸⁹ Näher dazu RdNr. 42.
⁹⁰ *Scholz/K. Schmidt* §§ 32 a, 32 b RdNr. 116 mwN; *Roth/Altmeppen* § 32 a RdNr. 215.
⁹¹ BGH NJW 1997, 3026 f.

§ 135 19, 20   3. Teil. 3. Abschnitt. Insolvenzanfechtung

wird bei ihnen meistens keine Kreditunwürdigkeit der Gesellschaft vorliegen.[92] Eine Darlehensgewährung liegt auch vor, wenn der Gesellschafter Geld auf ein eigenes „Treuhandkonto" einzahlt und über dieses sodann – als Geschäftsführer – den Zahlungsverkehr der Gesellschaft abwickelt.[93] Auf die Beweggründe für die Darlehensgewährung kommt es grundsätzlich nicht an.[94] Entgegen dem früheren Recht nimmt jedoch jetzt § 32a Abs. 3 Satz 3 GmbHG **Sanierungsdarlehen** von der Geltung des Kapitalersatzrechts aus.[95] Neben dem Darlehensvertrag ist eine besondere, auf die Finanzierung der Gesellschaft gerichtete Abrede[96] („**Finanzierungsabrede**") nicht erforderlich.

19   bb) **Darlehenszusage.** Ein Darlehen im Sinne des Kapitalersatzrechts liegt jedenfalls vor, sobald die Darlehensvaluta an die Gesellschaft ausgezahlt ist. Streitig ist dagegen, welche Bedeutung einer nicht mit einer sofortigen Auszahlung verbundenen **Darlehenszusage** zukommt. Nach einer Ansicht kann bereits das Darlehensversprechen den Tatbestand eines kapitalersetzenden Darlehens erfüllen, mit der Folge, dass es, wenn es in der Krise gegeben worden ist, erfüllt werden muss.[97] Nach anderer Meinung greifen die Kapitalersatzregeln dagegen erst ein, wenn das Darlehen ausgezahlt ist.[98] Nach der Rechtsprechung des Bundesgerichtshofs unterliegt eine Kreditzusage unter dem Gesichtspunkt der **Krisenfinanzierung**[99] als Sanierungsdarlehen den Kapitalersatzregeln, wenn die Mittel zur Erreichung des Gesellschaftszwecks unumgänglich nötig sind; die Zusage kann dann in der Krise der Gesellschaft nicht widerrufen werden.[100] Im übrigen soll es, sofern das Darlehen später tatsächlich ausgezahlt wird, genügen, wenn die Tatbestandsvoraussetzungen des Kapitalersatzes im Zeitpunkt der rechtsverbindlichen Zusage vorliegen;[101] dann soll es unschädlich sein, wenn die Auszahlung erst nach Eröffnung des Insolvenzverfahrens[102] vorgenommen wird.[103]

20   Ist der Tatbestand des kapitalersetzenden Darlehens mit dem zur Kreditauszahlung verpflichtenden Vertrag erfüllt, so kann es nicht mehr auf den Eintritt eines nicht zum Tatbestand gehörenden weiteren Umstands ankommen. Wenn dieser dagegen zur Auslösung der Rechtsfolge erforderlich ist, liegt erst mit seinem Eintritt der volle Tatbestand vor; es ist dann ohne Bedeutung, ob bereits zu einem früheren Zeitpunkt die übrigen Voraussetzungen für die Anwendung der Kapitalersatzregeln gegeben waren.[104] Man kann deshalb insgesamt nur entweder auf den einen oder den anderen Zeitpunkt abstellen. Bei zutreffender, auf den Normzweck des Kapitalersatzrechts abstellender Beurteilung reicht das verbindliche **Darlehensversprechen** aus. Ist im Zeitpunkt des Darlehensvertrages ein gleichartiger Kredit von einem Außenstehenden zu marktüblichen Bedingungen nicht zu erlangen, so prägt die damit gegebene Kreditunwürdigkeit nicht nur die Auszahlung, sondern auch schon die verbindliche Zusage eines solchen Darlehens. Bereits die – vor allem in Konzernlagen denkbare – Zusage einer bestimmten Finanzausstattung der Gesellschaft, etwa eine **Liquiditätszusage** durch den Gesellschafter, kann Voraussetzung für die weitere Existenz des Unternehmens sein. Das wird besonders deutlich an dem manchmal vorkommenden Fall, dass die Gewährung eines Kredits durch einen der Gesellschaft nicht angehörenden Dritten

---

[92] RdNr. 46.
[93] OLG Düsseldorf ZIP 1998, 2101, 2103.
[94] BGH NJW 1996, 3203, 3204.
[95] S. dazu RdNr. 22 ff.
[96] RdNr. 53.
[97] *Kammel* WuB II C. § 32a GmbHG 1.97; *Veil* WuB II C. § 32a GmbHG 4.97; zweifelnd *Wiedemann/Hermanns* ZIP 1994, 997, 1001 f.
[98] BGHZ 133, 298 = NJW 96, 3203, 3204; BGH WM 1997, 576; BGHZ 142, 116, 122 f. = NJW 1999, 2809, 2811 m. Anm. *Altmeppen*; *Fleck*, EWiR § 32a GmbHG 2/96 S. 1088; *K. Schmidt* ZIP 1999, 1241, 1244; *ders.* ZIP 1999, 1821, 1823; *Scholz/K. Schmidt* §§ 32a, 32b RdNr. 39; *Ulmer/Habersack* §§ 32a/b RdNr. 42.
[99] RdNr. 16.
[100] BGH WM 1997, 576.
[101] BGHZ 133, 298 = NJW 1996, 3203, 3204; dagegen *Roth/Altmeppen* § 32a, RdNr. 32.
[102] Vgl. RdNr. 41.
[103] BGHZ 133, 298 = NJW 1996, 3203, 3204; krit. dazu *Scholz/K. Schmidt* §§ 32a, 32b RdNr. 31, 39.
[104] Insoweit zutr. *Fleck*, EWiR § 32a GmbHG 2/96 S. 1088.

oder die Beteiligung von Mitgesellschaftern an einer Kapitalerhöhung davon abhängig gemacht wird, dass ein – anderer – Gesellschafter einen erst später oder unter bestimmten Voraussetzungen an die Gesellschaft auszuzahlenden Kredit zusagt und ohne jenen Fremdkredit oder die Kapitalerhöhung das Unternehmen nicht fortgeführt werden könnte. Freilich scheint die Rechtsfolge, dass der Gesellschafter das Kreditversprechen auch und gerade in der Krise zu erfüllen hat und damit zu einer Einzahlung gezwungen ist, den Rahmen des Kapitalersatzrechts zu sprengen; denn dieses versagt in der Tat dem Gesellschafter grundsätzlich nur einen Rückzahlungsanspruch und verlangt von ihm lediglich dann eine Einzahlung, wenn er ein der Gesellschaft bereits zugeflossenes Darlehen in kritischer Zeit zurückerhalten hat. Indessen schließt dies die Anwendung der Kapitalersatzvorschriften auf die hier behandelten Liquiditätszusagen nicht aus. Wer sich vertraglich zu einer Leistung verpflichtet, belastet schon mit der sich daraus ergebenden Verbindlichkeit sein Vermögen. Im Bereicherungsrecht kann eine so geartete Leistung, sofern sie nicht auf Grund der Nichtigkeit des Kausalverhältnisses von selbst hinfällig wird, zurückgefordert werden.[105] Dementsprechend ist die Kündigung oder die einverständliche Aufhebung einer Kreditzusage als Rücknahme der darin liegenden Leistung zu werten; darin liegt eine Rechtshandlung, die nach § 135 anfechtbar ist. In der Sache entspricht das der von der Rechtsprechung angenommenen Rechtslage bei den sogenannten **Krisenfinanzierungsdarlehen**[106] und den **gesplitteten Einlagen**.[107]

Ist die Verpflichtung zur – späteren – Darlehensgewährung in der Satzung oder in einem 21 ger oder in einem Gesellschafterbeschluss als **Nebenleistungspflicht** festgelegt, so hat die Gesellschaft bei Eintritt der dort bestimmten Voraussetzungen einen Anspruch auf Auszahlung des Darlehens.[108] Eine solche Abrede ist nach den dafür geltenden gesellschaftsrechtlichen Bestimmungen aufhebbar, und zwar entgegen der Ansicht des Bundesgerichtshofs[109] auch noch in der Krise.[110] Ob es sich bei einer solchen Satzungsbestimmung um einen materiellen Satzungsbestandteil oder nur um eine in die formelle Satzung aufgenommene schuldrechtliche Abrede handelt, richtet sich nach den dafür allgemein geltenden Grundsätzen[111] Für die Einstufung der in der Satzung niedergelegten Pflicht zur Darlehensgewährung als materieller Satzungsbestandteil spricht es, wenn die Verpflichtung anteilsmäßig allen Gesellschaftern auferlegt und ausdrücklich als „Nebenleistungspflicht der Gesellschafter" bezeichnet ist.[112]

b) Sanierungsprivileg (§ 32 a Abs. 3 Satz 3 GmbHG). aa) Allgemeines. Der Bun- 22 desgerichtshof erkannte ein Sanierungsprivileg im Kapitalersatzrecht – damit ist in der Praxis hauptsächlich ein **Bankenprivileg** gemeint[113] – nicht an.[114] In der Literatur wurde diese Rechtsprechung seit langem als sanierungsfeindlich kritisiert.[115] Der Gesetzgeber hat im Anschluss an die im Kapitalaufnahmeerleichterungsgesetz enthaltene, im Gesetzgebungsverfahren dem Bundesrat nicht weit genug gehende Ausnahmeregelung für „Zwerganteile" durch das kurz danach verabschiedete „Gesetz zur Kontrolle und Transparenz im Unternehmensbereich (KonTraG)"[116] die jetzt in § 32 a Abs. 3 Satz 3 GmbHG enthaltene Ausnahmeregelung für **Sanierungskredite** erlassen.[117] Die Neuregelung bewirkt, dass von ihr

---

[105] Zu einer solchen Fallgestaltung vgl. *Staudinger/Lorenz* § 812 RdNr. 13.
[106] RdNr. 16.
[107] BGHZ 104, 33, 38 f. = NJW 1988, 1841, 1842; s. RdNr. 16 f.
[108] BGHZ 142, 116, 120 f., 123 ff. = NJW 1999, 2809, 2810 ff. m. Anm. *Altmeppen*.
[109] BGHZ 142, 116, 121 = NJW 1999, 2809, 2810 m. Anm. *Altmeppen*.
[110] *K. Schmidt* ZIP 1999, 1241, 1250.
[111] S. dazu *Baumbach/Hueck/Zöllner* § 53 RdNr. 2 ff.
[112] BGHZ 142, 116, 124 = NJW 1999, 2809, 2811.
[113] *Hirte* ZInsO 1998, 147, 151.
[114] BGHZ 81, 311, 315 = NJW 1982, 383, 384; 105, 168, 175 = NJW 1988, 3143, 3145.
[115] Vgl. die Nachw. bei *Dörrie* ZIP 1999, 12, 13 Fn. 3.
[116] S. RdNr. 9.
[117] Vgl. auch Beschlussempfehlung des Rechtsausschusses BT-Drucks. 13/10038, abgedr. in ZIP 1998, 487, 491; zur Gesetzgebungsgeschichte *Seibert* GmbHR 1998, 309 f.; *Hirte* ZInsO 1998, 147, 151 f.

erfasste Kredite nicht unter § 264 Abs. 3 fallen.[118] Wenn Abs. 3 Satz 2 auch für die Praxis im Wesentlichen ein Bankenprivileg bedeutet, so lässt sich die Anwendung der Bestimmung doch nicht im Wege der teleologischen Reduktion auf Bankkredite beschränken.[119]

23 bb) **Erwerb von Geschäftsanteilen.** Begünstigt wird nicht nur der Erwerb neuer Geschätsanteile aus einer **Kapitalerhöhung,** sondern auch der Erwerb bereits vorhandener Anteile von einem Altgesellschafter.[120] Erfaßt wird ferner die Einbringung einer Darlehensforderung als Sacheinlage.[121] Hinsichtlich des Umfangs des **Anteilsneuerwerbs** besteht keine Beschränkung. Privilegiert ist auch der Erwerb sämtlicher Anteile.[122] Überschreitet der Anteilsbesitz nach dem Erwerb nicht die Grenze von 10%, so ist das Sanierungsprivileg wegen § 32 a Abs. 3 Satz 2 GmbHG ohne Bedeutung. § 32 a Abs. 3 Satz 3 GmbHG ist auch anwendbar, wenn eine vorher bestehende **Kleinbeteiligung** eines nicht geschäftsführenden Gesellschafters aufgestockt wird.[123] Wenn dagegen ein Anteilsbesitz von bereits bisher mehr als 10% oder die bis dahin 10% nicht übersteigende Beteiligung eines geschäftsführenden Gesellschafters ausgeweitet wird, bleibt nicht nur eine bereits eingetretene Umqualifizierung von Altdarlehen – auch soweit es sich um solche handelt, die von einem geringfügig beteiligten Gesellschafter nach altem Recht gewährt worden waren[124] – in allen Fällen bestehen.[125] Die Privilegierung kommt vielmehr dann auch für neue Finanzierungshilfen, die der Gesellschafter nach Übernahme weiterer Geschäftsanteile der Gesellschaft in der Krise zur Verfügung stellt, nicht in Betracht.[126] Anderenfalls könnte sich ein von den Kapitalersatzregeln bereits erfasster Gesellschafter den sich daraus ergebenden Rechtsfolgen durch die geringfügigste Erhöhung seiner Beteiligung entziehen. Erst recht scheidet eine Anwendung des § 32 a Abs. 3 Satz 3 GmbHG schon nach dem Wortlaut aus, wenn der kreditgebende Gesellschafter seine Beteiligung überhaupt nicht erhöht.[127] Die Begünstigung setzt voraus, dass sich die Gesellschaft im Zeitpunkt des Anteilserwerbs in der Krise befand.[128] Der Begriff der **Krise** ist, wie sich schon aus der durch das „KonTraG"[129] in § 32 a Abs. 1 GmbHG eingefügten Legaldefinition ergibt, derjenige des § 32 a Abs. 1 GmbHG.[130] Trotz des Gesetzeswortlauts („erwirbt ein Darlehensgeber ...") setzt § 32 a Abs. 3 Satz 3 GmbHG nicht voraus, dass der Anteilserwerber der Gesellschaft schon vorher Darlehen gewährt hatte.[131] Nach Sinn und Zweck der Regelung ist eine solche Einschränkung nicht geboten.

24 cc) **Sanierungszweck.** Die Geschäftsanteile müssen „zum Zweck der Überwindung der Krise" erworben worden sein. Dabei ist nicht die subjektive **Sanierungsabsicht** entscheidend.[132] Nach dem Zweck der Vorschrift, Erfolg versprechende Sanierungsbemühungen nicht durch das Eingreifen der Kapitalersatzregeln zu behindern, kommt es vielmehr für die Frage, ob es sich um einen ernsthaften Sanierungsversuch handelt, auf einen objektiven Sorgfaltsmaßstab an.[133] Dabei kann teilweise auf Grundsätze zurückgegriffen werden, die die

---

[118] *Obermüller* ZInsO 1998, 51, 54; *Hirte* ZInsO 1998, 147, 151.
[119] *Haas* DZWIR 199, 177, 180; aA *Hirte* ZInsO 1998, 147, 151.
[120] Beschlussempfehlung des Rechtsausschusses BT-Drucks. 13/10038 S. 28 = ZIP 1998, 487, 491.
[121] *Pichler* WM 1999, 411, 414.
[122] *Dörrie* ZIP 1999, 12, 13.
[123] *Obermüller* ZInsO 1998, 51, 53; *Dörrie* ZIP 1999, 12, 16.
[124] Für die neuen Vorschriften in Abs. 3 Satz 2 und Satz 3 gibt es keine Übergangsregelung.
[125] *Haas* DZWIR 1999, 177, 180.
[126] *Obermüller* ZInsO 1998, 51, 53; *Wittig* NZI 1998, 49, 55 f.; *Neuhof* NJW 1998, 3225, 3233; *Pichler* WM 1999, 411, 415; *Scholz/K. Schmidt* §§ 32 a, 32 b RdNr. 195; *Lutter/Hommelhoff* §§ 32 a/b RdNr. 80; *Westermann* DZWIR 2000, 1, 7. – AA *Dörrie* ZIP 1999, 12, 17; *Pentz* GmbHR 1999, 437, 449; *Früh* GmbHR 1999, 842, 845; *Altmeppen* ZGR 1999, 291, 300.
[127] AA *Altmeppen* ZGR 1999, 291, 300.
[128] *Obermüller* ZInsO 1998, 51, 53.
[129] RdNr. 21.
[130] Näher dazu RdNr. 41 f.
[131] *Westermann* DZWIR 2000, 1, 7; aA *Pichler* WM 1999, 411, 417.
[132] BGHZ 165, 106, 112 f. mwN.
[133] AA *Scholz/K. Schmidt* §§ 32 a, 32 b RdNr. 198.

Rechtsprechung zur Haftung wegen Gläubigergefährdung[134] sowie im Insolvenzanfechtungsrecht entwickelt hat. Im zuletzt genannten Zusammenhang kann die Indizwirkung einer inkongruenten Deckung in Bezug auf eine Gläubigerbenachteiligungsabsicht entfallen, wenn die Deckungshandlung Teil eines letztlich fehlgeschlagenen, aber Erfolg versprechenden Sanierungsversuchs war. Ein solcher setzt danach ein in sich schlüssiges **Sanierungskonzept** voraus, das von den erkennbaren tatsächlichen Gegebenheiten ausgeht und eine begründete Aussicht auf Erfolg bietet.[135] Dabei sind nicht spätere Erkenntnisse, sondern die Sicht im Zeitpunkt des Sanierungsversuchs maßgeblich.[136] Zum Sanierungskonzept gehört auch die Veranschlagung der für eine Erfolg versprechende Sanierung erforderlichen Mittel.[137] Die im Rahmen der Sanierungsaktion im Wege der Kapitalerhöhung und sonstiger Finanzierungshilfen insgesamt – also von allen Gesellschaftern zusammen – der Gesellschaft zugeführten Mittel müssen vorausschauend ausreichen, um den Sanierungsversuch zum Erfolg zu führen.[138] Sowohl für die Frage der Erkennbarkeit der Unternehmenslage als auch für die **Prognose** der Durchführbarkeit einer Sanierung ist auf die Sicht eines unvoreingenommenen, branchenkundigen Fachmanns abzustellen, dem die vorgeschriebenen oder üblichen Buchhaltungsunterlagen zeitnah vorliegen. Dabei ist die wirtschaftliche Lage der Gesellschaft zu analysieren, und die Krisenursachen sowie die Vermögens-, Finanz- und Ertragslage sind zu ermitteln.[139] Je nach Art und Größe des Unternehmens und der bei dessen Geschäftsleitung vorhandenen Sachkenntnis wird die Hinzuziehung eines branchenkundigen neutralen Wirtschaftsfachmanns erforderlich sein.[140] Empfehlenswert ist eine geeignete **Dokumentation,** damit die Voraussetzungen einer Erfolg versprechenden Sanierung später dargelegt und bewiesen werden können.[141] Zwingende Voraussetzung für das Eingreifen des Sanierungsprivilegs ist eine solche Dokumentation jedoch nicht.[142]

dd) Anwendung in den Fällen des § 32 a Abs. 3 Satz 1 GmbHG. Die Freistellung 25 von den Kapitalersatzregeln gilt auch für die durch Abs. 2 und Abs. 3 Satz 1 erfassten Fälle der sonstigen Finanzierungshilfen und der Mittelzuführung durch Außenstehende, die in die Bindungen des Kapitalersatzrechts einbezogen sind.[143] Das bedeutet beispielsweise, dass Darlehen der Muttergesellschaft von der Umqualifizierung ausgenommen sind, wenn das Tochterunternehmen unter den Voraussetzungen des § 32 a Abs. 3 Satz 3 GmbHG eine Beteiligung an der Enkel-GmbH erwirbt.[144]

ee) Rechtsfolgen. Liegen die Voraussetzungen des Abs. 3 Satz 3 vor, so werden nicht 26 nur – neben dem Anteilserwerb – neu gewährte Finanzierungshilfen, sondern auch etwaige Altkredite des Gesellschafters von der Umqualifizierung in Kapitalersatz ausgenommen. Eine bereits früher eingetretene Verstrickung bleibt jedoch unberührt.[145] Die Privilegierung entfällt mit Überwindung der **Krise,** in der der begünstigte Anteilserwerb stattgefunden hat;

---

[134] Grundlegend BGHZ 10, 228, 234. – Näher dazu *Neuhof* NJW 1998, 3225, 3230 f.; *Bormann* NZI 1999, 289 ff.; *Haas* DZWIR 1999, 177, 179; *Bieder* NZI 2000, 514, 519 f.
[135] BGH NJW-RR 1993, 238, 241; NJW 1998, 1561, 1563 f.; HK-*Kreft* § 133 RdNr. 18; *Pentz* GmbHR 1999, 437, 449 f.; *Lutter/Hommelhoff* §§ 32 a/b RdNr. 84.
[136] *Pentz* GmbHR 1999, 437, 450.
[137] *Pichler* WM 1999, 411, 417.
[138] *Hirte* ZInsO 1998, 147, 151.
[139] BGH NJW 1998, 1561, 1563 f.
[140] *Dörrie* ZIP 1999, 12, 14; *Pentz* GmbHR 1999, 437, 450; noch weitergehend (im Rahmen des Gesetzgebungsverfahrens) *Claussen* GmbHR 1996, 316, 326; vgl auch *Altmeppen* ZGR 1999, 291, 299; *Bormann* NZI 1999, 389, 394. – Gegen das Erfordernis der Einschaltung von außenstehenden Fachleuten *Pichler* WM 1999, 411, 418.
[141] *Obermüller* ZInsO 1998, 51, 54; zur Beweislast s. RdNr. 60.
[142] AA offenbar *Haas* DZWIR 1999, 179, 182.
[143] *Seibert* GmbHR 1998, 309, 310; *Dörrie* ZIP 1999, 12, 14, 15; *Pentz* GmbHR 1999, 437, 448; *Früh* GmbHR 1999, 842, 844; *Scholz/K. Schmidt* §§ 32 a, 32 b RdNr. 196, 197; aA *Hirte* ZInsO 1998, 147, 151; *Bieder* NZI 2000, 514, 517.
[144] *Dörrie* ZIP 1999, 12, 14 f.; *Haas* DZWIR 1999, 177, 180.
[145] Beschlussempfehlung des Rechtsausschusses BT-Drucks. 13/10038 S. 28 = ZIP 1998, 487, 491; *Hirte* ZInsO 1998, 147, 151; *Dörrie* ZIP 1999, 12, 16 f.; *Haas* DZWIR 1999, 177, 180.

in künftigen Krisen gilt, sofern nicht dann wiederum neue Anteile erworben werden, die Freistellung nicht mehr.[146] Eine entsprechende Anwendung des § 268 Abs. 1 Nr. 2 kommt nicht in Betracht.[147]

27 **ff) Rechtsprechungsregeln.** § 32 a Abs. 3 Satz 3 GmbHG gilt – ebenso wie Satz 2 – nicht nur für das gesetzliche Kapitalersatzrecht, sondern auch für die **Rechtsprechungsregeln**.[148] Für die Regelung in Satz 3 (Sanierungsprivileg) sagt dies ausdrücklich die Gesetzesbegründung;[149] es kommt wohl auch noch hinreichend im Wortlaut der beiden im Jahre 1998 in § 32 a Abs. 3 GmbHG als Satz 2 und Satz 3 eingefügten Bestimmungen („Regeln über den Eigenkapitalersatz") zum Ausdruck. Eine Beschränkung des Geltungsbereichs der Neuregelungen auf das kodifizierte Kapitalersatzrecht[150] würde ihnen praktisch jede Bedeutung nehmen.[151]

28 **c) Gesellschafter. aa) Formelle Mitgliedschaft.** Gesellschafter ist jeder formelle Inhaber eines Gesellschaftsanteils. Die Kapitalersatzregeln gelten daher auch für einen Gesellschafter, der einen Anteil **treuhänderisch** für einen anderen hält; daneben wird der **Treugeber** als Gesellschafter im wirtschaftlichen Sinne unter dem Gesichtspunkt der „gleichgestellten Forderung" (vgl. § 32 a Abs. 3 GmbHG) erfasst. Ob es sich um eine eigennützige oder eine fremdnützige Treuhand handelt, spielt keine Rolle.[152] Deshalb unterliegt auch derjenige den Kapitalersatzregeln, der sich einen Gesellschaftsanteil sicherungshalber abtreten lässt **(Sicherungstreuhand)**.[153] Wer schon im Vorgriff auf eine mögliche spätere Beteiligung an der Gesellschaft dieser ein Darlehen gewährt, wird dagegen erst dann vom Kapitalersatzrecht erfasst, wenn er tatsächlich Gesellschafter geworden ist.[154]

29 Gewähren mehrere Banken, von denen eine an der Gesellschaft beteiligt ist, dieser gemeinsam einen Kredit **(Konsortialkredit)** in der Weise, dass auch die außenstehenden Banken unmittelbar der Gesellschaft gegenüber als Kreditgeber auftreten (Außenkonsortium), dann unterliegt von vornherein nur der Kreditanteil der Gesellschafterin den Kapitalersatzregeln. Schließt dagegen die an der Gesellschaft beteiligte Bank den Kreditvertrag über die volle Summe mit dieser im eigenen Namen ab, so handelt es sich nach herrschender Meinung insgesamt um ein Gesellschafterdarlehen.[155] Diese Ansicht erscheint unzutreffend, weil die Gesellschafterin im Innenverhältnis zu den anderen Banken, mit denen sie in einer (Gelegenheits-) Gesellschaft bürgerlichen Rechts verbunden ist, das Ausfallrisiko nur in Höhe ihres Anteils trägt.[156] Der Meinungsstreit ist freilich im Regelfall ohne praktische Bedeutung; denn aus dem Umstand, dass sich außerhalb der Gesellschaft stehende Banken an der Kreditausreichung beteiligen, wird sich im Allgemeinen ergeben, dass die Gesellschaft nicht kreditunwürdig ist.[157] Das kann anders sein, wenn den außenstehenden Banken das Risiko von den Gesellschaftern – etwa durch persönliche Bürgschaften – abgenommen wird.[158] In einem solchen Fall besteht aber kein ausreichender Grund dafür, die kredit-

---

[146] *Dörrie* ZIP 1999, 12, 16; *Haas* DZWIR 1999, 177, 181; *Pichler* WM 1999, 411, 418; *Lutter/Hommelhoff* §§ 32 a/b RdNr. 87; *Westermann* DZWIR 2000, 1, 8 f.; *Bieder* NZI 2000, 514, 521 f. – AA *Obermüller* ZInsO 1998, 51, 53 f.; *Wittig* NZI 1998, 49, 56; *Neuhof* NJW 1998, 3225, 3234; *Pentz* GmbHR 1999, 437, 450; *Früh* GmbHR 1999, 842, 847.
[147] Dafür offenbar *Hirte* ZInsO 1998, 147, 151.
[148] BGHZ 165, 106, 112 mwN.
[149] BT-Drucks. 13/7141 S. 12 = ZIP 1997, 706, 710; dazu *Seibert* GmbHR 1998, 309.
[150] Vgl. *Karollus* ZIP 1996, 1893, 1895.
[151] *Pentz* GmbHR 1999, 437, 442.
[152] *Ulmer/Habersack* §§ 32 a/b RdNr. 149; *Scholz/K. Schmidt* §§ 32 a, 32 b RdNr. 32.
[153] BGHZ 105, 168, 176 = NJW 1988, 3143, 3145.
[154] *Traugott* ZIP 1997, 1690 ff.
[155] BGHZ 105, 168, 184 = NJW 1988, 3143, 3147; *Lutter/Hommelhoff* §§ 32 a/b RdNr. 42; *v. Gerkan* ZGR 1997, 173, 181; vgl. im Übrigen zum Meinungsstand *Priester* ZBB 1989, 30.
[156] *Hüffer* ZHR 153 (1989), 322, 324 ff., 327; *v. Gerkan* GmbHR 1990, 384, 386; *Früh* GmbHR 1999, 842, 846.
[157] BGHZ 105, 168, 184 = NJW 1988, 3143, 3147.
[158] BGHZ 105, 168, 185 = NJW 1988, 3143, 3147; BGH NJW-RR 1990, 290, 291.

gebende Bank über das letztlich von ihr selbst zu tragende Risiko hinaus dem Kapitalersatzrecht zu unterwerfen.

bb) Zweck und Umfang der Beteiligung. Nach bisherigem Recht war es entsprechend nahezu einhelliger Ansicht in der Rechtsprechung und im Schrifttum für die Anwendung der Kapitalersatzregeln im GmbH-Recht[159] nicht erforderlich, dass der Gesellschafter mit seiner Beteiligung ein **unternehmerisches Eigeninteresse** verfolgte.[160] Die in der Begründung zum Regierungsentwurf zu § 32a Abs. 3 Satz 2 GmbHG (Art. 2 KapAEG) geäußerte gegenteilige Auffassung[161] ist unzutreffend.[162] § 32a Abs. 2 Satz 2 GmbHG enthält entgegen der Gesetzesbegründung keine bloße „Klarstellung" und ist deshalb auf Altfälle nicht anzuwenden.[163] Dieser neuen Vorschrift ist zu entnehmen, dass die Kapitalersatzregelungen nunmehr nur für unternehmerisch beteiligte Gesellschafter gelten sollen, wobei aber ein Anteilsbesitz von mehr als 10% immer als unternehmerische Beteiligung anzusehen ist.

Auf die Motive für die Kreditgewährung kommt es grundsätzlich nicht an. Eine Gebietskörperschaft, die sich bei der Kreditgewährung von bestimmten **politischen Motiven** leiten lässt, unterliegt trotzdem den Bindungen des Kapitalersatzrechts.[164] Anders zu entscheiden hieße zulassen, dass Wirtschaftsförderung mit privatrechtlichen Mitteln auf Kosten anderer Gläubiger betrieben wird; dafür gibt es keine Rechtfertigung.[165] Vor Einführung des in § 32a Abs. 3 Satz 3 GmbHG näher umschriebenen „Sanierungsprivilegs"[166] waren nach herrschender Meinung auch Sanierungsdarlehen nicht von der Geltung der Kapitalersatzregeln ausgenommen.[167]

cc) Kredite der DDR-Staatsbank und der Treuhandanstalt. Die am 1. Juli 1990 kraft Gesetzes ins Leben gerufenen **Treuhandgesellschaften** (vgl. § 11 Abs. 2 TreuhandG) waren und sind zum großen Teil zumindest mit den jeweils auf sie entfallenden Anteilen an den Krediten belastet, die die Wirtschaftseinheiten, aus denen diese Gesellschaften hervorgegangen sind, seinerzeit von der Staatsbank der DDR erhalten hatten (sog. **Altkredite**). Sie wurden außerdem in der Zeit bis zur Aufstellung der DM-Eröffnungsbilanz in großem Umfang durch Kredite am Leben erhalten, die die **Treuhandanstalt** entweder selbst zur Verfügung stellte oder durch Bürgschaften oder andere Sicherheiten ermöglichte. Nicht nur diese Neukredite, sondern auch die alten **Staatsbankkredite** sowie ferner Ausgleichsforderungen der Treuhandanstalt (jetzt Bundesanstalt für vereinigungsbedingte Sonderaufgaben) gemäß § 25 Abs. 1 DMBilG und Rückgriffsansprüche wegen verauslagter Zinsen für Altkredite nach § 25 Abs. 7 DMBilG[168] sind „echte" Schulden der Nachfolgegesellschaften, die diese zurückzahlen müssen.[169] Eine Anwendung des Kapitalersatzrechts auf diese Kredite kam bis zum 30. Juni 1990 von vornherein nicht in Betracht, weil nicht nur die §§ 32a, 32b GmbHG, sondern auch das von der Rechtsprechung aus den §§ 30, 31 GmbHG entwickelte Kapitalersatzrecht[170] im Beitrittsgebiet nicht galten.[171] Erst mit Wirkung vom 1. Juli 1990 wurde durch die §§ 18, 34 des sog.

---

[159] Zum Aktienrecht s. RdNr. 119f.
[160] BGHZ 90, 381, 389 ff. = NJW 1993, 1895 f.; BGHZ 105, 168, 175 = NJW 1988, 3143, 3145; BGH NJW 1997, 3026, 3027; *Ulmer/Habersack* §§ 32a/b RdNr. 52 sowie *Scholz/K. Schmidt*, 8. Aufl., §§ 32a, 32b RdNr. 41 aE, jeweils mwN; *Priester*, ZBB 1989, 30, 32; *Haas* DZWIR 1999, 177f. mwN; vgl. auch BGHZ 110, 342, 358 = NJW 1990, 1725, 1729. – AA *Hüffer*, ZHR 153 (1989), 322, 328.
[161] BT-Drucks. 13/7141 S. 12 = ZIP 1997, 707, 709 f.: „Klarstellung".
[162] Vgl. *Habersack* ZHR 162 (1998), 201, 204; *Dauner-Lieb* DStR 1998, 609, 613: „Mogelpackung".
[163] AA *Obermüller* ZInsO 1998, 51, 52.
[164] BGHZ 105, 168, 176 = NJW 1988, 3143, 3145.
[165] *Hüffer*, ZHR 153 (1989), 322, 332 f.
[166] Dazu RdNr. 22 ff.
[167] BGHZ 81, 311, 315 = NJW 1982, 383, 384.
[168] Dazu BGH ZIP 1999, 408, 409.
[169] BGHZ 127, 212, 214 ff. = NJW 1995, 47 f.; BVerfG NJW 1997, 1975 ff.
[170] RdNr. 104 ff.
[171] BGHZ 127, 212, 221 = NJW 1995, 47, 49 mwN; aA *Scholz/K. Schmidt* §§ 32a, 32b RdNr. 27.

§ 135 33   3. Teil. 3. Abschnitt. Insolvenzanfechtung

DDR-Mantelgesetzes[172] das gesamte Kapitalersatzrecht auch in den neuen Bundesländern in Kraft gesetzt.[173] Für die Altkredite scheiterte freilich eine Umqualifizierung durch Stehenlassen zunächst daran, dass es an einer Kündigungsmöglichkeit gefehlt haben dürfte. Die Zins- und Tilgungsleistungen auf jene Kredite waren nach § 4 Abs. 2 Satz 1 der Entschuldungsverordnung vom 5. September 1990[174] ab 14. September 1990 und sodann weiter nach Art. 25 Abs. 7 des Einigungsvertrages vom 31. August 1990[175] bis zu Feststellung der DM-Eröffnungsbilanz ausgesetzt. Die im Übrigen aufgeworfene Frage, ob sich das Kapitalersatzrecht auch auf Alt- und Treuhandkredite erstreckte, soweit für sie die sonstigen Voraussetzungen – insbesondere für ein „Stehenlassen" der Altkredite – erfüllt waren, ist seinerzeit unterschiedlich beantwortet worden.[176] Der Gesetzgeber ist diesen Zweifeln entgegengetreten, indem er durch die mit Art. 11 § 6 des Zweiten Vermögensänderungsgesetzes vom 14. Juli 1992[177] eingeführte Bestimmung des § 56 e des DM-Bilanzgesetzes die Treuhandanstalt für alle Formen von Gesellschafterhilfen rückwirkend für die Zeit bis zur Neufestsetzung der Kapitalverhältnisse der jeweiligen Gesellschaft vom Kapitalersatzrecht entband. Die Neufestsetzung ist erst bewirkt, wenn sie in das Handelsregister eingetragen ist.[178] Die Überschreitung der Fristen für die Feststellung der DM-Eröffnungsbilanz, für die Festlegung des Kapitaleinsatzes der öffentlichen Hand und für die Anmeldung der Neufestsetzung der Kapitalverhältnisse zum Handelsregister (§§ 35 Abs. 1, 34 Abs. 1, 57 Abs. 1 DMBilG) ist unschädlich.[179] § 56 e Abs. 1 DMBilG schließt die Anwendung der Kapitalersatzregeln auch insoweit aus, als Altkredite und vor dem maßgeblichen Zeitpunkt (Eintragung der Neufestsetzung im Handelsregister) gewährte Gesellschafterhilfen der Treuhandanstalt in der Zeit danach stehengelassen worden sind.[180] Anders ist es jedoch, wenn nach der Neufestsetzung der Kapitalverhältnisse rechtsgeschäftlich eine Prolongation vereinbart oder eine von der Treuhandanstalt gewährte Sicherheit (zB eine Bürgschaft) durch ein anderes Sicherungsmittel ersetzt wird.[181] Schließlich gilt § 56 e Abs. 1 DMBilG über seinen Wortlaut hinaus nicht nur für das gesetzlich normierte Kapitalersatzrecht, sondern auch für die „Rechtsprechungsregeln";[182] anderenfalls würde die Vorschrift im Wesentlichen leerlaufen.

33 Die Verfassungsmäßigkeit des § 56 e DMBilG ist angezweifelt worden.[183] Die Kernfrage besteht dabei darin, ob es dem Gesetzgeber erlaubt war, die Gläubiger der Treuhandunternehmen an deren in den Formen des Privatrechts organisierten Sanierung zum Zweck der „Schonung der durch den Transformationsprozess ohnehin schon extrem belasteten öffentlichen Haushalte" mittels Abwälzung des Sanierungsrisikos auf sie zu beteiligen.[184] Sie ist im Hinblick auf die Besonderheiten, die bei der Überführung der Wirtschaftsgebilde der früheren DDR in die Marktwirtschaft auftraten, zu bejahen.[185] Das wird trotz gewisser

---

[172] Gesetz über die Inkraftsetzung von Rechtsvorschriften der Bundesrepublik Deutschland in der Deutschen Demokratischen Republik v. 21. 6. 1990 GBl. I S. 357.
[173] Zur Frage, ob § 32 a KO im Bereich der Gesamtvollstreckungsordnung, die eine vergleichbare Regelung nicht enthielt, entsprechend anzuwenden war, vgl. *Weimar* BB 1992, 82, 84 f.; *Hommelhoff/Habighorst* ZIP 1992, 979, 980; *Scholz/K. Schmidt* §§ 32 a, 32 b RdNr. 27; s. auch RdNr. 5.
[174] GBl. DDR I S. 1435.
[175] BGBl. II S. 889.
[176] Bejahend *Claussen* ZIP 1990, 1173, 1175 ff.; *Hommelhoff/Habighorst* ZIP 1992, 979, 982; *Hommelhoff/Spoerr* DZWir 1995, 89, 91; verneinend *Timm* ZIP 1991, 413, 421; tendenziell auch OLG Dresden ZIP 1994, 1393, 1396.
[177] BGBl. I S. 1257.
[178] BGHZ 140, 156, 163 f. = NJW 1999, 579, 581.
[179] BGHZ 140, 156, 165 f. = NJW 1999, 579, 582; vorher schon OLG Dresden ZIP 1994, 1393, 1394 f.
[180] BGH VIZ 1999, 296, 297 = ZIP 1999, 408, 409; BGH NJW 1999, 1182, 1184 f., jeweils unter Hinweis auf die im Bericht des Rechtsausschusses zum Entwurf des 2. Vermögensrechtsänderungsgesetzes (BT-Drucks 12/2944 S. 66) enthaltene „Klarstellung".
[181] *Goette* DStR 1999, 467.
[182] BGH NZI 1999, 147, 148 = ZIP 1999, 408, 409; *Weimar* BB 1993, 1399, 1402.
[183] AG Halle-Saalkreis ZIP 1993, 961.
[184] Vgl. dazu auch RdNr. 31.
[185] BGHZ 140, 156, 159 ff. = NJW 1999, 579, 580 f.; ebenso schon OLG Dresden ZIP 1994, 1393, 1395 ff.; BGHZ 127, 212, 221.

Bedenken auch noch insoweit zu gelten haben, als nach der Neufestsetzung der Kapitalverhältnisse früher gewährte Kredite stehengelassen worden sind.[186] Da es sich dabei insgesamt um Sanierungsmaßnahmen handelte, ist die Rechtslage mit derjenigen nach Einführung des allgemeinen „Sanierungsprivilegs" in § 32 a Abs. 3 Satz 3 GmbHG vergleichbar.[187] Wie dieses ist jedoch auch die Privilegierung der Treuhandanstalt als auf die Dauer der Krise beschränkt anzusehen, die Anlass für die Kreditgewährung war.[188] Wird die Krise nach Eintragung der Neufestsetzung der Kapitalverhältnisse im Handelsregister behoben, so gilt die Suspendierung des Kapitalersatzrechts bei weiterem Stehenlassen der Mittel in einer später erneut eintretenden Krise nicht mehr.

d) Geringfügige Beteiligungen (§ 32 a Abs. 3 Satz 2 GmbHG). aa) Allgemeines. 34
Nach dieser durch das Kapitalaufnahmeerleichterungsgesetz[189] eingeführten Vorschrift sind von der Geltung der Kapitalersatzregeln Gesellschafter ausgenommen, die nicht gleichzeitig Geschäftsführer sind und deren Beteiligung am Stammkapital 10% nicht übersteigt. Die Befreiung von den Bindungen des Kapitalersatzrechts erstreckt sich damit auch auf Gesellschafter, deren Anteilsbesitz 10% beträgt und denen deshalb die Minderheitsrechte nach § 50 GmbHG zustehen.[190] Nach der Entwurfsbegründung[191] soll die an eine starre Beteiligungsgrenze geknüpfte Ausnahmeregelung dadurch gerechtfertigt sein, dass Grundgedanke des Kapitalersatzrechts die **mitunternehmerische Verantwortung** des Gesellschafters sei. Dass dies nicht zutrifft, ist oben bereits dargelegt worden.[192] Die neue Ausnahmevorschrift ist nicht, wie es in der Begründung heißt, lediglich eine „Klarstellung"[193] schon bisher geltenden Rechts, sondern gestaltet das Kapitalersatzrecht grundlegend um.[194] Sie lädt zu Umgehungen geradezu ein[195] und wird, wenn diese verhindert werden sollen, das Kapitalersatzrecht in erheblichem Ausmaß weiter komplizieren.[196] Die Ausnahme des § 32 a Abs. 3 Satz 2 gilt nur für die nach Inkrafttreten dieser Vorschrift am 24. April 1998 verwirklichten Tatbestände des Eigenkapitalersatzes.[197]

bb) Beteiligungsumfang. Die Ausnahmevorschrift des § 32 a Abs. 3 Satz 2 GmbHG 35
betrifft Gesellschafter, die mit nicht mehr als 10% am Stammkapital beteiligt sind. Nach diesem klaren Gesetzeswortlaut[198] werden auch Gesellschafter privilegiert, deren Beteiligung genau 10% beträgt. Es ist nicht möglich, das Gesetz wegen des in der Begründung zum Regierungsentwurf[199] enthaltenen Hinweises auf eine Stelle in der Kommentierung von *Lutter/Hommelhoff*[200] gegen seinen Wortlaut nur auf Beteiligungen *unter* 10% anzuwenden.[201] Gewähren **mehrere geringfügig beteiligte Gesellschafter,** die zusammen mehr als 10% des Stammkapitals halten, in einer gemeinsamen Aktion der Gesellschaft Darlehen, so ist § 32 a Abs. 3 Satz 2 GmbHG nicht anzuwenden.[202] Die Anteile sind in einem solchen Fall wegen der insoweit gleichgerichteten Interessen zusammenzurechnen. Das ist ohne weiteres

---

[186] S. RdNr. 32; *Goette* DStR 1999, 467.
[187] S. dazu RdNr. 22 ff.
[188] Vgl. RdNr. 26.
[189] RdNr. 9.
[190] Dazu *Dauner-Lieb* DStR 1998, 609, 612 f.; *Hirte* ZInsO 1998, 147, 152.
[191] BT-Drucks. 13/7141 S. 12 = ZIP 1997, 706, 709 f.
[192] RdNr. 4.
[193] Vgl. BGH NJW 2001, 1490, 1491.
[194] *Dauner-Lieb* DStR 1998, 609, 616; *Scholz/K. Schmidt* §§ 32 a, 32 b RdNr. 180.
[195] *Goette* ZHR 162 (1998), 223, 228; ders. DStR 1997, 2027, 2029; *Pentz* GmbHR 1999, 437, 441; aA *Seibert* GmbHR 1998, 309.
[196] Vgl. *Scholz/K. Schmidt* §§ 32 a, 32 b RdNr. 179.
[197] BGH NZG 2001, 223, 224; NZG 2005, 845, 846.
[198] S. dazu *Seibert* GmbHR 1998, 309.
[199] BT-Drucks. 13/7141 S. 12 = ZIP 1997, 706, 709.
[200] *Lutter/Hommelhoff*, 14. Aufl., §§ 32 a/b RdNr. 56.
[201] So aber *Hirte* ZInsO 1998, 147, 153; wie hier *Pentz* GmbHR 1999, 437, 442.
[202] *v. Gerkan* GmbHR 97, 677, 679; *Pentz* GmbHR 1999, 437, 441; vgl. auch *Gehde* S. 326; *Scholz/K. Schmidt* §§ 32 a, 32 b RdNr. 185, 187; aA *Lutter/Hommelhoff* §§ 32 a/b RdNr. 67; *Dauner-Lieb* DStR 1998, 609, 616.

einsichtig, wenn alle Gesellschafter Geschäftsanteile von nicht mehr als 10% halten und sich alle an der Stützungsaktion beteiligen. Aber auch im Übrigen muss es genügen, dass der Anteilsbesitz der Gesellschafter, die gemeinsam der Gesellschaft eine Finanzierungshilfe gewähren, insgesamt die vom Gesetzgeber für maßgeblich gehaltene Grenze von 10% übersteigt. Einer besonderen „Interessenverbindung" oder „Risikogemeinschaft"[203] oder einer besonderen „Absprache über die Bündelung des Einflusses"[204] bedarf es dazu nicht. Die Finanzierung durch einen von mehreren Banken gebildeten „Sanierungspool", bei dem jeder Poolpartner höchstens 10% der Geschäftsanteile der zu sanierenden Gesellschaft hält, ist deshalb nicht durch § 32a Abs. 3 Satz 2 GmbHG privilegiert.[205] Dagegen steht der Umstand, dass die Kreditgewährung durch einen Gesellschafter in der Gesellschafterversammlung abgesprochen worden ist, der Anwendbarkeit der Vorschrift nicht entgegen. Bei der Berechnung des Anteilsbesitzes sind unmittelbare und mittelbare Anteile zusammenzurechnen (§ 16 Abs. 4 AktG);[206] eine Minderheitsbeteiligung an einer mit nicht mehr als 10% an der GmbH beteiligten Gesellschaft reicht jedoch nicht aus.[207] Im Übrigen sind Umgehungen durch die Anwendung des § 32a Abs. 3 Satz 1 GmbHG zu erfassen.[208]

36   cc) **Geschäftsführer.** Die **Geschäftsführer**position braucht nicht auf einer rechtlich wirksamen Bestellung zu beruhen. Es reicht aus, dass der Gesellschafter das Unternehmen tatsächlich wie ein Geschäftsführer **(faktischer Geschäftsführer)**[209] leitet.[210] Wie ein geschäftsführender Gesellschafter ist eine Gesellschaft zu behandeln, deren gesetzlicher Vertreter zugleich Geschäftsführer der GmbH ist.[211] Einflussmöglichkeiten, die nicht durch eine Mehrheitsbeteiligung vermittelt sind – und schon aus diesem Grund die Anwendung des Abs. 3 Satz 2 ausschließen –, sondern sich aus sonstigen rechtlichen oder tatsächlichen Umständen (zB Stimmrechtsbindungsvereinbarungen) ergeben, reichen jedoch nicht aus. Die gegenteilige Ansicht[212] vermengt unzulässigerweise den Umfang des Beteiligungsbesitzes mit der tatsächlichen Ausübung der Geschäftsführung.[213] Ist der – geringfügig beteiligte – Gesellschafter eine juristische Person, so führt es zur Anwendung des § 32a Abs. 3 Satz 2 GmbHG, wenn ein Mitglied ihres Organs Geschäftsführer bei der GmbH ist.[214] Entsprechendes gilt für den geschäftsführenden Gesellschafter einer Personengesellschaft.

37   dd) **Veränderungen des Beteiligungsumfangs und/oder der Geschäftsführerstellung.** Die **Verringerung** einer Beteiligung auf nicht mehr als 10% sowie die Aufgabe des Geschäftsführeramts lassen eine schon vorher eingetretene Umqualifizierung unberührt;[215] § 32a Abs. 3 Satz 2 GmbHG gilt aber für nach dem Eintritt der Voraussetzungen gewährte Kredite.[216] Bei einer **Aufstockung** des Anteilsbesitzes auf mehr als 10% oder der Übernahme der Geschäftsführerstellung in einer schon bestehenden Krise werden früher gewährte Finanzierungshilfen unter den Voraussetzungen für das „Stehenlassen" einer Gesellschafterleistung[217] von den Kapitalersatzregeln erfasst.[218] Der Gesellschafter muss also die Möglichkeit gehabt haben, von der Krise **Kenntnis** zu erlangen, und es muss ihm eine

---

[203] So *Haas* DZWIR 1999, 177, 179.
[204] So *Westermann* DZWIR 2000, 1, 5.
[205] AA *Pichler* WM 1999, 411, 413 f.
[206] Vgl. *Hirte* ZInsO 1998, 147, 153.
[207] Teilw. aA *v. Gerkan* GmbHR 1997, 677, 680.
[208] S. RdNr. 38.
[209] *Scholz/K. Schmidt* §§ 32a, 32b RdNr. 183; vgl. *Ulmer/Habersack* §§ 32a/b RdNr. 196.
[210] *v. Gerkan* GmbHR 1997, 677, 681; *Dörrie* ZIP 1999, 12, 15; *Pentz* GmbHR 1999, 437, 446; aA *Haas* DZWIR 1999, 177, 179.
[211] BT-Drucks. 13/7141 S. 12 = ZIP 1997, 706, 710.
[212] *v. Gerkan* GmbHR 1997, 677, 681; *Pentz* GmbHR 1999, 437, 446.
[213] Vgl. auch § 138 RdNr. 26.
[214] Begr. RegE BT-Drucks. 13/7141 S. 12 = ZIP 1997, 706, 710.
[215] *Obermüller* ZInsO 1998, 51, 52; *Pentz* GmbHR 1999, 437, 447; *Lutter/Hommelhoff* §§ 32a/b RdNr. 70.
[216] *Pichler* WM 1999, 411, 415.
[217] RdNr. 56 ff.
[218] *Obermüller* ZInsO 1998, 51, 52; *Lutter/Hommelhoff* §§ 32a/b RdNr. 70.

angemessene **Überlegungsfrist** für die Entscheidung zugestanden werden, ob er der Gesellschaft die Mittel belassen will.

ee) Anwendung im Rahmen des § 32 a Abs. 3 Satz 1 GmbHG. Die Befreiung von **38** den Kapitalersatzfolgen gilt nicht nur für die Darlehensgewährung nach § 32 a Abs. 1 GmbHG, sondern auch für *sonstige* von einem Gesellschafter zur Verfügung gestellte **Finanzierungshilfen** (§ 32 a Abs. 2, Abs. 3 Satz 1 GmbHG) sowie für Außenstehende, die nach Abs. 3 in die Kapitalersatzregeln einbezogen sind.[219] Der maßgebliche Beteiligungsumfang richtet sich nach dem Anteil des unmittelbaren (zB Treuhand-) Gesellschafters, dessen Verbindung zum mittelbaren Gesellschafter (zB Treugeber) der Grund für die Anwendung des Kapitalersatzrechts auf diesen ist.[220] Der Beteiligungsbesitz eines zu mehr als 10% an der Gesellschaft beteiligten Gesellschafters ist einem anderen insbesondere dann nach § 32 a Abs. 3 Satz 2 GmbHG zuzurechnen, wenn dieser das Geld für die Darlehensgewährung von jenem erhalten hat.[221] Für die Anwendung des § 32 a Abs. 3 Satz 2 GmbHG auf verbundene Unternehmen gelten die allgemeinen Grundsätze, nach denen sich die Einbeziehung von solchen Unternehmen in das Kapitalersatzrecht richtet.[222] Die von der Rechtsprechung für möglich gehaltene, ohnehin fragwürdige Erstreckung der Kapitalersatzregeln auf einen überhaupt nicht an der Gesellschaft beteiligten, aber mit außerordentlichen Mitwirkungsbefugnissen ausgestatteten Pfandrechtsinhaber[223] wird sich jedoch im Hinblick auf die neue Vorschrift schwerlich aufrechterhalten lassen; denn es fehlt bei ihm an einem überzeugend zu begründenden Anknüpfungspunkt für die Bestimmung der Höhe der – gar nicht vorhandenen – Beteiligung am Gesellschaftsvermögen.[224]

ff) Rechtsprechungsregeln. Die Vorschrift des § 32 a Abs. 3 Satz 2 GmbHG gilt eben- **39** so wie das Sanierungsprivileg des Satzes 3 auch für die **Rechtsprechungsregeln**.[225] Allerdings lässt sich die Freistellung von Kleingesellschaftern im Bereich der Rechtsprechungsregeln wegen deren Ableitung aus den §§ 30, 31 GmbHG nur schwer damit vereinbaren, dass es im eigentlichen Anwendungsbereich der Kapitalerhaltungsvorschriften keine Ausnahme für geringfügig beteiligte Gesellschafter gibt.

e) Maßgeblicher Zeitpunkt. Die Mitgliedschaft des Darlehensgebers muss im Zeit- **40** punkt der Gewährung oder des Stehenlassens des Darlehens gegeben sein; hierfür genügt schon die bindende Zusage des Kredits.[226] Der Erwerb der Beteiligung im Zusammenhang mit einer Kredithilfe reicht aus.[227] Wird der Darlehensgeber erst später Gesellschafter, so erlangt der Kredit grundsätzlich nur unter den Voraussetzungen des **Stehenlassens** Kapitalersatzcharakter.[228] Jedoch kann eine schon vor dem Beitritt gewährte Finanzierungsleistung auch dadurch von den Kapitalersatzregeln erfasst werden, dass sie gerade im Hinblick auf die beabsichtigte Beteiligung erbracht wird.[229] Bei einem **Ausscheiden** des Gesellschafters kommt es darauf an, ob die Umqualifizierung zu Kapitalersatz bereits vorher eingetreten war. War dies der Fall, dann ändert sich daran durch das Ausscheiden nichts.[230] Eine bereits eingetretene Eigenkapitalersatzfunktion der Gesellschafterleistung wird durch die **Abtretung** des Rückforderungsanspruchs an einen Außenstehenden nicht beseitigt.[231]

---

[219] *Seibert* GmbHR 1998, 309, 310; *Pentz* GmbHR 1999, 437, 447; *Scholz/K. Schmidt* §§ 32 a, 32 b RdNr. 186; vgl. RdNr. 25.
[220] Vgl. *Pentz* GmbHR 1999, 437, 444; *Lutter/Hommelhoff* §§ 32 a/b RdNr. 71; s. auch RdNr. 71.
[221] Vgl. RdNr. 69.
[222] RdNr. 71; vgl *Pentz* GmbHR 1999, 437, 445.
[223] S. dazu RdNr. 73.
[224] AA *v. Gerkan* GmbHR 1997, 677, 680.
[225] BGH NZG 2006, 341, 343; *Habersack* ZHR 162 (1998), 201, 210 f; vgl RdNr. 27.
[226] RdNr 14; BGHZ 133, 298, 302 f. = NJW 1996, 3203, 3204; vgl. auch BGH NJW 1985, 2719, 2720.
[227] *Fleck*, Festschrift für Werner, S. 106, 125.
[228] BGHZ 81, 311, 316, 317 f. = NJW 1982, 383, 384 f.
[229] OLG Hamburg ZIP 1996, 709, 710.
[230] BGH NJW 1987, 1080, 1082; BGH NJW 1996, 1341, 1342; BGH NJW 1999, 2822. – Unzutr. dagegen BGH NJW 1996, 589, 590 (zur verdeckten Gewinnausschüttung).
[231] BGHZ 104, 33, 43 = NJW 1988, 1841, 1843; BGH NZG 2006, 386 mwN.

41 **2. Eigenkapitalersatzfunktion. a) Begriff der „Krise".** Nicht jedes Darlehen, das ein Gesellschafter seiner Gesellschaft gewährt, unterliegt den Eigenkapitalersatzregeln. Es handelt sich um ein legitimes und unter bestimmten Voraussetzungen sinnvolles Mittel der Unternehmensfinanzierung, wenn die Gesellschafter der Gesellschaft neben ihren Stammeinlagen Darlehen zur Verfügung stellen.[232] Eigenkapital ersetzen solche Kredite aber dann, wenn das Unternehmen nur mit Hilfe zusätzlicher Finanzierungsmittel betrieben werden kann und diese Mittel auf dem Kreditwege von dritter Seite zu marktüblichen Bedingungen nicht zu erlangen sind, die Gesellschaft also **kreditunwürdig** ist. § 32 a GmbHG umschreibt den Tatbestand als den „Zeitpunkt, in dem ihr die Gesellschafter als ordentliche Kaufleute Eigenkapital zugeführt hätten"; der Gesetzgeber hat dieser Tatbestandsbeschreibung durch Art. 9 a Nr. 1 des Gesetzes zur Kontrolle und Transparenz im Unternehmensbereich (KonTraG) vom 27. April 1998[233] den von Rechtsprechung und Wissenschaft entwickelten Begriff der „Krise" als Legaldefinition hinzugefügt. Der Verweis auf das Verhalten eines ordentlichen Kaufmanns geht insofern fehl, als der darlehensgebende Gesellschafter weder Kaufmann zu sein braucht noch mit dem Begriff „ordentlich" ein Verschuldensmaßstab aufgestellt werden sollte. Es handelt sich vielmehr um eine am Normzweck ausgerichtete Abgrenzung der kapitalersetzenden Leistungen von „normalen" Gesellschafterdarlehen.[234] Läßt sich ein Unternehmen ohne neues Kapital nicht – weiter – betreiben und sind Finanzierungsmittel von außenstehenden Kreditgebern nicht mehr zu bekommen, dann sind Gesellschafterhilfen, mit denen es fortgeführt wird, materielles Risikokapital. Denn das Risiko, das mit dem Gesellschaftsunternehmen verbunden ist, muss von denjenigen getragen werden, die im Fall des Gelingens davon profitieren; das sind nicht die Gläubiger, sondern die Gesellschafter. Dieses zunächst rein objektive Verständnis des § 32 a Abs. 1 GmbHG bedeutet freilich nicht, dass subjektive Umstände bei der Einordnung eines Gesellschafterkredits als Kapitalersatz keine Rolle spielten.[235] Im bereits eröffneten Insolvenzverfahren hat der für das Kapitalersatzrecht tragende Gedanke des Unternehmensbetriebs auf Risiko der Gläubiger keine Bedeutung mehr; die Folgen einer Unternehmensfortführung hat in diesem Stadium allein der Insolvenzverwalter zu verantworten. Auf Gesellschafterleistungen, die in diesem Zeitraum erbracht werden, ist daher das Kapitalersatzrecht nicht anzuwenden. Das gleiche wird bereits für die Zeit ab Stellung des Antrags auf Eröffnung des Insolvenzverfahrens zu gelten haben.[236] Nach diesem Zeitpunkt erbrachte Gesellschafterleistungen ersetzen aber dann Eigenkapital, wenn der rechtliche Grund dafür bereits früher im Zustand der Kreditunwürdigkeit der Gesellschaft gelegt worden ist.[237]

42 Zum Tatbestand des kapitalersetzenden Darlehens (§ 32 a GmbHG) gehört es – entgegen der herrschenden Meinung – nicht, dass die Gesellschaft ohne die Zufuhr des von ihr benötigten Kapitals „konkursreif" wäre. Rechtsprechung und Literatur halten es zwar für ein Wesensmerkmal der **Kreditunwürdigkeit,** dass die Gesellschaft ohne die zusätzlichen Mittel nicht mehr „lebensfähig" wäre[238] und deshalb „liquidiert" werden müsste.[239] Dies hat überhaupt zu der allgemein üblich gewordenen Bezeichnung des die Kapitalersatzfunktion begründenden Zustands als „Krise" und letztlich zu dem Missverständnis geführt, Kreditunwürdigkeit und Insolvenzreife seien ein und dasselbe.[240] Darauf beruht schließlich auch die Meinung, sog. **Finanzplankredite** bildeten neben der Kreditunwürdigkeit eine selbständige Kategorie des Kapitalersatzes.[241] Unter Finanzplankrediten versteht man solche

---

[232] BGHZ 76, 326, 330 = NJW 1980, 1524, 1525.
[233] S. RdNr. 9.
[234] Allg. Meinung, vgl. *Baumbach/Hueck/Fastrich* § 32 a RdNr. 47; *Rowedder/Schmidt-Leithoff/Pentz* § 32 a RdNr. 32; *Scholz/K. Schmidt* §§ 32 a, 32 b RdNr. 35.
[235] S. RdNr. 53 ff.
[236] *Fleck*, EWiR § 32 a GmbHG 2/96 S. 1087 f.
[237] RdNr. 40.
[238] BGH NJW 1995, 658.
[239] BGHZ 95, 188, 194 = NJW 1985, 2947, 2948; *Scholz/K. Schmidt* §§ 32 a, 32 b RdNr. 38 mwN.
[240] *Reiner*, Festschrift für Boujong, S. 415, 436 ff.
[241] Dazu RdNr. 16 f., 50 ff.

Gesellschaftermittel, die der Gesellschaft im Gründungsstadium – beispielsweise in Fällen der **Betriebsaufspaltung** – oder zum Zweck der Ausweitung der Unternehmenstätigkeit zur Verfügung gestellt werden. Bleiben sie aus, so muss die Gesellschaft zwar nicht das Insolvenzverfahren beantragen; sie kann sich aber auch nicht entsprechend ihrem Unternehmenszweck betätigen. Das muss für die Anwendung des Kapitalersatzrechts ausreichen. Denn dessen Grundgedanke besteht darin, dass das Unternehmensrisiko nicht von den Gläubigern, sondern von den Gesellschaftern zu tragen ist.[242] Er trifft unabhängig davon, ob man die Finanzplankredite von den im Zustand der Kreditunwürdigkeit der Gesellschaft geleisteten Gesellschafterhilfen unterscheidet, in beiden Fällen zu. Aufrechterhaltung des Geschäftsbetriebs und Erreichung des Gesellschaftszwecks stehen im Kapitalersatzrecht einander gleich.[243]

b) Feststellung der Kreditunwürdigkeit. Die Frage, ob eine Gesellschaft kreditunwürdig ist, ist unter Berücksichtigung aller Umstände des konkreten Falles zu beurteilen.[244] Entscheidend ist, ob ein wirtschaftlich vernünftig handelnder Kreditgeber, der nicht an der Gesellschaft beteiligt ist und sich auch nicht an ihr beteiligen will, unter denselben Verhältnissen und zu denselben Bedingungen der Gesellschaft den Kredit ebenfalls gewährt hätte;[245] dabei kommt es auf die Sicht im Zeitpunkt der Kreditvergabe und nicht auf eine erst später gewonnene Erkenntnis an.[246] Gegen das Vorliegen einer Kreditunwürdigkeit spricht es im Allgemeinen, wenn die Gesellschaft in der Lage ist, ausreichende **Sicherheiten** aus ihrem Vermögen zu stellen.[247] Das ist aber anders, wenn diese Sicherheiten wegen ihrer Art – etwa schwer verwertbares Anlage- oder Umlaufvermögen – oder im Hinblick auf die sonstige wirtschaftliche Lage der Gesellschaft einem Außenstehenden nicht ausgereicht hätten. Es ist freilich nicht allein auf die Haltung der Hausbanken oder die allgemeine Bankpraxis abzustellen; das Verlangen nach besonders qualifizierten Sicherheiten wie insbesondere von den Gesellschaftern persönlich zur Verfügung gestellten Bürgschaften oder Grundpfandrechten kann auch auf einer für die Beurteilung der Kreditwürdigkeit des konkreten Unternehmens nicht aussagekräftigen allgemeinen Gepflogenheit der Banken beruhen.[248] Besonders günstige *Darlehenskonditionen* wie lange Laufzeit und niedriger Zinssatz können für,[249] Vorhandensein erheblicher ungenutzter Kreditlinien gegen[250] das Bestehen einer Kreditunwürdigkeit sprechen. Tatsächliche Kreditgewährung durch einen Dritten ist ein Indiz für eine zu diesem Zeitpunkt vorhandene Kreditwürdigkeit. Der Verlust eines wesentlichen Teils des Stammkapitals,[251] das Zurückbleiben des Rohertrags hinter den Betriebskosten sowie die Nichtbegleichung fälliger Verbindlichkeiten erheblichen Ausmaßes können Indizien dafür sein, dass die Gesellschaft den zur Fortführung ihres Unternehmens notwendigen Kreditbedarf nicht ohne die Gesellschafterhilfe decken kann.[252] Der Umstand, dass die Bank die Erweiterung der **Kreditlinie** davon abhängig macht, dass die Gesellschafter sich in unbeschränkter Höhe für den gesamten Kreditsaldo verbürgen, ist ebenfalls ein Anzeichen für Kreditunwürdigkeit.[253]

---

[242] RdNr. 41.
[243] *Kuhr* S. 98 f.; vgl. auch RdNr. 31; aA *Habersack* ZHR 161 (1997), 457, 481.
[244] Ausführl. zu den für oder gegen eine Kreditunwürdigkeit sprechenden Indizien *v. Gerkan* in v. Gerkan/Hommelhoff RdNr. 3.63 ff.
[245] BGH NJW 1988, 824; BGHZ 121, 31, 39 = NJW 1993, 392, 394 mwN; BGH NJW 1995, 457, 459.
[246] BGH NJW 1988, 824; BGHZ 119, 201, 207 = NJW 1992, 2891, 2892.
[247] BGH NJW 1985, 858; BGH NJW 1985, 2719, 2720; NJW 1988, 824 mwN; BGH NJW 1989, 1219, 1221.
[248] BGH NJW 1987, 1080, 1081; BGH NJW 1988, 824.
[249] *Ulmer/Habersack* § 32 a/b RdNr. 65.
[250] BGH NJW 1995, 457, 459 f.; *Ulmer/Habersack* §§ 32 a/b RdNr. 66; zu weiteren Fallgestaltungen s. BGHZ 105, 168, 181 f. = NJW 1988, 3143, 3146; BGHZ 119, 201, 204 ff. = NJW 1992, 2891 ff.
[251] Vgl. auch RdNr. 48.
[252] BGH NJW 1996, 720, 721; BGH NJW 1996, 722.
[253] BGH NJW 1996, 722.

44 Ein etwaiger **Verlustausgleichsanspruch,** der der Gesellschaft gegen den kreditgebenden Gesellschafter auf Grund eines Beherrschungs- oder Gewinnabführungsvertrages oder im qualifizierten faktischen **Konzern**[254] nach § 302 AktG (unmittelbar oder analog) zusteht, schließt als solcher die Annahme einer im Übrigen bestehenden Kreditunwürdigkeit der GmbH nicht aus und verdrängt damit in derartigen Konzernlagen nicht das Kapitalersatzrecht.[255] Das kann aber anders sein, wenn im Vertragskonzern der Verlustausgleichsanspruch über den gesetzlichen Umfang hinaus so ausgestaltet ist, dass er die jederzeitige Fähigkeit der (Tochter-)Gesellschaft zur Kreditrückzahlung gewährleistet; dies ist insbesondere dann der Fall, wenn der Gesellschaft schon während des laufenden Geschäftsjahres ein Anspruch auf ausreichende Liquiditätszufuhr eingeräumt ist.[256]

45 Dass bereits die Vergabe früherer Kredite der Gesellschafter an ihre Gesellschaft kapitalersetzenden Charakter hatte, ist nur ein – freilich gewichtiges – Indiz dafür, dass eine der Gesellschaft erneut zur Verfügung gestellte Gesellschafterhilfe ebenso zu beurteilen ist; zwingend ist dies jedoch nicht. Die Feststellung, dass sich die Gesellschaft zum maßgeblichen Zeitpunkt in einer Krise befand, ist für jede Gesellschafterleistung eigenständig zu treffen;[257] mehrere von demselben Gesellschafter gewährte Darlehen können deshalb hinsichtlich der Eigenkapitalersatzfunktion unterschiedlich zu beurteilen sein.

46 **Kurzfristige Überbrückungskredite,** die nur der Deckung eines vorübergehenden Geldbedarfs dienen sollen, werden zwar dem Grundsatz nach von den Kapitalersatzvorschriften erfasst, stellen aber in der Praxis im Regelfall keinen Kapitalersatz dar.[258] Dabei kommt es nicht entscheidend auf die von den Parteien vereinbarte Zweckbestimmung, sondern darauf an, ob angesichts der wirtschaftlichen Lage des Unternehmens objektiv damit gerechnet werden konnte, dass die Gesellschaft den Kredit in der vorgesehenen kurzen Zeitspanne – die zeitliche Grenze beträgt im Hinblick auf § 64 Abs. 1 GmbHG längstens drei Wochen[259] – werde ablösen können.[260] Wenn dies der Fall ist, fehlt es am Merkmal der Kreditunwürdigkeit.[261] Ist der Kredit jedoch zur Abwendung des Insolvenzverfahrens erforderlich, so ist er unabhängig von der vereinbarten Laufzeit kapitalersetzend.[262]

47 c) **Partielle Kreditunwürdigkeit?** Es ist streitig, ob ein und dasselbe Darlehen in einen kapitalersetzenden und einen als Fremdkredit zu behandelnden Teil **aufgespalten** werden kann, wenn die Gesellschaft nur diesen Teil des Kredits von dritter Seite hätte erhalten können.[263] Das Problem dürfte von rein theoretischem Interesse sein. Wenn sich wirklich feststellen lässt, dass – nur – ein Teil des von einem Gesellschafter gewährte Darlehen auch von einem außenstehenden Kreditgeber zu erhalten gewesen wäre, dann liegt *insoweit* kein Kapitalersatz vor. Es besteht in diesem Fall kein Grund, das Gesellschafterdarlehen in voller Höhe umzuqualifizieren. In der Praxis wird sich eine solche Feststellung aber kaum jeweils treffen lassen. Jedenfalls wäre es Sache des Gesellschafters, konkret darzulegen, dass ein anderer Kreditgeber bis zu einer bestimmten Höhe zur Kreditgewährung bereit gewesen wäre.[264]

---

[254] Dazu BGHZ 95, 330 = NJW 1986, 188; BGHZ 122, 123 = NJW 1992, 1200 mwN.
[255] BGHZ 105, 168, 182 ff. = NJW 1988, 3143, 3146 f.; BGH NZG 2006, 664, 666 f.; *v. Gerkan/Hommelhoff/Fleischer* RdNr. 12.31 mwN.
[256] *v. Gerkan* ZGR 1997, 173, 205.
[257] BGHZ 119, 201, 212 = NJW 1992, 2891, 2893; BGH NJW 1995, 457, 459.
[258] BGHZ 31, 258, 269 = NJW 1960, 285, 287; wN bei BGH NJW-RR 1990, 230, 232; vgl. ferner *Uhlenbruck/Hirte* § 135 RdNr. 13.
[259] BGH ZIP 2006, 2130; *Lutter/Hommelhoff* §§ 32 a/b RdNr. 35.
[260] BGH NJW 1995, 457, 458; vgl. auch BGH NJW-RR 1990, 230, 232.
[261] Vgl. bereits oben RdNr. 18.
[262] BGH NJW-RR 1990, 230, 232; ZIP 2006, 2130, 2131.
[263] **Bejahend:** OLG Hamm ZIP 89, 1398, 1399; *Lutter* DB 1980, 1317, 1321; *Roth/Altmeppen* § 32 a RdNr. 29; *Früh* GmbHR 1999, 842, 846; **verneinend:** OLG München ZIP 1997, 1118, 1119; *Baumbach/Hueck/Fastrich* § 32 a RdNr. 56; *Ulmer/Habersack* §§ 32 a/b RdNr. 71; *Lutter/Hommelhoff* §§ 32 a/b RdNr. 92; *Rowedder/Schmidt-Leithoff/Pentz* § 32 a RdNr. 68; *Scholz/K. Schmidt* §§ 32 a, 32 b RdNr. 53 mwN.
[264] Vgl. zur Beweislast RdNr. 60.

d) **Überschuldung; Zahlungsunfähigkeit; drohende Zahlungsunfähigkeit.** Ob die **48** Gesellschaft kreditunwürdig ist, braucht nach der Rechtsprechung des Bundesgerichtshofs nicht mehr besonders geprüft zu werden, wenn **Überschuldung** (im Sinne des § 19, früher § 63 KO) eingetreten ist.[265] Das gleiche gilt für den Zustand der **Zahlungsunfähigkeit.**[266] In der Tat war die Stützung einer konkursreifen Gesellschaft durch Gesellschafterdarlehen gerade der Ausgangspunkt der Rechtsprechung zum Kapitalersatz.[267] Trotzdem sollte man nicht von der Insolvenzreife als einem besonderen Unterfall der „Krise" neben der Kreditunwürdigkeit sprechen.[268] Eine Gesellschafterleistung ersetzt dann Eigenkapital, wenn wegen der wirtschaftlichen Lage der Gesellschaft kein Außenstehender bereit wäre, diese auf dieselbe Weise zu unterstützen. Wenn eine solche Bereitschaft trotz etwa eingetretener Überschuldung oder Zahlungsunfähigkeit im Einzelfall noch bestehen sollte, sind die Voraussetzungen für die Anwendung der Kapitalersatzregeln nicht erfüllt. Entscheidend ist deshalb immer die Kreditunwürdigkeit. Die einzelnen Tatbestände der Insolvenzreife sind nur Indizien für das Vorliegen von **Kreditunwürdigkeit.**[269] Freilich wird diese bei Überschuldung immer gegeben sein.[270] Sofern die Gesellschaft trotz scheinbarer rechnerischer Überschuldung auf dem allgemeinen Kreditmarkt noch Kredit zu erlangen vermag, wird dies ein Anzeichen dafür sein, dass keine Überschuldung im Sinne des § 19 Abs. 2 Satz 1 vorliegt. Auch Zahlungsunfähigkeit dürfte ein praktisch kaum zu widerlegendes Indiz für Kreditunwürdigkeit sein.[271] Eine nur vorübergehende, durch die Gesellschaft aus eigener Kraft alsbald behebbare Illiquidität begründet noch keine Zahlungsunfähigkeit.[272] **Drohende Zahlungsunfähigkeit** im Sinne des § 18 Abs. 2 kann auf eine bereits vorhandene Kreditunwürdigkeit hindeuten. Dabei handelt es sich aber nur um eine Indizwirkung, die durch das Vorliegen anderer Umstände abgeschwächt oder beseitigt werden kann.[273] Eine in nicht allzu langer Zeit nach Gewährung der Gesellschafterhilfe eintretende Insolvenzreife kann ebenfalls ein Indiz dafür sein, dass die Gesellschaft schon zu jenem Zeitpunkt kreditunwürdig war.[274] Das Vorliegen einer **Unterbilanz** reicht für sich allein nicht aus,[275] kann aber indizielle Bedeutung haben und gibt Anlaß zu sorgfältiger Prüfung, ob die Gesellschaft bereits überschuldet und damit kreditunwürdig ist.[276] Das Vorhandensein erheblicher stiller Reserven kann die Annahme einer Kreditunwürdigkeit ausschließen.[277]

Ob **Überschuldung** vorliegt, beurteilt sich nach § 19 Abs. 2. Das Vorhandensein einer **49** Überschuldung ist nicht auf der Grundlage einer fortgeschriebenen Jahresbilanz festzustellen; vielmehr bedarf es dazu der Aufstellung eines **Überschuldungsstatus,** in dem die Vermögenswerte des Unternehmens mit ihren aktuellen Verkehrs- oder Liquidationswerten auszuweisen sind.[278] Im **Jahresabschluss** (§ 42 GmbHG, §§ 242 ff. HGB) sind Verbindlichkeiten gegenüber Gesellschaftern mit eigenkapitalersetzendem Charakter zu passivieren, auch wenn ein Rangrücktritt vereinbart ist.[279] In der **Überschuldungsbilanz** sind dagegen

---

[265] BGHZ 109, 55, 59 f. = NJW 1990, 516, 517 mwN; BGHZ 119, 201, 213 = NJW 1992, 2891, 2893 f.; BGHZ 127, 1, 5 f. = NJW 1994, 2349, 2350; BGH NJW 1993, 2179, 2180.
[266] BGHZ 119, 201, 213 = NJW 1992, 2891, 2893.
[267] BGHZ 31, 258, 269, 273 = NJW 1960, 285, 287, 288; BGHZ 67, 171, 177 = NJW 1977, 104, 105.
[268] Vgl. auch *Reiner*, Festschrift für Boujong, S. 483 ff.
[269] Vgl *Baumbach/Hueck/Fastrich* § 32 a RdNr. 51.
[270] Zum „Gleichlauf" beider Tatbestände *Haas* NZI 2001, 1, 6.
[271] Dazu im Einzelnen *Baumbach/Hueck/Fastrich* § 32 a RdNr. 50 mwN; *Rowedder/Schmidt-Leithoff/Pentz* § 32 a RdNr. 41.
[272] *Ulmer/Habersack* §§ 32 a/b RdNr. 68 mwN.
[273] *v. Gerkan* in *v. Gerkan/Hommelhoff* RdNr. 3.49.
[274] *Scholz/K. Schmidt* §§ 32 a, 32 b RdNr. 41.
[275] BGHZ 119, 201, 213 = NJW 1992, 2891, 2894; BGH NJW 1999, 3120, 3121; BGH NJW 2001, 1136; BGH NJW 2001, 1280 = BGHZ 146, 264; *Scholz/K. Schmidt* §§ 32 a, 32 b RdNr. 41.
[276] BGH NJW 1996, 722; BGH NJW 2001, 1136.
[277] BGH NJW 1999, 3120, 3121.
[278] BGH NJW 2001, 1280 = ZIP 2001, 235 m. Anm. *Altmeppen*.
[279] BGHZ 124, 282, 284; BGH BB 2006, 792, 794; BFH ZIP 1992, 620, 622; *Ulmer/Habersack* §§ 32 a/b RdNr. 234, 241 mwN.

derartige mit einem qualifizierten Rangrücktritt versehene Verbindlichkeiten nicht zu passivieren.[280] Die **Rangrücktrittserklärung** des betroffenen Gesellschafters muss zum Inhalt haben, dass er wegen der betreffenden Forderung erst nach der Befriedigung sämtlicher Gesellschaftsgläubiger und – bis zur Abwendung der Krise – auch nicht vor, sondern nur zugleich mit den Einlagerückgewähransprüchen seiner Mitgesellschafter berücksichtigt, also so behandelt werden wolle, als handelte es sich bei seiner Gesellschafterleistung um satzungsmäßiges Kapital.[281] Eines **Verzichts** des Gesellschafters auf die Forderung bedarf es nicht. Es reicht ein Rücktritt in den Rang des § 39 Abs. 1 Nr. 5.[282]

50   e) **Finanzplankredite.** Im Schrifttum ist aus Anlass der zu den sog. „gesplitteten Einlageverpflichtungen" ergangenen Rechtsprechung[283] erörtert worden, ob Finanzplankredite eine eigenständige Kategorie des Eigenkapitalschutzes darstellen.[284] Der BGH hat entschieden, dass der sog. Finanzplankredit **keine eigenständige Kategorie** des Eigenkapitalersatzrechts ist und erst recht keine Haftung wegen „materieller Unterkapitalisierung" begründet.[285] Dieser Ansicht ist das neuere Schrifttum ganz überwiegend gefolgt.[286]

51   Inwieweit ein Gesellschafter verpflichtet ist, ein derartiges Darlehen zur Verfügung zu stellen, bestimmt sich nach dem Inhalt und dem Fortbestand der **Vereinbarungen** zwischen den Gesellschaftern untereinander oder mit der Gesellschaft, die auf satzungsrechtlicher Grundlage oder in der Form einer schuldrechtlichen Nebenabrede getroffen sein können.[287]

52   Nach dem Eintritt der Krise hat der Gesellschafter das wie eine Einlageverpflichtung zu behandelnde Versprechen zu erfüllen, ohne sich auf die inzwischen eingetretene Verschlechterung der Vermögensverhältnisse berufen zu können. Aus der einlageähnlich wirkenden Bindung leitet der BGH ab, dass der Gesellschafter von der Erfüllung seines Versprechens nur außerhalb der Krise befreit werden kann, indem die Satzung geändert oder die Nebenabrede einvernehmlich aufgehoben wird.[288] Auch dem stimmt das Schrifttum im Ergebnis zu, wobei die Bindung teilweise aus der funktionalen Vergleichbarkeit der Finanzplanmittel mit Nachschusskapital hergeleitet wird.[289]

53   f) **Erkennbarkeit.** Nach ganz herrschender Meinung hängt die Kapitalersatzfunktion einer der kreditunwürdigen Gesellschaft erbrachten Gesellschafterleistung nicht von subjektiven Voraussetzungen ab; insbesondere ist es danach nicht erforderlich, dass der Gesellschafter die Kreditunwürdigkeit der Gesellschaft gekannt hat oder hätte erkennen können.[290] Beim **„Stehenlassen"** eines Gesellschafterkredits wird dagegen verlangt, dass der Gesellschafter, der seine Leistung nach Eintritt der Krise nicht abgezogen hat, diese gekannt hat oder doch erkennen konnte **(Kenntnismöglichkeit)**.[291]

54   Die Frage der subjektiven Voraussetzungen kann für die Gesellschafterleistung an die bereits kreditunwürdige Gesellschaft und für das Stehenlassen eines in früherer Zeit gewähr-

---

[280] BGHZ 124, 264, 271 f.; BGH ZIP 2001, 1366, 1367; BB 2006, 792, 794.
[281] BGHZ 146, 264, 271; zu Rechtsnatur und weiteren Rechtsfolgen des Rangrücktritts vgl. auch *Wittig* NZI 2001, 169 ff.
[282] Vgl. dazu *Ulmer/Habersack* §§ 32 a/b RdNr. 241 mwN.
[283] Vgl. BGHZ 70, 61; 93, 159; 104, 33.
[284] Vgl. *Fleischer*, Finanzplankredite und Eigenkapitalersatz im Gesellschaftsrecht, 1995; *Habersack*, ZHR 161 (1997), 457; *Ulmer/Habersack* §§ 32 a/b RdNr. 242 mwN.
[285] BGHZ 142, 116, 122.
[286] Vgl. die Nachweise bei *Ulmer/Habersack* §§ 32 a/b RdNr. 242; aA *Roth/Altmeppen* § 32 a RdNr. 78 ff.; *ders.*, Festschrift Sigle, S. 211 ff.
[287] BGHZ 142, 116, 122; *Fleischer*, Finanzplankredite, S. 72 f., 93 ff. mwN.
[288] BGHZ 142, 116, 117.
[289] *Ulmer/Habersack* §§ 32 a/b RdNr. 248; *ders*, ZGR 2000, 413 ff.; *v. Gerkan/Hommelhoff/Dauner-Lieb*, RdNr. 9.16 e; vgl. ferner *Steinbeck* ZGR 2000, 517 ff.
[290] BGHZ 121, 31, 41 = NJW 1993, 392, 394; *Baumbach/Hueck/Fastrich* § 32 a RdNr. 59; *Ulmer/Habersack* § 32 a/b RdNr. 74; *Roth/Altmeppen* § 32 a RdNr. 17; *Scholz/K. Schmidt* §§ 32 a, 32 b RdNr. 44.
[291] BGHZ 127, 336, 344 ff. = NJW 1995, 326, 329 = ZIP 1994, 1934 m. Anm. *Altmeppen*; BGH NJW 1995, 457, 459 = ZIP 1995, 23, 25 m. Anm. *Altmeppen*; BGH NJW 2000, 3565; *Ulmer/Habersack* §§ 32 a/b RdNr. 44 f.

ten Kredits nicht unterschiedlich beantwortet werden.[292] Es ist zwar richtig, dass es beim **Stehenlassen** an einer der Darlehensgewährung entsprechenden Rechtshandlung zu fehlen scheint, wenn Gesellschaft und Gesellschafter keine rechtsgeschäftliche Abrede über das Verbleiben der Gesellschaftermittel im Unternehmen treffen. Indessen kann die Geltung des Kapitalersatzrechts, das die an einer solchen Vereinbarung nicht beteiligten Gläubiger schützen soll, nicht davon abhängen, dass Gesellschaft und Gesellschafter es durch einen Vertrag erst in Kraft setzen. Der berechtigte Kern der Ansicht, die für die Fälle des Stehenlassens eine **"Finanzierungsabrede"** fordert, liegt darin, dass der Gesellschafter die Möglichkeit haben muss, „eine echte **Finanzierungsentscheidung**",[293] also eine Entscheidung darüber zu treffen, ob er der Gesellschaft die für die Erreichung des Unternehmenszwecks erforderlichen, auf dem Kapitalmarkt zu marktüblichen Bedingungen nicht zu erlangenden Finanzierungsmittel entweder zur Verfügung stellen bzw. belassen oder davon absehen will. Dafür reicht es einerseits nicht aus, dass er im Fall des Stehenlassens mit der Gesellschaft etwa eine Stundung vereinbart; denn die Bereitstellung von Finanzierungsmitteln ist noch keine Entscheidung über Fortführung oder letztlich Liquidation der Gesellschaft. Auf der anderen Seite ist es aber auch nicht erforderlich, dass der Gesellschafter die existentielle Bedeutung seiner der Gesellschaft gewährten Hilfe positiv kennt. Sinn des Kapitalersatzrechts ist es, das Risiko des Scheiterns des im Zustand der Kreditunwürdigkeit betriebenen Unternehmens denjenigen aufzuerlegen, die im Fall des Erfolgs den Nutzen davon haben: den Gesellschaftern und nicht den Gläubigern.[294] Dem können sich die Gesellschafter nicht dadurch entziehen, dass sie sich um die Belange des Unternehmens nicht kümmern. Das ist der berechtigte Grund dafür, dass die Rechtsprechung in den Fällen des Stehenlassens grundsätzlich eine Finanzierungsentscheidung in dem genannten Sinne verlangt, es aber an deren Stelle auch ausreichen lässt, dass dem Gesellschafter eine solche Entscheidung möglich und zumutbar war. Unter diesen Voraussetzungen liegt eine ihm zurechenbare Finanzierungsentscheidung vor.[295] Diese Entscheidungsmöglichkeit ist es, die es rechtfertigt, ihm jenes Risiko aufzuerlegen. Wenn das aber so ist, dann kann es bei der Gesellschafterhilfe, die der schon kreditunwürdigen Gesellschaft gewährt wird, nicht anders sein. Auch hier ist es daher entgegen der Rechtsprechung und der herrschenden Meinung im Schrifttum für die Anwendung des Kapitalersatzrechts erforderlich, dass der Gesellschafter bei seiner Leistung an die Gesellschaft deren Kreditunwürdigkeit *kannte* oder hätte *erkennen können*.[296]

An die Möglichkeit, die Krise des Unternehmens zu erkennen **(Kenntnismöglichkeit)**, **55** sind keine hohen Anforderungen zu stellen. Der Gesellschafter muss, um seiner Verantwortung gerecht zu werden, von sich aus sicherstellen, dass er laufend zuverlässig über die wirtschaftliche Lage der Gesellschaft informiert ist.[297] Der Bundesgerichtshof geht deshalb – im Zusammenhang mit dem „Stehenlassen" einer Gesellschafterhilfe – in ständiger Rechtsprechung davon aus, dass im Normalfall dem Gesellschafter die wirtschaftlichen Umstände, die die Umqualifizierung seiner Hilfe in Eigenkapitalersatz begründen, zumindest bekannt sein konnten und mussten; „nur in Ausnahmefällen bei Vorliegen ganz besonderer ... Umstände" kann der Gesellschafter mit dem Einwand durchdringen, er habe die wirtschaftliche Situation „seiner" Gesellschaft nicht erkennen können.[298] Dem ist grundsätzlich zuzustimmen. Das Ausmaß der Anforderungen wird aber unter anderem auch vom Umfang der Beteiligung an der Gesellschaft und an der Geschäftsführung abhängen. Ein maßgeblich beteiligter sowie ein geschäftsführend tätiger Gesellschafter wird es sehr schwer haben

---

[292] Ebenso *Rowedder/Schmidt-Leithoff/Pentz* § 32a RdNr. 67; *Ulmer/Habersack* §§ 32 a/b RdNr. 41, 74 mwN.
[293] BGHZ 127, 336, 345 = NJW 1995, 326, 329.
[294] RdNr. 3.
[295] *Ulmer/Habersack* §§ 32 a/b RdNr. 41.
[296] *Rowedder/Schmidt-Leithoff/Pentz* § 32a RdNr. 67; *ders.* GmbHR 1999, 437, 439; *Habersack* ZHR 162 (1998), 201, 207; dagegen *Roth/Altmeppen* § 32a RdNr. 17, 44.
[297] BGHZ 127, 336, 346 = NJW 1995, 326, 329.
[298] BGHZ 127, 336, 346f. = NJW 1995, 326, 329; BGH NJW 2000, 3565; vgl. auch *Geißler* GmbHR 1994, 152, 155f.

darzulegen, dass die Lage der Gesellschaft für ihn nicht erkennbar gewesen sei. Dagegen wird man von einem nur geringfügig beteiligten reinen **Anlagegesellschafter,** soweit er nicht nach § 32 a Abs. 3 Satz 2 GmbHG ohnehin von der Geltung des Kapitalersatzrechts ausgenommen ist, nur dann verlangen können, sich näher über die wirtschaftliche Lage der Gesellschaft zu informieren, wenn er dazu einen besonderen Anlass hat. Freilich wird ein solcher Anlass häufig schon allein aus dem Grunde bestehen, dass die Geschäftsführung überhaupt mit der Bitte um eine Kreditgewährung an den Gesellschafter herantritt. Die Umstände, aus denen sich die Unkenntnis oder die mangelnde Erkennbarkeit des die Kreditunwürdigkeit der Gesellschaft begründenden Sachverhalts ergeben sollen, muss der Gesellschafter *darlegen.* Aus den soeben genannten Gründen dürfte für seine Möglichkeit, jenen Sachverhalt wenigstens durch nach den Umständen gebotene und zumutbare Maßnahmen in Erfahrung zu bringen, der **Beweis des ersten Anscheins** sprechen.[299] Die Rechtsprechung erlegt ihm darüber hinaus auch die **Beweislast**[300] auf.[301] Bei der Frage des Kennenmüssens kommt es nur auf die eigene Kenntnismöglichkeit des Gesellschafters und nicht auf diejenige etwaiger Hilfspersonen – wie etwa Angestellte oder Steuerberater – an.[302]

56 **3. Stehenlassen. a) Gleichstellung mit Darlehensgewährung.** Eine unangemessene Verlagerung des Unternehmensrisikos auf die Gesellschaftsgläubiger kann auch dadurch eintreten, dass ein Gesellschafter sein noch unter wirtschaftlich gesunden Verhältnissen gegebenes Darlehen nach Eintritt der Krise nicht abzieht, sondern der Gesellschaft belässt („stehenlässt"). Die Rechtsprechung stellt deshalb zu Recht beide Tatbestände grundsätzlich gleich.[303] Ob Rechtsgrundlage dafür Abs. 1 oder Abs. 3 Satz 1 des § 32 a GmbHG ist,[304] ist ohne praktische Bedeutung. Die Gleichstellung gilt sowohl für das gesetzlich normierte Kapitalersatzrecht wie auch für die **„Rechtsprechungsregeln".** Unproblematisch ist sie dann, wenn die fällige Darlehensforderung des Gesellschafters nach Eintritt der Krise **gestundet** oder die Darlehenslaufzeit einverständlich verlängert wird; solche Vereinbarungen entsprechen in jeder Hinsicht der erstmaligen Gewährung eines Darlehens.[305] Streitig ist dagegen, unter welchen Voraussetzungen bereits der Umstand, dass eine fällige Darlehensforderung nicht geltend gemacht oder ein kündbares Darlehen nicht gekündigt wird, wie eine Darlehensgewährung zu behandeln ist. Diese Frage ist entgegen einer verbreiteten Literaturmeinung, die eine besondere **Finanzierungsabrede** verlangt,[306] mit der Rechtsprechung des Bundesgerichtshofs dahin zu entscheiden, dass Kapitalersatz vorliegt, wenn der Gesellschafter die Tatsachen, die die Kreditunwürdigkeit der Gesellschaft begründen, zumindest **erkennen** konnte.[307] Die Umstände, aus denen sich die Unkenntnis oder die mangelnde Erkennbarkeit ergeben sollen, hat der Gesellschafter darzulegen. Dieser trägt nach der Rechtsprechung des Bundesgerichtshofs auch die **Beweislast;** richtigerweise sollte diese aber bei der Gesellschaft bleiben.[308]

57 **b) Abzugsmöglichkeit.** Die Einordnung von stehengelassenen Gesellschaftermitteln als Kapitalersatz **(Umqualifizierung)** setzt voraus, dass der Gesellschafter die Möglichkeit hatte, der Gesellschaft seine weitere Unterstützung zu versagen und die Liquidation herbeizuführen, und davon keinen Gebrauch gemacht hat.[309] Eine solche Möglichkeit des Mittel-

---

[299] So könnte noch BGH NJW 1992, 1764, 1766 verstanden werden.
[300] Vgl. auch RdNr. 60.
[301] BGHZ 127, 336, 347 = NJW 1995, 326, 329 f.; BGH NJW 1998, 3200, 3201; zustimmend *Baumbach/Hueck/Fastrich* § 32 a RdNr. 62; *Pape* ZIP 1996, 1409, 1412; *Pentz* GmbHR 1999, 437, 448.
[302] BGHZ 127, 336, 347 = NJW 1995, 326, 329.
[303] BGHZ 75. 334, 336 f. = NJW 1980, 592; BGHZ 81, 252, 257 = NJW 1981, 2570, 2571; BGH NJW-RR 1987, 806 mwN.
[304] Vgl. dazu *Ulmer/Habersack* §§ 32 a/b RdNr. 45.
[305] Allg. Meinung; vgl. *Ulmer/Habersack* § 32 a/b RdNr. 46 mwN; zur Unterscheidung der einzelnen Fallgruppen s. insbes. *Baumbach/Hueck/Fastrich* § 32 a RdNr. 37 ff.
[306] RdNr. 53.
[307] Vgl. RdNr. 53 f.
[308] RdNr. 55.
[309] BGHZ 75, 334, 338 = NJW 1980, 592; BGHZ 81, 252, 257 = NJW 1981, 2570, 2571; BGH NJW-RR 1987, 806; BGH; BGH NJW 1991, 357.

abzugs kann in einem nach dem Darlehensvertrag gegebenen ordentlichen oder außerordentlichen[310] **Kündigungsrecht** bestehen. Die Umqualifizierung tritt aber auch dann ein, wenn der Gesellschafter – unabhängig von einem schuldrechtlichen Lösungsrecht – eine ihm gesellschaftsrechtlich zur Verfügung stehende Möglichkeit, die Gesellschaft zu liquidieren, ungenutzt lässt.[311] Bei gemeinsamen Finanzierungshilfen mehrerer Gesellschafter reicht es aus, dass sie zusammen über die zur Herbeiführung der Liquidation erforderliche Mehrheit verfügen.[312] Soweit danach eine Liquidationsmöglichkeit gegeben ist, steht es der Umqualifizierung nicht entgegen, dass die Forderung des Gesellschafters uneinbringlich oder ihre Geltendmachung mit unverhältnismäßigen Kosten verbunden ist.[313]

Dem Gesellschafter ist eine angemessene Zeitspanne zuzubilligen, in der er die Lage beurteilen und die ihm abverlangte Entscheidung, ob er die Gesellschaft unter Aufrechterhaltung seiner Kredithilfe fortführen oder – sei es mittelbar durch Abzug der Mittel, sei es unmittelbar kraft seiner Befugnisse als Gesellschafter – liquidieren will, vorbereiten und treffen kann.[314] Angemessen ist im Regelfall eine **Überlegungsfrist** von höchstens drei Wochen (vgl. § 64 Abs. 1 Satz 1 GmbHG).[315] Eine Umqualifizierung findet nicht statt, wenn die Gesellschaft in angemessener Zeit nach Krisenbeginn Insolvenzantrag stellt.[316] Die Frist beginnt mit dem Zeitpunkt, in dem der Eintritt der Krise für den Gesellschafter erkennbar wird.[317]

4. Dauer der Kapitalersatzfunktion. Die kapitalähnliche Bindung entfällt, wenn die Gesellschaft ihre Kreditwürdigkeit nachhaltig wiedererlangt (**„Entsperrung"**); das gilt freilich nur, wenn bis zur Rückzahlung des Kredits die Kreditunwürdigkeit nicht erneut eingetreten ist.[318] Es wird jedoch vermutet, dass ein Gesellschafterdarlehen, das bei der Auszahlung – oder beim Stehenlassen – kapitalersetzend war, diese Funktion auch noch im Zeitpunkt der Rückzahlung hatte, wenn danach innerhalb der Jahresfrist des § 135 Nr. 2 das Insolvenzverfahren über das Gesellschaftsvermögen eröffnet wird oder ein Gläubiger die Rückgewähr außerhalb des Insolvenzverfahrens anficht.[319] Bei Anwendung der **„Rechtsprechungsregeln"** tritt dagegen allein dadurch, dass das Stammkapital inzwischen auf andere Weise gedeckt ist, keine Entsperrung ein.[320]

5. Beweislast. Wer Rechte aus den §§ 32a GmbHG, 135 oder den „Rechtsprechungsregeln" zum Kapitalersatzrecht geltend macht – also in der Regel der Insolvenzverwalter –, muss grundsätzlich die dafür erforderlichen Voraussetzungen beweisen.[321] Jedoch hat, wenn es darum geht, über welche Kreditsicherheiten die Gesellschaft noch verfügte, der Gesellschafter zunächst konkret darzulegen, welche Vermögenswerte der Gesellschaft insoweit zur Verfügung standen.[322] Beruft er sich auf das Vorhandensein von stillen Reserven, so ist seiner Darlegungslast genügt, wenn sich aus dem Jahresabschluss der Gesellschaft greifbare Anhaltspunkte für die Existenz solcher stillen Reserven ergeben; die Gesellschaft (oder der Insolvenzverwalter) hat dann darzulegen und zu beweisen, dass trotzdem Kreditunwürdigkeit

---

[310] Vgl. dazu *Geißler* GmbHR 1994, 152, 156.
[311] BGH NJW 1992, 1169, 1170; BGHZ 121, 31, 36f. = NJW 1993, 392, 393 mwN. – Krit. dazu *Wiedemann*, Festschrift für Beusch, S. 903f.; *Reiner*, Festschrift Boujong S. 452.
[312] BGHZ 121, 31, 37 = NJW 1993, 392, 393; BGHZ 127, 1, 6 = NJW 1994, 2349, 2350; *Habersack* ZHR 161 (1997), 457, 472; vgl. RdNr. 97.
[313] *v. Gerkan/Hommelhoff/Johlke/Schröder* RdNr. 5.101.
[314] BGH NJW 1991, 357; BGH NJW 1992, 1169, 1170; BGHZ 121, 31, 36 = NJW 1993, 392, 393.
[315] BGH NJW 1995, 658, 659: zwei Wochen jedenfalls im Regelfall nicht zu lange; OLG Düsseldorf GmbHR 1997, 350, 351.
[316] BGH NJW 1995, 658, 659.
[317] Vgl. RdNr. 56.
[318] *Ulmer/Habersack* §§ 32a/b RdNr. 81; *Lutter/Hommelhoff* §§ 32a/b RdNr. 21, 93; *Scholz/K. Schmidt* §§ 32a, 32b RdNr. 54 mwN.
[319] BGHZ 90, 370, 380f. = NJW 1984, 1891, 1893; *Ulmer/Habersack* §§ 32a/b RdNr. 81; aA *Scholz/K. Schmidt* §§ 32a, 32b RdNr. 54; krit. auch *Wilken* ZIP 1996, 61, 64.
[320] BGH NZG 2006, 263, 264 mwN; s. dazu RdNr. 109.
[321] BGH NJW 1989, 1219, 1220; vgl. auch BGH NJW-RR 1989, 1372, 1373.
[322] BGH NJW 1997, 3171, 3172; BGH NJW 1998, 1143, 1144.

bestand.³²³ Dagegen trifft die **Beweislast** für den nachträglichen Wegfall eines die Anwendung der Kapitalersatzregeln begründenden Tatbestandsmerkmals den sich darauf berufenden Gesellschafter.³²⁴ Das gleiche gilt für die Ausnahmebestimmungen des § 32 a Abs. 3 Satz 2 und Satz 3 GmbHG³²⁵ sowie für den Einwand der **„Entsperrung"**.³²⁶ Soweit es um den Nachweis einer für die Feststellung der Kreditunwürdigkeit bedeutsamen³²⁷ **Überschuldung** geht, sind die gleichen Beweislastgrundsätze anzuwenden, die für die Haftung des Geschäftsführers nach § 823 Abs. 2 BGB in Verbindung mit § 64 Abs. 1 GmbHG gelten. Danach ist jedenfalls die Überschuldung grundsätzlich vom Anspruchsteller – im Kapitalersatzrecht also im Allgemeinen vom Insolvenzverwalter – zu beweisen. Die Umstände, aus denen sich im maßgeblichen Zeitpunkt eine positive Fortbestehensprognose ergeben haben soll, hat demgegenüber der Gesellschafter darzulegen.³²⁸ Ihm insoweit auch die Beweislast aufzuerlegen³²⁹ erscheint ebenso wenig gerechtfertigt wie hinsichtlich der Erkennbarkeit der Krise für den Gesellschafter, die nach der Rechtsprechung des Bundesgerichtshofs dieser nicht nur darzulegen, sondern auch zu beweisen hat.³³⁰

V. Gleichgestellte Forderung

61   1. Begriff. Ebenso wie mit dem Begriff des „kapitalersetzenden Darlehens" die früher in § 32 a KO enthaltene Bezugnahme auf § 32 a Abs. 1 GmbHG ersetzt worden ist, ist anstelle des Verweises auf § 32 a Abs. 3 (jetzt Satz 1) GmbHG der Begriff der **„gleichgestellten Forderung"** getreten. Diese Formulierung „zielt (gleichwohl) insbesondere auf den Fall des § 32 a Abs. 3 GmbHG ab",³³¹ soll aber darüber hinaus auch in dieser Hinsicht die von der Rechtsprechung in entsprechender Anwendung der §§ 30, 31 GmbHG entwickelten Kapitalersatzregeln in die Anfechtungsvorschrift des § 135 einbeziehen.³³² § 32 a Abs. 3 Satz 1 GmbHG enthält einen entsprechend dem Zweck der Vorschrift weit gefassten Umgehungstatbestand. Er erstreckt sich auf alle Maßnahmen, die wirtschaftlich einer Darlehensgewährung im Sinne des § 32 a Abs. 1 GmbHG entsprechen. Der Sache nach gehört dazu auch die Absicherung von Drittkrediten durch einen Gesellschafter; dieser Fall ist aber in § 32 a Abs. 2 GmbHG gesondert geregelt. Trotz des weiten Anwendungsgebiets betrifft § 32 a Abs. 3 Satz 1 GmbHG unstreitig ausschließlich Fälle der **nominellen,** nicht dagegen der **materiellen Unterkapitalisierung.**³³³ In Grenzbereichen kann allerdings zweifelhaft werden, ob eine bestimmte Maßnahme noch der Finanzierung der Gesellschaft dient und damit von einer (nur) nominellen Unterkapitalisierung gesprochen werden kann oder ob bereits ein Fall der materiellen Unterkapitalisierung vorliegt. Hierher gehört vor allem die Überlassung von Gegenständen zur Nutzung.³³⁴ Die durch § 32 a Abs. 3 Satz 1 GmbHG bewirkte Erweiterung gegenüber dem Grundtatbestand des Absatzes 1 bezieht sich zum einen auf die Art der der Stützung der Gesellschaft dienenden Maßnahmen³³⁵ und zum anderen auf den Kreis der die Hilfe gewährenden Personen; der Gesellschafter soll sich den Kapitalersatzvorschriften auch nicht dadurch entziehen können, dass er ihm nahe stehende Dritte zu Maßnahmen der Finanzierung seiner Gesellschaft einschaltet.³³⁶

---

³²³ BGH NJW 1999, 3120, 3121.
³²⁴ BGH NJW 1989, 1219, 1220; BGH NJW-RR 1990, 290, 291. – Zur Darlegungs- und Beweislast hinsichtlich der subjektiven Voraussetzungen s. RdNr. 55.
³²⁵ *Pichler* WM 1999, 411, 418.
³²⁶ Dazu RdNr. 59; *Ulmer/Habersack* §§ 32 a/b RdNr. 83.
³²⁷ RdNr. 48.
³²⁸ BGHZ 126, 181, 200 = NJW 1994, 2220, 2224; BGH NJW 1997, 3171, 3172.
³²⁹ So *Ulmer/Habersack* § 64 RdNr. 19; *Scholz/K. Schmidt* § 63 RdNr. 12; offengelassen in BGHZ 126, 181, 200 = NJW 1994, 2220, 2224; vgl. auch BGH NJW 1997, 3171, 3172.
³³⁰ Dazu näher RdNr. 55; vgl. auch *Roth/Altmeppen* § 32 a RdNr. 53 ff.
³³¹ Begr. RegE, abgedr. bei *Kübler/Prütting* S. 350.
³³² Vgl. RdNr. 10.
³³³ *Scholz/K. Schmidt* §§ 32 a, 32 b RdNr. 113; vgl. dazu RdNr. 15.
³³⁴ RdNr. 92 ff.
³³⁵ RdNr. 62 ff.
³³⁶ RdNr. 69 ff.

2. Gleichgestellte Maßnahmen. a) Rechtshandlung. § 32 a Abs. 3 Satz 1 GmbHG **62** spricht von „Rechtshandlungen". Obwohl dieser Begriff auch in § 135 selbst[337] – ebenso wie in den anderen anfechtungsrechtlichen Bestimmungen der §§ 129 ff. – vorkommt, muss er in den beiden Zusammenhängen nicht unbedingt dasselbe bedeuten; denn § 32 a Abs. 3 Satz 1 GmbHG ist keine Vorschrift des Insolvenzanfechtungsrechts. Ob mit der Verwendung des Begriffs der „Rechtshandlung" in § 32 a Abs. 3 Satz 1 GmbHG ein rechtsgeschäftliches Verhalten vorausgesetzt wird, ist streitig. Die Frage spielt eine Rolle, soweit es darum geht, ob bloßes Untätigsein wie das **Stehenlassen** oder das Unterlassen der Geltendmachung oder der Kündigung einer Forderung ausreicht. Ein Teil des Schrifttums verneint dies, weil anderenfalls das Kapitalersatzrecht uferlos ausgeweitet werde.[338] Richtigerweise ist jedoch mit dem Bundesgerichtshof auf den Zweck der Kapitalersatzvorschriften abzustellen, der darin besteht, das Risiko der Fortführung einer kreditunwürdigen Gesellschaft nicht den Gläubigern, sondern den die Gesellschaft stützenden Gesellschaftern zuzuweisen.[339] Rechtshandlung im Sinne des § 32 a Abs. 3 Satz 1 GmbHG ist daher jede Maßnahme, die der Finanzierung der Gesellschaft durch Zuführung oder Belassen von Finanzierungsmitteln dient; ob der Finanzierungseffekt mit einem rechtsgeschäftlichen Verhalten des Gesellschafters verbunden ist, spielt für jene Risikoverteilung keine Rolle. Als Korrektiv zur Vermeidung einer zu weitgehenden Betonung der Gläubigerinteressen muss jedoch nicht nur in den Fällen, in denen die Rechtsfolgen des Kapitalersatzes an ein bloßes Unterlassen geknüpft werden, sondern entgegen der herrschenden Meinung insgesamt verlangt werden, dass der Gesellschafter die Umstände, aus denen sich die Kreditunwürdigkeit der Gesellschaft ergibt, erkennen kann.[340] Im Normalfall ist von der Kenntnismöglichkeit des Gesellschafters auszugehen.[341]

b) Einzelfälle. aa) Verbürgung für Drittschuld. Zahlt der Gesellschafter das Darlehen **63** nicht an die Gesellschaft, sondern für deren Rechnung an einen Dritten aus, so handelt es sich noch um den Grundfall des kapitalersetzenden Darlehens (§ 32 a Abs. 1 GmbHG). Das wirtschaftlich gleiche Ergebnis kann auch dadurch erzielt werden, dass der Gesellschafter im Auftrag der Gesellschaft für die Schuld eines Dritten eine **Bürgschaft** übernimmt.[342] Der Fall der Bürgschaftsübernahme wird, wenn die Bürgschaft keinen der Gesellschaft von dritter Seite gewährten Kredit absichert, nicht von § 32 a Abs. 2 GmbHG,[343] sondern von Abs. 3 S. 1 der Vorschrift erfasst.

bb) „Stehenlassen" von Forderungen. Die gleichen Beurteilungsmaßstäbe wie für das **64** „Stehenlassen" von Darlehen[344] gelten, wenn der Gesellschaft dadurch Liquidität verschafft wird, dass ein Gesellschafter eine sonstige Forderung aus einem Verkehrsgeschäft (etwa einem Kauf- oder Werkvertrag) mit der Gesellschaft nicht einzieht. Dazu gehört zunächst die nachträgliche **Stundung** einer solchen Forderung,[345] wobei es auf die Stundungsdauer nur insofern ankommt, als die Beurteilung der Frage der Kreditwürdigkeit der Gesellschaft davon abhängt, ob ein außenstehender Vertragspartner sich auf eine gleich lange Stundung eingelassen hätte.[346] Auch eine von vornherein in einem Drittgeschäft zwischen Gesellschaft und Gesellschafter enthaltene Fälligkeitsvereinbarung ist eine gleichgestellte Maßnahme, wenn das der Gesellschaft hierdurch eingeräumte **Zahlungsziel** erheblich von den bei derartigen Verträgen üblichen Konditionen abweicht.[347]

---

[337] RdNr. 74.
[338] Vgl. dazu RdNr. 56; ferner ausführlich *Ulmer/Habersack* §§ 32 a/b RdNr. 106 ff. mwN.
[339] Vgl. RdNr. 3; BGH NJW 1985, 2719, 2720.
[340] Einzelheiten und Nachw. RdNr. 53 ff.
[341] BGHZ 127, 336, 346 f. = NJW 1995, 326, 329; s. RdNr. 55.
[342] BGHZ 67, 171, 182 f. = NJW 1977, 104, 106.
[343] RdNr. 82 ff.
[344] RdNr. 56 ff.
[345] BGHZ 76, 326, 328 f. = NJW 1980, 1524; BGHZ 81, 252, 263 = NJW 1981, 2570, 2573; BGH NJW 1997, 3026; OLG Düsseldorf ZIP 1995, 1907, 1910.
[346] BGH NJW 1995, 457, 458; *Ulmer/Habersack* §§ 32 a/b RdNr. 80, 110; *Roth/Altmeppen* § 32 a RdNr. 192.
[347] *Ulmer/Habersack* §§ 32 a/b RdNr. 111; *Scholz/K. Schmidt* §§ 32 a, 32 b RdNr. 116.

65 Darüber hinaus greifen die Kapitalersatzregeln ein, wenn ein Gesellschafter eine ihm gegen die Gesellschaft zustehende fällige Forderung ohne rechtsgeschäftliche Abrede mit der Gesellschaft nicht geltend macht, falls er erkennen kann, dass die der Gesellschaft durch dieses Untätigbleiben belassenen Mittel erforderlich sind, um sie über Wasser zu halten.[348] Schiebt die Gesellschaft im Rahmen einer laufenden Geschäftsbeziehung mit dem Gesellschafter ihre Verbindlichkeiten unter dessen Duldung ständig mit einer die marktüblichen Zahlungsfristen deutlich überschreitenden Verzögerung vor sich hin, so stellt zwar nicht jede einzelne verspätet beglichene Forderung[349] eine kapitalersetzende Kreditgewährung dar; in Höhe des durchschnittlichen Saldos der auf diese Weise offen bleibenden Forderungen handelt es sich aber bei Vorliegen der sonstigen Voraussetzungen um Ersatz von Eigenkapital.[350] Erwirbt ein Gesellschafter eine gegen die Gesellschaft gerichtete **gestundete Forderung** eines außenstehenden Gläubigers, so kann auch darin eine kapitalersetzende Maßnahme liegen.[351]

66 cc) Stille Beteiligung. Die Einlage eines – typischen – **stillen Gesellschafters** kann, wenn dieser gleichzeitig einen Geschäftsanteil an der GmbH hält oder ein einem Gesellschafter gleichgestellter Dritter[352] ist, wie ein Darlehen eine kapitalersetzende Leistung sein.[353] § 236 Abs. 1 HGB, wonach der stille Gesellschafter die Forderung auf Rückzahlung seiner – nicht durch Verluste aufgezehrten – Einlage als Insolvenzgläubiger geltend machen kann, ist in einem solchen Fall nicht anwendbar; die Kapitalersatzregeln gehen vielmehr vor. Gleiches gilt erst recht für eine atypische stille Beteiligung. Von der hier behandelten stillen Beteiligung eines GmbH-Gesellschafters an seiner Gesellschaft ist der Fall der atypischen stillen Beteiligung eines Außenstehenden an der GmbH zu unterscheiden.[354]

67 dd) Eigentumsvorbehalt. Die Stundung oder das Stehenlassen von Kaufpreisforderungen kann bei Vorliegen der sonstigen Voraussetzungen einen kapitalersetzenden Kredit darstellen.[355] Eine andere Frage ist es, wie in einem solchen Fall im Insolvenzverfahren die dann etwa noch vorhandenen Kaufgegenstände (Waren) im Fall eines **Eigentumsvorbehalts** des Verkäufers zu behandeln sind. Sieht man von den Kapitalersatzvorschriften ab, so entfällt, wenn der Konkursverwalter nach § 103 die Erfüllung des Vertrages ablehnt, die Bedingung für den Eigentumsübergang, und der Verkäufer kann die vorhandenen Waren aussondern. Ließe man dies auch für den Fall gelten, dass die unerfüllt gebliebene Kaufpreisforderung zu Kapitalersatz geworden ist, dann würde der Gesellschafter durch die Rücknahme der Vorbehaltsware erreichen, dass er im Ergebnis – zumindest teilweise – wegen seines Zahlungsanspruchs befriedigt wird. Das würde der kapitalersatzrechtlichen Bindung dieses Anspruchs widersprechen. Der Eigentumsvorbehalt ist wirtschaftlich ein Mittel zur Sicherung des Kaufpreisanspruchs; hierin erschöpft sich dem materiellen Gehalt nach das Eigentum des Vorbehaltsverkäufers. Insoweit besteht kein Unterschied zur Sicherungsübereignung oder Sicherungsabtretung von der Gesellschaft gehörenden Gegenständen bzw. Forderungen. Solche **Sicherheiten** sind nach dem Kapitalersatzrecht grundsätzlich unverwertbar.[356] Beim Eigentumsvorbehalt kann es nicht anders sein.[357] Nach der Gegenansicht soll einer solchen Gleichstellung entgegenstehen, dass es sich hier nicht um ein Kreditgeschäft, sondern um den Fall eines Zurückbehaltungsrechts nach § 320 BGB hande-

---

[348] Vgl. RdNr. 56, 62.
[349] Insoweit zweifelnd *Fleck* EWiR 95, 367, 368.
[350] BGH NJW 1995, 457, 459; LG Hamburg GmbHR 1991, 531 f.; *Scholz/K. Schmidt* §§ 32 a, 32 b RdNr. 43.
[351] *Ulmer/Habersack* §§ 32 a/b RdNr. 112; *Scholz/K. Schmidt* §§ 32 a, 32 b RdNr. 118 mwN.
[352] RdNr. 69 ff.
[353] *Baumbach/Hueck/Fastrich* § 32 a RdNr. 30; *Ulmer/Habersack* §§ 32 a/b RdNr. 113 f.; *Scholz/K. Schmidt* §§ 32 a, 32 b RdNr. 119, jeweils mwN.
[354] Dazu RdNr. 72.
[355] RdNr. 65.
[356] RdNr. 81.
[357] *Scholz/K. Schmidt* §§ 32 a, 32 b RdNr. 116; *v. Gerkan* ZHR 158 (1994), 668, 669 Fn. 11; *Lutter/Hommelhoff* §§ 32 a/b RdNr. 153.

le.³⁵⁸ Diese formale Betrachtungsweise ist jedoch angesichts der wirtschaftlichen Austauschbarkeit beider Sicherungsmittel nicht angebracht. Handelt es sich, wie es oft der Fall sein wird, um einen erweiterten Eigentumsvorbehalt in der Form eines Kontokorrentvorbehalts, so hat der Vorbehaltsverkäufer in der Insolvenz des Vorbehaltskäufers ohnehin kein Aussonderungs-, sondern nur ein Absonderungsrecht,³⁵⁹ das aber unter den Voraussetzungen des Kapitalersatzes ebenfalls nicht durchgesetzt werden kann.

ee) Leasinggeschäfte. Ein Gesellschafter kann der GmbH dadurch Geldmittel zuführen, **68** dass er von ihr Anlagevermögen entgeltlich erwirbt und es ihr anschließend zur Nutzung überlässt (sale and lease back). Eine solche Gestaltungsform entspricht wirtschaftlich einer Kreditgewährung mit Sicherungsübereignung und unterfällt deshalb bei Vorliegen der sonstigen Voraussetzungen den Kapitalersatzvorschriften.³⁶⁰ Gleiches gilt für das **Finanzierungsleasing.** Bei ihm stellt der Leasinggeber – im hier interessierenden Zusammenhang ein Gesellschafter – einen Anlagegegenstand, den er von einem Außenstehenden erworben hat, der Gesellschaft gegen Zahlung der Leasingraten, deren Höhe sich nach dem Kapitalaufwand des Leasinggebers richtet, zur Nutzung zur Verfügung. Dabei handelt es sich nicht um einen Fall der Nutzungsüberlassung, sondern wirtschaftlich um ein Finanzierungsgeschäft.³⁶¹

3. Erweiterung auf Nichtgesellschafter. a) Mittelbare Stellvertreter; nahe Ange- 69 hörige; Treugeber. Die Kapitalersatzregelungen richten sich grundsätzlich nur an die Gesellschafter. Ausnahmsweise können aber auch außenstehende Dritte vom Kapitalersatzrecht erfasst werden. Das ist zunächst der Fall, wenn ein Dritter der Gesellschaft das zur Finanzierung benötigte Geld als **mittelbarer Stellvertreter** eines Gesellschafters, also aus dessen Mitteln oder für seine Rechnung zur Verfügung stellt.³⁶² Diese letzteren Voraussetzungen gelten auch, wenn der Dritte ein **naher Angehöriger** des Gesellschafters ist.³⁶³ Eine darüber hinausgehende Einbeziehung solcher Personen kommt nicht in Betracht; jedoch sind Beweiserleichterungen, etwa in Form des Anscheinsbeweises, denkbar, wenn es Hinweise darauf gibt, dass die Mittel vom Gesellschafter stammen oder dieser den Gesellschaftsanteil treuhänderisch für den das Darlehen gewährenden nahen Angehörigen hält.³⁶⁴ Ein Gesellschafter kann sich den Kapitalersatzregeln nicht dadurch entziehen, dass er die von der Gesellschaft benötigten Finanzierungsmittel durch gemeinschaftliche Darlehensaufnahme mit einem Dritten beschafft und diesen unter Freistellung von dessen Rückzahlungspflicht als Darlehensgeber gegenüber der GmbH einschaltet.³⁶⁵ Neben dem Treuhandgesellschafter ist auch der **Treugeber**³⁶⁶ als mittelbarer, wirtschaftlich beteiligter Gesellschafter Adressat des Kapitalersatzrechts.³⁶⁷ Ob es sich um eine Verwaltungs- oder um eine Sicherungstreuhand handelt, ist gleichgültig.³⁶⁸ Hat der **Treuhandgesellschafter** sowohl die Interessen des wirtschaftlichen Inhabers als auch diejenigen eines Dritten (zB einer Bank) wahrzunehmen, dem der Anteil zur Absicherung seiner Ansprüche gegen den wirtschaftlichen Inhaber dienen soll **(Doppeltreuhand),** so ist der Sicherungsnehmer kapitalersatzrechtlich lediglich wie ein Pfandrechtsinhaber³⁶⁹ zu behandeln.³⁷⁰

---

[358] *Altmeppen* NJW 1994, 2353 und ZIP 1995, 27 f.; *Roth/Altmeppen* § 32 a RdNr. 210; zustimmend *Rowedder/Schmidt-Leithoff/Pentz* § 32 a RdNr. 168; *Ulmer/Habersack* §§ 32 a/b RdNr. 118.
[359] BGH NJW 1971, 799; *Serick* BB 1978, 1477, 1484.
[360] *Ulmer/Habersack* §§ 32 a/b RdNr. 116 mwN; *Scholz/K. Schmidt* §§ 32 a, 32 b RdNr. 122. – AA *Roth/Altmeppen* § 32 a RdNr. 214.
[361] *Ulmer/Habersack* §§ 32 a/b RdNr. 117 mwN; *Scholz/K. Schmidt* §§ 32 a, 32 b RdNr. 122; auch insoweit aA *Roth/Altmeppen* § 32 a RdNr. 213.
[362] BGH NJW 1997, 740, 741.
[363] BGH NJW-RR 1991, 744, 745; BGH NJW 1993, 2179, 2180 mwN.
[364] BGH NJW-RR 1991, 744, 745; BGH NJW 1993, 2179, 2180; *Scholz/K. Schmidt* §§ 32 a, 32 b RdNr. 134 mwN.
[365] BGH NJW 2000, 3278, 3279.
[366] Vgl. RdNr. 28.
[367] BGHZ 31, 258, 266 ff. = NJW 1960, 285, 286 f.; BGH NJW 1989, 1219, 1220 mwN.
[368] *Ulmer/Habersack* §§ 32 a/b RdNr. 149.
[369] Dazu RdNr. 73.
[370] OLG Hamburg WM 1997, 1846, 1848.

70 **b) Verbundene Unternehmen.** Die Kapitalersatzvorschriften können auch dadurch umgangen werden, dass der Gesellschafter zur Darlehensgewährung an die Gesellschaft eine andere Gesellschaft einschaltet, an der er ebenfalls – unmittelbar oder mittelbar – beteiligt ist. Die für die GmbH-Novelle 1980 ursprünglich im Regierungsentwurf von 1977[371] vorgesehene ausdrückliche Bestimmung, wonach Forderungen eines mit einem Gesellschafter oder der Gesellschaft im Sinne des § 15 AktG verbundenen Unternehmens den eigenen Forderungen eines Gesellschafters gleichgestellt werden sollten, ist nicht Gesetz geworden. Trotzdem sieht die herrschende Meinung inhaltlich eine solche Regelung auf Grund der Generalklausel des § 32a Abs. 3 Satz 1 GmbHG als geltendes Recht an.[372] Ein Teil der Literatur hält dagegen die Einbeziehung aller verbundenen Unternehmen für zu weitgehend;[373] es sei nicht in allen auf diese Weise erfassten Fallgestaltungen gerechtfertigt, dem Darlehensgeber die Finanzierungsverantwortung gegenüber der darlehensnehmenden Gesellschaft aufzuerlegen.[374] In der Rechtsprechung ist gesichert, dass gegen die §§ 30, 31 GmbHG verstoßende Auszahlungen, zu denen nach den Rechtsprechungsregeln auch die Rückgewähr von kapitalersetzenden Leistungen gehört, einem Gesellschafter auch dann zuzurechnen sind, wenn sie einem mit ihm verbundenen Unternehmen zufließen; dann richtet sich der Erstattungsanspruch nach § 31 GmbHG in der Regel auch gegen jene andere Gesellschaft.[375] Die Fragestellung ist allerdings eine etwas andere, wenn es darum geht, ob die Darlehensgewährung durch einen Dritten derjenigen eines Gesellschafters gleichsteht;[376] denn dadurch werden die Folgen der gewählten Unternehmensfinanzierung einem Außenstehenden aufgebürdet.[377] Eine solche Ausdehnung auf verbundene Unternehmen hat der Bundesgerichtshof teilweise uneingeschränkt angenommen.[378] Insbesondere hat er den sog. „Gesellschafter-Gesellschafter" gleichgestellt, wenn dieser einen beherrschenden Einfluss auf die Gesellschafterin ausüben kann, etwa auf Grund einer qualifizierten Anteilsmehrheit.[379] Andererseits hat er darauf abgestellt, ob die kreditgewährende Gesellschaft mit dem Gesellschafter oder mit der finanzierten Gesellschaft eine „wirtschaftliche Einheit" bildet;[380] eine solche hat er im Fall der **Betriebsaufspaltung** zwischen der Betriebsgesellschaft und einer an dieser nicht selbst beteiligten, jedoch von denselben Gesellschaftern getragenen Besitzgesellschaft angenommen.[381]

71 In aller Regel trifft die Einbeziehung der mit der Gesellschaft oder einem ihrer Gesellschafter im Sinne des § 15 AktG verbundenen Unternehmen das Richtige. Von einem in Mehrheitsbesitz stehenden Unternehmen (§ 16 AktG) wird vermutet, dass es abhängig ist (§ 17 Abs. 2 AktG), und für ein abhängiges Unternehmen gilt die Vermutung, dass es zusammen mit dem herrschenden Unternehmen einen **Konzern** bildet (§ 18 Abs. 1 Satz 3 AktG).[382] Konzernunternehmen bilden eine wirtschaftliche Einheit. Dies ist zwar kein Rechts-, sondern ein wirtschaftswissenschaftlicher Begriff.[383] Es ist aber gerechtfertigt, im Kapitalersatzrecht hierauf abzustellen. „Finanzierungsverantwortung" bedeutet, dass das

---

[371] BT-Drucks. 8/1347.
[372] Vgl. *Ulmer/Habersack* §§ 32a/b RdNr. 144 mwN.
[373] *Hommelhoff* WM 1984, 1105 ff.; *Lutter/Hommelhoff* §§ 32a/b RdNr. 63 ff.; *Scholz/K. Schmidt* §§ 32a, 32b RdNr. 135 f., jew. mwN.
[374] *Priester* ZBB 1989, 30, 36; ähnl. *Lutter* ZIP 1989, 477, 480; *Noack* GmbHR 1996, 153, 155 ff.
[375] BGHZ 81, 365, 368 = NJW 1982, 386, 387; BGH NJW-RR 1986, 579, 580; BGH NJW-RR 1986, 1293; BGH NJW 1991, 357, 358; BGH NJW 1991, 1057, 1058; einschränkend *Fleck,* Festschrift 100 Jahre GmbH-Gesetz, S. 404 f.
[376] BGH NJW-RR 1991, 744, 745.
[377] Vgl. BGHZ 105, 168, 176 f. = NJW 1988, 3143, 3145.
[378] BGHZ 81, 311, 315 f. = NJW 1982, 383, 384; der Sache nach auch BGH ZIP 1991, 366; vgl. ferner den Leitsatz in BGHZ 105, 168 = NJW 1988, 3143; BGH NJW 2001, 1490, 1491.
[379] Vgl. BGH NZG 2005, 395, 396; NZG 2005, 177, 178 mwN.
[380] BGHZ 105, 168, 176 f. = NJW 1988, 3143, 3145; BGH NJW 1992, 1167, 1168; gegen diesen „Topos" *v. Gerkan* ZGR 1997, 173, 182.
[381] BGHZ 121, 31, 35 = NJW 1993, 392, 393; BGHZ 127, 1, 5 = NJW 1994, 2349, 2350.
[382] Auf diese Doppelvermutung weist *Hüffer* ZHR 153 (1989), 322, 331 zu Recht hin.
[383] *Hüffer* ZHR 153 (1989), 322, 331.

Risiko, das mit dem Betreiben eines Unternehmens durch eine kreditunwürdige Gesellschaft verbunden ist, nicht von den wirtschaftlichen Inhabern auf die außenstehenden Gläubiger abgewälzt werden darf.[384] Es erscheint daher unbedenklich, Unternehmen, die mit der Gesellschaft oder einem ihrer Gesellschafter einen Konzern bilden, in die „Finanzierungsverantwortung" einzubeziehen.[385] Dabei ist es nicht unbillig, die Widerlegungslast hinsichtlich jener Vermutungen hier ebenso zu verteilen, wie die §§ 16 ff. AktG dies tun. Ein Kredit, den der persönlich haftende Gesellschafter einer Kommanditgesellschaft, die ihrerseits – mit weniger als 50% – an einer GmbH beteiligt ist, dieser gewährt, ist deshalb regelmäßig kapitalersetzend, wenn der Komplementär die Kommanditgesellschaft beherrscht.[386] Aus den gleichen Gründen ist eine andere Gesellschaft einem Gesellschafter der GmbH gleichzustellen, wenn ein an dieser – und sei es nur mit einer Anteilsminderheit – beteiligter Gesellschafter jene andere Gesellschaft auf Grund einer Mehrheitsbeteiligung beherrscht.[387] Wegen § 32 a Abs. 3 Satz 2 GmbHG setzt die Einbeziehung eines nur wirtschaftlich an der Gesellschaft beteiligten Unternehmens aber voraus, dass der diese wirtschaftliche Beteiligung vermittelnde, selbst der Gesellschaft formell angehörende Gesellschafter an dieser mit mehr als 10% beteiligt ist.[388] Erst wenn, was in der Praxis kaum jemals vorkommen wird, die Vermutungen widerlegt sind, stellt sich die Frage, ob schon allein die **Abhängigkeit** bzw. der **Mehrheitsbesitz** eine wirtschaftliche Einheit mit dem herrschenden bzw. dem mehrheitlich beteiligten Unternehmen begründen. Das ist nicht nur bei schlichtem Mehrheitsbesitz, sondern auch für den Fall der Abhängigkeit zu verneinen. Diese Tatbestände machen für sich allein einen Kreditgeber, der nicht selbst an der Gesellschaft beteiligt ist, noch nicht zum wirtschaftlichen Mitinhaber des Unternehmens.[389]

c) Stille Gesellschafter. Auf einen typischen, nicht bereits in sonstiger Weise an der GmbH beteiligten[390] stillen Gesellschafter sind die Normen des Kapitalersatzrechts grundsätzlich nicht anwendbar.[391] Die Beteiligung am Gewinn (und gegebenenfalls am Verlust, § 231 HGB) reicht nicht aus, ihn im Rang hinter die übrigen Gesellschaftsgläubiger zurückzusetzen. Etwas anderes gilt jedoch für den **atypischen stillen Gesellschafter,** der nicht nur am Gewinn, sondern auch am Vermögen der Gesellschaft wertmäßig beteiligt ist und über dementsprechende Mitwirkungs- und Kontrollbefugnisse verfügt.[392] Da er in vollem Umfang – im Rahmen seiner Beteiligungsquote – an den Früchten des Unternehmens teilhat, ist es gerechtfertigt, ihn mit zusätzlich zu der stillen Einlage erbrachten Leistungen bei Kreditunwürdigkeit der Gesellschaft in die Folgen der gewählten Unternehmensfinanzierung einzubeziehen. Darüber hinaus ist bei einer derartigen Ausgestaltung der stillen Beteiligung auch schon die Einlage selbst bei Vorliegen der sonstigen Voraussetzungen den Kapitalersatzregeln zu unterwerfen.[393] Nach einer Entscheidung des Bundesgerichtshofs ist die Einlage eines an einer Kommanditgesellschaft – mit einer natürlichen Person als persönlich haftendem Gesellschafter[394] – in atypischer Weise beteiligten stillen Gesellschafters unter dem Gesichtspunkt der **einlagengleichen Leistung**[395] als Eigenkapital zu behandeln. Im damals entschiedenen Fall ließ sich die Gleichbehandlung mit Eigenkapital schwerlich –

---

[384] BGHZ 90, 381, 388 f. = NJW 1984, 1893, 1895; BGHZ 105, 168, 175 f. = NJW 1988, 3143, 3145; BGH NJW 1997, 3026.
[385] Scholz/K. Schmidt §§ 32 a, 32 b RdNr. 135.
[386] BGH NJW 1997, 740, 741.
[387] BGH NJW 1999, 2822; BGH NJW 2001, 1490, 1491.
[388] Vgl. RdNr. 38.
[389] So iE wohl auch Lutter/Hommelhoff §§ 32 a/b RdNr. 64; Lutter ZIP 1989, 477, 480; Früh GmbHR 1999, 842, 843.
[390] Vgl. auch RdNr. 66.
[391] BGHZ 106, 7, 9 = NJW 1989, 892; BGH NJW 1983, 1855, 1856.
[392] BGHZ 106, 7, 9 ff. = NJW 1989, 982 f.; BGH NZG 2006, 341, 343; Maier-Reimer, Festschrift Rowedder, S. 272; Fleischer, Finanzplankredite, S. 272.
[393] OLG Frankfurt a. M. EWiR § 236 HGB 1/97 S. 555 m. abl. Anm. v. Gerkan.
[394] Vgl. RdNr. 123.
[395] Vgl. RdNr. 16.

durch Auslegung – den vertraglichen Vereinbarungen entnehmen. In Wirklichkeit liegt in solchen Fällen in der Regel Eigenkapitalersatz vor.[396] Besonders umfangreiche Mitwirkungs- und Kontrollrechte – ohne Beteiligung am Vermögenswert – reichen jedoch für sich allein nicht aus.[397] Auf der anderen Seite ist eine Beteiligung des stillen Gesellschafters am Verlust für die Anwendung der Kapitalersatznormen nicht erforderlich;[398] entscheidender Gesichtspunkt ist nicht, dass ein Scheitern des Unternehmens – auch – zu seinen Lasten geht, sondern dass er im Falle des Gelingens wie ein Gesellschafter davon profitiert. Für **Nießbraucher** und **Unterbeteiligte** gelten die gleichen Grundsätze wie für stille Gesellschafter.[399]

73   d) **Pfandrechtsinhaber.** Der Bundesgerichtshof unterwirft den Inhaber eines Pfandrechts den Regeln des Kapitalersatzrechts, wenn ihm in atypischer Ausgestaltung des Rechtsverhältnisses zusätzliche Befugnisse eingeräumt sind, die es ihm ermöglichen, die Geschicke der Gesellschaft wie ein Gesellschafter mitzubestimmen.[400] Die herrschende Meinung stimmt dem zu.[401] Die Einbeziehung des Pfandrechtsinhabers in das Kapitalersatzrecht erscheint jedoch auch unter der Voraussetzung weitgehender Mitbestimmungs- und Kontrollrechte nicht gerechtfertigt.[402] Er ist nicht einmal wie der typische stille Gesellschafter am Gewinn des Unternehmens, geschweige denn am Unternehmenswert beteiligt. Auf ihn trifft deshalb der Grundgedanke des Kapitalersatzrechts, das mit dem Betrieb eines kreditunwürdigen Unternehmens verbundene Risiko den wirtschaftlichen Unternehmensinhabern vorrangig vor den außenstehenden Gläubigern aufzuerlegen, nicht zu. Die in der Einwirkung auf die „Geschicke" der Gesellschaft liegende „**unternehmerische Betätigung**" ist kein Anknüpfungspunkt für die mit den Kapitalersatzregeln verbundene Finanzierungsfolgenverantwortung.[403] Soweit der Pfandrechtsgläubiger in die Gesellschaft „hineinregiert", tut er dies ausschließlich im Sicherungsinteresse. Das reicht für die Anwendung des Kapitalersatzrechts nicht aus. Deshalb können auch auf **financial covenants** beruhende Möglichkeiten, auf die Gesellschaft Einfluss zu nehmen, keine Gesellschafterstellung iS des Kapitalersatzrechts begründen.[404] Auch die neue Bestimmung des § 32 a Abs. 3 Satz 2 GmbHG, die nach den Vorstellungen des Gesetzgebers ihren Grund darin hat, dass mit Kleinbeteiligungen keine mitunternehmerische Verantwortung verbunden sei,[405] rechtfertigt es nicht, Kreditgläubiger, die nicht an der Gesellschaft beteiligt sind, allein wegen der ihnen eingeräumten Mitwirkungs- und Kontrollbefugnisse den Kapitalersatzregeln zu unterwerfen.

VI. Anfechtbarkeit nach § 135

74   1. **Allgemeine Anfechtungsvoraussetzungen.** Anfechtbar sind Sicherung oder Befriedigung gewährende „**Rechtshandlungen**". Dieser Begriff bedeutet grundsätzlich das Gleiche wie in den sonstigen insolvenz- und gläubigeranfechtungsrechtlichen Bestimmungen. Insoweit wird auf die Erläuterungen zu § 129 verwiesen. Allerdings ist in den Fällen der „gleichgestellten Forderung" der Begriff der Rechtshandlung im Sinne des § 32 a Abs. 3 Satz 1 GmbHG zu verstehen.[406] Wie in den Fällen der §§ 130, 131 braucht es sich nicht um eine Handlung des Schuldners zu handeln; anfechtbar sind auch Zwangsvollstreckungs-

---

[396] RdNr. 123.
[397] *Altmeppen* ZIP 1993, 1677, 1684.
[398] AA *Altmeppen* ZIP 1993, 1677, 1683.
[399] *Ulmer/Habersack* § 32 a/b RdNr. 152; *Scholz/K. Schmidt* §§ 32 a, 32 b RdNr. 139.
[400] BGHZ 119, 191, 195 = NJW 1992, 3035, 3036.
[401] *Baumbach/Hueck/Fastrich* § 32 a RdNr. 21; *Scholz/K. Schmidt* §§ 32 a, 32 b RdNr. 139; *Rowedder/Schmidt-Leithoff/Pentz* § 32 a RdNr. 74 mwN.
[402] Ebenso OLG Hamm ZIP 89, 1398, 1399; *Maier-Reimer* Festschrift Rowedder, S. 262 ff.; *Ulmer/Habersack* §§ 32 a/b RdNr. 151; *Hagemeister/Bültmann* WM 1997, 549, 553; *Lutter* DB 1980, 1317, 1321; *Roth/Altmeppen* § 32 a RdNr. 179; krit. auch *Früh* GmbHR 1999, 842.
[403] BGH NJW 1997, 3026, 3027.
[404] *Früh* GmbHR 1999, 842 f. mwN; teilw. aA *Fleischer* ZIP 1998, 313, 319 ff.
[405] S. RdNr. 4.
[406] S. RdNr. 62.

maßnahmen. Zum Anfechtungstatbestand gehört eine objektive **Gläubigerbenachteiligung**.[407] Dafür genügt jeder Eintritt eines mittelbaren Nachteils; ein solcher ist immer dann gegeben, wenn die Masse ohne die dem Gesellschafter gewährte Sicherung oder Befriedigung reicher wäre.[408] Dagegen fehlt es an einer Gläubigerbenachteiligung, wenn die Insolvenzmasse zur Befriedigung aller Gläubiger ausreicht.[409] Die Anfechtung ist weder ein Gestaltungsrecht noch muss sie „als solche" geltend gemacht werden.[410] Der Anfechtungsanspruch unterliegt der Verjährung nach § 146. Dagegen gelten weder das Erfordernis der Gläubigerbenachteiligung noch die zweijährige Verjährungsfrist des § 146 noch die Fristen des § 135 Nr. 1 und 2 für den grundsätzlich in zehn Jahren verjährenden Rückgewähranspruch nach § 31 GmbHG.[411]

2. Sicherung. Unter den Begriff der Sicherung fallen alle dem Gesellschafter als Gläubiger einer kapitalersetzenden Leistung eingeräumten Sicherheiten, also auch solche, die ihm die Gesellschaft für eine Sicherung – etwa eine Bürgschaft – eingeräumt hat, die er seinerseits unter den Voraussetzungen des Kapitalersatzes für einen Fremdkredit gestellt hat.[412] Freilich ist zu beachten, dass das Vorhandensein ausreichender Gesellschaftssicherheiten die **Kreditunwürdigkeit** der Gesellschaft ausschließen kann.[413] Für die Anfechtbarkeit ist es nicht erforderlich, dass der besicherte Kredit schon bei Bestellung der Sicherheit kapitalersetzend war; es genügt, dass er es bis zur Eröffnung des Insolvenzverfahrens geworden ist.[414] Abweichend von der früheren Rechtslage nach § 32a KO ist die Anfechtbarkeit auf solche eine Sicherung einräumenden Rechtshandlungen beschränkt, die innerhalb der letzten zehn Jahre vor dem Antrag auf Eröffnung des Insolvenzverfahrens vorgenommen worden sind. Dabei kommt es bei zusammengesetzten Rechtshandlungen auf den letzten Teilakt an.[415] Die Anfechtbarkeit einer für eine kapitalersetzende Leistung gewährten Sicherung ist nur insofern von praktischer Bedeutung, als der sich daraus ergebende Rückgewähranspruch nach § 143 auf Aufhebung der bestellten Sicherheit gerichtet ist.[416] Dass im Insolvenzverfahren Rechte aus der Sicherheit im Verhältnis zu den nach § 39 Abs. 1 Nr. 1 bis 4 vorrangigen Gläubigern nicht geltend gemacht werden können, ergibt sich schon daraus, dass die gesicherte Forderung als solche im Insolvenzverfahren mit keinem besseren Rang ausgestattet ist.[417]

3. Befriedigung. Hierunter sind alle Rechtshandlungen zu verstehen, durch die die Forderung des Gesellschafters (oder eines gleichgestellten Dritten) getilgt wird, also auch alle Erfüllungssurrogate einschließlich **Leistungen an Erfüllungs Statt** und erfüllungshalber sowie der **Aufrechnung** und einer Verrechnungsvereinbarung; auch die Befriedigung aus einer von der Gesellschaft gestellten Sicherheit ist anfechtbar.[418] Die Anfechtbarkeit bezieht sich auch auf die Tilgung von Nebenforderungen, also insbesondere von **Zinsansprüchen**.[419]

Die Anfechtbarkeit hängt nach Nr. 2 davon ab, dass die Rechtshandlung innerhalb der Jahresfrist vor dem Eröffnungsantrag vorgenommen worden ist. Der Erstattungsanspruch der

---

[407] BGHZ 105, 168, 187 = NJW 1988, 3143, 3148; BGH NZI 2006, 232, 233; *Uhlenbruck/Hirte* § 135 RdNr. 36.
[408] BGHZ 105, 168, 187 = NJW 1988, 3143, 3148; BGHZ 133, 298 = NJW 1996, 3203, 3205; HK/*Kreft* § 135 RdNr. 9.
[409] BGHZ 105, 168, 187 = NJW 1988, 3143, 3148.
[410] BGH NJW 1997, 1857, 1859.
[411] Vgl. RdNr. 106.
[412] *Ulmer/Habersack* §§ 32a/b RdNr. 97.
[413] S. RdNr. 43; *Scholz/K. Schmidt* §§ 32a, 32b RdNr. 73.
[414] *Scholz/K. Schmidt* §§ 32a, 32b RdNr. 73.
[415] Vgl. BGHZ 41, 17, 19; BGH NJW 1997, 1857, 1859 mwN.
[416] *Scholz/K. Schmidt* §§ 32a, 32b RdNr. 72.
[417] RdNr. 81.
[418] *Scholz/K. Schmidt* §§ 32a, 32b RdNr. 70; *Uhlenbruck/Hirte* § 135 RdNr. 38.
[419] BGHZ 67, 171, 179 = NJW 1977, 104, 106; *Scholz/K. Schmidt* §§ 32a, 32b RdNr. 70; vgl. dazu auch BGH NJW 1996, 1341, 1343.

Gesellschaft nach § 31 GmbHG ist von dem Ablauf der Jahresfrist für die Anfechtbarkeit unabhängig.[420]

VII. Rechtsfolgen außerhalb des § 135

78 **1. Anfechtbarkeit nach § 6 AnfG.** Der den früheren § 3b ablösende § 6 des neu gefassten Anfechtungsgesetzes ermöglicht unter entsprechenden Voraussetzungen wie § 135 die **Anfechtung** außerhalb des Insolvenzverfahrens. Die Fristen von zehn Jahren bzw. einem Jahr werden hier von dem Zeitpunkt an berechnet, in dem der Anfechtungsanspruch gerichtlich geltend gemacht wird (§ 7 Abs. 1 AnfG); § 7 Abs. 2 AnfG sieht ebenso wie § 4 AnfG aF eine Vorverlegung des Berechnungszeitpunkts durch vorherige schriftliche Benachrichtigung des Anfechtungsgegners seitens des Gläubigers vor. Wird der Anfechtungsanspruch erstmals innerhalb eines Jahres nach Beendigung eines Insolvenzverfahrens gerichtlich geltend gemacht, so ist für die Berechnung der Fristen der Zeitpunkt der Verfahrenseröffnung maßgebend (§ 18 Abs. 2 = § 13 Abs. 4 Satz 2 AnfG aF). Die zehnjährige Anfechtungsfrist nach § 12 Abs. 1 AnfG aF ist weggefallen.

79 **2. Nachrangigkeit im Insolvenzverfahren. a) Nachrangigkeit (§ 32a Abs. 1 GmbHG).** Nach § 32a Abs. 1 GmbHG aF konnte der Gesellschafter den Anspruch auf Rückgewähr der kapitalersetzenden Leistung im Konkurs oder im Vergleichsverfahren nicht geltend machen. Die Neufassung, die § 32a GmbHG durch Art. 48 Nr. 2 EGInsO erhalten hat, erklärt dagegen in Übereinstimmung mit § 39 Abs. 1 Nr. 5 die Inhaber solcher Forderungen lediglich zu **nachrangigen** Insolvenzgläubigern. Ansprüche aus kapitalersetzenden Leistungen nehmen damit nunmehr am Insolvenzverfahren teil, sind aber nur anzumelden, soweit das Insolvenzgericht besonders dazu auffordert. Gesetzgeberischer Grund für diese Änderung war, dass es sachgerecht erscheine, einen etwa verbliebenen Überschuss nicht an den Schuldner – also letztlich an alle Gesellschafter[421] – herauszugeben, bevor nicht unter anderem die Forderungen aus kapitalersetzenden Darlehen und die Forderungen mit vertraglichem Rangrücktritt getilgt seien.[422] Das Insolvenzverfahren soll – anders als nach altem Recht – nunmehr auch dazu dienen, die Gesellschaft restlos abzuwickeln.[423] Die Nachrangigkeit des Anspruchs erstreckt sich auch auf Nebenforderungen, insbesondere auf die **Zinsansprüche** für den Zeitraum, in dem die Kapitalersatzfunktion bestand (§ 39 Abs. 3).[424] Der Zinslauf als solcher wird durch den Eigenkapitalersatzcharakter des Darlehens nicht berührt.[425] Die Nachrangigkeit gilt auch für den mit einer Gesellschafterleistung iS des § 32a Abs. 2 GmbHG verbundenen, nach Wegfall des Eigenkapitalersatzcharakters durchsetzbaren Rückgriffsanspruch des Gesellschafters gegen die Gesellschaft.[426]

80 **b) Behandlung im Insolvenzplan.** Nach § 32a Abs. 1 Satz 2 GmbHG aF wirkten ein Zwangsvergleich und ein im Vergleichsverfahren geschlossener Vergleich für und gegen einen Gesellschafter als Inhaber einer Forderung aus einer eigenkapitalersetzenden Leistung. Das ließ diese Eigenschaft der Gesellschafterforderung jedoch unberührt. Die Bestimmung bedeutete nur, dass ein solcher Anspruch in gleicher Weise gekürzt wurde wie die Forderungen der Vergleichsgläubiger; sie änderte nichts daran, dass er im Insolvenzverfahren nicht geltend gemacht werden konnte, solange die kapitalersatzrechtliche Bindung des Anspruchs bestand.[427] In der Neufassung, die § 32a Abs. 1 GmbHG durch Art. 48 Nr. 2 EGInsO

---

[420] Vgl. *Ulmer/Habersack* §§ 32 a/b RdNr. 100.
[421] Vgl. § 199 Satz 2.
[422] RegE, Begr. zu § 39, abgedr. bei *Kübler/Prütting* S. 209.
[423] BT-Drucks. 12/2443 S. 83 f.; *Haas* NZI 1999, 209, 210.
[424] So auch schon BGHZ 67, 171, 179 f. = NJW 1977, 104, 106; BGHZ 75, 334, 339 = NJW 1980, 592, 593; BGHZ 109, 55, 66 = NJW 1990, 516, 518; vgl. RdNr. 76.
[425] BGH NJW 1996, 1341, 1343; *v. Gerkan* ZGR 1997, 173, 201.
[426] *K. Schmidt* ZIP 1999, 1821, 1824.
[427] BGH NJW 1995, 1962, 1964; dazu *K. Schmidt* ZIP 1995, 969 ff.

erhalten hat, ist Satz 2 ersatzlos gestrichen worden. Statt dessen greifen jetzt die Bestimmungen des § 225 ein. Nach dessen Abs. 1 gelten mit Wirksamwerden des Insolvenzplans die Forderungen nachrangiger Insolvenzgläubiger als *erlassen,* wenn der Plan nichts anderes bestimmt. Wird nach Abs. 2 eine Regelung getroffen, die für alle Gläubiger eine gleichmäßige Befriedigung vorsieht, so kann auch eine auf einer kapitalersetzenden Leistung beruhende Forderung in Höhe der **Quote** geltend gemacht werden.

c) **Sicherheiten; Aufrechnung.** Sicherheiten, die die Gesellschaft dem Gesellschafter für seine Darlehensforderung bestellt hat, begründen kein Recht auf abgesonderte Befriedigung nach den §§ 49 ff. Das folgt für **akzessorische Sicherheiten** ohne weiteres aus der Abhängigkeit der Sicherheit (etwa einer Hypothek) von dem gesicherten Anspruch. Die Unverwertbarkeit **anderer Sicherheiten** (insbesondere Grundschulden, Sicherungsübereignungen und Sicherungsabtretungen) lässt sich unmittelbar aus dem Zweck der Kapitalersatznormen ableiten; des Anfechtungsanspruchs aus § 135 Nr. 1 bedarf es dazu nicht.[428] Die Sicherheiten sind darüber hinaus in entsprechender Anwendung der §§ 30, 31 GmbHG unverwertbar, soweit die von der Rechtsprechung entwickelten Kapitalersatzregeln eingreifen.[429] Mit dem Anspruch auf Rückzahlung eines kapitalersetzenden Darlehens kann im Insolvenzverfahren nicht wirksam **aufgerechnet** werden.[430] Eine innerhalb eines Jahres vor Verfahrenseröffnung oder einer Gläubigeranfechtung erklärte Aufrechnung ist ebenso wie eine in diesem Zeitraum mit der Gesellschaft vereinbarte Verrechnung nach § 135 oder nach § 6 AnfG anfechtbar.[431]

3. **§§ 32 a Abs. 2, 32 b GmbHG. a) Tatbestand.** § 32 a Abs. 2 GmbHG ist ein Sonderfall des Absatzes 3.[432] Die Vorschrift erfasst die Fälle, in denen der Gesellschafter zwar nicht selbst als Darlehensgeber auftritt, einen der Gesellschaft von einem Dritten, insbesondere einer Bank, gewährten Kredit aber dadurch ermöglicht, dass er Sicherheiten dafür stellt. Solche **Sicherheiten** – grundsätzlich nicht der Drittkredit als solcher[433] – sind ebenfalls Gegenstand des Kapitalersatzrechts.[434] Entsprechend dem Zweck, Umgehungen der Kapitalersatzregeln zu unterbinden, ist der Begriff der Sicherheiten in einem denkbar umfassenden Sinn zu verstehen (vgl. auch § 232 Abs. 1 BGB). Es fallen alle Arten dinglicher und persönlicher Absicherung darunter.[435] Zu den dinglichen Sicherheiten gehören insbesondere die Bestellung von **Grundpfandrechten, Sicherungsübereignungen, Sicherungsabtretungen,** die Verpfändung von Forderungen und Wertpapieren und andere **Mobiliarpfandrechte** sowie die Stellung einer **Kaution.**[436] Wenn allerdings die Kaution eine Forderung absichert, die sich später als nichtig erweist, so ist der Gesellschafter durch das Kapitalersatzrecht nicht gehindert, sie zurückzunehmen; denn sie dient nicht allgemein der Sanierung der Gesellschaft, sondern gezielt der Absicherung jener ganz bestimmten Gesellschaftsverbindlichkeit.[437] Als persönliche Sicherheiten kommen neben der im Gesetz genannten **Bürgschaft** – auch in Form einer **Prozessbürgschaft**[438] – unter anderem der **Kreditauftrag,** die **Garantieerklärung,** der **Schuldbeitritt,** das selbständige **Schuldversprechen**[439] sowie eine mit Rechtsverbindlichkeit ausgestattete – „harte" – **Patronatserklärung**[440] in Betracht.

---

[428] BGHZ 133, 298, 305 f. = NJW 1996, 3203, 3205; *Scholz/K. Schmidt* §§ 32 a, 32 b RdNr. 60.
[429] BGHZ 81, 252, 262 = NJW 1981, 2570, 2573; s. RdNr. 107.
[430] BGH NJW 1995, 658, 659 mwN.
[431] RdNr. 81; vgl. ferner RdNr. 107.
[432] *K. Schmidt* ZIP 1999, 1821, 1822.
[433] S. aber RdNr. 85 f.
[434] *K. Schmidt* ZIP 1999, 1821, 1823: „mittelbares Gesellschafterdarlehen".
[435] BGHZ 165, 343, 347.
[436] Dazu BGH NJW 1989, 1733, 1734.
[437] BGH NJW 1989, 1733, 1734 f.
[438] BGH NJW-RR 1990, 230.
[439] Dazu BGH NJW 1992, 1763.
[440] Hierzu *Obermüller* ZIP 1982, 915, 919 f.

83 Die Erstreckung der Kapitalersatzregeln auf die Absicherung eines Fremdkredits gilt auch, wenn die Sicherheit von einem dem Gesellschafter nach § 32 a Abs. 3 Satz 1 GmbHG **gleichgestellten Dritten** zur Verfügung gestellt wird. Von § 32 a Abs. 2 GmbHG wird ferner der Fall erfasst, dass der (Fremd-) Kredit in erster Linie von einem Außenstehenden abgesichert wird, ein Gesellschafter oder ein ihm nach § 32 a Abs. 3 Satz 1 GmbHG gleichgestellter Dritter aber seinerseits auf Grund eines **Kreditauftrags,** einer **Rückbürgschaft** oder einer ähnlichen Vereinbarung mittelbar für die Erfüllung der Rückzahlungsforderung des Kreditgebers einzustehen hat und auf diese Weise die Kreditgewährung ermöglicht.[441] Hierher gehört auch der Fall der Abtretung einer Eigentümergrundschuld zur Absicherung einer Bankbürgschaft, die zur Abwendung der Zwangsvollstreckung aus einem gegen die Gesellschaft ergangenen vorläufig vollstreckbaren Titel übernommen worden ist.[442] Erfasst werden schließlich auch Ausfallsicherheiten wie insbesondere die **Ausfallbürgschaft**.[443] Die Vereinbarung, dass die Gesellschaftersicherheit nur **nachrangig** nach einer von der Gesellschaft selbst gestellten Sicherheit haften solle, steht der Anwendung des § 32 a Abs. 2 GmbHG nicht entgegen.[444]

84 Im Übrigen müssen die sonstigen Voraussetzungen für eine Umqualifizierung in Eigenkapitalersatz – also insbesondere **Kreditunwürdigkeit** der Gesellschaft – vorliegen. Hieran fehlt es, wenn das Sicherungsverlangen nichts mit der augenblicklichen wirtschaftlichen Lage des konkreten Unternehmens zu tun hat, sondern lediglich auf einer allgemeinen Bankpraxis beruht.[445] Zu den Voraussetzungen der Einstufung als Kapitalersatz gehört – entgegen der herrschenden Meinung – auch hier, dass der Gesellschafter die Kreditunwürdigkeit der Gesellschaft kannte oder hätte erkennen können.[446] Beim „**Stehenlassen**" einer Bürgschaft reicht es zur Umqualifizierung aus, wenn der Gesellschafter bei Eintritt der Krise gegenüber der Gesellschaft nicht rechtzeitig den Freistellungsanspruch nach § 775 Abs. 1 Nr. 1 BGB geltend macht. Ist diese Vorschrift abbedungen, so bedeutet das im Ergebnis einen **Rangrücktritt** und damit eine auf Vereinbarung beruhende Bindung der Sicherheit, die Bestand hat, solange die Abrede nicht aufgehoben worden ist.[447]

85 b) Rechtsfolgen für den Kreditgeber. aa) Vorrangige Haftung der Gesellschaftersicherheit. Die Einbeziehung von Gesellschaftersicherheiten in das Kapitalersatzrecht betrifft grundsätzlich nur die Rechtsstellung des Gesellschafters; nicht in dem von dem Dritten gewährten Kredit – falls jener nicht selbst nach § 32 a Abs. 3 Satz 1 GmbHG einem Gesellschafter gleichgestellt ist –, sondern in dessen Absicherung durch den Gesellschafter besteht der Eigenkapitalersatz. Trotzdem greift das Gesetz in begrenzter Weise auch in die Rechtsstellung des Dritten ein.[448] Dieser kann nach § 32 a Abs. 2 GmbHG im Insolvenzverfahren seinen Rückforderungsanspruch nur insoweit durchsetzen, als er mit ihm bei der Verwertung der Gesellschaftersicherheit **ausgefallen** ist. Der außenstehende Dritte – in der Regel die kreditgebende Bank – wird also darauf verwiesen, zunächst auf die **Gesellschaftersicherheit** zuzugreifen, bevor er Befriedigung aus der Insolvenzmasse verlangen kann. Dies hindert ihn jedoch nicht daran, die Ausfallforderung schon vorher in ihrer voraussichtlichen – von ihm glaubhaft zu machenden – Höhe[449] im Insolvenzverfahren anzumelden.[450] Außerhalb des Insolvenzverfahrens kann der Gläubiger seinen Anspruch ungeachtet

---

[441] *Ulmer/Habersack* §§ 32 a/b RdNr. 160; *Roth/Altmeppen* § 32 a RdNr. 134; *Scholz/K. Schmidt* §§ 32 a, 32 b RdNr. 149.
[442] BGH NJW-RR 1990, 230, 231.
[443] BGHZ 105, 168, 185 = NJW 1988, 3143, 3147; *Fastrich* NJW 1983, 260, 263.
[444] BGH NJW 1988, 824, 825; BGH NJW 1990, 1725, 1727.
[445] Vgl. RdNr. 43.
[446] RdNr. 53 ff.
[447] BGH NJW 1987, 1080, 1081 f.; vgl. RdNr. 17, 51.
[448] Vgl. dazu *K. Schmidt,* ZIP 1999, 1821, 1822 f.
[449] Insoweit aA *K. Schmidt* ZIP 1999, 1821, 1826 f.; *Roth/Altmeppen* § 32 a RdNr. 125: zunächst in voller Höhe.
[450] HM; vgl. *Ulmer/Habersack* §§ 32 a/b RdNr. 179; *Scholz/K. Schmidt* §§ 32 a, 32 b RdNr. 155; *Baumbach/Hueck/Fastrich* § 32 a RdNr. 85; *Lutter/Hommelhoff* §§ 32 a/b RdNr. 124; *Michalski/Heidinger* § 32 a RdNr. 336.

der Gesellschaftersicherheit uneingeschränkt durchsetzen.[451] Keinen Beschränkungen unterliegt die **Aufrechnung** des Kreditgebers,[452] soweit sie insolvenzrechtlich (§ 96) zulässig ist.[453] Wegen der begrenzten Wirkung der vorrangigen Verweisung des außenstehenden Kreditgebers auf die Befriedigung aus der Gesellschaftersicherheit sind besondere subjektive Voraussetzungen in dessen Person nicht zu fordern.[454]

Da die Regelung in § 32 a GmbHG zwingendes Recht ist, lassen abweichende Vereinbarungen zwischen dem Kreditgeber und der Gesellschaft oder dem die Sicherheit stellenden Gesellschafter die Rechte der Gesellschaft oder des Insolvenzverwalters aus § 32 a Abs. 2 GmbHG grundsätzlich unberührt. Das gilt auch für den Fall, dass der Kreditgeber dem Gesellschafter gegenüber auf die Sicherheit *verzichtet;* er kann dann seine Forderung im Insolvenzverfahren insoweit nicht durchsetzen, wie er aus der Gesellschaftersicherheit Befriedigung erlangt hätte.[455] Die Rechtsfolge, dass der Drittkreditgeber seine Forderung in jenem Umfang ganz verliert und damit auf diese Weise mindestens ebenso wie ein Gesellschafter in die kapitalersatzrechtliche Bindung einbezogen wird, lässt sich indessen nur dann rechtfertigen, wenn er spätestens im Zeitpunkt des Verzichts die Kreditunwürdigkeit der Gesellschaft **kannte** oder hätte **erkennen können**. Kann er, wenn diese Voraussetzungen nicht erfüllt sind, trotz des Verzichts auf die Sicherheit seine Forderung im Insolvenzverfahren in voller Höhe geltend machen, so hat der Gesellschafter der Masse das, was der Kreditgeber aus der Sicherheit erlangt hätte, nach § 32 b GmbHG zu erstatten.[456]

bb) **Doppelbesicherung.** Stellt die GmbH dem Kreditgeber neben der Gesellschaftersicherheit eigene Sicherheiten **(Doppelbesicherung)**, so kann daraus je nach deren Art und Umfang auf eine noch vorhandene Kreditwürdigkeit der Gesellschaft zu schließen sein.[457] Im übrigen ist der Gläubiger nur mit seiner persönlichen Forderung, nicht auch hinsichtlich seiner Rechte aus den Sicherheiten der Gesellschaft darauf verwiesen, zunächst Befriedigung aus der Gesellschaftersicherheit zu suchen.[458] Befriedigt sich der Kreditgeber aus den von der Gesellschaft gestellten Sicherheiten, so steht der Gesellschaft und im Insolvenzverfahren dem Insolvenzverwalter gegen den Gesellschafter, der seinerseits die Kreditforderung abgesichert hat, der Erstattungsanspruch nach § 32 b GmbHG zu. Dieser wird jedoch nicht durch die unverbrauchten Sicherheiten des Gesellschafters abgesichert; der Gesellschafter ist nicht verpflichtet, sondern nur berechtigt (§ 32 b Satz 3 GmbHG),[459] der Gesellschaft die Sicherungsgegenstände zur Verfügung zu stellen und sich dadurch von seiner Erstattungspflicht zu befreien.[460]

c) **Erstattungsanspruch gegen den Gesellschafter. aa) Anspruchsgrund.** Dem außenstehenden Kreditgeber gegenüber kommt eine Anfechtung nach § 135 oder § 6 AnfG bei Tilgung der Forderung im letzten Jahr vor dem Antrag auf Eröffnung des Insolvenzverfahrens nicht in Betracht. Statt dessen gibt § 32 b Satz 1 GmbHG in diesem Fall – und, wie die Neufassung der Vorschrift jetzt ausdrücklich bestimmt,[461] auch bei Rückzahlung nach dem Eröffnungsantrag – der Gesellschaft einen Erstattungsanspruch gegen den Gesellschafter, der die Sicherheit gestellt hat. Der Anspruch entfällt nicht dadurch, dass der Kredit-

---

[451] BGH NJW 1992, 1166; *Ulmer/Habersack* §§ 32 a/b RdNr. 177; *Scholz/K. Schmidt* §§ 32 a, 32 b RdNr. 154.
[452] Zur Aufrechnung durch den Gesellschafter als Kreditgeber vgl. RdNr. 76, 81, 107.
[453] *Scholz/K. Schmidt* §§ 32 a, 32 b RdNr. 157.
[454] S. aber sogl. RdNr. 86.
[455] HM; *Ulmer/Habersack* §§ 32 a/b RdNr. 170; *Scholz/K. Schmidt* §§ 32 a, 32 b RdNr. 159, jew. mwN. – AA *Fastrich* NJW 1983, 260, 263 f.
[456] *Fastrich* NJW 1983, 260, 263 f.; vgl. BGH NJW 1997, 3171, 3172 sowie RdNr. 87.
[457] RdNr. 43.
[458] HM: BGH NJW 1985, 858 f.; BGH NJW 1992, 1166; aA mit guten Gründen *Scholz/K. Schmidt* §§ 32 a, 32 b RdNr. 163; *K. Schmidt* ZIP 1999, 1821, 1827.
[459] Dazu RdNr. 90.
[460] BGH NJW 1986, 429, 430.
[461] Zum alten Recht vgl. OLG Düsseldorf ZIP 1995, 465.

geber den Gesellschafter aus der von diesem übernommenen Bürgschaft entlässt.[462] Der Sache nach handelt es sich bei § 32b GmbHG um einen Insolvenzanfechtungstatbestand.[463] Unter Rückzahlung im Sinne dieser Vorschrift sind nicht nur Geldzahlungen, sondern auch Erfüllungssurrogate wie etwa die Aufrechnung zu verstehen;[464] gemeint ist jede **„Rechtshandlung"** im Sinne der §§ 129 ff.[465] Nehmen Gesellschaft und Gesellschafter gemeinsam einen Bankkredit auf, der an den Gesellschafter ausgezahlt wird, und verpflichtet sich im Innenverhältnis die Gesellschaft dem Gesellschafter gegenüber, den Kredit unter Anrechnung auf ein ihr früher von diesem gewährtes kapitalersetzendes Darlehen zu tilgen, so entsteht der Rückzahlungsanspruch nach § 32b GmbHG nur in Höhe der von der Gesellschaft an die Bank geleisteten Tilgungs- und Zinszahlungen; das gilt auch dann, wenn sofort bei Auszahlung des Bankkredits an den Gesellschafter in der Buchhaltung der Gesellschaft neben der Passivierung der Kreditschuld gegenüber der Bank die Verbindlichkeit gegenüber dem Gesellschafter aus dem kapitalersetzenden Darlehen ausgebucht wird.[466] Auch die Verwertung von **Sicherheiten,** die sich der Kreditgeber neben der Gesellschaftersicherheit von der Gesellschaft selbst hat einräumen lassen, löst den Rückzahlungsanspruch aus;[467] es spielt keine Rolle, ob die Verwertung noch vor Eröffnung des Insolvenzverfahrens oder erst danach durch den Insolvenzverwalter zugunsten des Kreditgebers geschieht.[468] Der Erstattungsanspruch besteht, wie § 32b Satz 4 GmbHG ausdrücklich klarstellt, auch für die Absicherung aller sonstigen durch § 32a Abs. 3 Satz 1 GmbHG erfassten Finanzierungsmaßnahmen. Er setzt voraus, dass das Insolvenzverfahren eröffnet wird. Wegen der Rechtsnatur des § 32b GmbHG als Insolvenzanfechtungstatbestand gilt, wie nunmehr in § 32b Abs. 1 Satz 1 Halbs. 2 GmbHG ebenfalls ausdrücklich klargestellt ist („gilt entsprechend"), für den Erstattungsanspruch die Verjährungsfrist des § 146 Abs. 1.[469]

89 **bb) Anspruchshöhe.** Zu erstatten ist nach § 32b Satz 1 GmbHG der von der Gesellschaft an den Kreditgeber „zurückgezahlte Betrag". Das gilt jedoch nur bei unbeschränkter Haftung der Gesellschaftersicherheit. Bei nicht vollwertigen Sicherheiten ist der Erstattungsanspruch nach § 32b Satz 2 GmbHG durch den Wert der Sicherheit begrenzt. Das sind bei einer **Höchstbetragsbürgschaft** der vereinbarte Bürgschaftsbetrag und bei dinglichen Sicherheiten ihr Wert im Zeitpunkt der Rückzahlung.[470] Bei Teilrückzahlungen durch die Gesellschaft ist der Gesellschafter nur insoweit zur Erstattung verpflichtet, als der zu erstattende Betrag zusammen mit dem Betrag, für den er dem Gläubiger weiter verhaftet bleibt, die Bürgschaftssumme[471] bzw. den Wert der Sicherheit nicht übersteigt; denn bei einer weitergehenden Inanspruchnahme liefe er Gefahr, zu einer Leistung herangezogen zu werden, die über das hinausginge, was er der Gesellschaft als Finanzierungsbeitrag zur Verfügung gestellt hat. Der Erstattungsanspruch, der dadurch ausgelöst wird, dass bei einem **Dispositionskredit** einer Bank nach Eintritt der Unternehmenskrise Geldeingänge auf dem Geschäftskonto gutgeschrieben werden und damit den Debetsaldo verringern, wird durch den Betrag begrenzt, den das Konto in jenem Zeitraum bei seinem tiefsten Stand auswies.[472]

90 **cc) Ersetzungsbefugnis.** Der Gesellschafter ist nicht verpflichtet, nach § 32b Satz 3 GmbHG aber berechtigt **(Ersetzungsbefugnis),** die Sicherungsgegenstände der Gesellschaft zu ihrer Befriedigung zur Verfügung zu stellen.[473] Da er über diesen Wert hinaus nicht

---

[462] BGH NJW 1997, 3171, 3172.
[463] *Ulmer/Habersack* §§ 32a/b RdNr. 180; *Scholz/K. Schmidt* §§ 32a, 32b RdNr. 167.
[464] HM; vgl. *Ulmer/Habersack* §§ 32a/b RdNr. 183 mwN.
[465] *Scholz/K. Schmidt* §§ 32a, 32b RdNr. 170.
[466] BGH NJW 1999, 2596f.
[467] RdNr. 87.
[468] BGH NJW 1998, 3273, 3274.
[469] BGHZ 123, 289, 291 ff. = NJW 1993, 3265f. mwN zu der bereits vor dieser Entscheidung hM (zu § 41 KO). Zu den weiterreichenden Rechtsfolgen der „Rechtsprechungsregeln" s. RdNr. 106.
[470] *Ulmer/Habersack* §§ 32a/b RdNr. 187; *Scholz/K. Schmidt* §§ 32a, 32b RdNr. 173.
[471] BGH NJW 1990, 2260, 2261; BGH NJW 1997, 3171, 3172.
[472] *Hermanns* BB 1994, 2363, 2366.
[473] Vgl. RdNr. 87.

haftet,⁴⁷⁴ wird er, wenn er davon Gebrauch macht, von seiner Erstattungspflicht in vollem Umfang frei. Einen den Rückzahlungsbetrag (§ 32 b Satz 1 GmbHG) etwa übersteigenden Verwertungserlös hat die Gesellschaft an ihn herauszugeben.⁴⁷⁵

dd) Freistellungsanspruch. Aus der im Verhältnis zu der Verbindlichkeit der Gesellschaft gegenüber dem Kreditgeber vorrangigen Haftung der Gesellschaftersicherheit ergibt sich, dass der Gesellschafter während des Insolvenzverfahrens entsprechend § 32 b GmbHG verpflichtet ist, die Kreditschuld im Umfang des Werts der Sicherheiten anstelle der Gesellschaft zu tilgen.⁴⁷⁶ Daraus folgt ein entsprechender **Freistellungsanspruch** der Gesellschaft gegen den Gesellschafter;⁴⁷⁷ denn bereits die Liquidität der Gesellschaft soll durch die Tilgung der vom Gesellschafter in kapitalersetzender Weise abgesicherten Kreditforderung nicht angetastet werden.⁴⁷⁸ Nach den in dieser Hinsicht weitergehenden „Rechtsprechungsregeln" besteht der Freistellungsanspruch schon vor Eröffnung des Insolvenzverfahrens.⁴⁷⁹ 91

VIII. Nutzungsüberlassung

1. Anwendbarkeit der Kapitalersatzregeln. Die Gesellschafter können das Unternehmen einer aus eigener Kraft nicht existenzfähigen Gesellschaft auch dadurch stützen, dass sie dieser die für den Geschäftsbetrieb erforderlichen Gegenstände des Anlagevermögens im Wege der **Nutzungsüberlassung** zur Verfügung stellen. Existenznotwendig ist das für die Gesellschaft dann, wenn sie selbst nicht nur die für die Anschaffung solcher Gegenstände nötigen Mittel nicht aufbringen, sondern sie von einem Dritten auch miet- oder pachtweise nicht erhalten könnte. So kann es insbesondere in Fällen der **Betriebsaufspaltung** sein, bei der die Besitzgesellschaft der mit ihr gesellschaftsrechtlich verbundenen Betriebsgesellschaft das gesamte oder nahezu das ganze Betriebsvermögen miet- oder pachtweise zur Verfügung stellt. Ob solche Nutzungsüberlassungen unter § 32 a Abs. 3 Satz 1 GmbHG fallen, war lange Zeit heftig umstritten und wird auch heute noch im Schrifttum kontrovers diskutiert.⁴⁸⁰ Es wurde und wird vor allem mit der Erwägung bezweifelt, dass die bloße Überlassung einer Sache zur Nutzung nicht zu den vom Kapitalersatzrecht allein erfassten, in der Bilanz durch einen entsprechenden Passivposten auszuweisenden Finanzmitteln gehöre; es handle sich vielmehr um einen Fall der materiellen Unterkapitalisierung.⁴⁸¹ 92

Dem ist der Bundesgerichtshof zu Recht nicht gefolgt.⁴⁸² Ausschlaggebend ist, dass die Nutzungsüberlassung dieselbe Wirkung (Fortführung eines kreditunwürdigen Unternehmens mit *Verlagerung des Unternehmensrisikos* auf die Gesellschaftsgläubiger) haben kann wie die Stützung der Gesellschaft durch Zuführung von Geldmitteln. Die Kapitalsatzvorschriften einengend nur auf solche Gesellschafterhilfen anzuwenden, die ihren Niederschlag in einem Bilanzposten finden,⁴⁸³ ist nicht zwingend geboten.⁴⁸⁴ 93

---

⁴⁷⁴ RdNr. 89.
⁴⁷⁵ *Ulmer/Habersack* §§ 32 a/b RdNr. 188.
⁴⁷⁶ BGH NJW 1986, 429, 430.
⁴⁷⁷ BGH NJW 1992, 1166; BGH NJW 1997, 3171, 3172; *Fastrich* NJW 1983, 260, 263; *Lutter/Hommelhoff* §§ 32 a/b RdNr. 130; *Scholz/K. Schmidt* §§ 32 a, 32 b RdNr. 165; aA *Ulmer/Habersack* §§ 32 a/b RdNr. 180.
⁴⁷⁸ *Scholz/K. Schmidt* §§ 32 a, 32 b RdNr. 165.
⁴⁷⁹ RdNr. 106.
⁴⁸⁰ Vgl. die Nachw. bei *Ulmer/Habersack* §§ 32 a/b RdNr. 121; *Scholz/K. Schmidt* §§ 32 a, 32 b RdNr. 125; *Roth/Altmeppen* §§ 32 a/b RdNr. 202 ff.; *v. Gerkan/Hommelhoff/Haas/Dittrich* RdNr. 8.1 ff.
⁴⁸¹ *K. Schmidt* ZIP 1990, 69, 73 ff., 78; *Scholz/K. Schmidt* §§ 32 a, 32 b RdNr. 127; *Altmeppen* NJW 1994, 2354 und ZIP 1995, 28; vgl. RdNr. 15.
⁴⁸² BGHZ 109, 55, 57 ff. = NJW 90, 516 ff. („Lagergrundstück I"); BGHZ 121, 31, 33 f. = NJW 93, 392, 393 mwN („Lagergrundstück II"); BGH NJW 93, 2179, 2180; BGHZ 127, 7 ff. = NJW 94, 2349 m. Anm. *Altmeppen* („Lagergrundstück III"); BGHZ 127, 17, 21 ff. = NJW 94, 2760 („Lagergrundstück IV"); BGH NZG 2005, 395, 396; NZG 2006, 386 mwN.
⁴⁸³ *K. Schmidt* ZIP 1990, 69, 74.
⁴⁸⁴ Vgl. *Gehde* S. 189 f.

94 **2. Tatbestand. a) Überlassungsunwürdigkeit.** Bei der Nutzungsüberlassung braucht eine allgemeine Kreditunwürdigkeit der Gesellschaft noch nicht ohne weiteres zur Anwendung des Kapitalersatzrechts zu führen; denn eine Gesellschaft, die sich die Mittel zur Anschaffung entsprechender Gegenstände nicht aus eigener Kraft beschaffen kann, kann gleichwohl immer noch in der Lage sein, sie von einem Dritten zu mieten oder zu pachten. Es kommt somit darauf an, ob ein vernünftig handelnder Vermieter oder Verpächter, der nicht an der Gesellschaft beteiligt ist und sich auch nicht an ihr beteiligen will, dieser die Gegenstände unter denselben Verhältnissen und zu denselben Bedingungen überlassen hätte („**Überlassungswürdigkeit**").[485] Das wird bei Standardwirtschaftsgütern, die auch anderweitig leicht verwendbar sind, eher der Fall sein als bei Betriebsanlagen, die auf die besonderen Bedürfnisse des konkreten Unternehmens zugeschnitten sind; denn zur Herrichtung und Vermietung solcher Anlagen ist ein außenstehender Vermieter im Allgemeinen nur dann bereit, wenn er davon ausgehen kann, dass er im Laufe einer hinreichend langen Mietzeit die Kosten für die Anschaffung oder Herstellung und den im Fall einer anderen Verwendung etwa erforderlich werdenden Umbau der Anlagen über den Mietzins wieder hereinbekommt.[486] Ist dies im konkreten Fall auf Grund der wirtschaftlichen Lage der Gesellschaft nicht anzunehmen, dann ersetzt die Nutzungsüberlassung Eigenkapital. Auf die Überlassungsunwürdigkeit soll es aber nicht ankommen, wenn wegen Überschuldung Insolvenzreife der Gesellschaft gegeben ist, weil Insolvenzreife und Kredit- bzw. Überlassungsunwürdigkeit eigenständige, in ihren Anwendungsvoraussetzungen voneinander unabhängige Tatbestände des Eigenkapitalrechts sind.[487]

95 **b) Eigentumszuordnung.** Wer Eigentümer der der Gesellschaft in kapitalersetzender Weise überlassenen Gegenstände ist, ist ohne Bedeutung. Es kommt nicht darauf an, ob sie den überlassenden Personen – den Gesellschaftern selbst, ihnen nahe stehenden Personen oder einem mit ihnen verbundenen Unternehmen – selbst gehören oder ob diese sie ihrerseits von einem Dritten gemietet oder gepachtet haben.[488] Das ist grundsätzlich nicht anders als bei der Darlehensgewährung; für die Anwendung der Kapitalersatzregeln ist es gleichgültig, auf welche Weise sich der Gesellschafter das der Gesellschaft zur Verfügung gestellte Geld beschafft hat. Dies alles gilt aber nur mit der Maßgabe, dass die Rechtsstellung eines außenstehenden Eigentümers, wenn er nicht selbst gleichgestellter Dritter in Sinne des § 32a Abs. 3 Satz 1 GmbHG ist, durch die kapitalersetzende Nutzungsüberlassung nicht berührt wird. Die Rechtsfolgen einer kapitalersetzenden Nutzungsüberlassung gehen daher bei einer Veräußerung des Grundstücks auf den Erwerber nur dann über, wenn dieser Gesellschafter ist oder einem solchen gleichsteht.[489] Da das Eigentum unangetastet bleibt, ist der Eigentümer nicht gehindert, nach Wegfall des Besitzrechts des Gesellschafters (§ 986 Abs. 1 BGB) der Gesellschaft den Besitz zu entziehen. Freilich wird dadurch der Gesellschafter nicht aus der – nur – ihn treffenden kapitalersatzrechtlichen Verstrickung entlassen. Er hat in diesem Fall entsprechend § 32b GmbHG der Gesellschaft den Wert der ihr entgehenden Nutzung zu ersetzen.[490]

96 Ist ein der Gesellschaft zur Nutzung überlassenes Grundstück mit Grundpfandrechten belastet, so endet die kapitalersatzrechtliche Verstrickung jedenfalls dann mit der durch Anordnung der **Zwangsverwaltung** bewirkten Beschlagnahme, wenn die dingliche Belastung schon vor dem Eintritt der Krise und damit vor der kapitalersatzrechtlichen Umqualifizierung bestand; dabei sind die §§ 146 ff. ZVG, §§ 1123, 1124 Abs. 2 BGB entsprechend

---

[485] BGHZ 109, 55, 64 = NJW 1990, 516, 518; BGHZ 121, 31, 39 = NJW 1993, 392, 394 mwN; vgl. auch RdNr. 24.
[486] BGHZ 109, 55, 63 f. = NJW 1990, 516, 517 f.
[487] BGH NZG 2006, 465 mwN.
[488] Vgl. den Fall BGH NJW 1995, 658; zur Vermietung durch Miteigentümer, von denen nur einer an der Gesellschaft beteiligt ist, s. RdNr. 98.
[489] BGH NZG 2005, 395; NZG 2006, 385, 387 auch zur Frage einer Anfechtung gegenüber dem Erwerber als Einzelrechtsnachfolger gem. § 145 Abs. 2 Nr. 1; vgl. dazu ferner *Huber* NZI 2006, 291, 292.
[490] Vgl. BGH NZG 2006, 385, 387 mwN.

anzuwenden.[491] Die Rechtslage ist aber auch dann keine andere, wenn das Grundstück erst nach jenem Zeitpunkt belastet worden ist. Die Rechtsfolgen des Kapitalersatzrechts treffen grundsätzlich nur den Gesellschafter. Ein außenstehender Grundpfandgläubiger braucht sich deshalb Einwendungen aus dem Rechtsverhältnis zwischen dem Grundpfandrechtsbesteller und dem Mieter oder Pächter des Grundstücks nur insoweit entgegenhalten zu lassen, als sie sich aus dem Grundbuch und den allgemeinen *sachenrechtlichen* Bestimmungen (hier: §§ 1123 f. BGB) ergeben.[492] Die kapitalersatzrechtliche Verstrickung gehört nicht dazu. Soweit das der Gesellschaft vom Gesellschafter im Wege des Kapitalersatzes eingeräumte Nutzungsrecht durch die Zwangsverwaltung geschmälert wird, hat der Gesellschafter ihr dafür gemäß § 32b GmbHG **Wertersatz** zu leisten.[493] Das bedeutet, dass er ihr das Nutzungsentgelt erstatten muss, das der Insolvenzverwalter dem Zwangsverwalter zu entrichten hat.[494]

c) Betriebsaufspaltung; Finanzplan. Besonders problematisch ist die Beurteilung der anderweitigen Beschaffbarkeit der zur Nutzung überlassenen Gegenstände in den Fällen der **Betriebsaufspaltung** mit Überlassung der (nahezu) gesamten Betriebseinrichtung. Hier kann nicht auf die einzelnen Wirtschaftsgüter abgestellt werden. Ein Unternehmen ist im Allgemeinen auf eine langfristig sichere Grundlage in Form der benötigten Betriebsausstattung angewiesen; es lässt sich auf Dauer nicht aufrechterhalten, wenn ständig mit dem Auslaufen oder der Kündigung der Mietverträge über die einzelnen Anlagegüter gerechnet werden muss. Es stellt sich daher besonders dringlich die Frage, ob und zu welchen Bedingungen ein vernünftiger Dritter bereit gewesen wäre, einen langfristigen Vertrag über die Betriebseinrichtung abzuschließen.[495] Der Bundesgerichtshof hat in diesem Zusammenhang zu Recht nicht darauf abgestellt, ob die Anmietung der Betriebsausstattung dem „Finanzplan" der Gesellschafter entsprach;[496] denn die zwingenden Kapitalersatzregeln greifen unabhängig von einer Vereinbarung der Gesellschafter immer – aber auch nur – dann ein, wenn die objektiven Voraussetzungen dafür vorliegen.[497] Auch in den Fällen der Betriebsaufspaltung ist danach entscheidend, ob im Zeitpunkt der Überlassung der Betriebseinrichtung die Gesellschafter als ordentliche Kaufleute statt dessen der Gesellschaft Eigenkapital zugeführt hätten (§ 32a Abs. 1 GmbHG). Ist dies von Beginn des Bestehens der Betriebsgesellschaft an zu bejahen, so war die Gesellschaft unter dem Gesichtspunkt der kapitalersetzenden Nutzungsüberlassung von vornherein überlassungsunwürdig und damit nicht in der Lage, das Unternehmen aus eigener Kraft zu betreiben. Wenn sich diese Voraussetzungen erst für einen späteren Zeitpunkt feststellen lassen, gelten die Grundsätze über das **„Stehenlassen"** einer kapitalersetzenden Leistung.[498] Dabei reicht es zur Umqualifizierung aus, wenn die Gesellschafter, die der Gesellschaft die Einrichtungsgegenstände überlassen haben, gemeinsam über die zur Liquidation der Gesellschaft erforderliche Mehrheit verfügen.[499] In der Literatur werden demgegenüber insbesondere die Fälle der Betriebsaufspaltung weitgehend der dabei angenommenen eigenen Fallgruppe des Finanzplankredits in der Form der sog. **„Finanzplannutzung"** zugeordnet.[500] Dieser Sichtweise hat sich das Oberlandesgericht Karlsruhe angeschlossen.[501] Dem ist mit dem Bundesgerichtshof[502] aus den zur Frage des „Finanzplankredits" genannten Gründen[503] nicht zu folgen.

---

[491] BGHZ 140, 147, 152 ff. = BGH NJW 1999, 577, 578; zu abw. Ans. in der Literatur s. die Nachw. in dies. Urt; BGH NJW-RR 2000, 925, 926.
[492] *Obermüller* WuB II C § 32a GmbHG 1. 99 S. 327 f.
[493] Vgl. RdNr. 95.
[494] *Goette* DStR 1999, 37, 38; *Jungmann* ZIP 1999, 601, 606 f. mwN; vgl. auch BGHZ 127, 1, 14 f.
[495] BGHZ 121, 31, 40 f. = NJW 1993, 392, 394.
[496] Vgl. RdNr. 16, 50.
[497] BGHZ 121, 31, 41 f. = NJW 1993, 392, 394 f.
[498] RdNr. 56 ff.
[499] RdNr. 57.
[500] *v. Gerkan* ZGR 1997, 173, 196 f.; *Habersack* ZHR 161 (1997), 457, 489, jew. mwN.
[501] OLG Karlsruhe ZIP 96, 918, 923 f.; krit. dazu *Altmeppen* ZIP 1996, 909, 911 ff.
[502] BGHZ 142, 116, 122 = NJW 1999, 2809, 2811 m. Anm. *Altmeppen*.
[503] RdNr 51.

98 **3. Rechtsfolgen. a) Nutzungsentgelt.** Während der Dauer der Krise kann der vereinbarte Mietzins nicht gefordert werden.[504] Rückstände eines vereinbarten oder nach § 346 BGB geschuldeten[505] **Nutzungsentgelts** können im Insolvenzverfahren nur nachrangig geltend gemacht werden (§ 32a Abs. 1 GmbHG, § 39 Abs. 1 Nr. 5).[506] Dazu gehören auch Ansprüche auf Erstattung von Mietnebenkosten, soweit der Gesellschafter nach dem Überlassungsvertrag auch die Versorgung des Grundstücks – etwa mit Wärme, Wasser oder Strom – schuldet.[507] Zahlungen, die im letzten Jahr vor Eröffnung des Insolvenzverfahrens bzw. vor einer außerhalb des Insolvenzverfahrens geltend gemachten Gläubigeranfechtung geleistet worden sind, sind anfechtbar (§ 135; § 6 AnfG). Das gleiche gilt – selbstverständlich –, soweit es um das Nutzungsentgelt für die Zeit nach Eröffnung des Insolvenzverfahrens geht.[508] Ohne zeitliche Begrenzung dürfen entsprechend den §§ 30, 31 GmbHG[509] Nutzungsentgelte nicht aus dem zur Deckung des Stammkapitals erforderlichen Vermögen gezahlt werden.[510] Vermieten mehrere Miteigentümer ein Grundstück unter den Voraussetzungen des Kapitalersatzes an eine GmbH, an der nur einer von ihnen als Gesellschafter beteiligt ist, so müssen sie sich die mit Rücksicht auf das Eingreifen der Kapitalersatzregeln fehlende Durchsetzbarkeit der Mietzinsforderung in der Höhe entgegenhalten lassen, die der internen Berechtigung des Gesellschafters an dem Mietzinsanspruch entspricht.[511] Die **Zwangsverwaltung** zugunsten eines Grundpfandgläubigers geht mit Wirksamwerden des Beschlagnahmebeschlusses der kapitalersatzrechtlichen Verstrickung mit der Folge vor, dass die Gesellschaft in entsprechender Anwendung des § 1124 Abs. 2 BGB ab dem dort bestimmten Zeitpunkt an den Zwangsverwalter ein Nutzungsentgelt zu entrichten hat.[512]

99 **b) Dingliche Zuordnung.** Das Eigentum an den zur Nutzung überlassenen Sachen geht weder auf die Gesellschaft noch auf den Insolvenzverwalter über. Dieser ist nicht befugt, die Gegenstände durch Veräußerung zu verwerten; das Aussonderungsrecht der Eigentümer bleibt unberührt.[513] **Schadensersatzansprüche** des Gesellschafters gegen die Gesellschaft wegen schuldhafter Eigentumsverletzung und Ansprüche auf Ersatz von **Erhaltungsaufwendungen,** die nach vertraglichem oder gesetzlichem Miet- oder Pachtrecht der Gesellschaft zur Last fallen, die aber der Gesellschafter getragen hat, werden nur unter den allgemeinen Voraussetzungen der Stundung oder des Stehenlassens zu kapitalersetzenden Leistungen.[514]

100 **c) Nutzungsrecht.** Die Rechtsfolgen der eigenkapitalersetzenden Nutzungsüberlassung beschränken sich auf der anderen Seite nicht auf das Nutzungsentgelt;[515] sie erstrecken sich vielmehr auf das Recht, die überlassenen Wirtschaftsgüter zu nutzen. Der Insolvenzverwalter ist deshalb berechtigt, die Gegenstände entweder innerhalb des Gesellschaftsunternehmens (unentgeltlich) zu nutzen oder das Nutzungsrecht durch anderweitige Vermietung oder Verpachtung oder auch durch Weiterübertragung – einzeln oder im Rahmen des ganzen Unternehmens – (entgeltlich) zu verwerten.[516]

101 Besonders schwierig ist die Frage nach der **Dauer** des der Gesellschaft bzw. dem Insolvenzverwalter zu belassenden Nutzungsrechts zu beantworten. Der Bundesgerichtshof geht im

---
[504] BGHZ 124, 282, 284 f.; 140, 147, 153; BGH ZInsO 2006, 371.
[505] Dazu BGH ZIP 2001, 1366, 1367.
[506] Vgl. BGHZ 109, 55, 66 = NJW 1990, 516, 518; BGHZ 121, 31, 42 = NJW 1993, 392, 395.
[507] BGH NJW 2000, 3565.
[508] BGH NJW 1993, 2179, 2180; s. aber auch RdNr. 41 aE.
[509] RdNr. 104 ff.
[510] BGHZ 121, 31, 42 = NJW 1993, 392, 395.
[511] BGH NJW 1997, 3026, 3027 („Lagergrundstück V").
[512] BGHZ 140, 147, 152 ff. = NJW 1999, 577, 578 f.; BGH NZG 2005, 395, 396; vgl. RdNr. 96.
[513] BGHZ 121, 31, 45 f. = NJW 1993, 392, 395; BGHZ 127, 1, 8 f. = NJW 1994, 2349, 2351; BGHZ 127, 17, 22 ff. = NJW 1994, 2760, 2761 f.
[514] BGHZ 121, 31, 43 ff. = NJW 1993, 392, 395 f.
[515] BGHZ 127, 1, 10 = NJW 1994, 2349, 2351; aA *Knobbe-Keuk,* Festschrift für Kellermann, S. 234 ff.
[516] BGHZ 127, 1, 12 = NJW 1994, 2349, 2352; BGHZ 127, 17, 26 = NJW 1994, 2760, 2762; BGH NZG 2005, 346; NZG 2005, 395, 396.

Grundsatz von der vertraglich vereinbarten Dauer bzw. den dort festgelegten oder den gesetzlichen Kündigungsfristen aus. Vorzuziehen ist freilich die Ansicht, wonach das Nutzungsrecht immer bis zur Behebung der Krise oder – im Liquidations- oder Insolvenzfall – bis zur Befriedigung aller Gläubiger besteht.[517] Die auf der Grundlage der Rechtsprechung des Bundesgerichtshofs grundsätzlich zu beachtenden zeitlichen Begrenzungen des Nutzungsrechts gelten jedoch auch danach nicht, soweit sie nicht ernst gemeint oder mit den Kapitalersatzgrundsätzen nicht vereinbar sind.[518] Daraus folgt, dass eine im Vertrag für den Insolvenzfall vorgesehene Möglichkeit der Kündigung nicht zu beachten ist. Im übrigen ist ebenso wie bei der Frage, ob die Nutzungsüberlassung überhaupt kapitalersetzend ist,[519] darauf abzustellen, für welche Dauer ein inhaltlich gleicher Vertrag mit einem außenstehenden Dritten zustande gekommen wäre. Hierbei sind wiederum sowohl das Interesse des Vermieters an einer ausreichend gesicherten Abdeckung seiner Investitionskosten zuzüglich eines angemessenen Gewinns als auch das Interesse der Gesellschaft an der Sicherstellung eines ihr kontinuierlich zur Verfügung stehenden Betriebsvermögens zu berücksichtigen. Die dafür notwendigen Feststellungen sind im konkreten Fall Sache des Tatrichters, der dazu oftmals einen Sachverständigen wird hinzuziehen müssen.[520] In Fällen der **Betriebsaufspaltung** können diese Grundsätze zu einer sehr langen Nutzungsdauer führen, weil Verträge mit der Gesellschaft nicht nahe stehenden Dritten über eine ganze Betriebseinrichtung, wenn überhaupt, nur für verhältnismäßig lange Zeiträume abgechlossen werden dürften. Das unentgeltliche Nutzungsrecht endet mit dem Wirksamwerden eines **Zwangsverwaltung**sbeschlusses.[521]

d) **Wertersatz.** Im Insolvenzverfahren ist eine Verwertung des Nutzungsrechts im Wege der Fortführung des Betriebs oder durch Überlassung an Dritte – mit oder ohne das Unternehmen im ganzen[522] – aus tatsächlichen Gründen nur begrenzt möglich. Das Insolvenzverfahren ist von seiner Zweckbestimmung her keine Dauereinrichtung, und gerade bei Einzelgegenständen oder Sachgesamtheiten, die auf das konkrete Unternehmen zugeschnitten sind, wird eine Weitervermietung häufig auf Schwierigkeiten stoßen. Der Bundesgerichtshof ist dennoch dem von weiten Teilen des Schrifttums gemachten Vorschlag, dem Insolvenzverwalter gegen Herausgabe der Sachen einen **Wertersatzanspruch** gegen den Gesellschafter einzuräumen,[523] mit der Begründung nicht gefolgt, die Kapitalersatzregeln verpflichteten den Gesellschafter nur dazu, der Gesellschaft das zu belassen, was er ihr zur Verfügung gestellt habe (hier: das Recht zur Nutzung), nicht aber zu einer darüber hinausgehenden (Geld-) Leistung; das Risiko mangelnder Verwertungsmöglichkeit im Insolvenzverfahren haben danach nicht die Gesellschafter, sondern die Gesellschaftsgläubiger zu tragen.[524] Die dem zugrundeliegende Interessenbewertung ist bedenklich; denn damit wird das mit der Betriebsaufspaltung unter anderem verfolgte Ziel, den größten Teil des *wirtschaftlichen Betriebsvermögens* der Haftung zu entziehen,[525] jedenfalls teilweise sanktioniert.

Unter besonderen Umständen kann sich ein **Wertersatzanspruch** nach allgemeinen gesellschafts- oder bürgerlichrechtlichen Grundsätzen ergeben. Entziehen die Gesellschafter dem Insolvenzverwalter die überlassenen Gegenstände, indem sie sie veräußern, dann sind die Regeln über Leistungsstörungen bei Sacheinlagen entsprechend anzuwenden; danach hat der Gesellschafter sein Einlageversprechen, soweit es als solches unerfüllbar ist oder wird, durch Geldzahlung zu erfüllen.[526] Wenn sich die Gesellschafter mit dem Insolvenzverwalter unter Aufrechterhaltung ihrer gegensätzlichen Rechtsstandpunkte im Übrigen darauf eini-

---

[517] *Brandes* ZGR 1989, 244, 248 f.
[518] BGHZ 121, 31, 40 = NJW 1993, 392, 394; BGHZ 127, 1, 10 = NJW 1994, 2349, 2351.
[519] RdNr. 94.
[520] BGHZ 127, 1, 12 = NJW 1994, 2349, 2352.
[521] RdNr. 96, 98.
[522] Vgl. RdNr. 100.
[523] U. a. *Bäcker*, Eigenkapitalersetzende Rechtshandlungen, S. 209 ff.; *Wilken* S. 83 ff.
[524] BGHZ 127, 1, 13 f. = NJW 1994, 2349, 2352; BGHZ 127, 17, 23 30 = NJW 1994, 2760, 2762, 2763.
[525] Vgl. RdNr. 14.
[526] BGHZ 127, 1, 14 f. = NJW 1994, 2349, 2352.

gen, dass die Sachen nicht weiter genutzt, sondern veräußert werden sollen, kann hieraus je nach den Umständen des konkreten Falles im Wege der ergänzenden Vertragsauslegung geschlossen werden, dass für den Zeitraum, für den das Nutzungsrecht der Gesellschaft bzw. dem Insolvenzverwalter nach der wirklichen Rechtslage noch zugestanden hätte, der Masse aus dem Veräußerungserlös der Wert in Geld zustehen soll, den das Nutzungsrecht in diesem Zeitpunkt noch hatte.[527]

IX. Rechtsprechungsregeln

104 **1. Allgemeines.** Das von der Rechtsprechung entwickelte und neben den §§ 32 a, 32 b GmbHG fortbestehende[528] Kapitalersatzrecht (sog. **„Rechtsprechungsregeln"**) hat seine Grundlage in den Kapitalerhaltungsvorschriften der §§ 30, 31 GmbHG. Es knüpft nicht an die Insolvenz der Gesellschaft an; die Rechtsprechungsregeln gehören daher anders als das kodifizierte Kapitalersatzrecht der Sache nach nicht zum Insolvenz-, sondern zum Gesellschaftsrecht. Danach darf das Gesellschaftsvermögen, soweit es zur Erhaltung des Stammkapitals erforderlich ist, nicht an die Gesellschafter ausgekehrt werden. Dieses Verbot bezieht sich auf Leistungen, die mit Rücksicht auf das Mitgliedschaftsverhältnis („causa societatis") erbracht werden. Es gilt nicht für Geschäfte, die ein Gesellschafter wie ein der Gesellschaft nicht angehörender Dritter mit dieser abschließt. Solche Drittgeschäfte sind im Grundsatz auch Darlehensverträge. Hat aber ein Gesellschafter seiner Gesellschaft ein solches Darlehen zu einem Zeitpunkt gewährt, in dem dies wegen der kritischen Lage des Unternehmens ein Außenstehender – zu den gleichen Bedingungen – nicht getan hätte, dann war in Wirklichkeit das Gesellschaftsverhältnis die Grundlage für die Mittelzuführung. Der Sache nach handelt es sich dann nicht um Fremd-, sondern um Eigenkapital; als solches nehmen die der Gesellschaft gewährten Finanzierungsmittel am Kapitalschutz der §§ 30, 31 GmbHG teil. Das bedeutet, dass auch sie nicht zurückgezahlt werden dürfen, soweit und solange dies zu Lasten des satzungsmäßigen Stammkapitals gehen würde. Durch die Rückzahlung darf das Gesellschaftsvermögen insgesamt – also die Differenz zwischen den Aktiven und den Passiven – nicht unter den Betrag der **Stammkapitalziffer** sinken. Dieser Grundsatz gilt – wie nach § 32 a GmbHG – auch für stehengelassene Gesellschafterdarlehen sowie für alle Maßnahmen, die im Sinne des § 32 a Abs. 3 Satz 1 GmbHG der Darlehensgewährung durch einen Gesellschafter wirtschaftlich entsprechen.

105 Die Unterstellung der kapitalersetzenden Leistungen unter den Kapitalerhaltungsschutz der §§ 30, 31 GmbHG bedeutet gegenüber den gesetzlichen Bestimmungen der §§ 32 a, 32 b GmbHG, 135 InsO, 6 AnfG auf der einen Seite eine *Erweiterung* und auf der anderen eine *Einengung* der Bindung von eigenkapitalersetzenden Mitteln. Die Erweiterung beruht vor allem darauf, dass die Rechtsfolgen nicht, wie bei § 32 a GmbHG, an die Eröffnung eines Insolvenzverfahrens anknüpfen, sondern, solange sich die Gesellschaft im Zustand der Kreditunwürdigkeit befindet, auch dann eingreifen, wenn es nicht zur Eröffnung eines Insolvenzverfahrens kommt, insbesondere diese mangels ausreichender Masse abgelehnt wird. Die in anderer Hinsicht geringere Reichweite des richterlichen Kapitalersatzrechts hängt damit zusammen, dass der von den §§ 30, 31 GmbHG gewährte Schutz nicht über das nominelle **Stammkapital** hinausreicht,[529] während die §§ 32 a, 32 b GmbHG die der Gesellschaft anstelle von Eigenkapital zugeführten Mittel in vollem Umfang erfassen. Der hierin liegende Unterschied ist freilich sehr gering und in der Praxis zu vernachlässigen, weil die §§ 30, 31 GmbHG nur das die Stammkapitalziffer übersteigende Vermögen unberührt lassen, dagegen auch dann eingreifen, wenn die Gesellschaft bilanziell überschuldet ist; die Rechtsfolgen sind nicht auf den Betrag des Nennkapitals begrenzt.[530] Daraus ergibt sich, dass

---

[527] BGHZ 127, 1, 15 f. = NJW 1994, 2349, 2352 f.
[528] RdNr. 8.
[529] BGHZ 76, 326, 332 f. = NJW 1980, 1524, 1525.
[530] BGHZ 60, 324, 331 f. = NJW 1973, 1036, 1038 f.; BGHZ 81, 252, 259 = NJW 1981, 2570, 2572 mwN; BGH NJW 1990, 1730, 1732; vgl. RdNr 108.

die „Rechtsprechungsregeln" praktisch in jeder Beziehung weiter gehen als das gesetzlich normierte Kapitalersatzrecht. Von den genannten, sich aus den jeweiligen Rechtsgrundlagen ergebenden und im Folgenden näher dargestellten Verschiedenheiten abgesehen sind die beiden Regelungskomplexe in Voraussetzungen und Rechtsfolgen gleich. Die Bestimmungen des § 32a Abs. 3 Satz 2 und Satz 3 GmbHG („**Zwerganteile**" und „**Sanierungsprivileg**") sind auch im Rahmen der Rechtsprechungsregeln anzuwenden.[531]

2. Unterschiede gegenüber den §§ 32 a, b GmbHG. a) Unabhängigkeit vom Insolvenzverfahren. Die entsprechende Anwendung der §§ 30, 31 GmbHG setzt die Eröffnung eines Insolvenzverfahrens nicht voraus.[532] Der Rückzahlungsanspruch ist von dem Zeitpunkt an nicht durchsetzbar, in dem die Umqualifizierungsvoraussetzungen eintreten; ist er trotzdem erfüllt worden, so besteht der **Rückgewähranspruch** entsprechend § 31 GmbHG. Dies alles gilt freilich nur insoweit, als durch die Rückzahlung das zur Deckung des **Stammkapitals** erforderliche Vermögen angegriffen würde bzw. tatsächlich angegriffen worden ist.[533] Wenn die Leistung des Gesellschafters in der Absicherung eines von einem Außenstehenden gewährten Kredits besteht, ist der auch hier im Fall der Rückführung des Kredits aus Gesellschaftsmitteln gegebene Erstattungsanspruch der Gesellschaft[534] nicht auf solche Rückzahlungen beschränkt, die in dem Jahreszeitraum des § 32 b GmbHG vorgenommen worden sind. Es gilt hier auch nicht die Verjährungsfrist des § 146,[535] sondern die regelmäßig zehn Jahre betragende Frist des § 31 Abs. 5 GmbHG.[536] Der gegen den Gesellschafter gerichtete Anspruch der Gesellschaft auf **Freistellung** von der Verbindlichkeit gegenüber dem Kreditgeber[537] besteht ebenfalls bereits vor und unabhängig von einem später etwa eröffneten Insolvenzverfahren.[538]

b) Aufrechnung; Sicherheiten. Die einseitig durch den Gesellschafter erklärte Aufrechnung mit der Rückzahlungsforderung gegen einen Anspruch der Gesellschaft[539] ist nach § 390 BGB unwirksam. Eine **Verrechnungsvereinbarung** mit der Gesellschaft hat dagegen wegen der Wirksamkeit von Rechtsgeschäften, die gegen § 30 GmbHG verstoßen,[540] nicht die Nichtigkeit, sondern lediglich einen Erstattungsanspruch der Gesellschaft nach § 31 GmbHG zur Folge. Daraus ergibt sich, dass der Anspruch der Gesellschaft nicht nach den für ihre ursprüngliche – durch die Verrechnung untergegangene – Forderung geltenden Regeln, sondern entsprechend § 31 Abs. 5 GmbHG in fünf Jahren verjährt. Aus **Sicherheiten,** die die Gesellschaft dem Gesellschafter für seinen Rückforderungsanspruch gewährt hat, kann dieser sich, solange die Erfüllung des Anspruchs nach § 31 GmbHG nicht zulässig ist, unabhängig von den Voraussetzungen der §§ 135, 6 AnfG nicht befriedigen.[541]

c) Erhaltung des Stammkapitals. Die aus der Einordnung der Gesellschafterleistung als Eigenkapitalersatz folgende Bindung beschränkt sich bei der entsprechenden Anwendung der §§ 30, 31 GmbHG auf den Betrag, der zur Abdeckung des satzungsmäßigen Stammkapitals erforderlich ist; soweit der zur Finanzierung der Gesellschaft eingesetzte Kredit diesen Betrag übersteigt, kann er nach Maßgabe der mit dem Gesellschafter getroffenen Vereinbarungen zurückgezahlt werden.[542] Das bedeutet jedoch dem Umfang nach keine

---

[531] *Früh* GmbHR 1999, 842, 847 mwN; vgl auch RdNr. 27, 39.
[532] BGHZ 165, 343, 346; zu den Unterschieden zwischen Rechtsprechungs- und Novellenregeln vgl. *Uhlenbruck/Hirte* § 135 RdNr. 5 .
[533] RdNr. 108.
[534] BGHZ 81, 252, 260 = NJW 1981, 2570, 2572; BGH NJW 1992, 1166.
[535] Vgl. BGH NJW 1993, 3265, 3266; BGH NJW 1998, 3273, 3274.
[536] Vgl. OLG Düsseldorf GmbHR 1997, 350, 352.
[537] RdNr. 91.
[538] BGH NJW 1986, 429, 430.
[539] Zur Rechtslage nach § 32 a Abs. 1 GmbHG s. RdNr. 81.
[540] Vgl. BGHZ 136, 125, 129 ff. = NJW 1997, 2599, 2600 f.
[541] BGHZ 81, 252, 262 = NJW 1981, 2570, 2573; vgl. RdNr. 75, 81.
[542] BGHZ 76, 326, 333 ff. = NJW 1980, 1524, 1525 f.; BGHZ 90, 370, 378 = NJW 1984, 1891, 1892 f; BGH NJW 1990, 1730, 1731.

Beschränkung auf die **Stammkapitalziffer**; das Auszahlungsverbot erstreckt sich auch auf eine darüber hinausgehende bilanzielle Überschuldung.[543] Die Begrenzung des Rückgewährverbots darf nicht mit der Frage verwechselt werden, ob sich die Umqualifizierung eines einheitlichen Darlehens auf einen Teilbetrag beschränkt, ob also die Kreditunwürdigkeit für denselben Kredit teilweise bejaht und teilweise verneint werden kann **(partielle Kreditunwürdigkeit).** Diese Frage ist für die aus den §§ 30, 31 GmbHG abgeleiteten Kapitalersatzregeln ebenso zu beantworten wie im Rahmen der Anwendung des § 32 a GmbHG.[544] Der von der Auszahlungssperre betroffene Betrag ist anhand einer zu fortgeführten Buchwerten – nicht etwa auf Grund einer nach den Maßstäben des § 19 Abs. 2 aufgestellten Überschuldungsbilanz – zu berechnen.[545] Dabei sind die kapitalersetzenden Kredite als Verbindlichkeiten auszuweisen.[546] Im Ergebnis werden damit kapitalersetzende Leistungen ebenso den Kapitalerhaltungsvorschriften unterworfen, wie wenn das satzungsmäßige Stammkapital um ihren Wert erhöht worden wäre.

109 Der durch eine nach § 30 GmbHG unzulässige Rückgewähr einer kapitalersetzenden Leistung ausgelöste **Erstattungsanspruch** aus § 31 Abs. 1 GmbHG entfällt nicht allein dadurch, dass das Stammkapital inzwischen auf andere Weise gedeckt ist.[547] Insoweit unterscheidet sich die Rechtslage von derjenigen nach den §§ 32 a, 32 b GmbHG.[548] Der Gesellschafter kann gegen den Erstattungsanspruch der Gesellschaft entsprechend § 19 Abs. 2 Satz 2 GmbHG nicht aufrechnen.[549]

110 **3. Ausfallhaftung.** Der bei Rückgewähr der Gesellschafterleistung nach § 135 InsO, § 32 b GmbHG bestehende Anspruch richtet sich nur gegen den Gesellschafter, der die Leistung erbracht hatte. Nach den von der Rechtsprechung in Anlehnung an die Kapitalerhaltungsvorschriften entwickelten Kapitalersatzregeln kommt gemäß § 31 Abs. 3 GmbHG auch eine – anteilige – **Ausfallhaftung** der übrigen Gesellschafter in Betracht; diese Bestimmung ist auf die Rückgewähr kapitalersetzender Leistungen entsprechend anzuwenden.[550] Die Ausfallhaftung entsteht dem Grunde nach mit der verbotenen Auszahlung an den Mitgesellschafter.[551] Die früher streitige Frage, ob die Haftung der Mitgesellschafter der Höhe nach ohne jede Begrenzung besteht, ist von der höchstrichterlichen Rechtsprechung nunmehr dahin entschieden, dass die Haftung aus § 31 Abs. 3 der Höhe nach auf den Betrag der Stammkapitalziffer beschränkt ist.[552] Dies entspricht der herrschenden Meinung im Schrifttum.[553] Eine weitergehende, etwa auf das Stammkapital abzüglich der eigenen Einlage des Mitgesellschafters, kommt nicht in Betracht.[554] Geringfügig beteiligte Gesellschafter im Sinne von § 32 a Abs. 3 Satz 2 GmbHG sind auch von der Ausfallhaftung ausgenommen.[555] Eine von § 31 Abs. 3 GmbHG unabhängige Haftung der Mitgesellschafter, die eine nach § 30 GmbHG unzulässige Leistung an einen Gesellschafter schuldhaft veranlasst oder gefördert haben, kommt nicht in Betracht.[556]

---

[543] RdNr. 105.
[544] RdNr. 47.
[545] BGH NJW 1988, 139.
[546] BGHZ 124, 282, 284 = NJW 1994, 724. – Zur Behandlung im Überschuldungsstatus s. RdNr 49.
[547] BGH NJW 2000, 2577, 2578 unter Aufgabe von BGH NJW 1988, 139; BGH NZG 2006, 263, 264 m. N. des Streitstands.
[548] S. dazu RdNr. 59.
[549] BGH NJW 2001, 830, 831.
[550] BGH NJW 1990, 1730, 1731 f.; NZG 2005, 845, 846.
[551] BGH NZG 2005, 845, 846.
[552] BGH NZG 2003, 1116, 1118 f.; NZG 2005, 845, 846.
[553] *Baumbach/Hueck/Fastrich* § 31 RdNr. 24; *Ulmer/Habersack* § 31 RdNr. 55; *Roth/Altmeppen* § 31 RdNr. 10; *Rowedder/Schmidt-Leithoff/Pentz* § 31 RdNr. 38.
[554] BGH NZG 2003, 1116, 1118 f.
[555] BGH NZG 2006, 845, 846; *Fastrich,* Festschrift für Zöllner, S. 158.
[556] BGHZ 142, 92, 96 = NJW 1999, 2817, 2818 unter Aufgabe von BGHZ 93, 146, 149 f. = NJW 1985, 1030, 1031; krit. zu dieser Rechtsprechungsänderung *Altmeppen* ZIP 1999, 1354 f.

X. Kapitalersatz in der GmbH & Co.

1. Gesetzliche Regelung. „Kapitalersetzende Darlehen" im Sinne des § 135 (und des **111** § 6 AnfG) sind auch Gesellschafterleistungen nach §§ 129 a, 172 a HGB. Diese Regelungen betreffen solche Personengesellschaften des Handelsrechts, an denen – unmittelbar oder mittelbar über eine andere Personengesellschaft – keine natürliche Person als persönlich haftender Gesellschafter beteiligt ist. Betroffen ist davon in erster Linie die **GmbH & Co. KG**, die im Folgenden ausschließlich behandelt wird; aber auch eine AG & Co. KG sowie eine OHG, an der nur Gesellschaften mit beschränkter Haftung beteiligt sind, gehören dazu. Die Erstreckung des Kapitalersatzrechts auf diese Gesellschaftsformen trägt in erster Linie[557] dem Umstand Rechnung, dass es sich bei ihnen im Ergebnis wie bei der GmbH um Gesellschaften mit beschränktem Haftungsfonds handelt. Erfaßt werden Finanzierungsmaßnahmen (Darlehen und nach § 32 a Abs. 3 Satz 1 GmbHG gleichgestellte Rechtshandlungen) sowohl der Gesellschafter der Personengesellschaft (bei der Kommanditgesellschaft also der Kommanditisten) als auch der Gesellschafter ihrer persönlich haftenden Gesellschaft (bei der GmbH & Co. KG der GmbH-Gesellschafter).[558] Darlehen, die die Komplementär-GmbH von ihren eigenen Gesellschaftern erhält, fallen unmittelbar unter § 32 a GmbHG. Voraussetzungen und Rechtsfolgen sind im Übrigen dieselben wie im GmbH-Recht.

2. Rechtsprechungregeln. a) Grundgedanke. Die höchstrichterliche Rechtsprechung **112** wendet die für das GmbH-Recht in entsprechender Anwendung der §§ 30, 31 GmbHG entwickelten Kapitalersatzregeln[559] im Ergebnis auch auf die GmbH & Co. KG an, soweit an ihr keine unbeschränkt haftende natürliche Person beteiligt ist.[560] Diese Rechtsprechung beruht nicht auf einer analogen Anwendung der §§ 30, 31 GmbHG auf die GmbH & Co. KG, sondern berücksichtigt nur die Auswirkungen, die Rückzahlungen aus dem Vermögen der Kommanditgesellschaft auf das Vermögen der GmbH haben können.[561] Der Bundesgerichtshof hat dabei an eine Entscheidung angeknüpft, in der die §§ 30, 31 GmbHG allgemein auf Auszahlungen aus dem Vermögen einer überschuldeten GmbH & Co. KG unter der Voraussetzung für entsprechend anwendbar erklärt worden sind, dass dadurch mittelbar das zur **Erhaltung des Stammkapitals** der GmbH erforderliche Vermögen beeinträchtigt wird.[562] Die auf dieser Grundlage beruhenden Kapitalersatzregeln der Rechtsprechung gelten nach Einführung der gesetzlichen Vorschriften im Jahr 1980 ebenso wie für das GmbH-Recht[563] auch für das Recht der GmbH & Co. KG weiter.[564]

b) Folgerungen. Auszahlungen aus dem Vermögen der Kommanditgesellschaft können **113** sich in der Weise auf das Vermögen der Komplementär-GmbH auswirken, dass dadurch entweder die Beteiligung der GmbH an der Kommanditgesellschaft entwertet wird oder – auch bei fehlender Beteiligung am KG-Vermögen – die GmbH bei **Überschuldung** der Kommanditgesellschaft zum Ausgleich des Passivpostens, den sie dann im Hinblick auf ihre Haftung nach § 128 HGB in ihre Bilanz aufnehmen muss, keinen realisierbaren Freistellungsanspruch mehr aktivieren kann.[565] Wenn aus einem dieser Gründe eine Auszahlung aus dem KG-Vermögen ganz oder teilweise zu Lasten des zur Erhaltung des Stammkapitals der GmbH erforderlichen Vermögens geht, ist sie entsprechend § 30 Abs. 1 GmbHG unzulässig. Für die Feststellung, ob eine solche Auszahlung eine derartige – mittelbare – Auswirkung hat, kommt es, wie allgemein bei der Anwendung des § 30 GmbHG, auf die fortgeführten

---

[557] S. aber auch RdNr. 122 ff.
[558] *Scholz/K. Schmidt* §§ 32 a, 32 b RdNr. 209.
[559] Dazu RdNr. 104 ff.
[560] Grundlegend BGHZ 67, 171, 175 f. = NJW 1977, 104, 105.
[561] Näheres RdNr. 113.
[562] BGHZ 60, 324, 328 ff. = NJW 1973, 1036, 1037 f.
[563] RdNr. 8.
[564] BGHZ 110, 342, 346 = NJW 1990, 1725, 1726.
[565] BGHZ 60, 324, 329 = NJW 1973, 1036, 1038; BGHZ 69, 274, 280 = NJW 1978, 160, 162; BGHZ 76, 326, 336 f. = NJW 1980, 1524, 1526; BGHZ 110, 342, 357 = NJW 1990, 1725, 1729; BGH NJW 1998, 3273, 3274.

Buchwerte in der den Anforderungen der §§ 42 GmbHG, 242 HGB entsprechenden Handelsbilanz der GmbH an.[566] Dagegen genügt es nicht, dass bei der *Kommanditgesellschaft* ein das Nennkapital abdeckendes Vermögen nicht mehr vorhanden ist. Eine – nur bilanzmäßige – **Unterdeckung** bei der Kommanditgesellschaft zwingt für sich allein bei der GmbH noch nicht zur Passivierung ihrer Haftungsverpflichtung, weil sie, solange die Kommanditgesellschaft ihre Schulden bezahlen kann, nicht mit einer Inanspruchnahme durch deren Gläubiger rechnen muss; jedenfalls ist in diesem Stadium ein etwaiger Freistellungsanspruch der GmbH noch realisierbar. Das wird erst dann anders, wenn die Kommanditgesellschaft im Sinne des § 19 **überschuldet** ist. Diese Rechtslage ist die Folge davon, dass die Rechtsprechung die §§ 30, 31 GmbHG nicht (analog) auf die GmbH & Co. KG selbst anwendet.[567] In der Kommanditgesellschaft führt grundsätzlich nur die Rückzahlung der Kommanditeinlage zu Haftungsfolgen für den Kommanditisten (§ 172 Abs. 4 HGB). Sonstige Schmälerungen des Gesellschaftsvermögens durch Auszahlungen an die Gesellschafter werden im Hinblick auf die persönliche Haftung des Komplementärs hingenommen. Die Anwendung der §§ 30, 31 GmbHG dient bei der GmbH & Co. KG lediglich dazu, den Wert der persönlichen – aber auf ihr Gesellschaftsvermögen beschränkten – Haftung der Komplementär-GmbH zu sichern. Ein darüber hinausgehender, dem GmbH-Recht entsprechender Kapitalschutz im Sinne eines Verbots jeder Ausschüttung des nominellen Gesellschaftskapitals besteht bei der GmbH & Co. KG nicht.[568] Der durch den Verstoß gegen § 30 GmbHG ausgelöste Erstattungsanspruch steht nicht der GmbH, sondern unmittelbar der Kommanditgesellschaft zu.[569]

114 **c) Nur-Kommanditist.** Von den Kapitalersatzregeln, die sich aus den §§ 30, 31 GmbHG für die GmbH & Co. KG ergeben, wird entgegen der früher in der Literatur herrschenden Meinung[570] auch der Kommanditist erfasst, der nicht gleichzeitig Gesellschafter der GmbH ist.[571] Wegen der gesellschaftsrechtlichen Verknüpfung der Interessen beider Gesellschaften sind auch die Kommanditisten dafür verantwortlich, dass das begrenzte Haftungsvermögen, mit dem allein die persönlich haftende Gesellschafterin für die Verbindlichkeiten der Kommanditgesellschaft einzustehen hat, im Interesse der Gläubiger erhalten bleibt.[572] Mit den Kapitalerhaltungsnormen des GmbH-Rechts lässt sich das freilich kaum noch überzeugend begründen; in der Sache handelt es sich dabei schon um die Anwendung eines davon losgelösten Kapitalersatzrechts auf die Rechtsform der Kommanditgesellschaft, und zwar unabhängig davon, ob der persönlich haftende Gesellschafter eine natürliche Person ist oder nicht.[573]

115 **d) Pflichteinlage.** Der Kommanditist haftet den Gesellschaftsgläubigern persönlich nur mit der im Handelsregister eingetragenen Einlage (Hafteinlage), soweit diese nicht geleistet oder wieder an ihn zurückgezahlt worden ist (§§ 171 Abs. 1, 172 Abs. 4 Satz 1 HGB). Soweit die im Gesellschaftsvertrag vereinbarte Pflichteinlage über die nach § 162 Abs. 1 HGB in das Handelsregister einzutragende Hafteinlage hinausgeht, schuldet der Kommanditist sie nur im Innenverhältnis zur Gesellschaft. Unabhängig davon unterliegt in der GmbH & Co. KG die gesamte Pflichteinlage den Kapitalersatzregeln. Die Einlage darf deshalb insgesamt wie ein Gesellschafterdarlehen nicht zurückgezahlt werden, sofern dadurch mittelbar das zur Erhaltung des Stammkapitals der GmbH erforderliche Vermögen beeinträchtigt würde.[574] Wird anlässlich des Ausscheidens des Kommanditisten aus der Gesellschaft dessen **Abfindungsanspruch** in ein Darlehen umgewandelt, so sind für die Anwendung der

---

[566] BGH NJW 1988, 139; vgl. RdNr. 108.
[567] RdNr. 112.
[568] AA (für analoge Anwendung des § 31 GmbHG) *Scholz/K. Schmidt* §§ 32 a, 32 b RdNr. 214.
[569] BGHZ 60, 324, 329 f. = NJW 1973, 1036, 1038; BGHZ 69, 274, 279 = NJW 1978, 160, 161.
[570] Vgl. die Nachw bei *Ulmer/Habersack* § 30 RdNr. 105 und *Scholz/K. Schmidt* §§ 32 a, 32 b RdNr. 214.
[571] BGHZ 110, 342, 355 ff. = NJW 1990, 1725, 1729.
[572] BGHZ 110, 342, 357 f. = NJW 1990, 1725, 1729.
[573] Näher dazu RdNr. 122 ff.
[574] BGHZ 69, 274, 280 = NJW 1978, 160, 161 f.

Kapitalersatzregeln die zu diesem Zeitpunkt bestehenden Vermögensverhältnisse der Kommanditgesellschaft und ihrer Komplementär-GmbH maßgebend. Steht danach § 30 Abs. 1 GmbHG einer Auszahlung entgegen, dann darf das Rückgewährversprechen auch nach dem Ausscheiden des Gesellschafters nicht erfüllt werden, solange dadurch das zur Erhaltung des Stammkapitals der GmbH erforderliche Vermögen angegriffen würde. Anderenfalls sind die Auswirkungen einer späteren Erfüllung des Darlehensrückzahlungsanspruchs auf das Vermögen der GmbH ohne Bedeutung; denn in diesem Fall hätte das Geld ohne Verstoß gegen die Kapitalerhaltungsvorschriften auch sofort ausgezahlt werden können.[575]

3. Geringfügige Beteiligungen; Sanierungsprivileg. Wegen der Verweisungen in den §§ 129 a, 172 a HGB ist in diesen Fällen auch § 32 a Abs. 3 Satz 2 GmbHG entsprechend anzuwenden. Für die Beteiligungsgrenze von 10% stellt sich, da es bei den Personengesellschaften des Handelsrechts kein festes Garantiekapital gibt, die Frage, auf welche Größe sie zu beziehen ist. Eine gesetzliche Regelung fehlt insoweit. In der rechtsgeschichtlichen Entwicklung ist die Anwendung des Kapitalersatzrechts bei der GmbH & Co. damit legitimiert worden, dass das Stammkapital der Komplementär-GmbH erhalten werden müsse.[576] Daraus ließe sich folgern, dass es, wenn der Kommanditist auch an der GmbH beteiligt ist, auf seinen Anteil am Stammkapital und beim **Nur-Kommanditisten** auf das Verhältnis seiner Pflichteinlage zum Stammkapital der GmbH ankomme; zumindest liegt dieser Gedanke bei der Anwendung der Rechtsprechungsregeln nicht fern, die ganz bewusst nicht das Kapital der Kommanditgesellschaft, sondern nur dasjenige der Komplementär-GmbH schützen sollen.[577] Indessen würde eine solche Betrachtung das Anliegen des Gesetzgebers, die Kapitalaufnahme in der Krise zu erleichtern, außer acht lassen. Wirtschaftlich ist die GmbH & Co. KG eine Einheitsgesellschaft. Für die Kapitalausstattung ist das Kommanditkapital maßgebend; die Einlage der GmbH ist, sofern diese überhaupt am Kapital der Kommanditgesellschaft beteiligt ist, in aller Regel von untergeordneter Bedeutung. Mit der Grenzziehung von 10% sollen Gesellschafter aus den Bindungen des Kapitalersatzrechts herausgenommen werden, die auf Grund ihrer Beteiligung nur geringe Einflussmöglichkeiten in der Gesellschaft haben. Unter diesem Gesichtspunkt kann nur die Beteiligung am *Kapital der Kommanditgesellschaft* maßgebend sein. Deshalb ist zur Berechnung der 10% die **Pflichteinlage** des Kommanditisten zur Summe der Pflichteinlagen aller Gesellschafter (einschließlich einer etwaigen Einlage der Komplementär-GmbH) ins Verhältnis zu setzen.[578] Das gilt sowohl für den Nur-Kommanditisten als auch den an beiden Gesellschaften beteiligten Gesellschafter. Es muss ferner wegen des genannten Sinns der Sonderregelung für Kleinbeteiligungen auch im Anwendungsbereich der Rechtsprechungsregeln gelten.

4. Ausfallhaftung. Die von der Rechtsprechung entwickelten Kapitalersatzgrundsätze führen bei der GmbH selbst auch zur Ausfallhaftung der Mitgesellschafter entsprechend § 31 Abs. 3 GmbHG.[579] Die Haftung trifft bei Auszahlungen aus dem Vermögen einer GmbH & Co. KG an einen Kommanditisten, der gleichzeitig Gesellschafter der GmbH ist, die übrigen GmbH-Gesellschafter.[580] Diese haften dagegen nicht, wenn der Kommanditist, der das Geld erhalten hat, der GmbH nicht angehört. Schon gar nicht führt § 31 Abs. 3 GmbHG zur Ausfallhaftung von **Nur-Kommanditisten**.[581]

XI. Kapitalersatz in der Aktiengesellschaft

1. Grundlage. Der Grundgedanke des Kapitalersatzrechts, für eine angemessene Verteilung des Unternehmensrisikos in der Krise zu sorgen,[582] ist – zumindest – bei allen Gesell-

---
[575] BGHZ 69, 274, 279 ff. = NJW 1978, 160, 161 f.
[576] RdNr. 112.
[577] *v. Gerkan* GmbHR 1997, 677, 680 f.
[578] *Scholz/K. Schmidt* §§ 32 a, 32 b RdNr. 210; *Westermann* DZWIR 2000, 1, 4.
[579] RdNr. 110.
[580] *Scholz/K. Schmidt* §§ 32 a, 32 b RdNr. 214.
[581] *Ulmer/Habersack* §§ 32 a/b RdNr. 257; *Scholz/K. Schmidt* §§ 32 a, 32 b RdNr. 214.
[582] RdNr. 3.

schaftsformen mit beschränktem Haftungsfonds von Bedeutung. Dazu gehört auch die **Aktiengesellschaft.** Der Gesetzgeber hat allerdings für sie keine den §§ 32 a, 32 b GmbHG, 129 a, 172 a HGB entsprechende Regelung getroffen. Die Rechtsprechung hat bisher eine analoge Anwendung dieser Bestimmungen im Aktienrecht abgelehnt;[583] sie war darauf aber zur Übertragung der Kapitalersatzregeln auf diese Gesellschaftsform auch nicht angewiesen. Da der Kapitalschutz im Aktienrecht in ähnlicher Weise ausgestaltet ist wie im GmbH-Recht und sogar noch über die §§ 30, 31 GmbHG hinausgeht (§§ 57, 62 AktG), lag es nahe, die „**Rechtsprechungsregeln**" des GmbH-Rechts auf das Aktienrecht zu übertragen. Diesen Schritt hat der Bundesgerichtshof erstmals im Jahre 1984 getan.[584]

119   **2. Besonderheiten. a) Personenkreis.** Die Rechtsprechung und ganz überwiegend auch das Schrifttum gingen bis zur Einführung der „Zwerganteilsregelung" in § 32 a Abs. 3 Satz 2 GmbHG[585] davon aus, dass die Anwendung der Kapitalersatzregeln nicht auf Gesellschafter beschränkt ist, die sich „**unternehmerisch**" in der Gesellschaft **betätigen.**[586] Für das Aktienrecht würde das, so hat man gemeint, bedeuten, dass jeder Kredit, den ein mehr oder weniger zufällig auch nur mit einem geringen Aktienbesitz beteiligter Aktionär der Gesellschaft gewährt – etwa ein Bankkredit oder die Stundung einer Kaufpreisforderung durch einen Lieferanten[587] – wie haftendes Kapital gebunden wäre. Da dies, wie ohne weiteres einleuchtet, ganz unangemessen wäre, hat der Bundesgerichtshof zur Voraussetzung gemacht, dass der Aktionär nicht lediglich als Kapitalanleger, sondern in einer Weise an der Aktiengesellschaft beteiligt ist, die es ihm ermöglicht, auf die Unternehmensleitung Einfluss zu nehmen. Das ist nach der Rechtsprechung im Regelfall bei einem Aktienbesitz von mehr als 25% anzunehmen; es ist jedoch danach nicht ausgeschlossen, **unternehmerisches Interesse** auch bei einer darunter liegenden Beteiligung zu bejahen, wenn ein Einfluss auf die Unternehmensleitung durch zu der Beteiligung hinzukommende weitere Umstände gesichert ist.[588] Auf diese Rechtsprechung hat sich der Gesetzgeber berufen, als er in § 32 a Abs. 3 Satz 2 GmbHG für das GmbH-Recht eine – dort starr ausgestaltete – Beteiligungsgrenze von 10% einführte.[589] Für das Aktienrecht gingen die Gesetzesverfasser dabei – zu Unrecht – von einer hier bereits nach der Rechtsprechung bestehenden starren Grenze von 25% aus. Das aktienrechtliche Kapitalersatzrecht ist nach wie vor insgesamt nicht kodifiziert.

120   Dass im Ergebnis nicht jeder **Kleinaktionär** Adressat der Kapitalersatzregeln sein kann, liegt auf der Hand. Es fragt sich jedoch, ob der von der Rechtsprechung gewählte Weg der Einschränkung den Kern der Sache trifft. Die Diskussion, die die Entstehungsgeschichte des § 32 a Abs. 3 Satz 2 GmbHG – mit überwiegend negativen Stellungnahmen – begleitet hat,[590] hat gezeigt, dass die unternehmerische Einflussnahme auf die Gesellschaft nicht der entscheidende Ansatzpunkt sein dürfte. Der Bundesgerichtshof selbst hat inzwischen in einer das GmbH-Recht betreffenden Entscheidung betont, die **Finanzierungsfolgenverantwortung** des Gesellschafters knüpfe „nicht etwa daran an, dass er in der Gesellschaft bestimmte unternehmerische Ziele verfolg(e)"; die Verantwortung dafür, „dass die Gesellschaft in der Krise weder liquidiert noch mit neuem Eigenkapital ausgestattet worden (sei), sondern dass ihr Überleben durch die Gewährung anderer, für den Leistenden scheinbar weniger riskanter Gesellschafterhilfen ermöglicht worden (sei)", habe der Gesellschafter „vielmehr allein wegen seiner Stellung als Gesellschafter im Interesse der Gläubiger" zu tragen.[591] Dass es im Grundsatz ungeachtet der Neuregelung in § 32 a Abs. 3 Satz 2

---

[583] BGHZ 90, 381, 385 = NJW 1984, 1893, 1894; BGH NZG 2005, 712, 713.
[584] BGHZ 90, 381, 386 f. = NJW 1984, 1893, 1894.
[585] Dazu RdNr. 34 ff.
[586] RdNr. 30.
[587] BGHZ 90, 381, 389 = NJW 1984, 1893, 1895.
[588] BGHZ 90, 381, 390 ff. = NJW 1984, 1893, 1895 f.; BGH NZG 2005, 712, 713; OLG Düsseldorf WM 1991, 1119, 1120; zu Einzelheiten vgl. auch *Junker* ZHR 156 (1992), 394, 403 ff.
[589] BT-Drucks. 1371/41 S. 12 = ZIP 1997, 706, 709.
[590] S. RdNr. 13.
[591] BGH NJW 1997, 3026, 3027.

GmbHG allein auf die Gesellschafterstellung ankommt, beruht auf dem für das Kapitalersatzrecht ausschlaggebenden Risikotragungsgedanken. Von ihm ausgehend ist es nicht gerechtfertigt, die „**Finanzierungsverantwortung**" der Aktionäre auf „unternehmerische" Beteiligungen zu beschränken.[592] Es ist grundsätzlich nicht einzusehen, warum etwa im Rahmen einer Sanierungsaktion von allen oder von einer Gruppe von (Klein-)Aktionären zur Verfügung gestellte Kredite vom Kapitalersatzrecht freigestellt sein sollten. Dass die Einbeziehung aller Aktionäre in das Kapitalersatzrecht als unangemessen empfunden wird, beruht darauf, dass Kleinaktionäre wegen ihnen im Allgemeinen fehlender Informationsmöglichkeiten und ihrer Ferne zu den Unternehmensangelegenheiten in der Regel von einer Krise der Gesellschaft nicht rechtzeitig erfahren werden. Eine solche **Kenntnismöglichkeit** sollte aber nicht nur im GmbH-Recht,[593] sondern im gesamten Kapitalersatzrecht und damit auch im Aktienrecht als Voraussetzung für die Umqualifizierung einer Gesellschafterleistung in Eigenkapitalersatz gefordert werden.[594] Der **Beweis des ersten Anscheins,** der im GmbH-Recht regelmäßig für die Kenntnis oder zumindest Kenntnismöglichkeit des Gesellschafters spricht,[595] wird dabei im Aktienrecht eher für das Gegenteil zum Zuge kommen.

b) Rechtsfolgen. Die im GmbH-Recht entwickelten Rechtsprechungsregeln sind an der dort geltenden Beschränkung des Kapitalschutzes auf das zur Erhaltung des Stammkapitals – einschließlich des Ausgleichs einer bilanziellen Überschuldung – erforderliche Vermögen orientiert.[596] Im Aktienrecht reicht der Schutz des Gesellschaftsvermögens gegen einen Abfluss an die Aktionäre weiter; nach § 57 AktG ist grundsätzlich jede Leistung der Gesellschaft an ihre Gesellschafter unzulässig, die über die Ausschüttung des Bilanzgewinns hinausgeht. Es stellt sich deshalb die bisher von der Rechtsprechung nicht entschiedene Frage, ob die strenge Kapitalbindung auf eigenkapitalsetzende Leistungen zu übertragen ist und diese demgemäß unabhängig von einer **Unterbilanz** in voller Höhe gebunden sind. Soweit es nicht um eine analoge Anwendung der §§ 32 a, 32 b GmbHG, 135,[597] sondern allein um die Übertragung der „Rechtsprechungsregeln" auf das Aktienrecht geht, erscheint es richtig, die Bindung ähnlich wie im GmbH-Recht auf das Grundkapital, allerdings zuzüglich der gesetzlichen Rücklage, zu beschränken.[598]

XII. Kapitalersatz in der „normalen" Kommanditgesellschaft

1. Rechtliche Grundlagen. Das Kapitalersatzrecht ist von der Rechtsprechung für die GmbH auf der Grundlage der Kapitalschutzvorschriften der §§ 30, 31 GmbHG entwickelt und unter diesem rechtlichen Gesichtspunkt auf das Aktienrecht übertragen worden. Der Gesetzgeber hat es in leicht modifizierter Form für die GmbH (§§ 32 a, 32 b GmbHG) und die handelsrechtlichen Personengesellschaften, bei denen weder mittelbar noch unmittelbar eine natürliche Person unbeschränkt für die Gesellschaftsschulden haftet (§§ 129 a, 172 a HGB), kodifiziert. Daraus folgert die herrschende Meinung, dass die Anwendung des Kapitalersatzrechts wesensmäßig auf Kapitalgesellschaften mit einem gesetzlich oder satzungsmäßig festgelegten Haftungsfonds beschränkt ist.[599] Demgegenüber steht eine wohl im Vordringen befindliche Ansicht auf dem Standpunkt, das Kapitalersatzrecht habe ein *rechtsformübergreifendes* Problem zum Gegenstand, das immer dann auftrete, wenn zwischen Eigen- und Fremdkapital unterschieden werden müsse; die Kapitalersatzregeln seien deshalb insbesondere auch auf die gesetzestypische, **„normale" Kommanditgesellschaft** mit einer

---

[592] *Habersack* ZHR 162 (1998), 201, 216 ff.; zum Gesichtspunkt der Finanzierungsverantwortung vgl. BGH NZG 2005, 712, 713.
[593] RdNr. 54.
[594] *Habersack* ZHR 162 (1998), 201, 219.
[595] RdNr. 55.
[596] RdNr. 104 f.
[597] Vgl. RdNr 124.
[598] Offengelassen in BGHZ 90, 381, 387 = NJW 1984, 1893, 1894.
[599] Umfangr. Nachw. bei *Fleischer,* Finanzplankredite, S. 190.

natürlichen Person als persönlich haftendem Gesellschafter anwendbar.[600] Der Bundesgerichtshof hat die Frage ausdrücklich offengelassen;[601] aus der Begründung, die er für die Einbeziehung des „Nur-Kommanditisten" bei der GmbH & Co. KG genannt hat – dass nämlich auch ein solcher Gesellschafter wegen der fehlenden persönlichen Haftung einer natürlichen Person für die ordnungsgemäße Finanzierung der Gesellschaft verantwortlich sei –,[602] ist aber zu schließen, dass er einer Ausweitung der Kapitalersatzregeln auf die gesetzestypische Kommanditgesellschaft bisher ablehnend gegenübersteht.

123 Der Grundgedanke des Kapitalersatzrechts, zu verhindern, dass das Unternehmen auf Risiko der außenstehenden Gläubiger geführt wird,[603] hat gleichwohl auch für die „normale" Kommanditgesellschaft Bedeutung.[604] Durch die Ausstattung der Gesellschaft mit Kapital, das die Kommanditisten außerhalb ihrer Hafteinlagen zur Verfügung stellen, wird im Ergebnis ebenso wie bei den Gesellschaften mit beschränktem Haftungsfonds ein Teil des für die Führung des Unternehmens notwendigen Vermögens den Gläubigern als Haftungssubstrat entzogen.[605] Die persönliche Haftung des Komplementärs ist dafür kein ausreichender Ausgleich. Denn dessen Vermögen kann unzulänglich sein; es kann sogar gezielt eine vermögenslose Person als persönlich haftender Gesellschafter ausgewählt werden.[606] Das spricht entscheidend dafür, **Kommanditistendarlehen,** über die Hafteinlage hinausgehende **Pflichteinlagen** sowie zusätzlich zu den Kommanditeinlagen zur Verfügung gestellte **stille Einlagen** den Kapitalersatzregeln zu unterwerfen. Das gleiche gilt für sonstige mit der jeweiligen Kommanditbeteiligung verbundene Maßnahmen im Sinne des § 32 a Abs. 2 und Abs. 3 Satz 1 GmbHG, insbesondere für von den Kommanditisten gestellte Sicherheiten. Der Sache nach hat die Rechtsprechung Kapitalersatzrecht unabhängig vom Fehlen eines persönlich haftenden Gesellschafters schon angewandt. So hat der Bundesgerichtshof im Fall einer Publikumsgesellschaft mit einer natürlichen Person als Komplementär sogar eine selbständige – also von einem Dritten, der nicht gleichzeitig Kommanditist war, zur Verfügung gestellte – stille Einlage wegen ihrer atypischen Ausgestaltung als Eigenkapital behandelt.[607] Diese Entscheidung ist zwar nicht auf den rechtlichen Gesichtspunkt des Kapitalersatzes gestützt worden. Der Sache nach handelte es sich aber um nichts anderes. Dabei lag der berechtigte Grund für die Zurücksetzung des Anspruchs aus der stillen Beteiligung nicht in den weitgehenden Mitwirkungsbefugnissen, die der Bundesgerichtshof freilich auch für entscheidend gehalten hat, sondern in der Beteiligung des stillen Gesellschafters am Wert des Unternehmens.[608] Auch die Rechtsprechung zu den sog. gesplitteten Einlagen[609] stellt nicht auf das Fehlen der persönlichen Haftung einer natürlichen Person ab. Dass es richtig ist, die gesetzestypische Kommanditgesellschaft in das Kapitalersatzrecht einzubeziehen, wird schließlich auch in rechtsvergleichender Hinsicht bestätigt.[610]

124 Als rechtliche Grundlage scheiden allerdings die „Rechtsprechungsregeln" aus. Sie beruhen auf den Kapitalschutzvorschriften der §§ 30, 31 GmbHG, deren Sinngehalt sich auf Gesellschaftsformen ohne beschränkten Haftungsfonds nicht übertragen lässt. Es spricht aber letztlich nichts dagegen, die insolvenzrechtlichen Vorschriften der §§ 39 Abs. 1 Nr. 5, 135 sowie § 32 b GmbHG[611] auf kapitalersetzende Leistungen in der gesetzestypischen Kom-

---

[600] Vor allem *K. Schmidt* ZHR 147 (1983), 169 ff.; *ders.* ZIP 1991, 1 ff.; *Joost* ZGR 1987, 370, 375 ff., 393 ff.; *Wiedemann,* Festschrift für Beusch, S. 908; *Fleischer,* Finanzplankredite, S. 188 ff., 199 mwN auf S. 189.
[601] BGHZ 112, 31, 39 = NJW 1990, 3145, 3147.
[602] BGHZ 110, 342, 356 ff. = NJW 1990, 1725, 1729.
[603] RdNr. 3.
[604] *K. Schmidt,* ZIP 1991, 1, 4 ff., will kapitalersatzrechtliche Grundsätze darüber hinaus auch bei offenen Handelsgesellschaften und einzelkaufmännischen Unternehmen anwenden.
[605] Vgl. RdNr. 14.
[606] Vgl. BGHZ 45, 204 = NJW 1966, 1309 („Rektorfall").
[607] BGH NJW 1985, 1079 f.
[608] RdNr. 72.
[609] RdNr. 16.
[610] *Fleischer,* Finanzplankredite, S. 197 f.
[611] Zum anfechtungsrechtlichen Charakter dieser zuletzt genannten Bestimmung s. RdNr. 88.

manditgesellschaft *analog* anzuwenden.⁶¹² Der Gesetzgeber hat zwar mit den kapitalersatzrechtlichen Vorschriften für die GmbH und die GmbH & Co. nur die von der Rechtsprechung auf diesen Gebieten entwickelten Grundsätze in gesetztes Recht übertragen. Das zwingt aber nicht zu dem Schluss, dass damit gleichzeitig die Anwendung von Kapitalersatzgrundsätzen auf andere Gesellschaftsformen ausgeschlossen werden sollte. Da das Problem des Ersatzes von Eigenkapital durch nominelles Fremdkapital über die von den gesetzlichen Kapitalersatzvorschriften und den Rechtsprechungsregeln erfassten Gesellschaftsformen hinausreicht, besteht insoweit eine Gesetzeslücke, die durch die entsprechende Anwendung der genannten Gesetzesbestimmungen auszufüllen ist.⁶¹³ Die Formulierung in § 135, die nicht mehr wie § 32a KO auf § 32a GmbHG verweist, sondern ebenso wie § 39 Abs. Nr. 5 den Begriff des „kapitalsetzenden Darlehens" in das Insolvenzrecht eingeführt hat, erleichtert die entsprechende Anwendung dieser Bestimmungen über den Bereich der GmbH und der GmbH & Co. hinaus. Das gilt übrigens auch – neben der Anwendbarkeit der Rechtsprechungsregeln – für die **Aktiengesellschaft**.⁶¹⁴

2. Rechtsfolgen. Kapitalersetzende Leistungen eines **Kommanditisten** sind auf der 125 Grundlage dieser – von der Rechtsprechung bisher nicht anerkannten – Auffassung entsprechend § 39 Abs. 1 Nr. 5 im Insolvenzverfahren nachrangig. Das gilt auch für Rückgriffsansprüche im Fall der Stellung von Sicherheiten. Analog § 135 sowie § 6 AnfG und § 32b GmbHG sind Rechtshandlungen, die in den dort bestimmten Zeiträumen zur Sicherung oder Befriedigung des Gesellschafters vorgenommen worden sind, anfechtbar.⁶¹⁵ Alles dies gilt auch für kapitalersetzende Maßnahmen im Sinne des § 32a Abs. 3 Satz 1 GmbHG. Wie in allen Fällen kapitalersetzender Leistungen – nicht nur im Fall des „Stehenlassens"⁶¹⁶ – sollte entgegen der herrschenden Meinung als Voraussetzung für die Umqualifizierung anerkannt werden, dass der Kommanditist (oder ein gleichgestellter Dritter) die **Kreditunwürdigkeit** der Gesellschaft **kannte** oder hätte **erkennen können**.⁶¹⁷ Dabei sind – auch unter Berücksichtigung der Höhe der Beteiligung – in ähnlicher Weise wie bei der Aktiengesellschaft⁶¹⁸ die für die **Darlegungs- und Beweislast** geltenden Grundsätze⁶¹⁹ den besonderen Gegebenheiten bei der Kommanditgesellschaft anzupassen. Bei der Prüfung der **Kreditwürdigkeit** wird es auch eine Rolle spielen, über wieviel Vermögen der oder die persönlich haftende(n) Gesellschafter verfügt bzw. verfügen. Da es nicht um eine entprechende Anwendung der auf den Kapitalschutzvorschriften der GmbH beruhenden Rechtsprechungsregeln geht, beschränken sich die Rechtsfolgen nicht auf den Betrag des zur Erhaltung des Nennkapitals der Gesellschaft erforderlichen Vermögens. Sie treten auf der anderen Seite nur ein, wenn es zur Eröffnung des Insolvenzverfahrens über das Vermögen der Gesellschaft kommt.

§ 136 Stille Gesellschaft

(1) ¹Anfechtbar ist eine Rechtshandlung, durch die einem stillen Gesellschafter die Einlage ganz oder teilweise zurückgewährt oder sein Anteil an dem entstandenen Verlust ganz oder teilweise erlassen wird, wenn die zugrundeliegende Vereinbarung im letzten Jahr vor dem Antrag auf Eröffnung des Insolvenzverfahrens über das Vermögen des Inhabers des Handelsgeschäfts oder nach diesem Antrag getroffen worden ist. ²Dies gilt auch dann, wenn im Zusammenhang mit der Vereinbarung die stille Gesellschaft aufgelöst worden ist.

---

⁶¹² *K. Schmidt* ZIP 1991, 1, 4; *Koller* Festschrift Heinsius, S. 374 f.; *Fleischer*, Finanzplankredite, S. 202.
⁶¹³ *K. Schmidt* ZIP 1991, 1, 4; *Gehde* S. 185.
⁶¹⁴ Entgegen BGHZ 90, 381, 385 = NJW 1984, 1893, 1894.
⁶¹⁵ *Gehde* S. 184 f.
⁶¹⁶ RdNr. 56.
⁶¹⁷ RdNr. 53 ff.
⁶¹⁸ RdNr. 120.
⁶¹⁹ RdNr. 55.

§ 136   1   3. Teil. 3. Abschnitt. Insolvenzanfechtung

(2) Die Anfechtung ist ausgeschlossen, wenn ein Eröffnungsgrund erst nach der Vereinbarung eingetreten ist.

Schrifttum: *Koenigs*, Die stille Gesellschaft, 1961; *Kollhosser*, Kredite als Eigenkapitalersatz bei stillen Kapitalbeteiligungen?, WM 1985, 929; *Blaurock*, Handbuch der stillen Gesellschaft, 6. Aufl. 2003; *Puchelt*, Commentar zum Allgemeinen Deutschen Handelsgesetzbuch, 1874; *K. Schmidt*, Das Vollstreckungs- und Insolvenzrecht der stillen Gesellschaft, KTS 1977, 1 und 65; *ders.*, Die Kreditfunktion der stillen Einlage, ZHR 140 (1976), 475; *Singhof/Seiler/Schlitt*, Mittelbare Gesellschaftsbeteiligungen – Stille Gesellschaft, Unterbeteiligung, Treuhand, 2004.

Übersicht

	RdNr.		RdNr.
I. Normzweck	1	4. Anfechtbare Handlungen	15
II. Entstehungsgeschichte	2	a) Allgemeines	15
		b) Rückgewähr der Einlage	16
III. Anfechtungsvoraussetzungen	3	c) Erlass des Verlustanteils	21
1. Stille Gesellschaft	3	5. Gläubigerbenachteiligung	22
a) Begriff	3	6. Beweislast	23
b) Fehlerhafte Gesellschaft	5	IV. Ausschluss der Anfechtung (Abs. 2)	24
c) Analoge Anwendung	6		
2. Besondere Vereinbarung	9		
3. Jahresfrist	14		

I. Normzweck

1 Die Einlage eines **stillen Gesellschafters** (§§ 230 ff. HGB) kann unter bestimmten Voraussetzungen nach den Regeln des Kapitalersatzes Teil der den Gläubigern des Unternehmensinhabers zur Verfügung stehenden Haftungsmasse sein.[1] Liegen diese Voraussetzungen nicht vor, so steht der Anspruch auf **Rückgewähr** der **Einlage,** soweit sie nicht durch den auf den stillen Gesellschafter entfallenden Verlustanteil aufgezehrt ist, nach § 236 Abs. 1 HGB im Insolvenzverfahren gleichberechtigt neben den sonstigen Insolvenzforderungen. Gegen eine vorzeitige Rückzahlung der Einlage sowie gegen den Erlass des auf den stillen Gesellschafter entfallenden **Verlustanteils** – und damit gegen eine Vorwegbefriedigung des stillen Gesellschafters – gibt § 136 dem Insolvenzverwalter neben den für alle Gläubiger geltenden Anfechtungsrechten eine erleichterte Anfechtungsmöglichkeit. Der Grund dafür liegt darin, dass der stille Gesellschafter dem Unternehmen näher steht als andere Gläubiger,[2] wobei es nicht einmal in erster Linie auf die damit verbundenen erweiterten Informationsmöglichkeiten ankommt;[3] § 136 enthält insofern einen Anfechtungstatbestand für eine besondere Gruppe von **„Insidern".**[4] Dieser Tatbestand ist rein objektiv ausgestaltet[5] und damit von den subjektiven Voraussetzungen der Gläubigerbenachteiligungsabsicht und der Kenntnis des Anfechtungsgegners hiervon frei. Er stellt der Sache nach eine Ausweitung der Anfechtungsmöglichkeit wegen **inkongruenter Deckung** dar (vgl. insbesondere § 131 Abs. 1 Nr. 2) und soll, wie die Ausnahmeregelung des Absatzes 2 zeigt, die Gleichbehandlung der Gläubiger im sog. **„materiellen Konkurs"** gewährleisten.[6] Die Frist, die für die der Einlagenrückgewähr oder dem Erlass der Verlustanteils zugrundeliegende Vereinbarung maßgebend ist, ist auf ein Jahr vor dem Eröffnungsantrag ausgeweitet, und der Eröffnungsgrund, der materiellrechtlich bei Abschluss der Vereinbarung vorliegen muss (Abs. 2) – neben der Zahlungsunfähigkeit genügen hier auch die Eröffnungsgründe der §§ 18 und 19

---

[1] § 135 RdNr. 66, 72.
[2] *Koenigs* S. 345 f.; HK-*Kreft* RdNr. 2; MünchKommHGB-*K. Schmidt* Anh. § 236 RdNr. 3; *ders.* KTS 177, 65, 68; *Ebenroth/Boujong/Joost/Gehrlein* § 237 RdNr. 1; vgl. auch Begr. zu § 151 RegE: „besondere gesellschaftsrechtliche Beziehungen".
[3] So aber *Blaurock* RdNr. 17.79.
[4] *Nerlich* in *Nerlich/Römermann* § 136 RdNr. 2; *Smid/Zeuner* § 136 RdNr. 1; *Baumbach/Hopt*, HGB, § 236 RdNr. 6.
[5] Vgl. Begr. zu § 151 RegE.
[6] Vgl. RdNr. 24.

–, wird vermutet. Trotz dieser Herabsetzung der Anfechtungsvoraussetzungen spielt dieser Anfechtungstatbestand, der früher in § 237 HGB geregelt war, in der Praxis selten eine Rolle. Vielleicht liegt das an den dem stillen Gesellschafter zur Verfügung stehenden Kündigungsmöglichkeiten, die eine „Vereinbarung" im Sinne des Absatzes 1 entbehrlich machen oder die erforderliche Inkongruenz entfallen lassen.[7] Den Sondertatbestand einer erleichterten Anfechtung gegenüber dem stillen Gesellschafter gibt es nur im Insolvenzanfechtungsrecht; im Recht der Gläubigeranfechtung außerhalb des Insolvenzverfahrens findet er keine Entsprechung. § 136 kann nicht im Gesellschaftsvertrag oder durch sonstige Vereinbarung abbedungen werden[8] und gewährt lediglich einen schuldrechtlichen Rückgewähranspruch.

II. Entstehungsgeschichte

Eine dem § 136 in allen wesentlichen Punkten entsprechende Regelung war bereits in Art. 259 ADHGB als Teil der die stille Gesellschaft betreffenden Vorschriften des Gesellschaftsrechts enthalten. Das Handelsgesetzbuch vom 10. Mai 1897 übernahm sie – wiederum im Rahmen der gesellschaftsrechtlichen Bestimmungen über die stille Gesellschaft – inhaltlich unverändert in § 342. Aus diesem wurde im Zuge der durch das Bilanzrichtliniengesetz vom 19. Dezember 1985 eingeführten Änderungen der gleich lautende § 237 HGB. Da es sich der Sache nach schon immer um einen besonderen konkursrechtlichen Anfechtungstatbestand handelte, hat der Gesetzgeber der Insolvenzordnung die Regelung „aus rechtssystematischen Gründen"[9] mit nur geringfügig verändertem Inhalt als § 136 in die Insolvenzordnung übernommen. Die Änderung betrifft den Ausnahmetatbestand in Absatz 2.[10] § 237 HGB ist durch Art. 40 Nr. 17 EGInsO aufgehoben worden.

III. Anfechtungsvoraussetzungen

1. Stille Gesellschaft. a) Begriff. Der Anfechtungstatbestand des § 136 setzt voraus, dass der zurückgewährten Einlage oder der erlassenen Verlustbeteiligung eine stille Gesellschaft zwischen dem Insolvenzschuldner und dem Anfechtungsgegner zugrunde liegt. Dieses Gesellschaftsverhältnis braucht im Zeitpunkt der Eröffnung des Insolvenzverfahrens nicht mehr bestanden zu haben, wie sich aus Abs. 1 Satz 2 ergibt.[11] Danach ist das Anfechtungsrecht auch gegeben, wenn die Gesellschaft im Zusammenhang mit der in Abs. 1 genannten Vereinbarung aufgelöst worden ist. Die stille Gesellschaft ist nach § 230 HGB eine Innengesellschaft des bürgerlichen Rechts, bei der sich der stille Gesellschafter an einem von dem anderen Gesellschafter betriebenen Handelsgewerbe beteiligt. Die eingezahlte Einlage geht in das Vermögen des Geschäftsinhabers über; dieser – und nicht die Gesellschaft – wird im Außenverhältnis aus den Unternehmensgeschäften berechtigt und verpflichtet (§ 230 Abs. 2 HGB). Geschäftsinhaber kann jede der nach § 11 Abs. 1 oder Abs. 2 Nr. 1 insolvenzverfahrensfähigen Personen oder Gesellschaften ohne Rechtspersönlichkeit sein.

Der Begriff des Handelsgewerbes verweist auf § 1 Abs. 1 HGB. Nach herrschender Meinung liegt deshalb eine stille Gesellschaft im Sinne der §§ 230 ff. HGB nur dann vor, wenn ein kaufmännisches Unternehmen betrieben wird.[12] Es wird jedoch angenommen, dass auf sog. **stille Gesellschaften des bürgerlichen Rechts,** bei denen der eine Gesellschafter ein nichtkaufmännisches Unternehmen (insbesondere Land- oder Forstwirtschaft) betreibt oder einen freien Beruf ausübt, die Vorschriften der §§ 230 ff. HGB zumindest

---

[7] S. RdNr. 12.
[8] *Ebenroth/Boujong/Joost/Gehrlein* § 237 RdNr. 1; MünchKommHGB-*K. Schmidt* Anh. § 236 RdNr. 5.
[9] Begr. zu § 151 RegE.
[10] S. dazu RdNr. 24.
[11] Vgl. MünchKommHGB-*K. Schmidt* Anh. § 236 RdNr. 9.
[12] *Ebenroth/Boujong/Joost/Gehrlein* § 230 RdNr. 5; *Heymann/Horn* § 230 RdNr. 4; *Staub/Zutt* § 230 RdNr. 11, 35.

teilweise entsprechend anzuwenden seien.[13] Nach anderer Ansicht handelt es sich auch in diesen Fällen von vornherein um eine stille Gesellschaft im Sinne der §§ 230 ff. HGB.[14] Dem allen ist nicht zu folgen. Die in dem Begriff des „Handelsgewerbes" enthaltene Verweisung auf § 1 Abs. 1 HGB kann nicht einfach beiseite geschoben werden. Das schließt die analoge Anwendung einzelner Bestimmungen des Rechts der stillen Gesellschaft nicht aus; dies bedarf aber für die jeweiligen Regelungsbereiche gesonderter Prüfung.[15] Das Anliegen, alle stillen Unternehmensbeteiligungen einzubeziehen, ist mit der Neukonzipierung des Kaufmannsbegriffs durch das Handelsrechtsreformgesetz vom 22. Juni 1998[16] zu einem wesentlichen Teil erfüllt worden. Infolge der Neufassung insbesondere des § 1 Abs. 2 HGB gilt als Handelsgewerbe jetzt jedes gewerbliche Unternehmen, soweit es nach Art und Umfang einen in kaufmännischer Weise eingerichteten Gewerbebetrieb erfordert. Durch diese Einschränkung hat das Unternehmen eines **Minderkaufmanns** seine Eigenschaft als Handelsgewerbe verloren, soweit solche Kleingewerbetreibenden nicht von der ihnen jetzt freigestellten Möglichkeit, sich in das Handelsregister eintragen zu lassen, Gebrauch machen.

5 **b) Fehlerhafte Gesellschaft.** Nach der Rechtsprechung des Bundesgerichtshofs sind die Grundsätze über die fehlerhafte Gesellschaft auch auf die stille Gesellschaft – und zwar nicht nur auf atypische Formen, sondern auch in ihrer typischen, gesetzlichen Ausprägung – anzuwenden.[17] Ausnahmen läßt die Rechtsprechung nur zu, wenn gewichtige Interessen der Allgemeinheit oder einzelner schutzwürdiger Personen der rechtlichen Anerkennung einer fehlerhaften Gesellschaft entgegenstehen wie bei verbotenem oder sittenwidrigem Gesellschaftszweck oder bei fehlerhafter Beteiligung nicht voll geschäftsfähiger Personen.[18] Liegen solche zur Unwirksamkeit führende Gründe vor, ist § 136 nicht anwendbar.[19] Denn dann ist keine rechtliche Grundlage für die erst durch den Gesellschaftsvertrag vermittelte Nähe des stillen Gesellschafters zum Unternehmen vorhanden.[20] Ein aus sonstigen Gründen fehlerhafter – etwa wegen arglistiger Täuschung anfechtbarer[21] – Gesellschaftsvertrag wird als wirksam behandelt, bis er durch Kündigung mit Wirkung für die Zukunft beseitigt wird. Auf ihn ist deshalb § 136 an sich anwendbar.[22] Das führt aber nur dann zu der Rechtsfolge der Anfechtbarkeit, wenn das Gesellschaftsverhältnis nicht im Zusammenhang mit der Einlagenrückgewähr oder dem Erlass des Verlustanteils auf Grund der Fehlerhaftigkeit der Gesellschaft aufgelöst wird.[23] Denn anderenfalls fehlt es an der für die Anfechtbarkeit erforderlichen Inkongruenz der Leistung.[24]

6 **c) Analoge Anwendung.** Die entsprechende Anwendung des § 136 auf die stille Beteiligung an einem nichtkaufmännischen Unternehmen (**„stille Gesellschaft bürgerlichen**

---

[13] Staub/Zutt § 230 RdNr. 11; MünchKommBGB-Ulmer § 705 RdNr. 287; Blaurock RdNr. 8.3.
[14] Schlegelberger/K. Schmidt § 230 RdNr. 14; Baumbach/Hopt § 230 RdNr. 1.
[15] S. RdNr. 6.
[16] Gesetz zur Neuregelung des Kaufmanns- und Firmenrechts und zur Änderung anderer handels- und gesellschaftsrechtlicher Vorschriften, BGBl. I S. 1474.
[17] BGHZ 55, 5, 7 ff.; BGH NZG 2005, 261, 262 mwN.
[18] BGHZ 97, 243, 250; BGHZ 17, 160, 167 f.; BGH NJW 1992, 1503, 1504; NZG 2005, 261, 262; MünchKomm-Ulmer § 705 RdNr. 250 ff.
[19] Schlegelberger/K. Schmidt § 342 (237 nF) RdNr. 4; Ebenroth/Boujong/Joost/Gehrlein § 237 RdNr. 2.
[20] S. RdNr. 1.
[21] Vgl. BGHZ 148, 201, 207; 63, 338, 345 f.
[22] FK-Dauernheim § 136 RdNr. 5; Ebenroth/Boujong/Joost/Gehrlein § 237 RdNr. 3; Nerlich in Nerlich/Römermann § 136 RdNr. 4; MünchKommHGB-K. Schmidt Anh. § 236 RdNr. 9; Smid/Zeuner § 136 RdNr. 4; Staub/Zutt § 237 RdNr. 5; Uhlenbruck/Hirte RdNr. 5.
[23] BGHZ 55, 5 10; OLG Oldenburg NZG 1999, 896 m. Anm. Michalski/Schuldenburg; OLG Düsseldorf NZG 1999, 652 m. Anm. Zeidler; OLG Celle NZG 2000, 85, 87 m. zust. Anm. Sosnitza; OLG Stuttgart NZG 2000, 93, 94 f.; FK-Dauernheim § 136 RdNr. 8; HK-Kreft § 136 RdNr. 5; MünchKommHGB-K. Schmidt Anh. § 236 RdNr. 19; HambKomm-Schröder RdNr. 4; aA OLG Hamm ZIP 1999, 1530, 1532 f. m. abl. Anm. Dauner-Lieb EWiR § 237 HGB 1/99 S. 655 f.
[24] Einzelheiten RdNr. 11 ff.

Rechts")[25] ist abzulehnen.[26] Für eine solche Ausweitung der Anfechtungsmöglichkeit besteht jedenfalls seit der Neuordnung des Kaufmannsbegriffs durch das Handelsrechtsreformgesetz[27] angesichts der allgemeinen Anfechtungsvorschriften der §§ 130 ff.[28] und der geringen praktischen Effektivität der Sonderregelung des § 136[29] kein Bedürfnis. Ferner lässt sich die Regelung des § 136 auf **masselose Insolvenzen** nicht analog anwenden,[30] gleichgültig, ob ein Insolvenzantrag mangels ausreichender Masse abgewiesen oder ein solcher Antrag gar nicht erst gestellt wird.

Auch eine analoge Anwendung des § 136 auf die **Unterbeteiligung** kommt nicht in Betracht.[31] Eine Anfechtung im Insolvenzverfahren über das Vermögen des Hauptgesellschafters, die der Masse im Unternehmensinsolvenzverfahren nutzbar gemacht werden könnte,[32] scheitert möglicherweise schon daran, dass das Rechtsverhältnis zwischen dem Gesellschafter und dem Unterbeteiligten vielfach gleichzeitig Treuhandcharakter hat;[33] es ist zweifelhaft, ob nicht dem Unterbeteiligten in der Insolvenz des Gesellschafters ein Aussonderungsrecht nach § 47 zusteht. Letztlich kommt es darauf nicht an, weil es aus der Sicht der Unternehmensgläubiger keiner Anfechtung in der Insolvenz des Hauptgesellschafters bedarf. Ist die Einlagerückzahlung an diesen – nach § 136 oder auf der Grundlage eines anderen Anfechtungstatbestands – anfechtbar, so kann die sich aus der Anfechtung ergebende Rechtsfolge unter den Voraussetzungen des § 145 auch den Unterbeteiligten als Rechtsnachfolger treffen. Wenn aber diese Voraussetzungen nicht vorliegen, ist es auch nicht gerechtfertigt, den Unterbeteiligten dem Anfechtungsanspruch auszusetzen.

Schließlich kann einer Ausdehnung der besonderen Anfechtungsmöglichkeit des § 136 auf alle Formen **langfristiger Fremdfinanzierung** von Unternehmen[34] nicht zugestimmt werden.[35] Bei einem bloßen Darlehensverhältnis fehlt die gesellschaftsrechtliche Nähe[36] des Kreditgebers zum Unternehmen.[37] Selbst die Annahme, dem Gläubiger eines langfristigen Unternehmenskredits würden typischerweise die gleichen Kontrollmöglichkeiten eingeräumt wie einem stillen Gesellschafter,[38] dürfte in diesem Zusammenhang nicht zutreffen.[39] Im übrigen käme auch einer solchen Ausdehnung des Geltungsbereichs des § 136 in der Praxis eine so geringe Bedeutung zu,[40] dass sie sich gar nicht „lohnen" würde.

2. Besondere Vereinbarung. Das Anfechtungsrecht setzt voraus, dass die der Anfechtung unterliegende Rechtshandlung[41] auf einer Vereinbarung zwischen dem Geschäftsinhaber und dem stillen Gesellschafter beruht. Was damit gemeint ist, wird klar, wenn man sich vergegenwärtigt, dass § 136 ein Anfechtungstatbestand für einen besonderen Fall **inkongruenter Deckung** ist.[42] Nicht anfechtbar sind danach Rechtshandlungen, auf die der stille Gesellschafter ohnehin einen gesetzlichen oder vertraglichen Anspruch hat. Daraus folgt,

---

[25] S. RdNr. 4.
[26] HM: *Koenigs* S. 345 ff.; *Staub/Zutt* § 237 RdNr. 2 mwN; *Smid/Zeuner* § 136 RdNr. 3; aA *K. Schmidt* DB 1976, 1705, 1707 f.
[27] S. RdNr. 4.
[28] Vgl. MünchKommBGB-*Ulmer* § 705 RdNr. 242.
[29] S. RdNr. 1, 12.
[30] AA MünchKommHGB-*K. Schmidt* Anh. § 236 RdNr. 30; *Nerlich* in Nerlich/Römermann § 136 RdNr. 18.
[31] *Heymann/Horn* § 237 RdNr. 16; *Staub/Zutt* § 237 RdNr. 2, 33; *Nerlich* in Nerlich/Römermann § 136 RdNr. 18; *Ebenroth/Boujong/Joost/Gehrlein* § 237 RdNr. 29; vgl. auch *Blaurock* RdNr. 30.62.
[32] MünchKommHGB-*K. Schmidt* Anh. § 236 RdNr. 31.
[33] Vgl. BGH NJW 1994, 2886, 2887; *Schlegelberger/K. Schmidt* § 335 (230 nF) RdNr. 186.
[34] MünchKommHGB-*K. Schmidt* Anh. § 236 RdNr. 33; *ders.* ZHR 140 (1976), 475, 490 f.; *ders.* KTS 1977, 65, 71 f.; *ders.* ZIP 1981, 689, 697; *Schlegelberger/K. Schmidt* § 342 (237 nF) RdNr. 34.
[35] Ebenso OLG Hamm NZI 2000, 544, 545; OLG Dresden NZG 2000, 302 m. Anm. *Sosnitza*.
[36] S. RdNr. 1.
[37] *Kollhosser* WM 1985, 929, 932.
[38] *K. Schmidt* ZHR 140 (1976), 475, 490.
[39] *Kollhosser* WM 1985, 929, 932.
[40] Zutreffend *Kollhosser* WM 1985, 929, 933.
[41] S. RdNr. 15 ff.
[42] RdNr. 1.

dass eine Einlagenrückgewähr, die für diesen Zeitpunkt bereits im Gesellschaftsvertrag vorgesehen ist, nicht dem Anfechtungsrecht unterliegt. Dabei spielt es keine Rolle, ob der Gesellschaftsvertrag innerhalb oder außerhalb der Jahresfrist des § 136 Abs. 1 geschlossen worden ist.[43]

10 Ein Anfechtungsrecht besteht nicht, wenn die Einlage auf Grund einer von der einen oder der anderen Seite wirksam ausgesprochenen ordentlichen oder außerordentlichen **Kündigung** ohnehin zurückgezahlt werden musste.[44] Ob der andere Vertragsteil die Kündigung akzeptiert oder ihr widersprochen hat, spielt keine Rolle. Anders ist es nur, wenn das Kündigungsrecht selbst auf einer besonderen, innerhalb der Jahresfrist getroffenen Vereinbarung im Sinne des Absatzes 1 beruht.[45] Eine Kündigung zur Unzeit kann nach § 234 Abs. 1 Satz 2 HGB in Verbindung mit § 723 Abs. 2 BGB zwar Schadensersatzansprüche auslösen, ist als solche aber wirksam. Vereinbarungen, die im Anschluss an eine Kündigung zur Abwicklung des Gesellschaftsverhältnisses geschlossen werden, sind unschädlich, soweit sie die ohnehin bestehende Rechtslage lediglich klarstellen.[46] Nur soweit der stille Gesellschafter mehr erhält, als ihm ohne die Vereinbarung zusteht, greift das Anfechtungsrecht ein.

11 Auch wenn eine Kündigung nicht ausgesprochen worden ist, besteht kein Anfechtungsgrund nach § 136, sofern dem stillen Gesellschafter nur das gewährt wird, was er auf Grund eines – ordentlichen oder außerordentlichen – **Kündigungsrechts** hätte beanspruchen können.[47] Wenn der stille Gesellschafter, anstatt eine Kündigung auszusprechen, sich mit seinem Vertragspartner lediglich über die Rechtsfolgen seines Kündigungsrechts einigt, fehlt es an der erforderlichen Inkongruenz.[48] Anders ist es allerdings, wenn die Vertragspartner trotz Rückgewähr der Einlage das Gesellschaftsverhältnis aufrechterhalten; denn dieses Ergebnis wäre durch eine Kündigung nicht zu erreichen gewesen.

12 Der Umstand, dass ein **Kündigungsrecht** der Anfechtung nach § 136 entgegensteht, mag mit eine Erklärung dafür sein, dass dieser Sondertatbestand der Insolvenzanfechtung in der Praxis eine so geringe Rolle spielt.[49] Der stille Gesellschafter kann ebenso wie der Gesellschafter einer BGB-Gesellschaft bei Vorliegen eines wichtigen Grundes die Gesellschaft jederzeit fristlos kündigen (§ 234 Abs. 1 Satz 2 HGB in Verbindung mit § 723 Abs. 1 Satz 2 BGB). Schon bei der Gesellschaft bürgerlichen Rechts wird ein solcher wichtiger Grund im finanziellen Zusammenbruch eines Gesellschafters, im Eintritt nachhaltiger Verluste, in einer hochgradigen Gefährdung der Kapitalbasis[50] sowie ganz allgemein in mangelnder Rentabilität des Unternehmens[51] gesehen. Bei der typischen stillen Gesellschaft wird wegen der vornehmlich kapitalistischen Beteiligung und der hier gegebenen geringeren Überwachungsrechte des stillen Gesellschafters der Gefährdung seiner Vermögensinteressen eine noch gesteigerte Bedeutung in der Frage beigemessen, wann ihm ein Festhalten am Vertrag nicht mehr zumutbar ist.[52] Deshalb soll der Vermögensverfall des Unternehmensinhabers den stillen Gesellschafter nicht nur zur Verweigerung der noch ausstehenden Einlage,[53] sondern in aller Regel auch zur **fristlosen Kündigung** des Gesellschaftsvertrages berechtigen.[54] Ein solches weites Verständnis des die sofortige Kündigung rechtfertigenden

---

[43] BGH WM 1971, 183, 184; RGZ 84, 434, 438.
[44] BGHZ 55, 5, 10; FK-*Dauernheim* § 136 RdNr. 8; HK-*Kreft* § 136 RdNr. 7; *Kübler/Prütting/Paulus* § 136 RdNr. 5, 9; *Nerlich* in *Nerlich/Römermann* § 136 RdNr. 5; *Smid/Zeuner* § 136 RdNr. 8; *Uhlenbruck/Hirte* RdNr. 9; *Ebenroth/Boujong/Joost/Gehrlein* § 237 RdNr. 7.
[45] *Staub/Zutt* § 237 RdNr. 7.
[46] BGH NJW 2001, 1270, 1272; OLG München NZG 2000, 92, 93; *Uhlenbruck/Hirte* RdNr. 9.
[47] MünchKommHGB-*K. Schmidt* Anh. § 236 RdNr. 18; *Staub/Zutt* § 237 RdNr. 9. Nicht eindeutig BGH NJW 2001, 1270, 1272. Einschränkend *Kübler/Prütting/Paulus* § 136 RdNr. 4, wo auf die Grundsätze der hypothetischen Kausalität verwiesen wird.
[48] S. RdNr. 1.
[49] Vgl. RdNr. 1.
[50] MünchKommBGB-*Ulmer* § 723 RdNr. 35.
[51] RG JW 1913, 265, 266; RG JW 1927, 1350 f.
[52] *Staub/Zutt* § 234 RdNr. 26.
[53] *K. Schmidt* KTS 1977, 1, 5.
[54] *Schlegelberger/K. Schmidt* § 339 (234 nF) RdNr. 39; *Heymann/Horn* § 234 RdNr. 10.

wichtigen Grundes enthält indessen einen Wertungswiderspruch zu Sinn und Zweck des Sonderanfechtungsrechts gegenüber dem stillen Gesellschafter. Der Gesetzgeber des Allgemeinen Deutschen Handelsgesetzbuchs ging davon aus, dass die Verschlechterung der Vermögenslage, die schließlich zum Konkurs geführt hat, für die Gesellschafter im Zweifel schon ein Jahr vor Konkurseröffnung erkennbar war; in diesem Zeitraum getroffene Vereinbarungen über die vorzeitige Rückzahlung der Einlage oder den Erlass des Verlustanteils sollten deshalb im Konkurs letztlich keinen Bestand haben.[55] Diese Erwägungen mögen, was den Zeitraum betrifft, heute nicht mehr zutreffen.[56] Sie zeigen aber jedenfalls, dass die Anfechtungsmöglichkeit der masseschmälernden Rückzahlung der Einlage „zur Unzeit"[57] entgegenwirken soll. Dieses Ziel wird nicht erreicht, wenn man es dem stillen Gesellschafter gerade zu dieser „Unzeit" gestattet, sich wegen des sich abzeichnenden Vermögensverfalls des Unternehmensinhabers mit sofortiger Wirkung vom Vertrag zu lösen. Es ergibt sich dann vielmehr die merkwürdige rechtliche Situation, dass der stille Gesellschafter sowohl durch den Beweis, dass der „materielle Konkurs"[58] noch nicht eingetreten war (Abs. 2),[59] als auch durch den Beweis des Gegenteils, dass nämlich das Unternehmen sich bereits in Vermögensverfall befand, den Anfechtungsfolgen entgehen könnte. Der Anwendungsbereich des § 136 würde sich im Wesentlichen auf die Fälle beschränken, in denen der stille Gesellschafter weder das eine noch das andere nachweisen kann.[60] Es ist deshalb zu fragen, ob dem stillen Gesellschafter wirklich ein außerordentliches Kündigungsrecht wegen Vermögensverfalls des Unternehmensträgers einzuräumen ist.[61] Er steht dem Unternehmen näher als ein sonstiger Kreditgeber,[62] und er ist in höherem Maße als ein solcher mit dem Inhaber des Unternehmens in einer Risikogemeinschaft verbunden. Hält er die finanzielle Grundlage des Unternehmens nicht mehr für ausreichend, so mag er von seinem ordentlichen Kündigungsrecht (§ 234 Abs. 1 Satz 1 in Verbindung mit § 132 HGB) Gebrauch machen.

13 Der Anfechtungstatbestand ist nicht nur dann erfüllt, wenn dem stillen Gesellschafter bei fortbestehendem Vertragsverhältnis die Einlage ausgezahlt oder der Verlustanteil erlassen wird. Nach Abs. 1 Satz 2 liegt eine Vereinbarung im Sinne des Satzes 1 auch dann vor, wenn sie im Zusammenhang mit der **Auflösung** der Gesellschaft getroffen wird. Die Vereinbarung kann sich auch in dem Auflösungsvertrag erschöpfen; der Anspruch auf Rückzahlung der Einlage folgt dann, soweit diese nicht durch den auf den stillen Gesellschafter entfallenden Verlustanteil aufgezehrt ist, aus dem Gesetz (§ 235 Abs. 1 HGB). Erforderlich ist, dass die Auflösung vorzeitig herbeigeführt wird, sich also der Auflösungszeitpunkt nicht bereits aus dem Gesellschaftsvertrag ergibt.[63]

14 **3. Jahresfrist.** Nach der Vorgängervorschrift des § 237 HGB musste die Vereinbarung im letzten Jahr vor der Konkurseröffnung getroffen worden sein. Der Gesetzgeber der Insolvenzordnung hat auch in diesem Zusammenhang – wie ganz allgemein im Insolvenzanfechtungsrecht – den Zeitpunkt, von dem ab die Frist berechnet wird, auf den Antrag auf Eröffnung des Insolvenzverfahrens vorverlegt. Bemerkenswert ist, dass es demnach hier abweichend von einem allgemeinen Grundsatz des Insolvenzanfechtungsrechts nicht auf den Zeitpunkt, zu dem die rechtlichen Wirkungen der angefochtenen **Rechtshandlung**[64] eingetreten sind,[65] sondern auf denjenigen der zugrundeliegenden **Vereinbarung** an-

---

[55] *Koenigs* S. 319.
[56] *Koenigs* S. 346 f.
[57] *K. Schmidt* KTS 1977, 65, 68.
[58] S. RdNr. 1, 24.
[59] Dazu RdNr. 24.
[60] Zur Beweislast s. u. RdNr. 23 f.
[61] Vgl. *Puchelt* Art. 125 Anm. 4: „Verlust des Eigenkapitals ist an sich nicht hierher" (Unmöglichkeit der Zweckerreichung) „zu rechnen".
[62] S. RdNr. 8.
[63] Vgl. *Uhlenbruck/Hirte* RdNr. 7.
[64] S. RdNr. 15.
[65] BGHZ 131, 189, 196; BGH NJW 1998, 1561, 1562.

kommt. Eine Einlagenrückgewähr, die außerhalb der Jahresfrist vereinbart, aber innerhalb dieses Zeitraums vollzogen worden ist, kann somit zwar nach anderen Anfechtungsvorschriften, nicht aber nach § 136 anfechtbar sein. Für die Berechnung der Frist gilt § 139.[66] Verjährungsrechtliche Vorschriften, insbesondere diejenigen über die Fristhemmung, sind nicht entsprechend anwendbar.[67] Der Zeitpunkt, zu dem die Vereinbarung getroffen worden ist, bestimmt sich gem. § 140 danach, wann ihre rechtlichen Wirkungen eingetreten sind.[68] Bei bedingten oder befristeten Abreden bleibt der Eintritt der Bedingung oder des Termins außer Betracht, § 140 Abs. 3.

15 **4. Anfechtbare Handlungen. a) Allgemeines.** Gegenstand der Anfechtung sind die **Rechtshandlungen,** mit denen die der Rückgewähr der Einlage oder des Erlasses des Verlustanteils zugrundeliegende Vereinbarung vollzogen wird.[69] Allerdings ist für die vom Antrag auf Eröffnung des Insolvenzverfahrens zurückzurechnende Jahresfrist nicht die Vollzugshandlung, sondern die ihr zugrundeliegende Vereinbarung maßgebend.[70] Ist bei Verfahrenseröffnung eine Vereinbarung im Sinne des § 136 noch nicht ausgeführt, so stellt sich die Frage einer Anfechtung nicht mehr.[71] Denn da die stille Gesellschaft durch das Insolvenzverfahren aufgelöst wird,[72] werden die Ansprüche des stillen Gesellschafters nach § 236 HGB ohnehin zu dem, was sie auch mit Hilfe des Anfechtungsrechts (wieder) werden sollen: zu Insolvenzforderungen, die gleichberechtigt mit allen anderen zu befriedigen sind.

16 **b) Rückgewähr der Einlage.** Anfechtbar ist die Rückgewähr der Einlage in ihrer vollen Höhe. Der Ansicht, die Einlage werde – entgegen dem Gesetzeswortlaut – nur erfasst, wenn und soweit sie zur Deckung des auf den stillen Gesellschafter entfallenden **Verlustanteils** benötigt werde,[73] ist nicht zu folgen.[74] Die Einlage des stillen Gesellschafters hat unabhängig von dessen Verlustbeteiligung anfechtungsrechtlich eine andere Qualität als ein Fremdkredit.[75] Das Anliegen, die Anfechtbarkeit auf den Verlustanteil zu beschränken, hat sich schon im Gesetzgebungsverfahren zum Allgemeinen Deutschen Handelsgesetzbuch nicht durchsetzen können.[76]

17 Rückgewähr der Einlage ist jede zu diesem Zweck erbrachte Leistung an den stillen Gesellschafter, die zu einer Schmälerung der Masse führt. Es fallen deshalb nicht nur die Barauszahlung und die Geldüberweisung, sondern auch alle **Erfüllungssurrogate** darunter, insbesondere die befreiende Leistung an einen Dritten (§ 362 Abs. 2 BGB), die Leistung an Erfüllungs Statt (§ 364 Abs. 1 BGB) und die Aufrechnung (§§ 387, 389 BGB).[77] Die **Umwandlung** der Einlage in ein **Darlehen** ist dagegen noch keine Rückgewähr.[78] Der Anspruch auf Rückzahlung eines Darlehens steht im eröffneten Insolvenzverfahren der Forderung des stillen Gesellschafters (§ 236 Abs. 1 HGB) nicht nach. Erst wenn das umgewandelte Darlehen noch vor Verfahrenseröffnung zurückgezahlt wird, bedeutet dies eine bei Vorliegen der sonstigen Voraussetzungen anfechtbare Masseschmälerung.[79] Gegen diese

---

[66] FK-*Dauernheim* § 136 RdNr. 9; HK-*Kreft* § 136 RdNr. 8; *Kübler/Prütting/Paulus* § 136 RdNr. 7; aA *Nerlich* in *Nerlich/Römermann* § 136 RdNr. 13; *Smid/Zeuner* § 136 RdNr. 9; §§ 187, 188 BGB.
[67] *Schlegelberger/K. Schmidt* § 342 (237 nF) RdNr. 7; *Staub/Zutt* § 237 RdNr. 11; *Smid/Zeuner* § 136 RdNr. 9; vgl. RGZ 139, 110, 112.
[68] HK-*Kreft* RdNr. 8; HambKomm-*Schröder* RdNr. 8; *Uhlenbruck/Hirte* RdNr. 8.
[69] MünchKommHGB-*K. Schmidt* Anh. § 236 RdNr. 11.
[70] RdNr. 14.
[71] Unklar *Staub/Zutt* § 237 RdNr. 13.
[72] *Schlegelberger/K. Schmidt* § 339 (234 nF) RdNr. 30; *Staub/Zutt* § 234 RdNr. 8.
[73] *Kübler/Prütting/Paulus* § 136 RdNr. 9; *Singhof/Seiler/Schlitt* RdNr. 329.
[74] FK-*Dauernheim* § 136 RdNr. 10; MünchKommHGB-*K. Schmidt* Anh. § 236 RdNr. 12; *Staub/Zutt* § 237 RdNr. 14; *Smid/Zeuner* § 136 RdNr. 15.
[75] Vgl. RdNr. 8.
[76] Eingehend dazu *K. Schmidt* KTS 1977, 65, 71.
[77] Vgl. RGZ 84, 436; *Baumbach/Hopt* § 236 RdNr. 6; FK-*Dauernheim* § 136 RdNr. 10; *Nerlich* in *Nerlich/Römermann* § 136 RdNr. 7; *Ebenroth/Boujong/Joost/Gehrlein* § 237 RdNr. 13.
[78] FK-*Dauernheim* § 136 RdNr. 10; *Ebenroth/Boujong/Joost/Gehrlein* § 237 RdNr. 17; MünchKommHGB-*K. Schmidt* Anh. § 236 RdNr. 12; *Smid/Zeuner* § 136 RdNr. 12.
[79] MünchKommHGB-*K. Schmidt* Anh. § 236 RdNr. 12; *Smid/Zeuner* § 136 RdNr. 12.

Beurteilung wird eingewandt, sie weite das Anfechtungsrecht unangemessen aus; denn sie führe auch dann zur Anfechtbarkeit, wenn die Umwandlung vor der Jahresfrist vereinbart worden sei, sofern nur das Darlehen innerhalb dieses Zeitraums zurückgezahlt worden sei.[80] Dieses Argument ist schwer verständlich. Wenn schon die Umwandlung außerhalb der Jahresfrist liegt, kann es hinsichtlich der zugrundeliegenden Vereinbarung erst recht nicht anders sein. Damit scheidet eine Anfechtbarkeit aus; die Rückzahlung des Darlehens bedarf keiner erneuten Vereinbarung, auf die es für die Anwendung des § 136 ankommen könnte. Soll freilich durch die Umwandlung auch ein schon durch Verluste verbrauchter Teil der Einlage zu einem Darlehensanspruch erstarken, dann liegt darin ein **Erlass des Verlustanteils,** der als solcher anfechtbar ist.[81]

Eine masseschmälernde Rückgewähr der Einlage liegt auch in der Bestellung von **Sicherheiten** (z. B. Pfandrecht, Sicherungsübereignung, Sicherungsabtretung) für den Rückzahlungsanspruch des stillen Gesellschafters, die diesem im Insolvenzverfahren ein Absonderungsrecht geben.[82] Die nachträgliche, nicht bereits im Gesellschaftsvertrag vorgesehene Absicherung ist somit anfechtbar, wenn sie innerhalb der Jahresfrist vor Stellung des Eröffnungsantrags vereinbart wird. **18**

Die Rückgabe von Gegenständen, die der stille Gesellschafter dem Unternehmen lediglich zum Gebrauch überlassen hat, ist keine Einlagenrückgewähr. Für eine Anfechtung ist kein Raum, weil die Rückgabe die Masse nicht schmälert; denn der stille Gesellschafter hätte die Gegenstände im Insolvenzverfahren ohnehin aussondern können.[83] **19**

Der **Erlass** einer noch offenen **Einlageforderung** gegen den stillen Gesellschafter fällt nicht unter § 136.[84] Das ergibt sich schon aus § 236 Abs. 2 HGB, wonach der stille Gesellschafter auch im bereits eröffneten Insolvenzverfahren die Einlage nur insoweit zur Masse einzuzahlen braucht, als sie zur Deckung seines Verlustanteils benötigt wird. Ist eine Vereinbarung über den Erlass der Einlageforderung so zu verstehen, dass auch die Verpflichtung zum Ausgleich des durch Verluste negativ gewordenen Einlagekontos des stillen Gesellschafters entfallen soll, so handelt es sich in diesem Umfang um einen nach § 136 anfechtbaren Erlass seines Anteils an dem entstandenen Verlust.[85] Die Auszahlung von **Gewinnanteilen,** die bereits auf Grund des Gesellschaftsvertrages oder nach § 231 Abs. 1 HGB geschuldet werden, fällt nur insoweit unter den besonderen Anfechtungstatbestand, als der ausgezahlte Betrag nach § 232 Abs. 2 Satz 2 Halbs. 2 HGB zum Ausgleich früherer Verluste hätte verwendet werden müssen.[86] Eine Auszahlung auf Grund einer erst innerhalb der Jahresfrist vereinbarten Erhöhung der Gewinnbeteiligung unterliegt jedoch dem besonderen Anfechtungsrecht nach § 136.[87] **20**

c) Erlass des Verlustanteils. Nach dem klaren Gesetzeswortlaut wird nur der Erlass von schon *entstandenen* **Verlustanteilen** erfasst.[88] Die Aufhebung der Beteiligung des stillen Gesellschafters an künftigen Verlusten (vgl. § 231 Abs. 2 Halbs. 1 HGB) ist demnach nicht nach § 136 anfechtbar.[89] Maßgebend dafür, inwieweit es sich um bereits entstandene und **21**

---

[80] *Staub/Zutt* § 237 RdNr. 16.
[81] RdNr. 21; vgl. ferner *Baumbach/Hopt* § 236 RdNr. 6.
[82] RGZ 84, 434, 437 f.; FK-*Dauernheim* § 136 RdNr. 10; HK-*Kreft* § 136 RdNr. 9; *Kübler/Prütting/Paulus* § 136 RdNr. 6; *Blaurock* RdNr. 17.89; MünchKommHGB-K. *Schmidt* Anh. § 236 RdNr. 13; *Uhlenbruck/Hirte* RdNr. 6.
[83] *Heymann/Horn* § 237 RdNr. 7; MünchKommHGB-K. *Schmidt* Anh. § 236 RdNr. 14; *Staub/Zutt* § 237 RdNr. 18.
[84] *Heymann/Horn* § 237 RdNr. 7; *Blaurock* RdNr. 17.93; MünchKommHGB-K. *Schmidt* Anh. § 236 RdNr. 15; *ders.* KTS 1977, 65, 70; *Staub/Zutt* § 237 RdNr. 21; *Smid/Zeuner* § 136 RdNr. 14.
[85] RdNr. 21.
[86] FK-*Dauernheim* § 236 RdNr. 10; MünchKommHGB-K. *Schmidt* Anh. § 236 RdNr. 16; *Smid/Zeuner* § 136 RdNr. 11.
[87] FK-*Dauernheim* § 136 RdNr. 10; *Heymann/Horn* § 237 RdNr. 8.
[88] FK-*Dauernheim* § 136 RdNr. 11; HK-*Kreft* § 136 RdNr. 10; *Nerlich* in Nerlich/Römermann § 136 RdNr. 10; *Blaurock* RdNr. 17.92; MünchKommHGB-K. *Schmidt* Anh. § 236 RdNr. 17; *Smid/Zeuner* § 136 RdNr. 16; *Uhlenbruck/Hirte* RdNr. 7.
[89] FK-*Dauernheim* § 136 RdNr. 11.

inwieweit um künftige Verluste handelt, ist der Zeitpunkt des Erlasses.[90] Dass sich statt dessen das Anfechtungsrecht auf die bis zum nächsten Bilanzstichtag entstehenden Verluste erstrecken soll, falls die Beteiligten keine Zwischenbilanz auf den Tag des Erlasses aufstellen,[91] lässt sich nach der materiellen Rechtslage nicht begründen. Es handelt sich vielmehr um eine Frage des grundsätzlich vom Insolvenzverwalter zu führenden Beweises.[92] Soweit vom stillen Gesellschafter mangels hinreichenden Einblicks in die Geschäftsvorgänge keine erweiterte Darlegung verlangt werden kann und es sich wegen Fehlens einer Zwischenbilanz nicht mehr genau feststellen lässt, wie sich der im letzten Geschäftsjahr vor der Verfahrenseröffnung entstandene Verlust auf die einzelnen Zeiträume verteilt, wird man dem Insolvenzverwalter gestatten müssen, der Berechnung des in die Insolvenzmasse zurückzuzahlenden Betrages eine zeitanteilige Aufteilung des Verlustanteils zugrunde zu legen.

22   **5. Gläubigerbenachteiligung.** Wie auch sonst im Insolvenzanfechtungsrecht setzt die Anfechtung nach § 136 gemäß § 129 Abs. 1 eine Benachteiligung der Insolvenzgläubiger voraus. Da nicht schon die besondere Vereinbarung, sondern erst die zu ihrer Ausführung vorgenommenen Rechtshandlungen (Rückgewähr der Einlage; Erlass des Verlustanteils) Gegenstand der Anfechtung sind, genügt eine **mittelbare Benachteiligung**.[93] Es kommt also darauf an, ob die Insolvenzmasse bei Eröffnung des Verfahrens durch die anfechtbaren Rechtshandlungen geschmälert ist. Dabei gelten auch die von der Rechtsprechung entwickelten,[94] jetzt in § 142 gesetzlich geregelten Grundsätze des **Bargeschäfts**.[95] Die Anfechtbarkeit entfällt danach bei einem Austausch gleichwertiger Leistungen. Das bedeutet für § 136, dass eine anfechtbare Leistung des Unternehmensinhabers nicht vorliegt, wenn der stille Gesellschafter in unmittelbarem Zusammenhang damit eine in das Geschäftsvermögen fließende gleichwertige Gegenleistung erbringt.[96]

23   **6. Beweislast.** Die Beweislast für das Vorliegen der Voraussetzungen des Anfechtungsrechts trägt der Insolvenzverwalter. Dieser hat danach grundsätzlich alle Tatbestandsmerkmale[97] darzulegen und zu beweisen. Das gilt vor allem für die Vornahme einer anfechtbaren Rechtshandlungen (Rückzahlung der Einlage oder Erlass des Verlustanteils). Den Nachweis, dass die dadurch bewirkte Minderung des Geschäftsvermögens auf einer früher als im letzten Jahr getroffenen Vereinbarung beruht, soll dagegen nach verbreiteter Meinung der stille Gesellschafter führen müssen.[98] Dem kann nicht zugestimmt werden.[99] Schwierigkeiten, die sich für den Insolvenzverwalter daraus ergeben können, dass er über den Zeitpunkt einer solchen Abrede – insbesondere, wenn sie nicht schriftlich niedergelegt ist – aus eigenem Wissen keine Kenntnis hat, sind durch Anwendung der Grundsätze zu beheben, die die Rechtsprechung zu der in bestimmten Fallgestaltungen *erweiterten Darlegungslast* des an sich nicht beweisbelasteten Prozessgegners entwickelt hat. Dieser kann danach gehalten sein, die zu seinem Wahrnehmungsbereich gehörenden Verhältnisse offenzulegen, wenn die beweispflichtige Partei keinen Einblick in sie hat (sog. *sekundäre Behauptungslast*).[100] Auf dieser rechtlichen Grundlage hat der stille Gesellschafter vorzutragen, wann und unter welchen Umständen die Vereinbarung über die Einlagerückzahlung oder den Erlass des Verlustanteils getroffen worden sein soll. Sache des Insolvenzverwalters ist es dann freilich, die Darstellung

---

[90] *Heymann/Horn* § 237 RdNr. 9; HambKomm-*Schröder* RdNr. 11; *Smid/Zeuner* § 136 RdNr. 16.
[91] So MünchKommHGB-*K. Schmidt* Anh. § 236 RdNr. 17; FK-*Dauernheim* § 136 RdNr. 11.
[92] S. RdNr. 23.
[93] *Nerlich* in *Nerlich/Römermann* § 136 RdNr. 11; *Uhlenbruck/Hirte* RdNr. 4.
[94] Vgl. BGHZ 70, 177, 184 f.; BGHZ 123, 320, 322 f.
[95] *Nerlich* in *Nerlich/Römermann* § 136 RdNr. 11; *Singhof/Seiler/Schlitt* RdNr. 328.
[96] *Schlegelberger/K. Schmidt* § 342 (237 nF) RdNr. 17; *Staub/Zutt* § 237 RdNr. 23; *Smid/Zeuner* § 136 RdNr. 17.
[97] Zu Abs. 2 s. RdNr. 24.
[98] FK-*Dauernheim* § 136 RdNr. 14; *Nerlich* in *Nerlich/Römermann* § 136 RdNr. 15; MünchKommHGB-*K. Schmidt* Anh. § 236 RdNr. 24; *Smid/Zeuner* § 136 RdNr. 19.
[99] Ebenso HambKomm-*Schröder* RdNr. 17.
[100] BGHZ 126, 181, 200; BGH NJW 1990, 3151 f.; BGH NJW 1995, 2842, 2843; *Zöller/Greger* vor § 284 RdNr. 34.

des stillen Gesellschafters zu widerlegen. Das Ergebnis ist eine Frage der vom Tatrichter zu verantwortenden Beweiswürdigung. Die gleichen Grundsätze gelten, wenn der stille Gesellschafter geltend macht, ihm habe im Zeitpunkt der Vereinbarung ein Recht zur sofortigen **Kündigung** des Vertragsverhältnisses **aus wichtigem** Grund zugestanden.[101]

IV. Ausschluss der Anfechtung (Abs. 2)

Abs. 2 schließt die Anfechtung für den Fall aus, dass ein **Eröffnungsgrund** erst nach der in Abs. 1 genannten besonderen Vereinbarung eingetreten ist. Eröffnungsgrund in diesem Sinne sind nicht nur Zahlungsunfähigkeit (§ 17) und Überschuldung (§ 19), sondern auch die nur den Schuldner zur Stellung des Insolvenzantrags berechtigende drohende Zahlungsunfähigkeit (§ 18).[102] Die auf den Eröffnungsgrund abstellende Gesetzesfassung enthält insoweit eine gewollte Abweichung von der bisherigen Formulierung „wenn der Konkurs in Umständen seinen Grund hat, die erst nach der Vereinbarung der Rückgewähr oder des Erlasses eingetreten sind" (§ 237 Abs. 2 HGB aF). Mit dieser Änderung soll der Ausnahmetatbestand „für die Praxis handhabbar" gemacht werden.[103] Das Abstellen auf den Eintritt des Eröffnungsgrundes zeigt deutlich, dass der besondere Anfechtungstatbestand für Leistungen an einen stillen Gesellschafter auf dem Grundsatz der Gleichbehandlung der Gläubiger im hier mit der Insolvenzreife beginnenden **„materiellen Konkurs"** beruht.[104] Der Sache nach besteht die Anfechtungsmöglichkeit nur, wenn im Zeitpunkt der nach Abs. 1 maßgebenden besonderen Vereinbarung das Unternehmen schon „konkursreif" war und der Antrag auf Eröffnung des Insolvenzverfahrens eigentlich hätte gestellt werden müssen. Da dieser Zeitpunkt aber für den Insolvenzverwalter unzumutbar schwer nachzuweisen ist, kehrt Absatz 2 insoweit die im Übrigen grundsätzlich beim Insolvenzverwalter liegende **Beweislast**[105] um.[106] Das Risiko, dass sich der Zeitpunkt des Eintritts der Insolvenzreife nicht genau feststellen lässt, wird für einen Zeitraum von einem Jahr vor dem Eröffnungsantrag dem stillen Gesellschafter auferlegt. Dass für die Zeit davor die besondere Anfechtungsmöglichkeit überhaupt nicht gilt, beruht auf der typisierenden Annahme, dass der Eröffnungsgrund für ein Insolvenzverfahren nicht früher als ein Jahr vor Stellung des Eröffnungsantrags eingetreten ist.[107]

§ 137 Wechsel- und Scheckzahlungen

(1) Wechselzahlungen des Schuldners können nicht auf Grund des § 130 vom Empfänger zurückgefordert werden, wenn nach Wechselrecht der Empfänger bei einer Verweigerung der Annahme der Zahlung den Wechselanspruch gegen andere Wechselverpflichtete verloren hätte.

(2) ¹Die gezahlte Wechselsumme ist jedoch vom letzten Rückgriffsverpflichteten oder, wenn dieser den Wechsel für Rechnung eines Dritten begeben hatte, von dem Dritten zu erstatten, wenn der letzte Rückgriffsverpflichtete oder der Dritte zu der Zeit, als er den Wechsel begab oder begeben ließ, die Zahlungsunfähigkeit des Schuldners oder den Eröffnungsantrag kannte. ² § 130 Abs. 2 und 3 gilt entsprechend.

(3) Die Absätze 1 und 2 gelten entsprechend für Scheckzahlungen des Schuldners.

---

[101] S. RdNr. 11.
[102] FK-*Dauernheim* § 136 RdNr. 13; HK-*Kreft* § 136 RdNr. 11; *Kübler/Prütting/Paulus* § 136 RdNr. 8; MünchKommHGB-*K. Schmidt* Anh. § 236 RdNr. 23; *Nerlich* in *Nerlich/Römermann* § 136 RdNr. 14; *Smid/Zeuner* § 136 RdNr. 18.
[103] Begr. zu § 151 RegE.
[104] Vgl. RdNr. 1.
[105] RdNr. 23.
[106] BGHZ 83, 341, 346; HK-*Kreft* § 136 RdNr. 11; *Baumbach/Hopt* § 236 RdNr. 8; MünchKommHGB-*K. Schmidt* Anh. § 236 RdNr. 25; *Uhlenbruck/Hirte* RdNr. 11.
[107] Vgl. auch RdNr. 12.

Übersicht

	RdNr.		RdNr.
I. Normzweck	1	V. Ersatzrückgewähr (Abs. 2)	11
II. Entstehungsgeschichte	2	1. Voraussetzungen	12
III. Anwendungsbereich	3	a) Ausschluss auf Grund des Abs. 1	12
IV. Anfechtungsausschluss gem. Abs. 1	4	b) Anfechtungsgegner	13
1. Zahlung auf einen Wechsel	4	c) Kenntnis	15
2. Verlust des Rückgriffsrechts		2. Anspruchsinhalt	18
a) Rückgriffsrecht	7	VI. Zahlung auf einen Scheck (Abs. 3)	19
b) Verlust	8	VII. Beweisfragen	22
3. Rechtsfolge	10		

I. Normzweck

1 Die Vorschrift soll die besondere Insolvenzanfechtung nach §§ 130, 132 an das Wechsel- und Scheckrecht anpassen. § 130 könnte zu dem für unbillig gehaltenen Ergebnis führen, dass eine Leistung des Schuldners anfechtbar ist, obwohl der Empfänger sie aus wechsel- oder scheckrechtlichen Gründen annehmen muss, wenn er nicht eigene Regressansprüche verlieren will. Unter diesen Voraussetzungen schließt **Abs. 1** die Anfechtung gegen den Empfänger aus. Statt dessen bietet **Abs. 2** eine Ersatzlösung. Gesetzgeberischer Anlass für sie war ursprünglich, einer Möglichkeit zum Missbrauch des Abs. 1 entgegenzuwirken;[1] Dazu könnte es insbesondere kommen, wenn ein Gläubiger einen in Kenntnis der Zahlungsunfähigkeit oder des Insolvenzantrags auf den Schuldner gezogenen Wechsel aufkauft und dieser sodann vom Schuldner eingelöst wird. In seiner Ausgestaltung lässt Abs. 2 aber die bloße Kenntnis der Krise – ohne weitergehende Missbrauchsabsicht[2] – dafür ausreichen, dass der letzte „Bereicherte" die Gläubigerbenachteiligung auszugleichen hat; dies stellt deshalb auch eine spezielle Ausprägung eines allgemeinen Billigkeitsgrundsatzes dar.[3] **Abs. 3** behandelt die Scheckberechtigten mit den Wechselberechtigten gleich.

II. Entstehungsgeschichte

2 Die Vorschrift entspricht § 34 KO. Abs. 2 passt dessen Regelung an den – im Vergleich mit § 30 Nr. 1 KO – neu gefassten Inhalt der §§ 130, 132 an. Im Gesetzgebungsverfahren wurde nur Abs. 2 den geänderten subjektiven Voraussetzungen in § 130 Abs. 2 und 3 angeglichen.

III. Anwendungsbereich

3 Abs. 1 und 3 schränken die Anwendbarkeit des **§ 130** auf bestimmte Wechsel- und Scheckzahlungen ein. Soweit ausnahmsweise derartige Erfüllungshandlungen nicht unter § 130, sondern unter § 132 fallen (vgl. § 132 RdNr. 5), kann § 137 auch dafür sinngemäß eingreifen;[4] hierfür sprechen nicht nur die gemeinsame Herkunft der §§ 130 und 132 aus § 30 Nr. 1 KO, sondern auch die inhaltlich weitgehend gleichen Anfechtungsvoraussetzungen, während es andererseits keinen Grund für eine unterschiedliche Behandlung gibt. Sonstige Anfechtungstatbestände – insbesondere die §§ 131, 133 bis 136 – werden dagegen durch § 137 nicht betroffen.[5] Ergänzend s. u. RdNr. 10.

---

[1] Materialien zur KO von 1877, S. 140 zu § 27.
[2] Ebenso HambKomm-*Rogge* § 137 RdNr. 1.
[3] Vgl. HK-*Kreft* § 137 RdNr. 3; *Jaeger/Henckel*, KO § 34 RdNr. 16 aE.
[4] FK-*Dauernheim* § 137 RdNr. 1.
[5] HK-*Kreft* § 137 RdNr. 4; FK-*Dauernheim* § 137 RdNr. 2; vgl. BGH NJW 1974, 57; *Uhlenbruck/Hirte* § 137 RdNr. 2; HambKomm-*Rogge* § 137 RdNr. 4; *Andres/Leithaus* § 137 RdNr. 3; *Henckel*, Kölner Schrift S. 813, 843 RdNr. 63; *Smid/Zeuner* InsO § 137 RdNr. 1.

IV. Anfechtungsausschluss gemäß Abs. 1

1. Zahlung auf einen Wechsel. Begünstigt werden können nur Zahlungen des Schuldners auf einen **Wechsel** (oder Scheck, s. u. RdNr. 19). Auf andere – auch indossable – Wertpapiere, z. B. nach § 363 HGB, ist § 134 nicht anzuwenden, weil ihnen die Garantiefunktion fehlt.[6] Erst recht scheidet eine Anwendung auf sonstige Sicherheiten, z. B. Bürgschaften oder Pfandbestellungen, aus,[7] bei denen die verweigerte Zahlungsannahme nicht einmal die Möglichkeit eines Regresses (s. u. RdNr. 7) nehmen würde. Der Schuldner muss zur Zahlung gerade aus dem Wechsel – sei es auch kraft der zugrundeliegenden schuldrechtlichen Vereinbarung – verpflichtet sein;[8] anderenfalls fiele seine Leistung als inkongruente Deckung unter § 131, nicht unter § 130. Im Falle einer ehelichen Gütergemeinschaft gilt § 137 für Wechselzahlungen jedes Ehegatten.[9]

Die Bezugnahme auf § 130 ergibt, dass der **Schuldner** in seiner Eigenschaft als **Verpflichteter** eine Schuld gegenüber einem (Insolvenz-)Gläubiger erfüllen muss. Ferner folgt aus der Voraussetzung eines möglichen Regressverlustes (s. u. RdNr. 7) und aus Abs. 2, dass der Schuldner den Wechsel nicht nur als selbständig Rückgriffsberechtigter – also Aussteller des gezogenen Wechsels oder Indossant – eingelöst haben darf.[10] Deshalb kommen vor allem die Fälle in Betracht, in denen der Schuldner Hauptverpflichteter, also Akzeptant eines gezogenen (Art. 28 WG) oder Aussteller eines eigenen Wechsels (Art. 78 WG) ist.[11] Erfasst wird auch eine Leistung als Ehrenzahler i. S. v. Art. 61 WG nach Ehrenannahme (Art. 58 WG), während jeder, der ohne Annahme leistet, nur im Falle einer besonderen schuldrechtlichen Vereinbarung zahlungspflichtig sein kann.[12] Der Domiziliat (Art. 27 WG) dagegen leistet für fremde Rechnung, so dass seine Zahlung nicht ohne weiteres die eigenen Gläubiger benachteiligt.[13]

Erfasst wird die bare **Einlösung** des Wechsels bei Fälligkeit[14] und vor Insolvenzeröffnung.[15] Eine Zahlung vor Fälligkeit wäre inkongruent i. S. v. § 131 und deshalb nicht begünstigt.[16] Dasselbe gilt für Leistungen an Erfüllungs Statt.[17] Teilzahlungen können dagegen im Hinblick auf Art. 39 Abs. 2 WG die Anwendung des Abs. 1 rechtfertigen,[18] ebenso Zahlungsweisen, die – wie die bargeldlose Überweisung – nach der Verkehrsauffassung der Barzahlung gleichstehen,[19] und Erfüllungssurrogate, insbesondere die Aufrechnung mit einer Gegenforderung des Insolvenzschuldners gegen den Wechselinhaber ab Verfall des Wechsels.[20] Die Zwangsvollstreckung aus dem Wechsel ohne vorangegangenen Protest wird andererseits – zumal sie als inkongruent gilt – nicht begünstigt,[21] ebenso wenig die bloße Besicherung der Wechselschuld.[22]

---

[6] FK-*Dauernheim* § 137 RdNr. 2; HambKomm-*Rogge* § 137 RdNr. 2; *Jaeger/Henckel*, KO § 34 RdNr. 15.
[7] BGH NJW 1974, 57; *Kübler/Prütting/Paulus* § 137 RdNr. 2; *Smid/Zeuner* InsO § 137 RdNr. 1; *Uhlenbruck/Hirte* § 137 RdNr. 2.
[8] *Jaeger/Henckel*, KO § 34 RdNr. 4.
[9] *Schuler* NJW 1958, 1609, 1613; *Jaeger/Weber*, KO 8. Aufl. §§ 236 a–c RdNr. 25.
[10] Vgl. BGH ZInsO 2007, 816, 817; *Jaeger/Henckel*, KO § 34 RdNr. 4 aE.
[11] HK-*Kreft* § 137 RdNr. 6.
[12] FK-*Dauernheim* § 137 RdNr. 3; *Jaeger/Henckel*, KO § 34 RdNr. 4.
[13] Vgl. *Jaeger/Henckel*, KO § 34 RdNr. 4.
[14] *Kilger/K. Schmidt* § 34 KO Anm. 1.
[15] *Jaeger/Henckel*, KO § 34 RdNr. 3.
[16] *Jaeger/Henckel*, KO § 34 RdNr. 3; *H.-G. Lange* S. 252; vgl. *Kübler/Prütting/Paulus* § 137 RdNr. 3.
[17] *Jaeger/Henckel*, KO § 34 RdNr. 13; *H.-G. Lange* S. 252 f.
[18] *Kübler/Prütting/Paulus* § 137 RdNr. 2; *Jaeger/Henckel*, KO § 34 RdNr. 11; *Uhlenbruck/Hirte* § 137 RdNr. 1.
[19] HK-*Kreft* § 137 RdNr. 5; HambKomm-*Rogge* § 137 RdNr. 2. Ergänzend s. o. § 131 RdNr. 11.
[20] HK-*Kreft* § 137 RdNr. 5; *Kübler/Prütting/Paulus* § 137 RdNr. 2; FK-*Dauernheim* § 137 RdNr. 3; *Nerlich* in Nerlich/Römermann § 137 RdNr. 2; *Smid/Zeuner* InsO § 137 RdNr. 6; *Braun/de Bra* § 137 RdNr. 4; vgl. RGZ 58, 105, 108 f.
[21] Vgl. RdNr. 8 und HambKomm-*Rogge* § 137 RdNr. 2; *Jaeger/Henckel*, KO § 34 RdNr. 13 aE; offengelassen von RGZ 40, 40, 43.
[22] FK-*Dauernheim* § 137 RdNr. 3.

§ 137 7–12   3. Teil. 3. Abschnitt. Insolvenzanfechtung

7 **2. Verlust des Rückgriffsrechts. a)** Für den Zahlungsempfänger müsste, ohne die Zahlung, ein **Rückgriffsrecht** gegen andere Wechselverpflichtete bestanden haben.[23] Dieses gibt es nicht für den Hauptschuldner des Wechsels (s. o. RdNr. 5). Davon abgesehen kann grundsätzlich jeder Wechselgläubiger einschließlich des Vollmachtsindossatars (Art. 18 WG)[24] Rückgriff nehmen. Ein weiterer (vorrangig) wechselmäßig Verpflichteter – außer dem Insolvenzschuldner – muss auch im Einzelfall vorhanden gewesen sein.[25] Bei Zahlungen an den letzten oder einzigen Rückgriffsberechtigten greift deshalb Abs. 1 nicht ein.[26]

8 **b)** Der Rückgriffsanspruch muss **verlorengehen,** falls der Empfänger die Annahme der Zahlung verweigert. Gem. Art. 43, 47 WG kann dies für jeden Wechselgläubiger zutreffen, weil er bei einer solchen Weigerung keinen Protest mangels Zahlung (Art. 44 WG) erheben darf, es sei denn, der Protest ist vom Aussteller oder sämtlichen (nachrangigen) Regresspflichtigen gem. Art. 46 WG erlassen.[27] Der Rechtsverlust muss sich unmittelbar aus dem Wechselrecht selbst ergeben; eine sonstige Vereinbarung genügt dazu nicht.[28] Die Zwangsvollstreckung aus dem Wechsel schließt den Protest nicht aus, kann also nicht den Abs. 1 erfüllen.[29] Der Protest mangels Annahme (Art. 44 WG) ist in diesem Zusammenhang unerheblich.[30]

9 Ein für Abs. 1 nötiger Rechtsverlust kann im Einzelfall auch dann nicht eintreten, wenn erst gezahlt wird, nachdem bereits vorher wirksam Protest erhoben wurde oder die Protestfrist (Art. 44 Abs. 3 WG) schon versäumt war.[31]

10 **3. Rechtsfolge.** Ist Abs. 1 erfüllt, kann die Zahlung **nicht nach § 130** – auch nicht ausnahmsweise nach § 132 (s. o. RdNr. 3) – angefochten werden. Die Anfechtung gemäß anderen Grundlagen bleibt möglich, soweit diese erfüllt sind (s. o. RdNr. 3). Ferner schließt Abs. 1 lediglich die Anfechtung des reinen Erfüllungsgeschäfts aus; er hindert weder die Anfechtung des Kausalgeschäfts, das der Wechselbegebung zugrunde liegt, noch der Eingehung der abstrakten Wechselschuld selbst.[32] Wird schon die Eingehung der Wechselverbindlichkeit gegenüber dem Empfänger erfolgreich angefochten, kann das zu ihrer Erfüllung Geleistete ohne Rücksicht auf § 137 zurückgefordert werden.[33]

V. Ersatzrückgewähr (Abs. 2)

11 Abs. 2 legt denjenigen fest, gegen den – anstelle des unmittelbaren Zahlungsempfängers – angefochten werden kann. Die Vorschrift gewährt einen selbständigen Anfechtungsanspruch. Ein Wahlrecht steht dem Insolvenzverwalter insoweit nicht zu.[34]

12 **1. Voraussetzung. a)** Abs. 2 greift nur ein, wenn eine **Anfechtung** ausschließlich **auf Grund** des **Abs. 1 ausscheidet.**[35] Abs. 2 ist also weder anwendbar, wenn auf Grund

---

[23] Vgl. *Kübler/Prütting/Paulus* § 137 RdNr. 3; HambKomm-*Rogge* § 137 RdNr. 3; *Andres/Leithaus* § 137 RdNr. 4.
[24] *Kübler/Prütting/Paulus* § 137 RdNr. 2; *Smid/Zeuner* InsO § 137 RdNr. 6. Ausnahmsweise handelt der Vollmachtsindossatar treuhänderisch für den Hauptverpflichteten, vgl. *Jaeger/Henckel,* KO § 34 RdNr. 10.
[25] Vgl. HK-*Kreft* § 137 RdNr. 7; *Kübler/Prütting/Paulus* § 137 RdNr. 3; *Smid/Zeuner* InsO § 137 RdNr. 6; *Jaeger/Henckel,* KO § 34 RdNr. 9.
[26] *Uhlenbruck/Hirte* § 137 RdNr. 2; HambKomm-*Rogge* § 137 RdNr. 3; *Jaeger/Henckel,* KO § 34 RdNr. 9.
[27] Vgl. FK-*Dauernheim* § 137 RdNr. 4; HK-*Kreft* § 137 RdNr. 16; *Jaeger/Henckel,* KO § 34 RdNr. 6.
[28] HambKomm-*Rogge* § 137 RdNr. 3; *Jaeger/Henckel,* KO § 34 RdNr. 5; vgl. RG LZ 1914, 1374, 1376 f.
[29] *Jaeger/Henckel,* KO § 34 RdNr. 13 aE.
[30] *Jaeger/Henckel,* KO § 34 RdNr. 6.
[31] *Kübler/Prütting/Paulus* § 137 RdNr. 3; *Nerlich* in: *Nerlich/Römermann* § 137 RdNr. 3; *Hess* InsO § 137 RdNr. 3; *Smid/Zeuner* InsO § 137 RdNr. 6 aE; HK-*Kreft* § 137 RdNr. 7; *Uhlenbruck/Hirte* § 137 RdNr. 2; *Jaeger/Henckel,* KO § 34 RdNr. 8; vgl. RGZ 40, 40, 43; *Andres/Leithaus* § 137 RdNr. 3.
[32] *Smid/Zeuner* InsO § 137 RdNr. 3; *Uhlenbruck/Hirte* § 137 RdNr. 3; *Jaeger/Henckel,* KO § 34 RdNr. 3, 12.
[33] HK-*Kreft* § 137 RdNr. 8; vgl. *Jaeger/Henckel,* KO § 34 RdNr. 12; *Kilger/K. Schmidt* § 34 KO Anm. 1 aE.
[34] RGZ 40, 40, 42.
[35] Vgl. RGZ 40, 40, 41 f.; *Smid/Zeuner* InsO § 137 RdNr. 7 aE; *Uhlenbruck/Hirte* § 137 RdNr. 6; HambKomm-*Rogge* § 137 RdNr. 5.

anderer Vorschriften als § 130 – oder ausnahmsweise § 132 (s. o. RdNr. 3) – gegen den unmittelbaren Leistungsempfänger angefochten werden kann, noch dann, wenn die Anfechtung gegen diesen aus anderen Gründen als den des Abs. 1, z. B. wegen Fristversäumung, ausgeschlossen ist.[36] Dagegen kommt es nicht auf die subjektiven Voraussetzungen in der Person des unmittelbaren Leistungsempfängers an; sie werden durch diejenigen in der Person des Anfechtungsgegners i. S. v. Abs. 2 ersetzt.[37] Die Anfechtung nach Abs. 2 ist deshalb auch möglich, wenn der unmittelbare Zahlungsempfänger gutgläubig war.

b) Richtiger **Anfechtungsgegner** nach Abs. 2 ist der letzte Rückgriffsschuldner aus dem Wechsel (bzw. Scheck, Abs. 3). Das ist derjenige Wechselgläubiger, der bei Protesterhebung mangels Zahlung letzten Endes auf den Wechsel hätte zahlen müssen und seinerseits Rückgriff nur noch gegen den Insolvenzschuldner hätte nehmen können.[38] Regelmäßig ist beim gezogenen Wechsel der Aussteller (Art. 9, 47 WG) und beim eigenen Wechsel der erste Indossant (Art. 77, 15, 47 WG) derjenige, der auf solche Weise durch die frühere Zahlung des Insolvenzschuldners von der eigenen Regresspflicht befreit wird. Der Wortlaut des Satzes 1 („geben ließ") erfasst auch Fälle, in denen der formell letzte Regressschuldner den Wechsel für Rechnung eines Dritten – z. B. als Einkaufskommissionär für einen Kommittenten – weitergegeben hat (vgl. Art. 3 Abs. 3 WG); dann richtet sich der Erstattungsanspruch gegen diesen Dritten.[39] Hat anstelle des letzten Rückgriffsschuldners ein Nichtberechtigter wirksam (Art. 16 Abs. 2 WG) über den Wechsel verfügt, kann gegen den eigentlichen Rückgriffsschuldner nur unter den Voraussetzungen der wechselmäßigen Rechtsscheinshaftung angefochten werden.[40] In Zweifelsfällen kann der Insolvenzverwalter dem Dritten – oder dem regelmäßig Rückgewährpflichtigen – mit verjährungshemmender Wirkung (§ 204 Abs. 1 Nr. 6 BGB) gemäß §§ 72 bis 74 ZPO den Streit verkünden.

Ist der richtigerweise Rückgewährpflichtige (s. o. RdNr. 13) seinerseits zahlungsunfähig, haften nicht an seiner Stelle andere, nachrangige Regresspflichtige. Dieses Risiko trägt vielmehr die Insolvenzmasse.[41] Das gilt erst recht, wenn jener nicht die subjektiven Anfechtungsvoraussetzungen (s. u. RdNr. 15 bis 17) erfüllt.

c) Gegen die gem. RdNr. 13 zu bestimmende Person greift die Anfechtung nach Satz 1 nur durch, wenn der objektive Tatbestand des § 130 – ausnahmsweise des § 132, s. o. RdNr. 3 – gegenüber dem unmittelbaren Zahlungsempfänger (s. o. RdNr. 6, 7) erfüllt war. Insbesondere muss der Insolvenzschuldner die Zahlung entweder nach Eintritt seiner Zahlungsunfähigkeit, längstens drei Monate vor dem Eröffnungsantrag, oder nach diesem Antrag geleistet haben. Ferner muss der Ersatzrückgewährpflichtige i. S. v. RdNr. 13 die Zahlungsunfähigkeit des Schuldners oder den Eröffnungsantrag **gekannt** haben (vgl. § 130 RdNr. 31, 33, 53 bis 55); gemäß **Satz 2** schadet ihm auch „Rechtsblindheit" i. S. v. § 130 Abs. 2 (vgl. § 130 RdNr. 34 bis 39, 56).

Maßgeblicher **Zeitpunkt** für die **Kenntnis** oder die ihr gleichzubehandelnde Unkenntnis i. S. v. § 130 Abs. 2 ist nach Satz 1 derjenige, in dem der Anfechtungsgegner (s. o. RdNr. 13) seinerseits den Wechsel begab oder begeben ließ.[42] Erlangt der Ersatzrückgewährpflichtige erst später – insbesondere bis zur Wechseleinlösung durch den Insolvenzschuldner – die

---

[36] *Jaeger/Henckel*, KO § 34 RdNr. 17.
[37] Vgl. HambKomm-*Rogge* § 137 RdNr. 5; *Jaeger/Henckel*, KO § 34 RdNr. 21.
[38] HK-*Kreft* § 137 RdNr. 9; *Uhlenbruck/Hirte* § 137 RdNr. 7; HambKomm-*Rogge* § 137 RdNr. 6; *Andres/Leithaus* § 137 RdNr. 6.
[39] HK-*Kreft* § 137 RdNr. 10; *Uhlenbruck/Hirte* § 137 RdNr. 7; HambKomm-*Rogge* § 137 RdNr. 8; *Jaeger/Henckel*, KO § 34 RdNr. 19; vgl. *H.-G. Lange* S. 253. Zur Beweislast s. u. RdNr. 23.
[40] *Jaeger/Henckel*, KO § 34 RdNr. 16; vgl. *Baumbach/Hefermehl*, Wechsel- und Scheckgesetz 22. Aufl., Einl. WG RdNr. 30.
[41] HK-*Kreft* § 137 RdNr. 9; *Uhlenbruck/Hirte* § 137 RdNr. 6; *Braun/de Bra* § 137 RdNr. 11; *Jaeger/Henckel*, KO § 34 RdNr. 18.
[42] *Uhlenbruck/Hirte* § 137 RdNr. 6; HambKomm-*Rogge* § 137 RdNr. 10; *Jaeger/Henckel*, KO § 34 RdNr. 16; vgl. HK-*Kreft* § 137 RdNr. 11.

erforderliche Kenntnis, schadet ihm das nicht; vielmehr schließt dann Abs. 1 im Ergebnis jede Anfechtung gemäß § 130 aus.[43]

17 Die Kenntnis eines **Stellvertreters** i. S. v. § 166 Abs. 1 BGB oder Wissensvertreters (vgl. § 130 RdNr. 41 bis 51, 56) im maßgeblichen Zeitpunkt wird dem Anfechtungsgegner zugerechnet. Insbesondere muss sich dieser (z. B. der Kommittent) die Kenntnis desjenigen (z. B. des Kommissionärs) zurechnen lassen, der den Wechsel wirksam für den Anfechtungsgegner i. S. v. Art. 13 WG weiterbegeben hat.[44]

18 **2. Anspruchsinhalt.** Der Anfechtungsanspruch entspricht demjenigen gemäß § 130 und richtet sich im Umfang nach § 143. Er erfasst die – vom Insolvenzschuldner tatsächlich gezahlte – Wechselsumme mit Zinsen und Kosten[45] und wird nicht begrenzt durch den Wert, den der Anfechtungsgegner selbst für die Begebung erhalten hat.[46] Erstattet der Anfechtungsgegner den von ihm geschuldeten Betrag, lebt gem. § 144 auch seine etwaige Forderung gegen den Insolvenzschuldners wieder auf.[47]

VI. Zahlung auf einen Scheck (Abs. 3)

19 Abs. 3 sieht umfassend die entsprechende Anwendung der Abs. 1 und 2 auf die Scheckeinlösung vor. Die Möglichkeit eines Regressverlustes (s. o. RdNr. 5, 7) besteht nach Art. 40 ScheckG nur, wenn der **Bezogene** den Scheck bei Verfall nicht einlöst; dies kann nach Art. 3, 54 ScheckG nur ein Kreditinstitut sein und muss gem. § 137 Abs. 3 zugleich der **Insolvenzschuldner** sein.[48] Zwar ist die Annahme des Schecks ausgeschlossen (Art. 4 ScheckG), doch kann das Kreditinstitut dem Aussteller auf Grund des beiderseitigen Girovertrages zur Einlösung verpflichtet sein. Da die Insolvenz des Ausstellers somit nicht genügt, hat die Norm kaum praktische Bedeutung.

20 Auch Teilzahlungen auf den Scheck können die Anwendung des Abs. 3 wegen des Sinns der Formvorschrift rechtfertigen; § 366 BGB ändert daran im Hinblick auf Art. 34 Abs. 2 ScheckG nichts.[49] Als Zahlung auf den Scheck (s. o. RdNr. 6) gilt auch die Verrechnung mit der dafür erteilten Gutschrift. Dies trifft nicht nur für den Verrechnungsscheck (Art. 39 Abs. 2 ScheckG), sondern auch für den Barscheck zu; nach der heutigen Verkehrsauffassung steht die mit Einverständnis des Empfängers geleistete Girozahlung auf den Scheck der Barzahlung gleich.[50] Zahlt die bezogene Bank auf einen Scheck, so ist dessen Inhaber oft nicht ihr eigener (Insolvenz-)Gläubiger i. S. v. § 130, sondern nur Gläubiger des Scheckausstellers; eine Anfechtung kann dann allenfalls auf Grund des § 132 erfolgen.[51]

21 Die möglichen Rückgriffsberechtigten (s. o. RdNr. 7, 8) sind die Indossanten i. S. v. Art. 18 ScheckG. Die Person des jeweiligen Ersatzrückgewährpflichtigen nach Abs. 2 ist gemäß Art. 44 ScheckG zu bestimmen.

VII. Beweisfragen

22 Der anfechtende Insolvenzverwalter hat die Anfechtbarkeit der Wechsel- oder Scheckzahlung – insbesondere nach § 130 (ausnahmsweise gemäß § 132, s. o. RdNr. 3) – zu

---

[43] Vgl. HambKomm-*Rogge* § 137 RdNr. 10; *Jaeger/Henckel*, KO § 34 RdNr. 21.
[44] *Jaeger/Henckel*, KO § 34 RdNr. 21.
[45] *Kübler/Prütting/Paulus* § 137 RdNr. 4.
[46] HambKomm-*Rogge* § 137 RdNr. 12; *Jaeger/Henckel*, KO § 34 RdNr. 20.
[47] *Uhlenbruck/Hirte* § 137 RdNr. 6 aE; HambKomm-*Rogge* § 137 RdNr. 12; *Jaeger/Henckel*, KO § 34 RdNr. 22.
[48] Ebenso FK-*Dauernheim* § 137 RdNr. 7; *Kübler/Prütting/Paulus* § 137 RdNr. 5; *Uhlenbruck/Hirte* § 137 RdNr. 8; HambKomm-*Rogge* § 137 RdNr. 13; *Jaeger/Henckel*, KO § 34 RdNr. 23; *Bork*, Zahlungsverkehr RdNr. 426.
[49] HambKomm-*Rogge* § 137 RdNr. 13; *Jaeger/Henckel*, KO § 34 RdNr. 26.
[50] FK-*Dauernheim* § 137 RdNr. 8; *Hess* InsO § 137 RdNr. 8; *Smid/Zeuner* InsO § 137 RdNr. 8; *Uhlenbruck/Hirte* § 137 RdNr. 9; *Jaeger/Henckel*, KO § 34 RdNr. 25; aM RG LZ 1914, 1374, 1376 f.
[51] S. o. RdNr. 3 und § 132 RdNr. 4, 8.

beweisen.⁵² Sodann muss derjenige, der die Anfechtung hiernach ausschließen will, die Voraussetzungen des § 137 **Abs. 1** beweisen, also regelmäßig der Anfechtungsgegner. Dieser muss deshalb die Zahlung des Insolvenzschuldners auf den Wechsel oder Scheck und den ohne die Annahme entstandenen Rechtsverlust nachweisen.⁵³

Die Voraussetzungen des **Abs. 2** – gegebenenfalls i. V. m. Abs. 3 – hat dagegen durchweg der anfechtende Insolvenzverwalter zu beweisen. Hierzu gehört einerseits, dass die Anfechtung gegen den Leistungsempfänger gem. Abs. 1 ausgeschlossen ist (s. o. RdNr. 12). Ferner stehen die Person des Anfechtungsgegners (s. o. RdNr. 13) sowie die zeitlichen und subjektiven Anfechtungsvoraussetzungen gegen diesen (s. o. RdNr. 15) regelmäßig zur Beweislast des Anfechtenden. Behauptet allerdings der Anfechtungsgegner, er habe im Innenverhältnis für einen Dritten gehandelt (s. o. RdNr. 13), ohne dass dies aus dem Wechsel oder Scheck selbst zu entnehmen ist, so muss er das beweisen.⁵⁴ Ferner hat nach **Satz 2** i. V. m. § 130 Abs. 3 der Anfechtungsgegner, der dem Insolvenzschuldner i. S. v. § 138 nahesteht, seinerseits zu beweisen, dass er die Zahlungsunfähigkeit oder den Eröffnungsantrag nicht kannte (vgl. hierzu § 130 RdNr. 66, 67).

23

§ 138 Nahe stehende Personen

(1) Ist der Schuldner eine natürliche Person, so sind nahe stehende Personen:
1. **der Ehegatte des Schuldners, auch wenn die Ehe erst nach der Rechtshandlung geschlossen oder im letzten Jahr vor der Handlung aufgelöst worden ist;**
1 a. **der Lebenspartner des Schuldners, auch wenn die Lebenspartnerschaft erst nach der Rechtshandlung eingegangen oder im letzten Jahr vor der Handlung aufgelöst worden ist;**
2. **Verwandte des Schuldners oder des in Nummer 1 bezeichneten Ehegatten in auf- und absteigender Linie und voll- und halbbürtige Geschwister des Schuldners oder des in Nummer 1 bezeichneten Ehegatten oder des in Nummer 1 a bezeichneten Lebenspartners sowie die Ehegatten oder Lebenspartner dieser Personen;**
3. **Personen, die in häuslicher Gemeinschaft mit dem Schuldner leben oder im letzten Jahr vor der Handlung in häuslicher Gemeinschaft mit dem Schuldner gelebt haben sowie Personen, die sich auf Grund einer dienstvertraglichen Verbindung zum Schuldner über dessen wirtschaftliche Verhältnisse unterrichten können;**
4. **eine juristische Person oder eine Gesellschaft ohne Rechtspersönlichkeit, wenn der Schuldner oder eine der in den Nummern 1 bis 3 genannten Personen Mitglied des Vertretungs- oder Aufsichtsorgans, persönlich haftender Gesellschafter oder zu mehr als einem Viertel an deren Kapital beteiligt ist oder auf Grund einer vergleichbaren gesellschaftsrechtlichen oder dienstvertraglichen Verbindung die Möglichkeit hat, sich über die wirtschaftlichen Verhältnisse des Schuldners zu unterrichten.**

(2) Ist der Schuldner eine juristische Person oder eine Gesellschaft ohne Rechtspersönlichkeit, so sind nahe stehende Personen:
1. **die Mitglieder des Vertretungs- oder Aufsichtsorgans und persönlich haftende Gesellschafter des Schuldners sowie Personen, die zu mehr als einem Viertel am Kapital des Schuldners beteiligt sind;**
2. **eine Person oder eine Gesellschaft, die auf Grund einer vergleichbaren gesellschaftsrechtlichen oder dienstvertraglichen Verbindung zum Schuldner die**

---

⁵² *Uhlenbruck/Hirte* § 137 RdNr. 11.
⁵³ *Kübler/Prütting/Paulus* § 137 RdNr. 6; vgl. HambKomm-*Rogge* § 137 RdNr. 14.
⁵⁴ *Uhlenbruck/Hirte* § 137 RdNr. 11; HambKomm-*Rogge* § 137 RdNr. 15; *Andres/Leithaus* § 137 RdNr. 7; *Jaeger/Henckel*, KO § 34 RdNr. 19 aE.

Möglichkeit haben, sich über dessen wirtschaftliche Verhältnisse zu unterrichten;

3. eine Person, die zu einer der in Nummer 1 oder 2 bezeichneten Personen in einer in Absatz 1 bezeichneten persönlichen Verbindung steht; dies gilt nicht, soweit die in Nummer 1 oder 2 bezeichneten Personen kraft Gesetzes in den Angelegenheiten des Schuldners zur Verschwiegenheit verpflichtet sind.

Schrifttum: *App,* „Nahestehende Personen" im Sinne des neuen Insolvenzrechts und ihre Stellung im neuen Insolvenzrecht und Gläubigeranfechtungsrecht, FamRZ 1996, 1523; *Biehl,* Insider im Insolvenzverfahren, 2000; *ders.,* Zur Verfassungsmäßigkeit der Insiderbestimmungen zu Lasten von Ehe und Familie gemäß § 138 I InsO, FamRZ 2001, 745; *ders.,* § 138 InsO nF – Änderungsvorschläge zum DiskE des BMJ, ZInso 2003, 543; *Ehricke,* Insolvenzrechtliche Anfechtung gegen Insider – Zur Bestimmung nahe stehender Personen von GmbH und AG –, KTS 1996, 209; *Fehl,* Zur Anwendbarkeit von § 31 Ziff. 2 KO auf Geschäfte einer Kommanditgesellschaft mit einem ihrer Gesellschafter oder dessen nahen Angehörigen, ZGR 1978, 725; *Fridgen,* Die Zurechnung der Eigenschaft nahe stehende Person über § 166 BGB – Zugleich Anmerkung zu BGH, Urteil vom 1. 4. 2004 – IX ZR 305/00 (KG), ZInso 2004, 548 –, ZInso 2004, 1341; *Hirte,* Nahestehende Personen (§ 138 InsO) – Klarheit oder Rückschritt, ZInso 1999, 429; *Killinger,* Insolvenzanfechtung gegen Insider, 1991; *Kirchhof,* Die neue Rechtsprechung des BGH in Insolvenzverfahren – insbesondere zu Anfechtungsfragen gegenüber Gesellschaftern und nahen Angehörigen i. S. d. § 138 InsO, ZInso 2001, 825; *Ropohl,* Gesellschaftsrechtliche Insider nach § 138 Abs. 2 InsO, 2002; *ders.,* Bestimmung der gesellschaftsrechtlich nahe stehenden Personen nach § 138 II InsO, NZI 2006, 425.

Übersicht

	RdNr.		RdNr.
I. Normzweck	1	2. Organmitglieder, persönlich haftende und qualifiziert beteiligte Gesellschafter (§ 138 Abs. 2 Nr. 1)	17
II. Entstehungsgeschichte	3	a) Organmitglieder und persönlich haftende Gesellschafter	17
III. Insolvenz einer natürlichen Person (§ 138 Abs. 1)	5	b) Qualifiziert beteiligte Gesellschafter	21
1. Nahe Angehörige	5	aa) Regeltatbestand	21
a) Ehegatte und sonstiger Lebenspartner (§ 138 Abs. 1 Nr. 1, 1 a)	5	bb) Mittelbare Beteiligung; Treuhandbeteiligung; Beteiligung von nahen Angehörigen	24
b) Nahe Verwandte (§ 138 Abs. 1 Nr. 2)	6	3. Vergleichbare gesellschaftsrechtliche oder dienstvertragliche Verbindung (§ 138 Abs. 2 Nr. 2)	27
c) In häuslicher Gemeinschaft Lebende (§ 138 Abs. 1 Nr. 3)	7	a) Allgemeines	27
2. Gesellschaftsrechtliche Beziehungen (§ 138 Abs. 1 Nr. 4)	8	b) Herrschende und abhängige Unternehmen	28
a) Allgemeines	8	c) Mitgesellschafter; Schwesterunternehmen	31
b) Struktur der Regelung	10	d) Dienstvertragliche Verbindung	33
aa) Organmitgliedschaft; persönlich haftender Gesellschafter	11	4. Ausdehnung der gesellschaftsrechtlichen Näheverhältnisse (§ 138 Abs. 2 Nr. 3)	36
bb) Beteiligung	12	a) Nahe Angehörige einer gesellschaftsrechtlich nahe stehenden Person	36
cc) Vergleichbare Verbindung	13	b) Gesellschaftsrechtliche Verbindungen naher Angehöriger	38
dd) Beteiligung naher Angehöriger	14		
IV. Insolvenz einer juristischen Person oder einer Gesellschaft ohne Rechtspersönlichkeit (§ 138 Abs. 2)	16		
1. Allgemeines	16		

I. Normzweck

1 Die §§ 129 ff. erleichtern in mehrfacher Hinsicht die insolvenzrechtliche Anfechtung gegenüber Personen, die dem Schuldner nahe stehen. Durch § 130 Abs. 3, § 131 Abs. 2 Satz 2, § 132 Abs. 3, § 137 Abs. 2 Satz 2 wird die *Beweislast* hinsichtlich der Kenntnis von Zahlungsunfähigkeit, Eröffnungsantrag und Gläubigerbenachteiligung zuungunsten der nahe stehenden Personen umgekehrt. § 133 Abs. 2 Satz 1 begründet für sie einen besonderen Anfechtungstatbestand. Außerhalb der Anfechtungsvorschriften enthält § 162 Abs. 1 Nr. 1 eine Sonderregelung, nach der die Betriebsveräußerung durch den Insolvenzverwalter an

dem Schuldner nahe stehende Personen unter bestimmten Voraussetzungen nur mit Zustimmung der Gläubigerversammlung zulässig ist. § 138 enthält eine Legaldefinition der dem Schuldner nahe stehenden Personen (**„Insider"**).

„**Nahe stehende Personen**" sind nach der Begründung zu § 153 RegE „Personen, die zurzeit der anfechtbaren Rechtshandlung aus persönlichen, gesellschaftsrechtlichen oder ähnlichen Gründen eine besondere *Informationsmöglichkeit* über die wirtschaftlichen Verhältnisse des Schuldners hatten".[1] Dieses ausschließliche Abstellen auf die gegenüber anderen Gläubigern erweiterte Informationsmöglichkeit erfasst den Grund für die Sonderbehandlung der nahe stehenden Personen nicht vollständig.[2] Er besteht, wie in der Rechtsprechung zu § 31 Nr. 2 KO mehrfach betont worden ist, darin, „dass nahe Angehörige in der Regel die wirtschaftlichen Schwierigkeiten des Schuldners kennen, daher seine Absichten leichter durchschauen und wegen ihrer *wirtschaftlichen und persönlichen Verbundenheit* eher bereit sind, zum Schaden seiner Gläubiger mit ihm Verträge zu schließen."[3] Die Neigung des Schuldners, Vermögensteile durch Übertragung auf ihm nahe stehende Personen dem Gläubigerzugriff zu entziehen, beruht oft – unabhängig davon, wie genau diese Personen seine wirtschaftliche Lage kennen – darauf, dass er wegen der engen Verbundenheit daran in irgendeiner Weise weiter partizipieren kann und die ihm nahe stehenden Personen bereit sind, ihm in seiner Lage beizustehen.[4] Diese typische Interessenlage darf dort, wo der Gesetzeswortlaut es zulässt, bei der Auslegung des § 138 trotz der in den Materialien niedergelegten engeren Motive nicht aus den Augen verloren werden.[5] § 138 enthält eine typisierende Regelung, die lediglich auf das bestehende Näheverhältnis und die dadurch begründete besondere Informationsmöglichkeit abstellt. Ob die nahe stehende Person von ihrer Informationsmöglichkeit Gebrauch gemacht hat, ist für die Anwendbarkeit des § 138 ohne Belang. Da die Vorschrift nicht an konkretes Wissen anknüpft, ist für eine Zurechnung der Eigenschaft „nahe stehende Person" über § 166 BGB kein Raum.[6]

II. Entstehungsgeschichte

§ 31 Nr. 2 KO und § 3 Abs. 1 Nr. 2 AnfG aF enthielten jeweils einen besonderen Anfechtungstatbestand gegenüber dem Ehegatten und bestimmten Verwandten – nebst deren Ehegatten – des (Gemein-) Schuldners. In gleicher Weise bestimmte § 4 Abs. 2 VerglO die dort angesprochenen **„nahen Angehörigen"**. Die Rechtsprechung hat – zunächst in Anlehnung an § 108 Abs. 2 VerglO – über den Gesetzeswortlaut hinaus wegen der vergleichbaren Sach- und Interessenlage in gewissem Umfang auch Gesellschafter von insolvent gewordenen Personengesellschaften und Gesellschaften mbH[7] und umgekehrt im Konkurs einer natürlichen Person eine GmbH jedenfalls dann als „nahen Angehörigen" angesehen, wenn der Gemeinschuldner Geschäftsführer und Mehrheitsgesellschafter war.[8]

Die letztlich Gesetz gewordene Bestimmung des § 138 soll den Begriff des „nahen Angehörigen" durch denjenigen der **„nahe stehenden Personen"** ersetzen und erweitern.[9] Der Referentenentwurf (§§ 143–145) und der Regierungsentwurf (§§ 153–155) sahen dafür jeweils drei verschiedene Paragraphen vor, in denen die „persönlich nahe stehenden Personen", die „gesellschaftsrechtlich nahe stehenden Personen" und „sonstige nahe stehende Personen" aufgeführt waren. § 138 erhielt seine endgültige Fassung durch den Rechtsausschuss des Bundestages. Dieser fasste in redaktioneller Hinsicht die verschie-

---

[1] BT-Drucks. 12/2443 S. 161 f. – Ebenso schon 1. KommBer., Begr. zu Nr. 5.2.6, und Begr. zu § 143 DE.
[2] Vgl. HK-*Kreft* § 138 RdNr. 4.
[3] BGHZ 96, 352, 358 = NJW 1986, 1047, 1049.
[4] *Biehl,* Insider S. 9 ff.; *Fehl* S. 728; *Killinger* S. 39; *Ehricke* S. 212.
[5] Ebenso HK-*Kreft* § 138 RdNr. 4; vgl. auch *Nerlich* in Nerlich/Römermann § 138 RdNr. 5.
[6] AA *Fridgen* ZInsO 2004, 1341, 1342.
[7] BGHZ 58, 20, 23 f.; BGH NJW 1989, 1037, 1038; BGH NJW 1990, 2687, 2688.
[8] BGHZ 96, 352, 357 f. = NJW 1986, 1047, 1049 f.
[9] 1. KommBer., Begr. zu Nr. 5.2.6; Begr. zu § 143 RefE; Begr. zu § 153 RegE.

denen Arten von nahe stehenden Personen in einer einzigen Gesetzesvorschrift zusammen; dabei werden in den beiden Absätzen des § 138 die in Betracht kommenden Nähebeziehungen unterschiedlich je danach bestimmt, ob Schuldner eine natürliche Person (Abs. 1) oder eine juristische Person oder Personengesellschaft (Abs. 2) ist. Inhaltlich sollte erklärtermaßen durch diese Neuformulierung der Kreis der nahe stehenden Personen gegenüber dem Regierungsentwurf dadurch eingeschränkt werden, dass noch schärfer auf die jeweils bestehenden Informationsmöglichkeiten abgestellt wurde.[10] Da wegen der systematischen Trennung zwischen natürlichen Personen auf der einen und juristischen Personen und Personenverbänden auf der anderen Seite in der ursprünglichen Fassung des § 138 für die Ersteren nur familienrechtlich und nur für die Letzteren außer gesellschaftsrechtlich und in bestimmter Weise dienstvertraglich vermittelten auch persönliche Nähebeziehungen erfasst wurden, waren gesellschaftsrechtliche Beziehungen einer insolventen natürlichen Person zunächst ungeregelt geblieben. Das führte teilweise zu nicht immer leicht zu überwindenden Auslegungsschwierigkeiten und zu einer Regelungslücke. Diese ist nunmehr durch die gemäß Art. 1 Nr. 19b) des Gesetzes zur Vereinfachung des Insolvenzverfahrens v. 13. 4. 2007 (BGBl. I 509) eingefügte Regelung in Abs. 1 Nr. 4 geschlossen worden. Außerdem ist der Kreis der in der Nummer 3 genannten nahe stehenden Personen um solche ergänzt worden, die sich aufgrund einer dienstvertraglichen Verbindung zum Schuldner über dessen wirtschaftliche Verhältnisse unterrichten können.[11] Die Nummer 1 a des Absatzes 1 ist durch das Lebenspartnerschaftsgesetz vom 16. Februar 2001[12] eingefügt worden. § 138 Abs. 1 Nr. 2 ist durch Art. 5 Abs. 22 Nr. 2 des Gesetzes vom 15. 12. 2004 (BGBl. I S. 3396) mit Wirkung vom 1. 1. 2005 neu gefasst worden.

III. Insolvenz einer natürlichen Person (§ 138 Abs. 1)

5 **1. Nahe Angehörige. a) Ehegatte und sonstiger Lebenspartner (§ 138 Abs. 1 Nr. 1, 1 a).** Voraussetzung für Nr. 1 ist eine nach den einschlägigen inländischen (§§ 1310 ff. BGB) oder ausländischen Normen (vgl. Art. 13 Abs. 1 EGBGB) wirksam geschlossene **Ehe.** Aufhebbarkeit oder Scheidung der Ehe schadet bis zur Rechtskraft des Aufhebungs- oder Scheidungsurteils (vgl. § 1313 Satz 2, § 1564 Satz 2 BGB) nicht. Wie nach früherem Recht reicht es aus, wenn die Ehe erst nach der Rechtshandlung geschlossen wird; maßgebend ist wie auch sonst für die Feststellung von Tatsachen der Schluss der mündlichen Verhandlung in der Tatsacheninstanz.[13] Anders als nach § 31 Nr. 2 KO braucht die Ehe bei Vornahme der Rechtshandlung nicht mehr bestanden zu haben; sie darf aber nicht früher als ein Jahr davor aufgelöst worden sein (zum Zeitpunkt der Vornahme vgl. § 140). Mit dieser Neuregelung sollte ein Wertungswiderspruch beseitigt werden, der darin gesehen wurde, dass entsprechend allgemeiner, durch eine Entscheidung des Reichsgerichts begründeter Ansicht[14] nach altem Recht Verträge mit den Verwandten des Ehegatten auch dann anfechtbar waren, wenn die Ehe zur Zeit des Vertragsschlusses nicht mehr bestand.[15] Die – jetzt auch für die Verwandten des Ehegatten geltende – Begrenzung der erleichterten Anfechtbarkeit auf den Zeitraum eines Jahres nach Auflösung der Ehe hat der Gesetzgeber damit begründet, dass nach noch längerem Zeitablauf eine besondere Informationsmöglichkeit nicht mehr unterstellt werden könne.[16] Dies ist einer der Regelungszusammenhänge, in denen das ausschließliche Abstellen des Gesetzgebers auf die Möglichkeit der Informationserlangung[17] zu einer rechtspolitisch fragwürdigen Regelung geführt hat. Eine persönliche, zur Rettung von Schuldnervermögen

---

[10] BT-Drucks. 12/7302 S. 173 f.
[11] Art. 1 Nr. 19 a.
[12] Gesetz zur Beendigung der Diskriminierung gleichgeschlechtlicher Gemeinschaften: Lebenspartnerschaften, BGBl. I S. 266.
[13] HK-*Kreft* § 138 RdNr. 7; *Uhlenbruck/Hirte* § 138 RdNr. 3.
[14] RGZ 63, 92, 93 ff.; *Jaeger/Henckel* § 31 RdNr. 30 mwN.
[15] BT-Drucks. 12/2443 S. 162.
[16] BT-Drucks. 12/2443 S. 162.
[17] RdNr. 1.

vor dem Gläubigerzugriff nutzbare Verbundenheit zwischen den früheren Ehegatten kann auch über jenen Zeitraum hinaus fortbestehen.[18] Lebenspartner im Sinne der Nr. 1 a sind nur solche gleichen Geschlechts (vgl. § 1 LPartG). Für den Zeitraum, in dem die Lebensgemeinschaft die Eigenschaft als nahe stehende Person begründet, gilt dieselbe Regelung wie für die Ehe. Die Lebensgemeinschaft (vgl. § 2 LPartG) wird durch Begründung der Lebenspartnerschaft in der nach § 1 Abs. 1 LPartG vorgeschriebenen Form eingegangen und durch gerichtliches Urteil aufgehoben (§ 15 Abs. 1 LPartG).

b) Nahe Verwandte (§ 138 Abs. 1 Nr. 2). Der Verwandtschaftsbegriff richtet sich nach § 1589 BGB (Art. 51 EGBGB). Für die Verwandtschaft auf Grund Adoption gelten die §§ 1754, 1770 BGB. Erfaßt werden nur die Verwandten der auf- und absteigenden Linie und voll- und halbbürtige Geschwister des Schuldners, seines Ehegatten oder Lebenspartners sowie die Ehegatten oder Lebenspartner dieser Personen. Für den Zeitpunkt der Begründung der Ehe oder Lebensgemeinschaft mit dem Ehegatten oder Lebenspartner, um dessen Verwandte es geht, gilt wegen der Formulierung „Verwandte ... des in Nummer 1 bezeichneten Ehegatten oder des in Nummer 1 a bezeichneten Lebenspartners" die Regelung nach Nummer 1 und 1 a, d. h. sie braucht bei Vornahme der Rechtshandlung nicht mehr bestanden zu haben, darf aber nicht früher als ein Jahr davor aufgelöst worden sein.[19] Dagegen muss die Ehe oder Lebensgemeinschaft eines Verwandten des Schuldners, seines Ehegatten oder Lebenspartners bei der Vornahme der anfechtbaren Handlung bestanden haben; denn für ihn verweist Nr. 2 nicht auf Nr. 1 oder 1 a.[20]

c) In häuslicher Gemeinschaft Lebende (§ 138 Abs. 1 Nr. 3). Die Vorschrift sollte Bedenken ausräumen, die sich auf Grund von Art. 6 Abs. 1 GG aus einer Benachteiligung von Ehegatten gegenüber **nichtehelichen Lebensgemeinschaften** ergeben können; mit ihr sollten deshalb in erster Linie die Partner solcher Lebensgemeinschaften erfasst werden.[21] Nach Einfügung der Nr. 1 a in Abs. 1 durch das Lebenspartnerschaftsgesetz[22] werden gleichgeschlechtliche Lebensgemeinschaften bereits durch diese Bestimmung erfasst. Lebensgemeinschaften von Partnern verschiedenen Geschlechts fallen unter Nr. 3.[23] Im Übrigen ist bei der Auslegung des Begriffs „häusliche Gemeinschaft" der vom Gesetzgeber in den Vordergrund gestellte Zweck zu berücksichtigen, Personen zu erfassen, die sich besonders leicht über die wirtschaftliche Lage des Schuldners informieren können. Es muss sich aber um eine der Ehe oder der nichtehelichen Lebensgemeinschaft vergleichbar enge Gemeinschaft wie etwa die mit einem Pflegekind handeln.[24] Der Rahmen ist enger zu ziehen als bei § 2028 Abs. 1 BGB. Die Kriterien, nach denen sich bestimmt, ob im Sinne des § 1567 Abs. 1 BGB die häusliche Gemeinschaft zwischen Ehegatten als aufgehoben anzusehen ist, dürften für die Bestimmung des Näheverhältnisses nach Abs. 1 Nr. 3 entgegen einer verbreiteten Meinung[25] nicht geeignet sein. Entsprechend der Regelung in Abs. 1 Nr. 1 braucht die häusliche Gemeinschaft bei Vornahme der Rechtshandlung nicht mehr bestanden zu haben, sofern sie nicht früher als ein Jahr davor gelöst worden ist. Anders als nach Nr. 1 darf sie jedoch nicht erst nach Vornahme der Rechtshandlung begründet worden sein. Nach Art. 1 Nr. 19 a des Gesetzes zur Vereinfachung des Insolvenzverfahrens ist der Kreis der nahe stehenden Personen nach Nummer 3 entsprechend der Regelung in Abs. 2 Nr. 2 um solche erweitert worden, die aufgrund einer dienstvertraglichen Position besondere Informationsmöglichkeiten haben.[26]

---

[18] *Jaeger/Henckel* § 31 RdNr. 30.
[19] RdNr. 5.
[20] HambKomm-*Rogge* § 138 RdNr. 7; *Uhlenbruck/Hirte* § 138 RdNr. 10.
[21] Begr. RegE BT-Drucks. 12/2443 S. 162.
[22] S. RdNr. 4 aE.
[23] HK-*Kreft* § 138 RdNr. 10; *Uhlenbruck/Hirte* § 138 RdNr. 11.
[24] FK-*Dauernheim* § 138 RdNr. 9; *Kübler/Prütting/Paulus* § 138 RdNr. 11; *Hess* § 138 RdNr. 4; *Nerlich* in *Nerlich/Römermann* § 138 RdNr. 11.
[25] *App* S. 1524; FK-*Dauernheim* § 138 RdNr. 9; *Nerlich* in *Nerlich/Römermann* § 138 RdNr. 11.
[26] Zum Merkmal der dienstvertraglichen Verbindung RdNr. 33.

8 2. Gesellschaftsrechtliche Beziehungen. a) Allgemeines. Da die Nähebeziehungen für natürliche Personen einerseits sowie für juristische Personen und Personengesellschaften andererseits ursprünglich streng getrennt geregelt und für die Ersteren nur wiederum natürliche Personen als nahe stehend aufgeführt waren, fehlte es zunächst an einer Norm für die Fälle, in denen eine natürliche Person als Schuldner Vermögensteile auf eine Gesellschaft überträgt, an der sie – oder eine ihr nahe stehende Person – in irgendeiner Form beteiligt ist.[27] In Literatur und Rechtsprechung war man sich seit langem im Grundsatz darüber einig, dass im Konkurs einer natürlichen Person eine Gesellschaft, an der diese beteiligt ist, in entsprechender Anwendung des § 31 Nr. 2 KO und des § 3 Abs. 1 Nr. 2 AnfG aF „naher Angehöriger" sein kann. Während das Schrifttum teilweise jede Art der Beteiligung ausreichen ließ,[28] war dies in der höchstrichterlichen Rechtsprechung bis zuletzt nur für den Fall entschieden worden, dass der Gemeinschuldner geschäftsführender **Mehrheitsgesellschafter** ist.[29]

9 In den Gesetzesmaterialien zur Insolvenzordnung vom ersten Diskussionsentwurf (Leitsatz 5.2.6 Abs. 4) bis zum Regierungsentwurf (§ 154 Abs. 1 Nr. 3) war der Fall der **beherrschenden Gesellschaftsbeteiligung** einer natürlichen Person als Schuldner andeutungsweise noch dadurch erfasst, dass unabhängig davon, ob eine natürliche Person oder eine Gesellschaft sich in der Rolle des Schuldners befand, beherrschende oder abhängige Unternehmen im Sinne des § 17 AktG als einander nahe stehende Personen eingestuft wurden.[30] In der die Regelung der Näheverhältnisse in einem einzigen Paragraphen enthaltenden Fassung des Rechtsausschusses fiel auch dieser Anknüpfungspunkt fort, weil es nunmehr keine Bestimmung für gesellschaftsrechtliche Verbindungen einer natürlichen Person als Schuldner mehr gab. Bei der Außerachtlassung gesellschaftsrechtlicher Beziehungen einer natürlichen Person als Schuldner handelte es sich um ein offensichtliches Versehen des Gesetzgebers, der die insoweit bestehende Unzulänglichkeit der von ihm getroffenen Regelung nicht erkannt hatte.[31] Diese Lücke ist durch das Gesetz zur Vereinfachung des Insolvenzverfahrens geschlossen worden.

10 b) Struktur der Vorschrift. Nach Abs. 1 Nr. 4 wird nunmehr auch bei einer natürlichen Person als Schuldner eine juristische Person oder eine Gesellschaft ohne Rechtspersönlichkeit (vgl. RdNr. 16) als eine ihm nahe stehende Person angesehen, wenn der Schuldner deren Organmitglied oder persönlich haftender Gesellschafter oder mit über 25% an ihr beteiligt ist oder er aufgrund einer vergleichbaren Verbindung über entsprechende Informationsmöglichkeiten verfügt. Dasselbe gilt, wenn die das Näheverhältnis begründenden Umstände nicht in der Person des Schuldners, sondern bei einer der in den Nummern 1 bis 3 genannten ihm nahe stehenden Person gegeben sind.

11 aa) Organmitgliedschaft; persönlich haftender Gesellschafter. Nach Abs. 2 Nr. 1 sind nahe stehende Personen im Verhältnis zu einer juristischen Person die Mitglieder des Vertretungs- oder Aufsichtsorgans, ohne dass diese am Kapital der Gesellschaft beteiligt zu sein brauchen.[32] Nach Abs. 1 Nr. 4 ist diese Regelung nunmehr auch in umgekehrter Hinsicht anzuwenden (im Einzelnen RdNr. 17). Dies ist im Hinblick auf die Möglichkeit der Unterrichtung konsequent. Eine Gesellschaft, für die der Schuldner als Organmitglied tätig ist, wird sich meistens dessen Wissen zurechnen lassen müssen, sei es, dass der Schuldner selbst am Abschluss des betreffenden Geschäfts als Vertreter der Gesellschaft beteiligt ist (§ 181 BGB), sei es, dass es zu seinem Aufgabengebiet gehört, die Gesellschaft als seinen Auftraggeber über die Kenntnis der für den Anfechtungstatbestand bedeutsamen Tatsachen

---

[27] Vgl. RdNr. 4.
[28] *Jaeger/Henckel* § 31 RdNr. 35; für OHG und KG: *Kuhn/Uhlenbruck* § 31 RdNr. 23; *Kilger/K. Schmidt* § 31 Anm. 13; vgl. auch *Ehricke* S. 222.
[29] BGHZ 96, 352 = NJW 1986, 1047, 1049; BGHZ 128, 184, 186 = NJW 1995, 659, 660.
[30] Vgl. Begr. zu § 154 RegE, BT-Drucks. 12/2443 S. 162 f.
[31] Vgl. Regierungsentwurf des Gesetzes zur Vereinfachung des Insolvenzverfahren, BT-Drs. 16/3227, S. 20.
[32] Ablehnend aus rechtspolitischer Sicht *Ehricke* S. 217 f.

zu informieren.³³ Erfasst wird weiter auch der persönlich haftende Gesellschafter (Rd-Nr. 19).

bb) Beteiligung. Für den Fall der Beteiligung am Schuldner-Unternehmen enthält Abs. 2 Nr. 1 die – unwiderlegliche – Vermutung, eine solche Beteiligung biete besondere Möglichkeiten der Information über die wirtschaftliche Lage des Unternehmens. Diese Vermutung ist nunmehr in Abs. 1 Nr. 4 auf die Informationsmöglichkeiten eines Unternehmens, an dem der *Schuldner* zu mehr als 25% beteiligt ist, übertragen worden (vgl. im Einzelnen RdNr. 21 ff.). Auf der anderen Seite ist es nicht erforderlich, dass der an dem Unternehmen beteiligte Schuldner auch dessen Geschäftsführer ist.

cc) Vergleichbare Verbindung. Entsprechend Abs. 2 Nr. 2 genügt nunmehr auch bei einer natürlichen Person als Schuldner eine vergleichbare gesellschaftsrechtliche oder dienstvertragliche Verbindung zur Begründung des Näheverhältnisses (vgl. dazu RdNr. 27 ff.).

dd) Beteiligung naher Angehöriger. Neu geregelt ist schließlich der Fall, dass nicht der Schuldner selbst, sondern eine ihm nahe stehende Person im Sinne des Abs. 1 Nr. 1–3 an einer Gesellschaft beteiligt ist. Das Näheverhältnis des **nahen Angehörigen** wird damit auf solche Gesellschaften erstreckt wird, die „nahe stehende Personen" wären, wenn der nahe Angehörige selbst Insolvenzschuldner wäre. Der Bundesgerichtshof hat für den Fall, dass ein naher Angehöriger des Gemeinschuldners geschäftsführender Mehrheitsgesellschafter einer GmbH ist, bereits nach altem Recht in diesem Sinn entschieden.³⁴ Nach neuem Recht reicht eine Beteiligung von mehr als 25%.

Es sollte auch ausreichen, wenn mehrere nahe Angehörige des Schuldners zusammen oder dieser zusammen mit einem oder mehreren nahen Angehörigen (**Familienverbund**) eine solche Beteiligung halten. Im Konzernrecht genügt zwar die Familienverbundenheit von Gesellschaftern als solche nicht zur Begründung eines beherrschenden Einflusses im Sinne des § 17 AktG, weil es keinen Erfahrungssatz gibt, wonach Familienangehörige stets gleichgerichtete Interessen verfolgen.³⁵ Im Anfechtungsrecht hängen jedoch die zu Lasten naher Angehöriger aufgestellten Vermutungen nicht vom Nachweis einer solchen gleichgerichteten Interessenverfolgung ab.³⁶ Insofern ist jedenfalls eine ein entsprechendes Näheverhältnis begründende vergleichbare gesellschaftsrechtliche Verbindung gegeben.

IV. Insolvenz einer juristischen Person oder einer Gesellschaft ohne Rechtspersönlichkeit (§ 138 Abs. 2)

1. Allgemeines. Juristische Personen sind insbesondere die Aktiengesellschaft, die Kommanditgesellschaft auf Aktien, die GmbH, die eingetragene Genossenschaft und der eingetragene Verein; der nicht rechtsfähige Verein steht im Insolvenzverfahren einer juristischen Person gleich (§ 11 Abs. 1 Satz 2). Gesellschaften ohne Rechtspersönlichkeit (§ 11 Abs. 2 Nr. 1) sind die offene Handelsgesellschaft, die Kommanditgesellschaft, die Partenreederei, die europäische wirtschaftliche Interessenvereinigung (EWIV), die – obwohl in § 11 Abs. 2 Satz 1 nicht aufgeführte – Partnerschaftsgesellschaft (vgl. § 212a KO, § 110a VerglO) sowie die Gesellschaft bürgerlichen Rechts, diese jedoch nur, wenn es sich um eine Außengesellschaft handelt; reine BGB-Innengesellschaften³⁷ werden ebenso wenig erfasst wie die stille Gesellschaft, die ebenfalls eine – handelsrechtliche – Innengesellschaft ist.

2. Organmitglieder, persönlich haftende und qualifiziert beteiligte Gesellschafter (§ 138 Abs. 2 Nr. 1). Abs. 2 Nr. 1 fasst die Fallgruppen von nahe stehenden Personen

---

[33] *Jaeger/Henckel* § 30 RdNr. 54.
[34] BGHZ 96, 352, 359 = NJW 1986, 1047, 1050; weitergehend *Jaeger/Henckel* § 31 RdNr. 35; *Kuhn/Uhlenbruck* § 31 RdNr. 24 f.
[35] BGHZ 80, 69, 73 = NJW 1981, 1512, 1513; *Hüffer* § 17 RdNr. 6 mwN.
[36] S. auch RdNr. 25, 30, 32.
[37] S. dazu Begr. zu § 13 RegE, BT-Drucks. 12/2443 S. 112.

zusammen, die in § 154 Abs. 1 Nr. 1 und 2 des Regierungsentwurfs für juristische Personen und Gesellschaften ohne Rechtspersönlichkeit getrennt aufgeführt waren, ohne dass dadurch eine inhaltliche Änderung beabsichtigt worden ist.[38]

a) Organmitglieder und persönlich haftende Gesellschafter. Vertretungsorgane sind der **Vorstand** und bei der GmbH, aber auch bei der europäischen wirtschaftlichen Interessenvereinigung (EWIV), bei der es anders als bei der offenen Handelsgesellschaft und der Kommanditgesellschaft keine Selbstorganschaft gibt (Art. 19 Abs. 1 EGVO vom 25. Juli 1985, AB1EG 1985 Nr. L 199/1), die **Geschäftsführer**. „Stellvertretende" Vorstandsmitglieder (vgl. § 94 AktG) oder Geschäftsführer gelten als vollwertige Organmitglieder; auf sie ist deshalb Abs. 2 Nr. 1 anzuwenden.[39] Auf die Wirksamkeit der Bestellung kommt es nicht an; es reicht aus, dass die betreffende Person das Unternehmen tatsächlich wie ein Geschäftsführer leitet **(faktischer Geschäftsführer)**.[40] Die persönlich haftenden Gesellschafter einer Kommanditgesellschaft auf Aktien werden vom Gesetzeswortlaut doppelt erfasst („Mitglieder des Vertretungsorgans" und „persönlich haftende Gesellschafter");[41] das Gleiche gilt für die Geschäftsführer einer EWIV, soweit sie gleichzeitig Gesellschafter sind.

18 Aufsichtsorgan ist nicht nur der – obligatorische oder fakultative – **Aufsichtsrat**, sondern auch jedes andere Aufsichtsgremium wie etwa ein **„Beirat"** oder **„Verwaltungsrat"**[42] bei einer GmbH oder einer Kommanditgesellschaft. Wenn es sich nicht um ein gesetzlich vorgesehenes Organ handelt, muss es seine Grundlage in der Satzung oder im Gesellschaftsvertrag haben.

19 **Persönlich haftende Gesellschafter** gelten unabhängig davon, ob sie vertretungsberechtigt sind – erfasst wird also auch ein durch den Gesellschaftsvertrag von der Vertretung ausgeschlossener (§ 125 Abs. 1 HGB) Gesellschafter –, und unabhängig von der Höhe ihrer Beteiligung als der Gesellschaft nahe stehend. Zu den persönlich haftenden Gesellschaftern gehören alle Gesellschafter einer BGB-Gesellschaft und die Mitreeder einer Partenreederei.[43] **Kommanditisten** werden unter der Voraussetzung einbezogen, dass ihnen durch den Gesellschaftsvertrag Geschäftsführungsbefugnis mit Prokura eingeräumt ist[44] oder dass sie zu mehr als 25% am Gesellschaftskapital beteiligt sind.[45]

20 Bei der **GmbH** (oder AG) **& Co. KG** wird die Komplementärgesellschaft als persönlich haftende Gesellschafterin erfasst. Da diese ihre Vertretungs- und Geschäftsführungsaufgabe durch ihr Vertretungsorgan ausübt, sind auch dessen Mitglieder (Geschäftsführer, Vorstandsmitglieder) nahe stehende Personen im Verhältnis zur KG. Darüber hinaus sind auch die zu mehr als 25% am Kapital der geschäftsführenden Gesellschaft beteiligten Gesellschafter als nahe stehend anzusehen. Das alles war in § 154 Abs. 1 Nr. 2 RegE noch ausdrücklich bestimmt. Die Gesetzesfassung bringt das zwar im Wortlaut nicht mehr zum Ausdruck; mit der Neuformulierung sollte jedoch inhaltlich insoweit nichts geändert werden.[46]

21 **b) Qualifiziert beteiligte Gesellschafter. aa) Regeltatbestand.** Die Einbeziehung von „Personen", die zu mehr als einem Viertel am Kapital des Schuldners beteiligt sind, zielt insbesondere auf **GmbH-Gesellschafter, Aktionäre** sowie **Kommanditisten** und Kommanditaktionäre ab. Die übrigen Gesellschafter der Personengesellschaften werden bereits als „persönlich haftende Gesellschafter"[47] erfasst. Die von einem Teil der Rechtsprechung und des Schrifttums zu § 31 Nr. 2 KO vertretene Ansicht, alle Gesellschafter einer GmbH und

---

[38] Bericht BTag, BT-Drucks. 12/7302 S. 174.
[39] *Kübler/Prütting/Paulus* § 138 RdNr. 15; *Hirte* ZInsO 1999, 429.
[40] HambKomm-*Rogge* § 138 RdNr. 10; *Uhlenbruck/Hirte* § 138 RdNr. 14; so iE auch *Kübler/Prütting/Paulus* § 138 RdNr. 22 unter Anwendung der Nr. 2.
[41] Dazu RdNr. 19.
[42] HK-*Kreft* § 138 RdNr. 11; *Uhlenbruck/Hirte* § 138 RdNr. 14.
[43] Zur Partenreederei vgl. Begr. zu § 154 RegE, BT-Drucks. 12/2443 S. 162.
[44] S. RdNr. 34.
[45] S. RdNr. 21.
[46] Vgl. Beschlussempf. und Ber. d. Rechtsausschuss., BT-Drucks. 12/7302 S. 174; *Hirte* ZinsO 1999, 429 f.
[47] S. RdNr. 19.

einer Personengesellschaft – einschließlich der Kommanditisten – seien unabhängig von der Höhe ihrer Beteiligung „nahe Angehörige" der Gesellschaft,[48] hat sich der Gesetzgeber der Insolvenzordnung nicht zu eigen gemacht, weil „bei einem nur geringen Kapitalanteil ... die besondere Informationsmöglichkeit im Sinne des Rechts der Insolvenzanfechtung nicht allgemein angenommen werden" könne.[49] Die Grenzziehung bei einer Beteiligung von 25% steht in einem bemerkenswerten Widerspruch zu der Neuregelung in § 32a Abs. 3 Satz 2 GmbHG, wonach die Befreiung geringfügig beteiligter Gesellschafter von der Kapitalersatzhaftung eine Beteiligung von nicht mehr als 10% voraussetzt.[50] Dieser Wertungswiderspruch rechtfertigt es aber nicht, entgegen dem eindeutigen Gesetzeswortlaut für das Näheverhältnis bei der gesetzestypischen GmbH im Regelfall schon eine Beteiligung von 10% ausreichen zu lassen.[51]

Trotz der Formulierung „eine Person oder eine Gesellschaft" in Nr. 2, aus der man schließen könnte, dass dort mit „Person" nur eine natürliche Person gemeint sei, kann dies jedenfalls für die in Nummer 1 genannten „Personen" nicht gelten. Es gibt keinen sachlichen Grund dafür, Gesellschafter, die selbst eine juristische Person oder ein Personenverband sind, gegenüber natürlichen Personen zu bevorzugen.[52] § 154 Abs. 1 Nr. 1 RegE sprach insoweit noch neutral von „Gesellschaftern". **22**

Die erforderliche Beteiligung von mehr als 25% bezieht sich auf den Anteil am Grund- bzw. Stammkapital; **Gesellschafterdarlehen** oder sonstige Gesellschafterleistungen mit **Kapitalersatz**charakter sind nicht zu berücksichtigen. Bei der Kommanditgesellschaft ist das Verhältnis der **Pflichteinlage** des **Kommanditisten** zur Summe aller Pflichteinlagen und etwaiger Einlagen der persönlich haftenden Gesellschafter maßgebend. Für die Höhe der Einlagen kommt es jeweils auf das „echte" – feste oder bewegliche – Kapitalkonto an; auf einem Sonderkonto gutgeschriebene Gewinne, die der Gesellschafter jederzeit abziehen kann, bleiben außer Betracht. Welche **Aktionäre** mehr als 25% des Grundkapitals halten, kann der Insolvenzverwalter mit Hilfe der Mitteilungspflichten nach den §§ 20 ff. AktG feststellen.[53] **23**

bb) Mittelbare Beteiligung; Treuhandbeteiligung; Beteiligung von nahen Angehörigen. Nach den Gesetzgebungsmotiven ist die Möglichkeit des Gesellschafters, sich über die wirtschaftlichen Verhältnisse der Schuldners zu unterrichten, ausschlaggebend. Das Bestehen einer solchen Möglichkeit wird in typisierender Weise bei einer **Kapitalbeteiligung** von mehr als 25% unwiderleglich vermutet. Dies muss nach dem Grundgedanken der Regelung auch dann gelten, wenn eine Beteiligung von mehr als 25% durch die Zwischenschaltung einer anderen natürlichen oder juristischen Person oder einer anderen Personenvereinigung erreicht wird.[54] § 16 Abs. 4 AktG ist deshalb auch hier entsprechend anzuwenden; in § 154 Abs. 2 RegE war das noch ausdrücklich bestimmt.[55] Dem Anfechtungsgegner sind somit Anteile, die ein **Treuhänder** für ihn hält, ebenso zuzurechnen wie Anteile, die einem Unternehmen gehören, an dem er seinerseits mehrheitlich beteiligt ist.[56] **24**

Eine ausdehnende Anwendung der Nummer 1 ist dann geboten, wenn mehrere nahe Angehörige **(Familienverbund)** an der Gesellschaft beteiligt sind. Das ergibt sich aus dem Zusammenhang mit der Regelung in Abs. 2 Nr. 3. Dort werden Personen, die selbst nicht beteiligt sind, zu nahe stehenden Personen der Gesellschaft erklärt, wenn sie zu einem **25**

---

[48] LG Frankfurt a. M. ZIP 1994, 1794, 1795; LG Aachen ZIP 1995, 1837, 1839; *Jaeger/Henckel* § 138 RdNr. 35; *Kuhn/Uhlenbruck* § 31 RdNr. 23.
[49] Begr. zu § 154 RegE, BT-Drucks. 12/2443 S. 162.
[50] Vgl. dazu *Hirte* ZInsO 1999, 429, 430; *Uhlenbruck/Hirte* § 138 RdNr. 25; *Ropohl,* Gesellschaftsrechtliche Insider, S. 47 f.
[51] So aber *Hirte* ZInsO 1999, 429, 430 f.; *Uhlenbruck/Hirte* § 138 RdNr. 25, 29; wie hier *Kübler/Prütting/ Paulus* § 138 RdNr. 19; *Nerlich* in *Nerlich/Römermann* § 138 RdNr. 20.
[52] So der Sache nach auch *Kübler/Prütting/Paulus* § 138 RdNr. 18.
[53] Begr. zu § 154 RegE, BT-Drucks. 12/2443 S. 162.
[54] Ebenso *Hirte* ZInsO 1999, 429, 432; *Uhlenbruck/Hirte* § 138 RdNr. 30; HK-*Kreft* § 138 RdNr. 13.
[55] Vgl. Begr. zu § 154 RegE, BT-Drucks. 12/2443 S. 162.
[56] Vgl. RdNr. 12.

Gesellschafter, der mehr als ein Viertel des Gesellschaftskapitals hält, im Verhältnis eines nahen Angehörigen im Sinne der Nummer 1 stehen. Diese Einbeziehung naher Angehöriger in den Kreis der gesellschaftsrechtlich nahe stehenden Personen muss auch dann gelten, wenn mehrere von ihnen zusammen die Beteiligungsquote von 25% erreichen. Dass die nahen Angehörigen nachgewiesenermaßen gleichgerichtete Interessen verfolgen, ist im Anfechtungsrecht wegen der insoweit geltenden gesetzlichen Vermutung anders als im Konzernrecht nicht erforderlich.[57]

26 Dagegen ist eine noch weitergehende Einbeziehung von Beteiligungen, die, obwohl sie hinter 25% zurückbleiben, aus anderen Gründen – z. B. **Stimmrechtsbindungsvereinbarungen;** satzungsmäßige Herabsetzung der **Sperrminorität** unter 25% – das Einflusspotential und damit Informationsmöglichkeiten vermitteln, die im Regelfall nur mit einer Beteiligung von mehr als 25% verbunden sind, nicht möglich.[58] Das Gesetz stellt typisierend auf eine solche Beteiligungsquote ab. Sie kann daher nicht[59] durch Einbeziehung von faktisch gleichwertigen Einfluss- und Informationsmöglichkeiten unterschritten werden. Anders ist es nur dort, wo es darum geht, Abhängigkeitslagen festzustellen.[60]

27 **3. Vergleichbare gesellschaftsrechtliche oder dienstvertragliche Verbindung (§ 138 Abs. 2 Nr. 2). a) Allgemeines.** Die Vorschrift faßt die Regelungen zusammen,[61] die im Regierungsentwurf in zwei verschiedenen Bestimmungen enthalten waren: in § 154 Abs. 1 Nr. 3 (voneinander abhängige Unternehmen) und in § 155 Nr. 1 (Tätigkeit im Unternehmen des Schuldners). Die Zusammenfassung hat in erster Linie redaktionelle Bedeutung. Während § 154 Abs. 1 Nr. 3 RegE die voneinander abhängigen Unternehmen ohne jede Einschränkung als nahe stehende Personen aufführte, stellt freilich der Gesetzestext auch insoweit – wie § 155 Nr. 1 RegE für die im Unternehmen des Schuldners tätigen Personen – auf die Möglichkeit der Unterrichtung über die wirtschaftlichen Verhältnisse des Schuldners ab. Der Rechtsausschuss sah darin eine Einschränkung, weil eine solche Unterrichtungsmöglichkeit regelmäßig nur im Verhältnis vom herrschenden zum abhängigen Unternehmen und nicht auch umgekehrt bestehen werde. Das dürfte indessen nicht zutreffen, weil auch bei einem abhängigen Unternehmen wegen der in aller Regel bestehenden Besetzung der Organe mit Vertrauensleuten der Muttergesellschaft davon auszugehen ist, dass es deren Vermögensverhältnisse kennt.[62] Die gegenteilige Annahme des Rechtsausschusses kommt im Gesetzeswortlaut nicht zu Ausdruck und ist deshalb unmaßgeblich.[63] Auch eine beherrschte Gesellschaft kann daher eine nahe stehende Person sein, wenn aufgrund der rechtlichen Verbindung für sie die Möglichkeit besteht, umfassende Informationen über die wirtschaftlichen Verhältnisse des herrschenden Unternehmens zu erhalten.[64] Eine gesetzliche Vermutung kann insoweit im Verhältnis der abhängigen zur herrschenden Gesellschaft allerdings nicht angenommen werden.[65] Die Entstehungsgeschichte schließt es dagegen aus, Abs. 2 Nr. 2 entsprechend dem weit und unbestimmt gefassten Wortlaut („vergleichbare gesellschaftsrechtliche ... Verbindung") als „Auffangnorm"[66] zu verstehen[67] und in dieser Bestimmung alle Fallgestaltungen unterzubringen, in denen über die Regelung

---

[57] Vgl. RdNr. 14, 30, 32.
[58] BGHZ 131, 189, 193 f. = NJW 1996, 461, 462; HK-*Kreft* § 138 RdNr. 13; aA *Ehricke* S. 225 ff.
[59] Auch nicht nach Abs. 2 Nr. 2 als „Auffangtatbestand": so *Ehricke* S. 223 f., 225 ff.; HambKomm-*Rogge* § 138 RdNr. 14, 23; vgl. auch *Uhlenbruck/Hirte* § 138 RdNr. 35.
[60] S. dazu RdNr. 12, 29.
[61] Beschlussempf. und Ber. d. Rechtsausschuss., BT-Drucks. 12/7302 S. 174.
[62] FK-*Dauernheim* § 138 RdNr. 14; HK-*Kreft* § 138 RdNr. 15; *Nerlich* in *Nerlich/Römermann* § 138 RdNr. 22; aA *Kübler/Prütting/Paulus* § 138 RdNr. 22.
[63] S. dazu schon RdNr. 10.
[64] BGHZ 131, 189, 194 (zu § 10 Abs. 1 Nr. 2 GesO); BGH NZI 2004, 449.
[65] BGH NZI 2004, 449 f.; HK-*Kreft* § 138 RdNr. 15.
[66] So aber *Ehricke* S. 223 ff.; FK-*Dauernheim* § 138 RdNr. 14; *Ropohl*, Gesellschaftsrechtliche Insider, S. 65 ff., 102 f.
[67] Kritisch zu dem unklaren Wortlaut *Henckel*, Kölner Schrift, S. 672 RdNr. 61: „vergleichen kann man vieles".

in Nr. 1 hinausgehend ein Bedürfnis für eine Erleichterung der Anfechtung bestehen könnte.[68]

b) Herrschende und abhängige Unternehmen. Nahestehende Personen sind sowohl das **herrschende Unternehmen** in der Insolvenz des abhängigen als auch das abhängige in der Insolvenz des herrschenden. Der Tatbestand der **Abhängigkeit** bestimmt sich nach § 17 AktG.[69] In der Praxis ergibt sich die Abhängigkeit aus § 17 Abs. 2 AktG. Danach wird von einem in Mehrheitsbesitz stehenden Unternehmen vermutet, dass es von dem an ihm mit Mehrheit beteiligten Unternehmen abhängig ist. Dabei gelten nach § 16 Abs. 4 AktG als Anteile, die einem Unternehmen gehören, auch solche, die einem von ihm abhängigen Unternehmen gehören oder die ein anderer (insbesondere ein **Treuhänder**) für seine Rechnung oder für Rechnung eines von ihm – dem Unternehmen – **abhängigen Unternehmens** hält (vgl. auch § 162 Abs. 2).

Über den Vermutungstatbestand des § 17 Abs. 2 AktG, der praktisch nie widerlegbar ist, hinaus besteht Abhängigkeit auch dann, wenn ein Unternehmen auf anderer gesicherter Grundlage beständig und umfassend einen **beherrschenden,** den Möglichkeiten einer Mehrheitsbeteiligung entsprechenden **Einfluss** ausüben kann.[70] Eine solche Grundlage können etwa **Stimmbindungsverträge** oder den beherrschenden Einfluss sichernde Satzungsgestaltungen bilden.

Auch die – zusätzliche – Beteiligung von Personen, die zu dem nicht bereits mit Mehrheit beteiligten Unternehmen in einem Verhältnis im Sinne der Nummer 1 (Beteiligung an diesem Unternehmen mit mehr als 25%; Mitgliedschaft im Vertretungs- oder Aufsichtsorgan) stehen und/oder im Verhältnis zueinander nahe Angehörige im Sinne des Absatzes 1 sind (vgl. Abs. 2 Nr. 3), ist, wenn damit das Einflusspotential einer die Quote von 25% übersteigenden Beteiligung erreicht wird, anfechtungsrechtlich als ausreichend anzusehen, um die Betroffenen als dem „beherrschten" Unternehmen gegenüber zu nahe stehenden Personen zu machen. Soweit es um nahe Angehörige **(Familienverbund)** geht, ist es – anders als im Konzernrecht[71] – nicht erforderlich, dass die Familie in der Vergangenheit stets als geschlossene Einheit aufgetreten ist.[72] Grundlage einer das Näheverhältnis begründenden Abhängigkeit kann auch ein **Beherrschungsvertrag** oder eine **Eingliederung** (vgl. § 18 Abs. 1 Satz AktG) sein.[73]

c) Mitgesellschafter; Schwesterunternehmen. Die an einem Unternehmen beteiligten Gesellschafter **(Mitgesellschafter)** sind, wenn es sich nicht um nahe Angehörige handelt, im Verhältnis zueinander keine nahe stehenden Personen. Die bloße wirtschaftliche Interessenverknüpfung, die sich aus der gemeinsamen Inhaberschaft an einem Unternehmen ergibt, reicht ebenso wenig aus wie enge (sonstige) persönliche Beziehungen zwischen den Gesellschaftern.[74]

Abhängige Unternehmen, die von demselben Unternehmen beherrscht werden **(Schwestergesellschaften),** sollen nach der Begründung zum Regierungsentwurf nicht als einander nahe stehend anzusehen sein, weil im Verhältnis von abhängigen Unternehmen zueinander nicht unterstellt werden könne, dass sie besondere Informationsmöglichkeiten hinsichtlich der wirtschaftlichen Verhältnisse des jeweils anderen Unternehmens hätten.[75] Diese Sicht ist die Folge davon, dass im Gesetzgebungsverfahren einseitig auf die bestehenden Informationsmöglichkeiten abgestellt und nicht in die Betrachtung einbezogen worden ist, dass enge Verbundenheit dazu verleiten kann, Vermögensgegenstände zur Verhinderung

---

[68] Vgl. dazu *Hirte* ZinsO 1999, 429, 431 sowie ob. RdNr. 21.
[69] § 154 Abs. 1 Nr. 3 RegE.
[70] BGHZ 80, 69, 73 = NJW 1981, 1512, 1513.
[71] Vgl. BGHZ 80, 69, 73 = NJW 1981, 1512, 1513.
[72] Vgl. RdNr. 14, 25, 32 aE.
[73] Begr. zu § 154 RegE S. 163.
[74] BGHZ 96, 352, 359 = NJW 1986, 1047, 1050; BGH NJW 1975, 2193, 2194; tendenziell aA *Hirte* ZinsO 1999, 429, 433 f.
[75] BT-Drucks. 12/2443 S. 163.

des Gläubigerzugriffs auf eine „nahe stehende Person" zu verlagern, weil der Schuldner daran „im Innenverhältnis" weiter partizipieren kann.[76] Gleichgültig, welche Möglichkeiten ein abhängiges Unternehmen hat, sich über die Vermögensverhältnisse eines anderen, von derselben Muttergesellschaft abhängigen Unternehmens zu unterrichten, liegt es nahe, dass das herrschende Unternehmen versuchen wird, bei Anzeichen einer Krise Vermögen von dem gefährdeten abhängigen Unternehmen auf ein anderes von ihm abhängiges Unternehmen zu übertragen, um es so vor dem Gläubigerzugriff zu bewahren.[77] Derart verlagerte Vermögensgegenstände bleiben wirtschaftlich im Vermögensbereich der Muttergesellschaft, werden aber für die Gläubiger der notleidenden Tochter unzugänglich. Es besteht deshalb ein Bedürfnis, die insolvenzrechtliche Anfechtung auch in diesen Fällen nach den für nahe stehende Personen geltenden Grundsätzen zu erleichtern. Deshalb sind in Auslegung des Verwandtenbegriffs in § 31 Nr. 2 KO zwei Gesellschaften als „verwandt" angesehen worden, deren wesentliche Gesellschafter identisch waren.[78] Als Begründung dafür bietet sich auf der Grundlage des § 138 die **Konzernvermutung** des § 18 Abs. 1 Satz 3 AktG an. Danach wird von einem abhängigen Unternehmen vermutet, dass es mit dem herrschenden Unternehmen unter dessen einheitlicher Leitung zu einem Konzern (§ 18 Abs. 1 Satz 1 AktG) zusammengefasst ist. Sind mehrere Unternehmen von demselben anderen Unternehmen abhängig, so gilt die Konzernvermutung für alle. Bildet aber jedes abhängige Unternehmen mit der Muttergesellschaft einen Konzern, so stehen alle Tochtergesellschaften unter deren einheitlicher Leitung; sie gehören damit demselben Konzern an.[79] Die Heranziehung der Konzernvermutung des § 18 Abs. 1 Satz 3 AktG widerspricht nicht den in der Gesetzesbegründung enthaltenen Grundgedanken. Danach soll nämlich die Vermutung des § 18 Abs. 1 Satz 2 AktG **(Beherrschungsverträge, Eingliederungen)** anwendbar sein.[80] Es wäre widersprüchlich, die Anwendbarkeit für die Konzernvermutung des § 18 Abs. 1 Satz 3 AktG zu verneinen. Konzern bedeutet wirtschaftliche Einheit. Die Verlagerung innerhalb einer solchen Einheit steht der Vermögensübertragung auf sonstige nahe stehende Personen gleich. Vom selben Unternehmen abhängige Schwesterunternehmen stehen daher zueinander im Verhältnis von nahe stehenden Personen, es sei denn, die Konzernvermutung wird widerlegt.[81] Gleiches gilt, wenn mehrere Gesellschafter an verschiedenen Gesellschaften zusammen jeweils mit Mehrheit beteiligt sind **(Gesellschafteridentität)**,[82] sofern entweder gemeinsames Handeln auf ausreichender Grundlage beständig gesichert ist[83] oder die Gesellschafter nahe Angehörige im Sinne des Absatzes 1 sind **(Familienverbund)**.[84]

33 d) **Dienstvertragliche Verbindung.** Nr. 2 ist inhaltlich § 108 Abs. 2 VerglO nachgebildet. Nahestehende Personen sind danach auch solche natürlichen Personen und Gesellschaften, die auf Grund einer im Hinblick auf Nr. 1 vergleichbaren dienstvertraglichen Verbindung zum Schuldner die Möglichkeit haben, sich über dessen wirtschaftliche Verhältnisse zu unterrichten. § 155 Nr. 1 RegE stellte anstatt auf eine „vergleichbare dienstvertragliche Verbindung" auf die „Tätigkeit im Unternehmen des Schuldners" ab. Eine sachliche Änderung ist mit dem Gesetzestext nicht bezweckt.[85] Die dienstvertraglich vermittelte Verbindung muss mit der Stellung vergleichbar sein, die ein Mitglied des Vertretungs- oder Aufsichtsorgans im Unternehmen hat. Das bedeutet, dass es sich um eine herausgehobene

---

[76] RdNr. 2.
[77] *Ehricke* S. 220.
[78] BGHZ 58, 20, 25; BGHZ 129, 236, 246 mwN.
[79] Vgl. *Hüffer* § 18 RdNr. 14 f.
[80] S. RdNr. 30.
[81] Im Wesentl. ebenso *Ehricke* S. 220; FK-*Dauernheim* § 138 RdNr. 18; HK-*Kreft* § 138 RdNr. 16; HambKomm-*Rogge* § 138 RdNr. 21; wohl auch *Hirte* ZInsO 1999, 429, 763; aA *Kübler/Prütting/Paulus* § 138 RdNr. 22; *Hess/Weis* § 138 RdNr. 55; *Smid/Zeuner* § 138 RdNr. 26; *Nerlich* in Nerlich/Römermann § 138 RdNr. 22.
[82] BGHZ 58, 20, 25; BGHZ 129, 236, 246.
[83] Vgl. BGHZ 80, 69, 73 = NJW 1981, 1512, 1513.
[84] S. RdNr. 14, 25, 30.
[85] Vgl. Bericht BTag, BT-Drucks. 12/7302 S. 174.

Position handeln muss; sie muss mit Unterrichtungsmöglichkeiten verbunden sein, die mit denjenigen eines Organmitglieds vergleichbar sind.[86] Außerdem muss es sich um eine Stellung innerhalb des Schuldner-Unternehmens handeln.

Das trifft auf **leitende Angestellte** sowie auf **Prokuristen**[87] und damit auf einen mit 34 Geschäftsführungsbefugnis und Prokura ausgestatteten **Kommanditisten**[88] zu. Gleiches muss für **Abschluss- und Sonderprüfer** sowie deren Hilfspersonen gelten (vgl. § 404 Abs. 1 Nr. 2 AktG).[89] Eine durch rein geschäftliche Beziehungen begründete Stellung, wie sie z. B. **Hausbanken** oder Großlieferanten haben, reicht dagegen nicht aus, sofern nicht ein von ihnen entsandter Vertreter im Schuldnerunternehmen eine Stellung im Sinne von RdNr. 33 übernimmt.[90] **Wirtschaftsberater**,[91] **Rechtsanwälte** und **Steuerberater**[92] sind keine nahe stehenden Personen.[93] Eine dienstvertragliche Verbindung im Sinne des Abs. 2 Nr. 2 ist auch ein **Betriebsführungsvertrag,** wenn der Betriebsführer ähnlich einem Geschäftsführer und ausgestattet mit den einem solchen zur Verfügung stehenden Informationsmöglichkeiten die Geschäfte des Schuldner-Unternehmens zu leiten hat.[94]

Von Abs. 2 Nr. 2 werden auch juristische Personen und sonstige Gesellschaften erfasst, 35 die von einer Person, die zu dem Schuldner-Unternehmen in einer **dienstvertraglichen Verbindung** iS dieser Vorschrift stehen, **beherrscht** werden. Der Bestimmung des § 138 Abs. 2 Nr. 3 ist zu entnehmen, dass ein Näheverhältnis auch durch eine Person begründet werden kann, die als eine Art „Bindeglied" sowohl dem Schuldner als auch dem Anfechtungsgegner nahesteht.[95] Deshalb ist eine GmbH „nahe stehende Person", wenn ihr Alleingesellschafter und Geschäftsführer auf Grund eines **Betriebsführungsvertrages**[96] die Geschäfte des Schuldner-Unternehmens zu leiten hat.[97] Die Geschäftsführereigenschaft im Verhältnis zur GmbH dürfte für sich allein allerdings nicht genügen.[98] Nach dem Sinn der Regelung in Abs. 2 Nr. 2 wird man, obwohl sie nach dem Gesetzeswortlaut nur gilt, wenn Schuldner eine juristische Person oder eine Gesellschaft ohne Rechtspersönlichkeit ist, ein Näheverhältnis auch anzunehmen haben, wenn jemand in einem **Einzelunternehmen** eine entsprechende dienstvertragliche Funktion ausübt.

4. Ausdehnung der gesellschaftsrechtlichen Näheverhältnisse (§ 138 Abs. 2 36 **Nr. 3). a) Persönliche Verbindung.** Abs. 2 Nr. 3 erstreckt in den Fällen gesellschaftsrechtlicher Verbundenheit im Sinne der Nummern 1 und 2 die Eigenschaft einer nahe stehenden Person zum einen auf die in Abs. 1 Nr. 1 bis 3 bezeichneten **nahen Angehörigen** der gesellschaftsrechtlich verbundenen Personen. Erfasst werden damit die in Abs. 1 Nr. 1–3 aufgeführten natürlichen Personen, die in einem in Abs. 1 genannten Näheverhältnis zu den Mitgliedern der Vertretungsorgane, Gesellschaftern und sonstigen mit der Schuldner-Gesellschaft gesellschaftsrechtlich oder dienstvertraglich verbundenen Personen im Sinne des Abs. 2 Nr. 1 und 2 stehen.

Die Bezugnahme in Abs. 2 Nr. 3 erfasst nach der Änderung des Abs. 1 durch das Gesetz 37 zur Vereinfachung des Insolvenzverfahrens nunmehr zum anderen aber auch die in Abs. 1 Nr. 4 bezeichneten persönlichen Verbindungen. Nahe stehende Personen im Sinne von

---

[86] Vgl. BGHZ 131, 189, 194 f. = NJW 1996, 461, 462.
[87] HK-*Kreft* § 138 RdNr. 17; *Uhlenbruck/Hirte* § 138 RdNr. 47.
[88] Vgl. RdNr. 19.
[89] *Hirte* ZInsO 1999, 429, 434; *Uhlenbruck/Hirte* § 138 RdNr. 48.
[90] Begr. zu § 155 RegE, BT-Drucks. 12/2443 S. 163.
[91] BGH ZIP 1997, 513, 516.
[92] BGH WM 1998, 304, 305.
[93] FK-*Dauernheim* § 138 RdNr. 15; HK-*Kreft* § 138 RdNr. 17; *Kübler/Prütting/Paulus* § 138 RdNr. 22; *Hess/Weis* § 138 RdNr. 47; *Smid/Zeuner* § 138 RdNr. 20; aA *Hirte* ZInsO 1999, 429, 434; *Uhlenbruck/Hirte* § 138 RdNr. 48.
[94] BGHZ 129, 236, 245 f.
[95] BGHZ 129, 236, 246 f.
[96] Vgl. RdNr. 34.
[97] BGHZ 129, 236, 238, 246 f.; FK-*Dauernheim* § 138 RdNr. 18.
[98] S. RdNr. 15; in der Begründung möglicherweise zu weitgehend BGHZ 129, 236, 246 f.

§ 139   1   3. Teil. 3. Abschnitt. Insolvenzanfechtung

Abs. 2 Nr. 3 sind somit auch juristische Personen oder Gesellschaften ohne Rechtspersönlichkeit, bei denen die in Abs. 1 Nr. 4 das Näheverhältnis begründenden Umstände im Verhältnis zu einer der in Abs. 3 Nr. 1 oder 2 bezeichneten Personen gegeben sind.

38   b) **Verschwiegenheitspflicht.** Eine Ausnahme macht das Gesetz für Angehörige solcher Personen, die auf Grund ihrer Stellung im Unternehmen des Schuldners kraft Gesetzes zur Verschwiegenheit verpflichtet sind. Diesen Personen darf nach Ansicht des Gesetzgebers nicht unterstellt werden, dass sie die **Verschwiegenheitspflicht** durch Weitergabe von Kenntnissen verletzt haben, die auf ihren besonderen Informationsmöglichkeiten beruhen.[99] Nach dieser Gesetzesbegründung wird man die Anwendbarkeit der Ausnahmeregelung nach Abs. 2 Nr. 3 Halbs. 2 davon abhängig zu machen haben, dass die für die Anfechtung relevanten Informationen den Geheimhaltungsvorschriften unterlagen und die Verschwiegenheitspflichten auch tatsächlich eingehalten worden sind.[100] Gemeint sind vor allem die **Vorstands- und Aufsichtsratsmitglieder** einer Aktiengesellschaft auf Grund der gesetzlichen – strafbewehrten (§ 404 AktG) – Verschwiegenheitspflicht nach § 93 Abs. 1 Satz 2, § 116 AktG.[101] Das gleiche gilt für Geschäftsführer und Aufsichtsratsmitglieder einer GmbH (§ 85 Abs. 1 GmbHG), für **Liquidatoren** (§ 404 Abs. 1 Nr. 1 AktG, § 85 Abs. 1 GmbHG) sowie für **Prüfer** und deren Hilfspersonal (§ 404 Abs. 1 Nr. 2 AktG).[102] Eine vertraglich vereinbarte Verschwiegenheitspflicht reicht für die Anwendung der Ausnahmevorschrift nicht aus.[103]

§ 139 Berechnung der Fristen vor dem Eröffnungsantrag

(1) ¹Die in den §§ 88, 130 bis 136 bestimmten Fristen beginnen mit dem Anfang des Tages, der durch seine Zahl dem Tag entspricht, an dem der Antrag auf Eröffnung des Insolvenzverfahrens beim Insolvenzgericht eingegangen ist. ²Fehlt ein solcher Tag, so beginnt die Frist mit dem Anfang des folgenden Tages.

(2) ¹Sind mehrere Eröffnungsanträge gestellt worden, so ist der erste zulässige und begründete Antrag maßgeblich, auch wenn das Verfahren auf Grund eines späteren Antrags eröffnet worden ist. ²Ein rechtskräftig abgewiesener Antrag wird nur berücksichtigt, wenn er mangels Masse abgewiesen worden ist.

Übersicht

	RdNr.		RdNr.
I. Normzweck	1	V. Berechnungsbeginn (Abs. 2)	8
II. Entstehungsgeschichte	2	1. Berücksichtigungsfähigkeit eines nicht zurückgewiesenen Antrags, Satz 1	9
III. Anwendungsbereich	3	2. Berücksichtigungsfähigkeit zurückgewiesener Anträge, Satz 2	11
IV. Fristberechnung (Abs. 1)	5	3. Beweisfragen	13

I. Normzweck

1   Die Vorschrift soll Zweifel bei der Bemessung des Anfechtungszeitraums klären, der durch einen Eröffnungsantrag bestimmt wird. **Abs. 1** regelt für alle Anfechtungstatbestände und für die Rückschlagsperre gemäß § 88, wie die jeweilige Frist von Insolvenzanträgen rück-

---

[99] Begr. zu § 155 RegE, BT-Drucks. 12/2443 S. 163; krit. dazu *Hirte* ZInsO 1999, 429, 434 f., der die Ausnahmeregelung auf Mitglieder des Vertretungs- und des Aufsichtsorgans nicht anwenden will.
[100] Vgl. OLG Düsseldorf ZInsO 2005, 215, 216 f.; *Biehl*, Insider S. 101; *Kirchhof* ZInsO 2001, 825, 830; *Uhlenbruck/Hirte* § 138 RdNr. 51.
[101] Begr. zu § 155 RegE, BT-Drucks. 12/2443 S. 163.
[102] Vgl. RdNr. 34.
[103] *Kübler/Prütting/Paulus* § 138 RdNr. 25; *Hirte* ZInsO 1999, 429, 435; *Uhlenbruck/Hirte* § 138 RdNr. 53.

Berechnung der Fristen vor dem Eröffnungsantrag 2–5 § 139

wärts zu berechnen ist; diese Abwicklung vergangener Sachverhalte ist die Besonderheit im Vergleich mit der Fristberechnung nach §§ 187 ff. BGB, die in die Zukunft gerichtet ist. **Abs. 2** bestimmt, mit welchem von mehreren möglichen, nicht am selben Tag gestellten Anträgen die Frist beginnt; sachlich wird die Anfechtbarkeit nur – durch Satz 2 – für diejenigen Fälle vorverlagert, in denen ein früherer Insolvenzantrag mangels Masse abgewiesen worden war.

II. Entstehungsgeschichte

Die Vorschrift ist neu. Die auf den Eröffnungsantrag bezogenen Fristen wurden bisher 2 gemäß § 187 Abs. 1 sowie § 188 Abs. 2 und 3 BGB berechnet.[1] An diese Normen lehnt sich auch Abs. 1 inhaltlich an, doch enthält er eine eigenständige Regelung. Abs. 2 Satz 1 kodifiziert die herrschende Meinung, die sich zur Maßgeblichkeit von Insolvenzanträgen im Rahmen der Konkursanfechtung gebildet hatte;[2] Satz 2 erweitert die Anfechtbarkeit demgegenüber. Die Vorschriften waren bereits in § 156 RegE enthalten; allein dessen Abs. 1 wurde redaktionell vereinfacht.

III. Anwendungsbereich

Abs. 1 erleichtert die Berechnung insolvenzrechtlicher Fristen, die nach vollen Monats- 3 oder Jahreszeiträumen bemessen sind. Dies sind die Monatsfristen nach § 88 und § 131 Abs. 1 Nr. 1, die Dreimonatsfristen nach § 130 Abs. 1 Nr. 1, § 131 Abs. 1 Nr. 2 und 3 sowie § 132 Abs. 1 Nr. 1, die Jahresfristen nach § 135 Nr. 2 und § 136 Abs. 1 Satz 1, die Zweijahresfrist nach § 133 Abs. 2 Satz 2, die Vierjahresfrist nach § 134 Abs. 1 sowie die Zehnjahresfristen nach § 133 Abs. 1 Satz 1 und § 135 Nr. 1. Insoweit wird die Vorschrift auch für die Voraussetzungen zur Anwendung des § 96 Nr. 3 bedeutsam. Im Rahmen des § 138 Abs. 1 Nr. 1 und 3 kann sie auf die Berechnung der Jahresfrist für die Eheauflösung entsprechend angewendet werden.[3] In der Insolvenz eines Kreditinstituts rechnen die Fristen, die gemäß §§ 130 Abs. 1, 131 Abs. 1, 132 Abs. 1, 133, 134 Abs. 1, 135 und 136 Abs. 1 vom Eröffnungsantrag an zu berechnen sind, gemäß § 46 c KWG statt dessen vom Tage des Erlasses sichernder Maßnahmen im Sinne von § 46 a Abs. 1 KWG an; damit wird verhindert, dass im Falle einer späteren Insolvenzeröffnung Anfechtungsfristen ungenützt verstreichen.[4] Wie zu bestimmen ist, ob eine bestimmte Rechtshandlung in die nach § 139 berechnete Frist fällt, ergibt sich aus § 140.

Abs. 2 gilt für § 88 sowie für sämtliche Anfechtungstatbestände nach §§ 130–136 (mit 4 § 96 Nr. 3), weil alle auf einen Zeitpunkt vor oder nach einem Eröffnungsantrag abstellen. Der maßgebliche Antrag ist für jeden Einzelfall vom jeweils angegangenen Gericht selbständig zu bestimmen; eine in § 158 RegE vorgesehene einheitliche Bestimmung durch das Insolvenzgericht wurde vom Bundestag aus einseitig verstandenem Entlastungsstreben gestrichen.[5] Abs. 2 ist auch maßgeblich, soweit es bei einer nach dem Eröffnungsantrag vorgenommenen Rechtshandlung gem. § 130 Abs. 1 Nr. 2 auf die Kenntnis eines – von mehreren – solcher Anträge ankommt (s. o. § 130 RdNr. 54).

IV. Fristberechnung (Abs. 1)

Nach **Satz 1** ist auf den Tag abzustellen, an dem der Eröffnungs**antrag bei Gericht** 5 **eingegangen** ist; eine vorherige Rücknahmeerklärung lässt entsprechend § 130 Abs. 3 in

---

[1] *Jaeger/Henckel*, KO § 30 RdNr. 186, § 31 RdNr. 39; *Kuhn/Uhlenbruck* § 30 RdNr. 57, § 31 RdNr. 29; § 41 RdNr. 11; vgl. RGZ 26, 5 f.; RG SeuffA 47 (1892), Nr. 254.
[2] Vgl. RG LZ 1911, 856 Nr. 6; *Jaeger/Henckel*, KO § 30 RdNr. 47, 186; *Kilger/K. Schmidt* § 30 KO Anm. 7 a, 17; *Kuhn/Uhlenbruck* § 30 RdNr. 57.
[3] HK-*Kreft* § 138 RdNr. 8, § 139 RdNr. 3; *Kübler/Prütting/Paulus* § 139 RdNr. 2; HambKomm-*Rogge* § 139 RdNr. 2.
[4] *Uhlenbruck/Hirte* § 139 RdNr. 8; HK-*Kreft* § 129 RdNr. 80; s. o. vor § 129 RdNr. 104.
[5] BT-Drucks. 12/7302 S. 174 zu Nr. 90.

Verb. mit Abs. 1 Satz 2 BGB den Antrag nicht wirksam werden. Die – sei es auch pflichtwidrige – Unterlassung, einen Eröffnungsantrag zu stellen, ist anfechtungsrechtlich bedeutungslos.[6] Zu den inhaltlichen Voraussetzungen an berücksichtigungsfähige Eröffnungsanträge s. u. RdNr. 9. Bei mehreren parallelen Insolvenzverfahren gegen verschiedene Schuldner, zB konzernverbundene Unternehmen, ist der maßgebliche Antrag für jeden Schuldner gesondert zu bestimmen. Wird ein Insolvenzverfahren aufgehoben oder eingestellt und dann ein neues Verfahren gegen denselben Schuldner eröffnet, sind die zu dem beendeten Verfahren führenden Anträge überholt; maßgeblich bleiben allein die das jeweils letzte Insolvenzverfahren bewirkenden Anträge.[7] Anders verhält es sich bei der Anordnung einer Nachtragsverteilung im Sinne von § 203 Abs. 1 Nr. 3, weil damit nur das frühere, zwischenzeitlich aufgehobene Verfahren fortgesetzt wird (s. o. § 129 RdNr. 213); dafür bleiben auch die früheren Anträge bestimmend. Ein im Ausland gestellter Antrag kann ebenfalls maßgeblich sein, wenn das daraufhin eröffnete fremde Insolvenzverfahren gemäß § 343 oder Art. 16 ff. EuInsVO anerkennungsfähig ist. Wurde andererseits auf der Grundlage der §§ 354 ff. oder Art. 27 ff. EuInsVO nur ein selbständiges Sonderverfahren über das Inlandsvermögen eines ausländischen Schuldners beantragt und eröffnet, ist dieser Antrag einer infolge dieses Verfahrens geltend gemachten Anfechtung uneingeschränkt nach allgemeinen Grundsätzen zugrunde zu legen.[8]

6 Der „Fristbeginn" bei den hier fraglichen, rückwärts zu berechnenden Anfechtungsfristen markiert das Ende der von einer Rechtshandlung ausgehenden, anfechtungsrechtlich noch zu berücksichtigenden Entwicklung. Für die im vorliegenden Zusammenhang allein zu bestimmenden Monats- oder Jahresfristen ist der Tag des Antragseingangs entsprechend seiner Zahl um die jeweils zu erfassende Anzahl von Monaten oder Jahren zurückzuverlegen. § 187 Abs. 1 BGB gilt nicht, so dass die Frist nicht schon vom Tag vor dem Eingang, sondern erst vom Eingangstag zurückzurechnen ist.[9] Ist zB der Antrag am 31. Oktober 1999 bei Gericht eingegangen, beginnt die Dreimonatsfrist am 31. Juli 1999, die Jahresfrist am 31. Oktober 1998, jeweils um 0.00 Uhr. Dagegen beginnt nach **Satz 2** die Monatsfrist – da der September nur 30 Tage enthält – mit Anfang des 1. Oktober 1999. Geht der Eröffnungsantrag an einem 29. März ein, so beginnt die Monatsfrist nur in Schaltjahren gemäß Satz 1 am 29. Februar, in den übrigen Jahren jedoch am 1. März (Satz 2). Wurde der Eröffnungsantrag an einem 29. Februar eingereicht, kann nur die Vierjahresfrist des § 134 ebenfalls an einem 29. Februar anfangen; alle übrigen Fristen beginnen am 1. März. Rechtshandlungen, die zu den jeweils errechneten Zeitpunkten noch nicht im Sinne von § 140 vorgenommen waren, können anfechtbar sein.

7 Bei der Berechnung gilt weder § 193 BGB noch § 222 Abs. 2 ZPO: Ob der errechnete Fristbeginn auf einen **Samstag** oder **Feiertag** fällt, ist also **unerheblich**.[10] Denn die hier fraglichen Anfechtungsfristen sind nicht durch bestimmte Maßnahmen wahrzunehmen, die nur an einem Wochentag vorgenommen werden könnten. Ferner wird der Ablauf der Fristen wegen ihres Befriedungs- und Ausschlusszwecks weder gehemmt (§§ 203 ff. BGB) noch neu begonnen (§§ 212 ff. BGB);[11] § 146 Abs. 1 InsO gilt für diese Fristen nicht. Auch eine Wiedereinsetzung entsprechend §§ 233 ff. ZPO ist nicht möglich.[12]

---

[6] *Schoppmeyer* NZI 2005, 185, 193 f.; vgl. BGHZ 162, 143, 155 = NJW 2005, 1121, 1124; aM *Rendels* ZIP 2004, 1289, 1294 f.

[7] HambKomm-*Rogge* § 139 RdNr. 5; vgl. BGHZ 109, 321, 322 f. = NJW 1990, 1240, 1241.

[8] Vgl. LG Freiburg KTS 1964, 189 f.; *Fr. Weber* KTS 1965, 95, 127, 129 ff.; jedenfalls durch die gesetzliche Neufassung überholt *Baumgärtel* AWD/BB 1971, 557, 564 ff.

[9] *Smid/Zeuner* InsO § 139 RdNr. 6 aE; HambKomm-*Rogge* § 139 RdNr. 6; vgl. BGHZ 157, 350, 354 = NJW 2004, 1444, 1445.

[10] *Nerlich* in *Nerlich/Römermann* § 139 RdNr. 3 aE; HambKomm-*Rogge* § 139 RdNr. 6; *Uhlenbruck/Hirte* § 139 RdNr. 2; vgl. RGZ 17, 328, 330 f.; RG JW 1898, 247 Nr. 9; HK-*Kreft* § 139 RdNr. 7; *Jaeger/Henckel*, KO § 31 RdNr. 39.

[11] *Nerlich* (Fn. 10) § 139 RdNr. 3 aE; *Uhlenbruck/Hirte* § 139 RdNr. 2; *Jaeger/Henckel*, KO § 31 RdNr. 38; *Kilger/K. Schmidt* § 31 Anm. 15; vgl. RGZ 139, 110, 111 f.

[12] Vgl. RGZ 17, 70, 71 f.; HambKomm-*Rogge* § 139 RdNr. 6.

Berechnung der Fristen vor dem Eröffnungsantrag 8, 9 § 139

V. Berechnungsbeginn (Abs. 2)

Abs. 2 regelt, welcher Antrag den Ausgangspunkt für die – rückwärts gerichtete – Fristberechnung (Abs. 1) bildet. Während es für die Verfahrenseröffnung gemäß § 27 unerheblich ist, auf welchen – zulässigen und begründeten – Antrag der Eröffnungsbeschluss gestützt wird, kann die Bestimmung des frühesten derartigen Antrags (dazu s. u. RdNr. 9) für die Insolvenzanfechtung wesentliche Bedeutung haben. Vorausgesetzt wird, dass der **Insolvenzverfahren** tatsächlich (rechtskräftig) **eröffnet** wurde. Der dem Eröffnungsbeschluss zugrunde liegende Antrag ist im Anfechtungsprozess stets ungeprüft zugrunde zu legen.[13] Nur wenn die Anfechtungsfrist nicht schon auf der Grundlage dieses Antrags eingehalten ist, hat das Prozessgericht selbst etwa früher eingegangene Eröffnungsanträge zu prüfen (vgl. RdNr. 4, 9), sei es, dass das Insolvenzgericht sie übersehen oder als noch nicht entscheidungsreif zurückgestellt oder als vermeintlich unzulässig oder unbegründet übergangen hatte. In keinem Falle kommt es darauf an, wieviel Zeit seit Antragstellung verging, bis das Insolvenzverfahren eröffnet wurde.[14] 8

1. Berücksichtigung eines nicht zurückgewiesenen Antrags, Satz 1. Zu berücksichtigen ist nur ein Antrag, der im Sinne der §§ 13 bis 16 **zulässig und begründet** ist, so dass das Insolvenzverfahren (auch) auf Grund dieses Antrags hätte eröffnet werden können.[15] Nicht nötig ist, dass der Antrag schon zulässig und begründet war, als er gestellt wurde. Eine damit verbundene Anregung, das Insolvenzgericht möge die Bearbeitung noch kurzfristig zurückstellen, ändert am Fristbeginn jedenfalls dann nichts, wenn das Verfahren alsbald nach Ablauf der erbetenen dreitägigen Frist gefördert wird.[16] Die Zulässigkeit und Begründetheit im **Zeitpunkt** des – später rechtskräftig werdenden – **Eröffnungsbeschlusses** genügt,[17] weil dies allgemein der für das Insolvenzverfahren maßgebliche Zeitpunkt ist. Das gilt sogar dann, wenn das Insolvenzverfahren erst in der Beschwerdeinstanz eröffnet wird.[18] Unerheblich ist, auf welchen Eröffnungsgrund (§ 16) der Antrag gestützt ist, weil jeder der Eröffnungsgründe nach §§ 17 bis 19 geeignet ist, vor einer Insolvenz des Schuldners zu warnen.[19] Nur Anträge, die nichtig – insbesondere lediglich zum Schein (§ 117 Abs. 1 BGB) oder unter einer Bedingung gestellt– sind, bleiben außer Betracht.[20] Wurde der Antrag bei einem sachlich oder örtlich unzuständigen Gericht gestellt, kann er gleichwohl nach Satz 1 maßgeblich sein, wenn er bis zum Erlass des Eröffnungsbeschlusses an das zuständige Gericht verwiesen, also nicht abgewiesen wurde (§ 4 i. V. m. §§ 281 Abs. 1, 495 ZPO).[21] Auch schadet es angesichts der uneingeschränkten Gesetzesfassung nicht, wenn bei Stellung des ersten Antrags noch kein Eröffnungsgrund im Sinne von § 16 vorlag, sofern dieser bis zum Eröffnungsbeschluss eintritt;[22] das Vorliegen der Zahlungsunfähigkeit wird statt dessen in §§ 130, 132 und 131 Abs. 1 Nr. 2 zur selbständigen Anfechtungsvoraussetzung erhoben (vgl. auch § 133 Abs. 1 Satz 2, § 137 Abs. 2 Satz 1). Stirbt der Schuldner während des Eröffnungsverfahrens, bleibt der gegen 9

---

[13] HK-*Kreft* § 139 RdNr. 9; ergänzend s. u. RdNr. 10.
[14] Vgl. BGH NJW 1985, 200, 201 und RG WarnR 1929 Nr. 81 zum „Ruhen" des Antrags; ferner RGZ 88, 237f.
[15] Nur insoweit kann in der Nachlassinsolvenz § 316 Abs. 1 bedeutsam werden: Unklar dazu *Uhlenbruck/ Hirte* § 129 RdNr. 44, § 139 RdNr. 9.
[16] Vgl. BGH NJW 2006, 2701, 2702, z. V. b. in BGHZ; ergänzend s. o. RdNr. 8 aE.
[17] LG Itzehoe ZInsO 2003, 809, 810; HK-*Kreft* § 139 RdNr. 10 aE; HambKomm-*Rogge* § 139 RdNr. 11; vgl. RGZ 88, 237; *Smid* InVo 2002, 41, 42f.
[18] So zur Rückschlagsperre nach § 28 VerglO LG Freiburg KTS 1964, 189f.; *Fr. Weber* KTS 1965, 95, 127, 129f.
[19] Vgl. § 130 RdNr. 53.
[20] Vgl. RGZ 131, 197, 202; *Hess* InsO § 139 RdNr. 16; vgl. *Fr. Weber* KTS 1965, 95, 135.
[21] HK-*Kreft* § 139 RdNr. 6; *Smid/Zeuner* InsO § 139 RdNr. 8; *Hess* InsO § 139 RdNr. 4; HambKomm-*Rogge* § 139 RdNr. 9; *Uhlenbruck/Hirte* § 139 RdNr. 2; vgl. FK-*Dauernheim* § 139 RdNr. 3; RGZ 131, 197, 202. LG Bonn NZI 2006, 110f. stellt auf den Antragseingang bei einem örtlich unzuständigen Gericht jedenfalls dann ab, wenn das Insolvenzverfahren gerade auf Grund dieses Antrags – nach Abgabe an das zuständige Gericht – eröffnet wird.
[22] Vgl. RGZ 36, 73 f.

§ 139   9a–11   3. Teil. 3. Abschnitt. Insolvenzanfechtung

ihn gerichtete Antrag für das eröffnete Nachlassinsolvenzverfahren und darin stattfindende Anfechtungen maßgeblich.[23] Erledigen sich alle gestellten Eröffnungsanträge (s. u. RdNr. 9a) bis auf einen, so bleibt dieser auch dann maßgeblich, falls das Insolvenzgericht die Fortdauer des Eröffnungsverfahrens erst bemerkt, nachdem drei Monate später ein neuer Eröffnungsantrag gegen denselben Schuldner eingegangen ist.[24]

9a Umgekehrt sind solche Anträge **nicht** mehr zu berücksichtigen, die anfangs zulässig und begründet waren, aber bis zur Entscheidung über die Eröffnung unzulässig oder unbegründet wurden; deshalb kann ein Antrag, auf den der Eröffnungsbeschluss nicht gestützt wurde, im Rahmen des § 139 Abs. 2 nicht beachtet werden, wenn ausnahmsweise zwischen seinem Eingang und dem Erlass des Eröffnungsbeschlusses der Eröffnungsgrund zunächst entfallen und erst später wieder eingetreten war.[25] Außer Betracht bleiben ferner Anträge, die förmlich wirksam für **erledigt erklärt**[26] oder zurückgenommen wurden.[27] Im Wege des Umkehrschlusses aus § 139 Abs. 2 Satz 2 sowie aus Gründen der Rechtsklarheit gilt dies uneingeschränkt, also auch, wenn ein Insolvenzgrund ununterbrochen bis zu einem erneuten Eröffnungsantrag fortbestand;[28] auf die unsichere Beurteilung eines Eröffnungsgrundes im Sinne der §§ 17 ff. stellt § 139 gerade nicht ab. Missbräuchlicher Antragsrücknahme oder Erledigung kann mit § 130 Abs. 2 (s. o. § 130 RdNr. 38a) oder im Einzelfall mit § 242 BGB[29] begegnet werden. Unerheblich ist ebenso, ob die Rücknahme – angeblich – nur erfolgte, um einer Abweisung mangels Masse gemäß § 26 (s. u. RdNr. 12) zuvorzukommen.

10 Auch ein unzulässiger und/oder unbegründeter Antrag kann ausnahmsweise dann maßgeblich sein, wenn das Insolvenzverfahren gerade auf Grund dieses Antrags, wenngleich rechtsirrig, rechtskräftig eröffnet wurde;[30] eine Nichtigkeit des Eröffnungsbeschlusses als Vorfrage für eine Unverbindlichkeit des zugrunde gelegten Eröffnungsantrags steht als Ausnahme zur Beweislast des Anfechtungsgegners. Die Rechtskraft eines – nicht selbst nichtigen – Eröffnungsbeschlusses heilt alle Mängel des Eröffnungsantrages; anderenfalls könnte es in dem eröffneten Verfahren möglicherweise mangels Berechnungsgrundlage gar keine erfolgreiche Insolvenzanfechtung geben. Nur wenn der tatsächlich zur Eröffnung führende Antrag zugleich der früheste ist, ist das Prozessgericht an die rechtskräftige Entscheidung des Insolvenzgerichts gebunden.

11 **2. Berücksichtigungsfähigkeit zurückgewiesener Anträge, Satz 2.** Rechtskräftig zurückgewiesene Anträge bleiben für die Insolvenzanfechtung grundsätzlich auch dann außer Betracht, wenn die Abweisung zu Unrecht[31] oder erst in höherer Instanz[32] erfolgte; allerdings ist zu beachten, dass eine Abweisung erst wirksam wird, wenn der Gerichts-

---

[23] BGHZ 157, 350, 354 = NJW 2004, 1444, 1445; BGH, Urt. v. 12. 2. 2004 – IX ZR 146/03.
[24] OLG Schleswig ZInsO 2004, 100, 101.
[25] Vgl. *Henckel*, Kölner Schrift S. 813, 847 RdNr. 75; HK-*Kreft* § 139 RdNr. 12; *Uhlenbruck/Hirte* § 139 RdNr. 12; HambKomm-*Rogge* § 139 RdNr. 11; *Haarmeyer* ZInsO 1999, 275; *Kübler/Prütting/Paulus* § 139 RdNr. 4; *Smid/Zeuner* InsO § 139 RdNr. 10.
[26] BGHZ 149, 178, 181 f. = NJW 2002, 515, 516; BGHZ 157, 350, 354 = NJW 2004, 1444, 1445; BGH NZI 2006, 159 f.; OLG Frankfurt ZIP 2002, 1852, 1853 f. mit zust. Anm. von *Gundlach/Schmidt* DZWIR 2003, 126, 127; OLG Köln NZI 2003, 555; HK-*Kreft* § 139 RdNr. 12; *Uhlenbruck/Hirte* § 139 RdNr. 12; FK-*Dauernheim* § 139 RdNr. 4; *Nerlich* (Fn. 10) § 139 RdNr. 6; *Huber* LM § 130 InsO Nr. 1/2, Bl. 6; zu einschränkenden Ansichten s. u. Fn. 28. Ergänzend s. o. § 130 RdNr. 25.
[27] BGH NJW 2000, 211, 212 (zu § 10 GesO); OLG Dresden ZIP 2001, 621, 623 f.; ZInsO 2001, 910, 911; OLG Hamm NZI 2001, 31, 32; LG Traunstein ZInsO 2001, 913 LS; *Kübler/Prütting/Paulus* § 139 RdNr. 6 aE; vgl. RG WarnR 1929 Nr. 81; zu einschränkenden Ansichten s. u. Fn. 28.
[28] AM OLG Celle InVo 2002, 54, 55; LG Limburg InVo 2002, 59 f.; LG Magdeburg ZInsO 2002, 591, 592; HambKomm-*Rogge* § 139 RdNr. 13; *Smid/Zeuner* InsO § 139 RdNr. 11 bis 17; *Biehl* NJ 2002, 313, 314; *Flöther/Bräuer* DZWIR 2003, 114, 115; *Wienberg* EWiR 2001, 635, 636; differenzierend *Smid* InVo 2002, 41, 43 ff.
[29] Vgl. G. *Wagner* EWIR 2001, 385, 386; HambKomm-*Rogge* § 139 RdNr. 15.
[30] Vgl. BGHZ 138, 40, 42; AG Hamburg ZInsO 2004, 102, 103; HK-*Kreft* § 139 RdNr. 6 aE; *Uhlenbruck/Hirte* § 139 RdNr. 3; HambKomm-*Rogge* § 139 RdNr. 4 f.; *Jaeger/Weber*, KO § 71 RdNr. 12; *Jaeger/Henckel*, KO § 30 RdNr. 47 aE.
[31] RegE S. 163 zu § 156; FK-*Dauernheim* § 139 RdNr. 4 aE; vgl. OLG Naumburg ZInsO 2002, 677, 679.
[32] Vgl. BGH NJW 2006, 3553, 3556.

beschluss nach außen existent geworden ist.[33] Zur Unerheblichkeit zurückgenommener oder für erledigt erklärter Anträge s. o. RdNr. 9.

Eine Ausnahme sieht Satz 2 lediglich für den Fall der **Abweisung mangels Masse** gemäß § 26 vor. Für die Anfechtung kann der allein aus diesem Grunde abgewiesene, frühere Antrag insbesondere dann maßgeblich werden, wenn für einen späteren Antrag ein Massekostenvorschuss im Sinne von § 26 Abs. 1 Satz 2 geleistet wurde oder das Insolvenzgericht die Masselosigkeit danach anders beurteilt hat; hat der erste Antragsteller selbst aus einem dieser Gründe im Beschwerdeverfahren (§ 34 Abs. 1) Erfolg, ist ohnehin Satz 1 anzuwenden. Der zwischen der Abweisung und der späteren Eröffnung verflossene Zeitraum ist nicht begrenzt; allerdings mag dem Anfechtungsgegner der Gegenbeweis offenstehen, dass zwischenzeitlich der Eröffnungsgrund weggefallen war.[34] Die Zulässigkeit und Begründetheit des nach § 26 abgewiesenen Antrags ist vom Prozessgericht selbst festzustellen (s. o. RdNr. 4, 9); an die in dieser Hinsicht vor einer Entscheidung gemäß § 26 Abs. 1 Satz 1 gebotene, aber regelmäßig nicht mehr rechtskraftfähige Vorprüfung des Insolvenzgerichts ist es nicht gebunden. Praktisch kann allerdings bei feststehender Masseunzulänglichkeit durchweg kein Zweifel am Vorliegen eines Eröffnungsgrundes (§ 16) bestehen; die Zulässigkeit des Antrags bleibt jedoch zu prüfen, weil ein unzulässiger Antrag auch nicht die Insolvenzanfechtung oder Rückschlagsperre auslösen darf.[35] 12

3. Beweisfragen. Die Beweislast dafür, dass ein früherer als der vom Insolvenzgericht zugrunde gelegte Antrag maßgeblich ist, trifft den anfechtenden Insolvenzverwalter.[36] 13

§ 140 Zeitpunkt der Vornahme einer Rechtshandlung

(1) Eine Rechtshandlung gilt als in dem Zeitpunkt vorgenommen, in dem ihre rechtlichen Wirkungen eintreten.

(2) ¹Ist für das Wirksamwerden eines Rechtsgeschäfts eine Eintragung im Grundbuch, im Schiffsregister, im Schiffsbauregister oder im Register für Pfandrechte an Luftfahrzeugen erforderlich, so gilt das Rechtsgeschäft als vorgenommen, sobald die übrigen Voraussetzungen für das Wirksamwerden erfüllt sind, die Willenserklärung des Schuldners für ihn bindend geworden ist und der andere Teil den Antrag auf Eintragung der Rechtsänderung gestellt hat. ²Ist der Antrag auf Eintragung einer Vormerkung zur Sicherung des Anspruchs auf die Rechtsänderung gestellt worden, so gilt Satz 1 mit der Maßgabe, daß dieser Antrag an die Stelle des Antrags auf Eintragung der Rechtsänderung tritt.

(3) Bei einer bedingten oder befristeten Rechtshandlung bleibt der Eintritt der Bedingung oder des Termins außer Betracht.

Schrifttum: *Eckert,* Probleme der Bestimmung des für die Insolvenzanfechtung relevanten Zeitpunkts nach § 140 InsO, 2003.

Übersicht

	RdNr.		RdNr.
I. Normzweck	1	2. Mehraktige Rechtshandlungen (Rechtsgeschäfte) – Zustimmung	7
II. Entstehungsgeschichte	2	a) Verpflichtungsgeschäfte	9
III. Anwendungsbereich	3	b) Erfüllungshandlungen	10
IV. Allgemeiner Vornahmezeitpunkt (Abs. 1)	5	c) Sonstige Verfügungsgeschäfte (Sicherungsrechte)	12
1. Einaktige Rechtshandlungen	6	3. Zwangsvollstreckungen	17

---

[33] Vgl. RG LZ 1911, 856 Nr. 6; HK-*Kirchhof* § 27 RdNr. 25 mwN.
[34] OLG Schleswig ZInsO 2006, 1224, 1227; ergänzend s. o. RdNr. 9 a.
[35] HambKomm-*Rogge* § 139 RdNr. 12; aM *Henckel,* Kölner Schrift S. 813, 847 RdNr. 75; *Uhlenbruck/ Hirte* § 139 RdNr. 13.
[36] *Uhlenbruck/Hirte* § 139 RdNr. 10; *Kübler/Prütting/Paulus* § 139 RdNr. 5; HambKomm-*Rogge* § 139 RdNr. 17.

	RdNr.		RdNr.
4. Unterlassungen	19	b) Bindung des Schuldners	34
5. Ermöglichen einer Sicherung oder Befriedigung	20	c) Dingliche Berechtigung	38
		3. Eintragungsantrag des anderen Teils	39
6. Gesamtvorgänge	21	a) Antragsteller	40
V. Eintragungsbedürftige Rechtsgeschäfte (Abs. 2 Satz 1)	23	b) Inhaltliche Voraussetzungen	43
		VI. Vormerkung (Abs. 2 Satz 2)	46
1. Erfasste Erwerbsvorgänge	24	1. Bewilligung	47
a) Rechtsgeschäftlicher Erwerb	24	2. Eintragungsantrag	49
b) Arten der Rechtsgeschäfte	25	VII. Bedingte oder befristete Rechtsgeschäfte (Abs. 3)	50
aa) Eintragungen im Grundbuch	25		
bb) Eintragungen in Schiffs- oder Luftfahrtregistern	27	1. Anwendungsbereich	50 a
		2. Bedingte Rechtshandlungen	51
c) Vollendung durch Registereintragung	28	3. Befristete Rechtshandlungen	53
2. Voraussetzungen für Wirksamwerden und Bindung	29	VIII. Beweisfragen	54
a) Willenserklärungen	30		

I. Normzweck

1 § 140 soll den – bei Anfechtungsfristen oft bedeutsamen – Zeitpunkt klarstellen, in dem eine Rechtshandlung als vorgenommen gilt. Zugleich koordiniert die Vorschrift diesen Zeitpunkt mit anderen Regelungen der InsO, insbesondere in § 91 Abs. 2 und § 147. Die Norm dient der Rechtsklarheit. Gemeinsamer Grundgedanke aller drei Absätze ist, dass derjenige Zeitpunkt entscheidet, in dem der Anfechtungsgegner durch die Rechtshandlung eine Stellung erlangt, die im Falle der Insolvenzeröffnung – ohne die Anfechtung – beachtet werden müsste.[1] Dass insoweit nicht auf den Zeitpunkt der Handlung, sondern den Eintritt ihrer Wirkungen abgestellt wird, entspricht der Funktion der Anfechtung.[2]

II. Entstehungsgeschichte

2 Die Konkursordnung regelte den Zeitpunkt der Vornahme nicht ausdrücklich. Ihre Vorschriften waren von Rechtsprechung und Rechtslehre in einer Weise ausgelegt worden, die durchgehend dem jetzigen Abs. 1 entsprach.[3] Abweichend von § 140 Abs. 2 hatten Rechtsprechung und ein Teil des Schrifttums aber auch bei Grundstücksgeschäften auf den Zeitpunkt der Eintragung im Grundbuch abgestellt, also den Eintragungsantrag nicht ausreichen lassen.[4] Demgegenüber enthielt § 10 Abs. 3 GesO für Grundbucheintragungen bereits eine Regelung, die inhaltlich dem § 140 Abs. 2 entsprach. Diese Norm schränkt nunmehr – gleichzeitig mit einer Verlängerung von Anfechtungsfristen – mittelbar den Zeitraum ein, in dem ein Grundstücksgeschäft anfechtbar ist. Abs. 3 ist neu. § 140 wurde im Gesetzgebungsverfahren nicht geändert.

---

[1] RegE S. 166 zu § 159.
[2] Henckel, Kölner Schrift S. 813, 847 RdNr. 76; Kübler/Prütting/Paulus § 140 RdNr. 3; Smid/M. Zeuner InsO § 140 RdNr. 1; vgl. § 129 RdNr. 6.
[3] BGHZ 86, 340, 346 = NJW 1983, 1123, 1125; BGH ZIP 1996, 2080, 2082; 1997, 513, 514; NJW 1998, 2592, 2596 f., insoweit nicht in BGHZ 138, 291 abgedr.; ZIP 1998, 2008, 2009; Jaeger/Henckel, KO § 30 RdNr. 75; Kilger/K. Schmidt § 30 KO Anm. 7 b.
[4] BGHZ 41, 17, 18 ff. = NJW 1964, 1277, 1278; BGHZ 99, 274, 286 = NJW 1987, 904, 907; BGHZ 113, 393, 394 f. = NJW 1991, 1610; BGHZ 121, 179, 188 f. = NJW 1993, 663, 665; BGH WM 1955, 407, 411; 1961, 1371; 1962, 1369, 1371; NJW 1966, 730, 731; WM 1972, 363, 364; NJW 1979, 102, 103; 1983, 1543, 1544; NJW-RR 1988, 841 f.; ZIP 1997, 423, 424; NZI 2000, 468, 469; RGZ 51, 284, 286 f.; 68, 374, 375; 81, 424, 426 ff.; 116, 134, 136; Kilger/K. Schmidt § 32 KO Anm. 7 b; Ganter DNotZ 1995, 517 ff.; aM Jaeger/Henckel, KO § 30 RdNr. 94 bis 99, § 31 RdNr. 17, 21, 40; Gerhardt ZIP 1988, 749, 753 f.

III. Anwendungsbereich

Die Norm ergänzt den Begriff der Rechtshandlung i. S. v. § 129, indem sie deren Abschluss (vgl. § 129 RdNr. 33) festlegt. Sie gilt für alle Handlungen im Sinne der §§ 129 ff. einschließlich der Rechtsgeschäfte nach § 132, der Verträge gemäß § 133 Abs. 2 und der Leistungen i. S. v. § 134. Sie ist bestimmend für die Abgrenzung, ob eine Rechtshandlung vor oder nach Insolvenzeröffnung vorgenommen wurde (§§ 129 Abs. 1, 147 Abs. 1), und umschreibt in Ergänzung zu § 139 den Zeitpunkt, der innerhalb der maßgeblichen Frist vor dem Insolvenzantrag – oder nach diesem – und gegebenenfalls nach Eintritt der Zahlungsunfähigkeit liegen muss. Damit ist sie insbesondere wesentlich für die Fristen nach §§ 130 Abs. 1, 131 Abs. 1, 132 Abs. 1, 133, 134 Abs. 1, 135 und 136 Abs. 1. Ferner muss in dem durch § 140 bestimmten Zeitpunkt ein etwaiges Näheverhältnis i. S. v. § 138 bestanden haben.[5]

Der durch § 140 festgelegte Zeitpunkt hat weitergehende Bedeutung, insbesondere indem in ihm der Anfechtungsgegner grundsätzlich die Zahlungsunfähigkeit des Schuldners oder den Eröffnungsantrag (§ 130 Abs. 1, 132 Abs. 1)[6] oder die benachteiligende Wirkung i. S. v. § 131 Abs. 1 Nr. 3[7] gekannt haben bzw. der Benachteiligungsvorsatz gemäß § 133[8] vorgelegen haben muss. Ferner entscheidet dieser Zeitpunkt, ob eine unmittelbare Benachteiligung i. S. v. § 132 Abs. 1 und § 133 Abs. 2 eingetreten ist[9] sowie ob eine Leistung gemäß § 134 Abs. 1 unentgeltlich ist (vgl. § 134 RdNr. 20). Endlich beginnt nach § 147 Abs. 2 die Verjährung zu der in § 140 Abs. 1 festgelegten Zeit (§ 147 RdNr. 16).

IV. Allgemeiner Vornahmezeitpunkt (Abs. 1)

Abs. 1 legt als allgemeinen Grundsatz fest, dass eine Rechtshandlung in dem Zeitpunkt als vorgenommen gilt, in dem ihre rechtlichen Wirkungen eintreten; Abs. 2 und 3 bestimmen demgegenüber für bestimmte Arten von Rechtshandlungen frühere Zeitpunkte. Die rechtlichen Wirkungen einer Rechtshandlung treten ein, sobald die gesamten Erfordernisse vorliegen, an welche die Rechtsordnung regelmäßig die Entstehung, Aufhebung oder Änderung eines Rechtsverhältnisses knüpft; ob im Einzelfall Hinderungsgründe entgegenstehen, ist unerheblich (vgl. § 129 RdNr. 30). Gemeint sind jeweils nur die typischerweise unmittelbar eintretenden rechtlichen Wirkungen, welche die Vermögensverkürzung beim Schuldner unvermeidlich machen. Diese Voraussetzung ist aus sich heraus zu beurteilen und nicht etwa stets dem Eintritt einer – unmittelbaren oder gar mittelbaren – Gläubigerbenachteiligung i. S. v. § 129 gleichzusetzen; eine solche kann zusätzlich von vielfältigen sonstigen Umständen abhängen,[10] und die mittelbare Benachteiligung ist für einen anderen Zeitpunkt zu bestimmen (vgl. § 129 RdNr. 125). Erst recht ist nicht etwa auf erwünschte, weitergehende Fernwirkungen abzustellen, zB auf die Erfüllung eines Verpflichtungsgeschäfts[11] oder gar die Erteilung eines erhofften Gegenauftrags. Ferner ändert es nichts, wenn im Einzelfall die normalen Rechtswirkungen der Handlung nicht eintreten können, weil besondere rechtliche Hindernisse entgegen stehen; die Wirksamkeit der Rechtshandlung wird nicht vorausgesetzt.[12] Zur schwebenden Unwirksamkeit einer Rechtshandlung s. u. RdNr. 8, zur möglichen Anfechtbarkeit vor Vollendung einer Rechtshandlung s. u. § 147 RdNr. 17. Wirken sich mehrere Rechtshandlungen aus, so sind diese grundsätzlich getrennt zu prüfen, aber entscheidend sind letztlich diejenigen, die zu einer Beeinträchtigung des Schuldnervermögens geführt haben.[13]

---

[5] *Nerlich* in: *Nerlich/Römermann* § 140 RdNr. 6.
[6] Vgl. § 130 RdNr. 32, 53, 59; § 132 RdNr. 18, 19.
[7] Vgl. § 131 RdNr. 52.
[8] Vgl. § 133 RdNr. 17.
[9] Vgl. § 129 RdNr. 113, § 132 RdNr. 11, § 133 RdNr. 44. Dagegen kann die mittelbare Gläubigerbenachteiligung später eintreten, vgl. § 129 RdNr. 125.
[10] Vgl. § 129 RdNr. 77 bis 110 a.
[11] OLG Rostock ZIP 2003, 1007, 1008. Zur getrennten Prüfung s. o. § 129 RdNr. 57 ff.
[12] *Kübler/Prütting/Paulus* § 140 RdNr. 3; *HambKomm-Rogge* § 140 RdNr. 2; s. o. § 129 RdNr. 30.
[13] *FK-Dauernheim* § 140 RdNr. 2; s. o. § 129 RdNr. 55, 56.

6   **1. Einaktige Rechtshandlungen.** Rechtshandlungen, die in einem einzigen Akt wirken, sind mit Abschluss dieses Aktes vorgenommen. Das kommt insbesondere bei der einseitig wirkenden Aufgabe von Rechten des Schuldners in Betracht, zB bei dem Verzicht auf eine Hypothek oder bei der Eigentumsaufgabe (vgl. § 129 RdNr. 8, 16). Anders verhält es sich dagegen, wenn erst der Rechtserwerb eines Dritten den entsprechenden Verlust des Schuldners bewirkt, zB bei der Übertragung eines Rechts (s. u. RdNr. 12, 13). Einseitig wirkende Gestaltungserklärungen des Schuldners sind auch dann erst mit ihrer Abgabe vorgenommen, wenn sie – wie zB die Anfechtung (§ 142 BGB) oder die Genehmigung (§ 182 BGB) – nach materiellem Recht rückwirkende Kraft haben;[14] wegen Besonderheiten bei der Aufrechnung s. u. RdNr. 11 b, 11 c, 21. Eine Wertsteigerung durch Einbau von Materialien gem. §§ 946 ff. BGB (s. o. § 129 RdNr. 168 a) ist mit der Einfügung vollendet.[15]

7   **2. Mehraktige Rechtshandlungen.** Einheitliche Rechtshandlungen, die aus mehreren Teilakten bestehen, sind erst mit dem letzten zur Erfüllung ihres Tatbestandes erforderlichen Teilakt abgeschlossen.[16] Die Anfechtung kann deshalb begründet sein, wenn nur irgendein zur Wirksamkeit nötiger Teilakt noch in die Anfechtungsfrist fällt und die übrigen tatbestandsmäßigen Voraussetzungen – außer einer mittelbaren Gläubigerbenachteiligung (vgl. Fn. 9) – zu dieser Zeit vorliegen. Eine einheitliche (mehraktige) Rechtshandlung in diesem Sinne liegt unter anderem vor, wenn ein Werkunternehmer durch Erbringung der Werkleistung einen Vergütungsanspruch der Höhe nach werthaltig macht und dadurch eine Aufrechnungslage schafft.[17]

8   Hängt die Wirksamkeit einer Rechtshandlung von der – privatrechtlichen – **Zustimmung** eines Dritten ab, so ist zu unterscheiden: Im Falle der (vorherigen) Einwilligung oder gleichzeitigen Zustimmung wird die Rechtshandlung nach den jeweils für sie geltenden Regeln wirksam. Wird sie dagegen erst (nachträglich) genehmigt, gilt sie regelmäßig erst mit der Erteilung der Genehmigung als vorgenommen, sogar wenn diese nach § 184 Abs. 1 BGB zurückwirkt.[18] Das trifft insbesondere für Handlungen durch einen vollmachtlosen Vertreter (§ 177 Abs. 1 BGB) zu. Die Ersetzung einer Zustimmung durch das Vormundschaftsgericht (zB gemäß §§ 1365 Abs. 2, 1369 Abs. 2, 1426 BGB) wirkt nach § 53 Abs. 1 und 2 FGG mit ihrer Rechtskraft, frühestens mit der Anordnung der sofortigen Wirksamkeit und deren Bekanntgabe an den Antragsteller; ein früherer Zeitpunkt ist anfechtungsrechtlich ebenfalls nicht gerechtfertigt.[19] Eine vormundschaftsgerichtliche Genehmigung hingegen wirkt gemäß § 1829 Abs. 1 Satz 2 BGB erst auf Grund ihrer Mitteilung durch den Vormund; dies ist auch für den Anfechtungsgegner – unter anderem im Hinblick auf §§ 1829 Abs. 2, 1830 BGB – der maßgebliche Zeitpunkt.[20] Bedarf ein Rechtsgeschäft andererseits einer öffentlich-rechtlichen Genehmigung, so entscheidet, ob die Genehmigung zurückwirken soll und das Rechtsgeschäft die Vertragspartner schon bis zur Entscheidung darüber bindet.[21] Letzteres trifft insbesondere bei einer devisenrechtlichen Genehmigung zu, so dass der Zeitpunkt des Vertragsschlusses maßgeblich bleibt.[22]

---

[14] Vgl. *Kübler/Prütting/Paulus* § 140 RdNr. 5; HambKomm-*Rogge* § 140 RdNr. 3.
[15] Vgl. *Gerhardt*, Gedächtnisschrift für Knobbe-Keuk, 1997, S. 169, 179 f.; *Beiner/Luppe* NZI 2005, 15, 20 f. Abgrenzend s. u. RdNr. 7 aE.
[16] RegE S. 166 zu § 159; BGHZ 99, 274, 286 = NJW 1987, 904, 907; BGHZ 113, 393, 394 = NJW 1991, 1610; HK-*Kreft* § 140 RdNr. 4; *Smid/Zeuner* InsO § 140 RdNr. 1 aE; HambKomm-*Rogge* § 140 RdNr. 4.
[17] *Fischer* ZIP 2004, 1679, 1683 f.; vgl. OLG Frankfurt ZInsO 2006, 105, 107. Ergänzend vgl. RdNr. 6 aE, 20.
[18] RegE S. 166 zu § 159; vgl. BGH NJW 1979, 102, 103; RGZ 88, 216, 217 f.; HK-*Kreft* § 140 RdNr. 4 aE; *Uhlenbruck/Hirte* § 140 RdNr. 3; *Kübler/Prütting/Paulus* § 140 RdNr. 5; *Nerlich* (Fn. 5) § 140 RdNr. 10; *Hess* InsO § 140 RdNr. 5; *Jaeger/Henckel*, KO § 30 RdNr. 82, 83, § 31 RdNr. 40 aE; *Bork*, Zahlungsverkehr RdNr. 275; *Christiansen* KTS 2003, 353, 360, 362 f.; *Eckert* S. 84 ff. Ergänzend s. o. RdNr. 6.
[19] FK-*Dauernheim* § 140 RdNr. 10; HambKomm-*Rogge* § 140 RdNr. 7; vgl. § 1366 Abs. 2 Satz 1 BGB; dagegen für eine Rückwirkung *Jaeger/Henckel*, KO § 30 RdNr. 87.
[20] FK-*Dauernheim* § 140 RdNr. 10; *Jaeger/Henckel*, KO § 30 RdNr. 84.
[21] *Jaeger/Henckel*, KO § 30 RdNr. 85; *Eckert* S. 71 f.
[22] BGH WM 1958, 1417, 1418 f.; *Nerlich* (Fn. 5) § 140 RdNr. 10; *Uhlenbruck/Hirte* § 140 RdNr. 3.

a) Schuldrechtliche **Verpflichtungsgeschäfte** kommen meist durch Angebot und Annahme zustande; erst mit letzterer – gegebenenfalls auf Grund des § 151 BGB – sind sie vorgenommen. Das gilt auch für einen Unternehmenskaufvertrag unabhängig von seiner Gestaltung als share deal oder asset deal (*Hallermann* S. 87f.) und für den gesamten Vertragsinhalt, also grundsätzlich auch für Klauseln, welche die Abwicklung (erst) im Fall der Insolvenz von Vertragsteilen regeln (s. o. § 119 RdNr. 53ff.), ebenso gemäß Abs. 3 für bedingte oder befristete Verträge.[23] Bürgschaften des Insolvenzschuldners sowie Verträge zugunsten Dritter wirken ebenfalls vom Abschluss des jeweiligen Vertrages an.[24] Die Bürgschaft oder Mithaftung für ein Darlehen, das erst künftig in mehreren Tranchen abgerufen werden soll, tritt allerdings nur bis zur Höhe der jeweils in Anspruch genommenen Beträge in Kraft. Wird ein Vertrag zugunsten zunächst unbestimmter Dritter abgeschlossen, so werden diese erst mit ihrer individuellen Festlegung berechtigt.[25] Die widerrufliche Bezugsberechtigung i. S. v. § 166 VVG begründet vor dem Versicherungsfall noch kein insolvenzbeständiges Recht.[26] Deshalb ist der Eintritt der Unwiderruflichkeit[27] oder spätestens des Versicherungsfalls[28] maßgebend.

Wechsel**verbindlichkeiten** kommen für den jeweils Verpflichteten mit der Begebung der von ihm unterzeichneten Urkunde zustande;[29] das gilt auch für Prolongationswechsel.[30] Wird ein Wechsel jedoch erst nach Übergabe befugtermaßen (vgl. Art. 10 WG) datiert, entscheidet im Hinblick auf Art. 1 Nr. 7, 2 Abs. 1 WG die Vervollständigung der Urkunde.[31] Für die Verpflichtung aus einem Scheck gemäß Art. 12, 18, 25 ScheckG gilt nichts anderes; der Zeitpunkt der Einlösung ist erst für die Anfechtung der Erfüllung (s. u. RdNr. 11 a) maßgeblich.[32] Aus der bloßen Anweisung an ein Kreditinstitut erwächst im Hinblick auf § 790 BGB noch kein Anspruch Dritter, sondern erst mit deren Annahme[33] oder dem Bewirken der Leistung durch den Angewiesenen.[34]

Ansprüche auf künftige **Mietraten** (§ 535 Abs. 2 BGB) entstehen jeweils neu, wenn sie abschnittsweise für die festgelegten Gebrauchsüberlassungszeiträume fällig werden.[35] Denn wegen der Abhängigkeit von Leistung und Gegenleistung sowie der Möglichkeit vorzeitiger Vertragsbeendigung (§§ 568ff. BGB, § 57a ZVG, §§ 103, 109 InsO) bleibt es bis zum Eintritt des Fälligkeitstermins ungewiss, ob der Vermieter – oder sein Rechtsnachfolger

---

[23] BAG NZI 2007, 58, 61; ergänzend s. u. RdNr. 50 ff., insbesondere RdNr. 52 zur Ausnahme, dass Rechtswirkungen erst unter der Bedingung der Insolvenz eintreten sollen.
[24] FK-*Dauernheim* § 140 RdNr. 8; vgl. BGHZ 55, 307, 309 f. = NJW 1971, 1702 f.; HambKomm-*Rogge* § 140 RdNr. 12. Auf den Zeitpunkt der Inanspruchnahme durch den Gläubiger kommt es nicht an: BGH NJW 1999, 3046, 3047.
[25] HambKomm-*Rogge* § 140 RdNr. 5; vgl. OLG Karlsruhe WM 1984, 1193, 1194 und BGH WM 1984, 1194 f.: Abschluss eines konkretisierenden Sicherungsvertrages.
[26] Vgl. *Bruck/Möller/Winter*, VVG 8. Aufl., 1988, §§ 159–178 Anm. H 32, H 99, H 102; aM *Thiel* ZIP 2002, 1232, 1235. Ergänzend s. u. RdNr. 51 a.
[27] Vgl. *Kayser*, Lebensversicherung S. 71 f.; *Westhelle/Micksch* ZIP 2003, 2054, 2058; *Elfring* NJW 2004, 483, 484; *Armbrüster/Piltz* KTS 2004, 481, 497; *Hasse* VersR 2005, 1176, 1189 f. Wegen einer nachträglichen Benennung des Berechtigten vgl. *Hasse*, Lebensversicherung S. 53, 72, 86 f.; zur Anfechtbarkeit späterer „Prämienzahlungen" s. o. § 129 RdNr. 52.
[28] BGHZ 156, 350, 357 = NJW 2004, 214, 215; HK-*Kreft* § 140 RdNr. 4, 14; HambKomm-*Rogge* § 140 RdNr. 5; *Kayser*, Lebensversicherung S. 72; *Müller-Feldhammer* NZI 2001, 343, 349; *Elfring* NJW 2004, 483, 484; *Hasse* VersR 2005, 15, 33.
[29] *Uhlenbruck/Hirte* § 140 RdNr. 5; *Nerlich* (Fn. 5) § 140 RdNr. 12; *Jaeger/Henckel*, KO § 30 RdNr. 156, 160; im Ergebnis auch BGH NJW 1974, 1336; vgl. zu dem für den gutgläubigen Erwerb maßgeblichen Zeitpunkt BGHZ 54, 1, 2 f. = NJW 1970, 1366. Ergänzend s. o. § 129 RdNr. 145.
[30] RGZ 77, 49, 51 f. leitet nur die Entgeltlichkeit der Prolongation aus dem Grundgeschäft für den ersten Wechsel ab, betrifft aber nicht den Zeitpunkt der Vornahme des Prolongationswechsels selbst.
[31] OLG Celle NJW 1958, 1144 f.; dagegen für den Zeitpunkt der Weiterübertragung FK-*Dauernheim* § 140 RdNr. 8.
[32] Offengelassen von BGH ZInsO 2007, 269, 270, z. V. b. in BGHZ; aM FK-*Dauernheim* § 140 RdNr. 8.
[33] RG LZ 1910, 474, 475; OLG Bamberg ZInsO 2004, 620, 621; vgl. *König* RdNr. 10/44.
[34] BGH NJW-RR 1999, 272, 273.
[35] BGH ZIP 1997, 513, 514; BGHZ 155, 380, 387 = NJW 2003, 2601, 2602; OLG Hamm ZIP 2006, 433, 434; FK-*Dauernheim* § 140 RdNr. 15 aE; *Wolf/Eckert/Ball* RdNr. 448; *Christiansen* KTS 2003, 373, 376; vgl. BGH ZInsO 2006, 1321, 1322; ferner BGH WM 1965, 628, 630; aM *Johlke/Schröder* EWiR 2000, 337, 338.

(§ 566 BGB) – die Miete von Rechts wegen wird verlangen dürfen. Die Ansprüche auf die einzelnen Mietraten sind deshalb im Sinne von § 163 BGB befristet.[36] Da diese Vorschrift auf § 158 BGB verweist, gelten alle Mietraten im Anwendungsbereich des § 140 Abs. 3 InsO als mit Vertragsschluss *bedingt* entstanden. Soweit aber die Ausnahmevorschrift des § 140 Abs. 3 nicht eingreift – also insbesondere, wenn **nicht** die Begründung des Mietverhältnisses selbst, sondern die **Abtretung** einzelner Ansprüche daraus angefochten wird (s. u. RdNr. 50 b) –, bleibt Abs. 1 maßgeblich: Die Ansprüche auf einzelne Mietraten sind erst mit dem jeweiligen Fälligkeitstermin vollendet. Demgegenüber entstehen sämtliche *Leasingraten* für die fest vereinbarte Überlassungszeit regelmäßig schon mit Abschluss des Leasingvertrages als *betagte* Forderungen.[37] Der Grund für diese Unterscheidung liegt darin, dass der Leasinggeber – anders als der gewöhnliche Vermieter – das zum Gebrauch zu überlassende Leasinggut zur Befriedigung eines Investitionsbedarfs des Leasingnehmers speziell beschafft und vorfinanziert; vereinbarte Leasingraten sind also nicht nur das Entgelt für eine zeitlich begrenzte Gebrauchsüberlassung, wie beim reinen Mietvertrag, sondern vor allem für die vom Leasinggeber im Voraus erbrachte einheitliche Finanzierungsleistung.[38] Dagegen sollte eine fakultative Vertragsverlängerung über die Grundmietzeit hinaus den Regeln über normale Mietverträge unterliegen, wenn der Finanzierungszweck erfüllt ist.[39] Erst recht gilt dies für Kaufoptionen zugunsten des Mieters, die mit einem Mietvertrag verbunden sind;[40] sie sind erst mit einer Ausübung der Option im Sinne von Abs. 1 vorgenommen.

9 c   Wiederkehrende Vergütungsansprüche für **Dienstleistungen** sind ebenfalls *befristet* im Sinne von § 163 BGB. Dies gilt nicht nur, wenn die Höhe der Vergütung vom Umfang der zu erbringenden Dienste abhängt,[41] sondern sogar bei vereinbarten Festpreisen. Denn auch dann ist im Hinblick auf die §§ 613 Satz 1, 616, 621 ff. BGB, § 113 InsO vor Eintritt des Fälligkeitstermins (§ 614 BGB) ungewiss, ob der Dienstverpflichtete die Vergütung von Rechts wegen wird verlangen dürfen. Der Anspruch auf Vergütung für geleistete Dienste entsteht deshalb nicht vor der Dienstleistung.[42] Demzufolge gelten – nur – im Anwendungsbereich des § 140 Abs. 3 InsO alle Vergütungsansprüche als schon mit Vertragsschluss bedingt entstanden (s. u. RdNr. 50 b aE). Im Übrigen – also insbesondere für die *Abtretung* von Vergütungsansprüchen – sind die Rechtshandlungen gemäß Abs. 1 erst mit der Fälligkeit der einzelnen Ansprüche vorgenommen.[43]

10   b) **Erfüllungsgeschäfte** sind mit dem jeweils letzten Übertragungsakt abgeschlossen,[44] nicht etwa schon mit Begründung der erfüllten Verpflichtung (s. o. § 129 RdNr. 57 bis 61, § 134 RdNr. 7). Sind dazu dinglich wirkende Verfügungsgeschäfte nötig, können diese aus verschiedenartigen Teilakten zusammengesetzt sein. Regelmäßig ist die Übereignung beweglicher Sachen mit Einigung und Übergabe im Sinne der §§ 929 ff. BGB,[45] also eine

---

[36] BGH NJW-RR 2005, 1641, 1642; OLG Celle ZMR 1999, 382, bestätigt durch BGH, Beschl. v. 20. 2. 1999 – XII ZR 300/96; OLG Hamm ZIP 2006, 433, 434; *Wolf/Eckert/Ball*, [vor § 108] RdNr. 448; *Eckert* S. 93 f.; vgl. BGHZ 86, 382, 386 = NJW 1983, 1119, 1120; *Dobmeier* NZI 2006, 144, 146 f.

[37] BGHZ 109, 368, 372 f. = NJW 1990, 1113, 1115; *Streit/Jordan* DZWIR 2004, 441, 447; *Flöther/Bräuer* NZI 2006, 136, 138 ff.

[38] BGHZ 111, 84, 94 f. = NJW 1990, 1785, 1787 f.; vgl. BGHZ 118, 282, 290 f. = NJW 1992, 2150, 2151; einschränkend s. o. § 108 RdNr. 34 § 110 RdNr. 17 f.

[39] AM pauschal BGHZ 109, 368, 373 f. = NJW 1113, 1115; *Eckert* S. 75 f., ohne auf den Grund für die Privilegierung oder die Amortisationsdauer einzugehen. BGHZ 118, 282, 291 = NJW 1992, 2150, 2151 lässt offen, ob diese Raten betagt oder befristet sind, sie sollen jedoch schon „im Keime" entstanden sein; dagegen s. u. RdNr. 11 c.

[40] So auch BGHZ 109, 368, 374 ff. = NJW 1990, 1113, 1115; *Eckert* S. 75 f.; s. o. § 108 RdNr. 35, 63.

[41] Vgl. für die Forderung des Kassenarztes auf Vergütung gegen die kassenärztliche Vereinigung BGH NJW 2006, 2485 f., z. V. b. in BGHZ; für anwaltliche Inkassotätigkeit KG ZIP 2006, 2001, 2002 f., das allerdings das Konkretisierungserfordernis (u. RdNr. 11 b) nicht prüft.

[42] RGZ 142, 291, 295; BAG NJW 1993, 2699, 2700; aM HambKomm-*Ahrendt* § 114 RdNr. 6; *Flöther/ Bräuer* NZI 2006, 136, 143 f. Das gilt auch, wenn ein Arbeitsverhältnis neu begründet wird: S. o. § 129 RdNr. 92.

[43] Vgl. BGH NJW 2006, 2485 f., z. V. b. in BGHZ; KG ZIP 2006, 2001, 2002 f. (dazu s. o. vorletzte Fn.).

[44] SchlHOLG SchlHA 1963, 122 f.; *Henckel*, Kölner Schrift S. 674 RdNr. 65; *Baur/Stürner* RdNr. 18.33.

[45] *Uhlenbruck/Hirte* § 140 RdNr. 5, 7; *Eckert* S. 45 f.; vgl. BGH NJW-RR 1998, 1561, 1562.

Barzahlung mit der Übereignung des Geldes vorgenommen. Eine Bareinzahlung bei Kreditinstituten ist mit der Übergabe des Geldes an der Kasse oder bei Einzahlung über den Tag-/Nachttresor nach der Entnahme aus der Kassette mit Zuweisung des Inhalts zu dem einzahlenden Bankkunden beendet;[46] die spätere Buchung hat nur noch deklaratorische Bedeutung.[47] Bei Teilzahlungen hat jede der verschiedenen Erfüllungshandlungen einen eigenen Vollendungszeitpunkt.[48] Während Verfügungen über bewegliche Gegenstände durchweg unter Abs. 1 fallen, kann ihre Vornahme – insbesondere beim Eigentumsvorbehalt – zusätzlich an Bedingungen oder Befristungen im Sinne von Abs. 3 geknüpft sein. Bei Verfügungen über Grundstücke und Grundstücksrechte wird oft Abs. 2 eingreifen.

Die bargeldlose **Überweisung** ist noch nicht mit der Weiterleitung durch die Schuldnerbank, sondern erst in demjenigen Zeitpunkt vorgenommen, in dem der Anspruch des Berechtigten auf die Gutschrift entsteht.[49] Unerheblich ist die spätere Vollziehung zugunsten des Empfängerkontos.[50] Jener Anspruch entstand nach früherem Recht, sobald die Empfängerbank den Betrag zur Gutschrift erhalten hatte (vgl. § 676a Abs. 4 Satz 1 BGB), aber nur bei bargeldlosen Überweisungen innerhalb derselben Bank bereits mit der Belastungsbuchung auf dem Konto des Auftraggebers.[51] Im Hinblick auf die nach § 676a Abs. 3 Satz 1 BGB – gerade bei Zahlungsschwäche des Schuldners – bestehende Kündigungsmöglichkeit des überweisenden Kreditinstituts dürfte es aber richtig sein, erst den Beginn der Ausführungsfrist gemäß § 676a Abs. 2 Satz 2 und 3 BGB als Vornahmezeitpunkt anzunehmen. Das Abbuchungsauftragsverfahren ist für den Gläubiger noch nicht mit der Gutschrift seiner Bank, sondern erst mit der Einlösung durch die Schuldnerbank abgeschlossen.[52] Für das Einzugsermächtigungsverfahren entscheidet dagegen auf Grund der herrschenden Genehmigungstheorie[53] erst der Zeitpunkt der Genehmigung durch den Schuldner oder des Ablaufs der Widerrufsfrist;[54] denn erst die Genehmigung beendet den Erwerb (s. o. RdNr. 8). Das gilt sowohl für Gläubiger wie für Schuldner dieser Art des *Lastschriftverfahrens*. Die dem Gläubiger mit der Einreichung erteilte Gutschrift der Inkassobank bedeutet zunächst – nur – eine Kreditgewährung; sie führt nicht schon die Wirkung des Abs. 3 für die Einlösung selbst herbei.[55] Ergänzend s. o. § 129 RdNr. 108 c.

---

[46] *Bork*, Zahlungsverkehr RdNr. 376; *Obermüller*, Insolvenzrecht RdNr. 3.601.
[47] HambKomm-*Rogge* § 140 RdNr. 9; *Kübler/Prütting/Paulus* § 140 RdNr. 4; *Eckert* S. 46 f.; vgl. BGHZ 74, 129, 131 f. = NJW 1979, 1461, 1462; BGH NJW 1984, 1953, 1954. Ergänzend s. o. § 129 RdNr. 7.
[48] OLG Karlsruhe ZInsO 2003, 999, 1000; HambKomm-*Rogge* § 130 RdNr. 4. Ergänzend s. o. § 129 RdNr. 55.
[49] BGH NJW-RR 2002, 1419, 1420; FK-*Dauernheim* § 140 RdNr. 89; *Jaeger/Henckel*, KO § 30 RdNr. 152; *Bork*, Zahlungsverkehr RdNr. 141; *Canaris*, Bankvertragsrecht RdNr. 819; *Spliedt* EWiR 2005, 479, 480.
[50] *Uhlenbruck/Hirte* § 140 RdNr. 5; HambKomm-*Rogge* § 140 RdNr. 9; *Kilger/K. Schmidt* § 30 KO Anm. 7, b; *Steinhoff* ZIP 2000, 1141, 1145 f.; vgl. BGH NJW 1984, 1953 f.; insoweit aM AG Osnabrück ZInsO 2001, 1021, 1022; *Kübler/Prütting/Paulus* § 140 RdNr. 4.
[51] BGH NJW-RR 2002, 1419, 1420; NJW 2002, 3252, 3253; HK-*Kreft* § 131 RdNr. 10; *Kuder* S. 171 f. Zur Maßgeblichkeit etwaiger Nachdispositionen der Bank im elektronischen Datenverkehr vgl. BGH NJW 2005, 1771 f.
[52] Vgl. BGH ZIP 1980, 425, 426; NJW-RR 2003, 837, 838; *Schimansky/Bunte/Lwowski/van Gelder*, Bankrechts-Handbuch § 58 RdNr. 164; HambKomm-*Rogge* § 140 RdNr. 10; *Bork*, Zahlungsverkehr RdNr. 275; *Mauer* S. 117; *Canaris* ZIP 1980, 516, 517 f.; *Eckert* S. 48 f. Allerdings wird die Gutschrift spätestens zwei Bankarbeitstage nach der Belastungsbuchung gemäß Nr. 9 Abs. 2 AGB-Banken/AGB-Sparkassen unwiderruflich. Ergänzend s. u. RdNr. 11 c aE.
[53] Vgl. BGHZ 144, 349, 353 ff. = NJW 2000, 2267 f.; BGH NJW 2006, 1965 f., z. V. b. in BGHZ; aM *Bork*, Zahlungsverkehr RdNr. 312; *Canaris* Bankvertragsrecht RdNr. 665 f.; *Wischemeyer* S. 17.
[54] BGH NJW-RR 2003, 837, 838; BGHZ 161, 49, 53 f. = NJW 2005, 675 f.; OLG Karlsruhe ZIP 2007, 286, 287; OLG München NZI 2007, 466, 467; LG Köln NZI 2007, 469, 472; *van Gelder* (vorvorige Fn.) RdNr. 175; HambKomm-*Rogge* § 140 RdNr. 10; *Spliedt* ZIP 2005, 1260, 1266 f.; *Kuder* S. 94 ff.; vgl. OLG Düsseldorf ZIP 1991, 330, 331. Dies verkennt *Christiansen* KTS 2003, 353, 381 f.
[55] OLG Oldenburg NZI 2007, 53, 54; *Peschke* S. 200 f.; vgl. HK-*Kreft* § 140 RdNr. 14; aM *Breutigam* in Breutigam/Blersch/Goetsch § 140 RdNr. 7; *Obermüller*, Insolvenzrecht RdNr. 3524 ff.; *Canaris*, Festschrift KO S. 73, 88; *Wischemeyer* S. 17.

§ 140   11 a, 11 b   3. Teil. 3. Abschnitt. Insolvenzanfechtung

11 a   Wird zur Erfüllung einer Schuld eine Leistung erfüllungshalber (§ 364 Abs. 2 BGB) erbracht, tritt die Wirkung des Erlöschens (§ 362 BGB) erst ein, sobald die neue Verbindlichkeit erfüllt wird. Deshalb kommt es bei der Einlösung eines **Schecks** oder Wechsels des Insolvenzschuldners nicht schon auf die – unter Vorbehalt des Empfangs stehende – vorläufige Bankgutschrift,[56] sondern auf die Einlösung durch die bezogene Bank an.[57] Spätestens sind Einzugspapiere nach Maßgabe der Nr. 9 Abs. 2 Satz 1 AGB-Banken/AGB-Sparkassen nach Ablauf des übernächsten Bankarbeitstags – ohne Rückgängigmachung – eingelöst. Zwar kann auch die Einlösung eines Wechsels selbständig anfechtbar sein, doch stellt sie eine kongruente Deckung dar, wenn zuvor die Wechselverbindlichkeit (s. o. RdNr. 9 a) unanfechtbar begründet war.[58]

11 b   Bei **Auf-** oder **Verrechnungen** entscheidet, wie § 96 Abs. 1 Nr. 3 InsO erkennen lässt, schon die Herstellung der Aufrechnungslage (§§ 389, 387 BGB), nicht erst die Aufrechnungserklärung.[59] Jene Norm lässt hinsichtlich der anfechtbaren Herstellung einer Aufrechnungslage die allgemeinen insolvenzrechtlichen Grundsätze unberührt.[60] Im Hinblick auf den für die Anfechtung von Aufrechnungslagen maßgeblichen Zeitpunkt ist insbesondere § 95[61] bedeutungslos, weil diese Vorschrift allein die unmittelbaren Wirkungen des Insolvenzbeschlags gegenüber aufzurechnenden Forderungen regelt. Die Herstellung der konkreten Aufrechnungslage bleibt auch maßgeblich, soweit die Aufrechenbarkeit über die gesetzlichen Voraussetzungen hinaus vertraglich erleichtert worden ist;[62] die bloß abstrakte Möglichkeit einer durch solche Vereinbarungen künftig zu bewirkenden Verminderung des Schuldnervermögens verdichtet sich erst mit jedem Eintritt einer – vereinfachten – Verrechnungslage zu einem selbständig anfechtbaren Erfüllungssurrogat.[63] Zusätzlich kann allenfalls der Abschluss der Aufrechnungsvereinbarung selbst (nach §§ 132, 133) anfechtbar sein, soweit sie nachteilig von § 387 BGB abweicht. Die Aufrechnungslage kann entweder dadurch „vorgenommen" werden, dass ein Insolvenzgläubiger eine Verbindlichkeit gegenüber dem Schuldner begründet[64] – so insbesondere bei der Verrechnung von Kreditinstituten nach Zahlungseingängen auf einem debitorischen Schuldnerkonto[65] –, oder dadurch, dass ein Schuldner des (späteren) Insolvenzschuldners eine Forderung gegen diesen erlangt. Insoweit kommt es nicht darauf an, welche der beiden Forderungen früher entstanden oder fällig geworden ist.[66]

---

[56] *Obermüller* ZInsO 1998, 252, 258 f.; *Peschke* S. 200 f.; aM *Breutigam* in *Breutigam/Blersch/Goetsch* § 140 RdNr. 7. Dazu, dass der Vorbehalt des Eingangs durch die Inkassobank eine auflösende – nicht aufschiebende – Bedingung ausdrückt, vgl. *Schimansky* in: *Schimansky/Bunte/Lwowski*, Bankrechts-Handbuch § 47 RdNr. 31, 31 a; aM *Wischemeyer* S. 16 f. Zu dem schon mit der Einreichung des Schecks entstehenden Pfandrecht der Inkassobank s. u. RdNr. 15.

[57] BGH NJW 1951, 598, 599; 1987, 317, 319; BGHZ 118, 171, 176 f. = NJW 1992, 1960, 1961; BGH ZInsO 2007, 816, 817 f.; OLG Frankfurt OLGReport 2000, 50, 51 f.; OLG Stuttgart ZIP 2005, 1837, 1838; *Schimansky/Bunte/Lwowski/Nobbe*, Bankrechts-Handbuch § 60 RdNr. 181 ff., 251; *Bork*, Zahlungsverkehr RdNr. 425, 463; *Canaris*, Bankvertragsrecht RdNr. 819; FK-*Dauernheim* § 140 RdNr. 8; *Kübler/Prütting/Paulus* § 140 RdNr. 4; HambKomm-*Rogge* § 140 RdNr. 6; *Uhlenbruck/Hirte* § 140 RdNr. 5; *Jaeger/Henckel*, KO § 30 RdNr. 275. Die spätere Verbuchung auf dem Konto des Scheckausstellers entscheidet nicht, jedoch ist die Gutschrift gemäß Nr. 9 Abs. 2 AGB-Banken/AGB-Sparkassen spätestens zwei Bankarbeitstage nach der Belastungsbuchung nicht mehr widerruflich. Ergänzend vgl. RdNr. 11 c aE, § 129 RdNr. 108 e, § 130 RdNr. 10.

[58] *Jaeger/Henckel*, KO § 30 RdNr. 154; im Ergebnis auch BGH WM 1974, 570, 571 f.

[59] *Uhlenbruck/Hirte* § 140 RdNr. 3; FK-*Dauernheim* § 140 RdNr. 9; *Jaeger/Henckel*, KO § 30 RdNr. 275. Ergänzend s. o. § 129 RdNr. 148 ff., § 130 RdNr. 10.

[60] BGH NJW-RR 2005, 1641, 1642. Ergänzend vgl. RdNr. 50 b, § 96 RdNr. 14.

[61] Vgl. dazu BGH NJW-RR 2005, 487 f. für Gegenansprüche innerhalb eines Mietverhältnisses.

[62] *C. Paulus*, Festschrift 50 Jahre Bundesgerichtshof, hrsg. v. Canaris u. a., 2000, Bd. III S. 765, 779 f.; vgl. § 94 und ergänzend § 129 RdNr. 130, § 133 RdNr. 28.

[63] Dies verkennt *Eckert* S. 55 ff., 72 ff.

[64] Vgl. BGHZ 145, 246, 254 f. = NJW 2001, 367, 369; OLG Hamm WM 2003, 2115, 2116; OLG Frankfurt ZInsO 2006, 105, 107; OLG Rostock NZI 2006, 107.

[65] *Bork*, Zahlungsverkehr RdNr. 209, 212, 463; *Obermüller*, Insolvenzrecht RdNr. 3.117; *Steinhoff* ZIP 2000, 1141, 1145; *Peschke* S. 185 f.; *Wischemeyer* S. 13 ff. Die Einstellung in ein laufendes Kontokorrent bewirkt eine Verrechnung im Zeitpunkt der nächsten Saldierung (dazu s. u. RdNr. 53).

[66] BGHZ 159, 388, 393 = NJW 2004, 3118, 3119; OLG Hamm WM 2003, 2115, 2116; *Fischer* ZIP 2004, 1679, 1682. Ergänzend s. o. § 96 RdNr. 27.

Zeitpunkt der Vornahme einer Rechtshandlung   11 c–13 § 140

Ohne besondere vertragliche Regelung muss die Aufrechnungslage grundsätzlich im vollen **11 c** Umfang des § 387 BGB entstanden sein, ehe sie im Sinne von Abs. 1 „vorgenommen" ist. Insbesondere muss die Forderung des Insolvenzgläubigers, der gegen einen Anspruch des Schuldners aufrechnen will, *fällig* sein: Die frühere Erleichterung des § 54 KO, der auch betagte oder bedingte Forderungen für im Konkurs aufrechenbar erklärte, ist in § 95 nicht übernommen worden. Die zu § 54 KO entwickelte Konstruktion „gesetzlicher Bedingungen"[67] ist damit gegenstandslos. Eine Einschränkung hinsichtlich des für die Anfechtung maßgeblichen Zeitpunkts ergibt sich nur noch aus § 140 Abs. 3 (s. u. RdNr. 50 b, 51). Diese Vorschrift setzt mindestens das *Bestehen* eines – betagten oder bedingten – Anspruchs im Rechtssinne voraus. Eine Herausgabepflicht zB des Treuhänders oder **Beauftragten** nach § 667 BGB – sei es ein Kreditinstitut oder ein Rechtsanwalt – entsteht nicht schon mit Erteilung eines allgemeinen Auftragsrahmens,[68] etwa alle für den Auftraggeber eingehenden Zahlungen entgegenzunehmen. Vielmehr ist sie erst in den Zeitpunkten vollendet, in welchen jeweils die Vermögenswerte eingehen (vgl. BGH ZInsO 2007, 658, 660). Die Herausgabepflicht ist auch kein bedingtes Rechtsgeschäft i. S. v. Abs. 3.[69] Zwar kann die Vergütung für jeden einzelnen Auftrag nach den Grundsätzen über Bargeschäfte (s. u. § 142 RdNr. 19, 19 a) verrechnet werden, aber nicht ohne weiteres auch diejenige für frühere Aufträge. Beim Dokumenteninkasso oder Lastschrifteinzug einer Bank im Auftrag des späteren Insolvenzschuldners entsteht die Aufrechnungslage für die Bank in demjenigen Zeitpunkt, in welchem sie von der bezogenen Bank buchmäßig Deckung erhält.[70] Die Verrechnungslage mit einer Steuerforderung gegen einen Steuererstattungsanspruch entsteht nach § 168 Satz 2 AO erst in dem Zeitpunkt, in welchem das Finanzamt der Steueranmeldung zustimmt, die den Erstattungsanspruch begründet.[71]

c) Sonstige Verfügungsgeschäfte sind anfechtungsrechtlich insbesondere bedeutsam, so- **12** weit sie **Sicherungsrechte** begründen. Die – einfache – Sicherungsübereignung wirkt mit Einigung und Übergabe (s. o. RdNr. 10); betrifft sie allerdings erst künftig zu erwerbende Sachen, wird sie mit der Einstellung dieser Sachen in den von der Übereignung vereinbarungsgemäß erfassten räumlichen Bereich wirksam.[72] Wegen der Verlängerungsformen s. u. RdNr. 13, 14. Die Verpfändung von Sachen ist gemäß § 1205 BGB mit Einigung und Übergabe vorgenommen,[73] die Vereinbarung eines Sicherungszwecks für eine abstrakte Sicherheit mit der formfreien Einigung.[74] Am Vornahmezeitpunkt ändert sich nichts, wenn das Sicherungsgut zunächst nur auf einen Treuhänder übertragen wird;[75] ist diese Übertragung allerdings widerruflich, kann eine Vereitelung des Widerrufs eine weitere anfechtbare Handlung darstellen. Zur Bürgschaft s. o. RdNr. 9.

Die **Abtretung** – auch Sicherungsabtretung – *bestehender* Forderungen kommt regelmäßig **13** mit der Annahme des Abtretungsangebots zustande (§ 398 Satz 2 BGB);[76] dies gilt auch, wenn eine nur aufschiebend bedingte Forderung abgetreten wird.[77] Der Eintritt der Fällig-

---

[67] Vgl. BGHZ 71, 380, 384 f. = NJW 1978, 1807, 1808 f.; BGH NJW 1990, 1301, 1302; ferner BGHZ 118, 282, 290 f. = NJW 1992, 2150, 2151: „Im Keime entstanden".
[68] BGH WM 2007, 1669, 1670 f.; zu undifferenziert OLG Rostock NZI 2006, 107 f.
[69] BGH WM 2007, 1669, 1671; weitergehend *Christiansen* KTS 2003, 353, 368 ff.
[70] Vgl. BGHZ 118, 171, 176 f. = NJW 1992, 1960, 1961 in Abgrenzung zu BGHZ 70, 177, 181 f. = NJW 1978, 758, 759; BGH WM 1997, 1774 zu OLG Hamburg WM 1997, 1773 f. Ergänzend vgl. RdNr. 11, 11 a und zu einem früher entstehenden Sicherungsrecht der Bank an den verbrieften Forderungen RdNr. 15.
[71] LG Kiel ZVI 2002, 419 f.
[72] BGH NJW 1991, 2144, 2145; vgl. BGHZ 30, 248, 252 unter III; HambKomm-*Rogge* S 140 RdNr. 12.
[73] BGHZ 86, 340, 346 = NJW 1983, 1123, 1124; HambKomm-*Rogge* § 140 RdNr. 13.
[74] Vgl. BGH NJW-RR 1993, 235, 237.
[75] Vgl. *Bork* NZI 1999, 337, 343 f.
[76] OLG Brandenburg bei *Pape* EWiR 1996, 167, 168; *Smid/Zeuner* InsO § 140 RdNr. 15; *Beiner/Luppe* NZI 2005, 15, 18; *Eckert* S. 93 ff.
[77] RGZ 67, 425, 430; RG Gruchot 54 (1910), 1164, 1165 f.; OLG Hamburg ZIP 1981, 1353, 1355; HambKomm-*Rogge* § 140 RdNr. 14; Baur/Stürner RdNr. 18.33 über Fn. 102; *Beiner/Luppe* NZI 2005, 15, 18; *Dahl* EWiR 2003, 649, 650; aM FK-*Dauernheim* § 140 RdNr. 6. Ergänzend s. u. RdNr. 50 a.

keit oder Durchsetzbarkeit der – dem Grunde nach bestehenden – abgetretenen Forderung ist unerheblich.[78] Ist dagegen die Abtretung selbst bedingt, fällt sie unter Abs. 3. Eine Blankettabtretung wird erst wirksam, wenn der Abtretungsempfänger feststeht. Im Allgemeinen ist dies derjenige Zeitpunkt, in dem die Abtretungsurkunde vervollständigt wird;[79] das ist allerdings nur bei konstitutiver Schriftform eine Rechts-, sonst lediglich eine widerlegliche, beweismäßige (Erfahrungs-) Regel.[80] Eine „Mantelzession" wird durchweg mit dem Zugang der konkretisierenden Abtretungsliste bei dem Gläubiger vorgenommen.[81] Ist zum Wirksamwerden der Abtretung ausnahmsweise eine Anzeige an den Drittschuldner nötig – wie zB gemäß § 46 Abs. 2 AO oder § 13 Abs. 3 ALB[82] –, ist die Abtretung insgesamt erst mit dem Zugang dieser Anzeige vorgenommen.[83] Im Übrigen ist die bloße Offenlegung einer zunächst still vollzogenen Abtretung bedeutungslos, weil sie sich nicht auf deren Entstehung bezieht, sondern nur einen möglichen guten Glauben des Drittschuldners (§ 407 BGB) zerstört.[84]

14 Die **Vorausabtretung** künftiger Rechte wird erst mit deren Entstehen wirksam.[85] Dieses ist keine „Bedingung" i. S. v. Abs. 3 (s. u. RdNr. 50 a). Das trifft insbesondere bei einem verlängerten Eigentumsvorbehalt zu.[86] Meist entsteht die im Voraus abgetretene Forderung, sobald der spätere Insolvenzschuldner den Vertrag mit einem Dritten abschließt, auf dessen Anspruchsfolgen sich die Abtretung bezieht.[87] Werden Forderungen auf künftige Mietraten abgetreten, ist die Rechtshandlung schrittweise mit Beginn des jeweiligen Nutzungszeitraums vorgenommen; darauf bezieht sich Abs. 3 nicht (s. o. RdNr. 9 b). Entsprechendes gilt für Forderungen auf künftigen Arbeitslohn (s. o. RdNr. 9 c). Wird die Saldoforderung aus einem Kontokorrent im Voraus abgetreten, entsteht der abgetretene abstrakte Saldoanspruch nicht vor der Beendigung des Kontokorrents, insbesondere durch Insolvenzeröffnung (§§ 91 Abs. 1, 116 InsO). Nimmt man zusätzlich einen kausalen Schlusssaldo als vorher bestehendes Recht an,[88] entsteht dieses mit dem letzten novierenden Saldoanerkenntnis oder mit demjenigen späteren Zeitpunkt, in dem die ins Kontokorrent eingestellten, aber noch nicht verrechneten Einzelforderungen entstanden sind.[89]

---

[78] Vgl. OLG Rostock ZInsO 2004, 46, 47. Dies gilt insbesondere für Forderungen auf Werklohn: HambKomm-*Rogge* § 140 RdNr. 14 aE.
[79] Vgl. BGHZ 22, 128, 134 ff. = NJW 1957, 137, 138; RGZ 63, 230, 234; MünchKommBGB-*Eickmann* § 1154 RdNr. 8; *Soergel/Konzen* § 1154 RdNr. 10; einschränkend *Soergel/Zeiss* § 398 RdNr. 3 mwN.
[80] Insoweit zutreffend *Jaeger/Henckel*, KO § 15 RdNr. 100.
[81] FK-*Dauernheim* § 140 RdNr. 6; *Obermüller*, Insolvenzrecht RdNr. 6.187.
[82] Vgl. dazu BGHZ 112, 387, 389 f. = NJW 1991, 559 f.
[83] OLG Köln NZI 2003, 555 f.; vgl. OLG Naumburg DZWIR 1999, 37, 38. Ergänzend s. o. § 129 RdNr. 156. Dagegen ist die Anzeige nach § 398 Satz 2 BGB nicht Wirksamkeitsbedingung: RGZ 133, 234, 241 f.
[84] Dies verkennt LG Marburg NZI 2002, 443, 444.
[85] RegE S. 166 zu § 159; BGH WM 1959, 944; NJW 1995, 1668, 1671; NZI 2004, 623, 624; WM 2007, 897 f. (zu Nr. 15 Abs. 2 AGB-Banken); OLG Düsseldorf WM 1997, 278, 282; OLG Bremen ZInsO 2003, 1012 LS; OLG Karlsruhe ZIP 2005, 1248; OLG Dresden ZInsO 2006, 1057, 1059; *Kübler/Prütting/Paulus* § 140 RdNr. 4; *Nerlich* (Fn. 5) § 140 RdNr. 8; *Uhlenbruck/Hirte* § 140 RdNr. 6; HambKomm-*Rogge* § 140 RdNr. 14; *Jaeger/Henckel*, KO § 30 RdNr. 76, § 31 RdNr. 17 aE; *Häsemeyer* RdNr. 10.26, 21.49; *Obermüller*, Insolvenzrecht RdNr. 6.194; *Stiller* ZInsO 2002, 651, 653; *Christiansen* KTS 2003, 353, 360; *Streit/Jordan* DZWIR 2004, 441, 447; *Beiner/Luppe* NZI 2005, 15, 18; *König* RdNr. 10/40; vgl. BGH NJW-RR 2000, 1154, 1155. Zur Vorausabtretung der Auseinandersetzungsforderung eines GmbH-Gesellschafters vgl. BGHZ 88, 205, 206 ff. = NJW 1984, 492 f., zur Übertragung künftiger Geschmacksmusterrechte BGH NJW-RR 1998, 1057, 1061. Ergänzend s. u. RdNr. 50 a.
[86] BGHZ 30, 238, 239 f. = NJW 1959, 1539 f.; BGHZ 64, 312, 313 = NJW 1975, 1226, 1227; FK-*Dauernheim* § 140 RdNr. 6; *Jaeger/Henckel*, KO § 30 RdNr. 92. Zur fehlenden Gläubigerbenachteiligung, wenn die Abtretung lediglich einen wirksamen Eigentumsvorbehalt ersetzt, vgl. § 129 RdNr. 155.
[87] Vgl. *Streit/Jordan* DZWIR 2004, 441, 447 f.
[88] So BGHZ 70, 86, 94 f = NJW 1978, 538, 540.
[89] FK-*Dauernheim* § 140 RdNr. 6; *Jaeger/Henckel*, KO § 15 RdNr. 97, § 30 RdNr. 92; *Eckert* S. 111 ff. Auch BGHZ 70, 86, 94 f. = NJW 1978, 538, 540 sieht die Grundlage „in den ... in das Kontokorrent eingestellten Einzelforderungen"; damit ist es aber nicht vereinbar, eine insolvenzbeständige Forderung schon für den Zeitpunkt eines früheren Abtretungsvertrages anzunehmen. *Serick* Bd. V § 67 V 2 b, S. 636 ff. stellt auf einen Zeitpunkt unmittelbar vor Verfahrenseröffnung ab.

Die **Verpfändung** einer Sache ist gemäß § 1205 BGB mit Einigung und Übergabe vor- **15** genommen.[90] Die Verpfändung einer Forderung setzt gemäß § 1280 BGB eine Anzeige an den Drittschuldner voraus und wird nicht vor dieser wirksam.[91] Die Verpfändung einer künftigen Forderung ist nicht vor deren Entstehen vorgenommen.[92] Dagegen soll das Pfandrecht an einem bereits bestehenden Recht zur Sicherung einer möglichen künftigen Forderung (§ 1204 Abs. 2 BGB) schon mit der Erfüllung der in §§ 1274 ff. BGB genannten Voraussetzungen eintreten;[93] diese formale Unterscheidung leuchtet wertungsmäßig nicht ein.[94] Zum Entstehen verbriefter Grundpfandrechte s. u. RdNr. 28; jedoch wirkt eine Hypothek für eine künftige Forderung im Hinblick auf § 1163 BGB erst mit deren Entstehung zugunsten ihres Gläubigers (s. u. RdNr. 38). Das Kreditinstitut erwirbt gemäß Nr. 14 Abs. 1 Satz 1 AGB-Banken/Nr. 21 Abs. 1 AGB-Sparkassen ein Pfandrecht am Anspruch des Kunden auf Erteilung einer Gutschrift erst mit dem Zahlungseingang zu dessen Gunsten.[95] Mit der Hereinnahme eines dem Kreditinstitut zum Inkasso eingereichten Schecks – oder eines vergleichbaren Wertpapiers – erwirbt es daran ein Pfandrecht, soweit ihm eine Forderung gegen den Kunden zusteht; das Pfandrecht entsteht dann mit der Entgegennahme der Urkunde.[96]

Gesetzliche Pfandrechte entstehen mit der Erfüllung des gesamten dafür jeweils vor- **16** gesehenen gesetzlichen Tatbestandes. Insbesondere wird das Vermieterpfandrecht gemäß § 559 BGB mit der Einbringung der Sachen des Mieters begründet, jedoch nicht vor Entstehen einer zu sichernden Forderung;[97] deren Fälligkeit wird aber im Hinblick auf § 140 Abs. 3 InsO nicht vorausgesetzt. Das kaufmännische Zurückbehaltungsrecht entsteht mit der Erlangung der Verfügungsmacht im Sinne des § 369 HGB, jedoch nicht vor Begründung der zu sichernden Gegenforderung.[98]

3. Zwangsvollstreckungen. Vollstreckungsmaßnahmen sind spätestens mit Auskehr **17** eines Verwertungserlöses abgeschlossen. Jedoch gewährt bereits ein unanfechtbar entstandenes Pfandrecht gemäß § 50 Abs. 1 ein Recht auf abgesonderte Befriedigung, das eine Gläubigerbenachteiligung ausschließt (vgl. § 129 RdNr. 108 d, 161). Deshalb entscheidet über die Anfechtbarkeit meist schon die Vollendung der **Pfändung,** die ein Pfandrecht begründet,[99] nicht zB erst die Zahlung durch einen Drittschuldner gem. §§ 829, 835 ZPO.[100] Die Sachpfändung ist mit der Inbesitznahme durch den Gerichtsvollzieher nach Maßgabe der §§ 808, 826 ZPO, die Rechtspfändung gem. § 829 Abs. 3 ZPO durch Zustellung an den Drittschuldner[101] – bei dessen Fehlen an den späteren Insolvenzschuldner

---

[90] HambKomm-*Rogge* § 140 RdNr. 13; vgl. *König* RdNr. 10/48.
[91] RG JW 1902, 185 Nr. 21; HK-*Kreft* § 140 RdNr. 4; *Uhlenbruck/Hirte* § 140 RdNr. 6; HambKomm-*Rogge* § 140 RdNr. 13.
[92] BGH NJW 1995, 1668, 1671; ZIP 1996, 2080, 2082; NJW 1998, 2592, 2597, insoweit nicht in BGHZ 138, 291 abgedruckt; OLG Köln ZIP 1987, 907, 908; OLG Frankfurt NZI 2007, 413, 414; HambKomm-*Rogge* § 140 RdNr. 13; *Uhlenbruck/Hirte* § 140 RdNr. 6; *Jaeger/Henckel,* KO § 30 RdNr. 76; *Staudinger/Wiegand* § 1273 RdNr. 16; vgl. auch BGH ZIP 1988, 1546, 1547; NJW 2003, 2171 f.
[93] BGHZ 86, 340, 346 f. = NJW 1983, 1123, 1125; BGHZ 93, 71, 76 = NJW 1985, 863, 864; BGH ZIP 1999, 79; *Nerlich* (Fn. 5) § 140 RdNr. 9; *Uhlenbruck/Hirte* § 140 RdNr. 7; vgl. auch BGH NJW 1998, 2592, 2597, insoweit nicht in BGHZ 138, 291 abgedruckt.
[94] Ebenso *Jaeger/Henckel,* KO § 30 RdNr. 79; *Mitlehner* RdNr. 684.
[95] BGHZ 150, 122, 126 = NJW 2002, 1722 f.; BGH NZI 2004, 314, 315; NJW-RR 2005, 1636, 1637; WM 2007, 897 f.; HK-*Kreft* § 140 RdNr. 4; *Uhlenbruck/Hirte* § 140 RdNr. 8; HambKomm-*Rogge* § 140 RdNr. 13; *Bork,* Zahlungsverkehr RdNr. 313; vgl. *Kuder* S. 171 f.
[96] BGHZ 118, 171, 178 = NJW 1992, 1960, 1961; OLG Köln WM 1979, 1193; *Jaeger/Henckel,* KO § 30 RdNr. 272 S. 1028; *Canaris,* Festschrift KO S. 78, 85 f.; vgl. BGHZ 95, 149, 153 f. = NJW 1985, 2649, 2650. Ergänzend s. o. RdNr. 11 a.
[97] *Jaeger/Henckel,* KO § 30 RdNr. 80; vgl. *Palandt/Weidenkaff* § 562 RdNr. 5, 11 ff.
[98] *Jaeger/Henckel,* KO § 30 RdNr. 81.
[99] BGHZ 157, 350, 353 = NJW 2004, 1444 f.; BGHZ 162, 143, 146 = NJW 2005, 1121 f.; RG LZ 1911, 845 f.; OLG Oldenburg ZInsO 2005, 328, 329; FK-*Dauernheim* § 140 RdNr. 4; HambKomm-*Rogge* § 140 RdNr. 17; *Andres/Leithaus* § 140 RdNr. 8; *Jaeger/Henckel,* KO § 30 RdNr. 77, 241; *Beiner/Luppe* NZI 2005, 151, 158; zu § 88 auch BFH ZIP 2005, 1182, 1183 f. Ergänzend s. o. § 131 RdNr. 27.
[100] BGH NZI 2000, 310 f.; OLG Hamm ZInsO 2002, 132 f.; aM OLG Schleswig ZIP 2003, 727, 728.
[101] BGH WM 1959, 470, 472; OLG Hamm ZIP 2007, 240, 243; *Uhlenbruck/Hirte* § 146 RdNr. 9.

§ 140 18–20   3. Teil. 3. Abschnitt. Insolvenzanfechtung

(vgl. § 857 Abs. 2 ZPO) – vorgenommen, wenn die übrigen Voraussetzungen für das Entstehen eines Pfandrechts vorliegen, anderenfalls erst mit deren Eintritt. Wird ein *künftiger* Anspruch gepfändet, kommt es auf den Zeitpunkt seines Entstehens an,[102] also bei einem künftigen Kontoguthaben auf den Zeitpunkt der späteren Eingänge.[103] Die Pfändung in die „offene Kreditlinie" wird deshalb erst mit dem Abruf eines Kreditbetrages durch den Schuldner (Bankkunden) wirksam.[104] Die Fälligkeit der gepfändeten Forderung ist für § 140 unerheblich.[105] Bei Grundstücken ist maßgeblich die Eintragung einer wirksamen Zwangshypothek i. S. v. § 867 ZPO (s. u. RdNr. 24). Vorher ist auch ein Vollstreckungsantrag nicht „vorgenommen",[106] weil er nicht von sich aus, sondern nur in einem Gesamtvorgang (s. u. RdNr. 21) im Zusammenwirken mit dem Vollstreckungsorgan das Schuldnervermögen verkürzen kann. Das Erwirken eines Vollstreckungstitels hat im Hinblick auf § 141 anfechtungsrechtlich meist noch keine selbständige Bedeutung, sondern greift erst auf Grund zusätzlicher Maßnahmen – insbesondere das Vorgehen eines Vollstreckungsorgans – benachteiligend in das Schuldnervermögen ein;[107] im Bedarfsfall kann sich der Insolvenzverwalter aber auch schon gegen den Titel wenden.[108]

18 Die **Vorpfändung** ist zwar selbständig anfechtbar und mit Zustellung der Pfändungsankündigung gemäß § 845 Abs. 2 ZPO vorgenommen. Jedoch beseitigt die erfolgreiche Anfechtung der Hauptpfändung im Hinblick auf § 845 Abs. 2 ZPO zugleich die Wirkungen der Vorpfändung für das Insolvenzverfahren (vgl. § 131 RdNr. 28). Das Ausbleiben der Hauptpfändung ist keine (auflösende) Bedingung im Sinne des Abs. 3.[109]

19 **4. Unterlassungen.** Die rechtlichen Wirkungen einer Unterlassung treten frühestens in dem Zeitpunkt ein, in dem ihre Rechtsfolgen nicht mehr durch eine – positive – Handlung abgewendet werden können.[110] Erst in diesem Augenblick ist die Unterlassung „vorgenommen"; Abs. 3 gilt nicht.[111] Insbesondere ist die Unterlassung, eine Verjährung zu unterbrechen, mit Ablauf der Verjährungsfrist, die unterlassene Anfechtung mit Ablauf der Anfechtungsfristen nach §§ 121, 124 BGB, die Unterlassung, sich gegen einen Vollstreckungsbescheid zu wehren, mit Ablauf der Einspruchsfrist (§§ 700 Abs. 1, 339 ZPO) vorgenommen. Subjektive Anfechtungsvoraussetzungen müssen spätestens zur Zeit der Vornahme vorgelegen haben; ihre Fortdauer von einem früheren Zeitpunkt an wird vermutet.[112]

20 **5. Ermöglichen einer Sicherung oder Befriedigung.** Nach §§ 130 Abs. 1, 131 Abs. 1 können schon Rechtshandlungen anfechtbar sein, die dem Gläubiger eine Sicherung oder Befriedigung erst ermöglichen. Bei derartigen Handlungen ist im Hinblick auf § 140 Abs. 1 zu unterscheiden, ob die gläubigerbenachteiligenden Wirkungen unmittelbar durch die Handlung eintreten – zB durch das rechtsgeschäftliche Anerkenntnis (§ 781 BGB) eines nicht bestehenden Anspruchs –, oder ob dafür erst noch ein weiterer

---

[102] *Baur/Stürner* RdNr. 18.33; s. o. RdNr. 14. Demgegenüber betrifft BGHZ 135, 140, 142 ff. = NJW 1997, 1857 f. nur die automatische Wirkung eines Verfügungsverbots, nicht die Anfechtbarkeit.
[103] BGH NJW 2003, 2171 f.; OLG München ZIP 1988, 1269, 1270; *Kilger/K. Schmidt* § 30 KO Anm. 7 b, S. 173; aM LG Paderborn bei *Krumm* EWiR 2002, 527 f.
[104] BGHZ 157, 350, 355 f. = NJW 2004, 1444, 1445; BGH ZIP 2004, 513, 515; NJW-RR 2004, 1047, 1049; HK-*Kreft* § 140 RdNr. 3; *Fischer* ZIP 2004, 1679, 1680.
[105] HambKomm-*Rogge* § 140 RdNr. 17.
[106] Unklar RG WarnR 1916 Nr. 299.
[107] Vgl. RGZ 47, 223, 225; 55, 321, 322 f.; RG Gruchot 50 (1906), 1145, 1146; RG WarnR 1916, Nr. 299; JW 1919, 730 f. Zur Schaffung einer fingierten Aufrechnungslage durch Titulierung einer Gegenforderung vgl. RG Gruchot 50 (1906), 1122, 1123 f. Ergänzend vgl. § 129 RdNr. 66, 67; § 133 RdNr. 9; § 141 RdNr. 5.
[108] Vgl. *Henckel*, Kölner Schrift S. 822 f.; *Rebmann* S. 14 ff.
[109] BGH NJW 2006, 1870, 1872, z. V. b. in BGHZ 167, 11; Urt. v. 9. 11. 2006 – IX ZR 88/05.
[110] RegE S. 166 zu § 159; HK-*Kreft* § 140 RdNr. 5; *Uhlenbruck/Hirte* § 129 RdNr. 65 aE, § 140 RdNr. 4; *Kübler/Prütting/Paulus* § 140 RdNr. 7; *Henckel*, Kölner Schrift S. 813, 848 RdNr. 78; *Jaeger/Henckel*, KO § 29 RdNr. 5–15; vgl. *König* RdNr. 3/25.
[111] *Christiansen* KTS 2003, 353, 380.
[112] Weitergehend FK-*Dauernheim* § 140 RdNr. 5; HambKomm-*Rogge* § 140 RdNr. 18; *Jaeger/Henckel*, KO § 29 RdNr. 5.

Rechtsakt hinzukommen muss. Im erstgenannten Fall ist die Rechtshandlung schon mit dem Verhalten des Schuldners (s. o. RdNr. 6) oder der Annahme durch den Gläubiger (s. o. RdNr. 9) abgeschlossen; eine Beeinträchtigung des Schuldnervermögens kann sich u. a. aus der Umkehrung der Beweislast für das Nichtbestehen des anerkannten Anspruchs ergeben. Wird dagegen das Schuldnervermögen nur verkürzt, wenn noch ein weiterer Umstand hinzutritt, stellt erst der Gesamtvorgang (s. u. RdNr. 21) die anfechtbare Rechtshandlung dar; sie ist mit dem letzten Teilakt vorgenommen. Insbesondere wirkt ein prozessuales Anerkenntnis des Schuldners (§ 307 ZPO) nicht aus sich heraus; eine Gläubigerbeeinträchtigung tritt frühestens mit dem Antrag des Prozessgegners auf Erlass eines Anerkenntnisurteils ein.[112a] Zum Werthaltigmachen abgetretener Forderungen s. o. RdNr. 7.

6. Gesamtvorgänge. Grundsätzlich ist jede Rechtshandlung gesondert auf ihre An- 21 fechtbarkeit zu prüfen (vgl. § 129 RdNr. 55). Gelegentlich führen aber erst mehrere selbständige – teilweise wiederum mehraktige – Rechtshandlungen in ihrer Verbundenheit zum Eingriff in das haftende Schuldnervermögen.[113] Derartige „Gesamtvorgänge" sind grundsätzlich nicht vor der letzten Rechtshandlung abgeschlossen. Dies kann insbesondere für das planmäßige Herstellen einer Aufrechnungslage durch mehrere Rechtshandlungen (s. o. RdNr. 11 b, § 129 RdNr. 67) sowie für das gezielte Ermöglichen einer Sicherung oder Befriedigung (s. o. RdNr. 20) zutreffen. Der Vollstreckungsantrag eines Gläubigers greift erst in Verbindung mit der Vollstreckungsmaßnahme des zuständigen Organs in Rechte des Schuldners ein (s. o. RdNr. 17). In allen diesen Fällen werden die mehreren, für sich selbständigen Rechtshandlungen durch den zielgerichteten Willen des Handelnden zu einem einheitlichen Gesamtvorgang verbunden. Davon sollte auch auszugehen sein, falls ein (späterer) Insolvenzschuldner Vermögen, das er aus Straftaten erlangt hat, der Staatsanwaltschaft im Wege der Rückgewinnungshilfe (§§ 111 e ff. StPO, Nr. 75 RiStBV) überlässt und diese es an Verletzte weiter leitet. Dagegen sind Verpflichtungs- und Erfüllungsgeschäfte auch anfechtungsrechtlich grundsätzlich jeweils für sich getrennt zu behandeln (vgl. § 129 RdNr. 57, 58); dementsprechend können sie auch zu getrennten Zeitpunkten vorgenommen sein (s. o. RdNr. 9, 10). Insbesondere stellen Schenkungsversprechen und Erfüllung anfechtungsrechtlich nicht einen Gesamtvorgang dar (vgl. § 134 RdNr. 20).

Dagegen ist bei **mittelbaren Zuwendungen** unter Einschaltung eines Dritten (vgl. 22 § 129 RdNr. 68ff.) typischerweise das Vermögen des Schuldners bereits mit der Übertragung des Gegenstands an die Zwischenperson endgültig geschmälert. Unter dieser Voraussetzung ist die massemindernde Wirkung schon mit der entäußernden Rechtshandlung des Insolvenzschuldners eingetreten und die Rechtshandlung damit vorgenommen.[114] Lediglich die Person des bestimmungsgemäßen Empfängers (Anfechtungsgegners) mag zunächst unklar erscheinen. Deren Feststellung ist aber keine selbständige Voraussetzung für die Vornahme i. S. v. § 140, sondern kann durchweg bis zum Ablauf der Anfechtungsfrist nach § 146 geklärt werden. Überträgt der (spätere) Insolvenzschuldner Vermögensstücke auf einen rechtlich selbständigen Treuhänder, damit dieser sie an bestimmte Empfänger weiter leitet, ist sein Vermögen schon mit der ersten Übertragung endgültig geschmälert; der vertragliche Anspruch gegen den Treuhänder gleicht dies nicht aus (s. o. § 129 RdNr. 140). Beauftragt der (spätere) Insolvenzschuldner einen Dritten, sich für ihn zu verbürgen, ist die Handlung mit dem Zustandekommen des Bürgschaftsvertrages zwischen Drittem und Gläubiger vorgenommen.[115]

[112a] AM *Smid/Zeuner* § 140 RdNr. 16; *Kübler/Prütting/Paulus* § 140 RdNr. 6. Demgegenüber stellen *Henckel,* Kölner Schrift S. 813, 848 RdNr. 77; HK-*Kreft* § 140 RdNr. 6; HambKomm-*Rogge* § 140 RdNr. 19 und wohl auch *Uhlenbruck/Hirte* § 140 RdNr. 3 erst auf den Erlass des Anerkenntnisurteils ab.
[113] Vgl. *Baur/Stürner* RdNr. 18.32, 18.34; *Jaeger* JW 1919, 730 in Anm. zu Nr. 18.
[114] FK-*Dauernheim* § 140 RdNr. 4; *Uhlenbruck/Hirte* § 129 RdNr. 88; HambKomm-*Rogge* § 140 RdNr. 16; vgl. *Kuhn* KTS 1963, 65, 74 ff. und WM 1964, 998, 1004 unter B 5.
[115] BGH NZI 1999, 268; vgl. *Heidland* RdNr. 541 b, *Mundt* NZBau 2003, 527, 528.

§ 140 23, 24   3. Teil. 3. Abschnitt. Insolvenzanfechtung

V. Eintragungsbedürftige Rechtsgeschäfte (Abs. 2 Satz 1)

23 **Abs. 2** verlegt den anfechtungsrechtlich maßgeblichen Zeitpunkt (s. o. RdNr. 3, 4) bei mehraktigen Rechtshandlungen vor, wenn Eintragungen im Grundbuch oder in einem vergleichbaren Register erforderlich sind (s. u. RdNr. 25–28). Dies trägt dem in § 873 Abs. 2 BGB, § 3 Abs. 2 SchiffsRG und § 5 Abs. 2 LuftfRG zum Ausdruck gekommenen Grundsatz Rechnung, dass der Erwerber auf die Dauer des Verfahrens bei der registerführenden Stelle nur wenig Einfluss hat, andererseits dieses Verfahren durch § 17 GBO, § 27 SchiffsregO, ggf. i. V. m. § 86 Abs. 1 Satz 1 LuftfRG, so ausgestaltet ist, dass es die Reihenfolge der gestellten Anträge möglichst wahrt. Alle sonst für den endgültigen Rechtserwerb erforderlichen Akte müssen aber vollzogen sein, so dass allein noch die Registereintragung aussteht. Die nötige Insolvenzbeständigkeit (s. o. RdNr. 1) seines Anwartschaftsrechts erlangt der Erwerber im Regelfall **(Satz 1)** – also ohne eine vorangegangene Vormerkung (Satz 2) – nach der amtlichen Begründung[116] nur, wenn der Schuldner oder ein für ihn handelnder Insolvenzverwalter den Erwerb nicht mehr rechtmäßig verhindern kann (vgl. § 878 BGB, § 3 Abs. 2 SchiffsRG, § 5 Abs. 3 LuftfRG). Damit wird auch eine Angleichung an § 91 Abs. 2 InsO erstrebt. Der Zeitpunkt der Antragstellung ist in den Registerakten festzuhalten (vgl. § 13 Abs. 1 Satz 2 GBO, § 23 Abs. 1 Satz 2 SchiffsregO, ggf. in Verbindung mit § 86 Abs. 1 Satz 1 LuftfRG). Erfolgt die Eintragung nach Verfahrenseröffnung, gilt § 147. Zu einer möglichen Anfechtung vor Fristbeginn vgl. § 147 RdNr. 17.

24 **1. Erfasste Erwerbsvorgänge. a)** Nur im Falle eines **rechtsgeschäftlichen** Erwerbs kann der Vornahmezeitpunkt gem. Satz 1 vorverlegt werden. Die in Bezug genommen sachenrechtlichen Vorschriften schützen weder den Erwerb kraft Gesetzes,[117] zB im Wege der Erbfolge, noch denjenigen auf Grund eines staatlichen Hoheitsaktes, zB durch Eintragung einer Zwangshypothek gemäß § 867 ZPO.[118] Für eine Gleichstellung dieser Erwerbsformen mit dem rechtsgeschäftlichen Erwerb – mit der Folge einer zusätzlichen Aushöhlung des haftenden Vermögens des Schuldners zugunsten individueller Interessen – besteht gerade in dessen Insolvenz kein Grund (vgl. § 131 RdNr. 26). Einen weitergehenden Schutz gewährt auch § 140 Abs. 2 dem Erwerber nicht gegenüber Anfechtungsklagen. Im Gegenteil würde eine über das Sachenrecht hinausgehende Auslegung dieser Vorschrift die bezweckte Übereinstimmung mit § 91 Abs. 2 (s. o. RdNr. 23 aE) stören. § 141 bietet ebenfalls keine Grundlage, den maßgeblichen Zeitpunkt für den Fall eines Vollstreckungserwerbs vorzuverlegen; wenn danach der Erwerb durch Zwangsvollstreckung eine anfechtbare Rechtshandlung sein kann, bedeutet das keine Gleichstellung mit einem Rechtsgeschäft. Ferner verlegt § 932 Abs. 3 ZPO nicht den Zeitpunkt der Entstehung einer Arresthypothek vor, sondern die Bedeutung der Norm erschöpft sich in der Wahrung der durch § 929 Abs. 2 und 3 ZPO gesetzten Vollzugsfrist.[119] Die Vollendung des nicht-rechtsgeschäftlichen Erwerbs bemisst sich deshalb allein nach Abs. 1 (s. o. RdNr. 17). Abs. 2 kann demgemäß auch nicht entsprechend im Rahmen des § 88 angewen-

---

[116] RegE S. 166 zu § 159. Ergänzend s. u. RdNr. 41.
[117] *Staudinger/Gursky* § 873 RdNr. 12; *RGRK-Augustin* § 873 RdNr. 3 ff.; *Soergel/Stürner* § 873 RdNr. 2; *Palandt/Bassenge* § 873 RdNr. 4.
[118] BGHZ 9, 250, 252 ff. = NJW 1953, 898 f.; RGZ 84, 265, 280 f.; OLG Hamburg OLGR 15, 232 f.; KG HRR 1934 Nr. 167; *FK-Dauernheim* § 140 RdNr. 11; *Smid/Zeuner* InsO § 140 RdNr. 19; *Nerlich* in *Nerlich/Römermann* § 140 RdNr. 18; *HambKomm-Rogge* § 140 RdNr. 20; *Erman/Lorenz* § 878 RdNr. 5; *Raebel* in *Lambert-Lang/Tropf/Frenz,* Handbuch der Grundstückspraxis, 2000, Teil 5, RdNr. 231 f.; *Staudinger/Gursky* § 878 RdNr. 13, 41; *RGRK-Augustin* § 878 RdNr. 6; *HK-Kreft* § 140 RdNr. 7; *Henckel,* Kölner Schrift S. 813, 848 RdNr. 79; *Uhlenbruck/Hirte* § 140 RdNr. 13; *Soergel/Stürner* § 878 RdNr. 2, 3; *Rebmann* S. 99; *Eckert* S. 122; aM *Wacke* ZZP 82 (1969), 377, 380 ff.; *Stein/Jonas/Grunsky* § 932 RdNr. 8; *Häsemeyer* RdNr. 21.49. Ergänzend s. u. RdNr. 47 und zu § 88 s. u. übernächste Fn.
[119] OLG Hamburg OLGR 15, 232; BayObLG NJW 1955, 144, 145; *Jaeger/Henckel,* KO § 30 RdNr. 102; *Baumbach/Lauterbach/Hartmann* § 932 RdNr. 10; *Thomas/Putzo/Reichold* § 932 RdNr. 3; aM MünchKommZPO-*Heinze* § 932 RdNr. 8; *Rosenberg/Gaul/Schilken* § 78 II 3 c, S. 1043.

820   Kirchhof

det werden.[120] Als rechtsgeschäftlich i. S. v. Abs. 2 gilt allerdings derjenige Erwerb, der auf einer gemäß § 894 ZPO ersetzten Willenserklärung aufbaut.[121]

b) Arten der Rechtsgeschäfte. aa) Die Eintragung im **Grundbuch** ist nach § 873 **25** Abs. 2 BGB Wirksamkeitsvoraussetzung (s. o. RdNr. 23) für den Erwerb eines Grundstücks einschließlich eines realen oder ideellen Anteils daran; grundstücksgleiche Rechte – zB das Erbbaurecht oder landesrechtliches Bergwerkseigentum[122] – unterliegen ebenfalls dem Eintragungszwang. Eintragungsbedürftig sind ferner dingliche Rechte an einem Grundstück, zB Dienstbarkeiten, Reallasten, (Buch-)Grundpfandrechte, dingliche Vorkaufsrechte oder Nießbrauch. Endlich wird die Bestellung eines Rechts (zB Nießbrauch oder Pfandrecht) an einem derartigen Grundstücksrecht erfasst. Hierzu gehört nicht die in Satz 2 gesondert geregelte Vormerkung (s. u. RdNr. 46 ff.). Der Widerspruch i. S. v. § 899 BGB ist anfechtungsrechtlich kaum bedeutsam.[123]

Hinsichtlich der in RdNr. 25 genannten Rechte können jeweils die Begründung (§ 873 **26** BGB), Übertragung, Inhaltsänderung (§ 877 BGB), Rangänderung (§ 880 Abs. 2 BGB) oder Aufhebung (§§ 875, 876 BGB) eintragungsbedürftig sein, insbesondere die Abtretung einer durch eine Hypothek gesicherten Forderung (§§ 1154, 1153 Abs. 2 BGB), falls die Hypothek mit übergehen soll. Nicht erfasst werden dagegen bloße verfahrensrechtliche Nebenrechte wie zB die Unterwerfung unter die Zwangsvollstreckung gem. §§ 794 Abs. 1 Nr. 5, 799 ff. ZPO.[124] Nicht unter Abs. 2, sondern unter Abs. 1 fällt die Vereinbarung eines Sicherungszwecks für ein dingliches Recht (s. o. RdNr. 12).

bb) Das Gesetz über Rechte an eingetragenen **Schiffen** und Schiffsbauwerken unterstellt **27** im Wesentlichen die Schiffshypothek (§§ 8 Abs. 2, 24 SchiffsRG) und den Nießbrauch (§§ 9 Abs. 2, 82 SchiffsRG) an eingetragenen Schiffen ähnlichen Regeln, wie sie für Rechte an Grundstücken gelten. Bei eingetragenen Binnenschiffen gilt das zusätzlich für die Eigentumsübertragung (§ 3 SchiffsRG), bei – eingetragenen – Schiffsbauwerken vorrangig für die Hypothek (§§ 77, 78 SchiffsRG). Bei **Luftfahrzeugen** wird nur das – besitzlose – Registerpfandrecht derartigen Sonderregeln unterstellt (§§ 5 Abs. 1, 68 Abs. 2 LuftfRG). In diesen Fällen tritt das Schiffsregister oder Register für Schiffsbauwerke bzw. das Register für Pfandrechte an Luftfahrzeugen an die Stelle des Grundbuchs. Soweit derartige Sonderregeln nicht eingreifen, unterliegen Schiffe, Schiffsbauwerke und Luftfahrzeuge den Vorschriften des BGB über bewegliche Sachen und somit dem § 140 Abs. 1 InsO.

c) Der Erwerb muss seiner Art nach gerade **durch** die **Registereintragung vollendet 28** werden; diese muss zudem wenigstens später auch tatsächlich erfolgen. Eine bloße Grundbuchberichtigung wegen nachgewiesener Unrichtigkeit (§ 22 GBO) genügt nicht.[125] Auch der Erwerb einer **Brief**hypothek oder -grundschuld durch Abtretung bedarf gemäß §§ 1154 Abs. 1 Satz 1, 1117, 1192 BGB regelmäßig **nicht** der Eintragung im Grundbuch: Dieser Erwerb ist i. S. v. § 140 Abs. 1 InsO mit der Übergabe des Grundpfandbriefs abgeschlossen (s. o. RdNr. 15); eine nachfolgende Grundbucheintragung hat lediglich berichtigende Wir-

---

[120] LG Bonn ZIP 2004, 1374, 1375; *Häsemeyer,* Insolvenzrecht RdNr. 10.38; *Breutigam/Blersch/Goetsch* § 88 RdNr. 13; zu §§ 28, 87 VerglO BayObLG NJW 1955, 144, 145; *Bley/Mohrbutter* § 28 RdNr. 13; *Kilger/K. Schmidt* § 28 VerglO Anm. 4 a aE; zT anders HK-*Eickmann* § 88 RdNr. 8; *Kübler/Prütting/Lüke* InsO § 88 RdNr. 17; *Hess* InsO § 88 RdNr. 36; wohl auch *Gerhardt* EWiR 2004, 861, 862.
[121] *Jaeger/Henckel,* KO § 14 RdNr. 39, vgl. auch § 15 RdNr. 108; HambKomm-*Rogge* § 140 RdNr. 20; RGRK-*Augustin* § 878 RdNr. 7; *Erman/Lorenz* § 878 RdNr. 4; *Palandt/Bassenge* § 878 RdNr. 4; *Staudinger/Gursky* § 878 RdNr. 15; *Raebel* (Fn. 118) RdNr. 231.
[122] Vgl. BGHZ 23, 241, 244 und 246.
[123] Der Widerspruch auf Grund einstweiliger Verfügung (§ 899 Abs. 2 BGB) sollte wie diese behandelt werden, s. o. RdNr. 24. Folgerichtig ist – nur – der bewilligte Widerspruch § 878 BGB einzuordnen, vgl. *Soergel/Stürner* § 878 RdNr. 2; *Staudinger/Gursky* § 878 RdNr. 10; *Palandt/Bassenge* § 878 RdNr. 4 unter aa; gegen jede Anwendung des § 878 auf den Widerspruch RGRK-*Augustin* § 878 RdNr. 6.
[124] KG HRR 1931 Nr. 1705; RGRK-*Augustin* § 878 RdNr. 6; *Staudinger/Gursky* § 878 RdNr. 16 unter b; *Palandt/Bassenge* § 878 RdNr. 4 unter bb.
[125] *Soergel/Stürner* § 878 RdNr. 2. Dagegen kann auf die bewilligte Berichtigung (§ 19 GBO) § 878 BGB Anwendung finden: *Staudinger/Gursky* § 878 RdNr. 10; *Palandt/Bassenge* § 878 RdNr. 4 unter aa.

kung.[126] Anders verhält es sich nur, wenn die Grundbucheintragung gemäß § 1154 Abs. 2 BGB die schriftliche Abtretungserklärung ersetzen soll oder das Grundpfandrecht selbst im Zeitpunkt einer – für sich wirksamen – Abtretung überhaupt noch nicht im Grundbuch eingetragen war.[127]

29   **2. Voraussetzungen für Wirksamwerden und Bindung.** Der Vornahmezeitpunkt wird gem. Abs. 2 nur dann auf den Eingang des Eintragungsantrags vorverlegt, wenn das Rechtsgeschäft – von der Eintragung abgesehen – wirksam und für den Schuldner unwiderruflich geworden ist. Fehlt es auch nur an einer dieser materiell-rechtlichen Voraussetzungen, greift Abs. 2 nicht ein;[128] vielmehr ist dann gemäß Abs. 1 maßgeblich, wann der letzte Teilakt zum Erwerb – im Allgemeinen die Eintragung – vollzogen wurde.[129]

30   a) Das Rechtsgeschäft wird nur wirksam, wenn alle materiell-rechtlich nötigen **Willenserklärungen** in der gehörigen Form abgegeben sind. Der Eintragungsantrag allein ersetzt sie nicht.[130] Insbesondere wenn das Rechtsgeschäft lediglich mit einem – zB vom Notar bestellten – vollmachtlosen Vertreter abgeschlossen wurde, kann es nicht vor der Genehmigung durch den Berechtigten wirksam werden (vgl. RdNr. 8, 38). Eine spätere etwaige Heilung durch Eintragung wirkt nicht auf den Antragseingang zurück.[131]

31   Für die **Begründung** oder **Änderung** eines Rechts setzen §§ 873 Abs. 1 und 877 BGB die dingliche Einigung – ggf. in Form der Auflassung (§ 925 BGB) oder Abtretung der gesicherten Forderung (§§ 1153, 1154 Abs. 3 BGB) – voraus; dasselbe gilt für die **Rangänderung**.[132] Erfolgt die Eintragung ausnahmsweise (vgl. § 20 GBO) ohne rechtlich wirksame Einigung, wird das Rechtsgeschäft erst mit der Einigung wirksam; § 879 Abs. 2 BGB gilt insoweit nicht. Einigen sich die Parteien in der Zeit zwischen dem Eingang des Eintragungsantrags und der Eintragung, ist Abs. 2 zwar nicht unmittelbar anwendbar. Er kann aber entsprechend dahin angewendet werden, dass die Rechtshandlung mit der Einigung vollzogen ist, wenn neben dem Antrag alle übrigen Voraussetzungen vorliegen. Zur Beweislast in derartigen Fällen s. u. RdNr. 55. Folgt dagegen die Einigung der Eintragung nach, gilt allein Abs. 1: Die Rechtshandlung ist dann erst im Zeitpunkt der Einigung vorgenommen.[133]

32   Für die **Aufhebung** eines Rechts tritt gemäß §§ 875 bis 877 BGB die einseitige Erklärung des Berechtigten, dass er sein Recht aufgebe, an die Stelle der Einigung. Diese Erklärung, die auch in der Form der Zustimmung abgegeben werden kann, ist mit der Abgabe gegenüber dem Begünstigten oder dem Grundbuchamt wirksam (§ 875 Abs. 1 Satz 2 BGB), aber noch nicht ausnahmslos bindend (s. u. RdNr. 36).

33   Für die Begründung, Änderung oder Aufhebung eintragungsbedürftiger (s. o. RdNr. 27) Rechte an **Schiffen** oder **Luftfahrzeugen** gelten die in RdNr. 31 und 32 dargelegten Regeln sinngemäß. Insbesondere ist zur Übertragung der Schiffshypothek und des Registerpfandrechts an Luftfahrzeugen gemäß § 51 SchiffsRG bzw. § 51 LuftfRG die Übertragung der Forderung in der Form der Einigung und Eintragung erforderlich; Entsprechendes gilt nach § 55 SchiffsRG und § 55 LuftfRG für die Auswechselung der gesicherten Forderung. Die Übertragung kann mit Eingang des Eintragungsantrags i. S. v. § 140 Abs. 2 vorgenommen sein (s. u. RdNr. 38).

---

[126] Vgl. RG JW 1906, 558 f.; WarnR 1931 Nr. 151, S. 301; *Uhlenbruck/Hirte* § 140 RdNr. 7.
[127] HambKomm-*Rogge* § 140 RdNr. 22; vgl. RGZ 51, 284, 287; RG JW 1935, 2430 Nr. 5. Bei Buchgrundschulden bedarf die Abtretung stets der Eintragung: BGH ZIP 1998, 513, 514.
[128] Vgl. zu § 10 Abs. 3 GesO BGH ZIP 1998, 513, 514; NJW 1999, 645; 2001, 2477, 2479.
[129] HK-*Kreft* § 140 RdNr. 9; HambKomm-*Rogge* § 140 RdNr. 23; vgl. *Kübler/Prütting/Paulus* § 140 RdNr. 9 aE; zu § 10 Abs. 3 GesO BGH ZIP 1997, 423, 424 f.
[130] Vgl. zu § 10 Abs. 3 GesO BGH ZIP 1998, 513, 514 f.
[131] HambKomm-*Rogge* § 140 RdNr. 23; *Braun/Riggert* § 140 RdNr. 6.
[132] § 880 Abs. 2 und 3 BGB; vgl. OLG Brandenburg OLG-NL 2006, 105, 106; LG Düsseldorf KTS 1961, 45, 46.
[133] *Jaeger/Henckel*, KO § 31 RdNr. 17; *Uhlenbruck/Hirte* § 140 RdNr. 12.

Zeitpunkt der Vornahme einer Rechtshandlung   34–38 § **140**

b) Da sachenrechtliche Willenserklärungen regelmäßig zunächst einseitig frei widerruflich sind, erlangt der Anfechtungsgegner eine materiell-rechtlich geschützte Position nicht, ehe die Willenserklärung des Schuldners für ihn **bindend** geworden ist. Die Voraussetzungen hierfür unterscheiden sich je nach dem Inhalt der Erklärung.   **34**

Für die **Begründung** oder **Änderung** eines Rechts sieht § 873 Abs. 2 BGB alternativ vier verschiedene Möglichkeiten vor, die Bindung zu begründen, von denen die Abgabe der Erklärungen vor dem Grundbuchamt durch § 57 Abs. 6 BeurkG praktisch bedeutungslos geworden ist. Im Wesentlichen ist der Berechtigte – im vorliegenden Zusammenhang: der spätere Insolvenzschuldner – gebunden, wenn entweder die beiderseitigen Erklärungen notariell beurkundet sind (§§ 127 a, 128 BGB; §§ 8 ff. BeurkG) oder wenn die beiderseitigen Erklärungen bei dem Grundbuchamt eingereicht sind oder wenn der Berechtigte (Insolvenzschuldner) **dem anderen Teil** (s. u. RdNr. 40 bis 42) eine den §§ 28, 29 GBO entsprechende Eintragungsbewilligung ausgehändigt hat; diese muss geeignet sein, die Eintragung auf der Grundlage des § 19 GBO herbeizuführen.   **35**

An die **Aufgabe** eines Rechts ist der Berechtigte – d. h. der Insolvenzschuldner – nach § 875 BGB unter zwei alternativen Möglichkeiten gebunden: Entweder wenn er die Aufgabeerklärung gegenüber dem Grundbuchamt abgibt oder dem Begünstigten (dazu s. u. RdNr. 40) eine Löschungsbewilligung erteilt. Darüber hinaus soll entsprechend § 873 Abs. 2 BGB die Beurkundung in einem notariellen Vertrag genügen.[134] Reicht nach §§ 876, 877 BGB die formgerechte Zustimmung aus, so ist diese mit der Erklärung gegenüber dem Grundbuchamt unwiderruflich.   **36**

Für das Registerpfandrecht an **Luftfahrzeugen** (§ 5 Abs. 2 LuftfRG) sowie **Schiffen** (§§ 3 Abs. 2, 8, 9 SchiffsRG) und Schiffsbauwerken (§§ 77, 78 SchiffsRG) – soweit die Rechte einzutragen sind (s. o. RdNr. 27) – tritt die Bindung entsprechend den in RdNr. 35 und 36 dargestellten Regeln ein.   **37**

c) Eine materiell-rechtliche Bindung tritt – vorbehaltlich der §§ 892, 893 BGB – allenfalls ein, wenn der Verfügende im Zeitpunkt des Eintragungsantrags entweder selbst dinglich berechtigt war oder mit Einwilligung des Berechtigten (§ 185 Abs. 1 BGB) handelte.[135] Wird eine noch nicht eingetragene Eigentümer-Buchgrundschuld abgetreten, kann eine Bindung nicht vor deren Eintragung eintreten.[136] Eine Hypothek wirkt im Hinblick auf § 1163 Abs. 1 BGB nicht vor der Valutierung der zu sichernden Forderung zugunsten eines Gläubigers.[137] Wird ein Erwerb erst durch die nachträgliche Zustimmung des Berechtigten (§ 185 Abs. 2 BGB) wirksam und diese nach dem Eintragungsantrag erteilt, so entscheidet der Zeitpunkt ihrer Abgabe.[138] Entsprechendes gilt für privatrechtlich etwa erforderliche Zustimmungen Dritter, insbesondere nach §§ 876, § 880 Abs. 2 und 3, 1071, 1178 Abs. 2 und 1183 BGB.[139] Sind zur materiell-rechtlichen Wirksamkeit der beantragten Verfügung behördliche oder gerichtliche Genehmigungen nötig, müssen auch diese vor Eintritt der Verfügungsbeschränkung erteilt sein.[140]   **38**

---

[134] KG KGJ 49 A 149, 154 f.; MünchKommBGB-*Wacke* § 875 RdNr. 13; *Palandt/Bassenge* § 875 RdNr. 8.
[135] KG DNotZ 1934, 284 f.; *Staudinger/Gursky* § 878 RdNr. 54; *Erman/Lorenz* § 878 RdNr. 15; *Palandt/Bassenge* § 878 RdNr. 6. Eine Einwilligung lassen nicht ausreichen BGHZ 49, 197, 208; RGZ 135, 378, 382.
[136] OLG Brandenburg ZInsO 2002, 929, 930 f.
[137] BGHZ 86, 340, 347 = NJW 1983, 1123, 1125; *Kübler/Prütting/Paulus* § 140 RdNr. 4; HambKomm-*Rogge* § 140 RdNr. 15; *Eckert* S. 98 f.; vgl. OLG Köln WM 1979, 1342, 1343. Anders verhält es sich bei einer Grundschuld: *Uhlenbruck/Hirte* § 140 RdNr. 7.
[138] Vgl. *Staudinger/Gursky* § 878 RdNr. 58 f.; MünchKommBGB-*Wacke* § 878 RdNr. 14; RGRK-*Augustin* § 878 RdNr. 2; *Soergel/Stürner* § 878 RdNr. 7 a; *Palandt/Bassenge* § 878 RdNr. 7 f.; ferner RGZ 134, 283, 286. Im Einzelnen s. o. RdNr. 8.
[139] HambKomm-*Rogge* § 140 RdNr. 25; vgl. MünchKommBGB-*Wacke* § 878 RdNr. 12; *Palandt/Bassenge* § 878 RdNr. 15.
[140] OLG Hamm JMBl NW 1951, 93, 94; OLG Rostock bei *Johlke* EWiR 1996, 839 f.; *Staudinger/Gursky* § 878 RdNr. 38; *Palandt/Bassenge* § 878 RdNr. 15; vgl. OLG Hamm JMBl NW 1948, 242, 244; aM OLG Köln NJW 1955, 80 Nr. 35 Leits.; *Knöchlein* DNotZ 1959, 3, 17; MünchKommBGB-*Wacke* § 878 RdNr. 12; *Soergel/Stürner* § 878 RdNr. 5 aE.

39 **3. Eintragungsantrag des anderen Teils.** Eine gefestigte, anwartschaftsähnliche Rechtsposition i. S. v. Abs. 2 kann der Erwerber nur haben, sobald auch er – nicht nur der Insolvenzschuldner – den Eintragungsantrag gestellt hat.[141] Bei einseitigen Rechtsgeschäften, zB Aufgabeerklärungen (s. o. RdNr. 36), ist der „andere Teil" derjenige, der unmittelbar einen rechtlichen Vorteil erlangt. Beantragt statt dessen allein der Verfügende (hier: Insolvenzschuldner) die Eintragung, so kann er sie bis zu deren Vollendung noch einseitig zurücknehmen,[142] so dass es beim allgemeinen Vornahmezeitpunkt des Abs. 1 verbleibt.[143] Bei einer Gesamthypothek ist der Antrag auf Eintragung hinsichtlich des letzten Grundstücks maßgebend.[144]

40 **a) Antragsteller.** Der Antrag kann für den anderen Teil durch einen Stellvertreter wirksam gestellt werden, zB durch den beurkundenden Notar, der hierbei zugleich für beide Teile handeln darf.[145] Tritt er als Vertreter ohne Vertretungsmacht für den anderen Teil auf, ist erst der Zeitpunkt von dessen Genehmigung maßgeblich (s. o. RdNr. 8, 38).

41 Es genügt nicht, wenn der **Notar** den Antrag auf der Grundlage des § 15 GBO im eigenen Namen stellt.[146] Diese Vorschrift begründet eine gesetzliche Vermutung, die den Nachweis einer Bevollmächtigung des Notars erübrigen soll.[147] Sie gilt nur für das Grundbuchverfahren, das erleichtert werden soll, und ist streng zu trennen von einem zwischen dem Notar und den Beteiligten möglicherweise bestehenden Auftragsverhältnis.[148] § 15 GBO zieht Folgerungen aus einem bloß mutmaßlichen Willen aller Beteiligten, ohne dass dieser tatsächlich vorliegen oder festgestellt werden muss.[149] Die Beteiligten können danach sogar gegen ihren Willen verfahrensmäßig verpflichtet werden, wenn dieser dem Grundbuchamt nicht rechtzeitig mitgeteilt wurde.[150] Die Vermutung des § 15 GBO gilt auch für solche Antragsberechtigten, deren Erklärungen gar nicht vom Notar selbst beurkundet oder beglaubigt wurden.[151] Sie ist im Einzelfall widerlegbar.[152] Der erkennbar erklärte tatsächliche Wille jedes Antragstellers geht vor: Dieser kann den für ihn vom Notar gestellten Antrag –

---

[141] BGHZ 166, 125, 133 = ZInsO 2006, 322, 324; *Hess* InsO § 140 RdNr. 45; s. u. RdNr. 49.

[142] OLG Düsseldorf NJW 1956, 876, 877; *Meikel/Böttcher* 9. Aufl. 2002 § 13 GBO RdNr. 87, 90; *Demharter*, 25. Aufl., 2005, § 13 RdNr. 36, 38; *Bauer/v. Oefele/Wilke*, GBO 2. Aufl., 2006, § 13 RdNr. 105; vgl. BayObLGZ 1954, 141, 146; BayObLG Rpfleger 1973, 97, 98; KG Rpfleger 1972, 174; OLG Celle Rpfleger 1989, 499. Zur Form der Rücknahme vgl. § 31 GBO.

[143] FK-*Dauernheim* § 140 RdNr. 14; *Nerlich* (Fn. 5) § 140 RdNr. 16; *Smid/Zeuner* InsO § 140 RdNr. 4; HK-*Kreft* § 140 RdNr. 9; HambKomm-*Rogge* § 140 RdNr. 26; *Raebel* ZInsO 2002, 954 f.; *Christiansen* KTS 2003, 353, 359; *Hallermann* S. 92 f.; vgl. *Nerlich/Leithaus* § 140 RdNr. 10; zu § 10 Abs. 3 GesO BGH ZIP 1997, 423, 424 f.; WM 2001, 1078, 1080 f.; *Haarmeyer/Wutzke/Förster* § 10 RdNr. 39; aM *Bork*, Insolvenzrecht RdNr. 211; *Jauernig*, Zwangsvollstreckungs- und Insolvenzrecht § 51 V 1, S. 244; *Foerste* RdNr. 293; *Eckert* S. 120 f.; *Kesseler* RNotZ 2004, 176, 191 Fn. 110; *Scherer* ZIP 2002, 346. Zur Anfechtung bei Antragstellung durch den Insolvenzschuldner vgl. § 147 RdNr. 7.

[144] FK-*Dauernheim* § 140 RdNr. 13; *Obermüller*, Insolvenzrecht RdNr. 6.181; HambKomm-*Rogge* § 140 RdNr. 28; vgl. OLG München DNotZ 1966, 371, 372; OLG Düsseldorf DNotZ 1973, 613 f.; *Palandt/Bassenge* § 1132 RdNr. 5. Für eine einschränkende Auslegung des Gläubigerwillens jedoch *Staudinger/Wolfsteiner* § 1132 RdNr. 8 im Anschluss an BGH WM 1974, 972, 973.

[145] BGHZ 166, 125, 133 = ZInsO 2006, 322, 324; *Uhlenbruck/Hirte* § 140 RdNr. 12; *Gerhardt*, Festschrift für Ulrich Huber, 2006, S. 1231, 1241.

[146] BGH NJW 2001, 2477, 2479; HK-*Kreft* § 140 RdNr. 10; HambKomm-*Rogge* § 140 RdNr. 26; *Gerhardt*, Festschrift für Ulrich Huber, 2006, S. 1231, 1241; aM – ohne inhaltliche Begründung – *Smid/Zeuner* InsO § 140 RdNr. 4 aE; *Holzer* WiB 1997, 729, 733.

[147] Vgl. BGHZ 29, 366, 372 = NJW 1959, 883, 884; KG KGJ 22 A 294, 295; BayObLGZ 1955, 155, 160.

[148] Vgl. hierzu *Luther* DNotZ 1952, 87 f. im Anschluss an OLG Hamm DNotZ 1952, 86 f.

[149] BayObLGZ 1985, 153, 157; *Schöner/Stöber*, Grundbuchrecht 13. Aufl., 2004, RdNr. 174; *Meikel/Böttcher* (Fn. 143) § 15 GBO RdNr. 12; *Demharter* (Fn. 143) § 15 RdNr. 3.

[150] Vgl. BayObLG DNotZ 1984, 643, 644 f.; OLG Düsseldorf JBüro 1979, 884; OLG Zweibrücken Rpfleger 1984, 265 Leits.; LG Landau Rpfleger 1982, 338.

[151] KG KGJ 21 A 93, 96; *Schöner/Stöber* (vorletzte Fn.) RdNr. 182; *Bengel/Simmerding*, Grundbuch Grundstück Grenze, 5. Aufl., 2000, § 15 GBO RdNr. 1, 2. Abs.; vgl. BGH NJW 2001, 2477, 2479.

[152] BGHZ 29, 366, 372 = NJW 1959, 883, 884; KG KGJ 44 A 170, 172; BayObLG DNotZ 1984, 643, 644; OLG Köln Rpfleger 1992, 98; *Meikel/Böttcher* (Fn. 143) § 15 GBO RdNr. 13, 13 a; *Bauer/v. Oefele/Wilke* (Fn. 143) § 15 GBO RdNr. 14 ff.; *Demharter* (Fn. 143) § 15 RdNr. 3.

jedenfalls vor dessen Einreichung – widerrufen (§ 31 GBO) oder ihn später – bis zur Eintragung – zurücknehmen.[153] Eine vergleichbare Sicherheit wie der von einem Beteiligten persönlich oder mit seiner ausdrücklichen Vollmacht gestellte Antrag bietet der vom Notar nur gemäß § 15 GBO gestellte Antrag nicht. Denn der Notar kann ihn auf Grund des § 24 Abs. 3 BNotO mit Außenwirkung auch ohne Zustimmung des Antragsberechtigten rechtswirksam zurücknehmen.[154] Zwar darf weder der Schuldner noch sein Insolvenzverwalter den vom Notar zugleich für den anderen Beteiligten gestellten Antrag einseitig zurücknehmen. Dennoch kann der „andere Teil" seine Rechtsstellung auch ohne eigenes Zutun wieder verlieren, nämlich durch ein Handeln des Notars. Eine i. S. d. § 140 Abs. 2 InsO geschützte Rechtsposition wird aber erst erlangt, wenn die Fortsetzung des Eintragungsverfahrens **allein** noch vom eigenen Verhalten des Begünstigten abhängt. Soweit die amtliche Begründung als Eintragungsantrag des anderen Teils auch den Antrag ausreichen lassen will, „den der Notar im Namen des anderen Teils – oder im Namen beider Beteiligten – stellt",[155] behandelt sie nicht den Unterschied zwischen dem Vertreterhandeln eines Notars gemäß allgemeinen Regeln (s. o. RdNr. 40) und seinem Eintragungsantrag kraft eigenen Rechts, also die Möglichkeit eines Rechtsverlusts durch selbständiges Handeln eines Dritten. Solange diese Möglichkeit besteht, ist der Erwerbsinteressent nicht in dem für § 140 Abs. 2 nötigen Maße sichergestellt. Insolvenzrechtliche Grundsätze verbieten es, eine anfechtungsbeständige Rechtsposition für jemanden zu schaffen, der von sich aus nicht alles Erforderliche veranlasst hat, um ein unentziehbares Recht zu erlangen. Darüber hinaus entspricht ein nur als wahrscheinlich unterstellter Wille des Antragsberechtigten nicht dem Zweck des § 140 Abs. 2 InsO; hiernach hat der (spätere) Anfechtungsgegner selbst die Entscheidung über den – möglicherweise riskanten – Erwerbsvorgang zu übernehmen.

Der Inhalt des – beim zuständigen Grundbuchamt gestellten – Eintragungsantrags muss dem **42** dinglichen Geschäft entsprechen.[156] Wird dagegen zB bei einem umfassenden Rechtsgeschäft die Eintragung nur für einen Dritten beantragt, oder beschränkt sie sich auf andere Erwerbsvorgänge als den konkret angefochtenen, richtet sich der Vornahmezeitpunkt allein nach Abs. 1. Der gestellte Antrag muss geeignet sein, im weiteren Verlauf zur Eintragung zu führen.

b) Die Rücknahme oder endgültige Zurückweisung des Antrags lassen die Bindung und **43** damit die Wirkung des Abs. 2 Satz 1 entfallen. Eine Zurückweisung ist noch nicht endgültig, solange sie auf ein Rechtsmittel hin abgeändert werden kann; wird sie auf Beschwerde (§ 71 GBO) aufgehoben, lebt grundsätzlich die Antragswirkung wieder auf.[157] Beruht die Aufhebung allerdings auf neuem tatsächlichen Vorbringen, ist der darauf gestützte Rechtsbehelf wie eine neuer Antrag zu behandeln;[158] erst seine Einreichung kann den nach § 140 Abs. 2 maßgeblichen Zeitpunkt bestimmen.[159]

Eine Zwischenverfügung i. S. v. § 18 GBO stellt noch keine Zurückweisung dar.[160] **44** Dementsprechend bleibt gemäß § 140 Abs. 2 Satz 1 der Zeitpunkt der Antragstellung maßgeblich, wenn gegen den Antrag lediglich **formell-rechtliche** Bedenken – zB gemäß § 41 Abs. 1 Satz 1 GBO oder hinsichtlich eines erforderlichen Kostenvorschusses – bestehen

---

[153] BayObLG DNotZ 1984, 643, 644; BayObLGZ 1985, 153, 156; *Meikel/Böttcher* (Fn. 143) § 15 GBO RdNr. 14; *Schöner/Stöber* (Fn. 150) RdNr. 174; *Bauer/v. Oefele/Wilke* (Fn. 143) § 15 GBO RdNr. 17; *Demharter* (Fn. 143) § 15 RdNr. 3 aE.
[154] *Meikel/Böttcher* (Fn. 143) § 15 GBO RdNr. 37; *Schöner/Stöber* (Fn. 150) RdNr. 174, 190; *Demharter* (Fn. 143) § 15 RdNr. 17; *Bengel/Simmerding* (Fn. 152) RdNr. 3; vgl. LG Oldenburg Rpfleger 1982, 172, 173.
[155] RegE S. 166 zu § 159.
[156] HambKomm-*Rogge* § 140 RdNr. 27; *Palandt/Bassenge* § 878 RdNr. 14; vgl. OLG Köln KTS 1968, 245, 248 f.
[157] *Staudinger/Gursky* § 878 RdNr. 43; vgl. KG DNotZ 1934, 284, 285; *Raebel* (Fn. 119) RdNr. 263 f.
[158] HambKomm-*Rogge* § 140 RdNr. 27; vgl. BGHZ 136, 87, 91 f. = NJW 1997, 2751 f.; KG KGJ 52 A 120, 124 ff.; *Stürner/Bormann* EWiR 1997, 887, 888; MünchKommBGB-*Wacke* § 878 RdNr. 7; *Staudinger/Gursky* § 878 RdNr. 44; *Erman/Lorenz* § 878 RdNr. 13.
[159] *Raebel* (Fn. 119) RdNr. 262.
[160] *Staudinger/Gursky* § 878 RdNr. 43; RGRK-*Augustin* § 878 RdNr. 38; *Soergel/Stürner* § 878 RdNr. 5; *Palandt/Bassenge* § 878 RdNr. 14; vgl. OLG Celle OLGR 17, 352, 353; KG DNotZ 1930, 630, 632; LG Nürnberg-Fürth MittBayNot 1978, 216, 217.

und diese letztlich ausgeräumt werden; nur wenn aus solchen Gründen der Antrag zurückgewiesen wird, bleibt er wirkungslos (s. o. RdNr. 43). Fehlt dagegen bei Einreichung des Antrags eine **materielle** Voraussetzung für die Vorwirkung nach § 878 BGB, kann die Bindungswirkung sogar dann nicht auf die Antragstellung zurückbezogen werden, wenn der Antrag letztlich – mit Verzögerung – Erfolg hat, weil die zunächst fehlende Voraussetzung später eintritt.[161] Vielmehr ist dann auf ein noch ausstehendes Wirksamwerden der Willenserklärungen (s. o. RdNr. 31, 38) abzustellen. Anderenfalls würden Antragsteller begünstigt, die möglichst frühzeitig bewusst unvollständige Eintragungsanträge einreichen, um folgenlos Zeit zum „Nachbessern" zu gewinnen.

45 Eine vollzogene Eintragung heilt Mängel des Antrags. Hat der Schuldner nachträglich abweichend verfügt und trägt das Grundbuchamt den zweiten Erwerber – sei es auch unter Verstoß gegen § 17 GBO – zuerst ein, so wird er Berechtigter. Der Antrag des Ersterwerbers muss zurückgewiesen werden und bleibt für § 140 Abs. 2 wirkungslos.[162]

VI. Vormerkungen (Abs. 2 Satz 2)

46 Die Insolvenzbeständigkeit der Vormerkung wird durch § 106 angeordnet. § 140 Abs. 2 Satz 2 verlegt den anfechtungsrechtlich maßgeblichen Zeitpunkt (s. o. RdNr. 3, 4) für den Erwerb einer Sache oder eines Rechts, zu dessen Sicherung eine wirksame Vormerkung bestellt wurde, unter bestimmten Voraussetzungen schon vor auf den Augenblick, in dem deren Eintragung beantragt wird. Das entspricht der analogen Anwendbarkeit des § 878 BGB auf § 883 BGB.[163] Eine Auflassungsvormerkung erfasst auch die Rechtsfolge des Eintritts in ein Mietverhältnis, welche § 566 BGB an den Eigentumswechsel knüpft.[164] Bereits die Möglichkeit der Annahme eines entsprechenden Vertragsangebots kann durch eine Auflassungsvormerkung zugunsten des Erwerbsinteressenten gesichert werden.[165] Vormerkungen können ferner Ansprüche im Zusammenhang mit eingetragenen Schiffen (§§ 10 ff. SchiffsRG) oder Schiffsbauwerken (§ 77 Satz 2 SchiffsRG) sowie mit Luftfahrzeugen (§§ 10 ff. LuftfRG) sichern. Zweck, Anwendungsbereich und Voraussetzungen des § 140 Abs. 2 Satz 2 entsprechen sinngemäß denen des ersten Satzes (vgl. hierzu RdNr. 23 ff.). Insbesondere wird eine sicherungsfähige Forderung vorausgesetzt, d. h. ein bestehender, selbst insolvenzfester schuldrechtlicher Anspruch auf eine eintragungsfähige dingliche Rechtsänderung; dieser Anspruch kann bedingt oder befristet sein (§ 883 Abs. 1 Satz 2 BGB, § 10 Abs. 1 Satz 2 SchiffsRG, § 10 Abs. 1 Satz 2 LuftfRG). Über dessen insolvenzrechtliche Wirkungen hinaus kann auch die Vormerkung diesen Anspruch nicht verstärken (s. o. § 106 RdNr. 19, 23); insbesondere bleibt ein vorgemerkter Anspruch auf ein Schenkungsversprechen in der Insolvenz gemäß § 39 Abs. 1 Nr. 4 nachrangig (vgl. § 129 RdNr. 61, § 144 RdNr. 9). Zur Anfechtung vor Wirksamwerden der Rechtshandlung vgl. § 147 RdNr. 17.

47 **1. Bewilligung der Vormerkung.** Satz 2 ist nur auf eine vom Schuldner **freiwillig** eingeräumte Vormerkung anwendbar; eine gemäß § 894 Abs. 1 ZPO fingierte Bewilligung gilt als freiwillig abgegeben (s. o. RdNr. 24). Eine durch einstweilige Verfügung erzwungene Vormerkung (§ 885 Abs. 1 Satz 1 BGB) fällt dagegen unter § 140 Abs. 1; sie ist erst mit der Eintragung im Grundbuch vorgenommen.[166] Auch die auf § 895 ZPO

---

[161] HambKomm-*Rogge* § 140 RdNr. 27.
[162] *Jaeger/Henckel*, KO § 30 RdNr. 95.
[163] Vgl. hierzu BGHZ 28, 182, 185 f. = NJW 1958, 2013, 2014; BGHZ 131, 189, 197 f. = NJW 1996, 461, 463; BGHZ 138, 179, 186 = NJW 1998, 2134, 2136; BayObLGZ 1954, 97, 100; *Staudinger/Gursky* § 878 RdNr. 9, § 885 RdNr. 17; MünchKommBGB-*Wacke* § 878 RdNr. 17; *Soergel/Stürner* § 885 RdNr. 6; *Palandt/Bassenge* § 885 RdNr. 11.
[164] BGH NJW 2006, 1800, 1802, z. V. b. in BGHZ 166, 125.
[165] *Fritsche* DZWIR 2002, 92, 95 f. im Anschluss an BGHZ 149, 1, 7 ff. = NJW 2002, 213, 214 f. Abgrenzend s. u. RdNr. 51.
[166] RGZ 68, 150, 153 f.; KG HRR 1934 Nr. 167; HambKomm-*Rogge* § 140 RdNr. 31; *Soergel/Stürner* § 878 RdNr. 2; RGRK-*Augustin* § 878 RdNr. 6; *Jaeger/Henckel*, KO § 14 RdNr. 55; *Staudinger/Gursky* § 878 RdNr. 14; *Erman/Lorenz* § 878 RdNr. 9; *Palandt/Bassenge* § 878 RdNr. 4, § 885 RdNr. 7; Schöner/

beruhende Eintragung einer Vormerkung wird insolvenzrechtlich wie eine erzwungene behandelt.

Die Bewilligung muss vom **Betroffenen**, also regelmäßig von dem **Inhaber** des ding- **48** lichen Rechts stammen, das durch die Eintragung der Vormerkung unmittelbar berührt wird.[167] Nur wenn die Bewilligung dem anderen Teil ausgehändigt oder bei dem Grundbuchamt eingereicht worden ist, ist die nach §§ 878, 873 Abs. 2 BGB ebenfalls nötige Bindungswirkung eingetreten (s. o. RdNr. 35).

2. Eintragungsantrag. Die Wirkung des Satz 2 tritt nur ein, wenn der **Gläubiger** den **49** Eintragungsantrag gestellt hat.[168] Das eigenständige Ersuchen des Prozessgerichts gemäß § 941 ZPO, § 38 GBO um Eintragung genügt nicht. Verfahrensrechtliche Mängel des Antrags können nach den in RdNr. 44 dargelegten Gründen geheilt werden.

VII. Bedingte oder befristete Rechtshandlungen (Abs. 3)

Abs. 3 verlegt – unter Abweichung von Abs. 1 – den anfechtungsrechtlich maßgeblichen **50** Zeitpunkt für den Fall bedingter oder befristeter Rechtshandlungen vor auf den Abschluss der rechtsbegründenden Tatumstände ohne den Eintritt der Bedingung oder des Termins. Das entspricht einerseits §§ 41, 42, 191, denen zufolge bedingte und befristete Forderungen im Insolvenzverfahren grundsätzlich schon vor Eintritt der Bedingung oder des Termins geltend gemacht werden können. Andererseits verstärkt die Norm den Schutz bedingter Rechtspositionen,[169] insbesondere von Anwartschaften (vgl. § 107), in der Insolvenz. Für alle diese Rechtshandlungen ist der anfechtungsrechtlich maßgebliche Zeitpunkt auf Grund der allgemeinen Regeln insbesondere des Abs. 1 (s. o. RdNr. 5 bis 22) zu bestimmen, wobei – nur – der Eintritt der Bedingung oder des Termins außer Betracht bleibt. Zu einer möglichen Anfechtung vor Eintritt der Bedingung/Befristung s. u. § 147 RdNr. 17.

1. Anwendungsbereich. Abs. 3 betrifft nur **Rechtsgeschäfte**, weil andere Rechtshand- **50a** lungen nicht bedingt oder befristet sein können.[170] Insbesondere fallen Zwangsvollstreckungen und reine Unterlassungen nicht darunter, sondern unter Abs. 1 (s. o. RdNr. 17, 19). Das Ausbleiben der Hauptpfändung ist keine (auflösende) Bedingung im Sinne von Abs. 1 für eine Vorpfändung (s. o. § 131 RdNr. 28). Abs. 3 gilt auch nicht für den Abschluss eines Vertrages selbst, weil ein Vertragsangebot nicht ein bedingtes Rechtsgeschäft und dessen Annahme keine Bedingung im Rechtssinne ist.[171] Maßgeblich ist gemäß Abs. 1 erst der Zeitpunkt der Vertragsannahme; bei einer Sicherung durch Vormerkung ist die Vornahme nach Abs. 2 Satz 2 zu bestimmen.[172] Abs. 3 ist ferner nicht anzuwenden auf die allgemeine rechtliche Voraussetzung, dass ein abgetretenes Recht überhaupt entsteht:[173] Auch die selbst bedingte Abtretung kann, wenn die abgetretene Forderung erst künftig entsteht, nicht stärker wirken als die sofort wirksame; sie unterliegt insoweit vielmehr Abs. 1. Sonstige Umstände, welche zB die Fälligkeit oder Durchsetzbarkeit einer Forderung herbeiführen,[174] fallen ebenso wenig

---

Stöber (Fn. 150) RdNr. 113; zu § 88 auch LG Berlin ZInsO 2001, 1066; *Schmitz*, Bauinsolvenz RdNr. 524; aM MünchKommBGB-*Wacke* § 878 RdNr. 18; zu § 88 auch *Kübler/Prütting/Lüke* § 88 RdNr. 17; *Grothe* KTS 2001, 205, 227. Ergänzend s. o. RdNr. 24.
[167] Vgl. hierzu KG DR 1940, 796; BayObLG DNotZ 1956, 206, 208; MünchKommBGB-*Wacke* § 885 RdNr. 17; *Palandt/Bassenge* § 885 RdNr. 10.
[168] BGHZ 166, 125, 133 = ZInsO 2006, 322, 324; s. o. RdNr. 39 ff.
[169] Vgl. §§ 161 Abs. 2 Satz 2, 163 BGB.
[170] BGH NZI 2006, 397, 398, z. V. b. in BGHZ; HK-*Kreft* § 140 RdNr. 13; *Uhlenbruck/Hirte* § 140 RdNr. 18; *Kübler/Prütting/Paulus* § 140 RdNr. 13; *Smid/Zeuner* § 140 RdNr. 12; *Henckel*, Kölner Schrift S. 813, 848 f.; *Eckert* S. 123; vgl. *Christiansen* KTS 2003, 353, 368 ff.
[171] S. o. RdNr. 9; insoweit unzutreffend OLG Rostock NZI 2006, 107.
[172] Vgl. BGHZ 149, 1, 9 = NJW 2002, 213, 215. Ergänzend s. o. RdNr. 46.
[173] Vgl. HK-*Kreft* § 140 RdNr. 4, 13; FK-*Dauernheim* § 140 RdNr. 15 aE; *Nerlich* (Fn. 5) § 140 RdNr. 19 aE, 20; HambKomm-*Rogge* § 140 RdNr. 35; *Hess* InsO § 140 RdNr. 57; *Jaeger/Henckel*, KO § 31 RdNr. 17 aE. Ergänzend vgl RdNr. 14, 17, 50 b.
[174] *Fischer* ZIP 2004, 1679, 1683 f. Ergänzend vgl. RdNr. 7, 9 c und zur Fälligkeit der Anwaltsvergütung RdNr. 50 b aE.

§ 140 50b, 51

unter Abs. 3 wie – sei es auch rückwirkende – Genehmigungen eines Dritten (s. o. RdNr. 8) oder Genehmigungen des Schuldners im Lastschriftverfahren (s. o. RdNr. 11). Keine Bedingungen im Sinne von Abs. 3 sind ferner reine Rechtsfolgen, die infolge tatsächlicher Veränderungen eintreten. Deshalb entsteht der schuldrechtliche Anspruch auf Rückgewähr einer nicht akzessorischen, treuhänderisch gestellten Sicherheit erst mit Wegfall des Sicherungszwecks, nicht schon rückwirkend mit Abschluss der Sicherungsvereinbarung;[175] dazu wäre eine auflösend bedingte Bestellung der Sicherheit nötig.

50 b Abs. 3 kann eingreifen, soweit eine Aufrechnungslage im Sinne von § 96 Abs. 1 Nr. 3 durch Rechtsgeschäft begründet wird.[176] Auch der Hypothekenhaftungsverband erstreckt sich nach § 1123 BGB schon vom Entstehen des Grundpfandrechts an auf die künftig entstehenden Mieten (s. o. § 129 RdNr. 158); anderenfalls wäre der Pfandgläubiger im eigenen Interesse gehalten, das aufwändige Zwangsverwaltungsverfahren bei jedem Zahlungsrückstand einzuleiten, um die Beschlagnahme nach § 148 ZVG herbeizuführen. Im Sinne von Abs. 3 bedingt sein muss aber gerade diejenige Rechtshandlung, die im Einzelfall angefochten wird; auf sonstige Vorfragen erstreckt sich die Privilegierung nicht. Insbesondere bei **Abtretungen** besteht eine insolvenzrechtlich geschützte Anwartschaft nur, wenn der Abtretungsvertrag (§ 398 BGB) selbst unter einer Bedingung oder einem Termin steht.[177] Dagegen erstreckt sich die Wirkung des Abs. 3 nicht auch auf die abgetretene Forderung: Ist zB die Abtretung selbst unbedingt und unbefristet, aber die abgetretene Forderung ihrerseits bedingt oder befristet, so ist die Insolvenzbeständigkeit der Abtretungswirkung gemäß allgemeinen Regeln – insbesondere Abs. 1 – zu beurteilen.[178] Es besteht kein Grund, den Abtretungsempfänger allein wegen einer bedingten Abtretung anfechtungsrechtlich besser zu stellen als bei einer unbedingten oder als der Abtretende selbst hinsichtlich der abgetretenen Forderung gestanden hätte. Ist andererseits die Abtretung als solche bedingt oder befristet, so verweist Abs. 3 auf den Zeitpunkt des Abtretungsvertrages unabhängig davon zurück, ob die abgetretene Forderung ihrerseits bedingt (befristet) ist oder nicht. Dies bedeutet zB: Wird der *Abschluss* eines Miet- oder Dienstvertrages selbst oder eine dadurch begründete Aufrechnungslage (s. o. RdNr. 50 a) angefochten, so werden alle Mietraten oder Vergütungsansprüche gemäß Abs. 3 als im Zeitpunkt des Vertragsschlusses enststanden behandelt. Wird dagegen die *Abtretung* von Miet- oder Vergütungsforderungen angefochten, ist das Entstehen der Einzelnen abgetretenen Raten gemäß Abs. 1 zu prüfen (s. o. RdNr. 13); ob die Abtretung selbst bedingt (befristet) oder unbedingt (unbefristet) ist, hat hierauf keinen Einfluss. Entsprechendes trifft zu, soweit für eine Aufrechnung gemäß § 95 die Fälligkeit der Vergütung eines Rechtsanwalts (§ 8 RVG) und die Erteilung einer aufgeschlüsselten Berechnung (§ 10 RVG) als Bedingungen gelten sollen;[179] wird die sonstige Tilgung der Gebührenforderung angefochten, so ist der zeitliche Zusammenhang auf der Grundlage des Abs. 1 selbständig zu bestimmen (s. u § 142 RdNr. 19).

51 **2. Bedingte Rechtshandlungen** sind solche, bei denen das Eintreten des künftigen Ereignisses, welches die Rechtswirkung der Handlung beeinflussen soll, nach Vorstellung der Beteiligten ungewiss ist.[180] In Betracht kommen grundsätzlich alle Bedingungen im Sinne von §§ 158, 163 BGB außer Potestativbedingungen, die allein auf den Willen des späteren Insolvenzschuldners gestellt sind;[181] solche verschaffen dem Erwerber noch keine gesicherte Stellung.

---

[175] *Eckert* S. 97; aM OLG Hamburg ZIP 1981, 1953, 1954 f.; HambKomm-*Rogge* § 140 RdNr. 33. Statt dessen mag eine Gläubigerbenachteiligung fehlen: S. o. § 129 RdNr. 108 d.
[176] BGHZ 159, 388, 395 = NJW 2004, 3118, 3120; BGH NJW-RR 2005, 1641, 1642. Ergänzend s. o. RdNr. 11 b, 11 c.
[177] Vgl. *Jaeger/Henckel*, KO § 30 Nr. 93; *Baur/Stürner* RdNr. 18.33 aE, 18.34 (Beispiel 3).
[178] *Christiansen* KTS 2003, 353, 375 f.; vgl. OLG Hamm ZIP 2006, 433, 434. Dies berücksichtigen *Uhlenbruck/Hirte* § 140 RdNr. 17 aE und *Eckert* S. 95 f. nicht. s. o. RdNr. 50 a.
[179] Vgl. BGH NZI 2005, 681 f.
[180] KG MDR 1998, 459; MünchKommBGB-*Westermann* § 158 RdNr. 8; *Palandt/Heinrichs* Einf. vor §§ 158 ff. RdNr. 1; *Christiansen* KTS 2003, 353, 373 f. Zur Abgrenzung gegenüber Befristungen s. u. RdNr. 53.
[181] *Christiansen* KTS 2003, 353, 363 ff.; vgl. *Spliedt* ZIP 2005, 1260, 1267. Ergänzend s. u. RdNr. 52.

Eine **aufschiebende** Bedingung ist insbesondere die Ausführung eines zuvor vom Handelsvertreter gemäß §§ 87, 87a Abs. 1 Satz 1 HGB vermittelten Geschäfts.[182] Der – auch erweiterte oder verlängerte – Eigentumsvorbehalt[183] verschafft ebenso eine gesicherte Anwartschaft wie die Unwiderruflichkeit eines Bezugsrechts im Sinne von § 166 VVG.[184] Sieht ein Gesellschaftsvertrag vor, dass ein Gesellschafter im Insolvenzfall ausscheidet, jedoch verpflichtet ist, den verbleibenden Gesellschaftern auf deren Anforderung Personal und Gerät zu überlassen, ist das Ausscheiden zwar eine Bedingung im Sinne von Abs. 3 im Hinblick auf die sich ergebenden Rechte der anderen Gesellschafter sowie auf die vertragsgemäß zu erstellende Auseinandersetzungsbilanz;[185] die Anforderung von Personal oder Gerät kann aber als eine selbständige Rechtshandlung anfechtbar sein, welche erst die Aufrechnungslage herstellt.[186] Die unter „Eingang vorbehalten" erteilte Gutschrift der Inkassobank beim Lastschrift- oder Scheckeinzugsverfahren stellt *nicht* schon einen bedingten Erwerb des Erlöses, sondern nur eine Kreditgewährung dar (s. o. RdNr. 9a, 11a). Das Entstehen einer *gesetzlichen* Herausgabepflicht, zB nach § 667 BGB, ist nicht i. S. v. Abs. 3 bedingt (BGH ZIP 2007, 1507, 1509). 51a

Für **auflösende** Bedingungen kann Abs. 3 bedeutsam werden, wenn davon ein Rechtserwerb oder der Fortbestand eines Vermögensrechts des Schuldners abhängt. Dann kann die Vorverlagerung des maßgeblichen Zeitpunkts bewirken, dass der Rechtsverlust des Schuldners bei Bedingungseintritt nicht mehr selbständig anfechtbar ist; eine Anfechtung kann sich dann allenfalls gegen die Vereinbarung der Bedingung selbst richten. Fällt hingegen umgekehrt dem Schuldner ein zunächst fremdes Recht infolge einer auflösenden Bedingung zu, benachteiligt dies nicht die Insolvenzgläubiger im Sinne von § 129 Abs. 1. Anfechtbar kann dann allenfalls ein Tun oder Unterlassen sein, welches den Eintritt der auflösenden Bedingung zugunsten des Schuldners verhindert.[187] 51b

Die Bedingung darf **nicht** der **Eintritt** des **Insolvenzfalles** selbst sein.[188] Der Regierungsentwurf[189] nennt als Beispiele für eine Anwendbarkeit des Abs. 3 nur sachgerechte Verknüpfungen der Abtretung mit andersartigen Umständen. Dagegen würde die Anerkennung des Insolvenzfalles als Bedingung im Sinne des Abs. 3 die gezielte Vermeidung jeder Anfechtbarkeit ermöglichen: Wenn der – spätere – Insolvenzschuldner und sein Vertragspartner wenig mehr als zehn Jahre vor der späteren Insolvenz die Rechtsübertragung unter dieser Bedingung vereinbaren, würde sie keinen der beiden Beteiligten vor der Insolvenz belasten oder berechtigen, sondern ausschließlich die künftigen Insolvenzgläubiger. Eine solche Umgehung des Gleichbehandlungsprinzips in der Insolvenz soll § 140 Abs. 3 nicht verwirklichen. Wer dies anders beurteilt, stärkt nur die Argumente für eine Nichtigkeit solcher Rechtshandlungen (s. o. vor § 129 RdNr. 46, 49, 77). 52

3. Befristete Rechtshandlungen. § 140 Abs. 3 erfasst Zeitbestimmungen i. S. v. § 163 BGB, also Termine, bei denen das Eintreten des künftigen Ereignisses, welches die Rechtswirkung der Handlung beeinflussen soll, nach Vorstellung der Beteiligten gewiss und 53

---

[182] BGHZ 159, 388, 394 f. = NJW 2004, 3118, 3120; *Fischer* ZIP 2004, 1679, 1683.
[183] Vgl. *Jaeger/Henckel*, KO § 30 RdNr. 91, 92; *Baur/Stürner* RdNr. 18.34 (Beispiel 2), 18.35 (Fn. 102); *Christiansen* KTS 2003, 353, 363 ff.
[184] S. o. RdNr. 9, 134 RdNr. 16; *Müller-Feldhammer* NZI 2001, 343, 349.
[185] Vgl. BGH NJW-RR 2000, 1295, 1296 f.; BGHZ 160, 1, 3 = NJW-RR 2004, 1561, 1562 f.
[186] Vgl. BGHZ 145, 245, 254 f. = NJW 2001, 367, 369; OLG Frankfurt ZInsO 2006, 105, 106 f. Ergänzend s. o. RdNr. 11 b.
[187] Vgl. *Christiansen* KTS 2003, 353, 379 f.
[188] BAG NZI 2007, 58, 61; OLG Frankfurt ZInsO 2006, 105, 107; HambKomm-*Rogge* § 140 RdNr. 34; *Kirchhof*, in *Henckel/Kreft*, Insolvenzrecht 1998, S. 143, 151 f.; *Huhn/Bayer* ZIP 2003, 1965, 1967 ff.; vgl. OLG Koblenz ZInsO 2003, 951; HK-*Kreft* § 140 RdNr. 14; *Gottwald/Huber*, Insolvenzrechts-Handbuch § 46 RdNr. 22; *Obermüller*, Festschrift für Ulrich Bosch, 2006, S. 157, 171 f.; FK-*Dauernheim* § 140 RdNr. 15; *Jaeger/Henckel*, KO § 30 RdNr. 93; *Uhlenbruck* AP § 30 KO Nr. 4; *Thomas* ZInsO 2007, 77, 79; aM Kübler/Prütting/*Paulus* § 140 RdNr. 11; *Höfer/Kemper* DB 1979, 2371, 2374; wohl auch *v. Wilmowsky* ZIP 2007, 553, 562 Fn. 31 mit Bezug auf insolvenzbedingte Lösungsklauseln (dazu s. o. § 129 RdNr. 130 f.).
[189] RegE S. 167 zu § 159.

§ 141   1   3. Teil. 3. Abschnitt. Insolvenzanfechtung

allenfalls dessen Zeitpunkt ungewiss ist.[190] Als anfechtbare befristete Rechtshandlung nennt die amtliche Begründung die Kündigung zu einem künftigen Zeitpunkt;[191] sie ist mit Zugang der Kündigungserklärung vorgenommen, weil auch diese noch als „befristete Rechtshandlung" i. S. v. § 140 Abs. 3 verstanden werden kann.[192] Beim Kontokorrent ist die periodische Saldierung befristet (s. o. RdNr. 11 b).

VIII. Beweisfragen

54 Abs. 1 stellt den Regelfall der Vornahme von Rechtshandlungen dar; die Abs. 2 und 3 bilden Ausnahmen davon. Der Insolvenzverwalter genügt daher regelmäßig seiner Darlegungslast, wenn er – nach näherer Maßgabe der einzelnen Anfechtungstatbestände – die Vornahme einer (anfechtbaren) Rechtshandlung vorträgt; deren Vornahmezeitpunkt ist, soweit erforderlich, nach Abs. 1 zu berechnen.[193] Wer dagegen aus einem früheren Vornahmezeitpunkt gemäß Abs. 2[194] oder Abs. 3[195] Vorteile für sich herleiten will, hat die Voraussetzungen dieser Ausnahmeregeln zu beweisen. Insbesondere das Stellen eines Eintragungsantrags (Abs. 2) spielt sich außerhalb der eigenen Wahrnehmung des Schuldners oder Verwalters ab. Auch an zugrunde liegenden Vereinbarungen i. S. v. Abs. 2 Abs. 3 ist der Anfechtungsgegner persönlich beteiligt, nicht aber der Insolvenzverwalter. Die Voraussetzungen des Abs. 2 können meist anhand der für die Beteiligten zugänglichen Grund- oder Registerakten belegt werden. Hat der Erwerber eine Eintragungsbewilligung beim Grundbuchamt eingereicht, ist auf Grund der Lebenserfahrung zugleich davon auszugehen, dass er sie vom Berechtigten i. S. v. § 873 Abs. 2 BGB ausgehändigt erhielt.

55 Waren bei Stellung des Eintragungsantrags (gemäß Abs. 2) noch nicht alle wesentlichen Eintragungsvoraussetzungen erfüllt, so hat der Anfechtungsgegner auch deren Eintritt zu beweisen, wenn sich daraus ein früherer als der nach Abs. 1 maßgebliche Zeitpunkt ergeben soll (vgl. RdNr. 31).

§ 141 Vollstreckbarer Titel

Die Anfechtung wird nicht dadurch ausgeschlossen, daß für die Rechtshandlung ein vollstreckbarer Schuldtitel erlangt oder daß die Handlung durch Zwangsvollstreckung erwirkt worden ist.

Übersicht

	RdNr.		RdNr.
I. Normzweck	1	IV. Erwirken vollstreckbarer Titel (1. Alternative)	5
II. Entstehungsgeschichte	2	V. Erwirken durch Zwangsvollstreckung (2. Alternative)	8
III. Anwendungsbereich	3		

I. Normzweck

1 Die Vorschrift stellt klar, dass ein Erwerb, der unter Inanspruchnahme staatlicher Hilfsmittel erzwungen wird, wie eine freiwillig vorgenommene Rechtshandlung angefochten werden kann, dass also die Einschaltung der Staatsgewalt nicht von sich aus die Anfechtbarkeit

---

[190] Vgl. KG MDR 1998, 459 f.; MünchKommBGB-*Westermann* § 163 RdNr. 1; *Paland/Heinrichs* § 163 RdNr. 1, 2; *Christiansen* KTS 2003, 353, 373 f. Zur Abgrenzung gegenüber Bedingungen s. o. RdNr. 51.
[191] RegE S. 167 zu § 159; vgl. *Uhlenbruck/Hirte* § 140 RdNr. 18; HK-*Kreft* § 140 RdNr. 14 aE.
[192] *Eckert* S. 123; vgl. *Hess* InsO § 140 RdNr. 54; aM *Smid/Zeuner* InsO § 140 RdNr. 20.
[193] *Uhlenbruck/Hirte* § 140 RdNr. 10; vgl. *Kübler/Prütting/Paulus* § 140 RdNr. 12.
[194] HK-*Kreft* § 140 RdNr. 11; FK-*Dauernheim* § 140 RdNr. 11; *Hess* InsO § 140 RdNr. 51; *Uhlenbruck/Hirte* § 140 RdNr. 14; zu § 10 Abs. 3 GesO schon BGH ZIP 1998, 513, 514; NJW 1999, 645; 2001, 2477, 2479.
[195] Vgl. hierzu HambKomm-*Rogge* § 140 RdNr. 38; *Smid/Zeuner* InsO § 140 RdNr. 12 aE.

ausschließt.¹ In der 2. Alternative des § 141 drückt sich zudem die Verdrängung des Prioritätsgrundsatzes des § 804 Abs. 3 ZPO durch den Grundsatz der Gleichbehandlung aller Gläubiger in der wirtschaftlichen Krise des Schuldners aus (vgl. näher § 131 RdNr. 26).

II. Entstehungsgeschichte

Die Norm ist inhaltsgleich mit § 35 KO und wurde im Gesetzgebungsverfahren nicht geändert. Demgegenüber bestimmte § 10 Abs. 1 GesO nur Rechtshandlungen „des Schuldners" als anfechtbar. 2

III. Anwendungsbereich

§ 141 trägt zur Bestimmung des Begriffs der anfechtbaren „Rechtshandlung" bei und ergänzt damit § 129 (vgl. dort RdNr. 47), erweitert aber mit seiner verneinenden Fassung nicht selbständig die Anfechtungstatbestände.² Bei der Anwendung aller von ihnen hindert weder die Mitwirkung von Gerichten, Behörden oder eines Notars noch die Ausübung staatlichen Zwangs bei der Schmälerung des Schuldnervermögens von sich aus die insolvenzrechtliche Anfechtung.³ Ihr steht auch die fehlende Mithilfe des Schuldners hierbei nicht entgegen, soweit diese nicht von einzelnen Vorschriften (§§ 132–134) ausdrücklich vorausgesetzt wird (s. o. § 129 RdNr. 34 bis 36). 3

Die insolvenzrechtliche Anfechtung einerseits und **verfahrensrechtliche Rechtsbehelfe** andererseits schließen sich wechselseitig nicht allgemein aus. Der Insolvenzverwalter kann ggf. gegen die Erwirkung von Vollstreckungstiteln Rechtsmittel sowie gegen Vollstreckungsakte die jeweils vorgesehenen Rechtsbehelfe einlegen oder Klagen nach §§ 767, 768, 771 ZPO erheben, aber damit nicht ohne weiteres die Anfechtungsfrist gemäß § 146 wahren.⁴ Andererseits schließen sogar Fehler in einem Vollstreckungstitel oder Verfahrensmängel bei einer Vollstreckungshandlung regelmäßig nicht die Gläubigerbenachteiligung im Sinne von § 129 aus (vgl. § 129 RdNr. 30, 32, 134 f.). 4

IV. Erwirken vollstreckbarer Titel (1. Alternative)

Der Vollstreckungstitel als Akt eines hoheitlichen oder staatlich anerkannten neutralen Organs ist als solcher nicht gemäß §§ 129 ff. anfechtbar,⁵ sondern nur mit den dafür jeweils vorgesehenen verfahrensrechtlichen Behelfen anzugreifen. Die Anfechtung kann sich aber gegen die erwirkenden und ausnutzenden Rechtshandlungen des Insolvenzgläubigers sowie gegen etwaige fördernde Rechtshandlungen des Schuldners richten (vgl. § 130 RdNr. 13, 14, § 133 RdNr. 7 bis 9 b). Gemäß § 141 hindert das Erwirken eines vollstreckbaren Schuldtitels nicht die Anfechtung der dadurch (mit-)bewirkten Gläubigerbenachteiligung. Gemeint ist in diesem Zusammenhang nicht die durch eine Zwangsvollstreckung aus demselben Titel herbeigeführte Benachteiligung, weil diese selbständig von der 2. Alternative des § 141 erfasst wird (s. u. RdNr. 8). Die 1. Alternative betrifft demgegenüber diejenigen Fälle, in denen die (titulierte) Leistung des Schuldners noch aussteht oder in denen – ohne Einschaltung eines Vollstreckungsorgans – auf den Titel Leistungen bewirkt wurden.⁶ 5

---

¹ Staatliche Hoheitsakte sind als solche allerdings keine anfechtbaren Rechtshandlungen. Vgl. im Übrigen § 129 RdNr. 47.
² Vgl. *Kübler/Prütting/Paulus* § 141 RdNr. 1; *Jaeger/Henckel*, KO § 35 RdNr. 3; *Rebmann* S. 16.
³ Vgl. *Jaeger/Henckel*, KO § 35 RdNr. 1.
⁴ HambKomm-*Rogge* § 141 RdNr. 5.
⁵ Vgl. HambKomm-*Rogge* § 141 RdNr. 4; *Jaeger/Henckel*, KO § 35 RdNr. 2, 3; *Kübler/Prütting/Paulus* § 141 Fn. 5. Zum Zuschlagsbeschluss in der Zwangsversteigerung vgl. BGH NJW-RR 1986, 1115, 1116 f. Für eine vollstreckbare Urkunde sprach RGZ 126, 304, 307 allerdings beiläufig aus, sie sei „i. V. m. der Vornahme von Vollstreckungshandlungen" eine anfechtbare Handlung. Für eine Anfechtbarkeit des Titels selbst *Smid/Zeuner* § 141 RdNr. 5; *Rebmann* S. 14 ff.; wohl auch *Uhlenbruck/Hirte* § 141 RdNr. 3.
⁶ Vg. HK-*Kreft* § 141 RdNr. 2; *Kübler/Prütting/Paulus* § 141 RdNr. 2; *Braun/Riggert* § 141 RdNr. 2.

6 Als Titel i. S. v. § 141 kommen einerseits Urteile aller Gerichtszweige in Betracht; deren etwaige Rechtskraft wird nicht berührt, hat aber anfechtungsrechtlich auch keine Bedeutung.[7] Ebenso ist ihre – sei es nur vorläufige – Vollstreckbarkeit für die 1. Alternative des § 141 bedeutungslos. Ferner betrifft die Vorschrift u. a. sämtliche in §§ 794, 796 a bis 796 c ZPO genannten Vollstreckungstitel einschließlich des Zuschlagsbeschlusses im Zwangsversteigerungsverfahren (§ 93 ZVG), den Auszug aus der Insolvenztabelle über eine festgesetzte Forderung,[8] Insolvenzpläne (§ 257 Abs. 1 u. 2), für vollstreckbar erklärte Schiedssprüche,[9] Arrestbefehle und einstweilige Verfügungen,[10] Notarkostenrechnungen (§ 155 KostO) sowie vollziehbare Verwaltungsakte.[11]

7 Das Erwirken des Titels ist selbst nur mit Erfolg anfechtbar, soweit ihm nach materiellem Recht **keine** wirksame **Forderung zugrunde liegt.** Erkennt der Titel dagegen dem Gläubiger eine – auch der Höhe nach – unanfechtbar entstandene Forderung zu, werden die Insolvenzgläubiger durch die sachlich berechtigte Feststellung der Passivmasse (vgl. § 179 Abs. 2) allein nicht benachteiligt; anfechtbar kann dann erst die Vollstreckung aus dem Titel sein.[12] Hat dagegen der Schuldner einem anderen durch bewusstes Zusammenwirken einen Schuldtitel für eine erdichtete Forderung verschafft, kann schon dieses gläubigerbenachteiligende Übereinkommen in Verbindung mit der prozessualen Geltendmachung die anfechtbare Handlung darstellen.[13]

V. Erwirken durch Zwangsvollstreckung (2. Alternative)

8 Der Anfechtung von Vollstreckungsmaßnahmen – insbesondere gemäß §§ 131, 133 oder 134 – steht in keiner Weise entgegen, dass sie auf Grund eines Titels (§ 750 ZPO) ausgebracht wurden. Zwangsvollstreckung i. S. d. § 141 ist auch die Vollziehung eines **Arrests** oder einer **einstweiligen Verfügung:**[14] Deren Vollziehung war in §§ 14 Abs. 1 und 35 KO sowie § 124 VerglO ausdrücklich der Zwangsvollstreckung gleichgesetzt. Eine entsprechende Regelung war in § 12 RegE vorgesehen. Die letztgenannte Vorschrift wurde vom Bundestag nur als selbstverständlich und deshalb entbehrlich gestrichen.[15] Schon die durch Arrestvollziehung bewirkte Sicherung kann die Insolvenzgläubiger benachteiligen.

9 § 141 bewirkt, dass die Anfechtbarkeit von Vollstreckungsmaßnahmen gemäß allgemeinen Regeln ohne inhaltliche Bindung an den Ausspruch des Titels zu prüfen ist. Dieser kann zwar verfahrensrechtlich als Grundlage einer Zwangsvollstreckung dienen, ist aber für die Prüfung ihrer Anfechtbarkeit bedeutungslos. Das durch Pfändung erlangte Pfandrecht kann auch dann anfechtbar sein, wenn die zugrundeliegende Forderung mit dem Titel selbst unanfechtbar erworben wurde (vgl. § 131 RdNr. 26). Soweit die Vollstreckungsmaßnahme unter § 88 fällt, bedarf es regelmäßig keiner Anfechtung.

---

[7] Vgl. *Jaeger/Henckel,* KO § 35 RdNr. 6.
[8] § 201 Abs. 2 InsO; vgl. RGZ 27, 91, 92.
[9] § 1042 ZPO; vgl. *Berges* KTS 1972, 1, 13.
[10] §§ 928, 935, 936, 940 ZPO. Dazu HK-*Kreft* § 141 RdNr. 3; *Uhlenbruck/Hirte* § 141 RdNr. 2; s. u. RdNr. 8.
[11] Vgl. BGH NJW 1995, 1090 f., insoweit nicht in BGHZ 128, 196 abgedruckt. Ergänzend vgl. § 168 VwGO.
[12] S. u. RdNr. 8. Vgl. RGZ 126, 304, 307; FK-*Dauernheim* § 140 RdNr. 4; *Uhlenbruck/Hirte* § 141 RdNr. 3; HambKomm-*Rogge* § 141 RdNr. 4; ohne Unterscheidung im Hinblick auf die Berechtigung der titulierten Forderung dagegen *Smid/Zeuner* § 141 RdNr. 5. Zum zusätzlichen Anspruch auf Unterwerfung unter die Zwangsvollstreckung vgl. RG JW 1919, 730 f. m. Anm. v. *Jaeger.*
[13] Vgl. RG JW 1906, 234 f.; FK-*Dauernheim* § 140 RdNr. 3; *Uhlenbruck/Hirte* § 141 RdNr. 4; HambKomm-*Rogge* § 141 RdNr. 4. Zum Vornahmezeitpunkt in derartigen Fällen vgl. § 140 RdNr. 17.
[14] §§ 928, 935, 940 ZPO. Dazu HK-*Kreft* § 141 RdNr. 4; *Uhlenbruck/Hirte* § 141 RdNr. 5; HambKomm-*Rogge* § 141 RdNr. 6.
[15] Bericht BTag S. 156 zu § 12.

§ 142 Bargeschäft

Eine Leistung des Schuldners, für die unmittelbar eine gleichwertige Gegenleistung in sein Vermögen gelangt, ist nur anfechtbar, wenn die Voraussetzungen des § 133 Abs. 1 gegeben sind.

Schrifttum: *Bork,* Kontokorrentverrechnung und Bargeschäft, Festschrift für Kirchhof, 2003, S. 57 ff.; *Bräuer,* Ausschluss der Insolvenzanfechtung bei Bargeschäften nach Maßgabe des § 142 InsO, 2006; *Lwowski/Wunderlich,* Neues zum Bargeschäft, Festschrift für Kirchhof, 2003, S. 301 ff.; *Obermüller,* Verrechnung von Zahlungseingängen bei offener Kreditlinie – Besonderheiten bei Mehrzahl von Kreditnehmern oder von Kreditgebern, Festschrift für Kirchhof, 2003, S. 355 ff.

Übersicht

	RdNr.		RdNr.
I. Normzweck	1	3. Unmittelbarkeit	15
II. Entstehungsgeschichte	2	a) Allgemeines	15
		b) Einzelfälle	17
III. Voraussetzungen für ein Bargeschäft	3	IV. Rechtsfolgen des Bargeschäfts	21
1. Leistungsaustausch	4	1. Ausgeschlossene Anfechtungstatbestände	22
a) Parteivereinbarung	5		
b) Änderungen	8	2. Anfechtung nach § 133 Abs. 1	24
2. Gleichwertigkeit	9	V. Beweisfragen	25
a) Allgemeines	9		
b) Einzelfälle	13		

I. Normzweck

Die Insolvenzgläubiger werden nicht unmittelbar benachteiligt, wenn der Schuldner für 1 seine eigene Leistung eine mindestens gleichwertige Gegenleistung erhält. Dann kommt nur eine mittelbare Gläubigerbenachteiligung in Betracht, die allerdings für die meisten Anfechtungstatbestände ausreicht, insbesondere für §§ 130, 131 und 132 Abs. 2.[1] Wären danach alle vom Schuldner abgeschlossenen wertäquivalenten Rechtsgeschäfte wegen Kenntnis einer wirtschaftlichen Krise anfechtbar, so würde der Schuldner während dieses Zeitraums praktisch sogar vom Geschäftsverkehr mit Barzahlung ausgeschlossen. Dies soll § 142 verhindern, indem er allgemein die Möglichkeit einschränkt, einen gleichwertigen, zeitnah erfolgenden Leistungsaustausch anzufechten.[2] Dagegen soll dem Schuldner nicht etwa eine weitere, gläubigergefährdende, ungesicherte Kreditaufnahme anfechtungsfrei ermöglicht werden.

II. Entstehungsgeschichte

Konkurs- und Gesamtvollstreckungsordnung enthielten keine ausdrückliche Regelung für 2 Bargeschäfte, doch hatten Rechtsprechung und Rechtslehre deren Unanfechtbarkeit herausgearbeitet.[3] Diese Ergebnisse wurden im Leitsatz 5.2.4 des 1. KommBer. und in § 161 RegE übernommen. Im Gesetzgebungsverfahren wurde die Vorschrift lediglich redaktionell angepasst.

---

[1] Vgl. § 129 RdNr. 119, 121; § 130 RdNr. 23; § 131 RdNr. 45; § 132 RdNr. 27. Zutreffend entwickelt *Raschke* S. 72 ff., dass § 142 im Ergebnis nur die Anfechtung nach § 130 einschränkt. Ergänzend s. u. RdNr. 21 ff.

[2] RegE S. 167 zu § 161; BGHZ 150, 122, 132 f. = NJW 2002, 1722, 1724 f.; BGHZ 167, 190, 199 = NJW 2006, 2701, 2703; zur KO vgl. BGHZ 123, 320, 323 ff. = NJW 1993, 3267 f.; BGH WM 1984, 1430 f.; ergänzend vgl. *Bräuer* S. 42 ff.

[3] Vgl. RGZ 100, 62, 64; 136, 152, 158 f.; BGH WM 1955, 404, 406, in NJW 1955, 709 Nr. 6 nur Leits.; NJW 1977, 718 f.; BGHZ 70, 177, 184 f. = NJW 1978, 758, 759; BGH NJW 1980, 1961 f.; *Jaeger* JW 1915, 1253 f.; *Jaeger/Henckel* § 30 RdNr. 110 bis 112. Zusammenfassend vgl. *Raschke* S. 16 ff.; *Bräuer* S. 12 ff.

§ 142 3–5   3. Teil. 3. Abschnitt. Insolvenzanfechtung

III. Voraussetzungen für ein Bargeschäft

3   Die Insolvenzanfechtung wird durch die Ausnahmevorschrift des § 142 nur eingeschränkt, wenn sämtliche Tatbestandsmerkmale erfüllt sind. Sie können nicht – auch nicht als Grundlage einer entsprechenden Anwendung – durch andere ersetzt werden.[4]

4   **1. Leistungsaustausch.** § 142 setzt eine Leistung des Schuldners aus seinem haftenden Vermögen (§ 35) und eine – ausgleichende (s. u. RdNr. 9 ff.) – Gegenleistung des anderen Teils voraus. In Betracht kommen Leistungen mit wirtschaftlichem Wert jeder Art;[5] unentgeltliche Leistungen des Schuldners können dagegen nie Bargeschäfte sein.[6] Auf Seiten des Schuldners kann auch ein vorläufiger Insolvenzverwalter gehandelt haben.[7]

4a   Die Gegenleistung des anderen Teils muss tatsächlich in das – sei es auch haftungsfreie (§ 36 Abs. 1, s. u. RdNr. 9) – Aktivvermögen des Schuldners gelangt sein; unerheblich ist dagegen, ob sie auch später hierin erhalten bleibt.[8] Eine bloße Verringerung seiner Verbindlichkeiten – zB die bare Tilgung einer Schuld – scheidet nach dem Gesetzeszweck für ein Bargeschäft aus.[9] Übernimmt ein Käufer als Teil eines Kaufpreises Verbindlichkeiten des Schuldners gegenüber einem Dritten, liegt darin keine ausgleichende Zuführung von Aktiva in das Schuldnervermögen.[10] Entsprechendes gilt, wenn der Schuldner einen Teil seiner Verbindlichkeiten bei einem Insolvenzgläubiger gegen Erlass der weitergehenden Schuld tilgt.[11] Auch die Aufrechnung mit einem schon bestehenden Gegenanspruch gegen eine neue Zuwendung aus dem Schuldnervermögen reicht nicht als Gegenleistung aus.[12]

5   a) Das Erfordernis, dass die Gegenleistung „für die" Leistung des Schuldners erbracht wird, drückt aus, dass Leistung und Gegenleistung durch **Parteivereinbarung** miteinander verknüpft sein müssen.[13] Als Grundlage dafür, dass eine kontokorrentmäßige Verrechnung ein Bargeschäft sein kann, reicht der Kontokorrentvertrag aus.[14] Außer gegenseitig verpflichtenden Verträgen i. S. d. §§ 320 ff. BGB kommen auch weniger enge vertragliche Absprachen in Betracht.[15] Insbesondere genügen Vereinbarungen in einem Dreiecksverhältnis, bei dem die Parteivereinbarung aus der Deckungs- und der Valutabeziehung zu entnehmen ist.[16] Ein bloß ursächlicher Zusammenhang zwischen den beiderseitigen Leistungen reicht hingegen nicht aus.[17] Auch können bloße „gesellschaftliche Gepflogenheiten" – wie zB der

---

[4] *Kayser* ZIP 2007, 49, 50.
[5] HK-*Kreft* § 142 RdNr. 3; vgl. BGH NJW-RR 2005, 1575, 1576; BGHZ 167, 190, 199 f. = NJW 2006, 2701, 2704.
[6] *Lwowski/Wunderlich* S. 302 f.; aM *Kübler/Prütting/Paulus* § 142 RdNr. 12 über Fn. 41.
[7] Vgl. BGHZ 151, 353, 369 f. = NJW 2002, 3326, 3330; LG Bad Kreuznach NZI 2006, 45 f.; *Kirchhof*, Festschrift für Kreft, 2004, S. 359, 365 f.
[8] OLG Köln MDR 1962, 997, 998; *Nerlich* in: *Nerlich/Römermann* § 142 RdNr. 6; HambKomm-*Rogge* § 142 RdNr. 2; vgl. BGHZ 28, 344, 347 f. = NJW 1959, 147 f.; RGZ 162, 292, 296 f.; OLG Hamburg DB 1954, 576 f. Ergänzend s. u. RdNr. 11.
[9] *Bräuer* S. 86.
[10] *Wessels* ZIP 2004, 1237, 1245; ergänzend s. o. § 129 RdNr. 104.
[11] *C. Paulus* BB 2001, 425, 426 f. zieht hingegen in Betracht, ob wenigstens der getilgte Teil zwangsweise hätte durchgesetzt werden können. Ergänzend s. u. RdNr. 13 b.
[12] OLG Dresden DZWIR 2001, 470, 471.
[13] RegE S. 167 zu § 161; BGHZ 123, 320, 328 = NJW 1993, 3267, 3268; HK-*Kreft* § 142 RdNr. 4; vgl. BGH NJW-RR 2006, 1134, 1136.
[14] BGH ZIP 1999, 665, 668; BGHZ 150, 122, 130 f. = NJW 2002, 1722, 1724; *Uhlenbruck/Hirte* § 142 RdNr. 10; *Lwowski/Wunderlich* S. 303; *Jaeger/Henckel*, KO § 30 RdNr. 277; *Bräuer* S. 120 f.; s. o. § 96 RdNr. 36; iE auch KG WM 2002, 1242, 1244. Dagegen fordern *v. Usslar* BB 1980, 916, 919 und *Dampf* KTS 1998, 145, 166 eine besondere Absprache über jede einzelne Gut- oder Lastschrift; so wohl auch *Raschke* S. 105 f.; *Wischemeyer* S. 74 ff.; *Steinhoff* ZIP 2000, 1141, 1150 setzt eine „innere Erwartung" voraus, dass weitere Verfügungen zugelassen werden. Zu den zusätzlichen Voraussetzungen der Gleichwertigkeit und zeitlichen Nähe s. u. RdNr. 13 b, 18 a.
[15] Vgl. *Uhlenbruck/Hirte* § 142 RdNr. 6. Ergänzend s. u. RdNr. 13 e.
[16] FK-*Dauernheim* § 142 RdNr. 2 aE; HambKomm-*Rogge* § 142 RdNr. 3; vgl. BGH ZInsO 2007, 662, 663; *Kübler/Prütting/Paulus* § 142 RdNr. 4; *Jaeger/Henckel*, KO § 30 RdNr. 172. Ergänzend s. u. RdNr. 5 a, 9 a.
[17] HambKomm-*Rogge* § 142 RdNr. 3.

Austausch von Geschenken in der wirtschaftlichen Krise des Schuldners über die abschließende Sonderregel des § 134 Abs. 2 hinaus – nicht Grundlage eines Bargeschäft sein.[18] Denkbare anderweitige Leistungskompensationen, wie zB eine Aufrechterhaltung des Unternehmens des Schuldners, bleiben außer Betracht;[19] auch beim Bargeschäft gibt es keinen allgemeinen Vorteilsausgleich schadensersatzrechtlicher Art.[20] Erst recht stellt die unzulässige Selbsthilfe kein Bargeschäft dar.[21]

Zweifelhaft ist eine ausreichende vertragliche Grundlage für vereinbarte **künftige Sicherheiten,** die erst nach dem Abschluss der Sicherungsvereinbarung entstehen, also insbesondere für Globalzessionen. Zwar kann die nachträgliche Bestellung der einzelnen Sicherheiten nicht als eine Gegenleistung im Sinne der §§ 320, 488 Abs. 1 BGB für die weitere Kreditgewährung verstanden werden.[22] Denn einerseits können dem Darlehensgeber nach dem Vertrag eine Zeit lang neue Sicherheiten zuwachsen, ohne dass der Sicherungsgeber einen Kreditbedarf befriedigt. Umgekehrt ist der Darlehensnehmer auf Grund der typischen Kreditverträge befugt, Kredit auch dann abzurufen, wenn nicht zeitnah neue Sicherheiten entstehen. Dann beendet erst ein Verlangen des Kreditinstituts nach Verstärkung der Sicherheiten (Nr. 13 Abs. 2 und 3 AGB-Banken/Nr. 22 Abs. 1 AGB-Sparkassen) und eine bei deren Ausbleiben folgende Kündigung (Nr. 19 Abs. 2 oder 3 AGB-Banken/Nr. 26 Abs. 1 oder 2 AGB-Sparkassen) den Schwebezustand. Da aber § 142 keine streng synallagmatische Abhängigkeit von Leistung und Gegenleistung voraussetzt (s. o. RdNr. 5), erscheint es vertretbar, auch die dargestellte, vertraglich geregelte kausale Verknüpfung zwischen Darlehensgewährung und Bestellung von Sicherheiten als Grundlage für ein Gegenseitigkeitsverhältnis ausreichen zu lassen (ergänzend vgl. RdNr. 13 e und zur Kongruenz § 131 RdNr. 39 c). Erst recht sollte eine Absprache des Inhalts genügen, dass der Bankkunde weitere Kredite lediglich erhält, soweit er dafür bestimmte, demnächst erwartete Sicherheiten individuell in Aussicht stellt, zB bevorstehende bestimmte Großaufträge oder eine Liste beständiger Dauerkunden für konkrete Artikel;[23] solche engen vertraglichen Bindungen können im Rahmen von Sanierungsbemühungen sinnvoll sein.

Eine kraft Gesetzes entstehende Sicherheit[24] oder die Erfüllung einseitiger **gesetzlicher Pflichten** kann nie ein Bargeschäft sein,[25] also insbesondere nicht die Abführung von Umsatzsteuer.[26] Das gilt auch dann, wenn eine Schuldnerin Beiträge an Hoheitsträger – insbesondere Sozialversicherer – leisten muss, die dafür ihrerseits gesetzlich vorgeschriebene Leistungen an Dritte – zB an Arbeitnehmer der Schuldnerin – zu erbringen haben; in einer so allgemeinen Verknüpfung liegt kein konkreter Vermögenszufluss gerade an die Schuldnerin, wie ihn § 142 voraussetzt.[27] Erst recht fehlt es durchweg am erforderlichen engen zeitlichen Zusammenhang (s. u. RdNr. 15) zwischen den monatlichen Beitragszahlungen des Arbeitgebers und den Versicherungsleistungen des Hoheitsträgers, die an andersartige,

---

[18] AM *Kübler/Prütting/Paulus* § 142 RdNr. 3 aE.
[19] *Kübler/Prütting/Paulus* § 142 RdNr. 16; *Lwowski/Wunderlich* S. 307; *Bräuer* S. 82 ff.; vgl. BGH NZI 2006, 159, 161; OLG Frankfurt HRR 1936 Nr. 480; krit. *Eckardt* ZInsO 2004, 888, 892 f.
[20] HambKomm-*Rogge* § 142 RdNr. 3; *Braun/Riggert* § 142 RdNr. 19; vgl. *Henckel*, Festschrift für Deutsch, 1999, S. 967, 979 f. Ergänzend s. o. § 129 RdNr. 175, 176.
[21] Vgl. RGZ 45, 110, 115.
[22] Vgl. *Piekenbrock* NZI 2006, 685, 686.
[23] Vgl. *Piekenbrock* WM 2007, 141, 144.
[24] *Raschke* S. 105. Dem steht BGH NJW-RR 2005, 916, 918 nicht entgegen, weil in dem zugrunde liegenden Fall die Sicherheit Folge einer rechtsgeschäftlichen Abrede war.
[25] *Kayser* ZIP 2007, 49, 51 ff.; aM *Kübler/Prütting/Paulus* § 142 RdNr. 3. Entgegen seiner Auffassung sind jedoch bei einem Verlustausgleich gemäß § 302 AktG die Voraussetzungen des Bargeschäfts auf den zugrundeliegenden Gewinnabführungsvertrag (§ 291 AktG) zu beziehen. Darüber hinaus besteht kein Grund, diejenige Gesellschaft, welche die Ausgleichszahlung erhält, vor den übrigen Gläubigern der leistenden Gesellschaft zu begünstigen.
[26] *Frotscher* BB 2006, 351, 355; *Nacke* DB 2006, 1182, 1183.
[27] BGH NJW-RR 2005, 1575, 1576; NZI 2006, 159, 161; OLG Koblenz ZInsO 2005, 324, 327 f.; AG Hamburg-St. Georg DZWIR 2005, 392, 393; HK-*Kreft* § 142 RdNr. 4; HambKomm-*Rogge* § 142 RdNr. 3; *Bräuer* S. 153 ff.; zur Abführung von Lohnsteuer auch BGHZ 157, 350, 360 = NJW 2004, 1444, 1447; aM *Brückl/Kersten* NZI 2004, 422, 424.

gesetzlich vorgegebene Merkmale anknüpfen. Nur soweit der Arbeitgeber die einbehaltenen Arbeitnehmeranteile für die Sozialversicherung sowie die Lohnsteuer der Arbeitnehmer zeitnah (s. u. RdNr. 18) freiwillig an die hoheitlichen Gläubiger abführt, kann diese Weiterleitung wie ein „durchlaufender Posten" als Bestandteil der vertraglichen Gegenleistung gewertet werden, die er laufend den *Arbeitnehmern* für deren vollwertige Dienstleistung schuldet.[28] Eine solche Fallgestaltung schied zwar in den – vom BGH bisher allein entschiedenen – Fällen der Anfechtung von (mindestens angedrohten) Vollstreckungsmaßnahmen wegen verspäteter Zahlung stets aus,[29] könnte aber im Rahmen einer nach § 69 AO vorzunehmenden hypothetischen Schadensbewertung möglicherweise unterstellt werden. Verneint man in derartigen (Ideal-)Fällen zügiger Auszahlung die Anfechtbarkeit, stellt sich auch nicht die Frage, ob anderenfalls der Arbeitnehmer oder der die Leistung erhaltende Hoheitsträger der richtige Anfechtungsgegner wäre.[30] Eine Divergenz der Rechtsprechung liegt damit nicht zwangsläufig vor. Allerdings liegt die Annahme einer derartigen Dreiecksbeziehung (s. u. RdNr. 9 a) für die Lohnsteuer auf Grund des § 38 Abs. 2 EStG – welcher den Arbeitnehmer als primären Schuldner der Lohnsteuer bestimmt – näher als für § 28 e Abs. 1 Satz 1 SGB IV, der den Arbeitgeber zum alleinigen Schuldner der Sozialversicherungsbeiträge bestimmt.[31]

6 Ein Bargeschäft ist ausgeschlossen, wenn der Schuldner eine Leistung erbringt, zu der er ohne die angefochtene Rechtshandlung überhaupt **nicht verpflichtet** war. Davon ist insbesondere auszugehen, wenn eine vom Schuldner gestellte Sicherheit nicht nur einen neu gewährten, sondern zugleich einen alten Kredit absichern soll,[32] oder wenn neben neu bezogenen Leistungen auch rückständige einheitlich erfüllt werden müssen.[33] Leistung und Gegenleistung sind ferner nicht durch Parteivereinbarung verknüpft, wenn ein Kreditinstitut in der Absicht, dem Schuldner bei der Sanierung behilflich zu sein, ständig Kreditüberziehungen in nicht genau festgelegter Höhe gegen Hereinnahme von Kundenschecks duldet, ohne dass dem eine feste Absprache zugrunde liegt.[34] Nutzt ein Gesellschafter eine Ausschüttung aus dem Vermögen seiner Gesellschaft, um aus diesen Mitteln eine Einlage zu leisten, stehen beide Zahlungen nicht im Gegenseitigkeitsverhältnis.[35]

7 Wesentliche **Abweichungen** von der Parteivereinbarung (s. o. RdNr. 5) auch nur in Teilen des Leistungsaustauschs (s. u. RdNr. 12) schließen dessen Behandlung als Bardeckung wegen des Normzwecks aus. Eine Abweichung liegt allerdings nicht vor, wenn im Vertrag von vornherein eine Ersetzungsbefugnis für einen Teil vereinbart war.[36] Gewährt jedoch insbesondere der Schuldner dem anderen Teil eine andere Art von Leistung als vereinbart,

---

[28] HK-*Kreft* § 142 RdNr. 4 aE; zu allgemein bejahend BFH NV 1999, 745, 746 f.; offen gelassen von BFH NJW 2005, 3807, 3808; aM *Kayser* ZIP 2007, 49, 52 ff.; *Nacke* DB 2006, 1182, 1183. Die pauschal verneinenden Entscheidungen BGHZ 157, 350, 360 = NJW 2004, 1444, 1447; BGH NJW-RR 2005, 1575, 1577 und NZI 2006, 159, 161 sowie *Frotscher* BB 2006, 351, 353 ff. stellen nur darauf ab, dass die Arbeitsleistung nicht aus dem Vermögen des Hoheitsträgers stammt, nehmen aber nicht eine mögliche Dreiecksbeziehung in den Blick.

[29] Vgl. BGH NJW 2006, 1348, 1349; Beschl. v. 13. 4. 2006 – IX ZR 36/05; so auch BAG NJW 2005, 1389, 1390; *Kayser* ZIP 2007, 49, 51 ff. Ergänzend vgl. RdNr. 7, vor § 129 RdNr. 86.

[30] Für eine Anfechtung gegen den Hoheitsträger *Kayser* ZIP 2007, 49, 54. Dies dürfte jedenfalls deswegen zutreffen, weil der Arbeitnehmer mit der Zahlung nur hoheitliche Pflichten erfüllt, für die im Falle der Steuerzahlung gar keine messbare Gegenleistung in sein Vermögen gelangt, während der ihm für die Sozialversicherungsbeiträge gewährte persönliche Versicherungsschutz keinen Gegenwert für die Insolvenzgläubiger im Allgemeinen darstellt (s. o. § 129 RdNr. 84, 105).

[31] Insoweit verneinend LG Stuttgart ZIP 2001, 2014, 2015; vgl. aber auch BAG NJW 2001, 3570, 3571 f.

[32] HK-*Kreft* § 142 RdNr. 7; FK-*Dauernheim* § 142 RdNr. 4; *Hess* InsO § 142 RdNr. 20, 21; *Smid/Zeuner* InsO § 142 RdNr. 2; vgl. BGH BB 1952, 868 f.; NJW-RR 1993, 238, 240; OLG Hamburg ZIP 1984, 1373, 1376; zT enger *Obermüller*, Insolvenzrecht RdNr. 6.77 f. Ergänzend s. u. RdNr. 13 c, 13 d, insbesondere zur Teilbarkeit derartiger Geschäfte.

[33] BGHZ 97, 87, 94 = NJW 1986, 1496, 1498; vgl. AG Magdeburg ZIP 1996, 1756, 1757.

[34] BGHZ 118, 171, 173 = NJW 1992, 1960; HK-*Kreft* § 142 RdNr. 4.

[35] OLG Naumburg ZIP 2005, 1564, 1565.

[36] Vgl. BGHZ 70, 177, 183 f. = NJW 1978, 758, 759; RGZ 71, 89, 90 f.

Bargeschäft **8, 9 § 142**

d. h. eine **inkongruente** Deckung, scheidet ein Bargeschäft begrifflich aus.[37] Das gilt auch für Leistungen, die durch Zwangsvollstreckung beigetrieben werden (s. o. RdNr. 5 b). Nur bei einer echten – nicht allein wegen Annahmeverzugs eröffneten – Zug-um-Zug-Zwangsvollstreckung (§§ 756, 765 ZPO) kann ein vereinbarungsgemäßer Leistungsaustausch in Betracht kommen.[38] Wirtschaftlich unbedeutende Abweichungen vom vereinbarten Leistungsinhalt (vgl. dazu § 131 RdNr. 11) hindern die Annahme eines Bargeschäfts nicht ohne weiteres, beispielsweise wenn statt einer vereinbarten Abtretung von Forderungen gegen Kunden mit den Anfangsbuchstaben A bis K diejenigen Forderungen gegen Kunden mit den Anfangsbuchstaben L bis Z abgetreten werden und der Umfang der Sicherung sich hierdurch nicht wesentlich verändert.[39]

b) Spätere **Änderungen** der Vereinbarung sind nur bis zu dem *Zeitpunkt* unschädlich, in 8 dem die zeitlich erste Leistung eines Vertragsteils erbracht wird.[40] Eine Inkongruenz allein in zeitlicher Hinsicht kann durch den für ein Bargeschäft vorauszusetzenden unmittelbaren zeitlichen Zusammenhang (s. u. RdNr. 15 bis 20) ausgeglichen werden: Leisten zB beide Vertragsteile in anderer Reihenfolge als ursprünglich vereinbart, aber innerhalb von zwei Wochen nacheinander, deutet dies auf eine – zulässige – stillschweigende, rechtzeitige Änderung der anfänglichen Absprache hin; dadurch allein werden die Insolvenzgläubiger nicht benachteiligt.

2. Gleichwertigkeit. a) Allgemeines. Die beiderseitigen Leistungen (s. o. RdNr. 4) 9 müssen gleichwertig sein. Nach dem Gesetzeszweck darf allerdings die dem Schuldner zufließende Leistung auch höherwertig sein.[41] Die Voraussetzung der Gleichwertigkeit bedeutet im Ergebnis das Fehlen einer unmittelbaren Gläubigerbenachteiligung (vgl. § 129 RdNr. 112 bis 120); das Schuldnervermögen wird lediglich seiner Art nach „umgeschichtet".[42] Die Gleichwertigkeit ist deshalb nach objektiven Maßstäben zu beurteilen; die bloß subjektive Vorstellung der Beteiligten von der Gleichwertigkeit genügt nicht.[43] Auch reine Liebhaberinteressen, die sich nicht in einem Marktwert ausdrücken, bleiben außer Betracht. Der Wert ist möglichst entsprechend dem bei einer freihändigen Veräußerung zu erzielenden Preis festzustellen.[44] Nur geringfügige Wertschwankungen können unschädlich sein, zB Preisschwankungen im marktüblichen Rahmen. Eine erschwerte Verwertbarkeit der an den Schuldner gelangenden Gegenleistung (vgl. § 129 RdNr. 101) kann allgemein deren Wert mindern. Aus dem Vermögen des Schuldners können vermögenswerte Leistungen jeder Art

---

[37] BGHZ 123, 320, 328 f. = NJW 1993, 3267, 3268 f.; NJW 1999, 645, 646; NZI 2004, 491 f.; WM 2007, 897 f.; ZInsO 2007, 662, 663; OLG Koblenz ZInsO 2005, 324, 328; OLG Köln NZI 2005, 112, 114; OLG Celle NZI 2005, 334, 335; HK-*Kreft* § 142 RdNr. 8 f.; *Uhlenbruck/Hirte* § 142 RdNr. 4; HambKomm-*Rogge* § 142 RdNr. 4; *Gottwald/Huber,* Insolvenzrechts-Handbuch, § 46 RdNr. 78; *Mauer* RdNr. 121 S. 67, RdNr. 124; FK-*Dauernheim* § 142 RdNr. 2; *Nerlich* in: *Nerlich/Römermann* § 142 RdNr. 10; *Hess* InsO § 142 RdNr. 4; *Breutigam/Blersch/Goetsch* § 142 RdNr. 3; *Henckel* EWiR 1994, 373, 374; *Uhlenbruck* WuB VI B. § 30 Nr. 1 KO 1.94; *Raschke.* 103 f.; *Bräuer* S. 54 ff., 120, 148 f.; *Kayser* ZIP 2007, 49 f.; aM OLG Hamm ZIP 2001, 1683, 1686 f.; OLG München WM 2002, 621, 624; LG Bochum ZIP 2001, 87, 89; *Kübler/Prütting/Paulus* § 142 RdNr. 1, 2; *Marotzke/Kick* in Anm. JR 1995, 106, 109; *Eckardt* ZIP 1999, 1417, 1424; *Bork,* Festschrift für Kirchhof, S. 67; *Lwowski/Wunderlich* S. 303 ff.; *Heublein* ZIP 2000, 161, 172; *Rigol/Homann* ZIP 2002, 15 f.; *Peschke* S. 248 ff.; *Wischemeyer* S. 60, 90 f.
[38] *Kübler/Prütting/Paulus* § 141 RdNr. 5; § 142 RdNr. 6.
[39] Vgl. *Obermüller,* Insolvenzrecht 6.70; s. o. § 131 RdNr. 37.
[40] BGHZ 123, 320, 328 f. = NJW 1993, 3267, 3268; BGH ZInsO 2007, 662, 663; HK-*Kreft* § 142 RdNr. 4; *Kübler/Prütting/Paulus* § 142 RdNr. 7; *Breutigam/Blersch/Goetsch* § 142 RdNr. 3; HambKomm-*Rogge* § 142 RdNr. 4; *Bräuer* S. 60. Ergänzend s. u. RdNr. 10, 16; vgl. § 131 RdNr. 10.
[41] HK-*Kreft* § 142 RdNr. 7; *Uhlenbruck/Hirte* § 142 RdNr. 7; *Kübler/Prütting/Paulus* § 142 RdNr. 8; HambKomm-*Rogge* § 142 RdNr. 11; *Bräuer* S. 79; *Lwowski/Wunderlich* S. 306. Ergänzend s. u. RdNr. 12.
[42] Anders anscheinend die entsprechende österreichische Einschränkung für „Zug-um-Zug-Geschäfte", die statt dessen die Anfechtbarkeit „nachteiliger Rechtsgeschäfte" offen hält, vgl. *König* RdNr. 10/5, 11/46 ff.
[43] RegE S. 167 zu § 161; FK-*Dauernheim* § 142 RdNr. 2; *Kübler/Prütting/Paulus* § 142 RdNr. 9; *Nerlich* (Fn. 37) § 142 RdNr. 6; *Smid/Zeuner* InsO § 142 RdNr. 2; *Uhlenbruck/Hirte* § 142 RdNr. 7; *Bräuer* S. 78 f.
[44] Vgl. BGH NJW-RR 2005, 916, 918 f.

ausgeglichen werden, zB Überlassung von Gegenständen zur Miete,[45] Werk-[46] und Dienstleistungen.[47] Die Gegenleistung muss nicht in einem über die generelle Tauglichkeit hinausgehenden Sinne „befriedigungstauglich" gerade in der Insolvenz sein:[48] § 142 soll auch den Erwerb notwendiger aber unpfändbarer Gegenstände oder von Leistungen für den persönlichen Bedarf des Schuldners (zB Nahrung, Wohnung, gesundheitliche Betreuung, Strafverteidigung) in seiner wirtschaftlichen Krise ermöglichen;[49] die gegenteilige Auffassung würde zudem – im Gegensatz zum Gesetzeszweck – dazu führen, dass schon eine bloße mittelbare Gläubigerbenachteiligung das Bargeschäft ausschließen könnte. Erwirbt der Schuldner durch seine Leistung einen Zahlungsanspruch gegen einen Dritten, genügt dies für sich als Gegenleistung nur, wenn ein Kreditinstitut zahlungspflichtig ist; dann stellt der Anspruch nach der Verkehrsauffassung selbst „Buchgeld" dar. Bei allen anderen Schuldnern muss die zeitnahe (s. u. RdNr. 15 ff.) Tilgung der Verbindlichkeit hinzutreten.

9a Beim Vertrag zugunsten **Dritter** ist für die Gleichwertigkeit der erbrachten Gegenleistung auf den Leistungsaustausch im Dreiecksverhältnis abzustellen (s. o. RdNr. 5). Auch sonstige „mittelbare Zuwendungen" an den Schuldner können vertraglich in ein Bargeschäft eingebunden werden: Entrichtet der Schuldner seine Leistung unmittelbar an einen Dritten, kann § 142 – nur – eingreifen, wenn der Schuldner über weitere Personen vereinbarungsgemäß zeitnah einen vollen Ausgleich erhält.[50] Dies trifft zB zu, wenn der Schuldner seine (Dritt-)Schuldnerin anweist, an seinen Lieferanten zu zahlen, der dafür dem Schuldner gleichwertiges Material liefert.[51] Dieselben Anforderungen sollten uneingeschränkt auch für Leistungen innerhalb eines *Konzerns* gelten: Nicht irgendein wirtschaftlicher Nutzen, den eine Konzerntochter durch einen von ihr mitbesicherten, der Muttergesellschaft gewährten Bankkredit erlangt, ist eine gleichwertige Gegenleistung (s. o. RdNr. 5 aE). Da es kein einheitliches Konzerninsolvenzverfahren gibt, kann nur ein verkehrsüblicher Vermögenszufluss bei der Konzerntochter ein Ausgleich im Sinne von § 142 für die von ihr gestellte Besicherung sein.[52]

10 Maßgeblicher **Zeitpunkt** für die Beurteilung der Gleichwertigkeit ist derjenige, in dem die erste Vertragsleistung erbracht wird; spätere Änderungen des ursprünglichen Vertragsinhalts bleiben außer Betracht, es sei denn, die Geltung von Tagespreisen ist vereinbart oder entspricht der Verkehrssitte.[53] Ein voraussehbarer schneller Wertverfall ist bei der Preisbildung zum maßgeblichen Stichtag angemessen zu berücksichtigen.[54] Verschiebt sich dagegen das Wertverhältnis schon zwischen Vertragsschluss und erster Leistung nicht nur unerheblich (s. o. RdNr. 9) zu Ungunsten des Schuldners, liegt wegen des Normzwecks kein Bargeschäft vor;[55] ein solches Risiko kann regelmäßig durch eine zügige Vertragsabwicklung vermieden werden.

---

[45] BGHZ 166, 125, 139 = ZInsO 2006, 322, 326; OLG Stuttgart ZInsO 2006, 274, 276; vgl. auch BGHZ 151, 353, 369 ff. = NJW 2002, 3326, 3330.
[46] *Brauns* BauR 2003, 301, 303.
[47] S. u. RdNr. 14; aM OLG Stuttgart ZIP 2004, 129 f.; AG Hamburg-St. Georg DZWIR 2005, 392, 393.
[48] HambKomm-*Rogge* § 142 RdNr. 12; vgl. FK-*Dauernheim* § 142 RdNr. 2; aM *Raschke* S. 96 ff., 122 ff.; *Bräuer* S. 87 ff. Ergänzend s. o. RdNr. 4.
[49] Vgl. *Kübler/Prütting/Paulus* § 142 RdNr. 11; *Meyer* DZWIR 2003, 6, 10.
[50] Vgl. *Kübler/Prütting/Paulus* § 142 RdNr. 13; ferner BGH NJW-RR 1990, 230, 232; ZIP 1990, 1420, 1422; *Raschke* S. 119 ff.; *Bräuer* S. 92 f. Dem steht BGHZ 138, 291, 301 = NJW 1998, 2592, 2595 auch für Konzernfinanzierungen nicht entgegen; diese Ausführungen betreffen allein § 138 Abs. 1 BGB.
[51] Vgl. OLG Koblenz ZIP 2006, 273, 274; OLG Köln ZInsO 2006, 657.
[52] Vgl. *Lwowski/Wunderlich* WM 2004, 1511, 1517 f.; *Bräuer* S. 133 ff.; aM *Obermüller,* Festschrift für Kirchhof, S. 359 f. Das frühere Urteil BGH NJW 1998, 2592, 2599, das schon einen solchen Vorteil als „Entgelt" im Sinne von § 134 ansah, ist insoweit überholt (s. o. § 134 RdNr. 31 a, 33 a).
[53] HambKomm-*Rogge* § 142 RdNr. 13; *Lwowski/Wunderlich* S. 307; *Bräuer* S. 80; vgl. RGZ 100, 87, 90; HK-*Kreft* § 142 RdNr. 4 aE; *Kübler/Prütting/Paulus* § 142 RdNr. 8; dagegen hält *Smid/Zeuner* § 142 RdNr. 2, den Zeitpunkt des Vertragsschlusses für maßgeblich. Ergänzend s. o. RdNr. 8 und § 129 RdNr. 113.
[54] Vgl. LG Bonn CR 1991, 403, 404; *Kübler/Prütting/Paulus* § 142 RdNr. 13 gegen RdNr. 8.
[55] *Obermüller* WM 1984, 325, 326 f. Ergänzend s. o. § 134 RdNr. 20.

An der Gleichwertigkeit fehlt es nicht schon deshalb, weil der Schuldner zB als angemes- **11** senen Kaufpreis Bargeld erhält, das er dem Zugriff seiner Insolvenzgläubiger leichter entziehen kann,[56] oder weil die Gegenleistung nach dem Stichtag unvorhersehbar an Wert verliert (s. o. RdNr. 10). Eine solche Entwicklung begründet lediglich eine mittelbare Gläubigerbenachteiligung (vgl. § 129 RdNr. 112, 121 bis 125), die ein Bargeschäft bestimmungsgemäß (s. o. RdNr. 1) nicht auszuschließen vermag.

Die Gegenleistung muss wegen des Normzwecks den Wert der Leistung des Schuldners **12** **voll ausgleichen.** Ein einheitliches Austauschverhältnis darf grundsätzlich nicht in ein teilweise ausgleichendes Bargeschäft und einen zugunsten des Gläubigers überschießenden anfechtbaren Teil aufgespalten werden.[57] Leistet ein Gläubiger eine von vornherein als geringerwertig einzuschätzende Gegenleistung, so liegt auf Seiten des Schuldners keine bloße, zu begünstigende Vermögensumschichtung, sondern eine objektive Gläubigerbenachteiligung vor (s. o. § 129 RdNr. 115). Eine Teilanfechtung ist nur möglich, wenn sich das Rechtsgeschäft in selbständige Teile zerlegen lässt (s. u. RdNr. 13 b, 14). Umgekehrt kann wegen der Schutzrichtung der Norm ein Bargeschäft insoweit vorliegen, als der Schuldner wenigstens einen Teil der ihm erbrachten, höherwertigen Leistung bezahlt.[58]

b) Einzelfälle. Nicht gleichwertig ist die vereinbarte Zahlung eines überhöhten Kauf- **13** preises durch den Schuldner oder die Leistung eines Insolvenzgläubigers, der einen neuen Auftrag nur gegen zusätzliche Bezahlung von Altschulden ausführt.[59] Dagegen soll die Vereinbarung eines Frachtführers mit einer Absenderin, die offene (Alt-)Verbindlichkeiten nicht bezahlen kann, einen Transport als Ausgleich dafür auszuführen, dass das Pfandrecht des Frachtführers auf die zu realisierende Forderung gegen den Empfänger erstreckt wird, ein gleichwertiger Ausgleich auch insoweit sein, als der Wert des Frachtführerpfandrechts nicht nur für die neuen, sondern zugleich für alte Transporte dem Wert der verpfändeten Forderung entspricht; für eine Abtretung – statt Verpfändung – soll dasselbe gelten.[60] Dies ist mit den Grundsätzen über unmittelbare Gläubigerbenachteiligung nicht zu vereinbaren.

Gegenüber der Befugnis des Kreditinstituts, **Zahlungseingänge** auf einem Konto des **13 a** Schuldners zur Verringerung eines Sollsaldos zu **verrechnen,** ist es ein gleichwertiger Ausgleich, wenn der Schuldner seinerseits einen Anspruch auf weitere Kreditgewährung im Rahmen eines vereinbarten Kreditlimits hat.[61] Unerheblich hierfür ist es regelmäßig, ob die Kreditlinie ohne die Gutschriften überschritten worden wäre;[62] bei Überziehungen sind

---

[56] RegE S. 167 zu § 161; FK-*Dauernheim* § 142 RdNr. 2; *Nerlich* (Fn. 37) § 142 RdNr. 6; *Uhlenbruck/ Hirte* § 142 RdNr. 7; HK-*Kreft* § 142 RdNr. 7; *Bräuer* S. 81. Ergänzend s. o. RdNr. 4 und § 129 RdNr. 112, 118.
[57] HambKomm-*Rogge* § 142 RdNr. 11; *Lwowski/Wunderlich* S. 306 f.; *Bräuer* S. 79 f.; vgl. § 131 RdNr. 21; § 143 RdNr. 17–19; krit. *Eckardt* ZInsO 2004, 888, 893 f.; aM *Kübler/Prütting/Paulus* § 142 RdNr. 8, RdNr. 12 über Fn. 38. Erhält dagegen der Schuldner eine werthaltigere Leistung als er selbst erbringt, liegt auf Grund des Normzwecks insgesamt ein Bargeschäft vor (s. o. RdNr. 9).
[58] Vgl. OLG Stuttgart ZInsO 2006, 274, 276 für Teilzahlungen auf Mietraten. Ergänzend s. o. RdNr. 9.
[59] OLG Stuttgart ZIP 2002, 1900, 1902; vgl. BGHZ 154, 190, 195 = NZI 2003, 315, 316 f. Ergänzend s. o § 129 RdNr. 46 d.
[60] BGH NZI 2005, 389, 390 f.; HambKomm-*Rogge* § 142 RdNr. 18; krit. *Leithaus* NZI 2005, 532, 533 f.
[61] BGHZ 150, 122, 130 ff. = NJW 2002, 1722, 1724; BGH NJW 2003, 360, 362; NZI 2004, 491 f.; OLG Rostock ZIP 2003, 1805, 1808; OLG Brandenburg WM 2006, 1911, 1912; *Uhlenbruck/Hirte* § 142 RdNr. 10; *Kübler/Prütting/Paulus* § 142 RdNr. 12; *Bork*, Zahlungsverkehr RdNr. 225; *Obermüller*, Insolvenzrecht RdNr. 3.104; *Bruckhoff* NJW 2002, 3304, 3305; *Th. Fischer* ZInsO 2003, 101, 104 f.; *Streit/Jordan* DZWIR 2004, 441, 444; *Bräuer* S. 116 f.; iE auch *Wischemeyer* S. 84 ff.; zur entsprechenden Rechtslage für KO und GesO ferner BGH NJW 1999, 3264, 3265 f.; ZIP 2001, 524, 526; NZI 2003, 319 f.; OLG Brandenburg ZIP 2000, 366 f. LS; KG ZInsO 2002, 324, 325; *de Bra* NZI 1999, 249, 252; *Steinhoff* ZIP 2000, 1141, 1148 f. Zur zeitlichen Kongruenz solcher Verrechnungen vgl. RdNr. 8, § 131 RdNr. 16 und 44, zum Ausreichen des Kontokorrentvertrages als Rechtsgrundlage s. o. RdNr. 5.
[62] BGHZ 150, 122, 131 ff. = NJW 2002, 1722, 1724; *Zuleger* ZInsO 2002, 49, 52 f.; *Bräuer* S. 125 ff.; differenzierend *Steinhoff* ZIP 2000, 1141, 1150; aM OLG Hamm ZIP 2001, 1683, 1686 f.; LG Bochum ZIP 2001, 87, 89; *Bork*, Zahlungsverkehr RdNr. 227; *Heublein* ZIP 2000, 161, 171 f.

hingegen – mindestens konkludente – Absprachen nötig.[63] Aus welchen Gründen die kontoführende Bank einzelne Buchungen in das Kontokorrentverhältnis (vertragsgemäß) einbezogen hat, ist ohne Bedeutung.[64] In Betracht kommt insbesondere die Einlösung von Schecks,[65] Wechseln[66] oder Lastschriften.[67] Auf die Reihenfolge der Zahlungsein- und -ausgänge kommt es nicht entscheidend an.[68] Ein Bargeschäft kann auch noch vorliegen, wenn das Kreditinstitut zwar nicht alle, aber einzelne Verfügungen des Insolvenzschuldners über sein im Soll geführtes Konto im Ausgleich gegen verrechnete Eingänge ausführt.[69] Unerheblich ist ferner, ob das Kreditinstitut in der Folgezeit Überweisungen – sei es auch vertragwidrig – einstellt; unabhängig hiervon kann bis zur Beendigung ein Bargeschäft vorliegen,[70] während dem Bankkunden für die Folgezeit Schadensersatzansprüche vorbehalten bleiben. Zu den zeitlichen Grenzen s. u. RdNr. 18 a.

13 b Jedoch entfällt ein Bargeschäft mangels Gegenleistung, soweit das Kreditinstitut im Ergebnis **eigene Forderungen zurückführt**.[71] Allerdings sollte es unschädlich sein, wenn das Kreditinstitut nur diejenigen eigenen, fälligen Kosten- und Zinsansprüche verrechnet, die ihm speziell für die Weiterführung des fraglichen Kontos im jeweiligen Zeitraum gebühren;[72] denn auch dies ist eine unmittelbare Gegenleistung für die Kreditgewährung. Wird ein Kontokorrent allein auf Guthabenbasis geführt, kann die vom Kreditinstitut vorgenommene Verrechnung mit Zahlungsausgängen kein Bargeschäft sein, weil das Kreditinstitut – abgesehen von der Dienstleistung – keine Gegenleistung an den Kontoinhaber erbringt; dass dieser über sein eigenes Guthaben verfügen darf, genügt für § 142 nicht.[73] Allerdings wird in derartigen Fällen die Anfechtung gegenüber den Empfängern der vom Schuldner angewiesenen Zahlungen die Anfechtung gegenüber der Zahlstelle im Allgemeinen unabhängig davon ausschließen, ob diese im Einzelfall erfolg hat (s. o. § 129 RdNr. 50).

13 c Objektiv gleichwertig kann insbesondere die Bestellung einer angemessenen **Kreditsicherheit** für ein (neues) Darlehen sein.[74] Auf der einen Seite ist der Wert der vom Schuldner gestellten Sicherheiten zu berücksichtigen. Bei beweglichen Sicherungsgegenständen ist der übliche Risikozuschlag von etwa 50% auf den Nennwert[75] des Darlehens als angemessen hinzunehmen.[76] Die Besicherung durch eine in voller Höhe werthaltigen Grundschuld und zusätzlich durch eine Abtretung (fast) aller Außenstände kann unangemessen hoch sein.[77]

---

[63] Vgl. OLG Rostock ZIP 2003, 1805, 1808; HambKomm-*Rogge* § 142 RdNr. 3 aE. Ergänzend s. o. RdNr. 5, § 129 RdNr. 108 c.

[64] BGH NZI 2004, 491, 492; BGH, Beschl. v. 21. 4. 2005 – IX ZR 23/03.

[65] *Bork*, Zahlungsverkehr RdNr. 469; *Wischemeyer* S. 87 f. Dem steht das Ureteil BGH 118, 171, 173 = NJW 1992, 1960 f. nicht entgegen, weil in dem entschiedenen Fall keine weiteren Verfügungen zugelassen worden waren.

[66] *Obermüller*, Festschrift für Fuchs, 1996, S. 157, 161 f.

[67] BGHZ 70, 177, 184 f. = NJW 1978, 758, 759; *Bork*, Zahlungsverkehr RdNr. 269, 323; *Canaris*, Bankvertragsrecht RdNr. 653; vgl. BGH NJW 1980, 1964; *Kilger/K. Schmidt* § 30 KO Anm. 14.

[68] BGHZ 150, 122, 131 = NJW 2002, 1722, 1724; zur GesO auch BGH NJW 1999, 3264, 3265 f.; ZIP 2001, 524, 526; vgl. *Jaeger/Henckel*, KO § 30 RdNr. 277.

[69] BGH NJW 2003, 360, 362; *Bräuer* S. 128 f.

[70] AM LG Rostock ZInsO 2006, 446, 447. Ergänzend s. u. RdNr. 18 b.

[71] BGHZ 150, 122, 128, 130 = NJW 2002, 1722, 1724; BGH NJW 2003, 360, 361 f.; NZI 2005, 630, 631; Beschl. v. 24. 5. 2005 – IX ZR 46/02; OLG Düsseldorf ZIP 2004, 1008, 1009; KG ZInsO 2004, 394, 395 f.; OLG Köln NZI 2005, 112, 114; OLG Celle NZI 2005, 334, 335; LG Berlin NZI 2004, 269; *Wischemeyer* S. 95 ff.; für die Genehmigung von Lastschriften im Verhältnis zur Zahlstelle auch *Kuder* S. 87 f.

[72] KG ZInsO 2004, 394, 396 zu 3.; vgl. BGH NJW 1999, 3780, 3781; NZI 2004, 491, 492; zweifelnd *Bruckhoff* NJW 2004, 494, 495; aM OLG München ZIP 2002, 608, 611; *Stiller* ZInsO 2002, 651, 659; *Bräuer* S. 130 ff. Ergänzend s. u. RdNr. 13 c.

[73] *Bräuer* S. 132; offen gelassen von BGH NZI 2004, 314, 315; aM OLG Rostock ZIP 2003, 1895, 1808.

[74] BGH WM 1955, 404, 406 f.; NJW 1977, 718; NJW 1998, 2592, 2599; OLG Hamburg DB 1954, 576 f.; *Jaeger/Henckel*, KO § 30 RdNr. 110; *Kilger/K. Schmidt* § 30 KO Anm. 8, 20 aE; *Obermüller*, Insolvenzrecht RdNr. 6.68 f.; *Uhlenbruck/Hirte* § 142 RdNr. 9; aM *Raschke* S. 135 ff.

[75] BGHZ 137, 212, 233 ff. = NJW 1998, 671, 676 f.

[76] Vgl. FK-*Dauernheim* § 142 RdNr. 4; HambKomm-*Rogge* § 142 RdNr. 16; *Jaeger/Henckel*, KO § 30 RdNr. 113; *Wallner/Neuenhahn* NZI 2006, 553, 558; enger *Raschke* S. 117 f.

[77] OLG Brandenburg ZIP 2002, 1902, 1906 f.

Gegenüberzustellen ist der Wert der dem Schuldner für seine Zwecke effektiv zufließenden Kreditmittel; das bloße Stehenlassen einer Darlehensforderung ist keine ausgleichende Gegenleistung im Sinne des Bargeschäfts für deren nachträgliche Absicherung.[78] Soll eine Sicherheit zugleich alte und neue Darlehen sichern und ist sie hinsichtlich dieses Sicherungszwecks teilbar (vgl. § 143 RdNr. 18), kommt – nur – mit Bezug auf die neu zu gewährenden Kredite ein Bargeschäft in Betracht. Gleichwertig ist die Rückzahlung eines Darlehens gegen Freigabe einer entsprechend werthaltigen Sicherheit aus dem Vermögen des Schuldners.[79]

Während der verlängerte **Eigentumsvorbehalt** meist mangels Gläubigerbenachteiligung unanfechtbar ist (s. o. § 129 RdNr. 155), schließt die Vereinbarung einer Erweiterung in der Form, dass der Schuldner Eigentum an den erstandenen Sachen erst erwirbt, wenn er nicht nur den Kaufpreis bezahlt, sondern auch andere Ansprüche aus der Geschäftsverbindung mit dem Verkäufer tilgt, eine Bardeckung aus.[80] Gleichwertig ist das unechte ebenso wie das echte **Factoring** zu marktüblichen Bedingungen.[81] Beim echten Factoring steht es der Gleichwertigkeit nicht entgegen, dass die volle Gegenleistung für die abgetretenen Forderungen um einen Sicherungseinbehalt und eine Gebühr in geschäftsüblicher Höhe gekürzt wird.[82] Der Verkauf notleidend gewordener Kreditforderungen zu einem als marktüblich bewerteten Restpreis (ABS-Transaktionen oder true sale) stellt einen Austausch gleichwertiger Leistungen im Sinne von § 142 dar.[83] **13 d**

Bargeschäfte im Sinne von § 142 können sich immer nur auf einzelne anfechtbare Rechtshandlungen im Sinne von § 129 Abs. 1 beziehen (s. o. § 129 RdNr. 55), nicht jedoch auf einen allgemeinen Bestand an Vermögenswerten. Damit ist ein pauschales „Sicherheiten-Kontokorrent" in der Weise, dass nur der Gesamtwert von Sicherheiten verglichen wird, welche ein bestimmter Gläubiger zu Beginn und am Ende des von der Anfechtung erfassten Zeitraums hält, nicht vereinbar.[84] Statt dessen kann auf den laufenden Austausch abgerufener Kredite einerseits und neu gestellter Sicherheiten andererseits innerhalb des Zeitraums der Anfechtbarkeit abgestellt werden (s. o. RdNr. 5 a). Diesen kann das Kreditinstitut anhand der Kontoauszüge einerseits und der geprüften Bestandslisten über abgetretene Forderungen andererseits nachweisen. **13 e**

Die Gewährung von Darlehen ist regelmäßig für sich eine voll ausgleichende Gegenleistung für die vom Darlehensnehmer zu zahlenden Zinsen und zu stellenden Sicherheiten; ihre sinnvolle Verwendung fällt in den alleinigen Verantwortungsbereich des Darlehensnehmers.[85] Das gilt grundsätzlich auch für **Sanierungskredite.** Deshalb kommt es für die Annahme eines Bargeschäfts normalerweise nicht darauf an, ob die zur Verfügung gestellten Geldmittel für die beabsichtigte Sanierung objektiv geeignet sind;[86] der Darlehensgeber trägt anfechtungsrechtlich nicht das Risiko des Scheiterns mit. Über die Grenzen der Insolvenz- **13 f**

---

[78] S. o. RdNr. 4. BGH NJW 1999, 645, 646 will darauf abstellen, ob die abgesicherte Forderung bei Fälligstellung wenigstens in gleichem Umfang hätte durchgesetzt werden können, doch wird sogar dann dem haftenden Schuldnervermögen kein neuer Vermögenswert zugeführt.
[79] *Obermüller* WM 1994, 1829, 1834; *Huth* S. 80 f.; *Gaiser* DZWIR 1999, 446, 447; vgl. § 129 RdNr. 142 a; OLG Nürnberg BB 1953, 956; *Jaeger/Henckel,* KO § 29 RdNr. 194.
[80] *Smid/Zeuner* § 142 RdNr. 4; *Bräuer* S. 149 f.
[81] HambKomm-*Rogge* § 142 RdNr. 31; *Raschke* S. 131 f.; *Bräuer* S. 148.
[82] FK-*Dauernheim* § 142 RdNr. 2; *Kübler/Prütting/Paulus* § 142 RdNr. 12; *Heidland* KTS 1970, 165, 174; *Jaeger/Henckel,* KO § 30 RdNr. 110, S. 947; *Uhlenbruck/Hirte* § 142 RdNr. 11; einschränkend *Canaris,* GroßkommHGB 3. Aufl., Bankvertragsrecht RdNr. 1676. Ergänzend s. o. § 129 RdNr. 157.
[83] *Obermüller,* Festschrift für Kreft, 2004, S. 427, 435.
[84] AM *Molitor* ZInsO 2006, 23, 24; ähnlich *Piekenbrock* WM 2007, 141, 144; *Kuder* ZInsO 2006, 1065, 1069 f., die auf einen Vergleich mit der Deckungsgrenze abstellen will.
[85] Anders verhält es sich, wenn Einzahlungen nur eine Aufrechnungslage für einen bestimmten Gläubiger schaffen sollten. Vgl. RGZ 45, 110, 113 f.
[86] Vgl. § 132 RdNr. 15; aM *Nerlich* (Fn. 37) § 142 RdNr. 7; *Raschke* S. 135 ff.; *Wischemeyer* S. 100 f.; krit. auch *Stiller* ZInsO 2002, 651, 655; *Bräuer* S. 146 f. Für Berücksichtigung einer Aussichtslosigkeit des Sanierungsversuchs ferner OLG Brandenburg ZIP 2002, 43, 45; HK-*Kreft* § 142 RdNr. 7; HambKomm-*Rogge* § 142 RdNr. 17. Dabei werden jedoch die Unterschiede zur Zweckgebundenheit von Dienstleistungen für Sanierungszwecke (s. u. RdNr. 14) nicht berücksichtigt.

§ 142   14, 15   3. Teil. 3. Abschnitt. Insolvenzanfechtung

verschleppung und der Gläubigergefährdung hinaus (s. o. vor § 129 RdNr. 74) ist der Darlehensgeber regelmäßig nicht den anderen Insolvenzgläubigern verantwortlich; ein Sanierungsversuch ist für sich anfechtungsrechtlich nicht schlechter zu behandeln als jede neutrale Kreditgewährung. Anders mag es sich verhalten, wenn dem Kreditnehmer die Verwendung der überlassenen Geldmittel vorgeschrieben wird und diese für die beabsichtigte Sanierung untauglich sind; dann haftet die Zweckbindung der Darlehensgewährung selbst an. Unabhängig hiervon kann eine unzureichende Sanierungsprüfung in Einzelfällen auf einen erkannten Gläubigerbenachteiligungsvorsatz und damit auf eine trotz Bargeschäfts mögliche Anfechtung gemäß § 133 Abs. 1 hinweisen.[87]

14   Im Hinblick auf die Zweckgebundenheit der dem Schuldner erbrachten Gegenleistung unterscheidet sich die Sachlage beim Sanierungskredit von derjenigen bei Dienstleistungen eines gerade für die entsprechende Beratung beauftragten **Sanierers;** dessen Honorar stellt keine gleichwertige Gegenleistung dar, wenn seine Leistungen von vornherein erkennbar wertlos waren.[88] Dies ist nicht ohne weiteres schon anzunehmen, wenn ein Eröffnungsgrund i. s. v. § 16 vorliegt;[89] vielmehr können Sanierungsversuche auch dann noch gelingen, und die Insolvenzordnung soll sie nicht behindern. Hat der Berater werthaltige Gegenleistungen erbracht und nur überhöht abgerechnet, ist die objektiv angemessene Vergütung als Bargeschäft abteilbar.[90] Die gemäß § 51 Abs. 3 KWG geschuldeten Kosten für vom Bundesaufsichtsamt für Finanzdienstleistungen getroffene Maßnahmen nach §§ 44, 46 KWG können nur im zeitlichen Zusammenhang des Bargeschäfts (s. u. RdNr. 15 ff.) unanfechtbar bezahlt werden (s. o. § 129 RdNr. 165).

15   **3. Unmittelbarkeit. a) Allgemeines.** Ein Bargeschäft liegt nur vor, wenn Leistung und Gegenleistung unmittelbar, d. h. in einem **engen zeitlichen Zusammenhang** ausgetauscht werden.[91] Jede Kreditgewährung durch verzögerte Abwicklung schließt auf Grund des Normzwecks ein Bargeschäft aus,[92] also auch die dem Schuldner gewährte Stundung.[93] Das gilt für Sanierungsbemühungen in gleicher Weise.[94] Schon die Stundung um eine Woche kann schaden, wenn sie darauf beruht, dass der Schuldner zum Fälligkeitszeitpunkt nicht leisten kann.[95] Wer die Verzögerung verursacht hat, ist unerheblich; insbesondere kann eine Säumigkeit des späteren Insolvenzschuldners – die oft bereits eine Folge seiner Zahlungsschwäche ist – nicht die Anfechtung zugunsten seiner Insolvenzgläubiger im Allgemeinen einschränken.[96] Regelmäßig hindert sogar die von Dritten herbeigeführte Verspätung ein Bargeschäft, nachdem § 140 Abs. 2 die Arbeitsweise der Grundbuchämter für die Anfechtung bedeutungslos gemacht hat (s. u. RdNr. 20); denn für den Zweck des § 142 ist es unerheblich, ob die Verzögerung überhaupt zu vertreten ist und gegebenenfalls von wem. Nur wenn neutrale Dritte (s. o. § 129 RdNr. 47) notwendigerweise in den Leistungsvorgang eingeschaltet werden müssen, mag dies bei der Bemessung der nötigen Frist berücksichtigt werden.[97] Unschädlich ist es dagegen, wenn die beiderseitigen Leistungen erst erhebliche

---

[87] Vgl. *C. Paulus* BB 2001, 425, 429 f.; ergänzend s. u. RdNr. 24.
[88] Vgl. BGHZ 28, 344, 348 = NJW 1959, 147 f.; BGH NJW-RR 1988, 571, 572; NJW 2001, 517, 519; RGZ 162, 292, 296 f.; FK-*Dauernheim* § 142 RdNr. 3; *Kübler/Prütting/Paulus* § 142 RdNr. 10; *Jaeger/Henckel*, KO § 30 RdNr. 116; *Uhlenbruck/Hirte* § 142 RdNr. 10. Ergänzend s. o. § 132 RdNr. 14.
[89] AM *Raschke* S. 126 f., 132, 136 ff.
[90] Vgl. § 143 RdNr. 18 sowie BGHZ 77, 250, 255 f. = NJW 1980, 1962, 1963 f.; BGH NJW 1995, 1093, 1095.
[91] RegE S. 167 zu § 161; vgl. für das österreichische Recht *König* RdNr. 10/4. Durch die ausdrückliche gesetzliche Regelung überholt ist der von *Canaris*, Festschrift KO S. 82 ff. und *K. Schmidt* WM 1983, 490, 494 vorgeschlagene Verzicht auf einen engen zeitlichen Zusammenhang.
[92] HK-*Kreft* § 142 RdNr. 2, 16; *Kübler/Prütting/Paulus* § 142 RdNr. 5; *Uhlenbruck/Hirte* § 142 RdNr. 13; vgl. BGH ZInsO 2007, 31, 32.
[93] *Smid/Zeuner* § 142 RdNr. 6; vgl. OLG Celle ZInsO 2001, 1160.
[94] *Wischemeyer* S. 103 f.; aM OLG Köln ZIP 2001, 251, 252. Ergänzend s. o. RdNr. 14, § 129 RdNr. 163 ff.
[95] BGH NZI 2003, 253, 256 f.; HambKomm-*Rogge* § 142 RdNr. 7.
[96] Vgl. BGH NJW 2002, 3252, 3253; HK-*Kreft* § 142 RdNr. 6; aM *Lwowski/Wunderlich* S. 310 f.
[97] Weitergehend HambKomm-*Rogge* § 142 RdNr. 6; *Lwowski/Wunderlich* S. 309 f.; *Bräuer* S. 70 f.

Zeit nach dem Vertragsschluss erbracht werden sollen und inzwischen die wirtschaftliche Krise des Schuldners ausbricht,[98] sofern nur der zeitliche Zusammenhang zwischen den Leistungen selbst gewahrt bleibt. Ebenso unschädlich ist es, wenn der Schuldner nach Empfang der Gegenleistung in die wirtschaftliche Krise gerät und danach, aber zeitnah, seine eigene Leistung erbringt.[99] Die Zwangsbeitreibung einer Schuld wegen verspäteter Erfüllung kann hingegen nie zu einer „unmittelbaren" Gegenleistung führen.[100]

Unmittelbarkeit setzt nicht notwendigerweise einen sofortigen Zug-um-Zug-Austausch **16** voraus. Vielmehr kann eine gewisse, nicht zu lange Zeitspanne zwischen den beiderseitigen Leistungen unschädlich sein, sofern sie nach den Umständen des Einzelfalles noch verkehrsüblich ist;[101] dagegen unterliegt die Dauer im Falle einer Überschreitung der vertraglich festgelegten Termine nicht der Parteidisposition.[102] Entscheidendes Abgrenzungsmerkmal ist, ob das Rechtsgeschäft unter Berücksichtigung der konkreten Erfüllungsmöglichkeiten und/oder üblichen Leistungsbräuche nach der Verkehrsauffassung noch als einheitliche Bardeckung oder schon als Kreditgeschäft beurteilt wird.[103] Das Unmittelbarkeitserfordernis kann nicht allein dadurch umgangen werden, dass Bestandteile eines unter vorläufiger Insolvenzverwaltung gemäß § 22 stehenden Vermögens auf einen Treuhänder zur Weiterleitung übertragen werden; eine solche zweckbestimmte Zuwendung an oder über Treuhänder kann vielmehr ihrerseits nur im zeitlichen Rahmen des § 142 anfechtungsfest werden.[104] Nicht nötig ist, dass gerade der Schuldner vorleistet.[105]

b) Einzelfälle. Beim **Kauf beweglicher Sachen** kann ein Zeitraum von etwa zwei **17** Wochen zwischen Lieferung, Rechnungsstellung und Scheckbegebung noch der üblichen Abwicklung eines Bargeschäfts entsprechen.[106] Ein Zeitraum von mehr als 30 Tagen ist dagegen – im Hinblick auf § 286 Abs. 3 BGB und § 17 Abs. 2 Satz 1 InsO – regelmäßig zu lang.[107] Das gilt auch für Beratungs-, Transport- und Bewachungsleistungen.[108] Allerdings sollte die Tilgung durch – nicht widerrufenen – Lastschrifteinzug unabhängig von der Dauer der Genehmigungsfrist als „unmittelbar" gelten, falls der Einziehungsauftrag zeitnah erteilt wurde (vgl. LG Köln NZI 2007, 469, 472). Eine vereinbarte Bezahlung mit Dreimonatswechsel bedeutet dagegen eine Kreditgewährung.[109] Führt ein Händler den Auftrag zum Einkauf von Waren oder Wertpapieren aus, kann ein Bargeschäft vorliegen, wenn er in engem zeitlichem Zusammenhang mit dem Kauf den vollen Gegenwert einschließlich seiner Provision erhält.[110]

Bei **Kreditsicherheiten** ist ein Zeitraum von sechs Monaten zwischen Darlehensgewährung und der Abtretung einer Grundschuld zu Sicherungszwecken zu lang.[111] Andererseits **18**

---

[98] *FK-Dauernheim* § 142 RdNr. 5; *Jaeger/Henckel,* KO § 30 RdNr. 110 S. 946; vgl. HambKomm-*Rogge* § 142 RdNr. 5; *Bräuer* S. 61; *Wessels* ZIP 2004, 1237, 1245. Ergänzend s. o. RdNr. 8, 10.
[99] BGH NJW 1977, 718; WM 1984, 1430; LG Bad Kreuznach NZI 2006, 45 f.; FK-*Dauernheim* § 142 RdNr. 5; HambKomm-*Rogge* § 142 RdNr. 5; *Jaeger/Henckel,* KO § 30 RdNr. 110, S. 946; *Bräuer* S. 66 ff.; aM *Häsemeyer* JuS 1986, 851, 855; *Wischemeyer* S. 93 f.
[100] Vgl. *Kayser* ZIP 2007, 49, 51 f.
[101] BGHZ 167, 190, 199 f. = NJW 2006, 2701, 2703 f.; LG Bonn ZInsO 2001, 232, 233; HK-*Kreft* § 142 RdNr. 5; *Uhlenbruck/Hirte* § 142 RdNr. 13; vgl. *Bräuer* S. 62 f.
[102] *Lwowski/Wunderlich* S. 308.
[103] *Kübler/Prütting/Paulus* § 142 RdNr. 5; *Jaeger/Henckel,* KO § 30 RdNr. 111.
[104] Vgl. *Kirchhof,* Festschrifts für Kreft, 2004, S. 359, 366 ff.; andererseits HambKomm-*Rogge* § 142 RdNr. 19; *Frind* ZInsO 2004, 470, 478.
[105] BGHZ 123, 320, 329 = NJW 1993, 3267, 3269; *Smid/Zeuner* InsO § 142 RdNr. 8.
[106] BGH NJW 1980, 1961 f.; *Hess* InsO § 142 RdNr. 33; *Jaeger/Henckel,* KO § 30 RdNr. 111; *Uhlenbruck/Hirte* § 142 RdNr. 14; *Gottwald/Huber* (Fn. 37), § 46 RdNr. 82; *Bräuer* S. 63; vgl. OLG Düsseldorf ZIP 1982, 860.
[107] BGH ZInsO 2007, 816, 819; HambKomm-*Rogge* § 142 RdNr. 7.
[108] LG Bonn ZInsO 2001, 232, 234.
[109] *Kübler/Prütting/Paulus* § 142 RdNr. 13; vgl. FK-*Dauernheim* § 142 RdNr. 7; *Jaeger/Henckel,* KO § 30 RdNr. 154. Auch die spätere Diskontierung eines Wechsels ist – entgegen *Canaris,* GroßkommHGB 3. Aufl. Bankvertragsrecht RdNr. 1563 – kein Bargeschäft, weil sich der Wechselnehmer den Rückgriff vorbehält, also keinen endgültigen Umsatz tätigt, sondern Kredit gewährt.
[110] FK-*Dauernheim* § 142 RdNr. 7; vgl. *Jaeger/Henckel,* KO § 30 RdNr. 115.
[111] OLG Brandenburg ZIP 2002, 1902, 1906.

kann eine Bardeckung vorliegen, wenn das Kreditinstitut dem Schuldner vorab einen Kontokorrentkredit einräumt und die vereinbarten Sicherheiten erst mit einer noch verkehrsüblichen, kurzen Verzögerung bestellt werden; tritt die wirtschaftliche Krise des Schuldners währenddessen ein, schließt das nicht die Anwendung des § 142 aus.[112] Werden als Kreditsicherheiten künftige Forderungen abgetreten, liegt ein Bargeschäft nur vor, wenn die Forderungen innerhalb von etwa zwei Wochen entstehen.[113] Wird allerdings ein Betriebsmittelkredit vereinbarungsgemäß in demjenigen Verhältnis ausgeweitet, wie aus den eingehenden Kundenzahlungen anteilig ein Bardepot als Sicherheit einbehalten werden kann, liegt ein gestrecktes Bargeschäft vor; das kommt insbesondere in Betracht, wenn ein (vorläufiger) Insolvenzverwalter eine Anschubfinanzierung für ein fortzuführendes Unternehmen erhält.[114]

18a Lässt das Kreditinstitut seinen Kunden im Rahmen eines vereinbarten Kreditlimits wieder über Zahlungseingänge verfügen, kommt es für die **Verrechnungen** nicht auf eine feste zeitliche Grenze, sondern auf den Gesamteindruck eines laufend wiederkehrenden Zahlungsverkehrs an. Ein Zeitraum von zwei Wochen zwischen den einzelnen Buchungen reicht in jedem Fall aus, während ein solcher von drei Monaten stets zu lang ist.[115] Auch eine Genehmigungsfrist von sechs Wochen im Lastschriftverfahren sprengt den zeitlichen Rahmen eines Bargeschäfts.[115a] Richtigerweise sollte die Obergrenze bei etwa einem Monat liegen; denn der Schuldner leistet gemäß dem üblichen Turnus sowie nach Bedarf an verschiedene Dritte, nicht unmittelbar an das Kreditinstitut, so dass nicht diesem gegenüber Zahlungsfristen festzulegen sind (zu den weiteren Voraussetzungen der Vertragsmäßigkeit und Gleichwertigkeit s. o. RdNr. 5, 13 a). Abzustellen ist auf den gesamten Zeitraum, der von der Anfechtung gemäß den vorgetragenen Rechtsgrundlagen erfasst werden kann;[116] der anfechtende Insolvenzverwalter kann nicht den Anfangszeitpunkt nach seinem Ermessen wählen. Ferner ist weder auf den höchste noch den niedrigsten Saldostand im fraglichen Zeitraum abzustellen.[117] einem Konzern eine Sicherheit nur gegen Bildung eines Sicherheitenpools gewährt und tritt eine Tochtergesellschaft des Konzerns dem Pool erst drei Wochen später förmlich bei, kann sie im Einzelfall wegen ihrer Konzernzugehörigkeit doch schon vorher faktisch gebunden gewesen sein, so dass auch ihr gegenüber ein Bargeschäft vorliegt.[118]

19 Bei **Dauerschuldverhältnissen** (vgl. § 108) ist der Zeitraum zwischen Vertragsschluss und Zahlung unerheblich;[119] auch ein Abstand von drei Wochen zwischen dem Beginn der Tätigkeit und der Erfüllung oder Sicherstellung braucht ein Bargeschäft nicht auszuschließen.[120] Statt dessen kommt es auf die jeweils zeitnahe Leistung zu den vorher festgelegten Terminen an.[121] Eine Erfüllungsleistung, die erst fast zwei Monate nach Fälligkeit der Vergütung erbracht wird, ist verspätet.[122] Sind derartige Termine nicht festgelegt, genügt nicht eine nach Ermessen eines Beteiligten – zB eines anwaltlichen Beraters nach Maßgabe der §§ 8 Abs. 1, 10 RVG – herbeigeführte Fälligkeit oder Einforderbarkeit seines Anspruchs

---

[112] Vgl. BGH WM 1984, 1430 f.; *Jaeger/Henckel*, KO § 30 RdNr. 110.
[113] Vgl. OLG Hamm ZIP 2006, 433, 434; HambKomm-*Rogge* § 142 RdNr. 19; FK-*Dauernheim* § 142 RdNr. 7; *Kübler/Prütting/Paulus* § 142 RdNr. 13; *Jaeger/Henckel*, KO § 30 RdNr. 110 aE; *Raschke* S. 129; zu Unrecht ohne zeitliche Beschränkung LG Kassel MDR 1954, 494.
[114] Vgl. *Kirchhof*, in Erster Leipziger Insolvenzrechtstag, hrsg. v. Berger u. a., 2000, S. 7, 14, 19 f.
[115] BGH NJW 2001, 1650, 1651; NZI 2004, 491, 492; aM *Wischemeyer* S. 93 f.
[115a] LG Oldenburg NZI 2007, 53, 54; vgl. *Kuder* S. 88 f.; ergänzend s. o. § 140 RdNr. 11.
[116] BGH NJW 2001, 1650, 1651; 2003, 360, 362; vgl. *Zuleger* ZInsO 2002, 49, 52.
[117] *Obermüller*, Festschrift für Kirchhof S. 358; *Kirchhof* ZInsO 2003, 149, 155; vgl. BGHZ 150, 122, 133 = NJW 2002, 1722, 1724 f.; aM *Rigel/Homann* ZIP 2003, 15, 16 f.
[118] BGHZ 138, 291, 310 f. = NJW 1998, 2592, 2599; FK-*Dauernheim* § 142 RdNr. 7 aE.
[119] FK-*Dauernheim* § 142 RdNr. 7; *Kübler/Prütting/Paulus* § 142 RdNr. 7; HambKomm-*Rogge* § 142 RdNr. 9; *Jaeger/Henckel*, KO § 30 RdNr. 116. Dagegen will *Raschke* S. 110 zu Unrecht allein auf den Beginn der Tätigkeit oder einer Gebrauchsgewährung abstellen; es kommt aber nicht darauf an, was hätte vereinbart werden können, sondern was der konkrete Vertrag vorsah (s. o. RdNr. 5). Ergänzend s. o. RdNr. 15.
[120] BGHZ 28, 344, 347 = NJW 1959, 147.
[121] Vgl. BGHZ 151, 353, 370 f. = NJW 2002, 3326, 3330; OLG Stuttgart ZInsO 2006, 274, 276; krit. *König* RdNr. 10/6 ff.
[122] BGH NJW 2002, 3252 f.; HK-*Kreft* § 142 RdNr. 5; vgl. BGH ZInsO 2006, 1210, 1211.

Bargeschäft 19 a, 20 § 142

(vgl. hierzu § 140 RdNr. 11 c). Vielmehr müssen bei länger währenden Vertragsbeziehungen die jeweiligen Leistungen und Gegenleistungen zeitlich oder gegenständlich teilbar sein und zeitnah – entweder in Teilen oder abschnittsweise – ausgetauscht werden. Liegen zwischen dem Beginn der Tätigkeit des Gläubigers und dem Erbringen der Gegenleistung des Schuldners mehr als dreißig Tage, so soll ein Bargeschäft im Allgemeinen ausgeschlossen sein.[123] Ob dies sogar dann gelten soll, wenn längere Zahlungstermine – zB quartalsweise zu entrichtende Mieten oder jährliche Prämien – in insolvenzfester Weise im maßgeblichen Vertrag festgelegt sind, ist nach der Rechtsprechung des BGH offen.[124] Eine solche Durchbrechung der Vertragsstrenge wäre abzulehnen, weil sich der Gläubiger von einer entsprechenden vertraglichen Regelung allenfalls unter den Voraussetzungen des § 321 BGB lösen könnte, die meist nicht innerhalb einer Monatsfrist festzustellen sind. § 142 soll nicht im Interesse der Insolvenzgläubiger verkehrsübliche Vertragsgestaltungen beschränken.

Ist ein Vertragsteil **vorleistungspflichtig,** so ist es für § 142 nicht nötig, dass gerade der Schuldner vorleistet.[125] Hinsichtlich der einzuhaltenden Fristen soll es keinen Unterschied machen, welcher Vertragsteil zu welcher Zeit vorleistet.[126] Danach muss jeder vorleistungspflichtige künftige Insolvenzgläubiger spätestens nach jeweils dreißig Tagen für Zwischenabrechnungen in Höhe der während dieses Zeitraums erbrachten Leistungen und deren zeitnahe Erfüllung sorgen, um die Voraussetzungen des Bargeschäfts einzuhalten. Alternativ kann er Vorauszahlungen in Höhe der von ihm für den nächsten Monat zu erbringenden Leistungen anfordern und durchsetzen. Auf welcher Rechtsgrundlage dies erfolgen soll, bleibt – abgesehen von § 9 RVG und möglicherweise §§ 648, 648 a BGB – offen. Insbesondere soll die Anforderung eines Rechtsanwalts nicht die wertäquivalente Vergütung für die nächsten dreißig Tage überschreiten dürfen.[127] Steht dem Vorleistungspflichtigen ein Leistungsverweigerungsrecht zu, kann zwar auch eine Sicherheitsleistung für die ausstehenden Leistungen gleichwertig sein, nicht aber die nachträgliche Absicherung der vor mehr als dreißig Tagen schon erbrachten Leistungen wie zB gemäß §§ 648, 648 a BGB.[128]

19 a

Bei **Grundstücksgeschäften** sind wegen der Verzögerungen, die mit der Eintragung der Rechtsänderung im Grundbuch verbunden sind, durchweg auch etwas längere Zeiträume unschädlich. Soweit in der Vergangenheit eine Monatsfrist als Regelfall angesehen wurde,[129] ist allerdings zu bedenken, dass dieser den gesamten Zeitbedarf von der Vornahme des Rechtsgeschäfts bis zur endgültigen Eintragung im Grundbuch abdecken sollte. Da nunmehr nach § 140 Abs. 2 das Rechtsgeschäft schon mit dem Eingang des Eintragungsantrags als vorgenommen gilt, kann auch für das Bargeschäft nur noch die bis zur erfolgreichen Antragstellung nötige Zeitspanne von etwa einem Monat zugrunde gelegt werden.[130] Ist der verfügende Schuldner selbst noch nicht als Berechtigter im Grundbuch eingetragen, kommen wegen des Erfordernisses der Voreintragung (§ 39 GBO) ausnahmsweise längere Zeiträume in Betracht; unter der genannten Voraussetzung wurde eine Frist von zweieinhalb Monaten zwischen einer Darlehensvereinbarung und der Eintragung der sichernden Grundschuld hingenommen, nachdem der Schuldner sofort die für seine Voreintragung nötigen Maßnahmen eingeleitet und dem Darlehensgeber eine dem § 29 GBO entsprechende Eintragungsbewilligung ausgehändigt hatte.[131] Derartige Zeitspannen sind aber künftig

20

---

[123] BGHZ 167, 190, 201 f. = NJW 2006, 2701, 2704.
[124] BGHZ 167, 190, 201 f. = NJW 2006, 2701, 2704 schließt dies – allerdings ohne Bezug zum entschiedenen Einzelfall – nicht erkennbar aus.
[125] BGHZ 123, 320, 329 = NJW 1993, 3267, 3269; *Smid/Zeuner* § 142 RdNr. 8.
[126] BGHZ 167, 190, 202 f. = NJW 2006, 2701, 2704 f.; BGH ZInsO 2007, 662, 663; HK-*Kreft* § 142 RdNr. 6; *Raschke* S. 107 f.; *Bräuer* S. 70; aM *Gerhardt,* Festschrift für Brandner, 1996, S. 605, 611.
[127] BGHZ 167, 190, 202 = NJW 2006, 2701, 2704; dazu mit Recht krit. *C. Paulus* WuB VI A. § 133 InsO 1.06. Zur Teilbarkeit von Leistungen s. o. RdNr. 12. Ergänzend vgl. *Frege* NZI 2006, 550, 51.
[128] Vgl. *Heidland* RdNr. 528; *Mundt* NZBau 2003, 527, 529 f.; insoweit aM *Brauns* BauR 2003, 301, 309.
[129] BGH WM 1955, 404, 406 f.; *Jaeger/Henckel,* KO § 30 RdNr. 112.
[130] *Raschke* S. 113; *Bräuer* S. 63 f.; vgl. HambKomm-*Rogge* § 142 RdNr. 10.
[131] BGH NJW 1977, 718; vgl. *Uhlenbruck/Hirte* § 142 RdNr. 14. OLG Hamburg ZIP 1984, 1373, 1374 hielt sogar einen Zeitraum von vier Monaten für unschädlich.

ebenfalls um die ab Eingang des Eintragungsantrags laufende, allein für die Bearbeitung durch das Grundbuchamt nötige Dauer zu kürzen. Wird ein Eintragungsantrag zunächst mit Recht zurückgewiesen, führt er aber später doch zur Eintragung, kann wegen des damit durchweg verbundenen Zeitverlusts ein Bargeschäft äußerstenfalls angenommen werden, solange derselbe Eintragungsantrag die Voraussetzungen des § 878 Abs. 2 BGB wahrt;[132] sogar dann sollte ein Bargeschäft ausscheiden, wenn der Antragsteller nicht unerhebliche Verzögerungen im Eintragungsverfahren selbst verschuldet hat.

IV. Rechtsfolgen des Bargeschäfts

21   Nach dem Wortlaut des § 142 kann ein Bargeschäft nur unter den Voraussetzungen des § 133 Abs. 1 anfechtbar sein. Das ist mißverständlich; denn weder eine unentgeltliche Leistung im Sinne von § 134 (s. o. RdNr. 4) noch eine inkongruente Deckung gemäß § 131 (s. o. RdNr. 7) kann begrifflich eine Bardeckung darstellen.

22   **1. Ausgeschlossene Anfechtungstatbestände.** Die Anfechtung von Bargeschäften nach §§ 130, 132, 133 Abs. 2, 135 und 136 soll ausgeschlossen sein. Jedoch ist diese Regelung für die **§§ 132 Abs. 1 und 133 Abs. 2** bedeutungslos, weil die Anfechtung nach diesen Bestimmungen eine unmittelbare Gläubigerbenachteiligung voraussetzt,[133] bei der ein Bargeschäft nie eintreten kann.[134] Im Falle des **§ 135** werden die Anfechtungsvorschriften durch die allgemeinen Kapitalerhaltungsregeln der §§ 30, 31 GmbHG überlagert.[135] Die tatbestandsmäßigen Voraussetzungen des **§ 136** werden mit einem Bargeschäft durchweg nicht vereinbar sein (s. o. RdNr. 4a).

23   Selbständige Bedeutung erlangt § 142 vor allem für die Anfechtung kongruenter Deckungen gemäß **§ 130**, für die eine nur mittelbare Gläubigerbenachteiligung ausreicht (vgl. § 130 RdNr. 23). Diese kann trotz Vorliegens einer Bardeckung eintreten, wenn die vom Schuldner empfangene Gegenleistung während des Insolvenzverfahrens nicht mehr vorhanden ist (s. o. RdNr. 4a, 11). Die Unanfechtbarkeit einer Bardeckung auf Grund des § 142 bedeutet im Ergebnis, dass die gleichwertige, kongruente Gegenleistung die Deckungsanfechtung ausschließt, also diejenige Benachteiligung außer Betracht bleibt, die im späteren Wegfall der Gegenleistung besteht. Damit wird sichergestellt, dass Rechtsgeschäfte, die nicht gemäß § 132 angefochten werden können, auch unanfechtbar erfüllt werden können.[136]

24   **2. Anfechtung nach § 133 Abs. 1.** Die Anfechtung nach § 133 *Abs. 1* bleibt im Ergebnis möglich, wenn trotz Vorliegens des Bargeschäfts eine mittelbare Gläubigerbenachteiligung eingetreten ist (s. o. RdNr. 11) und dies – wie der Anfechtungsgegner weiß – vom **Vorsatz** des Schuldners umfasst ist.[137] Wegen dieser subjektiven Einstellung verdienen auch die Partner eines Bargeschäfts keinen Schutz vor der Anfechtung (zu Beweisfragen s. u. RdNr. 26). Insbesondere wird also derjenige nicht geschützt, der dem Schuldner einen Vermögensgegenstand zwar zu einem angemessenen Preis, aber in dem Wissen abkauft, dass der Schuldner den Erlös seinen Gläubigern entziehen will,[138] ebenso wenig ein Sanierungsberater der Schuldnerin, der diese veranlasst, (nur noch) seine Gebühren im Zusammenhang

---

[132] Vgl. § 140 RdNr. 43, 44 und FK-*Dauernheim* § 142 RdNr. 7, ferner zum früheren Rechtszustand *Jaeger/Henckel*, KO § 30 RdNr. 112.
[133] *Gottwald/Huber* (Fn. 37) § 46 RdNr. 80; HambKomm-*Rogge* § 142 RdNr. 14; *M. Zeuner*, Anfechtung RdNr. 52; *Lind* (vor § 133) S. 154; *Bräuer* S. 98; vgl. *Kübler/Prütting/Paulus* § 142 RdNr. 15; s. o. § 132 RdNr. 11, § 133 RdNr. 39, 44.
[134] S. o. RdNr. 9; vgl. *Andres/Leithaus* § 142 RdNr. 8. Dies berücksichtigen *Gerhardt*, Festschrift für Brandner, 1996, S. 605, 611 und *Henckel*, Kölner Schrift S. 813, 834 f. nicht.
[135] S. o. § 135 RdNr. 75, 107; vgl. *Bräuer* S. 103 und ergänzend *Scholz/K. Schmidt* §§ 32a, 32b RdNr. 73, 81; BGHZ 133, 298, 306 = NJW 1996, 3203, 3205.
[136] Vgl. *Jaeger/Henckel*, KO § 30 RdNr. 8, 110 f.
[137] Vgl. BGH ZInsO 2007, 31, 32.
[138] BGHZ 123, 320, 324 = NJW 1993, 3267 f.; *Nerlich* in: *Nerlich/Römermann* § 142 RdNr. 13; HK-*Kreft* § 142 RdNr. 12; *Andres/Leithaus* § 142 RdNr. 7; aM *Kübler/Prütting/Paulus* § 142 RdNr. 14.

mit der Einreichung des Insolvenzantrags[139] oder sogar nach diesem zu bezahlen.[140] Wird eine Leistung des Schuldners durch eine Gegenleistung nur teilweise ausgeglichen, liegt regelmäßig eine unmittelbare Gläubigerbenachteiligung in vollem Umfang vor, so dass § 133 Abs. 1 – statt Abs. 2 (hierzu s. o. RdNr. 22) – eingreift.[141]

V. Beweisfragen

Grundsätzlich steht der Eintritt einer objektiven Gläubigerbenachteiligung zur Beweislast 25 des anfechtenden Insolvenzverwalters; dies gilt auch für das Vorliegen einer unmittelbaren Benachteiligung, soweit einzelne Anfechtungstatbestände (§§ 132, 133 Abs. 2) diese voraussetzen. Davon abgesehen, hat der **Anfechtungsgegner,** der die Anfechtung auf Grund des § 142 abwehren will, dessen Voraussetzungen in vollem Umfange darzutun und zu beweisen; denn es handelt sich um eine Einschränkung der allgemeinen Anfechtungstatbestände, vor allem des § 130.[142] Insbesondere hat der Anfechtungsgegner auch zu beweisen, dass seine Gegenleistung der Parteivereinbarung entspricht (s. o. RdNr. 5 bis 8) und in unmittelbarem Zusammenhang erbracht wurde (s. o. RdNr. 15 bis 20).

Liegt eine Bardeckung vor, so spricht sie in gleicher Weise wie eine kongruente Deckung 26 (vgl. dazu § 133 RdNr. 33 bis 34 a) gegen das Vorliegen eines Gläubigerbenachteiligungsvorsatzes des Schuldners sowie gegen eine Kenntnis des anderen Teils. Der Insolvenzverwalter, der eine Bardeckung gemäß **§ 133 Abs. 1** anficht, steht deshalb erhöhten Beweisanforderungen gegenüber.[143]

§ 143 Rechtsfolgen

(1) ¹Was durch die anfechtbare Handlung aus dem Vermögen des Schuldners veräußert, weggegeben oder aufgegeben ist, muß zur Insolvenzmasse zurückgewährt werden. ²Die Vorschriften über die Rechtsfolgen einer ungerechtfertigten Bereicherung, bei der dem Empfänger der Mangel des rechtlichen Grundes bekannt ist, gelten entsprechend.

(2) ¹Der Empfänger einer unentgeltlichen Leistung hat diese nur zurückzugewähren, soweit er durch sie bereichert ist. ²Dies gilt nicht, sobald er weiß oder den Umständen nach wissen muß, daß die unentgeltliche Leistung die Gläubiger benachteiligt.

Schrifttum: *Eckardt,* Haftungsrechtliche Restitution des Erlangten oder Ersatz des Interesses ?, Festschrift für Gerhardt, 2004, S. 145 ff.; *Marotzke,* Gegenseitige Verträge im neuen Insolvenzrecht, 3. Aufl., 2001; *Stratmann,* Die Zwangsvollstreckung in anfechtbar veräußerte Gegenstände und insbesondere in anfechtbar abgetretene Forderungen, Diss. Bonn, 1998.

Übersicht

	RdNr.		RdNr.
I. Normzweck	1	1. Rückgewährverhältnis	3
II. Entstehungsgeschichte	2	a) Beteiligte	4
		aa) Berechtigte	4
III. Rechtswirkungen erfolgreicher Anfechtung im Allgemeinen	3	bb) Verpflichtete	5
		b) Rechtliche Ausgestaltung	9

---

[139] Vgl. AG Hannover ZInsO 2002, 89.
[140] Vgl. BGH NJW 2006, 2701, 2701; tendenziell enger *Lind* (vor § 133) S. 155 f.
[141] Zur Möglichkeit der Aufteilung ungleicher Leistungen vgl. RdNr. 12, § 132 RdNr. 11, § 143 RdNr. 18.
[142] BGH NJW 2003, 360, 362; NJW-RR 2006, 1134, 1136; ZInsO 2007, 662, 663; *Kübler/Prütting/Paulus* § 142 RdNr. 17; HK-*Kreft* § 142 RdNr. 11; *Braun/Riggert* § 142 RdNr. 21; HambKomm-*Rogge* § 142 RdNr. 23; *Smid/Zeuner* § 142 RdNr. 5 aE; *Lwowski/Wunderlich* S. 318; *Raschke* S. 128; *Wischemeyer* S. 109 ff.; *Bräuer* S. 99 ff.; *Kayser* ZIP 2007, 49, 50; zweifelnd *Uhlenbruck/Hirte* § 142 RdNr. 16.
[143] BGH NJW 1997, 3028, 3029; HK-*Kreft* § 142 RdNr. 10; HambKomm-*Rogge* § 142 RdNr. 23; *Lwowski/Wunderlich* S. 318.

	RdNr.		RdNr.
c) Anwendbare allgemeine Vorschriften	11	1. Nutzungen	60
2. Auskunftsanspruch	14	2. Verwendungen des Anfechtungsgegners	64
3. Auswirkungen der Anfechtung auf weitere Rechtsbeziehungen	15	a) Notwendige Verwendungen	65
		b) Nützliche Verwendungen	68
4. Teilanfechtung	17	c) Erwerbs- und Veräußerungskosten	70
IV. Inhalt der unmittelbaren Rückgewährpflicht (Abs. 1 Satz 1)	20	3. Surrogation	71
		4. Wertersatz	73
1. Gegenstand der Rückgewähr	21	a) Voraussetzungen	73
2. Art der Rückgewähr im Allgemeinen	24	aa) Unmöglichkeit der Rückgewähr	74
a) in die Insolvenzmasse	25		
b) Kosten der Rückgewähr	27	bb) Verschulden des Anfechtungsgegners	78
3. Anfechtbare Übertragung von Gegenständen	28		
		cc) Mitverschulden des Insolvenzverwalters	81
a) Übertragung von Sachen	28		
aa) Bewegliche Sachen	29	dd) Kein Wahlrecht des Insolvenzverwalters	82
bb) Grundstücke und Grundstücksrechte	31		
		b) Berechnung des Wertersatzes im Allgemeinen	83
b) Übertragung von Rechten	36		
aa) Forderungen	36	c) Anfechtbare Übertragung von Gegenständen	86
bb) Sonstige Rechte	39		
c) Gewerbliche Unternehmen	42	aa) Sachen	86
4. Anfechtbare Belastung von Gegenständen	43	bb) Rechte	90
		d) Anfechtbare Belastung und Erlass	92
5. Anfechtbare Verkürzung von Rechten des Insolvenzschuldners	46	e) Anfechtbare Schuldtilgung	94
		f) Dienst- oder Werkverträge, Gebrauchsüberlassungen	94 a
a) Erlass von Rechten	47		
b) Schuldtilgung	50	g) Anfechtbare Schuldbegründung	95
aa) Erfüllungshandlungen	50	h) Mittelbare Zuwendungen	96
bb) Aufrechnung	52	i) Nutzungen	97
c) Dienst- oder Werkleistung	53 a	j) Verzug mit Wertersatzleistung	99
6. Anfechtbare Schuldbegründung	54	**VI. Rückgewähr unentgeltlicher Leistungen (Abs. 2)**	100
7. Anfechtbare Unterlassungen	55		
8. Anfechtbare Prozesshandlungen	56	1. Gemilderte Haftung (Satz 1)	101
a) im Erkenntnisverfahren	56	a) Voraussetzungen	101
b) Zwangsvollstreckungen	57	b) Rechtsfolgen	102
9. Verzug mit der Rückgewähr	58	2. Haftung nach Normalmaß (Satz 2)	106
V. Ergänzungen und Anpassungen der Rückgewährpflicht (Abs. 1 Satz 2)	59	**VII. Beweisfragen**	110

I. Normzweck

1 § 143 soll für die Rechtsfolgen einer – dem Grunde nach berechtigten – Anfechtung einen Ausgleich zwischen den Belangen der Insolvenzgläubiger einerseits und dem schutzwürdigen Interesse des Anfechtungsgegners andererseits verwirklichen. Insbesondere bringt **Abs. 1 Satz 1** zum Ausdruck, dass alles und vorrangig in der **ursprünglichen gegenständlichen Gestalt** (in natura) zurückzugewähren ist, was dem Schuldnervermögen durch die anfechtbare Rechtshandlung **entzogen** wurde.[1] Für den Fall, dass Rückgewähr in dieser Art nicht möglich ist, hat der Anfechtungsgegner Wertersatz zu leisten, wenn er sich nicht exkulpieren kann (Abs. 1 Satz 2); zugleich werden durch die Verweisung auf verschärfte bereicherungsrechtliche Folgen die Herausgabe von Nutzungen und der Ersatz von Verwendungen geregelt. **Abs. 2** stellt den Empfänger einer **unentgeltlichen** Leistung besser, indem dieser im Ansatz nur gemäß allgemeinen Bereicherungsgrundsätzen haften soll; denn die Anfechtung allein

---

[1] RegE S. 167 zu § 162; BGH, Beschl. v. 24. 5. 2005 – IX ZR 77/03; HK-*Kreft* § 143 RdNr. 2.

nach § 134 setzt keinerlei Bösgläubigkeit des Empfängers oder andere erschwerende Umstände auf seiner Seite voraus.

II. Entstehungsgeschichte

Abs. 1 Satz 1 übernimmt den Inhalt des § 37 Abs. 1 KO, während § 10 GesO die Anfechtungsfolgen nicht ausdrücklich regelte; jedoch wurden auch dafür die Vorschriften des § 37 KO entsprechend angewendet.[2] Satz 2 ist neu: Nach der zu § 37 KO herrschenden Auffassung haftete der Anfechtungsgegner bei Unmöglichkeit der – in erster Linie geschuldeten – Rückgewähr grundsätzlich auch für Zufall;[3] dies soll durch die gesetzliche Neuregelung abgemildert werden.[4] Abs. 2 übernimmt inhaltlich den früheren § 37 Abs. 2 KO, ist aber in der Weise anders gefasst, dass die Beweislast für die Bösgläubigkeit des Anfechtungsgegners dem Insolvenzverwalter aufgelegt wird;[5] nach der früheren Rechtsprechung und Rechtslehre hatte dagegen der Anfechtungsgegner seine Gutgläubigkeit zu beweisen.[6] Die Vorschrift wurde im Gesetzgebungsverfahren nicht geändert.

III. Rechtswirkungen erfolgreicher Anfechtung im Allgemeinen

1. Rückgewährverhältnis. Anfechtbare Rechtshandlungen sind vor Ausübung der Anfechtungsbefugnis durch den Insolvenzverwalter (s. o. § 129 RdNr. 192 ff.) nach Maßgabe der allgemeinen zivilrechtlichen Regeln voll wirksam;[7] erst danach ändern sich ihre Rechtswirkungen gemäß § 143. Infolge der Anfechtung entsteht ein Rechtsverhältnis eigener Art zum Anfechtungsgegner, das die Haftung des vom Schuldner weggegebenen Vermögensguts für seine Schulden verwirklichen soll.[8] Jede selbständig anfechtbare Rechtshandlung begründet ein selbständiges Rückgewährverhältnis.[9] Die erfolgreiche Anfechtung führt nicht von sich aus zur Nichtigkeit der angefochtenen Rechtshandlung; insbesondere gilt § 142 Abs. 1 BGB nicht.[10] Je nach der Art der angefochtenen Rechtshandlung kann der Anfechtungsgegner allerdings in Einzelfällen ohne weiteres gehindert sein, bestimmte, anfechtbar erlangte Rechte gegenüber der Insolvenzmasse auszuüben.[11] Meist muss die Rückgewähr aber besonders vollzogen werden. Zu diesem Zweck ist das hauptsächliche Mittel der Haftungsverwirklichung der schuldrechtliche Anspruch (§ 146 Abs. 1) der Insolvenzmasse auf Rückgewähr des ihr entzogenen Vermögensguts (BGH ZInsO 2007, 658, 659). Zum Theorienstreit über die Rechtsnatur der Anfechtung vgl. vor § 129 RdNr. 11 bis 39, zur **prozessualen Durchsetzung** s. u. § 146 RdNr. 15 ff., 30 ff.

a) Beteiligte. aa) Inhaber des Anfechtungsrechts ist das – den Insolvenzgläubigern dienende – Sondervermögen „Insolvenzmasse" des Schuldners (s. o. § 129 RdNr. 191). Das Anfechtungsrecht wird gem. § 129 vom Insolvenzverwalter, bei der Eigenverwaltung vom Sachwalter (§ 280), ausgeübt. Er darf hierüber sowie über daraus folgende einzelne Rückgewähransprüche verfügen (s. o. § 129 RdNr. 196). Richtigerweise sollte auch die Abtretung

---

[2] *Haarmeyer/Wutzke/Förster* § 10 RdNr. 111 ff.; *Hess/Binz/Wienberg* § 10 RdNr. 7; *Kilger/K. Schmidt* § 10 GesO Anm. 1a; vgl. BGHZ 131, 189, 199 f. = NJW 1996, 461, 463 f.; OLG Hamburg ZIP 2001, 708, 711; OLG Dresden bei *Tappmeier* EWiR 1987, 113; OLG Brandenburg NZI 1999, 314, 315; LAG Hamm ZIP 1998, 920, 922; LG Dresden ZIP 1999, 1364; einschränkend nur *Smid/Zeuner*, GesO § 10 RdNr. 15.
[3] RGZ 24, 141, 143; *Kilger/K. Schmidt* § 37 KO Anm. 8; *Uhlenbruck/Kuhn* § 37 RdNr. 21; *Baur/Stürner* RdNr. 20.5, 20.8; *G. Paulus* AcP 155 (1956), 277, 318; zu § 7 AnfG aF auch RG LZ 1910, 866, 867; aM *Jaeger/Henckel*, KO § 37 RdNr. 99 ff.; *Gerhardt*, Gläubigeranfechtung S. 243 f.
[4] RegE S. 167 zu § 162.
[5] RegE S. 168 zu § 162.
[6] BGH WM 1955, 407, 412; NJW 1970, 44, 46; RGZ 92, 227, 229; *Jaeger/Henckel*, KO § 37 RdNr. 130; *Kilger/K. Schmidt* § 37 KO Anm. 14; *Uhlenbruck/Kuhn* § 37 RdNr. 38.
[7] Vgl. *Uhlenbruck/Hirte* § 129 RdNr. 5; ergänzend vgl. RdNr. 16, vor § 129 RdNr. 45 ff.
[8] S. o. Vorbem. RdNr. 37 bis 39 vor § 129.
[9] BGH NJW 1987, 1812, 1813; vgl. BGH WM 2007, 1377, 1381.
[10] S. o. Vorbem. RdNr. 40 vor § 129; vgl. BGH ZIP 1996, 1475, 1476; NZI 2000, 364; ZInsO 2006 1217, 1218 f. zu § 11 AnfG.
[11] S. u. RdNr. 8, 16a, 29, 35 aE, 36, 38, 42, 46 bis 48, 51 bis 53, 54 bis 57.

des Anspruchs zugelassen werden (s. o. § 129 RdNr. 214 bis 221). In der Insolvenz konzerngebundener Gesellschaften gelten keine Besonderheiten; anfechtungsbefugt ist jeweils der Insolvenzverwalter derjenigen Gesellschaft, deren Vermögen konkret verkürzt wurde, hingegen nicht ohne weiteres der Insolvenzverwalter der Konzernmutter.[12] Nur in der Verbraucherinsolvenz sind nach § 313 Abs. 2 Satz 1 die Gläubiger – statt des Treuhänders – zur Anfechtung berechtigt. Zugunsten Dritter wirkt die Anfechtung nicht (s. u. RdNr. 16).

5   bb) Aus dem Rückgewährverhältnis **verpflichtet** und damit richtiger Anfechtungsgegner ist der **Empfänger** des anfechtbar weggegebenen Gegenstands, also jeder, zu dessen Gunsten der Erfolg der konkret angefochtenen Rechtshandlung zu Lasten des Schuldnervermögens eingetreten ist.[13] Ein Spediteur als Empfänger einer anfechtbar geleisteten Transportvergütung wird nicht durch eine Speditions- und Rollfuhrversicherung von der Rückzahlung freigestellt.[14] War aber eine Erfüllungsleistung des Insolvenzschuldners selbst nicht anfechtbar, so ist sie es regelmäßig auch nicht gegenüber einem Bürgen, der sich für die getilgte Schuld verbürgt hatte und nun von seiner Bürgenschuld gem. § 767 Abs. 1 Satz 1 BGB befreit wird.[15] *Treuhänder,* die uneigennützig fremdes Vermögen für andere Personen verwalten, sind regelmäßig *nicht* als Anfechtungsgegner verpflichtet, soweit sie nicht Teile dieses Vermögens sich selbst zuführen; anzufechten ist die Stellung des aus der Treuhand Begünstigten.[16]

5 a   Dagegen ist die gesetzliche **Krankenkasse,** die vom Schuldner Gesamtsozialversicherungsbeiträge einzieht, auch insoweit selbst Empfängerin, als sie im Innenverhältnis Teilbeträge an die Träger der Renten- oder Unfallversicherung weiterleiten muss.[17] Das gilt auch für die Zentralstelle im Baugewerbe, die kraft Tarifvertrags für andere Sozialkassen einziehungsermächtigt ist.[18] Die kassenärztliche Vereinigung, die gegen Honoraransprüche eines Arztes anfechtbar aufrechnet, ist auch insoweit zahlungspflichtig, als der Erfolg einer Verrechnung an Krankenkassen weiterzuleiten wäre.[19] Das Bundesland, das Forderungen auf Umsatzsteuer beigetrieben hat, ist Rückgewährschuldner auch hinsichtlich des Umsatzsteueranteils, welcher der Bundesrepublik Deutschland zusteht.[20] Alle jene Stellen sich von Treuhändern im technischen Sinne (s. o. RdNr. 5 aE) durch die nicht so streng durchgeführte Vermögenstrennung: Fremdvermögen darf bei einer echten Treuhandschaft nicht auf demselben Konto verwaltet werden wie eigenes;[21] die bloß rechnerische Unterscheidbarkeit genügt nicht,[22] noch weniger rein obligatorische, interne Bindungen. Die Anfechtung gegenüber der zentralen Vollstreckungsstelle erfasst auch Säumniszuschläge sowie eingezogene Vollstreckungskosten.[23] Dagegen richtet sich die Anfechtung von Ansprüchen

---

[12] Vgl. *Hirte* ZInsO 2004, 1161, 1167.
[13] *HK-Kreft* § 129 RdNr. 89; *Jaeger/Henckel,* KO § 29 RdNr. 41, § 36 RdNr. 7, § 37 RdNr. 82; vgl. BGH NJW 1974, 57 Nr. 22; *Uhlenbruck/Hirte* § 143 RdNr. 42; *Baur/Stürner* RdNr. 20.3; *Gottwald/Huber,* Insolvenzrechts-Handbuch, § 51 RdNr. 57.
[14] OLG Brandenburg NZI 1999, 314, 315.
[15] Vgl. BGH NJW 1974, 57.
[16] Vgl. OLG Köln NZI 2003, 99; ergänzend vgl. RdNr. 79, § 129 RdNr. 139 f., § 134 RdNr. 12 f.; zu mittelbaren Zuwendungen s. u. RdNr. 7.
[17] BGH NJW-RR 2006, 1136, 1137; OLG Hamburg ZIP 2001, 708, 710 f.; OLG Koblenz ZIP 2005, 540, 541; LG Hamburg ZIP 2001, 711, 715. Zur Belastung des Schuldnervermögens auch wegen der Arbeitnehmerbeiträge s. o. § 129 RdNr. 78 c, zur fortdauernden Haftung trotz Weiterleitung eingezogener Beträge s. u. RdNr. 79.
[18] BGH NJW 2004, 2163 f.; NJW-RR 2005, 695 f.; OLG Frankfurt ZInsO 2005, 548, 549; OLG Stuttgart ZIP 2005, 1837, 1841; HK-*Kreft* § 129 RdNr. 89; iE auch *Nöll* ZInsO 2004, 492 f.; aM KG NZI 2002, 660 f.
[19] KG ZInsO 2004, 744, 745.
[20] OLG Hamm ZIP 2006, 1104, 1105.
[21] BGH NJW 1971, 559, 560; WM 1993, 83, 84; NJW-RR 2003, 1375, 1376; Beschl. v. 9. 3. 2006 – IX ZR 67/04; OLG Brandenburg WM 1999, 267, 269; *Jaeger/Henckel,* InsO § 47 RdNr. 63; vgl. auch BGH NJW 1959, 1223, 1225; ergänzend s. o. § 47 RdNr. 392, 401.
[22] BGH NJW-RR 2003, 1375, 1376; aM *Schimansky/Bunte/Lwowski/Hadding/Häuser,* Bankrechts-Handbuch § 47 RdNr. 2, 28.
[23] BGH NJW 2004, 2163, 2164; OLG Hamburg ZIP 2002, 1360, 1364 f.; HambKomm-*Rogge* § 143 RdNr. 7. In dem vom LG Hamburg ZIP 2001, 711, 715 entschiedenen Fall war die verklagte Krankenkasse nicht zugleich Vollstreckungsbehörde.

der Arbeitnehmer, welche auf die Bundesagentur für Arbeit übergegangen sind, nach § 187 Satz 2 SGB III gegen diese.[24]

Zusätzlich kommen nach näherer Maßgabe des § 145 Rechtsnachfolger des ursprünglichen Empfängers als Anfechtungsgegner in Betracht, insbesondere **Gläubiger des Rückgewährschuldners** (s. u. RdNr. 20 a, § 145 RdNr. 15, 21, 30). Der Schuldner selbst kann dagegen nicht als eigenständiger Rechtsträger Anfechtungsgegner sein, weil sein bis zur Insolvenzeröffnung erlangtes, pfändbares Vermögen gemäß §§ 35, 36, 80 ohnehin dem Insolvenzbeschlag unterliegt;[25] das Insolvenzgericht kann ihn gem. §§ 97 Abs. 2, 98 Abs. 2 und 3 zur Rückgewähr zwingen.[26] Seit der Neufassung des § 35 gilt das auch, soweit der Schuldner nach der Verfahrenseröffnung – zB als Rechtsnachfolger i. S. v. § 145 – den Gegenstand zurückerwirbt. Anders verhält es sich nur, soweit der Schuldner als Träger fremden Vermögens handelt.

Jedenfalls bei unteilbarem Erwerb eines Vermögensgegenstands durch **mehrere Personen** haften diese insgesamt nach § 431 BGB auf das Ganze.[27] Das gilt trotz Teilbarkeit auch bei einem Erwerb durch mehrere in einer Gesamthandsgemeinschaft, zB einer BGB-Gesellschaft oder Erbengemeinschaft (§ 145 Abs. 1), verbundene Personen.[28] Bei geteiltem Erwerb – zB zu mehreren Miteigentumsbruchteilen – haftet jeder Erwerber dagegen nur für seinen Teil; § 840 BGB greift nicht ein.[29] Ein Verwirkungstatbestand im Verhältnis zu einem Anfechtungsgegner berührt für sich nicht das Anfechtungsrecht gegenüber anderen.[30] Die Anfechtung einer Forderungsabtretung richtet sich nie gegen den Drittschuldner der abgetretenen Forderung;[31] dessen Rechtsstellung wird nicht verändert.

Bei **mittelbarer Zuwendung** (vgl. § 129 RdNr. 68 bis 73) haftet in der Regel – nur – der endgültige Empfänger der Leistung.[32] Die Mittelsperson kann lediglich ausnahmsweise und insoweit verpflichtet sein, als sie selbst auch einen Vorteil aus der Zuwendung erlangt,[33] insbesondere diese noch nicht weiter geleitet hat.[34] Zu Leistungen im Dreiecksverhältnis s. o. § 129 RdNr. 49. Gegenüber sonstigen Dritten wirkt die Anfechtung regelmäßig nicht unmittelbar (s. u. RdNr. 16). Jedoch kann der Rechtsnachfolger im Sinne von § 145 neben dem ersten Leistungsempfänger – seinem Vorgänger – haften (s. u. § 145 RdNr. 32, 33).

Hat trotz der Weggabe aus dem Schuldnervermögen **niemand** etwas erlangt – zB bei einer Dereliktion ohne nachfolgende Aneignung, §§ 959, 958 Abs. 1 BGB –, so kann der Insolvenzverwalter den ursprünglichen Zustand ohne weiteres von sich aus wieder begrün-

---

[24] Vgl. Uhlenbruck/Hirte § 129 RdNr. 112, § 143 RdNr. 18. Ergänzend s. o. § 129 RdNr. 23, s. u. RdNr. 25, § 145 RdNr. 19.
[25] Jaeger/Henckel, KO § 36 RdNr. 7.
[26] Zur Durchsetzung des Herausgabeanspruchs aus § 148 Abs. 1 durch Klage vgl. LG Köln ZIP 1997, 2161, 2162.
[27] Smid/Zeuner InsO § 143 RdNr. 29; Jaeger/Henckel, KO § 37 RdNr. 82; Kilger/K. Schmidt § 37 KO Anm. 6; Uhlenbruck/Hirte § 143 RdNr. 44; Gottwald/Huber (Fn. 13) § 51 RdNr. 58. BGH NJW 1999, 3046, 3047 lässt den Empfänger einer anfechtbaren Zahlung und diejenige Bank, welche die Zahlung kreditiert hatte, mit ihrer dafür bestehenden Sicherheit „wie Gesamtschuldner" haften.
[28] Jaeger/Henckel, KO § 37 RdNr. 82; Kilger/K. Schmidt § 37 KO Anm. 6; vgl. Smid/Zeuner InsO § 143 RdNr. 29.
[29] HK-Kreft § 129 RdNr. 89; Nerlich in: Nerlich/Römermann § 143 RdNr. 52; Smid/Zeuner InsO § 143 RdNr. 29; vgl. RGZ 24, 141, 143 f.; Jaeger/Henckel, KO § 37 RdNr. 82; Kilger/K. Schmidt § 37 KO Anm. 1 b, 6; Uhlenbruck/Hirte § 143 RdNr. 44 b; Gottwald/Huber (Fn. 13) § 51 RdNr. 58. Teilbar ist insbesondere die Prämienzahlung auf eine Versicherung zugunsten mehrerer Berechtigter gemäß dem Umfang ihrer jeweiligen Berechtigung: RG LZ 1911, 860 Nr. 8.
[30] Vgl. BGH NZI 2002, 175, 176 zum AnfG.
[31] RGZ 61, 150, 152; Kilger/K. Schmidt § 37 KO Anm. 1 b.
[32] OLG Köln NZI 2003, 99; HK-Kreft § 129 RdNr. 89; Nerlich in: Nerlich/Römermann § 143 RdNr. 52; Smid/Zeuner InsO § 143 RdNr. 30; HambKomm-Rogge § 143 RdNr. 7; Uhlenbruck/Hirte § 143 RdNr. 43; Gottwald/Huber (Fn. 13) § 52 RdNr. 17; vgl. BGHZ 142, 284, 287 = NJW 1999, 3636 f.; RGZ 35, 26, 27 f.; 133, 290, 291 f.; OLG Stuttgart ZInsO 2000, 157, 158.
[33] RGZ 92, 227 f.; 117, 86, 88; HK-Kreft § 129 RdNr. 89; Nerlich (Fn. 32) § 143 RdNr. 52; Kilger/K. Schmidt § 37 KO Anm. 1 b; Uhlenbruck/Hirte § 129 RdNr. 89; Gottwald/Huber (Fn. 13) § 51 RdNr. 59.
[34] Uhlenbruck/Hirte § 143 RdNr. 43; vgl. RGZ 92, 227 f.; RG JW 1911, 107. Zur Rechtsstellung von Treuhändern s. o. RdNr. 5 a.

§ 143 9–11   3. Teil. 3. Abschnitt. Insolvenzanfechtung

den;[35] einer Anfechtung bedarf es dazu nicht. Das gilt auch bei der Aufgabe einer kaufmännischen Firma[36] ohne anderweitige Fortführung.

9   b) **Rechtliche Ausgestaltung.** Die Rückgewährverbindlichkeit i. S. v. § 143 begründet meist (s. o. RdNr. 3, Vor § 129 RdNr. 35 ff.) ein Schuldverhältnis des bürgerlichen Rechts (§ 194 Abs. 1 BGB) und unterliegt dessen allgemeinen Vorschriften, soweit die Insolvenzordnung nichts Abweichendes vorschreibt. Es entsteht mit der Vollendung des Anfechtungstatbestandes, jedoch als spezielle Insolvenzanfechtung – im Gegensatz zur Einzelgläubigeranfechtung – aufschiebend bedingt durch die Insolvenzeröffnung (s. o. § 129 RdNr. 186). *Fällig* wird der Rückgewähranspruch – von Fällen des § 147 abgesehen – mit der Insolvenzeröffnung.[37] Es endet mit der Aufhebung oder Einstellung des Insolvenzverfahrens, sofern hierbei nicht der Insolvenzbeschlag für das jeweilige Anfechtungsrecht aufrechterhalten wurde (s. o. § 129 RdNr. 210). Die schuldrechtlichen Regeln ergänzen das Rückgewährverhältnis auch insoweit, als bestimmten, anfechtbar herbeigeführten Rechtsfolgen in erster Linie jede Rechtswirkung gegenüber der Insolvenzmasse versagt wird (s. o. RdNr. 3).

10   Das Rückgewährverhältnis ist nicht deliktischer Natur, so dass die §§ 823 ff. BGB darauf nicht einmal entsprechend angewendet werden können.[38] Die Rückgewährpflicht nach § 143 Abs. 1 Satz 1 begründet keinen Schadensersatz; statt dessen werden ausgleichende Vermögensvorteile, die der Insolvenzmasse schon bei der Verwirklichung des Anfechtungstatbestands entstehen, nach Maßgabe des speziellen Erfordernisses der Gläubigerbenachteiligung[39] sowie durch § 144 berücksichtigt. Danach ist es insbesondere unerheblich, ob der Anfechtungsgegner in einem späteren Verteilungsverfahren einen vergleichbaren Betrag wie den ihm jetzt abverlangten zurückerhalten würde (s. o. § 129 RdNr. 107). Nur bei der Bestimmung eines Wertersatzanspruchs nach Abs. 1 Satz 2 können sich allgemeine schadensersatzrechtliche Regeln auswirken (s. u. RdNr. 84). Allerdings ist es möglich, dass der Anfechtungsgegner neben dem Anfechtungstatbestand zugleich eine unerlaubte Handlung verwirklicht hat, so dass der Insolvenzverwalter auch deren Rechtsfolgen geltend machen kann, um das Anfechtungsrechtsverhältnis zu verstärken.[40] § 143 gestaltet die Anfechtungsfolgen zwar in mehrfacher Hinsicht nach bereicherungsrechtlichen Grundsätzen aus, doch sind die §§ 812 ff. BGB über diese ausdrückliche gesetzliche Anordnung hinaus ebenfalls nicht anwendbar; der Anfechtungsanspruch ist selbst kein Bereicherungsanspruch.[41] Insbesondere wird die bereicherungsrechtliche Saldotheorie durch das Nebeneinander der §§ 143 und 144 ersetzt (s. u. RdNr. 84, § 144 RdNr. 16). Auch für eine Anwendung des § 814 BGB[42] wie des § 817 Satz 2 BGB[43] sollte die Grundlage fehlen (s. o. § 134 RdNr. 45).

11   c) **Anwendbare allgemeine Vorschriften.** Im Einzelnen gelten für das Rückgewährverhältnis die Bestimmungen über Schuldner**verzug** (§§ 284 ff. BGB),[44] Gläubigerverzug

---

[35] Vgl. *Baur/Stürner* RdNr. 20.3.
[36] Vgl. § 129 RdNr. 95 u. OLG Düsseldorf ZIP 1989, 457, 458.
[37] BGH NZI 2004, 444, 445; ZInsO 2007, 261, 262 f., z. V. b. in BGHZ; OLG Hamburg ZInsO 2006, 877, 878; OLG Hamm ZIP 2007, 240, 243.
[38] BGH NJW-RR 1986, 991, 993; NJW 1990, 990, 991; *Jaeger/Henckel*, KO § 37 RdNr. 76; HK-*Kreft* § 129 RdNr. 74; *Baur/Stürner* RdNr. 18.16; vgl. auch BGHZ 104, 355, 360 = NJW 1988, 3265, 3266. Ergänzend vgl. zu Fragen der Vorteilsausgleichung unten RdNr. 84 sowie § 129 RdNr. 176, zur Unanwendbarkeit des Deliktsgerichtsstandes (§ 32 ZPO) § 146 RdNr. 32.
[39] Vgl. HK-*Kreft* § 143 RdNr. 23; s. u. RdNr. 12, s. o. § 129 RdNr. 108–110 a, 175 f.
[40] Vgl. Vor § 129 RdNr. 87 bis 92.
[41] BGHZ 15, 333, 337 = NJW 1955, 259, 260; HK-*Kreft* § 129 RdNr. 74; *Baur/Stürner* RdNr. 18.14 f., 20.5; *Gottwald/Huber* (Fn. 13) § 46 RdNr. 11; *Wacke* ZZP 83 (1970), 418, 424 ff.; zum AnfG auch BFHE 133, 501, 508; vgl. ferner BGHZ 41, 98, 103 = NJW 1964, 1319, 1321; *Jauernig*, Zwangsvollstreckungsrecht § 51 II 4, S. 239; aM zum AnfG Gerhardt, Gläubigeranfechtung S. 162 ff.
[42] *Gerhardt* ZIP 1991, 273, 283.
[43] OLG Celle ZInsO 2003, 803 f.; ergänzend s. o. vor § 129 RdNr. 51.
[44] RG LZ 1916, 402 f.; *Jaeger/Henckel*, KO § 37 RdNr. 76; *Uhlenbruck/Hirte* § 143 RdNr. 1; *Gottwald/Huber* (Fn. 13) § 52 RdNr. 19; vgl. BGH WM 1968, 407, 409; OLG Stuttgart ZIP 2005, 1837, 1841. Ergänzend s. u. RdNr. 58, 99.

Rechtsfolgen 12 § 143

i. S. v. §§ 293 ff. BGB,[45] Verwirkung,[46] Erfüllung und Hinterlegung.[47] Hinsichtlich der Erfüllungssurrogate ist als einzige Besonderheit zu beachten, dass die **Aufrechnung** (§§ 387 ff. BGB) gegenüber einem Anfechtungsanspruch nur mit Ansprüchen gegen die Insolvenzmasse selbst, **nicht** mit – sei es auch für sich unanfechtbar begründeten – Insolvenzforderungen zulässig ist;[48] denn der Anfechtungsanspruch seinerseits ist im Sinne von §§ 96 Abs. 1 Nr. 1, 95 Abs. 1 Satz 1 erst als Folge der Eröffnung des Insolvenzverfahrens und somit nach dieser entstanden (s. o. RdNr. 9). Nicht aufrechenbar sind u. a. Gegenansprüche nach § 144 Abs. 1.[49] Steht dagegen dem Anfechtungsgegner eine Gegenforderung gegen die Insolvenzmasse als solche zu, ist die Aufrechnung bis zu den durch §§ 208 bis 210 gezogenen Grenzen gestattet.[50] Gemäß § 393 BGB kann diese Aufrechnung nur ausgeschlossen sein, wenn der Anspruch gegen den Anfechtungsgegner zugleich auf eine vorsätzlich begangene unerlaubte Handlung gestützt werden kann.[51] Jedoch begründet es keine Verbindlichkeit der Insolvenzmasse, falls ein Schuldner nach Insolvenzeröffnung selbständig ein neues Gewerbe betreibt und dadurch zB – persönliche – Steuerschulden verursacht.[52] Entsprechendes gilt für Zurückbehaltungsrechte des Anfechtungsgegners, zB auf Grund eines Auskunftsanspruchs oder Gegenanspruchs gemäß § 144 Abs. 2.[53] Beweisurkunden hat der Anfechtungsgegner nach Maßgabe des § 402 BGB dem Anfechtenden auszuliefern. Zur Rückgewähr kann gemäß § 242 BGB die Erfüllung von **Nebenpflichten** erforderlich sein. Insbesondere kann zur vollständigen Rückgewähr eines Rechts die zu dessen Durchsetzung nötige Urkunde wiederherzustellen sein; dazu ist der Anfechtungsgegner ebenfalls verpflichtet.[54]

Die Vorschriften über **Unmöglichkeit** (§§ 275, 280 BGB) gelten lediglich mit der Abwandlung des § 143 Abs. 1 Satz 2 InsO, dass unter bestimmten Voraussetzungen Wertersatz zu leisten ist.[55] Die Grundsätze über **Mitverschulden** (§ 254 BGB) sind auf die Entstehung des Rückgewähranspruchs nicht anzuwenden, weil nicht eine Schadensersatzpflicht in Frage steht;[56] nur soweit bei der Abwicklung eines Rückgewährverhältnisses echte Schadensersatzforderungen entstehen, kann auch ein mitwirkendes Verschulden des Insolvenzverwalters in Betracht kommen (s. u. RdNr. 81). Entsprechendes gilt für die Berücksichtigung von Reserveursachen sowie der schadensersatzrechtlichen Grundsätze über Vorteilsausgleichung: Bei der Entstehung des Rückgewähranspruchs bleiben sie außer Betracht; allein bei einzelnen Schadensfolgen, insbesondere im Rahmen der Wertersatzpflicht nach Abs. 1 Satz 2, können sie ausnahmsweise bedeutsam werden (s. u. RdNr. 84). § 242 BGB kann auch ein Anfechtungsbegehren ausschließen (s. o. § 129 RdNr. 46, 46 b). Hat jedoch der Insolvenzverwalter zunächst irrtümlich oder in Unkenntnis der Anfechtbarkeit dem vom Schuldner anfechtbar Begünstigten eine vermeintlich geschuldete (Erfüllungs-)Leistung er-

---

[45] *Uhlenbruck/Hirte* § 143 RdNr. 1; *Jaeger/Henckel*, KO § 37 RdNr. 76.
[46] Vgl. LG Dresden ZInsO 2006, 663, 664 f.; zum AnfG BGH NZI 2002, 175, 176.
[47] Vgl. RGZ 91, 367, 371; *Jaeger/Henckel*, KO § 37 RdNr. 36.
[48] BGHZ 15, 333, 337 = NJW 1955, 259, 260; BGHZ 113, 98, 105 = NJW 1991, 560, 562; BGHZ 130, 38, 40 = NJW 1995, 2783, 2784; BGH NJW 1956, 703, 706; ZIP 1982, 76, 78; NJW-RR 1986, 848, 850; NJW 1991, 2144, 2146; NJW 1993, 3267, 3269, insoweit nicht in NJW 1995, 320 abgedr.; NJW 1995, 1093, 1095, insoweit nicht in BGHZ 130, 38 abgedr.; NJW 1999, 1033, 1035; RG WarnR 1927 Nr. 101; OLG Nürnberg OLGZ 1977, 253, 254; FK-*Dauernheim* § 143 RdNr. 44; *Nerlich* (Fn. 32) § 143 RdNr. 30; *Uhlenbruck/Hirte* § 143 RdNr. 24; HK-*Kreft* § 129 RdNr. 79, § 143 RdNr. 24; im Ergebnis auch *Jaeger/Henckel*, KO § 30 RdNr. 108, § 37 RdNr. 153; *Kübler/Prütting/Paulus* § 143 RdNr. 6.
[49] LG Kiel ZVI 2002, 72, 74; ergänzend s. u. § 144 RdNr. 8, 19.
[50] BGHZ 130, 38, 45 = NJW 1995, 2783, 2785; *Jaeger/Henckel*, KO § 37 RdNr. 154; *Uhlenbruck/Hirte* § 143 RdNr. 24; vgl. BGH NJW 1992, 1829, 1830; aM OLG Nürnberg OLGZ 1977, 253, 255.
[51] BGH BB 1954, 172; *Jaeger/Henckel*, KO § 37 RdNr. 76.
[52] LG Erfurt NZI 2003, 40 f.; *Maus* ZInsO 2001, 493, 494.
[53] *Jaeger/Henckel*, KO § 37 RdNr. 155; *Kilger/K. Schmidt* § 37 KO Anm. 10 b; vgl. BGHZ 131, 189, 200 = NJW 1996, 461, 464; BGH NJW-RR 1986, 991, 992 f.; NJW 2000, 3777, 3781. Ergänzend s. u. § 144 RdNr. 17 f.
[54] BGH NJW-RR 2005, 1283; *Jaeger/Henckel*, KO § 37 RdNr. 137.
[55] Vgl. *Baur/Stürner* RdNr. 20.10. Ergänzend s. u. RdNr. 74 bis 77.
[56] HambKomm-*Rogge* § 143 RdNr. 2; s. o. RdNr. 10.

bracht, stehen allgemeine Vorschriften seinem späteren Rückgewährverlangen gem. § 143 nicht entgegen.[57]

13 Der Anfechtungsanspruch stellt sogar dann **kein Handelsgeschäft** dar, wenn der Insolvenzschuldner Kaufmann und die anfechtbare Rechtshandlung ein Handelsgeschäft war.[58] Deshalb kann der Insolvenzverwalter nicht Zinsen gemäß § 352 HGB berechnen.[59]

14 **2. Auskunftsanspruch.** Der Insolvenzverwalter hat unter den allgemeinen Voraussetzungen des § 242 BGB einen Auskunftsanspruch[60] gegen denjenigen Anfechtungsgegner, dessen Rückgewähr- oder Wertersatzpflicht dem Grunde nach festzustellen ist; der Anspruch ist darauf gerichtet, Art und Umfang des Rückgewährverhältnisses näher zu bestimmen.[61] Die Voraussetzungen hat der anfechtende Insolvenzverwalter zu beweisen.[62] Dagegen besteht kein Auskunftsanspruch gegen Personen, die nur möglicherweise zur anfechtungsrechtlichen Rückgewähr verpflichtet sein können. Insbesondere begründet allein der Umstand, dass einzelne anfechtbare Handlungen festgestellt sind, noch keinen Anspruch auf Auskunft über bloß vermutete, weitere selbständige Vermögensverschiebungen.[63] Ein darauf bezogenes Auskunftsverlangen kann nach allgemeinen Regeln allenfalls gerechtfertigt sein, wenn auf Grund von Art und Anlage der konkret festgestellten anfechtbaren Handlungen ausnahmsweise eine große Wahrscheinlichkeit dafür besteht, dass weitere inhaltlich vergleichbare oder ergänzende anfechtbare Rechtshandlungen vorgenommen wurden.[64] Der Insolvenzverwalter muss sich vorrangig auf seine Aufklärungsmöglichkeiten gem. §§ 5 Abs. 1, 97 bis 99, 101 gegen den Schuldner verlassen.[65]

15 **3. Auswirkung der Anfechtung auf weitere Rechtsbeziehungen.** Die Entscheidung, das Anfechtungsrecht auszuüben, liegt im pflichtgemäßen Ermessen des Insolvenzverwalters, der hierbei nur im Innenverhältnis der Gläubigergesamtheit verantwortlich ist.[66] Der Anfechtungsanspruch steht in freier Anspruchskonkurrenz zu anderen Ansprüchen der Insolvenzmasse.[67] Insbesondere muss der Insolvenzverwalter nicht erst die Anfechtung von Rechtshandlungen versuchen, ehe er den Geschäftsführer einer GmbH, der diese Handlungen zu verantworten hat, ihretwegen auf vollen Schadensersatz gem. **§ 64 Abs. 2 GmbHG** in Anspruch nimmt.[68] Dem verurteilten Geschäftsführer ist es vorzubehalten, nach seiner Leistung in die Insolvenzmasse seinen Gegenanspruch in Höhe der auf die getilgte Forderung entfallenden Quote zur Insolvenztabelle anzumel-

---

[57] Vgl. LG Ulm ZIP 1980, 751, 753.
[58] FK-*Dauernheim* § 143 RdNr. 33; vgl. *Uhlenbruck/Hirte* § 143 RdNr. 33. Ergänzend s. u. RdNr. 18.
[59] BGH WM 1961, 387, 389 f.; NJW 1987, 2821, 2823, insoweit nicht in BGHZ 101, 286 abgedr.; RG JW 1894, 316 Nr. 13; JW 1902, 273 Nr. 19; *Jaeger/Henckel*, KO § 37 RdNr. 119; *Schlegelberger/Hefermehl*, HGB § 352 RdNr. 16; vgl. RGZ 96, 53, 57.
[60] Vgl. dazu BGH NJW 1990, 1358 f.; 1995, 386, 387; MünchKommBGB-*Krüger* § 260 RdNr. 12 ff., 33; *Palandt/Heinrichs* §§ 259 bis 261 RdNr. 8 ff.
[61] FK-*Dauernheim* § 143 RdNr. 43; HK-*Kreft* § 129 RdNr. 90; *Hess* InsO § 143 RdNr. 105; *Jaeger/Henckel*, KO § 37 RdNr. 136; *Kilger/K. Schmidt* § 37 Anm. 11; *Uhlenbruck/Hirte* § 143 RdNr. 45; *Gottwald/Huber* (Fn. 13) § 51 RdNr. 25 f.; vgl. OLG Neustadt MDR 1965, 293 f. und zu § 7 AnfG aF RGZ 150, 42, 46.
[62] HK-*Kreft* § 129 RdNr. 90.
[63] BGH NJW 1987, 1812, 1813; NJW 1999, 1033, 1034; HK-*Kreft* § 129 RdNr. 90; *Mauer* RdNr. 381; vgl. BGHZ 74, 379, 382 f. = NJW 1979, 1832 f.; BGH NJW 1978, 1002 f.; OLG Düsseldorf KTS 1985, 724, 725; *Smid/Zeuner* InsO § 143 RdNr. 24; vgl. BAG NJW 1990, 3293 und für das österreichische Recht *König* RdNr. 17/49; krit. *Baur/Stürner* RdNr. 20.13.
[64] Vgl. BGHZ 95, 285, 292 f. = NJW 1986, 1247, 1249; OLG Stuttgart ZIP 1986, 386, 387 f.; ferner BGHZ 95, 247, 279 f. = NJW 1986, 1244, 1245.
[65] Vgl. hierzu einschränkend aber auch *Gundlach/Frenzel/Schmidt* DStR 2002, 1910, 1911.
[66] S. o. § 129 RdNr. 192.
[67] S. o. Vor § 129 RdNr. 86.
[68] BGHZ 131, 325, 328 f. = NJW 1996, 850 f.; OLG Oldenburg ZInsO 2004, 984, 985; *Uhlenbruck/Hirte* § 129 RdNr. 28; HambKomm-*Rogge* § 143 RdNr. 108; *Braun/de Bra* § 129 RdNr. 69; *Schulze-Osterloh* EWiR 1996, 459, 460; *Uhlenbruck* WiB 1996, 466, 467; *Windel* KTS 1991, 477, 509 f. m. N. der früher herrschenden Gegenmeinung; krit. *Scholz/K. Schmidt* GmbHG § 64 RdNr. 35 a; aM *C. Paulus*, ZGR 2002, 320, 329 f. Ergänzend s. o. § 129 RdNr. 101 b.

Rechtsfolgen **16, 16a § 143**

den;[69] soweit allerdings eine Verurteilung auf Anfechtungsnormen gestützt ist, schließt § 144 Abs. 1 einen Gegenanspruch ohne vorherige Zahlung aus.[70] Ferner verhindert die volle anfechtungsrechtliche Rückgewähr in dieser Höhe die Inanspruchnahme des Gesellschafters oder Geschäftsführers aus anderen Rechtsgründen.[71] Im Übrigen ergibt sich die sachgerechte Lösung dieses Haftungskonflikts zugunsten des Geschäftsführers aus § 255 BGB,[72] der entsprechend anwendbar ist, wenn man die Abtretbarkeit des Anfechtungsanspruchs bejaht (s. o. § 129 RdNr. 214 ff.): Der in Anspruch genommene Geschäftsführer hat es dann in der Hand, durch Bezahlung des der Insolvenzmasse entzogenen Betrages rechtzeitig innerhalb der Frist des § 146 Abs. 1 auf eigene Kosten und eigenes Risiko die Zahlungsempfänger in Anspruch nehmen zu können. Wer die Abtretbarkeit des Anfechtungsanspruchs ablehnt, kann den Insolvenzverwalter für verpflichtet halten, den Geschäftsführer zur Erhebung einer Anfechtungsklage auf eigene Kosten zu ermächtigen (s. o. § 129 RdNr. 215), sobald dieser den geschuldeten Betrag zahlt. Erst das tatsächliche Angebot des Geschäftsführers, Zug um Zug gegen Überlassung der Rückgewähransprüche zu zahlen, befreit die Insolvenzmasse von dem Risiko, das er verursacht hat.[73] Dieselben Grundsätze können auf die Konkurrenz der anfechtungsrechtlichen Rückgewähr mit anderen möglichen Erstattungsansprüchen der Insolvenzmasse gegen Dritte – zB wegen des existenzvernichtenden Eingriffs eines Gesellschafters in das Vermögen der Gesellschaft[74] – angewendet werden.[75]

Zugunsten *Dritter* wirkt die Insolvenzanfechtung grundsätzlich *nicht* unmittelbar,[76] zu **16** ihren Lasten nur unter den Voraussetzungen des § 145. Insbesondere bewirkt sie für sich nicht das Aufrücken nachrangiger Pfandgläubiger.[77] Hat der spätere Insolvenzschuldner eine Forderung anfechtbar abgetreten und klagt der Abtretungsempfänger sie gegen die (Dritt-)Schuldnerin ein, so verliert er in diesem Rechtsstreit nicht die Aktivlegitimation durch das Anfechtungsbegehren des Insolvenzverwalters.[78] Hat der Insolvenzverwalter sein Anfechtungsrecht nicht ausgeübt, kann sich der Schuldner nach Aufhebung des Verfahrens darauf nicht gegenüber dem Leistungsempfänger berufen.[79]

Wird der Abschluss eines **gegenseitigen Vertrages** als solcher erfolgreich angefochten **16a** – zB gem. § 132 Abs. 1 oder § 133 Abs. 2 –, richtet sich die Rückgewähr unmittelbar nach § 143, 144: Die beiderseitigen vertraglichen Hauptleistungspflichten entfallen im Verhältnis zur Insolvenzmasse.[80] Soweit der Insolvenzschuldner noch nichts geleistet hatte, kann der Insolvenzverwalter sich auf die Abwehr von Gegenansprüchen beschränken. Eine Anfechtung des Vertragsschlusses kann für die Insolvenzmasse günstig sein, auch wenn der Verwalter nicht gem. §§ 103 ff. die Vertragserfüllung wählt, sondern überhöhte Gegenansprüche des Vertragspartners abwehren will.[81] Hat der Insolvenzverwalter zunächst einen Vertragsschluss gem. §§ 129 ff. angefochten, ist er – bis zur Erfüllung oder der Grenze des § 242 BGB (s. o. § 129

---

[69] Vgl. BGHZ 146, 264, 278 f. = NJW 2001, 1280, 1283; OLG Jena ZIP 2002, 986, 987 f.; *Röhricht* ZIP 2005, 505, 511.
[70] Vgl. OLG Jena ZIP 2002, 986, 988; dies übersah OLG Schleswig ZInsO 2004, 47, 49 f.
[71] OLG Hamm ZInsO 2005, 442, 443; zum Fehlen einer Gesamtschuldnerschaft i. S. v. §§ 421 ff. BGB vgl. OLG Oldenburg ZInsO 2004, 984, 985; HK-*Kreft* § 129 RdNr. 75.
[72] Ebenso HK-*Kreft* § 129 RdNr. 75; *Goette* ZInsO 2005, 1, 5; *G. Müller* ZIP 1996, 153, 1154 ff.; *Glöckner* in Anm. JZ 1997, 623, 625 f.; vgl. BGHZ 146, 264, 279 = NJW 2001, 1280, 1283 f.; *Henze/Bauer*, Kölner Schrift S. 1311, 1331 f., und zum umgekehrten Fall der Abtretung des Schadensersatzanspruchs gegen anfechtungsrechtliche Rückgewähr LG Berlin ZInsO 2002, 242, 243.
[73] Vgl. OLG Oldenburg ZInsO 2004, 984, 985.
[74] Vgl. BGHZ 149, 10, 17 f. = NJW 2001, 3622, 3623 f.; BGHZ 151, 181, 183 f. = NJW 2002, 3024 f.; BGH NJW-RR 2005, 335 f.
[75] HambKomm-*Rogge* § 143 RdNr. 108 aE.
[76] *Uhlenbruck/Hirte* § 129 RdNr. 141.
[77] Vgl. RGZ 20, 402, 404; 91, 367, 370 zum AnfG; ergänzend s. u. RdNr. 44, 92.
[78] BGH ZInsO 2006, 1217, 1218 f.; ergänzend s. u. RdNr. 36 a.
[79] RGZ 7, 35; ergänzend s. o. § 129 RdNr. 197, 210.
[80] S. u. RdNr. 54 und § 144 RdNr. 13–19.
[81] Vgl. *Jaeger/Henckel*, KO § 29 RdNr. 67–69, § 30 RdNr. 107.

§ 143   16 b–17   3. Teil. 3. Abschnitt. Insolvenzanfechtung

RdNr. 194) – nicht gehindert, von der Verfolgung des Rückgewähranspruchs abzusehen und Vertragserfüllung zu verlangen.[82] Denn sowohl gemäß der haftungs- als auch auf Grund der schuldrechtlichen Theorie von der Rechtsnatur der Anfechtung verändert nicht schon deren Geltendmachung, sondern erst die Erfüllung durch den Anfechtungsgegner oder dessen Einverständnis die vertragsrechtliche Lage; einen schutzwürdigen Vertrauenstatbestand für eine Vertragsbeendigung schafft die Anfechtungserklärung allein noch nicht. Hat dagegen umgekehrt der Insolvenzverwalter Vertragserfüllung gewählt, ist die spätere Anfechtung des Vertragsschlusses als unzulässiger Widerruf des Erfüllungsverlangens ausgeschlossen.[83] Im Verhältnis des Anfechtungsgegners zum Insolvenzschuldner persönlich bleibt der angefochtene Vertrag bestehen,[84] so dass er mit Wirkung gegenüber beschlagsfreiem Vermögen (§ 36) erfüllt werden könnte und im Übrigen den §§ 320 ff. BGB oder spezielleren vertragsrechtlichen Normen unterliegt. Werden nur **einzelne Leistungen** angefochten, die zur Erfüllung eines gegenseitig verpflichtenden Vertrages erbracht worden waren, kann im Übrigen auch gegenüber der Insolvenzmasse – nach näherer Maßgabe des § 144 Abs. 1 – das allgemeine Recht der Leistungsstörungen oder das Gewährleistungsrecht eingreifen (s. u. § 144 RdNr. 8, 9); durchweg entstehen daraus zugunsten des Anfechtungsgegners aber lediglich Insolvenzforderungen i. S. d. §§ 87, 174 ff. Die bereicherungsrechtliche Saldotheorie gilt nicht (s. o. RdNr. 10 aE). Wurde lediglich ein Änderungsvertrag – zB die Vereinbarung einer Lohnerhöhung – angefochten, bleibt der Ursprungsvertrag (zB das Arbeitsverhältnis) im Übrigen bestehen.[85]

16 b   Hat der Anfechtungsgegner das anfechtbar Erlangte weiter übertragen, haftet er regelmäßig – nur – auf Wertersatz (s. u. RdNr. 79). Hält er es aber dennoch weiter in Besitz, so muss er wenigstens diesen zurückgewähren; ob er dadurch gegenüber dem Erwerber ersatzpflichtig wird, ist, abgesehen von Abs. 1 Satz 2, allein sein eigenes Risiko.[86] Hat die spätere Insolvenzschuldnerin aus Kreditmitteln ihre Verbindlichkeit gegenüber einem Dritten anfechtbar getilgt, so steht es dessen Rückgewährpflicht nicht entgegen, dass er sich persönlich für den der Schuldnerin gewährten Kredit verbürgt hatte; dass er deshalb möglicherweise doppelt haftet, beruht auf verschiedenen, rechtlich selbständigen Handlungen.[87]

16 c   Der Schuldner persönlich kann dem Partner seines anfechtbaren Rechtsgeschäfts nach einer erfolgreichen Insolvenzanfechtung – die nur dem Interesse der Gläubiger dient (s. o. § 129 RdNr. 191) – gemäß allgemeinen Regeln auf Erfüllung oder wegen Nichterfüllung (§§ 280 ff. BGB) verpflichtet bleiben.[88] Allerdings unterliegt eine solche Verpflichtung der Restschuldbefreiung nach Maßgabe der §§ 300 ff.

17   **4. Teilanfechtung.** Die Anfechtung richtet sich gegen die gläubigerbenachteiligenden Folgen, die durch einzelne Rechtshandlungen ausgelöst werden (s. o. § 129 RdNr. 6). Deshalb ist die früher übliche Formulierung ungenau, Rechtshandlungen als solche könnten lediglich einheitlich, nicht aber teilweise angefochten werden. Statt dessen sind **einheitliche Wirkungen** ein und derselben Rechtshandlung grundsätzlich nur einheitlich anfechtbar; eine **Teil**anfechtung ist **ausgeschlossen**.[89] Insbesondere kann ein Vertrag regelmäßig nur als Ganzes, nicht etwa eine einzelne Bestimmung daraus angefochten werden.[90] Ferner ist ein

---

[82] BGH NJW 1962, 1200, 1201 f.; *Jaeger/Henckel*, KO § 37 RdNr. 29; aM *Kübler/Prütting/Paulus* § 143 RdNr. 18; *Marotzke*, Gegenseitige Verträge RdNr. 7.130.
[83] HambKomm-*Rogge* § 143 RdNr. 105; *Jaeger/Henckel*, KO § 30 RdNr. 107; *Marotzke*, Gegenseitige Verträge RdNr. 7.131.
[84] *Jaeger/Henckel*, KO § 37 RdNr. 79, vgl. auch § 38 RdNr. 19; *Uhlenbruck/Hirte* § 129 RdNr. 141; *H. Wagner* § 129 RdNr. 4.
[85] BAG NZI 2007, 58, 61; HambKomm-*Rogge* § 143 RdNr. 106; *Jaeger/Henckel*, KO § 29 RdNr. 32; *Grunsky*, Arbeitsverhältnis S. 11. Ergänzend s. u. RdNr. 19.
[86] BGH NJW-RR 2005, 1283.
[87] BGH NZI 2001, 539, 541.
[88] Ergänzend vgl. § 129 RdNr. 197, § 144 RdNr. 4 und 16 a.
[89] OLG Hamm ZIP 1982, 722, 724; HambKomm-*Rogge* § 143 RdNr. 83; *Hess* InsO § 143 RdNr. 83; *Jaeger/Henckel*, KO § 29 RdNr. 182.
[90] BAG NZI 2007, 58, 61; *Uhlenbruck/Hirte* § 129 RdNr. 72; *Gottwald/Huber* (Fn. 13) § 46 RdNr. 41; aber s. u. RdNr. 18.

unmittelbar nachteiliges Rechtsgeschäft i. S. v. § 132 Abs. 1 insgesamt, nicht lediglich im Umfang der konkret verursachten Gläubigerbenachteiligung anfechtbar;[91] die vom Anfechtungsgegner gewährte, nicht ausgleichende Gegenleistung wird ihrerseits in vollem Umfang nach Maßgabe des § 144 Abs. 2 behandelt. Wird eine einheitliche Sicherheit dergestalt bestellt, dass sie mehrere Ansprüche ununterscheidbar in teils kongruenter, teils inkongruenter Weise sichert, so ist sie insgesamt anzufechten.[92]

Gläubigerbenachteiligende Folgen von Rechtshandlungen können teilweise anfechtbar **18** sein, wenn sie sich in **selbständige Teile** zerlegen lassen, von denen möglicherweise nur einzelne die Gläubiger benachteiligen.[93] Dies kommt insbesondere für die Herstellung einer Aufrechnungslage durch Vertragsschluss (s. u. RdNr. 53) sowie für Klauseln eines umfassenden Vertrages in Betracht, die dem späteren Insolvenzschuldner gezielt für den Fall seiner Insolvenz Vermögensnachteile auferlegen, welche über die gesetzlichen Folgen hinausgehen und nicht zur Erreichung des Vertragszwecks geboten sind,[94] zB für einen speziellen Heimfallanspruch auf ein Erbbaurecht.[95] Dagegen wäre nicht etwa das allgemein für den Fall verspäteter Vertragserfüllung gegebene Versprechen einer Vertragsstrafe innerhalb eines umfassenden Vertrages anfechtbar.[96] Hat ein Fachberater dem späteren Insolvenzschuldner objektiv werthaltige Dienstleistungen erbracht und diese nur überhöht abgerechnet, kann die Anfechtung wegen unmittelbarer Gläubigerbenachteiligung gemäß § 132 auf den überhöhten Teil der Vergütung beschränkt sein.[97] Hat der Insolvenzschuldner eine teilweise unentgeltliche Leistung erbracht, die selbst teilbar ist, so ist die Rückgewährpflicht grundsätzlich auf den unentgeltlichen Teil der Leistung begrenzt (s. o. § 134 RdNr. 42). Die gleichzeitige Sicherung mehrerer Forderungen durch Gestellung einer einzigen Sicherheit kann teilbar sein, sofern diese auf die verschiedenen Forderungen aufzugliedern ist;[98] ist dies nicht möglich, ist die Sicherheit insgesamt zurückzugewähren (s. o. RdNr. 17). Eine Aufteilung ist regelmäßig möglich, wenn die Leistung des Schuldners ausreicht, um sämtliche bestimmungsgemäß in Betracht kommenden Forderungen des Gläubigers voll zu erfüllen oder zu sichern.[99] Beim Sicherheitentausch (Auswechslung) ist die Anfechtung gegebenenfalls auf denjenigen Teil der neuen Sicherheit zu beschränken, um den diese wertmäßig die abgelöste – selbst unanfechtbare – Sicherheit übersteigt.[100] Auch der Abschluss eines Vertrages einerseits und eine hier-

---

[91] *Jaeger/Henckel,* KO § 29 RdNr. 183, § 37 RdNr. 26.
[92] S. o. § 131 RdNr. 21, § 142 RdNr. 12; vgl. RGZ 114, 206, 210 f.; RG SeuffA 44 (1889), Nr. 183; JW 1898, 247 Nr. 10; 1935, 118, 119; OLG Hamburg ZIP 1984, 1373, 1375 f.; *Jaeger/Henckel,* KO § 29 RdNr. 188, 189, 191 bis 193; *Kilger/K. Schmidt* § 30 Anm. 14, S. 178 f.
[93] Vgl. BGH NJW 1995, 1093, 1094; BGHZ 147, 233, 236 f. = NJW 2001, 1940 f.; RGZ 114, 206, 210; *Kilger/K. Schmidt* § 29 KO Anm. 11; *Gottwald/Huber* (Fn. 13) § 46 RdNr. 41; FK-*Dauernheim* § 129 RdNr. 35; *Kübler/Prütting/Paulus* § 131 RdNr. 8; *Smid/M. Zeuner* § 129 RdNr. 46 f.; *Nerlich* (Fn. 32) § 129 RdNr. 54; offengelassen von BGH NJW 1975, 1226, 1228, insoweit nicht in BGHZ 64, 312 abgedr.
[94] BGHZ 124, 76, 83 ff. = NJW 1994, 449, 452; HK-*Kreft* § 129 RdNr. 78; HambKomm-*Rogge* § 143 RdNr. 96; vgl. *Hess* InsO § 143 RdNr. 82; BAG NZI 2007, 58, 62; ergänzend s. o. § 119 RdNr. 53.
[95] Vgl. BGH ZInsO 2007, 600, 602.
[96] *Jaeger/Henckel,* KO § 29 RdNr. 183.
[97] BGHZ 77, 250, 255 f. = NJW 1980, 1962, 1963 f.; BGH NJW 1995, 1093, 1094 f.; im Ergebnis auch *Gottwald/Huber* (Fn. 13) § 46 RdNr. 41. Über § 144 Abs. 2 Satz 1 ist diese Fallgestaltung – entgegen *Jaeger/Henckel,* KO § 29 RdNr. 184 – nicht angemessen zu lösen, weil die erbrachten Dienstleistungen mit der Insolvenzeröffnung meist schon dem Grunde nach und damit insgesamt für die Insolvenzgläubiger wertlos werden, so dass eine mittelbare Gläubigerbenachteiligung eintritt. Insoweit kann aber zwischen dem angemessenen und dem überhöhten Teil der Abrechnung unterschieden werden. Ergänzend s. o. § 129 RdNr. 164.
[98] HambKomm-*Rogge* § 143 RdNr. 96; *Jaeger/Henckel,* KO § 29 RdNr. 186, 187, 189, 192, 193; *Serick* Bd. III § 35 IV 3 b, S. 329 f.; vgl. RGZ 114, 206, 210; RG LZ 1910, 476; 477; JW 1937, 3241 Nr. 37 m. Anm. *Bley*; OLG Hamburg ZIP 1984, 1373, 1375.
[99] Vgl. RG KuT 1934, 116, 117; JW 1935, 118 f.; *Jaeger/Henckel,* KO § 29 RdNr. 190; ferner RG JW 1937, 3341 Nr. 37 mit Anm. von *Bley*.
[100] *Jaeger/Henckel,* KO § 29 RdNr. 194, 196; vgl. auch BGHZ 64, 312, 316 = NJW 1975, 1226, 1227; *Serick* Bd. V § 62 V 3 S. 376 ff., und VII 2, S. 390 ff.

durch begründete Aufrechnungslage andererseits – die das zusätzliche Bestehen einer Gegenforderung voraussetzt – sind als gesondert anfechtbare Rechtshandlungen anzusehen (s. u. RdNr. 53).

19 Davon zu unterscheiden sind die Fälle, in denen nur scheinbar eine einheitliche Rechtshandlung angefochten wird. Erbringt der Schuldner nacheinander Leistungen auf einen einheitlichen Vertrag, von denen nur einige in den von einer Anfechtungsnorm erfassten Zeitraum fallen, so sind – lediglich – diese Deckungshandlungen selbständig anfechtbar. Auch die durch Abschluss eines Vertrages hergestellte Aufrechnungslage ist eine zusätzliche, selbständige Rechtswirkung im Vergleich mit dem Vertragsinhalt selbst (s. u. RdNr. 53). Insbesondere hindert die äußerliche Zusammenfassung **mehrerer Rechtsgeschäfte** in einer Urkunde nicht die gesonderte Anfechtung eines einzelnen von ihnen, wenn es nicht nach dem Willen der Vertragspartner auch sachlich eine Einheit mit den anderen Absprachen bilden soll.[101] Wurden zB in einer einzigen Vertragsurkunde bewegliche und unbewegliche Sachen zusammen verkauft und benachteiligt nur der Mobiliarverkauf die Insolvenzgläubiger, so ist allein dieser anfechtbar;[102] das gilt sogar dann, wenn zwar ein einheitlicher Kaufpreis ausgewiesen wird, dieser aber lediglich für den nicht benachteiligenden Teil der Gegenstände bestimmt ist.[103] Dementsprechend können auch Geschäfte über Finanzleistungen trotz Zusammenfassung in einem Rahmenvertrag i. S. v. § 104 Abs. 2 Satz 3 getrennt anfechtbar sein.[104] Benachteiligen einheitliche Prämienzahlungen für eine Lebensversicherung zugunsten mehrerer Angehöriger des Schuldners dessen Insolvenzgläubiger in anfechtbarer Weise, so haben die einzelnen Angehörigen die Prämien nur im Verhältnis ihrer Bezugsrechte zurückzugewähren.[105] Ein abändernder Vertrag kann mit der Wirkung angefochten werden, dass der abgeänderte Vertrag unverändert bestehenbleibt (s. o. RdNr. 16 aE). Jede selbständig gewährte **Sicherung** oder Befriedigung i. S. d. §§ 130, 131 stellt regelmäßig eine eigenständige Rechtshandlung dar.[106] Werden mehrere Forderungen gleichzeitig erfüllt, ist für jede von ihnen eine gesonderte Rechtshandlung anzunehmen, die gegebenenfalls nach näherer Maßgabe des § 366 BGB zu bestimmen ist.[107] Werden künftige Forderungen in einem einheitlichen Vertrag im Voraus abgetreten, kann die Anfechtung auf diejenigen Forderungen beschränkt sein, die in der Zeit der wirtschaftlichen Krise des Schuldners entstehen.[108] Zur getrennten Anfechtung von Verpflichtungs- und Erfüllungsgeschäften vgl. § 129 RdNr. 57 bis 64.

IV. Inhalt der unmittelbaren Rückgewährpflicht (Abs. 1 Satz 1)

20 Der Rückgewähr bedarf es – nur –, soweit der Insolvenzverwalter nicht von sich aus zur ordnungsmäßigen Verwertung des anfechtbar übertragenen Gegenstandes in der Lage ist (s. o. RdNr. 3). Insbesondere kann er innerhalb eines anhängigen Prozesses den Aufrechnungseinwand des Anfechtungsgegners oder dessen Klage ggf. ohne weiteres abwehren.[109] Soweit schon der Besitz einer Sache die rechtswirksame Veräußerung ermöglicht,[110] erübrigt sich eine Klage des Verwalters auf Rückübereignung; die Anfechtung kann dann ggf. über die Verwendung des Erlöses entscheiden. Der Insolvenzverwalter vermag auch sein Rückgewährbegehren auf das für seine Zwecke erforderliche Maß – zB die bloße Duldung der

---

[101] LG Bonn NJW 1969, 1722, 1723; *Jaeger/Henckel*, KO § 29 RdNr. 183, 197; *Gottwald/Huber* (Fn. 13) § 46 RdNr. 41.
[102] RG JW 1898, 51, 52.
[103] RGZ 21, 95, 100.
[104] Vgl. *Benzler* ZInsO 2000, 1, 9 f.
[105] RG LZ 1911, 860 Nr. 8; ergänzend s. o. RdNr. 6.
[106] Vgl. RG LZ 1908, 608, 609.
[107] *Jaeger/Henckel*, KO § 29 RdNr. 185.
[108] BGHZ 30, 238, 241 = NJW 1959, 1539 f. m. zust. Anm. von *Böhle-Stammschräder* JZ 1959, 712, 713; HambKomm-*Rogge* § 143 RdNr. 97; *Eichberger* S. 127.
[109] §§ 96 Nr. 3, 146 Abs. 2 InsO. S. u. RdNr. 52.
[110] § 166 Abs. 1 InsO. Ergänzend s. u. RdNr. 29, 38.

Zwangsversteigerung – einzuschränken.[111] Der Rückgewähranspruch ist *nicht* auf *Schadensersatz* gerichtet.[112] Zur **prozessualen Durchsetzung** s. u. § 146 RdNr. 15 ff., 30 ff.

In der Insolvenz des Anfechtungsgegners besitzt das Recht auf Rückgewähr des Erlangten   20 a
im Sinne von Abs. 1 Satz 1 **Aussonderungskraft;**[113] gegenüber pfändenden Einzelgläubigern des Anfechtungsgegners verleiht es dem Insolvenzverwalter über das verkürzte Schuldnervermögen ein Widerspruchsrecht nach **§ 771 ZPO** (s. u. § 145 RdNr. 21, 30, § 146 RdNr. 34). Hat der Anfechtungsgegner den anfechtbar erlangten Gegenstand veräußert, kommt eine Ersatzaussonderung der etwaigen Gegenleistung aus seinem Vermögen nach Maßgabe des § 48 in Betracht;[114] ob die Veräußerung gemäß § 48 Satz 1 „unberechtigt" war, richtet sich nicht nach Vereinbarungen des Anfechtungsgegners mit dem Schuldner, sondern nach dem wohlverstandenen Interesse der Gesamtheit der Insolvenzgläubiger, denen die Anfechtung dient (vgl. RdNr. 4, 65). Hilfsweise ist eine Massebereicherung nach § 55 Abs. 1 Nr. 3 zu prüfen.[115] Das alles trifft aber *nicht* für den *Wertersatzanspruch* aus Abs. 1 Satz 2 zu (s. u. RdNr. 85 a): Schuldete der Anfechtungsgegner schon im Zeitpunkt der Insolvenzeröffnung über sein Vermögen lediglich Wertersatz und ist darin auch keine Gegenleistung für den anfechtbar erlangten Gegenstand vorhanden, so stellt der Zahlungsanspruch des Anfechtungsgläubigers nur eine Insolvenzforderung dar.[116] Gegenüber Einzelzwangsvollstreckungen von Gläubigern des Anfechtungsgegners kann nach dem Untergang des anfechtbar erlangten Gegenstands selbst allenfalls eine gesetzliche Surrogation gemäß allgemeinen Regeln in Betracht kommen (s. u. RdNr. 72, § 145 RdNr. 21, 30). Auch eine Eingriffskondiktion nach § 812 Abs. 1 Satz 1 BGB gegen den pfändenden Gläubiger scheidet aus, wenn der Anfechtungsgegner im Zeitpunkt der gegen ihn gerichteten Pfändung dem Anfechtungsgläubiger nur noch Wertersatz schuldete.

1. Gegenstand der Rückgewähr. Die Rückgewähr bezieht sich auf Vermögenswerte,   21
die aus dem haftenden Vermögen des Insolvenzschuldners **veräußert, weg- oder aufgegeben** worden sind. Maßgeblich für den Inhalt des Rückgewähranspruchs ist also grundsätzlich dasjenige, was durch die anfechtbare Handlung dem Zugriff der Insolvenzgläubiger entzogen wurde,[117] dagegen nicht, was in das Vermögen des Anfechtungsgegners gelangt ist.[118] Auf eine fortdauernde Bereicherung des Anfechtungsgegners kommt es, außer nach Abs. 2 Satz 1 und – bei Schuldlosigkeit – nach Abs. 1 Satz 2, nicht an.[119] Auch begrenzt die für die Insolvenzgläubiger eingetretene Benachteiligung nicht selbständig den Umfang der Rückgewährpflicht (s. o. § 129 RdNr. 102). Andererseits soll die Anfechtung den Insolvenzgläubigern keine Vermögensvorteile verschaffen, die ihnen ohne die anfechtbare Handlung nicht gehaftet hätten.[120] Die Vermögensentäußerung ist nicht nur formal-rechtlich, sondern in ihrer wirtschaftlichen Bedeutung zu erfassen (vgl. § 129 RdNr. 8, 101).

---

[111] Vgl. RGZ 56, 142, 145; OLG Zweibrücken OLGZ 1965, 304, 310 f.; HK-*Kreft* § 143 RdNr. 6; *Uhlenbruck/Hirte* § 143 RdNr. 47. Ergänzend s. o. RdNr. 18, 19.
[112] S. o. RdNr. 10, 12; zum Wertersatz nach Abs. 1 Satz 2 s. u. RdNr. 84.
[113] BGHZ 156, 350, 358 ff. = NJW 2004, 214, 216; HK-*Kreft* § 129 RdNr. 72; *Kübler/Prütting/Paulus* § 129 RdNr. 2; *Haas/Müller* ZIP 2003, 49, 52 ff.; *Uhlenbruck/Hirte* § 129 RdNr. 140, anders aber § 143 RdNr. 1; vgl. *Gerhardt* ZIP 2004, 1675, 1677 f.; zweifelnd *Eckardt* KTS 2005, 15, 23 ff.; aM für österreichisches Recht *König* RdNr. 2/19. Ergänzend vgl. § 47 RdNr. 346, § 145 RdNr. 21.
[114] Vgl. BGHZ 155, 199, 202 ff. = NJW 2003, 3345, 3347.
[115] HK-*Kreft* § 129 RdNr. 73.
[116] BGHZ 155, 199, 202 ff. = NJW 2003, 3345, 3347.
[117] RGZ 36, 161, 163 f.; HambKomm-*Rogge* § 143 RdNr. 8; *Jaeger/Henckel*, KO § 37 RdNr. 25; *Kilger/K. Schmidt* § 37 KO Anm. 2; *Uhlenbruck/Hirte* § 143 RdNr. 3, 19; vgl. BGH NJW 1989, 1037, 1038; RGZ 114, 206, 211.
[118] BGH WM 1955, 407, 410; 1969, 1346, 1347; NJW 1970, 44, 46; BGHZ 71, 61, 63 = NJW 1978, 1326; LAG Düsseldorf KTS 1988, 163, 165; *Uhlenbruck/Hirte* § 143 RdNr. 3; *Baur/Stürner* RdNr. 20.5; vgl. BGH NJW 1995, 1093, 1095; *Gottwald/Huber* (Fn. 13) § 52 RdNr. 8; krit. *Eckardt* S. 151 ff.
[119] *Uhlenbruck/Hirte* § 143 RdNr. 19; vgl. BGHZ 41, 98, 103 = NJW 1964, 1319, 1321; BGH NJW 1970, 44, 46.
[120] BGHZ 124, 76, 85 f. = NJW 1994, 449, 452; vgl. BGHZ 77, 250, 255 = NJW 1980, 1962, 1963; RGZ 24, 141, 145.

22 Der anfechtbar entäußerte Gegenstand muss zum haftenden **Vermögen des Schuldners** i. S. d. §§ 35, 36 gehört haben.[121] Das trifft in der Insolvenz eines Arbeitgebers regelmäßig sowohl für den Arbeitnehmer-Anteil an den Sozialversicherungsbeiträgen als auch für die einbehaltene Lohnsteuer zu.[122] Stand der Gegenstand hingegen – wie etwa unter Eigentumsvorbehalt stehende Sachen oder Erbschaftsgegenstände in der Insolvenz des Vorerben (§ 2115 BGB, § 83 Abs. 2 InsO)[123] – ausschließlich einzelnen Berechtigten zu, kann sich die Rückgewähr allenfalls auf ein Anwartschaftsrecht des Schuldners oder die ihm entgangene Gebrauchsmöglichkeit bzw. Nutzungen erstrecken.[124] Verfügt eine Erbengemeinschaft über einen einzelnen Nachlassgegenstand, so entgeht den Gläubigern eines der Miterben kein Anteil am Gegenstand, sondern allenfalls ein entsprechender Wert des gesamten Miterbenanteils des Schuldners.[125] Dessen Insolvenzverwalter kann deshalb nicht die Übertragung des Gegenstands selbst verlangen.[126] Tilgt ein Schuldner des späteren Insolvenzschuldners berechtigterweise und unanfechtbar seine Schuld durch Zahlung an dessen Bank und erlischt damit zugleich eine Bürgschaft, die ein Dritter gegenüber der Bank eingegangen war, stammt dieser Vorteil des Bürgen nicht aus dem Vermögen des Insolvenzschuldners.[127] Zur Rückabwicklung anfechtbarer Rechtshandlungen von (Insolvenz-)Schuldnern, die später ihr Vermögen in Handelsgesellschaften einbringen, vgl. vor § 129 RdNr. 102, 103.

23 Bei **mittelbaren Zuwendungen** gelangt der Vermögenswert oft in anderer Form in das Vermögen des Empfängers als die Vermögensminderung beim Insolvenzschuldner eintritt. Maßgeblich für den Inhalt des Rückgewähranspruchs ist auch dann grundsätzlich dasjenige, was durch die anfechtbare Handlung dem Vermögen des Insolvenzschuldners entzogen wurde. Stand zB dem Schuldner ein Verschaffungsanspruch i. S. v. § 433 Abs. 1 BGB zu, den er in anfechtbarer Weise einem Dritten überträgt, so hat dieser den gekauften Gegenstand selbst herauszugeben, wenn ihm gegenüber der Verkäufer inzwischen erfüllt hat;[128] zu etwaigen Leistungen des Anfechtungsgegners s. u. RdNr. 69 und § 144 RdNr. 7 bis 12. Wegen der beabsichtigten Zuwendung gerade des konkreten Gegenstands an den Dritten ist sie als Einheit zu behandeln (s. o. § 129 RdNr. 68 bis 72), so dass der Anfechtende nicht von vornherein auf den – schwächeren – Wertersatzanspruch beschränkt ist.[129] Zum Wertersatz in derartigen Fällen s. u. RdNr. 96.

23 a Die Regeln über mittelbare Zuwendungen sind insbesondere anwendbar, wenn der Schuldner einem Dritten das unwiderrufliche Bezugsrecht auf eine **Lebensversicherung** anfechtbar zuwendet; zurückzugewähren ist dann der Rückkaufswert der Versicherung (s. o. § 129 RdNr. 52, § 134 RdNr. 16). Falls jene Zuwendung selbst nicht (mehr) anfechtbar ist, wohl aber das durch spätere Prämienzahlungen vermittelte Bezugsrecht, richtet sich der Rückgewähranspruch auf die Differenz zwischen dem vollen Kapitalertrag nach Eintritt des Versicherungsfalls und demjenigen Betrag, der sich nach § 174 VVG ergäbe, wenn im Anfechtungszeitraum keine Prämien mehr gezahlt und die Versicherung in eine prämienfreie umgewandelt worden wäre;[130] insoweit wird meist nur Wertersatz in Betracht kommen (s. u.

---

[121] Vgl. § 129 RdNr. 77 bis 99 und ergänzend RGZ 36, 161, 164 f.; 141, 89, 93; *Uhlenbruck/Hirte* § 143 RdNr. 20.
[122] HambKomm-*Rogge* § 143 RdNr. 80; s. o. § 129 RdNr. 78 c.
[123] Vgl. hierzu RGZ 80, 1, 8; *Soergel/Harder/Wegmann* § 2115 RdNr. 8.
[124] S. o. § 129 RdNr. 77; vgl. RGZ 67, 20, 21.
[125] BGHZ 72, 39, 41 ff. = NJW 1978, 1921, 1922 f.
[126] AM *Allgayer* RdNr. 569.
[127] BGH NJW 1974, 57 Nr. 22; *Uhlenbruck/Hirte* § 143 RdNr. 42.
[128] BGHZ 116, 222, 226 = NJW 1992, 831 f.; BGH NJW 1992, 834, 835; RGZ 43, 83, 84 ff.; 69, 44, 47 f. – jeweils zu § 7 AnfG aF; HK-*Kreft* § 143 RdNr. 10; HambKomm-*Rogge* § 143 RdNr. 10; iE auch *Hassold* S. 218; vgl. ferner OLG Celle KTS 1963, 50, 53; *Baur/Stürner* RdNr. 20.6 aE.
[129] HambKomm-*Rogge* § 143 RdNr. 26; s. u. RdNr. 28; aM *Jaeger/Henckel*, KO § 37 RdNr. 54.
[130] HambKomm-*Rogge* § 143 RdNr. 1; *Kayser*, Lebensversicherung S. 72 f.; *Thiel* ZIP 2002, 1232, 1237; *Lind/Stegemann* ZInsO 2004, 413, 418; *Schuschke* BGH-Report 2004, 198, 199 f.; *König* RdNr. 9/19 für österreichisches Recht; vgl. *Elfring* NJW 2004, 483, 485; dagegen für die Summe der (anfechtbar) gezahlten Prämien RGZ 61, 217, 219; RG LZ 1911, 860 Nr. 8 Nr. 8; *Uhlenbruck/Hirte* § 134 RdNr. 15; *Nerlich* (Fn. 32) § 134 RdNr. 32; differenzierend *Hasse*, Lebensversicherung S. 54 f.

Rechtsfolgen 23 b–26 § 143

RdNr. 94). Anders verhält es sich, wenn der Schuldner die von einem Dritten geschuldeten Prämien als solche unentgeltlich entrichtet; dann ist die Summe der anfechtbaren Zahlungen zu erstatten.[131] Ist die Übertragung einer Direktversicherung auf den Versicherten (Arbeitnehmer) selbst noch anfechtbar, so ist das Bezugsrecht als solches zurückzugewähren; dieses Anfechtungsrecht unterliegt keiner tarifvertraglichen Ausschlussfrist.[132]

Hatte der spätere Insolvenzschuldner zu keiner Zeit auch nur einen schuldrechtlichen 23 b Anspruch auf den übertragenen Gegenstand, sondern bezahlt er in anfechtbarer Weise für einen Dritten nur die diesem obliegenden Erwerbskosten, beschränkt sich die Rückgewähr auf die geleisteten Zahlungen; der erworbene Gegenstand selbst braucht nicht herausgegeben zu werden.[133] Entsprechendes gilt, wenn der Insolvenzschuldner Bargeld verschenkt, mit dem dessen Empfänger bestimmungsgemäß einen Gegenstand erwirbt, oder wenn er die Versicherungsprämien für den Versicherungsnehmer bezahlt (s. o. RdNr. 23 a).

2. Art der Rückgewähr im Allgemeinen. Rückgewähr bedeutet grundsätzlich, dass 24 der betroffene Gegenstand in dem vollen Umfang seiner Veräußerung, Weg- oder Aufgabe **in Natur** in die Insolvenzmasse zurückgelangen muss.[134] Die Insolvenzmasse ist in die Lage zu versetzen, in der sie sich befinden würde, wenn das anfechtbare Verhalten unterblieben wäre.[135] Regelmäßig ist derjenige Zustand herzustellen, der bestünde, wenn der – tatsächlich entäußerte – Gegenstand schon bei der Insolvenzeröffnung zur Masse gehört hätte.[136] Hatte der Schuldner zB eine im Ausland befindliche bewegliche Sache übertragen, braucht sie durchweg nur dort zurückgewährt zu werden. Zur Fälligkeit des Rückgewähranspruchs s. o. RdNr. 3.

a) Die Rückgewähr muss gerade **in die Insolvenzmasse** erfolgen;[137] der Insolvenzver- 25 walter kann im Rahmen des Verfahrenszwecks allerdings auch andere Leistungsempfänger bestimmen (vgl. § 129 RdNr. 195, 215 ff.). Zur Fassung des Rückgewährantrags s. u. § 146 RdNr. 29. Hatte die Bundesagentur für Arbeit Insolvenzgeld geleistet, ist es gemäß § 184 Abs. 2 SGB III an diese – nicht an die Insolvenzmasse – zurückzuzahlen, wenn der Anspruch des begünstigten Arbeitnehmers auf Arbeitsentgelt anfechtbar erworben worden war.[138]

Der Rückgewähranspruch beschränkt sich – anders als derjenige gemäß § 11 Abs. 1 AnfG 26 nF – nicht auf die Pflicht, das Erlangte der Insolvenzmasse zu ihrer Befriedigung zur Verfügung zu stellen; der Insolvenzverwalter kann vielmehr regelmäßig die Übertragung in vollem Umfange an die Insolvenzmasse verlangen.[139] Das gilt grundsätzlich auch dann, wenn ausnahmsweise nicht der ganze Erlös zur Befriedigung aller Insolvenzgläubiger nötig wird; dann ist erst der Mehrerlös bei der Schlussverteilung dem Anfechtungsgegner zu überlassen.[140] Mit den Unsicherheiten einer solchen Prognose ist der Anfechtungsprozess nicht

---

[131] OLG Köln NZI 2004, 217, 218; ergänzend s. u. RdNr. 50 a, 94.
[132] BAG ZIP 2004, 229, 230 f. Ergänzend s. u. RdNr. 36, 90.
[133] BGHZ 72, 39, 42 = NJW 1978, 1921, 1922; BGH WM 1955, 407, 409 f.; *Uhlenbruck/Hirte* § 143 RdNr. 22; weitergehend jedoch RGZ 59, 195, 196 f. (Leistung an Erfüllungs Statt); 133, 290, 292. Ergänzend s. o. § 129 RdNr. 71.
[134] RG LZ 1908, 388, 390; *Uhlenbruck/Hirte* § 143 RdNr. 3; *Baur/Stürner* RdNr. 20.5; *Gottwald/Huber* (Fn. 13) § 52 RdNr. 8 f.
[135] RGZ 16, 23, 26; HK-*Kreft* § 143 RdNr. 4; *Uhlenbruck/Hirte* § 143 RdNr. 3; *Jaeger/Henckel*, KO § 37 RdNr. 25; vgl. RGZ 30, 90, 92.
[136] BGHZ 15, 333, 337 = NJW 1955, 259, 260.
[137] Vgl. RGZ 52, 82, 85; *Uhlenbruck/Hirte* § 143 RdNr. 47; zur Berechtigung einer Sondermasse innerhalb der allgemeinen Konkursmasse vgl. BGHZ 71, 296, 304 ff. = NJW 1978, 1525, 1526.
[138] HambKomm-*Rogge* § 143 RdNr. 12; *Uhlenbruck/Hirte* § 129 RdNr. 112, § 143 RdNr. 48. Ergänzend s. o. RdNr. 5 a.
[139] *Kilger/K. Schmidt* § 37 KO Anm. 7; *Uhlenbruck/Hirte* § 143 RdNr. 47; *Baur/Stürner* RdNr. 20.5; überholt sind dagegen RGZ 56, 142, 144 f.; 67, 20, 22 aE; *Weimar* MDR 1964, 566, 567. Im Einzelnen s. u. RdNr. 28 ff. Eine Ausnahme kann zugelassen werden, soweit schon im Zeitpunkt des Anfechtungsprozesses feststeht, dass das anfechtbar Weggegebene wertmäßig nicht in vollem Umfang zur Befriedigung aller Insolvenzgläubiger gebraucht wird: § 129 RdNr. 104 und OLG Hamm ZIP 1992, 1755, 1757.
[140] HambKomm-*Rogge* § 143 RdNr. 13; *Allgayer* RdNr. 516 f.; vgl. *König* RdNr. 16/30; aM OLG Hamm ZIP 1992, 1755, 1757; *Häsemeyer* ZIP 1994, 418, 423.

zu belasten; und den anfechtbar erlangten Gegenstand selbst verlöre der Anfechtungsgegner bei der Verwertung in Folge einer Duldungsklage in gleicher Weise. Freiwillig darf der Verwalter allerdings die Rückgewähr mit der Verwertung verbinden und demzufolge den Rückgewähranspruch auf Duldung der Zwangsvollstreckung[141] oder auf noch schwächere Maßnahmen (s. u. RdNr. 29) beschränken. Der Anfechtungsgegner seinerseits hat nicht von sich aus ein Einlösungsrecht.[142] Eine umfassende rechtliche Klärung – notfalls durch Feststellungsklage nach Maßgabe des § 256 ZPO (vgl. § 146 RdNr. 39) – bleibt zulässig, wenn der Anfechtungsgegner das Rückgewährverhältnis leugnet.

27 b) Die gesamten **Kosten** des Vollzugs der geschuldeten Rückgewähr hat regelmäßig der Anfechtungsgegner zu tragen;[143] anders ist das nur, soweit Abs. 2 Satz 1 eingreift (s. u. RdNr. 105). Zu den vom Anfechtungsgegner zu tragenden Kosten gehören insbesondere anlässlich des Erwerbs angefallene Vermittlungsprovisionen,[144] die Aufwendungen für eine etwa erforderliche Grundbucheintragung oder für die erfolgreich angefochtene Zwangsvollstreckung,[145] für den Rücktransport einer anfechtbar weggegebenen Sache zum Insolvenzverwalter sowie – ungeachtet des § 403 Satz 2 BGB – für die Wiederbeschaffung überlassener Urkunden.[146] Zur Beseitigung wertmindernder Belastungen durch den Anfechtungsgegner s. u. RdNr. 34.

28 **3. Anfechtbare Übertragung von Gegenständen. a) Übertragung von Sachen.** Der Erwerber einer anfechtbar **übereigneten** Sache muss diese grundsätzlich an den Insolvenzschuldner – für den der Insolvenzverwalter handelt – zurückübereignen,[147] weil der Verwalter sie anderenfalls meist nicht bestmöglich für die Insolvenzmasse verwerten kann. Hat der Anfechtungsgegner nur den **Besitz** erlangt, muss er ihn gemäß § 854 BGB auf die Insolvenzmasse – zu Händen ihres Verwalters – zurückübertragen.[148] Als Besitzer einer Bürgschaftsurkunde muss der Anfechtungsgegner diese auch dann an die Insolvenzmasse herausgeben, wenn er die durch die Bürgschaft gesicherte Forderung an einen Dritten abgetreten hatte.[149] Befindet sich das Anfechtungsobjekt im Besitz eines – an sich herausgabebereiten – Dritten, kann der Anfechtende sich damit begnügen, die Zustimmung des Anfechtungsgegners in die Herausgabe zu verlangen; diese Zustimmungspflicht entfällt nicht allein deswegen, weil der anfechtende Insolvenzverwalter das Objekt auf Grund einer Pfändung aus einem anderen Rechtsgrund in Besitz nimmt.[150] Stand dem Insolvenzschuldner lediglich ein **Anwartschaftsrecht** an der anfechtbar übertragenen Sache zu, so ist dieses zurückzugewähren.[151] Hatte der Schuldner erst einen schuldrechtlichen Übereignungsanspruch, den er anfechtbar übertragen hat und der sodann an den Anfechtungsgegner erfüllt worden ist, richtet sich der Anfechtungsanspruch auf Übereignung der Sache an den Schuldner (s. o. RdNr. 23). Zur Möglichkeit einstweiligen Rechtsschutzes vgl. § 146 RdNr. 44, zu Rechtsfolgen einer Weiterveräußerung durch den Anfechtungsgegner s. u. RdNr. 71 ff.

---

[141] OLG Zweibrücken OLGZ 1965, 304, 310 f.; *Allgayer* RdNr. 515, 544; *Gerhardt*, Festschrift für Lüke, 1997, S. 121, 131. Ergänzend s. o. RdNr. 20 aE.
[142] *Jaeger/Henckel*, KO § 37 RdNr. 123, S. 1256; *Kilger/K. Schmidt* § 37 KO Anm. 2, S. 219; *Baur/Stürner* RdNr. 20.8 Fn. 43. Zur Möglichkeit einer Einigung mit dem Insolvenzverwalter s. u. RdNr. 82.
[143] *Nerlich* (Fn. 32) § 143 RdNr. 56; HambKomm-*Rogge* § 143 RdNr. 14; *Jaeger/Henckel*, KO § 37 RdNr. 151; *Uhlenbruck/Hirte* § 143 RdNr. 47.
[144] OLG München SeuffA 60 (1905), Nr. 226; *Jaeger/Henckel*, KO § 37 RdNr. 122 aE.
[145] *Kilger/K. Schmidt* § 37 KO Anm. 10 a; vgl. *Jaeger/Henckel*, KO § 37 RdNr. 151.
[146] HambKomm-*Rogge* § 143 RdNr. 14.
[147] BGH ZIP 1982, 856, 857; NJW-RR 1986, 991, 992; *Kindl* NZG 1998, 321, 328 f.; *Uhlenbruck/Hirte* § 143 RdNr. 6. Zur Fassung des Rückgewährantrags vgl. § 146 RdNr. 39 und BGH WM 1961, 387, 389; *Allgayer* RdNr. 513. Dazu, dass der Insolvenzverwalter sich statt dessen mit einer Klage auf Duldung der Zwangsvollstreckung zufrieden geben kann, s. o. RdNr. 20, 26.
[148] HambKomm-*Rogge* § 143 RdNr. 15; *Eckardt* ZIP 1999, 1734, 1742.
[149] BGH NJW-RR 2005, 1283; HK-*Kreft* § 143 RdNr. 8. Ergänzend vgl. RdNr. 16 a, 79.
[150] BGH WM 1961, 387, 390; vgl. HambKomm-*Rogge* § 143 RdNr. 18.
[151] HambKomm-*Rogge* § 143 RdNr. 26; vgl. *Jaeger/Henckel*, KO § 29 RdNr. 136, 137; *Uhlenbruck/Hirte* § 143 RdNr. 20.

Rechtsfolgen 29–31 § 143

aa) Handelt es sich um eine **bewegliche** Sache, ist die Einigung zu ihrer Rückübereignung anzubieten und der Besitz daran dem Insolvenzverwalter zurückzuübertragen (§§ 929 ff. BGB). Ohne Besitzerlangung ist dem Insolvenzverwalter insbesondere eine rechtswirksame Übereignung der Sache an einen Neuerwerber nicht gemäß § 931 BGB möglich, weil der Rückgewähranspruch aus § 143 Abs. 1 Satz 1 InsO gegen den Anfechtungsgegner kein (Besitz-)Herausgabeanspruch ist.[152] Hat der Insolvenzverwalter selbst die Sache allerdings schon in Besitz, bedarf es oft einer besonderen Rückübertragung nicht: Vertragliche Ansprüche oder Eigentumsrechte des Rückgewährpflichtigen können dann – unabhängig vom Theorienstreit über die Rechtsnatur der Insolvenzanfechtung[153] – mit der Anfechtungseinrede gemäß § 146 Abs. 2 InsO unbefristet abgewehrt werden;[154] und eine eigene Verwertung sogar fremden Sicherungseigentums ist dem Insolvenzverwalter gemäß § 166 Abs. 1 möglich.[155] Fremdes Volleigentum vermag der Insolvenzverwalter jedoch nur unter der Voraussetzung des § 932 BGB an gutgläubige Erwerber zu übertragen,[156] so dass oft eine vorherige Rückübereignung durch den Anfechtungsgegner nötig sein wird. Denn § 143 Abs. 1 Satz 1 kann nicht dazu führen, die allgemeine Eigentumszuordnung zu durchbrechen, indem dem Insolvenzverwalter die rechtswirksame Übereignung von Sachen, die im Eigentum des Anfechtungsgegners stehen, auch an Eingeweihte ermöglicht wird.[157] Hat der Schuldner ein Warenlager anfechtbar übertragen, erstreckt sich der Rückgewähranspruch nach Abs. 1 Satz 1 – von der Ausnahme einer dinglichen Surrogation abgesehen – nur auf die noch vorhandenen Stücke, nicht auf neu angeschaffte Ersatzstücke.[158]

29

Hatte der Insolvenzschuldner in anfechtbarer Weise **Geld** weggegeben, kann der Insolvenzverwalter regelmäßig Rückzahlung eines entsprechenden Geldbetrages fordern:[159] Durchweg sind die ursprünglichen Geldscheine oder -stücke nicht mehr individuell vorhanden, oder die Zahlung erfolgte von vornherein bargeldlos; dann ist wegen Unmöglichkeit der Herausgabe Wertersatz in gleicher Höhe zu leisten (s. u. RdNr. 74, 88). Sind andererseits die ursprünglichen Geldscheine oder -stücke noch vorhanden, aber vermischt mit eigenen des Anfechtungsgegners, verbindet der Anfechtende mit dem Zahlungsverlangen schlüssig dasjenige auf Teilung des Miteigentums (§ 948 BGB) sowie Übergabe entsprechender Teile.[160] Bedeutung hat das individuelle Vorhandensein der ursprünglich geleisteten Geldscheine oder -münzen danach nur bei Sammlerwerten oder gegenüber Gläubigern des Anfechtungsgegners (s. u. § 145 RdNr. 15, 21, 30). Zur Erstattung entrichteter Umsatzsteuer s. u. RdNr. 94, zur Verzinsungspflicht s. u. RdNr. 58, 63, 88, 98.

30

bb) Wurde ein **Grundstück** anfechtbar übertragen, hat der Anfechtungsgegner es an den Insolvenzschuldner wieder aufzulassen und dessen Eintragung im Grundbuch zu bewilligen (§ 894 ZPO).[161] Für die gleichzeitige Eintragung des Insolvenzvermerks hat der Insolvenz-

31

---

[152] *Jaeger/Henckel*, KO § 37 RdNr. 41.
[153] Vgl. vor § 129 RdNr. 12 bis 39.
[154] HK-*Kreft* § 143 RdNr. 6; *Kübler/Prütting/Paulus* § 143 RdNr. 13; *Uhlenbruck/Hirte* § 143 RdNr. 6; *Jaeger/Henckel*, KO § 37 RdNr. 41, § 41 RdNr. 48; *Kindl* NZG 1998, 321, 325 f.; vgl. BGH NJW 1980, 226; BGHZ 83, 158, 160 = NJW 1982, 2074, 2075 f.; RGZ 84, 225, 226 f.
[155] *Allgayer* RdNr. 523 f.
[156] Ein möglicher Anspruch des Eigentümers gemäß § 816 Abs. 1 BGB auf den Erlös kann dann wiederum mit der Anfechtungseinrede nach § 146 Abs. 2 abgewehrt werden: Vgl. BGHZ 30, 238, 239 f. = NJW 1959, 1539; BGHZ 30, 248, 253 = NJW 1959, 1874, 1875 f.; BGH WM 1965, 84, 86 f.; NJW-RR 1990, 230, 232 f.; *Jaeger/Henckel*, KO § 37 RdNr. 24, § 41 RdNr. 48; *Kilger/K. Schmidt* § 41 KO Anm. 8; *Serick* Bd. III § 32 I 3 b, S. 146; *Eckardt* S. 69 f.
[157] *Kindl* NZG 1998, 321, 326; *Allgayer* RdNr. 520 f.; vgl. *G. Paulus* AcP 155 (1956), 277, 333; *v. Campe* S. 281 f.; aM auf der Grundlage einer extensiv verstanden haftungsrechtlichen Theorie anscheinend *Jaeger/Henckel*, KO § 37 RdNr. 24, S. 1203 f.
[158] RG JW 1908, 458, 459; *Uhlenbruck/Hirte* § 143 RdNr. 6 aE. Zur Wertersatzpflicht s. u. RdNr. 86.
[159] HambKomm-*Rogge* § 143 RdNr. 17.
[160] Vgl. *Jaeger/Henckel*, KO § 37 RdNr. 53.
[161] BGH ZIP 1982, 856, 857; NJW-RR 1986, 991, 992; *Kübler/Prütting/Paulus* § 143 RdNr. 15; *Smid/Zeuner* InsO § 143 RdNr. 16; *Jaeger/Henckel*, KO § 37 RdNr. 152; *Uhlenbruck/Hirte* § 143 RdNr. 6; *Allgayer* RdNr. 541; vgl. LG Dresden ZInsO 2002, 140, 141.

verwalter gem. § 32 Abs. 2 Satz 3 auch selbst zu sorgen. Ohne die Eintragung im Grundbuch kann der Insolvenzverwalter nach § 873 Abs. 1 BGB, § 39 Abs. 1 GBO regelmäßig nicht wirksam über das Grundstück verfügen. Eine Grundbuchberichtigung i. S. v. § 894 BGB oder § 22 GBO zu Lasten des Anfechtungsgegners ist nicht möglich, weil die Anfechtung das Grundbuch nicht unrichtig macht.[162] Der Rückgewähranspruch kann durch eine Vormerkung gesichert werden (vgl. § 146 RdNr. 44). Er wird nicht dadurch ausgeschlossen, dass der Anfechtungsgegner dasselbe Grundstück später bei einer Zwangsversteigerung erwirbt.[163] Zur Möglichkeit des Insolvenzverwalters, sich mit einem Titel auf Duldung der Zwangsvollstreckung zufrieden zu geben, s. o. RdNr. 20, 26.

32 Ist der Erwerber noch nicht als Eigentümer im Grundbuch eingetragen, kann der Insolvenzverwalter dessen Verzicht auf Rechte aus der Auflassung und die Rücknahme eines etwaigen Eintragungsantrags (§ 31 GBO) fordern. Erfüllungsklagen des Erwerbers können mit der Anfechtungseinrede nach § 146 Abs. 2 unbefristet abgewehrt werden.[164] War zugunsten des Anfechtungsgegners jedoch schon eine Auflassungs**vormerkung** eingetragen, kommt es im Hinblick auf §§ 106, 140 Abs. 2 Satz 2 entscheidend darauf an, ob die Bestellung der Vormerkung selbst ebenfalls anfechtbar ist. Trifft das zu, hat der Erwerbsinteressent gem. § 143 Abs. 1 Satz auf die Rechte aus der Vormerkung zu verzichten sowie deren Löschung zu bewilligen; dies kann der Insolvenzverwalter einer Erfüllungsklage des Erwerbers auch einredeweise entgegenhalten.[165]

33 Erwirbt der Eigentümer eines Grundstücks**bruchteils** den Rest des Grundstücks in anfechtbarer Weise hinzu, richtet sich der Anspruch auf Rückgewähr des neu erworbenen Bruchteils des jetzt in der Hand des Erwerbers vereinigten Grundstücks.[166] Nach Wiederherstellung des Miteigentumsanteils kann der Insolvenzverwalter diesen gemäß allgemeinen Regeln verwerten. Er kann sich aber auch darauf beschränken, im Wege der Anfechtung sogleich die Zustimmung des Anfechtungsgegners in die Teilungsversteigerung (§§ 180 ff. ZVG) des gesamten Grundstücks zu verlangen, mit dem Ziel, den auf die Insolvenzmasse rechnerisch entfallenden Anteil am Erlös zu erhalten.[167] Das ist auch noch möglich, wenn die Miteigentümer das gesamte Grundstück veräußert haben.[168] Zur Rückgewähr, wenn das Grundstück einer Erbengemeinschaft oder BGB-Gesellschaft gehörte, s. u. RdNr. 39, 41.

34 War das Grundstück bei der anfechtbaren Veräußerung bereits belastet oder wird es hierbei vom späteren Insolvenzschuldner für sich selbst oder zugunsten eines Dritten belastet, ist das Grundstück nur mit dieser **Belastung** – vorbehaltlich deren selbständiger Anfechtbarkeit (s. u. RdNr. 43 ff.) – zurückzugewähren.[169] Belastet dagegen der Anfechtungsgegner

---

[162] S. o. vor § 129 RdNr. 33, 39; vgl. *Jauernig*, Zwangsvollstreckungsrecht § 51 IV 1, S. 241. So auf der Grundlage der haftungsrechtlichen Theorie auch *Kübler/Prütting/Paulus* § 143 RdNr. 15; *Jaeger/Henckel*, KO § 37 RdNr. 152; *Gerhardt*, Gläubigeranfechtung S. 332. Deshalb scheidet auch ein Widerspruch i. S. v. § 899 BGB aus.
[163] HK-*Kreft* § 129 RdNr. 11 aE; zum AnfG BGHZ 159, 397, 401 f. = NJW 2004, 2900, 2901.
[164] Vgl. *Allgayer* RdNr. 545.
[165] HambKomm-*Rogge* § 143 RdNr. 20; vgl. *Jaeger/Henckel*, KO § 37 RdNr. 45, 46; *Uhlenbruck/Hirte* § 143 RdNr. 7; zu § 7 AnfG aF auch BGH NJW 1996, 3147 und 3150 sowie ergänzend *Allgayer* RdNr. 631 f.
[166] HK-*Kreft* § 143 RdNr. 11; HambKomm-*Rogge* § 143 RdNr. 27; *Jaeger/Henckel*, KO § 37 RdNr. 48; *Uhlenbruck/Hirte* § 143 RdNr. 8; *Rutkowsky* S. 185 f.; *Allgayer* RdNr. 549; zu § 7 AnfG aF auch BGH WM 1972, 364 f.; NJW 1983, 1678 f.; OLG Köln MDR 1984, 939 f. Ergänzend s. o. RdNr. 26.
[167] HK-*Kreft* § 143 RdNr. 11; HambKomm-*Rogge* § 143 RdNr. 13; *Uhlenbruck/Hirte* § 143 RdNr. 8; *Jaeger/Henckel*, KO § 37 RdNr. 51; *Allgayer* RdNr. 550; zu § 7 AnfG aF auf BGHZ 90, 207, 214 = NJW 1984, 1968, 1970; BGH ZIP 1985, 372; *Gerhardt* ZIP 1984, 397, 400 f.
[168] BGH BGHR § 7 AnfG Rückgewähr Nr. 14; HK-*Kreft* § 143 RdNr. 12; *Uhlenbruck/Hirte* § 143 RdNr. 8; *Huber*, Anfechtungsgesetz § 11 RdNr. 23.
[169] BFHE 133, 501, 507; HambKomm-*Rogge* § 143 RdNr. 19; *Kilger/K. Schmidt* § 37 KO Anm. 2, S. 219 f.; *Uhlenbruck/Hirte* § 143 RdNr. 6; vgl. RGZ 57, 27, 28 ff. So grundsätzlich auch BGH NJW-RR 1986, 991 f., der jedoch die Rechtslage für die Belastung beim Erwerb selbst offen lässt. Zur fehlenden Gläubigerbenachteiligung bei wertausschöpfender Belastung im Zeitpunkt der angefochtenen Rechtshandlung s. o. § 129 RdNr. 109.

seinerseits das Grundstück nach dem Erwerb oder in anfechtbarer Weise bei dem Erwerb, so hat er diese Belastung im Rahmen der Rückgewähr auf eigene Kosten zu beseitigen.[170] Das gilt auch dann, wenn die Belastungen von Gläubigern des Anfechtungsgegners zwangsweise ausgebracht wurden; eine Beeinträchtigung der Insolvenzmasse daraus hat der Anfechtungsgegner zu verhindern.[171] Auf die Frage, ob entsprechende Belastungen vermutlich auch beim Insolvenzschuldner entstanden wären, wenn der anfechtbar weggegebene Gegenstand bei ihm verblieben wäre, kommt es nach allgemeinen Grundsätzen (s. o. § 129 RdNr. 181 bis 183) nicht an. Gelingt die Beseitigung nicht, hat der Anfechtungsgegner Wertersatz zu leisten (s. u. RdNr. 89); nur in diesem Rahmen kann es gemäß Abs. 1 Satz 2 (s. u. RdNr. 75, 76) auch auf ein Verschulden des Anfechtungsgegners ankommen.

35 Für die anfechtbare Übertragung sonstiger **Rechte an Grundstücken** oder an Grundstücksrechten gelten die Ausführungen unter RdNr. 31 bis 34 entsprechend.[172] Das veräußerte Recht ist formgerecht an den Insolvenzschuldner zurückzuübertragen; dazu gehört im Falle des § 1154 Abs. 1 Satz 1 BGB die Übergabe des Grundpfandbriefs.[173] Statt der Rückübertragung kann der Insolvenzverwalter die Löschung des Rechts verlangen;[174] deren Zweckmäßigkeit hängt allerdings auch vom Vorhandensein und der Art nachrangig eingetragener Rechte ab (s. u. RdNr. 43, 44). Betreibt der Erwerber die Zwangsvollstreckung aus einem anfechtbar erlangten Recht, kann der Insolvenzverwalter diese mit der Vollstreckungsgegenklage gem. § 767 ZPO abwehren.[175] Einen Anspruch des Erwerbers auf Eintragung eines bewilligten Rangvortritts (§ 880 BGB) kann der Insolvenzverwalter ggf. mit der Einrede der Anfechtbarkeit abwehren.[176]

36 **b) Übertragung von Rechten. aa)** Eine anfechtbar abgetretene **Forderung** ist in der Weise zurückzugewähren, dass der Insolvenzverwalter ihre Rückübertragung (§ 894 ZPO) an den Insolvenzschuldner verlangt.[177] Das gilt grundsätzlich auch nach einer treuhänderischen Abtretung.[178] Zur Abtretung des Anspruchs auf eine Lebensversicherung s. o. RdNr. 23 a. Im Falle einer bloßen Sicherungszession kann der Insolvenzverwalter allerdings unabhängig von deren Anfechtbarkeit die abgetretene Forderung gem. § 166 Abs. 2 verwerten; den Anspruch des Sicherungsnehmers auf Auskehrung des Erlöses (vgl. § 170) kann der Insolvenzverwalter dann unbefristet mit der Anfechtungseinrede nach § 146 Abs. 2 abwehren.[179] Soweit der Wert einer abgetretenen oder verpfändeten Forderungen durch Leistungen des Schuldners an deren Gläubiger in anfechtbarer Weise erhöht worden ist, darf die Sicherheit nicht zum Nachteil der Insolvenzmasse (§§ 51 Nr. 1, 166 ff.) geltend gemacht werden (s. u. RdNr. 53 a); dies kann der Insolvenzverwalter durch unbefristete (§ 146 Abs. 2) Einrede geltend machen. Oft wird dadurch aber eine wertmäßige Aufteilung nötig werden (s. u. RdNr. 94 b).

36 a Nach einer – nicht treuhänderischen – Vollabtretung verbietet es der notwendige Schutz des Drittschuldners (vgl. § 409 BGB), ihn allein auf die Behauptung eines Anfechtungstatbestandes hin sogar einem objektiv berechtigten Vorgehen des Insolvenzverwalters aus-

---

[170] BGH NJW-RR 1986, 991, 993; OLG Stuttgart ZIP 2005, 588, 589 f. betreffend eine Vormerkung; HK-*Kreft* § 143 RdNr. 10; *Uhlenbruck/Hirte* § 143 RdNr. 6; vgl. RGZ 57, 27, 28; RG JW 1887, 273 Nr. 12; OLG Celle NJW 1958, 1144, 1145.
[171] Zur Möglichkeit eines unmittelbaren Vorgehens des Insolvenzverwalters gegen die Gläubiger des Anfechtungsgegners s. u. § 145 RdNr. 15, 21, 30. Im Einzelnen vgl. *Stratmann* S. 44 ff.
[172] Vgl. im Einzelnen *Jaeger/Henckel*, KO § 37 RdNr. 43.
[173] Vgl. HambKomm-*Rogge* § 143 RdNr. 21; *Jaeger/Henckel*, KO § 37 RdNr. 41.
[174] Vgl. *Hess* InsO § 143 RdNr. 87.
[175] BGHZ 22, 128, 134 = NJW 1957, 137, 138; *Kilger/K. Schmidt* § 37 Anm. 2, S. 220; vgl. *Baur/Stürner* RdNr. 20.7.
[176] Vgl. LG Düsseldorf KTS 1961, 45, 46.
[177] BGHZ 106, 127, 129 = NJW 1989, 985, 986; HK-*Kreft* § 143 RdNr. 15; HambKomm-*Rogge* § 143 RdNr. 15; *Kilger/K. Schmidt* § 37 Anm. 2, S. 219; *Uhlenbruck/Hirte* § 143 RdNr. 10; *Jauernig* § 51 IV 1, S. 241; vgl. RG LZ 1908, 387, 388; 1908, 608, 609; 1910, 939, 940; OLG Nürnberg KTS 1969, 115 f.; LG Köln ZIP 2006, 1059, 1060.
[178] RG JW 1911, 107, 108; jedoch s. u. RdNr. 79.
[179] *Allgayer* RdNr. 561.

zusetzen;[180] auch die Aktivlegitimation des Abtretungsempfängers für eine Klage gegen den Drittschuldner erlischt nicht.[181] Vielmehr ist die Frage der Anfechtbarkeit ausschließlich zwischen der Insolvenzmasse und dem Abtretungsempfänger zu klären. Etwa ausgestellte Schuldscheine (§§ 371, 402 BGB)[182] oder Abtretungsurkunden (§§ 409, 410 BGB)[183] hat der Anfechtungsgegner dem Anfechtenden auszuhändigen. Hatte der Abtretungsempfänger die Forderung schon eingezogen, ist Rückgewähr durch Erstattung des eingezogenen Betrages zu erbringen (s. u. RdNr. 90); der Drittschuldner wird frei (vgl. vor § 129 RdNr. 25, § 145 RdNr. 18). Leistet er andererseits unmittelbar an den Insolvenzverwalter, kann dieser einen auf § 816 Abs. 2 BGB gestützten Bereicherungsanspruch des Abtretungsempfängers mit der Einrede der Anfechtbarkeit unbefristet abwehren.[184] Der Drittschuldner wird durch eine solche Leistung im Verhältnis zum Abtretungsempfänger gem. § 407 Abs. 1 BGB bei Unkenntnis der Abtretung befreit, im Übrigen dann, wenn die Abtretung rechtswirksam angefochten wird.[185] Wegen Ungewissheit über die Berechtigung der Anfechtung wird der Drittschuldner oft zur Hinterlegung nach § 372 BGB berechtigt sein; dann hat der Abtretungsempfänger die Rückgewähr durch Einwilligung in die Auszahlung des hinterlegten Betrages an die Insolvenzmasse zu leisten.[186] Zur Abtretung eines Übereignungsanspruchs mit anschließender Erfüllung s. o. RdNr. 23, 28. Stand die vom Insolvenzverwalter anfechtungsweise eingezogene Forderung in Wirklichkeit einem Dritten – unanfechtbar – zu, hindert die Anfechtung nicht dessen Aus- oder Absonderungsbegehren.[187]

37 Hatte der spätere Insolvenzschuldner nach der – anfechtbaren – Abtretung seinerseits abweichend (unanfechtbar) über die abgetretene Forderung verfügt und war diese Verfügung wegen der zeitlich früheren Abtretung unwirksam, wird die spätere Verfügung auch nicht auf Grund einer erfolgreichen Anfechtung der ersten Abtretung rechtswirksam. Dasselbe gilt, falls die schon – anfechtbar – abgetretene Forderung anschließend von einem anderen Gläubiger des späteren Insolvenzschuldners gepfändet wurde; diese Pfändung bleibt wirkungslos:[188] Die allgemeine Rechtszuordnung wird nicht durch das Anfechtungsrecht außer Kraft gesetzt (vgl. vor § 129 RdNr. 33, 39. Die Gegenmeinung hätte zur Folge, dass die Anfechtung entgegen dem Gesetzeszweck nicht der Insolvenzmasse, sondern einem Einzelgläubiger zugute käme, der vor beliebig langer Zeit eine „Vorratspfändung" ausgebracht hatte.

38 Ist die Forderung in einem **Orderpapier** verkörpert, gehört zur Rückgewähr auch die Rückübertragung der Urkunde. Nur wenn der Insolvenzverwalter das Orderpapier selbst in Händen hält, kann er es ohne weiteres verwerten und Ansprüche des Abtretungsempfängers mit der Anfechtungseinrede abwehren.[189] Wurde ein Wechsel oder Scheck anfechtbar an ein

---

[180] HK-*Kreft* § 143 RdNr. 15; *Allgayer* RdNr. 555 f.; vgl. auch BGHZ 100, 36, 42 = NJW 1987, 1703, 1705; NJW-RR 1992, 612, 613; aM auf der Grundlage der dinglichen Theorie *Marotzke* ZG 1989, 138, 144 f. und auf der Grundlage einer extensiven haftungsrechtlichen Theorie anscheinend *Jaeger/Henckel*, KO § 37 RdNr. 24, S. 1204 f., RdNr. 41, 42.
[181] BGH ZInsO 2006, 1217, 1218 f.
[182] *Jaeger/Henckel*, KO § 37 RdNr. 41.
[183] OLG Brandenburg ZIP 1998, 1367, 1369; *Uhlenbruck/Hirte* § 143 RdNr. 100.
[184] BGHZ 30, 238, 239 f. = NJW 1959, 1539; BGH WM 1970, 756; *Jaeger/Henckel*, KO § 37 RdNr. 24, S. 1203; *Kindl* NZG 1998, 322, 325 f.; zur Form einer Widerspruchsklage gegen einen Verteilungsplan vgl. RGZ 95, 224, 226. Ergänzend s. u. § 146 RdNr. 53.
[185] HambKomm-*Rogge* § 143 RdNr. 23; *Kindl* NZG 1998, 322, 326 f.; vgl. BGHZ 106, 127, 132 f. = NJW 1989, 985, 987; aM *Jaeger/Henckel*, KO § 37 RdNr. 24, S. 1204 f.
[186] HambKomm-*Rogge* § 143 RdNr. 23; FK-*Dauernheim* § 143 RdNr. 10; vgl. RGZ 84, 225, 226 ff.; zur Klagefrist gem. § 146 Abs. 1 aber auch BGHZ 59, 353 ff. = NJW 1973, 100 f. Eine Abtretung des Anspruchs gegen die Hinterlegungsstelle – so *Allgayer* RdNr. 560 – würde im Hinblick auf § 13 Abs. 2 HinterlO allenfalls Unsicherheiten verursachen.
[187] Vgl. RG LZ 1933, 1135 Nr. 3.
[188] HambKomm-*Rogge* § 143 RdNr. 24; *Jaeger/Henckel*, KO § 30 RdNr. 41; *Kindl* NZG 1998, 321, 328; zu 7 AnfG aF auch BGHZ 100, 36, 42 ff. = NJW 1987, 1703, 1705; BGH NJW-RR 1992, 612, 613; BAG NJW 1993, 2699, 2700; *Gerhardt* JR 1987, 415, 417; *Stratmann* S. 120 ff.; vgl. OLG Hamburg KTS 1982, 305, 306 f.; aM RGZ 61, 150, 152; *Jaeger* LZ 1913, 23, 30 f.; *K. Schmidt* JZ 1987, 889, 894 f.
[189] Vgl. *Jaeger/Henckel*, KO § 37 RdNr. 41.

Kreditinstitut übertragen, ist als Folge einer begründeten Anfechtung zugleich das Pfandrecht aufzugeben, welches das Kreditinstitut auf Grund Nr. 14 AGB-Banken ohne weiteres mit der Abtretung erwirbt; wurde der Wechsel eingelöst, ist Wertersatz in Höhe des erlangten Betrages zu leisten.[190] Im Falle anfechtbarer Inkassozession, insbesondere eines Schecks oder Wechsels, wird das einziehende Geldinstitut vor allem die durch den Einzug begründete Aufrechnungslage zurückzugewähren haben (vgl. RdNr. 36, 51, 52). Ist die Zahlung auf einen Wechsel oder Scheck als anfechtbar zurückzugewähren, kann der Anfechtungsgegner regelmäßig die Rückgabe des Wertpapiers Zug um Zug gegen die Rückzahlung verlangen.[191]

bb) Wurde ein **Geschmacksmuster**recht anfechtbar übertragen, so kann der Insolvenzverwalter sich damit begnügen, dessen Löschung im Musterregister und die Prioritätszusprechung gem. § 10 c Abs. 2 Nr. 3 und Abs. 3 GeschmMG zu verlangen, wenn ihm das im Einzelfall für die Verwertung ausreicht.[192] Hat der Schuldner seinen **Miterbenanteil** anfechtbar dem einzigen anderen Miterben übertragen, ist der Anteil mit der Folge erloschen, dass er regelmäßig nicht in Natur zurückgewährt werden kann;[193] bestand der Nachlass allerdings nur (noch) aus einzelnen Grundstücken, kann der Insolvenzverwalter deren Zwangsversteigerung mit dem Ziel fordern, denjenigen Teil des Erlöses zu erlangen, der dem Schuldner ohne die Übertragung zugestanden hätte.[194] Zur anfechtbaren Verfügung der Erbengemeinschaft selbst über einen Nachlassgegenstand s. o. RdNr. 22, zur Übertragung von *Grundpfandrechten* s. u. RdNr. 44 f.

Wurde die **Firma** eines Handelsgeschäfts anfechtbar übertragen, hängt die Art ihrer 40 Rückgewähr davon ab, ob diese Firma inzwischen bereits für ein anderes Unternehmen geführt wird. Ist das nicht der Fall, kann der Insolvenzverwalter grundsätzlich ohne weiteres das – noch nicht liquidierte – Unternehmen des Schuldners wieder unter der übertragenen Firma führen und diese zum Handelsregister anmelden.[195] Rechte des Übernehmers können mit der Anfechtungseinrede (§ 146 Abs. 2) unbefristet abgewehrt werden. Nur wenn die Firma bereits für ein anderes Unternehmen gebraucht wird, ist vor ihrer Eintragung für das Unternehmen des Insolvenzschuldners die Einwilligung des Namensträgers notfalls mit der Anfechtungsklage einzuholen.[196] Wurde allerdings die Firma zusammen mit dem Unternehmen des Schuldners (s. u. RdNr. 42) anfechtbar übertragen und ist dessen Rückgewähr unmöglich, so kann auch für die Firma nur Wertersatz geleistet werden.[197] Eine Sitzverlegung ist, soweit möglich, rückgängig zu machen.[198]

Die Übertragung eines **Gesellschaftsanteils** (Aktie, GmbH-Geschäftsanteil, Personengesellschaftsanteil) wird mit der Folge angefochten, dass der Anteil wieder an den Insolvenzschuldner zurückzuübertragen ist. Die Beschränkung der Einzelzwangsvollstreckung durch § 135 HGB betrifft allein deren Rechtsfolgen und ist für die Gesamtvollstreckung bedeutungslos;[199] gegen das Eindringen des außenstehenden Insolvenzverwalters in die inneren Angelegenheiten der Gesellschaft sind die Mitgesellschafter entweder durch § 131 Abs. 3 Satz 1 Nr. 2 HGB – der als Folge einer Rückübertragung wieder anwendbar sein kann – ohne weiteres geschützt, oder sie können sich dagegen durch entsprechende Bestimmungen

---

[190] OLG Celle NJW 1958, 1144, 1145. Ergänzend s. u. RdNr. 90.
[191] Vgl. *Jaeger/Henckel*, KO § 34 RdNr. 14; Art. 39 WG, Art. 34 ScheckG.
[192] BGH NJW-RR 1998, 1057, 1059; HK-*Kreft* § 143 RdNr. 5; *Uhlenbruck/Hirte* § 143 RdNr. 10.
[193] OLG Düsseldorf NJW 1977, 1828; HK-*Kreft* § 143 RdNr. 12; HambKomm-*Rogge* § 143 RdNr. 28; *Jaeger/Henckel*, KO § 37 RdNr. 94 aE; *Kilger/K. Schmidt* § 37 Anm. 8; *Soergel/M. Wolf* 2033 RdNr. 15; *Allgayer* RdNr. 564. Zum geschuldeten Wertsatz s. u. RdNr. 96.
[194] BGH NJW-RR 1992, 733, 734; HK-*Kreft* § 143 RdNr. 12.
[195] OLG Düsseldorf ZIP 1989, 457, 458; *Uhlenbruck/Hirte* § 143 RdNr. 9; HambKomm-*Rogge* § 143 RdNr. 29; *Allgayer* RdNr. 607. Ergänzend s. o. § 129 RdNr. 95.
[196] HambKomm-*Rogge* § 143 RdNr. 29; vgl. *Jaeger/Henckel*, KO § 29 RdNr. 105.
[197] HambKomm-*Rogge* § 143 RdNr. 29; *Jaeger/Henckel*, KO § 29 RdNr. 57 aE; vgl. RG Gruchot 38 (1894), 1184 f.
[198] *Uhlenbruck/Hirte* § 143 RdNr. 9; ergänzend s. u. RdNr. 77.
[199] S. o. § 129 RdNr. 94, 133; aM OLG Celle MDR 1954, 748 f.

in den Gesellschaftsverträgen vorbeugend sichern (s. o. vor § 129 RdNr. 78 bis 81). Einer Zustimmung der Mitgesellschafter zur Herstellung des früheren Zustandes bedarf es sogar bei vinkulierten Anteilen nicht.[200] Enthält ein anfechtbar erworbenes Stammrecht zugleich ein Bezugsrecht, so erstreckt sich die Rückgewährpflicht auch auf die jungen Mitgliedschaftsrechte, unabhängig davon, ob sie vom Insolvenzschuldner bezahlt waren oder nicht.[201] Andererseits eröffnet die Anfechtbarkeit der Anteilsübertragung für den Anfechtenden nicht zugleich den Zugriff sogar auf solche Bestandteile des Gesellschaftsvermögens, die den Wert des Anteils wesentlich bestimmen.[202] Die anfechtbare Umwandlung einer Gesellschaft ist vor Vollzug zu unterlassen, danach wieder rückgängig zu machen.[203] Grundsätze der Kapitalerhaltung stehen einem Rückgewähranspruch nach Anfechtung der Einlage eines Gesellschafters (Insolvenzschuldners) in seine Gesellschaft nicht entgegen (s. o. § 129 RdNr. 18).

42   c) Die Übertragung eines **gewerblichen Unternehmens,** das einen Inbegriff von Sachen und Rechten darstellt, sollte zwar im ganzen angefochten werden können (vgl. § 129 RdNr. 94). Insbesondere wegen des sachenrechtlichen Bestimmtheitsgrundsatzes kann aber die Rückgewähr in Natur nur durch Übertragung aller einzelnen Bestandteile abgewickelt werden;[204] entsprechend ist der Antrag des Anfechtenden aufzugliedern.[205] Die vollzogene Rückgewähr kann dann wiederum zum Übergang der Arbeitsverhältnisse gem. § 613a BGB auf die Insolvenzmasse führen.[206] Vom Erwerber etwa neu eingebrachte Gegenstände darf er, soweit sie nicht Surrogate sind (s. u. RdNr. 72), behalten.[207] Zur Herausgabe etwa erzielter oder zu erzielender Gewinne s. u. RdNr. 60f., 97f. Von der Rückgewähr des Handelsgeschäfts als solchem ist der Fall zu unterscheiden, dass die Anteile an einer Handelsgesellschaft anfechtbar übertragen werden (share deal); diese sind ggf. selbständig zurückzugewähren (s. o. RdNr. 41, vor § 129 RdNr. 102).

43   **4. Anfechtbare Belastung von Gegenständen.** Wurde ein zur Insolvenzmasse gehörender Gegenstand in anfechtbarer Weise zugunsten einer anderen Person belastet, kann gem. § 143 Abs. 1 Satz 1 die Rückübertragung oder Beseitigung des dinglichen Rechts gefordert werden,[208] damit der Insolvenzverwalter den Gegenstand für die Masse lastenfrei verwerten kann. Wurde ein bewegliche Sache anfechtbar verpfändet, ist zugleich der zu diesem Zweck übertragene Besitz (§§ 1205, 1274 Abs. 1 BGB) zurückzugeben;[209] bei Verpfändung einer Forderung hat der Anfechtungsgegner entsprechend § 1280 BGB dem Drittschuldner Anzeige zu erstatten.[210] Auch ohne eigene Klage kann der Insolvenzverwalter ein Absonderungsverlangen des Berechtigten unbefristet (vgl. § 146 Abs. 2) mit der Anfechtungseinrede abwehren.[211] Dagegen vermag der Insolvenzverwalter nicht schon von sich aus das belastende dingliche Recht zugunsten der Insolvenzmasse zu verwerten;[212] denn die Belastung, die ein bestimmtes Recht des Anfechtungsgegners sichern sollte und wegen ihrer

---

[200] *Kilger/K. Schmidt* § 37 KO Anm. 2, S. 220; vgl. *Uhlenbruck/Hirte* § 143 RdNr. 10; HambKomm-*Rogge* § 143 RdNr. 30.
[201] *Uhlenbruck/Hirte* § 143 RdNr. 34; vgl. HambKomm-*Rogge* § 143 RdNr. 30.
[202] Vgl. *Allgayer* RdNr. 565.
[203] *Uhlenbruck/Hirte* § 143 RdNr. 9.
[204] RGZ 70, 226, 231 f.; *Jaeger/Henckel,* KO § 1 RdNr. 9, vgl. auch § 29 RdNr. 57; *Weimar* MDR 1964, 566 f.; vgl. BGH WM 1964, 114, 115 f.; NJW 2006, 2847, 2849, z. V. b. in BGHZ; aM *Hallermann* S. 97 f.
[205] Vgl. BGH WM 1962, 1316 f.; *K. Schmidt* BB 1988, 5, 6.
[206] HambKomm-*Rogge* § 143 RdNr. 31.
[207] Vgl. *Jaeger/Henckel,* KO § 29 RdNr. 57, S. 788.
[208] *Nerlich* (Fn. 32) § 143 RdNr. 38; *Smid/Zeuner* § 143 RdNr. 14; HambKomm-*Rogge* § 143 RdNr. 32; *Jaeger/Henckel,* KO § 37 RdNr. 79; vgl. RG ZZP 60 (1936/37), 426, 429 m. Anm. der Schriftleitung S. 430.
[209] LG Mönchengladbach NJW-RR 1992, 1514; HambKomm-*Rogge* § 143 RdNr. 32; *Allgayer* Rd-Nr. 633; *Kilger/K. Schmidt* § 37 KO Anm. 2, S. 219; *Jauernig* § 51 IV 1, S. 241. Vgl. §§ 1253 ff. BGB.
[210] HambKomm-*Rogge* § 143 RdNr. 32.
[211] Dies kann aber nicht allein durch einen selbständigen Antrag auf Einstellung eines Zwangsversteigerungsverfahrens geschehen: AG München KTS 1970, 238 f. Statt dessen s. u. RdNr. 45.
[212] *Uhlenbruck/Hirte* § 143 RdNr. 12; *Jaeger/Henckel,* KO § 37 RdNr. 56; *Kilger/K. Schmidt* § 37 Anm. 2 S. 220; *Gerhardt,* Gläubigeranfechtung S. 328; zu § 7 AnfG aF vgl. BGH WM 1958, 1278, 1279; vgl. *Barth* NJW 1959, 2143, 2144.

Rechtsfolgen 44, 45 § 143

Anfechtbarkeit nicht wirksam sichert, begründet keine Haftung zugleich für Verbindlichkeiten des Insolvenzschuldners gegenüber seinen Gläubigern im Allgemeinen. Eine abweichende Vereinbarung zwischen Anfechtungsgegner und Insolvenzverwalter ist aber zuzulassen. Zum Vorhandensein nachrangig Berechtigter s. u. RdNr. 44. Hat der spätere Insolvenzschuldner den Gegenstand in anfechtbarer Weise dem Anfechtungsgegner zu dem Zweck zur Verfügung gestellt, dessen Verbindlichkeiten gegenüber einem Gläubiger (des Anfechtungsgegners) zu sichern, hat der Anfechtungsgegner die Sicherheit zwecks Rückgewähr gemäß allgemeinen Regeln beim Gläubiger auszulösen; wenn er dazu nicht imstande ist, hat er Wertersatz zu leisten.[213] Der gesicherte Gläubiger selbst wird dagegen durchweg nur dann der Anfechtung ausgesetzt sein, wenn er seinerseits für die Sicherheit keine Gegenleistung erbracht hat (vgl. § 134 RdNr. 33 f., § 145 RdNr. 29).

Wurde ein **Grundpfandrecht** anfechtbar begründet oder übertragen,[214] kommen vor **44** allem zwei Mittel der Rückgewähr in Betracht: Einerseits kann der Insolvenzverwalter die Einwilligung des Anfechtungsgegners in die Löschung der Belastung (§ 1183 BGB) verlangen,[215] die aber nur zweckmäßig ist, wenn keine nachrangigen Belastungen vorhanden sind. Anderenfalls muss der Insolvenzverwalter, um ein Aufrücken nachrangiger Belastungen zu vermeiden, die Übertragung des Grundpfandrechts an den Insolvenzschuldner – sei es auch in der Form des rangwahrenden Verzichts (§§ 1168 Abs. 2, 1192 BGB)[216] – fordern; eine Hypothek würde dadurch zur Eigentümergrundschuld (§ 1177 BGB). Das Aufrücken nachrangig Berechtigter gem. § 1179 a BGB hat der Anfechtungsgegner zu verhindern; ist er dazu nicht in der Lage, hat er insoweit Wertersatz zu leisten.[217] Eine dauernde Einrede i. S. v. § 1169 BGB stellt die Anfechtbarkeit – unabhängig vom Theorienstreit über ihre Rechtsnatur – nicht dar, weil sie nur für die Zwecke und die unbestimmte Dauer des Insolvenzverfahrens besteht.[218] Ist die Valutierung einer Grundschuld (nur) teilweise anfechtbar, beschränken sich die Folgen auf einen entsprechenden Teil des Grundpfandrechts; ein Grundpfandbrief müsste dazu geteilt werden (§ 61 GBO, § 48 GBV). Ein anfechtbar bestelltes **Wohnrecht** oder ein Nießbrauch ist durch Aufgabeerklärung und Löschungsbewilligung (§ 19 GBO) zurückzugewähren;[219] ein damit verbundener Besitz ist zurückzugeben.

Betreibt der Inhaber des anfechtbar erworbenen Grundpfandrechts die Zwangsvollstre- **45** ckung in das Grundstück, kann der Insolvenzverwalter diese mit der Vollstreckungsabwehrklage (§ 767 ZPO) auf Grund des Anfechtungseinwands abwehren;[220] damit kann eine einstweilige Einstellung des Vollstreckungsverfahrens gem. § 769 ZPO erreicht werden (abgrenzend s. o. RdNr. 43). Ist die Zwangsvollstreckung schon beendet, gebührt der auf den Anfechtungsgegner entfallende Versteigerungserlös der Insolvenzmasse.[221] Dies ist notfalls

---

[213] HambKomm-*Rogge* § 143 RdNr. 34; s. u. RdNr. 75, 93.
[214] Vgl. OLG München ZIP 2002, 1213.
[215] RGZ 30, 90, 92 f.; 52, 82, 85; RG JW 1909, 142 f.; *Jaeger/Henckel*, KO § 37 RdNr. 57; *Kilger/K. Schmidt* § 37 KO Anm. 2, S. 220; *Uhlenbruck/Hirte* § 143 RdNr. 13. Zur Rangänderung s. o. RdNr. 35. Die Grundsätze über die Rückgewähr gem. § 11 Abs. 1 AnfG (§ 7 Abs. 1 AnfG aF) – vgl. dazu BGHZ 130, 314, 322 ff. = NJW 1995, 2846, 2848; *Huber* AnfG § 11 RdNr. 21, § 13 RdNr. 25 – gelten nicht für die Insolvenzanfechtung (s. o. RdNr. 26). Im Falle RG JW 1928, 1345, 1346 war die Rückgewähr in Natur unmöglich.
[216] HK-*Kreft* § 143 RdNr. 14; *Uhlenbruck/Hirte* § 143 RdNr. 13; HambKomm-*Rogge* § 143 RdNr. 32; *Allgayer* RdNr. 627; vgl. RGZ 52, 82, 85; RG JW 1889, 109 Nr. 11; OLG Brandenburg OLG-NL 2006, 105, 106.
[217] S. u. RdNr. 92, aber auch 49. Ungenau *v. Campe* S. 286.
[218] Vgl. OLG Hamm MDR 1977, 668, 669; *Marotzke* Verträge RdNr. 10.23; *Staudinger/Wolfsteiner* § 1169 RdNr. 7; aM *Jaeger/Henckel*, KO § 37 RdNr. 56. Ergänzend s. u. § 146 RdNr. 54.
[219] Vgl. HambKomm-*Rogge* § 143 RdNr. 32; *Baur/Stürner* RdNr. 20.6. Auch insoweit reicht die Rückgewähr gem. § 143 Abs. 1 Satz 1 weiter als die Rechtsfolge des § 11 Abs. 1 AnfG (vgl. hierzu OLG Koblenz NJW-RR 1989, 1101 f.), s. o. RdNr. 26. Zum Ersatz von Nutzungen s. u. RdNr. 61.
[220] BGHZ 22, 128, 134 = NJW 1957, 137, 138; HambKomm-*Rogge* § 143 RdNr. 33; *Jaeger/Henckel*, KO § 37 RdNr. 57; *Kilger/K. Schmidt* § 37 KO Anm. 2, S. 220; *Baur/Stürner* RdNr. 20.7; *Stein/Jonas/Münzberg* § 767 RdNr. 19; *Uhlenbruck/Hirte* § 143 RdNr. 13; *Mauer* RdNr. 367. Ergänzend s. u. § 146 RdNr. 39.
[221] RGZ 20, 29, 31 f.; HambKomm-*Rogge* § 143 RdNr. 33; *Kilger/K. Schmidt* § 37 KO Anm. 2, S. 220; *Uhlenbruck/Hirte* § 143 RdNr. 13; zu § 7 AnfG aF auch RGZ 52, 334, 336; RG JW 1928, 1345, 1346. Ergänzend s. u. RdNr. 92.

durch Klage des Insolvenzverwalters geltend zu machen; der Übergang vom Löschungsanspruch[222] zur Forderung auf Überlassung des Versteigerungserlöses stellt keine Klageänderung dar.[223] In Betracht kommt insbesondere eine Widerspruchsklage gegen den Verteilungsplan nach § 115 ZVG, § 878 ZPO oder – nach deren Versäumung – eine Bereicherungsklage.[224] Will der Insolvenzverwalter seinerseits das Grundstück durch **Zwangsversteigerung** verwerten (§ 165 InsO, § 172 ZVG), muss er dem Vollstreckungsgericht durch eine Entscheidung des Prozessgerichts nachweisen, dass das Recht des Anfechtungsgegners beim Ausgebot zugunsten der Insolvenzmasse zu berücksichtigen ist.[225] Entsprechendes gilt, wenn ein anderer Gläubiger eines – unanfechtbaren – nachrangigen dinglichen Rechts die Zwangsversteigerung betreibt.[226] Wurde die Belastung dagegen ins geringste Gebot aufgenommen und vom Versteigerer übernommen, ist nur noch Wertersatz möglich.[227]

46 **5. Anfechtbare Verkürzung von Rechten des Insolvenzschuldners.** Wird ein Recht des Insolvenzschuldners in anfechtbarer Weise erlassen, beendet, ausgesetzt oder eingeschränkt, bewirkt die erfolgreiche Anfechtung, dass der Verpflichtete aus der Rechtshandlung keine Besserstellung ableiten darf (s. o. vor § 129 RdNr. 36, 38). Der Insolvenzverwalter kann grundsätzlich die der Insolvenzmasse gebührende Leistung bis zur normalen zeitlichen Grenze der Verjährung ungeschmälert beanspruchen[228] sowie den Einwand des Verpflichteten, vereinbarungsgemäß so nichts zu schulden, mit der Anfechtungseinrede (§ 146 Abs. 2 InsO) abwehren. Eine anfechtbare Tilgung oder Stundung kann zudem auf Seiten des Anfechtungsgegners trotz der Anfechtung als zum Neubeginn der Verjährung führendes Anerkenntnis i. S. v. § 212 Abs. 1 Nr. 1 BGB zu werten sein. Zu einer Leistung des Insolvenzschuldners trotz eines Leistungsverweigerungsrechts s. u. RdNr. 50.

47 a) Insbesondere kann der Insolvenzverwalter eine vom Insolvenzschuldner anfechtbar **erlassene Forderung** (§ 397 BGB) – unabhängig vom Theorienstreit über die Rechtsnatur der Anfechtung – einklagen, ohne zuvor notwendigerweise deren Wiederbegründung durchsetzen zu müssen.[229] Wäre ein erlassener Zahlungsanspruch des Schuldners nur Zug um Zug gegen Erbringung von Nachbesserungsarbeiten seinerseits durchsetzbar, kann der anfechtende Insolvenzverwalter nach Maßgabe des § 274 Abs. 2 BGB uneingeschränkt Zahlung erlangen, falls der Anfechtungsgegner mit der Annahme der ihm angebotenen Nachbesserung im Sinne der §§ 293 ff. BGB in Verzug geraten ist.[230] Wäre die Forderung in der Zeit zwischen Erlass und Insolvenzeröffnung verjährt, würde dieser Zeitraum gem. §§ 210, 204 Abs. 1 BGB nicht in die Verjährungsfrist eingerechnet,[231] weil der Anspruch nur noch von einzelnen Gläubigern oder vom Insolvenzverwalter, nicht aber vom Insolvenzschuldner selbst geltend gemacht werden kann. Bestand für die erlassene Forderung eine akzessorische Sicherheit – zB ein Pfandrecht –, so wirkt sie zugunsten der Insolvenzmasse fort, weil der Sicherungsgeber nichts aus eigenem Recht erworben hat.[232] Bei einem besitz-

---

[222] Vgl. RG JW 1909, 142 f.
[223] RGZ 52, 82, 85 ff.; *Uhlenbruck/Hirte* § 143 RdNr. 33.
[224] BGH, ZIP 2001, 933, 934 f.
[225] HambKomm-*Rogge* § 143 RdNr. 33; *Allgayer* RdNr. 629.
[226] Vgl. im Einzelnen HambKomm-*Rogge* § 143 RdNr. 33; *Jaeger/Henckel*, KO § 37 RdNr. 57; ferner G. *Paulus* AcP 155 (1956), 277, 310 f.
[227] RG JW 1928, 1345, 1346; *Jaeger/Henckel*, KO § 37 RdNr. 58; *Kilger/K. Schmidt* § 37 Anm. 2, S. 220; *Gerhardt*, Gläubigeranfechtung S. 330 f.
[228] Vgl. *Rutkowsky* S. 195 f. und für die Duldung der Zwangsvollstreckung aus einem Grundstück trotz anfechtbarer Beschränkung des Haftungszwecks OLG Hamburg KTS 1987, 727, 731; ZIP 1989, 777, 780.
[229] BGH NJW-RR 1990, 142, 144; RG Gruchot 41 (1897), 1103, 1107; OLG Nürnberg KTS 1967, 170, 171; HK-*Kreft* § 143 RdNr. 4; FK-*Dauernheim* § 143 RdNr. 9; *Jaeger/Henckel*, KO § 37 RdNr. 31; *Uhlenbruck/Hirte* § 143 RdNr. 14; G. *Paulus* AcP 155 (1956), 277, 326 f.; *Gerhardt*, Gläubigeranfechtung S. 326 f.; *Allgayer* RdNr. 577 f.; vgl. RG bei Bolze 5 (1888), Nr. 345.
[230] Vgl. BGH NJW-RR 2004, 1534, 1537.
[231] HambKomm-*Rogge* § 143 RdNr. 40; *Jaeger/Henckel*, KO § 37 RdNr. 31. Zur Verjährungsfrist vgl. auch § 146 RdNr. 46, zur Ablaufhemmung bei einer Ausschlussfrist RG Gruchot 41 (1897), 1103, 1107.
[232] *Kübler/Prütting/Paulus* § 143 RdNr. 23; HambKomm-*Rogge* § 143 RdNr. 40; aM *Mauer* RdNr. 368; *Allgayer* RdNr. 581.

verbundenen Pfandrecht gilt das allerdings nur, solange der Schuldner oder der Insolvenzverwalter im Besitz der Sache ist; anderenfalls muss der Anfechtungsgegner das Pfandrecht wieder begründen.[233] Auch soweit inzwischen Dritte eigene Rechte an dem Pfandobjekt erworben haben, können diese nur unter den Voraussetzungen des § 145 beseitigt oder hinter das Recht der Insolvenzmasse zurückgestuft werden (s. o. vor § 129 RdNr. 21, 33, 39). Einen Bürgen, der sich für die anfechtbar erlassene Forderung verbürgt hatte, kann der Insolvenzverwalter auf Erfüllung der Bürgschaft in Anspruch nehmen; dessen Einwand, gem. § 767 Abs. 1 Satz 1 BGB nichts mehr zu schulden, kann mit der Anfechtungseinrede bekämpft werden, weil er ausschließlich im Verhältnis zwischen dem Hauptschuldner und seinem Gläubiger (dem Insolvenzschuldner) wurzelt. Dieselben Regeln gelten, soweit der Schuldner durch einen – ausnahmsweise (s. o. § 134 RdNr. 40 a) – anfechtbaren *Vergleich* auf Rechte verzichtet hat.[234] Wegen des Erlasses nicht-akzessorischer Sicherheiten s. u. RdNr. 49.

Hat der spätere Insolvenzschuldner eine eigene Forderung in anfechtbarer Weise **gestundet,** so bewirkt die Anfechtung, dass die Forderung fällig ist, wie wenn es diese Vereinbarung nicht gäbe.[235] Hat der Insolvenzschuldner als Sicherungsgeber mit seinem Sicherungsnehmer eine für die Insolvenzgläubiger nachteilige Verwertungsvereinbarung geschlossen, hat deren Anfechtung durch den Insolvenzverwalter zur Folge, dass die Verwertung unabhängig von der Vereinbarung durchzuführen ist; wurde sie schon durchgeführt, hat der Sicherungsnehmer sein Vorgehen im Hinblick auf mögliche Schadensersatzpflichten an den allgemeinen Regeln messen zu lassen.[236] 48

Stand dem späteren Insolvenzschuldner an einem fremden Grundstück ein **Grundpfandrecht** zu und hat er darauf in anfechtbarer Weise i. S. v. §§ 1168, 1192 Abs. 1 BGB **verzichtet,** so ist zugunsten des Grundstückseigentümers eine Grundschuld entstanden (§ 1177 BGB). Diese muss der Insolvenzverwalter sich im Wege der Anfechtung zurückgewähren lassen, indem er die Übertragung der entstandenen Grundschuld mit ihrem früheren Rang an den Insolvenzschuldner verlangt; nur dadurch erwirkt er die grundbuchmäßigen Voraussetzungen für eine Verwertung der Grundschuld.[237] Allerdings erscheint eine Verbindung dieser Klage mit derjenigen auf Duldung der Zwangsvollstreckung (§ 1147 BGB) nach Maßgabe des § 260 ZPO zulässig. Sind nachrangige Grundpfandrechte eingetragen, wird die Möglichkeit zur Rückgewähr mit dem früheren Rang durch den Löschungsanspruch der nachrangigen Gläubiger nach § 1179 a BGB erschwert. Soweit diese Ansprüche nicht wegen Insolvenzeröffnung entfallen[238] oder durch selbständige Anfechtung beseitigt werden können (s. u. § 145 RdNr. 20, 30), hat der Grundstückseigentümer Wertersatz zu leisten.[239] Hat dagegen der Insolvenzschuldner in anfechtbarer Weise bei der **Aufhebung** (§ 1183 BGB) seines Grundpfandrechts mitgewirkt, so ist es erloschen. Der Eigentümer des Grundstücks hat es zu Zwecken der Rückgewähr wieder zu bestellen. Ohne diese Voraussetzung wird insbesondere das Zwangsversteigerungsgericht eine Anmeldung des Rechts durch den Insolvenzverwalter (§§ 37 Nr. 4, 45 Abs. 1 ZVG) aus formellen Gründen nicht berücksichtigen, wenn es nicht aus dem Grundbuch ersichtlich ist und wenn der Eigentümer widerspricht, weil das Vollstreckungsgericht (§ 3 Nr. 1 Buchst. i RpflG) kaum in der Lage ist, über eine umstrittene Anfechtbarkeit zu entscheiden.[240] Eine eigene 49

---

[233] *Jaeger/Henckel,* KO § 37 RdNr. 31.
[234] Vgl. BGH ZInsO 2006, 1322, 1324; für eine Lösung entsprechend Verrechnungsregeln *Gerhardt* KTS 2004, 195, 201 f.
[235] HambKomm-*Rogge* § 143 RdNr. 40.
[236] Vgl. BGH NJW 1997, 1063, 1065.
[237] FK-*Dauernheim* § 143 RdNr. 9; *Jaeger/Henckel,* KO § 37 RdNr. 37; *G. Paulus* AcP 155 (1956), 277, 309 Fn. 56, 333; dagegen für ein unmittelbares Verwertungsrecht des Insolvenzverwalters *Gerhardt,* Gläubigeranfechtung S. 327.
[238] Vgl. BGH NJW 2006, 2408, 2409 f.; krit. *Rein* NJW 2006, 3470 ff.
[239] *Kübler/Prütting/Paulus* § 143 RdNr. 27; HambKomm-*Rogge* § 143 RdNr. 41; s. u. RdNr. 92.
[240] Vgl. § 45 Abs. 1, letzter Halbs. ZVG. Dies berücksichtigt *Jaeger/Henckel,* KO § 37 RdNr. 39 nicht hinreichend.

Klage – ggf. eine Widerspruchsklage auf der Grundlage des § 115 Abs. 1 Satz 2 ZVG, § 878 ZPO – bleibt dem Insolvenzverwalter also nicht erspart. Der förmlichen Wiederbestellung des Grundpfandrechts wird oft die praktische Schwierigkeit entgegenstehen, dass infolge der vorangegangenen Aufhebung nachfolgende Grundpfandrechte aufgerückt sind. Der Rangvorteil, den deren Inhaber dadurch erlangt haben, kann allenfalls im Wege einer gegen sie selbständig zu führenden – zB auf § 134 Abs. 1 zu stützenden – Anfechtung zurückgewährt werden. Der durch die ursprüngliche Aufhebung begünstigte Grundstückseigentümer hat den Rangvorteil selbst nicht erlangt, sondern kann lediglich ein letztrangiges Grundpfandrecht neu bestellen. Wegen des Rangverlusts bleibt gegenüber diesem Anfechtungsgegner nur die Möglichkeit des Wertersatzes;[241] insoweit entscheidet nach allgemeinen Grundsätzen (s. o. RdNr. 21) nur, dass der Insolvenzschuldner den früheren Rang verloren hat, während für den Anfechtungsgegner lediglich im Rahmen der Verschuldensprüfung zu berücksichtigen ist, dass er seinerseits den Rang nie erlangt hat.[242]

49 a Wurde ein Heimfallanspruch für ein **Erbbaurecht** des Schuldners anfechtbar begründet, führt die Anfechtung dazu, dass der Heimfallanspruch keine Rechtswirkung gegen die Insolvenzmasse hat. Diese kann vielmehr das Erbbaurecht gemäß den übrigen Bestimmungen weiter ausüben.[243]

50 b) **Schuldtilgung. aa)** Hat der spätere **Insolvenzschuldner** eine **eigene Verbindlichkeit** gegenüber einem Insolvenzgläubiger in anfechtbarer Weise **erfüllt,** so hat dieser die empfangene Leistung zurückzugewähren.[244] Die erfüllte Verbindlichkeit lebt dann nach Maßgabe des § 144 Abs. 1 wieder auf; ein zugrunde liegender schuldrechtlicher Vertrag wird dadurch nicht automatisch umgestaltet (s. u. § 144 RdNr. 7). Hat der Schuldner eine Dienst- oder Werkleistungspflicht (§§ 611, 631, 675 BGB) erfüllt, zB durch Vornahme von Einbauten in ein Grundstück, wird im Allgemeinen nur Wertersatz möglich sein.[245] Hat der Schuldner zur – anfechtbaren – Erfüllung einer eigenen Verbindlichkeit Geld hinterlegt, so haben die als berechtigt Bezeichneten Rückgewähr durch Einwilligung in die Auszahlung an die Insolvenzmasse[246] zu leisten. Hat der Insolvenzschuldner eine Leistung an Erfüllungs Statt oder erfüllungshalber (§ 364 BGB) erbracht, die der Gläubiger angenommen hat, ist die Anfechtungsklage des Insolvenzverwalters in erster Linie auf die Rückgewähr dieser konkreten Leistung zu richten; nur hilfsweise ist ihr Wert zu ersetzen (s. u. RdNr. 94). Hat der Schuldner eine geschuldete Einlage in eine Gesellschaft in anfechtbarer Weise geleistet, stehen der Anfechtung nicht die Vorschriften über die Kapitalerhaltung entgegen (s. o. § 129 RdNr. 18). Liegt die anfechtbare Leistung darin, dass der Schuldner zahlte, ohne sich auf den eingetretenen Wegfall der Geschäftsgrundlage (§ 242 BGB) zu berufen, erfolgt die Rückgewähr auf Grund eines Rückzahlungsanspruchs.[247]

50 a Hat der Schuldner eine **fremde** Verbindlichkeit erfüllt, wird sich der Anfechtungsanspruch oft nicht gegen den Gläubiger der erfüllten Forderung, sondern gegen ihren Schuldner richten;[248] dieser hat den Wert der erlangten Schuldbefreiung zu ersetzen (s. u. RdNr. 94). Richtet sie sich gegen den Gläubiger, lebt ein zugrunde liegender Vertrag nicht auf.[249] Hat der spätere Insolvenzschuldner mit einem Dritten vereinbart, dass dieser eine Verbindlichkeit des Insolvenzschuldners gegenüber einem Insolvenzgläubiger befrei-

---

[241] HambKomm-*Rogge* § 143 RdNr. 42; s. u. RdNr. 92.
[242] *Baur/Stürner* RdNr. 20.6, 20.9; *Gerhardt,* Gläubigeranfechtung S. 327; *v. Campe* S. 290.
[243] BGH ZInsO 2007, 600, 602; ergänzend s. o. RdNr. 18.
[244] OLG Stuttgart ZIP 2005, 1837, 1841. Zur Rückgewähr von Geldzahlungen s. o. RdNr. 30.
[245] Vgl. BGHZ 71, 61, 63 = NJW 1978, 1326; BGHZ 129, 336, 344 = NJW 1995, 1966, 1968. Ergänzend s. u. RdNr. 94.
[246] Vgl. *Jaeger/Henckel,* KO § 37 RdNr. 34. Dazu, dass die Klage des Anfechtenden innerhalb der Frist des § 146 Abs. 1 erhoben werden sollte, s. u. § 146 RdNr. 55.
[247] Vgl. BGH ZIP 1995, 1021, 1028, insoweit nicht in BGHZ 129, 236 abgedr.
[248] Vgl. § 130 RdNr. 19, § 134 RdNr. 32, aber auch HambKomm-*Rogge* § 143 RdNr. 38. Zur Zahlung von Versicherungsprämien zugunsten Dritter vgl. RdNr. 23 a und BGH ZIP 1997, 1596, 1600, insoweit nicht in BGHZ 136, 220 abgedr.
[249] OLG Stuttgart NZI 2002, 112, 113; s. o. RdNr. 50.

Rechtsfolgen 51, 52 **§ 143**

end übernimmt (§ 415 BGB), kann eine hierdurch zum Nachteil der anderen Insolvenzgläubiger geschaffene Aufrechnungslage im Verhältnis zum Übernehmer anfechtbar sein.[250]

Hat **an** den späteren **Insolvenzschuldner** einer seiner Schuldner in anfechtbarer Weise eine Verbindlichkeit **erfüllt,** gilt diese gem. § 143 Abs. 1 Satz 1 als fortbestehend;[251] der Anfechtungsgegner kann demgegenüber seine Erfüllungsleistung nach bereicherungsrechtlichen Grundsätzen zurückfordern, aber meist nur mit der Wirkung einer bloßen Insolvenzforderung (s. u. § 144 RdNr. 5 aE). Weist der Insolvenzschuldner einen eigenen Schuldner unanfechtbar an, die von diesem geschuldete Leistung befreiend an einen Dritten zu erbringen, hat dieser die erlangte Leistung an die Insolvenzmasse zurückzugewähren, wenn ihm gegenüber ein Anfechtungstatbestand verwirklicht wurde; der an ihn gezahlte Betrag ist anstelle der erfüllten, gegen den ursprünglichen Schuldner gerichteten Forderung des Insolvenzschuldners herauszugeben.[252] Stand dem Dritten (Anfechtungsgegner) seinerseits eine Forderung gegen den Insolvenzschuldner zu, die durch die dargestellte Leistung im Dreiecksverhältnis – anfechtbar – getilgt wurde, lebt sie mit der Rückgewähr gem. § 144 Abs. 1 wieder auf. 51

bb) Wurde eine Aufrechnungslage in anfechtbarer Weise herbeigeführt, ist gem. § 96 Abs. 1 Nr. 3 die **Aufrechnung** gegenüber der Insolvenzmasse (s. o. § 129 RdNr. 15) ohne weiteres unwirksam: die nach der Insolvenzeröffnung erklärte Aufrechnung von Anfang an, die vorher erklärte mit Wirkung seit der Insolvenzeröffnung.[253] Der Insolvenzverwalter klagt die ursprüngliche Forderung – bis zur zeitlichen Grenze der Verjährung (s. u. § 146 RdNr. 5, 46) – ein und begegnet dem Aufrechnungseinwand mit dem Gegeneinwand der anfechtungsbedingten Unwirksamkeit;[254] dazu ist er während der Dauer des Insolvenzverfahrens auch nach Ablauf der Anfechtungsfrist befugt, weil seine Leistungsklage selbst nicht auf die Anfechtung gestützt ist.[255] Hat ein Geldinstitut dem späteren Insolvenzschuldner eine Gutschrift erteilt und diese in anfechtbarer Weise mit eigenen Gegenforderungen verrechnet, führt die erfolgreiche Anfechtung dieser Verrechnung dazu, dass das Guthaben wiederhergestellt werden muss;[256] damit kann die Klage auf dessen Auszahlung verbunden werden. Der Bereicherungsanspruch des Kreditinstituts stellt nach Maßgabe des § 144 Abs. 1 nur eine Insolvenzforderung dar. Für eine nicht kraft Gesetzes, sondern durch Vereinbarung entstandene Aufrechnungslage gilt, ungeachtet des § 94, nichts Abweichendes.[257] Hat dagegen der spätere Insolvenzschuldner bei für ihn unanfechtbar entstandener Aufrechnungslage selbst aufgerechnet, ohne dass für den anderen Teil – zB im Hinblick auf §§ 390 Satz 1, 393, 394 BGB – schon eine Aufrechnungslage bestanden hätte, so ist die Aufrechnungs- 52

---

[250] Vgl. OLG Nürnberg KTS 1967, 170, 171 f. und zur Rückgewähr unten RdNr. 52.
[251] Kilger/K. Schmidt § 37 KO Anm. 1 d; vgl. Uhlenbruck/Hirte § 143 RdNr. 14; HambKomm-Rogge § 143 RdNr. 39. Ergänzend vgl. RdNr. 47 und § 146 RdNr. 56.
[252] S. o. RdNr. 23. Im Ergebnis ebenso RGZ 43, 83, 84 f.; 59, 195, 196 f.; OLG Celle KTS 1963, 50, 52 f.; Hassold S. 218; dagegen will Jaeger/Henckel, KO § 37 RdNr. 54 von vornherein nur Wertersatz gewähren.
[253] BGH NJW 2007, 78, 79; Urt. v. 12. 7. 2007 – IX ZR 120/04, z. V. b.; vgl. OLG Hamm ZInsO 2006, 45 f.; krit. Gerhardt KTS 2004, 195, 199 ff. Ergänzend s. o. § 96 RdNr. 37.
[254] BGH NZI 2004, 82 f.; 2004, 620 f.; NJW-RR 2005, 1138, 1139 m. Anm. von Kreft WuB VI.A § 96 InsO 3.05; OLG Dresden DZWIR 2001, 470, 471; OLG Frankfurt NZI 2006, 241, 242; Uhlenbruck/Hirte § 143 RdNr. 15; Bork, Festschrift für Ishikawa, 2001, S. 31, 33 ff. und in: Zahlungsverkehr RdNr. 127, 208, 267; hingegen differenzierend danach, ob Aufrechnung vor oder nach Insolvenzeröffnung erklärt wurden, Zenker NZI 2006, 16 ff.; wohl auch Kübler/Prütting/Paulus § 143 RdNr. 25. Ergänzend s. u. RdNr. 53.
[255] Kübler/Prütting/Paulus § 143 RdNr. 25; vgl. Nerlich (Fn. 32) § 143 RdNr. 42; so schon Jaeger/Henckel, KO § 37 RdNr. 33. Durch die gesetzliche Neufassung ist die in BGHZ 86, 349, 352 f. = NJW 1983, 1120, 1121; BGH NJW 2001, 368, 369 vorgenommene Berechnung der Anfechtungsfrist ab Aufrechnungserklärung überholt. Ergänzend s. u. § 146 RdNr. 46.
[256] BGHZ 58, 108, 110 ff. = NJW 1972, 633 f.; OLG Köln WM 1979, 1193 f.; Uhlenbruck/Kuhn § 37 RdNr. 22; vgl. BGHZ 86, 190, 193 ff. = NJW 1983, 887, 888; BGHZ 86, 349, 351 = NJW 1983, 1120, 1121. Das gilt auch, wenn die Gutschrift irrtümlich erteilt, aber nicht (mehr) zu stornieren war (BGHZ 87, 246, 250 f. = NJW 1983, 2501, 2502).
[257] Vgl. OLG Dresden DZWIR 2001, 470, 471; Bork, Zahlungsverkehr RdNr. 127; Jaeger/Henckel, KO § 30 RdNr. 289.

erklärung selbst anzufechten; die Anfechtungsklage ist auf Erfüllung der aufgerechneten Forderung des Insolvenzschuldners zu richten.[258]

53 Eine Aufrechnungslage kann auch dadurch hergestellt werden, dass der spätere Insolvenzschuldner in seiner wirtschaftlichen Krise mit einem Insolvenzgläubiger einen **gegenseitig** verpflichtenden **Vertrag** schließt. Sogar wenn die darin vereinbarten Leistungen für sich ausgewogen sind, erhält der Gläubiger durch eine Erfüllungshandlung des Schuldners einen werthaltigen Vermögenszuwachs, während er seine vertragliche Gegenleistung durch Verrechnung mit seiner minderwertigen Altforderung zu erbringen vermag. Erst der neue Vertragsschluss verschafft ihm dafür, wirtschaftlich betrachtet, eine Deckung. Nach Insolvenzeröffnung kann die allein benachteiligende Herstellung der Aufrechnungslage als selbständige Rechtswirkung angefochten werden, indem der Insolvenzverwalter den Anspruch des Schuldners aus dem Vertrag geltend macht und den Aufrechnungseinwand des Gläubigers mit dem Gegeneinwand der Anfechtbarkeit abwehrt.[259] Eine unzulässige bloße Teilanfechtung (s. o. RdNr. 17) liegt darin nicht,[260] sondern es handelt sich um getrennt anfechtbare Rechtshandlungen. Die Erwägung, die Beteiligten hätten statt des selbständigen Leistungsaustauschs eine Leistung an Erfüllungs statt vereinbaren können,[261] geht zu Unrecht von einer nur hypothetisch abweichenden statt von der tatsächlich vorliegenden Verursachung aus: Maßgeblich ist die Auslegung (§ 157 BGB) der konkreten Vereinbarung.[262] Ist sie allein auf eine Leistung an Erfüllungs Statt gerichtet, findet ausschließlich die Deckungsanfechtung gegen die Erfüllungswirkung statt (s. o. RdNr. 50); ein solcher Wille mag insbesondere nahe liegen, wenn der andere Teil eine für ihn branchenfremde Leistung erwirbt, oder wenn der vereinbarte, vom Insolvenzgläubiger zu zahlende Kaufpreis nicht wesentlich höher ist als seine Gegenforderung.[263] Dagegen kann es für einen gewollten Leistungsaustausch nach Art eines „Gelegenheitskaufs" insbesondere sprechen, wenn der Insolvenzgläubiger ein Produkt des Insolvenzschuldners – möglicherweise sogar verbilligt – erwirbt, dessen Wert den Betrag der aufzurechnenden Gegenforderung erheblich übersteigt, oder wenn beide Teile in derselben Handelsbranche tätig sind. Die weitere Abwicklung dieses Vertrages nach erfolgreicher Anfechtung der Erfüllungsleistung des Partners folgt den hierfür geltenden allgemeinen Regeln – insbesondere §§ 320 ff. BGB –, weil es sich insoweit nicht um eine Anfechtungsfolge i. S. v. § 144 handelt; der Vertragspartner kann seine selbständige ursprüngliche Forderung gegen den Insolvenzschuldner, die durch die Aufrechnung in anfechtbarer Weise getilgt werden sollte, als fortbestehend zur Insolvenztabelle anmelden. Das Auslegungsrisiko dahin, ob ein selbständiger Vertragsschluss oder eine Leistung an Erfüllungs Statt vorliegt, und damit die Gefahr, die Anfechtungsfrist (§ 146 Abs. 1) für das im Einzelfall richtige Rechtsschutzziel zu versäumen, trägt allerdings der Insolvenzverwalter; diesem Risiko sollte er im Zweifel durch rechtzeitige Klage mit Haupt- und Hilfsanträgen für die unterschiedlichen Auslegungsmöglichkeiten begegnen. Zusätzlich kann der neu abgeschlossene Vertrag – zB gemäß § 132 InsO – selbst anfechtbar sein, soweit sein eigener Inhalt ebenfalls die Insolvenzgläubiger benachteiligt.[264]

53a **c) Dienst- oder Werkleistungen.** Hat der Schuldner in anfechtbarer Weise Dienst- oder Werkleistungen aus seinem Vermögen erbracht, wird eine Rückgewähr in Natur meist

---

[258] *Uhlenbruck/Hirte* § 129 RdNr. 33; *Häsemeyer* RdNr. 19.01 a; *v. Olshausen* KTS 2001, 45, 47 ff.
[259] BGHZ 147, 233, 236 ff. = NJW 2001, 1940, 1941 f.; NZI 2002, 262, 263; NZI 2004, 82 f.; 2004, 376, 377; 2004, 445, 446; 2004, 620 f.; OLG Rostock ZIP 2003, 1903, 1904 ff.; OLG Hamm WM 2003, 2115, 2116 f.; OLG Frankfurt NZI 2006, 241, 242; HK-*Kreft* § 129 RdNr. 16; *Kübler/Prütting/Lüke* § 96 RdNr. 55; HambKomm-*Rogge* § 143 RdNr. 37, 96 aE; *Jaeger/Henckel*, KO § 30 RdNr. 283 f.; vgl. BGHZ 145, 245, 255 = NJW 2001, 367, 369. Ergänzend s. o. RdNr. 52.
[260] AM noch OLG Köln NJW-RR 1995, 609, 610.
[261] So noch BGH WM 1971, 908, 909; NJW 1999, 359 zur KO.
[262] BGHZ 147, 233, 237 = NJW 2001, 1940, 1941; vgl. *Jaeger/Henckel*, KO § 30 RdNr. 286; *Eckardt* Anm. LM § 29 KO Nr. 22 Bl. 3.
[263] So in den Fällen BGH NJW 1999, 359; OLG Hamburg SeuffA 55 (1900), Nr. 252; OLG Köln NJW-RR 1995, 609, 610; OLG Dresden WiB 1997, 647 f.
[264] Vgl. BGHZ 147, 233, 235 f. = NJW 2001, 1940 ff.; *Jaeger/Henckel*, KO § 30 RdNr. 285.

nicht möglich sein; dann schuldet der Anfechtungsgegner Wertersatz (s. u. RdNr. 94 a, 94 b). Dasselbe gilt für die Überlassung von Arbeitskräften[265] oder von Sachen zum Gebrauch (s. u. RdNr. 61).

6. Anfechtbare Schuldbegründung oder -verstärkung. Hatte der spätere Insolvenzschuldner in anfechtbarer Weise eine Verbindlichkeit gegenüber einem Dritten begründet,[266] kann der Insolvenzverwalter – unabhängig vom Theorienstreit über die Rechtsnatur der Insolvenzanfechtung (s. o. vor § 129 RdNr. 34) – das Erfüllungsverlangen des Gläubigers unbefristet (§ 146 Abs. 2) mit dem Einwand der Anfechtbarkeit abwehren.[267] Darauf vermag er auch einen Widerspruch gegen die Feststellung zur Insolvenztabelle gem. § 178 Abs. 1 zu stützen.[268] Wurde erst durch die anfechtbare Schuldbegründung eine Deckungshandlung kongruent, führt die erfolgreiche Anfechtung ohne weiteres dazu, dass die Deckung als inkongruent i. S. v. § 131 zu behandeln ist;[269] andererseits berührt diese Anfechtung früher bestellte Sicherheiten insoweit nicht, als diese andere Forderungen auf Grund selbständiger Vereinbarung in kongruenter Weise sichern.[270] Soweit im Einzelfall ein zusätzliches Interesse besteht, kann der Insolvenzverwalter auch von sich aus eine – notfalls feststellende (§ 256 ZPO; s. u. § 146 RdNr. 39) – Klage gegen einen Anfechtungsgegner erheben, um die Unwirksamkeit der Verbindlichkeit aussprechen zu lassen. Insbesondere muss der Verwalter aktiv werden, um eine vom Insolvenzschuldner schon geleistete Erfüllung[271] oder Sicherheit zurückzuerhalten oder eine zur Sicherung eingetragene Vormerkung zu beseitigen.[272] Wurde zur Sicherung von Ansprüchen des anderen Teils aus einem anfechtbaren Vertrage eine Vormerkung im Grundbuch eingetragen, kann der Insolvenzverwalter auf Grund der Einrede der Anfechtbarkeit deren Löschung verlangen (s. o. RdNr. 32), weil ihr Bestand von den gesicherten Hauptansprüchen abhängt.

Hat der Schuldner in anfechtbarer Weise Dienst- oder Werkleistungen aus seinem Vermögen erbracht, wird eine Rückgewähr in Natur meist nicht möglich sein; dann schuldet der Anfechtungsgegner Wertersatz (s. u. RdNr. 94 a). Dasselbe gilt für die Überlassung von Sachen zum Gebrauch[273] oder von Arbeitskräften.[274] Ist ein Dauernutzungsvertrag (zB Miete oder Darlehen) Gegenstand der Anfechtung, hängt die Art der Rückgewähr davon ab, ob die Nutzungsüberlassung selbst oder nur eine zu geringe Vergütung angefochten wird; je nachdem ist Rückgewähr durch Rückgabe des überlassenen Gegenstands selbst (zB Räumung) oder durch Zahlung der angemessenen Nutzungsentschädigung zu leisten.[275] Wurde ein vereinbarter Rangrücktritt in anfechtbarer Weise aufgehoben (s. o. § 129 RdNr. 19), bewirkt die Anfechtung, dass das betroffene Recht nur im früheren Nachrang geltend gemacht werden kann. Übernimmt der Schuldner die Verbindlichkeit eines Anderen oder tritt er ihr in anfechtbarer Weise bei, hat dieser die Insolvenzmasse von der Schuld freizustellen (zu etwaigem Wertersatz s. u. RdNr. 95). Zur möglichen Erfüllungswahl des Insolvenzverwalters gem. § 103 nach vorübergehend versuchter und nicht vollzogener

---

[265] Vgl. BGH NJW-RR 2004, 696, 697 f.
[266] Zu Lebensversicherungen zugunsten eines Dritten s. o. RdNr. 23 a, zur Mithaftung für eine fremde Schuld s. o. § 134 RdNr. 34, zum prozessualen Schuldanerkenntnis s. u. RdNr. 56.
[267] *Kübler/Prütting/Paulus* § 143 RdNr. 18; *HK-Kreft* § 143 RdNr. 4; *Uhlenbruck/Hirte* § 143 RdNr. 7; HambKomm-*Rogge* § 143 RdNr, 3; *Jaeger/Henckel*, KO § 37 RdNr. 26; *G. Paulus* AcP 155 (1956), 277, 327 f.; *Gerhardt*, Gläubigeranfechtung S. 331; *Allgayer* RdNr. 664 ff.; für eine zusätzliche Aufhebung der Verbindlichkeit *Jauernig*, Zwangsvollstreckung § 51 IV 1 S. 241.
[268] *HK-Kreft* § 132 RdNr. 6.
[269] BGH NJW 1995, 1668, 1671; HambKomm-*Rogge* § 143 RdNr. 35.
[270] Vgl. BGH NJW-RR 1993, 235, 237.
[271] Zur Trennung zwischen Verpflichtungs- und Erfüllungsgeschäft s. o. § 129 RdNr. 57 bis 63.
[272] Vgl. *Jaeger/Henckel*, KO § 37 RdNr. 46; *Kilger/K. Schmidt* § 37 KO Anm. 2, S. 218 f. Ergänzend s. o. RdNr. 32, 43–45.
[273] Zur Art der Rückgewähr s. u. RdNr. 61.
[274] BGH NJW-RR 2004, 696, 697.
[275] HambKomm-*Rogge* § 143 RdNr. 35; *Jaeger/Henckel*, KO § 29 RdNr. 44, 45; vgl. *Derleder* NZM 2004, 568, 574. Ergänzend zur Rückgewähr der Nutzungen s. u. RdNr. 61.

Anfechtung s. o. RdNr. 16 a, zu etwaigen Gegenleistungen des anderen Teils s. u. § 144 RdNr. 13 ff.

55 **7. Anfechtbare Unterlassungen.** Ist eine Unterlassung des Insolvenzschuldners anfechtbar, sind die – insbesondere **materiell-rechtlichen** – Folgen der Unterlassung in der Weise zurückzugewähren, dass sie (negativ) nicht zu Lasten der Insolvenzmasse und damit zugunsten des Anfechtungsgegners wirken. Der Anfechtungsgegner muss sich also so behandeln lassen, als hätte der Schuldner die unterbliebene Handlung vorgenommen.[276] Hat es insbesondere der Insolvenzschuldner in anfechtbarer Weise unterlassen, den Ablauf einer Verjährungsfrist zu unterbrechen, kann der Insolvenzverwalter die der Insolvenzmasse gebührende Leistung einklagen und die Verjährungseinrede des Schuldners unbefristet (§ 146 Abs. 2) mit dem Einwand der Anfechtbarkeit abwehren.[277] Entsprechendes gilt für die verspätete Ausübung eines dem Insolvenzschuldner zustehenden Anfechtungs- oder Kündigungsrechts oder eines Wechselprotests.[278] Hat dagegen der Anfechtungsgegner infolge der Unterlassung seinerseits ein Recht erlangt – zB Eigentum auf Grund versäumter Unterbrechung einer Ersitzungsfrist –, ist es an den Insolvenzschuldner zurückzuübertragen.[279] Zu verfahrensrechtlichen Unterlassungen s. u. RdNr. 56.

56 **8. Anfechtbare Prozesshandlungen. a) Erkenntnisverfahren.** Die Anfechtung einer Prozesshandlung beseitigt nicht die gerichtliche Entscheidung, die daraufhin erlassen wurde, sondern **begrenzt** gem. § 141, 1. Alt. deren **materiell-rechtliche Wirkungen.** Insbesondere darf der Insolvenzverwalter nicht nachträglich eine vom Insolvenzschuldner versäumte Berufung mit prozessualer Wirkung im Ausgangsverfahren einlegen.[280] Wurde infolge einer anfechtbaren Prozesshandlung, zB einer Säumnis oder eines Anerkenntnisses des Insolvenzschuldners, ein Recht gegen ihn festgestellt, kann der Insolvenzverwalter – wie im Falle der anfechtbaren Rechtsübertragung (s. o. RdNr. 28 ff.) oder Schuldbegründung (s. o. RdNr. 54) – deren Geltendmachung abwenden.[281] Wurde aus dem Titel – in für sich nicht anfechtbarer Weise – vollstreckt, entfällt mit erfolgreicher Anfechtung der Titel für diese Zwangsvollstreckung; das kann danach auch mit der Erinnerung gem. § 766 ZPO gerügt werden.[282] Wurde ein Recht des Insolvenzschuldners aberkannt, gilt es – wie beim anfechtbaren Erlass des Rechts (s. o. RdNr. 45 ff.) – zugunsten der Insolvenzmasse als fortbestehend. Daran ändert sich auch nichts in dem Fall, dass der Insolvenzschuldner mit verspätetem Vortrag gem. §§ 296, 528 ZPO vom Prozessgericht nicht zugelassen oder zurückgewiesen wurde und infolgedessen einen Rechtsstreit verlor: Für die Anfechtung kommt es nicht darauf an, ob die Beteiligten über die prozessuale Ausgangsentscheidung verfügen können, sondern nur, dass sie über deren materiell-rechtliche Folgen zu verfügen vermögen. Deshalb ist grundsätzlich nicht das frühere Erkenntnisverfahren mit neuem, nunmehr vom Gericht zuzulassenden Parteivortrag des Insolvenzverwalters fortzusetzen.[283] Vielmehr ist ggf. in einem späteren, selbständigen Anfechtungsrechtsstreit darüber zu befinden, ob die Säumnis des Insolvenzschuldners anfechtbar war und den Rechtsverlust verursacht hat. Dies ent-

---

[276] HK-*Kreft* § 143 RdNr. 17; *Uhlenbruck/Hirte* § 143 RdNr. 17; HambKomm-*Rogge* § 143 RdNr. 44; *Jaeger/Henckel*, KO § 37 RdNr. 60.

[277] HambKomm-*Rogge* § 143 RdNr. 44; vgl. *Mauer* RdNr. 369.

[278] FK-*Dauernheim* § 143 RdNr. 12; *Jaeger/Henckel*, KO § 37 RdNr. 60. Drittwirkung gegenüber weiteren Wechselverpflichteten kann die Anfechtung aber nur unter den Voraussetzungen des § 145 erlangen.

[279] HK-*Kreft* § 143 RdNr. 17; *Uhlenbruck/Hirte* § 143 RdNr. 17; HambKomm-*Rogge* § 143 RdNr. 44; FK-*Dauernheim* § 143 RdNr. 12; *Jaeger/Henckel*, KO § 37 RdNr. 60; *Kilger/K. Schmidt* § 37 KO Anm. 2, S. 220.

[280] FK-*Dauernheim* § 143 RdNr. 13; *Jaeger/Henckel*, KO § 29 RdNr. 19 ff.

[281] *Henckel*, Kölner Schrift S. 813, 822 RdNr. 23; *v. Campe* S. 291; vgl. *Kübler/Prütting/Paulus* § 143 RdNr. 29; *Uhlenbruck/Hirte* § 143 RdNr. 16; HambKomm-*Rogge* § 143 RdNr. 45; aM *Rutkowsky* S. 197, der stets nur einen Wertersatzanspruch annimmt.

[282] HK-*Kreft* § 133 RdNr. 6 aE; vgl. *Jaeger/Henckel*, KO § 30 RdNr. 239; ergänzend s. o. § 133 RdNr. 9 ff.

[283] AM *Uhlenbruck/Hirte* § 143 RdNr. 18; *Kühnemund* KTS 1999, 25, 36 ff.; *Allgayer* RdNr. 601 ff., 687 ff. Ausnahmen sind allenfalls aus Vereinfachungsgründen denkbar, wenn der Insolvenzverwalter die nötige materiell-rechtliche Klärung in einem noch anhängigen Ausgangsverfahren selbst – insbesondere im Wege eines Zwischenstreits (§ 256 Abs. 2 ZPO) – herbeizuführen vermag.

spricht der Rechtslage bei Schadensersatzforderungen gegen Prozessbevollmächtigte, die verspäteten Vortrag verschuldet haben sollen.[284]

b) Zwangsvollstreckungen. Hat ein **Insolvenzgläubiger** durch eine anfechtbare Pfändungsmaßnahme (vgl. § 141 2. Alt.) eine Sicherung erlangt, so hat er sie wie ein anfechtbar erworbenes Pfandrecht (s. o. RdNr. 42–44) zurückzugewähren. Um die Verstrickungswirkung der Pfändung zu beseitigen, hat er auf das Pfändungspfandrecht entsprechend § 843 ZPO zu verzichten; dessen materiell-rechtliche Wirkungen darf er nicht ausüben.[285] Wurde ein Vollstreckungserlös bereits an den pfändenden Gläubiger ausgekehrt, hat dieser ihn an den Insolvenzverwalter zurückzuzahlen.[286] Ist eine gepfändete Forderung eingezogen und der Betrag hinterlegt worden, richtet sich der Rückgewähranspruch auf Einwilligung in die Auszahlung des hinterlegten Betrages.[287] Blieb dagegen eine Pfandsache im Besitz des Schuldners, ist die Abwehr der Vollstreckungswirkungen gem. § 146 Abs. 2 unbefristet möglich.[288] Die für sich nicht mehr angreifbare Vorpfändung (§ 845 ZPO) tritt ohne weiteres außer Kraft, wenn die nachfolgende Hauptpfändung erfolgreich angefochten wird (s. o. § 131 RdNr. 28). Dagegen muss eine Anschlusspfändung im Sinne von § 826 ZPO getrennt angefochten werden, weil sie dem pfändenden Gläubiger ein selbständiges Pfandrecht verschafft, sofern die erste Verstrickung formell wirksam war; die erleichterte Form des § 826 ZPO dient allein den Interessen des Vollstreckungsorgans, kann aber nicht dazu führen, dass die Rechtsposition der nachpfändenden Gläubiger auch von der Unanfechtbarkeit des ersten Pfändungspfandrechts abhängig gemacht wird.[289] Wird eine Pfändung unabhängig von der Anfechtung – zB wegen einer Drittintervention gem. § 771 ZPO – aufgehoben, erledigt sich die Anfechtung mangels Gläubigerbenachteiligung.[290] Entsprechendes gilt, soweit der Schuldner unter Mißachtung der Verstrickung gepfändete Gegenstände anderweitig lastenfrei veräußert.[291] Ein Erwerb durch Zwangsversteigerung schließt nicht den Rückgewähranspruch gegen den Ersteher aus, der schon durch einen früheren anfechtbaren Erwerb derselben Sache begründet worden war.[292] Zur Abwehr von Vollstreckungsmaßnahmen von **Gläubigern des Anfechtungsgegners** auf Gegenstände, die auf Grund der Anfechtung zur Insolvenzmasse gehören, s. u. § 145 RdNr. 21, 30.

9. Verzug mit der Rückgewähr. **Geld**schulden hat der Anfechtungsgegner schon von der Fälligkeit (s. o. RdNr. 9) an zu verzinsen (s. u. RdNr. 88). Gerät der Anfechtungsgegner mit der Rückgewähr gleich welchen Inhalts in Schuldnerverzug (zur Anwendbarkeit s. o. RdNr. 11), hat er nach § 280 Abs. 2 BGB der Insolvenzmasse den Verzugsschaden zu ersetzen.[293] Verzug tritt allerdings nur ein, wenn die Voraussetzungen des § 286 Abs. 1 oder 2 BGB gerade für den Rückgewähranspruch (§ 143 Abs. 1 Satz 1 InsO) verwirklicht sind; eine „Entgeltforderung" i. S. v. § 286 Abs. 3 BGB kann der Anfechtungsanspruch allenfalls sein, wenn eine solche Forderung anfechtbar erlassen oder gestundet worden war. Die Verweisung des § 143 Abs. 1 Satz 2 – auch – auf § 818 Abs. 4 BGB bestimmt nur den

---

[284] BGHZ 133, 110, 111 f. = NJW 1996, 2501 f.; BGH VersR 1969, 849 f.; NJW 1988, 3013, 3015.
[285] BGH ZIP 1984, 978, 979; AG München KTS 1970, 238, 239; HambKomm-*Rogge* § 143 RdNr. 46 *Kilger/K. Schmidt* § 37 KO Anm. 2, S. 219; vgl. LG Köln ZIP 2006, 1059, 1060.
[286] BGH WM 1969, 374, 376; HambKomm-*Rogge* § 143 RdNr. 46; *Rebmann* S. 115 f.; vgl. BGH NZI 2002, 34, 35. Hat der pfändende Gläubiger die Erfüllung durch Aufrechnung mit einer eigenen, gegen den Drittschuldner gerichteten Forderung bewirkt, gilt die gepfändete Forderung entsprechend § 96 Abs. 1 Nr. 3 InsO ohne weiteres als fortbestehend. Sie kann zugunsten der Insolvenzmasse freigegeben werden (dagegen auf Grund der schuldrechtlichen Theorie für Wertersatz RGZ 58, 105, 107).
[287] BGH ZIP 1984, 978, 979; NJW 1995, 1668, 1671 unter C; LAG Düsseldorf KTS 1988, 163, 164 f.; *Jaeger/Henckel*, KO § 37 RdNr. 36 aE; zu 7 AnfG aF auch RGZ 91, 367, 371; demgegenüber bietet eine Klage aus § 771 ZPO – entgegen *Allgayer* RdNr. 659 – keine Vorteile.
[288] Vgl. BGHZ 83, 158, 159 f. = NJW 1982, 2074, 2075 f.
[289] *Jaeger/Henckel*, KO § 30 RdNr. 247; vgl. MünchKommZPO-*Schilken* § 826 RdNr. 61; *Rebmann* S. 82 ff.
[290] Vgl. § 129 RdNr. 178 und BGH NJW 1992, 624, 627 unter 4.
[291] Vgl. RG LZ 1908, 388, 390.
[292] HK-*Kreft* § 129 RdNr. 11 aE; zum AnfG BGHZ 159, 397, 400 f. = NJW 2004, 2900 f.
[293] OLG Stuttgart ZIP 2005, 1837, 1841.

Umfang der Haftung auf Wertersatz (s. u. RdNr. 73), ersetzt aber nicht zugleich die Verzugsvoraussetzungen für die vorrangige Rückgewährpflicht nach § 143 Abs. 1 Satz 1 InsO.[294] Der Inhalt einer verzugsbedingten Schadensersatzpflicht kann sich mit der Herausgabe (dem Ersatz) gezogener **Nutzungen** überschneiden, die oft früher eingreift aber in ihrem Umfang nicht so weit reicht (s. u. RdNr. 60 bis 63). Selbständige praktische Bedeutung hat der Verzug vor allem einerseits, soweit er Schäden in einer Höhe verursacht hat, welche die gezogenen oder zu ziehenden Nutzungen übersteigt, insbesondere nach anfechtbarer Übertragung von Geld.[295] Zum anderen kommt es auf die Verzugsvoraussetzungen wegen der durch § 287 Satz 2 BGB verschärften Haftung (s. u. RdNr. 78 aE) und insoweit an, als ein selbst nicht fruchtbringender oder gebrauchsfähiger Gegenstand anfechtbar überlassen war (§ 990 Abs. 2 BGB). Zu ersetzen ist dann derjenige Vermögensvorteil, den die Insolvenzmasse bei einer rechtzeitigen Rückgewähr erlangt hätte, oder der Nachteil, den sie vermieden hätte. Erfasst wird also insbesondere der **Vorenthaltungsschaden**, d. h. derjenige Vermögensnachteil, der – über den Substanzwert sowie etwa entgangene Nutzungen hinaus – dadurch entsteht, dass der Gegenstand im Schuldnervermögen gefehlt hat; dieser ist nur auf Grund Verzugs oder Rechtshängigkeit (§ 291 BGB) zu ersetzen.[296] Dies gilt grundsätzlich auch, wenn bei einer früheren Verwertung ein höherer Erlös zu erzielen gewesen wäre.[297]

V. Ergänzungen und Anpassungen der Rückgewährpflicht (Abs. 1 Satz 2)

59 Abs. 1 Satz 2 setzt dem Grunde nach eine Rückgewährpflicht voraus und **verweist** nur wegen ihrer **Rechtsfolgen** auf bereicherungsrechtliche Vorschriften. In Betracht kommen § 818 Abs. 1 und 2 BGB.[298] Anstelle des § 818 Abs. 3 werden über §§ 819 Abs. 1, 818 Abs. 4 BGB insbesondere in Bezug genommen die §§ 992, 987 (betreffend Nutzungen), 989 und 990 Abs. 2 (betreffend Wertersatz) sowie 994 Abs. 2, 995, 997 bis 1003 BGB (betreffend Verwendungen). Wegen einer Pflicht zur Herausgabe des Surrogats s. u. RdNr. 71, 72, zur **prozessualen Durchsetzung** vgl. § 146 RdNr. 16 ff., 30 ff., zur Wirkung in der Insolvenz des Anfechtungsgegners s. u. RdNr. 85 a.

60 **1. Nutzungen.** Nutzungen sind Sach- und Rechtsfrüchte sowie Gebrauchsvorteile (§§ 100, 99 BGB). Herauszugeben hat der Anfechtungsgegner in Natur – ungeachtet des § 953 BGB – schon nach § 818 Abs. 1 BGB diejenigen Nutzungen, die er tatsächlich **gezogen** hat;[299] zu einem möglichen Wertersatz s. u. RdNr. 97. Gezogene Nutzungen sind (anteilig) auch zurückzugewähren, wenn sie nur dadurch erzielt werden konnten, dass der Anfechtungsgegner eine ihm gehörige Sache mitbenutzt hat, und zwar sogar dann, wenn der Anfechtungsgegenstand allein für den Insolvenzschuldner wertlos gewesen wäre.[300] Bei Mieten stellt nur der Überschuss zwischen den Brutto-Einnahmen und den Erhaltungskosten nebst nötigem Verwaltungsaufwand die Nutzungen dar.[301]

60 a Weiter hat der Anfechtungsgegner Wertersatz zu leisten für solche Nutzungen, die er vom Zeitpunkt des Erwerbs an (s. u. RdNr. 63, 73) schuldhaft **nicht gezogen** hat (§ 987 Abs. 2 BGB; s. u. RdNr. 98). Auf die hypothetische Frage, ob auch der Insolvenzschuldner selbst

---

[294] AM *Bork*, Insolvenzrecht RdNr. 226 Fn. 60.
[295] § 288 Abs. 1 Satz 2, Abs. 3 und 4 BGB; vgl. BGH NJW-RR 2003, 697, 699; OLG Hamm ZInsO 2002, 195, 197; OLG Stuttgart ZIP 2005, 1837, 1841; HK-*Kreft* § 143 RdNr. 18. Ergänzend s. u. RdNr. 99.
[296] RG LZ 1916, 402 f.; *Jaeger/Henckel*, KO § 37 RdNr. 89; vgl. BGH WM 1968, 407, 409; RGZ 24, 141, 145; *Uhlenbruck/Hirte* § 143 RdNr. 33. Davon ist der Fall zu unterscheiden, dass der Anfechtungsgegner selbst das anfechtbar Erlangte entwertet, vgl. RdNr. 76 und BGH NJW 1972, 719, 720.
[297] *Jaeger/Henckel*, KO § 37 RdNr. 113; vgl. OLG Celle ZIP 1999, 848 f. m. Anm. v. *Huber* EWiR 2000, 303, 304 (Erlöschen von Patenten). Ergänzend s. u. RdNr. 85.
[298] *Eckardt* S. 170 ff.; HK-*Kreft* § 143 RdNr. 21.
[299] *Eckardt* S. 172 ff., 181 ff.
[300] RG JW 1937, 3243 Nr. 39; HambKomm-*Rogge* § 143 RdNr. 48; *Kilger/K. Schmidt* § 37 KO Anm. 3.
[301] Vgl. BGH WM 1962, 1316, 1318; NJW 1996, 3147, 3150; ergänzend s. u. RdNr. 64 bis 69.

Nutzungen gezogen hätte, kommt es jedenfalls auf Grund der ausdrücklichen Regelung in Abs. 1 Satz 2 nicht mehr entscheidend an.[302] Das ist sachlich gerechtfertigt, weil für die Zeit nach der anfechtbaren Entäußerung des Gegenstands durch den (späteren) Insolvenzschuldner im Interesse seiner Gläubiger der objektive Maßstab einer ordnungsmäßigen Wirtschaft anzulegen ist; die Möglichkeit des Insolvenzschuldners zu höchst-persönlicher Verwaltung wurde mit der Entäußerung gezielt aufgehoben. Eine unberechtigte Bereicherung der Insolvenzmasse liegt in der Anwendung eines objektiven – statt eines unsicheren subjektiven – Bemessungsmaßstabs nach der bezeichneten zeitlichen Zäsur nicht. Zur Herausgabepflicht des gutgläubigen Empfängers einer unentgeltlichen Leistung gem. Abs. 2 Satz 1 s. u. RdNr. 102, zum Verzugsschaden wegen verspäteter Rückgabe vgl. RdNr. 58, 99.

Abs. 1 Satz 2 gilt nicht unmittelbar für den Fall, dass der Insolvenzschuldner von vornherein dem Anfechtungsgegner in anfechtbarer Weise nur die Nutzungen eines Gegenstandes überlassen hatte, insbesondere durch einen günstigen Miet- oder Darlehensvertrag oder die Einräumung eines Nießbrauchs oder Wohnrechts bzw. einer Vorerbschaft (§ 2115 BGB). In diesen Fällen richtet sich schon die Rückgewährpflicht gem. Abs. 1 Satz 2 unmittelbar – nur – auf die Nutzungen[303] und ggf. den Besitz. Die geschuldete Rückgewähr der Nutzungen in Natur ist aber entsprechend Abs. 1 Satz 2 abzuwickeln. **61**

Zurückzugewähren sind auch die Nutzungen von **Rechten,** die zwar dem Bestande nach nicht übertragbar, aber durch entgeltliche Überlassung – zB Verpachtung – nutzbar zu machen sind.[304] Enthält ein anfechtbar erworbenes Stammrecht ein Bezugsrecht, so erstreckt sich die Rückgewährpflicht auf die jungen Mitgliedschaftsrechte, unabhängig davon, ob sie vom Insolvenzschuldner bezahlt wurden.[305] **62**

Wurde **Geld** anfechtbar weggegeben, so umfasst der Rückgewähranspruch gem. § 990 Abs. 1 in Verb. mit § 987 Abs. 2 BGB (s. o. RdNr. 60 a) regelmäßig auch die marktüblichen Zinsen als Nutzungen bereits von der Weggabe an.[306] Dem steht es nicht entgegen, dass Zinsen i. S. v. § 291 BGB erst ab Insolvenzeröffnung zu zahlen sind (s. u. RdNr. 88). Denn das Anfechtungsrecht entsteht schon mit Verwirklichung des jeweiligen Anfechtungstatbestands (s. o. RdNr. 9): ohne die Insolvenzeröffnung hätten bereits vorher zur Einzelanfechtung befugte Gläubiger nach § 11 Abs. 1 Satz 2 AnfG entsprechende Nutzungen fordern können, und in deren Rechtsposition rückt der Insolvenzverwalter entsprechend § 16 Abs. 1 Satz 1 AnfG ein (s. u. § 129 RdNr. 202). Herauszugeben sind die vom Anfechtungsgegner tatsächlich erwirtschafteten Zinsen in voller Höhe. Darüber hinaus entspricht die ertragsgünstige Nutzung von Geld den Regeln einer ordnungsmäßigen Wirtschaft;[307] bei unterlassener Nutzung wird deshalb ein Verschulden des Besitzers gem. § 280 Abs. 1 Satz 2 BGB regelmäßig vermutet. Die Höhe der danach geschuldeten marktüblichen Zinsen hat der Anfechtende zu beweisen. Diese Pflicht, angemessene Nutzungen herauszugeben, ist von der Zinsschuld bei Rückgewähr von Geld (s. u. RdNr. 88) oder als Verzugsfolge (vgl. RdNr. 58, 99) zu unterscheiden. **63**

---

[302] OLG Stuttgart ZIP 2005, 1837, 1841; HK-*Kreft* § 143 RdNr. 18; *Uhlenbruck/Hirte* § 143 RdNr. 35; *Smid/Zeuner* § 143 RdNr. 8, 19; HambKomm-*Rogge* § 143 RdNr. 48; *Henckel,* Kölner Schrift S. 813, 850 RdNr. 83; *Eckardt* S. 182 ff.; *Breutigam/Tanz* ZIP 1998, 717, 723 f.; abgrenzend BGH NZI 2005, 679; aM FK-*Dauernheim* § 143 RdNr. 24; *Kübler/Prütting/Paulus* § 143 RdNr. 57; *Nerlich* (Fn. 32) § 143 RdNr. 13 unter Übernahme der zu § 37 KO entwickelten Auffassung (*Jaeger/Henckel* § 29 RdNr. 43, 45 aE, § 37 RdNr. 117 f.; vgl. BGH NZI 2005, 679; BGH WM 1931, 2110, 2111).

[303] RGZ 80, 1, 7 f.; vgl. BGH NJW 1989, 1037, 1038 unter III; RG JW 1899, 540 Nr. 29 aE; OLG Braunschweig OLGR 25, 328, 329; HambKomm-*Rogge* § 143 RdNr. 50; *Jaeger/Henckel,* KO § 29 RdNr. 43–45, § 37 RdNr. 120; *Uhlenbruck/Hirte* § 143 RdNr. 36; s. o. § 129 RdNr. 108, 136.

[304] *Kilger/K. Schmidt* § 37 KO Anm. 3.

[305] BGH WM 1976, 622, 624 unter V; vgl. *Jaeger/Henckel,* KO § 37 RdNr. 120.

[306] Vgl. BGH ZInsO 2007, 261, 263, z. V. b. in BGHZ; LG Wuppertal ZInsO 2002, 337, 339; LG Köln ZInsO 2006, 165, 166; HK-*Kreft* § 129 RdNr. 79 aE, § 143 RdNr. 18; HambKomm-*Rogge* § 143 RdNr. 49; aM OLG Karlsruhe ZInsO 2004, 868, 870 f.; OLG Hamm NZI 2006, 642 f.; ZIP 2007, 240, 243; LG Berlin ZInsO 2006, 722, 724.

[307] Zu diesem Kriterium vgl. § 987 Abs. 2 BGB; BGH WM 1955, 1468, 1471 aE; RG JW 1889, 109 Nr. 13; OLG Stuttgart ZIP 2005, 1837, 1841; HK-*Kreft* § 143 RdNr. 18; ergänzend s. u. RdNr. 97, 98.

§ 143 64, 65   3. Teil. 3. Abschnitt. Insolvenzanfechtung

64   **2. Verwendungen des Anfechtungsgegners.** Aufgrund des in Bezug genommenen § 994 Abs. 2 BGB (s. o. RdNr. 59) gebührt dem Anfechtungsgegner der Ersatz notwendiger Verwendungen; diesen stehen die Lasten einer überlassenen Sache – zB Hypothekenzinsen oder Grundsteuern – gemäß § 995 BGB uneingeschränkt gleich, weil dem Anfechtungsgegner keine Nutzungen verbleiben (s. o. RdNr. 60). Wegen nützlicher Verwendungen kann der Anfechtungsgegner einerseits ein Wegnahmerecht nach Maßgabe des § 997 BGB ausüben; im Übrigen ist nur die der Insolvenzmasse verbliebene Bereicherung zu ersetzen (s. u. RdNr. 68). Soweit danach Ansprüche des Anfechtungsgegners bestehen, begründen sie **Masseverbindlichkeiten** gem. § 55 Abs. 1 Nr. 3;[308] dieser Rang gilt auch für den Verwendungsersatzanspruch, weil er auf Handlungen des Anfechtungsgegners, nicht auf solchen des Insolvenzverwalters (§ 55 Abs. 1 Nr. 1) beruht. Die Ersatzpflicht der Insolvenzmasse ist aus ihr ohne Rücksicht auf § 144 Abs. 2 – bis zur Grenze der §§ 207 ff. – zu erfüllen, weil sie nicht eine „Gegenleistung" im Sinne dieser Vorschriften darstellt. Wegen eines solchen Anspruchs kann dem Anfechtungsgegner ein Zurückbehaltungsrecht nach Maßgabe der §§ 273 Abs. 2, 1000 BGB – mit Absonderungskraft (§ 51 Nr. 2 InsO) – zustehen.[309] Das gilt allerdings entsprechend § 393 BGB nicht, wenn die anfechtbare Handlung zugleich eine vorsätzliche unerlaubte Handlung darstellte.[310] Die Insolvenzmasse schuldet den Aufwendungsersatz ihrerseits entsprechend § 1001 BGB, sobald sie die anfechtbar weggegebene Sache zurückerhält.[311] Die sechsmonatige Ausschlussfrist des § 1002 BGB für Verwendungsersatzansprüche erscheint ebenfalls für das anfechtungsrechtliche Rückgewährverhältnis sachgerecht, hingegen das Befriedigungsrecht des Anfechtungsgegners aus § 1003 BGB allenfalls dann, wenn der Insolvenzverwalter die Anfechtung geltend gemacht und der Anfechtungsgegner seine Rückgewährpflicht dem Grunde nach anerkannt hat. Zwischenzeitliche Werterhöhungen des anfechtbar erlangten Gegenstandes selbst, die nicht auf Verwendungen des Anfechtungsgegners beruhen, sind nie von der Insolvenzmasse zu erstatten.[312]

65   a) Aufgrund der §§ 292 Abs. 2, 994 Abs. 2 BGB bestimmt sich die Ersatzpflicht der Insolvenzmasse für **notwendige** Verwendungen des Anfechtungsgegners in erster Linie nach § 683 BGB. Vollen Ersatz seiner Aufwendungen (§ 670 BGB) kann der Anfechtungsgegner danach grundsätzlich nur verlangen, wenn die Vornahme der notwendigen Verwendung dem wirklichen oder mutmaßlichen **Willen** „des Geschäftsherrn" entsprach. Als solcher ist nicht der Insolvenzschuldner anzusehen, der die Sache (anfechtbar) weggegeben hatte und von sich aus nicht zurückerlangen könnte. Geschäftsherr in diesem Sinne ist vielmehr nach Erlass eines allgemeinen Verfügungsverbots (§ 21 Abs. 2 Nr. 2) oder nach Verfahrenseröffnung der – ggf. vorläufige – Insolvenzverwalter. Für die frühere Zeit kann allein objektivierend auf einen mutmaßlichen Willen abgestellt werden;[313] dieser ist am wohl verstandenen Interesse der Gesamtheit der Insolvenzgläubiger auszurichten, denen die Anfechtung dient (s. o. RdNr. 4). Oft wird die Vornahme notwendiger Verwendungen bis zum Zeitpunkt der voraussichtlichen Verwertung des anfechtbar übertragenen Gegenstands durch den Insolvenzverwalter dessen mutmaßlichen Willen sowie dem der Insolvenzgläubiger entsprechen, weil der bestimmungsgemäße Erhalt des Anfechtungsgegenstands auch ihnen einen höheren Erlös sichert. Auf den Willen kommt es gem. § 679 BGB nicht an, wenn der

---

[308] *Uhlenbruck/Hirte* § 143 RdNr. 38; HambKomm-*Rogge* § 143 RdNr. 51.
[309] BGHZ 131, 189, 199 f. = NJW 1996, 461, 463 f.; BAGE 20, 11, 23 = NJW 1967, 2425; HambKomm-*Rogge* § 143 RdNr. 51; FK-*Dauernheim* § 143 RdNr. 26; *Hess* InsO § 143 RdNr. 78; *Kilger/K. Schmidt* § 37 KO Anm. 4. Bei Gleichartigkeit beider Leistungen kommt auch eine Aufrechnung in Betracht: BGH NJW 1984, 2890, 2892 f.; NJW 1991, 2144, 2146 unter III 3; RG JW 1896, 249 Nr. 18.
[310] *Jaeger/Henckel*, KO § 37 RdNr. 123; vgl. BGH LM § 393 BGB Nr. 1.
[311] HambKomm-*Rogge* § 143 RdNr. 53; so schon *Jaeger/Henckel*, KO § 37 RdNr. 123; für eine Anwendbarkeit der §§ 1000 bis 1003 BGB auch FK-*Dauernheim* § 143 RdNr. 26.
[312] BGH NJW 1996, 3341, 3342; *Nerlich* (Fn. 32) § 143 RdNr. 20; HambKomm-*Rogge* § 143 RdNr. 54; *Kilger/K. Schmidt* § 37 KO Anm. 4.
[313] HK-*Kreft* § 143 RdNr. 19; HambKomm-*Rogge* § 143 RdNr. 51; *Eckardt* S. 188 Fn. 101; vgl. BGHZ 47, 370, 374 = NJW 1967, 1959, 1960; BGH NJW-RR 1989, 970; *Palandt/Sprau* § 683 RdNr. 7.

Anfechtungsgegner eine im öffentlichen Interesse liegende Pflicht des „Geschäftsherrn" (im oben dargelegten Sinne) erfüllt hat; für die in jener Norm ebenfalls begünstigte Unterhaltspflicht kann jedoch allein der Insolvenzschuldner als natürliche Person Anknüpfungspunkt sein. Über die Angemessenheit der Mittel und Kosten zur Ausführung der Verwendung im Einzelnen entscheidet sodann das vernünftige Ermessen des Anfechtungsgegners. Dieser hat Vornahme, Wert und Notwendigkeit der Verwendung zu beweisen.

Entspricht die Vornahme der Verwendung **nicht** dem in RdNr. 63 erläuterten Willen 66 oder **Interesse,** dürfte die nach § 684 Satz 2 BGB an sich mögliche Genehmigung des Insolvenzverwalters oft dem Insolvenzzweck offenkundig widersprechen. Genehmigt der Verwalter die Verwendung nicht, kann der Anfechtungsgegner gemäß § 684 Satz 1 BGB, § 55 Abs. 1 Nr. 3 InsO lediglich nach Maßgabe der §§ 812 ff. BGB Herausgabe derjenigen Bereicherung verlangen, welche der Insolvenzmasse infolge der Verwendung tatsächlich verblieben ist.[314] Im Hinblick auf § 685 Abs. 1 BGB wird im Allgemeinen anzunehmen sein, dass der Anfechtungsgegner Ersatz für seine Verwendungen verlangen will, falls er die anfechtbar erlangte Sache zurückgewähren muss. Da die Insolvenzmasse erst durch die Rückgewähr des anfechtbar weggegebenen Gegenstands bereichert wird, besteht der Ersatzanspruch des Anfechtungsgegners nur insoweit, als die Werterhöhung im Zeitpunkt der Rückgabe noch vorhanden ist; ihr Wert ist auf der Grundlage der sinnvollsten insolvenzmäßigen Verwertung zu bestimmen.[315]

Notwendige Verwendungen in jenem Sinne sind insbesondere Aufwendungen zur In- 67 standhaltung einer anfechtbar erworbenen Maschine, Fütterungskosten,[316] Lagergebühren zur Erhaltung anfechtbar erlangter Ware[317] oder Prämien für die Versicherung eines anfechtbar erhaltenen Grundstücks.[318] Die Zahlung eines Restkaufpreises an einen Vorverkäufer für ein anfechtbar übertragenes Anwartschaftsrecht kann eine notwendige Verwendung – nur – sein, wenn das erworbene Gut anderenfalls an den Verkäufer zurückgefallen wäre; trifft dies nicht zu, stellt die Zahlung lediglich eine nützliche Verwendung dar (s. u. RdNr. 69).

b) Die Begrenzung von Verwendungsersatzansprüchen auf solche für notwendige Ver- 68 wendungen schließt nicht allgemeine **Bereicherungsansprüche** gem. § 812 BGB gegen die Insolvenzmasse aus, die sich insbesondere aus **nützlichen** Verwendungen auf den Anfechtungsgegenstand ergeben: § 143 soll nicht zu einer Bereicherung der Insolvenzmasse über das Maß des ihr entzogenen Vermögenswerts hinaus führen.[319] Allerdings kann der Anfechtungsgegner danach nicht den Ersatz seiner Verwendungen als solche erlangen. Vielmehr ist ihm nur derjenige Wert zu ersetzen, um den der Anfechtungsgegenstand infolge der Leistungen des Anfechtungsgegners im Zeitpunkt der Rückgewähr höher ist als bei der anfechtbaren Weggabe.[320] Dieser Wert ist entsprechend den in RdNr. 66 dargelegten Grundsätzen zu bestimmen. Auf das Wegnahmerecht nach § 997 BGB ist der Anfechtungsgegner nicht stets beschränkt.[321]

Nützliche Verwendungen, die zu einer erstattungsfähigen Wertsteigerung führen können, 69 sind insbesondere die Ablösung eines auf dem anfechtbar weggegebenen Gegenstand lasten-

---

[314] FK-*Dauernheim* § 143 RdNr. 25 aE; *Nerlich* (Fn. 32) § 143 RdNr. 17; HambKomm-*Rogge* § 143 RdNr. 51.
[315] *Jaeger/Henckel,* KO § 37 RdNr. 123.
[316] OLG Karlsruhe BadRpr. 1907, 99, 100.
[317] BGH NJW 1991, 2144, 2146; *Kilger/K. Schmidt* § 37 KO Anm. 4; zu Fracht- und Zollauslagen vgl. auch OLG Oldenburg SeuffA 46 (1891), Nr. 155.
[318] Vgl. dazu BGHZ 105, 230, 236 f. = NJW 1989, 1034, 1035 f.; OLG Karlsruhe LZ 1908, 625 f.
[319] *Nerlich* (Fn. 32) § 143 RdNr. 18, § 144 RdNr. 15; *Uhlenbruck/Hirte* § 143 RdNr. 38; mit anderer Begründung auch *Eckardt* S. 188 f.; zu 37 KO/§ 10 GesO schon BGHZ 131, 189, 199 f. = NJW 1996, 461, 463 f.; RGZ 16, 23, 26; *Jaeger/Henckel,* KO § 37 RdNr. 123; vgl. auch BGH NJW 1992, 1829, 1830; NJW 1995, 1093, 1094 f.; NJW 1996, 3147, 3150; MünchKommBGB-*Medicus* § 996 RdNr. 9 bis 12; dagegen nur für ein Wegnahmerecht des Anfechtungsgegners FK-*Dauernheim* § 143 RdNr. 26.
[320] Vgl. HK-*Kreft* § 143 RdNr. 19; HambKomm-*Rogge* § 143 RdNr. 52; *Nerlich* (Fn. 299) § 143 RdNr. 18, § 144 RdNr. 15; *Eckardt* S. 188 f.; zur Ablösung vorrangiger Grundpfandrechte auf Grund des § 11 Abs. 1 Satz 2 AnfG vgl. BGHZ 159, 397, 402 = NJW 2004, 2900, 2901.
[321] AM FK-*Dauernheim* § 143 RdNr. 26; *Schillig* MittBayNot 2002, 347, 353.

§ 143 70, 71   3. Teil. 3. Abschnitt. Insolvenzanfechtung

den Pfandrechts über die notwendigen Zins- und Tilgungsraten (vgl. hierzu § 995 BGB) hinaus.[322] Dasselbe gilt für die Bezahlung eines Restkaufpreises für einen anfechtbar erworbenen Auflassungsanspruch an einen Vorverkäufer,[323] wenn damit die Abwicklung eines günstigen Weiterverkaufs ermöglicht werden soll; hat der Insolvenzverwalter seinerseits die Erfüllung des Weiterverkaufs gem. § 103 gewählt und müsste er dazu dieselbe Restzahlung leisten, liegt sogar eine notwendige Verwendung (s. o. RdNr. 65) vor.[324] Hat der Anfechtungsgegner das auf dem anfechtbar erworbenen Grundstück stehende Haus ausgebaut oder gar ein unbebautes Grundstück bebaut, steht ihm von sich aus kein Ablösungsrecht zu;[325] auch ist die Rückgewähr in Natur nicht unmöglich.[326] Statt dessen hat die Insolvenzmasse die Wertsteigerung zu ersetzen. Ist dem Insolvenzverwalter die sich ergebende Ausgleichspflicht zu hoch, kann er sich darauf beschränken, die Versteigerung des bebauten Grundstücks und anschließende vorrangige Befriedigung zu verlangen (s. o. RdNr. 20, 26); einer solchen, dem § 11 AnfG (§ 7 AnfG aF) entsprechenden Klage gegenüber hat der Anfechtungsgegner kein Zurückbehaltungsrecht (s. o. RdNr. 64 über Fn. 217). Die Insolvenzmasse erhält dann denjenigen Anteil des Versteigerungserlöses, der dem Wert des unbebauten im Verhältnis zum bebauten Grundstück entspricht.[327] Diese insolvenzspezifisch auf die Vermögensverwertung ausgerichtete Lösung ist sachnäher als die allgemeinen Grundsätze über die Abwehr aufgedrängter Bereicherungen.[328]

70 c) **Keine** erstattungsfähigen **Aufwendungen** sind die Kosten, die der Anfechtungsgegner seinerseits für den anfechtbaren Erwerb des Gegenstands – zB als Maklergebühr, für Eintragungen im Grundbuch oder Zwangsvollstreckung in das Vermögen des Insolvenzschuldners – hatte.[329] Entsprechendes gilt für Unkosten, die bei ihm anlässlich einer etwaigen Weiterveräußerung des Gegenstands anfielen.[330] Wertsteigerungen des anfechtbar weggegebenen Gegenstands – zB von Wertpapieren oder Münzen –, die der Insolvenzmasse auch ohne die anfechtbare Handlung zugewachsen wären, braucht sie ebenfalls nicht zu ersetzen (s. o. RdNr. 64 aE). Die Kosten der Rückgewähr fallen dem Anfechtungsgegner – von den Fällen des Abs. 2 Satz 1 abgesehen (dazu s. u. RdNr. 105) – ohnehin zur Last (s. o. RdNr. 27).

71 3. **Surrogation.** Abs. 1 Satz 2 verweist auch hinsichtlich **gesetzlicher** Surrogate, die der Anfechtungsgegner erlangt, auf § 818 Abs. 1 BGB.[331] Diese gehen regelmäßig nicht über den Wert des ursprünglichen Gegenstands hinaus. Der Nutzen für die Insolvenzmasse liegt darin, dass § 818 Abs. 1 BGB – anders als die Verpflichtung zum Wertersatz (s. u. RdNr. 78) – kein Verschulden des Anfechtungsgegners voraussetzt. Dies ist auch im Rahmen des § 143 Abs. 1 Satz 2 wie des Abs. 2 Satz 1 (s. u. RdNr. 103) kein Hinderungsgrund für die Anwendung der Norm, weil das Surrogat wertungsmäßig unabhängig von irgendeinem

---

[322] Vgl. BGH NJW 1984, 2890, 2892; RGZ 16, 23, 26 f.; RG JW 1902, 95 Nr. 27; LZ 1913, 239, 241; OLG Karlsruhe LZ 1908, 625 f.; zu § 11 Abs. 1 Satz 2 AnfG nF BGHZ 159, 397, 402 = NJW 2004, 2900, 2901. Das gilt allerdings nicht, wenn die Befreiung aus der Pfandhaft unter Anrechnung auf die für den Insolvenzschuldner selbst bestimmte Gegenleistung erfolgte: RG WarnR 1927, Nr. 101.
[323] Vgl. BGH NJW 1992, 1829, 1830; *Baur/Stürner* RdNr. 20.6 aE.
[324] HambKomm-*Rogge* § 143 RdNr. 52.
[325] HambKomm-*Rogge* § 143 RdNr. 52; *Jaeger/Henckel*, KO § 37 RdNr. 123, S. 1256; vgl. RG HRR 1929, Nr. 655; aM OLG Breslau HRR 1930 Nr. 247; *J. Blomeyer* KTS 1976, 81, 89 f.
[326] BGH NJW 1984, 2890, 2892 f.; RG JW 1896, 321 Nr. 10 = Gruchot 40, 1151, 1153 f.
[327] BGH NJW 1984, 2890, 2893; OLG Stettin ZZP 52 (1927), 445, 446 m. Anm. von *Bley*; HambKomm-*Rogge* § 143 RdNr. 52; vgl. FK-*Dauernheim* § 143 RdNr. 26 aE.
[328] Vgl. hierzu *Staudinger/Gursky* § 951 RdNr. 46 ff.; RGRK-*Heimann-Trosien* § 812 RdNr. 51 f.; *Palandt/Bassenge* § 951 RdNr. 18 bis 21.
[329] OLG München SeuffA 60 (1905), Nr. 226 aE; *Uhlenbruck/Hirte* § 143 RdNr. 38; *Jaeger/Henckel*, KO § 37 RdNr. 122 aE.
[330] HambKomm-*Rogge* § 143 RdNr. 55; vgl. BGH NJW 1991, 2144, 2146 f. Zur Abgrenzung gegenüber nützlichen Verwendungen s. o. RdNr. 69.
[331] *Eckardt* S. 172 ff.; vgl. zur Herausgabepflicht auch *Uhlenbruck/Hirte* § 143 RdNr. 31; FK-*Dauernheim* § 143 RdNr. 29; HambKomm-*Rogge* § 143 RdNr. 52; *v. Campe* S. 292 f.; *Jaeger/Henckel*, KO § 37 RdNr. 125; *Gerhardt*, Gläubigeranfechtung S. 281 ff.

Verschulden der Insolvenzmasse gebührt, falls der anfechtbar weggegebene Gegenstand, zB durch Verschulden eines Dritten, untergegangen ist aber ersetzt wird. Der Insolvenzverwalter darf also einerseits alles das beanspruchen, was in bestimmungsgemäßer Ausübung des Rechts erlangt wurde, zB den Leistungsgegenstand bei Einziehung einer Forderung[332] oder den erzielten Erlös bei Verwertung eines Pfandrechts. Ferner erstreckt sich die Rückgewährpflicht auf dasjenige, was der Anfechtungsgegner als Ersatz für die Zerstörung, Beschädigung oder Entziehung des anfechtbar erlangten Gegenstands erwirbt. Unerheblich ist hierbei, ob der Ersatz kraft Gesetzes – wie zB die Schadensersatzleistung wegen unerlaubter Handlung –, auf Grund eines Vertrages – etwa eine Versicherungssumme[333] – oder wegen rechtmäßigen Eingriffs – so im Fall einer Enteignungsentschädigung[334] – geschuldet wird. Erlangt der anfechtende Verwalter für die Insolvenzmasse das Surrogat, ist dies wie der ursprüngliche Gegenstand gegen vollstreckende Gläubiger des Anfechtungsgegners oder gegen dessen Insolvenz gesichert (s. u. RdNr. 85 a). Steht die Leistung noch aus, kann Abtretung des gegen den Dritten gerichteten Ersatzanspruchs verlangt werden. Allerdings übernimmt die Insolvenzmasse damit das Bonitätsrisiko für den Drittschuldner, weil die Abtretung ggf. anstelle der Rückgewähr befreiend geleistet wird.

Rechtsgeschäftliche Surrogate werden jedenfalls durch die Verweisung über §§ 819 Abs. 1, 818 Abs. 4 auch auf eine entsprechende Anwendung des § 285 BGB erfasst.[335] Fraglich ist, ob dies anfechtungsrechtlichen Wertungen widerspricht. Die frühere Auffassung zu § 37 KO ging davon aus, dass mit dem geschuldeten Wertersatz eine Regelung nicht vereinbar wäre, die der Insolvenzmasse mehr oder etwas Anderes als den Anspruchswert verschaffen würde; deshalb könnten rechtsgeschäftliche Surrogate nicht als solche herausverlangt werden.[336] Der Anfechtende durfte also nicht ohne weiteres dasjenige beanspruchen, was der Anfechtungsgegner durch Rechtsgeschäft – zB Kauf oder Tausch – anstelle des ursprünglichen Gegenstands erwarb. Wurde dem Anfechtungsgegner etwa Geld in anfechtbarer Weise zugewandt, mit dem er sich ein Los kaufte, brauchte er nicht den darauf entfallenden Gewinn abzugeben; anders sollte die Rechtslage hingegen sein, wenn das Los selbst Objekt der anfechtbaren Rechtshandlung war. Diese Einschränkungen dürften angesichts der jetzigen ausdrücklichen Gesetzlichen Verweisung auf § 819 BGB nicht mehr gelten.[337] Jedenfalls darf sich der Insolvenzverwalter mit dem rechtsgeschäftlichen Surrogat an Erfüllungs Statt begnügen;[338] dann gebührt ihm ggf. auch ein über den Gegenstandswert hinaus erzielter Gewinn[339] Im Übrigen stünde das Surrogat einer Zwangsvollstreckung durch den Insolvenzverwalter wegen eines Wertersatzanspruchs offen. Andererseits kann sich der Anfechtungsgegner weiterhin nicht selbständig von der Verpflichtung zu vollem Wertersatz durch das Angebot auf Herausgabe des Surrogats befreien,[340] etwa wenn dieses minderwertig ist.

4. Wertersatz. a) Voraussetzungen. Ist die Rückgewähr des anfechtbar erlangten Gegenstands in Natur nicht – vollständig – möglich, hat der Empfänger unter Voraussetzungen

---

[332] *Gerhardt*, Gläubigeranfechtung S. 281 ff.; vgl. RG LZ 1908, 387, 388; dagegen ausschließlich für Wertersatz *Jaeger/Henckel*, KO § 37 RdNr. 126. Ergänzend s. u. RdNr. 90.
[333] Vgl. LG Köln MDR 1965, 132 f.; *Palandt/Sprau* § 818 RdNr. 15.
[334] Vgl. *Palandt/Sprau* § 818 RdNr. 15; *MünchKommBGB-Lieb* § 818 RdNr. 29; ferner BGH NJW-RR 1988, 902 f.
[335] Vgl. zu dieser Verweisung – auf § 281 BGB aF – BGHZ 75, 203, 205 f. = NJW 1980, 178; *Palandt/Sprau* § 818 RdNr. 52 Dagegen will *MünchKommBGB-Lieb* § 818 RdNr. 31 auch rechtsgeschäftliche Surrogate schon nach § 818 Abs. 1 BGB erfassen.
[336] RGZ 27, 21, 23 f.; 56, 194, 196; 70, 226, 233; RG LZ 1909, 864 f.; *Jaeger/Henckel*, KO § 37 RdNr. 124; *Gerhardt*, Gläubigeranfechtung S. 280 f.
[337] Ebenso FK-*Dauernheim* § 143 RdNr. 15; *Uhlenbruck/Hirte* § 143 RdNr. 31; *Eckardt* S. 179 ff., 184 ff.; krit. *Breutigam/Tanz* ZIP 1998, 717, 725; aM *Nerlich* (Fn. 32) § 143 RdNr. 28; HambKomm-*Rogge* § 143 RdNr. 56; *v. Campe* S. 292; *Mauer* RdNr. 372. Die in der Voraufl. (RdNr. 71) vertretene gegenteilige Meinung wird aufgegeben.
[338] *Uhlenbruck/Hirte* § 143 RdNr. 31.
[339] RG LZ 1916, 402, 403; *Jaeger/Henckel*, KO § 37 RdNr. 124 aE.
[340] HambKomm-*Rogge* § 143 RdNr. 56; vgl. RGZ 44, 92, 94.

entsprechend denen des § 989 BGB den Wert zu ersetzen. Es handelt sich um einen schuldrechtlichen, aber nicht deliktischen (s. o. RdNr. 10), Schadensersatzanspruch.[341] Insoweit gilt auf Grund der Verweisung des § 143 Abs. 1 Satz 2 InsO i. V. m. §§ 819 Abs. 1, 818 Abs. 4, 292 BGB allgemein schon der Zeitpunkt, in dem der Anfechtungsgegner den Gegenstand der Anfechtung empfangen hat, als derjenige der Rechtshängigkeit; nur Empfänger unentgeltlicher Leistungen werden durch § 143 Abs. 2 Satz 1 InsO bessergestellt (s. u. RdNr. 100 bis 105). Die Ersatzpflicht erstreckt sich nicht nur auf den empfangenen Gegenstand selbst, sondern auch auf gezogene Nutzungen (vgl. RdNr. 60, 97, 98) und herauszugebende Surrogate (s. o. RdNr. 72). Zur **prozessualen Durchsetzung** vgl. § 146 RdNr. 15 ff., 30 ff.

74   aa) **Unmöglichkeit der Rückgewähr.** Die Rückgewähr ist **unmöglich,** wenn eine anfechtbar weggegebene Sache ihrer Substanz nach vernichtet wird oder ein Recht als solches untergeht.[342] Grundlage ist jeweils die Rückgewährpflicht so, wie sie im Einzelfall in Natur bestanden hätte und nicht erfüllt werden kann. Die Gründe, aus denen der Empfänger den Gegenstand nicht zurückgewähren kann, sind für den objektiven Tatbestand unerheblich; sie können nur für sein Verschulden bedeutsam werden (s. u. RdNr. 78). Der Gegenstand geht auf Grund seiner Beschaffenheit zB bei Vernichtung, Verbrauch oder der untrennbaren Verbindung, Vermischung oder Verarbeitung von Sachen,[343] bei der Entgegennahme von Dienstleistungen[344] oder der Einziehung einer abgetretenen oder gepfändeten Forderung[345] unter, ferner bei bestimmungsgemäß gezogenen Gebrauchsvorteilen (s. o. RdNr. 60). Die Rückgewähr empfangenen Bargeldes oder anderer vertretbarer Sachen (§ 91 BGB) wird in Natur meist unmöglich, weil sich die Pflicht auf die Einzelnen übertragenen Stücke konkretisiert;[346] bei bargeldloser Überweisung tritt Unmöglichkeit schon mit dem Erhalt des Geldwertes ein, weil letztlich eine Forderung gegen die Empfängerbank übertragen wird, die mit der Gutschrift auf dem Empfängerkonto erlischt.[347] Dagegen wird die Rückgewähr *nicht* dadurch unmöglich, dass der Empfänger einer anfechtbar erlangten Sache diese anschließend zusätzlich im Wege der Zwangsversteigerung erwirbt.[348]

75   **Subjektives Unvermögen** des Anfechtungsgegners (i. S. v. § 275 Abs. 2 BGB) kann der Unmöglichkeit gleichstehen, insbesondere wenn sich der anfechtbar weggegebene Gegenstand nicht – mehr – im Vermögen des Empfängers befindet, zB weil dieser den Gegenstand an einen Dritter weiterübertragen hat. Dann hängt es vom Inhalt der jeweiligen Rückgewährpflicht ab, inwieweit die Weiterübertragung deren Erfüllung verhindert: So kann im Einzelfall die Rückübereignung gemäß § 931 BGB trotz Weggabe des unmittelbaren Besitzes[349] oder die Rückgabe des Besitzes – auch nach § 886 ZPO[350] – trotz anderweitiger Übereignung (etwa nach § 930 BGB) noch möglich sein. Steht aber das Recht eines Dritten der Rückgewähr in Natur entgegen, so ist der Anfechtungsgegner gemäß § 989 BGB i. V. m. § 249 Abs. 1 BGB in erster Linie verpflichtet, sich um die Wiederbeschaffung des Gegenstands zu bemühen.[351] Das kann in Einzelfällen sogar für die Insolvenzmasse sinnvoll sein,[352] etwa wenn ein Unternehmen des Insolvenzschuldners als Einheit veräußert oder

---

[341] HK-*Kreft* § 143 RdNr. 20; HambKomm-*Rogge* § 143 RdNr. 57.
[342] FK-*Dauernheim* § 143 RdNr. 17; vgl. *Staudinger/Gursky* § 989 RdNr. 9. Ergänzend s. u. RdNr. 82.
[343] *Jaeger/Henckel,* KO § 37 RdNr. 94.
[344] Vgl. BGHZ 41, 282, 288 = NJW 1964, 1367.
[345] BGH WM 1969, 374, 376; RGZ 62, 46, 49; 133, 46, 49; OLG Celle NJW 1958, 1144, 1145 (Einlösung eines Wechsels); *Baur/Stürner* RdNr. 20.9; vgl. RGZ 58, 105, 107 f.
[346] S. o. RdNr. 30 und ergänzend RG JW 1927, 980 f.; *Jaeger/Henckel,* KO § 37 RdNr. 53, 85 aE.
[347] Vgl. AG Kempen ZIP 2006, 2088, 2090.
[348] BGHZ 159, 397, 400 f. = NJW 2004, 2900 f.
[349] OLG Köln bei *Gerhardt* EWiR 2001, 775, 776; *Jaeger/Henckel,* KO § 37 RdNr. 95.
[350] Vgl. OLG Hamburg NZI 2001, 424, 426.
[351] FK-*Dauernheim* § 143 RdNr. 18; HambKomm-*Rogge* § 143 RdNr. 59; vgl. BGH NJW 1970, 44, 45; RG bei Bolze Bd. 17 (1894), Nr. 205; *Staudinger/Gursky* § 989 RdNr. 10; im Ergebnis, wenngleich mit anderer Begründung auch *Uhlenbruck/Hirte* § 143 RdNr. 27.
[352] Insoweit aM *Jaeger/Henckel,* KO § 37 RdNr. 95 aE.

saniert werden soll und ein einzelner Ersatzgegenstand nicht oder nur schwer zu beschaffen ist. Auch in dieser Hinsicht verleihen die §§ 249 Abs. 2, 250 und 251 Abs. 1 BGB dem Insolvenzverwalter einen genügenden Handlungsspielraum, während § 251 Abs. 2 Satz 1 BGB den Anfechtungsgegner vor unzumutbaren Belastungen schützt (s. u. RdNr. 77). Verweigert ein Drittberechtigter endgültig seine notwendige Mitwirkung, ist Rückgewähr in Natur regelmäßig unmöglich.[353] Zur Durchsetzung des Rückgewähranspruchs bei anfänglicher Ungewissheit über die Unmöglichkeit s. u. RdNr. 82. Ist danach die Wiederbeschaffung nicht möglich, kann der ursprüngliche Leistungsempfänger auf Wertersatz und neben ihm ein späterer Erwerber unter den Voraussetzungen des § 145 auf Rückgewähr in Natur haften.[354]

Ist die Rückgewähr nur **teilweise** unmöglich, ist sie insoweit in Natur zu leisten, als sie **76** noch möglich ist; wegen des Rests wird Wertersatz geschuldet. Das trifft insbesondere bei einer **Verschlechterung** anfechtbar weggegebener Gegenstände zu, also wenn diese entweder körperlich beschädigt oder – insbesondere in ihrer Funktionstauglichkeit oder rechtlich – beeinträchtigt sind; dann ist die Wertminderung zu ersetzen.[355] Hiervon ist unter anderem bei der (nicht zu beseitigenden) Belastung mit dem Recht eines Dritten auszugehen.[356] Hat der Anfechtungsgegner eine (Prozess-)Bürgschaft anfechtbar erlangt und den Anspruch daraus an einen Dritten abgetreten, hält er aber noch die Bürgschaftsurkunde in Besitz, so muss er – wenigstens – diese zurückgewähren.[357] Sind von einem anfechtbar übereigneten Warenlager nur noch Teile vorhanden, so sind für den fehlenden Rest nicht etwa gleichwertige vertretbare Sachen oder ersatzweise eingestellte Stücke zu liefern, sondern es ist der Wert in Geld zu ersetzen.[358] Hat andererseits der Anfechtungsgegner den Wert des anfechtbar erlangten Gegenstands wesentlich erhöht, ist dieser dennoch selbst herauszugeben; eine dadurch verursache Massebereicherung ist als solche zu erstatten (s. o. RdNr. 64 bis 69).

Einer Unmöglichkeit steht es gleich, wenn die Rückgewähr in Natur für den Anfechten- **77** den oder den Anfechtungsgegner **unverhältnismäßige Schwierigkeiten** bereiten müsste.[359] Dafür bieten nunmehr die – über § 989 BGB entsprechend anwendbaren – §§ 249 Satz 2, 250 und 251 BGB einen Beurteilungsmaßstab. Insbesondere ist auf Grund des § 251 Abs. 2 Satz 1 BGB zu bemessen, ob die Wiederbeschaffung eines vom Anfechtungsgegner weiterveräußerten Gegenstands (s. o. RdNr. 75) oder das Verhindern des Aufrückens nachrangiger dinglich Berechtigter (s. u. RdNr. 89) nur unter unverhältnismäßigen Aufwendungen möglich wäre. Dem anfechtenden Insolvenzverwalter kann die Rückgewähr eines anfechtbar weggegebenen Erbanteils in Natur möglicherweise nicht zuzumuten sein, wenn sie mit einer umfangreichen Nachlassauseinandersetzung verbunden wäre.[360]

bb) Verschulden des Anfechtungsgegners. Der Empfänger des anfechtbar erlangten **78** Gegenstandes haftet auf Grund der in Bezug genommenen §§ 987 Abs. 2, 989 BGB ausnahmsweise nicht auf Wertersatz, soweit er den Untergang oder die Verschlechterung oder das Unvermögen zur Herausgabe **nicht verschuldet** hat. Bei der Bestimmung des Verschuldensmaßstabs ist zu beachten, dass gemäß § 143 Abs. 1 Satz 2 InsO „der Mangel des rechtlichen Grundes" dem Empfänger als von Anfang an bekannt gilt. Dieser ist deshalb

---

[353] HambKomm-*Rogge* § 143 RdNr. 59; vgl. BGH NJW-RR 1986, 991, 993.
[354] OLG Rostock ZIP 2007, 1073; *Nerlich* (Fn. 32) § 143 RdNr. 24; *Uhlenbruck/Hirte* § 143 RdNr. 27; HambKomm-*Rogge* § 143 RdNr. 59; vgl. § 7 AnfG aF auch RGZ 25, 21, 23; RG Gruchot 36 (1892), 465, 465 f.; vgl. RG Gruchot 27 (1883), 1140 f. Ergänzend s. u. RdNr. 79 und § 145 RdNr. 32 f.
[355] FK-*Dauernheim* § 143 RdNr. 19; *Uhlenbruck/Hirte* § 143 RdNr. 37; HambKomm-*Rogge* § 143 RdNr. 60; vgl. BGH NJW 1972, 719, 720; *Staudinger/Gursky* § 989 RdNr. 6, 7.
[356] FK-*Dauernheim* § 143 RdNr. 19; HambKomm-*Rogge* § 143 RdNr. 60; vgl. BGH NJW-RR 1986, 991, 993. Ergänzend s. o. RdNr. 34.
[357] BGH NJW-RR 2005, 1283.
[358] RGZ 138, 84, 87; RG JW 1908, 458, 459; *Kilger/K. Schmidt* § 37 KO Anm. 8; *Uhlenbruck/Hirte* § 143 RdNr. 6; vgl. *Jaeger/Henckel*, KO § 37 RdNr. 89.
[359] *Uhlenbruck/Hirte* § 143 RdNr. 25; HambKomm-*Rogge* § 143 RdNr. 61; *Kreft* WuB VI B. § 3 AnfG 1.06; *Wernicke* KTS 1988, 665 ff.; *Kilger/K. Schmidt* § 37 KO Anm. 8; *Baur/Stürner* RdNr. 20.9.
[360] Vgl. BGH NJW-RR 1992, 733, 734 zu § 7 AnfG aF.

so zu behandeln, als wäre der Rückgewähranspruch gegen ihn schon in demjenigen Zeitpunkt rechtshängig geworden, in dem die anfechtbare Handlung ihm gegenüber im Sinne von § 140 vorgenommen wurde (s. o. RdNr. 73). Wie ein Besitzer nach Rechtshängigkeit muss deshalb der Empfänger stets mit der Verwirklichung der Rückgewährpflicht rechnen. Darüber hinaus kann er nach Maßgabe des § 287 Satz 2 BGB i. V. m. § 990 Abs. 2 BGB verschärft haften (vgl. RdNr. 58, 99), wenn er mit der Rückgewähr in Verzug kommt.

79 Wegen des frühen fiktiven Rechtshängigkeitszeitpunkts (s. o. RdNr. 78) löst der Empfänger des anfechtbaren Gegenstandes insbesondere mit einer freiwilligen **Weiterübertragung,** die ihm die Rückgewähr unmöglich macht, regelmäßig die Wertersatzpflicht aus.[361] Das gilt auch, soweit sozialrechtliche Einzugsstellen empfangene Beitragszahlungen an Versicherungsträger weiterleiten.[362] Hat der Anfechtungsgegner durch die Weiterübertragung nichts oder weniger erlangt als den Wert des Gegenstandes, schuldet er dennoch diesen Wert;[363] einen etwaigen Mehrerlös darf er ebenfalls nicht behalten (s. o. RdNr. 72). Ein Wertverlust des anfechtbar erlangten Gegenstands nach der Weiterveräußerung entlastet den Anfechtungsgegner nicht mehr.[364] Die Ersatzpflicht entfällt nicht schon dadurch, dass auch ein Rechtsnachfolger gemäß § 145 auf Rückgewähr in Natur in Anspruch genommen wird (s. o. RdNr. 75 aE), sondern entsprechend § 422 Abs. 1 BGB erst, wenn jener Rückgewähr oder Wertersatz in voller Höhe an die Insolvenzmasse leistet. Ausnahmsweise beschränkt sich die Wertersatzpflicht auf den vom Anfechtungsgegner selbst erlangten wirtschaftlichen Vorteil, wenn jener nur als *Treuhänder* – in anfechtbarer Weise – eine Leistung erhalten und das Erlangte im Rahmen des Treuhandauftrags verwendet hat;[365] denn auch die Anfechtbarkeit verschafft dem Treuhänder nicht die stärkeren Rechte eines Vollrechtsinhabers. Der Verbrauch des anfechtbar erlangten Gegenstands durch den Empfänger ist regelmäßig verschuldet,[366] dagegen nicht eine rechtmäßige Enteignung.[367] Für das Verschulden von Erfüllungsgehilfen haftet der Anfechtungsgegner vom Empfang an nach Maßgabe des § 278 Satz 1 BGB.[368] Ist das anfechtbar Erlangte so beschaffen, dass sofort mit seiner Entgegennahme die Rückgewähr in Natur unmöglich wird – zB bei bargeldlosen Überweisungen (s. o. RdNr. 30, 74) –, so gilt die Unmöglichkeit der Rückgewähr i. S. v. § 143 Abs. 1 Satz 2 als Folge der Annahme, die bereits vom Anfechtungsgegner zu vertreten ist.[369]

80 Ist die Unmöglichkeit der Rückgewähr dadurch verursacht, dass Gläubiger des Anfechtungsgegners den von diesem anfechtbar erlangten Gegenstand pfänden, liegt ein Verschulden des Anfechtungsgegners regelmäßig darin, dass er seine Gläubiger nicht aus anfechtungsfreiem Vermögen befriedigt hat.[370] Denn auch bei gesetzlichen Schuldverhältnissen hat der Schuldner für seine **finanzielle Leistungsfähigkeit** jedenfalls dann einzustehen, wenn dies dem Gesetzeszweck entspricht.[371] Das trifft in den Fällen des § 143 Abs. 1 Satz 2 zu,

---

[361] *Jaeger/Henckel,* KO § 37 RdNr. 99, 102; vgl. *Staudinger/Gursky* § 989 RdNr. 18; MünchKommBGB-*Medicus* § 989 RdNr. 8. Wegen möglicher Ausnahmen, wenn das Erlangte für die Zwecke der Insolvenzmasse oder der Gesamtheit der Insolvenzgläubiger verwendet wurde, s. o. § 129 RdNr. 183.

[362] OLG Koblenz ZInsO 2005, 324, 328; ZIP 2005, 540, 542; OLG Stuttgart ZIP 2005, 1837, 1841; ergänzend s. o. RdNr. 5 a.

[363] BGH NJW 1980, 1580, 1581; RGZ 56, 194, 196; 114, 206, 211; *Jaeger/Henckel,* KO § 37 RdNr. 99; *Baur/Stürner* RdNr. 20.5; *Gerhardt,* Gläubigeranfechtung S. 250; vgl. RGZ 30, 85, 87 ff.

[364] BGH, Beschl. v. 9. 11. 2006 – IX ZA 13/06, zu § 11 AnfG.

[365] BGHZ 124, 298, 300 ff. = NJW 1994, 726, 727 f.; OLG Celle ZIP 2006, 1878, 1879 f.; HambKomm-*Rogge* § 143 RdNr. 63; *Gerhardt/Kreft* RdNr. 52; enger RGZ 92, 227, 228 f. Ergänzend s. o. RdNr. 5, 36, zur Abgrenzung vgl. § 134 RdNr. 12 f.

[366] *Jaeger/Henckel,* KO § 37 RdNr. 103.

[367] *Jaeger/Henckel,* KO § 37 RdNr. 101.

[368] FK-*Dauernheim* § 143 RdNr. 20; HambKomm-*Rogge* § 143 RdNr. 62. Ergänzend s. u. RdNr. 90.

[369] HambKomm-*Rogge* § 143 RdNr. 64; im Ergebnis, wenngleich mit anderer Begründung, ebenso *Jaeger/Henckel,* KO § 37 RdNr. 110.

[370] HambKomm-*Rogge* § 143 RdNr. 63; zu § 989 BGB ebenso RGZ 139, 353, 355; MünchKommBGB-*Medicus* § 989 RdNr. 8; vgl. *Soergel/Mühl* § 989 RdNr. 7; für den Fall der Vermögenslosigkeit des Empfängers aM *Jaeger/Henckel,* KO § 37 RdNr. 100.

[371] Vgl. BGHZ 83, 293, 300 = NJW 1982, 1585, 1587; BGH WM 1985, 89, 90; VIZ 1999, 176, 177; *Palandt/Heinrichs* § 275 RdNr. 3.

weil der Anfechtungsgegner, der einen Vermögenswert anfechtbar empfangen hat, als von Anfang an bösgläubiger Schuldner der Rückgewährpflicht gilt;[372] deren Erfüllung soll nicht von der späteren Entwicklung seines eigenen Vermögens abhängen. Daneben kann ein Anspruch gegen den pfändenden Gläubiger gemäß § 145 treten (vgl. RdNr. 75, 79; § 145 RdNr. 21, 30).

cc) Bei der Abwicklung der Wertersatzschuld kommt ein **mitwirkendes Verschulden** 81 (§ 254 BGB) zwar nicht des Insolvenzschuldners oder von Insolvenzgläubigern, wohl aber des Insolvenzverwalters in Betracht;[373] diesem obliegen im Rahmen des Rückgewährverhältnisses auch Sorgfaltspflichten gegenüber dem Anfechtungsgegner. Verzögert dieser jedoch die Rückgewähr objektiv zu Unrecht, liegt ein Mitverschulden des Insolvenzverwalters hinsichtlich des Verzögerungsschadens nicht schon darin, dass er dem Anfechtungsgegner keine wirtschaftlichen Zugeständnisse gemacht hat.[374]

dd) Hinsichtlich der Art der Rückgewähr haben die Beteiligten **nicht** kraft Gesetzes ein 82 **Wahlrecht.** Solange die Rückgewähr in Natur möglich ist, darf der Insolvenzverwalter nicht von sich aus Wertersatz fordern oder der Anfechtungsgegner sich durch ein entsprechendes Angebot von der Leistungspflicht einseitig befreien.[375] In einem Prozess sind aber an die Darlegung einer Unmöglichkeit der Rückgewähr keine hohen Anforderungen zu stellen, wenn beide Parteien sie übereinstimmend zugrunde legen. Die Beteiligten können sich – im Rahmen des Insolvenzzwecks – über eine bestimmte Art der Rückgewähr, zB durch Wertersatz, rechtswirksam einigen.[376] Solange die Unmöglichkeit nicht feststeht, kann der Insolvenzverwalter den Antrag auf Rückgewähr in Natur aufrechterhalten, um nach einer fruchtlosen Vollstreckung gemäß § 281 BGB (§ 255 ZPO) vorgehen zu können.[377] Zu einer Leistung, deren Unmöglichkeit feststeht, darf der Anfechtungsbeklagte aber nicht verurteilt werden,[378] es sei denn, es steht ebenfalls fest, dass er für die Unmöglichkeit einzustehen hat.[379] Bestreitet der Insolvenzverwalter eine ihm erst nach der Klageerhebung bekannt gewordene Unmöglichkeit nicht, darf er seine Klage auf das Verlangen nach Wertersatz umstellen, ohne dass dies – im Hinblick auf § 264 Nr. 3 ZPO – als Klageänderung gilt.[380]

b) Der Wertersatzanspruch im Allgemeinen. Zu erstatten ist der wirkliche Wert in 83 Geld, den der Anfechtungsgegenstand selbst für die Insolvenzmasse haben würde, wenn die anfechtbare Handlung unterblieben wäre.[381] Regelmäßig entspricht dies dem Betrag, den die Verwertung durch den Insolvenzverwalter ergeben hätte, falls der Gegenstand in der Insolvenzmasse verblieben wäre.[382] Zur Berücksichtigung allgemeiner Wertänderungen hin-

---

[372] S. o. RdNr. 73, 78; vgl. ferner RG JW 1927, 980 Nr. 13. Die Bedenken von *Staudinger/Gursky* § 989 RdNr. 20 gegen die Anwendung des Rechtsgedankens des früheren § 279 BGB im Rahmen von § 989 BGB treffen jedenfalls nicht für die insolvenzrechtliche Rückgewährpflicht zu.
[373] HambKomm-*Rogge* § 143 RdNr. 65; FK-*Dauernheim* § 143 RdNr. 20; Jaeger/Henckel, KO § 37 RdNr. 109; vgl. OLG Celle ZIP 2006, 1878, 1880. Ergänzend s. o. RdNr. 12.
[374] Vgl. BGH WM 1968, 407, 409.
[375] HK-*Kreft* § 143 RdNr. 20; *Uhlenbruck/Hirte* § 143 RdNr. 26; *Gottwald/Huber* (Fn. 13) § 52 RdNr. 13; zur KO BGH NJW 1970, 44, 45; NJW-RR 1986, 991, 993; BGHZ 101, 286, 288 f. = NJW 1987, 2821, 2822; OLG Hamm NZI 2001, 432, 433; Jaeger/Henckel, KO § 37 RdNr. 85; zu § 7 AnfG aF BGH NJW-RR 1992, 733, 734. Ergänzend s. o. RdNr. 74.
[376] BGH NJW 1995, 2783, 2784, insoweit nicht in BGHZ 130, 38 abgedr.; *Uhlenbruck/Hirte* § 143 RdNr. 26; HambKomm-*Rogge* § 143 RdNr. 66.
[377] OLG Stuttgart ZIP 2005, 588, 590; zur Vorgängernorm des § 283 BGB aF vgl. BGH NJW-RR 1986, 991, 993 f.; OLG Hamburg NZI 2001, 424, 426; ferner RG bei Bolze 17 (1894), Nr. 205. S. u. § 146 RdNr. 42.
[378] BGH NJW 1972, 152 Nr. 4; NJW-RR 1986, 991, 993; RGZ 107, 15, 17; 160, 257, 263.
[379] Vgl. BGH ZIP 2000, 460, 462.
[380] HambKomm-*Rogge* § 143 RdNr. 66; vgl. Jaeger/Henckel, KO § 37 RdNr. 96; s. u. § 146 RdNr. 42.
[381] RG LZ 1908, 388, 390; HambKomm-*Rogge* § 143 RdNr. 67; Kilger/K. Schmidt § 37 KO Anm. 8; *Haarmeyer/Wutzke/Förster* GesO § 10 RdNr. 114; *H.-G. Lange* S. 236; krit. *Eckardt* S. 151 ff. Ergänzend s. o. RdNr. 21, 24.
[382] Vgl. *Baur/Stürner* RdNr. 20.8.

sichtlich des Anfechtungsgegenstandes s. u. RdNr. 85. Dagegen bleiben hypothetische Veränderungen, die sich aus den Verhältnissen des Insolvenzschuldners persönlich für den Fall ergeben sollen, dass er die anfechtbare Rechtshandlung nicht vorgenommen hätte, grundsätzlich außer Betracht (s. o. RdNr. 60). Nur wenn der Anfechtungsgegner nachweist, das ihm Geleistete zu demselben Zweck verwendet zu haben, für den es auch der Insolvenzschuldner von Rechts wegen – anfechtungsfrei – hätte verwenden müssen, oder zu einem Zweck, der in vollem Umfang der Gesamtheit der Insolvenzgläubiger zugute gekommen ist, ist Wertersatz ausgeschlossen (s. o. § 129 RdNr. 183). Auf den Vorteil, den der Anfechtungsgegner seinerseits aus dem anfechtbar Erlangten gezogen hat, kommt es in diesen Zusammenhang nicht an (s. o. RdNr. 21).

84 Auch für den Wertersatzanspruch gilt die bereicherungsrechtliche Saldotheorie nicht (s. u. § 144 RdNr. 16). Vorschriften des Schadensersatzrechts sind nur anzuwenden, soweit Abs. 1 Satz 2 mittelbar auch auf § 989 BGB verweist,[383] also für die Rechtsfolgen der Unmöglichkeit zur Rückgewähr in Natur. Grundsätze der schadensersatzrechtlichen **Vorteilsausgleichung** greifen ebenfalls durchweg **nicht** ein.[384] Insbesondere werden etwaige Verwendungen oder Gegenleistungen, die der Anfechtungsgegner der Insolvenzmasse erbracht haben mag, jeweils gesondert berücksichtigt (vgl. RdNr. 64ff., § 144 RdNr. 15, 16); eine entsprechende Saldierung ist ausgeschlossen. Es könnten also allenfalls sonstige Vermögensvorteile der Insolvenzmasse in Betracht kommen, die ihr gerade infolge der Unmöglichkeit der Rückgewähr des Anfechtungsgegenstands in seinem ursprünglichen Zustand entstehen und nicht auf Verwendungen des Anfechtungsgegners (dazu s. o.) beruhen. Derartige Vorteile sind bisher nicht bekannt geworden.[385] Zahlt der Schuldner eine Verbindlichkeit gegenüber einem Dritten in anfechtbarer Weise mit Mitteln eines Darlehens zurück, für welches dieser die Mithaftung übernommen hatte, wird die Rückgewährpflicht des Dritten (Anfechtungsgegners) aus § 143 Abs. 1 nicht durch dessen zusätzliche Darlehensschuld eingeschränkt.[386]

85 Maßgeblicher **Zeitpunkt** für die Berechnung des Wertersatzes ist gemäß allgemeinen Grundsätzen regelmäßig derjenige der Letzten mündlichen Verhandlung in den Tatsacheninstanzen des Anfechtungsprozesses.[387] Nur wenn der Anfechtungsgegner seine Rückgewährpflicht vorprozessual erfüllt hatte und die Parteien mit der Anfechtungsklage zB allein über Werterhöhungen oder -minderungen streiten, ist der Zeitpunkt der tatsächlichen Rückgewähr maßgeblich.[388] Dagegen sollte auf den Zeitpunkt der letzten mündlichen Verhandlung auch dann abgestellt werden, wenn die Rückgewährpflicht sich schon im Zeitpunkt der Insolvenzeröffnung auf Wertersatz konkretisiert hatte.[389] Denn der Anfechtungsgegner hat das Risiko der Wertsteigerung bis zur tatsächlichen Rückgewähr zu tragen. Andererseits braucht er für einen allgemeinen Preisverfall zwischen dem anfechtbaren Erwerb und dem Rückgewährverlangen des Insolvenzverwalters nicht einzustehen (s. o. RdNr. 58). Sinkt der Wert andererseits während der Dauer des Anfechtungsprozesses, wird

---

[383] EB LS 5.12 Abs. 2 Sätze 1 und 2, S. 427; *Eckardt* S. 169; vgl. *Jaeger/Henckel*, KO § 37 RdNr. 135.
[384] BGHZ 97, 87, 95f. = NJW 1986, 1496, 1498; BGH BB 1952, 868f.; WM 1962, 1316, 1317; NJW 1995, 1093, 1095; RGZ 100, 87, 90; RG LZ 1918, 772 Nr. 22; *Kilger/K. Schmidt* § 37 KO Anm. 9; *Baur/Stürner* RdNr. 18.44; vgl. BGH NJW 1970, 44, 46.
[385] Vgl. im Einzelnen *Henckel*, Festschrift für Deutsch, 1999, S. 967, 981 ff. Ergänzend s. o. § 129 RdNr. 181 bis 183.
[386] Vgl. BGH NZI 2001, 539, 541.
[387] BGHZ 89, 189, 197f. = NJW 1984, 1557, 1559; BGH WM 1971, 908, 909; NJW 1980, 1580f.; RGZ 106, 163, 166f.; RG KuT 1932, 160, 161; WarnR 1933, Nr. 199; HK-*Kreft* § 143 RdNr. 22; *Jaeger/Henckel*, KO § 37 RdNr. 111; *Uhlenbruck/Hirte* § 143 RdNr. 28; *Gottwald/Huber* (Fn. 13) § 52 RdNr. 14; dagegen für den Zeitpunkt der Veräußerung beiläufig BGH WM 1955, 1468, 1471; OLG Celle InVo 1999, 211, 212. Wegen eines abweichenden Zeitpunkts zu Abs. 2 Satz 2 s. u. RdNr. 108, 109.
[388] HambKomm-*Rogge* § 143 RdNr. 68.
[389] *Uhlenbruck/Hirte* § 143 RdNr. 28; HambKomm-*Rogge* § 143 RdNr. 59; *Jaeger/Henckel*, KO § 37 RdNr. 112, 113; *Baur/Stürner* RdNr. 20.8 Fn. 44; *Gottwald/Huber* (Fn. 13), § 52 RdNr. 14; *Gerhardt* ZIP 1997, 1429, 1432 f.; dagegen für den Zeitpunkt der Klageerhebung BGHZ 101, 286, 288 f. = NJW 1987, 2821, 2822 f.; *Kilger/K. Schmidt* § 37 KO Anm. 9.

der Anfechtungsgegner dafür auf Grund der Neuregelung in § 143 Abs. 1 Satz 2 durchweg gemäß § 287 Satz 2 BGB einzustehen haben.[390]

Der auf Verschaffung einer bloßen Geldsumme gerichtete Wertersatzanspruch besitzt **keine Aussonderungskraft** und verleiht kein Widerspruchsrecht im Sinne von § 771 ZPO (zur Abgrenzung s. o. RdNr. 20 a). Schuldete der Anfechtungsgegner schon im Zeitpunkt der Insolvenzeröffnung über sein Vermögen lediglich Wertersatz und ist darin auch kein Surrogat und keine Gegenleistung für den anfechtbar erlangten Gegenstand unterscheidbar vorhanden, so stellt der Zahlungsanspruch des Anfechtungsgläubigers lediglich eine Insolvenzforderung dar.[391] Auf einen Gegenwert für den untergegangenen Anfechtungsgegenstand kann der anfechtende Insolvenzverwalter nur unter den allgemeinen Voraussetzungen der Surrogation (s. o. RdNr. 71, 72), der Ersatzaussonderung (§ 48) oder der Massebereicherung (§ 55 Abs. 1 Nr. 3) zugreifen (s. o. RdNr. 20 a). Eine Masseverbindlichkeit auf Seiten des Anfechtungsgegners kann nach § 55 Abs. 1 Nr. 1 lediglich entstehen, wenn der Insolvenzverwalter über dessen Vermögen die Unmöglichkeit der Rückgewähr in Natur schuldhaft herbeigeführt hat.[392] Gegenüber Einzelvollstreckungen von Gläubigern des Anfechtungsgegners können dem anfechtenden Insolvenzverwalter allein eine gesetzliche Surrogation gemäß allgemeinen Regeln im Rahmen des § 771 ZPO oder die Voraussetzungen des § 145 Abs. 2 helfen.[393]

85 a

c) **Anfechtbare Übertragung von Gegenständen. aa)** Wurde eine **Sache** anfechtbar weggegeben, kann Wertersatz vor allem zu leisten sein, wenn sie in Natur nicht oder nur in verschlechtertem Zustand zurückgewährt werden kann (s. o. RdNr. 74 bis 77). Zu ersetzen ist der gewöhnliche Wert, den die Sache in unversehrtem Zustand jetzt für die Insolvenzmasse hätte.[394] Etwaige Wertschwankungen bis hin zur letzten mündlichen Verhandlung sind zu berücksichtigen (s. o. RdNr. 85). Der Wertersatzanspruch ist nicht beschränkt auf einen Kaufpreis, den der Anfechtungsgegner durch einen Weiterverkauf erzielt haben mag, oder den Erlös, der bei einer Zwangsversteigerung nach Pfändung der Sache zugunsten Dritter erzielt wurde;[395] allerdings muss der Anfechtende Umstände dafür dartun, dass ein höherer Wert zu erzielen wäre.[396] Der Anfechtende hat keinen Anspruch auf gleichwertige vertretbare Sachen (s. o. RdNr. 76); zur Veräußerung eines Warenlagers s. o. RdNr. 29. Wird andererseits die Sache in unversehrtem Zustand zurückgewährt, können gemäß Abs. 1 Satz 2 allenfalls Nutzungen zu ersetzen sein (s. o. RdNr. 60 bis 63). Ein beim Insolvenzschuldner infolge der früheren Weggabe etwa entstandener weiterer, allgemeiner Vermögensschaden ist nicht kraft Anfechtungsrechts zu erstatten; insbesondere ist ein Vorenthaltungsschaden erst nach Verzug mit der Rückgewähr (§§ 280 Abs. 1 und 2, 286 BGB) zu ersetzen.[397]

86

Wurde nur der **Besitz** an einer Sache anfechtbar übertragen, so ist lediglich deren Nutzungswert zu ersetzen (s. o. RdNr. 61). Handelt es sich um Sicherungsgut, das dem Sicherungsnehmer anfechtbar herausgegeben worden war und das dieser nach Insolvenzeröffnung verwertet hat, ist die bei der Insolvenzmasse anfallende Umsatzsteuer zu erstatten.[398] Jedoch sollen nach der Rechtsprechung nicht die entgangenen Feststellungskosten im Sinne von § 171 Abs. 1, 170 Abs. 2 anfechtbar sein (s. o. § 129 RdNr. 137). Geht der

87

---

[390] S. u. RdNr. 99; dazu OLG Köln bei *Gerhardt* EWiR 2001, 775, 776; *Jaeger/Henckel*, KO § 37 RdNr. 113; *Kersting* GmbHR 1998, 915, 918.
[391] BGHZ 155, 199, 202 ff. = NJW 2003, 3345, 3346 f.
[392] *Eckardt* KTS 2005, 15, 46.
[393] *Eckardt* KTS 2005, 15, 47 f.; ergänzend s. o. RdNr. 71, 72.
[394] BGHZ 89, 189, 197 f. = NJW 1984, 1557, 1559; RGZ 106, 163, 167; RG WarnR 1933 Nr. 199; HambKomm-*Rogge* § 143 RdNr. 33; *Jaeger/Henckel*, KO § 37 RdNr. 97. Ergänzend s. o. RdNr. 83.
[395] RGZ 30, 85, 87 f.; 44, 92, 94; 114, 206, 211; RG bei *Bolze* 10 Nr. 263; WarnR 1927, Nr. 102 aE; KuT 1932, 160, 161; *Uhlenbruck/Hirte* § 143 RdNr. 28; vgl. *Kersting* GmbHR 1998, 915, 918; unklar BGH WM 1969, 374, 376.
[396] *Jaeger/Henckel*, KO § 37 RdNr. 97; vgl. BGH NJW 1980, 1580, 1581; RG LZ 1908, 390, 391.
[397] *Uhlenbruck/Hirte* § 143 RdNr. 73; HambKomm-*Rogge* § 143 RdNr. 73; ergänzend vgl. RdNr. 58, 99.
[398] BGH ZInsO 2007, 605, 607 f.

§ 143   88–90   3. Teil. 3. Abschnitt. Insolvenzanfechtung

Sicherungsnehmer vertragsgemäß vor, dürfte zugleich der vom BGH[399] als „Ausweg" aufgezeigte § 823 Abs. 2 BGB kaum erfüllt sein. Die Abnutzung einer Sache kann jedoch durch Nutzungsersatz (vgl. RdNr. 60 bis 63, 97) ausgeglichen werden.

88 Wurde **Geld** anfechtbar weggegeben (s. o. RdNr. 30), sind – neben der Hauptsumme – Zinsen in Höhe von zur Zeit 5% über dem Basiszinssatz (§ 247 BGB) gemäß §§ 819 Abs. 1, 818 Abs. 4, 291, 288 Abs. 1 Satz 2 BGB von der Insolvenzeröffnung an zu zahlen;[400] § 288 Abs. 2 BGB gilt nicht.[401] Schon von der Weggabe an werden Zinsen als Nutzungen geschuldet (s. o. RdNr. 63). Ein höherer Zinssatz kann unter dem Gesichtspunkt des Verzugs (vgl. RdNr. 58, 99) oder der Erstattung von Nutzungen (s. o. RdNr. 63) geschuldet sein. Entsprechendes gilt, wenn Geld als Wertersatz geschuldet wird (s. o. RdNr. 73); allerdings können Zinsen hierauf – im Gegensatz zu Nutzungen – nicht vor dem Zeitpunkt anfallen, in dem sich die Rückgewährpflicht auf Wertersatz konkretisiert hat. Auf die Frage, ob auch der Insolvenzschuldner das Geld in der Zeit nach der Weggabe mutmaßlich nutzbringend verwendet hätte, kommt es in keinem Fall an.[402]

89 Wurde ein **Grundstück** anfechtbar weggegeben, ist bei Unmöglichkeit der Rückgewähr der volle Verkehrswert zu ersetzen; eine Beschränkung auf den möglichen Versteigerungserlös – wie nach § 11 AnfG – gilt wegen des freien Veräußerungsrechts des Insolvenzverwalters nicht. Oft erweist sich die Beseitigung später eingetragener dinglicher Belastungen (s. o. RdNr. 34) als undurchführbar. Unmöglichkeit im Sinne von Abs. 1 Satz 2 tritt jedenfalls ein, wenn der Drittberechtigte endgültig seine notwendige Mitwirkung verweigert (s. o. RdNr. 75). Der geschuldete Wertersatz entspricht dem Mindererlös, den die Insolvenzmasse bei der Verwertung gerade wegen der Belastung erzielt, sofern der Insolvenzverwalter nicht ausnahmsweise von sich aus die Belastung mit einem geringeren Aufwand abzulösen vermag.[403] Wurde lediglich ein Miteigentumsanteil übertragen, ist regelmäßig dessen Rückgewähr in Natur noch möglich (s. o. RdNr. 33); anders verhält es sich oft bei der Übertragung eines Miterbenanteils (s. o. RdNr. 39). Wegen Aufwendungen auf das Grundstück s. o. RdNr. 64 bis 69.

90 bb) Übertragung sonstiger **Rechte**. Für eine anfechtbar abgetretene und dann vom Empfänger eingezogene **Forderung** ist Wertersatz in Höhe des eingezogenen Betrages zu leisten.[404] Dies gilt auch dann, wenn der Drittschuldner gegen die abgetretene Forderung aufgerechnet[405] oder – in den Grenzen des § 278 Abs. 1 BGB – wenn der vom Abtretungsempfänger mit der Einziehung Beauftragte den eingezogenen Betrag unterschlagen oder verloren hat.[406] Hat der Empfänger dem Drittschuldner einen Teil der Forderung erlassen, muss er dennoch ihren vollen Nennwert an die Insolvenzmasse leisten, es sei denn, der Drittschuldner war zahlungsunfähig.[407] Wurde eine **Hypothek** anfechtbar abgetreten, die bei einer späteren Zwangsversteigerung erlischt, ist derjenige Betrag zu ersetzen, der auf die Hypothek entfallen wäre, wenn sie im Vermögen des Insolvenzschuldners geblieben wäre.[408]

---

[399] NJW-RR 2004, 340, 341.
[400] BGH ZInsO 2007, 261, 262, z. V. b. in BGHZ, teilweise unter Aufgabe von BGH NZI 2006, 397, 399; BGHZ 167, 11, 19 = NJW 2006, 1870, 1873; OLG Karlsruhe ZInsO 2004, 868, 869 f.; OLG Hamburg ZInsO 2006, 877, 878; OLG Hamm ZIP 2007, 240, 243; vgl. FK-*Dauernheim* § 143 RdNr. 24 aE; dagegen weiterhin für Anwendung des § 246 BGB (4% Zinsen) *Nerlich* (Fn. 32) § 143 RdNr. 13. Dazu, dass § 352 HGB nicht eingreift, s. o. RdNr. 13.
[401] Vgl. OLG München ZInsO 2004, 1040, 1041.
[402] S. o. RdNr. 60 a.
[403] HambKomm-*Rogge* § 143 RdNr. 74.
[404] RGZ 48, 148, 149 f.; RG LZ 1908, 387, 388; JW 1910, 761 Nr. 31; LG Görlitz ZInsO 2003, 808, 809; HambKomm-*Rogge* § 143 RdNr. 25; *Kilger/K. Schmidt* § 37 KO Anm. 2, S. 219; *Uhlenbruck/Hirte* § 143 RdNr. 10; vgl. RGZ 133, 46, 49 f. Ergänzend s. o. RdNr. 36, 38.
[405] *Uhlenbruck/Hirte* § 143 RdNr. 10; vgl. RGZ 58, 105, 106 f.
[406] *Uhlenbruck/Hirte* § 133 RdNr. 10; vgl. RG bei Bolze Bd. 5 (1888), Nr. 337 b.
[407] HambKomm-*Rogge* § 143 RdNr. 75; *Baur/Stürner* RdNr. 20.9 aE.
[408] HambKomm-*Rogge* § 143 RdNr. 75; *Jaeger/Henckel*, KO § 37 RdNr. 107, 111; vgl. RG LZ 1910, 866, 867 unter 2.

Wurden **Aktien** anfechtbar übertragen, die nicht zurückgewährt werden können, sind **91** gegebenenfalls Kursschwankungen bis zum Zeitpunkt der Letzten mündlichen Verhandlung zu berücksichtigen.[409] Hat ein Aktionär Aktien anfechtbar übertragen und ist die Aktiengesellschaft danach bis zur Insolvenzeröffnung über das Vermögen des Aktionärs infolge hoher Verluste überschuldet geworden, braucht der Erwerber der Aktien nicht allein auf Grund des § 143 den späteren Verlust auszugleichen. Zur Unmöglichkeit der Rückgewähr eines Miterbenanteils s. o. RdNr. 39, zum Ersatz von Nutzungen nach anfechtbarer Übertragung eines gewerblichen Unternehmens s. u. RdNr. 97 und 98, zur Wertbemessung für ein Teilnahmerecht von Mannschaften am sportlichen Wettbewerb einer Bundesliga vgl. BGH NJW-RR 2001, 1552, 1554.

d) Anfechtbare Belastung von Gegenständen und Erlass von Rechten des Insol- 92 venzschuldners. Kann eine anfechtbar bestellte Belastung oder ein Rangrücktritt nicht in Natur zurückgewährt werden, ist regelmäßig Wertersatz in Höhe des infolgedessen bei einer Verwertung eintretenden Mindererlöses zu leisten.[410] Dies trifft zB zu, wenn ein Grundpfandrecht bei einer Zwangsversteigerung durch Zahlung abgelöst wird.[411] Entsprechendes gilt, wenn das Aufrücken nachrangiger Berechtigter auszugleichen ist.[412] Ein solcher Rangverlust tritt bei Aufhebung eines Grundpfandrechts oder einem Verzicht darauf (s. o. RdNr. 49) als deren unmittelbare Folge ein; er ist von Anfang an vorhersehbar und deshalb verschuldet (s. o. RdNr. 79). Der Wertersatzanspruch kann gegebenenfalls auch im Rahmen des Verteilungsverfahrens auf Grund einer Zwangsversteigerung nach Maßgabe des § 115 ZVG geltend gemacht werden (s. o. RdNr. 45). Wird ein anfechtbar erlangtes Verpächterpfandrecht ausgeübt, kann der Verpächter sich wegen Verzugs mit der Rückgewähr schadensersatzpflichtig machen.[413]

Hatte der spätere Insolvenzschuldner an einem eigenen Grundstück in anfechtbarer **93** Weise ein Pfandrecht zur **Sicherung** der Verbindlichkeit gegenüber **einem Dritten** bestellt, kann es zu einem Wertersatzanspruch regelmäßig nur kommen, wenn der Schuldner der so gesicherten Verbindlichkeit zu der von ihm gemäß Abs. 1 Satz 1 vorrangig geschuldeten Freistellung des jetzt massezugehörigen Grundstücks (s. o. RdNr. 44) von den Rechten des Sicherungsnehmers aus finanziellen Gründen nicht in der Lage ist (s. o. RdNr. 75, 80); dann ist der zur Ablösung erforderliche Geldbetrag zu zahlen, doch wird der Durchsetzung eines solchen Ersatzanspruchs meist derselbe wirtschaftliche Mangel entgegenstehen, der schon die Erfüllung der primären Rückgewähr verhindert hat.[414] Wird das Grundstück des Schuldners auf Betreiben des Grundpfandgläubigers zwangsversteigert, können der Insolvenzmasse auch weitergehende wirtschaftliche Nachteile entstehen, insbesondere weil oft ein Mindererlös eintritt; für derartige allgemeine Schäden haftet der Schuldner der durch das Grundpfandrecht gesicherten Verbindlichkeit nur unter dem Gesichtspunkt des Vorenthaltungsschadens, also insbesondere bei einem Verzug mit der Rückgewähr[415]. War trotz des Dreiecksverhältnisses ausnahmsweise die Sicherheitenbestellung gegenüber dem Sicherungsnehmer selbst anfechtbar, hat dieser Rückgewähr in der üblichen Weise zu leisten (s. o. RdNr. 44, 45, 92). Hat eine Erbengemeinschaft in anfechtbarer Weise eine Grundschuld bestellt, die im Innenverhältnis nur den Anteil eines Miterben an der Gemeinschaft verkürzen soll, ist Wertersatz in Höhe dieser Wertminderung zu leisten.[416]

e) Anfechtbare Schuldtilgung. Wurde eine Leistung an Erfüllungs Statt anfechtbar **94** vorgenommen, ist deren objektiver Wert zu ersetzen; dieser kann auch größer oder geringer

---

[409] HambKomm-*Rogge* § 143 RdNr. 75; ergänzend vgl. RdNr. 85; *Jaeger/Henckel*, KO § 37 RdNr. 97.
[410] HambKomm-*Rogge* § 143 RdNr. 76; ergänzend s. o. RdNr. 89.
[411] Vgl. *Uhlenbruck/Hirte* § 143 RdNr. 13.
[412] HambKomm-*Rogge* § 143 RdNr. 81; s. o. RdNr. 89.
[413] KG ZInsO 2006, 1286 f. gewährt Schadensersatz gem. §§ 280 Abs. 3, 281 BGB.
[414] HambKomm-*Rogge* § 143 RdNr. 76.
[415] S. o. RdNr. 58; weitergehend *Eckardt* S. 149.
[416] BGHZ 72, 39, 44 f. = NJW 1978, 1921, 1922 f.

als die Verbindlichkeit sein, zu deren Erfüllung die Leistung hingegeben wurde.[417] Hat der spätere Insolvenzschuldner eine fremde Verbindlichkeit anfechtbar erfüllt und deshalb deren Schuldner den Wert der erlangten Schuldbefreiung zu ersetzen, so schuldet dieser grundsätzlich den vom Insolvenzschuldner an den Gläubiger gezahlten Betrag; nur wenn der befreite Drittschuldner schon im Zeitpunkt der Leistung des Insolvenzschuldners nicht bloß vorübergehend zahlungsunfähig und deshalb seine getilgte Verbindlichkeit nicht vollwertig war, kann an deren Gläubiger – statt an seinen Schuldner – eine Erfüllungsleistung unentgeltlich und damit selbst anfechtbar zugewendet worden sein (s. o. § 134 RdNr. 31); zur Zahlung von Versicherungsprämien zugunsten Dritter s. o. RdNr. 23 a. Hat der spätere Insolvenzschuldner in anfechtbarer Weise eine Schuld getilgt, die zugleich Umsatzsteuer umfasste, so richtet sich der Rückgewähranspruch auf die Bruttovergütung. Das gilt auch, wenn der Insolvenzschuldner seinerseits sich die Mehrwertsteuer vom Finanzamt hatte erstatten lassen; dann hat die Vollziehung der Insolvenzanfechtung steuerrechtlich zur Folge, dass der Insolvenzverwalter den zuvor in Anspruch genommenen Vorsteuerabzug berichtigen muss.[418]

94 a f) Hat der Schuldner in anfechtbarer Weise **Dienst-** oder **Werkleistungen** erbracht (s. o. RdNr. 53 a, 54 a), die als solche nicht mehr zurückgewährt werden können, ist als Wertersatz dafür grundsätzlich die übliche, hilfsweise die angemessene Vergütung (§§ 612 Abs. 2, 632 Abs. 2 BGB),[419] bei der Überlassung von Arbeitskräften also das übliche Entgelt zu zahlen.[420] Für die Überlassung einer Sache zum Gebrauch kommt der ortsübliche Mietpreis in Betracht.[421] Der Wert werkvertraglicher Teilleistungen ist in derselben Weise zu ermitteln wie bei der Aufteilung gemäß § 105, also vergleichbar der Abrechnung nach einer Kündigung aus wichtigem Grund.[422]

94 b Hat der Schuldner durch eigene Leistungen den **Wert** der Sicherheit eines Gläubigers **gesteigert,** ist der Wertzuwachs zu ersetzen, der hierdurch entstanden ist.[423] Bei einer Sicherungsabtretung entspricht er demjenigen Umfang, in welchem die – abgetretene – Forderung gegen den Drittschuldner durch die Leistung des Schuldners im Zeitraum der Anfechtbarkeit werthaltiger geworden ist. Dieser Wert wird nicht nach oben hin begrenzt durch das Ausmaß der Gläubigerbenachteiligung, die im Schuldnervermögen eingetretn ist:[424] Denn nicht der interne Aufwand des Schuldners, sondern das von ihm übertragene Vermögensgut ist zurückzugewähren. Durchweg wird dies nur durch Wertersatz zu leisten sein. Insbesondere kommt bei Werklieferungen eine Aufteilung gemäß der Minderungsformel (§§ 651, 441 Abs. 3 BGB) in Betracht.[425]

95 g) Wurde eine **Schuld** des Insolvenzschuldners anfechtbar **begründet** und kann deren Gläubiger sie nicht in Natur zurückgewähren – zB weil er seine Forderung anderweitig abgetreten hat –, hat er grundsätzlich deren Wert zu ersetzen. Dieser bestimmt sich danach, was auf die Forderung bereits geleistet wurde und, soweit sie bei der Insolvenzeröffnung noch besteht, nach der Quote, die auf die Forderung aus der Insolvenzmasse zu zahlen ist.[426] Übernimmt der Schuldner die Verbindlichkeit eines Anderen mit befreiender Wirkung (§§ 414, 415 BGB) in anfechtbarer Weise und gelingt diesem die vorrangig geschuldete

---

[417] HambKomm-*Rogge* § 143 RdNr. 79.
[418] BGH NJW 1995, 1093, 1095; HambKomm-*Rogge* § 143 RdNr. 80.
[419] HambKomm-*Rogge* § 143 RdNr. 78; vgl. zu § 818 Abs. 2 BGB BGHZ 36, 321, 313 = NJW 1962, 807 Nr. 13; BGHZ 37, 258, 264 = NJW 1962, 2010, 2011; BGHZ 41, 282, 288 = NJW 1964, 1367, 1368; MünchKommBGB-*Lieb* § 818 RdNr. 46.
[420] BGH NZI 2004, 253, 254 f.
[421] Vgl, BGHZ 145, 245, 253 f. = NJW 2001, 367, 369.
[422] Vgl. BGHZ 150, 353, 364 = NJW 2002, 2783, 2784 f.; *Schmitz* ZInsO 2004, 1051, 1052 ff.
[423] *Gerhardt*, Gedächtnisschrift für Knobbe-Keuk, 1997, S. 169, 180 f.; s. o. RdNr. 36.
[424] *Kirchhof*, Festschrift für Uhlenbruck, 2000, S. 269, 278; *Beiner/Luppe* NZI 2005, 15, 23; ergänzend s. o. § 129 RdNr. 102.
[425] BGHZ 147, 28, 34 = NJW 2001, 3704, 3706; OLG Dresden ZIP 2005, 2167, 2170; vgl. HambKomm-*Rogge* § 143 RdNr. 23.
[426] HambKomm-*Rogge* § 143 RdNr. 77; *Jaeger/Henckel*, KO § 37 RdNr. 90.

Freistellung (s. o. RdNr. 54) nicht, hat er der Insolvenzmasse den vollen geschuldeten Betrag zu zahlen; bei einem bloßen Schuldbeitritt richtet sich der Anspruch auf Zahlung an den Gläubiger, solange die Insolvenzmasse noch nicht selbst die Schuld getilgt hat.[427]

h) Soweit bei anfechtbaren **mittelbaren Zuwendungen**, also solchen in einem Dreiecksverhältnis (s. o. RdNr. 23), eine Rückgewähr unmöglich ist, entspricht der statt dessen zu ersetzende Wert im Ergebnis regelmäßig demjenigen des vom Anfechtungsgegner Erlangten. Denn diese Leistung der Mittelperson ist der Gegenwert der vom Insolvenzschuldner an diese erbrachten Zuwendung,[428] soweit nicht ausnahmsweise die Mittelperson selbst einen Anteil davon als eigene Vergütung einbehalten sollte; eine solche „Provision" kann ggf. nur durch eine selbständige Anfechtung gegenüber der Mittelperson zurückgefordert werden. Zu Zahlungen auf Lebensversicherungen zugunsten Dritter s. o. RdNr. 23 a. Hat der spätere Insolvenzschuldner eine Erbengemeinschaft, deren Mitglied er war, veranlasst, zu Lasten seines Miterbenanteils über ein Nachlassgrundstück in anfechtbarer Weise zugunsten eines Dritten zu verfügen, so entspricht der vom Dritten zu ersetzende Wert des Erlangten demjenigen Betrag, um den der Miterbenanteil des Schuldners wirtschaftlich verringert wurde.[429]

i) Nutzungen. Hat der Anfechtungsgegner auf Grund einer anfechtbaren Rechtshandlung Nutzungen aus dem erlangten Gegenstand tatsächlich **gezogen** (s. o. RdNr. 60 bis 63), wird die Rückgewähr wegen der Natur der gezogenen Früchte oder Gebrauchsvorteile oft unmöglich sein. Zu ersetzen ist dann deren gewöhnlicher Wert, also typischerweise ein angemessenes Nutzungsentgelt für die ganze Dauer der Nutzungsmöglichkeit.[430] Welchen Vorteil gerade der Insolvenzschuldner seinerseits gezogen hätte, ist unerheblich (s. o. RdNr. 60 a). Soweit der Anfechtungsgegner entsprechend § 987 BGB die Nutzungsvorteile herauszugeben oder zu ersetzen hat, ist damit zugleich die normale gebrauchsbedingte Abnutzung einer Sache abgegolten.[431] Wurde ein gewerbliches Unternehmen als solches anfechtbar übertragen (s. o. RdNr. 42), werden die zu ersetzenden Nutzungen nicht durch die Summe der Nutzungswerte der einzelnen Bestandteile begrenzt. Vielmehr können aus dem organischen Verbund auch höhere Nutzungen erzielt werden. Als solche sind grundsätzlich die Gewinne anzusehen, die bei ordnungsmäßiger Geschäftsführung aus dem Unternehmen des späteren Insolvenzschuldners im bisherigen Zuschnitt – nach Abzug einer angemessenen Vergütung für die Arbeitskraft des Geschäftsführers – hätten erwirtschaftet werden sollen. Ein vom Erwerber etwa erzielter höherer Gewinn ist dann nicht herauszugeben, wenn er wesentlich auf einem persönlichen und/ oder finanziellen Einsatz des neuen Geschäftsleiters beruht.[432] Die zu § 37 Abs. 1 KO und § 7 Abs. 1 AnfG aF herrschende Gegenmeinung,[433] die anfechtungsrechtlich nur die Nutzung der Einzelnen überlassenen Sachen und Rechte erfassen wollte, belässt den Fortführungswert (inneren Wert) des Unternehmens zu Unrecht beim Anfechtungsgegner; das entspricht nicht dem Ansatz der Insolvenzordnung, die auch die Fortführung oder Verwertung eines Unternehmens als Ganzes bezweckt. Zum Fall fehlender Gewinnerzielung s. u. RdNr. 98.

Hat der Anfechtungsgegner schuldhaft Nutzungen **nicht gezogen,** die er bei ordnungsmäßiger Wirtschaft hätte erzielen können (s. o. RdNr. 60 a), kommt von vornherein nur

---

[427] Vgl. *Uhlenbruck/Hirte* § 143 RdNr. 10 aE.
[428] *Jaeger/Henckel,* KO § 37 RdNr. 89 aE; vgl. *Eckardt* S. 149.
[429] Vgl. BGHZ 72, 39, 44 f. = NJW 1978, 1921, 1922 f.; *Jaeger/Henckel,* KO § 37 RdNr. 94.
[430] HambKomm-*Rogge* § 143 RdNr. 82; *Jaeger/Henckel,* KO § 29 RdNr. 43; vgl. BGH JR 1954, 460 f. Zur Nutzung von Geld s. o. RdNr. 63.
[431] *Jaeger/Henckel,* KO § 37 RdNr. 104.
[432] HambKomm-*Rogge* § 143 RdNr. 82; *Jaeger/Henckel,* KO § 1 RdNr. 9, § 29 RdNr. 57; vgl. *K. Schmidt,* Handelsrecht 5. Aufl., § 6 IV 2, S. 166 f. sowie zu Fällen der Rückgewähr aus ungerechtfertigter Bereicherung BGHZ 63, 365, 368 = NJW 1975, 638, 640; BGH LM § 987 BGB Nr. 3; LM § 818 Abs. 2 BGB Nr. 7; MDR 1962, 556 Nr. 39; NJW 1978, 1578 Nr. 5 (Abwicklung nach Rücktritt); MünchKommBGB-*Lieb* § 818 RdNr. 26. Ergänzend s. o. RdNr. 42, § 129 RdNr. 94.
[433] BGH WM 1962, 1316 f.; zu § 7 AnfG aF BGH WM 1964, 114, 115 f.; RGZ 70, 226, 227 ff.

Wertersatz in Betracht, der nach dem gewöhnlichen Wert der zu ziehenden Nutzungen zu bestimmen ist.[434] Dies gilt insbesondere für Geld, das der Anfechtungsgegner nicht oder nur zu Zinsen unter dem marktüblichen Satz angelegt hat (s. o. RdNr. 63, 88). Erbrachte dagegen der anfechtbar erlangte Gegenstand selbst keine Früchte oder Gebrauchsvorteile, so sind solche auch dann nicht zu ersetzen, wenn der Gegenstand nicht in Natur zurückgewährt werden kann, sondern statt dessen Wertersatz zu leisten ist. Der zu diesem Zweck zu zahlende Geldbetrag ist vielmehr erst zu verzinsen, wenn der darauf gerichtete Anfechtungsanspruch rechtshängig geworden oder der Anfechtungsgegner mit dessen Erfüllung in Verzug geraten ist.[435] Bei anfechtbar erworbenen Patenten hat der Anfechtungsgegner neben Wertersatz ggf. Schadensersatz wegen Vorenthaltung zu leisten.[436]

99 j) Verzug mit der Wertersatzleistung. Die Verzugsvorschriften (s. o. RdNr. 11) sind auch auf den Wertersatzanspruch gem. Abs. 1 Satz 2 anzuwenden. Dieser setzt allerdings die Unmöglichkeit der Rückgewähr in Natur voraus (s. o. RdNr. 73 bis 77) und kann deshalb nicht identisch sein mit dem Anspruch auf Schadensersatz wegen Verzugs mit dieser Rückgewähr selbst.[437] Der Anfechtungsgegner muss vielmehr mit der Erfüllung gerade der Wertersatzpflicht gemäß §§ 286 ff. BGB in Verzug geraten. Entsprechendes gilt für den Anspruch auf Herausgabe gezogener Nutzungen (s. o. RdNr. 60 bis 63, 97), während für nicht gezogene Nutzungen von vornherein nur Wertersatz geleistet werden kann (s. o. RdNr. 98), so dass es auf den Verzug mit dieser Ersatzleistung ankommt. Der Wertersatzanspruch ist stets auf eine Geldzahlung gerichtet. Die Pflicht zur Verzinsung dieses Ersatzbetrages setzt Verzug oder Rechtshängigkeit (§ 291 BGB) voraus;[438] als solche kann auch die Insolvenzeröffnung wirken (s. o. RdNr. 88). Einen den Regelsatz (s. o. RdNr. 88) übersteigenden Zinssatz muss der Anfechtende besonders dartun; § 352 HGB gilt nicht (s. o. RdNr. 13).

VI. Rückgewähr unentgeltlicher Leistungen (Abs. 2)

100 Die verhältnismäßig scharfe Haftung des Anfechtungsgegners nach Abs. 1 Satz 2 beruht auf seiner Gleichstellung mit einem Bereicherungsschuldner, der den Mangel des rechtlichen Grundes von Anfang an kannte (s. o. RdNr. 73). Für die Anfechtung auf Grund des § 134 Abs. 1 erscheint dies nicht ohne weiteres gerechtfertigt, weil die Annahme einer unentgeltlichen Leistung allein nicht von vornherein eine Bösgläubigkeit des Empfängers vermuten lässt. Deshalb haftet der Empfänger einer solchen Leistung gem. Abs. 2 grundsätzlich nur wie ein gewöhnlicher Bereicherungsschuldner (Satz 1), solange nicht seine Bösgläubigkeit im Einzelfall festgestellt wird (Satz 2). Durch diese Rechtsfolgenverweisung wird der Anfechtungsanspruch aber nicht etwa insgesamt dem Bereicherungsrecht unterstellt; dessen sonstige Regeln gelten vielmehr nicht.[439]

101 1. Gemilderte Haftung (Satz 1). a) Voraussetzung. Die Haftung wird nach Satz 1 nur gemildert, wenn die Anfechtung **ausschließlich** auf § 134 Abs. 1 gestützt wird. Dem stehen die Anfechtung gegen Rechtsnachfolger gem. **§ 145 Abs. 2 Nr. 3**[440] und diejenige nach **§ 322** gegen Empfänger von Pflichtteils- oder Auflagenleistungen sowie Vermächtnissen[441] gleich. Ob den Anfechtungsgegner insoweit etwa an der Handlung, welche die Gläubigerbenachteiligung verursacht, ein Verschulden trifft, ist unerheblich, solange dieses nicht selbständig eine Haftung auf Grund anderer Normen begründet. Greift dagegen die

---

[434] HK-*Kreft* § 143 RdNr. 21; HambKomm-*Rogge* § 143 RdNr. 82; s. o. RdNr. 97.
[435] RGZ 24, 141, 145; *Kilger/K. Schmidt* § 37 KO Anm. 3 aE; vgl. *Uhlenbruck/Kuhn* § 143 RdNr. 35. Ergänzend s. u. RdNr. 99.
[436] OLG Celle ZIP 1999, 848; HK-*Kreft* § 143 RdNr. 20.
[437] BGH NJW-RR 1990, 318, 319; *Jaeger/Henckel*, KO § 37 RdNr. 85 aE. Ergänzend s. o. RdNr. 58, 78.
[438] RGZ 24, 141, 145; *Jaeger/Henckel*, KO § 37 RdNr. 119; *Kilger/K. Schmidt* § 37 KO Anm. 3 aE.
[439] Vgl. *Kilger/K. Schmidt* § 37 KO Anm. 13 b; unklar FK-*Dauernheim* § 143 RdNr. 28. Ergänzend s. o. RdNr. 10.
[440] RegE S. 168 zu § 164 Abs. 2 Nr. 3; vgl. BGH NJW 2002, 1342, 1343 f.
[441] Vgl. *Jaeger/Henckel*, KO § 37 RdNr. 127.

Anfechtung gleichzeitig gem. anderen Vorschriften durch, ist § 143 Abs. 2 insoweit nicht anzuwenden.[442] Ob der Anfechtungsgegner irrtümlich annahm, eine unentgeltliche Leistung erlangt zu haben, während er objektiv zB eine anfechtbare Deckung erhielt, ist unerheblich.

b) Rechtsfolgen. Satz 1 schränkt nur die Haftung wegen Unmöglichkeit der Rückgewähr des empfangenen Gegenstandes oder wegen dessen Verschlechterung, also auf Wertersatz (s. o. RdNr. 74–98) ein. Soweit dagegen die Leistung des Insolvenzschuldners in Natur noch vorhanden ist, hat der Anfechtungsgegner sie unabhängig von gutem oder bösem Glauben zurückzugewähren;[443] auf den Zustand einer erlangten Sache kommt es hierfür nicht an.[444] Gleiches gilt, soweit eine Bereicherung tatsächlich noch vorhanden ist; diese ist, entsprechend § 818 Abs. 3 BGB, herauszugeben.[445] Nutzungen sind also – nur – insoweit zurückzugewähren, als sie tatsächlich erlangt sind und sich noch im Vermögen des Anfechtungsgegners befinden;[446] demgegenüber entfällt u. a. eine Ersatzpflicht für nicht gezogene Nutzungen.[447] Wer durch Zahlungen des Schuldners auf eine für sich nicht (mehr) anfechtbare Lebensversicherung als Dritter unentgeltlich begünstigt wird, muss nur den Zuwachs des Rückkaufswerts in anfechtbarer Zeit erstatten, solange er gutgläubig ist.[448] Die Beweislast für den Bereicherungswegfall trifft den Anfechtungsgegner (s. u. RdNr. 111). 102

Eine Bereicherung ist regelmäßig **nicht** mehr vorhanden, wenn der empfangene Gegenstand untergegangen ist oder vom Empfänger verschenkt wurde. Hat dieser jedoch im Wege gesetzlicher Surrogation Wertersatz erlangt, ist der Ersatzwert – soweit noch vorhanden – herauszugeben.[449] Nach rechtsgeschäftlicher Veräußerung des anfechtbar Erlangten ist nicht der Erlös als solcher herauszugeben, sondern höchstens der Verkehrswert zu ersetzen; ein Mehrbetrag verbleibt beim Anfechtungsgegner.[450] Ist der als Ersatz erlangte Anspruch gegen einen Dritten wegen dessen Vermögenslosigkeit wertlos, so ist die Bereicherung insgesamt weggefallen.[451] Dementsprechend ist ein erlangter Geldbetrag untergegangen, wenn er von einem vermögenslosen Vertreter des Empfängers unterschlagen wurde.[452] 103

Dagegen ist der Empfänger noch **bereichert,** soweit er durch die Weggabe des Empfangenen notwendige Ausgaben aus eigenem Vermögen erspart[453] oder eigene Schulden getilgt hat,[454] insbesondere also, wenn die angefochtene Zuwendung in der unentgeltlichen Tilgung von Schulden des Anfechtungsgegners bestand.[455] Hat der Anfechtungsgegner mit dem Erlangten etwa Arbeitskräfte eingestellt, bleibt er um deren Dienstleistungen bereichert, sofern sie nicht wertlos waren.[456] Wurde das Empfangene für den notwendigen Lebens- 104

---

[442] *FK-Dauernheim* § 143 RdNr. 29; *Nerlich* (Fn. 32) § 143 RdNr. 58; *HK-Kreft* § 143 RdNr. 26; HambKomm-*Rogge* § 143 RdNr. 84; *Jaeger/Henckel*, KO § 37 RdNr. 128; *Gottwald/Huber* (Fn. 13) § 52 RdNr. 20.
[443] *Kilger/K. Schmidt* § 37 KO Anm. 13 b.
[444] Vgl. BGH NJW 1962, 1909, 1910.
[445] HambKomm-*Rogge* § 143 RdNr. 84; vgl. OLG Hamburg KTS 1985, 556, 558 (Werterhöhungen an einem Hausgrundstück); *Jaeger/Henckel*, KO § 37 RdNr. 127.
[446] *Kilger/K. Schmidt* § 37 KO Anm. 13 b; vgl. *Uhlenbruck/Hirte* § 143 RdNr. 54 und zu § 818 BGB BGH NJW 1999, 2890, 2891 f. (Zinsen). Ergänzend s. o. RdNr. 97.
[447] RegE S. 167 zu § 162 Abs. 2 Satz 1; *Nerlich* (Fn. 32) § 143 RdNr. 63; *Jaeger/Henckel*, KO § 37 RdNr. 121. Ergänzend s. o. RdNr. 98.
[448] *Thiel* ZIP 2002, 1232, 1235; s. o. RdNr. 23 a.
[449] HambKomm-*Rogge* § 143 RdNr. 84; s. o. RdNr. 72, 102.
[450] *Nerlich* (Fn. 32) § 143 RdNr. 63; zu § 818 BGB vgl. RGZ 86, 343, 347. Ergänzend s. o. RdNr. 71. Wegen der milderen Haftung gilt § 285 BGB (s. o. RdNr. 72) noch nicht.
[451] Vgl. BGHZ 72, 9, 13 = NJW 1978, 2149, 2150; BGH LM § 820 BGB Nr. 1; NJW 1993, 648, 652; OLG Frankfurt NJW-RR 1995, 1348 f.
[452] Vgl. OLG Hamm NJW 1981, 993 f.
[453] RG LZ 1910, 558, 559; HambKomm-*Rogge* § 143 RdNr. 85; *Jaeger/Henckel*, KO § 37 RdNr. 132.
[454] RG JW 1936, 717 Nr. 3 Leits.; vgl. auch BGHZ 118, 383, 386 f. = NJW 1992, 2415, 2416.
[455] Vgl. BGH NJW 1985, 2700; OLG Hamm ZInsO 2002, 195, 197 und zur Verringerung des Sollsaldos bei der Empfängerbank BGH NJW 1996, 929 Nr. 9.
[456] Vgl. BGH VersR 1989, 943, 944.

105 Soweit der Wert des Erlangten noch im Vermögen des Anfechtungsgegners vorhanden ist, mindert sich seine Bereicherung durch etwaige steuerliche Belastungen auf Grund Erwerbs des Anfechtungsguts[459] sowie durch Aufwendungen im Zusammenhang mit dem Erwerb.[460] Da der Bereicherungsschuldner zur Herausgabe nur an demjenigen Ort verpflichtet ist, wo sich der Gegenstand befindet, darf er unvermeidliche Kosten des Rücktransports abziehen.[461] Verwendungen auf das Grundstück sind auch über die Grenzen der §§ 994ff. BGB hinaus (dazu s. o. RdNr. 64 bis 70) zu berücksichtigen.[462] Hat eine politische Partei eine Spende für Wahlkampfzwecke ausgegeben, ist sie – nur – insoweit bereichert, als sie damit Aufwendungen aus eigenen Mitteln erspart oder eine entsprechende Wahlkampfkostenerstattung erhalten hat.[463] Die Bereicherung ist auch weggefallen, soweit das gesamte Aktivvermögen des Empfängers inzwischen nicht mehr den Rückgewähranspruch deckt.[464] Eine Bereicherung liegt ferner nicht vor, wenn der Zuwendungsempfänger mit dem Erlangten Verbindlichkeiten des Insolvenzschuldners selbst erfüllt hat.[465]

106 **2. Haftung nach Normalmaß (Satz 2).** Gemäß Art. 2 Satz 2 wird der Empfänger der unentgeltlichen Leistung ausnahmsweise nicht mehr begünstigt, sobald er weiß oder „den Umständen nach wissen muss", dass die unentgeltliche Leistung die Gläubiger benachteiligt. Die Benachteiligung in diesem Sinne kennt, wer weiß, dass das Vermögen des späteren Insolvenzschuldners nicht mehr ausreicht, um alle Verbindlichkeiten zu erfüllen, dass er also **überschuldet** (§ 19) ist; denn dass unter dieser Voraussetzung jede unentgeltliche Weggabe von Vermögen die Befriedigungsaussichten der anderen Gläubiger weiter schmälert (s. o. § 134 RdNr. 43), liegt auf der Hand. Ein regelmäßiges Indiz für die Überschuldung ist nicht nur die **Zahlungsunfähigkeit** (§ 17) des Leistenden,[466] sondern auch schon seine erst **drohende** Zahlungsunfähigkeit i. S. v. § 18.[467] Die Vorschrift kann zB eingreifen, falls sich der Anfechtungsgegner zunächst über die Unentgeltlichkeit schuldlos geirrt hatte aber später davon erfährt.

107 Die Zurechnung dessen, was der Leistungsempfänger den Umständen nach „wissen muss", deutet auf den Maßstab **einfacher Fahrlässigkeit** i. S. v. § 276 Abs. 1 Satz 2 BGB hin.[468] Für die Gegenmeinung, die dem Empfänger allgemein nur grobe Fahrlässigkeit schaden lassen will,[469] bietet die jetzige Gesetzesfassung keine hinreichende Grundlage: § 37 Abs. 2 KO setzte zwar ausdrücklich „Gutgläubigkeit" des Empfängers voraus, was in

---

[457] Vgl. einerseits BGH NJW 1981, 2183, 2184; 1984, 2095, 2096; andererseits BAG NJW 1994, 2636, 2638; RG LZ 1910, 558, 559.
[458] Vgl. BGH MDR 1959, 109f.; *Jaeger/Henckel,* KO § 37 RdNr. 132 aE.
[459] Vgl. BGH NJW 1970, 2059f.; NJW-RR 1992, 558, 560; RGZ 170, 65, 67f.
[460] Vgl. RGZ 72, 1, 4; abgrenzend BGH NJW 1981, 277, 278.
[461] Vgl. RGZ 96, 345, 347.
[462] Vgl. BGH WM 1972, 564f.; NJW 1980, 1789, 1790; *Nerlich* in: Nerlich/Römermann § 143 RdNr. 36; ferner BGHZ 137, 314, 316ff. = NJW 1998, 989, 990f.
[463] *Jaeger/Henckel,* KO § 37 RdNr. 132; *Uhlenbruck/Hirte* § 143 RdNr. 54; aM FK-*Dauernheim* 143 RdNr. 31; *Kilger/K. Schmidt* § 37 KO Anm. 13b.
[464] Vgl. BGH LM § 818 Abs. 3 BGB Nr. 7.
[465] HambKomm-*Rogge* § 143 RdNr. 85; *Jaeger/Henckel,* KO § 37 RdNr. 132; *Kilger/K. Schmidt* § 37 KO Anm. 13b. BGH NJW 1970, 44, 46 und RGZ 92, 227, 229 verneinten konkret eine Gutgläubigkeit. Ergänzend s. o. § 129 RdNr. 178, 179.
[466] Zur Zahlungseinstellung als Anknüpfungspunkt vgl. RGZ 92, 227, 229; *Jaeger/Henckel,* KO § 37 RdNr. 129.
[467] Vgl. § 133 RdNr. 24 u. LG Mönchengladbach NJW-RR 1992, 1514, 1515.
[468] *Uhlenbruck/Hirte* § 143 RdNr. 51, 55; *Kübler/Prütting/Paulus* § 143 RdNr. 63; *Gottwald/Huber* (Fn. 13) § 52 RdNr. 21; für das geltende Recht wohl auch *Gerhardt,* Festschrift für Brandner, 1996, S. 605, 608.
[469] HK-*Kreft* § 143 RdNr. 28, 30; *Nerlich* in: (Fn. 32) § 143 RdNr. 60, 84; *Braun/de Bra* § 143 RdNr. 20; HambKomm-*Rogge* § 143 RdNr. 86; *M. Zeuner,* Anfechtung RdNr. 322; *Henckel,* Kölner Schrift S. 851 RdNr. 84.

Rechtsfolgen **108, 109 § 143**

der Rechtslehre erst zuletzt i. S. v. § 932 Abs. 2 BGB verstanden wurde.[470] Eine gefestigte Praxis gab es aber, in Ermangelung einschlägiger Rechtsprechung,[471] nicht. Leits. 5.12 Abs. 6 des 1. KommBer. sah zwar eine entsprechende ausdrückliche Regelung vor. § 152 Abs. 2 Satz 2 DE und RefE sowie § 162 Abs. 2 Satz 2 RegE haben diese jedoch gerade nicht übernommen. Vielmehr haben sie das Wissen oder Wissenmüssen nur dahin näher definiert, dass es sich gerade auf den Eintritt einer objektiven Gläubigerbenachteiligung beziehen müsse;[472] ein weitergehender Schutz der Anfechtungsgegner wurde schon durch die geänderte Beweislast zu Lasten der Anfechtenden bewirkt.[473] Indem das Gesetz nicht mehr, wie noch § 37 Abs. 2 KO, auf „Gutgläubigkeit" des Empfängers abstellt, sondern die „Unredlichkeit" autonom definiert, fehlt für eine entsprechende Anwendung des § 932 Abs. 2 BGB die Grundlage. Die neue gesetzliche Fassung lehnt sich eher an diejenige des § 10 Abs. 1 Nr. 4 GesO und des § 130 Abs. 2 InsO an, wie diese später Gesetz geworden ist. Danach müssen dem Empfänger der unentgeltlichen Leistung die **tatsächlichen Umstände**, die auf die Gläubigerbenachteiligung hinweisen, **bekannt** sein; eine **Erkundigungspflicht** obliegt ihm regelmäßig **nicht**. Insoweit ist dieser Maßstab im Ansatz sogar strenger als derjenige der groben Fahrlässigkeit. Nur soweit dem Erwerber Tatsachen bekannt sind, die objektiv auf den Eintritt einer Gläubigerbenachteiligung hinweisen, schadet ihm schon jede fahrlässige rechtliche Fehlbewertung hinsichtlich dieses Umstandes.[474] Bei einem Gesellschafter mit Auskunfts- und Einsichtsrechten nach Maßgabe des § 51a GmbHG wird eine Tatsachenkenntnis meist nahe liegen. Eine normale Einsichtsfähigkeit ist auch dem Empfänger unentgeltlicher Leistungen zuzumuten. Erkennbare praktische Bedeutung hat der Verschuldensmaßstab aber in der Vergangenheit nicht erlangt.

In zeitlicher Hinsicht schadet jede Kenntnis oder das Kennenmüssen im gesamten Zeitraum zwischen dem **Empfang der Leistung bis** hin zum Eintritt der **Unmöglichkeit** oder Verschlechterung, für die der Empfänger gegebenenfalls haften soll (s. o. RdNr. 102). Gegen ihn greifen die normalen Zurechnungsmaßstäbe also nicht nur ein, wenn er den Eintritt der Gläubigerbenachteiligung schon im Zeitpunkt des Leistungsempfangs kannte oder kennen musste, sondern auch dann, wenn ihm die aussagekräftigen tatsächlichen Umstände (s. o. RdNr. 107) zwar später, aber vor Eintritt der Unmöglichkeit oder Verschlechterung bekannt wurden; dann kann er vom Zeitpunkt dieser Kenntnis an nach Maßgabe des Abs. 1 haften.[475] Die volle Haftung trifft ihn ferner in jedem Falle entsprechend § 818 Abs. 4 BGB vom Zeitpunkt der Rechtshängigkeit des Rückgewähranspruchs an.[476]

Im Einzelnen haftet der Empfänger der unentgeltlichen Leistung, der deren gläubigerbenachteiligende Wirkung kennt oder kennen muss (s. o. RdNr. 107, 108), uneingeschränkt nach Maßgabe des Abs. 1 Satz 2 (s. o. RdNr. 78 bis 99). Andererseits begrenzt der Zeitpunkt der Unmöglichkeit oder Verschlechterung den größten Umfang des vom Anfech-

---

[470] *Kuhn/Uhlenbruck* § 37 RdNr. 36; *Jaeger/Henckel*, KO § 37 RdNr. 129, anders aber noch *Jaeger/Lent*, KO 8. Aufl. § 37 RdNr. 26 („wenn der Bedachte weiß oder den Umständen nach wissen muss"); *Kilger/ K. Schmidt* § 37 Anm. 13b, anders noch *Kilger*, KO 15. Aufl. § 37 Anm. 13b („wenn der Empfänger weder weiß noch den Umständen nach wissen muss").
[471] Die einzige bekannt gewordene Gerichtsentscheidung (OLG Hamburg KTS 1985, 556, 558) grenzte entsprechend der jetzt Gesetz gewordenen Fassung ab („weder weiß noch den Umständen nach annehmen muss").
[472] RegE S. 168 zu § 162.
[473] Vgl. *Uhlenbruck/Hirte* § 143 RdNr. 51; s. u. RdNr. 112.
[474] Ebenso für die vergleichbare Formulierung in § 10 Abs. 1 Nr. 4 GesO BGH NJW-RR 1999, 272, 274.
[475] RegE S. 168 zu § 162; *Nerlich* (Fn. 32) § 143 RdNr. 61; *M. Zeuner*, Anfechtung RdNr. 323; *Jaeger/ Henckel*, KO § 37 RdNr. 129, 132; *Kilger/K. Schmidt* § 37 KO Anm. 13b; *Uhlenbruck/Hirte* § 143 RdNr. 52; *Gottwald/Huber* (Fn. 13) § 52 RdNr. 21; vgl. BGH WM 1956, 703, 706; RGZ 92, 227, 229; OLG Hamburg KTS 1985, 556, 558 zu § 7 AnfG aF.
[476] BGH WM 1956, 703, 706; FK-*Dauernheim* § 143 RdNr. 31; *Jaeger/Henckel*, KO § 37 RdNr. 134; *Uhlenbruck/Hirte* § 143 RdNr. 52.

VII. Beweisfragen

110 Als Voraussetzung für eine Anwendung des **Abs. 1** muss feststehen, welche anfechtbare Leistung der Anfechtungsgegner aus dem Vermögen des Insolvenzschuldners erhalten hat; dies ist, jeweils nach Maßgabe der einzelnen Anfechtungstatbestände (s. o. RdNr. 101), vom Anfechtenden zu beweisen. Ggf. muss sodann der Anfechtungsgegner beweisen, dass und aus welchen Gründen ihm eine Rückgewähr in Natur nicht möglich ist;[478] ferner hat er gemäß § 280 Abs. 1 Satz 2 BGB fehlendes Verschulden an der Unmöglichkeit der Rückgewähr oder an der Verschlechterung[479] und ggf. an einem eingetretenen Verzug (§ 286 Abs. 4 BGB) zu beweisen. Hingegen steht die Höhe des zu ersetzenden Wertes (s. o. RdNr. 83 bis 98) grundsätzlich ebenso zur Beweislast des Anfechtenden wie objektive Verzugsvoraussetzungen (vgl. RdNr. 58, 99). Ebenso hat der Anfechtende zu beweisen, dass Nutzungen gezogen wurden oder bei ordnungsmäßiger Wirtschaft zu ziehen waren,[480] und ggf. auch, dass der Anfechtungsgegner ein gesetzliches Surrogat[481] erlangt hat. Berücksichtigungsfähige Verwendungen (s. o. RdNr. 64 bis 69) stehen dagegen zur Beweislast des Anfechtungsgegners.[482]

111 Ob der Anfechtungsgegner i. S. v. **Abs. 2 Satz 1** aus weiteren Tatbeständen als nur denen der unentgeltlichen Zuwendung (s. o. RdNr. 101) haftet, muss ggf. der Anfechtende beweisen. Dagegen obliegt dem Anfechtungsgegner – außer dem Nachweis, dass Rückgewähr in Natur unmöglich ist (s. o. RdNr. 110) – weiter derjenige, dass und warum er objektiv nicht mehr bereichert ist.[483] Wird streitig, ob die Bereicherung nach Eintritt der verschärften Haftung (infolge Rechtshängigkeit oder Unredlichkeit) entfallen ist, so obliegt die Beweislast dem Gläubiger.[484]

112 Aus der Fassung des **Abs. 2 Satz 2** als Ausnahme zu Satz 1 folgt, dass der Anfechtende, der Wertersatz über die vorhandene Bereicherung hinaus (s. o. RdNr. 102) fordert, die „Unredlichkeit" des Anfechtungsgegners im maßgeblichen Zeitpunkt (s. o. RdNr. 107, 108) zu beweisen hat.[485] Davon ist eine Ausnahme für nahe stehende Personen i. S. v. § 138 zu erwägen;[486] deren Näheverhältnis zum Insolvenzschuldner ist mindestens bei der Beweiswürdigung zu berücksichtigen.[487]

---

[477] *Jaeger/Henckel*, KO § 37 RdNr. 133.
[478] LAG Hamm ZIP 1998, 920, 922; *Kübler/Prütting/Paulus* § 143 RdNr. 62; *M. Zeuner*, Anfechtung RdNr. 324; HambKomm-*Rogge* § 143 RdNr. 91. Ergänzend s. o. RdNr. 74 bis 77.
[479] HambKomm-*Rogge* § 143 RdNr. 91; vgl. *Staudinger/Gursky* § 989 RdNr. 38; MünchKommBGB-*Medicus* § 989 RdNr. 10; *Palandt/Bassenge* § 989 RdNr. 4. Ergänzend s. o. RdNr. 78 bis 80.
[480] Vgl. BGH NJW 1995, 2627, 2628 zu § 818 BGB; ergänzend s. o. RdNr. 60 bis 63.
[481] HambKomm-*Rogge* § 143 RdNr. 90; s. o. RdNr. 71, 72.
[482] HambKomm-*Rogge* § 143 RdNr. 91; vgl. BGH NJW 1995, 2627, 2628 zu § 818 BGB.
[483] *Kübler/Prütting/Paulus* § 143 RdNr. 62; FK-*Dauernheim* § 143 RdNr. 32; *Hess* InsO § 143 RdNr. 183; HambKomm-*Rogge* § 143 RdNr. 91; *Jaeger/Henckel*, KO § 37 RdNr. 130; vgl. RG LZ 1910, 558, 559 u. zu § 818 Abs. 3 BGB BGHZ 118, 383, 387 f. = NJW 1992, 2415, 2416; BGH VersR 1989, 943, 944; BAG NJW 1994, 2636, 2637; RGZ 65, 292, 298; 68, 269, 270; 93, 227, 230.
[484] BGH NJW 1957, 1725 f.
[485] RegE S. 168 zu § 162; HK-*Kreft* § 143 RdNr. 4, 33; *Kübler/Prütting/Paulus* § 143 RdNr. 63; FK-*Dauernheim* § 143 RdNr. 32; *Nerlich* (Fn. 32) § 143 RdNr. 64, 83; *Uhlenbruck/Hirte* § 143 RdNr. 55; HambKomm-*Rogge* § 143 RdNr. 90; *Braun/Riggert* § 143 RdNr. 21; *M. Zeuner*, Anfechtung RdNr. 334; *Hess* InsO § 143 RdNr. 184; aM zu § 37 Abs. 2 KO: BGH WM 1955, 407, 412; NJW 1970, 44, 46.
[486] Für eine Analogie OLG Düsseldorf NZI 2001, 477, 478 zu § 11 Abs. 2 AnfG.
[487] HK-*Kreft* § 143 RdNr. 34; *Uhlenbruck/Hirte* § 143 RdNr. 56; HambKomm-*Rogge* § 143 RdNr. 90.

§ 144 Ansprüche des Anfechtungsgegners

(1) Gewährt der Empfänger einer anfechtbaren Leistung das Erlangte zurück, so lebt seine Forderung wieder auf.

(2) ¹Eine Gegenleistung ist aus der Insolvenzmasse zu erstatten, soweit sie in dieser noch unterscheidbar vorhanden ist oder soweit die Masse um ihren Wert bereichert ist. ²Darüber hinaus kann der Empfänger der anfechtbaren Leistung die Forderung auf Rückgewähr der Gegenleistung nur als Insolvenzgläubiger geltend machen.

Schrifttum: *Bork,* Wiederaufleben von Sicherheiten nach Anfechtung der Erfüllungsleistung, in Festschrift für Kreft, 2004, S. 229 ff.

Übersicht

	RdNr.		RdNr.
I. Normzweck	1	V. Vertragliche Gegenleistung (Abs. 2)	13
II. Entstehungsgeschichte	2	1. Voraussetzungen	13
III. Anwendungsbereich	3	2. Rechtsfolgen	15
IV. Wiederaufleben getilgter Forderungen (Abs. 1)	5	a) Masseverbindlichkeit (Satz 1)	17
1. Voraussetzungen	5	b) Insolvenzforderung (Satz 2)	19
2. Rechtsfolgen	7	VI. Beweisfragen	21
a) Wiederaufleben der Forderung	8		
b) Sicherheiten	10		

I. Normzweck

§ 144 soll in beiderseits ausgewogener Weise das insolvenzrechtliche Schicksal einer **1** eigenen Leistung des **Anfechtungsgegners** regeln, der seinerseits anfechtbar Empfangenes nach Maßgabe des § 143 zurückgewähren muss. Eine ungerechtfertigte Bereicherung der Insolvenzmasse hierdurch soll vermieden werden.[1]

II. Entstehungsgeschichte

Abs. 1 entspricht § 39 KO, **Abs. 2** dem § 38 KO. Diese Vorschriften der Konkurs- **2** ordnung wurden im Rahmen des § 10 GesO – der keine ausdrückliche Regelung enthielt – sinngemäß angewendet.[2] Im Gesetzgebungsverfahren wurde § 144 nicht geändert. Dagegen verweist § 12 AnfG den Anfechtungsgegner allein an den Schuldner.

III. Anwendungsbereich

Beide Absätze setzen voraus, dass eine eigene Leistung des Anfechtungsgegners ins **3** Schuldnervermögen geflossen ist und der Insolvenzverwalter die Anfechtung geltend gemacht hat.[3] In ihren Voraussetzungen im Einzelnen schließen sich beide Absätze aber gegenseitig aus: **Abs. 1** erfasst allein die Schuldbefreiung durch eine anfechtbare Erfüllungsleistung des Insolvenzschuldners (zB aus § 433 Abs. 2 BGB), **Abs. 2** die Gegenleistung des Anfechtungsgegners aus einem anfechtbaren gegenseitigen Vertrag (zB dem Kaufvertrag).[4] Das gilt auch im Falle einer Anfechtung nach § 132 (s. a. § 132 RdNr. 29). § 144 betrifft nicht

---

[1] Vgl. BGH NJW-RR 1996, 991, 992 f.; *Kübler/Prütting/Paulus* § 144 RdNr. 1; *Nerlich* in: *Nerlich/Römermann* § 144 RdNr. 1; HambKomm-*Rogge* § 144 RdNr. 1; *Jaeger/Henckel,* KO § 38 RdNr. 6; *Gottwald/Huber,* Insolvenzrechts-Handbuch, § 52 RdNr. 23.
[2] Vgl. OLG Naumburg, Urt. v. 19. Oktober 1998 – 1 U 192/96.
[3] S. o. § 129 RdNr. 194. Unschädlich ist es dann, falls der Anfechtungsgegner das Anfechtungsbegehren freiwillig erfüllt.
[4] Zur Rückforderung einer Vorleistung des Insolvenzschuldners s. o. § 129 RdNr. 57.

§ 144 4, 5   3. Teil. 3. Abschnitt. Insolvenzanfechtung

Aufwendungen oder Werterhöhungen, die der Anfechtungsgegner aus anderen Gründen mit Bezug auf die von ihm empfangene Leistung vorgenommen hat; dafür gelten § 143 Abs. 1 Satz 2 und § 55 Abs. 1 Nr. 3 InsO i. V. m. §§ 994 ff. BGB unmittelbar (s. o. § 143 RdNr. 64 bis 70). § 144 regelt nicht unmittelbar den Fall, dass der Insolvenzverwalter aus Anlass einer anfechtbaren Handlung gegen mehrere mögliche Rückgewährpflichtige vorgehen kann (s. o. § 129 RdNr. 101); die Absicherung, dass die vollständige Leistung eines von ihnen auch den anderen zugute kommt, erfolgt vielmehr durch §§ 422 Abs. 1, 255 BGB.[5] Das Wiederaufleben der Forderung nach § 144 Abs. 1 InsO kann jedoch Grundlage des Innenausgleichs mit den anderen Rückgewährpflichtigen sein (s. u. RdNr. 9).

4   **Berechtigter** i. S. v. § 144 ist, wer als Empfänger der anfechtbaren Leistung des Schuldners seinerseits die Erfüllungsleistung (Abs. 1) oder Gegenleistung (Abs. 2) erbracht hat,[6] ferner dessen Gesamtrechtsnachfolger. Einzelrechtsnachfolger i. S. v. § 145 Abs. 2 hinsichtlich des vom Schuldner anfechtbar weggegebenen Gegenstandes sind nicht als solche wegen des Gegenwertes anspruchsberechtigt;[7] dafür bedarf es ggf. einer besonderen Rechtsübertragung durch den Empfänger der anfechtbaren Leistung. § 144 kann auch anwendbar sein, wenn bei Insolvenzeröffnung ein Einzelanfechtungsverfahren noch nicht abgeschlossen ist: Für Abs. 1 folgt das ohne weiteres aus § 12 AnfG nF.[8] Für Abs. 2 tritt die Rechtsfolge im Hinblick auf § 17 Abs. 2 AnfG nF ein, wenn der Insolvenzverwalter in den Anfechtungsprozess des Einzelgläubigers eintritt oder das Ergebnis für sich ausnutzt.[9] Zur fortdauernden Verpflichtung des Insolvenzschuldners persönlich s. o. § 143 RdNr. 16 c.

IV. Wiederaufheben getilgter Forderungen (Abs. 1)

5   **1. Voraussetzungen.** Abs. 1 erfasst die Fälle, in denen eine Verbindlichkeit des Schuldners in anfechtbarer Weise getilgt worden ist (s. o. RdNr. 3); hierdurch hat die Insolvenzmasse die Befreiung von der Schuld erlangt. Allein in dieser Schuldbefreiung liegt nach der Sonderregel des Abs. 1 sogar dann die „Leistung" des anderen Teils, wenn dieser in Vollzug eines umfassenden Grundgeschäfts dem späteren Insolvenzschuldner auch eigene Gegenleistungen erbracht hat;[10] diese können ggf. selbständig unter Abs. 2 fallen. Der Anfechtungsgrund ist ebenso unerheblich wie der Rechtsgrund für die getilgte Forderung; erfasst werden insbesondere auch öffentlich-rechtliche Ansprüche. Abs. 1 ist allerdings nur anwendbar, wenn die erfüllte Verpflichtung nicht ihrerseits anfechtbar begründet worden war oder gegenüber dem Anfechtungsgegner nicht wirksam angefochten worden ist;[11] denn anderenfalls fehlt eine zu tilgende Gegenforderung, die wiederaufleben könnte. Abs. 1 gilt auch nicht, wenn umgekehrt eine Forderung des Schuldners in anfechtbarer Weise erfüllt wird (s. o. § 143 RdNr. 51). Sofern dies anfechtbar ist und deshalb zum Wiederaufleben der getilgten Forderung des Schuldners führt, kann dieser um die erlangte Erfüllungsleistung

---

[5] S. o. § 143 RdNr. 15. BGHZ 141, 96, 105 = NJW 1999, 1549, 1551 wollte in einem solchen Fall § 38 KO – entsprechend § 144 Abs. 2 InsO – anwenden. Jedoch erbrachte in dem entschiedenen Fall die Rückgewährpflichtige selbst als Empfängerin einer unentgeltlichen Zuwendung gerade keine Gegenleistung; und ihren wiederauflebenden Schenkungsanspruch gegen den Insolvenzschuldner hätte sie allenfalls zur Insolvenztabelle betreffend sein Vermögen anmelden können (§ 144 Abs. 1). Statt dessen ging es um ihre Absicherung vor doppelter Inanspruchnahme gegenüber der die Zuwendung vermittelnden Bank. Dafür gelten keine insolvenzspezifischen, sondern allgemeine Regeln.
[6] Tilgt ein (Dritt-)Schuldner des Anfechtungsgegners dessen Anfechtungsschuld auf dessen Rechnung, gilt der Anfechtungsgegner als Leistender: vgl. *Schillig* MittBayNot 2002, 347, 354.
[7] RG JW 1897, 346, 347 aE; FK-*Dauernheim* § 144 RdNr. 10; *Kübler/Prütting/Paulus* § 144 Fn. 8; *Nerlich* (Fn. 1) § 144 RdNr. 14; HambKomm-*Rogge* § 144 RdNr. 18; *Jaeger/Henckel*, KO § 38 RdNr. 17; *Uhlenbruck/Hirte* § 144 RdNr. 16.
[8] Vgl. *Uhlenbruck/Hirte* § 144 RdNr. 17; HambKomm-*Rogge* § 144 RdNr. 3; *Jaeger/Henckel*, KO § 39 RdNr. 16.
[9] *Jaeger/Henckel*, KO § 38 RdNr. 18 aE; *Kilger/K. Schmidt* § 38 KO Anm. 6; *Uhlenbruck/Hirte* § 144 RdNr. 17. Ergänzend vgl. § 129 RdNr. 201 ff., § 146 RdNr. 30.
[10] Vgl. *Nerlich* (Fn. 1) § 144 RdNr. 2; *Kilger/K. Schmidt* § 38 KO Anm. 1.
[11] HK-*Kreft* § 144 RdNr. 2; *Uhlenbruck/Hirte* § 144 RdNr. 1; HambKomm-*Rogge* § 144 RdNr. 4; *Foerste* RdNr. 340; vgl. *Jaeger/Henckel*, KO § 39 RdNr. 2.

Ansprüche des Anfechtungsgegners **6–8 § 144**

unmittelbar ungerechtfertigt bereichert sein (§ 812 Abs. 1 BGB). Eine Massebereicherung i. S. v. § 55 Abs. 1 Nr. 3 InsO folgt daraus aber nur, soweit sich diese Leistung – noch – in der Insolvenzmasse selbst befindet; anderenfalls steht dem Leistenden lediglich eine Insolvenzforderung zu.

Schuldtilgung i. S. v. Abs. 1 ist auch die Leistung an Erfüllungs Statt[12] oder die erzwungene **6** Leistung.[13] Dagegen ist die Verwertung einer Drittsicherheit keine Tilgung im Sinne von Abs. 1; der Ausgleich im Innenverhältnis hat nach allgemeinen Regeln zu erfolgen. Bei mittelbaren Zuwendungen (vgl. § 129 RdNr. 68 bis 72, § 143 RdNr. 23) ist nur auf die Anfechtbarkeit der durch die Mittelperson bewirkten Zuwendung des Insolvenzschuldners abzustellen, nicht auf zugrundeliegende Verpflichtungsgeschäfte mit dem Leistungsempfänger.[14]

2. Rechtsfolgen. Wird die Schuldtilgung erfolgreich angefochten, lebt die getilgte **7** Forderung erst wieder auf, wenn das Erlangte tatsächlich **zurückgewährt** wird. Das bloße Angebot dazu genügt – anders als nach Abs. 2 (s. u. RdNr. 15) – nicht.[15] Im Anfechtungsprozess selbst ist die Regelung also durchweg bedeutungslos. Wird nur teilweise zurückgewährt, lebt die Forderung lediglich anteilig im selben wertmäßigen Verhältnis auf.[16] Auf die Art der gewährten Leistung oder ihren Schuldgrund kommt es nicht entscheidend an.[17] Die Vorschrift gilt auch bei Erfüllungen im Dreiecksverhältnis: Leistet der spätere Insolvenzschuldner auf Weisung seines Gläubigers (anfechtbar) an einen Dritten, entsteht mit der Rückgewähr der Anspruch des Gläubigers gegen den Insolvenzschuldner wieder. Hat ein Arbeitgeber verpflichtungsgemäß Prämien für die Lebensversicherung eines Arbeitnehmers anfechtbar an den Versicherer entrichtet, lebt nach erfolgter Rückgewähr der Anspruch des Arbeitnehmers gegen den Arbeitgeber gemäß § 144 Abs. 1 wieder auf; dagegen richten sich die Beziehungen zwischen Versicherer und versichertem Arbeitnehmer nach Vertragsrecht.[18] Anders wäre dies nur, wenn der Arbeitgeber auch selbst – zB als Bürge oder Mitschuldner – dem Versicherer zur Zahlung verpflichtet gewesen wäre.[19] Weist umgekehrt der spätere Insolvenzschuldner seinen eigenen (Dritt-)Schuldner an, einen Gläubiger des Insolvenzschuldners – anfechtbar – zu befriedigen, kann die Forderung dieses Gläubigers gegen den Insolvenzschuldner ebenfalls mit der Rückgewähr aufleben.[20] Hat der spätere Insolvenzschuldner als Bürge oder Mitschuldner eine Schuld anfechtbar getilgt, so lebt mit der Rückgewähr seiner Leistung die Forderung des Gläubigers auch gegen den Hauptschuldner oder die Mitschuldner wieder auf.[21] Wegen des fortan wieder offen stehenden Erfüllungsanspruchs können die Folgen vertraglicher Leistungsstörungen ausgelöst werden (vgl. § 143 RdNr. 16). Ein etwa zugrunde liegendes Vertragsverhältnis wird von Abs. 1 nicht berührt.

a) Mit der Rückgewähr **lebt** die zunächst getilgte **Forderung** ohne weiteres und **mit** **8** **Rückwirkung** auf die Zeit unmittelbar vor der Insolvenzeröffnung[22] wieder **auf.** Diese gesetzliche Folge bedarf im Anfechtungsurteil keines besonderen Vorbehalts.[23] Verjährungs-

---

[12] *Kübler/Prütting/Paulus* § 144 RdNr. 2; vgl. *Baur/Stürner* RdNr. 20.11.
[13] HambKomm-*Rogge* § 144 RdNr. 4; *Jaeger/Henckel*, KO § 39 RdNr. 4.
[14] HambKomm-*Rogge* § 144 RdNr. 4; vgl. *Kilger/K. Schmidt* § 39 KO Anm. 1 aE; ergänzend s. u. RdNr. 7.
[15] *Jaeger/Henckel*, KO § 39 RdNr. 5; *Uhlenbruck/Hirte* § 144 RdNr. 3; *Mauer* RdNr. 390; *Smid/Zeuner*, InsO § 144 RdNr. 3; *v. Olshausen* KTS 2001, 45, 62.
[16] HambKomm-*Rogge* § 144 RdNr. 7; *Jaeger/Henckel*, KO § 39 RdNr. 5; *H.-G. Lange* S. 241; vgl. *Kilger/K. Schmidt* § 39 KO Anm. 1 („soweit").
[17] Vgl. *Jaeger/Henckel*, KO § 39 RdNr. 7.
[18] Zu weit gehend OLG Karlsruhe ZIP 2007, 286, 290.
[19] Vgl. hierzu *König* RdNr. 16/26.
[20] *Nerlich* (Fn. 1) § 144 RdNr. 6, 7; *Uhlenbruck/Hirte* § 144 RdNr. 5; HambKomm-*Rogge* § 144 RdNr. 9; *Kilger/K. Schmidt* § 39 KO Anm. 1 aE; vgl. BGHZ 38, 44, 46 f. = NJW 1962, 2297, 2298.
[21] RG Recht 1903, Nr. 1595; FK-*Dauernheim* § 144 RdNr. 3; *Kübler/Prütting/Paulus* § 144 Fn. 2; *Uhlenbruck/Hirte* § 144 RdNr. 6; HambKomm-*Rogge* § 144 RdNr. 8; vgl. *Jaeger/Henckel*, KO § 39 RdNr. 6. Ergänzend s. u. RdNr. 10.
[22] OLG Brandenburg ZInsO 2004, 504, 506; HK-*Kreft* § 144 RdNr. 3; HambKomm-*Rogge* § 144 RdNr. 5.
[23] Anders als für die Verurteilung eines Geschäftsführers nach § 64 Abs. 2 GmbHG im Hinblick auf Gegenansprüche gegen die Insolvenzmasse: vgl. BGHZ 146, 264, 278 f. = NJW 2001, 1280, 1283.

fristen, die inzwischen abgelaufen waren, gelten gemäß §§ 206, 209 BGB als seit der ursprünglichen – später erfolgreich angefochtenen – Erfüllungshandlung gehemmt;[24] diese Hemmung sollte spätestens mit Rechtskraft eines Anfechtungsurteils enden.[25] Zwischenzeitlich angefallene Früchte gebühren dem Anfechtungsgegner. Dieser kann das Wiederaufleben im Anfechtungsprozess selbst – nur – nach Maßgabe des § 256 Abs. 2 oder § 259 ZPO feststellen lassen, wenn der Insolvenzverwalter daraus folgende Verpflichtungen bestreitet. Das gilt auch, wenn eine mittels Aufrechnung erfolgte Tilgung durch Anfechtung rechtsverbindlich beseitigt ist.[26]

9 Die zunächst getilgte Forderung lebt grundsätzlich in **derselben Form** wieder auf, wie sie vor der Erfüllung bestanden hatte, zB als bedingte, befristete oder nicht einklagbare.[27] Wurden Versicherungsprämien nach einer qualifizierten Mahnung im Sinne von § 39 Abs. 1 VVG anfechtbar gezahlt, so können mit der Anfechtung auch die Rechte des Versicherers gem. § 39 Abs. 2 und 3 VVG wieder aufleben.[28] Regelmäßig wird für den Anfechtungsgegner eine normale Insolvenzforderung begründet, die als solche zum Insolvenzverfahren angemeldet werden kann.[29] Jedoch begründet insbesondere ein anfechtbar erfülltes Schenkungsversprechen in der Insolvenz gem. § 39 Abs. 1 Nr. 4 nur eine nachrangige Verbindlichkeit; das gilt sogar dann, wenn es durch eine Vormerkung gesichert war.[30] Eine Aufrechnung gegenüber dem anfechtungsrechtlichen Rückgewähranspruch selbst wird durch § 96 Abs. 1 Nr. 1 ausgeschlossen;[31] dagegen kann wegen der Rückwirkung des Wiederauflebens gegen sonstige, vor Insolvenzeröffnung begründete Forderungen der Insolvenzmasse – ungehindert durch § 96 Abs. 1 Nr. 2 – aufgerechnet werden.[32] Entsprechend ist ein Zurückbehaltungsrecht im Anfechtungsprozess ausgeschlossen, soweit der Anspruch nicht ausnahmsweise – zB durch eine Vormerkung (§ 106) – auch gegenüber der Insolvenzmasse gesichert ist.[33] Haftet neben dem Anfechtungsgegner ein Dritter der Insolvenzmasse, so kann deren Ersatzanspruch gegen diesen dem die Rückgewähr Leistenden entsprechend § 255 BGB zu übertragen sein.[34] Ob dies schon im Anfechtungsprozess durch ein Zurückbehaltungsrecht geltend gemacht werden kann,[35] ist zweifelhaft, weil § 144 Abs. 1 erst an die tatsächliche Rückgewähr anknüpft (s. o. RdNr. 8).

10 b) Zusammen mit der zunächst getilgten Forderung leben rückwirkend auch dafür bestellt gewesene Neben- und **Sicherungsrechte** auf.[36] Zu den Nebenrechten gehören u. a. Vertragsstrafenversprechen[37] sowie Wechsel und Schecks, die für den getilgten An-

---

[24] Kübler/Prütting/Paulus § 144 RdNr. 2; FK-Dauernheim § 144 RdNr. 3; Hess InsO § 144 RdNr. 7; Breutigam/Blersch/Goetsch § 144 RdNr. 2; Uhlenbruck/Hirte § 144 RdNr. 4; Jaeger/Henckel, KO § 39 RdNr. 8; vgl. Kilger/K. Schmidt § 39 KO Anm. 1; Nerlich in: Nerlich/Römermann § 144 RdNr. 5. Ergänzend s. o. § 143 RdNr. 47.
[25] V. Olshausen KTS 2001, 45, 64 f. will bei der Anfechtung einer Aufrechnungslage die Hemmung schon mit der erstmaligen Geltendmachung des Anfechtungsrechts durch den Insolvenzverwalter enden lassen. Dies bürdet aber dem Anfechtungsgegner das zeitliche Risiko bis zur Klärung einer zweifelhaften Rechtslage auf.
[26] Uhlenbruck/Hirte § 144 RdNr. 7; v. Olshausen KTS 2001, 45, 63 f.
[27] Kilger/K. Schmidt § 39 KO Anm. 1; Uhlenbruck/Hirte § 144 RdNr. 3.
[28] Vgl. Homann/Neufeld ZInsO 2005, 741, 746.
[29] Uhlenbruck/Hirte § 144 RdNr. 3; Braun/Riggert § 144 RdNr. 5; Jaeger/Henckel, KO § 39 RdNr. 8; v. Olshausen KTS 2001, 45, 61 f.; vgl. Kübler/Prütting/Paulus § 144 RdNr. 4.
[30] S. o. § 129 RdNr. 61, § 134 RdNr. 24, § 140 RdNr. 46; vgl. Uhlenbruck/Hirte § 144 RdNr. 4.
[31] Vgl. LG Kiel ZVI 2002, 72, 74; Gundlach/Frenzel/Schmidt EWiR 2002, 391, 392.
[32] S. o. § 143 RdNr. 11; HambKomm-Rogge § 144 RdNr. 12; vgl. Jaeger/Henckel, KO § 39 RdNr. 15; Kilger/K. Schmidt § 39 KO Anm. 3.
[33] Vgl. Baur/Stürner RdNr. 20.11.
[34] HambKomm-Rogge § 144 RdNr. 8; s. o. RdNr. 3.
[35] So anscheinend OLG Schleswig ZInsO 2004, 47, 50.
[36] RegE S. 168 zu § 163; RGZ 3, 208, 209; 20, 157, 161; Jaeger/Henckel, KO § 39 RdNr. 10; Uhlenbruck/Hirte § 144 RdNr. 7; Gottwald/Huber (Fn. 1) § 52 RdNr. 25; Schimansky/Bunte/Lwowski/Ganter, Bankrechts-Handbuch § 90 RdNr. 500 b, 500 c.
[37] Uhlenbruck/Hirte § 144 RdNr. 7; FK-Dauernheim § 144 RdNr. 3; Hess InsO § 144 RdNr. 12; Kilger/K. Schmidt § 39 KO Anm. 1.

spruch begeben wurden. Urkunden über die anfechtbar getilgte Forderung – zB Wechsel oder Grundschuldbriefe – sind zurückzugeben und, falls vernichtet, wiederherzustellen.[38] War gegen den Geschäftsführer einer (später insolvent werdenden) GmbH ein Haftungsbescheid wegen nicht abgeführter Steuern ergangen und war die Schuld sodann in anfechtbarer Weise aus Gesellschaftsmitteln getilgt worden, so tritt nach der Rückgewähr dieses Betrages an den Insolvenzverwalter über das Vermögen der GmbH der frühere Haftungsbescheid gegen den Geschäftsführer ohne weiteres wieder in Kraft.[39] Fraglich ist, ob nach anfechtbarer Tilgung durch den Schuldner auch eine gesetzliche Mithaftung – wie zB die des Abtretungsempfängers für Umsatzsteuer (§ 13 c UStG) – wieder auflebt.[40] War die gesicherte Forderung durch die anfechtbare Leistung nur teilweise erfüllt worden, leben auch Nebenrechte und Sicherheiten lediglich im entsprechenden Umfang wieder auf (s. o. RdNr. 7).

Die gesetzliche Folge des Wiederauflebens kann **nicht** eintreten, wenn der Sicherungsnehmer nach Empfang der Tilgungsleistung die Sicherheit durch Vertrag mit dem Sicherungsgeber **rechtsgeschäftlich** aufgehoben hatte; jedoch dürfte eine solche Maßnahme nach erfolgter Anfechtung im Allgemeinen wegen Störung der Geschäftsgrundlage nach Maßgabe des § 313 BGB rückgängig zu machen sein.[41] Die formlose Rücksendung einer über die Absicherung ausgestellten Urkunde – sei es auch mit dem deklaratorischen Hinweis, diese sei „kraftlos" oder „gegenstandslos" – genügt nicht als selbständige rechtsgeschäftliche Aufhebung.[42] **10 a**

Hinsichtlich der Sicherheiten unterscheidet § 144 Abs. 1 im Ansatz nicht, ob sie aus dem Vermögen des Schuldners stammen oder für dessen Verbindlichkeiten von Dritten gestellt wurden. Allerdings wird es bei der Tilgung einer Forderung, die durch werthaltige Sicherheiten aus dem Vermögen des **Schuldners** selbst gesichert ist, meist an einer Gläubigerbenachteiligung als Anfechtungsvoraussetzung fehlen.[43] Soweit andererseits ein grundsätzlicher Unterschied darin gesehen wird, dass **Dritte** als Sicherungsgeber nicht Parteien des Anfechtungsrechtsstreits sind,[44] betrifft dies nur die Art und Weise der Wiederbestellung (s. u. RdNr. 10 d). Im Übrigen ist das Bedenken dadurch entkräftet, dass das Anfechtungsurteil unter der genannten Voraussetzung auch nicht in Rechtskraft gegenüber dem Dritten erwächst;[45] im Falle einer Streitverkündung[46] kann dieser sich nach Maßgabe der §§ 74, 68 ff. ZPO am Anfechtungsrechtsstreit beteiligen. Vor allem übernimmt der Dritte mit der Bestellung der Sicherheit das uneingeschränkte Risiko gerade für den Fall der Zahlungsunfähigkeit des Schuldners; deshalb ist er im Verhältnis zu den übrigen Insolvenzgläubigern nicht dauerhaft besserzustellen.[47] **10 b**

---

[38] OLG Brandenburg ZInsO 2004, 504, 506; FK-*Dauernheim* § 144 RdNr. 3; HambKomm-*Rogge* § 144 RdNr. 15; *Jaeger/Henckel,* KO § 39 RdNr. 9.
[39] Vgl. BFH NV 2002, 1338, 1339.
[40] Vgl. *Kroth* NZI 2004, 345, 352 f. Ergänzend s. o. RdNr. 7 aE.
[41] OLG Brandenburg WM 2001, 626, 628; aM LG Frankfurt/Oder ZInsO 2003, 906, 907 f.; *Biehl* ZInsO 2003, 932 f.
[42] OLG Brandenburg ZInsO 2004, 504, 506; vgl. OLG Frankfurt NZI 2004, 267 f.; LG Wiesbaden NZI 2003, 37 f.; *Ganter* (Fn. 36) RdNr. 500 e. *Bork* S. 245 f. will für akzessorische Sicherheiten nach deren Erfüllung schon einen Aufhebungsvertrag ausschließen.
[43] S. o. § 129 RdNr. 108. Ergänzend vgl. *Bork* S. 232; *Ganter* (Fn. 36) RdNr. 500 c; *Jaeger/Henckel,* KO § 39 RdNr. 10.
[44] FK-*Dauernheim* § 144 RdNr. 3; *Hess* InsO § 144 RdNr. 14; *Obermüller,* Insolvenzrecht RdNr. 1.306; *Huth* S. 82 f.; dagegen *Bork* S. 247.
[45] § 322 Abs. 1 ZPO. Ohne Streitverkündung (§§ 72–74, 68 ZPO) müsste der Insolvenzverwalter wegen der Sicherheit einen neuen Prozess gegen den Sicherungsgeber führen, in dem die Berechtigung der Anfechtung und die Bindung an das frühere Urteil selbständig zu prüfen wäre.
[46] Vgl. hierzu *App* DStZ 2005, 81, 82; ergänzend s. u. § 146 RdNr. 42.
[47] OLG Frankfurt NZI 2004, 267; LG Wiesbaden NZI 2003, 37 f.; HK-*Kreft* § 144 RdNr. 3; *Ganter* (Fn. 36) RdNr. 500 d; *Heidbrink* NZI 2005, 363, 366; vgl. *Kübler/Prütting/Paulus* § 144 RdNr. 3. Zur Streitfrage einer möglichen Zurückbehaltung der Sicherheit durch den Sicherungsnehmer im Hinblick auf ihr etwaiges Wiederaufleben vgl. *Wagemann* EWiR 2004, 563, 564, zur vorbeugenden Möglichkeit abweichender Rechtsgestaltungen vgl. *Heidbrink* NZI 2005, 363, 367 f.

10 c   **Akzessorische** Sicherheiten des Schuldners – zB Hypotheken oder Pfandrechte (vgl. § 401 BGB), aber auch Vormerkungen[48] – leben grundsätzlich ohne weiteres auf. Dasselbe gilt für akzessorische Sicherheiten, die von Dritten gestellt sind,[49] zB Bürgschaften.[50] Daran ändert es nichts, falls zur Begründung derartiger Sicherheiten nach bürgerlichem Recht Realakte nötig sind:[51] Der Gesetzgeber des § 144 Abs. 1 fingiert autonom das Wiederaufleben. Dazu ist er umso mehr befugt, als das sachenrechtliche Publizitätsprinzip ohnehin bei einigen vertraglichen und den gesetzlichen Pfandrechten nur in eingeschränkter Form gilt:[52] Die Rückgabe zB der Pfandsache (vgl. §§ 1223 Abs. 1, 1252, 1253 Abs. 1 Satz 2 BGB) wird dem Anfechtungsgegner zwar geschuldet, hat aber nur deklaratorische Bedeutung;[53] die Wiedereintragung einer gelöschten Hypothek erfolgt im Wege der Grundbuchberichtigung.[54]

10 d   Für **nichtakzessorische** Sicherheiten aus dem Vermögen des *Schuldners* – zB Grundschulden[55] oder Sachsicherheiten[56] wie Sicherungseigentum oder Sicherungsabtretung – gilt dasselbe wie für akzessorische (s. o. RdNr. 10 c).[57] Zwar sind hierfür auch die rechtsbegründenden Willenserklärungen der Beteiligten nötig; doch fingiert das Anfechtungsurteil zugleich in einer dem § 894 ZPO entsprechenden Weise die Abgabe durch die Prozessparteien für den Fall der Rückgewähr. Dies kann jedoch *nicht* im Verhältnis zu *Drittsicherungsgebern* gelten, die am Anfechtungsprozess nicht beteiligt sind. Ihnen gegenüber müssen – neben etwaigen Realakten – auch die zur Neubegründung erforderlichen Willenserklärungen konstitutiv vorgenommen werden.[58] Dazu ist der Insolvenzverwalter verpflichtet und der Sicherungsgeber im eigenen Interesse angehalten.[59]

11   Hatte der Schuldner zwischen Tilgung seiner Verbindlichkeit und deren Anfechtung über Sicherheiten – gemäß bürgerlichem Recht wirksam – anderweitig verfügt, genießen die **Erwerber** trotz des Wiederauflebens des früheren Sicherungsrechts **Gutglaubensschutz** gemäß allgemeinen Regeln. Insbesondere könen Pfandrechte nach §§ 1208 Abs. 1 Satz 2, 932, 936 BGB, Hypotheken nach §§ 892, 894 BGB lastenfrei erworben werden.[60] Das gilt auch für abstrakte Sicherheiten wie die Eigentumsübertragung (§§ 932 ff. bGB) und Grundschulden (§ 1192 Abs. 1 BGB), nicht aber für die Sicherungsabtretung.[61] Soweit dadurch der Wiederherstellungsanspruch des Sicherungsnehmers unmöglich wird, steht ihm ein Bereicherungsanspruch gem. § 816 Abs. 1 Satz 1 BGB zu, der aber nur nach Maßgabe des § 55 InsO gegen die Insolvenzmasse wirken könnte.[62] Hatte der Schuldner schon vor dem Insolvenzantrag verfügt und ist kein Gegenwert in die Insolvenzmasse gelangt, verbleibt dem Sicherungsnehmer nur eine Insolvenzforderung.[63] Das Wiederaufleben der Forderung bewirkt zum Schutz des Rechtsverkehrs auch nicht etwa, dass inzwischen abgelaufene wech-

---

[48] *Jaeger/Henckel*, KO § 39 RdNr. 14.
[49] *Bork* S. 245 f.
[50] BGH NJW 1974, 57 Nr. 22; OLG Brandenburg ZInsO 2004, 504, 506; WM 2006, 1911 f.; HK-*Kreft* § 144 RdNr. 3; *Uhlenbruck/Hirte* § 144 RdNr. 7.
[51] AM *Ganter* (Fn. 36) RdNr. 500 e ff.
[52] Vgl. *Bork* S. 235; *Baur/Stürner*, Lehrbuch des Sachenrechts, 17. Aufl., § 55 RdNr. 6.
[53] *Bork* S. 234 f.
[54] *Uhlenbruck/Hirte* § 144 RdNr. 7; HambKomm-*Rogge* § 144 RdNr. 15; *Bork* S. 235 f.
[55] OLG Brandenburg WM 2001, 626, 628; *Jaeger/Henckel*, KO § 39 RdNr. 13.
[56] Vgl. *Jaeger/Henckel*, KO § 39 RdNr. 12. Zur evtl. erforderlichen Neubegründung s. u. RdNr. 11.
[57] OLG Frankfurt NZI 2004, 267; *Kübler/Prütting/Paulus* § 144 RdNr. 3; *Gottwald/Huber* (Fn. 1) § 52 RdNr. 25; *Andres/Leithaus* § 144 RdNr. 3; aM HambKomm-*Rogge* § 144 RdNr. 15; *Bork* S. 237 ff.; wohl auch HK-*Kreft* § 144 RdNr. 2.
[58] Vgl. OLG Frankfurt NZI 2004, 267; insoweit iE auch *Bork* S. 246 ff.
[59] OLG Brandenburg ZInsO 2004, 504, 506; *Jaeger/Henckel*, KO § 39 RdNr. 13; vgl. *Kübler/Prütting/Paulus* § 144 RdNr. 3; *Nerlich* in: Nerlich/Römermann § 144 RdNr. 4; *Huth* S. 81; iE auch OLG Frankfurt NZI 2004, 267 f.
[60] Vgl. *Bork* S. 249 f.
[61] Vgl. *Heidbrink* NZI 2005, 363, 366; aM auf Grund abweichenden Ansatzes *Bork* S. 250.
[62] HK-*Kreft* § 144 RdNr. 2; *Uhlenbruck/Hirte* § 144 RdNr. 7; HambKomm-*Rogge* § 144 RdNr. 15; FK-*Dauernheim* § 144 RdNr. 3; *Nerlich* (Fn. 1) § 144 RdNr. 4; *Bork* S. 250; *Heidbrink* NZI 2005, 363, 366.
[63] *Heidbrink* NZI 2005, 363, 366.

sel- oder scheckrechtliche Protestfristen außer Kraft gesetzt würden; statt dessen gilt dafür die Sonderregel des § 137.[64]

Gegenüber der Insolvenzmasse wirken die Sicherheiten nach allgemeinen Regeln, wie **12** wenn die zwischenzeitliche, angefochtene Erfüllung nicht eingetreten wäre. Insbesondere können sie zur Absonderung gem. §§ 49 ff. berechtigen.[65] Allerdings ist jeweils zu prüfen, inwieweit die Sicherheitenbestellung etwa selbst wieder anfechtbar war – dies muss selbständig geltend gemacht werden, kann aber ggf. mit der Anfechtung der Erfüllungsleistung verbunden werden.

V. Vertragliche Gegenleistung (Abs. 2)

1. Voraussetzung. Abs. 2 erfasst nur Fälle, in denen der Abschluss eines schuldrechtlich **13** verpflichtenden Vertrages selbst – nicht die Leistung zu seiner Erfüllung (s. o. RdNr. 3, 5) – angefochten wird, insbesondere nach § 132 oder § 133.[66] In Betracht kommen auch Verträge auf Leistung an Dritte. Ferner gehören hierher die durch § 132 Abs. 2 gleichgestellten sonstigen Rechtshandlungen des Schuldners, soweit für sie eine Gegenleistung gewährt wird. Der Anfechtungsgegner muss die Gegenleistung – wenigstens teilweise – auch tatsächlich schon erbracht haben; denn anderenfalls beschränkt sich die Anfechtung darauf, Ansprüche des Vertragspartners abzuwehren und ggf. eine eigene Leistung des Insolvenzschuldners zurückzufordern.[67] Der Anspruch des Schuldners auf die Gegenleistung muss zudem gerade durch die Anfechtung erlöschen; dies trifft zB nicht zu, soweit die Folgen einer Erfüllungsablehnung des Verwalters gem. § 103 reichen.[68] Ob der Gläubiger vorgeleistet hatte, ist unerheblich; § 144 Abs. 2 schützt das Vertrauen in das vertraglich vereinbarte Synallagma, nicht nur – wie § 142 – dessen strikte Durchführung.[69]

Gegenleistung im fraglichen Sinne ist nicht nur ein vertraglich vereinbartes Entgelt, **14** sondern alles, was der Anfechtungsgegner auf Grund des anfechtbaren Vertragsschlusses als Ausgleich hingegeben hat.[70] In Betracht kommt zB auch die Leistung eines Factors gem. § 13 c UStG auf Umsatzsteuer, die sein Kunde schuldete. Bei einer reinen Schenkung entfällt jede Gegenleistung. Im Falle einer einheitlichen gemischten Schenkung des Insolvenzschuldners (s. o. § 134 RdNr. 41) sollte der entgeltliche Teil zwar nicht den Beschränkungen des Abs. 2 unterliegen;[71] jedoch führt die Anwendung des § 55 Abs. 1 kaum zu einem anderen Ergebnis.[72] Die dingliche Sicherstellung eines Darlehens ist keine Gegenleistung für die Auszahlung der Darlehensvaluta selbst;[73] sie fällt ggf. unter Abs. 1 (s. o. RdNr. 10). Die Sicherstellung kann allerdings Gegenleistung für eine andersartige Leistung sein.[74] Ferner

---

[64] Vgl. § 137 RdNr. 10 u. *Jaeger/Henckel,* KO § 34 RdNr. 2.
[65] Vgl. *Nerlich* (Fn. 1) § 144 RdNr. 5.
[66] HK-*Kreft* § 144 RdNr. 4; FK-*Dauernheim* § 144 RdNr. 1; *Nerlich* (Fn. 1) § 144 RdNr. 3; *M. Zeuner,* Anfechtung RdNr. 332; *Jaeger/Henckel,* KO § 38 RdNr. 2 bis 5; *Uhlenbruck/Hirte* § 144 RdNr. 9; *Eckardt* ZInsO 2004, 888, 890; vgl. RG LZ 1910, 862, 864; aM *Marotzke* (vor § 143), RdNr. 7.125. Die Anwendbarkeit ist nicht auf die Fälle der Anfechtung wegen unmittelbarer Gläubigerbenachteiligung beschränkt: *Kübler/Prütting/Paulus* § 144 RdNr. 5.
[67] Vgl. *Kübler/Prütting/Paulus* § 144 RdNr. 5; *Jaeger/Henckel,* KO § 29 RdNr. 67.
[68] HambKomm-*Rogge* § 144 RdNr. 17; s. u. § 146 RdNr. 57.
[69] AM *Häsemeyer* RdNr. 21.65; *Eckardt* ZInsO 2004, 888, 891.
[70] HK-*Kreft* § 144 RdNr. 4; *Kübler/Prütting/Paulus* § 144 RdNr. 5; *Nerlich* (Fn. 1) § 144 RdNr. 9; *Hess* InsO § 144 RdNr. 22; HambKomm-*Rogge* § 144 RdNr. 19; *M. Zeuner,* Anfechtung RdNr. 332; *Eckardt* ZInsO 2004, 888, 890 f.; *Jaeger/Henckel,* KO § 38 RdNr. 7; *Uhlenbruck/Hirte* § 144 RdNr. 10; vgl. *König* RdNr. 16/6.
[71] Vgl. *Eckardt* ZInsO 2004, 888, 895 f.
[72] S. o. RdNr. 11; so auf der Grundlage des § 144 Abs. 2 iE HambKomm-*Rogge* § 144 RdNr. 19; *Uhlenbruck/Hirte* § 144 RdNr. 10; FK-*Dauernheim* § 144 RdNr. 5; *Andres/Leithaus* § 144 RdNr. 4; *M. Zeuner,* Anfechtung RdNr. 332; vgl. aber auch *Nerlich* (Fn. 1) § 144 RdNr. 9; *Jaeger/Henckel,* KO § 38 RdNr. 7, 10, 12, 16.
[73] FK-*Dauernheim* § 144 RdNr. 5; HambKomm-*Rogge* § 144 RdNr. 19; *M. Zeuner,* Anfechtung RdNr. 332; *Kilger/K. Schmidt* § 38 KO Anm. 1; *Uhlenbruck/Hirte* § 144 RdNr. 10; vgl. RG LZ 1910, 862, 864.
[74] Vgl. *Kilger/K. Schmidt* § 38 KO Anm. 1.

§ 144 15–16 a   3. Teil. 3. Abschnitt. Insolvenzanfechtung

sind Aufwendungen auf den Anfechtungsgegenstand nicht Gegenleistungen (s. o. RdNr. 3 u. § 143 RdNr. 64 bis 70).

15 **2. Rechtsfolgen.** Zur Anspruchsberechtigung s. o. RdNr. 4. Wann der **Anspruch** des Anfechtungsgegners auf die **Gegenleistung** entsteht, ist streitig. Der Grund für den Anspruch ist bereits mit der anfechtbaren Handlung und der ursprünglichen Erbringung der Gegenleistung gelegt. Ob darauf § 144 Abs. 2 oder § 12 AnfG nF anwendbar ist, entscheidet sich aber frühestens mit Eröffnung des Insolvenzverfahrens. Zudem muss der Insolvenzverwalter die Anfechtung ausüben (s. o. § 129 RdNr. 194). Der Anspruch auf die Gegenleistung wird sogar erst durchsetzbar, wenn der Anfechtungsgegner die Rückgewähr des anfechtbar Erlangten verbindlich anbietet.[75] Praktisch macht es keinen Sinn, die Rechtsfolgen schon von früheren Ereignissen abhängig zu machen. Der Anfechtungsgegner hat es damit seinerseits in der Hand, einen Anspruch aus § 144 Abs. 2 InsO durchzusetzen, indem er die Voraussetzungen der §§ 293 bis 295 BGB für das Rückgewährverlangen des Insolvenzverwalters herbeiführt. Dementsprechend ist die Gegenleistung auch nicht schon allein deswegen in der Insolvenzmasse „vorhanden", weil sie von Dritten herausverlangt werden kann.[76] Abs. 2 verlagert nicht das Risiko der Undurchsetzbarkeit der Rückgewähr auf die Insolvenzmasse. Diese kann ihren Anspruch als Surrogat dem Anfechtungsgegner überlassen (s. u. RdNr. 17).

16 Danach bilden der Rückgewähranspruch der Insolvenzmasse nach § 143 einerseits[77] und der Erstattungsanspruch des anderen Teils aus § 144 Abs. 2 nicht ein einheitliches Schuldverhältnis. Für eine Anwendung der bereicherungsrechtlichen Saldotheorie bietet § 144 As. 2 umso weniger eine Grundlage, als der Anfechtungsanspruch selbst kein bereicherungsrechtlicher ist (s. o. § 143 RdNr. 10, 84); die begrenzte Rechtsfolgenverweisung des § 143 Abs. 1 Satz 2 deckt **Saldierungen nicht.**[78] Auch wertungsmäßig erscheint eine Anwendung der Saldotheorie im Anfechtungsrecht verfehlt, weil vorrangig die mißbilligte Verkürzung der Insolvenzmasse auszugleichen ist; die Interessen des Anfechtungsgegners sind nicht gleichrangig, sondern darauf beschränkt, eine Bereicherung der Insolvenzmasse erst durch die Rückgewähr selbst zu verhindern. Daran ändert sich nichts, wenn beiderseits Forderungen bzw. Verbindlichkeiten der Insolvenzmasse einander gegenüberstehen. Der Anfechtungsprozess sollte nicht automatisch zugleich mit der Ermittlung der Gegenleistung belastet werden. Der anfechtende Insolvenzverwalter braucht nicht seinerseits bereits die sich aus § 144 Abs. 2 möglicherweise ergebende Gegenleistung im Voraus zu ermitteln, sondern kann die Rückforderung dem Anfechtungsgegner überlassen (s. u. RdNr. 20). Die Möglichkeit der Aufrechnung oder eines Zurückbehaltungsrechts (dazu s. u. RdNr. 18) schützt diesen hinreichend.

16 a Die – nur für die Insolvenzmasse wirkende – Anfechtung beseitigt nicht in materiellrechtlicher Hinsicht das Vertragsverhältnis zwischen Anfechtungsgegner und Insolvenzschuldner persönlich. Diesem gegenüber kann der Anfechtungsgegner vielmehr insbesondere Ansprüche wegen Rechtsmängeln nach Maßgabe der §§ 435, 437 BGB oder §§ 633 Abs. 1 und 3, 634 BGB geltend machen.[79]

---

[75] So i. e. auch BGH NJW-RR 1986, 991, 992 f. („sobald die ... geschuldete Rückgewähr erfolgt"); HK-*Kreft* § 144 RdNr. 5; *Uhlenbruck/Hirte* § 144 RdNr. 11; FK-*Dauernheim* § 144 RdNr. 4 aE; HambKomm-*Rogge* § 144 RdNr. 20; *Mauer* RdNr. 385 aE; dagegen für den Zeitpunkt der Vornahme der angefochtenen Rechtshandlung *Jaeger/Henckel*, KO § 38 RdNr. 6; *Nerlich* (Fn. 1) § 144 RdNr. 12; *Kilger/K. Schmidt* § 38 KO Anm. 3.

[76] FK-*Dauernheim* § 144 RdNr. 5 aE; *Jaeger/Henckel*, KO § 38 RdNr. 7.

[77] Zu § 812 BGB als Anspruchsgrundlage für die Rückforderung von Vorleistungen des Insolvenzschuldners, falls allein der zugrundeliegende Vertrag angefochten wird, s. o. § 129 RdNr. 57.

[78] BGH, Urt. v. 12. 1. 2006 – III ZR 138/05, JA 2006, 564, 565; HK-*Kreft* § 144 RdNr. 6; wohl auch *Eckardt* ZInsO 2004, 888, 896; *Andres/Leithaus* § 144 RdNr. 5, der eine Ausnahme nur zulassen will, wenn der Anspruch des Anfechtungsgegners voll aus der Insolvenzmasse zu erfüllen ist; aM *M. Zeuner*, Anfechtung RdNr. 334; FK-*Dauernheim* § 144 RdNr. 9; *Nerlich* (Fn. 1) § 144 RdNr. 11; *Kübler/Prütting/Paulus* § 144 RdNr. 8; *Kilger/K. Schmidt* § 38 KO Anm. 3; *Uhlenbruck/Hirte* § 144 RdNr. 13; *Mauer* RdNr. 387.

[79] *Uhlenbruck/Hirte* § 129 RdNr. 141; *Jaeger/Henckel*, KO § 38 RdNr. 19. Ergänzend s. o. RdNr. 7, 8 aE, § 143 RdNr. 16, 50.

a) Nach **Satz 1** ist der Anspruch auf die Erstattung der Gegenleistung selbst gerichtet, **17** soweit diese sich noch unterscheidbar in der Insolvenzmasse befindet.[80] Gezogene Nutzungen sind entsprechend § 818 Abs. 1 BGB herauszugeben;[81] an die Stelle der Gegenleistung tritt ggf. das Surrogat, das die Insolvenzmasse dafür erlangt hat.[82] Gegenleistung in diesem Sinne ist allein das dem Schuldner zugeflossene Vermögen; eigene Aufwendungen des Anfechtungsgegners für den Vertragsschluss bleiben außer Betracht.[83] Soweit die Gegenleistung untergegangen oder aus dem Schuldnervermögen ausgeschieden ist, ist ihr Wert in dem Umfang zu ersetzen, wie der Insolvenzverwalter den Wegfall verschuldet hat (vgl. § 55 Abs. 1 Nr. 1) oder wie die Insolvenzmasse darum (noch) bereichert ist; Voraussetzung ist also stets, dass die Gegenleistung oder Bereicherung wenigstens teilweise in die Insolvenzmasse gelangt ist.[84] Wegen der Frage, ob die Massebereicherung entfallen ist, gilt § 818 Abs. 3 BGB sinngemäß.[85] Die Gefahr des zufälligen Untergangs der Gegenleistung trägt der Anfechtungsgegner bis zum Zeitpunkt seines tatsächlichen Angebots auf Rückgewähr des anfechtbar Erlangten.[86] Der Insolvenzverwalter gilt als bösgläubig i. S. d. § 819 Abs. 1 BGB erst mit der Geltendmachung der Anfechtung; vorher braucht er nicht mit dem Wegfall des Rechtsgrundes für die Gegenleistung zu rechnen.[87] Auf die Frage, wann die Forderung aus § 144 Abs. 2 entsteht (s. o. RdNr. 15), kommt es hierfür ebenso wenig an wie bei einseitigen Bereicherungsansprüchen. Die Anwendbarkeit des § 818 Abs. 3 BGB beschränkt sich vielmehr allein auf die von der Insolvenzmasse erlangte Gegenleistung.

Die Ansprüche des Anfechtungsgegners nach Satz 1 begründen kein Aussonderungsrecht,[88] sondern eine Massebereicherungsschuld i. S. v. § 55 Abs. 1 Nr. 3.[89] Sie stehen mit dem Rückgewähranspruch aus § 143 in einem rechtlichen Zusammenhang i. S. v. § 273 Abs. 1 BGB. Deshalb kann dem Anfechtungsgegner wegen seines aus Satz 1 abzuleitenden Anspruchs – also nicht, soweit er nur eine Insolvenzforderung i. S. v. Satz 2 hat (s. u. RdNr. 20) – ein Zurückbehaltungsrecht zustehen.[90] Bei Gleichartigkeit beider Ansprüche i. S. v. § 387 BGB ist auch eine Aufrechnung möglich.[91] § 96 Abs. 1 Nr. 1 InsO steht nicht entgegen, weil sich unter der genannten Voraussetzung beiderseits Masseansprüche und -schulden gegenüberstehen. Im Falle der Masseunzulänglichkeit richtet sich die Abwicklung des Gegenanspruchs jedoch nach §§ 207 ff. Der Anspruch ist abtretbar und pfändbar.[92] **18**

---

[80] HK-*Kreft* § 144 RdNr. 5; *Uhlenbruck/Hirte* § 144 RdNr. 11; *Kübler/Prütting/Paulus* § 144 RdNr. 6.

[81] *Kübler/Prütting/Paulus* § 144 RdNr. 6 aE; FK-*Dauernheim* § 144 RdNr. 7; *Nerlich* (Fn. 1) § 144 RdNr. 10; HambKomm-*Rogge* § 144 RdNr. 21.

[82] BGH NJW-RR 1986, 991, 993; HambKomm-*Rogge* § 144 RdNr. 21.

[83] HambKomm-*Rogge* § 144 RdNr. 19; *Jaeger/Henckel*, KO § 38 RdNr. 14.

[84] Vgl. *König* RdNr. 16/10 f.

[85] HK-*Kreft* § 144 RdNr. 5; HambKomm-*Rogge* § 144 RdNr. 21; vgl. *Uhlenbruck/Hirte* § 144 RdNr. 8; *Jaeger/Henckel*, KO § 38 RdNr. 8.

[86] S. o. RdNr. 15; vgl. FK-*Dauernheim* § 144 RdNr. 6; *Kilger/K. Schmidt* § 38 KO Anm. 3 aE; ähnlich HambKomm-*Rogge* § 144 RdNr. 21 (ab tatsächlicher Rückgewähr); schon für die Zeit ab Verfahrenseröffnung *Jaeger/Henckel*, KO § 38 RdNr. 9; *Kübler/Prütting/Paulus* § 144 RdNr. 7; wohl auch *Foerste* RdNr. 342.

[87] HambKomm-*Rogge* § 144 RdNr. 21.

[88] RGZ 13, 5, 7; HK-*Kreft* § 144 RdNr. 5; *Jaeger/Henckel*, KO § 38 RdNr. 6; *Kilger/K. Schmidt* § 38 KO Anm. 2; *Uhlenbruck/Hirte* § 144 RdNr. 11; aM für das österreichische Recht *König* RdNr. 16/9, soweit der vom Anfechtungsgegner geleistete Gegenstand selbst noch in der Insolvenzmasse vorhanden ist.

[89] *Kübler/Prütting/Paulus* § 144 RdNr. 6; HambKomm-*Rogge* § 144 RdNr. 22; *Kilger/K. Schmidt* § 38 KO Anm. 2; *Uhlenbruck/Hirte* § 144 RdNr. 11.

[90] Vgl. BGH NJW-RR 1986, 991, 992 f.; NJW 2000, 37 877; HK-*Kreft* § 143 RdNr. 7; HambKomm-*Rogge* § 144 RdNr. 22; *Kübler/Prütting/Paulus* § 144 RdNr. 8; FK-*Dauernheim* § 144 RdNr. 9; *Nerlich* (Fn. 1) § 144 RdNr. 11; *Uhlenbruck/Hirte* § 143 RdNr. 24, § 144 RdNr. 12; *Baur/Stürner* RdNr. 20.12; *Gottwald/Huber* (Fn. 1) § 52 RdNr. 23.

[91] HK-*Kreft* § 144 RdNr. 6; *Hess* InsO § 144 RdNr. 27; *Baur/Stürner* RdNr. 20.12. Ergänzend s. o. RdNr. 16.

[92] Vgl. *Uhlenbruck/Hirte* § 144 RdNr. 16; HambKomm-*Rogge* § 144 RdNr. 18.

§ 145   3. Teil. 3. Abschnitt. Insolvenzanfechtung

19 b) Befindet sich die Gegenleistung im Zeitpunkt des Angebots auf Rückgewähr des anfechtbar Erlangten (s. o. RdNr. 15, 17) weder in Natur noch als Surrogat noch ihrem zu ersetzenden Werte nach in der Insolvenzmasse, steht dem Anfechtungsgegner ein Erstattungsanspruch zu, der aber gem. **Satz 2** lediglich eine einfache **Insolvenzforderung** i. S. d. §§ 38, 174 darstellt. Das gilt auch, soweit der Wert der Gegenleistung nur teilweise nicht mehr in der Insolvenzmasse vorhanden ist.[93]

20 Eine vorsorgliche Anmeldung dieses Anspruchs zur Insolvenztabelle ist während des Anfechtungsprozesses zulässig.[94] Der Insolvenzverwalter kann die Anmeldung bestreiten, solange der Anfechtungsgegner nicht die Rückgewähr des anfechtbar Erlangten anbietet (s. o. RdNr. 15); danach steht der Insolvenzmasse bis zur tatsächlichen Rückgewähr ein Zurückbehaltungsrecht zu.[95] Eine Aufrechnung des anderen Teils gegenüber dem Anfechtungsanspruch der Insolvenzmasse scheitert jedoch an § 96 Abs. 1 Nr. 1; auch ein Zurückbehaltungsrecht dagegen mit dieser Insolvenzforderung ist ausgeschlossen.[96]

VI. Beweisfragen

21 Welche Forderung des Anfechtungsgegners i. S. v. **Abs. 1** getilgt wurde und deshalb wiederauflebt, ergibt sich ohne weiteres aus dem Anfechtungsbegehren selbst. Ob dafür Sicherheiten bestellt waren, muss derjenige beweisen, der daraus Rechte herleiten will.[97] Welche Gegenleistung i. S. v. **Abs. 2** erbracht wurde und dass sie – gleichgültig auf welche Weise – in die Insolvenzmasse gelangt ist, hat der Anfechtungsgegner zu beweisen.[98] Steht dies fest, hat der Insolvenzverwalter einen späteren Wegfall der Bereicherung ebenso zu beweisen wie die Voraussetzungen dafür, dass er diesen Wegfall nicht zu vertreten hat.

§ 145 Anfechtung gegen Rechtsnachfolger

(1) **Die Anfechtbarkeit kann gegen den Erben oder einen anderen Gesamtrechtsnachfolger des Anfechtungsgegners geltend gemacht werden.**

(2) **Gegen einen sonstigen Rechtsnachfolger kann die Anfechtbarkeit geltend gemacht werden:**
1. wenn dem Rechtsnachfolger zur Zeit seines Erwerbs die Umstände bekannt waren, welche die Anfechtbarkeit des Erwerbs seines Rechtsvorgängers begründen;
2. wenn der Rechtsnachfolger zur Zeit seines Erwerbs zu den Personen gehörte, die dem Schuldner nahestehen (§ 138), es sei denn, daß ihm zu dieser Zeit die Umstände unbekannt waren, welche die Anfechtbarkeit des Erwerbs seines Rechtsvorgängers begründen;
3. wenn dem Rechtsnachfolger das Erlangte unentgeltlich zugewendet worden ist.

Schrifttum: *Gerhardt,* Die Anfechtung gegen den Rechtsnachfolger, in Festschrift für Kirchhof, 2003, S. 121 ff.

---

[93] *Kilger/K. Schmidt* § 38 KO Anm. 4.
[94] *FK-Dauernheim* § 144 RdNr. 8; *Uhlenbruck/Hirte* § 144 RdNr. 15; HambKomm-*Rogge* § 144 RdNr. 23; *Jaeger/Henckel,* KO § 38 RdNr. 15; *Kilger/K. Schmidt* § 38 KO Anm. 4. Zur Bedeutung für ein Insolvenzplanverfahren vgl. HambKomm-*Rogge* § 144 RdNr. 25.
[95] So allgemein *Jaeger/Henckel,* KO § 38 RdNr. 15.
[96] *Kübler/Prütting/Paulus* § 144 RdNr. 9; *Nerlich* (Fn. 1) § 144 RdNr. 13; HambKomm-*Rogge* § 144 RdNr. 23; *M. Zeuner,* Anfechtung RdNr. 335; *Jaeger/Henckel,* KO § 29 RdNr. 70, § 38 RdNr. 11; *Uhlenbruck/Hirte* § 144 RdNr. 15; aM *Hess* InsO § 144 RdNr. 27.
[97] HambKomm-*Rogge* § 144 RdNr. 24.
[98] HambKomm-*Rogge* § 144 RdNr. 24; *Jaeger/Henckel,* KO § 38 RdNr. 9; weitergehend *König* RdNr. 16/13.

Übersicht

	RdNr.		RdNr.
I. Normzweck	1	b) Teilübertragung	20
II. Entstehungsgeschichte	2	c) Zwangsvollstreckung	21
III. Anwendungsbereich	3	d) Besitz	22
IV. Gesamtrechtsnachfolge (Abs. 1)	5	e) Vermächtnisnehmer	23
1. Anfechtbarkeit gegenüber Rechtsvorgänger	5	2. Allgemeine Anfechtungsvoraussetzungen gegenüber jedem Einzelrechtsnachfolger	24
2. Gesamtrechtsnachfolge	7	3. Kenntnis (Nr. 1 u. 2)	25
a) Erbschaft	8	a) Regelfall (Nr. 1)	25
b) Gütergemeinschaft	12	b) Nahestehende Person (Nr. 2)	28
c) Firmenfortführung	13	4. Unentgeltlicher Erwerb (Nr. 3)	29
d) Gesellschaftsrechtliche Nachfolge	14	**VI. Rechtsfolgen**	32
e) Insolvenzverwalter des Rechtsvorgängers	15	1. Materiell-rechtlich	32
		a) Rückgewährpflicht	32
3. Verhältnis zur Haftung des Rechtsnachfolgers gem. allgemeinen Vorschriften	16	b) Gegenleistung	34
		2. Geltendmachung	36
V. Einzelrechtsnachfolge (Abs. 2)	17	a) Anfechtungsfristen	36
1. Begriff	17	b) Prozessuale Durchsetzung	38
a) Vollübertragung	19	**VII. Beweislast**	40

I. Normzweck

Der Bestand des den Insolvenzgläubigern haftenden Schuldnervermögens soll möglichst **1** auch dann wiederhergestellt werden, wenn das anfechtbar weggegebene Vermögensgut über seinen Empfänger hinaus an weitere Vermögensträger gelangt ist. Deshalb greift eine begründete Anfechtung auch gegen alle Gesamtrechtsnachfolger (Abs. 1) und gegen solche Einzelrechtsnachfolger durch, deren Erwerbsgrund als weniger schutzwürdig bewertet wird (Abs. 2). Anderenfalls könnte der unmittelbare Empfänger der anfechtbaren Leistung durch deren Weiterübertragung jede Rückgewähr in Natur vereiteln.

II. Entstehungsgeschichte

§ 145 übernimmt inhaltlich § 40 KO. Soweit Abs. 1 die Anfechtbarkeit auf andere **2** Gesamtrechtsnachfolger als Erben erstreckt, entsprach das schon der allgemeinen Meinung zu § 40 Abs. 1 KO.[1] § 145 Abs. 2 Nr. 2 erweitert lediglich die als verdächtig behandelten Einzelrechtsnachfolger von „Angehörigen" (so § 40 Abs. 2 Nr. 2 KO) auf alle nahe stehenden Personen im Sinne von § 138. § 40 Abs. 3 KO, der für die Empfänger unentgeltlicher Leistungen im Sinne von Abs. 2 Nr. 3 eine gemilderte Haftung ausdrücklich vorsah, wurde im Hinblick auf § 143 Abs. 2 InsO als selbstverständlich und entbehrlich angesehen.[2] § 10 GesO regelte die anfechtungsrechtliche Haftung von Rechtsnachfolgern nicht ausdrücklich; die Rechtsprechung hat darauf § 40 Abs. 2 KO und § 145 Abs. 2 InsO entsprechend angewandt.[3] § 145 wurde im Gesetzgebungsverfahren nicht geändert.

III. Anwendungsbereich

Beide Absätze regeln eine besondere, gegenständliche Rechtsnachfolge – nur – auf der **3** Seite des **Empfängers** der anfechtbaren Leistung und sehen insoweit dessen eigenständige Haftung vor. Diese tritt gegebenenfalls selbständig neben diejenige früherer Leistungsempfänger, hängt also nicht von der Fortdauer ihrer Haftung ab (s. u. RdNr. 32). § 145 setzt

---

[1] *Jaeger/Henckel*, KO § 40 RdNr. 19; *Kilger/K. Schmidt* § 40 KO Anm. 2a; *Uhlenbruck/Kuhn* § 40 RdNr. 3.
[2] RegE S. 168 zu § 164 Abs. 2 Nr. 3.
[3] BGH NJW 2002, 1342 f.

aber die Rechtsnachfolge in den anfechtbar weggegebenen Gegenstand selbst voraus; war dagegen dem Ersterwerber die Rückgewähr in Natur (§ 143 Abs. 1 Satz 1) schon vor der „Rechtsnachfolge" unmöglich geworden, ist § 145 sogar dann nicht anwendbar, wenn der Ersterwerber gem. § 143 Abs. 1 Satz 2 seinerseits Wertersatz schuldete.[4] Allerdings kann neben § 145 als selbständigen Anfechtungstatbestand eine Rechtsnachfolge gem. allgemeinen Grundsätzen in die schon gegenüber dem Rechtsvorgänger begründete Verbindlichkeit treten (s. u. RdNr. 16).

4 Die Norm gilt nicht nur gegenüber dem ersten, sondern auch gegen spätere Rechtsnachfolger im Sinne beider Absätze, also zB wenn auf einen Einzelrechtsnachfolger ein Gesamtrechtsnachfolger folgt, oder umgekehrt.[5] In dogmatischer Hinsicht ist streitig, ob § 145 Abs. 2 die Anfechtung auf Rechtsnachfolger erweitert[6] oder umgekehrt eine gegenständlich grundsätzlich unbeschränkte Haftung personell einschränkt;[7] Rechtsfolgen sollten aus solchen Deutungsversuchen nicht selbständig abgeleitet werden. Einen Sonderfall der Anfechtbarkeit gegenüber einem Einzelrechtsnachfolger regelt § 187 Satz 2 SGB III für den Fall des Übergangs anfechtbarer Ansprüche auf die Bundesanstalt für Arbeit. Zur Rechtsnachfolge auf Gläubigerseite vgl. § 129 RdNr. 210 ff.

IV. Gesamtrechtsnachfolge (Abs. 1)

5 **1. Anfechtbarkeit gegenüber Rechtsvorgänger.** § 145 Abs. 1 setzt – nur – die Anfechtbarkeit gegenüber dem Rechtsvorgänger voraus. Die anfechtbare Rechtshandlung diesem gegenüber muss vor der Rechtsnachfolge vorgenommen worden sein; anderenfalls gelten die §§ 129 ff. unmittelbar gegenüber dem Empfänger, zB dem Erben.[8] Zur Einschränkung, wenn der Vorgänger schon vor Eintritt der Rechtsnachfolge nur noch auf Wertersatz haftete, vgl. RdNr. 3, 16. In Betracht kommt jeder Anfechtungstatbestand, insbesondere gem. §§ 130 bis 136.[9] Die Anfechtung gegenüber dem Vorgänger muss im Ergebnis begründet sein.[10] Unerheblich ist dagegen, ob sie gegen den Vorgänger tatsächlich geltend gemacht wurde,[11] und ebenso, ob das Insolvenzverfahren über das Vermögen des Schuldners vor oder nach der Rechtsnachfolge eröffnet wurde:[12] Obwohl das spezielle insolvenzmäßige Anfechtungsrecht als solches erst mit der Verfahrenseröffnung entsteht (vgl. § 129 RdNr. 186), trat die Anfechtbarkeit im Sinne von § 145 schon mit der Vornahme der Rechtshandlung ein. Der Zweck dieser Norm setzt nicht zusätzlich einen unbedingten Anfechtungsanspruch voraus. Eine Kenntnis der Anfechtbarkeit ist nach Abs. 1 – anders als gem. Abs. 2 Nr. 1 und 2 – grundsätzlich entbehrlich.

6 Bei wiederholter Rechtsnachfolge muss der Erwerb einer jeden Zwischenperson anfechtbar sein; ist die Anfechtung nur gegen einen der Zwischenerwerber unbegründet, so ist sie es auch gegen sämtliche weiteren Rechtsnachfolger, sogar wenn diese die Anfechtbarkeit des Ersterwerbs oder eines früheren Nachfolgeerwerbs gekannt haben.[13] Die Anfechtbarkeit

---

[4] BGHZ 155, 199, 203 f. = NJW 2003, 3345, 3346 f.; HK-*Kreft* § 145 RdNr. 1, 8; *Jaeger/Henckel*, InsO § 47 RdNr. 116; *Uhlenbruck/Hirte* § 145 RdNr. 21; HambKomm-*Rogge* § 145 RdNr. 2; *Gottwald/Huber*, Insolvenzrechts-Handbuch § 51 RdNr. 60; *Gerhardt* JZ 1997, 724, 725; *Mauer* RdNr. 250; vgl. RG SeuffA 45 (1890), Nr. 154.
[5] *Jaeger/Henckel*, KO § 40 RdNr. 1, 47; vgl. *Uhlenbruck/Hirte* § 145 RdNr. 34; ergänzend s. u. RdNr. 6.
[6] *Jaeger*, Gläubigeranfechtung § 11 RdNr. 7; *Gerhardt* S. 122; so wohl auch BGHZ 100, 36, 39 = NJW 1987, 1703, 1704 zu § 11 Abs. 2 AnfG.
[7] *Marotzke* KTS 1987, 569, 573 ff., 578.
[8] *Jaeger/Henckel*, KO § 40 RdNr. 10.
[9] Zu § 135 vgl. BGH NJW 2006, 1800, 1802 = BGHZ 166, 125, 132 f.
[10] HK-*Kreft* § 145 RdNr. 9; *Uhlenbruck/Hirte* § 145 RdNr. 23, 34; vgl. *Jaeger/Henckel*, KO § 40 RdNr. 47; *Kilger/K. Schmidt* § 40 KO Anm. 5; zu § 11 Abs. 2 AnfG aF auch RGZ 74, 181 f.
[11] HambKomm-*Rogge* § 145 RdNr. 5; *Jaeger/Henckel*, KO § 40 RdNr. 9; *Gottwald/Huber* (Fn. 4) § 51 RdNr. 60.
[12] HambKomm-*Rogge* § 145 RdNr. 5; *Jaeger/Henckel*, KO § 40 RdNr. 9; *Kilger/K. Schmidt* § 40 KO Anm. 1.
[13] *Uhlenbruck/Hirte* § 145 RdNr. 34; HambKomm-*Rogge* § 145 RdNr. 4.

kann allerdings jeweils auf einem anderen Rechtsgrund beruhen und verschiedenen Inhalt haben.[14]

2. Gesamtrechtsnachfolge. Die Gesamtrechtsnachfolge, die zur Erstreckung der Anfechtbarkeit (s. o. RdNr. 5) führt, setzt nur voraus, dass ein anderer Rechtsträger auf gesetzlich geregelter Grundlage in alle Verbindlichkeiten des Vorgängers eintritt. Nicht nötig ist eine befreiende Schuldübernahme; vielmehr kann Rechtsnachfolger im Sinne von Abs. 1 auch sein, wer *neben* dem Rechtsvorgänger haftet.[15] Die Haftung erstreckt sich ebenfalls auf spätere, erneute Gesamtrechtsfolger,[16] auf Einzelrechtsnachfolger allerdings allein unter den besonderen Voraussetzungen des Abs. 2. Eine Gesamtrechtsnachfolge im hier fraglichen Sinne liegt nur vor, wenn der Nachfolger grundsätzlich in *alle* Verbindlichkeiten des Vorgängers eintritt. Der Übergang lediglich einzelner, bestimmter Verpflichtungen – insbesondere aus Arbeitsverhältnissen im Sinne von § 613 a BGB – genügt nicht; statt dessen kann dafür gegebenenfalls Abs. 2 eingreifen.

a) Als Gesamtrechtsnachfolger nennt § 145 Abs. 1 ausdrücklich den **Erben** (§ 1922 BGB). Mehrere Erben haften wegen ihrer gesamthänderischen Verbundenheit, §§ 2032 ff. BGB, als Gesamtschuldner (vgl. § 143 RdNr. 6). Ausgenommen von der Haftung sind unvererbliche Gegenstände, also zum Beispiel ein anfechtbar bestelltes, höchst-persönliches Wohnrecht, das mit dem Tode des Berechtigten erlischt.[17] Eine Haftungsbeschränkung gem. §§ 1975 ff. BGB ist nur gegenüber einer Wertersatzpflicht des Rechtsnachfolgers im Sinne von § 143 Abs. 1 Satz 2 InsO möglich;[18] unter dieser Voraussetzung ist sie gem. §§ 778 ff ZPO geltend zu machen.[19] Soweit dagegen der ursprüngliche, anfechtbar weggegebene Gegenstand noch in Natur beim Rechtsnachfolger vorhanden ist, also die Rückgewährpflicht gem. § 143 Abs. 1 Satz 1 reicht, fehlen die Voraussetzungen für jede Haftungsbeschränkung. Ein Vermächtnisnehmer kann allenfalls Einzelrechtsnachfolger sein (s. u. RdNr. 23).

Im Falle einer **Vor-** und **Nacherbschaft** haftet der Vorerbe bis zum Eintritt des Nacherbfalles; danach haftet grundsätzlich der Nacherbe (§ 2139 BGB). Soweit dieser ausnahmsweise nicht haftet, bleibt gem. § 2145 Abs. 1 Satz 1 BGB der Vorerbe weiter verpflichtet.[20]

Beerbt der Insolvenzschuldner selbst den ursprünglichen Leistungsempfänger, fällt der anfechtbar weggegebene Gegenstand – außer im Fall einer Nachlassinsolvenz (s. u. § 322 RdNr. 7 aE) – gem. § 35 i. V. m. § 38 Abs. 1 Satz 1 in die Insolvenzmasse. Der Insolvenzverwalter kann darüber nach §§ 80 ff., 148 ohne weiteres verfügen; die Insolvenzgläubiger werden nicht benachteiligt. Der Anfechtung bedarf es dann nicht.[21] Sonstige Nachlassgläubiger sind nicht schutzbedürftig, weil ihnen der anfechtbar erlangte Gegenstand selbst ohnehin nicht haftet (s. u. RdNr. 15). Schuldete allerdings schon der Erblasser nur noch Wertersatz i. S. v. § 143 Abs. 1 Satz 2, ist der Nachlass haftungsrechtlich gem. §§ 1975 ff.

---

[14] HK-*Kreft* § 145 RdNr. 3; HambKomm-*Rogge* § 145 RdNr. 6; *Jaeger/Henckel,* KO § 40 RdNr. 47; *Kilger/K. Schmidt* § 40 KO Anm. 5, 9; *Uhlenbruck/Hirte* § 145 RdNr. 34; zu § 11 Abs. 2 AnfG aF auch RGZ 103, 113, 117.

[15] RegE S. 168 zu § 164; HK-*Kreft* § 145 RdNr. 4; HambKomm-*Rogge* § 145 RdNr. 3.

[16] *Nerlich* in: Nerlich/Römermann § 145 RdNr. 4 aE; *Jaeger/Henckel,* KO § 40 RdNr. 15. Ergänzend s. o. RdNr. 4, 6.

[17] BGH NJW 1996, 3006, 3007; HK-*Kreft* § 145 RdNr. 2 aE; *Kübler/Prütting/Paulus* § 145 RdNr. 2 Fn. 4; s. u. § 322 RdNr. 7.

[18] HambKomm-*Rogge* § 145 RdNr. 6; vgl. *Kübler/Prütting/Paulus* § 145 RdNr. 3. Entsprechendes gilt für die aufschiebende Einrede nach §§ 2014, 2015 BGB.

[19] *Jaeger/Henckel,* KO § 40 RdNr. 12; vgl. *Uhlenbruck/Hirte* § 145 RdNr. 4.

[20] FK-*Dauernheim* § 145 RdNr. 3; *Nerlich* (Fn. 16) § 145 RdNr. 4; *Uhlenbruck/Hirte* § 145 RdNr. 4; HambKomm-*Rogge* § 145 RdNr. 6; vgl. *Jaeger/Henckel,* KO § 40 RdNr. 14.

[21] Ebenso *Kübler/Prütting/Paulus* § 145 RdNr. 3; HK-*Kreft* § 145 RdNr. 3; HambKomm-*Rogge* § 145 RdNr. 3; *Jaeger/Henckel,* KO § 40 RdNr. 16; iE auch *Uhlenbruck/Hirte* § 145 RdNr. 5. Die Unterscheidung zwischen einem Erbanfall vor oder nach der Insolvenzeröffnung ist dadurch bedeutungslos geworden, dass gem. § 35 auch späterer Erwerb des Schuldners in die Insolvenzmasse fällt: *Nerlich* (Fn. 16) § 145 RdNr. 5; *Breutigam/Blersch/Goetsch* § 145 RdNr. 3.

§ 145 11–15　　　　　　　　　　　　　　3. Teil. 3. Abschnitt. Insolvenzanfechtung

BGB zur Aussonderung bereitzuhalten.[22] Wird der Insolvenzschuldner nur Vorerbe, bleibt § 145 im Hinblick auf § 83 Abs. 2 anwendbar.

11　Gesamtrechtsnachfolger ist ferner der Erbschaftskäufer, vgl. § 2382 BGB.[23] Der Erwerber eines Miterbenanteils haftet wie der Miterbe.[24] Eine Gesamtrechtsnachfolge wird dagegen nicht durch eine vertraglich gestaltete „vorweggenommene Erbfolge" begründet; diese kann als Einzelrechtsnachfolge nur unter § 145 Abs. 2 fallen.

12　b) Eine Gesamtrechtsnachfolge stellt die Einbringung in das Gesamtgut einer – auch fortgesetzten – ehelichen **Gütergemeinschaft** dar (§§ 1415 ff., 1483 ff. BGB).[25]

13　c) Die **Firmenfortführung** i. S. v. § 25 HGB erfüllt ebenfalls die Voraussetzungen des § 145 Abs. 1 InsO.[26] Dass daneben eine zusätzliche Haftung für Verbindlichkeiten eingreift, die im Handelsgeschäft begründet wurden, steht allgemein nicht entgegen (vgl. RdNr. 3, 7, 16). Zur Anfechtung von Rechtshandlungen, durch die der Veräußerer eines Vermögens dieses schon vor Übertragung verkürzt, vgl. Vorbem. RdNr. 102, 103 vor § 129.

14　d) Insbesondere für **Gesellschaften** tritt Rechtsnachfolge durch Verschmelzung (§ 20, 36 UmwG) und Spaltung (§ 131 UmwG) ein.[27] Dagegen begründet der Formwechsel (§§ 190 ff. UmwG) keine Rechtsnachfolge, weil der haftende Rechtsträger als solcher erhalten bleibt.[28] Rechtsnachfolge liegt andererseits vor, wenn bei einer Personengesellschaft alle Anteile in einer Hand zusammenfallen oder nach Ausscheiden sämtlicher Mitgesellschafter nur ein einziger Gesellschafter übrig bleibt; dann erlischt die Gesellschaft als solche, und ihr Vermögen fällt dem letztverbliebenen Gesellschafter zu.[29] Zur Anfechtung von Rechtshandlungen, die von einer in eine Kapitalgesellschaft aufgegangenen und dadurch erloschenen Handelsgesellschaft vor der Umwandlung vorgenommen wurde, vgl. vor § 129 RdNr. 102, 103. Für die Verwandlung einer Vor-Gesellschaft (zB Vor-GmbH) in die fertige Kapitalgesellschaft (zB GmbH) ist die Annahme einer Rechtsnachfolge entbehrlich, wenn man der Identitätstheorie folgt.[30] Rechtsnachfolge liegt hingegen beim Anfall des Vermögens eines aufgelösten Vereins gem. §§ 45, 46 BGB an den Fiskus vor.[31]

15　e) Eine Gesamtrechtsnachfolge i. S. d. Abs. 1 tritt auch ein, wenn über das Vermögen des Leistungsempfängers ein Insolvenzverfahren eröffnet wird; die Insolvenzmasse – verkörpert durch den **Insolvenzverwalter** – gilt dann als dessen Rechtsnachfolger.[32] Zwar geht das Vermögen nicht formell auf diesen als neuen Rechtsträger über. Es wird aber kraft Gesetzes in vergleichbarer Weise zugunsten der Gesamtheit der Insolvenzgläubiger gesondert erfasst

---

[22] *Jaeger/Henckel*, KO § 40 RdNr. 17.
[23] *Nerlich* (Fn. 16) § 145 RdNr. 6; HambKomm-*Rogge* § 145 RdNr. 6; *Uhlenbruck/Hirte* § 145 RdNr. 8; *Gottwald/Huber* (Fn. 4) § 51 RdNr. 61.
[24] HK-*Kreft* § 145 RdNr. 2; *Uhlenbruck/Hirte* § 145 RdNr. 4; vgl. RGZ 60, 126, 131 f.
[25] HK-*Kreft* § 145 RdNr. 4; *Kübler/Prütting/Paulus* § 140 RdNr. 4; *Nerlich* (Fn. 16) § 140 RdNr. 6; HambKomm-*Rogge* § 145 RdNr. 7; *Jaeger/Henckel*, KO § 40 RdNr. 23.
[26] *Kübler/Prütting/Paulus* § 145 RdNr. 4; *Nerlich* (Fn. 16) § 145 RdNr. 6; *Smid/Zeuner* InsO § 145 RdNr. 9; *Hess* InsO § 145 RdNr. 10; *Uhlenbruck/Hirte* § 145 RdNr. 8; HambKomm-*Rogge* § 145 RdNr. 7; aM *Kilger/K. Schmidt* § 40 KO Anm. 2 b.
[27] HK-*Kreft* § 145 RdNr. 4; *Uhlenbruck/Hirte* § 145 RdNr. 7; HambKomm-*Rogge* § 145 RdNr. 7; *Kilger/K. Schmidt* § 40 KO Anm. 2 a.
[28] Vgl. § 202 UmwG; ferner *Jaeger/Henckel*, KO § 40 RdNr. 19; *Kilger/K. Schmidt* § 40 Anm. 2 a; *Uhlenbruck/Hirte* § 145 RdNr. 11.
[29] *Kübler/Prütting/Paulus* § 145 RdNr. 4 aE; *Uhlenbruck/Hirte* § 145 RdNr. 8; HambKomm-*Rogge* § 145 RdNr. 7; *Jaeger/Henckel*, KO § 40 RdNr. 19; *K. Schmidt*, Gesellschaftsrecht § 44 II 2, S. 1304 f.
[30] *Uhlenbruck/Hirte* § 145 RdNr. 21; *K. Schmidt*, Gesellschaftsrecht § 11 IV 2 c, S. 301 f. und § 34 III 3, S. 1017 ff. Die Gegenansicht (*Horn* NJW 1964, 86, 89 f.) müsste folgerichtig § 145 Abs. 1 anwenden.
[31] *Jaeger/Henckel*, KO § 40 RdNr. 19; *Kilger/K. Schmidt* § 40 KO Anm. 2 a; *Uhlenbruck/Hirte* § 145 RdNr. 7.
[32] *Kreft* ZInsO 1999, 370, 372; HambKomm-*Rogge* § 145 RdNr. 7. Dies übersieht *Allgayer* RdNr. 536 f. und erwogen BGHZ 71, 296, 302 = NJW 1978, 1525, 1526; RGZ 40, 5, 6 f. und RG LZ 1915, 300, 301 nicht bei ihrer Annahme, der Anfechtungsanspruch begründe in der Insolvenz des Anfechtungsgegners nur eine Konkursforderung; dagegen für Aussonderungskraft des Anfechtungsrechts *Jaeger/Henckel*, KO § 37 RdNr. 64 bis 68.

und verwertet; diese gesonderte Verwaltung erstreckt sich nicht nur auf alle Aktiva, sondern grundsätzlich auch auf sämtliche Verbindlichkeiten. Dies stützt die Wertung, dass Anfechtungsansprüche gem. § 143 Abs. 1 Satz 1 in der Insolvenz des Anfechtungsgegners Aussonderungskraft besitzen.[33]

3. Verhältnis zur Haftung des Rechtsnachfolgers gem. allgemeinen Vorschriften.

16 Neben der anfechtungsrechtlichen Haftung gem. § 145 Abs. 1 kann im Einzelfall eine schuldrechtliche Verpflichtung nach allgemeinen Regeln treten. Insbesondere ist zwar eine Rechtsnachfolge i. S. v. § 145 nicht möglich, wenn schon der Vorgänger nur noch auf Wertersatz haftete (s. o. RdNr. 3). Jedoch bewirken, unabhängig von § 145, die allgemeinen Haftungsregelungen für die jeweilige Gesamtrechtsnachfolge regelmäßig selbst, dass der Nachfolger alle Verbindlichkeiten des Vorgängers erfüllen muss; gem. § 1967 BGB, § 25 HGB gehen auch Wertersatzschulden über.[34] § 145 Abs. 1 bewirkt danach in solchen Fällen, dass der Anfechtungsgegner nicht nur in die Anfechtungsschuld, sondern auch in die Anfechtungslage eintritt;[35] der Rückgewähranspruch i. S. v. § 143 Abs. 1 Satz 1 kann demzufolge ohne Rücksicht auf besondere Haftungsbeschränkungen der allgemeinen Vorschriften durchgesetzt werden.[36]

V. Sonstige Rechtsnachfolger (Abs. 2)

1. Begriff. Einzelrechtsnachfolger, der gem. Abs. 2 der Anfechtbarkeit ausgesetzt sein **17** kann, ist, wer einen anfechtbar weggegebenen Gegenstand von dessen ursprünglichen Erwerber – oder dessen Rechtsnachfolger (s. o. RdNr. 4, 6) – in anderer Weise als durch Gesamtrechtsnachfolge (s. o. RdNr. 7 bis 15) erwirbt. Von der mittelbaren Zuwendung (s. o. § 129 RdNr. 68 ff.) unterscheidet sich die Rechtsnachfolge dadurch, dass bei jener die Leistung im Wege einer als Einheit zusammengefassten Handlung unter Einschaltung einer Zwischenperson direkt an den letzten Empfänger gelangt, während sie diesen bei der Rechtsnachfolge erst über einen – anfechtungsrechtlich selbständig zu beurteilenden – „Rechtsvorgänger" durch eine weitere Rechtshandlung erreicht.[37] Unerheblich ist, ob der Erwerb vor oder nach Insolvenzeröffnung stattfand,[38] und ebenso, ob er auf rechtsgeschäftlicher Verfügung, obrigkeitlicher Anordnung (s. u. RdNr. 21) oder unmittelbar auf Gesetz – zB §§ 268 Abs. 3, 426 Abs. 2, 1143, 1164, 1225 BGB – beruht.[39]

Ein **rechtsunwirksamer** Erwerb würde zwar den Anfechtenden nicht hindern, auf **17a** allgemeine Anspruchsgrundlagen gegen den vermeintlichen Erwerber zurückzugreifen; dennoch bleibt regelmäßig ein Rechtsschein zugunsten des „Erwerbers" oder dessen Besitz zu beseitigen, und auch dazu verhilft § 145.[40] Rechtsnachfolge kann deshalb durch ein Scheingeschäft i. S. v. § 117 Abs. 1 BGB begründet werden.[41] Erst recht kann Rechtsnachfolger sein, wer vom Nichtberechtigten gem. § 892 oder §§ 932 ff. BGB gutgläubig wirksam

---

[33] BGHZ 155, 199, 203 f. = NJW 2003, 3345, 3346 f.; BGHZ 156, 350, 361 = NJW 2004, 214, 216; *Uhlenbruck/Hirte* § 129 RdNr. 140, § 145 RdNr. 10; *Haas/Müller* ZIP 2003, 49, 56; krit. *Eckardt* KTS 2005, 15, 35 ff. und zur Begründung *Gerhardt* ZIP 2004, 1675, 1678. Ergänzend s. o. § 143 RdNr. 20 a.
[34] *Jaeger/Henckel*, KO § 40 RdNr. 7 aE, 12.
[35] Vgl. *König* RdNr. 4/7.
[36] HambKomm-*Rogge* § 145 RdNr. 2; s. o. RdNr. 3.
[37] BGH NJW 2002, 1342, 1343; RG WarnR 1908 Nr. 346; *Uhlenbruck/Hirte* § 145 RdNr. 22; vgl. *Schillig* MittBayNot 2002, 347, 348; ergänzend s. u. RdNr. 18.
[38] RGZ 34, 59, 62; *Kübler/Prütting/Paulus* § 145 RdNr. 9; *Uhlenbruck/Hirte* § 145 RdNr. 18; HambKomm-*Rogge* § 145 RdNr. 9.
[39] HK-*Kreft* § 145 RdNr. 5 aE; *Kübler/Prütting/Paulus* § 145 RdNr. 10; *Nerlich* (Fn. 16) § 145 RdNr. 10; HambKomm-*Rogge* § 145 RdNr. 9; *Uhlenbruck/Hirte* § 145 RdNr. 18; *Jaeger/Henckel*, KO § 40 RdNr. 33 ff.; *Gottwald/Huber* (Fn. 4) § 51 RdNr. 63; vgl. RGZ 80, 1, 4 zu Zinserträgen auf Grund ehegüterrechtlichen Nutzungsrechts.
[40] Vgl. *Jaeger/Henckel*, KO § 40 RdNr. 31. Ergänzend s. o. § 129 RdNr. 134 f.
[41] HK-*Kreft* § 145 RdNr. 5; *Uhlenbruck/Hirte* § 145 RdNr. 20; HambKomm-*Rogge* § 145 RdNr. 11; vgl. RG JW 1914, 304, 305.

erwirbt.[42] Rechtsnachfolger i. S. v. Abs. 2 kann ferner der Insolvenzschuldner selbst sein,[43] doch bedarf es ihm gegenüber durchweg nicht der Anfechtung, seitdem nach § 35 auch Neuerwerb in die Insolvenzmasse fällt (s. o. RdNr. 10). Auf Erben des gem. Abs. 2 Haftenden findet wiederum Abs. 1 Anwendung.[44]

18 Vorausgesetzt wird ein **abgeleiteter** Erwerb des anfechtbar übertragenen Gegenstands als Ganzes oder von Teilrechten daran. Ein solcher liegt **nicht** vor, wenn der anfechtbar weggegebene Gegenstand beim „Vorgänger" untergeht, ohne dass ein Rechtsübergang auf eine andere Person stattgefunden hat, also zB durch Erfüllung oder Erlass.[45] Sogar wenn hierdurch eine Wertersatzschuld des „Vorgängers" ausgelöst wird, gibt es keine Rechtsnachfolge in diese (s. o. RdNr. 3). Bei der Weitergabe von Geld ist Rechtsnachfolge lediglich anzunehmen, wenn die anfechtbar übertragenen Geldscheine oder -stücke körperlich – also nicht nur ihrem Wert nach – weitergegeben werden,[46] also nicht bei Einzahlung auf ein debitorisches Konto bei einer Bank (OLG Rostock ZIP 2007, 1073). Eine Einzelrechtsnachfolge tritt allerdings ein, wenn der Empfänger eines anfechtbar begebenen Schecks diesen über das Konto einer anderen Person zu deren Gunsten einziehen lässt.[47] Rechtsnachfolger i. S. d. Abs. 2 ist *nicht*, wer den Gegenstand selbst *originär* erwirbt,[48] zB durch Fund, Ersitzung, Aneignung, Verbindung, Vermischung, Verarbeitung, Erwerb durch Zuschlag in der Zwangsvollstreckung oder nach einer Enteignung. Rechtsnachfolger ist ferner nicht der Empfänger einer mittelbaren Zuwendung; er gilt vielmehr anfechtungsrechtlich selbst als Ersterwerber, dem gegenüber die §§ 130 bis 136 direkt anzuwenden sind (s. o. RdNr. 15, § 129 RdNr. 68 aE).

19 a) Rechtsnachfolge liegt insbesondere regelmäßig vor, wenn der anfechtbar weggegebene Gegenstand in derselben Gestalt und mit dem gleichen Inhalt auf einen anderen übergeht **(Vollübertragung).**[49] Sie ist zB bei der Abtretung eines anfechtbar begründeten oder erworbenen Rechts[50] oder der Übertragung einer Eigenkapital ersetzenden Sicherheit[51] gegeben. Rechtsnachfolger ist auch der Indossatar als Nachmann des Wechselindossanten[52] oder eines Scheckinhabers,[53] ebenso der Bürge, der den Gläubiger befriedigt und

---

[42] FK-*Dauernheim* § 145 RdNr. 10; *Nerlich* (Fn. 16) § 145 RdNr. 13; *Breutigam/Blersch/Goetsch* § 145 RdNr. 8; HambKomm-*Rogge* § 145 RdNr. 11; *Jaeger/Henckel*, KO § 40 RdNr. 30; *Uhlenbruck/Hirte* § 145 RdNr. 20.

[43] HK-*Kreft* § 145 RdNr. 7; *Kübler/Prütting/Paulus* § 145 RdNr. 6; *Jaeger/Henckel*, KO § 40 RdNr. 40; vgl. BGH NJW-RR 1986, 991, 993 f.; zu § 11 Abs. 2 AnfG aF auch BGHZ 130, 314, 317 = NJW 1995, 2846 f.; RGZ 25, 409, 412.

[44] *Jaeger/Henckel*, KO § 40 RdNr. 55.

[45] BGHZ 100, 36, 39 ff. = NJW 1987, 1703, 1704 f.; RGZ 61, 150, 152; *Kübler/Prütting/Paulus* § 145 RdNr. 7; FK-*Dauernheim* § 145 RdNr. 12; HambKomm-*Rogge* § 145 RdNr. 10; *Uhlenbruck/Hirte* § 145 RdNr. 21; *Jaeger/Henckel*, KO § 40 RdNr. 28 aE; Gerhardt JR 1987, 415, 416; *Gottwald/Huber* (Fn. 4) § 51 RdNr. 64; RG SeuffA 45 (1890), Nr. 154; HK-*Kreft* § 145 RdNr. 7; *Hess* InsO § 145 RdNr. 11; aM *Marotzke* KTS 1987, 569, 577 ff. Ergänzend s. o. § 143 RdNr. 46 und zum Theorienstreit über die Rechtsnatur des Anfechtungsrechts vor § 129 RdNr. 25.

[46] HK-*Kreft* § 145 RdNr. 5; *Uhlenbruck/Hirte* § 145 RdNr. 21; HambKomm-*Rogge* § 145 RdNr. 10; zu § 11 Abs. 2 AnfG aF vgl. BGHZ 78, 318, 330 = NJW 1981, 522, 525; BGHZ 100, 36, 41 = NJW 1987, 1703, 1705.

[47] BGH NJW 2002, 1342, 1343; HK-*Kreft* § 145 RdNr. 6.

[48] FK-*Dauernheim* § 145 RdNr. 8; *Kübler/Prütting/Paulus* § 145 RdNr. 9; *Nerlich* (Fn. 16) § 145 RdNr. 14; Smid/Zeuner InsO § 145 RdNr. 10; *Breutigam/Blersch/Goetsch* § 145 RdNr. 8; *Jaeger/Henckel*, KO § 40 RdNr. 39; *Uhlenbruck/Hirte* § 145 RdNr. 18; *Gottwald/Huber* (Fn. 4) § 51 RdNr. 64; vgl. HambKomm-*Rogge* § 145 RdNr. 10; aM *Kilger/K. Schmidt* § 40 Anm. 4.

[49] FK-*Dauernheim* § 145 RdNr. 7; Smid/Zeuner InsO § 145 RdNr. 10; *Jaeger/Henckel*, KO § 40 RdNr. 27; *Uhlenbruck/Hirte* § 145 RdNr. 18; *Kilger/K. Schmidt* § 40 KO Anm. 3. Zu einer Sonderregelung der Anfechtbarkeit vgl. § 187 Satz 2 SGB III.

[50] RGZ 32, 22, 24 f.; 34, 59, 61; *Kübler/Prütting/Paulus* § 145 RdNr. 9; *Nerlich* (Fn. 16) § 145 RdNr. 10; *Uhlenbruck/Hirte* § 145 RdNr. 18; HambKomm-*Rogge* § 145 RdNr. 10; vgl. BGH WM 1969, 98, 100; NJW-RR 1998, 1057, 1061; *Jaeger/Henckel*, KO § 40 RdNr. 41 aE; RG LZ 1908, 786, 787; zu § 11 Abs. 2 AnfG aF auch BGH NJW 1992, 830, 831 f., insoweit nicht in BGHZ 116, 222 abgedr.

[51] *Uhlenbruck/Hirte* § 145 RdNr. 20; zu § 11 Abs. 2 AnfG aF KG GmbHR 1998, 938, 940 f.

[52] FK-*Dauernheim* 145 RdNr. 9; *Nerlich* (Fn. 16) § 145 RdNr. 12; *Jaeger/Henckel*, KO § 34 RdNr. 12 aE; *Uhlenbruck/Hirte* § 145 RdNr. 20; zur Übertragung eines Hypothekenbriefs vgl. RG JW 1914, 304, 305.

[53] BGH NJW 2002, 1342, 1343.

auf den deshalb gem. § 774 Abs. 1 BGB die Forderung gegen den Hauptschuldner übergeht.[54] Für den Rechtsübergang von Arbeitsentgeltansprüchen auf die Bundesagentur für Arbeit regelt § 187 Satz 2 SGB III die Anfechtbarkeit selbständig; ein Vertrauensschutz nach § 145 Abs. 2 scheidet für diese Agentur aus.[55] Eine juristische Person ist zB Rechtsnachfolgerin, wenn der ursprüngliche Empfänger des anfechtbar weggegebenen Gegenstands diesen in sie als Einlage einbringt.[56] Beruht der Erwerb einer Forderung unmittelbar auf zwei verschiedenen Rechtsgeschäften, von denen das eine mit einem früheren Forderungsinhaber, das spätere mit dem Schuldner selbst geschlossen wurde, so ist vorrangig der unmittelbare Erwerb vom Schuldner selbst für die Anfechtung maßgebend.[57] Dagegen liegt eine Rechtsnachfolge in diesem Sinne nicht vor, wenn schon der ursprüngliche Leistungsempfänger den anfechtbar erworbenen Gegenstand veräußert oder einzieht und nur den Erlös an einen Dritten aushändigt.[58] Ferner ist nicht Rechtsnachfolger der Drittschuldner einer anfechtbar abgetretenen Forderung, der diese durch die geschuldete Leistung zum Erlöschen (s. o. RdNr. 18) bringt.

b) Rechtsnachfolge kann vorliegen, wenn aus dem anfechtbar erworbenen Gegenstand **20** selbst ein neues Recht geschaffen oder abgespalten wird **(Teilübertragung)**.[59] Dies ist insbesondere anzunehmen, wenn ein anfechtbar übertragener Gegenstand mit einer Hypothek oder Dienstbarkeit belastet[60] oder wenn einem nachrangigen Grundpfandrecht der Vorrang eingeräumt wird,[61] ferner wenn der Nießbraucher eine Mietzinsforderung abtritt.[62] Auch die Übertragung eines neu aufgeteilten Wohnungseigentums[63] oder das Aufrücken eines nachrangig Berechtigten im Rang auf Grund der anfechtbaren Aufgabe eines vorrangigen Rechts des Insolvenzschuldners (s. o. § 143 RdNr. 49) kann als Rechtsnachfolge in die Rangstelle verstanden werden.[64] Dasselbe wird für die Übertragung einer Mobilie angenommen, deren Überlassung an die Schuldnerin Eigenkapital ersetzenden Charakter angenommen hatte.[65]

c) Der Erwerb eines Pfandrechts am anfechtbar weggegebenen Gegenstand in Folge einer **21 Zwangsvollstreckung** kann die Rechtsnachfolge begründen.[66] Der Umstand, dass dieser Erwerb auf hoheitlicher Anordnung beruht, steht nicht entgegen (s. o. RdNr. 17). Aufgrund dessen vermag die Anfechtbarkeit gegen den ursprünglichen Empfänger der anfechtbaren Leistung gegenüber dessen pfändenden Gläubigern wie eine Drittwiderspruchsklage (§ 771 ZPO) zu wirken.[67] Ausgenommen ist allerdings die Zwangsvollstreckung von Einzelgläubi-

---

[54] FK-*Dauernheim* § 145 RdNr. 9; *Nerlich* (Fn. 16) § 145 RdNr. 11; vgl. *Jaeger/Henckel*, KO § 40 RdNr. 33 ff. Dagegen liegt keine Rechtsnachfolge vor, wenn der Insolvenzschuldner selbst die verbürgte Hauptschuld durch Leistung an den Gläubiger (unanfechtbar) zum Erlöschen bringt und hierdurch mittelbar zugleich den Bürgen befreit, s. o. § 143 RdNr. 9 sowie BGH NJW 1974, 57 Nr. 22; *Uhlenbruck/Hirte* § 145 RdNr. 20.

[55] *Uhlenbruck/Hirte* § 129 RdNr. 112; § 145 RdNr. 2; *Niesel/Roeder*, 3. Aufl., 2005, § 187 SGB III RdNr. 8; *Gagel/Peters-Lange*, SGB IV, Stand 2005, § 187 RdNr. 31.

[56] *Uhlenbruck/Hirte* § 145 RdNr. 20; abgrenzend vgl. RGZ 74, 16, 18; *Kilger/K. Schmidt* § 40 KO Anm. 3 aE.

[57] RGZ 77, 49, 51; *Uhlenbruck/Hirte* § 145 RdNr. 19.

[58] RG SeuffA 45 (1890), Nr. 154; ergänzend s. o. RdNr. 16.

[59] RGZ 9, 84, 87 f.; 15, 368, 371; HK-*Kreft* § 145 RdNr. 5; FK-*Dauernheim* § 145 RdNr. 7; *Kübler/Prütting/Paulus* § 145 RdNr. 8; *Jaeger/Henckel*, KO § 40 RdNr. 28; *Uhlenbruck/Hirte* § 145 RdNr. 18; vgl. BGH NJW 2002, 1342, 1343.

[60] RGZ 25, 409, 412; RG JW 1897, 346 f.; LZ 1911, 949 f.; OLG Stettin OLGR 4, 177; HK-*Kreft* § 145 RdNr. 5; HambKomm-*Rogge* § 145 RdNr. 12; zu § 11 Abs. 2 AnfG aF auch BGHZ 130, 314, 317 = NJW 1995, 2846 f.; OLG Dresden LZ 1910, 413, 414.

[61] HK-*Kreft* § 145 RdNr. 5; *Nerlich* (Fn. 16) § 145 RdNr. 10; *Uhlenbruck/Hirte* § 145 RdNr. 18; zu § 11 Abs. 2 AnfG aF auch BGHZ 29, 230, 233 f. = NJW 1959, 673, 674.

[62] FK-*Dauernheim* 45 RdNr. 9; *Uhlenbruck/Hirte* § 145 RdNr. 20; vgl. RGZ 88, 216 ff.

[63] Vgl. *Schillig* MittBayNot 2002, 347, 348.

[64] HambKomm-*Rogge* § 145 RdNr. 12; vgl. *Allgayer* RdNr. 596.

[65] Großkomm.-AktG-*Henze* 4. Aufl., § 57 RdNr. 131 aE.

[66] FK-*Dauernheim* § 145 RdNr. 11; *Kübler/Prütting/Paulus* § 145 RdNr. 10; HambKomm-*Rogge* § 145 RdNr. 13; *K. Schmidt* JZ 1987, 889, 892; *Jaeger/Henckel*, KO § 37 RdNr. 72, § 40 RdNr. 28; *Uhlenbruck/Hirte* § 145 RdNr. 20; vgl. BGH WM 1976, 622, 624; OLG Karlsruhe ZIP 1980, 260, 261 ff. Dazu, dass auch der Abtretungsempfänger des durch Pfändungspfandrecht gesicherten Anspruchs Rechtsnachfolger ist, vgl. OLG Kiel OLGR 19, 208 f.; abgrenzend RG JW 1919, 730 f.

[67] Vgl. RdNr. 15, 30 und § 143 RdNr. 20 a; ferner BGH NJW 1959, 1223, 1226.

gern des späteren Insolvenzschuldners auf Grund des Anfechtungsgesetzes bei Dritten; diese gilt nach der Sonderregel des § 16 Abs. 2 AnfG als Rechtshandlung unmittelbar gegen den Insolvenzschuldner selbst.[68]

22 d) Rechtsnachfolger ist ferner der **Besitzer,** dem eine anfechtbar weggegebene Sache auf Grund eines bloß schuldrechtlichen Vertrages übergeben wurde,[69] also insbesondere der Mieter oder Verwaltungstreuhänder, aber auch ein Sicherungsnehmer.

23 e) Unerheblich ist, ob die Einzelrechtsnachfolge auf einem Erwerb unter Lebenden oder von Todes wegen beruht. Dementsprechend ist der **Vermächtnisnehmer** regelmäßig Einzelrechtsnachfolger des Erben.[70] Denn dieser hat zuvor den vermachten Gegenstand kraft Erbfolge zu seinem Vollrecht erworben (§ 145 Abs. 1) und überträgt ihn lediglich auf Grund schuldrechtlicher Verpflichtung weiter (§ 145 Abs. 2); die dinglich wirkende Übertragung wird deshalb nicht unmittelbar schon vom Erblasser selbst verfügt. Handelt es sich um ein Verschaffungsvermächtnis i. S. d. §§ 2169 ff. BGB, das vom Erben aus anderen Mitteln als dem Nachlass zu erfüllen ist, folgt der Vermächtnisnehmer ausschließlich dem Erben nach, ohne zugleich weiterer Rechtsnachfolger des Erblassers zu sein.[71]

24 **2. Allgemeine Anfechtungsvoraussetzungen gegenüber jedem Einzelrechtsnachfolger.** Der Erwerb des Rechtsvorgängers muss anfechtbar sein (s. o. RdNr. 5, 6). Die Weiterübertragung des anfechtbar Erlangten auf den Nachfolger muss die Insolvenzgläubiger i. S. v. § 129 Abs. 1 InsO auch wenigstens mittelbar benachteiligen;[72] davon ist jedoch regelmäßig auszugehen, wenn der durch die Rechtshandlung des Schuldners zuerst eingetretene benachteiligende Zustand durch die Rechtsnachfolge wenigstens ganz oder teilweise aufrechterhalten wird.[73] Schließlich erfordert die Anfechtung gegenüber einem Einzelrechtsnachfolger zusätzlich das Vorliegen eines von drei besonderen Umständen (s. u. RdNr. 25 bis 31) in seiner Person: Wer anfechtbar Erlangtes gutgläubig und entgeltlich erwirbt, haftet nicht nach Abs. 2. Ob sich seine Rechtsstellung gegenüber der Insolvenzmasse infolge Gutgläubigkeit sogar verstärkt, entscheidet grundsätzlich das materielle Recht. Wer zB vom Sicherungseigentümer einer beim Schuldner verbliebenen Sache das Eigentum in der Vorstellung erwirbt, es handele sich um Volleigentum, erlangt nach dem Grundsatz des § 936 Abs. 3 BGB dennoch nur ein Absonderungsrecht.[74]

25 **3. Kenntnis (Nr. 1 und 2). a)** Der für die Anfechtbarkeit gegenüber dem Rechtsnachfolger nach **Nr. 1** und 2 maßgebliche Umstand ist jeweils dieselbe Kenntnis, die lediglich unter den besonderen Voraussetzungen der Nr. 2 gesetzlich vermutet wird (s. u. RdNr. 28). Die Kenntnis muss sich auf diejenigen Umstände beziehen, welche die Anfechtbarkeit des Erwerbs des Rechtsvorgängers begründen. Erforderlich ist also die positive Kenntnis der **Tatsachen,** nicht auch der sich daraus ergebenden Rechtsfolge der Anfechtbarkeit.[75] Eine Tatsache in diesem Sinne ist insbesondere die zur Anfechtbarkeit nötige innere Einstellung

---

[68] *Uhlenbruck/Hirte* § 145 RdNr. 21; HambKomm-*Roge* § 145 RdNr. 13; vgl. BGHZ 29, 230, 234 = NJW 1959, 673, 674; *Mauer* RdNr. 252.
[69] OLG Rostock OLGR 35, 271 Fn. 1; FK-*Dauernheim* § 145 RdNr. 7; *Kübler/Prütting/Paulus* § 145 RdNr. 9; HambKomm-*Rogge* § 145 RdNr. 13; *Nerlich* (Fn. 16) § 145 RdNr. 12; *Jaeger/Henckel*, KO § 40 RdNr. 29; *Uhlenbruck/Hirte* § 145 RdNr. 18.
[70] HambKomm-*Rogge* § 145 RdNr. 9 aE; *Jaeger/Henckel*, KO § 40 RdNr. 32; FK-*Dauernheim* § 145 RdNr. 9; *Nerlich* (Fn. 16) § 145 RdNr. 12; *Kilger/K. Schmidt* § 40 KO Anm. 3; *Uhlenbruck/Hirte* § 145 RdNr. 20; aM *Kübler/Prütting/Paulus* § 145 RdNr. 9.
[71] *Jaeger/Henckel*, KO § 40 RdNr. 32 aE.
[72] Vgl. *Jaeger/Henckel*, KO § 40 RdNr. 46; *Gottwald/Huber* (Fn. 4) § 51 RdNr. 67; *Uhlenbruck/Hirte* § 145 RdNr. 23.
[73] BGHZ 130, 314, 320 = NJW 1995, 2846, 2847 zu § 11 Abs. 2 AnfG aF; vgl. BGH NJW 2002, 1342, 1343; HK-*Kreft* § 145 RdNr. 9 aE; HambKomm-*Rogge* § 145 RdNr. 15. Eine Ausnahme kann zB eintreten, wenn die ursprüngliche Gläubigerbenachteiligung bis zur Weiterübertragung entfallen ist: vgl. *Schillig* Mitt-BayNot 2002, 347, 349.
[74] *Wiringer-Seiler* S. 134.
[75] HK-*Kreft* § 145 RdNr. 10; FK-*Dauernheim* § 145 RdNr. 14; *Kübler/Prütting/Paulus* § 145 RdNr. 11; *Smid/Zeuner* InsO § 145 RdNr. 11; *Hess* InsO § 145 RdNr. 30; *Uhlenbruck/Hirte* § 145 RdNr. 27; *Jaeger/Henckel*, KO § 40 RdNr. 51.

der Beteiligten, zB die Kenntnis bestimmter Umstände oder ein Benachteiligungsvorsatz.[76] Nur soweit die Anfechtbarkeit gegen den Vorgänger von subjektiven Voraussetzungen unabhängig ist – wie nach § 131 Abs. 1 Nr. 1 und 2, §§ 134 bis 136 –, genügt es, dass der Rechtsnachfolger die objektiven Umstände kennt, welche die Anfechtbarkeit des Erwerbs des Vorgängers begründen.[77]

Der Erwerb, auf den sich die Kenntnis beziehen muss, ist ausschließlich derjenige des letzten Vorgängers, von dem der Rechtsnachfolger sein Recht unmittelbar ableitet. Beruht der Vorerwerb des Vorgängers aber selbst wieder auf § 145 Abs. 2 Nr. 1 oder 2, so muss der Nachfolger nicht nur die Kenntnis des Vorgängers kennen;[78] zusätzlich muss sich die Kenntnis auf die zur Anfechtbarkeit führenden Umstände des vorangegangenen, hin zum Vorgänger führenden Erwerbs beziehen. Ist die Anfechtbarkeit gegen den Vorgänger andererseits auf Grund des § 145 Abs. 2 Nr. 3 begründet, genügt die Kenntnis der Unentgeltlichkeit seines Erwerbs.[79] Für diesen Fall hatte Leitsatz 5.14 Abs. 2 Nr. 1, 2. Halbs. des ersten KommBer.[80] aus Billigkeitsgründen vorgeschlagen, die Anfechtung gegenüber dem Nachfolger an eine weitere Voraussetzung zu knüpfen; sie sollte nur zulässig sein, wenn dieser Nachfolger zusätzlich die Zahlungsunfähigkeit des Insolvenzschuldners oder den gegen ihn gerichteten Eröffnungsantrag kannte. Der Gesetzgeber ist dem aber nicht gefolgt,[81] so dass sich der Nachfolger im Falle einer erfolgreichen Anfechtung gegen ihn – wie nach § 12 AnfG allgemein – nur an seinen unmittelbaren Vorgänger halten kann. Die Voraussetzungen eines Bargeschäfts (§ 142) sind nicht zu begründen,[82] weil der Insolvenzmasse keinerlei Gegenleistung zugeflossen ist. Allerdings mag zugunsten des Nachfolgers § 143 Abs. 2 entsprechend angewandt werden.[83]

Maßgebender **Zeitpunkt,** in dem die Kenntnis des Rechtsnachfolgers vorliegen muss, ist derjenige der Vollendung (§ 140) seines eigenen Erwerbs.[84] Soweit bei einem gegenüber dem Rechtsvorgänger in Frage kommenden Anfechtungstatbestand eine Rechtsvermutung für das Vorliegen einer Anfechtungsvoraussetzung besteht – zB nach § 130 Abs. 3, § 131 Abs. 2 Satz 2, § 132 Abs. 3, § 133 Abs. 2 Satz 2 –, gilt diese **Vermutung** auch im Rahmen des § 145 Abs. 2 Nr. 1 und 2.[85] Ferner genügt zB für die Anfechtbarkeit das Bewusstsein des Rechtsnachfolgers, dass sein Vorgänger Umstände kannte, die zwingend auf die Zahlungsunfähigkeit schließen lassen.[86]

b) Gem. **Nr. 2** wird die maßgebliche Kenntnis (s. o. RdNr. 25 bis 27) des Rechtsnachfolgers widerleglich vermutet, wenn der Rechtsnachfolger dem **Insolvenzschuldner** i. S. v. § 138 **nahestand;** die Zwei-Jahres-Grenze des § 133 Abs. 2 gilt nicht.[87] Unerheblich ist demgegenüber seine Beziehung zu möglichen früheren Erwerbern des anfechtbar weggegebenen Gegenstands,[88] zB zu seinem unmittelbaren Vorgänger. Maßgeblich auch für das

---

[76] Vgl. BGH NJW 1992, 831, 833; HambKomm-*Rogge* § 145 RdNr. 16.
[77] *Henckel,* Kölner Schrift S. 852 RdNr. 88; *Smid/Zeuner* InsO § 145 RdNr. 11.
[78] Vgl. *Uhlenbruck/Hirte* § 145 RdNr. 34.
[79] *Kübler/Prütting/Paulus* § 145 RdNr. 11; *Uhlenbruck/Hirte* § 145 RdNr. 28; HambKomm-*Rogge* § 145 RdNr. 17; wohl auch HK-*Kreft* § 145 RdNr. 10.
[80] Dazu Begründung S. 430 f.
[81] DE und RefE jeweils § 154, RegE § 164.
[82] *Kübler/Prütting/Paulus* § 145 RdNr. 5; *Uhlenbruck/Hirte* § 145 RdNr. 28; *Braun/Riggert* § 145 RdNr. 19; HambKomm-*Rogge* § 145 RdNr. 24; *Gerhardt* S. 124 f.; *Schillig* MittBayNot 2002, 347, 349 f.; aM *Gottwald/Huber* (Fn. 4) § 51 RdNr. 69.
[83] Vgl. *Gerhardt* S. 125 f.
[84] RGZ 103, 113, 118; FK-*Dauernheim* § 145 RdNr. 14; *Smid/Zeuner* InsO § 145 RdNr. 11 aE; *Hess* InsO § 145 RdNr. 23; HambKomm-*Rogge* § 145 RdNr. 18; *Uhlenbruck/Hirte* § 145 RdNr. 27, 32; vgl. BGH NJW 2006, 1800, 1802; *Jaeger/Henckel,* KO § 40 RdNr. 51.
[85] *Kübler/Prütting/Paulus* § 145 RdNr. 11; HambKomm-*Rogge* § 145 RdNr. 17; vgl. BGH WM 1969, 98, 100 f.; *Jaeger/Henckel,* KO § 40 RdNr. 50, S. 1310; *Uhlenbruck/Hirte* § 145 RdNr. 30; *Mauer* RdNr. 257. Ergänzend s. u. RdNr. 40.
[86] *Henckel,* Kölner Schrift S. 851 f. RdNr. 88; *Smid/Zeuner* InsO § 145 RdNr. 11; *Nerlich* (Fn. 16) § 145 RdNr. 18; HambKomm-*Rogge* § 145 RdNr. 17.
[87] *Uhlenbruck/Hirte* § 145 RdNr. 32.
[88] RGZ 19, 202, 203 f.; 103, 113, 116 f.; HK-*Kreft* § 145 RdNr. 11; *Uhlenbruck/Hirte* § 145 RdNr. 32; HambKomm-*Rogge* § 145 RdNr. 19.

§ 145   29, 30   3. Teil. 3. Abschnitt. Insolvenzanfechtung

Näheverhältnis zum Schuldner ist der Zeitpunkt des Erwerbs des Anfechtungsgegners (s. o. RdNr. 27); im Hinblick auf § 138 Abs. 1 Nr. 1 genügt bei späteren Ehegatten, dass die Ehe bis zur letzten mündlichen Verhandlung in den Tatsacheninstanzen geschlossen wird. Zur Verteilung der Beweislast im Einzelnen s. u. RdNr. 40, 41.

29   **4. Unentgeltlicher Erwerb (Nr. 3).** Nr. 3 lässt es für die Anfechtbarkeit gegen den Rechtsnachfolger aus Billigkeitsgründen ausreichen, dass ihm der anfechtbar weggegebene Gegenstand unentgeltlich zugewendet wurde. Der Begriff der **Unentgeltlichkeit** ist derselbe wie in § 134 (vgl. dort RdNr. 17 bis 42). Sie muss sich – auch bei mehreren Zwischenpersonen – allein auf den Erwerb des Anfechtungsgegners von seinem letzten Vorgänger beziehen; bereits dann wird dieser Erwerb in der Insolvenz weniger geschützt. Zur Behandlung einer „gemischten Schenkung" s. o. § 134 RdNr. 41. Der Erwerb des oder der Rechtsvorgänger muss wiederum anfechtbar sein (s. o. RdNr. 5, 6); dagegen ist der Grund dieser Anfechtbarkeit im Einzelnen unerheblich.[89] Die Vorschrift verwendet nicht den in § 134 Abs. 1 gebrauchten Begriff einer „Leistung des Schuldners" (dazu s. o. § 134 RdNr. 11). Die aus § 40 Abs. 2 Nr. 3 KO übernommene Formulierung, das Erlangte müsse „zugewendet worden" sein, setzt kein aktives Handeln – insbesondere eines Rechtsvorgängers oder des Schuldners – voraus. § 134 Abs. 1 begrenzt nur die Anfechtbarkeit eines (unentgeltlichen) Ersterwerbs. Dagegen genügt für § 145 Abs. 2 Nr. 3 irgendeine Anfechtbarkeit des Ersterwerbs, verbunden mit der Unentgeltlichkeit des Letzterwerbs. Als solcher reicht daher (irgend-)ein „Erwerb" aus;[90] dieser kann auch auf einem Eingriff des Erwerbers selbst beruhen, insbesondere auf Vollstreckungsmaßnahmen (vgl. RdNr. 21, 30). Entsprechend § 134 Abs. 2 scheidet die Anfechtbarkeit auch gegen den Rechtsnachfolger bei Erwerb eines gebräuchlichen Gelegenheitsgeschenks von geringem Wert aus.[91]

30   Unentgeltlich ist insbesondere das Aufrücken eines nachrangig Berechtigten (§ 1179 a BGB) auf Grund des anfechtbaren Erlasses eines vorrangigen Rechts (s. o. § 143 RdNr. 49). Ferner ist der Erwerb des Gläubigers unentgeltlich, der durch **Zwangsvollstreckung** in den beim Rechtsvorgänger befindlichen, ursprünglich anfechtbar weggegebenen Gegenstand begründet wurde; dies gilt sowohl für ein etwa entstandenes Pfandrecht als auch für eine erlangte Befriedigung. Auf die Frage, ob die Zwangsvollstreckung wegen einer entgeltlich oder unentgeltlich begründeten Forderung des Rechtsnachfolgers (Gläubigers) gegen den Vorgänger betrieben wird, kommt es nicht entscheidend an. Denn jeder Titel verleiht materiell stets nur das Recht, in haftendes Vermögen des jeweiligen Titelschuldners – hier: des Rechtsvorgängers selbst – zu vollstrecken, nicht in solches anderer Personen (vgl. §§ 771, 805 ZPO). Der anfechtbar weggegebene Gegenstand wird hingegen durch § 145 haftungsrechtlich noch dem Vermögen des Insolvenzschuldners zugeordnet (s. o. RdNr. 15, § 143 RdNr. 20 a). Mit Bezug hierauf begründet sogar ein entgeltlicher Anspruch des Rechtsnachfolgers gegen seinen persönlichen Vollstreckungsschuldner (Rechtsvorgänger) keine Entgeltlichkeit.[92] Insbesondere erlischt die gegen diesen gerichtete Forderung des Nachfolgers (Gläubigers) nicht, wenn er die durch Zwangsvollstreckung zunächst erlangte Sicherung oder Befriedigung an die Insolvenzmasse herausgeben muss; insoweit tritt dasselbe Ergebnis wie in den Fällen der – ggf. verlängerten – Drittwiderspruchsklage (§ 771 ZPO, § 812 Abs. 1 BGB) ein. Gegenüber dem Vollstreckungsgläubiger als Rechtsnachfolger hängt die Anfechtung deshalb, anders als gem. Nr. 1, regelmäßig nicht davon ab, ob er im Zeitpunkt seines Vollstreckungserwerbs die Anfechtbarkeit des früheren Erwerbs durch den

---

[89] FK-*Dauernheim* § 145 RdNr. 17; HambKomm-*Rogge* § 145 RdNr. 20; vgl. HK-*Kreft* § 145 RdNr. 12.
[90] Vgl. *Kreft* ZInsO 2001, 370, 372; *Jaeger/Henckel*, KO § 40 RdNr. 54.
[91] HK-*Kreft* § 145 RdNr. 12; FK-*Dauernheim* § 145 RdNr. 17; *Nerlich* (Fn. 16) § 145 RdNr. 23; Uhlenbruck/*Hirte* § 145 RdNr. 33; HambKomm-*Rogge* § 145 RdNr. 20; vgl. *Jaeger/Henckel*, KO § 40 RdNr. 54 aE.
[92] HK-*Kreft* § 129 RdNr. 71, § 145 RdNr. 12; HambKomm-*Rogge* § 145 RdNr. 20; vgl. MünchKomm-ZPO-*K. Schmidt* § 771 RdNr. 44; aM *Eckardt* KTS 2005, 15, 48. Ergänzend s. o. RdNr. 21, § 134 RdNr. 17.

Anfechtung gegen Rechtsnachfolger 31–33 § 145

Vollstreckungsschuldner kannte;[93] diese Kenntnis wird nur wesentlich, soweit die Bereicherung des Gläubigers weggefallen ist (s. u. RdNr. 31). Ferner braucht § 771 ZPO nicht selbständig zugunsten der Insolvenzmasse angewendet zu werden (vgl. vor § 129 RdNr. 23; § 146 RdNr. 34).

Die Haftung des unentgeltlich erwerbenden Rechtsfolgers ist gem. § 143 Abs. 2 gemildert;[94] die Abschaffung des § 40 Abs. 3 KO hat daran nichts geändert (s. o. RdNr. 2). Der Rechtsnachfolger hat also die unentgeltlich erlangte Leistung nur zurückzugewähren, soweit er durch sie noch bereichert oder unredlich (s. o. § 143 RdNr. 101 bis 109) ist. Dass auch für den Rechtsvorgänger die Voraussetzungen des § 143 Abs. 2 erfüllt sind, wird nicht vorausgesetzt; andererseits kommt eine dem Vorgänger aus diesem Grunde gewährte Haftungserleichterung nicht dem selbst unredlichen Nachfolger zugute.[95] Dringt die Anfechtung gegen diesen auch aus anderen Gründen – zB nach § 145 Abs. 2 Nr. 1 oder 2 – durch, haftet er gemäß allgemeinen Maßstäben (s. o. § 143 RdNr. 101). 31

VI. Rechtsfolgen

1. Materiell-rechtlich. a) Jeder **Rechtsnachfolger** haftet anfechtungsrechtlich – soweit der Vorgänger rechtlich fortbesteht (s. o. RdNr. 7) – ggf. neben diesem, nicht an dessen Stelle.[96] Der Nachfolger unterliegt selbständig der Rückgewährpflicht gem. § 143 mit allen Modifikationen. Insbesondere schuldet er nach § 143 Abs. 1 Satz 2 Wertersatz, wenn ihm die Rückgewähr unmöglich wird. Allerdings haftet der Einzelrechtsnachfolger immer nur soweit, wie sein eigener Erwerb reicht, also in demjenigen Umfange, wie er den anfechtbar weggegebenen Gegenstand erlangt hat (s. o. RdNr. 20). Soweit sich diese Rückgewährverbindlichkeit mit derjenigen des Rechtsvorgängers auch inhaltlich deckt – also hinsichtlich einer Pflicht zum Wertersatz –, sind beide gem. §§ 421 ff. BGB Gesamtschuldner;[97] die Erfüllungsleistung des einen Verpflichteten befreit also auch den anderen (§ 422 Abs. 1 BGB). Allein im Falle der Gesamtrechtsnachfolge (Abs. 1) wird die Unredlichkeit des ursprünglichen Leistungsempfängers im Zusammenhang mit der Haftung gem. § 143 Abs. 1 Satz 2 dem Rechtsnachfolger zugerechnet;[98] die Redlichkeit jedes Einzelrechtsnachfolgers ist dagegen aus seiner eigenen Person heraus selbständig zu beurteilen. Die Haftungsmilderung des § 143 Abs. 2 Satz 1 hängt von der Redlichkeit des Empfängers der unentgeltlichen Leistung ab; der Einzelrechtsnachfolger haftet danach nur gemildert, wenn er ausschließlich nach § 145 Abs. 2 Nr. 3 in Anspruch zu nehmen ist (ergänzend s. o. RdNr. 26). Zur Möglichkeit einer Haftungsbeschränkung für Erben s. o. RdNr. 8. 32

Der Rechts**vorgänger** haftet neben dem Nachfolger ggf. auf Wertersatz wegen Unmöglichkeit der Herausgabe (§ 143 Abs. 1 Satz 2).[99] Eine Wertersatzpflicht eines Erben – als Rechtsvorgänger – kommt insbesondere in Betracht, wenn er den durch den Erblasser anfechtbar erlangten Gegenstand an einen Vermächtnisnehmer bestimmungsgemäß weiter überträgt. Die Rückgewährpflicht entfällt hierdurch nicht; neben ihm kann unter den Voraussetzungen des Abs. 2 auch der Vermächtnisnehmer als Rechtsnachfolger haften.[100] 33

---

[93] *Kreft* ZInsO 1999, 370, 371 f.; *K. Schmidt* JZ 1987, 889, 892; *Foerste* RdNr. 328; vgl. *Uhlenbruck/Hirte* § 145 RdNr. 28 aE.
[94] HK-*Kreft* § 145 RdNr. 12 aE; *Uhlenbruck/Hirte* § 145 RdNr. 29; HambKomm-*Rogge* § 145 RdNr. 21.
[95] HambKomm-*Rogge* § 145 RdNr. 21; *Jaeger/Henckel*, KO § 40 RdNr. 61.
[96] HambKomm-*Rogge* § 145 RdNr. 23; *Jaeger/Henckel*, KO § 40 RdNr. 6 aE; *Kilger/K. Schmidt* § 40 KO Anm. 3, 9; *Uhlenbruck/Hirte* § 145 RdNr. 14; *Gottwald/Huber* (Fn. 4), § 51 RdNr. 65; vgl. BGH NJW 1970, 44, 45 f.
[97] BGH NJW-RR 1986, 991, 993 f.; *Kübler/Prütting/Paulus* § 145 RdNr. 16 aE; FK-*Dauernheim* § 145 RdNr. 22; HambKomm-*Rogge* § 145 RdNr. 23; *Jaeger/Henckel*, KO § 40 RdNr. 62; *Uhlenbruck/Hirte* § 145 RdNr. 15; zu § 15 AnfG OLG Düsseldorf NZI 2001, 477, 478.
[98] HambKomm-*Rogge* § 145 RdNr. 22; vgl. *Jaeger/Henckel*, KO § 40 RdNr. 11 aE.
[99] *Uhlenbruck/Hirte* § 145 RdNr. 14; vgl. *Jaeger/Henckel*, KO § 40 RdNr. 24.
[100] *Jaeger/Henckel*, KO § 40 RdNr. 9, 32. Ergänzend s. o. RdNr. 23.

Eine Anfechtung gegen den Rechtsnachfolger lässt nicht von sich aus die Haftung des Ersterwerbers erlöschen;[101] erst die tatsächliche Rückgewähr durch einen der mehreren Schuldner befreit zugleich den anderen (vgl. § 422 BGB). Der Insolvenzverwalter hat also die Wahl, ob er den Anfechtungsanspruch nur gegen den Ersterwerber oder gegen den Rechtsnachfolger oder gegen beide geltend macht.[102] Steht allerdings fest, dass der Rechtsnachfolger das anfechtbar Erlangte nicht mehr in Natur zurückgewähren kann, so darf auch der Vorgänger nicht zur Herausgabe, sondern allenfalls zum Wertersatz verurteilt werden.[103]

34 b) § 144 gilt nur, soweit der Insolvenzschuldner (die Insolvenzmasse) selbst eine Schuldbefreiung oder **Gegenleistung** für die anfechtbare Rechtshandlung erlangt hat. Der Einzelrechtsnachfolger kann deshalb nicht verlangen, dass der Anfechtende eine Gegenleistung, die der Rechtsnachfolger (Anfechtungsgegner) an seinen unmittelbaren Vorgänger erbracht hatte, aus der Insolvenzmasse – oder privatem Vermögen des Anfechtenden – erstattet.[104]

35 Der Rechtsnachfolger vermag sich wegen einer von ihm erbrachten Gegenleistung **nur an** seinen eigenen Rechts**vorgänger** zu halten. Dessen Haftung kommt gem. allgemeinen Vorschriften – insbesondere §§ 439, 523, 280 BGB – in Betracht. Für eine entsprechende Anwendung des § 144 Abs. 2 ihm gegenüber besteht kein Bedürfnis und fehlt die rechtliche Grundlage, weil diese Vorschrift die Rückerstattungspflicht allein der Insolvenzmasse in verallgemeinernder, der besonderen Ausprägung des Insolvenzrechts angepasster Weise regelt.[105] Für das Verhältnis zwischen Rechtsvorgänger und -nachfolger ist es dagegen sachnäher, auf ihre individuellen Absprachen abzustellen.

36 2. Geltendmachung. a) **Anfechtungsfristen.** Versteht man § 145 Abs. 1 und 2 als eigenständige Anfechtungstatbestände, die einen gesonderten Anfechtungsanspruch gegen den Rechtsnachfolger auslösen,[106] muss gegen Rechtsvorgänger und -nachfolger grundsätzlich jeweils **selbständig** angefochten werden.[107] Zugleich sollte die Neugestaltung der Anfechtungsfrist als eine Verjährungsfrist durch § 146 Abs. 1 Anlass geben, den Anfechtungsanspruch gegen jeden Rechtsnachfolger grundsätzlich einer selbständigen Verjährung zu unterstellen (vgl. § 146 RdNr. 7). Dies hat zur Folge, dass auch die Verjährung gegen Rechtsnachfolger nach Maßgabe des § 199 BGB individuell beginnt (s. u. § 146 RdNr. 8 a, 8 b) und getrennt gehemmt oder „unterbrochen" werden muss. Der Ablauf der Anfechtungsfrist gegenüber dem Vorgänger wirkt nicht ohne weiteres zugunsten des Nachfolgers, weil § 199 Abs. 1 Nr. 2 BGB auch die **Kenntnis** oder Erkennbarkeit der jeweils zugrunde liegenden Umstände maßgeblich sein lässt; eine automatische Gleichsetzung des Fristbeginns gegenüber unterschiedlichen Anfechtungsgegnern ist damit nicht vereinbar.[108] Jedenfalls seit der individuelle Beginn der Verjährungsfristen allgemein eingeführt worden ist, besteht auch kein Vertrauensschutz auf einen einheitlichen Fristablauf für alle Anfechtungsgegner mehr. Die Anfechtungsklage gegen den Rechtsvorgänger unterbricht also nicht die Verjährungs-

---

[101] *Kübler/Prütting/Paulus* § 145 RdNr. 16; vgl. BGH NJW 1970, 44, 45 f.
[102] Vgl. BGH NJW-RR 1986, 991, 993 f.; RGZ 27, 21, 23; RG Gruchot 27 (1883), 1140, 1141; Gruchot 36 (1892), 464, 466; *Uhlenbruck/Kuhn* § 40 RdNr. 10. Nach RGZ 27, 21, 24 darf der Rechtsvorgänger allerdings nicht gleichzeitig auf Rückgewähr in Natur und Wertersatz verurteilt werden.
[103] BGH NJW-RR 1986, 991, 993; HambKomm-*Rogge* § 145 RdNr. 23; *Jaeger/Henckel,* KO § 40 RdNr. 62.
[104] HambKomm-*Rogge* § 145 RdNr. 24; *Jaeger/Henckel,* KO § 38 RdNr. 17, § 40 RdNr. 63. Ergänzend s. o. RdNr. 26.
[105] *Kübler/Prütting/Paulus* § 145 RdNr. 17; *Uhlenbruck/Hirte* § 145 RdNr. 16; *Jaeger/Henckel,* KO § 40 RdNr. 63 aE. Dagegen wollen FK-*Dauernheim* § 145 RdNr. 21 u. *Kilger/K. Schmidt* § 40 KO Anm. 9 aE den § 144 Abs. 2 (§ 39 KO) entsprechend anwenden. *Nerlich* (Fn. 16) § 145 RdNr. 24 lässt die Rechtsgrundlage offen.
[106] So auch BGHZ 130, 314, 320 = NJW 1995, 2846, 2847; *Eckardt* S. 112 ff., 385.
[107] Vgl. BGH WM 1955, 1195; *Uhlenbruck/Hirte* § 145 RdNr. 12.
[108] AM HambKomm-*Rogge* § 145 RdNr. 27 und zur früheren Fassung des § 146 Abs. 1 noch *Gerhardt* S. 129 f.

frist gegenüber dem Einzelrechtsnachfolger.[109] Insoweit unterscheidet sich die Rechtslage grundlegend von derjenigen bei §§ 7 Abs. 1, 15 AnfG nF. Umgekehrt kommt dem Rechtsnachfolger auch nicht eine gegenüber dem Vorgänger etwa abgelaufene Verjährungsfrist zugute.[110]

§ 198 BGB ist auf den Anfechtungsanspruch gegen Einzelrechtsnachfolger nicht anzuwenden, ohne dass es auf den Theorienstreit über eine dingliche Rechtsnatur der Anfechtung (vgl. dazu vor §§ 129 Rdnr 12 ff.) ankäme. Denn § 198 BGB knüpft an den Umstand an, dass der Nachfolger im Besitz **an die Stelle** des früheren Besitzers tritt,[111] dessen Besitzzeit dem späteren Besitzer folglich ausnahmsweise zugerechnet werden kann. Dagegen haftet der Rechtsnachfolger i. S. v. § 145 Abs. 2 InsO selbständig und **neben** dem Vorgänger (s. o. RdNr. 32). Schon dieser Umstand schränkt die Verkehrsfähigkeit der anfechtbar weggegebenen Sache stärker ein als § 198 BGB für seinen Anwendungsbereich voraussetzt. Im Übrigen sind die durch diese Norm verkürzten Verjährungsfristen für dingliche Ansprüche ohnehin durchweg erheblich länger (vgl. § 197 BGB) als die regelmäßige des § 199 BGB. Als Ausgleich kann sich der Nachfolger ggf. an seinen Vorgänger halten (s. o. RdNr. 35).

Nur soweit ein Gesamtrechtsnachfolger i. S. v. § 145 Abs. 1 ohne weiteres und in vollem Umfang an die Stelle des Vorgängers tritt – insbesondere also im Wege der Erbfolge oder gesellschaftsrechtlichen Umwandlung –, kann auf die gegen den Vorgänger ablaufende Frist abgestellt werden. Das gilt für den Fristbeginn wie für eine Hemmung oder Unterbrechung des Fristablaufs. Gegenüber jedem Rechtnachfolger kann die Anfechtbarkeit gem. § 146 Abs. 2 ggf. einredeweise unbefristet geltend gemacht werden.[112]

b) Ersterwerber und Rechtsnachfolger können getrennt an ihren jeweiligen Gerichtsständen **verklagt** werden.[113] Sie sind nicht notwendige Streitgenossen i. S. v. § 62 ZPO.[114] Wurde eine Anfechtungsklage zunächst auf einen mittelbaren Erwerb des Anfechtungsgegners durch eine anfechtbare Rechtshandlung des Insolvenzschuldners selbst gestützt, später aber auf einen Erwerb im Wege der Rechtsnachfolge gem. § 145, liegt darin eine Klageänderung i. S. v. §§ 263, 264 ZPO – nur –, wenn die neue Erwerbsart zugleich auf einem anderen Lebenssachverhalt beruht; die unterschiedliche rechtliche Beurteilung eines im Kern gleichgebliebenen Sachverhalts allein begründet hingegen keine Klageänderung.[115] Tritt Einzelrechtsnachfolge nach Rechtshängigkeit eines Anfechtungsprozesses ein, ist § 265 ZPO nicht anzuwenden, weil der rechtshängig gewordene Anfechtungsanspruch gegen den Vorgänger nicht identisch mit demjenigen gegen den Rechtsnachfolger ist.[116] Nur der Gesamtrechtsnachfolger, der nach allgemeinen Recht umfassend an die Stelle des Vorgängers tritt (s. o. RdNr. 36), wird auch in einen anhängigen Anfechtungsrechtsstreit einbezogen.

---

[109] Ebenso HK-*Kreft* § 145 RdNr. 9; *Uhlenbruck/Hirte* § 145 RdNr. 25; HambKomm-*Rogge* § 145 RdNr. 27; *Jaeger/Henckel*, KO § 41 RdNr. 40; *Eckardt* S. 385; *Gerhardt* S. 120 f.; *König* RdNr. 17/53 Fn. 140; aM zu § 40 Abs. 2 KO BGH NJW 1980, 226; OLG Düsseldorf ZIP 1996, 185, 187.
[110] So wohl auch HK-*Kreft* § 145 RdNr. 9; *Uhlenbruck/Hirte* § 145 RdNr. 23; aM *Gottwald/Huber* (Fn. 4) § 51 RdNr. 67; zur früheren Fassung des § 146 Abs. 1 *Gerhardt* S. 130 f.; zu § 40 Abs. 2 KO *Kilger/ K. Schmidt* § 40 Anm. 5. BGH ZIP 1996, 184 ließ diese Frage offen. Die von RGZ 103, 113, 121 f. entschiedene Rechtslage ist nicht mit derjenigen der Insolvenzanfechtung vergleichbar.
[111] MünchKommBGB-*Grothe* § 221 RdNr. 1; RGRK-*Johannsen* § 221 RdNr. 1; *Staudinger/Peters* § 198 RdNr. 2; *Palandt/Heinrichs* § 198 RdNr. 1.
[112] HambKomm-*Rogge* § 145 RdNr. 25.
[113] *Jaeger/Henckel*, KO § 40 RdNr. 65; vgl. OLG Bamberg LZ 1914, 1772 f.
[114] RG Gruchot 27 (1883), 1140, 1141 f.; HambKomm-*Rogge* § 145 RdNr. 26; *Jaeger/Henckel*, KO § 40 RdNr. 64.
[115] HK-*Kreft* § 145 RdNr. 13; HambKomm-*Rogge* § 145 RdNr. 26. Allgemein für eine Klageänderung – und damit zu weitgehend – *Nerlich* (Fn. 16) § 145 RdNr. 26; *Kilger/K. Schmidt* § 40 KO Anm. 10; *Uhlenbruck/Hirte* § 145 RdNr. 3. In dem von RGZ 120, 189, 191 entschiedenen Fall waren dagegen auch die maßgeblichen Tatsachen erst nachträglich in den Prozess eingeführt worden. Allgemein gegen jede Klageänderung *Jaeger/Henckel*, KO § 40 RdNr. 66.
[116] HambKomm-*Rogge* § 145 RdNr. 26; *Jaeger/Henckel*, KO § 40 RdNr. 67; *Gerhardt* S. 132 ff.; *Mauer* RdNr. 255; iE auch *Uhlenbruck/Hirte* § 145 RdNr. 24.

39 Da § 265 ZPO nicht eingreift (s. oben RdNr. 38), kann das gegen den Vorgänger ergangene Urteil nicht nach Maßgabe der §§ 325, 727 ZPO gegen den Einzelrechtsnachfolger umgeschrieben werden.[117] Die **Rechtskraft** der Entscheidung im Anfechtungsprozess gegen den Ersterwerber bindet nicht den Einzelrechtsnachfolger i. S. v. § 145 Abs. 2;[118] umgekehrt wirkt die Klageabweisung gegenüber dem Vorgänger auch nicht zugunsten des Einzelrechtsnachfolgers.[119] Erst recht wirkt die Verurteilung zur Rückgewähr gegen einen Anfechtungsgegner nicht zugleich gegenüber Mitschuldnern. Nur der Gesamtrechtsnachfolger, der in vollem Umfang an die Stelle seines Vorgängers tritt (s. o. RdNr. 37), muss gemäß allgemeinen Regeln ein gegen diesen ergangenes Urteil gegen sich gelten lassen.

VII. Beweislast

40 Der Insolvenzverwalter hat **sowohl** für **Abs. 1** als auch für **Abs. 2** die Anfechtbarkeit gegenüber allen Rechtsvorgängern zu beweisen;[120] hierbei kommen ihm etwaige Beweiserleichterungen aus den jeweiligen Anfechtungstatbeständen auch gegenüber dem Rechtsnachfolger zugute (s. o. RdNr. 26, 27). Ferner obliegt dem Anfechtenden die Beweislast für die Voraussetzungen einer Rechtsnachfolge.[121]

41 Speziell für eine Anfechtung gem. **Abs. 2** hat der Insolvenzverwalter den Eintritt einer Gläubigerbenachteiligung (s. o. RdNr. 24) zu beweisen. Stützt er sich auf **Nr. 1**, hat er auch die erforderliche Kenntnis des Rechtsnachfolgers zu beweisen.[122] Ficht er nach **Nr. 3** an, muss er die Unentgeltlichkeit des maßgeblichen Erwerbs (s. o. RdNr. 28) beweisen;[123] dagegen obliegt es im Hinblick auf die Fassung des § 134 Abs. 1 dem Rechtsnachfolger, die gesetzliche Vermutung zu widerlegen, dass die Leistung innerhalb von vier Jahren vor dem Eröffnungsantrag vorgenommen wurde.[124] Für eine Anwendung der **Nr. 2** hat der Anfechtende das Näheverhältnis des Rechtsnachfolgers im maßgeblichen Zeitpunkt zu beweisen;[125] demgegenüber obliegt dem Anfechtungsgegner die Beweislast dafür, dass er die ihm schädliche Kenntnis im Erwerbszeitpunkt nicht hatte.[126]

§ 146 Verjährung des Anfechtungsanspruchs

(1) Der Anfechtungsanspruch verjährt in zwei Jahren seit der Eröffnung des Insolvenzverfahrens.

(2) Auch wenn der Anfechtungsanspruch verjährt ist, kann der Insolvenzverwalter die Erfüllung einer Leistungspflicht verweigern, die auf einer anfechtbaren Handlung beruht.

Schrifttum: *H. Roth,* Die Einrede des bürgerlichen Rechts, München, 1988.

---

[117] OLG Köln ZIP 1991, 1369, 1371; HK-*Kreft* § 145 RdNr. 13; HambKomm-*Rogge* § 145 RdNr. 26; *Jaeger/Henckel,* KO § 40 RdNr. 67; *Kilger/K. Schmidt* § 40 KO Anm. 9.
[118] RGZ 103, 113, 120 f.; RG LZ 1908, 786, 787; OLG Düsseldorf ZIP 1996, 185, 187; HK-*Kreft* § 145 RdNr. 13; *Jaeger/Henckel,* KO § 40 RdNr. 68; *Kilger/K. Schmidt* § 40 KO Anm. 9; *Uhlenbruck/Hirte* § 145 RdNr. 17, 24; *Gerhardt* S. 132 f.
[119] *Jaeger/Henckel,* KO § 40 RdNr. 69; wohl auch *Uhlenbruck/Hirte* § 145 RdNr. 17.
[120] *Uhlenbruck/Hirte* § 145 RdNr. 30.
[121] *Kübler/Prütting/Paulus* § 145 RdNr. 18; *Nerlich* (Fn. 16) § 145 RdNr. 27; vgl. HK-*Kreft* § 145 RdNr. 10; *Uhlenbruck/Hirte* § 145 RdNr. 34.
[122] BGH WM 1969, 98, 100; FK-*Dauernheim* § 145 RdNr. 15; HambKomm-*Rogge* § 145 RdNr. 28; *Jaeger/Henckel,* KO § 40 RdNr. 50; *Uhlenbruck/Hirte* § 145 RdNr. 31; vgl. RGZ 74, 181, 182 zu § 11 Abs. 2 AnfG aF; RGZ 103, 113, 117. Ergänzend s. o. RdNr. 25.
[123] BGH, Beschl. v. 21. 9. 1999 – IX ZR 37/98; HK-*Kreft* § 145 RdNr. 12; *Uhlenbruck/Hirte* § 145 RdNr. 33; *Smid/Zeuner* § 145 RdNr. 13 aE; HambKomm-*Rogge* § 145 RdNr. 28; vgl. BGH NJW 2002, 1342, 1343.
[124] HambKomm-*Rogge* § 145 RdNr. 29.
[125] *Kübler/Prütting/Paulus* § 145 RdNr. 18; *Uhlenbruck/Hirte* § 145 RdNr. 32; HambKomm-*Rogge* § 145 RdNr. 28. Ergänzend s. o. RdNr. 28.
[126] RGZ 71, 353, 354; 103, 113, 117 f.; *Kübler/Prütting/Paulus* § 145 RdNr. 29; HambKomm-*Rogge* § 145 RdNr. 29; *Andres/Leithaus* § 145 RdNr. 7; vgl. BGH NJW 2002, 1342, 1343 f.; RG Recht 1923 Nr. 230; OLG Düsseldorf NJW-RR 1990, 576; HK-*Kreft* § 145 RdNr. 11. Ergänzend s. o. RdNr. 28.

Übersicht

	RdNr.		RdNr.
I. Normzweck	1	4. Neubeginn der Verjährung	26
II. Entstehungsgeschichte	2	5. Unzulässige Geltendmachung (§ 242 BGB)	28
III. Anwendungsbereich	5	V. Prozessuale Durchsetzung des Anfechtungsrechts	30
1. Anfechtungsanspruch	5	1. Rechtsweg und Zuständigkeit	30
2. Anfechtungstatbestände	7	a) Rechtsweg	30
IV. Verjährungsfrist gem. Abs. 1	8	b) Örtliche Zuständigkeit	31
1. Berechnung	8	c) Sachliche Zuständigkeit	35
a) Fristbeginn	8	d) Zuständigkeitsvereinbarungen	37
b) Fristende	8 e	2. Gestaltung des Anfechtungsrechtsstreits	39
c) Frist bei Aufrechnungslage	9	a) Klagearten	39
2. Wirkungen der Verjährung	10	b) Prozesskostenhilfe	41
3. Hemmung der Verjährung	12	c) Folgen der Rechtshängigkeit	42
a) Verhandlungen	13	d) Entscheidung	43
b) Rechtsverfolgung	14	3. Sicherung des Anfechtungsrechts	44
aa) Klage	15	VI. Anfechtungseinrede (Abs. 2)	45
bb) Mahnbescheid	16	1. Voraussetzungen	46
cc) Güteantrag	17	a) Verweigerung einer Leistungspflicht	46
dd) Aufrechnung	18	b) Aufgrund anfechtbarer Handlung	48
ee) Streitverkündung	19	2. Ausübung des Leistungsverweigerungsrechts	51
ff) Arrest, einstweilige Verfügung	20	3. Wirkungen der Einrede	52
gg) Anmeldung im Insolvenzverfahren	21	VII. Beweisfragen	58
hh) Schiedsrichterliches Verfahren	21 a		
ii) Gerichtsstandsbestimmung	21 b		
jj) Prozesskostenhilfe	22		
c) Leistungsverweigerungsrecht, höhere Gewalt	23		
d) Verwalterwechsel, Nachlassfälle	24		
e) Keine Hemmung durch Einrede	25		

I. Normzweck

Die Norm begrenzt die Durchsetzung des Anfechtungsrechts zeitlich. Sie dient einerseits 1 dem Schutz der Anfechtungsgegner vor einer unzumutbar langen Inanspruchnahme.[1] Abs. 1 sichert zudem im allgemeinen Interesse das Vertrauen auch Dritter und den Rechtsfrieden, indem verhindert wird, dass ein anfechtbar weggegebener Gegenstand dem Rechtsverkehr auf zu lange Dauer nur eingeschränkt zur Verfügung steht.[2] Demgegenüber gewährt Abs. 2 aus Billigkeitsgründen zum Schutz der Insolvenzmasse[3] ein unverjährbares Leistungsverweigerungsrecht, soweit sie durch die anfechtbare Handlung noch nicht verkürzt ist; insoweit gleicht die Regelung denjenigen der §§ 215, 438 Abs. 4 Satz 2 und Abs. 5, 821, 853, 2083 sowie 2345 Abs. 1 Satz 2 und Abs. 2 BGB.

II. Entstehungsgeschichte

Abs. 1 gestaltet § 41 Abs. 1 KO grundlegend um. Die nach der letztgenannten Vorschrift 2 bestehende, einjährige Ausschlussfrist für die Ausübung des Anfechtungsrechts wurde zunächst durch eine zweijährige Verjährungsfrist ersetzt.[4] Diese fand in allen Insolvenzverfahren, die nach dem 31. Dezember 1998 beantragt wurden, auch dann Anwendung, wenn die

---

[1] BGHZ 59, 353, 354 = NJW 1973, 100, 101; BGHZ 66, 215, 216 = NJW 1976, 1404; vgl. *Kübler/Prütting/Paulus* § 146 RdNr. 1; *Jaeger/Henckel*, KO § 41 RdNr. 2; *Baur/Stürner* RdNr. 20.15.
[2] *Nerlich* in: *Nerlich/Römermann* § 146 RdNr. 2; vgl. BGH WM 1970, 756, 757; LAG München BB 1987, 194, 195.
[3] HK-*Kreft* § 146 RdNr. 13; *Eckardt*, Anfechtungsklage S. 63 ff.; *Kilger/K. Schmidt* § 41 KO Anm. 7; *Baur/Stürner* RdNr. 20.22; vgl. BGH WM 1970, 756, 757.
[4] Dagegen bleiben die in § 7 AnfG bezeichneten Fristen materiell-rechtliche Ausschlussfristen.

§ 146 3–5   3. Teil. 3. Abschnitt. Insolvenzanfechtung

rechtlichen Wirkungen der anfechtbaren Rechtshandlung schon vor dem 1. Januar 1999 eingetreten waren.[5] Sodann glich Art. 5 Nr. 3 des Gesetzes zur Anpassung der Verjährungsvorschriften an das Gesetz zur Modernisierung des Schuldrechts vom 9. 12. 2004[6] diese Verjährungsfrist der regelmäßigen dreijährigen Frist nach § 195 BGB an. Infolge des Eingreifens aller verjährungsrechtlichen Möglichkeiten der Hemmung und des Neubeginns (s. u. RdNr. 13 ff.) kann die neue Anfechtungsfrist im Ergebnis noch wesentlich weiter erstreckt werden. Andererseits war die früher in § 41 Abs. 1 Satz 3 KO vorgesehene, längst-mögliche Anfechtungsfrist von 30 Jahren schon mit Inkrafttreten der Insolvenzordnung auf 10 Jahre verkürzt worden; dies wurde jedoch in die speziellen Anfechtungstatbestände (§ 133 Abs. 1 Satz 1, § 135 Nr. 1) übernommen, für welche die Frist der Sache nach in Betracht kommt.

3   Für die *Überleitung* verweist Art. 229 § 12 Abs. 1 Satz 1 Nr. 4 EGBGB auf § 6 dieses Artikels in zeitlich aktualisierter Form. Danach finden die neuen Verjährungsregeln zwar Anwendung auf alle Ansprüche, die bis zum 15. Dezember 2004 noch nicht verjährt waren (§ 6 Abs. 1 Satz 1). Für die zu diesem Zeitpunkt schon laufenden Anfechtungsfristen bleibt es jedoch gem. Art. 229 § 6 Abs. 3 bei der kürzeren früheren Dauer. Im Ergebnis wirkt sich die Neuregelung danach nur zugunsten von Anfechtungsansprüchen aus Insolvenzverfahren aus, die ab 15. Dezember 2004 eröffnet worden sind.[7]

4   **Abs. 2** erweitert zwar § 41 Abs. 2 KO dem Wortlaut nach geringfügig. Demgegenüber hatte die Kommission für Insolvenzrecht vorgeschlagen, die Geltendmachung der Anfechtbarkeit durch Einrede allgemein erweiternd auch nach Ablauf der Verjährungsfrist zuzulassen.[8] Statt dessen soll die Gesetz gewordene Fassung das Leistungsverweigerungsrecht des Insolvenzverwalters lediglich „in vorsichtiger Weise" erweitern,[9] indem sie einen bloß mittelbaren Zusammenhang zwischen anfechtbarer Handlung und einer Leistungspflicht jeder Art genügen lässt, die auch erst nach der Insolvenzeröffnung entstanden sein kann. Damit wurde aber lediglich die insoweit zu § 41 Abs. 2 KO schon herrschende Meinung[10] „verdeutlicht". Die Norm wurde im Gesetzgebungsverfahren rein sprachlich angepasst.

III. Anwendungsbereich

5   **1. Anfechtungsanspruch.** Der Verjährung unterliegt der „Anfechtungsanspruch"; dieser Wortlaut entspricht § 194 Abs. 1 BGB. Allerdings hat die Ausübung des Anfechtungsrechts nicht immer einen Anspruch zur Folge, sondern sie kann auch unmittelbar **gestaltend** Rechtsveränderungen auslösen (s. o. § 143 RdNr. 3). Insbesondere soweit eine anfechtbar begründete *Aufrechnung* nach § 96 Abs. 1 Nr. 3 insolvenzrechtlich unwirksam ist, soll die danach fortbestehende Hauptforderung der Insolvenzmasse – sowohl zu ihren Gunsten als auch zu ihren Lasten – ebenfalls der Verjährung entsprechend § 146 Abs. 1 unterliegen.[11] Im Übrigen wird eine rechtsgestaltende Wirkung der Anfechtung oft bewirken, dass der Insolvenzverwalter sie gem. Abs. 2 einredeweise – und damit unbefristet – geltend machen kann. Soweit das nicht der Fall ist, vielmehr die Anfechtung angriffsweise durchgesetzt werden muss, gilt auch für derartige Rechtsfolgen die Frist des § 146 Abs. 1 wenigstens entsprechend.[12] Dessen Formulierung erklärt sich daraus, dass sie an den häufigsten Fall der Anfechtungswirkung anknüpft.[13] Sie sollte aber nicht ausdrücken, dass unmittelbare Wirkungen der Anfechtung stets zeitlich unbegrenzt durchgesetzt werden können; dies

---

[5] BGH ZInsO 2007, 31 f.
[6] BGBl I S. 3214; dazu Amtliche Begründung in BT-Drucks. 15/3653.
[7] *HK-Kreft* § 146 RdNr. 6; *HambKomm-Rogge* § 145 RdNr. 4; *Andres/Leithaus* § 146 RdNr. 5; *Huber* ZInsO 2005, 190, 191.
[8] 1. KommBer. Leits. 5.15 Satz 2 und zur Begründung S. 432.
[9] RegE S. 169 zu § 165 Abs. 3.
[10] Vgl. BGHZ 30, 238, 239 = NJW 1959, 1539; BGHZ 30, 248, 254 = NJW 1959, 1874, 1876; *Kilger/ K. Schmidt* § 41 KO Anm. 8; *Uhlenbruck/Kuhn* § 41 RdNr. 12 b.
[11] BGH ZInsO 2006, 1215, 1217, z. V. b. in BGHZ; ZInsO 2007, 813, 814; *Kreft* WuB VI A. § 96 InsO 3.05; *Zenker* ZInsO 2006, 142 ff.; *Henkel* NZI 2007, 84, 88 ff.; vgl. *Rauhut* WuB VI A. § 146 InsO 2.07.
[12] *Allgayer* RdNr. 712 ff.
[13] Vgl. RegE S. 168 f. zu § 165 Abs. 1.

widerspräche dem Befriedungszweck der Norm (s. o. RdNr. 1). Auf derartige Wirkungen sind die bürgerlich-rechtlichen Verjährungsnormen sinngemäß anzuwenden. Dagegen enthält § 146 eine abschließende zeitliche Begrenzung des Anfechtungsrechts; dieses unterliegt insbesondere nicht etwa zusätzlich arbeits-, tarif- oder speditionsrechtlichen Verfallklauseln oder Ausschlussfristen.[14]

Die Verjährungsfrist des § 146 Abs. 1 greift **nicht** ein, wenn der Insolvenzverwalter sich mit dem Anfechtungsgegner über die Rückgewähr **vertraglich** geeinigt hat. Denn dann beruht die Pflicht des Anfechtungsgegners auf einem neuen, selbständigen Rechtsgrund;[15] eines Rückgriffs auf § 242 BGB (dazu s. u. RdNr. 28, 29) bedarf es hierfür nicht. § 146 ist ferner nicht anzuwenden, soweit die vom Insolvenzverwalter angestrebte Rechtsfolge auch auf andere Anspruchsgrundlagen gestützt werden kann (s. o. vor § 129 RdNr. 86 ff.); dafür gelten jeweils die eigenständigen Verjährungsvorschriften,[16] doch werden sich nach der allgemeinen Anpassung von Verjährungsvorschriften an die schuldrechtlichen durchweg allenfalls noch geringfügige Unterschiede ergeben

2. Anfechtungstatbestände. Die Verjährungsfrist des § 146 gilt für **alle** Anfechtungstatbestände der Insolvenzordnung.[17] Sie greift auch für die Anfechtung gem. § 145 gegenüber **Rechtsnachfolgern** ein (vgl. RdNr. 8 a, 8 b, § 145 RdNr. 36). Da § 145 einen selbständigen Anfechtungstatbestand darstellt, kann die Anfechtung gegenüber dem Rechtsnachfolger grundsätzlich auch dann wirksam geltend gemacht werden, wenn sie gegenüber dem Vorgänger nicht ausgeübt wird; umgekehrt hemmt die Anfechtung gegen den Vormann nicht die Verjährung gegenüber dem Einzelrechtsnachfolger.[18] In verjährungsrechtlicher Hinsicht wird das Schicksal des anfechtbar weggegebenen Gegenstands vom Vorerwerb gelöst.

IV. Verjährungsfrist gem. Abs. 1

1. Berechnung. a) Die dreijährige Regelfrist des § 195 BGB **beginnt** nach § 199 Abs. 1 Nr. 1 BGB *frühestens* mit dem Schluss desjenigen Jahres, in dem das **Insolvenzverfahren eröffnet** wurde. Denn vorher kann der Anspruch nicht als ein Recht der Insolvenzmasse – im Gegensatz zur Anfechtung durch Einzelgläubiger (§ 7 AnfG) – entstehen.[19] Wegen des Eröffnungszeitpunkts ist auf den im Eröffnungsbeschluss bezeichneten Tag (vgl. § 27 Abs. 2 Nr. 3 oder Abs. 3) abzustellen.[20] Auf die Streitfrage, ob ein auf null Uhr eines Tages datierter Eröffnungsbeschluss den Anfang oder das Ende dieses Tages bezeichnet,[21] kann es nur noch ankommen, wenn dies der 1. Januar ist; dann sollte jedenfalls die Tagesangabe entscheiden.[22] Wann der Eröffnungsbeschluss rechtskräftig geworden ist, ist unerheblich.

Wurde die anfechtbare Rechtshandlung erst **nach** der **Insolvenzeröffnung** vorgenommen (§§ 140, 147), entsteht der Anfechtungsanspruch nicht vor diesem Zeitpunkt; die Verjährung beginnt frühestens an dem darauf folgenden Jahresende.[23] Für die Einzelrechts-

---

[14] BAG ZIP 2004, 229, 231; LAG Hamm ZIP 1998, 920, 921; OLG Brandenburg ZIP 1999, 1012, 1015; HK-*Kreft* § 146 RdNr. 6.
[15] *Jaeger/Henckel*, KO § 41 RdNr. 16.
[16] *Jaeger/Henckel*, KO § 41 RdNr. 8; vgl. BGH NJW 1984, 1559, 1560, insoweit nicht in BGHZ 90, 249 abgedr.
[17] Sie gilt allerdings nicht für solche des Anfechtungsgesetzes, s. o. Fn. 4.
[18] S. o. § 145 RdNr. 36, aber auch RdNr. 37 zur Ausnahme, wenn ein Gesamtrechtsnachfolger voll an die Stelle des Vorgängers tritt.
[19] HK-*Kreft* § 146 RdNr. 6; *Huber* ZInsO 2005, 190, 191. Ergänzend s. o. § 129 RdNr. 186, § 143 RdNr. 9.
[20] *Nerlich* (Fn. 2) § 146 RdNr. 5; vgl. BGH NJW-RR 2004, 1047, 1049 für falsche Datierungen.
[21] Zutreffend für null Uhr des bezeichneten Tages gem. § 187 Abs. 1 BGB: BGH NZI 2005, 225; Urt. v. 9. 2. 2006 – IX ZR 98/04; *Munz* ZInsO 2003, 602, 603; dagegen für 24 Uhr des Vortages gem. § 187 Abs. 2 BGB OLG Hamm, Beschl. v. 15. 3. 2002 – 19 W 14/02; *Onusseit* ZInsO 2003, 404, 405.
[22] Vgl. *Kreft* WuB VI A. § 146 InsO 1.05.
[23] BT-Drucks. 15/3653 S. 15 zu Nr. 4; ergänzend s. u. § 147 RdNr. 17.

nachfolge nach Insolvenzeröfffnung bedarf es keiner Sonderregelung mehr, nachdem für den Fristbeginn auch die Kenntnis des Insolvenzverwalters von der Person des Rechtsnachfolgers vorausgesetzt wird (vgl. RdNr. 8 b, § 145 RdNr. 36).

8 b   Erlangt der Insolvenzverwalter als der die Anfechtung ausübende „Gläubiger" **Kenntnis** i. S. v. § 199 Abs. 1 Nr. 2 BGB vom tatsächlichen Vorliegen der Anfechtungsvoraussetzung und von der Person des Anfechtungsgegners[24] – wie oft – erst nach dem Eröffnungsbeschluss, so beginnt die Frist erst mit dem Jahresende ab Kenntniserlangung. Auch ein etwaiger (Gesamt- wie Einzel-)Rechtsnachfolger muss als Person bekannt sein, ehe die Verjährungsfrist beginnen kann. Ein bloßer *Rechtsirrtum* – insbesondere fehlende Rechtskenntnis oder eine unzutreffende rechtliche Bewertung durch den Insolvenzverwalter – hindert dagegen grundsätzlich *nicht* den früheren Fristbeginn.[25] Der Kenntnis steht die **grob fahrlässige Unkenntnis** der *tatsächlichen* Anfechtungsvoraussetzungen gleich. Sie setzt eine besonders schwere, auch subjektiv vorwerfbare Vernachlässigung der Ermittlungspflichten des Insolvenzverwalters voraus. Grobe Fahrlässigkeit kann insbesondere vorliegen, wenn der Verwalter einem sich aufdrängenden Verdacht nicht nachgeht oder auf der Hand liegende, Erfolg versprechende Erkenntnismöglichkeiten nicht ausnutzt oder sich die Kenntnis in zumutbarer Weise ohne nennenswerte Mühen und Kosten beschaffen könnte.[26] Ohne solche Anhaltspunkte begründet § 199 Abs. 1 Nr. 2 BGB aber keine Ermittlungsobliegenheit;[27] demtentsprechend kann auch eine Verletzung der Amtspflicht des Insolvenzverwalters zur Aufklärung möglicher Masseansprüchen (§ 148 Abs. 1) nur unter verschärften Voraussetzungen den Verjährungsbeginn auslösen. *Gegen* grobe Fahrlässigkeit wird es insbesondere sprechen, wenn ein Sicherungsnehmer ein anfechtbar erlangtes Sicherungsrecht entgegen § 28 Abs. 2 nicht anzeigt oder wenn der Sitz einer Gesellschaft zur unbemerkten Liquidation kurz zuvor verlegt worden ist.[28]

8 c   Eine Kenntnis des Insolvenz**schuldners** ist dem Insolvenzverwalter **nicht** ohne weiteres **zuzurechnen.**[29] Denn der Verwalter ist nicht persönlich Rechtsnachfolger des Schuldners; diese Frage ist nicht mit der anders gearteten gleichzusetzen, ob die Insolvenzmasse als solche wie eine Gesamtrechtsnachfolgerin für die Verbindlichkeiten des Schuldners haftet (s. o. § 145 RdNr. 15). Statt dessen geht es im vorliegenden Zusammenhang allein um eine *Wissenszurechnung*. Gem. § 97 Abs. 1 ist der Schuldner zwar verpflichtet, unter anderem dem Insolvenzverwalter über alle das Verfahren betreffenden Verhältnisse Auskunft zu geben. Diese Pflicht erfüllen aber Insolvenzschuldner erfahrungsgemäß oft nicht, vor allem nicht gegen solche Leistungsempfänger, von denen sie Vorteile für sich selbst erwarten. Buchhaltungsunterlagen fehlen häufig. Hat der Schuldner sich abgesetzt, entfällt meist jede persönliche Unterrichtung. Sogar gegen einen anwesenden, aber nicht zur Zusammenarbeit bereiten Schuldner sind Aufklärungsversuche oft langwierig und von zweifelhaftem Erfolg: Gezielte Fragen vermag der Verwalter erst zu stellen, wenn er wenigstens einen Anfangsverdacht hat. Hiervon hängt die Durchsetzung einer Auskunftspflicht nach Maßgabe des § 98 ab; sie ist zudem schwerfällig. Ferner kann der Insolvenzverwalter nicht einem Abtretungsempfänger gleichgestellt werden, der ein Recht vom Schuldner erworben hat und sich deswegen die Kenntnis des Abtretenden zurechnen lassen muss.[30] Diese Zurechnung beruht darauf, dass das Forderungsrecht selbst vertraglich oder als Ausgleich für eine gesetzliche Leistung auf einen neuen Inhaber übergeht. Im Gegensatz dazu übernimmt der Insolvenz-

---

[24] Vgl. zu diesen Voraussetzungen BGHZ 122, 317, 324 f. = NJW 1993, 2303, 2305; BGH NJW 1998, 988 f.; 2000, 1498, 1499 f.; *Staudinger/Peters* § 199 RdNr. 45 f., 48; *Erman/Schmidt-Räntsch* § 199 RdNr. 18; *Palandt/Heinrichs* § 199 RdNr. 26 f.
[25] Vgl. BGH VersR 1972, 394, 395 f.; NJW 1996, 117, 118; *Staudinger/Peters* § 199 RdNr. 47; *Erman/Schmidt-Räntsch* § 199 RdNr. 18, 21 f.; *Palandt/Heinrichs* § 199 RdNr. 26.
[26] Vgl. BGH NJW 1999, 423, 424 f.; 2000, 953 f.; 2001, 1721, 1722; 2003, 288, 289; *Erman/Schmidt-Räntsch* § 199 RdNr. 19; *Palandt/Heinrichs* § 199 RdNr. 37.
[27] *Erman/Schmidt-Räntsch* § 199 RdNr. 20.
[28] Vgl. BGHZ 165, 343, 348 f. = NJW 2006, 908, 910.
[29] *Nerlich* (Fn. 2) § 146 RdNr. 6; aM HambKomm-*Rogge* § 146 RdNr. 3 aE.
[30] Vgl. hierzu BGH NJW 1996, 117, 118.

Verjährung des Anfechtungsanspruchs   8 d–10 § 146

verwalter kraft Gesetzes und gerichtlicher Bestellung nur die Vermögensverwaltung; das Anfechtungsrecht steht ihm originär im Interesse der Gläubiger zu (s. o. § 129 RdNr. 191, 195, 197). Der typische Interessenkonflikt zwischen dem Insolvenzschuldner einerseits und den benachteiligten Insolvenzgläubigern andererseits bei der Anfechtung (s. o. vor § 129 RdNr. 2) schließt eine Wissenszurechnung aus. Verjährungsrechtlich entspricht der Insolvenzverwalter eher dem gesetzlichen Vertreter eines beschränkt Geschäftsfähigen; hierbei entscheidet allein die Kenntnis des Vertreters.[31] Zudem ist speziell der Anfechtungsgegner hinsichtlich des Verjährungsbeginns nicht besonders schutzbedürftig, weil die meisten Anfechtungsnormen seine Kenntnis der Krise voraussetzen. Diese hat er dann zeitlich vor dem Insolvenzverwalter. Die Gegenmeinung müsste hingegen dazu führen, dass § 199 Abs. 1 Nr. 2 BGB meist entfallen würde, weil der Schuldner persönlich ganz überwiegend an anfechtbaren Handlungen beteiligt ist und diese kennt.

Nur in seltenen Ausnahmefällen wird die zehnjährige Höchstfrist des § 199 Abs. 4 BGB **8 d** ab Anspruchsentstehung eingreifen. Dazu kann es nur kommen, wenn dem Verwalter in einem immer noch laufenden Insolvenzverfahren – oder bei vorbehaltener nachträglicher Anfechtungsbefugnis (s. o. § 129 RdNr. 211) – die Anfechtungsmöglichkeit sechs bis sieben Jahre lang ohne grobe Fahrlässigkeit verborgen blieb.[32]

b) In jedem Falle **endet** die Frist des § 199 Abs. 1 BGB am 31. Dezember, 24 Uhr, des **8 e** dritten Jahres nach dem die Frist auslösenden Ereignis.[33] Die Anordnung einer Nachtragsverteilung (§ 203) setzt keine neue Frist in Gang.

c) Die Anfechtungsfrist läuft für jede anfechtbare Rechtshandlung gesondert.[34] Dagegen **9** kommt es – anders als nach § 41 Abs. 1 KO[35] – nicht mehr entscheidend auf den Zeitpunkt der Aufrechnungserklärung eines Gläubigers an.[36] Denn gem. § 96 Abs. 1 Nr. 3 ist dessen **Aufrechnung** ohne weiteres unwirksam, wenn die zugrundeliegende Aufrechnungslage anfechtbar erlangt war. Zur Wahrnehmung der Rechte der Insolvenzmasse durch den Verwalter in diesen Fällen s. u. RdNr. 46. Tritt der Insolvenzverwalter den Anfechtungsanspruch ab (s. o. § 129 RdNr. 214 ff.), wirkt eine von ihm veranlasste Hemmung der Verjährung auch zugunsten des Abtretungsempfängers.[37] Im Übrigen muss dieser selbst für eine Hemmung sorgen; die vorher verstrichene Frist wird ihm zugerechnet.[38]

2. Wirkungen. Die Wirkungen des Fristablaufs bestimmen sich nach § 214 BGB: Der **10** Eintritt der Verjährung ist nicht von Amts wegen, sondern nur auf **Einrede** zu beachten und begründet für die Zukunft ein **Leistungsverweigerungsrecht** des Anfechtungsgegners (§ 214 Abs. 1 BGB). Der Anfechtungsanspruch wird also nicht beseitigt, sondern bleibt erfüllbar.[39] Leistungen i. S. v. § 214 Abs. 2 BGB, die vor oder trotz Verjährung des Anfechtungsanspruchs erbracht wurden, können nicht zurückgefordert werden.[40] § 215 BGB nF verlängert die Wirkung eines verjährten Anfechtungsanspruchs als Grundlage für Aufrechnungen und Zurückbehaltungsrechte: Der Insolvenzverwalter kann auch mit einem verjährten Anfechtungsanspruch gegen die für sich insolvenzbeständige Forderung – insbesondere eine zur Masseverbindlichkeit gem. § 55 führende – eines Gläubigers aufrechnen, sofern die Aufrechnungslage schon während des Laufs der Anfechtungsfrist bestanden hat.[41]

---

[31] Vgl. BGH NJW 1989, 2323 f.; *Staudinger/Peters* § 199 RdNr. 43.
[32] Vgl. *Huber* ZInsO 2005, 190, 191.
[33] Vgl. *Palandt/Heinrichs* § 199 RdNr. 38.
[34] BGH NJW 1995, 1668, 1671; HambKomm-*Rogge* § 146 RdNr. 5; *Nerlich* (Fn. 2) § 146 RdNr. 9.
[35] Vgl. hierzu BGHZ 86, 349, 353 = NJW 1983, 1120 f.
[36] *Uhlenbruck/Hirte* § 146 RdNr. 2.
[37] HK-*Kreft* § 146 RdNr. 10; vgl. RGZ 163, 396, 398 f.; *Erman/Schmidt-Räntsch* § 209 RdNr. 4.
[38] HK-*Kreft* § 146 RdNr. 10; *Uhlenbruck/Hirte* § 146 RdNr. 6; vgl. *Staudinger/Peters* § 209 RdNr. 4.
[39] Vgl. BGH WM 1968, 1253 aE; NJW 1983, 392 f.
[40] BGH NJW 1973, 1690, 1691; zu § 41 KO auch schon *Jaeger/Henckel*, KO § 41 RdNr. 6.
[41] Vgl. HK-*Kreft* § 146 RdNr. 13; *Uhlenbruck/Hirte* § 146 RdNr. 14; HambKomm-*Rogge* § 146 RdNr. 7; *Homann* EWiR 2002, 75, 76. Das Urteil BGH NJW-RR 2001, 1337 f. ist für die jetzige Verjährungsregelung überholt, weil § 390 Satz 2 BGB aF nicht auf gesetzliche Ausschlussfristen wie die des § 10 Abs. 2 GesO anwendbar war. Zur Verjährungshemmung durch Prozessaufrechnung s. u. RdNr. 18.

§ 146 10a–14   3. Teil. 3. Abschnitt. Insolvenzanfechtung

10a   Die Verjährungsfrist kann – auch vor ihrem Ablauf – nach Maßgabe des § 202 BGB durch Vereinbarung des Anfechtungsgegners mit dem Insolvenzverwalter abweichend geregelt, insbesondere verlängert werden.[42] Dies mag zB nahe liegen, wenn beide Teile einig sind, aus Kostenersparnisgründen nur einen Teil des Anspruchs einzuklagen und die darüber ergehende Entscheidung auch für die Restforderung verbindlich sein zu lassen. Abreden des Anfechtungsgegners mit dem Insolvenzschuldner binden dagegen die Insolvenzmasse nicht (s. u. RdNr. 37). Gegenüber mehreren Anfechtungsschuldnern kann sich der Ablauf der Verjährungsfrist entsprechend § 425 BGB jeweils unterschiedlich entwickeln.[43] Die Verjährung des Anfechtungsanspruchs erfasst nach § 217 BGB auch dessen Nebenansprüche wie diejenigen auf Rückgewähr von Nutzungen.

11   Neben der regelmäßigen Verjährungsfrist ist zwar eine frühere Verwirkung des Anfechtungsanspruchs gem. § 242 nicht ausgeschlossen.[44] Sie tritt aber praktisch kaum ein; das bloße Untätigbleiben des Insolvenzverwalters genügt dafür in keinem Falle. Nach vollständigem Ablauf der Verjährungsfrist kann diese nicht mehr gehemmt werden oder neu beginnen.[45] Der Eintritt der insolvenzrechtlichen Verjährung nach § 146 Abs. 1 schließt es nicht aus, dass nach Aufhebung des Insolvenzverfahrens einzelne Gläubiger dieselbe Rechtshandlung gem. § 18 AnfG anfechten, sofern die dafür geltenden Fristen noch laufen.[46]

12   **3. Hemmung der Verjährung.** Da § 146 Abs. 1 eine echte Verjährungsfrist einführt, sind auch die §§ 203 bis 211 BGB über die Verjährungshemmung unmittelbar anwendbar.[47] Sie bewirkt gem. § 209 BGB, dass der **Zeitraum,** währenddessen die Verjährung gehemmt ist, in die Verjährungsfrist **nicht eingerechnet** wird. Nach dem Ende einer Hemmung läuft die Verjährungsfrist regelmäßig sofort weiter; die Ultimo-Regel des § 195 Abs. 1 BGB gilt dafür nicht.[48] Die wichtigsten Hemmungsgründe sind:

13   a) Gemäß § 203 BGB hemmt das Schweben von **Verhandlungen** zwischen dem Insolvenzverwalter und dem Anfechtungsgegner über den Anfechtungsanspruch oder die ihn begründenden Umstände dessen Verjährung. Als Aufnahme von Verhandlungen in diesem Sinne genügt jeder Meinungsaustausch über den Anfechtungsanspruch, sofern der Gegner nicht sofort und eindeutig jede Leistungspflicht ablehnt.[49] Eingeleitete Verhandlungen enden regelmäßig erst, wenn einer der Beteiligten deren Fortsetzung abbricht oder verweigert.[50] Die Verjährung tritt frühestens drei Monate danach ein (§ 203 Abs. 2 BGB).

14   b) Nach § 204 BGB kann die **Rechtsverfolgung** die Verjährung hemmen. Eine solche Hemmung endet gem. § 204 Abs. 2 BGB regelmäßig sechs Monate nach der rechtskräftigen oder anderweitigen Beendigung des Verfahrens (Satz 1) – zB durch Antragsrücknahme[51] – oder nach dessen Stillstand (Satz 2). Danach beginnt eine neue Hemmung, wenn eine der Parteien das Verfahren weiter betreibt (Abs. 2 Satz 3).[52] Wurde der Anfechtungsklage dage-

---

[42] *Staudinger/Peters* § 202 RdNr. 18 f.; *Palandt/Heinrichs* § 202 RdNr. 4; aM noch *Nerlich* (Fn. 2) § 146 RdNr. 3. Zum Sonderfall, dass Anfechtender und Anfechtungsgegner sich über die Rückgewähr selbst vertraglich einigen, s. o. RdNr. 6.

[43] *RGRK-Johannsen* § 222 RdNr. 7; *Staudinger/Peters* § 209 RdNr. 4; *Erman/Schmidt-Räntsch* § 209 RdNr. 4; *Palandt/Heinrichs* § 209 RdNr. 1.

[44] *HK-Kreft* § 146 RdNr. 11.

[45] Zu dieser zeitlichen Grenze vgl. RGZ 78, 130, 131. Zur Möglichkeit eines späteren vertraglichen Verzichts s. o. RdNr. 10a sowie BGH VersR 1967, 1092, 1094.

[46] So schon RGZ 91, 90, 93; *Kilger/K. Schmidt* § 41 KO Anm. 2.

[47] Vgl. RegE S. 169 zu § 165.

[48] *Erman/Schmidt-Räntsch* § 199 RdNr. 30; *Palandt/Heinrichs* § 199 RdNr. 38; vgl. BGHZ 86, 98, 103 f. = NJW 1983, 1047, 1048 f.; BGHZ 93, 287, 294 = NJW 1985, 1711, 1713.

[49] Vgl. BGHZ 93, 64, 66 f. = NJW 1985, 798, 799; BGH NJW 2004, 1654 f.; 2007, 587 f.; *Palandt/Heinrichs* § 203 RdNr. 2; *Mankowski/Höpker* MDR 2004, 721, 722 f.

[50] Vgl. BGH NJW 1998, 2819, 2820; OLG Dresden ZInsO 2007, 45, 46; *Palandt/Heinrichs* § 203 RdNr. 4; *Mankowski/Höpker* MDR 2004, 721, 725 f.

[51] Vgl. *Erman/Schmidt-Räntsch* § 204 RdNr. 40; *Palandt/Heinrichs* § 204 RdNr. 33.

[52] Vgl. *Palandt/Heinrichs* § 204 RdNr. 34, 46 f., 50 f. Die Rechtsprechung zu § 41 Abs. 1 KO, dass § 212 Abs. 2 BGB aF nicht anwendbar sei (RGZ 88, 294, 296; offengelassen von BGHZ 90, 249, 254 = NJW 1984, 1559, 1560) ist überholt, vgl. RegE S. 169 zu § 165. Ergänzend s. o. RdNr. 12.

gen rechtskräftig stattgegeben, greift die 30-jährige Verjährungsfrist des § 197 Abs. 1 Nr. 3 BGB ein. Ein bloßes außergerichtliches Anfechtungsschreiben genügt weiterhin nicht zur Hemmung.[53] Die wichtigsten Fälle der hemmenden Rechtsverfolgung sind:

aa) Die Erhebung der **Klage** einschließlich einer Widerklage hemmt die Verjährung (§ 204 Abs. 1 Nr. 1 BGB). Die Klageschrift muss den Wirksamkeitsvoraussetzungen des § 253 ZPO entsprechen.[54] Nach § 253 Abs. 1 und 2 ZPO muss die Klageschrift zur Individualisierung insbesondere die Parteien sowie den Gegenstand und Grund des erhobenen Anspruchs bezeichnen. Wer Anfechtungsgegner sein soll, ist entsprechend § 133 BGB nicht allein nach dem Wortlaut der Klageschrift zu bestimmen; vielmehr ist grundsätzlich diejenige Person als Beklagte anzusehen, die auf Grund der gesamten mitgeteilten Angaben eindeutig und unverwechselbar als Anfechtungsgegner zu erkennen ist.[55] Ferner muss die Klage, um den jeweiligen Anfechtungsanspruch als Streitgegenstand zu individualisieren, in erkennbarer Weise diejenigen Tatsachen bezeichnen, aus denen die Anfechtung hergeleitet wird; sie braucht aber die Anfechtung nicht wörtlich auszudrücken.[56] Nötig sind Angaben tatsächlicher Art, die eine Identifizierung der angefochtenen Rechtshandlung bei sinnvoller Auslegung ermöglichen.[57] Für das Klagebegehren des Verwalters genügt das Verlangen, dass der Gegner einen auf Grund einer Rechtshandlung erworbenen Gegenstand der Insolvenzmasse zuführen soll.[58] Antrag und Klagevortrag müssen sich erkennbar auf jede Rechtshandlung einzeln beziehen, deren Folgen angefochten werden sollen; deren rein äußerliche Verbindung mit anderen, selbständigen Rechtshandlungen in einer einheitlichen Urkunde genügt nicht.[59] Andererseits ist es unschädlich, wenn zwei bezeichnete getrennte Handlungen als eine – vermeintlich – einzige angefochten werden.[60] Erfasst werden nach Maßgabe des § 213 BGB alle konkurrierenden Ansprüche. Die gesetzlichen Bestimmungen, auf welche die Anfechtung gestützt werden kann oder soll, brauchen nicht genannt zu werden.[61] Erst recht ist es nicht schon Hemmungsvoraussetzung, dass die Klage schlüssig ist.[62] Die in Betracht kommenden Rechtsnormen hat das Gericht von Amts wegen zu prüfen;[63] sind die nötigen Tatsachen vorgetragen, ist es sogar unerheblich, wenn sich zB der Insolvenzverwalter ausdrücklich nur eines „Bereicherungsanspruchs" berühmt[64] oder eine Besicherung als „gläubigerbenachteiligend" nicht gelten lassen will.[65] Eine Teilklage hemmt die Frist jedoch nur im Umfang des eingeklagten Anspruchsteils.[66]

Die früher zu § 41 Abs. 1 KO entwickelte weitere Voraussetzung, dass schon die eingereichte Klage die Prozessvoraussetzungen erfüllen und geeignet sein müsse, zu einer sachlichen Entscheidung zu führen,[67] ist durch die Neugestaltung der Anfechtungsfrist als Ver-

---

[53] Vgl. zuletzt BGHZ 106, 127, 128 = NJW 1989, 985, 986.
[54] BGH NJW-RR 1989, 508; *Erman/Schmidt-Räntsch* § 204 RdNr. 3.
[55] Vgl. BGH NJW 1977, 1686f.; 1983, 2448f.; NJW-RR 2004, 501; Beschl. v. 1. 6. 2006 – IX ZR 9/04.
[56] BGHZ 135, 140, 149ff. = NJW 1997, 1857, 1859; *Uhlenbruck/Hirte* § 143 RdNr. 2; *Nerlich* (Fn. 2) § 146 RdNr. 10; vgl. auch BGH WM 1983, 1313, 1315; ZIP 2001, 1380, 1382f.; BAG ZIP 2004, 229, 230.
[57] BGHZ 86, 349, 352 = NJW 1983, 1120, 1121; BGH WM 1983, 1313, 1315; vgl. BGHZ 124, 76, 84 = NJW 1994, 449, 452; NJW 1995, 1668, 1671.
[58] BGH NJW 2001, 517, 519; NJW-RR 2004, 696f.
[59] Vgl. LG Bonn NJW 1969, 1722, 1723.
[60] Vgl. OLG Hamm ZInsO 2002, 132, 133.
[61] BGHZ 117, 374, 381f. = NJW 1992, 1626, 1628; BGHZ 123, 320, 322 = NJW 1993, 3267; BGH WM 1960, 546f.; WM 1969, 888f.; NJW 1990, 2626, 2627, insoweit nicht in BGHZ 112, 136 abgedr.; NJW 2001, 517, 519; NJW-RR 2004, 696f.; RGZ 79, 390, 391; RG JW 1911, 107, 108 aE; OLG Hamburg ZIP 1981, 13 534, 1354; *Baur/Stürner* RdNr. 20.17.
[62] Vgl. BGH NJW 1985, 1560, 1561; RGZ 132, 284, 286f. Ergänzend s. u. RdNr. 15a.
[63] BGHZ 117, 374, 380f. = NJW 1992, 1626, 1628; BGH NJW 1999, 645; 2002, 1342f.
[64] Vgl. BGH NJW 2001, 517, 519; NJW-RR 2004, 696f.
[65] Vgl. BGHZ 138, 291, 307 = NJW 1998, 2592, 2598.
[66] BGHZ 66, 142, 147 = NJW 1976, 960, 961f.; BGH NJW 2002, 2167f.; RG WarnR 1917 Nr. 225; *Uhlenbruck/Hirte* § 146 RdNr. 7; *Palandt/Heinrichs* § 204 RdNr. 16; vgl. BGH NJW 1978, 1058, 1059. Ergänzend s. u. RdNr. 15c aE.
[67] Vgl. BGH NJW 1985, 1560, 1561; RGZ 132, 284, 286; s. o. RdNr. 15 aE.

§ 146   15 b, 15 c

jährungsfrist überholt.[68] Eine solche Frist kann auch durch eine zunächst unzulässige Klage gehemmt werden, wenn diese bis zur letzten mündlichen Verhandlung in den Tatsacheninstanzen zulässig und begründet ist.[69] Sogar nach einer Abweisung als unzulässig kann sie gem. § 204 Abs. 2 Satz 1 BGB innerhalb von sechs Monaten fristwahrend wiederholt werden.[70]

15 b § 253 Abs. 1 ZPO setzt zwar die Zustellung der Klageschrift voraus. Gem. § 167 ZPO reicht jedoch deren **Einreichung** bei Gericht aus, sofern die Zustellung demnächst erfolgt.[71] Maßgeblich in dieser Beziehung ist allein der zwischen dem Ablauf der Verjährungsfrist und der Zustellung verflossene Zeitraum.[72] Die Einreichung beim unzuständigen Gericht genügt, wenn entweder dieses bis zur letzten mündlichen Verhandlung zuständig wird oder die Klage an das zuständige Gericht gelangt.[73] In diesem Falle schadet es nicht einmal, wenn der Kläger bewusst das unzuständige Gericht angerufen hatte.[74] Wird nur ein Klageentwurf – als Voraussetzung für einen Antrag auf Prozesskostenhilfe – eingereicht, kann dies (nur) zur Verjährungsunterbrechung führen, wenn darüber später mündlich verhandelt wird und der Anfechtungsgegner das Fehlen einer ordnungsmäßigen Klageschrift nicht rügt.[75]

15 c Eine spätere **Änderung** des klagebegründenden Vorbringens beseitigt die hemmende Wirkung nicht, wenn die neuen Behauptungen die früheren tatsächlichen Ausführungen nur berichtigen oder ergänzen;[76] das gilt auch für die Bezeichnung des Anfechtungsgegners, solange keine Parteiänderung eintritt.[77] Wird eine auf Bereicherungsrecht gegründete Klage bei unverändertem Sachverhalt erst nachträglich – zutreffend – auf Anfechtungsrecht gestützt, bleibt der Streitgegenstand gleich.[78] Die Grenzen für eine unschädliche Berichtigung oder Ergänzung sind nicht eng, weil der Anfechtungsgegner selbst meist besser als der Anfechtende weiß, wie die angegriffene Vermögensübertragung abgelaufen ist.[79] Sie sind grundsätzlich erst dort überschritten, wo ein neuer oder in wesentlichen Teilen geänderter Lebenssachverhalt als Klagegrund nachgeschoben wird.[80] Um denselben Streitgegenstand handelt es sich regelmäßig noch, wenn erst nachträglich die persönliche Eigenschaft des Anfechtungsgegners als eine nahe stehende Person i. S. v. § 138 vorgetragen wird, mit der Folge, dass insbesondere die Beweislastumkehr des § 130 Abs. 3 oder sogar der selbständige Anfechtungstatbestand des § 133 Abs. 2 – statt Abs. 1 – eingreift. Zu weit geht die Ansicht, eine Klageänderung liege stets vor, wenn der Anfechtungsgegner zunächst als ursprünglicher Erwerber und erst nachträglich als Rechtsnachfolger i. S. v. § 145 in Anspruch genommen

---

[68] Vgl. schon *Baur/Stürner* RdNr. 20.18. Dies berücksichtigt FK-*Dauernheim* § 146 RdNr. 10 nicht.
[69] BGH NJW 1959, 1819 f.; 1967, 2210 f.; 1988, 1079, 1082; *Palandt/Heinrichs* § 204 RdNr. 5.
[70] Überholt insoweit RGZ 88, 294, 296. Ergänzend s. o. RdNr. 14.
[71] BGH NJW 2004, 1444, 1446, insoweit nicht in BGHZ 157, 350 abgedr.; NJW-RR 2005, 695, 696; OLG Frankfurt NZI 2006, 241, 243; FK-*Dauernheim* § 146 RdNr. 8; *Palandt/Heinrichs* § 204 RdNr. 7; so schon BGHZ 89, 189, 196 f. = NJW 1984, 1557, 1559; BGH WM 1983, 1313, 1315; ZIP 1984, 493, 494; 2001, 889, 892; NJW 1985, 1560, 1561; NJW-RR 1993, 235, 236; ZIP 2001, 893, 896; 2001, 1380, 1383.
[72] BGHZ 103, 20, 29 f. = NJW 1988, 1980, 1982; BGHZ 86, 313, 322 f. = NJW 1983, 1050, 1052; BGH NJW 1995, 3380, 3381.
[73] OLG Frankfurt ZInsO 2006, 106, 107; FK-*Dauernheim* § 146 RdNr. 8 *Nerlich* (Fn. 2) § 146 RdNr. 11; so schon BGH NJW 1953, 1139, 1140 u. OLG Braunschweig JR 1952, 480 für die örtliche, RGZ 149, 9, 10 f. für die sachliche Unzuständigkeit; vgl. auch BGHZ 86, 313, 322 f. = NJW 1983, 1050, 1052; BGH, Urt. v. 12. 7. 2006 – IV ZR 23/05, z. V. b. in BGHZ; *Palandt/Heinrichs* § 204 RdNr. 7. Zur möglichen nachträglichen Heilung einer Abweisung der Klage als unzulässig gem. § 204 Abs. 2 BGB s. o. RdNr. 14.
[74] OLG Brandenburg ZIP 2002, 1902, 1904.
[75] FK-*Dauernheim* § 146 RdNr. 7; so schon BGH NJW 1996, 1351 f.; ZIP 2001, 1248, 1250.
[76] BGH WM 1983, 1313, 1315; NJW 1985, 1560, 1561; OLG Köln NZI 2004, 217, 218 f.; *Kilger/K. Schmidt* § 41 KO Anm. 4; vgl. auch BGHZ 86, 349, 352 = NJW 1983, 1120, 1121; BGH WM 1969, 888. Ergänzend vgl. § 264 Nr. 1 ZPO.
[77] *Baur/Stürner* RdNr. 20.17; andererseits RG WarnR 1917, Nr. 225; ergänzend s. o. RdNr. 15.
[78] BGH NJW 2001, 517, 519.
[79] BGH ZIP 1985, 427, 429.
[80] BGHZ 117, 374, 380 f. = NJW 1992, 1626, 1628; vgl. BGH NJW 1978, 1058 f. Ergänzend s. o. RdNr. 15, 15 a.

wird (s. o. § 145 RdNr. 38), oder wenn der Insolvenzverwalter sich zunächst nur auf Nichtigkeit und erst später auf die Anfechtbarkeit einer Rechtshandlung beruft.[81] Vielmehr entscheidet auch insoweit allein, ob der Wechsel auf neuem Tatsachenvortrag bzw. einem neuen Rechtsschutzziel oder nur auf der – unschädlichen – Berichtigung einer früheren, als unzutreffend erkannten Rechtsansicht beruht. Unschädlich ist es im Hinblick auf § 264 Nr. 3 ZPO ferner, wenn der Insolvenzverwalter statt Naturalrückgewähr nachträglich Wertersatz fordert,[82] oder umgekehrt;[83] schon die erste Klage erfüllte dann den Zweck des § 146 Abs. 1, insbesondere berechtigtes Vertrauen des Anfechtungsgegners zu zerstören. Ein Wertersatzanspruch kann nachträglich auch im Wege eines Hilfsantrags eingeführt werden.[84] Wird die Anfechtungsklage dagegen später auf einen neuen Lebenssachverhalt gestützt, kann insoweit erst der klageändernde Schriftsatz die Verjährung unterbrechen.[85] Dasselbe gilt wegen des Schutzzwecks der Verjährungsvorschrift – trotz § 264 Nr. 2 ZPO –, soweit eine Teilklage nachträglich erweitert wird;[86] anders verhält es sich insoweit, wenn von Anfang an erkennbar der gesamte Anspruch rechtshängig gemacht wurde und sich allein dessen Bemessungsgrundlage geändert hat.[87] Wegen der weiteren Gestaltung des Anfechtungsprozesses s. u. RdNr. 39 ff., zu den Folgen der Rechtshängigkeit RdNr. 42, zum Novenverbot in der Berufungsinstanz (§ 531 Abs. 2 ZPO) RdNr. 42 a.

bb) Die Zustellung eines – inhaltlich ausreichend individualisierten[88] – **Mahnbescheids** 16 kann nach § 204 Abs. 1 Nr. 3 BGB die Verjährung hemmen. Die zu § 41 KO entwickelte Einschränkung, der Anfechtende müsse nach einem Widerspruch gegen den Mahnbescheid des Anfechtungsgegners um eine zügige gerichtliche Bearbeitung bemüht bleiben,[89] ist durch die gesetzliche Neugestaltung überholt. Verliert der Mahnbescheid gem. § 701 ZPO seine Wirkung, endet die Hemmung nach näherer Maßgabe des § 204 Abs. 2 BGB.[90]

cc) Die Bekanntgabe eines **Güteantrags** des Insolvenzverwalters nach Maßgabe des 17 § 204 Abs. 1 Nr. 4 BGB kann die Verjährung hemmen. Gegenteilige Rechtsprechung zu § 41 KO[91] ist überholt.

dd) § 204 Abs. 1 Nr. 5 BGB legt der Geltendmachung der **Aufrechnung** mit dem 18 Anfechtungsanspruch im Prozess verjährungshemmende Wirkung zu. Da eine erfolgreiche Aufrechnung aber ohnehin zum Erlöschen des aufgerechneten Anspruchs führt, macht die Vorschrift nur Sinn für die unzulässige oder nicht berücksichtigte Eventualaufrechnung.[92]

---

[81] Vgl. BGH NJW 2002, 1342 f.; zu sehr verallgemeinernd *Kilger/K. Schmidt* § 29 KO Anm. 6; *Gottwald/Huber*, Insolvenzrechts-Handbuch § 51 RdNr. 53; *Serick* Bd. III § 32 II 3, S. 156; *A. Blomeyer*, Festschrift für Lent S. 43, 77.
[82] *Smid/Zeuner* § 129 RdNr. 31; HambKomm-*Rogge* § 143 RdNr. 121; *Baur/Stürner* RdNr. 20.17; vgl. BGHZ 89, 189, 197 = NJW 1984, 1557, 1559; *Henckel*, Festschrift für Schwab, 1990, S. 213, 215; RGZ 52, 82, 85 f.
[83] OLG Hamm NZI 2001, 432, 433.
[84] Vgl. *Gottwald/Huber* (Fn. 81), § 51 RdNr. 54 u. zu § 7 AnfG aF BGH NJW 1984, 2890, 2891.
[85] Vgl. BGH NJW 1985, 1560, 1561; 1999, 359, 360; RGZ 132, 284, 286; *Kilger/K. Schmidt* § 41 KO Anm. 4; *Baur/Stürner* RdNr. 20.18; *Gottwald/Huber* (Fn. 81), § 51 RdNr. 37.
[86] BGHZ 66, 142, 147 = NJW 1976, 960, 961 f.; BGH VersR 1984, 390, 391; RGZ 57, 372, 373 ff.; 66, 365, 366 f.; RGRK-*Johannsen* § 209 RdNr. 25; *Staudinger/Peters* § 204 RdNr. 17; *Soergel/Niedenführ* § 209 RdNr. 18; vgl. RG WarnR 1917, Nr. 225.
[87] BGH NJW 1970, 1682 Nr. 6; WM 1984, 1131, 1133; MünchKommBGB-*Grothe* § 209 RdNr. 12; RGRK-*Johannsen* § 209 RdNr. 26, 27; *Staudinger/Peters* § 204 RdNr. 18 ff.; vgl. BGHZ 66, 138, 141 f. = NJW 1976, 956 f.; BGH WM 1978, 461, 464 f.; NJW 1982, 1809, 1810; RGZ 77, 213, 216.
[88] Vgl. dazu BGH NJW 1992, 1111; *Erman/Schmidt-Räntsch* § 204 RdNr. 13; *Palandt/Heinrichs* § 204 RdNr. 18.
[89] BGHZ 122, 23, 27 ff. = NJW 1993, 1585, 1586 f.; BGH NJW 1991, 1057, 1058; OLG Frankfurt NZI 2002, 319, 320 ff.
[90] *Palandt/Heinrichs* § 204 RdNr. 36.
[91] OLG Köln ZIP 1995, 304, 305 f.; LG Hamburg ZIP 1995, 57, 58.
[92] BGHZ 80, 222, 225 f. = NJW 1981, 1953, 1954 f.; BGHZ 83, 260, 270 = NJW 1982, 1516, 1518; *Jaeger/Henckel*, KO § 41 RdNr. 32; *Staudinger/Peters* § 204 RdNr. 63, 66 f., der jedoch das Vorliegen einer Aufrechnungslage verlangt (RdNr. 68 ff.); *Erman/Schmidt-Räntsch* § 204 RdNr. 18; *Palandt/Heinrichs* § 204 RdNr. 20; *Eckardt*, Anfechtungsklage S. 310.

Diese unterbricht die Verjährung lediglich hinsichtlich des zur Aufrechnung verwendeten Teils, also nicht über die Höhe der Klageforderung hinaus.[93] Ob diese Klageforderung von Rechts wegen besteht, ist unerheblich,[94] weil die Aufrechnungserklärung in jedem Falle den Normzweck des § 146 Abs. 1 (s. o. RdNr. 1) uneingeschränkt erfüllt. Die Aufrechnung muss allerdings – vorbehaltlich des § 146 Abs. 2 (s. u. RdNr. 46) – innerhalb der laufenden Frist des § 146 Abs. 1 erklärt worden sein.[95] Große praktische Bedeutung erlangt diese Unterbrechungsmöglichkeit nicht, weil der Insolvenzverwalter sinnvollerweise mit dem Anfechtungsanspruch nur gegen Masseverbindlichkeiten, nicht gegen Insolvenzforderungen aufrechnen wird. Zur Aufrechnung nach Ablauf der Verjährungsfrist s. o. RdNr. 10.

19 **ee)** Nach § 204 Abs. 1 Nr. 6 BGB kann die Zustellung einer – zulässigen – **Streitverkündung** (§§ 72, 73 ZPO) die Verjährung hemmen. Dies mag insbesondere gegenüber möglichen Rechtsnachfolgern[96] sowie dann in Betracht kommen, wenn mehrere Anfechtungsgegner als möglich feststehen, der richtige aber nur auf Grund ihrer internen Absprachen zu bestimmen ist (s. o. § 129 RdNr. 49, 68 ff.); damit sind die Kosten mehrerer, sich gegenseitig ausschließender Klagen zu vermeiden. Dagegen hemmt die Geltendmachung der Anfechtung durch eine *Streithilfe* des Insolvenzverwalters im Rahmen eines zwischen dem Anfechtungsgegner und einem Dritten geführten Prozesses *nicht* die Verjährung.[97] Der entscheidende Unterschied zur Streitverkündung liegt darin, dass diese nur in einem Prozess erfolgen kann, in dem der Anfechtende selbst Partei ist. Im Verhältnis zu Dritten versagt sogar die Einrede gem. § 146 Abs. 2 (s. u. RdNr. 51).

20 **ff)** Das Verfahren auf Erlass eines **Arrests** oder einer **einstweiligen Verfügung** zur Sicherung des Anfechtungsanspruchs (s. u. RdNr. 44) kann nach näherer Maßgabe des § 204 Abs. 1 Nr. 9 BGB die Verjährung hemmen. Gegenteilige frühere Rechtsprechung zu § 41 KO[98] ist überholt. Die Hemmung endet unter anderem mit einer rechtskräftigen Zurückweisung des Antrags (ergänzend s. o. RdNr. 14). Legt andererseits nach einer erlassenen Anordnung der Anfechtungsgegner Widerspruch ein, endet die Hemmung erst mit der rechtskräftigen Entscheidung hierüber gem. § 925 ZPO.[99]

21 **gg)** Wird auch der Anfechtungsgegner insolvent, so hemmt nach § 204 Abs. 1 Nr. 10 BGB die – ordnungsmäßige[100] – **Anmeldung** des Anfechtungsanspruchs im **Insolvenzverfahren** die Verjährung.[101] Bedeutsam wird dies nur, soweit sich die Anfechtung nicht ohnehin wie ein Aussonderungsrecht unmittelbar gegen die Insolvenzmasse des Anfechtungsgegners richtet, also nur bei Wertersatzpflichten.[102] Schuldet der Anfechtungsgegner hingegen Rückgewähr in Natur, läuft gegen dessen Insolvenzmasse ohnehin die selbständige Anfechtungsfrist des § 146 (s. o. § 145 RdNr. 36). Eine Anmeldung als Masseschuld hemmt

---

[93] BGH NJW-RR 1986, 1079; NJW 1990, 2680, 2681; *Palandt/Heinrichs* § 204 RdNr. 20; *RGRK-Johannsen* § 209 RdNr. 35.
[94] *Jaeger/Henckel*, KO § 41 RdNr. 32. Die einschränkende Gegenmeinung (RGZ 79, 24, 26 f.; *A. Rümelin* KuT 1927, 54) ist durch die umfassende Anwendung der allgemeinen Verjährungsvorschriften überholt.
[95] MünchKommBGB-*Grothe* § 209 RdNr. 24; *Eckardt*, Anfechtungsklage S. 309 f., 315; vgl. LG Berlin ZMR 1988, 63, 64 f.
[96] Vgl. *Jaeger/Henckel* § 41 KO RdNr. 33.
[97] HK-*Kreft* § 146 RdNr. 16; *Uhlenbruck/Hirte* § 146 RdNr. 17; *Nerlich* (Fn. 2) § 146 RdNr. 20; *König* RdNr. 17/46; *Gerhardt* in: Studie in honorem Pelayia Yessiou-Faltsi, 2007, S. 187, 197 ff. wegen einer möglichen Abtretung des Anfechtungsanspruchs an den Dritten, vgl. HambKomm-*Rogge* § 146 RdNr. 16; so schon BGHZ 106, 126, 131 f. = NJW 1989, 985, 986; *Jaeger/Henckel*, KO § 36 RdNr. 2, § 41 RdNr. 33; *Bork* JR 1989, 494, 496 ff.
[98] Vgl. RGZ 57, 30, 31; BGH NJW 1979, 217.
[99] *Erman/Schmidt-Räntsch* § 204 RdNr. 47; *Palandt/Heinrichs* § 204 RdNr. 41.
[100] Vgl. *Vogel* BauR 2004, 1365., 1366 f.
[101] BGH, Beschl. v. 21. 9. 2006 – IX ZR 197/05; *Vallender* ZInsO 2002, 110, 111 f.; vgl schon RGZ 170, 276, 278 f.; OLG Frankfurt KTS 1982, 481, 483.
[102] Vgl. § 143 RdNr. 20 a und 85 a, § 145 RdNr. 3, 15 und 16 sowie *Jaeger/Henckel*, KO § 41 RdNr. 31; *Eckardt*, Anfechtungsklage S. 306 ff. Zur Verjährungsunterbrechung durch Anmeldung in einem seerechtlichen Verteilungsverfahren vgl. BGHZ 112, 95, 100 f. = NJW 1990, 3207 f.

die Verjährung nicht.[103] Eine Hemmung endet noch nicht mit einem Bestreiten der angemeldeten Forderung,[104] sondern frühestens mit der öffentlichen Bekanntmachung der Beendigung dieses Insolvenzverfahrens.[105]

hh) Der Beginn eines **schiedsrichterlichen Verfahrens** (§ 204 Abs. 1 Nr. 11 BGB) 21 a wird als Hemmungsgrund für Anfechtungsansprüche praktisch kaum bedeutsam werden (s. u. RdNr. 37, 38). Dasselbe gilt für den Antrag auf Durchführung eines selbständigen **Beweisverfahrens** (§ 204 Abs. 1 Nr. 7 BGB).

ii) Wird vor der Klageerhebung insbesondere eine **Gerichtsstandsbestimmung** (§ 36 21 b ZPO) nötig, kann nach Maßgabe des § 204 Abs. 1 Nr. 13 BGB schon die Einreichung des hierauf gerichteten Antrags die Verjährung hemmen. Dies gilt sogar für einen erfolglosen Antrag, wenn gegen die in der Antragsschrift bezeichneten Anfechtungsgegner nachfolgend fristgerecht – innerhalb weiterer drei Monate – Klage erhoben wird.[106]

jj) Der erstmalige – ordnungsmäßige – Antrag des Insolvenzverwalters auf Gewährung 22 von **Prozesskostenhilfe** (§ 117 ZPO) für die Anfechtungsklage hemmt nach Maßgabe des § 204 Abs. 1 Nr. 14 BGB die Verjährung. Die frühere Ableitung desselben Ergebnisses aus § 203 Abs. 2 BGB aF (§ 206 BGB nF) als ein Fall der Verhinderung durch höhere Gewalt[107] entfällt damit. Die Hemmung endet mit der Bewilligung der Prozesskostenhilfe oder nach fruchtlosem Ablauf der Beschwerdefrist (§ 569 ZPO) gegen die Zurückweisung.[108]

c) Eine Hemmung wegen eines **Leistungsverweigerungsrechts** (§ 205 BGB) ist ins- 23 besondere möglich, wenn dem Anfechtungsgegner Stundung bewilligt wurde; dazu ist aber regelmäßig nur der Insolvenzverwalter befugt.[109] Die Verjährung kann auch wegen **höherer Gewalt** i. S. v. § 206 BGB gehemmt sein; jedoch genügt hierfür nicht der Umstand allein, dass die Sicherung und Prüfung der nötigen Unterlagen für den Anfechtenden schwierig ist.[110]

d) Nach § 210 BGB kann insbesondere ein **Wechsel** in der Person des **Insolvenzver-** 24 **walters** den Verjährungsablauf hemmen.[111] Diese Vorschrift ist sachnäher als die früher hierfür – wegen der begrenzten Verweisung des § 41 Abs. 1 Satz 2 KO – in Betracht gezogene Vorgängernorm des § 211 BGB nF. Dessen Satz 1 kann bei Anfechtungen gegenüber einem **Nachlass** eingreifen.[112]

e) Im Rahmen des § 41 Abs. 1 Satz 1 KO konnte die Anfechtungsfrist durch Erhebung 25 einer **Einrede** oder gegeneinrede im Prozess gewahrt werden.[113] Jedoch hemmt nach den Vorschriften des BGB eine solche Geltendmachung **nicht** selbständig die Verjährung.[114] Aufgrund der völligen Neuordnung der insolvenzrechtlichen Anfechtungsfristen ist es auch

---

[103] LAG Hamburg ZIP 1988, 1270, 1271; *Erman/Schmidt-Räntsch* § 204 RdNr. 26; *Palandt/Heinrichs* § 204 RdNr. 25.
[104] *Erman/Schmidt-Räntsch* § 204 RdNr. 48; *Palandt/Heinrichs* § 204 RdNr. 42; aM *Vogel* BauR 2004, 1365, 1367 f.
[105] Vgl. BGHZ 64, 1, 3 = NJW 1975, 692.
[106] BGHZ 160, 259, 261 ff. = NJW 2005, 3772 ff.; Urt. v. 28. 9. 2004 – IX ZR 157/03; *Nerlich* (Fn. 2) § 146 RdNr. 12.
[107] Vgl. zuletzt BGH NZI 2004, 30; NJW-RR 2004, 1047, 1049; BAG ZIP 2004, 229, 230 f.
[108] *Erman/Schmidt-Räntsch* § 204 RdNr. 52; *Palandt/Heinrichs* § 204 RdNr. 45; vgl. BGH NJW 2001, 2545, 2546 f.
[109] S. o. § 129 RdNr. 196. Lässt man die Abtretung des Anfechtungsanspruchs zu (vgl. § 129 RdNr. 214 ff.), muss auch der Abtretungsempfänger die Stundung bewilligen können.
[110] *Jaeger/Henckel*, KO § 41 RdNr. 10 aE; vgl. auch BGH NJW 1968, 1381, 1382.
[111] RegE S. 169 zu § 165; *Uhlenbruck/Hirte* § 146 RdNr. 7; HambKomm-*Rogge* § 146 RdNr. 5 aE; so schon OLG Saarbrücken NJW 1968, 709; *Jaeger/Henckel*, KO § 41 RdNr. 12, 15; *Eckardt*, Anfechtungsklage S. 159, 175; *Fr. Weber* KTS 1961, 49 ff.
[112] Vgl. *Jaeger/Henckel*, KO § 41 RdNr. 11; ferner RGZ 100, 279, 281 ff.
[113] *Jaeger/Henckel*, KO § 41 RdNr. 39 im Anschluss an § 5 AnfG aF (vgl. dazu BGHZ 98, 6, 9 f. = NJW 1986, 2252, 2253).
[114] MünchKommBGB-*Grothe* § 209 RdNr. 4; vgl. BGHZ 72, 23, 28 = NJW 1978, 1975 f.; BGH VersR 1963, 90, 91; NJW 1993, 1847, 1848; RGZ 153, 375, 380 ff.; *Staudinger/Peters* § 204 RdNr. 39; *Erman/Schmidt-Räntsch* § 204 RdNr. 2.

nicht gerechtfertigt, der prozessualen Einrede – über eine Verteidigung nach § 146 Abs. 2 hinaus (s. u. RdNr. 52 ff.) – verjährungshemmende Wirkung zuzuerkennen.[115] Der Gesetzgeber hat die Rechtsfragen durch die Verweisung auf die allgemeinen Verjährungsvorschriften des BGB abschließend regeln wollen,[116] ebenso die Tragweite der Anfechtungseinrede (s. u. RdNr. 46 ff.). Im Rahmen der insgesamt erheblich verlängerten Anfechtungsfrist genügen die Hemmungsmöglichkeiten der Widerklage (§ 204 Abs. 1 Nr. 1 BGB, s. o. RdNr. 15), Aufrechnung (§ 204 Abs. 1 Nr. 5 BGB, s. o. RdNr. 18) oder Streitverkündung (§ 204 Abs. 1 Nr. 6 BGB, s. o. RdNr. 19), um die Interessen der Insolvenzmasse hinreichend wahrzunehmen.

26 4. **Neubeginn der Verjährung.** § 212 BGB über den Neubeginn der Verjährung ist in vollem Umfang unmittelbar anwendbar.[117] Insbesondere beginnt gem. § 212 Abs. 1 Nr. 1 BGB die Verjährung nach einem **Anerkenntnis** des Anfechtungsgegners neu.[118] Dies erleichtert außergerichtliche Lösungsversuche des Insolvenzverwalters. Im Hinblick auf das Kostenrisiko nach § 93 ZPO hat er im Allgemeinen vor Erhebung einer Anfechtungsklage den Anfechtungsgegner außergerichtlich zur Rückgewähr aufzufordern (s. u. RdNr. 43 a). Als Anerkenntnis im verjährungsrechtlichen Sinne reicht ein rein tatsächliches Verhalten des Anfechtungsgegners aus, aus dem sich das Bewusstsein vom Bestehen des Anspruchs unzweideutig ergibt.[119] Eine Bestätigung des Anfechtungsanspruchs dem Grunde nach genügt.[120] Das Anerkenntnis einer Rückgewährpflicht gem. § 143 Abs. 1 Satz 1 lässt auch die Verjährung der Forderung auf Wertersatz neu beginnen.[121]

26 a Demgegenüber wird die Vornahme von **Vollstreckungshandlungen** (§ 212 Abs. 1 Nr. 2 BGB) voraussichtlich nur geringe Bedeutung erlangen, weil sie meist erst nach verjährungshemmenden Rechtshandlungen i. S. v. § 204 Abs. 1 Nr. 1, 3, 4 oder 9 BGB zulässig sind (§ 750 ZPO).

27 Der Neubeginn der Verjährung bedeutet, dass die vor seinem Eintritt verstrichene Zeit nicht mehr in Betracht kommt. Für die Folgezeit muss der anfechtende Insolvenzverwalter erneut die dreijährige Verjährungsfrist des § 146 Abs. 1 – ohne die Ultimo-Regel des § 199 BGB[122] – beachten.

28 5. **Unzulässige Geltendmachung der Verjährung.** Auf die anfechtungsrechtliche Verjährung sind auch die Regeln über die Wirkungslosigkeit der Einrede aus § 214 Abs. 1 BGB wegen treuwidrigen Verhaltens anzuwenden.[123] Nach **§ 242 BGB** kann eine Verjährungseinrede ausnahmsweise treuwidrig und damit unwirksam sein, wenn der Anfechtungsgegner zuvor den Anfechtenden objektiv – sei es auch schuldlos und nicht zielgerichtet – von der rechtzeitigen Verjährungsunterbrechung abgehalten hat. Dies wurde zB angenommen, wenn der Anfechtungsgegner seinerseits die Aufklärung des zugrundeliegenden Sachverhalts durch den Insolvenzverwalter in unzulässiger Weise erheblich verzögert hatte,[124] doch wird in diesen Fällen nun schon die Verjährung nach § 199 Abs. 1 Nr. 2 BGB nicht beginnen.

---

[115] AM *Eckardt*, Anfechtungsklage S. 392 f.
[116] Vgl. RegE S. 169 zu § 165.
[117] RegE S. 169 zu § 165 mit Bezug auf §§ 208–220 BGB aF.
[118] RegE S. 169 zu § 165; *Gottwald/Huber* (Fn. 81) § 51 RdNr. 47. Die gegenteilige ansicht zu § 41 KO (*Jaeger/Henckel* § 41 RdNr. 16; *Gerhardt*, Gläubigeranfechtung S. 308; *Eckardt*, Anfechtungsklage S. 161 f.) ist durch die gesetzliche Neufassung überholt.
[119] BGH NJW 1988, 1259, 1260; NJW-RR 1994, 373 f.; RGZ 113, 234, 238 f.; *Nerlich* (Fn. 2) § 146 RdNr. 15; RGRK-*Johannsen* § 208 RdNr. 3; enger *Staudinger/Peters* § 212 RdNr. 7 ff. Zu den Folgen einer vertraglichen Einigung s. o. RdNr. 6 und § 214 Abs. 2 Satz 2 BGB.
[120] Vgl. BGH VersR 1974, 571, 572; 1984, 441, 442; MünchKommBGB-*Grothe* § 208 RdNr. 2; Erman/ Schmidt-Räntsch § 212 RdNr. 7; Palandt/Heinrichs § 212 RdNr. 5.
[121] Vgl. BGHZ 39, 189, 190 f. = NJW 1963, 1453 f.
[122] Vgl. Erman/Schmidt-Räntsch § 212 RdNr. 2.
[123] RegE S. 169 zu § 165; HK-*Kreft* § 146 RdNr. 11; HambKomm-*Rogge* § 146 RdNr. 9; so schon LG Mainz BB 1969, 111; *Eckardt*, Anfechtungsklage S. 167 ff.; offengelassen zu § 41 KO von BGH WM 1972, 1427, 1428.
[124] *Jaeger/Henckel*, KO § 41 RdNr. 41; vgl. BGHZ 9, 1, 5 f. = NJW 1953, 541, 542; BGHZ 71, 86, 96 = NJW 1978, 1377, 1379; RGRK-*Johannsen* § 222 RdNr. 10, 11.

§ 242 BGB wurde ferner angewendet, nachdem der Anfechtungsgegner einseitig auf die Geltendmachung der Einrede, zB befristet, verzichtet hatte.[125] Derartige Fälle werden jetzt aber meist als – zulässige (s. o. RdNr. 10 a) – vertragliche Verlängerung der Anfechtungsfrist selbst, als Stillhalteabkommen (§ 205 BGB, s. o. RdNr. 23) oder wenigstens als schwebende Verhandlungen i. S. v. § 203 BGB (s. o. RdNr. 13) zu werten sein. Der Umstand allein, dass der Insolvenzverwalter von sich aus zunächst lediglich einen Musterprozess führen will, hindert dagegen den oder die im Übrigen nicht verklagten Anfechtungsgegner auch gem. § 242 BGB nicht daran, die Verjährungseinrede zu erheben.[126] Auch wird Anfechtungsgegnern durchweg keine Pflicht obliegen, Insolvenzverwalter auf den drohenden Ablauf der Verjährungsfrist hinzuweisen.

Liegen die Voraussetzungen des § 242 BGB vor, ist die Verjährungseinrede nicht zu berücksichtigen, **solange** die sie begründenden **Umstände** anhalten. Nach deren Wegfall beginnt nicht etwa eine neue Verjährungsfrist; auch ist der Lauf der Frist des § 166 Abs. 1 nicht im Sinne von § 205 BGB gehemmt. Vielmehr bleibt dem Anfechtenden dann nur noch eine verhältnismäßig kurze Frist, um die allgemeinen Unterbrechungsvoraussetzungen zu erfüllen. Durchweg wird ein Zeitraum von **vier Wochen** zugebilligt, um insbesondere durch gerichtliche Geltendmachung im Sinne von § 204 Abs. 1 Nr. 1, 3 oder 4 BGB den Verjährungsablauf zu hemmen.[127] Der Arglisteinwand wirkt auch immer nur gegenüber dem arglistig Handelnden, nicht ohne weiteres zugleich gegenüber Dritten oder Rechtsnachfolgern. 29

V. Prozessuale Durchsetzung des Anfechtungsanspruchs

1. Rechtsweg und Zuständigkeit. a) Der Anfechtungsrechtsstreit ist insolvenzrechtlicher Natur und deshalb eine zivilrechtliche Streitigkeit, über die gem. § 13 GVG die **ordentlichen Gerichte** zu entscheiden haben.[128] Das gilt unabhängig von der Frage, in welchem Rechtsweg die Leistung selbst hätte geltend gemacht werden müssen, deren Rückgewähr nunmehr verlangt wird. Diese ist nicht darauf gerichtet, hoheitliche Bescheide abzuändern, sondern vollzieht sich selbständig und unabhängig davon. Insbesondere sind die ordentlichen Gerichte zuständig, wenn die Sicherung oder Erfüllung von Steueransprüchen,[129] sozialrechtlichen Forderungen[130] oder von Ansprüchen aus einem Arbeitsverhältnis[131] angefochten wird. Rechnet jedoch der Insolvenzverwalter mit einem Anfechtungsanspruch gegen eine – hoheitlich festgesetzte – öffentlich-rechtliche Forderung auf, so bestimmt diese den Rechtsweg zu den entsprechenden Fachgerichten. Dasselbe trifft zu, falls das Finanzamt eine Insolvenzsteuerforderung mit einem Gegenanspruch der Masse 30

---

[125] Vgl. BGH VersR 1960, 515, 517; NJW 1986, 1861 Nr. 2; 1998, 502, 503; RGRK-*Johannsen* § 222 RdNr. 3; MünchKommBGB-*Grothe* § 194 RdNr. 17; *Palandt/Heinrichs* Überbl. vor § 194 RdNr. 17 f.; *Staudinger/Peters* § 214 RdNr. 9.
[126] *Soergel/Niedenführ* § 222 RdNr. 9.
[127] Vgl. BGH VersR 1960, 515, 518 (wenige Wochen); VersR 1964, 66, 68 und NJW 1991, 974, 975 (sechs Wochen zu lang); WM 1977, 870, 871 (ausnahmsweise sechs Wochen); MünchKommBGB-*Grothe* § 194 RdNr. 14; *Soergel/Niedenführ* § 222 RdNr. 9.
[128] BGHZ 114, 315, 320 = NJW 1991, 2147, 2148; BGH NJW-RR 2005, 1138 f.; ZInsO 2006, 870 f.; 2006, 1219; HK-*Kreft* § 129 RdNr. 94; *Kübler/Prütting/Paulus* § 143 RdNr. 41; *Uhlenbruck/Hirte* § 143 RdNr. 63; HambKomm-*Rogge* § 143 RdNr. 110; *Jaeger/Henckel*, KO § 37 RdNr. 138; vgl. amtl. Begr. zu § 7 Abs. 1 AnfG, BT-Drucks. 12/3803 S. 57; aM *Flies* KTS 1995, 411, 415 ff.
[129] BGHZ 114, 315, 320 f. = NJW 1991, 2147, 2148; OLG Braunschweig MDR 1950, 356; FG Baden-Württemberg EFG 1998, 963; LG Erfurt NZI 2003, 40; *Uhlenbruck/Hirte* § 143 RdNr. 64; *Mohrbutter* EWiR 1991, 699; *App* EWiR 1991, 697, 698; *Mankowski* EWiR 1998, 903; *Beermann* in Hübschmann/Hepp/Spitaler AO § 251 RdNr. 368; FG Münster ZIP 1991, 1155 f. war durch eine Verweisung des an sich zuständigen Amtsgerichts gebunden.
[130] BGH NJW-RR 2005, 1138, 1139; vgl. OLG Stuttgart ZIP 2005, 1837, 1840.
[131] KG ZIP 1996, 1097; LAG Schleswig-Holstein ZIP 1995, 1756 f.; ArbG Rheine AP § 30 KO Nr. 2; *Nerlich* (Fn. 2) § 129 RdNr. 120; *Smid/Zeuner* § 129 RdNr. 37; *Jaeger/Henckel*, KO § 37 RdNr. 139; *Kilger/K. Schmidt* § 29 KO Anm. 22; *Uhlenbruck/Hirte* § 143 RdNr. 63; *Baur/Stürner* RdNr. 20.19; *Fr. Weber* AP § 29 KO Nr. 1 Bl. 174; aM für Sozialplanstreitigkeiten LAG Hamm ZIP 1982, 616 f. BAGE 20, 11, 15 durfte den Rechtsweg im Hinblick auf §§ 566, 529 Abs. 2 ZPO nicht mehr überprüfen.

§ 146 31–32 a   3. Teil. 3. Abschnitt. Insolvenzanfechtung

verrechnet hat und der Insolvenzverwalter dies anfechten will; darüber ist im Wege der Klage zu den Finanzgerichten zu entscheiden.[132] Lässt der Insolvenzverwalter den Bescheid bestandskräftig werden, bleiben die ordentlichen Gerichte daran gebunden.[133]

31   b) Für die Anfechtungsklage ist regelmäßig dasjenige Gericht **örtlich zuständig,** in dessen Bezirk der jeweilige Beklagte seinen allgemeinen Gerichtsstand (§§ 12 ff. ZPO)[134] oder Aufenthaltsort (§ 20 ZPO) oder Vermögen[135] hat. Als **Wahlgerichtsstand** (vgl. § 35 ZPO) kann § 21 ZPO allenfalls eingreifen, wenn die Anfechtung eine Lieferung gerade an die Niederlassung oder einen von ihr aus geschlossenen Vertrag betrifft.[136] Für Anfechtungsklagen auf Grund des § 135 ist auch der besondere Gerichtsstand des § 22 ZPO eröffnet.[137] Darüber hinaus kann der Insolvenzverwalter gem. § 16 Abs. 1 Satz 1 AnfG in Anfechtungsprozesse einzelner Gläubiger eintreten (s. o. § 129 RdNr. 202 ff.).

32   Der Gerichtsstand des Erfüllungsorts (§ 29 ZPO) ist sogar dann **nicht** anzuwenden, wenn ein Vertragsschluss oder eine Vertragserfüllung angefochten wird. Denn mit der insolvenzrechtlichen Anfechtung wird nicht ein Anspruch aus einem Vertrag, sondern aus einem gesetzlichen Rechtsverhältnis verfolgt.[138] Auch § 32 ZPO scheidet regelmäßig aus, weil der Anfechtungsanspruch als solcher in keinem Falle aus einer unerlaubten Handlung herrührt.[139] Eine Zuständigkeit gem. § 32 ZPO wird jedoch begründet, wenn die Anfechtungsklage auch auf eine unerlaubte Handlung gestützt wird.[140] § 19 a ZPO gilt nur für Klagen gegen den Insolvenzverwalter;[141] die sprachliche Änderung und die unterschiedliche systematische Einordnung, im Vergleich mit § 31 a des Regierungsentwurfs, sollten allein dem Anliegen des Bundesrates Rechnung tragen, den allgemeinen Gerichtsstand des Insolvenzverwalters für Klagen **gegen** ihn – mit Bezug auf die Insolvenzmasse – auszuschließen.[142] Für die gegen andere Personen gerichtete Anfechtungsklage ist deshalb nicht das Gericht am Sitz der Insolvenzverwaltung zuständig.

32 a Anfechtungsklagen fallen weder unter die EG-Verordnung über die gerichtliche Zuständigkeit und die Anerkennung und Vollstreckung von Entscheidungen in Zivil- und Handelssachen (EuGVO)[143] noch unter das entsprechende Lugano-Übereinkommen,[144] wie jeweils

---

[132] BGH NJW-RR 2005, 1138 f.
[133] BGH ZInsO 2006, 1219 f. Zu anfechtungsrechtlichen Duldungsbescheiden der Finanzämter nach § 191 Abs. 1 Satz 2 AO s. o. § 129 RdNr. 204 aE.
[134] HK-*Kreft* § 129 RdNr. 95; *Kilger/K. Schmidt* § 29 KO Anm. 22; *Uhlenbruck/Hirte* § 143 RdNr. 69; vgl. RegE S. 164 zu § 157.
[135] § 23 ZPO; vgl. dazu BGH NJW 1990, 990, 992.
[136] HambKomm-*Rogge* § 143 RdNr. 111; *Jaeger/Henckel*, KO § 37 RdNr. 141; vgl. RG Gruchot 38 (1894), 488, 489 f.
[137] OLG Karlsruhe ZIP 1998, 1005, 1006; *Uhlenbruck/Hirte* § 143 RdNr. 69; HambKomm-*Rogge* § 143 RdNr. 111.
[138] BGH NJW 1956, 1920, 1921; RGZ 30, 402, 403 ff.; RG Gruchot 38 (1894), 488, 489; HK-*Kreft* § 129 RdNr. 95; *Nerlich* (Fn. 2) § 129 RdNr. 118; HambKomm-*Rogge* § 143 RdNr. 111; *Jaeger/Henckel*, KO § 37 RdNr. 141; *Uhlenbruck/Hirte* § 143 RdNr. 69.
[139] BGH NJW 1990, 990, 991; OLG Hamm MDR 1966, 764; OLG Köln ZIP 1998, 74, 75; OLG Frankfurt ZIP 2006, 769, 772; HK-*Kreft* § 129 RdNr. 95; *Nerlich* (Fn. 2), § 129 RdNr. 118; HambKomm-*Rogge* § 143 RdNr. 111; *Uhlenbruck/Hirte* § 143 RdNr. 70; *Henckel*, Festschrift für Deutsch, S. 967, 973 f.; aM zu § 31 KO noch RGZ 84, 242, 253 und zu § 3 Nr. 1 u. 2 AnfG aF RGZ 48, 401, 402 f. Ergänzend vgl. § 143 RdNr. 10.
[140] LG Detmold ZInsO 2006, 445 f.; vgl. HK-*Kreft* § 129 RdNr. 95; *Uhlenbruck/Hirte* § 129 RdNr. 70; allgemein BGHZ 153, 173, 174 ff. = NJW 2003, 828 f.
[141] BGH NJW 2003, 2916; OLG Schleswig ZIP 2001, 1595, 1596; OLG Bremen ZInsO 2002, 189, 190 f.; LG Lübeck DZWIR 2001, 220; HambKomm-*Rogge* § 143 RdNr. 111; *Herbst*, DZWIR 2001, 190, 191 f.; *Gerhardt*, Festschrift für Brandner, 1996, S. 605, 614; MünchKommZPO-*Patzina* § 19 a RdNr. 10; *Musielak/Smid* § 19 a RdNr. 5; *Thomas/Putzo/Hüßtege* § 19 a RdNr. 1; *Zöller/Vollkommer* § 19 a RdNr. 1; aM *Baumbach/Lauterbach/Hartmann* § 19 a RdNr. 3; *Wessel* DZWIR 2000, 196 f.
[142] Vgl. BT-Drucks. 12/3803 S. 67 f. (zu Art. 18 Nr. 1 EGInsO), 122 (unter Nr. 6) u. 133 (zu Nr. 6); ferner BT-Drucks. 12/7303, S. 108 unter Nr. 11 a.
[143] So zur gleich lautenden Vorgängernorm des EuGVÜ BGH NJW 1990, 990, 991; OLG Düsseldorf ZIP 1993, 1018, 1019; OLG Hamm RIW 2000, 305 f.; *Jaeger/Henckel*, KO § 37 RdNr. 141 aE; *Haas* NZG 1999, 1148, 1152; vgl. EuGH NJW 1979, 1772 Nr. 12 LS; Vorlagebeschl. des BGH WM 2007, 1582 ff.
[144] HK-*Kreft* § 129 RdNr. 104; *Uhlenbruck/Hirte* § 143 RdNr. 71; vgl. OLG Köln ZIP 1998, 74, 75.

deren Art. 1 Abs. 2 Nr. 2 ergibt. Daran hat das Fehlen einer ausdrücklichen Regelung für Anfechtungsklagen in der EuInsVO nichts geändert.[145] Auch Art. 3 i. V. m. Art. 2 Buchst. a EuInsVO begründet nicht autonom eine solche **internationale** Zuständigkeit.[146]

Hinsichtlich des **ausschließlichen** Gerichtsstandes des **§ 24 ZPO** ist je nach der Art der geltend gemachten Rückgewährfolgen zu **unterscheiden:** Wird auf Grund der Anfechtung – ausnahmsweise – das Eigentum an einem Grundstück oder dessen dingliche Belastung oder deren Nichtbestehen selbst geltend gemacht, ist § 24 Abs. 1 ZPO unmittelbar erfüllt; dann ist der Gerichtsstand der belegenen Sache zu beachten.[147] Dies kann zB eintreten, wenn der Insolvenzverwalter den Erlass eines Grundpfandrechts anficht (vgl. § 143 RdNr. 49). Dagegen begründet der schuldrechtliche Anspruch auf Verschaffung eines Rechts allgemein nicht die Zuständigkeit gem. § 24 ZPO.[148] Deshalb ist der aus § 143 folgende Anspruch auf Rückgewähr des anfechtbar übertragenen Eigentums an einem Grundstück – oder einer dinglichen Belastung – nicht in diesem Gerichtsstand geltend zu machen.[149] Umstritten ist im vorliegenden Zusammenhang vor allem die Behandlung des schuldrechtlichen Anspruchs auf Befreiung von einer Verbindlichkeit.[150] Insoweit ist der Wortlaut des § 24 ZPO mehrdeutig. Eine Abgrenzung allein nach der Fassung des Klageantrags hat zwar den Vorteil der Einfachheit. Eine Anfechtungsklage ist jedoch ebenfalls ohne besondere Schwierigkeiten abzugrenzen. Deshalb ist entscheidend auf den Zweck des § 24 ZPO abzustellen, der die größere Sachnähe des Gerichts der belegenen Sache berücksichtigen soll. Damit hat jedenfalls die Insolvenzanfechtung nichts zu tun: Deren Schwerpunkt bilden regelmäßig nicht die sachenrechtlichen Umstände, sondern die speziellen Anfechtungsvoraussetzungen, die durch die Verhältnisse des Insolvenzschuldners und seines Vermögens sowie ggf. die Kenntnis des Anfechtungsgegners hiervon bestimmt werden. Zwar kennt das deutsche Recht keinen besonderen Gerichtsstand der Insolvenzverwaltung, doch gibt es erst recht keinen sachlichen Grund dafür, die Verhältnisse der Insolvenzmasse zwingend durch ein Gericht prüfen zu lassen, in dessen Bezirk zufällig der Erfolg der angefochtenen Rechtshandlung eingetreten ist, nur weil sich diese im Einzelfall auf ein Grundstück – statt auf einen beweglichen Gegenstand – bezieht.[151] Zu eigenständigen Sicherungsmaßnahmen schon im Rahmen der eingereichten Klage (dazu s. u. RdNr. 34 aE) ist auch das Gericht der belegenen Sache nicht befugt. Deshalb sollte § 24 Abs. 1 ZPO insbesondere **nicht** für die Klage auf anfechtungsrechtliche Rückgewähr einer Hypothek durch Löschung – statt durch Rückübertragung! (vgl. § 143 RdNr. 43, 44) – eingreifen.[152] Streitigkeiten über die An-

---

[145] AM OLG Frankfurt ZIP 2006, 769, 770 ff.; wohl auch *W. Lüke*, Festschrift für Schütze, 1999, 467, 473 ff.
[146] BGH NJW 2003, 2916 f.; OLG Frankfurt NZI 2006, 648, 649 f.; FK-*Wimmer* § 339 RdNr. 14; *Oberhammer* ZInsO 2004, 767; vgl. *Beissenhirz* S. 214, 316; aM *Burgstaller*, Festschrift für Jelinek, 2002, S. 31, 37 f.; *Haubold* IPRax 2002, 157, 160; *C. Paulus* ZInsO 2006, 295, 298; *Ringe* ZInsO 2006, 700, 701; *Haß/Herweg* in: *Haß/Huber/Gruber/Heiderhoff*, EuInsVO Art. 3 RdNr. 27. Zum Meinungsstreit darüber, ob Anfechtungsentscheidungen anerkennungsfähig sind, falls sie vom Insolvenzgericht selbst getroffen werden, s. u. Art. 25 EuInsVO RdNr. 5 (Vorauflage).
[147] HK-*Kreft* § 129 RdNr. 95; HambKomm-*Rogge* § 143 RdNr. 112; gegen jede Anwendbarkeit des § 24 ZPO *Hess* InsO § 129 RdNr. 181; *Wieczorek/Schütze/Hausmann* § 24 RdNr. 22; AK-ZPO/*Röhl* §§ 24–26 RdNr. 3.
[148] MünchKommZPO-*Patzina* § 24 RdNr. 12; *Stein/Jonas/Schumann* § 24 RdNr. 23; vgl. BGHZ 54, 201, 203 f. = NJW 1970, 1789 f.; RGZ 35, 365, 366 ff.; 51, 231, 232 f.
[149] Vgl. KG JW 1926, 1595, 1596; OLG Celle MDR 1986, 1031; *Uhlenbruck/Hirte* § 143 RdNr. 75; HambKomm-*Rogge* § 143 RdNr. 112; *Stein/Jonas/H. Roth* § 24 RdNr. 11; *Musielak/Smid* § 24 RdNr. 9; *Baumbach/Lauterbach/Hartmann* § 24 RdNr. 4; MünchKommZPO-*Patzina* § 24 RdNr. 8; AK-ZPO-*Röhl* §§ 24 bis 26 RdNr. 3; offen gelassen von BGH ZIP 2001, 973, 974; RGZ 20, 403, 406 f.; dagegen unterschiedslos für eine Anwendung des § 24 ZPO OLG Hamburg OLGR 11, 46; LG Hamburg MDR 1972, 55, 56; LG Itzehoe MDR 1983, 673, 674; *Kilger/K. Schmidt* § 29 KO Anm. 22; *Nerlich* (Fn. 2) § 129 RdNr. 117.
[150] Für eine Anwendbarkeit des § 24 ZPO insoweit *Stein/Jonas/Schumann* § 24 RdNr. 22; MünchKommZPO-*Patzina* § 24 RdNr. 11; *Musielak/Smid* § 24 RdNr. 9; *Baumbach/Lauterbach/Hartmann* § 24 RdNr. 9; *Baur/Stürner* RdNr. 20.19; RGZ 36, 4, 12. Zur Gegenmeinung s. o. drittletzte Fn.
[151] Ebenso *Wieczorek/Schütze/Hausmann* § 24 RdNr. 30.
[152] OLG Hamburg BB 1957, 274; HambKomm-*Rogge* § 143 RdNr. 112; aM *Jaeger/Henckel*, KO § 37 RdNr. 141; *Zöller/Vollkommer* § 24 RdNr. 13.

fechtbarkeit eines Vorrangs an eingetragenen Rechten sollten so behandelt werden, als ob diese Rechte selbst umstritten wären.

34 Der Gesichtspunkt der Sachnähe führt hingegen zu einer wenigstens entsprechenden Anwendung des § 771 oder des § 805 Abs. 2 ZPO auf Klagen, mit denen eine Maßnahme der Zwangsvollstreckung gegen Gläubiger des Anfechtungsgegners oder eine anfechtbare Pfändung gegen diesen selbst angefochten wird.[153] Zwar begründen nicht erst diese Vorschriften die Möglichkeit des Insolvenzverwalters, gegen Gläubiger des Anfechtungsgegners unmittelbar vorzugehen; diese folgt vielmehr schon aus § 145 Abs. 2 Nr. 3 InsO (s. o. § 145 RdNr. 30). Jedoch ist das geltend gemachte Rechtsschutzziel mit denen der §§ 771, 805 ZPO deckungsgleich. Zudem ist die Abwehr von Maßnahmen der Zwangsvollstreckung durchweg eilbedürftig. Nicht nur die Nähe des Gerichts am Vollstreckungsort, sondern auch dessen eigene Möglichkeit zur einstweiligen Einstellung der Zwangsvollstreckung gem. § 771 Abs. 3 bzw. § 805 Abs. 4 i. V. m. §§ 769, 770 ZPO[154] machen dieses zum geeignetsten. Entsprechendes gilt für § 879 ZPO.[155] Zur möglichen Anwendbarkeit des § 767 ZPO s. u. RdNr. 39.

35 **c) Sachlich zuständig** ist das Prozessgericht nach Maßgabe des Streitwerts (§§ 23 Nr. 1, 71 Abs. 1 GVG), der durch den Klageantrag bestimmt wird. Rechtsgrundlage der Wertbestimmung sind regelmäßig die §§ 3 bis 5 ZPO, nicht § 6 ZPO.[156] Denn das Interesse der Insolvenzmasse wird – anders als dasjenige eines gem. § 11 AnfG anfechtenden Einzelgläubigers – nicht durch die Höhe einer einzelnen, zu sichernden Forderung begrenzt, sondern dient dem Interesse sämtlicher Insolvenzgläubiger. Dagegen greift § 6 ZPO bei der Anfechtung gerade eines Pfandrechts[157] sowie bei Anfechtungsklagen gegen Vollstreckungsmaßnahmen Dritter entsprechend § 771 ZPO[158] ein. Verlangt der Anfechtende Rückgewähr eines schon vor der anfechtbaren Veräußerung belasteten Grundstücks unter Bestehen bleiben dieser Belastungen, sind diese vom Grundstückswert abzuziehen.[159] Wird die Rückabtretung einer Forderung beantragt, ist der Streitwert nicht nach deren Nominalwert festzusetzen, sondern unter Berücksichtigung ihrer Einbringlichkeit zu schätzen.[160] Eine anfechtbare Schuldbegründung ist mit der Quote zu bewerten, die bei einer Berücksichtigung auf die Insolvenzforderung entfiele.[161]

---

[153] Ebenso iE. RGZ 18, 393, 394 f.; 30, 394, 397; 40, 371, 372; RG JW 1890, 68 Nr. 3; 1894, 122 Nr. 18, 427 Nr. 24; 1895, 202; 1901, 330 Nr. 13; 1910, 114; Gruchot 38 (1894), 180, 181 f. und 492, 493 f.; 46 (1902), 1054, 1056; LZ 1908, 609 ff.; KG OLGR 29, 194 f.; NJW 1958, 914, 915 f.; *Jaeger/Henckel* § 37 RdNr. 62, 72 ff., 141; *Stein/Jonas/Münzberg* § 771 RdNr. 40; *Zöller/Herget* § 771 RdNr. 14 Stichwort Anfechtungsrecht; *Baumbach/Lauterbach/Hartmann* § 771 RdNr. 14; *Gerhardt*, Gläubigeranfechtung S. 336 f.; *K. Schmidt* JZ 1990, 619, 620 f.; *Kindl* NZG 1998, 321, 329 f.; *Allgayer* RdNr. 648 ff.; *Stratmann* (vor § 143) S. 147 ff.; wohl auch *Uhlenbruck/Hirte* § 143 RdNr. 74 aE i. V. m. § 129 RdNr. 140; aM BGH NJW 1990, 990, 992; OLG Marienwerder OLGR 29, 196, 197; OLG Hamburg SeuffA 80 (1926), Nr. 65; LG Trier BB 1955, 139; LG Frankfurt/Main InVo 2000, 20; HK-*Kreft* § 129 RdNr. 95; *Hess* InsO § 129 RdNr. 181; *Nerlich* (Fn. 139) § 129 RdNr. 114 f.; *Baur/Stürner* RdNr. 20.19; *Häsemeyer* RdNr. 21.16; *Jaeger* LZ 1915, 1527 f. Anm.; *Lent* JR 1958, 302 f. in Anm.; offengelassen von BGHZ 135, 140, 147 f. = NJW 1997, 1857, 1858 f.
[154] Vgl. dazu RGZ 30, 394, 397 f.; RG JW 1893, 77 f.; KG KuT 1932, 81 f.
[155] Vgl. BGH ZIP 2001, 933 f.
[156] RGZ 34, 404, 405; RG Gruchot 45 (1901), 367, 368; OLG Hamburg OLGR 25, 44; *Uhlenbruck/Hirte* § 143 RdNr. 68; *Jaeger/Henckel*, KO § 37 RdNr. 140.
[157] RG KuT 1929, 25; *Jaeger/Henckel*, KO § 37 RdNr. 140; einschränkend für den Abzug vorrangiger Belastungen RGZ 151, 319 f.; wohl auch *Stein/Jonas/Roth* § 6 RdNr. 26 aE.
[158] RG JW 1910, 114 Nr. 18; HK-*Kreft* § 129 RdNr. 97; FK-*Dauernheim* § 143 RdNr. 48; *Jaeger/Henckel*, KO § 37 RdNr. 140; *Jaeger* LZ 1910, 228; aM LG Köln DZWIR 2002, 217 m. ab. Anm. von *App.* Ergänzend s. o. RdNr. 34.
[159] RGZ 34, 404, 405 f.; RG Gruchot 45 (1901), 367, 368 f.; OLG Hamburg OLGR 25, 44; HambKomm-*Rogge* § 143 RdNr. 114; *Jaeger/Henckel*, KO § 37 RdNr. 140; *Uhlenbruck/Hirte* § 143 RdNr. 67; *Zöller/Herget* § 3 RdNr. 16 Stichwort Anfechtungsklage.
[160] OLG München ZZP 51 (1926), 274 f. m. zust. Anm. v. *Jaeger*; *Jaeger/Henckel*, KO § 37 RdNr. 140; dagegen für den Nennbetrag *Stein/Jonas/Roth* § 2 RdNr. 100.
[161] HambKomm-*Rogge* § 143 RdNr. 114; vgl. OLG München OLGR 19, 49.

Da der Anfechtungsanspruch nicht aus einem Handelsgeschäft folgt (vgl. § 143 Rd- 36
Nr. 13), sind **nicht die Kammern für Handelssachen** gem. §§ 94, 95 GVG zur Entscheidung über Anfechtungsklagen zuständig.[162] Ferner ist das **Familiengericht** auch dann **nicht** nach § 23 b Abs. 1 Satz 2 GVG zuständig, wenn die Rückgewähr von Leistungen aus den familienrechtlichen Beziehungen gem. § 143 verlangt wird;[163] denn die Anfechtung wurzelt im Insolvenzrecht, nicht im Familienrecht.

d) An **Vereinbarungen** des späteren **Insolvenzschuldners** über die gerichtliche Zu- 37
ständigkeit (§ 38 ZPO) ist der Anfechtende **nicht** gebunden, weil der Schuldner nicht im Voraus über Masseansprüche verfügen kann.[164] Anderes gilt, sofern ein Einzelgläubiger einen Anfechtungs-Rechtsstreit schon vor Insolvenzeröffnung rechtshängig gemacht hat und die Zuständigkeit des Gerichts dafür bindend begründet worden ist; etwaige Bedenken hiergegen muss der Insolvenzverwalter dann schon bei der Entscheidung über eine Aufnahme des Rechtsstreits (§§ 16, 17 AnfG) berücksichtigen. Ein **Schiedsvertrag,** den der Insolvenzschuldner vor Verfahrenseröffnung für Rechtsstreitigkeiten über ein Rechtsverhältnis geschlossen hat, auf das sich die anfechtbare Handlung bezieht, begründet **nicht** gem. § 1032 Abs. 1 ZPO die Unzulässigkeit der bei einem staatlichen Gericht erhobenen Anfechtungsklage.[165] Denn der Schuldner ist nicht berechtigt, über den Anfechtungsanspruch gem. § 143 zu verfügen; dieser entsteht als solcher zugunsten der Gesamtheit aller Insolvenzgläubiger erst mit der Verfahrenseröffnung (vgl. § 129 RdNr. 186, § 143 Rd-Nr. 9).

Dagegen darf der **Insolvenzverwalter** grundsätzlich über den Anfechtungsanspruch 38
verfügen und sich über ihn vergleichen (s. o. § 129 RdNr. 196). Jedenfalls nach der regelmäßigen Ausgestaltung dieses Rechts in einen normalen Anspruch i. S. v. § 194 Abs. 1 BGB (s. o. RdNr. 5) besteht kein Grund, dem Insolvenzverwalter den Abschluss von Gerichtsstandvereinbarungen oder Schiedsabreden allgemein zu versagen. Vielmehr sind insbesondere von ihm abgeschlossene Schiedsvereinbarungen i. S. d. §§ 1029 bis 1031 ZPO regelmäßig **rechtswirksam**.[166] Dies gilt gemäß allgemeinen Grundsätzen nur bei einem offenkundigen Verstoß gegen den Insolvenzzweck nicht.

2. Gestaltung des Anfechtungsrechtsstreits. a) Durchweg wird die Anfechtung mit 39
einem **Leistungsantrag** geltend gemacht, der dem Inhalt der jeweiligen Rückgewährverpflichtung (vgl. § 143 RdNr. 20 ff., 59 ff.) anzupassen ist. Der Antrag muss grundsätzlich auf Rückgewähr an den Insolvenzschuldner lauten (s. o. § 143 RdNr. 25, 28), für den der Insolvenzverwalter handelt. Beantragt dieser Rückgewähr an sich selbst, so ist das im Zweifel dahin auszulegen, dass er nicht als Privatperson, sondern in seiner Eigenschaft als Verwalter handelt (s. o. § 129 RdNr. 195). Ein Antrag mit dem Ziel, den Anfechtungsgegner allgemein zum Verzicht auf Rechte aus einem erwirkten Titel zu verurteilen, ist inhaltlich nicht bestimmt genug.[167] Wird ein titulierter Anspruch angefochten, aus dem bereits die Zwangsvollstreckung betrieben wird, kann eine Vollstreckungsgegenklage i. S. v. § 767 ZPO

---

[162] HK-*Kreft* § 129 RdNr. 97; *Nerlich* (Fn. 2) § 129 RdNr. 119; HambKomm-*Rogge* § 143 RdNr. 115; *Jaeger/Henckel,* KO § 37 RdNr. 142; *Uhlenbruck/Hirte* § 143 RdNr. 65; *Schmitz* EWiR 1999, 845 f. m. N. der Gegenmeinung des LG München I; anders für Kapitalersatzklagen des Insolvenzverwalters nach §§ 32 a, 32 b GmbHG LG Hamburg ZIP 1998, 480 f. Ergänzend s. o. § 143 RdNr. 13.
[163] HambKomm-*Rogge* § 143 RdNr. 115; FK-*Dauernheim* § 143 RdNr. 48; *Jaeger/Henckel,* KO § 37 RdNr. 143.
[164] *Uhlenbruck/Hirte* § 143 RdNr. 65; HambKomm-*Rogge* § 143 RdNr. 116; vgl. *Heidbrink/v. d. Groeben* ZIP 2006, 265, 267.
[165] BGH NJW 1956, 1920, 1921; ZInsO 2004, 88; LG Paderborn ZIP 1980, 967, 968; HK-*Kreft* § 129 RdNr. 98; HambKomm-*Rogge* § 143 RdNr. 117; *Flöther* DZWIR 2001, 89, 93 f.; *Nerlich* (Fn. 2) § 129 RdNr. 120; *Jaeger/Henckel,* KO § 37 RdNr. 144; *Kilger/K. Schmidt* § 29 KO Anm. 22; *Baur/Stürner* Rd-Nr. 20.19; MünchKommZPO-*Münch* § 1029 RdNr. 22; *Heidbrink/v. d. Groeben* ZIP 2006, 265, 266 f.; vgl. BGHZ 24, 15, 18 = NJW 1957, 791; aM *Uhlenbruck/Hirte* § 143 RdNr. 66; *C. Paulus* ZInsO 1999, 242, 244 f.
[166] HK-*Kreft* § 129 RdNr. 98; HambKomm-*Rogge* § 143 RdNr. 117; *Heidbrink/v. d. Groeben* ZIP 2006, 265, 268. Zur Möglichkeit der Verjährungshemmung s. o. RdNr. 21 a.
[167] BGH NJW 1992, 624, 626.

§ 146   40–42   3. Teil. 3. Abschnitt. Insolvenzanfechtung

mit dem Ziel nötig und zulässig sein, dass der Anfechtungsgegner von seinem Recht gegenüber der Insolvenzmasse keinen Gebrauch macht.[168] Hiervon und von den Fällen der §§ 771, 878 ZPO abgesehen, scheidet eine Gestaltungsklage aus.[169] Jedoch kann eine **Feststellungsklage** die Frist des § 146 Abs. 1 wahren[170] und unter den Voraussetzungen des § 256 ZPO zulässig sein.[171]

40   Zu den Anforderungen an eine Klageerhebung, welche die Anfechtungsfrist des § 146 Abs. 1 unterbrechen soll, s. o. RdNr. 15, 15 a. Ergeben die vom Kläger vorgetragenen Tatsachen, dass die Anfechtung unter mehreren rechtlichen Gesichtspunkten in Betracht kommt, so will er sie regelmäßig auf alle möglichen Tatbestände stützen.[172] Vermag der Anfechtende keinen dem § 253 Abs. 2 Nr. 2 ZPO entsprechenden, bestimmten Antrag zu stellen, kommt eine fristwahrende Verbindung mit dem vorrangig durchzusetzenden Auskunftsanspruch (s. o. § 143 RdNr. 14) im Wege einer **Stufenklage** i. S. v. § 254 ZPO in Betracht.[173] Bei Ungewissheit über die Möglichkeit des Anfechtungsgegners, Rückgewähr in Natur (§ 143 Abs. 1 Satz 1) zu leisten, kann der hierauf gerichtete Antrag durch einen solchen auf Fristbestimmung gem. § 255 ZPO ergänzt werden.[174] Ein auf Rückgewähr in Natur oder Wertersatz gerichteter Antrag ist nur im Wege einer hilfsweisen Staffelung (§ 260 ZPO) möglich,[175] weil sich die beiden Rechtsfolgen gegenseitig ausschließen (vgl. § 143 RdNr. 73, 82). Zur Geltendmachung der Anfechtung im Wege der Einrede s. u. RdNr. 51.

41   b) Oft wird der Insolvenzverwalter wegen unzureichender finanzieller Mittel der Insolvenzmasse eine Anfechtungsklage nur dann erheben können, wenn ihm dafür **Prozesskostenhilfe** bewilligt wird. Die Voraussetzungen bestimmen sich nach § 116 Satz 1 Nr. 1 ZPO.[176] Bei der Frage, welchen möglicherweise begünstigten Gläubigern die Aufbringung eines Prozesskostenvorschusses zuzumuten ist, ist der Wegfall aller Vorrechte durch die Insolvenzordnung zu beachten; Gläubigern, die nur eine geringe Quote zu erwarten haben, wird im Allgemeinen der riskante Einsatz eigener finanzieller Mittel für einen Prozesskostenvorschuss nicht zuzumuten sein. Dasselbe gilt für Insolvenzgläubiger, deren Forderungsanmeldung der Insolvenzverwalter bestritten hat.[177] Wegen seines eigenen Gebührenanspruchs ist der Insolvenzverwalter nicht persönlich im Prozess der Insolvenzmasse „wirtschaftlich beteiligt".[178] Liegen die Voraussetzungen für die Bewilligung von Prozesskostenhilfe vor, so ist dem Insolvenzverwalter für einen Anfechtungsprozess in aller Regel ein Rechtsanwalt beizuordnen.[179]

42   c) Folgen der **Rechtshängigkeit**. Eine Einstellung der Zwangsvollstreckung kommt nur auf der Grundlage des § 767 ZPO (s. o. RdNr. 39) sowie einer entsprechenden Anwendung

---

[168] Vgl. RGZ 47, 216, 222; 70, 113, 114 für „verlängerte" Vollstreckungsabwehrklagen hinsichtlich des Erlöses auf Grund Einzelgläubigeranfechtung. Ergänzend vgl. § 143 RdNr. 20, 26, 45.
[169] *Uhlenbruck/Hirte* § 143 RdNr. 59; HambKomm-*Rogge* § 143 RdNr. 120; aM *Böttcher*, Festschrift für Dölle, S. 41, 50 Fn. 16.
[170] RGZ 133, 46, 49; *Smid/Zeuner* § 129 RdNr. 34; *Nerlich* (Fn. 2) § 129 RdNr. 110; *Jaeger/Henckel*, KO § 37 RdNr. 145, S. 1266 u. 148; *Kilger/K. Schmidt* § 37 KO Anm. 15. Zur Unterbrechungswirkung vgl. BGHZ 103, 298, 301 f. = NJW 1988, 1380, 1381.
[171] Vgl. hierzu BGH WM 1961, 601, 602; ZInsO 2007, 658, 659; RG LZ 1908, 786 f.; *Uhlenbruck/Hirte* § 143 RdNr. 59; HambKomm-*Rogge* § 143 RdNr. 119.
[172] BGHZ 117, 374, 382 = NJW 1992, 1626, 1628; BGHZ 123, 320, 322 = NJW 1993, 3267; BGH WM 1960, 546, 547.
[173] *Jaeger/Henckel*, KO § 37 RdNr. 145; vgl. OLG Stuttgart ZIP 1986, 386, 388 und zur Unterbrechungswirkung BGH NJW 1992, 2563 f.
[174] HambKomm-*Rogge* § 143 RdNr. 118; *Jaeger/Henckel*, KO § 37 RdNr. 145. Ergänzend s. o. § 143 RdNr. 82.
[175] Vgl. BGH NJW 1970, 44, 45; 1987, 2821, 2822, insoweit nicht in BGHZ 101, 286 abgedr.; zu § 7 AnfG aF auch BGH NJW 1984, 2890, 2892. Ergänzend s. o. RdNr. 15 c.
[176] HK-*Kreft* § 129 RdNr. 99, 100; *Uhlenbruck/Hirte* § 143 RdNr. 81; HambKomm-*Rogge* § 143 RdNr. 126. Ergänzend s. o. vor § 129 RdNr. 6.
[177] Vgl. OLG Naumburg ZIP 1994, 383, 384; *Pape*, in Insolvenzrecht 1998, Köln, 1999, S. 29, 42; *Zöller/Philippi* § 116 RdNr. 7 a; aM *Baumbach/Lauterbach/Hartmann* § 116 RdNr. 11.
[178] BGH ZIP 1998, 297 f.; *Gottwald/Huber* (Fn. 81) § 51 RdNr. 37.
[179] BGH NZI 2006, 341 f..

des § 771 ZPO (s. o. RdNr. 34) in Betracht. Durch die Klage auf Rückgewähr einer anfechtbar veräußerten Sache (§ 143 Abs. 1 Satz 1) wird diese nicht im Sinne von § 265 ZPO streitbefangen.[180] Veräußert der Anfechtungsgegner nach Rechtshängigkeit die anfechtbar erlangte Sache in solcher Weise, dass er sie nicht mehr zurückgewähren kann, muss der Anfechtende Wertersatz verlangen (s. o. § 143 RdNr. 73 ff.). Eine Klageänderung liegt darin im Hinblick auf § 264 Nr. 3 ZPO nicht (s. o. RdNr. 19). Dasselbe gilt, wenn der Anfechtende erst nach der Klageerhebung von der Unmöglichkeit der Rückgewähr erfährt. Nach rechtskräftiger Verurteilung zur Rückgewähr in Natur kann der Insolvenzverwalter unter den Voraussetzungen des § 281 BGB Wertersatz verlangen, ohne zuvor die Zwangsvollstreckung versucht zu haben.[181] Streitgegenstand der Anfechtungsklage ist das konkrete Klageziel in Verbindung mit dem dafür angegebenen Sachverhalt, der auch mehrere „Rechtshandlungen" i. S. v. § 129 Abs. 1 umfassen kann. Soweit der zur Begründung der Anfechtungsklage vorgetragene Sachverhalt zugleich das Eingreifen weiterer Anspruchsgrundlagen – zB § 812 oder § 826 BGB – rechtfertigt, gehören auch diese mit zum Streitgegenstand.[182] Im Anfechtungsprozess können der Insolvenzschuldner und -gläubiger, die selbst nicht Partei sind, als Zeugen vernommen werden.[183]

42 a Im Rechtsstreit darf der Insolvenzverwalter auch bloß vermutete Tatsachen behaupten, wenn dafür greifbare Anhaltspunkte – zB aus unstreitigen oder unter Beweis gestellten Indizien – bestehen.[184] In der Berufungsinstanz hindert das Novenverbot des § 531 Abs. 2 ZPO nicht die rechtliche Prüfung weiterer Anfechtungstatbestände auf Grund des zuvor unterbreiteten Sachverhalts.[185] Zur nötigen vorprozessualen Leistungsaufforderung durch den Insolvenzverwalter s. u. RdNr. 43 a, zur Möglichkeit der Streithilfe durch Gläubiger und/oder Schuldner s. o. § 129 RdNr. 197 f. Eine Widerklage kann nicht gem. § 33 ZPO gegen den Insolvenzschuldner persönlich gerichtet werden, weil er nicht in einem rechtlichen Zusammenhang zu der den Insolvenzgläubigern dienenden Anfechtung (s. o. § 129 RdNr. 189) steht.[186] Der Anfechtungsgegner kann im Hinblick auf ein mögliches Wiederaufleben seiner Rechte nach § 144 dem Schuldner den Streit gem. §§ 72 ff. ZPO verkünden (s. o. § 144 RdNr. 10 b).

43 d) Soweit der Anfechtungsanspruch auf Rückgewähr in Natur (§ 143 Abs. 1 Satz 1) gerichtet ist, scheidet ein **Grundurteil** nach § 304 Abs. 1 ZPO aus.[187] Dagegen ist eine Trennung in Grund- und Betragsverfahren möglich und deshalb ein Grundurteil zulässig, soweit der Anfechtende eine Geldleistung – insbesondere als Wertersatz (§ 143 Abs. 1 Satz 2) – verlangt.[188]

43 a Über die **Prozesskosten** ist stets nach §§ 91 ff. ZPO zu entscheiden. Eine Erledigung der Hauptsache ist gemäß allgemeinen Regeln möglich.[189] Erkennt der Anfechtungsgegner den Rückgewähranspruch sofort an, fallen die Prozesskosten regelmäßig gem. § 93 ZPO dem Anfechtenden zur Last, falls er den Anfechtungsgegner nicht vor der Klageerhebung

---

[180] *Jaeger/Henckel*, KO § 37 RdNr. 147; *Stein/Jonas/Schumann* § 265 RdNr. 12; *Wieczorek* § 265 Anm. B I b 1; *Thomas/Putzo/Reichold* § 265 RdNr. 4; zu § 7 AnfG aF auch RGZ 103, 113, 121; OLG Stettin OLGR 4, 177 f.; OLG Köln ZIP 1991, 1369, 1371; aM *Allgayer* RdNr. 437, 726. Zum Theorienstreit s. o. Vor § 129 RdNr. 24.
[181] So zu § 283 BGB aF *Jaeger/Henckel*, KO § 37 RdNr. 96, 146; vgl. OLG Köln ZIP 1991, 1369, 1374; *Uhlenbruck/Hirte* § 143 RdNr. 26; ferner BGH NJW 1970, 44, 45; OLG Hamburg NZI 2001, 424, 426 aE. Ergänzend s. § 143 RdNr. 82.
[182] Vgl. *Henckel* ZIP 1990, 137 f.
[183] RGZ 29, 29 ff.; *Kilger/K. Schmidt* § 36 KO Anm. 2; *Baur/Stürner* RdNr. 20.2. Ergänzend s. o. § 129 RdNr. 191, 195 f.
[184] BGH NJW-RR 2002, 1419, 1420 f.; näher *Huber*, Festschrift für Gerhardt, 2004, S. 379, 383 ff.
[185] OLG Düsseldorf ZIP 2004, 1008, 1009; ergänzend s. o. RdNr. 15 c.
[186] Ergänzend vgl. FK-*Foltis* § 280 RdNr. 9.
[187] RGZ 73, 426, 428; 138, 84, 86 ff.; HK-*Kreft* § 129 RdNr. 102; *Kilger/K. Schmidt* § 29 KO Anm. 21; zu § 7 AnfG aF auch OLG Hamm JMBl. NW 1952, 207.
[188] BGH NJW 1995, 1093, 1095; HK-*Kreft* § 143 RdNr. 25; HambKomm-*Rogge* § 143 RdNr. 125; *Jaeger/Henckel*, KO § 37 RdNr. 149; *Uhlenbruck/Hirte* § 143 RdNr. 78.
[189] Vgl. BGH WM 1971, 1443 f.; *Jaeger/Henckel*, KO § 37 RdNr. 151.

§ 146   44   3. Teil. 3. Abschnitt. Insolvenzanfechtung

vergeblich zur Rückgewähr aufgefordert hatte; allein der drohende Ablauf der Verjährungsfrist nach § 146 Abs. 1 darf den Insolvenzverwalter durchweg nicht an einer solchen, wenigstens kurz befristen Aufforderung hindern.[190] Eine „schlüssige Begründung"[191] ist aber allenfalls nötig, soweit der Anfechtungsgegner selbst nicht informiert ist. Der trotz vorprozessualer Aufforderung nicht leistende Anfechtungsgegner hat auch dann Anlass zur Klageerhebung i. S. v. § 93 ZPO gegeben, wenn der anfechtende Insolvenzverwalter ihm vorher nicht ungefragt dargelegt hat, dass die angefochtene Zahlung des Schuldners von dessen Bankkonto nicht außerhalb eines Kreditrahmens geleistet wurde.[192] Hat allerdings der Anfechtungsgegner in Fällen der Insolvenzanfechtung, in denen die angefochtene Zahlung über ein Bankkonto erfolgt ist, die Gläubigerbenachteiligung bestritten, soll nach einem neuen Beschluss des BGH[193] die Darlegung, dass die Zahlung aus einem Guthaben oder im Rahmen einer eingeräumten Kreditlinie erbracht wurde, Schlüssigkeitsvoraussetzung sein. Diese Entscheidung beruht auf der – abzulehnenden – Annahme, bei der Zahlung aus einer gestatteten Kreditüberziehung handele es sich um einen bloßen Gläubigertausch (s. o. § 129 RdNr. 108 c). Eine vorprozessuale Aufforderung kann entbehrlich sein, wenn der Anspruch auf Rückgewähr in Natur auf § 133 gestützt werden kann. Denn dies setzt eine Mitwirkung des Anfechtungsgegners an der anfechtbaren Handlung voraus, die für sich schon Anlass zur sofortigen Klageerhebung gibt, indem sie die Gefahr einer weiteren Vereitelung der Rückgewähr begründet.[194]

44   **3. Sicherung des Anfechtungsrechts.** Der Anspruch auf Rückgewähr in Natur (§ 143 Abs. 1 Satz 1) kann durch **einstweilige Verfügung** gem. §§ 935 ff. ZPO,[195] derjenige auf Zahlung von Geld – insbesondere Wertersatz (§ 143 Abs. 1 Satz 2) – nach §§ 916 ff. ZPO durch dinglichen oder persönlichen **Arrest**[196] gesichert werden. Richtet sich der Anspruch auf Übereignung eines Grundstücks oder auf Übertragung eines Rechts daran, kommt als Sicherungsmittel vor allem eine **Vormerkung** nach §§ 885 Abs. 1 BGB,[197] hilfsweise ein Veräußerungsverbot gem. §§ 135, 136 BGB in Betracht.[198] Die Übertragung des letzten nennenswerten Vermögensteils eines illiquiden Schuldners auf einen nahen Angehörigen kann Anlass geben, um einstweiligen Rechtsschutz nachzusuchen.[199] Dasselbe sollte bei allen Rechtshandlungen gelten, die mit direktem Gläubigerbenachteiligungsvorsatz begangen wurden, weil dies auch die Bereitschaft nahelegt, eine Rückgewähr zu vereiteln.[200]

---

[190] LG Gotha JW 1928, 1889; HambKomm-*Roge* § 143 RdNr. 125; *Jaeger/Henckel*, KO § 37 RdNr. 151; *Uhlenbruck/Hirte* § 143 RdNr. 78; zu § 3 Abs. 1 Nr. 3 oder 4 AnfG aF auch OLG Düsseldorf ZIP 1984, 1381 f.
[191] So OLG Koblenz ZInsO 2005, 938 f.
[192] OLG Hamburg ZInsO 2004, 982 f. m. Anm. von *Blank*; vgl. OLG Stuttgart ZInsO 2005, 942, 945 f.; aM *Geiger* ZInsO 2004, 1188 ff.
[193] BGH ZInsO 2007, 323, 324; tendenziell anders noch BGH ZInsO 2006, 1164; *Hess* InsO § 131 RdNr. 171 mwN.
[194] OLG Karlsruhe OLGR 5, 168, 169; *Jaeger/Henckel*, KO § 37 RdNr. 151, § 41 RdNr. 60; zu § 3 Abs. 1 Nr. 1 oder 2 AnfG aF auch OLG Bamberg KTS 1972, 196; OLG Schleswig MDR 1977, 321; aM LG Kaiserlautern KTS 1972, 201, 202; *Kilger/K. Schmidt* § 37 KO Anm. 15. Ergänzend s. u. RdNr. 44 aE.
[195] RG Gruchot 30 (1886), 745, 746; OLG Frankfurt LZ 1908, 174; HK-*Kreft* § 143 RdNr. 9; *Uhlenbruck/Hirte* § 143 RdNr. 82; HambKomm-*Rogge* § 143 RdNr. 124; *Jaeger/Henckel*, KO § 37 RdNr. 150; vgl. RG JW 1892, 181 Nr. 7; OLG Colmar LZ 1912, 172, 173. Zur Glaubhaftmachung des Arrest- oder Verfügungsgrundes gem. §§ 920 Abs. 2, 936 ZPO für einen Anfechtungsanspruch vgl. *Pakuscher* JR 1959, 288 f.
[196] OLG Frankfurt BB 1975, 1279 Leits. 3; HK-*Kreft* § 129 RdNr. 103, § 143 RdNr. 9; *Smid/Zeuner* § 129 RdNr. 36; vgl. OLG Stuttgart ZIP 2005, 588; HambKomm-*Rogge* § 143 RdNr. 124; *Jaeger/Henckel*, KO § 37 RdNr. 150; *Uhlenbruck/Hirte* § 143 RdNr. 82; zu § 7 AnfG aF auch RG Gruchot 50 (1906), 433, 434; OLG Düsseldorf NJW 1977, 1828. Zur Sicherung eines Anspruchs gem. § 7 AnfG aF wegen anfechtbar bestellter Hypotheken durch Arrest vgl. RG JW 1928, 1345, 1346.
[197] OLG Dresden ZInsO 2002, 140, 141; HK-*Kreft* § 129 RdNr. 103, § 143 RdNr. 9; HambKomm-*Rogge* § 143 RdNr. 124; *Jaeger/Henckel*, KO § 37 RdNr. 43 f.; *Uhlenbruck/Hirte* § 143 RdNr. 83; *Baur/Stürner* RdNr. 20.21; *Nerlich* (Fn. 2) § 129 RdNr. 124; vgl. LG Chemnitz ZIP 1999, 496 f. und für ein Verfügungsverbot gem. § 7 AnfG aF RGZ 67, 39, 42. Ergänzend s. o. § 143 RdNr. 31 und zum Theoriestreit Vor § 129 RdNr. 22.
[198] MünchKommBGB-*Wacke* § 883 RdNr. 14; *Allgayer* RdNr. 542, 546.
[199] BGH NJW 2006, 2557, 2559 f.
[200] Vgl. *Spring/Kücük* InVo 2004, 352, 354 f. Ergänzend s. o. RdNr. 43 a aE.

VI. Anfechtungseinrede (Abs. 2)

Das dem Schutz der Insolvenzmasse dienende, **unverjährbare Leistungsverweigerungsrecht** aus Abs. 2 (s. o. RdNr. 1, 3) ist grundsätzlich auf die Dauer des Insolvenzverfahrens – einschließlich vorbehaltener nachträglicher Prozesse (s. o. § 129 RdNr. 211) – befristet.[201] Bejaht man allerdings die Abtretbarkeit des Anfechtungsanspruchs (vgl. § 129 RdNr. 214 ff.), wird man auch den Fortbestand der Einrede insoweit zulassen müssen, als das in der Insolvenzmasse verbliebene, aber von der anfechtbaren Handlung betroffene Vermögen auf einen Dritterwerber übertragen worden ist; die Rechtsbeständigkeit einer solchen Masseverwertung ist nur sicherzustellen, wenn dem Erwerber auch zu Verteidigungszwecken der Anfechtungsanspruch übertragen werden kann.[202]   45

1. Voraussetzungen. a) Der Einrede des § 146 Abs. 2 bedarf es **nicht**, soweit die anfechtbare Rechtshandlung von vornherein unwirksam ist (s. o. RdNr. 9). Dies kann nach § 96 Abs. 1 Nr. 3 insbesondere für Auf- oder Verrechnungen durch einen Insolvenzgläubiger zutreffen.[203] Der Insolvenzverwalter, der dieses Erfüllungssurrogat nicht gelten lassen will, hat seinerseits den Anspruch der Masse gegen den Insolvenzgläubiger innerhalb der Verjährungsfrist des § 146 Abs. 1 geltend zu machen (s. o. RdNr. 5). Einen Aufrechnungseinwand des Gläubigers vermag er mit dem Hinweis auf die anfechtbar begründete Aufrechnungslage unbefristet zu entkräften.[204] Das gilt auch, wenn die Aufrechnung eine Vollstreckungsgegenklage gegen eine titulierte Forderung der Insolvenzmasse stützen soll,[205] und unabhängig davon, ob die Aufrechnungserklärung schon vor oder erst nach der Insolvenzeröffnung abgegeben worden ist.[206] Jedoch muss der Insolvenzverwalter selbst innerhalb der Frist des § 146 Abs. 1 anfechten, wenn nur der spätere Insolvenzschuldner die Aufrechnung erklärt hatte;[207] auf eine bloße Einrede i. S. v. Abs. 2 darf er sich dann nicht beschränken.[208] Der Einrede des Abs. 2 bedarf es gem. § 215 BGB ferner nicht zur Aufrechnung mit einem verjährten Anfechtungsanspruch oder für ein darauf gestütztes Zurückbehaltungsrecht, sofern dieser Anspruch der Gegenforderung schon in unverjährter Zeit durchsetzbar gegenüber gestanden hat (s. o. RdNr. 10).   46

Andererseits besteht eine Einrede nicht in allen Fällen, in denen der Anfechtungsanspruch verjährt ist. Vielmehr berechtigt Abs. 2 nur dazu, die Erfüllung einer **Leistungspflicht** zu verweigern. Insoweit kommen allerdings Leistungspflichten jeder Art in Betracht, nicht etwa nur schuldrechtliche. Insbesondere darf auch die Erfüllung sachenrechtlicher Leistungspflichten mit der Anfechtungseinrede verweigert werden,[209] also zB alle Aus- oder Absonderungsbegehren anfechtbar gesicherter Gläubiger.[210] Ergänzend s. u. RdNr. 53 a.   46 a

Die Leistungspflicht, deren Erfüllung zu verweigern ist, muss nicht schon im **Zeitpunkt** der Insolvenzeröffnung bestanden haben.[211] Vielmehr genügt es, dass sie infolge der Insol-   47

---

[201] *Baur/Stürner* RdNr. 20.22; ergänzend s. o. RdNr. 5, § 143 RdNr. 44.
[202] Ebenso HK-*Kreft* § 146 RdNr. 12; HambKomm-*Rogge* § 146 RdNr. 13; vgl. *Uhlenbruck/Hirte* § 146 RdNr. 6; ergänzend s. o. § 129 RdNr. 221.
[203] *Uhlenbruck/Hirte* § 129 RdNr. 34; s. o. RdNr. 5, § 143 RdNr. 52. Zur Rechtslage auf Grund des § 41 Abs. 2 KO vgl. OLG Düsseldorf NJW-RR 1990, 576.
[204] HK-*Kreft* § 146 RdNr. 15; *Gerhardt* KTS 2004, 195, 202 f.
[205] Vgl. KG KTS 1983, 453, 456.
[206] BGH ZInsO 2006, 1215, 1216 f., z. V. b. in BGHZ; ergänzend s. o. § 96 RdNr. 37.
[207] Vgl. HK-*Kreft* § 129 RdNr. 16 aE; *Häsemeyer* RdNr. 19.15 Fn. 60; ergänzend s. o. § 143 RdNr. 52.
[208] *v. Olshausen* KTS 2001, 45, 55 ff.
[209] RegE S. 169 zu § 165 Abs. 3; HK-*Kreft* § 146 RdNr. 12; *Kübler/Prütting/Paulus* § 146 RdNr. 9; *Eckardt*, Anfechtungsklage S. 66 bis 68; auch RGZ 95, 224, 226; RG KuT 1929, 122, 123 zu OLG Hamm KuT 1929, 138, 139; *Kilger/K. Schmidt* § 41 Anm. 8. Ergänzend s. u. RdNr. 49.
[210] RGZ 62, 197, 200; RG KuT 1930, 23; OLG Karlsruhe ZIP 1980, 260, 262; HK-*Kreft* § 146 RdNr. 12; HambKomm-*Rogge* § 146 RdNr. 13; *Nerlich* (Fn. 2) § 146 RdNr. 19; vgl. BGHZ 83, 158, 159 f. = NJW 1982, 2074, 2076; BGH NJW 1993, 1640, 1641; *Gerhardt*, Festschrift für Brandner S. 605, 609; *Mitlehner* RdNr. 81 f., 159–161.
[211] RegE S. 169 zu § 165 Abs. 3.

venzeröffnung durch eine Maßnahme des Insolvenzverwalters entstanden ist,[212] sei es auch erst nach Eintritt der Verjährung i. S. v. Abs. 1:[213] Der Wortlaut des Abs. 2 enthält insoweit keine Einschränkung. Sein Zweck, den Bestand der Insolvenzmasse zu verteidigen, schließt allgemeine zeitliche Einschränkungen aus; der Insolvenzverwalter darf die Einrede nur nicht treuwidrig (§ 242 BGB) begründen. Insbesondere bleibt der Insolvenzverwalter, dem es erst nach mehr als zwei Jahren gelungen ist, eine Forderung von einem Drittschuldner einzuziehen, befugt, später erhobene Herausgabeansprüche eines Sicherungsnehmers bei Anfechtbarkeit von dessen Sicherungsrecht abzuwehren (ergänzend s. u. RdNr. 49). Denn das Vertrauen des Anfechtungsgegners auf den Ablauf der Verjährungsfrist ist jedenfalls solange nicht schutzwürdig, wie er sich nicht zuvor mit eigenen Rechten an den Insolvenzverwalter gewandt hat und sich der anfechtbar weggegebene Gegenstand außerhalb der Insolvenzmasse befindet. Solange besteht für den Insolvenzverwalter erkennbar keine zwingende Notwendigkeit, sich mit allenfalls denkbaren Anfechtungslagen zu befassen.

48 b) Die Leistungspflicht i. S. v. RdNr. 46, 47 muss **auf** einer **anfechtbaren Handlung** beruhen, d. h. es müssen – von der Verjährung (Abs. 1) abgesehen – alle Voraussetzungen für eine erfolgreiche Anfechtung gegeben sein. Hat der ursprüngliche Empfänger des anfechtbaren Anspruchs diesen an einen Dritten übertragen, ist ihm gegenüber auf § 145 abzustellen.

49 Die Leistungspflicht **beruht** nur dann auf der anfechtbaren Handlung, wenn zwischen beiden ein **Ursachenzusammenhang** besteht. Dieser ist insbesondere gegeben, soweit der Insolvenzverwalter die Feststellung einer anfechtbar begründeten Forderung zur Insolvenztabelle verhindern will[214] oder sich weigert, ein Aus- oder Absonderungsrecht (§§ 47, 49 ff.) zu erfüllen.[215] Ein bloß **mittelbarer** Zusammenhang, der auch durch weitere Ursachen mit hergestellt wird, **genügt**.[216] Es reicht also aus, dass die anfechtbare Rechtshandlung nur ein einziges Tatbestandsmerkmal des gegen die Insolvenzmasse erhobenen Anspruchs bildet.[217] Dementsprechend kann nicht nur das Aus- oder Absonderungsbegehren selbst (s. o. RdNr. 46 a), sondern auch ein aus dessen Vereitelung gegen die Insolvenzmasse hergeleiteter Ersatz- oder Herausgabeanspruch – insbesondere gem. § 816 Abs. 1 Satz 1 und Abs. 2, §§ 989 ff. BGB – abgewehrt werden,[218] wenn das Sicherungsrecht selbst anfechtbar begründet war.

50 Dagegen **bricht** der nötige **Ursachenzusammenhang ab,** wenn der Insolvenzverwalter eine Sicherungsübertragung gerade nicht anficht, sondern das Sicherungsgut auf Grund eines die Insolvenzmasse verpflichtenden Vertrages wiedererlangt, um daran Lohnarbeiten auszuführen. Schadensersatz wegen Schlechterfüllung dieses Vertrages kann dann nicht mehr auf Grund einer Anfechtungseinrede bezüglich der ursprünglichen Sicherungsübertragung verweigert werden.[219] Denn bei wertender Betrachtung hat der Bearbeitungsvertrag den

---

[212] *Kübler/Prütting/Paulus* § 146 RdNr. 9; *Smid/Zeuner* InsO § 146 RdNr. 15; *Nerlich* (Fn. 2) § 146 RdNr. 18 aE; *Kilger/K. Schmidt* § 41 Anm. 8; vgl. RGZ 84, 225, 227; *Henckel,* Kölner Schrift S. 852 f. RdNr. 92.
[213] HambKomm-*Rogge* § 146 RdNr. 14; aM *Eckardt,* Anfechtungsklage S. 76.
[214] *Schlosser* JZ 1966, 428, 431 f. Dies gilt im Hinblick auf § 141 auch dann, wenn die angemeldete Forderung bereits rechtskräftig festgestellt ist: *Eckardt,* Anfechtungsklage S. 78 Fn. 38; aM *Pagenstecher/Grimm,* Konkurs 4. Aufl., 1968, § 39 II 2 Fn. 1, S. 117. Ergänzend s. u. RdNr. 53.
[215] OLG Hamm KuT 1929, 138, 139; *Uhlenbruck/Hirte* § 146 RdNr. 10; *Baur/Stürner* RdNr. 20.7, 20.22. Ergänzend s. o. RdNr. 46 a.
[216] RegE S. 169 zu § 165 Abs. 3; so schon BGHZ 30, 248, 253 = NJW 1959, 1874, 1875; BGHZ 106, 127, 130 = NJW 1989, 985, 986; RGZ 84, 225, 228; 95, 224, 226; LG Bonn NJW 1969, 1722, 1723; *Böhle-Stamschräder* JZ 1959, 712, 713; *Eckardt,* Anfechtungsklage S. 69.
[217] BGHZ 118, 374, 382 = NJW 1992, 2483, 2484 f.; *Uhlenbruck/Hirte* § 146 RdNr. 11; HambKomm-*Rogge* § 146 RdNr. 14.
[218] BGHZ 30, 238, 239 = NJW 1959, 1539 f.; BGH WM 1965, 84, 86 f.; 1970, 756, 757; 1990, 100, 103; RGZ 62, 197, 200 f.; 84, 225, 227 f.; OLG Karlsruhe OLGR 32, 375, 376; OLG Dresden ZInsO 2006, 1057, 1059 (gegen eine Klage aus anfechtbar abgetretener Forderung); *Nerlich* (Fn. 2) § 146 RdNr. 18; *Jaeger/Henckel,* KO § 41 RdNr. 48; *Kilger/K. Schmidt* § 41 Anm. 8; *Jaeger* LZ 1908, 878 in Anm.; *Eckardt,* Anfechtungsklage S. 69 f.
[219] BGHZ 30, 248, 253 = NJW 1959, 1874, 1875 f.; *Kilger/K. Schmidt* § 41 KO Anm. 8; *Serick* Bd. III § 32 I 3 b, S. 146 f.; aM *Jaeger/Henckel,* KO § 41 RdNr. 49, vgl. aber auch *Henckel,* Festschrift 50 Jahre BGH, Bd. III, 2000, S. 785, 793 f.;; *Eckardt,* Anfechtungsklage S. 71 ff.

ursprünglichen Sicherungsvertrag als Grundlage für das Besitzrecht abgelöst. Ferner macht der Insolvenzverwalter die Anfechtung nicht nur verteidigungsweise geltend, wenn er mit einem verjährten Anfechtungsanspruch gegen eine davon unabhängige Masseverbindlichkeit aufrechnet;[220] auf der Grundlage des § 146 ist allerdings § 215 BGB zu beachten. Ergänzend s. u. RdNr. 54.

2. Ausübung des Leistungsverweigerungsrechts. Abs. 2 gibt dem Insolvenzverwalter **51** ein materiell-rechtliches Leistungsverweigerungsrecht, das nach allgemeinen Grundsätzen ausgeübt werden muss, um Rechtswirkungen zu äußern; davon geht auch die Fassung des § 184 Abs. 1 Nr. 3 SGB III aus. Die Anfechtungslage ist also nicht von Amts wegen zu beachten.[221] Die Einrede kann allerdings gem. allgemeinen Grundsätzen auch außerprozessual geltend gemacht werden;[222] dann ist sie im Anfechtungsprozess zu beachten, sobald eine Partei die Ausübung mitteilt.[223] Die Ausübung bedarf keiner besonderen Form. Es genügt, dass der Anfechtungsberechtigte die von ihm verlangte Leistung unter Hinweis u. a. auf denjenigen Sachverhalt verweigert, welcher die Anfechtbarkeit begründet.[224] Die Einrede kann unter den Voraussetzungen des § 256 ZPO auch mit einer negativen Feststellungsklage angriffsweise verfolgt[225] oder zur Abwehr eines Einwands des Anfechtungsgegners eingesetzt werden (s. u. RdNr. 56). Sie hat jedoch nur gegenüber dem Anfechtungsgegner selbst Wirkung, nicht zugleich im Verhältnis zu Dritten.[226]

3. Wirkungen der Einrede. Die Reichweite der Einrede ist wegen des Normzwecks **52** (s. o. RdNr. 1) allgemein danach abzugrenzen, ob der Anfechtende (Insolvenzverwalter) – angriffsweise – vorgeht, um eine durch anfechtbare Handlung erbrachte Leistung wieder der Insolvenzmasse zurückzuführen, oder ob er – verteidigungsweise – die gegenwärtige **Rechtsstellung** der **Insolvenzmasse wahrt.** Insoweit kommt es nicht entscheidend auf die Parteistellung des Anfechtenden im Prozess an.[227] Eine Nebenintervention reicht allerdings nicht aus (s. o. RdNr. 19). Maßgeblich ist, ob der Anfechtende im Einzelfall einen nicht mehr in der Insolvenzmasse vorhandenen Gegenstand dieser wieder zuführen oder einen in der Masse befindlichen Gegenstand für diese erhalten will.[228] Nur das zweite Ziel wird durch Abs. 2 geschützt. Hatte der Insolvenzverwalter den fraglichen Gegenstand an einen Dritten veräußert, genügt es, wenn dafür eine Gegenleistung in die Insolvenzmasse gelangt ist und ihr erhalten bleiben soll (s. o. RdNr. 45, § 129 RdNr. 221).

Danach kann die Anmeldung einer anfechtbar begründeten Forderung zur Insolvenz- **53** tabelle auch dann gem. Abs. 2 wirksam **abgewehrt** werden, wenn der Insolvenzverwalter seinen Widerspruch durch eigene Klageerhebung (§ 179 Abs. 2) verfolgen muss.[229] Wird eine Anfechtungsklage mit der Begründung abgewiesen, die Gläubigerbenachteiligung sei wegen Rücknahme einer Forderungsanmeldung zur Insolvenztabelle entfallen,[230] ist eine erneute Anmeldung nach Ablauf der Frist des § 146 Abs. 1 mit der Einrede gemäß Abs. 2 abzuwehren. Dasselbe gilt, wenn der Insolvenzverwalter eine vom Schuldner anfechtbar

---

[220] BGH ZIP 2001, 1250, 1252 f.
[221] So schon *Eckardt,* Anfechtungsklage S. 329 ff.; aM auf Grund haftungsrechtlicher Theorie *Jaeger/Henckel,* KO § 41 RdNr. 44, S. 1339.
[222] HambKomm-*Rogge* § 146 RdNr. 15; zu § 41 Abs. 2 KO aM *H. Roth,* Einrede S. 112 f.
[223] Zur Unzulässigkeit der Ausübung zugunsten eines Dritten im Wege der Streithilfe s. o. RdNr. 19.
[224] Ebenso *Eckardt,* Anfechtungsklage S. 336 f. und schon OLG Düsseldorf NJW-RR 1990, 576.
[225] LG Bonn NJW 1969, 1722, 1723; *Uhlenbruck/Hirte* § 146 RdNr. 14; HambKomm-*Rogge* § 146 RdNr. 15; *Jaeger* LZ 1908, 878 in Anm.; vgl. *Baur/Stürner* RdNr. 20.22.
[226] BGH NJW-RR 2005, 1361, 1363 zu § 9 AnfG. Ergänzend s. o. RdNr. 19.
[227] *Uhlenbruck/Hirte* § 146 RdNr. 14; HambKomm-*Rogge* § 146 RdNr. 16; *Eckardt,* Anfechtungsklage S. 77 f.; vgl. BGHZ 83, 158, 161 = NJW 1982, 2074, 2076 (Klage aus § 771 ZPO); RGZ 95, 224, 226 (Widerspruchsklage gegen gerichtlichen Verteilungsplan).
[228] HK-*Kreft* § 146 RdNr. 13; HambKomm-*Rogge* § 146 RdNr. 17; vgl. BGHZ 106, 127, 130 f. = NJW 1989, 985, 986; BGH NJW 1984, 874, 875; *Uhlenbruck/Hirte* § 146 RdNr. 12.
[229] *Jaeger/Henckel,* KO § 41 RdNr. 47; *Kilger/K. Schmidt* § 41 KO Anm. 7; *Jaeger* LZ 1908, 878 in Anm.; *Aschaffenburg* LZ 1908, 532, 533 f.; für das österreichische Recht *König* RdNr. 17/38. Ergänzend s. o. RdNr. 49.
[230] So – mit unzureichender Begründung – OLG Köln ZInsO 2004, 624, 625 f.

(still) abgetretene Forderung beim Dritten rechtswirksam eingezogen hat, gegenüber dem auf § 816 Abs. 2 BGB gestützten Herausgabeanspruch des Abtretungsempfängers.[231]

53 a Anfechtbar begründete **Aus-** oder **Absonderungsrechte** sind unbefristet abzuwehren.[232] Insbesondere kann die Klage des Inhabers eines anfechtbar bestellten Grundpfandrechts auf Duldung der Zwangsvollstreckung (§ 1147 BGB, § 49) auf Grund der Einrede abzuweisen sein.[233] Im Falle einer Zwangsversteigerung vermag der Insolvenzverwalter der Zuteilung eines Erlöses auf das anfechtbar bestellte Grundpfandrecht gem. § 115 ZVG sowie durch Klage nach § 878 ZPO mit der Einrede erfolgreich zu widersprechen.[234] War zur Sicherung eines anfechtbaren Auflassungsanspruchs auch eine Vormerkung anfechtbar bestellt, darf der Insolvenzverwalter dieser ebenfalls noch nach Ablauf der Frist des § 146 Abs. 1 die Anfechtbarkeit entgegenhalten.[235] Hat ein Gläubiger eine Sache aus der späteren Insolvenzmasse anfechtbar gepfändet, ist der Insolvenzverwalter gem. § 146 Abs. 2 befugt, die Aufhebung der Pfändung zu verlangen, wenn die Sache in seinem Besitz geblieben ist (§ 808 Abs. 2 ZPO); dieses Ziel kann er auch im Wege einer Klage verfolgen.[236] Die Freigabe anfechtbar erlangter Versicherungsanwartschaften eines Arbeitnehmers kann der Insolvenzverwalter über das Vermögen des Arbeitgebers auch noch nach Ablauf der Verjährungsfrist verweigern.[237] Ergänzend s. o. RdNr. 46, 47, § 143 RdNr. 36 a, zur Verteidigung gegen eine Aufrechnung RdNr. 9, 56 und zur Abwehr eines erbbaurechtlichen Heimfallanspruchs BGH ZInsO 2007, 600, 602.

54 § 146 Abs. 2 begründet jedoch nicht eine dauernde, sondern nur eine **aufschiebende** Einrede.[238] Denn sie wirkt nur für die Dauer und die Zwecke des Insolvenzverfahrens; der Insolvenzverwalter kann ihre Wirkungen durch Freigabe des anfechtbar weggegebenen Gegenstands oder dessen Herausgabe aus dem Herrschaftsbereich der Insolvenzmasse entfallen lassen. Demzufolge vermag der Insolvenzverwalter nach Ablauf der Frist des § 146 Abs. 1 *nicht* gem. § 1169 BGB den Verzicht auf ein anfechtbar bestelltes Grundpfandrecht oder nach § 1254 BGB die Rückgabe einer anfechtbar verpfändeten Sache zu fordern.[239] Ebensowenig kann er entsprechend § 886 BGB die Beseitigung einer anfechtbar eingetragenen Vormerkung einredeweise durchsetzen,[240] auch wenn diese die Verwertung des belasteten Grundstücks für die Insolvenzmasse verhindert. Zwar könnte dem Verwalter auch eine Einrede auf der Grundlage der §§ 9, 11 AnfG zugute kommen, die sonst außerhalb von Insolvenzverfahren wirkt (vgl. §§ 16, 17 AnfG und § 129 RdNr. 202 ff.). Diese kann aber schon inhaltlich *nicht* zur *Beseitigung* eines vorrangigen Rechts, sondern nur zur Abwehr gläubigerbenachteiligender Folgen daraus führen.[241] Erst recht gibt § 146 Abs. 2 InsO nicht

---

[231] BGH WM 1970, 756 f.; *Uhlenbruck/Hirte* § 146 RdNr. 12.
[232] HK-*Kreft* § 146 RdNr. 12; *Uhlenbruck/Hirte* § 146 RdNr. 10; vgl. *Gerhardt*, Festschrift für Brandner, 1996, S. 605, 609; *Henckel*, Kölner Schrift S. 813, 852 f.
[233] *Jaeger/Henckel*, KO § 41 RdNr. 50; *Baur/Stürner* RdNr. 20.22. Dazu, dass der Insolvenzverwalter nach Ablauf der Frist des § 146 Abs. 1 nicht gem. § 1169 BGB den Verzicht auf das Grundpfandrecht verlangen kann, s. u. RdNr. 54.
[234] RGZ 95, 224, 226; *Uhlenbruck/Hirte* § 146 RdNr. 14; *Jaeger/Henckel*, KO § 41 RdNr. 50, S. 1345, u. RdNr. 55; vgl. BGH ZIP 2001, 933, 934.
[235] *Jaeger/Henckel*, KO § 41 RdNr. 52. Dazu, dass der Insolvenzverwalter nach Fristablauf nicht die Löschung der Vormerkung entsprechend § 886 BGB verlangen kann, s. u. RdNr. 54.
[236] BGHZ 83, 158, 160 f. = NJW 1982, 2074, 2076; *Jaeger/Henckel*, KO § 41 RdNr. 54; *Kilger/K. Schmidt* § 41 KO Anm. 8; *Gottwald/Huber* (Fn. 81) § 51 RdNr. 56; *Kindl* NZG 1998, 321, 325 f.; aM OLG Hamburg LZ 1908, 876 ff.
[237] OLG Düsseldorf ZIP 1996, 1476, 1477 f.; *Uhlenbruck/Hirte* § 146 RdNr. 10; *Nerlich* (Fn. 2) § 146 RdNr. 18; HambKomm-*Rogge* § 146 RdNr. 13.
[238] HambKomm-*Rogge* § 146 RdNr. 18; *Baur/Stürner* RdNr. 20.22; *Marotzke*, Verträge RdNr. 10.23; *H. Roth*, Einrede S. 113 ff. Ergänzend s. o. RdNr. 45.
[239] OLG Hamm MDR 1977, 668, 669; *Uhlenbruck/Hirte* § 146 RdNr. 14; HambKomm-*Rogge* § 146 RdNr. 17; *Baur/Stürner* RdNr. 20.22; *Eckardt*, Anfechtungsklage S. 88 f.; aM *Jaeger/Henckel*, KO § 41 RdNr. 50, 51.
[240] *Staudinger/Gursky* § 886 RdNr. 5; *Marotzke*, Verträge RdNr. 10.23; im Ergebnis auch OLG Breslau OLGR 19, 209; aM *Jaeger/Henckel*, KO § 41 RdNr. 52. Ergänzend s. o. RdNr. 53.
[241] Vgl. BGHZ 130, 314, 322 ff. = NJW 1995, 2846, 2848; *Huber* AnfG § 11 RdNr. 21, § 13 RdNr. 26. Ergänzend s. o. RdNr. 45, § 143 RdNr. 44.

die Grundlage dafür, gem. § 813 BGB eine Leistung zurückzufordern, die bereits auf eine anfechtbar begründete Insolvenzforderung erbracht worden ist.[242] Ergänzend s. o. RdNr. 50.

Ist der Erlös aus der Verwertung eines anfechtbar erlangten Gegenstandes **hinterlegt**, so 55 ist zu unterscheiden: Verwahrt der Insolvenzverwalter selbst den Betrag treuhänderisch zugleich für den anderen – anfechtbar – Berechtigten, so ist der Verwalter stets in der Lage, über den Erlös zu verfügen und damit das Anfechtungsrecht der Insolvenzmasse auch verteidigungsweise zu wahren; deshalb kann er das Herausgabeverlangen des anderen nicht nur gem. § 146 Abs. 2 unbefristet abwehren,[243] sondern auch formell die Freigabe durch den Mitberechtigten verlangen. Für den Fall einer echten Hinterlegung bei einer öffentlichen Stelle i. S. v. § 372 BGB dagegen nimmt die herrschende Meinung an, der Insolvenzverwalter könne die Rechte der Insolvenzmasse nur angriffsweise innerhalb der Frist des § 146 Abs. 1 InsO durchsetzen.[244] Richtig ist zwar, dass der Insolvenzverwalter nach eingetretener Verjährung nicht mehr seinerseits einen Rückgewähranspruch gegen die anderen als berechtigt Bezeichneten (vgl. § 13 Abs. 2 HinterlO) angriffsweise durchzusetzen vermag. Er verteidigt jedoch die vermögenswerte Rechtsstellung der Insolvenzmasse, die Freigabe zugunsten des anderen – anfechtbar – Berechtigten verhindern zu können. Die herrschende Meinung löst diese Stellung einer gegenseitigen „Blockierung" einseitig zugunsten des anfechtbar Berechtigten auf, ohne dafür wertungsmäßig einleuchtende Gründe zu nennen. Insbesondere ist es nach Treu und Glauben (§ 242 BGB) verfehlt, gerade dem durch die anfechtbare Handlung Begünstigten mit einem Arglisteinwand zu helfen, um seine gläubigerbenachteiligenden Rechte aktiv durchzusetzen.[245] Für derartige Fälle sieht § 382 BGB statt dessen eine Lösung zugunsten des Hinterlegenden vor. Auch wenn die dafür vorausgesetzte 30-Jahresfrist für Insolvenzverfahren praktisch zu lang ist, bleibt der dadurch ausgelöste, mittelbare Zwang zur Einigung aller berechtigten Gläubiger untereinander auch für die Insolvenzmasse ein wirtschaftlicher Wert. Diese Verhandlungsposition kann ihr durch einen Vorbehalt im Rahmen des § 200 Abs. 1 InsO notfalls auch über das Ende des Insolvenzverfahrens hinaus erhalten bleiben. Aus gleichartigen Erwägungen darf der Insolvenzverwalter erst recht nach Ablauf der Anfechtungsfrist die Freigabeerklärung zugunsten eines Gläubigers verweigern, der eine Forderung vom späteren Insolvenzschuldner anfechtbar erworben hatte, solange der (Dritt-)Schuldner dieser Forderung seinerseits die Zahlung an den Abtretungsempfänger ablehnt.[246] Teilweise wird darauf abgestellt, ob der hinterlegte Gegenstand ohne die Hinterlegung beim Anfechtungsgegner oder in der Masse verblieben wäre;[247] dieser zutreffende Ansatz versagt aber bei Hinterlegungen durch Drittbetroffene.

Klagt der Insolvenzverwalter auf anderer Grundlage ein Recht der Insolvenzmasse ein 56 und verteidigt sich der Prozessgegner unter Berufung auf ein anfechtbar erlangtes Recht, kann der Insolvenzverwalter dieses Verteidigungsmittel gem. § 146 Abs. 2 mit der **Gegeneinrede** der Anfechtbarkeit unbefristet entkräften.[248] Auch damit verteidigt er nur das

---

[242] Vgl. § 222 Abs. 2 BGB. So schon *H. Roth*, Einrede S. 113 f.; im Ergebnis auch *Jaeger/Henckel* § 41 RdNr. 53; *Eckardt*, Anfechtungsklage S. 106; offengelassen von BGH NJW 1975, 122, 123.
[243] *Jaeger/Henckel*, KO § 41 RdNr. 57, 59; *Eckardt*, Anfechtungsklage S. 79 f.; vgl. RGZ 84, 225, 227 f.; aM OLG Hamburg LZ 1908, 876 ff.
[244] BGHZ 59, 353 ff. = NJW 1973, 100 f.; *Jaeger/Henckel*, KO § 41 RdNr. 58; *Uhlenbruck/Hirte* § 146 RdNr. 16; *Eckardt*, Anfechtungsklage S. 80 f.; *Gottwald/Huber* (Fn. 81) § 51 RdNr. 56; offengelassen von BGHZ 133, 298, 307 = NJW 1996, 3203, 3205; aM LG Bonn NJW 1969, 1722, 1723; *Häsemeyer*, Insolvenzrecht RdNr. 21.103 aE; *Nerlich* (Fn. 2) § 146 RdNr. 19; für das österreichische Recht *König* RdNr. 17/37.
[245] So aber BGHZ 59, 353, 356 = NJW 1973, 100, 101. Gegen Dritte wirkt die Einrede ohnehin nicht (s. o. RdNr. 51 aE).
[246] *Gerhardt* EWiR 1990, 799; 800; aM OLG Düsseldorf ZIP 1990, 1013.
[247] *Jaeger/Henckel*, KO § 41 RdNr. 57–59; wohl auch HK-*Kreft* § 146 RdNr. 14.
[248] *Jaeger/Henckel*, KO § 41 RdNr. 46; *Uhlenbruck/Hirte* § 146 RdNr. 15; HambKomm-*Rogge* § 146 RdNr. 20; *Eckardt*, Anfechtungsklage S. 84 f.; HK-*Kreft* § 146 RdNr. 15; *Gerhardt* KTS 2004, 195, 202; wohl auch *Nerlich* (Fn. 2) § 146 RdNr. 19; für österreichisches Recht *König* RdNr. 17/39, 17/72 f. Das einschränkende Urteil BGH NJW 1984, 874, 875 ist durch § 96 Abs. 1 Nr. 3 InsO überholt.

eingeklagte Recht der Insolvenzmasse. Dieser gegenüber bleibt deshalb zB der Einwand eines Erlasses oder einer Stundung der für sie eingeklagten Forderung wirkungslos;[249] denn diese befindet sich weiterhin in der Masse. Dasselbe gilt, wenn ein Beklagter sich auf eine anfechtbare Erfüllung[250] oder wenn der gem. § 985 BGB auf Herausgabe verklagte Besitzer sich gegenüber der Insolvenzmasse auf ein anfechtbar erlangtes Besitzrecht (§ 986 BGB) beruft.[251] Dagegen wird der Bereich einer durch § 146 Abs. 2 begünstigten Einrede verlassen, soweit der Prozessgegner nicht nur eigene Gegenrechte gegen die eingeklagte Masseforderung geltend macht, sondern die Anspruchsvoraussetzungen auf Seiten des Insolvenzverwalters bestreitet. Verteidigt sich insbesondere der nach §§ 985 BGB verklagte Besitzer mit der Behauptung, die herausverlangte Sache sei ihm übereignet worden, so kann der Insolvenzverwalter die Anfechtbarkeit dieser Übereignung nur in der Frist des § 146 Abs. 1 entkräften.[252] Denn hiermit bestreitet der Beklagte die Anspruchsberechtigung der klagenden Insolvenzmasse, und diese kann nur fristgebunden durch aktive Anfechtung der Übereignung durchgesetzt werden.[253] Zwar genügt für die Anfechtungseinrede aus § 146 Abs. 2 grundsätzlich ein bloß mittelbarer Zusammenhang zur anfechtbaren Rechtshandlung (s. o. RdNr. 49), doch gilt das gerade nicht für die Aktivlegitimation der Insolvenzmasse. Zum Aufrechnungseinwand s. o. RdNr. 46.

57 Vermeidet der Insolvenzverwalter auf der Grundlage des § 146 Abs. 2 eine Masseverkürzung, so ist **§ 144 nicht anwendbar.** Dessen Abs. 1 scheidet aus, weil der Anfechtungsgegner zwar nichts mehr erhält, aber auch seinerseits nichts Erlangtes zurückgewähren muss. § 144 Abs. 2 entfällt, weil der Anfechtungsgegner in demjenigen Umfange, wie die Leistungsverweigerung des Insolvenzverwalters wirkt, vorgeleistet haben muss; soweit der verklagte Insolvenzverwalter nicht die Vertragserfüllung wählt, bleibt dem anderen Teil ohnehin nur eine Insolvenzforderung (§ 103 Abs. 2 Satz 1). Allein diese besteht, unabhängig von der Anfechtung, fort.[254]

VII. Beweislast

58 Die Beweislast für Beginn und Ablauf der Verjährungsfrist trägt der **Anfechtungsgegner,** der sich auf die Verjährung beruft.[255] Allerdings hat der anfechtende Insolvenzverwalter diejenigen Umstände aus seiner Sphäre darzulegen, mit denen er seine Kenntnis oder grob fahrlässige Unkenntnis i. S. v. § 199 Abs. 1 Nr. 2 BGB ausschließen will.[256] Steht jedoch der Fristablauf fest, hat der Anfechtende, der die Hemmung oder den Neubeginn der Verjährung geltend macht, diejenigen Tatsachen zu beweisen, aus denen sich solche Ausnahmetatbestände ergeben sollen.[257] Dasselbe trifft für die Voraussetzungen des § 242 BGB zu, aus denen ausnahmsweise eine Unzulässigkeit der Verjährungseinrede folgen soll (s. o. RdNr. 28, 29).

59 Ist die Frist des Abs. 1 ungenutzt verstrichen, so hat der Anfechtende im Rahmen des **Abs. 2** die Einredevoraussetzungen (s. o. RdNr. 46 bis 51) zu beweisen. Die Anfechtungsvoraussetzungen selbst unterliegen dann wieder der allgemeinen Beweislastverteilung.[258]

---

[249] *Uhlenbruck/Hirte* § 146 RdNr. 15; *Jaeger/Henckel,* KO § 41 RdNr. 46; aM *Eckardt,* Anfechtungsklage S. 90 f. Ergänzend s. o. § 143 RdNr. 3, 47, 48.
[250] Vgl. § 143 RdNr. 51; OLG Düsseldorf ZIP 1990, 726, 727; *Gerhardt* EWiR 1990, 495, 496.
[251] *Jaeger/Henckel,* KO § 41 RdNr. 46 aE.
[252] Ebenso *Jaeger/Henckel,* KO § 41 RdNr. 46.
[253] Vgl. *Eckardt,* Anfechtungsklage S. 83 f.
[254] *Jaeger/Henckel,* KO § 41 RdNr. 45. Ergänzend s. o. § 144 RdNr. 13.
[255] HambKomm-*Rogge* § 146 RdNr. 21; *Rosenberg,* Beweislast 5. Aufl., 1965, S. 381.
[256] *Huber* ZInsO 2005, 190, 192; vgl. BGHZ 91, 243, 260, insoweit nicht in NJW 1984, 2216 abgedr.; *Palandt/Heinrichs* § 199 RdNr. 46.
[257] HambKomm-*Rogge* § 146 RdNr. 21; MünchKommBGB-*Grothe* § 202 RdNr. 11, § 208 RdNr. 10; RGRK-*Johannsen* § 208 RdNr. 10; *Soergel/Niedenführ* § 208 RdNr. 15; *Rosenberg* (vorletzte Fn.), S. 382.
[258] HambKomm-*Rogge* § 146 RdNr. 21 aE.

§ 147 Rechtshandlungen nach Verfahrenseröffnung

¹ Eine Rechtshandlung, die nach der Eröffnung des Insolvenzverfahrens vorgenommen worden ist und die nach § 81 Abs. 3 Satz 2, §§ 892, 893 des Bürgerlichen Gesetzbuchs, §§ 16, 17 des Gesetzes über Rechte an eingetragenen Schiffen und Schiffsbauwerken und §§ 16, 17 des Gesetzes über Rechte an Luftfahrzeugen wirksam ist, kann nach den Vorschriften angefochten werden, die für die Anfechtung einer vor der Verfahrenseröffnung vorgenommenen Rechtshandlung gelten. ² Satz 1 findet auf die den in § 96 Abs. 2 genannten Ansprüchen und Leistungen zugrunde liegenden Rechtshandlungen mit der Maßgabe Anwendung, dass durch die Anfechtung nicht die Verrechnung einschließlich des Saldenausgleichs rückgängig gemacht wird oder die betreffenden Überweisungs-, Zahlungs- oder Übertragungsverträge unwirksam werden.

Übersicht

	RdNr.		RdNr.
I. Normzweck	1	b) Bewegliches Schuldnervermögen	8
II. Entstehungsgeschichte	2	c) Rechtshandlungen von Insolvenzverwaltern	9
III. Anwendungsbereich		d) Einzelgläubigeranfechtung	10
1. Anwendbarkeit		IV. Anfechtbarkeit nach Satz 1	
a) Unbewegliches Schuldnervermögen	3	1. Voraussetzungen	11
b) Befreiende Leistungen an Schuldner	4	2. Wirkungen	14
c) Verrechnung in besonderen Systemen (Satz 2)	5	V. Anfechtbarkeit nach Satz 2	15
2. Unanwendbarkeit		VI. Verjährung	
a) Fehlender Eintragungsantrag des Rechtserwerbers (§ 140 Abs. 2)	6	1. Fristbeginn	16
		2. Anfechtung vor Fristbeginn	17

I. Normzweck

Grundsätzlich sind nur Rechtshandlungen anfechtbar, die **vor** Eröffnung des Insolvenzverfahrens vorgenommen wurden (s. o. § 129 RdNr. 74, 75); später vorgenommene sind regelmäßig ohnehin gem. §§ 81, 82, 89 und 91 Abs. 1 unwirksam. Insbesondere für die insoweit in § 81 Abs. 1 Satz 2 und Abs. 3 Satz 2 vorgesehenen Ausnahmefälle erscheint jedoch eine Abweichung geboten, also wenn der Schuldner noch **nach Verfahrenseröffnung** – auch gegenüber der Insolvenzmasse – wirksam Vermögensrechte überträgt. Wer auf solche Weise erwirbt, weil er auf das eingetragene materielle Recht des Schuldners vertraut, kann unabhängig hiervon einen Anfechtungstatbestand erfüllen und ist in dieser Hinsicht nicht schutzwürdig. Durch **Satz 1** wird zugleich klargestellt, dass ein vor Insolvenzeröffnung vollzogener Erwerb durch den Verkehrsschutz der §§ 892, 893 BGB und die weiteren genannten, entsprechenden Normen nicht der Anfechtbarkeit entzogen wird.[1] Dadurch wird der Gutglaubensschutz für Erwerber eingeschränkt. Die in **Satz 2** vorgesehene Ergänzung soll die Beständigkeit laufender oder täglicher Verrechnungen in bestimmten Finanzsystemen für und gegen alle Teilnehmer sichern und dadurch das Vertrauen der Finanzmärkte schützen, dass das Ergebnis oft vielseitiger und weit verzweigter Verrechnungen nicht insgesamt rückwirkend für die Zeit bis zur Insolvenzeröffnung in Frage gestellt werden kann;[2] anderseits soll die Anfechtung wirksamer Verrechnungen nach Insolvenzeröffnung nicht ganz ausgeschlossen werden.

---

[1] *Jaeger/Henckel*, KO § 42 RdNr. 3; *Kilger/K. Schmidt* § 42 KO Anm. 1.
[2] BR-Drucks. 456/99 S. 6 ff.

II. Entstehungsgeschichte

2 Satz 1 greift § 42 Satz 1 KO auf. Satz 2 wurde durch Art. 1 Nr. 2 des Gesetzes zur Änderung insolvenzrechtlicher und kreditwesenrechtlicher Vorschriften vom 8. Dezember 1999[3] eingefügt. Der ursprüngliche Abs. 2 passte die Regelung des § 42 Satz 2 KO an § 146 Abs. 1 InsO an. Die Verweisungen auf § 81 Abs. 3 Satz 2 und § 96 Abs. 2 (zunächst auf Abs. 2 Satz 1) erfolgte durch Art. 1 Nr. 6 des Gesetzes zur Umsetzung der Finanzsicherheitenrichtlinie vom 5. 4. 2004.[4] Der früher den Beginn der Verjährungsfrist regelnde Abs. 2 wurde durch Art. 5 Nr. 4 des Gesetzes zur Anpassung von Verjährungsvorschriften an das Gesetz zur Modernisierung des Schuldrechts vom 9. 12. 2004[5] als überflüssig aufgehoben.

III. Anwendungsbereich

3 **1. Anwendbarkeit. a)** § 147 Satz 1 erfasst ausschließlich Rechtshandlungen (§ 129 Abs. 1), die **Immobilien** des Schuldners oder von ihm gestellte Finanzsicherheiten betreffen und **nach** der **Eröffnung** des Insolvenzverfahrens im Sinne von § 140 vorgenommen wurden. Im Ansatz ist unerheblich, ob der Schuldner diese abschließende Handlung vorgenommen hat oder ein Dritter, insbesondere der Begünstigte (s. u. RdNr. 11). Als Grundlage für das Wirksamwerden der Handlung nennt Satz 1 für Immobilien jedoch ausdrücklich – nur – die §§ 892, 893 BGB oder die entsprechenden Vorschriften des Schiffsrechtegesetzes bzw. des Luftfahrzeugrechtegesetzes (jeweils §§ 16, 17). Die Wirksamkeit muss sich also auf den öffentlichen Glauben des Grundbuchs oder des entsprechenden Registers stützen. Solange die Insolvenzeröffnung darin nicht eingetragen ist (vgl. §§ 32, 33), wird der gute Glaube Dritter an ihre Richtigkeit geschützt. Ein solcher Schutz setzt einen rechtsgeschäftlichen Erwerb voraus,[6] also eine gem. § 81 Abs. 1 Satz 2 InsO noch wirksam werdende Verfügung des Schuldners. Für die Verfügung über Finanzsicherheiten regelt § 81 Abs. 3 Satz 2 selbständig die Wirksamkeitsvoraussetzungen.

4 **b)** Eine **entsprechende** Anwendung des § 147 kann für solche Leistungen an den Schuldner in Betracht kommen, die gem. **§ 82 Satz 1 InsO** Erfüllungswirkung haben. Auch deren Annahme stellt eine rechtsgeschäftliche Verfügung des Schuldners dar. Kennt der (Dritt-)Schuldner des Insolvenzschuldners im Zeitpunkt der Leistung zwar nicht die vorangegangene Insolvenzeröffnung, wohl aber die Zahlungsunfähigkeit oder einen Benachteiligungsvorsatz des Insolvenzschuldners, kann die Erfüllungsleistung gegenüber dem Drittschuldner gemäß allgemeinen Regeln angefochten werden, wenn die Insolvenzgläubiger benachteiligt sind.[7] Das trifft zu, soweit die Erfüllungsleistung nicht in die Insolvenzmasse gelangt.

5 **c)** Satz 2 betrifft speziell die Auf- oder Verrechnung auf Grund von Zahlungs-, Überweisungs- und Übertragungsverträgen, die vor der Eröffnung des Insolvenzverfahrens über einen Beteiligten in das bestimmte System eingebracht wurden; diese dürfen am Eröffnungstag auch nach der Eröffnung insolvenzrechtlich noch wirksam ausgeführt werden.[8] Insoweit erstreckt § 147 Satz 2 die Regelung des § 96 Abs. 2 auf Rechtshandlungen, die am Tage der Insolvenzeröffnung, allerdings nach dieser, vorgenommen wurden.

6 **2. Unanwendbarkeit. a)** § 147 erfasst nach seinem Wortlaut nicht die Fälle des Erwerbs gem. § 91 Abs. 2. Nach der letztgenannten Vorschrift bleibt der erst nach Insolvenz-

---

[3] BGBl. I 2384.
[4] BGBl I 502.
[5] BGBl I 3214.
[6] HambKomm-*Rogge* § 147 RdNr. 4; s. o. § 140 RdNr. 24; ergänzend vgl. RGZ 68, 150, 153; OLG Hamburg OLGR 15, 232 f.
[7] HambKomm-*Rogge* § 147 RdNr. 5.
[8] Vgl. *Obermüller*, Festschrift für Uhlenbruck, 2000, S. 365, 375 ff.; *Langenbucher*, Festschrift für Canaris, 2002, 65, 72.

eröffnung vollendete Erwerb eines Dritten auf Grund einer Eintragung in einem öffentlichen Register wirksam, wenn das materielle Erwerbsgeschäft schon vorher bindend geworden und der Eintragungsantrag ebenfalls vorher gestellt war. Dies entspricht im Ansatz der Regelung des § 140 Abs. 2. Durch die Nichterwähnung des **§ 878 BGB,** § 3 Abs. 3 SchiffsRG und § 5 Abs. 3 LuftfRG in § 147 Abs. 1 InsO hat der Gesetzgeber zum Ausdruck bringen wollen, dass das mit bindender Einigung und Stellung des Eintragungsantrags durch den Begünstigten begründete Anwartschaftsrecht „anfechtungsfest" bleiben soll.[9]

Jedoch hat der Gesetzgeber, soweit ersichtlich, in diesem Zusammenhang nicht die Abweichung des § 140 Abs. 2 InsO von § 878 BGB bemerkt. Die letztgenannte Vorschrift führt auf Grund des § 140 Abs. 2 InsO nur dann zu einer Vorverlagerung des anfechtungsrechtlichen Vornahmezeitpunkts, wenn „der andere Teil den Antrag auf Eintragung der Rechtsänderung gestellt hat". Demgegenüber soll § 878 BGB nach überwiegender Auslegung eine solche Einschränkung selbst nicht enthalten.[10] Der Gesetzgeber wollte erklärtermaßen § 147 Satz 1 an § 140 Abs. 2[11] angleichen.[12] Demgegenüber ist die Begründung, § 878 BGB solle nicht in den Anwendungsbereich des § 147 InsO einbezogen werden, unverändert aus dem Referentenentwurf[13] übernommen; dieser enthielt jedoch auch nicht die jetzt in § 140 Abs. 2 InsO aufgenommene Beschränkung, dass „der andere Teil" den Eintragungsantrag gestellt haben muss.[14] Mit der Gesetz gewordenen Fassung des § 140 Abs. 2 InsO ist die Begründung nicht mehr vereinbar. Die aufgetretene Diskrepanz zwischen dieser Norm und der herrschenden Auslegung des § 878 BGB ist dahin zu lösen, dass sich die neuere und speziellere Regelung des § 140 Abs. 2 InsO umfassend auswirkt: Die Anfechtung gem. § 147 Satz 1 bleibt also auch gegenüber dem auf Grund § 878 BGB, § 3 Abs. 3 SchiffsRG und § 5 Abs. 3 LuftfRG zustande gekommenen Erwerb möglich,[15] wenn nicht der Erwerber den Eintragungsantrag gestellt hatte, ehe der jeweilige Anfechtungstatbestand erfüllt war. Die Anfechtung ist **nur ausgeschlossen,** wenn auch **§ 140 Abs. 2 InsO** erfüllt ist, d. h. wenn der Vornahmezeitpunkt auf eine Zeit vor Begründung der Anfechtbarkeit zurückzubeziehen ist. Anderenfalls kann auch eine Rechtshandlung angefochten werden, die auf Grund des § 878 BGB materiell wirksam ist.[16]

b) Einer Anwendung des § 147 bedarf es **nicht,** wenn ein Dritter nach Insolvenzeröffnung **bewegliche Sachen** vom Insolvenzschuldner[17] erhält. Denn ein derartiger Erwerb ist gem. § 81 Abs. 1 Satz 1 ohnehin stets unwirksam. Auch **Zwangsvollstreckungen** gegen den Insolvenzschuldner nach Verfahrenseröffnung vermögen – unabhängig von einem denkbaren guten Glauben des Gläubigers – für ihn keinen Rechtserwerb zu begründen.[18] Bei der anfechtbaren **Aufrechnung** stellt schon § 96 Abs. 1 Nr. 3 nicht mehr auf den Zeitpunkt der Aufrechnungserklärung – die möglicherweise erst nach der Insolvenzeröffnung abgegeben wurde – ab. Vielmehr entscheidet nach Maßgabe der §§ 94 bis 96 der Zeitpunkt der

---

[9] RegE S. 169 zu § 166; so schon *Jaeger/Henckel,* KO § 32 RdNr. 10 bis 14; aM noch RGZ 51, 284, 287; 81, 424, 427.
[10] Vgl. *Staudinger/Gursky* § 878 RdNr. 47, 50; *Palandt/Bassenge* § 878 RdNr. 14; *Oepen/Rettmann* KTS 1995, 609, 616 ff.
[11] Entsprechend RegE § 159 Abs. 2.
[12] RegE S. 169 zu § 166.
[13] RefE S. 179 zu § 156.
[14] Vgl. RefE § 149 Abs. 2 u. Begründung S. 171.
[15] In diesem Sinne werden die genannten Vorschriften in § 147 Satz 1 „hineingelesen".
[16] Ebenso im Ergebnis HK-*Kreft* § 147 RdNr. 5; *Uhlenbruck/Hirte* § 147 RdNr. 10; *Braun/Riggert* § 147 RdNr. 9; HambKomm-*Rogge* § 147 RdNr. 6; FK-*Dauernheim* § 147 RdNr. 2; *Breutigam/Tanz* ZIP 1998, 717, 723; wohl auch *Kübler/Prütting/Paulus* § 147 RdNr. 3 Fn. 4; aM *Bork,* Einführung RdNr. 211; *Nerlich* in: *Nerlich/Römermann* § 147 RdNr. 7; *Jauernig,* Zwangsvollstreckungsrecht § 51 V 1, S. 244; *Gerhardt,* Festschrift für U. Huber, 2006, S. 1231, 1243 f.; iE auch *Scherer* ZIP 2002, 341, 345. BGH ZIP 1997, 423 ff. betrifft nicht diese Problematik.
[17] Ebenso HambKomm-*Rogge* § 147 RdNr. 3; *Jaeger/Henckel,* KO § 42 RdNr. 3; *Kilger/K. Schmidt* § 42 KO Anm. 2 aE Ergänzend s. u. RdNr. 13.
[18] S. o. RdNr. 3; ergänzend vgl. §§ 88, 89.

Herstellung der Aufrechnungslage (s. o. § 143 RdNr. 52). Diese kann nach der Insolvenzeröffnung nicht mehr zugunsten von Insolvenzforderungen entstehen (vgl. § 96 Abs. 1 Nr. 1 und 2).

9   c) § 147 ist **nicht** entsprechend anzuwenden, um eine Anfechtung nach Anzeige der **Masseunzulänglichkeit** (§§ 208, 209) gegenüber Altmassegläubigern zeitlich festzulegen; eine solche Anfechtung ist vielmehr ausgeschlossen.[19] Denn der **Insolvenzverwalter** als unabhängiges Organ der Gläubigerselbstverwaltung kann nicht dem Insolvenzschuldner gleichgesetzt werden, der vor der Insolvenzeröffnung sein Vermögen eigennützig bewirtschaftet. Das Vertrauen in Rechtshandlungen aller Insolvenzverwalter würde untergraben, wenn seine Partner später mit der Anfechtbarkeit rechnen müssten. Für fehlerhafte Maßnahmen kann der Verwalter nach §§ 60, 61 persönlich haften; eindeutig insolvenzzweckwidrige Handlungen können gemäß allgemeinen Regeln nichtig sein. Im Übrigen stellt für die Einschränkung der von ihm begründeten Masseverbindlichkeiten § 209 eine abschließende Sonderregel dar. Entsprechendes gilt auch in der Eigenverwaltung.[20]

10 d) Auf die Einzelgläubigeranfechtung gemäß **AnfG** kann § 147 nicht einmal sinngemäß angewendet werden. Denn dafür gibt es keine zeitliche Beschränkung durch die Eröffnung eines Insolvenzverfahrens.

IV. Anfechtbarkeit nach Satz 1

11 **1. Voraussetzungen.** Die Anfechtbarkeit gemäß § 147 Satz 1 setzt mit Bezug auf **Immobilien** voraus, dass nach Insolvenzeröffnung eine rechtsgeschäftliche Verfügung vorgenommen wurde, die in der Folge auf Grund des öffentlichen Glaubens des Grundbuchs oder eines der genannten Register zu einem beschlagsfreien Erwerb geführt hat. Die Norm ist nicht beschränkt auf Rechtshandlungen des Schuldners selbst, sondern erfasst gerade auch vollendende Maßnahmen eines Dritten, insbesondere des Begünstigten.[21] Der nach Eröffnung des Insolvenzverfahrens entstandene gesetzliche Löschungsanspruch des nachrangigen Gläubigers gem. § 1179a Abs. 1 BGB soll jedoch nicht nach § 147 angefochten werden können.[22] Liegt der anfechtungsrechtliche Vornahmezeitpunkt im Sinne von § 140 insgesamt vor der Insolvenzeröffnung, bedarf es des § 147 nicht (s. o. RdNr. 3); vielmehr greift § 129 Abs. 1 unmittelbar ein.

12 Der Schuldner kann seine – mitwirkende – Verfügung grundsätzlich vor oder nach Insolvenzeröffnung vorgenommen haben. Hat er schon vorher gehandelt, kommt als anfechtbare spätere Rechtshandlung insbesondere der Eintragungsantrag des Begünstigten in Betracht.[23] Ein solcher Antrag kann gemäß § 81 Abs. 1 Satz 2 den Rechtserwerb gegenüber dem früheren Insolvenzbeschlag sichern, wenn der Begünstigte zu dieser Zeit hinsichtlich der Insolvenzeröffnung im Sinne der §§ 892, 893 BGB gutgläubig war und die Eintragung vollzogen wird. Dennoch kann im Hinblick auf § 140 Abs. 2 InsO die Anfechtung durchgreifen, wenn gegenüber dem Begünstigten bis zum Eintragungsantrag ein Anfechtungstatbestand erfüllt war.[24] Dagegen bleibt der Erwerb unanfechtbar, wenn ein Anfechtungstatbestand erst nach dem gem. § 140 Abs. 2 maßgeblichen Zeitpunkt – sei es auch vor der Eintragung – verwirklicht wird;[25] das trifft allerdings nur zu, wenn sämtliche Voraussetzun-

---

[19] *Walther*, Das Verfahren der Masseunzulänglichkeit nach den §§ 208 ff. InsO, 2005, S. 131 ff.; *Kübler/Prütting/Lüke* § 94 RdNr. 16 f.; s. o. § 94 RdNr. 46, § 129 RdNr. 42, 74, 105 a, s. u. § 208 RdNr. 70 mit Fn. 182; vgl. HK-*Kreft* § 129 RdNr. 35; *Smid* WM 1998, 1313, 1319 zu § 96 Abs. 1 Nr. 3; *Kröpelin*, Die masserarme Insolvenz, 2003, RdNr. 246 ff.; aM *Henckel* JZ 1996, 531, 532.
[20] *Uhlenbruck/Hirte* § 129 RdNr. 41; *Kübler/Prütting/Paulus* § 129 RdNr. 18.
[21] HK-*Kreft* § 147 RdNr. 4; HambKomm-*Rogge* § 147 RdNr. 4; *Jaeger/Henckel*, KO § 42 RdNr. 1.
[22] OLG Köln ZIP 2005, 1038, 1041 mit abl. Anm. von *Kesseler*, dagegen geht BGH NJW 2006, 2408, 2409 f. von einer potentiell automatischen Unwirksamkeit aus. Ergänzend s. o. § 143 RdNr. 49.
[23] *Kübler/Prütting/Paulus* § 147 RdNr. 3; HambKomm-*Rogge* § 147 RdNr. 7; *Jaeger/Henckel*, KO § 42 RdNr. 8.
[24] HambKomm-*Rogge* § 147 RdNr. 7; *Jaeger/Henckel*, KO § 42 RdNr. 8.
[25] So schon *Jaeger/Henckel*, KO § 42 RdNr. 10.

gen des § 140 Abs. 2 erfüllt sind (s. o. RdNr. 8). Zur Anwendbarkeit des § 147 Satz 1 auf eine Schuldbefreiung gem. § 82 Satz 1 InsO s. o. RdNr. 4.

§ 147 kann für alle Anfechtungstatbestände anwendbar sein.[26] Die sonstigen, allgemeinen **13** Anfechtungsvoraussetzungen und diejenigen eines einzelnen Anfechtungstatbestandes müssen – von den Fristen abgesehen (s. u. RdNr. 14) – voll erfüllt sein. Insbesondere ist auch für § 147 Satz 1 der Eintritt einer Gläubigerbenachteiligung nötig.[27] Daran wird es regelmäßig fehlen, wenn der Erwerb des anderen Teils schon gemäß allgemeinen Regeln gegenüber der Insolvenzmasse unwirksam ist (s. o. RdNr. 9), insbesondere weil der Erwerber hinsichtlich der Insolvenzeröffnung nicht im Sinne von § 892 BGB, §§ 81 Abs. 1 Satz 2, 91 Abs. 2 InsO gutgläubig war (s. o. RdNr. 11) oder im Falle eines Erwerbs durch Zwangsvollstreckung (s. o. RdNr. 3). Etwa erforderliche subjektive Voraussetzungen – zB Kenntnis oder Vorsatz – müssen zu den nach dem jeweiligen Anfechtungstatbestand maßgeblichen Zeitpunkten erfüllt sein. Eine etwaige Kenntnis des Grundbuchamts wird dem Erwerber nicht zugerechnet.[28]

2. Wirkungen. Die Anwendbarkeit des § 147 Satz 1 bewirkt – nur –, dass eine sonst **14** erfolgreiche Anfechtung nicht durch die Vornahme der Rechtshandlung erst nach der Insolvenzeröffnung ausgeschlossen wird. Als weitere Folge davon sind alle zeitlichen Schranken inhaltlich nicht anwendbar, die eine Zeitspanne vor oder bis zum Eröffnungsantrag erfassen, insbesondere also nach § 130 Abs. 1 Nr. 1, § 131 Abs. 1, § 132 Abs. 1 Nr. 1, § 133, § 134 Abs. 1, §§ 135 oder 136 Abs. 1.[29] Denn da die Anfechtung nach § 147 nur Rechtshandlungen erfasst, die nach der Insolvenzeröffnung vorgenommen wurden, müssen sie zwangsläufig nach den sonst üblichen Fristen vorgenommen worden sein. Zum Beginn der Verjährungsfrist vgl. dagegen RdNr. 16.

V. Anfechtbarkeit nach Satz 2

Satz 2 **erweitert** einerseits die Anfechtbarkeit von Verrechnungen in Clearingsystemen **15** auf Rechtshandlungen, die *nach der Insolvenzeröffnung* – aber noch am selben Tage – voragenommen wurden.[30] Andererseits **schränkt** er die Anwendbarkeit des Satzes 1 insoweit **ein**, als die Verrechnungen – einschließlich des Saldenausgleichs – in den in § 96 Abs. 2 bestimmten Systemen nicht selbständig durch Anfechtung in Frage gestellt werden können. Hierdurch wird die Anfechtung derartiger nachteiliger Verrechnungen aber nicht insgesamt ausgeschlossen, sondern lediglich die Rückgewähr in Natur innerhalb des Systems selbst. Diese wird durch einen Anspruch auf *Wertersatz* ersetzt.[31] Dieser richtet sich gegen denjenigen, zu dessen Gunsten der anfechtbare Zahlungs- oder Überweisungsvertrag verrechnet wurde. Die Vorschrift hat praktische Bedeutung vor allem in der Insolvenz von Kreditinstituten.[32]

VI. Verjährung

1. Fristbeginn. Die Verjährung der von § 147 erfassten Anfechtungsansprüche richtet **16** sich nach § 146 Abs. 1 und damit nach den allgemeinen Vorschriften des BGB. Im Hinblick auf § 199 Abs. 1 BGB ist der – erst nach der Insolvenzeröffnung liegende – Zeitpunkt, in dem gem. § 140 die rechtlichen Wirkungen der angefochtenen Handlung eintreten, nur der

---

[26] Vgl. *Andres/Leithaus* § 147 RdNr. 2; *FK-Dauernheim* § 147 RdNr. 1.
[27] *Jaeger/Henckel*, KO § 42 RdNr. 15.
[28] *Kübler/Prütting/Paulus* § 147 RdNr. 4. Ergänzend s. o. § 129 RdNr. 47.
[29] *HK-Kreft* § 147 RdNr. 6; *FK-Dauernheim* § 147 RdNr. 3; *Kübler/Prütting/Paulus* § 147 RdNr. 5; *Nerlich* (Fn. 16) § 147 RdNr. 9; *Smid/Zeuner* § 147 RdNr. 3; *Hess* InsO § 147 RdNr. 11; *HambKomm-Rogge* § 147 RdNr. 8; *Jaeger/Henckel*, KO § 42 RdNr. 4; *Uhlenbruck/Hirte* § 147 RdNr. 1.
[30] *Uhlenbruck/Hirte* § 147 RdNr. 2.
[31] BR-Drucks. 456/99, S. 22 zu Nr. 2; *HK-Kreft* § 147 RdNr. 7; *Uhlenbruck/Hirte* § 147 RdNr. 2; *Braun/Riggert* § 147 RdNr. 8; *HambKomm-Rogge* § 147 RdNr. 9; *Andres/Leithaus* § 147 RdNr. 3.
[32] Vgl. *Uhlenbruck* § 97 RdNr. 34.

frühest-mögliche, der für die Fristberechnung maßgeblich sein kann. Meist wird der Insolvenzverwalter erst später davon Kenntnis erlangen oder erlangen müssen (s. o. § 146 RdNr. 8 b). In jedem Fall rechnet die Frist vom Ende des Jahres an, in welchem der Insolvenzverwalter die Kenntnis erlangt oder in vorwerfbarer Weise nicht erlangt hat.[33]

17 2. Da in den Fällen des Abs. 2 die Insolvenzeröffnung vor der Vornahme der anfechtbaren Handlung liegt, kommt eine **Anfechtung vor Fristbeginn** in Betracht. Der Insolvenzverwalter muss nicht notwendigerweise den Eintritt der endgültigen, materiell-rechtlichen Wirkungen der Rechtshandlung abwarten, sondern kann anfechten, sobald ein Anfechtungstatbestand verwirklicht, insbesondere also eine Gläubigerbenachteiligung eingetreten ist. Diese liegt jedenfalls vor, wenn im Hinblick auf § 140 Abs. 2 oder 3 die Insolvenzmasse bereits in solcher Weise gebunden ist, dass die Folgen der Rechtshandlung ohne Anfechtung nicht mehr zu vermeiden sind. Deshalb kann eine Anfechtung insbesondere schon möglich sein, wenn nur noch die Eintragung im Grundbuch[34] oder die Genehmigung eines anderen[35] oder ein Fristablauf aussteht. Bei Bedingungen im Sinne von § 158 BGB wird zwar eine Gläubigerbenachteiligung vor Eintritt des ungewissen künftigen Ereignisses kaum feststehen; jedoch ist eine Feststellungsklage vor Eintritt der Bedingung nicht von vornherein ausgeschlossen.[36] Dagegen ist eine auf § 145 Abs. 2 zu stützende Anfechtung regelmäßig nicht vor Eintritt der Rechtsnachfolge gerechtfertigt (s. o. § 145 RdNr. 36, § 146 RdNr. 7). Hinsichtlich der Verjährungsfrist verbleibt es in allen Fällen, unabhängig von der Möglichkeit einer früheren Anfechtung, bei dem nach § 146 Abs. 1 maßgeblichen Zeitpunkt (s. o. RdNr. 16).

---

[33] *Nerlich* (Fn. 16) § 147 RdNr. 10; s. o. § 146 RdNr. 8 a.
[34] Vgl. FK-*Dauernheim* § 140 RdNr. 12 aE; *Jaeger/Henckel*, KO § 30 RdNr. 100.
[35] Vgl. *Kübler/Prütting/Paulus* § 140 RdNr. 3; BGH WM 1958, 1417, 1419 f.; NJW 1979, 102, 103.
[36] Vgl. BGHZ 28, 225, 233 f. = NJW 1959, 97, 100; BGH NJW 1992, 436, 437 f.; 1998, 160 f.; *Stein/Jonas/Schumann* § 256 RdNr. 46; MünchKommZPO-*Lüke* § 256 RdNr. 29; *Baumbach/Lauterbach/Hartmann* § 256 RdNr. 17.

Vierter Teil. Verwaltung und Verwertung der Insolvenzmasse

Erster Abschnitt. Sicherung der Insolvenzmasse

§ 148 Übernahme der Insolvenzmasse

(1) Nach der Eröffnung des Insolvenzverfahrens hat der Insolvenzverwalter das gesamte zur Insolvenzmasse gehörende Vermögen sofort in Besitz und Verwaltung zu nehmen.

(2) ¹ Der Verwalter kann auf Grund einer vollstreckbaren Ausfertigung des Eröffnungsbeschlusses die Herausgabe der Sachen, die sich im Gewahrsam des Schuldners befinden, im Wege der Zwangsvollstreckung durchsetzen. ² § 766 der Zivilprozeßordnung gilt mit der Maßgabe, daß an die Stelle des Vollstreckungsgerichts das Insolvenzgericht tritt.

Übersicht

	RdNr.		RdNr.
I. Sinn und Zweck der Vorschrift, Vergleich mit früherer Rechtslage	1	b) Ausnahmen von der Pflicht zur Inbesitznahme	26
1. Sicherung der Masse gegen faktische Beeinträchtigungen	1	c) Besitzdiener	28
2. Vorläufiges Verwertungsverbot	3	d) Mittelbarer Besitz	29
3. Eröffnungsbeschluss als Vollstreckungstitel	5	e) Tod des Verwalters, Verwalterwechsel	
II. Vorläufiges Verwertungsverbot	6	aa) Kein automatischer Übergang	32
1. Bedeutung	6	bb) Besitzdiener	33
2. Einschränkungen	8	cc) Mittelbarer Besitz	34
3. Vorläufiger Insolvenzverwalter	10	f) Besitzschutz	35
III. Die Inbesitznahme der Masse	11	aa) Besitzschutzansprüche nach den §§ 859 ff., 1007 BGB	35
1. Massegegenstände i. S. v. § 148	11	bb) Selbsthilferecht	36
a) Sachen	11	g) Eigenbesitz	37
b) Massezugehörigkeit	12	aa) Bedeutung für Erwerbstatbestände	38
c) Geschäftsbücher	13	bb) Haftung des Gebäudebesitzers (§ 836 Abs. 1 BGB)	39
aa) Verhältnis zur strafprozessualen Beschlagnahme (§ 98 StPO)	14	h) Kein eigenmächtiges Vorgehen	41
α) Beschlagnahme vor Verfahrenseröffnung	14	IV. Die Verwaltung	42
β) Beschlagnahme nach Verfahrenseröffnung	15	1. Wichtige Sofortmaßnahmen	42
bb) Kein Zurückbehaltungsrecht an Geschäftsbüchern	16	a) Immobilien	42
d) Auslandsvermögen	17	b) Bewegliches Anlagevermögen	47
aa) Einverständnis des Schuldners	18	c) Warenvorräte	50
bb) Verweigerung der Mitwirkung durch den Schuldner	19	d) Außenstände	52
		e) Bankbeziehungen	53
α) Verfügungsbefugnis des Verwalters im Ausland nicht anerkannt	20	aa) Lastschriften	53
		bb) Bankguthaben	54
β) Verfügungsbefugnis des Verwalters im Ausland anerkannt	23	2. Unternehmensfortführung	55
		a) Entscheidung über die Unternehmensfortführung	55
2. Inbesitznahme	24	b) Verwaltungstätigkeit im Rahmen einer Betriebsfortführung	57
a) Besitzbegründung	24	c) Versicherung des unternehmerischen Verwalterhandelns	59
		V. Zwangsweise Durchsetzung des Herausgabeanspruchs	60
		1. Anspruchsgrundlage	60

	RdNr.		RdNr.
2. Vollstreckungstitel	61	a) Eröffnungsbeschluss als Räumungstitel	70
3. Vollstreckungsklausel	63	b) Keine Vollstreckung gegen Untermieter oder Mitmieter	71
4. Prüfungspflichten des Gerichtsvollziehers	64	c) Vollstreckungsschutz	72
5. Betreten und Durchsuchen von Wohn- und Geschäftsräumen	65	d) Keine vorherige richterliche Anordnung	73
a) Befugnisse des Insolvenzverwalters	66	8. Rechtsbehelfe	74
aa) Wohnräume im engeren Sinn	66	a) Streitigkeiten über die Masszezugehörigkeit	74
bb) Geschäftsräume	67	b) Einwendungen gegen die Art und Weise der Zwangsvollstreckung	76
b) Befugnisse des Gerichtsvollziehers	68	c) Zuständigkeit	77
6. Zwangsvollstreckung gegen Dritte (bewegliche Sachen)	69		
7. Räumungsvollstreckung	70		

I. Sinn und Zweck der Vorschrift, Vergleich mit früherer Rechtslage

1 **1. Sicherung der Masse gegen faktische Beeinträchtigungen.** § 148 Abs. 1 tritt ergänzend neben § 80. Während § 80 den Übergang der rechtlichen Verfügungs- und Verwaltungsbefugnis regelt, erfasst § 148 Abs. 1 den faktischen Vorgang der Begründung tatsächlicher Sachherrschaft und Verwaltung. § 80 verhindert die Rechtsbeeinträchtigung der Masse durch Verfügungen. § 148 Abs. 1 gewährleistet dagegen in tatsächlicher Hinsicht, dass möglichst die gesamte Insolvenzmasse den Gläubigern auch faktisch zur Verfügung steht (vgl. Überschrift des Abschnitts: „Sicherung der Insolvenzmasse"). Insbesondere soll verhindert werden, dass der Insolvenzschuldner oder Gläubiger Vermögensgegenstände beiseite schaffen. Aus diesem Grund enthält Abs. 1 die **Verpflichtung** des Insolvenzverwalters zur **Inbesitznahme und Verwaltung** („hat … in Besitz und Verwaltung zu nehmen").[1]

2 § 148 gibt dem Insolvenzverwalter darüber hinaus den Auftrag, das Vermögen zu sammeln.[2] Nur so ist ein wirksamer Schutz gegen Maßnahmen des Schuldners möglich. Das wiederum bringt mit sich, dass der Insolvenzverwalter die Masse zunächst überhaupt erst erfassen muss (vgl. auch § 151), was regelmäßig mit der Inbesitznahme einhergeht. Hierbei hilft ihm zwar, dass der Schuldner Auskunft nach § 97 Abs. 1 geben muss. § 148 geht aber weiter und verpflichtet den Insolvenzverwalter selbst, die Masse möglichst lückenlos für die Befriedigung der Gläubiger aufzuspüren.

3 **2. Vorläufiges Verwertungsverbot.** Anders als die §§ 117 Abs. 1 KO, 8 Abs. 2 GesO sieht § 148 nicht mehr vor, sofort mit der Verwertung der Masse zu beginnen. Nach § 159 darf die Insolvenzmasse grundsätzlich erst nach dem Berichtstermin (sechs Wochen bis drei Monate nach Eröffnung des Verfahrens, § 29 Abs. 1 Nr. 1) verwertet werden, falls nicht die Fortführung des Geschäftes beschlossen wird.[3]

4 Mit dieser Regelung will der Gestezgeber verhindern, dass durch eine vorschnelle Masseverwertung eine Unternehmensfortführung oder eine sonstige Maßnahme im Rahmen eines Insolvenzplanes (§§ 217 ff.) von vornherein unmöglich gemacht wird. Es sollen also durch den Insolvenzverwalter keine vollendeten Tatsachen geschaffen werden.

5 **3. Eröffnungsbeschluss als Vollstreckungstitel.** § 148 Abs. 2 stellt nunmehr ausdrücklich klar, dass der Eröffnungsbeschluss für den Insolvenzverwalter ein Vollstreckungstitel i. S. v. § 794 Abs. 1 Nr. 3 ZPO ist und bestätigt damit die frühere hM.[4] Geklärt wird auch der Streit[5] um die Zuständigkeit für die Entscheidung über die Vollstreckungserinne-

---
[1] *Uhlenbruck,* § 148 RdNr. 5; *Jaeger/Weber* § 117 RdNr. 3; *Kilger/K. Schmidt* § 117 Anm. 2) a).
[2] *Jaeger/Weber* § 117 RdNr. 1.
[3] Zu Einzelheiten vgl. RdNr. 6 ff.
[4] RGZ 37, 398, 399; BGHZ 12, 380, 389; BGH NJW 1962, 1392 = KTS 1962, 171; *Kuhn/Uhlenbruck* § 117 RdNr. 6 mwN; aA zu § 117 KO *Jaeger/Weber* § 117 RdNr. 14.
[5] Vgl. Nachweise in Fn. 176.

rung gem. § 766 ZPO, bei der an die Stelle des Vollstreckungsgerichts das Insolvenzgericht tritt.

II. Vorläufiges Verwertungsverbot

1. Bedeutung. Der Verwalter darf grundsätzlich erst dann verwerten, wenn die Gläubigerversammlung keine entgegenstehenden Beschlüsse gefasst hat, § 159. Das zeigt auch der Vergleich von § 148 Abs. 1 mit der Regelung in den §§ 117 Abs. 1 KO, 8 Abs. 2 GesO. Dieses vorläufige Verwertungsverbot schränkt die Verfügungsmacht des Insolvenzverwalters (§ 80) im *Innenverhältnis* dahingehend ein, dass die Chance einer Unternehmensfortführung oder einer sonstigen Maßnahme im Rahmen eines Insolvenzplanes nicht behindert oder gar vereitelt wird. Verwertungshandlungen, die über den aufgezeigten Rahmen hinausgehen, sind wegen § 80 im *Außenverhältnis* wirksam (vgl. § 159 RdNr. 21). Als Ausgleich für die Gläubiger oder den Schuldner bleibt die Schadensersatzpflicht des Insolvenzverwalters, (§ 60) und seine Vermögensschaden-Haftpflichtversicherung. Voraussetzung für deren Eintritt ist jedoch, dass der Insolvenzverwalter nicht grob fahrlässig oder gar vorsätzlich gehandelt hat (§ 61 VVG).

Dieses „stand by" dauert längstens bis zum Berichtstermin. Dann muss die Gläubigerversammlung eine Entscheidung treffen. Trifft sie keine Entscheidung, muss der Verwalter mit der Verwertung beginnen (§ 159: „hat"). Das Insolvenzgericht kann aber auf Antrag des Schuldners oder des Insolvenzverwalters die Verwertung aussetzen, wenn sie die Durchführung eines vorgelegten Insolvenzplanes gefährden würde (§ 233 Satz 1).

2. Einschränkungen. Das vorläufige Verwertungsverbot soll die Chance einer Unternehmensfortführung wahren oder sonstige Maßnahmen im Rahmen eines Insolvenzplanes (insbesondere übertragende Sanierungen) offen halten. Der Geschäftsbetrieb soll nach Möglichkeit zunächst fortgeführt werden. Verwertungsmaßnahmen, nämlich solche, die eine Fortführung des Geschäftsbetriebes nicht hindern, sind deshalb auch vor dem Berichtstermin zulässig, zB der Einzug von Außenständen oder die Veräußerung von Umlaufvermögen.[6]

Das Verbot der Masseverwertung vor dem Berichtstermin gilt verständlicherweise dann nicht, wenn eine Unternehmensfortführung offensichtlich nicht mehr in Betracht kommt, weil der **Geschäftsbetrieb** oder ein Teilbetrieb bereits **endgültig eingestellt** worden ist.[7] Ist dagegen der Betrieb noch nicht eingestellt, aber scheidet nach Überzeugung des Verwalters eine Unternehmensfortführung aus, so muss er den Geschäftsbetrieb einstellen. Dies erfordert die Zustimmung des Gläubigerausschusses, § 158 Abs. 1. Der Schuldner kann das Insolvenzgericht anrufen (§ 158 Abs. 2) Wenn danach die Betriebseinstellung zulässig ist, wird man den Verwalter trotz § 159 für berechtigt halten müssen, betriebsnotwendige Gegenstände veräußern. Der Verwalter ist in jedem Fall nicht für solche Schäden verantwortlich, die dadurch entstehen, dass er mit der Verwertung bis zur Einstellung warten muss. Auch in **Verbraucherinsolvenzverfahren** (§§ 304 ff.) gilt das vorläufige Verwertungsverbot nicht, weil weder ein Geschäftsbetrieb besteht noch es einen Berichtstermin gibt (§ 312 Abs. 1). Auf Antrag des Treuhänders ordnet das Gericht aber an, dass von einer Verwertung ganz oder teilweise abgesehen wird (§ 314 Abs. 1 Satz 1).

3. Vorläufiger Insolvenzverwalter. Das vorläufige Verwertungsverbot gilt erst recht für den vorläufigen Insolvenzverwalter, auch wenn dem Schuldner ein allgemeines Verfügungsverbot auferlegt wurde und damit nach § 22 Abs. 1 Satz 1 die Verwaltungs- und Verfügungsbefugnis auf den Verwalter übergegangen ist. Das ergibt sich aus § 22 Abs. 1 Satz 2 Nr. 1 und 2, wonach der vorläufige Insolvenzverwalter die Masse zu sichern und zu erhalten hat und den Geschäftsbetrieb fortführen muss (vgl. ausführlich § 22 RdNr. 73 ff.).

---

[6] *Förster* ZInsO 2000, 141, 142 vgl. für den vorläufigen Verwalter § 22 RdNr. 73 ff.
[7] *Förster* ZInsO 2000, 141, 142.

III. Die Inbesitznahme der Masse

1. Massegegenstände i. S. v. § 148. a) Sachen. Die Besitzergreifung kann sich nur auf Sachen i. S. v. § 90 BGB beziehen, also körperliche Gegenstände und damit bewegliche und unbewegliche Sachen gleichermaßen.[8] Hierzu zählen auch die über Forderungen und sonstige Rechte vorhandenen Urkunden (zB Hypotheken-, Grundschuld- und Rentenschuldbriefe, Sparbücher, Wechsel, Bürgschaftsurkunden). Auch die Verkörperung von Computerprogrammen auf einem Datenträger stellt eine Sache dar.[9] Soweit der Schuldner Fremdbesitzer ist (als Mieter, Verwahrer etc.), fällt neben dem schuldrechtlichen Anspruch[10] auch die mit dem Besitz verbundene „Rechtsposition" in die Masse. Eine Inbesitznahme hat jedenfalls dann zu erfolgen, wenn der Insolvenzverwalter den schuldrechtlichen Anspruch, zB durch Untervermietung (§ 857 Abs. 3 ZPO) verwerten[11] oder die Sache für die Masse weiterhin nutzen will (vgl. § 109).

b) Massezugehörigkeit. Unter dem „zur Insolvenzmasse gehörenden Vermögen" ist grundsätzlich die Insolvenzmasse i. S. d. §§ 35, 36 zu verstehen. Insbesondere gehören hierzu auch Gegenstände, an denen ein Absonderungsrecht besteht (arg. § 166). Bloße Zweifel an der Rechtszuständigkeit berühren die Verpflichtung zur Inbesitznahme und Verwaltung nicht.[12] Dagegen darf der Verwalter **erkennbar massefremde Gegenstände,** deren Nutzung nicht – wie bei gemieteten oder gepachteten Gegenständen (vgl. § 109) – für die Masse beansprucht wird, nicht in Besitz nehmen,[13] weil die Masse sonst mit Aussonderungskosten (das sind die Kosten für die Verschaffung des unmittelbaren Besitzes) belastet werden kann (zu weitergehenden Ansprüchen bei echter Integration in die Masse vgl. unten). Entgegen der Auffassung von Häsemeyer[14] gerät der Verwalter dadurch nicht in die Gefahr, gegenüber dem Berechtigten zu haften, wenn er die Sache nicht in Besitz nimmt, um sie vor Schaden, beispielsweise vor Unterschlagung durch den Schuldner zu bewahren. Er haftet gem. § 60 nur dann, wenn dieser „Beteiligter" ist. Das ist dieser aber erst, wenn das Aussonderungsrecht entstanden ist.[15] Das setzt voraus, dass der Gegenstand massebefangen ist,[16] der Insolvenzverwalter also den Gegenstand in Besitz genommen oder für die Masse beansprucht hat. Vor der Inbesitznahme ist der Verwalter dem Berechtigten gegenüber nicht verpflichtet, die Sache vor Schaden zu bewahren. Hat zB der Insolvenzschuldner nach Ablauf eines Pachtvertrages ein Grundstück noch nicht an den Eigentümer herausgegeben, so entsteht ein Aussonderungsanspruch erst dann, wenn der Verwalter das Grundstück in Besitz genommen oder für die Masse zB durch Einziehung des Unterpachtzinses genutzt hat.[17] Nach der Rechtsprechung des BGH muss zwischen der Besitznahme als vorbereitender Handlung bzw. Sicherungsmaßnahme und der endgültigen Integration in die

---

[8] § 167 Abs. 2 und 3 RegE haben noch zwischen Mobilien und Immobilien unterschieden. Bei einem Bankkonto des Schuldners als solchem tut man sich schwer von einer Inbesitznahme zu sprechen, vgl. aber *Kießling* NZI 2006, 440. Die von *Kießling* zu Recht geforderte Anzeige an die Bank kann man auch als Verwaltungsmaßnahme verstehen, was dem Wortsinn etwas weniger Gewalt antut.
[9] BGHZ 102, 135, 144; *Palandt/Heinrichs* § 90 RdNr. 2 mwN.
[10] Vgl. zum Fortbestand des Mietverhältnisses bei unbeweglichen Sachen § 109 und zur Massezugehörigkeit angesichts der §§ 36 InsO, 851 ZPO, 549 BGB: *Jaeger/Henckel* § 1 RdNr. 92.
[11] *Kuhn/Uhlenbruck* § 117 RdNr. 7; *Jaeger/Weber* § 117 RdNr. 14 a; zu Einschränkungen vgl. RdNr. 12.
[12] *Uhlenbruck,* § 148 RdNr. 2; *Jaeger/Weber* § 117 RdNr. 5; vgl. § 60 RdNr. 54.
[13] BGHZ 127, 156, 161; *Kübler/Prütting/Holzer* § 148 RdNr. 9; *Gundlach/Frenzel/Schmidt* NZI 2001, 350, 352; aA *Häsemeyer,* Insolvenzrecht, RdNr. 13.02, der die Inbesitznahmepflicht nur dann verneint, wenn die Sache sofort an den Berechtigten ausgefolgt werden kann oder bei einer Belassung beim Insolvenzschuldner kein Schaden für die Sache droht.
[14] Fn. 3; die Entscheidung OLG Hamburg ZIP 1996, 386 besagt entgegen der Ansicht *Häsemeyers* im hier interessierenden Zusammenhang nichts, weil es in dem zu entscheidenden Fall um Absonderungsrechte (Sicherungsübereignung) ging, also der Gegenstand gerade zur Masse gehörte.
[15] Vgl. zur Haftung gegenüber Aussonderungsberechtigten BGH MDR 1958, 687.
[16] BGH (Fn. 13); *Uhlenbruck,* § 47 RdNr. 2; OLG Köln ZIP 2000, 1498, 1499.
[17] BGH (Fn. 13).

Masse unterschieden werden.[18] Nimmt der Verwalter eine Sache nur in Besitz, um ihre Massezugehörigkeit und Verwertbarkeit zu überprüfen, hat der Verwalter nur insolvenzbeständige vertragliche Erhaltungspflichten oder die allgemeine Verkehrssicherungspflicht zu erfüllen.[19] Eine umfassende insolvenzrechtliche Verantwortung, d. h. vor allem die Zustandsstörerhaftung nach privatem Recht (§ 1004 BGB) als Masseverbindlichkeit, entsteht hingegen erst mit der endgültigen Integration.[20] Soweit das öffentliche Ordnungsrecht die Verantwortlichkeit an die tatsächliche Gewalt oder tatsächliche Sachherrschaft knüpft (vgl. etwa § 4 Abs. 3 Satz 1 BBodSchG), wird der Verwalter bereits mit der Besitzergreifung ordnungspflichtig, auch wenn diese nur der Sicherung dient.[21] Bis zur Bestandskraft eines entsprechenden Verwaltungsaktes kann der Verwalter die Verantwortlichkeit aber wieder durch eine Freigabe beseitigen.[22] Ein Anspruch auf Nutzungsentschädigung gemäß § 546 a BGB entsteht hingegen nach Auffassung der BGH[23] bereits dann, wenn der Verwalter aktiv den Besitz ergreift und den Vermieter gezielt vom Besitz ausschließt. Die bloße Nutzungsmöglichkeit begründet dann die Integration in die Masse.

c) **Geschäftsbücher,** d. h. die der Rechungslegung dienenden Unterlagen des Schuldners gehören gem. § 36 Abs. 2 Nr. 1 zur Insolvenzmasse, die besondere Verwertungsvorschrift des § 117 Abs. 2 KO ist weggefallen (vgl. im Einzelnen § 36 RdNr. 65). Es sind aber weiterhin folgende Besonderheiten zu beachten. 13

aa) **Verhältnis zur strafprozessualen Beschlagnahme (§ 98 StPO). α) Beschlagnahme vor Verfahrenseröffnung.** Nicht selten kommt es im Zuge steuerstrafrechtlicher Ermittlungen zur Beschlagnahme der Geschäftsunterlagen des Schuldners, vor allem der Letzten betriebswirtschaftlichen Monatsabschlüsse (BWA) mit Kreditoren, Debitoren und Sachkonten (Datev), der letzten Bilanz und sonstigen Buchhaltungsunterlagen; vgl. §§ 393 Abs. 1 Satz 1 AO, 98 StPO. Lassen sich Insolvenzzweck und Strafverfolgungszweck nicht miteinander koordinieren, so ist die Beschlagnahme nach § 98 StPO vorrangig.[24] Aus § 95 StPO lässt sich allerdings kein solcher Vorrang ableiten.[25] Der Vorrang ergibt sich aber daraus, dass die Insolvenzordnung die Beschlagnahmewirkung unberührt lässt.[26] Denn auch die Wirkung einer Beschlagnahme im Wege der Einzelzwangsvollstreckung entfällt nur dann (ausnahmsweise) automatisch, wenn dies im Gesetz ausdrücklich bestimmt ist (§ 88 Rückschlagsperre). Wenn aber schon die Beschlagnahmewirkung bestehen bleibt, die im Interesse einzelner Gläubiger angeordnet wird, dann erst recht diejenige im Interesse staatlicher Strafverfolgung. Der Fortbestand der Beschlagnahmewirkung steht auch einem Herausgabeanspruch des Verwalters gegen die Staatsanwaltschaft aus § 985 BGB bzw. dem öffentlichrechtlichen Verwahrungsverhältnis entgegen.[27] Im Einzelfall ist möglichst eine Lösung anzustreben, die sowohl dem Insolvenzzweck als auch dem Strafverfolgungsinteresse gerecht wird. So sind die Beschlagnahmeanordnung[28] aufzuheben und die Geschäftsunterlagen an den Verwalter herauszugeben, wenn die Unterlagen nicht mehr für Beweiszwecke benötigt werden.[29] Die Staatsanwaltschaft kann in vielen Fällen[30] die nötigen Unterlagen fotokopieren 14

---

[18] BGHZ 150, 305 = BGH ZIP 2002, 1043, 1045; BGH ZIP 2006, 583, 584.
[19] BGHZ 150, 305 = BGH ZIP 2002, 1043, 1045.
[20] BGH ZIP 2006, 583, 584 f.
[21] BVerwG ZIP 2004, 2145, 2147.
[22] BVerwG ZIP 2004, 2145, 2147 ff.
[23] BGHZ 130, 38 = ZIP 1995, 1204.
[24] OLG Stuttgart wistra 1984, 240; *Schäfer* wistra 1985, 209; *ders.* KTS 1991, 23, 27; für Vorrang des Insolvenzrechts *Uhlenbruck,* InsO § 148 RdNr. 11 und 13; *Nerlich/Römermann/Andres* § 148 RdNr. 27; *Haarmeyer/Wutzke/Förster,* Handbuch, Kap. 5 RdNr. 89.
[25] AA *Schäfer* wistra 1985, 209; *ders.* KTS 1991, 23, 27.
[26] *Gottwald/Eickmann* Insolvenzrechts-Handbuch § 31 RdNr. 115; *Jaeger/Henckel* § 13 RdNr. 4; aA *Kuhn/Uhlenbruck* § 148 RdNr. 13; *Nerlich/Römermann/Andres* § 148 RdNr. 27.
[27] OLG Stuttgart wistra 1984, 240, 241.
[28] Vgl. dazu *Kleinknecht/Meyer-Goßner* § 98 StPO RdNr. 30.
[29] Vgl. *Kleinknecht/Meyer-Goßner* (Fn. 28).
[30] Anders wenn das Aktenmaterial so umfangreich ist, dass sich die Staatsanwaltschaft erst einen Überblick verschaffen muss.

und der Verwalter, der unter gerichtlicher Aufsicht steht, bietet Gewähr dafür, dass die Unterlagen nicht abhanden kommen oder verfälscht werden. Denkbar ist auch, die Beschlagnahmeanordnung aufrechtzuerhalten und die Unterlagen dem Verwalter für die Zwecke des Insolvenzverfahrens zu überlassen. Darin liegt eine Sicherstellung „in anderer Weise" (§ 94 Abs. 1 StPO).[31]

15 **β) Beschlagnahme nach Verfahrenseröffnung.** Die Insolvenzordnung verbietet die Beschlagnahme nach § 98 StPO[32] zum Zwecke der Strafverfolgung nicht. § 89 erklärt nur Zwangsvollstreckungen für einzelne Insolvenzgläubiger in die Masse für unzulässig. Da die Belassung der Geschäftsunterlagen beim Insolvenzverwalter eine Sicherstellung in anderer Weise darstellt, bedarf es in der Regel keiner Beschlagnahme.

16 **bb) Kein Zurückbehaltungsrecht an Geschäftsbüchern.** Der Insolvenzverwalter kann von den bisherigen Beratern des Insolvenzschuldners – Rechtsanwälte, Steuerberater, Wirtschaftsprüfer u. a. – dessen Geschäftsunterlagen[33] herausverlangen. Der Herausgabeanspruch ergibt sich aus §§ 667, 675 BGB.[34] Den bisherigen Beratern des Insolvenzschuldners steht kein Zurückbehaltungsrecht nach § 273 BGB zu.[35] Das ergibt ein Umkehrschluss aus § 51 Nr. 2 und 3.[36] Für Arbeitsunterlagen, die der Berater im Rahmen seiner Auftragsleistung *selbst* erstellt hat (Beispiel: Hauptabschlussübersicht, Umbuchungslisten u. a.), gilt nichts anderes.[37] Auch insoweit ist der Umkehrschluss aus der beschränkten Anerkennung von bestimmten Zurückbehaltungsrechten in § 51 tragfähig. Die von *Marotzke*[38] geforderte dingliche Zuordnung zur Masse als Voraussetzung eines Absonderungsrechts und damit des Gegenschlusses aus § 51 lässt sich unter dem Gesichtspunkt der Erwerbstreuhand[39] begründen.

17 **d) Auslandsvermögen.** Die Verpflichtung zur Inbesitznahme erstreckt sich auch auf im Ausland befindliche Massegegenstände (Universalitätsprinzip).[40]

Die Beschlagnahmewirkung ergreift auch dann das Auslandsvermögen, wenn der Eröffnungsbeschluss als Vollstreckungstitel im Ausland nicht durchgesetzt werden kann.[41] Eine Verpflichtung zur Inbesitznahme besteht aber dann nicht, wenn diese rechtlich nicht möglich ist. Diese Möglichkeit hängt allein vom Recht des Staates der Belegenheit ab.[42] Die internationalen Vollstreckungsübereinkommen klammern ausdrücklich das Konkurs- und sonstige Insolvenzrecht aus.[43]

18 **aa) Einverständnis des Schuldners.** Ist der Schuldner mit der Besitzergreifung einverstanden oder wirkt er daran sogar mit, stellt sich die Frage, ob der ausländische Staat die

---

[31] *Schäfer* KTS 1992, 23, 27.
[32] Für Beschlagnahmen nach §§ 111, 443 StPO mag etwas anderes gelten, weil damit letztlich Ansprüche von Insolvenzgläubigern (= Geschädigten) gesichert werden sollen, vgl. *Nerlich/Römermann/Andres* § 148 RdNr. 27. Zurückgewinnungshilfen nach § 111 g StPO unterliegen als Maßnahmen der Einzelzwangsvollstreckung dem Vollstreckungsverbot nach § 89, AG Moers ZInsO 2001, 1118.
[33] Zu Herausgabe- und Einsichtsrechten des Verwalters gegen einen vom Insolvenzschuldner beauftragten Rechtsanwalt vgl. BGH ZIP 1990, 48 und § 50 BRAO.
[34] Die von *Marotzke* EWiR § 49 KO 1/87, 1121, 1122 geäußerten Bedenken gegen diesen vertraglichen Anspruch angesichts des Erlöschens des Geschäftsbesorgungsvertrages nach § 116 verfangen nicht, weil der Herausgabeanspruch ja typischerweise bei Erlöschen oder Beendigung des Vertragsverhältnisses fällig wird, aber gerade nicht wegfällt, vgl. *Staudinger/Wittmann* § 667 RdNr. 14. Gerade im Fall des Erlöschens entfaltet der Herausgabeanspruch seine Schutzfunktion, BGH ZIP 1990, 48, 50.
[35] OLG Stuttgart ZIP 1982, 80; OLG Hamm ZIP 1987, 1330 = EWiR § 49 KO 1/87, 1121 *(Marotzke)*; vgl. § 51 RdNr. 242.
[36] OLG Stuttgart ZIP 1982, 80, 81; OLG Hamm ZIP 1987, 1330, 1331.
[37] OLG Hamm (Fn. 35).
[38] (Fn. 34).
[39] Mit Erstellung der Arbeitsunterlagen für den Insolvenzschuldner entsteht ein Treuhandverhältnis, das den Treugeber (Insolvenzschuldner) über den schuldrechtlichen Herausgabeanspruch hinaus auch zB nach § 771 ZPO widerspruchsbefugt macht, vgl. zu diesem Gesichtspunkt *Kilger/K. Schmidt* § 43 Anm. 9.
[40] BGHZ 68, 16; BGH NJW 1983, 2147, 2148; ZIP 2003, 2123, 2124.
[41] BGH (Fn. 40).
[42] RGZ 54, 193; BGH MDR 1960, 578.
[43] Vgl. Art. 1 Abs. 2 Nr. 2 EuGVÜ und *Geimer*, IZPR, RdNr. 3350; vgl. auch RdNr. 23.

Einziehung des in seinem Gebiet belegenen Vermögens durch den Verwalter als Bevollmächtigten des Schuldners als hoheitliche Tätigkeit (staatlich organisierte Gesamtvollstreckung) und damit als Verstoß gegen das Territorialitätsprinzip begreift.[44]

Ist aus der Sicht des ausländischen Staates ein solcher Verstoß zu bejahen, muss der Schuldner die Verwertung des Auslandsvermögens selbst durchführen und dem Verwalter den Erlös abliefern.

bb) Verweigerung der Mitwirkung durch den Schuldner. Verweigert der Schuldner 19 die Mitwirkung, kommt es zunächst darauf an, ob der ausländische Staat überhaupt den universellen Geltungsanspruch des deutschen Insolvenzverfahrens anerkennt.[45]

α) Verfügungsbefugnis des Verwalters im Ausland nicht anerkannt. Verweigert 20 der ausländische Staat die Anerkennung der Wirkungen der Insolvenzeröffnung, bleiben für den Verwalter folgende Möglichkeiten,[46] wobei derartige „privatrechtliche" Bemühungen des Verwalters durch Arreste und Zwangsvollstreckungsmaßnahmen von Gläubigern behindert werden können:[47]

Der Verwalter kann einen Gläubiger beauftragen, gegen den Schuldner im Ausland einen 21 Vollstreckungstitel zu erwirken und daraus die Zwangsvollstreckung in das Auslandsvermögen zu betreiben. Der Gläubiger hat dann nach § 667 BGB das Erlangte herauszugeben und kann seinerseits nach § 670 BGB vollen Aufwendungsersatz verlangen.[48] Der Verwalter ist sogar berechtigt, dem Gläubiger eine gewisse Erfolgsprämie zu gewähren.[49]

Mit der Weigerung, bei der Einziehung von Auslandsvermögen behilflich zu sein, verletzt 22 der Schuldner seine Mitwirkungspflicht nach § 97 Abs. 2. Es steht daher als Zwangsmittel die Verhaftung nach § 98 Abs. 2 Nr. 2 zur Verfügung.[50] Damit kann die unwiderrufliche Bevollmächtigung des Verwalters oder die Übertragung der ausländischen Massegegenstände auf den Verwalter erzwungen werden.[51] Versucht der Schuldner nach entsprechender **Vollmachtserteilung,** die Vollmacht zu widerrufen, kommt erneut Beugehaft in Betracht.[52] Bei einem derartigen Vorgehen ist aber nicht sichergestellt, dass ausländische Gerichte die erzwungenen Einverständnisse, Abtretungen, Bevollmächtigungen etc. auch tatsächlich anerkennen.[53]

e) Verfügungsbefugnis des Verwalters im Ausland anerkannt. Wird die Ver- 23 fügungsmacht hingegen grundsätzlich anerkannt, so muss der Insolvenzeröffnungsbeschluss als Herausgabetitel für vollstreckbar erklärt werden (vgl. umgekehrt die analoge Anwendung der §§ 722, 723 ZPO bei der Vollstreckbarerklärung ausländischer Konkurseröffnungsbeschlüsse im Inland).[54] Versagt die ausländische Rechtsordnung dem Eröffnungsbeschluss die Vollstreckungsfähigkeit,[55] muss der Verwalter im Wege der Klage oder einstweiligen

---

[44] Vgl. *Gottwald,* Insolvenzrechts-Handbuch, § 130 RdNr. 51; keine Bedenken dagegen bei *Geimer* (Fn. 43) RdNr. 3479.

[45] *Geimer* (Fn. 43) RdNr. 3434; Beispiele aus der Staatenpraxis bei *Gottwald* (Fn. 44) § 130 RdNr. 139 ff.; *Stoll/Lüer,* Stellungnahmen und Gutachten zur Reform des deutschen internationalen Insolvenzrechtes, 1992, 106.

[46] Diese Möglichkeiten bestehen selbstverständlich auch, wenn die Wirkungen der Insolvenzeröffnung anerkannt werden.

[47] Vgl. *Gottwald* (Fn. 44) § 130 RdNr. 55.

[48] Begr. RegE § 383; *Geimer* (Fn. 43) RdNr. 3482, 3485.

[49] Begr. RegE § 383; *Geimer* (Fn. 43) RdNr. 3482, 3485.

[50] Vgl. BVerfG ZIP 1986, 1336; OLG Köln NJW-RR 1986, 934 = ZIP 1986, 658 = EWiR § 117 KO 1/86 *(Schneider);* nunmehr auch OLG Koblenz NJW-RR 1994, 175; LG Memmingen ZIP 1983, 204; vgl. § 98 RdNr. 18; *Kilger/K. Schmidt* § 1 Anm. 1 B b); aA früher OLG Koblenz KTS 1980, 68.

[51] BGH ZIP 2003, 2123, 2124. Das gilt nach Auffassung des BGH auch dann, wenn lediglich vermutet wird, dass Auslandsvermögen vorhanden ist.

[52] LG Memmingen ZIP 1983, 204.

[53] Vgl. *Gottwald* (Fn. 44) § 130 RdNr. 53; *Leipold,* Festschrift Waseda Universität, 1988, 787, 791; *Hanisch* IPRax 1994, 351, 352.

[54] *Geimer* (Fn. 43) RdNr. 3368.

[55] Nach *Lüer* (Fn. 45), 102 soll es dem Eröffnungsbeschluss für das Ausland stets an einem konkreten, vollstreckungsfähigen Inhalt fehlen.

§ 148 24, 25   4. Teil. 1. Abschnitt. Sicherung der Insolvenzmasse

Verfügung einen vollstreckbaren Titel erwirken. Der materiellrechtliche Herausgabeanspruch des Verwalters ergibt sich aus § 148.[56] Dieser Titel wird im Wege der Einzelzwangsvollstreckung vollstreckt und ist daher nach den internationalen Anerkennungs- und Vollstreckungsverträgen durchsetzbar.

Nach Art. 18 Abs. 1 Satz 2 **EuInsVo** kann der Verwalter in den Mitgliedstaaten der Europäischen Union Massegegenstände in Besitz nehmen und nach Deuschland bringen, sofern dem nicht Sicherungseigentum oder Rechte Dritter entgegenstehen (Art. 5, 7 EuInsVO).[57] Zur zwangsweisen Durchsetzung vgl. RdNr. 61. Auch die UN-Vollversammlung hat am 15. 12. 1997 auf Vorschlag der UNCITRAL (United Nations Commission on International Trade Law)-Kommission Modellbestimmungen für grenzüberschreitende Insolvenzverfahren gebilligt.[58]

Eine historische Sonderregelung besteht noch im Verhältnis zwischen den Ländern Bayern und Baden Württemberg einerseits und bestimmten Schweizer Kantonen andererseits. Nach Gesetzen aus dem 19. Jahrhundert ist hier die Gegenseitigkeit im Rahmen von Insolvenzverfahren verbürgt.[58a]

24   **2. Inbesitznahme. a) Besitzbegründung.** Unter Inbesitznahme ist die Begründung **unmittelbaren Besitzes** gem. § 854 Abs. 1 BGB zu verstehen.[59] Dabei geht der Besitz nicht entsprechend § 857 BGB automatisch auf den Verwalter über,[60] wie gerade die unterschiedliche Regelung in den §§ 80 und 148 zeigt. Nach der Organtheorie dagegen ist die Insolvenzmasse selbst Eigenbesitzerin.[61] Der Insolvenzverwalter übt lediglich als Organ den Besitz der Insolvenzmasse aus. Er ist selbst nicht Besitzer.[62] Im Hinblick auf die angestrebte faktische Sicherung ist unabhängig von der dogmatischen Einordnung die tatsächliche Zugriffsmöglichkeit des Verwalters entscheidend. Doch selbst bei Problemstellungen, die an die Qualifizierung der Besitzposition anknüpfen, hat der Streit keine großen praktischen Auswirkungen.[63] Die Besitzbegründung muss **sofort**, d. h. ohne Verzögerung erfolgen. Soweit teilweise betont wird, dass die unverzüglich, also ohne schuldhaftes Zögern (§ 121 BGB) erfolgte Inbesitznahme nicht genüge,[64] hilft dies nicht weiter. Denn mehr als das pflichtgemäße Bemühen um die Inbesitznahme kann vom Verwalter nicht verlangt werden.

25 Die für den Besitz erforderliche **physische Einwirkungsmöglichkeit** setzt regelmäßig ein räumliches Verhältnis voraus.[65] Bei der Besitzbegründung nach § 148 kommt es anders als bei § 854 BGB weniger auf die Verkehrsanschauung an. Diese kann zwar bei § 854 BGB gewisse Defizite hinsichtlich der aktuell bestehenden, tatsächlichen Zugriffsmöglichkeit

---

[56] AA *Lüer* (Fn. 45), 105 der ohne Zitat die Auffassung vertritt, die hM verneine einen materiellrechtlichen Herausgabeanspruch. Vgl. gegen diese Auffassung besonders klar *Baur/Stürner*, Fälle und Lösungen, Fall 18, 105 mwN. Richtig ist, dass angesichts von § 148 Abs. 2 Satz 1 regelmäßig für eine Klage das Rechtsschutzbedürfnis fehlt.

[57] Vgl. *Kemper* ZIP 2001, 1609, 1614.

[58] ZIP 1997, 2224 und dazu *Wimmer* ZIP 1997, 2220.

[58a] *Geimer* (Fn. 43) RdNr. 3351 mwN.

[59] *Uhlenbruck* § 148 RdNr. 8; FK-*Wegener* § 148 RdNr. 6; *Nerlich/Römermann/Andres* § 148 RdNr. 29; *Kübler/Prütting/Holzer* § 148 RdNr. 11; *Hess* § 148 RdNr. 26 und die hM zum inhaltsgleichen § 117 KO: BGHZ 104, 304 = NJW 1988, 3264, *Kuhn/Uhlenbruck* § 117 RdNr. 3 und 9; *Kilger/K. Schmidt* § 117 Anm. 3; *Jaeger/Weber* § 117 RdNr. 6 mwN zu früheren abweichenden Auffassungen; *Baur/Stürner*, Zwangsvollstreckungs-, Konkurs- und Vergleichsrecht, Band II, Insolvenzrecht, RdNr. 10.26; *Mohrbutter/Mohrbutter/Ernestus* RdNr. III.3; *Hess*, KO § 117 RdNr. 13.

[60] *Jaeger/Weber* § 117 RdNr. 2 und 6; *MünchKommBGB-Joost* § 857 RdNr. 16; *Westermann/Gursky*, Sachenrecht, Bd. I, § 15 III; aA *Wolff/Raiser*, Sachenrecht, § 12 II 2.

[61] *Bötticher* ZZP 77 (1964), 55, 67; für juristische Personen und sonstige konkursfähige Personenverbände auch *Kilger/K. Schmidt* § 117 Anm. 3; *K. Schmidt* KTS 1984, 345, 387 f.

[62] Zur Figur des Organbesitzes vgl. *Staudinger/Bund* BGB § 854 RdNr. 58 f.; *MünchKommBGB-Joost* § 854 RdNr. 30 ff.

[63] Eingehend *Jaeger/Henckel* § 6 RdNr. 47; siehe auch *Kilger/K. Schmidt* § 117 Anm. 3; zu den einzelnen Auswirkungen wird an den jeweiligen Stellen Bezug genommen.

[64] *Kübler/Prütting/Holzer* § 148 RdNr. 7; vgl. auch *Nerlich/Römermann/Andres* § 148 RdNr. 8.

[65] *MünchKommBGB-Joost* § 854 RdNr. 5 mwN.

überwinden (Bsp.: Besitz an den Gegenständen der Wohnung des Schuldners bleibt während des Urlaubs erhalten). Bei § 148 steht hingegen mehr der Ausschluss der Zugriffsmöglichkeit des Schuldners im Vordergrund.[66] Die Anforderungen an die Besitzbegründung sind deshalb unterschiedlich, je nach der Gefahr des Beiseiteschaffens. Je größer diese Gefahr ist, desto stärker muss die faktische Zugriffsmöglichkeit des Verwalters sein.

b) Ausnahmen von der Pflicht zur Inbesitznahme. Grundsätzlich ist der Insolvenzverwalter verpflichtet, die zur Insolvenzmasse gehörigen Sachen in unmittelbaren Besitz zu nehmen.[67] Das führt aber zu praktischen Problemen. Denn der Insolvenzverwalter müsste dann sämtliche Massegegenstände, die sich beim Schuldner befinden, an sich nehmen.[68] Dies ist in der Praxis vielfach nicht durchführbar und im Interesse der Gläubiger auch nicht geboten. Warum etwa soll der Insolvenzverwalter den Schuldner aus seiner Wohnung „sofort" (!) vertreiben und sie selbst in unmittelbaren Besitz nehmen? Aus diesem Grund genügt es auch nicht, die Verpflichtung des Abs. 1 dahingehend einzuschränken, dass der Insolvenzverwalter auf die Inbesitznahme für die Masse wertloser oder wegen ihrer Belastung mit Absonderungsrechten nach dem freien Ermessen des Insolvenzverwalters keinen Überschuss versprechender Gegenstände verzichten darf.[69] Vielmehr ist die **Verpflichtung zur „sofortigen" Inbesitznahme dann nicht gegeben, wenn die Belassung beim Schuldner die Befriedigung der Gläubiger nicht gefährdet.** Im Gegensatz zu § 117 KO besteht keine sofortige Liquidationspflicht mehr. Auch aus diesem Grund ist eine Einschränkung der Pflicht zur sofortigen Inbesitznahme gerechtfertigt. So genügt bei **Immobilien** zur Sicherung der Gläubiger regelmäßig – anders zB, wenn es um die Fruchtziehung aus dem Grundstück geht – der Grundbuchvermerk (§ 32). Die Verpflichtung zur Inbesitznahme besteht auch dann nicht, wenn der Aufwand unverhältnismäßig ist und die dadurch entstehenden Kosten die Befriedigung der Gläubiger gefährden.[70] Kleinere Barbeträge sollten dem zuständigen Mitarbeitern des Schuldners zur Bezahlung kurzfristig anfallender Masseverbindlichkeiten belassen werden, größere Summen sind auf das Insolvenzkonto einzuzahlen.

Es ist in diesen Fällen daher auch nicht erforderlich, dass der Insolvenzverwalter symbolisch die Sachherrschaft ergreift, um im gleichen Atemzug dem Schuldner als Besitzdiener i. S. v. § 855 BGB[71] die Sachen wieder anzuvertrauen. Eine besitzrechtliche Stärkung der Postion des Insolvenzverwalters ergibt sich daraus nicht. Gegen den Schuldner hat er ohnehin den Herausgabeanspruch aus § 148 Abs. 2, gegen eigenmächtiges Beiseiteschaffen durch den Schuldner bietet der Weg über § 855 BGB keine Vorteile. Und besitzrechtliche Ansprüche des Schuldners aus §§ 859 ff., 1007 BGB kann der Insolvenzverwalter gem. § 80 selbst ausüben.

c) Besitzdiener. Soweit der unmittelbare Besitz des Schuldners über einen Besitzdiener gem. § 855 BGB ausgeübt wird, erwirbt der Insolvenzverwalter den Besitz durch den Übergang des Weisungsrechts nach § 80. Insoweit liegt also ein automatischer Übergang des unmittelbaren Besitzes auf den Verwalter vor. So bedarf es bei gewerblichen Unternehmungen hinsichtlich des **Anlage- und Umlaufvermögens,** bei denen die Sachherrschaft durch Arbeitnehmer ausgeübt wird, regelmäßig keiner weiteren Maßnahmen des Verwalters für die

---

[66] Die Anforderungen an die Besitzbegründung können entsprechend der jeweiligen Funktion des Besitzes verschieden sein, vgl. *Staudinger/Bund* § 854 RdNr. 2.
[67] Siehe RdNr. 1.
[68] Mit geringeren Anforderungen an die tatsächliche Sachherrschaft kann dann nicht mehr geholfen werden, wenn der Schuldner unzweifelhaft an den Gegenständen „näher dran" ist und den Verwalter vom tatsächlichen Zugriff ausschließen kann.
[69] In diesem Sinn *Uhlenbruck* § 148 RdNr. 2; RGZ 60, 107, 109 für die nicht anders zu beurteilende Frage der Freigabe aus der Masse.
[70] OLG Köln ZIP 2000, 1498, 1500 f.
[71] So (zur KO) *Kuhn/Uhlenbruck* § 117 RdNr. 9; vgl. auch *Nerlich/Römermann/Andres* § 148 RdNr. 31; offen bleibt dabei, woraus sich die Weisungsbefugnis des Insolvenzverwalters ergeben soll. Möglicherweise kann in der Entgegennahme eine implizite Unterwerfung unter die Weisungen des Insolvenzverwalters gesehen werden. § 97 enthält gerade keine Weisungsbefugnis des Insolvenzverwalters.

Besitzbegründung. Zur Erfassung der Masse wird der Insolvenzverwalter zuerst die Büros und dann die Betriebs-, Fabrikations- und Lagerräume besichtigen und hierüber ein Protokoll fertigen, schließlich die auswärtigen Niederlassungen und sonstiges außerhalb des Firmensitzes befindliches Anlagevermögen. Anders ist es dann, wenn Anhaltspunkte dafür bestehen, dass die Arbeitnehmer gemeinsam mit dem Schuldner derartige Gegenstände beiseite schaffen oder diese Gegenstände dem unberechtigten Zugriff Dritter ausgesetzt sind.

29 **d) Mittelbarer Besitz.** Ist der Schuldner nur mittelbarer Besitzer der Massegegenstände und ein Dritter unmittelbarer Besitzer, stellt sich die Frage, ob der Insolvenzverwalter das Besitzmittlungsverhältnis beenden kann und soll.[72] Der mittelbare Besitz geht nicht auf den Insolvenzverwalter über.[73] Vielmehr übt der Insolvenzverwalter über § 80 die sich aus dem mittelbaren Besitz ergebenden Rechte aus.[74] So sind beispielsweise Schließfächer in Anwesenheit eines Bankangestellten zu öffnen, über den Inhalt ist ein Protokoll zu fertigen.

30 Bei vermieteten oder verpachteten Gegenständen des Schuldners ist zu unterscheiden. Sind Immobilien betroffen, so geht § 108 Abs. 1 Satz 1 der Inbesitznahmepflicht vor, weil die Gebrauchsüberlassungspflicht fortbesteht. Bei beweglichen Gegenständen ist das Wahlrecht des § 103 Abs. 1 vorrangig. Hat der Schuldner unter Eigentumsvorbehalt eine Sache veräußert, so besteht wegen § 107 Abs. 1 Satz 1 ebenfalls keine Pflicht zur Inbesitznahme.

31 Der Schuldner kann seinen mittelbaren Besitz nach § 870 BGB **übertragen**, weil man einen durch die Beendigung des Insolvenzverfahrens aufschiebend bedingten Herausgabeanspruch aus dem gesetzlichen Besitzmittlungsverhältnis zum Insolvenzverwalter konstruieren kann,[75] der auch nicht in die Insolvenzmasse fällt, weil er erst nach Beendigung des Insolvenzverfahrens entsteht. Nach der Organtheorie besteht überhaupt kein mittelbarer Besitz, er ist also auch nicht übertragbar. Allerdings kommt dem keine Bedeutung zu, weil eine Eigentumsübertragung nach § 931 BGB wegen § 81 Abs. 1 Satz 1 nicht möglich ist.[76]

32 **e) Tod des Verwalters, Verwalterwechsel. aa) Kein automatischer Übergang.** Da der Insolvenzverwalter mit der tatsächlichen Ergreifung unmittelbarer Besitzer wird, geht mit seinem Tod der unmittelbare Besitz auf die Erben des Insolvenzverwalters über, auch wenn die Erben kein Recht zum Besitz haben (§ 857 BGB).[77] Für den neuen Insolvenzverwalter gilt wiederum (nur) das Recht zur Besitzergreifung, wobei sich der Herausgabeanspruch gegen die Erben aus § 985 BGB ergibt. Vom Standpunkt der Organtheorie bleibt die Masse Besitzerin, es wechselt lediglich das Organ.

33 **bb) Besitzdiener.** Übte der verstorbene Verwalter den unmittelbaren Besitz an Massegegenständen durch Besitzdiener aus, erwirbt zwar der Erbe über § 857 BGB den unmittelbaren Besitz, er verliert ihn aber sogleich wieder, weil zwischen Erben und Besitzdiener kein Weisungsverhältnis besteht (§ 856 Abs. 1 BGB).[78]

34 **cc) Mittelbarer Besitz.** Hat der Insolvenzverwalter an Massegegenständen **mittelbaren Besitz** in seiner Eigenschaft als Insolvenzverwalter für Rechnung der Insolvenzmasse begründet (zB Hinterlegung von Wertpapieren), so ist der Schuldner mittelbarer Besitzer und nicht der Verwalter.[79] Ein Übergang des mittelbaren Besitzes auf die Erben des Verwalters scheidet damit aus. Der neue Verwalter wird ebenfalls nicht mittelbarer Besitzer, sondern

---

[72] Zur zwangsweisen Durchsetzung siehe RdNr. 60 ff.
[73] *Kilger/K. Schmidt* § 117 Anm. 3.
[74] *Kilger/K. Schmidt* § 117 Anm. 3.
[75] AA scheinbar *Jaeger/Henckel* § 6 RdNr. 47; der Anspruch aus § 985 BGB ist nicht unabhängig vom Eigentum abtretbar: *Palandt/Bassenge* § 985 RdNr. 2.
[76] So auch im Ergebnis *Jaeger/Henckel* § 6 RdNr. 47.
[77] *Jaeger/Weber* § 117 RdNr. 8; *Staudinger/Bund* § 857 RdNr. 9; *MünchKommBGB-Joost* § 857 RdNr. 5; *Palandt/Bassenge* § 857 RdNr. 1; *Baur/Stürner*, Sachenrecht, § 8 I 3 Fn. 2; *Westermann/Gursky* (Fn. 60) § 15 I 4; *Soergel/Mühl* § 857 RdNr. 1; RGRK-*Kregel* § 857 RdNr. 4. Dagegen spricht sich für den Übergang auf den Amtsnachfolger aus: *Uhlenbruck* § 148 RdNr. 18; *Baur*, Sachenrecht, § 8 I 3; dagegen schränken *Wolff/Raiser* (Fn. 60) § 12 II 3 und Strohal, JherJB 29 (1890) 336, 370; 38 (1898) 1, 98 den Übergang auf die Gegenstände ein, die von dem eigenen Vermögen des Verwalters äußerlich getrennt sind.
[78] *Jaeger/Weber* § 117 RdNr. 9; *MünchKommBGB-Joost* § 855 RdNr. 18.
[79] *Jaeger/Weber* § 117 RdNr. 10; *Kilger/K. Schmidt* § 117 Anm. 3.

übt lediglich die sich aus dem mittelbaren Besitz des Schuldners ergebenden Rechte aus (§ 80).

f) Besitzschutz. aa) Besitzschutzansprüche nach den §§ 859 ff., 1007 BGB. Dem 35
Verwalter stehen, soweit er unmittelbarer Besitzer ist, die Besitzschutzansprüche der §§ 859 ff., 1007 BGB selbst zu.[80] Die Ansprüche des Schuldners als mittelbarem Besitzer aus den §§ 861 f., 869 BGB gehören zur Insolvenzmasse und werden daher vom Verwalter auch dann ausschließlich allein ausgeübt, wenn die Ausübung der Besitzschutzansprüche durch den Schuldner dem Willen des Verwalters entspricht (§ 80).[81] Der Verwalter kann – wie sonst auch – dem Schuldner die Ausübung gestatten, indem er den Anspruch freigibt oder den Schuldner zur Geltendmachung ermächtigt. Nach der Organtheorie ergeben sich letztlich keine Unterschiede, weil der Schuldner nicht mittelbarer Besitzer ist und schon aus diesem Grund nichts unternehmen kann.

bb) Selbsthilferecht. Der Verwalter hat als unmittelbarer Besitzer das Selbsthilferecht aus 36
§ 859 BGB. Nach hier vertretener Auffassung ist der Schuldner mittelbarer Besitzer (§ 868 BGB). Wegen des fehlenden Verweises in § 869 BGB auf § 859 BGB ist streitig, ob sich der mittelbare Besitzer auf § 859 berufen kann.[82] Er kann sich aber gegen die Besitzstörung auf das Nothilferecht des § 227 BGB stützen, das im gleichen Umfang Gewaltanwendung gestattet wie § 859 BGB.[83] Dagegen ergibt sich die Befugnis zur „Besitzkehr" nur aus § 859 Abs. 2 und 3 BGB.[84] Dabei ist die Regelung in § 859 insofern weiter, als das Gewaltrecht des Besitzers nicht dadurch ausgeschlossen wird, dass die Besitzentziehung vollendet ist, auch wenn kein gegenwärtiger Angriff i. S. v. § 227 BGB mehr vorliegt.[85] Nach der Organtheorie ist der Schuldner nicht mittelbarer Besitzer, so dass sich hier die Streitfrage der Anwendbarkeit des § 859 BGB gar nicht stellt.[86]

g) Eigenbesitz. Nach hier vertretener Auffassung ist der Schuldner mittelbarer Eigen- 37
besitzer, der Insolvenzverwalter unmittelbarer Fremdbesitzer.[87] Nach der Organtheorie ist dagegen die Masse Eigenbesitzerin.

aa) Bedeutung für Eigentumserwerbstatbestände. Der Eigenbesitz (§ 872 BGB) ist 38
zunächst für einige Erwerbstatbestände von Bedeutung (§§ 900, 927, 937 ff., 955, 958 BGB). Hinsichtlich der Besitzzeiten führen die Theorien zu keinem unterschiedlichen Ergebnis, weil die Besitzzeit des Schuldners bis zum Übergang des Besitzes auf die Masse der Besitzzeit der Masse hinzugerechnet wird (§§ 900 Abs. 2, 927 Abs. 1 Satz 2, 943 BGB). Unterschiede zeigen sich aber in den subjektiven Erwerbsvoraussetzungen. Dabei ist zunächst aber festzuhalten, dass der **böse Glaube des Insolvenzverwalters nach allen Ansichten schädlich** ist. Für die Vertretertheorie ergibt sich das aus dem Rechtsgedanken des § 166 Abs. 1 BGB, wonach es auf den guten Glauben und die Kenntnisse des gesetzlichen Vertreters ankommt. Zum selben Ergebnis gelangt die Organtheorie, weil das Wissen des Organs der Masse zugerechnet wird.[88] Da die Ersitzungsaussicht zur Masse gehört, nimmt nach der Amtstheorie der Insolvenzverwalter für den Schuldner dessen Eigenbesitz wahr.[89] Damit ist das Wissen des Verwalters maßgeblich. Dagegen führen nur Vertreter- und Amtstheorie dazu, dass auch die nach Insolvenzeröffnung eingetretene **Bösgläubigkeit des**

---

[80] *Kilger/K. Schmidt* § 117 Anm. 3); *Jaeger/Weber* § 117 RdNr. 7.
[81] *Jaeger/Henckel* § 1 RdNr. 47; aA *Jaeger/Weber* § 117 RdNr. 7, wonach nur im Fall des Widerspruchs mit dem Willen des Verwalters § 80 eingreift.
[82] Vgl. RGZ 146, 182, 190; MünchKommBGB-*Joost* § 869 RdNr. 6 ff. mwN.
[83] *Westermann/Gursky* (Fn. 60) § 23 2.
[84] *Westermann/Gursky* (Fn. 60) § 26 III 2.
[85] *Lopau* JuS 1980, 501, 503.
[86] Entgegen *Jaeger/Henckel* § 6 RdNr. 47 kann an dieser Stelle der Streit um die Besitzsituation also doch Bedeutung gewinnen.
[87] So auch BVerwG NJW 1962, 979, 980.
[88] Vgl. zur Zurechnungsproblematik von Organwissen allgemein BGHZ 109, 330.
[89] *Jaeger/Henckel* § 6 RdNr. 48; entgegen *Bötticher* ZZP 77 (1964), 55, 67 ist damit eine Ersitzung trotz bösen Glaubens des Insolvenzverwalters ausgeschlossen.

Schuldners den Erwerb ausschließt. Das aber ist allein angemessen, weil ansonsten der bösgläubig gewordene Schuldner seine Schulden mit Vermögensgegenständen tilgen könnte, deren Erwerb er seiner Bösgläubigkeit wegen nicht verdient hat.[90] Der Gutglaubensschutz ist nur dann gerechtfertigt, wenn derjenige, dem der Erwerb zugute kommt, und das ist der Schuldner, nicht der Verwalter, auch selbst gutgläubig ist.

39 **bb) Haftung des Gebäudebesitzers (§ 836 Abs. 1 BGB).** Die Haftung des Gebäudebesitzers (§ 836 Abs. 1 BGB) setzt gem § 836 Abs. 3 BGB Eigenbesitz voraus. Dabei ergibt sich nach der Organtheorie zwanglos, dass die Masse haftet, wobei es sich um eine Masseschuld gem. § 55 Abs. 1 Nr. 1 handelt.[91] Bei wörtlicher Anwendung des § 836 BGB müssten dagegen Vertreter- und Amtstheorie eine Haftung der Masse verneinen, weil ja der Schuldner Eigenbesitzer bleibt. Seine Haftung mit dem konkursfreien Vermögen ist aber angesichts der Erweiterung der Insolvenzmasse um den Neuerwerb (§ 35) nicht realisierbar.

40 Als Ausweg schlagen *Jaeger/Henckel* § 6 RdNr. 50 eine korrigierende Auslegung des § 836 BGB vor, weil die aufgezeigten Konsequenzen dem Grund der Haftung aus § 836 BGB nicht gerecht würden.[92] Der korrigierenden Auslegung des § 836 BGB bedarf es aber gar nicht. Aus § 838 BGB haftet der Insolvenzverwalter persönlich.[93] Diese Haftung steht aber in Zusammenhang mit der Verwaltung der Masse.[94] Nach der überwiegenden Ansicht begründet dies eine Haftung der Masse (§ 55 Abs. 1 Nr. 1).[95]

41 **h) Kein eigenmächtiges Vorgehen.** Eigenmächtiges Vorgehen ist dem Insolvenzverwalter nicht gestattet. Besitzentziehung und Besitzstörung ohne oder gegen den Willen des Schuldners sind daher verbotene Eigenmacht gem. § 858 Abs. 1 BGB. Eine gesetzliche Gestattung i. S. v. § 858 Abs. 1 BGB enthält der Eröffnungsbeschluss nicht.[96] Das ergibt sich aus einem Umkehrschuss aus § 148 Abs. 2 Satz 1. Zur zwangsweisen Durchsetzung muss sich der Insolvenzverwalter des Zwangsvollstreckungsverfahrens bedienen. Eine Selbstvollstreckung ist damit bis auf die Fälle der Selbsthilfe des § 229 BGB ausgeschlossen.[97] Die Zustimmung des Schuldners zB zum Betreten der Wohnungsräume kann stillschweigend erfolgen. Es genügt etwa die Gleichgültigkeit hinsichtlich des Verbleibs der Sache.[98]

IV. Die Verwaltung

Die Verwaltung umfasst die Sicherung, Feststellung und Wahrnehmung der Masserechte bis zu deren Verwertung bzw. der vorzeitigen Beendigung des Insolvenzverfahrens.[99] Auch die Einziehung von Forderungen und die Geltendmachung von Ansprüchen gegen Dritte gehört zur Verwaltung.[100] Ansprüche müssen aber dann nicht gerichtlich geltend gemacht werden, wenn die Prozessführung keinen Erfolg verspricht.[101] Eine überwiegende Erfolgswahrscheinlichkeit kann dabei nicht verlangt werden.[102] Der Verwalter muss einen für die

---

[90] So zutreffend *Jaeger/Henckel* § 6 RdNr. 48; aA *Stürner* ZZP 94 (1981), 263, 293, wonach für die Organtheorie die Bewertung der Bösgläubigkeit des Schuldners mit dem Hinweis auf dessen formelles Eigentum ebenso möglich sei. Das mag zwar für § 937 BGB angehen („Erwerber"), nicht aber für § 955 BGB, der ausdrücklich auf den Eigenbesitzer abstellt.
[91] *Kilger/K. Schmidt* § 59 Anm. 2.
[92] *Jaeger/Henckel* § 6 RdNr. 50.
[93] BGHZ 21, 285, 293.
[94] Hier können in vollem Umfang die Argumente von *Jaeger/Henckel* § 6 RdNr. 50 herangezogen werden.
[95] Vgl. § 55 RdNr. 36 *Kilger/K. Schmidt* § 59, Anm. 2, § 6, Anm. 6 d); *Jaeger/Henckel* § 6 RdNr. 46; *Uhlenbruck* § 55 RdNr. 20 ff.; *Palandt/Heinrichs* § 31 RdNr. 3.
[96] *Uhlenbruck* § 148 RdNr. 6; *Palandt/Bassenge* § 858 RdNr. 7; vgl. auch OLG Naumburg OLG-NL 1997, 163.
[97] Vgl. *Gottwald/Uhlenbruck*, Insolvenzrechts-Handbuch, § 14 RdNr. 55.
[98] RGZ 72, 192, 198.
[99] *Häsemeyer* RdNr. 13.05.
[100] *Bork* ZIP 2005, 1120, 1120.
[101] BGH ZIP 2001, 1376, 1377 = EWiR 2001, 823 *(Pape)*; BGH ZIP 1993, 1886, 1887; *Bork* ZIP 2005, 1120, 1121 mwN; vgl. auch §§ 60, 61 RdNr. 12.
[102] AA OLG Hamm ZIP 1995, 1436, 1437; *Uhlenbruck,* § 60 RdNr. 61.

Masse entscheidenden Prozess auch dann nach sorgfältiger Abwägung führen können, wenn das Unterliegen wahrscheinlicher ist als das Obsiegen.[103] Auch rechtlich Erfolg versprechende Prozesse brauchen nicht geführt zu werden, wenn beim Beklagten nichts zu holen ist.[104] Die Einziehung von Forderungen stellt zwar eine Verwertung dar, ist aber trotz § 159 auch vor dem Berichtstermin zulässig, weil sie die Entscheidung der Gläubiger über die Betriebsfortführung nicht beeinflusst.

1. Wichtige Sofortmaßnahmen. a) Immobilien. Besonders wichtig ist die Überprüfung der bestehenden **Versicherungen**,[105] vor allem einer Gebäude-Brandversicherung, einer kombinierten Gebäudeversicherung (Leitungswasser-, Sturm-, Hagelschaden sowie Einbruchdiebstahl) und einer Haushaftpflicht- bzw. Betriebshaftpflichtversicherung. 42

Bestehen am Tage der Verfahrenseröffnung Prämienrückstände, sind jedenfalls die Landesbrandversicherungsanstalten meist nicht bereit, mit dem Verwalter einen neuen Versicherungsvertrag abzuschließen und den Rückstand zur Tabelle anzumelden. Obgleich das Monopol dieser Gesellschaften nicht mehr besteht, empfiehlt es sich nicht zu wechseln. Bei Wohnungs- und Teileigentum trägt diese Verpflichtungen die Hausverwaltung im Auftrag der Wohnungseigentümergemeinschaft (WEG), doch ist dort das monatliche Wohngeld zu bezahlen. Bei fehlendem Versicherungsschutz zahlt die Vermögensschaden-Haftpflichtversicherung des Insolvenzverwalters nicht. 43

Grundsteuer und Grundbesitzabgaben (Kosten für Straßenreinigung, Entwässerung und Müllabfuhr) sind ab dem Tage der Eröffnung des Insolvenzverfahrens sonstige Masseverbindlichkeiten. Falls die Masse liquide ist, empfiehlt es sich, auch rückständige Raten zu bezahlen, da die Gemeinde sonst die Zwangsversteigerung beantragen könnte und Grundsteuer sowie Grundbesitzabgaben gem. § 10 Abs. 1 Nr. 3 ZVG in der Versteigerung Vorrang haben. 44

Nebenkosten (Hausstrom, Gas und Wasser, Antenne und Lift) können meist auf die Mieter umgelegt werden. 45

Kann der Insolvenzverwalter absehen, dass die Verwertung des betreffenden Grundstückes keinen Überschuss für die Masse erbringen wird, sollte er den erstrangigen Grundpfandgläubiger zur Erstattung der vorstehenden Masseschulden motivieren oder das Grundstück aus der Masse freigeben. Andernfalls läuft er Gefahr, wegen Schmälerung der Masse belangt zu werden. 46

b) Bewegliches Anlagevermögen. Die Verwaltung des beweglichen Anlagevermögens beinhaltet keine besonderen Probleme. 47

Bei zugelassenen Fahrzeugen sind Kfz-Steuer und -Versicherung ab dem Tage der Eröffnung des Insolvenzverfahrens sonstige Masseverbindlichkeiten (§ 55), nicht mehr Kosten des Insolvenzverfahrens, § 54. 48

Bei geleasten Kfz, die von Arbeitnehmern des Schuldners als Dienstfahrzeuge genützt werden, ergibt sich ein Problem. Gemäß § 103 kann der Insolvenzverwalter jederzeit erklären, die Leasingverträge nicht fortzuführen. Für die Anmietung beweglicher Sachen (früher § 19 KO) gibt es in der Insolvenzordnung keine entsprechende Regelung mehr. – § 108 gilt nur für Immobilien. Nach arbeitsrechtlichen Grundsätzen darf aber der Arbeitnehmer in aller Regel „sein" Fahrzeug bis zum Ausscheiden behalten. Der Insolvenzverwalter kann damit dem Leasinggeber trotz Erfüllungsablehnung das Fahrzeug nicht herausgeben. Gemäß § 55 Abs. 1 Nr. 2 bzw 3 muss deshalb der Verwalter die Leasingraten wohl bis zur Beendigung des entsprechenden Arbeitsverhältnisses weiterzahlen, da er die Leasingfahrzeuge bis dahin „in Anspruch genommen hat" (vgl. § 55 RdNr. 132). 49

c) Warenvorräte (Rohstoffe, Halbfabrikate und Fertigprodukte) sind zu verkaufen, soweit sie verderblich oder schon nach kurzer Zeit nicht mehr verkäuflich sind (zB Verfalldatum bei Lebensmitteln). Auch Verkäufe im Zuge der Fortführung der Geschäftstätigkeit 50

---

[103] *Bork* ZIP 2005, 1120, 1121 mwN; vgl. auch OLG Düsseldorf KuT 1932, 118 f.
[104] *Bork* ZIP 2005, 1120, 1121 ZIP 2001, 1376, 1377.
[105] Vgl. BGHZ 105, 230, 237; vgl. §§ 60, 61 RdNr. 15.

sind zulässig. Im Übrigen ist der Berichtstermin abzuwarten, § 159. Die bei der Verwertung der Waren anfallende Umsatzsteuer ist sonstige Masseverbindlichkeit, § 55 Abs. 1 Nr. 2.

51 Soweit der Insolvenzverwalter mit Absonderungsrechten belastete, bewegliche Gegenstände verwertet, ist die hierfür anfallende Umsatzsteuer gesondert zu erfassen und vom Sicherungsnehmer zu tragen, für die Insolvenzmasse also nur ein Durchlaufposten, § 171 Abs. 2 Satz 3.

52 **d) Außenstände.** Gehen die Außenstände weiterhin auf Konten des Schuldners bei seinen Gläubigerbanken ein, ist die Kontrolle oft mühsam. Der Weiterleitung der Gelder auf das Konto des (vorläufigen) Verwalters steht dann nicht selten das (nach § 96 Nr. 1 unzulässige) Bemühen dieser Banken entgegen, mit ihren Forderungen gegen den Schuldner aufzurechnen.[106] Der Insolvenzverwalter wird deshalb alle Kunden des Schuldners anschreiben und darauf hinweisen, dass Zahlungen nur noch auf sein Anderkonto bzw. Insolvenzkonto zu leisten sind. Dies gilt nicht, soweit die entsprechende Bank eine wirksame und nicht anfechtbare Globalzession hat.

53 **e) Bankbeziehungen. aa) Lastschriften.** Die Bankkonten des Schuldners sind unverzüglich daraufhin zu untersuchen, ob seitens seiner Gläubiger Abbuchungen vorgenommen wurden, denen noch widersprochen werden kann: Nach Abschnitt III Nr. 2 des Abkommens über den Lastschriftverkehr der deutschen Kreditinstitute ist der Widerspruch binnen sechs Wochen nach Belastung möglich. Die 6-Wochen-Frist wird durch die Eröffnung des Insolvenzverfahrens nicht unterbrochen.

54 **bb) Bankguthaben.** Den Geschäftsbanken des Schuldners und der Postbank ist die Eröffnung des Insolvenzverfahrens sofort anzuzeigen und anzufragen, ob der Schuldner dort Guthaben aus laufenden Konten, Festgelder, Sparguthaben, Wertpapierdepots oder Schließfächer unterhält.

Verfügbare Guthaben sind sofort auf das Insolvenzkonto zu überweisen, Festgelder und Sparguthaben zu kündigen und Wertpapiere nach Beratung durch einen Fachmann zu verkaufen. Ein Schließfach ist in Anwesenheit eines Bankangestellten zu öffnen.

Der Insolvenzverwalter sollte die Konten des Schuldners erst nach einigen Wochen schließen, da häufig noch Kundengelder eingehen.

55 **2. Unternehmensfortführung. a) Entscheidung über die Unternehmensfortführung.** Das Verwaltungsrecht des Insolvenzverwalters umfasst auch das schuldnerische Unternehmen als Gegenstand der Insolvenzmasse. Für den vorläufigen Insolvenzverwalter gilt § 22 Abs. 1 Satz 2 Nr. 2. Nach Verfahrenseröffnung entscheidet nicht der Verwalter, sondern die Gläubigerversammlung im Berichtstermin über die Stilllegung oder (vorläufige) Fortführung des Geschäftsbetriebes (§ 157 Satz 1). Vor dieser Entscheidung kann der Verwalter das Unternehmen mit Zustimmung eines Gläubigerausschusses (vorläufig) stilllegen, § 158 Abs. 1. Die Entscheidung liegt im Ermessen des Verwalters. Wie bisher[107] sieht das Gesetz in der Fortführung bis zum Beschluss der Gläubigerversammlung die Regel, wenn der Geschäftsbetrieb nicht schon vor Verfahrenseröffnung eingestellt wurde (arg. §§ 157, 158).

56 Der Verwalter ist hinsichtlich des „ob" einer Unternehmensfortführung an die Entscheidung der Gläubigerversammlung gebunden.[108] Der Verwalter muss aber trotzdem jederzeit prüfen, ob die Unternehmensfortführung den durch sie verursachten Aufwand erwirtschaftet, also die Masse nicht schmälert. Andernfalls muss der Insolvenzverwalter nach § 75 Abs. 1 Nr. 1 beantragen, eine Gläubigerversammlung einberufen, die über die weitere Unternehmensfortführung beschließt.[109] Das gilt aber dann nicht, wenn die Masseunzulänglichkeit *wahrscheinlich* ist. Der BGH[110] hat zwar bisher formuliert, der Verwalter sei nur dann

---

[106] Wegen § 91 können die Banken auch kein Pfandrecht an der Forderung erwerben.
[107] Vgl. zB *Kilger/K. Schmidt* § 1 Anm. 2 D) b).
[108] *Kuhn/Uhlenbruck* § 117 RdNr. 14 e.
[109] *Kuhn/Uhlenbruck* § 117 RdNr. 14 d.
[110] BGHZ 99, 151, 156 = BGH NJW 1987, 844, 845 = ZIP 1987, 115, 118 = EWiR § 82 KO 3/87, 605 *(Fritz Baur)*; vgl. dazu die Anm. von *K. Schmidt* NJW 1987, 812 und *Gerhardt* ZIP 1987, 763.

Übernahme der Insolvenzmasse   57–59 § 148

berechtigt und verpflichtet, das Unternehmen trotz eines entsprechenden Beschlusses der Gläubigerversammlung nicht fortzuführen, sondern sofort zu liquidieren, wenn *feststeht*, dass die bei einer weiteren Fortführung entstehenden Masseverbindlichkeiten nicht getilgt werden können.[111] Das Problem für den Verwalter liegt jetzt in der neuen, **strengen Haftung des § 61**[112] für nicht erfüllte Masseverbindlichkeiten. Einerseits müsste der Verwalter bis zum Beschluss der Gläubigerversammlung den Betrieb fortführen, solange sich die Masseunzulänglichkeit nicht sicher prognostizieren lässt. Andererseits haftet der Verwalter für die während der weiteren Unternehmensfortführung begründeten Masseverbindlichkeiten gemäß § 61. Nach der Vorstellung des Gesetzgebers besteht eine voraussichtliche Masseunzulänglichkeit i. S. v. § 61 Satz 2 schon dann, wenn die Masseunzulänglichkeit wahrscheinlicher ist als das Gegenteil.[113] Bei wahrscheinlicher Massenunzulänglichkeit ist daher – in Abkehr von der bisherigen Rechtsprechung – die sofortige Beendigung der Unternehmensfortführung zulässig (vgl. auch §§ 60, 61 RdNr. 28).

b) Verwaltungstätigkeit im Rahmen einer Betriebsfortführung. Im Fall der Unternehmensfortführung hat der Verwalter nach § 80 die Verpflichtungen zu erfüllen, die den Insolvenzschuldner in **arbeits-, sozial-, handels-, steuer- und öffentlich-rechtlicher** Hinsicht treffen.[114] 57

An die unternehmerischen Entscheidungen des Insolvenzverwalters bei der Führung des Betriebes sind keine höheren Anforderungen zu stellen als an den Insolvenzschuldner und die organschaftlichen Vertreter eines Unternehmens (vgl. zB § 43 Abs. 1 GmbHG).[115] Der Insolvenzverwalter handelt nur dann pflichtwidrig, wenn seine Entscheidungen von einem kaufmännischen Standpunkt aus unvertretbar sind. 58

c) Versicherung des unternehmerischen Verwalterhandelns.[116] Schäden, die aus typisch unternehmerischen Entscheidungen resultieren (Ermessensentscheidungen) und auf einer falschen Beurteilung der Betriebssituation beruhen, sind auf Grund entsprechender Ausschlussklauseln der Versicherungen vielfach nicht gedeckt.[117] Allerdings hat der BGH betont, dass eine vom Konkurszweck getragene, risikobehaftete, i. S. d. § 82 KO pflichtwidrige Entscheidung keine typisch unternehmerische Entscheidung darstellt.[118] Das resultiere daraus, dass der Verwalter im Gegensatz zu einem „echten" Unternehmer gewissen konkursspezifischen Beschränkungen unterliege (Mitwirkung des Gläubigerausschusses, Überwachung durch das Insolvenzgericht). Die tatsächlichen und rechtlichen Möglichkeiten des Verwalters sind also eingeschränkt. Dies muss zu einem geringeren unternehmerischen Risiko führen. Die im Einzelfall schwierige Abgrenzung soll danach erfolgen, ob insolvenzbezogene Verwaltung des Unternehmens vollständig in den Hintergrund getreten ist, d. h. leitende Entscheidungen nicht vom Insolvenzzweck geprägt, sondern auf einen Gewinn bringenden Überschuss gerichtet sind.[119] Hierbei können als Indizien die bezogene Vergütung und das Auftreten nach außen herangezogen werden. Da die Insolvenzordnung fortführungsfreundlicher als die Konkursordnung ist, wird man unternehmerische Entscheidungen des Insolvenzverwalters in noch weiterem Umfang als insolvenztypisch einordnen müssen. Die Ausschlussklauseln der Versicherungen sind also noch restriktiver auszulegen als bisher. 59

---

[111] Dabei muss es sich um ein an Sicherheit grenzendes Prognoseurteil handeln, *K. Schmidt* NJW 1987, 812, 814.
[112] Darin liegt eine Abkehr von den Grundsätzen von BGHZ 100, 346, 351.
[113] Begr. zu § 72 RegE (= § 61).
[114] Einzelheiten bei § 80. Zu den handels- und steuerrechtlichen *Buchführungspflichten* vgl. § 155 und die dortige Kommentierung.
[115] *Kuhn/Uhlenbruck* § 117 RdNr. 14 e.
[116] Vgl. dazu *Teichler*, Berufshaftpflichtversicherungen, 1985, 106; *Sieg* VersR 1992, 1161, 1162 f.; *W. Lüke*, Die persönliche Haftung des Konkursverwalters, 206 ff; *Uhlenbruck*, § 60 RdNr. 67.
[117] Vgl. BGH ZIP 1982, 326 m. Anm. *Prölls* = MDR 1982, 559 = WM 1982, 447: Herstellung eines neuen Produkts unter Verkennung der geringen Absatzchancen.
[118] BGH ZIP 1980, 851.
[119] BGH ZIP 1980, 851, 854.

V. Zwangsweise Durchsetzung des Herausgabeanspruchs

60 **1. Anspruchsgrundlage.** Der Herausgabeanspruch des Insolvenzverwalters ergibt sich aus § 148 Abs. 1. Der Berechtigung zur Inbesitznahme entspricht eine Verpflichtung des Schuldners zur Herausgabe. § 985 BGB ist keine geeignete Anspruchsgrundlage. Der Insolvenzverwalter kann nur die dem Schuldner zustehenden Rechte ausüben. Der Schuldner hat aber keinen Herausgabeanspruch gegen sich selbst. Gegen Dritte allerdings sind die dem Schuldner zustehenden Herausgabeansprüche heranzuziehen. Der Herausgabeanspruch aus § 148 Abs. 1[120] findet im Verhältnis zu Dritten keine Anwendung.[121] Ansonsten könnte ein bestehen bleibendes Recht zum Besitz (§ 986 BGB, vgl. auch § 108 Abs. 1) umgangen werden. Auch Abs. 2 spricht nur von „Sachen, die sich im Gewahrsam des Schuldners befinden".

61 **2. Vollstreckungstitel.** § 148 Abs. 2 Satz 1 stellt nunmehr ausdrücklich klar, dass der Eröffnungsbeschluss ein Vollstreckungstitel ist.[122] Dabei handelt es sich um einen Titel i. S. v. § 794 Abs. 1 Nr. 3 ZPO i. V. m. §§ 34 Abs. 2, 6 Abs. 1. Die Durchsetzung erfolgt „im Wege der Zwangsvollstreckung". Dabei geht es darum, den Herausgabeanspruch des Insolvenzverwalter im Wege der Einzelzwangsvollstreckung durchzusetzen. Es handelt sich nicht um eine Maßnahme im Rahmen einer „Gesamtzwangsvollstreckung" wegen Geldforderungen.[123] Aus diesem Grund sind die §§ 883, 885 ZPO einschlägig.[124] Gemäß Art. 25 Abs. 1 EuInsVO kann der Herausgabetitel in den Mitgliedstaaten der Europäischen Union im Wege des vereinfachten Verfahrens nach Art. 32 mit 58, 68 Abs. 2 EuGVVO vollstreckt werden.

62 § 98 ist gegenüber § 148 Abs. 2 Satz 1 subsidiär. Aus diesem Grund kann zur zwangsweisen Durchsetzung der Herausgabepflichten keine Haft angeordnet werden.[125] Es bleibt vielmehr die Gewaltanwendung gem. § 148 Abs. 2 Satz 1 i. V. m. § 758 Abs. 3 ZPO.

63 **3. Vollstreckungsklausel.** Die Zwangsvollstreckung setzt die Erteilung einer Vollstreckungsklausel voraus, § 724 Abs. 1 ZPO. Eine genaue Bezeichnung der Gegenstände, die weggenommen werden sollen, muss in die Klausel nicht aufgenommen werden.[126] Der Umfang der Herausgabepflicht wird durch die §§ 35, 36 bestimmt. Der Eröffnungsbeschluss gibt auch den Auftrag, die Insolvenzmasse zu erfassen.[127] Die Durchsuchung der Wohn- und Geschäftsräume des Schuldners soll die Insolvenzmasse vielfach erst ans Licht bringen. Damit wäre es nicht zu vereinbaren, wenn bereits vorher alle Gegenstände genau bezeichnet werden müssten oder für jeden später entdeckten Gegenstand eine neue Klausel erteilt würde. Erst der Auftrag an den Gerichtsvollzieher muss die wegzunehmenden Gegenstände genau bezeichnen.[128] Zuständig für die Erteilung der Vollstreckungsklausel ist gemäß § 797 Abs. 1 ZPO der Urkundsbeamte des Insolvenzgerichts.

64 **4. Prüfungspflichten des Gerichtsvollziehers.** Im Rahmen der Einzelzwangsvollstreckung (§ 808 ZPO) hat der Gerichtsvollzieher grundsätzlich nicht zu prüfen, ob die wegzunehmende Sache dem Schuldner gehört.[129] Bei der Herausgabevollstreckung erübrigt sich eine Prüfung schon deshalb, weil der Gegenstand genau bezeichnet ist. Abweichend von

---

[120] Anders als die grundsätzliche Verpflichtung, auch diejenigen Sachen in Besitz zu nehmen, die sich bei Dritten befinden.
[121] AA zu § 117 KO OLG Hamburg ZIP 1996, 386, 387, allerdings beschränkt auf den Zeitraum unmittelbar nach Verfahrenseröffnung.
[122] Die aA, vgl. *Jaeger/Weber* § 117 RdNr. 14; *Pohle* MDR 1960, 964, ist damit überholt.
[123] *Jaeger/Henckel* § 1 RdNr. 148.
[124] *Kilger/K. Schmidt* § 117 Anm. 2; *Uhlenbruck* § 148 RdNr. 21.
[125] So schon zur KO OLG Stuttgart NJW 1953, 389; Böhle-Stamschräder NJW 1952, 1421; *Kuhn/Uhlenbruck* § 101 RdNr. 4 a.
[126] LG Düsseldorf KTS 1957, 143; *Uhlenbruck* § 148 RdNr. 19; *Hess* § 148 RdNr. 16; siehe auch § 90 Nr. 2 GVGA.
[127] Vgl.RdNr. 1.
[128] Vgl. zu diesem Gedanken in ähnlichem Zusammenhang *Baur/Stürner* (Fn. 59), 108.
[129] Vgl. nur *Thomas/Putzo* § 808 RdNr. 9; *Zöller/Stöber* ZPO § 808 RdNr. 5.

diesem Normalfall bezieht sich der Eröffnungsbeschluss nicht auf bestimmte Gegenstände. Der Gerichtsvollzieher muss also prüfen, ob eine Sache erkennbar schuldnerfremd und/oder unpfändbar ist.[130] Der Gerichtsvollzieher hat von Amts wegen die Massezugehörigkeit zu prüfen.[131] Dem kann aber dadurch abgeholfen werden, dass in der Vollstreckungsklausel der wegzunehmende Gegenstand genau bezeichnet wird. Dann entfällt eine Prüfung durch den Gerichtsvollzieher.

5. Betreten und Durchsuchen von Wohn- und Geschäftsräumen. Die viel diskutierte Problematik erfordert eine Differenzierung zwischen der Stellung des Insolvenzverwalters und derjenigen des Gerichtsvollziehers. Sie stellt sich nur dann, wenn der Schuldner nicht (konkludent[132]) eingewilligt hat. 65

a) Befugnisse des Insolvenzverwalters. aa) Wohnräume im engeren Sinn. Der Insolvenzverwalter darf die Wohnräume im engeren Sinn nicht ohne oder gar gegen den Willen des Schuldners betreten.[133] Dies ergibt sich aus § 858 BGB. Das Betreten der Wohnung ist eine Besitzstörung.[134] Der Eröffnungsbeschluss ermächtigt den Insolvenzverwalter hierzu nicht.[135] Zwangsmaßnahmen sind nach § 148 Abs. 2 Satz 1 dem Gerichtsvollzieher vorbehalten. Soweit die Gegenansicht anführt, Art. 13 GG hindere den Insolvenzverwalter nicht am Betreten,[136] so ist das zwar richtig, weil der Insolvenzverwalter ein privates Amt ausübt und anders als der Gerichtsvollzieher nicht hoheitlich tätig wird. Die Grundrechte gelten nicht unmittelbar zwischen Privaten.[137] Damit ist aber noch nichts über die Befugnisse des Insolvenzverwalters gesagt. Der Insolvenzverwalter hat über die in der Insolvenzordnung geregelten Befugnisse nicht mehr Zwangsrechte als jeder andere Privatmann auch. Das ist die Konsequenz aus dem privaten Charakter seines Amtes. Es wäre ein mit der besonderen Bedeutung des Schutzes der Wohnung durch Art. 13 GG nicht zu vereinbarender Wertungswiderspruch, wenn der Insolvenzverwalter Massegegenstände gegen den Willen des Schuldners nicht an sich nehmen darf, sondern dazu einen Gerichtsvollzieher beauftragen muss, dagegen die Wohnräume betreten darf, ohne den Insolvenzschuldner fragen zu müssen. 66

bb) Geschäftsräume. Für Geschäftsräume[138] hingegen ergibt sich das Betretungsrecht aus § 22 Abs. 3 Satz 1 a fortiori, weil der vorläufige Insolvenzverwalter keine weiter gehenden Befugnisse haben kann als der spätere Insolvenzverwalter. Anders als behördliche Betretungs- und Besichtigungsrechte unterliegt die Regelung von Rechten und Pflichten zwischen Privaten (und der Insolvenzverwalter übt lediglich ein privates Amt aus) nicht dem Gesetzesvorbehalt.[139] Aus diesem Grund ist auch das Zitiergebot des Art. 19 Abs. 1 Satz 2 GG nicht verletzt. 67

b) Befugnisse des Gerichtsvollziehers. Der Gerichtsvollzieher darf die Wohn- und Geschäftsräume allein auf Grund des Eröffnungsbeschlusses ohne zusätzliche gerichtliche 68

---

[130] *Noack* KTS 1966, 149, 150.
[131] Diese Prüfung der Zugehörigkeit zu einem Sondervermögen ist kein Einzelfall vgl. § 118 Nr. 4 GVGA und dazu *Zöller/Stöber* (Fn. 129) § 808 RdNr. 4.
[132] RdNr. 41.
[133] AA ohne Differenzierung zwischen Insolvenzverwalter und Gerichtsvollzieher: Begr. RegE zu § 167; *Uhlenbruck* § 148 RdNr. 21; *Kilger/K. Schmidt* § 117 Anm. 2 a); *Gottwald/Klopp/Kluth,* Insolvenzrechts-Handbuch, § 22 RdNr. 27. *Nerlich/Römermann/Andres* § 148 RdNr. 43; *FK-Wegener* § 148 RdNr. 12; *Kübler/Prütting/Holzer* § 148 RdNr. 18. Mit § 148 Abs. 2 Satz 1 nicht zu vereinbaren ist die (in der Neuauflage – soweit ersichtlich – nicht mehr vertretene) Ansicht von *Kuhn/Uhlenbruck* § 117 RdNr. 6 b, wonach der Konkursverwalter sich sogar bei Widerstand mit Gewalt Zutritt zur Wohnung verschaffen darf. Ein derartiges Vorgehen ist nur unter den engen Voraussetzungen der Selbsthilfe nach § 229 BGB gerechtfertigt.
[134] RGRK-*Kregel* § 858 RdNr. 6; MünchKommBGB-*Medicus* § 1004 RdNr. 26.
[135] RdNr. 41.
[136] *Kuhn/Uhlenbruck* § 117 RdNr. 6 a; *Kilger/K. Schmidt* § 117 Anm. 2 a).
[137] BVerfGE 7, 198; 34, 280; BVerfG NJW 1990, 1470; 1994, 38; aA *Hager* JZ 1994, 373.
[138] Die unter den Wohnungsbegriff des Art. 13 GG fallen: BVerfGE 32, 54, 68 ff.; 42, 212, 219; 44, 353, 371; 76, 83, 88. Für Wohnräume gilt § 22 Abs. 3 nicht, BGH ZIP 2004, 915, 916.
[139] BVerfGE 84, 212, 226.

Anordnung betreten und durchsuchen. Nach einer (wohl überwiegenden) Auffassung ergibt sich das daraus, dass der Eröffnungsbeschluss – wie andere Titel,[140] die die Herausgabe von Gegenständen anordnen, die sich in der Schuldnerwohnung befinden – implizit das Betreten der Wohn- und Geschäftsräume gestattet.[141] Die Gegenansicht beruft sich auf Art. 13 Abs. 7 GG und BVerfGE 51, 117 und verlangt analog § 761 ZPO eine zusätzliche richterliche Anordnung,[142] weil der Eröffnungsbeschluss unterschiedslos die Herausgabe aller möglichen Dinge anordnet und von einer impliziten richterlichen Durchsuchungsanordnung nur dann gesprochen werden könne, wenn sich die herauszugebende Sache nur[143] in der Wohnung befinden kann. Der Vergleich mit „normalen" Herausgabe- und Vollstreckungstiteln ist aber nicht in vollem Umfang tragfähig, weil der Eröffnungsbeschluss umfassender ist. Man muss den Inhalt der Anordnung des Eröffnungsbeschlusses im Zusammenhang mit Sinn und Zweck des § 148 Abs. 1 und des § 151 lesen. Danach hat der Insolvenzverwalter die verwertbaren Vermögensgegenstände zunächst zu erfassen.[144] Das gilt besonders für Gegenstände, die sich in der Wohnung des Schuldners befinden und damit nicht ohne weiteres bekannt sind. Anders als bei Herausgabetiteln enthält der Eröffnungsbeschluss also einen unbedingten (nicht durch das Nichtauffinden des Gegenstandes außerhalb der Wohnung bedingten) Durchsuchungsauftrag und insoweit eine implizite richterliche Durchsuchungsanordnung.

69 **6. Zwangsvollsteckung gegen Dritte (bewegliche Sachen).** Der Eröffnungsbeschluss stellt nur hinsichtlich der Sachen einen Vollstreckungstitel dar, „die sich im Gewahrsam des Schuldners befinden." Hat ein Dritter Gewahrsam an der herauszugebenden Sache und ist er zur Herausgabe bereit, bedarf es anders als in der Einzelzwangsvollstreckung[145] keines Vorgehens nach den §§ 883 bis 885 ZPO, weil der Insolvenzverwalter nach § 80 ja zur Geltendmachung des Herausgabeanspruchs des Schuldners gegen den Dritten befugt ist. Verweigert der Dritte die Herausgabe, so muss der Insolvenzverwalter für den zur Masse gehörigen[146] Herausgabeanspruch einen eigenen Titel erwirken. Gemäß §§ 739 ZPO, 1362 BGB, 8 Abs. 1 LPartG wird unwiderlegbar vermutet, dass der mitbesitzende Ehegatte bzw. der eingetragene Lebenspartner nicht Dritter i. S. d. §§ 809, 886 ZPO ist. Umstritten ist zum einen, ob hieraus eine ungerechtfertigte Ungleichbehandlung gegenüber nichtehelichen Lebensgemeinschaften resultiert.[147] Soweit man das bejaht, wird weiter diskutiert, ob die Art. 6 Abs. 1, 3 Abs. 1 GG dazu zwingen, die Vorschriften auf nichteheliche Lebensgemeinschaften analog anzuwenden[148] oder ob umgekehrt die Vorschriften auch auf Ehegatten nicht mehr angewendet werden dürfen.[149] Der Ehegatte kann sein Eigentum gegen die Zwangsvollstreckungsmaßnahme mit der Aussonderung gemäß § 47 durchsetzen.[150] Eine

---

[140] Vgl. hierzu *Rosenberg/Gaul/Schilken*, Zwangsvollstreckungsrecht, § 26 IV. 3. a mwN; *Herdegen* in: Bonner Kommentar GG, Art. 13, RdNr. 54.
[141] In Anlehnung an BVerfG 16, 239 vertreten von: Ausschussbericht zu § 167 RegE; *Uhlenbruck* § 148 RdNr. 20; FK-*Wegener* § 148 RdNr. 12; *Nerlich/Römermann/Andres* § 148 RdNr. 43; *Kilger/K. Schmidt* § 117 Anm. 2 a); *Leibholz/Rinck/Hesselberger*, GG, Art. 13 RdNr. 51; *Dagtoglou* in: Bonner Komm. GG (Vorauflage), Art. 13, RdNr. 99 ff.; MünchKommZPO-*Arnold* § 758 RdNr. 60; LG Berlin DGVZ 81, 184 = JurBüro 82, 619.
[142] *Baur/Stürner* (Fn. 59), 110 f.; *dies.* (Fn. 60), Rz. 6.15 und 10.26, *Jauernig*, Zwangsvollstreckungs- und Insolvenzrecht, §§ 8 II 3, 43 III 1; für Wohnräume im engeren Sinn auch *Häsemeyer* RdNr. 13.04, für Geschäftsräume soll dagegen der Eröffnungsbeschluss genügen.
[143] *Thomas/Putzo* § 758 RdNr. 13; *Behr* NJW 1992, 2125, 2128 mwN.
[144] RdNr. 1.
[145] *Thomas/Putzo* § 886 RdNr. 1.
[146] Wegen § 80 bedarf es einer Pfändung und Überweisung nach § 886 ZPO nicht.
[147] Für die Zulässigkeit der Ungleichbehandlung wegen der nur in der Ehe bestehenden Rechte und Pflichten *Zöller/Stöber* § 739 RdNr. 13; *Stein/Jonas/Münzberg*, ZPO, § 739 RdNr. 9; gegen die Ungleichbehandlung zB MünchKommZPO-*Arnold* § 739 RdNr. 19, 21 mwN. BGH NJW 2007, 992 hat eine analoge Anwendung von § 1362 BGB abgelehnt.
[148] *Thomas/Putzo* § 739 RdNr. 7.
[149] *Baur/Stürner* (Fn. 59) RdNr. 6.32.
[150] *Uhlenbruck* § 47 RdNr. 7.

Vollstreckungserinnerung nach § 766 ZPO kann dagegen nicht auf das Eigentum gestützt werden.[151]

7. Räumungsvollstreckung. a) Eröffnungsbeschluss als Räumungstitel. § 148 70 Abs. 2 Satz 1 unterscheidet nicht zwischen beweglichen und unbeweglichen Sachen. Der Eröffnungsbeschluss stellt damit einen Räumungstitel dar, sofern die Wohnung (Grundstücks-, bzw. Wohnungseigentum und Erbbaurecht) zur Insolvenzmasse gehört.[152] Bei Miteigentum (insbesondere von Ehegatten) gehört der Anteil des Schuldners an der Bruchteilsgemeinschaft, nicht der gemeinschaftliche Gegenstand zur Insolvenzmasse (§ 84 Abs. 1 Satz 1).[153] In diesem Fall folgt die Teilung nach § 753 BGB i. V. m. §§ 180 ff. ZVG. Erst der Zuschlagsbeschluss stellt dann einen Räumungstitel dar (§ 93 Abs. 1 Satz 1 ZVG). Soweit gemietete Wohnungen vom Schuldner herauszugeben sind,[154] ist der Eröffnungsbeschluss ebenfalls Räumungstitel.[155] Letzteres soll vor allem dann eine Rolle spielen, wenn das Mietverhältnis gekündigt und der Insolvenzverwalter zur Herausgabe der Wohnung verpflichtet sei.[156] Eine solche Verpflichtung wird aber kaum jemals bestehen, denn der Verwalter hat die Wohnung ja gerade nicht zur Masse gezogen. Ein Aussonderungsrecht ist damit gar nicht entstanden.

b) Keine Vollstreckung gegen Untermieter oder Mitmieter. Der Eröffnungs- 71 beschluss erlaubt weder die Vollstreckung gegen Untermieter noch gegen Mitmieter.[157] Ob gegen andere Personen als den Schuldner, die nicht Mitmieter sind und keinen eigenständigen Gewahrsam haben (insbesondere Familienangehörige), die Räumungsvollstreckung aus dem Eröffnungsbeschluss betrieben werden kann, ist Gegenstand eines lebhaften Streits,[158] dessen Behandlung den Darstellungen des Einzelzwangsvollstreckungsrechts vorbehalten bleiben muss.

c) Vollstreckungsschutz. Eine Räumungsfrist analog § 721 ZPO ist dem Schuldner 72 nicht zu gewähren, weil die Vorschrift auf das Erkenntnisverfahren zugeschnitten ist.[159] Vielmehr bietet § 765 a ZPO Vollstreckungsschutz.[160]

d) Keine vorherige richterliche Anordnung. Die zwangsweise Räumung nach § 885 73 ZPO setzt keine vorherige richterliche Anordnung nach Art. 13 Abs. 7 GG voraus.[161] Zwar negiert der Eröffnungsbeschluss nicht zwangsläufig das Recht des Schuldners auf ungestörtes Wohnen.[162] Denn mit dem Eröffnungsbeschluss ist – anders als beim Räumungstitel – nicht unbedingt verbunden, dass der Schuldner seine Wohnung verlassen muss. Soweit es allerdings um die Räumung der Wohnung geht, ist Art. 13 Abs. 7 GG nicht einschlägig, weil sie keine „Durchsuchung" i. S. v. Art. 13 Abs. 7 GG ist.[163] Unter einer Durchsuchung versteht man „offenes, ziel- und zweckgerichtetes Suchen staatlicher Organe nach Personen oder Sachen oder zur Ermittlung eines Sachverhalts, um etwas aufzuspüren, was der Inhaber der Wohnung nicht von sich aus offen legen oder herausgeben will".[164]

---

[151] *Thomas/Putzo*, § 766 RdNr. 10; *Kilian*, JurBüro 1996, 67, 70 f. mwN auch zur Gegenansicht.
[152] Vgl. zur KO *Kuhn/Uhlenbruck* § 117 RdNr. 7 mwN; für den vorläufigen Insolvenzverwalter nunmehr *Gottwald/Uhlenbruck*, Insolvenzrechts-Handbuch § 14 RdNr. 87.
[153] *Jaeger/Henckel* § 16 RdNr. 9.
[154] Siehe dazu auch RdNr. 12.
[155] *Nerlich/Römermann/Andres* § 148 RdNr. 47.
[156] *Uhlenbruck* § 148 RdNr. 21.
[157] *Rosenberg/Gaul/Schilken* (Fn. 140) § 70 II 2 b) bb) mwN.
[158] Vgl. zB *Zöller/Stöber*, ZPO § 885 RdNr. 5 a–h; MünchKommZPO-*Arnold* § 885 RdNr. 6 ff.; *Rosenberg/Gaul/Schilken* (Fn. 140) § 70 II 2 b) bb) jeweils mwN.
[159] *Uhlenbruck*, § 148 RdNr. 21; *Zöller/Stöber*, ZPO § 721 RdNr. 1; *Thomas/Putzo*, ZPO § 721 RdNr. 2; *Buche* MDR 1972, 189, 190; für die vergleichbare Problematik bei § 93 ZVG auch *Zeller/Stöber*, ZVG[15], § 93 RdNr. 5; aA *Kilger/K. Schmidt* § 117 Anm. 2 a); *Schmidt-Futterer* NJW 1968, 143.
[160] *Uhlenbruck,* § 148 RdNr. 21; *Kilger/K. Schmidt* § 117 Anm. 2 a); *Buche* MDR 1972, 189, 195.
[161] S. o. die Nachweise in Fn. 141 und zur Gegenansicht in Fn. 142.
[162] Vgl. zu diesem Argument *Rosenberg/Gaul/Schilken* (Fn. 140) § 26 IV. 3. a) mwN.
[163] *Rosenberg/Gaul/Schilken* (Fn. 140) § 26 IV. 3. a); *Jauernig* (Fn. 142) § 8 II. 3.
[164] BVerfGE 76, 83, 89.

§ 148 74–77 4. Teil. 1. Abschnitt. Sicherung der Insolvenzmasse

74 **8. Rechtsbehelfe. a) Streitigkeiten über die Massezugehörigkeit.** Bei Streitigkeiten über die Zugehörigkeit eines Gegenstandes zur Masse ist zu unterscheiden. Ist die Sache noch beim Schuldner oder hat sie der Insolvenzverwalter (mit oder ohne Einverständnis des Schulders) an sich genommen, so liegt keine Maßnahme der Zwangsvollstreckung vor. Eine Vollstreckungserinnerung ist daher nicht statthaft.[165] Der Streit über die Zugehörigkeit ist – je nach Fallgestaltung – durch Leistungs-, Feststellungs-, oder Unterlassungsklage zu klären.[166] Dabei fehlt einer Feststellungsklage weder des Schuldners[167] noch des Insolvenzverwalters[168] das Rechtsschutzbedürfnis.

75 Wurde dagegen eine Sache nach den §§ 883 ff. ZPO vom Gerichtsvollzieher weggenommen, so ist die Vollstreckungserinnerung nach §§ 795, 766 Abs. 1 ZPO der statthafte Rechtsbehelf.[169] Die Vollstreckung in massefremde Gegenstände erfolgte ohne Titel, weil der Eröffnungsbeschluss nur Massegegenstände erfasst.[170] Aber auch eine Vollstreckungsgegenklage nach den §§ 795, 767 ZPO ist denkbar.[171] Denn es wird der Herausgabeanspruch vollstreckt. Der Anspruch besteht aber nur für Massegegenstände. Die Präklusionsvorschrift des § 767 Abs. 2 passt nicht, weil der Eröffnungsbeschluss nicht besagt, dass der konkrete Gegenstand zur Insolvenzmasse gehört. Schließlich ist auch eine Drittwiderspruchsklage des Schuldners nach den §§ 795, 771 ZPO denkbar, weil die Sache zu seinem unpfändbaren Vermögen gehört[172] und durch §§ 35, 36 ein nicht der Vollstreckung unterworfenes Sondervermögen geschaffen wird. Die Drittwiderspruchsklage ist dabei durch die Aussonderung nicht verdrängt ist. Macht dagegen ein Dritter geltend, der weggenommene Gegenstand gehöre nicht zur Masse, so bleibt ihm die Aussonderung gem. § 47.[173]

76 **b) Einwendungen gegen die Art und Weise der Zwangsvollstreckung.** Werden gegen die Art und Weise der Zwangsvollstreckung Einwendungen erhoben, ist die Vollstreckungserinnerung (§§ 795, 766 ZPO) statthaft. Ein Verstoß gegen die §§ 811 ff. ZPO kann unmittelbar nicht gerügt werden, weil nicht wegen einer Geldforderung, sondern nach den §§ 883 ff. ZPO vollstreckt wurde.[174] Eine Erinnerung kann aber darauf gestützt werden, dass der Gegenstand nicht zur Insolvenzmasse gehört (§ 36 i. V. m. §§ 811 ff. ZPO). Denn dann wurde ohne Titel vollstreckt. Ein Titel besteht nur in den durch die §§ 35, 36 bestimmten Grenzen.

77 **c) Zuständigkeit.** Gem. § 148 Abs. 2 Satz 2 tritt bei der Vollstreckungserinnerung (§ 766 ZPO) an die Stelle des Vollstreckungs- das **Insolvenzgericht** (Richter, §§ 3 Nr. 3 a, 20 Nr. 17 Satz 2 RPflG).[175] Der frühere Streit um die Zuständigkeit ist damit geklärt.[176] Wird mit der Drittwiderspruchsklage bzw. der Vollstreckungsgegenklage die fehlende Zugehörigkeit des weggenommenen Gegenstands zur Insolvenzmasse gerügt, ist § 148 Abs. 2 Satz 2 analog anzuwenden. Letztlich wird mit allen drei Klagen dasselbe Ziel verfolgt. Mit der Wahl der Klageart könnte der Schuldner sonst die Zuständigkeit manipulieren. Sofern keine Vollstreckungsmaßnahme vorliegt, ist für die Leistungs-, Feststellungs- oder Unterlassungsklage das Prozessgericht, nicht das Insolvenzgericht zuständig.[177]

---

[165] BGH NJW 1962, 1392 = KTS 1962, 171; RGZ 37, 398, 399; *Jaeger/Henckel* § 1 RdNr. 148; *Kilger/K. Schmidt* § 117 Anm. 2 a).
[166] RGZ 131, 113, 114.
[167] RGZ 131, 113, 114.
[168] BGH (Fn. 165).
[169] RGZ 37, 399.
[170] Das ist die Konsequenz aus dem Verzicht auf eine präzise Bezeichnung der herauszugebenden Gegenstände.
[171] Angedeutet vom BGH (Fn. 165).
[172] RG JW 1907, 522; *Thomas/Putzo,* ZPO § 771 RdNr. 20; *Zöller/Herget* § 771 RdNr. 10; MünchKommZPO-*K. Schmidt* § 771 RdNr. 45, 52.
[173] *Jaeger/Weber* § 117 RdNr. 5.
[174] *Uhlenbruck* § 148 RdNr. 20; *Noack* KTS 1966, 149, 150.
[175] Vgl. zur parallelen Problematik bei § 89 Abs. 3 AG Hamburg NZI 2000, 96.
[176] Für die Zuständigkeit des Konkursgerichts schon bisher BGH NJW 1962, 1392; anders noch RGZ 37, 398, 399.
[177] AG Duisburg ZInsO 2000, 346, 346.

§ 149 Wertgegenstände

(1) ¹Der Gläubigerausschuß kann bestimmen, bei welcher Stelle und zu welchen Bedingungen Geld, Wertpapiere und Kostbarkeiten hinterlegt oder angelegt werden sollen. ²Ist kein Gläubigerausschuß bestellt oder hat der Gläubigerausschuß noch keinen Beschluß gefasst, so kann das Insolvenzgericht entsprechendes anordnen.
(2) Die Gläubigerversammlung kann abweichende Regelungen beschließen.

Übersicht

	RdNr.		RdNr.
I. Überblick		**IV. Zulässigkeit von Anderkonten des Insolvenzverwalters**	
1. Normzweck	1	1. Praktische Bedeutung	12
2. Einschränkung der Verwaltungsbefugnis des Verwalters (§ 149 Abs. 1)	2	2. Zulässigkeit	
3. Abweichende Regelungen der Gläubigerversammlung (§ 149 Abs. 2)	3	a) Einordnung	13
		b) Kein unzulässiges Insichgeschäft	15
		c) Keine Insolvenzzweckwidrigkeit	17
II. Beschlüsse über Anlage und Hinterlegung (§ 149 Abs. 1)		**V. Schutz der Masse**	
1. Begriffe		1. Wechsel der Hinterlegungsstelle	20
a) Anlage, Hinterlegung	4	2. Pflichten der Hinterlegungsstelle	26
b) Gelder	5	**VI. Bankgeheimnis**	
c) Wertpapiere	6	1. Vom Schuldner eröffnete Konten	27
d) Kostbarkeiten	7	2. Vom Verwalter eröffnete Konten	28
e) Hinterlegungs- bzw. Anlagestelle	8	a) Umfang der Verschwiegenheitspflicht	29
2. Vollzug durch den Verwalter	9	b) Keine Verpflichtung der Bank zur Auskunftserteilung	31
III. Abweichende Regelungen der Gläubigerversammlung (§ 149 Abs. 2)	10	**VII. Genossenschaftsinsolvenz**	32

I. Überblick

1. Normzweck. § 149 aF fasste zunächst die Regelungen der §§ 129 Abs. 2, 132 Abs. 1 1 und 137 KO zusammen, ohne dass damit inhaltliche Veränderungen verbunden waren.[1] Sinn und Zweck der Vorschrift sollte die Sicherung der Masse sein.[2] Da aber auch der Insolvenzverwalter die Insolvenzmasse sichert und dabei kontrolliert wird (§§ 58, 69) erscheint diese Motivation eher vordergründig. Vielmehr sollte die Entscheidungsbefugnis des Verwalters eingeschränkt[3] und den Gläubigern die Selbstverwaltung ermöglicht werden, denn sie „sind selbst imstande und am nächsten beteiligt, die Sicherheit der Hinterlegungsstelle und die Vor- und Nachteile zu prüfen."[4] Geldbestände sollen „nicht länger als notwendig in den Händen des Verwalters bleiben oder von diesem zu fremdartigen Zwecken verwendet werden."[5] Dass dieses Misstrauen des Gesetzgebers dem gerichtlich bestellten Insolvenzverwalter gegenüber nicht gerechtfertigt ist, zeigt die geringe praktische Bedeutung, die diese Vorschrift erlangt hat. Veruntreuungen sind in der Praxis äußerst selten. Das Gesetz zur Vereinfachung des Insolvenzverfahrens vom 13. April 2007 hat darauf reagiert und den ursprünglichen Absatz 2 ersatzlos gestrichen. Zu den Problemen des § 149 Abs. 2 aF und insbesondere auch den Haftungsfragen bei Verletzung der Mitzeichnungspflicht vgl. die 1. Auflage RdNr. 12–23 und 42 ff. Theoretisch wäre es möglich, im Beschluss über die Hinterlegung den Verwalter zu verpflichten, eine § 149 Abs. 2 aF entsprechende Mitzeichnungspflicht vertraglich zu vereinbaren. Hierauf werden sich die Kreditinstitute aber kaum einlassen. Ein praktisches Bedürfnis besteht hierfür nicht.

---

[1] Begr. RegE § 168 (= § 149).
[2] *Jaeger/Weber* § 129 RdNr. 11.
[3] *Hahn,* Materialien, 318.
[4] *Hahn* Materialien, 318.
[5] *Hahn* Materialien, 318.

§ 149 2–6   4. Teil. 1. Abschnitt. Sicherung der Insolvenzmasse

2   **2. Einschränkung der Verwaltungsbefugnis des Verwalters (§ 149 Abs. 1).** § 149 Abs. 1 enthält eine eigene Verwaltungsbefugnis des Gläubiger*ausschusses* bzw. des Insolvenzgerichts. Grundsätzlich entscheidet der Insolvenzverwalter über **Anlage und Hinterlegung** gemäß §§ 80, 148.[6] Gläubigerausschuss und Insolvenzgericht sind aber nicht auf Kontrolle (wie in §§ 58, 69) beschränkt, sondern können selbst entscheiden.

3   **3. Abweichende Regelungen der Gläubigerversammlung.** § 149 Abs. 2 gestattet der Gläubiger*versammlung* **abweichende Regelungen** zu treffen. Eine wesentliche Bedeutung hatte dies in der Praxis für einen Verzicht auf das Mitzeichnungserfordernis nach § 149 Abs. 2 aF. Die Hauptbedeutung liegt nur noch darin, dass die Gläubigerversammlung eigene Hinterlegungsbeschlüsse fassen kann.

II. Beschlüsse über Anlage und Hinterlegung (§ 149 Abs. 1)[7]

4   **1. Begriffe. a) Anlage** ist das Nutzbarmachen der Werte.[8] Die **Hinterlegung** ist die Begründung eines Verwahrungsverhältnisses zur Sicherung, die zugleich nutzbringend und damit Anlage sein kann.[9]

5   **b) Gelder.** Hierunter ist jedenfalls Bargeld zu verstehen. Man wird aber auch Buchgeld oder Giralgeld als „Geld" i. S. v. § 149 ansehen müssen, weil es für die Entscheidungsbefugnis der Gläubigerversammlung keinen Unterschied machen kann,[10] ob der Schuldner bereits das Geld angelegt hat oder nicht. Die Entscheidung über die Anlage von Vermögenswerten ist eben der Gläubigerversammlung zugewiesen.[11] Als Buchgeld (Giralgeld) bezeichnet man ein Guthaben bei einem Kreditinstitut, d. h., Forderungen, die nicht in einem Wertpapier verkörpert sind, sofern diese Guthaben jederzeit zu Zahlungszwecken zur Verfügung stehen.[12] Da es sich um typische Anlageformen von Geld handelt sind auch Terminguthaben, Festgeldkonten und Sparguthaben Geld i. S. d. § 149, unabhängig, ob man es als Buchgeld ansieht oder nicht.[13] Sonstige, auf eine Geldleistung gerichtete Forderungen fallen dagegen nicht darunter. Insoweit verbleibt es bei der ausschließlichen Verwaltungsbefugnis des Insolvenzverwalters, ohne Entscheidungsmöglichkeit nach § 149. Für Erlöse, die der Verwalter erzielt, kann allerdings der Gläubigerausschuss wieder eine bestimmte Anlage bestimmen.[14]

6   **c) Wertpapiere.** Unter Wertpapieren im engeren Sinn des Wertpapierrechts versteht man Urkunden, ohne die das darin verbriefte Recht nicht ausgeübt werden kann,[15] also zB Aktien, (Grund-)Pfandbriefe, Schecks, Wechsel. Nach hM[16] fallen unter den Begriff der Wertpapiere i. S. v. § 149 auch sonstige Papiere über Vermögensrechte des Schuldners, wie zB Inhaberversicherungsscheine (§ 4 VVG), Sparbücher. Dem kann nicht uneingeschränkt gefolgt werden. Wenn das Vermögensrecht allein der Verwaltung des Insolvenzverwalters obliegt (zB Ansprüche aus Versicherungsverträgen), so ist nicht einzusehen, warum dann die entsprechende Urkunde der Verwaltungsbefugnis der Gläubigerversammlung unterstellt werden soll. Soweit allerdings wie bei Sparguthaben das Vermögensrecht, auf das sich das

---

[6] Um dies klarzustellen, wurde § 168 Abs. S. 1 RegE nicht übernommen, vgl. Ausschussbericht zu § 168 RegE (= § 149).
[7] Vgl. zum Ganzen *Uhlenbruck* KTS 1970, 187.
[8] *Hahn* Materialien 318; RGZ 54, 209, 211; *Jaeger/Weber* § 132 RdNr. 4.
[9] *Jaeger/Weber* § 132 RdNr. 4.
[10] *Uhlenbruck* § 149 RdNr. 7; *Hintzen/Förster* RPfleger 2001, 399; aA *Kießling* NZI 2006, 440, 445 f.
[11] „Geld" i. S. v. § 149 wird damit also als Geld im institutionellen, nicht im gegenständlichen Sinn verstanden, *Staudinger/K. Schmidt* Vor § 244 RdNr. A18.
[12] *Larenz*, Schuldrecht I, § 12 I; *Staudinger/K. Schmidt* (Fn. 11).
[13] Vgl. dazu *Staudinger/K. Schmidt* (Fn. 11).
[14] Wie hier implizit *Uhlenbruck* § 149 RdNr. 7 („eingehende Gelder auf das ... Konto zu nehmen"); aA *Kießling* NZI 2006, 440, 446 mwN.
[15] *Hueck/Canaris*, Wertpapierrecht, § 1 I; *Zöllner*, Wertpapierrecht, § 3.
[16] *Uhlenbruck* § 149 RdNr. 9; zur KO *Jaeger/Weber* § 129 RdNr. 11; *Kilger/K. Schmidt* § 129 Anm. 3.

Wertgegenstände

Papier bezieht, der Verwaltungsbefugnis der Gläubigerversammlung unterliegt, gilt das auch für das entsprechende „Wertpapier".

d) Kostbarkeiten. Der Begriff der Kostbarkeit ist wie in §§ 372 BGB, 5 HinterlO zu verstehen, weil es hier wie dort um die Hinterlegbarkeit geht. Demnach sind Kostbarkeiten bewegliche Sachen, deren Wert im Vergleich zu ihrem Umfang und Gewicht besonders hoch ist.[17] Die Sachen müssen leicht aufzubewahren und unverderblich sein.[18] Streitig ist, ob auch die Verkehrsanschauung maßgeblich ist, wie es RGZ 105, 204 bei § 702 BGB angenommen hat.[19] Es scheint aber mehr als zweifelhaft, ob sich eine Verkehrsanschauung in der nicht sehr praxisrelevanten Frage der Hinterlegbarkeit bilden kann[20] und nicht der Rückgriff auf die Verkehrsanschauung nur Definitionsprobleme verdecken soll. Es sollte daher allein auf das Verhältnis von Wert zu Umfang oder Gewicht abgestellt werden. Vor dem Hintergrund der Zwecksetzung des § 149 dürfte man in Zweifelsfällen großzügiger sein. Bei der Hinterlegung von Pelzen,[21] die auch heute noch nach der Verkehrsanschauung keine Kostbarkeiten sein sollen,[22] kann es sich durchaus um eine Kostbarkeit handeln, wenn der Pelz ein „besonderes Prunkstück"[23] ist. Gleiches gilt für Teppiche. 7

e) Hinterlegungs- bzw. Anlagestelle. Es kommen sowohl öffentliche als auch private Stellen in Betracht,[24] also insbesondere auch private Geldinstitute. § 1 HinterlO gilt nicht. 8

2. Vollzug durch den Verwalter. Der Beschluss des Gläubigerausschusses, der Gläubigerversammlung oder des Insolvenzgerichts wird durch den Insolvenzverwalter nach außen durch Abschluss eines Verwahrungsvertrages vollzogen. 9

III. Abweichende Regelungen der Gläubigerversammlung (§ 149 Abs. 2)

Die Gläubiger*versammlung* kann einen Hinterlegungsbeschluss sowohl des Gläubigerausschusses als auch des Insolvenzgerichts aufheben oder ändern. Ihr kommt damit grundsätzlich eine Letztentscheidungskompetenz zu: Weder das Insolvenzgericht noch der Gläubigerausschuss können ihrerseits einen Beschluss der Gläubigerversammlung aufheben oder ändern. Eine Ausnahme gilt nach § 78 für das Insolvenzgericht, wenn der Beschluss den gemeinsamen Interessen der Gläubiger widerspricht. Die Gläubigerversammlung kann auch von sich aus einen Hinterlegungsbeschluss fassen, ohne dass eine Anordnung von Insolvenzgericht oder Gläubigerausschuss vorläge. Zwar spricht die Vorschrift von abweichenden Regelungen. Eine Abweichung kann es bei einer rein formalen Betrachtung nur geben, wenn ein entsprechender Beschluss des Ausschusses oder des Gerichts vorliegt. Dennoch wäre es unverständlich, wenn die Versammlung erst warten müsste bis ein entsprechender Beschluss gefasst wurde. Die Gläubigerversammlung kann folglich originär einen entsprechenden Beschluss fassen. Das entspricht auch der früheren Rechtslage (§ 132 KO), die ausweislich der Gesetzesbegründung nicht geändert werden sollte. 10

Auch wenn die Gläubigerversammlung somit einen Hinterlegungsbeschluss des Insolvenzgerichts aufheben oder ändern kann, kann das Insolvenzgericht nach § 78 einen Beschluss der Gläubigerversammlung aufheben, der den gemeinsamen Interessen der Insolvenzgläubiger widerspricht. Einen solchen Beschluss kann die Gläubigerversammlung nicht wieder nach Abs. 2 aufheben, wohl aber einen neuen Hinterlegungsbeschluss fassen, der den gemeinsamen Interessen der Insolvenzgläubiger nicht widerspricht. 11

---

[17] KG Rechtspfleger 1976, 316; RGZ 116, 113, 1114 f.; *Palandt/Heinrichs* § 372 RdNr. 3.
[18] *MünchKommBGB-Heinrichs* § 372 RdNr. 3.
[19] Bejahend *Kuhn/Uhlenbruck,* 129 RdNr. 6 b; verneinend *Jaeger/Weber* § 129 RdNr. 11.
[20] Siehe zB zur Frage der Verkehrsanschauung im Hinblick auf Pelze die unterschiedlichen Aussagen von *Kilger/K. Schmidt* § 129 Anm. 3) einerseits und *Staudinger/Kaduk* § 372 RdNr. 15 sowie *Jaeger/Weber* § 129 RdNr. 11 andererseits.
[21] Für die Hinterlegungsfähigkeit *Jaeger/Weber* § 129 RdNr. 11.
[22] *Staudinger/Kaduk* (Fn. 20).
[23] Formulierung von RGZ 105, 202, 204. *Uhlenbruck* § 149 RdNr. 8 spricht von kostbaren Pelzen.
[24] Ausführungsbestimmung des Reichsjustizministers vom 30. 11. 1935, JW 1936, 87 = DJ 1935, 1853.

IV. Zulässigkeit von Anderkonten des Insolvenzverwalters

12 1. Praktische Bedeutung. Ein Anderkonto kann insbesondere Bedeutung als Sicherungsmittel für Neugläubiger des Schuldners haben, wenn bei zunächst solventer Masse eine spätere Masseunzulänglichkeit nicht auszuschließen ist oder Masseschulden nach Eintritt der Unzulänglichkeit begründet werden.[25] Der Geschäftspartner kann deshalb möglicherweise seine Leistung von einer weitergehenden Sicherung durch ein Anderkonto abhängig machen. Leistungen auf dieses Konto sind „insolvenzfest", unterliegen also nicht dem Zugriff der Insolvenzgläubiger.[26] Das Bedürfnis nach einem Sicherungsmittel dürfte aber nunmehr geringer sein, weil § 209 die BGH-Rechtsprechung korrigiert und Neumassegläubiger ohnehin privilegiert, vgl. § 209 RdNr. 3. Praktische Bedeutung kann der Absicherung von Gläubigern im Bereich der vorläufigen Insolvenzverwaltung zukommen (Treuhandmodell).[27] Aber auch im eröffneten Verfahren können Neugläubiger trotz des Vorrangs gemäß § 209 Abs. 1 Nr. 2 nicht sicher sein, im Fall der Masseunzulänglichkeit vollständig befriedigt zu werden. Auch wenn man – zu Unrecht – das Treuhandmodell zur Sicherung bestimmter Gläubiger ablehnt, besagt das nichts über die Zulässigkeit von Anderkonten, da diese nicht zwangsläufig zu einer Bevorzugung einzelner Gläubigergruppen führen.[28] Die Frage nach der Absicherung bestimmter Neugläubiger ist von der Frage nach der Zulässigkeit von Anderkonten zu unterscheiden.

13 2. Zulässigkeit. a) Einordnung. Ein Anderkonto ist eine Unterform des sog. **offenen Treuhandkontos**.[29] Die Banken eröffnen es nur für **bestimmte Berufsgruppen,** deren eigenes Standesrecht dafür Gewähr bietet, dass die Anderkonten nicht missbraucht werden, insbesondere dass es nicht zur Verwahrung von Privatvermögen des Treuhänders verwendet wird. Mangels eines eigenen Standesrechts genügt die Eigenschaft als Insolvenzverwalter nicht, um ein Anderkonto nach den Geschäftsbedingungen der Banken für Anderkonten[30] zu errichten. Entsprechend sehen auch die Geschäftsbedingungen für Anderkonten nur bestimmte Berufsgruppen vor. Soweit der Insolvenzverwalter aber zB Rechtsanwalt, Steuerberater, Wirtschaftsprüfer ist, kann er als solcher ein Anderkonto errichten. Durch Individualvereinbarung können aber auch sonstige Personen Treuhandkonten errichten, die die Eigenschaften eines Anderkontos aufweisen.[31] Die bloße Bezeichnung als Anderkonto genügt dabei den Anforderungen an eine Individualvereinbarung nicht.[32]

14 Es handelt sich bei einem Anderkonto um einen Fall der **Vollrechtstreuhand.**[33] Rechtsinhaber ist also der Treuhänder. Da der Insolvenzverwalter auf Grund der Wirkungen des § 80 zunächst nur verfügungsbefugt, nicht aber Vollrechtsinhaber ist, mag es gerechtfertigt sein zu sagen, dass die ihm anvertrauten Gelder sich „ihrer Natur nach" nicht zur Anlage auf einem Anderkonto eignen.[34] Der Stellung des Insolvenzverwalter entspricht daher ein sog. *Sonderkonto,* bei dem es sich um eine Ermächtigungstreuhand handelt.[35] Das kann aber nur solange gelten, als es sich um Massegelder handelt, also noch der Schuldner als Träger der Masse Forderungsinhaber ist. Überweist der Insolvenzverwalter aber derartige Gelder auf ein

---

[25] *Kreft,* Festschrift für Merz (1992), 313, 316.
[26] BGH ZIP 1989, 1466 = JZ 1990, 241 m. Anm. *Gerhardt* = EWiR § 42 VglO 1/89, 1235 *(Canaris)* und dazu *Kreft* (Fn. 25), 313. BGH aaO hat offen gelassen, ob es sich um ein Aus- oder um ein Absonderungsrecht handelt.
[27] Vgl. dazu AG Hamburg ZInsO 2004, 1270; 2003, 816; *Pape/Uhlenbruck,* ZIP 2005, 419; *Frind,* ZInsO 2003, 778; 2004, 470; *Pape,* ZInsO 2004, 243; *Kirchof,* FS Kreft, 359.
[28] *Kießling,* NZI 2006, 440, 443.
[29] *Canaris* Bankvertragsrecht I RdNr. 288.
[30] Abgedruckt zB bei *Baumbach/Hopt* HGB, (9) ABG-Anderk.
[31] BGH ZIP 1988, 1136, 1137 = KTS 1988, 762; *Baumbach/Hopt* HGB Einl. RdNr. 6; *Kreft* (Fn. 25), 319.
[32] BGH (Fn. 31).
[33] BGHZ 11, 37, 43; KG WM 1964, 1038, 1039; *Canaris* Bankvertragsrecht I RdNr. 293.
[34] BGH ZIP 1988, 1136.
[35] Bei „Sonderkonten" kann es sich sowohl um Fälle der Ermächtigungs-, als auch der Vollrechtstreuhand handeln, *Canaris* Bankvertragsrecht I RdNr. 265, 267 ff.

von ihm eingerichtetes Anderkonto oder leistet er eine entsprechende Bareinzahlung, so wird er Vollrechtsinhaber. Ein derartiges Vorgehen ist möglich und zulässig.[36]

b) Kein unzulässiges Insichgeschäft. § 181 BGB in analoger Anwendung[37] steht weder der Einrichtung des Anderkontos noch der Einzahlung darauf entgegen. Die Treuhandabrede ist für die Masse lediglich rechtlich vorteilhaft, weil sie hieraus nur einen Anspruch gegen den Verwalter erlangt, aber keine Verpflichtung eingeht.[38] Eine Verpflichtung der Masse resultiert vielmehr aus der Sicherungstreuhand gegenüber den Neugläubigern, wenn das Anderkonto deren Absicherung dient. Hier aber spielt § 181 BGB offensichtlich keine Rolle. Soweit der Insolvenzverwalter die Bank mit einer Überweisung beauftragt (§§ 675, 665 BGB), steht er formal nicht auf beiden Seiten des Rechtsgeschäfts, so dass das Verbot des Selbstkontrahierens nicht eingreift.[39] Auch eine doppelt analoge Anwendung des § 181 BGB ist abzulehnen, weil zugleich neben Schuldner und Insolvenzverwalter auch die Bank beteiligt ist.[40] § 181 BGB steht auch einer Übereignung im Wege der Bareinzahlung nicht entgegen. Tritt der Insolvenzverwalter als Amtswalter auf,[41] so kommt der Übereignungsvertrag zwischen dem Insolvenzverwalter und der Bank zustande, sodass für § 181 kein Raum bleibt. Nur wenn der Insolvenzverwalter zuerst an sich selbst und dann an die Bank übereignet, ist § 181 BGB analog erfüllt. Allerdings erwirbt dann die Bank im Fall ihrer Gutgläubigkeit Eigentum nach §§ 932, 929 BGB.[42] 15

c) Keine Insolvenzzweckwidrigkeit. § 149 stellt auch kein Hindernis dar, solange nicht ein entsprechender Beschluss nach Abs. 1 oder 2 gefasst wurde.[43] Denn dann steht es ja dem Insolvenzverwalter zu, über die Verwahrung zu entscheiden. Allerdings kann der Insolvenzverwalter „rechtlich an einer Vertretung verhindert sein, wenn seine persönlichen Belange betroffen sind".[44] Dies führt nach Auffassung des BGH aber nicht ohne weiteres zur Nichtigkeit des Vertrages.[45] Im Übrigen werden durch Errichtung eines Anderkontos ja nicht die persönlichen Belange des Insolvenzverwalter betroffen, vielmehr dient es ausschließlich fremdem Nutzen.[46] Persönliche Belange wären erst dann berührt, wenn der Insolvenzverwalter das Geld für persönliche Zwecke verwenden würde. 16

Auch ergibt sich die Unwirksamkeit nicht aus der **Insolvenzzweckwidrigkeit.** Dies würde voraussetzen, dass der Widerspruch zum Insolvenzzweck unter allen in Betracht kommenden Gesichtspunkten für jeden verständigen Beobachter ohne weiteres ersichtlich ist.[47] Die neuere Rechtsprechung wendet dabei die Grundsätze über den Missbrauch der Vertretungsmacht entsprechend an.[48] Danach ist Voraussetzung für die Unwirksamkeit der Handlung außer einer objektiven Evidenz der Insolvenzzweckwidrigkeit, dass sich dem Geschäftspartner auf Grund der Umstände des Einzelfalles (massive Verdachtsmomente) ohne weiteres begründete Zweifel an der Vereinbarkeit der Handlung mit dem Zweck des Insolvenzverfahrens aufdrängen mussten.[49] Dem Geschäftspartner muss im Ergebnis wenigs- 17

---

[36] *Kießling* NZI 2006. 440, 442 ff.; *Kreft* (Fn. 25), 327; *Hintzen/Förster*, RPfleger 2001, 400; aA AG Hamburg ZInsO 2004, 1270; 2003, 816; *Uhlenbruck* § 149 RdNr. 11; *Pape/Uhlenbruck*, ZIP 2005, 419; *Frind*, ZInsO 2003, 778; 2004, 470; *Pape*, ZInsO 2004, 243; *Kirchof*, FS Kreft, 359.
[37] BGHZ 113, 262, 270 mwN § 80 RdNr. 38.
[38] I. E. wie hier *Kießling*, NZI 2006. 440, 442.
[39] BGH WM 1958, 552, 553; 1982, 549; OLG München WM 1982, 548, 549; *Canaris* Bankvertragsrecht I RdNr. 320.
[40] *Canaris* Bankvertragsrecht I RdNr. 169.
[41] Hierfür genügt die Bezeichnung „Anderkonto für Insolvenzschuldner X".
[42] Ein Abhandenkommen liegt schon nicht vor und wäre wegen § 935 Abs. 2 BGB auch unerheblich.
[43] *Kilger/K. Schmidt* § 129 Anm. 4; *Uhlenbruck* KTS 1970, 187, 189 f.; *Kreft* (Fn. 25) S. 327 empfiehlt zur Sicherheit die Zustimmung von Gläubigerausschuss und -versammlung.
[44] BGHZ 113, 262, 270 mwN.
[45] BGH (Fn. 44).
[46] *Kreft* (Fn. 25) S. 329.
[47] BGH NJW 1983, 2018, 2019; NJW 1994, 323, 326.
[48] BGH NJW 2002, 2783, 2785.
[49] BGH NJW 1995, 250, 251; 1999, 2883; 2002, 1497, 1498; 2002, 2783, 2785.

tens grobe Fahrlässigkeit zur Last fallen.[50] Von alle dem kann hier nicht die Rede sein. Denn die Bank kann gemäß Nr. 8 der Geschäftsbedingungen für Anderkonten weder aufrechnen, noch ein Pfand- oder Zurückbehaltungsrecht aus ihrem Rechtsverhältnis zum Insolvenzverwalter geltend machen. Dagegen bleiben Einwendungen aus dem Deckungsverhältnis zwischen Bank und Masse auch gegenüber dem Insolvenzverwalter erhalten.[51] Hieraus können aber keine Bedenken gegen die Zulässigkeit eines Anderkontos hergeleitet werden.[52] Denn die Einwendungen wären ja auch bestehen geblieben, wenn kein Anderkonto eingerichtet worden wäre. Voraussetzung ist aber, dass die Kontrolle des Insolvenzverwalters gemäß § 69 Satz 2 in Hinsicht auf Geldverkehr und -bestand ohne Schwierigkeiten möglich ist. Deshalb darf sich die Bank im Verhältnis zum Gläubigerausschuss nicht auf das Bankgeheimnis berufen können. Das ist aber ohnehin nicht der Fall (vgl. RdNr. 27 ff.).

18 Im Bereich der KO war umstritten, ob im Fall der Masseunzulänglichkeit die Treuhandkontolösung zur Sicherung der Neumassegläubiger möglich ist, weil nach Ansicht des BGH[53] Neu- und Altmassegläubiger nach § 60 KO gleichzubehandeln waren.[54] Mit der Bevorzugung derjenigen Neumassegläubiger, deren Forderung nach Eintritt der Masseunzulänglichkeit begründet wird, hat § 209 Abs. 1 diesen Streit obsolet werden lassen. Die Errichtung eines Treuhandkontos zur Sicherung der Neumassegläubiger ist daher auch nach Eintritt der Masseunzulänglichkeit möglich.

19 Für den Transfer von Geldern von Konten, für die ein Hinterlegungsbeschluss nach § 149 gefasst ist, auf ein Anderkonto des Verwalters sind die Grundsätze über einen Wechsel der Hinterlegungsstelle zu beachten (RdNr. 20).

V. Schutz der Masse

20 **1. Wechsel der Hinterlegungsstelle.** Der Insolvenzverwalter darf die im Beschluss bestimmte Hinterlegungsstelle nicht ohne einen entsprechenden neuen, abändernden Beschluss von Gericht, Gläubigerausschuss oder -versammlung wechseln.[55] Das gilt auch dann, wenn die Hinterlegungskonditionen, insbesondere die Festgeldzinsen bei einer anderen Hinterlegungsstelle günstiger sind.[56] Hat die Gläubigerversammlung beschlossen, sämtliche eingehenden Zahlungen Konten bei den im Beschluss festgelegten Banken zuzuführen, darf der Insolvenzverwalter keine weiteren Massekonten einrichten.[57] Damit nicht vor jeder Finanztransaktion der Gläubigerausschuss oder die Gläubigerversammlung einberufen werden müssen, empfiehlt es sich daher, den Insolvenzverwalter zu ermächtigen, eingehende Gelder auch bei anderen Kreditinstituten zu hinterlegen, soweit dies im Interesse der Masse liegt und nicht mit besonderen Gefahren verbunden ist.[58] In der Praxis ist aber nicht einmal das zwingend erforderlich. Der Insolvenzverwalter wird sich den Wechsel der Hinterlegungsstelle von Gläubigerausschuss oder -versammlung im Nachhinein (konkludent) genehmigen lassen. Ein Haftungsrisiko hat er dabei nur dann zu gewärtigen, wenn sich die neue Anlage als nachteilig erweist.

21 Praktische Bedeutung kann dem Wechsel zukommen, wenn der Verwalter den Steuerabzug in Form der Abführung von **Kapitalertragsteuer vermeiden** will. Festgeldguthaben

---

[50] BGH NJW 2002, 2783, 2785.
[51] OLG Köln ZIP 1980, 972.
[52] Anders *Uhlenbruck* § 149 RdNr. 11.
[53] BGHZ 90, 145 = JZ 1984, 623 = ZIP 1984, 612.
[54] Verneinend *Gerhardt* JZ 1990, 243, 244, bejahend *Kreft* (Fn. 25), 331.
[55] *Uhlenbruck* § 149 RdNr. 12; *Kübler* ZIP 1983, 1101.
[56] *Uhlenbruck* aaO (Fn. 55); aA *Kübler* aaO (Fn. 55) unter Berufung auf *Jaeger/Weber* § 132 RdNr. 1 aE. Nach *Jaeger/Weber* aaO aber hat der Konkursverwalter lediglich den Vollzug eines durch die Ereignisse überholten Beschlusses zu unterlassen. Angesichts der unterschiedlichen Literaturansichten erscheint es nicht angängig, hieraus – wie *Kübler* aaO es tut – eine Schadenersatzpflicht des Insolvenzverwalters herzuleiten, wenn er nicht das Geld günstiger anlegt.
[57] LG Freiburg ZIP 1983, 1098, 1099; FK-*Wegener* § 149 RdNr. 6; *Kübler/Prütting/Holzer* § 149 RdNr. 13.
[58] *Uhlenbruck* aaO. (Fn. 55).

und sonstige Kapitalforderungen des Schuldners unterliegen in Deutschland der Zinsabschlagssteuer zuzüglich eines Solidaritätszuschlages. Freibeträge (§ 20 Abs. 4 EStG) gibt es nur für natürliche Personen. Für die geringfügigen Zinsen aus dem laufenden Konto wird keine Zinsabschlagssteuer verlangt („Abstandnahme vom Steuerabzug" nach § 44a EStG). Nach Einführung der Zinsabschlagssteuer wurde die Auffassung vertreten, der Fiskus habe dem Konkursverwalter eine pauschale Freistellungsbescheinigung zu erteilen. Die Finanzverwaltung hat jedoch diese Auffassung ignoriert.

Um die Kapitalertragsteuer wieder der Insolvenzmasse zuzuführen, muss der Insolvenzverwalter jährlich Einkommen- bzw. Körperschaftsteuererklärungen abgeben. Angesichts der Tatsache, dass bei Abwicklung eines Insolvenzverfahrens in aller Regel keine (ertrag-)steuerpflichtigen Gewinne entstehen, notfalls auf meist hohe Verlustvorträge zurückgegriffen werden kann, wird dann die einbehaltene Kapitalertragsteuer erstattet, bei Kapitalgesellschaften an den Verwalter.

Probleme ergeben sich dagegen bei der steuerrechtlichen **Mitunternehmerschaft**.[59] So sind bei Personenhandelsgesellschaften Steuersubjekt für die Ertragsteuern die Gesellschafter im Verhältnis ihrer Beteiligungen, nicht die Gesellschaft (§ 15 Abs. 1 Satz 1 Nr. 2 EStG). Diese Beträge werden den Gesellschaftern anteilig zugewiesen, also auf eine Steuerschuld der Gesellschafter angerechnet (§ 36 Abs. 2 Nr. 2 EStG). Wurde zu viel Kapitalertragsteuer einbehalten, so erfolgt die Erstattung durch den Fiskus direkt an den Gesellschafter, weil derjenige „auf dessen Rechnung die Zahlung bewirkt worden ist" der Steuerschuldner ist (§ 37 Abs. 2 AO).[60]

Der Verwalter ist dann gehalten, die gezahlten Beträge aus dem Gesichtspunkt ungerechtfertigter Bereicherung (§§ 812 ff. BGB) oder der Gesellschafterhaftung (§ 93) wieder in die Masse zu ziehen. Zur Vereinfachung der Abwicklung wird der Verwalter versuchen, sich von den (Mit-)Gesellschaftern Abtretungserklärungen geben zu lassen, die jedoch auf den vorgeschriebenen Vordrucken des Fiskus ausgefertigt werden müssen (§ 46 AO). Zur Vermeidung langwieriger Rückforderungsbemühungen entschlossen sich deshalb viele Konkursverwalter, größere Geldbeträge des Schuldners im Ausland anzulegen (vgl. § 43 Abs. 1 Nr. 7b Satz 2 EStG). Die meisten größeren deutschen Banken haben Tochtergesellschaften u.a. in Großbritannien und Luxemburg, für die sie die volle Haftung übernehmen. Die Zustimmung einer außerordentlichen Gläubigerversammlung ist in solchen Fällen nicht erforderlich.[61] Zinserträge aus Geldanlagen in diesen Ländern sind dort und in Deutschland kapitalertragsteuerfrei.

Auch bei den insolventen **natürlichen Personen** überwies der Fiskus die aus der Masse bezahlte Zinsabschlagssteuer zunächst an den (Gemein-)Schuldner. Wegen der Erweiterung des Insolvenzbeschlages auf den **Neuerwerb** (§ 35) fallen Erstattungsansprüche jetzt in die Masse. Leistungen an den Insolvenzschuldner sind nur nach Maßgabe des § 82 wirksam.

2. Pflichten der Hinterlegungsstelle. Die Hinterlegungsstelle ist – auch nach Wegfall von § 149 Abs. 2 aF – verpflichtet, sich gegen den Hinterlegungsbeschluss widersprechende Anweisung zu wehren, soweit ihr der Verstoß bekannt ist. Die Hinterlegungsstelle erfüllt zwar mit der Auszahlung an den Insolvenzverwalter und wird damit frei, § 362 Abs. 1 BGB. Sie kann sich aber schadenersatzpflichtig machen. Im Fall der Überweisung, der in der Praxis mehr Bedeutung hat, besteht ein Aufwendungsersatzanspruch nach ausgeführter Überweisung (§ 670 BGB). Dem kann allerdings dann ein aufrechenbarer Schadensersatzanspruch der Masse aus positiver Forderungsverletzung gegenüberstehen, wenn die Hinterlegungsstelle erkennen konnte, dass der Insolvenzverwalter in Veruntreuungsabsicht handelt. Hierfür sind konkrete Verdachtsmomente erforderlich, wie zB der Transfer

---

[59] Diese Problematik gilt jetzt auch für die Gesellschaft bürgerlichen Rechts, § 15.
[60] Vgl. zu dieser Problematik *Welzel* DStZ 1993, 197; *Schöne/Ley* DB 1993, 1405. Nach unserer Auffassung fällt im Fall der Zuvielzahlung der Steuererstattungsanspruch im Wege der Surrogation in das Gesamthandsvermögen (§ 718 Abs. 2 BGB). Bei Anrechnung auf Steuerschuld des Gesellschafters ist nur ein Bereicherungsanspruch gegeben.
[61] AA *Kübler/Prütting/Holzer* § 149 RdNr. 14.

eines hohen Betrages auf ein Privatkonto des Insolvenzverwalters oder das unübliche Abheben eines hohen Barbetrages. Dagegen ist die Hinterlegungsstelle nicht generell verpflichtet nachzufragen, ob dem Insolvenzverwalter gestattet ist, Gelder in Empfang zu nehmen oder Überweisungen zu tätigen.

VI. Bankgeheimnis

1. Vom Schuldner eröffnete Konten. Bankverträge, die der Schuldner abgeschlossen hat, erlöschen mit Eröffnung des Insolvenzverfahrens (§§ 116, 115). Das Bankgeheimnis verpflichtet die Bank aber weiter zur Verschwiegenheit gegenüber Dritten[62] und damit den Gläubigern. Dem Insolvenzgericht gegenüber kann die Bank das Zeugnisverweigerungsrecht aus § 4 i. V. m. § 383 Abs. 1 Nr. 6 ZPO geltend machen. Gegenüber dem Insolvenzverwalter besteht dagegen das Bankgeheimnis nicht, weil die Verwaltungs- und Verfügungsbefugnis auf ihn übergegangen ist.[63] Der Insolvenzverwalter kann die Bank von der Verschwiegenheitspflicht freistellen, weil das Bankgeheimnis in erster Linie einen vermögensmäßigen Bezug aufweist und damit (mittelbar) für die Insolvenzmasse erheblich ist.[64] Da nunmehr auch der Neuerwerb zur Insolvenzmasse zählt, gilt für Konten, die der Schuldner nach Verfahrenseröffnung errichtet, nichts anderes.[65] Das Insolvenzgericht kann den Verwalter nach § 58 Abs. 2 anweisen, die Bank von der Verschwiegenheitspflicht freizustellen.[66]

2. Vom Verwalter eröffnete Konten. Hat der Insolvenzverwalter den Bankvertrag abgeschlossen, so ist sein Wille für die Grenzen des Bankgeheimnisses maßgeblich, soweit das Bankgeheimnis sich auf einen zur Insolvenzmasse gehörenden Gegenstand bezieht und konkursunabhängige Interessen des Schuldners nicht berührt sind.[67] An sich ist die Bank berechtigt, Auskünfte über die bei ihr unterhaltenen Insolvenzkonten zu verweigern.[68] Gegenüber dem Insolvenzgericht ergibt sich das aus § 4 i. V. m. § 383 Abs. 1 Nr. 6 ZPO.[69] Im Hinblick auf die Gläubiger beruht das Bankgeheimnis auf dem Vertrag (vgl. Nr. 2 AGB-Banken).[70] Bliebe es hierbei, so könnte das Insolvenzgericht nur gegen den Insolvenzverwalter vorgehen (§ 58 Abs. 2).

a) Umfang der Verschwiegenheitspflicht. Eine umfassende Verschwiegenheitspflicht besteht nicht. Ihr Umfang im Einzelfall hängt – in dieser Reihenfolge – vom wirklichen[71] oder mutmaßlichen[72] Willen des Insolvenzverwalters oder dem objektiven Interesse[73] ab.

aa) Schwierigkeiten ergeben sich, wenn der **Insolvenzverwalter ausdrücklich auf der Geltung des Bankgeheimnisses** gegenüber jedermann **besteht.** Ist in diesem Fall aber für die Bank erkennbar, dass es sich um Gelder aus der Insolvenzmasse handelt, so ist dieser erklärte Willen offenbar insolvenzzweckwidrig und damit unbeachtlich, soweit es um Anfragen des *Gläubigerausschusses* geht. Die Überwachung des Geldverkehrs, wie sie § 69 Satz 2 vorsieht, wäre allein vor der Willkür des Verwalters abhängig, der aber gerade kontrolliert werden soll. Die Verschwiegenheitspflicht *gegenüber dem Insolvenzgericht* ist dage-

---

[62] BGH BB 1953, 993.
[63] *Gottwald/Obermüller,* Insolvenzrechts-Handbuch, § 97 RdNr. 26.
[64] RGZ 59, 85, 86 f.; siehe auch LG Lübeck ZIP 1983, 711, 712; OLG Düsseldorf NJW-RR 1994, 958. Vgl. auch *Henckel* ZIP 1983, 712 mwN.
[65] Anders noch im Rahmen der KO, vgl. *Gottwald/Obermüller,* Insolvenzrechts-Handbuch, 1. Aufl., § 90 RdNr. 27.
[66] *Hess* § 149 RdNr. 24.
[67] RGZ (Fn. 64); LG Lübeck ZIP 1983, 711, 712 mit zust. Anm. *Henckel; Canaris* Bankvertragsrecht I RdNr. 51.
[68] So denn auch die Auffassung der Banken: vgl. die Nachweise bei *Uhlenbruck* § 149 RdNr. 20.
[69] *Thomas/Putzo* § 383 RdNr. 6.
[70] BGHZ 27, 241, 246; BGH DB 1953, 1031; aA *Canaris* Bankvertragsrecht I RdNr. 42: Vertrauenshaftung.
[71] BGHZ 27, 241, 246.
[72] BGHZ 95, 362, 365.
[73] *Canaris* Bankvertragsrecht I RdNr. 49, 54.

gen nicht *offensichtlich* insolvenzzweckwidrig. Nach § 58 Abs. 1 Satz 2 kann das Gericht nur vom Insolvenzverwalter selbst Auskunft verlangen. Die InsO verlangt insoweit daher keine Lockerung des Bankgeheimnisses gegenüber dem Insolvenzgericht.[74]

bb) Der **mutmaßliche Wille** des Insolvenzverwalters und auch das **objektive Interesse** gehen dahin, dass die von der Insolvenzordnung vorgesehenen Kontrollaufgaben erfüllt werden können. Da es hier nicht auf die offensichtliche Zweckwidrigkeit ankommt, wird man die Bank auch zu Auskünften gegenüber dem Insolvenzgericht als berechtigt ansehen dürfen, weil dies die Aufsicht über den Insolvenzverwalter (§ 58 Abs. 1 Satz 1) erleichtert. 30

b) Keine Verpflichtung der Bank zur Auskunftserteilung. Eine Verpflichtung der Bank zur Auskunftserteilung sieht die InsO nicht vor. Da es sich hierbei um einen Grundrechtseingriff handelt,[75] fehlt es an der gesetzlichen Ermächtigungsgrundlage. Aus der Aufgabe nach § 69 Satz 2 kann nicht auf eine entsprechende Befugnis geschlossen werden. 31

VII. Genossenschaftsinsolvenz

Nach § 110 GenG in der Fassung von Art. 49 Nr. 27 EGInsO sind die Vorschüsse der Genossen nach Maßgabe des § 149 zu hinterlegen oder anzulegen. Konstitutive Bedeutung kommt dem nur dann zu, wenn man die Vorschüsse nicht als Teil der Insolvenzmasse ansieht. In keinem Fall ist die General- oder Vertreterversammlung für Beschlüsse nach § 149 zuständig.[76] 32

§ 150 Siegelung

¹ Der Insolvenzverwalter kann zur Sicherung der Sachen, die zur Insolvenzmasse gehören, durch den Gerichtsvollzieher oder eine andere dazu gesetzlich ermächtigte Person Siegel anbringen lassen. ² Das Protokoll über eine Siegelung oder Entsiegelung hat der Verwalter auf der Geschäftsstelle zur Einsicht der Beteiligten niederzulegen.

I. Überblick

Satz 1 der Vorschrift entspricht im Wesentlichen den §§ 122 Abs. 1, 124 Satz 2 KO.[1] In der GesO ist der Sachverhalt nicht geregelt. § 122 Abs. 2 KO sah zusätzlich vor, die Geschäftsbücher des „Gemeinschuldners" durch den Urkundsbeamten der Geschäftsstelle zu schließen. Diese im Zeitalter der EDV obsolete Vorschrift ist ersatzlos entfallen. Neben der Inbesitznahmepflicht nach § 148 Abs. 1 kommt der Siegelung in der Praxis keine Bedeutung zu. Ist im konkreten Fall Gefahr im Verzug, wird der Insolvenzverwalter die betreffenden Sachen in seine Obhut bringen, weil dies Missbräuchen zuverlässiger vorbeugt als die Strafandrohung des § 136 Abs. 2 StGB (Siegelbruch). 1

Die Siegelung ist **kein Vollstreckungsakt**, die Beschlagnahmewirkung tritt bereits mit Insolvenzeröffnung ein (§§ 80, 81). Sie stellt vielmehr eine **Sicherungsmaßnahme zur äußeren Kenntlichmachung** der Massezugehörigkeit dar.[2] Die Siegelung begründet daher keinen strafrechtlichen Schutz nach § 136 Abs. 1 StGB (Verstrickungsbruch), sondern nach § 136 Abs. 2 StGB.[3] 2

---

[74] AA *Uhlenbruck* § 149 RdNr. 20; wie hier dagegen i. E. *Hess* § 149 RdNr. 24.
[75] *Canaris* Bankvertragsrecht I RdNr. 38.
[76] *Kuhn/Uhlenbruck* § 137 RdNr. 2 c.
[1] Begr. zu § 169 RegE (= § 150).
[2] BGH NJW 1962, 1392; LG Berlin KTS 1963, 58; *Uhlenbruck* § 150 RdNr. 1; *Kilger/K. Schmidt* § 122 Anm. 1.
[3] *Kilger/K. Schmidt* § 122 Anm. 1.

§ 150 3–7   4. Teil. 1. Abschnitt. Sicherung der Insolvenzmasse

II. Durchführung

3 Die Entscheidung über die Siegelung liegt im **Ermessen** des Verwalters. Für die Durchführung der Siegelung ist nach § 150 Satz 1[4] der Gerichtsvollzieher oder eine andere dazu gesetzlich ermächtigte Person **zuständig**. Für diese andere gesetzliche Ermächtigung (zB Notare) ist das jeweilige Landesrecht maßgeblich. Über die Siegelung ist ein Protokoll aufzunehmen, das der Verwalter auf der Geschäftsstelle des Insolvenzgerichts zur Einsicht der Beteiligten niederlegt (§ 150 Satz 2).[5] Einsichtsberechtigt sind Schuldner, Gläubiger und Aussonderungsberechtigte. Auch absonderungsberechtigte Gläubiger sind Beteiligte auch dann, wenn sie nicht Insolvenzgläubiger sind. Ihnen steht daher ebenfalls ein Einsichtsrecht zu, zumal ja der Gegenstand, an dem das Absonderungsrecht besteht, von der Siegelung durchaus betroffen sein kann.[6]

III. Entsiegelung

4 Die Entsiegelung erfolgt auf Anordnung des Insolvenzverwalters, der die Siegelung veranlasst hat. In dem nach § 150 Satz 2 anzufertigenden Protokoll ist anzugeben, ob die im Siegelungsprotokoll angegebenen Siegel noch vorhanden und unverletzt sind.[7]

IV. Geltung im Eröffnungsverfahren

5 Auch der vorläufige Insolvenzverwalter kann Gegenstände der (zukünftigen) Insolvenzmasse siegeln lassen (vgl. § 22 RdNr. 45).[8] Denn schon das bisherige Verständnis des § 122 KO ließ die Anwendung auf den Sequester zu,[9] und der Gesetzgeber wollte auf der Grundlage dieser weiten Anwendbarkeit § 122 Abs. 1 KO im Wesentlichen beibehalten.

V. Strafrechtlicher Schutz

6 Vor einer Siegelung ist nach hM[10] bereits auf Grund der §§ 80, 81 eine Verstrickung gegeben, obwohl eine tatsächliche oder symbolische Besitzergreifung fehlt. Das Zerstören, Beschädigen, Unbrauchbarmachen sowie der (teilweise) Entzug der Sache ist demnach bereits nach § 136 Abs. 1 StGB strafbar. Nach der Siegelung ist die Verletzung des Siegels nach § 136 Abs. 2 StGB strafbewehrt. Sind beide Straftatbstände erfüllt, besteht regelmäßig Idealkonkurrenz (§ 52 StGB).[11] Dient jedoch der Siegelbruch nur der Verdeckung eines Verstrickungsbruchs, wird § 136 Abs. 2 im Wege der Gesetzeskonkurrenz verdrängt.[12]

VI. Rechtsbehelfe

7 Gegen die Anordnung der Siegelung oder Entsiegelung durch den Verwalter ist kein Rechtsbehelf gegeben, da keine gerichtliche Entscheidung vorliegt.[13] Der Insolvenzschuldner kann allerdings im Prozessweg geltend machen, dass die zu siegelnde Sache nicht zur Masse gehört (vgl. § 148 RdNr. 74 f.). Er kann auch Einwendungen gegen die Art und

---

[4] Der Gerichtsvollzieher wird anders als in § 122 KO ausdrücklich genannt, um die Regelung verständlicher zu machen und eine gewisse Vereinheitlichung der Zuständigkeiten zu erreichen, Begr. zu § 169 RegE (= § 150).
[5] Muster einer Siegelung bei *Uhlenbruck/Delhaes* HRP RdNr. 343.
[6] AA *Kübler/Prütting/Holzer* § 150 RdNr. 11.
[7] Muster einer Entsiegelung bei *Uhlenbruck/Delhaes* HRP RdNr. 345.
[8] *Uhlenbruck*, § 150 RdNr. 3.
[9] LG Baden-Baden ZIP 1983, 345; *Kuhn/Uhlenbruck* § 122 RdNr. 4.
[10] RGSt 14, 286, 289; 41, 256, 256 f.; 65, 248, 249; *Schönke/Schröder/Cramer* Strafgesetzbuch § 136 RdNr. 7; aA *Geppert* Jura 1987, 35, 36.
[11] *Schönke/Schröder/Cramer* (Fn. 10) RdNr. 35 mwN auch zur Gegenansicht.
[12] *Lackner/Kühl* StGB § 136 RdNr. 9.
[13] *Kübler/Prütting/Holzer* § 150 RdNr. 12.

Weise der Durchführung der Siegelung durch den Gerichtsvollzieher erheben.[14] Da es sich bei der Siegelung nicht um einen Akt der Zwangsvollstreckung handelt (vgl. RdNr. 2), ist § 766 ZPO analog anzuwenden.[15] Dies rechtfertigt sich durch die Nähe zur Herausgabevollstreckung nach § 148 Abs. 2. Aus diesem Grund ist auch analog § 148 Abs. 2 Satz 2 das Insolvenzgericht für die Entscheidung zuständig.[16]

Vorbemerkungen vor §§ 151 bis 155
Rechnungslegung in der Insolvenz

Schrifttum: *Arians,* Sonderbilanzen, 1984; *Bähner/Berger/K. H. Braun,* Die Schlussrechnung des Konkursverwalters, ZIP 1993, 1283; *E. Braun,* Handelsbilanz contra Schlussrechnung – Der entmündigte Rechtspfleger?, ZIP 1997, 1013; *ders./W. Uhlenbruck,* Unternehmensbilanz, 1997; *Budde/Förschle,* Sonderbilanzen, 1994; *Fichtelmann,* Buchführungspflicht des Konkursverwalters, KTS 1973, 145; *Fischer-Böhnlein/Körner,* Rechnungslegung von Kapitalgesellschaften im Insolvenzverfahren, BB 2001, 191; *Förster,* Klartext: Das Geheimnis des going concern, ZInsO 1999, 555; *Frotscher,* Steuern im Konkurs, 4. Aufl. 1997; *Heni,* Rechnungslegung im Insolvenzverfahren – Derzeitiger Stand und Entwicklungstendenzen, Wirtschaftsprüfung 1990, 92; *ders.,* Rechnungslegung im Insolvenzverfahren – Stellungnahme zum Beitrag von Niethammer, Wirtschaftsprüfung 1990, 203; *ders.,* Rechnungslegung im Insolvenzverfahren-Zahlenfriedhöfe auf Kosten der Gläubiger, ZInsO 1999, 609; *Hess/Boochs/Weis,* Steuern in der Insolvenz, 1996; *Hundertmark,* Einkommensteuerliche Gewinnermittlung im Konkurs, BB 1967, 408; *Kilger/Nitze,* Die Buchführungs- und Bilanzierungspflicht des Konkursverwalters, ZIP 1988, 957; *Klasmeyer/Elsner,* Unternehmenskrise und Insolvenz, in: Beck'sches Steuerberaterhandbuch, Kapitel N; *Klasmeyer/Kübler,* Buchführungs-, Bilanzierungs- und Steuererklärungspflichten des Konkursverwalters sowie Sanktionen im Fall ihrer Verletzung, BB 1978, 369; *König,* Gesonderte oder harmonisierte Rechnungslegung des Konkursverwalters im Unternehmenskonkurs?, ZIP 1988, 1003; *Kuntz/Mundt,* Rechnungslegungspflichten in der Insolvenz, DStR 1997, 620, 664; *Lorenzen,* in: Beck'sches Handbuch der Rechnungslegung Bd. I B 768; *Mitlehner,* Fortführungswerte der Massegegenstände ZIP 2000, 1825; *Möhlmann,* Die Ausgestaltung der Masse- und Gläubigerverzeichnisse nach neuem Insolvenzrecht, DStR 1999, 163; *Niethammer,* Rechnungslegung im Insolvenzverfahren – Anmerkungen zum Beitrag von Heni, Wirtschaftsprüfung 1990, 202; *Olfert/Körner/Langenbeck,* Sonderbilanzen, 3. Aufl. 1990; *Onusseit/Kunz P.,* Steuern in der Insolvenz, 2. Aufl. 1997; *Pelka/Niemann,* Praxis der Rechnungslegung im Insolvenzverfahren, 4. Aufl. 1997; *Pink,* Rechnungslegungspflichten in der Insolvenz der Kapitalgesellschaft, ZIP 1997, 177; *ders.,* Insolvenzrechnungslegung, 1995; *Plate,* Die Konkursbilanz, 2. Aufl. 1982; *Scherrer/Heni,* Liquidationsrechnungslegung, 1990; *K. Schmidt,* Liquidationsbilanzen und Konkursbilanzen, 1989; *Staffen,* Der Fortführungswert im Vermögensstatus nach § 153 InsO als Ausfluss des Fortführungskonzepts, ZInsO 2003, 106; *W. Uhlenbruck,* Die Prüfung der Rechnungslegung des Konkursverwalters, ZIP 1982, 125; *ders.,* Die Rechnungslegungspflicht des vorläufigen Insolvenzverwalters, NZI 1999, 289; *K.-R. Veit,* Die Konkursrechnungslegung, 1982; *Weisang,* Zur Rechnungslegung nach der neuen Insolvenzordnung, BB 1998, 1149.

Übersicht

	RdNr.		RdNr.
I. Der Dualismus von internen (insolvenzrechtlichen) und externen (handels- bzw. steuerrechtlichen) Rechnungslegungspflichten	1	III. Überblick über die spezifisch insolvenzrechtlichen Rechnungslegungswerke	10
1. Grundsatz	1	1. § 22 Abs. 1 Satz 2 Nr. 3: Prüfung der Durchführbarkeit des Verfahrens durch den vorläufigen Insolvenzverwalter	10
2. Interne Rechnungslegung	2		
3. Externe Rechnungslegung	3	2. § 305 Abs. 1 Nr. 3: Verbraucherinsolvenzverfahren und sonstige Kleinverfahren	11
II. Zweck der insolvenzrechtlichen Rechnungslegung	4	3. §§ 151, 152: Verzeichnis der Massegegenstände und Gläubigerverzeichnis	12
1. Information der Gläubiger	4		
2. Information des Gerichts	7	4. § 153: Vermögensübersicht (Insolvenzeröffnungsbilanz)	13
3. Selbstinformation des Verwalters	9		

---

[14] LG Berlin KTS 1963, 58; *Nerlich/Römermann/Andres* § 150 RdNr. 3.
[15] AA *Kübler/Prütting/Holzer* § 150 RdNr. 12.
[16] FK-*Wegener* § 150 RdNr. 2; *Nerlich/Römermann/Andres* § 150 RdNr. 3; zum früheren Recht bereits LG Berlin KTS 1963, 58; *Kuhn/Uhlenbruck* § 122 RdNr. 1.

Vor §§ 151 bis 155 1–3   4. Teil. 1. Abschnitt. Sicherung der Insolvenzmasse

	RdNr.		RdNr.
5. § 156 Abs. 1: Mündlicher Bericht	14	VI. **Die Vorläufigkeit der zum Berichtstermin zu erstellenden insolvenzrechtlichen Verzeichnisse**	23
6. § 229: Vermögensübersicht im Falle eines Insolvenzplanes	15	1. Vorläufigkeit und Unvollständigkeit bei kurzfristiger Erstellung	23
7. § 66 Abs. 3: Zwischenrechnungslegung	16	2. Notwendigkeit einer nachträglichen Vervollständigung	24
8. § 66 Abs. 1: Schlussrechnung	17	3. Zweck der vorläufigen und endgültigen Rechnungslegung	25
IV. **Handelsrechtliche Rechnungslegungspflichten (§§ 238 ff. HGB)**	18	VII. **Verhältnis von interner und externer Rechnungslegung**	26
1. Inventar (§ 240 HGB)	18	1. Autonomie der insolvenzrechtlichen Rechnungslegung	26
2. Jahresabschluss (§ 242 HGB)	19	2. Überleitungsrechnung zwischen Schlussbilanz und Vermögensübersicht	29
3. Anhang und Lagebericht (§ 264 Abs. 1 HGB)	20	3. Harmonisierung von handels- und insolvenzrechtlicher Rechnungslegung	30
4. Prüfung und Offenlegung (§§ 316 ff., 325 ff. HGB)	21		
V. **Steuerrechtliche Buchführungspflichten (§§ 140 ff. AO)**	22		

I. Der Dualismus von internen (insolvenzrechtlichen) und externen (handels- bzw. steuerrechtlichen) Rechnungslegungspflichten

1 **1. Grundsatz.** Aus § 155 ergibt sich nunmehr eindeutig,[1] dass die insolvenzrechtlichen Rechnungslegungspflichten die handels- und steuerrechtlichen Rechnungslegungspflichten nicht ersetzen, sondern **ergänzend** neben sie treten. Dies entspricht der schon bisher herrschenden sog. **dualen Betrachtungsweise**.[2] Daraus folgt, dass beide Rechnungslegungskreise unabhängig voneinander verstanden werden müssen. Zumindest gedanklich sind beide Rechnungslegungssysteme immer zu unterscheiden.

2 **2. Interne Rechnungslegung.** Mit der internen Rechnungslegung nach Maßgabe der entsprechenden Bestimmungen der Insolvenzordnung erfüllt der *Insolvenzverwalter seine eigenen* Rechenschaftspflichten gegenüber den Gläubigern, dem Insolvenzschuldner und dem Insolvenzgericht. Diese Rechnungslegungspflichten stellen eine Konkretisierung der Regelung des § 259 BGB dar. Ihre Entsprechung findet sich in der Rechenschaftspflicht der Vermögensverwalter und Interessenwahrer gegenüber den Trägern der wahrgenommenen Vermögensinteressen (vgl. §§ 666, 713, 1214, 1435, 1667 Abs. 2, 1840, 1890, 1908 i Abs. 1, 2218 Abs. 2 BGB).[3]

3 **3. Externe Rechnungslegung.** Die externe[4] Rechnungslegungspflicht ist die öffentlich-rechtliche Verpflichtung *des Insolvenzschuldners*. Sie ergibt sich aus den §§ 238 ff. HGB und 140 ff. AO. § 155 Abs. 1 Satz 1 stellt klar, dass die Eröffnung des Insolvenzverfahrens diese Pflichten nicht berührt. Gem. § 155 Abs. 1 Satz 2 (als Sondervorschrift zu §§ 80 Abs. 1 InsO, 34 Abs. 3 AO) erfüllt der Insolvenzverwalter diese Pflichten für den Insolvenzschuldner in Bezug auf die Insolvenzmasse. Im Fall der endgültigen Betriebseinstellung erlischt die Verpflichtung nach den §§ 238 ff. HGB (vgl. § 155 RdNr. 9 ff.).

---

[1] Vgl. auch Begr. § 174 RegE (= § 155).
[2] RFHE 44, 162 = RStBl. 1938, 669; BFHE 78, 172 = BStBl. III 1964, 70; BFHE 106, 305, 307 = BStBl. II 1972, 784 = BB 1972, 1258; BFH BStBl. II 1988, 825; BFH ZIP 1993, 374 = BStBl. II 1993, 265 = EWiR 1993, 219 *(App)*; BGHZ 74, 316, 318 = NJW 1979, 2212; KG ZIP 1997, 151; FG Freiburg EFG 1964, 331; FG Hamburg, EFG 1964, 432; *Hundertmark* S. 408; *Klasmeyer/Kübler* S. 370 f.; *K. Schmidt* S. 20 ff.; *Kuhn/Uhlenbruck* § 6 RdNr. 46 d; *Pink* S. 69 f.; aA *Kilger/Nitze* S. 959 f. Einheitsbetrachtung (Anreicherung der insolvenzrechtlichen Rechnungslegung durch handelsrechtliche Vorschriften).
[3] *K. Schmidt* S. 21.
[4] Die gebräuchlichen und darum auch hier verwendeten Bezeichnungen „intern" und „extern" erscheinen irreführend, weil die handelsrechtlichen Buchführungspflichten gerade auch der Selbstinformation des Kaufmannes dienen, während die insolvenzrechtlichen Rechnungslegungswerke nach § 154 zu veröffentlichen sind und vor allem die Gläubiger informieren sollen.

II. Zweck der insolvenzrechtlichen Rechnungslegung

Die Darstellung der Vermögensverhältnisse des Insolvenzschuldners unter Angabe der voraussichtlichen Quote – und der Bewertung unter Liquidations- und Fortführungsgesichtspunkten – dient der **Information der Verfahrensbeteiligten** unter folgenden Rücksichten:

1. **Information der Gläubiger.** Die Gläubiger sollen zunächst anhand der voraussichtlichen **Quote** entscheiden können, ob sich für sie die Beteiligung am Insolvenzverfahren überhaupt lohnt.[5] Bei einer nur minimalen Quote ist eine aktive Beteiligung am Verfahren angesichts der lediglich als nachrangige Insolvenzforderung (§ 39 Abs. 1 Nr. 2) zu befriedigenden eigenen Verfahrenskosten nur dann sinnvoll, wenn sie eine kostengünstige Möglichkeit darstellt, einen Vollstreckungstitel zu erlangen (§ 201 Abs. 2 Satz 1). Von dem voraussichtlichen Ergebnis kann auch die Entscheidung eines Gläubigers abhängen, Massekosten vorzuschießen. Schließlich spielt die Quote eine Rolle für die eigene Rechnungslegung der Gläubiger, denn sie gibt einen Anhaltspunkt für die Bewertung der Forderung gegen den Insolvenzschuldner. Wird für die Gläubiger keine Quote prognostiziert, steht auch die Uneinbringlichkeit als Voraussetzung der Berichtigung der Umsatzsteuerschuld des ausgefallenen Insolvenzgläubigers nach § 17 Abs. 2 Nr. 1 UStG fest. 4

Die Vermögensübersicht (§ 153) soll den Gläubigern darüber hinaus eine Entscheidungsgrundlage für die **Verfahrenszielbestimmung** im Berichtstermin (§§ 1 Satz 1, 157) liefern. Aus diesem Grund schreibt § 151 Abs. 2 Satz 2 die Angabe von Liquidations- und Fortführungswerten vor[6] und verlangt § 154 eine Woche vor dem Berichtstermin die Niederlegung der Rechenwerke. Gem. § 157 Satz 1 entscheidet die Gläubigerversammlung im Berichtstermin über die *vorläufige* Unternehmensfortführung. Die Vermögensübersicht nach § 153 muss also die hierfür erforderlichen Daten liefern, während die endgültige Entscheidung in einem Insolvenzplan umfassend durch eine Vermögensübersicht sowie einen Ergebnis- und Finanzplan vorzubereiten ist (§ 229). 5

Der **Verwalter** wird in erster Linie vom Gläubigerausschuss **überwacht**. Die Abwicklungstätigkeit kann anhand der **Schlussrechnung** (§ 66) nur dann sinnvoll nachvollzogen werden, wenn von Anfang an eine sorgfältige und vollständige Rechnungslegung erfolgt. Für die Gläubiger dient die insolvenzrechtliche Rechnungslegung damit der Überprüfung von möglichen Schadensersatzansprüchen gegen den Verwalter (§ 60). Anhand der Aktivseite lässt sich etwa entnehmen, welche Gegenstände der Verwalter erfasst hat.[7] 6

2. **Information des Gerichts.** Hier sind zwei Funktionen maßgeblich. Zum einen hat auch das Insolvenzgericht die Abwicklungstätigkeit des Verwalters zu prüfen. Das Insolvenzgericht überprüft dabei nicht den wirtschaftlichen Erfolg der Verwertungstätigkeit durch Vergleich der in der Vermögensübersicht prognostizierten Werte mit den tatsächlich erzielten Erlösen.[8] Andernfalls würden die Verwalter zu ihrer eigenen Absicherung zusätzliche Abschläge auf die Wertansätze im Verzeichnis der Vermögensgegenstände und der Vermögensübersicht machen und damit die Aussagekraft dieser Rechenwerke im Hinblick auf den Berichtstermin schmälern. Im Vordergrund steht vielmehr die Überprüfung der vollständigen Verwertung der Massegegenstände (vgl. § 196). 7

Zum anderen geht es um die Finanzierbarkeit der Verfahrenskosten. Die Frage der Einstellung mangels Masse (§ 209) ist anhand der Insolvenzrechnungslegung zu beantworten. 8

---

[5] *Plate* S. 37.
[6] Vgl. aber zur Untauglichkeit der Angabe von Fortführungswerten für die Information der Gläubiger im Hinblick auf die Entscheidung zwischen den Verfahrensalternativen, § 151 RdNr. 11.
[7] Anders als nach § 86 Satz 4 KO kommt es nicht mehr zu einer Präklusion von Schadenersatzansprüchen gegen den Verwalter, wenn Einwendungen gegen die Schlussrechnung im Schlusstermin unterlassen werden.
[8] *Braun* 1015; aA *Pink* ZIP 1997, 177, 179.

9 **3. Selbstinformation des Verwalters.** Der Verwalter muss die Finanzierbarkeit der Massekosten und sonstigen Masseverbindlichkeiten ständig prüfen. Auch um einer Haftung für von ihm begründete Masseverbindlichkeiten (§ 61) zu entgehen, ist der Verwalter auf eine ordnungsgemäße und zeitnahe Rechnungslegung angewiesen, um die noch vorhandene Masse überblicken zu können. Das erlaubt auch die Entscheidung über die Vornahme einer Abschlagsverteilung (§ 187) und der Einleitung der Schlussverteilung (§ 196).

III. Überblick über die spezifisch insolvenzrechtlichen Rechnungslegungswerke

10 **1. § 22 Abs. 1 Satz 2 Nr. 3: Prüfung der Durchführbarkeit des Verfahrens durch den vorläufigen Insolvenzverwalters.** Eine überschlägige Darstellung der Aktiva und Passiva eines schuldnerischen Unternehmens und der voraussichtlichen Masseverbindlichkeiten hat früher schon der gemäß § 75 KO eingesetzte Gutachter in seinem Bericht an das Konkursgericht vorgelegt, ebenso der Sequester und der vorläufige Vergleichsverwalter (§§ 39, 11 VerglO). Gem. § 22 Abs. 1 Satz 2 Nr. 3 Hs. 2 kann der vorläufige Insolvenzverwalter als Sachverständiger beauftragt werden zu prüfen, ob ein Eröffnungsgrund vorliegt und welche Aussichten für die Fortführung des Unternehmens bestehen (vgl. auch § 22 RdNr. 42).

11 **2. § 305 Abs. 1 Nr. 3: Verbraucherinsolvenzverfahren und sonstige Kleinverfahren.** Dem Eröffnungsantrag des Insolvenzschuldners ist ein Vermögensverzeichnis, ein Verzeichnis der Gläubiger (mit Anschrift für die Zustellung nach § 307[9]) und ein Verzeichnis der gegen den Schuldner gerichteten Forderungen beizufügen. Eine vergleichbare Regelung enthielt bereits § 104 KO. Im gewerblichen Insolvenzverfahren wird dem Schuldner hingegen nicht mehr zwingend vom Gesetz aufgegeben, Vermögensübersicht und Gläubigerverzeichnis vorzulegen.[10]

12 **3. §§ 151, 152: Verzeichnis der Massegegenstände und Gläubigerverzeichnis.** § 124 KO sah die Erstellung zweier Rechenwerke – Inventar und Bilanz – vor. Dagegen verlangen die §§ 151 bis 153 formal drei Rechenwerke. Eine grundlegende Abkehr vom Rechnungslegungssystem der KO ist damit nicht verbunden. Sachlich entsprechen die Rechenwerke nach den §§ 151, 152 als einer *Einzelauflistung* von Aktiva (§ 151) und Passiva (§ 152) dem bisherigen Inventar.[11] Während aber die Konkursordnung in § 123 KO detaillierte Vorschriften nur über die Aktivseite des Inventars nach § 124 KO enthielt,[12] finden sich in § 152 nunmehr auch Vorschriften über die Passivseite. Neben der Inbesitznahmepflicht nach § 148 muss der Verwalter die Masse und die Verbindlichkeiten erfassen und bewerten. Die körperliche Bestandsaufnahme ist von zentraler Bedeutung für die Sicherung der Masse und die Beurteilung der Verfahrenssituation. Das Gläubigerverzeichnis nach § 152 unterscheidet sich von Tabelle (§ 175) und Verteilungsverzeichnis (§ 188) dadurch, dass sämtliche dem Verwalter bekannten Forderungen aufzunehmen sind.[13] Bei der Tabelle sind dagegen nur die angemeldeten Forderungen zu berücksichtigen. Für das Verteilungsverzeichnis sind zusätzlich die §§ 189 ff. zu beachten.

13 **4. § 153: Vermögensübersicht (Insolvenzeröffnungsbilanz).** Die Vermögensübersicht nach § 153 fasst das Verzeichnis der Massegegenstände und das Gläubigerverzeichnis (§§ 151, 152) zum Zwecke einer besseren Übersicht zusammen. Der Unterschied zu den Verzeichnissen nach den §§ 151, 152 liegt darin, dass in der Vermögensübersicht Mengenangaben fehlen und einzelne Posten zu bestimmten Gruppen zusammengefasst sind

---

[9] Begr. § 357 b RegE (= § 305).
[10] Im Rahmen seiner Auskunftspflicht nach § 20 kann aber der Schuldner zur Vorlage entsprechender Verzeichnisse verpflichtet werden.
[11] *Pink* S. 78 und ZIP 1997, 177, 178; *Pelka/Niemann* RdNr. 35; *Heni* S. 94.
[12] Die Aufzeichnung der Massegegenstände nach § 123 KO stellte nichts anderes als die Aktivseite des Inventars nach § 124 KO dar, vgl. *Kilger/K. Schmidt* § 124 Anm. 2 a).
[13] Begr. zu § 171 RegE (= § 151).

("geordnete Übersicht").[14] So können die Forderungen der absonderungsberechtigten Gläubiger zu einer Summe zusammengefasst werden. Von der Vermögensübersicht ist der sog. Überschuldungsstatus zu unterscheiden, der Erstellt wird, um beurteilen zu können, ob der Insolvenzgrund der Überschuldung (§ 19) vorliegt. Er enthält weder die Angabe der Fremdrechte noch die insolvenzspezifischen Verfahrenskosten.[15]

5. § 156 Abs. 1: Mündlicher Bericht. Im Berichtstermin hat der Verwalter über die wirtschaftliche Lage des Schuldners, die Fortführungsaussichten des insolventen Unternehmens und über die Möglichkeit der Aufstellung eines Insolvenzplanes zu berichten (§ 156 Abs. 1). Dieser mündliche Bericht ist zwar kein Rechenwerk im engeren Sinn, kann aber doch zur internen Rechenschaftspflicht des Verwalters gezählt werden.[16] Für die zentrale Frage der Verfahrenszielbestimmung (§ 157) kommt dem Bericht größeres Gewicht zu als der Vermögensübersicht, weil der Aussagewert einer Bilanz über die Fortführungschancen beschränkt ist.[17]

6. § 229: Vermögensübersicht im Falle eines Insolvenzplanes.[18] Bei einem Plan, der die Sanierung des Unternehmens zum Gegenstand hat und nach dem die Verbindlichkeiten ganz oder zum Teil aus den künftigen Erträgen des Unternehmens erfüllt werden sollen, sind in Form einer Übersicht Aktiva und Passiva so darzustellen, wie sie im Fall der Bestätigung des Planes gegenüberstünden. Darüber hinaus sollen die Gläubiger in einem *Ergebnisplan* über die zu erwartenden Aufwendungen und Erträge und in einem *Finanzplan* über die zeitliche Abfolge von Einnahmen und Ausgaben zur Aufrechterhaltung der Liquidität des Unternehmens unterrichtet werden.[19]

7. § 66 Abs. 3: Zwischenrechnungslegung. Wie die Konkursordnung (vgl. § 132 Abs. 2 KO) schreibt auch die Insolvenzordnung dem Verwalter keine zwingende periodische (interne) Rechnungslegung vor. Gem. § 66 Abs. 3 *kann* die Gläubigerversammlung Zwischenrechnungslegung verlangen. Sie bestimmt dann auch die Form der Rechnungslegungspflicht.[20] Zusätzlich können Insolvenzgericht, Gläubigerausschuss und -versammlung vom Verwalter Berichte über den Sachstand und die Geschäftsführung verlangen (§§ 58 Abs. 1 Satz 2, 69 Satz 2, 79 Satz 2).[21] Allerdings entspricht es herrschender Auffassung, dass im Einzelfall der Verwalter zur Fortschreibung der Eröffnungsbilanz oder Neuerstellung einer Zwischenübersicht entsprechend den Grundsätzen der Eröffnungsbilanz[22] verpflichtet sein kann, um der Gläubigerversammlung (vgl. § 66 Abs. 3) dem Insolvenzgericht (§ 58 Abs. 1 Satz 2) und sich selbst Aufschluss über den Stand des Verfahrens zu geben.[23] Dies gilt auch in massearmen Verfahren an der Grenze des § 209, in denen sich ständig die Frage der Finanzierbarkeit stellt.[24] Ist diese Grenze überschritten, sieht § 211 Abs. 2 eine Verpflichtung zu gesonderter Rechnungslegung nach Anzeige der Masseunzulänglichkeit (§ 208) vor. Auch ist an größere Unternehmen zu denken, die über einen längeren Zeitraum liquidiert werden. Führt der Verwalter eine Einnahmen-/Ausgabenrechnung über ein EDV-Programm, lassen sich ohne großen Aufwand aktualisierte Fassungen der Vermögensübersicht erstellen.[25]

8. § 66 Abs. 1: Schlussrechnung. Bei Beendigung seines Amtes hat der Verwalter der Gläubigerversammlung Rechnung zu legen, § 66 Abs. 1. Diese Schlussrechnung schließt an

---

[14] Begr. zu § 172 RegE (= § 153); *Pelka/Niemann* RdNr. 518; aus diesem Grund ist die Befürchtung von *Heni* S. 94 und *Pink* S. 79, dass die Vermögensübersicht eine bloße Fortschreibung oder gar Abschrift der Verzeichnisse nach §§ 151, 152 darstellte, nicht berechtigt.
[15] *Pelka/Niemann* RdNr. 448.
[16] *Pink* S. 88.
[17] *Pink* S. 81.
[18] Entsprechung im früheren Recht am ehesten § 79 Nr. 4 VglO.
[19] Begr. zu § 273 RegE (= § 229).
[20] *Pink* S. 83.
[21] Vgl. Begr. § 76 RegE (= § 66).
[22] *Pelka/Niemann* RdNr. 502.
[23] *Kilger/K. Schmidt* § 124 Anm. 3; *Uhlenbruck* § 66 RdNr. 20.
[24] *Pelka/Niemann* RdNr. 68.
[25] Vgl. *Pink* S. 64.

die Vermögensübersicht (§ 153) an und gibt Aufschluss über die Verwaltungs- und Verwertungstätigkeit des Verwalters.[26] Sie muss den Verbleib der zur Masse gehörenden Gegenstände aufzeigen und – im Liquidationsfall[27] – die Abwicklung des Unternehmens darstellen. Aus diesem Grund setzt sich die Schlussrechnung aus einem Schlussbericht, einer Insolvenzschlussbilanz[28] und einer Ergebnisrechnung zusammen.[29] Das Schlussverzeichnis (vgl. § 197 Abs. 1 Satz 2 Nr. 2) ist dagegen ein Verteilungsverzeichnis nach § 188, das für Schluss- und Nachtragsverteilungen die zu berücksichtigenden Gläubiger festlegt. Es ist nicht Teil der Schlussrechnung des Verwalters,[30] auch wenn der Verwalter in der Regel beides miteinander vorlegen wird. Das zeigt sich auch daran, dass in § 197 Abs. 1 Satz 2 Nr. 1 und 2 zwischen Schlussrechnung und Schlussverzeichnis unterschieden wird.

IV. Handelsrechtliche Rechnungslegungspflichten (§§ 238 ff. HGB)

Die nachfolgend skizzierten handelsrechtlichen Rechnungslegungspflichten setzen voraus, dass der Insolvenzschuldner Kaufmann i. S. v. § 1 HGB ist. Aus § 155 Abs. 1 Satz 1 ist zu ersehen, dass die Eröffnung des Insolvenzverfahrens als solche die Kaufmannseigenschaft nicht entfallen lässt.[31] Zu Auswirkungen der Betriebseinstellung auf Kaufmannseigenschaft und Buchführungspflichten vgl. aber § 155 RdNr. 9 ff.

18   1. **Inventar (§ 240 HGB).** Inventar ist das genaue Verzeichnis aller Vermögensgegenstände und Schulden unter Angabe von Art, Menge und Wert.

19   2. **Jahresabschluss (§ 242 HGB).** Der Jahresabschluss setzt sich aus einer **Bilanz,** die Aktiva und Passiva zum Geschäftsjahresende ausweist (§ 242 Abs. 1 Satz 1 HGB), und einer **Gewinn- und Verlustrechnung** zusammen, in der die Aufwendungen und Erträge einander gegenübergestellt werden (§ 242 Abs. 2 HGB).

20   3. **Anhang und Lagebericht (§ 264 Abs. 1 HGB).** Bei Kapitalgesellschaften ist der Jahresabschluss (Bilanz und GuV) um einen Anhang zu erweitern und ein Lagebericht aufzustellen. Der Lagebericht ist bei kleinen Kapitalgesellschaften i. S. v. § 267 Abs. 1 HGB entbehrlich (§ 264 Abs. 1 Satz 2 HGB).

21   4. **Prüfung und Offenlegung (§§ 316 ff., 325 ff. HGB).** Die Vorschriften über Prüfung und Offenlegung bei Kapitalgesellschaften gelten auch während des Insolvenzverfahrens (arg. § 155 Abs. 2 Satz 2 und Abs. 3).[32]

V. Steuerrechtliche Buchführungspflichten (§§ 140 ff. AO)

22   Durch § 140 AO werden die handelsrechtlichen Buchführungspflichten in das Steuerrecht inkorporiert, wenn sie für die Besteuerung von Bedeutung sind. Dies hat zur Folge, dass im Fall der Missachtung auch steuerrechtliche Sanktionen drohen, weil *steuerrechtliche* Pflichten verletzt wurden. Die Gewinnermittlung bei Gewerbetreibenden durch Betriebsvermögensvergleich ist nach den handelsrechtlichen Grundsätzen ordnungsgemäßer Buchführung vorzunehmen (§ 5 Abs. 1 Satz 1 EStG). Die originär steuerrechtliche Buchführungspflicht nach § 141 AO ist gegenüber § 140 AO subsidiär. Bei Veräußerung oder Aufgabe eines Gewerbebetriebes ist nach § 16 Abs. 2 Satz 2 EStG der Wert des Betriebsvermögens durch eine „Aufgabebilanz" zu ermitteln, auch wenn zuvor der Gewinn zulässigerweise durch eine Einnahmen-/Ausgabenrechnung (§ 4 Abs. 3 EStG) ermittelt wurde.

---

[26] *Pelka/Niemann* RdNr. 92.
[27] Im Fall der Unternehmensfortführung erfolgt die Darstellung der Geschäftstätigkeit in der handelsrechtlichen Rechnungslegung.
[28] Im Einzelnen streitig, vgl. *Berger/Bräger/Braun* 1287; *Pink* ZIP 1997, 177, 179; § 66 RdNr. 11.
[29] *Kilger/K. Schmidt* § 86 Anm. 1 a); *Pelka/Niemann* RdNr. 504.
[30] AA *Pelka/Niemann* RdNr. 504.
[31] Vgl. auch BFH BStBl. II 1988, 825, 826; MünchKommHGB-*K. Schmidt* § 1 RdNr. 6; aA noch zur Kaufmannseigenschaft RG JW 1902, 186.
[32] *Klasmeyer/Elsner* RdNr. 180.

VI. Die Vorläufigkeit der zum Berichtstermin zu erstellenden insolvenzrechtlichen Verzeichnisse

1. Vorläufigkeit und Unvollständigkeit bei kurzfristiger Erstellung. Nach § 154 sind die Verzeichnisse eine Woche vor dem Berichtstermin vorzulegen. Gem. § 29 Abs. 1 Nr. 1 bleiben dem Verwalter damit in der Regel nur wenige Wochen, maximal nicht einmal drei Monate, um die von den §§ 151 bis 153 geforderten Verzeichnisse zu erstellen. Eine verbindliche und ordnungsgemäße „Konkurs"-Eröffnungsbilanz in wenigen Wochen zu erstellen, erschien jedenfalls bei mittleren und größeren schuldnerischen Unternehmen bisher nicht möglich. Hierzu war es in aller Regel notwendig, die Buchhaltung der Gemeinschuldnerin der letzten Monate aufzuarbeiten, was alleine schon viele Wochen, wenn nicht Monate in Anspruch nahm. Die innerhalb der Frist des § 29 Abs. 1 Nr. 1 zu erstellenden Verzeichnisse können deshalb in umfangreichen Verfahren mit größeren Ermittlungsschwierigkeiten, insbesondere wenn keine geordnete und zeitnahe Buchhaltung des insolvenzschuldnerischen Unternehmens vorliegt, zunächst nur als „vorläufige" Verzeichnisse verstanden werden.[33] In aller Regel ist eben nicht innerhalb der kurzen Frist des § 154 zu ermitteln, welche Forderungen der Schuldner am Stichtag der Verfahrenseröffnung hatte und welchen Verbindlichkeiten er ausgesetzt war. Häufig müssen vor Verfahrenseröffnung erfolgte Lieferungen und Leistungen erst noch fakturiert werden. In welchem Umfang Gläubiger Ansprüche aus verlängertem Eigentumsvorbehalt geltend machen können, lässt sich kurzfristig nicht vorhersehen. Erst dann ist die exakte Angabe von Absonderungsrechten, wie sie § 152 Abs. 2 verlangt, möglich. Ein einigermaßen vollständiges Verzeichnis aller Insolvenzgläubiger mit Schuldgrund und Forderungshöhe lässt sich auch unter der Geltung der InsO frühestens dann aufstellen, wenn die Forderungsanmeldungen der Gläubiger beim Insolvenzverwalter eingegangen und mit der nachgebuchten Kreditorenliste des Schuldners abgestimmt worden sind.[34] In größeren Verfahren mit vielfältigen Ermittlungs- und Bewertungsschwierigkeiten sind die bis zum Berichtstermin zu erstellenden Verzeichnisse in besonderem Maße auf bloße Schätzungen angewiesen. Die Verzeichnisse weisen notwendig einen nur vorläufigen und unvollständigen Charakter auf.[35]

2. Notwendigkeit einer nachträglichen Vervollständigung. Die zunächst nur vorläufigen Verzeichnisse sind auf den Zeitpunkt der Verfahrenseröffnung zu vervollständigen. Die Vervollständigung ist in angemessenem Zeitraum nach dem Prüfungstermin vorzunehmen. Denn erst dann kann der Verwalter auf Grund der Forderungsanmeldungen ein einigermaßen vollständiges Gläubigerverzeichnis (§ 152) erstellen. Dem kann nicht entgegengehalten werden, dass es durchaus möglich sei, Erkenntnisse über Bestehen oder Wert von Aktiva und Passiva, die der Verwalter nach dem Berichtstermin erlangt, in einer Fortschreibung der Vermögensübersicht zu berücksichtigen.[36] Ebenso wenig verfängt ein Hinweis auf den Wortlaut des § 152, der nur die Einbeziehung der bis zum Berichtstermin bekannt gewordenen Forderungen verlangt. Denn dann würde der Auftrag des § 153, „auf den Zeitpunkt der Eröffnung des Insolvenzverfahrens" eine Bilanz zu erstellen nicht wirklich erfüllt. Auch wäre andernfalls die Angabe von Grund und Betrag der Forderungen, wie sie § 152 vorsieht, in den meisten Fällen eine Illusion. Aus diesem Grund hat der Verwalter in den bezeichneten schwierigen Fällen eine vollständige Bilanz noch nach dem Berichtstermin zu erstellen.[37] Nur dann ist auch die Abwicklungs- und Verwertungstätigkeit des Verwalters plausibel nachzuvollziehen. Eine Zwischenbilanz, die Vermögensgegenstände enthält, die in der Eröffnungsübersicht noch fehlten, lässt nämlich offen, ob diese vor oder nach Verfahrenseröffnung hinzugekommen sind. Es ist daher festzuhalten, dass in größeren

---

[33] Vgl. auch *Fischer-Böhnlein/Körner* BB 2001, 191, 193.
[34] *Kilger/K. Schmidt* § 124 Anm. 2 b) aE.
[35] Siehe *Pink* S. 80, vgl. zum ganzen auch *Plate* S. 175 ff.
[36] In diese Richtung *Plate* S. 175.
[37] *Pink* S. 80 ist sogar der Auffassung, dass die eigentliche Bewertung erst in der Vermögensübersicht (§ 153) zu erfolgen habe und die Vermögensübersicht unabhängig von den Fristen des § 154 zu erstellen sei.

und schwierigeren Verfahren der Verwalter zunächst mit „vorläufigen" Verzeichnissen arbeiten muss, die nach dem Prüfungstermin auf den Stichtag der Verfahrenseröffnung ergänzt und korrigiert werden müssen.

25   **3. Zweck der vorläufigen und endgültigen Rechnungslegung.** Die genannte Differenzierung lässt sich auch durchaus mit der gesetzlichen Zwecksetzung der insolvenzrechtlichen Rechnungslegung vereinbaren. Die „vorläufigen" Verzeichnisse dienen als Datenmaterial für den Bericht nach § 156 Abs. 1 Satz 2, der die Gläubigerversammlung in Stand setzen soll, das vorläufige Verfahrensziel zu bestimmen. Für die Beurteilung der Frage, ob das Unternehmen fortgeführt werden soll, spielt zB der Grund der Forderung keine Rolle. Es genügt vielmehr eine fundierte Schätzung der Verbindlichkeiten. Für die grundsätzliche und entscheidende Frage, ob das insolvente Unternehmen auf dem Markt überhaupt noch Chancen hat, bedarf es noch keiner detaillierten Bewertung.[38] Die „endgültigen" Verzeichnisse dienen sodann der vollständigen Dokumentation der Abwicklungstätigkeit des Verwalters. Für die Entscheidung über eine Unternehmensfortführung in Form der übertragenden Sanierung oder gar der echten Reorganisation ist darüber hinaus eine rechnerische Erfassung der zu erwartenden Erträge und Aufwendungen erforderlich (vgl. § 151 RdNr. 12).

VII. Verhältnis von interner und externer Rechnungslegung

26   **1. Autonomie der insolvenzrechtlichen Rechnungslegung.** Nach verbreiteter Ansicht kann der Insolvenzverwalter (seine) insolvenzrechtlichen Verpflichtungen nur dadurch erfüllen, dass er auch die handelsrechtlichen Verpflichtungen des Insolvenzschuldners erfüllt.[39] Dabei handelt es sich um die mittelbare Begründung handelsrechtlicher Rechnungslegungspflichten, die durch die Klarstellung in § 155 hinfällig geworden ist. Die Verpflichtung zu handelsrechtlicher Buchführung ergibt sich unmittelbar aus §§ 238 ff. HGB.

27   Darüber hinaus wird angeführt, dass die zur Insolvenzmasse gehörenden Steuererstattungsansprüche und Steuerschulden nur dann zutreffend in der insolvenzrechtlichen Rechnungslegung erfasst werden können, wenn der entsprechende (negative) Gewinn entsprechend den handelsrechtlichen Grundsätzen ordnungsgemäßer Buchführung ermittelt wird (§ 5 Abs. 1 EStG).[40] Diese Argumentation ist jedoch zirkulär, soweit mit ihr bewiesen werden soll, dass die insolvenzrechtliche Rechnungslegung zwingend eine doppelte Buchführung und jährliche Bilanzierung verlangt. Selbst wenn man also der Auffassung ist, dass die ordnungsgemäße Erfassung steuerrechtlicher Ansprüche in der Insolvenzrechnungslegung nur dann möglich ist, wenn der steuerliche Gewinn nach den handels- und steuerrechtlichen Vorschriften korrekt ermittelt ist, so kann das nur die Erfüllung der jeweils *tatsächlich bestehenden* handels- und steuerrechtlichen Rechnungslegungspflichten bedeuten. Bedarf es zur steuerlichen Gewinnermittlung nicht mehr der doppelten Buchführung, etwa weil der Gewerbebetrieb aufgegeben (= eingestellt) wurde und damit kein „Gewerbetreibender" i. S. v. § 5 Abs. 1 EStG mehr vorliegt oder weil bei Kapitalgesellschaften an die Stelle der Jahresabschnittsbesteuerung die Liquidationsbesteuerung nach § 11 Abs. 7 KStG getreten ist, so sind die steuerlichen Ansprüche ohne jährliche Bilanzierung zu ermitteln. Das genügt dann verständlicherweise auch für die Insolvenzrechnungslegung. Im Übrigen ist noch darauf hinzuweisen, dass in kleinen und mittleren Verfahren der Fiskus in der Praxis bisher stets bereit war, bei den Ertragssteuern (Einkommen- und Körperschaftsteuer) für Zeiträume nach Konkurseröffnung eine „Null-Schätzung" zu akzeptieren, da in aller Regel erhebliche Verlustvorträge vorlagen und keine Überschüsse aus der Verwaltung erwartet werden konnten.[41]

---

[38] So auch *Pink* S. 80.
[39] Zur KO: BFH ZIP 1994, 1969, 1972; *Pelka/Niemann* RdNr. 12 und 26; *Kuhn/Uhlenbruck* § 6 RdNr. 46 d.
[40] *Klasmeyer/Kübler*, 373.
[41] Bei natürlichen Personen oder für den Fall einer Unternehmensfortführung muss der Verwalter nach Ansicht des BGH allerdings darauf achten, dass während des Verfahrens entstandene Verluste ordnungsgemäß festgestellt und damit vorgetragen werden können, § 10 d EStG. Vgl. auch BGHZ 74, 316, 319 = NJW 1979, 2212, 2213 = ZIP 1980, 25 mit ablehnender Anmerkung *Kilger;* vgl. §§ 60, 61 RdNr. 22.

Das Gesetz lehnt eine derartige Abhängigkeit der insolvenzrechtlichen von der handels- und steuerrechtlicher Rechnungslegung ab. Denn gem. § 155 Abs. 2 Satz 2 erfolgt die Aufstellung der Vermögensübersicht nach § 153 vor der Aufstellung der handelsrechtlichen Schlussbilanz für das Rumpfgeschäftsjahr, sie genießt also Vorrang.[42] Es ist damit schon logisch ausgeschlossen, dass die insolvenzrechtliche Rechnungslegung die Erfüllung der handelsrechtlichen Rechnungslegung voraussetzt. 28

2. Überleitungsrechnung zwischen Schlussbilanz und Vermögensübersicht. 29
Veit[43] hat vorgeschlagen, die Schlussbilanz mit der Konkurseröffnungsbilanz (nunmehr Vermögensübersicht) durch eine Überleitungsrechnung, d. h. eine Bewegungsrechnung in Form der Gegenüberstellung von Ertrag und Aufwand zu verbinden, die durch die veränderten Ansätze und Bewertungen entsteht. Die von *Pink*[44] darin gesehene Möglichkeit, Divergenzen zwischen insolvenz- und handelsrechtlicher Inventur aufzuzeigen, besteht allerdings nicht. Denn wenn schon für das Verzeichnis der Vermögensgegenstände nach § 151 eine vollständige körperliche Bestandsaufnahme ohne Vereinfachungsmaßnahmen erfolgte, so wird diese Inventur auch dem handelsrechtlichen Inventar zugrundegelegt werden. In keinem Fall ist die Überleitungsrechnung zwingend.[45]

3. Harmonisierung von handels- und insolvenzrechtlicher Rechnungslegung.[46] 30
Selbst Autoren, die vehement den Unterschied von insolvenzrechtlicher und handelsrechtlicher Rechnungslegung schon für die Konkursordnung herausgestellt haben, betonen, dass diese Unterscheidung nicht notwendig zu zwei getrennten Rechnungswerken führen muss.[47] Die Harmonisierungsfrage stellt sich an drei Stellen: (1.) Rechnungslegungswerke zu Beginn des Verfahrens (Koordination von handelsrechtlicher Schlussbilanz und insolvenzrechtlicher Vermögensübersicht). (2.) Rechnungslegung während des Verfahrens. (3.) Rechnungslegung zum Abschluss des Verfahrens.

Echter Koordinationsbedarf besteht nur im ersten Fall (vgl. dazu § 153 RdNr. 7 f.). Wenn nämlich während des Verfahrens – im Fall der Unternehmensfortführung (vgl. § 155 RdNr. 9 ff.) – eine doppelte Buchführung und jährliche Abschlüsse und zum Abschluss des Verfahrens eine handelsrechtliche Schlussbilanz gemacht werden, ist daneben weder eine insolvenzrechtliche pagatorische Erfassung der Verwertung noch eine insolvenzrechtliche Schlussbilanz erforderlich.[48] Sind handelsrechtlich weder Anhang noch Lagebericht erforderlich, so stellt sich die Harmonisierungsfrage mit insolvenzrechtlichen Berichten (vgl. zB § 79 Satz 1) natürlich ebenfalls nicht. Die Vorlage handelsrechtlicher, aktualisierter Bilanzen ohne entsprechende Erläuterungen genügt nicht der umfassenden Berichtspflicht des Verwalters gegenüber den Gläubigern. 31

§ 151 Verzeichnis der Massegegenstände

(1) ¹**Der Insolvenzverwalter hat ein Verzeichnis der einzelnen Gegenstände der Insolvenzmasse aufzustellen.** ²**Der Schuldner ist hinzuzuziehen, wenn dies ohne eine nachteilige Verzögerung möglich ist.**

(2) ¹**Bei jedem Gegenstand ist dessen Wert anzugeben.** ²**Hängt der Wert davon ab, ob das Unternehmen fortgeführt oder stillgelegt wird, sind beide Werte anzugeben.** ³**Besonders schwierige Bewertungen können einem Sachverständigen übertragen werden.**

---

[42] Begr. zu § 174 RegE (= § 155).
[43] *Veit* S. 163 ff.
[44] *Pink* S. 250 f.
[45] So auch *Pink* S. 250.
[46] Vgl. dazu ausführlich *Pink* S. 223 ff.; ders. ZIP 1997, 177 ff.; *König* S. 1008 ff.
[47] Vgl. zB *K. Schmidt* S. 95.
[48] *Pelka/Niemann* RdNr. 87 f.

§ 151   1, 2   4. Teil. 1. Abschnitt. Sicherung der Insolvenzmasse

(3) ¹ Auf Antrag des Verwalters kann das Insolvenzgericht gestatten, daß die Aufstellung des Verzeichnisses unterbleibt; der Antrag ist zu begründen. ² Ist ein Gläubigerausschuß bestellt, so kann der Verwalter den Antrag nur mit Zustimmung des Gläubigerausschusses stellen.

Schrifttum: vgl. vor §§ 151 ff.

Übersicht

	RdNr.		RdNr.
I. Überblick	1	α) Vorläufige Bewertung zum Berichtstermin	12
II. Inventur	2	β) Endgültige Bewertung	13
1. Die Notwendigkeit körperlicher Bestandserfassung	2	2. Berücksichtigung von Umsatzsteuer	14
2. Inventurvereinfachungsmaßnahmen	3	3. Besonders schwierige Bewertungen (§ 151 Abs. 2 Satz 3)	15
3. Frist für die Vornahme der Inventur	4	V. Die einzelnen Positionen	16
4. Hinzuziehung des Insolvenzschuldners	5	1. Anlagevermögen	16
III. Inhalt des Verzeichnisses der Massegegenstände	6	a) Immaterielle Vermögensgegenstände	16
1. Anzusetzende Massegegenstände	6	b) Sachanlagen	19
2. Gliederung des Verzeichnisses der Massegegenstände	8	aa) Grundstücke und grundstücksgleiche Rechte	19
IV. Bewertung der einzelnen Massegegenstände (§ 151 Abs. 2)	9	bb) Technische Anlagen und Maschinen, Betriebs- und Geschäftsausstattung	22
1. Liquidations- und Fortführungswerte	9	cc) Finanzanlagen	23
a) Liquidationswerte	9	2. Umlaufvermögen	25
b) Fortführungswerte	10	a) Vorräte	25
aa) Die Pflicht zur Angabe von Fortführungswerten	10	b) Forderungen aus Lieferungen und Leistungen	28
bb) Die Ermittlung von Fortführungswerten	11	c) Sonstige Vermögensgegenstände	29

I. Überblick

1   Das Verzeichnis der Vermögensgegenstände nach § 151 entspricht der Aufzeichnung der Massegegenstände (§ 123 KO), das als Aktivseite des nach § 124 KO zu erstellenden Inventars verstanden wurde.[1] Es stellt die Dokumentation der körperlichen Bestandserfassung der Massegegenstände und deren Bewertung dar. Die Erfassung der einzelnen Massegegenstände dient neben der Inbesitznahme (§ 148) der Sicherung der Masse am Beginn des Insolvenzverfahrens. Das Verzeichnis der Massegegenstände ist zusammen mit dem Gläubigerverzeichnis (§ 152) Grundlage für die Vermögensübersicht (§ 153).[2] Im Gegensatz zum Verzeichnis der Massegegenstände enthält die Vermögensübersicht keine Mengenangaben und fasst die einzelnen Vermögensgegenstände zu einer „geordneten Übersicht" zusammen. Auf Vorschlag des Bundesrates wurde die Hinzuziehung einer obrigkeitlichen oder einer Urkundsperson (§ 123 Abs. 1 Satz 3 KO), die in der Praxis ohnehin immer gem. § 123 Abs. 2 KO erlassen wurde,[3] nicht übernommen.[4] Zur Geltung im Eröffnungsverfahren vgl. § 22 RdNr. 42 f.

II. Inventur

2   **1. Die Notwendigkeit körperlicher Bestandserfassung.** Der Gesetzgeber hat durch den Nichtgebrauch des Wortes „Inventar" (vgl. dagegen noch § 124 KO) nicht auf die Inventarisierung verzichten wollen. Der Sache nach stellen die Verzeichnisse nach den

---

[1] Vgl. vor § 151 RdNr. 12.
[2] Begr. § 170 RegE (= § 151).
[3] Vgl. auch *Kilger/K. Schmidt* § 123 Anm. 2.
[4] Ausschußbericht zu § 170 RegE (= § 151).

994   Füchsl/Weishäupl

Verzeichnis der Massegegenstände 3–6 § 151

§§ 151 f. nichts anderes als ein Inventar dar. Es ist auch weiterhin eine Inventur, d. h. eine körperliche Bestandserfassung (vgl. §§ 240 f. HGB) erforderlich. Dies ist zum einen für die Sicherung der Insolvenzmasse unerlässlich und zum anderen notwendig, um sich einen gesicherten Überblick über die Aktiva des Insolvenzschuldners zu verschaffen.

2. Inventurvereinfachungsmaßnahmen. Die Insolvenzordnung enthält keine Vor- 3 schriften über die Vornahme der körperlichen Bestandserfassung. Die Inventurvereinfachungsmaßnahmen des § 241 HGB (Abs. 1: Stichprobenverfahren, Abs. 2: permanente Inventur und Abs. 3: vor- bzw. nachverlagerte Stichtagsinventur) sind auch im Insolvenzverfahren nicht schlechthin ausgeschlossen.[5] Allerdings setzen die Vereinfachungsverfahren nach § 241 Abs. 2 und 3 HGB voraus, dass die Buchhaltung des Insolvenzschuldners korrekt und zeitnah ist.

3. Frist für die Vornahme der Inventur. Die InsO schreibt – wie die Konkurs- 4 ordnung – keine Frist für die Inventarisierung der Masse vor. Nur § 154 steckt einen Zeitraum ab, der aber annähernd drei Monate seit Verfahrenseröffnung betragen kann, weil dies der spätestmögliche Zeitpunkt für den Berichtstermin ist (§ 29 Abs. 1 Nr. 1). Diese mögliche Dreimonatsfrist wird in Bezug auf die Inventur[6] als zu lang empfunden.[7] Ähnlich wie in § 148 (Inbesitznahme) ist der Insolvenzverwalter verpflichtet, die Masse unverzüglich (in der Regel innerhalb eines Monats) körperlich zu erfassen. Für Anfertigung und Vorlage der entsprechenden Verzeichnisse gilt dann aber die Vorschrift des § 154.

4. Hinzuziehung des Insolvenzschuldners. Gem. § 151 Abs. 1 Satz 2 ist der Schuld- 5 ner hinzuziehen,[8] wenn dies ohne nachteilige Verzögerung (§ 123 KO: „ohne Aufschub") möglich ist. Hinzuziehung bedeutet nicht ständige Anwesenheit. Die Hinzuziehung soll sowohl dem Interesse des Schuldners als auch dem der Masse dienen.[9] Bei Verhinderung des Insolvenzschuldners liegt es im Ermessen des Verwalters, ob er den Aufzeichnungstermin verlegt.[10] In der Praxis spielt die Vorschrift keine Rolle. Gem. § 97 Abs. 1 ist der Schulder **auskunftspflichtig** und nach § 98 (also vor der Abgabe der eidesstattlichen Versicherung nach § 153 Abs. 2) kann der Verwalter eine eidesstattliche Versicherung über die Richtigkeit und Vollständigkeit des Verzeichnisses der Massegegenstände erzwingen.

III. Inhalt des Verzeichnisses der Massegegenstände

1. Anzusetzende Massegegenstände. Sämtliche Gegenstände der Insolvenzmasse 6 (§§ 35, 36) sind **einzeln** aufzunehmen. Bei gleichartiger Masse genügt die Angabe von Art und Stückzahl, zB bei der Inventarisierung eines Warenlagers.[11] **Absonderungsrechte** beeinträchtigen die Zugehörigkeit zur Insolvenzmasse nicht (arg. § 50 Abs. 1). Dies entspricht der Zwecksetzung, einen möglichst vollständigen Überblick über die Vermögenssituation zu gewinnen. Außerdem ist oft zu Beginn des Verfahrens unklar, ob überhaupt ein Absonderungsrecht besteht. Die Besitzlage ist für die Aufnahme nicht entscheidend.[12] Denn diese beeinflusst nicht die dingliche Zuordnung zur Insolvenzmasse. Gegenstände, an denen **Aussonderungsrechte** bestehen, sind an sich nicht aufzunehmen, da sie nicht zur Insolvenzmasse gehören.[13] Allerdings sind Gegenstände, die der Schuldner unter Eigentumsvorbehalt erworben und bei denen der Verwalter die Erfüllung noch nicht abgelehnt hat (§ 107 Abs. 2), in das Vermögensverzeichnis aufzunehmen, denn hier steht noch nicht fest, ob ein Aussonderungs-

---

[5] *Uhlenbruck* § 151 RdNr. 4; aA *Pink* S. 57.
[6] Anders für die Anfertigung der Vermögensübersicht, vgl. *Pink* S. 80 und vor §§ 151 ff. RdNr. 23 ff.
[7] *Pink* S. 79; vgl. aber auch (zur KO) *Kuhn/Uhlenbruck* § 124 RdNr. 1 a zur Vorlage des Inventars.
[8] Zur Aufstellung des Verzeichnisses gehört auch die körperliche Bestandsaufnahme.
[9] *Hahn*, Materialien 311.
[10] *Kilger/K. Schmidt* § 123 Anm. 1; *Uhlenbruck* § 151 RdNr. 9.
[11] *Möhlmann* DStR 1999, 163.
[12] *Kilger/K. Schmidt* § 123 Anm. 1.
[13] So die Begr. zu § 171 RegE (= § 152); *Pelka/Niemann* RdNr. 524; aA für §§ 123 f. KO *Förschle/Grimm* in: *Budde/Förschle* L. RdNr. 41; *Kilger/K. Schmidt* § 124 Anm. 2 c); *Uhlenbruck/Delhaes* HRP RdNr. 627; *Veit* S. 78 f.

§ 151 7, 8   4. Teil. 1. Abschnitt. Sicherung der Insolvenzmasse

recht entsteht.[14] Die Gegenstände, die unter Eigentumsvorbehalt erworben wurden, sind ebenfalls mit ihrem Einzelveräußerungspreis zu aktivieren, die Restkaufpreisforderung ist zu passivieren. Im Übrigen kann es sinnvoll sein, insbesondere wenn das Aussonderungsrecht nicht mit Sicherheit feststeht, das Verzeichnis um Aussonderungsgegenstände zu erweitern.[15] Auch insoweit können die Gläubiger an einer Information interessiert sein.

7   **Insolvenzspezifische Rechte,** nämlich Ansprüche aus Insolvenzanfechtung nach §§ 129 ff., Schadenersatzansprüche nach § 64 GmbHG, kapitalersetzende Darlehen gem. §§ 32 a, b GmbHG, Ansprüche aus konzernrechtlicher Verlustausgleichspflicht nach § 302 AktG sind in das Verzeichnis der Massegegenstände aufzunehmen.[16] Die **handels- und steuerrechtlichen Ansatzverbote** (insbesondere selbstgeschaffene immaterielle Vermögensgegenstände des Anlagevermögens, § 248 HGB) sind **nicht zu beachten,**[17] weil die Vollständigkeit der Übersicht über das tatsächlich vorhandene Vermögen im Vordergrund steht. Der zu bewertende Erlös bei einer Zerschlagung ist darzustellen.

8   **2. Gliederung des Verzeichnisses der Massegegenstände.** Anders als für das Gläubigerverzeichnis (Passivseite) enthält das Gesetz keine Vorschriften über die Gliederung des Verzeichnisses der Massegegenstände. Zwingend vorgeschrieben ist lediglich die Angabe von Liquidations- und Fortführungswerten. Aus Vereinfachungsgründen ist bereits beim Verzeichnis der Massegegenstände die Gliederung der Aktivseite der Vermögensübersicht (mit Ausnahme der Angabe der Überschuldung) heranzuziehen.[18] Möglich ist bei der vertikalen Gliederung zum einen die Orientierung an § 266 HGB (vgl. dazu das unten aufgeführte Beispiel) zum anderen die Auflistung nach dem Grad der Liquidierbarkeit.[19] Die Darstellung liegt im Ermessen des Verwalters. Bei der Entscheidung kann man sich von den Fortführungschancen des insolventen Unternehmens leiten lassen. Scheidet eine Unternehmensfortführung offenkundig aus, mag die an der Liquidierbarkeit angelehnte Auflistung vorzuziehen sein. Aus dem Inventarcharakter des Verzeichnisses der Massegegenstände folgt, dass zusätzlich auch Mengenangaben und Bemerkungen zu Art und Qualität enthalten sein sollten. Die horizontale Gliederung des Vorschlags von § 153 RdNr. 9 ff. ist insoweit zu ergänzen. Dagegen kann (muss aber nicht) auf die Angabe von Fremdrechten und freier Masse verzichtet werden. Es entfällt daher eine entsprechende Unterteilung sowohl der Vertikalgliederung als auch der Horizontalgliederung. Die Angabe der Überschuldung entfällt. Im Fall der sofortigen Zerschlagung, in dem nicht mehr zwischen Anlage- und Umlaufvermögen zu unterscheiden ist, könnte man folgende Gestaltung wählen:

Titel	Menge	Bemerkungen zu Art und Qualität (Bonität)*	Buchwert* €	Liquidationswert €	Fortführungswert €
1. Immaterielle Vermögensgegenstände					
2. Sachanlagen					
3. Vorräte					
4. Forderungen und sonstige Vermögensgegenstände					
5. Flüssige Mittel					

* *Vom Gesetz für das Verzeichnis der Massegegenstände nicht zwingend vorgeschrieben.*

---

[14] Vgl. auch die Regelung in § 246 Abs. 1 Satz 2 HGB, konsequenterweise ist dann auch die Forderung des Vorbehaltsverkäufers im Gläubigerverzeichnis aufzuführen.
[15] *Möhlmann* DStR 1999, 163, 164.
[16] *Kilger/K. Schmidt* § 124 Anm. 2 c).
[17] *Pink* S. 142; *Plate* S. 125.
[18] *Veit* S. 89.
[19] Gliederungsbeispiel bei *Möhlmann* DStR 1999, 163, 166.

IV. Bewertung der einzelnen Massegegenstände (§ 151 Abs. 2)

1. Liquidations- und Fortführungswerte. a) Liquidationswerte. Jeder Gegenstand 9
der Insolvenzmasse ist zu bewerten (Einzelbewertung), § 151 Abs. 2 Satz 1. „Wert" i. S. v.
§ 151 Abs. 2 Satz 1 ist der Liquidationswert,[20] d. h. der voraussichtliche Verwertungserlös.
Dabei ist im Regelfall von der Einzelveräußerung auszugehen.[21] Anders ist es nur, wenn
konkrete Anhaltspunkte über Verkaufsmöglichkeiten zusammenhängender Aktiva oder Teilbetriebe vorliegen.[22] Zu berücksichtigen sind sowohl objektorientierte Einflussfaktoren wie
Art und Zustand als auch die Marktsituation und, anders als beim Fortführungswert, die
negative Auswirkung eines durch das Insolvenzverfahren entstehenden Verwertungszwangs.[23] Der Liquidationswert stellt damit die mit hinreichender Sicherheit erzielbare
Wertuntergrenze dar.[24]

b) Fortführungswerte. aa) Die Pflicht zur Angabe von Fortführungswerten. An- 10
ders als nach bisherigem Recht[25] ist neben dem Liquidationswert der **Fortführungswert**
(Bewertung unter going concern – Gesichtspunkten) anzugeben, wenn beide Werte voneinander abweichen, § 151 Abs. 2 Satz 2. Die Angabe von Fortführungswerten ist nach
dem Wortlaut zwingend. Andererseits ist die Bewertung unter einer Fortführungsprämisse
nicht sinnvoll möglich, wenn eine Unternehmensfortführung ausgeschlossen ist. Auch der
Gesetzgeber ging davon aus, dass die Angabe nur dann erfolgen kann, „soweit die Möglichkeit der Fortführung des Unternehmens besteht".[26] Andererseits soll der Insolvenzverwalter
die Entscheidung der Gläubiger über den Fortgang des Verfahrens nicht vorwegnehmen,
sodass es nicht in seinem Ermessen liegen kann, ob er der Bewertung die Fortführung des
Unternehmens zugrundelegt.[27] Hierbei geht es aber nicht um eine Ermessensentscheidung,
sondern um ein Erkenntnisproblem. Ist der Verwalter auf Grund der ihm vorliegenden
Daten überzeugt, dass eine **Unternehmensfortführung ausscheidet**, so hat eine Bewertung unter der Fortführungsprämisse zu unterbleiben. Andernfalls müsste der Verwalter
auch mit mehr oder weniger willkürlichen Schätzungen operieren, denn woran soll etwa
die Bewertung des Geschäftswertes festgemacht werden, wenn weder ein konkretes Übernahmeangebot vorliegt noch überhaupt absehbar ist, ob das Unternehmen fortgeführt
wird?[28]

bb) Die Ermittlung von Fortführungswerten. Unklar erscheint, was mit Fortfüh- 11
rungswerten gemeint ist und wie sie ermittelt werden können. Die Beibehaltung der
bisherigen Buchwerte, wie sie das Handelsrecht unter Zugrundelegung der Unternehmensfortführung in § 252 Abs. 1 Nr. 2 HGB vorsieht, hat der Gesetzgeber nicht gemeint und
macht neben der nach § 155 Abs. 1 Satz weiter laufenden Rechnungslegung keinen Sinn.[29]
Die Ermittlung des Ertragswerts[30] des Unternehmens mittels eines theoretisch fundierten
Bewertungsverfahrens in einem Bewertungsgutachten ist innerhalb der kurzen Zeit kaum

---

[20] Die Begr. zu § 170 RegE (= § 151) spricht vom „tatsächlichen Wert" und vom „Einzelveräußerungspreis". Folgende Begriffe werden ebenfalls gebraucht, vgl. dazu (kritisch) *Plate* S. 84: „Versilberungswert", „Realisationswert", „Zwangsverwertungswert", „Zerschlagungswert", „Zeitwert", „Verschleuderungswert", „Versteigerungswert".
[21] *Pelka/Niemann* RdNr. 473.
[22] *Möhlmann* DStR 1999, 163, 164.
[23] Vgl. ausführlich *Plate* S. 89 ff.
[24] *Möhlmann* DStR 1999, 163, 165.
[25] Vgl. zB *Kilger/K. Schmidt* § 124 Anm. 2 d).
[26] Begr. zu § 170 RegE (= § 151).
[27] Begr. zu § 170 RegE (= § 151). Nach *Uhlenbruck* § 151 RdNr. 8 kann hingegen generell auf die Angabe von Fortführungswerten verzichtet werden.
[28] Vgl. zu den Schwierigkeiten *Plate* S. 109 f.
[29] Begr. zu § 172 RegE (= § 153); *Heni* ZInsO 1999, 609, 610 aA *Pelka/Niemann* RdNr. 527: „bisherige Buchwerte unter Berücksichtigung der im Zusammenhang mit der Insolvenz auftretenden Kosten"; Ls 3. 3. 1 Abs. 3 Satz 2 des zweiten Berichts der Kommission für Insolvenzrecht, hrsg. vom Bundesministerium der Justiz 1986; *Nerlich/Römermann/Andres* § 151 RdNr. 15.
[30] *Pink* S. 82 sieht darin nur einen Anhaltspunkt für den „Marktwert" des Unternehmens.

§ 151 12, 13   4. Teil. 1. Abschnitt. Sicherung der Insolvenzmasse

denkbar.[31] Bis zum Berichtstermin ist eine Unternehmensbewertung auch nicht erforderlich, weil sie für die Entscheidung über die vorläufige Unternehmensfortführung nicht relevant ist. Dabei stellt sich zunächst die Frage, ob halbfertige Erzeugnisse noch fertig produziert werden sollen.[32] Über eine endgültige Fortführung, sei es durch übertragende Sanierung, sei es durch echte Reorganisation des Unternehmens, muss in diesem frühen Verfahrensstadium nicht entschieden werden. Es ist daher auch insoweit[33] zwischen vorläufiger und endgültiger Bewertung folgendermaßen zu unterscheiden.

12   α) **Vorläufige Bewertung zum Berichtstermin.** Auch wenn die Angabe von Fortführungswerten den Gläubigern nur unvollkommen aufzuzeigen vermag, ob wirtschaftliche Werte durch eine sofortige Zerschlagung vernichtet werden, ist die Vorschrift des § 151 Abs. 2 Satz 1 anzuwenden. Zunächst ist der Einzelveräußerungspreis bei sofortiger Zerschlagung anzugeben. Ergibt sich bei unterstellter vorläufiger Fortführung ein abweichender Einzelveräußerungspreis, sind beide Werte anzugeben. Eine Gesamtunternehmensbewertung wird vom Gesetz nicht verlangt. Diese wäre zum Berichtstermin in aller Regel gar nicht zu leisten und ist auch erst erforderlich, wenn über die endgültige Unternehmensfortführung zu entscheiden ist (vgl. § 229). Eine Gesamtbewertung zusammenhängender Aktiva oder Teilbetriebe ist nur durchzuführen bei Vorliegen eines konkreten Angebots (RdNr. 9).[34] Eine Vielzahl der Aktivposten ist „fortführungsneutral", weil und soweit sich die Unternehmensfortführung auf den Einzelveräußerungspreis nicht auswirkt. Gravierende Abweichungen sind insbesondere aber bei unfertigen Erzeugnissen denkbar. Werden sie nicht fertig produziert, sind sie lediglich mit dem Schrottwert anzusetzen. Eine Orientierung an den Wiederbeschaffungskosten in Anlehnung an die Teilwertbestimmung bei § 6 Abs. 1 Nr. 1 Satz 3 EStG[35] muss dagegen ausscheiden. Anders als beim Teilwert will das Gesetz keine Gesamtunternehmensbewertung. Wiederbeschaffungskosten lassen keinen Schluss auf einen bestimmten Erlös zu und scheiden ebenfalls aus.[36] Die Gläubiger müssen zusätzlich zur Angabe von Fortführungswerten darüber informiert werden, welche Aufwendungen und Erträge während der mutmaßlichen Fortführungsperiode zu erwarten sind. Diese Informationen können im Bericht des Verwalters nach § 156 enthalten sein. Dagegen lässt sich der vom Gesetzgeber verfolgte Informationszweck mit einer statischen Vermögensdarstellung kaum bewerkstelligen.[37]

13   β) **Endgültige Bewertung.** Für die endgültige Bewertung in der Vermögensübersicht und insbesondere im Insolvenzplan (§ 229) ist dagegen eine Unternehmensbewertung sinnvoll, wenn eine übertragende Sanierung in Betracht kommt. Dann stellt sich das Problem, wie der Unternehmenswert, der in einem Gesamtbewertungsverfahren unter Einschluss der mitzuübertragenden Aktiva ermittelt wurde, in der aktualisierten Vermögensübersicht darzustellen ist. U. E. sollte dieser Wert nicht auch auf die Einzelnen physisch greifbaren Aktiva verteilt werden, weil dies tatsächlich zu einem „theoretisch wie praktisch unlösbaren Problem"[38] führen würde. Bei den materiellen Vermögensgegenständen, die bei der Unternehmensbewertung berücksichtigt wurden, ist weiterhin der bereits in der vorläufigen Bewertung ermittelte Fortführungswert beizubehalten. Die Differenz der Summe dieser Einzelwerte zum ermittelten Unternehmenswert ist dann als Geschäftswert zu aktivieren.[39] Zusätzlich ist ein Ergebnis- und Finanzplan aufzustellen, § 229 Satz 2.

---

[31] Vgl. *Kübler/Hax*, Neuordnung des Insolvenzrechts, 24 f.: schwieriger Prozess; kritisch zur Anwendung von Ertragswertverfahren in der Insolvenz generell *Förster*, ZInsO 1999, 555, 556; vgl. zur Gegenansicht *Heni*, ZInsO 1999, 609, 612; *Möhlmann*, DStR 1999, 163, 165.
[32] Vgl. *Heni* ZInsO 1999, 609, 612.
[33] Vgl. allgemein zu diesem Problem vor § 151 RdNr. 23 ff.
[34] AA *Helbling* S. 151; *Möhlmann* DStR 1999, 163, 165; *Scherrer/Gabelsberger* DSWR 1997, 269; auch *Hess* § 151 RdNr. 21 misst den Wiederbeschaffungskosten Bedeutung zu.
[35] Vgl. *Hess* § 151 RdNr. 21; *Mitlehner* ZIP 2000, 1825, 1826.
[36] Vgl. *Heni* ZInsO 1999, 609, 610 f.
[37] *Heni* ZInsO 1999, 609, 611, der aus betriebswirtschaftlicher Sicht daher für eine Abschaffung von § 151 Abs. 2 Satz 1 plädiert; vgl. auch *Förster* ZInsO 1999, 555, 556.
[38] *Heni* WPg. 1990, 96; vgl. auch *Pink* S. 82.
[39] *Förster* ZInsO 1999, 555, 556.

2. Berücksichtigung von Umsatzsteuer. Die geschätzten Verkehrswerte sind mit **14** Umsatzsteuer anzusetzen, weil die Umsatzsteuer als Masseschuld i. S. v. § 55 Abs. 1 Nr. 2[40] im Gläubigerverzeichnis vermerkt wird, § 152 Abs. 3 Satz 2. Die bei einer Verwertung anfallende Umsatzsteuer ist nicht mehr an absonderungsberechtigte Gläubiger herauszugeben. Sie wird vielmehr zunächst zur Masse gezogen (§ 170) und dann an den Fiskus abgeführt.

3. Besonders schwierige Bewertungen (§ 151 Abs. 2 Satz 3). Die Möglichkeit, **15** „besonders schwierige Bewertungen" einem Sachverständigen zu übertragen, findet sich schon in § 123 KO. Vor allem bei der Fortführung des schuldnerischen Unternehmens im Rahmen eines **Insolvenzplanes** wird es ratsam sein, einen Steuerberater/Wirtschaftsprüfer mit einer Unternehmensbewertung zu beauftragen.

V. Die einzelnen Positionen

1. Anlagevermögen. a) Immaterielle Vermögensgegenstände, insbesondere Urhe- **16** berrechte, Patente, Warenzeichenrechte, Konzessionen, gewerbliche Schutzrechte, Lizenzen, Geschäfts- oder Firmenwert sind meistens nur realisierbar, wenn eine Fortführung des Unternehmens in Betracht kommt. Die genaue Bewertung dieser Rechte kann regelmäßig erst in der Vermögensübersicht erfolgen. Im Verzeichnis der Massegegenstände genügt eine vorsichtige Schätzung. Die handelsrechtlichen Bilanzierungsverbote gelten nicht (vgl. Rd-Nr. 7). In diesem Bereich jedoch bereitet die insolvenzrechtliche Bewertung mangels konkreter Anhaltspunkte in der Handelsbilanz besondere Schwierigkeiten.

Ein Einzelveräußerungswert kann nur angegeben werden, wenn sich der immaterielle **17** Vermögensgegenstand losgelöst vom bisherigen Betriebszusammenhang von einem Erwerber isoliert nutzen lässt (zB gewerbliche Schutzrechte, Urheberrechte etc.).[41] Andernfalls ist der Wert beim Geschäftswert zu berücksichtigen, sofern eine (Teil-)Betriebsveräußerung möglich erscheint.

Da es in vielen Fällen bei immateriellen Vermögensgegenständen an Vergleichsmaßstäben **18** fehlt, ist – sofern kein konkretes Angebot vorliegt – der Ertragswert pauschal zu ermitteln.[42] Wegen des normalerweise beschränkten Abnehmerkreises ist von diesem Wert noch ein größerer Abschlag vorzunehmen.[43] In der Regel sind wegen der typischerweise schlechten Ertragslage des Unternehmens gerade die immateriellen Vermögensgegenständen weitaus stärker von der insolvenzbedingten Entwertung betroffen als die materiellen Vermögensgegenstände.[44] Die Bewertung sollte daher überaus vorsichtig erfolgen. Kundenstamm und sonstiges „know how" lassen sich dann oft nicht versilbern, wenn sich leitende Mitarbeiter des schuldnerischen Unternehmens an einer „Auffanggesellschaft" beteiligen und die Kunden ohnehin kennen. In der Vermögensübersicht sind nur einzeln veräußerbare, immaterielle Vermögensgegenstände aufzuführen (RdNr. 9, 12). Steht ausnahmsweise der Gesamtwert eines Teilbetriebes auf der Grundlage eines konkreten Angebotes fest, so ist in der Vermögensübersicht der Unterschiedsbetrag auszuweisen, der sich aus der Summe der Einzelveräußerungswerte und dem zu erwartenden Kaufpreis für den Teilbetrieb ergibt, mag der Kaufpreis oft auch nur in der Freistellung von Masseverbindlichkeiten (Personal!) liegen.[45]

b) Sachanlagen. aa) Bei **Grundstücken und grundstücksgleichen Rechten** läuft oft **19** schon ein Zwangsversteigerungsverfahren. Das Verkehrswertgutachten wird dann vom Vollstreckungsgericht erholt (§ 74 a V ZVG).

Im Übrigen hängt der Verkaufserlös fast immer von einem konkreten Angebot ab, das **20** meist länger auf sich warten lässt. Häufig müssen auch erst Art und Maß der baulichen

---

[40] Vgl. zuletzt BFH ZIP 1996, 1617, 1620.
[41] *Plate* S. 125.
[42] *Pelka/Niemann* RdNr. 474.
[43] *Plate* S. 127.
[44] *Plate* S. 126.
[45] Vgl. auch *Plate* S. 35 f.

Nutzung geklärt werden, was Monate dauern kann. Bei gewerblich genutzten Grundstücken empfiehlt sich die Durchführung einer Altlastenuntersuchung, ohne die heute Grundstücksverkäufe im gewerblichen Bereich kaum mehr möglich sind. Die Einholung eines Sachverständigengutachtens ist zwar zur Absicherung des Insolvenzverwalters zu empfehlen.

21 Die Kaufpreissammlungen der Gemeinden und die Bodenrichtwerte der Gutachterausschüsse (§ 196 BauGB) sind ein erster Anhaltspunkt für die vorläufige Bewertung. Der Insolvenzsituation muss in aller Regel mit einem Wertabschlag Rechnung getragen werden, während ein solcher Abschlag beim Fortführungswert entfällt.

22 **bb) Technische Anlagen und Maschinen, Betriebs- und Geschäftsausstattung.**[46] Bei technischen Anlagen und Maschinen sowie der Betriebs- und Geschäftsausstattung kann von den Anschaffungs- und Herstellungskosten abzüglich Abschreibungen ausgegangen werden.[47] Bei umfangreicher Betriebs- und Geschäftsausstattung ist Schätzung und Versteigerung durch ein Auktionshaus zu überlegen, falls eine Unternehmensfortführung ausscheidet. Ein Abschlag im Hinblick auf die Insolvenzsituation ist nur beim Liquidationswert vorzunehmen.

23 **cc) Finanzanlagen.** Bei ihrer Bewertung ist zu prüfen, ob sie börsennotiert sind. Ist das der Fall, kann der Börsen- oder Marktpreis angesetzt werden. Andernfalls fällt die Bewertung schwer. Es bleibt nur eine vorsichtige Schätzung des Ertragswertes.[48]

24 Insoweit ist darauf hinzuweisen, dass der Position Finanzanlagen bei insolventen Firmen nur geringe Bedeutung zukommt: Verbundene Unternehmen sind in der Regel ebenfalls insolvent, Beteiligungen daran wertlos. Wertpapiere befinden sich üblicherweise im Depot der Hausbank und sind für die Masse nicht verfügbar, weil die Banken und Sparkassen wegen bestehender Forderungen gegen den Schuldner ihr Pfandrecht geltend machen.[49] Eine Bewertung derartiger Gegenstände erübrigt sich dadurch jedoch nicht.

25 **2. Umlaufvermögen. a) Vorräte.**[50] Die Position „Vorräte" ist je nach Art des schuldnerischen Geschäftsbetriebes aufzugliedern in
– Roh-, Hilfs- und Betriebsstoffe
– Halbfertige Erzeugnisse
– Unfertige Leistungen
– Verkaufsfertige Waren/Erzeugnisse.

26 Sofern ein Börsen- oder Marktpreis vorhanden ist, kann auf einen solchen – für den Liquidationswert unter Berücksichtigung der spezifischen Situation des Insolvenzverfahrens – zurückgegriffen werden. Gerade bei halbfertigen Erzeugnisses und unfertigen Leistungen kann der Fortführungswert deutlich abweichen. Eine Schätzung der Verkaufserlöse ist sehr schwierig, wenn die Produktion nicht fortgeführt wird. Die Verwertung von Halbfabrikaten erscheint nur möglich, wenn andere Unternehmen daran interessiert sind, sie zu erwerben und aufzuarbeiten. Andernfalls lässt sich allenfalls der Materialwert (Schrottwert) erzielen.[51] Für den Fortführungswert kann auf den handelsrechtlichen Buchwert zurückgegriffen werden.

27 Bei vom Insolvenzschuldner **geleisteten Anzahlungen** (vgl. § 266 Abs. 2 Buchst. B I. 4. HGB) ist zu unterscheiden. Wählt der Verwalter die Erfüllung (§ 103), so besteht ein Anspruch der Masse auf die Leistung. Die geleistete Anzahlung mindert in diesem Fall die vom Schuldner zu erbringende Gegenleistung und wirkt sich folglich auf die Passivseite aus. Wegen des wieder auflebenden Synallagmas kann eine isolierte Aktivierung des Erfüllungsanspruchs unter gleichzeitiger Passivierung der noch ausstehenden Gegenleistung unterbleiben. Die geleistete Anzahlung ist zu aktivieren. Eine Aufrechnungslage i. S. v. § 152 Abs. 3

---

[46] Zur Berücksichtigung eines (einfachen) Eigentumsvorbehalts vgl. RdNr. 6.
[47] *Plate* S. 124; *Pelka/Niemann* RdNr. 476.
[48] *Pelka/Niemann* RdNr. 477.
[49] AGB-Banken Nr. 14 und AGB-Spark Nr. 21.
[50] Zu Aussonderungsrechten, die auf einem Eigentumsvorbehalts des Lieferanten beruhen, vgl. RdNr. 6.
[51] *Plate* S. 129.

Gläubigerverzeichnis § 152

Satz 1 liegt nicht vor. Lehnt der Verwalter die Erfüllung ab, so besteht ein Anspruch auf den Betrag, um den die geleistete Anzahlung den Schadenersatzanspruch des Vertragspartners (§ 103 Abs. 2 Satz 1) übersteigt. Da sich die Verrechnung ipso iure vollzieht,[52] liegt keine Aufrechnungslage nach § 152 Abs. 3 Satz 1 vor.

b) Forderungen aus Lieferungen und Leistungen. Für die Bewertung kommt es auf den Entstehungsgrund, die Durchsetzbarkeit sowie Höhe und Fälligkeit der Forderung an. Außerdem ist das Bestehen von Absonderungsrechten (insbesondere aus verlängertem Eigentumsvorbehalt und Sicherungszession) zu prüfen. Da insbesondere Rechte aus verlängertem Eigentumsvorbehalt zunächst nur schwer feststellbar sind, ist ein Bewertungsabschlag vorzunehmen, wenn noch kein Fremdrecht festgestellt werden konnte. Lediglich beim Fortführungswert ist die Insolvenzsituation wertmindernd zu berücksichtigen. 28

c) Sonstige Vermögensgegenstände sind zB 29
– Darlehen, insbesondere Arbeitnehmer-Darlehen
– Ansprüche gegen Gesellschafter der Schuldnerin auf Einzahlung restlicher Stammeinlagen
– Ansprüche gegen Gesellschafter der Schuldnerin wegen verbotener Rückzahlung kapitalersetzender Gesellschafterdarlehen, §§ 30 ff. GmbHG
– Schadenersatzansprüche gegen Geschäftsführer/Vorstandsmitglieder der Schuldnerin aus §§ 64 GmbHG, 92 AktG
– Ansprüche aus Gewinnabführungsverträgen mit Verlustübernahmeverpflichtung der Muttergesellschaft,
– Ansprüche aus konzernrechtlicher Verlustausgleichspflicht auf Grund entsprechender Verträge
– Ansprüche aus anfechtbaren Rechtsgeschäften unter Berücksichtigung der voraussichtlichen Erfolgsaussichten (§§ 129 ff.).

Eine besondere Erwähnung verdienen Rückkaufswerte aus **Direktversicherungen** (§ 1 Abs. 2 BetrAVG) mit **widerruflichen Bezugsrechten** (vgl. § 166 VVG) der Arbeitnehmer, soweit der Schuldner über die Deckungsmittel wirtschaftlich nicht verfügt hat. Diese Ansprüche auf Rückvergütung (§ 176 VVG) fallen nach Kündigung (§ 165 VVG) in die Masse.[53] Der Schadensersatzanspruch des Arbeitnehmers wegen des Widerrufs des Bezugsrechtes ist keine Masseverbindlichkeit nach § 55 Abs. 1 Nr. 1 und 2.[54] Dem unwiderruflich bezugsberechtigten Arbeitnehmer steht nach Eröffnung des Insolvenzverfahrens ein Aussonderungsanspruch zu (§ 47). 30

§ 152 Gläubigerverzeichnis

(1) Der Insolvenzverwalter hat ein Verzeichnis aller Gläubiger des Schuldners aufzustellen, die ihm aus den Büchern und Geschäftspapieren des Schuldners, durch sonstige Angaben des Schuldners, durch die Anmeldung ihrer Forderungen oder auf andere Weise bekannt geworden sind.

(2) ¹In dem Verzeichnis sind die absonderungsberechtigten Gläubiger und die einzelnen Rangklassen der nachrangigen Insolvenzgläubiger gesondert aufzuführen. ²Bei jedem Gläubiger sind die Anschrift sowie der Grund und der Betrag seiner Forderung anzugeben. ³Bei den absonderungsberechtigten Gläubigern sind zusätzlich der Gegenstand, an dem das Absonderungsrecht besteht, und die Höhe des mutmaßlichen Ausfalls zu bezeichnen; § 151 Abs. 2 Satz 2 gilt entsprechend.

(3) ¹Weiter ist anzugeben, welche Möglichkeiten der Aufrechnung bestehen. ²Die Höhe der Masseverbindlichkeiten im Falle einer zügigen Verwertung des Vermögens des Schuldners ist zu schätzen.

---

[52] BGHZ 96, 392 = NJW 1986, 1176: „Abrechnungsverhältnis".
[53] BAG KTS 1991, 601 = ZIP 1991, 1295; KTS 1996, 173 = ZIP 1995, 2012; KTS 1996, 464 = ZIP 1996, 965.
[54] BAG ZIP 1991, 1295, 1298.

Übersicht

	RdNr.		RdNr.
I. Überblick	1	b) Einzelne Absonderungsrechte	9
II. Abgrenzung zu verwandten Verzeichnissen	2	aa) Grundpfandrechte	9
1. Gläubigerverzeichnis im Eröffnungsverfahren	2	bb) Sicherungsübertragungen (Sicherungsübereignung und -zession)	10
2. Die Tabelle und das Verteilungsverzeichnis	3	α) Revolvierende Kreditsicherheiten	10
a) Tabelle	3	β) Erfassungsprobleme bei verlängertem Eigentumsvorbehalt	11
b) Verteilungsverzeichnis	4	γ) Keine Ersatzabsonderung an Bankguthaben (§ 48 analog)	14
3. Sofortmaßnahmen	5	δ) Anfechtungslagen (§§ 129 ff.)	19
III. Die aufzunehmenden Gläubigergruppen	7	3. Masseverbindlichkeiten	20
1. Aussonderungsberechtigte Gläubiger (§ 47)	7	4. Aufrechnungsberechtigte Gläubiger	21
2. Absonderungsberechtigte Gläubiger (§§ 49 ff.)	8	**IV. Gliederungsvorschlag**	22
a) Grundsätzliches	8		

I. Überblick

1 Das Gläubigerverzeichnis des § 152 hatte im geltenden Konkursrecht seine Entsprechung in der Passivseite des Inventars nach § 124 KO. § 152 enthält nun erstmals konkrete Vorschriften über die Ausgestaltung des Gläubigerverzeichnisses. Das Gläubigerverzeichnis soll die dem Vermögen gegenüberstehenden Belastungen und Verbindlichkeiten so vollständig wie möglich aufzeigen.[1] Die Ermittlung der Insolvenzverbindlichkeiten ist erforderlich, um die voraussichtliche Quote prognostizieren zu können. Die Angabe der Anschrift der einzelnen Gläubiger ist Voraussetzung für die Zustellung des Eröffnungsbeschlusses an die Gläubiger nach § 30 Abs. 2. Denn gem. § 8 Abs. 2 ist nur an die Gläubiger zuzustellen, deren Aufenthalt bekannt ist. Das Insolvenzgericht erlangt Kenntnis regelmäßig erst durch das vorgelegte Gläubigerverzeichnis. Ist dagegen nach § 8 Abs. 3 der Insolvenzverwalter mit der Zustellung betraut, kann er schon während der Aufstellung des Gläubigerverzeichnisses mit den Zustellungen an die ihm bis dahin bekannt gewordenen Gläubiger beginnen. Zu den praktischen Problemen der Erstellung eines vollständigen Gläubigerverzeichnisses und ihren Konsequenzen für das bis *zum Berichtstermin vorzulegende* Gläubigerverzeichnis vgl. vor §§ 151 ff. RdNr. 23.

II. Abgrenzung zu verwandten Verzeichnissen

2 **1. Gläubigerverzeichnis im Eröffnungsverfahren.** Gemäß § 104 KO hatte der Schuldner bei Stellung des Konkursantrages „ein Verzeichnis der Gläubiger" einzureichen. Gleiches galt für das Vergleichsantragsverfahren in § 6 VerglO. In § 13 fehlt eine vergleichbare Regelung. Das Insolvenzgericht kann aber dem Schuldner gem. § 20 Satz 1 aufgeben, ein Gläubigerverzeichnis vorzulegen (vgl. § 20 RdNr. 35), das jedoch erfahrungsgemäß nicht vollständig sein wird.

3 **2. Die Tabelle und das Verteilungsverzeichnis. a)** Gemäß § 175 hat der Insolvenzverwalter auf der Grundlage der vorliegenden Forderungsanmeldungen für den Prüfungstermin eine **Tabelle** zu erstellen (vgl. § 140 KO „Konkurstabelle"). Gläubigerverzeichnis und Tabelle unterscheiden sich darin, dass in das Gläubigerverzeichnis alle bekannten Gläubiger aufzunehmen sind, in die Tabelle nur die Gläubiger, die eine Forderung angemeldet haben.

---

[1] Begr. zu § 171 RegE (= § 152).

Die Tabelle wiederum ist Grundlage für das **Verteilungsverzeichnis, § 188**. Die §§ 151, 157 und 158 KO sprachen zwar in der Überschrift vom „Gläubigerverzeichnis", meinten aber das Verteilungsverzeichnis. 4

3. Sofortmaßnahmen. Unabhängig von dem bis zum Berichtstermin zu erstellenden Gläubigerverzeichnis sollte der Verwalter eine Liste der ihm mit Anschrift bekannten Gläubiger ohne Schuldgrund und ohne Betrag der Forderungen aufstellen, damit der Eröffnungsbeschluss mit der Bestimmung des Berichts- und Prüfungstermines (§ 29 Abs. 1) sowie der Aufforderung zur Forderungsanmeldung (§ 28) rechtzeitig zugestellt werden kann (vgl. § 8 Abs. 2 Satz 1). 5

III. Die aufzunehmenden Gläubigergruppen

Der Verwalter hat alle Gläubiger zu berücksichtigen, die ihm aus den Büchern und Geschäftsunterlagen des Gläubigers, dessen sonstige Angaben, durch Anmeldung oder in sonstiger Weise bekannt geworden sind (§ 152 Abs. 1). 6

1. Aussonderungsberechtigte Gläubiger (§ 47). Gegenstände, an denen ein Aussonderungsrecht besteht, gehören nicht zur Insolvenzmasse und sind daher grundsätzlich **nicht** in das Verzeichnis der Massegegenstände **aufzunehmen.**[2] Dann sollte auch die Aufnahme der aussonderungsberechtigten Gläubiger im Gläubigerverzeichnis unterbleiben.[3] Werden zu Informationszwecken dagegen aussonderungsfähige Gegenstände in das Verzeichnis der Massegegenstände aufgenommen, sind parallel dazu auf der Passivseite auch die Aussonderungsgläubiger auszuweisen.[4] Beim Kauf unter **Eigentumsvorbehalt** bereitet die Einordnung der Ansprüche des Käufers keine Schwierigkeiten, wenn für den Verwalter die Entscheidung über die Ausübung seines Wahlrechts (§§ 107 Abs. 2, 103 Abs. 2) bereits feststeht. Im Fall der Ablehnung der Erfüllung hat der Verwalter den Anspruch des Käufers auf Schadenersatz wegen Nichterfüllung (insbesondere entgangener Gewinn) als Insolvenzforderung (§ 103 Abs. 2 Satz 1) zu passivieren. Beabsichtigt der Verwalter Erfüllung zu wählen, so ist die Restkaufpreisforderung als Masseverbindlichkeit (§ 55 Abs. 1 Nr. 2) zu berücksichtigen. In der Praxis wird sich dieses Problem vielfach aber gar nicht stellen, weil etwaige Eigentumsvorbehalte zunächst unerkannt bleiben. 7

2. Absonderungsberechtigte Gläubiger (§§ 49 ff.). a) Grundsätzliches. Die absonderungsberechtigten Gläubiger sind im Gläubigerverzeichnis aufzuführen (§ 152 Abs. 2 Satz 1). Gem. § 152 Abs. 2 Satz 3 Hs. 1 sind bei den einzelnen Gläubigern zusätzlich der Gegenstand, an dem das Absonderungsrecht besteht, und die Höhe des mutmaßlichen Ausfalls zu bezeichnen. Beim Ausfall sind u. U. sowohl Liquidations- als auch Fortführungswerte anzugeben (§ 152 Abs. 2 Satz 3 Hs. 2). Insoweit ist auf die Kommentierung § 151 RdNr. 9 ff. zu verweisen. Nach dem Wortlaut sind Absonderungsrechte nur auf der Passivseite zu vermerken. Aus Gründen der Transparenz kann die übliche Praxis, sowohl auf der Aktiv- als auch auf der Passivseite die Absonderungsrechte zu berücksichtigen, beibehalten werden. Absonderungsberechtigte Gläubiger, die keine persönliche Forderung haben, sind ebenfalls in das Gläubigerverzeichnis aufzunehmen.[5] 8

b) Einzelne Absonderungsrechte. aa) Grundpfandrechte Das Grundstück haftet auch für Zinsen (§§ 1115, 1118 BGB).[6] Die Zinsen bis zur Verfahrenseröffnung sind normale, die später entstandenen nachrangige Insolvenzforderungen (§ 39 Abs. 1 Nr. 1). Im 9

---

[2] § 151 RdNr. 6.
[3] Vgl. zB FK-*Wegener* § 152 RdNr. 9.
[4] *Möhlmann* DStR 1999, 163, 166; vgl. auch die Begr. zu § 171 RegE (= § 152): „Die aussonderungsberechtigten Gläubiger *können* (Hervorhebung von uns) bei der Aufstellung des Gläubigerverzeichnisses außer Betracht bleiben; denn die die auszusondernden Gegenstände sind in das Verzeichnis der Massegegenstände ebenfalls nicht aufzunehmen".
[5] Begr. zu § 171 RegE (= § 152).
[6] Schon bisher hinderte § 63 Nr. 1 KO nicht die abgesonderte Befriedigung für die Zinsforderung, obwohl diese nicht im Konkursverfahren verfolgbar war, BGHZ 134, 195 = ZIP 1997, 120.

§ 152 10–13   4. Teil. 1. Abschnitt. Sicherung der Insolvenzmasse

Gläubigerverzeichnis ist das Absonderungsrecht daher überwiegend bei den (normalen) Insolvenzforderungen, teilweise aber auch bei den nachrangigen Insolvenzgläubigern aufzuführen.

10   **bb) Sicherungsübertragungen (Sicherungsübereignung und -zession).** Hierzu gehören Gläubiger mit nicht anfechtbarer Sicherungsübereignung. Forderungen von Lieferanten aus erweitertem und verlängertem Eigentumsvorbehalt begründen ebenfalls ein Absonderungsrecht an den Forderungen aus der Weiterveräußerung der gelieferten Ware in Höhe der noch offenen Forderungen aus der Geschäftsbeziehung.

α) **Revolvierende Kreditsicherheiten.** Hinsichtlich der Sicherungsübertragung sog. revolvierender Kreditsicherheiten (**Globalzession,** Sicherungsübereignung von Warenlagern mit wechselndem Bestand) ist die Rechtsprechung des BGH[7] zu beachten. Der Insolvenzschuldner hat danach in der Regel einen ermessensunabhängigen Freigabeanspruch, wenn der Nennwert aller abgetretenen Forderungen oder der Schätzwert der sicherungsübereigneten Gegenstände 150% der gesicherten Forderungen übersteigt.[8] Bei sicherungsübereigneten Waren ist, soweit sie keinen Marktpreis haben, auf den Einkaufs- bzw. Herstellungspreis abzustellen. Ist danach ein schuldrechtlicher Freigabeanspruch entstanden, so ist darauf hinzuweisen.

11   β) **Erfassungsprobleme bei verlängertem Eigentumsvorbehalt.** Die Erfassung der Ansprüche der Lieferanten des Schuldners aus verlängertem Eigentumsvorbehalt ist in der Praxis außerordentlich zeitaufwändig, in vielen Fällen kaum mehr möglich. Nicht selten bildet sich ein Lieferantenpool, repräsentiert durch die führenden Warenkredit-Versicherungsgesellschaften unter Leitung eines Poolverwalters. Hierbei bestehen schon Meinungsverschiedenheiten darüber, ob alle Lieferanten kreditversichert sein müssen oder ob der Pool auch für die nicht versicherten Lieferanten in Geschäftsführung ohne Auftrag handeln kann. Ist diese Frage positiv entschieden, wird meist einvernehmlich festgelegt, welcher Prozentsatz aus den einzuziehenden Geldern der Masse zustehen soll und demgemäß welcher Prozentsatz dem Pool. Umsatzsteuer ist nicht mehr zu berücksichtigen, da diese bereits vor Eröffnung des Insolvenzverfahrens fällig wurde, also bloße Insolvenzforderung ist.

12   Probleme bei der Zuordnung von Sicherungsabtretungen zu den einzelnen Außenständen des Insolvenzschuldners können auch aus der Kollision von verlängertem Eigentumsvorbehalt und Globalzession herrühren. Die Abtretung der Forderungen aus der Weiterveräußerung an den Warenkreditgeber geht in jedem Fall der Globalzession des Geldkreditgebers vor.[9] Da sich Rechte aus verlängerten Eigentumsvorbehalten, wenn überhaupt, erst im Laufe des Verfahrens herausstellen, ist auch bei der Aufnahme von Absonderungsrechten an den im Umlaufvermögen befindlichen Forderungen bei *einem bestimmten Gläubiger* oft nicht möglich, sondern wäre vollkommen willkürlich.

13   Die Lösung ist bei einer Bewertung der Außenstände auf der *Aktivseite* zu suchen, soweit bei den Außenständen des Schuldners nicht geklärt ist, welche Rechte aus einem verlängerten Eigentumsvorbehalt bestehen. Bei der Erstellung des Verzeichnisses der Massegegenstände muss dann von den laut Buchhaltung ermittelten Außenständen zunächst ein Abschlag von $1/3$ bis $1/2$ für Rechte der Lieferanten aus verlängertem Eigentumsvorbehalt gemacht werden. Im Gläubigerverzeichnis erfolgt die Berücksichtigung erst dann, wenn das Absonderungsrecht einem Gläubiger zugeordnet werden kann. Eine Globalzession an den Geldkreditgeber ist dagegen sofort anzugeben. Der mutmaßliche Ausfall bemisst sich nach dem bereits abgeschriebenen Wert und nicht nach dem Nennwert der Forderung.

---

[7] BGH ZIP 1998, 235.
[8] BGH ZIP 1998, 235, 242 f.
[9] So jedenfalls die Vertragsbruchtheorie des BGH, zB BGH NJW 1995, 1668, 1669.

γ) Keine Ersatzabsonderung an Bankguthaben (§ 48 analog). Guthaben bei Kreditinstituten, die keine Forderungen gegen den Schuldner haben, gibt es gar nicht selten. 14

In vielen Fällen lassen die Banken schon Wochen vor der Eröffnung des Verfahrens keine Überziehungen mehr zu. Häufig werden eingehende Gelder nur noch zur Kreditrückführung verwendet, sodass der Schuldner keinen finanziellen Spielraum mehr hat. Um für diese letzten Wochen noch (beschränkt) zahlungsfähig zu sein, eröffnet der Schuldner bei einer „neuen" Bank ein Konto und lenkt möglichst viele Zahlungen auf dieses Konto. Dass es sich hierbei häufig um Forderungen handelt, die der Schuldner an seine Hausbank abgetreten hat oder um Forderungen seiner Lieferanten aus verlängertem Eigentumsvorbehalt, wird in der Regel nicht bedacht. Zwar ist die Einziehungsermächtigung analog § 185 BGB regelmäßig erloschen,[10] doch wirkt die Zahlung an den Insolvenzschuldner gem. § 407 BGB auch gegenüber dem Sicherungszessionar. 15

Das Absonderungsrecht an der Forderung setzt sich nicht am Bankguthaben fort. Zwar ist eine analoge Anwendung des § 48 (Ersatzaussonderung) auf Absonderungsrechte möglich.[11] Die Einziehung der abgetretenen Forderung wird dabei einer Veräußerung gleichgestellt.[12] Auch kann die Ersatzabsonderung nicht mehr mit dem Argument verneint werden, dass die „Gegenleistung" nach Verfahrenseröffnung eingezogen wurde. Denn anders als § 46 Satz 2 KO unterscheidet § 48 Satz 2 nicht mehr danach, ob die Zahlung vor oder nach der Eröffnung des Insolvenzverfahrens erfolgte. Aber die Leistung ist nicht mehr unterscheidbar in der Masse vorhanden.[13] Allein die Buchung auf dem Konto genügt für die Unterscheidbarkeit nämlich nicht, außer es erfolgten nach der Zahlung keine Kontobelastungen mehr. Andernfalls würde nur die noch vorhandene Bereicherung der Masse abgeschöpft, was mit § 55 Abs. 1 Nr. 3 nicht zu vereinbaren ist, weil die Bereicherung bereits vor Verfahrenseröffnung erfolgt ist. 16

Geht zB an einem bestimmten Tage vor Eröffnung des Insolvenzverfahrens auf einem derartigen Bankkonto mit vorhandenem Guthaben in Höhe € 1000,00 eine mit Absonderungsrechten belastete Forderung in Höhe € 100,00 ein und zahlt der nachmalige Schuldner am darauf folgenden Tage eine Leasinggebühr mit € 200,00 lässt sich nicht feststellen, ob damit die gegenständlichen € 100,00 und weitere € 100,00 aus dem vorgetragenen Guthaben verbraucht wurden oder € 200,00 aus dem vorgetragenen Guthaben, wobei dann die mit Absonderungsrecht belasteten € 100,00 rechnerisch noch vorhanden wären. 17

Geht eine mit einem Absonderungsrecht belastete Forderung jedoch *nach* Eröffnung des Insolvenzverfahrens auf einem Konto des Schuldners bzw. auf einem Massekonto ein, ist der zur Absonderung berechtigte Gläubiger befugt, den entsprechenden Forderungsbetrag aus der Insolvenzmasse zu verlangen. Die sonstige Verpflichtung des Insolvenzverwalters zur Herausgabe ist Masseverbindlichkeit gemäß § 816 Abs. 2 BGB i. V. m. § 55 Abs. 1 Nr. 3. 18

δ) Anfechtungslagen (§§ 129 ff.). Ist eine Sicherungsübertragung nach den §§ 129 ff. anfechtbar, so ist im Verzeichnis der Massegegenstände grundsätzlich der schuldrechtliche Anspruch nach § 143 Abs. 1 Satz 1 zu aktivieren.[14] Die dingliche Rechtslage ist zunächst 19

---

[10] Nahezu alle Geschäfts- und Lieferbedingungen der gewerblichen Wirtschaft enthalten den Passus, dass der Vertragspartner berechtigt ist, die gelieferte Ware weiterzuverkaufen und die hieraus resultierenden, dem Hauptlieferanten im Vorhinein abgetretenen Forderungen „im Rahmen eines ordnungsgemäßen Geschäftsbetriebes" einzuziehen. Ein solcher „ordnungsgemäßer Geschäftsbetrieb" liegt in der Regel dann nicht mehr vor, wenn der nachmalige Schuldner unter den vorgenannten Umständen ein „neues" Bankkonto eröffnet, um über dieses Konto Außenstände einzuziehen.

[11] § 46 RegE sah nämlich eine eigene Regelung der Ersatzabsonderung vor. Der Rechtsausschuss hat diese Vorschrift gestrichen, weil die analoge Anwendung des § 48 auf die Ersatzabsonderung anerkannt sei; vgl. vor § 49 RdNr. 169.

[12] Vgl. *Kilger/K. Schmidt* § 46 Anm. 3 mwN.

[13] Wie hier *Uhlenbruck* § 48 RdNr. 32; für die Ununterscheidbarkeit, wenn Zahlung *vor* Konkurseröffnung erfolgte, auch BGH ZIP 1989, 118, 122; vgl. zur Unterscheidbarkeit im Falle der Ersatzaussonderung aber BGH NZI 1999, 265 = ZIP 1999, 626 (Bodensatztheorie) und dazu *Canaris* EWiR 1999, 707 sowie *Krull* InVo 2000, 257, 258 f. sowie § 48 RdNr. 60. AA OLG Stuttgart ZIP 2001, 2183.

[14] § 151 RdNr. 21.

unverändert. Zusätzlich sollte im Gläubigerverzeichnis bei einem Absonderungsrecht die Anfechtungsmöglichkeit angemerkt werden.

20 **3. Masseverbindlichkeiten.** Masseverbindlichkeiten sind grundsätzlich in das Gläubigerverzeichnis aufzunehmen.[15] § 152 Abs. 1 spricht von „allen Gläubigern". Auch aus § 152 Abs. 3 Satz 2 ergibt sich mittelbar, dass das Gesetz von der Aufnahme von Masseverbindlichkeiten in das Gläubigerverzeichnis ausgeht. Gem. § 152 Abs. 3 Satz 2 ist die Höhe der Masseverbindlichkeiten im Falle einer zügigen Verwertung der Masse zu schätzen. Die alsbaldige Liquidation ist deshalb zu unterstellen, weil eine Schätzung bei einer Unternehmensfortführung maßgeblich von ihrer Dauer abhängt und daher im Voraus kaum zu schätzen ist.[16] In masseannen Insolvenzverfahren kommt daher der ständigen Überwachung in Form der Zwischenrechnungslegung besondere Bedeutung zu. Sofern bestimmte Masseverbindlichkeiten bereits feststehen, sind diese gesondert aufzuführen.

21 **4. Aufrechnungsberechtigte Gläubiger.** Ist ein Gläubiger gem. den §§ 94 ff. zur Aufrechnung berechtigt, so erfolgt aus Gründen der Transparenz nicht einfach eine Saldierung auf der Aktivseite, sondern die Aufrechnungsmöglichkeit ist im Gläubigerverzeichnis wie ein Absonderungsrecht zu vermerken (§ 152 Abs. 3 Satz 1). Um ein möglichst vollständiges Bild zu gewinnen, ist auch auf der Aktivseite die Aufrechnungsmöglichkeit darzustellen.

IV. Gliederungsvorschlag

22 Anders als auf der Aktivseite (§ 151) scheidet auf der Passivseite (§ 152) eine Orientierung an der Handelsbilanz weitgehend aus. Die Eigenkapitalpositionen fallen weg, weil nur die im Insolvenzverfahren durchsetzbaren Gläubigeransprüche erfasst werden.[17] Eigenkapitalersetzende Gesellschafterleistungen sind als nachrangige Insolvenzforderungen zu berücksichtigen (§ 39 Abs. 1 Nr. 5). Es wird nicht mehr zwischen Rückstellungen und sonstigen Verbindlichkeiten unterschieden, weil zahlreiche Passiva in der Insolvenz zunächst Rückstellungscharakter haben (vgl. zB die Masseverbindlichkeiten) und sich erst im Lauf des Verfahrens konkretisieren. Die Unterscheidung führte demnach dazu, dass ständig ein Wechsel der Bilanzpositionen stattfände, der die Vergleichbarkeit der Eröffnungsrechnungslegung mit Zwischenbilanzen erschwerte.[18] Rechnungsabgrenzungsposten spielen ebenfalls keine Rolle, weil es sich um keine Periodenrechnung handelt. Der Gesetzgeber hat deshalb eine abweichende Gliederung vorgesehen. Im Gläubigerverzeichnis sind die absonderungsberechtigten Gläubiger, die Insolvenzforderungen, die einzelnen Rangklassen der nachrangigen Insolvenzgläubiger (§ 39) sowie die geschätzten Masseverbindlichkeiten aufzuführen. Da auch nachrangige Insolvenzgläubiger und Massegläubiger dinglich gesichert sein können (Bsp.: Grundpfandrecht deckt auch die Zinsen ab Verfahrenseröffnung), kann es erforderlich sein, die Gruppe der absonderungsberechtigten Gläubiger in der horizontalen Gliederung zu erfassen. Da gleichzeitig aber auch nur dingliche Ansprüche (zB auf Duldung der Zwangsvollstreckung gem. § 1147 BGB) zu erfassen sind, kann auch in der vertikalen Gliederung eine Gruppe der nur absonderungsberechtigten Gläubiger zu bilden sein, sofern ausnahmsweise solche Ansprüche bestehen.

---

[15] AA HK-*Irschlinger* § 152 RdNr. 1: nur in die Vermögensübersicht.
[16] Begr. zu § 171 RegE (= § 152).
[17] *Plate* S. 137.
[18] *Plate* S. 137 f.

Gliederungsvorschlag für ein Gläubigerverzeichnis nach § 152

	Gläubiger (Anschrift)	Grund und Betrag der Forderung (Buchwert)	Absonderungsrecht bzw. Aufrechnungsmöglichkeit (Gegenstand und Höhe des Betrages)	Geschätzter Ausfall a) bei Zerschlagung b) bei Fortführung
1. a) Verfahrenskosten b) sonstige Masseverbindlichkeiten				
2. Insolvenzforderungen a) mit Absonderungsrecht b) mit Aufrechnungsmöglichkeit c) einfache Insolvenzforderungen				
3. Nachrangige Insolvenzforderungen (aufgeführt nach den einzelnen Rangklassen des § 39 Abs. 1)				
4. Absonderungsberechtigte Gläubiger, die nur dinglich berechtigt sind				

§ 153 Vermögensübersicht

(1) ¹Der Insolvenzverwalter hat auf den Zeitpunkt der Eröffnung des Insolvenzverfahrens eine geordnete Übersicht aufzustellen, in der die Gegenstände der Insolvenzmasse und die Verbindlichkeiten des Schuldners aufgeführt und einander gegenübergestellt werden. ²Für die Bewertung der Gegenstände gilt § 151 Abs. 2 entsprechend, für die Gliederung der Verbindlichkeiten § 152 Abs. 2 Satz 1.

(2) ¹Nach der Aufstellung der Vermögensübersicht kann das Insolvenzgericht auf Antrag des Verwalters oder eines Gläubigers dem Schuldner aufgeben, die Vollständigkeit der Vermögensübersicht eidesstattlich zu versichern. ²Die §§ 98, 101 Abs. 1 Satz 1, 2 gelten entsprechend.

Übersicht

	RdNr.		RdNr.
I. Überblick	1	a) Beschränkung auf Vollständigkeit der Vermögensübersicht	15
II. Allgemeine Grundsätze	2	b) Verhältnis zu § 98	16
1. Grundsatz der Richtigkeit (Bilanzwahrheit)	2	c) Verhältnis zu §§ 807, 899 ff. ZPO	17
2. Grundsatz der Vollständigkeit	3	aa) Ergänzende Anwendung einzelner Vorschriften	17
3. Grundsatz der „neutralen Wertermittlung"	4	bb) Eidesstattliche Versicherung nach § 807 ZPO neben § 153 Abs. 2	18
4. Grundsatz der Wesentlichkeit	5	2. Voraussetzungen	19
5. Grundsatz der Klarheit	6	a) Gläubigereigenschaft	19
6. Stichtagsprinzip	7	b) Antragsberechtigung	20
III. Harmonisierung mit handelsrechtlichen Bilanzen	8	c) Sonstige Zulässigkeitsvoraussetzungen	21
1. Schlussbilanz des werbenden Unternehmens	8	3. Verfahren	
		a) Zuständigkeit	22
2. Eröffnungsbilanz	9	b) Terminsbestimmung	23
IV. Gliederung	10	c) Ablauf des Termins	24
1. Aktivseite	10	d) Zwangsweise Durchsetzung	25
a) Vertikale Gliederung	10	e) Rechtsbehelfe	26
aa) (Vorläufige) Unternehmensfortführung	11	f) Kosten	27
bb) Sofortige Zerschlagung	12	4. Die zur Eidesleistung verpflichteten Personen	28
b) Horizontale Gliederung	13	a) Personengesellschaften	29
2. Passivseite	14	b) Juristische Personen	30
V. Eidesstattliche Versicherung (§ 153 Abs. 2)	15	c) Mehrheit von Verpflichteten	31
		d) Angestellte	32
1. Anwendungsbereich	15	5. Inhalt der eidesstattlichen Versicherung	33

I. Überblick

1 Die Vermögensübersicht ähnelt der Konkurseröffnungsbilanz (§ 124 KO), dem Vermögensverzeichnis nach § 11 Abs. 1 GesO und der Vermögensübersicht nach § 5 Abs. 1 VglO.[1] Im Unterschied zu diesen Rechenwerken sind nunmehr Einzelveräußerungs- und Fortführungswerte nebeneinander anzugeben (§ 153 Abs. 1 Satz 2 i.V.m. § 151 Abs. 2 Satz 2). Die Vermögensübersicht fasst das Verzeichnis der Massegegenstände (§ 151) und das Gläubigerverzeichnis (§ 152) zusammen[2] und stellt das Vermögen und die Verbindlichkeiten des Insolvenzschuldners geordnet gegenüber. Die Vermögensübersicht soll autonom aus den Verzeichnissen der §§ 151 f. und nicht aus der Handelsbilanz entwickelt werden (arg. § 153 Abs. 1 Satz 2).[3] Allerdings ist die Aufarbeitung der (handelsrechtlichen) Buchhaltung des Schuldners in der Praxis Voraussetzung für eine vollständige Erfassung der Forderungen und Verbindlichkeiten des Insolvenzschuldners.[4] Der Vorrang der insolvenzrechtlichen Rechnungslegung zu Beginn des Verfahrens lässt sich somit nur eingeschränkt realisieren.[5]

II. Allgemeine Grundsätze

Als bilanzähnliches Rechenwerk muss auch die Vermögensübersicht folgenden allgemeinen Grundsätzen einer ordnungsgemäßen Buchführung und Bilanzierung entsprechen.[6]

2 **1. Grundsatz der Richtigkeit (Bilanzwahrheit).** Es versteht sich von selbst, dass nur bei Ansatz richtiger und willkürfrei ermittelter Werte die Vermögensübersicht die voraus-

---

[1] Begr. zu § 172 RegE (= § 153).
[2] *Fischer-Böhnlein/Körner* BB 2001, 191, 193.
[3] Begr. zu § 172 RegE (= § 153).
[4] *Pink* ZIP 1997, 177, 183.
[5] Vgl. zum vorläufigen Charakter vor §§ 151 ff. RdNr. 23 ff.
[6] *Plate* S. 71; *Pelka/Niemann* RdNr. 456.

sichtliche Quote annähernd richtig bestimmen kann. Allerdings beruht die Ermittlung von zutreffenden Einzelveräußerungspreisen notwendigerweise **auf Schätzung** und Prognosen, da es im Gegensatz zum Handelsrecht **an entsprechenden** Bewertungsvorschriften fehlt. Richtig ist eine Bewertung demnach schon dann, wenn ihr eine **sorgfältigen Prognose** zu Grunde liegt.[7]

2. Grundsatz der Vollständigkeit. Die vollständige Erfassssung sämtlicher Massegegenstände und Verbindlichkeiten ist für die Tätigkeit des Insolvenzverwalters und seine Überwachung elementar. Andererseits ist zum Zeitpunkt des Berichtstermins in der Regel weder der vollständige Massestand noch das genaue Ausmaß der Verpflichtungen bekannt. Es kann daher nur die dem jeweiligen Verfahrensstand entsprechende Vollständigkeit verlangt werden.[8]

3. Grundsatz der „neutralen Wertermittlung".[9] In den insolvenzrechtlichen Rechenwerken ersetzt der Grundsatz der „neutralen Wertermittlung" das Vorsichtsprinzip des § 252 Abs. 1 Nr. 4 HGB. Es ist weder die ungünstigste noch die günstigste Verwertungsalternative zu unterstellen, es sei denn, eine von beiden ist überwiegend wahrscheinlich.[10] Zwar mag es angesichts der Insolvenzsituation besonders vordringlich erscheinen, vorsichtig zu bilanzieren, doch gibt die starre Ausrichtung auf den „worst case" die tatsächlichen Verhältnisse nicht zutreffend wieder.[11]

4. Grundsatz der Wesentlichkeit. Nur solche Informationen sind für das insolvenzrechtliche Rechenwerk zu verwerten, bei denen der (Kosten-)Aufwand für die Informationsgewinnung in angemessenem Verhältnis zur Bedeutung für die am Insolvenzverfahren Beteiligten steht.[12] Einem Sachverhalt muss umso mehr Beachtung zukommen, als er sich auf das voraussichtliche Verfahrensergebnis auswirken kann. Bei Sachverhalten, die sich dagegen nur marginal auswirken, genügt eine überschlägige Schätzung, auch unter Zusammenfassung mehrerer Einzelsachverhalte.[13] Im Gegensatz zur Handelsbilanz ist der Informationsspielraum bei der Vermögensübersicht weniger beschränkt.

5. Grundsatz der Klarheit. Wie die handelsrechtliche Bilanz (§ 243 Abs. 2 HGB) muss auch die Vermögensübersicht klar und übersichtlich sein. Es muss ein schneller und sicherer Zugriff auf die Bilanzinformationen gewährleistet sein.[14] Zwei wichtige Ausprägungen[15] dieses Prinzips sind der Ausweis von Fremdrechten auf der Aktivseite[16] und das Saldierungsverbot (vgl. § 246 Abs. 2 HGB), das dazu führt, dass Aufrechnungsmöglichkeiten anzugeben sind, aber die Gegenforderung nicht schon einfach abgezogen werden darf.

6. Stichtagsprinzip. Die Vermögensübersicht ist gemäß § 153 Abs. 1 Satz 1 „auf den Zeitpunkt der Eröffnung des Insolvenzverfahrens" zu bestellen. Es sind jedoch auch (eventuell gem. § 152 Abs. 2 Satz 3 geschätzte) Masseverbindlichkeiten in die Vermögensübersicht aufzunehmen. Dies folgt aus dem Zweck, die Quote zu prognostizieren. Hierzu ist die Schätzung der anfallenden Masseverbindlichkeiten erforderlich. Ähnlich wie bei Rückstellungen (§ 249 Abs. 2 HGB) ist daher die Durchbrechung des Stichtagsprinzips gerechtfertigt. Neuerwerb ist dagegen nach dem eindeutigen Wortlaut von § 153 Abs. 1 Satz 1 auch dann nicht aufzunehmen, wenn er sicher ist. Hier kann aber durch entsprechende Erläuterungen der Vermögensübersicht Abhilfe geschaffen werden. Gesichert ist solcher Neuerwerb ohnehin nur dann, wenn ein durchsetzbarer Anspruch besteht. In diesem Fall ist der Anspruch zu aktivieren. Echter Neuerwerb liegt überhaupt nicht vor.

---

[7] *Plate* S. 73; zustimmend *Pelka/Niemann* RdNr. 457.
[8] *Plate* S. 75 vgl. auch vor §§ 151 ff. RdNr. 23 ff.
[9] *Pelka/Niemann* RdNr. 461.
[10] *Plate* S. 77 f.
[11] *Plate* S. 77 f.
[12] *Plate* S. 79.
[13] *Plate* S. 80.
[14] *Plate* S. 76.
[15] Zu weiteren Einzelheiten vgl. *Plate*, S. 76.
[16] Die Angabe von Fremdrechten verlangt der Gesetzgeber ausdrücklich nur im Gläubigerverzeichnis (§ 152 Abs. 2 Satz 3).

III. Harmonisierung mit handelsrechtlichen Bilanzen

8 1. Schlussbilanz des werbenden Unternehmens. Die Darstellung sowohl der handelsrechtlichen Schlussbilanz als auch der Vermögensübersicht in einem einzigen Rechenwerk ist ausgeschlossen. Das ergibt sich schon daraus, dass in der Handelsbilanz anders als in der Vermögensübersicht die Anschaffungs- und Herstellungskosten auch dann die Obergrenze bilden, wenn entgegen § 252 Abs. 1 Nr. 2 HGB nicht von der Fortführung des Unternehmens ausgegangen wird (§ 253 Abs. 1 Satz 1 HGB).[17] Die gesonderte Angabe von handels- und insolvenzrechtlichem[18] Fortführungswert in einem Rechenwerk genügt nicht dem Grundsatz der Bilanzklarheit (§ 243 Abs. 2 HGB). Es muss kenntlich gemacht werden, dass es sich um zwei unterschiedliche, verschiedenen Bilanzzwecken dienende Rechenwerke handelt.

9 2. Eröffnungsbilanz. Nach hier vertretener Auffassung ist eine handelsrechtliche Eröffnungsbilanz nur dann erforderlich, wenn das Unternehmen fortgeführt wird.[19] Dann ist sie aber mit der handelsrechtlichen Schlussbilanz identisch (§ 252 Abs. 1 Nr. 1 HGB). Mit der primär (auch bei geplanter Unternehmensfortführung) unter Liquidationsgesichtspunkten zu erstellenden Vermögensübersicht scheidet eine einheitliche Darstellung aus.

IV. Gliederung

10 1. Aktivseite. a) Vertikale Gliederung. Das Gesetz schreibt keine bestimmte Gestaltung vor. Die Angabe von Absonderungsrechten und Aufrechnungsmöglichkeiten ist für das Verzeichnis der Massegegenstände nicht vorgeschrieben, sondern im Gläubigerverzeichnis vorzunehmen (§ 152 Abs. 2 Satz 2 und Abs. 3 Satz 1). Aus Gründen der Transparenz ist aber – jedenfalls in der Vermögensübersicht[20] – wie bisher üblich auf der Aktivseite das Bestehen von Fremdrechten auszuweisen.[21] Dies kann in einer entsprechenden vertikalen und[22]/oder[23] horizontalen Gliederung geschehen. Das Verzeichnis der Massegegenstände kann – wie die Vermögensübersicht – in Anlehnung an § 266 Abs. 2 HGB gestaltet werden,[24] wobei allerdings aktive Rechnungsabgrenzungsposten entfallen, weil es sich dabei um keinen Vermögensgegenstand handelt und nicht periodisch Rechnung gelegt werden soll.[25] Es geht vielmehr um transitorische Abgrenzungsposten, wie zB Vorauszahlungen von Miete, Versicherungsprämien u. a., die in der Insolvenz nicht selbständig realisierbar sind. Bei einem Einzelkaufmann kann ein zusätzlicher Posten Privatvermögen hinzukommen.

11 aa) (Vorläufige) Unternehmensfortführung. Bei (vorläufiger) Unternehmensfortführung kann folgende vertikale Gliederung vorgeschlagen werden:
A. Anlagevermögen
 I. Immaterielle Vermögensgegenstände
 II. Sachanlagen (insbesondere Grundstücke)
 III. Finanzanlagen
B. Umlaufvermögen
 I. Vorräte
 II. Forderungen und sonstige Vermögensgegenstände
 III. Wertpapiere
 IV. Flüssige Mittel.

---

[17] Vgl. § 155 RdNr. 7.
[18] Also ohne Beschränkung auf die Obergrenze des § 253 Abs. 1 Satz 1 HGB.
[19] § 155 RdNr. 8.
[20] Das ergibt sich aus dem Grundsatz der Klarheit, vgl. RdNr. 6.
[21] So auch *Pelka/Niemann* RdNr. 524 (Muster 9).
[22] Bsp.: RdNr. 12.
[23] Bsp.: RdNr. 13.
[24] Vgl. auch zu anderen Gliederungsmöglichkeiten zB nach dem Gesichtspunkt der Liquidierbarkeit oder der rechtlichen Zugehörigkeit ausführlich *Veit*, 119 ff. und *Möhlmann* DStR 1999, 163, 169; wie hier *Plate* S. 193 f., 238 und *Pelka/Niemann* RdNr. 524 (Muster 9); *Kübler/Prütting/Holzer* § 153 RdNr. 14. Auch die hier vorgeschlagene Gliederung lässt die Liquidierbarkeit erkennen. Der Grad der Liquidierbarkeit nimmt nach unten hin zu.
[25] *Pelka/Niemann* RdNr. 465; *Plate* S. 194.

Vermögensübersicht 12, 13 § 153

bb) Sofortige Zerschlagung. Wenn das Unternehmen sofort zerschlagen werden soll, 12
also bereits endgültig eingestellt oder die Zerschlagung beschlossen ist, gibt es kein Anlagevermögen mehr.[26] Das ergibt sich aus der Definition des § 247 Abs. 2 HGB. Wegen der Zerschlagung des Betriebs können die Gegenstände ihm nicht mehr auf Dauer dienen. Dann ist die Untergliederung in Anlage- und Umlaufvermögen aufzulösen. Es kann folgendermaßen gegliedert werden:[27]

   A. Betriebsvermögen
      I. Immaterielle Vermögensgegenstände
     II. Sachanlagen (insbesondere Grundstücke)
    III. Vorräte
    IV. Forderungen und sonstige Vermögensgegenstände
     V. Wertpapiere
    VI. Flüssige Mittel
   B. Privatvermögen.

b) Horizontale Gliederung. Für die Bewertung erfordern Liqidations- und Fortführungswert zwei Spalten, wobei es sinnvoll sein kann, auch den Buchwert darzustellen. Soweit 13
– wie hier vorgeschlagen – auch Fremdrechte auf der Aktivseite ausgewiesen werden,[28] sind zwei weitere Spalten erforderlich (Absonderungsrecht/Aufrechnungsmöglichkeit und freie Masse). Insgesamt kann sich zB folgende Gliederung ergeben (wobei die Belastung mit Fremdrechten sowohl durch eine entsprechende vertikale als auch horizontale Untergliederung dargestellt wird):

Titel	Buchwert* €	Liquidationswert €	Fortführungswert €	Absonderungsrecht* Aufrechnungsmöglichkeit €	Freie Masse* € a) Liquidationswert b) Fortführungswert
I. (Teilweise) nicht für die Masse verfügbare Vermögensgegenstände					
1. Ausstehende Einlagen					
2. Immaterielle Vermögensgegenstände					
3. Sachanlagen (inbesondere Grundstücke)					
4. Vorräte					
5. Forderungen und sonstige Vermögensgegenstände					
6. Flüssige Mittel					

---

[26] *Pink* S. 108; *Pelka/Niemann* RdNr. 157; *Kunz/Mundt* S. 667, obwohl die §§ 270 Abs. 2 Satz 3 AktG, 71 Abs. 2 Satz 3 GmbHG lediglich eine Umbewertung verlangen.
[27] Die Angabe der Fremdrechte kann in der Vertikalgliederung durch eine Zweiteilung (teilweise) belastete – unbelastete (freie) Vermögensgegenstände erfolgen und durch einen Ausweis der Höhe des Fremdrechtes in der horizontalen Gliederung. Denkbar ist auch, die vertikale Untergliederung in gebundene – freie Masse bei den einzelnen Positionen vorzunehmen, vgl. *König*, 1008.
[28] Die Angabe ist nicht zwingend, mag aber die Ermittlung der Fremdrechte für die Vermögensübersicht erleichtern.

Füchsl/Weishäupl

§ 153   14

Titel	Buch-wert* €	Liquidati-onswert €	Fortfüh-rungswert €	Absonde-rungsrecht* Aufrech-nungsmög-lichkeit €	Freie Masse* € a) Liquidati-onswert b) Fortfüh-rungswert
II. Für die Masse verfügbare Vermö-gensgegenstände					
1. Ausstehende Ein-lagen					
2. Immaterielle Ver-mögensgegenstände					
3. Sachanlagen (ins-besondere Grund-stücke)					
4. Vorräte					
5. Forderungen und sonstige Ver-mögensgegenstände					
6. Flüssige Mittel					
III. Überschuldung					

Vom Gesetz nicht vorgeschrieben.

14   **2. Passivseite.** Für die Gliederung der Passivseite verweist § 153 Abs. Satz 2 auf die Vorschrift über die Gliederung des Gläubigerverzeichnisses (§ 152 Abs. 2 Satz 1). Dage-gen entfällt die Angabe von Grund und Betrag der Forderungen, sowie die Anschrift. Das ergibt sich daraus, dass die Vermögensübersicht ebenfalls eine Zusammenfassung darstellt.

	Betrag der Forde-rung (Buchwert)	Absonderungs-recht bzw. Auf-rechnungsmög-lichkeit (Gegenstand und Höhe des Betrages)	Voraussichtliche Quote a) Zerschla-gungswert b) Fortführungs-wert
1. a) Verfahrenskosten b) sonstige Masse-verbindlichkeiten		–	–
2. Insolvenzforderun-gen a) mit Absonde-rungsrecht b) mit Aufrech-nungsbefugnis c) einfache Insol-venzforderungen			
3. Nachrangige Insol-venzforderungen			

	Betrag der Forderung (Buchwert)	Absonderungsrecht bzw. Aufrechnungsmöglichkeit (Gegenstand und Höhe des Betrages)	Voraussichtliche Quote a) Zerschlagungswert b) Fortführungswert
(aufgeführt nach den einzelnen Rangklassen des § 39 Abs. 1)			
4. Absonderungsberechtigte Gläubiger, die nicht Insolvenzgläubiger sind	–		–

V. Eidesstattliche Versicherung (§ 153 Abs. 2)

15 **1. Anwendungsbereich. a) Beschränkung auf Vollständigkeit der Vermögensübersicht.** § 153 Abs. 2 knüpft an die §§ 125 KO, 69 VglO und 3 Abs. 2 GesO an. Die Vorschrift wirft in mehrfacher Hinsicht Probleme auf. Zum einen wird nur die Versicherung der Vollständigkeit[29] verlangt und andererseits bezieht sich die Verpflichtung des Schuldners nur auf die Vermögensübersicht. Gerade diese Verknüpfung macht aber wenig Sinn. In der Vermögensübersicht als einer Zusammenfassung sind keine einzelnen Gegenstände aufgeführt. Den Wertangaben ist nicht zu entnehmen, welche einzelnen Gegenstände darin zusammengefasst sind. Die Vollständigkeit ließe sich allein anhand des inventarähnlichen Verzeichnisses der Massegegenstände und des Gläubigerverzeichnisses beurteilen.[30] Da sich die eidesstattliche Versicherung nach dem eindeutigen Wortlaut nur auf die Vermögensübersicht bezieht, die ihrerseits auf den Stichtag der Verfahrenseröffnung zu erstellen ist, erfasst die Pflicht zur Abgabe einer eidesstattliche Versicherung nicht die Angabe eventuellen Neuerwerbs, obwohl dieser gem. § 35 in die Masse fällt. Verletzt der Schuldner vorsätzlich oder grob fahrlässig seine Pflicht zur Abgabe einer eidesstattlichen Versicherung, ist **Restschuldbefreiung** zu **versagen** (§ 305 Abs. 1 Nr. 5).

16 **b) Verhältnis zu § 98.** Im Übrigen erscheint die Vorschrift auch weitgehend überflüssig, denn eine entsprechende Verpflichtung bestünde auch ohne § 153 Abs. 2 bereits auf Grund der §§ 97, 98.[31] Aus der Regelung des § 153 Abs. 2 Satz 1 darf nun aber nicht im Wege des Umkehrschlusses geschlossen werden, dass hinsichtlich der insolvenzrechtlichen Rechenwerke sich die Mitwirkungs- und Auskunftspflicht des Insolvenzschuldners auf den dort bezeichneten Umfang beschränken soll. Die §§ 97 ff. zeigen gerade, dass die Auskunfts- und Mitwirkungspflichten gegenüber der KO erweitert werden sollten. Mithin sind die §§ 97, 98 nur insoweit von § 153 Abs. 2 Satz 1 verdrängt, als dort eine Regelung enthalten ist.[32] Daraus folgt, dass neben der eidesstattlichen Versicherung nach § 153 Abs. 2 entsprechende Erklärungen des Schuldners zur **Vollständigkeit** und **Richtigkeit** des **Verzeichnisses der Massegegenstände (§ 151)** sowie des **Gläubigerverzeichnisses**

---

[29] Vgl. demgegenüber § 3 Abs. 2 GesO: „*Richtigkeit* und Vollständigkeit".
[30] Vgl. zu unterschiedlichen Anforderungen an die Versicherung der Richtigkeit und Vollständigkeit von Inventar und der Richtigkeit der Bilanz im früheren Recht *Kuhn/Uhlenbruck* § 125 RdNr. 3 aE.
[31] Aus den §§ 125 KO, 807 ZPO folgt, dass das Gesetz davon ausgeht, die eidesstattliche Versicherung sei zur Herbeiführung wahrheitsgemäßer Aussagen immer erforderlich. Der einschränkenden Voraussetzung der „Erforderlichkeit" nach § 98 Abs. 1 Satz 1 kommt daher in diesem Zusammenhang keine Bedeutung zu.
[32] Vgl. *Kübler/Prütting/Holzer* § 153 RdNr. 32 sowie zum ebenfalls beschränkten Anwendungsbereich des § 125 KO BGH KTS 1989, 651, 652.

§ 153 17–20   4. Teil. 1. Abschnitt. Sicherung der Insolvenzmasse

(§ 152) und zur **Richtigkeit** der **Vermögensübersicht** nach § 98 Abs. 1 Satz 1 verlangt werden können.[33] Gleiches gilt für die Auskünfte hinsichtlich eventuellen **Neuerwerbs**. Die §§ 97 f. unterscheiden sich von § 153 Abs. 2 Satz 1 darin, dass das Insolvenzgericht von Amts wegen die Versicherung an Eides statt anordnen kann, während § 153 einen Antrag des Verwalters oder eines Gläubigers verlangt.

17   **c) Verhältnis zu §§ 807, 899 ff. ZPO. aa) Ergänzende Anwendung einzelner Vorschriften.** § 125 KO wurde als Sonderfall der §§ 807, 900 ZPO begriffen, weshalb grundsätzlich die §§ 899 ff. ergänzend anwendbar waren.[34] Dieses Verständnis gilt für § 153 Abs. 2 nicht mehr.[35] Denn § 153 Abs. 2 Satz 2 verweist auf § 98 Abs. 3 Satz 1, der wiederum nur hinsichtlich der Anordnung der Haft die §§ 904 bis 910, 913 ZPO entsprechend für anwendbar erklärt.[36] § 153 Abs. 2 ist deshalb als Sonderfall zu § 98 und nicht zu § 899 ZPO zu verstehen. Gegen die Anordnung der eidesstattlichen Versicherung ist keine Beschwerde statthaft (§ 6 Abs. 1). Das schließt aber nicht aus, die Verfahrensvorschriften des § 900 Abs. 3 ZPO analog heranzuziehen. Anders als im Rahmen von § 125 KO ist aber **kein Widerspruch nach § 900 Abs. 5 ZPO** möglich. Angesichts des § 98 Abs. 3 Satz 3 fehlt es an einer Lücke, weil dort abschließend die Rechtsbehelfsmöglichkeiten geregelt sind. Eine bereits nach § 807 ZPO erfolgte eidesstattliche Versicherung ersetzt nicht die eidesstattliche Versicherung nach § 153 Abs. 2.[37]

18   **bb) Eidesstattliche Versicherung nach § 807 ZPO neben § 153 Abs. 2.** Die Verpflichtung nach § 807 ZPO, die vom *Insolvenzverwalter* zu erfüllen ist, besteht während des Insolvenzverfahrens nicht, solange die Zwangsvollstreckung in die Masse unzulässig ist (§§ 89, 90). Denn die Zulässigkeit der Zwangsvollstreckung ist Voraussetzung für die Verpflichtung nach § 807 ZPO.[38]

2. Voraussetzungen. Die eidesstattliche Versicherung setzt zweierlei voraus: (1.) Die Aufstellung der Vermögensübersicht und (2.) einen zulässigen[39] Antrag des Verwalters oder eines Gläubigers.

19   **a) Gläubigereigenschaft.** Nach dem Wortlaut ist jeder Gläubiger antragsberechtigt. Anders als § 125 KO („Konkursgläubiger") beschränkt § 153 den Kreis der antragsberechtigten Gläubiger nicht auf die Gruppe der Insolvenzgläubiger. Damit wären auch **aussonderungs-** oder **absonderungsberechtigte** Gläubiger antragsberechtigt, die keine persönliche Forderung gegen den Insolvenzschuldner haben. Ihnen wird regelmäßig aber das Rechtsschutzbedürfnis fehlen.[40] Auch **Massegläubiger** fallen unter den Wortlaut der Vorschrift. Letztere können daneben nach den §§ 899 ff. ZPO gegen den Insolvenzverwalter vorgehen,[41] soweit sie nach § 90 nicht gehindert sind, in die Masse zu vollstrecken.[42] Eine **Forderungsanmeldung** wird zwar nicht ausdrücklich verlangt, doch muss sie deshalb vorliegen, weil erst durch sie die Gläubigerstellung im Insolvenzverfahren beachtlich wird (arg. § 77 Abs. 1).[43] Entsprechend sind **nachrangige Insolvenzgläubiger** nur dann antragsberechtigt, wenn das Gericht sie besonders zur Anmeldung ihrer Forderungen aufgefordert hat (§ 174 Abs. 3).

20   **b) Antragsberechtigung.** Die Voraussetzungen der eidesstattlichen Versicherung und damit auch die Antragsberechtigung des antragstellenden Gläubigers sind von Amts wegen

---

[33] Zur Bedeutungslosigkeit der Einschränkung „zur Herbeiführung einer wahrheitsgemäßen Auskunft erforderlich erscheint" siehe Fn. 31.
[34] *Kuhn/Uhlenbruck* § 125 RdNr. 6; *Kilger/K. Schmidt* § 125 Anm. 1.
[35] AA FK-*Wegener* § 153 RdNr. 8.
[36] Vgl. zur Anwendbarkeit von § 900 Abs. 3 Satz 3 und 4 ZPO aber unter RdNr. 23.
[37] Vgl. *Kuhn/Uhlenbruck* § 125 RdNr. 7.
[38] *Zöller/Stöber* § 807 RdNr. 3; *Thomas/Putzo* § 807 RdNr. 3 f.
[39] *Kuhn/Uhlenbruck* § 125 RdNr. 2.
[40] *Uhlenbruck* § 153 RdNr. 4 spricht sich generell gegen eine Antragsberechtigung aus.
[41] *Kilger/K. Schmidt* § 57 Anm. 4.
[42] Vgl. Fn. 38.
[43] *Jaeger/Weber* § 125 RdNr. 2.

Vermögensübersicht   21–24 § 153

zu prüfen.⁴⁴ Bei festgestellten Forderungen ist dabei die Rechtskraft der Tabelle (§ 178 Abs. 3) zu beachten. Vorher genügt regelmäßig die Anmeldung der Forderung. Das bloße Bestreiten der Forderung durch den Schuldner ist unbeachtlich.⁴⁵ Denn ein solches verhindert auch nicht die Aufnahme der Forderung in die Tabelle (§ 178 Abs. 1 Satz 2). Konkreten Zweifeln an der materiellen Berechtigung muss das Insolvenzgericht aber nachgehen (§ 5 Abs. 1). Dies ist deshalb gerechtfertigt, weil nur eingeschränkte Rechtsbehelfsmöglichkeiten bestehen. Bei einem Antrag des Verwalters stellt sich die Problematik nicht. Wird weder vom Verwalter noch von einem Gläubiger die eidesstattliche Versicherung beantragt, kann das Gericht von sich aus die eidesstattliche Versicherung nach § 98 anzuordnen (vgl. RdNr. 16).

c) **Sonstige Zulässigkeitsvoraussetzungen.** Der Antrag ist schriftlich oder zu Pro- 21 tokoll der Geschäftsstelle zu stellen (§§ 496 ZPO, 4 InsO).⁴⁶ Die Antragsberechtigung wird durch den Tabelleneintrag (§ 175) nachgewiesen. § 900 Abs. 1 Satz 2 ZPO ist auch nicht analog anwendbar.

3. Verfahren. a) Zuständigkeit. Es ist nicht mehr wie bei § 125 KO das Vollstre- 22 ckungsgericht nach § 899 ZPO zuständig, sondern das **Insolvenzgericht** (§§ 2, 3).

b) **Terminsbestimmung.** Das Insolvenzgericht bestimmt einen Termin zur Abgabe der 23 eidesstattlichen Versicherung. Gem. §§ 214 ZPO, 4 InsO ist der Insolvenzschuldner von Amts wegen zu laden. Analog § 900 Abs. 1 Satz 3 ZPO nF ist die Ladung dem Schuldner zuzustellen.⁴⁷ Dem Antragsteller (Gläubiger und/oder Verwalter) ist die Terminbestimmung analog § 900 Abs. 1 Satz 4 ZPO nF mitzuteilen. Eine sofortige Abnahme der eidesstattlichen Versicherung durch den Gerichtsvollzieher analog § 900 Abs. 2 ZPO nF, ist nicht möglich.

c) **Ablauf des Termins.** Der Termin ist nicht öffentlich, weil es sich um keine Verhand- 24 lung vor einem erkennenden Gericht handelt (§ 169 GVG). Der Schuldner ist über den Umfang seiner Erklärungen und über den Zweck des Verfahrens zu belehren.⁴⁸ Die Vermögensübersicht ist mit dem Schuldner durchzugehen und gegebenenfalls zu ergänzen. Die objektiven Anfechtungstatbestände sind ebenfalls zu erörtern. Die Erklärungen des Schuldners sind in einem Protokoll festzuhalten. Das Protokoll ist zu verlesen und die Genehmigung zu vermerken (§§ 162 Abs. 1, 160 Abs. 3 Nr. 3 ZPO, 4 InsO). Der Schuldner ist über die Strafbarkeit einer falscher oder unvollständiger Angaben zu belehren (§§ 480 ZPO, 98 Abs. 1 Satz 2, 153 Abs. 2 Satz 3). Die sich anschließende Erklärung des Schuldners wird zweckmäßigerweise folgendermaßen gefasst: „Ich bin nach bestem Wissen nicht imstande, außer den in der Vermögensübersicht⁴⁹ und von mir zusätzlich genannten Vermögensgegenständen und Schulden noch weiteres, im Zeitpunkt der Insolvenzeröffnung⁵⁰ zur Insolvenzmasse gehöriges Vermögen oder zu diesem Zeitpunkt vorhandene Verbindlichkeiten anzugeben."⁵¹

---

⁴⁴ So auch für den Bereich der §§ 899 ff. ZPO *Stein/Jonas/Münzberg* § 900 RdNr. 3; *Uhlenbruck* § 153 RdNr. 4 scheint dagegen eine Prüfungspflicht nur dann anzunehmen, wenn der Insolvenzschuldner nach § 900 Abs. 5 widersprochen hat.
⁴⁵ Vgl. zur Prüfungspflicht im Rahmen eines auf die fehlende materielle Berechtigung gestützten Widerspruchs nach § 900 Abs. 5 ZPO *Gottwald/Eickmann*, Insolvenzrechts-Handbuch, 1. Aufl. § 31 RdNr. 22 einerseits und *Jaeger/Weber* § 125 RdNr. 2 und 4; *Kilger/K. Schmidt* § 125 Anm. 1; *Uhlenbruck* § 153 RdNr. 4 andererseits.
⁴⁶ *Jaeger/Weber* § 125 RdNr. 4 unter Hinweis auf den insoweit inhaltsgleichen § 496 Abs. 2 ZPO aF; aA FK-*Wegener* § 153 RdNr. 11 a.
⁴⁷ Die §§ 497 ZPO, 4 InsO verlangen keine Zustellung. Damit aber entstünde ein Wertungswiderspruch zu § 900 Abs. 3 ZPO.
⁴⁸ *Gottwald/Eickmann*, Insolvenzrechts-Handbuch, § 30 RdNr. 19.
⁴⁹ Gem. § 98 Abs. 1 sollten zweckmäßigerweise auch die Verzeichnisse nach den §§ 151 f. in die eidesstattliche Versicherung einbezogen werden.
⁵⁰ Diese Einschränkung fällt weg, wenn das Insolvenzgericht über § 153 Abs. 2 hinaus nach § 98 Abs. 1 angeordnet hat, dass auch über den Neuerwerb Angaben zu machen sind.
⁵¹ Bei einer Kombination der Auskunftspflichten nach §§ 153 und 97 f. auch im Hinblick auf die Verzeichnisse nach den §§ 151 f. und den Neuerwerb, kann folgende Formel vorgeschlagen werden: „Ich bin nach bestem Wissen nicht imstande, außer den im Verzeichnis der Massegegenstände, im Gläubigerverzeichnis, in

25 d) Zwangsweise Durchsetzung. In den Fällen des § 98 Abs. 2 kann das Insolvenzgericht den Schuldner zwangsweise vorführen und nach Anhörung in Haft nehmen lassen (§ 153 Abs. 2 Satz 2). Für die Anordung der Haft gelten die §§ 904 bis 910, 913 ZPO entsprechend (§ 98 Abs. 3 Satz 1).[52] Der Haftbefehl ist von Amts wegen aufzuheben, sobald die Voraussetzungen für die Haft nicht mehr vorliegen (§ 98 Abs. 3 Satz 2).

26 e) Rechtsbehelfe. Gegen die Anordnung, eine eidesstattliche Versicherung abzugeben, ist die Beschwerde ist ausgeschlossen (§ 6 Abs. 1). Gegen den Haftbefehl und die Ablehnung eines Antrags auf Aufhebung des Haftbefehls wegen Wegfalls seiner Voraussetzungen ist dagegen die sofortige Beschwerde statthaft (§ 98 Abs. 3 Satz 3).

27 f) Kosten. Gem. Teil 4 II. 2. des Kostenverzeichnisses werden für die Abnahme der eidesstattlichen Versicherung und des Verfahrens über Anträge auf Erzwingung der Abgabe einer eidesstattlichen Versicherung **keine** gesonderten **Gebühren** erhoben. Für die Kosten der Haft (Auslagen gem. KostVerz Nr. 9110) kann zwar kein Vorschuss verlangt werden (§ 68 Abs. 1 Satz 3 GKG),[53] sie fallen aber als Massekosten der Masse zur Last (§ 54 Nr. 2), wenn der Insolvenzverwalter den Antrag gestellt hat.

28 4. Die zur Eidesleistung verpflichteten Personen. Nach § 153 Abs. 2 Satz 1 ist der Schuldner verpflichtet, die eidesstattliche Versicherung persönlich (§§ 478 ZPO, 98 Abs. 1 Satz 2 InsO) abzugeben. Im Nachlassinsolvenzverfahren (§§ 315 ff.) ist der Erbe Schuldner[54] und damit zur eidesstattlichen Versicherung verpflichtet. Ist der Schuldner prozessunfähig (§§ 52, 53 ZPO, 4 InsO), muss der gesetzliche Vertreter, der den Schuldner im Zeitpunkt des Termins vertritt, die eidesstattliche Versicherung abgeben.[55] Ist der Insolvenzschuldner **keine natürliche Person,** so bestimmt sich die Person des Auskunfts- und Eidespflichtigen nach den §§ 101, 153 Abs. 2 Satz 2.

29 a) Personengesellschaften (GbR, OHG, KG, Partnerschaft, EWIV). Die Verpflichtung zur Abgabe der eidesstattlichen Versicherung trifft die **vertretungsberechtigten, persönlich haftenden Gesellschafter** (§§ 101 Abs. 1 Satz 1, 153 Abs. 2 Satz 2).[56] Maßgeblich sind die §§ 709 f., 714 BGB, 125, 161 Abs. 2 HGB; 8 PartGG, 1 EWIV-AusfG. In der Insolvenz der GmbH & Co KG trifft die Verpflichtung die Mitglieder des Vertretungs- oder Aufsichtsorgans (Geschäftsführer oder Aufsichtsratsmitglieder) der Komplementär-GmbH.[57] Nach § 101 Abs. 1 Satz 2 bleibt die Verpflichtung auch dann bestehen, wenn die Vertretungsmacht oder die Gesellschafterstellung innerhalb von zwei Jahren vor dem Antrag auf Eröffnung des Insolvenzverfahrens weggefallen sind. Darüber hinaus ist § 15 Abs. 1 HGB zu beachten, solange weder der Wegfall der Vertretungsmacht (§ 125 Abs. 4 HGB) noch das Ausscheiden des OHG/KG-Gesellschafters (§ 143 Abs. 2 HGB) im Handelsregister eingetragen sind.

30 b) Juristische Personen. Gem. § 101 Abs. 1 Satz 1 sind die **Mitglieder des Vertretungs- oder Aufsichtsorgans** des Schuldners verpflichtet. Dazu gehören auch die Liquidatoren bzw. Abwickler (§§ 70 Satz 1 GmbHG, 268 Abs. 2 Satz 2 AktG). Hat die Gesellschaft keinen organschaftlichen Vertreter, ist (analog[58]) § 29 BGB ein Notgeschäftsführer oder Notvorstand zu bestellen.[59] Verpflichtet sind auch die Mitglieder im Vertretungs- oder

---

der Vermögensübersicht aufgezeichneten und von mir zusätzlich genannten Vermögensgegenständen zusätzliches, zur Masse gehöriges Vermögen oder zurzeit der Vermögenseröffnung begründete Verbindlichkeiten anzugeben.".

[52] Da § 908 ZPO aF (Haftbefehl) aufgehoben wurde und in § 901 Satz 2 ZPO nF aufging, ist insoweit § 901 Satz 2 ZPO nF anzuwenden.
[53] *Kilger/K. Schmidt* § 125 Anm. 3.
[54] *Uhlenbruck* § 153 RdNr. 5.
[55] *Zöller/Stöber,* ZPO § 807 RdNr. 6 mwN; *Uhlenbruck,* § 153 RdNr. 5.
[56] *Uhlenbruck* § 153 RdNr. 5; *FK-Wegener* § 153 RdNr. 14.
[57] *Uhlenbruck* § 153 RdNr. 5. *FK-Wegener* § 153 RdNr. 14.
[58] Zur analogen Anwendung auf die GmbH etc. vgl. *Palandt/Heinrichs* § 29 RdNr. 1.
[59] *Uhlenbruck* § 153 RdNr. 5.

Aufsichtsorgan, die innerhalb von zwei Jahren vor (und erst recht nach) Verfahrenseröffnung ausgeschieden sind (§ 101 Abs. 1 Satz 2).

c) Mehrheit von Verpflichteten. Bei mehreren Verpflichteten ist jeder auskunftspflichtig. Soweit – wie in § 153 Abs. 2 vorgesehen – nur die Vollständigkeit der Vermögensübersicht zu versichern ist, kann auch der nicht zur Verwaltung des Vermögens oder Betreuung der Vermögensangelegenheiten Verpflichtete (Bsp.: Gegenvormund § 1792 BGB) zur eidesstattlichen Versicherung herangezogen werden.[60] Denn der Verpflichtete muss lediglich die Vollständigkeit versichern, also erklären, dass ihm kein zusätzliches Vermögen oder keine zusätzlichen Schulden bekannt sind. Sinnvoll ist die Heranziehung in derartigen Fällen aber nicht. **31**

d) Angestellte. Die Verpflichtung zur Abgabe der eidesstattlichen Versicherung nach § 153 Abs. 2 trifft allein den Schuldner. Angestellte des schuldnerischen Unternehmens sind nicht verpflichtet, wie auch der fehlende Verweis in § 153 Abs. 2 Satz 2 auf § 101 Abs. 2 zeigt. Allerdings ist dadurch die **allgemeine Auskunftspflicht** nach den neuen Vorschrift der §§ 97 Abs. 1, 101 Abs. 2 nicht eingeschränkt. Denn § 153 Abs. 2 betrifft die Abgabe eidesstattlicher Versicherungen, während es in § 101 Abs. 2 nur um Auskunftspflichten geht. Danach sind nunmehr auch Angestellte des Insolvenzschuldners zur Auskunft verpflichtet. Dies gilt in gleicher Weise für Angestellte, die nicht früher als zwei Jahre vor Verfahrenseröffnung ausgeschieden sind. Bedeutung kann dem im hier interessierenden Zusammenhang insbesondere hinsichtlich ausgeschiedener Buchhalter zukommen. Anders als die nach § 101 Abs. 1 Verpflichteten müssen Angestellte keine Tatsachen offenbaren, die geeignet sind, eine Verfolgung wegen einer Straftat herbeizuführen. Wird die freiwillige Auskunft verweigert, steht dem Verwalter nur der Prozessweg offen.[61] Werden die Angestellten vom Insolvenzgericht im Rahmen im Rahmen seiner Ermittlungen als Zeugen vernommen, so gelten die zivilprozessualen Bestimmungen über den Zeugenbeweis einschließlich der Bestimmungen über Ordnungsmittel und Zeugnisverweigerungsrechte (§§ 380, 383 ZPO, 4 InsO).[62] **32**

5. Inhalt der eidesstattlichen Versicherung. Nach dem eindeutigen Wortlaut des § 153 Abs. 2 Satz 2 bezieht sich die eidesstattliche Versicherung auf die Vollständigkeit der Vermögensübersicht. Daraus folgt zum einen, dass nur solche Gegenstände angegeben werden müssen, die dem Schuldner im **Zeitpunkt der Verfahrenseröffnung** gehörten. Denn gem. § 153 Abs. 1 Satz 1 ist die Vermögensübersicht auf den Stichtag der Insolvenzeröffnung zu erstellen. Hierzu gehören aber auch Anfechtungslagen.[63] Der Rückgewähranspruch nach § 143 gehört zur Insolvenzmasse im Zeitpunkt der Verfahrenseröffnung. Auch Anwartschaftsrechte an Gegenständen sind – trotz eines möglichen Aussonderungsanspruchs – anzugeben.[64] Dagegen erfasst die Auskunftspflicht **nicht** das vom Insolvenzbeschlag **freie Vermögen** (§ 36), weil sich die Vermögensübersicht nur auf Gegenstände der Insolvenzmasse bezieht. Anders als nach bisherigem Verständnis[65] lässt der Gesetzeswortlaut keinen Zweifel daran, dass auch die **Vollständigkeit der Passivseite** zu versichern ist.[66] **33**

---

[60] AA *Uhlenbruck* § 153 RdNr. 5.
[61] Begr. zu § 115 RegE (= § 101).
[62] Begr. zu § 115 RegE (= § 101).
[63] RGSt 66, 152, 153; RG HRR 1938 Nr. 564; BGHSt 3, 310; *Uhlenbruck* § 153 RdNr. 6; FK-*Wegener* § 153 RdNr. 15; *Kilger/K. Schmidt* § 125 Anm. 1; aA BayObLGSt 32, 124.
[64] *Uhlenbruck* § 153 RdNr. 6.
[65] *Uhlenbruck* § 153 RdNr. 6; *Kilger/K. Schmidt* § 125 Anm. 1.
[66] So auch die Begr. zu § 172 RegE (= § 153); *Nerlich/Römermann/Andres* § 153 RdNr. 15; *Smid/Rattunde* § 153 RdNr. 3; nunmehr auch FK-*Wegener* § 153 RdNr. 15; *Hess* § 153 RdNr. 21.

§ 154 Niederlegung in der Geschäftsstelle

Das Verzeichnis der Massegegenstände, das Gläubigerverzeichnis und die Vermögensübersicht sind spätestens eine Woche vor dem Berichtstermin in der Geschäftsstelle zur Einsicht der Beteiligten niederzulegen.

Schrifttum: vgl. vor §§ 151 ff.

I. Niederlegungsfrist

1   Anders als die KO enthält § 154 ausdrückliche Regelungen über die Aufstellung der insolvenzrechtlichen Rechnungslegungswerke, die auf den Stichtag der Verfahrenseröffnung zu erstellen sind.[1] Der **Berichtstermin** soll nicht über sechs Wochen und darf nicht über drei Monate hinaus angesetzt werden (§ 29 Abs. 1 Nr. 1). Diese **Frist** ist jedenfalls in größeren Verfahren regelmäßig **zu kurz**. In unübersichtlichen Verfahren (insbesondere mit nicht aufgearbeiteter Buchführung) kommt dazu, dass zum Berichtstermin zunächst nur **vorläufige** Verzeichnisses vorgelegt werden können (ausführlich zur Problematik vor §§ 151 ff. RdNr. 23 ff.). Der Insolvenzverwalter wird in dem Berichtstermin auf den partiell vorläufigen Stand des Zahlenwerkes hinzuweisen und diesen zu erläutern haben. In jedem Falle müssen die vorgelegten Zahlen so aussagekräftig sein, dass die Gläubigerversammlung die gesetzlich vorgesehenen Beschlüsse fassen kann, insbesondere die Entscheidung über die Fortführung oder Schließung des schuldnerischen Geschäftsbetriebes. Anderseits ist für die körperliche Bestandsaufnahme weiterhin keine Frist vorgesehen (vgl. dazu § 151 RdNr. 4).

II. Einsicht der Beteiligten

2   Das Verzeichnis der Massegegenstände (§ 151), das Gläubigerverzeichnis (§ 152) sowie die Vermögensübersicht (§ 153) sind offen zu legen.[2] Der Begriff des **„Beteiligten"** ist wie bei § 60 zu verstehen. Voraussetzung ist nur, dass ein berechtigtes Interesse an der Einsicht besteht. Er umfasst also auch aus- und absonderungsberechtigte Gläubiger.[3] Die früher hM[4] zu § 124 KO verstand allerdings unter „Beteiligtem" nur Konkursgläubiger, Mitglieder des Gläubigerausschusses, die nicht Gläubiger sind,[5] den Gemeinschuldner und die Massegläubiger. Schon der Wortlaut rechtfertigt diese Einschränkung nicht. Aus- oder absonderungsberechtigte Gläubiger können ein weitaus größeres und berechtigteres Interesse an der Einsicht in das Verzeichnis der Massegegenstände haben, um festzustellen, ob der Gegenstand, an dem ihr Recht besteht, noch vorhanden ist. Den so Beteiligten sind auf ihre Kosten[6] Abschriften zu erteilen (§§ 299 Abs. 1 ZPO, 4 InsO).[7]

3   Das Einsichtsrecht besteht nicht im Falle eines (offensichtlichen) Rechtsmissbrauchs.[8] Problematisch ist dabei insbesondere die Einsicht in das Gläubigerverzeichnis. Ein Rechtsmissbrauch liegt beispielsweise vor, wenn versucht wird, die im Gläubigerverzeichnis aufgeführten Personen für den Abschluss einer Kreditversicherung zu werben oder sonst als Kunden oder Lieferanten zu gewinnen und dadurch den Geschäftswert des insolventen Unternehmens zu schmälern. In der Praxis wird sich das allerdings kaum rechtzeitig feststellen lassen.

---

[1] Für eine Vorlage zum Berichtstermin nach § 131 KO *Veit* S. 76 f.; *Kilger/K. Schmidt* § 124 Anm. 2 b); *Kuhn/Uhlenbruck* § 124 RdNr. 1 a; keine Fristvorgaben dagegen nach *Klasmeyer/Kübler* S. 373.
[2] Zu den Siegelungsprotokollen vgl. § 150 Satz 2; nicht offen zu legen sind dagegen die Geschäftsbücher, *Uhlenbruck/Maus* § 154 RdNr. 3.
[3] FK-*Wegener* § 154 RdNr. 3; *Uhlenbruck/Maus* § 154 RdNr. 3.
[4] *Jaeger/Weber* § 124 RdNr. 4 *Kuhn/Uhlenbruck* § 124 RdNr. 3; *Kilger/K. Schmidt* § 124 Anm. 3.
[5] Vgl. § 67 Abs. 3.
[6] Vorschuss nach § 64 Abs. 2 GKG.
[7] FK-*Wegener* § 154 RdNr. 5; aA *Hahn*, Materialien 312.
[8] Vgl. *Uhlenbruck/Maus* § 154 RdNr. 3.

§ 155 Handels- und steuerrechtliche Rechnungslegung

(1) ¹Handels- und steuerrechtliche Pflichten des Schuldners zur Buchführung und zur Rechnungslegung bleiben unberührt. ²In bezug auf die Insolvenzmasse hat der Insolvenzverwalter diese Pflichten zu erfüllen.

(2) ¹Mit der Eröffnung des Insolvenzverfahrens beginnt ein neues Geschäftsjahr. ²Jedoch wird die Zeit bis zum Berichtstermin in gesetzliche Fristen für die Aufstellung oder die Offenlegung eines Jahresabschlusses nicht eingerechnet.

(3) ¹Für die Bestellung des Abschlußprüfers im Insolvenzverfahren gilt § 318 des Handelsgesetzbuchs mit der Maßgabe, daß die Bestellung ausschließlich durch das Registergericht auf Antrag des Verwalters erfolgt. ²Ist für das Geschäftsjahr vor der Eröffnung des Verfahrens bereits ein Abschlußprüfer bestellt, so wird die Wirksamkeit dieser Bestellung durch die Eröffnung nicht berührt.

Schrifttum: vgl. vor §§ 151 ff.

Übersicht

	RdNr.		RdNr.
I. Überblick	1	5. Rechnungslegung bei Verfahrensabschluss	24
1. Bedeutung	1	**III. Steuerliche Buchführungspflichten**	25
2. Normaussage	2	1. Buchführungspflichten nach §§ 140, 141 AO	25
3. Anwendungsbereich	3	2. Besonderheiten der Besteuerung von Kapitalgesellschaften	26
II. Handelsrechtliche Rechnungslegung	4	a) Zeitweilige Unternehmensfortführung	26
1. Zeiträume vor Verfahrenseröffnung	4	b) Endgültige Einstellung (Liquidationsbesteuerung)	28
2. Zeitpunkt der Verfahrenseröffnung	5	3. Umsatzsteuer	29
a) Schlussbilanz	5	**IV. Verpflichtung zur Abgabe von Steuererklärungen**	30
aa) Aufstellungspflicht	5	1. Einkommensteuer	31
bb) Inhaltliche Gestaltung	6	a) Verpflichtung zur Abgabe	31
α) Unternehmensfortführung	6	b) Besonderheiten bei Personengesellschaften	32
β) Endgültige Betriebseinstellung	7	c) Insolvenzspezifische Besonderheiten	33
b) Eröffnungsbilanz	8	2. Körperschaftsteuer	34
3. Periodische Rechnungslegung während des Insolvenzverfahrens (§§ 238 ff. HGB)	9	3. Gewerbesteuer	35
a) Keine Buchführungs- und Bilanzierungspflichten bei endgültiger Einstellung	9	a) Endgültige Betriebseinstellung	36
aa) Einzelkaufmann	9	b) Unternehmensfortführung	37
bb) Personenhandelsgesellschaft	10	4. Umsatzsteuer	38
cc) Kapitalgesellschaft	11	**V. Buchführungs- und Steuererklärungspflichten bei Masseamut**	40
b) Buchführungs- und Bilanzierungspflichten bei (zeitweiliger) Unternehmensfortführung	18	1. Fortbestand der Pflichten	40
aa) Geschäftsjahr (Wahlrecht)	18	2. Wegfall der Verwalterpflichten bei Verfahrenseinstellung	41
bb) Aufstellungs- und Offenlegungspflichten (§ 155 Abs. 2 Satz 2)	19		
cc) Lagebericht	20		
dd) Jahresabschlussprüfung	21		
ee) Offenlegung	22		
4. Rechnungslegung bei Betriebseinstellung während des Insolvenzverfahrens	23		

I. Überblick

1. Bedeutung. § 155 hat im bisherigen Insolvenzrecht keine unmittelbare Entsprechung. In Abs. 1 wird die schon bisher herrschende duale Betrachtungsweise bestätigt. Nach ihr war der Konkursverwalter neben der insolvenzrechtlichen Buchführung nach den §§ 6 KO, 34 Abs. 3 AO zur handels- und steuerrechtlichen Buchführung verpflichtet.[1] § 155 **Abs. 1** hat vor diesem Hintergrund lediglich **deklaratorische** Bedeutung.[2] Eine Änderung der Rechtslage ist mit der Vorschrift also nicht verbunden, insbesondere wird der Pflichtenkreis des Verwalters nicht erweitert. Dagegen schließt § 155 Abs. 2 und 3 eine Regelungslücke und macht insoweit einen Rückgriff auf Rechnungslegungsvorschriften bei Liquidation außerhalb des Insolvenzverfahrens (§§ 270 AktG, 71 GmbHG) entbehrlich.[3] Eine im Einzelnen begründete Analogie zu diesen Vorschriften ist dadurch aber nicht ausgeschlossen.[4]

2. Normaussage. § 155 befasst sich mit den **Auswirkungen der Verfahrenseröffnung** auf die handels- und steuerrechtlichen Rechnungslegungspflichten des Schuldners. Die Eröffnung des Insolvenzverfahrens als solche lässt die Buchführungspflichten unberührt (§ 155 Abs. 1 Satz 1). Die Vorschrift enthält keine weiter gehende Aussage dahin, dass in jedem Fall während des gesamten Insolvenzverfahrens doppelte Buchführung und jährliche handelsrechtliche Jahresabschlüsse zu fertigen sind. Vielmehr beurteilen sich die Buchführungspflichten ausschließlich nach Handels- und Steuerrecht.[5] Modifikationen der handelsrechtlichen Buchführungsvorschriften enthält dagegen § 155 Abs. 2 und 3 in Bezug auf das Geschäftsjahr, die Fristen für die Aufstellung und Offenlegung von Jahresabschlüssen (vgl. insbesondere §§ 264 Abs. 1 Satz 2 und 3, 325 Satz 1, 336 Abs. 1 Satz 2 HGB, 5 Abs. 1 Satz 1, 9 Abs. 1 Satz 1 Publizitätsgesetz) und die Bestellung des Abschlussprüfers (§ 318 HGB).

3. Anwendungsbereich. § 155 betrifft die „handels- und steuerrechtlichen Pflichten des Schuldners zur Buchführung und zur Rechnungslegung". Für sonstige steuerliche Pflichten, insbesondere zur Abgabe von Steuererklärungen gilt weiterhin § 34 Abs. 1 und 3 AO. Zum Problem der Anwendbarkeit von Handelsrecht auf den Insolvenzverwalter vgl. allgemein BGH NJW 1987, 1940 = ZIP 1987, 584. Die Vorschrift gilt nicht, auch nicht analog für den **vorläufigen Insolvenzverwalter,** selbst wenn auf diesen das Verwaltungs- und Verfügungsrecht übergegangen ist (arg. § 21 Abs. 2 Nr. 1 e contr.).[6] Soweit jedoch ein solcher „starker Verwalter" bestellt ist, hat er schon auf Grund § 34 AO die Buchführungspflichten des Schuldners zu erfüllen (vgl. § 22 RdNr. 202). Eines Rückgriffs auf § 155 Abs. 1 Satz 2 bedarf es nicht. Die Anordnung eines allgemeinen Verwaltungs- und Verfügungsverbots lässt kein neues Geschäfts- oder Wirtschaftsjahr beginnen.

II. Handelsrechtliche Rechnungslegung[7]

1. Zeiträume vor Verfahrenseröffnung. Auch die bislang vom Schuldner nicht erfüllten Buchführungspflichten, die vor der Verfahrenseröffnung entstanden sind, hat der Verwalter zu erfüllen.[8] Der gem. § 155 Abs. 1 Satz 2 notwendige Bezug zur Insolvenzmasse ergibt sich daraus, dass der Insolvenzverwalter nach § 148 die Geschäftsbücher des schuldne-

---

[1] Vgl. hierzu vor §§ 151 ff. RdNr. 1.
[2] Begr. zu § 174 RegE (= § 155); *Braun* ZIP 1997, 1013, 1013; aA *Förster* ZIP 1997, 344.
[3] AA *Hess* § 155 RdNr. 41, der die Gesetzesbegründung dahin interpretiert, dass § 155 auf die Vorschriften über die Abwicklungsrechnungslegung verweist.
[4] Die Begr. zu § 174 RegE (= § 155) spricht zu Recht von „entsprechender Anwendung"; vgl. auch *Kübler* in *Kübler/Prütting* § 155 RdNr. 11.
[5] Vgl. Begr. zu § 174 RegE (= § 155), die zB auf die Minderkaufmannseigenschaft verweist (§ 4 HGB aF).
[6] *Uhlenbruck* NZI 1999, 289, 291; § 22 RdNr. 202.
[7] Vgl. dazu den Überblick vor §§ 151 ff. RdNr. 18 ff.
[8] LG Frankfurt/Oder NZI 2007, 294, 295 (auch zur Offenlegung); *Pink* S. 92; so auch schon zum früheren Recht KG ZIP 1997, 1511 mwN. Zur Frage der Prüfungspflicht für Abschlüsse vor Verfahrenseröffnung vgl. RdNr. 21.

rischen Unternehmens in Besitz zu nehmen hat. Die Erfüllung der Buchführungspflichten ist damit dem Schuldner bzw. den organschaftlichen Vertretern des schuldnerischen Unternehmens gar nicht mehr möglich.[9] Auch wenn der Schuldner Jahresabschlüsse erstellt hat, kann eine Überprüfung und Korrektur durch den Verwalter sinnvoll sein. Daran ist etwa dann zu denken, wenn der Schuldner zur Vermeidung der Überschuldung sein Aktivvermögen erheblich überbewertet[10] und damit überhöhte Steuerzahlungen geleistet hat.[11] Liegt jedoch gar keine, eine sehr unvollständige oder fehlerhafte Buchführung vor, ist der Verwalter nicht verpflichtet, diese Buchführung auf Kosten der Gläubiger in Ordnung zu bringen.[12] Die Buchführung ist in diesen Fällen nur soweit aufzubereiten wie dies für die Erfüllung der ab Verfahrenseröffnung beginnenden Rechnungslegungspflichten erforderlich ist.

2. Zeitpunkt der Verfahrenseröffnung. a) Schlussbilanz. aa) Aufstellungspflicht. 5
Gem. § 242 Abs. 1 Satz 1 HGB ist eine Schlussbilanz zu erstellen, weil nach § 155 Abs. 2 Satz 1 mit der Eröffnung des Insolvenzverfahrens ein neues Geschäftsjahr beginnt. Durch die Verfahrenseröffnung entsteht also ein **Rumpfgeschäftsjahr**. Ein Wahlrecht, analog § 211 Abs. 1 Hs. 2 AktG (1937) das bisherige Geschäftsjahr beizubehalten und auf die Bildung des Rumpfgeschäftsjahres zu verzichten, besteht nicht.[13] Der Wortlaut des § 155 Abs. 2 Satz 1 lässt **kein Wahlrecht** erkennen. Auch der Verweis der Gesetzesbegründung[14] auf liquidationsrechtliche Vorschriften (§§ 270 AktG, 71 GmbHG) rechtfertigt kein Wahlrecht, selbst wenn man entgegen dem BFH[15] für die Liquidationsrechnungslegung die Möglichkeit bejahte, kein Rumpfgeschäftsjahr des werbenden Unternehmens bis zum Beginn des Liquidationszeitraumes zu bilden, sondern das bisherige Geschäftsjahr beizubehalten. Dem Gesetzgeber war die Möglichkeit eines derartigen Wahlrechtes nicht bewusst.[16] Er ging davon aus, dass kein Wahlrecht besteht und hat dies im Wortlaut auch eindeutig zum Ausdruck gebracht.[17] Die Gesetzesbegründung bezieht sich auf die in § 155 Abs. 2 Satz 1 getroffene Anordnung und nicht auf geltende Liquidationsvorschriften.[18]

bb) Inhaltliche Gestaltung. α) Unternehmensfortführung. Wird das Unternehmen 6 über den Zeitpunkt der Verfahrenseröffnung hinaus fortgeführt (§ 157 Satz 1), ist die Schlussbilanz nach den normalen Gliederungs-, Ansatz- und Bewertungsvorschriften zu erstellen. Ein begründeter Ausnahmefall nach § 252 Abs. 2 HGB liegt nicht vor. Die Diskussion um Abweichungen zwischen Schlussbilanz und Eröffnungsbilanz[19] geht unseres Erachtens in die Irre, weil die Eröffnung des Verfahrens als solche gem. § 155 Abs. 1 Satz 1 keine Auswirkungen hat. Allein die Tatsache der Betriebseinstellung kann Auswirkungen auf die Bilanz hervorrufen.

β) Endgültige Einstellung. Unter endgültiger Einstellung des Geschäftsbetriebes ist die 7 Verfahrenssituation[20] gemeint, bei der im Zeitpunkt der Verfahrenseröffnung[21] das Unter-

---

[9] Vgl. BGHZ 74, 316, 319 = NJW 1979, 2212, 2213; KG ZIP 1997, 1511.
[10] Gem. § 256 Abs. 5 Satz 1 Nr. 1 AktG kann der Jahresabschluss sogar nichtig sein.
[11] *Pink* S. 91; *Pelka/Niemann* RdNr. 262 ff.
[12] *Uhlenbruck/Maus* § 155 RdNr. 3; vgl. auch BGH BGHZ 74, 316 = NJW 1979, 2212.
[13] *Weisang* BB 1998, 1149, 1151; aA *Kuntz/Mundt* DStR 1997, 664, 666; vgl. für die Liquidationsrechnungslegung nach §§ 270 AktG, 71 GmbHG *Förschle/Kropp/Deubert* DB 1994, 998, 999 f.
[14] Begr. zu § 174 RegE (= § 155).
[15] BStBl. II 1974, 692, 693.
[16] Das gestehen sogar *Kuntz/Mundt* DStR 1997, 664, 666 zu: „offensichtlich übersehen".
[17] Wie hier auch *Kübler* in *Kübler/Prütting* § 155 RdNr. 30 ff.
[18] *Weisang* BB 1998, 1149, 1150; vgl. Begr. zu § 174 RegE (= § 155): „Da nach Abs. 2 mit der Eröffnung ein neues Geschäftsjahr beginnt, ...".
[19] *Fischer-Böhnlein/Körner* BB 2001, 191, 195 mwN.
[20] Auch im neuen Insolvenzrecht wird das bei kleineren Unternehmen die häufigste Form der Abwicklung darstellen.
[21] Wird das Unternehmen erst nach der Verfahrenseröffnung gem. § 158 stillgelegt, berührt das die Rechnungslegungspflichten bezogen auf den Tag der Verfahrenseröffnung nicht, weil es sich bei der Betriebsstilllegung um eine wertbeeinflussende und nicht um eine wertaufhellende Tatsache handelt, *Kuntz/Mundt* DStR 1997, 664, 665.

nehmen entweder vom Schuldner vor Bestellung des vorläufigen Insolvenzverwalters[22] oder vom vorläufigen Insolvenzverwalter mit Zustimmung des Insolvenzgerichtes (§ 22 Abs. 1 Satz 2 Nr. 2) endgültig eingestellt worden ist.[23] Die Entscheidung nach § 158 ist insoweit nicht maßgeblich. Entsprechend der Definition des § 247 Abs. 2 HGB ist das Anlage- in Umlaufvermögen umzugliedern, soweit die Veräußerung innerhalb eines übersehbaren Zeitraumes beabsichtigt ist (vgl. §§ 270 Abs. 2 Satz 3 AktG; 71 Abs. 2 Satz 3 GmbHG).[24] Für die **Bewertung gilt die Fortführungsprämisse des § 252 Abs. 1 Nr. 2 HGB nicht mehr,** weil tatsächliche Gegebenheiten – schon vor dem Bilanzstichtag – entgegenstehen und damit das Prinzip der Bewertungsstetigkeit durchbrochen werden muss.[25] Nach der Gegenauffassung sind dagegen die Neubewertungen erst in der Eröffnungsbilanz vorzunehmen. Die Bedeutung des Streits zeigt sich vor allem im Steuerrecht. Weist man die durch die Neubewertung entstehenden Gewinne dem mit der Insolvenzeröffnung ablaufenden Rumpfwirtschaftsjahr zu, so sind die darauf beruhenden Steueransprüche bereits im Zeitpunkt der Insolvenzeröffnung begründet und damit Insolvenzforderungen i. S. v. § 38, auch wenn der Steueranspruch erst mit Ablauf des Veranlagungszeitraums und damit nach Insolvenzeröffnung entsteht (§§ 48 lit. c, 49 Abs. 1 KStG, 25 Abs. 1 EStG).[26] Im Bereich der Liquidationsrechnungslegung (§§ 270 AktG; 71 GmbHG) wird dagegen die Ansicht vertreten, durch die Belastung des Ergebnisses des letzten Geschäftsjahres der werbenden Gesellschaft mit den Abwicklungskosten würden Tantiemeansprüche der Verwaltungsorgane (§§ 86 Abs. 2, 113 Abs. 3 AktG), Gewinnabführungs- bzw. Verlustausgleichsansprüche im Vertragskonzern (§§ 301 f. AktG) sowie die Ansprüche stiller Gesellschafter (§§ 230 ff. HGB) beeinträchtigt.[27] Abgesehen davon, dass bei der Betriebseinstellung eines insolventen Unternehmens allenfalls Verlustausgleichsansprüche betroffen sind, ist dies gerechtfertigt, weil die Abwicklungskosten eben in dem Geschäftsjahr der Betriebseinstellung wirtschaftlich verursacht wurden. Auch bei Zugrundelegung von Liquidationswerten bilden die Anschaffungs- und Herstellungskosten die Obergrenze (§ 253 Abs. 1 Satz 1 HGB).[28] Eine dem § 252 Abs. 2 HGB vergleichbare Möglichkeit, von dieser Obergrenze abzuweichen, ist in § 253 HGB gerade nicht vorgesehen. Die mit der Zerschlagung verbundenen spezifischen Verbindlichkeiten und Rückstellungen (insbesondere auf Grund eines Sozialplanes) sind zu passivieren.

8 **b) Eröffnungsbilanz.** Entgegen der Vorstellung des Gesetzgebers[29] fordert der durch § 155 Abs. 2 Satz 1 angeordnete Beginn eines neuen Geschäftsjahres nicht zwingend eine handelsrechtliche Eröffnungsbilanz. Aus dem Beginn eines neuen Geschäftsjahres alleine ergibt sich keine Pflicht zur Aufstellung einer Eröffnungsbilanz, da § 242 Abs. 1 Satz 1 HGB die Aufstellung einer Eröffnungsbilanz nur für den Beginn eines Handelsgewerbes vorschreibt. Auch ein Schluss aus § 155 Abs. 2 Satz 2 hilft nicht weiter,[30] weil dort nur von „Jahresabschlüssen" die Rede ist. Nach der Legaldefinition des § 242 Abs. 3 HGB besteht der Jahresabschluss aus Bilanz und GuV, nicht aber aus der Eröffnungsbilanz (vgl. auch die Klammerdefinition in § 242 Abs. 1 Satz 2 HGB). Dass die Vorschriften für den Jahresabschluss (also auch § 155 Abs. 2 Satz 2) auch auf die Eröffnungsbilanz Anwendung finden,

---

[22] Arg. § 22 Abs. 1 Satz 2 Nr. 2: „betreibt".
[23] Einstellung des Betriebes bedeutet in der Regel Entlassung der Arbeitnehmer und Beendigung der Produktion, vgl. *Pink* S. 25.
[24] *Pelka/Niemann* RdNr. 157 auch zur „Übersehbarkeit" des Zeitraums.
[25] *Pelka/Niemann* RdNr. 183; *K. Schmidt* S. 84; *Hess* Anhang V RdNr. 374; für die Eröffnungsbilanz auch Begr. zu § 174 RegE (= § 155); aA *Pink* S. 102 Fortführungsprämisse erst bei der Eröffnungsbilanz berücksichtigen.
[26] Vgl. § 191 RdNr. 7 f. Der BFH (BStBl. III 1964, 70; ZIP 1994, 1286) hat bislang aber angenommen, die Aufdeckung stiller Reserven führe zu Masseverbindlichkeiten. Zweifel am Fortbestand dieser Rechtsprechung angesichts von § 155 Abs. 2 Satz 1 äußern *Klasmeyer/Elsner* RdNr. 189.
[27] *Scherrer/Heni* S. 37; *Baumbach/Hueck/Schulze-Osterloh* GmbHG § 71 RdNr. 3.
[28] *Pelka/Niemann* RdNr. 151; *Weisang* BB 1998, 1149, 1150.
[29] Begr. zu § 174 RegE (= § 155); zustimmend *Pink* ZIP 1997, 177, 180; *Pelka/Niemann* RdNr. 184.
[30] AA *Weisang* BB 1998, 1149, 1150.

führt nicht zur Notwendigkeit einer Eröffnungsbilanz, sondern setzt sie bereits voraus. Die Aufstellungspflicht für eine Eröffnungsbilanz kann sich allein aus einer **Analogie zur Liquidationsrechnungslegung** ergeben. Damit scheidet eine Eröffnungsbilanz für **Einzelkaufleute** von vornherein aus.[31] Bei **Personenhandelsgesellschaften** kommt dagegen eine Eröffnungsbilanz analog § 154 HGB in Betracht, wenn man darin die Regelung der externen[32] Buchführungspflicht der Handelsgesellschaft[33] und nicht der internen Rechnungslegungspflicht des Liquidators[34] sieht. Bei den **Kapitalgesellschaften** ist für den Liquidationszeitraum eine Eröffnungsbilanz in den **§§ 270 AktG, 71 GmbHG** vorgesehen. Eine planwidrige Unvollständigkeit liegt vor, weil der Gesetzgeber ja annahm, bereits die Regelung des § 155 Abs. 2 Satz 1 mache eine Eröffnungsbilanz notwendig. Hinsichtlich der Vergleichbarkeit ist zwischen **Betriebseinstellung** und (zeitweiliger) **Unternehmensfortführung** zu **differenzieren**. Die Vorschriften der §§ 270 AktG, 71 GmbHG sind von dem Gedanken der Unternehmenskontinuität geprägt. Nach der Überzeugung des Gesetzgebers führt der Liquidationsbeschluss nur in Ausnahmefällen zu einer sofortigen Einstellung des Geschäftsbetriebes.[35] Daher rechtfertige sich die Angleichung an die Rechnungslegung der werbenden Gesellschaft. Im Insolvenzfall hingegen ist die Unternehmensfortführung jedenfalls bei kleineren und mittleren Unternehmen die Ausnahme. Dies ist in der faktischen Ertragslosigkeit des Unternehmens begründet und wird sich auch durch die Zieloffenheit des Insolvenzverfahrens (§ 1) nicht ändern. Eine pauschale Übernahme der Liquidationsrechnungslegung ist daher nicht möglich.[36] Nur soweit das insolvente Unternehmen tatsächlich fortgeführt wird, ist ein Rückgriff möglich. Im Fall der Unternehmensfortführung ist aber die Eröffnungsbilanz ohnehin mit der Schlussbilanz identisch (§ 252 Abs. 1 Nr. 1 HGB).[37] Bei sofortiger Zerschlagung ist mangels Vergleichbarkeit eine Analogie zu den Liquidationsrechnungslegungsvorschriften abzulehnen und eine Eröffnungsbilanz daher entbehrlich.

3. Periodische Rechnungslegung während des Insolvenzverfahrens (§§ 238 ff. HGB). a) Keine handelsrechtlichen Buchführungs- und Bilanzierungspflichten bei endgültiger Einstellung. War das schuldnerische Unternehmen zum Zeitpunkt der Verfahrenseröffnung bereits endgültig eingestellt,[38] entfällt regelmäßig die Verpflichtung zur handelsrechtlichen Rechnungslegung.[39]

aa) Einzelkaufmann. Für den Einzelkaufmann ergibt sich das aus dem Wegfall der Kaufmannseigenschaft gem. § 1 Abs. 1 HGB, weil nach Entlassung der Arbeitnehmer und der Einstellung der Produktion nach Art und Umfang ein in kaufmännischer Weise eingerichteter Gewerbebetrieb nicht mehr erforderlich ist (§ 1 Abs. 2 HGB).[40] Auch eine Eintragung im Handelsregister führt zu keinem anderen Ergebnis, weil **kein Gewerbe** mehr vorliegt und die Eintragung darüber nicht hinweghilft (§§ 2 und 5 HGB). Es fehlt nämlich an dem für den Gewerbebegriff[41] konstituierenden Merkmal der Absicht *dauernder* Gewinnerzielung. Die Absicht bestmöglicher Masseverwertung erfüllt diese Anforderungen nicht.[42] Das zeigt sich auch daran, dass die bloße Vermögensverwaltung kein

---
[31] *Pelka/Niemann* RdNr. 184.
[32] Zur Unterscheidung von interner und externer Rechnungslegung vgl. vor § 151 RdNr. 1 ff.
[33] BGH NJW 1980, 1522, 1523; *Baumbach/Hopt* § 154 RdNr. 4; *Pelka/Niemann* RdNr. 106.
[34] So *K. Schmidt*, 55 ff., 60.
[35] Begr. zu § 2 Nr. 60 des RegE eines Bilanzrichtliniengesetzes, abgedruckt bei *Biener/Berneke*, Bilanzrichtliniengesetz, 1986, 527.
[36] AA *K. Schmidt*, 83, der zu pauschal darauf verweist, dass es sich beim Insolvenzverfahren um eine „staatlich angeordnete Zwangsliquidation mit obligatorischem Drittliquidator" handele.
[37] Zu Unterschieden zwischen Schluss- und Eröffnungsbilanz gelangt man aber dann, wenn man bei der Schlussbilanz entgegen der hier vertretenen Auffassung die Unternehmensfortführung zugrunde legt.
[38] Zum Begriff vgl. oben RdNr. 7.
[39] AA die hM für Kapitalgesellschaften, vgl. RdNr. 11.
[40] Vgl. Begr. zu § 174 RegE (= § 155); *Hess* § 155 RdNr. 23 f.
[41] Vgl. dazu *Baumbach/Hopt* § 1 RdNr. 1 ff.
[42] AA *Klasmeyer/Kübler* BB 1978, 369, 370; *Hess* § 155 RdNr. 21; FK-*Boochs* § 155 RdNr. 17.

§ 155   10, 11   4. Teil. 1. Abschnitt. Sicherung der Insolvenzmasse

Gewerbe ist.[43] Schließlich zeigt sich die Richtigkeit der These auch an folgendem Vergleich. Würde der Einzelkaufmann sämtliche Aktiva seines eingestellten Betriebes einzeln auf einen Erwerber übertragen, so würde der Erwerber nicht zum Kaufmann. Er erwirbt nur einzelne Gegenstände, aber keinen Betrieb. Aber auch der Einzelkaufmann verliert mit der Veräußerung des Betriebsvermögens seinen (eingestellten) Gewerbebetrieb. In vergleichbarer Weise verliert der Insolvenzschuldner mit der Insolvenzeröffnung die Verfügungsbefugnis über die Einzelnen, aus dem Betriebszusammenhang gelösten Aktiva.

10 **bb) Personenhandelsgesellschaften.** Für die Personenhandelsgesellschaften gilt das eben zum Einzelkaufmann Ausgeführte nach der Novellierung des HGB nicht mehr für *eingetragene* Gesellschaften, weil nach § 105 Abs. 2 HGB die bloße Vermögensverwaltung genügt.[44] Der Wegfall periodischer Rechnungslegung resultiert aber aus einer entsprechenden Anwendung der §§ 154, 161 Abs. 2 HGB, wenn man in § 154 HGB eine Regelung der externen handelsrechtlichen Rechnungslegungspflicht sieht, die Jahresabschlüsse nicht verlangt.[45] Denn das muss im Insolvenzverfahren erst Recht gelten, wo ein staatlich bestellter und beaufsichtiger „Zwangsliquidator" ohnehin umfangreiche Rechenschaftspflichten zu erfüllen hat. Der Gesetzgeber wollte durch § 155 die Rechnungslegung in der Insolvenz an die Rechnungslegung in der Liquidation anpassen.[46] Sieht man mit der Gegenansicht[47] in § 154 HGB dagegen eine Regelung der internen Rechnungslegungspflicht, so ergibt sich die Einschränkung der Buchführungspflichten der §§ 238 ff. HGB zumindest aus denselben Überlegungen wie bei den Kapitalgesellschaften (RdNr. 11 ff.).

11 **cc) Kapitalgesellschaften.** Kapitalgesellschaften sind Kaufleute kraft Gesetzes (§ 6 Abs. 2 HGB). Die Auflösung nach den §§ 262 Abs. 1 Nr. 4 AktG, 60 Abs. 1 Nr. 4 GmbHG allein lässt die Kaufmannseigenschaft nicht entfallen. Vielmehr müssen Vermögenslosigkeit und Löschung im Handelsregister (§ 141 a FGG) hinzukommen. Bei vor Verfahrenseröffnung erfolgter Betriebseinstellung sind aber die **§§ 238 ff. HGB nicht mehr anzuwenden,** wenn es sich um **kleinere oder mittlere Verfahren** handelt.[48] Zur Abgrenzung sind die Größengrenzen des § 267 HGB heranzuziehen.[49] Das entspricht zwar weit verbreiteter bisheriger Praxis,[50] nicht aber der herrschenden Auffassung.[51] Die Einschränkung der handelsrechtlichen Buchführungs- und Bilanzierungspflichten ergibt sich methodisch aus einer teleologischen Reduktion der handelsrechtlichen Vorschriften.[52] Sinn und

---

[43] BGHZ 74, 273, 276 f. mwN zum insoweit inhaltsgleichen § 196 Abs. 1 Nr. 1 BGB.
[44] Der Gesetzgeber ging dagegen noch vom möglichen Fortfall der Kaufmannseigenschaft aus, vgl. Begr. zu § 174 RegE (= § 155).
[45] BGH NJW 1980, 1522, 1523.
[46] Begr. zu § 174 RegE (= § 155); BFH BStBl. II 1988, 825, 826 hat die Verpflichtung einer insolventen KG zu jährlicher Bilanzierung offen gelassen.
[47] *Förschle/Deubert*, in: *Budde/Förschle* K RdNr. 355 mwN; *Kübler* in *Kübler/Prütting* § 155 RdNr. 25 mwN.
[48] Wie hier Leitsatz 3. 3. 5. 1. des Zweiten Berichts der Kommission für Insolvenzrecht, hrsg. vom BMJ 1986, 104; *Frege/Keller/Riedel* Insolvenzrecht RdNr. 1121; *Kuntz/Mundt* DStR 1997, 664, 669 ff.; *Heni*, WPg 1990, 92, 98 f.; einschränkend *ders.* ZInsO 1999, 609; 613 ff.; *Klasmeyer/Elsner* RdNr. 172: jährliche Bilanzierung nicht erforderlich; vgl. aber auch *dies.* RdNr. 164; ähnlich wie hier auch *Smid/Rattunde* § 155 RdNr. 13.
[49] *Heni* WPg 1990, 92, 99.
[50] Vgl. zB *Förster* ZIP 1997, 344. Ungenügend ist es, wenn *Runkel/Pink* Anwaltshandbuch Insolvenzrecht § 10 RdNr. 38 anmerkt, dass die Finanzverwaltung gemäß § 148 AO die Gewinnermittlung durch Einnahmen-Ausgaben-Rechnung gestattet. Denn damit bleiben handelsrechtliche Buchführungspflichten weiterhin bestehen. Strafrechtliche Konsequenzen der Verletzung der Buchführungspflicht bestehen nicht, aA scheinbar *Uhlenbruck/Maus* § 155 RdNr. 3. § 331 HGB stellt nur die unrichtige Darstellung, nicht aber das Unterlassen der Bilanzierung unter Strafe. Auch kann selbst bei einem entsprechenden Antrag kein Zwangsgeld gegen den Verwalter nach § 335 Satz 1 Nr. 1 HGB festgesetzt werden. Denn er ist nicht eines der „Mitglieder des vertretungsberechtigten Organs einer Kapitalgesellschaft".
[51] Jedenfalls implizit BGHZ 74, 316 = NJW 1979, 2212 vgl. unten RdNr. 18; LG Frankfurt/Oder NZI 2007, 294, 295; Begr. zu § 174 RegE (= § 155); *Uhlenbruck/Maus* § 155 RdNr. 2 (vgl. aber die Einschränkung in RdNr. 3); RdNr. 46 m; *Pink* S. 90, 127; *Klasmeyer/Kübler* 370; *Pelka/Niemann* RdNr. 11; *Hess* Anhang V RdNr. 307; *Hess/Boochs/Weis* RdNr. 811 f.; *Hundertmark*, 408; FK-*Boochs* § 155 RdNr. 17.
[52] *Kuntz/Mundt* DStR 1997, 664, 669 ff.

Zweck doppelter Buchführung und jährlicher Bilanzierung lassen sich folgendermaßen umschreiben:
- Selbstinformation des Kaufmanns bzw. seiner Organe über die Ertragslage des Unternehmens
- Informationen für die Gesellschafter zur Kontrolle der Organe und als Grundlage einer Gewinnverteilung
- Informationen für kreditgewährende Gläubiger (insbesondere Hausbanken) im Hinblick auf die Ertragslage und das vorhandene Vermögen (Kontrolle des Schuldendeckungspotenzials)
- Informationen für den Fiskus zur steuerlichen Gewinnermittlung.

Keiner dieser Zwecke erfordert die aufwändige Rechnungslegung in der Insolvenz, wenn der Betrieb endgültig eingestellt wurde. Die Darstellung der Ertragslage wird hinfällig. Die Frage der Deckung der Masseverbindlichkeiten stellt sich in allen Verfahren, bei denen aber auch die insolvenzspezifische Rechnungslegung zur Überwachung genügt. Kreditgewährung scheidet bei einem eingestellten, insolventen Unternehmen ersichtlich aus. Ertragsteuerlich ist das Liquidationsanfangs- mit dem Liquidationsendvermögen zu vergleichen (§ 11 Abs. 2 und 7 KStG, 7 GewStG, 16 GewStDV). Eine jährliche Gewinnermittlung entfällt also. Umsatzsteuervoranmeldungen können auch auf der Grundlage der insolvenzrechtlichen Einnahmen-/Ausgabenrechnung erstellt werden. Der Überwachung der Organe bedarf es nicht mehr, da der Insolvenzverwalter an ihre Stelle getreten ist. Der Insolvenzverwalter steht unter der Aufsicht der Gläubiger und des Insolvenzgerichtes, für die er folgende umfangreiche Rechnungspflichten erfüllt:

Ist ein Gläubigerausschuss bestellt, hat eine sog. **Kassenprüfung** nach § 69 Satz 2 (früher § 88 KO) stattzufinden, in kleineren Verfahren durch ein Mitglied des Gläubigerausschusses, sonst meist durch eine Wirtschaftsprüfungsgesellschaft (§ 69 Satz 2: „... prüfen zu lassen"). Der Insolvenzverwalter hat die entsprechenden Belege den Kontoauszügen zuzuordnen und die Einnahmen und Ausgaben des Schuldners im Rahmen einer **Einnahmen-Ausgaben-Überschussrechnung** monatlich aufzuzeichnen. Prüft ein Mitglied des Gläubigerausschusses, erhält dieses die monatlichen Aufzeichnungen nebst Anlagen mit der Bitte um Prüfung und Bestätigung, dass Einwendungen hiergegen nicht bestehen. Ist kein Gläubigerausschuss bestellt, ergibt sich die Pflicht zur periodischen Rechnungslegung aus § 66 (vormals § 86 KO). Wenn auch § 66 nur von einer Rechnungslegung bei Beendigung des Amtes des Insolvenzverwalters spricht, so ist dennoch eine periodische Auflistung aller Einnahmen und Ausgaben erforderlich.[53] Denn in größeren Verfahren könnten die Belege am Ende des Verfahrens nicht mehr ordnungsgemäß den einzelnen Posten der Einnahmen-Ausgaben-Überschussrechnung zugeordnet werden. Falls die Gläubigerversammlung dies gemäß § 79 Satz 2 verlangt, sind periodische Abrechnungen erforderlich. Auch für die monatlichen Umsatzsteuer-Voranmeldungen sind monatliche Zahlen nötig. Hinzukommt die fortlaufende **Berichterstattung**: Ist ein Gläubigerausschuss bestellt, ist der Insolvenzverwalter gem. § 69 Satz 2 verpflichtet, diesen „... über den Gang der Geschäfte zu unterrichten...". Gemäß § 79 Satz 1 ist auch die Gläubigerversammlung berechtigt, „vom Insolvenzverwalter einzelne Auskünfte und einen Bericht über den Sachstand und die Geschäftsführung zu verlangen". Gemäß § 132 Abs. 2 KO hat die Gläubigerversammlung im ersten Termin in aller Regel dem Konkursverwalter aufgegeben, in Abständen von 3 Monaten dem Konkursgericht gegenüber über den Stand der Sache zu berichten (Quartalsberichte).

Der Nachteil dieser bloß pagatorischen Einnahmen-/Überschussrechnung ist, dass **Geschäftsvorfälle,** die sich nicht auf dem Insolvenzkonto niederschlagen zB Freigaben, Rückstellungen für Prozesse, Neuerwerb von Massegegenständen nicht erfasst werden.[54] In

---

[53] Diese periodische Rechnungslegung besteht also unabhängig von einer ausdrücklichen Anordnung nach § 66 Abs. 3.
[54] *Pelka/Niemann* RdNr. 81; *Pink* S. 96 f.

den Fällen kleiner und mittlerer Verfahren, für die hier eine teleologische Reduktion verfochten wird, ist die Situation für den Verwalter aber so überschaubar, dass derartige Vorgänge in den **Quartalsberichten** ohne weiteres erfasst werden können.[55] Insolvenzgericht und Gläubiger können am Ende des Verfahrens ohne weiteres beurteilen, ob der Verwalter die Masse vollständig verwertet hat. Entweder ist einem Vermögensgegenstand des Verzeichnisses der Massegegenstände (§ 151) ein Zahlungsbeleg zuzuordnen oder er befindet sich in der Liste der nicht verwertbaren Vermögensgegenstände. In anderen Fällen wie zB bei Freigaben ist ein entsprechender Hinweis im Schlussbericht erforderlich. Für die hier verfochtene Lösung spricht auch, dass das Privatvermögen des Einzelkaufmannes nicht in die handelsrechtliche Buchführung einzubeziehen ist,[56] obwohl sich hier die Probleme der Erfassung nicht zahlungswirksamer Geschäftsvorfälle in gleicher Weise stellen. Betont sei noch einmal, dass die Einschränkung der §§ 238 ff. HGB nur für den Regelfall vertreten wird, dass es um kleine und mittlere Kapitalgesellschaften mit überschaubaren Aktiva und Passiva geht.

14 Die aufwändige doppelte Buchführung und Bilanzierung ist in den genannten Fällen **insolvenzzweckwidrig** und „l'art pour l'art".[57] Sie erschwert nämlich gerade die Überprüfung der Tätigkeit des Insolvenzverwalters, weil die Rechtspfleger die herkömmliche Einnahme-/Überschussrechnung gewöhnt sind und die Masse im Falle doppelter Buchführung und Bilanzierung zweimal unnötigerweise mit Kosten belastet wird: einmal muss der Verwalter die Erstellung von Jahresabschlüssen in Auftrag geben und zum anderen wird das Gericht zur Überprüfung des vollkaufmännischen Rechenwerkes wiederum einen anderen Prüfer bestellen.[58] Eine derartige Belastung der Masse **widerspricht** dem **Gläubigerschutz** als zentralem Anliegen der handelsrechtlichen Rechnungslegung. Die Gläubiger sind berechtigterweise an einer möglichst hohen Quote interessiert, nicht aber an einer aus ihrer Sicht unnötigen Arbeitsbeschaffungsmaßnahme für Wirtschaftsprüfer und Steuerberater.[59] Dieser Widerspruch zum Bilanzzweck des Gläubigerschutzes rechtfertigt die teleologische Reduktion.

15 Die Rechnungslegungsvorschriften bei Liquidation (§§ 270 AktG, 71 GmbHG) stehen dem hier vertretenen Ergebnis nicht entgegen, auch wenn dort jährliche Abschlüsse verlangt werden. Wie bereits ausgeführt,[60] beruhen die genannten Vorschriften auf der Feststellung des Gesetzgebers, dass der Auflösungsbeschluss in der Regel nicht zu einer sofortigen Betriebseinstellung führt. Die hier interessierende Insolvenzsituation ist aber umgekehrt. Bei kleinen und mittleren Unternehmen, die ihre Betriebstätigkeit eingestellt haben, scheidet eine Unternehmensfortführung typischerweise aus. Auch bestehen für die Liquidatoren anders als für den staatlich ausgewählten und überwachten Insolvenzverwalter keine detailliert geregelten (internen) Rechnungslegungspflichten. Eine Abweichung von den Regeln in der Liquidation ist daher gerechtfertigt.

16 Die **Rechtsprechung**[61] hat bislang – soweit ersichtlich – zu dem Problem der Einschränkung der handelsrechtlichen Buchführung bei Betriebseinstellung in kleinen und mittleren Insolvenzverfahren nicht ausdrücklich Stellung genommen. Die meisten einschlä-

---

[55] Vgl. auch *Bähner/Berger/Braun* ZIP 1993, 1283, 1286; auch die Gegenansicht konzediert, dass die Einnahme-Überschussrechnung mit erweiterter Berichtspflicht eine „Hilfslösung" (*Pink* S. 97) darstellt, also gerade nicht völlig untauglich ist.
[56] *Baumbach/Hopt* § 238 RdNr. 7.
[57] *Uhlenbruck* KTS 1989, 229, 231.
[58] *Förster* ZIP 1997, 344; *Pink* ZIP 1997, 177, 188; vgl. auch OLG Hamm ZIP 1986, 724 = EWiR § 86 KO 1/86, 399 *(Eickmann)*; aA *Braun* ZIP 1997, 1013, 1015.
[59] Vgl. auch *Heni* WPg. 1990, 92, 98: „kostenspielige Zahlenfriedhöfe", „lukratives Nebengeschäft".
[60] RdNr. 8.
[61] RFHE 44, 162 = RStBl. II 1938, 669; BFHE 78, 172 = BStBl. III 1964, 70; BFHE 106, 305, 307 = BStBl. II 1972, 784 = BB 1972, 1258; BFH BStBl. II 1988, 825; BFH ZIP 1993, 374 = BStBl. II 1993, 265 = EWiR 1993, 219 *(App)*; BGHZ 74, 316, 318 = NJW 1979, 2212; KG ZIP 1997, 151; OLG Koblenz ZIP 1993, 52 = EWiR § 82 KO 1/93, 67 *(App)*; FG Freiburg EFG 1964, 331; FG Hamburg, EFG 1964, 432; vgl. aber LG Oldenburg Rechtspfleger 1993, 451.

gigen Entscheidungen befassen sich lediglich mit der Frage der Auswirkung der Konkurseröffnung als solcher, nicht aber mit der Frage, welche Folgen sich aus der Betriebseinstellung eines insolventen Unternehmens ergeben.[62] Teilweise[63] geht es nur um die Frage der Erfüllung der Buchführungs- und Bilanzierungspflichten *vor* Verfahrenseröffnung. Allerdings kommt es nach Ansicht des BGH für die Verpflichtung des Verwalters zur Buchführung nach § 5 Abs. 1 EStG nicht darauf an, ob er sich zu einer Betriebsfortführung entschließt.[64] Diese Passage bezieht sich aber auf die *vor* der Verfahrenseröffnung entstandenen Buchführungspflichten.[65] Die Entscheidung des BFH vom 8. 6. 1972 spricht eher für die hier vertretene Auffassung, weil danach Mängel der Buchführung „auch während des Konkursverfahrens, *während dem der Gewerbebetrieb fortbesteht* [Hervorhebung von uns], zu beachten" sind.[66] Das gilt auch für die Begründung des RFH,[67] wonach die Eröffnung des Konkursverfahrens nicht das Wirtschaftsjahr beende, da der Betrieb weder aufgegeben noch veräußert wurde. Der ungehinderte Fortgang des Wirtschaftsjahres aber erfordere, dass die Bilanzen steuerlich fortgeführt werden. Nach Ansicht des OLG Koblenz handelt der Verwalter in der Insolvenz einer juristischen Person nicht pflichtwidrig, wenn er davon absieht, Buchführungsarbeiten zu vergeben, die nur zu einer Kostenbelastung der Masse führen.[68]

17 Selbst wenn man entgegen der hier vertretenen Auffassung trotz der endgültigen Betriebseinstellung an der grundsätzlichen Anwendbarkeit der §§ 238 ff. HGB festhält, sind jedenfalls die **Grundsätze ordnungsgemäßer Buchführung** (§ 238 Abs. 1 Satz 1 HGB) modifiziert zu verstehen. Ist das insolvente Unternehmen endgültig eingestellt, genügt statt doppelter, eine **einfache** Buchführung (nur Bestandskonten, keine Gegenbuchung).[69] Auf der Grundlage dieser vereinfachten Buchführung können dann jährlich Bilanzen erstellt werden.

18 **b) Handelsrechtliche Buchführungs- und Bilanzierungspflichten bei (zeitweiliger) Unternehmensfortführung.** Die Buchführungs- und Bilanzierungspflichten bei zeitweiliger Unternehmensfortführung ergeben sich aus den §§ 238 ff. HGB i. V. m. § 155 Abs. 1.[70] Zu den einzelnen Elementen vgl. vor §§ 151 ff. RdNr. 18 ff. Folgende Besonderheiten ergeben sich im Insolvenzverfahren.

aa) Geschäftsjahr (Wahlrecht). Mit der Eröffnung des Insolvenzverfahrens beginnt ein neues zwölfmonatiges Geschäftsjahr.[71] Der Verwalter kann zum bisherigen Geschäftsjahr zurückkehren und damit erneut ein weiteres Rumpfgeschäftsjahr bilden.[72] Dazu bedarf es aber keiner analogen Anwendung des § 211 Abs. 1 Hs. 2 AktG (1937).[73] Das Handelsrecht begrenzt in § 240 Abs. 2 Satz 2 lediglich die Dauer des Geschäftsjahres auf zwölf Monate,

---

[62] Der Fall von BGHZ 74, 316 = NJW 1979, 2212 hätte aber Anlass zur Stellungnahme gegeben, weil dort der Geschäftsbetrieb einer KG vom Verwalter nicht fortgeführt wurde.
[63] KG ZIP 1997, 1511.
[64] BGHZ 74, 316, 319 = NJW 1979, 2212, 2213.
[65] Die Entscheidung deutet gleichwohl an, dass der BGH die hier vertretene Ansicht wohl ablehnen würde, weil in dem zu entscheidenden Fall der Geschäftsbetrieb einer KG nicht fortgeführt wurde.
[66] BFHE 106, 305, 307 = BStBl. II 1972, 784 = BB 1972, 1258; die Entscheidung betrifft keine Kapitalgesellschaft. Man kann also nicht argumentieren, bei Kapitalgesellschaften liege handels- und steuerrechtlich bis zum endgültigen Verlust der Rechtspersönlichkeit immer ein Gewerbebetrieb vor.
[67] RStBl. II 1938, 669, 670 = RFHE 44, 162, 165 f.
[68] OLG Koblenz ZIP 1993, 52 = EWiR § 82 KO 1/93, 67 *(App)*; vgl. aber andererseits unten RdNr. 40 f. zur Rechtsprechung des BFH in masseramen Verfahren.
[69] Vgl. *Baumbach/Hopt* § 238 RdNr. 12.
[70] Eines Rückgriffs auf eine Analogie zu den §§ 154 HGB, 270 AktG, 71 GmbHG bedarf es nicht mehr, *Pelka/Niemann* RdNr. 32.
[71] Begr. § 174 RegE (= § 155).
[72] Zur steuerlichen Wirksamkeit ist -anders als bei der Bildung des Rumpfwirtschaftsjahres für den Zeitraum vor Verfahrenseröffnung – die Zustimmung des Finanzamtes gem. §§ 4a Abs. 1 Nr. 2 Satz 2 EStG, 7 Abs. 4 Satz 3 KStG erforderlich, es sei denn, das bisherige Wirtschaftsjahr stimmt mit dem Kalenderjahr überein, § 8b Satz 2 Nr. 2 EStDV.
[73] AA im Hinblick auf die methodische Begr., nicht aber auf das Ergebnis *Weisang* BB 1998, 1149, 1151; und noch weitergehend *Kuntz/Mundt* DStR 1997, 664, 666.

lässt aber die Bildung von Rumpfgeschäftsjahren ohne weiteres zu.[74] Wird das bisherige Geschäftsjahr beibehalten, ist ein weiteres Rumpfgeschäftsjahr zwischen dem Tag der Insolvenzeröffnung und dem regulären Ende des vor der Verfahrenseröffnung beginnenden Geschäftsjahres zu bilden. Es ist hierfür bei Kapitalgesellschaften kein Hauptversammlungs- oder Gesellschafterbeschluss erforderlich, weil das in der Satzung oder im Gesellschaftsvertrag festgelegte Geschäftsjahr beibehalten wird (§§ 179 Abs. 1 AktG, 53 Abs. 1 GmbHG) und damit keine Satzungsänderung vorliegt.[75] Fällt dagegen die Insolvenzeröffnung in ein laufendes Geschäftsjahr und soll das mit der Insolvenzeröffnung beginnende Geschäftsjahr volle zwölf Monate betragen, so ist hierzu eine Satzungsänderung erforderlich. Keinerlei Probleme bestehen, wenn die Eröffnung des Verfahrens mit dem regulären Beginn des Geschäftsjahres zusammenfällt.

19 **bb) Aufstellungs- und Offenlegungsfristen (§ 155 Abs. 2 Satz 2).** Um der insolvenzrechtlichen Rechnungslegung (§§ 151 bis 154) Vorrang einzuräumen, werden die gesetzlichen Fristen für die Aufstellung und Offenlegung von Jahresabschlüssen durch § 155 Abs. 2 Satz 2 um den Zeitraum zwischen der Verfahrenseröffnung und dem *Berichtstermin* (vgl. § 29 Abs. 1 Nr. 1) verlängert. Zwar spricht die Begründung zu § 174 RegE (= § 155) abweichend vom Gesetzeswortlaut vom Prüfungstermin. Doch ist sinnvoll allein der Zeitpunkt des Berichtstermins, weil bis dahin die insolvenzrechtlichen Verzeichnisse zu erstellen und vorzulegen sind (§ 154).

20 **cc) Pflicht zur Aufstellung eines Lageberichtes.** Eine Pflicht zur Aufstellung eines Lageberichtes (§ 289 HGB) ergibt sich aus § 264 Abs. 1 Satz 1 HGB i. V. m. § 155 Abs. 1 Satz 1. Sie besteht nicht für kleine Kapitalgesellschaften i. S. v. § 267 Abs. 1 HGB (§ 264 Abs. 1 Satz 3 HGB). Da § 155 Abs. 1 direkt auf die §§ 238 ff. HGB verweist, braucht nicht geklärt zu werden, ob die §§ 270 Abs. 1 AktG, 71 Abs. 1 GmbHG auch für kleine Kapitalgesellschaften einen Lagebericht verlangen.[76] Der Insolvenzverwalter erfüllt mit seinen periodischen internen Berichten (§§ 58 Abs. 1 Satz 2, 79 Satz 2) zugleich die Anforderungen des § 289 Abs. 1 HGB, weil auch in ihnen der Geschäftsverlauf und die Lage der Kapitalgesellschaft so darzustellen ist, dass den Gläubigern ein den tatsächlichen Verhältnissen entsprechendes Bild vermittelt wird.

21 **dd) Jahresabschlussprüfung.** Bei anderen als kleinen Kapitalgesellschaften im Sinne des § 267 Abs. 1 HGB sind Jahresabschluss und Lagebericht durch einen Abschlussprüfer zu prüfen, § 316 Abs. 1 Satz 1 HGB i. V. m. § 155 Abs. 1 Satz 1.[77] Analog §§ 270 Abs. 3 AktG, 71 Abs. 3 GmbHG kann von der **Prüfungspflicht befreit** werden, wenn die Verhältnisse so überschaubar sind, dass eine Prüfung der Verhältnisse im Interesse der Gläubiger nicht geboten ist.[78] Zuständig für die Befreiung ist – entsprechend dem Wortlaut der §§ 270 Abs. 3 AktG, 71 Abs. 3 GmbHG – das *Register*gericht.[79] Eine Zuständigkeit des Insolvenzgerichts ist abzulehnen, weil nach § 155 Abs. 3 auch die **Bestellung eines Abschlussprüfers** im Insolvenzverfahren ausschließlich durch das Registergericht auf Vorschlag des Verwalters erfolgt.[80] Abweichend von den §§ 115, 116 bestimmt § 155 Abs. 3 Satz 2, dass der vor Verfahrenseröffnung erteilte Prüfungsauftrag (Geschäftsbesorgungsver-

---

[74] Deshalb brauchte der Gesetzgeber bei der Novellierung des AktG das Wahlrecht des § 211 Abs. 1 Hs. 2 AktG (1937) nicht zu übernehmen, weil es sich bereits nach allgemeinen Grundsätzen als selbstverständlich ergibt, vgl. Begr. RegE AktG 1965, abgedruckt bei *Kropff*, AktG, 1965, 360. Der BFH hat lediglich ein Wahlrecht hinsichtlich der Bildung eines Rumpfgeschäftsjahres zwischen Beginn des normalen Geschäftsjahres und dem Eintritt ins Liquidationsstadium verneint, BFH BStBl. II 1974, 692, 693.
[75] *Kuntz/Mundt* DStR 1997, 664, 667.
[76] Vgl. dazu *Kuntz/Mundt* DStR 1997, 664, 667 f.
[77] Die Notwendigkeit einer Abschlussprüfung wird auch in § 155 Abs. 3 vorausgesetzt.
[78] Begr. § 174 RegE (= § 155); vgl. auch LG Dresden ZIP 1995, 233.
[79] Begr. § 174 RegE (= § 155); aA *Kuntz/Mundt* DStR 1997, 664, 668: Insolvenzgericht wegen größerer Sachnähe.
[80] Die Befugnis der Gesellschafter, nach § 318 Abs. 1 HGB, den Abschlussprüfer zu bestellen, erschien dem Gesetzgeber wegen der wirtschaftlichen Bedeutung der Bestellung des Abschlussprüfers nicht mehr angemessen, Begr. § 174 RegE (= § 155).

trag mit Werkvertragscharakter, §§ 675, 631 BGB[81]) nicht erlischt. Gemeint ist damit das durch die Verfahrenseröffnung nach § 155 Abs. 2 Satz 1 endende (Rumpf-)Geschäftsjahr.[82] Von der Prüfungspflicht von Abschlüssen vor Verfahrenseröffnung kann der Verwalter jedenfalls analog §§ 270 Abs. 3 AktG, 71 Abs. 3 GmbHG befreit werden, wenn die Verhältnisse überschaubar sind.[83] Ein Verstoß gegen die Vierte Gesellschaftsrechtliche Richtlinie (78/660/EWG) ist darin nicht zu sehen. Denn es geht lediglich um die Frage, ob die vom Schuldner versäumte Prüfungspflicht auf Kosten der Masse nachzuholen ist. Dies wird von der Richtlinie nicht verlangt. Lediglich der Verwalter wird befreit, nicht aber der Schuldner. Richtigerweise muss der Verwalter für Abschlüsse vor Verfahrenseröffnung unabhängig von einer Befreiung durch das Registergericht keinen Prüfungsauftrag erteilen, der von der Masse zu tragen wäre. Denn insoweit ist kein Bezug zur Insolvenzmasse ersichtlich wie von § 155 Abs. 1 Satz 2 verlangt. Auch der BGH hat keine bedingungslose Erfüllung der Buchführungspflichten verlangt, sondern eine Abwägung unter Berücksichtigung der Belastbarkeit der Masse zugelassen.[84]

ee) Offenlegung. Kapitalgesellschaften sind nach Maßgabe der §§ 325 ff. HGB i. V. m. § 155 Abs. 1 Satz 1 zur Offenlegung verpflichtet. Eine Befreiungsmöglichkeit auf Grund einer doppelt anlogen Anwendung der §§ 270 Abs. 3 AktG, 71 Abs. 3 GmbHG ist aus Gründen des Gläubigerschutzes abzulehnen,[85] zumal nach hier vertretener Ansicht bei einer endgültigen Betriebsstilllegung in den überschaubaren Fällen die Buchführungspflicht ohnehin entfällt.

4. Rechnungslegung bei Betriebseinstellung während des Insolvenzverfahrens. 23
Es ist zweckmäßig, wenn auch nicht zwingend vorgeschrieben, zum Abschluss der Fortführungsperiode, also auf den Tag vor dem Einstellungsbeschluss (§ 157 Satz 3) eine handelsrechtliche Schlussbilanz der werbenden insolventen Gesellschaft, eine Gewinn- und Verlustrechnung und bei Kapitalgesellschaften zusätzlich einen Anhang und einen Lagebericht zu erstellen.[86] Die Schlussbilanz hat die Aufgabe, das Fortführungsergebnis der Zeitraums seit dem letzten Jahresabschluss zu ermitteln und ist nach den selben Bilanzierungsvorschriften wie dieser zu erstellen (insbesondere sind also Buchwerte fortzuführen).[87] Aus ihr ergibt sich, ob die Unternehmensfortführung in dieser letzten Periode zu einer Massemehrung geführt hat.[88] Sie ist auch Grundlage für eine Darstellung des Abwicklungsanfangsvermögens nach § 11 KStG.

5. Rechnungslegung zum Verfahrensabschluss. Wird das schuldnerische Unternehmen während des Insolvenzverfahrens nicht eingestellt, sondern reorganisiert, so ist auf den Tag der Einstellung des Insolvenzverfahrens (§§ 212 ff.) § 155 Abs. 2 Satz 1 analog anzuwenden.[89] Mit der Verfahrenseinstellung endet somit das letzte Geschäftsjahr im Insolvenzverfahren. Maßgeblicher Bilanzstichtag ist dabei der Tag der Aufhebung des Verfahrens. Soweit dagegen eingewandt wird, dass dann nicht mehr dem Verwalter sondern dem

---

[81] *Baumbach/Hopt* § 318 HGB RdNr. 3.
[82] Begr. § 174 RegE (= § 155).
[83] AG München ZIP 2004, 2110, 2111 = EWiR § 155 InsO 1/05 *(Paulus)*; aA OLG München ZIP 2005, 2068, 2069.
[84] BGHZ 74, 316, 319 = NJW 1979, 2212, 2213.
[85] AA *Kuntz/Mundt* DStR 1997, 664, 668.
[86] Ls. 3.3.5.1. des 2. KommBer. S. 104; *Pink* ZIP 1997, 177, 189; weiter gehend *Kuntz/Mundt* DStR 1997, 664, 665 f., die sogar § 155 Abs. 2 Satz 1 dahingehend korrigieren wollen, dass erst und allein auf den Zeitpunkt der Einstellung und nicht auf den der Verfahrenseröffnung eine Schlussbilanz des werbenden Unternehmens zu erstellen ist.
[87] *Pink* ZIP 1997, 177, 189; die Abweichung zu den Bewertungsgrundsätzen bei der Schlussbilanz auf den Tag vor der Eröffnung des Insolvenzverfahren (RdNr. 7) rechtfertigt sich daraus, dass in jenen Fällen der Geschäftsbetrieb bereits vor dem Bilanzstichtag eingestellt worden ist, während bei der Betriebseinstellungsbilanz das Unternehmen erst nach dem Einstellungsbeschluss und damit dem Bilanzstichtag stillgelegt wird.
[88] Vgl. dazu LG Freiburg ZIP 1983, 1098; zu den Problemen (Eliminierung von Gewinnen und Verlusten aus dem Liquidationsbereich) bei der Ermittlung des genauen Überschusses für die Vergütung des Verwalters vgl. *Pink* ZIP 1997, 177, 189.
[89] Begr. zu § 174 RegE (= § 155).

Schuldner die Rechnungslegung obliegt,[90] zeigt dies nur die Richtigkeit der hier vertretenen These von der teleologischen Reduktion der Rechnungspflichten bei endgültiger Betriebseinstellung. Nur in diesen Fällen bestehen berechtigte Zweifel daran, ob der Schuldner der Bilanzierungspflicht nachkommen wird. Denn bei endgültiger Stilllegung bestehen keine Pflichten mehr und bei einer Unternehmensfortführung ist nicht ersichtlich, warum nicht das (reorganisierte) Unternehmen selbst unter Zuhilfenahme fachlicher Hilfe die Rechnungslegungspflichten erfüllen soll. Auf diese Weise ist auch eine eindeutige Abgrenzung zwischen Geschäftsvorfällen während des Insolvenzverfahrens, für die der Insolvenzverwalter die Verantwortung trägt, und solchen nach Verfahrensabschluss möglich. Mit der Verfahrensaufhebung beginnt ein neues Geschäftsjahr. Da die durch das Insolvenzverfahren geschaffene Sondersituation beseitigt ist, ist u. E. zum nächstmöglichen Zeitpunkt wieder eine Koordinierung des mit der Verfahrensaufhebung beginnenden Geschäftsjahres mit dem in der Satzung oder im Gesellschaftsvertrag festgelegten Geschäftsjahr erforderlich, sofern beide nicht übereinstimmen. Bei einer Abweichung bedeutet das, dass zwingend eine Satzungsänderung vorzunehmen ist, wenn nicht ein Rumpfgeschäftsjahr gebildet werden soll.

III. Steuerliche Buchführungspflichten

25 **1. Buchführungspflichten nach §§ 140, 141 AO.** § 140 AO verweist auf die §§ 238 ff. HGB. Die dort geltenden Grundsätze und Einschränkungen sind daher auch für das Steuerrecht maßgeblich. Auch während der Betriebsfortführung ist die Erstellung einer eigenen Steuerbilanz nicht notwendig (§ 60 Abs. 2 EStDV). § 141 AO enthält einen eigenen steuerrechtlichen Buchführungstatbestand. Im Falle der Betriebseinstellung ergibt sich die Unanwendbarkeit des § 141 AO für Einzelkaufleute und Personenhandelsgesellschaften aus dem Wegfall der Gewerbeeigenschaft (vgl. § 141 AO: „gewerbliche Unternehmer").[91] Für Kapitalgesellschaften folgen die Einschränkungen bei Betriebseinstellung aus denselben Gründen wie bei der handelsrechtlichen Buchführung, sofern es nicht bereits an den Voraussetzungen des § 141 AO (zB Umsatz/Gewinn oder einer entsprechenden Mitteilung der Finanzbehörde nach § 141 Abs. 2 AO) fehlt. Für die Liquidationsbesteuerung werden aber die allgemeinen Buchführungspflichten ohnehin durch § 11 KStG modifiziert (RdNr. 28).

26 **2. Besonderheiten der Besteuerung bei Kapitalgesellschaften (§ 11 KStG). a) (Zeitweilige) Unternehmensfortführung.** Wird das insolvente Unternehmen fortgeführt, so bestehen für den Fortführungszeitraum keine Besonderheiten. § 11 KStG ist **unanwendbar,** auch wenn das im Wortlaut des § 11 Abs. 7 KStG nicht eindeutig zum Ausdruck kommt.[92] Die steuerlichen Vorteile sind nur dann gerechtfertigt, wenn das insolvente Unternehmen auch tatsächlich abgewickelt wird. Es sind daher jährlich Bilanzen zu erstellen. Zu beachten ist, dass auf Grund von § 155 Abs. 2 Satz 1 mit der Eröffnung des Insolvenzverfahrens handelsrechtlich zwingend ein Rumpf*geschäftsjahr* zu bilden ist. Damit entsteht auch steuerlich zwingend ein Rumpf*wirtschaftsjahr,* obwohl die Verfahrenseröffnung gerade kein Zeitpunkt ist, für den regelmäßig Abschlüsse gemacht werden (§ 7 Abs. 4 Satz 1 KStG).[93] Dafür spricht neben dem Gleichlauf von Handels- und Steuerbilanz, dass der Abschluss auf den Tag vor Verfahrenseröffnung eine eindeutige Aufteilung der Körperschaftsteuer des Veranlagungszeitraums, in dem das Insolvenzverfahren eröffnet wird, in Insolvenz-

---

[90] *Kübler* in *Kübler/Prütting* § 155 RdNr. 51, der seinerseits auf den Zeitpunkt des Vollzuges der Schlussverteilung (§§ 200, 209) abstellt.
[91] Siehe oben RdNr. 9; § 105 Abs. 2 HGB nF steht nicht entgegen, weil dort bestimmt wird, dass es sich trotz bloßer Vermögensverwaltung um eine OHG, nicht aber um ein Gewerbe handelt.
[92] *Kilger/K. Schmidt* § 124 Anm. 1 b); *Kuhn/Uhlenbruck* § 58 RdNr. 9 m; *Streck, Körperschaftsteuergesetz,* 5. Auflage, 1997, § 11 Anm. 15; *Pink* S. 209; vgl. auch RFH RStBl. 1939, 355; 1940, 715 zu § 14 KStG aF.
[93] BFH BStBl. 1974 II, 692, 693; *Pink* S. 202 f.; *Hermann/Heuer/Raupach/Hübl, Körperschaftsteuergesetz,* § 11 KStG RdNr. 23; wohl auch *Streck* (Fn. 92) § 11 Anm. 9, der darauf abstellt, ob handelsrechtlich zwingend eine Gewinnermittlungsschlussbilanz zu erstellen ist, was hier wegen § 242 Abs. 1 Satz 1 HGB i. V. m. § 155 Abs. 2 Satz 1 der Fall ist; aA *Pelka/Niemann* RdNr. 342; Abschnitt 46 Abs. 1 Satz 5 KStR.

forderungen und Masseverbindlichkeiten ermöglicht.[94] Diese zwingend vorgeschriebene Bildung eines Rumpfwirtschaftsjahres ist keine Umstellung des Wirtschaftsjahres i. S. v. § 7 Abs. 4 Satz 3 KStG, zumal die Gefahr einer Steuerstundung nicht besteht.[95] Die Gegenansicht hält zwar am Erfordernis des Einvernehmens fest, erklärt die Verweigerung aber regelmäßig für ermessensfehlerhaft.[96] Der *Veranlagungszeitraum* (§§ 49 Abs. 1 KStG, 25 Abs. 1 EStG) ist weiterhin das Kalenderjahr.

Wird das Unternehmen nach der Eröffnung des Insolvenzverfahrens eingestellt, richten **27** sich Besteuerung und Buchführungspflichten nach § 11 KStG, siehe sogleich unter RdNr. 28.[97] Fällt der Zeitpunkt der Betriebseinstellung nicht mit dem Ende des Wirtschaftsjahres zusammen, kann das Abwicklungsanfangsvermögen (§ 11 Abs. 4 KStG) sowohl auf der Grundlage der Schlussbilanz des letzten ordentlichen Geschäftsjahres (also Einbeziehung des Gewinns aus der letzten Fortführungsperiode in die Liquidationsbesteuerung) als auch auf der Grundlage einer „Betriebseinstellungsbilanz" ermittelt werden (Abschnitt 46 Abs. 1 Satz 5 KStR).[98] Anders als im Fall der Verfahrenseröffnung fehlt es für den Zeitpunkt der Betriebseinstellung an einer § 155 Abs. 2 Satz 1 vergleichbaren Verpflichtung zur Bildung eines handelsrechtlichen Rumpfgeschäftsjahres bis zum Tag der Betriebseinstellung. Auch geht es nicht mehr um die Abgrenzung von Insolvenzforderungen und Masseverbindlichkeiten.

b) Endgültige Einstellung (Liquidationsbesteuerung). Gem. § 11 Abs. 1, 2 und 7 **28** KStG wird der Abwicklungsgewinn durch eine Gegenüberstellung von Abwicklungsanfangs- und Abwicklungsendvermögen ermittelt. Das **Abwicklungsendvermögen** ist das im Insolvenzverfahren zur Verteilung[99] kommende Vermögen, vermehrt um nichtabziehbare Aufwendungen nach § 10 KStG und vermindert um die steuerfreien Vermögensmehrungen, die dem Insolvenzschuldner während des Insolvenzverfahrens zugeflossen sind (§ 11 Abs. 3 KStG). Eine Bindung an handels- oder einkommensteuerliche Bewertungsvorschriften besteht nicht, maßgeblich ist vielmehr das BewG.[100] **Abwicklungsanfangsvermögen** ist das Betriebsvermögen, das am Schluss des der Insolvenzeröffnung vorangegangenen Wirtschaftsjahres der Veranlagung zur Körperschaftsteuer zugrunde gelegt worden ist (§ 7 Abs. 4 Satz 1 KStG). Aufgrund der auch steuerlich zwingenden Bildung eines Rumpfwirtschaftsjahres (RdNr. 27) kann hier nicht das Betriebsvermögen zum Schluss des letzten ordentlichen Wirtschaftsjahres herangezogen werden, sondern nur das auf den Tag vor der Verfahrenseröffnung in der Schlussbilanz ausgewiesene Betriebsvermögen.[101] Gewinnermittlungszeitraum (§§ 4a EStG, 8 Abs. 1 KStG) und Besteuerungszeitraum (§ 7 Abs. 4 KStG) sollen drei Jahre nicht übersteigen (§ 11 Abs. 1 Satz 2 KStG).[102] Der dreijährige Besteuerungszeitraum ersetzt den Veranlagungszeitraum. Während des Liquidationsbesteuerungszeitraumes besteht deshalb keine Verpflichtung zur Bilanzierung. Gleiches gilt auch für die Gewerbeertragsteuer gem. §§ 7 GewStG, 16 GewStDV.

3. Umsatzsteuer. Für die Zwecke der Umsatzsteuer sind zudem die Aufzeichnungs- **29** pflichten der §§ 22 UStG, 63 ff. UStDV zu beachten.

IV. Verpflichtung zur Abgabe von Steuererklärungen

Der Insolvenzverwalter ist zur Abgabe der Steuererklärungen für den Schuldner nach **30** § 34 Abs. 1 i. V. m. Abs. 3 AO verpflichtet. § 155 Abs. 1 Satz 2 betrifft dagegen die

---

[94] *Pink* S. 203.
[95] BFH BStBl. II 1974, 692, 693; *Pink* S. 202 f., 213.
[96] Begr. zu § 174 RegE (= § 155); FK-*Boochs* § 155 RdNr. 11.
[97] An die Stelle des Zeitpunkts der Eröffnung des Insolvenzverfahrens als Beginn der Liquidationsbesteuerung nach § 11 KStG tritt der Zeitpunkt der Betriebseinstellung.
[98] AA *Pink* S. 217 f.: maßgeblich allein Zeitpunkt der Betriebseinstellung.
[99] Abschlags- und Schlussverteilungen werden also zusammengerechnet.
[100] BFH BStBl. II 1966, 152.
[101] BFH BStBl. II 1974, 692, 693; II 1983, 433; *Pink* S. 202 f.; *Farr*, Besteuerung in der Insolvenz RdNr. 332; aA *Pelka/Niemann* RdNr. 342.
[102] *Streck* (Fn. 92) § 11 Anm. 6.

§ 155 31–33   4. Teil. 1. Abschnitt. Sicherung der Insolvenzmasse

steuerlichen Buchführungs- und Rechnungslegungsvorschriften.[103] Wegen der sachlichen Nähe sollen die wichtigsten Steuererklärungspflichten mit ihren insolvenzspezifischen Besonderheiten im Überblick dargestellt werden. Die Verpflichtung zur Abgabe von Steuererklärungen ergibt sich aus den Einzelsteuergesetzen (§ 149 Abs. 1 AO). Der Verwalter hat dabei nach herrschender Auffassung auch den bislang vom Schuldner noch nicht erfüllten Steuererklärungspflichten für **Zeiträume vor Verfahrenseröffnung** nachzukommen.[104]

31 **1. Einkommensteuer. a) Verpflichtung zur Abgabe.** Die §§ 25 Abs. 3 Satz 1 EStG, 56 EStDV legen die Verpflichtung zur Abgabe einer Einkommensteuererklärung fest. In kleinen und mittleren Verfahren war jedoch der Fiskus bisher vielfach bereit, bei den Ertragssteuern (Einkommen- und Körperschaftsteuer) für Zeiträume nach Konkurseröffnung eine „Null-Schätzung" (§ 162 AO) zu akzeptieren, da in aller Regel erhebliche Verlustvorträge vorliegen und keine Überschüsse aus der Verwaltung erwarten werden können. Zwar entbindet die Schätzung nicht von der Steuererklärungspflicht, doch ist die Finanzverwaltung mit allzu großem Druck zurückhaltend, weil sonst der Fiskus bei Kostenstundung nach § 4 a als Sekundärschuldner gemäß § 63 Abs. 2 für die Steuerberatungskosten in Anspruch nehmen kann.[105] Der Verwalter kann sich aber nach Ansicht des BGH gegenüber dem Insolvenzschuldner nach § 60 schadenersatzpflichtig machen, wenn Verluste nicht festgestellt und damit nicht nach § 10 d EStG auf Veranlagungszeiträume nach Abschluss des Insolvenzverfahrens vorgetragen werden können.[106] In größeren Verfahren stellt sich die Frage der Abgabe jährlicher Einkommen- und Körperschaftsteuererklärungen schon deshalb nicht, weil diese Erklärungen ohnehin erforderlich sind, um nach Verfahrenseröffnung gezahlte Kapitalertragsteuer (Zinsabschlagsteuer) zurückzuholen.

32 **b) Besonderheiten bei Personengesellschaften.** Der Insolvenzverwalter über das Vermögen einer Personengesellschaft ist nicht zur Abgabe der Erklärung zur einheitlichen und gesonderten Feststellung der Einkünfte der Gesellschafter verpflichtet.[107] Denn diese und nicht die Gesellschaft selbst sind als Mitunternehmer Subjekt der Einkommensteuer. Die Folgen der Gewinnfeststellung betreffen die Gesellschafter persönlich und gehören damit zum insolvenzfreien Bereich der Gesellschaft, in dem die Gesellschaft in ihrem Verwaltungs- und Verfügungsrecht nicht beschränkt ist. Das bedeutet, dass sie insoweit wie eine in Liquidation befindliche Gesellschaft durch ihre Liquidatoren, d. h. regelmäßig durch sämtliche Gesellschafter vertreten wird.[108] In der Praxis kann der Insolvenzverwalter den Gesellschaftern anbieten, die Erklärung zur einheitlichen und gesonderten Gewinnfeststellung zu erstellen, wenn die Gesellschafter die Kosten hierfür übernehmen. Zu beachten ist allerdings, dass bei *gewerblich* tätigen Mitunternehmerschaften der Verwalter für die Gewerbesteuer ohnehin eine Erklärung zur einheitlichen und gesonderten Feststellung des steuerlichen Gewinns abgeben muss, weil insoweit die Gesellschaft selbst Steuergegenstand ist (vgl. RdNr. 35).[109]

33 **c) Insolvenzspezifische Besonderheiten.** Steuersubjekt und Veranlagungszeitraum werden durch die Eröffnung des Insolvenzverfahrens nicht berührt.[110] In einer Anlage zur Einkommensteuererklärung[111] ist daher darzustellen, wie die Steuerforderung entsprechend

---

[103] Vgl. *Uhlenbruck/Maus* § 155 RdNr. 18 mwN.
[104] BFHE 55, 522, 523 f. = BStBl. III 1951, 212, 213 f.; *Uhlenbruck/Maus* § 155 RdNr. 18; *Farr*, Besteuerung in der Insolvenz RdNr. 63 *Frotscher* S. 38 ff.
[105] *Farr*, Besteuerung in der Insolvenz RdNr. 59.
[106] BGHZ 74, 316 = NJW 1979, 2212, 2213 = ZIP 1980, 25 mit insoweit ablehnender Anm. *Kilger*. Ablehnend auch Begr. zu Leitsatz 3.3.5.1 des 2. KommBer.
[107] BFHE 175, 309 = ZIP 1994, 1969 = BStBl. II 1995, 194.
[108] BFH ZIP 1994, 1969, 1971.
[109] BFH ZIP 1994, 1969, 1971; *Maus* S. 43: „Pyrrhussieg".
[110] BFH NV 1996, 117, 118; ZIP 1994, 1286, 1287; BB 1984, 1471; *Pelka/Niemann* RdNr. 293; aA *Pink* S. 183, der unzutreffend davon ausgeht, dass die Bildung eines Rumpfwirtschaftsjahres auch zu einem verkürzten Veranlagungszeitraum führt. Dies ist nur dann der Fall, wenn der Liquidationsbesteuerungszeitraum den Veranlagungszeitraum ersetzt (RdNr. 28).
[111] Vgl. *Pelka/Niemann* Muster 3.

dem Verhältnis der Einkünfte aufzuteilen und insolvenzrechtlich einzuordnen ist. Auch Verlustvorträge, Sonderausgabenpauschbeträge etc. müssen entsprechend zugeordnet werden. Eine dreifache Unterscheidung ist hierbei zu treffen, wobei die Unterscheidung in Insolvenzforderungen und Masseverbindlichkeiten nur dann erforderlich ist, wenn die Verfahrenseröffnung während des Veranlagungszeitraum erfolgt:[112]

– Die Steuerforderung kann (ganz oder zum Teil) **Insolvenzforderung** i. S. v. § 38 sein. Das Vorrecht des § 61 Abs. 1 Nr. 2 KO besteht nicht mehr. Maßgebend für die Einordnung als Insolvenzforderung ist, ob die Steuerforderung im Zeitpunkt der Verfahrenseröffnung bereits begründet war. Das ist dann der Fall, wenn der Steuertatbestand vor Verfahrenseröffnung verwirklicht wurde. Beispiel: Ein Betriebsgrundstück wurde vom Insolvenzschuldner kurz vor Verfahrenseröffnung verkauft. Der entsprechende Teil der Einkommensteuer, der auf der Aufdeckung der stillen Reserven des Grundstücks beruht, ist Insolvenzforderung. Nicht entscheidend ist dagegen, dass die Einkommensteuer erst mit Ablauf des Veranlagungszeitraums entsteht (§ 36 Abs. 1 EStG).
– Die Steuerforderung kann aber auch zu den **Masseverbindlichkeiten** nach § 55 Abs. 1 Nr. 1 zählen, wenn der Steuertatbestand erst nach der Verfahrenseröffnung verwirklicht wurde. Hierzu zählt beispielsweise die Aufdeckung stiller Reserven infolge der Verwertung von Massegegenständen durch den Verwalter, auch wenn die stillen Reserven vor der Verfahrenseröffnung angesammelt wurden.[113] Zu beachten ist, dass nach § 55 Abs. 2 auch die Verbindlichkeiten, Masseverbindlichkeiten darstellen, die der „starke" **vorläufige Insolvenzverwalter,** auf den die Verfügungsbefugnis gem. § 22 Abs. 1 Satz 1 übergegangen ist im Eröffnungsverfahren begründet hat.
– Einkünfte können schließlich im **insolvenzfreien Bereich** entstanden sein und belasten dann die Masse überhaupt nicht, weder als Insolvenzforderung noch als Masseverbindlichkeit. Aufgrund der Erweiterung der Masse um den Neuerwerb (§ 35) kommt dieser Gruppe sicher in Zukunft geringeres Gewicht zu. Denkbar ist aber weiterhin der Fall, dass der Verwalter ein (mit Absonderungsrechten belastetes) Betriebsgrundstück an den Insolvenzschuldner freigibt. Deckt anschließend der Schuldner bei der Veräußerung stille Reserven auf,[114] ist die Einkommensteuer auf die dadurch erzielten Einkünfte keine Masseverbindlichkeit.

2. Körperschaftsteuer. Die Verpflichtung des Verwalters zur Abgabe von Körperschaftsteuererklärungen ergibt sich aus § 49 KStG i. V. m. § 34 Abs. 1 und 3 AO. Anders als bei der Einkommensteuer ist bei der Körperschaftssteuer im Jahr der Verfahrenseröffnung nur eine Aufteilung in Insolvenzforderungen und Masseverbindlichkeiten notwendig. Der Veranlagungszeitraum wird durch die Insolvenzeröffnung nicht berührt. Die Zuordnung zu den Zeiträumen vor und nach Verfahrenseröffnung wird hier dadurch erleichtert, dass gem. § 155 Abs. 2 Satz 1 ein neues Geschäfts- und auch Wirtschaftsjahr beginnt. Der vor Verfahrenseröffnung erwirtschaftete Gewinnn ergibt sich damit aus Schlussbilanz und GuV. Dagegen entfällt die Abgrenzung zum insolvenzfreien Bereich, weil es einen solchen bei Kapitalgesellschaften nicht gibt. Nach Beginn der Liquidationsbesteuerung nach § 11 KStG sind Steuererklärungen nur für den (in der Regel höchstens dreijährigen) Besteuerungszeitraum zu erstellen, nicht aber für jedes Kalenderjahr. 34

3. Gewerbesteuer. Auch in einer Anlage zur Gewerbesteuererklärung ist anzugeben, wie sich die auf den gesamten Erhebungszeitraum, also das Kalenderjahr (§ 14 Satz 2 GewStG) entfallende Gewerbesteuer verteilt, wenn die Verfahrenseröffnung während des Kalenderjahres erfolgt. Eine Abgrenzung zum insolvenzfreien Bereich entfällt. Denn wenn der Insolvenzschuldner einen neuen Gewerbebetrieb nach Verfahrenseröffnung betreibt, 35

---

[112] Die Bildung eines neuen Wirtschaftsjahres hat Bedeutung nur für den Gewinnermittlungszeitraum, nicht für den Veranlagungszeitraum, der weiterhin das Kalenderjahr ist.
[113] BFH ZIP 1994, 1286; BB 1984, 1471, 1472.
[114] Die Freigabe an den Schuldner ändert nichts an der Zuordnung zum Betriebsvermögen des Steuerpflichtigen (Schuldners) und führt damit nicht zur Realisierung stiller Reserven.

gehört dieser Neuerwerb zur Insolvenzmasse. Anders als bei der Einkommensteuer[115] ist hier die gewerblich tätige Personengesellschaft (Mitunternehmerschaft) selbst Steuergegenstand (§ 2 Abs. 1 GewStG). Der Verwalter hat deshalb eine Erklärung zur einheitlichen und gesonderten Feststellung des Gewerbeertrags abzugeben.[116]

36 **a) Endgültige Betriebseinstellung.** Bei Einzelunternehmen und Personengesellschaften erlischt die Gewerbesteuerpflicht und damit die Verpflichtung zur Abgabe von Gewerbesteuererklärungen für nachfolgende Zeiträume mit der tatsächlichen Einstellung des Betriebes.[117] Dagegen besteht bei Kapitalgesellschaften der Gewerbebetrieb auch in einem solchen Falle fort, § 2 Abs. 2 Satz 1 GewStG. Während der Liquidationsbesteuerung nach § 11 KStG ist allerdings ebenso wie bei der Körperschaftsteuer eine Gewerbesteuererklärung nur für den Liquidationsbesteuerungszeitraum veranlasst (arg. § 16 Abs. 1 GewStDV). Zudem besteht bei hohen Verlustvorträgen die Chance, die Finanzbehörden auch ohne Steuererklärung zu einer „Null-Schätzung" zu bewegen. Der Feststellung von Verlustvorträgen kommt angesichts der Löschung der Kapitalgesellschaft nach Abschluss des Insolvenzverfahrens – anders als bei natürlichen Personen[118] – keine Bedeutung zu.

37 **b) Unternehmensfortführung.** Hier besteht die Verpflichtung zur jährlichen Abgabe einer Gewerbesteuererklärung und eventuell zusätzlich einer Zerlegungserkärung nach §§ 14 a GewStG, 25 GewStDV uneingeschränkt fort (vgl. § 4 Abs. 2 GewStDV).

38 **4. Umsatzsteuer (§ 18 UStG).**[119] Die Unternehmereigenschaft nach § 2 UStG wird durch die Insolvenzeröffnung nicht berührt. Sowohl die Verwertung von Massegegenständen im Fall der Betriebseinstellung als auch die Umsätze im Rahmen eines Betriebsfortführung sind umsatzsteuerpflichtig. Für die Umsatzsteuer ist ebenfalls die Unterscheidung zwischen Insolvenzforderungen und Masseverbindlichkeiten zu treffen, wobei auch die vom „starken" vorläufigen Insolvenzverwalter erfüllten Tatbestände nach § 55 Abs. 2 zu Masseverbindlichkeiten führen. Die Steuererklärungspflichten werden durch § 18 UStG bestimmt.

39 Nach § 18 Abs. 1 und 2 UStG hat der Verwalter zehn Tage nach Ablauf des Voranmeldungszeitraums die **Umsatzsteuervoranmeldung** beim Finanzamt einzureichen. Der Voranmeldungszeitraum ist das Kalendervierteljahr, wenn nicht die Umsatzsteuer für das vorangegangene Jahr mehr als 6136,00 € beträgt (§ 18 Abs. 2 Satz 1 und 2 UStG). In diesem Fall sind monatliche Voranmeldungen zu erstellen. Für das Kalenderjahr hat der Verwalter nach § 18 Abs. 3 UStG eine **Steueranmeldung** abzugeben.

V. Buchführungs- und Steuererklärungspflichten bei Massearmut

40 **1. Fortbestand der Pflichten.** Der **BFH** hält den Verwalter auch dann für verpflichtet, die handels- und steuerrechtlichen Buchführungspflichten zu erfüllen sowie die Steuererklärungen für den Insolvenzschuldner abzugeben, wenn die Kosten für die Beauftragung eines Steuerberaters aus der Masse nicht beglichen werden können.[120] Anordnungsverfügungen und Zwangsgeldandrohungen sind nur dann *ermessensfehlerhaft*, wenn vom Verwalter selbst wegen der Schwierigkeit oder Komplexität die Erfüllung der Pflichten nicht mehr erwartet werden kann und ein Steuerberater im Hinblick auf die Massearmut jede Tätigkeit ablehnt.[121] Der BFH ist nämlich der Auffassung, dass ein Verwalter mit der Qualifikation

---

[115] Vgl. RdNr. 32.
[116] BFH ZIP 1994, 1969, 1971.
[117] Abschnitt 22 Abs. 1 bis 5 GewStR.
[118] Vgl. RdNr. 31.
[119] Vgl. zu umsatzsteuerlichen Problemen *Onusseit*, Umsatzsteuer im Konkurs, 1988; *Wilke*, Umsatzsteuer im Konkurs nach der Rechtsprechung des Bundesfinanzhofes, UR 1989, 307.
[120] BFHE 175, 309 = ZIP 1994, 1969 = BStBl. II 1995, 194; bestätigt in BFH ZIP 1996, 430, 431; zu beachten ist, dass nach § 209 Abs. 1 Nr. 2 Neumassegläubiger nunmehr ausdrücklich privilegiert werden. Zur Gegenansicht vgl. OLG Koblenz ZIP 1993, 52 = EWiR § 82 KO 1/93, 67 *(App)*, wonach der Verwalter nicht pflichtwidrig handelt, wenn er in massearmen Verfahren keine Buchführungsarbeiten vergibt, die zweifellos nur zu einer Schmälerung der Masse führen.
[121] BFH ZIP 1994, 1969, 1973.

eines Rechtsanwalts grundsätzlich selbst verpflichtet ist, Steuererklärungen zu erstellen. Das ergebe sich aus § 3 AbG. 1 Nr. 2 StBerG, wonach ein Rechtsanwalt zur unbeschränkten Hilfe in Steuersachen befugt ist.[122] Dem ist unabhängig von der Überzeugungskraft dieser Argumente zu folgen, denn die öffentlich-rechtlichen Verpflichtungen des Schuldners erlöschen durch die Massearmut nicht. Und gem. § 155 Abs. 1 Satz 2 bzw. § 34 Abs. 3 i. V. m. Abs. 1 AO hat der Verwalter diese Pflichten zu erfüllen. Allerdings ist nach hier vertretener Auffassung bei bereits erfolgter Betriebseinstellung als Normalfall eines massearmen Verfahrens eine jährliche Bilanzierungspflicht des Schuldners mit doppelter Buchführung zu verneinen. Im Übrigen stellen externe Rechnungslegung oder kaufmännische Buchführung vergütungsrechtlich Sonderaufwand dar,[123] für den der Verwalter einen Vorschuss beanspruchen kann, § 9 InsVV. Die Höhe dieses Zuschlags orientiert sich an den entsprechenden Sätzen eines Steuerberaters.[124] Reicht die Masse nicht aus, um die Verwaltervergütung unter Einbeziehung dieses Zuschlags abzudecken, so erfolgt die Einstellung mangels Masse nach § 207 InsO, ohne dass der Verwalter zuvor zur Abgabe von Steuererklärungen verpflichtet wäre.[125]

2. Wegfall der Verwalterpflichten bei Verfahrenseinstellung. Wird das Insolvenzverfahrens wegen Masseunzulänglichkeit nach § 211 Abs. 1 eingestellt, entfällt die Verpflichtung des Verwalters zur Erfüllung der Buchführungs- und Steuererklärungspflichten, weil das Verwaltungs- und Verfügungsrecht wieder auf den Schuldner übergeht (§ 215 Abs. 2).[126]

---

[122] Ablehnend *Onusseit* ZIP 1995, 1798, 1805; *Pink* ZIP 1997, 177, 184.
[123] *Haarmeyer/Wutzke/Förster* InsVV § 4 RdNr. 24.
[124] *Förster* ZInsO 2000, 444, 445.
[125] *Förster* ZIP 1997, 344.
[126] BFH ZIP 1996, 430, 431, der betont, dass die Verpflichtung nur *ex nunc* wegfällt. Dies führt dazu, dass bereits ergangene Aufforderungsverfügungen und Zwangsgeldandrohungen nicht von Anfang an rechtswidrig sind. Das wiederum hat Bedeutung für die Kostenentscheidung nach § 138 Abs. 1 FGO bei Erledigung der Hauptsache durch die Einstellung des Insolvenzverfahrens.

Zweiter Abschnitt. Entscheidung über die Verwertung

§ 156 Berichtstermin

(1) ¹Im Berichtstermin hat der Insolvenzverwalter über die wirtschaftliche Lage des Schuldners und ihre Ursachen zu berichten. ²Er hat darzulegen, ob Aussichten bestehen, das Unternehmen des Schuldners im ganzen oder in Teilen zu erhalten, welche Möglichkeiten für einen Insolvenzplan bestehen und welche Auswirkungen jeweils für die Befriedigung der Gläubiger eintreten würden.

(2) ¹Dem Schuldner, dem Gläubigerausschuß, dem Betriebsrat und dem Sprecherausschuß der leitenden Angestellten ist im Berichtstermin Gelegenheit zu geben, zu dem Bericht des Verwalters Stellung zu nehmen. ²Ist der Schuldner Handels- oder Gewerbetreibender oder Landwirt, so kann auch der zuständigen amtlichen Berufsvertretung der Industrie, des Handels, des Handwerks oder der Landwirtschaft im Termin Gelegenheit zur Äußerung gegeben werden.

Übersicht

	RdNr.		RdNr.
A. Überblick und Entstehungsgeschichte	1	E. Berichtsmängel	29
B. Terminsbestimmung und -vorbereitung, Tagesordnung	4	F. Verbindung mit Prüftermin und Abstimmungstermin?	31
C. Berichtsinhalt und -form	8	G. Stellungnahmen und Äußerungen (Abs. 2)	35
I. Gesetzliche Inhaltserfordernisse	8	I. Verfahrensrechte des Schuldners	37
II. Berichtsform	23	II. Verfahrensrechte der weiteren Beteiligten	39
D. Auskunftsrechte der Gläubiger und Dritter	26		

A. Überblick und Entstehungsgeschichte

1   Die §§ 156 bis 164 sind mit „Entscheidung über die Verwertung" überschrieben. Bis zum Berichtstermin soll das Unternehmen des Schuldners nicht stillgelegt werden (§ 158), kann der Insolvenzverwalter sogar Vorbehaltseigentümer hinhalten (§ 107 Abs. 2 Satz 1). Erst danach soll der Insolvenzverwalter unverzüglich das zur Insolvenzmasse gehörende Vermögen verwerten, wenn die Gläubigerversammlung keine anderen Beschlüsse gefasst, insbesondere keinen Insolvenzplan gebilligt oder doch auf den Weg gebracht hat (§ 159). Die Entscheidung über den Fortgang des Verfahrens (§ 157) wird – auf der Basis der Informationen, die ihnen der Insolvenzverwalter zu geben hat – von den Gläubigern im Berichtstermin getroffen.

2   Weil die Gläubiger im Berichtstermin regelmäßig wenigstens eine Vorentscheidung darüber fällen müssen, ob das schuldnerische Unternehmen abgewickelt, veräußert oder sogar sein Rechtsträger saniert werden soll, ist der Bericht des Verwalters inhaltlich dem früheren § 40 Abs. 3 Satz 1 VglO näher als § 131 KO. Der Vergleichsverwalter hatte zunächst den vom Schuldner vorzulegenden Vorschlag zu begutachten, während der Konkursverwalter bekanntlich sofort nach der Eröffnung des Verfahrens die Verwertung der Konkursmasse beginnen sollte (§ 117 Abs. 1 KO) und demgemäß die Methode und die Aussichten der Liquidation im Zentrum seines Berichts in der ersten Gläubigerversammlung standen. Nach § 156 soll der Verwalter jetzt eigenverantwortlich prüfen und Vorschläge unterbreiten. Konsequenterweise wird dieses Recht und diese Pflicht durch das Recht des Schuldners, des Gläubigerausschusses sowie der Arbeitnehmervertretungen ergänzt, vor der

Gläubigerversammlung zum Bericht des Verwalters Stellung zu nehmen und die jeweiligen Partikularinteressen in den Entscheidungsprozess einzubringen (Abs. 2 Satz 1). Die berufsständischen Vertretungen haben eine – relativ schwach ausgeprägte – Gelegenheit zur Äußerung (Abs. 2 Satz 2).

Neben dem Termin zur Abstimmung über einen Insolvenzplan nach § 235 ist der Berichtstermin mit den hier zu fassenden Beschlüssen (u. a. nach § 160) das zentrale Forum der Gläubigerautonomie. Die Gläubiger sind, anders als die Kommission für Insolvenzrecht das vorgesehen hatte, die primären Adressaten des Verwalterberichts. Die Gläubiger – und nicht das Gericht[1] – treffen die Entscheidung über das Verfahrensziel. Sie tun dies auf der Grundlage des Verwalterberichts, der gegenüber den Beiträgen der sachkundigen Beteiligten gemäß Abs. 2 oder informierter Gläubiger (Banken, Lieferanten) sein besonderes Gewicht durch die Sachkunde und Unabhängigkeit des Autors erhält.

B. Terminsbestimmung und -vorbereitung, Tagesordnung

Dem **Berichtstermin** kann, wenn dazu besondere Veranlassung besteht, eine Gläubigerversammlung nach den §§ 74 ff. vorangehen. Im Allgemeinen wird das nicht so sein, der Berichtstermin zugleich die erste Versammlung der Gläubiger darstellen. Kein Berichtstermin findet im vereinfachten Insolvenzverfahren statt, § 312 Abs. 1. Der Termin ist im **Eröffnungsbeschluss** festzulegen (§ 29 Abs. 1 Nr. 1). Zwischen der Verfahrenseröffnung und dem Berichtstermin sollen nicht mehr als 6 Wochen, dürfen höchstens drei Monate verstreichen (§ 29 Abs. 1 Nr. 1). Zugleich ist die Tagesordnung festzulegen und – mit dem Eröffnungsbeschluss – öffentlich bekanntzumachen (§§ 30, 74 Abs. 2 Satz 1).

Beschlüsse der Gläubigerversammlung zu anderen als den angekündigten Punkten der Tagesordnung sind nichtig,[2] wenn nicht alle Gläubiger anwesend und mit der Abstimmung einverstanden waren.[3] Die Notwendigkeit, eine Tagesordnung im Voraus festzulegen, schließt nicht aus, dass die Tagesordnung später ergänzt wird, wenn nur die Ladungsfrist gewahrt bleibt, die die InsO selbst nicht definiert und derentwegen mithin auf § 217 ZPO[4] zurückgegriffen werden muss. Dabei ist – neben der Korrektur von Fehlern – vor allem an die nachträgliche Verbindung von Berichtstermin, Prüfungstermin[5] und der Abstimmung über einen Insolvenzplan nach § 235 zu denken.[6]

Neben dem Bericht des Verwalters stehen jedenfalls dann, wenn der Berichtstermin zugleich die Erste **Gläubigerversammlung** ist, die Entscheidungen über die Beibehaltung oder Neuwahl des Verwalters (§ 57), über die Wahl eines Gläubigerausschusses und dessen Besetzung (§ 68), die Unternehmensstilllegung oder die Ausarbeitung eines Insolvenzplans (§ 157), die Hinterlegungsstelle (§ 149), Beschlüsse über besonders bedeutsame Rechtshandlungen (§§ 160, 162, 163) und über Zwischenrechnungen des Verwalters (§ 66 Abs. 3) auf der Tagesordnung. Im Fall der Eigenverwaltung können weitere Gegenstände hinzukommen (§§ 271, 272, 276, 277), bei der Insolvenz einer natürlichen Person der Beschluss über deren Unterhalt (§ 100). Wenn von vornherein die Einstellung mangels Masse droht, kann zusätzlich der Verzicht auf die Anhörung nach § 207 auf die Tagesordnung gesetzt werden.[7]

Der Berichtstermin wird dadurch vorbereitet, dass spätestens eine Woche zuvor in der Geschäftsstelle zur Einsicht der Beteiligten Verzeichnisse der Massegegenstände, der Gläubi-

---

[1] So noch Leitsatz 1.3.4.4 der Vorschläge der Kommission, vgl. 1. KommBer, S. 148 f.
[2] Einschränkend, *Uhlenbruck*, InsO § 156 RdNr. 3.
[3] *Kübler/Prütting/Onusseit* § 156 RdNr. 6 mit dem praktisch wichtigen Hinweis auf § 9 Abs. 3; *Smid* § 156 RdNr. 4.
[4] Drei Tage ab Zustellung oder sechs Tage zwischen Veröffentlichung und Gläubigerversammlung, § 9 Abs. 1 Satz 3; *Nerlich/Römermann/Delhaes* § 74 RdNr. 4.
[5] Bei dem zusätzlich die Frist des § 29 Abs. 1 Nr. 2 zu beachten ist.
[6] Zur Verbindung der Termine im Einzelnen vgl. unten RdNr. 31 ff., zur Vertagung vgl. LG Göttingen, ZIP 2000, 1945 und *Alter* EWiR § 6 InsO 1/01, 235.
[7] Str. vgl. § 207 RdNr. 42.

§ 156 8–11   4. Teil. 2. Abschnitt. Entscheidung über die Verwertung

ger und die Vermögensübersicht niederzulegen sind (§ 154). Ob die Wochenfrist immer eingehalten werden kann, erscheint zweifelhaft. Ein Verstoß gegen § 154 führt nicht zur Verschiebung oder zur Beschlussunfähigkeit im Berichtstermin.[8] Eine grundlegende Orientierung über die Forderungen der Gläubiger in den einzelnen Kategorien vor dem Termin ist aber in jedem Fall nötig, in dem kontroverse Abstimmungen zu erwarten sind. Das Stimmrecht nach § 77 ist an die Anmeldung der Forderung[9] und eine wenigstens vorläufige Äußerung des Verwalters im Termin geknüpft.[10]

C. Berichtsinhalt und -form

I. Gesetzliche Inhaltserfordernisse

8 Der Inhalt des Verwalterberichts wird vom Gesetz durchaus präzise bestimmt. Der Insolvenzverwalter hat über die wirtschaftliche Lage des Schuldners und ihre Ursachen zu berichten (Abs. 1 Satz 1). Darüber hinaus hat er die Aussichten einer wenigstens teilweisen Erhaltung des schuldnerischen Unternehmens zu prüfen und, wenn er diese Möglichkeit bejahen sollte, die Chancen eines **Insolvenzplans** und dessen Auswirkungen auf die Befriedigung der Gläubiger zu diskutieren (Abs. 1 Satz 2).

9 Wie umfangreich der Bericht des Verwalters sein muss, um seinen Zweck zu erfüllen, hängt von den Gegebenheiten des Einzelfalls ab und muss zunächst vom Verwalter nach dessen pflichtgemäßem Ermessen entschieden werden. Das Problem des Verwalters ist es, dass er sich innerhalb der kurzen Frist, die ihm zur Verfügung steht und in der er den Betrieb aufrechterhalten muss (§ 158 Abs. 1), zugleich ein Bild über die vorgefundene Lage und deren Schwächen machen soll, das präzise genug sein muss, um zumindest die Entscheidung für oder gegen die Einstellung des schuldnerischen Unternehmens zu tragen. Bei größeren Insolvenzen können **Sanierungsgutachten** eine Hilfe sein, die nicht selten auf Grund eigener Initiative oder auf Druck von Kreditgebern schon vor der Einleitung des Verfahrens zustandegekommen sind. Auch der Verwalter kann sich schon für seinen ersten Bericht externen Sachverstands bedienen.

10 **1. Lage des Unternehmens und Ursachen der Insolvenz (Abs. 1 Satz 1).** Die Lage des Unternehmens und die Ursachen seiner Insolvenz müssen umso präziser ermittelt werden, je näher der Versuch einer Sanierung liegt. Unabhängig hiervon gibt es aber Mindeststandards: Wer die Lage eines Unternehmens kennen will, muss seine rechtliche und wirtschaftliche Entwicklung zumindest seit Beginn der Unternehmenskrise übersehen können. Über den Zeitpunkt der Gründung, die Rechtsform, eventuelle Wechsel der Rechtsform und den Gegenstand des Unternehmens ist stets zu berichten. Weiterhin sollten aus dem Bericht Bilanzvolumen, Umsätze, Gewinne oder Verluste und Mitarbeiterzahlen der letzten drei bis fünf Jahre erkennbar werden.[11]

11 Der Verwalterbericht muss zur Vermögenslage des Unternehmens Stellung nehmen. Die Übersicht, die dem Verwalter zur Vorbereitung des Berichts aufgegeben ist (§ 153), ist spätestens im Berichtstermin in angemessenem Umfang zu erläutern. Wo die **Einstellung mangels Masse** nach § 207 droht, ist auch dann eine **Liquiditätsplanung** vorzulegen, wenn das Unternehmen des Schuldners – aus welchen Gründen auch immer – schon eingestellt ist oder nach dem Berichtstermin nicht einmal vorläufig fortgeführt werden kann

---

[8] Zustimmend *Andres* in *Andres/Leithaus* §§ 156, 157 RdNr. 3.
[9] Str. vgl. § 77 RdNr. 6 ff.
[10] Nicht zugleich an den Abschluss der Prüfung, vgl. FK-*Hössl* § 77 RdNr. 5 und HK-*Eickmann* § 77 RdNr. 3.
[11] Vgl. *Braun*, Betriebswirtschaftliche Checkliste zur Prüfung der Sanierungsfähigkeit von Unternehmen in *Baetke*, Rechnungslegung, Finanzierung, Steuerung und Prüfung in den neunziger Jahren, 1990, S. 126 ff.; *Groß*, Sanierung durch Fortführungsgesellschaften, 2. Aufl. 1988, S. 702 ff.; ausführlich *Nerlich/Römermann/Balthasar* § 156 RdNr. 10 ff.

oder soll. Eine statische Übersicht über das Vermögen und die Schulden reicht dann schon an dieser Stelle nicht aus, wenn wesentliche Vermögensteile nur mittel- oder langfristig liquidierbar und möglicherweise in der Zwischenzeit auch nicht beleihbar sind.

Zur Beschreibung des Ist-Zustands gehören die prägenden Rechtsverhältnisse, seien das Lieferanten- oder Kundenbeziehungen oder längerfristige rechtliche Bindungen an Personen, Sachen oder Dienste (zB Versicherungen), auch ungewöhnliche Betriebsvereinbarungen. Die Gläubiger können erwarten, dass ihnen neben den laufenden Kosten (Masseschulden) für die Zeit der **Betriebsfortführung** die Kosten der Vertragsbeendigung (zB für Sozialpläne, aber auch für den vorzeitigen Abbruch von Leasingkontrakten) zumindest annäherungsweise mitgeteilt werden. Erläuterungsbedürftig sind darüber hinaus eventuelle Anfechtungstatbestände und schwebende, durch die Verfahrenseröffnung unterbrochene **Aktiv- oder Passivprozesse.**

Das Zahlenmaterial, auf das sich die Beschreibung der wirtschaftlichen Lage stützt, sollte möglichst zeitnah sein. Da die Frage der Verfahrenseröffnung beim Berichtstermin im Allgemeinen nicht mehr umstritten sein wird, kommt es nicht auf den Eröffnungsstichtag an, sondern prinzipiell auf den des Berichts.

In den allermeisten Fällen liegen die Ursachen der Insolvenz letztlich in Kenntnis- oder Motivationsdefiziten der beteiligten Personen. Bei den Urteilen über diese Personen ist gleichwohl Zurückhaltung geboten. Nur wo das für die Sanierungsaussichten oder beispielsweise auch für Anfechtungstatbestände bedeutsam ist, muss der Insolvenzverwalter sein Urteil über die Management-Qualitäten der vorgefundenen Unternehmensführung oder über die Absichten, mit denen einzelne Rechtshandlungen verbunden waren, den Gläubigern vortragen. Wenn er dabei zu Unwerturteilen kommt, nimmt er berechtigte Interessen wahr, muss also keine strafrechtlichen oder zivilrechtlichen Risiken befürchten.[12]

Die Kenntnis anderer Ursachen (Marktveränderungen, Rohstoffmängel, veränderte Konsumgewohnheiten, unterlassene Rationalisierungsinvestitionen, standortbedingte Lohnkosten oder was immer sonst) und ihre Analyse ist für die Gläubiger wichtig, weil sie die Folgerungen daraus für eine eventuelle Sanierung nachvollziehen sollen.

2. Sanierungsausichten. Anders als die Beschreibung der wirtschaftlichen Lage des Unternehmens und ihrer Ursachen hat die Äußerung des Verwalters zu den Sanierungsaussichten zwangsläufig prognostischen Charakter. Dabei ist wissenschaftliche Exaktheit ebenso wenig geboten, wie reine Spekulation erlaubt ist. Der Verwalter muss zunächst nur Projektionen für eine Interimsperiode, bis zur Vorlage eines Plans nämlich oder bis zum Scheitern der Betriebsveräußerung im Ganzen oder in Teilen, liefern. Weitergehende **Planrechnungen** sind dann eventuell Gegenstand des Insolvenzplans selbst (§ 220 Abs. 2). Erhaltungsalternativen sind die Sanierung des Unternehmensträgers (durch einen Insolvenzplan) oder die Veräußerung von Betrieben oder Betriebsteilen (im Wege der so genannten **übertragenden Sanierung**). Beide sind prinzipiell gleichwertig.[13] Sie können (bei größeren Unternehmen) auch verbunden werden. Wo mehrere Möglichkeiten zur Sanierung des Unternehmensträgers und/oder des Unternehmens erkennbar sind, sind sie den Gläubigern vorzustellen.

Die Sanierungsaussichten können von den Gläubigern vernünftigerweise nur erörtert werden, wenn der Verwalter anhand eines jetzt detaillierten Berichtsteils nachweist, dass das schuldnerische Unternehmen zumindest vorläufig fortgeführt werden kann. Der dazu vorzulegende **Liquiditätsplan** basiert auf den Annahmen des Verwalters (oder der zu seiner Unterstützung herangezogenen Fachleute) zu den leistungswirtschaftlichen Daten des Unternehmens, das sind vor allem Beschaffung, Personal, Forschung und Entwicklung, Absatzmöglichkeiten. In der Mehrzahl der Fälle genügt es nicht, durch **Forderungsverzichte** oder neues Kapital eine finanzwirtschaftliche Schieflage zu beseitigen. Im Allgemeinen

---

[12] §§ 193 StGB, 824 Abs. 2 BGB, allgM, vgl. *Kübler/Prütting/Onusseit* § 156 RdNr. 11 mwN, *Nerlich/Römermann/Balthasar* § 156 RdNr. 21.
[13] *Smid* § 157 RdNr. 4 und 7 mwN.

müssen zugleich Vorschläge dafür unterbreitet werden, wie gravierende Fehlentwicklungen nachhaltig korrigiert werden können.[14]

18 Der Liquiditätsplan darf sich, wenn er seinen Zweck nicht verfehlen will, nicht auf Pauschalannahmen stützen. Er muss die Quellen erwarteter Einkünfte und die Empfänger nötiger Ausgaben zumindest so genau bezeichnen, dass er auf seine Plausibilität hin überprüfbar ist. Der Plan sollte erkennen lassen, mit welchen Eintrittswahrscheinlichkeiten gerechnet werden kann und welche Gefahren ihn insgesamt in Frage stellen können. Der Liquiditätsplan zeigt mit besonderer Deutlichkeit, in welcher Weise der Verwalterbericht die Entscheidungsalternativen der Gläubiger definiert.

19 **3. Möglichkeiten eines Insolvenzplans.** Wenn die Lagebeschreibung die Sanierung nicht ausschließt, muss der Insolvenzverwalter die Möglichkeiten für einen Insolvenzplan nach §§ 217 ff. erörtern. Die in § 156 Abs. 1 Satz 2 geforderte Darstellung der Möglichkeiten für einen Plan bedeutet nicht, dass ein solcher selbst schon vorgelegt werden müsste. Im Normalfall reicht es für den Berichtstermin, wenn der Verwalter grobe Strukturen eines möglichen Plans skizziert und sich bereit erklärt, einem Auftrag der Gläubiger zur Ausarbeitung eines Plans nachzukommen. Wenn dagegen – ausnahmsweise – ein Plan schon zum Berichtstermin vorliegen sollte, dann gehen an dieser Stelle die Erörterung der abstrakten Möglichkeiten und die Stellungnahme des Verwalters nach § 232 Abs. 1 Nr. 3 ineinander über.

20 **4. Auswirkungen auf die Gläubigerbefriedigung.** Die Auswirkungen von Sanierungsmöglichkeiten auf ihre Befriedigung hätte der Gesetzgeber auch eben diesen Gläubigern zu beurteilen überlassen können. Tatsächlich sind die Gläubiger ja nicht einmal gehalten, ihren Willen nach den Kriterien der Vernunft zu bilden.[15] Andererseits durchziehen die Auswirkungen alternativer Verfahrensabläufe auf die Gläubigerbefriedigung die InsO wie ein roter Faden immer da, wo sich Reste der Kommissionsvorstellungen erhalten haben: Schon im Rahmen von § 231 Abs. 1 Nr. 2 können die Erfolgsaussichten eines Plans an den Befriedigungsaussichten der Gläubiger gemessen werden. Später kann das Gericht die Zustimmung einer Gläubigergruppe nur ersetzen, wenn sie durch den Insolvenzplan nicht schlechter gestellt wird, als sie ohne einen solchen Plan stünde (§ 245 Abs. 1 Nr. 1). Der Gesetzgeber möchte, dass der Verwalter darlegt, welche Folgen diese oder jene Plan- oder Liquidationsalternative für die Befriedigungsaussicht der Gläubiger haben kann.

21 Der Optimismus des Gesetzgebers hinsichtlich der Zuverlässigkeit solcher Alternativprognosen ist möglicherweise übertrieben: Der wirtschaftliche „Erfolg" einer **Liquidation** ist darstellbar, wenn Käufer für die wesentlichen Aktiva des Unternehmens bereitstehen und die Abwicklungsverluste berechenbar sind. Das ist nicht selten so, wenn eine **Auffanggesellschaft** zur Betriebsfortführung schon etabliert ist. Demgegenüber kann die Sanierung des Unternehmensträgers mit Hilfe eines Insolvenzplans durchaus bessere Perspektiven bieten, freilich um den Preis erhöhten Risikos. Gerade dieses Risiko lässt sich aber in Prognosezahlen nur unzureichend einbinden. Der Verwalter sollte es aufzeigen und die Bewertung den Gläubigern überlassen.[16]

22 Wo das tunlich ist, darf der Verwalter sogar Gesichtspunkte in seinen Bericht aufnehmen, die keinen unmittelbaren Bezug zu den Interessen der Gläubiger haben. Beispielsweise kann das gesamtwirtschaftliche Interesse ausnahmsweise für die Erhaltung eines sanierten und fortgeführten Unternehmens auch dann sprechen, wenn sein Liquidationswert größer ist als der bei der Fortführung zu erzielende Ertrag. Wenn die Gläubiger das wollen, können sie auch in einem solchen Fall für die Fortführung votieren. Nur kann sie durch das Obstruktionsverbot des § 245 nicht erzwungen werden, wenn seine Anwendung einen offensichtlichen Eingriff in die Vermögensrechte einer Gläubigergruppe darstellte.

---

[14] Ausführlich hierzu *Nerlich/Römermann/Balthasar* § 156 RdNr. 22 ff.
[15] Geschweige denn gesamtwirtschaftlicher Vernunft, vgl. dazu *Nerlich/Römermann/Balthasar* § 156 RdNr. 8.
[16] So auch *Uhlenbruck*, InsO § 156 RdNr. 11; HambKomm-*Decker* § 156 RdNr. 7.

II. Berichtsform

Der nach § 156 zu erstattende Bericht ist vom Verwalter persönlich zu liefern.[17] Das ist 23 die Konsequenz aus der Entscheidung des Gesetzgebers für eine unabhängige, natürliche Person als Verwalter (§ 56 Abs. 1). Nur in krassen Ausnahmefällen, bei einer plötzlichen Erkrankung des Verwalters etwa, kann seine Vertretung geboten sein, um Verzögerungen des Verfahrens zu vermeiden. Bei angeordneter Eigenverwaltung ist der Schuldner berichtspflichtig; der Sachwalter nimmt Stellung, § 281 Abs. 1.

Zur **Form des Verwalterberichts** enthält § 156 keine Aussage. *Jaeger/Weber*[18] meinten 24 zur alten Rechtslage, dass ein schriftlicher Bericht nicht verlangt werden könne. Tatsächlich war dem Gesetzgeber des Jahres 1877 der mündliche Vortrag moderner erschienen als der schriftliche Bericht, den § 163 der Preussischen Konkursordnung vorsah und der gewöhnlich in den Akten vergraben blieb. Der mündliche Vortrag, so meinte man, werde zur stärkeren Beteiligung an der Gläubigerversammlung anregen und das Fragerecht der Klarstellung der Sache dienen.[19]

Wenn man von besonders einfach gelagerten Fällen absieht, in denen die wesentlichsten 25 Fakten im **Protokoll des Gerichts** festgehalten werden mögen, wird man eine schriftliche Fassung des Verwalterberichts auch ohne ausdrückliche gesetzliche Vorschrift für nötig halten müssen.[20] Nur damit kann der Verwalter für die nachträgliche Betrachtung ausreichend dokumentieren, dass er die (oben RdNr. 8 ff.) umfangreich besprochenen Gegenstände zumindest bedacht hat. Die nachvollziehbare Berichterstattung des Verwalters dient im Sinne der Haftungsentlastung seinen eigenen Interessen. Es ist auch nicht einzusehen, dass der grundlegende Erstbericht des Verwalters nicht (notwendig) zu den Gerichtsakten gelangen soll, während seine Folgeberichte (etwa nach § 58 Abs. 1 Satz 2) ganz selbstverständlich in schriftlicher Form erwartet werden. Die der wirtschaftlichen Bedeutung des Schuldners entsprechende schriftliche Darstellung der Berichtsinhalte des § 156 Abs. 1 ist schließlich im Zusammenhang zu sehen mit den – natürlich schriftlich abzufassenden – Dokumenten nach § 153 **(Vermögensübersicht)** und § 155 **(handels- und steuerrechtliche Rechnungslegung),** auf nicht einmal der historische Gesetzgeber der KO hatte verzichten wollen.[21] Das Plädoyer für eine schriftliche Fassung des Verwalterberichts bedeutet – nun umgekehrt – nicht, dass der persönliche, mündliche Vortrag des Verwalters durch den schriftlichen Bericht ersetzt werden solle oder auch nur könne; damit würde die Unterrichtung in zahlreichen Fällen gerade nicht das Niveau erreichen, das die Gläubiger in den Stand versetzen soll, ihre Entscheidungen sinnvoll zu treffen.[22]

D. Auskunftsrechte der Gläubiger und Dritter

Nach § 79 Abs. 1 ist die Gläubigerversammlung berechtigt, vom Insolvenzverwalter 26 neben seinem Bericht einzelne Auskünfte zu verlangen. Dieses Recht wird, solange die Gläubigerversammlung keine negative Entscheidung über die Zulassung der Frage getroffen hat, praktisch von den einzelnen Gläubigern ausgeübt.[23] Außerhalb der Gläubigerversammlung hat der einzelne Gläubiger dagegen keinen **Auskunftsanspruch,** es sei denn, dass dafür eine eigene Rechtsgrundlage existiert, wie das beispielsweise in § 167 der Fall ist.[24]

---

[17] *Graeber* NZI 2003, 569, 575.
[18] § 131 RdNr. 1; ähnlich *Nerlich/Römermann/Balthasar* § 156, RdNr. 30.
[19] *Hahn/Mugdan,* Materialien zur Konkursordnung, S. 317.
[20] Im Ergebnis ähnlich FK-*Wegener* § 156 RdNr. 7; *Uhlenbruck,* InsO § 156 RdNr. 12; HK-*Flessner* § 156 RdNr. 5, der ein Anordnungsrecht des Gerichts analog § 411 Abs. 1 ZPO annimmt.
[21] *Hahn/Mugdan,* aaO.
[22] So zur alten Rechtslage zB Kilger/K. Schmidt § 131 RdNr. 1; *Kuhn/Uhlenbruck* § 131 RdNr. 2.
[23] Vgl. *Nerlich/Römermann/Delhaes* § 79 RdNr. 2; *Uhlenbruck,* InsO § 156 RdNr. 12.
[24] Ausführlich zur Auskunftspflicht des Verwalters *Bruder* ZVI 2004, 332 ff.; *Heeseler* ZInsO 2001, 873 ff.; wegen der früheren Rechtslage vgl. BGHZ 62, 1 ff.

27 Bei Auskünften an Dritte muss der Verwalter grundsätzlich das Recht des Schuldners auf informationelle Selbstbestimmung wahren,[25] das natürlich da nicht hindert, wo der Schuldner selbst zur Auskunft verpflichtet (gewesen) wäre.

28 Gegenüber der Konkursordnung ist die Rechtsstellung des Verwalters insoweit geschwächt, als sogar ein einzelner absonderungsberechtigter Gläubiger, der 2/5 der Summe aus Absonderungsrechten und sonstigen, nicht nachrangigen Insolvenzforderungen erreicht, die Einberufung einer Gläubigerversammlung beantragen und darin Einzelauskünfte verlangen kann (§§ 75 Abs. 1 Nr. 4, 79). Dass eine Bank etwa 40% aller Forderungen (einschließlich der durch Absonderungsrechte gesicherten) auf sich vereinigt, ist kein seltener Fall. Wenn der Verwalter, um Formalismen zu vermeiden, bedeutenden Gläubigern Auskünfte erteilt, muss er bestrebt sein, die **Gleichbehandlung der Gläubiger** wenigstens dadurch im Auge zu behalten, dass er dem Insolvenzgericht zeitnah schriftlich berichtet.

E. Berichtsmängel

29 Kommt der Insolvenzverwalter seinen Berichtspflichten aus § 156 nicht oder nur unzureichend nach, so obliegt es dem Insolvenzgericht im Rahmen seiner **Aufsicht** nach § 58 Abs. 1, den Verwalter gegebenenfalls unter Androhung und Festsetzung von Zwangsgeld zur Erfüllung seiner Pflichten anzuhalten. Obwohl (vgl. RdNr. 3) die eigentliche Adressatin des Berichts, können weder die Gläubigerversammlung noch einzelne Gläubiger einen Bericht erzwingen oder, was praktischer wäre, die Beantwortung einzelner Fragen. Die Entscheidung des Insolvenzgerichts ist in diesem Verfahren für die Gläubiger nicht rechtsmittelfähig (§ 6 Abs. 1). Lediglich der Verwalter kann sich gemäß § 58 Abs. 2 Satz 2 gegen die Anordnung eines Zwangsgeldes wehren.

30 Wirkungsvoller als die gerichtliche Kontrolle ist möglicherweise das **Haftungsrisiko des Verwalters:** Wenn die Gläubiger auf Grund schuldhaft falscher oder unvollständiger Informationen einen Beschluss über die Betriebsfortführung oder -einstellung treffen und dadurch im Ergebnis die Insolvenzmasse schmälern, dann haftet der Verwalter dafür nach § 60.[26]

F. Verbindung mit Prüftermin und Abstimmungstermin?

31 Der Termin zur Erörterung und Abstimmung über einen Insolvenzplan darf mit dem Prüfungstermin verbunden werden (§ 236 Satz 2). Dass Berichtstermin und Prüfungstermin verbunden werden können, ergibt sich aus § 29 Abs. 2. Es stellt sich also die Frage, ob auch alle drei Termine gleichzeitig abgehalten werden können. Das ist insbesondere dann praktisch, wenn der Schuldner mit dem Insolvenzantrag zugleich einen Insolvenzplan vorgelegt hat und damit rechnen kann, dass ein ausreichendes Quorum wesentlicher Gläubiger dem Plan zustimmen werde („prepackaged plan").

32 Dass der Gesetzgeber, der die zitierten Möglichkeiten zur Terminsverbindung ausdrücklich (aber ohne Not) geregelt hat, die noch weitergehende Koppelung des Abstimmungstermins mit dem Berichtstermin nicht ausdrücklich gebilligt hat, spricht eher gegen die Zulässigkeit. Die Verschiebung des Berichtstermins nennenswert über die 6-Wochen-Frist des § 29 Abs. 1 Nr. 1 hinaus um der Verbindung mit dem Erörterungs- und Abstimmungstermin willen wird man für unzulässig halten müssen. Andererseits ist – entgegen *Kübler/Prütting/Onusseit*[27] – für eine Gefährdung der Gläubigerautonomie kein Anhaltspunkt zu

---

[25] Richtig *Nerlich/Römermann/Balthasar* § 156 RdNr. 39.
[26] *Breutigam/Blersch/Goetsch/Undritz/Fiebig* § 156 RdNr. 15; *Kübler/Prütting/Onusseit* § 157 RdNr. 3; zur KO *Kuhn/Uhlenbruck* KO § 132 RdNr. 2 a.
[27] § 156 RdNr. 4.

sehen. Die Konzentration aller wesentlichen Entscheidungen in einem einzigen Termin verhindert im Gegenteil Zufallsmehrheiten und daraus gelegentlich resultierende widersprüchliche Beschlüsse.

Wegen der verschiedenen Fristen, die sich aus den §§ 28 Abs. 1 Satz 2 (Anmeldefrist zwei Wochen bis drei Monate nach Eröffnungsbeschluss), 29 Abs. 1 Nr. 2 (Prüfungstermin eine Woche bis zwei Monate nach dem Ablauf der Anmeldefrist) und § 29 Abs. 1 Nr. 1 (Berichtstermin möglichst binnen sechs Wochen nach dem Eröffnungsbeschluss) ergeben, bleibt für den Termin, der alle drei Funktionen wahrnehmen könnte, nur ein kleines zeitliches Fenster um sechs Wochen nach dem Eröffnungsbeschluss herum. 33

Wo die Gläubiger tatsächlich überfordert sein sollten, kann erwogen werden, im Erörterungstermin nach § 241 den Abstimmungstermin abzutrennen und damit möglicherweise auch kurzfristige Korrekturen von Plan und Gläubigervoten zu fördern. 34

G. Stellungnahmen und Äußerungen (Abs. 2)

Mit den in Abs. 2 vorgesehenen Stellungnahmen soll die Entscheidungsbasis der Gläubiger über den Bericht des Verwalters hinaus erweitert werden.[28] Schuldner, ein gegebenenfalls gewählter **Gläubigerausschuss, Betriebsrat und Sprecherausschuss** als Vertreter der Arbeitnehmerschaft sind zur Stellungnahme aufzufordern, während den in Abs. 2 Satz 2 genannten berufsständischen Vertretungen nur Gelegenheit zur Äußerung im Termin gegeben werden kann. Die obligatorische wie die fakultative Anhörung setzen die Unterrichtung der Berechtigten voraus.[29] Dabei wird man nicht davon ausgehen können, dass sie ad hoc, also noch im Berichtstermin, unterrichtet werden können. Die Mindestfrist der Unterrichtung vor dem Berichtstermin kann an § 154 und den Schriftsatzfristen der ZPO gemessen werden, unter denen die Wochenfrist des § 132 Abs. 1 ZPO der des § 154 entspricht. Wie schon im Zusammenhang mit der Vorbereitung des Berichtstermins ausgeführt (vgl. RdNr. 7), führt die Nichteinhaltung der Unterrichtungsfrist nicht zur Verschiebung des Berichtstermins oder zur Unwirksamkeit der darin gefassten Beschlüsse der Gläubiger. 35

Aus dem Anhörungsrecht folgt selbstverständlich das Recht aller Genannten zur **Präsenz in der Gläubigerversammlung.** 36

I. Verfahrensrechte des Schuldners

Informations- und Mitwirkungsrechte sind dem Schuldner im Übrigen im Zusammenhang mit der Stilllegung des Unternehmens vor dem Berichtstermin (§ 158 Abs. 2) und im Zusammenhang mit den besonders bedeutsamen Rechtshandlungen des § 160 eingeräumt (§ 161). Hinsichtlich der beiden letztgenannten Rechte ist die Rechtslage gegenüber den §§ 130 und 135 KO nicht wesentlich verändert. Nach der KO konnte sich der Gemeinschuldner in der Gläubigerversammlung oder den Gläubigerversammlungen unterrichten, anhand der Berichte des Konkursverwalters bei den Gerichtsakten und anhand der Schlussrechnung, gegen die er Einwände erheben und daraus Schadenersatzforderungen nach § 82 KO ableiten konnte. Alle diese Rechte sind geblieben. Insbesondere dient die Schlussrechnung des Verwalters nach § 66 auch seiner Rechtfertigung gegenüber dem Schuldner. 37

Eine Änderung hat sich aber insoweit ergeben, als nunmehr neben dem Verwalter der Schuldner während der gesamten Dauer des Verfahrens einen oder sogar (nacheinander) mehrere (§ 231 Abs. 2) Insolvenzpläne vorlegen kann. Dazu wiederum bedarf er notwendig der Information über den aktuellen Stand des Verfahrens, die der Insolvenzverwalter nur 38

---

[28] Begr. *RegE* zu § 175.
[29] FK-*Wegener* § 156 RdNr. 10.

verweigern darf, wenn das Informationsbegehren missbräuchlich, also zweckfremd oder querulatorisch gestellt wird. Mit dem Recht der Planvorlage bis zum Schlusstermin nach § 218 Abs. 1 hat das Gesetz dem Schuldner eine latente dauernde Rolle im Verfahren zugebilligt, derentwegen die grundsätzlichen Ausführungen von *Gerhard* zur Auskunftspflicht des Konkursverwalters gegenüber dem Gemeinschuldner[30] nicht mehr ohne weiteres übernommen werden können. Allerdings bleibt es dabei, dass Auskünfte verweigert werden können, die den Verfahrenszweck gefährden oder die Grenze des Zumutbaren übersteigen.

II. Verfahrensrechte der weiteren Beteiligten

39   Die Gelegenheit zur Stellungnahme, die das Gesetz dem **Gläubigerausschuss,** dem **Betriebsrat** und dem **Sprecherausschuss** der leitenden Angestellten im Berichtstermin einräumt, ist an die Stelle der obligatorischen Anhörung getreten, wie sie vom Regierungsentwurf vorgesehen war. Der Rechtsausschuss[31] wollte den Fortgang des Verfahrens nicht vom Ausbleiben einzelner Stellungnahmen abhängig machen.

40   Praktisch besonders bedeutsam ist das Äußerungsrecht der Arbeitnehmervertretungen, denen vor allem im Zusammenhang mit der Aufstellung, Begutachten und Erörterung eines Insolvenzplans inhaltlich ähnliche Verfahrensrechte eingeräumt sind (vgl. §§ 218 Abs. 3, 232 Abs. 1 Nr. 1 und 235 Abs. 3 Satz 2). Damit sind zumal die Betriebsräte, denen verfahrensentscheidende Bedeutung zukommen kann, auch außerhalb ihres unmittelbaren Wirkungskreises (vgl. §§ 120 ff.) förmlich Verfahrensbeteiligte und mithin auch dann äußerungsbefugt, wenn die Arbeitnehmer keine wesentlichen Insolvenzgläubiger sind. Im letzteren Fall soll ein Vertreter der Arbeitnehmerschaft nach § 67 Abs. 2 dem Gläubigerausschuss angehören.

41   Die Zuständigkeit der jeweiligen berufsständischen Vertretungen richtet sich nach den Mitgliedschaften in der **Industrie- und Handelskammer,** der Handwerkskammer oder einer Landwirtschaftskammer. Wenn im späteren Verfahren ein Insolvenzplan vorgelegt ist, gibt es eine analoge Gelegenheit zur Äußerung nach § 232 Abs. 2. Letztere ist vom Verfahrensstadium dem früheren § 40 VglO am ehesten ähnlich. Wenn selbst dort die Anhörung nicht mehr obligatorisch ist, dann spricht das gegen die Annahme, dass die berufsständischen Vertretungen im Berichtstermin gehört werden müssten,[32] also auch dann, wenn gar kein Insolvenzplan in Frage kommt.

42   Über die Hinzuziehung entscheidet das Insolvenzgericht. In größeren Verfahren sollte sie die Regel sein. Neben dem Bericht des Verwalters dient die Äußerung der jeweiligen Kammer der Objektivierung des Urteils über die Erhaltungsfähigkeit des Schuldnerbetriebs (früher § 18 Ziffer 4 VglO).

43   Wenn das Gericht entgegen Abs. 2 Satz 2 der jeweils berufsständischen Vertretung keine Gelegenheit zur Äußerung gibt, ist diese Entscheidung nicht anfechtbar (§ 6 Abs. 1).[33] Amtshaftungsansprüche – wie sie von *Nerlich/Römermann/Balthasar*[34] erörtert werden –, scheinen angesichts der bewusst flexiblen Regelung des Gesetzes eher fern zu liegen.

§ 157 Entscheidung über den Fortgang des Verfahrens

¹ **Die Gläubigerversammlung beschließt im Berichtstermin, ob das Unternehmen des Schuldners stillgelegt oder vorläufig fortgeführt werden soll.** ² **Sie kann den Verwalter beauftragen, einen Insolvenzplan auszuarbeiten, und ihm das Ziel des Plans vorgeben.** ³ **Sie kann ihre Entscheidungen in späteren Terminen ändern.**

---

[30] ZIP 1980, 941 ff.
[31] BT-Drucks. 12/7302, S. 175.
[32] So aber HK-*Flessner* § 156 RdNr. 7; *Uhlenbruck,* InsO § 156 RdNr. 13.
[33] FK-*Wegener* § 156 RdNr. 11 f.; *Kübler/Prütting/Onusseit* § 156 RdNr. 26.
[34] Vgl. § 156 RdNr. 42.

Übersicht

	RdNr.		RdNr.
A. Überblick und Entstehungsgeschichte	1	III. Insolvenzplan (Satz 2)	14
		1. Mögliche Inhalte	14
B. Beschlussgegenstände	5	2. Plankonkurrenz	16
I. Stilllegung	6	IV. Gerichtliche Inhaltskontrolle?	17
1. Regelfall	6	C. Änderungskompetenz (Satz 3)	19
2. Stilllegungsbeschluss und Insolvenzplan	7	D. Kompetenzverlagerung und -weigerung	20
3. Verzicht auf einen Insolvenzplan	8	I. Kompetenzverlagerung	20
II. Vorläufige Fortführung	10	II. Kompetenzverweigerung	23
1. Kosten der Fortführung	10	E. Beteiligung der Arbeitnehmer an den Beschlüssen der Gläubigerversammlung?	24
2. Dauer der Fortführung	11		
3. Gegenständliche Voraussetzungen	12		
4. Übertragende Sanierung	13		

A. Überblick und Entstehungsgeschichte

Die Entscheidung über den Fortgang des Verfahrens sollen nach dem Willen des Gesetzgebers die Gläubiger im Berichtstermin treffen. Diesem Ziel dient letztlich die Anordnung von **Sicherungsmaßnahmen** durch das Insolvenzgericht nach § 21 ebenso wie das Fortführungsgebot des § 22 Abs. 1 Satz 2 Nr. 2 im Vorverfahren, der Wahlrechtsaufschub nach § 107 Abs. 2 und schließlich die Erschwerung der Stilllegung oder (vorzeitigen) Veräußerung des schuldnerischen Unternehmens nach § 158. Der Gesetzgeber war von der Vorstellung bestimmt, dass im Zweifel der **Fortführungswert** eines Unternehmens größer sei als sein **Liquidationswert,** der Verwalter hierzu recherchieren und berichten (§ 156) und die Gläubiger schließlich autonom darüber befinden sollten, welches weitere Schicksal das Unternehmen des Schuldners nehmen solle.[1]

Nach § 132 KO hatten die Gläubiger u. a. über die Schließung oder Fortführung des schuldnerischen Geschäfts zu entscheiden, wobei die Fortführung in der Konsequenz des Liquidationsgebots des § 117 KO die Ausnahme darstellte und sogar die Frage nach dem Rechtsmissbrauch provozieren konnte.[2] Im Vergleichsverfahren bestimmte je nach dem vorgelegten Vergleichsinhalt – zumindest theoretisch – der Schuldner bis zur Entscheidung der Gläubiger nach den §§ 66 ff. VglO über Liquidation oder Fortsetzung des Unternehmens. Wenn der Berichtstermin nach § 156 nicht ausnahmsweise zugleich der Erörterung und Abstimmung über einen Insolvenzplan dient,[3] dann führt er zu einer Art Vorentscheidung darüber, ob die Gläubiger die Liquidation des schuldnerischen Unternehmens für unvermeidbar halten oder seine vorläufige Fortsetzung riskieren wollen. Die Fortführung ist nicht mehr die regelwidrige Ausnahme und auch nicht mehr auf die Initiative des Schuldners angewiesen.

Nach den Vorstellungen der Kommission hatte die Entscheidung über Reorganisation oder Liquidation vom Insolvenzgericht getroffen werden sollen,[4] wie das in der gemeinrechtlichen Praxis vor der KO gang und gäbe gewesen war.[5] Der Diskussionsentwurf des BMJ stellte (in § 166) die Entscheidungskompetenz der Gläubigerversammlung wieder her

---

[1] Vgl. insbes. die allg. Begr. zum RegE, BT-Drucks. 12/2449, S. 76 ff.
[2] LG Wuppertal KTS 58, 45; *Kuhn/Uhlenbruck* KO, § 132 RdNr. 2 a.
[3] Vgl. dazu § 156 RdNr. 31 ff.
[4] Leitsatz 1.3.4.4, vgl. 1. KommBer. S. 149.
[5] Vgl. *Hahn/Mugdahn,* Materialien zur Konkursordnung, S. 316 f., wo – im Vorgriff auf die Neuorientierung der Praxis seit den 50er-Jahren des 20. Jahrhunderts (hierzu sehr anschaulich *Kilger* KTS 1989, 495 ff.) – darauf hingewiesen wird, dass die Fortführung nicht selten, „namentlich bei Fabrikgeschäften, zur Abwendung großer Nachteile geradezu nothwendig sei".

§ 157 4–8 4. Teil. 2. Abschnitt. Entscheidung über die Verwertung

und gab ihr das Recht, den Insolvenzverwalter mit der Erstellung eines Insolvenzplans zu beauftragen. Diese Regelung ist über den Referentenentwurf in die InsO eingegangen. Die Betonung der **Gläubigerautonomie** kann sich darauf stützen, dass es nicht die Justiz, sondern die Gläubiger sind, die die Konsequenzen von **Fehlentscheidungen** zu tragen haben.[6] Wenn man die außerordentlich schwachen Eingriffsmöglichkeiten des Gerichts nach § 78, den Wegfall des Vetorechts aus § 99 KO bedenkt, lässt sich übertreibend feststellen, dass die InsO den Gläubigern sogar erlauben will, auf eigene Kosten Dummheiten zu machen. Bekanntlich kann nach § 245 nur eine Minderzahl von negativen Gruppenvoten ersetzt werden.

4   Die Klarstellung in Satz 3, dass Entscheidungen der Gläubigerversammlung revisibel sind, wurde durch den Referentenentwurf eingefügt und im weiteren Gesetzgebungsverfahren ebenso wenig geändert wie die übrigen Vorschriften.

B. Beschlussgegenstände

5   Nach dem Wortlaut des Gesetzes haben die Gläubiger autonom über **Stilllegung** (I.), vorläufige **Fortführung** (II.) und einen **Insolvenzplan** (III.) zu befinden. Dabei muss man im Auge behalten, dass auch unter der Geltung des neuen Rechts in der Mehrzahl der Fälle die Entscheidung zur Stilllegung schon im Vorverfahren gefällt wird. Wenn aber das schuldnerische Unternehmen die Zeit bis zum Berichtstermin überlebt hat, dann muss jedenfalls ein Teil noch funktionsfähig sein, wobei die gegenständlichen und zeitlichen Alternativszenarien außerordentlich vielfältig sind. Es kann sein, dass nurmehr unbedeutende Betriebsreste erhalten geblieben sind, und es kann sein, dass die Ausproduktion eingesetzt hat, ohne dass das auf diese Weise eingeschränkte Unternehmensziel noch revidierbar wäre.

I. Stilllegung

6   **1. Regelfall.** Das Beispiel der **Ausproduktion** zeigt, dass es nicht einmal für den Stilllegungsbeschluss eine Schablone gibt. Der Beschluss kann vielmehr zeitlich und gegenständlich differenziert sein, indem etwa beschlossen wird, dass ein einzelner Betriebsteil alsbald, ein anderer später stillgelegt und ein dritter vorläufig fortgeführt werden solle. Der **Stilllegungsbeschluss** kann auch bedingt sein, abhängig etwa von der Akquisition eines bestimmten Auftrags. Er kann, wenn die Gläubigerversammlung dafür bestimmte Kriterien entwickelt, der Entscheidung des Verwalters überlassen bleiben, ohne dass damit die Gläubigerversammlung ihre Kompetenz an diesen delegierte (hierzu vgl. unten RdNr. 21).

7   **2. Stilllegungsbeschluss und Insolvenzplan?.** Die Gläubigerversammlung kann sogar den Stilllegungsbeschluss mit der Billigung eines Insolvenzplans verbinden, mag dieser Insolvenzplan zugleich mit dem Berichtstermin erörtert werden oder erst in einem späteren, eigenen Termin. Die InsO lässt nicht erkennen, dass sie einen Plan, der zu einem Liquidationsvergleich alter Prägung führte,[7] ausschließen wolle. Das Ziel eines Liquidationsplans kann die Ergebnisoptimierung durch aktive Mitarbeit des Schuldners sein, dem im Gegenzug der Erlass der nicht durch die Insolvenzmasse gedeckten Schulden versprochen wird.

8   **3. Verzicht auf einen Insolvenzplan.** Wenn man von dem zuvor behandelten Ausnahmefall absieht, bedeutet der **Stilllegungsbeschluss** zugleich das Votum gegen einen Insolvenzplan und also auch gegen die **Sanierung** des Unternehmensträgers. Der Verwalter muss danach so unverzüglich, wie § 159 das vorschreibt, an die **Verwertung** der Insolvenzmasse gehen. Nun hat aber die Gläubigerversammlung nicht das alleinige Initiativrecht. Neben ihr ist zumindest der Schuldner, möglicherweise auch der Verwalter aus eigenem

---

[6] Allgem. Begr. des RegE, BT-Drucks 12/2443, S. 76, 80.
[7] Vgl. § 7 Abs. 4 VglO.

Recht[8] berechtigt, einen Insolvenzplan vorzulegen und den Gläubigern zur Erörterung und Abstimmung nach § 235 zu unterbreiten. Aus den §§ 218 Abs. 1 Satz 3 und 231 Abs. 2 folgt, dass dem Gericht uU sogar mehrere Insolvenzpläne hintereinander vorgelegt werden können und dass das Recht dazu erst mit dem Schlusstermin endet. Das Gesetz löst den Konflikt in § 233, wonach das Insolvenzgericht auf Antrag des Schuldners oder des Verwalters nach der Vorlage eines Insolvenzplans die weitere Verwertung und Verteilung sistieren kann, wenn das nicht mit erheblichen Nachteilen für die Masse verbunden ist. Dagegen bestätigt das Gesetz in § 233 Satz 2 wiederum die Autorität der **Gläubigerversammlung**. Mit Zustimmung der Gläubigerversammlung kann der Insolvenzverwalter die Fortsetzung der Verwertung und Verteilung beantragen. Das Gericht muss dem Antrag stattgeben, auch wenn erhebliche Nachteile für die Masse zu befürchten sind. Kann also die Gläubigerversammlung auch von vornherein beschließen, dass sie auf der Stilllegung des schuldnerischen Unternehmens unabhängig von einem schon vorgelegten oder zukünftigen Plan bestehen will? Wo ein Insolvenzplan als Alternative zur Stilllegung im Berichtstermin vorliegt (und nur noch nicht zur Abstimmung steht), wird man die Frage bejahen müssen. Für zukünftige Pläne unbekannten Inhalts wird man sie verneinen können, weil damit dem Initiativrecht selbst der Boden entzogen würde.

Ein besonderes Problem ergibt sich bei Zufallsmehrheiten (vgl. unten RdNr. 17) und dann, wenn der Beschluss aus sachfremden Erwägungen ganz offensichtlich gegen das Interesse der Gläubigerschaft insgesamt zustande kommt. Das Korrektiv des § 78 (vgl. unten RdNr. 17) erweist sich in solchen Fällen als unzureichend, dieser Mangel selbst ist aber Teil der Grundsatzentscheidung des Gesetzgeber für die **Gläubigerautonomie**. 9

II. Vorläufige Fortführung

1. Kosten der Fortführung. Die Kosten der vorläufigen Unternehmensfortführung sind **Masseverbindlichkeiten** nach § 55. Der Bericht des Verwalters nach § 156 muss, wenn er von den Aussichten der Unternehmensfortführung im Ganzen oder in Teilen handelt, darlegen, ob zumindest die Kosten einer vorläufigen, und sei es teilweisen, Fortführung gedeckt sind. Wenn das nicht der Fall ist, kann die Unternehmensfortführung von Rechts wegen nicht beschlossen werden.[9] Er ist auf Antrag (im Zweifel des Insolvenzverwalters) nach § 78 Abs. 1 selbst dann aufzuheben, wenn er „dem gemeinsamen Interesse der Insolvenzgläubiger" nicht widerspricht. An diesem Widerspruch kann es beispielsweise fehlen, wenn die Insolvenzgläubiger angesichts der drohenden Einstellung nach § 207 in keinem Fall mit einer Quote rechnen können. 10

2. Dauer der Fortführung. Die – sachlich fundierte – Entscheidung der Gläubiger für eine **vorläufige** Fortführung des schuldnerischen Unternehmens ist eine wichtige Vorentscheidung hinsichtlich der Fortführungsvoraussetzungen und der Gläubigerabsichten. Gleichwohl kann die Entscheidung über die **unbefristete** Fortführung nur im Rahmen eines Insolvenzplans im Abstimmungstermin nach § 235 getroffen werden. Das verkennt *Nerlich/Römermann/Balthasar*.[10] Die Verschiebung der Entscheidung auf eine spätere Gläubigerversammlung ist, wo im Berichtstermin nicht zugleich über einen Insolvenzplan abgestimmt werden kann, vielfach zwar wirtschaftlich nicht wünschenswert. Wenn man aber das Initiativrecht der Gläubigerversammlung nicht von vornherein ad absurdum führen will, kann im Erörterungstermin keine andere als nur eine vorläufige Entscheidung gefällt werden. 11

3. Gegenständliche Voraussetzungen. Weitergeführt wird das schuldnerische Unternehmen. Das ist überall da kein Problem, wo entweder persönliche Qualifikationsmerkmale 12

---

[8] Vgl. unten RdNr. 16.
[9] Vgl. auch OLG Karlsruhe ZIP 2003, 267, 269.
[10] § 157 RdNr. 10; ebenso *Uhlenbruck*, InsO § 157 RdNr. 6; wie hier HK-*Flessner* § 157 RdNr. 3; Andres in *Andres/Leithaus* §§ 156, 157 RdNr. 12.

nicht erforderlich oder diese Merkmale in der Person des Verwalters erfüllt sind. Das war bisher nicht anders. Art. 71 Nr. 1 EGInsO hat nun die Fortführung erleichtert durch einen neuen § 12 der Gewerbeordnung. Danach finden die Untersagung eines Gewerbes oder die Rücknahme oder der Widerruf einer Zulassung wegen Unzuverlässigkeit des Gewerbetreibenden, die auf ungeordnete Vermögensverhältnisse zurückzuführen sind, während der Dauer des Insolvenzverfahrens nicht statt. Dasselbe gilt, sobald im Antragsverfahren Sicherungsmaßnahmen nach § 21 angeordnet sind.[11] § 12 GewO enthält kein Privileg für Spezialunternehmen (wie zB Banken oder Versicherungen). Die Fortführung der Praxis eines Freiberuflers kann jedoch an den berufsständischen Zulassungsvoraussetzungen[12] oder an der mangelnden Bereitschaft des Schuldners zur Mitwirkung an der Betriebsfortführung scheitern.[13] Ebenso wenig wie dem Schuldner nämlich die selbständige Tätigkeit untersagt werden kann,[14] kann die Gläubigerversammlung ihn zur Fortführung des Unternehmens zwingen.[15] Die Verweigerung der Mitarbeit kann allenfalls zur Versagung der Restschuldbefreiung führen.

13 **4. Übertragende Sanierung.** Die vorläufige Fortführung des schuldnerischen Unternehmens muss nicht zwangsläufig in einen **Insolvenzplan** münden. Sie kann auch dazu dienen, die Möglichkeiten für eine sogenannte übertragende Sanierung offenzuhalten.[16] Dieser Begriff hat sich für die praktisch wohl bedeutendste Form der (zumindest teilweisen) Erhaltung insolventer Betriebe eingebürgert, in denen ganz unterschiedlich große, nach den Bedürfnissen des Erwerbers zusammengestellte Teile des schuldnerischen Vermögens mit dem Ziel veräußert werden, betriebliche Einheiten aufrechtzuerhalten.[17] Die Veräußerung von Sachvermögen wird in solchen Fällen häufig von der Veräußerung immaterieller Güter (wie Firmennamen, Markennamen, Kundenlisten und dergleichen) begleitet. Erwerber können Dritte oder eigens konstituierte Auffanggesellschaften[18] sein. Haftungsrisiken für den Erwerber ergeben sich in erster Linie im Zusammenhang mit § 613a BGB,[19] der zugleich als das wesentlichste Hindernis für solcher Art Sanierung gilt.[20] In größeren Unternehmen bietet sich unter Inanspruchnahme von Transferkurzarbeitergeld (§ 216b SGB III) die Finanzierung einer sog. Beschäftigungs- und Qualifizierungsgesellschaft an, mittels derer eine flexible Handhabung der Arbeitsverhältnisse möglich ist, sofern nur die Anforderungen des BAG[21] erfüllt werden. § 25 HGB trifft den Erwerber aus der Insolvenz hingegen nicht.[22]

III. Insolvenzplan (Satz 2)

14 **1. Mögliche Inhalte.** Wenn man von dem Sonderfall des früher so genannten Liquidationsvergleichs absieht (vgl. oben RdNr. 7), zielt bei aller Vielfalt der möglichen Inhalte der Insolvenzplan über die Erhaltung des Unternehmens oder von Unternehmensteilen stets auf die Sanierung und Erhaltung des Unternehmensträgers. Alle Insolvenzpläne sind mit Eingriffen in die Ansprüche (und möglicherweise auch Sicherungsrechte, vgl. §§ 223, 254) der Gläubiger verbunden. Eine der wesentlichen Neuerungen der InsO ist, dass solche Anspruchs- oder Rechtsverluste sogar gegen den Willen einer ganzen Gläubigergruppe zustan-

---

[11] Wegen weiterer Privilegien für Handwerker, Gastwirte, Fahrlehrer, Güterkraftverkehrsunternehmer vgl. *Kübler/Prütting/Onusseit* § 157 RdNr. 9 ff.
[12] *Schmittmann* ZInsO 2004, 725, 726.
[13] HambKomm-*Decker* § 157 RdNr. 12.
[14] *Tetzlaff* ZInsO 2005, 393.
[15] *Uhlenbruck*, InsO § 157 RdNr. 10.
[16] Zur Gestaltung und zu Risiken in den jeweiligen Verfahrensstadien vgl. *Menke* BB 2003, 1133.
[17] Die übertragende Sanierung ist, ohne bei ihrem Namen genannt zu werden, in den §§ 162 und 163 des Gesetzes ausdrücklich an bestimmte formale Kautelen geknüpft.
[18] Bei denen §§ 162 und 163 besonders nahe liegen.
[19] Vgl. zB MünchKommBGB-*Schaub* § 613a, RdNr. 27 ff. mwN.
[20] Vgl. zB Gravenbrucher Kreis ZIP 1992, 657, 659.
[21] ZIP 1999, 320, 323.
[22] *Hopt* in *Baumbach/Hopt* § 25 RdNr. 4.

dekommen können, wenn diese im Vergleich zur Stilllegung keine Nachteile erleidet (Obstruktionsverbot, § 245). Im Übrigen sind die möglichen Inhalte von Insolvenzplänen auch nicht annähernd zu beschreiben. Sie hängen von den jeweiligen wirtschaftlichen Verhältnissen und der Phantasie der Autoren ab. Gegenüber den Verhältnissen, die bis zum Inkrafttreten der InsO galten, gibt es vor allem zwei Merkmale wirklicher Reform, das sind die Abschaffung der bevorrechtigten Forderungen, in die nur mit außergerichtlichen Vereinbarungen eingegriffen werden konnte, und die Möglichkeit, durch Mehrheitsvoten oder – im Fall der Obstruktion – durch gerichtlichen Beschluss auch Absonderungsrechte oder sonstige Rechte an Gegenständen zu begründen, zu ändern, zu übertragen oder aufzuheben.

Auf die Möglichkeit eines Stilllegungsplans ist hingewiesen worden.[23] Erst recht sind Kombinationen zwischen **Teilliquidation** und **Teilfortführung** auf der Basis eines Plans möglich. Beispielsweise ist daran zu denken, dass es für die Gesellschafter einer juristischen Person interessant sein kann, diese zu erhalten und als Äquivalent für den Schuldenerlass den Gläubigern Mittel zur Verfügung zu stellen. Eine solche Offerte kann damit verbunden werden, dass einzelne schuldnerische Vermögensgegenstände nicht liquidiert werden und an deren Stelle beispielsweise Darlehensmittel treten, die zur Gläubigerbefriedigung genutzt werden.

2. Plankonkurrenz. Nach dem Gesetzeswortlaut hat außer der Insolvenzverwalter der Schuldner das Recht, einen Insolvenzplan vorzulegen. Ganz überwiegend wird das Recht dem Verwalter auch ohne besonderen Auftrag der Gläubiger zugebilligt (sog. originärer Verwalterplan).[24] Für das Initiativrecht der Gläubigerversammlung stellt sich die Frage, in welchem Umfang es durch Pläne konsumiert wird, die etwa zum Zeitpunkt des Erörterungstermins schon vorliegen. Was zunächst den Plan des Schuldners angeht, ist klar, dass er die Gläubiger bei ihrer Beschlussfassung in keiner Weise einschränkt. Über das Ob und Wie eines Insolvenzplans kann die Gläubigerversammlung völlig unabhängig davon befinden, welche Vorstellungen der Schuldner geäußert hat. Dasselbe muss aber auch im Verhältnis zu einem etwa schon vorgelegten Plan des Verwalters gelten (ausführlich § 218 RdNr. 28 ff.). Das ergibt sich daraus, dass die Gläubigerversammlung dem Verwalter zusammen mit dem Auftrag, einen Insolvenzplan auszuarbeiten, zugleich dessen Ziel vorgeben kann. Dieses Ziel muss mit den Vorstellungen des Verwalters nicht übereinstimmen. Es kann von der Gläubigerversammlung frei bestimmt werden. Hält der Verwalter das Planziel oder die Umsetzung für falsch, kann er einen erneuten Beschluss (Abs. 3) oder eine Aufhebung nach § 78 anstreben. Gelingt dies nicht, muss von ihm verlangt werden, dass er sich dem Willen der Gläubiger(mehrheit) beugt und den erteilten Auftrag professionell erfüllt. Anders ist das nur dann, wenn die vorgegebenen Inhalte rechtswidrig sein sollten oder ethischen Grundauffassungen des Verwalters zuwiderlaufen. Die Prüfung der Rechtmäßigkeit von Beschlüssen der Gläubigerversammlung gehörten nicht zu den Aufgaben des Verwalters, bei ethischen Konflikten ist seine Demission (§ 59) die natürliche Konsequenz.[25] Dass es zwei Verwalterpläne, einen Auftragsplan und einen aus eigenem Recht gibt, schließt das Gesetz nicht aus. Bei konkurrierenden Insolvenzplänen des Schuldners und des Verwalters kraft eigenen Initiativrechts entscheidet die Gläubigerversammlung, so dass theoretisch sogar drei Pläne miteinander konkurrieren können. In allen Fällen hat der von der Gläubigerversammlung vorgegebene Plan Vorrang.[26]

---

[23] Vgl. oben RdNr. 7.
[24] Vgl. 218 RdNr. 25 ff.; *Häsemeyer* RdNr. 28 041 ff., *Kübler/Prütting/Otte* § 218 RdNr. 11; *Landfermann* BB 1995, 1649, 1654; *Uhlenbruck* GmbHR 1995, 195, 209; aA *Nerlich/Römermann/Balthasar* § 157 RdNr. 12; *Schiessler,* Der Insolvenzplan, 1997, S. 98, 227.
[25] Vgl. *Kübler/Prütting/Onusseit* § 157 RdNr. 27.
[26] *Uhlenbruck,* InsO § 157 RdNr. 7.

IV. Gerichtliche Inhaltskontrolle?

17 § 78 verpflichtet das Insolvenzgericht, Beschlüsse der Gläubigerversammlung aufzuheben, wenn sie dem gemeinsamen Interesse der Insolvenzgläubiger widersprechen und entweder ein absonderungsberechtigter Gläubiger, ein nicht nachrangiger Insolvenzgläubiger oder der Insolvenzverwalter einen entsprechenden Antrag stellt. Der Antrag muss noch in der Gläubigerversammlung gestellt werden. Damit ist die Aufhebung von Beschlüssen nach § 78 kein geeignetes Mittel, den **Rechtsmissbrauch** durch Zufallsmehrheiten zu verhindern. Wer die Gläubigerautonomie als zentrales Prinzip der Insolvenzordnung ansieht, darf darüber nicht klagen; denn was Missbrauch ist und was nicht, wird von den Gläubigern entschieden – und sei es durch ihr Fernbleiben. Ein Vetorecht, wie § 99 KO es vorsah, ist bewusst[27] nicht in die InsO übernommen worden.

18 Nur in krassen Ausnahmefällen kann das Gericht im Rahmen seiner Aufsicht den Verwalter anhalten, Beschlüsse der Gläubigerversammlung zu ignorieren. Weil dem Schuldner nach dem Berichtstermin kein Antragsrecht gegen die Stilllegung mehr zusteht (anders bis dahin nach § 158 Abs. 2), nimmt *Onusseit*[28] in Extremfällen ein Aufhebungsrecht nach § 58 an (wie bisher § 83 KO). Das Gericht wird außerdem bei akuter Gefahr rechtswidriger Beschlüsse darüber nachdenken können, ob es seine Leitungsbefugnis nach § 76 Abs. 1 dazu nutzt, Abstimmungen zu vertagen.[29]

C. Änderungskompetenz (Satz 3)

19 Das Recht, frühere Entscheidungen in einem späteren Termin zu ändern, wäre der Gläubigerversammlung sicher auch ohne gesetzliche Normierung zugebilligt worden. Es ergibt sich von selbst aus der Gläubigerautonomie und aus dem Zwang zur Anpassung von Prognosen an die fortschreitende Realität. Sie war schon unter der Geltung der KO kein Problem.[30] Die Änderungsbefugnis befreit nicht von den formalen Voraussetzungen für wirksame Beschlüsse, vor allem vom Zwang zur hinreichend konkreten Ankündigung (§ 74 Abs. 2).

D. Kompetenzverlagerung und -weigerung

I. Kompetenzverlagerung

20 Die Beschlussfassung nach § 132 KO über die Schließung oder Fortführung des Geschäfts konnte die Gläubigerversammlung nach ganz herrschender Auffassung dem **Gläubigerausschuss** übertragen.[31] Gegen die Übertragung von Folgeentscheidungen ist auch nach der neuen Rechtslage nichts einzuwenden; insbesondere dann nicht, wenn die Gläubigerversammlung dem -ausschuss Richtlinien mit auf den Weg gibt. Die Mitglieder des Gläubigerausschusses sind ihrerseits von der Gläubigerversammlung gewählt oder bestätigt (§§ 67, 68) und bis auf die Ausnahmefälle des § 67 Abs. 3 zugleich Gläubiger. Die Entscheidung durch den – häufig besser unterrichteten – Gläubigerausschuss ist sachgerechter als das Vertrauen darauf, dass etwa in späteren Versammlungen Zufallsmehrheiten verhindert werden könnten.[32]

---

[27] Vgl. oben RdNr. 3.
[28] Vgl. *Jaeger/Weber* § 132 RdNr. 1; *Kübler/Prütting/Onusseit* § 157 RdNr. 28; *Nerlich/Römermann/Balthasar* § 157 RdNr. 13.
[29] Bindung des Verwalters nach *Onusseit* auch, wenn der Verwalter die Beschlüsse der Gläubigerversammlung für rechtswidrig hält, § 157 RdNr. 27.
[30] Vgl. *Jaeger/Weber* § 132 RdNr. 1.
[31] Vgl. *Kuhn/Uhlenbruck* KO § 132 RdNr. 1 mwN.
[32] Im Ergebnis ebenso *Kübler/Prütting/Onusseit* § 157 RdNr. 22 und *Nerlich/Römermann/Balthasar* § 157 RdNr. 17 f.

Die Kompetenzübertragung auf das **Konkursgericht** war demgegenüber keineswegs 21 unumstritten.[33] Unter der Geltung der InsO mehr noch als der KO stellt sich die Frage, welchen Sinn die Gläubigerbeteiligung haben soll, wenn deren Rechte von einem Gericht wahrgenommen werden.[34] Man wird sie aus denselben Gründen für unzulässig halten müssen, die gegen eine Erweiterung der gerichtlichen Kompetenz im Fall der **Funktionsunfähigkeit der Gläubigerversammlung** sprechen.[35]

Die Kompetenzübertragung auf den **Verwalter** kann, wenn sie generell erfolgen soll, im 22 Kern eine andere Spielart der Kompetenzverweigerung sein, wozu auf die Erläuterungen unter RdNr. 23 verwiesen wird. Zumindest wird man zu keinen anderen Rechtsfolgen kommen können als in jenem, die Gläubiger also nicht dazu zwingen können, ihre Autonomie tatsächlich in der Sache auszuüben. Anders ist das, wenn die Gläubigerversammlung aus praktischen Gründen sogenannte „**Vorratsbeschlüsse**" trifft, mit denen sie dem Verwalter bestimmte Rahmenbedingungen setzt, im Detail aber außerordentlich großzügige Freiheit lässt. Das kann insbesondere dann praktisch vernünftig sein, wenn ein Gläubigerausschuss nicht existiert. Im Kontext des § 157 kann etwa beschlossen werden, es dem Sachverstand des Verwalters zu überlassen, ob er – in Abhängigkeit von bestimmten Entwicklungen – das Unternehmen des Schuldners solange fortführen will, bis ein Plan ausgearbeitet ist oder nicht. Dabei handelt es sich im Grunde nicht um eine Kompetenzverlagerung, sondern um die Definition von Richtlinien, die vom Verwalter auszufüllen sind. Derartige Beschlüsse sind ebenso für zulässig zu halten wie etwa die im Rahmen des § 160 Abs. 1 Nr. 1 mögliche Entscheidung, bestimmte Gegenstände zu bestimmten Mindestbedingungen zu veräußern.

II. Kompetenzverweigerung

Die Kompetenzverweigerung der Gläubigerversammlung kann es in zwei Alternativen 23 geben: Es ist denkbar, dass die Gläubiger Beschlussfassungen zur Betriebsfortführung und/oder Planvorbereitung durch den Verwalter verweigern. Eine sachlich verwandte Situation entsteht, wenn der Einladung zur Gläubigerversammlung kein Gläubiger gefolgt ist. In größeren Insolvenzverfahren ist die letztere Alternative eine Ausnahme, in kleinen ist es häufig so, dass Rechtspfleger und Verwalter die „Gläubigerversammlung" allein bestreiten. Wo das Gericht nicht schon vor der ersten Gläubigerversammlung einen **Gläubigerausschuss** eingesetzt hat (§ 67 Abs. 1), kann es dies später nicht nachholen, die Repräsentanz der Gläubiger also auch auf diesem Weg nicht beeinflussen. Es muss dann gefragt werden, wie praktisch weiter verfahren werden soll, wobei die Frage nur sein kann, ob der Verwalter bei seinen weiteren Geschäften, wo an sich die Zustimmung der Gläubigerversammlung nötig wäre, statt deren die Zustimmung des Gerichts einholen soll[36] oder ob er eigenverantwortlich agieren darf.[37] Für besonders wichtige Geschäfte, zumal jene des § 160, hat der Gesetzgeber die Kontrolle des Verwalters durch ein weiteres Organ des Verfahrens für nötig gehalten. Dieser Gesichtspunkt spricht für die Beteiligung des Gerichts, mit der das „vier-Augen-Prinzip" gewahrt würde, das zumindest den Vorteil hat, dass der Verwalter seine Entscheidung in einem formalen Verfahren vortragen und zur späteren Überprüfung nachvollziehbar machen muss. Gegen die Einschaltung des Gerichts anstelle der Gläubiger spricht, dass das Insolvenzgericht grundsätzlich auf die Rechtsaufsicht beschränkt ist. Eine Entscheidungskompetenz des Gerichts, meint *Onusseit*[38] zu Recht, bedürfe im Übrigen der gesetzlichen Zuweisung. Die Gläubiger könnten das Gericht durch die Weigerung, die eigene Kompetenz wahrzunehmen, nicht zu ersetzenden Entscheidungen zwingen. Wenn

---

[33] Vgl. OLG Celle EWiR 1993, 1101 mit Anm. *Pape*; *Kuhn/Uhlenbruck* KO § 132 RdNr. 1 b.
[34] *Mohrbutter* in *Mohrbutter/Pape* RdNr. V. 73 mit dem wegen § 158 Abs. 2 Satz 2 oder § 163 Abs. 1 nur halb überzeugenden zusätzlichen Argument, dass es nicht Aufgabe des Gerichts sein könne, wirtschaftliche Entscheidungen des Verwalters zu überprüfen.
[35] Vgl. unten RdNr. 23.
[36] So LG Frankenthal ZIP 1993, 378.
[37] So *Uhlenbruck*, InsO § 157 RdNr. 2 mwN; *Mohrbutter* in *Mohrbutter/Pape* Rn 5.75.
[38] *Kübler/Prütting/Onusseit* § 157 RdNr. 24.

§ 157 24–26   4. Teil. 2. Abschnitt. Entscheidung über die Verwertung

die Gläubiger ihre Rechte – willentlich oder aus Nachlässigkeit – nicht wahrnehmen, besteht keine Veranlassung, diese Rechte ersatzweise dem Gericht zuzuweisen.[39] Sie wachsen dann, bis etwa eine spätere Gläubigerversammlung das ändert, faktisch dem Verwalter als dem kraft Gesetzes handlungspflichtigen Organ der InsO zu. Die jüngste Änderung des § 160 (vgl. § 160 RdNr. 33), die eine Fiktion der Zustimmung der Gläubigerversammlung für den Fall der Beschlussunfähigkeit vorsieht, bestätigt diese Auslegung.

E. Beteiligung der Arbeitnehmer an den Beschlüssen der Gläubigerversammlung?

24   Nach § 111 BetrVG hat der Unternehmer in Betrieben mit in der Regel mehr als 20 wahlberechtigten Arbeitnehmern den Betriebsrat über geplante **Betriebsänderungen,** die wesentliche Nachteile für die Belegschaft oder erhebliche Teile der Belegschaft zur Folge haben können, rechtzeitig und umfassend zu unterrichten und die Änderungspläne zu beraten. Als Betriebsänderungen gelten u. a. die **Stilllegung** des ganzen Betriebs oder wesentlicher Betriebsteile. Wenn § 157 nicht vom „Betrieb" spricht, sondern von dem Unternehmen des Schuldners, dann macht das keinen Unterschied. Der Begriff des Unternehmens ist umfassender als der des Betriebs, weil er etwa auch freiberufliche Tätigkeiten einschließen soll, die keiner betrieblichen oder betriebsähnlichen Organisation bedürfen.[40]

25   Die betriebsverfassungsrechtlichen Rechte des Betriebsrats sind weder mit den Unterrichtungs- und Einflussmöglichkeiten des § 156 Abs. 2 gewahrt noch mit den Informations- und Beteiligungsbefugnissen nach den §§ 218 Abs. 3, 232 Abs. 1 Nr. 1 oder 235 Abs. 3 im Zusammenhang mit der Erstellung eines Insolvenzplans. Man wird auch nicht (mehr) annehmen können,[41] dass das Insolvenzrecht als das speziellere das Betriebsverfassungsrecht, soweit Widersprüche bestünden, verdränge. Jedenfalls mit den §§ 121 ff. hat die InsO außerordentlich deutlich gemacht, dass im Grundsatz das Betriebsverfassungsrecht durch das Insolvenzrecht nicht berührt werden soll, also auch kein Widerspruch (mehr) besteht. Andererseits muss das Äußerungsrecht des Betriebsrats aber nicht mehr aus § 111 BetrVG abgeleitet werden.[42]

26   Als Vertretungsorgan des Arbeitgebers und also Ansprechpartner des **Betriebsrats**[43] ist die Gläubigerversammlung völlig ungeeignet. Sie ist ein ad hoc-Organ für bestimmte Entscheidungen und kein Organ der externen Vertretung des Schuldners. Diese Rolle kommt nach § 80 Abs. 1 allein dem Verwalter zu.[44] Die Mitwirkungsrechte bestehen daher ausschließlich gegenüber dem Insolvenzverwalter, so dass eine Beteiligung des Betriebsrates an der Beschlussfassung der Gläubigerversammlung nicht erforderlich ist. Der Verwalter allerdings ist verpflichtet, schon vor der Gläubigerversammlung und unabhängig von § 156 dem Betriebsrat die nach § 111 BetrVG nötigen Informationen zu geben und darüber hinaus die Möglichkeit der Beratung. Der Verwalter hat die Ergebnisse dieser Beratungen, also auch evtl. Vorschläge des Betriebsrats, in seinen Bericht nach § 156 aufzunehmen und die Gläubigerversammlung darüber zu unterrichten. Auch wenn dann die Gläubigerversammlung aus ihrer insolvenzrechtlichen Kompetenz die Stilllegung eines Unternehmens oder Betriebs beschließt, ist der Verwalter das für den Schuldner handelnde Organ im betriebsverfassungsrechtlichen Sinn.[45] Spätestens bei der Umsetzung der Beschlüsse der Gläubiger-

---

[39] Im Ergebnis ebenso *Wegener* § 157 RdNr. 4; *Nerlich/Römermann/Balthasar* § 157 RdNr. 20.
[40] Vgl. im Übrigen auch §§ 161, 162.
[41] Wie *Kilger* KO, 15. Aufl., § 6 Anm. 5 d bb.
[42] So zu § 132 KO GK-*Fabricius* § 111 RdNr. 342 ff. mwN.
[43] So auch *Hess/Kropshofer* KO, 4. Aufl. § 129 RdNr. 20 f. mwN.
[44] Mit Unterstreichung durch § 164.
[45] Nachdem das BAG, NJW 1975, 182, 183 die Frage zunächst noch offengelassen hatte, hat es am 13. 12. 1978 (KTS 1979 150, 158) im hier wiedergegebenen Sinn entschieden. Dem ist die überwiegende Zahl der Kommentatoren gefolgt, vgl. *Kuhn/Uhlenbruck* KO § 117 RdNr. 15 und 129 RdNr. 5 a; *Kilger/K. Schmidt* § 6 Anm. 5 d bb, *Kübler/Prütting/Onusseit* § 157 RdNr. 31 ff. jeweils mwN.

versammlung ist daher der Verwalter verpflichtet, die Mitwirkungsrechte des Betriebsrates zu beachten. Umgekehrt berührt jedoch die im Falle der Stilllegung des Unternehmens erforderliche Zustimmung der Gläubigerversammlung die Wirksamkeit einer ausgesprochenen Kündigung nicht, so dass die Kündigung auch ohne Stilllegungsbeschluss wirksam ist,[46] solange die Stilllegungsentscheidung des Verwalters eine endgültige und keine nur vorläufige Entscheidung ist.[47]

§ 158 Maßnahmen vor der Entscheidung

(1) **Will der Insolvenzverwalter vor dem Berichtstermin das Unternehmen des Schuldners stilllegen oder veräußern, so hat er die Zustimmung des Gläubigerausschusses einzuholen, wenn ein solcher bestellt ist.**

(2) [1] Vor der Beschlußfassung des Gläubigerausschusses oder, wenn ein solcher nicht bestellt ist, vor der Stilllegung oder Veräußerung des Unternehmens hat der Verwalter den Schuldner zu unterrichten. [2] Das Insolvenzgericht untersagt auf Antrag des Schuldners und nach Anhörung des Verwalters die Stilllegung oder Veräußerung, wenn diese ohne eine erhebliche Verminderung der Insolvenzmasse bis zum Berichtstermin aufgeschoben werden kann.

Übersicht

	RdNr.		RdNr.
A. Überblick und Entstehungsgeschichte	1	II. Zustimmung des Gläubigerausschusses	16
B. Stilllegung des Unternehmens durch den Verwalter	5	III. Beteiligung des Betriebsrates	17
C. Veräußerung des Unternehmens	7	E. Untersagung der Stilllegung/Veräußerung (Abs. 2)	18
D. Entscheidung zur Stilllegung/Veräußerung (Abs. 1)	9	I. Unterrichtung des Schuldners (Satz 1)	18
I. Entscheidung des Verwalters	9	II. Untersagungsverfahren (Satz 2)	20

A. Überblick und Entstehungsgeschichte

§ 158 Abs. 1 sichert, wie im Eröffnungsverfahren die entsprechende Bestimmung des § 22 Abs. 1 Satz 2 Nr. 2, die verfahrensrechtliche Kompetenz der Gläubiger, das Ziel des Verfahrens festzulegen. Wird ein Unternehmen nach Verfahrenseröffnung vom Verwalter stillgelegt, so wird hierdurch die gem. § 157 erst im Berichtstermin von den Gläubigern zu treffende Fortführungsentscheidung präjudiziert; denn eine erneute Ingangsetzung eines bereits stillgelegten Unternehmens ist zumeist nicht mehr möglich.[1] Vergleichbares gilt, wenn der Verwalter das Unternehmen vor dem Berichtstermin veräußert, denn die Veräußerung nimmt die gem. § 159 InsO von der Gläubigerversammlung zu treffende Entscheidung über die Art der Verwertung der Insolvenzmasse gleichfalls vorweg. § 158 Abs. 1 begrenzt daher den Entscheidungsspielraum des Verwalters durch ein konkludentes **Fortführungsgebot**[2] bis zum Berichtstermin und schränkt dieses Fortführungsgebot zugleich ein. So soll verhindert werden, dass der Verwalter zu einer ihm unmöglichen oder die Gläubiger schädigenden Fortführung gezwungen wird.[3]

---

[46] LAG Hamm ZInsO 2002, 644 [red. LS]; LAG Köln ZInsO 2003, 100 [LS], AP Nr. 7 zu § 113 InsO.
[47] LAG Düsseldorf ZIP 2003, 415.
[1] Vgl. Begr. zu § 177 RegE, BTDrucks. 12/2443, S. 173.
[2] FK-*Wegener* § 158 RdNr. 1; *Nerlich/Römermann/Balthasar* § 158 RdNr. 4.
[3] *Kübler/Prütting/Onusseit* § 158 RdNr. 3; und schon Begr. zu § 177 RegE, BT-Drucks. 12/2443, S. 173.

§ 158 2–4 4. Teil. 2. Abschnitt. Entscheidung über die Verwertung

2   Abs. 2 gewährleistet im Falle einer Durchbrechung des Fortführungsgebotes den Schutz des Schuldners. Dieser hat ein schutzwürdiges Interesse daran, eine übereilte Zerschlagung oder Veräußerung des Unternehmens und die damit möglicherweise verbundene Vernichtung eines höheren Fortführungswertes zu verhindern. Daneben sichern der Anspruch auf Unterrichtung und das Recht zur Anfechtung der **Stilllegungs-/Veräußerungsentscheidung** die verfahrensrechtliche Stellung des Schuldners. Auch das Recht zur Vorlage eines **Insolvenzplans** in § 218 Abs. 1 wäre wenig effektiv, wenn der Insolvenzverwalter eine **Sanierung** durch eine frühzeitige Stilllegung oder Veräußerung des Unternehmens faktisch verhindern könnte.[4] Dies ist insbesondere bei Eigenanträgen des Schuldners relevant.[5]

3   § 158 geht zurück auf § 129 Abs. 2 und § 130 Abs. 2 KO. War vom Konkursgericht ein Gläubigerausschuss bestellt, so hatte dieser gem. § 129 Abs. 2 Satz 1 KO zu entscheiden, ansonsten stand die Schließung des schuldnerischen Geschäfts im Ermessen des Verwalters. Wollte der Verwalter das Geschäft zumindest vorübergehend fortführen, stand diese Regelung allerdings im Konflikt zur Pflicht des Verwalters nach § 117 KO, sofort nach Eröffnung des Verfahrens mit der Verwertung zu beginnen.[6] Dieser Konflikt wird durch das Fortführungsgebot bis zum Berichtstermin beseitigt. § 130 Abs. 1 KO enthielt ähnlich § 158 Abs. 2 einen **Unterrichtungsanspruch** des Gemeinschuldners und Antragsrecht auf **gerichtliche Untersagung der beabsichtigten Schließung,** wenn er einen Vorschlag für einen Zwangsvergleich vorlegte. Das Antragsrecht nach § 158 Abs. 2 geht über das Vorbild in § 130 Abs. 2 KO also deutlich hinaus, denn es setzt keine Vorlage eines Insolvenzplans voraus.[7]

4   Entsprechend dem Bestreben der Insolvenzrechtsreform, eine automatische Verknüpfung von Insolvenz und Zerschlagung zu verhindern, gingen sämtliche Entwürfe – wenn auch auf der Grundlage unterschiedlicher verfahrensrechtlicher Konzeptionen[8] – von einer vorläufigen Fortführung des Unternehmens nach Eröffnung des Insolvenzverfahrens aus. Die heutige Fassung des § 158 geht auf § 167 DiskE[9] zurück, der im Wesentlichen unverändert in § 177 RegE[10] übernommen wurde. Beide Entwürfe sahen über die heutige Fassung von § 158 hinaus in Abs. 2 vor, dass auch **einzelne Mitglieder des Gläubigerausschusses** eine gerichtliche Untersagung beantragen können sollten.[11] Dieses zusätzliche Antragsrecht einzelner Mitglieder des Gläubigerausschusses erachtete der Rechtsausschuss als überflüssig. Die Korrektur eines Mehrheitsbeschlusses im Gläubigerausschuss durch ein überstimmtes Mitglied sei zum Schutze der Gläubiger nicht notwendig.[12] Diese Überlegung des Rechtsausschusses erscheint nicht zwingend. Bis zum Berichtstermin sind die Mitglieder des Gläubigerausschusses allein durch Berufung seitens des Gerichts, nicht aber durch Wahl der Gläubigerversammlung legitimiert. Eine hinreichende Berücksichtigung der Interessen aller Gläubiger ist hierdurch nicht gewährleistet.[13] Zudem sieht die InsO auch bei den vergleichbaren Untersagungsbeschlüssen nach § 161 und § 163 ein Antrags-

---

[4] Ähnlich *Kübler/Prütting/Onusseit* § 158 RdNr. 4.
[5] Ähnlich *Nerlich/Römermann/Balthasar* § 158 RdNr. 6, der vor allem auf Eigenanträge wegen voraussichtlicher Zahlungsunfähigkeit gem. § 18 abstellt.
[6] *Pape* ZIP 1990, 1251 (1256), vgl. auch § 157 RdNr. 2.
[7] Kritisch zu dieser weiteren Fassung des Antragsrechts *Kübler/Prütting/Onusseit* § 158 RdNr. 4.
[8] Im obrigkeitsstaatlichen Entwurf der Insolvenzrechtskommission diente die Fortführung (Leitsatz 1.3.1.2) nicht der Gläubigerautonomie, sondern sollte verhindern, dass der Verwalter im Vorverfahren die allein dem Gericht zustehende Wahl zwischen Reorganisations- oder Liquidationsverfahren präjudiziert. Dazu auch *Nerlich/Römermann/Balthasar* § 158 RdNr. 2.
[9] DiskE S. 85, B 166.
[10] BT-Drucks 12/2443, S. 37.
[11] Daneben war in einem 3. Abs. vorgesehen, auch die Veräußerung des Unternehmens im ganzen und fortführungswichtiger Einzelgegenstände einer gerichtlichen Untersagung zu unterwerfen. Dieser 3. Abs. ist nach der Beratung im Rechtsausschuss (Ausschussbericht zu § 177 RegE, BT-Drucks 12/7302, S. 175) in §§ 160, 161 aufgegangen.
[12] Ausschussbericht zu § 177 RegE, BT-Drucks 12/7302, S. 175.
[13] Insbesondere *Kübler/Prütting/Onusseit* § 158 RdNr. 4.

Maßnahmen vor der Entscheidung 5, 6 § 158

recht einer qualifizierten Gläubigerminderheit vor. Ein Antragsrecht eines überstimmten Gläubigerausschussmitgliedes wäre zum Schutz von Gläubigerminderheiten also durchaus systemkonform. Nach der gegenwärtigen Regelung besteht für das überstimmte Mitglied des Gläubigerausschusses bei einer übereilten Stilllegung oder Veräußerung des Unternehmens dagegen nur die Möglichkeit, eine qualifizierte Gläubigerminderheit zu mobilisieren, um noch vor dem Berichtstermin eine außerordentlich Gläubigerversammlung nach § 75 zu erzwingen. Ob diese Möglichkeit zum Schutze der Gläubiger ausreicht, erscheint zweifelhaft.

B. Stilllegung des Unternehmens durch den Verwalter

Der **Begriff des Unternehmens**[14] wie auch dessen Stilllegung sind im Rahmen von § 158 als wirtschaftlich orientierte Begriffe zu verstehen. Dies ergibt sich aus dem Zweck der Norm, den Gläubigern die Entscheidung über die **Fortführung** des Unternehmens vorzubehalten. Unternehmen im Sinne von § 158 Abs. 1 ist dabei jedes organisatorisches Gebilde, das die der wirtschaftlichen Tätigkeit des Schuldners dienenden vermögenswerten Rechte des Schuldners zusammenfasst.[15] Dieser Begriff ist weit auszulegen. Er umfasst gewerbliche, wie freiberufliche und künstlerische Tätigkeiten, unabhängig von ihrer rechtlichen Organisationsform.[16] Dem aus § 158 Abs. 1 folgenden Fortführungsgebot sind bei größeren Unternehmen auch bloße Unternehmensteile zu unterwerfen. Auch Unternehmensteile (Betriebe oder auch nur Betriebsteile) können einen selbständigen Fortführungswert verkörpern, an dessen Erhaltung Gläubiger und Schuldner ein schutzwürdiges Interesse haben.[17] Andererseits muss nicht schon die Schließung untergeordneter Unternehmensteile den Gläubigerausschuss oder das Insolvenzgericht beschäftigen. Die Abgrenzung wird man ähnlich vornehmen können, wie bei § 160 Abs. 1: Die Schließung von Unternehmensteilen bedarf der Zustimmung, wenn sie „besonders bedeutend" sind.[18]

Stilllegung im Sinne von § 158 Abs. 1 ist jede Maßnahme des Verwalters, durch die dieser den wirtschaftlichen Zweck des Unternehmens und dessen organisatorische Struktur aufgibt.[19] Sie ist zunächst faktisches Handeln, aber keineswegs darauf beschränkt. Sie schließt die sie begleitenden Rechtsgeschäfte ein. Zwischen Fortführung und Stilllegung gibt es eine erhebliche Grauzone: Unterlassene Akquisitionsbemühungen des Insolvenzverwalters können ohne Zustimmung zur Stilllegung zwingen, die Kündigung einzelner Dauerschuldverhältnisse die Fortführungsaussichten erhöhen. Der Insolvenzverwalter muss im Rahmen des Zumutbaren die Fortführung aktiv betreiben. Er darf – umgekehrt – die Insolvenzmasse nicht schon im Vorfeld so schmälern oder die Schmälerung zulassen, dass danach die **Stilllegungsentscheidung** zwingend ist. Auf das Ziel des § 158 muss die Verwalterpflicht auch im Zusammenhang mit seiner Haftung nach § 60 gerichtet sein. Wo der Inhalt einzelner Geschäfte im Zusammenhang mit der Stilllegung besonderer Zustimmung eines **Gläubigerausschusses** bedarf, bleiben solche ebenso unberührt, wie die Mitwirkungsrechte dritter Personen oder Behörden.[20]

---

[14] Zur Auslegungsbedürftigkeit des Unternehmensbegriffes vgl. *K. Schmidt*, Handelsrecht, 5. Aufl. 1999, § 4 I.1 (S. 63 f.); *Wiedemann*, Gesellschaftsrecht, Bd. 1, 1980, § 6 (S. 296 ff.) jeweils mwN.
[15] *Nerlich/Römermann/Balthasar* § 158 RdNr. 7 ff.
[16] Ebenso *Kübler/Prütting/Onusseit* § 157 RdNr. 5 f.; *Nerlich/Römermann/Balthasar* § 158 RdNr. 7; und für die KO *Kilger/K. Schmidt* § 129 Anm. 2; *Kuhn/Uhlenbruck* § 129 RdNr. 5; *Schick* NJW 1990, S. 2361 ff.
[17] FK-*Wegener* § 158 RdNr. 2; *Nerlich/Römermann/Balthasar* § 158 RdNr. 9.
[18] Vgl. § 160 RdNr. 8 ff.
[19] FK-*Wegener* § 158 RdNr. 2; *Nerlich/Römermann/Balthasar* § 158 RdNr. 10; *Uhlenbruck*, InsO § 158 RdNr. 3 (unter Hinweis auf die arbeitsrechtlichen Begrifflichkeiten beim Kündigungsschutz).
[20] Ausführlicher zu den Mitwirkungsrechten der Arbeitnehmervertretungen *Kübler/Prütting/Onusseit* § 158 RdNr. 10.

C. Veräußerung des Unternehmens

7 Nicht in § 158 genannt war früher die Veräußerung des Unternehmens. Eine Unternehmensveräußerung war daher de lege lata **vor dem Berichtstermin** gem. § 160 nur mit Zustimmung des (vorläufigen) Gläubigerausschusses bzw. einer (vorgezogenen) Gläubigerversammlung zulässig.[21] Der Schuldner war gemäß § 161 zu unterrichten.[22] Eine Zustimmung alleine des Insolvenzgerichtes genügte nicht,[23] denn eine solche Kompetenzverschiebung würde den Grundsätzen der **Gläubigerautonomie** zuwiderlaufen. Das Insolvenzgericht ist nicht berechtigt, nach eigenem pflichtgemäßem Ermessen das Verfahrensziel zu bestimmen und eigenes Ermessen an die Stelle der von den Gläubigern zu treffenden Beschlüsse zu setzen. Umgekehrt verlangte der Grundsatz der Gläubigerautonomie jedoch nicht, dass nur ein von der Gläubigerversammlung gewählter Gläubigerausschuss der Veräußerung zustimmen könne.[24] Die Veräußerung vor dem Berichtstermin war auch dann zulässig, wenn gem. § 160 ein vom Gericht bestellter vorläufiger Gläubigerausschuss (§ 67 Abs. 1) der Veräußerung zustimmt.[25]

8 Nach dem am 1. Juli 2007 in Kraft getretenen „Gesetz zur Vereinfachung des Insolvenzverfahrens" vom 13. April 2007[26] erfasst § 158 künftig auch die Veräußerung.[27] Im Unterschied zur alten Rechtslage, ist eine Veräußerung des Unternehmens **vor dem Berichtstermin** danach auch ohne Beteiligung der Gläubigervertreter zulässig, wenn ein (vorläufiger) Gläubigerausschuss nicht bestellt ist (zur restriktiven Handhabung vgl. RdNr. 15). Nach dem Berichtstermin sind hingegen §§ 160 Abs. 2 Nr. 1, 162 zu berücksichtigen, die eine Beteiligung der Gläubigervertreter zwingend vorschreiben. Begründet wird die Neuregelung damit, dass sich häufig bereits vor dem Berichtstermin eine außerordentlich günstige Veräußerungsmöglichkeit für das Unternehmen bietet, die sich jedoch bei längerem Zuwarten möglicherweise zerschlägt. Daher solle dem Insolvenzverwalter die Möglichkeit eingeräumt werden, bereits unmittelbar nach Verfahrenseröffnung zügig den Betriebsübergang einzuleiten und nicht noch unter Umständen drei Monate bis zum Berichtstermin abwarten zu müssen.[28] Gem. der Überleitungsvorschrift Art. 103 c Abs. 1 EGInsO[29] gilt die Neuregelung für alle ab dem 1. Juli 2007 eröffneten Insolvenzverfahren.

D. Entscheidung zur Stilllegung oder Veräußerung (Abs. 1)

I. Entscheidung des Verwalters

9 Besteht kein Gläubigerausschuss, so entscheidet über die Fortführung des Unternehmens bis zum Berichtstermin der Verwalter nach eigenem pflichtgemäßen Ermessen. Bei Ausübung dieses Ermessens hat er von der gesetzlichen Wertung auszugehen, dass das Unternehmen grundsätzlich fortzuführen ist. Er darf das Unternehmen folglich nur dann stilllegen oder veräußern, wenn hierfür hinreichende Gründe vorliegen.[30] Diese können rechtlicher wie wirtschaftlicher Natur sein:

---
[21] *Menke* BB 2003, 1133, 1138 f.; aA offenbar *Vallender* GmbHR 2004, 642, 643.
[22] *Menke* BB 2003, 1133, 1139; *Vallender* GmbHR 2004, 642, 643.
[23] So aber *Spieker* NZI 2002, 472, 477.
[24] HK-*Flessner* § 158 Rn 3.
[25] § 160 RdNr. 29; Breutigam in: *Breutigam/Blersch/Goetsch* § 158 Rn 12.
[26] BGBl. I, S. 509.
[27] Zu den Änderungen vgl. *Sternal* NZI 2006, 185 ff.; *Schmerbach* ZInsO 2006, 400 ff.; *Pannen* NZI 2006, 193 ff.
[28] Begr. RegE, BT-Drs. 16/3227, S. 20 (zu Nr. 21).
[29] Vgl. BGBl. I 2007, S. 509, 511.
[30] *Kübler/Prütting/Onusseit* § 158 RdNr. 6.

Eine **Stilllegung aus rechtlichen Gründen** ist notwendig, wenn es dem Verwalter 10 rechtlich verwehrt ist, das Unternehmen fortzuführen. Dies ist zumeist in der Insolvenz eines Freiberuflers relevant.[31] Das Unternehmen des Freiberuflers darf der Verwalter nur dann selbst fortführen, wenn er über die erforderliche fachliche Qualifikation verfügt.[32] Hinzu kommt, dass in den meisten medizinischen und beratenden Berufen die zur Fortführung des Unternehmens notwendigen Unterlagen einem Berufsgeheimnis unterliegen, das auch gegenüber dem Verwalter gilt. Eine Fortführung kommt bei freiberuflichen Tätigkeiten im Regelfall folglich nur dann in Betracht, wenn der Schuldner bereit ist, in der Insolvenz freiwillig weiter tätig zu bleiben. Die Abschaffung des konkursfreien Neuerwerbs,[33] aber auch die Möglichkeit einer schuldbefreiender Liquidation durch einen späteren Insolvenzplan können hierfür Anreiz sein. Übt der Schuldner die selbständige Tätigkeit – mit oder ohne Einwilligung des Verwalters – weiter aus, kann der Verwalter den Geschäftsbetrieb nunmehr[34] gem. § 35 Abs. 2 und 3 aus der Insolvenzmasse freigeben. Auch wenn die Freigabe des Geschäftsbetriebes einer Stilllegung gleichkommt, ist eine (vorherige) Zustimmung des Gläubigerausschusses bzw. der Gläubigerversammlung nicht erforderlich. Die Gläubigervertreter haben gem. § 35 Abs. 2 S. 3 vielmehr die Möglichkeit, die gerichtliche Anordnung der Unwirksamkeit der Freigabeerklärung zu beantragen.

Eine Stilllegung aus rechtlichen Gründen ist weiter dann zwingend, wenn das vom 11 Schuldner betriebene Unternehmen einer Gewerbeerlaubnis bedarf, diese aber bereits unanfechtbar widerrufen wurde.[35]

Eine **Stilllegung aus wirtschaftlichen Gründen** ist geboten, wenn die Fortführung des 12 Unternehmens ökonomisch nicht sinnvoll ist. Dabei kommt es nicht darauf an, ob durch die Fortführung des Unternehmens sämtliche Kosten gedeckt werden. Maßgeblich ist allein, wie sich die Fortführung auf die der Gläubigerbefriedigung dienende Masse auswirkt. Der Verwalter darf bei der Fortführungsentscheidung die Kosten, die auch unabhängig von der Fortführung anfallen, nicht ohne weiteres außer acht lassen; denn der Verwalter darf die spätere Stilllegung nicht vorwegnehmen, beispielsweise also die Arbeitsverhältnisse (auch vorsorglich) nicht kündigen, um die Masse für den Zeitraum zwischen Eröffnung und Beschluss nach § 157 von fortführungsbedingten Kosten zu entlasten.[36] Selbst wenn die Fortführung des Unternehmens zu einer Minderung der Masse führt, berechtigt dies den Verwalter noch nicht zur Stilllegung des Unternehmens. Gem. § 158 Abs. 2 Satz 1 kann das vom Schuldner angerufene Gericht einer Stilllegung nur dann zustimmen, wenn die Fortführung zu einer erheblichen Verminderung der Insolvenzmasse führt. Es ist nicht erkennbar, weshalb die Stilllegungsentscheidung des Gerichts anderen Maßstäben unterliegen sollte als die des Verwalters. Die gesetzliche Wertung in § 158 Abs. 2 Satz 2 gilt auch für den Verwalter.[37] Er ist folglich nur dann zur Stilllegung berechtigt, wenn die Fortführung in so starkem Maße unwirtschaftlich ist, dass hieraus eine erhebliche Minderung der Masse resultiert.[38]

Die Stilllegung des Unternehmens aus wirtschaftlichen Gründen zwingt den Verwalter zu 13 einer Vorhersage der künftigen Erträge und Kosten. Eine solche Vorhersage ist naturgemäß

---

[31] Ausführlich dazu *Schick* NJW 1990, 2359 ff.; *Tetzlaff* ZInsO 2005, 393, 399 ff.; zu berufsständischen Zulassungsvoraussetzungen *Schmittmann* ZInsO 2004, 725 ff.; weiter *Kübler/Prütting/Onusseit* § 157 Rd-Nr. 7 f.; *Nerlich/Römermann/Balthasar* § 158 RdNr. 16; *Uhlenbruck*, Festschrift für Henke, 1995, S. 877 ff.
[32] Vgl. § 157 RdNr. 12.
[33] *Kübler/Prütting/Onusseit* § 157 RdNr. 8.
[34] BGBl. I 2007, S. 509, 511.
[35] Ausführlich *Kübler/Prütting/Onusseit* § 157 RdNr. 9 ff. mwN, für Spezialunternehmen vgl. auch § 157 RdNr. 12.
[36] Anders *Nerlich/Römermann/Balthasar* § 158 RdNr. 13 f.; *Uhlenbruck*, InsO § 158 RdNr. 3; Wegen des völlig unterschiedlichen Fortführungszwecks ist die bisherige Literatur zu § 130 KO nicht mehr ohne weiteres heranzuziehen. Die Fortführungsentscheidung im alten Rahmen gleicht viel mehr jener nach § 157, konnte also – im Gegensatz zum Fortführungsgebot des § 158 – in eine Liquidationsentscheidung eingebettet sein.
[37] *Kübler/Prütting/Onusseit* § 158 RdNr. 6; *Nerlich/Römermann/Balthasar* § 158 RdNr. 14; *Andres* in *Andres/Leithaus* § 158 RdNr. 3.
[38] *Uhlenbruck*, InsO § 158 RdNr. 4.

mit einem erheblichen Prognoserisiko verbunden. Dies haben die Gläubiger, der Schuldner wie auch der Verwalter selbst hinzunehmen. Die in der Literatur[39] teilweise herangezogenen Prozentsätze als Anhaltspunkt für die Erheblichkeit einer Masseminderung sind abzulehnen; entscheidend sind stets die Umstände des Einzelfalls.[40] Für fehlerhafte, aber vertretbare Prognosen haftet der Verwalter nicht, wenn er Chancen und Risiken mit der gebotenen Sorgfalt abgewogen hat. Nicht zugemutet werden kann es dem Verwalter dagegen, das Unternehmen auch dann fortzusetzen, wenn die realistische Gefahr besteht, dass die hieraus resultierenden Masseverbindlichkeiten aus der Insolvenzmasse nicht befriedigt werden können.[41] Das Privileg des § 209 Abs. 1 Nr. 2 für neue Masseschulden nach der Anzeige der Masseunzulänglichkeit muss der Verwalter nicht in Anspruch nehmen.[42] Der Verwalter ist nicht verpflichtet, zur Erhaltung der Entscheidungskompetenz der Gläubiger ein persönliches Haftungsrisiko nach § 61 für Masseverbindlichkeiten in Kauf zu nehmen.[43] Gleiches gilt dann, wenn es dem Verwalter nicht gelingt, zur Fortführung notwendige Liquidität zu beschaffen. Er ist nicht verpflichtet, dem Unternehmen aus eigenem Vermögen Mittel zuzuführen.[44]

14 In oben genannten Fällen, in denen eine Stilllegung des Betriebs aus rechtlichen und/oder wirtschaftlichen Gründen geboten ist, darf der Verwalter den Betrieb stattdessen auch **veräußern,** sofern sich ihm hierzu die Möglichkeit bietet. Aus §§ 157, 159 InsO lässt sich kein Verbot herleiten, die Masse bereits vor der Gläubigerversammlung zu verwerten, wenn eine Betriebsfortführung aus rechtlichen oder wirtschaftlichen Gründen ohnehin nicht in Betracht kommt. Insbesondere dann, wenn der Verwalter durch die Veräußerung Fortführungswerte realisieren kann oder die Masse durch die Veräußerung von Masseverbindlichkeiten befreit wird, ist eine Veräußerung nicht zu beanstanden.

15 Stehen der Fortführung des Unternehmens keine rechtlichen und/oder wirtschaftlichen Gründe entgegen, hat die gesetzliche Wertung, dass das Unternehmen grundsätzlich fortzuführen ist und die Gläubiger über den Fortgang des Verfahrens (§ 157 InsO) und die Art der Verwertung (§ 159 InsO) zu entscheiden haben, grundsätzlich Vorrang vor einer Veräußerung. Hierfür spricht insbesondere, dass der Gesetzgeber durch Beibehaltung des § 160 Abs. 2 Nr. 1 InsO die Veräußerung nach dem Berichtstermin weiterhin der Gläubigerentscheidung unterwirft. Die Veräußerung ohne Zustimmung eines vorläufigen Gläubigerausschusses muss daher der Ausnahmefall bleiben, die Mitwirkung der Gläubiger der Regelfall. Dies gilt insbesondere im Anwendungsbereich des § 162 InsO, durch den die Zuständigkeit für die von § 160 geforderte Zustimmung zur Unternehmensveräußerung auf die Gläubigerversammlung verlagert wird, selbst wenn ein Gläubigerausschuss besteht. Der Insolvenzverwalter sollte daher von der Möglichkeit der Veräußerung vor dem Berichtstermin ohne Beteiligung der Gläubiger nur restriktiv Gebrauch machen. Entsprechend der Gesetzesbegründung[45] ist eine Veräußerung des Unternehmens ohne Beteiligung der Gläubiger nur dann nicht zu beanstanden, wenn sich dem Verwalter eine außerordentlich günstige Veräußerungsmöglichkeit bietet, die sich wegen der zeitlichen Verzögerung einer Gläubigerbeteiligung ansonsten zerschlagen würde. Eine derartige Verzögerung dürfte jedoch in der Praxis kaum eintreten, da der Gutachter gleichzeitig mit dem Eröffnungsgutachten gem. § 67 InsO die gerichtliche Einsetzung eines vorläufigen Gläubigerausschusses beantragen kann, so dass eine Konstituierung und Beratung des Ausschusses regelmäßig noch am Tag der Verfahrenseröffnung erfolgen kann. Eine wesentliche Änderung für die Praxis zu der bereits zur alten Rechtslage vertretenen Ansicht (vgl. RdNr. 7) ist mit der Gesetzesänderung daher nicht verbunden.

---

[39] *Braun/Gerber* § 158 RdNr. 7; *Breutigam* in *Breutigam/Blersch/Goetsch* § 158 RdNr. 7.
[40] Ebenso HK-*Flessner* § 158 RdNr. 4.
[41] Vgl. OLG Karlsruhe ZInsO 2003, 229, 230.
[42] Anders wohl *Kübler/Prütting/Onusseit* § 158 RdNr. 6; HambKomm-*Decker* § 158 RdNr. 4.
[43] *Kübler/Prütting/Onusseit* § 158 RdNr. 6; vgl. auch OLG Karlsruhe ZInsO 2003, 229 ff.; *Uhlenbruck*, InsO § 158 RdNr. 5.
[44] *Nerlich/Römermann/Balthasar* § 158 RdNr. 13.
[45] Begr. RegE, BT-Drs. 16/3227, S. 20 (zu Nr. 21).

II. Zustimmung des Gläubigerausschusses

Hat das Gericht mit Eröffnung des Verfahrens gemäß § 67 einen Gläubigerausschuss **16** bestellt, so muss der Verwalter vor Stilllegung oder Veräußerung dessen Zustimmung einholen. Zur Verringerung des eigenen Haftungsrisikos wird der spätere Verwalter schon in seinem Eröffnungsgutachten die Bestellung eines vorläufigen Gläubigerausschusses anregen, sofern sich im Eröffnungsverfahren die Notwendigkeit einer Einstellung oder die Möglichkeit einer vorteilhaften Veräußerung des Geschäftsbetriebs abzeichnet.[46] Ebenso wie bei der verwandten Regelung in § 160[47] ist die Zustimmung prinzipiell **vor Stilllegung oder Veräußerung** einzuholen. Andernfalls würde der Zweck, den Gläubigerausschuss an der **Entscheidung** des Verwalters zu beteiligen, nicht erreicht.[48] Legt der Verwalter das Unternehmen still oder veräußert er es, ohne die erforderliche Zustimmung des Gläubigerausschusses einzuholen, so ist dieses Verhalten unabhängig davon, ob die Stilllegung/Veräußerung im Zeitpunkt der Entscheidung wirtschaftlich vertretbar war, zunächst pflichtwidrig im Sinne von § 60. Der Verwalter handelt auf eigenes Risiko, haftet also für Schäden, wenn sich die Stilllegung/Veräußerung später als verfrüht herausstellt. Das muss andererseits den Gläubigerausschuss nicht daran hindern, das Risiko des Verwalters zu teilen, indem er dessen Urteil übernimmt und sein Handeln nachträglich genehmigt. Bleibt der Gläubigerausschuss auch auf ein entsprechendes Petitum des Verwalters hin untätig, bedeutet das im Ergebnis die Verweigerung der Zustimmung.[49]

III. Beteiligung des Betriebsrates

§ 158 regelt nur, wie die Interessen der Gläubiger und des Schuldners zu berücksichtigen **17** sind. Die Zustimmungs- und Mitwirkungserfordernisse im Interesse der Arbeitnehmer gemäß §§ 121 ff. InsO und §§ 111 ff. BetrVG lässt er unberührt. Während die Gläubigerversammlung ihre Entscheidung im Berichtstermin ohne Mitwirkung der Arbeitnehmer trifft (vgl. § 157 Rn 26), hat der Insolvenzverwalter, sofern er mangels Bestellung eines (vorläufigen) Gläubigerausschusses die Entscheidung selbst trifft, in seiner Funktion als Arbeitgeber die betriebsverfassungsrechtlichen Zustimmungs- und Mitwirkungserfordernisse bereits bei der Vorbereitung seiner Maßnahmen zu berücksichtigen.[50]

E. Untersagung der Stilllegung/Veräußerung (Abs. 2)

I. Unterrichtung des Schuldners (Satz 1)

Die Verpflichtung des Verwalters, den Schuldner von der geplanten Stilllegung oder der **18** Veräußerung zu unterrichten, soll dem Schuldner ermöglichen, sein Antragsrecht auf Untersagung aus Satz 2 sinnvoll auszuüben. Der Verwalter hat den Schuldner so rechtzeitig zu informieren, dass dem Schuldner genügend Zeit bleibt, einen Antrag nach Abs. 2 Satz 2 zu stellen.[51] In welcher Form er den Schuldner unterrichtet, steht im Ermessen des Verwalters. Handelt es sich beim Schuldner um eine juristische Person, sind analog § 10 Abs. 2 die gesetzlichen Organe zu unterrichten,[52] bei Gesellschaften ohne Rechtspersönlichkeit sämtliche Gesellschafter, bei einem Nachlassinsolvenzverfahren die Erben. Eine regelgerechte Unterrichtung ist nicht Voraussetzung des Antragsrechts des Schuldners auf Untersagung gem. Satz 2.

---

[46] HambKomm-*Decker* § 158 RdNr. 4.
[47] Unten § 160 RdNr. 25 ff.
[48] *Kübler/Prütting/Onusseit* § 158 RdNr. 7; *Nerlich/Römermann/Balthasar* § 158 RdNr. 18.
[49] *Kübler/Prütting/Onusseit* § 158 RdNr. 8.
[50] HK-*Flessner* § 158 Rn 7; aA *Uhlenbruck*, InsO § 158 Rn 7.
[51] *Kübler/Prütting/Onusseit* § 158 RdNr. 9; *Nerlich/Römermann/Balthasar* § 158 RdNr. 20.
[52] *Nerlich/Römermann/Balthasar* § 158 RdNr. 6.

19 Entgegen der KO enthält Abs. 2 Satz 1 keine Regelung dazu, wann der Verwalter auf die Unterrichtung des Schuldners verzichten kann. Dies bedeutet jedoch nicht, dass die Unterrichtung in jedem Fall notwendig ist. Ebenso wie bei der allgemeinen Regelung für Anhörungsrechte in § 10 Abs. 1 Satz 1 und der Unterrichtung über besonders bedeutende Maßnahmen nach § 161 Satz 1 ist es nicht hinnehmbar, dass eine **notwendige** Stilllegung oder sinnvolle Veräußerung durch einen unbekannten Aufenthaltsort oder erschwerte Erreichbarkeit eines im Ausland weilenden Schuldners zum Schaden der Gläubiger verzögert wird. Analog §§ 10 Abs. 1 Satz 1, 161 Satz 1 kann eine Unterrichtung daher unterbleiben, wenn diese zu einem erheblichen Aufschub der Stilllegung oder Veräußerung führen würde.[53] Unzulässig ist es dagegen, auf die Unterrichtung deshalb zu verzichten, weil nach Auffassung des Verwalters keine andere Entscheidung als eine Stilllegung oder Veräußerung in Betracht kommt.[54] Die Meinung des Verwalters gerichtlich überprüfen zu lassen, ist gerade Zweck des Antragsrechtes in Abs. 2 Satz 2.[55]

II. Untersagungsverfahren (Satz 2)

20 Das insolvenzgerichtliche Stilllegungs-/Veräußerungsverbot setzt einen Antrag voraus. Eine Überprüfung der **Stilllegungs-/Veräußerungsentscheidung** von Amts wegen ist ausgeschlossen, denn es handelt sich um keine aufsichtsrechtliche, sondern eine wirtschaftliche Entscheidung. Wirtschaftliche Entscheidungen sind dem grundsätzlich auf Fragen der Rechtmäßigkeit des Verfahrens beschränkten Gericht ohne eine besondere Regelung (das ist § 158 Abs. 2 S. 2) entzogen.[56] Antragsberechtigt ist allein der Schuldner, bei mehrköpfiger organschaftlicher Vertretung steht das Recht jedem vertretungsberechtigten Organ zu, bei Gesellschaften ohne Rechtspersönlichkeit jedem persönlich haftenden Gesellschafter.[57] Ein analoges Antragsrecht der Gläubiger nach dem Vorbild in §§ 161, 163 scheidet mangels Regelungslücke aus. Der Rechtsausschuss hat die entsprechende Regelung im Regierungsentwurf bewusst gestrichen.[58]

21 Vor der Entscheidung über den **Untersagungsantrag** hat das Gericht den Verwalter anzuhören. Dies soll gewährleisten, dass das Gericht über hinreichende Informationen zur Entscheidung über den Untersagungsantrag verfügt.[59] Die Anhörung schützt weiter den Verwalters selbst, in dessen verfahrensrechtliche Position durch eine Untersagung eingegriffen wird. Sie gewährleistet eine vertrauensvolle Zusammenarbeit zwischen Gericht und Verwalter.[60]

22 Kommt das Gericht zur Überzeugung, dass eine Fortführung des Unternehmens möglich ist, ohne dass die Masse hierdurch erheblich vermindert wird, hat es dem Antrag des Schuldners stattzugeben. Dem Gericht steht **kein Ermessen** zu. Dies folgt aus dem Wortlaut („untersagt, ... wenn") und der Entstehung der Vorschrift; denn die im Diskussionsentwurf vorgesehene Ermessensentscheidung wurde im Referentenentwurf[61] zugunsten der heutigen Regelung gestrichen.[62] Der unbestimmte Rechtsbegriffs der „erheblichen Verminderung" eröffnet dem Gericht aber einen **Beurteilungsspielraum,** der im Ergebnis einem Ermessen weitgehend gleichkommt. Zur Ausfüllung dieses Begriffs hat das Gericht zwischen der zu erwartenden Masseminderung und dem Schutz der Entscheidungskompetenz der Gläubiger abzuwägen. Dabei wird es in der Regel weniger auf die absolute als auf die relative

---

[53] Ebenso *Kübler/Prütting/Onusseit* § 158 RdNr. 9; *Nerlich/Römermann/Balthasar* § 158 RdNr. 22; *Andres* in *Andres/Leithaus* § 158 RdNr. 7; aA *Uhlenbruck,* InsO § 158 RdNr. 9; HambKomm-*Decker* § 158 RdNr. 8.
[54] AA zur KO *Kilger/K. Schmidt* § 130 Anm. 1.
[55] AA ebenso *Nerlich/Römermann/Balthasar* § 158 RdNr. 22.
[56] *Kübler/Prütting/Onusseit* § 158 RdNr. 4; *Moorbutter/Haarmann* KTS 1956, 177 (180).
[57] *Uhlenbruck,* InsO § 158 RdNr. 10.
[58] Oben RdNr. 4.
[59] *Gravenbrucher Kreis* BB 1986, Beil. 15, S. 4; *Nerlich/Römermann/Balthasar* § 158 RdNr. 26.
[60] *Kübler/Prütting/Onusseit* § 158 RdNr. 11; *Jaeger/Weber* § 130 RdNr. 4.
[61] Begr. zu § 177 RegE, BT-Drucks 12/2443, S. 173.
[62] *Kübler/Prütting/Onusseit* § 158 RdNr. 13.

Minderung der Masse ankommen.⁶³ Maßgeblich ist hierfür nicht allein die Konsequenz einer Fortführung für den Liquidationswert des Unternehmens.⁶⁴ Dies würde dem Sinn des Fortführungsgebots widersprechen. Den Gläubigern soll gerade die Möglichkeit erhalten bleiben, zwischen einer Befriedigung aus dem **Fortführungswert** und dem **Liquidationswert** zu wählen. Andererseits ist natürlich eine Reduzierung der Liquidationswerte durch eine befristete Fortführung umso eher als unerheblich hinzunehmen, je eher die Chance besteht, durch Aufschub der Stilllegung einen höheren Fortführungswert zu erhalten. Keine Untersagung der Stilllegung kommt dagegen in Betracht, wenn die Stilllegung aus rechtlichen Gründen notwendig ist (vgl. oben RdNr. 10) oder die Gefahr besteht, dass die hierdurch entstehenden **Masseverbindlichkeiten** nicht gedeckt sind. Dem Gericht ist es verwehrt, dem Verwalter ein Haftungsrisiko nach § 61 aufzudrängen.⁶⁵

Bei der Entscheidung über den Untersagungsantrag des Schuldners hat das Gericht 23 grundsätzlich keinen Unterschied zu machen, ob die Stilllegung oder Veräußerung zuvor die Zustimmung eines Gläubigerausschusses gefunden hatte oder allein vom Verwalter beschlossen wurde. Eine Zustimmung des Gläubigerausschusses begründet keine Vermutung dafür, dass Verwalter und **Gläubigerausschuss** die wirtschaftliche Situation des Unternehmens objektiv besser zu beurteilen wissen als der Schuldner, der das Unternehmen in die Insolvenz geführt hat.⁶⁶ Zum einen bezieht der Gläubigerausschuss seine Informationen meist auch nur vom Verwalter, zum anderen ist die Insolvenz kein zwingendes Indiz für eine unternehmerische Unfähigkeit des Schuldners. Jedenfalls verfügt der Schuldner in der Frühphase des Insolvenzverfahrens im Regelfall noch über einen erheblichen Informationsvorsprung gegenüber Verwalter und Gläubigerausschuss, den das Gericht unabhängig von der Entscheidung eines Gläubigerausschusses zu beachten hat.

Das Gericht entscheidet über den Antrag durch Beschluss. Dieser ist sowohl dem Verwalter 24 als auch dem Schuldner zuzustellen. Gibt das Gericht dem Antrag statt, hat der Beschluss die vorläufige Untersagung der Stilllegung oder Veräußerung zum Gegenstand. Hat Verwalter das Unternehmen bereits stillgelegt oder veräußert ist der Verwalter anzuweisen, die Geschäfte soweit möglich wieder aufzunehmen bzw. den Verkauf – soweit tatsächlich, rechtlich und wirtschaftlich möglich – rückgängig zu machen.⁶⁷ Will das Gericht sicher gehen, kann es beides gleichzeitig anordnen. Bei fehlerhaftem Untersagungsbeschluss kommt eine Amtshaftung nach Art. 34 GG, § 839 BGB gegenüber dem Schuldner in Betracht.⁶⁸

Untersagt das Gericht die Stilllegung oder Veräußerung, hat dies keine Auswirkung für 25 das Außenverhältnis. Dies folgt mangels Bezugnahme in § 164 auf § 158 Abs. 2 aus der Natur der Entscheidung. Die Beschränkung der Kompetenzen des Verwalters in § 158 sind ebenso wie die Regelungen in §§ 160–163 allein verfahrensrechtlicher Natur, betreffen also nur das Innenverhältnis. Zur Durchsetzung seines Willens stehen dem Gericht aber die aufsichtsrechtlichen Maßregeln des § 58 und im Extremfall sogar die Entlassung des Verwalters nach § 59 zu Gebote. Der Untersagungsbeschluss ist zeitlich befristet. Mit dem Berichtstermin verliert er seine Wirkung unabhängig davon, ob die **Gläubigerversammlung im Berichtstermin** eine Entscheidung über die **Stilllegung/Veräußerung** trifft oder nicht.⁶⁹

Verstößt der Verwalter gegen einen Untersagungsbeschluss, macht er sich allein gegenüber 26 dem Schuldner nach § 60 schadensersatzpflichtig, wenn die Fortführung vorteilhafter war.⁷⁰

---

⁶³ FK-*Wegener* § 158 RdNr. 6; *Kübler/Prütting/Onusseit* § 158 RdNr. 14; *Nerlich/Römermann/Balthasar* § 158 RdNr. 24.
⁶⁴ So aber FK-*Wegener* § 158 RdNr. 6.
⁶⁵ Vgl. oben RdNr. 11.
⁶⁶ In diesem Sinne aber FK-*Wegener* § 158 RdNr. 4.
⁶⁷ *Kübler/Prütting/Onusseit* § 158 RdNr. 15; *Nerlich/Römermann/Balthasar* § 158 RdNr. 26 und zur entsprechenden Problematik in § 130 KO *Mohrbutter* in *Mohrbutter/Pape* RdNr. V.26; *Jaeger/Weber* § 130 RdNr. 3.
⁶⁸ *Uhlenbruck*, InsO § 158 RdNr. 15.
⁶⁹ *Kübler/Prütting/Onusseit* § 158 RdNr. 16.
⁷⁰ BGH ZIP 1985, 694; *Nerlich/Römermann/Balthasar* § 158 RdNr. 30.

§ 159 1

Die Gläubiger können aus einer Verletzung der Untersagungsverfügung ebenso wenig Rechte herleiten wie sonstige Dritte, denn das Antragsrecht dient unmittelbar allein dem Schutz des Schuldners.[71] Wie im Zusammenhang des § 161 ist aber natürlich eine Haftung des Verwalters gegenüber den Gläubigern aus anderen, materiellen Gründen nicht ausgeschlossen.[72]

27 Stammt der Untersagungsbeschluss vom Rechtspfleger oder wird der Antrag des Schuldners vom Rechtspfleger zurückgewiesen, so ist hiergegen die Möglichkeit der Erinnerung gem. § 11 Abs. 2 Satz 1 RechtsPflG gegeben. Gegen einen Beschluss des Amtsrichters findet dagegen kein Rechtsmittel statt.[73]

§ 159 Verwertung der Insolvenzmasse

Nach dem Berichtstermin hat der Insolvenzverwalter unverzüglich das zur Insolvenzmasse gehörende Vermögen zu verwerten, soweit die Beschlüsse der Gläubigerversammlung nicht entgegenstehen.

Übersicht

	RdNr.		RdNr.
A. Überblick und Entstehungsgeschichte	1	C. Bindung an Beschlüsse der Gläubigerversammlung	18
B. Verwertungspflicht des Verwalters	3	I. Entgegenstehende Beschlüsse der Gläubigerversammlung	18
I. Verwertung der Insolvenzmasse	4	II. Rechtsfolge von Verstößen	21
II. Modalitäten der Verwertung	5	III. Grenzen der Bindung	22
III. Freigabe	10	D. Entgegenstehende Beschlüsse des Gerichts	24
IV. Rahmenbedingungen der Verwertung	12		

A. Überblick und Entstehungsgeschichte

1 § 159 flankiert die Kompetenz der Gläubigerversammlung, Ziel und Verlauf des Insolvenzverfahrens zu bestimmen. Er verschiebt – zusammen mit dem Fortführungsgrundsatz in § 22 Abs. 1 Satz 2 Nr. 2 und § 158 – den Beginn der Verwertung der Insolvenzmasse bis zur Beschlussfassung der Gläubiger im Berichtstermin (§ 157) und unterwirft den Verwalter den Weisungen der Gläubigerversammlung. Der Sache nach stellt § 159 zudem klar, dass die InsO trotz der Bemühungen des Gesetzgebers, die Zerschlagungsautomatik der KO durch ein sanierungsfreundliches Insolvenzrecht zu ersetzen,[1] **keinen gesetzlichen Sanierungsauftrag** kennt.[2] Haben die Gläubiger nichts Gegenteiliges beschlossen, hat der Verwalter für eine vollständige Abwicklung des Schuldnervermögens zu sorgen.[3] Er hat das haftende Vermögen des Schuldners den Gläubigern durch Verwertung zur gemeinschaftlichen Befriedigung zuzuführen[4] und bei Gesellschaften die Voraussetzung für deren Vollabwicklung durch **Liquidation** und Löschung zu schaffen.[5] Die **Sanierung** anstelle der Verwertung bleibt dem Entschluss der Gläubiger vorbehalten.

---

[71] *Nerlich/Römermann/Balthasar* § 158 RdNr. 30.
[72] Vgl. § 161 RdNr. 6.
[73] *FK-Wegener* § 158 RdNr. 8; *Kübler/Prütting/Onusseit* § 158 RdNr. 15.
[1] Allg. Begr. zum RegE, BT-Drucks. 12/2443, S. 73 f.
[2] Ähnlich *Kübler/Prütting/Onusseit* § 159 RdNr. 2; zum Fehlen eines gesetzlichen Sanierungsleitbildes weiter Allg. Begr. zum RegE, BT-Drucks. 12/2443, S. 77/78.
[3] Allg. Begr. zum RegE, BT-Drucks. 12/2443, S. 83, 84.
[4] Allg. Begr. zum RegE, BT-Drucks. 12/2443, S. 83.
[5] Allg. Begr. zum RegE, BT-Drucks. 12/2443, S. 84.

Verwertung der Insolvenzmasse 2–5 § 159

Vom Verwertungsauftrag des Verwalters im früheren Recht (§ 117 Abs. 1 KO, § 8 Abs. 2 **2**
GesO) unterscheidet sich die Regelung in § 159 substantiell durch die dargestellte Hinausschiebung des Verwertungszeitpunktes. Nach § 117 Abs. 1 KO und § 9 Abs. 2 GesO hatte der Verwalter schon mit Eröffnung des Verfahrens mit der Verwertung zu beginnen. Die Verschiebung des Verwertungszeitpunktes geht zurück auf die Vorschläge der Insolvenzrechtskommission. Diese sahen vor, dass die Verwertung erst beginnen sollte, sobald das Insolvenzgericht nach einem Vorverfahren darüber entschieden hat, ob das Unternehmen einem **Liquidations- oder Reorganisationsverfahren** unterworfen werden sollte.[6] Eine Präjudizierung dieser Entscheidung durch frühzeitige Verwertung sollte unterbleiben. Diesen Gedanken übernahm der Diskussionsentwurf in § 168 und entsprach damit der zwischenzeitlichen Übertragung der Verfahrenshoheit vom Gericht auf die Gläubiger. § 168 DiskE ist dann ohne Änderungen in den weiteren Entwürfen Gesetz geworden.

B. Verwertungspflicht des Verwalters

Haben die Gläubiger auf dem **Berichtstermin** nichts anderes beschlossen, begründet **3**
§ 159 für die Zeit nach dem Berichtstermin eine gesetzliche Verwertungspflicht des Verwalters.[7] Diese gesetzliche Verwertungspflicht betrifft das Innenverhältnis des Verwalters zum Schuldner und den Gläubigern. Die zur Umsetzung des Verwertungsauftrages im Außenverhältnis erforderliche **Verwaltungs- und Verfügungsbefugnis** ist auf den Verwalter gem. §§ 80 Abs. 1, 165, 166 bereits mit Eröffnung des Verfahrens übergegangen.

I. Verwertung der Insolvenzmasse

Die Verwertung umfasst begrifflich sämtliche Handlungen, die dazu dienen, das in der **4**
Insolvenzmasse gebundene Vermögen des Schuldners verfügbar zu machen. Nur die Umwandlung realer Vermögenswerte in Geld ermöglicht eine gleichmäßige Befriedigung der Gläubiger aus dem ihnen haftenden Vermögen des Schuldners. Vermögen, das nicht in Geld besteht, ist durch entgeltliche Veräußerung am Markt zu liquidieren.[8] Dem Verwertungsauftrag unterfällt die gesamte Insolvenzmasse, gem. der Legaldefinition in § 35 also das gesamte Vermögen des Schuldners im Zeitpunkt der Verfahrenseröffnung und der Neuerwerb während des Verfahrens.[9] Anders als in der KO erstreckt sich der gesetzliche **Verwertungsauftrag** des Insolvenzverwalters – nicht aber des Treuhänders, § 313 Abs. 3 – auch auf solche Teile der **Insolvenzmasse,** an denen ein **Absonderungsrecht** besteht.[10] Weiter wurde § 117 Abs. 2 KO, der **Geschäftsbücher** von der Verwertung durch den Verwalter ausnahm, nicht in die InsO übernommen, so dass diese heute keiner Verwertungssperre mehr unterliegen. Der Verwalter muss lediglich darauf achten, dass nach Verwertung der Geschäftsbücher die handels- und steuerrechtlichen Rechnungslegungspflichten noch erfüllt werden können.[11]

II. Modalitäten der Verwertung

Hinsichtlich der Modalitäten der Verwertung schreibt § 159 nur vor, dass die Verwertung **5**
„unverzüglich" **nach dem Berichtstermin** zu erfolgen hat. Hierdurch wird kein zeitlicher

---
[6] Insbes. LS 1.1.1 und LS 1.3.1.2, des 1. KommBer. S. 90 und 129.
[7] Zum Verwertungs*recht* des Verwalters vor dem Berichtstermin vgl. *Förster* ZInsO 2000, 141 ff.; *Uhlenbruck*, InsO § 159 RdNr. 26; zu weitgehend zur Verwertung im Eröffnungsverfahren AG Hamburg ZInsO 2005, 1056 ff.
[8] HK-*Flessner* § 159 RdNr. 2; *Nerlich/Römermann/Balthasar* § 159 RdNr. 5; und zu KO *Jaeger/Weber* § 117 RdNr. 17; *Kuhn/Uhlenbruck* § 117 RdNr. 11.
[9] Zum Umfang der Insolvenzmasse im Einzelnen s. Komm. zu § 35.
[10] HK-*Flessner* § 159 RdNr. 5 sieht hierin eine der wesentlichen Neuerungen zum bisherigen Recht.
[11] Ausführlich *Kübler/Prütting/Onusseit* § 159 RdNr. 10; *Uhlenbruck*, InsO § 159 RdNr. 16.

Rahmen für die Dauer der Verwertung vorgegeben. Aus dem Zusammenhang des Verwertungsgebots mit dem **Fortführungsgebot bis zum Berichtstermin** in § 158 folgt nicht etwa, dass § 159 nur den Beginn der Verwertung festlegen wolle.[12] Der Verwalter muss nach dem Berichtstermin ohne schuldhaftes Zögern (§ 121 Abs. 1 Satz 1 BGB) mit der Verwertung beginnen,[13] und sie ohne solches Zögern auch fortsetzen. Wenn man es negativ formulieren will, kann man sagen, dass der Verwalter keine sachfremden Verwertungspausen einlegen darf.

6 Generelle Regelungen, wie die Verwertung durchzuführen ist, enthält § 159 ebenso wenig wie die Verwertungsvorschriften für bestimmte Vermögensgegenstände in §§ 165 ff. Haben die Gläubiger dem Verwalter keine Vorgaben für die Verwertung gemacht, entscheidet der Verwalter über die Modalitäten der Verwertung nach eigenem pflichtgemäßem Ermessen. Er muss allein bestrebt sein, den höchstmöglichen Verwertungserlös zu erzielen. Dies lässt ihm einen weiten Spielraum.[14] Wesentliche Parameter seiner Entscheidung sind Abwicklungsdauer und Zerschlagungsintensität der Verwertung. Bestehen die Vermögenswerte des Unternehmens überwiegend aus marktgängigen Produkten, liegt eine schnelle Verwertung durch Zerschlagung und sofortigen Verkauf der Einzelgegenstände am Markt nahe. Ein großer Bestand nicht marktgängiger Halbfertigprodukte oder ein hoher Auftragsbestand spricht dagegen für eine gestreckte Verwertung und **„Ausproduktion"**. Die Marktgängigkeit der Vermögenswerte entscheidet zugleich über den Grad der Zerschlagung: je geringer die Marktgängigkeit der Vermögenswerte, desto eher verspricht eine Veräußerung des Unternehmens im Ganzen oder in Teilen einen höheren Veräußerungserlös als die Zerschlagung.

7 Trotz des gesetzlichen **Verwertungsauftrages,** unverzüglich mit der Verwertung zu beginnen, entspricht eine befristete Fortführung des Unternehmens zur Steigerung des Verwertungserlöses durchaus den gesetzlichen Vorgaben. Unzulässig wäre es dagegen, wenn der Verwalter das Unternehmen fortführte, um die Gläubiger aus den erzielbaren Gewinnen zu befriedigen. Zweck des Insolvenzverfahrens ist die **Haftungsverwirklichung und Gläubigerbefriedung** aus der vorhandenen Insolvenzmasse. Jeder Versuch, durch unternehmerische Tätigkeit die Masse zu mehren oder gar das Unternehmen zu sanieren, würde den Gläubigern unternehmerische Risiken aufbürden, die über die notwendigen Risiken der Verwertung bereits vorhandenen Vermögens hinausgehen. Eine unbefristete oder auf Gewinnerzielung gerichtete Fortführung des Unternehmens ist im Insolvenzverfahren ohne Zustimmung der Gläubiger nicht zulässig.[15] Gleiches gilt, wenn der Verwalter die Verwertung von Vermögensgegenständen nur deshalb verzögert, weil er eine Erhöhung des Marktpreises erwartet. Es ist nicht Aufgabe des Verwalters, zu Lasten der Gläubiger zu spekulieren.[16]

8 Ähnlichen Schranken unterliegt die Vermietung, Verpachtung oder Einräumung eines Nießbrauchsrechtes an Teilen der Insolvenzmasse. Auch eine entgeltliche Nutzungsüberlassung setzt den Vermögenswert der Insolvenzmasse teilweise frei. Mit dem Ziel der **Haftungsverwirklichung** ist dies dann vereinbar, wenn hierdurch keine Perpetuierung des Insolvenzverfahrens eintritt. Eine nur sukzessive Freisetzung des Vermögenswertes widerspricht der Haftungsverwirklichung durch Verwertung des gesamten Vermögens. Entgeltliche Nutzungsüberlassungen sind daher nur dann zulässig, wenn sie von vornherein auf die voraussichtliche Dauer des Verfahrens befristet sind oder die Nutzungsüberlassung einer späteren Veräußerung rechtlich wie wirtschaftlich nicht entgegensteht.[17]

---

[12] So aber HK-*Flessner* § 159 RdNr. 1, 9.
[13] HK-*Flessner* § 159 RdNr. 8 nimmt an, dass hierfür sogar schon die Entscheidung über die notwendigen Verwertungshandlungen genügt.
[14] Allgem. Ansicht HK-*Flessner* § 159 RdNr. 7; FK-*Wegener* § 159 RdNr. 2; Kübler/Prütting/Onusseit § 159 RdNr. 5; *Nerlich/Römermann/Balthasar* § 159 RdNr. 6; und für die KO *Jaeger/Weber* § 117 RdNr. 1; *Kuhn/Uhlenbruck* § 117 RdNr. 11; *Kilger/K. Schmidt,* KO, § 117 Anm. 4.
[15] Ähnlich FK-*Wegener* § 159 RdNr. 2; *Nerlich/Römermann/Balthasar* § 159 RdNr. 6; *Uhlenbruck,* InsO § 159 RdNr. 2.
[16] *Kübler/Prütting/Onusseit* § 159 RdNr. 4; *Uhlenbruck,* InsO § 159 RdNr. 2.
[17] Ähnlich *Kübler/Prütting/Onusseit* § 159 RdNr. 2.

Dem **Ermessen des Verwalters** ist es überlassen, ob er sich zur Verwertung der **9** Insolvenzmasse Dritter bedient. Er ist nicht verpflichtet, die Verwertung eigenhändig durchzuführen. Dies ist gerade dann nicht sinnvoll, wenn die Einschaltung Dritter wegen besserer Fachkunde des Dritten einen höheren Verwertungserlös verspricht. Der Verwalter darf sich daher jederzeit eines Verwerters bedienen, der die Vermögensgegenstände freihändig verkauft oder versteigert.[18] Problematisch ist dies allerdings dann, wenn der Verwalter oder seine Familienangehörigen an der eingeschalteten Verwertungsgesellschaft beteiligt sind. Wegen des hier bestehenden Konflikts zwischen den Erlösinteressen der Gläubiger und dem Gewinninteresse der Verwertungsgesellschaft ist dies nur dann zulässig, wenn die Gläubiger dem gem. § 160 zugestimmt haben.[19]

III. Freigabe

Der Verwertungsauftrag des § 159 hindert den Verwalter nicht, einzelne Vermögens- **10** gegenstände durch **Freigabe aus der Insolvenzmasse** zu entlassen.[20] Eine Freigabe liegt im Interesse der Gläubiger, wenn kein Verwertungserlös für die Masse zu erwarten ist. Dies ist etwa der Fall, wenn ein Gegenstand nicht veräußerbar oder ein Grundstück über den Marktwert hinaus mit Grundpfandrechten belastet ist.[21] Umfasst die Insolvenzmasse im Ausland belegene Vermögensgegenstände, kann es zweckmäßig sein, diese gegen Zahlung einer Abstandssumme freizugeben. Dies ist zwar nicht unproblematisch, wenn rechtlich die Möglichkeit besteht, das **Auslandsvermögen** zur deutschen Masse zu ziehen[22] und die Abstandssumme möglicherweise sogar aus verschwiegenem Auslandsvermögen des Schuldners stammt. Gleichwohl ist die erkaufte Freigabe angesichts der praktischen Probleme einer Beitreibung von Auslandsvermögen durch den Verwalter und der damit verbundenen erheblichen Kosten für die Masse oft günstiger und Erfolg versprechender als die Ausschöpfung sämtlicher rechtlicher Möglichkeiten der Auslandsbeitreibung. Angesichts der Tatsache, dass der Verwalter vor allem die vermögensrechtlichen Interessen der Gläubiger zu wahren hat, sollte ihm ein solch pragmatisches Vorgehen jedenfalls dann nicht verwehrt werden, wenn sich die erkaufte Freigabe als die wirtschaftlich sinnvollere Lösung darstellt.

Heftig diskutiert wurde die Frage, ob der Verwalter sich durch Freigabe eines mit Altlasten **11** behafteten Grundstücks der öffentlich-rechtlichen Haftung entziehen und die Masse so entlasten kann. Nach mittlerweile wohl ganz überwiegender Auffassung kann der Verwalter durch Freigabe des Grundstücks die Haftung von der Masse abwenden.[23] Entgegen der in der Vorauflage vertretenen Auffassung, ist es dem Verwalter nicht verwehrt, die Altlastenrisiken des Schuldners der Allgemeinheit aufzubürden, denn es ist gerade der Sinn der Freigabe, die Masse von nicht verwertbaren Gegenständen zu entlasten, so dass ein daran anknüpfendes Verdikt die Freigabe als solche in Frage stellen würde.[24]

---

[18] BGH ZIP 2005, 36; LAG Schleswig-Holstein ZIP 1988, 250 mit Anm. *Eickmann*, EWiR 1988, 283; OLG Düsseldorf, ZIP 1988, 855; FK-*Wegener* § 159 RdNr. 7; *Kübler/Prütting/Onusseit* § 159 RdNr. 5; *Nerlich/Römermann/Balthasar* § 159 RdNr. 8; einschränkend zur KO dagegen *Kuhn/Uhlenbruck* § 117 RdNr. 11.
[19] S. § 160 RdNr. 26 (In-sich Geschäfte des Verwalters); ähnlich FK-*Wegener* § 159 RdNr. 7; *Uhlenbruck*, InsO § 159 RdNr. 10; *Andres* in *Andres/Leithaus* § 159 RdNr. 18.
[20] Allgem. Ansicht, BGH NJW 2005, 2015 ff. (insbesondere zur Frage der Freigabe im Verfahren über das Vermögen einer juristischen Person); *Benckendorff*, Kölner Schrift, 851 ff.; HK-*Flessner* § 159 RdNr. 10; *Häsemeyer*, Insolvenzrecht, RdNr. 13, 14; *Kübler/Prütting/Holzer* § 35 RdNr. 21 f.; *Kübler/Prütting/Onusseit* § 159 RdNr. 30; und zur KO etwa RGZ 105, 313; BGHZ 35, 181; *Kuhn/Uhlenbruck* § 1 RdNr. 5 ff.; jeweils mwN.
[21] BGH NJW 2005, 2015, 2016; ausführlich zur Freigabe *Uhlenbruck* KTS 2004, 275 ff.; *Häsemeyer*, Insolvenzrecht, RdNr. 13.14 ff.; *Benckendorff*, Kölner Schrift, 851 ff., jeweils mwN.
[22] Hierzu *Uhlenbruck*, InsO § 159 RdNr. 12.
[23] BVerwG NZI 2005, 51, 52 f.; HambKomm-*Jarchow* § 55 RdNr. 59; HK-*Eickmann* § 35 RdNr. 45; ausführlich *Küpper/Heinze* ZInsO 2005, 409 ff.; vgl. § 35 RdNr. 95 ff.
[24] So zutreffend BVerwG NZI 2005, 51, 53.

IV. Rahmenbedingungen der Verwertung

12 Der **Verwertungsauftrag** des § 159 führt zu keiner Sonderstellung des Verwalters. Ebenso wie andere Marktteilnehmer und der Schuldner hat er bei der Verwertung die allgemeinen gesetzlichen Vorschriften einzuhalten. Von besonderer praktischer Relevanz sind dabei die wettbewerbsrechtlichen Vorschriften des UWG.

13 Die Beschränkungen des UWG sind nach allgemeiner Ansicht auch in der Insolvenz grundsätzlich anwendbar.[25] Erachtet der Verwalter es als zweckmäßig, einen vorhandenen Lagerbestand durch einen öffentlich angekündigten Verkauf zu verwerten, ist jedoch bei der Anwendung der Vorschriften des UWG der besonderen Situation der Insolvenz Rechnung zu tragen. Maßstab für die Beurteilung unlauteren Verhaltens ist der regelmäßige Geschäftsverkehr eines Unternehmens in Insolvenz. Angesichts des Verwertungsgebots des § 159 erfolgt der Insolvenzwarenabverkauf auch bei Herausstellung besonderer Preisvorteile daher nicht außerhalb des regelmäßigen Geschäftsverkehrs.[26] Während nach alter Rechtslage ein unzulässiger Räumungsverkauf in der Insolvenz dann vorlag, wenn übermäßig auf einen Preisvorteil hingewiesen oder das Publikum anderweitig übertrieben angelockt wird,[27] bildet nunmehr die Grenze der Zulässigkeit von Sonderveranstaltungen alleine das Verbot irreführender Angaben, § 5 UWG.[28]

14 Gem. § 6 UWG aF war es untersagt, Waren, die zwar aus der Insolvenzmasse stammen, aber nicht mehr zum Bestand der Insolvenzmasse gehören, als Insolvenzware zu verkaufen. Die Verbraucher sollten vor unrichtigen Ankündigungen geschützt werden, bei denen die Waren nicht aus der Insolvenzmasse stammen, und vor Abverkäufen aus zweiter oder dritter Hand.[29] Nach neuer Rechtslage kommt es nur noch auf die **Richtigkeit der Angaben** an, § 5 UWG. Anders als früher ist es daher zulässig, auch solche Ware als aus der Insolvenzmasse stammend anzubieten, die ursprünglich zwar Masseware war, aber nach Abverkäufen aus zweiter oder dritter Hand stammt.[30] Irreführend ist die Werbung jedoch dann, wenn die im Zusammenhang mit dem Insolvenzwarenabverkauf behaupteten Preisvorteile tatsächlich nicht gewährt werden. Irreführen ist die Werbung auch dann, wenn die unter Hinweis auf einen Insolvenzverkauf beworbene Ware tatsächlich nicht aus der Insolvenzmasse stammt, weil sie etwa dem Insolvenzbeschlag entzogen ist (§ 36), es sich um Vorbehaltsware handelt oder weil ein Insolvenzverfahren mangels Masse nicht eröffnet wurde.[31] Ferner dürfen nur solche Waren als Insolvenzware verkauft werden, die im Zeitpunkt der Verfahrenseröffnung bereits zur Masse gehörten oder während einer vorübergehenden Fortführung erworben oder hergestellt wurden.[32] Ein Nachschieben später zugekaufter Ware zur Steigerung des Verwertungserlöses oder Vervollständigung des Sortiments dürfte im Rahmen eines öffentlich bekannt gemachten Insolvenzräumungsverkaufes auch nach neuer Rechtslage jedenfalls dann wegen Irreführung nach § 5 UWG unzulässig sein, wenn die vom Verkehr erwartete Preisgünstigkeit wegen der zusätzlichen Handelsspanne beim Zukauf nicht mehr vorliegt.[33] Hält der Verwalter dies gleichwohl für zweck-

---

[25] BGH ZIP 2006, 1208 ff. (zur Anwendung der §§ 7, 8 UWG aF); FK-*Wegener* § 159 RdNr. 4; *Hefermehl/Köhler/Bornkamm* UWG, § 2 RdNr. 89; *Piper/Ohly* UWG, § 5 RdNr. 419; *Kübler/Prütting/Onusseit* § 159 RdNr. 23; zum UWG aF *Köhler/Piper* UWG, § 8 RdNr. 51; *Baumbach/Hefermehl*, WettbewerbsR, § 8 UWG RdNr. 50; ausführlich *Tappmeier* ZIP 1992, 679, 682 mwN.
[26] BGH ZIP 2006, 1208, 1209 f.
[27] So OLG Stuttgart ZIP 92, 712 mit Anm. *Büttner* EWiR 92, 609; *Tappmeier* ZIP 1992, 679, 682 und in Anschluss daran die überwiegende insolvenzrechtliche Literatur: FK-*Wegener* § 158 RdNr. 4; *Kübler/Prütting/Onusseit* § 159 RdNr. 23; *Nerlich/Römermann/Balthasar* § 159 RdNr. 25; aA noch *Kilger/K. Schmidt*, KO § 117 Anm. 5.
[28] *Kübler/Prütting/Onusseit* § 159 RdNr. 23 a.
[29] *Hefermehl/Köhler/Bornkamm* UWG, § 5 RdNr. 6.3.
[30] *Piper/Ohly* UWG, § 5 RdNr. 418; *Hefermehl/Köhler/Bornkamm* UWG, § 5 RdNr. 6.3.
[31] *Piper/Ohly* UWG, § 5 RdNr. 417; *Hefermehl/Köhler/Bornkamm* UWG, § 5 RdNr. 6.4.
[32] Zur alten Rechtslage *Baumbach/Hefermehl*, WettbewerbsR, § 6 UWG RdNr. 5; *Köhler/Piper* UWG § 6 RdNr. 6; *Kübler/Prütting/Onusseit* § 159 RdNr. 22; *Nerlich/Römermann/Balthasar* § 159 RdNr. 25.
[33] Vgl. *Kübler/Prütting/Onusseit* § 159 RdNr. 22.

mäßig, muss er darauf verzichten, auf die Herkunft der Ware aus einer Insolvenz hinzuweisen.

Kein Verstoß gegen wettbewerbsrechtliche Vorschriften liegt vor, wenn der Verwalter 15
Insolvenzware unter den Herstellungskosten oder Einkaufspreis veräußert. Hierin liegt selbst dann kein unzulässiges **Dumping** (§ 4 Abs. 10 UWG),[34] wenn Wettbewerber des Schuldners dadurch Umsatzrückgänge erleiden, denn der Verwalter handelt nicht zum Zwecke des Wettbewerbes sondern zur Verwertung der Masse.[35] Dies gilt auch dann, wenn der Schuldner schuldrechtlichen **Preisbindungsvereinbarungen** unterlag. Der Verwalter ist an solche Vereinbarungen im Interesse der Gläubiger nicht gebunden.[36]

Für den Verwalter gem. § 512 BGB ebenfalls unbeachtlich sind Vorkaufsrechte Dritter an 16
Gegenständen der Insolvenzmasse. Dies gilt uneingeschränkt aber nur bei vertraglichen Vorkaufsrechten. Dingliche **Vorkaufsrechte** sind gem. § 1098 Abs. 1 Satz 2 bei freihändigem Verkauf des Grundstücks insolvenzfest. Ebenfalls insolvenzfest ist das Vorkaufsrecht des Arbeitnehmers gem. § 27 ArbNErfG.[37] Vinkulierungen hindern dagegen die Veräußerung von Geschäftsanteilen nicht.[38] Eine in der Satzung vorgesehene Einziehung des Geschäftsanteils führt jedoch dazu, dass nur der Abfindungsanspruch in die Masse fällt.[39]

Ebenso wie bei der Fortführung freiberuflicher Unternehmen[40] ist der Verwalter auch bei 17
deren Verwertung an besondere berufsrechtliche Vorschriften gebunden. Der wirtschaftlich Wert einer freiberuflichen Praxis liegt zumeist weniger in den Einrichtungsgegenständen als im Patienten- oder Mandantenstamm des Freiberuflers. Da diese Daten der Schweigepflicht des Berufsträgers unterliegen, die auch dem Verwalter gegenüber gilt, setzt eine Realisierung des Praxiswertes die Mitwirkung des Schuldners voraus. Ohne eine Zustimmung der Mandanten oder Patienten kann der Praxiswert nicht realisiert werden.[41] Jede Veräußerung von Daten, die der Schweigepflicht des Berufsträgers unterliegen, ist ohne Zustimmung des Betroffenen nach neuerer Rechtsprechung nichtig.[42] Eine ähnliche Lage kann sich beispielsweise bei der Liquidation einer Bank ergeben. Auch hier bleibt der Verwalter an geschäftstypische Sonderpflichten gebunden.

C. Bindung an Beschlüsse der Gläubigerversammlung

I. Entgegenstehende Beschlüsse der Gläubigerversammlung

§ 159 schränkt im 2. Halbsatz den gesetzlichen **Verwertungsauftrag** des Verwalters ein: 18
dieser besteht nur dann, wenn **Beschlüsse der Gläubigerversammlung** nicht entgegenstehen. Gemeint sind insbesondere die Entscheidungen der Gläubigerversammlung gem. § 157 im Berichtstermin über Stilllegung oder Fortführung des Unternehmens und die Ausarbeitung eines Insolvenzplans. Aus der jederzeitigen Aufhebbarkeit dieser Beschlüsse (§ 157 Satz 3) folgt, dass der Verwalter darüber hinaus auch entgegenstehende Beschlüsse nachfolgender Gläubigerversammlungen zu beachten hat.

---

[34] Dazu *Hefermehl/Köhler/Bornkamm* UWG, § 4 RdNr. 10.184.
[35] Im Ergebnis ebenso FK-*Wegener* § 159 RdNr. 6.
[36] FK-*Wegener* § 159 RdNr. 6; *Kübler/Prütting/Onusseit* § 159 RdNr. 24; zum UWG aF *Baumbach/Hefermehl*, WettbewerbsR, § 1 UWG RdNr. 750 und zur KO *Jaeger/Weber* § 117 RdNr. 17; *Kuhn/Uhlenbruck* § 117 RdNr. 11; *Kilger/K. Schmidt* § 117 Anm. 4.
[37] Neu gefasst durch Art. 56 EGInsO. Ausführlich *Kübler/Prütting/Onusseit* § 159 RdNr. 13; *Nerlich/Römermann/Balthasar* § 159 RdNr. 16; *Uhlenbruck*, InsO § 159 RdNr. 17.
[38] *Vallender* GmbHR 2004, 642, 649.
[39] HambKomm-*Decker* § 159 RdNr. 4; *Uhlenbruck*, InsO § 159 RdNr. 19.
[40] Dazu oben § 158 RdNr. 10.
[41] Ausführlich zur Praxis des Freiberuflers in der Insolvenz *Kluth* NJW 2002, 186 ff.; *Schick* NJW 1990, 2359 ff., weiter *Tetzlaff* ZInsO 2005, 393, 400; *Kübler/Prütting/Onusseit* § 159 RdNr. 19; § 157 RdNr. 5 f.; *Nerlich/Römermann/Balthasar* § 159 RdNr. 23; *Mohrbutter* in *Mohrbutter/Pape* RdNr. V.25.
[42] BGH ZIP 1993, 923 mit Anm. *Ackmann* EWiR 1993, 649; zuvor schon BGH NJW 1992, 737; NJW 1991, 2955.

19 Dass die Gläubigerversammlung einen ausdrücklich Beschluss zur Verwertung fasst, ist nicht erforderlich. Es genügt, wenn sich aus der Entscheidung der Gläubigerversammlung ein konkludentes **Verwertungsgebot** ergibt. Zum Schutze einer effektiven Entscheidungsbefugnis der Gläubiger darf der Verwalter sich nicht auf einen formalen Standpunkt zurückziehen. Er hat die Beschlüsse der Gläubigerversammlung ggf. auszulegen und sämtliche Handlungen zu unterlassen, die den erkennbaren Interessen der Gläubiger widersprechen. Eine solche Auslegung ist ihm nicht zuletzt deshalb zuzumuten, weil er es selbst in der Hand hat, in der Gläubigerversammlung auf eine hinreichend klare Beschlussfassung der Gläubiger und Offenlegung der Interessen hinzuwirken. Haben die Gläubiger den Verwalter beauftragt, einen Erwerber für das Unternehmen zu suchen oder einen **Insolvenzplan** zu erarbeiten, so verstößt die **Stilllegung des Unternehmens** oder Veräußerung fortführungswichtiger Gegenstände auch ohne ausdrückliche Weisung gegen den Beschluss der Gläubigerversammlung.[43]

20 Die Beschlüsse der Gläubigerversammlung können sich auf **Unternehmen** des Schuldners, einen **Betrieb, Betriebsteile** oder sogar auf einzelne Gegenstände beziehen. Sie dürfen aber, wenn sie nicht erkennbar interimistischen Charakter tragen oder mit einem Planungsauftrag verbunden sind, die Verwertung nicht schlicht ausschließen. Insofern scheitert auch die Gläubigermehrheit am Verwertungsgebot des § 159 und dem darin zum Ausdruck kommenden Minderheitenschutz.

II. Rechtsfolge von Verstößen

21 Beschlüsse der Gläubigerversammlung betreffen nur das Innenverhältnis zwischen Verwalter und Gläubiger. Verstößt der Verwalter gegen Beschlüsse der Gläubigerversammlung, so hat dies analog § 164 keine Auswirkung auf die **Wirksamkeit der Verwertungshandlung** gegenüber Dritten. Ebenso wie bei den Verfahrensregeln in §§ 161–163 besteht ein schutzwürdiges Interesse des Rechtsverkehrs, auf die Wirksamkeit rechtsgeschäftlichen Handels des Verwalters vertrauen zu können. Verstößt der Verwalter gegen Beschlüsse der Gläubiger, hat das Gericht im Rahmen seiner **Rechtsaufsicht** einzugreifen (§§ 58 f.). Weiter haftet der Verwalter den Gläubigern für Schäden, die sich aus der Verletzung von Beschlüssen ergeben, gemäß § 60 Abs. 1.

III. Grenzen der Bindung

22 Beschlüsse der Gläubigerversammlung sind für den Verwalter nicht uneingeschänkt bindend. Dies folgt schon daraus, dass der Verwalter nicht Organ der Gläubiger, sondern zugleich auch Treuhänder des Schuldners ist.[44] Der Verwalter darf Beschlüssen der Gläubiger daher keine Folge leisten, wenn diese von verfahrensfremden Überlegungen der Gläubiger getragen werden und dem Schuldner schaden. Dies ist etwa der Fall, wenn die Mehrheit der Gläubigerversammlung eine Stilllegung und Zerschlagung des schuldnerischen Unternehmens allein deshalb beschließt, umso einen unliebsamen Konkurrenten zu beseitigen. Derartige Beschlüsse sind rechtsmissbräuchlich.[45]

23 Vom Verwalter ebenfalls nicht zu beachten sind Beschlüsse, durch deren Ausführung er sich des Risikos einer persönlichen Haftung aussetzen würde. Weisen die Gläubiger den Verwalter etwa an, das Unternehmen fortzuführen, obwohl dafür die rechtlichen oder materiellen Voraussetzungen fehlen, muss er dem – ebenso wie dem **Fortführungsgebot** in § 158[46] – nicht Folge leisten.[47] Der Verwalter ist nicht verpflichtet, im Interesse der Gläubiger ein erkennbares Haftungsrisiko nach § 61 einzugehen. Gleiches gilt, wenn die Ausführung der Gläubigerbeschlüsse den Einsatz zusätzlicher Mittel notwendig macht, die weder von Dritten noch von den Gläubigern selbst bereitgestellt werden.[48]

---

[43] Ebenso *Kübler/Prütting/Onusseit* § 159 RdNr. 6.
[44] Ähnlich *Leipold/Heinze*, Insolvenzrecht im Umbruch, 37 f.
[45] So auch *Nerlich/Römermann/Balthasar* § 159 RdNr. 28.
[46] Oben § 158 RdNr. 11.
[47] Ebenso *Kübler/Prütting/Onusseit* § 159 RdNr. 7, § 158 RdNr. 6.
[48] Dazu schon oben § 158 RdNr. 11.

D. Entgegenstehende Beschlüsse des Gerichts

Das Gesetz kennt eine Reihe von Fällen, in denen das Verwertungsgebot durch gerichtliche Beschlüsse suspendiert wird, um bestimmte Verwertungshandlungen im Sinne zukünftiger Entscheidungsfreiheit der Gläubiger zeitweise aufzuhalten. Hierzu gehören im eröffneten Verfahren die Regeln der §§ 161 Satz 2, 163 Abs. 1 und 233. 24

§ 160 Besonders bedeutsame Rechtshandlungen

(1) ¹Der Insolvenzverwalter hat die Zustimmung des Gläubigerausschusses einzuholen, wenn er Rechtshandlungen vornehmen will, die für das Insolvenzverfahren von besonderer Bedeutung sind. ²Ist ein Gläubigerausschuß nicht bestellt, so ist die Zustimmung der Gläubigerversammlung einzuholen. ³Ist die einberufene Gläubigerversammlung beschlussunfähig, gilt die Zustimmung als erteilt; auf diese Folgen sind die Gläubiger bei der Einladung zur Gläubigerversammlung hinzuweisen.

(2) Die Zustimmung nach Absatz 1 ist insbesondere erforderlich,
1. wenn das Unternehmen oder ein Betrieb, das Warenlager im ganzen, ein unbeweglicher Gegenstand aus freier Hand, die Beteiligung des Schuldners an einem anderen Unternehmen, die der Herstellung einer dauernden Verbindung zu diesem Unternehmen dienen soll, oder das Recht auf den Bezug wiederkehrender Einkünfte veräußert werden soll;
2. wenn ein Darlehen aufgenommen werden soll, das die Insolvenzmasse erheblich belasten würde;
3. wenn ein Rechtsstreit mit erheblichem Streitwert anhängig gemacht oder aufgenommen, die Aufnahme eines solchen Rechtsstreits abgelehnt oder zur Beilegung oder zur Vermeidung eines solchen Rechtsstreits ein Vergleich oder ein Schiedsvertrag geschlossen werden soll.

Übersicht

	RdNr.		RdNr.
A. Überblick und Entstehungsgeschichte	1	III. Weitere Einzelfälle	23
B. Zustimmungspflichtige Rechtshandlungen	5	C. Zustimmung	25
I. Generalklausel (Abs. 1)	5	I. Allgemeines	25
II. Regelbeispiele des Abs. 2	11	II. Zustimmung des Gläubigerausschusses	29
1. Besondere Veräußerungen (Nr. 1)	12	III. Zustimmung der Gläubigerversammlung	32
a) Unternehmen	13	IV. Zustimmungsfiktion, Abs. 1 S. 3	33
b) Betrieb	14	D. Besonders bedeutsame Rechtshandlungen als Inhalt eines Insolvenzplans	34
c) Warenlager im ganzen	15		
d) Unbeweglicher Gegenstand aus freier Hand	17		
e) Beteiligung an einem anderen Unternehmen	18	E. Verstöße gegen die Zustimmungspflicht	35
f) Recht auf Bezug wiederkehrender Einkünfte	19		
2. Darlehen (Nr. 2)	20		
3. Prozesshandlungen (Nr. 3)	21		

A. Überblick und Entstehungsgeschichte

1 § 160 reduziert die Geschäftsführungskompetenz des Verwalters im Falle besonders bedeutender Rechtshandlungen. Er gewährleistet, dass die Gläubiger an den wesentlichen Entscheidungen des Verfahrens beteiligt werden.[1] Dies ist Ausdruck der gesetzlichen Wertung, dass die Entscheidungskompetenz im Insolvenzverfahren grundsätzlich den Gläubigern zusteht, da diese letztlich das Risiko einer Fehlentscheidung zu tragen haben. Wer etwas zu verlieren hat, soll auch das Sagen haben.[2]

2 § 160 geht auf das Genehmigungserfordernis für besonders bedeutende Rechtshandlungen in § 133 Nr. 2 und § 134 KO zurück. Im Gegensatz zu diesen Vorschriften der KO hat der Gesetzgeber der InsO bewusst auf eine abschließende Aufzählung der zustimmungspflichtigen Rechtshandlungen verzichtet. Durch die Verwendung einer Generalklausel bei gleichzeitiger Vorgabe von Beispielen sollte eine möglichst flexible Regelung geschaffen werden, die geeignet ist, sämtliche für die Erreichung des Verfahrensziels besonders bedeutenden Rechtshandlungen zu erfassen.[3]

3 Diese Flexibilisierung der **zustimmungspflichtigen Rechtshandlungen** war bereits in den Vorschlägen der Kommission für Insolvenzrecht vorgezeichnet. Der Kommissionsvorschlag sah in Leitsatz 1.3.1.8 Abs. 2 vor, dass der Verwalter für besonders bedeutende Handlungen das Einverständnis eines Gläubigerausschusses einzuholen hatte, und benannte als Beispiele dieselben Fälle, die heute in Abs. 2 Nr. 1 und 2 aufgeführt sind.[4] An diese Konzeption lehnte sich später die GesO an.[5] § 15 Abs. 6 Satz 3 GesO enthielt eine nur beispielhafte Aufzählung von bedeutsamen Rechtsgeschäften, die der Zustimmung bedurften. Im Gegensatz zur KO und der InsO sah die GesO aber nur eine Zustimmung des Gläubigerausschusses vor. Auf eine Beteiligung der Gläubigerversammlung war verzichtet worden.

4 Die vom Gesetzgeber für wünschenswert erachtete Flexibilisierung der Zustimmungspflicht bei besonders bedeutsamen Handlungen geht mit einer erheblichen Rechtsunsicherheit für den Insolvenzverwalter einher.[6] In Grenzfällen kann er nur schwer beurteilen, welche Verwertungshandlungen der Zustimmungspflicht unterliegen. Dem daraus resultierenden Haftungsrisiko kann er begegnen, indem er vorsorglich für alle in Frage kommenden Handlungen eine Zustimmung einholt.[7]

B. Zustimmungspflichtige Rechtshandlungen

I. Generalklausel (Abs. 1)

5 Durch die Generalklausel in Abs. 1 werden die Gläubiger umfassend an den maßgeblichen Rechtshandlungen des Verwalters beteiligt. Der Begriff der Rechtshandlung umfasst wie bei den Anfechtungstatbeständen (§§ 129 ff.) jede willentliche Handlung, die eine rechtliche Wirkung auslösen soll. Hierunter fallen sämtliche Willenserklärungen und Prozesshandlungen des Verwalters.[8] Bedeutsam für die Praxis ist, dass bei Verfügungen des

---

[1] Begr. zu § 179 RegE, BT-Drucks. 12/2443, S. 174.
[2] Begr. zum RegE, in: BT-Drucks. 12/2443, S. 76, 79 f.; ähnlich *Heidland*, Kölner Schrift, 1991, S. 549 (552); *Hegmann*, Der Gläubigerausschuss, 1986, S. 24; vgl. auch § 157 RdNr. 3.
[3] Begr. zu § 179 RegE, BT-Drucks. 12/2443, S. 174.
[4] Vgl. 1. KommBer, S. 137.
[5] *Landfermann*, Elemente der Insolvenzrechtsreform in der Gesamtvollstreckungsordnung, Festschrift für Merz, 1992, S. 367 (379).
[6] Ähnlich FK-*Wegener* § 160 RdNr. 2; *Nerlich/Römermann/Balthasar* § 160 RdNr. 7; *Wellensiek*, Kölner Schrift, 1997, S. 316.
[7] So etwa FK-*Wegener* § 160 RdNr. 2.
[8] BGH WM 1975, 1182, 1184; *Kübler/Prütting/Paulus* § 129 RdNr. 11; *Nerlich/Römermann/Balthasar* § 129 RdNr. 34.

Besonders bedeutsame Rechtshandlungen 6–10 § 160

Verwalters über massezugehörige Vermögensgegenstände nicht erst das Verfügungsgeschäft, sondern bereits das schuldrechtliche Verpflichtungsgeschäft Rechtshandlung im Sinne von § 160 ist.[9]

Keine **Rechtshandlung** im Sinne von § 160 ist rein tatsächliches Handeln des Verwalters. Tatsächliches Handeln des Verwalters kann zwar ebenso wie Rechtshandlungen erhebliche Auswirkungen für die Insolvenzmasse und die Gläubigerbefriedigung haben. Gleichwohl besteht kein Anlass, die Zustimmungspflicht in Analogie zu § 160 auch auf tatsächliches Handeln zu erstrecken.[10] Die Regelung in § 158 für **Betriebsstilllegungen** zeigt, dass der Gesetzgeber die Möglichkeit eines Zustimmungserfordernisses für tatsächliches Handeln durchaus erkannt hat. Folglich gibt es in § 160 keine planwidrige Regelungslücke. 6

Die Zustimmungspflicht setzt eine „besondere Bedeutung" der Rechtshandlung voraus. Der Gesetzgeber hat es der Rechtsprechung und Literatur überlassen, Kriterien zu näheren Bestimmung der besonderen Bedeutung zu finden. Diese Kriterien haben sich am Zweck des § 160, die Gläubiger an wesentlichen Entscheidungen der Verfahrensabwicklung zu beteiligen, zu orientieren. 7

Wenig tauglich erscheinen Ansätze, die eine Abgrenzung anhand quantitativer Maßstäbe vornehmen wollen. Zum Teil finden sich in der Literatur Orientierungsgrößen, wonach eine Rechtshandlung erst „besonders bedeutend" ist, wenn von ihr ein bestimmter Prozentsatz des Werts der Masse betroffen sind.[11] Diese quantitativen Orientierungsgrößen führen nur zu einer scheinbaren Rechtssicherheit. Allein der Wert eines Vermögensgegenstandes besagt nichts über dessen Bedeutung für die weitere Verfahrensabwicklung. Soll das Unternehmen fortgeführt und veräußert werden, können auch relativ geringwertige Vermögensgegenstände, etwa für Dritte wertlose Programme oder Patente, von ausschlaggebender Bedeutung sein. Umgekehrt ist die Veräußerung wertvoller Vermögenswerte ohne Bedeutung für die Verfahrensabwicklung, wenn sie marktgängig sind und jederzeit wieder beschafft werden können.[12] Darüber hinaus führen derartige Orientierungsgrößen letztlich zu ähnlich starren Wertgrenzen, wie sie früher in § 133 Nr. 2 KO enthalten waren. Dies wollte der Gesetzgeber zugunsten einer möglichst flexiblen Regelung gerade vermeiden.[13] 8

Tauglicher erscheint es, die Abgrenzung „besonders bedeutender" Handlungen anhand qualitativer Maßstäbe vorzunehmen. Anhaltspunkte dafür, welche qualitativen Merkmale zur Abgrenzung herangezogen werden können, lassen sich den Regelbeispielen in Abs. 2 entnehmen. Diese erfassen insbesondere Rechtshandlungen, die für den weiteren Verfahrensverlauf von grundlegender Bedeutung sind (**Veräußerung des Unternehmens, Betriebes oder Warenlagers** im Ganzen) oder besondere Risiken bergen (Darlehensaufnahme, freihändige Veräußerung, Prozesshandlungen).[14] Zu berücksichtigen ist allerdings, dass bei den in Abs. 2 Nr. 2 und Nr. 3 geregelten Fällen die Zustimmungspflicht noch eine „Erheblichkeit" der Rechtshandlungen erfordert. Sogar in den Regelbeispielen wird also ein unbestimmter Rechtsbegriff verwendet, der denselben Abgrenzungsproblemen unterliegt, wie der Begriff der „besonderen Bedeutung" in der Generalklausel. 9

Der Zweck des Insolvenzverfahrens, das schuldnerische Vermögen zum Zwecke der Gläubigerbefriedigung zu verwerten, legt es nahe, für die Entwicklung von Kriterien zur Bestimmung der „besonderen Bedeutung" einer Rechtshandlung auf die Konsequenzen für die Quotenaussichten der Gläubiger abzustellen.[15] Dies wird dem Zweck der Regelung aber 10

---

[9] *Hess/Kropshofer* §§ 133, 134 RdNr. 13; *Kilger/K. Schmidt* § 134 Anm. 1.
[10] Anders *Nerlich/Römermann/Balthasar* § 160 RdNr. 6; HambKomm-*Decker* § 160 RdNr. 2 und wohl auch FK-*Wegener* § 160 RdNr. 3.
[11] So etwa *Haarmeyer/Wutze/Förster* RdNr. 5346 (10%); ähnlich *Nerlich/Römermann/Balthasar* § 160 RdNr. 8 (5–10%); *Braun/Gerbes* § 160 RdNr. 6 (25%); FK-*Wegener* § 160 RdNr. 7 für Darlehen gem. Abs. 2 Nr. 2; *Breutigam/Blersch/Goetsch-Undritz/Fiebig* § 160 RdNr. 19 (Schwellenwert 25 000–50 000 EUR).
[12] Ähnlich HK-*Flessner* § 160 RdNr. 3; *Kübler/Prütting/Onusseit* § 160 RdNr. 19.
[13] Begr. zu § 179 RegE, BT-Drucks. 12/2443, S. 174.
[14] Ausführlich zu den aus den Regelbeispielen ableitbaren Kriterien *Nerlich/Römermann/Balthasar* § 160 RdNr. 10.
[15] So *Nerlich/Römermann/Balthasar* § 160 RdNr. 8.

nur unzureichend gerecht. Es muss bei der Abgrenzung des Begriffs der „besonderen Bedeutung" auch der Tatsache Rechnung getragen werden, dass der Gesetzgeber einer möglichen **Fortführung** und/oder **übertragenden Sanierung** des Unternehmens Bedeutung beimißt. Insbesondere dann, wenn die Aufstellung eines Insolvenzplans beabsichtigt ist, muss berücksichtigt werden, welche Auswirkungen eine Rechtshandlung für die Sanierungsfähigkeit des Schuldners oder eine übertragende Sanierung hat.[16] Ungeachtet der Auswirkungen der beabsichtigten Handlung für die Gläubigerbefriedigung ist eine besondere Bedeutung auch dann gegeben, wenn ein **Insolvenzplan** durch sie vereitelt wird. Daher ist eine „besondere Bedeutung" jedenfalls dann anzunehmen, wenn bei Vorlage eines bereits fertiggestellten Insolvenzplans eine Aussetzung der Verwertung gem. § 233 möglich wäre.[17]

II. Regelbeispiele des Abs. 2

11   Die im Katalog des Abs. 2 geregelten Fälle haben angesichts der Generalklausel in Abs. 1 den Charakter von Regelbeispielen. Dabei entspricht die Mehrzahl der Fälle der früheren Regelung in §§ 133, 134 KO,[18] so dass für deren Auslegung auch auf die frühere Rechtslage zurückgegriffen werden kann.

12   **1. Besondere Veräußerungen (Nr. 1):** Der Gesetzgeber fasst in Nr. 1 **zustimmungspflichtige Veräußerungsgeschäfte** zusammen. Im Vordergrund stehen dabei die Fälle der Veräußerung einer Gesamtheit von Massegegenständen **(Unternehmen, Betrieb, Warenlager).** Diesen Veräußerungen ist gemein, dass sie die Entscheidung über eine Fortführung des Unternehmens im Verfahren präjudizieren.[19] Hierüber zu befinden, soll den Gläubigern vorbehalten bleiben; denn allein ihnen obliegt die Entscheidung, ob sie eine Befriedigung aus dem **Fortführungswert des Unternehmens** oder aus dessen **Zerschlagung** anstreben (zur Veräußerung vor dem Berichtstermin vgl. § 158 RdNr. 8, 14 f.).[20] Außerdem haben Geschäfte, die sich auf Sachgesamtheiten beziehen (nachfolgend a) bis c)) den Nachteil relativer Unübersichtlichkeit. Häufig steht dabei das Beschleunigungsinteresse, aber auch das Sicherheitsinteresse vor dem Maximierungsinteresse. Und häufig werden derartige Geschäfte mit abwicklungsrelevanten anderen Gegenständen gekoppelt. Umsomehr die Veräußerung von Sachen in den Hintergrund tritt, umsomehr besteht Anlass, die Abwägung den Gläubigern oder deren Vertretern anheimzugeben. Deren Entscheidung entlastet im Übrigen den Verwalter.

13   **a) Unternehmen:** Mangels gesetzlicher Definition des Unternehmensbegriffs[21] bedarf es einer eigenen, am Zweck der Norm orientierten Begriffsbestimmung.[22] Der Zweck des § 160, die Gläubiger an den maßgeblichen wirtschaftlichen Entscheidungen zu beteiligen, führt wie bei § 158 zu einer wirtschaftlich-organisatorischen Definition des Unternehmensbegriffs. Ein Unternehmen ist ein organisatorisches Gebilde, das sämtliche vermögenswerten Rechte umfasst, die zur Aufrechterhaltung der wirtschaftlichen Tätigkeit notwendig sind.[23] Einer Klarstellung des Rechtsausschusses[24] lässt sich entnehmen, dass nicht nur der Verkauf des Unternehmens als Ganzes, sondern auch von Teilunternehmen zustimmungspflichtig sein soll. Spätestens hier ist die Abgrenzung zum Betrieb unscharf.

14   **b) Betrieb:** Der Begriff des Betriebes lehnt sich an § 613a BGB an.[25] Ein Betrieb ist also die organisatorische Zusammenfassung von sachlichen und immateriellen Mitteln, die einem

---

[16] Ebenso *Kübler/Prütting/Onusseit* § 160 RdNr. 19; ähnlich HK-*Flessner* § 160 RdNr. 3.
[17] So insbes. HK-*Flessner* § 160 RdNr. 3.
[18] Begr. zu § 179 RegE, BT-Drucks. 12/2443, S. 174.
[19] Vgl. auch die Begr. zu Leitsatz 1.3.1.8 im 1. KommBer, S. 137.
[20] Allg. Begr. zum RegE, BT-Drucks. 12/2443, S. 76 ff.
[21] Ausführlich zum Unternehmensbegriffs vgl. *K. Schmidt*, Handelsrecht, 1999, § 4 (63 ff.) mwN.
[22] Ebenso *Kübler/Prütting/Onusseit* § 160 RdNr. 10; HambKomm-*Decker* § 160 RdNr. 6.
[23] Ähnlich *Nerlich/Römermann/Balthasar* § 160 RdNr. 31; und in Anlehnung an das Umsatzsteuerrecht *Kübler/Prütting/Onusseit* § 160 RdNr. 10.
[24] BT-Drucks. 12/7302 S. 175.
[25] Begr. zu § 185 RegE, S. 197.

bestimmten arbeitstechnischen Zweck dienen. Vom Unternehmen unterscheidet sich der Begriff des Betriebes damit wie im Arbeitsrecht durch den Zweck der organisatorischen Einheit. Der Betrieb dient einem arbeitstechnischen, das Unternehmen einem wirtschaftlichen Zweck.[26] Wie im Arbeitsrecht ist davon auszugehen, dass der Begriff des Unternehmens der umfassendere ist, ein Unternehmen also grundsätzlich mehrere Betriebe umfassen kann.

c) Warenlager im ganzen: Mit der Zustimmungspflichtigkeit der Veräußerung eines Warenlagers im ganzen übernimmt der Gesetzgeber die entsprechende Regelung in § 134 Nr. 1 KO. Wie dort ist der Verkauf des Warenlagers im ganzen vom Ausverkauf durch gestreckte Masseverwertung abzugrenzen. Beide unterscheiden sich darin, dass der Kauf im ganzen die vorhandenen Lagerbestände umfänglich und in einem Akt überträgt, während der gestreckte Ausverkauf sich über einen längeren Zeitraum erstreckt und typischerweise eine Vielzahl von Einzelgeschäften umfasst.[27] 15

Besteht das im ganzen zu verkaufende Warenlager aus verderblichen Produkten (etwa frischen Lebensmitteln) oder Sachen, deren Erhaltung erhebliche Kosten verursacht (etwa Viehbestände) oder von denen ein erhebliches Risiko ausgeht (etwa unsachgemäß eingelagerte Chemikalien), so kann es bei Fehlen eines Gläubigerausschusses dazu kommen, dass dem Verwalter ein Abwarten der Zustimmung durch die Gläubigerversammlung nicht zugemutet werden kann. Die Literatur zur KO neigte dazu, in solchen Fällen eine Zustimmung für entbehrlich zu halten,[28] nahm der Sache nach also eine teleologische Reduktion der Zustimmungspflicht an.[29] Berücksichtigt man, dass bei Eilfällen ein Verzicht des Verwalters auf sofortiges Handeln als pflichtwidrig anzusehen wäre, so erscheint eine solche teleologische Reduktion sachgerecht. Zumindest entfällt jedoch das für eine Haftung erforderliche Verschulden.[30] 16

d) Unbeweglicher Gegenstand aus freier Hand: Verwertet der Verwalter entgegen § 165 unbewegliche Gegenstände nicht durch Zwangsversteigerung oder Zwangsverwaltung, so besteht die theoretische Gefahr, dass bei dieser Verwertungsform ein nicht marktgerechter Preis erzielt wird.[31] Dass die Praxis eher das Gegenteil lehrt, spricht nicht gegen die Zustimmungsbedürftigkeit von Grundstücksveräußerungen als besonders wichtigen Geschäften. Die Zustimmung ist wegen ihres Zwecks nicht nur entbehrlich, wo die Versteigerung nach den Vorschriften der ZVG erfolgt.[32] Von der Zustimmungspflicht befreit sind ebenso freiwillige, gerichtliche oder notarielle Versteigerungen. Auch hier wird durch die öffentliche Versteigerung gewährleistet, dass der Marktwert realisiert wird.[33] 17

e) Beteiligung an einem anderen Unternehmen: Die Zustimmungspflicht des Beteiligungsverkaufs stellt sicher, dass der Verwalter ohne Zustimmung der Gläubiger keine Anteile an anderen Unternehmen veräußert, die für die wirtschaftliche Tätigkeit des insolventen Unternehmens und damit dessen Fortführungswert von Bedeutung sind. Solche Beteiligungen an einem anderen Unternehmen, die der Herstellung einer dauerhaften Beziehung zu diesem Unternehmen dienen sollen, sind abzugrenzen von Anteilen, die der 18

---

[26] *Richardi*, Münchener Handbuch zum Arbeitsrecht, 2000, § 31 RdNr. 6, 11; ausführlich *Joost*, Betrieb und Unternehmen als Grundbegriffe im Arbeitsrecht, 1988, S. 33 ff. jeweils mwN.
[27] Zur KO *Jaeger/Weber* §§ 133, 134 RdNr. 14; *Kuhn/Uhlenbruck* §§ 133, 134 RdNr. 5.
[28] *Jaeger/Weber* §§ 133, 134 RdNr. 7.
[29] Hierauf deuten schon die Motive zur KO, S. 354, in: *Hahn*, Die gesamten Materialien zu den Reichsjustizgesetzen, Bd. 4, 1983, § 319, hin, denn dort werden Verfügungen, bei denen durch Aufschub der Verwertung ein unwiderruflicher Nachteil für die Masse entstehen würde, ausdrücklich von der Mitwirkung der Gläubiger ausgeschlossen.
[30] *Nerlich/Römermann/Balthasar* § 160 RdNr. 34.
[31] So zur entsprechenden Regelung in § 134 Nr. 1 KO *Jaeger/Weber* §§ 133, 134 RdNr. 13; *Kuhn/Uhlenbruck* §§ 133, 134 RdNr. 4.
[32] Im Ergebnis ebenso FK-*Wegener* § 160 RdNr. 4; missverständlich *Kübler/Prütting/Onusseit* § 160 RdNr. 15.
[33] HK-*Flessner* § 160 RdNr. 5; *Uhlenbruck*, InsO § 160 RdNr. 19; *Andres* in: *Leithaus/Andres* § 160 RdNr. 7; *Mohrbutter/Mohrbutter/Pape* RdNr. V.38; kritisch HambKomm-*Decker* § 160 RdNr. 7.

bloßen Anlage dienen. § 160 Nr. 1 lehnt sich an die Definition der Beteiligung in § 271 Abs. 1 Satz 1 HGB an.[34] Bei Anteilen an Kapitalgesellschaften von mehr als 20% wird vermutet, dass die Beteiligung dazu dient, eine dauerhafte Verbindung zu dem anderen Unternehmen herzustellen, und objektiv dazu bestimmt ist, dem eigenen Geschäftsbetrieb zu dienen.[35] Es spricht viel dafür, diese gesetzliche Vermutung bei der Zustimmungspflicht analog anzuwenden.[36]

19 f) **Recht auf Bezug wiederkehrender Einkünfte:** Zu den Rechten auf wiederkehrende Leistungen gehören insbesondere Nießbrauchsrechte und Renten, soweit diese in die Insolvenzmasse fallen.[37] Deren sofortige Verwertung anstelle des fortlaufenden Einzugs unterlag bereits gem. § 134 Nr. 1 KO der Zustimmungspflicht. Dem lag die Annahme zugrunde, dass diese Form der Verwertung ungewöhnlich und daher mit dem Risiko eines Wertverlustes verbunden sei.[38] An der Übernahme dieser Wertung in die InsO wird zu Recht Kritik geäußert.[39] Die sofortige Verwertung einer wiederkehrenden Leistung zu ihrem diskontierten Gegenwartswert ist für die Masse und die Verfahrensabwicklung im Regelfall vorteilhafter als der sich möglicherweise über Jahre erstreckende Einzug. Die Fallgruppe sollte zumindest restriktiv ausgelegt werden.

20 2. **Darlehen (Nr. 2):** Häufig benötigt der Verwalter nach der Verfahrenseröffnung zusätzliche liquide Mittel, um das Unternehmen wenigstens, wie das Gesetz (§ 158) es will, vorübergehend fortführen zu können.[40] Mit der Aufnahme von Darlehen ist zugleich eine Mehrung der Masseverbindlichkeiten verbunden, die dem Zweck der **Haftungsverwirklichung** entgegenstehen kann. Im Gegensatz zur früheren Regelung in § 134 Nr. 2 KO, die jede **Darlehensaufnahme** der Zustimmung unterwarf, erlaubt § 160 Abs. 2 Nr. 2 dem Verwalter nunmehr im begrenzten Umfange auch eine Darlehensaufnahme ohne Mitwirkung der Gläubigerorgane. Diese Begrenzung der Zustimmungspflicht auf Darlehen mit erheblicher Auswirkung für die Insolvenzmasse dient der Effizienz der Verfahrensabwicklung.[41] Wann ein Darlehen in Relation zur gesamten Masse als erheblich anzusehen ist, bedarf wie der Begriff der besonderen Bedeutung in der Generalklausel des Abs. 1 der Ausfüllung durch die Rechtsprechung. Ebenso wie dort scheint es nicht sinnvoll, starre Orientierungsgrößen zugrundezulegen.[42] Hierauf hat der Gesetzgeber ausdrücklich verzichtet.[43] Maßgeblich sind vielmehr die finanziellen Verhältnisse des Unternehmens im Einzelfall. Sieht man den Zweck der zustimmungsfreien Darlehensaufnahme darin, die Aufrechterhaltung des Geschäftsbetriebs vorübergehend zu ermöglichen, so liegt es nahe, als Maßstab für die Erheblichkeit der Darlehensaufnahme auf die Möglichkeit zur alsbaldigen Tilgung aus dem kurzfristig zu erwartenden Liquiditätsrückfluss abzustellen. Eine Darlehensaufnahme ist hiernach dann ohne wesentliche Risiken für die Masse und daher unerheblich, wenn das Darlehen nicht höher ist als die Einnahmen, die binnen eines kurzen Zeitraums – etwa eines Monats – aus der Fortführung des Unternehmens zu erwarten sind.[44]

21 3. **Prozesshandlungen (Nr. 3):** Nr. 3 der Regelbeispiele unterwirft in Anlehnung an § 134 Nr. 2 KO Prozesshandlungen und **Vergleiche** wegen des darin enthaltenen Risikos und der besonderen Reichweite für die Ansprüche der Gläubiger der Zustimmungspflicht. Darüber hinaus mag die Streitlust von rechtsanwaltlichen Verwaltern einen vorhergehenden

---

[34] Begr. zu § 179 RegE, BT-Drucks. 12/2443, S. 174.
[35] Beck'scher Bilanz-Kommentar, 3. Aufl. 1995, § 271 RdNr. 4 mwN.
[36] Im Ergebnis ebenso FK-*Wegener* § 160 RdNr. 6; *Kübler/Prütting/Onusseit* § 160 RdNr. 16.
[37] *Kilger/K. Schmidt* §§ 133, 134 Anm. 5.
[38] Motive zur KO, S. 355, *Hahn*, Die gesamten Materialien zu den Reichsjustizgesetzen, Bd. 4, 1983, S. 320.
[39] Insbesondere *Nerlich/Römermann/Balthasar* § 160 RdNr. 39.
[40] So schon die Motive zur KO, S. 355 f., *Hahn*, Die gesamten Materialien zu den Reichsjustizgesetzen, Bd. 4, 1983, S. 320.
[41] Begr. zu Leitsatz 1.3.1.8 des 1. KommBer, S. 138.
[42] Anders FK-*Wegener* § 160 RdNr. 7, der für die Erheblichkeit einer Darlehensaufnahme einen Wert von 10% der freien Masse vorschlägt.
[43] Begr. zu § 179 RegE, in: BT-Drucks. 12/2443, S. 174.
[44] Ähnlich *Nerlich/Römermann/Balthasar* § 160 RdNr. 41.

Rechtfertigungszwang wünschenswert machen. Im Interesse einer reibungslosen Abwicklung des Verfahrens beschränkt der Gesetzgeber die Zustimmungspflicht auf Rechtsstreite mit einem erheblichen Streitwert. Diese Regelung hat im Vergleich zur KO, die in § 133 Nr. 2 eine starre und inzwischen gänzlich überholte Wertgrenze von DM 300,00 vorsah, den Vorzug der größeren Flexibilität für sich. Der daraus gleichzeitig resultierenden Rechtsunsicherheit[45] hinsichtlich des Begriffs der Erheblichkeit kann der Verwalter begegnen, indem er sich im Berichtstermin für Streitwerte bis zu einer Obergrenze oder generell die Zustimmung im Vorhinein erteilen lässt. Im Übrigen erscheint es sinnvoll, für die Erheblichkeit des Streitwertes darauf abzustellen, ob der Verwalter ohne nennenswerte Massereduzierung in der Lage ist, im Falle eines Unterliegens die Kosten des Rechtsstreites aus der Masse zu erbringen. Nicht zu berücksichtigen ist jedoch das Interesse des Prozessgegners an der Kostenerstattung.[46] Das Abstellen auf eine Massereduzierung kann dazu führen, dass bei größeren Verfahren auch Rechtsstreite mit hohen absoluten Streitwerten als unerheblich anzusehen sind. Im Einzelnen nennt das Gesetz
- die Klageerhebung oder Aufnahme eines Rechtsstreits,
- die Ablehnung der Aufnahme eines Rechtsstreits und
- den Abschluss eines Vergleichs oder **Schiedsvertrags.**

Die Kosten eines verlorenen Rechtsstreits sind vorrangige **Masseverbindlichkeiten** nach § 55 Abs. 1 Nr. 1. Deshalb steht die Einleitung des gerichtlichen Mahnverfahrens oder eine Widerklage der Klage gleich. Bei der Nichtaufnahme von Passivprozessen ist die Zeitkomponente des § 86 Abs. 2 zu beachten. Bei der Zustimmungsbedürftigkeit von Vergleichen oder Schiedsverträgen hat die inhaltliche Komponente eine größere Bedeutung als bei den Prozesshandlungen. Die im Rahmen der KO umstrittene[47] Frage, ob auch ein Schiedsvertrag als zustimmungspflichtiger Vergleich anzusehen sei, ist mit der InsO beantwortet. Zu den zustimmungspflichtigen Vergleichen gehört ein vom Verwalter beabsichtiger **Sozialplan.**[48]

III. Weitere Einzelfälle

Über die Regelbeispiele in Abs. 2 hinaus wird man eine Reihe von Geschäften wegen ihrer Bedeutung für das Verfahren oder den damit verbundenen Risiken als zustimmungsbedürftig ansehen müssen.[49] Bei der Entwicklung einer solchen Typologie liegt es nahe, auch auf die früher in §§ 133, 134 KO geregelten Fälle und die dazu ergangene Rechtsprechung zurückgreifen, denn der Gesetzgeber beabsichtigte mit der Neufassung der **zustimmungspflichtigen Geschäfte** in § 160 keine grundsätzlich Abkehr von der früheren Rechtslage. Er wollte durch die Neufassung vielmehr nur eine Flexibilisierung der zu starren Aufzählung erreichen. Die Herausnahme von Rechtshandlungen aus dem Katalog der Regelungsbeispiele bedeutet daher nicht, dass diese heute generell zustimmungsfrei sein sollen. So spricht vieles dafür, die nach § 134 Nr. 2 KO zustimmungspflichtige **Anerkennung von Aussonderungsansprüchen** auch heute einer Zustimmungspflicht zu unterwerfen, wenn sie sich auf erhebliche Vermögenswerte bezieht.[50]

Als typischerweise zustimmungspflichtige Geschäfte kommen in Betracht:
- Veräußerung von Einzelgegenständen, die zur Unternehmensfortführung notwendig sind.[51] Dies können insbesondere Patente und sonstige Schutzrechte sein, auf denen die Tätigkeit des Unternehmens beruht.[52]

---

[45] *Wellensiek* Kölner Schrift, 1997, S. 316.
[46] BGH ZInsO 2005, 146, 147; *Pape* ZInsO 2005, 138, 140.
[47] *Kilger/K. Schmidt* §§ 133, 134, Anm. 3 D; *Kuhn/Uhlenbruck* §§ 133, 134 RdNr. 3 a.
[48] FK-*Wegener* § 160 RdNr. 10; *Kübler/Prütting/Onusseit* § 160 RdNr. 18.
[49] *Pape* NZI 2006, 65, 68 ff.
[50] Im Ergebnis ebenso *Kübler/Prütting/Onusseit* § 160 RdNr. 20.
[51] Diese waren in § 177 Abs. 3 des Regierungsentwurfs noch ausdrücklich erwähnt (BT-Drucks. 12/2443, S. 37), der Rechtsausschuss fasste diese dann unter § 160 (Bericht des Rechtsausschusses zu § 177 RegE, BT-Drucks. 12/7302, S. 175).
[52] Vgl. oben RdNr. 8.

- Erwerb von **Grundstücken.** Die Insolvenz zielt auf Verwertung, also Liquidierung der Vermögensgegenstände. Mit diesem Zweck ist es regelmäßig nicht zu vereinbaren, dass durch den Einsatz liquider Mittel Grundstücke für die Insolvenzmasse erworben werden, die bei Zerschlagung des Unternehmens später möglicherweise nur schwer und mit erheblichem Wertverlust wieder veräußert werden können. Auch hier ist an der früher in § 133 Nr. 2 KO enthaltenen Wertung festzuhalten.
- **Insich-Geschäfte des Verwalters,** wenn man solche Geschäfte überhaupt für zulässig hält.[53] Wenn der Verwalter Vermögensgegenstände zwar nicht selbst erwerben will, diese aber – wie in der bisherigen Konkurspraxis nicht selten – an eine eigene oder nahen Angehörigen gehörende Verwertungsgesellschaft veräußern will, besteht die Gefahr einer Interessenkollision, die der Offenlegung und Zustimmung bedarf.
- Eingehung neuer **Dauerschuldverhältnisse.** Aus diesen können ähnlich wie bei Darlehen langfristige, die Masse und zügige Verfahrensabwicklung gefährdende Masseverbindlichkeiten entstehen.[54]
- Übernahme von fremden Verbindlichkeiten und **Bestellung von Sicherheiten.** Hier ist an der Wertung in § 134 Nr. 2 KO festzuhalten, dass solche Handlungen nur schwer mit dem Zweck des Insolvenzverfahrens vereinbar sind. Sie führen zu keiner Haftungsverwirklichung durch Verwertung, sondern begründen zusätzliche Ansprüche gegen die Masse. Gleichermaßen bedenklich erscheint die Verpfändung von massezugehörigen Gegenständen, denn diese entzieht den Wert der Gegenstände der Insolvenzmasse.
- Verzicht auf Rechtsmittel. Der Verzicht auf Rechtsmittel kann ebenso wie der unter Nr. 3 der Regelbeispiele geregelte Verzicht auf Klageerhebung oder Aufnahme des Verfahrens zu einem unwiederbringlichen Verlust von Rechtspositionen führen. Entsprechend einer bereits zur KO vertretenen Auffassung[55] ist der **Rechtsmittelverzicht** daher ebenfalls der Zustimmung zu unterwerfen.[56]

C. Zustimmung

I. Allgemeines

25 **Zustimmung** im Sinne von § 160 ist als Oberbegriff im Sinn von § 182 BGB zu verstehen, der auch die nachträgliche Zustimmung (Genehmigung) gemäß § 184 BGB erfasst.[57] Eine **Genehmigung** verfehlt zwar den Zweck der Gläubigerbeteiligung, soweit es um die Entscheidungsfindung geht. Es bleibt aber immerhin die Unterrichtung der Gläubiger übrig und die Entlastung des Verwalters von seiner Haftung.[58] Das muss zumindest zulässig sein.

26 Weder die Gläubigerversammlung noch der Gläubigerausschuss ist an eine einmal erteilte Zustimmung gebunden.[59] Bis zum Abschluss des zustimmungsbedürftigen Geschäfts ist die Zustimmung jederzeit durch einen weiteren Beschluss des Zustimmungsorgans – auch

---

[53] Gegen die Zulässigkeit mit beachtlichen Gründen (zur KO) *Jaeger/Henckel* § 6 RdNr. 149 und *Kuhn,* InsO § 6 RdNr. 20, der § 134 KO als Ermächtigung nicht als ausreichend ansah. Mit der Aufgabe der Kasuistik in § 160 muss dieser Gesichtspunkt nicht mehr entscheidend sein. Allerdings bleibt das Problem, dass die Gläubigerversammlung oder der Gläubigerausschuss, weil selbst nicht zur Vertretung der Masse befugt (§ 80), von § 181 BGB nicht befreien können.
[54] Ähnlich HK-*Flessner* § 160 RdNr. 8.
[55] Zu dieser Auffassung vgl. *Kilger/K. Schmidt* §§ 133, 134 Anm. 1 C; aA dagegen wohl *Jaeger/Weber* §§ 133, 134 RdNr. 10.
[56] Ebenso *Kübler/Prütting/Onusseit* § 160 RdNr. 20.
[57] HK-*Flessner* § 160 RdNr. 11, aA FK-*Wegener* § 160 RdNr. 12; HambKomm-*Decker* § 160 RdNr. 3; *Kübler/Prütting/Onusseit* § 160 RdNr. 3.
[58] Vgl. unten RdNr. 27 f.
[59] *Uhlenbruck,* InsO § 160 RdNr. 7; *Kübler/Prütting/Onusseit* § 160 RdNr. 7; zur KO *Jaeger/Weber* §§ 133, 134 RdNr. 3; *Kilger/K. Schmidt* §§ 133, 134 Anm. 1.

teilweise[60] – widerruflich, kann aber nach allgemeinen Grundsätzen zum Ersatz von Vertrauensschäden aus der Verletzung vorvertraglicher Schutz- und Fürsorgepflichten zu Lasten der Insolvenzmasse führen. Die trotz Widerrufs ausgeführte Rechtshandlung des Verwalters ist im Außenverhältnis wirksam.[61] Nach dem Abschluss des fraglichen Geschäfts geht der Widerruf ins Leere. Er hindert insbesondere die Erfüllung der vom Verwalter eingegangenen Verpflichtungen nicht.

Die Erteilung oder Verweigerung einer Zustimmung führt nicht dazu, dass der Verwalter **27** an die Entscheidung des Gläubigerorgans in jedem Fall gebunden ist.[62] Dies folgt daraus, dass der Verwalter nicht allein ausführendes Organ der Gläubiger ist, sondern auch die Interessen des Schuldners mit zu berücksichtigen hat.[63] Die Zustimmung hat in erster Linie haftungsrechtliche Konsequenzen. Die Zustimmung der Gläubigerorgane ist als Indiz dafür zu werten, dass der Verwalter eine wirtschaftlich vertretbare Entscheidung getroffen hat. Mit der Zustimmung übernehmen die Gläubiger das Risiko, das jeder wirtschaftlich vertretbaren Entscheidung auf Grund der im Entscheidungszeitpunkt bestehenden Unsicherheit immanent ist.[64]

Die Zustimmung enthebt den Verwalter nicht schlechthin jeder Haftung nach § 60,[65] **28** hat jedoch zur Folge, dass der Anspruchsteller die schadensersatzbegründenden Umstände darlegen und beweisen muss.[66] Keine **Enthaftung** tritt ein, wenn der Verwalter dem Gläubigerorgan bei der Zustimmung falsche Angaben gemacht hat.[67] Die Zustimmung ist dann schon deshalb unbeachtlich, weil der Verwalter dem Gläubigerorgan die gesetzlich angestrebte Risikoentscheidung unmöglich gemacht hat[68] oder die Zustimmung im Falle der vorsätzlichen Falschdarstellung sogar erschlichen hat. Eine Haftung kommt weiterhin dann in Betracht, wenn die vom Verwalter getroffene Entscheidung im Lichte der zu diesem Zeitpunkt verfügbaren Informationen wirtschaftlich und/oder rechtlich unter keinem vernünftigen Gesichtspunkt als vertretbar anzusehen war. Verweigert der Gläubigerausschuss die Zustimmung aus Gründen, die der Gläubigergesamtheit offensichtlich zuwiderlaufen, ist der Verwalter verpflichtet, die Gläubigerversammlung anzurufen.[69] Stimmt der Gläubigerausschuss einer Handlung zu, die erkennbar wirtschaftlich unsinnig und/oder rechtswidrig war, so haften dessen Mitglieder neben dem Verwalter aus § 71.

II. Zustimmung des Gläubigerausschusses

Besteht ein Gläubigerausschuss, so trifft dieser die Entscheidung über die Zustimmung **29** nach § 72 durch Mehrheitsentscheid der anwesenden Mitglieder. Dabei ist unbeachtlich, ob es sich um einen vom Gericht eingesetzten oder von der Gläubigerversammlung gewählten Gläubigerausschuss handelt.[70] Findet die vom Verwalter vorgeschlagene Handlung keine Mehrheit, so gilt die Zustimmung als verweigert.

---

[60] *Uhlenbruck,* InsO § 160 RdNr. 7.
[61] *Breutigam/Blersch/Goetsch/Breutigam* § 160 RdNr. 5.
[62] Ausführlich *Pape* NZI 2006, 65, 67 ff.; vgl. Auch *Heegmanns,* Der Gläubigerausschuss, 1986, S. 67 ff.; anders dagegen *Kübler/Prütting/Onusseit* § 160 RdNr. 4, der bei Verweigerung der Zustimmung annimmt, dass der Verwalter die zustimmungspflichtige Handlung dann zu unterlassen hat.
[63] Ausführlich dazu *Heegmanns,* Der Gläubigerausschuss, 1986, S. 69 ff.
[64] Ähnlich *Heegmanns,* Der Gläubigerausschuss, 1986, S. 72; *Kübler/Prütting/Onusseit* § 160 RdNr. 4; *Nerlich/Römermann/Balthasar* § 160 RdNr. 12 f.
[65] *Ehlers* ZInsO 2005, 902, 907; *Uhlenbruck,* InsO § 160 RdNr. 9; zur früheren Rechtslage vgl. BGH, WM 1985, 422 (423); OLG Bamberg, NJW 1953, 109; *Jaeger* KuT 1934, 2; *Mohrbutter/Mohrbutter/Pape* RdNr. V.31; *Kilger/K. Schmidt* §§ 133, 134 RdNr. 10.
[66] *Ehlers* ZInsO 2005, 902, 908.
[67] *FK-Wegener* § 160 RdNr. 16; *Ehlers* ZInsO 2005, 902, 907; *Heegmanns,* Der Gläubigerausschuss, 1986, S. 72 f.; *Hess/Kropshofer* §§ 133, 134 RdNr. 10; *Mohrbutter/Mohrbutter/Pape,* RdNr. V.31.
[68] BGH, WM 1985, 422 (424); *Hess/Kropshofer* §§ 133, 134 RdNr. 10.
[69] *Uhlenbruck,* InsO § 160 RdNr. 8.
[70] HambKomm-*Decker* § 160 RdNr. 4; *Kilger/K. Schmidt* § 134 Anm. 1.

30 Der Gläubigerausschuss kann seine Zustimmung abstrakt für bestimmte Fälle auch im Vorhinein erteilen.[71] Zweifelhaft erscheint jedoch, ob der Gläubigerausschuss dem Insolvenzverwalter im Vorhinein für sämtliche § 160 unterfallende Geschäfte die Zustimmung erteilen, ihn faktisch also von § 160 freistellen kann.[72] Bei einer solchen generellen Zustimmung kommt der Gläubigerausschuss seiner Aufgabe, die laufende Tätigkeit des Verwalters zu überwachen, nicht nach. Eine generelle Zustimmung des Gläubigerausschusses ist wie eine gänzliche Verweigerung seiner Aufgabe zu werten und daher pflichtwidrig. Führen die Handlungen des Verwalters zu einer Schädigung der Masse, so haften die Mitglieder des Gläubigerausschusses bei einer generellen Zustimmung für fehlerhafte Rechtshandlungen des Verwalters nach § 71.[73]

31 Die **Gläubigerversammlung** kann eine Zustimmung des Gläubigerausschusses jederzeit ersetzen oder aufheben.[74] Sie kann auch beschließen, dass auch bei Vorhandensein eines Gläubigerausschusses bestimmte Rechtsgeschäfte nur mit Zustimmung der Gläubigerversammlung vorzunehmen sind.[75] Dies folgt aus der Stellung als oberstes Organ der Gläubigerschaft.[76] Problematisch ist dagegen die Frage, ob der Gläubigerausschuss sich der Entscheidung über eine Zustimmung entziehen und den Verwalter auf die Gläubigerversammlung verweisen kann. Eine solche Entscheidungsverweigerung würde das Verfahren beeinträchtigen und die mit einem Gläubigerausschuss angestrebte flexible und schnelle Ausübung der Mitwirkungs- und Überwachungsrechte erheblich beeinträchtigen. Eine Entscheidungsverweigerung des Gläubigerausschusses ist deshalb als pflichtwidrig anzusehen, wenn sie nicht ganz ausnahmsweise durch die außerordentliche Bedeutung des Entscheidungsgegenstands und gleichzeitig durch einen ausreichenden zeitlichen Entscheidungsrahmen gerechtfertigt ist.[77]

III. Zustimmung der Gläubigerversammlung

32 Die Beschlussfassung der **Gläubigerversammlung** über eine vom Verwalter begehrte Zustimmung richtet sich nach § 76. Die Gläubigerversammlung ist danach beschlussfähig, wenn mindestens ein Gläubiger anwesend ist. Wegen des oft nachlassenden Interesses der Gläubiger nach dem Berichtstermin empfiehlt es sich, zumindest für bereits erkennbare Maßnahmen möglichst schon im **Berichtstermin** die erforderliche Zustimmung nach § 160 einzuholen.[78] Anders als der Gläubigerausschuss (vgl. oben RdNr. 30) kann die Gläubigerversammlung auch generelle Einwilligungen erteilen.[79]

IV. Zustimmungsfiktion, Abs. 1 S. 3

33 Ist die einberufene Gläubigerversammlung beschlussunfähig, so obliegt es nicht dem Gericht, über die beantragte Zustimmung zu entscheiden. Vielmehr ist davon auszugehen, dass die Gläubiger dem Verwalter die Entscheidung über die dem § 160 unterfallenden Rechtshandlungen überlassen.[80] Dies steht in den Rechtsfolgen einer Zustimmung gleich. Für alle nach dem 1. Juli 2007 eröffneten Insolvenzverfahren (Art. 103 c Abs. 1 EGInsO[81]) hat das „Gesetz zur Vereinfachung des Insolvenzverfahrens" vom 13. April 2007[82] Klarheit

---

[71] HK-*Flessner* § 160 RdNr. 12.
[72] *Kübler/Prütting/Onusseit* RdNr. 8.
[73] Ebenso *Nerlich/Römermann/Balthasar* § 160 RdNr. 18; aA *Kübler/Prütting/Onusseit* § 160 RdNr. 8.
[74] Vgl. zum umgekehrten Fall LG Göttingen NZI 2000, 491, 492.
[75] *Vallender* GmbHR 2004, 642, 644.
[76] Ähnlich *Kübler/Prütting/Onusseit* § 160 RdNr. 5.
[77] Ähnlich *Nerlich/Römermann/Balthasar* § 160 RdNr. 20; weitergehend *Kuhn/Uhlenbruck* §§ 131, 134 RdNr. 1 c; aA *Jaeger/Weber* §§ 133, 134 RdNr. 4: Einen Antrag des Gläubigerausschusses auf Einberufung einer Gläubigerversammlung müsse das Gericht in einem Fall der Kompetenzweigerung durch den Gläubigerausschuss als unzulässig zurückweisen.
[78] Dazu ausführlich oben, § 157 RdNr. 22.
[79] HambKomm-*Decker* § 160 RdNr. 5; *Uhlenbruck*, InsO § 160 RdNr. 6.
[80] S. auch oben § 157 RdNr. 23; aA FK-*Wegener* § 160 RdNr. 17.
[81] Vgl. BGBl. I 2007, S. 509, 511.
[82] BGBl. I, S. 509.

geschaffen. Nach § 160 Abs. 1 S. 3 gilt die Zustimmung als erteilt, wenn die einberufene Gläubigerversammlung beschlussunfähig ist.[83] Hierauf sind die Gläubiger bei der Ladung zur Gläubigerversammlung hinzuweisen.

D. Besonders bedeutsame Rechtshandlungen als Inhalt eines Insolvenzplans

Viele Geschäfte, die wegen ihrer besonderen Bedeutung der Zustimmung nach § 160 unterliegen, können zugleich zum Inhalt eines Involvenzplans gehören. Beispielsweise ist an die Zuweisung von Beteiligungsunternehmen zu denken oder den Verkauf eines Teilbetriebs an einen bestimmten Interessenten. In solchen Fällen ist die Zustimmung nach § 160 neben der Annahme des Plans nicht nötig.[84] Das lässt sich formal damit begründen, dass Rechtshandlungen des Verwalters entbehrlich sind, wo die Rechtskraft des Plans zum Vollzug seines Inhalts führt (§ 254 Abs. 1 Satz 2), ergibt sich aber auch daraus, dass ein akzeptierter Plan nicht von der Gläubigerversammlung – und natürlich erst recht nicht vom Gläubigerausschuss – durch spätere abweichende Beschlüsse konterkariert werden kann. Praktisch wäre das bei wechselnden Präsenzen sonst durchaus denkbar. Außerdem gibt es im Rahmen der Zustimmung nach § 160 nicht das Obstruktionsverbot aus § 245. Auch deshalb könnten sich, wenn man anderer Ansicht wäre, im Rahmen des § 160 andere Abstimmungsfolgen ergeben, als bei der Entscheidung über einen Insolvenzplan.

E. Verstöße gegen die Zustimmungspflicht

Verstöße gegen die Zustimmungspflicht haben keinerlei Außenwirkung. Für die Rechtsbeziehung zu Dritten ist ein Verstoß gegen die Zustimmungspflicht gem. § 164 ohne Bedeutung. Bedeutung erlangen Verstöße gegen die Zustimmungspflicht in erster Linie in haftungsrechtlicher Hinsicht. Holt der Verwalter entgegen § 160 für eine zustimmungspflichtige Handlung keine Zustimmung ein oder handelt er wider die Entscheidung des um Zustimmung angerufenen Gläubigerorgans, so haftet er für die hieraus entstehenden Schäden gem. § 60. Der Verwalter trägt insbesondere die Gefahr, dass eine zunächst wirtschaftlich vertretbar erscheinende Maßnahme sich nachträglich als unvorteilhaft herausstellt.[85]

Setzt sich der Verwalter über eine Entscheidung der Gläubigerorgane hinweg, ist dies allerdings dann nicht pflichtwidrig, wenn die Entscheidung des Gläubigerorgans ihrerseits unzulässig ist. Das ist etwa der Fall, wenn das Gläubigerorgan einer Veräußerung des Unternehmens im ganzen nur deshalb nicht zustimmt, weil es verhindern will, dass ein unliebsamer Konkurrent erhalten bleibt. Allerdings obliegt dem Verwalter in einem späteren Haftungsprozess die Beweislast für die Mißbräuchlichkeit der Entscheidung des Gläubigerorgans. Um das daraus erwachsende Beweisrisiko zu vermeiden, kann der Verwalter bei einem Beschluss der Gläubigerversammlung diesen vor Ausführung nach § 78 Abs. 1 anfechten und im Falle eines Beschlusses des Gläubigerausschusses eine Gläubigerversammlung nach § 75 zur erneuten Beschlussfassung einberufen lassen.[86]

Neben der Inanspruchnahme des Verwalters auf Schadensersatz aus § 60 kommt bei einem Verstoß gegen das Zustimmungserfordernis aus § 160 weiterhin eine Abberufung des Verwalters nach § 59 Abs. 1 oder die Festsetzung von Zwangsgeldern nach § 58 Abs. 2 in Betracht.[87]

---

[83] Vgl. *Sternal* NZI 2006, 185 ff.; *Schmerbach* ZInsO 2006, 400 ff.; *Pannen* NZI 2006, 193 ff.
[84] Ebenso *Uhlenbruck*, InsO § 160 RdNr. 13.
[85] *Pape* NZI 2006, 65, 71; HK-*Flessner* § 160 RdNr. 13; *Nerlich/Römermann/Balthasar* § 160 RdNr. 13 ff.; LG Düsseldorf DZWIR 2003, 389, 391 (zur Abgrenzung Einzelschaden und Gesamtschaden).
[86] *Jaeger/Weber* §§ 133, 134 RdNr. 1 c.
[87] *Nerlich/Römermann/Balthasar* § 160 RdNr. 27; *Vallender* GmbHR 2004, 642, 644; differnzierend *Pape* NZI 2006, 65, 71; zur entsprechenden Rechtslage in der früheren KO LG Mainz, Rpfleger 1986, 490; *Kuhn/Uhlenbruck* §§ 133, 134 RdNr. 1 c; *Mohrbutter* in *Mohrbutter/Pape* RdNr. V.31.

§ 161 Vorläufige Untersagung der Rechtshandlung

¹ In den Fällen des § 160 hat der Insolvenzverwalter vor der Beschlußfassung des Gläubigerausschusses oder der Gläubigerversammlung den Schuldner zu unterrichten, wenn dies ohne nachteilige Verzögerung möglich ist. ² Sofern nicht die Gläubigerversammlung ihre Zustimmung erteilt hat, kann das Insolvenzgericht auf Antrag des Schuldners oder einer in § 75 Abs. 1 Nr. 3 bezeichneten Mehrzahl von Gläubigern und nach Anhörung des Verwalters die Vornahme der Rechtshandlung vorläufig untersagen und eine Gläubigerversammlung einberufen, die über die Vornahme beschließt.

Übersicht

	RdNr.		RdNr.
A. Überblick und Entstehungsgeschichte	1	I. Verfahrensvoraussetzungen	7
B. Unterrichtungspflicht (Satz 1)	4	II. Entscheidung des Gerichts	11
C. Gerichtliche Untersagung der Maßnahme (Satz 2)	7	III. Einberufung der Gläubigerversammlung	17

A. Überblick und Entstehungsgeschichte

1 § 161 dient zum einen dem **Schutz des Schuldners.** Dem Schuldner soll es möglich sein, vor der Realisierung von für den weiteren Verfahrensverlauf besonders bedeutenden Maßnahmen (§ 160) den Gläubigern Bedenken und eigene Vorschläge zu unterbreiten.[1] Gestützt auf einen **Unterrichtungsanspruch** erhält er das Recht, durch richterliche Entscheidung einen Aufschub der Maßnahme und eine Entscheidung durch die Gläubigerversammlung herbeizuführen.[2] Dadurch ist – wie in einer Reihe vergleichbarer Situationen (vgl. §§ 156 Abs. 2, 158, 233) – sichergestellt, dass der Sachverstand des Schuldners in die Verwertungs- und Verfahrensentscheidungen eingebracht werden kann.

2 Zum anderen schützt das Antragsrecht der Gläubiger in § 161 abweichende Interessen von **Gläubigerminderheiten** gegenüber Entscheidungen eines von **Mehrheitsgläubigern** dominierten Gläubigerausschusses und stärkt zugleich die Stellung der Gläubigerversammlung.[3] Im Vergleich zum Schutz des Schuldners ist dieser Minderheitenschutz aber unvollständig ausgestaltet, denn den Gläubigern steht kein Unterrichtungsanspruch über beabsichtige Maßnahmen zu. Sind die Minderheitsgläubiger nicht im Gläubigerausschuss vertreten, droht das Antragsrecht aus § 161 in der Praxis an fehlender Information zu scheitern.[4]

3 Während das Antragsrecht des Schuldners § 135 KO nachgebildet ist,[5] ist der Schutz von Minderheitsgäubigern ohne Vorbild in der früheren Rechtsordnung. Gleichwohl sind beide Rechte Ausdruck desselben Gedankens. Auch im Insolvenzverfahren ist es primär Sache der Betroffenen selbst, ihre Interessen durch Ausübung von Schutzrechten zu wahren. Diese liberale Konzeption, die auch schon der KO eigen war, hatte die Kommission für Insolvenzrecht in ihren Vorschlägen zunächst zugunsten einer sehr starken Stellung des Insolvenzgerichtes zurückgedrängt. Leitsatz 1.3.4.2 des Entwurfs der Kommission sah vor, dass die Entscheidung über das Verfahrensziel wie auch über wesentliche Maßnahmen dem Insolvenzgericht vorbehalten bleiben sollte. Da dieses die Interessen des Schuldners und der

---

[1] *Kübler/Prütting/Onusseit* § 161 RdNr. 2.
[2] Begr. zu § 180 RegE, BT-Drucks. 12/2443 S. 174 und zur entsprechenden Regelung in § 135 KO die Motive zur KO, S. 357, *Hahn,* Die gesamten Materialien zu den Reichsjustizgesetzen, Bd. 4, S. 321; *Jaeger/Weber* § 135 RdNr. 1.
[3] Begr. zu § 180 RegE, BT-Drucks. 12/2443 S. 174.
[4] *Nerlich/Römermann/Balthasar* § 161 RdNr. 5.
[5] Begr. zu § 180 RegE, BT-Drucks. 12/2443 S. 174.

Gläubigerminderheiten ohnehin von Amts wegen berücksichtigen sollte, bedurfte es weder eines Unterrichtungsanspruchs noch eines Antragsrechtes auf Aussetzung. Lediglich für den Fall der Unternehmensveräußerung war vorgesehen, dass das Insolvenzgericht den Schuldner sowie den Beirat, an dem auch die Gläubiger beteiligt waren, anzuhören hatte.[6] Mit der Rückkehr zu den Grundsätzen der **Gläubigerautonomie** im Diskussionsentwurf wurde dann die heutige Regelung geschaffen, die im weiteren Gesetzgebungsverfahren unverändert geblieben ist.

B. Unterrichtungspflicht (Satz 1)

Der Verwalter hat vor Beschlussfassung der **Gläubigerversammlung** oder des **Gläubigerausschusses** den Schuldner über besonders bedeutende Rechtshandlungen zu unterrichten. Ob eine besonders bedeutende Maßnahme im Sinne von § 160 vorliegt, hat der Verwalter selbständig zu prüfen.[7] Die Unterrichtung muss so rechtzeitig erfolgen, dass dem Schuldner genügend Zeit bleibt, die geplante Maßnahme nachzuvollziehen und eigene Vorschläge zu formulieren. Die Unterrichtung des Verwalters muss daher so konkret sein, dass der Schuldner die beabsichtigten Maßnahmen wie auch die wirtschaftlichen Gründe hierfür erkennen und prüfen kann. Dabei ist es dem Verwalter freigestellt, in welcher Form er dieser Unterrichtungspflicht nachkommt. Ist Schuldnerin eine juristische Person oder eine sonstige Korporation, so sind analog der Anhörung nach § 10 Abs. 2 die gesetzlichen Organe der Schuldnerin zu unterrichten.[8]

Zum Schutz der Verwertungsinteressen der Gläubiger kann die Unterrichtung unterbleiben, wenn hieraus eine nachteilige Verzögerung des Verfahrens resultieren würde. Eine solche nachteilige Verzögerung ist gegeben, wenn die Unterrichtung die beabsichtigte Maßnahme verzögern und die Insolvenzmasse hierdurch geschädigt würde. Eine nachteilige Verzögerung allein durch die Unterrichtung wird allerdings selten vorkommen. Denkbar ist etwa der Fall, dass dem Verwalter der Aufenthaltsort des Schuldners unbekannt ist, so dass er diesen zunächst ermitteln müsste.[9] Der Verwalter darf die Unterrichtung nicht deshalb unterlassen, weil ein **Untersagungsantrag des Schuldners** zu Nachteilen führen würde. Die Konsequenzen einer Untersagung hat allein das Gericht im Rahmen seiner Entscheidung über den Untersagungsantrag zu prüfen. Gleiches gilt für den Fall, dass der Verwalter jede andere Maßnahme als die von ihm vorgeschlagene für sinnlos oder unmöglich hält. Die Unterrichtung des Schuldners dient gerade dazu, eine Überprüfung der Entscheidung des Verwalters zu ermöglichen.[10]

Unterlässt der Verwalter eine gemäß § 161 erforderliche Unterrichtung des Schuldners, so hat dies gemäß § 164 weder Auswirkungen auf die Wirksamkeit der Rechtshandlung gegenüber Dritten, noch beeinflusst es die Wirksamkeit der späteren Zustimmung durch den Gläubigerausschuss.[11] Ein Verstoß gegen die Unterrichtungspflicht hat allein haftungsrechtliche Konsequenzen. Entsteht dem Schuldner infolge der unterlassenen Unterrichtung ein Schaden, etwa weil eine bessere Verwertungsmöglichkeit versäumt wird, **haftet der Verwalter** dem Schuldner hierfür nach § 60 Abs. 1. Diese Haftung besteht entgegen einer früher zur KO[12] vertretenen Auffassung allein gegenüber dem Schuldner, nicht auch gegenüber den Gläubigern. Die Unterrichtungspflicht dient nur dem Schutz des Schuldners.[13]

---

[6] 1. KommBer, Leitsatz 1.3.4.2 (S. 146 f.).
[7] *Kübler/Prütting/Onusseit* § 161 RdNr. 3.
[8] *Kübler/Prütting/Onusseit* § 161 RdNr. 3.
[9] FK-*Wegener* § 161 RdNr. 2.
[10] *Nerlich/Römermann/Balthasar* § 161 RdNr. 8.
[11] HK-*Flessner* § 161 RdNr. 2.
[12] *Jaeger/Weber* § 135 RdNr. 1.
[13] So zum früheren § 135 KO ausdrücklich die Motive zur KO, S. 357, *Hahn*, Die gesamten Materialien zu den Reichsjustizgesetzen, Bd. 4, S. 321.

Die Einbindung des Sachverstandes des Schuldners entspricht zwar auch dem Interesse der Gläubiger,[14] dieser Schutz der Gläubiger ist indes bloßer Reflex der Unterrichtung, nicht Normzweck. Überdies ist eine Haftung des Verwalters gegenüber den Gläubigern aus anderen Gesichtspunkten als dem des Verstoßes gegen § 161 natürlich nicht ausgeschlossen.

C. Gerichtliche Untersagung der Maßnahme (Satz 2)

I. Verfahrensvoraussetzungen

7 Da das **Insolvenzgericht** grundsätzlich auf die Kontrolle der Rechtmäßigkeit des Verfahrens beschränkt ist, kann es wirtschaftlich bedeutende Maßnahmen nur auf Antrag untersagen. Antragsberechtigt sind sowohl der Schuldner als auch die Gläubiger. Durch den Verweis auf das Recht zur Beantragung einer **Gläubigerversammlung** in § 75 Abs. 1 Nr. 3 wird das Antragsrecht der Gläubiger nur einer qualifizierten Minderheit gewährt. Hierdurch wird die Möglichkeit der **Verfahrensobstruktion** durch Ausübung des Antragsrechts nach § 161 beschränkt. Die antragstellenden Gläubiger haben darzulegen, dass sie gemäß § 75 Abs. 1 Nr. 3 über mehr als 20% der Forderungen und Absonderungsrechte verfügen. Diese Angaben hat das Gericht anhand der vom Verwalter geführten Tabelle zu überprüfen.[15]

8 Der Antrag kann formlos gestellt werden, also zB auch zu Protokoll des Gerichts. Inhaltlich muss er so bestimmt sein, dass sich aus ihm die möglichen Untersagungsgründe ergeben. Es ist nicht Aufgabe des Gerichts, im Wege der Amtsermittlung die Zweckmäßigkeit der angefochtenen Handlungen zu überprüfen. Ein Antrag, der nicht mit einer Begründung versehen ist, ist als unzulässig abzuweisen.[16]

9 Voraussetzung eines **Untersagungsverfahrens** ist gemäß Satz 2 weiter, dass die Gläubigerversammlung der vom Verwalter beabsichtigten Maßnahme noch nicht zugestimmt hat. Liegt bereits eine Zustimmung vor, ist der Antrag mangels Rechtsschutzbedürfnis unzulässig (Satz 2).[17] Diese Voraussetzung trägt der nur aufschiebenden Natur einer Untersagung Rechnung. Schuldner und Minderheitsgläubiger haben keinen Anspruch darauf, dass die **Gläubigerversammlung** eine zweckmäßige **Verwertungsentscheidung** trifft. Ihr Anspruch erschöpft sich darin, dass die Gläubigerversammlung sich überhaupt mit der beabsichtigten Maßnahme befasst. Hat die Gläubigerversammlung bereits einmal entschieden, besteht keine Anspruch auf erneute Entscheidung. Haben der Schuldner oder die Minderheitsgläubiger es unterlassen, auf der die Zustimmung erteilenden Gläubigerversammlung ihre Interessen zu vertreten, oder gelang es ihnen nicht, die Gläubiger zu überzeugen, so haben sie dies hinzunehmen. Eine Verschiebung der Maßnahme bis zu einer erneuten Entscheidung widerspräche dem in der Zustimmung zum Ausdruck kommenden Willen der Gläubigerversammlung.

10 Hat dagegen nur der Gläubigerausschuss der Maßnahme zugestimmt, so steht dies einer Untersagung nach § 161 nicht entgegen. Dessen Zustimmung vermag insbesondere den angestrebten vorläufigen Schutz der **Gläubigerminderheiten** nicht zu gewährleisten.[18] Eine Zustimmung nur des **Gläubigerausschusses** genügt, wenn die **Gläubigerversammlung** in einem früheren Termin sämtliche Rechte aus §§ 160 bis 163 auf den Gläubigerausschuss übertragen hat.[19]

---

[14] Hierauf stellt *Jaeger/Weber* § 135 RdNr. 1 ab.
[15] *Haarmeyer/Wutzke/Förster*, RdNr. 5/348.
[16] AA *Kübler/Prütting/Onusseit* § 161 RdNr. 4; Andres in: *Leithaus/Andres* § 161 RdNr. 4.
[17] *Nerlich/Römermann/Balthasar* § 161 RdNr. 14; *Jaeger/Weber* § 135 RdNr. 2; *Uhlenbruck*, InsO § 160 RdNr. 4.
[18] *Nerlich/Römermann/Balthasar* § 161 RdNr. 15; *Jaeger/Weber* § 135 RdNr. 2; *Kilger/K. Schmidt* § 135 Anm. 2).
[19] Vgl. § 157 RdNr. 20; ebenso HambKomm-*Decker* § 161 RdNr. 4; *Uhlenbruck*, InsO § 161 RdNr. 5.

II. Entscheidung des Gerichts

Liegen die Verfahrensvoraussetzungen vor, so hat das Gericht zu überprüfen, ob Gründe für die Untersagung der bedeutenden Handlung gegeben sind. Hierbei ist das Gericht nicht auf eine bloße Prüfung der Rechtmäßigkeit des Antrags beschränkt.[20] Dem Gericht steht bei seiner Entscheidung daher ein Ermessen zu, bei dessen Ausübung es auch die wirtschaftliche Plausibilität des Antrags und die Folgen einer vorläufigen Untersagung abzuwägen hat.[21]

Vor der Entscheidung über den **Untersagungsantrag** hat das Gericht den Verwalter anzuhören. Hierdurch wird sichergestellt, dass die Interessen der Gläubiger bzw. Gläubigermehrheit Eingang in die Entscheidung finden. Da das Gericht oft aus eigener Kenntnis nicht genügend Informationen hat, um die Plausibilität des Antrags und Konsequenzen einer Untersagung beurteilen zu können, kommt dieser Anhörung erhebliche praktische Bedeutung für die Entscheidung des Gerichts zu. Dies ist nicht unproblematisch, denn der Sache nach richtet sich der Untersagungsantrag gegen den Verwalter. Die Antragsteller können der daraus resultierenden Gefahr einer Beeinflussung des Gerichts durch den Verwalter begegnen, indem sie in der Begründung ihres Antrags dem Gericht hinreichende eigene Informationen geben.

Die Entscheidung über den Untersagungsantrag ergeht durch Beschluss, der dem Antragsteller und dem Verwalter zuzustellen ist.[22] Einer Beschlussfassung durch das Gericht bedarf es nicht, wenn der Verwalter in der Anhörung erklärt, bis zur Entscheidung einer Gläubigerversammlung auf die beabsichtigte Maßnahme zu verzichten.[23] Hierdurch entfällt das Rechtsschutzbedürfnis des Antragstellers. Es besteht dann kein Grund, durch richterlichen Beschluss in den Verfahrensablauf einzugreifen und eine Gläubigerversammlung zu erzwingen.[24]

Gibt das Gericht dem Untersagungsantrag statt, hat dies aufschiebende Wirkung. Dem Verwalter wird untersagt, die Maßnahme vor Entscheidung der Gläubigerversammlung durchzuführen. An einem Vertragsschluss unter aufschiebender Bedingung ist er nicht gehindert. Für den Verwalter kann solch ein Abschluss den Vorteil haben, dass der Geschäftsgegner gebunden wird, freilich auch die Entscheidungsalternativen der Gläubiger vermindert werden: Sie können unter Umständen nur noch über das ihnen vorgelegte Paket befinden.

Die Untersagung verliert mit der Entscheidung der Gläubigerversammlung ihre Wirkung, ohne dass dies einer besonderen gerichtlichen Feststellung bedarf.[25]

Hat über den Untersagungsantrag der Rechtspfleger entschieden, so besteht gegen dessen Entscheidung die Möglichkeit der Erinnerung gemäß § 11 Abs. 2 Satz 1 RechtsPflG. Gegen einen Beschluss des Amtsrichters ist dagegen kein Rechtsmittel gegeben.[26]

III. Einberufung der Gläubigerversammlung

Erlässt das Gericht den beantragten **Untersagungsbeschluss,** so hat es von Amts wegen eine Gläubigerversammlung einzuberufen.[27] Steht ohnehin eine Gläubigerversammlung

---

[20] So aber HK-*Flessner* § 161 RdNr. 4; *Breutigam/Blersch/Goetsch/Undritz/Fiebig* § 161 RdNr. 5; FK-*Wegener* § 161 RdNr. 5.
[21] Ähnlich *Haarmeyer/Wutzke/Förster*, RdNr. 5/349; *Nerlich/Römermann/Balthasar* § 161 RdNr. 16; *Uhlenbruck*, InsO § 161 RdNr. 5.
[22] *Nerlich/Römermann/Balthasar* § 161 RdNr. 18; *Uhlenbruck*, InsO § 161 RdNr. 8.
[23] *Haarmeyer/Wutzke/Förster* RdNr. 5/350 (S. 493); HambKomm-*Decker* § 161 RdNr. 4.
[24] AA *Nerlich/Römermann/Balthasar* § 161 RdNr. 19.
[25] *Kübler/Prütting/Onusseit* § 161 RdNr. 5; *Jaeger/Weber* § 135 RdNr. 2.
[26] FK-*Wegener* § 161 RdNr. 7; *Kübler/Prütting/Onusseit* § 161 RdNr. 6; ungenau *Nerlich/Römermann/Balthasar* § 161 RdNr. 20.
[27] HK-*Flessner* § 161 RdNr. 4; *Kübler/Prütting/Onusseit* § 161 RdNr. 5; *Jaeger/Weber* § 135 RdNr. 2; *Kilger/K. Schmidt* § 135 Anm. 2.

§ 162   1   4. Teil. 2. Abschnitt. Entscheidung über die Verwertung

bevor und duldet die vom Verwalter beabsichtigte Maßnahme bis zu diesem Termin Aufschub, so bedarf es keiner Einberufung einer zusätzlichen Gläubigerversammlung. Dies würde das Verfahren und die Gläubiger nur unnötig belasten. Es genügt, die Tagesordnung der bereits angesetzten Gläubigerversammlung entsprechend zu ergänzen.[28] Duldet die Maßnahme dagegen keinen Aufschub, ist zeitnah eine gesonderte Gläubigerversammlung einzuberufen. Dabei spricht die Bezugnahme in § 161 auf das Minderheitenquorum in § 75 sowie die ähnliche Schutzrichtung dafür, diese in Anlehnung an die besondere Gläubigerversammlung auf Antrag des Verwalters oder einer qualifizierten **Gläubigerminderheit** (§ 75) binnen zwei Wochen nach dem Untersagungsbeschluss zu terminieren.[29]

§ 162 Betriebsveräußerung an besonders Interessierte

(1) Die Veräußerung des Unternehmens oder eines Betriebs ist nur mit Zustimmung der Gläubigerversammlung zulässig, wenn der Erwerber oder eine Person, die an seinem Kapital zu mindestens einem Fünftel beteiligt ist,

1. zu den Personen gehört, die dem Schuldner nahestehen (§ 138),
2. ein absonderungsberechtigter Gläubiger oder ein nicht nachrangiger Insolvenzgläubiger ist, dessen Absonderungsrechte und Forderungen nach der Schätzung des Insolvenzgerichts zusammen ein Fünftel der Summe erreichen, die sich aus dem Wert aller Absonderungsrechte und den Forderungsbeträgen aller nicht nachrangigen Insolvenzgläubiger ergibt.

(2) Eine Person ist auch insoweit im Sinne des Absatzes 1 am Erwerber beteiligt, als ein von der Person abhängiges Unternehmen oder ein Dritter für Rechnung der Person oder des abhängigen Unternehmens am Erwerber beteiligt ist.

Übersicht

	RdNr.		RdNr.
A. Überblick und Entstehungsgeschichte	1	1. Nahestehende Personen (Abs. 1 Nr. 1, „Informationsinsider")	7
B. Zustimmungsbedürftige Veräußerungen	4	2. Maßgebliche Gläubiger im Kreis der Insider (Abs. 1 Nr. 2, „Verfahrensinsider")	8
I. Unternehmens- und Betriebsveräußerung	4	3. Mittelbar Beteiligte (Abs. 2)	11
II. Insider	6	C. Zustimmung der Gläubigerversammlung	16

A. Überblick und Entstehungsgeschichte

1   § 162 soll – ebenso wie die verwandte Regelung in § 163 – die Gläubiger und mittelbar auch den Schuldner vor den **Risiken einer übertragenden Sanierung** schützen. Wird das Unternehmen oder der Betrieb im Rahmen einer übertragenden Sanierung verkauft, besteht die Gefahr, dass der dabei erzielte Erlös nicht dem tatsächlichen Marktwert des Unternehmens entspricht. Den Gläubigern wird dann ein Teil des ihnen zur Befriedigung haftenden Vermögens entzogen. Diese Gefahr besteht insbesondere beim Verkauf an Insider, die gegenüber dem Verwalter einen Informationsvorsprung haben oder auf Grund ihrer rechtlichen Stellung maßgeblichen Einfluss auf das Verfahren nehmen können.[1]

---

[28] Vgl. dazu § 156 RdNr. 5.
[29] Ebenso HambKomm-*Decker* § 161 RdNr. 5; ähnlich *Nerlich/Römermann/Balthasar* § 161 RdNr. 22; aA *Uhlenbruck,* InsO § 161 RdNr. 9.
[1] Allg. Begr. zum RegE, BT-Drucks. 12/2443, S. 94 ff.; *Kübler/Balz,* Neuordnung des Insolvenzrechts, 1989, S. 11 f.

§ 161 geht zurück auf die von K. Schmidt[2] im Verlauf der Reform aufgezeigten Risiken 2
einer übertragenden Sanierung. Sie ist ohne jedes Vorbild in der bisherigen Rechtsordnung.
Auch der Entwurf der Kommission für Insolvenzrecht enthielt noch keine entsprechende
Regelung. Erst der Diskussionsentwurf[3] und darauf aufbauend der Regierungsentwurf
erkannten die Regelungsbedürftigkeit.[4] In beiden Entwürfen war vorgesehen, eine übertragende Sanierung an Insider nur im Rahmen eines **Insolvenzplans** zuzulassen. Die im
Planverfahren gegebenen Informationsrechte und eine Abstimmung nach Gläubigergruppen
sollten gewährleisten, dass keine Gläubigergruppe ein schlechteres Ergebnis als bei einer
Verwertung durch den Verwalter erzielt, die Unternehmensveräußerung also die Voraussetzungen des sogenannten Pareto-Optimums erfüllt.[5]

Dieser sehr weitgehende Schutz wurde dann vom Rechtsausschuss aus Vereinfachungs- 3
gründen auf die heutige Fassung reduziert.[6] Bei den Verantwortlichen des Regierungsentwurfes ist dies auf heftige Kritik gestoßen. Durch eine bloße Mitwirkung der Gläubigerversammlung sei ein effektiver Schutz vor Umverteilungen zu Lasten von Gläubigerminderheiten nicht zu gewährleisten.[7] Dem ist insoweit zuzustimmen, als § 162 keinen
nennenswert über die Mechanismen in §§ 160, 161 hinausgehenden Schutz bietet.
Andererseits hätte ein obligatorischer Insolvenzplan bei vielen Insolvenzfällen zu einer
unnötigen Belastung der Gerichte und Behinderung des Verfahrensablaufes geführt. Die
Änderungen des Rechtsausschusses sind daher zumindest aus Sicht des Verwalters zu
begrüßen.[8]

B. Zustimmungsbedürftige Veräußerungen

I. Unternehmens- und Betriebsveräußerung

§ 162 ist lex specialis zu § 160. Er verlagert die Zuständigkeit für die von § 160 geforderte 4
Zustimmung zur Unternehmensveräußerung auf die Gläubigerversammlung, auch wenn ein
Gläubigerausschuss besteht. Erfasst werden nur Veräußerungsentscheidungen des Verwalters,
nicht aber sonstige Formen der Verwertung wie etwa Verpachtung. Soll die Veräußerung auf
Grund eines **Insolvenzplans** erfolgen, greift § 162 nicht ein, denn die Gläubiger müssen
der Veräußerung dann ohnehin im Rahmen des Planverfahrens zustimmen.[9]

Die Begriffe des **Unternehmens** und **Betriebs** sind wie in § 160 Abs. 2 Nr. 1 zu 5
verstehen. Das Unternehmen ist also ein wirtschaftlich organisatorisches Gebilde, das sämtliche vermögenswerten Rechte umfasst, die zur Aufrechterhaltung der wirtschaftlichen Tätigkeit notwendig sind.[10] Demgegenüber umfasst der Betrieb in Anlehnung an § 613a BGB
die sachlichen und immateriellen Produktionsmittel, die zur Verwirklichung des arbeitstechnischen Zwecks des schuldnerischen Unternehmens dienen.[11] Die Abgrenzung zwischen
beiden Begriffen ist mangels rechtlicher Konsequenz im hier interessierenden Zusammen-

---

[2] Umfassend: Verhandlungen des 54. DJT I, 1982, S. D 83, weiter; *K. Schmidt* ZIP 1980, 328 (336 f.); *Leipold/K. Schmidt*, Insolvenzrecht im Umbruch, 1991, S. 67 ff. und *IDW* (Hrsg.), Beiträge zur Reform des Insolvenzrechts, 1987, S. 179 ff.
[3] §§ 172 bis 175 DiskE, S. 86 u. B 164 ff.
[4] §§ 181 bis 185 RegE, BT-Drucks. 12/2443, S. 174 f. mit Begr. S. 94 f., 174 f.
[5] Allg. Begr. zum RegE, BT-Drucks. 12/2443, S. 95; und Begr. zu §§ 182, 183 RegE, BT-Drucks. 12/2443, S. 174 f., Erläuterungen bei *Balz*, in: *Balz/Landfermann*, S. XLV; *ders.*, in: *Kübler*, Neuordnung des Insolvenzrechts, 1989, S. 11.
[6] Bericht des Rechtsausschusses zu §§ 181, 182 RegE, BT-Drucks. 12/7302, S. 174 f.; Allg. Teil des Berichts des Rechtsausschusses, BT-Drucks. 12/7302, S. 152.
[7] Insbesondere *Balz* in *Balz/Landfermann*, S. XLV, *ders.*, Kölner Schrift, S. 14 (RdNr. 14); ihm folgend *Nerlich/Römermann/Balthasar* § 162 RdNr. 6.
[8] AA *Müller-Feldhammer* ZIP 2003, 2186 ff.
[9] *Kübler/Prütting/Onusseit* § 162 RdNr. 3.
[10] S. oben § 160 RdNr. 13.
[11] S. oben § 160 RdNr. 14 sowie Begr. zu dem in § 160 RegE, BT-Drucks. 12/2443, S. 176.

hang entbehrlich. Die Begriffe sind weit auszulegen. Unter Umständen kann die Veräußerung eines wesentlichen Vermögensgegenstandes genügen, zB des Betriebsgrundstücks.

II. Insider

6 Das Gesetz erfasst in § 162 unter dem etwas missglückten Begriff[12] der „besonders Interessierten" zwei Kategorien von Insidern: Bei Erwerbern (besser und genauer: Erwerbsinteressenten), die dem Schuldner nahe stehen, vermutet der Gesetzgeber aus familiären, gesellschaftsrechtlichen oder ähnlichen Gründen einen Informationsvorsprung gegenüber dem Verwalter und den Gläubigergremien.[13] Für diese Gruppe lässt sich auch der plastische Begriff der **„Informationsinsider"**[14] verwenden. Erwerber, die zugleich Gläubiger des Schuldners sind und auf Grund von Absonderungsrechten oder der Höhe ihrer Forderung maßgeblichen Einfluss auf das Verfahren nehmen können,[15] werden griffig als **„Verfahrensinsider"**[16] bezeichnet. Um Umgehungen der Vorschrift möglichst zu vermeiden, stellt Abs. 1 Hs. 1 Erwerber einem Insider gleich, wenn ein Insider mit mindestens 20% daran beteiligt ist. Dem gleichen Zweck dient Abs. 2, der in 3 Fallgruppen mittelbare Beteiligungen von Insidern am Erwerber erfasst.

7 **1. Nahestehende Personen (Abs. 1 Nr. 1, „Informationsinsider").** Abs. 1 Nr. 1 verweist für die Abgrenzung der dem Schuldner nahe stehenden Personen auf die entsprechende Bestimmung im Insolvenzanfechtungsrecht (§ 138). Dies ist wegen der ähnlich gelagerten Problematik zweckmäßig, schafft aber zugleich einen für die praktische Handhabung sehr weiten Insiderbegriff. Er erfasst, wenn es sich bei dem Schuldner um eine natürliche Person handelt, deren Ehegatten, nahe Verwandte und nichtehelichen Lebensgefährten (§ 138 Abs. 1). Im Falle einer juristischen Person oder nicht rechtsfähigen Gesellschaft werden gem. § 138 Abs. 2 die Organmitglieder, leitende Angestellte sowie diesen persönlich nahe stehende Personen einbezogen.

8 **2. Maßgebliche Gläubiger im Kreis der Insider (Abs. 1 Nr. 2, „Verfahrensinsider").** Als verfahrensrechtliche Insider anzusehen sind Gläubiger, die einen erheblichen Einfluss auf das Verfahren ausüben können. Dies sind nach § 162 Abs. 1 Nr. 2 absonderungsberechtigte Gläubiger oder nicht nachrangige Insolvenzgläubiger, deren Absonderungsrechte und Forderungen mindestens 20% der Summe aus Absonderungsrechten und Forderungsbeträgen ausmachen. Die Mindestschwelle von 20% orientiert sich bewusst am Quorum für die Einberufung einer Gläubigerversammlung in § 75 Abs. 1 Nr. 3.[17]

9 Ob dieses Quorum erreicht wird, hat das Insolvenzgericht festzustellen. Das kann zu praktischen Problemen führen, nicht zuletzt weil die Führung der Tabelle gem. § 175 Satz 1 dem Verwalter obliegt. Zur Überwindung dieser Probleme lässt § 162 Abs. 1 Nr. 2 eine Schätzung der Quote zu. Dies kann sich auch der **Insolvenzverwalter** zunutze machen, wenn er im Unklaren darüber ist, ob es sich bei einem möglichen Erwerber um einen **Insider** handelt. Zur Vermeidung möglicher Haftungsrisiken kann er das Gericht auffordern, eine Schätzung durchzuführen.[18]

10 Schließen sich mehrere Gläubiger zum Erwerb des Unternehmens zusammen, so ist darauf abzustellen, welche Quote diese Gläubiger insgesamt erreichen. Das ergibt sich zwar nicht unmittelbar aus dem Wortlaut von § 162 Abs. 1 Nr. 2, denn dieser spricht nur von einem Gläubiger, folgt aber aus dem Verweis auf § 75 Abs. 1 Nr. 3 sowie dem Zweck der Norm. Für die Gefahr des Missbrauchs des verfahrensrechtlichen Einflusses ist es unerheb-

---

[12] FK-*Wegener* § 162 RdNr. 1.
[13] Allg. Begr. zum RegE, BT-Drucks. 12/2443, S. 94; Begr. zu § 181 RegE, BT-Drucks. 12/2443, S. 174 f.
[14] *Nerlich/Römermann/Balthasar* § 162 RdNr. 11.
[15] Begr. zu § 181 RegE, BT-Drucks. 12/2443, S. 175.
[16] *Nerlich/Römermann/Balthasar* § 162 RdNr. 13.
[17] Begr. zu § 181 RegE, BT-Drucks. 12/2443, S. 175.
[18] *Kübler/Prütting/Onusseit* § 162 RdNr. 6.

lich, ob es sich bei dem Erwerber um nur einen Großgläubiger oder um eine Koalition aus kleineren Gläubigern mit gleich gerichteten Interessen handelt.[19]

3. Mittelbar Beteiligte (Abs. 2). Der Schutz vor Umgehungen durch mittelbare Beteiligungen des Abs. 2 erfasst drei nicht sehr übersichtlich geregelte Alternativen: 11

(1) Beteiligung eines vom Insider abhängigen Unternehmens am Erwerber: Diese 1. Alternative zielt auf zweistufige Beteiligungsverhältnisse, bei denen der Insider über die Zwischenschaltung eines weiteren Unternehmens am Erwerber des insolventen Unternehmens beteiligt ist. Voraussetzung ist, dass das zwischen Insider und Erwerber geschaltete Unternehmen vom Insider abhängt. Maßgeblich für den Begriff der Abhängigkeit ist dabei die aktienrechtliche Regelung in §§ 16 bis 18 AktG.[20] Ist eine weitere Person am Kapital des Erwerbers beteiligt, die ein von der Anteilsinhaberin abhängiges Unternehmen ist, wird der Anteil des abhängigen Unternehmens der Anteilsinhaberin zugerechnet.[21] 12

(2) Beteiligung eines Dritten, der für Rechnung des Insiders handelt, am Erwerber: Die 2. Alternative hat zweistufige Beteiligungsverhältnisse im Auge, bei denen zwischen Erwerber und Insider ein Dritter geschaltet ist, der im Auftrag und auf Rechnung des Insiders die Beteiligung am Erwerber des Unternehmens hält. Hierdurch soll der Einschaltung von Strohmännern begegnet werden. 13

(3) Beteiligung eines Dritten am Erwerber, der für Rechnung eines vom Insider abhängigen Unternehmens handelt: Die 3. Alternative erfasst schließlich dreistufige Beteiligungsverhältnisse, wie sie bei der Kombination der beiden vorausgegangenen Alternativen entstehen können. Dieser nur selten praktisch relevante Fall setzt voraus, dass vom Insider ein anderes Unternehmen im Sinne von §§ 16 ff. AktG abhängt und ein Dritter für Rechnung dieses abhängigen Unternehmens eine mindestens 20%ige Beteiligung am zu erwerbenden Unternehmen hält. 14

Neben den gesetzlich geregelten Alternativen sind weitere Fallgruppen denkbar, bei denen ein Insider durch mittelbare Beteiligungen einen Einfluss auf den Erwerber ausüben kann. Das ist etwa der Fall, wenn Erwerber und Insider Schwestergesellschaften sind, die vom selben **herrschenden Unternehmen** im Sinne der §§ 16 bis 18 AktG abhängen. Gleichwohl ist auf derartige Fälle § 162 Abs. 2 nicht analog anwendbar.[22] Das ist zunächst eine Folge der unglücklichen Kasuistik des Gesetzes. Überdies ist das Bemühen um Umgehungsschutz nach den Änderungen des Rechtsausschusses[23] im Vergleich zur Rechtsfolge eher unverhältnismäßig. Es gibt kein dringendes Bedürfnis, weitere Fälle dem Anwendungsbereich zu unterwerfen.[24] Darüber hinaus wäre die analoge Anwendung auf weitere Fallgruppen wegen der oft schwierigen Erkennbarkeit der relevanten Beteiligungsverhältnisse auch von geringer praktischer Relevanz. 15

C. Zustimmung der Gläubigerversammlung

Ebenso wie bei § 160[25] ist Zustimmung im Sinne von § 162 nicht nur die vorherige Zustimmung **(Einwilligung),** sondern auch die die nachträgliche **Genehmigung.**[26] Die Gläubigerversammlung entscheidet auch dann, wenn ein Gläubigerausschuss besteht. Hat jedoch die Gläubigerversammlung beschlossen, ihre Kompetenzen aus § 162 auf den 16

---

[19] Ebenso *Nerlich/Römermann/Balthasar* § 162 RdNr. 14; HambKomm-*Decker* § 162 RdNr. 5.
[20] Begr. zum RegE zu § 154 Abs. 2 RegE, BT-Drucks. 12/2443, S. 162 f. i. V. m. Begr. zu § 181 RegE, BT-Drucks. 12/2443, S. 175; *Uhlenbruck,* InsO § 162 RdNr. 5.
[21] Vgl. *Uhlenbruck,* InsO § 162 RdNr. 5.
[22] Ebenso *Kübler/Prütting/Onusseit* § 162 RdNr. 5.
[23] Vgl. oben RdNr. 3.
[24] Ebenso *Kübler/Prütting/Onusseit* § 162 RdNr. 5; aA dagegen *Nerlich/Römermann/Balthasar* § 162 RdNr. 22; *Andres* in *Leithaus/Andres* § 162 RdNr. 8.
[25] § 160 RdNr. 25.
[26] AA *Kübler/Prütting/Onusseit* § 162 RdNr. 7.

§ 163   1   4. Teil. 2. Abschnitt. Entscheidung über die Verwertung

Gläubigerausschuss zu übertragen,²⁷ ist die Einberufung einer Gläubigerversammlung überflüssig. Die Zustimmung des Gläubigerausschusses ersetzt dann die der Gläubigerversammlung.²⁸

17 Wer die Zustimmung der Gläubigerversammlung herbeizuführen hat, ist nicht ausdrücklich geregelt. Zum Teil wird angenommen, dass dies sowohl dem Verwalter als auch dem Insolvenzgericht obliegt.²⁹ Dem ist nicht zuzustimmen. Da § 162 lex spezialis zu § 160 ist, obliegt die Einholung der Zustimmung, wie dort, allein dem Verwalter. Dieser muss, wenn er an einen Insider verkaufen will, eine außerordentliche Gläubigerversammlung beantragen.³⁰ Der Verwalter muss die Gläubigerversammlung über alle wesentlichen Punkte des beabsichtigten Verkaufs aufklären, insbesondere über die Höhe des Kaufpreises und die Art seiner Kalkulation.³¹

18 Aus dem Umstand, dass § 162 lex spezialis zu § 160 ist folgt, dass der Verwalter vor der Beschlussfassung der Gläubigerversammlung den Schuldner nach § 161 unterrichten muss,³² wenn nicht ausnahmsweise eine Unterrichtung entbehrlich ist (vgl. § 161 RdNr. 5). Hat die Gläubigerversammlung ihre Kompetenz aus § 162 auf den Gläubigerausschuss übertragen, entscheidet diese, ohne dass eine vorläufige Untersagung des Gerichts gem. § 161 S. 2 in Betracht kommt, vgl. § 161 RdNr. 10.

§ 163 Betriebsveräußerung unter Wert

(1) **Auf Antrag des Schuldners oder einer in § 75 Abs. 1 Nr. 3 bezeichneten Mehrzahl von Gläubigern und nach Anhörung des Insolvenzverwalters kann das Insolvenzgericht anordnen, daß die geplante Veräußerung des Unternehmens oder eines Betriebs nur mit Zustimmung der Gläubigerversammlung zulässig ist, wenn der Antragsteller glaubhaft macht, daß eine Veräußerung an einen anderen Erwerber für die Insolvenzmasse günstiger wäre.**

(2) **Sind dem Antragsteller durch den Antrag Kosten entstanden, so ist er berechtigt, die Erstattung dieser Kosten aus der Insolvenzmasse zu verlangen, sobald die Anordnung des Gerichts ergangen ist.**

Übersicht

	RdNr.		RdNr.
A. Überblick und Entstehungsgeschichte	1	3. Glaubhaftmachung einer günstigeren Veräußerungsmöglichkeit	9
B. Gerichtliche Untersagung der Maßnahme (Abs. 1)	4	4. Fehlende Zustimmung der Gläubigerversammlung	11
I. Verfahrensvoraussetzungen	4	II. Entscheidung des Gerichts	12
1. Beabsichtigte Veräußerung des Unternehmens oder Betriebes	5	III. Einberufung der Gläubigerversammlung	16
2. Antrag	7	C. Kostenregelung (Abs. 2)	17

A. Überblick und Entstehungsgeschichte

1 Funktion und Entstehungsgeschichte des § 163 stehen in engem Zusammenhang mit der verwandten Regelung in § 162. Ebenso wie § 162¹ soll § 163 die Gläubiger und den

---

²⁷ Dazu schon oben § 157 RdNr. 20.
²⁸ Ebenso *Kübler/Prütting/Onusseit* § 162 RdNr. 7; *Nerlich/Römermann/Balthasar* § 157 RdNr. 17.
²⁹ *Kübler/Prütting/Onusseit* § 162 RdNr. 7.
³⁰ So wohl auch HK-*Flessner* § 162 RdNr. 8; FK-*Wegener* § 162 RdNr. 5.
³¹ Ähnlich FK-*Wegener* § 162 RdNr. 4.
³² HK-*Flessner* RdNr. 8.
¹ Oben § 162 RdNr. 2.

Schuldner vor den **Risiken einer übertragenden Sanierung** schützen. Abweichend ist die rechtstechnische Umsetzung dieses Schutzes: Während der Gesetzgeber bei einem Verkauf an einen Insider die Gefahr einer Schädigung der Gläubiger unwiderleglich vermutet, hat der Antragsteller bei Veräußerungen an sonstige Erwerber eine solche Gefahr nachzuweisen. Die Untersagung bis zur Entscheidung der Gläubigerversammlung setzt daher einen Antrag und die Glaubhaftmachung einer konkreten Schädigungsgefahr voraus.

Ebenso wie § 162 ist § 163 ohne Vorbild in der bisherigen Rechtsordnung. Wie dieser geht er zurück auf die von K. Schmidt[2] aufgezeigten Risiken einer übertragenden Sanierung, die zunächst im Diskussionsentwurf[3] aufgegriffen wurden. Sowohl Diskussionsentwurf als auch Regierungsentwurf[4] sahen vor, dass bei einer Veräußerung unter Wert die Veräußerung nur im Rahmen eines **Insolvenzplans** erfolgen dürfe. Die im Planverfahren gegebenen Informationsrechte und eine Abstimmung nach Gläubigergruppen sollten gewährleisten, dass keine Gläubigergruppe ein schlechteres Ergebnis als bei einer Verwertung durch den Verwalter erzielt.[5]

Dieser sehr weitgehende Schutz erfuhr im Rechtsausschuss dann dieselbe Behandlung wie § 162. Statt Anordnung eines Insolvenzplans durch das Gericht sah der Rechtsausschuss die Zustimmung der **Gläubigerversammlung** als hinreichend an.[6] Dies führt dazu, dass § 163 neben den §§ 160, 161 ähnlich wie § 162 weitgehend funktionslos geworden ist.[7] Besteht ein Gläubigerausschuss und hat nur dieser zugestimmt, so können Schuldner und Gläubiger einen Vollzug des Verkaufs bis zur Zustimmung der Gläubigerversammlung über einen Antrag nach § 161 verhindern. Als eigenständiger Regelungsgehalt von § 163 verbleibt der Sache nach nur noch die in § 161 nicht vorgesehene Kostenerstattung nach Abs. 2.[8]

B. Gerichtliche Untersagung der Maßnahme (Abs. 1)

I. Verfahrensvoraussetzungen

Weil das Gericht nur ein konkretes Geschäft des Verwalters untersagen kann, muss die Veräußerung an einen bestimmten Erwerber zu bestimmten Bedingungen anstehen. Bloße Verhandlungen, die eines späteren Tages zu einer Veräußerung führen mögen, lösen den Rechtsschutz (noch) nicht aus.

1. Beabsichtigte Veräußerung des Unternehmens oder Betriebes. Voraussetzung für einen **Untersagungsbeschluss** des Gerichts ist zunächst, dass der Verwalter beabsichtigt, das schuldnerische Unternehmen oder einen Betriebes zu veräußern. Die Begriffe des Unternehmens und Betriebs sind wie in § 160 Abs. 2 Nr. 1 und in § 162 zu verstehen. Der Begriff des Unternehmens beinhaltet also ein wirtschaftlich organisatorisches Gebilde, das sämtliche vermögenswerten Rechte umfasst, die zur Aufrechterhaltung der wirtschaftlichen Tätigkeit notwendig sind.[9] Ein Betrieb ist die Zusammenfassung sachlicher und immaterieller Produktionsmittel, die zur Verwirklichung eines arbeitstechnischen Zwecks dienen.[10]

---

[2] Umfassend: Verhandlungen des 54. DJT I, 1982, S. D 83; weiter: *K. Schmidt* ZIP 1980, 328 (336 f.); *Leipold/K. Schmidt*, Insolvenzrecht im Umbruch, 1991, S. 67 ff. und *IDW* (Hrsg.), Beiträge zur Reform des Insolvenzrechts, 1987, S. 179 ff.
[3] Vgl. § 173 DiskE, DiskE S. 88.
[4] Vgl. § 182 RegE, BT-Drucks. 12/2443, S. 38.
[5] Allg. Begr. zum RegE, BT-Drucks. 12/2443, S. 95; und Begr. zu §§ 182, 183 RegE, BT-Drucks. 12/2443, S. 174 f., sowie die Erläuterungen dazu von *Balz*, in: *Balz/Landfermann*, S. XLV; *ders.* in *Kübler*, Neuordnung des Insolvenzrechts, 1989, S. 11, der maßgeblich am Gesetzgebungsverfahren beteiligt war.
[6] Bericht des Rechtsausschusses zu §§ 181, 182 RegE, BT-Drucks. 12/7302, S. 174 f.; Allg. Teil des Berichts des Rechtsausschusses, BT-Drucks. 12/7302, S. 152.
[7] Ebenso *Kübler/Prütting/Onusseit* § 163 RdNr. 2; *Nerlich/Römermann/Balthasar* § 163 RdNr. 4.
[8] So zu Recht *Kübler/Prütting/Onusseit* § 163 RdNr. 2; *HK-Flessner* § 163 RdNr. 7; *Smid* § 163 RdNr. 1.
[9] S. oben § 160 RdNr. 13.
[10] S. oben § 160 RdNr. 14 sowie Begr. zu dem in § 160 RegE, BT-Drucks. 12/2443, S. 176.

Die Begriffe sind weit auszulegen. Unter Umständen genügt die Veräußerung eines wesentlichen Vermögensgegenstandes, zB „nur" des Betriebsgrundstücks.

6 Mangels Verpflichtung des Verwalters in § 163 oder § 161, sämtliche Gläubiger über einen beabsichtigten Verkauf zu unterrichten, unterliegt das Antragsrecht des Gläubigers nach § 163 ähnlichen Problemen wie das aus § 161. Ohne Information über die Verkaufsabsichten des Verwalters droht das Antragsrecht ohne praktische Konsequenz zu bleiben.[11] Es spricht daher viel dafür, dem **Verwalter** zumindest bei beabsichtigten **Unternehmens- oder Betriebsverkäufen** eine **Auskunftpflicht** gegenüber den Gläubigern aufzuerlegen.

7 **2. Antrag.** Da es sich bei der Veräußerung des Unternehmens oder Betriebes um eine wirtschaftliche Entscheidung handelt, wird das Insolvenzgericht – wie bei § 161 – nur auf Antrag tätig. Ebenso wie dort sind der Schuldner und eine qualifizierte Gläubigerminderheit antragsberechtigt. Durch die Beschränkung des Antragsrechts der Gläubiger auf das Quorum in § 75 Abs. 1 Nr. 3 wird die Möglichkeit der Verfahrensobstruktion durch missbräuchliche Anträge eingeschränkt.

8 Eine besondere Form für den Antrag sieht § 163 nicht vor. Gleichwohl wird in aller Regel ein schriftlicher Antrag notwendig sein. Anders lässt sich das Erfordernis der Glaubhaftmachung einer günstigeren Veräußerungsmöglichkeit kaum darstellen.

9 **3. Glaubhaftmachung einer günstigeren Veräußerungsmöglichkeit.** Die Zustimmung der **Gläubigerversammlung** ist nur erforderlich, wenn es dem Antragsteller gelingt, eine bessere Veräußerungsmöglichkeit glaubhaft zu machen. Der Antragsteller muss hierfür eine konkrete Veräußerungsmöglichkeit durch Angabe eines bestimmten Erwerbers und der Erwerbskonditionen benennen können. Bloße Ausführungen dazu, dass am Markt ein höherer Preis erzielbar wäre, genügen nicht.[12] Die konkrete alternative Veräußerungsmöglichkeit muss günstiger als die des Verwalters sein. Maßgeblich für diese Beurteilung ist nicht nur der Kaufpreis. Es sind sämtliche wirtschaftlich relevanten Umstände zu berücksichtigen. Hierzu gehören etwa die Zahlungsbedingungen, die Bonität des Erwerbers, die Absicherung des Kaufpreisanspruches und eine Entlastung der Masse durch Übernahme von Arbeitnehmern.[13] Will der Antragsteller Erfolg haben, muss er in seinem Antrag auf sämtliche wirtschaftlich relevanten Umstände eingehen.

10 Als Mittel der Glaubhaftmachung stehen dem Antragsteller gem. § 4 i. V. m. § 294 ZPO sämtliche präsenten Beweismittel der §§ 253 bis 455 ZPO sowie die eidesstattliche Versicherung zur Verfügung.[14] Gutachten von Sachverständigen, in denen die Veräußerungsmöglichkeiten miteinander verglichen werden,[15] sind wenig praktisch. Das Verwaltergeschäft und das Alternativgeschäft müssen schon im Antrag so gegeneinandergestellt werden, dass das Gericht ohne langwierige Verfahren vergleichen und entscheiden kann.

11 **4. Fehlende Zustimmung der Gläubigerversammlung.** Neben diesen ausdrücklich geregelten Zulässigkeitsvoraussetzungen ist weiter erforderlich, dass die Gläubigerversammlung dem vom Verwalter beabsichtigten Verkauf noch nicht zugestimmt hat. Dies folgt aus dem Zweck des Antragsrechts. Ähnlich wie bei § 161 hat der Antragsteller nur einen Anspruch darauf, dass sich die Gläubigerversammlung überhaupt mit der Vorteilhaftigkeit der vom Verwalter geplanten Veräußerung auseinandersetzt. Liegt bereits eine Zustimmung der Gläubigerversammlung vor, besteht kein Anspruch auf erneute Entscheidung. Hat der Antragsteller es unterlassen, auf der ersten Gläubigerversammlung seine alternative Verkaufsmöglichkeit vorzustellen, oder gelang es ihm nicht, die Gläubiger von deren Vorteilhaftigkeit zu überzeugen, so hat er dies hinzunehmen. Für eine erneue Einberufung der Gläubiger-

---

[11] S. oben § 161 RdNr. 2.
[12] HK-*Flessner* § 163 RdNr. 3; *Andres* in *Andres/Leithaus* § 163 RdNr. 6.
[13] So schon die Begr. zu § 182 RegE, BT-Drucks. 12/2443, S. 175; weiter FK-*Wegener* § 163 RdNr. 3; HK-*Flessner* § 163 RdNr. 4; *Kübler/Prütting/Onusseit* § 163 RdNr. 3; *Nerlich/Römermann/Balthasar* § 163 RdNr. 10; *Fröhlich/Köchling* ZInsO 2003, 923, 925.
[14] *Kübler/Prütting/Onusseit* § 163 RdNr. 5.
[15] Wie sie in der GesetzesBegr. zu Abs. 2 angeführt werden, vgl. Begr. zu § 182 RegE, BT-Drucks. 12/2443, S. 175 und *Haarmeyer/Wutzke/Förster*, RdNr. 5/353 (S. 494).

versammlung fehlt das Rechtsschutzbedürfnis. Die Unzulässigkeit eines **Untersagungsantrags** führt in diesem Fall zugleich zu einer wünschenswerten Konzentration der Verkaufsentscheidung in einer Gläubigerversammlung und verhindert einen Missbrauch des Antragsrechts nach § 163. Die Praxis zeigt, dass der Schuldner bei einem geplanten **Unternehmensverkauf** oft mit potentiellen Erwerbern aufwartet, umso seinen Einfluss auf das Unternehmen zu erhalten.[16] Wäre in einem solchen Falle eine Untersagung nach § 163 zulässig, könnte der Schuldner, könnten aber auch interessierte **Minderheitsgläubiger** den bereits von den Gläubigern genehmigten Verkauf mit mehrmals geringfügig „verbesserten" Alternativgeschäften sachwidrig in die Länge ziehen. Eine andere Situation entsteht erst dann, wenn ein qualitativ anderes Geschäft als Verwertungsalternative vorgestellt werden kann, also zB anstelle der Veräußerung eines Teilbetriebs die Unternehmensveräußerung zu deutlich vorteilhafteren Gesamtbedingungen. Dann wird man annehmen müssen, dass die Gläubigerversammlung noch nicht befunden hat.

II. Entscheidung des Gerichts

Liegen die Verfahrensvoraussetzungen vor, hat das Gericht zu prüfen, ob eine bessere Verwertungsmöglichkeit besteht. Hierbei muss dass Gericht nicht im Sinne eines vollen Beweises von der besseren Verwertungsmöglichkeit überzeugt werden. Wie im einstweiligen Rechtsschutz der ZPO genügt die überwiegende Wahrscheinlichkeit.[17] Zugleich räumt § 163 dem Gericht durch Verwendung des Wortes „kann" einen Ermessensspielraum ein.[18] Dadurch ist es dem Gericht überlassen, wie es bei dem Vergleich der wirtschaftlich relevanten Daten beider Alternativen[19] gewichtet. Das Gericht hat eine eigene Gesamtabwägung vorzunehmen. 12

Vor der Gesamtabwägung hat das Gericht den Verwalter, in dessen verfahrensrechtliche Stellung es durch einen Untersagungsbeschluss eingreifen würde, anzuhören.[20] Das dient wie bei § 161[21] dazu, die Interessen der Gläubiger bzw. Gläubigermehrheit sowie den Sachverstand des Verwalters in die Entscheidung des Gerichts einzubinden.[22] 13

Die Entscheidung über den Untersagungsantrag ergeht – wie bei § 161 – durch Beschluss, der dem Antragsteller und dem Verwalter zuzustellen ist.[23] Gibt das Gericht dem **Untersagungsantrag** statt, hat dies aufschiebende Wirkung, gemäß § 164 aber nur für das Innenverhältnis. Dem Verwalter ist es untersagt, das Unternehmen vor einer Entscheidung der Gläubigerversammlung zu verkaufen. Mit der Entscheidung der Gläubigerversammlung verliert dieses Verbot automatisch seine Wirkung, ohne dass es eines Aufhebungsbeschlusses bedarf. 14

Hat der Rechtspfleger über den Untersagungsantrag entschieden, so kann der Verwalter gegen einen stattgebenden Beschluss mit der Erinnerung gem. § 11 Abs. 2 Satz 1 RPflG vorgehen. Gleiches gilt für den Antragsteller, wenn der Antrag abgelehnt wurde. Gegen einen Beschluss des Amtsrichters ist dagegen kein Rechtsmittel gegeben.[24] Allerdings kann der Antragsteller versuchen, eine Untersagungsverfügung nach § 161 zu erreichen, wenn der Antrag nach § 163 allein an der unzureichenden Überzeugung des Gerichts von der Vorteilhaftigkeit der Verwertungsalternative scheitert.[25] 15

---

[16] Vgl. insbes. FK-*Wegener* § 163 RdNr. 1.
[17] Ebenso *Kübler/Prütting/Onusseit* § 163 RdNr. 5; aA dagegen in: HK-*Flessner* § 163 RdNr. 4.
[18] Enger *Kübler/Prütting/Onusseit* § 163 RdNr. 6, der davon ausgeht, dass bei einer erfolgreichen Glaubhaftmachung das Gericht kaum noch einen Ermessensspielraum hat.
[19] S. oben RdNr. 8.
[20] Dazu auch umfassend *Vallender,* Kölner Schrift, 1997, S. 209 ff.
[21] S. § 161 RdNr. 12.
[22] *Nerlich/Römermann/Balthasar* § 163 RdNr. 13; umfassend zu Anhörungsrechten des Verwalters in der InsO *Vallender,* Kölner Schrift, 1997, S. 209 ff.
[23] S. § 161 RdNr. 13.
[24] FK-*Wegener* § 163 RdNr. 6.
[25] FK-*Wegener* § 160 RdNr. 6; ähnlich *Kübler/Prütting/Onusseit* § 163 RdNr. 6, der davon ausgeht, dass das Gericht von sich aus auf § 161 ausweichen kann.

III. Einberufung der Gläubigerversammlung

16 Nicht geregelt ist, wie im Falle einer Untersagung die Entscheidung der Gläubigerversammlung herbeizuführen ist. Die mit der Untersagung nach § 161 identische Eingriffsintensität und Vergleichbarkeit des Normzwecks spricht dafür, ebenso wie bei § 161[26] eine Pflicht des Gerichts zur Einberufung einer Gläubigerversammlung von Amts wegen anzunehmen.[27]

C. Kostenregelung (Abs. 2)

17 Gibt das Gericht dem Antrag auf Untersagung der Veräußerung statt, so steht dem Antragsteller ein **Kostenerstattungsanspruch** zu. Ob die **Gläubigerversammlung** die Veräußerungsalternative des Antragstellers oder die des Verwalters wählt, ist unerheblich.[28] Der Antrag richtet sich gegen die Insolvenzmasse. Inhaltlich umfasst er nur die „durch den Anspruch entstandenen" Kosten. Diese Formulierung ist zur Vermeidung einer Belastung der Masse mit unnötig hohen Kosten restriktiv auszulegen. Erstattungsfähig sind nur die unmittelbar mit der Antragserstellung verbundenen Kosten, nicht dagegen sonstige Aufwendungen des Antragstellers, die ihm im Zusammenhang mit der Ermittlung einer günstigeren Veräußerungsmöglichkeit entstanden sind.[29] Zu den unmittelbaren Kosten des Antrags gehören zB Rechtsanwaltsgebühren für die Erstellung des Antrags,[30] nicht aber Kosten eines Maklers,[31] die natürlich dann – unter anderem Gesichtspunkt – von der Masse zu tragen sein können, wenn das Alternativgeschäft zustande kommt.

§ 164 Wirksamkeit der Handlung

Durch einen Verstoß gegen die §§ 160 bis 163 wird die Wirksamkeit der Handlung des Insolvenzverwalters nicht berührt.

Übersicht

	RdNr.		RdNr.
A. Überblick und Entstehungsgeschichte...............	1–2	C. Grenzen der Beschränkung auf das Innenverhältnis..............	6–7
B. Keine Außenwirkung von Verstößen........................	3–5		

A. Überblick und Entstehungsgeschichte

1 § 164 begrenzt die Konsequenzen eines Verstoßes gegen die §§ 160 bis 163 auf das Innenverhältnis. Den außenstehenden Dritten wird nicht zugemutet, sich über die Bedeutung der Geschäfte für die Insolvenzmasse und die Ordnungsmäßigkeit der internen Entscheidungsprozesse zu informieren. Der Rechtsverkehr soll darauf vertrauen können, dass Handlungen des Verwalters wirksam sind.[1] Zugleich schafft § 164 die Voraussetzungen dafür, dass der Verwalter uneingeschränkt am Rechtsverkehr teilnehmen und so das schuldnerische Vermögen zügig und bestmöglich am Markt realisieren kann.[2]

---

[26] S. § 161 RdNr. 16.
[27] Im Ergebnis ebenso FK-*Wegener* § 163 RdNr. 5; HK-*Flessner* § 163 RdNr. 5.
[28] *Nerlich/Römermann/Balthasar* § 163 RdNr. 19.
[29] Ebenso *Kübler/Prütting/Onusseit* § 163 RdNr. 7.
[30] Begr. zu § 182 RegE, BT-Drucks. 12/2443, S. 175; *Kübler/Prütting/Onusseit* § 163 RdNr. 7; *Nerlich/Römermann/Balthasar* § 163 RdNr. 19.
[31] Ebenso *Kübler/Prütting/Onusseit* § 163 RdNr. 7.
[1] Begr. zu § 183 RegE, BT-Drucks. 12/2443, S. 175.
[2] *Nerlich/Römermann/Balthasar* § 164 RdNr. 2.

Vorbild der Regelung in § 164 war die weitgehend identische Bestimmung des § 136 **2**
KO.[3] Sie ist Ausdruck eines allgemeinen Grundsatzes des Insolvenzrechtes. In der GesO, die
keine entsprechende ausdrückliche Regelung enthielt, wurde der Grundsatz aus der Natur
der Sache unmittelbar abgeleitet.[4] Im gesamten Verlauf der Insolvenzrechtsreform war er
unstreitig. Eine ausdrückliche Regelung enthielt erst der Diskussionsentwurf.[5] Diese wurde
dann mit geringfügigen Veränderungen durch den Rechtsausschuss Gesetz.[6]

B. Keine Außenwirkung von Verstößen

Verstößt der Verwalter gegen die §§ 160 bis 163, so hat das keine Auswirkungen auf die **3**
Wirksamkeit der Rechtshandlung gegenüber Dritten. Dies ist unabhängig davon, ob der
Dritte den Verstoß kannte oder nicht. Der Schutz des Rechtsverkehrs durch § 164 setzt
keinen guten Glauben voraus.[7] Dritte können aus einem Verstoß gegen die §§ 160 bis 163
aber auch keinerlei Rechte herleiten. Umgekehrt ist es dem Verwalter verwehrt, sich auf die
mangelnde Zustimmung des Gläubigerausschusses oder der Gläubigerversammlung zu berufen, wenn er sich von einem Geschäft, das sich für die Masse als ungünstig erweist, lösen
will.[8]

Das gilt neben rechtsgeschäftlichem auch für prozessuales Handeln des Verwalters. Hat **4**
der Verwalter Klage erhoben, kann seine Prozesslegitimation nicht wegen einer fehlenden
Zustimmung der Gläubiger in Zweifel gezogen werden.[9] Ebensowenig kann das Grundbuchamt bei einer vom Verwalter vorgenommenen Veräußerung die Eintragung im Grundbuch mangels Nachweises der erforderlichen Genehmigung verweigern.[10]

Will der Verwalter das mit einem Verstoß gegen die §§ 160 bis 163 verbundene Haftungs- **5**
risiko umgehen, so kann er das Geschäft unter der Bedingung der späteren Zustimmung
durch die Gläubiger abzuschließen. Ein solcher Vorbehalt ist regelmäßig als aufschiebende
Bedingung im Sinne von § 158 BGB zu verstehen.[11] Bei bedingungsfeindlichen Rechtsgeschäften, wie etwa einer Auflassung, liegt es dagegen nahe, den Vorbehalt im Sinne eines
Rücktrittsrechtes auszulegen.[12]

C. Grenzen der Beschränkung auf das Innenverhältnis

Der insolvenzrechtliche Grundsatz, dass im Innenverhältnis **pflichtwidriges Verhalten** **6**
des Verwalters im Außenverhältnis wirksam ist, gilt nicht ohne Grenzen. Die InsO selbst
enthält eine Ausnahme in § 149 von der Alleinvertretung durch den Verwalter für die
Empfangnahme von Wertgegenständen und Anweisungen des Verwalters auf die Hinterlegungsstelle ohne Mitwirkung des **Gläubigerausschusses**.[13] Weiter ist nach allgemeiner
Ansicht pflichtwidriges Handel des Verwalters dann unwirksam, wenn er hierdurch gegen

---

[3] Begr. zu § 183 RegE, BT-Drucks. 12/2443, S. 175.
[4] BGH ZIP 1995, 290; *Smid* GesO, § 15 RdNr. 80; *Hess/Binz/Wienberg* GesO, § 15 RdNr. 42.
[5] § 171 DiskE, S. 87, B 164. Zum Standpunkt der Kommission für Insolvenzrecht S. 1. KommBer, S. 138.
[6] Bericht des Rechtsausschusses, BT-Drucks. 12/7302, S. 176.
[7] Allgem. Ansicht, FK-*Wegener* § 164 RdNr. 2; HK-*Flessner* § 164 RdNr. 1; *Braun/Gerbes* § 164 RdNr. 1; *Kübler/Prütting/Onusseit* § 164 RdNr. 3; *Nerlich/Römermann/Balthasar* § 160 RdNr. 4, ebenso schon zur KO *Kuhn/Uhlenbruck* § 136; *Hess/Kropshofer* § 136 RdNr. 1; *Jaeger/Weber* § 136 RdNr. 3; *Kilger/K. Schmidt* § 136 Anm. 3.
[8] OLG Koblenz KTS 1962, 123 (125).
[9] *Kübler/Prütting/Onusseit* § 164 RdNr. 3; RGZ 20, 108 (110); *Jaeger/Weber* § 136 RdNr. 3.
[10] *Kübler/Prütting/Onusseit* § 164 RdNr. 3; KG, OLGZ 35, 259 (260); *Jaeger/Weber* § 136 RdNr. 3.
[11] AA: *Kübler/Prütting/Onusseit* § 164 RdNr. 3; FK-*Wegener* § 160 RdNr. 3; *Nerlich/Römermann/Balthasar* § 160 RdNr. 7; ebenso schon *Jaeger/Weber* § 136 RdNr. 4; *Kilger/K. Schmidt* § 136 Anm. 3.
[12] *Nerlich/Römermann/Balthasar* § 164 RdNr. 7; *Hess/Kropshofer* § 136 RdNr. 2; aA *Jaeger/Weber* § 136 RdNr. 4.
[13] Vgl. die Kommentierung zu § 149 sowie *Kübler/Prütting/Onusseit* § 164 RdNr. 2.

den **Zweck des Insolvenzverfahrens** verstößt.[14] Dabei geht es allerdings um die inhaltliche Missbilligung und nicht um Verfahrensverstöße nach den §§ 160 bis 163. Ob zugleich eine Verletzung der §§ 160 bis 163 vorliegt, wird in der Regel unerheblich sein. So ist etwa eine Schenkung des Verwalters an einen Dritten wegen Verstoßes gegen den Verfahrenszweck unwirksam, da hierin keine Verwertung der Masse zugunsten der Gläubiger gesehen werden kann.[15] Daran ändert sich auch nichts, wenn die Gläubiger der Schenkung zugestimmt haben. Den Gläubigern ist es ebenso wie dem Verwalter verwehrt, das der Schuldentilgung dienende Vermögen des Schuldners zu dessen Lasten durch Schenkungen zu vermindern.

7 § 164 gilt auch für gewillkürte Vertreter des Verwalters. Bei den hier interessierenden Verwertungshandlungen ist eine Generalvollmacht nicht zu beanstanden.[16]

---

[14] FK-*Wegener* § 164 RdNr. 4; *Kübler/Prütting/Onusseit* § 164 RdNr. 3; *Nerlich/Römermann/Balthasar* § 164 RdNr. 5 f.; und zur KO nur *Kuhn/Uhlenbruck* § 6 RdNr. 37 ff.; *Jauernig*, Festschrift für Weber, 1975, S. 307 ff.

[15] RGZ 29, 80, 82; FK-*Wegener* § 164 RdNr. 4; *Kuhn/Uhlenbruck* § 6 RdNr. 38.

[16] Vgl. hierzu *Eickmann* KTS 1986, 197 ff. und *Kilger/K. Schmidt* § 6 Anm. 1, der dem Konkursverwalter eines Kaufmanns erlaubt, sogar Prokura zu erteilen.

Dritter Abschnitt. Gegenstände mit Absonderungsrechten

§ 165 Verwertung unbeweglicher Gegenstände
Der Insolvenzverwalter kann beim zuständigen Gericht die Zwangsversteigerung oder die Zwangsverwaltung eines unbeweglichen Gegenstands der Insolvenzmasse betreiben, auch wenn an dem Gegenstand ein Absonderungsrecht besteht.

mitkommentierte ZVG-Vorschriften:

§ 10 [Rangordnung der Rechte]
(1) Ein Recht auf Befriedigung aus dem Grundstücke gewähren nach folgender Rangordnung, bei gleichem Range dem Verhältnis ihrer Beträge:
1. der Anspruch eines die Zwangsverwaltung betreibenden Gläubigers auf Ersatz seiner Ausgaben zur Erhaltung oder nötigen Verbesserung des Grundstücks, im Falle der Zwangsversteigerung jedoch nur, wenn die Verwaltung bis zum Zuschlage fortdauert und die Ausgaben nicht aus den Nutzungen des Grundstücks erstattet werden können;
1 a. im Falle einer Zwangsversteigerung, bei der das Insolvenzverfahren über das Vermögen des Schuldners eröffnet ist, die zur Insolvenzmasse gehörenden Ansprüche auf Ersatz der Kosten der Feststellung der beweglichen Gegenstände, auf die sich die Versteigerung erstreckt; diese Kosten sind nur zu erheben, wenn ein Insolvenzverwalter bestellt ist, und pauschal mit vier vom Hundert des Wertes anzusetzen, der nach § 74 a Abs. 5 Satz 2 festgesetzt worden ist;
2. bei einem land- oder forstwirtschaftlichen Grundstücke die Ansprüche der zur Bewirtschaftung des Grundstücks oder zum Betrieb eines mit dem Grundstücke verbundenen land- oder forstwirtschaftlichen Nebengewerbes angenommen, in einem Dienst- oder Arbeitsverhältnisse stehenden Personen, insbesondere des Gesindes, der Wirtschafts- und Forstbeamten, auf Lohn, Kostgeld und andere Bezüge wegen der laufenden und der aus dem letzten Jahre rückständigen Beträge;
3. die Ansprüche auf Entrichtung der öffentlichen Lasten des Grundstücks wegen der aus den letzten vier Jahren rückständigen Beträge; wiederkehrenden Leistungen, insbesondere Grundsteuern, Zinsen, Zuschläge oder Rentenleistungen, sowie Beträge, die zur allmählichen Tilgung einer Schuld als Zuschlag zu den Zinsen zu entrichten sind, genießen dieses Vorrecht nur für die laufenden Beträge und für die Rückstände aus den letzten zwei Jahren. Untereinander stehen öffentliche Grundstückslasten, gleichviel ob sie auf Bundes- oder Landesrecht beruhen, im Range gleich. Die Vorschriften des § 112 Abs. 1 und der §§ 113 und 116 des Gesetzes über den Lastenausgleich vom 14. August 1952 (Bundesgesetzbl. I S. 446) bleiben unberührt;
4. die Ansprüche aus Rechten an dem Grundstück, soweit sie nicht infolge der Beschlagnahme dem Gläubiger gegenüber unwirksam sind, einschließlich der Ansprüche auf Beträge, die zur allmählichen Tilgung einer Schuld als Zuschlag zu den Zinsen zu entrichten sind; Ansprüche auf wiederkehrende Leistungen, insbesondere Zinsen, Zuschläge, Verwaltungskosten oder Rentenleistungen, genießen das Vorrecht dieser Klasse nur wegen der laufenden und der aus den letzten zwei Jahren rückständigen Beträge;
5. der Anspruch des Gläubigers, soweit er nicht in einer der vorhergehenden Klassen zu befriedigen ist;
6. die Ansprüche der vierten Klasse, soweit sie infolge der Beschlagnahme dem Gläubiger gegenüber unwirksam sind;
7. die Ansprüche der dritten Klasse wegen der älteren Rückstände;
8. die Ansprüche der vierten Klasse wegen der älteren Rückstände.

§ 165   4. Teil. 3. Abschnitt. Gegenstände mit Absonderungsrechten

(2) Das Recht auf Befriedigung aus dem Grundstücke besteht auch für die Kosten der Kündigung und der die Befriedigung aus dem Grundstücke bezweckenden Rechtsverfolgung.

§ 30 d [Einstweilige Einstellung auf Antrag des Insolvenzverwalters]

(1) ¹ Ist über das Vermögen des Schuldners ein Insolvenzverfahren eröffnet, so ist auf Antrag des Insolvenzverwalters die Zwangsversteigerung einstweilen einzustellen, wenn
1. *im Insolvenzverfahren der Berichtstermin nach § 29 Abs. 1 Nr. 1 der Insolvenzordnung noch bevorsteht,*
2. *das Grundstück nach dem Ergebnis des Berichtstermins nach § 29 Abs. 1 Nr. 1 der Insolvenzordnung im Insolvenzverfahren für eine Fortführung des Unternehmens oder für die Vorbereitung der Veräußerung eines Betriebs oder einer anderen Gesamtheit von Gegenständen benötigt wird,*
3. *durch die Versteigerung die Durchführung eines vorgelegten Insolvenzplans gefährdet würde oder*
4. *in sonstiger Weise durch die Versteigerung die angemessene Verwertung der Insolvenzmasse wesentlich erschwert würde.*

² *Der Antrag ist abzulehnen, wenn die einstweiligen Einstellung dem Gläubiger unter Berücksichtigung seiner wirtschaftlichen Verhältnisse nicht zuzumuten ist.*

(2) Hat der Schuldner einen Insolvenzplan vorgelegt und ist dieser nicht nach § 231 der Insolvenzordnung zurückgewiesen worden, so ist die Zwangsversteigerung auf Antrag des Schuldners unter den Voraussetzungen des Absatzes 1 Satz 1 Nr. 3, Satz 2 einstweilen einzustellen.

(3) § 30 b Abs. 2 bis 4 gilt entsprechend mit der Maßgabe, daß an die Stelle der Schuldners der Insolvenzverwalter tritt, wenn dieser den Antrag gestellt hat, und daß die Zwangsversteigerung eingestellt wird, wenn die Voraussetzungen für die Einstellung glaubhaft gemacht sind.

(4) Ist vor der Eröffnung des Insolvenzverfahrens ein vorläufiger Verwalter bestellt, so ist auf dessen Antrag die Zwangsversteigerung einstweilen einzustellen, wenn glaubhaft gemacht wird, daß die einstweilige Einstellung zur Verhütung nachteiliger Veränderungen in der Vermögenslage des Schuldners erforderlich ist.

§ 30 e [Auflage zur einstweiligen Einstellung]

(1) ¹ Die einstweilige Einstellung ist mit der Auflage anzuordnen, daß dem betreibenden Gläubiger für die Zeit nach dem Berichtstermin nach § 29 Abs. 1 Nr. 1 der Insolvenzordnung laufend die geschuldeten Zinsen binnen zwei Wochen nach Eintritt der Fälligkeit aus der Insolvenzmasse gezahlt werden. ² Ist das Versteigerungsverfahren schon vor der Eröffnung des Insolvenzverfahrens nach § 30 d Abs. 4 einstweilen eingestellt worden, so ist die Zahlung von Zinsen spätestens von dem Zeitpunkt an anzuordnen, der drei Monate nach der ersten einstweiligen Einstellung liegt.

(2) Wird das Grundstück für die Insolvenzmasse genutzt, so ordnet das Gericht auf Antrag des betreibenden Gläubigers weiter die Auflage an, daß der entstehende Wertverlust von der Einstellung des Versteigerungsverfahrens an durch laufende Zahlungen aus der Insolvenzmasse an den Gläubiger auszugleichen ist.

(3) Die Absätze 1 und 2 gelten nicht, soweit nach der Höhe der Forderung sowie dem Wert und der sonstigen Belastung des Grundstücks nicht mit einer Befriedigung des Gläubigers aus dem Versteigerungserlös zu rechnen ist.

§ 30 f [Aufhebung der einstweiligen Einstellung]

(1) ¹ Im Falle des § 30 d Abs. 1 bis 3 ist die einstweilige Einstellung auf Antrag des Gläubigers aufzuheben, wenn die Voraussetzungen für die Einstellung fortgefallen sind, wenn die Auflagen nach § 30 e nicht beachtet werden oder wenn der Insolvenzverwalter, im Falle des § 30 d Abs. 2 der

Schuldner, der Aufhebung zustimmt. ² Auf Antrag des Gläubigers ist weiter die einstweilige Einstellung aufzuheben, wenn das Insolvenzverfahren beendet ist.

(2) ¹ Die einstweilige Einstellung nach § 30 d Abs. 4 ist auf Antrag des Gläubigers aufzuheben, wenn der Antrag auf Eröffnung des Insolvenzverfahrens zurückgenommen oder abgewiesen wird. ² Im übrigen gilt Absatz 1 Satz 1 entsprechend.

(3) ¹ Vor der Entscheidung des Gerichts ist der Insolvenzverwalter, im Falle des § 30 d Abs. 2 der Schuldner, zu hören. ² § 30 b Abs. 3 gilt entsprechend.

§ 153 b [Einstweilige Einstellung auf Antrag des Insolvenzerwalters]

(1) Ist über das Vermögen des Schuldners das Insolvenzverfahren eröffnet, so ist auf Antrag des Insolvenzverwalters die vollständige oder teilweise Einstellung der Zwangsverwaltung anzuordnen, wenn der Insolvenzverwalter glaubhaft macht, daß durch die Fortsetzung der Zwangsverwaltung eine wirtschaftlich sinnvolle Nutzung der Insolvenzmasse wesentlich erschwert wird.

(2) Die Einstellung ist mit der Auflage anzuordnen, daß die Nachteile, die dem betreibenden Gläubiger aus der Einstellung erwachsen, durch laufende Zahlungen aus der Insolvenzmasse ausgeglichen werden.

(3) Vor der Entscheidung des Gerichts sind der Zwangsverwalter und der betreibende Gläubiger zu hören.

§ 153 c [Aufhebung der einstweiligen Einstellung]

(1) Auf Antrag des betreibenden Gläubigers hebt das Gericht die Anordnung der einstweiligen Einstellung auf, wenn die Voraussetzungen für die Einstellung fortgefallen sind, wenn die Auflagen nach § 153 b Abs. 2 nicht beachtet werden oder wenn der Insolvenzverwalter der Aufhebung zustimmt.

(2) ¹ Vor der Entscheidung des Gerichts ist der Insolvenzverwalter zu hören. ² Wenn keine Aufhebung erfolgt, enden die Wirkungen der Anordnung mit der Beendigung des Insolvenzverfahrens.

Schrifttum: *Albrecht/Teifel,* Auswirkungen der Wertausgleichsregelung im neuen Bundes-Bodenschutzgesetz auf die Kreditsicherung durch Grundstücke, Rpfleger 1999, 366; *Alff/Hintzen,* Die wiedererstandene Zwangshypothek, ZInsO 2006, 481; *Andersen Freihalter Rechtsanwaltsgesellschaft* (Hrsg.), Aus- und Absonderungsrechte in der Insolvenz, 1999; *Balz,* Die Ziele der Insolvenzordnung, in: Arbeitskreis für Insolvenz- und Schiedsgerichtswesen Köln (Hrsg.), Kölner Schrift zur Insolvenzordnung, 2. Aufl. 1999, 3; *Beckers,* Die Immobiliarsicherheiten nach dem Entwurf eines Gesetzes zur Reform des Insolvenzrechts, WM 1990, 1177; *Benckendorff,* Freigabe von Kreditsicherheiten in der Insolvenz, in: Arbeitskreis für Insolvenz- und Schiedsgerichtswesen Köln (Hrsg.), Kölner Schrift zur Insolvenzordnung, 2. Aufl. 1999, 1099; *Bindemann,* Handbuch Verbraucherkonkurs, 2. Aufl. 1999; *Boochs,* Die Umsatzsteuer im Konkursverfahren, UVR 1995, 2; *Büchmann,* Vielfachversteigerung von Wohnungseigentum bei Konkurs des Eigentümers? ZIP 1988, 825; *Bräuer,* Insolvenzanfechtungsrechtliche Fragen zur „kalten" Zwangsverwaltung, ZInsO 2006, 742; *Clemente,* Nochmals: Die Anrechnung des Verwertungserlöses auf die von der Grundschuld gesicherten Forderung, ZfIR 2000, 1; *Dahl,* Die Kollision eigenkapitalersetzender Gebrauchsüberlassungen mit Grundpfandrechten, NZI 2003, 191; *Dassler/Schiffhauer/Gerhardt/Muth,* ZVG-Kommentar, 12. Aufl. 1991 und 11. Aufl. 1978; *de Weerth,* Umsatzsteuer bei der sogenannten „kalten" Zwangsverwaltung", NZI 2007, 329; *Drasdo,* Der Zwangsverwalter – Rechte und Pflichten in der Beurteilung der jüngeren Rechtsprechung und Literatur, NJW 2005, 1549; *Drischler,* Das Grundstück im Konkurs, Rechtspflegerjahrbuch 1967, 275; *Eichhorn,* Altlasten im Konkurs, 1996; *Eckert,* Umsatzsteuerliche Neuregelungen ab 2004 und Auswirkungen auf die Insolvenzpraxis, ZInsO 2004, 702; *Eickmann,* Aktuelle Probleme des Insolvenzverfahrens aus Verwalter- und Gläubigersicht, RWS-Skript 88, 3. Aufl. 1985; *ders.,* Der Grundstücksnießbrauch in der Insolvenz des Nießbrauchers, in Festschrift Gerhardt, 2004, S. 211; *ders.,* Miet- und Pachtforderungen im Zugriff von Grundpfandrechts- und anderen Gläubigern, ZfIR 2006, 273; *ders.,* Probleme des Zusammentreffens von Konkurs und Zwangsverwaltung, ZIP 1986, 1517; *ders.,* Problematische Wechselbeziehungen zwischen Immobiliarvollstreckung und Insolvenz, ZfIR 1999, 81; *ders.,* Die Verfügungsbeschränkungen des § 21 Abs. 2 Nr. 2 InsO und der Immobiliarrechtsverkehr, in Festschrift Uhlenbruck, 2000, S. 149 ff.; *Erckens/Tetzlaff,* Die Verantwortlichkeit des Zwangsverwalters für die Rückzahlung der Mietkaution und für andere „Altlasten", ZfIR 2003, 981; *Förster,*

§ 165 4. Teil. 3. Abschnitt. Gegenstände mit Absonderungsrechten

Zwangsverwaltung statt Insolvenzverwaltung?, ZInsO 2005, 746; *Frings,* Die Verwertung von Kreditsicherheiten unter dem Regime der Insolvenzordnung, Sparkasse 1996, 384; *Fuchs/Bayer,* Untersagung und einstweilige Einstellung der Zwangsvollstreckung während der Dauer des gerichtlichen Schuldenbereinigungsverfahrens, ZInsO 2000, 429; *Ganter/Brünink,* Insolvenz und Umsatzsteuer aus zivilrechtlicher Sicht, NZI 2006, 257; *Gerhardt,* Grundpfandrechte im Insolvenzverfahren, RWS-Skript 35, 7. Aufl. 1996 u. 8. Aufl. 1999 u. 10. Aufl. 2003; *Gundlach/Frenzel/Schmidt,* Der Anwendungsbereich des § 88 InsO, NZI 2005, 663; *Gundlach,* Anm. zu AG Hamburg, Beschl. v. 16. 9. 2005 – 68 a IK 196/04, EWiR 2006, 206; *Hasselblatt,* Scheingebote im Zwangsversteigerungsverfahren oder: Werden Gläubigervertreter noch ernst genommen?, NJW 2006, 1320; *Hellner/Steuer,* Bankrecht und Bankpraxis, Loseblatt Stand Lieferung; *Heublein,* Anm. zu BFH, Gerichtsbescheid v. 10. 2. 2005 – V R 31/04, EWiR 2005, 513; *Hintzen,* Ablösung vorrangiger Feststellungskosten in der Zwangsversteigerung, in Festschrift Hans-Peter Kirchhof, 2003, S. 209; *ders.,* Grundstücksverwertung durch den Treuhänder in der Verbraucherinsolvenz, ZInsO 2004, 713; *ders.,* Handbuch der Immobiliarvollstreckung, 3. Aufl. 1999; *ders.,* Insolvenz und Immobiliarzwangsvollstreckung, Rechtspfleger 1999, 256; *ders.,* Veräußerung des Grundbesitzes im vereinfachten Insolvenzverfahren, ZInsO 1999, 702; *ders.,* Vollstreckung und Insolvenz, in: Arbeitskreis für Insolvenz- und Schiedsgerichtswesen Köln e. V. (Hrsg.), Kölner Schrift zur Insolvenzordnung, 2. Aufl. 1999, 1107; *Höpfner,* Möglichkeiten des Insolvenzverwalters zur Rückgängigmachung oder wirtschaftlichen Kompensation der Freigabe, ZIP 2000, 1517; *Hornung,* Kein Ausschluss der Schutzgrenzen nach ergebnisloser Zwangsversteigerung, Rpfleger 2000, 363; *Jungmann,* Die einstweilige Einstellung der Zwangsverwaltung im Insolvenzeröffnungsverfahren, NZI 1999, 352; *ders.,* Das Zusammentreffen von Zwangsverwaltung und eigenkapitalersetzender Nutzungsüberlassung, ZIP 1999, 601; *ders.,* Grundpfandgläubiger und Unternehmensinsolvenz, Diss. 2004; *Keller,* Gebäudeeigentum und Grundstücksversteigerung, Rpfleger 1994, 194; *ders,* Grundstücksverwertung im Insolvenzverfahren, ZfIR 2002, 861; *Kesseler,* Die Verfügungskompetenz des Treuhänders über grundpfandrechtsbelastete Grundstücke, ZInsO 2006, 1029; *ders.,* Umschreibung der Vollstreckungsklausel nach Freigabe durch den Verwalter, ZInsO 2005, 418; *ders.,* Nachweiserfordernis bei der Umschreibung der Vollstreckungsklausel gegen den Insolvenzverwalter, ZInsO 2005, 918; *Klawikowski,* Änderungen in der Immobiliarvollstreckung, InVo 1999, 37; *Klein,* Einstweilige Einstellung der gerichtlichen Zwangsverwaltung in Massegrundstücke auch auf Antrag des vorläufigen Insolvenzverwalters?, ZInsO 2002, 1065; *Knees,* Die Bank als Grundpfandgläubigerin in der Unternehmensinsolvenz, ZIP 2001, 1568; *Knopp/Albrecht,* altlasten-spektrum 1999, 204 ff.; *Kohte/Ahrens/Grote,* Restschuldbefreiung und Verbraucherinsolvenzverfahren, 1999; *Krause,* Freigabe aus dem Insolvenzbeschlag bei Ansprüchen nach dem SachenRBerG, ZInsO 2000, 22; *Lwowski/Tetzlaff,* Zivilrechtliche Umwelthaftung und Insolvenz, WM 1998, 1509; *dies.,* Verwertung unbeweglicher Gegenstände im Insolvenzverfahren, WM 1999, 2336; *dies.,* Altlasten in der Insolvenz – einzelne Probleme aus der Sicht der Kreditgeber des insolventen Unternehmens, NZI 2000, 393; *dies.,* Umweltaltlasten in der Insolvenz und gesicherte Gläubiger, WM 2005, 921; *dies.,* Umweltschäden und Banken. Auswirkungen des neuen BBodSchG auf die Kreditwirtschaft, WM 2001, 400 und 437; *Marotzke,* Die dinglichen Sicherheiten im neuen Insolvenzrecht, ZZP Bd. 109 (1996), 429; *Maus,* Wechsel der Steuerschuldnerschaft und verschärfte Steuerhaftung als Ausgleich für den Fortfall des Fiskalvorrechts gem. § 61 Abs. 1 Nr. 2 KO, ZIP 2004, 1560; *Günter Mayer,* Grundsteuer im Insolvenzverfahren, in der Zwangsversteigerung und der Zwangsverwaltung, Rpfleger 2000, 260; *Michalski/Barth,* Kollision von kapitalersetzender Nutzungsüberlassung und Grundpfandrechten, NZG 1999, 277; *Mitlehner,* Anfechtungsanspruch bei Absonderungsrechten an Mietforderungen und wegen Mietforderungen, ZIP 2007, 804; *ders.,* Umsatzsteuer bei der Immobiliarverwertung in der Insolvenz, NZI 2002, 534; *Mohrbutter,* Konkurs und Zwangsverwaltung, KTS 1956, 107; *ders.,* Konkurs und Zwangsversteigerung, KTS 1958, 81; *ders.,* Nochmals: Zur Auslegung des § 30 c Abs. II ZVG, KTS 1961, 103; *Mohrbutter* (Hrsg.), Handbuch der Insolvenzverwaltung, 7. Aufl. 1997; *Mohrbutter/Drischler/Radtke/Tiedemann,* Die Zwangsversteigerungs- und Zwangsverwaltungspraxis, Bd. 1, 7. Aufl. 1986, Bd. 2, 7. Aufl. 1990; *Muth,* Probleme bei der Abgabe eines Gebots in der Zwangsversteigerung als Gläubigersicht, ZIP 1986, 350; *ders.,* Die Zwangsversteigerung auf Antrag des Insolvenzverwalters, ZIP 1999, 945; *Obermüller,* Anwendung der Kapitalersatzregeln auf die grundpfandrechtliche Belastung eines Gesellschafterkgrundstücks, InVo 1999, 225; *ders.,* Eingriffe in Kreditsicherheiten durch Insolvenzplan und Verbraucherinsolvenzverfahren, WM 1998, 483; *ders.,* Insolvenzrecht in der Bankpraxis, 6. Aufl. 2002; *Onusseit,* Die Umsatzsteuer – eine relevante Größe in der Zwangsversteigerung?, Rpfleger 1995, 1; *ders.,* Die Freigabe aus dem Insolvenzbeschlag: eine umsatzsteuerliche Unmöglichkeit?, ZIP 2002, 1344; *ders.,* Die insolvenzrechtlichen Kostenbeiträge unter Berücksichtigung ihrer steuerrechtlichen Konsequenzen sowie Massebelastungen durch Grundstückseigentum, ZIP 2000, 777; *Pape,* Aktuelle Probleme im Eröffnungsverfahren, ZInsO 1999, 398; *Pohlmann,* Zusammentreffen von eigenkapitalersetzender Nutzungsüberlassung mit Grundpfandrechten, DStR 1999, 595; *Rein,* Der Löschungsanspruch eines nachrangigen Grundschuldgläubigers in der Insolvenz des Grundstückseigentümers, NJW 2006, 3470; *Rendels,* Entfällt der Eigenkapitalersatzeinwand bei Gebrauchsüberlassung in der Gesellschafter-Insolvenz?, ZIP 2006, 1273; *Ritgen,* Gefahrenabwehr im Konkurs, GewA 1998, 393; *Schmidt,* Das (neue) Spannungsverhältnis zwischen Insolvenzverwalter und Grundpfandgläubiger, InVo 1999, 73; *Karsten Schmidt,* „Altlasten in der Insolvenz" – unendliche Geschichte oder ausgeschriebenes Drama?, ZIP 2000, 1913; *Schmittmann,* Umsatzsteuerliche Probleme bei Immobilienverkäufen in der Insolvenz, ZInsO 2006, 1299; *Schmidt-Räntsch,* Betriebsfortführung in der Zwangsverwaltung, ZInsO 2006, 303; *Smid,* Stellung der Grundpfandgläubiger, Zwangsversteigerung und Schuldenreorganisation durch Insolvenzplan, in Festschrift Gerhardt, 2004, 931; *ders.,* Rechtsmittelverfahren bei

§ 165 Verwertung unbeweglicher Gegenstände

Anfechtung des Bestätigungsbeschlusses nach § 248 InsO, NZI 2005, 613; *Spliedt/Schacht,* Anm. zu BFH, Urt. v. 18. 8. 2005 – V R 31/04, EWiR 2005, 841; *Städtler,* Grundpfandrechte in der Insolvenz, 1998; *Steiner,* Kommentar zum ZVG, Bd. 1 9. Aufl. 1984, Bd. 2 9. Aufl. 1986; *Stöber,* Zwangsvollstreckung in das unbewegliche Vermögen, 6. Aufl. 1992; *ders.,* ZVG-Kommentar, 17. Aufl. 2002; *ders.,* Insolvenzverfahren und Vollstreckungs-Zwangsversteigerung, NZI 1998, 105; *ders.,* Aufhebung der auf Antrag des Insolvenzverwalters angeordneten Einstellung der Zwangsversteigerung, NZI 1999, 439; *Storz,* Praxis des Zwangsversteigerungsverfahrens, 9. Aufl. 2004; *Streuer,* Verfügungsbeschränkungen und Eigentumsvormerkung in der Zwangsversteigerung des Grundstücks, Rpfleger 2000, 357; *Tetzlaff,* Altlasten in der Insolvenz, ZIP 2001, 10 ff.; *ders.,* Probleme bei der Verwertung von Grundpfandrechten und Grundstücken im Insolvenzverfahren, ZInsO 2004, 521; *ders.,* Rechtsprobleme der „kalten Zwangsverwaltung", ZflR 2005, 179; *ders.,* Anm. zu BGH, Beschl. v. 13. 7. 2006 – IX ZB 301/04, WuB VI A. § 165 InsO 1.06; *Thietz-Bertram,* Keine Sperre durch die Rückschlagsperre – Zur Heilung der Unwirksamkeit von gegen § 88 InsO verstoßenden Vollstreckungen, ZInsO 2006, 527; *Weiß,* Die Option zur Steuerpflicht bei Illiquidität, UR 1990, 101; *Vallender,* Zwangsversteigerung und Zwangsverwaltung im Lichte des neuen Insolvenzrechts, Rpfleger 1997, 353; *ders.,* Verwertungsrecht des Treuhänders an mit Absonderungsrechten belasteten Immobilien, NZI 2000, 148; *Uhlenbruck,* InsO-Kommentar, 12. Aufl. 2003; *Eberhard Weiß,* Verwertung von Sicherungsgut in Konkurs – Abgrenzung von unbedingter gegen modifizierte Freigabe, UStR 1994, 349; *Weis/Ristelhuber,* Die Verwertung von Grundbesitz im Insolvenzverfahren und die Kostenpauschalen für die Insolvenzmasse, ZInsO 2002, 859; *Weitemeyer,* Insolvenz und Umweltschutz, NVwZ 1997, 533; *Peter Welzel,* Masseverwertung nach der InsO aus umsatzsteuerlicher Sicht, ZIP 1998, 1823; *Frank Wenzel,* Die Rechtsstellung des Grundpfandrechtsgläubigers im Insolvenzverfahren, NZI 1999, 101; *v. Wilmowsky,* Altlasten in der Insolvenz: Verwaltungsakt – Vollstreckung – Freigabe, ZIP 1997, 389; *ders.,* Insolvenz und Umwelthaftung, ZHR Bd. 160 (1996), 593; *Eberhard Wolff,* Grundpfandgläubiger und Konkursverwalter in der Zwangsversteigerung, ZIP 1980, 417; *Worm,* Die Rechtsstellung des Konkursverwalters und seine Aufgaben im Versteigerungsverfahren nach § 172 ZVG, KTS 1961, 119; *Zeller/Stöber,* ZVG-Kommentar, 16. Aufl. 1999; *Steffen Zimmermann,* Rechtsposition, Handlungsalternativen und Kostenbeiträge der absonderungsberechtigten Bank im Rahmen der InsO, NZI 1998, 57.

Übersicht

	RdNr.		RdNr.
A. Normzweck	1	F. Stellung des Schuldners in der Liegenschaftsvollstreckung (Übersicht)	40
B. Entstehungsgeschichte	3		
I. Frühere Regelung	3	G. Einfluss der Insolvenzeröffnung auf Zwangsversteigerungs- und Zwangsverwaltungsverfahren	42
II. Reformvorschläge	7		
III. Gesetzgebungsverfahren	18		
C. Anwendungsbereich	25	I. Bei Insolvenzeröffnung laufende Verfahren	42
D. Möglichkeiten einer Verwertung unbeweglicher Gegenstände in der Insolvenz (Überblick)	26	II. Insolvenzeröffnungsverfahren	47
I. Zwangsversteigerung	26	III. Nach der Insolvenzeröffnung eingeleitete Verfahren	48
1. Ziel und Gegenstand der Zwangsversteigerung	26	1. Absonderungsberechtigte Grundpfandgläubiger	48
2. Zwangsversteigerung in der Insolvenz	27	2. Massegläubiger	50
II. Zwangsverwaltung	29	3. persönliche (nicht privilegierte) Gläubiger	54
1. Ziel und Gegenstand der Zwangsverwaltung	29	H. Verfahren bei Zwangsversteigerung auf Antrag eines Gläubigers	55
2. Zwangsverwaltung in der Insolvenz	30		
III. Gesetzlich nicht geregelte Verwertungsalternativen	31	I. Allgemeines	55
		II. Verfahren	56
IV. Besonderheiten bei der Verwertung von Grundstückszubehör	33	1. Anordnung	56
V. Freigabe	34	2. Beschlagnahme	58
E. Rechte und Pflichten des Insolvenzverwalters in der Liegenschaftsvollstreckung (Übersicht)	35	a) Umfang der Beschlagnahme	59
		aa) Vollstreckung aus einem dinglichen Titel	60
I. Allgemeines	35	bb) Vollstreckung aus einem persönlichen Titel	61
II. Einzelfragen	36	b) relatives Veräußerungsverbot	62
		3. Beitritt	64

§ 165 4. Teil. 3. Abschnitt. Gegenstände mit Absonderungsrechten

	RdNr.
4. Aufhebung oder einstweilige Einstellung des Verfahrens	66
5. Festsetzung des Verkehrswertes	70
6. Ausgebot	71
a) Das geringste Gebot	72
b) Das Bargebot	73
c) Das Mindestgebot	74
7. Zuschlag	76
8. Teilungsplan	80
J. Einstweilige Einstellung der Zwangsversteigerung	87
I. Allgemeines; Grundgedanken der Regelung	87
II. Einstweilige Einstellung der Zwangsversteigerung im Insolvenzeröffnungsverfahren	88
III. Einstweilige Einstellung der Zwangsversteigerung im eröffneten Verfahren	90
1. Einstellungsvoraussetzungen	90
a) bis zum Berichtstermin	91
b) nach dem Berichtstermin	93
aa) bei Fortführung des Unternehmens	94
bb) bei geplanter Gesamtveräußerung	95
cc) bei Gefährdung der Durchführung eines Insolvenzplans	96
dd) bei Erschwerung einer angemessenen Verwertung	98
c) Interessenabwägung, § 30 d Abs. 1 Satz 2 ZVG	100
2. Verfahren	101
3. Gläubigerschutz	102
a) Grundzüge	102
b) Zinsen	104
aa) Inhalt	104
bb) Zeitraum	106
cc) Behandlung von Gläubigern, die mit keiner / nur mit teilweiser Befriedigung aus dem Versteigerungserlös zu rechnen haben	107
c) Wertverlust	110
d) Aufhebung der einstweiligen Einstellung	115
4. Antrag des Schuldners, § 30 d Abs. 2 ZVG	118
K. Zwangsversteigerung auf Antrag des Insolvenzverwalters	119
I. Betreibungsrecht des Insolvenzverwalters	119
1. Inhalt	119
2. Vorteile und Nachteile einer Verwalterversteigerung	122
a) Vorteile	122
b) Nachteile	123

	RdNr.
II. Verfahren	125
1. Antrag und Beschluss	125
2. Beschlagnahme	130
3. Rücknahme des Antrags	132
4. Einstellung des Verfahrens	133
5. Terminbestimmung	134
6. Zusammentreffen von Verwalterversteigerung und Vollstreckungsversteigerung	135
a) Zulässigkeit des Beitritts eines Absonderungsberechtigten zur Insolvenzverwalterversteigerung bzw. Beitritt des Verwalters zur Vollstreckungsversteigerung	135
aa) Meinungsstand unter Geltung der alten Rechtslage	136
bb) Probleme unter Geltung der neuen Rechtslage	141
b) Vorgehen bei Zusammentreffen von Verwalterversteigerung und Vollstreckungsversteigerung	143
7. Ausgebot	145
a) Geringstes Gebot in der Verwalterversteigerung nach § 172 ZVG	145
b) Das abgeänderte geringste Gebot nach § 174 ZVG	149
aa) Zweck des § 174 ZVG	149
bb) Antragsberechtigung	152
cc) Wirkungen des Antrags	153
dd) Ausbietung	154
ee) Verfahren	155
ff) Entscheidung über den Zuschlag	156
c) Das abgeänderte geringste Gebot nach § 174 a ZVG	158
aa) Zweck des § 174 a ZVG	158
bb) Verfahren	162
8. Wertfestsetzung und Zuschlagsversagung	168
9. Verteilungsverfahren	171
III. Reaktionsmöglichkeiten der dinglich gesicherten Gläubiger	172
1. Bei Antrag nach § 174 ZVG	172
2. Bei Antrag nach § 174 a ZVG	173
a) Ablösung	173
b) Andere Reaktionsmöglichkeiten	176
L. Freihändige Verwertung und andere, gesetzlich nicht geregelte Verwertungsalternativen	177
I. Allgemeines	177
II. Freihändige Verwertung	178
III. Kalte Zwangsverwaltung	181
M. Freigabe durch den Insolvenzverwalter	183
I. Übersicht	183
1. Inhalt der echten Freigabe	185
2. Einzelne Anwendungsbespiele	187

	RdNr.		RdNr.
II. Öffentlich-rechtliche Inanspruchnahme wegen Beseitigung von Umweltaltlasten und Auswirkungen auf Grundpfandrechtsgläubiger	190	III. Kollision der Rechte des Zwangsverwalters mit denen des Insolvenzverwalters	237
1. Freigabe des kontaminierten Grundstücks durch den Insolvenzverwalter und Auswirkungen auf öffentlich-rechtliche Umwelthaftung	190	IV. Antrag auf einstweilige Einstellung der Zwangsverwaltung im eröffneten Verfahren	240
a) Die insolvenzrechtliche Qualifikation der Ersatzvornahmekosten	190	1. Einstellungsvoraussetzungen	240
b) Auswirkungen der Freigabe	197	2. Gläubigerschutz	241
aa) Massefreundliche Auffassung	197	a) Nachteilsausgleich	241
bb) Massefeindliche Auffassung	198	b) Aufhebung	243
2. Umweltaltlastenproblematik und öffentliche Grundstückslast nach BBodSchG	205	V. Einstweilige Einstellung der Zwangsverwaltung im Eröffnungsverfahren	246
III. Freigabe und Steuern	210	Q. Eigenkapitalersetzende Nutzungsüberlassung und Zwangsverwaltung/-versteigerung	247
1. Belastung der Masse mit Umsatzsteuer bei Verwertung	210	R. Steuerrechtliche Fragen	253
2. Grundsteuer	212	I. Verwertung des Grundstücks im Wege der Zwangsversteigerung	253
IV. Einzelfragen	210	II. Freihändige Verwertung des Grundstücks	257
1. Rückgängigmachung der Freigabe	210	III. Freigabe	259 a
2. Rückschlagsperre und freigegebenes Grundstück	211	S. Besonderheiten bei einzelnen Vollstreckungsgegenständen und besondere Verfahrensarten	260
3. Gerichtliche Zwangsverwertung des freigegebenen Grundstücks	212	I. Versteigerung von Bruchteilen/Teilungsversteigerung durch den Insolvenzverwalter	260
4. Umfang der mit dem Grundstück freigegebenen Ansprüche	212 a	II. Wohnungseigentum	262
N. Verwertung des Grundstückszubehörs	213	III. Versteigerung aus Eigentümergrundpfandrechten durch den Insolvenzverwalter	264
I. Übersicht	213	IV. Zwangsversteigerung von Schiffen, Luftfahrzeugen und Schwimmdocks	265
II. Probleme bei freihändiger Verwertung des Grundstückszubehörs durch den Insolvenzverwalter	216	V. Erbbaurecht	266
1. Zwangsversteigerung auf Gläubigerantrag	216	VI. Nachlassinsolvenzverfahren	267
a) Veräußerung vor Beschlagnahme	216	VII. Gebäudeeigentum im Beitrittsgebiet	268
b) Veräußerung nach Beschlagnahme	218	VIII. Verwertung der Grundpfandrechte in besonderen Verfahrensarten	269
2. Verwalterversteigerung	219	1. Verbraucherinsolvenz	269
O. Beteiligung der Grundpfandgläubiger an den Kosten der Verwertung des Zubehörs	220	a) Geltendes Recht	269
I. Inhalt der Regelung	220	b) Ausblick auf neue Rechtslage	274
II. Einzelfragen	223	2. Eigenverwaltung	275
P. Zwangsverwaltung	230	3. Planverfahren	276
I. Anordnung und Umfang der Beschlagnahme	230	IX. Auslandsinsolvenz	279
II. Rechte und Pflichten des Zwangsverwalters	234		

A. Normzweck

1 § 165 ermächtigt den **Insolvenzverwalter**, die der Liegenschaftsvollstreckung unterworfenen Gegenstände durch Zwangsversteigerung oder Zwangsverwaltung zu verwerten. Das Verwertungsrecht des Insolvenzverwalters ist in den §§ 172 ff. ZVG näher geregelt.

2 Ist der unbewegliche Gegenstand mit einem Absonderungsrecht belastet, so steht außer dem Verwalter auch dem **absonderungsberechtigten Gläubiger** das Recht zu, die Verwertung im Wege der Liegenschaftsvollstreckung zu betreiben, § 49.

Das **Verwertungsrecht** des Gläubigers ist aber dadurch **beschränkt**, dass der Insolvenzverwalter die Möglichkeit hat, eine einstweilige Einstellung der Zwangsversteigerung (§ 30 d ZVG) bzw. der Zwangsverwaltung (§ 153 b ZVG) zu erreichen.

Im Falle einer Zwangsversteigerung nach Eröffnung des Insolvenzverfahrens ist durch § 10 Abs. 1 Nr. 1 a ZVG eine **Kostenbeteiligung** der absonderungsberechtigten Gläubiger hinsichtlich der Kosten der Feststellung des mithaftenden Grundstückszubehörs vorgesehen.

B. Entstehungsgeschichte

I. Frühere Regelung

3 Bereits nach § **126 KO** hatte der Konkursverwalter die Möglichkeit, neben der freihändigen Veräußerung und der freiwilligen Versteigerung die Zwangsversteigerung und die Zwangsverwaltung der zur Konkursmasse gehörenden unbeweglichen Gegenstände zu betreiben. Das Verfahren war in den §§ 172 bis 174 ZVG geregelt.

Der Konkursverwalter konnte die **Versteigerung** selbst betreiben oder einer vom Absonderungsberechtigten betriebenen Zwangsversteigerung nach § 30 c ZVG entgegentreten.

Der im Rahmen des § 30 c ZVG bestehende **Vollstreckungsschutz** sollte verhindern, dass ein zur Konkursmasse gehörender unbeweglicher Gegenstand im Rahmen der Liquidation zur Unzeit versteigert wurde. Sachliche Voraussetzung für die Verfahrenseinstellung war, dass entweder durch die Versteigerung die angemessene Verwertung der Konkursmasse erheblich erschwert werden würde oder dass ein Zwangsvergleichsvorschlag eingereicht war. Eine Erschwerung der Masseverwertung wurde dann angenommen, wenn durch die Zwangsversteigerung die Bemühungen des Konkursverwalters zur Erhaltung des Unternehmens durch Gesamtveräußerung vereitelt wurden oder wenn sonst Aussicht bestand, bei freihändiger Verwertung oder bei späterer Versteigerung einen höheren Erlös zu erzielen.[1] Der Verfahrenseinstellung durften keine besonderen Gläubigerinteressen entgegenstehen, insbesondere musste die Hinauszögerung der Versteigerung für den sie betreibenden Gläubiger noch wirtschaftlich zumutbar sein, wobei den Interessen der Konkursgläubiger-Gesamtheit aber idR das größere Gewicht beizumessen war.[2] In dem Fall des **vom Konkursverwalter betriebenen Zwangsversteigerungsverfahrens** umfasste das geringste Gebot gem. § 44 ZVG neben den Kosten alle Rechte gem. § 10 Abs. 1 Nr. 1 bis 4 ZVG, da der Konkursverwalter nur als beitreibender Gläubiger der Rangklasse des § 10 Abs. 1 Nr. 5 ZVG angesehen wurde.[3] In der Praxis wurden derartig hohe geringste Gebote kaum abgegeben wurden. Da der Konkursverwalter die Zwangsversteigerung zudem als nachrangiger Gläubiger betrieb, blieben die dem beitreibenden Gläubiger im Rang vorgehenden Rechte bestehen, so dass den Ersteher die Pflicht traf, eine Vielzahl dinglicher Rechte zu über-

---
[1] *Hess* § 126 KO RdNr. 16 ff.; *Zeller/Stöber*, 15. Aufl., § 30 c ZVG RdNr. 2.6. mwN; LG Düsseldorf KTS 1956, 62, 63.
[2] *Zeller/Stöber*, 15. Aufl., § 30 c ZVG RdNr. 3 mwN.
[3] *Hess* § 126 KO RdNr. 32.

nehmen (§§ 44, 52 ZVG – Übernahme- und Deckungsgrundsatz).[4] Dem **absonderungsberechtigten Gläubiger** blieb noch die Möglichkeit, ein **besonderes Ausgebot** dahin zu verlangen, dass bei der Feststellung des geringsten Gebots nur die seinem Absonderungsrecht vorgehenden Ansprüche berücksichtigt werden (§§ 172, 174 ZVG), um den Nachweis eines Ausfalls gem. §§ 64, 153, 155 KO zu führen.[5] Auf diese Weise kam es zu einem Doppelausgebot und damit zu einer Komplizierung des Verfahrens.[6] Trotz einiger Vorteile der Versteigerung durch den Konkursverwalter[7] waren Verwalterversteigerungen in der Praxis selten.[8] Die Kosten einer vom Verwalter betriebenen Zwangsversteigerung wurden als Massekosten nach § 58 Nr. 2 KO klassifiziert.[9] Die Kosten für die Feststellung, Erhaltung und Verwertung des Grundstücks/Grundstückszubehörs kamen allein den gesicherten Gläubigern zugute, diese Kosten wurden aber zu Lasten der ungesicherten Gläubiger aus der Konkursmasse finanziert.

Der Konkursverwalter konnte die **Zwangsverwaltung** eines Massegrundstücks beantragen. In der Praxis fanden vom Konkursverwalter beantragte Zwangsverwaltungen selten statt, da dadurch der Konkursverwalter die Befugnis verlor, selbst die Nutzungen des Grundstücks zu ziehen und über Miet- und Pachtzinsen zu verfügen. 4

Dem Konkursverwalter standen keine Möglichkeiten zur Verfügung, eine von einem anderen Gläubiger des Gemeinschuldners betriebene Zwangsverwaltung zu unterbinden.

In den Fällen, in denen ein zur Masse gehörendes Grundstück der Zwangsverwaltung unterlag, kam es in der Praxis zu **Kollisionen** zwischen der **Befugnis des Zwangsverwalters** zur Nutzung des Grundstücks (§ 152 Abs. 1 ZVG) und dem Recht des Konkursverwalters zur Verwaltung der Konkursmasse.[10]

Besonders umstritten war die Frage, ob der Zwangsverwalter berechtigt sei, den Gewerbebetrieb des Gemeinschuldners trotz Eröffnung des Konkursverfahrens fortzuführen.[11] Im Gesetz war keine Regelung für die Lösung dieser Kollision enthalten. 5

Allerdings bestand Einigkeit darüber, dass ein Betriebsstilllegungsbeschluss der Gläubigerversammlung gem. § 132 KO vom Zwangsverwalter bei seinen wirtschaftlichen Entschlüssen gem. § 152 ZVG beachtet werden musste. 6

II. Reformvorschläge

Ein wesentliches Reformanliegen war es, den Gläubigern den direkten Zugriff auf das Vermögen des Gemeinschuldners in seiner wirtschaftlichen Einheit zu erschweren, umso die **Chancen für eine Fortführung des Unternehmens** zu erhalten. Für den Fall der Nichtfortführung des Unternehmens würden zudem auch die Veräußerungschancen erhöht werden, da die Insolvenzmasse idR dann am wirtschaftlichsten verwertet werden kann, wenn der Verbund erhalten bleibt. 7

Anders als bei Sicherungsübereignung und der stillen Sicherungszession sowie den Verlängerungs- und Erweiterungsformen des Eigentumsvorbehalts, die mit der Verfahrenseröffnung einem automatischen Verwertungsstopp unterliegen, wurde bei den Immobiliarsicherheiten ein derartiger automatischer Verwertungsstopp nicht für notwendig erachtet, da die Zwangsverwertung eines Grundstücks ein langwieriges Verfahren ist und deshalb nicht in dem gleichen Maße die Zerschlagung von Verbundwerten droht.[12] Um die Chancen für die 8

---

[4] *Muth* ZIP 1999, 945 f.
[5] *Gottwald*, Insolvenzrechts-Handbuch, § 44 RdNr. 73.
[6] Vgl. *Zeller/Stöber*, 15. Aufl., § 174 ZVG RdNr. 3.10.
[7] Siehe dazu RdNr. 122.
[8] *Kuhn/Uhlenbruck* § 126 KO RdNr. 1.
[9] *Hess* § 126 KO RdNr. 40.
[10] *Eickmann* ZIP 1986, 1517 ff.
[11] Für die Möglichkeit einer Fortführung durch den Zwangsverwalter: RGZ 135, 197, 202; *Wenzel* BuB 4/2735; *Gerhardt*, Grundpfandrechte im Insolvenzverfahren, 7. Aufl., RdNr. 270 ff.; dagegen: *Eickmann* ZIP 1986, 1517, 1522 ff.
[12] BT-Drucks. 12/2443, S. 88; abgedruckt bei *Uhlenbruck*, Das neue Insolvenzrecht, 1994, S. 249.

Fortführung des zu reorganisierenden Unternehmens zu verbessern, war im **Bericht der Kommission** für Insolvenzrecht ein besonderer Vollstreckungsschutz vorgesehen, der am Vorbild des alten § 30 c ZVG ausgestaltet werden sollte. Neben diesem besonderen reorganisationsrechtlichen Vollstreckungsschutz sollte es bei dem bereits bestehenden Vollstreckungsschutz für das zu liquidierende Unternehmens bleiben.[13]

9   Im **Diskussionsentwurf** wurden die Regelungen zur einstweiligen Einstellung der Zwangsversteigerung in der von der Kommission vorgeschlagenen Form an das neue Insolvenzverfahren angepasst. Dabei wurde die Zuständigkeit des Insolvenzgerichts anstelle der vorher bestehenden Zuständigkeit des Vollstreckungsgerichts begründet und der Standort der Regelung in die Insolvenzordnung verlagert. In § 177 E InsO waren die Voraussetzungen für die einstweilige Einstellung in Abhängigkeit von der Möglichkeit einer Sanierung des Unternehmens enthalten: Bis zum Berichtstermin sollte das Versteigerungsverfahren ohne weitere Bedingungen eingestellt werden. Nach dem Berichtstermin war die Versteigerung einzustellen, wenn das Grundstück auf Grund der Entscheidung der Gläubigerversammlung für eine Fortführung des Unternehmens oder eine Gesamtveräußerung benötigt wurde (unabhängig davon, ob die Fortführung oder geplante Geamtveräußerung auf der Grundlage eines Insolvenzplans erfolgen sollte oder nicht). Weiterhin sollte die einstweilige Einstellung auch dann möglich sein, wenn durch die Versteigerung die angemessene Verwertung der Insolvenzmasse wesentlich erschwert würde. § 178 E InsO enthielt die Regelung, dass dem Gläubiger vom Berichtstermin an die laufenden Zinsen aus der Insolvenzmasse zu zahlen waren.[14]

Um der in der Praxis bestehenden geringen Verbreitung von Verwalterversteigerungen abzuhelfen, mussten die beschriebenen Schwächen[15] der Versteigerung durch den Insolvenzverwalter beseitigt werden. Ein **Hindernis für erfolgreiche Verwalterversteigerungen** war die Tatsache, dass sich auf Grund der **Höhe des geringsten Gebotes** und auf Grund des Umstandes, dass der Bieter die dinglichen Belastungen nach §§ 52, 53 ZVG übernehmen musste, kaum Bieter fanden.

10   Im **Bericht der Kommission** für Insolvenzrecht war keine Regelung zur Lösung dieser Problematik vorgesehen, vielmehr wurde davon ausgegangen, dass sich ein vorrangiger Gläubiger bereit finden werde, die Zwangsversteigerung selbst zu betreiben oder den Antrag nach § 174 ZVG zu stellen.[16]

11   Im **Diskussionsentwurf** zum Gesetz zur Reform des Insolvenzrechts war im Zusammenhang mit der Einfügung des § 10 Abs. 1 Nr. 1a ZVG die Schaffung des § 174a ZVG vorgesehen. Während unter Geltung der bisherigen Rechtslage nur der Gläubiger die Möglichkeit hatte, den Antrag nach § 174 ZVG zu stellen, sollte der neue § 174a ZVG diese Regelung sinngemäß auf die neu geschaffenen Ansprüche aus § 10 Abs. 1 Nr. 1a ZVG übertragen, um auf diese Weise zu einem niedrigeren geringsten Gebot zu kommen.[17]

12   Eines der Hauptziele der Insolvenzrechtsreform war, die **absonderungsberechtigten Gläubiger** an den **Kosten** des Insolvenzverfahrens zu **beteiligen,** um auf diese Weise eine Entlastung der Insolvenzmasse von den Kosten der Feststellung, Erhaltung und Verwertung von Sicherungsgut zu erreichen.

Die **Kommission** für Insolvenzrecht war der Ansicht, dass die **Sicherungsrechte an Immobilien** bei der Neuordnung des Insolvenzrechts grundsätzlich **keinen Einschränkungen** unterworfen werden sollten, da anders als bei den besitzlosen Sicherungsrechten durch die Eintragung der Grundpfandrechte im Grundbuch eine ausreichende Publizität gesichert sei. Weiterhin sollte auf Grund der wirtschaftlichen Bedeutung des langfristigen Bodenkredits dessen Stellung nicht angetastet werden.[18]

---

[13] 1. KommBer. S. 261 f., Leitsätze 2.4.5.2. u. 2.4.5.3.
[14] DE 1988, S. B 167 ff.
[15] Siehe oben unter RdNr. 3.
[16] 1. KommBer. 1985, S. 335, Leitsatz 3.5.1.
[17] DE 1988, S. B 321 f.
[18] 1. KommBer., S. 333, Leitsatz 3. 5 und S. 259, Leitsatz 2.4.5.1.

Hinsichtlich des haftenden **Grundstückszubehörs** wurde hingegen die Einführung 13
eines **Verfahrensbeitrages** in Höhe von 10% des Zubehörwertes für notwendig erachtet,
um zu verhindern, dass die Kosten für die Feststellung, ob die beim Gemeinschuldner
vorgefundenen beweglichen Sachen der Zubehörhaftung unterliegen, weiterhin zu Lasten
der ungesicherten Gläubiger aus der Konkursmasse bedient werden. Weiterhin sollte auch
ein Ausgleich für die Benachteiligung der Befriedigungsaussichten der übrigen Gläubiger
durch die weite Ausdehnung des Zubehörbegriffes durch die Rechtsprechung geschaffen
werden. Bei der Angleichung der Beteiligung der Gläubiger an den Kosten der Feststellung
und Abwicklung des Zubehörgutes an den Verfahrensbeitrag der Inhaber von Mobiliarsicherheiten sollte durch einen geringeren Verfahrensbeitrag der stärkeren Publizität der
Zubehörhaftung sowie der besonderen Bedeutung des langfristigen Bodenkredits Rechnung getragen werden.[19]

Eine **Minderheit** wandte sich gegen den von der Kommissionsmehrheit befürworteten 14
Pauschalabzug und befürwortete einen **Anspruch auf Erstattung der konkreten Ausgaben.** Die Minderheit verwies auf die gravierenden wirtschaftlichen Auswirkungen eines
über den tatsächlichen Kosten liegenden Verfahrensbeitrages, da der Wert der als Sicherheit
bestellten Grundpfandrechte bis zu 50% in dem mithaftenden Zubehör liege.[20]

Der **Diskussionsentwurf**[21] sah durch eine Änderung des § 10 ZVG die Schaffung eines 15
vorrangigen Befriedigungsvorrechts vor. In § 10 Abs. 1 ZVG sollte durch Einfügung einer
Nr. 1 a erreicht werden, dass im Fall der Zwangsversteigerung die Kosten der Insolvenzmasse
zu erstatten waren, die durch die Feststellung des mithaftenden Grundstückszubehörs entstehen, dafür wurde ein Pauschbetrag von 5% des Zubehörwertes vorgesehen. Weiterhin
waren die Ausgaben zur Erhaltung oder nötigen Verbesserung des Grundstücks zu ersetzen.

Unter Geltung der KO kam es in der Praxis häufig zu einer **Kollision der Befugnisse** 16
des Zwangsverwalters zur Nutzung des Grundstücks (§ 152 ZVG) mit dem **Recht des
Konkursverwalters** zur Verwaltung der Konkursmasse. Es galt, durch Schaffung einer
neuen Vorschrift die in der Praxis entstandenen Probleme der Abgrenzung der Kompetenzbereiche zu lösen.

Im **Bericht der Kommission** für Insolvenzrecht war vorgesehen, dass während des
Vorverfahrens und des Liquidationsverfahrens die Regelungen zur Zwangsverwaltung keine
Veränderungen erfahren sollten, während im Reorganisationsverfahren ein Eingriff in die
Zwangsverwaltung für geboten erachtet wurde. Die Befugnisse des Zwangsverwalters sollten
deshalb für die Dauer des Reorganisationsverfahrens auf den Insolvenzverwalter übergehen.[22]

Im **Diskussionsentwurf**[23] war in der Vorschrift des § 180 die Möglichkeit einer einst- 17
weiligen Einstellung der Zwangsverwaltung auf Antrag des Insolvenzverwalters gekoppelt
mit einem Nachteilsausgleich für den beitreibenden Gläubiger vorgesehen.

III. Gesetzgebungsverfahren

Im **Referentenentwurf,** der weitgehend mit dem Diskussionsentwurf übereinstimmte, 18
fanden sich in den §§ 176 bis 180 RefE InsO[24] Bestimmungen zur Verwertung unbeweglicher Gegenstände. Neben § 176 RefE InsO, der mit § 186 RegE InsO[25] und der jetzigen
Vorschrift in § 165 übereinstimmte, enthielt der Referentenentwurf in den §§ 177 ff. RefE
InsO Regelungen, unter welchen Umständen der Insolvenzverwalter eine einstweilige Einstellung der Zwangsversteigerung bzw. Zwangsverwaltung beantragen konnte. Desweiteren

---

[19] 1. KommBer., S. 333 f., Leitsatz 3.5.1.
[20] 1. KommBer., S. 336, Leitsatz 3.5.1.
[21] DE 1988, S. 186.
[22] 1. KommBer. 1985, S. 265, Leitsatz 2.4.5.6.
[23] DE, 1988, S. 91.
[24] RefE S. 104 ff.
[25] BT-Drucks. 12/2443, S. 176, abgedruckt bei *Uhlenbruck,* Das neue Insolvenzrecht, 1994, S. 524.

waren die Vorschriften, die einen Ausgleich der durch die Einstellung der Vollstreckungsmaßnahmen den beitreibenden Gläubigern entstandenen Nachteile anordneten, sowie Normen, die die Voraussetzungen regelten, unter denen der beitreibende Gläubiger eine Aufhebung der Anordnung der Einstellung der Vollstreckungsmaßnahmen erreichen konnte, in die InsO integriert worden.

19   In Art. 7 RefE EGInsO war vorgesehen, dass die Grundpfandgläubiger auf Grund einer Einfügung von Nr. 1a in § 10 Abs. 1 ZVG einen Beitrag zu den Kosten des Insolvenzverfahrens zu leisten haben. Bei der Verwalterversteigerung sollte der Insolvenzverwalter auf Grund des neugeschaffenen § 174a ZVG verlangen können, dass bei der Feststellung des geringsten Gebots nur die den Ansprüchen aus dem neugeschaffenen § 10 Abs. 1 Nr. 1a ZVG vorgehenden Rechte berücksichtigt werden, um auf diese Weise die Chancen für eine Versteigerung des Grundstücks durch ein niedrigeres geringstes Gebot zu erhöhen.

20   Die beschriebenen Regelungen des Referentenentwurfes wurden kaum verändert als §§ 186 bis 190 RegE InsO und Art. 20 RegE EGInsO in das Gesetzgebungsverfahren eingebracht. Die Vorschriften erfuhren dort nur wenige inhaltliche Änderungen, vgl. aber RdNr. 23. Weiterhin kam es zu einer **(Rück)Verlagerung von Regelungen zur Verwertung unbeweglicher Sachen in das ZVG.**

21   Im **Regierungsentwurf** zur Insolvenzrechtsreform war vorgesehen, dass für die **Anordnung der einstweiligen Einstellung von Zwangsversteigerung bzw. Zwangsverwaltung** nicht die Vollstreckungsgerichte, sondern die **Insolvenzgerichte zuständig** sein sollten. Der Standort der Regelungen wurde in die InsO verlagert.[26]

22   Im Rahmen der parlamentarischen Beratungen wurde beschlossen, die **Zuständigkeit** von den Insolvenzgerichten **auf die Vollstreckungsgerichte** aus Gründen der Verfahrensvereinfachung **zurückzuverlagern,** weil es als rationeller angesehen wurde, das Gericht, bei dem die Zwangsversteigerung/Zwangsverwaltung anhängig sei, auch über deren Einstellung entscheiden zu lassen. Infolgedessen kam es zu einer Streichung der §§ 187 bis 190 RegE InsO, diese Regelungen wurde in etwas veränderten und an den neuen Regelungsstandort angepasster Fassung durch Art. 20 EG InsO als §§ 30d, 30e und 30f in das ZVG eingefügt.[27]

23   Im Rahmen des Gesetzgebungsverfahrens kam es zu **inhaltlichen Änderungen** der Vorschrift über die in § 10 Abs. 1 Nr. 1a ZVG geregelte **Kostenbeteiligung:** Während § 10 Abs. 1 Nr. 1a ZVG in der Fassung von Art. 20 RegE EGInsO vorsah, dass die grundpfandrechtlich gesicherten Gläubiger neben einem Pauschalbetrag von 6% des Zubehörwertes für die Feststellungskosten auch die Aufwendungen des Insolvenzverwalters für Erhaltung und nötige Verbesserung des Grundstücks zu tragen hatten, wurde in der InsO auf eine gesetzliche Regelung über den **Abzug von Erhaltungskosten verzichtet.** Die Feststellungskosten-Pauschale wurde von 6% auf 4% des Wertes des Grundstückszubehörs abgesenkt.[28]

24   Durch die Rückverlagerung der Regelungen in das ZVG und bei den teilweise **überstürzten Änderungen der InsO im Gesetzgebungsverfahren** kam es teilweise – wohl nicht vom Gesetzgeber gewollt – zum **Wegfall von Regelungen:** Im RegE waren in den §§ 187, 190 RegE InsO die Voraussetzungen für eine einstweilige Einstellung der Zwangsversteigerung bzw. Zwangsverwaltung durch den Insolvenzverwalter geregelt. Für das **Eröffnungsverfahren** galt § 25 Abs. 2 Nr. 3 RegE InsO,[29] der bestimmte, dass das Insolvenzgericht Maßnahmen der Zwangsvollstreckung gegen den Schuldner untersagen oder einstweilen einstellen kann. Damit bestand für den vorläufigen Verwalter die Möglichkeit, bereits

---

[26] BT-Drucks. 12/2443, S. 176, abgedruckt bei *Uhlenbruck,* Das neue Insolvenzrecht, 1994, S. 525.
[27] Beschlussempfehlung des Rechtsausschusses zu RegE InsO, BT-Drucks. 12/7392, S. 176, abgedruckt bei *Uhlenbruck,* Das neue Insolvenzrecht, 1994, S. 529; Beschlussempfehlung des Rechtsausschusses zu RegE EGInsO, BT-Drucks. 12/7303, S. 108, abgedruckt bei *Uhlenbruck,* Das neue Insolvenzrecht, 1994, S. 899.
[28] Beschlussempfehlung des Rechtsausschusses zu RegE EGInsO, BT-Drucks. 12/7303, S. 108, abgedruckt bei *Uhlenbruck,* Das neue Insolvenzrecht, 1994, S. 899.
[29] BT-Drucks. 12/2443, S. 115, abgedruckt bei *Uhlenbruck,* Das neue Insolvenzrecht, 1994, S. 321 f.

im **Eröffnungsverfahren** auch die **Zwangsverwaltung** einstweilen einstellen zu lassen. Eine derartige Regelung existiert in der InsO nicht mehr.[30]

C. Anwendungsbereich

Unbewegliche Gegenstände i. S. d. § 165 sind alle Gegenstände, welche der Zwangsvollstreckung in das unbewegliche Vermögen unterliegen.
Als Gegenstand der Zwangsvollstreckung kommen in Betracht:
– Grundstücke
– Luftfahrzeuge, vgl. § 171 a ff. ZVG
– Schiffe und Schiffsbauwerke, vgl. §§ 162 ff. ZVG
– Bruchteile eines Grundstücks, eines grundstücksgleichen Rechts, eines Schiffes oder Schiffbauwerks, vgl. § 864 Abs. 2 ZPO
– grundstücksgleiche Rechte: darunter fallen bspw. das Erbbaurecht, grundstücksgleiche Rechte nach den landesrechtlichen Vorschriften, vgl. Artt. 67 bis 69 EGBGB, Kabelpfandrechte an privaten Hochseekabeln nach dem Kabelpfandgesetz sowie Gebäudeeigentum im Beitrittsgebiet, vgl. Art. 233 § 4 Abs. 1 EGBGB
– Nutzungsrechte des Nichteigentümers, der eine Eisenbahn betreibt, § 871 ZPO
– Wohnungs- und Teileigentum, vgl. § 12 Abs. 3 WEG.

D. Möglichkeiten einer Verwertung unbeweglicher Gegenstände in der Insolvenz (Überblick)

I. Zwangsversteigerung

1. Ziel und Gegenstand der Zwangsversteigerung. Die Zwangsversteigerung ist ein gerichtliches Verfahren mit dem Ziel des öffentlichen Verkaufs des Grundstücks[31] zum Zwecke der Befriedigung des Vollstreckungsgläubigers aus dem **Stammwert** des Grundstücks. Durch die Anordnung der Zwangsversteigerung werden das Grundstück und die mithaftenden Gegenstände, jedoch **nicht die Miet- und Pachtzinsforderungen** zugunsten des vollstreckenden Gläubigers beschlagnahmt. Die Verwertung erfolgt im Wege der öffentlichen Versteigerung, wobei das Gesetz nur solche Gebote zulässt, durch welche die dem beitreibenden Gläubiger vorgehenden Rechte gedeckt werden (sog. Deckungsprinzip). Die Feststellung des geringsten Gebots richtet sich nach der im Gesetz aufgestellten Rangordnung, nach welcher die einzelnen Berechtigten am Grundstück und demgemäß am Versteigerungserlös beteiligt sind.[32]

2. Zwangsversteigerung in der Insolvenz. Der Insolvenzverwalter steht im **Rang** eines **nicht dinglich gesicherten Gläubigers** (§ 10 Abs. 1 Nr. 5 ZVG). Hinsichtlich der Kosten für die Feststellung der mithaftenden beweglichen Gegenstände des Hypothekenhaftungsverbandes wurde die Rangklasse des **§ 10 Abs. 1 Nr. 1 a ZVG** neu geschaffen.
Es ist umstritten, ob der Insolvenzverwalter aus allen Rangklassen, also auch aus der Rangklasse Nr. 1 a, die Zwangsversteigerung des Grundstücks betreiben kann.[33]
Bei der Zwangsversteigerung eines Grundstücks aus der Insolvenzmasse sind folgende **Konstellationen** zu unterscheiden:
– Zwangsversteigerung auf Antrag des Insolvenzverwalters (§ 165, §§ 172 ff. ZVG),

---
[30] Zu den Konsequenzen vgl. RdNr. 246.
[31] Der Begriff des „Grundstücks" wird im Folgenden stellvertretend für die oben unter C. beschriebenen Gegenstände, die der Liegenschaftsvollstreckung unterliegen, gebraucht. Auf die bei den anderen Vollstreckungsgegenständen auftretenden Besonderheiten wird unter S. in gesonderten Abschnitten eingegangen.
[32] *Lwowski*, Kreditsicherung, RdNr. 264 ff.
[33] Zu den Einzelheiten vgl. RdNr. 119 ff.

- Zwangsversteigerung auf Antrag eines Absonderungsberechtigten, der sein Recht bereits vor der Krise des Grundstückseigentümers wirksam erworben hat; die Versteigerung kann vor oder nach Eröffnung des Insolvenzverfahrens eingeleitet worden sein (§ 49),
- Zwangsversteigerung auf Antrag eines persönlichen Gläubigers, die vor Eröffnung des Insolvenzverfahrens eingeleitet wurde; diese wird durch § 88 begrenzt (Rückschlagsperre),
- Zwangsversteigerungen auf Antrag eines Massegläubigers, die nach Eröffnung des Insolvenzverfahrens eingeleitet wurden; diese werden durch die § 90 (oktroyierte Masseverbindlichkeiten) und § 210 (Altmasseverbindlichkeiten im masseunzulänglichen Verfahren) eingeschränkt.

II. Zwangsverwaltung

29 **1. Ziel und Gegenstand der Zwangsverwaltung.** Die Zwangsverwaltung ist ein gerichtliches Verfahren mit dem Ziel der Verwertung der Grundstücksnutzungen zum Zwecke der Befriedigung des vollstreckenden Gläubigers aus dem Verwertungserlös. Bei der Zwangsverwaltung erfolgt also die **Befriedigung** nicht aus dem Stammwert, sondern nur **aus den Erträgnissen des Grundstücks**. Die Beschlagnahme erfasst hier auch die Miet- und Pachtzinsforderungen. Ein vom Gericht bestellter Zwangsverwalter verwertet die aus den beschlagnahmten Gegenständen gezogenen Nutzungen. Aus dem Erlös werden die Kosten der Verwaltung bestritten und der Überschuss an die beteiligten Gläubiger nach der vom Gesetz aufgestellten Rangordnung (§ 155 i. V. m. § 10 Abs. 1 ZVG) ausgekehrt.[34]

30 **2. Zwangsverwaltung in der Insolvenz.** Beim Zusammentreffen von Insolvenzverfahren und Zwangsverwaltung besteht eine Sondermasse, die der Zwangsverwaltung unterliegt. Es ist die Aufgabe des Zwangsverwalters, Früchte aus dem Massegrundstück zu ziehen und über die Miet- und Pachtzinsansprüche zu verfügen.[35] Hinsichtlich der in Frage kommenden Konstellationen des Zusammentreffens von Insolvenz- und Zwangsverwaltung sei auf die Ausführungen bei der Zwangsversteigerung verwiesen.[36]

In jüngster Zeit ist es zu einer erheblichen Ausdehnung der Befugnisse des Zwangsverwalters durch die Rechtsprechung gekommen.[37] Dem Zwangsverwalter ist es erlaubt, einen auf dem beschlagnahmten Grundstück geführten grundstücksbezogenen Gewerbebetrieb des Schuldners fortzuführen.

III. Gesetzlich nicht geregelte Verwertungsalternativen

31 Neben dem gesetzlichen Instrumentarium der Zwangsversteigerung und der Zwangsverwaltung bedienen sich die absonderungsberechtigen Grundpfandgläubiger in der Praxis weiterer gesetzlich nicht geregelter Verwertungsalternativen. Sie sind dabei auf die Zusammenarbeit mit dem Insolvenzverwalter angewiesen.

32 Zu nennen ist hier insbesondere die lastenfreie freihändige Veräußerung des Grundstücks durch den Insolvenzverwalter. In diesem Fall müssen vorher die Grundpfandgläubiger Löschungsbewilligungen abgegeben haben.[38] Die Verteilung der Erlöse zwischen Insolvenzverwalter und vor- und nachrangigen Grundpfandgläubiger orientiert sich in diesen Fällen zwar an den Vorschriften zur Zwangsversteigerung in der ZVG, bleibt aber der freien Vereinbarung zwischen den Beteiligten überlassen.[39]

Neben der freihändigen Verwertung des Grundstücks im Wege des Verkaufs werden weitere gesetzlich nicht geregelte Formen der Verwertung von Erträgnissen der Immobilien

---

[34] *Lwowski*, Kreditsicherung, RdNr. 272 ff.
[35] *Wenzel* BuB, RdNr. 4/2730; *Tetzlaff*, ZInsO 2004, 521, 523 mwN.
[36] Siehe RdNr. 135 ff.
[37] BGH, ZInsO 2005, 771; vgl. dazu: *Förster*, ZInsO 2005, 746; *Drasdo*, NJW 2005, 1529.
[38] Siehe RdNr. 178 ff.
[39] *Gerhardt*, Grundpfandrechte im Insolvenzverfahren, 8. Aufl., RdNr. 146; *Lwowski/Tetzlaff* WM 1999, 2336, 2337.

und der Verwertung von Zubehör in der Praxis der Insolvenzabwicklung praktiziert. Eine besondere Bedeutung kommt der sog. kalten Zwangsverwaltung als „Ersatz" für eine gerichtlich angeordnete Zwangsverwaltung zu.[40]

IV. Besonderheiten bei der Verwertung von Grundstückszubehör

Grundstückszubehör, welches im Eigentum des Schuldners steht, wird von der Beschlagnahme des Grundstücks erfasst (§ 20 Abs. 2 ZVG i. V. m. § 1120 BGB) und im Rahmen der Zwangsversteigerung des Grundstücks verwertet. 33

Probleme können sich in der Praxis dann ergeben, wenn der Insolvenzverwalter das Zubehör vor der Beschlagnahme freihändig veräußert und den Erlös für die Insolvenzmasse beansprucht und Grundpfandgläubiger ebenfalls darauf Anspruch erheben.[41]

V. Freigabe

Desweiteren könnte der Insolvenzverwalter auch auf eine Verwertung verzichten und den unbeweglichen Gegenstand, wenn dieser zu hoch belastet ist und deshalb für die Masse kein Überschuss zu erwarten ist, aus der Masse freigeben. 34

Diese Verfahrensweise kann sich dann anbieten, wenn das Grundstück kontaminiert ist und eine kostenaufwändige Sanierung der Umwelthaltlasten von der Behörde gefordert wird, um die Masse von den Kosten einer durch die Behörde vorgenommenen Ersatzvornahme zu entlasten.[42]

E. Rechte und Pflichten des Insolvenzverwalters in der Liegenschaftsvollstreckung (Übersicht)

I. Allgemeines

In der Liegenschaftsvollstreckung hat der Insolvenzverwalter an der Stelle des Schuldners Rechte und Pflichten des Vollstreckungsschuldners wahrzunehmen. 35

Beantragt der **Insolvenzverwalter** die Zwangsversteigerung oder die Zwangsverwaltung, so finden gem. **§ 172 ZVG** die Vorschriften des ersten und zweiten Abschnitts des ZVG **nur entsprechende Anwendung.** Der Insolvenzverwalter wird nur verfahrensrechtlich als beitreibender Gläubiger behandelt, denn in dem Verfahren nach §§ 172 ff. ZVG vereinigt der Verwalter in seiner Person die Rollen des beitreibenden Gläubigers und des Vollstreckungsschuldners gleichzeitig.[43]

II. Einzelfragen

Bietet der Insolvenzverwalter in der Zwangsversteigerung (§ 55 Abs. 1 Nr. 1) **für die Rechnung der Insolvenzmasse,** so muss er die dem bietenden Eigentümer obliegende Sicherheit nach § 68 Abs. 3 ZVG leisten, falls dies der Gläubiger, der die Zwangsversteigerung selbst betreibt, verlangt. In dem Fall, dass der **Insolvenzverwalter die Zwangsversteigerung betreibt,** hat der Insolvenzverwalter das Recht aus § 68 Abs. 3 ZVG. Weiterhin muss der Insolvenzverwalter die in §§ 25 Satz 2, 161 Abs. 3 ZVG bezeichneten Vorschüsse aus der Masse leisten (§ 55 Abs. 1 Nr. 1). 36

Gleiches gilt für **Widersprüche gegen den Teilungsplan:** Es kommen Gläubigerwiderspruch (§ 115 Abs. 1 ZVG) bzw. Schuldnerwiderspruch (§ 115 Abs. 3 ZVG) in Betracht.[44] Gibt der Insolvenzverwalter im Zwangsversteigerungstermin **Gebote für sich selbst** ab, so 37

---

[40] Siehe RdNr. 181.
[41] Siehe RdNr. 216 ff.
[42] Siehe RdNr. 198 ff.
[43] *Kuhn/Uhlenbruck* § 126 KO RdNr. 1 a; *Stöber* § 172 ZVG RdNr. 3. 2.
[44] *Jaeger/Weber* § 126 KO Anm. 14.

ist auf Grund der drohenden **Interessenkollision** zur Wahrnehmung der Rechte der Masse ein Sonderverwalter zu bestellen. Gebote des Insolvenzverwalters kann das Zwangsversteigerungsgericht nicht zurückweisen,[45] es sollte das Insolvenzgericht informiert werden, welches bei einem masseschädigenden Verhalten des Insolvenzverwalters gegen diesen nach § 58 vorgehen kann.[46]

38 Für **Anträge des Insolvenzverwalters auf Zuschlagsversagung** wegen Unterschreitung des Mindestgebotes nach § 74a ZVG ist wie folgt zu differenzieren: Wird das Verfahren von einem absonderungsberechtigten Gläubiger betrieben, so steht dem Insolvenzverwalter als Vollstreckungsschuldner nicht das Recht zu, gem. § 74a ZVG die Versagung des Zuschlags wegen Nichterreichens der 7/10-Grenze zu beantragen, weil der Schuldner nicht als Beteiligter i. S. d. Vorschrift gilt.[47] Ist hingegen ein zur Masse gehörendes Eigentümergrundpfandrecht vom Ausfall bedroht, so ist der Insolvenzverwalter als Gläubiger antragsbefugt.

39 Betreibt der Insolvenzverwalter nach den §§ 172ff. ZVG die Zwangsversteigerung selbst, so kann er auf Grund seiner Stellung als beitreibender Gläubiger ebenfalls keinen Antrag nach § 74a ZVG stellen, sondern kann die Versagung des Zuschlags nur dadurch herbeiführen, dass er den Versteigerungsantrag zurücknimmt oder die einstweilige Einstellung oder die Aufhebung des Versteigerungstermins bewilligt.[48]

F. Stellung des Schuldners in der Liegenschaftsvollstreckung (Übersicht)

40 Der Schuldner ist **nicht Beteiligter i. S. v. § 9 ZVG**.[49] Der Insolvenzverwalter verdrängt den (Gemein-)Schuldner von der Ausübung der Befugnisse, die sonst dem Schuldner als Beteiligten i. S. d. § 9 ZVG zustehen würden.[50]

41 **Ausnahme:** Der Schuldner kann bei vorgelegten Insolvenzplan gegen die Verwertung nach § 30d Abs. 2 ZVG vorgehen.[51]

G. Einfluss der Insolvenzeröffnung auf Zwangsversteigerungs- und Zwangsverwaltungsverfahren

I. Bei Insolvenzeröffnung laufende Verfahren

42 **Vollstreckungsmaßnahmen vor Eröffnung des Insolvenzverfahrens,** die zu einer **wirksamen Beschlagnahme** geführt haben, gewähren im Insolvenzverfahren ein Recht auf abgesonderte Befriedigung, § 49.[52] Dies gilt nicht für durch Zwangsvollstreckung erlangte Sicherungen, wenn sie im letzten Monat vor Antrag auf Eröffnung des Insolvenzverfahrens erlangt wurden, § 88 (sog. Rückschlagsperre).[53]

43 Es muss grundsätzlich zwischen rechtsgeschäftlich erlangten Sicherheiten[54] und wegen einer persönlichen Forderung durch Beschlagnahme erlangten Sicherheiten unterschieden werden. Eine rechtsgeschäftlich bestellte Sicherung wird durch § 88 nicht erfasst,[55] kann

---

[45] *Nerlich/Römermann/Becker* § 165 RdNr. 29.
[46] *Mohrbutter/Drischler/Radtke/Tiedemann*, Die Zwangsversteigerungs- und Zwangsverwaltungspraxis, Bd. 1, Muster 24 Anm. 4/S. 131 mwN.
[47] AA *Nerlich/Römermann/Becker* § 165 RdNr. 24.
[48] *Jaeger/Weber* § 126 KO Anm. 14a; *Gottwald* Insolvenzrechts-Handbuch, § 44 RdNr. 74.
[49] *Kuhn/Uhlenbruck* § 126 KO RdNr. 1c; *Stöber* § 172 ZVG RdNr. 3.3; *Drischler* Rechtspflegerjahrbuch 1967, 275, 285.
[50] *Jaeger/Weber* § 126 KO Anm. 2.
[51] Siehe RdNr. 97 u. *Smid* in FS Gerhardt 2004, 931.
[52] Vgl. dazu vor allem die Kommentierung von § 49.
[53] *Stöber* NZI 1998, 105 f.; *Hintzen* Rechtspfleger 1999, 256, 258.
[54] Zu Einzelproblemen vgl. *Eickmann*, Festschrift für Uhlenbruck, 2000, S. 149ff.
[55] *Hintzen* Rpfleger 1999, 256, 258; *Eickmann* ZfIR 1999, 81 f.

aber nach den §§ 129 ff. anfechtbar sein. Für die Anwendung des § 88 kommt es darauf an, wann der Gläubiger die Sicherung erlangt hat. Strittig ist, ob die Sicherung mit der Eintragung in das Grundbuch oder mit der Stellung eines entsprechenden Antrages entsteht.[56] Der Wortlaut des § 88, der auf das Erlangen der Sicherung abstellt, spricht dafür, dass es auf die Eintragung ankommt.[57]

Richtiger erscheint es aber, zusammen mit der unter Geltung der alten Rechtslage **44** herrschenden Ansicht den Zeitpunkt des Eingangs des Ersuchens um Eintragung des Zwangsversteigerungs-/Zwangsverwaltungsvermerks beim Grundbuchamt zugrundezulegen, sofern die Eintragung demnächst erfolgt (§ 22 ZVG).[58] Für die Anwendung der Rückbeziehung nach § 22 Abs. 1 Satz 2 ZVG spricht, dass diese Vorschrift in bewusster Anlehnung an § 878 BGB geschaffen wurde.

Die unter § 88 fallenden Sicherungen werden rückwirkend unwirksam. In entsprechen- **45** der Anwendung von § 868 ZPO entsteht z. B. aus einer eingetragenen Zwangssicherungshypothek eine Eigentümergrundschuld. Zu Wirkungen des § 88 bei freigegebenen Grundstücken vgl. RdNr. 211.

Das Versteigerungsgericht muss ein angeordnetes Zwangsverwertungsverfahren sofort aufheben, § 28 Abs. 2 ZVG.[59] Neben § 88, der eine Unwirksamkeit ipso iure anordnet, ist bei rechtsgeschäftlich erlangten Sicherheiten und durch Vollstreckungsmaßnahmen erlangten Sicherungen, die nicht der Rückschlagsperre unterfallen, zu prüfen, ob seitens des Insolvenzverwalters **Anfechtungsmöglichkeiten** nach den §§ 129 ff. bestehen.

Besteht ein wirksames Absonderungsrecht, so wird durch die Insolvenzeröffnung ein **46** laufendes Zwangsvollstreckungsverfahren nicht gem. § 240 ZPO unterbrochen. Das Verfahren **kann ohne Umschreibung des Titels** gegenüber dem Insolvenzverwalter **fortgeführt** werden.[60] Diese Grundsätze gelten auch für das Eröffnungsverfahren, d. h. die Fortführung einer Vollstreckung ist ohne die kostenintensive Umschreibung der Klausel auch gegenüber dem vorläufigen Verwalter möglich.

II. Insolvenzeröffnungsverfahren

Die gerichtlich verfügte Untersagung der Zwangsvollstreckung im Insolvenzeröffnungs- **47** verfahren bezieht sich ausdrücklich nicht auf unbewegliche Gegenstände, § 21 Abs. 2 Nr. 3 Hs. 2.[61] Es können also auch während es Insolvenzeröffnungsverfahrens insolvenzfeste Sicherungen erlangt werden. § 88 und die §§ 129 ff. sind zu beachten. Zwangsvollstreckungsmaßnahmen und -verwertungsmaßnahmen können eingeleitet und fortgeführt werden. Die unter I. dargelegten Grundsätze sind zu beachten.

Wird ein Zwangsverwertungsverfahren eingeleitet, so muss ein vorhandener Titel uU auf den vorläufigen Verwalter umgeschrieben werden; es ist zwischen starken und schwachen vorläufigen Verwaltern zu unterscheiden.[62]

III. Nach der Insolvenzeröffnung eingeleitete Verfahren

1. Absonderungsberechtigte Grundpfandgläubiger. Die Anordnung der Zwangs- **48** versteigerung bzw. der Zwangsverwaltung **nach Eröffnung des Insolvenzverfahrens** über das Vermögen des Grundeigentümers erfordert einen dinglichen Titel gegenüber dem Insolvenzverwalter, ggfs. genügt die **Umschreibung** eines bereits gegen den Eigentümer

---

[56] Vgl. dazu auch die Kommentierung von § 88.
[57] *Hintzen* in Kölner Schrift zur InsO, 2. Aufl. 1999, S. 1107 ff., RdNr. 63; *Stöber* NZI 1998, 105, 106.
[58] *Kübler/Prütting/Lüke* § 88 RdNr. 17; vgl. auch: *Jaeger/Henckel* § 13 KO RdNr. 15; *Eickmann* ZIP 1986, 1517, 1518 mwN.
[59] *Hintzen* Rpfleger 1999, 256, 258.
[60] BGH WM 2005, 1324; *Hess* § 165 RdNr. 12; *Mohrbutter* KTS 1958, 81; *Kuhn/Uhlenbruck* KO § 126 RdNr. 8 e; *Stöber* NZI 1998, 105 f.; *Hintzen*, ZInsO 2004, 713, 719.
[61] *Kübler/Prütting/Pape* § 21 RdNr. 17, 21; *Hintzen* Rpfleger 1999, 256, 258; *Eickmann* ZfIR 1999, 81, 82; *ders.*, Festschrift für Uhlenbruck, 2000, S. 149 ff.
[62] Siehe RdNr. 48 ff.

vorliegenden Titels gegen den Verwalter nebst Zustellungsnachweis, §§ 727, 750 Abs. 2 ZPO.[63]

49 Wird bereits während des **Insolvenzeröffnungsverfahrens** die Zwangsverwertung aus einem gegen den Schuldner vorliegenden Titel betrieben, so ist die kostenintensive Umschreibung des Titels nicht notwendig, soweit es sich um einen schwachen vorläufigen Verwalter handelt. Der Schuldner hat noch die Verwaltungs- und Verfügungsbefugnis über sein Vermögen.

Bei Einsetzung eines starken vorläufigen Verwalters spricht hingegen der Gesichtspunkt der Annäherung seiner Stellung an die des Insolvenzverwalters gegen einen an sich wünschenswerten Verzicht auf die Umschreibung.[64] Es droht die nochmalige Notwendigkeit einer Umschreibung im eröffneten Verfahren.

50 **2. Massegläubiger.** Für den Antrag des Massegläubigers auf Zwangsversteigerung oder Zwangsverwaltung bedarf es eines gegen den Insolvenzverwalter erwirkten Titels.

Hinsichtlich des Erwerbs einer Sicherung, aus der die Zwangsverwertung des Grundstücks betrieben werden kann, sind folgende Grundsätze zu beachten: Gem. § 90 ist zwischen oktroyierten und gewillkürten Masseverbindlichkeiten zu unterscheiden. Eine Zwangsvollstreckung durch Massegläubiger kommt nunmehr hauptsächlich nur noch wegen der vom Insolvenzverwalter selbst begründeten Masseverbindlichkeiten in Betracht (vgl. § 90 Abs. 2).

51 Im massearmen Verfahren kommt es gem. § 210 auch hinsichtlich der vom Insolvenzverwalter begründeten Altmasseverbindlichkeiten zu einem Vollstreckungsverbot und danach zu einer verhältnismäßigen Befriedigung der Massegläubiger mit der in § 209 Abs. 1 Nr. 3 angeordneten Rangfolge. Hinsichtlich der Masseverbindlichkeiten, die vom Insolvenzverwalter nach der Anzeige der Masseunzulänglichkeit begründet wurden, gilt dieses Vollstreckungsverbot nicht, vgl. § 210.

52 War zu dem Zeitpunkt, an dem sich herausstellt, dass die Insolvenzmasse nicht zur Befriedigung der Massegläubiger ausreichen wird, bereits durch die Beschlagnahme ein Absonderungsrecht für den Massegläubiger entstanden, so sollte ihm nach früherer Ansicht die Deckung nicht aus dem Grunde wieder entzogen werden können, weil sich später ergibt, dass die Masse nicht zur Berichtigung der noch ausstehenden Masseansprüche ausreicht.[65] An dieser Beurteilung ist auch unter Geltung der InsO festzuhalten, denn § 210 hat keine rückwirkende Kraft, sondern wirkt nur ex-nunc.[66]

53 Dasselbe gilt im Hinblick auf die oktroyierten Masseverbindlichkeiten; auch § 90 ordnet keine Rückschlagsperre an.

Im Falle der Unwirksamkeit der Sicherung nach den §§ 90, 210 gelten die unter 3. dargestellten Grundsätze sinngemäß, vgl. RdNr. 54 ff.

54 **3. persönliche (nicht privilegierte) Gläubiger.** Nach der **Insolvenzeröffnung** kann der persönliche Gläubiger auf Grund des **Verbotes von Zwangsvollstreckungen** während des Insolvenzverfahrens (§ 89) wegen seiner Forderungen keine Sicherungen erlangen und daraus weder die Zwangsversteigerung noch die Zwangsverwaltung betreiben.

Im Falle der Unwirksamkeit der erlangten Sicherung nach § 89 hat das Vollstreckungsgericht das Versteigerungsverfahren für den betreibenden Gläubiger von Amts wegen aufzuheben, § 28 Abs. 2 ZVG. Eine Entscheidung des Insolvenzgerichts nach § 89 Abs. 3 kommt nicht in Betracht, da die Entscheidung von Amts wegen und nicht auf Erinnerung nach § 766 ZPO hin ergehen muss.[67]

---

[63] BGH WM 2005, 1324, 1326; OLG Hamm Rpfleger 1966, 24; *Kesseler*, ZInsO 2005, 918; *Mohrbutter/Drischler/Radtke/Tiedemann*, Die Zwangsversteigerungs- und Zwangsverwaltungspraxis, Bd. 1, Muster 24 Anm. 1/S. 126.
[64] LG Cottbus, ZInsO 2000, 337; aA LG Halle Rpfleger 2002, 89; *Hintzen* ZInsO 2004, 713, 719.
[65] So RGZ 135, 197, 205; *Mohrbutter* KTS 1956, 107, 108; *Kuhn/Uhlenbruck* KO § 126 RdNr. 8 e.
[66] *Kübler/Prütting/Pape* § 210 RdNr. 3.
[67] *Hintzen* Rpfleger 1999, 256, 258; aA: *Eickmann* ZfIR 1999, 81, 82.

H. Verfahren bei Zwangsversteigerung auf Antrag eines Gläubigers

I. Allgemeines

Soweit die o. g. Voraussetzungen[68] erfüllt sind, kann auch nach Eröffnung des Insolvenzverfahrens eine Zwangsversteigerung durch absonderungsberechtigte Gläubiger und Massegläubiger eingeleitet werden bzw. ein bereits vor Insolvenzeröffnung eingeleitetes Verfahren weiterbetrieben werden. Zur Anwendung kommen die normalen Regelungen des ZVG zur Vollstreckungsversteigerung.[69]

II. Verfahren

1. Anordnung. Die Anordnung der Zwangsversteigerung erfolgt durch das zuständige Vollstreckungsgericht (vgl. § 1 Abs. 1, 2 ZVG) auf Antrag des die Vollstreckung betreibenden Gläubigers, § 15 ZVG. Im Versteigerungsantrag sind das Grundstück, der Eigentümer, der Anspruch und der vollstreckbare Titel zu bezeichnen, § 16 Abs. 1 ZVG. Dem Antrag sind die für den Beginn der Zwangsvollstreckung erforderlichen Unterlagen beizufügen, § 16 Abs. 2 ZVG, also vor allem der Vollstreckungstitel mit Zustellungsnachweis.[70]

Liegen alle sachlichen und formellen Voraussetzungen für die Anordnung der Zwangsversteigerung vor, so ordnet das Vollstreckungsgericht diese an und ersucht das Grundbuchamt um die Eintragung des sogen. Zwangsversteigerungsvermerks, § 19 Abs. 1 ZVG, das die Wirkung des auf Grund der Beschlagnahme bestehenden relativen Veräußerungsverbotes sichert.

2. Beschlagnahme. Die Beschlagnahme wird in dem Zeitpunkt wirksam, in dem der Anordnungsbeschluss dem Schuldner zugestellt wird, § 22 Abs. 1 ZVG.[71]

a) Umfang der Beschlagnahme. Der Umfang der Beschlagnahme ergibt sich aus §§ 20 Abs. 2, 21 ZVG i. V. m. §§ 1120 ff. BGB und hängt davon ab, ob aus einem dinglichen oder persönlichen Titel vollstreckt wird.

aa) Vollstreckung aus einem dinglichen Titel. Die Beschlagnahme erstreckt sich gem. § 20 ZVG auf das Grundstück und auf diejenigen Gegenstände, auf welche sich bei einem Grundstück die Hypothek erstreckt. Aus einem dinglichen Titel kann aber in der Insolvenz nicht in die nach §§ 1123 f. BGB mithaftenden Mietzinsansprüche vollstreckt werden.[72] Die Beschlagnahme erstreckt sich hingegen nicht auf die Gegenstände, die im Haftungsverband standen (§ 1120 BGB), die aber bei Beschlagnahme bereits aus dem Haftungsverband ausgeschieden waren, §§ 1121, 1122 BGB. Hat der Grundstückseigentümer bzw. der Insolvenzverwalter Gegenstände, die dem Haftungsverband unterfielen, veräußert, so steht dem Grundpfandgläubiger ein Schadensersatzanspruch zu.[73]

bb) Vollstreckung aus einem persönlichen Titel. Bei der Vollstreckung aus einem persönlichen Titel wird die grundstücksmäßige Haftung erst durch die Beschlagnahme begründet. Es werden also bspw. nicht die Zubehörstücke, die vor der Beschlagnahme an einen Dritten veräußert wurden und die sich nach der Beschlagnahme noch auf dem Grundstück befinden, von der Haftung erfasst, § 1120 BGB. Die Regelungen der §§ 1121, 1122 BGB sind also nicht anwendbar.

---

[68] Siehe RdNr. 48 ff.
[69] Siehe dazu auch die Kommentierung von § 49; zu den letzten Gesetzesänderungen in der Immobiliarvollstreckung vgl. *Kawikowski*, InVo 1999, 37 ff.
[70] Zur Notwendigkeit der Umschreibung des Titels auf den Insolvenzverwalter siehe RdNr. 48 f.
[71] Zu den Problemen im Zusammenhang mit der Eröffnung des Insolvenzverfahrens siehe RdNr. 43.
[72] Strittig, vgl. dazu RdNr. 182 b.
[73] Siehe dazu RdNr. 216 ff.

62 **b) relatives Veräußerungsverbot.** Das durch die Beschlagnahme entstehende relative Veräußerungsverbot gem. § 23 Abs. 1 ZVG umfasst inbesondere:
– Veräußerung des Grundstücks
– Veräußerung wesentlicher Bestandteile des Grundstücks und derjenigen Gegenstände, die zum Haftungsverband des Grundpfandrechts gehörenden Gegenstände, inbes. Zubehör
– Veränderungen im Bestand des Grundstücks, bspw. durch Teilung
– Belastungen des Grundstücks durch dingliche Rechte
– Veränderungen bei bestehenden Rechten am Grundstück, die eine Belastung darstellen, bspw. durch Erhöhung des Zinssatzes dinglicher Rechte

63 Die Möglichkeit eines gutgläubigen Erwerbs wird stark durch § 23 Abs. 2 ZVG eingeschränkt.

64 **3. Beitritt.** Da in Bezug auf ein Grundstück nicht mehrere Zwangsversteigerungsverfahren nebeneinander laufen können, ist in § 27 ZVG die Möglichkeit eines Beitritts vorgesehen.

Einem bereits eingeleiteten Zwangsversteigerungsverfahren kann damit jeder **Massegläubiger** oder **Absonderungsberechtigte** beitreten. Ein Beitritt des Insolvenzverwalters mit der nach §§ 172 ff. ZVG betriebenen Zwangsversteigerung zu einer Vollstreckungsversteigerung ist ebenfalls möglich.[74] Wegen der Modalitäten und zum Konkurrenzverhältnis zwischen den einzelnen Ausgebotsarten (§§ 172, 174, 174a, 44, 52 ZVG) vgl. die Ausführungen unter RdNr. 141 ff., 162 ff. sowie die nachfolgenden Ausführungen.

65 Ein Beitritt kann zur Sicherung der eigenen Rechte notwendig werden. Betreibt ein nachrangiger Gläubiger die Zwangsversteigerung, so fallen alle Rechte in den bestehen bleibenden Teil des geringsten Gebotes (§ 52 ZVG), die dem betreibenden Gläubiger im Rang vorgehen. Tritt ein **besserrangiger Gläubiger** dem Verfahren bei, so richtet sich der Inhalt des geringsten Gebotes nach dem Anspruch mit dem besten Rang. Die nachrangigen Rechte erlöschen durch den Zuschlag und werden ggfs. ausbezahlt.[75] Hingegen hat der Beitritt eines **rangschlechteren Gläubigers** keine Auswirkungen auf das geringste Gebot, der Beitritt kann sich aber trotzdem empfehlen, da der Beitretende bei Zulassung des Beitritts dieselben Rechte hat, als wäre auf seinen Antrag die Versteigerung angeordnet worden, vgl. § 27 Abs. 2 ZVG.

Der Antrag auf Zulassung des Beitritts muss die gleichen Voraussetzungen wie ein Antrag auf Anordnung der Zwangsversteigerung erfüllen.

66 **4. Aufhebung oder einstweilige Einstellung des Verfahrens.** Eine Aufhebung oder einstweilige Einstellung des Verfahrens kommt wegen entgegenstehender grundbuchmäßiger Rechte in Betracht, § 28 ZVG. Das Verfahren ist aufzuheben, wenn der Versteigerungsantrag von dem beitreibenden Gläubiger zurückgenommen wird, § 29 ZVG. Das Verfahren ist einstweilen einzustellen, wenn der Gläubiger die Einstellung nach § 30 ZVG bewilligt.

67 Eine einstweilige Einstellung des Verfahrens auf Antrag des **Schuldners** nach § 30 a ZVG kommt **nicht** in Betracht, da die Rechte durch den Insolvenzverwalter wahrgenommen werden.[76] Beachte aber die **Ausnahme nach § 30 d Abs. 2 ZVG.**

Der **Insolvenzverwalter** kann einen Antrag auf einstweilige Einstellung der Zwangsversteigerung nach § 30 d Abs. 1 ZVG stellen.[77]

68 Strittig war, ob sich der **Insolvenzverwalter** daneben auf die Generalklausel des **§ 765 a ZPO** für sein Begehren um Vollstreckungsschutz berufen konnte. Ein Antrag des Insolvenzverwalters wurde von Gerichten[78] mit der Maßgabe zugelassen, dass nicht auf die Belange des **Schuldners,** wohl aber auf die der Insolvenzgläubiger abzustellen sei, um eine Ver-

---

[74] Strittig, siehe dazu RdNr. 135 ff.
[75] Stöber § 44 ZVG RdNr. 7.1; Wenzel BuB 4/2661 u. 4/2592 f.
[76] Siehe dazu RdNr. 40.
[77] Siehe dazu RdNr. 90 ff.
[78] OLG Braunschweig NJW 1968, 164; OLG Hamm KTS 1977, 50.

schleuderung des Massegrundstücks bei Versagung des Antrages des Insolvenzverwalters auf einstweilige Einstellung verhindern zu können.

Problematisch ist weiterhin, ob der **Schuldner** die Möglichkeit hat, Vollstreckungsschutz nach § 765a ZPO zu beantragen. **69**

Eine Ansicht[79] stellt die Befugnis des **Schuldners**, Vollstreckungsschutzanträge zu stellen, generell in Abrede.

Nach einer anderen Ansicht[80] kann der **Schuldner**, wenn der Insolvenzverwalter den Antrag auf einstweilige Einstellung der Zwangsversteigerung nicht stellt, einen Antrag aus § 765a ZPO stellen.

Der Antrag nach § 765a ZPO kann aber nur dann als begründet angesehen werden, wenn ein krasses Missverhältnis zwischen Verkehrswert und Meistgebot vorliegt.[81] Das Vorliegen dieser Voraussetzungen dürfte nach der Einführung der Regelung des § 85a ZVG, nach welcher der Zuschlag von Amts wegen zu versagen ist, wenn das abgegebene Meistgebot einschließlich des Kapitalwertes der nach den Versteigerungsbedingungen bestehen bleibenden Rechte die Hälfte des Grundstückswertes nicht erreicht, kaum zu bejahen sein, so dass die Problematik als weitgehend entschärft anzusehen ist.[82]

5. Festsetzung des Verkehrswertes. Gem. § 74a Abs. 5 ZVG ist von Amts wegen der Verkehrswert des zu versteigernden Grundstücks festzusetzen. Vor der Festsetzung ist allen Beteiligten rechtliches Gehör zu gewähren. Auf Schuldnerseite ist dies der Insolvenzverwalter.[83] Für den betreibenden Gläubiger hat der Verkehrswert Bedeutung hinsichtlich der Berechnung der Verfahrenskosten, hinsichtlich der Errechnung der Grenzen für die Versagung des Zuschlages nach §§ 85a, 74a ZVG sowie für die Verteilung von Gesamtrechten (§§ 64, 112, 122 ZVG).[84] Auf Schuldnerseite ist die Höhe des Verkehrswertes von Bedeutung im Rahmen der Befriedigungsfiktion des § 114a ZVG sowie im Rahmen von Vollstreckungsschutzanträgen. **70**

6. Ausgebot. Vor der Zwangsversteigerung sind durch das Vollstreckungsgericht das geringste Gebot und die Versteigerungsbedingungen festzusetzen. **71**

a) Das geringste Gebot. Gem. § 44 Abs. 1 ZVG muss das geringste Gebot alle dem bestrangig betreibenden Gläubiger nach der Rangordnung des § 10 ZVG vorgehenden Rechte und die Kosten der Zwangsversteigerung decken. Dieses sog. **Deckungsprinzip** wird dadurch realisiert, dass die bei der Feststellung des geringsten Gebotes berücksichtigten Rechte bestehen bleiben, d.h. der Ersteher erwirbt ein mit diesen Rechten belastetes Grundstück, § 52 Abs. 1 ZVG. **72**

b) Das Bargebot. Das Bargebot ist der vom Ersteher im Verteilungstermin bar zu berichtigende Betrag, § 49 Abs. 1 ZVG. Dieser umfasst den bar zu zahlenden Teil des geringsten Gebots, welcher sich zusammensetzt aus den Verfahrenskosten, § 109 ZVG, aus den Ansprüchen der vorgehenden Rangklassen, Ansprüchen auf Ersatz der Kosten der Rechtsverfolgung, §§ 12 Nr. 1, 10 Abs. 2 ZVG sowie Ansprüchen auf wiederkehrende Leistungen und Nebenleistungen, § 12 Nr. 2 ZVG. **73**

c) Das Mindestgebot. Die Vorschriften zum Mindestgebot sollen eine Verschleuderung des Grundstücks in der Zwangsversteigerung verhindern. Gem. § 85a Abs. 1 ZVG ist der Zuschlag von Amts wegen zu versagen, wenn das abgegebene Mindestgebot nicht mindestens die Hälfte des Grundstückswertes erreicht. Gem. § 85a Abs. 3 ZVG kann es hingegen nicht zu einer Zuschlagsversagung kommen, wenn das Meistgebot zusammen mit dem Ausfallbetrag des Meistbietenden die Hälfte des Grundstückswertes erreicht, da in diesem **74**

---

[79] BVerfG NJW 1979, 2510.
[80] OLG Celle ZIP 1981, 1005; *Mohrbutter* in *Mohrbutter*, Handbuch des Insolvenzrechts, RdNr. VIII. 79/S. 387.
[81] Vgl. dazu nur OLG Celle ZIP 1981, 1005, 1006.
[82] Ebenso *Kuhn/Uhlenbruck* KO § 126 RdNr. 8. Dagegen: *Hornung*, Rpfleger 2000, 363.
[83] *Wenzel* BuB 4/2598.
[84] *Wenzel* BuB 4/2595.

Fall die **Befriedigungsfunktion des § 114a ZVG** dem **Schuldner** zugute kommt. Vorsicht ist bei der **Abgabe von Scheingeboten durch Gläubigervertreter** geboten. Der BGH[85] hat für Vertreter von Gläubigern aus der Kreditwirtschaft die Möglichkeit ausgeschlossen, Gebote mit Blickrichtung auf die Wirkung des § 85a ZVG abzugeben.[86]

75 Nach § 74a Abs. 1 ZVG kann ein Berechtigter i. S. d. § 10 ZVG, dessen Anspruch ganz oder teilweise durch das Meistgebot nicht gedeckt ist, die Versagung des Zuschlags beantragen, sofern sein Anspruch bei einem Gebot in Höhe von 7/10 des Grundstückswerts voraussichtlich gedeckt sein würde. Ein Antrag des Insolvenzverwalters kommt damit im Regelfall nicht in Betracht.[87]

76 **7. Zuschlag.** Mit dem Zuschlag erlangt der Ersteher kraft Hoheitsaktes Eigentum an dem Grundstück und an allen Gegenständen, auf die sich die Versteigerung erstreckt hat, § 90 ZVG. Dabei erstreckt sich die Versteigerung auf alle Gegenstände, deren Beschlagnahme noch wirksam ist, §§ 90 Abs. 1 und Abs. 2, 55 Abs. 1, 20 Abs. 1 und Abs. 2 ZVG, § 1120 BGB, und daneben auch auf im Besitz des Schuldners oder eines neu eingetretenen Eigentümers befindlichen Zubehörstücke, an denen der Dritte nicht rechtzeitig seine Rechte geltend gemacht hat, §§ 90 Abs. 1 und 2, 55 Abs. 2, 37 Nr. 5 ZVG.

77 Es erlöschen die Rechte am Grundstück, die nach den Versteigerungsbedingungen nicht bestehen bleiben sollten, § 91 Abs. 1 ZVG.

78 An die Stelle des erloschenen Rechtes tritt als Surrogat das Recht am Versteigerungserlös, § 91 Abs. 1 ZVG. Dieses Befriedigungsrecht hat den gleichen Rang, den das erloschene Recht gehabt hätte.

79 Auch bei der Zwangsversteigerung in der Insolvenz kann sich für einen gleich- oder nachrangigen Gläubiger empfehlen, den bestrangig **betreibenden Gläubiger abzulösen,** um einen drohenden Rechtsverlust zu verhindern.[88] Die Ablösung führt zu einem gesetzlichen Übergang der Forderung mit allen Neben- und Vorzugsrechten, § 268 Abs. 3 BGB. Damit kommt es auch zu einem Übergang der Rangposition des Abgelösten auf den Ablösenden.[89]

80 **8. Teilungsplan.** Nach der Erteilung des Zuschlags bestimmt das Vollstreckungsgericht von Amts wegen einen Termin zur Verteilung des Versteigerungserlöses, § 105 Abs. 1 ZVG. Im Verteilungstermin wird nach Anhörung der Beteiligten vom Vollstreckungsgericht der Teilungsplan aufgestellt, § 113 Abs. 1 ZVG. Das Gericht stellt idR einen vorläufigen Teilungsplan auf und fordert die Beteiligten vorher zur Anmeldung ihrer Ansprüche auf, § 106 ZVG.

81 Reicht der Versteigerungserlös nicht zur Befriedigung aller Forderungen aus, die aus dem Erlös zu befriedigen sind, so gilt die Rangordnung des § 10 ZVG. Dabei sind die Forderungen aus einer rangniederen Klasse erst dann zu befriedigen, wenn die Forderungen aus der vorgehenden Rangklasse voll befriedigt sind. Bei gleichem Rang erfolgt eine Befriedigung nach dem Verhältnis der Beträge der einzelnen Forderungen, es sei denn, es besteht bei Rechten innerhalb der einzelnen Klasse eine bestimmte Rangordnung (vgl. § 11 ZVG), wie bspw. bei den Grundpfandrechten die Reihenfolge der Eintragung, § 879 BGB.[90] Ein nachrangiger Grundpfandgläubiger, dem gegen den insolventen Grundstückseigentümer nach § 1179a BGB ein Anspruch auf Löschung der vorrangigen Eigentümergrundschuld zusteht, kann nicht Zuteilung an sich beanspruchen. Der Löschungsanspruch aus § 1179a BGB ist nicht insolvenzfest.[91] Gegen den Teilungsplan kann, soweit es sich um formelle Beanstan-

---

[85] BGH NJW 2006, 1355.
[86] Kritisch dazu: *Hasselblatt* NJW 2006, 1320.
[87] Zu den Ausnahmen bei Eigentümergrundpfandrechten, vgl. RdNr. 38.
[88] Siehe ua zur Ablösung der Rechte aus § 10 Abs. 1 Nr. 1a ZVG: RdNr. 173.
[89] *Hintzen*, Die Immobiliarzwangsvollstreckung in der Praxis, RdNr. C 421 f.; MünchKommBGB-*Keller* § 268 RdNr. 15.
[90] *Wenzel* BuB 4/2645 f.
[91] BGH NJW 2006, 2408 m. krit. Anm. *Rein*, NJW 2006, 3470.

dungen handelt, als **Rechtsbehelf** die Rechtspflegererinnerung erhoben werden, § 793 ZPO i. V. m. § 11 RechtspflegerG.

Bei materiellrechtlichen Beanstandungen ist Widerspruch möglich, die §§ 876 ff. ZPO sind entsprechend anwendbar, vgl. § 115 Abs. 1 ZVG.[92] Widerspruchsberechtigt sind alle Beteiligten, die ein Recht auf Befriedigung aus dem Versteigerungserlös haben, aber nach dem Teilungsplan durch einen anderen ganz oder zum Teil verdrängt werden.[93] Der Insolvenzverwalter kann für den **Schuldner** Widersprüche gegen den Teilungsplan erheben.[94]

Erwirbt ein zur Befriedigung aus dem Grundstück Berechtigter das belastete Grundstück in der Zwangsversteigerung, so gilt er gem. **§ 114a ZVG** über den Betrag hinaus, den er aus dem tatsächlichen Gebot erhält, auch insoweit befriedigt, wie er bei einem Gebot von 7/10 des Grundstückswertes Befriedigung erlangt hätte. Ziel der Fiktion des § 114a ZVG ist es, zu verhindern, dass ein zur Befriedigung aus dem Grundstück Berechtigter, der nur an die unterste Grenze seines weitaus höheren dinglichen Rechts geboten hat, in dem Fall, dass er wegen dieses Rechts nicht überboten wird, seine persönliche Forderung behält und als Ausfallforderung geltend macht, obwohl ihm das Grundstück weit unter Wert zugeschlagen wurde.[95]

Lässt der Grundpfandrechtsgläubiger das Grundstück durch einen Strohmann, einen uneigennützigen Treuhänder oder eine von ihm abhängige Gesellschaft ersteigern, um sich dessen Wert zuzuführen, so muss er sich nach § 114a ZVG so behandeln lassen, als hätte er das Gebot selbst abgegeben.[96]

Auch in dem Fall, dass der Grundpfandgläubiger das Recht aus dem Meistgebot auf einen Dritten übertragen hat und diesem der Zuschlag erteilt wird, findet die Befriedigungsfiktion zu Lasten des Grundpfandgläubigers Anwendung.[97]

Umstritten ist, ob in dem Fall, dass der Dritte, an dem das Recht abgetreten wurde, für den Fall, dass er selbst dinglich am Grundstück berechtigt ist, die Befriedigungsfiktion nur gegenüber dem meistbietenden Zedenten oder dem Zessionar wirkt.[98]

J. Einstweilige Einstellung der Zwangsversteigerung

I. Allgemeines; Grundgedanken der Regelung

Im Rahmen der durch Art. 20 EG InsO geschaffenen Regelungen stehen dem Insolvenzverwalter weitgehende Möglichkeiten zur Verfügung, eine einstweilige Einstellung der Zwangsversteigerung zu erreichen. In der Allgemeinen Begründung zum Regierungsentwurf der InsO wurde darauf hingewiesen, dass es ein unverhältnismäßiger Eingriff in die Rechtsstellung immobiliargesicherter Gläubiger gewesen wäre, wenn die Eröffnung des Insolvenzverfahrens stets und automatisch den Lauf einer Liegenschaftsvollstreckung hindern würde. Der Gesetzgeber war der Meinung, dass sich die Interessen der Insolvenzmasse ausreichend wahren lassen würden, wenn dem Insolvenzverwalter die Möglichkeit gegeben wird, durch einen Antrag die einstweilige Einstellung der Zwangsvollstreckung herbeizuführen.[99] Um eine Zerschlagung von Verbundwerten zu verhindern, wurden aber die **Möglichkeiten**, unter denen eine **einstweilige Einstellung** der Zwangsversteigerung möglich ist, gegenüber dem geltenden Recht **erweitert**.[100]

---
[92] *Stöber* § 115 ZVG RdNr. 3.
[93] BGH WM 1972, 1032; *Zöller/Stöber* § 115 ZVG RdNr. 3.4.
[94] *Stöber* § 115 ZVG RdNr. 3.4.
[95] *Stöber* § 114a ZVG RdNr. 2; zur Verfassungsmäßigkeit der Vorschrift: BGH WM 1992, 541, 542 mwN.
[96] BGHZ 117, 8; *Stöber* § 114a ZVG RdNr. 2.8.
[97] BGHZ 108, 248; *Stöber* § 114a ZVG RdNr. 2.7.
[98] Vgl. dazu *Stöber* § 114a ZVG RdNr. 2. 7 mwN.
[99] BT-Drucks. 12/2443, S. 88; abgedruckt bei *Uhlenbruck*, Das neue Insolvenzrecht, 1994, S. 249.
[100] Kritisch dazu *B. Schmidt*, InVo 1999, 73, 75 f.

II. Einstweilige Einstellung der Zwangsversteigerung im Insolvenzeröffnungsverfahren

88 Ist vor der Eröffnung des Insolvenzverfahrens ein vorläufiger Verwalter nach § 21 Abs. 2 Nr. 1 bestellt worden, so ist auf dessen Antrag die Zwangsversteigerung einstweilen einzustellen, wenn dieser glaubhaft machen kann, dass die einstweilige Einstellung zur Verhütung nachteiliger Veränderungen in der Vermögenslage des Schuldners erforderlich ist, vgl. § 30 d Abs. 4 ZVG. Gemeint ist damit nicht die mit jeder Versteigerung verbundene nachteilige Veränderung der Vermögenslage des Schuldners, sondern es soll ein vorzeitiges Auseinanderreißen der einzelnen Vermögensgegenstände im Interesse einer effektiven Verfahrensgestaltung verhindert werden.[101] Da § 22 Abs. 1 Nr. 2 vorsieht, dass das Unternehmen durch den vorläufigen Verwalter fortzuführen ist, wird dieser in jedem Fall gegen eine eingeleitete Zwangsversteigerung vorgehen müssen, um das uU für die Weiterführung des Betriebes benötigte Grundstück zu erhalten.[102] Auf die Ausgestaltung der Rechtsstellung des vorläufigen Verwalters (schwacher oder starker vorläufiger Verwalter) kommt es nicht an.[103]

89 Wegen der Gläubigerschutzregelungen vgl. die Ausführungen unter RdNr. 102 ff.

III. Einstweilige Einstellung der Zwangsversteigerung im eröffneten Verfahren

90 **1. Einstellungsvoraussetzungen.** § 30 d Abs. 1 ZVG nennt unterschiedliche Voraussetzungen für die Anordnung der einstweiligen Einstellung der Zwangsversteigerung auf Antrag des Insolvenzverwalters.

Die unterschiedlich strengen Voraussetzungen orientieren sich an der unterschiedlichen Notwendigkeit eines Vollstreckungsschutzes bei einer geplanten „Gesamtlösung" für das schuldnerische Unternehmen, im Liquidationsverfahren und während des Zeitraums, in dem noch keine Entscheidung über eine etwaige Fortführung des Betriebes gefallen ist.[104]

91 **a) Bis zum Berichtstermin.** Bis zum Berichtstermin (§ 29 Abs. 1 Nr. 1) ergeht die Anordnung der einstweiligen Einstellung der Zwangsversteigerung auf Antrag des Insolvenzverwalters ohne weitere Bedingungen, § 30 d Abs. 1 Nr. 1 ZVG. Bis zu diesem Termin sollen nämlich alle Möglichkeiten für die weitere Durchführung des Insolvenzverfahrens offengehalten werden.[105]

92 Eine Einstellung kann erfolgen, wenn der Verwalter mit seinem Antrag auf einstweilige Einstellung die Terminierung im Eröffnungsbeschluss des Insolvenzverfahrens vorlegt.[106] Gründe für die Ablehnung der Einstellung können sich aber aus § 30 d Abs. 1 Satz 2 ZVG ergeben (wirtschaftliche Zumutbarkeit der Einstellung für betreibenden Gläubiger.[107]

93 **b) nach dem Berichtstermin.** Nach dem Berichtstermin hat ein Antrag auf einstweilige Einstellung der Zwangsversteigerung dann Erfolg, wenn das Grundstück für eine Fortführung oder eine Gesamtveräußerung des Unternehmens benötigt wird oder wenn der Insolvenzverwalter nachweisen kann, dass eine sofortige Versteigerung einen erheblich geringeren Erlös erwarten lässt als eine spätere Veräußerung.

94 **aa) bei Fortführung des Unternehmens.** Die einstweilige Einstellung ist dann anzuordnen, wenn das Grundstück nach dem Ergebnis des Berichtstermins (§ 29 Abs. 1 Nr. 1) im Insolvenzverfahren für eine Fortführung des Unternehmens benötigt wird, vgl. § 30 d Abs. 1 Nr. 2. Dies gilt sowohl dann, wenn die Fortführung auf der Grundlage eines

---

[101] *Eickmann* ZflR 1999, 81, 83.
[102] *Uhlenbruck,* Das neue Insolvenzrecht, 1994, S. 65; *Vallender,* Rechtspfleger 1997, 353, 355.
[103] *Lwowski/Tetzlaff* WM 1999, 2336, 2339.
[104] *Lwowski/Tetzlaff* WM 1999, 2336, 2340; *Eickmann* ZflR 1999, 81, 83 f.; *Hintzen* Rpfleger 1999, 256, 259 ff.; *B. Schmidt,* InVo 1999, 73, 75 ff.
[105] Gesetzesbegründung § 187 RegE InsO, BT-Drucks. 12/2443, S. 176; abgedruckt bei *Uhlenbruck,* Das neue Insolvenzrecht, 1994, S. 526.
[106] *Kübler/Prütting/Kemper* § 165 RdNr. 25; *Hintzen* Rpfleger 1999, 256, 259.
[107] Zur Auslegung vgl. RdNr. 100.

Insolvenzplanes erfolgen soll, vgl. § 30 d Abs. 1 Nr. 3, als auch bei Nichtvorliegen eines solchen Planes.

bb) bei geplanter Gesamtveräußerung. Eine einstweilige Einstellung der Zwangsversteigerung auf Antrag des Insolvenzverwalters kommt ebenfalls dann in Betracht, wenn das Grundstück nach dem Ergebnis des Berichtstermins (§ 29 Abs. 1 Nr. 1) im Insolvenzverfahren für die Vorbereitung der Veräußerung eines Betriebes oder einer anderen Gesamtheit von Gegenständen benötigt wird, vgl. § 30 d Abs. 1 Nr. 2. Dies gilt sowohl bei Vorliegen eines Insolvenzplanes, vgl. § 30 d Abs. 1 Nr. 3, als auch bei Nichtvorliegen eines solchen Planes. 95

Der Begriff der „Gesamtheit von Gegenständen" dürfte angesichts des Willens des Gesetzgebers, eine Zerschlagung von Verbundwerten zu verhindern, weit auszulegen sein.

cc) bei Gefährdung der Durchführung eines Insolvenzplans. Die Zwangsversteigerung ist einstweilen einzustellen, wenn durch eine sofortige Versteigerung die Durchführung eines vorgelegten Insolvenzplans gefährdet werden würde, vgl. § 30 d Abs. 1 Nr. 3 ZVG. Es bedarf der Vorlage eines zulässigen Insolvenzplanes.[108] Neben den bereits genannten Fällen einer geplanten Gesamtveräußerung oder Fortführung eines Betriebes auf Grund der Planung innerhalb eines vorgelegten Insolvenzplanes kommt als eigenständiger Anwendungsbereich des § 30 d Abs. 1 Nr. 3 ZVG der Fall in Betracht, dass im vorgelegten Insolvenzplan eine dingliche Rechtsänderung an Gegenständen vorgesehen ist, bspw. Herabsetzung einer Grundschuld im Zusammenhang mit Forderungskürzungen.[109] 96

Auch der **Schuldner** kann einen Antrag nach § 30 d Abs. 1 Nr. 3 ZVG auf einstweilige Einstellung der Zwangsversteigerung stellen (vgl. **§ 30 d Abs. 2 ZVG**). 97

dd) bei Erschwerung einer angemessenen Verwertung. Weiterhin ist die Anordnung der einstweiligen Einstellung der Zwangsversteigerung dann zulässig, wenn in sonstiger Weise durch die Versteigerung die angemessene Verwertung der Insolvenzmasse wesentlich erschwert würde, vgl. § 30 d Abs. 1 Nr. 4 ZVG. Es handelt sich um eine Auffangvorschrift. Die Regelung knüpft an das Einstellungskriterium des alten § 30 c Abs. 1 Satz 1 ZVG an.[110] § 30 d Abs. 1 Nr. 4 ZVG will eine Versteigerung zur Unzeit vermeiden. Die Voraussetzungen eines Einstellungsantrages nach § 30 d Abs. 1 Nr. 4 ZVG sind insbesondere dann gegeben, wenn bei einer sofortigen Versteigerung ein erheblich geringerer Erlös zu erwarten ist als bei einer späteren Veräußerung.[111] 98

Es müssen allerdings konkrete Anhaltspunkte für die Möglichkeit einer wesentlich besseren späteren Verwertung bestehen.[112] Es liegt keine wesentliche Erschwerung der Masseverwertung vor, wenn die Gegenüberstellung der Renditen nicht eindeutig für eine spätere Verwertung spricht; zu berücksichtigen ist insbesondere, dass ein bei einer späteren Verwertung möglicherweise erzielbarer höherer Erlös durch die während der Verzögerung der Verwertung anfallenden Zinsen, Grundsteuern und sonstigen Unkosten aufgezehrt werden kann.[113] 99

c) Interessenabwägung, § 30 d Abs. 1 Satz 2 ZVG. Gem. § 30 d Abs. 1 Satz 2 ZVG ist der Antrag abzulehnen, wenn die einstweilige Einstellung dem Gläubiger unter Berücksichtigung seiner wirtschaftlichen Verhältnisse nicht zuzumuten ist. Dabei sind die Interessen der Gläubigergesamtheit gegen die Interessen des beitreibenden Gläubigers abzuwägen.[114] Ein Vorrang der wirtschaftlichen Interessen des beitreibenden Gläubigers wird bspw. dann 100

---

[108] Zu den Erfordernissen vgl. die Kommentierung von § 218.
[109] Vgl. dazu *Smid* in FS Gerhardt, 2004, S. 931 ff.
[110] Gesetzesbegr. zu § 187 RegE InsO, BT-Drucks. 12/2443, S. 176; abgedruckt bei *Uhlenbruck*, Das neue Insolvenzrecht, 1994, S. 525.
[111] Gesetzesbegr. zu § 187 RegE InsO, BT-Drucks. 12/2443, S. 176; abgedruckt bei *Uhlenbruck*, Das neue Insolvenzrecht, 1994, S. 525.
[112] LG Ulm ZIP 1980, 477; *Stöber* § 30 d ZVG RdNr. 2.3 d) .
[113] LG Ulm ZIP 1980, 477, 478; *Stöber* § 30 d ZVG RdNr. 2.3 d) .
[114] Gesetzesbegr. zu § 187 RegE InsO, BT-Drucks. 12/2443, S. 176; abgedruckt bei *Uhlenbruck*, Das neue Insolvenzrecht, 1994, S. 525.

angenommen, wenn dieser die Versteigerung betreiben muss, um seinen eigenen Verpflichtungen nachzukommen.[115] Hingegen kann eine Unzumutbarkeit unter dem Gesichtspunkt einer Erhöhung der Forderung auf Grund der auflaufenden Zinsen und eines drohenden Ausfalls wegen der Verzögerung der Zwangsversteigerung durch den betreibenden Gläubiger[116] nicht mehr angenommen werden, da nunmehr ein Nachteilsausgleich in § 30 e ZVG[117] angeordnet ist.[118] Wohl aber kann der betreibende Gläubiger Unzumutbarkeit geltend machen, wenn der Einstellungsantrag erst nach Beginn des Versteigerungsverfahrens gestellt wird und im Verfahren günstige Meistgebote abgegeben wurden, so dass der Grundpfandgläubiger keinen (oder einen entsprechend geringeren) Ausfall befürchten musste. Hier kann die Ablehnung des Einstellungsantrages des Insolvenzverwalters darauf gestützt werden, dass die Einstellung dem betreibenden Gläubiger nicht zumutbar ist, wenn bei einer späteren Versteigerung ein derartig günstiges Meistgebot nicht erwartet werden kann und der Grundpfandgläubiger deshalb mit Ausfall zu rechnen hat.[119]

101　**2. Verfahren.** § 30 d Abs. 3 ZVG enthält durch Verweisung auf § 30 b Abs. 2 bis 4 ZVG die Vorschriften über das einzuhaltende Verfahren und die Rechtsmittel bei einem Antrag des Insolvenzverwalters auf einstweilige Einstellung der Zwangsversteigerung. Der in Bezug genommene § 30 b Abs. 2 Satz 3 ZVG wird dahin modifiziert, dass die Einstellung erfolgt, wenn ihre Voraussetzungen glaubhaft gemacht werden.[120] Eine Frist für die Stellung des **Einstellungsantrages** gilt nicht, da es an einem entsprechenden Verweis auf § 30 b Abs. 1 ZVG fehlt. Damit hat sich der frühere Streit darum, ob dem Insolvenzverwalter ein **unbefristetes Antragsrecht** zustehe,[121] erledigt. Lässt sich der Insolvenzverwalter aber mit seinem Einstellungsantrag zu lange Zeit – vor allem im Hinblick auf Zahlungsauflagen nach § 30 e ZVG –, so kann sein Einstellungsantrag uU nach § 30 d Abs. 1 Satz 2 ZVG abzulehnen sein.[122] Das Antragsrecht besteht bis unmittelbar vor der Zuschlagsentscheidung, ggfs. ist dann nach § 33 ZVG vorzugehen.[123] Die Entscheidung über den Antrag auf einstweilige Einstellung des Verfahrens ergeht durch Beschluss; vor der Entscheidung sind der Insolvenzverwalter und der beitreibende Gläubiger zu hören, vgl. § 30 b Abs. 2 ZVG. Gegen die Entscheidung ist die **sofortige Beschwerde** zulässig, eine weitere Beschwerde findet nicht statt, § 30 b Abs. 3 ZVG.

102　**3. Gläubigerschutz. a) Grundzüge.** Durch die einstweilige Einstellung soll der wirtschaftliche Wert des Rechts des beitreibenden Gläubigers nicht vermindert werden. Der Gläubiger soll durch den Zeitablauf im Grundsatz keinen Schaden erleiden. In § 30 e Abs. 2 ZVG ist eine Ausgleichspflicht für Wertverluste bei Weiternutzung des Grundstücks für die Insolvenzmasse enthalten. Gem. § 30 e Abs. 1 ZVG ist die einstweilige Einstellung mit der Auflage anzuordnen, dass der betreibende Gläubiger zumindest die geschuldeten Zinsen erhält.

103　Weiterhin kann der beitreibende Gläubiger nach § 30 f ZVG den Antrag stellen, die einstweilige Einstellung bei Vorliegen bestimmter Voraussetzungen aufzuheben.

104　**b) Zinsen. aa) Inhalt.** Während der Dauer der einstweiligen Einstellung kann der Gläubiger die Zinszahlungen verlangen, die er auf Grund seines **Rechtsverhältnisses mit dem Schuldner** beanspruchen kann. Der Zinssatz richtet sich nach den vertraglichen Vereinbarungen oder nach den gesetzlichen Regeln (§ 288 BGB, § 352 HGB). § 30 e Abs. 1 ZVG trifft nach der hM hingegen **keine Regelung für die dinglichen Zinsen der**

---

[115] *Stöber* § 30 d ZVG RdNr. 3.
[116] So AG Bremen ZIP 1980, 398.
[117] Dazu RdNr. 110 ff.
[118] *Lwowski/Tetzlaff* WM 1999, 2336, 2340; aA: *Wenzel*, NZI 1999, 101, 102.
[119] *Stöber* NZI 1998, 105, 109; *Lwowski/Tetzlaff* WM 1999, 2336, 2340.
[120] Beschlussempfehlung des Rechtsausschusses zur EG InsO, BT-Drucks. 12/7303, S. 108; abgedruckt bei *Uhlenbruck*, Das neue Insolvenzrecht, 1994, S. 899.
[121] *Zeller/Stöber*, 15. Aufl. § 30 c ZVG RdNr. 5. 2 mwN.
[122] *Lwowski/Tetzlaff* WM 1999, 2336, 2340.
[123] *Stöber* § 30 d ZVG RdNr. 5.1.

Grundpfandrechte. Diese laufen weiter und der Gläubiger kann wegen nicht geleisteter Zinszahlungen abgesonderte Befriedigung verlangen.[124] Die dinglichen Zinsen sind regelmäßig erheblich höher als die vertraglich vereinbarten Zinsen; sie stellen eine Form der Übersicherung dar. Müssten im Rahmen des § 30e Abs. 1 ZVG die dinglichen Zinsen gezahlt werden, so würde damit praktisch die durch die Grundpfandrechte gesicherte Schuld verringert werden. Tilgungszahlungen soll der Gläubiger aber während der Einstellung der Zwangsversteigerung nicht erhalten. In § 30e Abs. 1 ZVG sind also nicht die dinglichen Zinsen geschuldet.[125]

Die **Gegenansicht**,[126] die die dinglichen Zinsen als „vertraglich vereinbarte Zinsen" ansieht, ist abzulehnen. Der Hinweis der Gegenansicht, dass in dem ZVG regelmäßig auf die dinglichen Zinsen abgestellt wird,[127] hat wenig Gewicht, denn nach dem **Sinn und Zweck der insolvenzrechtlichen Regelungen zum Gläubigerschutz** bei Verzögerung der Verwertung von Absonderungsrechten[128] würde ein Abstellen auf die dinglichen Zinsen zu stark die Masse belasten und den Gläubigern einen vom Gesetzgeber nicht gewollten Vorteil verschaffen. Richtig ist allerdings, dass die Regelung in § 30e Abs. 1 ZVG missverständlich formuliert ist. Hintergrund ist die überstürzte Verlagerung der Regelungen zum Gläubigerschutz aus der InsO in das ZVG während des Gesetzgebungsverfahrens.[129] Eine Anpassung an die Terminologie ist nicht erfolgt.

Die Zinsen müssen aus der Masse geleistet werden, d. h. sie stellen Masseverbindlichkeiten i. S. v. § 55 Abs. 1 Nr. 1 dar; die zu zahlenden Zinsen vermindern die gesamte zur Verfügung stehende Masse und sind nicht etwa aus dem Wert des Grundstücks zu entrichten.[130]

bb) Zeitraum. Gem. § 30e Abs. 1 Satz 1 ZVG ist die einstweilige Einstellung mit der Auflage anzuordnen, dass dem betreibenden Gläubiger für die Zeit **nach dem Berichtstermin** (§ 29 Abs. 1 Nr. 1) laufend die geschuldeten Zinsen innerhalb von zwei Wochen nach Eintritt der Fälligkeit als sonstige Masseverbindlichkeiten (§ 55 Abs. 1 Nr. 1) gezahlt werden. Gem. § 29 Abs. 1 Nr. 1 soll dieser nicht über sechs Wochen nach dem Eröffnungsbeschluss liegen und darf nicht über drei Monate später angesetzt werden.

Gem. § 30e Abs. 1 Satz 2 ZVG ist für den Fall, dass die **Einstellung im Insolvenzeröffnungsverfahren** erfolgt ist (§ 30d Abs. 4 ZVG), die Zahlung von Zinsen spätestens von dem Zeitpunkt an anzuordnen, der **drei Monate nach der Ersten einstweiligen Einstellung** liegt.

Auf diese Weise wird erreicht, dass der Gläubiger höchstens drei Monate lang am Zwangszugriff gehindert ist, ohne laufend Zinszahlungen zu erhalten.[131]

cc) Behandlung von Gläubigern, die mit keiner/nur mit teilweiser Befriedigung aus dem Versteigerungserlös zu rechnen haben. Kein Grund zu laufenden Zahlungen aus der Insolvenzmasse besteht in dem Fall, dass es sich bei der dinglichen Sicherheit um eine **Schornsteinhypothek** handelt, der gesicherte Gläubiger also wegen seines Nachrangs ohnehin keine Aussicht auf Befriedigung aus der Sicherheit gehabt hätte. Ist hingegen eine **Teilbefriedigung** des Gläubigers zu erwarten, so sind entsprechend herabgesetzte Zahlungen anzuordnen, vgl. § 30e Abs. 3 ZVG.

---

[124] LG Göttingen ZInsO 2000, 163; *Kübler/Prütting/Kemper* § 165 RdNr. 38; *Obermüller*, Insolvenzrecht in der Bankpraxis, RdNr. 6.371; *Storz*, Praxis des Zwangsversteigerungsverfahrens, RdNr. B 3.1.1; *Obermüller/Hess* RdNr. 1369; *Wenzel*, NZI 1999, 101, 102 f.; *Pape* ZInsO 1999, 398, 399; *Lwowski/Tetzlaff* WM 1999, 2336, 2339 f.
[125] *Tetzlaff* ZInsO 2004, 521, 522; *Uhlenbruck* InsO, 12. Aufl., § 165 RdNr. 19.
[126] *Eickmann* ZfIR 1999, 81, 83; *Hintzen* Rpfleger 1999, 256, 260; *ders.* ZInsO 2004, 713, 720 f.; *B. Schmidt* InVo 1999, 73, 76.
[127] *Eickmann* ZfIR 1999, 81, 83.
[128] Vgl. dazu RdNr. 102 und die Parallel-Regelungen in § 169 für bewegliche Sachen.
[129] Vgl. RdNr. 21 f.
[130] *Uhlenbruck-Uhlenbruck* InsO, 12. Aufl., § 165 RdNr. 19: *Nerlich/Römermann/Becker* § 165 RdNr. 44; wohl aA: *Hintzen*, Kölner Schrift, 2. Aufl. 1999, S. 1107 ff.
[131] Gesetzesbegr. zu § 188 RegE InsO, BT-Drucks. 12/2443, S. 176; abgedruckt bei *Uhlenbruck*, Das neue Insolvenzrecht, 1994, S. 526.

§ 165 108–113 4. Teil. 3. Abschnitt. Gegenstände mit Absonderungsrechten

Mit der Zinszahlung muss sofort begonnen werden. Der Verwalter kann und darf nicht etwa abwarten, bis durch die Versteigerung der genaue Betrag feststeht. Ein Abwarten wäre sowohl für den betreibenden Gläubiger, der auf diese Weise über Monate oder Jahre überhaupt keine Zinszahlungen erhalten würde, als auch für den Verwalter, der sonst gezwungen wäre, vorsorglich Rückstellungen für eine nicht eindeutig bezifferbare Zinslast zu bilden, unzumutbar.[132]

108 Die InsO trifft keine Aussage, **wie** der als Basis für die Verzinsung wesentliche **Grundstückswert** sofort **ermittelt** wird, wenn eine Einigung zwischen dem Verwalter und dem Gläubiger des Grundpfandrechts nicht zustandekommt. In der Gesetzesbegründung[133] findet sich insoweit nur ein Hinweis darauf, dass für die Höhe des zu erwartenden Versteigerungserlöses auf die Verkehrswertermittlung im Zwangsversteigerungsverfahren nach § 74 a Abs. 5 ZVG zurückzugreifen sei.

109 Die **Lösung für die Praxis** müsste so aussehen, dass das Gericht im Rahmen der Anordnung von Auflagen für die einstweilige Einstellung der Zwangsversteigerung nach § 30 e Abs. 1 und 2 ZVG auch darüber entscheiden müsste, welcher Teil der Grundpfandrechte durch den Verkehrswert des Grundstücks gedeckt ist. Die im Zwangsversteigerungsverfahren ohnehin notwendige **Verkehrswertermittlung** nach § 74 a Abs. 5 ZVG würde damit **vorgezogen** werden.[134] Die gerichtliche Anordnung, für welchen Teil der Grundpfandrechte Zinsen zu zahlen sind, hat **abschließenden Charakter.** Dies bedeutet, dass kein Ausgleich verlangt werden kann, wenn sich nachträglich herausstellt, dass der Gläubiger, gemessen am Versteigerungserlös zu viel oder zu wenig Zinsen erhalten hat.[135] Für die Grundpfandrechtsgläubiger empfiehlt sich unter diesen Umständen eine besonders **sorgfältige Prüfung der Verkehrswertfestsetzung** durch das Vollstreckungsgericht, ggfs. muss sofortige Beschwerde gegen die Festsetzung des Verkehrswertes eingelegt werden.[136]

110 **c) Wertverlust.** Wird das Grundstück für die Insolvenzmasse genutzt, so ordnet das Gericht auf Antrag des betreibenden Gläubigers die Auflage an, dass der entstehende Wertverlust von der Einstellung des Versteigerungsverfahrens an durch laufende Zahlungen aus der Insolvenzmasse an den Gläubiger auszugleichen ist, vgl. § 30 e Abs. 2 ZVG.

111 Es bedarf allerdings dann keiner Ausgleichszahlungen, wenn der Wertverlust die Sicherung des Gläubigers nicht gefährdet, wenn also der Gegenstand trotz des Wertverlustes die Haupt- und Nebenforderungen des Gläubigers voll deckt.[137] Der Anspruch steht **selbständig neben dem Anspruch** auf Zahlung der laufenden Zinsen nach **§ 30 e Abs. 1 ZVG.** Im Gegensatz zu dem Anspruch aus § 30 e Abs. 1 ZVG **entsteht** der **Anspruch** auf Ausgleich des Wertverlustes bereits mit der vorläufigen Einstellung des Zwangsversteigerungsverfahrens, d. h. also **ohne** die bis zu drei Monate dauernde **Zwischenfrist.**

112 Der Anspruch besteht nicht bzw. ist nur teilweise zu befriedigen, wenn nach der Höhe der Forderung sowie dem Wert und der sonstigen Belastung des Grundstücks nicht mit einer vollständigen Befriedigung des Gläubigers aus dem Versteigerungserlös zu rechnen ist, vgl. § 30 e Abs. 3 ZVG.[138] § 30 e Abs. 2 ZVG gewährt keinen Anspruch auf eine Nutzungsentschädigung, denn die Zahlung eines Nutzungsentgelts ist nicht vorgesehen.[139]

113 Die Berechnung des Wertverlustes kann sich in der Praxis schwierig gestalten.[140] Problematisch ist insbesondere die Frage, ob von § 30 e Abs. 2 ZVG auch die Fälle erfasst sind, in

---

[132] *Wenzel* BuB 4/2780.
[133] Gesetzesbegr. zu § 188 RegE InsO, BT-Drucks. 12/2443, S. 177; abgedruckt bei *Uhlenbruck,* Das neue Insolvenzrecht, 1994, S. 527.
[134] *Obermüller/Hess* RdNr. 1371; *Lwowski/Tetzlaff* WM 1999, 2336, 2341; *Wenzel* BuB 4/2780.
[135] *Obermüller/Hess* RdNr. 1371; *Wenzel* BuB 4/2780; *Lwowski/Tetzlaff* WM 1999, 2336, 2341.
[136] *Frings* Sparkasse 1996, 384, 385.
[137] Gesetzesbegr. zu § 197 RegE InsO, BT-Drucks. 12/2443, S. 182; abgedruckt bei *Uhlenbruck,* Das neue Insolvenzrecht, 1994, S. 543.
[138] Vgl. Ausführungen unter RdNr. 107 ff.
[139] *Stöber* NZI 1998, 105, 109.
[140] Vgl. dazu *Stöber* NZI 1999, 105, 109; *Lwowski/Tetzlaff* WM 1999, 2336, 2341; kritisch auch: *Uhlenbruck,* Das neue Insolvenzrecht, 1994, S. 34.

denen es während der Dauer der Nutzung des Grundstücks, aber nicht durch Nutzung des Grundstücks, zu größeren Wertverlusten kommt (z. B. **Zusammenbruch des Immobilienmarktes**). Der Wortlaut des § 30 e Abs. 2 ZVG lässt eine Auslegung zu, dass derartige Wertminderungen zu Lasten der Masse gehen.[141]

Eine Ansicht spricht sich dafür aus, nur die Wertverluste auszugleichen, die kausal durch die Nutzung verursacht wurden.[142] Folgt man dieser Meinung, so dürfen Wertsteigerungen, die das Grundstück während der Nutzung erfährt, bei dem Anspruch des Gläubigers nach § 30 e Abs. 2 ZVG nicht anspruchsmindernd berücksichtigt werden.

Zu überlegen ist, bei der Prüfung, ob ein Wertverlust vorliegt, auch die Tatsache, dass der Wert des Grundstücks (des Zubehörs) steuerlich abgeschrieben wird, zu berücksichtigen.

d) Aufhebung der einstweiligen Einstellung. Auf Antrag des beitreibenden Gläubigers ist die einstweilige Einstellung in folgenden Konstellationen aufzuheben:
– Wegfall der Voraussetzungen für die einstweilige Einstellung (geplante Unternehmensfortführung, Veräußerung des Betriebes als Gesamtheit), § 30 f Abs. 1 Satz 1 Alternative 1 ZVG
– Nichterfüllung der Auflagen nach § 30 e ZVG (Teilbefriedigung bzw. Zahlung einer Nutzungsentschädigung), § 30 f Abs. 1 Satz 1 Alternative 2 ZVG
– Zustimmung des die einstweilige Einstellung beantragenden Verwalters oder **Schuldners** zur Aufhebung, § 30 f Abs. 1 Satz 1 Alternative 3 ZVG
– Beendigung des Insolvenzverfahrens, § 30 f Abs. 1 Satz 2 ZVG
– Abweisung oder Rücknahme des Antrages auf Eröffnung des Insolvenzverfahrens, wenn es zur Anordnung der einstweiligen Einstellung der Zwangsversteigerung im eröffneten Verfahren (§ 30 d Abs. 4 ZVG) gekommen war, § 30 f Abs. 2 ZVG.

Für die Entscheidung über die Aufhebung der auf Antrag des Insolvenzverwalters angeordneten Einstellung der Zwangsversteigerung gelten folgende Grundsätze:

Fortgefallen sind die Voraussetzungen für die Einstellung der Zwangsversteigerung nicht schon dann, wenn mit dem Fortgang des Insolvenzverfahrens einzelne Einstellungstatbestände des § 30 d Abs. 1 Nr. 1 bis 4 ZVG entfallen sind, die die Grundlage für die ursprüngliche Einstellung abgegeben hatten.

Eine Aufhebung der während eines Insolvenzverfahrens angeordneten Einstellung der Zwangsversteigerung kann nur dann erfolgen, wenn nach dem Tatsachenvortrag der Beteiligten keiner der Einstellungstatbestände des § 30 d ZVG die Fortdauer der Verfahrenseinstellung rechtfertigt.

Nach rechtskräftiger Entscheidung kann ein neuer Aufhebungsantrag des Gläubigers oder ein erneuter Einstellungsantrag des Insolvenzverwalters nur auf neue Gründe infolge Veränderung der Verhältnisse gestützt werden.[143]

4. Antrag des Schuldners, § 30 d Abs. 2 ZVG. Der Schuldner selbst kann die einstweilige Einstellung der Zwangsversteigerung nur dann beantragen, wenn er einen Insolvenzplan vorgelegt hat, der nicht nach § 231 zurückgewiesen wurde, und wenn die Versteigerung die Durchführung dieses Plans gefährden würde, § 30 d Abs. 2 ZVG.

K. Zwangsversteigerung auf Antrag des Insolvenzverwalters

I. Betreibungsrecht des Insolvenzverwalters

1. Inhalt. Es steht im pflichtgemäßen Ermessen des Insolvenzverwalters, ob er die unbewegliche Sache freihändig veräußert oder durch eine Zwangsversteigerung verwer-

---

[141] Vgl. *B. Schmidt,* InVo 1999, 73, 76; *Lwowski/Tetzlaff* WM 2336, 2341 für Wertverlust durch Änderung eines Bebauungsplans.
[142] *Andersen Freihalter Rechtsanwaltsgesellschaft* (Hrsg.), Aus- und Absonderungsrechte in der Insolvenz, Rd-Nr. 476; *Städtler,* Grundpfandrechte in der Insolvenz, 1998, S. 239 f. mwN.
[143] *Stöber* NZI 1999, 439 ff.

tet.[144] Bei einem vom Insolvenzverwalter betriebenen Zwangsversteigerungsverfahren **vereinigt** der Verwalter **in seiner Person die Stellung eines betreibenden Gläubigers und die des Vollstreckungsschuldners.**[145]

120 Das Gesetz erklärt den ersten und zweiten Abschnitt des ZVG für die sog. **Verwalterversteigerung** für anwendbar, soweit nicht Abweichungen geregelt sind, vgl. § 172 ZVG. Gegenüber der normalen **Vollstreckungsversteigerung** weist das Verfahren nach §§ 172 ff. ZVG auf Grund der Doppelstellung des die Versteigerung betreibenden Verwalters einige **Besonderheiten** auf, die bei der Auslegung der ZVG-Normen zu beachten sind.[146] Der Insolvenzverwalter kann aus der Rangklasse Nr. 5 des § 10 Abs. 1 ZVG sowie aus der Rangklasse Nr. 1a (i. V. m. einem abweichenden Ausgebot nach § 174a ZVG) die Versteigerung des Grundstücks betreiben.[147]

121 Besonders **gegen** die vom Gesetzgeber dem Verwalter eingeräumte **Möglichkeit, aus der Rangklasse Nr. 1a**, also aus bestrangiger Position, **die Zwangsversteigerung zu betreiben,** werden **erhebliche Bedenken** geltend gemacht.

Es wird auf die Gefährlichkeit dieser Regelungen für die Grundpfandgläubiger sowie auf die zusätzliche Komplizierung des Verfahrens durch die Einführung einer weiteren Ausgebotsart hingewiesen.[148]

122 **2. Vorteile und Nachteile einer Verwalterversteigerung. a) Vorteile.** Eine Versteigerung durch den Insolvenzverwalter bietet folgende Vorteile:
– Der Anordnungsbeschluss gilt nicht als Beschlagnahme (§ 173 Satz 1 ZVG), so dass der Insolvenzverwalter auch noch während des Verfahrens die Sicherheit freihändig veräußern kann.
– Für das Verfahren nach § 172 ZVG benötigt der Insolvenzverwalter keinen Vollstreckungstitel, so dass uU die Kosten der Rechtsverfolgung reduziert werden können. Diese Besonderheit wirkt sich allerdings in der Praxis auf Grund der verbreiteten Übung, Grundpfandrechte von Anfang an gem. § 800 ZPO für vollstreckbar zu bestellen, kaum aus.
– Gegenüber einer freihändigen Verwertung bietet die Verwalterversteigerung den Vorteil des gesetzlichen Ausschlusses der Gewährleistung (§ 56 ZVG) sowie die Nichtausübbarkeit des dinglichen Vorkaufsrechts (§ 1098 Abs. 1 Satz 2 BGB). Außerdem entgeht der Verwalter mit der Verwertung im Wege der Zwangsversteigerung dem späteren Gläubigervorwurf einer ungünstigen Verwertung.[149]

123 **b) Nachteile.** Zu den Nachteilen einer Verwalterversteigerung gehört, dass sich durch die formstrengen Vorschriften des ZVG ein Verwertung nicht so schnell durchführen lassen wird, wie eine freihändige Veräußerung. Desweiteren ergibt sich bei der Zwangsversteigerung ein höherer Kostenaufwand.[150]

124 Ein früher bestehender gravierender Nachteil von Verwalterversteigerungen, der darin bestand, dass, wenn kein Gläubiger den Antrag aus § 174 ZVG stellte, wegen der Höhe des geringsten Gebotes **kaum Bietinteressenten** zu finden waren, und so durch eine Einleitung eines Zwangsversteigerungsverfahrens nur Kosten entstanden, wurde durch die **Neueinführung des § 174a ZVG** beseitigt.

---

[144] *Jaeger/Weber* KO § 126 Anm. 1; *Kuhn/Uhlenbruck* KO § 126 RdNr. 1a; *Tetzlaff* ZInsO 2004, 521, 528 f.; vgl. dazu auch RdNr. 179.
[145] *Kuhn/Uhlenbruck* § 126 KO RdNr. 1a.
[146] Vgl. dazu die RdNr. 158 ff.
[147] *Tetzlaff* ZInsO 2004, 521, 523; aA *Hintzen* ZInsO 2004, 713, 716 ff.; vgl. dazu RdNr. 158 ff.
[148] *Muth* ZIP 1999, 945 ff.; *Stöber* § 174a ZVG RdNr. 2.6.
[149] *Breutigam* in *Breutigam/Blersch/Goetsch* § 165 RdNr. 22 ff.; *Kuhn/Uhlenbruck* § 126 KO RdNr. 1; *Gottwald*, Insolvenzrechts-Handbuch, § 44 RdNr. 66.
[150] *Mohrbutter/Drischler/Radtke/Tiedemann*, Die Zwangsversteigerungs- und Zwangsverwaltungspraxis, Bd. 1, Muster 24 Anm. 4/S. 130; *Jaeger/Weber* § 126 KO Anm. 1.

II. Verfahren

1. Antrag und Beschluss. Für einen **Antrag** nach § 172 ZVG benötigt der Insolvenzverwalter keinen Vollstreckungstitel, auch nicht den Beschluss über die Eröffnung des Insolvenzverfahrens. Der Insolvenzverwalter muss lediglich seine Bestellung und die Massezugehörigkeit des Grundstücks nachweisen.[151] Zum **Nachweis, dass das Objekt zur Insolvenzmasse gehört,** genügt der Insolvenzvermerk im Grundbuch oder Register. Der **Schuldner** muss als Grundstückseigentümer eingetragen oder Erbe des Eingetragenen sein, § 17 Abs. 1 ZVG. 125

Ist ein Dritter eingetragen und hat der Insolvenzverwalter die Eigentumsübertragung erfolgreich angefochten, so ist zur Anordnung der Zwangsversteigerung nicht erforderlich, dass der **Schuldner** zuvor als Eigentümer im Grundbuch eingetragen wird.[152] 126

Hat der Insolvenzverwalter hingegen das **Grundstück** aus der Insolvenzmasse an den **Schuldner freigegeben,** so kann der Insolvenzverwalter das Zwangsvollstreckungsverfahren nicht mehr betreiben und der **Schuldner** kann sich gegen einen Zwangsversteigerungsantrag des Insolvenzverwalters gem. §§ 766, 771 ZPO wehren.[153] 127

Der **Anordnungsbeschluss** ist dem **Insolvenzverwalter** zuzustellen. Eine **Zustellung an den Schuldner** ist nicht zwingend, da dieser nicht Beteiligter i. S. d. § 9 ZVG ist, aber ratsam, weil der **Schuldner** nach Aufhebung des Insolvenzverfahrens oder durch Freigabe des Grundstücks aus der Masse in die Lage kommen kann, das Verfahren fortführen zu müssen. 128

Um beim **Schuldner** keine falschen Vorstellungen über seine Rechtsstellung zu erwecken und dadurch möglicherweise verfahrensverzögernde Anträge zu provozieren, empfiehlt es sich, die Zustellung mit dem Zusatz „Zustellung trotz Insolvenz" vorzunehmen.[154] 129

2. Beschlagnahme. Der auf Antrag des Insolvenzverwalters die Zwangsversteigerung anordnende Beschluss **gilt grds. nicht als Beschlagnahme,** vgl. § 173 Satz 1 ZVG. Wie eine Beschlagnahme wirkt die Zustellung des Anordnungsbeschlusses an den Insolvenzverwalter hingegen für die Abgrenzung der laufend wiederkehrenden Leistungen von den Rückständen (§ 13 ZVG) und hinsichtlich der Zubehörstücke, die nicht im Eigentum des Vollstreckungsschuldners stehen (§ 55 ZVG), vgl. § 173 Satz 2 ZVG. 130

Der Anordnungsbeschluss enthält **kein Veräußerungsverbot** nach § 23 ZVG. Der Insolvenzverwalter kann also weiterhin über das Grundstück und über Zubehör, Erzeugnisse und Bestandteile verfügen.[155] 131

3. Rücknahme des Antrags. Der Insolvenzverwalter muss seinen Antrag zurücknehmen bei: 132
– Aufhebung des Insolvenzverfahrens
– freihändige Veräußerung des Grundstücks durch den Insolvenzverwalter
– Freigabe durch den Insolvenzverwalter.[156]

4. Einstellung des Verfahrens. Der Insolvenzverwalter kann die einstweilige Einstellung des Verfahrens nach § 30 ZVG bewilligen, er ist dann nach § 31 ZVG zu belehren und muss nach § 31 ZVG fortsetzen. Anträge nach §§ 30 a ff. ZVG kommen nicht in Betracht – sowohl seitens des Insolvenzverwalters, der nicht gegen sich selbst den Einstellungsantrag stellen kann, als auch von Seiten des **Schuldners,** der nicht Beteiligter ist.[157] **Ausnahme:** Antrag des **Schuldners** nach § 30 d Abs. 2 ZVG. 133

---

[151] *Stöber* § 172 ZVG RdNr. 5.1; *Hess* § 165 RdNr. 20.
[152] RGZ 56, 142, 143; *Mohrbutter/Drischler/Radtke/Tiedemann,* Die Zwangsversteigerungs- und Zwangsverwaltungspraxis, Bd. 1, Muster 24 Anm. 4/S. 130 mwN.
[153] *Hess* § 165 RdNr. 21; *Stöber* § 172 ZVG RdNr. 5.1.
[154] So auch *Stöber* § 172 ZVG RdNr. 3.3.
[155] *Stöber* § 173 ZVG RdNr. 2.3; *Hess* § 165 RdNr. 24 ff.
[156] *Stöber* § 172 ZVG RdNr. 5.2.
[157] *Mohrbutter* KTS 1961, 103; *Stöber* § 172 ZVG RdNr. 5.4.

134 **5. Terminbestimmung.** Bei der Terminbestimmung ist darauf hinzuweisen, dass es sich um eine Versteigerung auf Antrag des Insolvenzverwalters handelt, so dass sich alle Beteiligten darauf einstellen können, dass es zur Anwendung der §§ 172 ff. ZVG kommt, die gegenüber dem normalen Zwangsversteigerungsverfahren Besonderheiten aufweisen.[158]

135 **6. Zusammentreffen von Verwalterversteigerung und Vollstreckungsversteigerung. a) Zulässigkeit des Beitritts eines Absonderungsberechtigten zur Insolvenzverwalterversteigerung bzw. Beitritt des Verwalters zur Vollstreckungsversteigerung.** Der Beitritt ist in beiden Fällen zulässig.[159]

136 **aa) Meinungsstand unter Geltung der alten Rechtslage.** Bereits unter Geltung der alten Rechtslage war streitig, ob der absonderungsberechtigte Gläubiger einem vom Insolvenzverwalter beantragten Verfahren nach § 27 ZVG beitreten kann.

137 Einige Stimmen[160] befürworteten die **Zulässigkeit eines Beitritts.** Der Beitritt führt zugunsten der Gläubiger eine Beschlagnahme des Grundstücks herbei, die mit ihrer Zustellung an den Insolvenzverwalter als Veräußerungsverbot wirkt. Diesem bleibt nunmehr nur noch die Verwaltung und Benutzung des Grundstücks in den Grenzen einer ordnungsgemäßen Wirtschaft, § 23 ZVG. Der Verwalter kann dann nicht mehr gem. §§ 1121, 1122 BGB über die beweglichen Sachen des Haftungsverbandes verfügen.[161]

138 Eine andere Ansicht[162] hielt den Beitritt eines Vollstreckungsgläubigers zu einer Verwalterversteigerung **nicht** für **möglich.**

139 Insolvenzverwalterversteigerung und Vollstreckungsversteigerung könnten zwar zeitlich zusammentreffen, sie seien aber auch dann als getrennte Verfahren durchzuführen, da **beide Verfahren unterschiedlich ausgestaltet** seien und deshalb **unterschiedlichen Verfahrensgrundsätzen** unterliegen.

140 Für die Meinung, die die Anwendbarkeit des § 27 ZVG ablehnte, sprachen vor allem **Praktikabilitätsargumente.** Es wurde darauf hingewiesen, dass es bei einer gemeinsamen Durchführung von Verwalterversteigerung und Vollstreckungsversteigerung in einem Termin auf Grund der Vielzahl der geringsten Gebote zu einer Verunsicherung der Bieter kommen würde, so dass die praktischen Schwierigkeiten eine Verfahrensverbindung nicht ratsam erscheinen ließen.[163]

141 **bb) Praktische Durchführung und Probleme unter Geltung der neuen Rechtslage.** Geht man von der Ansicht aus, die die Zulässigkeit eines Beitritts verneint, so wären zeitlich zusammentreffende Verfahren (Vollstreckungsversteigerung und Verwalterversteigerung) als getrennte Verfahren durchzuführen.[164] Um die Übersicht hinsichtlich der geringsten Gebote zu wahren, wäre von einer gemeinsamen Durchführung von Vollstreckungsversteigerung und Verwalterversteigerung in einem Termin abzusehen. Bisher (vor Einführung des § 174a ZVG) galten hinsichtlich der **Reihenfolge der Verfahren** folgende Grundsätze: Es wurde zuerst das Verfahren des bestrangig betreibenden Gläubigers durchgeführt, da hier die Verfahrensdurchführung mehr Aussicht auf Erfolg versprach, d. h. das Verfahren des absonderungsberechtigten Gläubigers (Vollstreckungsversteigerung) hatte Vorrang, und erst, wenn dieses nicht zum Erfolg führte, kam es zu der vom Insolvenzverwalter beantragten Versteigerung.[165] Mit der **Einführung des § 174a ZVG** ist der Insolvenz-

---

[158] *Mohrbutter/Drischler/Radtke/Tiedemann*, Die Zwangsversteigerungs- und Zwangsverwaltungspraxis, Bd. 1, Muster 24 Anm. 4/S. 130.
[159] Vgl. RdNr. 141 ff.
[160] *Drischler* Rechtspflegerjahrbuch 1967, 275, 288; *Kuhn/Uhlenbruck* § 126 KO RdNr. 2.
[161] *Gerhardt*, Grundpfandrechte im Insolvenzverfahren, 8. Aufl., RdNr. 225; *Muth*, ZIP 1999, 945, 950.
[162] *Mohrbutter/Drischler/Radtke/Tiedemann*, Die Zwangsversteigerungs- und Zwangsverwaltungspraxis, Bd. 1, Muster 24 Anm. 6/S. 133; *Zeller/Stöber*, 16. Aufl., § 172 ZVG RdNr. 7.1.
[163] *Mohrbutter/Drischler/Radtke/Tiedemann*, Die Zwangsversteigerungs- und Zwangsverwaltungspraxis, Bd. 1, Muster 24 Anm. 5/S. 133.
[164] Vgl. *B. Schmidt*, InVo 1999, 73, 74 zur bisher geübten Praxis.
[165] *Steiner/Eickmann* § 172 ZVG RdNr. 33.

verwalter in die Position des bestrangig betreibenden Gläubigers gerückt, d. h. er wird zum **„Herr des Verfahrens"**.

Würde man hier der bisher vertretenen Auffassung von der Unzulässigkeit des Beitritts **142** folgen, so hätte dies beträchtliche **nachteilige Auswirkungen auf den die Vollstreckungsversteigerung betreibenden Gläubiger,** denn dieser müsste hinnehmen, dass in dem ersten Verfahren (Verwalterversteigerung) der Zuschlag auf das Ausgebot nach § 174a ZVG erteilt wird und er uU seine Rechte verliert. Es ist aber **kein Rechtsschutzinteresse des Insolvenzverwalters** zu ersehen, den **Zuschlag auf ein unter Berücksichtigung der Löschung der Rechte** der anderen die Zwangsversteigerung betreibenden Gläubiger **geringeres Meistgebot nach § 174a ZVG** verlangen zu dürfen.[166] Um zu verhindern, dass Verwalterversteigerung und Vollstreckungsversteigerung in getrennten Verfahren stattfinden und in dem ersten Verfahren, der Verwalterversteigerung, der Zuschlag auf das Ausgebot nach § 174a ZVG erteilt und der die Vollstreckungsversteigerung betreibende Gläubiger das Nachsehen hat, sollte der **Beitritt zugelassen** werden. Dies gilt sowohl für den Beitritt des absonderungsberechtigten Gläubigers zur Verwaltersteigerung als auch für den umgekehrten Fall.

b) Vorgehen bei Zusammentreffen verschiedener Ausgebotsarten. Läßt man den **143** Beitritt zu, so kann es zu einem Zusammentreffen verschiedener Ausgebotsarten kommen. Tritt ein absonderungsberechtigter Gläubiger der Verwalterversteigerung bei, so ist insoweit eine weitere Ausgebotsart zuzulassen, deren Bedingungen das geringste Gebot bei der Vollstreckungsversteigerung berücksichtigen.[167]

Ob der Ausgebotsart des beigetretenen Gläubigers oder dem Ausgebot nach §§ 172, 174, **144** 174a ZVG der Zuschlag erteilt wird, richtet sich nach folgenden Grundsätzen:[168]
– gegenüber der Ausgebotsart nach § 172 ZVG geht die Ausgebotsart nach §§ 44, 52 ZVG vor,
– im Vergleich zu der nach § 174 ZVG maßgeblichen Ausgebotsart kommt es darauf an, ob der Antragsteller nach § 174 ZVG oder der Beitretende den besseren Grundbuchrang hat,
– im Verhältnis zur Ausgebotsart nach § 174a ZVG gilt, dass dem Insolvenzverwalter das Rechtsschutzinteresse fehlt, den Zuschlag auf ein unter Löschung der Grundpfandrechte des beigetretenen Gläubigers geringeres Meistgebot verlangen zu dürfen.

Zu weiteren Fällen des Zusammentreffens verschiedener Ausgebotsarten vgl. RdNr. 162 ff.

7. Ausgebot. a) Geringstes Gebot in der Verwalterversteigerung nach § 172 145 ZVG. Betreibt der Insolvenzverwalter die Zwangsversteigerung, wird das geringste Gebot so aufgestellt, als betreibe ein persönlicher Gläubiger der **Rangklasse 5** des § 10 ZVG das Verfahren.[169]

In das geringste Gebot sind einzustellen: **146**
– Kosten des Verfahrens, § 109 ZVG
– Ansprüche der Rangklassen 1 bis 3 des § 10 ZVG
– alle weiteren dinglichen Rechte, da es auf Grund der fehlenden Beschlagnahmewirkung bei der Insolvenzverwalterversteigerung (vgl. § 173 ZVG) keine nicht ins geringste Gebot fallenden dinglichen Rechte gibt; dies bedeutet, dass neben den eingetragenen Rechten nach § 10 Abs. 1 Nr. 4 ZVG auch die Ansprüche aus § 10 Abs. 1 Nr. 7 und 8 ZVG (ältere Rückstände der Rangklassen 3 und 4) in das geringste Gebot aufzunehmen sind.[170]

---
[166] *Muth* ZIP 1999, 945, 951 f.; vgl. auch die Ausführungen von *B. Schmidt* InVo 1999, 73, 74 f.
[167] *Muth,* ZIP 1999, 945, 950.
[168] *Muth* ZIP 1999, 945, 952.
[169] *Stöber* § 174 ZVG RdNr. 2.2; *Steiner/Eickmann* § 174 ZVG RdNr. 3; *Drischler* Rechtspflegerjahrbuch 1967, 275, 281.
[170] *Stöber* § 174 ZVG RdNr. 2.2; *Muth,* ZIP 1999, 945, 948.

147 Das geringste Gebot besteht aus den bestehen bleibenden Rechten (§ 52 ZVG) und dem bar zu zahlenden Teil (§ 49 Abs. 1 ZVG). Bei den bestehen bleibenden Rechten werden vom Vollstreckungsgericht alle vor dem Versteigerungsvermerk im Grundbuch eingetragenen Rechte berücksichtigt. Da nur vor Eröffnung des Insolvenzverfahrens entstandene, wirksame Belastungen aufgenommen werden dürfen, muss der Insolvenzverwalter ggfs. gegen unwirksame Belastungen selbst vorgehen.[171]

148 Daneben wird vertreten, dass der Insolvenzverwalter aus der **Rangklasse Nr. 1a** die Zwangsversteigerung betreiben könne.[172]

149 **b) Das abgeänderte geringste Gebot nach § 174 ZVG. aa) Zweck des § 174 ZVG.** Ein Gläubiger, der für seine Forderung gegen den **Schuldner** ein vom Insolvenzverwalter anerkanntes Recht auf Befriedigung aus dem Grundstück hat, kann in der Verwalterversteigerung verlangen, dass bei der Festsetzung des geringsten Gebotes nur die seinem Ansprüche vorgehenden Rechte berücksichtigt werden, § 174 ZVG.

150 Die Norm verfolgt den Zweck zu verhindern, dass die vom Ausfall bedrohten Gläubiger der dinglichen Rechte, wollen sie den Nachweis ihres Ausfalls gem. §§ 52, 190 Abs. 1 führen, allein zu diesem Zweck die Vollstreckungsversteigerung betreiben. Sie erhalten die Möglichkeit, das geringste Gebot so festzustellen zu lassen, als seien sie selbst betreibende Gläubiger.

Auf diese Weise wird ein niedrigeres geringstes Gebot erzielt, so dass sich die Chance erhöht, dass sich Bietinteressenten finden, während mit einem normalen geringsten Gebot in der Praxis auf Grund der hohen Grundstücksbelastungen sonst kaum ein Versteigerungsergebnis zu erzielen gewesen wäre.[173] Auf diese Weise werden die Grundpfandrechtsgläubiger in die Lage versetzt, den Nachweis ihres Ausfalls zu führen.

151 Weiterhin bietet die Vorschrift die Möglichkeit an zu verhindern, dass ein Zuschlag erfolgt und das eigene Recht bestehenbleibt und man bei ungewissen Chancen einer Realisierung des Rechts in der Zukunft gar kein Geld vom Insolvenzverwalter erhält.[174] Die Regelung des § 174 ZVG kommt insbesondere den absonderungsberechtigten Realgläubigern zugute, deren Rechte noch nicht selbstständig durch eigene Betreibung der Vollstreckung oder Beitritt verfolgbar ist.[175]

152 **bb) Antragsberechtigung.** Antragsberechtigt sind nur Gläubiger, die einen vom Insolvenzverwalter anerkannten dinglichen Anspruch auf Befriedigung aus dem Grundstück und eine persönliche Forderung gegen den **Schuldner** haben. Haftet der **Schuldner** dem Gläubiger nur dinglich, so ist der Gläubiger nicht antragsberechtigt.[176]

153 **cc) Wirkungen des Antrags.** Mit dem Antrag nach § 174 ZVG **wird** der Antragsteller **nicht betreibender Gläubiger**, so dass ihm auch nicht dessen Rechte zustehen, bspw. kein Widerspruchsrecht nach § 37 Nr. 4 ZVG, kein Verlangen nach Sicherheitsleistung gem. § 67 Abs. 2 ZVG, keine Bewilligung der Einstellung.[177] Nimmt der Insolvenzverwalter den Versteigerungsantrag wieder zurück, so entfällt das Recht des Gläubigers, der den Antrag nach § 174 ZVG gestellt hat, seinen Ausfall feststellen zu lassen.[178]

154 **dd) Ausbietung.** Als Folge des Antrages nach § 174 ZVG kommt es zu einem **Doppelausgebot**, d. h. die Immobilie muss einerseits normal ausgeboten werden (Folge: alle zu berücksichtigenden Rechte sind bar oder bestehen bleibend in das geringste Gebot aufzunehmen) und andererseits mit der verlangten Abweichung (Folge: nur die dem Antragsteller vorgehenden Rechte werden bar oder bestehendbleibend in das geringste Gebot

---

[171] *Stöber* § 174 ZVG RdNr. 2.3.
[172] Zu den Einzelheiten vgl. RdNr. 119 ff. u. RdNr. 158 ff.
[173] *Stöber* § 174 ZVG RdNr. 3.1; *Steiner/Eickmann*, § 174 ZVG RdNr. 1f.
[174] *Steiner/Eickmann* § 174 ZVG RdNr. 23.
[175] *Gerhardt*, Grundpfandrechte im Insolvenzverfahren, 8. Aufl., RdNr. 230.
[176] *Kuhn/Uhlenbruck* § 126 KO RdNr. 4a; *Steiner/Eickmann* § 174 ZVG RdNr. 5.
[177] *Stöber* § 174 ZVG RdNr. 3.8.
[178] RGZ 75, 138.

aufgenommen).¹⁷⁹ Wurden mehrere zulässige Anträge nach § 174 ZVG gestellt, so richtet sich das geringste Gebot nach dem Antragsteller, bei dem das geringste Gebot am niedrigsten ist, d. h. das geringste Gebot ist auf der Grundlage des bestrangigen Antragstellers zu ermitteln.¹⁸⁰

ee) Verfahren. Das Antragsrecht nach § 174 ZVG kann bis zum Schluss der Verhandlung 155 über den Zuschlag ausgeübt werden.¹⁸¹ Für das zusätzliche Ausgebot beginnt dann eine eigene Bietstunde, zugleich ist die Bietstunde für das reguläre Ausgebot entsprechend zu verlängern bzw. – wenn für das reguläre Ausgebot die Versteigerung bereits geschlossen war – das reguläre Ausgebot wieder aufzunehmen.¹⁸²

ff) Entscheidung über den Zuschlag. (1) Ist **auf keines der Ausgebote ein Gebot** 156 **abgegeben** worden, so ist nach § 77 ZVG zu verfahren. Ein Ausfall des absonderungsberechtigten Gläubigers kann nicht festgestellt werden.¹⁸³

(2) Wird **auf beide Ausgebotsarten** ein zulässiges Gebot abgegeben, so kommt es zu einer Abweichung von § 81 ZVG – es ist dem Gebot der Zuschlag zu erteilen, das bei der Ausbietung nach § 174 ZVG abgegeben wurde. Würde nämlich das alle Rechte deckende Gebot den Zuschlag erhalten, so würde das Grundpfandrecht des Gläigers, der den Antrag nach § 174 ZVG gestellt hatte, bestehen bleiben, so dass dieser Gläubiger entgegen dem Zweck der Bestimmung nicht in der Lage wäre, seinen Ausfall nachzuweisen.¹⁸⁴

(3) Wird **nur auf eine der beiden Ausgebotsarten** geboten, so ist für dieses der 157 Zuschlag zu erteilen. Ist dies – was in der Praxis der Regelfall sein wird – das Ausgebot auf Grund des Antrages nach § 174 ZVG, so steht der Ausfall des absonderungsberechtigten Gläubigers fest.¹⁸⁵

c) Das abgeänderte geringste Gebot nach § 174 a ZVG. aa) Zweck des § 174 a 158 **ZVG.** Durch die Einführung der Rangklasse des § 10 Abs. 1 Nr. 1 a ZVG für die Erstattung der Feststellungskosten hinsichtlich des Grundstückszubehörs wurde ein vorrangiges Recht der Insolvenzmasse auf Befriedigung aus dem Grundstück geschaffen. Ebenso wie nach § 174 ZVG die Gläubiger hinsichtlich ihrer Rechte auf Befriedigung aus dem Grundstück, kann jetzt auch der Insolvenzverwalter hinsichtlich der Erstattungsansprüche aus § 10 Abs. 1 Nr. 1 a ZVG verlangen, dass das Grundstück mit der Abweichung ausgeboten wird, dass nur die den Ansprüchen der Rangklasse Nr. 1 a vorgehenden Rechte bei der Feststellung des geringsten Gebotes zu berücksichtigen sind. Das Grundstück wird dann in der Weise ausgeboten, dass im geringsten Gebot neben den Kosten des Verfahrens (§ 109 Abs. 1 ZVG) nur die Ansprüche der Rangklasse des § 10 Abs. 1 Nr. 1 ZVG berücksichtigt werden.¹⁸⁶ Die Regelung kann einerseits dazu dienen, die Chancen für die erfolgreiche Durchführung der vom Verwalter betriebenen Versteigerung zu erhöhen, da bei Durchführung des Verfahrens nach § 174 a ZVG ein **niedrigeres geringstes Gebot** zustandekommt.

Damit korrespondierend kann der Insolvenzverwalter mit der Antragstellung nach § 174 a 159 ZVG auch das Ziel verfolgen, höhere Gebote zu erreichen, da **Bieter** in diesem Fall **nicht die dinglichen Rechte übernehmen müssen** und deshalb höhere Gebote abgeben werden.

Weiterhin kann ein vom Insolvenzverwalter gestellter Antrag nach § 174 a ZVG von 160 diesem uU auch als **Druckmittel gegenüber den absonderungsberechtigten Gläubigern** benutzt werden, die, um einen Verlust ihrer Rechte an dem Grundstück (§§ 52

---

¹⁷⁹ Stöber § 174 ZVG RdNr. 3.9; Steiner/Eickmann ZVG-Kommentar, § 174 ZVG RdNr. 17 ff.
¹⁸⁰ Steiner/Eickmann § 174 ZVG RdNr. 16; Stöber § 174 ZVG RdNr. 3.5; Muth ZIP 1999, 945, 951.
¹⁸¹ Steiner/Eickmann § 174 ZVG RdNr. 14.
¹⁸² Steiner/Eickmann § 174 ZVG RdNr. 19; Stöber § 174 ZVG RdNr. 3.9.
¹⁸³ Stöber § 174 ZVG RdNr. 3.10.
¹⁸⁴ Kuhn/Uhlenbruck § 126 KO RdNr. 4 a; Stöber § 174 ZVG RdNr. 3.10; Steiner/Eickmann § 174 ZVG RdNr. 23; Muth ZIP 1999, 945, 951.
¹⁸⁵ Steiner/Eickmann § 174 ZVG RdNr. 25.
¹⁸⁶ Begr. zu Art. 20 RegE EGInsO, BT-Drucks. 12/3803, S. 68 ff.; abgedruckt bei Uhlenbruck, Das neue Insolvenzrecht, 1994, S. 896 ff.

Abs. 1, 91 Abs. 1 ZVG) abzuwenden, sich unter bestimmten Umständen bereit finden werden, die Ansprüche aus § 10 Abs. 1 Nr. 1 a ZVG zu berichtigen.[187]

161 Der **Umfang des Drohpotentials** des Insolvenzverwalters hängt in entscheidendem Maße von der **Auslegung der Vorschrift des § 174 a ZVG** und den daraus zu ziehenden Schlussfolgerungen für das Verhältnis verschiedener Ausgebotsarten zueinander ab.[188] Von den eben beschriebenen Möglichkeiten kann der Insolvenzverwalter aber **nur** dann Gebrauch machen, **wenn** die **Versteigerung** im konkreten Fall außer dem Grundstück mindestens einen **mithaftenden beweglichen Gegenstand erfasst** und deshalb mehr oder weniger zufällig zu einem Anspruch auf Ersatz der Feststellungskosten führt.[189]

162 **bb) Verfahren.** (1) Gemäß dem Gesetzeswortlaut des § 174 a ZVG hat der Insolvenzverwalter, der das Versteigerungsverfahren aus der Rangklasse Nr. 5 betrieben hat, die Möglichkeit, bis zum Schluss der Verhandlung über den Zuschlag einen Antrag nach § 174 a ZVG zu stellen, was zu einem **Doppelausgebot** führt.

In Fällen, in denen es zu Geboten auf beide Ausgebotsarten **(§ 172 ZVG und § 174 a ZVG)** gekommen ist, stellt sich dann die Frage, **welchem Gebot der Zuschlag zu erteilen ist.**

In der Regel wird überhaupt erst auf das abweichende Ausgebot nach § 174 a ZVG geboten bzw. es werden auf das abweichende Ausgebot die höheren Gebote abgegeben, da den Bieter nicht die Verpflichtung trifft, die dinglichen Rechte zu übernehmen.

163 In der Kommentarliteratur[190] wird darauf verwiesen, dass der § 174 a ZVG an die Regelung des § 174 ZVG anknüpft. Legt man diese Ansicht zugrunde, so müsste der Zuschlag regelmäßig auf die Ausgebotsart nach § 174 a ZVG erteilt werden,[191] auch wenn bei einer Versteigerung das sich aus Bargebot und bestehen bleibenden Rechten zusammensetzende Meistgebot in der Ausgebotsart des § 172 ZVG höher ist als das Meistgebot nach § 174 a ZVG, das nur aus einem Bargebot besteht, das naturgemäß höher ausfällt als das Bargebot nach § 172 ZVG.

Dieses Ergebnis überrascht, wenn man den **Sinn und Zweck der neu eingeführten Vorschrift des § 174 a ZVG** betrachtet. Die Norm sollte nur der Absicherung des Ersatzanspruches des Insolvenzverwalters für die Kosten der Feststellung der beweglichen grundrechtsverhafteten Gegenstände dienen.[192] Dieser Ersatzanspruch wird aber bereits dadurch gesichert, dass der Anspruch im geringsten Bargebot (auch bei einem Ausgebot nach § 172 ZVG) findet, vgl. § 49 Abs. 1 ZVG. Es fehlt am Rechtsschutzinteresse des Verwalters, den Zuschlag auf ein unter Löschung der Grundpfandrechte geringeres Meistgebot nach § 174 a ZVG verlangen zu dürfen.

Demnach sollte bei Geboten auf beide Ausgebotsarten der Zuschlag auf das Ausgebot nach § 172 ZVG erfolgen.[193]

164 (2) Aus den eben unter (1) dargelegten Gründen ist es nicht zulässig, dass der Insolvenzverwalter von vornherein die Versteigerung des Grundstücks mit dem Rang des Rechts aus § 10 Abs. 1 Nr. 1 a ZVG betreibt. Daran ist trotz einiger mißverständlicher Äußerungen in den Gesetzgebungsmaterialien[194] festzuhalten, weil sonst der Verwalter wie ein bestrangig

---

[187] *Lwowski/Tetzlaff* WM 1999, 2336, 2342 f.; *B. Schmidt* InVo 1999, 73, 74 f.
[188] Vgl. dazu die RdNr. 141 ff., 162 ff.
[189] *Marotzke* ZZP Bd. 109 (1996), 429, 461.
[190] *Kübler/Prütting/Kemper* § 165 RdNr. 16; HK-*Landfermann* § 165 RdNr. 7.
[191] So: *Kübler/Prütting/Kemper* § 165 RdNr. 20; *Zeller/Stöber* § 174 a ZVG RdNr. 2.4.
[192] Vgl. die Ausführungen unter RdNr. 11 ff.
[193] Ebenso: *Muth* ZIP 1999, 945, 951.
[194] In der Begr. zu Art. 20 RegE EGInsO, BT-Drucks. 12/3803, S. 68; abgedruckt in *Uhlenbruck*, Das neue Insolvenzrecht, 1994, S. 897, ist davon die Rede, dass der Verwalter aus § 10 Abs. 1 Nr. 1 a ZVG die Zwangsversteigerung betreiben kann; die Besonderheit, dass es sich um eine Verwalterversteigerung und nicht um eine normale Vollstreckungsversteigerung handelt [vgl. RdNr. 119 f.], würde damit überhaupt nicht mehr berücksichtigt werden.

betreibender Gläubiger in der Vollstreckungsversteigerung die Gläubiger der Rangklasse 4 dominieren könnte.[195]

(3) Denkbar ist weiterhin die Konstellation, dass es auf Grund eines neben dem Antrag aus § 174 a ZVG gestellten Gläubigerantrages nach § 174 ZVG zu einem **Mehrfachausgebot** kommt. 165

Hier wird vertreten, dass der Zuschlag dem Gebot zu erteilen sei, das auf das abweichende Ausgebot nach § 174 a ZVG abgegeben wurde.[196]

Dem ist nicht zuzustimmen. Maßgeblich ist hier nicht der Antrag des Bestberechtigten (Insolvenzverwalter mit Rangklasse 1 a), sondern der Zuschlag sollte nach den allgemeinen Regeln auf das höhere Gebot erteilt werden.[197] Der Zuschlag auf das Ausgebot nach § 174 a ZVG kann nur dann erfolgen, wenn es höher ist als dasjenige nach § 174 ZVG.[198] 166

Dabei gilt es zu beachten, dass das Meistgebot sich aus der Summe des Bargebots und den bestehen bleibenden Rechten zusammensetzt; bei einem Ausgebot nach § 174 a ZVG bleiben keine Rechte bestehen. 167

8. Wertfestsetzung und Zuschlagsversagung. Bei einer Versteigerung nach §§ 172 ff. ZVG ist im Hinblick auf § 85 a ZVG rechtzeitig vor dem Versteigerungstermin der Verkehrswert des Grundstücks festzusetzen. Der Insolvenzverwalter ist zum Wert des Grundstücks zu hören und dieser kann auch Rechtsmittel einlegen.[199] 168

Die Bestimmungen zur Wertfestsetzung gewinnen vor allem dann Bedeutung, wenn es zu einer **Zuschlagsversagung nach §§ 74 a, b ZVG** kommen kann. Dies ist erst dann der Fall, wenn es zu einer Änderung der Versteigerungsbedingungen durch einen Antrag nach § 174 ZVG gekommen ist, da anderenfalls die eingetragenen Rechte als bestehen bleibend Aufnahme ins geringste Gebot (§ 44 ZVG) finden.[200] 169

Im Gegensatz zu den zur Befriedigung aus dem Grundstück berechtigten Gläubigern kann der **Insolvenzverwalter** bei Nichterreichen des Mindestgebotes **keinen Antrag** auf Zuschlagsversagung stellen, ihm bleibt nur die Möglichkeit einer Antragsrücknahme.[201] 170

9. Verteilungsverfahren. Gegen den Teilungsplan kann der Insolvenzverwalter nach § 115 Abs. 1 ZVG Widerspruch erheben. 171

Ein Widerspruch kommt dann in Betracht, wenn ein in den Plan aufgenommenes Recht überhaupt nicht begründet wurde und es deshalb zugunsten der Insolvenzmasse wieder aufzugeben ist. Der Insolvenzverwalter kann seinen Widerspruch gegen die Zuteilung auf ein im Teilungsplan aufgenommenes Recht auch darauf stützen, dass dieses auf Grund erfolgreicher Anfechtung zugunsten der Insolvenzmasse zurückzugewähren ist.[202] Die Ausübung des Widerspruchsrechts kommt auch dann in Betracht, wenn das Recht weder dem Anmelder noch der Insolvenzmasse zusteht, aber ein rechtliches Interesse der Insolvenzmasse besteht, dass die Hebung an einen Dritten ausgefolgt wird, der sich sonst an die Insolvenzmasse halten würde.[203] Im Verteilungsverfahren fließen die Beträge, die dem Schuldner und Eigentümer sonst zuzuteilen sein würden, in die Insolvenzmasse.[204] Hinsichtlich der Ansprüche der Rangklasse Nr. 1 a des § 10 ZVG besteht ein Befriedigungsvorrang.

---

[195] *Stöber* § 174 a ZVG RdNr. 2.6; *Hintzen*, ZInsO 2004, 713, 717; a.A. *Tetzlaff*, ZInsO 2004, 521, 523; vgl. zu den verbleibenden Beschränkungen der dinglichen Gläubiger: *B. Schmidt* InVo 1999, 73, 74 f.
[196] *Kübler/Prütting/Kemper* § 165 RdNr. 20; so wohl auch *Stöber* § 174 a ZVG RdNr. 2.4; kritisch zu den sich daraus ergebenden Folgen: a. a. O., RdNr. 2.6 u. 3.
[197] *Eickmann* ZfIR 1999, 81, 85; *ders.*, Immobiliarvollstreckung und Insolvenz, 1998, RdNr. 176 ff.; *Muth*, ZIP 1999, 945, 951.
[198] Vgl. dazu die Beispielsrechnungen von *Muth* ZIP 1999, 945, 951.
[199] *Stöber* § 172 ZVG RdNr. 5.18.
[200] *Mohrbutter/Drischler/Radtke/Tiedemann*, Die Zwangsversteigerungs- und Zwangsverwaltungspraxis, Bd. 1, Muster 24 Anm. 7.
[201] Siehe RdNr. 38.
[202] *Jaeger/Weber* KO § 126 Anm. 14.
[203] *Jaeger/Weber* KO § 126 Anm. 14.
[204] *Steiner/Eickmann* § 172 ZVG RdNr. 27.

III. Reaktionsmöglichkeiten der dinglich gesicherten Gläubiger

172 1. Bei Antrag nach § 174 ZVG. Ein Gläubiger, der den Antrag nach § 174 ZVG stellt, verzichtet auf Deckung, ohne einer Zustimmung der ihm gleich- und nachstehenden Gläubiger zu bedürfen, obgleich diese ihr Recht ggfs. ersatzlos einbüßen.[205] Damit droht dinglichen Gläubigern, deren Rechte nicht in das geringste Gebot aufgenommen werden, die Gefahr eines Rechtsverlusts, so dass eine Teilnahme am Termin für sämtliche Beteiligten dringend anzuraten ist, um ggfs. durch Ablösung des Antragstellers nach § 174 ZVG reagieren zu können.[206]

173 2. Bei Antrag nach § 174 a ZVG. a) Ablösung. Die Gläubiger, denen durch einen Antrag des Insolvenzverwalters nach § 174 a ZVG ein Verlust ihrer Rechte an dem Grundstück droht (vgl. §§ 52 Abs. 1, 91 Abs. 1 ZVG), können diesen Verlust dadurch abwenden, dass sie die Ansprüche aus § 10 Abs. 1 Nr. 1 a ZVG berichtigen.[207] Insoweit soll nach der Gesetzesbegründung[208] § 268 BGB auf die vom Insolvenzverwalter betriebene Zwangsversteigerung, bei der es sich nicht um eine echte Zwangsvollstreckung handelt, entsprechend zur Anwendung kommen. Mit der Befriedigung des Insolvenzverwalters würden dann die Ansprüche der Insolvenzmasse auf Ersatz der Feststellungskosten hinsichtlich des Grundstückszubehörs sowie die Rangposition des Insolvenzverwalters aus § 10 Abs. 1 Nr. 1 a ZVG auf den betreffenden Gläubiger übergehen, § 268 Abs. 3 BGB.[209]

174 Der Gläubiger muss allerdings bei seiner Entscheidung, ob er die Ablösung vornehmen will, bedenken, dass, wenn der Insolvenzverwalter das **Grundstück** nunmehr **freihändig veräußert** oder das **Insolvenzverfahren endet**, es zum **Erlöschen** der Ansprüche aus § 10 Abs. 1 Nr. 1 a ZVG kommt.[210] Der Gläubiger wird prüfen müssen, ob eine Ablösung unter diesen Bedingungen in seinem Interesse liegt.[211] Der ablösende Gläubiger kann uU auf den abgelösten Kosten sitzen bleiben, denn er wird diesen Betrag in der Zwangsversteigerung nicht als Kosten der dinglichen Rechtsverfolgung und auch nicht als Masseverbindlichkeit gegenüber der Insolvenzmasse geltend machen können.[212] Eine Erstattung von anderen grundpfandrechtlich gesicherten Gläubigern kann er nicht verlangen.[213]

175 Die **gesetzliche Regelung** ist **ungereimt** und **verfehlt**.[214] Durch die Regelung des § 174 a ZVG werden auch diejenigen Gläubiger negativ tangiert, die im Hinblick auf ihnen eingeräumte dingliche Rechte (**Notwegerechte, Nutzungsbeschränkungen** etc.) bereits ihre Gegenleistung erbracht haben und nun uU einen Ablösebetrag an den Insolvenzverwalter zahlen müssen.[215]

176 b) Andere Reaktionsmöglichkeiten. Um einen Antrag des Insolvenzverwalters nach § 174 a ZVG zuvorzukommen, könnten die absonderungsberechtigten Gläubiger eine abgesonderte Versteigerung oder anderweitige Verwertung der beweglichen Sachen des Haf-

---

[205] *Gerhardt*, Grundpfandrechte im Insolvenzverfahren, 8. Aufl., RdNr. 231.
[206] *Stöber* § 174 ZVG RdNr. 3.11; *Mohrbutter/Drischler/Radtke/Tiedemann*, Die Zwangsversteigerungs- und Zwangsverwaltungspraxis, Bd. 1, Muster 24 Anm. 5/S. 132.
[207] *Stöber* § 174 a ZVG RdNr. 3; *Lwowski/Tetzlaff* WM 1999, 2336, 2343; *Muth*, ZIP 1999, 945, 952; *Hintzen*, ZInsO 2004, 713, 716; *ders.* in FS Kirchhof, 209; *Jungmann*, Grundpfandgläubiger und Unternehmensinsolvenz, 2005 RdNr. 251 ff.
[208] Begründung zu Art. 20 Nr. 8 RegE EGInsO, BT-Drucks. 12/3803, S. 69 f.; abgedruckt bei *Uhlenbruck*, Das neue Insolvenzrecht, 1994, S. 898.
[209] MünchKommBGB-*Keller* § 268 RdNr. 15; *Lwowski/Tetzlaff* WM 1999, 2336, 2343 kritisch dazu: *Hintzen*, ZInsO 2004, 713, 716 f.
[210] Begr. zu Art. 20 RegE InsO, BT-Drucks. 12/3803, S. 68 f.; abgedruckt bei *Uhlenbruck*, Das neue Insolvenzrecht, 1994, S. 897.
[211] So auch schon Begründung zu Art. 20 Nr. 8 RegE InsO, BT-Drucks. 12/3803, S. 70; abgedruckt bei *Uhlenbruck*, Das neue Insolvenzrecht, 1994, S. 898; *Marotzke* ZZP Bd. 109 (1996), 429, 461 f.
[212] *Muth* ZIP 1999, 945, 952.
[213] BGH ZIP 2005, 1268.
[214] *Marotzke* ZZP Bd. 109 (1996), 429, 460; *Muth* ZIP 1999, 945, 952; *Hintzen*, ZInsO 2004, 713, 717.
[215] *Beckers* WM 1990, 1177, 1181.

tungsverbandes nach § 65 ZVG beantragen. Die Anordnung des Verfahrens steht im pflichtgemäßen Ermessen des Versteigerungsgerichts.[216]

L. Freihändige Verwertung und andere, gesetzlich nicht geregelte Verwertungsalternativen

I. Allgemeines 177

Für Grundpfandgläubiger stellt sich in der Insolvenz des Grundstückseigentümers die Frage nach der bestmöglichen Verwertung ihrer Absonderungsrechte. Ein Rückgriff auf die **gesetzlich geregelten Instrumentarien** der Zwangsversteigerung und Zwangsverwaltung ist meist nur die **zweitbeste Lösung**. Da Insolvenzverwalter und Grundpfandgläubiger beide ein Interesse an einer bestmöglichen Verwertung von mit Grundpfandrechten belasteten Immobilien haben, werden in der Praxis häufig Verwertungsvereinbarungen geschlossen, die z. B. eine freihändige Verwertung des Grundstückes oder eine den Rechtsfolgen der gerichtlichen Zwangsverwaltung nachgebildete sog. „kalte Zwangsverwaltung" vorsehen.[217]

II. Freihändige Verwertung

Das **Recht zur freihändigen Verwertung** des zur Insolvenzmasse gehörenden Grundstücks steht allein dem **Insolvenzverwalter** zu. Will der Verwalter eine Veräußerung vornehmen (und das Grundstück ist beliehen – was der Regelfall ist), so ist er allerdings auf eine Zusammenarbeit mit den Grundpfandgläubigern, die das Grundstück beliehen haben, angewiesen. Diese müssen Löschungsbewilligungen abgeben, da sich sonst kaum ein Erwerber für das Grundstück finden lassen wird.[218] 178

Findet eine **lastenfreie Veräußerung** des Grundstückes statt, nachdem die Grundpfandgläubiger Löschungsbewilligungen abgegeben haben, so richtet sich die Erlösverteilung zwischen Grundpfandgläubigern und Insolvenzverwalter nach den zwischen ihnen getroffenen Vereinbarungen. Vorbild sind hier die gesetzlichen Regelungen des ZVG zur Verteilung des Erlöses aus einer Zwangsversteigerung. Bei einer Belastung des Grundstückes mit sog. Schornsteinhypotheken müssen allerdings häufig abweichende Regelungen akzeptiert werden, obwohl diese nachrangigen Grundpfandgläubiger keinen rechtlich begründeten Anspruch auf irgendwelche Zahlungen haben (ausgenommen tatsächliche Lästigkeitsprämien), wenn sie bei einer gerichtlichen Verwertung des Grundstücks ausfallen würden.[219] Im Einzelfall ist zu prüfen, ob die Verweigerung einer Löschungsbewilligung durch einen nachrangigen Grundpfandgläubiger, der die Gewährung von Sondervorteilen an sich fordert, rechtsmissbräuchlich ist und/oder einen Schadensersatzanspruch auslöst.[220] 179

Da der Insolvenzverwalter bei einer lastenfreien Veräußerung der Immobilie als Verkäufer auftritt und damit auch etwaige Gewährleistungsverpflichtungen tragen muss, fordert dieser regelmäßig eine **Kostenbeteiligung an den Erlösen** aus der Verwertung des mit Grundpfandrechten belasteten Grundstücks zugunsten der Insolvenzmasse. In der Literatur[221] wird eine Diskussion über die Höhe der Kostenbeiträge, die der Insolvenzverwalter für seine Mitwirkung bei der freihändigen Verwertung des Grundstückes beanspruchen kann, geführt. Dabei wird von einigen Stimmen[222] behauptet, dass den Insolvenzverwalter die **Pflicht**

---

[216] *Muth* ZIP 1999, 945, 952.
[217] Ausführlich dazu: *Tetzlaff*, ZfIR 2005, 179; *ders.*, ZInsO 2004, 521, 528 f.
[218] *Tetzlaff*, ZInsO 2004, 521, 529.
[219] *Lwowski/Tetzlaff*, WM 1999, 2336, 2337.
[220] Vgl. OLG Köln ZIP 1995, 1668.
[221] *Weis/Ristelhuber*, ZInsO 2002, 859, 861; *Braun/Gerbers*, InsO, 2002, § 165 RdNr. 24; *Tetzlaff*, ZInsO 2004, 521, 529.
[222] *Knees*, ZIP 20001, 1568, 1570; *Weis/Ristelhuber*, ZInsO 2002, 859, 861.

treffe, **an einer freihändigen Verwertung des Grundbesitzes mitzuwirken** und die Durchführung der freihändigen Verwertung nicht durch eine Forderung nach hohen Kostenbeiträgen zugunsten der Masse zu behindern.

Richtig ist aber, dass den Insolvenzverwalter keine Pflicht trifft, an einer freihändigen Verwertung eines zur Insolvenzmasse gehörenden Grundstückes mitzuwirken, wenn die Erlöse allein den Grundpfandgläubigern zugute kommen und etwaige Gewährleistungsansprüche und andere Pflichten die Insolvenzmasse treffen.[223] Gleichzeitig trifft bei einer freihändigen Verwertung durch den Insolvenzverwalter zugunsten der Absonderungsberechtigten diese auch keine Pflicht zur Erstattung von Kosten zugunsten der Masse.[224] Ein vom Grundpfandgläubiger trotzdem gezahlter Kostenanteil kann nicht zurückgefordert werden. Die Vereinbarung zwischen Insolvenzverwalter und Grundpfandgläubiger über die Zahlung einer Kostenbeteiligung kann nicht nach § 123 BGB angefochten werden.[225]

Teilweise wird vorgeschlagen, dass sich Grundpfandgläubiger für den Fall der Insolvenz **unwiderrufliche Verkaufsvollmachten** einräumen lassen, umso selbst das Grundstück ohne Mitwirkung (und Erlösbeteiligung) des Insolvenzverwalters veräußern zu können. Es ist fraglich, ob eine derartige Abrede nicht unter § 1149 BGB fällt. Die Vorschrift bestimmt, dass ein Eigentümer, solange nicht die gesicherte Forderung ihm gegenüber fällig geworden ist, dem Gläubiger nicht das Recht einräumen kann, zum Zwecke der Befriedigung die Übertragung des Eigentums an dem Grundstück zu verlangen oder die Veräußerung des Grundstücks auf andere Weise als im Wege der Zwangsvollstreckung zu bewirken.[226]

Will der Grundpfandgläubiger eine freihändige Verwertung der Immobilie nicht an der fehlenden Mitwirkung des Insolvenzverwalters scheitern lassen, so wird er überlegen müssen, ob er die oben unter RdNr. 179 beschriebenen Haftungsrisiken des Verwalters bei einem freihändigen Verkauf dadurch ausräumt, dass er entsprechende **Freihalteerklärungen** gegenüber Insolvenzmasse und Verwalter abgibt. Sind diese Freihalteerklärungen durch eine geeignete Bankgarantie abgesichert, so besteht kein Grund für den Insolvenzverwalter, die Mitwirkung bei einer freihändigen Veräußerung zu verweigern.

180 Einigen sich Grundpfandgläubiger und Insolvenzverwalter darauf, dass der Insolvenzverwalter eine freihändige Veräußerung des Grundstücks vornimmt, so sollten folgende Punkte in einer schriftlich abgeschlossenen **Verwertungsvereinbarung** geregelt werden:[227]

– Angabe der Grundpfandrechte des gesicherten Gläubigers sowie der Höhe der gesicherten Forderungen zum Zeitpunkt der Eröffnung des Insolvenzverfahrens,
– Regelungen bezüglich der Ablösung dritter (nachrangiger) Grundpfandgläubiger durch den Insolvenzverwalter (Höhe der „Lästigkeitsprämie"),
– Vereinbarung von Mindesterlösen und ggfs. Regelung eines Zustimmungsvorbehalts zugunsten des Grundpfandgläubigers,
– Regelung der Höhe der Verwertungskostenbeiträge zugunsten der Insolvenzmasse,[228]
– Regelung für den Fall einer Rückabwicklung des Kaufvertrages (Herausgabe des Geldes, Wiederbestellung des Grundpfandrechts) und für den Fall der Geltendmachung von Gewährleistungsansprüchen,
– Vereinbarung über die Kostentragung für Unterhaltung der Immobilie (Grundsteuern, Bewachungskosten, für die Beseitigung von Umweltaltlasten entstehende Kosten u. a.),
– Vereinbarung über die Tragung der bei der Veräußerung anfallenden Kosten (Notar, Makler),
– Regelung für den Fall, dass die Masse mit der Zahlung von Umsatzsteuer belastet wird,
– Abwicklung der Pfandfreigabe und der Verrechnung des Verwertungserlöses.

---

[223] *Tetzlaff*, ZInsO 2004, 521, 529.
[224] OLG Köln ZIP 1987, 563; dazu: *Lwowski/Tetzlaff* WM 1999, 2336, 2337 und 2344 ff.
[225] OLG Köln ZIP 1987, 653; LG Köln ZIP 1988, 1275.
[226] Vgl. dazu BGH ZIP 1995, 1322.
[227] Vgl. *Tetzlaff*, ZfIR 2005, 179, 180.
[228] Zur Höhe der Kostenbeiträge und zur angeblichen Pflicht des Verwalters zur Durchführung einer freihändigen Verwertung vgl. RdNr. 179.

Bei vermieteten Objekten wird die Verwertungsvereinbarung regelmäßig durch eine Regelung über die Einziehung von Mieten ergänzt (sog. kalte Zwangsverwaltung).

III. Kalte Zwangsverwaltung

Bei der kalten Zwangsverwaltung bewirtschaftet der Insolvenzverwalter für den Grundpfandgläubiger wie ein gerichtlich bestellter Zwangsverwalter die vermieteten bzw. verpachteten Immobilien und zieht für diesen die Miet- und Pachtzinsen ein. Diese sind von der übrigen Insolvenzmasse zu separieren. Aufgrund der **fehlenden gesetzlichen Regelungen** sind hier viele Fragen unklar, insbesondere auch die Frage der **Ausgestaltung der Kostentragung** für die Verwaltungsmaßnahmen des Verwalters.[229] In jüngster Zeit musste sich der BGH auch mit der **Anfechtung der Abtretung von Mietforderungen** bei bestehenden Grundpfandrechten (und unterbliebener Zwangsverwaltung) beschäftigen. Der BGH hat eine Anfechtbarkeit verneint.[230] Die Vereinbarung einer kalten Zwangsverwaltung wurde damit vom Gericht grds. unbeanstandet gelassen.[231] Die bloße Abtretung von Mietzinsforderungen als Sicherungsmittel verliert gem. § 110 InsO spätestens einen Monat nach Eröffnung des Insolvenzverfahrens ihre Wirkung. Gleichwohl hilft sie – in Kombination mit Grundpfandrechten – im Zeitraum vor Verfahrenseröffnung, anfechtungsfest die Erträge der finanzierten Immobilie einzuziehen. 181

In der jüngsten Vergangenheit sind Entscheidungen des **BGH** ergangen, welche die (gerichtlich angeordnete) **Zwangsverwaltung** als Mittel zur Durchsetzung der Rechte von Grundpfandgläubigern entscheidend entwertet haben: So hat der BGH eine Pflicht des Zwangsverwalters zur **Herausgabe einer Mietkaution** an den kündigenden Mieter bejaht, obwohl der Verwalter die Kaution nicht vom Vermieter erhalten hatte.[232] Bei **Betriebskostenabrechnungen** trifft den Zwangsverwalter die Pflicht, die Betriebskostenabrechnung auch für Perioden vor der Zwangsverwaltung durchzuführen und etwaige Guthaben an den Mieter auszuzahlen.[233] 182

Die vorstehend dargestellten Grundsätze sind nicht auf die kalte Zwangsverwaltung übertragbar, sondern es gelten die **insolvenzrechtlichen Grundsätze,** so dass der Insolvenzverwalter bzw. kalte Zwangsverwalter keine Mietkautionen bzw. Guthaben an Mieter auskehren muss, sofern sie nicht unterscheidbar von der übrigen Masse separiert sind.[234]

In einer **Vereinbarung** über die Durchführung einer kalten Zwangsverwaltung durch den Insolvenzverwalter sollten u. a. folgende Punkte geregelt werden:[235] 182a

– Festlegung von Beginn und Dauer der kalten Zwangsverwaltung: Bestimmung eines fiktiven Beschlagnahmezeitpunkts, Abtretung der zukünftigen Mieten durch den Insolvenzverwalter an den Grundpfandgläubiger, Regelung zu den rückständigen Mieten, Regelung zur Aufteilung derjenigen Mieten, die vor dem Abschluss der Verwertungsvereinbarung bereits bei dem Insolvenzverwalter eingegangen sind, Regelung zur Abführung der Umsatzsteuer,[236]

– Regelung der Höhe der Beteiligung der Insolvenzmasse am Nettoertrag sowie Festlegung von Pauschalzahlungen,

– Regelung zur Verrechnung der Mieterlöse mit den Forderungen des Grundpfandgläubigers,

---

[229] Ausführlich dazu: *Tetzlaff,* ZflR 2005, 179, 183.
[230] BGH WM 2007, 129 m. krit. Anm. *Mitlehner,* ZIP 2007, 804.
[231] Vgl. dazu die Überlegungen der Vorinstanz: OLG Hamm ZIP 2006, 433 m. Anm. *Bräuer,* ZInsO 2006, 742.
[232] BGH ZflR 2003, 1012 m. abl. Anm. *Erckens/Tetzlaff,* ZflR 2003, 981.
[233] BGH NJW 2003, 2320.
[234] Ausführlich dazu: *Tetzlaff,* ZflR 2005, 179, 181 f.
[235] Vgl. dazu: *Tetzlaff,* ZflR 2005, 179, 181; *Keller,* ZflR 2002, 861, 867; *Knees,* ZIP 2001, 1568, 1575; *Janca,* InsbürO 2004, 377 ff.
[236] Zum letztgenannten Punkt: *de Weerth,* NZI 2007, 329.

– Festlegungen hinsichtlich der Durchführung von Renovierungen, Werbeaktionen (für Neuvermietung) und Maßnahmen der Objektpflege, -verbesserung und -entwicklung, insbes. Kostentragung für diese Maßnahmen,
– Freistellung der Insolvenzmasse von den Kosten für die Unterhaltung der Immobilie (Grundsteuer, Bewachungskosten u. a.),
– Regelungen über die Art und Weise der Verwaltung des Grundstücks: (1) Verwaltung durch Insolvenzverwalter und seine Mitarbeiter, (2) Verwaltung durch die Mitarbeiter des Schuldners, (3) Bestellung eines externen Verwalters (sog. **kalte Institutszwangsverwaltung**).[237]

182b Bei einer zwischen Insolvenzverwalter und (erstrangigem) Grundpfandgläubiger vereinbarten kalten Zwangsverwaltung wird auf ein gerichtliches Zwangsverwaltungsverfahren verzichtet. In diesem Fall könnten **nachrangige Grundpfandgläubiger** (auch solche mit sog. Schornsteinhypotheken) jederzeit eine **Pfändung Miet-/Pachtzinsen** betreiben. Die erstrangigen Grundpfandgläubiger könnten darauf nur mit der Beantragung eines gerichtlichen Zwangsverwaltungsverfahrens reagieren; rückwirkend könnten sie aber keine Beschlagnahme der mithaftenden Miet-/Pachtzinsen erreichen.

Von den Instanzgerichten und der Literatur wurde die Frage, ob es für grundpfandrechtlich gesicherte Gläubiger im eröffneten Insolvenzverfahren noch möglich ist, aus ihren **dinglichen Titeln** in die Miet-/Pachtzinsansprüche der mit Grundpfandrechten belasteten Immobilien zu vollstrecken, kontrovers diskutiert.

Eine Auffassung,[238] die allein **vollstreckungsrechtliche Aspekte** betrachtet, will auch in der Insolvenz zulassen, dass die nachrangigen Grundpfandgläubiger sich auf diese Weise den erstrangigen Gläubigern vordrängen können. Die erstrangigen Gläubiger könnten schließlich dieses Ergebnis dadurch verhindern, dass sie eine (gerichtliche) Zwangsverwaltung beantragen, anstatt sich auf die gesetzlich nicht geregelte kalte Zwangsverwaltung einzulassen.

Eine andere Meinung[239] stellt **insolvenzrechtliche Grundsätze** in den Vordergrund und verweist darauf, dass eine von Grundpfandgläubigern vorgenommene Pfändung aus dinglichen Titeln in die Miet-/Pachtzinsen der belasteten Immobilien eine Umgehung der Vorschriften der InsO darstelle. Die Durchsetzung der Rechte von Grundpfandgläubigern im Insolvenzverfahren sei abschließend in § 49 geregelt; dort sei nicht vorgesehen, dass Grundpfandgläubiger außerhalb von Zwangsversteigerung und Zwangsverwaltung ihre Rechte durch Vollstreckung aus ihren dinglichen Titeln geltend machen könnten.[240]

182c Der **BGH**[241] folgt der letztgenannten Auffassung. Die Pfändung von mithaftenden Miet-/Pachtzinsen durch Grundpfandgläubiger verstößt gegen das Vollstreckungsverbot aus § 89. Das Gericht weist zutreffend darauf hin, dass die Zulassung von Pfändungen der Grundpfandgläubiger den ungesicherten Insolvenzgläubigern Haftungsmasse entziehen würde, da die Insolvenzmasse für die Unterhaltung der Immobilie weiter aufkommen müsste, aber keinen Zugriff auf die Miet-/Pachtzinsen nehmen könnte. Grundpfandgläubiger werden auf den Weg einer Beantragung der Zwangsverwaltung verwiesen. In diesem Fall bestreitet der Zwangsverwalter aus den Erträgen der Zwangsverwaltung die Unterhaltungskosten für die Immobilie. Die Insolvenzmasse wird nicht belastet.

182d Auf die **Vergütung des Insolvenzverwalters** findet die aufgrund einer vertraglichen Vereinbarung mit den Grundpfandgläubigern gezahlte Vergütung für eine kalte Zwangsverwaltung keine Anrechnung.[242]

---

[237] Zur kalten Institutszwangsverwaltung vgl. *Knees*, ZIP 2001, 1568, 1575.
[238] AG Rosenheim ZInsO 2000, 291, bestätigt durch LG Traunstein NZI 2000, 438; LG Chemnitz RPfleger 2004, 234; HK-*Eickmann*, 4. Aufl., § 49 RdNr. 21; *Hintzen*, ZInsO 2004, 713, 719 f.; *Eickmann*, ZfIR 2006, 273.
[239] AG Dresden ZIP 2005, 1801 m. zust. Anm. *Gundlach* EWiR 2006, 209; AG Kaiserslautern NZI 2005, 636; vgl. auch LG Stendal ZIP 2005, 1800; *Tetzlaff*, ZfIR 2005, 179, 182; *ders.*, ZInsO 2004, 521, 527.
[240] AG Dresden ZIP 2005, 1801 m. zust. Anm. *Gundlach* EWiR 2006, 209.
[241] BGH WM 2006, 1685 m. zust. Anm. *Tetzlaff*, WuB VI A. § 165 InsO 1.06.
[242] LG Leipzig ZInsO 2007, 148.

M. Freigabe durch den Insolvenzverwalter

I. Übersicht

Dem Insolvenzverwalter steht auch nach der InsO die Möglichkeit offen, Gegenstände aus der Insolvenzmasse freizugeben.
Dies gilt auch in der Insolvenz der juristischen Person.[243] Die Freigabemöglichkeit wird durch § 32 Abs. 3 vorausgesetzt.

Bei der Darstellung der Verwertungsmöglichkeiten bei unbeweglichen Gegenständen ist insbesondere auf die **echte Freigabe** einzugehen.

1. Inhalt der echten Freigabe. Bei der echten Freigabe wird der Gegenstand aus dem Insolvenzbeschlag gelöst und der **Schuldner** erlangt die freie Verfügungsbefugnis über ihn zurück.[244] Obwohl in § 35 der **Neuerwerb** in das Insolvenzverfahren einbezogen wird, fällt der freigegebene Gegenstand nicht sofort wieder in die Insolvenzmasse. Eine andere Interpretation der Regelungen zur Einbeziehung des Neuerwerbs würde die Spielräume des Insolvenzverwalters zu sehr einschränken.[245]

Die echte Freigabe ist **abzugrenzen** von der Freigabe von Sicherungsgut an den Absonderungsberechtigten (vgl. § 170 Abs. 2), der Herausgabe von massefremden Gegenständen an den Aussonderungsberechtigten (unechte Freigabe) sowie von der modifizierten Freigabe.[246]

2. Einzelne Anwendungsbeispiele. Eine Freigabe des Grundstücks kommt dann in Betracht, wenn die Kosten der Verwaltung und Verwertung des Grundstücks den voraussichtlichen Verwertungserlös übersteigen.[247] In diesem Fall müssen dann die Gläubiger **gegen den Schuldner** persönlich die **Zwangsverwertung** betreiben.[248] Weiterhin kann damit das weitere Entstehen von **Steueransprüchen,** welche die Masse belasten, verhindert werden.[249]

Strittig ist, inwieweit durch eine Freigabe des **umweltbelasteten Grundstücks** die öffentlich-rechtliche Haftung beeinflusst werden kann, insbes. ob dadurch verhindert werden kann, dass die Kosten einer von der Behörde vorgenommenen Ersatzvornahme zur Beseitigung der Umweltschäden die Insolvenzmasse treffen.[250] Auch auf zivilrechtliche Ansprüche (z. B. Ansprüche des Vermieters wegen Verschmutzung des Mietobjekts) kann durch die Freigabe eines Grundstücks in bestimmten Fällen Einfluss genommen werden;[251] durch eine Freigabe können Ansprüche des Grundstückseigentümers nach § 82 SachRBerG auf Ersatz seiner Aufwendungen für die Beseitigung der vorhandenen Bausubstanz oder den Erwerb der Fläche, auf der die Bauten errichtet wurden, abgewehrt werden.[252]

Sind die **Grundpfandgläubiger** an einer freihändigen Verwertung durch den Insolvenzverwalter interessiert, so wird der Insolvenzverwalter für seine Bemühungen einen Anteil am Erlös für die Masse fordern. Er kann bei den Verhandlungen über die Erlöshöhe die **Drohung mit der Freigabe als Druckmittel** einsetzen.[253]

---

[243] BVerwG WM 2005, 233, 236; BGH WM 2005, 1084 ff. *Lwowski/Tetzlaff* WM 1999, 2336, 2345; *Hess/Pape,* InsO und EGInsO, RdNr. 34; *Balz,* Kölner Schrift, 2. Aufl., S. 3 ff., RdNr. 32; vgl. dazu die ausführliche Darstellung in der Kommentierung von § 35.
[244] BGH WM 1961, 747; *Kuhn/Uhlenbruck,* KO-Kommentar, 11. Aufl. 1994, § 1 RdNr. 5.
[245] *Benckendorff,* Kölner Schrift, 2. Aufl., S. 1099 ff., RdNr. 18 f.
[246] Vgl. dazu die Kommentierung von § 35.
[247] *Jaeger/Henckel* KO § 6 RdNr. 17.
[248] *Kilger/K. Schmidt* § 47 KO Anm. 8.
[249] *Kuhn/Uhlenbruck* § 1 KO RdNr. 5; siehe dazu RdNr. 209 c.
[250] *Lwowski/Tetzlaff* WM 1999, 2336, 2351 f.; siehe dazu RdNr. 190 ff.
[251] BGH WM 2001, 1574 m. Anm. *Lwowski/Tetzlaff,* ZfIR 2002, 265. Siehe dazu ausführlich: *Lwowski/Tetzlaff* WM 1998, 1509 ff. mwN.
[252] BGH WM 2002, 1195 m. Anm. *Tetzlaff,* EWiR 2002, 573; LG Neubrandenburg, WM 1999, 2234 m. Anm. *Lwowski/Tetzlaff,* WuB VI B. § 6 KO 4.99; *Krause,* ZInsO 2000, 22 ff.
[253] *Lwowski/Tetzlaff* WM 1999, 2336, 2344 und BGH WM 2001, 1574 m. Anm. *Lwowski/Tetzlaff,* ZfIR 2002, 265.

II. Öffentlich-rechtliche Inanspruchnahme wegen Beseitigung von Umweltaltlasten und Auswirkungen auf Grundpfandrechtsgläubiger

190 **1. Freigabe des kontaminierten Grundstücks durch den Insolvenzverwalter und Auswirkungen auf die Möglichkeit einer Inanspruchnahme der Masse durch die Behörde. a) Die insolvenzrechtliche Qualifikation der behördlichen Ersatzvornahmekosten.** Befindet sich in der Insolvenzmasse ein kontaminiertes Grundstück oder sind auf einem zur Insolvenzmasse gehörenden Grundstück Abfälle abgelagert, so kann die Behörde nach den öffentlich-rechtlichen Umweltgesetzen eine Beseitigung dieser ordnungswidrigen Zustände verlangen. Auch nach der Einleitung eines Insolvenzverfahrens gibt es keinen rechtsfreien Raum, so dass die Behörde weiterhin Ordnungsverfügungen erlassen kann. Die **öffentlich-rechtlichen Pflichten** hinsichtlich der störenden Massegegenstände **werden durch den Insolvenzverwalter wahrgenommen**.[254] Damit ist aber noch nicht gesagt, dass die Behörde mit den Mitteln des Verwaltungsvollstreckungsrechts den Insolvenzverwalter zwingen kann, die gesamte vorhandene Masse dafür aufzubrauchen, Umweltaltlasten zu beseitigen.[255] Der Insolvenzverwalter kann auch nicht strafrechtlich belangt werden, wenn er die Umweltaltlasten nicht beseitigt.[256]

191 Führt die Behörde selbst eine Beseitigung der ordnungswidrigen Zustände im Wege der Ersatzvornahme durch, so stellt sich die Frage, wie die **Ersatzvornahmekosten insolvenzrechtlich zu klassifizieren** sind. Dabei geht es um die Einordnung als Insolvenzforderung oder Masseverbindlichkeit und – wenn man sich für eine Klassifikation als Masseforderung ausspricht – um die Einordnung der Kosten im masseunzulänglichen Verfahren (Alt- oder Neumasseverbindlichkeiten).

192 Nach einer insbesondere auch vom **BVerwG**[257] vertretenen Auffassung sind die Ersatzvornahmekosten für die Beseitigung von Umweltaltlasten „**wie eine Masseverbindlichkeit**"[258] zu befriedigen. Folgt man der Auffassung, die Ersatzvornahmekosten seien „wie eine Masseverbindlichkeit" zu befriedigen, so müsste eigentlich folgerichtig durch eine **Freigabe** des kontaminierten Grundstücks das Entstehen der Ersatzvornahmekosten für die Beseitigung der Umweltschäden und damit eine **Belastung der Insolvenzmasse** mit diesen Aufwendungen **vermieden** werden können. Allerdings soll die haftungsentlastende Wirkung der Freigabe nach der Rechtsprechung des BVerwG durch ordnungsrechtliche Vorschriften eingeschränkt werden. Angesichts der beschriebenen Rechtsfolgen einer Freigabe wurde zudem in der Vergangenheit die Wirksamkeit der Freigabe von kontaminierten Grundstücken mit unterschiedlichen Argumenten gänzlich in Frage gestellt.[259]

193 Bei der **Forderungsklassifikation** stehen sich **zwei verschiedene Konzepte** gegenüber, die in der Literatur teilweise verkürzt als „massefreundliche" und als „massefeindliche Auffassung" dargestellt werden:[260]

194 Die „**massefreundliche Auffassung**"[261] unterscheidet zwischen Umweltschäden, die **vor Verfahrenseröffnung entstanden** sind (sog. **Altschäden**), und solchen Schäden, die **nach Verfahrenseröffnung entstanden** sind (sog. **Neuschäden**). Bei den **Altschäden** sind die Ersatzvornahmekosten für die Beseitigung als **Insolvenzforderung** einzuordnen, unabhängig davon, ob die Behörde die entsprechenden Verfügungen vor Insolvenzantragstellung, im Insolvenzeröffnungsverfahren oder im eröffneten Insolvenzverfahren erlassen hat. Bei den **Neuschäden** stellen die Ersatzvornahmekosten für deren Beseitigung grund-

---

[254] *Lwowski/Tetzlaff*, Umweltrisiken und Altlasten in der Insolvenz, Kap. D; *Tetzlaff*, ZIP 2001, 10.
[255] *Tetzlaff*, ZIP 2001, 10.
[256] *Sonnen/Tetzlaff*, wistra 1999, 1; *Lwowski/Tetzlaff*, NZI 2001, 182; aA AG Hildesheim NZI 2001, 51.
[257] BVerwG WM 1999, 339; WM 1999, 818; ZIP 2004, 1766; WM 2005, 233.
[258] Vgl. insbes. BVerwG WM 1999, 818 u. Kritik von *Tetzlaff*, ZIP 2001, 10.
[259] Vgl. insbes. *Ritgen*, GewA 1998, 393.
[260] *K. Schmidt*, ZIP 2000, 1913.
[261] *v. Wilmowsky*, ZHR Bd. 160 (1996), 593; *Pape*, KTS 1993, 551; *Kilger* in FS Merz, 1992, 253, 267 ff.; *Petersen*, NJW 1992, 1202; *Uhlenbruck*, KTS 2004, 275; *Tetzlaff*, ZIP 2001, 10.

sätzlich eine **Masseverbindlichkeit** dar, sofern eine Verantwortlichkeit der Masse festzustellen ist. Im masseunzulänglichen Verfahren kommt es für die Forderungsqualifikation auf den **Zeitpunkt der Verursachung des Umweltschadens** an.

Nach der u. a. vom BVerwG[262] vertretenen „**massefeindlichen Auffassung**"[263] 195 kommt es nicht auf den Zeitpunkt der Entstehung der Umweltschäden an, sondern es ist darauf abzustellen, **wann die Behörde wegen der Umweltschäden tätig geworden ist.** Aufgrund dieser Rechtsprechung ist es möglich, dass die Behörde zunächst jahrelang wegen der ihr bekannten Umweltaltlasten auf dem Betriebsgelände des schuldnerischen Unternehmens nichts unternimmt und erst nach Verfahrenseröffnung eine Sanierungsverfügung gegen den Insolvenzverwalter erlässt und von diesem – trotz angezeigter Masseunzulänglichkeit – eine Vorauszahlung der Ersatzvornahmekosten in Millionenhöhe fordert.[264] Gerade in jüngster Vergangenheit hat das **BVerwG** seine **Rechtsprechung** aber erheblich **ausdifferenziert**,[265] so dass nicht mehr in jedem Fall davon ausgegangen werden muss, dass die Ersatzvornahmekosten für die Beseitigung von Umweltaltlasten (also Altschäden i. S. d. obigen Definition) in jedem Fall als Masseverbindlichkeit eingeordnet werden.

Es muss zwischen folgenden Fällen unterschieden werden: 196
(1) Zustandshaftung der Insolvenzmasse,
(2) reine Verhaltenshaftung des Schuldners,
(3) Verhaltenshaftung der Insolvenzmasse (insbes. Haftung als Anlagenbetreiber).

In Fällen einer reinen Verhaltenshaftung des Schuldners geht das BVerwG mittlerweile auch davon aus, dass – sofern keine Anknüpfungspunkte für eine ordnungsrechtliche Haftung mehr bei der Insolvenzmasse vorhanden sind (Bsp.: Verunreinigung des angemieteten Grundstücks vor der Insolvenzeinleitung und Beendigung der Grundstücksnutzung durch die Insolvenzmasse vor Verfahrenseröffnung) – die Kosten für die Beseitigung der Umweltaltlasten (Altschäden) nur Insolvenzforderungen darstellen.[266]

b) Auswirkungen der Freigabe. aa) Massefreundliche Auffassung. Nach dieser 197 Auffassung hat die Freigabe im Zusammenhang mit der Abwendung von Kostenbelastungen für die Insolvenzmasse aus Umweltaltlasten **keine große Bedeutung:**[267]

Gehört zur Insolvenzmasse ein Grundstück, welches bereits bei Beantragung des Insolvenzverfahrens kontaminiert war, so kann der Verwalter das Grundstück nach Verfahrenseröffnung freigeben und dadurch die Wahrnehmung der Zustandsverantwortlichkeit beenden. Hat der Schuldner vor Einleitung des Insolvenzverfahrens das Grundstück verunreinigt, so bleibt die Verhaltenshaftung weiter erhalten. Führt die Behörde nach Verfahrenseröffnung eine Beseitigung der Umweltschäden durch, so kann sie die entsprechenden Ersatzvornahmekosten als Insolvenzforderung zur Tabelle anmelden, weil diese Forderungen bereits vor Verfahrenseröffnung begründet i. S. v. § 38 InsO wurden und durch die Freigabe des verunreinigten Grundstücks nicht auf die bereits begründeten Forderungen eingewirkt werden konnte.

Unter Zugrundelegung der massefreundlichen Auffassung empfiehlt sich die Freigabe dann, wenn der Verwalter befürchtet, dass auf dem Grundstück der Insolvenzmasse (weiterer) Müll und Abfall abgeladen wird und er keine Aufwendungen für Bewachungskosten tätigen will. Für die nach Verfahrensöffnung entstandenen Neuschäden muss bei einer Freigabe des Grundstücks (vor der Verunreinigung) die Masse nicht aufkommen.

bb) Massefeindliche Auffassung. Nach dieser Auffassung kann die Freigabe **nur in** 198 **bestimmten Fällen** eine **haftungsentlastende Wirkung** entfalten.[268] Bewirkt die Freigabe eine Haftungsentlastung, so bedeutet dies, dass die Behörde nach einer Freigabe keine

---

[262] BVerwG WM 1999, 339; WM 1999, 818; ZIP 2004, 1766; WM 2005, 233.
[263] Aus der Literatur: *K. Schmidt*, ZIP 2000, 1913; *Kohte*, Altlasten in der Insolvenz, 1999, RdNr. 390 ff.
[264] Vgl. BVerwG WM 1999, 339 m. Anm. *Lwowski/Tetzlaff*, WuB VI B. § 6 KO 1.99.
[265] *Lwowski/Tetzlaff*, WM 2005, 921 mwN.
[266] BVerwG ZIP 2004, 1766, 1768.
[267] Ausführlich dazu: *Lwowski/Tetzlaff*, Umweltrisiken und Altlasten in der Insolvenz, RdNr. F 99 ff.
[268] *Lwowski/Tetzlaff*, WM 2005, 921.

Beseitigungskosten mehr gegenüber der Insolvenzmasse geltend machen kann. Wird die haftungsentlastende Wirkung hingegen verneint, so ist die Masse trotz Freigabe einer ordnungsrechtlichen Haftung ausgesetzt.

199 Es ist zwischen folgenden Grundkonstellationen zu unterscheiden:
(1) Zustandshaftung der Insolvenzmasse,
(2) reine Verhaltenshaftung des Schuldners,
(3) Verhaltenshaftung der Insolvenzmasse (insbes. Haftung als Anlagenbetreiber).

200 Bei einer **reinen Zustandshaftung** der Insolvenzmasse hat die Freigabe eine haftungsentlastende Wirkung.[269] Eine reine Zustandsverantwortlichkeit liegt z. B. vor, wenn auf einem Grundstück der Insolvenzmasse vorinsolvenzlich durch Dritte Abfälle abgelagert wurden. Durch die Freigabe wird wieder der Schuldner ordnungspflichtig. Die Behörde kann Ordnungsverfügungen nur noch an diesen richten. In der Vergangenheit wurde vielfach die **Zulässigkeit der Freigabe** mit unterschiedlichen Argumenten in Zweifel gezogen. Nach der neueren BVerwG-Rechtsprechung steht fest,
– dass die Freigabe auch in der **Insolvenz der schuldnerischen Gesellschaft** zulässig ist; der Insolvenzverwalter ist **nicht** zur **Vollabwicklung** verpflichtet,[270]
– dass die Freigabe nicht mit einer **Dereliktion** vergleichbar ist; aus § 4 Abs. 3 BBodSchG ergibt sich also kein Verbot der Freigabe,[271]
– dass die Freigabe **nicht** wegen **Sittenwidrigkeit** nichtig ist, sondern dass die Freigabe als **anerkanntes Institut der Haftungsvermeidung** auch im Ordnungsrecht anzuerkennen ist.[272]

201 Auch bei einer **Zustandsverantwortlichkeit der Masse** und einer **Verhaltensverantwortlichkeit des Schuldners** kann die Freigabe eines Grundstücks haftungsentlastend wirken.[273] Ein Fall der Kombination von Zustandshaftung der Masse und Verhaltensverantwortlichkeit des Schuldners liegt z. B. vor, wenn vorinsolvenzlich der Schuldner Abfälle auf einem zur Insolvenzmasse gehörenden Grundstück abgelagert hat. Wird dieses Grundstück mit den Abfällen durch den Insolvenzverwalter freigegeben, so wird damit die Zustandshaftung der Masse als Anknüpfungspunkt für eine Haftung der Insolvenzmasse beseitigt. Es verbleibt die reine Verhaltensverantwortlichkeit des Schuldners. Das BVerwG erkennt in seiner neueren Rechtsprechung an, dass die Kosten wegen der Beseitigung der vorinsolvenzlich durch ein Verhalten des Schuldners entstandenen Umweltschäden nur eine Insolvenzforderung darstellen. Die Behörde kann also nach der Freigabe die Ersatzvornahmekosten nicht als Masseverbindlichkeit geltend machen.[274]

202 Bei einer ordnungsrechtlichen Verantwortlichkeit der Insolvenzmasse bzw. des Insolvenzverwalters als **Anlagenbetreiber** verneint das BVerwG hingegen die haftungsentlastende Wirkung der Freigabe.[275] Diese Fälle unterscheiden sich auf den ersten Blick nicht von der unter RdNr. 201 dargestellten Sachverhaltskonstellationen: Der Schuldner betreibt eine nach § 5 BImSchG genehmigungsbedürftige Anlage und lagert die Reststoffe, die bei dem Betrieb der Anlage anfallen, auf dem Betriebsgrundstück. Nach Verfahrenseröffnung betreibt der Verwalter die Anlage zunächst weiter. Er wird dadurch nach der Rechtsprechung der Verwaltungsgerichte zum Anlagenbetreiber und übernimmt damit auch die **ordnungsrechtliche Verantwortlichkeit für die vor Verfahrenseröffnung auf dem Grundstück abgelagerten Reststoffe**. Obwohl diese vor Verfahrenseröffnung dort abgelagert wurden, soll die Behörde auch nach Freigabe von Reststoffen und Grundstück die Ersatzvornahmekosten für die Beseitigung dieser Reststoffe als Masseverbindlichkeit geltend machen können.

---

[269] BVerwG WM 2005, 233; NJW 1984, 2427.
[270] BVerwG WM 2005, 233.
[271] BVerwG WM 2005, 233.
[272] BVerwG WM 2005, 233.
[273] BVerwG ZIP 2004, 1766.
[274] BVerwG ZIP 2004, 1766.
[275] BVerwG WM 1999, 339.

2. Umweltaltlastenproblematik und öffentliche Grundstückslast nach BBodSchG.
In der Insolvenz des Grundstückseigentümers kann die Behörde, auch wenn sie wegen der Insolvenz (bzw. wegen der Freigabe) mit den Beseitigungskosten wegen der Umweltaltlasten ausfällt, nicht den Grundpfandgläubiger als Ordnungspflichtigen in Anspruch nehmen. Eine **ordnungsrechtliche Verantwortlichkeit des Grundpfandgläubigers** für Umweltschäden auf dem von ihm beliehenen Grundstück existiert **nicht**.[276]

Im Anwendungsbereich des **BBodSchG** droht aber eine **Entwertung von Grundpfandrechten** durch die Entstehung einer **öffentlichen Grundstückslast** zur Sicherung des Anspruchs der Behörde auf Erstattung der Ersatzvornahmekosten. Die Regelung ist insbesondere in der Insolvenz des Grundstückseigentümers von praktischer Relevanz.[277]

Das neue **BBodSchG**[278] trifft bundeseinheitliche Regelungen für Altlasten (stillgelegte Abfallbeseitigungsanlagen und Grundstücke, auf denen Abfälle behandelt, gelagert oder abgelagert worden sind (§ 2 Abs. 5 Nr. 1 BBodSchG)), und Grundstücke stillgelegter Anlagen und Grundstücke, auf denen mit umweltgefährdenden Stoffen umgegangen worden ist (§ 2 Abs. 5 Nr. 2 BBodSchG). Gem. § 4 BBodSchG müssen Grundstückseigentümer und Inhaber der tatsächlichen Gewalt über ein Grundstück die zur Abwehr der von ihrem Grundstück drohenden schädlichen Bodenveränderungen ergreifen. *Kann der Grundstückseigentümer die Kosten einer vorgenommenen Bodensanierung nicht (vollständig) tragen, so hat er einen Wertausgleich in Höhe der maßnahmenbedingten Wertsteigerung an den öffentlichen Kostenträger zu leisten (§ 25 Abs. 1 BBodSchG). Für die Ermittlung der Höhe des Ausgleichsbetrages kommt es auf den Unterschied zwischen der vor und nach Durchführung der Erkundungs- und Sanierungsmaßnahmen ermittelten Verkehrswerte an (§ 25 Abs. 2 BBodSchG). Der **Ausgleichsbetrag** ruht als **öffentliche Last** auf dem Grundstück (§ 25 Abs. 6 BBodSchG). Damit wird die Behörde in die Lage versetzt, eine Zwangsversteigerung des Grundstücks aus der Rangklasse des § 10 Abs. 1 Nr. 3 ZVG zu betreiben; die Grundstückslast geht dabei den Grundpfandrechten vor (vgl. § 10 Abs. 1 Nr. 4 ZVG).[279]

Findet eine **Sanierung der Umweltschäden während des Insolvenzverfahrens** statt, so entsteht die Sicherung der Behörde auch im Verfahren. Die Vollstreckungsverbote in den §§ 89, 90, 210 stehen der Entstehung eines Absonderungsrechts der Behörde nicht entgegen: Bei dem gesicherten Anspruch handelt es sich um eine Masseverbindlichkeit und nicht um eine Insolvenzforderung, für die § 89 gilt. Die Entstehung der Sicherung für die Behörde ist im Gesetz festgeschrieben, so dass § 90, der Zwangsvollstreckungsmaßnahmen für die Dauer von sechs Monaten verbieten würde, nicht einschlägig ist; dasselbe gilt im Hinblick auf § 210.[280]

Es ist zu befürchten, dass in Zukunft die Behörde verstärkt auch während des Insolvenzverfahrens Sanierungen betreiben wird, da vor dem Hintergrund der Neuregelung im BBodSchG und der Verwaltungsrechtsprechung ihr Ausfallrisiko sinkt.[281]

Mit der Regelung in § 25 Abs. 6 BBodSchG werden **Grundpfandrechtsgläubiger** in der Substanz ihrer Sicherungsrechte getroffen.[282] Betrachtet man die Tendenzen in der neueren Verwaltungsrechtsprechung, die zum einen für eine privilegierte Befriedigung der Masseverbindlichkeiten eintritt, zum anderen die Freigabe verbietet bzw. erschwert, sowie die Neuregelung im BBodSchG, so werden die Gläubiger doppelt getroffen. Einerseits, soweit sie nicht gesichert sind, müssen sie eine Schmälerung ihrer Quote auf Grund des Vorranges der Beseitigungskosten hinnehmen; andererseits haben sie eine Entwertung ihrer

---

[276] *Lwowski/Tetzlaff*, Umweltrisiken und Altlasten in der Insolvenz, Kap. J.
[277] *Lwowski/Tetzlaff*, WM 2005, 921, 923.
[278] In Kraft getreten am 1. 3. 1999, BGBl. I 1998, 502.
[279] *Lwowski/Tetzlaff*, WM 2001, 437 ff.
[280] *Lwowski/Tetzlaff*, Umweltrisiken und Altlasten in der Insoveenz, RdNr. J 135 ff.; ebenso OVG Sachsen-Anhalt WM 2007, 1622.
[281] *Lwowski/Tetzlaff*, Anm. zu BVerwG, Urt. v. 10. 2. 1999, WuB VI B. § 6 KO 2.99.
[282] *Lwowski/Tetzlaff*, Anm. zu BVerwG, Urt. v. 10. 2. 1999, WuB VI B. § 6 KO 2.99; *Albrecht/Teifel*, Rpfleger 1999, 366 ff.; *Lüke*, Kölner Schrift, 2. Aufl., S. 859 RdNr. 61 ff.; *Knopp/Albrecht*, altlasten-spektrum 1999, 204 ff.

Sicherheiten hinzunehmen. Auch hier wird deutlich, dass die neuere Verwaltungsrechtsprechung, die von einer Privilegierung der Ersatzvornahmekosten ausgeht, verfehlt ist.

209 Insolvenzverwalter und Grundpfandgläubiger können aber im Zusammenwirken eine Entwertung der Sicherheiten verhindern und die Sanierungschancen für das insolvente Unternehmen erhöhen, indem sie bei kontaminierten Grundstücken **Teilungen** vornehmen und die einzelnen Grundstücke auf einzelne Grundbuchblätter umschreiben und einzelne Grundstücke freigeben. Auf diese Weise können (saubere) Grundstücksteile (mit werthaltigen Anlagen) „gerettet" werden und die Behörde kann mittels öffentlicher Grundstückslast nur auf einzelne Grundstücke zugreifen.[283]

III. Freigabe und Steuern

209a **1. Belastung der Masse mit Umsatzsteuer bei Verwertung.** Für die Freigabe von Massegegenständen können auch steuerliche Erwägungen von Bedeutung sein. Kommt es bei einer Verwertung von Grundstücken und insbesondere bei einer Verwertung von mithaftenden Gegenständen, insbes. Grundstückszubehör[284] zu einer Belastung der Masse mit Umsatzsteuer und müsste der Bruttoerlös an die gesicherten Kreditgeber abgeführt werden, so wird in der Praxis häufig versucht, den Weg einer Freigabe der Sicherheit aus der Masse an den **Schuldner** zu wählen.[285] Geht man davon aus, dass die (echte) Freigabe lediglich ein unternehmensinterner Vorgang ist, da der **Schuldner** bereits vor der Freigabe Eigentümer der Sache war und dies auch nach der Freigabe ist und die Sache lediglich aus dem Insolvenzbeschlag in das insolvenzfreie Vermögen des **Schuldners** überführt wird, so liegt keine Leistung Insolvenzmasse an **Schuldner** und somit kein steuerbarer Umsatz i. S. v. § 1 Abs. 1 Nr. 1 UStG vor.[286] Nur die an die Freigabe sich anschließende Verwertung durch den **Schuldner** ist umsatzsteuerrelevant. Die öffentliche Hand kann um die Umsatzsteuer gebracht werden, denn der Anspruch des Fiskus richtet sich gegen das insolvenzfreie Vermögen des **Schuldners**. Der Gesetzgeber hat aber dieser Missbrauchsmöglichkeit durch die Einführung des § 51 Abs. 1 Nr. 1 UStDV einen teilweisen *Riegel* vorgeschoben.[287] Zulässig ist es aber, dass mittels einer echten Freigabe eine Belastung der Insolvenzmasse mit Umsatzsteuerforderungen abgewendet wird. Es muss sich aber um eine echte Freigabe handeln, d. h. der Insolvenzverwalter kann nicht den Gegenstand an den **Schuldner** „freigeben" und dieser führt nach einer Verwertung die Erlöse an die Insolvenzmasse ab (modifizierende Freigabe).

209b Der BFH[288] versperrt diesen Weg, da er an seiner Auffassung festhält, bei der Überlassung an den **Schuldner** sei praktisch immer davon auszugehen, dass dies eine modifizierende Freigabe darstelle. Anerkannt ist aber, dass bei der echten Freigabe, also bei der unbedingten Überlassung des Gegenstandes an den **Schuldner,** der Umsatzsteueranspruch gegenüber der Masse nicht entsteht.[289] Die Rechtsprechung des BFH wird zu Recht kritisiert; nach den Erwägungen des Gerichts ist wohl kein Fall vorstellbar, in welchem man (umsatz-)steuerlich zu einer echten Freigabe komme.[290] Dieser Kritik ist zuzustimmen, da auf diese Weise ein anerkanntes insolvenzrechtliches Institut entwertet wird.

209c **2. Grundsteuer.** Bedeutung erlangt die Freigabe vor allem auch bei Realsteuern wie der Grundsteuer.[291] Gibt der Insolvenzverwalter ein zur Masse gehöriges Grundstück frei, so

---

[283] Vgl. dazu: *Lwowski/Tetzlaff* WM 1999, 2336, 2352; *dies.,* WM 2001, 437, 439.
[284] Vgl. dazu *Lwowski/Tetzlaff* WM 1999, 2336, 2344 f.
[285] Vgl. dazu *Weiß* UStR 1994, 349 f.; *Boochs* UVR 1995, 2 ff.
[286] *Kübler/Prütting/Lüke* § 80 RdNr. 63.
[287] *Obermüller,* Insolvenzrecht in der Bankpraxis, RdNr. 6.291.
[288] BFH WM 2002, 1605 m. Anm. *Lwowski/Tetzlaff,* WuB VI B. § 126 KO 1.02; BFH ZIP 1993, 1247 ff. mwN.
[289] Davon geht auch BFH, ZIP 1993, 1247 ff. aus, vgl. dazu die Anmerkung von *Braun,* EWiR 1993, 795 f.
[290] *Braun,* Anm. zu BFH, Urt. v. 12. 5. 1993, EWiR 1993, 795 f. *Onusseit,* ZIP 2002, 1344; *Lwowski/ Tetzlaff,* Anm. zu BFH, Urt. v. 16. 8. 2001, WuB VI B. § 126 KO 1.02.
[291] Zur Grundsteuer im Insolvenzverfahren vgl. *Günter/Mayer,* Rpfleger 2000, 260.

bilden gleichwohl die vor Verfahrenseröffnung entstandenen Steuerforderungen Insolvenzforderungen, die späteren (bis zur Freigabe) Masseverbindlichkeiten und die danach entstehenden Ansprüche des Fiskus muss dieser gegenüber dem **Schuldner** geltend machen. Haftungsgrundlage ist hier nur das insolvenzfreie Vermögen.[292]

IV. Einzelfragen

1. Rückgängigmachung Freigabe. Hat der Insolvenzverwalter das Grundstück aus der Insolvenzmasse freigegeben und stellt sich zu einem späteren Zeitpunkt heraus, dass es eine unrichtige wirtschaftliche Entscheidung war, so stellt sich die Frage nach den Möglichkeiten für eine Rückgängigmachung der Freigabe. **210**
Anfechtungsmöglichkeiten nach §§ 119 ff. BGB bestehen idR **nicht**.[293]
In der Literatur[294] werden verschiedene Möglichkeiten für eine Rückgängigmachung oder eine wirtschaftliche Kompensation der Folgen der Freigabe beschrieben. Letztlich laufen alle Vorschläge darauf hinaus, dass einerseits die Insolvenzmasse von den Haftungsgefahren befreit werden soll, gleichzeitig aber doch vom wirtschaftlichen Wert des freigegebenen Gegenstandes profitieren soll, falls sich später herausstellt, dass der freigegebene Gegenstand doch nicht wirtschaftlich wertlos ist. Ein derartiges Vorgehen stellt regelmäßig eine sog. **modifizierte Freigabe** dar.[295] Eine modifizierte Freigabe hat **keine haftungsentlastende Wirkung,** dann tatsächlich gibt der Insolvenzverwalter nicht die Verwaltungs- und Verfügungsbefugnis über diesen Teil des schuldnerischen Vermögens auf.
Wurde ein Grundstück aus der Insolvenzmasse freigegeben, so gibt es für den Insolvenzverwalter und die Gläubiger zunächst kaum Möglichkeiten, auf diesen Gegenstand wieder zuzugreifen. Ein neues Insolvenzverfahren kann nicht eingeleitet werden, solange das Verfahren, in dem die Freigabe des Grundstücks durchgeführt wurde, noch andauert.

2. Rückschlagsperre und freigegebenes Grundstück. Haben Gläubiger unmittelbar vor Einleitung des Insolvenzverfahrens eine Zwangssicherungshypothek an einem zur späteren Insolvenzmasse gehörenden Grundstück erwirkt, so unterfällt diese Sicherung der Rückschlagsperre des § 88 InsO. **211**
Hat der Insolvenzverwalter das betreffende Grundstück aus der Insolvenzmasse freigegeben und verlangt nunmehr der wieder verfügungsberechtigte Schuldner vom Gläubiger unter Berufung auf § 88 InsO die Löschung der Zwangssicherungshypothek, so stellt sich die Frage, ob sich der Schuldner auf die Rückschlagsperre berufen kann.[296] Der BGH[297] hat sich dafür ausgesprochen, dass die innerhalb der Frist des § 88 InsO erlangte Sicherheit **absolut,** d. h. mit Wirkung gegenüber jedermann, **unwirksam** wird, also nicht nur gegenüber Insolvenzgläubigern und Insolvenzverwalter, sondern auch gegenüber dem Schuldner. Das bedeutet, dass der Schuldner vom Gläubiger der Zwangssicherungshypothek die Löschung verlangen kann. Der Gläubiger kann – wie alle anderen Gläubiger auch – versuchen, in das freigegebene Grundstück zu vollstrecken, verliert aber zunächst einmal seine Rangposition. Die Entscheidung des BGH wird zu Recht mit Hinweis auf dogmatische Unzulänglichkeiten kritisiert.[298]

3. Gerichtliche Zwangsverwertung des freigegebenen Grundstücks. Besitzt ein gesicherter Gläubiger eine vollstreckbare Grundschuld, so muss er nach Eröffnung des Insolvenzverfahrens den Titel auf den Insolvenzverwalter umschreiben lassen, vgl. dazu RdNr. 48. Erklärt der Insolvenzverwalter die Freigabe des Grundstücks aus der Insolvenz- **212**

---
[292] *Häsemeyer,* Insolvenzrecht, RdNr. 13.19.
[293] Vgl. dazu die Kommentierung von § 35.
[294] *Höpfner,* ZIP 2000, 1517 ff.
[295] Zum Begriff der modifizierten Freigabe vgl. die Kommentierung von § 35.
[296] Vgl. dazu: *Gundlach/Frenzel/Schmidt,* NZI 2005, 663; *Thietz-Bartram,* ZInsO 2006, 527; *Alff,* ZInsO 2006, 481; *Keller,* ZIP 2006, 479; *ders.,* ZfIR 2006, 499.
[297] BGH ZInsO 2006, 261.
[298] Z. B. *Keller,* ZIP 2006, 479.

masse, so muss der Gläubiger erneut die **Umschreibung der Vollstreckungsklausel auf den Schuldner** beantragen, bevor er mit der Einleitung von Verwertungsmaßnahmen beginnen kann. Dazu ist die Vorlage des an den Gläubiger gerichteten Schreibens des Insolvenzverwalters mit der Mitteilung der Freigabe sowie die Vorlage eines beglaubigten Grundbuchauszuges, aus dem sich die Löschung des Insolvenzvermerks ergibt, notwendig.[299]

Ist hingegen nach Eröffnung des Insolvenzverfahrens die Versteigerung eines zur Masse gehörenden Grundstücks bereits angeordnet, der Titel gegen den Insolvenzverwalter umgeschrieben und ihm zugestellt worden, so bedarf es keiner erneuten Umschreibung auf den Schuldner und keiner Zustellung an ihn, wenn der Insolvenzverwalter das Grundstück aus der Masse freigibt.[300]

212a **4. Umfang der mit dem Grundstück freigegebenen Ansprüche.** Gibt der Insolvenzverwalter ein Grundstück aus der Insolvenzmasse frei, so gibt er damit nicht sämtliche, mit dem Grundstück zusammenhängenden vermögenswerten Rechte in das insolvenzfreie Vermögen des Schuldners ab. Der Inhalt der Freigabeerklärung ist auszulegen und dadurch die freigegebenen Gegenstände zu ermitteln.[301] So gehört bspw. die Eigenheimzulage weiterhin zur Insolvenzmasse, auch wenn der Insolvenzverwalter das Grundstück mit dem selbstgenutzten Einfamilienhaus vorher an den Schuldner freigegeben hatte.[302]

N. Verwertung des Grundstückszubehörs

I. Übersicht

213 Bei der Verwertung des Grundstückszubehörs muss zwischen folgenden Konstellationen unterschieden werden:
– Verwertung zusammen mit dem Grundstück im Wege der Zwangsversteigerung
– freihändige Verwertung des Zubehörs durch den Insolvenzverwalter
– freihändige Verwertung des sicherungsübereigneten Zubehörs durch den Insolvenzverwalter.

214 Für die Verwertung des **sicherungsübereigneten Zubehörs** gelten die unter §§ 166 ff. dargestellten Grundsätze.

Wegen der **unterschiedlichen Höhe der Kostenbeiträge**[303] der Sicherungsnehmer bei Zubehör und sicherungsübereigneten Gegenständen stellt sich die Frage, ob es zulässig ist, dass der Insolvenzverwalter durch eine **Freigabe nach § 170 Abs. 2** der sicherungsübereigneten Zubehörstücke im Zwangsversteigerungsverfahren dem Sicherungsnehmer dadurch eine Verwertung nach den §§ 166 ff. und damit eine **höhere Kostenbelastung aufzwingen** kann.[304]

215 Bei einer **Zwangsversteigerung** wird das vorhandenen Zubehör zusammen mit dem Grundstück veräußert, vgl. §§ 90, 55, 20 Abs. 2 ZVG, § 1120 BGB.

II. Probleme bei freihändiger Verwertung des Grundstückszubehörs durch den Insolvenzverwalter

216 **1. Zwangsversteigerung auf Gläubigerantrag. a) Veräußerung vor Beschlagnahme.** Die Verwertung des Zubehörs kann im Wege der Zwangsversteigerung oder durch eine freihändige Veräußerung durch den Insolvenzverwalter erfolgen. Bei der freihändigen Verwertung ist danach zu differenzieren, ob die Veräußerung vor oder nach der Beschlagnahme

---

[299] Ausführlich dazu: *Kesseler*, ZInsO 2005, 418.
[300] BGH WM 2005, 1324.
[301] Vgl. BGH ZIP 2007, 194.
[302] FG Brandenburg DStR E 2007, 437.
[303] Siehe dazu RdNr. 223.
[304] Siehe dazu RdNr. 223 ff.

erfolgte, weiterhin ist zu unterscheiden, ob das Unternehmen auf dem Grundstück durch den Insolvenzverwalter fortgeführt wird oder ob das Unternehmen stillgelegt worden ist.

Vor der Beschlagnahme kann der Insolvenzverwalter Zubehör innerhalb der Grenzen einer ordnungsgemäßen Wirtschaft veräußern; der Veräußerungserlös gebührt der Masse.[305] **217**

Eine **Veräußerung** des Zubehörs **im Rahmen einer ordnungsgemäßen Wirtschaft** kommt **nur bei einer Fortführung des Betriebes** in Betracht. Die endgültige **Stilllegung** des Unternehmens führt zu einer Aufhebung der Zubehöreigenschaft der Betriebseinrichtungen. Dadurch ist jedoch die **Haftung für Grundpfandrechte nicht beendet**. Eine Enthaftung nach § 1122 Abs. 2 BGB kommt nicht mehr in Betracht, da die Zubehöreigenschaft nicht innerhalb der Grenzen einer ordnungsgemäßen Wirtschaft aufgehoben werden kann.[306] Die Zubehörstücke können aber nach § 1121 Abs. 1 BGB von der Haftung freiwerden. Die Erwerber können lastenfreies Eigentum erwerben. Wie sich aber aus § 1135 BGB ergibt, ist der Insolvenzverwalter nicht berechtigt, Zubehör außerhalb der Grenzen einer ordnungsgemäßen Wirtschaft vom Grundstück zu entfernen. Es kommt zu einer **Schadensersatzhaftung** der Insolvenzmasse gegenüber dem Grundpfandgläubiger nach § 55 Abs. 1 Nr. 1 i. V. m. § 823 Abs. 1 BGB bzw. § 823 Abs. 2 i. V. m. § 1135 BGB und uU zu einer Haftung des Insolvenzverwalters nach § 60 InsO.[307]

b) Veräußerung nach Beschlagnahme. Nach der Beschlagnahme kann der Erwerber der Zubehörstücke nur noch in den Grenzen des § 23 Abs. 2 Satz 2 ZVG gutgläubig lastenfreies Eigentum erwerben.[308] **218**

Unabhängig von der Frage, ob der Erwerber lastenfreies Eigentum erworben hat und dementsprechend das Absonderungsrecht der Gläubigerin vernichtet wurde, steht dieser ein Ersatzabsonderungsrecht analog § 48 Satz 1 zu. Während unter Geltung des § 46 KO umstritten war, ob dieser neben der unberechtigten Veräußerung auch die deren Wirksamkeit voraussetze[309] stellt § 48 Satz 1 nunmehr ausdrücklich auf die unberechtigte Veräußerung ab.

2. Verwalterversteigerung. Soweit es sich nicht um Fremdzubehör (§ 173 Satz 2 i. V. m. § 55 ZVG) handelt, kann der Insolvenzverwalter auch nach Anordnung der Versteigerung über das Zubehör verfügen. Bewegt er sich dabei nicht in den Grenzen der ordnungsgemäßen Wirtschaft, so können die Absonderungsberechtigten in der oben unter RdNr. 216 beschriebenen Art vorgehen.[310] **219**

O. Beteiligung der Grundpfandgläubiger an den Kosten der Verwertung des Zubehörs

I. Inhalt der Regelung

Im Falle der Zwangsversteigerung eines Grundstücks werden durch § 10 Abs. 1 Nr. 1 a ZVG die Grundpfandgläubiger zur Erstattung der Kosten herangezogen, die durch die Feststellung des mithaftenden Grundstückszubehörs entstehen. **220**

Die **Kostenbeteiligung** wird aber **nicht anteilmäßig** auf die Grundpfandrechtsgläubiger umgelegt, so dass die Regelung in der Praxis dazu führen, dass die Kostenbeteiligungspflicht wirtschaftlich nur die nachrangig gesicherten Grundpfandgläubiger trifft.[311] Diese

---

[305] BGH WM 1973, 554, 556.
[306] OLG Dresden ZInsO 2003, 472, 473; *Tetzlaff* ZInsO 2004, 521, 523; *Lwowski/Tetzlaff* WM 1999, 2336, 2347.
[307] BGH WM 1973, 554, 556; *Gerhardt,* Grundpfandrechte im Insolvenzverfahren, 8. Aufl., RdNr. 119; *Lwowski/Tetzlaff* WM 1999, 2336, 2347.
[308] Vgl. die Kommentierung von *Palandt/Bassenge* § 1121 RdNr. 4 ff.
[309] *Gerhardt,* Grundpfandrechte im Insolvenzverfahren, 7. Aufl., RdNr. 108 mit Nachweisen zum damaligen Streitstand.
[310] *Drischler* Rechtspflegerjahrbuch 1967, 275, 280.
[311] *Obermüller/Hess* RdNr. 1376; *Wenzel* BuB 4/2784.

Kosten werden pauschal mit 4% des Verkehrswertes der beweglichen Sachen berechnet, vgl. § 10 Abs. 1 Nr. 1 a ZVG. Die Kostenforderungen erhalten den Rang des § 10 Abs. 1 Nr. 1 a ZVG und gehen damit den Grundpfandrechten vor.

Die Kosten sind nur dann zu erheben, wenn ein Verwalter eingesetzt ist, also *nicht* in den Fällen der **Eigenverwaltung,** vgl. § 10 Abs. 1 Nr. 1 a Halbsatz 2 ZVG.[312]

221 **Keine Kostenpauschale in der Zwangsverwaltung:** § 10 Abs. 1 Nr. 1 a ZVG gilt seinem Wortlaut nach nur für die Zwangsversteigerung. Eine Deckung der Feststellungskosten ist auch nicht unter dem Gesichtspunkt der Kosten der Zwangsverwaltung nach § 155 Abs. 1 ZVG möglich.[313]

§ 10 Abs. 1 Nr. 1 a ZVG zählt nicht zu den allgemeinen Vorschriften, die sowohl für die Zwangsversteigerung als auch für die Zwangsverwaltung Gültigkeit beanspruchen können. Insbesondere verbietet sich die analoge Anwendung des § 10 Abs. 1 Nr. 1 a ZVG bei Zwangsverwaltungsverfahren.[314]

Eine planwidrige Regelungslücke ist nicht erkennbar. Die Tätigkeiten des Insolvenzverwalters im Zwangsversteigerungsverfahren hinsichtlich der Feststellung von Zubehör sind nicht mit Zwangsverwaltungsverfahren vergleichbar.

Im Gesetzgebungsverfahren war im Rahmen der Beratungen zu § 10 Abs. 1 Nr. 1 a ZVG immer nur von der Zwangsversteigerung die Rede.[315] Auch sieht § 74 a Abs. 5 Satz 2 ZVG nur vor, dass in der Zwangsversteigerung der Wert des mitbetroffenen beweglichen Gutes zu schätzen sei.

222 Maßgebend für die Höhe der zu ersetzenden Feststellungskosten ist der **Wert der beweglichen Sachen,** auf die sich die Zwangsversteigerung erstreckt. Dieser Wert wird schon nach geltendem Recht vor der Zwangsversteigerung eines Grundstücks neben dessen Verkehrswert gesondert festgestellt, vgl. § 74 a Abs. 5 Satz 2 ZVG. Diese Festsetzung des Zubehörwertes ist zwar nicht gesondert anfechtbar, sie kann jedoch durch sofortige **Beschwerde** gegen die Festsetzung des gesamten Grundstückswertes zur Überpüfung gestellt werden, vgl. § 74 a Abs. 5 Satz 3 ZVG.[316] **Nicht** in die Bemessungsgrundlage für den Feststellungskostenbeitrag gehen **Rechte** und **Forderungen** ein, da sie vom Wortlaut des § 10 Abs. 1 Nr. 1a ZVG nicht erfasst werden. Nicht berücksichtigt werden also z.B. Brennrechte, Milchkontingente sowie mit dem Grundstück verbundene Forderungen, etwa gegen Feuerversicherer gem. § 1127 BGB.

II. Einzelfragen

223 Lässt sich ein Kreditgeber des späteren **Schuldner**s wegen der **Probleme** bei der **Abgrenzung zwischen Grundstückszubehör und selbständigen Sachen** diese beweglichen Sachen (neben der Bestellung eines Grundpfandrechts) auch noch zur Sicherheit übereignen, so kann dies in der Insolvenz des Grundstückseigentümers/Eigentümers der Sachen wegen der unterschiedlichen Kostenbeiträge zu der Frage führen, ob die betroffenen Gegenstände im Wege der Liegenschaftsvollstreckung oder als Sicherungseigentum verwertet werden sollten.[317] Während bei der Verwertung im Wege der Liegenschaftsvollstreckung auf den Gläubiger lediglich Kosten in Höhe von 4% zukommen, beläuft sich bei der Verwertung der sicherungsübereigneten Gegenstände durch den Insolvenzverwalter der Kostenbeitrag der gesicherten Gläubiger auf 9% zuzüglich der Umsatzsteuer von z.Zt. 19%, vgl. §§ 170 Abs. 1, 171 Abs. 1, Abs. 2 Satz 1 und Satz 3. Führt der Sicherungsnehmer die Verwertung durch, so reduziert sich der Kostenbeitrag auf 4% zuzüglich der Umsatzsteuer von z.Zt.

---

[312] *Zimmermann* NZI 1998, 57, 59; *Vallender,* Rpfleger 1997, 353, 356.
[313] *Nerlich/Römermann/Becker* § 165 RdNr. 34.
[314] AA *Nerlich/Römermann/Becker,* § 165 RdNr. 36.
[315] Dies erkennt auch *Nerlich/Römermann/Becker,* § 165 RdNr. 34, bejaht aber trotzdem eine Analogie.
[316] Begr. zu Art. 20 RegE EGInsO, BT-Drucks. 12/3803, S. 69; abgedruckt bei *Uhlenbruck,* Das neue Insolvenzrecht, 1994, S. 897.
[317] *Lwowski/Tetzlaff* WM 1999, 2336, 2346 f.; *Frings* Sparkasse 1996, 384, 386; *Wenzel* BuB 4/2785.

19%, vgl. § 170 Abs. 2. Die **§§ 170 f.** sind bei der Verwertung von Grundstückszubehör **nicht analog anwendbar,** d. h. nach diesen Vorschriften kann vom Erlös aus der Verwertung nicht die Umsatzsteuer einbehalten werden.[318]

Für die Kreditinstitute empfiehlt es sich – wegen der oben beschriebenen Abgrenzungsprobleme – **bei der Praxis der Doppelsicherung zu bleiben,** denn letztlich wird es immer vom Einzelfall abhängen, welche Form der Verwertung den höheren Erlös bringt und wieviel dann unter Berücksichtigung der unterschiedlichen Kostenbeiträge an die gesicherten Gläubiger ausgekehrt wird.[319]

Eine **zusätzliche Sicherungsübereignung der Zubehörstücke** kann sich aber dann **negativ auswirken,** wenn man es für zulässig hält, dass der **Insolvenzverwalter** Zubehörstücke mit der Begründung an den Gläubiger **freigibt,** diese seien an diesen zur Sicherheit übereignet, oder diese **wie sicherungsübereignete Gegenstände verwertet** und in beiden Fällen von dem Erlös die in §§ 170 f. angegebenen Kostenbeiträge einbehält.

Besonders vor dem Hintergrund der fehlenden gesetzgeberischen Lösung für die Belastung der Insolvenzmasse mit der Umsatzsteuer bei der Verwertung von Zubehör[320] ist zu befürchten, dass von Seiten der Insolvenzverwalter bei Doppelsicherung dieser Standpunkt eingenommen wird. Ein derartiges Vorgehen des Verwalters ist aber angesichts des klar geäußerten entgegenstehenden Willens des Gesetzgebers, der sich für eine geringere Kostenbelastung des Zubehörs ausgesprochen hatte, nicht zulässig.[321]

Will der Grundpfandrechtsgläubiger/Sicherungseigentümer also, dass das Zubehör im Rahmen einer Zwangsversteigerung verwertet wird, so fällt nur der Kostenbeitrag nach § 10 Abs. 1 Nr. 1 a ZVG an und nicht die erhöhten Beträge nach §§ 170 f.

Will der Grundpfandrechtsgläubiger/Sicherungseigentümer hingegen, dass das Zubehör wie bewegliche Sachen verwertet wird (freihändig), so fallen die Kostenbeiträge nach §§ 170 f. an.[322]

Der Gläubiger, der verhindern will, dass die erhöhten Kostenbeiträge nach §§ 170 f. anfallen, muss nicht **präventiv** selbst ein **Zwangsversteigerungsverfahren einleiten.** In einem derartigen Falle würde das Zubehör der Beschlagnahme unterliegen, so dass eine Verwertung durch den Verwalter außerhalb der Zwangsversteigerung vor dem Hintergrund einer Sicherungsübereignung nicht in Frage käme.

Auch in dem **Fall,** dass es **nicht** zu einer Zwangsversteigerung kommt und das **Zubehör** und das Grundstück stattdessen **freihändig verwertet** werden, wird man auf Grund des vom Gesetzgeber geäußerten Willens, dass bei einer freihändigen Veräußerung von Grundstück und Zubehör die Ersatzansprüche aus § 10 Abs. 1 Nr. 1 a ZVG untergehen sollen,[323] davon auszugehen haben, dass der Insolvenzverwalter das zur Sicherheit übereignete Zubehör nicht ohne Willen des Sicherungsnehmers an diesen freigeben oder selbst freihändig verwerten kann, um dann die Kostenbeiträge für die Verwertung von Sicherungseigentum geltend machen. Eine andere Interpretation würde die Sicherungsnehmer in jedem Fall dazu zwingen, die Zwangsversteigerung zu beantragen. – Dies kann nicht gewollt sein, da auf diese Weise möglicherweise Chancen für eine günstigere freihändige Verwertung des Grundstücks nicht genutzt werden können.[324]

Die Kostenbeiträge schmälern im Verwertungsfalle den Sicherheitenerlös, so dass sich die Frage stellt, in welcher Form die Sicherungsnehmer darauf reagieren können.

---

[318] Für eine Analogie spricht sich hingegen *Onusseit* ZIP 2000, 777, 783 ff. aus.
[319] Ebenso *Frings* Sparkasse 1996, 384, 386.
[320] *Lwowski/Tetzlaff* WM 1999, 2336, 2346.
[321] *Kübler/Prütting/Kemper* § 165 RdNr. 53; *Obermüller,* Insolvenzrecht in der Bankpraxis, RdNr. 6.386; *Zimmermann,* NZI 1998, 57, 59; *Lwowski/Tetzlaf* WM 1999, 2336, 2346 f.; aA *Marotzke* ZZP Bd. 109 (1996), 429, 456; *Häsemeyer,* Insolvenzrecht, RdNr. 23.61; *Tetzlaff,* ZInsO 2004, 521, 523.
[322] *Lwowski/Tetzlaff* WM 1999, 2336, 2347; *Wenzel* BuB 4/2786 ff.
[323] Begr. zu Art. 20 RegE EGInsO, BT-Drucks. 12/3803, S. 69; abgedruckt bei *Uhlenbruck,* Das neue Insolvenzrecht, 1994, S. 897.
[324] *Lwowski/Tetzlaff* WM 1999, 2336, 2346 f.

Der Gesetzgeber geht davon aus, dass die Sicherungsnehmer die Möglichkeit haben, den **Kostenbeitrag durch eine Übersicherung aufzufangen**.[325] Nach der Entscheidung des Großen Senats des BGH zur anfänglichen Übersicherung, in der sich das Gericht generell für eine Berücksichtigung der Kostenbeiträge nach InsO bei der Bemessung des Sicherungsinteresses ausgesprochen hat,[326] ist diese Möglichkeit gegeben.

229 Neben dem Erfordernis, dass die Rechtsprechung bereit sein muss, die Aufnahme des Kostenbeitrages in die Berechnung des Höchstbetrages der Sicherung aufzunehmen, ist hier aber noch auf die sich abzeichnenden Probleme in der Praxis wegen der begrenzten Möglichkeiten der Kunden, überhaupt Sicherheiten beizubringen, hinzuweisen.[327]

P. Zwangsverwaltung

I. Anordnung und Umfang der Beschlagnahme

230 Die Zwangsverwaltung wird auf Antrag des Gläubigers angeordnet, vgl. §§ 146 Abs. 1, 15 ZVG. Auf die Anordnung der Zwangsverwaltung finden die Vorschriften über die Anordnung der Zwangsversteigerung entsprechende Anwendung, soweit sich aus den §§ 147 bis 151 ZVG nicht etwas anderes ergibt, vgl. § 146 Abs. 1 ZVG.

231 Grundsätzlich ist Voraussetzung für die Anordnung der Zwangsverwaltung, dass der Schuldner als Eigentümer im Grundbuch eingetragen ist, § 17 Abs. 1 ZVG. Es kommt aber auch dann die Anordnung einer Zwangsverwaltung in Betracht, wenn der Schuldner nicht Eigentümer ist, das Grundstück aber im Eigenbesitz hat, § 147 Abs. 1 ZVG, § 872 BGB.

232 Der Anordnungsbeschluss ist dem Insolvenzverwalter zuzustellen, § 22 ZVG.[328] Das Versteigerungsgericht hat das Grundbuchamt um Eintragung eines Zwangsverwaltungsvermerks zu ersuchen.

Mit der Anordnung der Zwangsverwaltung, die durch die Eintragung des Verwaltungsvermerks im Grundbuch nach außen hin Wirksamkeit entfaltet, werden das Grundstück und die mithaftenden Gegenstände zugunsten des betreibenden Gläubigers beschlagnahmt. Die Beschlagnahme erfasst hier, anders als bei der Zwangsversteigerung, auch die Miet- und Pachtzinsforderungen. Aus diesem Grund wird bei vermieteten und verpachteten Objekten häufig neben der Zwangsversteigerung zugleich die Zwangsverwaltung angeordnet. Man sichert sich auf diese Weise für die Zeit bis zur Versteigerung den Miet- und Pachtzins.

233 Die Maßnahmen, welche Nutzungen aus aus den beschlagnahmten Gegenständen erwarten lassen, trifft ein vom Gericht bestellter, allen Beteiligten verantwortlicher und der Aufsicht des Gerichts unterstehender Zwangsverwalter, vgl. §§ 150, 154 ZVG.[329]

II. Rechte und Pflichten des Zwangsverwalters

234 Gem. § 150 Abs. 2 ZVG muss dem Zwangsverwalter der Besitz am Grundstück und den mitbeschlagnahmten Sachen verschafft werden. Das Besitzrecht des Zwangsverwalters bricht den Besitz des Insolvenzverwalters.[330] Auch durch die Eröffnung des Insolvenzverfahrens nach dem Zwangsverwaltungsbeschlag wird das Recht des Zwangsverwalters zum Besitz nicht berührt.[331]

---

[325] So für Mobiliarsicherheiten die Begr. zu § 195 RegE InsO, BT-Drucks. 12/2443, S. 181; abgedruckt bei *Uhlenbruck,* Das neue Insolvenzrecht, 1994, S. 538; Allg. Begr. zum RegE InsO, BRat-Drucks. 1/92, S. 89; abgedruckt bei *Uhlenbruck,* Das neue Insolvenzrecht, 1994, S. 251.
[326] BGH WM 1998, 856 ff.
[327] *Obermüller,* Insolvenzrecht in der Bankpraxis, RdNr. 6.390.
[328] Zur Notwendigkeit einer Zustellung an den **Schuldner,** vgl. RdNr. 128.
[329] *Lwowski,* Kreditsicherung, RdNr. 272.
[330] *Stöber* § 150 ZVG Anm. 3.3; *Eickmann* ZIP 1986, 1517, 1521.
[331] *Mohrbutter* KTS 1956, 107, 109.

Den Zwangsverwalter trifft die allgemeine **Verkehrssicherungspflicht** bezüglich des Grundstücks. Nach § 34 Abs. 3 AO hat er die **Steuerpflicht** des **Schuldners** zu erfüllen, soweit seine Verwaltung reicht, also in Bezug auf Steuern, die das beschlagnahmte Vermögen betreffen. Der Zwangsverwalter ist befugt, einen auf dem beschlagnahmten Grundstück geführten grundstücksbezogenen Gewerbebetrieb fortzuführen, wenn dies zur ordnungsgemäßen Nutzung des Grundstücks gehört und er dabei nicht in die Rechte des Schuldners an Betriebsmitteln eingreift.[332] Die Vornahme von Umbauten ist allerdings nicht zulässig.[333]

Ob diese Grundsätze in der Insolvenz des Schuldners zu modifizieren sind, ist noch nicht entschieden.[334]

Tendenziell wird man davon ausgehen müssen, dass der Zwangsverwalter auch in der Insolvenz den grundstücksbezogenen Gewerbebetrieb des Schuldners fortführen darf, auch dann, wenn es sich um den wesentlichen Vermögenswert des schuldnerischen Vermögens handelt.

Der Insolvenzverwalter kann in diesem Fall von den im ZVG vorgesehenen Einstellungsrechten (§ 153 b ZVG) Gebrauch machen.

In der Praxis wird der Zwangsverwalter bei einer Betriebsfortführung meist auf die Tolerierung durch den Insolvenzverwalter angewiesen sein, da dieser bspw. über wesentliche Unterlagen verfügt und er auch auf die Mitarbeit des Schuldners (Management bzw. Naturperson) im Rahmen der Betriebsfortführung durch den Zwangsverwalter Einfluss nehmen kann.

Der Zwangsverwalter ist in allen Angelegenheiten **prozessführungsbefugt**, die seine Rechte und Pflichten betreffen.[335]

III. Kollision der Rechte des Zwangsverwalters mit denen des Insolvenzverwalters

Bisher war die Frage, ob der Zwangsverwalter berechtigt sei, den **Gewerbebetrieb des Schuldners** trotz Eröffnung des Insolvenzverfahrens **fortzuführen,** umstritten. Insbesondere drohte die Gefahr, dass der Grundpfandrechtsgläubiger den Insolvenzverwalter im Wege der Zwangsverwaltung durch Vermietung an einen Dritten zwingt, den Betrieb vorzeitig stillzulegen. Im Gesetz fanden sich keine Regelungen zur Lösung der Kollision der Rechte von Zwangsverwalter und Insolvenzverwalter. Überwiegend wurde ein Vorrang der Rechte des Zwangsverwalters angenommen.[336] Nunmehr wird durch **§ 153 b ZVG** ausdrücklich klargestellt, dass die Verwaltungsrechte des Insolvenzverwalters Vorrang vor den Rechten des Zwangsverwalters haben, da nunmehr der Insolvenzverwalter die Möglichkeit hat, das Zwangsverwaltungsverfahren insoweit einstellen zu lassen, als es seine Tätigkeit behindert.[337] Durch die Einstellung nach § 153 b ZVG wird Nutzungsbefugnis auf den Insolvenzverwalter verlagert; allerdings bleibt der Zwangsverwalter im Amt und hat die allgemeinen Unkosten abzuwickeln.[338] Neben den an die betreibenden Gläubiger zu leistenden Ausgleichszahlungen müssen die Verwaltungsausgaben aus der Masse geleistet werden, vgl. auch § 155 ZVG.[339]

Hat der Zwangsverwalter das Grundstück bereits an einen Dritten verpachtet, so kann der Insolvenzverwalter auch nach einer Einstellung nach § 153 b ZVG das Mietverhältnis nicht auflösen. Es gelten die Kündigungsregeln des BGB.[340]

---

[332] BGH WM 2005, 1418 m. Anm. *Förster,* ZInsO 2005, 746; *Drasdo,* NJW 2005, 1549.
[333] BGH ZInsO 2005, 86.
[334] Vgl. *Knees,* ZIP 2001, 1568, 1575.
[335] *Eickmann* ZIP 1986, 1517, 1522.
[336] Siehe dazu RdNr. 4 ff.
[337] Begr. zu § 190 RegE InsO, BT-Drucks. 12/2443, S. 177; abgedruckt bei *Uhlenbruck,* Das neue Insolvenzrecht, 1994, S. 526.
[338] *Eickmann* ZflR 1999, 81, 86.
[339] *Eickmann* ZflR 1999, 81, 86.
[340] Vgl. dazu *Eickmann* ZflR 1999, 81, 86.

§ 165 239–246 4. Teil. 3. Abschnitt. Gegenstände mit Absonderungsrechten

239 Zum **Inhalt der Nutzungsbefugnis des Zwangsverwalters** bei nicht erfolgter Einstellung des Zwangsverwaltungsverfahrens: Wird auf Grund eines Grundpfandrechts über das Grundstück des Schuldners die Zwangsverwaltung angeordnet, so gebühren die Mietzinsen nicht der Insolvenzmasse, sondern dem Zwangsverwalter. Dies gilt auch dann, wenn der Mietvertrag erst nach der Eröffnung des Insolvenzverfahrens vom Insolvenzverwalter abgeschlossen wurde.[341]

IV. Antrag auf einstweilige Einstellung der Zwangsverwaltung im eröffneten Verfahren

240 **1. Einstellungsvoraussetzungen.** Auf Antrag des Insolvenzverwalters ordnet das Vollstreckungsgericht die vollständige oder teilweise Einstellung der Zwangsverwaltung an, wenn der Insolvenzverwalter glaubhaft macht, dass durch die Fortsetzung der Zwangsverwaltung eine wirtschaftlich sinnvolle Nutzung der Insolvenzmasse wesentlich erschwert würde, vgl. § 153b Abs. 1 ZVG. Dabei handelt es sich vor allem um Fälle, in denen der Insolvenzverwalter ein Grundstück für eine Betriebsfortführung benötigt und der Zwangsverwalter an einen Dritten vermieten oder verpachten will.[342] Vor der Entscheidung des Gericht sind der Zwangsverwalter und der betreibende Gläubiger zu hören, vgl. § 153b Abs. 3 ZVG.

241 **2. Gläubigerschutz. a) Nachteilsausgleich.** Die dem betreibenden Gläubiger aus der Einstellung erwachsenden Nachteile sind durch laufende Zahlungen aus der Masse auszugleichen, vgl. § 153b Abs. 2 ZVG.

Wird durch die Einstellung der Zwangsverwaltung die Vermietung oder Verpachtung der Immobilie an einen Dritten verhindert, so sind die damit nachweisbar erzielbaren Entgelte zu ersetzen. Sie sind vom Gericht zu ermitteln und in der Auflage, die mit der Einstellung verbunden ist, festzulegen.[343] Einen Ausgleich erhalten nur die betreibenden Gläubiger, die in der Zwangsverwaltung eine Zahlung erhalten hätten.[344] Das Vollstreckungsgericht soll nicht verpflichtet sein, das Vorliegen dieser Voraussetzungen zu ermitteln.[345]

242 Anders als in der Zwangsversteigerung setzt die Ausgleichpflicht gem. § 153b Abs. 2 ZVG sofort und nicht erst nach dem Berichtstermin ein. Somit kann es für den Grundpfandrechtsgläubiger von Vorteil sein, neben der Zwangsversteigerung auch die Zwangsverwaltung zu beantragen.[346]

243 **b) Aufhebung.** Die Anordnung der einstweiligen Einstellung wird auf Antrag des betreibenden Gläubigers aufgehoben, wenn die Voraussetzungen für die Einstellung fortgefallen sind, die laufenden Ausgleichszahlungen nach § 153b Abs. 2 ZVG nicht erbracht wurden oder der Insolvenzverwalter der Aufhebung zustimmt, vgl. § 153c Abs. 1 ZVG.

244 Vor der Entscheidung des Gerichts ist der Insolvenzverwalter anzuhören, vgl. § 153c Abs. 2 Satz 1 ZVG.

245 Das **Rechtsmittel** der sofortigen Beschwerde gegen die Anordnung der einstweiligen Einstellung der Zwangsverwaltung steht dem betreibenden Gläubiger **nicht** zur Verfügung.[347]

V. Einstweilige Einstellung der Zwangsverwaltung im Eröffnungsverfahren

246 Im ZVG findet sich keine ausdrückliche Regelung, die es dem vorläufigen Insolvenzverwalter ermöglicht, die in das Grundstück betriebene Zwangsverwaltung einstweilen

---

[341] OLG Brandenburg, ZIP 1999, 1533 f.
[342] *Eickmann*, ZfIR 1999, 81, 86; *Knees*, ZIP 2001, 1568, 1576.
[343] *Obermüller/Hess* RdNr. 1373, *Knees*, ZIP 2001, 1568, 1576.
[344] *Vallender*, Rechtspfleger 1997, 353, 355; *Knees*, ZIP 2001, 1568, 1576.
[345] *Hintzen* in Kölner Schrift zur InsO, 2. Aufl., S. 1107 ff. RdNr. 124, *Knees*, ZIP 2001, 1568, 1576.
[346] *Frings* Sparkasse 1996, 384, 385.
[347] Beschlussempfehlung des Rechtsausschusses zu Art. 20 RegE EGInsO, BT-Drucks. 12/7303, S. 108; abgedruckt bei *Uhlenbruck*, Das neue Insolvenzrecht 1994, S. 900.

einstellen zu lassen. Eine Verpachtung der Immobilie durch den Zwangsverwalter an einen Dritten kann aber schon in der Eröffnungsphase alle Chancen für eine vom Insolvenzverwalter geplante Betriebsfortführung zunichte machen. Auch in dieser Phase besteht ein Bedürfnis dafür, dem Zwangsverwalter im Interesse der Gläubigergesamtheit die Nutzungsbefugnis zu entziehen.[348] Während des Gesetzgebungsverfahrens wurde eine Regelung, die diese Anforderungen erfüllt, nicht geschaffen, obwohl auch der Gesetzgeber die Notwendigkeit erkannt hatte, die Fortführung des schuldnerischen Unternehmens bereits in der Eröffnungsphase zu sichern.[349] Mit der Zuständigkeitsverlagerung von Insolvenzgericht auf Vollstreckungsgericht geriet die Notwendigkeit der Schaffung einer Schutzvorschrift aus dem Blickfeld und unterblieb letztendlich.[350] Will man dem Anliegen der Insolvenzrechtsreform entsprechen, so sollte die Regelung des § 30 d Abs. 4 ZVG, die nur von einer Zwangsversteigerung spricht, über die Generalverweisung in § 146 Abs. 1 ZVG entsprechend für die Zwangsverwaltung anzuwenden, so dass eine einstweilige Einstellung der Zwangsverwaltung unter den in § 30 d Abs. 4 ZVG genannten Voraussetzungen möglich ist.[351]

Q. Eigenkapitalersetzende Nutzungsüberlassung und Zwangsverwaltung/-versteigerung

Die Verwertung von Grundpfandrechten in der Insolvenz kann unter bestimmten Voraussetzungen mit den Kapitalerhaltungsvorschriften des Gesellschaftsrechts kollidieren. Es stellt sich dann die Frage, ob bei einem Eingreifen der Grundsätze der eigenkapitalersetzenden Nutzungsüberlassung zugunsten der insolventen (Betriebs-)Gesellschaft die grundpfandrechtlich gesicherten Gläubiger der Besitzgesellschaft bzw. des Gesellschafters mittels Zwangsversteigerung die Verwertung des Grundstücks betreiben bzw. mittels Zwangsverwaltung die Miet- und Pachteinnahmen abschöpfen können.[352] 247

Der BGH hat in einem Fall der **Kollision** von **Zwangsverwaltung** und **eigenkapitalersetzender Nutzungsüberlassung** entschieden, dass der grundpfandrechtlich gesicherte Gläubiger die Auswirkungen der Kapitalersatzeigenschaft der Nutzungsüberlassung nur solange gegen sich gelten lassen müsse, wie er auch anderweitige Verfügungen des Gesellschafters hätte hinnehmen müssen. Die Wirkung der eigenkapitalersetzenden Nutzungsüberlassung ende in entsprechender Anwendung der §§ 146 ff. ZVG, §§ 1123, 1124 Abs. 2 BGB mit der Wirksamkeit des im Wege der Zwangsverwaltung erlassenen Beschlagnahmebeschlusses.[353] Diese Grundsätze gelten auch dann, wenn das Grundpfandrecht erst nach Eintritt der Kapitalersatzeigenschaft erworben wurde.[354] 248

Wird der Gesellschaft ein von ihrem Gesellschafter angemietetes Betriebsgrundstück, das ihr nach Eigenkapitalersatzregeln zu belassen ist, durch einen Grundpfandrechtsgläubiger entzogen, so kann die Gesellschaft von dem Gesellschafter Ersatz in Höhe des Wertes des verlorenen Nutzungsrechts verlangen. Bei der Bemessung des Anspruchs kann der zwischen der Gesellschaft und dem Gesellschafter vereinbarte Mietzins eine Richtschnur bilden.[355] 249

---

[348] *Gerhardt,* Grundpfandrechte im Insolvenzverfahren, 8. Aufl., RdNr. 254; *Jungmann* NZI 1999, 352, 353.
[349] Vgl. dazu RdNr. 24.
[350] *Jungmann* NZI 1999, 352, 354.
[351] *Tetzlaff,* ZInsO 2004, 521, 527; *Gerhardt,* Grundpfandrechte im Insolvenzverfahren, 8. Aufl., RdNr. 254; *Jungmann,* NZI 1999, 352, 353 f.; aA *Smid/Depré* § 49 RdNr. 71; *Hintzen* in Kölner Schrift zur InsO, 2. Aufl., S. 1107 ff. RdNr. 118.
[352] *Pohlmann* DStR 1999, 595 ff.; *Michalski/Barth* NZG 1999, 277 ff.; *Jungmann* ZIP 1999, 601 ff.; *Obermüller* InVo 1999, 225 ff.; *Lwowski/Tetzlaff* WM 1999, 2336, 2349 ff.
[353] BGH WM 1999, 20 ff.
[354] *Obermüller* Anm. zu BGH, Urt. v. 7. 12. 1998, WuB II C. § 32 a GmbHG 1.99; *Lwowski/Tetzlaff* WM 1999, 2336, 2349.
[355] BGH WM 2005, 747.

§ 165 250–254 4. Teil. 3. Abschnitt. Gegenstände mit Absonderungsrechten

250 Noch nicht höchstrichterlich geklärt ist die Frage, ob sich die Gesellschaft auch dann auf eine eigenkapitalersetzende Nutzungsüberlassung berufen kann, wenn der Gesellschafter/Vermieter selbst insolvent ist.[356] In der **Doppelinsolvenz** kann sich der insolvente Mieter nach der hier vertretenen Auffassung gegenüber dem ebenfalls insolventen Vermieter nicht auf die Grundsätze des eigenkapitalersetzenden Nutzungsüberlassung berufen, weil § 110 Abs. 1 analog anzuwenden ist.[357]

251 Für die Kollisionslage **Zwangsversteigerung/eigenkapitalersetzende Nutzungsüberlassung** wird man die Überlegungen des BGH zur Zwangsverwaltung übertragen und darauf abstellen müssen, dass auch hier die Beschlagnahme die entscheidende Zäsur darstellt. Die (Betriebs-)Gesellschaft muss an den Erwerber der Immobilie Miet- und Pachtzinsen zahlen. Analog § 57 a ZVG ist dem Ersteher auch ein Kündigungsrecht gegenüber der (Besitz-)Gesellschaft zuzubilligen; bei der Bemessung der Länge der Kündigungsfristen ist die Tatsache des Vorliegens einer eigenkapitalersetzenden Nutzungsüberlassung zu berücksichtigen.[358] Eine direkte Anwendung des § 57 a ZVG (Sonderkündigungsrecht des Erstehers) scheidet aus, da dies eine einseitige Zurückdrängung der Interessen der (Betriebs-)Gesellschaft darstellen würde.[359]

252 Kann auf diese Weise eine Lösung gefunden werden, die die Interessen von Grundpfandgläubigern (diese können bei Veräußerung eines „freien" Grundstücks mit höheren Erlösen rechnen) und Betriebsgesellschaft (Verlagerung des Produktionsstandortes ist mit enormen Kosten verbunden) berücksichtigt, so bedarf es nicht mehr der von Hess[360] vorgeschlagenen **analogen Anwendung der Einstellungmöglichkeiten aus § 30 d Abs. 1 ZVG** zugunsten der insolventen Betriebsgesellschaft, die auf die Nutzung des Grundstücks angewiesen ist.[361]

R. Steuerrechtliche Fragen

I. Verwertung des Grundstücks im Wege der Zwangsversteigerung

253 Bei einer Versteigerung des Grundstücks bewirkt der Schuldner eine Leistung an den Ersteher.[362] Die Gegenleistung nimmt das Vollstreckungsgericht in amtlicher Eigenschaft mit dem Ziel der Verteilung des Erlöses an die Gläubiger entgegen. Der Grundstücksumsatz unterliegt der Grunderwerbssteuer (§ 1 Abs. 1 Nr. 4 GrEStG) und ist damit umsatzsteuerfrei. Grunderwerbsteuerpflichtig ist der Meistbietende, § 13 Nr. 4 GrEStG.

Unter der früheren Rechtslage konnte es für den Insolvenzverwalter **wirtschaftlich zweckmäßig** sein, **zugunsten der Umsatzsteuer zu optieren**.[363] Die Option ermöglichte dem Ersteher den Vorsteuerabzug.

254 Die **Option nach § 9 UStG** konnte **missbraucht** werden. Wenn der Grundstückseigentümer, zumeist auf Veranlassung der kreditgebenden Bank, als Unternehmer zur Umsatzsteuer optierte, der Erwerber den Vorsteuerabzug hatte, die Bank aus ihrem Sicherungsvertrag mit dem Schuldner den Bruttoerlös aus dem Verkauf des Grundstückes vereinnahmen durfte und dem Verkäufer deshalb die Mittel zur Zahlung der Umsatzsteuer fehlten, bestand die Gefahr, dass das Finanzamt mit den Umsatzsteuerforderungen leer ausging.[364] Bei der Zwangsversteigerung von Grundstücken bestand ein Normenkonflikt, da der Er-

---

[356] LG Cottbus, ZIP 2005, 1608; LG Zwickau, ZIP 2005, 1151; LG Erfurt NZi 2004, 599; *Rendels* ZIP 2006, 1273 ff.
[357] LG Cottbus, ZIP 2005, 1608.
[358] *Lwowski/Tetzlaff* WM 1999, 2336, 2350 f.; aA *Knees*, ZIP 2001, 1568, 1572.
[359] BGH WM 1999, 20, 22.
[360] *Hess* § 165 RdNr. 28 a.
[361] *Lwowski/Tetzlaff* WM 1999, 2336, 2351.
[362] BFH UR 1986, 201.
[363] *Onusseit* Rpfleger 1995, 1, 2; *Weiß* UR 1990, 101, 102; *Maus* ZIP 2004, 1580, 1581.
[364] *Maus* ZIP 2004, 1580, 1581.

steher den Bruttopreis an das Vollstreckungsgericht zahlen musste und er nach § 51 Abs. 1 Satz 1 Nr. 3 UStDV unter Umständen nochmals die Umsatzsteuer zahlen musste.[365] Bei der Geltendmachung der Umsatzsteuerforderungen gegenüber der Insolvenzmasse bestand die Gefahr, dass diese Forderungen i. S. v. § 55 Abs. 1 Nr. 2 InsO in der Masseunzulänglichkeit nicht realisiert werden konnten.[366]

Um diesen Missbräuchen zu begegnen, hat der Gesetzgeber bereits **Anfang 2002** angeordnet, dass für umsatzsteuerpflichtige Lieferungen von Grundstücken im **Zwangsversteigerungsverfahren** die **Steuerschuldnerschaft** auf den **Leistungsempfänger** übergeht, § 13 b Abs. 1 Satz 1 Nr. 3 UStG). Dies gilt aber wiederum nur dann, wenn der Ersteher ein Unternehmer oder eine juristische Person des öffentlichen Rechts ist. In den verbleibenden Fällen muss die Umsatzsteuer bei einer Option aus der Masse gezahlt werden.[367] In diesen Konstellationen stellt sich die Frage einer Haftung des Insolvenzverwalters im Fall der Masseunzulänglichkeit weiterhin. Weiterhin wird diskutiert, ob an den Gläubiger nur der um die Umsatzsteuer berichtigte Nettoerlös abzuführen ist.[368] Aufgrund der Haftungsrisiken für den Insolvenzverwalter wird für diesen bei sich abzeichnender Masseunzulänglichkeit nur die Möglichkeit bleiben, eine „Kröte zu schlucken", entweder die Vorsteuerberichtigung gem. § 15 a UStG oder die Umsatzsteuer.[369] Bei der Zwangsversteigerung des Grundstücks muss der Verzicht auf die Umsatzsteuerbefreiung vor Aufforderung zur Abgabe von Geboten im Versteigerungstermin erklärt und bekannt gemacht werden (§ 9 Abs. 2 UStG). Ist dies geschehen, so schuldet der Ersteher die Umsatzsteuer, falls er Unternehmer oder juristische Person des öffentlichen Rechts ist. Nach § 14a Abs. 4 UStG ist der Insolvenzverwalter verpflichtet, eine Rechnung auszustellen, in der nur der Nettobetrag ausgewiesen wird. Der Ersteher ist auf seine Steuerschuldnerschaft hinzuweisen (§ 14 a Abs. 4 Satz 2 UStG). Das Meistgebot in der Zwangsversteigerung ist nur ein Nettobetrag. Da der Ersteher mit der Entrichtung des Meistgebots keine Umsatzsteuer bezahlt hat, kann er auch nicht die Ausstellung einer Rechnung verlangen, die das Gegenteil ausweist.[370]

Bei der **Verwertung von Grundstückszubehör** ist umstritten, ob die Kosten der Verwertung einschließlich der Umsatzsteuerzahllast wirtschaftlich vom Sicherungsgeber getragen werden müssen oder nicht.[371] Angesichts der fehlenden gesetzlichen Regelung in § 10 Abs. 1 Nr. 1 a ZVG kann hier nicht davon ausgegangen werden, dass der Sicherungsnehmer analog §§ 170 f. InsO verpflichtet ist, die Umsatzsteuern aus dem Erlös der Verwertung des Zubehörs zu decken, vgl. RdNr. 223.[372]

II. Freihändige Verwertung des Grundstücks

Die Möglichkeit zum Missbrauch des Optionsrechts bestand auch bei der freihändigen Verwertung von Grundstücken im Insolvenzverfahren.[373] Der Steuergesetzgeber hat darauf reagiert und mit Wirkung zum **1. 4. 2004** die Regelung in § 13 b Abs. 1 Satz 1 Nr. 3 UStG (**Wechsel der Steuerschuldnerschaft**) erweitert, so dass nun bei allen steuerpflichtigen Umsätzen, die unter das Grunderwerbssteuergesetz fallen, der Leistungsempfänger die Umsatzsteuer schuldet.[374]

Will der Insolvenzverwalter bei einer Immobilienveräußerung auf die Steuerbefreiung nach § 4 Nr. 9 a UStG verzichten und zur Regelbesteuerung nach § 9 Abs. 1 UStG optieren, bspw. um einen Vorsteuerrückforderungsanspruch nach § 15 a UStG (richtet sich

---

[365] *Obermüller,* Insolvenzrecht in der Bankpraxis, RdNr. 6.383.
[366] *Maus* ZIP 2004, 1580, 1582; zur Haftung des Insolvenzverwalter vgl. BFH ZIP 2003, 582.
[367] *Schmittmann,* ZInsO 2006, 1299, 1302; *Ganter/Brünink,* NZI 2006, 257, 258.
[368] *Schmittmann,* ZInsO 2006, 1299, 1302; *Ganter/Brünink,* NZI 2006, 257, 258.
[369] *Schmittmann,* ZInsO 2006, 1299, 1302; *Ganter/Brünink,* NZI 2006, 257, 258.
[370] BGH NZI 2003, 565; *Ganter/Brünink,* NZI 2006, 257, 258.
[371] *Mitlehner* NZI 2002, 534, 536. *Ganter/Brünink,* NZI 2006, 257, 259.
[372] AA *Mitlehner* NZI 2002, 534, 536; *Onusseit* ZIP 2000, 777, 783 ff.
[373] Vgl. dazu *Tetzlaff* ZInsO 2004, 521, 529 f.
[374] *Maus* ZIP 2004, 1580, 1582; *Eckert* ZInsO 2004, 702, 706.

als Masseverbindlichkeit gegen die Insolvenzmasse) zu vermeiden, dann braucht er dann keine Haftungsrisiken aus dem Geschäft zu besorgen, wenn der Grundstückserwerber ein Unternehmen oder eine juristische Person des öffentlichen Rechts ist, da der Erwerber zur Zahlung der Umsatzsteuer verpflichtet ist. Der Insolvenzverwalter hat lediglich zu beachten, dass die Option im notariellen Kaufvertrag vereinbart wird, § 9 Abs. 3 Satz 2 UStG. Der Verwalter muss den Erwerber in der Rechnung auf die Steuerschuldnerschaft hinweisen und darf in der Rechnung keine Umsatzsteuer ausweisen, §§ 14a Abs. 5, 14c Abs. 1 UStG.[375] Wegen der Vorgehensweise, wenn der Erwerber nicht Unternehmer bzw. juristische Person des öffentlichen Rechts ist, vgl. RdNr. 255.

259 Schließen Grundpfandgläubiger und Insolvenzverwalter eine **Verwertungsvereinbarung**, so unterfällt nach der BFH-Rechtsprechung der vereinbarte **Massebeitrag** der **Umsatzsteuer:** Vereinbaren der absonderungsberechtigte Grundpfandgläubiger und der Insolvenzverwalter, dass der Insolvenzverwalter ein Grundstück für Rechnung des Grundpfandgläubigers veräußert und vom Verwertungserlös einen bestimmten Betrag für die Masse einbehalten darf, führt der Insolvenzverwalter nach Auffassung des BFH neben der Grundstückslieferung an den Erwerber eine sonstige entgeltliche Leistung an den Grundpfandgläubiger aus. Der für die Masse einbehaltene Betrag sei in diesem Fall Entgelt für eine Leistung.[376] Der Auffassung des BFH kann nicht zugestimmt werden. Das Gericht geht zutreffend davon aus, dass die freihändige Verwertung von mit Absonderungsrechten belasteten beweglichen Gegenständen keine umsatzsteuerpflichtige Leistung des Insolvenzverwalters an den Sicherungsnehmer darstelle. Bei der Veräußerung von Immobilien behauptet das Gericht, dass der Verwalter nicht zu einer freihändigen Verwertung verpflichtet sei und stellt hier die Tätigkeit des Verwalters als **Geschäftsbesorgung** dar. Der BFH verkennt, dass der Insolvenzverwalter nach § 159 auch zur Verwertung von mit Sicherungsrechten belasteten Grundstücken verpflichtet ist; er erfüllt mit der freihändigen Verwertung eine **gesetzliche Pflicht** und führt keine Maklertätigkeit für den Grundpfandgläubiger aus.[377]

III. Freigabe

259a Bei der Veräußerung eines aus der Masse freigegebenen Grundstücks durch den Schuldner anfallende Umsatzsteuer muss die Insolvenzmasse tragen. Der BFH klassifiziert hier eine vom Verwalter vorgenommene echte Freigabe als modifizierte Freigabe und versagt ihr deshalb die haftungsentlastende Wirkung.[378] Ausführlich dazu RdNr. 209 a.

S. Besonderheiten bei einzelnen Vollstreckungsgegenständen und besondere Verfahrensarten

I. Versteigerung von Bruchteilen/Teilungsversteigerung durch den Insolvenzverwalter

260 Gehört ein Grundstücksanteil zur Insolvenzmasse, so erfolgt die Auseinandersetzung mit den anderen Teilhabern außerhalb des Insolvenzverfahrens, vgl. § 84 Abs. 1 Satz 1. Sowohl der Insolvenzverwalter als auch die anderen Teilhaber können die Teilungsversteigerung durchführen oder fortsetzen. In diesem Fall gilt ein von den Teilhabern vereinbarter oder vom Erblasser verfügter Ausschluss nicht, vgl. § 84 Abs. 2.

War bei Eröffnung des Insolvenzverfahrens die Verteilungsversteigerung schon anhängig, so kann der Insolvenzverwalter das Verfahren fortsetzen; nach der Insolvenzeröffnung hat der Insolvenzverwalter die Möglichkeit, entweder die Teilungsversteigerung des ganzen Objekts

---

[375] *Maus* ZIP 2004, 1580, 1582; *Eckert* ZInsO 2004, 702, 706
[376] BFH NZI 2006, 55.
[377] *Heublein* EWiR 2005, 513; *Spliedt/Schacht* EWiR 2005, 841.
[378] BFH WM 2002, 1605 m. Anm. *Lwowski/Tetzlaff*, WuB VI B § 126 KO 1.02; *Ganter/Brünink*, NZI 2006, 257, 260 f.

einzuleiten oder die Verwaltervollstreckung des zur Insolvenzmasse gehörenden Bruchteils nach §§ 172 ff. ZVG zu betreiben.[379] Mit Rücksicht darauf, dass Miteigentumsanteile allein selten gute Bieter finden, wird sich der Verwalter jedoch auch hier vielfach für die Teilungsversteigerung entscheiden.[380]

Gehört das ganze Grundstück zur Insolvenzmasse (z. B. bei Nachlassinsolvenzverfahren) und war bei Eröffnung des Insolvenzverfahrens bereits eine Teilungsversteigerung anhängig, so kann diese nur fortgesetzt werden, wenn der Insolvenzverwalter das Objekt aus der Masse freigibt.[381] **261**

II. Wohnungseigentum

Für die Zwangsvollstreckung in Wohnungseigentum gelten die Grundsätze der Vollstreckung in Miteigentumsanteile, § 864 Abs. 2 ZPO. An die Stelle des Grundbuchs (vgl. §§ 17, 19, 28 ZVG) tritt das Wohnungsgrundbuch (Teileigentumsgrundbuch), vgl. §§ 7, 8 Abs. 2 WEG. Ist als Inhalt des Sondereigetums vereinbart worden, dass ein Wohnungseigentümer zur Veräußerung seines Wohnungseigentums der Zustimmung anderer Wohnungseigentümer oder Dritter bedarf (§ 12 Abs. 1 WEG), wobei gem. § 12 Abs. 3 Satz 2 WEG die rechtsgeschäftliche Veräußerung der Verwertung durch Zwangsvollstreckung oder durch den Insolvenzverwalter gleichzustellen ist, so muss entweder auf vertraglichem Wege versucht werden, die Zustimmung zu erreichen, oder ein die Zustimmung ersetzendes Urteil erstritten werden.[382] **262**

Bei der Insolvenz von Bauträgern kann es zu verfahrensrechtlichen Schwierigkeiten kommen, wenn aus Gründen einer opitmalen Verwertung der begonnenen Projekte eine Gesamtübernahme des Objekts durch einen Käufer erreicht werden soll, und wegen der auf den jeweiligen Wohnungseigentumsrechten lastenden Grundpfandrechte des betreibenden Gläubigers eine **Vielfachversteigerung der Wohnungseigentumrechte** notwendig ist. Die verfahrensrechtlichen Probleme beruhen auf der Tatsache, dass das ZVG vom Grundsatz der Einzelversteigerung ausgeht.[383] **263**

III. Versteigerung aus Eigentümergrundpfandrechten durch den Insolvenzverwalter

Betreibt der Insolvenzverwalter die Zwangsversteigerung aus einem Eigentümergrundpfandrecht, so handelt es sich um eine Vollstreckungsversteigerung. Die Vorschriften zum Verfahren nach §§ 172 ff. ZVG sind nicht anwendbar.[384] § 1197 Abs. 1 BGB hindert den Insolvenzverwalter nicht, die Vollstreckungsversteigerung aus der Eigentümergrundschuld zu betreiben; er unterliegt nicht den Beschränkungen, die für den Grundstückseigentümer im Interesse seiner Gläubiger gelten, da der Insolvenzverwalter im Interesse aller Gläubiger handelt.[385] Daneben besteht natürlich auch die Möglichkeit, bei einer Belastung des Grundstücks mit einer Eigentümergrundschuld das Verfahren aus §§ 172 ff. ZVG zu betreiben.[386] **264**

IV. Zwangsversteigerung von Schiffen, Luftfahrzeugen und Schwimmdocks

Die Zwangsversteigerung von Schiffen, Luftfahrzeugen und Schwimmdocks richtet sich nach den §§ 162 bis 171 ZVG.[387] Eine Zwangsverwaltung von Schiffen, Luftfahrzeugen und **265**

---

[379] *Stöber* § 180 ZVG RdNr. 15 mwN.
[380] *Worm* KTS 1961, 119, 126.
[381] *Drischler* Rechtspflegerjahrbuch 1967, 275, 294.
[382] *Mohrbutter/Drischler/Radtke/Tiedemann*, Die Zwangsversteigerungs- und Zwangsverwaltungspraxis, Bd. 1, Muster 47 Anm. 2/S. 225 f.
[383] Zu den möglichen Vorgehensweisen siehe *Büchmann* ZIP 1988, 825 ff.
[384] *Stöber* § 172 ZVG RdNr. 5.3.
[385] *Stöber* § 15 ZVG RdNr. 11.3; *Worm* KTS 1961, 119, 122 f.
[386] *Stöber* § 15 ZVG RdNr. 11.3.
[387] Vgl. dazu die umfassende Darstellung bei *Mohrbutter/Drischler/Radtke/Tiedemann*, Zwangsversteigerungs- und Zwangsverwaltungspraxis, Bd. 2, S. 957 ff.

§ 165 266–271   4. Teil. 3. Abschnitt. Gegenstände mit Absonderungsrechten

Schwimmdocks ist nicht zulässig. Im Rahmen des Zwangsversteigerungsverfahrens kann während der Einstellzeit eine die Zwangsverwaltung ersetzende treuhänderische Nutzung angeordnet werden.[388]

V. Erbbaurecht

266 Das Erbbaurecht steht einem Grundstück gleich, vgl. § 11 ErbbauVO. Bei der Verwalterversteigerung nach §§ 172 ff. ZVG sind etwaige Beschränkungen nach § 5 ErbbauVO zu beachten. Soweit also die Veräußerung des Erbbaurechts an die Zustimmung des Grundstückseigentümers gebunden ist, kann der Zuschlag nur bei deren Vorliegen erteilt werden. Die verweigerte Zustimmung kann auf Antrag des Insolvenzverwalters gem. § 7 Abs. 2 ErbbauVO durch das Gericht ersetzt werden.[389]

VI. Nachlassinsolvenzverfahren

267 Im Nachlassinsolvenzverfahren ist die Vorschrift des § 178 ZVG zu beachten, die den Einfluss der Eröffnung des Nachlassinsolvenzverfahrens auf die durch die Erben angeordnete Nachlassversteigerung regelt.[390]

VII. Gebäudeeigentum im Beitrittsgebiet

268 Die bisherigen Schwierigkeiten bei der Zwangsversteigerung von Grundstücken in der ehemaligen DDR, die daraus resultierten, dass in vielen Fällen das Eigentum von Grundstück und Gebäuden auseinanderfallen,[391] werden durch das Sachenrechtsbereinigungsgesetz weitgehend behoben, insbes. soll durch den neuen § 9 a EGZVG Klarheit im Zwangsversteigerungsverfahren geschaffen werden.[392]

VIII. Verwertung der Grundpfandrechte in besonderen Verfahrensarten

269 **1. Verbraucherinsolvenzverfahren. a) Geltendes Recht.** Im Verbraucherinsolvenzverfahren wird mit Eröffnung des Verfahrens ein **Treuhänder** bestellt. Dieser hat weitgehend die Aufgaben des Insolvenzverwalters zu übernehmen, § 313 InsO. Das **Verwertungsrecht** des **Treuhänders** ist **eingeschränkt**. Der Treuhänder ist nicht zur Verwertung von Gegenständen berechtigt, an denen Pfandrechte oder andere Absonderungsrechte bestehen, § 313 Abs. 3 Satz 1 InsO. Das mit Grundpfandrechten belastete Grundstück des Schuldners unterliegt also nicht dem originären Verwertungsrecht des Treuhänders, allerdings unterfällt das Grundstück trotzdem dem Insolvenzbeschlag und ein etwaiger Übererlös aus der Verwertung gebürt der Masse.[393]

270 In welchen Fällen die für die Abwicklung von Unternehmensinsolvenzen gedachten Vorschriften bei Verbraucherinsolvenzverfahren zu modifizieren sind, wird teilweise kontrovers diskutiert.[394] Im Einzelnen ist auf folgende Probleme hinzuweisen:

271 **Anwendbarkeit des § 30 d ZVG:** Es ist umstritten, ob diese für das Regelinsolvenzverfahren zugeschnittenen Bestimmungen auch im Verbraucherinsolvenzverfahren gelten.[395] Es wird darauf hingewiesen, dass im Verbraucherinsolvenzverfahren die Norm des § 313 InsO verdeutliche, dass die Position der Grundpfandgläubiger stärker sei und nicht gegen deren Willen eine Verwertung des Grundbesitzes des Schuldners verzögert werden

---

[388] *Kuhn/Uhlenbruck* § 126 KO RdNr. 8 mwN.
[389] *Stöber* § 172 ZVG RdNr. 5.5; *Drischler* Rechtspflegerjahrbuch 1967, 275, 291 f.
[390] Siehe dazu näher *Jaeger/Weber* § 126 KO Anm. 15; *Stöber* § 178 ZVG RdNr. 1 f.
[391] Siehe dazu *Keller* Rechtspfleger 1994, 194 ff.
[392] Nähere Einzelheiten bei *Stöber* ZVG-Kommentar, Kommentierung zu § 9 a EGZVG; *Keller* Rpfleger 1994, 194, 198 ff.
[393] *Hintzen* ZInsO 2004, 713. Für ein Verwertungsrecht des Treuhänders: *Kesseler,* ZInsO 2006, 1029.
[394] Vgl. dazu umfassend: *Hintzen* ZInsO 2004, 713.
[395] Vgl. dazu die Nachw. bei *Uhlenbruck-Vallender,* § 313 InsO RdNr. 107.

dürfe.³⁹⁶ Allerdings muss auch beachtet werden, dass eine Vielzahl von Insolvenzen natürlicher Personen im Regelinsolvenzverfahren abgewickelt werden, bei denen ohne Zweifel ein Einstellungsrecht nach § 30 d ZVG besteht. Eine Differenzierung scheint kaum möglich.

Bejaht man also die Möglichkeit von Einstellungsanträgen nach § 30 d ZVG, so sind bei der Entscheidung über die Einstellung die **Interessen der Absonderungsberechtigten** hinreichend zu berücksichtigen (bei der Entscheidung über das Ob der Einstellung) bzw. hinreichend zu schützen (bei der Notwendigkeit von Entschädigungszahlungen).

Ein **Kostenbeitrag nach § 10 Abs. 1 Nr. 1 a ZVG** fällt bei einer durch den Grundpfandgläubiger vorgenommenen Versteigerung nicht an.³⁹⁷ Anderes gilt, wenn der Treuhänder nach § 313 Abs. 3 Satz 3 InsO i. V. m. § 173 Abs. 2 InsO das Verwertungsrecht erlangt hat. In der Treuhänder-Versteigerung kann dieser auch das Antragsrecht aus § 174 a ZVG wahrnehmen.³⁹⁸

Verwertungsrecht: Ein originäres Verwertungsrecht des **Treuhänders** besteht nicht.³⁹⁹ Über § 313 Abs. 3 Satz 3 InsO i. V. m. § 173 Abs. 2 InsO kann der Treuhänder aber ein Verwertungsrecht erlangen.⁴⁰⁰

Der Grundpfandgläubiger kann das Grundstück durch Zwangsversteigerung oder Zwangsverwaltung verwerten. Nicht zulässig ist eine **freihändige Verwertung** der Immobilie **durch die Grundpfandgläubiger**.⁴⁰¹ § 313 Abs. 3 Satz 2 InsO ist so zu verstehen, dass das (freihändige) Verwertungsrecht der dinglich gesicherten Gläubiger sich nur auf bewegliche Gegenstände bezieht.⁴⁰²

b) Ausblick auf neue Rechtslage. Nach den Regelungen im **Entwurf** eines „Gesetzes zur Entschuldung völlig mittelloser Personen und zur Änderung des Verbraucherinsolvenzverfahrens" vom **23. 01. 2007**, Nr. 37 und 38 soll § 313 InsO vollständig gestrichen werden. Nach den bisherigen gesetzlichen Regelungen hatte der Treuhänder gegenüber dem Insolvenzverwalter nur einen beschränkten Aufgabenkreis. Anfechtungs- und Verwertungsrechte waren den Gläubigern übertragen. In der Praxis haben die Gläubiger insbesondere die Anfechtungsrechte nur sehr eingeschränkt verfolgt. Aufgrund der in § 304 InsO-E normierten Erweiterung des Anwendungsbereichs auf alle ehemals Selbständigen wird zukünftig mit einer Erhöhung der Anzahl von Anfechtungssachverhalten gerechnet. Eine Einschränkung dieser Befugnis für den Treuhänder soll es daher zukünftig nicht mehr geben, vielmehr soll der Treuhänder ein originäres Anfechtungsrecht wie der Insolvenzverwalter haben. Genauso soll die Einschränkung des Verwertungsrechts mit Pfand- oder Absonderungsrechten belasteten Grundvermögens aufgehoben werden. Dies hätte zur Folge, dass es zukünftig keine Differenzierung mehr im Aufgabenkreis des Insolvenzverwalters und des Treuhänders geben würde.

2. Eigenverwaltung. Der Kostenbeitrag nach § 10 Abs. 1 Nr. 1 a ZVG muss nicht im Fall der Anordnung der Eigenverwaltung nicht zugunsten der Masse abgeführt werden.⁴⁰³ Bei der Eigenverwaltung stellt der **Schuldner,** der als Sachwalter Verwalter seines eigenen Vermögens ist, die Anträge nach §§ 30 d ff. ZVG.⁴⁰⁴ Diese Grundsätze gelten auch für die Zwangsverwaltung.

---

³⁹⁶ *Obermüller* WM 1998, 483, 492; *Wenzel* NZI 1999, 101; *Lwowski/Tetzlaff* WM 1999, 2336, 2343.
³⁹⁷ *Lwowski/Tetzlaff* WM 1999, 2336, 2343; *Wittig* WM 1998, 209, 218; *Obermüller* WM 1998, 483, 493; aA *Nerlich/Römermann/Becker*, § 165 InsO RdNr. 33.
³⁹⁸ *Hintzen* ZInsO 2004, 713, 716.
³⁹⁹ *Uhlenbruck/Vallender*, § 313 InsO RdNr. 105; *Wenzel* NZI 1999, 101, *Wittig* WM 1999, 209, 219; aA *Nerlich/Römermann/Becker*, § 165 InsO RdNr. 56; *Kessler*, ZInsO 2006, 1029.
⁴⁰⁰ Vgl. dazu umfassend: *Hintzen* ZInsO 2004, 713, 714 f.
⁴⁰¹ *Uhlenbruck/Vallender*, § 313 InsO RdNr. 105; *Lwowski/Tetzlaff*, Anm. zu LG Hamburg, WuB VI C. § 313 InsO 1.00; aA LG Hamburg WM 2000, 1026.
⁴⁰² *Uhlenbruck/Vallender*, § 313 InsO RdNr. 105.
⁴⁰³ *Vallender*, Rpfleger 1997, 353, 356; *Lwowski/Tetzlaff* WM 1999, 2336, 2344.
⁴⁰⁴ *Stöber* NZI 1998, 105, 111 f.; *Lwowski/Tetzlaff* WM 1999, 2336, 2344; *Hintzen* Rpfleger 1999, 256, 251.

276 **3. Planverfahren.** Kommt es zur Vorlage eines Insolvenzplans, so ist zu beachten, dass gem. § 30 d Abs. 2 ZVG ausnahmsweise der **Schuldner** das Recht hat, die Einstellung der Zwangsversteigerung zu beantragen.[405]

277 Eine Regelung hinsichtlich der Zwangsverwaltung fehlt. Hier könnte wiederum mit der Generalverweisung des § 146 Abs. 1 ZVG, die auf § 30 d Abs. 2 ZVG verweist, arbeiten. Vgl. dazu RdNr. 246.

278 Ist im Insolvenzplan die Fortführung des schuldnerischen Unternehmens vorgesehen, so ist bei der Prüfung der Werthaltigkeit von Grundpfandrechten der Fortführungswert zugrunde zu legen. Dabei sind die im Wege einer Zwangsverwaltung realisierbaren dinglichen Zinsen zu berücksichtigen.[406]

IX. Auslandsinsolvenz

279 Besitzt der Gläubiger eine Grundschuld auf einem in Deutschland belegenen Grundstück und wird über das Vermögen des Grundstückseigentümers im Ausland ein Insolvenzverfahren durchgeführt, so stellt sich die Frage, ob sich die dingliche Sicherungswirkung des Grundpfandrechts an dem deutschen Grundstück nur auf die im ausländischen Insolvenzverfahren anerkannten Forderungen beschränkt.[407] Vgl. dazu ausführlich Art. 102 EGInsO sowie die EuInsVO.

Vorbemerkungen vor §§ 166–173
System der Regelungen in den §§ 166–173

Schrifttum: *Beck,* Zur Umsatzsteuerpflicht der Verwertungskostenpauschale (§ 170 InsO) und eines vereinbarten Masseanteils bei Grundstücksveräußerungen, ZInsO 2006, 244; *Beck,* Umsatzsteuer aus der Verwertungskostenpauschale, ZInsO 2003, 509; *Beck,* Abermals: Umsatzsteuer aus der Verwertungskostenpauschale, ZInsO 2003, 782; *Beck,* Anm. zu FG Brandenburg, 16. 3. 2004, EWiR 2004, 931; *Becker,* Anm. zu BGH, 20. 2. 2003, DZWIR 2003, 337; *Berger,* Die Verwertung von Verpfändeten Aktien in der Insolvenz des Sicherungsgebers, ZIP 2007, 1533; *Berger,* Erweiterter Eigentumsvorbehalt und Freigabe von Sicherheiten, ZIP 2004, 1073; *Berger,* Absonderungsrecht an urheberrechtlichen Nutzungsrechten in der Insolvenz des Lizenznehmers, Festschrift für Hans-Peter Kirchhof, 2003, S. 1; *v. Bismarck/Schümann-Kleber,* Insolvenz eines ausländischen Sicherungsgebers – Anwendung deutscher Vorschriften auf die Verwertung in Deutschland belegener Kreditsicherheiten, NZI 2005, 147; *Blank,* Anm. zu OLG Celle, 20. 1. 2004, EWiR 2004, 715; *Bork,* Anm. zu BGH, 16. 11. 2006, EWiR 2007, 119; *Bork,* Die Verbindung, Vermischung und Verarbeitung von Sicherungsgut durch den Insolvenzverwalter, Festschrift für Gaul, 1997, S. 71; *Büchler,* Anm. zu BGH, 26. 9. 2006, EWiR 2007, 75; *Dahl,* Die Behandlung der Kostenbeiträge nach §§ 170, 171 InsO bei Übersicherung des Sicherungsgläubigers unter besonderer Berücksichtigung des Sicherheitenpools, NZI 2004, 615; *Drobnig,* Die Kreditsicherheiten im Vorschlag der Insolvenzrechtskommission, ZGR 1986, 252; *Drukarczyk,* Mobiliargesicherte Gläubiger, Verfahrensbeitrag im Insolvenzverfahren und Kreditkonditionen, WM 1992, 1136; *Drukarczyk/Duttle,* Zur geplanten Behandlung von Mobiliarsicherheiten im Konkurs, ZIP 1984, 280; *Drukarczyk/Duttle/Riegert,* Mobiliarsicherheiten, 1985; *Eckardt,* Die Ausübung von Mobiliarsicherheiten in der Unternehmenskrise, ZIP 1999, 1734; *Eckert,* Umsatzsteuerliche Neuregelungen ab 2004 und Auswirkungen auf die Insolvenzpraxis, ZInsO 2004, 702; *Ehlenz,* Zum Umfang der Verwertungskosten i. S. v. § 171 InsO, ZInsO 2003, 165; *Elfring,* Die Verwertung verpfändeter und abgetretener Lebensversicherungsansprüche in der Insolvenz des Versicherungsnehmers, NJW 2005, 2192; *Elz,* Verarbeitungsklauseln in der Insolvenz des Vorbehaltskäufers – Aussonderung oder Absonderung, ZInsO 2000, 378; *Fischer,* Aktuelle insolvenzrechtliche Entscheidungen des Bundesgerichtshofs außerhalb des Anfechtungsrechts, WM 2007, 813; *Flitsch,* Anm. zu OLG München, 22. 6. 2004, DZWIR 2004, 430; *Foerste,* Bürgenhaftung in Fällen des § 168 III InsO, NZI 2006, 275; *Ganter/Brünink,* Insolvenz und Umsatzsteuer aus zivilrechtlicher Sicht, NZI 2006, 257; *Ganter,* Zweifelsfragen bei der Ersatzaussonderung und Ersatzabsonderung, NZI 2005, 1; *Ganter/Bitter,* Rechtsfolgen berechtigter und unberechtigter Verwertung von Gegenständen mit Absonderungsrechten durch den Insolvenzverwalter – Eine Analyse des Verhältnisses von § 48 zu § 170 InsO, ZIP 2005, 93; *Ganter,* Aktuelle Probleme des Kreditsicherungsrechts, WM 2006, 1081; *Ganter,* Die Sicherungsübereignung von Windkraftanlagen als Scheinbestandteil eines fremden Grundstücks, WM 2002, 105; *Gaul,* Verwertungsbefugnis des Insolvenzverwalters bei Mobilien trotz Sicherungsübereignung und Eigentumsvorbehalt, ZInsO 2000, 256; *Gerhardt,* Anm. zu OLG Frank-

---

[405] Zur Stellung der Grundpfandgläubiger im Insolvenzplanverfahren vgl. umfassend: *Smid* in FS Gerhardt, 931.
[406] BGH, NZI 2005, 619; *Smid* NZI 2005, 613.
[407] Exemplarisch OLG Stuttgart ZInsO 2007, 611 (Fall vor Inkrafttreten des EuInsVO).

furt/M., 17. 10. 2002, EWiR 2003, 27; *Gottwald/Adolphsen,* Die Rechtsstellung dinglich gesicherter Gläubiger in der InsO, Kölner Schrift zur InsO, 2. Aufl. 2000, S. 1070; *Grub,* Die Zinspflicht nach § 169 InsO – eine wirtschaftlich und rechtlich unsinnige Regelung, DZWIR 2002, 441; *Grub,* Die Macht der Banken in der Insolvenz, DZWIR 1999, 133; *Gundlach/Frenzel,* Anm. zu LG Meiningen, 9. 7. 2003, DZWIR 2004, 128; *Gundlach/Frenzel/Schirrmeister,* Die Bedeutung des Besitzmittlungswillens im Rahmen des § 166 Abs. 1 InsO, NZI 2007, 327; *Gundlach/Frenzel/Schmidt,* Die Rechtsstellung des Absonderungsberechtigten im Falle der Verwertung eines Gegenstands gem. §§ 166 ff. InsO, ZInsO 2001, 537; *Gundlach/Frenzel/Schmidt,* Die Anwendbarkeit der §§ 170, 171 InsO bei der Verwertung von Lebensversicherungen durch den Sicherungsnehmer, ZInsO 2002, 352; *Gundlach/Frenzel/Schmidt,* Die Einflussnahme auf die Kostenbeteiligungspflicht eines Absonderungsberechtigten gem. §§ 170, 171 InsO, NZI 2002, 530; *Gundlach/Frenzel/Schmidt,* Die Anfechtbarkeit von Forderungseinziehungen durch den Sicherungsnehmer vor Insolvenzeröffnung, NZI 2004, 305; *Gundlach/Schmidt,* Anm. zu OLG Celle, 20. 1. 2004, DZWIR 2004, 244; *Gundlach/Schmidt,* Anm. zu OLG Hamm, 20. 9. 2001, DZWIR 2002, 286; *Gundlach/Frenzel/Schmidt,* Das Auskunftsrecht des § 167 InsO, KTS 2001, 241; *Gundlach/Frenzel/Schmidt,* Die Mitteilungspflicht des § 168 InsO, DZWIR 2001, 18; *Gundlach/Schmidt,* Anm. zu OLG Celle, 26. 11. 2003, EWiR 2004, 301; *Haarmeyer,* Grenzen zulässiger Verwertungs- und Abwicklungsmaßnahmen im Insolvenzeröffnungsverfahren, FS Gerhart Kreft, 2004, S. 279; *Haas/Scholl,* Hinweispflicht und Hinweispflicht auf alternative Verwertungsmöglichkeiten gem. § 168 InsO, NZI 2002, 642; *Häcker,* Verwertungs- und Benutzungsbefugnis des Insolvenzverwalters für sicherungsübertragene gewerbliche Schutzrechte, ZIP 2001, 995; *Häcker,* Die Empfangszuständigkeit des Sicherungszessionars für sicherungshalber abgetretene Geldforderungen im eröffneten Insolvenzverfahren, NZI 2002, 409; *Haunschild,* Verwertungsrecht des Insolvenzverwalters und Kostenbeiträge der Gläubiger nach §§ 165 ff. InsO, DZWIR 1999, 60; *Heeseler,* Kompensation der Kostenbeiträge gem. §§ 170, 171 InsO durch den Verwertungserlös, ZInsO 2002, 924; *Hellmich,* Zur Zinszahlungspflicht des Insolvenzverwalters nach § 169 InsO, ZInsO 2005, 678; *Hess,* Anm. zu BGH, 11. 7. 2002, WuB VI C. § 166 InsO 1.02; *Heublein,* Anm. zu BGH, 17. 11. 2005, EWiR 2006, 375; *Heublein,* Anm. zu BFH, 10. 2. 2005, EWiR 2005, 513; *Humbeck,* Kosten der Verwertung des Vorratsvermögens bei Unternehmensfortführung, DZWIR 2003, 283; *Janca,* Der Lebensversicherungsvertrag im Insolvenzverfahren, ZInsO 2003, 449; *Joneleit,* Anm. zu FG Brandenburg, 16. 3. 2004, DZWIR 2004, 415; *Kier,* Die Verwertung von Lebensversicherungsverträgen in der Insolvenz, Insbüro 2004, 122; *Klasmeyer/Elsner/Ringstmeier,* Ausgewählte Probleme bei der Verwertung von Mobiliarsicherheiten, Kölner Schrift zur InsO, 2. Aufl. 2000, S. 1088; *Kollmann,* Die Umsetzung der Richtlinie 2002/47/EG vom 6. Juni 2002 über Finanzsicherheiten in das deutsche Recht, WM 2004, 1012; *Kroth,* Steuerrecht versus Insolvenzrecht oder: (Wider) die Auferstehung des Fiskalprivilegs ?, NZI 2004, 345; *Kuhmann/Gerbers,* Massebeiträge im Antragsverfahren: Nur für den Einzug von zur Sicherheit abgetretenen Forderungen ?, ZInsO 2004, 1179; *Lwowski/Hoes,* Markenrechte in der Kreditpraxis, WM 1999, 771; *Lwowski/Heyn,* Die Rechtsstellung des absonderungsberechtigten Gläubigers nach der InsO, WM 1998, 473; *Lwowski/Tetzlaff,* Anm. AG Duisburg, 6. 7. 1999, WuB VI C. § 21 InsO 3.99; *Lwowski/Tetzlaff,* Anm. zu BFH, 16. 8. 2001, WuB VI B. § 126 KO 1.02; *Lwowski,* Recht der Kreditsicherung, 8. Aufl. 2000; *Marx/Salentin,* § 13 c UStG nF – Eine Gefahr für Sicherungszessionen als Instrument zur Beschaffung von (Waren-)Krediten und als Sicherheit für Lieferanten ?, NZI 2005, 258; *Marotzke,* Die dinglichen Sicherheiten im neuen Insolvenzrecht, ZZP Bd. 109 (1996), 429; *Maus,* Anm. zu LG Stuttgart, 24. 2. 2004, EWiR 2004, 983; *Maus,* Umsatzsteuerrechtliche Folgen der Sicherheitenverwertung in der Insolvenz, ZIP 2000, 339; *Maus,* Anm. zu LG Stuttgart, 24. 2. 2004, EWiR 2004, 983; *Maus,* Umsatzsteuer bei Sicherheitenverwertung durch den Gläubiger im Insolvenzverfahren, ZInsO 2005, 82; *Mohrbutter/Mohrbutter,* Anm. zu BGH, 4. 12. 2003, DZWIR 2004, 241; *Molitoris,* Insolvenzanfechtung und die Haftung des kontoführenden Instituts nach § 13 c UStG, DZWIR 2006, 804; *Mönning,* Verwertung und Nutzung von Gegenständen mit Absonderungsrechten, Festschrift für Uhlenbruck, 2000, S. 244; *Notthoff,* Anm. zu BGH, 15. 5. 2003, DZWIR 2004, 205; *Obermüller,* Kostenbeiträge und Ausgleichsansprüche bei Verwertung von Mobiliarsicherheiten, NZI 2003, 416; *Obermüller,* Anglerlatein oder – Der Widerstand gegen die Umsetzung der Finanzsicherheitenrichtlinie, ZIP 2003, 2336; *Obermüller,* Umsatzsteuer bei der Verwertung sicherungsübereigneter Gegenstände vor dem Hintergrund eines Insolvenzverfahrens, ZInsO 1999, 249; *Onusseit,* Die insolvenzrechtlichen Kostenbeiträge unter Berücksichtigung ihrer steuerrechtlichen Konsequenzen sowie Massebelastungen durch Grundstückseigentum, ZIP 2000, 777; *Onusseit,* Erneut: Die Bemessungsgrundlage für die Kostenpauschalen des § 171 InsO, ZInsO 2007, 247; *Pape,* Anm. zu BGH, 15. 5. 2003, WuB VI C. § 166 InsO 1.03; *Pape,* Einziehungsrecht des Insolvenzverwalters bei sicherungshalber abgetretenen Forderungen, NZI 2000, 301; *Pöggeler,* Die sicherungsübereignete oder vertraglich verpfändete Marke in der Insolvenz des Sicherungsgebers, WRP 2002, 1241; *Paulus/Zenker,* Anm. zu BGH, 20. 2. 2003, WuB VI C. § 170 InsO 1.03; *Peters,* Wem gehören die Windkraftanlagen auf fremdem Grund und Boden?, WM 2002, 110; *Piekenbrock,* Abtretungsausschlüsse von Gesellschaften bürgerlichen Rechts in der Insolvenz, NJW 2007, 1247; *Piekenbrock,* Zum Wert der Globalzession in der Insolvenz, WM 2007, 141; *Primozic/Voll,* Zur Frage eines Verwertungsrechts des Insolvenzverwalters bei verpfändeten Unternehmensbeteiligungen, NZI 2004, 363; *Ries,* Noch einmal: Umsatzsteuer bei Verwertung beweglicher Gegenstände eines Unternehmens im vorläufigen Verfahren, ZInsO 2003, 599; *Ries,* § 13 b Abs. 1 Nr. 1 UStG – Lieferung sicherungsübereigneter Gegenstände an den Sicherungsnehmer außerhalb des Insolvenzverfahrens, ZInsO 2005, 230; *Ries,* Anm. zu OLG Düsseldorf, 13. 1. 2006, ZInsO 2006, 155; *Ries,* Der Wunsch des Absonderungsgläubigers nach Eigenverwaltung, ZInsO 2007, 62; *Riggert,* Die Raumsicherungsübereignung: Bestellung und Realisierung unter den Bedingungen der InsO, NZI 2000, 241; *Riggert,* Der Lieferantenpool im neuen Insolvenzrecht, NZI 2000, 525; *Schlegel,* Der Verwalter als Zahlstelle nach § 166 InsO, NZI 2003, 17; *Schlichting,* Die Befugnisse des Insolvenzverwalters gegenüber

Vor §§ 166 bis 173

den besitzenden Pfandrechtsgläubigern, NZI 2000, 206; *Schmidt,* Verjährung von Ansprüchen gegen den Insolvenzverwalter auf Auskehr des Sicherheitenerlöses, ZInsO 2005, 422; *Schmidt/Schirrmeister,* Anm. zu BGH, 16. 2. 2006, EWiR 2006, 471; *Schumacher,* Anm. zu BGH, 20. 2. 2003, EWiR 2003, 425; *Siebert,* Die Verwertung sicherungsübereigneter beweglicher Gegenstände einer Organgesellschaft und Dritter im Umsatzsteuerrecht, NZI 2005, 665; *Siebert,* Verwertung von Pfändern im Umsatzsteuerrecht, NZI 2007, 17; *Sinz,* Leasing und Factoring im Insolvenzverfahren, Kölner Schrift zur InsO, 2. Aufl. 2000, S. 617; *Smid,* Globalzession der Forderungen und Liquidität des schuldnerischen Unternehmensträgers nach Antragstellung, WM 2004, 2373; *Smid,* Struktur und systematischer Gehalt des deutschen Insolvenzrechts in der Judikatur des IX. Zivilsenats des Bundesgerichtshofs (Teil II), DZWIR 2004, 265; *Smid,* Zwangsvollstreckung und Passivprozess durch Sicherungsnehmer als Gläubiger und Kläger in der Insolvenz des Sicherungsgebers, ZInsO 2001, 433; *Smid,* Lieferantenpools im neuen Insolvenzrecht, NZI 2000, 505; *Smid,* Probleme der Verwertungsbefugnis des Insolvenzverwalters am Absonderungsgut, WM 1999, 1141; *Spließ/Schacht,* Anm. zu BFH, 18. 8. 2005, EWiR 2005, 841; *Tetzlaff,* Anm. zu BGH, 15. 5. 2003, EWiR 2003, 799; *Tetzlaff,* Anm. zu LG Meiningen, 9. 7. 2003, EWiR 2003, 1199; *Tetzlaff,* Anm. zu BGH, 20. 11. 2003, WuB VI C. § 171 InsO 1.04; *Tetzlaff,* Anm. zu OLG Celle, 20. 1. 2004, WuB VI C. § 168 InsO 1.04; *Tetzlaff,* Anm. zu OLG Dresden, 15. 5. 2003, EWiR 2003, 1259; *Tetzlaff,* Probleme bei der Verwertung von Grundpfandrechten und Grundstücken im Insolvenzverfahren, ZInsO 2004, 521; *Tetzlaff,* Prozessuale Durchsetzung der Unwirksamkeit von Sicherheitenbestellungen wegen anfänglicher Übersicherung, DZWIR 2003, 453; *Tetzlaff,* Die anfängliche Übersicherung, ZIP 2003, 1826; *Tetzlaff,* Verwertung von Pfandrechten an Unternehmensbeteiligungen durch eine öffentliche Versteigerung und freihändige Veräußerung, ZInsO 2007, 478; *Uhlenbruck,* Auskunftspflicht des Insolvenzverwalters gegenüber dem Vermieter des insolventen Schuldners, NZI 2004, 212; *von Olshausen,* Die wundersame Entstehung eines Anspruchs auf Herausgabe von Nutzungen zu Gunsten des nutzungsberechtigten Sicherungseigentümers, ZIP 2007, 1145; *Vosberg,* Die Kautionsversicherung in der Insolvenz des Unternehmers, ZIP 2002, 968; *Wallner,* Sonstige Rechte in der Verwertung nach den §§ 166 ff. InsO, ZInsO 1999, 453; *Weber,* Umsatzsteuerrechtliche Behandlung der Verwertungskostenpauschale, ZInsO 2003, 782; *de Weerth,* Bemessungsgrundlage für Kostenpauschalen nach § 171 InsO – Entgelt oder Preis?, ZInsO 2007, 70; *de Weerth,* Die Verwertung sicherungsübereigneter Gegenstände nach Inkrafttreten der Insolvenzrechtsreform im Blickwinkel des Umsatzsteuerrechts, BB 1999, 821; *de Weerth,* Zu Auswirkungen der Steuerhaftung nach § 13 c UStG, ZInsO 2004, 190; *de Weerth,* Umsatzsteuer bei der Verwertung sicherungsübereigneter Gegenstände, ZInsO 2003, 246; *de Weerth,* Zur zivil- und umsatzsteuerrechtlichen Beurteilung der Verwertung sicherungsübereigneter Gegenstände durch den Insolvenzverwalter, NZI 2001, 74; *de Weerth,* Zu Auswirkungen der Steuerhaftung nach § 13 c UStG – Insbesondere auf die Insolvenzpraxis, ZInsO 2004, 190; *de Weerth,* Insolvenzrechtliche Kostenbeiträge und Umsatzsteuer, ZInsO 2004, 899; *de Weerth,* Anm. zu BGH, 29. 3. 2007, NZI 2007, 396; *Wegner/Köke,* Der Bestand der Forderungszession niedergelassener Ärzte in der Insolvenz, ZVI 2003, 382; *Weis,* Kostenpauschalen für die Insolvenzmasse bei Verwertung von Lebensversicherungen, ZInsO 2002, 170; *Wellensiek,* Die Aufgaben des Insolvenzverwalters nach der InsO, Kölner Schrift zur InsO, 2. Aufl. 2000, S. 403; *Weßling/Romswinkel,* Erste Anmerkungen zu 13 c UStG nF in der Insolvenz, ZInsO 2004, 193; *Wimmer,* Die Umsetzung der Finanzsicherheitenrichtlinie, ZInsO 2004, 1; *Wittig,* Auswirkungen der Schuldrechtsreform auf das Insolvenzrecht, ZInsO 2003, 629; *Zahn,* Die Rechte der Bank in der Insolvenz der Leasinggesellschaft bei Doppelstock-Refinanzierung, DB 2003, 2371; *Zahn,* Sicherungseigentum der Bank in der Insolvenz der Leasinggesellschaft, ZIP 2007, 365.

Übersicht

	RdNr.		RdNr.
A. Verwertung von Absonderungsrechten unter dem Regime der KO ...	1	1. Vorschläge der Insolvenzrechtskommission	13
I. Gesetzliche Regelungen............	1	2. Gesetzgebungsverfahren	16
II. Tatsächliche Durchführung der Verwertung.................................	4	**C. Verwertung von Absonderungsrechten unter dem Regime der InsO**	22
1. Durchführung der Verwertung durch den Gläubiger	4	**I. Gesetzliche Regelungen**............	22
2. Kostenbelastung der Konkursmasse	7	**II. Tatsächliche Durchführung der Verwertung**.................................	29
a) Kosten der Feststellung	7	1. Eröffnetes Verfahren	29
b) Umsatzsteuer bei der Verwertung von Sicherungseigentum	8	2. Insolvenzeröffnungsverfahren	30
c) Praxis der Verwertungsvereinbarungen	11	**III. Einzelfragen**........................	32
B. Reformbestrebungen	12	1. Verwertungsrecht – Verwertungspflicht des Insolvenzverwalters	32
I. Ausgangslage...........................	12	2. Pflichten des Insolvenzverwalter bei Vorbereitung der Verwertung	33
II. Reformvorschläge und Gesetzgebungsverfahren........................	13	3. Pflichten des Insolvenzverwalters bei Durchführung der Verwertung........	34

	RdNr.		RdNr.
4. Pflichten des Insolvenzverwalters zur Auskehrung des Verwertungserlöses...	35	10. Poolverträge............................	44
5. Pflichten des Insolvenzverwalters bei Verzögerung der Verwertung..........	36	a) Allgemeines............................	45
6. Pflichten des Insolvenzverwalters bei der Prüfung der Wirksamkeit von Absonderungsrechten.................	37	b) Rechtsinstitut des Poolvertrages in der Rechtsprechung................ c) Hintergründe einer Poolbildung... d) BGH, Urt. v. 2. 6. 2005 – IX ZR 181/03...........................	46 47 49
7. Obliegenheiten des absonderungsberechtigten Gläubigers...............	41	IV. Verwertungsvereinbarungen.......	52
8. Haftung des Insolvenzverwalters bei Pflichtverletzungen im Rahmen der Verwertung im eröffneten Verfahren..	42	1. Schutz der absonderungsberechtigten Gläubiger bei Abschluss einer Verwertungsvereinbarung.....................	52
9. Haftung des vorläufigen Insolvenzverwalters bei Pflichtverletzungen im Rahmen der Verwertung im Insolvenzeröffnungsverfahren...............	43	2. Inhalt von Verwertungsvereinbarungen.......................................	58

A. Verwertung von Absonderungsrechten unter dem Regime der KO

I. Gesetzliche Regelungen

§ 166 InsO, der das Verwertungsrecht an mit Absonderungsrechten belasteten Gegenständen weitgehend auf den Insolvenzverwalter überträgt, löst den **§ 127 KO** als Vorgängerregelung ab. Schon die Regelung des § 127 Abs. 1 KO sah ein grundsätzliches Verwertungsrecht des Konkursverwalters vor.[1] Bei der Konzeption des § 127 KO bildete Abs. 1 den Regelfall, Abs. 2 die Ausnahme. In der **Praxis verkehrte sich dieses Regel-/Ausnahme-Verhältnis.**[2] 1

Der Konkursverwalter war gem. § 127 Abs. 1 KO berechtigt, die Verwertung eines zur Masse gehörigen beweglichen Gegenstandes, an welchem ein Gläubiger ein durch Rechtsgeschäft bestelltes Pfandrecht oder ein diesem gleichstehendes Recht beanspruchte, nach Maßgabe der Vorschriften über die Zwangsvollstreckung oder über den Pfandverkauf zu betreiben. Dabei konnte der Gläubiger einer solchen Verwertung nicht widersprechen, sondern nur Rechte am Erlös geltend machen.

Nach § 127 Abs. 2 S. 1 KO waren aber Vereinbarungen zulässig, wonach der absonderungsberechtigte Gläubiger befugt war, sich aus dem Gegenstand ohne gerichtliches Verfahren zu befriedigen. Die Praxis machte von dieser Möglichkeit regen Gebrauch und vereinbarte regelmäßig in den AGB das Selbstverwertungsrecht des Gläubigers. Auch soweit die Gläubiger, denen ein rechtsgeschäftliches Pfandrecht nach den Vorschriften des BGB oder HGB (§§ 1221, 1224, 1228, 1233 Abs. 1, 1234–1240, 1245, 1257 BGB, §§ 368, 398, 399, 407 Abs. 2, 419, 623 Abs. 3, 627 Abs. 2 HGB) zustand, befugt waren, sich aus den mit einem Pfandrecht belasteten Gegenständen ohne gerichtliches Verfahren zu befriedigen, wurde die eigentlich als Ausnahmevorschrift konzipierte Regelung des § 127 Abs. 2 KO zum Regelfall.[3] 2

Der Konkursverwalter konnte im Fall des § 127 Abs. 2 KO auf die Durchführung der Verwertung durch den absonderungsberechtigten Gläubiger kaum Einfluss nehmen. Das **Konkursgericht** konnte auf Antrag des Verwalters dem Gläubiger lediglich eine **Frist** für die **Verwertung** setzen. 3

---

[1] *Uhlenbruck,* InsO § 166 RdNr. 1; *Gerhardt* in: Gedächtnisschrift für Arens, 1993, S. 127 ff.
[2] *Kuhn/Uhlenbruck* KO § 127 RdNr. 1.
[3] *Uhlenbruck,* InsO § 166 RdNr. 1.

II. Tatsächliche Durchführung der Verwertung

4 **1. Durchführung der Verwertung durch den Gläubiger.** Im Regelfall wurde unter dem Regime der KO die Verwertung durch den absonderungsberechtigten Gläubiger vorgenommen.

Der Sicherungsnehmer, der das Sicherungsgut nicht im Besitz hatte, konnte nach hM seine Berechtigung zur freihändigen Verwertung auf die Sicherungsvereinbarung stützen, auch wenn diese nur eine Verwertung im Wege des Pfandverkaufs zuließ.[4]

Der Sicherungsnehmer musste – falls der Konkursverwalter das Absonderungsrecht bestritt oder sich aus anderen Gründen nicht zur Herausgabe bereit fand – die Masse auf Herausgabe und Duldung der Verwertung verklagen.[5] Ein Selbsthilferecht des Sicherungsnehmers wurde von der hM[6] abgelehnt, auch wenn sich der Sicherungsnehmer in der Sicherungsabrede eine derartige Befugnis hatte einräumen lassen.[7] Die tatsächliche Praxis war hingegen teilweise durch **„Nacht- und Nebelaktionen"** der Sicherungsgläubiger geprägt.[8] Ein derartiges Verhalten der gesicherten Gläubiger konnte nur im geringen Umfang sanktioniert werden.[9]

5 In den Fällen, in den das Eigenverwertungsrecht durch die gesicherten Gläubiger ausgeübt wurde, kam es in Einzelfällen zu einer erheblichen **Schmälerung der Verwertungserlöse,** weil der Konkursverwalter nicht den günstigsten Zeitpunkt und die günstigste Art der Verwertung bestimmen konnte und vor allem an Gesamtverwertungen, insbesondere des Unternehmens, gehindert war.[10]

Erzielten die Absonderungsberechtigten bei der von ihnen vorgenommenen Verwertung Erlöse, die ihre Ansprüche überstiegen, so wurden die **fehlenden Kontrollmöglichkeiten** des Verwalters im Hinblick darauf, dass der gesicherte Gläubiger den Überschuss an die Masse auskehrt,[11] bemängelt.[12]

6 In einer großen Zahl von Fällen wurde die Verwertung auf Grund einer Ermächtigung der Sicherungsgläubiger durch den Konkursverwalter vorgenommen.[13] In diesem Fall wurden zwischen dem Sicherungseigentümer und dem Konkursverwalter Verwertungsvereinbarungen geschlossen.[14]

7 **2. Kostenbelastung der Konkursmasse. a) Kosten der Feststellung.** Die Ausermittlung der Berechtigten, die Verwahrung sowie die Bereitstellung der zu verwertenden Gegenstände verursachten erhebliche Kosten.[15] Diese Kosten fielen grundsätzlich der Masse zur Last, d. h., der Konkursverwalter hatte gegenüber dem absonderungsberechtigten Gläubiger **keine Aufwendungsersatzansprüche.**[16] Im Falle einer Verwertung durch den gesicherten Gläubiger waren diese Kosten zu ihrem größten Teil endgültig durch die Masse und damit von den **ungesicherten Gläubigern,** die eine **Schmälerung ihrer Quote** hinnehmen

---

[4] H. M., vgl. *Kuhn/Uhlenbruck* KO § 127 RdNr. 16; *Gottwald,* Insolvenzrechtshandbuch, 1. Aufl., § 44 RdNr. 80; *Serick,* Eigentumsvorbehalt und Sicherungsübertragung, Bd. III, § 35 I 2 a, b; aA *Häsemeyer,* Insolvenzrecht, 1. Aufl., S. 264 mwN.
[5] *Kuhn/Uhlenbruck* § 127 KO RdNr. 16 d; *Gottwald,* Insolvenzrechtshandbuch, 1. Aufl., § 44 RdNr. 79.
[6] *Serick,* Eigentumsvorbehalt und Sicherungsübertragung, Bd. III, § 35 I 4 c; *Kuhn/Uhlenbruck* KO § 127 RdNr. 16 d; *Gottwald,* Insolvenzrechtshandbuch, 1. Aufl., § 44 RdNr. 79.
[7] *Gottwald,* Insolvenzrechtshandbuch, 1. Aufl., § 44 RdNr. 79 mwN.
[8] Vgl. dazu auch *Kuhn/Uhlenbruck* KO § 127 RdNr. 16 d.
[9] Vgl. dazu *Gottwald,* Insolvenzrechtshandbuch, 1. Aufl., § 44 RdNr. 81 mwN.
[10] *Häsemeyer,* Insolvenzrecht, 1. Aufl., S. 264.
[11] Der Sicherungsnehmer war verpflichtet, einen bei der Verwertung des Sicherungsguts erzielten Überschuss über seine gesicherten Forderungen an die Konkursmasse abzuliefern, vgl. *Lwowski* ZIP 1980, 953, 957; *Gottwald,* Insolvenzrechtshandbuch, 1. Aufl., § 44 RdNr. 78.
[12] *Häsemeyer,* Insolvenzrecht, 1. Aufl., S. 264.
[13] In diesem Fall stützte sich der Konkursverwalter nicht auf sein eigenes Verwertungsrecht, sondern leitete sein Verwertungsrecht vom absonderungsberechtigten Gläubiger ab, vgl. *Gottwald,* Insolvenzrechtshandbuch, 1. Aufl., § 44 RdNr. 82.
[14] Vgl. dazu RdNr. 52 ff.
[15] *Häsemeyer,* Insolvenzrecht, 1. Aufl., S. 264.
[16] H. M., vgl. *Kuhn/Uhlenbruck* KO § 127 RdNr. 16 b mwN.

mussten, zu tragen, während bei Übernahme der Verwertung durch den Konkursverwalter durch Verwertungsvereinbarungen zwischen den Sicherungsgläubigern und dem Verwalter die Belastung der Masse mit den Kosten verhindert werden konnte.

b) Umsatzsteuer bei der Verwertung von Sicherungseigentum. Ein besonderer Kostenfaktor, der die Masse bei der Verwertung von Sicherungsgut traf, war der Anfall von Umsatzsteuer.[17]

Dabei war zwischen den verschiedenen Verwertungsmöglichkeiten wie folgt zu unterscheiden:

aa) Verwertung durch den Sicherungsnehmer. Verwertete der Sicherungsnehmer das Sicherungsgut gem. § 127 Abs. 2 KO selbst, so lagen nach der von der ständigen Rechtsprechung des BFH[18] vertretenen **Theorie der Doppellieferung** zwei umsatzsteuerrelevante Lieferungen[19] vor, wobei die durch die Herausgabe an den Sicherungsnehmer ausgelösten Umsatzsteuerforderungen als Massekosten (§ 58 Nr. 2 KO) klassifiziert wurden.[20] Von der Literatur wurde diese Rechtsprechung, insbesondere im Hinblick auf die Belastung der Masse mit der Umsatzsteuer scharf kritisiert,[21] zumal sich die Finanzgerichte auch bemühten, die von der Praxis der Konkursabwicklung benutzten Ausweichmöglichkeiten in Form der **Freigabe des Sicherungsguts** durch den Konkursverwalter an den Gemeinschuldner zu versperren.[22] Der Verwalter konnte darauf nur noch mit einer Verwertung im Zeitraum der Sequestration reagieren,[23] da in diesem Fall die Umsatzsteuerforderung nicht als Masseforderung anzusehen war.[24] Die dadurch für den Fiskus ausgelösten Verluste wollte dieser durch die Änderung der Umsatzsteuer-Durchführungsverordnung verhindern.[25] – Diese lief aber im Konkursfalle leer, da der Sicherungsnehmer die aus der Lieferung an ihn entstandene Umsatzsteuer als Vorsteuer unter den Voraussetzungen des § 15 UStG von der von ihm zu entrichtenden Umsatzsteuer aus dem Verkauf an den Erwerber abziehen konnte, so dass die Umsatzsteuerbelastung durch den Sicherungsgläubiger neutralisiert werden konnte und der Fiskus seine Steuerforderungen bei Massearmut nicht durchsetzen konnte.[26]

bb) Verwertung durch den Konkursverwalter. Verwertete der Konkursverwalter selbst – entweder auf Grund einer Verwertungsvereinbarung mit den gesicherten Gläubigern oder gem. § 127 Abs. 1 KO –, so ging die Rechtsprechung vom Vorliegen einer umsatzsteuerrelevanten Lieferung aus, nämlich der Lieferung an den Erwerber.[27]

Bei beiden Verwertungsalternativen galt, dass nach der herrschenden Rechtsprechung[28] der **Bruttoerlös** aus der Verwertung des Sicherungsguts **an den Sicherungsnehmer auszukehren** war.

---

[17] Ausführlich dazu: *Kuhn/Uhlenbruck* KO § 127 RdNr. 16 n ff.; *Obermüller*, Insolvenzrecht in der Bankpraxis, 5. Aufl., RdNr. 6. 350; *Hilgers*, Besitzlose Mobiliarsicherheiten, S. 210 ff. jeweils mwN.

[18] BFH ZIP 1993, 1247 ff.; ZIP 1987, 1134 ff.

[19] Lieferung (1): Konkursverwalter – Sicherungsnehmer; Lieferung (2): Sicherungsnehmer – Erwerber des Sicherungsguts.

[20] BFH ZIP 1993, 1247 ff. mwN.

[21] Vgl. vor allem: *Onusseit*, Umsatzsteuer im Konkurs, S. 192 ff. mwN.

[22] Vgl. BFH ZIP 1993, 1247 ff.: Der BFH gibt zwar zu, dass bei einer echten Freigabe keine Belastung der Masse mit der Umsatzsteuer in Frage komme; gleichzeitig schraubt das Gericht aber die Anforderungen an das Vorliegen einer echten Freigabe hoch, so dass idR nur vom Vorliegen einer modifizierten Freigabe auszugehen sein wird, die hingegen nicht zu einer Freigabe aus der Umsatzsteuerpflicht der Masse führt. Kritisch zu dieser Rechtsprechung: *Boochs* UVR 1995, 2 ff.; *Weiß* UStR 1995, 349 f. mwN.

[23] *Obermüller*, Insolvenzrecht in der Bankpraxis, 5. Aufl., RdNr. 6. 290 mwN.

[24] *Kuhn/Uhlenbruck* KO § 106 RdNr. 15 mwN, strittig.

[25] § 51 Abs. 1 Satz 1 Nr. 1 UStDVO (BGBl. 1992 I, S. 1985) sah mit Wirkung vom 1. 1. 1993 vor, dass bei Lieferungen sicherungsübereigneter Gegenstände durch den Sicherungsgeber an den Sicherungsnehmer *außerhalb des Konkursverfahrens* der Leistungsempfänger die Steuer von der Gegenleistung einzubehalten und an das Finanzamt abzuführen hat.

[26] *Obermüller*, Insolvenzrecht in der Bankpraxis, 5. Aufl., RdNr. 6. 350 mwN.

[27] BFH ZIP 1987, 1134 ff. Vgl. *Hilgers*, Besitzlose Mobiliarsicherheiten, S. 212 mit Nachweisen zur Gegenansicht.

[28] BFHE 150, 379, 382; BGHZ 58, 292 ff.; 77, 139 ff. Vgl. *Hilgers*, Besitzlose Mobiliarsicherheiten, S. 213 mit Nachweisen zur Gegenansicht.

11 c) Praxis der Verwertungsvereinbarungen. In der Praxis wurden häufig Verwertungsvereinbarungen zwischen dem Konkursverwalter und den Sicherungseigentümern abgeschlossen. Im Rahmen dieser Vereinbarungen erklärten sich die Sicherungsnehmer (z. B. Kreditinstitute und in Lieferantenpools zusammengeschlossene Warenkreditgeber) bereit, als Gegenleistung für die Übernahme der Verwertung Kostenbeiträge an den Verwalter zu leisten. Die abzuführenden Erlösanteile lagen bei der (freihändigen) Verwertung des Sicherungsguts durch den Konkursverwalter idR zwischen 5% und 20% des Bruttoerlöses. Dabei war die Höhe abhängig davon, ob die Sicherungsnehmer mit der Belastung durch Umsatzsteuer rechnen mussten[29] oder nicht.[30]

Die Einziehung von sicherungsabgetretenen Forderungen wurde insbesondere dann durch Verwertungsvereinbarung dem Konkursverwalter übertragen, wenn sich die Masse im Besitz der Drittschuldnerunterlagen befand und auf etwaige (vermeintliche) Gewährleistungsansprüche der Schuldner reagieren konnte.

Verpflichtete sich der Konkursverwalter im Rahmen der Verwertungsvereinbarung nur zu einer Versteigerung des Sicherungsguts, so erhielt er einen entsprechend geringeren Anteil am Erlös, meist 5 Prozentpunkte.

B. Reformbestrebungen

I. Ausgangslage

12 Ein wesentlicher Beleg für die Reformbedürftigkeit des deutschen Insolvenzrechts bildet die Tatsache, dass in einer zunehmenden Zahl von Insolvenzen mangels eines kostendeckenden Schuldnervermögens überhaupt kein Insolvenzverfahren mehr durchgeführt wurde.[31] Um in möglichst vielen Fällen eine geordnete Schuldenabwicklung zu ermöglichen, musste als Grundanliegen im Rahmen der Reform die **Massearmut** bekämpft werden.[32] Als eine wesentliche **Ursache** für die Massearmut wurden die **besitzlosen Mobiliarsicherheiten** genannt.[33]

Die Behandlung der besitzlosen Mobiliarsicherheiten in der Insolvenz war von allen Reformpunkten derjenige, der am meisten umstritten war.[34] Kein anderer Punkt der Reform wurde so engagiert und emotional[35] vertreten.

---

[29] Bei Verwertung im Rahmen der Sequestration kam § 51 UStDVO zum Tragen, so dass in diesem Fall die gesicherten Gläubiger die Umsatzsteuerbelastung nicht neutralisieren konnten.

[30] *Obermüller* (Insolvenzrecht für die Bankpraxis, 5. Aufl., RdNr. 6. 396): „Die Honorarvereinbarungen haben sich bisher der Höhe nach in der Regel zwischen 5% und 10% des Sicherheitenerlöses bewegt". In diesen Zahlen ist – soweit ersichtlich – eine etwaige Belastung der Bank mit der Umsatzsteuer bei Verwertung im Sequestrationsverfahren sowie eine daraus resultierende Bereitschaft, einen höheren Anteil am Sicherheitenerlös an den Verwalter auszukehren, noch nicht berücksichtigt.

[31] Kilger (KTS 1975, 142 ff.) sprach vom „Konkurs des Konkurses".

[32] Zusammenfassend: *Häsemeyer*, Insolvenzrecht, 2. Aufl., RdNr. 4.03.

[33] *Drobning* Gutachten F für den 51. DJT, S. F 1 ff.; *Henckel* in FS 100 Jahre KO, S. 169 ff.; *Kilger* KTS 1975, 142 ff.; *Uhlenbruck* NJW 1975, 897 ff.

[34] Als Beleg für diese Aussage sei hier auf die kaum mehr überschaubare Anzahl von Meinungsäußerungen im Vorfeld und während der Reform verwiesen. Vgl. dazu die ausführlichen Nachweise bei *Hilgers*, Besitzlose Mobiliarsicherheiten, S. 3 ff.; *Duttle*, Ökonomische Analyse dinglicher Sicherheiten, S. 242 ff.; *Drukarczyk*, Unternehmen und Insolvenz, S. 170 ff. sowie die Nachweise bei *Uhlenbruck*, Das neue Insolvenzrecht, S. 71 in Fn. 108.

[35] Einerseits *Drobnig* (ZGR 1986, 252, 276) zu den von Bankenseite behaupteten gravierenden gesamtwirtschaftlichen Nachteilen von Einschnitten in die besitzlosen Mobiliarsicherheiten: „Dass auch die Urteile der Betroffenen über die wirtschaftlichen Folgen von relativ hypothetischen Reformvorschlägen, wie sie *Drukarczyk* & Genossen erhoben haben, durch subjektive Interessen beeinflusst sind, liegt auf der Hand.". Andererseits *Serick* (Eigentumsvorbehalt und Sicherungsübertragung, Bd. 6, § 82 V 1) zu den von der Insolvenzrechtskommission beabsichtigten Einschnitten in die Mobiliarsicherheiten: „Die deutschen Mobiliarsicherheiten würden ein rechtliches Schicksal erfahren, das mit dem, was über die Vernichtung der mexikanischen Literatur geschrieben werden konnte, durchaus vergleichbar wäre: Gemordet in der vollen Pracht ihrer Entfaltung..., zerstört wie eine Sonnenblume, der ein Vorübergehender den Kopf abschlägt".

II. Reformvorschläge und Gesetzgebungsverfahren

1. Vorschläge der Insolvenzrechtskommission. Nach den Vorschlägen der Insolvenzrechtskommission sollte den Inhabern von vertraglich begründeten besitzlosen Mobiliarsicherheiten weder ein Recht auf Aussonderung noch auf Absonderung zustehen.[36] Diese Gläubiger sollten ihre Herausgaberechte verlieren.[37] Das Verwertungsrecht sollte ausschließlich dem Insolvenzverwalter zustehen;[38] der Sicherungsnehmer sollte ein Eintrittsrecht behalten.[39]

Weiterhin war eine **Kürzung der gesicherten Ansprüche** der Gläubiger von besitzlosen Mobiliarsicherheiten im Falle der Durchführung eines Liquidationsverfahrens um einen pauschalierten Verfahrensbeitrag in Höhe von 25% vorgesehen.[40] Über die Höhe des Verfahrensbeitrages bestand in der Kommission Streit.[41] Die Kreditwirtschaft hatte in der Insolvenzrechtskommission[42] ihre Bedenken wegen einer zu starken Entwertung der Sicherheiten vortragen lassen und befürwortete eine Herabsetzung des pauschalierten Kostenbetrages bzw. einen Abzug der im Einzelfall im Rahmen der Feststellung, Erhaltung und Verwertung entstandenen Kosten.[43]

Von der Insolvenzrechtskommission wurde eine zusätzliche Belastung der gesicherten Gläubiger mit der Umsatzsteuer (also Verfahrensbeitrag und Umsatzsteuer) abgelehnt.[44] Zur Begründung führte die Kommission an, eine Berechtigung des Verwalters, nach Verwertung des Sicherungsguts vor Erlösauskehr die aus der Masse zu zahlende Umsatzsteuer zu entnehmen, belaste die mit dem 25%igen Verfahrensbetrag belasteten gesicherten Gläubiger zu sehr, die bei einem damals noch zugrunde gelegten Steuerabzug von 14% einen Ausfall in Höhe von 34,2% des Bruttoerlöses hinnehmen müssten.[45]

Von Seiten der Kreditwirtschaft[46] wurden die Reformvorschläge in unterschiedlichem Maße kritisiert und mittels empirischer Studien und Gutachten die nachteiligen gesamtwirtschaftlichen Auswirkungen insbesondere der vorgesehenen Kostenbeteiligung der Gläubiger nachgewiesen.[47]

2. Gesetzgebungsverfahren. Der **Vorschlag der Insolvenzrechtskommission,** den durch Eigentumsvorbehalt, Sicherungseigentum oder Sicherungsabtretung gesicherten Gläubiger ihre Aus- und Absonderungsrechte zu nehmen und sie zu bevorzugten Insolvenzgläubigern zu erklären, wurde im Gesetzgebungsverfahren **abgeschwächt.** Den Gläubigern mit Sicherungsrechten sollte weiterhin ein Absonderungsrecht zustehen, das Verwertungsrecht jedoch auf den Verwalter übergehen. Dem (einfachen) Eigentumsvorbehalt wurde die Aussonderungswirkung belassen und dementsprechend kein Verwertungsrecht des Insolvenzverwalters bezüglich des Aussonderungsgutes mehr vorgesehen.[48]

Das Verwertungsrecht des Verwalters an den zur Sicherheit abgetretenen Forderungen sollte zunächst nur auf die Fälle beschränkt werden, in denen die Abtretung dem Drittschuldner nicht angezeigt worden war. Diese Unterscheidung wurde dann aber vom Rechtsausschuss des Bundestages fallen gelassen, da dieser die Unterscheidung zwischen angezeigter und nicht angezeigter Forderungsabtretung für wenig praktikabel hielt.[49]

---

[36] BMdJ, Erster Bericht Insolvenzrechtskommission, Leitsatz 3. 3. 1 = S. 311 f.
[37] BMdJ, Erster Bericht Insolvenzrechtskommission, Leitsatz 3. 3. 1 = S. 311 f.
[38] BMdJ, Erster Bericht Insolvenzrechtskommission, Leitsatz 3. 3. 1 = S. 311 f.
[39] BMdJ, Erster Bericht Insolvenzrechtskommission, Leitsatz 3. 3. 1 = S. 317 f.
[40] BMdJ, Erster Bericht Insolvenzrechtskommission, Leitsatz 3. 3. 2 = S. 312 ff.
[41] BMdJ, Erster Bericht Insolvenzrechtskommission, Leitsatz 3. 3. 2 = S. 313 f.
[42] Heinsius/Kreutzer WM 1985, Sonderbeilage 2, 7 f.
[43] BMdJ, Erster Bericht Insolvenzrechtskommission, Leitsatz 3. 3. 2. = S. 312 f.
[44] BMdJ, Erster Bericht Insolvenzrechtskommission, Leitsatz 3. 3. 2 Satz 4 = S. 314 f.
[45] BMdJ, Erster Bericht Insolvenzrechtskommission, Leitsatz 3. 3. 2 Satz 4 = S. 315.
[46] Dorndorf ZIP 1985, 65 ff.; ders. ZIP 1984, 523 ff.
[47] Drukarczyk WM 1992, 1136 ff.; ders. ZIP 1987, 205 ff.; Drukarczyk/Duttle ZIP 1984, 280 ff.; Drukarczyk, Unternehmen und Insolvenz, 1987; Duttle, Ökonomische Analyse dinglicher Sicherheiten, 1986.
[48] HK-Landfermann § 166 RdNr. 2.
[49] Beschlussempfehlung des Rechtsausschusses zu § 191 RegE, BT-Drucks. 12/7302, S. 176; vgl. auch BGH ZIP 2006, 91, 92; OLG Dresden, Urt. v. 10. 8. 2006 – 13 U 926/06.

18 Im Gesetzgebungsverfahren wurde die **Kostenbeteiligung** der gesicherten Gläubiger erheblich **reduziert**. Während die Insolvenzrechtskommission noch einen Aufbesserungsbetrag zugunsten der Masse vorgesehen hatte, sah der Diskussionsentwurf[50] nur noch eine reine Kostenbeteiligung der gesicherten Gläubiger an den Kosten für Feststellung, Erhaltung und Verwertung vor. § 185 RefE InsO pauschalierte den Kostenbeitrag für die Feststellung des Gegenstandes und der daran bestehenden Rechte sowie für die Verwertung auf je 5% des Erlöses, wobei die Kostenvermutung gem. § 185 Abs. 3 Satz 2 RefE InsO bei den Verwertungskosten widerlegbar sein sollte. Bei den Erhaltungskosten legte der Referentenentwurf nicht einen Pauschalbetrag, sondern die tatsächlich nötigen und auch im Interesse der Gläubiger erforderlichen Kosten für den Kostenbeitrag zugrunde.[51] Der Gläubiger sollte berechtigt sein, die anfallenden Kosten im Insolvenzverfahren bei der Bemessung der Sicherheit oder durch eine Anpassung der Kredithöhe abzufangen.[52]

19 Der Regierungsentwurf übernahm in §§ 195, 196 RegE InsO[53] weitgehend die in den Vorentwürfen vorgesehene Regelung zur Kostenbeteiligung der gesicherten Gläubiger. Gem. § 196 Abs. 1 RegE InsO[54] war hinsichtlich der Feststellungskosten als Pauschale ein Beitrag von 6% des Verwertungserlöses vorgesehen. Die Verwertungskosten sollten mit einem Betrag von 5% des Erlöses abgegolten werden, wobei hier die Möglichkeit geschaffen wurde, einen tatsächlich höheren oder niedrigeren Kostenbeitrag geltend zu machen.[55] Hinsichtlich der Erhaltungskosten war wie im Referentenentwurf die Erstattung der tatsächlich entstandenen Kosten vorgesehen.[56]

Im Rahmen des weiteren **Gesetzgebungsverfahrens** wurden die folgenden **inhaltlichen Änderungen** vorgenommen:
– Streichung der Regelung über die Erstattung der Erhaltungkosten;
– Herabsetzung des Pauschalsatzes für die Feststellungskosten um zwei Prozentpunkte auf 4%.[57]

20 Damit ergibt sich nunmehr folgende **Belastung des Sicherungsgutes:**
– 4% Pauschalkosten für die Feststellung des Gegenstandes und der Rechte an diesem (§ 171 Abs. 1);
– 5% des Verwertungserlöses als Kosten der Verwertung (§ 171 Abs. 2 S. 1) – lagen die tatsächlich entstandenen Verwertungskosten erheblich niedriger oder höher, so sind diese Kosten anzusetzen (§ 171 Abs. 2 S. 2);
– führt die Verwertung zu einer Belastung der Insolvenzmasse mit Umsatzsteuer, so ist die gesetzlich festgeschriebene Umsatzsteuer zusätzlich zu den vorstehenden Pauschalen oder den tatsächlich entstandenen Kosten anzusetzen (§ 171 Abs. 2 S. 3).

21 Die Übertragung des Verwertungsrechts an den besitzlosen Mobiliarsicherheiten auf den Verwalter nach § 166 Abs. 1 und Abs. 2 wird als „das unbestrittene **Kernstück der Reform der Mobiliarsicherheiten**" bezeichnet.[58] Der **Insolvenzverwalter** erhält mit der Eröffnung des Insolvenzverfahrens kraft Gesetzes eine **originäre Verwertungsbefugnis,** die ihm das Recht zur Verfügung über den Sicherungsgegenstand in Form von Veräußerung, bei sicherungsabgetretenen Forderungen durch Einziehung gewährt.[59]

Es werden folgende wesentliche **Vorteile der Übertragung des Verwertungsrechts auf den Insolvenzverwalter** genannt:
– Da die gesicherten Gläubiger nicht mehr verwertungsberechtigt sind, haben sie nicht mehr die Möglichkeit, die Sicherheiten nach Eröffnung des Insolvenzverfahrens heraus-

---

[50] Vgl. *Landfermann,* KTS 1987, 381, 420 ff.
[51] BMdJ, Referentenentwurf, S. 211.
[52] BMdJ, Referentenentwurf, S. 211.
[53] BTag-Drucksache 12/2443, S. 180 f.
[54] BTag-Drucksache 12/2443, S. 181 f.
[55] Vgl. § 196 Abs. 3 Satz 1 RegE InsO = § 171 Abs. 2 InsO.
[56] Vgl. § 196 Abs. 2 RegE InsO, BTag-Drucksache 12/2443, S. 181.
[57] Beschlussempfehlung zu § 196 RegE InsO, BTag-Drucksache 12/7302, S. 177 f.
[58] *Gottwald* in Insolvenzrecht im Umbruch, S. 199.
[59] HK-*Landfermann* § 166 RdNr. 4; *Uhlenbruck,* InsO § 166 RdNr. 1.

zuverlangen und dadurch das Vermögen des Schuldners zur Unzeit auseinander zu reißen. Fortführungs- und Sanierungschancen werden verbessert.
– Die Verwertung von Sicherungsgut wird praktisch erleichtert, wenn der Insolvenzverwalter, der sich im Besitz der Sache befindet, verwertet. Gesamtverwertungen werden ermöglicht. Die Einziehung von abgetretenen Forderungen wird ebenfalls erleichtert, da sich im Regelfall die Unterlagen für den Forderungseinzug bei der Masse befinden werden.
– Das Verwertungsrecht des Verwalters ist schließlich ein technisches Hilfsmittel, um die Kostenbeteiligung der Gläubiger durchzusetzen: Die Kosten der Feststellung der Wirksamkeit der Sicherheiten und ggf. die Umsatzsteuer belasten die Masse auch bei einer durch den Gläubiger durchgeführten Verwertung. Die Geltendmachung von Erstattungsansprüchen gegenüber den Gläubigern wäre für den Insolvenzverwalter sehr aufwändig; bei einer Vornahme der Verwertung durch den Insolvenzverwalter wird der Abzug von dem Verwertungserlös, der an den absonderungsberechtigten Gläubiger ausgekehrt wird, vorgenommen.[60]

C. Verwertung von Absonderungsrechten unter dem Regime der InsO

I. Gesetzliche Regelungen

Nach Eröffnung des Insolvenzverfahrens geht das **Verwertungsrecht** an beweglichen Sachen, an denen ein Absonderungsrecht besteht, auf den Insolvenzverwalter über, wenn er den Gegenstand im Besitz hat. Weiterhin darf der Verwalter auch sicherungsabgetretene Forderungen durch Einziehung verwerten.

Im Falle der Anordnung einer **Eigenverwaltung** liegt die Befugnis zur Sicherheitenverwertung bei dem eigenverwaltenden Schuldner (§§ 270 Abs. 1 S. 2, 281 Abs. 1 S. 1). Im **Verbraucherinsolvenzverfahren** gelten abweichende Regelungen, vgl. dazu die Kommentierung von § 313 Abs. 3.

Ist der Insolvenzverwalter nach § 166 nicht zur Verwertung des mit Absonderungsrechten belasteten Gegenstandes berechtigt, so ist die Verwertungsbefugnis nach § 173 zunächst dem gesicherten Gläubiger zugewiesen. Kommt es hier zu Verzögerungen, so kann das Insolvenzgericht eine Frist zur Durchführung der Verwertung bestimmen. Nach fruchtlosem Ablauf der Frist fällt das Verwertungsrecht an den Insolvenzverwalter.

Im Falle der Verwertung durch den Insolvenzverwalter ist durch die Regelungen in den §§ 170, 171 sichergestellt, dass nicht mehr die Gläubigergesamtheit mit den Kosten für die Feststellung und Verwertung der Sicherungsrechte der absonderungsberechtigten Gläubiger belastet wird. Bei den **Kostenbeiträgen** hat der Gesetzgeber aus Vereinfachungsgründen Pauschalsätze vorgesehen; im Einzelfall können die tatsächlich angefallenen höheren oder niedrigeren Kosten anzusetzen sein. Durch die Regelung des § 171 Abs. 2 S. 3 ist gewährleistet, dass die Insolvenzmasse nicht mehr mit der Umsatzsteuer aus der Verwertung von Sicherungsgut belastet wird.

Bei der Eigenverwaltung und im Verbraucherinsolvenzverfahren gelten hinsichtlich der Kostenbeiträge abweichende Regelungen.

Der Insolvenzverwalter ist nicht verpflichtet, von seinem Verwertungsrecht Gebrauch zu machen. Wie sich aus **§ 170 Abs. 2** ergibt, kann der Verwalter den Gegenstand auch zur Verwertung an den absonderungsberechtigten Gläubiger freigeben. In diesem Fall hat der Gläubiger aus dem von ihm erzielten Verwertungserlös den Verfahrenskostenbeitrag an die Masse zu erstatten.

Von der Freigabe zur Verwertung nach § 170 Abs. 2 zu unterscheiden ist die **Freigabe von Sicherungsgut** an den Schuldner.[61] In diesem Fall wird das Sicherungsgut in das

---
[60] HK-*Landfermann*, § 166 RdNr. 5 ff.
[61] Vgl. dazu § 170 RdNr. 24.

insolvenzfreie Vermögen des Schuldners überführt und der absonderungsberechtigte Gläubiger muss sich wegen der Verwertung seiner Absonderungsrechte allein mit dem Schuldner auseinandersetzen.[62]

27 Weiterhin muss die Freigabe zur Verwertung nach § 170 Abs. 2 noch abgegrenzt werden von der **Ausübung des Selbsteintrittsrechts** durch den absonderungsberechtigten Gläubiger nach § 168 Abs. 3. Im Falle der Ausübung des Selbsteintrittsrechts kauft der absonderungsberechtigte Gläubiger das Sicherungsgut zu einem mit dem Verwalter ausgehandelten Preis aus der Insolvenzmasse; dieser Verwertungserlös dient dann der Befriedigung der gesicherten Ansprüche des Gläubigers.[63]

28 Das Interesse der absonderungsberechtigten Gläubiger an der Erreichung eines möglichst hohen Verwertungserlöses wird durch den Gesetzgeber besonders geschützt, da durch die Übertragung der Verwertungsbefugnis auf den Insolvenzverwalter der gesicherte Gläubiger nicht mehr selbst dafür Sorge tragen kann, dass der Sicherungsgegenstand optimal verwertet wird. Der Gesetzgeber der InsO hat hier umfangreiche kompensatorische Rechte der absonderungsberechtigten Gläubiger vorgesehen, u. a. indem er ihnen **Auskunftsrechte nach § 167** eingeräumt hat und eine **Mitwirkung des absonderungsberechtigten Gläubigers** bei der Verwertung vorgesehen hat (vgl. § 168 InsO). Weicht der Insolvenzverwalter von dem insbes. durch § 168 InsO vorgegebenen Programm für die Verwertung der Sicherheiten ab, so wird die von dem Verwalter vorgenommene Verwertung zu einer unberechtigten Verwertung; die Kostenbeiträge nach §§ 170, 171 gehen verloren und es droht eine persönliche Haftung des Insolvenzverwalters nach § 60.[64]

In den **§§ 169, 172** sind weitere **kompensatorische Regelungen,** die den Eingriff in die Rechte des absonderungsberechtigten Gläubigers ausgleichen sollen, enthalten. § 169 sieht Ausgleichszahlungen aus der Insolvenzmasse an den absonderungsberechtigten Gläubiger bei Verzögerung der Verwertung vor. Die Vorschrift des § 172 regelt den Ausgleich von Wertverlusten bei Benutzung des Sicherungsguts durch den Insolvenzverwalter.

II. Tatsächliche Durchführung der Verwertung

29 **1. Eröffnetes Verfahren.** Anders als unter dem Regime der KO werden mit Absonderungsrechten belastete Gegenstände nunmehr tatsächlich in Übereinstimmung mit den gesetzlichen Regelung durch den Insolvenzverwalter verwertet. Das fein differenzierte System der Kompensations-, Ausgleichs- und Mitwirkungsregelungen der §§ 166 ff. wird in der Praxis nur teilweise angewendet, wohl vor allem wegen der **Komplexität einiger Vorschriften.** Die Beteiligung der Sicherungsgläubiger an den Kosten für die Feststellung der Sicherungsrechte und die Verwertungskosten wird regelmäßig durchgesetzt, sei es in Form der Anwendung der gesetzlichen Regelungen in den §§ 170 f. oder durch Vereinbarung von Kostenbeiträgen in Verwertungsvereinbarungen.

30 **2. Insolvenzeröffnungsverfahren.** Da der Gesetzgeber zunächst nur eine Geltung der Regelungen der §§ 166 ff. im eröffneten Insolvenzverfahren angeordnet hatte, verlagerte sich der **Streit über eine Kostenbeteiligung** der absonderungsberechtigten Gläubiger und über die **Verwertungskompetenz** zunächst auf das Insolvenzeröffnungsverfahren.

Hier ging es u. a. darum, ob der vorläufige Insolvenzverwalter überhaupt schon im Insolvenzeröffnungsverfahren eine Verwertung vornehmen kann (Verwertung von Sicherungsgut oder Einziehung von abgetretenen Forderungen[65] und ob eine Einigung mit dem absonderungsberechtigten Gläubiger über die Weiterverarbeitung und Veräußerung von Gegenständen mit Sicherungsrechten herbeigeführt werden muss, um Haftungsrisiken für den vorläufigen Verwalter auszuschließen.

---

[62] Vgl. dazu § 170 RdNr. 24.
[63] BGH WM 2005, 2400.
[64] Vgl. dazu § 168 RdNr. 23 und § 170 RdNr. 18.
[65] Vgl. z. B. BGH WM 2002, 1797, 1800.

Bei sicherungsabgetretenen Forderungen war streitig, wem im Eröffnungsverfahren die Befugnis zur Einziehung von Forderungen nach einer Offenlegung der Zession durch den Zessionar zuzuweisen war.[66]

Da durch die **Rechtsprechung**[67] klargestellt wurde, dass die Regelungen zu Kostenbeiträgen in den §§ 170, 171 im Insolvenzeröffnungsverfahren nicht anwendbar sind, haben vorläufiger Insolvenzverwalter und absonderungsberechtigter Gläubiger häufig bereits im Eröffnungsverfahren durch den Abschluss einer Vereinbarung die Durchführung der Verwertung von mit Absonderungsrechten belasteten Gegenständen geregelt. Dabei wurde dann von Seiten der absonderungsberechtigten Gläubiger der Masse eine Kostenbeteiligung zugestanden und eine Verwertung von Sicherungsgut, insbes. die Einziehung von abgetretenen Forderungen durch den vorläufigen Verwalter trotz der unklaren Rechtslage akzeptiert, wenn bei einer Verzögerung der Verwertung eine Entwertung des Sicherungsgutes drohte oder die Drittschuldner bei einem Streit um die Einziehungsbefugnis bei abgetretenen Forderungen weder an die Masse noch an den Zessionar gezahlt hätten.

Der Gesetzgeber hat nunmehr im Rahmen einer neuerlichen **Reform des Insolvenzrechts** in § 21 eine Anwendung der §§ 170, 171 bei der Einbeziehung von Sicherungsabgetretenen Forderungen im Insolvenzeröffnungsverfahren angeordnet. Vgl. dazu die Kommentierung des § 21. 31

III. Einzelfragen

1. Verwertungsrecht – Verwertungspflicht des Insolvenzverwalters. Zu beachten 32 ist zunächst, dass § 166 das Verwertungsrecht nur hinsichtlich von bestimmten beweglichen Gegenständen, Forderungen und Rechten auf den Insolvenzverwalter überträgt. Für die Entscheidung, ob ein Verwertungsrecht des Insolvenzverwalters oder des Sicherungsnehmers besteht, kommt es auf die gewählte Sicherungsform (z. B. Sicherungsübereignung oder Verpfändung) und auf die Klassifikation des Sicherungsgegenstandes an (z. B. beweglicher Gegenstand oder sonstiges Recht).[68]

Besteht ein Verwertungsrecht des Insolvenzverwalters, so trifft ihn auch die Pflicht, die Verwertung des Sicherungsgegenstandes unverzüglich zu betreiben. Sprechen wirtschaftliche Gründe gegen eine beschleunigte Verwertung, so sind in den §§ 166 ff kompensatorische Regelungen vorgesehen, um den Sicherungsgläubiger für die Verzögerungen bei der Verwertung zu entschädigen. Der Insolvenzverwalter hat, wenn er aus wirtschaftlichen Gründen die Verwertung verzögert, sicherzustellen, dass genügend Masse vorhanden ist, um den Sicherungsgläubiger zu entschädigen. Tut er dies nicht und kann der Sicherungsgläubiger auf Grund Masseunzulänglichkeit nicht entschädigt werden, so droht dem Insolvenzverwalter eine persönliche Haftung nach §§ 60, 61.[69]

Das Verwertungsrecht des Insolvenzverwalters zieht also auch bestimmte Pflichten bzw. Obliegenheiten nach sich. Kann der Insolvenzverwalter in einem absehbaren Zeitraum das Sicherungsgut nicht verwerten oder kann die Insolvenzmasse die in den §§ 166 ff. vorgesehenen kompensatorischen Zahlungen an den Sicherungsgläubiger nicht zahlen, so kann der Insolvenzverwalter das Sicherungsgut nach § 170 Abs. 2 dem Sicherungsgläubiger zur Verwertung überlassen. Falls dieser sich weigern sollte, das Sicherungsgut zu übernehmen, bleibt als letzte Möglichkeit auch die (echte) Freigabe des Sicherungsguts an den Schuldner.[70] Diese (echte) Freigabe sollte aber dem Sicherungsgläubiger zunächst angedroht werden, da nach der Freigabe der Sicherungsgläubiger u. U. größere Probleme bei der Durchführung der Verwertung hat, wenn der Schuldner entweder nicht greifbar ist (Naturperson als

---

[66] BGH WM 2002, 1797.
[67] BGH WM 2006, 1636; WM 2005, 126; WM 2004, 39.
[68] Vgl. dazu § 166 RdNr. 6 ff.; 44, 64 ff.
[69] Vgl. dazu § 168 RdNr. 22 und § 169 RdNr. 39.
[70] Vgl. dazu § 170 RdNr. 22.

Schuldner) oder nicht mehr handlungsfähig ist (schuldnerische Gesellschaft ohne Geschäftsführer).

Hinsichtlich der Gegenstände, Forderungen oder Rechte, bei denen nach § 166 das Verwertungsrecht dem Insolvenzverwalter nicht zugewiesen ist, besteht weiterhin das Verwertungsrecht des gesicherten Gläubigers, vgl. § 173 Abs. 1. Bei einer Verzögerung der Durchführung der Verwertung durch den gesicherten Gläubiger kann der Verwalter nach § 173 Abs. 2 vorgehen.

33 **2. Pflichten des Insolvenzverwalter bei Vorbereitung der Verwertung.** Bei der Vorbereitung der Verwertung von Gegenständen, bei denen nach § 166 ein Verwertungsrecht des Insolvenzverwalters besteht, hat der Verwalter für ein bestmögliches Verwertungsergebnis Sorge zu tragen. Reicht der Verwertungserlös voraussichtlich nicht aus, um die gesamten gesicherten Forderungen des Sicherungsgläubigers zurückzuführen, so ist der Verwalter in erster Linie gegenüber dem Sicherungsgläubiger verpflichtet, einen möglichst hohen Verwertungserlös zu erzielen, um den Ausfall des gesicherten Gläubigers möglichst gering zu halten. Reicht der Verwertungserlös voraussichtlich aus, um die gesicherten Forderungen des Sicherungsgläubigers zurückzuführen, so ist der Verwalter im Interesse der Gesamtheit aller Gläubiger gehalten, ein bestmögliches Verwertungsergebnis zu erzielen, da der Übererlös nach Abzug der Kostenbeiträge nach §§ 170, 171 und Rückführung der gesicherten Forderungen bei der Insolvenzmasse verbleibt und daher die Quote der ungesicherten Gläubiger erhöht.

Kann das Sicherungsgut nicht sofort verwertet werden, so hat der Insolvenzverwalter dieses in einem ordnungsgemäßen Zustand zu erhalten. Hier stellt sich die Frage, welche Aufwendungen der Insolvenzverwalter mit Mitteln der Insolvenzmasse tätigen muss, um das Sicherungsgut eines einzelnen Gläubigers zu erhalten. Die Insolvenzmasse hat Anspruch auf die Erstattung der tatsächlich angefallenen Verwertungskosten. Ein Anspruch auf Erstattung der Erhaltungskosten besteht allerdings nicht, sondern kann nur per Verwertungsvereinbarung geregelt werden.[71]

Ein ähnliches Problem stellt sich beim Einzug sicherungshalber abgetretener Forderungen: Bestreiten hier Drittschuldner die Berechtigung der Forderungen, so muss der Insolvenzverwalter u. U. langwierige und kostenintensive gerichtliche Auseinandersetzungen führen, um die zedierten Forderungen durchzusetzen. Diese Aufwendungen kann die Insolvenzmasse als tatsächlich angefallene Verwertungskosten nach § 171 Abs. 2 ersetzt verlangen. Sicherungsnehmer und Insolvenzverwalter sollten bereits im Vorwege im Rahmen einer Verwertungsvereinbarung Regelungen hinsichtlich der Erstattungsfähigkeit dieser Kosten treffen, so dass nicht im Nachhinein Streit über die Erforderlichkeit der aufgewandten Kosten entstehen kann, z. B. wenn die Einwendungen der Drittschuldner berechtigt oder die Drittschuldner nicht leistungsfähig sind und daher die Aufwendungen für die gerichtliche Geltendmachung der zedierten Forderungen für den Sicherungsgläubiger nicht von Nutzen sind.

34 **3. Pflichten des Insolvenzverwalters bei Durchführung der Verwertung.** Die Durchführung der Verwertung ist relativ detailliert in den §§ 167 ff. geregelt. Der Insolvenzverwalter muss den Gläubiger im Vorwege über die von ihm geplante Verwertung informieren. Der Gläubiger kann dann auf bessere Verwertungsmöglichkeiten hinweisen.

Hält der Insolvenzverwalter diese Vorgaben nicht ein, so droht ein Verlust der Kostenbeiträge nach §§ 170, 171 sowie eine persönliche Haftung nach § 60.[72] Haftungsrisiken bestehen für den Insolvenzverwalter vor allem dann, wenn der Verwertungserlös nicht ausreicht, um die gesicherten Forderungen des Gläubigers zurückzuführen.

35 **4. Pflichten des Insolvenzverwalters zur Auskehrung des Verwertungserlöses.** Den Insolvenzverwalter trifft die Pflicht zur unverzüglichen Verwertung des Sicherungsguts bzw. zur Einziehung der sicherungsabgetretenen Forderungen. Kommt er dieser Pflicht

---

[71] Vgl. dazu § 170 RdNr. 33 f.
[72] Vgl. dazu § 168 RdNr. 23 und § 170 RdNr. 18.

nicht nach, so ordnet § 169 Ausgleichszahlungen an den absonderungsberechtigten Gläubiger an.[73]

Hat der Insolvenzverwalter bereits die Verwertung vorgenommen und ist der Erlös bereits dem Insolvenzverwalter zugeflossen, so hat er diesen unverzüglich nach Abzug der Kostenbeiträge an den Sicherungsgläubiger auszukehren, vgl. § 170 Abs. 1 Satz 2. Kommt er dieser Pflicht nicht nach, so kann der Gläubiger seinen Verzugsschaden nach allgemeinen Grundsätzen gegenüber der Insolvenzmasse geltend machen.[74]

Reicht die vorhandene Masse nicht aus, um die Ansprüche des Sicherungsgläubigers zu befriedigen, so ist das Bestehen von Schadensersatzansprüchen gegen den Insolvenzverwalter nach §§ 60, 61 zu prüfen.

5. Pflichten des Insolvenzverwalters bei Verzögerung der Verwertung. Bei einer 36 Verzögerung der Verwertung sieht die InsO kompensatorische Regelungen zugunsten des Sicherungsgläubigers vor. Sind die Tatbestandsvoraussetzungen des § 169 und/oder des § 172 erfüllt, so muss der Insolvenzverwalter dafür Sorge tragen, dass genügend Masse vorhanden ist, dass die Zahlungen an die absonderungsberechtigten Gläubiger erfolgen können. Kann er abschätzen, dass infolge Masseunzulänglichkeit die Zahlungen nicht geleistet werden können, so muss er entweder beschleunigt die Verwertung betreiben und den Erlös an den Sicherungsgläubiger auskehren oder den Sicherungsgegenstand dem Sicherungsgläubiger nach § 170 Abs. 2 zur Verwertung überlassen. Verfährt der Verwalter nicht nach diesen Grundsätzen und können infolge Masseunzulänglichkeit keine Ausgleichszahlungen nach §§ 169, 172 an den Sicherungsgläubiger geleistet werden, so droht dem Insolvenzverwalter eine persönliche Haftung nach den §§ 60, 61. Vgl. dazu auch RdNr. 42 f.

6. Pflichten des Insolvenzverwalters bei der Prüfung der Wirksamkeit von Ab- 37 **sonderungsrechten.** Die Prüfung der Wirksamkeit der Absonderungsrechte gehört mit zu den schwierigsten Aufgaben des Insolvenzverwalters.

Bei der Prüfung von Sicherungsverträgen geht es um Fragen der Bestimmtheit und Bestimmbarkeit, der Frage des Verstoßes gegen die §§ 307 ff. BGB (früher: AGB-Gesetz) oder § 138 BGB.[75] Daneben hat der Insolvenzverwalter regelmäßig die Anfechtbarkeit der Sicherheitenbestellung nach den §§ 129 ff. zu überprüfen.[76] Bei der Bestellung von Sicherheiten für Gesellschafter des Schuldners sind darüber hinaus die Regelungen der §§ 32 a, b GmbHG sowie die §§ 30, 31 GmbHG und die dazu entwickelten Rechtsprechungsregeln zu beachten.[77]

Findet der Insolvenzverwalter **Anhaltspunkte** für eine **Unwirksamkeit von Sicherhei-** 38 **tenbestellungen,** so hat er abzuwägen, ob er Mittel der Insolvenzmasse dazu aufwendet, um mit dem Gläubiger, der abgesonderte Befriedigung beansprucht, einen Rechtsstreit über die Anerkennung des Absonderungsrechts zu führen oder ob er mit dem Gläubiger nach einer vergleichsweisen Lösung sucht. Bei **gerichtlichen Auseinandersetzungen** mit Gläubigern, die Absonderungsrechte geltend machen, muss der Verwalter grundsätzlich nicht auf die Kosteninteressen des Gläubigers Rücksicht nehmen, d. h., der Insolvenzverwalter kann bei einem Unterliegen bei den prozessualen Auseinandersetzungen den Gegner mit seinem Kostenerstattungsanspruch bei Masseunzulänglichkeit auf die Quote verweisen, ohne eine persönliche Haftung befürchten zu müssen.[78] Dies wird aber dann nicht gelten können, wenn der Verwalter nach Feststellung des Absonderungsrechts erneute Rechtsstreitigkeiten mit dem gesicherten Gläubiger provoziert und dieser nochmals Klage erheben muss, um eine Auskehrung des Verwertungserlöses zu erzwingen.[79] Ähnlich ist der Fall zu

---

[73] Vgl. dazu § 169 RdNr. 28 ff.
[74] Vgl. § 169 RdNr. 20, 37 und § 170 RdNr. 40 f.
[75] Vgl. § 171 RdNr. 12 ff.
[76] Vgl. § 171 RdNr. 12 ff.
[77] Vgl. dazu die Kommentierungen der §§ 30, 31, 32 a, b GmbHG.
[78] BGH ZIP 2005, 131, vgl. aber auch OLG Hamm ZIP 2006, 1911.
[79] BGH ZIP 2006, 194.

behandeln, dass der Insolvenzverwalter seiner Pflicht, eine Prüfung der Wirksamkeit der Absonderungsrechte in absehbarer Zeit nach der Eröffnung des Insolvenzverfahrens durchzuführen, nicht nachkommt und gegenüber dem absonderungsberechtigten Gläubiger pauschal die Wirksamkeit der Sicherungsrechte bestreitet.

39 Führt der Insolvenzverwalter überhaupt **keine Prüfung der Absonderungsrechte** durch und werden dadurch unwirksame Sicherheitenbestellungen nicht erkannt, so wird durch die Auskehrung von Verwertungserlösen auf nicht bestehende Absonderungsrechte die Gesamtheit aller Gläubiger geschädigt. Folge sind Schadensersatzansprüche gegen den Insolvenzverwalter nach § 60, die für die Insolvenzmasse durch einen Sonderinsolvenzverwalter geltend zu machen sind.[80]

40 Erklärt der spätere Insolvenzverwalter bei Abschluss einer **Verwertungsvereinbarung** im Insolvenzeröffnungsverfahren, dass er die **Wirksamkeit der Absonderungsrechte** des Gläubigers **anerkennt** und wird dies später vom Insolvenzverwalter im eröffneten Insolvenzverfahren in Frage gestellt, so sind **mehrere Problemkomplexe** zu unterscheiden: Zum einen ist die Frage zu stellen, ob der vorläufige Insolvenzverwalter derartige Erklärungen bereits im Insolvenzeröffnungsverfahren abgeben kann. Dies ist zu verneinen, da der vorläufige Insolvenzverwalter noch nicht mit einer endgültigen Prüfung und Feststellung von Absonderungsrechten betraut ist und im Regelfall innerhalb der kurzen Zeit zwischen Insolvenzantragstellung und Abschluss der Verwertungsvereinbarung auch noch keine verbindliche Aussage zu der Wirksamkeit der Absonderungsrechte einzelner Gläubiger getroffen werden kann. Der vorläufige Insolvenzverwalter begeht also eine Pflichtverletzung, wenn er derartige Erklärungen abgibt. Zum anderen ist die Frage zu erörtern, ob die absonderungsberechtigten Gläubiger auf derartige Erklärungen vertrauen dürfen und in einem späteren Rechtsstreit über die Wirksamkeit von Absonderungsrechten darauf verweisen dürfen, dass der vorläufige Insolvenzverwalter erklärt hat, die Wirksamkeit der Absonderungsrechte anzuerkennen. Hier wird man die von der Rechtsprechung entwickelten Grundsätze zum Schutz des Vertrauens von Gläubigern bei der Begleichung von Altforderungen im Insolvenzeröffnungsverfahren heranziehen können.[81] Der BGH hat hier in bestimmten Konstellationen eine Anfechtung der während des Insolvenzeröffnungsverfahrens vorgenommenen Zahlungen durch den späteren Insolvenzverwalter für unzulässig erklärt.[82] Abhängig von den Umständen des Einzelfalls wird man deshalb das Vertrauen des absonderungsberechtigten Gläubigers in den Bestand der Erklärungen des vorläufigen Insolvenzverwalters schützen müssen. In anderen Fällen, in denen dieses Vertrauen des Gläubigers keinen Schutz verdient, muss die gesamte während des Insolvenzeröffnungsverfahrens zwischen dem vorläufigen Verwalter und dem Sicherungsgläubiger getroffene Vereinbarung über die Verwertung der Sicherheiten „rückabgewickelt" werden. Regelmäßig wird sich auch der Sicherungsgläubiger im Rahmen der Verwertungsvereinbarung zu Zugeständnissen bereit erklärt haben. An diese ist er im Falle einer Rückabwicklung der Verwertungsvereinbarung nicht mehr gebunden. In diesem Zusammenhang stellt sich dann die Frage nach Schadensersatzansprüchen des Gläubigers gegen die Insolvenzmasse und den Insolvenzverwalter bzw. den vorläufigen Insolvenzverwalter persönlich.

41 **7. Obliegenheiten des absonderungsberechtigten Gläubigers.** Liegt das Verwertungsrecht für den Sicherungsgegenstand nach § 166 beim Insolvenzverwalter, so treffen den absonderungsberechtigten Gläubiger auch bestimmte Obliegenheiten im Rahmen der Durchführung der Verwertung.

Führt der **Insolvenzverwalter** eine **Prüfung** der **Wirksamkeit** der Sicherheitenbestellungen durch, so hat der Sicherungsgläubiger dafür die notwendigen **Unterlagen zur Verfügung zu stellen** bzw. die notwendigen Auskünfte zu erteilen. Verweigert der Sicherungsgläubiger jegliche Mitwirkung, so wird man im Einzelfall prüfen müssen, ob bei einer

---

[80] Vgl. Kommentierung von § 60.
[81] BGH ZIP 2005, 314; vgl. auch BGHZ 154, 190, 193 und LG Dresden ZInsO 2006, 663.
[82] BGH ZIP 2005, 314.

Verzögerung der Auskehrung des Verwertungserlöses oder bei einer Verzögerung der Durchführung der Verwertung Ausgleichsansprüche des Sicherungsgläubigers gegen die Insolvenzmasse nach §§ 169, 172 ausgeschlossen sind.[83]

Der absonderungsberechtigte Gläubiger muss im Rahmen der Verwertung des Sicherungsguts beachten, dass er **kein Selbsteintrittsrecht** hat.[84] Teilt der Insolvenzverwalter dem Sicherungsgläubiger mit, dass er den Gegenstand für einen Betrag von x € verwerten will, so kann der Sicherungsgläubiger nicht darauf vertrauen, dass er das Sicherungsgut selbst für einen günstigen Preis übernehmen kann, wenn er den vom Insolvenzverwalter genannten Preis jeweils nur geringfügig überbietet.[85] Die in den §§ 166 ff. enthaltenen Regelungen, die dem Schutz des absonderungsberechtigten Gläubigers dienen, dürfen von diesem nicht dazu benutzt werden, die **Abwicklung des Insolvenzverfahrens** durch den Verwalter **zu stören** und zu verzögern. Sind Anhaltspunkte dafür vorhanden, dass der **Sicherungsgläubiger** sich **rechtsmissbräuchlich** verhält, so ist im Einzelfall zu prüfen, ob die Schutzvorschriften zu seinen Gunsten eingreifen.

8. Haftung des Insolvenzverwalters bei Pflichtverletzungen im Rahmen der Verwertung im eröffneten Verfahren. Der Sicherungsgläubiger kann wegen Pflichtverletzungen des Insolvenzverwalters bei der Verwertung des Sicherungsgegenstandes Schadensersatzansprüche gegenüber dem Insolvenzverwalter persönlich geltend machen.

Denkbar sind insbesondere u. a. folgende **Konstellationen:**
- Unter-Wert-Veräußerung des Sicherungsgegenstandes,
- Nichtauskehrung des Verwertungserlöses und „Verwirtschaften" des Erlöses aus der Verwertung der Kreditsicherheiten durch den Insolvenzverwalter im Rahmen der Insolvenzabwicklung,
- verzögerte Verwertung des Sicherungsgegenstandes mit den Rechtsfolgen der §§ 169, 172; Unmöglichkeit der Leistung von Kompensationszahlungen auf Grund eingetretener Masseunzulänglichkeit,
- Verzögerungen bei der Auskehrung des Verwertungserlöses.

Schadensersatzansprüche können auf die §§ 60, 61 gestützt werden. Es wird insoweit auf die dortige Kommentierung verwiesen.

9. Haftung des vorläufigen Insolvenzverwalters bei Pflichtverletzungen im Rahmen der Verwertung im Insolvenzeröffnungsverfahren. Häufig kommt es im eröffneten Insolvenzverfahren zu Streitigkeiten zwischen Verwalter und Sicherungsgläubiger wegen der Verwertung von Kreditsicherheiten im Insolvenzeröffnungsverfahren. Zu den möglichen Streitpunkten vgl. RdNr. 30.

Hinsichtlich der Haftung des vorläufigen Insolvenzverwalters wird auf die Kommentierung des § 60 verwiesen.

10. Poolverträge. Besonderheiten bei der Verwertung von Kreditsicherheiten ergeben sich dann, wenn dem Insolvenzverwalter nicht einzelne Sicherungsgläubiger gegenüberstehen, sondern stattdessen ein Pool, in dem sich die gesicherten Gläubiger zusammengeschlossen haben.

a) Allgemeines. Bei einem Sicherheitenpool handelt es sich um einen vorübergehenden Zusammenschluss von Gläubigern, deren Zweck es ist, durch die gemeinsame Verwaltung und Verwertung von Sicherheiten außerhalb der Insolvenz, in der Krise und im Insolvenzverfahren **Effizienzgewinne** zu erzielen.[86] Poolverträge kommen in sehr verschiedenen Konstellationen und zu unterschiedlichen Zeitpunkten zum Einsatz, z. B. als sog. kreditbegleitende Poolbildung (Zusammenschluss mehrerer Banken bei großen Volumina, sog. Konsortialkredit), als Poolbildung unter Banken bei sich abzeichnender Krise des Kreditnehmers und als Sicherheitenpool der Sicherungsgläubiger in der Insolvenz (insbes. sog. Liefe-

---

[83] Vgl. dazu § 169 RdNr. 8.
[84] Vgl. dazu § 168 RdNr. 38.
[85] Vgl. dazu § 168 RdNr. 20.
[86] Recht der Sanierungsfinanzierung-*Gottwald*, § 11 C RdNr. 43 f.

rantenpool).[87] Für die Einrichtung von Pools sprechen folgende **Vorteile** (abhängig von der Situation, in der es zum Einsatz des Pools kommt):
- Kostenreduzierung bei der Verwaltung und Durchsetzung der Sicherheiten,
- Steigerung des Verwertungserlöses durch Koordination zwischen den Poolmitgliedern und ggfs. gemeinsames Auftreten gegenüber Insolvenzverwalter,
- Beseitigung von Abgrenzungsschwierigkeiten bei Sicherheiten,
- Risikoverteilung bei der Kreditvergabe und fortsetzend bei der Verwertung der Sicherheiten.[88]

46 **b) Rechtsinstitut des Poolvertrages in der Rechtsprechung.** Die Rechtsprechung hat sich bisher nur selten mit Poolverträgen beschäftigt. Die Anerkennung des Sicherheitenpools als Institut dürfte unumstritten sein.[89] Der Sicherheitenpool ist als Gesellschaft bürgerlichen Rechts (Innengesellschaft) einzuordnen.[90]

In der bisherigen Rechtsprechung des BGH wurden u. a. folgende Probleme behandelt:
- fehlerhafter Beitritt zum Poolvertrag: die zur fehlerhaften Gesellschaft entwickelten Grundsätze gelten auch für den missglückten Beitritt zum Pool,[91]
- Auswirkungen der Bildung eines Sicherheitenpools auf nicht beigetretene Gläubiger: Nichtbeitritt hat keine Auswirkungen auf Rechte eines dem Pool nicht beigetretenen absonderungsberechtigten Gläubigers,[92]
- Anfechtung von Klauseln im Poolvertrag nach den §§ 129 ff. InsO (bzw. KO).[93]
- Der BFH hat sich mit der Unternehmereigenschaft des Sicherheitenpools auseinandergesetzt.[94]

47 **c) Hintergründe einer Poolbildung.** Ein wesentlicher Vorteil der Poolbildung ist die **Beweiserleichterung** und die **Überwindung von Abgrenzungsschwierigkeiten.** Die in der Insolvenz bestehenden Abgrenzungsschwierigkeiten zwischen den Ab- und Aussonderungsrechten verschiedener Lieferanten, die an das schuldnerische Unternehmen (nahezu) identische Rohstoffe geliefert haben, werden in der Praxis häufig durch die Bildung eines **Lieferantenpools** überwunden; der Pool kann aber nur dann sinnvoll agieren, wenn ihm alle Lieferanten beitreten.[95] Auch bei der Poolbildung ist der sachenrechtliche Bestimmtheitsgrundsatz zu beachten, d. h., die Sicherungsrechte müssen an einzelnen Sachen bestehen, die sich individualisieren bzw. spezifizieren lassen.[96] Ist der **Bestimmtheitsgrundsatz** bei der Sicherheitenbestellung nicht gewahrt worden, so kann dem Sicherungsnehmer auch Einbringung der (nicht bestehenden) Sicherheit in einen Pool nichts nützen.[97]

48 Im zeitlichen Zusammenhang mit dem Inkrafttreten der InsO war in der Literatur[98] die **Zulässigkeit von Poolbildungen** diskutiert worden. Soweit Bedenken im Hinblick auf die Norm des § 91 vorgebracht wurden,[99] ist darauf hinzuweisen, dass Poolbildungen (auch Lieferantenpools) regelmäßig vor Eröffnung des Insolvenzverfahrens erfolgen. Die Norm des § 91 ist nur im eröffneten Insolvenzverfahren anwendbar. Auch bei Zusammenschlüssen von gesicherten Gläubigern nach Eröffnung des Insolvenzverfahrens ist § 91 nicht tangiert,

---

[87] Recht der Sanierungsfinanzierung-*Gottwald*, § 11 C RdNr. 21 ff.; *Obermüller*, Insolvenzrecht in der Bankpraxis, 6. Aufl., RdNr. 6.122 ff.
[88] Recht der Sanierungsfinanzierung-*Gottwald*, § 11 C RdNr. 34.
[89] BGH WM 2005, 1790; WM 1998, 968; ZIP 1988, 1534; *Burgermeister*, Sicherheitenpool im Insolvenzrecht, § 1.
[90] OLG Oldenburg NZI 2000, 21; BFH WM 1996, 1418; *Burgermeister*, Sicherheitenpool im Insolvenzrecht, § 1.
[91] BGH ZIP 1992, 247.
[92] BGH WM 1982, 482.
[93] BGH ZIP 1993, 271; WM 2005, 1790.
[94] BFH WM 1996, 1418.
[95] Recht der Sanierungsfinanzierung-*Gottwald*, § 11 C RdNr. 35 ff.
[96] BGH NJW 1984, 803, 804; *Burgermeister*, Sicherheitenpool im Insolvenzrecht, S. 34 ff.
[97] Recht der Sanierungsfinanzierung-*Gottwald*, § 11 C RdNr. 40.
[98] *Smid*, NZI 2000, 505; *Riggert*, NZI 2000, 525.
[99] *Smid*, NZI 2000, 505.

soweit durch die Poolbildung keine neuen Rechte kreiert werden sollen. Solches ist aber bei den in der Praxis üblichen Gestaltungen nicht der Fall.[100]

d) BGH, Urt. v. 2. 6. 2005 – IX ZR 181/03. Für erhebliche Verunsicherung in der Kreditwirtschaft hat die Entscheidung des IX. Zivilsenats des BGH vom 2. 6. 2005[101] gesorgt. Bisher war man davon ausgegangen, dass eine kreditgebende Bank durch die Beteiligung am Sicherheitenpoolvertrag über den Poolführer als Treuhänder auch auf Kreditsicherheiten, bei denen sie nicht Sicherungsnehmer ist, in der Insolvenz des Kreditnehmers zugreifen kann.[102] In dem vom BGH entschiedenen Fall war die beklagte Bank selbst nicht Inhaberin der Kreditsicherheiten, sondern ein anderes Kreditinstitut hielt die Globalzession der Kundenforderungen treuhänderisch für alle am Pool beteiligten Banken. Die beklagte Bank nahm eine Verrechnung von eingehenden Zahlungen von Drittschuldnern des Insolvenzschuldners mit einem Debetsaldo vor. Der BGH ließ eine **Anfechtung dieser Verrechnung** durch den Insolvenzverwalter nach den §§ 129 ff. zu.

Die Entscheidung des IX. Zivilsenats des BGH wurde in der Folgezeit umfassend in der Literatur diskutiert.[103] Die Erörterung von Lösungsvorschlägen bezog sich dabei auf den konkreten Fall, also die Rettung der bisher in der Praxis gebräuchlichen Sicherheitenpool-Lösungen bei der Forderungszession.[104] Alle diskutierten Lösungen erfordern entweder einen sehr hohen Transaktionsaufwand oder sind mit großen rechtlichen Risiken behaftet.[105]

Im weiteren Verlauf der Diskussion wurde dann klar, dass die BGH-Entscheidung **Aussagen** enthält, die **verallgemeinerungswürdig** sind und nicht nur auf den konkreten Fall einer Forderungszession bezogen sind. Durch den IX. Zivilsenat des BGH wird in der Entscheidung vom 2. 6. 2005[106] praktisch das bisherige System von Sicherheitenpoolverträgen in Frage gestellt, denn der BGH will offenbar ein **Absonderungsrecht** in der Insolvenz nur noch dann anerkennen, wenn den einzelnen Mitgliedern des Pools die **Kreditsicherheiten dinglich zugeordnet** werden. Eine Zuordnung von Kreditsicherheiten durch **privatschriftliche Vereinbarung** im Rahmen eines Sicherheitenpoolvertrages und das Agieren eines Poolführers als Treuhänder für die anderen Poolmitglieder will das Gericht offenbar nicht mehr akzeptieren.

Hier wird man abwarten müssen, bis der IX. Zivilsenat des BGH im Rahmen der Entscheidung eines konkreten Falles seine Rechtsauffassung darlegt und konkretisiert.

Sollte der BGH hier tatsächlich diese neuen Vorgaben aufstellen, so wäre damit das **Rechtsinstitut des Sicherheitenpoolvertrages in seiner bisherigen Form obsolet.** Dies hätte enorme wirtschaftliche Auswirkungen.

Sicherheitenpoolverträge sind in der Praxis der Kreditwirtschaft weit verbreitet. Hintergrund für die Poolung der Kreditsicherheiten von Kreditinstituten sind häufig Krisenanzeichen bei dem finanzierten Unternehmen. Durch die Poolung der Sicherheiten können die verfügbaren Sicherheiten optimal zur Liquiditätsschöpfung ausgenutzt werden. Gleichzeitig werden durch die Poolung auch die beteiligten Banken auf ein einheitliches Vorgehen gegenüber dem Kreditnehmer festgelegt; es werden also Konkurrenzkämpfe um die Sicherheiten zwischen den beteiligten Kreditinstituten vermieden. Im Verwertungsfall können die im Pool zusammengeschlossenen Kreditinstitute ihre Rechte koordiniert verwerten.

Um die **Transaktionskosten** gering zu halten, werden in der Praxis die bereits vor der Poolbildung den einzelnen beteiligten Kreditgebern bestellten Sicherheiten nicht auf den Pool übertragen; neu bestellte Kreditsicherheiten werden häufig nur der poolführenden Bank übertragen.

---

[100] *Riggert,* NZI 2000, 525.
[101] BGH WM 2005, 1790 m. Anm. *Tetzlaff,* WuB VI A. § 51 InsO 1.05.
[102] *Obermüller,* Insolvenzrecht in der Bankpraxis, RdNr. 6.144 ff. und 6.157.
[103] *Smid,* DZWIR 2006, 1, 4 f.; *Gundlach,* EWiR 2005, 899; *Tetzlaff,* WuB VI A. § 51 InsO 1.05; *Leiner,* ZInsO 2006, 460.
[104] Vgl. *Leiner* ZInsO 2006, 460 ff.
[105] Vgl. *Leiner* ZInsO 2006, 460 ff.
[106] BGH WM 2005, 1790.

Die gesamte Praxis der Poolbildung ist also von der Überlegung geprägt, den wirtschaftlichen Aufwand möglichst niedrig zu halten und dadurch in der Krise des Kreditnehmers Möglichkeiten für eine Sanierung zu nutzen.

Kann auf Grund der neuen Vorgaben des BGH nicht mehr in der beschriebenen Form verfahren werden, müssen also alle Sicherheiten auf alle am Pool beteiligten Banken übertragen werden, so erhöhen sich dadurch die Kosten, welche die Kreditinstitute selbstverständlich auf den Kreditnehmer überwälzen werden. Befindet sich der Kreditnehmer bereits in einer Krise, so besteht das Risiko, dass das Institut des Poolvertrages auf Grund des hohen Transaktionsaufwandes nicht mehr zum Einsatz kommt und dadurch – möglicherweise wirtschaftlich sinnvolle – Sanierungsversuche gänzlich unterbleiben.

Die absehbare Entwicklung der Rechtsprechung des IX. Zivilsenats des BGH ist auf Grund ihrer **negativen gesamtwirtschaftlichen Auswirkungen** deshalb sehr kritisch zu sehen.

IV. Verwertungsvereinbarungen

52 **1. Schutz der absonderungsberechtigten Gläubiger bei Abschluss einer Verwertungsvereinbarung.** In den Verwertungsvereinbarungen wird jeweils in **Abweichung von den Regelungen der §§ 166 ff.** die Durchführung der Verwertung von mit Absonderungsrechten belasteten Gegenständen und Forderungen geregelt. Durch Auslegung der Verwertungsvereinbarung ist im Einzelfall zu klären, ob einzelne Regelungen aus den §§ 166 ff. doch zur Anwendung kommen sollen, so z. B. die Zinszahlungspflicht aus § 169 bei Verzögerung der Verwertung.

53 Durch die Verwertungsvereinbarung gibt der Sicherungsgläubiger regelmäßig sein Absonderungsrecht an bestimmten Gegenständen der Insolvenzmasse auf und sein Anspruch setzt sich an dem Erlös aus der Verwertung des ihm ursprünglich als Sicherheit hingegebenen Gegenstandes fort. Dies ist z. B. der Fall, wenn der Zessionar im Insolvenzeröffnungsverfahren die (stille) Abtretung nicht offen legt und es hinnimmt, wenn der vorläufige Verwalter die sicherungsabgetretenen Forderungen zur Masse zieht und für den Sicherungsgläubiger separiert. Im Einzelfall kommt es hier auf den genauen Wortlaut der Verwertungsvereinbarung an. Haben die Parteien beispielsweise nur Kostenbeiträge zugunsten der Masse vereinbart, die von den gesetzlichen Regelungen abweichen, so hat damit der absonderungsberechtigte Gläubiger keinerlei Erklärung bezüglich seines Absonderungsrechts abgegeben. Er hat damit nicht auf sein Absonderungsrecht verzichtet, seine Rechte setzen sich an dem Verwertungserlös fort.

54 Treffen die Parteien während des Insolvenzeröffnungsverfahrens eine Verwertungsvereinbarung, so wird in der Verwertungsvereinbarung regelmäßig keine Erklärung über die Anerkennung der Wirksamkeit der Sicherungsrechte enthalten sein. Der vorläufige Insolvenzverwalter kann im Regelfall die Wirksamkeit der Sicherheitenbestellungen noch nicht im Eröffnungsverfahren anerkennen.[107]

55 Verwertungsvereinbarungen, die im eröffneten Insolvenzverfahren abgeschlossen werden, sollten eine explizite Regelung hinsichtlich der **Anerkennung der Wirksamkeit der Sicherheitenbestellungen** durch den Verwalter enthalten; fehlt eine derartige ausdrückliche Erklärung, so besteht für den Sicherungsgläubiger weiterhin das Risiko, dass der Insolvenzverwalter die Rechtswirksamkeit in Frage stellt.

56 Häufig finden sich in Verwertungsvereinbarungen auch Regelungen, nach denen die vom Insolvenzverwalter eingezogenen Forderungen oder die Erlöse aus der Veräußerung der sicherungsübereigneten Waren als zeitweilige **Liquiditätshilfe** zur Verfügung gestellt werden.

In diesem Fall sind die Ansprüche der (ursprünglichen) Sicherungsgläubiger auf Auskehrung ihrer Anteile am Verwertungserlös lediglich als Masseverbindlichkeiten zu klassifizieren, so dass insbes. bei Eintritt der Masseunzulänglichkeit das Risiko eines Ausfalles der absonderungsberechtigten Gläubiger besteht. Wurde die Verwertungsvereinbarung im Insolvenzeröffnungsverfahren abgeschlossen, so stellen die Ansprüche bei Bestellung eines vorläufigen

---

[107] Vgl. dazu Kommentierung von § 21.

Insolvenzverwalters ohne Verwaltungs- und Verfügungsbefugnis im eröffneten Insolvenzverfahren sogar nur eine Insolvenzforderung dar. Hier können sich die absonderungsberechtigten Gläubiger, die mit dem Verwalter eine Verwertungsvereinbarung schließen, nur schützen, indem sie sich neue Sicherheiten an der Insolvenzmasse bestellen lassen. Die Bestellung von Sicherheiten an Gegenständen der Insolvenzmasse während des Insolvenzverfahrens ist zulässig,[108] dies gilt auch für die Sicherheitenbestellung im Insolvenzeröffnungsverfahren.[109] Eine andere Möglichkeit zur Absicherung der absonderungsberechtigten Gläubiger stellt der Einsatz von Treuhandkonten dar, auf denen die dem Gläubiger zustehenden Erlöse separiert werden.[110] Die Verwertungserlöse müssen dann aber hinreichend von der übrigen Insolvenzmasse getrennt sein und der Verwalter muss sich (auch bei Masseunzulänglichkeit) an die Abreden halten.[111]

Hat der absonderungsberechtigte Gläubiger im Rahmen einer Verwertungsvereinbarung **57** seine Absonderungsrechte aufgegeben, so ist im Einzelfall zu ermitteln, ob er damit auch auf den **Schutz aus § 60** verzichtet hat: Bei der Verwertung von Absonderungsrechten nach dem Regime der §§ 166 ff. kann der Verwalter dem Anspruch des Sicherungsgläubigers auf Auskehrung des Verwertungserlöses nicht die Masseunzulänglichkeit des Verfahrens entgegen halten.[112] Der Insolvenzverwalter haftet nach § 60, wenn er den Erlös aus der Verwertung von Sicherungsgut nicht an den berechtigten Gläubiger ausgekehrt hat, sondern als Liquidität im Insolvenzverfahren eingesetzt hat.[113] Hat der (vormalige) Sicherungsgläubiger nach der Verwertungsvereinbarung nur einen (unbesicherten) Anspruch auf Auskehrung des Verwertungserlöses, der als Masseverbindlichkeit zu klassifizieren ist, so kommt bei einer Nichtauskehrung des Verwertungserlöses infolge Masseunzulänglichkeit zunächst nur eine Haftung des Insolvenzverwalters nach § 61 in Betracht. Durch Auslegung der Verwertungsvereinbarung ist dann zu klären, ob bei der Prüfung von Schadensersatzpflichten des Verwalters nach § 60 die ursprüngliche Rechtsposition des Gläubigers zu berücksichtigen ist, ob also der Gläubiger wie ein Massegläubiger oder wie ein absonderungsberechtigter Gläubiger zu schützen ist.

2. Inhalt von Verwertungsvereinbarungen. Der absonderungsberechtigte Gläubiger **58** und der Insolvenzverwalter sollten beim Abschluss einer Verwertungsvereinbarung in jedem Fall folgende Punkte regeln:
– Erlösbeteiligung des Sicherungsgläubigers und der Insolvenzmasse,
– Anerkennung der Wirksamkeit der Sicherheitenbestellung durch den Insolvenzverwalter,
– Regelungen zu den Kostenbeiträgen nach §§ 170, 171 und zu den §§ 169, 172; regelmäßig werden die gesetzlichen Regelungen abbedungen und an ihrer Stelle vertragliche Regelungen getroffen,
– Vorgaben für den Insolvenzverwalter hinsichtlich der Höhe des zu erzielenden Verwertungserlöses und Regelungen zur Abstimmung der Angebote von Erwerbsinteressenten; an dieser Stelle werden jeweils die Regelungen in den §§ 167, 168 abbedungen,
– Vorgaben für den Insolvenzverwalter hinsichtlich des zeitlichen Ablaufs der Verwertung; es sollte ein Zeitpunkt festgelegt werden, bis zu dem auf jeden Fall das Sicherungsgut verwertet sein sollte,
– Sicherungsrechte des Berechtigten als Schutz vor Eintritt einer Masseunzulänglichkeit (z. B. Sicherungsabtretung neuer Forderungen).
In Abhängigkeit von dem jeweiligen Sicherungsgegenstand sind noch weitere Regelungen zu treffen.

Bei der Regelung des **Einzuges** von **sicherungsabgetretenen Forderungen** sollten **59** bspw. Vereinbarungen getroffen werden, wie der Insolvenzverwalter auf Einwendungen von

---

[108] Vgl. *Bork* ZBB 2001, 271 ff.
[109] Vgl. *Bork* ZBB 2001, 271 ff.
[110] Vgl. *Mönning/Hage* ZInsO 2005, 1185 ff.
[111] Vgl. *Mönning/Hage* ZInsO 2005, 1185 ff.
[112] Vgl. § 170 RdNr. 40.
[113] Vgl. § 170 RdNr. 40.

§ 166 4. Teil. 3. Abschnitt. Gegenstände mit Absonderungsrechten

Drittschuldnern zu reagieren hat. Klarstellend sollte eine Regelung hinsichtlich der Kosten für die gerichtliche Geltendmachung von Forderungen durch den Insolvenzverwalter gegenüber Drittschuldnern aufgenommen werden. Muss der Insolvenzverwalter eigene Mitarbeiter oder Mitarbeiter des schuldnerischen Unternehmens vorhalten, um (berechtigte oder unberechtigte) Einwendungen von Drittschuldnern zu prüfen, so wird der Verwalter versuchen, auch hinsichtlich dieser Aufwendungen eine Erstattungspflicht in der Verwertungsvereinbarung durchzusetzen.

60 Soll das **sicherungsübereignete Anlagevermögen** im Rahmen einer geplanten Betriebsfortführung durch den Insolvenzverwalter längere Zeit weiter genutzt werden, so empfiehlt sich in jedem Fall der Abschluss einer Verwertungsvereinbarung, da hinsichtlich der Auslegung der gesetzlichen Regelungen, die für diesen Fall Kompensationszahlungen für den absonderungsberechtigten Gläubiger vorsehen, doch noch erhebliche Unsicherheiten bestehen.

Bei der Verwertung von sicherungsübereignetem Anlagevermögen sollten folgende Punkte zusätzlich geregelt werden:
– Erstattungsfähigkeit von Erhaltungsaufwendungen (Reparaturen, Ersatzanschaffungen) und genaue Definition der zu erstattenden Kosten,
– Regelungen hinsichtlich einer Versicherung des Sicherungsgegenstandes und hinsichtlich der Kostentragung,
– Definition des Nutzungsrechts des Insolvenzverwalters.

61 Bei der Verwertung von **sicherungsübereignetem Umlaufvermögen** müssen Vorkehrungen getroffen werden, dass der Insolvenzverwalter die sicherungsübereigneten Gegenstände weiterverarbeiten und weiterveräußern kann. Die Rechte des Sicherungseigentümers müssen gesichert werden. In der Verwertungsvereinbarung sollten genaue Regelungen zur Weiterverarbeitungs- und Weiterveräußerungsbefugnis des Insolvenzverwalters aufgenommen werden. Der Sicherungsgläubiger sollte in der Verwertungsvereinbarung die Regelung durchsetzen, dass aus der Insolvenzmasse in jedem Fall ein fest definierter Betrag (z. B. ein prozentualer Teil des Buchwertes) für das sicherungsübereignete Umlaufvermögen gezahlt werden muss, um so nicht allein das Risiko tragen zu müssen, dass die vom Verwalter weiterverarbeitete Ware unverkäuflich ist. Die Parteien sollten in der Verwertungsvereinbarung ggf. auch Regelungen zur Abwicklung von Gewährleistungsfällen treffen. Der Insolvenzverwalter wird auf einer Regelung bestehen, die verhindert, dass die Aufwendungen für Gewährleistungsfälle letztlich allein von der Masse zu tragen sind. Der Sicherungseigentümer wird einen Einbehalt vom Verwertungserlös für Gewährleistungsfälle (alternativ: Bürgschaft) akzeptieren müssen.

§ 166 Verwertung beweglicher Gegenstände

(1) Der Insolvenzverwalter darf eine bewegliche Sache, an der ein Absonderungsrecht besteht, freihändig verwerten, wenn er die Sache in seinem Besitz hat.

(2) Der Verwalter darf eine Forderung, die der Schuldner zur Sicherung eines Anspruchs abgetreten hat, einziehen oder in anderer Weise verwerten.

(3) Die Absätze 1 und 2 finden keine Anwendung
1. auf Gegenstände, an denen eine Sicherheit zu Gunsten des Teilnehmers eines Systems nach § 1 Abs. 16 des Kreditwesengesetzes zur Sicherung seiner Ansprüche aus dem System besteht,
2. auf Gegenstände, an denen eine Sicherheit zu Gunsten der Zentralbank eines Mitgliedstaats der Europäischen Union oder Vertragsstaats des Europäischen Wirtschaftsraums oder zu Gunsten der Europäischen Zentralbank besteht, und
3. auf eine Finanzsicherheit im Sinne des § 1 Abs. 17 des Kreditwesengesetzes.

Schrifttum: s. vor §§ 166 ff.

Übersicht

	RdNr.		RdNr.
A. Normzweck	1	2. Verwertung von Drittsicherheiten	43
B. Anwendungsbereich (Überblick)	6	3. Sicherungsübereignung und Pfändungsschutzvorschriften	43 a
C. Verwertung beweglicher Sachen (Abs. 1)	7	D. Verwertung von zur Sicherheit abgetretenen Forderungen (Abs. 2)	44
I. Voraussetzungen für Verwertungsrecht des Insolvenzverwalters	7	I. Allgemeines	44
1. Bewegliche Sache	7	II. Verwertung durch den Insolvenzverwalter	47
2. Bestehen eines Absonderungsrechts	11	III. § 13 c UStG	49
3. Besitz des Insolvenzverwalters	14	1. Überblick	49
a) Allgemeines	14	2. Haftungskonstellationen	52
b) Maßnahmen von Sicherungsgläubigern zum Unterlaufen der Verwertungsbefugnis des Insolvenzverwalters	18	3. Rechtliche Bedenken	54
II. Verwertung durch den Insolvenzverwalter	25	E. Von der Verwertung ausgenommene Gegenstände (Abs. 3)	55
1. Fortsetzung der Verwertung	25	I. Allgemeines	55
2. Ablösung	28	II. Anwendungsbereich	59
3. Freihändiger Verkauf	30	1. Abrechnungssysteme (Nr. 1)	59
4. Pfandverkauf (§§ 1228 ff. BGB)	31	2. Sicherheiten der Europäischen Zentralbank und der EU-Zentralbanken (Nr. 2)	60
5. Verwertung nach Maßgabe der Vorschriften über die Zwangsvollstreckung	34	3. Finanzsicherheiten (Nr. 3)	61
6. Selbsthilfeverkauf	35	a) Sachlicher Anwendungsbereich	62
7. Eigentumserwerb für die Insolvenzmasse; Eigentumserwerb des Insolvenzverwalters	38	b) Persönlicher Anwendungsbereich	63
8. Sonstige Verwertungsmöglichkeiten	40	F. Analoge Anwendung des § 166 auf andere Rechte und andere Sicherungsformen	64
III. Einzelfragen	41		
1. Leasinggeber-Insolvenz	41		

A. Normzweck

Die **Übertragung des Verwertungsrechts** an den besitzlosen Mobiliarsicherheiten **auf den Insolvenzverwalter** wird als das **Kernstück der Reform der Mobiliarsicherheiten** bezeichnet.[1] 1

Der Insolvenzverwalter erhält im eröffneten Insolvenzverfahren kraft Gesetzes eine originäre, d. h., eine nicht vom Gläubiger oder vom Schuldner abgeleitete Rechtsposition, deren wesentlicher Inhalt das Recht zur Verfügung über den Sicherungsgegenstand insbes. durch Veräußerung, bei Forderungen das Recht zur Einziehung, bildet.[2]

Die Übertragung der Verwertungsbefugnis auf den Insolvenzverwalter nimmt den absonderungsberechtigten Gläubigern die Möglichkeit, nach der Eröffnung des Insolvenzverfahrens die Sicherheiten herauszuverlangen und dadurch den Verbund des schuldnerischen Unternehmens (Anlage- und Umlaufvermögen) zu zerschlagen.[3] Dadurch, dass ein Auseinanderreißen der Vermögenswerte verhindert wird, erhöhen sich die **Chancen für Betriebsfortführungen** und **Gesamtveräußerungen;** Know-how und Arbeitsplätze werden erhalten.[4] Auf diese Weise wird eine optimale Verwertung des schuldnerischen Vermögens sichergestellt. 2

---

[1] *Leipold* in Insolvenzrecht im Umbuch, S. 199.
[2] HK-*Landfermann* § 166 RdNr. 4; *Gundlach/Frenzel/Schmidt* NZI 2001, 120.
[3] HK-*Landfermann,* § 166 RdNr. 5.
[4] HK-*Landfermann,* § 166 RdNr. 5 f.

3 Das Verwertungsrecht des Insolvenzverwalters ist schließlich ein **technisches Hilfsmittel**, um eine **Kostenbeteiligung der Gläubiger** nach §§ 170, 171 durchzusetzen. Der Insolvenzverwalter muss nicht die Kostenbeteiligungsansprüche gegenüber den gesicherten Gläubigern geltend machen, sondern er entnimmt diese dem Verwertungserlös und kehrt den Rest an den absonderungsberechtigten Gläubiger aus.[5] Durch die Übertragung des Verwertungsrechts auf den Insolvenzverwalter wird schließlich auch die **Geltendmachung von Anfechtungsansprüchen nach §§ 129 ff.** erleichtert. Der Insolvenzverwalter, der selbst verwertet hat und den Verwertungserlös zunächst in seiner Verfügungsmacht behält, ist in einer besseren Position als der Konkursverwalter unter Geltung der KO, der Rückgewähransprüche nach § 37 KO gegenüber dem Sicherungsgläubiger geltend machen musste.

4 Aufgrund dieser positiven gesamtwirtschaftlichen Auswirkungen ist es gerechtfertigt, den absonderungsberechtigten Gläubigern das Verwertungsrecht an dem Sicherungsgut zu entziehen und dieses dem Insolvenzverwalter zu übertragen.

Der **Entzug** der **Befugnis zur Verwertung bei dem Sicherungsgläubiger** zieht selbstverständlich ebenfalls **negative wirtschaftliche Auswirkungen** nach sich, da der gesicherte Gläubiger in einer Vielzahl von Fällen über Branchenkenntnisse verfügen wird, die für eine gewinnbringende Verwertung des Sicherungsguts notwendig sind. Weiterhin wird der Sicherungsgläubiger regelmäßig besonders an einer gewinnbringenden Verwertung des Sicherungsguts interessiert sein, da der Verwertungserlös in der Praxis häufig kaum ausreicht, um die gesicherten Forderungen zurückzuführen.

Diese gegenläufigen wirtschaftlichen Interessen haben auch in dem Gesetzestext des § 166 Eingang gefunden: Es existiert **kein Verwertungsrecht des Insolvenzverwalters hinsichtlich aller Gegenstände mit Absonderungsrechten**. Es ist insoweit in jedem Fall anhand des Gesetzeswortlauts zu prüfen, ob ein Verwertungsrecht des Insolvenzverwalters besteht.

Hat sich der Schuldner, z.B. bei Faustpfandrecht, des Besitzes an dem Sicherungsgegenstand begeben oder ist ihm der Sicherungsgegenstand durch Pfändung weggenommen worden, so liegt regelmäßig kein technisch-organisatorischer Verbund des Sicherungsguts mit anderem Vermögen des Schuldners vor. Eine Übertragung des Verwertungsrechts auf den Insolvenzverwalter wäre ein unverhältnismäßiger Eingriff in die Rechte der gesicherten Gläubiger.

5 Zum Gesetzgebungsverfahren bei der Ausnahmeregelung des § 166 Abs. 3 vgl. die Kommentierung unter RdNr. 55 ff.

B. Anwendungsbereich (Überblick)

6 Die **wichtigsten Anwendungsfälle** des § 166 sind das Sicherungseigentum (Sicherungsgut befindet sich im Besitz des Schuldners), die Sicherungszession in allen Formen (z.B. als Globalzession zugunsten eines Kreditinstituts oder als Zession der Erlöse aus der Weiterveräußerung im Rahmen eines verlängerten Eigentumsvorbehalts eines Warenkreditgebers), weiter das durch Pfändung erlangte Pfandrecht (sofern der Gerichtsvollzieher die Sachen im Besitz des Schuldners belassen hat) sowie das Vermieterpfandrecht.

§ 166 ist **nicht anwendbar** bei der Verpfändung oder Sicherungsübertragung von **Immaterialgüterrechten**. Die Vorschrift findet auch keine Anwendung bei der **Verpfändung von Unternehmensbeteiligungen**. Vgl. dazu RdNr. 64 ff.

C. Verwertung beweglicher Sachen (Abs. 1)

I. Voraussetzungen für Verwertungsrecht des Insolvenzverwalters

7 **1. Bewegliche Sache.** Die InsO geht wie das BGB von einem engen Sachbegriff aus. Nach der Legaldefinition des § 90 BGB sind Sachen körperliche Gegenstände. Ob ein

---

[5] HK-*Landfermann*, § 166 RdNr. 7.

körperlicher Gegenstand vorliegt, richtet sich in erster Linie nach der Verkehrsanschauung.[6] Der Gegenstand muss im Raum abgrenzbar sein und zwar entweder durch eigene körperliche Begrenzung oder durch Fassung in einem Behältnis oder durch sonstige künstliche Mittel.[7] Keine körperliche Sache ist daher das Computerprogramm,[8] die Verkörperung des Programms auf einem Datenträger wohl doch.[9]

Beweglich sind alle Sachen, die der Mobiliarpfändung unterliegen. Demgemäß scheiden Grundstücke oder Gegenstände, die Grundstücken gleichgestellt sind oder Grundstücksbestandteile sind, aus.[10]

Zu den beweglichen Sachen gehören Gegenstände, die nur vorübergehend mit dem Grund und Boden verbunden worden sind (Scheinbestandteile, vgl. § 95 BGB). Wesentliche Bestandteile eines Grundstücks können nicht Gegenstand besonderer Rechte sein (vgl. § 93 BGB). Zu den wesentlichen Bestandteilen eines Grundstücks gehören nach § 94 BGB Gebäude sowie die zur Herstellung des Gebäudes eingefügten Sachen.[11] In den letzten Jahren hat sich namentlich bei den **Windkraftanlagen** eine Diskussion dazu entwickelt, ob diese zur Sicherheit übereignet werden können, wenn diese sich auf einem Grundstück befinden, dass nicht dem Betreiber der Windkraftanlage gehört.[12] Im Kern geht es um die Frage, ob es sich bei den Windkraftanlagen um wesentliche Bestandteile des Grundstücks i. S. d. §§ 93, 94 BGB handelt oder lediglich um einen Scheinbestandteil i. S. d. § 95.[13]

Auf der Grundlage dieser rechtlichen Einschätzung muss dann die Entscheidung fallen, in welcher Form die Absicherung von Finanzierungen derartiger Windkraftanlagen vorgenommen werden muss. Danach richtet sich dann die Verwertung der Sicherungsrechte an der Windenergieanlage in der Insolvenz des Betreibers der Windkraftanlage.

Die Durchführung der Verwertung nach § 166 scheidet auch bei solchen beweglichen Gegenständen aus, die im **Haftungsverband eines Grundstücks** stehen. Sachen, die gem. §§ 1120, 1192 BGB als Erzeugnisse, Bestandteile oder Zubehör eines Grundstücks für ein Grundpfandrecht haften, werden nach § 165 verwertet und nicht nach § 166.[14] Unterfallen die Gegenstände dem Haftungsverband, sind aber noch nicht zugunsten eines Gläubigers in Beschlag genommen, so ist zu prüfen, ob mit der Veräußerung eine Enthaftung innerhalb der Grenzen einer ordnungsgemäßen Wirtschaft erfolgt.[15] Ist dies nicht der Fall oder war bereits vor Veräußerung eine Beschlagnahme zugunsten eines Gläubigers erfolgt, so bestehen Schadensersatzansprüche gegen die Insolvenzmasse und den Insolvenzverwalter persönlich.[16]

Die vorstehenden Grundsätze gelten auch dann, wenn eine **„Doppelsicherung"** besteht, also wenn sich der Grundpfandgläubiger das dem Haftungsverband unterliegende Zubehör auch noch zur Sicherheit hat übereignen lassen. In diesem Fall kann der Insolvenzverwalter sich nicht auf den Standpunkt stellen, er führe eine Verwertung nach § 166 durch, wenn er entgegen den Grundsätzen der §§ 1121, 1122 BGB Zubehör veräußert hat.[17]

In der Praxis wird sich bei Unklarheiten über die Klassifikation als Zubehör die hier beschriebene Unterscheidung nicht durchsetzen lassen, d. h., der Sicherungsgläubiger wird hinnehmen müssen, dass der Insolvenzverwalter bei „Doppelsicherung" eine Verwertung nach dem Regime der §§ 166 ff. vornimmt und sich auf den Standpunkt stellt, die Zubehör-

---

[6] Vgl. *Palandt/Heinrichs*, § 90 RdNr. 1 f.
[7] *Palandt/Heinrichs*, § 90 RdNr. 1.
[8] LG Konstanz NJW 1996, 2662; *Palandt/Heinrichs*, § 90 RdNr. 2.
[9] BGHZ 102, 135, 144; *Palandt/Heinrichs*, § 90 RdNr. 2.
[10] RGZ 55, 284; 87, 51.
[11] Vgl. dazu *Palandt/Heinrichs*, § 94 RdNr. 1 ff.
[12] *Ganter* WM 2006, 1081 ff.; *ders.*, WM 2002, 105 ff.; *Peters* WM 2002, 110 ff.
[13] Vgl. dazu *Peters* WM 2002, 110 ff.
[14] *Uhlenbruck*, InsO § 166 RdNr. 2; HK-*Landfermann*, § 166 RdNr. 11.
[15] Vgl. dazu § 165 RdNr. 216 ff.
[16] Vgl. dazu § 165 RdNr. 217.
[17] LK-*Landfermann* § 166 RdNr. 11; *Bork* in: Festschrift Gaul, 1997, 71, 87 f.; zweifelnd: *Uhlenbruck*, InsO § 166 RdNr. 2; aA *Tetzlaff* ZInsO 2004, 521, 522 f., der im Falle der „Doppelsicherung" dem Insolvenzverwalter die Wahl geben will, ob er nach § 165 oder nach §§ 166 ff. verwertet.

eigenschaft sei nicht gegeben. Geht der Sicherungsgläubiger gegen diese Argumentation vor, so muss er mit dem Einwand des Verwalters rechnen, warum er denn eine Sicherungsübereignung der Zubehörstücke noch vorgenommen habe.[18]

11   **2. Bestehen eines Absonderungsrechts.** Die Verwertungsbefugnis des Insolvenzverwalters besteht nur dann, wenn der Gläubiger ein wirksames Absonderungsrecht erworben hat.

Ob dem Gläubiger ein Absonderungsrecht zusteht, beurteilt sich nach den §§ 50, 51.
Zur Absonderung berechtigen u. a.:
- rechtsgeschäftliche Pfandrechte (§ 50 Abs. 1),
- durch Pfändung erlangte Pfandrechte (§ 50 Abs. 1),
- gesetzliche Pfandrechte, wie z. B. das Vermieterpfandrecht (§ 50 Abs. 1),
- Sicherungseigentum (§ 51 Nr. 1),
- Zurückbehaltungsrecht wegen nützlicher Verwendungen (§ 51 Nr. 2),
- handelsrechtliches Zurückbehaltungsrecht (§ 51 Nr. 3),
- Absonderungsrecht wegen bestimmter öffentlich-rechtlicher Ansprüche (§ 51 Nr. 4).

12   Nur bei einigen der hier aufgezählten Absonderungsrechte besteht ein Verwertungsrecht des Insolvenzverwalters nach § 166 Abs. 1. Für die Entscheidung kommt es darauf an, ob sich die Gegenstände im **Besitz des Verwalters** befinden. Bei einigen Absonderungsrechten scheidet dies schon per se aus, z. B. bei den Faustpfandrechten.

Nicht dem Verwertungsrecht des Insolvenzverwalters unterliegen Sachen, an denen ein **einfacher Eigentumsvorbehalt** besteht. Dem Lieferanten steht ein Aussonderungsrecht zu. Das Bedürfnis, die Insolvenzmasse nicht zur Unzeit auseinanderzureißen, wird durch § 107 Abs. 2 verwirklicht. Der Insolvenzverwalter kann die Entscheidung, ob er Erfüllung oder Nichterfüllung des Kaufvertrages wählt (§ 103), bis zum Berichtstermin aufschieben (vgl. § 107 Abs. 2).

13   In der InsO ist nicht geregelt, ob die **Verlängerungsformen des Eigentumsvorbehalts** dem Verwertungsrecht des Verwalter unterfallen. Dies ist zu bejahen. Der erweiterte und der verlängerte Eigentumsvorbehalt unterfallen dem § 166 Abs. 1 bzw. dem § 166 Abs. 2.[19] Mit dem erweiterten und dem verlängerten Eigentumsvorbehalt ist die Sicherung einer Forderung gewollt. Dies führt zu einem Absonderungsrecht an der weiterverarbeiteten Sache oder an den Forderungen gegen Drittschuldner bei Weiterveräußerung des Gegenstandes. In den Fällen, in denen der durch einen Vorbehalt gesicherte Kaufpreisanspruch bereits durch einen anderen Anspruch ersetzt worden ist bzw. die überlassene Sache zwischenzeitlich verarbeitet worden ist, unterfällt das dem Gläubiger zustehende Absonderungsrecht dem § 166.[20]

14   **3. Besitz des Insolvenzverwalters. a) Allgemeines.** Die Sache muss sich im Besitz des Insolvenzverwalters befinden. Dabei ist § 166 Abs. 1 so zu lesen, dass es auf den Besitz des Schuldners oder des vorläufigen Insolvenzverwalters bei Verfahrenseröffnung ankommt.[21]

15   Umstritten ist, ob § 166 Abs. 1 **unmittelbaren Besitz des Insolvenzverwalters** voraussetzt, oder ob auch der mittelbare Besitz genügt.

Dabei ist wie folgt zu differenzieren:
Nicht ausreichend ist mittelbarer Besitz des Schuldners oder Insolvenzverwalters, wenn der absonderungsberechtigte Gläubiger selbst unmittelbarer Besitzer ist.[22]

---

[18] Vgl. *Tetzlaff* ZInsO 2004, 521, 522 f: Verwalter kann sich aussuchen, ob er nach § 165 oder nach §§ 166 ff. verwertet.
[19] *Nerlich/Römermann/Becker* § 166 RdNr. 14; *Uhlenbruck*, InsO § 166 RdNr. 3; *Gaul* ZInsO 2000, 256, 259.
[20] *Gaul* ZInsO 2000, 256, 259.
[21] *Marotzke* ZZP Bd. 109 (1996), 429, 443; *Funk*, Die Sicherungsübereignung in Einzelzwangsvollstreckung und Insolvenz, 1998, S. 76.
[22] HK-*Landfermann*, § 166 RdNr. 11; HambKomm-*Büchler*, § 166 RdNr. 5.

Verwertung beweglicher Gegenstände 15a § 166

Im Rahmen des § 166 Abs. 1 ist entscheidend, dass der Insolvenzverwalter und nicht der absonderungsberechtigte Gläubiger über die Sache verfügen kann.[23] Es kommt darauf an, wer den „besseren Besitz" hat.[24] Das bedeutet, dass mittelbarer Besitz des Schuldners ausreicht, wenn sich die Sache zum Zeitpunkt der Verfahrenseröffnung im Besitz eines Dritten befindet, der sein Besitzrecht vom Schuldner auf Grund eines Besitzmittlungskonstituts ableitet (z. B. Mietverhältnis, Reparaturauftrag beim Werkunternehmer).[25]

Darüber hinausgehend hat der BGH[26] auch ein Verwertungsrecht des Insolvenzverwalters **15a** hinsichtlich von Gegenständen angenommen, die der Schuldner einem Dritten zum Zwecke der Weitervermietung (bzw. Leasing) überlassen hat. Mit dieser Rechtsprechung hat der BGH die Verwertungskompetenz des Insolvenzverwalters über den Wortlaut des § 166 Abs. 1 hinaus erheblich ausgeweitet. Das Gericht hält den **mittelbaren Besitz** für die Bejahung eines Verwertungsrechts des Insolvenzverwalters für ausreichend, wenn der Insolvenzverwalter die Gegenstände entweder für eine Betriebsfortführung oder eine geordnete Abwicklung benötigt. Dieses Abgrenzungskriterium ist unscharf.[27] Der Insolvenzverwalter wird im Regelfall immer ein Interesse haben, Sicherungsgegenstände zu verwerten, schon unter dem Gesichtspunkt der Geltendmachung der Kostenbeiträge nach §§ 170, 171. Letztlich laufen die Überlegungen des BGH darauf hinaus, dem Insolvenzverwalter ein Verwertungsrecht zu geben, wenn sich der sicherungsübereignete Gegenstand nur im mittelbaren Besitz des Schuldners befindet. Diese Auffassung des BGH kann sich nicht auf die bisher herrschende Meinung in der Literatur stützen.[28] Insbesondere bei der Refinanzierung von Leasinggesellschaften durch Kreditinstitute, die sich von den Leasinggesellschaften die Leasinggegenstände, welche sich beim Leasingnehmer befinden, zur Sicherheit übereignen lassen, war bisher die herrschende Meinung davon ausgegangen, dass der Insolvenzverwalter in der Insolvenz der Leasinggesellschaft die Leasinggegenstände nicht verwerten kann, sondern dass hier das Verwertungsrecht dem Sicherungseigentümer zusteht.[29] In der Literatur[30] wurde nach den Urteilen des BGH sogar – noch darüber hinausgehend – die Forderung erhoben, grundsätzlich bei (nur) mittelbarem Besitz dem Insolvenzverwalter das Verwertungsrecht aus § 166 Abs. 1 zuzusprechen. Dem ist nicht zu folgen. Im Rahmen des Gesetzgebungsprozesses zu den §§ 166 ff., wurde lange unter Beteiligung der Interessengruppen (Insolvenzverwalter und gesicherte Kreditgeber) über die Ausgestaltung der Verwertungskompetenz des Insolvenzverwalters diskutiert. Angesichts der langjährigen Diskussionen ist kein Platz für eine Ausdehnung der Verwertungskompetenz des Insolvenzverwalters über den Wortlaut des § 166 Abs. 1 hinaus. Die Annahme einer Verwertungskompetenz des Insolvenzverwalters führt zu einer Entwertung des Sicherungsguts aus Sicht der gesicherten Kreditgeber, da diese bei Bejahung der Verwertungskompetenz des Insolvenzverwalters das Risiko von gescheiterten Betriebsfortführungen (mit nachfolgenden Haftungsprozessen gegen die Masse und den Verwalter persönlich) tragen und teilweise überhöhten Forderungen von Insolvenzverwaltern nach Verwertungskostenbeiträgen ausgesetzt sind. Angesichts der großen wirtschaftlichen Bedeutung sollte die Regelung des § 166 Abs. 1 nicht extensiv interpretiert werden. Grundsätzlich muss es daher dabei bleiben, dass nicht jeder mittelbare Besitz als „Besitz" i. S. v. § 166 Abs. 1 anzusehen ist. Das Verwertungsrecht des Insolvenzverwalters soll verhindern, dass der Masse Gegenstände entzogen werden, die zum „technisch-organisatori-

---

[23] *Uhlenbruck*, InsO § 166 RdNr. 4; *Bork* FS Gaul, 71, 75; *Schlichting/Graser* NZI 2000, 206, 207; *Smid* § 166 RdNr. 7.
[24] HK-*Landfermann* § 166 RdNr. 14; *Uhlenbruck* § 166 RdNr. 4.
[25] BGHZ 166, 215; *Uhlenbruck*, InsO § 166 RdNr. 4.
[26] BGHZ 166, 215 = WM 2006, 818; NZI 2007, 95.
[27] *Zahn*, ZIP 2007, 365, 368; *Tetzlaff*, Anm. zu BGH, 16. 11. 2006, WuB VI A. § 166 InsO 1.07.
[28] Dies verkennt *Fischer*, WM 2007, 813, 818, wenn er davon spricht, dass sich der BGH bei seiner Entscheidung auf die überwiegende Literaturauffassung gestützt habe. Vgl. dazu die Nachw. der Gegenauffassung in der Literatur bei *Zahn*, ZIP 2007, 365, 367.
[29] *Uhlenbruck*, § 166 RdNr. 6; *Kübler/Prütting/Kempe*, § 166 RdNr. 4; weitere Nachw. bei *Zahn* ZIP 2007, 365, 367.
[30] *Bork*, Anm. zu BGH, 16. 11. 2006, EWiR 2007, 119; *Gundlach/Frenzel/Schirrmeister*, NZI 2007, 327.

schen Verbund" des schuldnerischen Unternehmens gehören und für eine Fortführung bzw. dessen Abwicklung benötigt werden. Von einem „technisch-organisatorischen Verbund" kann bspw. dann gesprochen werden, wenn es um die Verwertung von sicherungsübereigneten Kraftfahrzeugen eines Mietwagenunternehmens geht; Leasinggut gehört aber nicht zum Unternehmensverbund einer insolventen Leasinggesellschaft.[31]

15b In seiner neueren Rechtsprechung[32] hat der BGH auch den Grundsatz aufgeweicht, dass bei nur mittelbarem Besitz des Insolvenzverwalters auf den Willen des unmittelbaren Besitzers abzustellen sei. Grundsätzlich gilt: Gibt der **unmittelbare Besitzer** den **Besitzmittlungswillen** auf, so erlischt das Verwertungsrecht des Insolvenzverwalters.[33] Dies soll jedoch dann nicht gelten, wenn die Willensänderung des unmittelbaren Besitzers auf einer Einwirkung durch den absonderungsberechtigten Gläubiger beruhe.[34] Der Kreis der vom BGH aufgezeigten Ausnahmekonstellationen ist eng zu ziehen. Sicherlich ist es richtig, dem Insolvenzverwalter ein Verwertungsrecht zuzubilligen, wenn der Sicherungsgläubiger den unmittelbaren Besitzer durch Drohungen u. a. dazu gebracht hat, seinen Besitzmittlungswillen für den Insolvenzverwalter bzw. den Schuldner aufzugeben. Die für diese Ausnahmekonstellationen aufgestellten Regeln des BGH dürften aber dann nicht anwendbar sein, wenn von vornherein Absprachen zwischen Sicherungsgläubiger, Schuldner und unmittelbarem Besitzer mit dem Inhalt getroffen wurden, dass der Sicherungsgläubiger dem unmittelbaren Besitzer Weisungen erteilen darf.

Auch **Mitbesitz des Schuldners** kann in bestimmten Konstellationen ausreichend sein, um ein Verwertungsrecht des Insolvenzverwalters nach § 166 Abs. 1 zu begründen. Rohstoffe, die das schuldnerische Unternehmen bei einem Lagerhalter eingelagert hatte, darf der Insolvenzverwalter ebenso verwerten wie Fahrzeuge, die vom Schuldner in gemieteten Garagen abgestellt worden sind.[35]

Problematisch sind die Fälle, in denen der Schuldner auf Grund der Vorgaben des absonderungsberechtigten Gläubigers die Sachen bei **Dritten** eingelagert hat, die wiederum die **Weisungen des absonderungsberechtigten Gläubigers** ausführen. Soweit Schuldner und Verwalter ein Besitzverhältnis niedrigeren Grades zur Sache innehaben als der Absonderungsberechtigte, liegt die Verwertungsbefugnis bei dem absonderungsberechtigten Gläubiger.[36] Vgl. dazu auch RdNr. 21, 41 ff.

Unzweifelhaft ist die Verwertungsbefugnis dann nach § 166 Abs. 1 auf den Insolvenzverwalter übergegangen, wenn der Schuldner oder der vorläufige Verwalter die Sache bei Verfahrenseröffnung im unmittelbaren Besitz (§ 854 BGB) hatten.[37]

16 Die Verwertungsbefugnis des Insolvenzverwalters nach § 166 Abs. 1 erstreckt sich auch auf solche Gegenstände, deren Besitz sich der Insolvenzverwalter im Wege der **Insolvenzanfechtung** wieder beschaffen kann.[38] Daneben kann der Insolvenzverwalter die dem Schuldner zustehenden **Besitzschutzansprüche** geltend machen, um auf diese Weise das Verwertungsrecht nach § 166 Abs. 1 wiederzuerlangen.[39] Dies betrifft insbesondere die Fälle, in denen der Sicherungsnehmer die Gegenstände im Vorfeld der Insolvenz durch Nacht- und Nebelaktionen in seinen Besitz gebracht hat. Vgl. dazu RdNr. 19 ff.

17 Die Verwertungsbefugnis des Insolvenzverwalters erstreckt sich hingegen nicht auf solche Gegenstände, die sich im **unmittelbaren Besitz des Sicherungsnehmers** befinden. Rechtsgeschäftliche Pfandrechte unterliegen daher nicht dem Verwertungsrecht des Insolvenzverwalters nach § 166 Abs. 1. Gleiches gilt auch für Pfändungspfandrechte, wenn der

---

[31] *Zahn*, ZIP 2007, 365, 368.
[32] BGH WM 2007, 172 m. Anm. *Tetzlaff*, WuB VI A. § 166 InsO 1.07.
[33] BGHZ 166, 215.
[34] BGH NZI 2007, 95 m. Anm. *Gundlach/Frenzel*.
[35] *Gottwald*, Insolvenzrechtshandbuch, § 42 RdNr. 102; *Uhlenbruck*, InsO § 166 RdNr. 5.
[36] *Uhlenbruck*, InsO § 166 RdNr. 5.
[37] *Kübler/Prütting/Kemper*, § 166 RdNr. 4; *Haunschild* DZWIR 1999, 60, 61; *Gottwald*, Insolvenzrechtshandbuch, § 42 RdNr. 101.
[38] *Uhlenbruck*, InsO § 166 RdNr. 7; KölnerSchrift-*Klasmeyer/Elsner/Ringstmeier*, S. 1087 RdNr. 17.
[39] *Smid* WM 1999, 1141, 1153; *Gottwald*, Insolvenzrechtshandbuch, § 42 RdNr. 104.

Pfändungsgläubiger den Pfandgegenstand zum Zwecke der Verwertung vor der Insolvenz an sich gezogen hat.[40] Gesetzliche Pfandrechte wie z. B. das Vermieterpfandrecht, zu deren Begründung der Gläubiger nicht den Besitz erwerben muss, kann der Verwalter verwerten, sofern er sie seinerseits in Besitz hat.[41]

b) Maßnahmen von Sicherungsgläubigern zum Unterlaufen der Verwertungsbefugnis des Insolvenzverwalters. Unterliegt der Gegenstand der Verwertungskompetenz des Insolvenzverwalters, so zieht dies die Anwendung der §§ 166 ff. nach sich. Sicherungsgläubiger müssen in diesen Fall eine Beteiligung an den Kosten für Feststellung und Verwertung und den Abzug der Umsatzsteuer hinnehmen. Vor diesem Hintergrund gibt es nach wie vor Bestrebungen, durch Maßnahmen im Vorfeld der Insolvenz dafür Sorge zu tragen, dass bei Verfahrenseröffnung kein Besitz des Schuldners/vorläufigen Insolvenzverwalters vorliegt, so dass die Anwendung des § 166 Abs. 1 ausgeschlossen ist.

aa) Rechtmäßigkeit des Besitzerwerbs. Problematisch sind die aus der Vergangenheit bekannten **Nacht- und Nebelaktionen,** bei denen Sicherungsgläubiger versucht haben, noch vor Einleitung der Insolvenz und während des Insolvenzeröffnungsverfahrens Sicherungsgut in Besitz zu nehmen. Außerdem sollten durch derartige Maßnahmen häufig auch evtl. bestehende Unsicherheiten bezüglich der Bestimmtheit von Sicherungsübereignungen beseitigt werden.[42]

Um eine für die Gläubigergesamtheit nachteilige Ausplünderung der Insolvenzmasse durch Maßnahmen der Sicherungsgläubiger zu unterbinden, ist im Einzelfall zu prüfen, ob die Sicherungsgläubiger sich rechtmäßig in den Besitz der Sicherungsgegenstände gebracht haben.

Für die Rechtmäßigkeit des Besitzes ist nicht maßgebend, ob die Sache dem Sicherungsnehmer auch wirklich gehört oder ob die Übereignung z. B. mangels Bestimmtheit unwirksam ist. Entscheidend ist vielmehr die Art und Weise, wie der Sicherungsnehmer den Besitz an der Sache erworben hat. Dabei ist zu berücksichtigen, dass der Gesetzgeber der InsO der Tatsache, dass der Verwalter keinen (unmittelbaren) Besitz an der Sache hat, die Vermutung beilegt, die Sache würde für die Fortführung des schuldnerischen Unternehmens bzw. die ordnungsgemäße Abwicklung des Insolvenzverfahrens nicht benötigt. Diese Schlussfolgerung ist dann nicht gerechtfertigt, wenn die **Sache ohne Willen des Schuldners** bzw. des (vorläufigen) Insolvenzverwalters **in den unmittelbaren Besitz des Sicherungsnehmers gelangt** ist. Ein Besitzerwerb gegen den Willen des Schuldners/vorläufigen Verwalters ist für ein Selbstverwertungsrecht des Sicherungsnehmers nicht ausreichend. Der Besitzerwerb muss durch Übergabe oder durch Einigung erfolgt sein. Die Übergabe erfordert ein Geben und ein Nehmen oder ein Nehmen durch den Erwerber mit Zustimmung des bisherigen Besitzers (Sicherungsgebers) und beiderseitigen Willen zur Änderung der Sachherrschaft.[43]

Für ausreichend wird die Schlüsselübergabe angesehen, wenn dadurch Alleinbesitz den Sicherungsnehmer begründet wird. Bei Mitbesitz ist fraglich, ob die Sache noch für den ordnungsgemäßen Betrieb des schuldnerischen Unternehmens benötigt wird oder nicht. Kann der Sicherungsgeber die Sache jederzeit – also ohne weitere Zustimmung des Sicherungsgebers – in den alleinigen Besitz übernehmen, so spricht dies für die Entbehrlichkeit der Sache. Es droht dann kein Auseinanderreißen von Verbundwerten, wenn der Sicherungsgeber den Schuldner/vorläufigen Insolvenzverwalter von der unmittelbaren Sachherrschaft ausschließt und Alleinbesitz begründet.

Für die Bejahung eines Selbstverwertungsrechts des Sicherungsgläubigers reicht es nicht aus, dass eine **Wegnahme durch den Schuldner gestattet** wird, wenn es nicht zur

---

[40] Vgl. dazu HK-*Landfermann,* § 166 RdNr. 12; *Häsemeyer,* Insolvenzrecht, RdNr. 13.48.
[41] *Uhlenbruck,* InsO § 166 RdNr. 6; HK-*Landfermann,* § 166 RdNr. 12.
[42] Eine an sich zunächst unbestimmte Übereignung kann aber durch Übergabe des Sicherungsguts zu einem späteren Zeitpunkt, die nicht von den entsprechenden Willenserklärungen nach § 929 BGB begleitet wird, nicht zu einer wirksamen Sicherungsübereignung werden.
[43] *Palandt/Bassenge,* § 929 RdNr. 6 ff.

Besitzerlangung kommt. Ebenfalls keine Besitzerlangung liegt vor, wenn der Schuldner gestattet, dass Eigentumstafeln am Sicherungsgut angebracht werden. Die Bestellung eines Treuhänders kann nur dann zur Nichtanwendung des § 166 Abs. 1 führen, wenn der Treuhänder selbst unmittelbarer Besitzer wird.

Die Übergabe, die zu einem unmittelbaren Besitz des Sicherungsnehmers führt, ist Realakt. Die Regeln des Rechtsgeschäfts gelten daher nicht. Eine Anfechtung nach den §§ 119 ff. BGB ist nicht möglich.

21 Eine **Wegnahme gegen den Willen des Schuldners** bewirkt keine Übergabe.[44] Eine vorherige, meist in Formularverträgen enthaltene Einverständniserklärung reicht nicht, einen aktuellen gegenteiligen Willen des Schuldners zu überwinden. Das fehlende Einverständnis mit dem Besitzübergang kann nachgeholt werden, scheitert dann aber nach Einleitung des Insolvenzeröffnungsverfahrens an Verfügungsverboten, die das Insolvenzgericht erlassen hat, und/oder an der fehlenden Zustimmung des vorläufigen bzw. endgültigen Insolvenzverwalters.

Die Wegnahme mit Willen des Schuldners steht der Übergabe gleich. Zu prüfen ist aber, ob zum Zeitpunkt der Schuldner noch uneingeschränkt verfügungsbefugt war. Nur im Ausnahmefall kann das Einverständnis schon vertraglich im Sicherungsvertrag erklärt und als fortbestehend angesehen werden. In der Formularpraxis ist dieses Einverständnis nicht anzutreffen, da gerade der Verbleib des Sicherungsgutes im unmittelbaren Besitz des Schuldners das Wesensmerkmal der Sicherungsübereignung ist.

Sind auf Seiten des Schuldners **Besitzdiener** eingeschaltet, so kommt es auf deren „Freiwilligkeit" im Rahmen der Wegnahmehandlung nicht an. Problematisch sind in diesem Zusammenhang die petitorischen Einwendungen, die der Sicherungsgläubiger gegenüber dem Anspruch auf Wiedereinräumung des Besitzes erheben kann. Im Prozess ist dem Sicherungsnehmer aber nicht der Einwand gestattet, er habe als Eigentümer einen Anspruch aus § 985 BGB gegenüber dem Sicherungsgeber, da ja § 166 Abs. 1 gerade das Verwertungsrecht auf den Insolvenzverwalter überträgt und dem Sicherungsnehmer das Verwertungsrecht entzieht, wodurch auch den Herausgabeansprüchen die Grundlage entzogen wird.

Beim mittelbaren Besitz verliert der Insolvenzverwalter das Verwertungsrecht, wenn der unmittelbare Besitzer das Besitzmittlungsverhältnis beendet und der Insolvenzmasse kein Anspruch auf Wiedereinräumung zusteht.[45]

22 In der Literatur wird diskutiert, ob – unabhängig vom Vorliegen der Regelungen der §§ 858 ff. BGB – auch dann eine insolvenzzweckwidrige Besitzentziehung angenommen werden kann, wenn die (zulässige) Inbesitznahme des Sicherungsguts durch die Sicherungsgläubiger im Vorfeld der Insolvenz erst zur Auflösung der betrieblichen Strukturen geführt hat.[46] Diese Auffassung führt zu weit und kann sich nicht mehr auf den Gesetzeswortlaut stützen.

23 bb) Ausweichen auf andere Sicherungsformen, Einlagerung. Nach Inkrafttreten der InsO wurde zeitweilig von Vertretern der Kreditwirtschaft die Möglichkeit diskutiert, anstelle der Sicherungsübereignung von Anlage- und Umlaufvermögen auf andere Sicherungsformen, namentlich die **Verpfändung, auszuweichen,** um auf diese Weise die Kostenpauschalen gem. §§ 170, 171 zu umgehen.

Denkbar erscheint bspw. die Verpfändung von Umlaufvermögen oder die Einlagerung von sicherungsübereigneten Gegenständen. In jedem Fall muss gewährleistet sein, dass der Sicherungsgläubiger unmittelbaren Besitz am Sicherungsgut hat.

Ausreichend für die Annahme eines Selbstverwertungsrechts des Sicherungsgläubigers ist die separate Lagerung von Steinstapeln auf dem Fabrikgelände des Sicherungsgebers, die tagsüber von Angestellten des Besitzerwerbers vereinbarungsgemäß bewacht werden und

---

[44] *Palandt/Bassenge,* § 929 RdNr. 9 ff.
[45] HambKomm-*Büchler,* § 166 RdNr. 5.
[46] *Mönning* FS Uhlenbruck, 239, 242.

dem Sicherungsgeber kein Zutritt und keine Entnahme ohne Mitwirkung des Sicherungsnehmers gestattet ist.[47]

Derartige Vorgaben werden sich in der Praxis kaum mit vertretbarem Aufwand umsetzen 24 lassen. Die Verpfändung von Anlage- und Umlaufvermögen als Strategie zur Vermeidung einer Belastung mit Kostenbeiträgen nach §§ 170, 171 erscheint deshalb in der Mehrzahl der Fälle **kaum attraktiv**. Zudem besteht das Risiko, dass die Rechtsprechung eine derartige „Verpfändung" als Umgehung wertet und wie eine Sicherungsübereignung behandelt.

In ausgewählten Fällen ist allerdings die Verpfändung von Sicherungsgegenständen ein ausgezeichnetes und wichtiges Instrument für den Sicherungsnehmer, um durch die Ausschaltung des Verwertungsrechts des Insolvenzverwalters eine gute Ausgangssituation bei der Verwertung des Sicherungsguts zu schaffen.

II. Verwertung durch den Insolvenzverwalter

1. Fortsetzung der Verwertung. Mit Eröffnung des Insolvenzverfahrens geht das Verwertungsrecht auf den Verwalter über. Hat der absonderungsberechtigte Gläubiger vor der Eröffnung des Insolvenzverfahrens mit der Verwertung des Sicherungsguts begonnen und die Verwertung abgeschlossen, so ist für die Anwendung des § 166 Abs. 1 kein Raum. Hat der Sicherungseigentümer das Sicherungsgut vor Verfahrenseröffnung in Besitz genommen, aber erst nach Eröffnung verwertet, so soll er in Höhe der wegen der Lieferung des Sicherungsgutes an ihn angefallenen Umsatzsteuerschuld aus dem Verwertungserlös einen Betrag in dieser Höhe in analoger Anwendung von § 13b Abs. 1 Nr. 2 UStG, §§ 170 Abs. 2, 171 Abs. 2 Satz 3 an die Insolvenzmasse abzuführen haben.[48]

Ist die Verwertung hingegen noch nicht abgeschlossen, so ist im Einzelfall zu prüfen, ob 26 der Sicherungsnehmer auf Grund des Übergangs der Verwertungskompetenz auf den Insolvenzverwalter seine Verwertungsbemühungen einstellen muss und dem Insolvenzverwalter die weitere Durchführung der Verwertung überlassen muss. Hat der Sicherungsgläubiger das Sicherungsgut bspw. zu einem Auktionator verbracht, so ist es unschädlich, wenn der Termin für die Auktion nach der Eröffnung des Insolvenzverfahrens liegt. Der Sicherungsgläubiger kann die Verwertungsmaßnahmen fortsetzen, denn er hatte das Sicherungsgut – bevor es an den Auktionator übergeben wurde – in seinem Besitz, so dass ein Verwertungsrecht des Insolvenzverwalters nach § 166 Abs. 1 überhaupt nicht bestand. Ist das Absonderungsrecht des Sicherungsgläubigers nicht wirksam (z.B. Anfechtbarkeit nach §§ 129 ff. oder Eingreifen der Rückschlagsperre nach § 88) oder ist das Besitzrecht des Sicherungsgläubigers fehlerhaft, so kann der Insolvenzverwalter gegen die Fortsetzung der Verwertungsmaßnahmen durch den Sicherungsgläubiger vorgehen und das bestehende Verwertungsrecht des Insolvenzverwalters durchsetzen.

Befindet sich das Sicherungsgut bei Verfahrenseröffnung beim Schuldner, so geht die Verwertungskompetenz auf den Insolvenzverwalter über. Der Sicherungsgläubiger, der schon Aufwendungen für die Durchführung der Verwertung in Eigenregie getätigt hatte, muss zurückstehen. Die weitere Verwertung wird durch den Insolvenzverwalter durchgeführt.[49]

Der Gläubiger kann sein Absonderungsrecht auch noch kurz vor dem Insolvenzverfahren 27 durch eine Zwangsvollstreckung erlangt haben, § 50 Abs. 1. Hier ist eine Anfechtbarkeit nach §§ 129 ff. zu prüfen; die Rückschlagsperre nach § 88 kann anwendbar sein.

Ist die Zwangsvollstreckung bei Eröffnung des Insolvenzverfahrens noch nicht abgeschlossen, so darf diese nicht mit dem Ziel einer Verwertung des Gegenstandes fortgesetzt werden.[50]

---

[47] Vgl. BGH DB 1971, 40.
[48] BGH ZIP 2007, 1126.
[49] Vgl. BGH ZInsO 2002, 826 zur Verwertung von Lebensversicherungsverträgen; OLG Düsseldorf ZInsO 2002, 1139 zum Wechseleinzug.
[50] *Nerlich/Römermann/Becker* § 166 RdNr. 5, 54; *Smid* § 166 RdNr. 28.

28 **2. Ablösung.** Die Verwertung des Sicherungsgegenstandes kann dadurch verhindert werden, dass der Sicherungsgeber oder ein Dritter, der durch die Verwertung ein Recht an dem Sicherungsgegenstand verlieren würde, den Sicherungsgläubiger ablöst. Eine Ablösung in der Insolvenz ist nur dann denkbar, wenn ein Dritter sich zur Ablösung bereit findet. Bei von Dritten bestellten Kreditsicherheiten besteht kein Verwertungsrecht des Insolvenzverwalters nach § 166 Abs. 1, so dass hier eine Ablösung durch den Dritten die Insolvenzmasse nur in der Form tangiert, dass der Sicherungsgläubiger in Höhe der Befriedigung keine Forderungen als Ausfall zur Tabelle anmelden darf.

Ist der Schuldner der Sicherungsgeber, entfällt die Ablösung idR schon infolge des Geldmangels des Schuldners. Allerdings kann der Insolvenzverwalter mit Mitteln der Insolvenzmasse den Sicherungsgläubiger in Höhe des Wertes des Sicherungsgutes befriedigen, wenn er die Sache nicht nur vorübergehend für die Fortführung des Unternehmens, sondern auf Dauer nutzen möchte (z. B. bei Betriebsveräußerung).

29 Ist ein Dritter der Sicherungsgeber, kann er die Sicherheit durch Zahlung an den Sicherungsgläubiger ablösen. Die Ablösung führt im Regelfall zur Befriedigung des Gläubigers, ohne dass es eines besonderen Verrechnungsaktes bedarf. Reicht die Ablösungssumme nicht zur vollen Befriedigung des Gläubigers aus, so wird sie mangels abweichender Bestimmung des Ablösenden zunächst auf die Nebenleistungen und erst dann auf das Kapital verrechnet (§ 367 BGB). Sind mehrere Forderungen desselben Gläubigers durch ein und dieselbe Sicherheit gedeckt, entscheidet in erster Linie die Fälligkeit (§ 366 BGB).

Für Sicherheiten wie Pfandrecht oder Sicherungseigentum[51] ist das Ablösungsrecht von der Rechtsprechung anerkannt[52] und zwar – entsprechend § 1223 Abs. 2 BGB – auch zugunsten des mit dem Schuldner nicht identischen Sicherungsgebers.

Das Ablösungsrecht steht auch demjenigen zu, der durch die Verwertung ein dingliches Recht oder den Besitz am Sicherungsmittel verlieren würde sowie dem jeweiligen Inhaber und Pfandgläubiger des Rückgewähranspruchs.[53]

Ist der Ablösende nicht mit dem Schuldner der gesicherten Forderung identisch, so erlischt die Forderung nicht und der Ablösende erwirbt (mangels abweichender Vereinbarung) einen schuldrechtlichen Anspruch gegen den befriedigten Gläubiger auf Abtretung der Forderung.

In der Bankpraxis wird aber häufig mit dem Sicherungsgeber vereinbart, dass die Rechte erst dann auf ihn übergehen, wenn er wegen seiner sämtlichen Ansprüche gegen den Schuldner vollständig befriedigt ist.[54] Damit wahrt sich der Gläubiger nicht nur das Vorrecht hinsichtlich des noch nicht abgelösten Teils der gesicherten Forderung, sondern auch hinsichtlich seiner etwaigen anderen, nicht gesicherten Ansprüche gegen den Schuldner.

Ein Sicherheitenerlöskonto, auf dem Banken häufig Sicherheitserlöse verbuchen, ist nur buchungstechnisches Hilfsmittel, welches die richtige Verrechnung des Verwertungserlöses ermöglichen soll. Ein Aufschub der Tilgungswirkung ist mit der Errichtung des Kontos nicht verbunden.

30 **3. Freihändiger Verkauf.** Schon nach Konkursrecht konnte eine abweichende Art des Pfandverkaufs, insbesondere die freihändige Veräußerung durch den Konkursverwalter, vereinbart werden.[55]

Nach § 166 ist insoweit keine vertragliche Vereinbarung erforderlich. Der Verwalter ist ohne weiteres zur „freihändigen" Verwertung befugt. Er hat allerdings die Vorschriften über die Unterrichtung des Gläubigers (§ 167) und die Mitteilung der Veräußerungsabsicht (§ 168) einzuhalten.

---

[51] *Lwowski*, Kreditsicherung, RdNr. 26.
[52] RGZ 92, 281; 96, 137.
[53] OLG Celle NJW 1960, 2196.
[54] BGH WM 1984, 1630.
[55] *Jaeger/Weber* § 127 RdNr. 8; *Kuhn/Uhlenbruck* § 127 RdNr. 7.

Um sich nicht dem Vorwurf einer schlechten Verwertung auszusetzen, wird der Insolvenzverwalter im Einzelfall abzuwägen haben, ob er den freihändigen Verkauf oder die Verwertung nach den gesetzlichen Regeln des Pfandverkaufs wählt. Letztere Verwertungsart scheint bezüglich des Vorwurfs einer schlechten Verwertung risikoärmer zu sein. Die Praxis zeigt aber, dass häufig der freihändige Verkauf einen höheren Erlös erwarten lässt, so dass der Insolvenzverwalter diesen Weg wählen muss, um sich nicht regresspflichtig zu machen. Um jedes Risiko auszuschließen, empfiehlt es sich, wenn der Insolvenzverwalter die Art der Verwertung mit dem Sicherungsnehmer abstimmt. Hat der Sicherungsgegenstand einen Börsen- und Marktpreis, kann der Verkauf aus freier Hand durch einen zu solchen Verkäufen öffentlich ermächtigten Handelsmakler oder durch eine zur öffentlichen Versteigerung befugten Person zum laufenden Preis bewirkt werden (§ 1221 BGB). Ein Börsen- oder Marktpreis ist gegeben, wenn für Sachen der Art am Verkaufsort aus einer größeren Zahl von Verkäufen ein Durchschnittspreis ermittelt werden kann (vgl. §§ 385, 453 BGB).[56]

4. Pfandverkauf (§§ 1228 ff. BGB). Der Insolvenzverwalter kann die Sache im Wege 31 des Pfandverkaufs verwerten. Der Pfandverkauf ist nur dann rechtmäßig, wenn er
– nicht vor der Pfandreife erfolgt[57]
– in öffentlicher Versteigerung, also durch einen befugten Gerichtsvollzieher oder zur Versteigerung befugten Beamten oder öffentlichen Versteigerer bewirkt wird; ein freihändiger Verkauf ist nur gestattet, wenn das Pfand einen Börsen- oder Marktpreis hat (§§ 1235, 1221, 383 Abs. 3 BGB);
– Zeit und Ort der Versteigerung öffentlich bekannt gemacht werden (§ 1237 BGB),
– Gold- und Silbersachen nicht unter dem Gold- und Silberwert zugeschlagen werden (§ 1240 BGB),
– nur soviel Pfänder zum Verkauf gebracht werden, als zur Befriedigung des Gläubigers erforderlich sind (§ 1230 BGB).

Sind die Formvorschriften verletzt, so wird der Ersteher grundsätzlich nicht Eigentümer. 32 Der etwaige gute Glaube des Erstehers an die Rechtmäßigkeitsvoraussetzungen wird aber in gewissem Umfang geschützt (§ 1244 BGB). Alle anderen gesetzlichen Formvorschriften des Verkaufsverfahrens sind abdingbar und ohne Einfluss auf den Eigentumserwerb des Erstehers. Dies gilt z. B. für die Verpflichtung, dem Sicherungsgeber die Versteigerung anzudrohen, falls dies nicht untunlich erscheint. Ferner muss er zwischen Androhung und Versteigerung eine Frist von mindestens einem Monat, unter Kaufleuten von mindestens einer Woche, verstreichen lassen (§§ 1234 BGB, 368 HGB).

Auch Zeit und Ort der Versteigerung ist dem Sicherungsgeber bekannt zu geben (neben der öffentlichen Bekanntmachung nach § 1237 BGB). Ein schuldhafter Verstoß gegen diese Vorschriften begründet aber lediglich eine Schadensersatzpflicht des Sicherungsgläubigers, lässt ihm also den Nachweis offen, dass die Nichtbeachtung dieser Vorschriften die Höhe des Verwertungserlöses nicht beeinflusst hat (§ 1234 Abs. 2 BGB). Nützt der Insolvenzverwalter diese Art der Verwertung, wird man ihn von diesen Formvorschriften befreit ansehen müssen, da es unsinnig ist, wenn er den Schuldner informiert, obwohl er doch selbst die Abwicklung bzw. Verwertung des Schuldnervermögens betreibt.[58]

Vor der Verwertung durch Veräußerung der gepfändeten Sache ist die öffentliche Verstrickung der Sache aufzuheben. Der Gesetzgeber der InsO ging dabei davon aus, dass der Gerichtsvollzieher diejenigen Handlungen vorzunehmen hat, die zur Beseitigung der öffentlich-rechtlichen Verstrickung erforderlich sind, also z. B. die Entfernung des Pfandsiegels.[59]

In § 168 wird dem Insolvenzverwalter auferlegt, dem absonderungsberechtigten Gläubi- 33 ger mitzuteilen, auf welche Weise er den Gegenstand zu veräußern beabsichtigt (vgl. § 168

---

[56] RGZ 34, 120.
[57] § 1228 Abs. 2 BGB.
[58] RG JW 30, 134.
[59] Begr. zu § 191 RegE, BT-Drucks. 12/2443, S. 178; kritisch zu diesem Erfordernis: *Jauernig*, Zwangsvollstreckungs- und Insolvenzrecht, § 74 IV 2 b; vgl. auch: *Gottwald* in: *Leipold*, Insolvenzrecht im Umbruch, S. 197, 199.

RdNr. 16 ff.). Mit den Vorschriften des BGB zum Pfandrecht hat dies nichts zu tun; dies betrifft nicht die Ordnungsmäßigkeit des Verkaufs im Verhältnis zum Schuldner/Sicherungsgeber.

Die Androhung des Verkaufs i. S. d. § 1234 BGB ist ebenfalls nicht erforderlich, da der Verwalter die Interessen des Schuldners/Sicherungsgebers wahrnimmt. Dies gilt nicht, wenn der Sicherungsgeber nicht mit dem Schuldner identisch ist. Hier ist dem Dritten (Sicherungsgeber) die Verwertung anzudrohen. Allerdings ist dies Sache des Sicherungsnehmers und nicht des Insolvenzverwalters, da dem Insolvenzverwalter bei Drittsicherheiten kein Verwertungsrecht zusteht.

34 **5. Verwertung nach Maßgabe der Vorschriften über die Zwangsvollstreckung.** Nach § 127 Abs. 1 KO konnte der Konkursverwalter die Pfandverwertung nach den Vorschriften über die Zwangsvollstreckung vornehmen (§ 172 ZVG).[60] Die InsO sieht eine derartige Verwertung nicht vor. Der Insolvenzverwalter kann und muss aber die Art der Verwertung wählen, die nach seiner Meinung den höchsten Erlös verspricht.

Wählt er eine Verwertung über die Zwangsvollstreckung, so ist eine vorgehende Pfändung naturgemäß unsinnig, da die Sache schon durch die Eröffnung des Verfahrens mit Beschlag belegt worden ist und der Verwalter nicht etwa Gläubiger, sondern ein im öffentlichen Interesse zur Verwaltung und zur Verwertung geschaffenes Organ ist.[61]

Für den Fall – der vermutlich in der Praxis wie schon unter Geltung der KO die Ausnahme bleiben wird –, dass der Insolvenzverwalter eine Verwertung nach den Vorschriften über die Zwangsvollstreckung wählt, beauftragt er einen Gerichtsvollzieher mit der Veräußerung der Sache im Wege der öffentlichen Versteigerung.

35 **6. Selbsthilfeverkauf.** Die Frage, ob der Verwalter zum Selbsthilfeverkauf nach den §§ 383, 385 BGB oder nach den §§ 373, 379, 388 HGB berechtigt ist,[62] ist nach der InsO nicht mehr von erheblicher Bedeutung, da dem Insolvenzverwalter ohnehin das Verwertungsrecht nach Maßgabe des § 166 zusteht. Dennoch wird es auch nach der InsO Fälle geben, in denen sich der Verwalter auf den Selbsthilfeverkauf berufen muss, u. U. sogar zum Selbsthilfeverkauf verpflichtet ist.[63]

36 Beim Selbsthilfeverkauf wird zwischen Aussonderungsrechten und Absonderungsrechten unterschieden.[64] Rechtlicher Ausgangspunkt für einen Selbsthilfeverkauf ist eine evtl. Ungewissheit über die Person des Sicherungsgläubigers. Diese ist insbesondere dann gegeben, wenn ungewiss oder streitig ist, ob der Anspruchsteller überhaupt das behauptete Sicherungsrecht – z. B. das Sicherungseigentum – erworben hat.

Die Ungewissheit über die Person des Gläubigers (der Herausgabeanspruch als Eigentümer) beruht in der Praxis auf rechtlichen und/oder tatsächlichen Gründen, d. h., die Frage der rechtlichen Wirksamkeit des Sicherungsvertrages oder die Beweisbarkeit, wem was gehört, lässt sich nicht ohne Zweifel für den Insolvenzverwalter feststellen.[65]

Insbesondere bei der Abwicklung von Handelsunternehmen findet der Insolvenzverwalter eine so große Zahl von Waren, Halbfertigfabrikaten und Rohstoffen vor, dass es ihm häufig unmöglich sein wird, die Rechte der Lieferanten, Sicherungseigentümer oder der Insolvenzmasse festzustellen.

Werden die Sachen vermischt, verbunden oder verarbeitet – evtl. unter Heranziehung der Sachen verschiedener Sicherungsgläubiger –, wird die Prüfung der Rechte der Gläubiger noch erschwert. Dabei ist zu berücksichtigen, dass eine Ungewissheit über die Person des Gläubigers bereits dann vorliegt, wenn der Schuldner seine Verbindlichkeit nicht oder nicht mit Sicherheit erfüllen kann.[66]

---

[60] RGZ 58, 18; 62, 352; *Kuhn/Uhlenbruck* KO § 127 RdNr. 5.
[61] *Kuhn/Uhlenbruck* KO § 127 RdNr. 5.
[62] *Jaeunig* ZIP 1980, 410 ff.; *Kilger/K. Schmidt* § 127 RdNr. 5 d; *Kuhn/Uhlenbruck* KO § 127 RdNr. 16 g.
[63] *Jaeunig* ZIP 1980, 410 ff.
[64] *Jaeunig* ZIP 1980, 410, 411.
[65] RGZ 97, 173.
[66] *Jaeunig* ZIP 1980, 410, 413.

Teilweise lassen sich die Zweifel über die Rechte Dritter an der Sache auch nach **37** sorgfältiger Prüfung nicht klären bzw. eine Klärung ist nicht mit einem angesichts des Wertes der Sache vertretbarem Aufwand möglich. In diesem Fall ist zwischen hinterlegungsfähigen und nicht hinterlegungsfähigen Sachen zu unterscheiden.

Bei hinterlegungsfähigen Sachen führt die Ungewissheit (nur) zur Hinterlegung, da lediglich nicht hinterlegungsfähige Sachen versteigerungsfähig i. S. v. § 383 Abs. 1 Satz 2 BGB sind.

Nicht hinterlegungsfähige Sachen werden versteigert und der Erlös hinterlegt (§ 383 BGB). Die Versteigerung muss angedroht werden (§ 384 BGB). Hat die Sache einen Börsen- oder Marktpreis, kann der Verkauf aus freier Hand erfolgen (§ 385 BGB).

Die Versteigerung hat durch einen für den Versteigerungsort bestellten Gerichtsvollzieher oder zu Versteigerungen befugten Beamten oder öffentlich angestellten Versteigerer öffentlich zu erfolgen (§ 383 BGB). Der Insolvenzverwalter gehört nicht zu diesem Personenkreis.

7. Eigentumserwerb für die Insolvenzmasse; Eigentumserwerb des Insolvenzver- 38 walters. Benötigt der Insolvenzverwalter die Sache für eine bessere Verwertung des gesamten schuldnerischen Unternehmens oder von Teilen des schuldnerischen Vermögens, kann er den Sicherungsgläubiger befriedigen und das Sicherungsgut zur Masse nehmen.

Dabei wird er nur den realisierbaren Wert für das Sicherungsgut zu zahlen haben. Bei der Bemessung des Wertes wird es in der Praxis zu Bewertungsstreitigkeiten kommen. Einigt man sich nicht, wird – schon um Schadensersatzansprüche abzuwehren – der Insolvenzverwalter die Sache nach den Vorschriften über die Zwangsvollstreckung verwerten und im Rahmen dieses Verfahrens als Käufer/Ersteigerer auftreten. Dies ist zulässig.

Bei der Bemessung des Wertes zwecks freier Ablöse des Sicherungsgutes durch den Insolvenzverwalter ist daher auf den vermutlichen Auktionserlös abzustellen. Hat die Sache einen Börsen- oder Marktpreis, ist wiederum dieser maßgeblich.

Der Insolvenzverwalter kann die Sache für sich selbst erwerben, wenn er den Verkauf im **39** Wege der Zwangsvollstreckung wählt (§§ 456, 457 BGB). Er ist in diesen Fällen nicht mit dem Verkauf oder Leistung beauftragt, so dass er nicht an einem Eigenerwerb gehindert ist.

Ein Sonderverwalter ist zu bestellen, wenn der Insolvenzverwalter das Unternehmen aus der Masse erwerben will oder auch nur an der „Auffanggesellschaft" beteiligt ist.[67]

8. Sonstige Verwertungsmöglichkeiten. Bei Gegenständen, an denen dem Insolvenz- **40** verwalter nach § 166 Abs. 1 das Verwertungsrecht zusteht, kann die Verwertung auch in der Form vonstatten gehen, dass der Insolvenzverwalter dem Sicherungsgläubiger den Gegenstand nach § 170 Abs. 2 zur Verwertung überlässt. Vgl. dazu ausführlich § 170 RdNr. 21 ff.

Weigert sich der Sicherungsgläubiger, den Sicherungsgegenstand nach § 170 Abs. 2 zur Verwertung zu übernehmen, so kann der Insolvenzverwalter, wenn aus der Verwertung des Gegenstandes keine Erlöse zugunsten der Masse zu erwarten sind, den Gegenstand auch aus der Insolvenzmasse freigeben. Solches wird insbesondere dann in Frage kommen, wenn bei einem weiteren Verbleiben des Sicherungsgegenstandes in der Verwaltungs- und Verfügungsbefugnis des Insolvenzverwalters Kostenbelastungen auf die Masse zukommen. Solches kann z. B. dann der Fall sein, wenn es sich um im Sinne des Ordnungsrecht gefährliche Gegenstände handelt und die Ordnungsbehörde die Durchführung von Sicherungsmaßnahmen und eine Entsorgung von dem Insolvenzverwalter fordert. Zur echten Freigabe vgl. § 170 RdNr. 22.

III. Einzelfragen

1. Leasinggeber-Insolvenz. In der Insolvenz des Leasinggebers ist der Insolvenzverwal- **41** ter nach einer in der Literatur vertretenen Auffassung nicht berechtigt, die dem Leasingnehmer überlassenen Leasinggegenstände zu verwerten.[68] Habe der Leasinggeber die

---

[67] *Kuhn/Uhlenbruck* KO § 127 RdNr. 12.
[68] *Uhlenbruck,* InsO § 166 RdNr. 6; *Kübler/Prütting/Kemper,* § 166 RdNr. 4; KölnerSchrift-*Sinz,* S. 593, 616 RdNr. 57 ff.

Anschaffung des Leasingguts bei einem Kreditinstitut refinanziert und dafür die Leasinggegenstände zur Sicherheit übereignet, so liege das Verwertungsrecht für den sicherungsübereigneten Gegenstand beim Sicherungseigentümer (Factor) und nicht beim Insolvenzverwalter.

42 Nach Auffassung des BGH soll auch mittelbarer Besitz für die Annahme eines Verwertungsrechts des Insolvenzverwalters nach § 166 Abs. 1 BGB ausreichen.[69] Folgt man der Auffassung auch im Fall der Insolvenz des Leasinggebers,[70] so kommt man letztlich doch zu dem Ergebnis, dass der Sicherungseigentümer (Factor) die Verwertung der sicherungsübereigneten Gegenstände „in den Händen hält". Selbst wenn man den Insolvenzverwalter nach § 166 Abs. 1 zur Verwertung berechtigt ansieht, müsste er dem absonderungsberechtigten Gläubiger die Verwertung des Leasinggegenstandes überlassen, wenn dieser die Freigabe an sich unter Hinweis darauf verlangt, dass er den Vertrag mit dem Leasingnehmer neu abschließen und damit einen höheren Verwertungserlös erzielen wird (vgl. § 168 Abs. 2, 3).[71]

43 **2. Verwertung von Drittsicherheiten.** Die Verwertung von Drittsicherheiten beurteilt sich nicht nach den §§ 166 ff. Hat ein Dritter für Verbindlichkeiten des Schuldners dem Gläubiger eine Sicherheit bestellt, so handelt es sich bei der Sicherheit nicht um einen Gegenstand der Insolvenzmasse, an dem der Gläubiger Absonderungsrechte geltend machen kann. Das Verwertungsrecht des Gläubigers wird daher nicht durch § 166 eingeschränkt. Dies gilt auch bei Eingreifen der Grundsätze des Eigenkapitalersatzrechts. Hat z. B. ein Gesellschafter eine Sicherheit für Verbindlichkeiten der schuldnerischen Gesellschaft an seinem Vermögen bestellt, so wird bei einem Eingreifen der Grundsätze des Eigenkapitalersatzrechts diskutiert, ob der Insolvenzverwalter dem Gläubiger (also dem Dritten) den Eigenkapitalersatzeinwand entgegen halten kann. Grundsätzlich kann der Insolvenzverwalter dem gesellschafterfremden Dritten den Eigenkapitalersatzeinwand nicht entgegen setzen.[72] Greift einer der diskutierten Ausnahmefälle ein, so ergibt sich als Rechtsfolge eine Unwirksamkeit der Sicherheitenbestellung.

43a **3. Sicherungsübereignung und Pfändungsschutzvorschriften.** Von einzelnen Gerichten[73] wurde im Zusammenhang mit der Abwicklung von Insolvenzverfahren über das Vermögen von natürlichen Personen, die selbstständig oder freiberuflich tätig sind, die Auffassung vertreten, dass dem Insolvenzverwalter dann kein Verwertungsrecht nach § 166 Abs. 1 zustehe, wenn die sicherungsübereigneten Gegenstände den Pfändungsschutzvorschriften unterfallen. Diese Auffassung ist abzulehnen. Zunächst ist schon einmal fraglich, ob sich aus den § 36 i. V. m. § 811 ZPO ergibt, dass Gegenstände, die der Selbstständige zur Ausübung seiner Tätigkeit benötigt, tatsächlich unpfändbar sind. Die Vorschriften über die Einzelzwangsvollstreckung, aus denen sich eine Unpfändbarkeit herleitet, sind im Insolvenzverfahren zu modifizieren.[74] Vgl. dazu auch die Kommentierung von § 36. Selbst aber wenn man von einer Unpfändbarkeit von Gegenständen, die der Schuldner zur Ausübung seiner Tätigkeit im Insolvenzverfahren benötigt, ausgehen sollte, so hat sich der Schuldner jedenfalls durch die Sicherungsübereignung dieser Gegenstände des Pfändungsschutzes aus § 811 ZPO begeben.[75] Ein anderes Ergebnis würde z. B. dazu führen, dass sich praktisch kein Kreditinstitut mehr bereit finden würde, niedergelassenen Ärzten ihre Praxis- und Laboreinrichtung zu finanzieren.

---

[69] BGHZ 166, 215 = WM 2006, 818; NZI 2007, 95.
[70] Vgl. zur Kritik RdNr. 15 a.
[71] *KölnerSchrift-Sinz*, S. 593, 616 RdNr. 57 ff.; *Uhlenbruck*, InsO § 166 RdNr. 6. Anders die Argumentation von *Zahn* (ZIP 2007, 365), der vor allem darauf abstellt, dass der Leasinggegenstand für den Betrieb des Leasingnehmers und nicht für den Betrieb des Leasinggebers angeschafft, so dass dem Verwalter der insolventen Leasinggesellschaft deshalb kein Verwertungsrecht nach § 166 Abs. 1 zustehe.
[72] BGH ZIP 1998, 793, 795.
[73] LG Aachen NZI 2006, 643.
[74] *Tetzlaff*, Anm. AG Köln, EWiR 2003, 1151.
[75] OLG Bamberg MDR 1981, 50, 51; OLG Frankfurt NJW 1973, 104, aA LG Aachen NZI 2006, 643.

D. Verwertung von zur Sicherheit abgetretenen Forderungen (Abs. 2)

I. Allgemeines

Forderungen unterliegen dem Verwertungsrecht des Insolvenzverwalters, wenn sie mit Sicherungsabtretungen belastet sind. § 191 Abs. 2 RegE sah ein Einziehungsrecht des Insolvenzverwalters nur für solche Sicherungsabtretungen vor, die dem Drittschuldner gegenüber nicht angezeigt worden waren. Diese Differenzierung hat der Gesetzgeber nicht übernommen.[76] **44**

Das Verwertungsrecht des Insolvenzverwalters besteht auch bei einer **Zession,** die gegenüber dem Drittschuldner **vor Insolvenzeinleitung** offen gelegt worden war.[77] Bei einer **Verpfändung von Forderungen** steht dem Insolvenzverwalter hingegen kein Verwertungsrecht nach § 166 zu.[78] Bei der Verpfändung von Forderungen ist nach § 1280 BGB die Offenlegung der Verpfändung gegenüber den Drittschuldnern notwendig. Obwohl es praktisch zwischen einer Verpfändung von Forderungen und einer offenen Sicherungsabtretung kaum Unterschiede gibt, ist in dem einen Fall das Verwertungsrecht des Verwalters zu verneinen, während es im Fall der sicherungsabgetretenen Forderungen besteht. Da bei einem Verwertungsrecht des Insolvenzverwalters nach § 166 Abs. 2 auch die Kostenbeitragsregelungen nach §§ 170, 171 anwendbar sind, wird es sich für Sicherungsgläubiger empfehlen, statt der offenen Sicherungsabtretung eine Verpfändung von Forderungen vorzunehmen. **45**

Das Verwertungsrecht des Insolvenzverwalters aus § 166 Abs. 2 erstreckt sich nicht auf einen vor Verfahrenseröffnung vom Drittschuldner unter Verzicht auf die Rückgabe hinterlegten Forderungserlös.[79] **46**

II. Verwertung durch den Insolvenzverwalter

Mit der Eröffnung des Insolvenzverfahrens kann der Drittschuldner nur noch befreiend an den Insolvenzverwalter leisten.[80] Auch wenn der Sicherungsgläubiger bereits die Einziehung der Forderungen vorbereitet hat, verliert er mit Eröffnung des Insolvenzverfahrens die Einziehungsbefugnis und das Verwertungsrecht geht nach § 166 Abs. 2 auf den Verwalter über.[81] **47**

Hat der Drittschuldner bereits vor Eröffnung des Insolvenzverfahrens an den absonderungsberechtigten Gläubiger gezahlt, kann kein Verwertungsrecht des Insolvenzverwalters mehr entstehen.[82] Hat der **Drittschuldner** befreiend **an den falschen Gläubiger geleistet,** unterliegt der Bereicherungsanspruch des Absonderungsberechtigten aus § 816 Abs. 2 nicht dem Verwertungsrecht des Verwalters aus § 166 Abs. 2. Der Zessionar kann diese Forderungen selbst geltend machen.[83]

Die Verwertung der sicherungsabgetretenen Forderungen erfolgt durch **Forderungseinzug** oder durch Verkauf der Forderungen. Der Insolvenzverwalter ist berechtigt, die Forderungen z. B. an einen **Factor** zu verkaufen.[84]

Verwertet der Insolvenzverwalter die sicherungshalber abgetretenen Forderungen, indem er diese bei den Drittschuldnern einzieht, so hat er ggf. die **Forderungen** auch **gerichtlich geltend zu machen,** wenn Drittschuldner unberechtigte Einwendungen gegen die Forde- **48**

---

[76] Vgl. dazu vor §§ 166 ff. RdNr. 17.
[77] BGH WM 2002, 1797; LG Limburg NZI 2000, 279; HambKomm-*Büchler,* § 166 RdNr. 14; aA *Schlegel,* NZI 2003, 17, 18.
[78] LG Tübingen NZI 2001, 263; *Uhlenbruck,* InsO § 166 RdNr. 13; HK-*Landfermann,* § 166 RdNr. 17; HambKomm-*Büchler,* § 166 RdNr. 15.
[79] BGH NZI 2006, 178, 179.
[80] KG ZIP 2001, 2012; HambKomm-*Büchler,* § 166 RdNr. 14.
[81] HambKomm-*Büchler,* § 166 RdNr. 14.
[82] HambKomm-*Büchler,* § 166 RdNr. 16.
[83] BGH ZInsO 2003, 612; HambKomm-*Büchler,* § 166 RdNr. 16.
[84] *Uhlenbruck,* InsO § 166 RdNr. 13; FK-*Wegener,* § 166 RdNr. 7; HK-*Landfermann,* § 166 RdNr. 20.

rungen erheben. Der Insolvenzverwalter hat dafür ggf. beim Schuldner vorhandene Unterlagen aufzubereiten und Mitarbeiter zu befragen, um die Berechtigung der Einwendungen zu prüfen. Die dabei entstehenden Aufwendungen sind Verwertungskosten. Nach § 171 Abs. 2 Satz 1 können die tatsächlich entstandenen Verwertungskosten dem absonderungsberechtigten Gläubiger in Rechnung gestellt werden, d. h., der Insolvenzverwalter kann die tatsächlich entstandenen Verwertungskosten vom Erlös einbehalten. Aufgrund der gesetzlichen Regelungen zur Erstattung der Aufwendungen für die Durchsetzung der abgetretenen Forderungen ist der **Insolvenzverwalter** gehalten, sich **ernsthaft** um die **Durchsetzung der Forderungen zu bemühen**. Es ist nicht zulässig, dass der Insolvenzverwalter vom Sicherungsgläubiger verlangt, dass dieser in einer Verwertungsvereinbarung hohe Kostenbeiträge zugunsten der Masse akzeptiert und im Weigerungsfalle in Aussicht stellt, dass er den Forderungseinzug sonst nur schleppend betreiben wird. Ggf. macht sich der Insolvenzverwalter schadensersatzpflichtig nach § 60, wenn er sich nicht effektiv um die Verwertung der abgetretenen Forderungen bemüht.

Ist dem Insolvenzverwalter der Aufwand für die gerichtliche Durchsetzung der Forderungen zu hoch, so hat er dem **Sicherungsgläubiger** die abgetretenen Forderungen zur **Eigenverwertung** zu überlassen. In diesem Fall sind auch **Kopien von Geschäftsunterlagen** herauszugeben, um dem Sicherungsgläubiger die Durchsetzung der Forderungen zu ermöglichen.

Der Insolvenzverwalter hat die Möglichkeit, dem Sicherungsgläubiger die abgetretenen Forderungen nach § 170 Abs. 2 zur Verwertung zu überlassen; ggf. kann er die Forderungen auch freigeben (echte Freigabe). Vgl. dazu RdNr. 40.

III. § 13 c UStG

49 **1. Überblick.** Liegt die Verwertungsbefugnis hinsichtlich der sicherungsabgetretenen Forderungen nach § 166 Abs. 2 beim Insolvenzverwalter, so kann es nach § 13 c UStG zu einer **Haftung des Zessionars für die Umsatzsteuerschuld** aus der zugrunde liegenden Lieferung kommen. Das Gleiche gilt auch, wenn der Zessionar die sicherungshalber abgetretene Forderung selbst einzieht.

50 In der Einziehung einer zur Sicherheit abgetretenen Forderung liegt kein steuerbarer Umsatz, so dass hier aus Sicht des Sicherungsgläubigers keine Kostenbeiträge nach §§ 170, 171 anfallen.[85] Allerdings hat der Gesetzgeber auf Grund der Umsatzsteuerausfälle bei Insolvenzen eine Haftung des Zessionars für die Umsatzsteuerschuld aus den Lieferungen, aus denen die abgetretenen Forderungen stammen, eingeführt. Diese Haftung ist **erheblichen rechtlichen Bedenken** (insbes. Vereinbarkeit mit EU-Gemeinschaftsrecht) ausgesetzt, vgl. RdNr. 54. Im Ergebnis kann die Belastung der Sicherungsgläubiger durch die Haftung aus § 13 c UStG zu einer praktisch **vollständigen Entwertung der Zession als Sicherungsmittel** führen, vgl. RdNr. 53.

51 § 13 c UStG hat folgenden **Wortlaut:**

„(1) Soweit der leistende Unternehmer den Anspruch auf die Gegenleistung für einen steuerpflichtigen Umsatz im Sinne des § 1 Abs. 1 Nr. 1 an einen anderen Unternehmer abgetreten und die festgesetzte Steuer, bei deren Berechnung dieser Umsatz berücksichtigt worden ist, bei Fälligkeit nicht oder nicht vollständig entrichtet hat, haftet der Abtretungsempfänger nach Maßgabe des Absatzes 2 für die in der Forderung enthaltene Umsatzsteuer, soweit sie im vereinnahmten Betrag enthalten ist. Ist die Vollziehung der Steuerfestsetzung in Bezug auf die in der abgetretenen Forderung enthaltene Umsatzsteuer gegenüber dem leistenden Unternehmer ausgesetzt, gilt die Steuer insoweit als nicht fällig. Soweit der Abtretungsempfänger die Forderung an einen Dritten abgetreten hat, gilt sie in voller Höhe als vereinnahmt.

(2) Der Abtretungsempfänger ist ab dem Zeitpunkt in Anspruch zu nehmen, in dem die festgesetzte Steuer fällig wird, frühestens ab dem Zeitpunkt der Vereinnahmung der abge-

---

[85] HK-*Landfermann*, § 171 RdNr. 10.

tretenen Forderung. Bei der Inanspruchnahme nach Satz 1 besteht abweichend von § 191 der Abgabenordnung kein Ermessen. Die Haftung ist der Höhe nach begrenzt auf die im Zeitpunkt der Fälligkeit nicht entrichtete Steuer. Soweit der Abtretungsempfänger auf die nach Absatz 1 Satz 1 festgesetzte Steuer Zahlungen im Sinne des § 48 der Abgabenordnung geleistet hat, haftet er nicht.

(3) Die Absätze 1 und 2 gelten bei der Verpfändung oder der Pfändung von Forderungen entsprechend. An die Stelle des Abtretungsempfängers tritt im Falle der Verpfändung der Pfandgläubiger und im Falle der Pfändung der Vollstreckungsgläubiger."

2. Haftungskonstellationen. Die Haftung des Zessionars besteht sowohl dann, wenn der Insolvenzverwalter die Forderungen einzieht als auch wenn der Sicherungsgläubiger die Forderungen selbst einzieht.[86]

Der Zessionar (bzw. der Pfandgläubiger) erhält die Stellung eines Haftungsschuldners (vgl. §§ 69 ff. AG) neben dem leistenden Unternehmer (dem Steuerschuldner, § 43 AO). Nach der Rechtsprechung des BFH besteht zwischen dem Steuerschuldner und dem Haftenden ein Gesamtschuldverhältnis i. S. d. §§ 421 ff. BGB anzunehmen. Der Zessionar kann Ausgleichsansprüche nach § 426 BGB geltend machen.[87]

Große Unsicherheiten bestehen derzeit immer noch zu der Frage, wann davon auszugehen ist, dass der Zessionar die Forderungen vereinnahmt hat. Dazu liegen bereits zahlreiche Stellungnahmen aus der Literatur[88] sowie Schreiben der Finanzverwaltung vor.[89]

Besonderer Diskussionsbedarf besteht insbes. in Fällen, in denen ein Kreditinstitut die Abtretung nicht offen gelegt hat und eingehende Zahlungen (die an die Bank abgetreten sind) mit einem Debet verrechnet.[90] Hier wird man eine Haftung nach § 13c UStG ablehnen müssen, denn das Kreditinstitut vereinnahmt hier die eingehenden Zahlungen nicht in seiner Eigenschaft als Zessionar.

Noch nicht geklärt sind auch Fragen der Haftung des Zessionars bei sog. Kettenabtretungen, also Fällen, bei denen der Zessionar die abgetretenen Forderungen von nominal 100 mit einem Discount, also z. B. zu einem Betrag von 70 weiterverkauft.[91] In dem hier interessierenden Zusammenhang mit Fragen der Verwertung von sicherungshalber abgetretenen Forderungen und § 166 ist insbesondere die Haftung bei der Einbringung von zedierten Forderungen in einen Sicherheitenpool von Interesse.[92] Da die zedierten Forderungen aber nicht an den Pool bzw. den Poolführer abgetreten werden, stellt sich hier eigentlich nicht das Problem einer Kettenabtretung.

Unklar ist weiterhin, welcher Zeitraum mit Festsetzung i. S. v. § 13c Abs. 1 Satz 1 UStG gemeint ist – der Voranmeldungszeitraum oder der Jahreszeitraum.[93] Richtig ist die Auffassung, welche die Haftung auf den jeweiligen Voranmeldungszeitraum begrenzt.[94]

3. Rechtliche Bedenken. Die Norm des § 13c UStG ist rechtlich bedenklich. Zunächst wird durch die Regelung erneut durch die „Hintertür" ein **Fiskusprivileg** eingeführt und dadurch der Grundsatz der Gläubigergleichbehandlung in der Insolvenz „durchlöchert".[95]

Die Haftung nach § 13c UStG stellt in keiner Weise auf ein Verschuldenselement ab; die Haftung trifft deshalb auch den **gutgläubigen Zessionar,** der zudem kaum Möglichkeiten

---

[86] *de Weerth,* NZI 2006, 501, 502; *HK-Landfermann,* § 171 RdNr. 10; *Piekenbrock,* WM 2007, 141.
[87] BFH BStBl 1991, 939; *Kroth,* NZI 2004, 345, 350; BGH ZIP 2007, 774, 778; ausführlich zu Innenregressansprüchen auch: *de Weerth,* NZI 2006, 501 ff.
[88] *Hahne,* BB 2003, 2720 ff.; *Weßling/Romswinkel,* ZInsO 2004, 193 f.; *de Weerth,* ZInsO 2004, 190 ff.; *Marx/Salentin,* NZI 2005, 258 ff.; *Eckert,* ZInsO 2004, 702 ff.
[89] BMF Schreiben vom 24. 5. 2004 – IV B 7 – S 7279a – 17/04 und VI B 7 – S 7296b – 2/04, DStR 2004, 1000; Schreiben der OFD vom 30. 1. 2004 – IV A 5 – S 7279a – 2/06, ZInsO 2006, 366.
[90] Vgl. dazu Schreiben der OFD vom 30. 1. 2006, ZInsO 2006, 366 ff.
[91] *Hahne,* BB 2003, 2720 ff.; *de Weerth,* ZInsO 2004, 190 ff.; *Marx/Salentin,* NZI 2005, 258, 260.
[92] Vgl. *Marx/Salentin,* NZI 2005, 258, 260 f.
[93] Vgl. *Marx/Salentin,* NZI 2005, 258, 261; *Weßling/Romswinkel,* UStB 2004, 96.
[94] *Marx/Salentin,* NZI 2005, 258, 261.
[95] *Kroth,* NZI 2004, 345 ff.; *Ganter/Brünink,* NZI 2006, 257, 265.

hat, im Vorwege Maßnahmen zu treffen, um sicherzustellen, dass der Zedent die Umsatzsteuer tatsächlich abgeführt hat.[96] Es stellt sich daher auch die Frage nach der Gemeinschaftskonformität der neuen Haftungsregelung, weil die 6. Richtlinie zur Harmonisierung des Mehrwertsteuerrechts[97] eigentlich davon ausgeht, dass der Gutgläubige, der keine Kenntnis vom Mehrwertsteuerbetrug hat, nicht haften muss.[98]

E. Von der Verwertung ausgenommene Gegenstände (Abs. 3)

I. Allgemeines

55 § 166 Abs. 3 entzieht bestimmte Sonderformen von Kreditsicherheiten, die für die Geschäfte der Kreditinstitute im europäischen Finanzbinnenmarkt von Bedeutung sind, dem Verwertungsrecht des Insolvenzverwalters. Abs. 3 ist durch Art. I Nr. 7 des Gesetzes vom 5. 4. 2004 zur Umsetzung der **Richtlinie 2002/47/EG über Finanzsicherheiten**[99] angefügt worden. Die Ausnahmen vom Verwertungsrecht des Insolvenzverwalters beruhen auf dem Grundgedanken, einen freien Dienstleistungs- und Kapitalverkehr im europäischen Finanzbinnenmarkt zu ermöglichen. Der Verwertung der erfassten Kreditsicherheiten durch den Sicherungsnehmer soll in allen Rechtsordnungen der Europäischen Union im Insolvenzfall nichts im Wege stehen.[100]

56 Die Regelung in § 166 Abs. 3 stellt nicht nur die Finanzsicherheiten i. S. d. Richtlinie vom Verwertungsrecht des Insolvenzverwalters frei, sondern übernimmt und erweitert – in den Nr. 1 und Nr. 2 – die **Sonderregelungen für Sicherheiten von Teilnehmern eines Abrechnungssystems und für Sicherheiten von Zentralbanken,** die bis 2004 in § 166 Abs. 2 Satz 2 enthalten waren.[101]

57 Um die Form der Umsetzung der Finanzsicherheiten-Richtlinie in das deutsche Insolvenzrecht war im Vorfeld eine heftige Kontroverse entbrannt.[102] Einige Stimmen befürchteten das „Ende der Gläubigergleichbehandlung im Insolvenzrecht";[103] andere Vertreter des Schrifttums vertraten die Auffassung, dass die Regelung keine nennenswerten Auswirkungen auf die Durchführung der Sicherheitenverwertung durch den Insolvenzverwalter haben werde.[104]

Die **Kritik** entzündete sich insbesondere an der Regelung des persönlichen Anwendungsbereiches bei der **Umsetzung der Finanzsicherheiten-Richtlinie.** Die Richtlinie hatte es in das Ermessen der Mitgliedsstaaten gestellt, juristische Personen, Einzelkaufleute oder Personengesellschaften aus dem Anwendungsbereich herauszunehmen (Art. I Abs. 3 Richtlinie 2002/47/EG – sog. **„opt-out-Klausel").** Der deutsche Gesetzgeber hat von dieser Möglichkeit keinen Gebrauch gemacht und den Anwendungsbereich der durch die Richtlinie vorgegebenen Neuerungen nicht auf den Interbankenverkehr beschränkt.[105] Die Einschränkung des Anwendungsbereichs war von Seiten der Insolvenzverwalterschaft gefordert

---

[96] *Kroth,* NZI 2004, 345, 350 f.
[97] Vgl. Art. 21 6. Richtlinie idF der Richtlinie 2000/65/EG.
[98] *de Weerth,* DStR 2006, 1071, 1072.
[99] BGBl. I, 502.
[100] Erwägungsgrund 3 der Finanzsicherheiten-Richtlinie v. 6. 6. 2002, ABlEG Nr. L 168, S. 43; HK-*Landfermann,* § 166 RdNr. 8.
[101] Die frühere Regelung in § 166 Abs. 2 Satz 2 lautete: „Dies gilt nicht, wenn die Forderung an den Teilnehmer eines Systems nach § 96 Abs. 2 Satz 2 oder 3 oder zur Sicherung seiner Ansprüche aus dem System oder an die Zentralbank eines Mitgliedsstaates der Europäischen Union oder Vertragsstaats des Europäischen Wirtschaftsraums oder an die Europäische Zentralbank abgetreten wurde". Vgl. zur Vorgängerregelung die Kommentierung in der Vorauflage. Die Vorgängerregelung betraf nur zur Sicherung abgetretene Forderungen. Die Neufassung in Nr. 1 und Nr. 2 gilt dagegen auch für andere Sicherheitenarten, z. B. auch für zur Sicherung übertragene Wertpapierdepots, vgl. HK-*Landfermann,* § 166 RdNr. 34. Zum Übergangsrecht: HK-*Landfermann,* § 166 RdNr. 38.
[102] Vgl. u. a. die Stellungnahmen von: *Obermüller,* ZIP 2003, 2336; ders., ZInsO 2004, 187; *Wimmer,* ZInsO 2004, 1; *Ehricke,* ZIP 2003, 1065; *ders.,* ZIP 2003, 2141; *Hölzle,* ZIP 2003, 2144; *Meyer/Rein,* NZI 2004, 367.
[103] Z. B. *Ehricke,* ZIP 2003, 1065. So auch der Titel des Aufsatzes von *Meyer/Rein,* NZI 2004, 367.
[104] HambKomm-*Büchler,* § 166 RdNr. 21; *Obermüller,* ZInsO 2004, 187.
[105] *Meyer/Rein,* NZI 2004, 367, 368.

worden, um nicht Unternehmenssanierungen zu gefährden. Die Bundesregierung folgte den Befürwortern einer weiten Regelung. Als Begründung wurde von der Regierung eine sonst zu befürchtende Schwächung des Finanzplatzes Deutschland gegenüber den europäischen Mitbewerbern angegeben.[106]

Zum derzeitigen Zeitpunkt kann noch nicht beurteilt werden, ob die Regelung des § 166 Abs. 3 und die Umsetzung der Finanzsicherheiten-Richtlinie in das nationale Insolvenzrecht Auswirkungen auf die Abwicklung von Unternehmen haben wird, die nicht dem Finanzdienstleistungssektor zuzuordnen sind. Hinzuweisen ist darauf, dass im Schrifttum Auswirkungen der Finanzsicherheiten-Richtlinie auf die Verwertung von verpfändeten Unternehmensbeteiligungen diskutiert werden.[107] Möglicherweise wird also die Regelung in § 166 Abs. 3 doch **Auswirkungen auf die Abwicklung von „normalen" Unternehmensinsolvenzen** haben. 58

Bei Insolvenzen von Kreditinstituten dürften hingegen die durch die Umsetzung der Finanzsicherheiten-Richtlinie in das nationale Recht neu eingeführten Vorschriften eine große Bedeutung haben.

II. Anwendungsbereich

1. Abrechnungssysteme (Nr. 1). Gem. § 166 Abs. 3 Nr. 1 sind Gegenstände von dem Verwertungsrecht des Insolvenzverwalters ausgenommen, die mit Sicherungsrechten von Teilnehmern von Abrechnungssystemen gem. § 1 Abs. 16 KWG (Abrechnungen in Zahlungs- sowie Wertpapierlieferungs- und -abrechnungssystemen) belastet sind. Die vorgenannten Systeme sind in der sog. Finalitätsrichtlinie geregelt.[108] Als solche „Systeme" gelten nur Vereinbarungen, die von der Deutschen Bundesbank oder der zuständigen Stelle eines anderen Staats, der der EU oder dem Europäischen Wirtschaftsraum angehört, der Kommission der Europäischen Gemeinschaften gemeldet worden sind.[109] Erfasst werden nur Sicherheiten, die zur Sicherung von Ansprüchen aus einem solchen System bestellt worden sind.[110] In der Praxis werden vor allem Netting-Transaktionen[111] in der Insolvenz eines der Vertragsparteien tangiert. Teilnehmer an diesem System können nur Kreditinstitute sein, so dass die Vorschrift des § 166 Abs. 3 Nr. 1 nur im Interbankenverhältnis Bedeutung hat.[112] 59

2. Sicherheiten der Europäischen Zentralbank und der EU-Zentralbanken (Nr. 2). § 166 Abs. 3 Nr. 2 betrifft Gegenstände, die mit Sicherheiten der Europäischen Zentralbank oder Zentralbanken der EU belastet sind. Auch hier geht es um die Privilegierung von sog. Netting-Transaktionen. 60

3. Finanzsicherheiten (Nr. 3). § 166 Abs. 3 Nr. 3 schließt das Verwertungsrecht des Insolvenzverwalters für Finanzsicherheiten i. S. d. § 1 Abs. 17 KWG aus. 61

a) Sachlicher Anwendungsbereich. In § 1 Abs. 17 KWG ist der Begriff der Finanzsicherheiten definiert als: „Barguthaben, Wertpapiere, Geldmarktinstrumente sowie sonstige Schuldscheindarlehen einschließlich jeglicher damit in Zusammenhang stehender Rechte oder Ansprüche, die als Sicherheit in Form eines beschränkten dinglichen Sicherungsrechts oder im Wege der Vollrechtsübertragung auf Grund einer Vereinbarung zwischen einem Sicherungsnehmer und einem Sicherungsgeber, die einer der in Art. I Abs. II a–e der Richtlinie 2002/47/EG aufgeführten Kategorien angehören, bereitgestellt werden". Erfasst 62

---

[106] Zypries, ZIP 2004, 51; Obermüller, ZIP 2003, 2336, 2337.
[107] Primozic/Voll, NZI 2004, 363; vgl. dazu auch HK-Landfermann, § 166 RdNr. 36 und Tetzlaff, ZInsO 2007, 478, 483.
[108] Richtlinie 98/26/EG über die Wirksamkeit von Abrechnungen in Zahlungs- sowie Wertpapierliefer- und -abrechnungssystemen (sog. Finalitätsrichtlinie). Ausführlich dazu Schimansky/Bunte/Lwowski/Jahn, Bankrechts-Handbuch, § 114 RdNr. 131 ff.
[109] Vgl. § 1 Abs. 16 KWG.
[110] HK-Landfermann, § 166 RdNr. 32.
[111] Ausführlich dazu: Schimansky/Bunte/Lwowski/Jahn, Bankrechts-Handbuch, § 114 RdNr. 131 ff.
[112] HK-Landfermann, § 166 RdNr. 32; Obermüller, ZIP 2003, 2336, 2339.

werden damit also Sicherheiten an Barguthaben – also an einem auf einem Konto gutgeschriebenen Betrag – und auch Sicherheiten an bestimmten Arten von Wertpapieren und Finanzinstrumenten.[113] Es besteht Einigkeit darüber, dass die Regelung also nicht die mobilen und immobilen Gegenstände des Anlage- und Umlaufvermögens eines Unternehmens erfasst.[114] Auch GmbH-Anteile und nicht auf dem Kapitalmarkt gehandelte Aktien werden nicht erfasst.[115] Praktische Relevanz kann die Vorschrift bei Wertpapierdarlehens- und Wertpapierpensionsgeschäften haben, die auch von Unternehmen, die nicht zum Bankensektor gehören, teilweise abgeschlossen werden.[116] Vgl. dazu auch RdNr. 63.

63 **b) Persönlicher Anwendungsbereich.** Der persönliche Anwendungsbereich der Finanzsicherheiten-Richtlinie ergibt sich aus Art. I Abs. 2 a–e der Richtlinie. Vertragsparteien können in der Regel nur öffentlich-rechtliche Körperschaften, Zentralbanken, supranationale Finanzinstitute, zentrale Vertragsparteien oder vergleichbare Einrichtungen sein, die einer Aufsicht durch einen Mitgliedsstaat unterliegen und Terminkontrakt-, Options- und Derivategeschäfte durchführen (sog. Interbankenverkehr). Die Richtlinie hat es in das Ermessen der Mitgliedsstaaten gestellt, juristische Personen, Einzelkaufleute oder Personengesellschaften, die der Richtlinie unter gewissen Voraussetzungen unterfallen (Art. I Abs. 2 e Richtlinie), aus dem Anwendungsbereich herauszunehmen (sog. „opt-out"-Klausel). Der deutsche Gesetzgeber hat von dieser Möglichkeit keinen Gebrauch gemacht. Die Regelung des § 166 Abs. 3 Nr. 3 ist also nicht nur im Interbankenverhältnis anwendbar, sondern kann auch bei Insolvenzen von Unternehmen, die nicht dem Bankensektor angehören, zur Anwendung kommen.

Dagegen wurde im Gesetzgebungsverfahren vor allem von Seiten der Insolvenzverwalterschaft Kritik geäußert, vgl. RdNr. 57 f. Der Gesetzgeber ist auf diese Kritik eingegangen, indem er für die „sonstigen Unternehmen" den Begriff der Finanzsicherheiten weiter eingeschränkt hat: Von der Verwertungsbefugnis des Insolvenzverwalters nach § 166 ausgenommen wird eine Sicherheit, die außerhalb des Interbankenverhältnisses bestellt worden ist, nur dann, wenn sie „der Besicherung von Verbindlichkeiten aus Verträgen oder aus der Vermittlung von Verträgen über a) die Anschaffung und die Veräußerung von Finanzinstrumenten, b) Pensions-, Darlehens- sowie vergleichbare Geschäfte auf Finanzinstrumente oder c) Darlehen zur Finanzierung des Erwerbs von Finanzinstrumenten dient.[117] Außerdem ist für diese Unternehmen festgelegt worden, dass als Sicherheit gegebene eigene Anteile oder Anteile verbundener Unternehmen nicht als Finanzsicherheiten anzusehen sind.[118]

F. Analoge Anwendung des § 166 auf andere Rechte und andere Sicherungsformen

64 § 166 regelt die Übertragung des Verwertungsrechts auf den Insolvenzverwalter für bewegliche Sachen, an denen ein Absonderungsrecht besteht (Abs. 1), sowie für Forderungen, die der Schuldner sicherungshalber abgetreten hat (Abs. 2).

In der Literatur gibt es eine Vielzahl von Stimmen, die sich aus den **unterschiedlichsten Gründen** für eine **analoge Anwendung des § 166** bzw. der **Kostenbeitragsregelungen der §§ 170, 171 auf andere Rechte** aussprechen.[119] Anknüpfungspunkt ist hier meist

---

[113] HK-*Landfermann*, § 166 RdNr. 35.
[114] *Meyer/Rein*, NZI 2004, 367, 368; *Obermüller*, ZIP 2003, 2336, 2339; *Wimmer*, ZInsO 2004, 1, 2.
[115] Stellungnahme der Bundesregierung zur Stellungnahme Bundesrat, BT-Drucks. 15/1853, S. 34; *Meyer/Rein*, NZI 2004, 367, 368; *Obermüller*, ZIP 2003, 2336, 2339; *Wimmer*, ZInsO 2004, 1, 2.
[116] *Meyer/Rein*, NZI 2004, 367, 368.
[117] Vgl. § 1 Abs. 17 Satz 2 KWG. Die Definition von „Finanzinstrument" findet sich in § 1 Abs. 11 i. V. m. Abs. 17 Satz 3 KWG.
[118] Vgl. § 1 Abs. 17 Satz 4 KWG.
[119] Vgl. z. B. *Häcker*, ZIP 2001, 995 ff.; *Berger* in FS Kirchhof, S. 11 ff.; *Nerlich/Römermann/Becker* § 166 RdNr. 35 ff.

§ 166 Abs. 2, der seinem Wortlaut nach nur Forderungen erfasst, die sicherungshalber abgetreten worden sind.

Entgegen dem Wortlaut des **§ 166 Abs. 2** wird von einzelnen Stimmen eine Anwendung des § 166 auf **sonstige Rechte** (wie Gesellschaftsanteile und Markenrechte) angenommen; teilweise wird – im Rahmen einer weiteren Analogie – der § 166 auch dann angewendet, wenn keine Sicherungsabtretung, sondern eine Verpfändung vorliegt. So wird bspw. bei der Verpfändung von Immaterialgüterrechten die Auffassung vertreten, dass solche Rechte unter § 166 fallen und dass auch bei einer rechtsgeschäftlichen Verpfändung eines Markenrechts ein Verwertungsrecht des Insolvenzverwalters bestehe.[120] Richtig ist allerdings, dass weder bei einer Sicherungsübertragung von Markenrechten noch bei einer Verpfändung von Markenrechten ein Verwertungsrecht des Insolvenzverwalters nach § 166 besteht.[121]

Eine analoge Anwendung des § 166 bzw. der §§ 170, 171 wird aus den unterschiedlichsten **Gründen** und in den unterschiedlichsten Facetten befürwortet:
– teilweise geht es in erster Linie darum, dem Insolvenzverwalter das Verwertungsrecht an bestimmten, mit Sicherungsrechten belasteten Gegenständen der Insolvenzmasse zuzuweisen, um damit ein Auseinanderreißen des schuldnerischen Vermögens zu verhindern,
– teilweise kommt es auch nicht so sehr auf die Entscheidung, wem denn nun das Verwertungsrecht zuzuweisen ist, an, sondern es geht allein um die Anwendung der Kostenbeitragsregelungen der §§ 170, 171 auf den Verwertungsfall, d. h., mittels der analogen Anwendung der Kostenbeitragsregelungen soll gewährleistet werden, dass die Masse eine Erstattung insbes. der Feststellungskosten erhält; um zur Anwendung der §§ 170, 171 zu kommen, wird der § 166 analog angewendet,
– in anderen Fällen soll eine Belastung der Insolvenzmasse mit der Umsatzsteuer bei der Vornahme der Verwertung durch den Sicherungsgläubiger vermieden werden, hier wird dann keine analoge Anwendung des § 166 oder der Kostenbeitragsregelungen in ihrer Gesamtheit befürwortet, sondern es soll nur analog § 171 Abs. 2 eine Erstattung der Umsatzsteuer aus dem Verwertungserlös an die Masse, die mit den Steuerforderungen belastet ist, erfolgen (vgl. dazu § 171 RdNr. 6).

In allen Fällen ist eine analoge Anwendung des § 166 oder anderer Einzelregelungen auf andere Rechte oder andere Sicherungsformen abzulehnen.

Die Übertragung des Verwertungsrechts für einzelne Gegenstände, die mit Sicherungsrechten zugunsten einzelner Gläubiger belastet sind, sowie die Kostenbeitragsregelungen waren **Gegenstand jahrelanger Diskussionen im Laufe des Gesetzgebungsverfahrens.** Es erscheint fern liegend, hier von einer **planwidrigen Regelungslücke** auszugehen und deshalb einzelne Normen analog anzuwenden.

Richtig ist, dass die **Übertragung des Verwertungsrechts** an mit Absonderungsrechten belasteten Gegenständen auf den Insolvenzverwalter **nur unvollständig** erfolgte und dass Gegenstände, die der Insolvenzverwalter eigentlich unbedingt für eine Betriebsfortführung und/oder für eine Veräußerung des gesamten schuldnerischen Unternehmens benötigt, nicht dem Verwertungsrecht des Insolvenzverwalters unterfallen. Hier wäre u. U. ein Tätigwerden des Gesetzgebers angebracht, um dem Insolvenzverwalter auch hinsichtlich der vorgenannten Gegenstände das Verwertungsrecht zu übertragen.

Allerdings muss hier der Gesetzgeber tätig werden; die Gerichte dürfen hier nicht entgegen dem Wortlaut des § 166 dem Verwalter ein Verwertungsrecht zusprechen.

Es besteht **kein Verwertungsrecht** des Insolvenzverwalters bei zur Sicherung übertragenen Markenrechten und sonstigen **Immaterialgüterrechten** (z. B. urheberrechtlichen Lizenzen) und bei **verpfändeten Unternehmensbeteiligungen**.[122]

---

[120] *Marotzke*, ZZP Bd. 109, 449; *Häcker*, Abgesonderte Befriedigung aus Rechten, Diss. 2001.
[121] *Lwowski/Hoes*, WM 1999, 771; *Obermüller*, Insolvenzrecht in der Bankpraxis, RdNr. 6.345.
[122] HK-*Landfermann*, § 166 RdNr. 25; *Wallner*, ZInsO 1999, 453 ff.; *Gundlach/Frenzel/Schmidt*, NZI 2001, 123 ff.; *Uhlenbruck*, InsO § 166 RdNr. 14; *Tetzlaff*, ZInsO 2007, 478, 483; *Berger* ZIP 2007, 1533.

§ 167 Unterrichtung des Gläubigers

(1) ¹Ist der Insolvenzverwalter nach § 166 Abs. 1 zur Verwertung einer beweglichen Sache berechtigt, so hat er dem absonderungsberechtigten Gläubiger auf dessen Verlangen Auskunft über den Zustand der Sache zu erteilen. ²Anstelle der Auskunft kann er dem Gläubiger gestatten, die Sache zu besichtigen.

(2) ¹Ist der Verwalter nach § 166 Abs. 2 zur Einziehung einer Forderung berechtigt, so hat er dem absonderungsberechtigten Gläubiger auf dessen Verlangen Auskunft über die Forderung zu erteilen. ²Anstelle der Auskunft kann er dem Gläubiger gestatten, Einsicht in die Bücher und Geschäftspapiere des Schuldners zu nehmen.

Schrifttum: s. Überblick bei vor §§ 166 ff.

Übersicht

	RdNr.		RdNr.
A. Normzweck	1	VI. Erfüllung der Auskunftspflicht	24
B. Entstehungsgeschichte	3	1. Bewegliches Sicherungsgut	24
I. Frühere Regelung	3	2. Sicherungsabgetretene Forderungen	25
II. Reformvorschläge und Gesetzgebung	4	D. Gestattung der Besichtigung des Sicherungsguts	26
C. Auskunftsrecht des Sicherungsnehmers – Allgemeine Grundsätze	6	I. Grundsätze	26
		II. Zumutbarkeit	27
I. Verhältnis zu anderen Auskunftsrechten im Insolvenzverfahren	6	III. Aufwendungsersatz	28
II. Inhalt des Auskunftsrechts	9	E. Einsicht in Geschäftsunterlagen	29
III. Einzelfragen	14	I. Grundsätze	29
1. Anspruchsverpflichteter	14	II. Zumutbarkeit	30
2. Haftung	15	III. Aufwendungsersatz	31
3. Rechtsweg	16	F. Auskunftsrecht nach Verfahrensbeendigung	32
IV. Zumutbarkeit	17		
V. Aufwendungsersatz für Auskunftserteilung	23		

A. Normzweck

1   Die in § 167 geregelten Auskunftspflichten des Insolvenzverwalters gegenüber absonderungsberechtigten Gläubigern sollen diesen die Wahrnehmung ihrer Rechte im Insolvenzverfahren ermöglichen und erleichtern. Die Norm des § 167 stellt die notwendige Ergänzung zu der Regelung des § 166 dar, die dem Insolvenzverwalter die alleinige Verwertungsbefugnis einräumt.

Dem Insolvenzverwalter steht gem. § 166 die grundsätzliche Verwertungsbefugnis an beweglichen Sachen zu, die er im Besitz hat und an denen ein Gläubiger Absonderungsrechte geltend machen kann, sowie an Forderungen, die einem Gläubiger vom Schuldner zur Sicherung eines Anspruches gegen ihn abgetreten worden sind. Durch die Auskunftspflicht des Insolvenzverwalters wird dem absonderungsberechtigten Gläubiger die Möglichkeit eröffnet, sich ständig über den Zustand und Verbleib des Sicherungsgutes bzw. über das Schicksal der an ihn abgetretenen Forderungen unterrichtet zu halten.

Die Einräumung dieses **Anspruches auf Auskunftserteilung** trägt dem **schutzwürdigen Interesse des Gläubigers** Rechnung, der zwar durch § 166 sein Absonderungsrecht nicht verliert, jedoch keinen Zugriff auf die Sache bzw. auf die abgetretene Forderung hat.

Der absonderungsberechtigte Gläubiger soll insbesondere in die Lage versetzt werden, festzustellen, ob die zu seinen Gunsten belastete Sache möglicherweise veräußert oder verarbeitet worden ist. Er soll wissen, ob die sicherungsabgetretenen Forderungen bereits eingezogen sind und ob Drittschuldner Einwendungen geltend gemacht haben.

Zu den **gesetzlichen Rechten des absonderungsberechtigten Gläubigers,** deren Wahrnehmung § 167 erleichtern soll, zählen u. a.: 2

– Sicherung einer bevorzugten Befriedigung des absonderungsberechtigten Gläubigers aus dem Erlös des mit Absonderungsrechten belasteten Gegenstandes bzw. der sicherungsabgetretenen Forderungen (§§ 49, 170 Abs. 1 Satz 2),
– Überwachung der Verwertung durch den Insolvenzverwalter durch den absonderungsberechtigten Gläubiger durch Hinweis auf bessere Verwertungsmöglichkeiten (§ 168); um die Rechte aus § 168 wahrzunehmen, muss der Sicherungsgläubiger zunächst den Zustand der Sache bzw. der abgetretenen Forderungen kennen,
– Geltendmachung von Kompensationsansprüchen durch den Sicherungsgläubiger gegenüber der Insolvenzmasse aus § 169 (Zinszahlung bei Verzögerung der Verwertung) und § 172 (Ausgleichsansprüche bei Nutzung für die Insolvenzmasse).

B. Entstehungsgeschichte

I. Frühere Regelung

Die bisherige Regelung der Verwertung von Gegenständen, die mit einem Absonderungsrecht eines Gläubigers belastet sind, hat in der Praxis auf Grund der gesetzlich eingeräumten Möglichkeit einer Durchführung der Verwertung ohne gerichtliches Verfahren dazu geführt, dass in der überwiegenden Zahl der Fälle die Verwertung vom absonderungsberechtigten Gläubiger vorgenommen wurde. Der Konkursverwalter war zur Überlassung des Sicherungsgutes zum Zweck der Verwertung durch den absonderungsberechtigten Gläubiger gem. § 127 KO Abs. 2 verpflichtet.[1] Die **Verwertung durch den Konkursverwalter** gem. § 127 Abs. 1 KO stellte deshalb eher die **Ausnahme** dar.[2] 3

In diesen seltenen Fällen bestanden als spezialgesetzlich geregelte Auskunftspflichten des Konkurs-Verwalters allein die allgemeinen Verpflichtungen zur Erstellung eines Inventars, einer Bilanz gem. § 124 KO[3] (vgl. §§ 153, 154, 150) sowie einer Schlussrechnung bei Beendigung seines Amtes gem. § 86 KO (vgl. § 162).

Der insoweit bestehende Anspruch des Gläubigers auf Einsichtnahme sicherte jedoch allein seinen Anspruch auf Erlös. Darüber hinaus wurde eine generelle Auskunftserteilungs- und Rechenschaftspflicht des Konkursverwalters aus dem Auftragsrecht der §§ 662 ff. BGB hergeleitet.[4] Danach war der Konkursverwalter gem. §§ 666, 681 BGB während des Konkursverfahrens wie andere Sachverwalter zur Auskunftserteilung und nach Abschluss des Verfahrens zur umfassenden Rechenschaft gegenüber dem absonderungsberechtigten Gläubiger verpflichtet.

Ferner wurde nach ständiger **Rechtsprechung** ein **Anspruch auf Auskunftserteilung** auch aus dem Grundsatz von Treu und Glauben gem. **§ 242 BGB** hergeleitet. Anspruchsvoraussetzung war, dass eine besondere rechtliche Beziehung zwischen absonderungsberechtigtem Gläubiger und Konkursverwalter bestand – z. B. aus §§ 46, 59, 82 KO[5] und es das Wesen des Rechtsverhältnisses mit sich brachte, dass der Berechtigte in entschuldbarer Weise über Bestehen und Umfang seines Rechtes im Ungewissen war, während der Verpflichtete

---

[1] *Kuhn/Uhlenbruck* KO 11. Aufl., § 6 RdNr. 52.
[2] *Kuhn/Uhlenbruck* KO 11. Aufl., § 127 RdNr. 1 sowie § 6 RdNr. 52.
[3] *Kuhn/Uhlenbruck* KO § 124 RdNr. 2 und 3; *Kilger/K. Schmidt* KO § 124 Anm. 1 a und b.
[4] RGZ 98, 306; *Kuhn/Uhlenbruck* KO § 6 RdNr. 53 d; *Jaeger/Weber,* KO, 8. Aufl., § 127 RdNr. 15; *Kilger/K. Schmidt* KO, 15. Aufl., § 6 Anm. 4 b).
[5] OLG Celle MDR 1965, 1001; OLG Frankfurt/M ZIP 1986, 104, 105 = WM 1986, 27.

die verlangten Auskünfte unschwer erteilten konnte.[6] Zur Annahme einer derartigen rechtlichen Sonderbeziehung und für die Zubilligung des Auskunftsbegehrens reichte es regelmäßig aus, dass ein Leistungsanspruch dem Grunde nach bestand und nur sein Inhalt noch offen war.[7] Eine Pflicht zur Auskunftserteilung traf den Konkursverwalter, soweit der Leistungsanspruch die Konkursmasse berührte und sich gegen den Konkursverwalter richtete, selbst wenn die Hauptverbindlichkeit an sich in der Person des Gemeinschuldners begründet war.[8] Der Anspruch des Gläubigers auf Auskunftserteilung konnte vom Konkursverwalter auch durch Gestattung der Einsichtnahme in die Geschäftsunterlagen des Gemeinschuldners[9] bzw. des Betretens des schuldnerischen Warenlagers[10] erfüllt werden.

Dem Konkursverwalter stand insoweit eine Ersetzungsbefugnis zu, von der er Gebrauch machen konnte.[11] Die Selbstbeschaffung der Auskunft durch den Gläubiger konnte dementsprechend allerdings nur mit Einverständnis des Konkursverwalters erfolgen.[12] Dabei hatte der absonderungsberechtigte Gläubiger als Anspruchsvoraussetzung konkrete Umstände darzutun, die zur Annahme führten, dass sich das Sicherungsgut noch in der Konkursmasse befand.[13]

II. Reformvorschläge und Gesetzgebung

4   Im ersten Bericht der Kommission für Insolvenzrecht aus dem Jahre 1985 wurde eine gesetzliche Regelung der Auskunftspflicht des Insolvenzverwalters nicht in Erwägung gezogen, obwohl bereits zu diesem Zeitpunkt vorgesehen war, dem Insolvenzverwalter die grundsätzliche Befugnis zur Verwertung einzuräumen und die Befugnisse des absonderungsberechtigten Gläubigers auf ein Eintrittsrecht zu beschränken.[14]

Demgegenüber wurde eine spezielle gesetzliche allgemeine Auskunftspflicht des Insolvenzverwalters im Zweiten Bericht der Kommission von 1986 für erforderlich gehalten – jedoch nur im Rahmen der allgemeinen Rechenschaftspflicht des Insolvenzverwalters nach Verfahrensbeendigung.[15]

5   Erst im Referentenentwurf des Gesetzes zur Reform des Insolvenzrechts von 1989 wurde die im Diskussionsentwurf des BMJ von 1988 noch fehlende Pflicht des Insolvenzverwalters zur Unterrichtung ab- und aussonderungsberechtigter Gläubiger umfassend für das gesamte Insolvenzverfahren statuiert und inhaltlich umschrieben (vgl. § 181 a RefE).[16] Danach sollte der Insolvenzverwalter dem absonderungsberechtigten Gläubiger gegenüber auf dessen Verlangen über den Zustand der mit Gläubigerrechten belasteten Sachen auskunftspflichtig sein oder ihm die Besichtigung der Sache gestatten (§ 181 a Abs. 1 RefE). Entsprechend hierzu

---

[6] BGHZ 81, 21, 24; BGH ZIP 1980, 439 = NJW 1980, 2463; OLG Franfurt/M ZIP 1986, 104, 105 = WM 1986, 27.
[7] BGH WM 1978, 373 = BGH NJW 1978, 1002; BGHZ 74, 379, 382 = WM 1979, 921.
[8] BGHZ 49, 11, 13 = WM 1967, 1211 = NJW 1968, 700 = KTS 1968, 100 m. Anm. *Mohrbutter*; OLG Köln NJW 1957, 1032, 1033).
[9] LG Baden-Baden, ZIP 1989, 1003; *Kilger/K. Schmidt* KO 17. Aufl., § 6 Anm. 4 b mwN.
[10] *Kuhn/Uhlenbruck* KO, 11. Aufl., § 6 RdNr. 53 d; *Serick*, Eigentumsvorbehalt und Sicherungsübertragung, Bd. 3 (1970), § 35 I 4 a, S. 283; *Mohrbutter/Mohrbutter*, Handbuch der Konkurs- und Vergleichsverwaltung, 6. Aufl., S. 206.
[11] BGHZ 70, 86 = NJW 1978, 538 = BB 1978, 222 = DB 1978, 440; LG Baden-Baden ZIP 1989, 1003; *Kuhn/Uhlenbruck* KO, 11. Aufl., § 6 RdNr. 53 d aE; *Kilger/K. Schmidt* KO, 17. Aufl., § 6 Anm. 4 b; *Mohrbutter-Pape*, Handbuch der Insolvenzverwaltung, 7. Aufl. RdNr. VI. 151.
[12] *Kuhn/Uhlenbruck*, KO, 11. Aufl., § 6 RdNr. 53 d; *Kilger/K. Schmidt*, 17. Aufl., § 6 Anm. 4 b; *Eickmann*, Aktuelle Probleme des Insolvenzverfahrens aus Verwalter- und Gläubigersicht, 2. Aufl. 1983, S. 24; *Henckel*, Aktuelle Probleme der Warenlieferanten beim Kundenkonkurs, S. 17.
[13] *Eickmann*, Aktuelle Probleme des Insolvenzverfahrens aus Verwalter- und Gläubigersicht, 2. Aufl., 1983, S. 24.
[14] Erster Bericht der Kommission für Insolvenzrecht, 1985, S. 311 ff. = Leitsätze 3.3 ff, insbes. Leitsatz 3.3.5., S. 317.
[15] Zweiter Bericht der Kommission für Insolvenzrecht, 1986, S. 110 = Leitsatz 3.3.8.
[16] RefE, Gesetz zur Reform des Insolvenzrechts mit allgemeiner Begründung und Begründung zu den einzelnen Vorschriften, S. 107, 206 f.

Unterrichtung des Gläubigers 6, 7 § 167

war auch eine Auskunftspflicht über Forderungen des absonderungsberechtigten Gläubigers in § 181 a Abs. 2 RefE vorgesehen, sofern der Insolvenzverwalter zu deren Einzug berechtigt sein sollte. Alternativ zur Auskunftserteilung wurde die Möglichkeit der Erlaubnis des Insolvenzverwalters zur Einsichtnahme in die Bücher des Schuldners eröffnet. Mit dieser speziellen Befugnis des Gläubigers, dem nunmehr auch die Möglichkeit eingeräumt wurde, sich mit Zustimmung des Insolvenzverwalters die ihm gesetzlich zustehenden Auskünfte selbst zu beschaffen, verfolgte der Gesetzentwurf das Ziel, den Insolvenzverwalter in seiner Tätigkeit zu entlasten.[17]

Der RefE wurde unverändert als § 192 RegE[18] unter gleichzeitiger Übernahme der Begründung des RefE[19] in das Gesetzgebungsverfahren eingebracht und erfuhr dort keine Änderung, so dass er als § 167 erlassen wurde.

C. Auskunftsrecht des Sicherungsnehmers – Allgemeine Grundsätze

I. Verhältnis zu anderen Auskunftsrechten im Insolvenzverfahren

Das Auskunftsrecht des Sicherungsnehmers im Insolvenzverfahren tritt als eine **spezielle** 6 **gesetzliche Regelung** neben die allgemeine Auskunftspflicht des Schuldners und des Insolvenzverwalters gegenüber den Gläubigern im Insolvenzverfahren.[20]

Der Insolvenzverwalter ist generell verpflichtet, Auskünfte zu erteilen, sofern diese die Insolvenzmasse betreffen.[21] Dieser Anspruch wird aus allgemeinen zivilrechtlichen Normen abgeleitet. Neben den §§ 666, 681 BGB des Auftragsrechtes kommen insbesondere §§ 242, 260, 402 BGB zur Anwendung.[22] Für den speziellen Fall des mit einem Absonderungsrecht des Gläubigers belasteten Gegenstandes ergibt sich hieraus, dass die neue Regelung des **§ 167 als lex specialis** Vorrang gegenüber den genannten Bestimmungen des BGB hat. § 167 begründet die Gläubigerrechte nur, wenn auch tatsächlich Verwertungsrechte des Verwalters und Absonderungsrechte des Gläubigers bestehen.[23] Greift diese Regelung tatbestandlich jedoch nicht ein, finden – wie bisher – die allgemeinen gesetzlichen Regelungen des BGB Anwendung. Daher haben auch die zur Selbstverwaltung von beweglichen Sachen befugten Absonderungsberechtigten, wie auch die an den Immobilien absonderungsberechtigten Gläubiger, die Massegläubiger und schließlich auch die Insolvenzgläubiger Ansprüche auf Unterrichtung durch den Insolvenzverwalter aus den allgemeinen zivilrechtlichen Normen.[24]

Die Erstellung einer Schlussrechnung bei Beendigung des Amtes gem. § 66 dient zwar ebenfalls dem Informationsbedürfnis der Gläubiger. Sie hat jedoch nicht eine Auskunft, sondern umfassende Rechenschaftsregelung zum Gegenstand.[25]

Für Auskünfte gegenüber dem Aussonderungsberechtigten findet sich im Gesetz keine 7 ausdrückliche Regelung.[26] Hier können sich Auskunftspflichten aus den allgemeinen zivilrechtlichen Normen ergeben. Steht ein Herausgabeanspruch aus § 47 i. V. m. § 985 BGB

---

[17] Begr. zu § 192 RegE, BR-Drucks. 1/92, S. 179.
[18] BT-Drucks. 12/7302, S. 71.
[19] Vgl. BR-Drucks. 1/92, S. 179.
[20] *Lwowski/Heyn* WM 1998, 473, 474.
[21] BGHZ 70, 86 = NJW 1978, 538; *Kuhn/Uhlenbruck* KO § 6 RdNr. 53 mwN; *Lwowski*, Insolvenzpraxis für Banken, S. 120.
[22] *Kuhn/Uhlenbruck* KO § 6 RdNr. 53 mwN.
[23] FK-*Wegener* § 167 RdNr. 2. Vgl. dazu auch BGH NJW 2006, 3486 m. krit. Anm. *Piekenbrock*, NJW 2007, 1247. Der BGH hatte ein Auskunftsanspruch verneint, weil die Forderungen aufgrund eines Abtretungsanschlusses nicht an den Kläger abgetreten worden sein sollen. Verkannt hat der BGH, dass § 48 den Kläger vor einem ersatzlosen Verzicht des Eigentums schützt und dass hier der Kläger ebenfalls Auskunftsansprüche geltend machen konnte.
[24] *Nerlich/Römermann/Becker* § 167 RdNr. 22.
[25] Vgl. zum Unterschied *Palandt/Thomas* § 666 RdNr. 3, 4.
[26] *Uhlenbruck*, InsO § 167 RdNr. 3.

im Raum, so ergibt sich die Auskunftspflicht aus §§ 260, 402, 242 BGB.[27] Weitere Pflichten können sich aus Auftragsrecht ergeben.

8 Nicht in § 167 geregelt sind Auskunftsrechte des Grundpfandgläubigers, der nach § 165 die Zwangsverwertung des Grundstücks betreiben kann.[28]

II. Inhalt des Auskunftsrechts

9 Zur inhaltlichen Konkretisierung des Auskunftsanspruches aus § 167 ist auf die im Rahmen der Diskussion um §§ 6, 127 KO von Rechtsprechung und Lehre entwickelten Grundsätze zurückzugreifen. Denn aus den Begründungen der neuen Regelung geht nicht hervor, dass mit § 167 eine völlig neue Rechtslage geschaffen werden sollte. § 167 stellt lediglich die in das Insolvenzrecht aufgenommene ausdrückliche Regelung dar, deren Fehlen zuvor durch Heranziehung zivilrechtlicher Vorschriften ausgeglichen wurde. Dieses gilt sowohl für die Auskunftspflicht des Insolvenzverwalters selbst, als auch für die Möglichkeit der Selbstbeschaffung entsprechender Auskünfte durch den absonderungsberechtigten Gläubiger, dem nach früherem Recht eine Ersetzungsbefugnis eingeräumt wurde.[29]

Hierdurch wird eine bereits seit Jahrzehnten geübte Rechtspraxis kodifiziert, um ein gesetzlich geregeltes Gegengewicht zur stärkeren Rechtsstellung des Insolvenzverwalters zu setzen.[30]

War bisher der Rückgriff auf die Bestimmungen des Auftragsrechtes der §§ 662 ff. BGB notwendig, das inhaltlich keine genaue Definition lieferte, so stellt der Gesetzgeber nunmehr fest, dass der absonderungsberechtigte Gläubiger Auskunft über den Zustand der Sache bzw. über die Forderung verlangen kann, und räumt ihm hilfsweise ein Besichtigungsrecht des Sicherungsgutes bzw. ein Einsichtnahmerecht in Bücher und Geschäftspapiere des Schuldners im Falle zur Sicherheit abgetretener Forderungen ein.

Die **Auskunft** über den Zustand der Sache **bewirkt keine Anerkennung** des Verwalters bezüglich des **Bestehens des Absonderungsrechts.** Ist bei mehreren aufeinander folgenden Sicherungsübereignungen nicht geklärt, wem ein Absonderungsrecht zusteht, kann der Insolvenzverwalter entweder allen potentiellen Absonderungsberechtigten unter dem Vorbehalt der endgültigen Klärung Auskunft erteilen oder aber die Auskunft verweigern, bis die Rechtslage geklärt ist.[31] Verweigert der Insolvenzverwalter allerdings allen potentiellen Berechtigten die Auskunftserteilung und steht zu einem späteren Zeitpunkt fest, dass ein Gläubiger tatsächlich Absonderungsrechte geltend machen kann, so kann bei Auseinandersetzungen zwischen dem Insolvenzverwalter und diesem Absonderungsgläubiger die Verweigerung der Auskunft oder der Besichtigung durch den Insolvenzverwalter uU eine Indizwirkung haben, wenn der absonderungsberechtigte Gläubiger meint, sein Sicherungsgegenstand sei schlecht verwertet worden, er allerdings Probleme hat, dem Verwalter dies nachzuweisen.

10 Für die **Geltendmachung eines Auskunftsrechts** aus § 167 reicht es nicht aus, dass der Gläubiger vermutet, dass in der Insolvenzmasse Gegenstände sind, die möglicherweise mit Absonderungsrechten zu seinen Gunsten belastet sind. Kann der Gläubiger den Gegenstand nicht konkret bezeichnen und will er sich lediglich „**im Betrieb des Schuldners umsehen**", um festzustellen, ob Sicherungsgut vorhanden ist, so braucht der Verwalter uU keine Auskünfte erteilen. Die Grenzziehung zwischen berechtigtem Auskunftsverlangen und einer Behinderung der Abwicklung des Insolvenzverfahrens ist schwierig zu bestimmen. Der

---

[27] KölnerSchrift-*Gottwald/Adolphsen*, S. 1080 RdNr. 139; *Uhlenbruck,* InsO § 167 RdNr. 3.
[28] *Uhlenbruck,* InsO § 167 RdNr. 3.
[29] BGHZ 70, 86 = NJW 1978, 538; LG Baden-Baden ZIP 1989, 1003; *Kilger/K. Schmidt* KO § 6 Anm. 4 b mwN.
[30] Begr. zu § 192 RegE, der diese Reglung mit der Existenz des jetzigen § 166 rechtfertigt, BR-Drucks 1/92, S. 179.
[31] *Hess* InsO § 167 RdNr. 12.

BGH hat z. B. dem Vermieter, der vermutete, dass Gegenstände vom insolventen Mieter eingebracht wurden, die seinem Vermieterpfandrecht unterliegen könnten, Recht gegeben und den Insolvenzverwalter zur Auskunftserteilung verurteilt.³² Allerdings muss der Gläubiger, der vermutet, dass ihm Rechte an Gegenständen der Insolvenzmasse zustehen, zumindest Anhaltspunkte dafür vortragen können. Kann er dies, so ist die Auskunftspflicht des Insolvenzverwalters durch den Grundsatz der Zumutbarkeit beschränkt. Stellt also eine größere Anzahl von Gläubiger Auskunftsverlangen nach § 167, weil diese vermuten, dass Absonderungsrechte bestehen, und wollen deshalb an der Inventur von Warenbeständen teilnehmen, so kann der Insolvenzverwalter dies ablehnen. Er bleibt aber verpflichtet, in einem absehbaren Zeitraum Auskunft zu erteilen, z. B. durch Übersendung des Inventarisierungsgutachtens oder von Auszügen der Inventur. Vgl. dazu auch RdNr. 17 ff.

Der Anspruch des absonderungsberechtigten Gläubigers gem. § 167 Abs. 1 Satz 1 richtet sich auf **Auskunft über den Zustand** der sicherungsübereigneten Sache. Der Begriff des „Zustandes" ist umfassend zu verstehen und hat nicht nur jegliche Informationen über die derzeitige qualitative und quantitative Beschaffenheit der Sache zum Inhalt. Hierzu zählen neben Angaben über die Unversehrtheit bzw. etwaige Beschädigungen der Sache, auch Auskünfte über eine bereits erfolgte Verarbeitung, Vermengung, Vermischung oder Verbindung der Sache. Aus der Begründung des wortgleichen § 192 RegE³³ folgt zudem, dass auch das Vorhandensein der Sache in der Insolvenzmasse und selbst die genauen Bedingungen einer möglicherweise erfolgten Veräußerung vom Begriff des Zustandes in § 167 Abs. 1 Satz 1 umfasst sind. **11**

Aus der vom Gesetzgeber mit der Schaffung des Auskunftsrechts verfolgten Intention, dem absonderungsberechtigten Gläubiger die Wahrnehmung der Rechte aus §§ 168, 169, 172 zu ermöglichen³⁴ folgt, dass auch mögliche **Belastungen des Gegenstandes durch Rechte Dritter** vom Auskunftsanspruch mit erfasst sind, da sie den Wert des Gegenstandes beeinflussen und somit auch seinen Zustand und seine Verwertbarkeit.

Darüber hinausgehende Auskünfte – wie z. B. ob die dem Schuldner aus der Veräußerung zustehende Forderung bereits beglichen ist – werden weiterhin aus den **subsidiären Bestimmungen der §§ 260, 402, 242 BGB**³⁵ bzw. **§§ 666, 675 BGB** hergeleitet werden müssen. **12**

Die Abgrenzung zwischen dem Inhalt des Auskunftsrechts aus § 167 und Auskunftsrechten aus allgemeinen zivilrechtlichen Vorschriften gestaltet sich teilweise schwierig. In diesen Kontext ist auch eine Entscheidung des BGH zum Vermieterpfandrecht einzuordnen:³⁶ Vermutet der Gläubiger, dass in der Insolvenzmasse Gegenstände vorhanden sind, an denen ihm ein Absonderungsrecht zusteht (z. B. eingebrachte Sachen, die einem Vermieterpfandrecht unterliegen), so hat ihm der Verwalter auch insoweit Auskunft zu erteilen. Der BGH hat in dieser Entscheidung offen gelassen, ob das Auskunftsrecht des Gläubigers aus § 167 folgt oder ein Nebenrecht des Absonderungsrechts darstellt, vgl. dazu vor §§ 49–52 RdNr. 130.

Der Rückgriff auf die allgemeinen zivilrechtlichen Vorschriften ist immer dann erforderlich, wenn der Wortlaut des § 167 nicht einschlägig ist. Die Vorschrift des § 167 normiert eine Auskunftspflicht ausdrücklich nur in Bezug auf den Zustand des Gegenstandes.

Gegenstand der Auskunft kann in jedem Fall eine spezielle Frage, aber auch die Angabe eines umfassenden Gesamtberichtes sein.³⁷

---

³² BGH ZIP 2004, 326.
³³ BR-Drucks. 1/92, S. 179.
³⁴ Begr. zu § 192 RegE, BR-Drucks. 1/92, S. 179.
³⁵ Vgl. hierzu BGHZ 70, 86 = NJW 1970, 538; *Jaeger/Henckel* KO § 3 RdNr. 25; *Kilger*, Der Konkurs des Konkurses, KTS 1975, 142, 149 f.; *Häsemeyer*, Die Behandlung der Klage auf Auskunft im Konkurse, ZZP 80 (1967), S. 263 f.
³⁶ BGH ZIP 2004, 326.
³⁷ Vgl. insoweit MünchKommBGB-*Seiler* § 666 RdNr. 7 mwN.

13 Der Insolvenzverwalter ist gem. § 167 **nicht verpflichtet,** dem absonderungsberechtigten Gläubiger **unaufgefordert Auskünfte** zu erteilen i. S. v. „Nachricht geben" gem. § 666 BGB.[38]

Es obliegt ihm allein, auf Verlangen der Gläubiger Auskunft zu geben. Unter den Begriff des Verlangens des absonderungsberechtigten Gläubigers ist eine ausdrückliche Erklärung zu verstehen, die durch den Gläubiger gegenüber dem Insolvenzverwalter abgegeben werden muss. Ein solches **Auskunftsersuchen** kann auch formlos, z. B. telefonisch erfolgen und unterliegt keiner Frist. Eine darüber hinausgehende Verpflichtung kann sich nur aus vertraglicher Vereinbarung ergeben.[39] Der **Auskunftsanspruch hinsichtlich der Forderungen,** zu deren Einziehung der Insolvenzverwalter berechtigt ist (§ 167 Abs. 2 Satz 2), ist nicht inhaltlich eingegrenzt und umfasst jegliche, die Forderung betreffende Auskunft.

Eine allgemeine Auskunftspflicht trifft den Insolvenzverwalter zudem, wenn er gem. § 103 die Erfüllung eines vom Schuldner geschlossenen Vertrages verlangt und davon die Rechte eines absonderungsberechtigten Gläubigers tangiert sind, sofern sich der Schuldner gegenüber dem absonderungsberechtigten Gläubiger zur Auskunftserteilung verpflichtet hatte, da der Verwalter nunmehr alle diesbezüglichen Pflichten des Schuldners übernimmt.[40] Nicht von § 167 erfasst ist eine mögliche Auskunftspflicht des Insolvenzverwalters über den jeweiligen **Stand des Insolvenzverfahrens.** Sie besteht regelmäßig nur gegenüber der **Gläubigerversammlung.** Weitere Auskünfte – auch auf allgemeine Fragen – braucht der Insolvenzverwalter danach nur zu geben, wenn auf der Gläubigerversammlung ein entsprechender verpflichtender Beschluss gefasst worden ist.[41]

III. Einzelfragen

14 **1. Anspruchsverpflichteter.** Auskunftsverpflichteter ist der **Insolvenzverwalter.** Damit muss der Insolvenzverwalter auch Auskünfte über **Vorgänge** erteilen, **die er nicht aus eigener Anschauung** kennt, sondern erst von einem früheren Insolvenzverwalter oder vorm Schuldner in Erfahrung bringen kann.[42]

Mit der unter Geltung der KO ergangenen Rechtsprechung und der hM[43] ist nach wie vor davon auszugehen, dass sich der Auskunftsanspruch gegen den Insolvenzverwalter richtet, wenn der Hauptanspruch in die Insolvenzmasse fällt und gegen den Insolvenzverwalter verfolgt werden muss. Grundsätzlich ist dabei zwischen selbstständigen und unselbstständigen **Auskunftsansprüchen** zu unterscheiden. Zur ersten Kategorie zählen der Anspruch aus § 167 sowie etwaige vertragliche Verpflichtungen des Schuldners zur Auskunftserteilung. Darüber hinaus ist ein selbständiger Anspruch auch dann zu bejahen, „wenn sich nach Treu und Glauben aus dem Wesen des zwischen den Parteien bestehenden Rechtsverhältnisses ergibt, dass der Anspruchsberechtigte in entschuldbarer Weise über das Bestehen oder den Umfang eines Rechtes im Ungewissen ist, während der Verpflichtete in der Lage ist, unschwer die zur Beseitigung dieser Ungewissheit erforderlichen Auskünfte zu erteilen."[44]

Anders verhält es sich mit den – subsidiär geltenden – unselbstständigen Auskunftsansprüchen, wie z. B. gem. §§ 259, 260, 402, 666, 681 BGB. Während es keinem Zweifel

---

[38] Vgl. MünchKommBGB-*Seiler* § 666 RdNr. 2.
[39] *Lwowski/Heyn* WM 1998, 473, 474; *Hess* InsO § 167 RdNr. 8; *Nerlich/Römermann/Becker* § 167 RdNr. 7; *Kübler/Prütting/Kemper* § 167 RdNr. 4.
[40] Vgl. *Kuhn/Uhlenbruck* KO § 6 RdNr. 53.
[41] *Kuhn/Uhlenbruck* KO § 6 RdNr. 53 c; *Eickmann,* Aktuelle Probleme des Insolvenzverfahrens aus Verwalter- und Gläubigersicht, 2. Aufl., 1983, S. 25.
[42] BGH ZIP 2004, 326; HK-*Landfermann,* § 167 RdNr. 6.
[43] BGHZ 49, 11 = WM 1967, 1211; *Häsemeyer,* Die Behandlung der Klage auf Auskunft im Konkurse, ZZP 80 (1967), S. 263, 268.
[44] BGH MDR 1962, 393; OLG Celle MDR 1965, 1001; BGHZ 81, 21, 24 = NJW 1980, 2463 sowie bereits BGHZ 10, 385, 387 und OLG Frankfurt/M WM 1986, 27 = ZIP 1986, 104, 105 = WuB VI. B. § 15 KO 1.86.

unterliegt, dass der Insolvenzverwalter Anspruchsgegner ist, wenn der Anspruch nach Eröffnung des Insolvenzverfahrens entstanden ist, findet die für den Konkursverwalter entwickelte Ansicht der Rechtsprechung, wonach dieses auch gelte, wenn der Anspruch schon vor Eröffnung des Verfahrens entstanden ist, keine ungeteilte Zustimmung in der Lehre.[45]

Für die Ansicht der Rechtsprechung spricht jedoch, dass der Insolvenzverwalter mit der ein Absonderungsrecht betreffenden Auskunft eine Verpflichtung des Schuldners erfüllt. Die Auskunftspflicht ist dabei keine höchstpersönliche Pflicht. Vielmehr erfüllt der Insolvenzverwalter mit Auskunftserteilung eine Verpflichtung des Schuldners[46] in Erfüllung der ihm übertragenen Aufgaben. Denn die unselbständige Auskunftspflicht bezieht sich regelmäßig auf die Hauptverpflichtung.

2. Haftung. Der absonderungsberechtigte Gläubiger hat einen Anspruch auf eine richtige und vollständige Auskunft durch den Insolvenzverwalter. Für die Folgen einer schuldhaft nicht erteilten, falschen oder unvollständigen Auskunft hat der Insolvenzverwalter nach § 60 einzustehen.[47] Dies gilt vor allem dann, wenn es dadurch dem Gläubiger nicht möglich ist, seine Rechte aus § 168, § 169 oder § 172 gegenüber der Insolvenzmasse geltend zu machen.

Kann der Insolvenzverwalter – z.B. auf Grund Überlastung – für die Richtigkeit seiner Auskunft keine Gewähr übernehmen oder muss zunächst die Rechtslage geklärt werden, so ist seine Auskunftspflicht durch den Grundsatz der Zumutbarkeit (vgl. RdNr. 17 ff.) beschränkt. Der Insolvenzverwalter kann dann durchaus deutlich machen, dass es sich um eine vorläufige Auskunft handelt oder die Auskunft unter dem Vorbehalt der Nachprüfung steht. Dadurch kann der Insolvenzverwalter eine Haftung nach § 60 vermeiden.

3. Rechtsweg. Für Streitigkeiten über die Auskunftspflicht des Insolvenzverwalters nach § 167 besteht die Zuständigkeit der ordentlichen Gerichte.[48] Daneben kann der Gläubiger beim Insolvenzgericht Aufsichtsmaßnahmen gegenüber dem Insolvenzverwalter anregen, vgl. § 58.

IV. Zumutbarkeit

Der Umfang der Auskunftspflicht ist in der InsO nicht normiert worden.

Eine ungeschriebene Begrenzung der Auskunftspflicht des Insolvenzverwalters ergibt sich nach Treu und Glauben gem. **§ 242 BGB** aus dem Grundsatz der Verhältnismäßigkeit und erfordert eine Interessenabwägung im konkreten Einzelfall[49] wobei zu berücksichtigen ist, dass der Verwalter in Wahrnehmung seiner Aufgaben verpflichtet ist, sich über Bestehen und Umfang von Absonderungsrechten zu informieren.[50] Es stehen sich hierbei die schutzwürdigen Interessen des absonderungsberechtigten Gläubigers an der Auskunftserteilung einerseits und der hierfür erforderliche Arbeits- und Zeitaufwand des Insolvenzverwalters andererseits gegenüber.[51] Die **Auskunftspflicht** darf nach Art und Umfang nicht die ordnungsgemäße **Durchführung des Insolvenzverfahrens beeinträchtigen**. Das ist der Fall, wenn durch die Auskunftserteilung eine Gefährdung oder Vereitelung der korrekten

---

[45] Kritisch *Kuhn* WM 1969, 226, 227; *Mohrbutter/Mohrbutter*, Handbuch der Konkurs- und Vergleichsverwaltung, 6. Aufl., RdNr. 407.
[46] BGHZ 49, 11, 13 = WM 1967, 1211; OLG Köln NJW 1957, 1032, 1033.
[47] *Gundlach/Frenzel/Schmidt*, KTS 2001, 241, 247; *Uhlenbruck*, InsO § 167 RdNr. 10.
[48] HK-*Landfermann*, § 167 RdNr. 7; *Uhlenbruck*, InsO § 167 RdNr. 10.
[49] BGHZ 70, 86 = NJW 1978, 538; LG Baden-Baden ZIP 1989, 1003; *Kuhn/Uhlenbruck* KO § 6 RdNr. 53 f.; *Eickmann*, Aktuelle Probleme des Insolvenzverfahrens aus Verwalter- und Gläubigersicht, 2. Aufl., 1983, S. 24; *Häsemeyer*, Die Behandlung der Klage auf Auskunft im Konkurse, ZZP 80 (1967), S. 263, 268.
[50] OLG Celle MDR 1965, 1001; OLG Frankfurt/M ZIP 1986, 104, 105 = MW 1986, 27, m. Anm. *Junker* EWiR 1986, 281.
[51] BGH 70, 86 = NJW 1978, 538; LG Baden-Baden ZIP 1989, 1003; *Kuhn/Uhlenbruck* KO 11. Aufl., § 6 RdNr. 53, *Eickmann*, Aktuelle Probleme des Insolvenzverfahrens aus Verwalter- und Gläubigersicht, 2. Aufl., 1983, S. 24; *Häsemeyer*, Die Behandlung der Klage auf Auskunft im Konkurse, ZZP 80, (1967), S. 263, 268; KölnerSchrift-*Gottwald/Adolphsen* S. 805, 834 RdNr. 102.

§ 167 4. Teil. 3. Abschnitt. Gegenstände mit Absonderungsrechten

Verfahrensdurchführung – etwa durch **vollständige Verhinderung anderer Verwaltertätigkeiten**[52] – verursacht, den Abschluss des Insolvenzverfahrens unangemessen verzögert oder die Insolvenzmasse durch die Kosten der Auskunftserteilung[53] ausgezehrt würde.

Dementsprechend ist zu verlangen, dass der absonderungsberechtigte Gläubiger bei seinem **Auskunftsgesuch** an den Verwalter den **fraglichen Gegenstand näher bezeichnet,** um dem Verwalter die Erfüllung des Anspruches in kürzester Zeit zu ermöglichen.[54] Der Insolvenzverwalter kann sich dabei allerdings nicht mit der Begründung auf den Einwand der Unzumutbarkeit berufen, er sei aus tatsächlichen Gründen – z. B. auf Grund schlechter Buchführung des Schuldners – zur Auskunftserteilung nicht in der Lage[55], denn der Auskunftsanspruch wird regelmäßig auch durch eine negative Auskunft erfüllt. Diese liegt vor, wenn der Insolvenzverwalter auf Grund sorgfältiger Überprüfung zu dem Ergebnis kommt, dass er in Ermangelung entsprechender Unterlagen keine Auskunft erteilen kann. Allerdings dürfte dieser Fall in der Praxis – wenn überhaupt – nur sehr selten eintreten, da dem Insolvenzverwalter genügend Möglichkeiten zur Verfügung stehen, sich in den Stand zu versetzen, Auskunft zu erteilen. So kann er neben der Einsichtnahme in die Geschäftsunterlagen des Schuldners diesen auch zur Auskunftserteilung heranziehen, vgl. §§ 20, 97.

Keine Erfüllung des Auskunftsanspruchs tritt hingegen ein, wenn die erteilte **Auskunft unvollständig** ist, obgleich der Insolvenzverwalter im Rahmen des Zumutbaren die erforderlichen Informationen beschaffen kann.

18 Bei der **Bestimmung der Grenze der Zumutbarkeit** kann auf die unter Geltung der KO ergangene Rechtsprechung nur begrenzt zurückgegriffen werden. Unter Geltung der KO mussten die Kosten für die Auskunftserteilung durch die Masse getragen werden; die ungesicherten Gläubiger mussten also Belastungen tragen, die im Interesse der gesicherten Gläubiger erfolgten. Vor diesem Hintergrund erfolgten durch die Rechtsprechung unter Geltung der KO teilweise Einschränkungen des Auskunftsrechts des absonderungsberechtigten Gläubigers. Unter Geltung der InsO gehen die Kosten für Auskunftserteilungen durch die Insolvenzmasse nicht zu Lasten der ungesicherten Gläubiger. Die Insolvenzmasse erhält die Kostenbeiträge nach §§ 170, 171.

Unter **Geltung der KO** wurde vertreten, dass der Gläubiger in jedem Fall verpflichtet sei, die früheste Möglichkeit, das Auskunftsverlangen zu stellen, wahrzunehmen. Das sollte insbesondere für den Fall gelten, dass in der vorhergehenden Gläubigerversammlung der Gegenstand des Auskunftsersuchens erörtert worden ist. Hatte der Gläubiger seinen **Auskunftsanspruch** hier **nicht angemeldet,** blieb er mit ihm ausgeschlossen, da es sich hierbei um ein unzumutbares Auskunftsverlangen handelt.[56] Diese Rechtsprechung kann auf die Begrenzung der Auskunftspflicht aus § 167 durch den Gesichtspunkt der Zumutbarkeit nicht übertragen werden. Der absonderungsberechtigte Gläubiger kann auch nach der Gläubigerversammlung sein Auskunftsersuchen geltend machen, auch dann, wenn dieses Thema bereits auf der Gläubigerversammlung angesprochen wurde. Das Auskunftsverlangen kann missbräuchlich sein, wenn der Verwalter unnötig lange mit der Geltendmachung des Auskunftsbegehrens zuwartet.

Nach der alten Rechtslage sollte es so sein, dass der Gläubiger dann seinen Anspruch auf Auskunft verlor, wenn er eine vom Konkursverwalter angebotene **Möglichkeit zur Akteneinsicht ohne nachvollziehbare Gründe nicht wahrgenommen** hat. Die gleichen

---

[52] *Jaeger/Henckel* KO § 3 RdNr. 25; *Mohrbutter-Pape,* Handbuch der Insolvenzverwaltung, 7. Aufl., RdNr. VI, 151.
[53] Vgl. hierzu im Einzelnen unten RdNr. 19.
[54] OLG Köln ZIP 1982, 1107; *Mohrbutter-Pape,* Handbuch der Insolvenzverwaltung, 7. Aufl., RdNr. VI. 150.
[55] Im einzelnen OLG Köln NJW 1957, 1032, 133; *Gärtner,* KTS 1958, 181, 184; *Henckel,* Aktuelle Probleme der Warenlieferanten beim Kundenkonkurs, S. 15.
[56] *Kuhn/Uhlenbruck* KO, 11. Aufl., § 6 RdNr. 53; *Mohrbutter-Pape,* Handbuch der Insolvenzverwaltung, 7. Aufl., RdNr. VI. 158; vgl. *Stürner,* Die Aufklärungspflicht der Parteien im Zivilprozess, Tübingen 1976, S. 338.

Grundsätze sollten bei **Nichtteilnahme an der Gläubigerversammlung** gelten.[57] Auch diese **Grundsätze können nicht auf § 167 übertragen werden,** sondern sind zu modifizieren. Grundsätzlich kann der absonderungsberechtigte Gläubiger seine Rechte aus § 167 auch dann geltend machen, wenn er frühere Gelegenheiten zur Auskunftserlangung hat verstreichen lassen. Die Grenze für Auskunftsverlangen bildet hier auch wieder der Rechtsmissbrauch.

Die Auskunftspflichten können durch den **Grundsatz der Zumutbarkeit** eingeschränkt 19 sein, wenn durch die Ermittlung der für die Auskunftserteilung erforderlichen Angaben eine nicht unerhebliche Belastung der Insolvenzmasse mit **Kosten** verursacht wird[58] bzw. die Kosten für die Auskunftserteilung die Masse vollständig aufzehren.

Wann die Schwelle zur Erheblichkeit überschritten wird, ist im Einzelfall zu bestimmen. Weder in der Rechtsprechung noch in der Literatur ist die Erheblichkeit bisher konkretisiert worden. Als Kriterium hierfür dürfte allerdings in erster Linie das **Verhältnis zwischen den Kosten für die Erfüllung des Auskunftsanspruches und dem Wert der Masse,** aber auch dem Wert des Gegenstandes, auf den sich der Auskunftsanspruch richtet, sein.

Die Erheblichkeitsgrenze dürfte in jedem Fall überschritten sein, wenn die Kosten für die Erfüllung des Auskunftsverlangens über der Höhe der gesicherten Forderung des Gläubigers oder über dem voraussichtlichen Wert der Gegenstände, die seinem Absonderungsrecht unterliegen, liegen.

Ferner kommt eine Unzumutbarkeit aus zeitlicher Sicht in Betracht, wenn der Verwalter – um seine Auskunftspflicht zu erfüllen – **zeitlich** nicht mehr in der Lage ist, die ihm obliegenden Hauptaufgaben zu bewältigen, die **Verwaltung also praktisch lahm gelegt wird.**[59] In diesem Fall hat der Insolvenzverwalter aber die Pflicht, die Auskunft zu einem späteren Zeitpunkt vollständig zu erteilen. Zeitnah sollte der Insolvenzverwalter dem Gläubiger zumindest eine Zwischennachricht geben. Er kann dabei auf die Unvollständigkeit und Vorläufigkeit der erteilten Auskunft hinweisen, um eigene Haftungsrisiken zu vermeiden.

Unzumutbar gem. § 242 BGB ist die Auskunftserteilung auch, wenn die von der Aus- 20 kunft betroffenen Rechte wegen unüberwindlicher Beweisschwierigkeiten selbst nach Erteilung der Auskunft nicht einmal teilweise durchgesetzt werden könnten.[60]

So verhält es sich z. B., wenn der **absonderungsberechtigte Gläubiger** seinen **Anspruch** auch nach erhaltener Auskunft wegen **bestehender Beweisschwierigkeiten nicht durchsetzen kann.** In diesem Fall verstößt das Auskunftsbegehren – bei Erkennbarkeit der mangelnden Durchsetzbarkeit – gegen den Grundsatz von Treu und Glauben, da es von vornherein nicht dem gesetzlich vorgesehenen Zweck dienen kann und deshalb eine unverhältnismäßige Belastung des Anspruchsgegners darstellt.[61]

Aus denselben Gründen fehlt dem Anspruchsteller das Rechtsschutzbedürfnis.

Derartige Beweisschwierigkeiten können sich ergeben, wenn mit einem Absonderungsrecht belastetes Material vermischt, vermengt oder verarbeitet worden ist und die Miteigentumsquote gem. §§ 947, 948 BGB nicht eindeutig zu ermitteln sind.[62] Der Grundsatz der Zumutbarkeit darf aber nicht dazu benutzt werden, dem absonderungsberechtigten Gläubiger, der klären will, ob während des Insolvenzeröffnungsverfahrens oder während des Insolvenzverfahrens Gegenstände, die seinem Absonderungsrechten unterlagen, verarbeitet etc. wurden, die Geltendmachung von Ansprüchen gegenüber der Insolvenzmasse und dem Insolvenzverwalter abzuschneiden.

---

[57] *Kuhn/Uhlenbruck* KO, 11. Aufl., § 6 RdNr. 53; *Mohrbutter-Pape,* Handbuch der Insolvenzverwaltung, 7. Aufl., RdNr. VI. 158.
[58] *Kuhn/Uhlenbruck* KO, 11. Aufl., § 6 RdNr. 53 d.
[59] *Mohrbutter-Pape,* Handbuch der Insolvenzverwaltung, 7. Aufl., RdNr. VI. 158; *Jaeger-Henckel* KO, 9. Aufl., § 3 RdNr. 25.
[60] OLG Frankfurt/M WM 1986, 27 = ZIP 1986, 104, 105.
[61] OLG Frankfurt/M ZIP 1986, 104 = WM 1986, 27 und Anm. *Junker* in EWiR 1986, 280; *Mohrbutter-Pape,* Handbuch der Insolvenzverwaltung, 7. Aufl., RdNr. VI. 152.
[62] OLG Frankfurt/M ZIP 1986, WM 1986, 27 = ZIP 1986, 104, 105 = EWiR 1986, 280, 281 m. Anm. *Junker*; *Mohrbutter-Pape,* Handbuch der Insolvenzverwaltung, 7. Aufl., RdNr. VI. 152.

Das Rechtsschutzinteresse des Sicherungsgläubigers besteht, wenn dieser Auskunft über das Sicherungsgut begehrt, das nach Eröffnung des Insolvenzverfahrens oder im Insolvenzeröffnungsverfahren verwertet worden oder nicht auffindbar ist.[63]

21 Weiterhin ist zu diskutieren, ob der absonderungsberechtigte Gläubiger auch verlangen kann, dass der Insolvenzverwalter die notwendigen Informationen für die Auskunftserteilung dadurch beschafft, dass der **Insolvenzverwalter den Schuldner nach §§ 97 Abs. 1 Satz 1, 101 Abs. 1 auf Auskunft in Anspruch nimmt.** Würde man hier eine Verpflichtung des Insolvenzverwalters zu einem Vorgehen gegen den Schuldner bejahen, so wäre damit uU eine erhebliche finanzielle Belastung der Insolvenzmasse verbunden. Es wird deshalb vertreten, dass hier die Auskunftspflichten durch den Grundsatz der Zumutbarkeit eingeschränkt sind und deshalb grundsätzlich der Insolvenzverwalter nicht verpflichtet ist, nach §§ 97, 101 gegen den Schuldner vorzugehen, um die Auskunftsansprüche aus § 167 zu erfüllen.[64] Daran ist nur dann zu denken, wenn ein Vorgehen gegen den Schuldner ausschließlich im Interesse des absonderungsberechtigten Gläubigers erfolgt und keinerlei Vorteile für die Masse bringt. Ein Vorteil für die Masse ist aber schon dann gegeben, wenn der absonderungsberechtigte Gläubiger Befriedigung aus seinen Vorzugsrechten erlangt und deshalb keine Insolvenzforderungen zur Tabelle anmeldet. Es ist auch Aufgabe des Insolvenzverwalters, den Verbleib von Gegenständen, die „verloren gegangen" sind, aufzuklären. Dem absonderungsberechtigten Gläubiger stehen die Rechte aus §§ 97, 101 gegenüber dem Schuldner nicht zur Verfügung. Er ist darauf angewiesen, dass der Insolvenzverwalter die Rechte verfolgt, denn der Sicherungsgläubiger kann selbst kaum gegen den Schuldner vorgehen, da die Verwertungsbefugnis bezüglich der Gegenstände beim Insolvenzverwalter liegt (vgl. § 166). Man wird daher davon ausgehen müssen, dass grundsätzlich der Insolvenzverwalter auch verpflichtet ist, gegen den Schuldner vorzugehen und notwendige Informationen nach §§ 97, 101 zu beschaffen, um dem Auskunftsanspruch des Sicherungsgläubigers nachzukommen.[65] Grenze ist aber auch hier wieder die Zumutbarkeit.[66]

22 Auch bei Unzumutbarkeit der Auskunftserteilung hat der Insolvenzverwalter grundsätzlich die Pflicht, eine Einsichtnahme in Geschäftsunterlagen bzw. einer Besichtigung der Sachen gem. § 167 Abs. 1 Satz 2 zu gestatten. Tut er dieses nicht, handelt er rechtsmissbräuchlich.[67]

Der absonderungsberechtigte Gläubiger kann sich zur **gerichtlichen Geltendmachung** seines Anspruchs neben der Klage unmittelbar auf Erfüllung der Auskunft auch der Stufenklage gem. § 254 ZPO bedienen. Eine Klage auf Duldung der Einsichtnahme kommt in Betracht, wenn der Insolvenzverwalter dem absonderungsberechtigten Gläubiger gegenüber eine Auskunft nicht erteilt und sich dabei auf den Grundsatz der Zumutbarkeit beruft und er gleichzeitig auch keine Besichtigung bzw. Einsichtnahme gestattet.[68]

V. Aufwendungsersatz für Auskunftserteilung

23 Als Grundsatz gilt: Aufwendungsersatzansprüche für die mit der Auskunft verbundenen Kosten bestehen nicht; diese **Kosten sind mit den Feststellungskosten nach §§ 170, 171 abgegolten.**[69] Dieser Grundsatz galt auch schon unter Geltung der KO.[70]

---

[63] *Kuhn/Uhlenbruck* KO § 6 RdNr. 53 d.
[64] *Uhlenbruck,* InsO § 167 RdNr. 9.
[65] *Jaeger-Henckel* KO, § 3 RdNr. 25.
[66] *Jaeger-Henckel* KO, § 3 RdNr. 25.
[67] *Henckel,* Aktuelle Probleme der Warenlieferanten beim Kundenkonkurs, S. 18; *Hess* InsO § 167 RdNr. 15.
[68] *Henckel,* Aktuelle Probleme der Warenlieferanten beim Kundenkonkurs, S. 18.
[69] HambKomm-*Büchler,* § 167 RdNr. 7; HK-*Landfermann,* § 167 RdNr. 8; FK-*Wegener,* § 167 RdNr. 5; *Gundlach/Frenzel/Schmidt,* ZInsO 2001, 539; *Uhlenbruck,* InsO § 167 RdNr. 9; teilweise aA: *Lwowski/Heyn,* WM 1998, 473, 477.
[70] BGH ZIP 1983, 839; OLG Karlsruhe ZIP 1981, 257.

Der Insolvenzverwalter kann auch dann keinen Aufwendungsersatzanspruch geltend machen, wenn die Auskunftserteilung mit ungewöhnlich viel Arbeit verbunden ist. Hier ist zu prüfen, ob der Insolvenzverwalter verpflichtet ist, Auskunft zu erteilen. Möglicherweise ist ihm die Auskunftserteilung unzumutbar. Dann kann er den absonderungsberechtigten Gläubiger auf die Besichtigung des Sicherungsguts und die Einsichtnahme in die Geschäftsbücher verweisen.[71] Will der Gläubiger ein „Mehr", nämlich eine Auskunft, so kann der Insolvenzverwalter mit dem Gläubiger im Vorwege der Durchführung seiner Ermittlungen eine Regelung über den Kostenersatz treffen.

Der Insolvenzverwalter hat aber genau zu prüfen, ob die Auskunftserteilung unzumutbar ist oder nicht. Er darf nicht unter Berufung auf eine angebliche Unzumutbarkeit der Auskunftserteilung die Gläubiger auffordern, sich an den Kosten seiner Ermittlungsmaßnahmen zu beteiligen. Verlangt der Insolvenzverwalter Kostenerstattung für die Erteilung von Auskünften, so hat er hinreichend deutlich zu machen, dass er mit der Auskunftserteilung nicht seiner gesetzlichen Pflicht nach § 167 nachkommt, sondern ein „Mehr" erbringt. Der Insolvenzverwalter hat den Gläubiger außerdem auf die Möglichkeit zu verweisen, (kostenlos) Einsicht in die Bücher zu nehmen oder das Sicherungsgut zu besichtigen.

VI. Erfüllung der Auskunftspflicht

1. Bewegliches Sicherungsgut. In der Praxis lässt der Insolvenzverwalter werthaltige 24 Gegenstände begutachten. Diesem Wertgutachten kann der absonderungsberechtigte Gläubiger den Zustand der Sache sowie Liquidations- und Fortführungswerte entnehmen. Bei geringwertigen Gegenständen genügt die Übersendung einer Inventarübersicht mit Schätzwerten.[72]

2. Sicherungsabgetretene Forderungen. Bei Forderungen ist Auskunft über deren 25 Höhe, Fälligkeit, etwaige Einwendungen der Drittschuldner sowie die Bonität des Drittschuldners zu geben. Hier kann der Insolvenzverwalter auf die Debitorenbuchhaltung des Schuldners zurückgreifen.[73]

D. Gestattung der Besichtigung des Sicherungsguts

I. Grundsätze

Dem Insolvenzverwalter wird durch § 167 Abs. 1 Satz 2 die Möglichkeit eingeräumt, den 26 Auskunftsanspruch des absonderungsberechtigten Gläubigers durch Gestattung der Besichtigung – und damit verbunden des Betretens des schuldnerischen Geschäfts bzw. der Lagerräume – abzuwehren.[74] Der Gläubiger hat aber grundsätzlich **keinen Anspruch auf Gestattung der Besichtigung,** da es sich hierbei nur um eine **Ersetzungsbefugnis** *(facultas alternativa)* des Insolvenzverwalters handelt, welche zur Erleichterung seiner Geschäftsführung eingeführt worden und von der Einwilligung des Verwalters abhängig ist.[75] Ob der Verwalter anstelle der Auskunft die Besichtigung der Sache gewährt, steht also grundsätzlich in seinem Ermessen. Jedoch kann der absonderungsberechtigte Gläubiger in Einzelfällen gleichwohl einen Anspruch auf Erlaubnis der Besichtigung haben, wenn die Auskunftserteilung für den Verwalter unzumutbar ist, im konkreten Einzelfall aber die Verweigerung der Erlaubnis treuwidrig wäre.

---

[71] *Uhlenbruck,* InsO § 167 RdNr. 9.
[72] HambKomm-*Büchler,* § 167 RdNr. 3.
[73] HambKomm-*Büchler,* § 167 RdNr. 3.
[74] *Hess* InsO § 167 RdNr. 16; *Smid* InsO § 167 RdNr. 2; *Nerlich/Römermann/Becker* § 167 RdNr. 12; vgl. zur Rechtslage nach KO: *Kuhn/Uhlenbruck* KO § 6 RdNr. 53 d; *Eickmann,* Aktuelle Probleme des Insolvenzverfahrens aus Verwalter- und Gläubigersicht, 2. Aufl., S. 24; *Henckel,* Aktuelle Probleme der Warenlieferanten beim Kundenkonkurs, S. 17.
[75] Begr. zu § 192 RegE, BR-Drucks. 1/92, S. 179.

Der Auskunftsanspruch findet seine Grenze, wenn der Verwalter dem Gläubiger im Rahmen des § 167 die Möglichkeit gegeben hat, das Sicherungsgut unter zumutbaren Umständen zu besichtigen und der absonderungsberechtigte Gläubiger diese Möglichkeit nicht wahrnimmt. Im Rahmen der Grundsätze von Treu und Glauben muss der Verwalter jedoch auf berechtigte Gläubigerinteressen Rücksicht nehmen und gegebenenfalls einen weiteren Termin ermöglichen oder die geforderte Auskunft erteilen.[76] Diese Durchführung der Besichtigung unterliegt also – wie auch bei Einsichtnahme nach § 167 Abs. 2 Satz 2 – der Absprache zwischen dem Verwalter und dem Gläubiger.[77]

Möglich und unter Umständen geboten ist auch, dass der Gläubiger **sowohl Auskunft als auch Inaugenscheinnahme** verlangen kann. Insbesondere, wenn der Gläubiger durch nur eine der Möglichkeiten lediglich unvollständig über den Zustand des Gegenstandes informiert wurde.[78]

II. Zumutbarkeit

27 Wird dem absonderungsberechtigten Gläubiger die Befugnis zur Besichtigung eingeräumt, ist ihre Ausübung durch den Grundsatz der Zumutbarkeit begrenzt. Dieser bestimmt sich nach den für den Anspruch auf Auskunftserteilung entwickelten Prinzipien.[79]

Der Gläubiger darf von den Sachen Fotos anfertigen und auch Fotokopien etwa von Produktbeschreibungen anfertigen, wenn dies für die Auslotung seiner Verwertungsmöglichkeiten notwendig ist, wobei er die Kosten zu tragen hat. Gerät durch derartige Maßnahmen jedoch der **schuldnerische Betrieb** und dessen Verwertung in **Gefahr**, so kann und muss der Verwalter derartige Maßnahmen verbieten.[80] Wird der Informationsgehalt durch ein solches Verbot beeinträchtigt, so dass die Berücksichtigung für den Gläubiger hinter einer Auskunft nach § 167 Abs. 1 Satz 1 zurückbleibt, so bleibt der Verwalter zur Auskunft verpflichtet.[81]

III. Aufwendungsersatz

28 Hinsichtlich des Aufwendungsersatzes für die Gestattung der Besichtigung durch den Insolvenzverwalter gelten die für die Auskunftserteilung ausgeführten Grundsätze.[82] Danach kann ein Aufwendungsersatz vom Insolvenzverwalter grundsätzlich nicht verlangt werden.

E. Einsicht in Geschäftsunterlagen

I. Grundsätze

29 Neben der Gestattung der Besichtigung stellt die Einsichtnahme in die Geschäftsunterlagen des Schuldners gemäß § 167 Abs. 2 Satz 2 eine weitere Möglichkeit des Insolvenzverwalters dar, den Auskunftsanspruch des absonderungsberechtigten Gläubigers abzuwehren. Einsichtnahme bedeutet, dass der Gläubiger selbst oder ein von ihm benannter Vertreter an einem vom Insolvenzverwalter zu bestimmenden Ort Zugang zu den Büchern und Geschäftspapieren erhält.

Der Gläubiger hat aber grundsätzlich **keinen Anspruch auf Einsichtnahme in die Geschäftsunterlagen.** Nur dann, wenn eine Auskunftserteilung für den Insolvenzverwalter nicht zumutbar ist, kann und muss er den absonderungsberechtigten Gläubiger auf die Einsicht in die Geschäftsbücher des Schuldners verweisen.

---

[76] *Nerlich/Römermann/Becker* § 157 RdNr. 12.
[77] *Kübler/Prütting/Kemper* § 167 RdNr. 7.
[78] *Nerlich/Römermann/Becker* § 167 RdNr. 13.
[79] Vgl. im Einzelnen oben RdNr. 17 ff.
[80] *Nerlich/Römermann/Becker* § 167 RdNr. 14.
[81] *Nerlich/Römermann/Becker* § 167 RdNr. 15.
[82] S. o. RdNr. 23.

Der Gläubiger hat keinen Anspruch auf Überlassung der Unterlagen, um sie bei sich zu Hause oder im Geschäftsbetrieb auszuwerten, er hat auch keinen Anspruch auf Zusendung der Geschäftsbücher, er ist jedoch berechtigt auf seine Kosten Kopien der für seine Rechte relevanten Unterlagen anzufertigen.[83]

II. Zumutbarkeit

Grundsätzlich gelten auch für die Einsichtnahme in Geschäftsunterlagen des Schuldners die für den Anspruch auf Auskunftserteilung entwickelten Grundsätze zur Zumutbarkeit, wonach eine Abwägung zwischen den schutzwürdigen Interessen des einzelnen absonderungsberechtigten Gläubigers und dem allgemeinen Interesse an der zügigen und die Masse nicht über Gebühr belastenden Verfahrensdurchführung vorzunehmen ist.[84]

Hinzu tritt jedoch bei der Einsichtnahme in Geschäftsunterlagen der Gesichtspunkt, dass der Insolvenzverwalter möglicherweise Dritten gegenüber verpflichtet ist, **Geschäftsvorgänge vertraulich zu behandeln**.[85] Hieraus kann sich im Einzelfall eine Begrenzung des Rechts auf Einsichtnahme ergeben, da der absonderungsberechtigte Gläubiger in diesem Fall auch an Informationen gelangen kann, die nicht für Außenstehende bestimmt sind. Dieser Aspekt erhält insbesondere in Anbetracht der Zielsetzung Bedeutung, das Unternehmen durch das Insolvenzverfahren zu sanieren, um es weiterhin am Wirtschaftsverkehr teilnehmen zu lassen.

Eine Verurteilung des Insolvenzverwalters zur Duldung der Einsichtnahme in Geschäftsunterlagen kann deshalb an der Vertraulichkeit der Geschäftsunterlagen scheitern. Es besteht aber die Möglichkeit, die Einsichtnahme durch einen zur Verschwiegenheit verpflichteten Wirtschaftsprüfer vornehmen zu lassen.[86] In diesem Fall kann der Insolvenzverwalter keine Einwände gegen die Einsichtnahme in die Geschäftsunterlagen geltend machen.

Kann der Gläubiger nur durch eine Kombination von Unterlageneinsicht und Auskunft durch den Insolvenzverwalter die nötigen Informationen zur Ermittlung seiner Verwertungsmöglichkeiten erlangen, so ist ihm dies zu gewähren.[87]

III. Aufwendungsersatz

Es gelten insoweit die zur Frage des Aufwendungsersatzes bei Auskunftserteilung dargelegten Grundsätze.[88] Fallen z. B. auf Grund der Einschaltung eines Wirtschaftsprüfers gesonderte Kosten an, so muss der Absonderungsberechtigte diese selbst tragen.[89]

F. Auskunftsrecht nach Verfahrensbeendigung

Die Auskunftspflicht des Insolvenzverwalters endet grundsätzlich mit Beendigung des Insolvenzverfahrens.[90] Auskunftsersuchen des Gläubigers, die dieser vor Beendigung gestellt hat, müssen jedoch auch danach vom Insolvenzverwalter beantwortet werden. Ist das Insolvenzverfahren zum Zeitpunkt des Auskunftsersuchens bereits beendet, wird der Anspruch des Gläubigers auf Auskunftserteilung durch die Rechenschaftspflicht des Insolvenz-

---

[83] *Hess* InsO § 167 RdNr. 20; *Nerlich/Römermann/Becker* § 167 RdNr. 20.
[84] S. o. RdNr. 17 ff.
[85] *Henckel*, Aktuelle Probleme der Warenlieferanten beim Kundenkonkurs, S. 17.
[86] *Nerlich/Römermann/Becker* § 167 RdNr. 20; vgl. zu diesen Überlegungen nach altem Recht: *Henckel*, Probleme der Warenlieferanten beim Kundenkonkurs, S. 17 f.; *Stürner*, Die Aufklärungspflicht der Parteien im Zivilprozess (1976) S. 211 f.; 372 f.
[87] Vgl. zu dieser Möglichkeit bereits oben unter RdNr. 26 sowie *Nerlich/Römermann/Becker* § 167 RdNr. 21.
[88] S. o. RdNr. 23.
[89] *Gundlach/Frenzel/Schmidt*, KTS 2001, 241, 246 f.; FK-*Wegener*, § 167 RdNr. 5; *Uhlenbruck*, InsO § 167 RdNr. 9.
[90] OLG Köln ZIP 1982, 1107; *Henckel*, Aktuelle Probleme der Warenlieferanten beim Konkurs, S. 19.

verwalters gem. § 66 ausgeschlossen. Eine Auskunftspflicht des Insolvenzverwalters kommt dann nur unter zwei Voraussetzungen in Betracht: Zum einen, wenn die Auskunft vom Insolvenzverwalter ohne weitere Nachforschungen sofort erteilt werden kann.[91] Zum anderen – trotz eventuell erforderlicher Nachforschungen – wenn der Insolvenzverwalter im Verfahren die Auskunftserteilung bewusst unterlassen hat.[92] Mit Beendigung des Insolvenzverfahrens trifft den Verwalter die Pflicht zur Erstellung einer Schlussrechnung, § 66.[93] Sie hat die Rechnungslegung des Insolvenzverwalters zum Gegenstand. Ihre Aufgabe ist es, den Verbleib der zur Masse gehörigen Gegenstände zu klären, und stellt einen Tätigkeitsbericht des Insolvenzverwalters dar. Die Schlussrechnung gehört noch zum Insolvenzverfahren und kann mit Zwangsmitteln erwirkt werden.[94]

§ 168 Mitteilung der Veräußerungsabsicht

(1) ¹ Bevor der Insolvenzverwalter einen Gegenstand, zu dessen Verwertung er nach § 166 berechtigt ist, an einen Dritten veräußert, hat er dem absonderungsberechtigten Gläubiger mitzuteilen, auf welche Weise der Gegenstand veräußert werden soll. ² Er hat dem Gläubiger Gelegenheit zu geben, binnen einer Woche auf eine andere, für den Gläubiger günstigere Möglichkeit der Verwertung des Gegenstands hinzuweisen.

(2) Erfolgt ein solcher Hinweis innerhalb der Wochenfrist oder rechtzeitig vor der Veräußerung, so hat der Verwalter die vom Gläubiger genannte Verwertungsmöglichkeit wahrzunehmen oder den Gläubiger so zu stellen, wie wenn er sie wahrgenommen hätte.

(3) ¹ Die andere Verwertungsmöglichkeit kann auch darin bestehen, daß der Gläubiger den Gegenstand selbst übernimmt. ² Günstiger ist eine Verwertungsmöglichkeit auch dann, wenn Kosten eingespart werden.

Schrifttum: s. Überblick bei vor §§ 166 ff.

Übersicht

	RdNr.		RdNr.
A. Normzweck	1	V. Immobilien	13
B. Entstehungsgeschichte	3	D. Mitteilungspflicht des Verwalters und Hinweismöglichkeit des Gläubigers	14
I. Frühere Regelung der KO	3		
II. Reformvorschläge	4	I. Allgemeines	14
III. Gesetzgebungsverfahren	5	II. Mitteilungspflicht des Insolvenzverwalters, Abs. 1 Satz 1	16
C. Anwendungsbereich	6		
I. Veräußerung beweglicher Gegenstände	6	III. Frist für Hinweis des Gläubigers auf günstigere Verwertungsmöglichkeit	19
II. Sicherungsabgetretene Forderungen	7	IV. Wiederholte Fristsetzung	20
1. Verkauf von sicherungsabgetretenen Forderungen	8	V. Rechtsfolge: Ausschluss des Einwandes der Veräußerung unter Wert, Schadensersatz bei Veräußerung unter Wert, Verlust der Kostenbeiträge	21
2. Einziehung sicherungsabgetretner Forderungen	9		
III. Notverkäufe verderblicher Waren	11	1. Einwand der Veräußerung unter Wert	21
IV. Verarbeitung von beweglichen Gegenständen	12	2. Schadensersatzpflicht bei Veräußerung unter Wert	22

---

[91] *Kuhn/Uhlenbruck* KO § 6 RdNr. 53 g.
[92] *Hess/Kropshofer* KO § 6 RdNr. 55.
[93] Vormals § 86 KO.
[94] Vgl. insoweit die Kommentierung zu § 66.

	RdNr.		RdNr.
3. Verlust der Kostenbeiträge bei Verletzung der Mitteilungspflicht aus § 168 Abs. 1 Satz 1	23	VI. Sonderprobleme bei Veräußerung von Gesamtheiten	36
		F. Eintrittsrecht des Gläubigers	37
E. Hinweis des Gläubigers auf günstigere Verwertungsmöglichkeiten, Auswahlentscheidung des Insolvenzverwalters und Nachteilsausgleich	24	I. Rechtliche Qualifikation	38
		II. Übernahmeangebot des Gläubigers	39
I. Allgemeines	24	III. Verrechnung mit Kreditforderungen	40
II. Günstigkeit	25		
III. Anforderungen an den Hinweis des Gläubigers	30	IV. Kosten	41
		V. Weiterveräußerung mit Gewinn	42
IV. Wahrnehmung durch Insolvenzverwalter	33	G. Probleme bei der praktischen Anwendung der Norm	43
V. Rechtsfolge: Nachteilsausgleich (§ 168 Abs. 2 letzter Halbsatz)	34		

A. Normzweck

Die in § 168 vorgesehene Mitteilungspflicht des Insolvenzverwalters hinsichtlich seiner Veräußerungsabsicht dient in erster Linie der **Sicherung der Rechtsposition des absonderungsberechtigten Gläubigers.** Die gem. § 166 dem Insolvenzverwalter übertragene Verwertungsbefugnis von mit Absonderungsrechten belasteten Gegenstände soll nicht dazu führen, dass der Absonderungsgläubiger Nachteile hinnehmen muss, weil eine für ihn günstigere Verwertungsmöglichkeit vom Insolvenzverwalter nicht wahrgenommen worden ist.

Es hängt immer von den Umständen des Einzelfalls ab, wer – also der Insolvenzverwalter oder der absonderungsberechtigte Gläubiger – über die besseren Verwertungsmöglichkeiten verfügt. Häufig verfügt der Gläubiger über bereits ausgebaute Beziehungen am Markt oder jedenfalls einen guten Überblick über denselben. Der Insolvenzverwalter schaltet in der Praxis regelmäßig professionelle Verwertungsfirmen ein, die auch branchenkundig sind. Da der Gesetzgeber in § 166 die Entscheidung getroffen hat, das Verwertungsrecht u. a. für bewegliche Gegenstände auf den Insolvenzverwalter zu übertragen, ging es darum, einen Mittelweg zu finden. Dies wird dadurch realisiert, dass der Sicherungsgläubiger die Möglichkeit hat, dem Verwalter eine günstigere Verwertungsmöglichkeit nachzuweisen. Der Sicherungsgläubiger kann die Verwertung durch Selbsteintritt übernehmen.[1]

Die Mitteilungspflicht des Insolvenzverwalters soll zur **Verfahrensbeschleunigung** beitragen. So bezweckt die einwöchige Frist des Gläubigers zur Abgabe eines Hinweises auf günstigere Verwertungsmöglichkeiten die Vermeidung von Rechtsstreitigkeiten zwischen Verwalter und gesichertem Gläubiger über eine bestmögliche Verwertung der Gegenstände, wenn sich der Gläubiger nicht meldet.[2]

Ebenfalls der zügigen Verfahrensabwicklung dient (schließlich) die in § 168 Abs. 3 vorgesehene Möglichkeit, dem Gläubiger den betreffenden Gegenstand zur Durchführung der von ihm vorgeschlagenen Verwertungsmöglichkeit auszuhändigen.

Die mit den Regelungen des § 168 bezweckte bestmögliche Verwertung soll sowohl dem Gläubiger als auch dem Schuldner eine interessengerechte Verfahrensabwicklung garantieren. Die Gläubigergesamtheit, aber auch der Schuldner möchte das in die Insolvenzmasse gefallene Vermögen nicht verschleudert sehen. Im Interesse des Insolvenzverwalters liegt es, wenn zeitintensive Streitigkeiten mit dem absonderungsberechtigten Gläubiger über die Modalitäten der Verwertung ausgeschlossen werden. Dem Gläubiger ist daran gelegen, sich

---

[1] *Uhlenbruck,* InsO § 168 RdNr. 1.
[2] S. Begr. zu § 193 RegE, BR-Drucks. 1/92, S. 179 und Beschlussempfehlung des Rechtsausschusses zu § 193 RegE, BR-Drucks. 12/7302, S. 176, 177.

aus dem zu seinen Gunsten belasteten Sicherungsgut möglichst vollständig zu befriedigen, ohne hinsichtlich dieses Forderungsrestes auf die Anmeldung zur Tabelle verwiesen zu werden.

Die gesetzlichen Regelungen sind in der Praxis nur sehr schwer handhabbar, vgl. RdNr. 43 ff.

B. Entstehungsgeschichte

I. Frühere Regelung der KO

3   Die Konkursordnung sah keine dem § 168 inhaltlich entsprechende Regelung vor. Aufgrund der Bestimmung des § 127 Abs. 2 KO, die dem absonderungsberechtigten Gläubiger eine gegenüber dem Konkursverwalter vorrangige Verwertungsbefugnis einräumte, war eine für den Gläubiger nachteilige Verwertung ausgeschlossen.

Für den gesetzlichen Ausnahmefall der Verwertung durch den Konkursverwalter gem. § 127 Abs. 1 KO stand dem absonderungsberechtigten Gläubiger gem. § 127 Abs. 1 Satz 2 KO lediglich ein Anspruch auf Herausgabe des Verwertungserlöses zu. Ein Widerspruchsrecht[3] stand allein dem Sicherungseigentümer auf Grund seines Selbstverwertungsrechtes zu,[4] das er gem. §§ 771 Abs. 3, 769 ZPO geltend machen konnte, sofern der Konkursverwalter nicht nach Maßgabe des § 127 Abs. 2 KO verfuhr.[5]

Bereits nach bisherigem Recht oblag dem Konkursverwalter allerdings die Pflicht, die Verwertung auf bestmögliche Art und Weise durchzuführen.[6]

II. Reformvorschläge

4   Ausgangspunkt der Diskussion um die Regelungen des § 168 war ein im ersten Bericht der Kommission für Insolvenzrecht bereits detailliert vorgesehenes Eintrittsrecht des absonderungsberechtigten Gläubigers.[7] Der Insolvenzverwalter sollte dem Gläubiger, der seine Sicherungsrechte ordnungsgemäß angemeldet hat, seine Veräußerungsabsicht mitteilen und ihn über die Konditionen der Veräußerung in Kenntnis setzen. Hierdurch sollte der Gläubiger die Möglichkeit des Selbsteintritts bekommen und die Gefahr eines geringeren Erlöses für den Gläubiger auf Grund der Übertragung des Verwertungsrechts auf den Insolvenzverwalter minimiert werden.[8]

Noch im Referentenentwurf war in § 182 Abs. 1 RefE ein grundsätzliches Eintrittsrecht des absonderungsberechtigten Gläubigers vorgesehen. Danach war der Konkursverwalter grundsätzlich verpflichtet, dem Gläubiger nicht nur die Veräußerungsabsicht anzuzeigen, sondern ihm auch unter Setzung einer angemessenen Frist die Überlassung des Gegenstandes zu den Bedingungen der geplanten Veräußerung anzubieten. Nach fruchtlosem Fristablauf sollte der Gläubiger mit der Einwendung präkludiert sein, der Wert des veräußerten Gegenstandes sei zum Zeitpunkt der Veräußerung tatsächlich höher gewesen als der Erlös.

Die jetzige Regelung des § 168 Abs. 1, 2 war auf wenige, in § 182 Abs. 2 RefE abschließend aufgezählte Fälle beschränkt, nämlich die Veräußerung im Rahmen der laufenden Geschäfte bei der Fortführung des Unternehmens, die Veräußerung eines Betriebes oder einer anderen Gesamtheit von Gegenständen sowie die Veräußerung im Wege der öffentlichen Versteigerung.

---

[3] RGZ 157, 40, 45; *Kuhn/Uhlenbruck*, KO, 11. Aufl., § 127 RdNr. 10 mwN.
[4] S. hierzu *Kuhn/Uhlenbruck* KO, 11. Aufl., § 127 RdNr. 16 mwN.
[5] *Kuhn/Uhlenbruck* KO, 11. Aufl., § 127 RdNr. 10.
[6] BFH KTS 1971, 111, 113 f.; OLG Düsseldorf, KTS 1973, 271, 272; *Kilger/K. Schmidt* KO 17. Aufl., § 117 Anm. 4.
[7] Leitsatz 3.3.5., Erster Bericht der Kommission für Insolvenzrecht, Köln 1995, S. 317.
[8] Begründung zu Leitsatz 3.3.5., Erster Bericht der Kommission für Insolvenzrecht, Köln, 1985, S. 317.

Aufgrund der geringen Praktikabilität des Eintrittsrechts wurde die in § 182 Abs. 1 RefE enthaltene Regelung nicht Gesetz.[9]

III. Gesetzgebungsverfahren

Der § 182 RefE wurde in leicht modifizierter Form als § 193 RegE in das Gesetzgebungsverfahren eingebracht. Abs. 3 der Regelung sah nunmehr ausdrücklich vor, dass als Verwertungsmöglichkeit auch die Übernahme des Gegenstandes durch den Gläubiger in Betracht kommt. 5

Die Beschlussempfehlung des Rechts-Ausschusses zu § 193 RegE[10] schließlich verlieh der Regelung ihre heutige Gestalt. Als wichtigste Änderung ist festzuhalten, dass das **Eintrittsrecht** des absonderungsberechtigten Gläubigers nun vollständig durch die **Mitteilungspflicht** des Insolvenzverwalters von der Veräußerung **ersetzt** wurde.

Weiterhin wurde die Dauer der vom Insolvenzverwalter zu setzenden Frist, innerhalb derer der absonderungsberechtigte Gläubiger auf eine Verwertungsmöglichkeit hinzuweisen hat, konkretisiert, indem sie – statt auf eine Angemessenheit abzustellen – auf eine Woche begrenzt wurde. Hierdurch wurde eine Vermeidung von Rechtsstreitigkeiten über das normative Tatbestandsmerkmal der Angemessenheit bezweckt, um auf diese Weise das Verfahren zu beschleunigen und eine größere Rechtssicherheit zu erzielen.[11]

Dessen ungeachtet ist zugunsten des Gläubigers die Frist nicht als Ausschlussfrist konzipiert worden. Vielmehr sollte es dem absonderungsberechtigten Gläubiger bis zur Veräußerung des jeweiligen Gegenstandes möglich bleiben, auf eine günstigere Verwertungsmöglichkeit hinzuweisen.[12]

Schließlich wurde in § 168 Abs. 3 Satz 2 ausdrücklich festgelegt, dass auch eine weniger kostenintensive Verwertungsmöglichkeit günstiger i. S. d. Bestimmung sei.[13]

C. Anwendungsbereich

I. Veräußerung beweglicher Gegenstände

Die Vorschrift des § 168 Abs. 1 Satz 1 bezieht sich vom Wortlaut her in erster Linie auf den freihändigen Verkauf von Sicherungsgut an einen Dritten.[14] Die Norm findet aber auch im Falle einer freiwilligen öffentlichen Versteigerung des Sicherungsguts Anwendung.[15] Die Erwägungen des Gesetzgebers zum Schutz des absonderungsberechtigten Gläubigers gelten auch bei einer freiwilligen öffentlichen Versteigerung und bei allen anderen Verwertungsformen.[16] 6

II. Sicherungsabgetretene Forderungen

Sicherungsabgetretene Forderungen werden vom Wortlaut des § 168 Abs. 1 Satz 1, der von „Gegenständen" spricht, zunächst einmal nicht erfasst. Daraus ergibt sich die Frage, ob die Norm des § 168 auf sicherungsabgetretene Forderungen überhaupt nicht anwendbar ist. Hierbei ist zu unterscheiden zwischen der Anwendung auf den Verkauf von sicherungsabgetretenen Forderungen an einen Factor und der Einziehung von sicherungsabgetretenen Forderungen, in deren Verlauf der Insolvenzverwalter möglicherweise Vergleiche und Ratenzahlungsvereinbarungen mit Drittschuldnern trifft. Auch diese letztgenannten Handlun- 7

---

[9] S. Begründung zu § 193 RegE, BR-Drucks. 1/92, S. 179.
[10] BT-Drucks. 12/7302 S. 176, 177.
[11] Beschlussempfehlung des Rechtsausschusses zu § 193 RegE, BT-Drucks. 12/7302 S. 176, 177 Abs. 1.
[12] Beschlussempfehlung des Rechtsausschusses zu § 193 RegE, BT-Drucks. 12/7302 S. 176, 177 Abs. 2.
[13] Beschlussempfehlung des Rechtsausschusses zu § 193 RegE, BT-Drucks. 12/7302 S. 176, 177 Abs. 3.
[14] *Uhlenbruck*, InsO § 168 RdNr. 3.
[15] OLG Celle WM 2004, 1143.
[16] OLG Celle WM 2004, 1143, 1144 f.

gen haben unmittelbare Auswirkungen auf die Werthaltigkeit der sicherungsabgetretenen Forderungen.

1. Verkauf von sicherungsabgetretenen Forderungen. Auch wenn im Gesetz nur die Rede von einer „Veräußerung von Gegenständen" ist, so wird man letztlich den Verkauf von sicherungsabgetretenen Forderungen durch den Insolvenzverwalter an einen Dritten (z. B. Factoringunternehmen) doch unter § 168 subsumieren.[17] Wenn in § 168 Abs. 1 Satz 1 von „Gegenständen" die Rede ist, so wird damit auf § 166 Abs. 1, Abs. 2 verwiesen. § 168 bezieht sich auf alle Gegenstände, an denen dem Insolvenzverwalter nach § 166 das Verwertungsrecht übertragen wurde.[18]

Will der Insolvenzverwalter also sicherungsabgetretene Forderungen an einen Dritten veräußern und sollen die Forderungen nicht zum Nominalwert veräußert werden, so muss er das in § 168 vorgesehene Procedere einhalten. Das bedeutet, dass der Sicherungszessionar in die Verhandlungen zwischen Insolvenzverwalter und Dritten über die Höhe des Abschlags auf den Nominalwert bei einem Verkauf der abgetretenen Forderungen mit einzubeziehen ist.[19]

2. Einziehung sicherungsabgetretener Forderungen. Bei der Einziehung von Forderungen kann der Insolvenzverwalter häufig nicht den vollen Betrag realisieren. Erheben die Drittschuldner Einwendungen (insbes. Gewährleistungsansprüche und Aufrechnungen) und können die Drittschuldner nur ratenweise zahlen, so ist es für den Verwalter vielfach angezeigt, mit dem Drittschuldner eine vergleichsweise Einigung zu treffen. In diesen Fällen stellt sich die Frage, ob sich aus § 168 die Pflicht für den Insolvenzverwalter ergibt, im Vorwege des Vergleichsabschlusses den Zessionar von dem beabsichtigten Vergleichsschluss zu informieren, um diesem die Möglichkeit zu geben, abweichende Vorschläge zu unterbreiten. **Unumstritten** dürfte sein, dass es für den Insolvenzverwalter auf jeden Fall ratsam ist, derartige **Vergleiche bei größeren Forderungsbeträgen im Vorwege mit dem Sicherungsgläubiger abzustimmen,** um das Haftungsrisiko für die Insolvenzmasse und den Insolvenzverwalter zu minimieren.[20] Den Insolvenzverwalter trifft nämlich die Pflicht zu einer optimalen Verwertung der Insolvenzmasse. Verzichtet er ohne Not im Rahmen eines Vergleichs auf Teile der Forderungen, so verletzt er damit seine Pflichten zur bestmöglichen Verwertung des schuldnerischen Vermögens und löst damit uU eine persönliche Schadensersatzpflicht nach § 60 aus.

Durch die Annahme einer Pflicht zur vorherigen Information des Sicherungszessionars über beabsichtigte Forderungsverzichte gegenüber Drittschuldnern ließen sich die Rechte des Sicherungsgläubigers weiter stärken, der sonst erst bei der Abrechnung des Insolvenzverwalters im Rahmen der Auskehrung der eingezogenen Forderungen über die vom Insolvenzverwalter ausgehandelten Vergleiche Informationen erhält.

Allerdings muss berücksichtigt werden, dass der Gesetzgeber die Einziehung sicherungsabgetretener Forderungen nicht in § 168 Abs. 1 erwähnt hat. Dort ist nur von einer „Veräußerung" von Gegenständen die Rede. Die Einziehung von sicherungsabgetretenen Forderungen ist keine „Veräußerung". Unklar bleibt, ob der Gesetzgeber bewusst den Sicherungszessionar als nicht so schutzwürdig angesehen hat oder ob die Regelung dieser Problematik unbewusst unterblieben ist.[21]

In der Literatur wird vereinzelt eine **Anwendung des § 168** auf die **Verwertung von sicherungsabgetretenen Forderungen** bejaht und gefordert, der Insolvenzverwalter müsse dem Sicherungsgläubiger Vergleiche mit Drittschuldnern anzeigen.[22] Angesichts des

---

[17] *Uhlenbruck,* InsO § 168 RdNr. 4; FK-*Wegener,* § 168 RdNr. 4; *Breutigam/Blersch/Goetsch-Breutigam,* § 168 RdNr. 3.

[18] *Gundlach/Frenzel/Schmidt,* DZWIR 2001, 18, 19; *Kübler/Prütting/Kemper,* § 168 RdNr. 3.

[19] *Breutigam/Blersch/Goetsch-Breutigam,* § 168 RdNr. 3; *Uhlenbruck,* InsO § 168 RdNr. 4; FK-*Wegener,* § 168 RdNr. 4.

[20] KölnerSchrift-*Klasmeyer/Elsner/Ringstmeier,* S. 1083 RdNr. 40 f.; *Uhlenbruck,* InsO § 168 RdNr. 4.

[21] Vgl. dazu: *Uhlenbruck,* InsO § 168 RdNr. 4; *Niesert* in: *Andersen/Freihalter,* Aus- und Absonderungsrechte, RdNr. 517.

[22] HambKomm-*Büchler,* § 168 RdNr. 2; *Gundlach/Frenzel/Schmidt,* DZWIR 2001, 18.

Wortlauts des § 168 Abs. 1 Satz 1 und der gesamten, auf die Verwertung von beweglichen Gegenständen zugeschnittenen Konzeption des § 168 kann dann aber nur eine **analoge Anwendung** der Norm in Betracht kommen.

Die **Voraussetzungen einer Analogie liegen hier wohl nicht vor.** Man kann sicherlich gut die Auffassung vertreten, dass der Sicherungszessionar im Rahmen der Einziehung sicherungsabgetretener Forderungen mindestens genauso schutzwürdig wie der Sicherungseigentümer im Rahmen der Verwertung der sicherungsübereigneten Gegenstände ist.[23] Der Schutz des Gläubigers, der sich darauf berufen kann, dass der Insolvenzverwalter zur bestmöglichen Verwertung verpflichtet ist, ist unvollständig. Der Sicherungsgläubiger erfährt zu spät von den Vergleichsabschlüssen, wenn der Insolvenzverwalter ihn über diese Vergleiche mit den Drittschuldnern erst im Rahmen der Abrechnung über die eingezogenen Forderungen informiert. Letztlich würde die analoge Anwendung des § 168 auch im Interesse des Insolvenzverwalters liegen, denn auf diese Weise könnte er eine schnelle Entscheidung des Sicherungszessionars über die von ihm vorgeschlagenen Vergleiche mit Drittschuldnern herbeiführen. Ein gewichtiges und nach der hier vertretenen Auffassung ausschlaggebendes Argument gegen die analoge Anwendung des § 168 auf die Einziehung sicherungsabgetretener Forderungen stellt allerdings der damit verbundene **Arbeitsaufwand des Insolvenzverwalters** dar. Muss der Insolvenzverwalter z. B. Forderungen gegen 1000 Drittschuldner einziehen und sind diese Forderungen an einen Sicherungszessionar abgetreten, so ist es durchaus denkbar, dass in fast einem Drittel der Fälle Vereinbarungen mit den Drittschuldnern getroffen werden müssen. Hier kann man nicht vom Insolvenzverwalter verlangen, dass er jede Vereinbarung Insolvenzverwalter/Drittschuldner mit dem Sicherungszessionar abstimmt und hier möglicherweise noch dem Zessionar eine Frist von einer Woche für eine Rückäußerung einräumen muss.

Der Insolvenzverwalter sollte aber zumindest bei hohen Forderungen die in § 168 vorgesehene **Abstimmung mit dem Sicherungsgläubiger** durchführen und sich dessen Zustimmung für den Abschluss von Vergleichen mit Drittschuldnern geben lassen. Dabei kann der Insolvenzverwalter entsprechend § 168 verfahren, also den Sicherungsgläubiger informieren und ihm eine Frist für eine Rückäußerung setzen. Kann mit dem Sicherungsgläubiger keine Einigung hinsichtlich der vom Insolvenzverwalter empfohlenen Verzichte mit den Drittschuldnern herbeigeführt werden, so kann der Insolvenzverwalter zur Vermeidung von eigenen Haftungsrisiken die abgetretene Forderung nach **§ 170 Abs. 2** freigeben.

Sinnvoll kann es auch sein, im Rahmen einer Verwertungsvereinbarung Regelungen hinsichtlich des Vorgehens bei Vergleichen mit Drittschuldnern zu treffen.

Hält sich der Insolvenzverwalter nicht an das vorstehend beschriebene Procedere und erhebt der Sicherungszessionar im Rahmen der Abrechnung der eingezogenen Beträge Einwände gegen das Vorgehen des Insolvenzverwalters, so muss der Insolvenzverwalter nachweisen und darlegen, dass er mit den Vergleichsabschlüssen nicht seine Pflicht zur bestmöglichen Verwertung verletzt hat.

III. Notverkäufe verderblicher Waren

Eine Ausnahme von der Mitteilungspflicht nach § 168 besteht bei Notverkäufen verderblicher Waren. Würden bei einer Einhaltung der Vorgaben des § 168 die Waren verderben, so kann der Insolvenzverwalter die sicherungsübereigneten Gegenstände auch ohne Einhaltung der Vorschriften des § 168 veräußern.[24] Zur Vermeidung von eigenen Haftungsrisiken sollte der Insolvenzverwalter aber auch in diesen Fällen versuchen, eine Abstimmung mit dem Sicherungseigentümer herbeizuführen.

---

[23] Vgl. dazu auch *Gundlach/Frenzel/Schmidt*, DZWIR 2001, 18 ff.
[24] *Uhlenbruck*, InsO § 168 RdNr. 6; HambKomm-*Büchler*, § 168 RdNr. 2.

IV. Verarbeitung von beweglichen Gegenständen

12 Es ist umstritten, ob auch die Verarbeitung der sicherungsübereigneten Gegenstände durch den Insolvenzverwalter dem Sicherungseigentümer im Vorwege mitgeteilt werden muss.

Nach der einen Auffassung ist die Norm des § 168 auch auf die Verarbeitung von beweglichen Gegenständen anwendbar. Will der Insolvenzverwalter also durch Vermischung, Verbindung oder Verarbeitung die Sicherheit des Gläubigers beeinträchtigen, so soll er davon dem Sicherungsgläubiger im Vorwege Mitteilung machen müssen.[25]

Nach einer anderen Ansicht sind derartige Fälle ausschließlich in § 172 geregelt und die Vorschrift des § 168 ist nicht anwendbar.[26]

Der letztgenannten Auffassung ist zuzustimmen. Durch die Mitteilungspflicht des Insolvenzverwalters soll der Absonderungsberechtigte in die Lage versetzt werden, Schaden durch eine zu günstige Veräußerung durch Eigeninitiative abzuwenden. Diese Situation ist aber verschieden von der Konstellation, welche durch § 172 erfasst wird.[27] Wird das Recht des Sicherungsgläubigers durch Vermischung, Verbindung oder Verarbeitung beeinträchtigt, so kann der Sicherungsgläubiger Rechte nach § 172 geltend machen, ggfs. erwirbt er ein Ersatzabsonderungsrecht oder ihm stehen Schadensersatzansprüche gegen den Insolvenzverwalter nach § 60 zu.[28]

V. Immobilien

13 Die Norm des § 168 ist bei der Verwertung von mit Grundpfandrechten belasteten Immobilien nicht anwendbar.

D. Mitteilungspflicht des Verwalters und Hinweismöglichkeit des Gläubigers

I. Allgemeines

14 Das Hinweisrecht des Gläubigers auf günstigere Verwertungsmöglichkeiten, als sie der Insolvenzverwalter ins Auge fasst, soll sicherstellen, dass bessere Verwertungsmöglichkeiten, über die der Absonderungsberechtigte verfügt, vom Insolvenzverwalter berücksichtigt werden. Nutzt der Insolvenzverwalter den Hinweis nicht, wird der Absonderungsberechtigte durch einen Nachteilsausgleichsanspruch geschützt.

Es ist dabei eine **hinreichende Konkretisierung des Gläubigerhinweises** zu verlangen, die es dem Insolvenzverwalter ermöglicht, den Wahrheitsgehalt der Angaben über eine günstigere Verwertungsmöglichkeit zu kontrollieren, da anderenfalls die Gefahr besteht, dass durch bloße Behauptungen Verfahrensverzögerungen und Irreführungen verursacht werden. Bloßes Berufen auf Schätzwerte (wie etwa bei Kraftfahrzeugen auf den Listenpreis nach Schwacke) genügen daher nicht. Vielmehr muss der Gläubiger darlegen, dass jemand konkret bereit ist, den höheren Preis zu bezahlen.[29]

Dementsprechend muss bereits bei Abgabe des Hinweises durch den Gläubiger auf Grund von dessen Angaben für den Insolvenzverwalter erkennbar sein, dass die vom Gläubiger vorgeschlagene Verwertungsmöglichkeit günstiger[30] als die von ihm vorgesehene sein wird.

Hervorzuheben ist, dass der absonderungsberechtigte Gläubiger auch Hinweise geben kann, die der Masse einen höheren Erlös zukommen lassen bzw. den Ausfall mindern. Aus der Regelung des § 168 Abs. 1 geht zwar ausdrücklich hervor, dass es sich bei der vom

---

[25] *Nerlich/Römermann/Becker* § 168 RdNr. 7.
[26] *Haas/Scholl*, NZI 2002, 642; FK-*Wegener*, § 172 RdNr. 8; *Uhlenbruck*, InsO § 168 RdNr. 5.
[27] *Uhlenbruck*, InsO § 168 RdNr. 5; *Gundlach/Frenzel/Schmidt*, DZWIR 2001, 18, 20.
[28] *Uhlenbruck*, InsO § 168 RdNr. 5; *Gundlach/Frenzel/Schmidt*, DZWIR 2001, 18, 21.
[29] *Hess* InsO § 168 RdNr. 24.
[30] Vgl. hierzu unten RdNr. 25 ff.

absonderungsberechtigten Gläubiger vorgeschlagenen Verwertungsmöglichkeit um die „für den Gläubiger günstigere Möglichkeit" handeln soll. Gleichwohl wird hierdurch nicht ausgeschlossen, dass der Gläubiger Hinweise zu Gunsten aller Insolvenzgläubiger abgibt. Es werden allerdings in diesen Fällen durch den Hinweis nicht die Rechtsfolgen des § 168 Abs. 2 und 3 ausgelöst, da sich diese ausdrücklich nur auf Hinweise gem. § 168 Abs. 1 beziehen.

Maßstab für die Konkretheit ist, dass der Insolvenzverwalter auf Grund des Hinweises in die Lage versetzt wird, eine vergleichende Abschätzung von Kosten und Erlös vorzunehmen. Dabei dürfen – um die Rechtsstellung des Gläubigers nicht zu untergraben – die Anforderungen an die Konkretheit der Angaben nicht überzogen werden, zumal es sich nur um einen „Hinweis" handelt.

Zu verlangen ist in jedem Fall die Benennung der jeweiligen Verwertungsart, des schätzungsweise erwarteten Mehrerlöses sowie der Kosten, evtl. des Verwertungsortes sowie gegebenenfalls weiterer Details der Verwertung. Dabei richten sich die Angaben danach, auf Grund welcher Tatsachen der Gläubiger einen Mehrerlös erwartet. Diese Tatsachen müssen sodann dargetan werden. Auf die bloße Vermutung des Gläubigers hin ist der Verwalter nicht verpflichtet, tätig zu werden, zumal hierdurch unnötiger finanzieller und zeitlicher Aufwand entstehen würde. Ausführlich dazu RdNr. 30 ff.

II. Mitteilungspflicht des Insolvenzverwalters, Abs. 1 Satz 1

Die Hinweismöglichkeit des absonderungsberechtigten Gläubigers nach § 168 Abs. 1 Satz 2 setzt voraus, dass der Gläubiger zuvor von dem Insolvenzverwalter über seine Veräußerungsabsicht informiert wurde.

Hat der Insolvenzverwalter die konkrete Absicht, einen mit einem Absonderungsrecht belasteten Gegenstand zu veräußern, ist er gehalten, die fristauslösende Mitteilung an den absonderungsberechtigten Gläubiger abzugeben, auf welche Weise dies geschehen soll.[31]

Dabei ist dem Gläubiger konkret mitzuteilen, welche Verwertungsart zu welchen Konditionen beabsichtigt ist, um ihm die Möglichkeit zu eröffnen, eine günstigere Verwertungsart vorzuschlagen.

Das Gesetz lässt allerdings offen, wie konkret die vom Verwalter geplante Veräußerung bezeichnet werden muss. Offen bleibt damit auch, wie weit die Verhandlungen zwischen Verwalter und dem erwerbswilligen Dritten schon gediehen sein müssen, um die Mitteilungspflicht des Verwalters auszulösen.[32]

Abzuwägen ist hier zwischen dem Interesse des Gläubigers, die bestmögliche Realisierung seines Rechts zu ermöglichen, und dem Interesse der Praktikabilität auf Seiten des Verwalters.

Insofern dürften folgende **Angaben vom Verwalter** gefordert werden können:[33]
– zu veräußernder Gegenstand,
– Art der Veräußerung,
– geplanter Zeitpunkt des Vertragsschlusses,
– etwaige Zahlungsmodalitäten und Nebenabreden, wie etwa, ob der beabsichtigte Kaufpreis sofort und in voller Höhe oder aber erst später oder in Raten geleistet werden soll, oder auch Auskünfte über den Ausschluss der Gewährleistung,
– geplanter Verwertungstermin,
– soll ein Gegenstand veräußert werden, der zu einer Sachgesamtheit gehört, ist zudem ein Hinweis auf die geplante Erlösverteilung an die einzelnen Gläubiger zu geben,

---
[31] § 168 Abs. 1 Satz 1.
[32] HK-*Landfermann* § 168 RdNr. 4.
[33] Vgl. *Uhlenbruck,* InsO § 168 RdNr. 6; HambKomm-*Büchler,* § 168 RdNr. 3; *Haas/Scholl,* NZI 2002, 642, 643.

- ob stets die Person des Käufers benannt werden muss, wird unterschiedlich beurteilt,[34] auf die Benennung der Person des Käufers wird der Insolvenzverwalter wohl verzichten können,
- Kosten der Verwertung, wenn diese Kosten höher sind als die Verwertungskostenpauschale,[35]
- schließlich ist der Gläubiger auf die Möglichkeit hinzuweisen, dass er innerhalb einer Woche die Gelegenheit hat, eine für ihn günstigere Verwertungsmöglichkeit zu nennen.

18 Gerichte haben teilweise auch für ausreichend erachtet, dass der Insolvenzverwalter in der Mitteilung nach § 168 Abs. 1 Satz 1 **nur Angaben zur Verwertungsform und zum Kaufpreis** macht.[36] In dem konkret entschiedenen Fall hatte der Verwalter im Rahmen der von ihm beabsichtigten übertragenen Sanierung des schuldnerischen Unternehmens dem absonderungsberechtigten Gläubiger lediglich die Verwertungsform und den zu erwartenden Erlös mitgeteilt sowie das Schätzgutachten übersandt.

Die Mitteilung an den Gläubiger kann grundsätzlich formlos erfolgen, sollte jedoch aus Beweisgründen schriftlich erteilt werden.[37]

Die Mitteilung muss gegenüber dem absonderungsberechtigten Gläubiger abgegeben werden. Bestehen an einem Gegenstand mehrere Absonderungsrechte, so hat der Verwalter alle absonderungsberechtigten Gläubiger dieses Gegenstandes zu benachrichtigen.[38]

III. Frist für Hinweis des Gläubigers auf günstigere Verwertungsmöglichkeit

19 Die in § 168 Abs. 1 Satz 2 vorgesehene einwöchige Frist zur Aufgabe eines Hinweises auf günstigere Verwertungsmöglichkeiten ist **keine Ausschlussfrist.**[39] Auch nach ihrem Ablauf ist es dem Gläubiger erlaubt, auf günstigere Verwertungsmöglichkeiten hinzuweisen. Ein derartiger Hinweis ist vom Insolvenzverwalter gem. § 168 Abs. 2 zu berücksichtigen, wenn er ihm rechtzeitig vor der Veräußerung zugeht.[40]

Der Hinweis des Gläubigers stellt eine empfangsbedürftige Willenserklärung dar. Es gelten insoweit die Vorschriften der §§ 130 f. BGB.[41] Die **Fristberechnung** richtet sich nach §§ 186 ff. BGB. Die fristauslösende Mitteilung muss dabei die vom Insolvenzverwalter beabsichtigte Verwertungsmöglichkeit und den erwarteten Erlös so genau ausweisen, dass der Gläubiger in die Lage versetzt wird, einen Hinweis abzugeben.[42]

Wann der Hinweis des Gläubigers noch „**rechtzeitig**" i. S. d. Vorschrift beim Insolvenzverwalter eingeht, hat der Gesetzgeber offen gelassen. Es ist jedoch zu verlangen, dass der Insolvenzverwalter noch in der Lage sein muss, ohne zusätzliche Kosten für die Masse eine Änderung der Verwertungsart vorzunehmen. Ferner muss dem Verwalter vor der Vornahme der vorgeschlagenen Veräußerung ein zumutbarer Zeitraum zur Prüfung des Gläubigerhinweises verbleiben.[43]

In der Praxis dürfte die Wochenfrist insbesondere dann Probleme bereiten, wenn sich der Verwalter für die Fortführung des Unternehmens entschieden hat und er im Rahmen der gewöhnlichen Geschäftstätigkeit Gegenstände mit Absonderungsrechten veräußern will. Die Wochenfrist kann bei dieser Sachlage praktisch jede Veräußerung des Verwalters verhindern. Bei der Betriebsfortführung ist es dem Verwalter daher anzuraten, mit dem Gläubiger eine Pauschalvereinbarung zur Veräußerung der Gegenstände zu treffen.[44]

---

[34] Dafür: Kölner Schrift-*Klasmeyer/Elsner/Ringstmeier*, S. 1083 RdNr. 23; dagegen: *Breutigam/Blersch/Goersch-Breutigam* § 168 RdNr. 4, HK-*Landfermann* § 168 RdNr. 4.
[35] AG Duisburg ZInsO 2003, 190.
[36] LG Düsseldorf DZWIR 2003, 389.
[37] *Hess* § 168 RdNr. 20; *Kübler/Prütting/Kemper* § 168 RdNr. 5.
[38] *Kübler/Prütting/Kemper* § 168 RdNr. 7.
[39] *Smid* § 168 RdNr. 5; *Haas/Scholl*, NZI 2002, 642, 644.
[40] Vgl. Beschlussempfehlung des Rechtsausschusses zu § 193 RegE, BR-Drucks. 12/7302, S. 176, 177.
[41] *Kübler/Prütting/Kemper,* § 168 RdNr. 11; *Haas/Scholl*, NZI 2002, 642, 644.
[42] Vgl. bereits oben RdNr. 16 ff.
[43] *Kübler/Prütting/Kemper* § 168 RdNr. 11; *Haas/Scholl*, NZI 2002, 642, 644.
[44] KölnerSchrift-*Klasmeyer/Elsner/Ringstmeier*, S. 1083 RdNr. 38.

IV. Wiederholte Fristsetzung

Hat der Insolvenzverwalter innerhalb der Frist eine andere Verwertungsmöglichkeit 20 gefunden, sei es durch einen nicht von einem absonderungsberechtigten Gläubiger genannten dritten Interessenten oder hat der ursprünglich vom Insolvenzverwalter benannte Interessent sein Kaufpreisangebot erhöht, so ist streitig, ob der Verwalter dem Gläubiger eine neue Mitteilung machen muss, die dann die Äußerungsfrist erneut zum Laufen bringt, oder ob er nicht zu einem erneuten Hinweis verpflichtet ist.

Nach der einen Ansicht muss der Insolvenzverwalter erneut den absonderungsberechtigten Gläubiger benachrichtigen und ihn über die nunmehr beabsichtigte Verwertung informieren. Dann habe der Gläubiger erneut die Möglichkeit, binnen einer Frist von einer Woche auf eine (noch günstigere) Verwertungsmöglichkeit hinzuweisen.[45]

Nach einer anderen Auffassung bedarf es nicht einer erneuten Fristsetzung.[46]

Zuzustimmen ist der Ansicht, dass eine **erneute Mitteilung nicht erforderlich** ist. Eine derartige Pflicht würde das Verfahren nur unnötig verzögern. Die knapp bemessene Mitteilungsfrist von einer Woche, die dazu beitragen sollte, das Verfahren nicht in die Länge zu ziehen, würde auf diese Weise unnötig ausgedehnt. Es entspricht auch nicht dem Zweck des § 168, dass der Verwalter und die absonderungsberechtigten Gläubiger durch einen anhaltenden Prozess des Abstimmens die günstigste Art der Verwertung herausfinden, die es wohl ohnehin nicht geben dürfte. Der Gläubiger soll vielmehr vor Nachteilen geschützt werden, die ihm daraus entstehen können, dass er nicht selbst die Verwertung vornehmen kann. Hielte man den Insolvenzverwalter zu einer wiederholten Mitteilung verpflichtet, so könnte der absonderungsberechtigte Gläubiger auch selbst „mitbieten" und jeweils auf eine günstigere Verwertungsmöglichkeit in Form eines nur minimal höheren Kaufpreises hinweisen. Damit könnte er den Verwertungsprozess durch den Insolvenzverwalter beliebig lange in die Länge ziehen.

Es bedarf keiner erneuten Mitteilung durch den Insolvenzverwalter an den Gläubiger. Der Gläubiger hat es selbst in der Hand, den Insolvenzverwalter auch nach Abgabe eines ersten günstigeren Verwertungsvorschlags auf noch bessere Verwertungsmöglichkeiten hinzuweisen, die der Verwalter dann ggf. berücksichtigen muss.[47]

V. Rechtsfolge: Ausschluss des Einwandes der Veräußerung unter Wert, Schadensersatz bei Veräußerung unter Wert, Verlust der Kostenbeiträge

1. Einwand der Veräußerung unter Wert. Verwertet der Insolvenzverwalter Gegen- 21 stände, an denen Absonderungsrechte bestehen, ohne § 168 zu beachten, so setzt er sich dem vom Gläubiger zu erhebenden Einwand der Veräußerung unter Wert aus.[48]

Es muss zwischen verschiedenen Sanktionen unterschieden werden: Informiert der Insolvenzverwalter den Gläubiger von der geplanten Verwertungsmaßnahme und weist der Gläubiger auf eine günstigere Verwertungsmöglichkeit hin, so greift § 168 Abs. 2 ein. Wegen der **Nichtberücksichtigung des Gläubigerhinweises** besteht eine **Ausgleichspflicht der Insolvenzmasse,** vgl. RdNr. 34 f.

Informiert der Insolvenzverwalter den absonderungsberechtigten Gläubiger überhaupt **nicht** von der geplanten Verwertung und „verschleudert" die mit Rechten zugunsten des Absonderungsgläubigers belasteten Gegenstände, so kann der Sicherungsgläubiger **Schadensersatzansprüche gegen den Insolvenzverwalter** wegen einer Veräußerung unter Wert geltend machen.[49]

---

[45] FK-*Wegener*, § 168 RdNr. 10.
[46] LG Neubrandenburg ZInsO 2006, 381, 382; *Nerlich/Römermann/Becker* § 168 RdNr. 46; *Haas/Scholl,* NZI 2002, 642, 643.
[47] LG Neubrandenburg ZInsO 2006, 381, 382.
[48] *Lwowski/Heyn*, WM 1998, 473, 479; *Uhlenbruck,* InsO § 168 RdNr. 15; *Breutigam/Blersch/Goetsch-Breutigam,* § 168 RdNr. 32.
[49] *Breutigam/Blersch/Goetsch-Breutigam,* § 168 RdNr. 32; *Uhlenbruck,* InsO § 168 RdNr. 15.

Kommt der Insolvenzverwalter hingegen seiner Mitteilungspflicht aus § 168 Abs. 1 Satz 1 nach und **reagiert der Sicherungsgläubiger nicht** auf diese Mitteilung mit dem Hinweis auf eine günstigere Verwertungsmöglichkeit, so stellt sich die Frage, ob der Sicherungsgläubiger zu einem späteren Zeitpunkt noch den **Einwand einer Veräußerung unter Wert** erheben kann.

Ein **Einwandausschluss** ist in § 168 nicht ausdrücklich geregelt. Der ursprünglich im Rahmen des – nicht in § 168 übernommenen – Eintrittsrechts vorgesehene Ausschluss des Einwandes der Veräußerung unter Wert, der noch in § 193 Abs. 1 Satz 3 RegE ausdrücklich geregelt war, findet sich schon im RegE nicht in den Bestimmungen über die Mitteilung der Veräußerungsabsicht und folgerichtig ebenfalls nicht in der nunmehr gültigen Fassung des § 168. Auch geht aus den Gesetzesmaterialien nicht hervor, dass für den Fall der Erfüllung der Mitteilungspflicht aus § 168 Abs. 1 Satz 1 ein spezieller Ausschluss beabsichtigt war.[50]

Allerdings wird man auf Grund der Grundsätze von Treu und Glauben dann von einer unzulässigen Rechtsausübung ausgehen müssen, wenn der Sicherungsgläubiger zunächst auf die Mitteilung des Insolvenzverwalters nach § 168 Abs. 1 Satz 1 nicht reagiert und dann später Schadensersatzansprüche wegen einer Veräußerung unter Wert geltend macht.[51]

22 **2. Schadensersatzpflicht bei Veräußerung unter Wert.** War die vom Insolvenzverwalter durchgeführte Verwertung tatsächlich zum Nachteil der Insolvenzmasse, so steht der Insolvenzmasse ein Schadensersatzanspruch aus § 60 zu, der von einem Sonderinsolvenzverwalter für die Insolvenzmasse gegenüber dem Insolvenzverwalter geltend zu machen ist.[52] Hat der Insolvenzverwalter einen mit Absonderungsrechten belasteten Gegenstand unter Wert veräußert und ist dadurch der Absonderungsgläubiger geschädigt worden, so kann der absonderungsberechtigte Gläubiger selbst die Schadensersatzansprüche aus § 60 gegenüber dem Verwalter geltend machen.[53]

Unterlässt es der Insolvenzverwalter, vor einer Veräußerung der mit Sicherungsrechten belasteten Gegenstände im Rahmen einer übertragenden Sanierung die Zustimmung des Gläubigerausschusses zur Durchführung der übertragenden Sanierung einzuholen, so ist der hieraus entstehende Schaden kein Einzelschaden des absonderungsberechtigten Gläubigers, sondern ein Gesamtschaden.[54]

23 **3. Verlust der Kostenbeiträge bei Verletzung der Mitteilungspflicht aus § 168 Abs. 1 Satz 1.** Hält der Insolvenzverwalter das durch § 168 vorgegebene Pflichtenprogramm nicht ein und unterlässt er eine Mitteilung nach § 168 Abs. 1 Satz 1, so stellt sich die Frage nach weiteren Sanktionen für dieses Verhalten des Insolvenzverwalters.

Die erste Ansicht geht davon aus, dass – neben Schadensersatzpflichten des Sicherungsgläubigers gegen den Insolvenzverwalter – die Insolvenzmasse bei einem Verstoß gegen § 168 abs. 1 Satz 1 die Ansprüche auf die Kostenbeiträge nach §§ 170, 171 verliere.[55] Zur Begründung dieser Ansicht wird angeführt, dass durch die §§ 166 ff. ein spezifisches Programm für den Ablauf der Verwertungsvorgänge vorgegeben sei. Werde dieses durch den Insolvenzverwalter nicht eingehalten, so werde die Masse mit dem **Verlust der Kostenbeiträge des Absonderungsberechtigten** „bestraft".[56] Die Verwertung des Sicherungsguts sei dann nicht mehr durch die §§ 166 ff. gedeckt, sondern der Verwalter handele unbe-

---

[50] *Lwowski/Heyn*, WM 1998, 473, 479.
[51] HambKomm-*Büchler*, § 168 RdNr. 10; *Lwowski/Heyn*, WM 1998, 473, 479; *Zimmermann*, NZI 1998, 57, 61; *Uhlenbruck*, InsO § 168 RdNr. 15; vgl. dazu auch LG Düsseldorf DZWIR 2003, 389.
[52] *Breutigam/Blersch/Goetsch-Breutigam*, § 168 RdNr. 32.
[53] OLG Celle ZIP 2004, 725 m. Anm. *Blank*, EWiR 2004, 715. Vgl. dazu auch LG Düsseldorf DZWIR 2003, 389, das diese Frage nicht entschieden hat.
[54] LG Düsseldorf DZWIR 2003, 389.
[55] *Uhlenbruck*, InsO § 168 RdNr. 1; *Gundlach/Frenzel/Schmidt*, DZWIR 2001, 18; HambKomm-*Büchler*, § 168 RdNr. 11.
[56] *Gundlach/Frenzel/Schmidt*, DZWIR 2001, 18.

rechtigt mit der Folge, dass im Wege der Ersatzabsonderung der gesamte Verwertungserlös (ohne Abzug der Kostenbeiträge) herauszugeben sei.[57]

Nach einer anderen Auffassung kann bei einer Verletzung der Mitteilungspflicht aus § 168 Abs. 1 Satz 1 nicht von einer unberechtigten Verwertung ausgegangen werden.[58] Habe sich der Verwalter schuldhaft verhalten, so komme eine Schadensersatzpflicht nach § 60 in Betracht. Darüber hinausgehende Sanktionen, insbes. in Form des Verlusts der Kostenbeiträge nach §§ 170, 171, seien unangemessen.

Der erstgenannten Ansicht ist zu folgen. Der absonderungsberechtigte Gläubiger ist nicht hinreichend geschützt, indem er auf die Geltendmachung von Schadensersatzansprüchen gegen den Insolvenzverwalter verwiesen wird. Tatsächlich ist der Sicherungsgläubiger bei der Geltendmachung von Schadensersatzansprüchen in erheblichen Beweisschwierigkeiten.[59] Der Verstoß des Insolvenzverwalters gegen die Regelung in § 168 Abs. 1 Satz 1 muss sanktioniert werden. Die angemessene Sanktion ist der Verlust der Kostenbeiträge.

E. Hinweis des Gläubigers auf günstigere Verwertungsmöglichkeiten, Auswahlentscheidung des Insolvenzverwalters und Nachteilsausgleich

I. Allgemeines

Als günstigere Verwertungsmöglichkeiten i. S. d. § 168 kommen alle Verwertungsarten in 24 Betracht, die vom Verwalter wahrgenommen werden können. In Betracht kommen also insbes. der freihändige Verkauf, die öffentliche Versteigerung oder die Ablösung der Rechte des Sicherungsgläubigers durch die Masse.[60] In Betracht ziehen muss der Insolvenzverwalter nach **§ 168 Abs. 3** auch den **Vorschlag des Gläubigers, den Gegenstand zu den vom Insolvenzverwalter mitgeteilten Bedingungen selbst zu übernehmen.**

Eine günstigere Verwertungsmöglichkeit ist gegeben, wenn die Verwertung bei Realisierung der Vorschläge des Sicherungsgläubigers einen **höheren Erlös** bringt, zumindest aber weniger Kosten verursacht (dies gilt auch, wenn sich die Kosten im Rahmen der Pauschale halten).[61]

Haben mehrere Gläubiger an ein und demselben Gegenstand Absonderungsrechte, so kann es zu Problemen kommen, wenn die Gläubiger unterschiedliche Verwertungsvorschläge machen. In diesen Fällen besteht zum einen die Möglichkeit, dass sich die Gläubiger im Rahmen eines Poolvertrages auf einen Vorschlag einigen[62] oder der Verwalter müsste den Sicherungsgegenstand freigeben, da ihm anderenfalls eine Haftung wegen unterlassener Verwertung droht.[63]

Wenn § 168 Abs. 1 S. 2 auf die Günstigkeit für alle Gläubiger abstellt, hat der Gesetzgeber dabei in Betracht gezogen, dass bei einem Mindererlös der absonderungsberechtigte Gläubiger mit seiner Ausfallforderung auf die Masse verwiesen wird und damit die quotale Befriedigung aller Gläubiger verringert wird.

II. Günstigkeit

Die vom Gläubiger aufgezeigte Verwertungsalternative muss eine günstigere Verwertung 25 als die vom Verwalter beabsichtigte sein. Es stellt sich somit die Frage, wann eine Verwertungsalternative günstiger als eine andere ist. Diese Frage ist stets aus der Sicht der absonderungsberechtigten Gläubiger zu beantworten. Der Gläubiger muss sich daher nicht ent-

---

[57] *Gundlach/Frenzel/Schmidt*, DZWIR 2001, 18.
[58] *Ganter/Bitter*, ZIP 2005, 101 ff.; *Ganter*, NZI 2005, 1, 8; HK-*Landfermann*, § 168 RdNr. 6.
[59] Dies verkennt *Ganter*, NZI 2005, 1, 8.
[60] *Haas/Scholl*, NZI 2002, 642, 644.
[61] Beschlussempfehlung des Rechtsausschusses zu § 193 Abs. 3 BR-Drucks. 12/7302 S. 177.
[62] *Mönning*, Festschrift für Uhlenbruck, 2000, 239, 260.
[63] KölnerSchrift-*Klasmeyer/Elsner/Ringstmeier*, S. 1083 RdNr. 37.

gegenhalten lassen, dass der potentielle Kaufinteressent die Masse von weiteren Verbindlichkeiten entlastet, wie es bei der Übernahme von Dienstverträgen häufig der Fall sein wird.[64]

Günstiger ist die vom Gläubiger nachgewiesene Verwertungsalternative in erster Linie dann, wenn ein **höherer Erlös** – also Preis – erzielt wird.[65]

Einen weiteren Fall benennt das Gesetz in § 168 Abs. 3 Satz 2, wenn bei gleichem Veräußerungserlös **geringere Kosten** aufzuwenden sind.

Die günstigere Verwertungsmöglichkeit kann auch in einem Selbsteintritt des absonderungsberechtigten Gläubigers bestehen, vgl. § 168 Abs. 3 Satz 1.

26 Neben der Höhe des Erlöses können jedoch auch **andere Kriterien und Umstände** für den Gläubiger günstig sein; sie sind ebenfalls zu berücksichtigen.[66]

Derartige Umstände sind beispielsweise **Risiken der Geschäfte,** wie etwa die Zahlungswilligkeit oder Zahlungsfähigkeit des Käufers. Zu berücksichtigen sind aber auch sonstige Konditionen des Geschäfts, wie der Zeitpunkt der Zahlung, eine zügigere Verwertungschance, finanziell weniger belastende Nebenabreden, wie dem Erwerber zustehende Möglichkeiten der Lösung vom Vertrag, Gewährleistungsregelungen bzw. -ausschlüsse. Unberücksichtigt bleiben müssen dagegen Umstände, die außerhalb der bloßen Verwertung liegen, wie etwa die Erwartung des Gläubigers, er könne mit Hilfe dieses Vertragsabschlusses eine lukrative Geschäftsbeziehung zu dem Käufer aufbauen. Derartige Umstände müssen unberücksichtigt bleiben, da sie über den unmittelbaren finanziellen Ertrag der anstehenden Veräußerung hinausreichen. Der absonderungsberechtigte Gläubiger hat sich das Sicherungsrecht nicht deswegen einräumen lassen, um bei einer späteren Verwertung derartige Vorteile zu erlangen. Diese Umstände liegen außerhalb der eigentlichen Verwertung und müssen daher unbeachtet bleiben. Ebenso unberücksichtigt bleiben ideelle Motive des Gläubigers.[67]

Für die Feststellung, ob das Angebot des Gläubigers günstiger ist, bedarf es somit eines Vergleiches zwischen der vom Verwalter geplanten Verwertung und der durch den Gläubiger in Aussicht gestellten Verwertungsmöglichkeit. Es muss also eine Vergleichsrechnung zwischen den beiden Befriedigungsalternativen erstellt werden, die lediglich auf Prognosen beruhen. Hierbei müssen alle diejenigen Faktoren außerhalb des Preises abgeschätzt und bewertet werden, die eben beschrieben worden sind.

27 Da nach § 168 Abs. 3 Satz 2 auch die anfallenden Kosten zu berücksichtigen sind, ist in den Vergleich beider Verwertungsalternativen der um die Kosten bereinigte Nettoerlös in Ansatz zu bringen. Beinhalten die Verwertungsmöglichkeiten unterschiedliche Zahlungszeitpunkte, muss abgezinst werden, um die Erlöse vergleichbar zu machen.[68]

28 Bisher ungeklärt ist, wie verfahren werden soll, wenn der Gläubiger auf einen Kaufinteressenten hinweist, der zwar einen **höheren Kaufpreis** bietet, dafür aber **umfangreiche Gewährleistungen** verlangt, während der Insolvenzverwalter einen Verkauf zu einem geringeren Kaufpreis unter Ausschluss der Gewährleistung ins Auge gefasst hat.[69] Da der Insolvenzverwalter Partei des Kaufvertrages ist, müsste die Insolvenzmasse – und über § 61 ggf. auch der Insolvenzverwalter persönlich – für etwaige Gewährleistungsansprüche des Käufers einstehen. Die Sachmängelgewährleistungsansprüche haben den Rang einer Masseverbindlichkeit.[70] Hier existiert kein Anspruch der Insolvenzmasse gegen den absonderungsberechtigten Gläubiger auf Einbehalt eines Teils des Verwertungserlöses, um später ggf. Gewährleistungsansprüche des Käufers befriedigen zu können.

---

[64] FK-*Wegener* § 168 RdNr. 6.
[65] Begr. zum RegE, BR-Drucks. 1/92 S. 179.
[66] KölnerSchrift-*Klasmeyer/Elsner/Ringstmeier*, S. 1083 RdNr. 29; HK-*Landfermann* § 168 RdNr. 5; vgl. auch *Hess* § 168 RdNr. 26; *Mönning,* Festschrift für Uhlenbruck, 2000, 239, 244 ff.
[67] KölnerSchrift-*Klasmeyer/Elsner/Ringstmeier*, S. 1083 RdNr. 29; *Breutigam/Blersch/Goersch-Breutigam* § 168 RdNr. 12; *Nerlich/Römermann/Becker* § 168 RdNr. 20 und 21; *Uhlenbruck,* InsO § 168 RdNr. 11 u. 13.
[68] *Breutigam/Blersch/Goersch* § 168 RdNr. 12.
[69] *Haas/Scholl,* NZI 2002, 642, 646.
[70] *Haas/Scholl,* NZI 2002, 642, 646.

Der Insolvenzverwalter kann auch nicht ohne weiteres jegliche Sachmängelgewährleistung gegenüber dem „gewöhnlichen" Käufer ausschließen.[71] Solches ist allerdings möglich bei sog. **Verwertungsgesellschaften.** Diese sind – gegen entsprechende Nachlässe – bereit, **Gewährleistungsausschlüsse** zu vereinbaren.

Soll ein Vergleich zwischen beiden Verwertungsalternativen vorgenommen werden, so ist die Übernahme der Haftung der Masse für Gewährleistungsansprüche zu berücksichtigen. Es kommt dann nicht mehr nur auf den Vergleich der Kaufpreise an, wenn ermittelt werden soll, welche Verwertungsmöglichkeit die günstigere ist.

Der absonderungsberechtigte Gläubiger kann – wenn er das Angebot mit dem höheren Kaufpreis präferiert – gegenüber dem Insolvenzverwalter erklären, dass er die Insolvenzmasse von sämtlichen Kosten im Zusammenhang mit der Geltendmachung von Gewährleistungsansprüchen freistellt. Dann sind die Angebote vergleichbar und die bessere Verwertungsmöglichkeit kann allein durch den Vergleich der gebotenen Kaufpreise bestimmt werden.

Wie vorstehend beschrieben ist auch in anderen Fällen zu verfahren, in denen sich die Vorschläge von Insolvenzverwalter und absonderungsberechtigtem Gläubiger in einzelnen Parametern unterscheiden. Durch entsprechende Freihalteerklärungen kann der Gläubiger eine Vergleichbarkeit der einzelnen Angebote herstellen; dann kommt es nur noch auf den Kaufpreis an, der zu vergleichen ist.

Die hier vorgeschlagene Lösung ist in der Praxis nur begrenzt umsetzbar, wenn der Insolvenzverwalter praktisch für jede abweichende Klausel zwischen seinem Verwertungsvorschlag und dem Vorschlag des absonderungsberechtigten Gläubigers Freistellungen seitens des Sicherungsgläubigers fordert. Der Insolvenzverwalter darf sich hier nicht rechtsmissbräuchlich verhalten. Bei dem Vergleich der beiden Vorschläge ist nach wirtschaftlichen Gesichtspunkten zu ermitteln, welche Verwertungsalternative die günstigere ist. Der Verwalter ist zur bestmöglichen Verwertung verpflichtet. Sucht er offensichtlich nur nach Vorwänden, um die Vorschläge des absonderungsberechtigten Gläubigers zu torpedieren, und veräußert das Sicherungsgut zu einem zu niedrigen Preis, so kann der Gläubiger Schadensersatzansprüche nach § 60 gegenüber dem Insolvenzverwalter geltend machen.

III. Anforderungen an den Hinweis des Gläubigers

Ein Hinweis des Gläubigers i. S. v. § 168 Abs. 2 liegt dann vor, wenn er eine Verwertungsmöglichkeit vorschlägt, die „günstiger" ist als die vom Insolvenzverwalter vorgeschlagene Verwertungsmöglichkeit.

Das Gesetz enthält keine ausdrücklichen Regelungen zum Inhalt des Gläubigerhinweises. Zu beachten ist folgende Interessenlage: Der Insolvenzverwalter darf nicht mit dem **Prüfungsaufwand für unkonkrete und/oder nicht realisierbare Vorschläge** des absonderungsberechtigten Gläubiger belastet werden. Dies würde nur zu einer Verzögerung der Verfahrensabwicklung führen. Weiterhin muss der Gläubigerhinweis so konkret sein, dass der Insolvenzverwalter überhaupt eine Möglichkeit hat, eine Prüfung und einen Vergleich der Verwertungsalternativen durchzuführen. Für den Insolvenzverwalter und die Masse sind mit der Nichtbeachtung des Gläubigerhinweises nach § 168 Abs. 2 erhebliche Haftungsrisiken verbunden.[72] Angesichts dieser Haftungsrisiken für den Verwalter sind an die **Konkretheit des Gläubigerhinweises relativ hohe Anforderungen** zu stellen. Ein unkonkreter Gläubigerhinweis kann keine Haftungsfolgen für Insolvenzverwalter und Masse nach sich ziehen, wenn der Verwalter auf diesen Hinweis nicht eingeht und das Sicherungsgut zu einem (angeblich) zu niedrigen Preis veräußert.[73]

---

[71] Überblick zur Haftung des Insolvenzverwalters bei: *Haas/Scholl*, NZI 2002, 642, 646.
[72] Einwand des Mindererlöses, vgl. RdNr. 22.
[73] *Uhlenbruck*, InsO § 168 RdNr. 13; *Haas/Scholl*, NZI 2002, 642, 644; *Lwowski/Heyn*, WM 1998, 473, 478.

Aufgrund der Angaben des Gläubigers muss es für den Insolvenzverwalter möglich sein, ein vergleichende Schätzung von Kosten und Erlös anzustellen.[74] Aus den Angaben des Gläubigers muss sich ergeben, warum bei dem vom Gläubiger zugrunde gelegten Verwertungsszenario ein Mehrerlös zu erwarten ist. Der Gläubiger muss Angaben machen zu der jeweiligen Verwertungsart, zum erwarteten Erlös und zu den prognostizierten Kosten sowie u. U. zum Verwertungsort und zu sonstigen Details der Verwertung.[75] Vgl. dazu auch die Aufstellung unter RdNr. 17.

Der Gläubiger darf sich **nicht** auf **Listenpreise** oder **Schätzpreise** berufen; vage Vermutungen über angeblich bessere am Markt erzielbare Preise reichen nicht aus, vgl. RdNr. 15.

Im Fall des freihändigen Verkaufes ist neben der Angabe des Käufers auch die des erwarteten Kaufpreises erforderlich. Geht der Gläubiger davon aus, dass die Verwertung an einem anderen Ort oder z. B. durch ein anderes Auktionshaus erlössteigernd sein würde, muss er die Alternative und den erwarteten Mehrerlös benennen.[76] Erwartet der Gläubiger eine Erlössteigerung auf Grund geringerer Kosten, muss er die voraussichtliche Kosteneinsparung dartun.

31 Die Angabe der voraussichtlichen Kosten ist in jedem Fall erforderlich. Grundsätzlich werden vom Verwalter gegenüber dem Gläubiger die in § 171 Abs. 1, Abs. 2 Satz 1 Kostenpauschalen veranschlagt. Sind die Verwertungskosten jedoch erheblich niedriger oder erheblich höher als die Kostenpauschale,[77] werden gegenüber dem hinweisgebenden Gläubiger gem. § 171 Abs. 2 Satz 2 die tatsächlichen Verwertungskosten veranschlagt und nicht die Kostenpauschalen. In diesen Fällen bedarf es der Angabe der erwarteten Kosten durch den Gläubiger, um dem Verwalter eine Erlösabwägung zwischen der von ihm vorgesehenen Verwertungsmöglichkeit und der vom Gläubiger vorgeschlagenen zu ermöglichen.[78]

32 Nach § 168 Abs. 1 Satz 2 hat der Insolvenzverwalter dem Gläubiger die Gelegenheit zu geben, binnen einer Woche auf die günstigere Verwertungsmöglichkeit hinzuweisen. Zur Berechnung der Wochenfrist vgl. RdNr. 19 f. Eine bestimmte Form ist für die Ausübung des Hinweisrechts nicht vorgesehen. Der Gläubiger sollte jedoch aus Beweisgründen die Mitteilung schriftlich an den Insolvenzverwalter mit Empfangsbekenntnis erteilen.[79]

IV. Wahrnehmung durch Insolvenzverwalter

33 Hat der Insolvenzverwalter nach ordnungsgemäßer Mitteilung der Verwertungsabsicht an den Gläubiger von diesem unter Einhaltung der Wochenfrist einen Hinweis auf eine günstigere Verwertungsmöglichkeit des Gläubigers erhalten, so ist er nicht verpflichtet, dem Hinweis nachzukommen und das vom absonderungsberechtigten Gläubiger vorgeschlagene Geschäft abzuschließen.[80] Nimmt er die vom Gläubiger dargelegte günstigere Verwertungsmöglichkeit nicht wahr, so muss er dem Gläubiger den Betrag bezahlen, den dieser bei der günstigeren Verwertung erhalten hätte. Reicht die Insolvenzmasse nicht aus, um Ausgleichszahlungen zu erbringen, so besteht für den Insolvenzverwalter das Risiko einer persönlichen Haftung nach § 60. Vgl. dazu RdNr. 22.

Erweist sich nach Prüfung durch den Insolvenzverwalter die von ihm selbst beabsichtigte Art der Verwertung als günstiger, hat er diese wahrzunehmen. Auch wenn der Insolvenzverwalter dem Vorschlag des absonderungsberechtigten Gläubigers nachkommt, kann der Gläubiger etwaige Ausgleichsleistungen für eine mit dieser Verwertung verbundenen Verzögerung (§ 169) oder die Wertminderung nach § 172 Abs. 1 fordern.[81] Nimmt der

---

[74] *Uhlenbruck*, InsO § 168 RdNr. 13; *Haas/Scholl*, NZI 2002, 642, 644; *Lwowski/Heyn*, WM 1998, 473, 478.
[75] *Mönning* in Festschrift Uhlenbruck, 200, 239, 244; *Haas/Scholl*, NZI 2002, 642, 644.
[76] Vgl. OLG Celle ZIP 2004, 725 m. Anm. *Blank*, EWiR 2004, 715; *Haas/Scholl*, NZI 2002, 642, 644.
[77] Zum Begriff der Erheblichkeit vgl. § 171 RdNr. 33 ff.
[78] *Haas/Scholl*, NZI 2002, 642, 644.
[79] *Uhlenbruck*, InsO § 168 RdNr. 13; *Haas/Scholl*, NZI 2002, 642, 644.
[80] HambKomm-*Büchler*, § 168 RdNr. 9; *Kübler/Prütting/Kemper*, § 168 RdNr. 15.
[81] *Nerlich/Römermann/Becker* § 168 RdNr. 33.

Insolvenzverwalter die bestehende günstigere Verwertungsmöglichkeit nicht wahr, hat er den Gläubiger so zu stellen, als hätte er sie wahrgenommen, § 168 Abs. 2 letzter Halbsatz. Ist kein ordnungsgemäßer Hinweis des Gläubigers erfolgt, entfällt diese Verpflichtung. Da es auf den Grund, weshalb der Insolvenzverwalter die Verwertungsmöglichkeit nicht wahrnimmt, nicht ankommt[82], ist es dem Insolvenzverwalter insoweit freigestellt, auf welche Weise er den Gläubigerhinweis umsetzt.

V. Rechtsfolge: Nachteilsausgleich (§ 168 Abs. 2 letzter Halbsatz)

Die Verpflichtung zum Nachteilsausgleich in dem Falle, dass der Insolvenzverwalter den rechtzeitigen Hinweis des Gläubigers nicht befolgt, stellt eine Entschädigung für den Gläubiger dar, die dieser dafür erhält, dass ihm die Verwertung nach seinen Vorstellungen verwehrt bleibt.[83]

Dem Gläubiger wird in derjenigen Höhe und zu der Zeit Befriedigung verschafft, wie es nach vorschlagsgemäßer Verwertung durch Erlösauskehr geschehen wäre. Die Beurteilung erfolgt somit ex ante. Hierzu wird die tatsächlich durch den Insolvenzverwalter vorgenommene Verwertung mit derjenigen Verwertung verglichen, die vorgenommen worden wäre, wenn der Verwalter die vom Gläubiger vorgeschlagene Verwertung verwirklicht hätte. Ist diese hypothetische Verwertung für den Gläubiger günstiger, so muss der Verwalter zusätzlich zu der Herausgabe des erzielten Erlöses an den Gläubiger den Differenzbetrag zwischen tatsächlich erzieltem Erlös und fiktivem Erlös an diesen zahlen. Dies gilt allerdings nur dann, wenn der Gläubiger hinsichtlich seiner Insolvenzforderung nicht schon aus dem tatsächlich erzielten Erlös voll befriedigt ist.

Die Regelung zum Nachteilsausgleich findet auch Anwendung im Falle einer freiwilligen öffentlichen Versteigerung des Sicherungsguts durch den Insolvenzverwalter. Bietet der Sicherungsgläubiger in einem derartigen Fall seinen Selbsteintritt (§ 168 Abs. 3) zu einem bestimmten Kaufpreis an, ist der Insolvenzverwalter gehalten, dem Auktionator diesen Betrag zuzüglich der Versteigerungskosten als Mindestgebot aufzugeben. Unterlässt der Insolvenzverwalter dies und wird bei der Versteigerung schließlich ein geringerer Erlös erzielt, ist er dem Sicherungsgläubiger in Höhe der Differenz zum Nachteilsausgleich verpflichtet.[84]

Im Vergleich zu der Berechnung der Günstigkeit liegt in diesem Fall jedenfalls hinsichtlich der tatsächlichen Verwertung eine reale Vergleichsgröße vor. Die verbleibende hypothetische Befriedigung auf Grund der Verwertungsalternative muss indes so realitätsnah wie möglich bestimmt werden. So ist die ursprüngliche Prognose laufend den aktuellen Gegebenheiten anzupassen und möglicherweise zu korrigieren.

Auch wenn der Gläubiger bereits Gleichstellung erhalten hat, kann eine spätere Erkenntnis noch zu einer Nachzahlungsverpflichtung seitens des Verwalters oder zu einer Erstattungszahlung wegen ungerechtfertigter Bereicherung führen.[85]

Bei der Bestimmung des Nachteilsausgleichs nach § 168 Abs. 2 letzter Halbsatz sind die **Entschädigungszahlungen nach §§ 169, 172** zu berücksichtigen, damit der Gläubiger nicht doppelt entschädigt wird. Der Verwalter muss die Entschädigungszahlungen nach §§ 169, 172 damit nur bis zu dem Zeitpunkt leisten, auf den bezogen er Nachteilsausgleich schuldet.[86]

Der Gläubiger kann die Zahlung des Nachteilsausgleichs nach § 168 Abs. 2 letzter Halbsatz im Wege eines Zivilprozesses gegen den Verwalter durchsetzen, wobei das Gericht nach § 287 ZPO hinsichtlich der Höhe der Gleichstellungsleistung eine Schätzung vornehmen kann.[87]

---

[82] Begr. zu § 193 RegE, BR-Drucks. 1/92, S. 179.
[83] Nerlich/Römermann/Becker § 168 RdNr. 34.
[84] OLG Celle WM 2004, 1143.
[85] Nerlich/Römermann/Becker § 168 RdNr. 37; Breutigam/Blersch/Goersch-Breutigam § 168 RdNr. 26.
[86] Nerlich/Römermann/Becker § 168 RdNr. 38.
[87] Nerlich/Römermann/Becker § 168 RdNr. 73.9.

Der Insolvenzverwalter ist gehalten, den Gläubiger hinsichtlich der einzelnen Gegenstände so zu stellen, als hätte er die Verwertungsmöglichkeit wahrgenommen. Dabei trägt der Gläubiger die Beweislast dafür, dass die nicht wahrgenommene Verwertungsmöglichkeit tatsächlich bestand und einen bestimmten höheren Erlös erbracht hätte.[88]

35 Der **Anspruch auf Gleichstellung** seitens des absonderungsberechtigten Gläubigers ist eine **Masseverbindlichkeit** nach § 55 Abs. 1 Nr. 1.[89] Beachtet der Insolvenzverwalter den Hinweis des absonderungsberechtigten Gläubigers auf eine günstigere Verwertungsmöglichkeit nicht, so hat er schon bei dieser Entscheidung zu bedenken, dass er den Nachteilsausgleich aus der Insolvenzmasse an den absonderungsberechtigten Gläubiger zu zahlen hat. Der Verwalter hat bereits zu diesem Zeitpunkt zu überprüfen, ob er in der Lage sein wird, den Nachteilsausgleich aus der Masse zu bezahlen. Ggf. hat er entsprechende Rückstellungen zu bilden. Ist für den Insolvenzverwalter absehbar, dass die Masse möglicherweise nicht ausreichen wird, den Nachteilsausgleichsanspruch nach § 168 Abs. 2 letzter Halbsatz zu befriedigen, so dass der Sicherungsgläubiger mit seinem Anspruch im masseunzulänglichen Verfahren ganz oder teilweise ausfällt, so muss der Verwalter Vorkehrungen treffen, dass genau dies vermieden wird. Ggf. muss er doch die vom Gläubiger vorgeschlagene günstigere Verwertungsalternative wahrnehmen. Kann der Verwalter schon bei der Verwertung absehen, dass aus der Masse der Nachteilsausgleichsanspruch nach § 168 Abs. 2 letzter Halbsatz nicht befriedigt werden kann und wählt er trotzdem nicht die vom Gläubiger vorgeschlagene günstigere Verwertungsmöglichkeit, so besteht für den Insolvenzverwalter das Risiko einer persönlichen Haftung nach § 61 wegen Nichterfüllung der Masseverbindlichkeiten. Daneben kommt auch eine Schadensersatzpflicht nach § 60 in Betracht.[90]

VI. Sonderprobleme bei Veräußerung von Gesamtheiten

36 Wird bei der Veräußerung einer Gesamtheit von Gegenständen, an denen ein Gläubiger absonderungsberechtigt ist, von diesem Gläubiger der Hinweis auf eine günstigere Verwertungsmöglichkeit nur für einen einzelnen Gegenstand abgegeben, an dem er ein Absonderungsrecht hat, besteht für den Insolvenzverwalter gleichwohl die Pflicht zur Nachteilsausgleichung aus § 168 Abs. 2.[91] In der Literatur[92] wird eine **restriktive Handhabung des § 168** bei der Veräußerung von Sachgesamtheiten gefordert. Es wird ein Zielkonflikt zwischen einer als gesetzliches Verfahrensziel angestrebten übertragenen Sanierung und den individuellen Rechten eines Sicherungsgläubigers ausgemacht. Damit ist gemeint, dass im Rahmen einer übertragenen Sanierung bei der Bemessung eines Gesamtpreises oftmals preismindernd berücksichtigt wird, dass Arbeitnehmer übernommen werden oder dass alle Wirtschaftsgüter übernommen werden, die zudem noch am selben Standort verbleiben und vom Verkäufer nicht demontiert werden müssen.

In diesem Fall ist eine individuelle Betrachtungsweise durchzuführen, d. h. der Sicherungsgläubiger kann geltend machen, dass bei einer isolierten Verwertung bestimmter Wirtschaftsgüter ein höherer Preis erzielt worden wäre.[93]

Es ist richtig, dass bei einer geplanten übertragenen Sanierung diese individuelle Betrachtungsweise erhebliche Probleme in der praktischen Abwicklung bringt.[94] Dies muss hingenommen werden, denn eine weitere Aushöhlung der Rechtsposition der Sicherungsgläubiger ist im Gesetz nicht vorgesehen.

---

[88] Begr. zu § 193 RegE, BR-Drucks. 1/92, S. 179 aE.
[89] *Kübler/Prütting/Kemper* § 168 RdNr. 16.
[90] *Haas/Scholl,* NZI 2002, 642, 647; *Uhlenbruck,* InsO § 168 RdNr. 14.
[91] Begr. zu § 193 RegE, BR-Drucks. 1/92, S. 179 aE.
[92] *Mönning,* Festschrift für Uhlenbruck, 2000, 236, 246.
[93] *Uhlenbruck,* InsO § 168 RdNr. 6.
[94] Darauf weist *Mönning* in Festschrift für Uhlenbruck, 2000, 236, 246 hin.

F. Eintrittsrecht des Gläubigers

Gem. § 168 Abs. 3 kann der Gläubiger auf die Mitteilung des Insolvenzverwalters hin als 37
günstigere Verwertungsmöglichkeit auch auf die Übernahme des Gegenstandes durch ihn
selbst hinweisen.

I. Rechtliche Qualifikation

Bei dem Eintrittsrecht des Gläubigers gem. § 168 Abs. 3 handelt es sich – seiner Rechts- 38
natur nach – um eine **Verwertung durch den Insolvenzverwalter,** es liegt also **keine
Verwertung durch den Gläubiger** i. S. d. § 170 Abs. 2 vor.[95] Beim Selbsteintritt des
Gläubigers handelt es sich um einen Unterfall von § 168 Abs. 2, d. h. um eine günstigere
Verwertungsmöglichkeit, die der Insolvenzverwalter nach Maßgabe des § 168 Abs. 2 wahrnehmen kann.[96]

Im Gegensatz zur ursprünglichen Regelung des § 193 Abs. 1 RegE, der eine Pflicht des
Insolvenzverwalters vorsah, dem Gläubiger den zu verwertenden Gegenstand zur Übernahme anzubieten, enthält § 168 Abs. 3 das Recht des Gläubigers, im Rahmen seiner
Hinweismöglichkeit auf günstigere Verwertungsmöglichkeiten auch den Selbsteintritt vorzuschlagen.[97]

Demgegenüber ist die Ausgestaltung des Eintrittsrechts hinsichtlich der Kosten und der
Verrechnung des Verwertungserlöses mit der zugrunde liegenden Gläubigerforderung im
RegE und in der endgültigen Fassung identisch.[98]

Die nunmehr gültige Regelung ist vor dem Hintergrund der nach der Insolvenzordnung
geltenden Verwertungsbefugnisse zu sehen. Die früher nach § 127 Abs. 2 KO bestehende
Möglichkeit einer außergerichtlichen Selbstverwertung der mit einem Absonderungsrecht
belasteten Gegenstände durch den insoweit begünstigten Gläubiger ist nach der Insolvenzordnung ausgeschlossen. Es obliegt nunmehr ausschließlich dem Verwalter, die Verwertung
durchzuführen.

Hatte der absonderungsberechtigte Gläubiger früher die Möglichkeit, sich außerhalb der
Gesamtabwicklung des schuldnerischen Vermögens zu befriedigen, kann er – im Sinne einer
an der Sanierung bzw. Fortführung des Unternehmens ausgerichteten Abwicklung – nach
der Insolvenzordnung nur noch im Rahmen der vom Insolvenzverwalter durchgeführten
Verwertung und mit dessen Zustimmung tätig werden.

II. Übernahmeangebot des Gläubigers

Kontrovers wird in der Literatur diskutiert, ob der Gläubiger bei einem beabsichtigten 39
Selbsteintritt dem Insolvenzverwalter bessere Bedingungen bieten muss oder ob es ausreicht,
dass der Gläubiger die gleichen Konditionen bietet wie in der vom Insolvenzverwalter
genannten Verwertungsalternative.[99]

Es gelten folgende Grundsätze:
Bietet der Gläubiger dem Verwalter den Selbsteintritt zu **ungünstigeren Bedingungen**
an, so muss der Verwalter abwägen, ob er nicht darauf eingeht, weil es für die Insolvenzmasse
letztlich von Vorteil ist. Dies kann z. B. dann der Fall sein, wenn der Gläubiger auf die
Anmeldung einer Ausfallforderung zur Insolvenztabelle verzichtet.[100]

---

[95] BGH WM 2005, 2400.
[96] S. o. RdNr. 25.
[97] S. o. RdNr. 4.
[98] S. hierzu unten RdNr. 40.
[99] Vgl. zum Streitstand: *Uhlenbruck*, InsO § 168 RdNr. 10.
[100] *Kübler/Prütting/Kemper*, § 168 RdNr. 9.

Kommt der Insolvenzverwalter zu dem Ergebnis, dass es für die Masse nicht von Vorteil ist, auf das Angebot des Sicherungsgläubigers einzugehen, so kann er eine anderweitige Verwertungsmöglichkeit nutzen. Bringt diese einen höheren Verwertungserlös, so hat der Sicherungsgläubiger keinen Anspruch auf Nachteilsausgleich nach § 168 Abs. 2 letzter Halbsatz, da er keine günstigere Verwertungsmöglichkeit nennen konnte. Auch der Einwand der Veräußerung unter Wert dürfte grundsätzlich ausgeschlossen sein.

Bietet der Gläubiger dem Verwalter einen Selbsteintritt zu dem **identischen Preis** wie das dem Insolvenzverwalter vorliegende Angebot eines Dritten an, so wird in der Literatur diskutiert, ob der Gläubiger verpflichtet sei, dem Insolvenzverwalter ein günstigeres Angebot oder nur ein gleichartiges Angebot zu machen.[101] Diese Diskussion dreht sich aber um ein Scheinproblem. Der Insolvenzverwalter ist nicht verpflichtet, dem Übernahmeverlangen des Sicherungsgläubigers nachzukommen, vgl. RdNr. 33. Bietet der Sicherungsgläubiger die identischen Konditionen wie ein Dritter und veräußert der Insolvenzverwalter an den Dritten, so stehen dem Sicherungsgläubiger keine Ansprüche auf Nachteilsausgleich zu. Hat der Sicherungsgläubiger hingegen ein besseres Angebot vorgelegt, so kann er Ansprüche nach § 168 Abs. 2 letzter Halbsatz gegenüber der Insolvenzmasse geltend machen.[102]

Erklärt sich der Sicherungsgläubiger nach § 168 Abs. 3 zur Übernahme des Sicherungsguts zu einem nur **marginal über dem Angebot eines Dritten liegenden Preis** bereit, so kann der absonderungsberechtigte Gläubiger nicht darauf vertrauen, dass der Insolvenzverwalter ihn wiederholt auf neue Angebote von dritter Seite, die das Angebot des Absonderungsgläubigers übertreffen, aufmerksam macht. Im Rahmen des § 168 Abs. 1 trifft den Insolvenzverwalter keine wiederholte Hinweispflicht. Vgl. RdNr. 20. Der Sicherungsgläubiger kann also nicht „spekulieren" und laufend sein Angebot zur Selbstübernahme nachbessern.

III. Verrechnung mit Kreditforderungen

40 Mit der Übernahme des Gegenstandes durch den Gläubiger entsteht für diesen eine Zahlungspflicht gegenüber dem Insolvenzverwalter, da er lediglich ein Absonderungsrecht – dh ein Recht auf bevorzugte Befriedigung – an dem Gegenstand besitzt und die Übernahme rechtlich als Verwertungsmöglichkeit des Insolvenzverwalters zu charakterisieren ist. Der Gläubiger ist somit zur Zahlung des Kaufpreises verpflichtet. Andererseits hat der Gläubiger auf Grund seines Absonderungsrechts einen Anspruch auf Auskehrung des Erlöses der von ihm durchgeführten Verwertung, § 170. Zahlungspflicht und Anspruch können vom Gläubiger im Wege der Aufrechnung miteinander verrechnet werden.[103]

Wird der Gläubiger bei Verwertung des Gegenstandes nicht vollständig befriedigt, so kann er seine Ausfallforderung nach Maßgabe des § 52 zur Insolvenztabelle anmelden.[104]

IV. Kosten

41 Die Kosten der Feststellung des Gegenstandes und die Kosten, die dem Verwalter durch die Verwertung des Gegenstandes entstanden sind, müssen der Masse verbleiben.[105] Der Gläubiger ist also nicht berechtigt, im Rahmen einer Verrechnung von Verwertungserlös und gesicherten Forderungen die Kostenbeiträge nach §§ 170, 171 einzubehalten.[106]

---

[101] HK-*Landfermann*, § 168 RdNr. 12: Auch das Angebot des gesicherten Gläubigers, den Gegenstand selbst zu übernehmen, müsse i. S. v. § 168 Abs. 1 Satz 2 günstiger sein als die vom Verwalter beabsichtigte Veräußerung. *Kübler/Prütting/Kemper*, § 168 RdNr. 9; *Uhlenbruck*, InsO § 168 RdNr. 10: Ein Angebot zum Selbsteintritt mit identischen Konditionen sei ausreichend.

[102] Vgl. *Uhlenbruck,* InsO § 168 RdNr. 10.

[103] Begr. zu § 193 RegE, BR-Drucks. 1/92, S. 179; *Uhlenbruck,* InsO § 168 RdNr. 10.

[104] Begr. zu § 193 RegE, BR-Drucks. 1/92, S. 179 sowie § 52.

[105] HK-*Landfermann*, § 168 RdNr. 14; *Uhlenbruck,* InsO § 168 RdNr. 10; *Kübler/Prütting/Kemper*, § 168 RdNr. 14.

[106] Die Auffassung, dass der Gläubiger berechtigt sei, Kosten für Feststellung des Gegenstandes sowie für die Verwertungsmaßnahmen abzusetzen (vgl. *Lwowski/Heyn*, WM 1998, 473, 477) wird aufgegeben.

Die Übernahme des Gegenstandes durch den Gläubiger stellt eine Verwertung durch den Insolvenzverwalter dar.[107] Es gelten damit die Kostenbeitragsregelungen der §§ 170, 171.[108] Auch umsatzsteuerlich ist der Selbsteintritt durch den Gläubiger der Veräußerung an einen Dritten gleichzustellen.[109]

Nicht einschlägig ist bei einem Selbsteintritt des Gläubigers nach § 168 Abs. 3 die Norm des § 170 Abs. 2, die einen Fall der Verwertung durch den Gläubiger behandelt und daher keinen Abzug von Verwertungskosten vorsieht.[110] Was die Parteien (also Sicherungsnehmer und Insolvenzverwalter) gewollt haben, ist durch Auslegung der entsprechenden Erklärungen zu ermitteln.[111]

V. Weiterveräußerung mit Gewinn

Ein vom Gläubiger bei der von ihm vorgenommenen Verwertung des Gegenstandes erzielter Mehrerlös muss nicht an den Insolvenzverwalter ausgekehrt werden, sondern verbleibt ohne Anrechnung auf die Ausfallforderung beim Gläubiger.[112] Ein Gläubiger mit gesicherten Forderungen iHv 1000 kann also einen Selbsteintritt für einen Kaufpreis von 800 erklären und die Ausfallforderung von 200 zur Tabelle anmelden, auch wenn er den übernommenen Gegenstand dann für 1500 veräußert.

Im **Verhältnis zu Drittsicherungsgebern** muss sich nach Auffassung des BGH der gesicherte Gläubiger aber den tatsächlich erzielten Erlös von 1500 anrechnen lassen.[113] Haftet für die Forderung des absonderungsberechtigten Gläubigers ein Bürge, so kann der Gläubiger diesen in Höhe des durch die Weiterveräußerung nach Abzug der Kosten erlangten Mehrerlöses nicht in Anspruch nehmen.[114]

G. Probleme bei der praktischen Anwendung der Norm

Die Anwendung der Vorschrift des § 168 in der Praxis ist mit erheblichen Schwierigkeiten verbunden. Die Norm versucht einen Spagat zwischen den Zielen der Verfahrensbeschleunigung und dem Schutz des Sicherungsgläubigers vor einer Verschleuderung seiner Sicherheit.

Bei einer übertragenden Sanierung sowie bei einer Veräußerung von sicherungsübereigneten Waren im laufenden Geschäftsbetrieb kann der Insolvenzverwalter das in § 168 vorgeschriebene Procedere nur sehr schwer einhalten; teilweise wird die Einhaltung der Vorgaben sogar unmöglich sein, wenn das Insolvenzverfahren in einem einigermaßen überschaubaren Zeitraum abgewickelt werden soll und der Insolvenzverwalter schnell auf günstige Verwertungsmöglichkeiten reagieren muss.

Bei der **Veräußerung von Waren im laufenden Geschäftsverkehr** ist es kaum möglich, dass der Insolvenzverwalter bei den unterschiedlichen Waren die jeweiligen Sicherungseigentümer jeweils vorher konsultiert, ob diese günstigere Verwertungsmöglichkeiten kennen und dann die Wochenfrist abwartet. Hier wird in der Literatur vorgeschlagen, die Norm des § 168 überhaupt nicht anzuwenden.[115] Dies ist aber der falsche Ansatz.[116] Sicherungs-

---

[107] BGH WM 2005, 2400; HK-*Landfermann*, § 168 RdNr. 14.
[108] HK-*Landfermann*, § 168 RdNr. 14.
[109] HK-*Landfermann*, § 168 RdNr. 14; *Maus*, ZIP 2000, 340.
[110] HK-*Landfermann* § 168 RdNr. 9.
[111] BGH WM 2005, 2400.
[112] BGH WM 2005, 2400; Begr. zu § 193 RegE, BR-Drucks. 1/92, S. 179; KölnerSchrift-*Klasmeyer/Elsner/Ringstmeier*, S. 1083 RdNr. 33; HK-*Landfermann* § 168 RdNr. 15; *Smid* § 168 RdNr. 14; aA: *Nerlich/Römermann/Becker* § 168 RdNr. 28 ff.
[113] BGH WM 2005, 2400, 2402 m. krit. Anm. *Foerste*, NZI 2006, 275.
[114] BGH WM 2005, 2400, 2402.
[115] *Nerlich/Römermann/Becker* § 168 RdNr. 6.
[116] Vgl. *Uhlenbruck*, InsO § 168 RdNr. 6; HambKomm-*Büchler*, § 168 RdNr. 4.

nehmer und Insolvenzverwalter sollten sich am besten im Rahmen einer **Verwertungsvereinbarung** auf ein Vorgehen einigen, das auch von den Vorgaben des § 168 abweichen kann. Scheitert eine Einigung zwischen den Parteien, so muss der Insolvenzverwalter die Vorgaben des § 168 grundsätzlich beachten. Es reicht dann aber aus, dass er z. B. dem Sicherungseigentümer mitteilt, dass er die Warenbestände im Rahmen eines Räumungsverkaufs zum Einkaufspreis oder mit Abschlägen veräußern will. Weitere Angaben müssen nicht erfolgen.[117] Will er dies nicht oder ist eine derartige Vorgehensweise zu aufwändig, so kann er das Sicherungsgut dem Gläubiger zur Verwertung überlassen, § 170 Abs. 2.

45 Auch bei der übertragenden Sanierung kommen am ehesten dann sinnvolle wirtschaftliche Lösungen zustande, wenn sich der Sicherungsnehmer und der Insolvenzverwalter im Rahmen einer Verwertungsvereinbarung über die Modalitäten verständigen. Ist dies nicht möglich, so muss der Insolvenzverwalter bei einer übertragenden Sanierung damit rechnen, dass der absonderungsberechtigte Gläubiger den Einwand der Veräußerung unter Wert erhebt, wenn der Verwalter mit dem Betriebserwerber eine Gesamtlösung (mit Übernahme von Arbeitnehmern, Eintritt in bestehende Vertragsverhältnisse etc.) vereinbart und dabei die auf die einzelnen Gegenstände des Anlage- und Umlaufvermögens entfallenden Kaufpreisanteile relativ willkürlich (bzw. steuerlich motiviert) bestimmt werden. Es wird darauf hingewiesen, dass die **Gesamtvermarktung des schuldnerischen Unternehmens mit Anlage- und Umlaufvermögen** sowie Übernahme von Arbeitnehmern für den Insolvenzverwalter zu einem unbeherrschbaren Risiko werden könnte, da der Insolvenzverwalter im Regelfall kaum in der Lage sei, aus dem Gesamtpreis den Preis für eine einzelne sicherungsübereignete Maschine abzuleiten.[118] Die absonderungsberechtigten Gläubiger könnten entweder den Einwand der Veräußerung unter Wert erheben oder durch den Hinweis auf günstigere Verwertungsmöglichkeiten bzw. die Ausübung des Selbsteintritts eine übertragende Sanierung entscheidend stören. Hier wird der Insolvenzverwalter zu prüfen haben, ob er an einer Gesamtveräußerung auf Grund der damit für die Insolvenzmasse verbundenen Vorteile festhalten will. Die Vorteile sollten die nach § 168 Abs. 2 letzter Halbsatz zu leistenden Zahlungen übersteigen.[119]

46 Weitere **Haftungsrisiken** ergeben sich für den **Insolvenzverwalter,** wenn er ohne weitere sorgfältige Prüfung den Verwertungsvorschlag des Gläubigers übernimmt und sich diese Verwertung im Nachhinein nicht als günstigste Verwertungsform herausstellt.

Um dem Einwand der Veräußerung unter Wert und etwaigen Schadensersatzansprüchen zu entgehen, ist der Insolvenzverwalter gehalten, nach Zugang des Hinweises zu überprüfen, ob die vorgeschlagene Verwertungsmöglichkeit für die beteiligten Gläubiger tatsächlich günstiger ist. Zum einen wird durch den Prüfungsaufwand – ungeachtet zusätzlicher Kosten – der Fortgang des Verfahrens verzögert. Hier besteht die Gefahr, dass ein Gläubiger durch bloßes Behaupten einer günstigeren Verwertungsmöglichkeit, deren Bestehen vom Insolvenzverwalter nicht oder nur schwer überprüft bzw. widerlegt werden kann, bewusst das Verfahren verzögert.

Zum anderen wird dem Insolvenzverwalter durch diese Regelung das Risiko eines Mindererlöses aufgebürdet, während der Gläubiger die Möglichkeit eingeräumt bekommt, einen etwaigen Mehrerlös einzubehalten.

Hier wird man bei unberechtigten Klagen des Sicherungsgläubigers dem Insolvenzverwalter nur mit dem Einwand der unzulässigen Rechtsausübung helfen können.

§ 169 Schutz des Gläubigers vor einer Verzögerung der Verwertung

¹ **Solange ein Gegenstand, zu dessen Verwertung der Insolvenzverwalter nach § 166 berechtigt ist, nicht verwertet wird, sind dem Gläubiger vom Berichtstermin an laufend die geschuldeten Zinsen aus der Insolvenzmasse zu zahlen.** ² **Ist der Gläubiger schon vor der Eröffnung des Insolvenzverfahrens auf Grund einer An-**

---

[117] *Uhlenbruck,* InsO § 168 RdNr. 6; HK-*Landfermann,* § 168 RdNr. 4; *Haas/Scholl,* NZI 2002, 642, 643.
[118] *Mönning* in Festschrift für Uhlenbruck, 2000, 246; *Uhlenbruck,* InsO § 168 RdNr. 8.
[119] *Breutigam/Blersch/Goetsch-Breutigam,* § 168 RdNr. 12; FK-*Wegener,* § 168 RdNr. 8.

ordnung nach § 21 an der Verwertung des Gegenstands gehindert worden, so sind die geschuldeten Zinsen spätestens von dem Zeitpunkt an zu zahlen, der drei Monate nach dieser Anordnung liegt. ³ Die Sätze 1 und 2 gelten nicht, soweit nach der Höhe der Forderung sowie dem Wert und der sonstigen Belastung des Gegenstands nicht mit einer Befriedigung des Gläubigers aus dem Verwertungserlös zu rechnen ist.

Schrifttum: siehe vor §§ 166 ff.

Übersicht

	RdNr.		RdNr.
A. Normzweck	1	II. Höhe Zinsen	29
B. Entstehungsgeschichte	4	1. Zinszahlung bei Fehlen einer vertraglichen Regelung	30
C. Anwendungsbereich	6	2. Zinszahlung bei Vorliegen einer vertraglichen Regelung	33
D. Verwertungspflicht	10	III. Zeitpunkte und Zeitdauer der Zinszahlung	34
I. Allgemeines	10	1. Allgemeines	34
II. Unverzügliche Verwertung	12	2. Zeitpunkte für Zinszahlungen	35
1. Vor Berichtstermin	13	3. Unterbrechung Zinszahlungspflicht	36
2. Nach Berichtstermin	17	4. Zinsende	37
3. Initiativrecht des Gläubigers	18	5. Abrechnung auf Basis des tatsächlichen Verwertungserlöses	38
III. Einzelfragen	19	IV. Klassifikation als Masseverbindlichkeit	39
E. Nachteilsausgleich bei Nichtverwertung	20	V. Ausnahmen von der Verzinsungspflicht (§ 169 Satz 3)	40
I. Grundsätze	20	1. Voraussetzung: Werthaltigkeit	40
II. Ursächlichkeit des Verwalterhandelns für Verwertungsverzögerung	21	2. Beweislast hinsichtlich Werthaltigkeit bei streitigen Auseinandersetzungen	41
III. Verwertungshinderung im Eröffnungsverfahren/Anordnung (§ 21)	26	G. Ausgleich für Wertverlust (Verweisung)	42
IV. Verwertungshinderung bei Vorlage eines Insolvenzplans	27		
F. Zinszahlungsanspruch	28		
I. Grundsätze	28		

A. Normzweck

Die Regelungen des § 169 verfolgen den Zweck, den absonderungsberechtigten Gläubiger vor einer Verzögerung der Verwertung durch den Insolvenzverwalter und den hieraus folgenden Nachteilen zu schützen. Wie §§ 167, 168, 172 zählen sie damit zu denjenigen Normen, welche die Rechtsstellung des absonderungsberechtigten Gläubigers vor und während der Verwertung sichern sollen. Sie dienen damit dem Ausgleich der Abschaffung der gem. § 127 Abs. 2 KO möglichen außergerichtlichen Verwertung durch den absonderungsberechtigten Gläubiger zugunsten der alleinigen Verwertungsbefugnis des Insolvenzverwalters gem. § 166. 1

Der Gläubiger soll durch den **Zinsausgleichsanspruch** aus § 169 in die Lage versetzt werden, sich **anderweitige Liquidität** durch Aufnahme von Darlehen zu verschaffen, umso den Zeitraum bis zur Verwertung des Absonderungsgutes zwischenzufinanzieren.¹

Durch § 169 wird dem absonderungsberechtigten Gläubiger ein umfassender Zinsanspruch gegen den Insolvenzverwalter eingeräumt, der aus der Insolvenzmasse zu befriedi-

---

¹ *Nerlich/Römermann/Becker* § 169 RdNr. 2; *HK-Landfermann* § 169 RdNr. 3.

gen ist. Die Einführung der Zinspflicht des Insolvenzverwalters trägt dem Umstand Rechnung, dass der absonderungsberechtigte Gläubiger nicht mehr befugt ist, seine Befriedigung aus dem Sicherungsgut außerhalb des Insolvenzverfahrens zu suchen. Ihm soll durch den Verlust der Verwertungsbefugnis sowie des Zugriffs auf die Sache und die damit verbundene reduzierte Beherrschbarkeit des Verwertungsablaufes kein Nachteil entstehen.

Weiterhin soll die in § 169 normierte Zinszahlungspflicht den Verwalter über die in § 169 vorgesehene unverzügliche Verwertung hinaus dazu anhalten, die mit Sicherungsrechten belasteten Gegenstände besonders zügig zu verwerten.[2]

2 Bei einer **unangemessenen Verzögerung der Verwertung von Absonderungsrechten** durch den Insolvenzverwalter können **neben den Zinsausgleichsansprüchen Schadensersatzansprüche gem. § 60** bestehen. Der Wertausgleichsanspruch nach § 172 ergänzt die Regelung des § 169.

3 Die Gerichte haben bisher nur selten die Regelung des § 169 angewendet. Regelmäßig treffen Insolvenzverwalter und gesicherte Gläubiger im Rahmen von Verwertungsvereinbarungen Regelungen zum Zeitpunkt der Auskehrung der Verwertungserlöse. Hier ist durch Auslegung zu ermitteln, ob § 169 überhaupt noch angewendet werden kann; im Regelfall wird dies nicht der Fall sein. Existiert keine Verwertungsvereinbarung und findet § 169 damit Anwendung, so müssen gesicherte Gläubiger wegen der Zinsen einen Prozess gegen die Insolvenzmasse führen, denn das Insolvenzgericht ist regelmäßig nicht zu Anweisungen hinsichtlich einer Zinszahlungspflicht des Verwalters befugt.[3] Damit bewahrheiten sich die schon zum Inkrafttreten der InsO geäußerten Befürchtungen, dass die Regelungen zum Ausgleich der Interessen von Insolvenzmasse und Sicherungsnehmer **kaum praktikabel** sind und die Gefahr droht, dass sich bei einer Konfrontation die Parteien gegenseitig neutralisieren.[4]

B. Entstehungsgeschichte

4 Weder die Konkursordnung noch die Gesamtvollstreckungsordnung wiesen eine dem § 169 vergleichbare Regelung auf. Da der absonderungsberechtigte Gläubiger nämlich bislang gem. § 127 Abs. 2 KO zur selbstständigen außergerichtlichen Verwertung befugt war, stellte sich die Problematik einer Verwertungsverzögerung durch den Insolvenzverwalter nicht.

Die Pflicht des Konkursverwalters, alle Möglichkeiten einer optimalen Verwertung zu nutzen, wurde aus § 117 KO abgeleitet.[5] Die Verletzung dieser Pflicht durch den Konkursverwalter hatte allein einen Schadensersatzanspruch aus § 82 KO zur Folge. Einen Zinsanspruch des absonderungsberechtigten Gläubigers sah die früher geltende Gesetzeslage nur als reguläre Nebenforderung zur besicherten Hauptforderung des Gläubigers im Rahmen des Konkursverfahrens vor, die vom Konkursverwalter auf Grund des Absonderungsrechts vorrangig zu befriedigen war, sofern die Sicherheit ausreichend bemessen war. Die neue Regelung des § 169 sieht demgegenüber einen verschuldensunabhängigen, schadensersatzähnlichen Zinsanspruch des absonderungsberechtigten Gläubigers vor, der Forderungen anderer Insolvenzgläubiger im Rang vorgeht, und stellt damit erstmalig einen Bezug zur Verwertungsverzögerung her. Die **Geltendmachung von Zinsansprüchen** der absonderungsberechtigten Gläubiger **im regulären Verwertungsverfahren** ohne Vorliegen einer Verzögerung **bestimmt sich nach § 39,** sofern die Sicherheit nicht zur Befriedigung der rückständigen und laufenden Zinsen ausreicht.[6] Da in der Praxis die Höhe der gesicherten

---

[2] *Obermüller* RdNr. 6.330; FK-*Wegener* § 169 RdNr. 1; *Mönning* FS Uhlenbruck, S. 239, 264.
[3] *Uhlenbruck*, InsO § 169 RdNr. 1.
[4] *Mönning* FS *Uhlenbruck*, S. 239, 268. Sehr kritisch auch *Grub* DZWIR 2002, 441: „eine wirtschaftlich und rechtlich unsinnige Regelung".
[5] *Kuhn/Uhlenbruck* KO § 117 RdNr. 11.
[6] *Grub* DZWIR 2002, 441, 443.

Forderungen regelmäßig den Wert der Sicherheit übersteigt, besteht auch ein **Bedürfnis für die Regelung des § 169**.[7]

Eine Regelung zum Schutz des absonderungsberechtigten Gläubigers war bereits im Referentenentwurf vorgesehen. § 183 RefE sah einerseits eine Verpflichtung des Insolvenzverwalters zur unverzüglichen Verwertung von mit Absonderungsrechten belasteten Gegenständen nach Abhaltung des Berichtstermins vor (Abs. 1), darüber hinaus sollte der Gläubiger das Recht haben, eine gerichtliche Festsetzung einer Verwertungsfrist zu beantragen (Abs. 2). § 183 Abs. 3 RefE entsprach inhaltlich der Regelung des § 169.

§ 183 RefE wurde unverändert als § 194 RegE in das Gesetzgebungsverfahren eingebracht. Die Beschlussempfehlung des Rechtsausschusses zu § 194 RegE[8] sah jedoch die Streichung der ersten beiden Absätze vor.

Zur Begründung wurde darauf hingewiesen, dass sich die dort enthaltenen Regelungen bereits in anderen Bestimmungen der InsO fänden und deshalb verzichtbar wären.[9]

Die in § 194 Abs. 1 RegE geregelte Verpflichtung des Insolvenzverwalters zur zügigen Verwertung des schuldnerischen Vermögens nach dem Berichtstermin wird bereits von § 159 (= § 178 RegE) erfasst. Da dort auf die Beschlüsse der Gläubigerversammlung Bezug genommen wird, ist auch die notwendige Flexibilität hinsichtlich einer eventuellen Betriebsfortführung bzw. Gesamtveräußerung gegeben.

Das mit § 194 Abs. 2 RegE vorgesehene Ziel, den Gläubiger durch Einräumung eines speziellen Antragsrechtes[10] vor Verwertungsverzögerungen zu schützen, wurde unter Verweis auf § 60 (= § 71 RegE) gestrichen. Aus der Haftung des Insolvenzverwalters für Pflichtverletzungen – zu denen auch eine schuldhafte Verwertungsverzögerung zählt – ergebe sich ein hinreichender, gegenüber der Entwurfsfassung nur unwesentlich verschlechterter Schutz des Gläubigers, zumal die gesicherte Forderung des absonderungsberechtigten Gläubigers nach § 194 Abs. 3 RegE vom Berichtstermin an zu verzinsen ist.

C. Anwendungsbereich

Die Vorschrift betrifft nur die Verwertung von beweglichen Sachen und sonstigen Gegenständen, zu deren Verwertung der Insolvenzverwalter nach § 166 berechtigt ist. § 169 gilt nicht im vereinfachten Verfahren nach den §§ 311 ff., hier verwertet nach § 313 Abs. 3 nicht der Treuhänder, sondern der Gläubiger selbst.

Ein Nachteilsausgleich steht dem **absonderungsberechtigen Gläubiger** dann nicht zu, wenn er **selbst** die **Verwertung des Sicherungsgutes verzögert** und dann, wenn dem Gläubiger zunächst selbst das Verwertungsrecht zugestanden hat (Fall des § 173 Abs. 1) und nach Ablauf einer Frist der Verwalter zur Verwertung berechtigt ist (§ 173 Abs. 2 Satz 2).[11]

Teilweise wird die Auffassung vertreten, dass die Regelung des § 169 **einschränkend auszulegen** oder nicht anzuwenden sei, **wenn der gesicherte Gläubiger** die **Prüfung der Wirksamkeit von Sicherheitenbestellungen** durch den Insolvenzverwalter **sabotiere** (bspw. dadurch, dass er notwendige Unterlagen nicht zur Verfügung stellt oder Auskunft über Drittsicherheiten erteilt).[12] Diese Konstellation wird in der Praxis nur selten virulent werden, denn üblicherweise erklärt der Insolvenzverwalter zeitnah nach Eröffnung des Insolvenzverfahrens, dass er die Wirksamkeit der Sicherheitenbestellung nicht anerkenne.

---

[7] Dies verkennt *Grub* DZWIR 2002, 441, 443, wenn er auf die Rechtsprechung verweist, nach der die Gläubiger eine Befriedigung der rückständigen und laufenden Zinsen aus dem Sicherheitenerlös fordern können.
[8] BT-Drucks. 12/7302, S. 177.
[9] Beschlussempfehlung des Rechtsausschusses zu § 194 RegE, BT-Drucks. 12/7302, S. 177.
[10] Beschlussempfehlung des Rechtsausschusses zu § 194 RegE, BT-Drucks. 12/7302, S. 177.
[11] *Uhlenbruck,* InsO § 169 RdNr. 2; *Nerlich/Römermann/Becker* § 169 RdNr. 5.
[12] *Tetzlaff* DZWIR 2003, 453, 455.

Der absonderungsberechtigte Gläubiger muss dann ggfs. gerichtlich seine Rechte durchsetzen. Obsiegt er in einem gerichtlichen Verfahren, so hat er selbstverständlich auch Anspruch auf Zinsen wegen der verzögerten Auskehrung (unberechtigte Nichtauskehrung) des Verwertungserlöses. Die Frage einer einschränkenden Anwendung des § 169 kann sich nur stellen, wenn der absonderungsberechtigte Gläubiger trotz der Aussage des Insolvenzverwalters, er werde die Sicherheit nicht anerkennen, jahrelang seine bestehenden Rechte nicht durchsetzt und zu einem späteren Zeitpunkt einen Schaden wegen der verzögerten Auskehrung des Verwertungserlöses geltend macht. Hier greifen dann die Grundsätze des § 254 BGB und können zum Ausschluss oder zu einer Reduzierung eines Schadensersatzanspruches des absonderungsberechtigten Gläubigers wegen der verzögerten Auskehrung des Verwertungserlöses führen.

9 Für die Verwertung von Immobilien und Zubehör finden sich Sondervorschriften in § 30 e ZVG (vgl. dazu § 165 RdNr. 104 ff.); § 169 ist nicht analog anwendbar.

D. Verwertungspflicht

I. Allgemeines

10 Aufgrund der Zielsetzung der InsO, primär eine Sanierung des Schuldners im Insolvenzverfahren zu erreichen, sind die Aufgaben des Insolvenzverwalters im Gegensatz zu denen des Konkursverwalters neu gestaltet. Hatte dieser gem. § 117 Abs. 1 KO die zentrale Aufgabe, das zur Konkursmasse gehörige Vermögen des Schuldners zu verwerten, besteht nunmehr eine Verwertungspflicht nur in den Grenzen des § 159. Ggfs. ist also das schuldnerische Unternehmen fortzuführen; dazu werden die den Sicherungsrechten einzelner Gläubiger unterfallenden Maschinen und Anlagen benötigt.

Der Insolvenzmasse steht im Rahmen des Insolvenzeröffnungsverfahrens und im eröffneten Verfahren das Recht zur Nutzung und Verwertung des Sicherungsgutes zu (§ 172 Abs. 1). Da der Verwalter über den Zeitpunkt der Verwertung entscheidet, könnte er das Sicherungsgut zeitlich unbegrenzt nutzen. Dies ist dem absonderungsberechtigten Gläubiger jedoch nicht zuzumuten.

11 Entscheidet sich der Insolvenzverwalter, mit der Verwertung weiter zuzuwarten, so trifft die Insolvenzmasse die Pflicht zur Kompensation der absonderungsberechtigten Gläubiger nach § 169 sowie nach § 172 Abs. 1.

Den Insolvenzverwalter trifft also **keine „Verwertungspflicht"**. Er muss vielmehr im Einzelfall abwägen, ob sich die Zinszahlung gegenüber dem Absonderungsberechtigten (und ggfs. der Ausgleich von Wertverlusten nach § 172) im Verhältnis zur weiteren Nutzung des Gegenstands bzw. der weiteren Suche nach vorteilhafteren Verwertungsmöglichkeiten für die Insolvenzmasse lohnt.[13] Stellt die Weiternutzung durch die Insolvenzmasse angesichts der Belastung mit den Ansprüchen aus § 169 für die Gläubigergesamtheit die ungünstigere wirtschaftliche Lösung dar, so kommt eine Haftung des Verwalters nach § 60 in Betracht, wenn er trotz der Nachteile für die Insolvenzmasse eine Verwertung der mit Absonderungsrechten belasteten Gegenstände nicht betreibt und auch eine Verwertung durch den Sicherungsgläubiger nicht zulässt. Nutzt der Insolvenzverwalter mit Absonderungsrechten belastete Gegenstände und kann nicht die Zinszahlungspflichten aus § 169 erfüllen, weil zwischenzeitlich Masseunzulänglichkeit eingetreten ist, so ist eine Haftung des Insolvenzverwalters nach § 61 zu prüfen.

II. Unverzügliche Verwertung

12 Nach den Vorschriften der Insolvenzordnung ist der Insolvenzverwalter zur Verwertung grundsätzlich nur dann verpflichtet, wenn dem die Beschlüsse der Gläubigerversammlung

---

[13] *Uhlenbruck*, InsO § 169 RdNr. 3.

im Berichtstermin nicht entgegenstehen (§ 159). Trifft den Insolvenzverwalter jedoch die Verwertungspflicht, muss er die Verwertung unverzüglich durchführen. Maßgeblicher Zeitpunkt für die Entstehung der Verwertungspflicht ist demnach der Berichtstermin.

1. Vor Berichtstermin. Vor dem Berichtstermin, in dem der Insolvenzverwalter den 13 Gläubigern über die wirtschaftliche Lage des Schuldners, ihre Ursachen, die Aussichten für eine Unternehmensfortführung oder einen Insolvenzplan sowie die jeweiligen Auswirkungen auf eine Befriedigung der Gläubiger zu berichten hat (§ 156), besteht für ihn keine Verwertungspflicht, vgl. § 159. Bis zum Berichtstermin müssen alle Möglichkeiten einer Verwertung oder Erhaltung des Schuldnervermögens offen gehalten werden,[14] denn die Entscheidung über eine Sanierung, Schuldenregulierung oder Verwertung des Unternehmens kann nur mit Zustimmung der Gläubigerversammlung getroffen werden. Bis zu diesem Zeitpunkt besteht für den Insolvenzverwalter die Möglichkeit, das Unternehmen nach Maßgabe des § 158 stillzulegen; ggfs. kann in engen Grenzen eine Stilllegung des schuldnerischen Unternehmens auch schon im Eröffnungsverfahren erfolgen,

Gem. § 158 Abs. 1 ist bei Stilllegung des schuldnerischen Unternehmens vor dem 14 Berichtstermin die Zustimmung des Gläubigerausschusses bzw. – wenn dieser nicht besteht – der Gläubigerversammlung einzuholen. Bei einer Stilllegung im Insolvenzeröffnungsverfahren ist die Zustimmung des Insolvenzgerichts und ggfs. die Zustimmung des vorläufigen Gläubigerausschusses einzuholen.

Sollen zur Fortführung des schuldnerischen Unternehmens erforderliche Gegenstände veräußert werden, ist zudem § 160 zu beachten, da es sich unter den entsprechenden Voraussetzungen um für das Verfahren besonders bedeutsame Rechtshandlungen handeln kann.[15] Hierunter fällt insbesondere z. B. die Veräußerung des gesamten Unternehmens bzw. Betriebes,[16] des gesamten bzw. eines anderen Unternehmensteiles oder von Unternehmensbeteiligungen des Schuldners (vgl. § 160 Abs. 2).

Darüber hinaus kann der Insolvenzverwalter im eröffneten Verfahren eine Verwertung, welche den weiteren Gang des Insolvenzverfahrens entscheidend beeinflusst (Bsp.: Veräußerung des Anlagevermögens des schuldnerischen Unternehmens), vor dem Berichtstermin nur in eng begrenzten Ausnahmefällen durchführen[17] in denen aus Gründen der Eilbedürftigkeit eine sofortige Verwertung geboten ist. Mit der Gesetzesänderung 2007 wurde eine frühzeitige Betriebsveräußerung erleichtert. Vgl. dazu die Kommentierung von § 158. Wird entgegen den Vorgaben der InsO veräußert, so sperrt das Zustimmungserfordernis des § 158 Abs. 1 die Verwertung nicht. Darüber hinaus sind auch schon während des Insolvenzeröffnungsverfahrens Notverkäufe möglich.[18] Hierzu zählt insbesondere die Verwertung verderblicher Ware, wie z. B. nur begrenzt haltbarer Lebensmittel. Darüber hinaus sind jedoch auch Waren vorzeitig verwertbar, die aus anderen Gründen einem Wertverfall unterliegen. So ist die Eilbedürftigkeit – im Interesse eines möglichst hohen Verwertungserlöses – z. B. bei modeabhängigen Konsumgütern (Kleidung, bestimmte Accessoires), bei dem technischen Fortschritt in sehr starkem Maße unterworfenen Waren (Bereich der Computertechnik etc.) oder kursabhängigen Finanzanlagen bei entsprechender Marktlage ebenfalls zu bejahen.

Realisiert der Insolvenzverwalter bereits vor dem Berichtstermin (im eröffneten Verfahren oder im Eröffnungsverfahren) im Rahmen eines Notverkaufs oder in Abstimmung mit Gläubigern und dem Insolvenzgericht Verwertungserlöse, die Absonderungsrechten unterliegen, so stellt sich die Frage, ob in diesen Fällen die absonderungsberechtigten Gläubiger eine sofortige Auskehrung der Verwertungserlöse verlangen können und bei Verzögerungen Schadensersatzansprüche geltend machen können. Die Frage ist zu bejahen. Der Anspruch des gesicherten Gläubigers ergibt sich allerdings nicht aus § 169, sondern aus den allgemei-

---

[14] S. Begr. zu § 194 RegE, BR-Drucks. 1/92, S. 180.
[15] Beschlussempfehlung des Rechtsausschusses zu § 177 RegE, BR-Drucks. 12/7302, S. 175.
[16] Vgl. hierzu § 185 RegE sowie Begr. zu § 177 RegE, BR-Drucks. 1/92, S. 176.
[17] Begr. zu § 194 RegE, BR-Drucks. 1/92, S. 180.
[18] Ausführlich dazu: *Kirchhof*, ZInsO 1999, 436.

nen Vorschriften. Ist das Bestehen des Absonderungsrechts unstreitig und der Insolvenzmasse der Verwertungserlös zugeflossen, so ist der Verwalter zur unverzüglichen Weiterleitung des Erlöses an den absonderungsberechtigten Gläubiger verpflichtet.[19]

15 Nicht gesetzlich geregelt ist die Frage, wie zu verfahren ist, wenn die **Anberaumung des Berichtstermins unangemessen hinausgezögert** wird. Soweit im konkreten Fall nicht die Vorschrift des § 169 Satz 2 eingreift, würde sich dadurch der Beginn der Verzinsungspflicht zum Nachteil der Gläubiger nach hinten verlagern. § 29 Abs. 1 Nr. 1 sieht vor, dass der Berichtstermin binnen sechs Wochen ab Eröffnung des Insolvenzverfahrens stattzufinden hat. Das Gesetz sieht vor, dass der Berichtstermin spätestens binnen drei Monaten nach Verfahrenseröffnung durchzuführen ist. Da § 169 den Beginn der Zinszahlungspflicht ausdrücklich an den Berichtstermin knüpft und ferner Regelungen hinsichtlich des Zeitpunktes der Durchführung des Berichtstermins trifft, wird vertreten, dass die Pflicht zur Verzinsung spätestens ab Ablauf der Drei-Monats-Frist beginnt.[20] Dem ist zuzustimmen. Der BGH scheint hier sogar zu erwägen, in Anlehnung an § 29 Abs. 1 Nr. 1 Halbsatz 2 von einer Sechs-Wochen-Frist auszugehen.[21] Dies dürfte zu weit gehen.

16 Ausnahmsweise stehen dem absonderungsberechtigten Gläubiger Zinszahlungen aus der Insolvenzmasse bereits vor dem Berichtstermin zu, wenn er bereits im Insolvenzeröffnungsverfahren durch einstweilige Anordnung des Insolvenzgerichts nach § 21 an der Verwertung des Sicherungsguts gehindert worden ist (§ 169 Satz 2). In diesem Fall setzt die Zinszahlungspflicht unabhängig vom Zeitpunkt der Eröffnung des Insolvenzverfahrens oder des Berichtstermins spätestens nach Ablauf von drei Monaten ab Erlass der einstweiligen Anordnung ein. Ausführlich dazu RdNr. 34. Mit der Gesetzesänderung 2007 kann sich auch schon im **Insolvenzeröffnungsverfahren** die Pflicht zu Zinszahlungen ergeben. Vgl. dazu die Kommentierung von § 21.

17 **2. Nach Berichtstermin.** Erst nach dem Berichtstermin kann auf Grund des von der Gläubigerversammlung gefassten Beschlusses mit der Verwertung der Insolvenzmasse begonnen werden. Der Insolvenzverwalter ist durch den Beschluss zur unverzüglichen Durchführung verpflichtet (§ 159), wobei mit „unverzüglich" „ohne schuldhaftes Zögern" gemeint ist, vgl. § 122 BGB. Hierbei hat er gleichwohl für eine bestmögliche Verwertung Sorge zu tragen.[22]

Beschließt die Gläubigerversammlung hingegen keine Verwertung, ist der Insolvenzverwalter zur Vornahme einer Verwertung weder berechtigt noch verpflichtet. Wenn die Gläubigerorgane beschlossen haben, dass z.B. das schuldnerische Unternehmen fortgeführt werden soll, so nutzt die Insolvenzmasse das sicherungsübereignete Anlagevermögen weiter und ist zur Zahlung von Zinsen nach § 169 verpflichtet.

18 **3. Initiativrecht des Gläubigers.** Der absonderungsberechtigte Gläubiger besitzt **kein Initiativrecht zur Beschleunigung bzw. Einleitung der Verwertung.** Da das ursprünglich vorgesehene Antragsrecht des absonderungsberechtigten Gläubigers auf gerichtliche Festsetzung der Verwertungsfrist, das noch in § 194 Abs. 2 RegE vorgesehen war, in den Gesetzesberatungen gestrichen worden ist, verbleiben dem Gläubiger insoweit nur die allgemeinen Gläubigerrechte.

Der Rechtsausschuss hat die Streichung eines Initiativrechts des absonderungsberechtigten Gläubigers mit der **Haftung des Insolvenzverwalters aus § 60** begründet. Danach löst eine schuldhafte Pflichtverletzung des Insolvenzverwalters eine Schadensersatzpflicht aus. Dementsprechend muss sich der absonderungsberechtigte Gläubiger bei einer Verzögerung der Verwertung damit begnügen, den Insolvenzverwalter auf Schadensersatz in Anspruch zu nehmen und ist im Übrigen auf die beschränkten Möglichkeiten der Verfahrensgestaltung über die Gläubigerversammlung angewiesen.

---

[19] Vgl. auch LG Hechingen DZWIR 2002, 480, 482.
[20] *Hellmich* ZInsO 2005, 678, 679.
[21] BGH ZInsO 2003, 318, 321 und *Hellmich* ZInsO 2005, 678, 679 Fn. 13.
[22] S. o. § 168 RdNr. 1 f.

Diese Regelung ist im Gesamtzusammenhang der §§ 167 bis 169 zu sehen: Die Verweigerung eines Initiativrechts ist Ausdruck der Konzentration des Verwertungsverfahrens beim Insolvenzverwalter.

Die hierdurch erforderlichen Befugnisse des absonderungsberechtigten Gläubigers zur Wahrnehmung und zum Schutz seiner Rechte sind jedoch durch das Ziel einer größtmöglichen Verfahrensbeschleunigung begrenzt. Aus diesem Grunde ist die direkte Einflussnahme des absonderungsberechtigten Gläubigers auf das Verwertungsverfahren weitestmöglich begrenzt worden. Insoweit ist z. B. auch auf die Ausgleichsregelung in § 168 Abs. 2 zu verweisen.[23]

Die durch den Wegfall des Initiativrechts geschwächte Rechtsstellung des absonderungsberechtigten Gläubigers wird durch die bestehende Schadensersatzpflicht hinreichend kompensiert, zumal im Regelfall statt einer zeitraubenden gerichtlichen Fristbestimmung, die einen nachfolgenden Schadensersatzprozess nicht überflüssig macht, sofort auf Schadensersatz geklagt werden kann. Aus diesem Grund ist auch die Effektivität des Instituts der Fristbestimmung als präventive Maßnahme im Gegensatz zum Schadensersatzanspruch aus § 60 fraglich.

III. Einzelfragen

Bei Fortführung des Unternehmens besteht hinsichtlich der für die Unternehmensfortführung notwendigen Gegenstände keine Verwertungspflicht des Insolvenzverwalters. Das gilt zum einen bei der vorläufigen Fortführung bis zum Berichtstermin,[24] zum anderen nach entsprechendem Beschluss der Gläubigerversammlung.[25] Nach dem Berichtstermin setzt die Zinszahlungspflicht nach § 169 ein, wenn der Verwalter entsprechend dem Beschluss der Gläubigerversammlung Gegenstände mit Sicherungsrechten nicht verwertet, sondern im Rahmen der Betriebsfortführung benutzt.

Hinsichtlich von Einzelgegenständen, die nicht zur Unternehmensfortführung benötigt werden, besteht ein Verwertungsrecht des Insolvenzverwalters auch schon vor dem Berichtstermin. Bei drohendem Preisverfall oder einem zeitlich limitierten, besonders attraktiven Angebot von Interessenten kann der Verwalter auch darüber hinaus Gegenstände verwerten.[26] Dieses Verwertungsrecht kann sich aber im Regelfall nicht zu einer Verwertungspflicht verdichten, d. h. der absonderungsberechtigte Gläubiger kann den Verwalter nicht zu einer frühzeitigen Verwertung anhalten, vgl. dazu auch RdNr. 10 f. u. 18. Auch bei Gegenständen, deren sofortige Verwertung im Interesse der absonderungsberechtigten Gläubiger schon vor dem Berichtstermin notwendig ist, setzt die Zinszahlungspflicht aus § 169 erst nach dem Berichtstermin ein.

Bei der Veräußerung des gesamten schuldnerischen Unternehmens gelten hinsichtlich der Obliegenheiten des Insolvenzverwalters die unter RdNr. 13 ff. dargestellten Grundsätze.

E. Nachteilsausgleich bei Nichtverwertung

I. Grundsätze

§ 169 tritt neben die Verwertungspflicht des § 159 sowie die bei ihrer Verletzung einschlägige Schadensersatzpflicht aus § 60[27] und ergänzt sie um einen **verschuldensunabhängigen Zinsanspruch** des absonderungsberechtigten Gläubigers gegen den Insolvenzverwalter auf Befriedigung aus der Insolvenzmasse. Während die Schadensersatzpflicht dem Ausgleich eines konkreten Vermögensverlustes auf Grund einer vom Insolvenzverwalter

---
[23] S. o. § 168 RdNr. 34 f.
[24] S. o. RdNr. 13 f.
[25] *Kübler/Prütting/Kemper* § 169 RdNr. 4.
[26] S. o. RdNr. 14.
[27] *Kübler/Prütting/Kemper* § 169 RdNr. 1.

schuldhaft verzögerten Verwertung dient, verfolgt § 169 den Zweck, einen möglichen Schaden des absonderungsberechtigten Gläubigers durch den bloßen Zeitablauf infolge einer verzögerten Verwertung zu verhindern.

Die Zinszahlung soll ein Ausgleich dafür sein, dass der gesicherte Gläubiger wegen des Verlustes seines Verwertungsrechts aus § 166 häufig geraume Zeit auf die ihm zustehenden Verwertungserlöse warten muss. Dementsprechend knüpft der regelmäßige Beginn der Verzinsungspflicht an den Berichtstermin an. Denn nach diesem Termin hat der Verwalter gem. § 159 unverzüglich das zur Insolvenzmasse gehörende Vermögen zu verwerten, soweit die Beschlüsse der Gläubigerversammlung nicht entgegenstehen. Erhebliche Verzögerungen bei der Verwertung beruhen also entweder auf Beschlüssen der Gläubigerversammlung – zum einseitigen Nutzen der Insolvenzmasse – oder auf gestreckten Verwertungshandlungen des Insolvenzverwalters, die ebenfalls im Interesse der Masse liegen. Hat der Insolvenzverwalter einen berechtigten Grund, die Verwertung aufzuschieben, so darf sich dies nicht zum Nachteil der absonderungsberechtigten Gläubiger auswirken. Auf ein Verschulden des Insolvenzverwalter kommt es insoweit nicht an.[28]

Der Begriff der „**geschuldeten Zinsen**" wird vom Gesetz untechnisch verwendet. Es wird dabei nach Auffassung des BGH nicht auf die aktuellen gesetzlichen Regelungen zum Verzugszins verwiesen. Ausführlich dazu RdNr. 30 ff. Auch wenn die vertraglichen Zinsen dem Schuldner vom absonderungsberechtigten Gläubiger gestundet worden sind – etwa nach einem vereinbarten Zinsstopp –, werden weiterhin Zinsen i. S. v. § 169 geschuldet.[29]

II. Ursächlichkeit des Verwalterhandelns für Verwertungsverzögerung

21 § 169 Satz 1 verpflichtet den Insolvenzverwalter zur Zahlung von Zinsen, wenn die Verwertung verzögert wurde. Voraussetzung der Verzinsungspflicht ist damit eine Verzögerung der Verwertung über den Berichtstermin hinaus. Höchst umstritten ist, ob und inwieweit Tatbestandsvoraussetzung für die Zinszahlungspflicht ist, dass das Verwalterhandeln für die Verwertungsverzögerung ursächlich geworden ist.

22 In der Literatur[30] wird teilweise die Auffassung vertreten, dass es mit dem Sinn und Zweck der Verwertungsregelung nicht in Übereinstimmung zu bringen sei, der Insolvenzmasse eine Verzinsungspflicht aufzuerlegen, solange diese **tatsächlich** nicht **in der Lage sei,** das Sicherungsgut zu verwerten. Vielmehr müsse nach Lage des Marktes eine ernsthafte Absatzchance gegeben sein, denn § 169 solle nur dann eingreifen, wenn der Verwalter eine sich bietende Verwertungschance ungenutzt lasse.[31]

23 Eine andere Auffassung[32] spricht sich konsequent **gegen die Einführung von Verschuldenselementen** bei dem Eingreifen der Zinszahlungspflicht aus. Es wird insbesondere darauf hingewiesen, dass das Abstellen auf einen im Einzelfall zu bestimmenden Zeitpunkt der Ersten ungenutzt verstrichenen Verwertungsmöglichkeit nach dem Berichtstermin eine erhebliche Rechtsunsicherheit erzeuge.[33] Systematisch knüpfe § 169 an die Verwertungsbefugnis des Verwalters nach § 166 sowie an die damit erfolgte Intention an, das Betriebsvermögen zur Erleichterung der einstweiligen Betriebsfortführung zusammenzuhalten. Wenn der Insolvenzverwalter aus berechtigten Gründen die Verwertung des Sicherungsgutes hinausschiebe, so dürfe sich dies nicht zum Nachteil des absonderungsberechtigten Gläubigers auswirken. Könne der Verwalter nicht verwerten, so müsse er endgültig erklären, dass er von seiner Verwertungsbefugnis keinen Gebrauch machen wolle und das Sicherungsgut nach § 170 Abs. 2 freigeben.[34]

---

[28] BGH WM 2003, 694; WM 2006, 818, 819.
[29] Vgl. *Palandt/Heinrichs* § 271 RdNr. 12.
[30] InsRHdb-*Gottwald*, 2. Aufl., § 42 RdNr. 105.
[31] *Nerlich/Römermann/Becker*, § 169 RdNr. 14; InsRHdb-*Gottwald*, 2. Aufl., § 42 RdNr. 105.
[32] *Kübler/Prütting/Kemper*, § 169 RdNr. 4; *Uhlenbruck*, InSO § 169 RdNr. 3; HK-*Landfermann*, § 169 RdNr. 7; *Hellmich* ZInsO 2005, 678, 679.
[33] *Uhlenbruck*, InSO § 169 RdNr. 4; *Hellmich* ZInsO 2005, 678, 680.
[34] *Hellmich* ZInsO 2005, 678, 680.

Der **BGH** differenziert zwischen **abgetretenen Forderungen** und **sicherungsüber-** 24
eigneten beweglichen Sachen.[35]

Bei der **Sicherungsabtretung** vertritt der BGH die Auffassung, dass der Beginn der Verzinsungspflicht regelmäßig an den Berichtstermin anknüpfe und es insoweit auf ein Verschulden des Insolvenzverwalters bei der Verzögerung der Verwertung nicht ankomme.[36] Einschränkungen nimmt das Gericht dann im Hinblick darauf vor, dass die Insolvenzmasse nicht für die Werthaltigkeit des Sicherungsgutes einzustehen habe. Mit Verweis auf § 169 Satz 3 begründet er, dass der absonderungsberechtigte Gläubiger nicht nur das Risiko der Einbringlichkeit der Forderungen tragen müsse, sondern auch das Risiko von Zahlungsverzögerungen bei der Geltendmachung der zedierten Forderungen durch die Insolvenzmasse. Das durch § 169 Satz 1 anerkannte Schutzbedürfnis des absonderungsberechtigten Gläubigers entfalle dann, wenn die Ursache für die Verwertungsverzögerung in der Sphäre des Drittschuldners liege und auch der absonderungsberechtigte Gläubiger selbst die Forderung im Falle einer Selbstdurchführung der Verwertung nicht früher hätte realisieren können.[37]

Auch bei **sicherungsübereigneten beweglichen Gegenständen** schränkt das Gericht nunmehr die Zinszahlungspflicht der Masse ein. Der BGH hat allerdings auch in seiner Entscheidung vom 16. 2. 2006[38] festgehalten, dass im Regelfall ohne Prüfung jeglicher Verschuldensfragen ein Zinszahlungsanspruch des absonderungsberechtigten Gläubigers zu bejahen ist. Werde die Verwertung aber durch nicht insolvenzspezifische Gründe verzögert, so entfalle der Zinsanspruch aus § 169 Satz 1. Eine Verzinsungspflicht nach § 169 scheide insoweit aus, als auch der Gläubiger die Sache nicht schneller hätte verwerten können als der Insolvenzverwalter. Hätte der Gläubiger den Gegenstand bei eigener Verwertungsbefugnis erst zu einem bestimmten Zeitpunkt zwischen dem Berichtstermin und dem Datum der tatsächlichen Verwertung durch den Insolvenzverwalter veräußern können, beginne die Verzinsungspflicht mit diesem Zeitpunkt. Bei Sicherungsgut, das der Verwalter nicht selbst verwerte, sondern zu einem späteren Zeitpunkt als dem Berichtstermin an den Gläubiger freigebe, bestehe kein Zinsanspruch, soweit dem Gläubiger auch bei unverzüglicher Freigabe keine frühere Verwertung möglich gewesen wäre.[39] Die vorstehend zitierten Grundsätze bedeuten aber **keine gravierende Aufweichung des Schutzes der absonderungsberechtigten Gläubiger,** denn der BGH stellt klar, dass der **Insolvenzverwalter** das **Vorliegen der Ausnahmesituation darzulegen und zu beweisen habe.** Nur im Falle einer zeitnahen Freigabe nach dem Scheitern von Verwertungsbemühungen komme dem absonderungsberechtigten Gläubiger die sekundäre Darlegungslast zu, dass er besser hätte verwerten können.[40]

Der BGH hat weiterhin für folgenden Sonderfall eine Verzinsungspflicht nach § 169 Satz 1 abgelehnt: Ein Zinsanspruch sei dann nicht gegeben, wenn der mittelbare Besitzer des Absonderungsgutes seinen Besitzmittlungswillen aufgegeben habe. Die Zinszahlungspflicht entfalle dann mit dem Zeitpunkt der Manifestation dieses Willens.[41]

Eigene Auffassung: Der vom BGH vorgenommenen Differenzierung zwischen ze- 25
dierten Forderungen und sicherungsübereigneten beweglichen Gegenständen ist zu folgen. Bei der praktischen Anwendung der vom BGH aufgestellten Grundsätze ist streng auf den Ausnahmecharakter der vom Gericht diskutierten Fälle zu achten. Die Instanzgerichte dürfen nicht durch eine Verkehrung des Regel-/Ausnahme-Verhältnisses doch noch ein Verschuldenselement als Voraussetzung für die Bejahung eines Anspruches aus § 169 einführen.

---

[35] Vgl. BGH ZInsO 2003, 318; WM 2006, 818.
[36] BGH ZInsO 2003, 318, 322.
[37] BGH ZInsO 2003, 318, 322.
[38] BGH WM 2006, 818.
[39] BGH WM 2006, 818, 820.
[40] BGH WM 2006, 818, 820.
[41] BGH WM 2006, 818, 821.

In der Mehrzahl der Fälle wird man das Vorliegen eines Ausnahmefalles, in dem eine Verzinsungspflicht nach § 169 ausscheidet, dann ablehnen müssen, wenn der Verwalter mit seinen erfolglosen Verwertungsbemühungen fortfährt, ohne eine Freigabe des zu verwertenden Gegenstandes bzw. der zu verwertenden Forderung an den absonderungsberechtigten Gläubiger in Betracht zu ziehen. Bei sicherungsübereigneten Gegenständen bedeutet dies, dass der Insolvenzverwalter, wenn eine kurzfristige Veräußerung des Gegenstands scheitert, zu prüfen hat, ob er nicht nach § 170 Abs. 2 den Gegenstand an den Gläubiger zur Verwertung freigibt.[42] Dies gilt auch bei sicherungszedierten Forderungen: Hier stellt sich die Frage, mit welcher Intensität der Verwalter eine Forderung eintreiben muss. Diese wird man so beantworten müssen, dass der Verwalter ggf. auch die Forderung gerichtlich geltend machen muss. Kann oder will die Masse die Kosten dafür nicht tragen, so sollte der Verwalter zunächst versuchen, im Rahmen einer Verwertungsvereinbarung eine Verständigung mit dem absonderungsberechtigten Gläubiger über die Kostentragung herbeizuführen. Scheitert dies, so sollte der Verwalter die Forderungen nach § 170 Abs. 2 freigeben. Tut der Insolvenzverwalter dies nicht und betreibt er den Forderungseinzug nicht mit der notwendigen Intensität, so muss die Insolvenzmasse Zinsen nach § 169 Satz 1 zahlen.[43]

III. Verwertungshinderung im Eröffnungsverfahren/Anordnung (§ 21)

26 **1. Alte Rechtslage.** Eine Nachteilsausgleichung bei Verwertungshinderung im Eröffnungsverfahren findet über § 169 grundsätzlich nicht statt, da zu diesem Zeitpunkt noch keine Verwertungspflicht des Verwalters besteht.

Die Entscheidung der Gläubigerversammlung über das weitere Schicksal des Schuldnervermögens soll nicht präjudiziert werden, deshalb scheidet ein Zinsanspruch in dieser Phase grundsätzlich aus. Dieser durch § 29 begrenzte Zeitraum dient überdies dem Insolvenzverwalter zur Vorbereitung des Berichtstermins. Der Insolvenzverwalter hat festzustellen, welche Art der Durchführung des Insolvenzverfahrens für alle Beteiligten am günstigsten ist und welche Rechte sie haben.[44]

Einen Sonderfall stellt jedoch die Anordnung von Sicherungsmaßnahmen gem. § 21 dar. Ergeht eine solche, die Verwertung beschränkende gerichtliche Anordnung nach § 21, so ist der Insolvenzverwalter auch vor dem Berichtstermin verpflichtet, die Zinszahlung vorzunehmen, die spätestens drei Monate nach Erlass der Sicherungsmaßnahmen zu beginnen hat.[45]

An der Verwertung hindern z. B. die Bestellung eines vorläufigen Insolvenzverwalters (§ 21 Abs. 2 Nr. 1) bei gleichzeitiger Anordnung eines allgemeinen Veräußerungsverbots (§ 21 Abs. 2 Nr. 2), oder die Anordnung der einstweiligen Einstellung der Zwangsvollstreckung (§ 21 Abs. 2 Nr. 3).[46] Es kommen nur diejenigen absonderungsberechtigten Gläubiger in den Genuss von Zinszahlungen nach § 169, gegen die sich die einstweilige Anordnung des Gerichts konkret richtet, also insbesondere der Anordnung der einstweiligen Einstellung einer bestimmten Zwangsvollstreckungsmaßnahme.[47] Der Gläubiger, der sich auf die Sonderregelung des § 169 Satz 2 beruft, muss nachvollziehbar darlegen, dass er ohne Verwertungshinderung durch die gerichtliche Anordnung schon im Eröffnungsverfahren zur Verwertung geschritten wäre.[48] An diese Darlegung wird man aber keine allzu großen Anforderungen stellen können.

Die Berechnung der Dreimonatsfrist erfolgt nach §§ 187, Abs. 1, 188 Abs. 2 und 3 BGB, 222 ZPO.

---

[42] *Hellmich* ZInsO 2005, 678, 680.
[43] Ähnlich *Obermüller* NZI 2003, 416, 418.
[44] Begr. zu § 188 RegE, BR-Drucks. 1/92, S. 176 f.
[45] Begr. zu § 188 RegE, BR-Drucks. 1/92, S. 176 f. sowie Begr. zu § 194 RegE, BR-Drucks. 1/92, S. 180.
[46] *Uhlenbruck,* InsO § 169 RdNr. 7.
[47] *Uhlenbruck,* InsO § 169 RdNr. 7; *Kirchhof,* Leitfaden Insolvenzrecht, S. 93.
[48] *Uhlenbruck,* InsO § 169 RdNr. 7.

Sollte der Berichtstermin bereits vor Ablauf von drei Monaten nach der Anordnung von Sicherungsmaßnahmen stattfinden, so ist auf diesen Zeitpunkt abzustellen.[49] § 169 Satz 1 stellt den Regelfall für die Zinszahlungspflicht dar; durch § 169 Satz 2 wird der Zinszahlungsbeginn in Ausnahmefällen vorverlegt, aber nicht nach hinten verlagert.

2. Neue Rechtslage. Nach der Gesetzesänderung 2007 sind gem. § 21 Abs. 2 Nr. 5 **26a** Anordnungen des Insolvenzgerichts mit dem Inhalt möglich, dass Gegenstände, die im Falle der Verfahrenseröffnung von § 166 erfasst würden oder deren Aussonderung verlangt werden könnte, vom Gläubiger nicht verwertet oder eingezogen werden dürfen und dass solche Gegenstände zur Fortführung des Unternehmens des Schuldners eingesetzt werden können, soweit sie hierfür von erheblicher Bedeutung sind. Im Falle einer derartigen Anordnung gelten die § 169 Satz 2 und 3 entsprechend.

IV. Verwertungshinderung bei Vorlage eines Insolvenzplans

Nach einer Auffassung soll § 169 Satz 1 bei einer insolvenzplanbedingten Aussetzung der **27** Verwertung von Sicherungsrechten (§ 233) nicht anwendbar sein. Die Sicherungsgläubiger sollen das vorrangige Interesse der Gläubigergesamtheit an der Umsetzung eines Insolvenzplans gegen sich gelten lassen müssen.[50] Dem ist zu widersprechen, da eine derartige Meinung keine Stütze im Gesetz findet. Sollen die absonderungsberechtigten Gläubiger auf Zinszahlungen verzichten, so müssen entsprechende Regelungen im Insolvenzplan vorgesehen werden.

F. Zinszahlungsanspruch

I. Grundsätze

Die Dauer der Zinszahlungen bemisst sich nach der Dauer der Verzögerung,[51] die Höhe **28** der Zinszahlungen nach der Werthaltigkeit der Sicherheiten und den vertraglichen Regelungen über Zinszahlungen zwischen Sicherungsnehmer und Sicherungsgeber.[52]

Der **Anspruch des absonderungsberechtigten Gläubigers** auf Zahlung der „geschuldeten Zinsen" aus § 169 umfasst nur die **laufenden Zinsen** und **nicht** die **rückständigen Zinsen**.[53] Der absonderungsberechtigte Gläubiger ist berechtigt, sich aus den Sicherheiten wegen aller rückständigen und laufenden Zinsansprüche zu befriedigen, ohne dass es auf eine Verwertungsverzögerung ankommt. Allerdings ist dafür Voraussetzung, dass der Wert der Sicherheit ausreicht, um auch die Zinsansprüche abzudecken. Der Zinsanspruch aus § 169 Satz 1 besteht hingegen auch dann, wenn der Wert der Sicherheit nur ausreicht, um die Hauptforderung abzudecken, und Zinsen und Kosten im Insolvenzverfahren nur als ungesicherte Insolvenzforderungen geltend gemacht werden könnten.

II. Höhe Zinsen

Der absonderungsberechtigte Gläubiger erhält die „geschuldeten Zinsen". § 169 begründet keinen selbstständigen Anspruch auf Zinszahlungen; diese müssen vielmehr kraft Gesetzes oder auf Grund vertraglicher Vereinbarung bestehen.[54] **29**

Wurden zwischen dem Sicherungsnehmer und dem Sicherungsgeber **keine vertraglichen Vereinbarungen über Zinszahlungen** getroffen, so gelten die gesetzlichen Rege-

---

[49] *Hess* InsO § 169 RdNr. 15; *Nerlich/Römermann/Becker* § 169 RdNr. 28.
[50] *Breutigam/Blersch/Goetsch-Breutigam*, § 169 RdNr. 8; *Uhlenbruck*, InsO § 169 RdNr. 8.
[51] S. hierzu o. RdNr. 34 ff.
[52] S. hierzu u. RdNr. 29 ff. u. 40 ff.
[53] HK-*Landfermann* § 169 RdNr. 11.
[54] *Mönning* in FS Uhlenbruck, S. 239, 265; *Kübler/Prütting/Kemper*, § 169 RdNr. 6; FK-*Wegener*, § 169 RdNr. 4.

lungen. Allerdings sind nach der Rechtsprechung des **BGH** hinsichtlich der Höhe der nunmehr geltenden Verzugszinsregelungen **Modifikationen** vorzunehmen.[55]

Der vertraglich vereinbarte Zinssatz kann über dem gesetzlichen Zinssatz liegen.[56]

30   **1. Zinszahlung bei Fehlen einer vertraglichen Regelung.** Im Schrifttum[57] wurde bisher davon ausgegangen, dass im Falle des Fehlens einer vertraglichen Regelung die Bestimmung in § 169 hinsichtlich der Höhe der Zinszahlung auf die gesetzlichen Regelungen zum Verzugszinssatz hinweist. Aufgrund der in den letzten Jahren durch den Gesetzgeber vorgenommenen Erhöhungen der Verzugszinsen[58] gilt aktuell ein Zinssatz von 5% über Basiszinssatz; bei Rechtsgeschäften, an denen kein Verbraucher beteiligt ist, wurde der Verzugszinssatz nochmals auf 8% über dem Basiszinssatz angehoben.

31   Nach Auffassung des **BGH**[59] ist die Anwendung dieser erhöhten Verzinszinssätze im Rahmen des § 169 nicht gerechtfertigt. Das Gericht weist darauf hin, dass der Gesetzgeber der InsO bei der Regelung nicht die tatsächlich nach Inkrafttreten der InsO in der Vergangenheit vorgenommene Erhöhung des Verzugszinssatzes bedacht habe. In der Gesetzesbegründung[60] sei auf die damaligen Regelungen in § 288 BGB aF Bezug genommen worden; der Verzugszinssatz zum Zeitpunkt des Inkrafttretens der InsO habe lediglich **4%** betragen. Nach Auffassung des BGH würde eine Anwendung der Verzugszinsen in ihrer heutigen Höhe den Insolvenzverwalter davon abhalten, im Interesse einer Unternehmensfortführung oder einer Gesamtveräußerung die Verwertung von mit Absonderungsrechten belasteten Gegenständen aufzuschieben.[61]

Der BGH hält die Anwendung der gesetzlichen Verzugszinssätze nicht für angebracht, weil dies nicht mit dem Willen des Gesetzgebers der InsO vereinbar sei. Die erhöhten Verzugszinssätze würden ein Sanktionselement für den Schuldner enthalten, im Rahmen des § 169 komme es aber auf ein Verschulden überhaupt nicht an. Nach Auffassung des BGH sollen dann, wenn keine Zinsen als Hauptleistung (§ 488 Abs. 1 Satz 2) geschuldet sind oder wenn der vereinbarte Zinssatz unter 4% liegt, in Anlehnung an § 246 BGB die „geschuldeten Zinsen" i. S. v. § 169 mit 4% anzunehmen sein.[62]

32   Die **Überlegungen des BGH können nicht überzeugen.** In einer Vielzahl von Fällen werden Sicherungsgläubiger keine Regelungen über Zinszahlungen getroffen haben. Dies trifft insbesondere bei Warenkreditgebern mit ihren Rechten aus verlängerten und erweiterten Eigentumsvorbehalten zu. Müssen diese Sicherungsgläubiger auf die Auskehrung des Verwertungserlöses warten und können nach § 169 nur Zinszahlungen i. H. v. 4% verlangen, so können sich diese gesicherten Gläubiger im Regelfall kaum zu diesen Zinssätzen refinanzieren. Stellt man hingegen darauf ab, dass diese gesicherten Gläubiger hinsichtlich der Bezahlung der gesicherten Forderungen die gesetzlichen Verzugszinsen geltend machen können und billigt man den Gläubiger dann auch im Rahmen des § 169 einen Zinsanspruch in Höhe der gesetzlichen Verzugszinsen zu, so kommt man zu interessengerechten Ergebnissen.

33   **2. Zinszahlung bei Vorliegen einer vertraglichen Regelung.** Die nach § 169 geschuldeten Zinsen sind in erster Linie danach zu bemessen, in welcher Höhe der Gläubiger sie aus dem ungestörten Rechtsverhältnis mit dem Schuldner beanspruchen konnte. Es kommt also auf die ursprünglich zwischen dem Gläubiger und dem Schuldner vertraglich vereinbarten Zinsen an.[63]

---

[55] BGH WM 2006, 818, 822 und RdNr. 31.
[56] *Uhlenbruck,* InsO § 169 RdNr. 5.
[57] ZB *Uhlenbruck,* InsO § 169 RdNr. 5 mwN.
[58] Gesetz zur Beschleunigung fälliger Zahlungen vom 30. 3. 2000, BGBl. I, S. 330.
[59] BGH WM 2006, 818, 822.
[60] Begr. zu § 194 RegE, BR-Drucks. 1/92, S. 180 und Begr. zu § 188 RegE, BR-Drucks. 1/92, S. 176 f.
[61] BGH WM 2006, 818, 822.
[62] BGH WM 2006, 818, 822.
[63] BGH WM 2006, 818, 822.

Lag der vereinbarte Zinssatz unter 4%, so soll es nach Auffassung des BGH sachgerecht sein, auch im Rahmen des § 169 eine Mindestverzinsung i. H. v. 4% anzunehmen.[64] Die vom BGH eingeführte **„Mindestverzinsung"** findet weder in Gesetzeswortlaut noch in den Gesetzesmaterialien eine Stütze.

III. Zeitpunkte und Zeitdauer der Zinszahlung

1. Allgemeines. Grundsätzlich beginnt die Zinszahlungspflicht mit dem Berichtstermin, in dem die Gläubigerversammlung über das Verfahrensziel und damit über die Verwertung der mit Absonderungsrechten belasteten Gegenstände entscheidet. Im Falle des § 169 Satz 2 setzt die Verzinsungspflicht drei Monate nach der Anordnung von Sicherungsmaßnahmen im Eröffnungsverfahren, die einen Verwertungsstopp nach sich ziehen, ein. Vgl. RdNr. 26.

Die Zinsen sind „laufend" aus der Insolvenzmasse zu zahlen. Die Zinsen sind solange zu zahlen, wie das Absonderungsgut nicht verwertet wurde.

2. Zeitpunkte für Zinszahlungen. Nach § 169 Satz 1 sind die geschuldeten Zinsen „laufend" aus der Masse zu zahlen. Hinsichtlich der Zeitpunkte der Zinszahlungen wird man also in erster Linie auf die zwischen dem Sicherungsnehmer und dem Sicherungsgeber vereinbarten Modalitäten abstellen müssen.

Gibt es solche Vereinbarungen nicht oder handelt es sich um Drittsicherheiten, so ist bei der Bestimmung der Zeitpunkte auf das Interesse des Sicherungsgläubigers abzustellen. Es liegt nicht im Interesse des Sicherungsgläubigers, bei einer längeren Verzögerung der Verwertung im zeitlichen Zusammenhang mit der Auskehrung des Verwertungserlöses Zahlungen nach § 169 zu erhalten.[65] Das Gesetz spricht von „laufenden" Zahlungen, die aus der Masse zu erbringen sind. Es ist zu berücksichtigen, dass nach der hM[66] die Ansprüche aus § 169 als Masseverbindlichkeit zu klassifizieren sind. Folgt man dieser Auffassung, so ist der absonderungsberechtigte Gläubiger dem Risiko der Masseunzulänglichkeit besonders ausgesetzt, wenn er längere Zeit auf die Zinszahlungen aus § 169 warten muss. Die Auffassung, beim Fehlen von vertraglichen Vereinbarungen sei davon auszugehen, dass die Zinsen jährlich zu zahlen seien,[67] ist daher abzulehnen.[68] Richtig erscheint es, beim Fehlen von vertraglichen Vereinbarungen von einer monatlichen Zinszahlungspflicht auszugehen.[69]

Existieren hingegen vertragliche Regelungen zu Zinszahlungen, die z. B. jährliche Zinszahlungen vorsehen, so wird man – abweichend von dem unter RdNr. 33 aufgestellten Grundsatz – nicht auf die Vereinbarungen abstellen können. Die Zinszahlungen haben dann, in Abweichung von den vertraglichen Vereinbarungen, in kürzeren Abständen zu erfolgen. Auch hier wird man davon ausgehen müssen, dass die Zinsen monatlich zu zahlen sind.[70]

3. Unterbrechung Zinszahlungspflicht. Teilweise wird vertreten, dass die Verzinsungspflicht dann unterbrochen werde, wenn der Insolvenzverwalter auf Grund einer insolvenzplanbedingten Aussetzung der Verwertung gem. § 233 an einer Verwertung gehindert sei. In diesem Falle hätten die Sicherungsgläubiger das „vorrangige Interesse der Gläubigergesamtheit an der Umsetzung eines Insolvenzplans gegen sich gelten zu lassen".[71] Dem ist nicht zu folgen, weil diese Auffassung keine Grundlage im Gesetz findet, vgl. RdNr. 27.

4. Zinsende. Die Zinszahlungspflicht besteht bis zur Verwertung des mit Absonderungsrechten belasteten Gegenstandes. Wann eine „Verwertung" i. S. des § 169 vorliegt, ist umstritten.

---

[64] BGH WM 2006, 818, 822.
[65] *Hellmich* ZInsO 2005, 678, 682; *Uhlenbruck*, InsO § 169 RdNr. 10; HK-*Landfermann*, § 169 RdNr. 12; *Nerlich/Römermann/Becker* § 169 RdNr. 39.
[66] *Kübler/Prütting/Kemper*, § 169 RdNr. 14; *Uhlenbruck*, § 169 RdNr. 9.
[67] *Mönning* in FS Uhlenbruck, S. 239, 263.
[68] Ebenso *Uhlenbruck*, InsO § 169 RdNr. 10.
[69] *Uhlenbruck*, InsO § 169 RdNr. 10; HK-*Landfermann*, § 169 RdNr. 12.
[70] *Uhlenbruck*, InsO § 169 RdNr. 10; *Nerlich/Römermann/Becker* § 169 RdNr. 39.
[71] *Breutigam/Blersch/Goetsch-Breutigam*, § 169 RdNr. 8.

Nach Auffassung des LG Stendal[72] ist für den Endzeitpunkt der Verzinsungspflicht nach § 169 nicht der Liquiditätszufluss beim Gläubiger maßgeblich, sondern die **Einziehung der Forderung durch den Insolvenzverwalter,** denn zu diesem Zeitpunkt sei die Forderung verwertet. Kehre der Verwalter den Betrag verspätet aus, stehe dem Gläubiger ein Schadensersatzanspruch nach § 60 i. V. m. § 170 Abs. 1 Satz 2 zu.

Die u. a. vom BGH vertretene Gegenauffassung[73] knüpft hingegen bei der Bestimmung des Zinsendes an die **Befriedigung der gesicherten Forderung** an. Hingewiesen wird auf den Schutzzweck des § 169: Dieser beschränke sich nicht nur darauf, den Insolvenzverwalter zu einer möglichst schnellen Verwertung anzuhalten. Damit wäre dem absonderungsberechtigten Gläubiger nicht geholfen, wenn der Insolvenzverwalter zügig verwerten und dann den Erlös nicht auskehren würde. Es sollen durch § 169 sämtliche Nachteile ausgeglichen werden, die dem Gläubiger durch den Verlust des eigenen Verwertungsrechts entstehen. Diese Nachteile würden bis zur Auszahlung des Verwertungserlöses anhalten. Also müsse auch die Zinszahlungspflicht bis zur Auskehrung des Erlöses an die absonderungsberechtigten Gläubiger bestehen.[74]

Eigene Auffassung: Die Auffassung des LG Stendal entspricht wohl am ehesten dem Gesetzwortlaut. Der Sicherungsgläubiger wird auf diese Weise aber gezwungen, Ansprüche aus § 169 und einen Verzugsschaden hinsichtlich der Auskehrung der Erlöse separat geltend zu machen.[75] Dies kann für den Sicherungsgläubiger die Geltendmachung von Ansprüchen erschweren, da er vielfach schon gar nicht wissen wird, wann der Verwertungserlös beim Insolvenzverwalter eingegangen ist. Allerdings kann der ihm zustehende Anspruch auf Ersatz der Verzugsschäden wegen verzögerter Auskehr des Verwertungserlöses u. U. den (potentiellen) Anspruch aus § 169 übersteigen, weil die gesetzlichen Regelungen zum Verzugsschaden und damit zur Höhe der Verzugszinsen anwendbar sind.

Aus Praktikabilitätsgründen ist der herrschenden Auffassung zu folgen.

5. Abrechnung auf Basis des tatsächlichen Verwertungserlöses. Da die Zinszahlung laufend aus der Insolvenzmasse zu erfolgen hat, darf der Insolvenzverwalter die Zahlung nicht bis zur Verwertung aufschieben. Er hat vielmehr **Teilzahlungen** zu leisten. Solange allerdings das Sicherungsgut nicht verwertet ist, kann die **Zinsberechnung nur auf vorläufigen Schätzungen** beruhen, wenn noch nicht feststeht, ob der Erlös aus der Verwertung der mit Absonderungsrechten belasteten Gegenstände ausreicht, um sämtliche gesicherten Forderungen zurückzuführen. Die Höhe der Zinszahlungen hängt hier von einer Prognose ab, nämlich ob und soweit der gesicherte Gläubiger mit einer Befriedigung rechnen kann (vgl. RdNr. 40 f.).[76]

Die Höhe der Zinszahlungen kann sich also im Nachhinein als zu hoch oder zu niedrig herausstellen, je nach der Höhe des tatsächlich erzielten Verwertungserlöses. Zur Werthaltigkeit der Sicherheit als Voraussetzung für einen Zinszahlungsanspruch nach § 169 vgl. RdNr. 40 f. Eine **endgültige Abrechnung** auf der Basis des tatsächlichen Verwertungserlöses ist im Gesetz nicht vorgesehen. Teilweise wird daher vertreten, dass eine nachträgliche Anpassung der Beträge nur erfolgen könne, wenn der Insolvenzverwalter dies zuvor mit dem gesicherten Gläubiger vereinbart habe.[77] Dem kann nicht zugestimmt werden. Vielmehr kann, nachdem die tatsächliche Höhe des Verwertungserlöses feststeht, die Höhe der Zinszahlungen, die tatsächlich beansprucht werden durfte, ausgerechnet werden. Ein sich daraus ergebender Anspruch zugunsten des absonderungsberechtigten Gläubigers bzw. zugunsten der Insolvenzmasse kann geltend gemacht werden. Zuviel gezahlte Zinsen können von dem unzureichend gesicherten Gläubiger zurückgefordert werden. Absonderungsberechtigte

---

[72] LG Stendal ZIP 2002, 765, 766.
[73] BGH ZInsO 2003, 318, 322; LG Hechingen DZWIR 2002, 480; *Hellmich* ZInsO 2005, 678, 681; *Uhlenbruck,* InsO § 169 RdNr. 8.
[74] *Hellmich* ZInsO 2005, 678, 681.
[75] *Uhlenbruck,* InsO § 169 RdNr. 8.
[76] *Hellmich* ZInsO 2005, 678, 682.
[77] *Hellmich* ZInsO 2005, 678, 682.

Gläubiger, denen der Insolvenzverwalter mit Hinweis auf die fehlende Werthaltigkeit ihrer Sicherungen Zinszahlungen nach § 169 verweigert oder teilweise verweigert hat, können ihre Ansprüche aus § 169 geltend machen.[78]

IV. Klassifikation als Masseverbindlichkeit

Die Zinszahlungsansprüche haben den Rang einer Masseverbindlichkeit i. S. v. § 55 Abs. 1 Nr. 1.[79]

Die Zinszahlungen nach § 169 sind vom Insolvenzverwalter ohne besondere Aufforderung durch den Gläubiger zu leisten. Der Gläubiger muss nicht etwa einen Antrag stellen. Es handelt sich um eine Amtspflicht des Insolvenzverwalters.[80]

Die Zinszahlungen haben auch bei **Masseunzulänglichkeit** in voller Höhe zu erfolgen. Der Insolvenzverwalter kann im masseunzulänglichen Verfahren nicht davon ausgehen, dass Absonderungsgläubiger ohne Kompensation mit Absonderungsrechten belastete Gegenstände zur Verfügung stellen. An einer Kompensation für die gesicherten Gläubiger würde es aber fehlen, wenn der Insolvenzverwalter nur verpflichtet wäre, die Ansprüche aus § 169 als Altmasseverbindlichkeit quotal zu befriedigen.

Zahlt der Insolvenzverwalter entgegen den Regelung im Gesetz keine Zinsen an den absonderungsberechtigten Gläubiger und will er diesen im Falle einer gerichtlichen Geltendmachung der Zinszahlungsansprüche aus § 169 auf eine Befriedigung als Altmasseverbindlichkeit (§ 209 Abs. 1 Nr. 3) verweisen, so sind mögliche Schadensersatzansprüche des Absonderungsgläubigers gegen den Insolvenzverwalter aus § 61 und auch § 60 zu prüfen. Den Insolvenzverwalter traf die Amtspflicht, Zinszahlungen an den Sicherungsgläubiger zu veranlassen. Reicht die vorhandene Masse nicht aus, um die Zahlungen aus § 169 zu erbringen, so trifft den Insolvenzverwalter die Pflicht, die Verwertung in besonderem Maße zügig zu betreiben, um den Schaden für den absonderungsberechtigten Gläubiger aus einer Verzögerung der Verwertung zu minimieren.

V. Ausnahmen von der Verzinsungspflicht (§ 169 Satz 3)

1. Voraussetzung: Werthaltigkeit. Eine Zinszahlung gem. § 169 Satz 1 und 2 ist ausgeschlossen, wenn mangels ausreichender Werthaltigkeit des Sicherungsgegenstandes mit einer Befriedigung des Gläubigers aus dem Verwertungserlös nicht zu rechnen ist, § 169 Satz 3.[81] Eine Verzinsung ist also gem. § 169 Satz 3 ausgeschlossen, wenn der Höhe der Forderung sowie dem Wert und der sonstigen Belastung des Absonderungsgegenstandes nicht mit einer Befriedigung des absonderungsberechtigten Gläubigers zu rechnen ist. Es werden also folgende Fälle durch § 169 Satz 3 erfasst: Der gesicherte Gläubiger hat für einen Kredit von 100 eine Sicherheit von nominal 100 erhalten, die aber auf Grund vorrangiger Belastungen im Insolvenzfall wertlos ist. In diesem Fall besteht keine Zinszahlungspflicht. Ist die Sicherheit (Nominalwert 100) tatsächlich 10 wert, so besteht eine Zinszahlungspflicht aus § 169 nur bezogen auf diesen Teil der Forderung, denn nur in dieser Höhe ist diese gesichert.[82] § 169 Satz 3 ist auch im Fall einer Untersicherung des Gläubigers anzuwenden: Besitzt der Gläubiger für seinen Kredit von 100 nur eine Sicherheit von nominal 10, die auch tatsächlich in Höhe von 10 werthaltig ist, so besteht eine Zinszahlungspflicht aus § 169 wieder nur bezogen auf den Betrag 10.[83]

---

[78] Anders mit Hinweis auf eine Gesetz vorgesehene Prognose hinsichtlich der Werthaltigkeit: HK-*Landfermann*, § 169 RdNr. 9. Eine Abrechnung auf Basis der tatsächlichen Verwertungserlöse soll danach nur dann möglich sein, wenn dies die Parteien vorher vereinbart haben, vgl. dazu auch *Uhlenbruck*, InsO § 169 RdNr. 11.
[79] *Kübler/Prütting/Kemper*, § 169 RdNr. 14; *Uhlenbruck*, InsO § 169 RdNr. 9.
[80] *Uhlenbruck*, InsO § 169 RdNr. 9; *Kübler/Prütting/Kemper*, § 169 RdNr. 14.
[81] Begr. zu § 194 RegE, BR-Drucks. 1/92, S. 180 und Begr. zu § 188 RegE, BR-Drucks. 1/92, S. 176 f.
[82] Vgl. dazu auch *Uhlenbruck*, InsO § 169 RdNr. 11.
[83] *Mönning* in FS Uhlenbruck, S. 239, 266.

§ 170   4. Teil. 3. Abschnitt. Gegenstände mit Absonderungsrechten

Die Feststellung der Werthaltigkeit erfolgt durch den Insolvenzverwalter zum Zeitpunkt des Berichtstermins.[84] Die Feststellung orientiert sich am Marktwert des Sicherungsgutes unter Berücksichtigung der an dem Gut bestehenden Belastungen. Üblicherweise kann auf das vom Verwalter eingeholte Gutachten des Verwerters zurückgegriffen werden. Betreibt der Insolvenzverwalter eine Betriebsfortführung, so sind die im Verwertungsgutachten ausgewiesenen Fortführungswerte maßgebend und nicht etwa die Liquidationswerte.

Spätere Veränderungen der Werthaltigkeit beeinflussen den Zinszahlungsanspruch, Gleiches gilt auch bei einer Fehleinschätzung der Werthaltigkeit der Sicherheit und einem daraus resultierenden Fehler bei der Ermittlung der Höhe der Zinszahlungen aus § 169.

Bei der Berechnung der Werthaltigkeit gemäß § 169 Satz 3 sind die Feststellungs- und Verwertungskosten nach §§ 170, 171 zu berücksichtigen.[85]

41   **2. Beweislast hinsichtlich Werthaltigkeit bei streitigen Auseinandersetzungen.** Der Absonderungsgläubiger kann seinen Anspruch auf laufende Zinszahlungen gem. § 169 auch gerichtlich geltend machen. Kommt von Seiten des Insolvenzverwalters der Einwand, die Sicherheit sei nicht oder nur teilweise werthaltig, so hat er dies zu belegen. Die Beweislast trägt insoweit der Insolvenzverwalter, da er es ist, der sich auf die Ausnahmevorschrift des § 169 Satz 3 beruft.[86]

G. Ausgleich für Wertverlust (Verweisung)

42   Die in § 172 normierte Pflicht des Verwalters zum Ausgleich eines möglichen Wertverlustes bei Gebrauch des mit dem Absonderungsrecht belasteten Gegenstandes tritt ggf. neben die Zinszahlungspflicht aus § 169.[87]

Vermindert sich der Wert des mit Absonderungsrechten belasteten Gegenstandes während der Dauer des Insolvenzverfahrens erheblich (z. B. Weiterbenutzung einer sicherungsübereigneten Maschine durch den Verwalter bei Betriebsfortführung), so ist dies nach § 169 Satz 3 bei der Berechnung der Zinsen zu berücksichtigen und führt u. U. zu einer Reduzierung der Zinszahlungspflichten.[88] Andererseits erhält der absonderungsberechtigte Gläubiger auf Grund der eingetretenen Wertminderung eine Ausgleichszahlung nach § 172 Abs. 1 Satz 1.[89]

In der Praxis dürfte es sehr schwierig sein, die laufende Wertminderung des Sicherungsgutes bei einer Betriebsfortführung mit vertretbarem Aufwand zu erfassen und eine mögliche Reduzierung des Zinszahlungsanspruch wegen § 169 Satz 3 und einen zusätzlichen Wertausgleichsanspruch aus § 172 korrekt zu berechnen. Hier sollten die Beteiligten im Rahmen von Verwertungsvereinbarungen Regelungen treffen.[90]

§ 170 Verteilung des Erlöses

(1) ¹ Nach der Verwertung einer beweglichen Sache oder einer Forderung durch den Insolvenzverwalter sind aus dem Verwertungserlös die Kosten der Feststellung und der Verwertung des Gegenstands vorweg für die Insolvenzmasse zu entnehmen. ² Aus dem verbleibenden Betrag ist unverzüglich der absonderungsberechtigte Gläubiger zu befriedigen.

---

[84] *Kübler/Prütting/Kemper* § 169 RdNr. 7.
[85] *Smid* § 169 RdNr. 7; *Hellmich* ZInsO 2005, 678, 682.
[86] *Kübler/Prütting/Kemper,* § 169 RdNr. 10; *Uhlenbruck,* InsO § 169 RdNr. 14.
[87] *Smid* WM 1999, 1141, 1143; *Lwowski/Heyn* WM 1998, 473, 480.
[88] Vgl. RdNr. 40.
[89] *Uhlenbruck,* InsO § 169 RdNr. 11.
[90] Vgl. dazu: *Uhlenbruck,* InsO § 169 RdNr. 11.

Verteilung des Erlöses

(2) Überläßt der Insolvenzverwalter einen Gegenstand, zu dessen Verwertung er nach § 166 berechtigt ist, dem Gläubiger zur Verwertung, so hat dieser aus dem von ihm erzielten Verwertungserlös einen Betrag in Höhe der Kosten der Feststellung sowie des Umsatzsteuerbetrages (§ 171 Abs. 2 Satz 3) vorweg an die Masse abzuführen.

Schrifttum: s. Überblick vor §§ 166 ff.

Übersicht

	RdNr.		RdNr.
A. Normzweck	1	II. Verwertung durch den Absonderungsgläubiger	21
B. Kostenbeiträge als Kernpunkt der Reform der besitzlosen Mobiliarsicherheiten	4	1. Allgemeines	21
		2. Abgrenzung zu anderen Verwertungsformen	24
C. Entstehungsgeschichte	8	3. Abrechnung bei § 170 Abs. 2 und bei Freigabe	25
I. Praxis unter Geltung der KO	8		
II. Reformvorschläge	10	F. Kostenbeiträge	26
III. Gesetzgebungsverfahren	11	I. Überblick	26
D. Anwendungsbereich	12	II. Erlösbegriff	27
I. Allgemeines	12	III. Feststellungskosten	28
II. Einzelfragen	13	IV. Verwertungskosten	29
1. Analoge Anwendung	13	V. Erhaltungskosten	33
a) Anwendung auf andere Rechte	13	VI. Auffangen der Kostenbeiträge durch Übersicherung	35
b) Anwendung im Insolvenzeröffnungsverfahren	14	VII. Fälligkeit der Kostenbeiträge	37
c) Zubehör	16	G. unverzügliche Befriedigung des Sicherungsgläubigers	38
2. Verwertungsvereinbarungen	17		
3. Störungsfälle	18	I. Separierung	38
4. Sonderregelung für Eigenverwaltung und Verbraucherinsolvenzverfahren	19	II. Abrechnung	39
E. Überblick über die Regelungen des § 170	20	III. Auskehrung Verwertungserlös	40
I. Verwertung durch den Insolvenzverwalter, Abs. 1	20		

A. Normzweck

Die Vorschrift des § 170 regelt die Verteilung des Erlöses aus der Verwertung von mit Absonderungsrechten belasteten beweglichen Sachen und Forderungen, bei denen dem Insolvenzverwalter nach § 166 das Verwertungsrecht übertragen worden ist. Der **Erlös aus der Verwertung** von **beweglichem Sicherungsgut** und **sicherungsabgetretenen Forderungen** wird um einen **Kostenbeitrag gekürzt**. Damit sollen die Kosten für die Feststellung sowie für die Verwertung der Sicherheiten auf die absonderungsberechtigten Gläubiger umgelegt werden. 1

Die Norm regelt die Erlösverteilung in zwei Fällen: 2
In **§ 170 Abs. 1** geht es um die Verteilung des Verwertungserlöses im Falle einer durch den **Insolvenzverwalter** durchgeführten **Verwertung**.
In **Abs. 2** ist der Fall geregelt, dass der **Gläubiger** den mit Absonderungsrechten belasteten Gegenstand **auf Grund der Gestattung durch den Insolvenzverwalter selbst verwertet**.

Querverbindungen bestehen zwischen dem § 170 und der Vergütung des Insolvenzverwalters nach der **InsVV**. Gem. § 1 Abs. 2 Nr. 1 InsVV führt die Verwertung von Gegenständen, die mit Absonderungsrechten belastet sind, zu einer Erhöhung der Vergütung des Insolvenzverwalters. Beschäftigt sich der Insolvenzverwalter mit Absonderungsrechten, so 3 führt dies nicht zwangsläufig zu einer Erhöhung der Insolvenzmasse, wenn nämlich der Erlös aus der Verwertung der mit Absonderungsrechten belasteten Gegenstände gerade ausreicht, um die gesicherten Forderungen zurückzuführen. Der Insolvenzverwalter erhält also ein Zusatzhonorar für die Prüfung von Sicherungsrechten an Gegenständen der Insolvenzmasse sowie die Verwertung dieser Gegenstände. Durch die Einführung der Kostenbeiträge nach §§ 170, 171 wird praktisch verhindert, dass die Insolvenzmasse (also die ungesicherten Gläubiger) die höhere Vergütung des Insolvenzverwalters allein tragen muss. Das Zusatzhonorar für den Insolvenzverwalter wird mittelbar – zumindest teilweise – durch die Sicherungsgläubiger getragen, die verpflichtet sind, die Kostenbeiträge nach §§ 170, 171 zugunsten der Insolvenzmasse abzuführen.[1]

B. Kostenbeiträge als Kernpunkt der Reform der besitzlosen Mobiliarsicherheiten

4   Bei den Kostenbeitragsregelungen in den §§ 170, 171 handelt es sich um einen der Kernpunkte der Reform der besitzlosen Mobiliarsicherheiten im Rahmen der Reformierung des Insolvenzrechts durch die InsO. Unter Geltung der KO mussten die Kosten für die Prüfung der Rechtswirksamkeit der Sicherungsverträge, für die Sicherstellung und schließlich für die Verwertung durch die Masse getragen werden. Die §§ 170, 171 sehen einen Ersatz der Feststellungs- und Verwertungskosten vor.

Damit soll die Unbilligkeit vermieden werden, dass diese Art von Kosten letztlich von den **ungesicherten Gläubigern,** deren **Quote** sich um diese Beträge **verkürzen** würde, getragen werden muss.[2]

Mit der neu eingeführten Regelung der Erlösverteilung und Kostentragung im Verwertungsverfahren orientiert sich der Gesetzgeber damit am **Prinzip der Kostenverursachung** und verfolgt das Ziel, die Masse von den zumeist erheblichen Bearbeitungskosten freizuhalten, die mit der Verwertung von Gegenständen, an denen Gläubiger Absonderungsrechte besitzen, verbunden sind. Auf diese Weise soll die Verteilungsgerechtigkeit im Insolvenzverfahren erhöht werden.[3]

5   Tatsächlich muss man wohl davon ausgehen, dass teilweise diese **Ziele nicht erreicht** worden sind. Der Gesetzgeber hat klargestellt, dass die Sicherungsgläubiger durch eine **Übersicherung** den Abzug der Kostenbeiträge und der Umsatzsteuer von dem Verwertungserlös **auffangen** darf.[4] Gelingt es dem gesicherten Gläubiger, für den von ihm gewährten Kredit ausreichende Sicherheiten zu erhalten, so dass der Gläubiger letztlich doch eine 100%ige Sicherung erhält, so trägt letztlich doch wieder die Masse die Kosten für Feststellung und Verwertung des Sicherungsgegenstandes.[5]

In der Praxis wird es allerdings häufig so sein, dass der Sicherungsnehmer in der Insolvenz nicht auf Sicherheiten zurückgreifen kann, aus deren Erlös Hauptforderung, Zinsen, Kosten sowie Kostenbeiträge nach §§ 170, 171 zurückgeführt werden können. In diesen Fällen kommt es dann in der Tat zu einer Belastung der gesicherten Gläubiger, weil infolge der Einführung der Kostenbeiträge Teile ihrer Sicherungen nicht mehr zur Befriedigung der gesicherten Forderungen zur Verfügung stehen.

Aufgrund der nunmehr gesetzlich festgeschriebenen Kostenlast des absonderungsberechtigten Gläubigers ist es für diesen nach Inkrafttreten der InsO noch wichtiger geworden, bei der Bestellung von **Sicherheiten** auf eine **ausreichende Dimensionierung** zu achten, so dass im Verwertungsfall aus dem Erlös auch die Kosten der Rechtsverfolgung, Zinsen sowie

---

[1] *Uhlenbruck,* InsO § 170 RdNr. 12.
[2] Begr. zu § 195 RegE, BR-Drucks. 1/92 S. 181.
[3] Vgl. zu diesem wesentlichen Ziel der Insolvenzrechtsreform *Uhlenbruck,* Das neue Insolvenzrecht, 1994, S. 47; Kübler/Prütting/Kemper § 170 RdNr. 2; HK-Landfermann, § 170 RdNr. 1 ff.
[4] *HK-Landfermann,* § 170 RdNr. 6.
[5] HK-*Landfermann,* § 170 RdNr. 6; *Uhlenbruck,* InsO § 170 RdNr. 2.

die Kostenbeiträge nach §§ 170, 171 bezahlt werden können und der verbleibende Erlös ausreicht, um die gesicherte Hauptforderung zurückzuführen.

Verfassungsrechtliche Bedenken sind im Vorfeld des Gesetzgebungsverfahrens gegen 6 das im Ersten Bericht der Kommission genannte Reformziel einer Kostenbelastung der Sicherungsgläubiger zwecks Verbesserung der Befriedigungsmöglichkeit ungesicherter Gläubiger erhoben worden, da damit in die durch Art. 14 GG geschützten Rechte der Sicherungsgläubiger eingegriffen werde.[6] Diese Bedenken bezogen sich allerdings auch auf das ursprünglich von der Reformkommission entwickelte Umverteilungsmodell, das einen echten Verfahrenskostenbeitrag der gesicherten Gläubiger zugunsten der ungesicherten Gläubiger vorsah. Vgl. dazu Vor §§ 166 ff. RdNr. 13 ff.

Die Belastung der Sicherungsgläubiger mit den Kosten für Verwertung und Feststellung der Kreditsicherheiten ist verfassungsrechtlich nicht angreifbar, da die Aufwendung dieser Kosten im alleinigen Interesse der Sicherungsgläubiger liegt. Bedenken bestehen auch nicht gegen die **Höhe der gesetzlich festgelegten Pauschalen.** Sie entsprechen den Kostenbeiträgen, die in der Praxis bereits unter der Geltung der Konkursordnung – allerdings auf „freiwilliger" Basis, d. h. auf Grund einer Vereinbarung zwischen dem Konkursverwalter und den Sicherungsgläubigern – bezahlt wurden.[7] Die Sicherungsgläubiger haben – zumindest **theoretisch** – die **Möglichkeit, die Belastung mit den Kostenbeiträgen durch eine Übersicherung aufzufangen.** Sie können also durch eine ausreichende Dimensionierung der Kreditsicherheiten dafür sorgen, dass im Verwertungsfall die gesicherten Forderungen aus dem nach Abzug der Kostenbeiträge, Umsatzsteuer etc. verbleibenden Verwertungserlös zurückgeführt werden können. Allerdings scheitert in der **Praxis** die hier angesprochene Forderung nach einer ausreichenden Dimensionierung der Kreditsicherheiten an den **fehlenden Sicherheiten.**[8]

Die Regelungen über den Kostenbeitrag sind auf erhebliche **Bedenken der Kreditwirt-** 7 **schaft** gestoßen, da die Belastung der Sicherungsgläubiger (also idR Banken) mit den Kostenbeiträgen und der abzuführenden Umsatzsteuer die Kreditversorgung der mittelständischen Wirtschaft in Deutschland, die häufig nur ihr Anlage- und Umlaufvermögen, inkl. außenstehende Forderungen als Sicherheit anbieten könne, beeinträchtige.[9] Diese Bedenken wurden durch empirische Untersuchungen untermauert, die zu dem Ergebnis kamen, dass ein Großteil der Kreditengagements, die durch Mobiliarsicherheiten besichert waren, auf Grund der im Rahmen der Insolvenzrechtsreform eingeführten Kostenbeitragsregelungen einer Neubewertung (Zinserhöhungen, Reduzierung des Kreditrahmens, Kündigung des Kredits) unterzogen werden müsste.[10]

Diese Bedenken waren und sind zutreffend. Allerdings werden die **negativen Auswirkungen** der Einführung der Kostenbeitragsregelungen in den §§ 170, 171 durch die Neuregelungen im Zuge der Einführung von **Basel II** bei weitem übertroffen. Im Zuge der Einführung von Basel II soll ab 2007 auch die bankinterne Bewertung von Kreditsicherheiten, insbes. besitzlosen Mobiliarsicherheiten, neu geregelt werden. Im Rahmen der aufsichtsrechtlichen Regelungen zur Bewertung von Kreditsicherheiten bei der Bestimmung der Eigenkapitalunterlegung von Krediten sollen zukünftig die besitzlosen Mobiliarsicherheiten praktisch mit 0 bewertet werden, sofern nicht das Kreditinstitut den sog. IRB-Ansatz (interner rating-basierter Ansatz) einführt. Nur in diesem Fall können die besitzlosen Mobiliarsicherheiten bei der Eigenkapitalunterlegung von ausgereichten Krediten berücksichtigt werden, dh, nur dann geht die Bankaufsicht davon aus, dass durch diese Kreditsicherheiten das Kreditrisiko gesenkt wird und deshalb der ausgereichte Kredit bei der Eigenkapitalunterlegung nicht wie ein ungesicherter Kredit behandelt wird.[11]

---

[6] *Senffert* ZIP 1986, 1157 ff.; *Serick* Bd. VI § 82 IV 5.
[7] Begr. zu § 196 RegE, BR-Drucks. 1/92, S. 181 f.
[8] Vgl. dazu auch HK-*Landfermann*, § 170 RdNr. 6.
[9] *Drucarczyk* WM 1992, 1136.
[10] *Drucarczyk* WM 1992, 1136.
[11] Vgl. *Ehlers*, ZInsO 2006, 510 ff.

C. Entstehungsgeschichte

I. Praxis unter Geltung der KO

8 Unter Geltung der Konkursordnung musste der Sicherungsgläubiger keine Kostenbeiträge entrichten. Dem Konkursverwalter stand in der Praxis meist nicht die Verwertungsbefugnis zu, sondern in der Mehrzahl der Fälle konnte der Sicherungsgläubiger nach § 127 Abs. 2 KO selbst verwerten. Verwertete der Sicherungsgläubiger selbst, so führte er keine Kostenbeiträge an die Konkursmasse ab. Fiel bei der Verwertung **Umsatzssteuer** an, d. h. wurde das Sicherungsgut unter Berechnung von Umsatzsteuer z. B. verkauft, konnte der Sicherungsgläubiger die eingenommene Umsatzsteuer behalten und als Sicherheitenerlös mit seiner Forderung verrechnen. Die Insolvenzmasse wurde Umsatzsteuerschuldner.[12] Die Umsatzsteuerforderungen des Fiskus waren Massekosten i. S. v. § 58 Nr. 2 KO[13] und belasteten die Masse selbst dann, wenn der Verwertungserlös ausschließlich dem Sicherungsgläubiger zugute kam. Das bedeutete also, dass die Kosten für die Prüfung der Wirksamkeit der Sicherheitenbestellung, für die Sicherstellung der mit Absonderungsrechten belasteten Gegenstände und für deren Verwertung die Konkursmasse und damit die ungesicherten Konkursgläubiger tragen mussten.

Auch unter Geltung der KO nahm häufig der Konkursverwalter eine Verwertung des Sicherungsguts und einen Einzug der sicherungsabgetretenen Forderungen vor. In diesem Fall überließ der Sicherungsgläubiger dem Konkursverwalter die Verwertung auf Grund einer **Verwertungsvereinbarung,** d. h., der Konkursverwalter verwertete für den Sicherungsgläubiger und erhielt dafür Kostenbeiträge zugunsten der Masse.

9 Lag das Verwertungsrecht gem. § 127 Abs. 1 KO beim Konkursverwalter, so gingen bislang sämtliche bei der Verwertung – d. h. von der Eröffnung des Konkursverfahrens bis zur Verwertung und beim Verwertungsvorgang selbst – anfallende Kosten zu Lasten der Konkursmasse.[14] Aber in diesem Fall wurden in der Praxis Vereinbarungen über die Kostentragung durch den Sicherungsnehmer getroffen.

II. Reformvorschläge

10 Der bisherige Rechtszustand wurde bereits in der Vergangenheit als unbillig angesehen, da er die Quote der ungesicherten Gläubiger minderte und diesen die Kosten für die abgesonderte Befriedigung privilegierter Gläubiger aufbürdete.[15] Besondere Bedeutung kam dabei neben der **Belastung mit der Umsatzsteuer** und den **Feststellungs- und Verwertungskosten** dem Kostenfaktor „**Vergütung des Konkursverwalters**" zu. In § 4 Abs. 2a VergütVO[16] war die Befugnis des Konkursverwalters geregelt, eine den Regelsatz übersteigende Vergütung festsetzen zu lassen, wenn die Bearbeitung von Absonderungsrechten einen erheblichen Teil der Verwaltertätigkeit ausgemacht hatte, ohne dass sich die Teilungsmasse entsprechend vergrößert hatte.

Im **1. Bericht der Kommission für Insolvenzrecht** war vorgeschlagen worden, die Sicherungsgläubiger von besitzlosen Mobiliarsicherheiten pauschal mit einem Verfahrensbeitrag von 25% des Verwertungserlöses zu belasten.[17] Dem gesicherten Gläubiger sollte es

---

[12] BGHZ 58, 292; 77, 139; *Gottwald/Frotscher,* Insolvenzrechts-Handbuch § 44 RdNr. 99; *Kuhn/Uhlenbruck* § 127 KO RdNr. 16 t.
[13] *Onusseit* ZIP 1990, 356; *Gottwald/Frotscher,* Insolvenzrechts-Handbuch § 44 RdNr. 99.
[14] *Kuhn/Uhlenbruck* KO § 127 RdNr. 11; vgl. auch OLG Köln ZIP 1987, 653 bis 656.
[15] Vgl. z. B. *Stürner,* Aktuelle Probleme des Konkursrechts ZZP 94 (1981), S. 263 bis 310, 273 und speziell zur Umsatzsteuer BGHZ 77, 139, 150; OLG Köln ZIP 1987, 653, 655 li. Sp.
[16] Vgl. § 4 Abs. 2a der Verordnung über die Vergütung des Konkursverwalters der Mitglieder des Gläubigerausschusses und der Mitglieder des Gläubigerbeirats vom 25. 5. 1960 (BGBl. 1960, Teil I, S. 329 ff.), zuletzt geändert durch Verordnung vom 11. 6. 1979 (BGBl. 1979, Teil I, S. 637 ff.), aufgehoben mit Wirkung vom 1. 1. 1999 durch Art. 2 Nr. 5 EGInsO.
[17] Erster Bericht der Kommission für Insolvenzrecht, 1985, Leitsatz 3.3.2 = S. 312.

nicht ermöglicht werden, den Verfahrensbeitrag durch eine ausreichende Dimensionierung der Kreditsicherheiten aufzufangen; auch im Falle einer Übersicherung sollte der Gläubiger aus dem Verwertungserlös nur einen Betrag erhalten, der dem um **25%** verminderten Forderungsbetrag entspräche.[18] Dieses Modell, das eine Umverteilung von den gesicherten Kreditgebern auf die ungesicherten Gläubiger vorsah, ist auf erhebliche Kritik gestoßen.[19]

Der 2. Bericht der Kommission für Insolvenzrecht von 1986 bezieht zur Erlösverteilung keine Stellung.

Erst der **Referentenentwurf von 1989** nahm sich des Problems erneut an. In Abkehr von den Vorschlägen der 1. Kommission kam man mit dem § 184 RefE zu einer Vorgängerregelung des heutigen § 170. Es war nunmehr keine Umverteilung zugunsten der ungesicherten Gläubiger mehr vorgesehen, sondern eine Beteiligung der Sicherungsgläubiger an den entstehenden Kosten im Zusammenhang mit Feststellung, Sicherstellung und Verwertung des Sicherungsguts. Die Regelung des § 184 RefE wies jedoch als Teil des an die Masse abzuführenden Kostenbeitrages noch die Erhaltungskosten[20] aus und bezog sich im Gegensatz zu der von der 1. Kommission für Insolvenzrecht vorgesehenen Regelung ausdrücklich nicht nur auf die Verwertung beweglicher Sachen, sondern auch auf Forderungen.

III. Gesetzgebungsverfahren

§ 184 RefE wurde wortgleich als § 195 RegE[21] übernommen. Auf Grund der Beschluss-Empfehlung des Rechtsausschusses[22] wurde auf die Abführung der Erhaltungskosten zu Gunsten der Masse verzichtet, um eventuelle Streitigkeiten über die Feststellung der Höhe dieser Kosten und auf diese Weise eine hierdurch bedingte Verzögerung des Verfahrens zu vermeiden. Ferner wurde mit dieser Regelung bezweckt, den absonderungsberechtigten Gläubiger vor überhöhten Aufwendungen zur Erhaltung des Sicherungsgutes zu schützen.[23]

D. Anwendungsbereich

I. Allgemeines

§ 170 regelt zwei Fälle, nämlich die Verwertung von Sicherungsgegenständen und sicherungshalber abgetretenen Forderungen durch den Insolvenzverwalter (Abs. 1) sowie die Überlassung des Sicherungsgegenstandes oder der sicherungshalber abgetretenen Forderung durch den Insolvenzverwalter an den Sicherungsgläubiger zur Verwertung (Abs. 2). Erlösbegriff sowie Feststellungs- und Verwertungskosten sind für beide Fälle einheitlich definiert.

Der Anwendungsbereich der Kostenbeitragsregelungen ist im Gesetz abschließend geregelt. Angesichts der vielfältigen Diskussionen im Gesetzgebungsverfahren ist es fern liegend, unter Hinweis auf eine angeblich bestehende planwidrige Regelungslücke die Kostenbeitragsregelungen über den Wortlaut der §§ 170, 171 hinaus auf andere Fälle anzuwenden.

II. Einzelfragen

1. Analoge Anwendung. a) Anwendung auf andere Rechte. Die Regelungen in § 170 Abs. 1 kommen nur dann zur Anwendung, wenn der Insolvenzverwalter einen Gegenstand oder eine zur Sicherheit abgetretene Forderung verwertet, für die ihm nach § 166 das Verwertungsrecht zugewiesen ist.[24] Nach einer **BGH-Entscheidung vom 29. 3.**

---

[18] Erster Bericht der Kommission für Insolvenzrecht, 1985, Leitsatz 3.3.2 = S. 312.
[19] Vgl. Serick, Mobiliarsicherheiten und Insolvenzrechtsreform, 1987, S. 90 ff.
[20] Vgl. unten RdNr. 11.
[21] Begr. zu § 195 RegE (später § 170), BR-Drucks. 1/92, S. 180 f.
[22] Vgl. Beschluss-Empfehlung des Rechtsausschusses zu § 195 RegE, BT-Drucks. 12/7302, S. 177.
[23] Beschluss-Empfehlung des Rechtsausschusses zu § 195 RegE, BT-Drucks. 12/7302, S. 177.
[24] HambKomm-*Büchler*, § 170 RdNr. 1; vgl. die Diskussion um die Ausweitung des Anwendungsbereichs der §§ 170, 171: *Uhlenbruck*, InsO § 170 RdNr. 4 f.

2007[25] soll der Sicherungseigentümer auch dann verpflichtet sein, Umsatzsteuer an die Insolvenzmasse abzuführen, wenn er das Sicherungsgut vor Verfahrenseröffnung im Besitz genommen habe und das Sicherungsgut nach Eröffnung des Insolvenzverfahrens verwerte. Der BGH kommt zu diesem Ergebnis über eine analoge Anwendung der Vorschriften in § 13b Abs. 1 Nr. 2 UStG sowie §§ 170 Abs. 2, 171 Abs. 2 Satz 3.[26] Würde man hier nicht die vorgenannten Regelungen analog anwenden, so müsste die Insolvenzmasse die bei der Verwertung anfallende Umsatzsteuer tragen, die Belastung des Sicherungsnehmers mit der Umsatzsteuer könnte dieser vermeiden.[27] Eine ähnliche Problematik besteht bei der Verwertung von Pfandrechten.[28] Auch hier wird bereits nach Möglichkeiten gesucht, um durch eine analoge Anwendung von Normen eine Umsatzsteuerbelastung der Insolvenzmasse zu verhindern.[29] Diesen Versuchen ist eine klare Absage zu erteilen; auch die BGH-Entscheidung vom 29. 3. 2007 ist kritisch zu hinterfragen, ausführlich dazu § 171 RdNr. 6. § 170 ist nur in den Fällen anwendbar, in denen nach § 166 dem Insolvenzverwalter die Verwertungsbefugnis zusteht. Im Einzelnen wird hier auf die Kommentierung des § 166 hingewiesen. Die Kostenbeitragsregelungen sind insbes. nicht auf die Verpfändung von Gegenständen sowie sonstigen Rechten sowie auf die Sicherungsabtretung von sonstigen Rechten anwendbar.

Auch die Regelungen über die Erstattung der Umsatzsteuer in § 171 sind nicht analog anwendbar, vgl. dazu § 171 RdNr. 6.

In Fällen, in denen das Verwertungsrecht gem. § 166 beim Sicherungsgläubiger liegt, kann nach § 173 Abs. 2 das Verwertungsrecht auf den Insolvenzverwalter übergeleitet werden. Liegt ein Fall des § 173 Abs. 2 vor, so liegt das Verwertungsrecht schließlich doch beim Insolvenzverwalter und die Kostenbeitragsregelungen der §§ 170, 171 sind anwendbar.

Voraussetzung für das Eingreifen der Kostenbeitragsregelung ist das Bestehen eines Absonderungsrechts; auf Aussonderungsrechte ist § 170 nicht analog anwendbar.[30]

14 **b) Anwendung im Insolvenzeröffnungsverfahren.** Die Regelung galt bisher nur im eröffneten Insolvenzverfahren.

Nach der neuerlichen Reform der InsO findet die Norm auch im Insolvenzeröffnungsverfahren Anwendung und dies nicht nur auf Absonderungsrechte, sondern auch auf auszusondernde Gegenstnde. Es wird auf die Kommentierung zu § 21 Abs. 2 Nr. 5 verwiesen.

15 Nach altem Recht galt hingegen, dass der vorläufige Insolvenzverwalter weder Feststellungs- noch Verwertungskosten verlangen darf; die §§ 170, 171 waren im Insolvenzeröffnungsverfahren nicht anwendbar.[31] Der vorläufige Insolvenzverwalter war im Eröffnungsverfahren nicht zur Verwertung von Absonderungsgut berechtigt. Auch im Falle eines Notverkaufs verderblicher Ware im Eröffnungsverfahren waren die Kostenbeitragsregelungen nicht anwendbar.[32] In der Praxis kam es bereits im Insolvenzeröffnungsverfahren zum Abschluss von Verwertungsvereinbarungen.[33]

16 **c) Zubehör.** Ist eine zur Sicherheit übereignete Sache gleichzeitig Zubehör eines Grundstücks, auf dem der Gläubiger Grundpfandrechte hat, so liegt eine „Doppelsicherung" vor. Es stellt sich die Frage, ob die Regelungen zur Kostenbeitragspflicht in § 165 i. V. m. § 10 Abs. 1 Nr. 1a ZVG anwendbar sind oder die Regelungen in den §§ 170, 171. Ein Vergleich der Kostenbelastung in beiden Fällen zeigt, dass die Anwendung der Regelungen über die Immobilarzwangsverwertung für den (aus zwei Rechtsgründen) absonderungsberechtigten Gläubiger günstiger ist.

---

[25] BGH ZIP 2007, 1126 m. krit. Anm. *de Weerth,* NZI 2007, 396.
[26] BGH ZIP 2007, 1126, 1127.
[27] *Bringewat/Waza,* Insolvenz und Steuern, 6. Aufl., RdNr. 1016.
[28] Vgl. dazu: *Siebert,* NZI 2007, 17.
[29] *Siebert,* NZI 2007, 17.
[30] HambKomm-*Büchler,* § 170 RdNr. 2.
[31] BGH WM 2006, 1636; BGHZ 154, 72, 79; BGH ZInsO 2005, 148.
[32] HambKomm-*Büchler,* § 170 RdNr. 12.
[33] HambKomm-*Büchler,* § 170 RdNr. 12.

Es droht die Gefahr, dass sich der absonderungsberechtigte Gläubiger daran festhalten lassen muss, dass er sich den Gegenstand auch noch zusätzlich zur Sicherheit hat übereignen lassen. Dann fallen die Kostenbeiträge der §§ 170, 171 an. Vgl. dazu auch § 165 RdNr. 23 ff.

2. Verwertungsvereinbarungen. Haben die Parteien (Insolvenzverwalter und Sicherungsnehmer) eine Verwertungsvereinbarung geschlossen, so hat diese Vereinbarung Vorrang vor den gesetzlichen Regelungen der §§ 170, 171.[34] Vereinbarungen, die vor der Eröffnung des Insolvenzverfahrens zwischen Schuldner und Sicherungsnehmer über die Höhe der Kostenbeiträge geschlossen wurden, sind unwirksam, da die Regelungen über die Kostenbeiträge in den §§ 170, 171 zwingendes Recht sind.[35]

Gesteht der Sicherungsnehmer der Insolvenzmasse in der Verwertungsvereinbarung Kostenbeiträge zu, die über den in §§ 170, 171 festgelegten Sätzen liegen, so ist darin im Verhältnis zum Bürgen die Aufgabe eines Teils der vorhandenen Sicherheiten zu sehen.[36]

3. Störungsfälle. Verwertet der Insolvenzverwalter den Sicherungsgegenstand, ohne dass ihm ein Verwertungsrecht nach § 166 zusteht, so sind die Kostenbeitragsregelungen aus §§ 170, 171 nicht anwendbar. Einschlägig ist § 48.[37] Genehmigt der Absonderungsberechtigte die Verwertung nach § 185 BGB, so steht ihm der volle Erlös gem. § 816 Abs. 1 BGB zu.[38]

Verwertet der Absonderungsberechtigte den Sicherungsgegenstand selbst, obwohl eigentlich dem Insolvenzverwalter das Verwertungsrecht zusteht, so gelten folgende Grundsätze: Zieht der absonderungsberechtigte Gläubiger nach Verfahrenseröffnung eine Forderung ein, ohne dazu vom Insolvenzverwalter ermächtigt worden zu sein, so schuldet er der Insolvenzmasse die Feststellungskostenpauschale, nicht jedoch die Verwertungskostenpauschale.[39] Hat der absonderungsberechtigte Gläubiger vor Insolvenzeröffnung eine Forderung nach Offenlegung der Abtretung eingezogen, so kann die Rechtshandlung nicht mit der Begründung nach §§ 129 ff. angefochten werden, der Insolvenzmasse sei die Verwertungskostenpauschale entgangen.[40]

Würde dem Insolvenzverwalter nach § 166 das Verwertungsrecht im eröffneten Insolvenzverfahren zustehen, so kann der Absonderungsgläubiger trotzdem bis zur Verfahrenseröffnung seine Rechte ausüben. Die Insolvenzmasse hat dann keinen Anspruch auf Feststellungs- und Verwertungspauschalen.[41] Hat der in der Insolvenz absonderungsberechtigte Gläubiger vor Insolvenzeröffnung sicherungsübereignete Gegenstände in Besitz genommen und verwertet, kann die Inbesitznahme nicht mit der Begründung angefochten werden, der Masse sei die Feststellungskostenpauschale entgangen.[42]

Die Feststellungskostenpauschale steht der Insolvenzmasse bei sicherungshalber abgetretenen Forderungen auch dann zu, wenn Drittschuldner an den Sicherungszessionar zahlen und nicht an die Insolvenzmasse.[43]

4. Sonderregelung für Eigenverwaltung und Verbraucherinsolvenzverfahren. Die Vorschrift des § 170 ist bei einer Durchführung des Insolvenzverfahrens im Wege der Eigenverwaltung (§§ 270 ff.) nur im eingeschränkten Maße anwendbar. Gem. § 282 Abs. 2 Satz 2 werden die Feststellungskosten bei Eigenverwaltung nicht erhoben, da der Schuldner die Feststellung selbst betreibt. Die Verwertungskosten dürfen nicht pauschaliert werden.[44]

---

[34] OLG Koblenz ZInsO 2094, 929; HambKomm-*Büchler*, § 170 RdNr. 4.
[35] HK-*Landfermann*, § 170 RdNr. 21.
[36] OLG Dresden WM 2003, 2137; HK-*Landfermann*, § 170 RdNr. 21.
[37] HambKomm-*Büchler*, § 170 RdNr. 4.
[38] HambKomm-*Büchler*, § 170 RdNr. 4; *Ganter/Bitter*, ZIP 2005, 93, 100.
[39] BGH WM 2004, 39.
[40] BGH WM 2004, 39.
[41] BGH WM 2003, 694 = BGHZ 154, 72.
[42] BGH WM 2005, 126.
[43] BGH, WM 2003, 694 = BGHZ 154, 72, 76 ff.
[44] HK-*Landfermann*, § 170 RdNr. 22; *Uhlenbruck*, InsO § 170 RdNr. 7.

Im Verbraucher- und Kleininsolvenzverfahren bleibt das Verwertungsrecht des gesicherten Gläubigers grundsätzlich erhalten (vgl. § 313 Abs. 3). Kostenbeiträge sind dann nicht zu entrichten.[45]

E. Überblick über die Regelungen des § 170

I. Verwertung durch den Insolvenzverwalter, Abs. 1

20 Verwertet der Insolvenzverwalter den sicherungsübereigneten Gegenstand selbst oder zieht er zur Sicherheit abgetretene Forderungen ein, so sind die gesetzlichen Kostenbeiträge vorab dem Verwertungserlös zu entnehmen.

Sobald der Insolvenzverwalter den Verwertungserlös erhalten hat, sind aus diesem die Kosten der Feststellung der Sicherheit (4% des Erlöses, vgl. § 171 Abs. 1) und die Kosten der Verwertung (Pauschale: 5% des Erlöses) einschließlich der Umsatzsteuerbelastung (vgl. § 171 Abs. 2) zu entnehmen und der Insolvenzmasse zuzuführen.[46] Aus dem verbleibenden Betrag ist der absonderungsberechtigte Gläubiger unverzüglich zu befriedigen, vgl. RdNr. 38 ff.

Bis zur Ausschüttung an den absonderungsberechtigten Gläubiger ist der Verwertungserlös getrennt von der Insolvenzmasse zu halten, vgl. RdNr. 38.

Ist der verwertete Gegenstand mit Sicherungsrechten zu Gunsten mehrerer Gläubiger belastet, so ist bei der Auskehrung des Verwertungserlöses die Rangfolge zu beachten.[47]

Reicht der Verwertungserlös nach Abzug der Kostenbeiträge aus, um die gesamte gesicherte Forderung des Absonderungsgläubigers zu befriedigen, so gebührt der Überschuss der Insolvenzmasse, vgl. RdNr. 39.

II. Verwertung durch den Absonderungsgläubiger

21 **1. Allgemeines.** Durch § 170 Abs. 2 wird dem Insolvenzverwalter die Möglichkeit eröffnet, in Abweichung vom Grundsatz des § 166 auf seine Verwertungsbefugnis zu verzichten und den jeweiligen Gegenstand dem absonderungsberechtigten Gläubiger zur Verwertung zu überlassen. Dabei handelt es sich nicht etwa um eine echte Freigabe, denn das Sicherungsgut wird nicht in die Verwaltungs- und Verfügungsbefugnis des Schuldners überführt, sondern dem Sicherungsnehmer zur Verwertung überlassen.[48]

Die Verwertung durch den Gläubiger bietet sich dann an, wenn davon ausgegangen werden kann, dass dieser über die besseren Möglichkeiten für eine Verwertung verfügt oder wenn sich Sicherungsnehmer und Insolvenzverwalter nicht über die Modalitäten der Verwertung einigen können (Bsp.: der absonderungsberechtigte Gläubiger weist immer wieder auf günstigere Verwertungsmöglichkeiten hin und droht für den Fall der Nichtwahrnehmung durch den Insolvenzverwalter mit Schadensersatzansprüchen).[49]

22 Eine **Verpflichtung des Gläubigers zur Übernahme des Sicherungsguts** und zur Durchführung der Verwertung in Eigenregie ergibt sich aus der gesetzlichen Regelung des § 170 Abs. 2 nicht. Dem absonderungsberechtigten Gläubiger muss auch geraten werden, die Übernahme der Verwertung des Sicherungsguts im Vorwege genau auf **rechtliche Risiken** zu prüfen, ehe er von den Gegenständen Besitz ergreift. U. U. haftet der Sicherungsnehmer, wenn er einmal Besitz von den Gegenständen ergriffen hat, nach Polizei- und Ordnungsrecht und/oder nach zivilrechtlichen Grundsätzen für Entsorgungskosten, Räumungskosten etc.[50]

---

[45] HK-*Landfermann*, § 170 RdNr. 22; *Uhlenbruck,* InsO § 170 RdNr. 7.
[46] HK-*Landfermann*, § 170 RdNr. 7.
[47] HK-*Landfermann*, § 170 RdNr. 7.
[48] KölnerSchrift-*Benckendorff,* S. 1099 ff.
[49] HambKomm-*Büchler*, § 170 RdNr. 9; HK-*Landfermann*, § 170 RdNr. 11.
[50] *Lwowski/Tetzlaff,* Umweltrisiken und Altlasten in der Insolvenz, 2002, RdNr. J 465 f.

Verteilung des Erlöses 23, 24 § 170

Der Gläubiger kann die Übernahme der Verwertung ablehnen.[51]
Der Insolvenzverwalter hat dann noch die Möglichkeit, eine **echte Freigabe des Sicherungsguts** durchzuführen. Das bedeutet, dass der zur Insolvenzmasse gehörende Gegenstand, der mit einem Absonderungsrecht zugunsten eines Gläubigers belastet ist, in die Verwaltungs- und Verfügungsbefugnis des Schuldners überführt wird.[52] Eine echte Freigabe kommt aber nur dann in Betracht, wenn die Durchführung der Verwertung für die Insolvenzmasse unwirtschaftlich ist. Kann der Insolvenzverwalter nicht ausschließen, dass nach Befriedigung der Absonderungsrechte ein Übererlös zugunsten der Masse verbleibt, so darf er eine echte Freigabe nicht durchführen, da er nach der Freigabe nicht mehr auf den Übererlös zugreifen könnte.[53]

Der **absonderungsberechtigte Gläubiger** hat keinen **Anspruch** darauf, dass ihm der 23 Insolvenzverwalter das Sicherungsgut oder die sicherungsabgetretenen Forderungen nach § 170 Abs. 2 zur Verwertung überlässt.[54] Macht der absonderungsberechtigte Gläubiger aber wegen Pflichtverletzungen des Insolvenzverwalters bei der Durchführung der Verwertung Schadensersatzansprüche geltend, so kann es im Einzelfall relevant sein, dass der Verwalter sich geweigert hat, dem Sicherungsgläubiger das Sicherungsgut nach § 170 Abs. 2 zu überlassen. Betreibt der Insolvenzverwalter selbst pflichtwidrig keine Verwertung der Gegenstände (z. B. kein Einzug der sicherungsabgetretenen Forderungen, keine Reaktion auf Einwendungen von Drittschuldnern) und überlässt auch dem Sicherungsgläubiger nicht den Gegenstand zur Verwertung, so muss er uU für die eingetretenen Schäden beim Absonderungsberechtigten nach § 60 einstehen.

2. Abgrenzung zu anderen Verwertungsformen. Wie bereits unter RdNr. 21 ausgeführt, ist die Verwertung durch Überlassung des Sicherungsguts an den Sicherungsgläubiger (§ 170 Abs. 2) von der **sog. echten Freigabe** abzugrenzen. Im Falle einer echten Freigabe befindet sich das Sicherungsgut wieder im insolvenzfreien Vermögen des Schuldners. Da das Sicherungsgut nicht dem Insolvenzbeschlag unterfällt, kann der Sicherungsnehmer darauf nach den außerhalb der Insolvenz geltenden Regelungen zugreifen. Es besteht kein Verwertungsrecht des Insolvenzverwalters nach § 166, denn dieser hat durch die (echte) Freigabe gerade auf die Verwertung des Sicherungsgegenstandes verzichtet.[55] Zur Umsatzsteuerbelastung im Fall der echten Freigabe vgl. § 171 RdNr. 43.

Von der Überlassung des Gegenstandes *zur* Verwertung an den Gläubiger (der dann einen Kostenbeitrag für die Feststellung sowie einen vereinnahmten Umsatzsteuerbetrag, aber keine Kostenpauschale für die Verwertung zu zahlen hat) ist die **Übernahme des Gegenstandes durch den Sicherungsgläubiger** als eine mögliche Art der **Verwertung nach § 168 Abs. 3** zu unterscheiden. Im Fall des § 168 Abs. 3 kauft der Sicherungsnehmer wie ein Dritter dem Insolvenzverwalter den Sicherungsgegenstand ab. Aus dem Verwertungserlös entnimmt der Insolvenzverwalter die Feststellungs- und Verwertungskosten für die Insolvenzmasse. Bei einem Selbsteintritt des Gläubigers nach § 168 Abs. 3 handelt es sich um eine Verwertung, auf die die Regelung des § 170 Abs. 1 anwendbar ist.[56]

Die Überlassung zur Verwertung (§ 170 Abs. 2) ist weiterhin abzugrenzen von der **Verwertung durch den Gläubiger nach § 173.** Sowohl im Falle des § 168 Abs. 3 als auch im Falle des § 170 Abs. 2 steht dem Insolvenzverwalter nach § 166 das Verwertungsrecht an dem mit Absonderungsrechten belasteten Gegenstand zu. § 173 betrifft hingegen die Fälle, in denen dem Gläubiger ein originäres Verwertungsrecht zusteht.

---

[51] HK-*Landfermann* § 170 RdNr. 12; HambKomm-*Büchler,* § 170 RdNr. 9; *Lwowski/Tetzlaff,* Umweltrisiken und Altlasten in der Insolvenz, 2002, RdNr. J 466.
[52] HambKomm-*Büchler,* § 170 RdNr. 9; KölnerSchrift-*Benckendorff,* S. 1099 ff.
[53] HK-*Landfermann,* § 170 RdNr. 11; HambKomm-*Büchler,* § 170 RdNr. 9.
[54] LG Halle/Saale ZInsO 2001, 230; HambKomm-*Büchler,* § 170 RdNr. 9.
[55] HK-*Landfermann,* § 170 RdNr. 14; KölnerSchrift-*Benckendorff,* S. 1099 ff.
[56] BGH WM 2005, 2400, 2401; HK-*Landfermann* § 170 RdNr. 13; *Mönning,* Festschrift für Uhlenbruck, S. 252.

25 3. Abrechnung bei § 170 Abs. 2 und bei Freigabe. Der absonderungsberechtigte Gläubiger ist verpflichtet, aus dem Verwertungserlös vorab die Feststellungskosten und den anfallenden Umsatzsteuerbetrag (vgl. § 171 Abs. 2 Satz 3) an die Masse abzuführen. Eine Verwertungskostenpauschale ist nicht zu entrichten und zwar auch dann nicht, wenn vor der Überlassung der Verwertung schon Kosten angefallen sein sollten. Sie gehen nicht zu Lasten des Sicherungsgläubigers; der Insolvenzmasse steht auch kein Anspruch aus Geschäftsführung ohne Auftrag zu. Fruchtlose Versuche einer Verwertung können nicht zu Lasten des Sicherungsnehmers gehen.[57]

Geht der Insolvenzverwalter nicht nach § 170 Abs. 2 vor, sondern gibt er das Sicherungsgut an den Schuldner frei und entlässt es somit aus dem Insolvenzbeschlag (echte Freigabe), so kann der absonderungsberechtigte Gläubiger das Sicherungsgut verwerten, ohne Kostenbeiträge an die Insolvenzmasse abzuführen. **Streitig** ist für den **Fall der echten Freigabe**, ob die Insolvenzmasse mit der **Umsatzsteuer** aus der Veräußerung des Sicherungsguts belastet ist oder nicht. Nach der hM in der Literatur[58] kann es bei einer echten Freigabe[59] nicht zu einer Belastung der Insolvenzmasse mit Umsatzsteuer kommen, da der Gegenstand ja nicht mehr zur Insolvenzmasse gehört, sondern dem insolvenzfreien Vermögen des Schuldners zuzuordnen ist. Der **BFH**[60] geht hingegen von einer Belastung der Insolvenzmasse mit der Umsatzsteuer aus. Letztlich behandelt der BFH die echte Freigabe wie eine modifizierte Freigabe mit der Begründung, die Insolvenzmasse profitiere von der Verwertung des Gegenstandes, weil dadurch die gesicherten Forderungen des Sicherungsgläubigers zurückgeführt werden. Diese Überlegung berücksichtigt nicht die praktischen Gegebenheiten: Regelmäßig ist die Entlastung für die Insolvenzmasse durch die Verrechnung der gesicherten Forderungen mit dem Verwertungserlös eher marginal; im masseunzulänglichen Verfahren kommt es auf Grund der Verrechnung nicht zu einer Erhöhung der Quotenaussichten der Insolvenzgläubiger. Auf der anderen Seite steht eine enorme Belastung der Insolvenzmasse durch die Umsatzsteuer für die Verwertung eines nicht mehr zur Insolvenzmasse gehörenden Gegenstandes. Die Auffassung des BFH ist abzulehnen.[61]

25a 4. Analoge Anwendung des § 170 Abs. 2 bei Inbesitznahme des Sicherungsguts durch den Gläubiger vor Verfahrenseröffnung und Verwertung nach Verfahrenseröffnung. Nach einer in der Literatur[62] vertretenen Auffassung soll § 170 Abs. 2 dann analog anzuwenden sein, wenn der Sicherungsgläubiger das Sicherungsgut bereits vor Verfahrenseröffnung (unanfechtbar) in seinen Besitz gebracht hat und nach Eröffnung des Insolvenzverfahrens die Verwertung durchführt. In diesem Fall liegt das Verwertungsrecht beim Sicherungsgläubiger. Die bei der Verwertung anfallende Umsatzsteuer würde die Insolvenzmasse belasten, wenn man nicht durch die analoge Anwendung des § 170 Abs. 2 für eine Entlastung der Masse sorgen würde. Die überwiegende Ansicht in Rechtsprechung und Literatur[63] lehnt hingegen eine Analogie ab. Der BGH ist in seiner Entscheidung vom 29. 3. 2007[64] der erstgenannten Auffassung gefolgt. Habe der wegen sicherungsübereigneter Gegenstände zur abgesonderten Befriedigung berechtigte Gläubiger das Sicherungsgut vor Verfahrenseröffnung in Besitz genommen, aber erst nach Eröffnung des Insolvenzverfahrens

---

[57] HK-*Landfermann* § 170 RdNr. 17; HambKomm-*Büchler*, § 170 RdNr. 11.
[58] HK-*Landfermann*, § 170 RdNr. 14; *Onusseit*, ZIP 2002, 1344; *Mitlehner*, NZI 2002, 536 f.; *Lwowski/Tetzlaff*, WuB VI B. § 126 KO 1.02.
[59] Die echte Freigabe ist von der unechten/modifizierten Freigabe abzugrenzen. Bei der unechten/modifizierten Freigabe entlässt der Insolvenzverwalter den Massegegenstand tatsächlich nicht wirklich aus dem Insolvenzbeschlag, denn er vereinbart mit dem Schuldner eine Beteiligung der Insolvenzmasse an den Erlösen aus der Verwertung des (eigentlich nicht mehr zur Insolvenzmasse gehörenden) Gegenstandes. Vgl. dazu Kommentierung von § 35.
[60] BFH WM 2002, 1605.
[61] *Lwowski/Tetzlaff*, WuB VI B. § 126 KO 1.02.
[62] *Marotzke*, ZZP Bd. 109 (1996), 429, 463 f.; *Ganter/Brünink*, NZI 2006, 257, 260.
[63] LG Stuttgart ZIP 2004, 1117; FK-*Wegener*, § 173 RdNr. 5; *Uhlenbruck/Maus*, § 171 RdNr. 8; *Kübler/Prütting/Kemper*, § 173 RdNr. 10.
[64] BGH ZIP 2007, 1126.

Verteilung des Erlöses 26, 27 § 170

verwertet, so habe er in Höhe der wegen der Lieferung des Sicherungsgutes an ihn angefallenen Umsatzsteuerschuld aus dem Verwertungserlös einen Betrag in dieser Höhe in analoger Anwendung des § 13 b Abs. 1 Nr. 2 UStG, §§ 170 Abs. 2, 171 Abs. 2 Satz 3 an die Masse abzuführen. Die Entscheidung kann nicht überzeugen. Wie das Gericht selbst erkennt, wurde im Rahmen des Gesetzgebungsverfahrens zur InsO über einen Änderungsantrag abgestimmt, der sicherstellen sollte, dass in allen Konstellationen eine Belastung der Insolvenzmasse mit Umsatzsteuer aus der Verwertung von Absonderungsrechten vermieden wird.[65] Dieser Antrag wurde mit der Begründung abgelehnt, es solle eine weitere Kostenbelastung der gesicherten Gläubiger vermieden werden.[66] Es liegt also eine ausdrückliche Äußerung des Gesetzgebers vor, der es gerade in Kauf genommen hat, dass die Insolvenzmasse in bestimmten Konstellationen weiterhin – wie unter der KO – mit der Umsatzsteuer aus der Verwertung von Sicherungsgut belastet wird. Es fehlt also an einer planwidrigen Regelungslücke. Eine Analogie ist nicht zulässig.

F. Kostenbeiträge

I. Überblick

Der vom absonderungsberechtigten Gläubiger nach Maßgabe der §§ 170, 171 zu erbringende Kostenbeitrag umfasst Feststellungskosten (s. u. III.) und Verwertungskosten (s. u. IV.). Für Erhaltungskosten ist keine gesetzliche Regelung vorhanden (s. u. V.). 26
Die Höhe der Kostenbeiträge ist in § 171 geregelt.
Die Regelung des § 170 über die Kostenbeiträge ist nicht abdingbar. Insolvenzverwalter und Sicherungsnehmer können in einer Verwertungsvereinbarung von den §§ 170, 171 abweichende Kostenbeiträge regeln. **Vor Insolvenzeinleitung geschlossene Vereinbarungen,** die von den §§ 170, 171 abweichen, sind **unwirksam.**[67]

II. Erlösbegriff

Der in §§ 170, 171 verwendete Erlösbegriff meint den **Brutto-Verwertungserlös,**[68] d. h. er umfasst neben dem durch die Verwertung erzielten konkreten Gegenwert des Sicherungsgegenstandes auch die bei der Verwertung anfallende Umsatzsteuer.[69] 27
Die Feststellung des Verwertungserlöses kann schwierig sein, wenn das verwertete Sicherungsgut Teil einer verwerteten Sachgesamtheit war. Hier hat der Verwalter zunächst unter Heranziehung eines Sachverständigen (wenn erforderlich) den Teil des Erlöses zu schätzen und dem Sicherungsgeber mitzuteilen, welcher Betrag auf das konkrete mitveräußerte Sicherungsgut entfällt. Unpraktikabel erscheint, das Insolvenzgericht mit dieser Schätzung zu belasten.[70] Einigen sich Verwalter und Sicherungsnehmer nicht (was tunlichst vor der Verwertung in Form der Vereinbarung einer prozentualen Beteiligung am Gesamterlös erfolgen sollte), muss ein kostenaufwändiger Rechtsstreit geführt werden.
Der Erlös aus der Verwertung des Sicherungsguts bzw. aus der Einziehung der abgetretenen Forderungen bildet das Surrogat für das Sicherungsrecht, das sich daher diesem fortsetzt.[71]

---

[65] BGH ZIP 2007, 1126, 1127.
[66] Beschlussempfehlung Rechtsausschuss, BTag-Drucks. 12/7302 zu § 200 a.
[67] Nerlich/Römermann/Becker § 170 RdNr. 1.
[68] Onusseit, ZInsO 2007, 247; aA de Weerth, ZInsO 2007, 70. Vgl. auch BGH WM 2005, 2239. Das Gericht stellt klar, dass es vom Brutto-Verwertungserlös ausgeht.
[69] Nerlich/Römermann/Becker § 171 RdNr. 8; Uhlenbruck, InsO § 171 RdNr. 3; Breutigam in Breutigam/Blersch/Goetsch § 170 RdNr. 8. Kübler/Prütting/Kemper § 170 RdNr. 3; Marotzke ZZP 109 (1996), 429, 456; Mönning, Festschrift für Uhlenbruck S. 254; Sundermeyer/Wilhelm, DStR 1997, 1127; aA Rümker RWS-Forum 3, S. 135, 143; Obermüller, Insolvenzrecht in der Bankpraxis, RdNr. 6.344.
[70] So aber Marotzke ZZP 109 (1996), 429, 456, Fn. 134; wie hier: Kübler/Prütting/Kemper § 170 RdNr. 3.
[71] Kübler/Prütting/Kemper § 170 RdNr. 4.

III. Feststellungskosten

28 Die Feststellungskosten setzen sich aus den Kosten der tatsächlichen Ermittlung, der Trennung des belasteten Gegenstandes und der Prüfung der Rechtsverhältnisse an dem Gegenstand zusammen.[72]

Bei den aufgezählten Tätigkeiten geht es insbesondere darum, die Rechtswirksamkeit der Bestellung von Sicherheiten zu prüfen und die rechtlichen Konsequenzen beim Zusammentreffen der Rechte mehrerer Sicherungsgläubiger festzustellen. Angesichts der rechtlichen Anforderungen, die das Gesetz und die Rechtsprechung an eine rechtswirksame Bestellung von Sicherheiten stellen, und der Häufigkeit von Sicherheiten an der Insolvenzmasse nimmt diese Tätigkeit einen erheblichen Zeitaufwand beim Insolvenzverwalter in Anspruch.

IV. Verwertungskosten

29 Regelmäßig fallen bei der Verwertung von Gegenständen Kosten an. Die sog. Verwertungskosten umfassen in erster Linie die Kosten der Vorbereitung und Durchführung der Verwertung[73] (zu den möglichen Verwertungsarten vgl. § 166 RdNr. 25 ff., zu den möglichen Verwertungskosten vgl. § 171 RdNr. 22 ff.). Sie entfallen naturgemäß, wenn der Insolvenzverwalter dem Sicherungsgläubiger die Verwertung überlässt (§ 170 Abs. 2).

Im Einzelfall kann es notwendig sein, dass der Insolvenzverwalter höhere Verwertungskosten aufwendet, als in § 171 als Pauschalregelung vorgesehen sind. Der Insolvenzverwalter wird aber bei seinem Aufwand immer die Pauschale von 5% im Auge behalten. Reicht sie nicht aus, wird er mit dem Sicherungsgläubiger eine Vereinbarung über eine Kostenbeteiligung des Sicherungsgläubigers (über die gesetzlich festgelegte Pauschale hinaus) zu treffen suchen oder aber gem. § 171 Abs. 2 höhere Kosten ansetzen. Nicht zulässig ist der Ansatz einer „**Mischkalkulation**" aus tatsächlich entstandenen Verwertungskosten und den gesetzlichen Pauschalen durch den Insolvenzverwalter[74] Der Verwalter darf die Verwertungskostenpauschale gem. § 171 Abs. 2 Satz 1 nicht neben gesondert geltend gemachten und bezifferten Verwertungskosten gem. § 171 Abs. 2 Satz 2 in Abzug bringen. Der Insolvenzverwalter muss sich entscheiden, ob er die Pauschale geltend macht oder die tatsächlich entstandenen Kosten abrechnet.[75]

Bei der Prüfung der Erstattungsfähigkeit von Verwertungskosten kann auf die **Grundsätze über die Geschäftsführung ohne Auftrag** zurückgegriffen werden. Entspricht die Maßnahme dem wirklichen oder mutmaßlichen Willen des Sicherungsgläubigers, kann der Insolvenzverwalter unter Heranziehung des Rechtsgedankens des § 683 BGB (Geschäftsführung ohne Auftrag) wie ein Beauftragter Ersatz seiner Aufwendungen verlangen und diese Kosten bei den Verwertungskosten ansetzen. Das Interesse des Sicherungsgläubigers an der Aufwendung dieser Kosten besteht dann, wenn dadurch die Chancen für eine Verwertung des Gegenstandes steigen oder wenn dadurch die Chancen steigen, dass bei einer Verwertung ein höherer Erlös erzielt wird.[76] Ein eigenes Interesse des Insolvenzverwalters bzw. der Insolvenzmasse – z. B. im Hinblick auf einen Übererlös, der in die Masse fällt – schadet nicht. Der Insolvenzverwalter besorgt dann zugleich ein eigenes und fremdes Geschäft.[77]

30 Die Verwertungskosten müssen nämlich erforderlich sein. Dies sind sie auch dann, wenn eine Verwertung vor Ort oder in einer bestimmten Art und Weise zwar billiger, eine überregionale Verwertung oder eine Verwertung an einem anderen Ort zwar teurer, aber

---

[72] Vgl. Begr. zu § 196 RegE (später § 171), BR-Drucks. 1/92, S. 181 f.; HambKomm-*Büchler*, § 170 RdNr. 5.
[73] Vgl. hierzu auch die Begr. zu § 195 RegE (später § 170), BR-Drucks. 1/92, S. 180 f.
[74] BGH ZInsO 2007, 374.
[75] BGH ZInsO 2007, 374.
[76] Vgl. *Palandt/Thomas*, BGB, § 683 RdNr. 4.
[77] BGHZ 110, 313; 63, 167.

Verteilung des Erlöses   31–34 § 170

Erfolg versprechender ist. Zur Streitvermeidung werden Insolvenzverwalter und Sicherungsgläubiger die Verwertung absprechen: Der Insolvenzverwalter wird dies schon mit Rücksicht darauf tun, nicht wegen schuldhaft schlechter Verwertung nach § 60 schadensersatzpflichtig gemacht zu werden.

Nicht zu den Verwertungskosten i. S. d. § 170 Abs. 1 zählen die **Kosten, die von** 31 **einem Dritten (Auktionator, Kommissionär),** der bei der Verwertung des Sicherungsguts eingeschaltet wurde, **direkt von dem Verwertungserlös einbehalten werden**. Der Bruttoverwertungserlös ist vielmehr derjenige Erlös, der an die Insolvenzmasse ausgeschüttet wird. Nach Auffassung des **BGH** sind allerdings die Kosten eines vom Insolvenzverwalter eingeschalteten Verwerters **nicht vorab vom Bruttoverwertungserlös abzuziehen,** sondern Teil der tatsächlich angefallenen Verwertungskosten, die regelmäßig pauschal mit 5% des Verwertungserlöses anzusetzen sind.[78] Es erscheint zweifelhaft, ob diese Aussagen auch auf den Auktionator, Kommissionär etc. übertragen werden können. Tut man dies, so muss berücksichtigt werden, dass die Kostenpauschale von 5% im Regelfall nicht ausreichen wird, um einerseits die beim Insolvenzverwalter entstehenden Kosten abzudecken und außerdem noch eine Vergütung (bzw. einen Gewinnanteil) für den Auktionator, Kommissionär abzudecken. In der Praxis ist an dieser Stelle allerdings auch die **Gefahr von Missbräuchen** gegeben, wenn nämlich der Sicherungsgläubiger nur die Höhe des Erlöses mitgeteilt bekommt und gar nicht weiß, welche Abzüge für die Einschaltung des Verwerters etc. schon vorweg vorgenommen worden sind und von diesem „Bruttoverwertungserlös" dann noch die Kostenpauschale von 5% für die Verwertungskosten abgezogen wird.

Die Verwertungskosten umfassen darüber hinaus die bei Durchführung der Verwertung 32 von Sicherungsgut anfallende Umsatzsteuer. Deren Betrag wird allerdings nicht in die Pauschale mit eingerechnet, sondern ist entsprechend dem Wortlaut des § 171 Abs. 2 Satz 3 in der tatsächlich entstandenen Höhe vom Erlös abzuziehen.

V. Erhaltungskosten

Die Erhaltungskosten sollten nach dem RegE (§ 195) vom Sicherungsgläubiger getragen 33 werden. Die Regelung wurde nicht in den § 170 übernommen, vgl. RdNr. 11

Daraus ist zunächst einmal die Grundentscheidung des Gesetzgebers abzuleiten, dass die Erhaltungskosten nicht vorweg vom Verwertungserlös abgezogen werden dürfen und nicht an den Sicherungsgläubiger weiterbelastet werden dürfen.[79]

Daraus ergibt sich dann für die praktische Abwicklung von Insolvenzverfahren das Problem der **Abgrenzung** zwischen (erstattungsfähigen) **Verwertungskosten** und (nicht erstattungsfähigen) **Erhaltungskosten**. Der Verwalter wird primär versuchen, alles das, was in Bezug auf das Sicherungsgut an Kosten aufgewendet werden muss, als Verwertungskosten einzuordnen und damit die Überschreitung der Kostenpauschale von 5% nachweisen, um einen höheren Kostenbeitrag zugunsten der Masse zu erhalten, als in der Pauschale vorgesehen ist.

In der Mehrzahl der Fälle wird es möglich sein, dass Sicherungsnehmer und Verwalter eine Vereinbarung treffen, welche Kosten der Sicherungsgläubiger übernimmt. Auch der Gesetzgeber hat die Hoffnung geäußert, dass die Praxis diese Fragen im Rahmen von Verwertungsvereinbarungen regelt.[80]

Kommt eine solche Vereinbarung nicht zustande, so werden z. B. die Kosten für die 34 **Aufbewahrung des Sicherungsgutes** nicht zu den Verwertungskosten zählen. Sie entstehen insbesondere gerade dann, wenn der Verwalter die Verwertung nicht zügig durchführt. Dies kann nicht auch noch den Sicherungsgläubiger belasten. Andererseits wird es Kosten geben, die überhaupt erst eine spätere Verwertung ermöglichen, z. B. das **Füttern von Tieren,** die später veräußert werden sollen. Hier wird man überlegen müssen, ob man

---
[78] BGH WM 2005, 2239.
[79] *Uhlenbruck,* InsO § 170 RdNr. 11.
[80] Beschluss-Empfehlung zu § 195 RegE, BTag-Drucksache 12/7302, S. 177.

diese Kosten – soweit sie bis zum Ersten in Frage kommenden Verwertungstermin anfallen – nicht schon zu den Kosten der Vorbereitung der Verwertung zählt und damit den Verwertungskosten zuordnet. Wenn man diese Kosten nicht unter die Verwertungskosten fasst, so kann man erwägen, ob es sich nicht zumindest um Aufwendungen handelt, die im Interesse des Sicherungsgläubigers liegen und daher über Geschäftsführung (ohne Auftrag) vom Sicherungsgläubiger zu erstatten sind.[81] Allerdings sollte der Verwalter die Übernahme der Geschäftsführung dem Sicherungsnehmer als Geschäftsherrn anzeigen. Ein Aufwendungsersatzanspruch der Insolvenzmasse besteht insbes. dann nicht, wenn der Sicherungsnehmer dem Insolvenzverwalter ausdrücklich andere Weisungen erteilt (z. B. Notverkauf der Tiere und keine Fütterung der Tiere über einen Zeitraum von mehreren Monaten) und der Insolvenzverwalter die Verwertung verschleppt.

Verpflichtungen des Sicherungsgebers, die er möglicherweise im Sicherungsübertragungsvertrag mit dem Sicherungsgläubiger übernommen hat – z. B. die **Versicherungspflicht** in einem Sicherungsübereignungsvertrag gegen besondere Risiken, also gegen Risiken, für welche der Sicherungsnehmer meint, Versicherungsschutz sei erforderlich, hat der Insolvenzverwalter für die Zeit ab Insolvenzeröffnung aus Vertrag nicht (mehr) auf Kosten der Insolvenzmasse zu erfüllen. Zu seinen Pflichten als Insolvenzverwalter zählt es nur, Versicherungsschutz für die üblichen Risiken zu beschaffen. Diese Aufwendungen muss die Masse tragen. Darüber hinausgehende Aufwendungen muss der Sicherungsgläubiger tragen, wenn er ausdrücklich wünscht, dass besondere Verpflichtungen des Sicherungsgebers nach Eröffnung des Insolvenzverfahrens durch den Insolvenzverwalter weiter erfüllt werden sollen.

VI. Auffangen der Kostenbeiträge durch Übersicherung

35   Die vom Sicherungsgläubiger zu entrichtenden bzw. vom Sicherheitenerlös abzuziehenden Kosten können durch eine entsprechend ausreichende Dimensionierung von Kredit und/oder Sicherheiten aufgefangen werden. Stehen ausreichende Sicherheiten zur Verfügung, so muss sich der Sicherungsgeber im Rahmen der Besicherung des von ihm gewährten Krediets sich Sicherheiten bestellen lassen, deren Wert die Höhe der gesicherten Forderung übersteigt (Übersicherung).

Reichen die vorhandenen Sicherheiten nicht aus, um den Kredit abzusichern, so muss sich der Kreditgeber/Sicherungsnehmer darüber klar sein, dass im Insolvenzfall ein Teil seiner Forderungen nicht durch Sicherheiten abgedeckt sein wird. Er kann eine ausreichende Besicherung dadurch wieder herstellen, dass er die Höhe der Kreditgewährung anpasst.[82]

36   Der Gesetzgeber hat es zugelassen, dass die gesicherten Gläubiger bereits im Zeitpunkt der Bestellung der Kreditsicherheiten auf eine Verkürzung des für die Befriedigung von gesicherten Forderungen zur Verfügung stehenden Verwertungserlöses im Insolvenzfall durch eine Übersicherung reagieren können.[83] Der Gesetzgeber geht davon aus, dass die Rechtsprechung die erhöhte Marge zur Abdeckung von Zinsen, Kosten und Kostenbeiträgen nach §§ 170, 171 akzeptiert.[84]

Der **Große Senat des BGH**[85] hat in seiner Entscheidung zur Konkretisierung der Voraussetzungen einer nachträglichen Übersicherung diese Überlegungen aufgegriffen und festgestellt, dass der Sicherungsgläubiger die nach Inkrafttreten der InsO anfallenden Feststellungs- und Verwertungskosten (einschließlich der Umsatzsteuerbelastung) durch eine Übersicherung auffangen könne. Der BGH hat hier zwei Konzeptionen skizziert: Bei einem Abstellen auf den Nominalwert der Sicherheit sei eine Deckung von 150% ohne weiteres zulässig, d. h., bei gesicherten Forderungen iHv 100 kann der Gläubiger Sicherheiten iHv 150 hereinnehmen. Die andere Konzeption stellt auf den realisierbaren Wert der Sicherheit

---

[81] HK-*Landfermann* § 170 RdNr. 15.
[82] *Drucarczyk,* WM 1992, 1136; *Obermüller* WM 1994, 1875.
[83] Begr. zu § 195 RegE, BR-Drucks. 1/92, S. 181. Ausführlich dazu: *Uhlenbruck,* InsO § 170 RdNr. 2.
[84] Allgem. Begr. RegE, BTag-Drucks. 12/2443, S. 89.
[85] BGH WM 1998, 227, 232; *Lwowski,* Festschrift Schimansky, 1999, S. 389 ff.

ab. Hier will der BGH einen Überdeckung von 10% zuzüglich der Umsatzsteuerbelastung zugestehen.[86] Bei dieser Vorgehensweise dürfte der Erlös aus der Verwertung des Sicherungsgegenstandes nicht ausreichen, um neben den Kostenbeiträgen nach §§ 170, 171 auch etwaige Zinsen und Kosten abzudecken.

Für die praktische Anwendung ist davon auszugehen, dass die Rechtsprechung auch eine Übersicherung, die über den in der Literatur diskutierten Prozentsätzen von 25%, 35% oder 50%[87] liegt, akzeptieren wird. Die genannten Prozentsätze werden jeweils im Zusammenhang mit der Verhinderung einer nachträglichen Übersicherung genannt. Werden diese Prozentsätze überschritten, so entsteht von Gesetzes wegen ein Freigabeanspruch des Sicherungsgebers gegenüber dem Sicherungsnehmer. Weitere Sanktionen sind aber an die Überschreitung der Grenzen im Zusammenhang mit der Verhinderung einer nachträglichen Übersicherung nicht geknüpft.[88] Eine Gefahr für die Sicherheitenbestellung besteht eigentlich nur bei Vorliegen einer **anfänglichen Übersicherung.** Hier wird die Zulässigkeit einer Überdeckung von 200% diskutiert, d. h., bei gesicherten Forderungen von 100 könnte der Gläubiger Sicherheiten iHv 300 hereinnehmen.[89]

VII. Fälligkeit der Kostenbeiträge

Nach § 170 Abs. 1 ist der Kostenbeitrag bei einer Durchführung der Verwertung durch den Insolvenzverwalter aus dem Verwertungserlös zu entnehmen. Der Kostenbeitrag ist also erst dann fällig, wenn ein Verwertungserlös erzielt wird. **37**

Überlässt der Insolvenzverwalter nach § 170 Abs. 2 den Gegenstand oder die abgetretene Forderung an den absonderungsberechtigten Gläubiger zur Verwertung, so hat der Gläubiger die Kosten der Feststellung und den Umsatzsteuerbertrag „vorweg" an die Masse abzuführen. Gemeint ist damit aber nicht, dass der Gläubiger Umsatzsteuer und Feststellungskostenpauschale bevorschussen muss, sondern die Zahlungen sind aus dem eingehenden Verwertungserlös zu leisten; der Feststellungskostenbeitrag und der Umsatzsteuerbetrag wird erst dann fällig, wenn ein Erlös erzielt wurde.[90] Eine Vorverlegung der Fälligkeit ist nicht interessengerecht.[91]

G. Unverzügliche Befriedigung des Sicherungsgläubigers

I. Separierung

Vom Verwertungserlös sind zunächst die Feststellung- und Verwertungskostenbeiträge (inkl. einer möglichen Umsatzsteuer) abzuziehen, der verbleibende Erlös ist unverzüglich an den Sicherungsgläubiger auszukehren (§ 170 Abs. 1 Satz 2). Kehrt der Insolvenzverwalter nicht sofort den auf den absonderungsberechtigten Gläubiger entfallenden Erlös an diesen aus, so ist der dem Sicherungsgläubiger zustehende **Erlös zu separieren.**[92] Keinesfalls darf der Insolvenzverwalter mit dem Geld, welches dem Sicherungsgläubiger zusteht, **weitere Geschäfte für die Insolvenzmasse** tätigen, so dass die Gefahr besteht, dass im Falle der **Masseunzulänglichkeit** der Sicherungsgläubiger nicht auf die ihm zustehenden Verwertungserlöse zugreifen kann. **38**

Der Verwertungserlös stellt das Surrogat des Absonderungsgutes dar; das Absonderungsrecht setzt sich also am Erlös fort.[93] Vgl. dazu auch die Kommentierung des § 48.

---

[86] Vgl. *Lwowski*, Festschrift Schimansky, 1999, S. 389 ff.
[87] Vgl. dazu die Nachw. bei *Uhlenbruck*, InsO § 170 RdNr. 3.
[88] Vgl. *Lwowski*, Festschrift Schimansky, 1999, S. 389 ff.; *Nobbe*, Festschrift Schimansky, 1999, S. 433 ff.
[89] Vgl. *Lwowski*, Festschrift Schimansky, 1999, S. 389 ff.; *Tetzlaff*, ZIP 2003, 1826 ff.
[90] FK-*Wegener*, § 170 RdNr. 7; *Uhlenbruck*, InsO § 170 RdNr. 16.
[91] Vgl. dazu *Uhlenbruck*, InsO § 170 RdNr. 16 mwN.
[92] Vgl. HambKomm-*Büchler*, § 170 RdNr. 6.
[93] HambKomm-*Büchler*, § 170 RdNr. 6; *Uhlenbruck*, InsO § 170 RdNr. 9; ausführlich dazu: *Ganter/Bitter*, ZIP 2005, 93, 98.

II. Abrechnung

39 Der Insolvenzverwalter hat, nachdem er den Verwertungserlös erhalten hat, die Kosten für die Verwertung und Feststellung der Sicherheit zu entnehmen. Für die Feststellung kann er 4% pauschal berechnen, gleich, ob der Aufwand höher oder niedriger war. Auch die Verwertungskosten können pauschal mit 5% abgerechnet werden. Zur Geltendmachung höherer oder niedriger Kosten, als in den Pauschalen vorgesehen sind, durch den Insolvenzverwalter bzw. Sicherungsgläubiger s. § 171 RdNr. 34 ff.

Erzielt der Insolvenzverwalter einen **Übererlös**, so sind die Feststellungs- und Verwertungskostenbeiträge diesem Übererlös zu entnehmen. Eine bestehende Übersicherung führt dann dazu, dass der Sicherungsgläubiger trotz Abzug der Kostenbeiträge nach §§ 170, 171 vom Verwertungserlös u. U. eine vollständige Befriedigung seiner gesicherten Forderungen erhält.[94] Der Insolvenzverwalter darf also nicht den Übererlös einbehalten und anschließend den zur Auskehrung an den Sicherungsgläubiger verbleibenden Erlös noch um die Kostenbeiträge nach §§ 170, 171 mindern.[95]

Hat der Verwalter trotz eines Hinweises des Sicherungsgläubigers eine zeitliche Verzögerung bei der Verwertung in Anspruch genommen und ist er daraufhin gemäß § 168 Abs. 2 so gestellt worden, als hätte der Verwalter die Verwertung so wie vom Sicherungsgläubiger vorgeschlagen vorgenommen, ist bei Erlösverteilung eine nach § 168 Abs. 2 an den Sicherungsgläubiger erfolgte Zahlung zu berücksichtigen.

Entschädigungsleistungen nach § 169 sind hingegen nicht anzurechnen.

III. Auskehrung Verwertungserlös

40 Den nach Entnahme der Kostenbeiträge verbleibenden Verwertungserlös hat der Verwalter unverzüglich (§ 170 Abs. 1 Satz 2) an den Sicherungsgläubiger auszukehren. Er darf die Erlösauskehrung auch nicht mit Hinweis auf die Liquiditätslage verzögern.[96]

Tritt vor Auskehrung des Erlöses **Masseunzulänglichkeit** oder **Massearmut** ein, so muss der Insolvenzverwalter eigentlich trotzdem in der Lage sein, den Erlös an den Sicherungsgläubiger auszukehren, denn ihn trifft die Pflicht, diesen zu separieren und an dem Erlös als Surrogat setzen sich die Sicherungsrechte zugunsten des Absonderungsgläubigers fort, vgl. RdNr. 38. Hat der Insolvenzverwalter den Erlös nicht separiert und die Insolvenzmasse (einschließlich der Verwertungserlöse) „verwirtschaftet", so haftet der Verwalter, wenn der Erlös nicht mehr in der Insolvenzmasse vorhanden ist, persönlich auf Schadensersatz (§ 60).[97]

41 Zu Ansprüchen wegen verzögerter Auskehrung des Verwertungserlöses vgl. § 169 RdNr. 37.

§ 171 Berechnung des Kostenbeitrags

(1) ¹**Die Kosten der Feststellung umfassen die Kosten der tatsächlichen Feststellung des Gegenstands und der Feststellung der Rechte an diesem.** ² **Sie sind pauschal mit vier vom Hundert des Verwertungserlöses anzusetzen.**

(2) ¹**Als Kosten der Verwertung sind pauschal fünf vom Hundert des Verwertungserlöses anzusetzen.** ² **Lagen die tatsächlich entstandenen, für die Verwertung erforderlichen Kosten erheblich niedriger oder erheblich höher, so sind diese Kosten anzusetzen.** ³ **Führt die Verwertung zu einer Belastung der Masse mit Umsatzsteuer, so ist der Umsatzsteuerbetrag zusätzlich zu der Pauschale nach Satz 1 oder den tatsächlich entstandenen Kosten nach Satz 2 anzusetzen.**

Schrifttum: siehe Überblick vor §§ 166 ff.

---

[94] AG Wittlich NZI 2000, 444; AG Kiel ZInsO 2003, 1008; HambKomm-*Büchler*, § 170 RdNr. 7.
[95] LG Verden ZInsO 2002, 942 m. Anm. *Heeseler* ZInsO 2002, 924.
[96] *Nerlich/Römermann/Becker* § 170 RdNr. 16.
[97] *Hess* § 170 RdNr. 21; *Kübler/Prütting/Kemper* § 170 RdNr. 8.

Berechnung des Kostenbeitrags 1, 2 § 171

Übersicht

	RdNr.		RdNr.
A. Normzweck	1	E. Kosten der Verwertung	21
B. Entstehungsgeschichte	2	I. Allgemeines	21
I. Frühere Regelung in der KO	2	II. Abgrenzung der Verwertungskosten von anderen Aufwendungen	22
II. Reformvorschläge	3	1. Allgemeine Kosten der Abwicklung des Insolvenzverfahrens	23
III. Gesetzgebungsverfahren	4	2. Weitere Abgrenzungsfragen	24
C. Anwendungsbereich	6	III. Pauschalierung, Berechnungsgrundlage	32
D. Kosten der Feststellung	7	VI. Ersatz der tatsächlich entstandenen Kosten	33
I. Allgemeines	7	1. Erheblich niedrigere Kosten als die Pauschale	34
II. tatsächliche Feststellung	8	2. Erheblich höhere Kosten als die Pauschale	35
1. Ermittlung	9	3. Beweislastregeln	36
2. Trennung	10	4. Einzelfälle	37
III. rechtliche Feststellung	11	F. Erhaltungskosten	38
1. Rechtswirksamkeit der Sicherungsverträge	12	G. Umsatzsteuer	39
a) Bestimmtheit/Bestimmbarkeit	13	I. Grundsätze	39
b) AGB-Gesetz/§§ 305 ff. BGB	14	II. Umsatzsteuerpflicht der Masse	41
c) §§ 134, 138 BGB	15	III. Umsatzsteuer auf Verwertungskostenpauschale	45
2. Nämlichkeitsbeweis	16		
3. Kollision mit Rechten Dritter	17		
IV. Höhe der Pauschale	18		
1. Gesetzliche Regelung	18		
2. Mehraufwand	19		
V. Berechnung	20		

A. Normzweck

§ 171 stellt die notwendige Ergänzung zu den Bestimmungen des § 170 dar. Während § 170 die Verteilung des Erlöses unter Abzug von Kosten und Umsatzsteuer regelt, wird in § 171 eine Definition der Kostenarten gegeben und die Höhe des Kostenbeitrages festgelegt, indem für die Feststellungs- und Verwertungskosten Pauschalen bestimmt wurden. Die Festsetzung von **Pauschalen** wurde aus **Praktikabilitätsgründen** gewählt, nicht zuletzt auch, um für den gesicherten Gläubiger die Belastung mit Kostenbeiträgen kalkulierbar zu machen. 1

Weiterhin dient die Festsetzung von Pauschalen der Beschleunigung des Verfahrens, indem zeitraubende und kostenintensive Auseinandersetzungen zwischen den Verfahrensbeteiligten über die Höhe der Kosten vermieden werden.

Die Pauschale von 4% für die Feststellungskosten ist eine feste Größe. Die Erstattungspflicht besteht unabhängig davon, wie hoch die tatsächlichen Kosten für die Feststellung sind. Demgegenüber kann bei den Verwertungskosten ein höherer Betrag – wenn nachgewiesen wird, dass die Pauschale überschritten wird – oder auch ein niedrigerer Kostenbeitrag berechnet werden, vgl. RdNr. 34 ff.

B. Entstehungsgeschichte

I. Frühere Regelung in der KO

In der KO war eine ausdrückliche Kostenregelung nicht vorgesehen. Da im Gegensatz zur jetzigen Regelung des § 170 die Kosten für Feststellung und Verwertung zu Lasten der 2

Masse gingen, sofern Konkursverwalter und Sicherungsgläubiger sich nicht anderweitig geeinigt hatten,[1] gab es hier eine **Belastung der Konkursmasse mit erheblichen Kosten.** Allerdings wurden in der Praxis seit jeher im Rahmen von **Verwertungsvereinbarungen** vom Sicherungsgläubiger zu erstattende Pauschalen für die anfallenden Verwertungskosten vereinbart, deren Höhe nicht wesentlich unter den gesetzlichen Pauschalen der InsO lag.

Eine Erstattung der **Feststellungskosten** erfolgte allerdings nicht. Auch hinsichtlich der **Umsatzsteuer** war es häufig so, dass auch bei Abschluss von Verwertungsvereinbarungen diese durch die Konkursmasse getragen werden musste.

Vor diesem Hintergrund kann man davon sprechen, dass es sich letztlich nur bei der Regelung über die Erstattung der Feststellungskosten und der Umsatzsteuer um eine neue Regelung handelt.[2]

II. Reformvorschläge

3   Die eine Umverteilung zwischen gesicherten und ungesicherten Gläubigern bezweckenden Reformvorschläge der I. Kommission für Insolvenzrecht aus dem Jahre 1985[3] zielten zunächst nicht auf die Pauschalierung der Kosten, sondern auf einen anteiligen Verfahrensbeitrag.

Das sog. „Henckel-Modell", das die Sicherungsgläubiger mit einem im Einzelfall konkret zu berechnenden Kostenbeitrag, der sich aus dem Verhältnis der tatsächlich angefallenen Kosten der Feststellung und Verwertung der Sicherheiten zum Verwertungserlös errechnen sollte, belastete,[4] wurde nicht in das Gesetz übernommen. Dem Sicherungsgläubiger wäre sein Beitrag an den Kosten unbekannt und damit bezüglich der Höhe der hereinzunehmenden Sicherheiten unkalkulierbar gewesen.[5]

Außerdem hätte die Gefahr bestanden, dass der Kostenbeitrag im Einzelfall so hoch ausgefallen wäre, dass die Sicherheiten – wirtschaftlich gesehen – keine insolvenzsichere Absicherung der Kredite gewesen wären. Eine empirische Untersuchung bei Kreditinstituten zeigte, dass durch die seinerzeit geplante Einführung eines Verfahrensbeitrages der Gläubiger von besitzlosen Mobiliarsicherheiten bei 62,1% der Kreditengagements zu „Anpassungen" geführt hätte, die von zusätzlicher Anforderung von Sicherheiten bis zu Kreditkündigungen reichten wegen nicht (mehr) ausreichender Besicherung.[6]

Erst mit Änderung des Systems der Erlösverteilung vom pauschalierten Verfahrensbeitrag zur kostenbezogenen Pauschale für Feststellungs-, Verwertungs- und Erhaltungskosten im Referentenentwurf[7] ergab sich die Notwendigkeit einer Festlegung der Pauschalenhöhe. § 185 Abs. 1 RefE sah eine Pauschale für die Feststellungskosten i. H. v. 6 Prozent vor.

Die Verwertungskosten sollten gem. § 185 Abs. 2 RefE pauschal mit 5 Prozent veranschlagt werden. Nur im Falle erheblich höherer oder niedrigerer entstandener Verwertungskosten sollten die tatsächlichen Kosten angesetzt werden.

III. Gesetzgebungsverfahren

4   § 196 RegE stützte sich inhaltlich im Wesentlichen auf § 185 RefE. Als Ergänzung zu den Regelungen des § 195 RegE definierte § 196 RegE die Kostenarten und setzte deren Höhe fest. Die Feststellungskosten sollten nunmehr über die Regelungen des § 185 Abs. 1 RefE hinaus gem. § 196 RegE auch eine Beteiligung an den allgemeinen Verfahrenskosten umfassen, womit man sich wieder den Vorstellungen der 1. Kommission für das Insolvenz-

---

[1] Vgl. BGHZ 58, 292, 294; 77, 139.
[2] Vgl. auch HK-*Landfermann*, § 171 RdNr. 16.
[3] 1. KommBer. Leitsatz 3.3.2.
[4] Vgl. 1. KommBer Leitsatz 3.3.2.
[5] 1. KommBer Begr. zum Leitsatz 3.3.2.
[6] Zum Ganzen vgl. *Drukarczyk* WM 1995, 1136 ff.
[7] § 170 RdNr. 10 f.

recht über einen pauschalen Verfahrensbeitrag annäherte. Eine höhere Pauschale von 6 Prozent war vorgesehen.

§ 196 Abs. 2 RegE entsprach wörtlich § 186 Abs. 2 RefE. § 196 Abs. 3 RegE wurde um eine Regelung über die Erstattung der Massebelastung durch bei der Verwertung anfallende Umsatzsteuer erweitert. Danach sollte die Umsatzsteuer-Erstattung regelmäßig im Rahmen des Kostenbeitrages erfolgen.

Ihre endgültige Gestalt erhielt die Regelung über die Berechnung des Kostenbeitrages erst in der abschließenden Fassung des § 171. Die Feststellungskosten wurden nun wieder – wie bereits in § 185 RefE – auf Kosten der tatsächlichen Feststellung des Gegenstandes und der Rechte an diesem beschränkt. Entsprechend dem Verzicht auf eine Beteiligung des absonderungsberechtigten Gläubigers an den allgemeinen Verfahrenskosten wurde die Kostenpauschale von 6 Prozent auf 4 Prozent gesenkt.[8]

Während die Regelung der Verwertungskosten in § 196 Abs. 3 RegE wörtlich als § 170 Abs. 2 übernommen wurde, verzichtete man auf die Übernahme der Definition der Erhaltungskosten aus § 196 Abs. 2 RegE. Der Grund hierfür lag in der **Streichung der Erhaltungskosten** aus dem vom absonderungsberechtigten Gläubiger zu leistenden Kostenbeitrag, die eine Bestimmung über die Kostenberechnung überflüssig machte.[9] Die Regelung des § 196 Abs. 3 Satz 3 RefE wurde als § 171 Abs. 2 Satz 3 übernommen. Der **Vorschlag der SPD-Fraktion** im Deutschen Bundestag, die **Verpflichtung,** die bei der Verwertung anfallende **Umsatzsteuer vor Erlösauskehrung** an die Masse **abzuführen, auf Fälle** auszuweiten, in denen der **absonderungsberechtigte Gläubiger** die **Verwertung durchführt,** konnte sich nicht durchsetzen.[10]

5

C. Anwendungsbereich

Die Regelungen der §§ 170, 171 sind nur auf Fälle, in denen dem Insolvenzverwalter das Verwertungsrecht nach § 166 zugewiesen ist, anwendbar. Es wird insoweit auf die Kommentierung des § 170 verwiesen.

6

Im Gesetzgebungsverfahren wurden die Kostenbeitragsregelungen umfassend diskutiert. Es kann daher nicht davon ausgegangen werden, dass bei bestimmten Formen der Verwertung, die nicht in §§ 170, 171 erfasst sind, eine planwidrige Regelungslücke vorliegt und deshalb die Vorschriften (§§ 170, 171) analog angewendet werden können.

Dies gilt auch im Hinblick auf eine **mögliche Belastung der Insolvenzmasse mit Umsatzsteuer bei der Vornahme der Verwertung von Sicherungsgut durch den Sicherungsgläubiger** außerhalb des Regimes der §§ 166 ff. Zutreffend wird in der Literatur darauf hingewiesen, dass eine Umsatzsteuerbelastung der Masse nicht nur bei der Verwertung von sicherungsübereigneten Gegenständen durch den Insolvenzverwalter entsteht.[11] Nur für diesen Fall trifft aber § 171 Abs. 2 Satz 3 eine Regelung in der Form, dass die Insolvenzmasse nicht die Belastung mit der Umsatzsteuer tragen muss, sondern dass der Verwalter diese aus dem Verwertungserlös entnehmen kann. Eine Umsatzsteuerbelastung trifft die Insolvenzmasse auch bei der Verwertung einer verpfändeten Sache durch den Gläubiger oder bei der Verwertung von zur Sicherheit übereigneten Gegenständen, wenn der Gläubiger diese noch kurz vor Verfahrenseinleitung an sich genommen hat und nach Verfahrenseröffnung eine Verwertung betreibt.[12] Auch in diesem Fall soll **§ 171 Abs. 2 Satz 3 anwendbar** sein, umso zu verhindern, dass die bei der Verwertung der Sicherheiten anfallende Umsatzsteuer zu Lasten der ungesicherten Gläubiger aus der Insolvenzmasse

---

[8] Begr. zu § 196 RegE, BR-Drucks. 1/92, S. 181 f und Beschluss-Empfehlung des Rechtsausschusses zu § 196 RegE, BT-Drucks. 12/7302, S. 177 f.
[9] Vgl. § 170 RdNr. 10 f.
[10] Vgl. Beschluss-Empfehlung Rechtsausschusses zu § 196 RegE, BT-Drucks. 12/7302, S. 177 f.
[11] HK-*Landfermann*, § 171 RdNr. 14.
[12] HK-*Landfermann*, § 171 RdNr. 14; vgl. auch LG Stuttgart ZIP 2004, 1117.

befriedigt wird.[13] Diese **Auffassung** ist **abzulehnen**. Es gibt keinen allgemeinen Grundsatz, dass die bei der Verwertung von Kreditsicherheiten entstehenden Umsatzsteuerverpflichtungen durch den gesicherten Gläubiger getragen werden müssen. Es handelt sich vielmehr bei den §§ 170, 171 um punktuelle Regelungen für einzelne Kreditsicherheiten und einzelne Verwertungsarten. Außerhalb der in §§ 170, 171 geregelten Fälle muss weiterhin hingenommen werden, dass die ungesicherten Gläubiger letztlich die Umsatzsteuerbelastung tragen müssen und der gesicherte Gläubiger auf den ungekürzten Verwertungserlös zugreifen kann. Angesichts der ausführlichen Diskussion der Kostenbeitragsregelungen im Gesetzgebungsverfahren ist zu akzeptieren, dass der Gesetzgeber eine unvollkommene Regelung geschaffen hat und auch schaffen wollte. Für die Annahme einer **planwidrigen Regelungslücke** und eine analoge Anwendung des § 171 Abs. 2 Satz 3 ist kein Raum.

Im Gegensatz dazu steht das Urteil des IX. Zivilsenats des **BGH vom 29. 3. 2007**.[14] Nach Auffassung des Gerichts soll der Sicherungseigentümer, der vor Verfahrenseröffnung das Sicherungsgut in Besitz genommen hat, verpflichtet sein, in analoger Anwendung des § 13 b UStG, §§ 170 Abs. 2, 171 Abs. 2 Satz 3 die bei der Verwertung anfallende Umsatzsteuerschuld der Masse zu erstatten.[15] Die Überlegungen des BGH sind angreifbar, da keine planwidrige Regelungslücke besteht und daher kein Raum für die vom Gericht befürwortete Analogie ist. Zur Kritik vgl. § 170 RdNr. 25 a.

D. Kosten der Feststellung

I. Allgemeines

7   Die Definition der Feststellungskosten in § 171 Abs. 1 Satz 1 hat Bedeutung für die Abgrenzung dieser Kosten zu anderen Kostenarten. Die Feststellungskosten werden mit einer Pauschale abgegolten. Sind die tatsächlich angefallenen Kosten geringer als die im Gesetz vorgesehene Pauschale, so kann der Insolvenzverwalter trotzdem dem Verwertungserlös die Pauschale für die Feststellungskosten entnehmen, vgl. RdNr. 18 f. weg.

Im Hinblick auf die Abgrenzung zu anderen Kosten ist darauf hinzuweisen, dass bei den Verwertungskosten die tatsächlichen Kosten geltend gemacht werden können, wenn diese die Pauschale erheblich überschreiten oder unterschreiten, vgl. RdNr. 33 ff. Die Erhaltungskosten sind grundsätzlich nicht erstattungsfähig, sondern müssen durch die Insolvenzmasse getragen werden, vgl. § 170 RdNr. 33 f. Bei der Abgrenzung der Feststellungskosten zu den Erhaltungs- und Verwertungskosten sind diese Grundsätze zu beachten.

Die Feststellungskosten unterteilen sich in Kosten der tatsächlichen und der rechtlichen Feststellung der mit Absonderungsrechten belasteten Gegenstände.

II. Tatsächliche Feststellung

8   Die Kosten der tatsächlichen Feststellung des Gegenstandes, der mit einem Absonderungsrecht belastet ist, umfassen die Ermittlung und Trennung des Gegenstandes.

9   **1. Ermittlung.** Die Ermittlung des belasteten Gegenstandes betrifft die Identifizierung und Individualisierung eines konkreten Gegenstandes, der mit einem Absonderungsrecht zu Gunsten eines bestimmten Gläubigers belastet ist. Derartige Ermittlungen sind z. B. notwendig, wenn bei einer Vielzahl gleichartiger Gegenstände eine Identifizierung bzw. Individualisierung nicht ohne weiteres möglich ist, sondern hierfür vom Insolvenzverwalter umfassende und zusätzliche Kosten verursachende Nachforschungen angestellt werden müssen.

---

[13] HK-*Landfermann*, § 171 RdNr. 14; *Häsemeyer*, Insolvenzrecht, RdNr. 23.61. In die gleiche Richtung gehen auch die Überlegungen von *Siebert*, NZI 2007, 17.
[14] BGH ZIP 2007, 1126 m. krit. Anm. *de Weerth*, NZI 2007, 396.
[15] BGH ZIP 2007, 1126.

Die Pauschale für die Feststellungskosten kann auch dann berechnet werden, wenn eine Forderungsabtretung dem Drittschuldner von vornherein angezeigt wird (z. B. bei einer Abtretung einer Einzelforderung bei einer Objektfinanzierung), auch wenn dieser Tatbestand der Verpfändung mit Anzeige nach § 1280 BGB gleicht.[16] In der Praxis kann in diesem Fall auch eine Verpfändung der Forderungen vorgenommen werden. In diesem Fall besteht gem. § 166 kein Verwertungsrecht des Insolvenzverwalters und Kostenbeiträge fallen nicht an.

2. Trennung. Kosten der Trennung des belasteten Gegenstandes betreffen die Lösung bzw. Separierung einer Sache aus einer Sachgesamtheit oder die rechnerische Separierung einer Einzelforderung aus einer größeren Forderungssumme. Eine derartige Trennung ist insbesondere bei Vermischung, Vermengung, Verarbeitung und Verbindung der belasteten Sachen aufwändig.

III. Rechtliche Feststellung

Über die tatsächliche Feststellung hinaus (vgl. RdNr. 8 ff.) wird bei belasteten Gegenständen regelmäßig auch eine rechtliche Feststellung erforderlich sein.

Es handelt sich dabei um die Prüfung der Rechtsverhältnisse an dem betreffenden Gegenstand.[17] In Betracht kommen insbesondere die Prüfung der Rechtswirksamkeit der Sicherungsverträge (vgl. unten 1.), die Prüfung des Nämlichkeitsnachweises (vgl. unten 2.) sowie die rechtliche Aufarbeitung der Rechtslage bei Kollision von Sicherungsrechten verschiedener Personen (vgl. unten 3.).

1. Rechtswirksamkeit der Sicherungsverträge. Voraussetzung für den rechtlichen Bestand der Absonderungsrechte im Insolvenzfall ist, dass sich die zugrunde liegenden Sicherungsverträge als rechtwirksam erweisen. Sowohl bei einer Sicherungszession als auch bei einer Sicherungsübereignung ist die Bestimmtheit des Sicherungsgegenstandes erforderlich.

a) Bestimmtheit/Bestimmbarkeit. Die Rechtswirksamkeit einer Sicherungsübereignung hängt davon ab, dass die als Sicherungsmittel dienende Sache hinreichend „individualisiert", d. h. so gekennzeichnet wird, dass sie sich von allen anderen gleichartigen Sachen des Sicherungsgebers deutlich unterscheiden lässt und auf Grund ihrer Beschreibung ihrer Identität für jeden, der von dem Inhalt des Vertrages Kenntnis nimmt, zweifelsfrei ist, welcher Gegenstand bzw. welche Forderung gemeint ist. Der betreffende Gegenstand muss sich also stets aus dem Vertrag heraus individualisieren lassen. Es müssen schon die vertraglichen Angaben genügen. Unzureichend ist, wenn zur Bestimmung dessen, was im Einzelnen übereignet werden soll, weitere Nachforschungen über das hinaus notwendig werden, was zwischen den Parteien verabredet wurde.[18] Nicht ausreichend für die Bestimmbarkeit des Sicherungsgutes ist es auch, wenn der Sicherungsgeber alle ihm gehörenden Gegenstände aus einem bestimmten Raum übereignet und sich darin noch eine größere Anzahl gleichartiger Gegenstände anderer Eigentümer befindet.[19]

In der Praxis wird eine Sicherungsübereignung meist mittels einer Raumsicherung vorgenommen, bei der alles im Raum erfasst sein soll (sog. Allformel). Dabei werden auch künftig in den Raum verbrachte Sachen erfasst.[20]

Bei der Sicherungszession müssen regelmäßig auch künftig entstehende Forderungen erfasst werden. Die abgetretene Forderung muss konkretisiert sein, damit für jedermann ohne weiteres erkennbar ist, welche Forderung von der Zession betroffen ist.[21]

---

[16] BGH WM 2002, 1797; die in der ersten Auflage vertretene abweichende Auffassung wird aufgegeben.
[17] Begr. zu § 196 RegE, BR-Drucks. 1/92, S. 181 f.
[18] BGH WM 1992, 398; OLG Frankfurt WM 1994, 2151.
[19] OLG Frankfurt WM 1994, 2151.
[20] Zum Ganzen *Schimansky/Bunte/Lwowski/Ganter*, Bankrechts-Handbuch, § 95 RdNr. 90; *Lwowski*, Kreditsicherung, RdNr. 549.
[21] Vgl. *Schimansky/Bunte/Lwowski/Ganter*, Bankrechts-Handbuch, § 95 RdNr. 35 bis 46.

Auch für die Rechtswirksamkeit einer Abtretung ist entscheidend, dass das als Sicherungsmittel dienende Recht „individualisiert", also hinreichend bestimmt oder wenigstens bestimmbar ist. Probleme gibt es häufig bei der Zession künftiger Rechte, weil hier meist weder der Drittschuldner, noch der Rechtsgrund bekannt sind. Bei der Abtretung „aller gegenwärtigen und zukünftigen Forderungen aus dem gesamten Geschäftsbetrieb" wird auch dann nicht gegen das Gebot der hinreichenden Individualisierung verstoßen, wenn die Abtretung in keiner Weise zeitlich begrenzt wird.[22]

14 **b) AGB-Gesetz/§§ 305 ff. BGB.** Seit Inkrafttreten des AGB-Gesetzes im Jahre 1977 hat es eine Flut von Rechtsprechung zur Vereinbarkeit von Klauseln in Sicherungsverträgen gegeben. Teilweise hat diese Klauselunwirksamkeit zur Unwirksamkeit des gesamten Vertrages geführt. In der jüngsten Rechtsprechung ist eine Tendenz erkennbar, nicht jeden Klauselverstoß gegen das AGB-Gesetz zur Gesamtnichtigkeit des Sicherungsvertrages führen zu lassen.
Diese Entwicklung wird besonders deutlich an der Rechtsprechung des BGH zur qualifizierten Freigabeklausel. Hier wurde zunächst das Fehlen der qualifizierten Freigabeklausel im Sicherungsvertrag mit der Unwirksamkeit des gesamten Sicherungsvertrages geahndet, da – so die damalige Rechtsprechung – nur durch eine qualifizierte Freigabeklausel das Entstehen einer nachträglichen Übersicherung vermieden werden könne.[23] Diese Rechtsprechung fand dann ihr Ende durch die Entscheidung des Großen Senats des BGH zur nachträglichen Übersicherung.[24] Der Große Senat des BGH hat klargestellt, dass das Fehlen einer qualifizierten Freigabeklausel nicht zur Unwirksamkeit der Sicherheitenbestellung führt.[25]

15 **c) §§ 134, 138 BGB.** Eine Prüfung der Rechtsverhältnisse am Sicherungsgegenstand umfasst auch die Frage, ob der Sicherungsvertrag wegen Sittenwidrigkeit (vgl. §§ 138, 826 BGB) nichtig ist.[26] Hier kommen insbesondere Fälle der Knebelung,[27] der Kredittäuschung[28] – hier vor allem der Gläubigerbenachteiligung – sowie der Übersicherung[29] in Betracht.
Derzeit ist noch offen, wie praxisrelevant die Prüfung der Unwirksamkeit von Sicherheitenbestellung wegen einer anfänglichen Übersicherung ist.[30] Die Rechtsfigur ist durch eine Entscheidung des IX. Senats des BGH reanimiert worden:[31] Ein auffälliges Missverhältnis zwischen dem realisierbaren Wert der Sicherheit und der gesicherten Forderung führt zur Sittenwidrigkeit des gesamten Sicherungsvertrages (§ 138 BGB). Offen ist, wo die Rechtsprechung die Grenze zwischen zulässiger Übersicherung und sittenwidriger (übermäßiger) Übersicherung zieht und wie der Wert der Sicherheiten bei der Ermittlung der Übersicherung zu ermitteln ist.[32]
Sicher ist, dass eine sittenwidrige Übersicherung nicht schon dann vorliegt, wenn die vom Großen Senat des BGH gesetzten Grenzen bei einer nachträglichen Übersicherung überschritten werden.[33]
Anbieten würde sich eine zulässige Übersicherung von bis zu 200% der gesicherten Forderung, wobei bei der Bewertung der Sicherheit vom realisierbaren Wert auszugehen

---

[22] OLG Oldenburg WM 1997, 1383; zum Ganzen *Schimansky/Bunte/Lwowski/Ganter* Bankrechts-Handbuch, § 96 RdNr. 35.
[23] *Nobbe,* Festschrift Schimansky, 1999, S. 433 ff.
[24] BGHZ 137, 212 ff.
[25] BGHZ 137, 212 ff.
[26] Vgl. hierzu ausführlich *Staudinger/Wiegand* Anh.§§ 929 ff. RdNr. 146 ff.
[27] MünchKommBGB-*Quack* § 929 RdNr. 103.
[28] *Staudinger/Wiegand* Anh. §§ 929 ff. RdNr. 159 bis 162.
[29] *Schimansky/Bunte/Lwowski/Ganter*, Bankrechts-Handbuch, § 96 RdNr. 84; MünchKommBGB-*Quack* § 929 RdNr. 93 bis 100; *Lwowski*, Kreditsicherung, RdNr. 540.
[30] Vgl. dazu: *Lwowski*, Festschrift Schimansky 1999, 389 ff.; *Tetzlaff*, ZIP 2003, 1826 ff.
[31] BGH WM 1998, 856 f.
[32] Zum Ganzen s. *Lwowski*, Festschrift Schimansky 1999, 389 ff.; *Tetzlaff*, ZIP 2003, 1826 ff., *Ganter* WM 2001, 2 ff.
[33] *Nobbe,* Festschrift Schimansky, 1999, 433.

ist.³⁴ Die Verwalter haben die Sittenwidrigkeit nachzuweisen, wenn sie einen Sicherungsvertrag mit § 138 BGB zu Fall bringen wollen.

2. Nämlichkeitsbeweis. Besonderen Aufwand verursacht in der Praxis die Trennung des Sicherungsgutes von Gegenständen anderer. Diese Trennung zählt zu den Verwalteraufgaben. Die Pauschale für die Feststellungskosten soll den Aufwand, den der Verwalter dadurch hat, zumindest teilweise ausgleichen. Wenn es hier auch nicht um die rechtliche Wirksamkeit von Sicherungsverträgen geht (diese wird bei der Frage, welcher Gegenstand gehört dem Sicherungsgläubiger, als gegeben vorausgesetzt), sind damit erhebliche rechtliche Beweisprobleme verbunden. Insbesondere die Sicherungsgläubiger – Warenlieferanten und Banken – haben vielfach Probleme nachzuweisen, welchem Sicherungsgläubiger welcher Gegenstand zusteht. Sie schließen zur Überwindung dieser Beweisfragen häufig Poolverträge (s. dazu Vor §§ 166 ff. RdNr. 44 ff.). Auch für den Verwalter sind damit die Abwicklung erschwerende Feststellungen verbunden. Die daraus resultierenden Kosten sind von der Pauschale für die Feststellung, die der Sicherungsgläubiger aus dem Sicherheitenerlös abzuführen hat, abgegolten. Auch wenn höhere Kosten dadurch entstehen, kann der Verwalter sie nicht vom Sicherungsgläubiger verlangen. Diese Kosten können nicht ohne weiteres den Verwertungskosten zugeordnet werden, um so eine Erstattung über die Pauschale hinaus zu erreichen.³⁵

3. Kollision mit Rechten Dritter. Eine Kollision mit Rechten Dritter kann vorliegen, wenn entweder die sicherungsübereignete Sache im Eigentum eines Dritten steht oder die sicherungsabgetretene Forderung zusätzlich einem Dritten abgetreten wurde.³⁶

Grundsätzlich gilt für derartige Mehrfachübereignungen das Prioritätsprinzip, wonach der zeitlich erste Sicherungsnehmer bzw. Erwerber das Eigentum erworben hat.³⁷ Eine Durchbrechung dieses Prinzips ist auf Grund eines gutgläubigen lastenfreien Erwerbs der Sache nach Maßgabe der §§ 932 bis 934, 936 BGB möglich.³⁸ Für den Verwalter besteht bei einer Kollision von Rechten die Gefahr, dass er an den Falschen herausgibt bzw. zahlt. Um dies zu vermeiden, muss er an der rechtlichen Klärung interessiert sein und notfalls mitwirken, schon um zu wissen, wem gegenüber er die sich aus den §§ 166 ff. ergebenden Verpflichtungen zu erfüllen hat. Bei Gefahr im Verzuge und wenn das überwiegende Interesse der Masse es erfordert, wird er auch bei Ungewissheit über die Person des Sicherungsgläubigers die Sache verwerten dürfen. Den Erlös – nach Abzug der Kostenpauschalen und Entnahme der Umsatzsteuer, soweit sie angefallen und vereinnahmt worden ist – kann der Verwalter hinterlegen.

Auch im Falle einer Sicherungszession bestehen die genannten Gefahren einer Kollision mit Rechten Dritter. Zum einen kann das abgetretene Recht mit Rechten Dritter belastet sein,³⁹ zum anderen kann ein Recht mehrfach abgetreten worden sein.⁴⁰

Auch hier gilt im Grundsatz das Prioritätsprinzip.⁴¹ Lediglich im Verhältnis zwischen verlängertem Eigentumsvorbehalt und Globalzession hat regelmäßig die Vorausabtretung des Lieferanten den Vorrang.⁴² Die Sicherungsverträge der Banken berücksichtigen dies mittels der dinglichen Verzichtsklausel.⁴³

---
³⁴ *Lwowski*, Festschrift für Schimansky, 1999, 392.
³⁵ HK-*Landfermann*, § 171 RdNr. 2; vgl. auch OLG Jena ZIP 2004, 2107 zu den Kosten der Ermittlung von als Sicherheit abgetretenen Lebensversicherungsverträgen.
³⁶ Vgl. hierzu *Staudinger-Wiegand* Anh. §§ 929 ff. RdNr. 274 bis 285.
³⁷ *Schimansky/Bunte/Lwowski/Ganter*, Bankrechts-Handbuch, § 95 RdNr. 141.
³⁸ *Schimansky/Bunte/Lwowski/Ganter*, Bankrechts-Handbuch, § 95 RdNr. 124 bis 127.
³⁹ Vgl. hierzu *Schimansky/Bunte/Lwowski/Ganter*, Bankrechts-Handbuch, § 96 RdNr. 146.
⁴⁰ Vgl. hierzu *Schimansky/Bunte/Lwowski/Ganter*, Bankrechts-Handbuch, § 96 RdNr. 147 bis 160.
⁴¹ *Schimansky/Bunte/Lwowski/Ganter*, Bankrechts-Handbuch, § 96 RdNr. 147 bis 151.
⁴² Vgl. hierzu *Schimansky/Bunte/Lwowski/Ganter* Bankrechts-Handbuch § 96 RdNr. 153 bis 157 mwN; *Lwowski*, Kreditsicherung, RdNr. 762.
⁴³ *Schimansky/Bunte/Lwowski/Ganter* Bankrechts-Handbuch, § 96 RdNr. 84 a.

IV. Höhe der Pauschale

18 **1. Gesetzliche Regelung.** Die Pauschale der Feststellungskosten, die nach § 171 Abs. 1 regelmäßig vom absonderungsberechtigten Gläubiger an die Masse abzuführen sind, beträgt gem. § 171 Abs. 1 Satz 2 vier Prozent bezogen auf den Verwertungserlös. Es handelt sich dabei um den **Bruttoerlös,** der auch die anfallende Umsatzsteuer umfasst.[44]

Die Höhe der Pauschale orientiert sich an der bisher geübten Gerichtspraxis hinsichtlich der vom Konkursverwalter festgesetzten Zuschläge zu seiner Vergütung.[45] Während der Beratungen wurden ursprünglich fünf Prozent des Verwertungserlöses als angemessen zur Deckung der entstehenden Feststellungskosten angesehen,[46] die jedoch letztlich im Zuge der Streichung einer pauschalen Beteiligung an den allgemeinen Verfahrenskosten[47] auf vier- Prozent gekürzt wurde, um die Belastung des absonderungsberechtigten Gläubigers auf ein „erträgliches Maß" zu reduzieren.[48]

19 **2. Mehraufwand.** Ein bei der Feststellung des Gegenstandes in rechtlicher und tatsächlicher Hinsicht auftretender Mehraufwand führt nicht zu einer zusätzlichen Belastung des absonderungsberechtigten Gläubigers. Die Festlegung der Pauschale in § 171 lässt im Gegensatz zur Regelung der Verwertungskosten in § 171 Abs. 2 keine Ausnahme zu, derzufolge bei einer erheblichen Abweichung der tatsächlichen Kosten von der Pauschale auf die tatsächlichen Kosten abzustellen ist. Dabei kommt es nicht darauf an, in wessen Verantwortungsbereich die Ursache für den Mehraufwand fällt.[49]

Die Belastung der Insolvenzmasse mit etwaigem Mehraufwand bei der Feststellung folgt zwingend aus der gesetzlichen Regelung: § 171 ist eine Korrektur der unter Geltung der KO geltenden Rechtslage, nach der ausschließlich die Masse mit den Feststellungskosten betreffend die Sicherungsgegenstände belastet wurde. Diese zuvor bestehende Rechtslage soll indes nur insoweit verändert werden, wie die neue gesetzliche Regelung ausdrücklich reicht. Hätte der Gesetzgeber nämlich eine weitergehende Kostenbelastung des absonderungsberechtigten Gläubigers gewollt, so hätte er für die Überwälzung der Feststellungskosten auf die absonderungsberechtigten Gläubiger eine Regelung ähnlich wie in § 171 Abs. 2 hinsichtlich der Verwertungskosten treffen können. Indessen sah er sogar die ursprünglich diskutierte höhere Pauschale von fünf Prozent als zu hoch an.[50]

Versuche, Feststellungskosten als Verwertungskosten einzuordnen, sollten von den Gerichten nicht akzeptiert werden.

Die Kosten für eine Beurteilung der Rechte Dritter an einem Gegenstand zählen nicht zu den Verwertungskosten, sondern sind Feststellungskosten.

Denkbar sind von den gesetzlichen Regelungen abweichende vertragliche Vereinbarungen zwischen dem Sicherungsgläubiger und dem Insolvenzverwalter. Die Parteien können Regelungen hinsichtlich der Höhe der Feststellungskosten im Rahmen einer Verwertungsvereinbarung treffen.[51]

V. Berechnung

20 Die Pauschale beträgt 4% vom Bruttoerlös. Die Feststellungskostenpauschale berechnet sich nicht aus dem Nettoverwertungserlös.[52] Vgl. dazu auch § 170 RdNr. 27.

---

[44] Vgl. hierzu § 170 RdNr. 27.
[45] Begr. zu § 196 RegE, BR-Drucks. 1/92, S. 181 f.
[46] Begr. zu § 196 RegE, BR-Drucks. 1/92, S. 181 f.
[47] S. o. RdNr. 3 f.
[48] Beschluss-Empfehlung des Rechts-Ausschusses zu § 196 RegE, BT-Drucks. 12/7302, S. 177 f.
[49] BGH ZInsO 2002, 826; HambKomm-*Büchler,* § 171 RdNr. 3.
[50] Beschluss-Empfehlung des Rechts-Ausschusses zu § 196 RegE, BT-Drucks. 12/7302, S. 177 f.
[51] *Uhlenbruck,* InsO § 171 RdNr. 2; *Mönning,* Festschrift Uhlenbruck, 239, 250 f.
[52] *Uhlenbruck,* InsO § 171 RdNr. 2; HambKomm-*Büchler,* § 171 RdNr. 3.

E. Kosten der Verwertung

I. Allgemeines

Die Kosten der Verwertung setzen sich aus den Kosten zusammen, die bei der Durchführung und Vorbereitung der Verwertung entstehen, und aus der bei der Verwertung anfallenden Umsatzsteuer.[53] Der Gesetzgeber hat sich – wie im Falle der Feststellungskosten – für eine Pauschalierung des vom absonderungsberechtigten Gläubiger an die Insolvenzmasse zu leistenden Kostenbeitrages entschieden, jedoch bei erheblicher Abweichung der tatsächlichen Kosten von der Pauschale i. S. d. Kostenverursachungsprinzips eine Durchbrechung dieses Prinzips zugelassen. 21

Die **Widerlegung der Vermutung, dass die Pauschale den tatsächlich entstandenen Kosten entspricht,**[54] obliegt demjenigen, der von der Pauschale abweichen will: Der Insolvenzverwalter wird höher entstandene Kosten nachzuweisen haben, der Sicherungsgläubiger dagegen niedrigere Kosten.[55] Der Insolvenzverwalter hat insoweit Rechnung zu legen bzw. dem Sicherungsgläubiger die zum Nachweis erforderlichen Unterlagen vorzulegen. Er hat bei der Verwertung die günstigste zu wählen – auch unter Kostengesichtspunkten, allerdings unter Berücksichtigung der Erlöserwartung bei den verschiedenen Verwertungsarten.[56]

Der Insolvenzverwalter darf bei den Verwertungskosten keine „**Mischkalkulation**" vornehmen, d. h., er darf nicht einen Teil der Verwertungskosten konkret berechnen und für den anderen Teil die Pauschale von 5% ansetzen.[57] Nach der Systematik des Gesetzes muss der Verwalter sich entscheiden, ob er die Pauschale geltend macht oder nach den tatsächlich entstandenen Kosten abrechnet.[58]

II. Abgrenzung der Verwertungskosten von anderen Aufwendungen

Die Verwertungskosten sind von folgenden anderen Kosten abzugrenzen:[59] 22
- allgemeine Kosten der Abwicklung des Insolvenzverfahrens (nicht erstattungsfähig),
- Feststellungskosten (nur Pauschale),
- Erhaltungskosten (nicht erstattungsfähig).

1. Allgemeine Kosten der Abwicklung des Insolvenzverfahrens. Die Abgrenzung, 23 was zu den eigenständigen Aufgaben des Verwalters zählt und nicht zu den den Sicherungsgläubiger belastenden Kosten, wird in der Praxis zu streitigen Auseinandersetzungen führen. Wird beispielsweise keine Sanierung angestrebt, sondern soll liquidiert werden und waren die Aktiva Gläubigern zur Sicherheit übertragen, betrifft die nahezu gesamte Tätigkeit des Verwalters die Verwertung.

Dennoch können die Kosten der Abwicklung des Verfahrens in diesen Fällen nicht über die Erhöhung des Kostenbeitrags von 5% ohne jegliche Begrenzung auf die Sicherungsgläubiger abgewälzt werden. Dies widerspräche dem Ziel des Gesetzgebers, die Bewertung einer Sicherheit für den Insolvenzfall für den Sicherungsgläubiger kalkulierbar zu machen. Grundsätzlich geht der Gesetzgeber von 5% des Bruttoerlöses als Pauschale aus. Es ist daher nicht gerechtfertigt, die **Kosten für die Tätigkeit von Beschäftigten des Verwalters** (seines Büros) oder **des Schuldners** (dessen Betrieb und freien Mitarbeitern) den Sicherungsgläubigern generell aufzuerlegen. Entscheidend muss sein, welche (Verwalter-)Tätig-

---

[53] Vgl. Begr. zu § 196 RegE, BR-Drucks. 1/92, S. 181 f.; zur Umsatzsteuer siehe unter RdNr. 39 ff.
[54] Begr. zu § 196 RegE, BR-Drucks. 1/92 S. 181, 182.
[55] *KölnerSchrift-Klasmeyer/Elsner/Ringstmeier*, S. 1083 ff. RdNr. 46; *Uhlenbruck*, InsO § 171 RdNr. 4.
[56] *Nerlich/Römermann/Becker* § 171 RdNr. 15.
[57] BGH ZInsO 2007, 374.
[58] BGH ZInsO 2007, 374.
[59] Vgl. dazu auch *Ehlers*, ZInsO 2003, 165.

keit das Gesetz vom Verwalter und seinen Mitarbeitern erwartet, um das Insolvenzverfahren durchzuführen. Diese ureigentliche Aufgabe geht kostenmäßig zu Lasten der Masse – und bezogen auf das Personal des Verwalters – zu Lasten des Verwalters. Anders sind die Vergütungen für die Verwalter der Höhe nach nicht zu rechtfertigen.

Erst wenn eine über das normale Maß einer Abwicklung hinausgehende Tätigkeit, die eindeutig bereits Verwertungshandlung darstellt, anfällt und dem einzelnen Sicherungsgut zuzurechnen ist, können die in § 171 vorgegebenen Pauschalen überschritten werden. Verbrauch von **Büromaterial, Telefonkosten, Ausgaben für Reisen** (es sei denn, sie dienen nur der Verwertung eines bestimmten Sicherungsgutes), **Personalkosten** sind nicht ohne weiteres den Verwertungskosten zuzuschlagen.[60] **Notarkosten,** die anlässlich der Durchführung von Verwertungsmaßnahmen anfallen (z. B. asset-deal mit Veräußerung des sicherungsübereigneten Anlage- und Umlaufvermögens), können nicht generell dem Sicherungsgläubiger in Rechnung gestellt werden. Sicherungsübereignete bewegliche Gegenstände können auch ohne Notarvertrag übertragen werden, so dass es an einer sachlichen Rechtfertigung dafür fehlt, dass der Verwalter hier Verwertungskosten geltend macht, die über der Pauschale liegen.

24 **2. Weitere Abgrenzungsfragen.** Zu den Verwertungskosten gehört der Transport des Sicherungsguts zum Ort der Verwertung.

25 Unter § 171 Abs. 2 fallen auch die Kosten für die **Einschaltung eines Verwerters.**[61] Entnimmt hingegen der **Auktionator** vor Auskehrung des Verwertungserlöses an die Insolvenzmasse, die ihn beauftragt hat, Teile des Erlöses für seine Dienste, so handelt es sich hierbei nicht um Verwertungskosten i. S. d. § 171 Abs. 2. Vgl. dazu auch § 170 RdNr. 31.

26 Zu den Verwertungskosten zählen nicht die Kosten für **Identifikation des Sicherungsguts.** Schaltet also der (vorläufige) Insolvenzverwalter ein spezialisiertes Unternehmen ein, das zunächst alle Gegenstände des Anlage- und Umlaufvermögens aufnimmt und dabei auch die Standorte der jeweiligen Gegenstände und deren Belastung mit Sicherungsrechten ermittelt, so handelt es sich dabei um Aufwendungen, die den Feststellungskosten zuzurechnen sind. Das spezialisierte Unternehmen wird regelmäßig auch eine Bewertung der Gegenstände des Anlage- und Umlaufvermögens vornehmen. Die Ermittlung des Liquidationswertes und des Fortführungswertes von Gegenständen der Insolvenzmasse ist allerdings nicht nur für die Vorbereitung der Verwertung von einzelnen Gegenständen der Insolvenzmasse, die mit Sicherungsrechten belastet sind, notwendig. Es ist daher zweifelhaft, ob der Insolvenzverwalter Teile der Kosten, die ihm das Unternehmen für die Aufnahme des Anlage- und Umlaufvermögens in Rechnung gestellt hat, auf den absonderungsberechtigten Gläubiger überwälzen kann.

Schaltet der Insolvenzverwalter hingegen einen Gutachter ein, der für die Vorbereitung der Verwertung einzelne Gegenstände bewertet und nur für diese Tätigkeit Kosten in Rechnung stellt, so sind diese Kosten als Verwertungskosten zu klassifizieren.

27 Nicht zu den Verwertungskosten zählen die Kosten für **Reparatur, Sicherung und Lagerung.** Hierbei handelt es sich um **nicht erstattungsfähige Erhaltungsaufwendungen.**

28 Die Kosten für Abrechnung und Auszahlung der Verwertungserlöse können zu den Verwertungskosten gehören. Veräußert der Insolvenzverwalter im Rahmen eines asset-deals sämtliches Anlage- und Umlaufvermögen des schuldnerischen Unternehmens und ist dieses mit Sicherungsrechten zugunsten einer Vielzahl verschiedener Sicherungsgläubiger belastet, so kann der Insolvenzverwalter den einzelnen Sicherungsgläubigern keine größeren Aufwendungen dafür in Rechnung stellen, dass er eine Aufteilung des Verwertungserlöses unter den verschiedenen Sicherungsgläubigern vornimmt.

29 Kosten für **Auseinandersetzungen der Insolvenzmasse** mit absonderungsberechtigten Gläubigern können nicht als Verwertungskosten i. S. v. § 171 Abs. 2 klassifiziert werden.

---

[60] So aber großzügig *Nerlich/Römermann/Becker* § 171 RdNr. 16.
[61] BGH WM 2005, 2239.

Führt der Insolvenzverwalter Rechtsstreitigkeiten mit dem absonderungsberechtigten Gläubiger A wegen des Sicherungsgutes X, an dem Rechte von A und B bestehen könnten, so kann der Verwalter dem Gläubiger B nicht irgendwelche Kosten im Zusammenhang mit dem Rechtsstreit als Verwertungskosten in Rechnung stellen. Gleiches gilt für Kosten, die der Insolvenzverwalter für rechtliche Auseinandersetzungen mit dem absonderungsberechtigten Gläubiger aufgewendet hat. Entweder hat hier die Insolvenzmasse obsiegt oder der Gläubiger. Im letzteren Fall muss der Gläubiger diese Kosten auch nicht über den Umweg des § 171 Abs. 2 tragen. Im ersten Fall kann der Verwalter einen Kostenerstattungsanspruch außerhalb des § 171 Abs. 2 geltend machen.

Kosten, die durch einen Streit über die Höhe der Kostenansätze des § 171 entstehen, sind keine Verwertungskosten.[62]

30 Die Aufwendungen müssen für die Durchführung der Verwertung erforderlich sein und nicht nur bei Gelegenheit der Durchführung der Verwertung entstehen. So sind z. B. die Kosten für **Räumung eines Warenlagers von Ladenhütern** und unverwertbaren Gegenständen keine Verwertungskosten.[63]

31 Zieht der Insolvenzverwalter sicherungshalber abgetretene Forderungen ein und erheben Drittschuldner Einwendungen gegen die Forderungen, so stellen die Aufwendungen für die **gerichtliche Durchsetzung der Forderungen** Verwertungskosten dar.

III. Pauschalierung, Berechnungsgrundlage

32 Grundsätzlich ist der absonderungsberechtigte Gläubiger verpflichtet, die entstandenen Verwertungskosten im Rahmen des von ihm zu erbringenden Kostenbeitrages in Höhe von 5 Prozent bezogen auf den Bruttoerlös[64] zu Gunsten der Insolvenzmasse auszugleichen.

Die Höhe des Pauschalsatzes richtet sich – wie im Falle der Feststellungskosten – nach Erfahrungssätzen, die auf Auskünften von Kreditinstituten und Kreditversicherern beruhen. Danach stellt der gesetzliche Wert eine Annäherung an den ermittelten Durchschnitt dar.[65]

IV. Ersatz der tatsächlich entstandenen Kosten

33 Mit der Ausnahmeregelung des § 171 Abs. 2 Satz 2 trägt der Gesetzgeber der Tatsache Rechnung, dass die Verwertungskosten im Einzelfall erheblich höher, aber auch niedriger ausfallen können als die Pauschale. Eine Anwendung der Pauschale wäre in diesen Fällen unbillig und würde dem Normzweck der §§ 170, 171 zuwiderlaufen, da entweder der absonderungsberechtigte Gläubiger oder die Insolvenzmasse unverhältnismäßig hoch belastet würde.

34 **1. Erheblich niedrigere Kosten als die Pauschale.** Liegen die tatsächlich entstandenen Verwertungskosten unter der Pauschale, so wird der absonderungsberechtigte Gläubiger durch die Pauschale in einer Höhe belastet, welche die tatsächlich entstandenen Verwertungskosten übersteigt, so dass er nicht nur die zu Lasten der Insolvenzmasse entstandenen Kosten ausgleicht, sondern die Insolvenzmasse durch seinen Kostenbeitrag vermehrt.

Zur Vermeidung zeitraubender und kostenintensiver Rechtsstreitigkeiten um geringfügige Beträge hat der Gesetzgeber das Erfordernis einer erheblichen Abweichung eingeführt, die vom absonderungsberechtigten Gläubiger nachzuweisen ist.[66]

Eine **Erheblichkeit der Abweichung** nach unten – die nicht gesetzlich definiert ist – liegt nach der Gesetzesbegründung jedenfalls vor, wenn die **Kosten die Hälfte des Pau-**

---

[62] OLG Jena ZIP 2004, 2107; LG Flensburg NZI 2006, 709. HK-*Landfermann*, § 171 RdNr. 4; aA *Uhlenbruck*, InsO § 171 RdNr. 21.
[63] AG Duisburg ZInsO 2003, 190; HambKomm-*Büchler*, § 171 RdNr. 7.
[64] S. o. RdNr. 20.
[65] Begr. zu § 196 RegE, BR-Drucks. 1/92, S. 181 f.; s. dazu HK-*Landfermann* § 171 RdNr. 7; *Smid* § 171 RdNr. 6.
[66] Begr. zu § 196 RegE, BR-Drucks. 1/92, S. 181 f.

schalsatzes betragen.[67] Diese Angabe stellt jedoch nur einen Anhaltspunkt für die Beurteilung der Abweichung dar und schließt nicht aus, dass auch geringere Abweichungen als erheblich anzusehen sind.

Richtig erscheint es, die Frage der Erheblichkeit nicht schematisch nach Prozentsätzen zu entscheiden. Vielmehr ist bei **Gegenständen mit einem hohen Wert** auch bereits bei **Abweichungen von ca. 10%** davon auszugehen, dass erhebliche Abweichungen i. S. v. § 171 Abs. 2 Satz 1 vorliegen.[68]

35 **2. Erheblich höhere Kosten als die Pauschale.** Bei Kosten, die über dem Pauschalsatz liegen, gelten die unter RdNr. 34 ausgeführten Grundsätze.

Der Insolvenzverwalter sollte auf die tatsächlich bei der Verwertung anfallenden Kosten gem. § 168 Abs. 1 Satz 1 hinweisen. Übt der Absonderungsberechtigte sein Eintrittsrecht nicht aus und erhebt keine Einwände gegen die Höhe der Verwertungskosten unter Nennung von Verwertungsmöglichkeiten mit geringeren Verwertungskosten, so spricht vieles dafür, dass er mit der Aufwendung von höheren Verwertungskosten, als gesetzlich in § 171 Abs. 2 Satz 1 vorgesehen sind, einverstanden ist.[69]

36 **3. Beweislastregeln.** Die tatsächliche Abweichung der angefallenen Verwertungskosten vom Pauschalbetrag des § 171 Abs. 2 Satz 1 muss derjenige beweisen, der die Vorteile der Abrechnung der tatsächlichen Kosten für sich in Anspruch nehmen will.[70]

Eine **nur geringfügige Abweichung der Höhe der tatsächlich angefallenen Kosten** von den gesetzlichen Kostenpauschalen reicht nicht aus, um die tatsächlich entstandenen Kosten abzurechnen.[71]

Liegen die tatsächlichen Kosten der Verwertung unstreitig erheblich unter der 5%igen Verwertungspauschale, trägt der Insolvenzverwalter die Darlegungs- und Beweislast für die tatsächliche Höhe der Verwertungskosten.[72] Fehlt ein entsprechender Vortrag, kann das Gericht nach § 287 ZPO schätzen.[73]

37 **4. Einzelfälle.** Insbesondere bei der **Verwertung von Lebensversicherungen** liegen die tatsächlichen Verwertungskosten regelmäßig unterhalb der Pauschale des § 171 Abs. 2 Satz 1.[74]

F. Erhaltungskosten

38 Wie bereits bei § 170 RdNr. 33 f. dargestellt, kann der Insolvenzverwalter nach den §§ 170, 171 **keine Erstattung** der Erhaltungskosten des Sicherungsguts verlangen. Grundsätzlich sind diese Aufwendungen von der Insolvenzmasse zu tragen.

G. Umsatzsteuer

I. Grundsätze

39 Die Umsatzsteuer ist als Teil der Verwertungskosten vom Erlös abzuziehen, § 171 Abs. 2 Satz 3. Voraussetzung ist, dass die Masse tatsächlich mit Umsatzsteuer belastet wird.[75]

---

[67] Begr. zu § 196 RegE, BR-Drucks. 1/92, S. 181 f.
[68] *Mönning*, FS Uhlenbruck, 239, 252; *Uhlenbruck*, InsO § 171 RdNr. 4.
[69] HambKomm-*Büchler*, § 171 RdNr. 7.
[70] *Smid* § 171 RdNr. 7; *Mönning*, FS Uhlenbruck, 239, 252; *Uhlenbruck*, InsO § 171 RdNr. 4.
[71] *Grub*, DZWIR 2000, 133, 136; *Uhlenbruck*, InsO § 171 RdNr. 4.
[72] OLG Nürnberg ZInsO 2005, 380; HambKomm-*Büchler*, § 171 RdNr. 7.
[73] LG Meiningen DZWIR 2004, 127; HK-*Landfermann*, § 171 RdNr. 7; *Uhlenbruck*, InsO § 171 RdNr. 4.
[74] OLG Jena ZInsO 2004, 509; AG Mainz ZInsO 2004, 1376; vgl. dazu auch *Janca*, ZInsO 2003, 449, 450.
[75] HambKomm-*Büchler*, § 171 RdNr. 8; HK-*Landfermann*, § 171 RdNr. 10.

Durch diese Regelung wird – teilweise – sichergestellt, dass nicht mehr die Insolvenzmasse mit der Umsatzsteuer aus der Verwertung von Sicherungsgut belastet wird.[76] Die **Regelung ist unvollständig**, d. h., bei bestimmten Verwertungsmaßnahmen kann es zu einer Belastung der Masse mit Umsatzsteuer kommen, ohne dass die Erstattungsregelung des § 171 Abs. 2 Satz 3 eingreift. In erster Linie trifft dies Fälle, in denen nach § 166 das Verwertungsrecht für das Sicherungsgut nicht beim Insolvenzverwalter liegt, sondern der Sicherungsgläubiger selbst verwertet. In diesem Fall ist für eine analoge Anwendung des § 171 Abs. 2 Satz 3 kein Raum; die Masse muss die Umsatzsteuerbelastung tragen.[77]

Durch die Regelung des § 171 Abs. 2 Satz 3 wird gewährleistet, dass die Insolvenzmasse nicht mit der Umsatzsteuer aus der Verwertung von Sicherungsgut belastet wird, der Sicherungsgläubiger muss eine Kürzung des Verwertungserlöses hinnehmen.

Der Sicherungsgläubiger kann noch auf andere Weise mit der Umsatzsteuerbelastung **40** konfrontiert werden: Für nicht entrichtete Umsatzsteuer aus abgetretenen, verpfändeten und gepfändeten Forderungen kann der absonderungsberechtigte Gläubiger aus **§ 13 c UStG** haften. Vgl. dazu § 166 RdNr. 49 ff.

II. Umsatzsteuerpflicht der Masse

Die Verwertung massezugehöriger Gegenstände stellt eine Lieferung gegen Entgelt dar **41** und unterfällt daher der Umsatzsteuerpflicht (§ 3 UStG). Die Umsatzsteuer ist Masseverbindlichkeit i. S. d. § 55 Abs. 1 Nr. 1. Der Verwalter hat die Umsatzsteuer gem. § 171 Abs. 2 Satz 3 dem Erlös zu entnehmen.

Bei der Verwertung beweglicher Gegenstände können sich folgende Konstellationen **42** ergeben:[78]

Bei der **Verwertung durch den Insolvenzverwalter** wird die Insolvenzmasse mit der Umsatzsteuerschuld als Masseverbindlichkeit belastet. Bei der Auskehrung des Erlöses an den Sicherungsgläubiger kürzt der Verwalter den ausgekehrten Erlös um die Umsatzsteuer.

Im Fall der Verwertung durch den Gläubiger nach **§ 170 Abs. 2** liegt bereits in der Übergabe des beweglichen Gegenstandes an den Sicherungsgläubiger ein steuerbarer Vorgang. Damit findet im Fall der Verwertung ein Doppelumsatz zwischen Schuldner/absonderungsberechtigtem Gläubiger und zwischen Absonderungsberechtigtem/Erwerber statt.[79] Auch in diesem Fall wird die Insolvenzmasse mit Umsatzsteuer belastet, die vom absonderungsberechtigten Gläubiger zu erstatten ist, vgl. §§ 170 Abs. 2, 171 Abs. 2 Satz 3.

Verwertet der Absonderungsgläubiger nach **§ 173,** so führt die Verwertung ebenfalls zu einem Doppelumsatz. Im Fall der Verwertung erteilt der Absonderungsberechtigte der Insolvenzmasse eine Gutschrift über den Bruttobetrag und behält den vollen Erlös. Die Umsatzsteuer ist auch hier Masseverbindlichkeit.[80]

Im **Insolvenzeröffnungsverfahren** kann Umsatzsteuer als Masseverbindlichkeit nur dann begründet werden, wenn das Absonderungsgut durch einen starken vorläufigen Verwalter verwertet wird.[81]

Verwertet der Sicherungsnehmer **außerhalb des Insolvenzverfahrens** das Sicherungsgut, trifft ihn die Steuerabführungspflicht nach § 13 b Abs. 1 Nr. 2, Abs. 2 UStG. Eine Verwertung löst auch hier den Doppelumsatz und damit die Lieferung von Sicherungsgeber an Sicherungsnehmer aus. In diesem Fall schuldet der Absonderungsberechtigte die Umsatzsteuer.[82]

---

[76] S. § 170 RdNr. 8.
[77] S. RdNr. 6 u. § 166 RdNr. 64 ff.
[78] Ausführlich dazu: Insolvenzsteuerrecht RdNr. 116 ff.
[79] HambKomm-*Büchler,* § 171 RdNr. 11.
[80] *Uhlenbruck/Maus* § 171 RdNr. 7 f.
[81] *Maus,* ZIP 2000, 339.
[82] *de Weerth,* ZInsO 2004, 190; aA: *Ries,* ZInsO 2003, 599.

43 Gibt der Insolvenzverwalter Sicherungsgut im Rahmen einer **echten Freigabe** aus der Insolvenzmasse frei, so bleibt nach Auffassung des BFH die Insolvenzmasse auch in diesem Fall mit der Umsatzsteuer belastet.[83] Der BFH unterscheidet zwischen echter und unechter Freigabe und geht – richtig – davon aus, dass bei einer echten Freigabe die Insolvenzmasse nicht mit der Umsatzsteuer belastet werden kann. Allerdings klassifiziert der BFH praktisch jede Freigabe als unechte Freigabe, auch dann, wenn das Sicherungsgut endgültig und ohne Gegenleistung aus der Insolvenzmasse entlassen wurde.[84] Der BFH begründet seine Ansicht damit, dass die Masse von Insolvenzforderungen des Absonderungsberechtigten befreit werde, wenn das Sicherungsgut freigegeben werde und der absonderungsberechtigte Gläubiger es nachfolgend verwerte.[85] Nach richtiger Ansicht ist die Masse bei einer (echten) Freigabe des Sicherungsguts hingegen nicht zur Zahlung der Umsatzsteuer verpflichtet.[86]

44 Zur Umsatzsteuerbelastung bei der Verwertung von Grundstückszubehör vgl. § 165 RdNr. 257.

III. Umsatzsteuer auf Verwertungskostenpauschale

45 Verwertungskostenbeiträge sind nicht umsatzsteuerpflichtig.[87] Dies gilt allerdings nur hinsichtlich der Verwertung von Sicherungsgut nach den §§ 166 ff. Schließt der Insolvenzverwalter bei der Verwertung von mit **Grundpfandrechten** belasteten Immobilien mit dem Sicherungsgläubiger eine **Verwertungsvereinbarung,** so sind hier die Kostenbeiträge umsatzsteuerpflichtig.[88]

Die Verwertungskostenbeiträge sind deshalb nicht umsatzsteuerpflichtig, weil es sich um einen gesetzlich festgelegten Kostenbeitrag des Absonderungsberechtigten und nicht um ein Entgelt für eine Leistung des Insolvenzverwalters handelt.[89] Die rechtliche Behandlung der Konstellation, dass Verwalter und Sicherungsnehmer im Rahmen einer Verwertungsvereinbarung **Kostenbeiträge** vereinbaren, die erheblich **über den gesetzlichen Pauschalen** des § 171 liegen und der Insolvenzverwalter im Gegenzug z. B. im Rahmen des Forderungseinzugs von abgetretenen Forderungen im Interesse des Sicherungsgläubigers Rechtsstreitigkeiten führt etc., ist noch offen. Hier wird man aber darauf abstellen müssen, dass § 171 Abs. 2 Satz 1 die Erstattung der tatsächlich angefallenen Verwertungskosten zulässt. Fallen die Aufwendungen des Insolvenzverwalters, die dieser erstattet erhält, noch unter den Begriff der Verwertungskosten, so bleibt es bei dem Grundsatz, dass Verwertungskostenbeiträge nicht umsatzsteuerpflichtig sind.

§ 172 Sonstige Verwendung beweglicher Sachen

(1) ¹ **Der Insolvenzverwalter darf eine bewegliche Sache, zu deren Verwertung er berechtigt ist, für die Insolvenzmasse benutzen, wenn er den dadurch entstehenden Wertverlust von der Eröffnung des Insolvenzverfahrens an durch laufende Zahlungen an den Gläubiger ausgleicht.** ² **Die Verpflichtung zu Ausgleichszahlungen besteht nur, soweit der durch die Nutzung entstehende Wertverlust die Sicherung des absonderungsberechtigten Gläubigers beeinträchtigt.**

(2) ¹ **Der Verwalter darf eine solche Sache verbinden, vermischen und verarbeiten, soweit dadurch die Sicherung des absonderungsberechtigten Gläubigers nicht beeinträchtigt wird.** ² **Setzt sich das Recht des Gläubigers an einer anderen Sache**

---

[83] BFH ZInsO 2002, 222.
[84] Vgl. *Lwowski/Tetzlaff,* WuB VI B. § 126 KO 1.02.
[85] BFH ZInsO 2002, 222.
[86] *Lwowski/Tetzlaff,* WuB VI B. § 126 KO 1.02.; *Uhlenbruck/Maus* § 171 RdNr. 14.
[87] BFH ZInsO 2005, 813; *Beck,* ZInsO 2003, 509; *Uhlenbruck/Maus* § 171 RdNr. 19; aA FG Brandenburg ZIP 2004, 2249.
[88] BFH ZInsO 2005, 813.
[89] BFH ZInsO 2005, 813; HambKomm-*Büchler,* § 171 RdNr. 16.

fort, so hat der Gläubiger die neue Sicherheit insoweit freizugeben, als sie den Wert der bisherigen Sicherheit übersteigt.

Schrifttum: siehe vor §§ 166 ff.

Übersicht

	RdNr.		RdNr.
A. Normzweck	1	3. Mangelnde Werthaltigkeit der Sicherheit	26
B. Entstehungsgeschichte	3	4. Beweislast	27
I. Frühere Regelung in der KO	3	IV. Entsprechende Anwendung des § 172 Abs. 1	28
II. Reformvorschläge und Gesetzgebungsverfahren	4	1. Nutzung durch den vorläufigen Insolvenzverwalter	28
C. Nutzungsrecht des Insolvenzverwalters (Abs. 1)	6	2. Anwendung auf Aussonderungsrechte	31
I. Allgemeines; zwingende Regelung	6	V. Verwertungsvereinbarungen	34
II. Verwertungsrecht des Insolvenzverwalters – Nutzungskompetenz	9	VI. Zinsausgleich (§ 169)	37
III. Nutzung	10	E. Verbindung, Vermischung, Verarbeitung (Abs. 2)	38
1. Allgemeines	10	I. Allgemeines	38
2. Einzelfragen	11	II. Verbindung, §§ 946, 947 BGB	39
a) Nutzung im Gläubigerinteresse	11	1. Verbindung von beweglichen Sachen mit Grundstücken, § 946 BGB	39
b) Abwarten mit Verwertung	12	2. Verbindung von beweglichen Sachen mit anderen beweglichen Sachen, § 947 BGB	40
c) Verbrauch	13		
d) Vermietung	14		
e) Verbindung, Vermischung und Verarbeitung (Verweisung auf Abs. 2)	15	III. Vermischung/Vermengung, § 948 BGB	41
D. Wertausgleich bei Nutzung des Sicherungsguts (Abs. 1)	16	1. Untrennbare Vermischung	42
I. Wertverlust	16	2. Untrennbare Vermengung	43
II. Einzelfragen zum Ausgleichsanspruch	19	3. Erwerb von Miteigentum	44
1. Beginn und Ende der Zahlungspflicht	19	4. Erwerb von Alleineigentum	45
2. Laufende Zahlungen aus der Insolvenzmasse	21	IV. Verarbeitung, § 950 BGB	46
3. Nachträgliche Anpassung	22	V. Ersatzsicherheit	47
4. Klassifikation als Masseverbindlichkeit	23	VI. Wertsteigerung	48
III. Kein Ausgleich bei Nichtbeeinträchtigung der Sicherheit	24	1. Rechtszuwachs	49
1. Allgemeines	24	2. Wertzuwachs	50
2. Übersicherung	25	3. Freigabeverpflichtung	51

A. Normzweck

Bei beweglichen Sachen, die sicherungsübereignet sind, geht nach § 166 Abs. 1 das **1** Verwertungsrecht auf den Insolvenzverwalter über. Mit dieser Regelung korrespondiert der § 172, in welchem dem Verwalter ausdrücklich ein Nutzungsrecht an der mit Absonderungsrechten belasteten beweglichen Sache eingeräumt wird. § 172 ist **zwingendes Recht**, d. h., die Regelung kann nicht abbedungen werden.[1] Mit der Norm des § 172, die keinen Vorgänger in der KO oder GesO hatte, wurde durch den Gesetzgeber im Bereich der mit Absonderungsrechten belasteten beweglichen Sachen ein Hauptziel der Reform des Insolvenzrechts umgesetzt, nämlich die Erhaltung des Unternehmens im Insolvenzverfahren zu

---

[1] Begr. zu § 197 RegE, BR-Drucks. 1/92, S. 182.

ermöglichen.² Zu diesem Zweck wird der Insolvenzverwalter berechtigt, unter Verwendung der mit Absonderungsrechten belasteten Sachen das von der Insolvenz betroffene Unternehmen fortzuführen. Die Befugnis des Insolvenzverwalters erstreckt sich dabei gem. § 172 Abs. 2 auch auf Verbindung, Vermischung und Verarbeitung, allerdings nur, soweit dadurch die Sicherung des absonderungsberechtigten Gläubigers nicht beeinträchtigt ist. Dabei geht es nicht um die (verzögerte) Verwertung des Gegenstandes (dies wird in § 169 geregelt), sondern um die Nutzung (Verwendung).

Als **Ausgleich** dafür, dass der Sicherungsgläubiger den Erlös aus der Verwertung (zunächst) nicht erhält, muss der Verwalter einen durch die Nutzung entstehenden **Wertverlust** ausgleichen, dies aber nur, wenn dieser Wertverlust die Sicherung des Gläubigers beeinträchtigt. Eine Beeinträchtigung liegt insbesondere dann nicht vor, wenn der Wert der Sicherheit trotz Nutzung in der Höhe erhalten bleibt (weil bezogen auf die gesicherte Forderung eine Übersicherung vorlag).

Nutzt ein Dritter (unberechtigt) den Sicherungsgegenstand, so kann der Sicherungseigentümer, der nach der Sicherungsabrede mit dem Sicherungsgeber kein Nutzungsrecht an dem Sicherungsgegenstand hat, keine Nutzungsentschädigung von dem Dritten beanspruchen.³

2 Der Ausgleich für einen Wertverlust kann in der Praxis nur schwer bestimmt werden. Der Wertausgleich bietet daher theoretisch erhebliches Potential für Streitigkeiten zwischen dem Insolvenzverwalter und dem Sicherungsgläubiger. In der Praxis werden daher häufig Regelungen in Verwertungsvereinbarungen getroffen. § 172, der **in der Praxis nur schwer handhabbar** ist, unterstützt dabei die Position der Sicherungsgläubiger, die von dem Insolvenzverwalter einen Wertausgleich für eine länger andauernde Benutzung von Sicherungsgegenständen verlangen. Eine Vereinbarung, die sich an der Höhe von Mietzahlungen für gleichartige Sachen orientiert (allerdings ohne Gewinnanteile für den Vermieter), bietet sich an, wird sich aber – mangels Kenntnis der Intensität der Nutzung der Sache und dem daraus folgenden Wertverlust – nicht immer realisieren lassen.

B. Entstehungsgeschichte

I. Frühere Regelung in der KO

3 § 172 hat keine Vorgängerregelung in der KO und in der GesO. Er ist Ausdruck der mit der Insolvenzrechtsreform bezweckten Schaffung von Möglichkeiten zur Unternehmenserhaltung in der Insolvenz, während das Konkursverfahren nach der KO primär nur der Verwertung und Abwicklung der Masse diente.⁴

Somit gab es auch keine gesetzlichen Regelungen über die Voraussetzungen einer solchen Verwendung des Sicherungsgutes, insbesondere war eine Entschädigung des Sicherungsnehmers nicht vorgesehen. Der Konkursverwalter war befugt, Sicherungsgut bis zur Herausgabe zu nutzen, soweit es sich in seinem Besitz bzw. im Besitz des Gemeinschuldners befand.⁵ Er war grundsätzlich nicht verpflichtet, dem Sicherungsnehmer die durch die Nutzung des Sicherungsgutes gezogenen Vorteile herauszugeben.⁶

Etwas anderes galt nur, falls eine entsprechende Vereinbarung in der Sicherungsabrede zwischen dem Sicherungsgeber und dem Sicherungsnehmer getroffen wurde.⁷ Die in der Praxis verwendeten Sicherungsverträge sahen eine solche Nutzungsentschädigung nicht vor.

---

² Vgl. hierzu die ursprünglich für Immobiliarsicherheiten vorgesehene Parallelnorm des § 188 Abs. 2 RegE.
³ BGH WM 2006, 2351; *v. Olshausen*, ZIP 2007, 1145.
⁴ Vgl. § 127 KO.
⁵ *Kuhn/Uhlenbruck* KO § 127 RdNr. 16 c.
⁶ BGH ZIP 1980, 40 = KTS 1980, 136; OLG Karlsruhe KTS 1962, 116, 118; *Lwowski* ZIP 1980, 953, 957; *W. Henckel* RWS-Skript 125 S. 34; *Serick* Bd. V § II 2 d S. 336.
⁷ *Kuhn/Uhlenbruck* KO § 127 RdNr. 16 c.

Im Unterschied zur neuen insolvenzrechtlichen Regelung nach § 172 Abs. 1 war der Konkursverwalter auch nicht zur Leistung von Ausgleichszahlungen zwecks Kompensation eines durch die Nutzung eintretenden Wertverlustes verpflichtet. Allerdings konnten die Sicherungsgläubiger die Nutzung untersagen und Herausgabe des Sicherungsgutes verlangen. Dies war häufig der Anlass für einen Konkursverwalter, eine Vereinbarung über die Nutzung und eine Entschädigung oder **„Leihgebühr"** zu treffen. Aus der Pflicht des Konkursverwalters, die Interessen des Sicherungsnehmers zu wahren, ließ sich keine Verpflichtung zur Herausgabe der durch die Nutzung gezogenen Vorteile ableiten.[8]

Soweit der Sicherungsnehmer durch eine Verbindung, Vermischung oder Verarbeitung seines als Sicherheit dienenden Gegenstandes sein Sicherungsrecht verloren hatte, stand ihm gem. § 951 Abs. 1 Satz 1 i. V. m. § 812 BGB ein Bereicherungsanspruch gegen die Masse zu.[9]

II. Reformvorschläge und Gesetzgebungsverfahren

Schon nach den Vorstellungen der Kommission für Insolvenzrecht sollte der Verwalter **4** berechtigt sein, das Sicherungsgut während des Verfahrens für die Insolvenzmasse zu nutzen.[10]

Im Referentenentwurf und im Regierungsentwurf[11] war vorgesehen, dass der Insolvenzverwalter die beweglichen Sachen mit Absonderungsrechten für die Insolvenzmasse verwenden durfte. Als einzige Abweichung gegenüber der nunmehr geltenden Regelung des § 172 sah § 186 Abs. 1 Satz 3 RefE für den Insolvenzverwalter die Möglichkeit vor, statt der Ausgleichszahlung eine **Ersatzsicherheit** von entsprechendem Wert zu stellen. Weiterhin war der Insolvenzverwalter gem. § 186 Abs. 2 RefE – im Gegensatz zum jetzigen § 172 – gegen Stellung einer Ersatzsicherheit auch zum Verbrauch des Sicherungsgutes berechtigt.

Die in § 172 Abs. 2 bestehende Berechtigung zu Verbindung, Vermischung und Vermengung war in § 186 Abs. 3 RefE ebenfalls weiter gefasst. Die Beeinträchtigung der Sicherung des Gläubigers, die nach geltender Regelung die Befugnisse des Insolvenzverwalters begrenzt, konnte vom Verwalter ebenfalls durch Stellung einer Ersatzsicherheit beseitigt und damit die Verwendungsmöglichkeiten für das Sicherungsgut erweitert werden. Für den Fall, dass sich nach Verbindung, Vermischung und Vermengung Rechte des Gläubigers an der neu entstandenen Sache fortsetzen, war dieser verpflichtet, die Sicherheit in Höhe des zusätzlichen Wertes der neuen Sache freizugeben, § 186 Abs. 3 RefE.

Das in § 186 RefE begründete Institut der Ersatzsicherheit war in § 187 RefE gesondert geregelt.[12] Im **Gesetzgebungsverfahren** wurde auf die Regelungen über die Stellung einer Ersatzsicherheit verzichtet.

In der InsO keine Aufnahme gefunden hat die Regelung in **§ 199 RegE**, wonach das **5** **Insolvenzgericht** auf Antrag des Insolvenzverwalters **anordnen** können sollte, dass eine **bewegliche Sache,** an der ein Absonderungsrecht besteht und die sich nicht im Besitz des Insolvenzverwalters befindet, aber für die Geschäftsführung des Unternehmens benötigt wird, **an den Insolvenzverwalter herauszugeben** war. Gleiches sollte für die Nutzung eines Rechtes gelten. Einbezogen werden sollten auch gepfändete (vor Verfahrenseröffnung) und vom Gerichtsvollzieher weggenommene Gegenstände sowie gewerbliche Schutzrechte.[13]

Die Streichung dieser Regelung wurde damit begründet, dass die Insolvenzgerichte entlastet werden müssten, und dieses Verfahren auch deswegen nicht erforderlich sei, weil es ausreichend sei, dass der Verwalter die Möglichkeit habe, die gesicherte Forderung zu begleichen und dann die Sache nach Zivilrecht herauszuverlangen. Ob diese Überlegung des Rechtsausschusses[14] aufgeht, hängt im Einzelfall von der Liquidität in der Insolvenzmasse

---

[8] *Kuhn/Uhlenbruck* KO § 127 RdNr. 16 c.
[9] Vgl. *Schimansky/Bunte/Lwowski/Ganter,* Bankrechts-Handbuch, § 90 RdNr. 68.
[10] Leitsätze 2.4.4.3 Abs. 1 Nr. 1, 2.4.4.5 Abs. 2 und 3.3.6 Abs. 1, 1. KommBer.
[11] BR-Drucks. 1/92.
[12] Begr. zu § 198 RegE, BR-Drucks. 1/92, S. 182 f; Begr. zu § 187 RefE, S. 215.
[13] Begr. zu § 199 RegE, BR-Drucks. 1/92 S. 183.
[14] BR-Drucks. 12/7302 S. 178.

oder der Bereitwilligkeit der Kreditinstitute ab, in dieser maßgeblichen Phase Kredite zu gewähren (für welche die abgelöste Sache als Sicherheit gegeben werden könnte).

Grund für die Streichung des genannten Komplexes war, dass in der Stellung einer Ersatzsicherheit und der eingeräumten Möglichkeit einer gerichtlichen Überprüfung eine unnötige Komplizierung des Verfahrens gesehen wurde.[15] Da nämlich der Insolvenzverwalter regelmäßig die Möglichkeit hat, durch Zahlung der besicherten Forderung die Verfügungsbefugnis über das Sicherungsgut zu erlangen, sei die Stellung einer Ersatzsicherheit überflüssig.[16]

C. Nutzungsrecht des Insolvenzverwalters (Abs. 1)

I. Allgemeines; zwingende Regelung

6 Gem. § 172 Abs. 1 ist der Insolvenzverwalter zur Nutzung beweglicher Sachen, zu deren Verwertung er befugt ist, berechtigt. Der absonderungsberechtigte Gläubiger hat einen Anspruch auf Ausgleich eines etwa dadurch entstehenden Wertverlustes der Sicherheit, vgl. RdNr. 16 ff. Der absonderungsberechtigte Gläubiger ist grundsätzlich zur Duldung der Nutzung nach Maßgabe des § 172 verpflichtet. Die Norm galt bis zur Neuregelung des § 21 im Jahre 2007 nur im eröffneten Insolvenzverfahren.[17]

7 Die Regelung in § 172 ist **zwingendes Recht**, so dass vertragliche Vereinbarungen, die der Schuldner vor Verfahrenseröffnung hinsichtlich der Nutzung des Sicherungsguts getroffen hat, ihre Wirkung verlieren.[18] Für das Benutzungsrecht des Insolvenzverwalters kommt es deshalb nicht darauf an, was Sicherungsgeber und Sicherungsnehmer für den Fall einer Insolvenz des Sicherungsgebers in den Vereinbarungen über die Bestellung und Verwertung der Kreditsicherheit geregelt haben. Es kommt insbesondere nicht darauf an, ob der Schuldner noch das Recht hätte, die sicherungsübereignete Maschine zu benutzen.[19] Die vorstehenden Regelungen gelten im eröffneten Verfahren und bei Anordnung durch das Gericht auch im Eröffnungsverfahren. Hinsichtlich der Nutzungsbefugnis des Schuldners/vorläufigen Insolvenzverwalters im Insolvenzeröffnungsverfahren vgl. die Ausführungen bei § 21.

8 Der Gesetzgeber geht wohl davon aus, dass Vertragsklauseln über die Verarbeitung und den Verbrauch des Sicherungsguts mit Insolvenzeröffnung wirkungslos werden.[20] Die Neuregelung des § 172 bewirkt eine Klarstellung, dass Benutzung, Verbindung, Vermischung und Verarbeitung von sicherungsübereigneten beweglichen Gegenständen im Insolvenzverfahren zulässig sind. Darüber hinaus dürfte wohl davon auszugehen sein, dass die Weiterverarbeitungsklausel (z. B. im Rahmen der Sicherungsübereignung eines Warenlagers oder im Rahmen eines verlängerten Eigentumsvorbehalts) dem Sicherungsnehmer auch in der Insolvenz einen Schutz gewähren, d. h., die Absonderungsgläubiger können Rechte an den weiterverarbeiteten Waren oder den Erlösen aus der Weiterveräußerung geltend machen.[21] Ausführlich dazu RdNr. 38 ff.

II. Verwertungsrecht des Insolvenzverwalters – Nutzungskompetenz

9 Die Verwendung des Sicherungsgutes ist dem Verwalter nur dann gestattet, wenn er zur Verwertung der beweglichen Sache nach § 166 befugt ist. Das Nutzungsrecht des Insolvenz-

---

[15] Vgl. Beschluss-Empfehlung des Rechts-Ausschusses zu den §§ 197, 198, BT-Drucks. 12/7302, S. 178.
[16] Beschluss-Empfehlung des Rechts-Ausschusses zu den §§ 197, 198, BT-Drucks. 12/7302, S. 178.
[17] BGH NZI 2006, 587.
[18] KölnerSchrift-*Gottwald/Adolphsen* 2. Aufl., S. 1043, 1073 RdNr. 114; HK-*Landfermann*, § 172 RdNr. 4; *Uhlenbruck*, InsO § 172 RdNr. 1; *Lwowski/Heyn*, WM 1998, 473, 482.
[19] *Uhlenbruck*, InsO § 172 RdNr. 1.
[20] HK-*Landfermann*, § 172 RdNr. 4; *Uhlenbruck*, InsO § 172 RdNr. 1; einschränkend: *Nerlich/Römermann/Becker* § 172 RdNr. 13, 56.
[21] *Nerlich/Römermann/Becker* § 172 RdNr. 13, 56; *Bork* in FS Gaul, S. 88 ff.

verwalters ist also an seine Verwertungskompetenz gebunden.²² Insoweit wird auf die Kommentierung von § 166 verwiesen.

Die Regelung des § 172 ist auf bewegliche Sachen anwendbar. An der beweglichen Sache muss ein Absonderungsrecht bestehen. Es wird insoweit auf die Kommentierung des § 166 verwiesen. Die Norm des § 172 ist nicht analog anwendbar auf Aussonderungsrechte anwendbar, vgl. RdNr. 31 ff. Abweichendes gilt im Insolvenzeröffnungsverfahren. Der Insolvenzverwalter muss die Sache in seinem unmittelbaren Besitz haben. Nach Auffassung des BGH reicht auch mittelbarer Besitz aus, vgl. § 166 RdNr. 14 ff.

Die Norm des § 172 gibt dem Verwalter keinen Anspruch gegen den unmittelbar besitzenden Sicherungsgläubiger auf Herausgabe zwecks Nutzung.²³ Nutzt ein Dritter (unberechtigt) den Sicherungsgegenstand, so kann der Sicherungseigentümer, der nach der Sicherungsabrede mit dem Sicherungsgeber kein Nutzungsrecht an dem Gegenstand hat, keine Nutzungsentschädigung von dem Dritten beanspruchen.²⁴

Hauptanwendungsfall in der Praxis ist die Sicherungsübereignung von Anlage- und Umlaufvermögen.

III. Nutzung

1. Allgemeines. Nutzung i. S. d. § 172 ist der bestimmungsgemäße Gebrauch der sicherungsübereigneten beweglichen Sache sowie die Verbindung und Vermischung und Verarbeitung als Spezialfälle des § 172 Abs. 2. Der Insolvenzverwalter darf die sicherungsübereignete bewegliche Sache nur dann verbinden, vermischen und verarbeiten, soweit dadurch nicht die Sicherung des absonderungsberechtigten Gläubigers beeinträchtigt wird. Vgl. dazu RdNr. 38 ff.

Das Nutzungsrecht des Insolvenzverwalters ergibt sich aus dem Gesetz. Der Insolvenzverwalter muss daher die Nutzung dem Gläubiger nicht ankündigen. Der Gläubiger hat jedoch das Recht, sich jederzeit über den Zustand der Sache zu informieren, da er nur so einen etwaigen Wertverlust erkennen kann.²⁵

2. Einzelfragen. a) Nutzung im Gläubigerinteresse. Unter dem Begriff der „Nutzung" in § 172 Abs. 1 ist der bestimmungsgemäße Gebrauch bzw. die Verwendung der Sache zu verstehen.²⁶ Der Insolvenzverwalter ist zu jeder Art der Nutzung des Sicherungsguts berechtigt, die an einem der gesetzlich vorgegebenen oder von der Gläubigerversammlung beschlossenen Verfahrensziele (zerschlagende Liquidation, übertragende Sanierung, fortführende Sanierung) ausgerichtet ist.²⁷ Das bedeutet, dass die Pflicht des Insolvenzverwalters, das Sicherungsgut unverzüglich nach dem Berichtstermin zu verwerten, wenn nicht die Gläubigerversammlung einen abweichenden Beschluss gefasst hat (vgl. § 159), durch § 172 nicht berührt wird.²⁸

Der Insolvenzverwalter muss den Gegenstand für die Insolvenzmasse nutzen, d. h., die Nutzung muss zu Vorteilen für die Gesamtheit aller Gläubiger führen.²⁹ Angegriffen werden könnten hier insbesondere Vereinbarungen des Insolvenzverwalters mit Gläubigern, denen Großteile des Anlage- und Umlaufvermögens übertragen worden sind, wenn der Verwalter in der Verwertungsvereinbarung eine Betriebsfortführung im Interesse dieser Großgläubiger zusagt. Ein anderer Sicherungsgläubiger könnte sich gegen die Nutzung der ihm sicherungsübereigneten Sache für diese Betriebsfortführung mit dem Argument sperren, die Nutzung erfolge nicht im Interesse der Gesamtheit aller Gläubiger. In einem derartigen Fall kommt es darauf an, ob die Betriebsfortführung neben den Vorteilen für die Großgläubiger auch

---

²² *Uhlenbruck*, InsO § 172 RdNr. 1; *Mönning* Festschrift Uhlenbruck, S. 239, 259.
²³ *Nerlich-Römermann/Becker*, § 172 RdNr. 3.
²⁴ BGH WM 2006, 2351; *v. Olshausen*, ZIP 2007, 1145.
²⁵ *Kübler/Prütting/Kemper*, § 172 RdNr. 3; *Uhlenbruck*, InsO § 172 RdNr. 3.
²⁶ *Kübler/Prütting/Kemper* § 172 RdNr. 3.
²⁷ *Mönning*, FS Uhlenbruck, S. 239, 259; *Uhlenbruck*, InsO § 172 RdNr. 3.
²⁸ *HK-Landfermann*, § 172 RdNr. 4.
²⁹ *Uhlenbruck*, InsO § 172 RdNr. 3; *Breutigam/Blersch/Goetsch-Breutigam*, § 172 RdNr. 6.

Vorteile für die restlichen Gläubiger bringt. Ist die Betriebsfortführung nicht im Interesse aller Gläubiger, so verhält sich der Insolvenzverwalter schon per se insolvenzzweckwidrig.

12 **b) Abwarten mit Verwertung.** Auch das bloße Liegenlassen eines sicherungsübereigneten Gegenstandes, um bessere Verwertungsmöglichkeiten abzuwarten, kann sich als zweckgerichtete Form der Nutzung darstellen, wenn sich bereits eine bessere Verwertungschance abzeichnet.[30]

Kümmert sich der Insolvenzverwalter überhaupt nicht um den Gegenstand, so kann eigentlich nicht von einer „Nutzung" i. S. d. § 172 gesprochen werden.[31] Geht es um die Frage, ob die Insolvenzmasse die Pflicht zu Ausgleichszahlungen nach § 172 Abs. 1 trifft, wird man die Norm analog anwenden müssen. Der Gesetzgeber hat einen umfassenden Schutz des absonderungsberechtigten Gläubigers vor Wertverlusten am Sicherungsgut bezweckt. Es erscheint nicht vertretbar, den Sicherungsgläubiger allein auf die Möglichkeit zu verweisen, beim Insolvenzgericht Sicherungsmaßnahmen gegen den Insolvenzverwalter anzuregen.

13 **c) Verbrauch.** Nicht unter den Begriff der „Nutzung" fällt der Verbrauch der Sache, da sie hierdurch der Insolvenzmasse substantiell entzogen wird.[32]

Nach einer Minderansicht[33] ist der Insolvenzverwalter generell berechtigt, die Sache zu verbrauchen. Diese Meinung kann sich nicht auf den Gesetzeswortlaut stützen. Der RegE hatte eine Befugnis der Insolvenzmasse zum Verbrauch des Sicherungsguts gegen Stellung einer Ersatzsicherheit vorgesehen; die Regelungen waren durch den Gesetzgeber nicht in das Gesetz übernommen worden. Der Gesetzgeber hat auf die Möglichkeit vertraglicher Vereinbarungen über Ersatzsicherheiten hingewiesen.[34] Ohne eine vertragliche Vereinbarung über Ersatzsicherheiten darf der Insolvenzverwalter das mit Absonderungsrechten belastete Sicherungsgut nicht verbrauchen.

Kommt es zu einer ordnungsgemäßen Abwicklung des Insolvenzverfahrens und tritt insbesondere keine Masseunzulänglichkeit ein, so spielt in der Praxis der Streit, ob ein Verbrauch eine Nutzung ist oder nicht, kaum eine Rolle.[35] Kommt es aber zu Störungen bei der Verfahrensabwicklung, so kommt es für den Gläubiger darauf an, ob es sich bei einem Verbrauch der Sache um eine zulässige Nutzung gehandelt hat oder nicht. In dem einen Fall kann er u. U. nur quotale Befriedigung von Altmasseverbindlichkeiten verlangen, in dem anderen Fall stehen ihm außerdem noch Ansprüche aus § 60 gegen den Insolvenzverwalter persönlich zu. Es bleibt also festzuhalten, dass der Verbrauch keine Nutzung i. S. d. § 172 Abs. 1 darstellt.

Unzutreffend ist auch die Auffassung,[36] dass z. B. ein sicherungsübereignetes Warenlager ohne Beachtung der Schutzvorschriften für den Sicherungsgläubiger (§ 168) als Verwendung i. S. d. §§ 170 ff. veräußert werden könne. Dies ist keine Verwendung, keine Ziehung der Nutzung, sondern Verwertung i. S. d. §§ 166 ff.

Der Verbrauch des Sicherungsgutes ist also nicht von der gesetzlichen Erlaubnis zur Nutzung gem. § 172 Abs. 1 erfasst. Es bleibt dem Sicherungsgläubiger und dem Verwalter aber unbenommen, sich über den Verbrauch des Sicherungsgutes vertraglich zu einigen. In diesem Fall wird der Insolvenzverwalter dem Sicherungsgläubiger eine Ersatzsicherheit an Gegenständen der Insolvenzmasse bestellen. Das Instrument der Ersatzsicherheit war in § 197 RegE vorgesehen.[37] Da diese Vorschläge aber nicht im Gesetzgebungsverfahren

---

[30] *Mönning*, FS Uhlenbruck, S. 239, 259; *Uhlenbruck*, InsO § 172 RdNr. 3.
[31] *Uhlenbruck*, InsO § 172 RdNr. 3.
[32] *Kübler/Prütting/Kemper*, § 172 RdNr. 3; *Uhlenbruck*, InsO § 172 RdNr. 3; *Haarmeyer/Wutzke/Förster*, Handbuch InsO, RdNr. 5/445; HambKomm-*Büchler*, § 172 RdNr. 3.
[33] *Nerlich/Römermann/Becker* § 172 RdNr. 9.
[34] BT-Drucks. 12/7302 S. 178; HK-*Landfermann* § 172 RdNr. 2; *Breutigam/Bleusch/Goetsch-Breutigam* § 172 RdNr. 5.
[35] *Breutigam/Blersch/Goetsch-Breutigam*, § 172 RdNr. 5; *Uhlenbruck*, InsO § 172 RdNr. 1.
[36] *Nerlich/Römermann/Becker* § 172 RdNr. 10.
[37] Vgl. RdNr. 4.

umgesetzt wurden, sind die Beteiligten in der Gestaltung der Regelungen frei. Der Insolvenzverwalter ist berechtigt, diese Ersatzsicherheiten an Gegenständen der Insolvenzmasse zu bestellen.[38] Besonders sollte von Seiten der Sicherungsgläubiger darauf geachtet werden, bei der Bestellung die in der Praxis gebräuchlichen Kreditsicherungsformulare individuell anzupassen. Wird bspw. als Ersatzsicherheit eine Zession von Kundenforderungen vereinbart, so kann nicht ein Formular für eine stille Zession mit dinglicher Teilverzichtsklausel verwendet werden. Es muss vielmehr geregelt werden, dass der Verwalter die Forderungen für den Sicherungsgläubiger einzieht und die Forderungen von Lieferanten mit verlängerten Eigentumsvorbehaltsrechten bedient.

Daneben kann sich die Insolvenzmasse auch dadurch die Befugnis zum Verbrauch der Sachen erkaufen, dass der Insolvenzverwalter die gesicherte Forderung begleicht und dadurch die uneingeschränkte Verfügungsbefugnis über den (zuvor mit Absonderungsrechten belasteten) Gegenstand erlangt.[39]

d) Vermietung. Dem Insolvenzverwalter ist nur eine Nutzung für die Insolvenzmasse **14** gestattet. Der Gesetzgeber ließ sich von der Vorstellung leiten, dass dem Insolvenzverwalter durch die Regelung des § 172 Abs. 1 ermöglicht werden soll, eine Betriebsfortführung durchzuführen und dafür auch mit Sicherungsrechten belastetes Anlage- und Umlaufvermögen zu nutzen.[40] Deshalb wird darauf hingewiesen, dass es dem Verwalter nicht gestattet sei, das Nutzungsrecht auf einen Dritten zwecks Nutzung gegen Entgelt zu übertragen, um z. B. Miet- oder Pachtzinsen für die Masse zu erzielen.[41] Ist die Weitervermietung und Weiterverpachtung aber Geschäftszweck des schuldnerischen Unternehmens, so müsse es auch dem Insolvenzverwalter möglich sein, das bewegliche Sicherungsgut dadurch zu nutzen, dass er es weitervermietet.[42]

Die Grenzen sind hier fließend. In einer Vielzahl von Fällen wird sich nicht sicher ausschließen lassen, dass die Vermietung/Verpachtung des Sicherungsguts auch vom Geschäftszweck des schuldnerischen Unternehmens gedeckt ist. In diesem Fall muss es u. U. der Sicherungsgläubiger hinnehmen, dass der Verwalter die Sache durch Vermietung weiternutzt und ihm einen Wertausgleich nach § 172 sowie Zinsen nach § 169 zahlt, die in der Summe u. U. noch unter den Mietzinsen liegen, welche der Sicherungsgläubiger selbst erzielen könnte, wenn er sich wieder in den Besitz des Sicherungsgutes bringen könnte.

e) Verbindung, Vermischung und Verarbeitung (Verweisung auf Abs. 2). Verbin- **15** dung, Vermischung und Verarbeitung fallen als Spezialfälle gem. § 172 Abs. 2 ebenfalls unter den Begriff der Nutzung. Durch Verbindung, Vermischung und Verarbeitung darf die Sicherung des absonderungsberechtigten Gläubigers nicht beeinträchtigt werden. Vgl. dazu RdNr. 38 ff.

D. Wertausgleich bei Nutzung des Sicherungsguts (Abs. 1)

I. Wertverlust

Entsteht dem absonderungsberechtigten Gläubiger durch Benutzung des Sicherungs- **16** gutes gem. § 172 Abs. 1 ein Wertverlust, ist er zur Ausgleichszahlung an den Gläubiger verpflichtet,[43] soweit hierdurch eine Beeinträchtigung der Sicherheit des Gläubigers eintritt.[44]

---

[38] Vgl. RdNr. 4.
[39] Beschluss-Empfehlung des Rechts-Ausschusses zu §§ 197, 198 RegE, BT-Drucks. 12/7302, S. 178 aE.
[40] *Uhlenbruck,* InsO § 172 RdNr. 1.
[41] HambKomm-*Büchler,* § 172 RdNr. 3; FK-*Wegener,* § 172 RdNr. 3; *Uhlenbruck,* InsO § 172 RdNr. 1.
[42] HambKomm-*Büchler,* § 172 RdNr. 3; FK-*Wegener,* § 172 RdNr. 3; *Uhlenbruck,* InsO § 172 RdNr. 1; vgl. dazu auch BGH NZI 2006, 587.
[43] *Kübler/Prütting/Kemper* § 172 RdNr. 4.
[44] Vgl. RdNr. 24 ff.

Der Wertverlust berechnet sich nach objektiven Maßstäben.[45] Entscheidend ist demnach, ob sich der objektiv feststellbare Wert der Sache infolge der Benutzung verringert.[46] Es handelt sich nicht um eine mietähnliche Zahlung (dann wäre ein „Gewinn" für den Vermieter einzubeziehen). Ziel des Ausgleichsanspruchs ist die Erhaltung der Sicherheit.[47] Die **Abnutzung** könnte man nach den **AfA-Sätzen** bestimmen.[48]

Geht man vom Gesetzeswortlaut aus, so ist der Wertverlust so zu berechnen, dass der durch den Sachverständigen zum Zeitpunkt der Verfahrenseröffnung ermittelte Zeitwert dem Verwertungserlös gegenübergestellt wird, der nach Beendigung der Nutzung im Zuge der Vermarktung des mit Absonderungsrechten belasteten Gegenstandes erzielt werden wird.[49] Bei einer derartigen Vorgehensweise ist also eine **Prognoseentscheidung** zu treffen. Weder der Insolvenzverwalter noch der Sicherungsgläubiger wissen aber, welchen Erlös eine sicherungsübereignete Maschine bringen wird, wenn nach einer Betriebsfortführung z. B. ein Jahr nach Verfahrenseröffnung die Maschine im Wege eines asset-deals veräußert werden wird. Hier wird man aus Praktikabilitätsgründen davon ausgehen müssen, dass bei einer ordnungsgemäßen Wartung der Maschine durch den Insolvenzverwalter der Wertverlust der sicherungsübereigneten Maschine allein in der Abnutzung besteht. Man könnte also den Wertverlust dadurch bestimmen, dass man ausgehend von dem vom Sachverständigen festgestellten Wert der Sicherheit[50] den Wertverlust unter Heranziehung der AfA-Sätze ermittelt.

17 Zum Bestehen eines Anspruchs nach § 172 Abs. 1 und zur Höhe des Wertverlusts wird die Auffassung vertreten, der Gläubiger müsse das Entstehen eines Wertverlusts und dessen Höhe beweisen.[51] Auch wenn es prinzipiell richtig ist, dass der absonderungsberechtigte Gläubiger die Voraussetzungen für das Bestehen des Anspruchs darlegen muss, so ist doch zu betonen, dass der in § 172 Abs. 1 geregelte Wertausgleichsanspruch eine Kompensation für die Übertragung des Verwertungsrechts auf den Insolvenzverwalter darstellt und zusammen mit dem § 169 einen weitgehenden Schutz des Sicherungsgläubigers vor einer Entwertung seiner Sicherheit darstellen soll. Man wird deshalb dem **Gläubiger** hinsichtlich der Frage des **Umfanges der Nutzung** einen **Auskunftsanspruch gegen** die **Insolvenzmasse** zubilligen müssen.[52] Hinsichtlich der Höhe des eingetretenen Wertverlusts können die bereits oben angesprochenen AfA-Sätze ein möglicher Anhaltspunkt sein.

Hinsichtlich der **Berücksichtigung von Reparatur- und Instandhaltungskosten** des Insolvenzverwalters für sicherungsübereignetes Anlagevermögen stellt sich die Frage, ob die Masse mit diesen Kosten gegen den Wertausgleichsanspruch des absonderungsberechtigten Gläubigers aufrechnen kann.[53] Hier muss man unterscheiden: War die sicherungsübereignete Maschine reparaturbedürftig, so darf die Wertsteigerung infolge der Reparatur nicht beim absonderungsberechtigten Gläubiger verbleiben, sondern sie gebührt der Insolvenzmasse. Wird hingegen die sicherungsübereignete Maschine, die sich bei Verfahrenseröffnung in einem ordnungsgemäßen Zustand befand, während der Betriebsfortführung durch den Insolvenzverwalter beschädigt und nachfolgend instand gesetzt oder handelt es sich um Wartungsmaßnahmen, so kann der Insolvenzverwalter keine Gegenansprüche geltend machen.

18 Die **Berechnung des Wertausgleichsanspruchs** ist eine **dynamische Berechnung,** die sich schon durch Zeitablauf verändern kann:[54] Auch ohne Benutzung kann sich der Wert

---

[45] Vgl. die Parallelvorschrift des § 188 RegE; Begr. zu § 188 RegE, BR-Drucks. 1/92, S. 176 f.
[46] *Kübler/Prütting/Kemper* § 172 RdNr. 3.
[47] *Smid* § 172 RdNr. 3.
[48] FK-*Wegener* § 172 RdNr. 4.
[49] *Uhlenbruck*, InsO § 172 RdNr. 4.
[50] Im Falle einer Betriebsfortführung ist der Fortführungswert zugrunde zu legen und nicht etwa der Zerschlagungswert.
[51] *Uhlenbruck*, InsO § 172 RdNr. 4; *Kirchhof*, Leitfaden zum Insolvenzrecht, S. 94.
[52] *Uhlenbruck*, InsO § 172 RdNr. 4; *Kirchhof*, Leitfaden zum Insolvenzrecht, S. 94.
[53] Vgl. dazu *Mönning* in FS Uhlenbruck, S. 239, 262; *Uhlenbruck*, InsO § 172 RdNr. 4.
[54] *Mönning* in FS Uhlenbruck, S. 239, 263; *Uhlenbruck*, InsO § 172 RdNr. 7.

eines Gegenstandes verändern. Da der Insolvenzverwalter zur Verwertung des Gegenstandes nach § 166 verpflichtet ist, werden der Wertverlust durch „Abnutzung/Substanzverlust" und der Wertverlust infolge Zeitablauf ineinander übergehen. Eine während der Benutzung eintretende Marktverschlechterung ist nicht durch die „Ausgleichszahlungen" aufzufangen.[55] War die **Marktverschlechterung** für den benutzten Gegenstand allerdings vorauszusehen, kann sich bei Nichtbeachtung durch den (zur Verwertung berechtigten) Insolvenzverwalter für den Absonderungsgläubiger ein Schadensersatzanspruch wegen der zögerlichen Verwertung ergeben. Der Verwalter hat zwischen den Vorteilen aus der Benutzung des Sicherungsguts gegen Zahlung eines Ausgleichs für den dadurch entstehenden Wert-/Substanzverlust und den Nachteilen durch einen möglichen Preisfall bei späterer Verwertung auf Grund veränderter Marktlage sorgfältig abzuwägen.

II. Einzelfragen zum Ausgleichsanspruch

1. Beginn und Ende der Zahlungspflicht. Nach § 172 Abs. 1 entsteht die Verpflichtung zur Zahlung des Ausgleichs eines durch die Nutzung der Sache entstandenen Wertverlustes erst ab der Eröffnung des Insolvenzverfahrens. Es kommt auf den Beginn der wertmindernden Benutzung an, denn ohne Benutzung kann keine Wertminderung eintreten.[56] Der Beginn der Zahlungspflicht muss also nicht zwingend mit der Verfahrenseröffnung zusammenfallen. Es werden nur solche Wertverluste ausgeglichen, die nach Verfahrenseröffnung eingetreten sind. Es kann also nicht nach Verfahrenseröffnung ein Wertausgleich für vor Eröffnung des Insolvenzverfahrens eingetretene Wertverluste beansprucht werden.[57] Eine analoge Anwendung des § 172 Abs. 1 auf den Zeitraum vor Verfahrenseröffnung vor der Gesetzesänderung 2007 kam nicht in Betracht, vgl. RdNr. 28 ff.

Die Zahlungsverpflichtung endet mit:
– Einstellung der Nutzung,
– vollständigem Wertverlust,
– Befriedigung der gesicherten Forderungen des absonderungsberechtigten Gläubigers,
– Wegfall des Verwertungsrechts des Insolvenzverwalters,
– Verwertung des Sicherungsguts.[58]

2. Laufende Zahlungen aus der Insolvenzmasse. Der Wertausgleich für die Nutzung durch die Insolvenzmasse hat durch „laufende Zahlungen" zu erfolgen. Das Gesetz trifft keine Regelung zu der Frage, in welchen Zeitabständen die Zahlungen zu erfolgen haben. Hier wird man aus Gründen des Schutzes des absonderungsberechtigten Gläubigers davon auszugehen haben, dass – wenn der Gläubiger dies wünscht und die zu zahlenden Beträge eine nennenswerte Höhe erreichen – die Zahlungen monatlich aus der Insolvenzmasse zu erbringen sind.[59] Die Zahlungen können nicht bis zur Auskehrung des Verwertungserlöses aufgeschoben werden, weil es sich um Masseverbindlichkeiten handelt und so für den Absonderungsgläubiger die Gefahr droht, dass er mit seinen Ansprüchen im Falle einer Masseunzulänglichkeit ausfällt. Vgl. dazu ausführlich § 169 RdNr. 39.

3. Nachträgliche Anpassung. Die Feststellung der Höhe der Wertminderung wird in der Praxis mit erheblichen Schwierigkeiten verbunden sein. Sicherungsgläubiger und Insolvenzverwalter sollten mit Verfahrenseröffnung den Wert der Sicherheit ermitteln lassen. Will der Sicherungsgläubiger den Wert, den der vom Insolvenzverwalter beauftragte Sachverständige ermittelt hat, nicht akzeptieren, so empfiehlt es sich, dass der Sicherungsgläubiger alternative Verwertungsmöglichkeiten aufzeigt. Auf diese Weise sollte es möglich sein, dass

---

[55] *Kübler/Prütting/Kemper* § 172 RdNr. 5.
[56] *Kirchhof*, Leitfaden Insolvenzrecht, S. 94; *Mönning* Festschrift Uhlenbruck, S. 239, 262; *Uhlenbruck*, InsO § 172 RdNr. 6.
[57] *Uhlenbruck*, InsO § 172 RdNr. 6; *Nerlich/Römermann/Becker* § 172 RdNr. 31; *Kübler/Prütting/Kemper*, § 172 RdNr. 16.
[58] HambKomm-*Büchler*, § 172 RdNr. 4; *Uhlenbruck*, InsO § 172 RdNr. 6.
[59] HK-*Landfermann*, § 172 RdNr. 5; HambKomm-*Büchler*, § 172 RdNr. 5.

die Parteien sich in der Mehrzahl der Fälle auf einen zu erwartenden Verwertungserlös verständigen. Davon ausgehend, sollten sich die Parteien dann auf die Höhe der zu erwartenden Wertminderung einigen und monatliche oder quartalsmäßige Zahlungen der Insolvenzmasse an den Sicherungsgläubiger regeln.

Steht dann nach Vornahme der Verwertung der tatsächliche Verwertungserlös fest, so ist zu prüfen, ob die von den Parteien vereinbarten Ausgleichszahlungen zu hoch oder zu niedrig waren. Die Ausgleichszahlung ist dann nachträglich anzupassen.[60] Es besteht entweder ein Rückforderungsrecht der Insolvenzmasse oder ein Nachzahlungsanspruch des Sicherungsgläubigers.[61]

23 **4. Klassifikation als Masseverbindlichkeit.** Die Zahlungspflicht aus § 172 Abs. 1 ergibt sich aus dem Gesetz; es bedarf keiner Aufforderung durch den Gläubiger. Der Insolvenzverwalter hat die Zahlungspflicht von Amts wegen zu erfüllen.[62] Bei dem Wertausgleichsanspruch handelt es sich um eine Masseverbindlichkeit i. S. v. § 55 Abs. 1 Nr. 1.[63] Erfüllt der Insolvenzverwalter den Wertausgleichsanspruch des Absonderungsgläubigers nicht und fällt dieser dann mit seinem Anspruch im masseunzulänglichen Verfahren aus, so ist eine Haftung des Insolvenzverwalters nach § 61 und § 60 zu prüfen, wenn der Verwertungserlös nicht ausreicht, um die gesamte gesicherte Forderung zurückzuführen und der Gläubiger insoweit auf die Zahlungen nach § 172 Abs. 1 angewiesen ist. Vgl. dazu auch § 169 RdNr. 39.

III. Kein Ausgleich bei Nichtbeeinträchtigung der Sicherheit

24 **1. Allgemeines.** Neben dem Eintritt der Wertminderung ist für das Entstehen einer Ausgleichspflicht nach § 172 Abs. 1 Voraussetzung, dass der entstehende Wertverlust die Sicherung des Gläubigers beeinträchtigt.[64]

Eine Zahlungspflicht entfällt also dann, wenn der Gegenstand trotz Wertverlusts die Forderung des Absonderungsgläubigers vollständig sichert.

Die Ausgleichspflicht besteht auch dann nicht, wenn der Absonderungsberechtigte keine Erlösbeteiligung erwarten kann, etwa bei wertausschöpfenden vorrangigen Belastungen am Sicherungsgut.

Der Wertausgleichsanspruch ist entsprechend zu reduzieren, wenn der Gegenstand trotz Wertverlusts die Forderung noch nahezu vollständig sichert. Der Gläubiger mit einer Forderung von 100 hat keinen Anspruch auf einen Verwertungserlös von 90 und einen zusätzlichen Anspruch auf den Wertausgleich nach § 172 Abs. 1 i. H. v. 20, auch wenn tatsächlich ein Wertverlust von 20 eingetreten ist. In diesem Fall stehen dem Gläubiger im Rahmen der abgesonderten Befriedigung nur Zahlungen i. H. v. insgesamt 100 zu (Beispiel ohne Berücksichtigung von Kostenbeiträgen nach §§ 170, 171).

Die Höhe des Wertausgleichsanspruches ist auch dann anzupassen, wenn der Gläubiger nicht mit einer vollständigen Befriedigung aus dem Verwertungserlös der Sicherheit rechnen kann. Hat der Gläubiger also wieder eine Forderung über 100 und steht eine Sicherheit im Wert von 120 zu Verfügung, bei der aber vorrangige Belastungen zugunsten Dritter i. H. v. 100 bestehen, so könnte der Gläubiger allenfalls mit 20 am Verwertungserlös partizipieren und müsste die restlichen Forderungen als ungesicherte Forderungen zur Insolvenztabelle anmelden. Tritt in dem Beispielfall eine Wertminderung i. H. v. 60 ein, so hat der Gläubiger nicht etwa einen Anspruch aus § 172 Abs. 1 i. H. v. 60, sondern er kann nur Ansprüche

---

[60] *Uhlenbruck,* InsO § 172 RdNr. 7; HambKomm-*Büchler,* § 172 RdNr. 5; *Mönning* Festschrift Uhlenbruck, S. 239, 263.
[61] *Uhlenbruck,* InsO § 172 RdNr. 7.
[62] *Nerlich/Römermann/Becker* § 172 RdNr. 27; *Kübler/Prütting/Kemper,* § 172 RdNr. 6; *Uhlenbruck,* InsO § 172 RdNr. 5.
[63] HambKomm-*Büchler,* § 172 RdNr. 5; *Kübler/Prütting/Kemper,* § 172 RdNr. 6; *Uhlenbruck,* InsO § 172 RdNr. 5.
[64] HK-*Landfermann,* § 172 RdNr. 6; HambKomm-*Büchler,* § 172 RdNr. 5.

i. H. v. 20 geltend machen (Beispiel ohne Berücksichtigung von Kostenbeiträgen nach §§ 170, 171).

2. Übersicherung. Es besteht kein Anspruch auf Ausgleichszahlungen nach § 172 Abs. 1, wenn der Wertverlust das Recht des Gläubigers nicht beeinträchtigt. Übersteigt der Wert der Sache die zu sichernde Forderung so weit, dass die Forderung trotz Wertminderung des Sicherungsguts noch gedeckt ist, so liegt keine Beeinträchtigung des Gläubigers i. S. v. § 172 Abs. 1 vor.[65] Ein Abbau einer bestehenden Übersicherung durch Nutzung führt zum Abschmelzen der Sicherheit, ohne dass in das Absonderungsrecht des Gläubigers wertmäßig eingegriffen wird. Bei der Ermittlung der Grenze, wann in die Rechte des Sicherungsgläubigers durch die Nutzung wertmäßig eingegriffen wird, ist das legitime Sicherungsbedürfnis des Absonderungsberechtigten maßgebend. Verfügt der Sicherungsgläubiger über zu sichernde Forderungen i. H. v. 100, so setzt der Ausgleichsanspruch aus § 172 Abs. 1 nicht erst dann ein, wenn die Sicherheit auf 100 abgeschmolzen worden ist. Dem **Sicherungsgläubiger muss** vielmehr eine **Marge verbleiben,** um die Belastung durch die Kostenbeiträge nach §§ 170, 171 und Verwertungskosten aufzufangen. Nach der Entscheidung des Großen Senats des BGH zur nachträglichen Übersicherung liegt das legitime Sicherungsbedürfnis (bezogen auf Forderungen i. H. v. 100) bei Sicherheiten i. H. v. mind. 150 (Nennwert, Einstandswert o. ä. als Bezugsgröße) bzw. 110 (realisierbarer Wert).[66]

Wird der Wert der Sicherheiten durch den Wertverlust so weit abgeschmolzen, dass dem Sicherungsgläubiger nicht mehr die Marge zur Abdeckung seines legitimen Sicherungsbedürfnisses verbleibt, so setzt die Ausgleichspflicht nach § 172 Abs. 1 ein.

Die Ausgleichspflicht setzt nicht erst bei einem Abschmelzen der Sicherheit auf 100 ein; der Sicherungsgläubiger hat Anspruch auf die oben näher beschriebene Überdeckung.[67]

3. Mangelnde Werthaltigkeit der Sicherheit. Kein Anspruch auf Wertausgleich nach § 172 Abs. 1 besteht, wenn die Sicherungsrechte nicht werthaltig sind, etwa wenn das Sicherungsgut wertlos oder mit vorrangigen Drittrechten belastet ist.[68]

4. Beweislast. Der Insolvenzverwalter, der sich auf § 172 Abs. 1 Satz 2 beruft und keine Ausgleichszahlungen erbringen will, ist beweisbelastet.

IV. Entsprechende Anwendung des § 172 Abs. 1

1. Nutzung durch den vorläufigen Insolvenzverwalter. a) Alte Rechtslage. Im Insolvenzeröffnungsverfahren war § 172 Abs. 1 bis zur Gesetzesneuregelung in 2007 nicht anwendbar. Bereits vor der Neuregelung des § 21 wurde in der Literatur eine entsprechende Anwendung des § 172 Abs. 1 im Insolvenzeröffnungsverfahren erörtert.[69]

Der Gesetzgeber hätte unschwer die Anwendbarkeit der Vorschrift im vorläufigen Verfahren gesetzlich regeln können.[70] Er hat dies bewusst unterlassen. Will aber der vorläufige Verwalter den Betrieb zunächst fortführen, dann muss ihm auch gestattet werden (und dies eben nicht erst ab Eröffnung des Insolvenzverfahrens), das Sicherungsgut zu verarbeiten. Da die InsO dies nicht regelt, hat er mit dem Sicherungsgeber entsprechende Vereinbarungen zu treffen, die sich an den ab Insolvenzeröffnung geltenden Regeln orientieren. Der Sicherungsgeber wird damit einverstanden sein, da er dadurch nicht schlechter gestellt wird. Ein Zuwarten bei der Verwendung bis zur Verfahrenseröffnung stellt ihn eher schlechter.

---

[65] *Uhlenbruck,* InsO § 172 RdNr. 8; *Mönning,* Festschrift Uhlenbruck, S. 239, 264.
[66] BGH WM 1998, 227; *Lwowski* in FS Schimansky, 1999, 389. Abzüge für Umsatzsteuer sind ggfs. zusätzlich vorzunehmen.
[67] Unzutreffend daher *Mönning* Festschrift Uhlenbruck, S. 239, 264: „mit dem Abschmelzen einer Überdeckung [steigt] die Gefahr des Ausfalls, weil man nie ganz sicher weiß, ob der erhoffte Erlös wirklich erzielt werden wird, jedoch besteht kein Anspruch auf eine Risikoprämie". Unscharf auch *Uhlenbruck,* InsO § 172 RdNr. 8; *Kübler/Prütting/Kemper,* § 172 RdNr. 8. Wie hier: HK-*Landfermann,* § 172 RdNr. 6.
[68] HambKomm-*Büchler,* § 172 RdNr. 5.
[69] Vgl. *Uhlenbruck,* InsO § 172 RdNr. 5; *Jaeger-Gerhardt* § 22 RdNr. 108.
[70] BGH NZI 2006, 587, 588.

Nicht berufen kann sich der vorläufige Verwalter auf eine im Sicherungsvertrag vereinbarte Verarbeitungsbefugnis, wenn die Verarbeitung der sicherungsübereigneten Gegenstände nicht im ordnungsgemäßen Geschäftsgang erfolgt. Häufig sehen die Sicherungsverträge (z. B. Lieferbedingungen mit verlängertem Eigentumsvorbehalt) auch ein automatisches Erlöschen der Verarbeitungsbefugnis mit Insolvenzantragstellung vor. Derartige Klauseln sind zulässig, da sonst der Sicherungsnehmer im Eröffnungsverfahren mit einem Verlust seiner Rechte rechnen müsste, wenn der vorläufige Insolvenzverwalter/Schuldner die Gegenstände zunächst verarbeitet, dann weiterveräußert und die Kundenforderungen einzieht. Im Übrigen kann der Sicherungsnehmer (z. B. Lieferant) die Verarbeitungsbefugnis nach Insolvenzantragstellung widerrufen.

30 **b) Neue Rechtslage:** Die im Jahre 2007 neu eingefügte Vorschrift des § 21 Abs. 2 Nr. 5 sieht vor, dass das Gericht eine Anordnung treffen kann mit dem Inhalt, dass Gegenstände, die im eröffneten Insolvenzverfahren von § 166 erfasst werden oder deren Aussonderung verlangt werden könnte, vom Gläubiger nicht verwertet werden dürfen und dass solche Gegenstände zur Fortführung des Unternehmens des Schuldners eingesetzt werden können, soweit sie hierfür von erheblicher Bedeutung sind. Mit der Gesetzesänderung wurde auch eine Anwendung der Ausgleichsregelungen, darunter § 172, zugunsten der absonderungsberechtigten Gläubiger im Insolvenzeröffnungsverfahren angeordnet. Besonders ist darauf hinzuweisen, dass § 21 Abs. 2 Nr. 5 auch eine Regelung für den Ausgleich von Wertverlusten, die durch eine Nutzung entstehen, für **Aussonderungsrechte** vorsieht.

31 **2. Anwendung auf Aussonderungsrechte.** Auf die Nutzung von Gegenständen, die mit Aussonderungsrechten belegt sind, findet § 172 im eröffneten Insolvenzverfahren keine analoge Anwendung.[71] Das bedeutet, dass der Insolvenzverwalter sich nicht auf § 172 stützen kann, wenn er der Aussonderung unterliegende Gegenstände nach Verfahrenseröffnung benutzt, verbraucht oder verarbeitet. Ebenfalls folgt daraus, dass der Aussonderungsberechtigte auch keine Wertausgleichsansprüche analog § 172 Abs. 1 geltend machen kann. Will der Insolvenzverwalter das Aussonderungsgut nutzen oder weiterverarbeiten, so muss er sich mit dem aussonderungsberechtigten Gläubiger einigen.

Tut der Verwalter dies nicht und ist der Verwalter aber in der Lage, nach Erfüllungswahl (§ 103) die vertraglich geschuldeten Leistungen an den Aussonderungsberechtigten zu erbringen, so wird eine (eigentlich unzulässige) Benutzung, ein Verbrauch oder eine Verarbeitung für die Insolvenzmasse oder den Verwalter keine negativen Konsequenzen haben. Reicht die vorhandene Insolvenzmasse nicht aus, um den Aussonderungsberechtigten abzufinden, so kann dieser Haftungsansprüche gegen Insolvenzmasse und Insolvenzverwalter persönlich geltend machen. Durch diese Auslegung wird ein umfassender Schutz des Aussonderungsberechtigten sichergestellt.

32 Die Gegenauffassung[72] wendet § 172 analog an und sieht eine ausfüllungsbedürftige Regelungslücke. Der Gesetzgeber habe durch § 107 Abs. 2 eine spätere, im Berichtstermin zu treffende Entscheidung über die Betriebsfortführung offen halten wollen.[73] Durch die analoge Anwendung des § 172 könne man dem Insolvenzverwalter ein Nutzungsrecht an den mit Aussonderungsrechten belasteten Gegenständen der Insolvenzmasse zusprechen.

Hiergegen wird eingewandt, dass die Weiterbenutzung von unter Eigentumsvorbehalt gelieferten Waren während der Schonfrist des § 107 Abs. 2 auch ohne eine analoge Anwendung des § 172 Abs. 1 gewährleistet sei. Die Befugnis zur weiteren Nutzung des Aussonderungsguts ergebe sich aus den über die Verfahrenseröffnung hinaus fortwirkenden vertraglichen Regelungen.[74] Dem kann in dieser Allgemeinheit allerdings nicht zugestimmt werden, denn bei der Lieferung unter Eigentumsvorbehalt (verlängerter Eigentumsvorbehalt)

---

[71] *Uhlenbruck*, InsO § 172 RdNr. 9; HambKomm-*Büchler*, § 172 RdNr. 13; HK-*Marotzke* § 107 RdNr. 35; FK-*Wegener*, § 172 RdNr. 2 a.
[72] KölnerSchrift-*Wellensiek*, S. 403, 414 RdNr. 39; *Breutigam/Blersch/Goetsch-Breutigam*, § 172 RdNr. 7.
[73] Begr. zu § 121 RegE, BR-Drucks. 1/92, S. 146.
[74] *Uhlenbruck*, InsO § 172 RdNr. 9; HK-*Marotzke* § 107 RdNr. 33.

erlischt häufig die Weiterverarbeitungs- oder Weiterveräußerungsbefugnis mit Insolvenzantragstellung oder Verfahrenseröffnung bzw. sie wird durch den Lieferanten widerrufen.

Es ist allerdings daran festzuhalten, dass § 172 nicht analog auf Aussonderungsrechte 33 angewendet werden kann. Dies führt zwar u. U. zu einer Behinderung der Betriebsfortführung durch den Insolvenzverwalter, insbes. in Fällen, in denen eine Erfüllungswahl für die Insolvenzmasse negative Folgen hat.[75] Die analoge Anwendung des § 172 auf Aussonderungsrechte stellt aber ebenfalls nur „Stückwerk" dar. Es fehlt ein geschlossenes Konzept, dass die Interessen der Gläubigergesamtheit (Nutzung des Aussonderungsguts im Rahmen der Betriebsfortführung) und des Aussonderungsberechtigten (umfassender Schutz, auch vor wirtschaftlichen Fehlentscheidungen des Insolvenzverwalters) berücksichtigt.[76] Die analoge Anwendung des § 172 würde zu einer einseitigen Zurückdrängung der Interessen des Aussonderungsgläubigers führen.

Hinsichtlich der Diskussion der Anwendung des § 172 auf Eigentumsvorbehaltsrechte ist darauf hinzuweisen, dass die Verlängerungsformen des Eigentumsvorbehalts (Erstreckung auf die neu entstehende Sache oder auf Forderungen auf Weiterveräußerung) ein Absonderungsrecht begründen und damit § 172 direkt anwendbar ist.

V. Verwertungsvereinbarungen

Die Wertausgleichsregelung in § 172 Abs. 1 ist für den Absonderungsberechtigten unprak- 34 tikabel, da eine exakte Darlegung des Wertverlusts mit erheblichen Beweisproblemen verbunden ist, die man auch mit einem Rückgriff auf die AfA-Sätze (vgl. RdNr. 17) nur partiell lösen kann. Eine laufende Ausgleichszahlung ist nur dann durchsetzbar, wenn auch der laufende Wertverlust festgestellt werden kann. Aufgrund des damit verbundenen Aufwands wird der Absonderungsberechtigte eine **Ausgleichszahlung** regelmäßig **erst nach Beendigung der Nutzung** und abschließender Wertfeststellung erhalten.[77] In diesem Fall droht aber im Falle der Masseunzulänglichkeit ein Ausfall des Sicherungsgläubigers, vgl. RdNr. 23.

Für einen Hauptanwendungsfall der Nutzung von Absonderungsgut, nämlich die Weiterverarbeitung von Warenvorräten, enthält die Norm des § 172 nur unvollständige Regelungen und lässt viele Fragen offen, vgl. RdNr. 38 ff.

Vor diesem Hintergrund wird in der Praxis der § 172 durch Verwalter und Sicherungsgläubiger häufig abbedungen und in einer **Verwertungsvereinbarung** abweichende und konkretere Regelungen getroffen:

Für den bloßen Gebrauch massefremder oder belasteter Gegenstände (auch Aussonderungs- 35 rechte) sollte ein Nutzungsvertrag (Miete oder Pacht) geschlossen werden. Mit dem Nutzungszins sind die Ansprüche des Absonderungsberechtigten aus §§ 169, 172 abgegolten.[78]

Bei Verarbeitung und Verbrauch von Aus- und Absonderungsgut oder Weiterveräußerung 36 von Aussonderungsgut sind folgende Verwertungsregelungen zu empfehlen:
- Umfang des Nutzungsrechts des Insolvenzverwalters (Verarbeitung/Verbrauch/Weiterveräußerung),
- Erlösbeteiligung des Berechtigten (Einkaufspreis/Zeitwert oder prozentuale Beteiligung am Erlös),
- Wertzuwachs ab Insolvenzeröffnung (Zuordnung zur Insolvenzmasse entsprechend § 172 Abs. 2 Satz 2 oder abweichende Regelung),
- Sicherungsrechte des Berechtigten als Schutz vor nachfolgender Masseunzulänglichkeit (z. B. Sicherungsübereignung des Produkts, Sicherungsabtretung der Forderungen aus Weiterveräußerung),
- Abbedingung der §§ 169, 172,
- Regelung hinsichtlich der §§ 170, 171.

---

[75] Vgl. dazu *Uhlenbruck,* InsO § 172 RdNr. 9 f.; HambKomm-*Büchler,* § 172 RdNr. 14.
[76] Vgl. dazu HambKomm-*Büchler,* § 172 RdNr. 14.
[77] HambKomm-*Büchler,* § 172 RdNr. 14.
[78] HambKomm-*Büchler,* § 172 RdNr. 15.

VI. Zinsausgleich (§ 169)

37 Die Ausgleichszahlungen wegen Wertverlust nach § 172 und die Zinszahlungen nach § 169 sind nebeneinander aus der Insolvenzmasse zu erbringen.[79]

E. Verbindung, Vermischung, Verarbeitung (Abs. 2)

I. Allgemeines

38 Im Rahmen der Verwendung einer beweglichen Sache, die mit einem Absonderungsrecht belastet ist, durch den Insolvenzverwalter ist gem. § 172 Abs. 2 auch die Verbindung (§§ 946, 947 BGB), Vermischung und Vermengung (§ 948 BGB) sowie die Verarbeitung (§ 950 BGB) grundsätzlich gestattet, soweit dadurch die Sicherung des absonderungsberechtigten Gläubigers nicht beeinträchtigt wird. Erkennt der Verwalter bereits vor Vornahme der Handlung die sich abzeichnende Beeinträchtigung, darf er die Sache ohne Zustimmung des Sicherungsgläubigers nicht verwenden.[80] Soweit der gesetzliche Eigentumsverlust des Sicherungsgläubigers die notwendige Folge einer Verwendung ist, kann sich der Verwalter nicht mit (juristischer) Unkenntnis herausreden. Verwendet er die Sache, haftet er (auch) persönlich nach § 60. Mithin sind einerseits Verwendungen i. S. d. § 172 Abs. 2 ausgeschlossen, die kraft Gesetzes zum Rechts- bzw. Wertverlust führen, andererseits aber auch Verwendungen, die allein faktisch die Sicherung des Gläubigers rechtlich oder tatsächlich beeinträchtigen. Steht z. B. die den Hauptbestandteil der Gesamtsache bildende Sache im Eigentum des Schuldners, verliert der Sicherungsgläubiger der Nebensache sein Eigentum bei der Verbindung. Der Insolvenzverwalter ist dann nicht zur Verbindung befugt. Er hat daher vor der Verwendung der Sicherheit sorgfältig zu prüfen, ob dadurch die Rechtsstellung des Sicherungsgläubigers beeinträchtigt wird. Im Zweifel sollte er die Einwilligung des Sicherungsgläubigers einholen, um sich nicht regresspflichtig zu machen. Anderseits sind bei Fortführung des Unternehmens ökonomische Zwänge denkbar, die eine langwierige Prüfung der Rechtslage oder Verhandlungen über eine Einwilligung nicht zulassen. Auch hier bietet sich – wie beim Verbrauch einer Sache – an, die gesicherte Forderung des Sicherungsgläubigers zu befriedigen. Fehlt dazu die erforderliche Liquidität und kann sich der Insolvenzverwalter diese auch nicht durch Kredite, abgesichert durch die „neue" Sache, beschaffen, wird er das Risiko, einen Rechtsverlust beim Sicherungsgläubiger zu bewirken, in Kauf nehmen, wenn die „neue" Sache so werthaltig ist, dass die Ansprüche des Sicherungsgläubigers auf den Wert der Sache befriedigt werden können.

Eventuelle im Sicherungsvertrag dem Sicherungsgeber erteilte Ermächtigungen können widerrufen werden. Teilweise sind in den Sicherungsverträgen auch Formulierungen enthalten, die bei Insolvenzantragstellung oder Verfahrenseröffnung ein automatisches Erlöschen der Verarbeitungsbefugnis anordnen. Soweit dem Sicherungsgeber im Sicherungsvertrag „gestattet" wird, „über das Sicherungsgut im Rahmen eines ordnungsgemäßen Geschäftsbetriebes zu verfügen", ist ein Widerruf zweckmäßig, auch wenn schon ab Antrag auf Insolvenzeröffnung der Geschäftsbetrieb nicht mehr ordnungsgemäß i. S. d. vertraglichen Absprache zwischen Sicherungsnehmer und Sicherungsgeber zu verstehen ist (und auch so in der Praxis verstanden wird).[81] Siehe auch RdNr. 46 für die Verarbeitungsbefugnis. Gleiches gilt auch für die Geschäftsbedingungen der Lieferanten: Jedenfalls können sie auch eine erteilte Verfügungsbefugnis (§ 185 BGB) widerrufen.[82]

---

[79] HK-*Landfermann*, § 172 RdNr. 9.
[80] *Kübler/Prütting/Kemper* § 172 RdNr. 13; s. auch *Bork*, Festschrift für Gaul, S. 71.
[81] *Lwowski*, Kreditsicherung, RdNr. 149.
[82] FK-*Wegener* § 172 RdNr. 8 unter Berufung auf *Serick* ZIP 1982, 507, 512; HK-*Landfermann* § 172 RdNr. 4; aA *Bork*, Festschrift für Gaul, S. 71, 88 ff.; *Kübler/Prütting/Kemper* § 172 RdNr. 5.

Sinnvoll ist eine vertragliche Vereinbarung zwischen Sicherungsnehmer und Insolvenzverwalter, wenn der Insolvenzverwalter das Sicherungsgut weiterverarbeiten will, denn aus § 172 Abs. 2 leitet sich kein Recht zur Weiterverarbeitung ab, wenn dadurch die Sicherheit des Absonderungsberechtigten nach den §§ 946 ff. BGB untergeht.[83] Verhält sich der Insolvenzverwalter gesetzeswidrig und verarbeitet die Sache ohne vorherige Absprache mit dem Sicherungsgläubiger weiter, so bleibt dies ohne Konsequenzen, wenn der Insolvenzverwalter zu einem späteren Zeitpunkt aus dem Verwertungserlös die gesicherte Forderung des Sicherungsgläubigers befriedigt. Liegt allerdings ein Störungsfall vor (insbes. Masseunzulänglichkeit), so stellt sich die Frage, wie der Schutz des absonderungsberechtigten Gläubigers ausgestaltet ist. Zu denken ist zunächst an Rechte auf Ersatzabsonderung sowie an Schadensersatzansprüche gegenüber dem Insolvenzverwalter. Zusätzlich stehen dem absonderungsberechtigten Gläubiger aber auch noch die Rechte aus dem Sicherungsvertrag (z. B. Weiterverarbeitungsklausel im Sicherungsübereignungsvertrag oder in den Lieferbedingungen des Vorbehaltslieferanten) zu. Der Gesetzgeber geht zwar davon aus, dass diese Klauseln mit Verfahrenseröffnung ihre Wirkung verlieren und trifft deshalb in § 172 Abs. 2 (unvollkommene) Regelungen u. a. zur Weiterverarbeitung. Verarbeitet der Insolvenzverwalter nun entgegen § 172 Abs. 2 das Sicherungsgut weiter und bringt dadurch das ursprüngliche Sicherungsrecht des Gläubigers zum Erlöschen, so sollte man zugunsten des Sicherungsgläubigers annehmen, dass der Insolvenzverwalter bei der Weiterverarbeitung im Sinne der ursprünglichen Regelung im Sicherungsvertrag gehandelt hat und dem Sicherungsgläubiger damit Rechte an dem Endprodukt oder an den Kundenforderungen aus der Veräußerung des Produkts zustehen.[84]

II. Verbindung, §§ 946, 947 BGB

1. Verbindung von beweglichen Sachen mit Grundstücken, § 946 BGB. Die Verbindung einer mit einem Absonderungsrecht belasteten beweglichen Sache mit einem Grundstück ist ein Realakt[85] und führt nach Maßgabe der § 946 BGB, der zwingendes Recht ist,[86] zum gesetzlichen Eigentumserwerb des Grundstückseigentümers an der beweglichen Sache. Voraussetzung ist die dauerhafte[87] und nicht nur zu vorübergehenden Zwecken vorgenommene[88] Verbindung des Sicherungsgutes mit einem Grundstück, so dass es nicht Scheinbestandteil i. S. d. § 95 BGB, sondern wesentlicher Bestandteil i. S. d. § 94 BGB wird. D. h. die bewegliche Sache muss mit dem Grundstück fest verbunden sein, was nach der Verkehrsanschauung zu beurteilen ist.[89] Wird das Sicherungsgut nur Scheinbestandteil i. S. d. § 95 BGB, liegt keine Verbindung i. S. d. § 946 BGB vor. Hier wäre eine nachträgliche Einigung zur Herbeiführung der Verbindung erforderlich.[90]

Durch den Eigentumserwerb erlöschen sämtliche bestehenden Rechte, d. h. sowohl bestehende Pfandrechte als auch Sicherungseigentum, § 949 BGB. Da die Verbindung i. S. d. § 946 BGB nicht eine rechtsgeschäftliche, sondern eine Tathandlung ist, kommt es auf den guten Glauben des Erwerbers nicht an.[91] Ebenso ist es für den Eigentumserwerb unbeachtlich, ob ein Verbindungsverbot des Sicherungseigentümers besteht oder der Grundstückseigentümer keinen Erwerbswillen besitzt.[92] Auf Grund des bei einer Verbindung i. S. d. § 946 BGB eintretenden vollständigen Rechtsverlustes des absonderungsberechtigten Gläu-

---

[83] *Bork* in Festschrift für Gaul, S. 71, 87.
[84] Vgl. dazu auch *Bork* in Festschrift für Gaul, S. 71, 87 ff.
[85] *Staudinger/Wiegand* § 946 RdNr. 6.
[86] *Staudinger/Wiegand* § 946 RdNr. 10; vgl. aber *Staudinger/Wiegand* § 946 RdNr. 3.
[87] *Staudinger/Wiegand* vor § 946 RdNr. 4.
[88] *Staudinger/Wiegand* vor § 946 RdNr. 4.
[89] *Staudinger/Wiegand* vor § 946 RdNr. 3; *Staudinger/Dilcher* § 94 RdNr. 20 ff.; vgl. Beispiele bei MünchKommBGB § 946 RdNr. 16 bis 19.
[90] *Staudinger/Wiegand* § 946 RdNr. 8.
[91] *Palandt/Bassenge* § 946 RdNr. 1 und 3.
[92] *Staudinger/Wiegand* § 946 RdNr. 6.

bigers liegt in diesen Fällen eine Beeinträchtigung der Sicherung des Gläubigers vor,[93] so dass die Verbindung i. S. d. § 946 BGB nach § 172 Abs. 2 Satz 1 nicht statthaft ist.[94]

Ein Verstoß gegen diese gesetzliche Beschränkung führt gem. § 60 Abs. 1 zur Schadensersatzpflicht des Insolvenzverwalters gegenüber dem absonderungsberechtigten Gläubiger.

40 2. Verbindung von beweglichen Sachen mit anderen beweglichen Sachen, § 947 BGB. Bei einer Verbindung von beweglicher Sache mit beweglicher Sache i. S. d. § 947 BGB kommt es darauf an, ob sie wesentlicher Bestandteile einer neuen, einheitlichen Sache werden (§ 947 Abs. 1 BGB) oder ob eine der beiden miteinander verbundenen Sachen als Hauptsache[95] der neuen Gesamtsache anzusehen ist (§ 947 Abs. 2 BGB).

§ 947 BGB ist zwingendes Recht.[96]

Die Frage, ob im konkreten Einzelfall ein wesentlicher Bestandteil vorliegt, bestimmt sich nach Maßgabe des § 93 BGB. Nach der dort vorgegebenen Legaldefinition liegt ein wesentlicher Bestandteil vor, wenn die verbundenen Sachen nicht voneinander getrennt werden können, ohne dass sie zerstört oder in ihrem Wesen verändert werden, d. h. die Bestandteile nach ihrer Trennung in der bisherigen Art wirtschaftlich nicht mehr genutzt werden können.[97] Ob dieses der Fall ist, bestimmt sich nach der Verkehrsanschauung und natürlicher Betrachtungsweise unter Zugrundelegung eines technisch-wirtschaftlichen Standpunktes.[98]

Werden die miteinander verbundenen Sachen wesentliche Bestandteile der neuen Gesamtsache, so werden die bisherigen Eigentümer der Sachen entsprechend dem Wertverhältnis dieser Sachen zum Zeitpunkt ihrer Verbindung Miteigentümer an der neuen Sache; vgl. §§ 741 ff, 1008 ff BGB.[99]

Anders verhält es sich, wenn einer der Bestandteile nach der Verbindung als Hauptsache anzusehen ist. In diesem Fall erlangt der Eigentümer der Hauptsache gem. § 947 Abs. 2 BGB Alleineigentum an der gesamten Sache.

Für die Sicherungsrechte an den Bestandteilen bedeutet dieses: Wird das Sicherungsgut des Gläubigers mit der Verbindung Hauptsache, bleiben die Sicherungsrechte an dieser Sache gem. § 949 Satz 3 BGB bestehen und erstrecken sich fortan auf die neu entstandene Gesamtsache. Die Verbindung beeinträchtigt (rechtlich) das Sicherungsgut nicht. Entsteht Miteigentum (§ 947 Abs. 1 BGB), so besteht das Sicherungsrecht am Anteil fest (§ 949 Satz 2 BGB). Auch in diesem Fall wird die Sicherung des Sicherungsgläubigers nicht beeinträchtigt. Die Verwendung durch den Verwalter ist gestattet (es sei denn, der Wert der neuen Sache ist, was sicherlich die Ausnahme ist, weniger wert, als der Wert des verbundenen Sicherungsgutes). Verliert aber der Sicherungsgläubiger sein Sicherungsrecht durch die Verbindung, ist ihm die Verwendung nicht gestattet. Er wird daher möglichst das Sicherungsgut gegen Bezahlung des Wertes (soweit er zur Sicherung der Forderung des Gläubigers benötigt wird) vom Sicherungsgläubiger übernehmen. Andernfalls haftet er auf Schadensersatz (den er aber möglicherweise o. w. aus dem Erlös der neuen Sache befriedigen kann).

Die Tatsache, dass der Sicherungsgläubiger statt alleinigen Sicherungseigentums (Sicherungs-)Miteigentum erhält, beeinträchtigt seine Sicherung nicht, auch wenn die Verwertung nun für zwei Sicherungsgläubiger erfolgt. Ein geringerer Sicherheitenerlös ist dadurch nicht zu erwarten.

III. Vermischung/Vermengung, § 948 BGB

41 Werden mit Absonderungsrechten belastete bewegliche Sachen mit anderen untrennbar vermischt oder vermengt, finden die unter I. dargelegten Grundsätze Anwendung. Die

---

[93] Vgl. hierzu RdNr. 38.
[94] HK-*Landfermann* § 172 RdNr. 11; *Bork,* Festschrift für Gaul, S. 81 ff.
[95] Vgl. hierzu MünchKommBGB-*Quack* § 947 RdNr. 6 und 7.
[96] *Staudinger/Wiegand* § 947 RdNr. 8.
[97] Vgl. BGHZ 18, 226, 229; 61, 80, 81; *Staudinger/Wiegand* § 949 RdNr. 5; *Staudinger/Dilcher* § 93 RdNr. 14 ff, insb. RdNr. 16.
[98] Vgl. RGZ 67, 30, 32; 158, 362, 370; BGHZ 20, 155, 157.
[99] MünchKommBGB-*Quack* § 947 RdNr. 10.

insoweit maßgeblichen Bestimmungen der §§ 947, 948 BGB sind zwingender Rechtsnatur,[100] werden aber von § 950 BGB als lex specialis verdrängt.[101]

1. Untrennbare Vermischung. Die untrennbare Vermischung betrifft Sachen i. S. d. § 90 BGB, die sich nicht im festen Aggregatzustand befinden, sondern flüssig oder gasförmig sind.[102] Eine Vermischung derartiger Stoffe ist untrennbar, wenn die Sachen ihre körperliche Abgrenzung verlieren bzw. gem. § 948 Abs. 2 BGB die Trennung der vermischten oder vermengten Sachen nur mit unverhältnismäßigen Kosten verbunden sein würde.

2. Untrennbare Vermengung. Bei einer untrennbaren Vermengung beweglicher Sachen bleibt im Gegensatz zur Vermischung[103] auf Grund ihres festen Aggregatzustandes zwar die körperliche Abgrenzung möglich. Mangels natürlicher Unterscheidbarkeit bzw. Kennzeichnung können sie jedoch nach der Vermengung nicht mehr dem bisherigen Eigentümer zugeordnet werden. Dem steht es gem. § 948 Abs. 2 gleich, wenn die Zuordnung zwar objektiv möglich ist, jedoch nur unter Aufwendung unverhältnismäßiger Kosten. Eine Vermengung kann insbesondere bei Materialien wie Wein, Münzen,[104] Baumaterialien,[105] Getreide[106] und Tieren eintreten.[107]

3. Erwerb von Miteigentum. Grundsätzlich erwirbt der Eigentümer eingebrachter Mengen bei Vermischung und Vermengung gem. § 948 BGB Miteigentum gem. §§ 741 ff., 1008 ff BGB im Wertverhältnis der Einzelmengen zurzeit der Vermengung bzw. Vermischung.[108] Läßt sich das Wertverhältnis aus tatsächlichen Gründen nicht feststellen, ist gleichwohl nicht ohne weiteres Alleineigentum anzunehmen, sondern unter Anwendung der allgemeinen Grundsätze zur Beweislast eine Lösung zu ermitteln.[109] Eine Verwendung durch den Insolvenzverwalter ist hier gestattet, da das Sicherungsrecht nicht beeinträchtigt wird.

4. Erwerb von Alleineigentum. Der Verwalter darf das Sicherungsgut aber dann nicht verwenden, wenn bewegliche Sachen untereinander untrennbar vermischt oder vermengt werden und eine der Sachen Hauptmenge bei verschiedenartigen Sorten ist (z. B. Leder und Gerbstoff)[110] oder bei sehr großem Mengenunterschied gleichartiger Sachen.[111] Ein Sicherungsgläubiger der verschiedenen Sicherungsgüter verliert durch die Vermischung oder Vermengung sein Sicherungsrecht. Mit diesem muss der Verwalter daher sich vor der Verwendung einigen oder mit Schadensersatz rechnen.

IV. Verarbeitung, § 950 BGB

Werden Sachen, die ihrer Natur nach dazu bestimmt sind, verarbeitet und so zu einer neuen Sache umgestaltet zu werden (wie z. B. Rohstoffe und Halbfertigfabrikate) zu Sicherungszwecken verwendet, muss der Sicherungsnehmer damit rechnen (über § 185 BGB gibt er idR auch die Zustimmung dazu), dass er durch Verarbeitung seine Sicherheit verliert. Durch die Verarbeitung wird der Verarbeiter kraft Gesetzes Eigentümer unter gleichzeitigem Erlöschen aller an dem Stoff bestehenden Rechte. Um sich dagegen zu schützen, enthalten die Formularsicherungsverträge der Kreditinstitute und der Lieferanten (als Sicherungsnehmer) Klauseln, dass die Verarbeitung des Sicherungsgutes für Rechnung des Sicherungsnehmers unentgeltlich durch den Sicherungsgeber erfolgen solle, und dass der Sicherungs-

---

[100] Vgl. *Staudinger/Wiegand* § 948 RdNr. 2 und § 947 RdNr. 8; *MünchKommBGB-Quack* § 948 RdNr. 7.
[101] RGZ 161, 109, 113; *Palandt/Bassenge* § 948 RdNr. 1.
[102] *Palandt/Bassenge* § 948 RdNr. 2.
[103] Vgl. oben RdNr. 42.
[104] Vgl. BGH NJW 1993, 935, 936; RG WarnR 1920, Nr. 160.
[105] BGH NJW 1958, 1534.
[106] RGZ 112, 102; BGHZ 14, 114.
[107] RGZ 140, 159.
[108] *Staudinger/Wiegand* § 948 RdNr. 6; *Kuhn/Uhlenbruck* KO § 127 RdNr. 16 f.
[109] BGH NJW 1958, 1523; aA *Staudinger/Wiegand* § 948 RdNr. 7; *Palandt/Bassenge* § 948 RdNr. 3, die eine Anwendung des § 742 BGB befürworten; vgl. *MünchKommBGB-Quack* § 948 RdNr. 8 und 9.
[110] *Palandt/Bassenge* § 148 RdNr. 4.
[111] BGHZ 14, 114; *Palandt/Bassenge* § 148 RdNr. 4; aA *Baur/Stürner* § 53 a III 2.

nehmer als Hersteller iS von § 950 BGB anzusehen sei, also in jedem Stadium der Verarbeitung Eigentümer des Erzeugnisses sei und bleibe.[112] Diese Vereinbarung versagt in der Insolvenz des Sicherungsgebers: Der Verwalter braucht diese Vereinbarung nicht zu erfüllen. Produziert also der Verwalter weiter, so wird das sich in der Insolvenz befindliche Unternehmen nach § 950 BGB Eigentümer. Der Sicherungsgläubiger verliert sein Sicherungseigentum kraft Gesetzes. Die Konsequenz ist, dass der Verwalter das Sicherungsgut nicht im Wege der Verarbeitung verwenden darf. Da aber Rohprodukte und Halbfertigfabrikate (als Beispiel) schwer verwertbar sind und das Fertigprodukt einen höheren Erlös erwarten lässt, wird der Sicherungsgläubiger zu einer Vereinbarung mit dem Verwalter bereit sein. Auch gilt, dass der Verwalter ohne Zustimmung des Sicherungsgläubigers (die dem Sicherungsgeber erteilte Zustimmung nach § 185 BGB erlischt oder wird jedenfalls vom Sicherungsgläubiger in der Insolvenz widerrufen)[113] das Sicherungsgut nur dann verarbeiten wird, wenn er den Schadensersatzanspruch gegen ihn persönlich aus dem Erlös der neuen Sache bezahlen kann.[114]

Eine Verweisung auf § 951 BGB, das den Entschädigungsanspruch desjenigen regelt, der einen Rechtsverlust durch die Vorschriften der §§ 946 bis 950 BGB erleidet, nützt dem Sicherungsnehmer ökonomisch nichts, wenn die Masse, gegen die sich der Anspruch nach § 951 Abs. 1 BGB richtet (§ 55), arm ist. Gleiches gilt für andere[115] weitergehende Rechte des Sicherungsnehmers, z. B. aus Schadensersatz, wegen Verwendungsersatz. Das Wegnahmerecht beinhaltet einen schuldrechtlichen Anspruch auf Duldung der Trennung, aber kein Absonderungsrecht und keine Gestattung in der Insolvenz.[116]

V. Ersatzsicherheit

47 Die ursprünglich in § 197 Abs. 3 RegE[117] vorgesehene Möglichkeit des Insolvenzverwalters die Beeinträchtigung der Gläubigersicherung durch Stellung einer Ersatzsicherheit auszugleichen, ist nicht in § 172 übernommen worden.[118] Wie für die Benutzung des Sicherungsgutes haben den Gesetzgeber jedoch keine inhaltlichen Einwände von der Einführung einer derartigen Regelung abgehalten, sondern Überlegungen der Verfahrensbeschleunigung und -effizienz.[119] Dementsprechend besteht für Insolvenzverwalter und absonderungsberechtigten Gläubiger die Möglichkeit der Stellung einer Ersatzsicherheit.[120]

Bei der Vereinbarung der Ersatzsicherheit ist bezüglich der Beurteilung der Gleichwertigkeit der Ersatzsicherheit mit der „aufgegebenen" Sicherheit zu berücksichtigen, ob das Unternehmen fortgeführt oder stillgelegt wird. Besteht in einem solchen Fall Aussicht auf eine Fortführung des Unternehmens bis zu dem Zeitpunkt, in dem die ursprüngliche Sicherheit realisiert worden wäre, sollte auch die Ersatzsicherheit nach dem Fortführungswert der Sicherheiten bemessen werden, da nur so erreicht werden kann, dass der Gläubiger durch den Austausch der Sicherheiten nicht schlechter gestellt wird.[121]

VI. Wertsteigerung

48 Durch Verarbeitung, Vermischung, Vermengung und Verbindung kann im Einzelfall auch ein Wertzuwachs erfolgen, der – spiegelbildlich zum Wertverlust – sowohl auf einem Rechtszuwachs als auch auf einfacher tatsächlicher Wertsteigerung der Sache beruhen kann.

---

[112] Dazu *Lwowski*, Kreditsicherung, RdNr. 596.
[113] HK-*Landfermann* § 172 RdNr. 4; *Serick* ZIP 1982, 507; *Kübler/Prütting/Lüke* InsO § 91 RdNr. 32; *Gottwald*, Insolvenzrechts-Handbuch, § 45 RdNr. 42; *Elz*, ZInsO 2000, 478; aA *Bork*, Festschrift für Gaul, S. 88 ff.; *Kübler/Prütting/Kemper* § 172 RdNr. 15.
[114] *Kübler/Prütting/Kemper* § 172 RdNr. 12.
[115] *Kübler/Prütting/Kemper* § 172 RdNr. 12.
[116] *Palandt-Bassenge*, BGB, § 951 RdNr. 22 bis 25.
[117] Vgl. oben RdNr. 4.
[118] Zur Benutzung des Sicherungsgutes vgl. hierzu auch oben RdNr. 16 ff.
[119] Beschluss-Empfehlung des Rechts-Ausschusses zu den §§ 197, 198, BT-Drucks. 12/7302, S. 178.
[120] *Kübler/Prütting/Kemper* § 172 RdNr. 8; HK-*Landfermann* § 172 RdNr. 13.
[121] So die Begr. zu § 198 RegE, BR-Drucks. 1/92 S. 182.

1. Rechtszuwachs. Erwirbt der absonderungsberechtigte Gläubiger durch die Regelungen der §§ 946 ff BGB[122] Alleineigentum an der neu entstandenen wertvolleren Sache, so erweitert sich seine Rechtsposition, wodurch im Einzelfall ein Wertzuwachs der Gläubigersicherung entstehen kann. 49

2. Wertzuwachs. Neben dem Rechtszuwachs kann sich der Wert der Sache selbst durch ihre tatsächliche Veränderung steigern, indem die neu entstandene Sache einen so hohen Wert besitzt, dass auch nach Umrechnung auf den betreffenden Miteigentumsteil ein höherer Wert als vor dem Eingriff festzustellen ist. 50

3. Freigabeverpflichtung. Tritt ein Wertzuwachs des Sicherungsgutes ein und übertrifft demnach der Sicherungswert die besicherte Forderung, ist der überschießende Teil vom absonderungsberechtigten Gläubiger freizugeben.[123] Es handelt sich um einen schuldrechtlichen Anspruch. Dies ist auch praxisgerecht: Eine Teilung der Sache ist meist unmöglich.[124] Diese schuldrechtliche Verpflichtung kann der Sicherungsgläubiger auch dadurch erfüllen, dass er erklärt, die (neue, wertvollere) Sicherheit nur in Höhe des ursprünglichen Wertes (vor der Verarbeitung etc.) in Anspruch zu nehmen.[125] Schwerfälliger und auch rechtlich nicht geboten erscheint die Meinung, dass die Sache „anteilig" freizugeben ist.[126] 51

Hatte der Sicherungsgläubiger vor der Verarbeitung des Sicherungsguts ausreichend bemessene Sicherheiten (z. B. eine Sicherheit über 120 bei einer gesicherten Forderung von 100) und steigt der Wert seiner Sicherheit weiter an, so muss der absonderungsberechtigte Gläubiger im Rahmen einer Freigabe nach § 172 Abs. 2 keine Verschlechterung seiner Position hinnehmen. Im Beispiel muss er also bei einer Wertsteigerung auf 160 nicht 60 freigeben, sondern nur 40, wenn die ursprüngliche Überdeckung von 20 nicht zu beanstanden war. Bei der Ermittlung der Höhe der Freigabeverpflichtung bei Überdeckung ist dann wiederum das legitime Sicherungsbedürfnis des Absonderungsgläubigers zu berücksichtigen, vgl. RdNr. 25. Der Gläubiger muss bei gesicherten Forderungen von 100 also nicht die über den Betrag von 100 hinausgehenden Sicherheiten freigeben, sondern ihm bleibt eine Sicherungsmarge (u. a. für die Kostenbeiträge nach §§ 170, 171).

§ 173 Verwertung durch den Gläubiger

(1) Soweit der Insolvenzverwalter nicht zur Verwertung einer beweglichen Sache oder einer Forderung berechtigt ist, an denen ein Absonderungsrecht besteht, bleibt das Recht des Gläubigers zur Verwertung unberührt.

(2) ¹Auf Antrag des Verwalters und nach Anhörung des Gläubigers kann das Insolvenzgericht eine Frist bestimmen, innerhalb welcher der Gläubiger den Gegenstand zu verwerten hat. ²Nach Ablauf der Frist ist der Verwalter zur Verwertung berechtigt.

Schrifttum: siehe vor §§ 166 ff.

Übersicht

	RdNr.		RdNr.
A. Normzweck	1	C. Selbstverwertungsrecht des Sicherungsnehmers	5
B. Entstehungsgeschichte	3	I. Umfang des Selbstverwertungsrecht	5
I. Frühere Regelung in der KO	3		
II. Gesetzgebungsverfahren	4		

---

[122] S. o. E und Begr. zu § 197 RegE, BR-Drucks. 1/92, S. 18 271.
[123] Begr. zu § 197 RegE, BR-Drucks. 1/92, S. 182.
[124] *Kübler/Prütting/Kemper* § 172 RdNr. 14.
[125] HK-*Landfermann* § 172 RdNr. 13; *Lwowski/Heyn*, WM 1998, 473, 482; *Uhlenbruck*, InsO § 172 RdNr. 14.
[126] FK-*Wegener* § 172 RdNr. 1 c.

	RdNr.		RdNr.
II. Verwertung durch den Sicherungsgläubiger	10	2. Voraussetzungen für Übergang des Verwertungsrechts	17
D. Übergang des Verwertungsrechts auf den Insolvenzverwalter nach Fristsetzung	13	3. Verfahren nach § 173 Abs. 2	18
		4. Rechtsfolgen	22
I. Überblick	13	5. Anwendung der §§ 167 ff. und der §§ 170, 171	23
II. Einzelfragen	14	a) Meinungsstand	23
1. Praktische Relevanz	14	b) Eigene Auffassung	27

A. Normzweck

1   Mit der Einführung des § 173 beabsichtigte der Gesetzgeber klarzustellen, dass außerhalb des Anwendungsbereiches des § 166 das Verwertungsrecht für mit Absonderungsrechten belastete Gegenstände beim Gläubiger liegt.[1] Die Norm erfüllt dabei weder die Aufgabe, konstitutiv für die Abgrenzung der Verwertungsrechte von Gläubiger und Insolvenzverwalter zu sein, noch die Voraussetzungen des Verwertungsrechts zu definieren. Vielmehr hat § 173 **deklaratorischen Charakter.** Er stellt klar, dass in allen Fällen, in denen der Tatbestand des § 166 nicht erfüllt ist, ein Verwertungsrecht des Gläubigers besteht.

Im Interesse einer **zügigen Abwicklung des Insolvenzverfahrens** gibt das Gesetz in § 173 Abs. 2 dem **Verwalter** das **Recht,** vom **Insolvenzgericht** eine **Frist** bestimmen zu lassen, **innerhalb welcher der Sicherungsgläubiger das Sicherungsgut zu verwerten hat.** Als Sanktion gegenüber einem untätigen Sicherungsgläubiger geht das Verwertungsrecht auf den Verwalter nach Ablauf der vom Gericht nach Anhörung des Sicherungsgläubigers gesetzten Frist über. Die Frist ist im Gesetz nicht geregelt. Sie ist einzelfallabhängig und hat die Art der Verwertung, die ihrerseits vom Sicherungsgut und den Umständen abhängt, zu berücksichtigen.

2   Die Verwertungsbefugnis des Sicherungsgläubigers gemäß § 173 ist von den Regelungen in § 168 Abs. 3 und § 170 Abs. 2 zu unterscheiden, denn in diesen Fällen besteht ein Verwertungsrecht des Insolvenzverwalters. Will der Sicherungsgläubiger nicht verwerten, kann der Verwalter auf der Grundlage einer freiwilliger Vereinbarung verwerten. Kostenbeiträge sind für diesen Fall im Gesetz nicht vorgesehen. Der Sicherungsgläubiger und der Insolvenzverwalter werden allerdings im Regelfall in der Verwertungsvereinbarung hierzu Regelungen treffen. Will der Sicherungsgläubiger nicht selbst verwerten und sich aber auch nicht in einer Verwertungsvereinbarung mit dem Insolvenzverwalter über die Modalitäten der Verwertung einigen, so kann der Insolvenzverwalter nach § 173 Abs. 2 vorgehen. Nach einem Übergang des Verwertungsrechts auf den Insolvenzverwalter fallen auch die Kostenbeiträge nach §§ 170, 171 an, vgl. RdNr. 23 ff.

B. Entstehungsgeschichte

I. Frühere Regelung in der KO

3   § 173 enthält für bestimmte Absonderungsrechte praktisch keine Abweichung gegenüber der alten Rechtslage unter Geltung der KO. Der Kreis der Absonderungsrechte, bei denen dem Sicherungsgläubiger die Verwertungsbefugnis zusteht, wurde durch § 166 eingeschränkt. Für bestimmte Absonderungsrechte ist die Verwertungsbefugnis durch § 166 auf den Insolvenzverwalter übertragen worden. Alle Absonderungsrechte, die nicht in § 166 erwähnt sind, sind damit durch § 173 erfasst. Für die Absonderungsrechte, bei denen die

---

[1] Begr. zu § 200 RegE, BR-Drucks. 1/92, S. 183.

Verwertungsbefugnis beim Sicherungsgläubiger verblieben ist, ändert sich die Rechtslage nur unwesentlich.

Nach § 127 Abs. 1 KO war der Verwalter berechtigt, die Verwertung eines zur Masse gehörigen beweglichen Gegenstandes, an welchem ein Gläubiger ein durch Rechtsgeschäft bestelltes Pfandrecht oder ein diesem gleichstehendes Recht beanspruchte, vorzunehmen. Diese gesetzessystematisch zunächst als Regel gedachte Vorschrift ist durch die Vorschriften des BGB zur Ausnahme geworden: Nach den Vorschriften des Bürgerlichen Gesetzbuches und des Handelsgesetzbuches ist der Sicherungsgläubiger, dem rechtsgeschäftlich ein Pfandrecht bestellt wurde, zur Verwertung befugt (§§ 1221, 1224, 1228, 1233 Abs. 1, 1234 bis 1240, 1245, 1257 BGB, §§ 368, 398, 399, 407 Abs. 2, 410, 411, 623 Abs. 3, 627 Abs. 2 HGB).

Das Verwertungsrecht der Sicherungsgläubiger wurde auf Grund vertraglicher Vereinbarung im Sicherungsvertrag auch für das Sicherungseigentum zur Regel.[2] Bei der Einziehung gepfändeter Forderungen stand das Einziehungsrecht dem Sicherungsgläubiger zu, wenn der Pfändungs- und Überweisungsbeschluss vor Konkurseröffnung zugestellt worden war.[3]

Auf die Besitzlage kam es bei den beweglichen Sachen für die Frage, wem das Verwertungsrecht zustand, nicht an. Der Sicherungsgläubiger konnte das Sicherungsgut vom Verwalter herausverlangen.[4]

Bestand die Gefahr, dass der Sicherungsgläubiger die Verwertung verzögerte, konnte das Konkursgericht dem Sicherungsgläubiger nach dessen Anhörung eine Frist bestimmen, innerhalb derer er den Gegenstand zu verwerten hatte. Nach Ablauf der Frist fiel das Verwertungsrecht (wieder) dem Verwalter zu. § 173 Abs. 2 hat diese Möglichkeit einer Fristsetzung übernommen.

II. Gesetzgebungsverfahren

Das Gesetzgebungsverfahren war durch die Diskussion bestimmt, für welche Gegenstände, Forderungen und Rechte dem Insolvenzverwalter ein Verwertungsrecht eingeräumt werden sollte.[5] Diese Überlegungen hatten naturgemäß Einfluss auf den Anwendungsbereich des § 173.

Auch aktuell wird noch über die **analoge Anwendung des § 166** auf einzelne Sicherungsformen sowie Gegenstände, Forderungen und Rechte diskutiert, die nicht vom Wortlaut des § 166 erfasst sind. Bejaht man eine analoge Anwendung des § 166, so weitet man die Verwertungsbefugnis des Insolvenzverwalters aus und beschneidet den Anwendungsbereich des § 173 (Selbstverwertungsrecht des Sicherungsnehmers).

C. Selbstverwertungsrecht des Sicherungsnehmers

I. Umfang des Selbstverwertungsrecht

Der Umfang des Selbstverwertungsrechts des Gläubigers ist umstritten. Einzelne Stimmen gehen von einer analogen Anwendung des § 166 auch auf im Wortlaut der Norm nicht genannte Sicherungsformen sowie bestimmte Gegenstände, Forderungen und Rechte aus. Vgl. dazu § 166 RdNr. 64 ff.

Nach der hier vertretenen Auffassung besteht ein **Selbstverwertungsrecht des Sicherungsgläubigers** u. a. bei folgenden Sicherungsformen und bei folgenden Gegenständen, Forderungen und Rechten:

---

[2] *Lwowski* in: *Schimansky/Bunte/Lwowski,* Bankrechts-Handbuch, Anh. zu § 95.
[3] *Kuhn/Uhlenbruck* KO § 127 RdNr. 14; *Kilger/K. Schmidt* § 127 Anm. 5 a; *Jaeger/Weber* § 127 RdNr. 7.
[4] RGZ 157, 40, 45; *Serick* Bd. III, § 35 I 2 b.
[5] Beschluss-Empfehlung des Rechtsausschusses zu § 200 Abs. 1 RegE, BT-Drucks. 12/7302, S. 178 und oben § 166 RdNr. 64 ff.

- bewegliche Gegenstände, die sich im unmittelbaren Besitz des Sicherungsgläubigers und nicht des Insolvenzverwalters befinden (alle Sicherungsformen),
- Faustpfandrechte, also Pfandrechte, bei denen sich der Gegenstand im Besitz des Pfandgläubigers befindet,
- Zurückbehaltungsrecht wegen nützlicher Verwendungen (§ 1000 BGB i. V. m. § 51 Nr. 2),
- kaufmännisches Zurückbehaltungsrecht (§§ 369 ff. HGB i. V. m. § 51 Nr. 3),
- Pfandrechte an Rechten (§§ 1273 ff. BGB),
- Pfandrechte an Forderungen,
- Sicherungsübertragung von Rechten und Forderungen (mit Ausnahme der in § 166 Abs. 2 erwähnten Sicherungszession),
- einzelne gesetzliche Pfandrechte: Werkunternehmerpfandrecht (§ 647 BGB), Pfandrecht des Gastwirts (§ 704 BGB), Pfandrecht des Kommissionärs (§§ 410, 411 HGB), Pfandrecht des Lagerhalters (§ 421 HGB), Pfandrecht des Frachtführers (§ 440 HGB), Pfandrecht des Verfrachters (§ 623 HGB),
- gepfändete Forderungen und Rechte (§§ 828 ff., 857 ZPO),

7 Von § 166 **(Verwertungsrecht des Insolvenzverwalters)** werden hingegen u. a. erfasst:
- Sicherungsübereignung von Anlage- und Umlaufvermögen,
- Sicherungszession von Forderungen,
- Sicherungsübereignung und -abtretung im Rahmen eines verlängerten Eigentumsvorbehalts,
- Vermieterpfandrecht (§§ 562, 581 BGB).

8 Die Regelung des § 173 weist dem Gläubiger kein Verwertungsrecht zu, vielmehr setzt sie dessen Bestehen voraus. § 173 geht davon aus, dass das Verwertungsrecht beim Gläubiger „bleibt", dem Gläubiger also originär zusteht, also nicht abgeleitet vom Verwalter. Dementsprechend ist § 173 weder bei einer Überlassung des Sicherungsgegenstandes (Forderung oder Sache) durch den Insolvenzverwalter an den Gläubiger, noch bei einer Freigabe einschlägig. Hat der Sicherungsgläubiger den unmittelbaren Besitz – z. B. beim Faustpfandrecht oder auf Grund rechtmäßiger Besitzübertragung – ergibt sich sein Verwertungsrecht (das nach dem Wortlaut von § 173 Abs. 1 „unberührt" bleibt) aus Gesetz (§§ 1221, 1224, 1228, 1233 Abs. 1, 1234 bis 1240, 1244, 1257 BGB, §§ 368, 398, 399, 407 Abs. 2, 410, 411, 623 Abs. 3, 627 Abs. 2 HGB) oder aus dem Sicherungsvertrag.[6]

Wegen des Umfanges der Verwertungsbefugnis des Insolvenzverwalters vgl. die Kommentierung von § 166.

9 Besteht ein Selbstverwertungsrecht des Sicherungsgläubigers und verwertet der Verwalter entgegen § 173, erhält der Sicherungsgläubiger ein **Ersatzabsonderungsrecht**.[7]

II. Verwertung durch den Sicherungsgläubiger

10 Das Verwertungsrecht des Sicherungsgläubigers besteht mit der Verfahrenseröffnung, während der Insolvenzverwalter gem. § 159 im Regelfall zunächst die Entscheidung der Gläubigerorgane abwarten muss.[8] Darüber hinaus kann der Sicherungsgläubiger den mit Absonderungsrechten belasteten Gegenstand auch schon im Eröffnungsverfahren verwerten, vgl. dazu Kommentierung des § 21.

Der Gläubiger ist verpflichtet, die Verwertung des Sicherungsgegenstandes unverzüglich vorzunehmen.[9] Die Art und Weise der Verwertung des Sicherungsguts bestimmt sich nach den vertraglichen Vereinbarungen zwischen Sicherungsnehmer und Sicherungsgeber. Insbesondere ist auf das Gebot der schonenden Pfandverwertung hinzuweisen.[10] Zu den

---

[6] *Haarmeyer/Wutzke/Förster*, Handbuch InsO, RdNr. 5/414.
[7] *Nerlich/Römermann/Becker* § 173, RdNr. 4.
[8] *Uhlenbruck*, InsO § 173 RdNr. 3; *Kübler/Prütting/Kemper*, § 173 RdNr. 6.
[9] *Uhlenbruck*, InsO § 173 RdNr. 3.
[10] *Uhlenbruck*, InsO § 173 RdNr. 3; *Tetzlaff*, ZInsO 2007, 478.

Obliegenheiten des Sicherungsgläubigers gehört es auch, das Sicherungsgut zu einem möglichst hohen Preis zu verwerten. Dies gilt auch dann, wenn der bei unterdurchschnittlichen Verwertungsbemühungen zu erzielende Erlös aus Sicht des Sicherungsgläubigers ausreichen würde, um die gesicherten Forderungen zurückzuführen. Hier muss der Sicherungsgläubiger im Interesse der Gläubigergesamtheit versuchen, den Gegenstand optimal zu verwerten.

Die Anforderungen an den Sicherungsgläubiger dürfen hier allerdings auch nicht überspannt werden. Eine pauschale Behauptung des Insolvenzverwalters, eine bessere Verwertungsmöglichkeit zu kennen oder zu haben, zwingt den Sicherungsgläubiger noch nicht zu einem Verschieben oder Unterlassen der Verwertung.[11] Um Schadensersatzansprüche wegen schlechter Verwertung zu vermeiden, sollte der Sicherungsgläubiger – wenn er nicht über die erforderliche Sachkenntnis verfügt – einen **Gutachter** zwecks **Feststellung des Preises** des Sicherungsgutes beauftragen. Ein „freies Aushandeln" des Preises[12] findet seine Grenze im Gebot der bestmöglichen Verwertung. Eine Abstimmung des Preises mit dem Insolvenzverwalter ist zwar rechtlich nicht zwingend, schließt aber das Risiko eines Schadensersatzes aus.

Die **Verwertung des Sicherungsgutes sollte dem Insolvenzverwalter angedroht werden,** um ihm die Möglichkeit einer Ablösung (wenn er den Gegenstand für die Betriebsfortführung benötigt) zu geben. Die Androhung ist mit einer angemessenen Frist zu versehen, innerhalb derer der Insolvenzverwalter sich äußern kann. In den Sicherungsverträgen des privaten Bankgewerbes ist eine Frist von einer Woche vorgegeben,[13] wenn der Sicherungsgeber Kaufmann ist, sonst beträgt die Frist vier Wochen. Dem Verwalter sind die Regelungen nicht direkt anwendbar. In Anlehnung an § 168, wonach der Verwalter dem Sicherungsgläubiger Gelegenheit geben muss, innerhalb einer Woche auf eine günstigere Möglichkeit der Verwertung hinzuweisen, sollte auch bei dem Verwertungsrecht des Sicherungsgläubigers eine einwöchige Frist ausreichen, innerhalb derer der Verwalter reagieren kann.

Die Beweislast für eine schlechte Verwertung trägt der Insolvenzverwalter. Der Sicherungsgläubiger trägt nicht die Darlegungs- und Beweislast dafür, welche Anstalten er für die Erzielung eines marktgerechten Preises getroffen hat.[14]

War bei Anwendung der erforderlichen Sorgfalt ein höherer Preis zu erreichen, so hat der Sicherungsgläubiger den aus dieser Pflichtverletzung dem Sicherungsgeber entstehenden Schaden zu ersetzen.

Der absonderungsberechtigte Gläubiger ist in seinem Verwertungsrecht insoweit beschränkt, als er nicht mehr Gegenstände verwerten darf, als es zur Befriedigung seiner Forderung erforderlich ist.[15] Einen sich evtl. bei der Verwertung ergebenden **Überschuss** hat der absonderungsberechtigten Gläubiger an die Insolvenzmasse abzuführen.[16]

Kostenbeiträge nach §§ 170, 171 fallen bei einer Verwertung durch den Sicherungsgläubiger **nicht an.**[17] Der Sicherungsgläubiger kann sogar die anfallende Umsatzsteuer auf die Insolvenzmasse abwälzen, soweit hier nicht steuerrechtliche Vorschriften entgegenstehen, die eine Haftung des Sicherungsgläubigers vorsehen.[18]

---

[11] OLG Frankfurt WM 1991, 930; *Bunte* in: *Schimansky/Bunte/Lwowski*, Bankrechts-Handbuch, § 22 RdNr. 24.
[12] So *Bunte* in: *Schimansky/Bunte/Lwowski*, Bankrechts-Handbuch, § 22 RdNr. 24 mwN.
[13] *Lwowski* in: *Schimansky/Bunte/Lwowski*, Bankrechts-Handbuch, Anh. zu § 95.
[14] BGH WM 1967, 1010.
[15] Vgl. zu diesem Grundsatz des Verwertungsrecht auch § 803 ZPO für die Zwangsvollstreckung sowie *Kuhn/Uhlenbruck* KO § 127 RdNr. 16.
[16] Vgl. BGH NJW 1978, 632, 633; HambKomm-*Büchler*, § 173 RdNr. 3.
[17] *Uhlenbruck*, InsO § 173 RdNr. 14; *Kübler/Prütting/Kemper*, § 173 RdNr. 10; *Obermüller*, Insolvenzrecht in der Bankpraxis, RdNr. 6.355.
[18] *Uhlenbruck*, InsO § 173 RdNr. 14; *Kübler/Prütting/Kemper*, § 173 RdNr. 10; *Obermüller*, Insolvenzrecht in der Bankpraxis, RdNr. 6.355.

D. Übergang des Verwertungsrechts auf den Insolvenzverwalter nach Fristsetzung

I. Überblick

13 Die Regelung des § 173 Abs. 2 über den Übergang des Verwertungsrechts lehnt sich an die **frühere Regelung des § 127 Abs. 2 KO** über die Herausgabe in der Konkursmasse befindlichen Sicherungsgutes an den absonderungsberechtigten Gläubiger zum Zwecke der abgesonderten Befriedigung an.[19]

Der Übergang des Verwertungsrechts auf den Insolvenzverwalter erfolgt bei Vorliegen der nachfolgenden **Voraussetzungen:**
– Antrag des Insolvenzverwalters,
– Fristsetzung durch das Insolvenzgericht,
– keine Durchführung der Verwertung durch den Sicherungsgläubiger innerhalb des Fristablaufs.

Nach Ablauf der vom Insolvenzgericht gesetzten Frist geht das Verwertungsrecht auf den Insolvenzverwalter über. Der Verwalter kann vom Sicherungsgläubiger die Herausgabe des Absonderungsguts erzwingen.[20]

II. Einzelfragen

14 **1. Praktische Relevanz.** Diese Fristenregelung wird im Regelfall in der Praxis, wie schon unter Geltung des § 127 Abs. 2 KO, keine bedeutende Rolle spielen, wenn der Sicherungsgläubiger über gesicherte Forderungen verfügt, die in etwa durch den Wert der Sicherheit abgedeckt werden. In diesem Fall hat der Sicherungsgläubiger in aller Regel selbst ein Interesse an einer zügigen Verwertung, weil die auflaufenden Zinsen nicht durch den Wert der Sicherheit abgedeckt sind.

15 Bedeutung kann der § 173 Abs. 2 entfalten, wenn die vorhandenen Sicherheiten nicht nur so ausreichend dimensioniert sind, um die gesicherten Forderungen zurückzuführen, und darüber hinaus eine das Vorliegen einer Übersicherung im Raum steht. In diesem Fall kann es aus Sicht der Insolvenzmasse sinnvoll sein, den gesicherten Gläubiger zu einer zügigen Verwertung anzuhalten, um einen etwaigen Übererlös zur Insolvenzmasse zu ziehen. Bei einer Verzögerung der Verwertung durch den Sicherungsgläubiger könnte dieser sonst hinsichtlich der weiterlaufenden Zinsen ebenfalls abgesonderte Befriedigung erhalten.

16 Für den Insolvenzverwalter kann es weiterhin dann interessant sein, das Verwertungsrecht an den mit Absonderungsrechten belasteten Gegenständen auf sich überzuleiten, wenn er befürchten muss, dass bei einer Verwertung des Sicherungsguts durch den absonderungsberechtigten Gläubiger bewusst ein zu niedriger Verwertungserlös akzeptiert werden wird. Beispielsweise kann es für den Insolvenzverwalter absehbar sein, dass der Sicherungsgläubiger das Sicherungsgut an ein mit ihm verbundenes Unternehmen veräußern will. Fehlt dem Insolvenzverwalter hier die Liquidität, um das Angebot des vom Sicherungsgläubiger präferierten Erwerbes zu übertreffen, so kann er versuchen, über § 173 Abs. 2 das Verwertungsrecht auf sich überzuleiten. In erster Linie kommt es in dem diskutierten Fall darauf an, dass der Sicherungsgläubiger nicht das Gebot zur schonenden Pfandverwertung verletzt und dass der Insolvenzverwalter im Rahmen der Durchführung der Verwertung durch den Sicherungsgläubiger darauf achtet, dass die Interessen der Insolvenzmasse bei der Verwertung hinreichend berücksichtigt werden.

17 **2. Voraussetzungen für Übergang des Verwertungsrechts.** Der Insolvenzverwalter kann nur dann den Antrag nach § 173 Abs. 2 an das Insolvenzgericht stellen, wenn der

---

[19] Begr. zu § 200 RegE, BR-Drucks. 1/92, S. 183; vgl. *Kuhn/Uhlenbruck* KO § 127 RdNr. 16 mwN.
[20] HambKomm-*Büchler*, § 173 RdNr. 5; *Uhlenbruck,* InsO § 173 RdNr. 11.

Sicherungsgläubiger zuvor die Verwertung verzögert hat. War der Sicherungsgläubiger an einer Verwertung des Sicherungsguts während des Insolvenzeröffnungsverfahrens gehindert, so kann der Insolvenzverwalter nicht am Tage der Eröffnung einen Antrag nach § 173 Abs. 2 an das Insolvenzgericht stellen, um einen Übergang der Verwertungsbefugnis hinsichtlich des mit Absonderungsrechten belasteten Gegenstandes auf sich zu erreichen. Zweck des § 173 Abs. 2 ist es, Verzögerungen bei Durchführung der Verwertung durch den Sicherungsgläubiger zu verhindern (vgl. RdNr. 1); es geht aber nicht darum, aus anderen Gründen eine Übertragung des Verwertungsrechts vom Sicherungsgläubiger auf den Insolvenzverwalter zu ermöglichen.

Aus den vorgenannten Erwägungen ergibt sich, dass der Insolvenzverwalter einen Antrag nach § 173 Abs. 2 an das Insolvenzgericht erst dann stellen kann, wenn es tatsächlich zu Verzögerungen bei der Verwertung durch den absonderungsberechtigten Gläubiger gekommen ist. Diesen Zeitraum wird man in Abhängigkeit von den Umständen des Einzelfalls zu beurteilen haben. Es kommt u. a. darauf an, ob während des Eröffnungsverfahrens die Durchführung von Verwertungsmaßnahmen möglich war und wie lange eine Verwertung von den mit Absonderungsrechten belasteten Gegenständen üblicherweise dauert.

Ein **wenige Tage nach Verfahrenseröffnung gestellter Antrag nach § 173 Abs. 2** des Insolvenzverwalters an das Insolvenzgericht dürfte also im Regelfall **unzulässig** sein, da er dem Sinn und Zweck der gesetzlichen Regelung widerspricht.

3. Verfahren nach § 173 Abs. 2. Gibt es Verzögerungen bei der Verwertung des Sicherungsguts durch den Gläubiger, so kann der Insolvenzverwalter einen Antrag nach § 173 Abs. 2 an das Insolvenzgericht stellen. Der Antrag an das Insolvenzgericht sollte schriftlich gestellt werden; eine bestimmte Form für den Antrag ist nicht vorgeschrieben. Der Insolvenzverwalter sollte in dem Antrag schon einen Vorschlag für die vom Insolvenzgericht zu bestimmende Frist, in welcher der Sicherungsgläubiger eine Verwertung vorzunehmen hat, machen. Die Länge der Frist steht aber im Ermessen des Insolvenzgerichts.[21]

Der Gläubiger ist vor der Bestimmung der Frist durch das Insolvenzgericht anzuhören. Sinnvoll ist es, wenn das Insolvenzgericht dem absonderungsberechtigten Gläubiger den Antrag nach § 173 Abs. 2 zur Stellungnahme übermittelt. Die Anhörung des Gläubigers muss nur dann stattfinden, wenn der Antrag nach § 173 Abs. 2 zulässig ist. Das Insolvenzgericht hat also eine Vorprüfung durchzuführen und offensichtlich unzulässige Anträge auszuscheiden.[22]

Die **Länge der Frist** bestimmt das **Insolvenzgericht** nach **pflichtgemäßen Ermessen**.[23] Bei der Festsetzung der Länge der Frist sind die Umstände des Einzelfalls zu berücksichtigen, insbes. die bestehenden Verwertungsmöglichkeiten und die Nachteile, die sich bei einer weiteren Verzögerung für die Insolvenzabwicklung ergeben würden.[24] Eine Frist von drei Monaten kann z. B. bei Verwertung auf internationaler Ebene durchaus gerechtfertigt sein. Spekulative Elemente – insbesondere bei der Verwertung von Wertpapieren – dürfen keine Rolle spielen, da das Risiko eines Kursverfalles nicht abschätzbar ist. Bestehen Markt- und Listenpreise, so kann das Gericht eine kürzere Frist anordnen als z. B. bei einer Verwertung von Spezialmaschinen, bei denen zunächst erkundet werden muss, wer überhaupt Interesse an einem derartigen Gegenstand haben könnte.[25] Weiterhin muss das Gericht bedenken, dass eine Verwertung häufig im Wege von Auktionen erfolgt und auch hier ein gewisser Vorlauf notwendig ist.

In der Literatur wird häufig als „**Faustformel**" eine Frist von **einen Monat** genannt.[26] Hinsichtlich von Gegenständen, die sich ohne größere Umstände zügig verwerten lassen,

---

[21] *Uhlenbruck*, InsO § 173 RdNr. 6; *Nerlich/Römermann/Becker* § 173 RdNr. 26.
[22] *Uhlenbruck*, InsO § 173 RdNr. 7; *Nerlich/Römermann/Becker* § 173 RdNr. 24.
[23] *Nerlich/Römermann/Becker* § 173 RdNr. 26; *Uhlenbruck*, InsO § 173 RdNr. 8.
[24] HK-*Landfermann*, § 173 RdNr. 3; *Nerlich/Römermann/Becker* § 173 RdNr. 26 f.
[25] *Breutigam/Blersch/Goetsch-Breutigam*, § 173 RdNr. 11; *Uhlenbruck*, InsO § 173 RdNr. 8.
[26] HambKomm-*Büchler*, § 173 RdNr. 5; *Uhlenbruck*, InsO § 173 RdNr. 8.

dürfte dem zuzustimmen sein. Ansonsten sollte die Frist, innerhalb welcher der Sicherungsgläubiger die Verwertung durchführen sollte, regelmäßig länger sein.

20 Hat der Sicherungsgläubiger bereits mit der Verwertung begonnen und der Insolvenzverwalter stellt einen Antrag nach § 173 Abs. 2, so kann das Gericht eine angemessene Frist für den Abschluss der Verwertung bestimmen, sofern Anhaltspunkte dafür bestehen, dass die schon begonnenen Verwertungsmaßnahmen weitere Verzögerungen erfahren können. Bestehen keine Anhaltspunkte für Verzögerungen und kann die Verwertung in einem angemessenen Zeitraum abgeschlossen werden, so sollte das Insolvenzgericht den Sicherungsgläubiger die Verwertungsmaßnahmen zu Ende führen lassen und keine Frist nach § 173 Abs. 2 setzen.[27]

21 Ergeht die Entscheidung über die Fristsetzung durch einen Richter, so ist sie nach § 6 Abs. 1 unanfechtbar.[28] Entscheidet der Rechtspfleger, so kann dessen Entscheidung mit der Erinnerung nach § 11 Abs. 2 RPflG angegriffen werden.[29]

22 **4. Rechtsfolgen.** Läuft die vom Insolvenzgericht gesetzte Frist ab, ohne das der Gläubiger den Sicherungsgegenstand verwertet hat oder zumindest mit der Verwertung begonnen hat, so geht gem. § 173 Abs. 2 Satz 2 das Verwertungsrecht auf den Insolvenzverwalter über.[30] Der Sicherungsgläubiger hat die Sache an den Insolvenzverwalter herauszugeben.[31]

Der Insolvenzverwalter kann durch die bloße Erklärung, die Verwertung nach Ablauf der Frist selbst vorzunehmen, die Verwertung durch den Sicherungsgläubiger nicht aufhalten.[32] Der Sicherungsgläubiger ist also während des Fristlaufes berechtigt, die Verwertung des Sicherungsguts durchzuführen. Sind nach Ablauf der Frist die Verwertungsmaßnahmen noch nicht abgeschlossen, so ist im Einzelfall zu fragen, ob es wirklich sinnvoll ist, das Verwertungsrecht vom Gläubiger auf den Insolvenzverwalter zu übertragen. Nach Sinn und Zweck der Vorschrift ist eine Übertragung des Verwertungsrechts dann nicht sinnvoll, wenn die Verwertungsmaßnahmen im Wesentlichen abgeschlossen sind.

Führt der Sicherungsgläubiger nach Fristablauf Verwertungsmaßnahmen durch, so ist eine Schadensersatzpflicht zu prüfen, wenn die Gläubigergesamtheit Verluste erleidet. Dies wird insbesondere dann der Fall sein, wenn der Sicherungsgläubiger das Sicherungsgut zu einem nicht angemessenen Preis veräußert; ein Schadensersatzanspruch dürfte aber nicht gegeben sein, wenn durch das rechtswidrige Vorgehen des Sicherungsgläubigers die Insolvenzmasse die Kostenbeiträge nach §§ 170, 171 einbüßt.

Übergibt der Sicherungsgläubiger den Gegenstand an den Insolvenzverwalter und führt dieser anschließend ebenfalls keine zügige Verwertung durch, so stellt sich die Frage, ob die Schutzvorschriften der §§ 167 ff. zugunsten des Gläubigers anwendbar sind oder nicht. Diese Frage ist gekoppelt mit der Entscheidung über die Anwendung der Regelung über Kostenbeiträge (§§ 170, 171) auf den Fall des § 172.

23 **5. Anwendung der §§ 167 ff. und der §§ 170, 171. a) Meinungsstand.** Nach einer Auffassung sind die Schutzvorschriften für den Gläubiger in §§ 167–169 bei einem Übergang des Verwertungsrechts auf den Verwalter nicht mehr anwendbar; es sollen aber zugunsten der Gläubigergesamtheit die Kostenbeitragsregeln in den §§ 170, 171 und das Benutzungsrecht nach § 172 gelten.[33]

24 Andere Stimmen differenzieren hinsichtlich der Anwendung der Schutzvorschriften und der Regelungen über Kostenbeiträge.

---

[27] AA *Uhlenbruck,* InsO § 173 RdNr. 8; *Nerlich/Römermann/Becker* § 173 RdNr. 8.
[28] HambKomm-*Büchler,* § 173 RdNr. 5; *Uhlenbruck,* InsO § 173 RdNr. 9.
[29] HambKomm-*Büchler,* § 173 RdNr. 5; HK-*Landfermann,* § 173 RdNr. 4.
[30] *Uhlenbruck,* InsO § 173 RdNr. 10.
[31] HK-*Landfermann,* § 173 RdNr. 5.
[32] *Kuhn/Uhlenbruck* KO § 127 RdNr. 19; *Jaeger/Weber* 8. Aufl. § 127 RdNr. 10; *Kilger/K. Schmidt* § 127 Anm. 6; siehe auch OLG Köln KTS 1968, 116.
[33] HK-*Landfermann,* § 173 RdNr. 5; HambKomm-*Büchler,* § 173 RdNr. 6.

Hinsichtlich der Anwendung der **Kostenbeiträge** wird vertreten:
– der Erlös aus der Verwertung stehe vollständig dem absonderungsberechtigten Gläubiger zu, soweit er über gesicherte Forderungen verfüge,[34]
– die §§ 170, 171 seien zu Lasten des absonderungsberechtigten Gläubigers anzuwenden, d. h., von dem Verwertungserlös seien die Pauschalen (oder die tatsächlich angefallenen Beträge) für Feststellungskosten und Verwertungskosten abzuziehen sowie die Umsatzsteuer,[35]
– die §§ 170, 171 seien nur insoweit anzuwenden, wie Verwertungskosten und Umsatzsteuer betroffen sind; die Feststellungskostenpauschale falle nicht an.[36]

Hinsichtlich der Anwendung des **§ 172** wird die Auffassung vertreten, dass mit dem Übergang des Verwertungsrechts auf den Insolvenzverwalter auch das Recht auf Nutzung und Verwendung des Gegenstandes (§ 172) auf den Verwalter übergehe. Einen entstehenden Wertverlust müsse der Insolvenzverwalter ausgleichen.[37] 25

Hinsichtlich der Schutzvorschriften aus **§§ 167 ff.** unterscheiden sich die Meinungsäußerungen wie folgt: 26

Nach der einen Auffassung entfällt der Schutz aus den §§ 167 ff. vollständig, wenn der absonderungsberechtigte Gläubiger nach § 172 Abs. 2 Satz 2 sein Verwertungsrecht als Sanktion auf die Verzögerungen bei der Verwertung verloren habe.[38] Eine andere Meinung differenziert zwischen dem Procedere nach §§ 167, 168 und der Schutzvorschrift des § 169 bei einer Verzögerung der Verwertung. Bei einer Verzögerung der Verwertung durch den (nach § 172 Abs. 2 Satz 2 verwertungsberechtigten) Insolvenzverwalter könne der absonderungsberechtigte Gläubiger nach § 169 Zinszahlungen verlangen.[39] Eine dritte Ansicht will die §§ 167 ff. in ihrer Gesamtheit anwenden.

b) Eigene Auffassung. Nach der hier vertretenen Auffassung ist der letztgenannten Meinung zu folgen. Die §§ 167 ff. als **Schutzvorschriften** sind auch nach einem Übergang der Verwertungsbefugnis auf den Insolvenzverwalter nach § 173 Abs. 2 Satz 2 zugunsten des Gläubigers anwendbar. Es ist kein Grund dafür ersichtlich, warum der Sicherungsgläubiger, wenn er das Sicherungsgut nicht in der gesetzten Frist verwerten konnte, schutzlos sein soll, wenn der Verwalter (nunmehr) verwertungsberechtigt ist.[40] Die Interessenlage und Schutzbedürftigkeit ist gleich, egal, ob der Verwalter von Anfang an verwertungsberechtigt war oder es erst über § 173 wurde. Letztlich dienen die §§ 167 bis 169 auch der Massemehrung, indem sie den Verwalter dazu anhalten, Kaufangebote, die höhere Verwertungserlöse bringen, nicht unbeachtet zu lassen. Im Übrigen geben diese Regelungen auch dem Verwalter einen gewissen Schutz vor Schadensersatzansprüchen der Sicherungsgläubiger wegen schlechter Verwertung (vgl. §§ 167 bis 169), wenn er die Schutzvorschriften gegenüber dem Sicherungsgläubiger erfüllt. 27

Hinsichtlich der **Kostenbeiträge** ist zwischen den Verwertungskosten und der Umsatzsteuer auf der einen Seite und den Feststellungskosten auf der anderen Seite zu differenzieren. Hinsichtlich der **Umsatzsteuer** und der **Verwertungskosten** muss der absonderungsberechtigte Gläubiger hinnehmen, dass diese vom Verwertungserlös abgezogen werden und er deshalb u. U. keine vollständige Befriedigung hinsichtlich seiner gesicherten Forderungen erhält. Die Auffassung, welche hier den absonderungsberechtigten Gläubiger von sämtlichen Beiträgen nach §§ 170, 171 freistellen will, ist abzulehnen. Eine ungekürzte Auskehrung des Verwertungserlöses an den Gläubiger wäre mit dem Sinn und Zweck des Gesetzes nicht zu vereinbaren, denn der absonderungsberechtigte Gläubiger, welcher der Verwertung ver- 28

---

[34] *Kübler/Prütting/Kemper*, § 173 RdNr. 16.
[35] HK-*Landfermann*, § 173 RdNr. 5; HambKomm-*Büchler*, § 173 RdNr. 6.
[36] *Uhlenbruck*, InsO § 173 RdNr. 14.
[37] *Kübler/Prütting/Kemper*, § 173 RdNr. 17; *Uhlenbruck*, InsO § 173 RdNr. 13.
[38] HambKomm-*Büchler*, § 173 RdNr. 6; HK-*Landfermann*, § 173 RdNr. 3.
[39] *Breutigam/Blersch/Goetsch-Breutigam*, § 173 RdNr. 14; so wohl auch *Uhlenbruck*, InsO § 173 RdNr. 12.
[40] So aber *Nerlich/Römermann/Becker* § 173 RdNr. 34; *Breutigam/Blersch/Goetsch-Breutigam* § 173 RdNr. 14.

zögert, soll bestraft werden. Eine Sanktionierung dieses Verhaltens wäre aber nicht mehr möglich, wenn die Masse die Kosten für Verwertung und Umsatzsteuer tragen müsste.[41]

Andererseits ist es nicht gerechtfertigt, **Feststellungskosten** dem Sicherungsgläubiger aufzuerlegen, da es sich um Sicherungsgut handelt, das sich in den Händen des Sicherungsgläubigers befand. Aufwendungen für die Feststellung der Sicherungsrechte fallen damit idR nicht an.[42] Für die hier vertretene Auffassung, dass die Masse keine Erstattung der Feststellungskosten beanspruchen kann, spricht auch der Wortlaut des § 170 Abs. 2. Auch im Rahmen des § 170 Abs. 2 werden nur die tatsächlich entstehenden Kosten berücksichtigt – im Falle des § 170 Abs. 2 werden nur die Feststellungskosten und nicht die Verwertungskosten berücksichtigt, weil solche bei einer Verwertung durch den Gläubiger nicht anfallen; in der vorliegenden Konstellation fallen keine Feststellungskosten an, also gibt es auch keinen Anspruch auf Erstattung.[43]

Im Ergebnis sollte also der Sicherungsgläubiger für etwa anfallende Verwertungskosten und die Umsatzsteuer herangezogen werden. Dies gibt ihm eine zusätzliche Motivation, die Verwertung selbst (und zwar zügig) durchzuführen und einen Übergang des Verwertungsrechtes auf den Insolvenzverwalter zu vermeiden.

29 Nach der hier vertretenen Auffassung ist nach einem Übergang des Verwertungsrechts auf den Insolvenzverwalter auch **§ 172** anwendbar. Das bedeutet, dass der Insolvenzverwalter nicht nur das Verwertungsrecht hat, sondern auch das Recht auf Nutzung und Verwendung des Absonderungsguts.[44] Die Masse ist zum Ausgleich eines u. U. entstehenden Wertverlusts des Absonderungsguts nach § 172 Abs. 1 verpflichtet.

---

[41] *Breutigam/Blersch/Goetsch-Breutigam*, § 173 RdNr. 15; *Uhlenbruck*, InsO § 173 RdNr. 14.
[42] *Uhlenbruck*, InsO § 173 RdNr. 14.
[43] *Uhlenbruck*, InsO § 173 RdNr. 14.
[44] *Kübler/Prütting/Kemper*, § 173 RdNr. 13; *Nerlich/Römermann/Becker* § 173 RdNr. 33.

Fünfter Teil. Befriedigung der Insolvenzgläubiger. Einstellung des Verfahrens

Erster Abschnitt. Feststellung der Forderungen

§ 174 Anmeldung der Forderungen

(1) ¹Die Insolvenzgläubiger haben ihre Forderungen schriftlich beim Insolvenzverwalter anzumelden. ²Der Anmeldung sollen die Urkunden, aus denen sich die Forderung ergibt, in Abdruck beigefügt werden.

(2) Bei der Anmeldung sind der Grund und der Betrag der Forderung anzugeben, sowie die Tatsachen, aus denen sich nach Einschätzung des Gläubigers ergibt, dass ihr eine vorsätzlich begangene unerlaubte Handlung des Schuldners zugrunde liegt.

(3) ¹Die Forderungen nachrangiger Gläubiger sind nur anzumelden, soweit das Insolvenzgericht besonders zur Anmeldung dieser Forderungen auffordert. ²Bei der Anmeldung solcher Forderungen ist auf den Nachrang hinzuweisen und die dem Gläubiger zustehende Rangstelle zu bezeichnen.

(4) ¹Die Anmeldung kann durch Übermittlung eines elektronischen Dokuments erfolgen, wenn der Insolvenzverwalter der Übermittlung elektronischer Dokumente ausdrücklich zugestimmt hat. ²In diesem Fall sollen die Urkunden, aus denen sich die Forderung ergibt, unverzüglich nachgereicht werden.

Schrifttum: *Arend,* Die insolvenzrechtliche Behandlung der Zahlungsansprüche in fremder Währung, ZIP 1988, 69; *Bähr,* Forderungsprüfung und Tabellenführung, InVo 1998, 205; *Eickmann,* Anm. in EWiR zu OLG Celle 1985, 209; *Eckardt,* Die Feststellung und Befriedigung des Insolvenzgläubigerrechts in Kölner Schrift zur Insolvenzordnung, S. 579; *ders.,* Unanmeldbare Forderungen im Konkursverfahren nach §§ 138 ff. KO, ZIP 1993, 1765; *Frotscher,* Steuer im Konkurs, 4. Aufl. 1997; *Geist,* Insolvenzen und Steuern, 3. Aufl. 1980; *Hanisch* ZIP 1988, 341; *Hess,* Konkursausfallgeld, § 141 m AFG; *Kanese,* Anm. zu AG Ahrenburg Rpfleger 1992, 34; *Kohn* WM 1959, 104; *Kothe,* Die Behandlung von Unterhaltsansprüchen nach der Insolvenzordnung in Kölner Schrift zur Insolvenzordnung, S. 615; *Loritz,* Einbeziehung der nachrangigen Insolvenzgläubiger, in Leipold (Hrsg.), Insolvenzrecht im Umbruch, 1991, S. 91; *Mattern,* Anm. zu BFH BB 1969, 27; *Mohrbutter* KTS 1974, 223; *Schlükkung* BB 1982; *K. Schmidt,* Fremdwährungsforderungen im Konkurs, Festschrift für Merz 1992, S. 537 ff.; *Smid,* Rechtsmittel gegen Eingriffe in Teilnahmerechte Verfahrensbeteiligter durch das Insolvenzgericht, KTS 1993, 1; *Stein* DRiZ 1955, 241; *Uhlenbruck,* Die Durchsetzung von Gläubigeransprüchen gegen eine vermögenslose GmbH und deren Organe nach geltendem und neuem Insolvenzrecht, ZIP 1996, 1641; *ders.,* Anm. zu BAG AP § 112 BetrVG Nr. 10; *ders.,* Anm. zu LG Kaiserslautern ZIP 1981, 116; *Wülfing* DRiZ 1956, 58.

Übersicht

	RdNr.		RdNr.
I. Normzweck	1	4. Frist	8
II. Anmeldung	2	5. Form	9
1. Rechtsnatur	2	6. Inhalt	10
2. Berechtigte	3	a) Grund	10
3. Vertretung (Stellvertretung/Vollmacht)	4	b) Betrag	11
		c) Sammelanmeldungen	13
a) Vertretung durch eine natürliche Person	5	d) Doppelanmeldungen	14
		e) Alternativanmeldungen	15
b) Vertretung durch einen Rechtsanwalt	6	f) Mangelhafte Anmeldung	16
		g) Änderung der Anmeldung/Neuanmeldung	17
c) Inhalt der Vollmacht	7	h) Einzelfälle	18

	RdNr.		RdNr.
7. Nachweise	23	3. Prüfungswirkungen	29
8. Wirkungen	24	4. Zurückweisung der Anmeldung	30
a) Verjährung	24	a) Ablehnung durch den Verwalter	30
b) Stimmrecht	25	b) Zurückweisung durch das Insolvenzgericht	31
9. Rücknahme der Anmeldung	26		
III. Prüfung der Anmeldungen	27	**IV. Forderungen nachrangiger Gläubiger**	32
1. Zuständigkeit	27		
2. Prüfungsumfang	28		

I. Normzweck

1 Zweck der Norm ist es, die Verfahrensgegenstände durch die Disposition des Gläubigers zu konkretisieren. Mithin nimmt nicht jegliche Forderung automatisch am Insolvenzverfahren teil. Es gilt die **Dispositionsmaxime**.

Die Regelung entspricht weitgehend dem bisherigen § 139 KO, neu ist insbesondere, dass die Anmeldung gegenüber dem Insolvenzverwalter zu erfolgen hat und nicht mehr gegenüber dem Gericht.

II. Anmeldung

2 **1. Rechtsnatur.** Bei der Anmeldung handelt es sich für den Gläubiger eine Verfahrenshandlung, mit der die Teilnahme am Insolvenzverfahren beantragt wird. Sie ist die verfahrensrechtliche Geltendmachung eines materiellen Anspruchs. Die Anmeldung entspricht in der verfahrensrechtlichen Bedeutung einer Klageschrift bzw. einem Mahnantrag. Die Anmeldung enthält jedoch keine Zahlungsaufforderung und begründet keinen Verzug, weil der Insolvenzschuldner ohnehin nicht über sein Vermögen verfügen, nicht zahlen darf.[1]

3 **2. Berechtigte**

a) **Nichtnachrangige Insolvenzgläubiger** (zur Definition s. § 38) haben ihre Forderung anzumelden.

b) **Nachrangige Insolvenzgläubiger** (zur Definition s. § 39) können ihre Forderung nur nach gerichtlicher Aufforderung anmelden, Abs. 3 Satz 1.

c) **Absonderungsberechtigte Insolvenzgläubiger** (siehe dazu oben die Erläuterungen zu § 52) können ihre Forderung anmelden. Zum Inhalt der Anmeldung dieser Gläubiger mit Doppelstellung siehe unten RdNr. 21. Meldet ein absonderungsberechtigter Insolvenzgläubiger nicht an, ist er auf die abgesonderte Befriedigung aus dem Haftenden beschränkt. Daneben besteht die Möglichkeit, unter Verzicht auf die abgesonderte Befriedigung die Forderung als Insolvenzgläubiger anzumelden. Dann ist dieser Gläubiger jedoch auf die anteilmäßig Befriedigung aus der Masse beschränkt.

d) **Aufrechnungsberechtigte Insolvenzgläubiger** (siehe dazu die Erläuterungen zu § 94) haben ihre Forderung nicht anzumelden, wenn sie sich durch Aufrechnung befriedigen können. Können sie dies nicht oder nur teilweise, steht auch diesen Gläubigern die Anmeldung frei. Siehe dazu die Erläuterungen zu RdNr. 21.

e) Bei **Prozessunfähigen** muss die Anmeldung durch den gesetzlichen Vertreter erfolgen, bei juristischen Personen oder Gesellschaften des Handelsrechts durch die organschaftlichen Vertreter.[2] Die Anmeldung eines Prozessunfähigen ist unwirksam, die Prozessunfähigkeit ist spätestens im Termin zu klären, und zwar nach den allgemeinen Grundsätzen (Freibeweis).

f) Für die Anmeldung einer Forderung eines **Insolvenzschuldners** in dem Insolvenzverfahren eines anderen ist der Insolvenzverwalter zuständig.[3]

---

[1] RGZ 121, 211; *Kuhn/Uhlenbruck* § 139 RdNr. 1 q.
[2] AG Ahrensberg Rpfleger 1992, 34; *Hess* § 139 RdNr. 23; *Kübler/Prütting/Pape* § 174 RdNr. 25.
[3] *Kilger/K. Schmidt* § 139 Anm. 2.

g) Forderungen einer noch nicht auseinandergesetzten **Erbengemeinschaft** können durch einen Miterben in voller Höhe angemeldet werden.
h) Soll eine Forderung, die **Gesamtgläubigern** zusteht, angemeldet werden, müssen dies alle Gläubiger tun.
i) Die Forderung einer **BGB-Gesellschaft** müssen alle Gesellschafter anmelden, § 714 BGB, ein Gesellschafter kann grundsätzlich nur in Vollmacht für die anderen Gesellschafter anmelden. Ist jedoch dieser Gesellschafter zur Geschäftsführung durch den Gesellschaftsvertrag beauftragt, kann er für die anderen Gesellschafter anmelden, wenn sich seine Geschäftsführungsbefugnis aus dem Gesellschaftsvertrag ergibt.
j) Die Vertretung einer **Partnerschaft** richtet sich nach § 7 PartGG i. V. m. § 125 Abs. 1, 2 und 4 HGB sowie §§ 126 und 127 HGB.
k) Für die Vertretung einer **EWIV** (Europäische wirtschaftliche Interessenvereinigung) zur Anmeldung gelten gem. Ges. v. 22. 4. 1988 (BGBl. I S. 514) subsidiär die Vorschriften über die OHG, d. h. hinsichtlich der Vertretung die §§ 125 ff. HGB.

3. Vertretung (Stellvertretung/Vollmacht). a) Vertretung durch eine **natürliche Person,** die nicht Rechtsanwalt ist: Gewillkürte Vertretung ist zulässig, allerdings ist grundsätzlich eine schriftliche Vollmacht erforderlich.[4] § 89 Abs. 1 Satz 1 ZPO bleibt unberührt, so dass eine vorläufige Zulassung möglich ist; spätestens im Prüfungstermin ist die Vertretungsmacht nachzuweisen, siehe § 176 RdNr. 21.

b) Vertretung durch einen Rechtsanwalt: Lässt sich ein Insolvenzgläubiger durch einen **Rechtsanwalt** vertreten, gilt § 88 Abs. 2 ZPO. Nur auf die Rüge des Insolvenzverwalters oder eines Insolvenzgläubigers ist der Mangel der Vollmacht zu prüfen. Zur Vertretung im Prüfungstermin siehe § 176 RdNr. 22.

c) Inhalt der Vollmacht: Ist die Vollmacht für das Insolvenzverfahren erteilt, so ist der Bevollmächtigte zugleich zur Vertretung im Feststellungsprozess (§ 180) ermächtigt. Wurde lediglich eine **Prozessvollmacht** erteilt, sind folgende Fälle zu unterscheiden:
aa) Ist die Forderung bereits tituliert, reicht die ursprünglich erteilte Prozessvollmacht für das Insolvenzverfahren und damit auch nicht für die Anmeldung aus, denn das Insolvenzverfahren ist nicht unter § 81 ZPO subsumierbar. Das Insolvenzverfahren ist kein Zwangsvollstreckungsverfahren.[5] Wird dann nochmals, d. h. erneut eine Prozessvollmacht erteilt, vergleiche die Erläuterungen zu bb.
bb) Ist die Forderung bisher nicht tituliert, reicht eine Prozessvollmacht zur Anmeldung und zur weiteren Vertretung im Insolvenzverfahren aus, weil es sich bei einer Anmeldung im Insolvenzverfahren gewissermaßen um eine Art der gerichtlichen Geltendmachung handelt, die weniger komplex ist als ein Zivilprozess.
Allerdings sind die üblichen Vordrucke für die sog. Einheitsvollmacht seit Jahren so gestaltet, dass das Insolvenzverfahren ohnehin vorsorglich gesondert erwähnt ist, so dass besondere Sorgfalt und Vorsicht insbesondere bei privatschriftlichen oder sehr alten Vollmachten geboten ist.

4. Frist. Vom Insolvenzgericht wird im öffentlich bekannt gemachten Eröffnungsbeschluss eine Frist von wie bisher **höchstens drei Monaten** gesetzt, § 28 Abs. 1 Satz 1 und 2. Es handelt sich dabei nicht um eine Ausschlussfrist.[6] Einem verspätet anmeldenden Gläubiger drohen jedoch **Kostennachteile** hinsichtlich der gesondert anfallenden Gerichtskosten und gegebenenfalls Rechtsnachteile bzw. der endgültige Rechtsverlust, wenn erst nach der Genehmigung der Schlussverteilung angemeldet wird. Fordert das Gericht zur

---

[4] LG München II ZIP 1992, 789; *Kübler/Prütting/Pape* § 174 RdNr. 26; *Kuhn/Uhlenbruck* § 139 RdNr. 8.
[5] *Jaeger/Weber* § 139 Anm. 6 c; *Stein/Jonas/Bork* ZPO § 81 RdNr. 7; *Kuhn/Uhlenbruck* § 139 Anm. 8; *Kilger/K. Schmidt* § 139 Anm. 2; aA *Baumbach/Hartmann* ZPO § 81 RdNr. 9 jedenfalls für ein aus der Zwangsvollstreckung entstehendes Konkursverfahren ohne nähere Begr.
[6] *Nerlich/Römermann/Becker* § 174 RdNr. 10; *Kübler/Prütting/Pape* § 174 RdNr. 25; *Uhlenbruck* InsO § 174 RdNr. 10.

§ 174 8, 9 5. Teil. 1. Abschnitt. Feststellung der Forderungen

Anmeldung nachrangiger Forderungen auf (Abs. 3), so kann hierfür eine besondere Frist gesetzt werden.

8 **5. Form.** Die Anmeldung hat **schriftlich** beim Insolvenzverwalter zu erfolgen, Abs. 1, und zwar nach der derzeitigen Rechtslage in **deutscher Sprache**.[7] § 184 GVG gilt auch hier, weil die Anmeldung als Verfahrenshandlung Grundlage der Tabelle ist und diese wiederum Grundlage des Prüfungstermins. Dass die Anmeldung nunmehr gegenüber dem Insolvenzverwalter zu erklären ist, ändert daran nichts. Aufgrund dem EU-Übereinkommen über Insolvenzverfahren vom 29. Mai 2000[8] ist gem. Art. 42 vorgesehen, dass die Gläubiger aus anderen Vertragsstaaten[9] die Anmeldung auch in deren Sprache wirksam vornehmen können, sofern die Überschrift in deutscher Sprache die Bezeichnung „Anmeldung einer Forderung" enthält.[10] Der Gläubiger ist lediglich verpflichtet, auf Verlangen in angemessener Frist eine Anmeldung in deutscher Sprache nachzureichen; kommt er dieser Verpflichtung nicht nach, so kann die Forderung ohne Kostenrisiko „vorläufig" bestritten werden.[11]

Für die Anmeldung gelten die Grundsätze für bestimmende Schriftsätze, § 129 ZPO gemäß § 4 InsO heißt das: Die Anmeldung soll von dem Anmeldenden **eigenhändig und handschriftlich unterschrieben** sein. Es soll feststehen, dass es sich um eine verfahrensrechtlich gewollte Erklärung handelt, die vom Unterzeichner herrührt und für die er die verfahrensrechtlichen, strafrechtlichen und ggf. auch standesrechtliche Verantwortung übernimmt. Die Unterschrift kann nachgeholt werden. Eine Unterschrift kann entbehrlich sein, wenn die Anmeldung zweifelsfrei erkennen lässt, von wem sie kommt.[12]

9 Auch eine **fernschriftliche** Anmeldung durch Fax ist zulässig,[13] sofern die Kopiervorlage ordnungsgemäß unterschrieben ist.[14] Wegen der fehlenden Unterschrift dürfte deshalb ein sog. PC-Fax den Anforderungen nicht entsprechen. Anderes gilt, wenn die Unterschrift eingescannt ist.[15] Gerichtliches Gewohnheitsrecht lässt grundsätzlich im Zivilprozess auch eine telegraphische Einreichung von fristgebundenen und erst recht beim unbefristeten, bestimmenden Schriftsatz zu,[16] so dass dies auch für die Anmeldung im Insolvenzverfahren gelten muss.[17] Es muss zweifelsfrei erkennbar bleiben, wer Absender ist, seine Verantwortung für den Inhalt muss unzweifelhaft feststehen, und es muss ebenfalls eindeutig sein, dass nicht lediglich ein Entwurf vorliegt.[18] Auch eine Anmeldung per E-Mail ist inzwischen zulässig, § 126a BGB und das Signaturgesetz[19] sind dabei zu beachten. Danach muss der Anmelder der elektronischen Anmeldung seinen Namen hinzufügen und das elektronische Dokument mit einer qualifizierten elektronischen Signatur nach dem Signaturgesetz versehen. Der Anmelder muss die für die Speicherung und Anwendung des Signaturschlüssels geeignete Soft- und Hardware besitzen und bei einem Zertifizierungsdienstanbieter[20] ein qualifiziertes

---

[7] HK-*Irschlinger* § 174 RdNr. 2.
[8] NZI 2000, 407.
[9] Die Verordnung wirkt unmittelbar innerhalb der EU. Davon ausgenommen ist nur Dänemark, das der Verordnung nicht zugestimmt hat.
[10] *Bähr* InVo 1998, 205.
[11] *Eckardt* in Kölner Schrift zur Insolvenzordnung RdNr. 13.
[12] *Kübler/Prütting/Pape* § 174 RdNr. 25; *Nerlich/Römermann/Becker* § 174 RdNr. 13; *Uhlenbruck* InsO § 174 RdNr. 13.
[13] *Haarmeyer/Wutzke/Förster*, Handbuch, Kap. 7 RdNr. 20; *Kübler/Prütting/Pape* § 174 RdNr. 25.
[14] Zum Fernschreiben vgl.: BVerfG NJW 87, 2067; BGH 87, 64; NJW 89, 589 und NJW 90, 188 sowie 990 je mwN; BAG DB 87, 184; BPatG GRUR 89, 909; zum Telebrief, Fax etc. vgl.: BGH NJW 90, 3087 und BB 93, 2409 mwN; BAG NJW 90, 3165; BVerwG NJW 91, 1193; BayVerfGH NJW 93, 1125 je mwN; aA *Kübler/Prütting/Pape* § 174 RdNr. 25; *Hess* § 139 RdNr. 19.
[15] GmS-OGB ZIP 2000, Nr. 30 S. V.
[16] BVerfG NJW 87, 2067 mwN; BGH 87, 64.
[17] *Nerlich/Römermann/Becker* § 174 RdNr. 14 auch für Datenträger und elektronische Datenübertragung.
[18] *Baumbach/Hartmann* § 129 RdNr. 21.
[19] Stammfassung: BGBl. I Nr. 190/1999 (1. Novelle: BGBl. I Nr. 137/2000, 2. Novelle: BGBl. I Nr. 32/2001, 3. Novelle: BGB. I Nr. 152/2001, 4. Novelle: BGBl. I Nr. 164/2005.
[20] Z. B. Telekom, Deutsche Post Com GmbH; Datev eG, Bundesnotarkammer (weitere Anbieter unter www.bundesnetzagentur.de).

Zertifikat beantragen. Die Schriftform kann nur dann durch die elektronische Form ersetzt werden, denn der Insolvenzverwalter damit einverstanden ist.[21] Das Einverständnis bedarf keiner Form. Es kann ausdrücklich oder schlüssig erklärt werden.

6. Inhalt. Nach Art. 41 EG-VO des Rates Nr. 1346/2000 sind die Art, der Entstehungszeitpunkt und der Betrag mitzuteilen. **a) Grund.** Grund der Forderung ist der Sachverhalt, aus dem die Forderung hergeleitet wird.[22] Ähnlich wie beim Mahn- oder Klageantrag muss die Forderung dadurch zumindest zweifelsfrei konkretisiert und individualisiert werden. Entsprechend den Anforderungen an den zivilprozessualen Begriff des Streitgegenstandes muss auch im Insolvenzverfahren neben der Höhe der Forderung der zugrunde liegende Lebenssachverhalt hinzukommen.[23] Gemäß § 4 gilt § 130 ZPO auch hier.[24] Schlüssige Darstellung ist erforderlich, gegebenenfalls ist Substantiierung unentbehrlich. Die vom Bundesgerichtshof entwickelten Grundsätze zum Umfang der Substantiierungspflicht gelten auch hier: Ein Sachvortrag zur Begründung einer Insolvenzforderung ist dann schlüssig und damit erheblich, wenn der Insolvenzgläubiger Tatsachen vorträgt, die in Verbindung mit einem Rechtssatz geeignet und erforderlich sind, das geltende Recht als in der Person des Insolvenzgläubigers entstanden erscheinen lassen.[25] Der Darlegungslast ist damit genügt.[26] Dabei ist unerheblich, wie wahrscheinlich die Darstellung ist und ob sie auf eigenem Wissen oder einer Schlussfolgerung aus Indizien beruht.[27] Die Angabe näherer Einzelheiten, die den Zeitpunkt und den Vorgang bestimmter Ereignisse betreffen, ist nicht erforderlich, soweit die Einzelheiten für die Rechtsfolgen nicht von Bedeutung sind.[28] Der Insolvenzverwalter und das Insolvenzgericht müssen in der Lage sein, auf Grund des tatsächlichen Vorbringens des Insolvenzgläubigers zu entscheiden, ob die gesetzlichen Voraussetzungen für das Bestehen des geltend gemachten Rechts vorliegen.[29] Anzugeben sind also die Tatumstände, aus denen sich die Forderung ergibt, rechtlicher Ausführungen dazu bedarf es nicht.[30] Die Forderung ist so anzumelden, dass der Insolvenzverwalter und die übrigen Insolvenzgläubiger die Möglichkeit haben, die Forderung zu prüfen und den Schuldgrund zu erkennen.[31] Ergeben sich bereits in diesem Stadium des Anmeldeverfahrens für den Insolvenzverwalter Unklarheiten oder ist der Vortrag des Insolvenzgläubigers nicht schlüssig, muss der Insolvenzverwalter auf eine Ergänzung der Anmeldung hinwirken, denn der Insolvenzverwalter ist im Rahmen seiner Tätigkeit verpflichtet, den Anmeldenden auf etwaige Mängel hinzuweisen.[32] Wird der Tatsachenvortrag des Insolvenzgläubigers durch einen Gegenvortrag des Insolvenzverwalters unklar und lässt er dann nicht mehr den Schluss auf die Entstehung des geltend gemachten Rechts zu, bedarf der Tatsachenvortrag des Insolvenzgläubigers der

---

[21] Staudinger/Hertel BGB § 126a RdNr. 39; Soergel/Marly BGB § 126a RdNr. 26; Ermann/Palm BGB § 126a RdNr. 6.
[22] BFH ZIP 1987, 583, 584 = BStBl. II S. 471.
[23] BGH NJW 81, 2306 und RR 93, 239; Kübler/Prütting/Pape § 174 RdNr. 27.
[24] Nerlich/Römermann/Becker § 174 RdNr. 14.
[25] Für den Klageantrag: BGH, LM § 282 ZPO – Beweislast – Nr. 12 = JZ 1963, 32, in NJW 1962, 1394 nur teilweise abgedruckt; RGZ 143, 57 (65); BGH, LM § 282 ZPO (Beweislast) Nr. 41 = WM 1984, 1380 = NJW 1984, 2888 (2889) = JZ 1985, 185 (Stürner).
[26] Für den Klageantrag: BGH, LM § 282 ZPO (Beweislast) Nr. 41 = WM 1984, 1380 = NJW 1984, 2888 (2889) = JZ 1985, 185 (Stürner); BGH VersR 1990, 656 (657); BGH, LM § 597 ZPO Nr. 8 = NJW 1991, 1117 = WM 1991, 237 jeweils mwN; BGH NJW-RR 1993, 189 = MDR 1993, 417 (Baumgärtel).
[27] BGH, LM § 293 ZPO Nr. 18 = WM 1992, 1510 (1511); BGH NJW-RR 1993, 189 = MDR 1993, 417 (Baumgärtel).
[28] Für den Klageantrag: BGH NJW 1968, 1233; BGH, LM § 282 ZPO (Beweislast) Nr. 41 = WM 1984, 1380 = NJW 1984, 2888 (2889) = JZ 1985, 185 (Stürner).
[29] Für den Klageantrag: BGH, LM § 253 ZPO Nr. 62 = WM 1979, 650 (651); BGH, LM § 282 ZPO (Beweislast) Nr. 41 = WM 1984, 1380 = NJW 1984, 2888 (2889) = JZ 1985, 185 (Stürner).
[30] RGZ 93, 14; Senst/Eickmann/Mohn Hdb. RdNr. 269; Kilger/K. Schmidt § 139 Anm. 1; Kuhn/Uhlenbruck § 139 RdNr. 3.
[31] RGZ LZ 1908, 391; Für den Mahnbescheid: BGH, LM § 690 ZPO Nr. 6= NJW 1993, 862 (863); BGH, LM § 690 ZPO Nr. 5 = NJW 1992, 1111; BGH, LM § 209 BGB Nr. 85 (Niedenführ) = NJW 1996, 2152 = NJWE-FER 1996, 15 (Ls.) = FamRZ 1996, 853 = MDR 1996, 932.
[32] Kübler/Prütting/Pape § 174 RdNr. 22.

Ergänzung.³³ Das bedeutet aber nicht, dass der Insolvenzgläubiger, der ein Recht beansprucht, schon deshalb weil der Insolvenzverwalter einen Gegenvortrag hält, gezwungen ist, den behaupteten Sachverhalt in allen Einzelheiten wiederzugeben.³⁴ S. dazu u. RdNr. 27 bis 30. Da es sich um ein Verfahren handelt, bei dem die Parteimaxime gilt, ist der Verwalter nicht verpflichtet, den Anspruch selbst zu ermitteln bzw. Nachweise/Urkunden selbst zu beschaffen. Das Betreiben der Anmeldung liegt allein in den Händen der Gläubiger (Parteibetrieb). Zur Begründung der Anmeldung kann auf die beigefügten Urkunden Bezug genommen werden.³⁵ Eine Bezugnahme auf eine Anlage oder Rechnung, aus der sich der Grund der Forderung und der Betrag nicht ergibt, ist nicht hinreichend.³⁶ Die Bezugnahme auf eine beigefügte Rechnung reicht, wenn sich aus ihr auch der Grund des Anspruchs hinreichend ergibt. Liegt der Forderung eine vorsätzlich begangene unerlaubte Handlung zugrunde, muss der Gläubiger nach dem durch das InsOÄndG 2001 erweiterten § 174 Abs. 2 auch diese Tatsachen vortragen, siehe dazu auch § 175 RdNr. 17 und § 302 Nr. 2 InsOÄndG. Trägt der Insolvenzgläubiger diese Tatsachen erst nach der Feststellung der Forderung vor, ist er präkludiert, es sei denn die Tatsachen sind erst nach der Feststellung der Forderung bekannt geworden. In einem solchen Fall ist ein besonderer Prüfungstermin, in dem der Grund der Forderung geprüft wird, zulässig. Dies kann bis zur Aufhebung des Insolvenzverfahrens erfolgen. Wie bei einer ursprünglichen Anmeldung ist der Schuldner zu belehren.

11 **b) Betrag.** Der Betrag der Forderung muss in **Euro** angegeben sein. Dies gilt auch für Nebenansprüche. Eine Fremdwährungsforderung oder eine Forderung, die in einer Rechnungseinheit ausgedrückt ist, ist gemäß § 45 Satz 2 ist nach dem amtlichen Kurswert, der zurzeit der Verfahrenseröffnung (§ 27) für den Zahlungsort maßgeblich ist, in inländische Währung umzurechnen. Die **Betragsangabe** ist bei allen Geldforderungen erforderlich, auch bei Schmerzensgeldansprüchen (§§ 847, 1300 BGB).³⁷ Die allgemeinen zivilprozessualen Regeln über unbezifferte Anträge gelten hier nicht. Forderungen, die nicht auf Geld gerichtet sind oder deren Geldbetrag unbestimmt ist, sind mit dem Wert geltend zu machen, der für die Zeit der Eröffnung des Insolvenzverfahrens geschätzt werden kann, § 45 Satz 1. Hinsichtlich der wiederkehrenden Leistungen vgl. § 46 und bzgl. nicht fälliger und auflösend bedingter Forderungen vgl. §§ 41, 42. Mehrere Forderungen sind auch nach den Beträgen getrennt anzugeben. Bei Zinsen müssen der Zinssatz und -zeitraum angegeben werden, eine betragsmäßige Angabe kann dabei jedoch nicht gefordert werden.³⁸ Sofern Zinsen als Hauptforderung beansprucht werden, ist die Höhe der Forderung bis zum Zeitpunkt der Insolvenzeröffnung kapitalisiert anzugeben. Die Angabe, dass ein angemessener Zinssatz gefordert werde oder dass die Zinsen in das Ermessen des Gerichts gestellt seien, ist nicht hinreichend.³⁹ Hingegen reichen die Angaben des Zinsbeginns und dass der gesetzliche Zinssatz verlangt werde aus. Auch dürfte die Angabe eines bestimmten Zinssatzes bezogen auf einen objektiven Wertmesser genügen, wenn der Zinsbeginn ebenfalls angegeben ist. Wegen der seit der Eröffnung des Verfahrens laufenden Zinsen siehe § 39 Abs. 1 Satz 1 Nr. 1. Bei Arbeitnehmerforderungen muss der Bruttobetrag des Arbeitsentgeltes angegeben sein.⁴⁰

---

³³ Für den Klageantrag: BGH, LM § 282 ZPO Nr. 12 = NJW 1962, 1394 = JZ 1963, 32; BGH, LM § 282 ZPO (Beweislast) Nr. 41 = WM 1984, 1380 = NJW 1984, 2888 (2889) = JZ 1985, 185 *(Stürner); Rosenberg-Schwab*, 13. Aufl., § 105 II 1 a; *Wieczorek*, ZPO, 2. Aufl., § 282 B II c 4.
³⁴ Für den Klageantrag: BGH NJW 1984, 2888, 2889 = JZ 1985, 185 *(Stürner).*
³⁵ RGZ 39, 45; OLG Dresden LZ 1915, 1467; *Jaeger/Weber* § 139 RdNr. 1; *Kilger/K. Schmidt* § 139 Anm. 1 a, *Kuhn/Uhlenbruck* § 139 RdNr. 3; *Senst/Eickmann/Mohn* Hdb. RdNr. 269.
³⁶ *Kübler/Prütting/Pape* § 174 RdNr. 27; „substantiiert" nach: *Hess/Kropshofer* § 139 RdNr. 6; *Kilger/ K. Schmidt* § 139 Anm. 1 a; *Kuhn/Uhlenbruck* § 139 RdNr. 3.
³⁷ *Kuhn/Uhlenbruck* § 139 RdNr. 2.
³⁸ BGH WM 1957, 1334; *Kohn* WM 1959, 104; *Kuhn/Uhlenbruck* § 139 RdNr. 2; *Kilger/K. Schmidt* § 139 Anm. 1 b; *Hess/Kropshofer* § 139 Anm. 16.
³⁹ *Kuhn/Uhlenbruck* § 139 RdNr. 2; *Jaeger/Weber* § 139 RdNr. 3.
⁴⁰ LAG Düsseldorf DB 1975, 988; *Kilger/K. Schmidt* § 139 Anm. 1 b; *Hess/Kropshofer* § 139 Anm. 6.

Anmeldung der Forderungen

c) Sammelanmeldungen. Es handelt sich um Sammelanmeldungen, wenn mehrere **12** Forderungen eines Berechtigten oder mehrerer Berechtigter angemeldet werden. Sammelanmeldungen werden ganz allgemein als zulässig erachtet.[41] Jede einzelne Forderung muss nach ihrem Grund, Betrag und Berechtigten bezeichnet sein. Die Anmeldung eines Gesamtbetrages allein reicht nicht aus.[42] Die anderen Insolvenzgläubiger und der Insolvenzverwalter hätten dann nicht die Möglichkeit, einzelne Forderungen aus einer Sammelanmeldung zu bestreiten.[43] Insbesondere folgende Forderungen werden in aller Regel durch die Sammelanmeldung geltend gemacht: Sozialplanansprüche der Arbeitnehmer (siehe dazu unten Rd-Nr. 19), Ruhegeldansprüche der Arbeitnehmer[44] und Forderungen des Einlagefonds des Bundesverbandes deutscher Banken e. V.[45]

d) Doppelanmeldung. Von einer Doppelanmeldung spricht man, wenn eine Forderung **13** von mehreren verschiedenen Personen angemeldet wird, wenn z. B. bisher nicht zweifelsfrei geklärt ist, wem die Forderung zusteht. Liegt ein solcher Fall vor, sind beide Anmeldungen in die Tabelle aufzunehmen,[46] allerdings mit einem Hinweis, dass es sich um eine sog. Doppelanmeldung handelt.

e) Alternativanmeldung. Bei Wahlschulden ist eine Alternativanmeldung erforder- **14** lich.[47]

f) Mangelhafte Anmeldung. Zu unterscheiden sind unwirksame und sonst mangelhafte **15** Anmeldungen. Die Anmeldung ist unwirksam, wenn sie nicht den wesentlichen Erfordernissen des § 174 (Grund und Betrag) entspricht.[48] Die (versehentliche) Eintragung in die Tabelle heilt die Unwirksamkeit nicht.[49] Der Mangel kann nur durch Neuanmeldung behoben werden. Ein wesentlicher Mangel der Anmeldung kann nicht ohne Prüfungstermin behoben werden.[50] Vor Behebung des Mangels kann kein Sachurteil im Feststellungsstreit ergehen.[51]

g) Änderung der Anmeldung/Neuanmeldung. In aller Regel decken sich die Be- **16** griffe Änderung der Anmeldung und Neuanmeldung bzw. teilweise Rücknahme der Anmeldung.[52] Ändern sich Tatumstände, die der ursprünglichen Forderungsanmeldung zugrunde lagen, so dass eine andere rechtliche Würdigung erforderlich ist, muss der Insolvenzgläubiger seine Anmeldung entsprechend ändern, d. h. neu fassen. Dies gilt auch für Steuerforderungen.[53] Änderungen oder Ergänzungen der Anmeldung sind bis zum Prüfungstermin zulässig.[54] Siehe dazu auch § 175 RdNr. 14 und § 177 RdNr. 11 und 12.

h) Einzelfälle. aa) Arbeitnehmerforderungen. An dieser Stelle sind insbesondere die **17** Sozialplanansprüche zu nennen. Die Anmeldung von Sozialplanansprüchen ist nur insoweit zulässig, als die Ansprüche nicht Masseverbindlichkeit gemäß § 123 sind.[55] Die Anmeldung muss grundsätzlich durch die einzelnen Berechtigten erfolgen, eine Sammelanmeldung, aus der sich die Einzelforderungen nicht ergeben ist nicht zulässig.[56] Der Betriebsrat ist kraft

---

[41] *Kilger/K. Schmidt* § 139 Anm. 2; *Hess/Kropshofer* § 141 RdNr. 36 ff.; *Uhlenbruck* InsO § 174 RdNr. 15.
[42] RGZ 39, 45 ff.
[43] AG Münster Rpfleger 1982, 78; *Mohrbutter* KTS 1974, 223; *Mohrbutter/Mohrbutter* Hdb. RdNr. 749.
[44] *Kuhn/Uhlenbruck* § 139 RdNr. 1 f.
[45] *Kuhn/Uhlenbruck* § 139 RdNr. 1 f.
[46] *Jaeger/Weber* § 139 RdNr. 2; *Uhlenbruck* InsO § 174 RdNr. 7.
[47] *Kuhn/Uhlenbruck* § 139 RdNr. 1 k.
[48] OLG Stuttgart NJW 1962, LG Mönchengladbach KTS 1970, 62; *Kübler/Prütting/Pape* § 174 RdNr. 32.
[49] *Kübler/Prütting/Pape* § 174 RdNr. 32; *Kuhn/Uhlenbruck* § 139 RdNr. 1 a.
[50] *Kuhn/Uhlenbruck* § 139 RdNr. 1 a; aA wohl KG EWiR 5/87, 803 mit kritischer Anm. *Eickmann*.
[51] OLG Stuttgart NJW 1962, 1018.
[52] *Kuhn/Uhlenbruck* § 139 RdNr. 1 c.
[53] BFH KTS 1969, 101 = BB 69, 27.
[54] *Kübler/Prütting/Pape* § 174 RdNr. 32; *Kuhn/Uhlenbruck* § 139 RdNr. 1 c.
[55] RefE des Gesetzes zur Reform des Insolvenzrechts 2. Teil Allg. Begr. 4 g dd und Teil 3 Begr. zu den einzelnen Vorschriften zu § 132.
[56] AG Münster Rpfleger 1982, 78.

seines Amtes nicht berechtigt, Sozialplanansprüche der Arbeitnehmer anzumelden.[57] Bei Arbeitnehmerforderungen sind die Bruttobeträge anzumelden.[58]

18 **bb) Steuerforderungen.** Steuerforderungen, die vor Eröffnung des Insolvenzverfahrens im Sinne des § 38 begründet worden sind, sind zur Tabelle anzumelden.[59] Es handelt sich dabei nicht um Masseverbindlichkeiten. Begründung der Forderung heißt, dass die die Forderung begründenden Tatsachen bereits vor Eröffnung des Verfahrens verwirklicht gewesen sein müssen.[60] Die Abgrenzung zwischen Masseschuld und Insolvenzforderung ist im Hinblick auf § 38 und § 38 AO differenziert zu betrachten, weil die Insolvenzordnung und die Abgabenordnung Unterschiedliches unter dem Begriff Begründung verstehen: Eine Steuerforderung kann bereits begründet sein, bevor sie überhaupt entstanden ist, während die Insolvenzordnung Begründung mit Entstehung gleichsetzt. Bei einer Steuerforderung handelt es sich somit um eine Insolvenzforderung, wenn die Steuerforderung vor Eröffnung des Verfahrens gemäss § 38 AO entstanden ist und gemäß § 220 AO fällig ist.[61] Ist die Forderung nicht fällig, gilt § 41, gleiches gilt, wenn die Vollziehung der Steuerforderung nach § 361 AO ausgesetzt war.

Steuerforderungen, die Insolvenzforderungen sind, sind nicht durch Bescheid festzusetzen.[62] Die Festsetzung durch einen Steuerbescheid nach Eröffnung des Verfahrens ist nicht zulässig. Ein solcher Bescheid ist nichtig[63] Auch ersetzt ein solcher Bescheid nicht die Anmeldung. Sog. informatorische Bescheide betrifft dies nicht, denn es handelt sich dabei nicht um Steuerbescheide im Sinne des § 155 AO[64] Ebenso können Feststellungsbescheide gemäß §§ 179, 180 AO und Steuermessbescheide auch hinsichtlich der Masse an den Verwalter gerichtet werden, weil durch sie keine Steuern festgesetzt werden.[65] In der Anmeldung müssen Steuerforderungen nach Schuldgrund und Betrag genau bezeichnet sein[66] (z. B. bei einer Umsatzsteuerforderung durch den Betrag und den Zeitraum).[67] Steuerart und Steuerabschnitt sind anzumelden.[68] Hauptforderung, Zinsen, Säumnis- und Verspätungszuschläge sowie Vollstreckungskosten sind bei der Anmeldung einzeln auszuweisen.[69] Bei der Anmeldung der Steuerforderung muss überdies angegeben sein, ob die Forderung in einem Steuerbescheid, in einer Einspruchsentscheidung oder in einem Urteil des Finanzgerichts festgesetzt wurde.[70] Zur Einkommensteuer als Insolvenzforderung siehe Anhang B. I.3, zur Umsatzsteuer als Insolvenzforderung Anhang B. V.2 a) und zu Steuerforderungen Anhang C.2.

19 **cc) Ausfallforderungen.** Fällt ein Absonderungsberechtigter oder ein Aufrechnungsberechtigter (siehe dazu die Erläuterungen zu RdNr. 6) ganz oder zum Teil aus, kann er seine Forderung als Insolvenzforderung anmelden.

---

[57] AG Münster Rpfleger 1982, 78; gegen die unbegründete Auffassung des GrSen BAG APBetrVG § 112 Nr. 6; *Kilger/K. Schmidt* § 139 Anm. 2.
[58] LAG Düsseldorf DB 1975, 988 = BB 75, 517; *Kilger/K. Schmidt* § 139 Anm. 1 b; *Uhlenbruck* InsO § 174 RdNr. 6.
[59] Nds. FG EFG 1983, 219; *Tipke/Kruse* § 251 AO RdNr. 16; *Beermann* bei *Hübschmann/Hepp/Spitaler* § 251 AO RdNr. 147 ff.; *Frotscher* S. 302 ff.; *Uhlenbruck* InsO § 174 RdNr. 18.
[60] BFH BStBl. 75, 208; 590; 76; 77; 506; 78, 204; *Kilger/K. Schmidt* § 139 Anm. 1 a; *Kuhn/Uhlenbruck* § 139 RdNr. 10 a; *Tipke/Kruse* § 251 AO RdNr. 16; *Frotscher* S. 302.
[61] *Frotscher* S. 27.
[62] *Frotscher* 280 f.; *Geist* RdNr. 17; *Kilger/K. Schmidt* § 139 Anm. 1 a; *Kuhn/Uhlenbruck* § 139 RdNr. 2 a; *Hess* 11; *Mohrbutter/Mohrbutter/Ernestus* IX 21 ff.; BFH BStBl. III 64, 70 = NJW 64, 613 = JZ 64, 380; LSG Hamburg NJW 64, 838, 839; BFH 94, 6 = BB 69, 27 mit Anm. v. *Mattern*.
[63] RFHE 19, 355; BFH BStBl. 65, 491; 70, 665; *Tipke/Kruse* § 251 AO RdNr. 16.
[64] *Tipke/Kruse* § 251 AO RdNr. 16; *Kuhn/Uhlenbruck* § 139 RdNr. 2 a.
[65] *Schlükkung* BB 1982; *Tipke/Kruse* § 251 AO RdNr. 16.
[66] BFH ZIP 84, 1004; *Frotscher* S. 280; *Kilger/K. Schmidt* § 139 Anm. 1 a.
[67] BFH ZIP 88, 181.
[68] *Beermann* bei *Hübschmann/Hepp/Spitaler* § 251 AO Rd. 143; *Geist* RdNr. 17; *Frotscher* S. 302; *Kuhn/Uhlenbruck* § 139 RdNr. 3 a.
[69] *Kuhn/Uhlenbruck* § 139 RdNr. 2 a.
[70] *Geist* RdNr. 17; *Kuhn/Uhlenbruck* § 139 RdNr. 3 a.

Anmeldung der Forderungen   20–24 § 174

dd) Kontokorrentforderungen. Bei einer Kontokorrentforderung ist der Saldo anzumelden. Mit Beendigung des Bankvertrages erlischt das Kontokorrentverhältnis.[71] Gemäß § 91 Abs. 2 werden nur die Forderungen verrechnet, die vor der Eröffnung des Insolvenzverfahrens begründet und somit kontokorrentgebunden sind.[72] Grund der Anmeldung ist das Kontokorrentverhältnis. 20

ee) Kostenforderungen. Zu den anmeldbaren Kosten gehören die vor dem Insolvenzverfahren entstandenen Kosten der Rechtsverfolgung, z. B. Kosten bisheriger Vollstreckungsmaßnahmen, als Verzugsschaden gerechtfertigte Inkassokosten. 21

Bei den Kosten eines Insolvenzgläubigers, die ihm durch die Teilnahme am Verfahren erwachsen, handelt es sich gemäß § 39 um nachrangige Forderungen, die erst anzumelden sind, wenn das Insolvenzgericht besonders dazu auffordert.

ff) Gesamtschuldnerausgleichsforderungen. Ausgleichsforderungen eines neben dem Schuldner Haftenden können im Insolvenzverfahren als Insolvenzforderungen angemeldet werden, wenn der Mithaftende den gemeinsamen Gläubiger befriedigt hat. Soweit der Mithaftende den Gläubiger noch nicht befriedigt hat, ist eine Anmeldung als aufschiebend bedingte Forderung ebenfalls zulässig. Siehe dazu § 42. 22

7. Nachweise. Mit der Anmeldung sind die über die Forderung bestehenden Beweisstücke (Urkunden) zumindest in Fotokopie vorzulegen,[73] z. B. Urteile, Wechsel, Schuldscheine, Arrestbefehle, Vertragsurkunden, Abtretungsurkunden u. ä. Daneben bedarf es einer Glaubhaftmachung der Forderung gem. § 294 ZPO nicht.[74] Werden die entsprechenden Urkunden bei der Anmeldung nicht vorgelegt, so macht dies die Anmeldung nicht nichtig oder unzulässig,[75] denn es handelt sich nur um einen Verstoß gegen eine Ordnungsvorschrift. Die Nichtvorlage setzt jedoch die Forderung dem Widerspruch im Prüfungstermin aus.[76] Die Weigerung der Urkundenvorlage steht aber der Feststellung nicht entgegen.[77] Bestreitet der Insolvenzverwalter in einem solchen Fall, trägt der Insolvenzgläubiger das Kostenrisiko im späteren Feststellungsprozess.[78] 23

8. Wirkungen. a) Verjährung. Die ordnungsgemäße, rechtzeitige und vollständige Forderungsanmeldung unterbricht die Verjährung, § 204 Abs. 1 Nr. 10 BGB, für die Dauer des Verfahrens zuzüglich weiterer sechs Monate § 204 Abs. 2 S. 1 BGB. Im Restschuldbefreiungsverfahren bis zur rechtskräftigen Erteilung oder Versagung der Restschuldbefreiung. Die Anmeldung muss nach der Eröffnung des Insolvenzverfahrens und vor Verjährungsfristablauf beim Insolvenzverwalter eingehen.[79] Der Insolvenzverwalter hat deshalb durch geeignete organisatorischen Maßnahmen in seinem Büro sicherzustellen, dass der Eingangszeitpunkt einer Anmeldung korrekt und zweifelsfrei dokumentiert wird.[80] Ist die Anmeldung wegen Mangelhaftigkeit unwirksam, wird die Verjährung nicht unterbrochen.[81] Durch die Heilung von Mängeln wird eine zwischenzeitlich eingetretene Verjährung nicht berührt.[82] Die verjährungsunterbrechende Wirkung der ordnungsgemäßen Anmeldung bleibt auch bestehen, wenn der Eröffnungsbeschluss im Beschwerdeverfahren aufgehoben wird.[83] 24

---

[71] BGH WM 1972, 309; 1978, 137; 1979, 720.
[72] *Obermüller*, Die Bank im Konkurs ihres Kunden RdNr. 55; *Kuhn/Uhlenbruck* § 139 RdNr. 4.
[73] Art. 41 der EG-VO des Rates Nr. 1346/2000 (ZInsO 2001, 11). Im Original: HK-*Irschlinger* § 175 RdNr. 14; *Kuhn/Uhlenbruck* § 139 RdNr. 9; vgl. auch RGZ 54, 314; LZ 1914, 396; dazu widersprüchlich *Haarmeyer/Wutzke/Förster*, Handbuch, Kap. 7 RdNr. 20, 25 und 50, 51.
[74] *Kuhn/Uhlenbruck* § 139 RdNr. 9.
[75] RGZ 85, 68; JW 1913, 440.
[76] OLG Hamburg KTS 1975, 43/44.
[77] RGZ LZ 1914, 632.
[78] OLG Hamburg KTS 1975, 42, 43; LG Hamburg KTS 1975, 46; *Kübler/Prütting/Pape* § 174 RdNr. 28; *Kuhn/Uhlenbruck* § 139 RdNr. 9.
[79] *Kübler/Prütting/Pape* § 174 RdNr. 34.
[80] *Bähr* InVo 1998, 205, 208; *Kübler/Prütting/Pape* § 174 RdNr. 35.
[81] RGZ 39, 45.
[82] RGZ 39, 47.
[83] OLG Celle NJW 1959, 941.

Nicht geregelt hat der Gesetzgeber die Fragen der Verjährung bei nachrangigen Forderungen, soweit diese (noch) nicht anzumelden sind.[84] Droht beispielsweise eine nachrangige Forderung zu verjähren, während das Insolvenzgericht noch nicht zur Anmeldung dieser nachrangigen Forderung aufgefordert hat, hat der Gläubiger die Möglichkeit gleichwohl anzumelden, und zwar ohne Hinweis auf den Nachrang. Dies ist allerdings verfrüht, weil das Insolvenzgericht noch nicht zur Anmeldung aufgefordert hat, so dass der Gläubiger damit rechnen muss, dass seine Forderung im Prüfungstermin bestritten wird. Zwar ist eine solche Anmeldung in diesem Stadium des Verfahrens unzulässig, jedoch dürfte auch die unzulässige Anmeldung die Verjährung unterbrechen. Da die Verjährung auch durch eine unzulässige Klage unterbrochen wird,[85] dürfte gleiches auch für eine unzulässige Anmeldung gelten,[86] auch wenn zu Begründung nicht mehr auf den aufgehobenen § 212 BGB aF verwiesen werden kann.[87] Eine unwirksame Anmeldung hemmt die Verjährung nicht.

25 **b) Stimmrecht.** Angemeldete Forderungen, die weder vom Insolvenzverwalter noch von einem stimmberechtigten Gläubiger bestritten worden sind, gewähren gemäß § 77 Abs. 1 Satz 1 ein Stimmrecht. Zu den Voraussetzungen des Stimmrechts eines Gläubigers, dessen Forderung bestritten wurde siehe § 77 Abs. 2. Nachrangige Gläubiger sind nicht stimmberechtigt, § 77 Abs. 1 Satz 2.

26 **9. Rücknahme der Anmeldung.** Ein Insolvenzgläubiger kann von der Verfolgung seiner Forderung im Insolvenzverfahren nachträglich Abstand nehmen. Er kann seine Anmeldung zurücknehmen. Die Anmeldung kann bis zur Feststellung des Anspruchs zurückgenommen werden, nachher nicht mehr.[88] Dies ergibt sich aus der Rechtskraftwirkung des § 178 Abs. 3.[89] Die Form der Rücknahme entspricht der Form der Anmeldung selbst, siehe dazu oben die Erläuterungen zu RdNr. 11 und 12. Die Rücknahme der Anmeldung stellt keinen materiell-rechtlichen Verzicht auf die Forderung dar sondern lediglich einen Verzicht auf Teilnahme am Verfahren.[90] Der Gläubiger kann seine Forderung auch nach der Rücknahme wieder anmelden. Die Rücknahme hat allerdings zur Folge, dass die Verjährung als nicht unterbrochen gilt.[91] Eine entgegenstehende Vereinbarung zwischen dem Anmelder und dem Insolvenzverwalter wurde jedoch für zulässig erachtet.[92] Die Rücknahme der Anmeldung ist in der Tabelle zu vermerken.

III. Prüfung der Anmeldungen

27 **1. Zuständigkeit.** Die Prüfung der Anmeldungen erfolgt nicht mehr durch das Gericht, sie ist dem Insolvenzverwalter zugewiesen. Eine Anmeldung beim Insolvenzgericht ist nicht zulässig und als solche nicht wirksam. Anmeldungen, die beim Insolvenzgericht eingehen, hat das Gericht aus den Gründen eines fairen Verfahrens[93] dem Verwalter direkt zuzuleiten und den Anmelder darüber zu informieren.[94] Eine vorherige Anmeldung beim Gericht scheidet aus, weil das gesamte Anmeldungsverfahren ausdrücklich dem Insolvenzverwalter übertragen ist.[95] Für die Wirkungen ist allein der Eingang beim

---

[84] *Bähr* in InVo 1998, 205, 208.
[85] BGHZ 78, 1, 5.
[86] AA *Bähr* InVo 1998, 205, 208.
[87] BGHZ 78, 1, 5 = NJW 2004, 3772.
[88] RGZ 112, 299; RGZ 70, 297; *Jaeger/Weber* § 139 RdNr. 18, 21; *Kilger/K. Schmidt* § 139 Anm. 2; *Kuhn/Uhlenbruck* § 139 RdNr. 11; *Eickmann* in InsHdb § 63, 36.
[89] RGZ 112, 299; *Jaeger/Weber* § 139 RdNr. 21; *Hess/Kropshofer* § 139 RdNr. 39; *Kilger/K. Schmidt* § 139 Anm. 2; *Senst/Eickmann/Mohn* Hdb RdNr. 274.
[90] *Kübler/Prütting/Pape* § 174 RdNr. 33.
[91] BGH NJW 2004, 3772; MünchKomm-*Grothe* § 204 RdNr. 62.
[92] RGZ 70, 35; *Jaeger/Weber* § 139 RdNr. 18.
[93] BVerfGE 46, 325, 334 f.; BVerfGE 49, 220, 225; BVerfGE 51, 150, 156; BVerfGE 52, 214, 219; BVerfGE 52, 131, 145; BVerfGE 67, 329, 339.
[94] *Kübler/Prütting/Pape* § 174 RdNr. 25.
[95] AA *Eckardt*, Die Feststellung und Befriedigung des Insolvenzgläubigerrechts, Kölner Schrift, RdNr. 23.

Insolvenzverwalter entscheidend. Bei der Eigenverwaltung erfolgt die Anmeldung beim Sachwalter (§ 270 Abs. 3 S. 2) und im vereinfachten Verfahren beim Treuhänder (§ 313 Abs. 1 S. 1).

2. Prüfungsumfang. Der Insolvenzverwalter hat die Pflicht zu prüfen, ob die Anmeldung der Forderung ordnungsgemäß ist,[96] und zwar hat er nach folgenden Kriterien zu prüfen:
a) Grund,
b) Betrag und
c) Rechtsbehauptung, es handele sich um eine Insolvenzforderung, wobei nicht auf die Benutzung des Rechtsbegriffs abzustellen ist. Eine Anmeldung mit der Bitte um Aufnahme in die Tabelle oder ähnliches ist dabei ebenfalls hinreichend. Jedenfalls muss sich aus der Gesamtschau der Anmeldung ergeben, dass es sich um eine Insolvenzforderung handelt.

3. Prüfungswirkung. Der Insolvenzverwalter hat die Kriterien unter dem Gesichtspunkt der Zulässigkeit zu prüfen. Eine weitergehende Prüfungskompetenz hat der Insolvenzverwalter nicht. Diese Prüfung der formalen Voraussetzungen ist endgültig. Fragen der Zulässigkeit sind also an dieser Stelle des Verfahrens zu klären, denn sie werden im weiteren Verfahrensverlauf und selbst im Feststellungsprozess nicht mehr geprüft. Der Insolvenzverwalter hat nicht festzustellen, ob es sich bei einer Forderung tatsächlich um eine Insolvenzforderung handelt und ob die tatsächlichen und rechtlichen Voraussetzungen für das Bestehen der Forderung erfüllt sind. Diese Prüfung der Begründetheit muss den Widerspruchsberechtigten und gegebenenfalls letztlich dem Prozessgericht vorbehalten bleiben.[97] An dieser Stelle des Verfahrens obliegt dem Insolvenzverwalter also nur die Entgegennahme und Beurkundung der Erklärungen.[98] Sein Widerspruchsrecht im Prüfungstermin wird dadurch nicht berührt. Ausüben kann er es jedoch erst im Prüfungstermin, nicht bereits zum Zeitpunkt der Anmeldung, in dem er eine seines Erachtens gewissermaßen unbegründete Anmeldung zurückweist.

4. Zurückweisung einer Anmeldung. a) Ablehnung durch den Insolvenzverwalter. Im Rahmen seiner Prüfung hat der Insolvenzverwalter diejenigen Forderungen abzulehnen, bei denen eine der oben genannten Voraussetzungen nicht vorliegt, d. h. ein formeller Mangel[99] gegeben ist (z. B. es wird kein Betrag angegeben; es wird nicht behauptet, es handele sich um eine Insolvenzforderung; die Forderung richtet sich gegen einen anderen Schuldner als den Insolvenzschuldner; es wird eine Forderung ausdrücklich als nachrangig angemeldet, ohne dass das Gericht zur Anmeldung aufgefordert hat[100] etc.). Zwar dient die Tabelle nur der Beurkundung von Erklärungen, jedoch ist die Beurkundung auf Erklärungen beschränkt, die auf anteilige Befriedigung aus der Masse gerichtet sind.[101] Der Insolvenzverwalter ist im Rahmen seiner Tätigkeit jedoch verpflichtet, den Anmeldenden auf etwaige Mängel hinzuweisen.[102] Kommt er dieser Pflicht nicht nach oder verweigert der Insolvenzverwalter zu Unrecht die Aufnahme der Forderung in die Tabelle, kann der Gläubiger beim Insolvenzgericht anregen, im Wege der Aufsicht gemäß § 58 gegen den Verwalter geeignete Maßnahmen zu ergreifen.[103] Einen Rechtsbehelf gegen die Zurück-

---

[96] *Kübler/Prütting/Pape* § 174 RdNr. 21 und § 175 RdNr. 2 f.; aA *Eckardt*, Kölner Schrift, S. 579 RdNr. 23.
[97] *Eckardt*, Die Feststellung und Befriedigung des Insolvenzgläubigerrechts, Kölner Schrift, RdNr. 15; *Eckardt*, Unanmeldbare Forderungen im Konkursverfahren nach §§ 138 ff. KO ZIP 1993, 1765, 1767.
[98] *HK-Irschlinger* § 175 RdNr. 5.
[99] *Eickmann* Rpfleger 1970, 319; *Kübler/Prütting/Pape* § 174 RdNr. 21.
[100] *Eckardt*, Die Feststellung und Befriedigung des Insolvenzgläubigerrechts, Kölner Schrift, RdNr. 21; *ders.* ZIP 1993, 1768.
[101] *Eckardt*, Die Feststellung und Befriedigung des Insolvenzgläubigerrechts, Kölner Schrift, RdNr. 21; *ders.* ZPI 1993, 1768.
[102] *Kübler/Prütting/Pape* § 174 RdNr. 22.
[103] *Eckardt*, Die Feststellung und Befriedigung des Insolvenzgläubigerrechts, Kölner Schrift, RdNr. 20; *Haarmeyer/Wutzke/Förster*, Handbuch, Kap. 7 RdNr. 35; *Kübler/Prütting/Pape* § 175 RdNr. 5.

§ 174 31, 32   5. Teil. 1. Abschnitt. Feststellung der Forderungen

weisung einer Forderung sieht die Insolvenzordnung nicht vor.[104] Überdies könnte man folgern, dass für den Insolvenzgläubiger die Möglichkeit in Betracht komme, eine Klage oder einen Antrag auf Erlass einer einstweiligen Verfügung auf Aufnahme in die Tabelle anzustrengen.[105] Die Ablehnung des Insolvenzverwalters hat auf die Wirksamkeit einer Anmeldung keinen Einfluss, das Insolvenzgericht muss eine solche Forderung ebenso zur Prüfung stellen wie Forderungen, die erst im Termin angemeldet werden.[106]

31   **b) Zurückweisung durch das Insolvenzgericht.** Die eigentliche Entscheidung über die Zulässigkeit der Anmeldung ist Aufgabe des Insolvenzgerichts, denn es ist im Gegensatz zum Verwalter von Amts wegen gehalten, die insolvenzrechtlichen Vorschriften und damit auch die Bestimmungen über die Anmeldbarkeit und Eintragungsfähigkeit von Forderungen zu gewährleisten.[107] Zweckmäßigerweise sollte diese Entscheidung so frühzeitig als möglich getroffen werden, und zwar innerhalb einer so genannten gerichtlichen Vorprüfung[108] vor dem eigentlichen Prüfungstermin, damit nicht bei Rechtsbehelfen im Termin vertagt werden muss. Das Gericht ist im Hinblick auf § 139 ZPO auch im Vorfeld des Termins verpflichtet, den Gläubiger auf etwaige Mängel hinzuweisen, so dass der Gläubiger die Beanstandungen noch vor dem Termin beheben kann. Neben den übrigen Anmeldevoraussetzungen hat das Gericht insbesondere zu prüfen, ob die Forderung als Insolvenzforderung angemeldet wurde oder nicht.

– Wird die Rechtsbehauptung, es handele sich um eine Insolvenzforderung, bei der Anmeldung angegeben, ist das Gericht verpflichtet, die Forderung in die Tabelle aufzunehmen und im Termin zur Erörterung zu stellen. Weist das Gericht die Forderung gleichwohl zurück, muss gegebenenfalls im Wege der befristeten Erinnerung (§ 11 Abs. 1 Satz 1, 2 2. Alt. RPflG, § 6 Abs. 1 InsO) über die Aufnahme in die Tabelle befunden werden. Auch im Erinnerungsverfahren wird nur über die formellen Fragen befunden, nicht über inhaltliche. Gegen die Entscheidung des Richters ist kein Rechtsmittel gegeben.

– Wird die Forderung nicht als Insolvenzforderung angemeldet, ist die Aufnahme der Forderung in die Tabelle durch das Gericht zurückzuweisen, der Gläubiger hat gegen diese Entscheidung des Insolvenzgerichts die Möglichkeit befristete Erinnerung einzulegen (§ 11 Abs. 1 Satz 1, 2 2. Alt. RPflG, § 6 Abs. 1 InsO). Die Entscheidung des Richters ist unanfechtbar.

Grundsätzlich bedarf die Zulassung zur Prüfung im Termin keiner förmlichen Entscheidung. Durch Beschluss ist nur dann zu entscheiden, wenn ein Beteiligter (meist der Insolvenzverwalter) Einwendungen erhoben hat.[109] Diese gesonderte Entscheidung ist erforderlich und geboten, weil im Feststellungsprozess gemäß § 178 Abs. 1 die Frage der Zulässigkeit einer Anmeldung, d. h. ihre formelle Richtigkeit, nicht geprüft wird. Gegen diese Entscheidung ist befristete Erinnerung zulässig, sofern der Rechtspfleger entschieden hat. Die Entscheidung des Richters ist unanfechtbar.

IV. Forderungen nachrangiger Gläubiger

32   Zum Begriff der nachrangigen Insolvenzgläubiger siehe die Erläuterungen zu § 39 und zu § 327. Erst wenn das Insolvenzgericht zur Anmeldung nachrangiger Forderungen besonders (sei es für alle oder nur für einzelne) auffordert, sind diese anzumelden. Einen Aus-

---

[104] HK-*Irschlinger* § 175 RdNr. 7.
[105] Kritisch: *Kübler/Prütting/Pape* § 175 RdNr. 4; „denkbar prozessunökonomisch": *Eckardt*, Die Feststellung und Befriedigung des Insolvenzgläubigerrechts, Kölner Schrift, RdNr. 18.
[106] *Eckardt*, Die Feststellung und Befriedigung des Insolvenzgläubigerrechts, Kölner Schrift, RdNr. 20.
[107] *Eckardt*, Die Feststellung und Befriedigung des Insolvenzgläubigerrechts, Kölner Schrift, RdNr. 23; a. A. *Uhlenbruck* InsO § 174 RdNr. 24.
[108] *Eckardt*, Die Feststellung und Befriedigung des Insolvenzgläubigerrechts, Kölner Schrift, RdNr. 23.
[109] *Eckardt*, Die Feststellung und Befriedigung des Insolvenzgläubigerrechts, Kölner Schrift, RdNr. 23; *Kuhn/Uhlenbruck* § 141 RdNr. 2b; aA *Jaeger/Weber* § 141 Anm. 2, der den Verwalter auf den Weg des Widerspruchs verweist.

schluss dieser Forderungen gibt es im Gegensatz zum bisher geltenden § 14 Abs. 1 GesO nicht mehr. Meldet ein Gläubiger einer nachrangigen Forderung schon vor der besonderen gerichtlichen Aufforderung an, sind folgende Fälle zu unterscheiden:[110]

a) Der Gläubiger kennzeichnet seine Forderung nicht als nachrangige Forderung. Der Insolvenzverwalter hat diese Forderung dann in die Tabelle aufzunehmen. Eine Klärung dieser Forderung bleibt sodann dem Prüfungstermin vorbehalten, in dem der Insolvenzverwalter und die Insolvenzgläubiger widersprechen können. Bleibt die nachrangige Forderung im Termin unwidersprochen, wird die Forderung festgestellt und nimmt an der Verteilung teil.[111] Nach der Forderungsfeststellung ist zwar noch die Vollstreckungsabwehrklage zulässig, jedoch dürfte der Kläger in aller Regel präkludiert sein.[112]

b) Der Gläubiger kennzeichnet seine Forderung als nachrangige Forderung. Der Insolvenzverwalter hat diese Forderung nicht in die Tabelle aufzunehmen.[113] Im Hinblick auf § 139 ZPO sollte der Insolvenzverwalter den Gläubiger auf den ordnungsgemäßen Verfahrensgang hinweisen. Siehe dazu auch die RdNr. 30 und 31.

§ 175 Tabelle

(1) [1] **Der Insolvenzverwalter hat jede angemeldete Forderung mit den in § 174 Abs. 2 und 3 genannten Angaben in eine Tabelle einzutragen.** [2] **Die Tabelle ist mit den Anmeldungen sowie den beigefügten Urkunden innerhalb des ersten Drittels des Zeitraums, der zwischen dem Ablauf der Anmeldefrist und dem Prüfungstermin liegt, in der Geschäftsstelle des Insolvenzgerichts zur Einsicht der Beteiligten niederzulegen.**

(2) Hat ein Gläubiger eine Forderung aus einer vorsätzlich begangenen unerlaubten Handlung angemeldet, so hat das Insolvenzgericht den Schuldner auf die Rechtsfolgen des § 302 und auf die Möglichkeit des Widerspruchs hinzuweisen.

Schrifttum: *Bähr,* Forderungsprüfung und Tabellenführung, InVo 1998, S. 205; *Eckardt,* Die Feststellung und Befriedigung des Insolvenzgläubigerrechts, Kölner Schrift zur Insolvenzordnung, 1997, S. 579.

Übersicht

	RdNr.		RdNr.
I. Normzweck	1	IV. Änderung/Berichtigung der Tabelle	14
II. Insolvenztabelle	2	V. Sorgfaltsanforderungen	15
1. Inhalt	2	VI. Forderungen aus vorsätzlich begangenen unerlaubten Handlungen (Abs. 2)	16
a) Laufende Nummer	3		
b) Bezeichnung des Gläubigers	4		
c) Vertreter des Gläubigers	5	1. Grundlage	17
d) Tag der Anmeldung	6	2. Belehrung	18
e) Angemeldeter Betrag	7	3. Formen der Anmeldung	19
f) Grund der Forderung	8	a) Anmeldung mit Behauptung	20
g) Weiterer Inhalt	9	b) Anmeldung mit Vollstreckungsbescheid	21
2. Form	10	c) Anmeldung mit Urteil	22
III. Niederlegung	11		
1. Frist	11		
2. Einsichtsrecht	12		
3. Erteilung von Abschriften	13		

---

[110] *Bähr* InVo 1998, 205, 207 mit weiterführenden praktischen Hinweisen.
[111] BGH ZIP 1991, 456.
[112] *Kübler/Prütting/Pape* § 174 RdNr. 23.
[113] HK-*Irschlinger* § 73 RdNr. 16.

§ 175 1–9

I. Normzweck

1 § 175 gebietet dem Verwalter, eine Tabelle der Forderungen anzulegen, um die wirksam angemeldeten Forderungen zu katalogisieren und damit für das weitere Verfahren übersichtlich zu machen. Die Zuständigkeitsregelung gegenüber dem früheren § 140 KO ist neu. Durch die Vorschrift wird i. V. m. § 174 Abs. 2 und 3 der Inhalt der Tabelle bestimmt und überdies die Art der beizufügenden Schriftstücke. Die vom Insolvenzverwalter erstellte Tabelle ist die Grundlage für das weitere Verfahren, insbesondere für den Prüfungstermin. Außerdem werden durch § 175 der Zeitpunkt und das Recht zur Einsichtnahme geregelt, damit sich die Beteiligten entscheiden können, wie sie sich im Prüfungstermin den einzelnen Forderungen gegenüber verhalten können. Dass die Tabelle mit Hilfe der elektronischen Datenverarbeitung geführt werden kann, ergibt sich aus § 5 Abs. 3.

II. Insolvenztabelle

2 **1. Inhalt.** Jede wirksam angemeldete Forderung hat der Insolvenzverwalter in eine Tabelle einzutragen. Unwirksame Anmeldungen finden keine Berücksichtigung.[1] Im Gegensatz zum früher geltenden Recht (§ 61 KO i. V. m. den landesrechtlichen Vorschriften über die Führung der Akten[2]) bedarf es nunmehr nur noch einer einheitlichen Tabelle für die Insolvenzforderungen, und zwar mit folgendem Inhalt:

3 **a) Laufende Nummer.** Die angemeldeten Forderungen sind unter einer laufenden Nummer in der Reihenfolge der Anmeldung in die Tabelle einzutragen. Diese laufende Nummer sollte zugleich auf der Anmeldung vermerkt werden, damit die Zuordnung vereinfacht ist. Mehrere gleichzeitig angemeldete Forderungen eines Gläubigers sind hintereinander, und zwar jede unter einer besonderen Nummer zu vermerken. Nebenforderungen wie Zinsen und Kosten sind an der Stelle der Hauptforderung zu nennen. Gleichzeitige Anmeldung verschiedener Gläubiger sind ebenfalls hintereinander mit jeweils einer neuen Nummer zu vermerken.

4 **b) Bezeichnung des Gläubigers.** Der Gläubiger der Forderung ist mit Namen und Vornamen bzw. Firma zu bezeichnen. Darüber hinaus ist der Wohnsitz bzw. Sitz anzugeben.

5 **c) Vertreter des Gläubigers.** Der Vertreter der Gläubigers ist ebenfalls zu bezeichnen, egal, ob es sich um einen gesetzlichen oder gewillkürten Vertreter handelt. Außerdem sollte sich ein Hinweis auf die Vollmacht in den beigefügten Unterlagen finden.

6 **d) Tag der Anmeldung.** Aus der Tabelle muss sich der Tag der Anmeldung ergeben.

7 **e) Angemeldeter Betrag.** Der Insolvenzverwalter hat in die Tabelle den angemeldeten Betrag, ggf. mit Nebenforderungen aufzunehmen. Die Zinsen oder sonstigen Nebenleistungen sind bestimmbar (z. B. 8 % Zinsen von ... bis ..., 5 % einmalige Nebenleistung o. ä.) und nicht kapitalisiert zu nennen. Wegen der Abgrenzung der Insolvenzforderungen zu den nachrangigen Forderungen, §§ 38, 39, hat der Insolvenzgläubiger anzugeben, bis wann Zinsen berechnet wurden.

8 **f) Grund der Forderung.** Mit einem Stichwort ist der Grund der Forderung anzugeben, z. B. Gehaltsforderung, Lohnsteuer, Warenlieferung etc. Außerdem soll der Entstehungszeitpunkt der Forderung (z. B. Lohnforderung für die Zeit von ... bis ... o. ä.) angegeben oder eine entsprechende Urkunde als Nachweis beigefügt werden.

9 **g) Weiterer Inhalt.** Da die Tabelle Grundlage des Prüfungstermins ist, sollten bereits Spalten für die Eintragung des Ergebnisses des Prüfungstermins (Feststellung, Widerspruch bzw. vorläufiger Widerspruch), von Berichtigungen, Änderungen der Anmeldung und sons-

---

[1] *Kilger/K. Schmidt* § 140 Anm. 2; *Gottwald/Eickmann*, Insolvenzrechts-Handbuch, § 63 RdNr. 15.
[2] Z. B. § 15 der Anweisung für die Verwaltung des Schriftguts bei den Geschäftsstellen der Gerichte, der Staatsanwaltschaften und der Amtsanwaltschaften (Aktenordnung – AktO –) für das Land Berlin (Stand März 1997).

tigen Bemerkungen (z. B. Nachrang, Erteilung einer vollstreckbaren Ausfertigung) vorgehalten werden.

2. Form. Die Tabelle ist grundsätzlich schriftlich zu führen, und zwar gemäß § 5 Abs. 3 auch als EDV-Tabelle.[3]

III. Niederlegung

1. Frist. Der Insolvenzverwalter hat die Tabelle mit den Anmeldungen und den dazugehörigen Urkunden innerhalb des ersten Drittels des Zeitraums, der zwischen dem Ablauf der Anmeldefrist und dem Prüfungstermin liegt, in der Geschäftsstelle des Insolvenzgerichts niederzulegen, § 175 I S. 2.[4] Die Niederlegung der Insolvenztabelle an einem anderen Ort ist nicht zulässig,[5] die gesetzliche Regelung ist eindeutig. Es spricht im Einzelfall jedoch nichts dagegen, eine Kopie der Tabelle auch an einem anderen Ort auszulegen, wenn dies sachlich geboten sein sollte. Erfolgt die Niederlegung nicht rechtzeitig, ist dies ein Grund für die Verlegung oder Vertagung des Prüfungstermins (siehe dazu § 176 RdNr. 12 und 13). Erfolgt die Niederlegung der Tabelle aus Gründen, die der Insolvenzverwalter zu vertreten hat, nicht rechtzeitig, macht sich der Insolvenzverwalter gegebenenfalls gegenüber der Insolvenzmasse schadensersatzpflichtig.

2. Einsichtsrecht. Alle Beteiligten des Insolvenzverfahrens haben das Recht zur Einsicht in die Insolvenztabelle.[6] Beteiligt sind der Insolvenzverwalter, der Insolvenzschuldner, die Insolvenzgläubiger, die Mitglieder des Gläubigerausschusses, die Absonderungsberechtigten und die Massegläubiger.

Gegenstand der Einsichtnahme sind die Tabelle, die Anmeldungen und die Urkunden. Lediglich bei offensichtlichem oder nachgewiesenem Rechtsmissbrauch kann das Gericht die Einsichtnahme beschränken.[7]

3. Erteilung von Abschriften. Auf Antrag der Beteiligten ist die Erteilung von Abschriften der Tabelle ist gemäß § 299 ZPO in Verbindung mit § 4 zulässig.[8] Die Beteiligten bedürfen dazu kein besonderes rechtliches Interesse glaubhaft zu machen. Wer als Beteiligter das uneingeschränkte Recht zur Einsicht hat, dem darf auch die Erteilung von Abschriften nicht beschränkt werden, zumal der Gesetzgeber offensichtlich eine dem § 12 GBO entsprechende Regelung nicht gewünscht hat. Dies gilt nicht, wenn der Rechtsmissbrauch offensichtlich oder nachgewiesen ist.[9] Bei Verweigerung der Einsichtsgewährung durch den Urkundsbeamten der Geschäftsstelle ist die Erinnerung gemäß § 573 Abs. 1 ZPO in Verbindung mit § 4 gegeben. Über diese entscheidet der Richter. Seine Entscheidung ist unanfechtbar.

Anderen Personen als den Beteiligten kann das Insolvenzgericht die Einsichtnahme nicht gewähren, eine Einsicht für diese kommt nur im Justizverwaltungswege in Betracht, zum Beispiel aus wissenschaftlichen Gründen.

IV. Änderung/Berichtigung der Tabelle

Weder die verfahrensrechtlichen Vorschriften der InsO noch die gemäß § 4 anzuwendende ZPO enthalten Regeln darüber, ob und gegebenenfalls wie die Insolvenztabelle berichtigt oder ergänzt werden kann. Diese Regelungslücke ist durch entsprechende Anwendung des § 319 Abs. 1 ZPO zu schließen dort hat ein allgemeiner Rechtsgedanke[10] seinen Nieder-

---

[3] Vgl. im Einzelnen *Grub/Steinbrenner* ZIP 1985, 707 ff.
[4] AA *Nerlich/Römermann/Becker*, § 175 RdNr. 8; *Uhlenbruck* InsO § 175 RdNr. 11.
[5] AA *Haarmeyer/Wutzke/Förster*, Handbuch, Kap. 7 RdNr. 34, 40.
[6] Vgl. *Gottwald/Eickmann*, Insolvenzrechts-Handbuch § 63 RdNr. 36.
[7] *Kuhn/Uhlenbruck* § 140 RdNr. 1.
[8] KG JW 1915, 804; *Jaeger/Weber* § 140 RdNr. 1; *Uhlenbruck* § 140 RdNr. 2; *Kilger/K. Schmidt* § 140 Anm. 3; aA KG JW 1915, 731.
[9] *Kuhn/Uhlenbruck* § 140 RdNr. 2.
[10] BGHZ 106, 370, 371 für Entscheidungen in Wohnungseigentumssachen.

schlag gefunden, der auch im Insolvenzverfahren Gültigkeit hat. Mithin können alle Tabelleneintragungen berichtigt werden, denn nur die Tabelleneintragung des wirklichen Prüfungsergebnisses hat die Wirkung eines rechtskräftigen Urteils.[11] Außerdem besteht ein unabweisbares Bedürfnis, die Berichtigung zuzulassen.[12] Die gegen eine entsprechende Anwendung von § 319 ZPO geäußerten Bedenken vermögen nicht zu überzeugen, zumal ungeachtet der Bedenken die Berichtigung zugelassen wird.[13] Da auch z. B. bei Pfändungs- und Überweisungsbeschlüssen, die ebenfalls keine gerichtliche Entscheidung sondern eine Zwangsvollstreckungsmaßnahme darstellen, der Rechtsgrundsatz des § 319 ZPO angewandt wird und die Berichtigung bei den Vollstreckungsgerichten ständige Praxis ist, kann für die Tabelle im Insolvenzverfahren nichts anderes gelten. Die Berichtigung erfolgt durch einen Vermerk in der Berichtigungsspalte. Hierzu gehören die Berichtigung von Schreibfehlern, offensichtlichen Unrichtigkeiten der Anmeldung und des Prüfungsergebnisses. Allerdings sind zu differenzieren die Änderung der Anmeldung (§ 177 Abs. 1 Satz 3) und andere Berichtigungen wie z. B. Schreibfehler, Rechenfehler und ähnliches. Die Änderung der Anmeldung ist zu behandeln wie eine Neuanmeldung[14] bzw. wie eine teilweise Rücknahme. Siehe dazu auch § 174 RdNr. 16 und § 177 RdNr. 11 und 12.

V. Sorgfaltsanforderungen

15 Der Insolvenzverwalter hat sämtliche Anmeldungen vollständig in die Tabelle einzutragen. In diesem von der Gläubigerautonomie bestimmten Verfahren sind die Gläubiger zur Prüfung verpflichtet, ob ihre Anmeldung fehlerfrei in die Tabelle übertragen wurde. Da die Insolvenztabelle die Grundlage für den Prüfungstermin und demzufolge auch für die Feststellung der Forderungen ist, ist neben den Insolvenzgläubigern das Insolvenzgericht zu einer kursorische Prüfung der Übereinstimmung der Anmeldungen mit den Tabelleneinträgen verpflichtet. Stellen sich Mängel heraus, muss der Insolvenzverwalter nachbessern. Gegebenenfalls ist er im Aufsichtswege dazu anzuhalten, §§ 58, 59.

VI. Forderungen aus vorsätzlich begangenen unerlaubten Handlungen (Abs. 2)

16 **1. Grundlage.** Durch das **InsOÄndG 2001** wurde bei § 175 ein neuer Absatz 2 angefügt. Der Rechtsausschuss führt zur Begründung[15] aus:

„Die vom Ausschuss vorgeschlagene Belehrung ist im Interesse der häufig rechtsunkundigen Schuldner geboten. Sie ist Ausdruck der besonderen Fürsorge gegenüber rechtlich wenig informierten Schuldnern, für die das Insolvenzverfahren und die anschließende Restschuldbefreiung existenzielle Bedeutung haben. Hat ein Gläubiger bei der Anmeldung seiner Forderung Angaben zu einer vorsätzlich begangenen unerlaubten Handlung des Schuldners gemacht und widerspricht der Schuldner nicht, so wird dieser Rechtsgrund von der Rechtskraftwirkung der Tabelleneintragung (§ 178 Abs. 3 InsO) erfasst. Damit wäre die Forderung von einer Restschuldbefreiung ausgeschlossen, ohne dass diese schwerwiegende Konsequenz dem Schuldner stets bewusst sein wird. Die Belehrung hat deshalb individuell auf die einzelne Forderung abzustellen und kann nicht pauschal etwa in einem Antragsformular erfolgen. Neben dem Hinweis auf die Rechtsfolgen des § 302 InsO ist der Schuldner auch über die Möglichkeit eines Widerspruchs zu informieren."

Angesprochen sind damit die Tatbestände der §§ 823 ff. BGB. Erforderlich ist der schlüssige und substantiierte Vortrag eines einschlägigen Sachverhalts in objektiver und subjektiver Hinsicht. Die Tatsachenangaben müssen die Subsumtion als vorsätzliche unerlaubte Handlung erlauben. Die Angabe von Rechtsfolgen oder sonstigen Subsumtionsergebnissen reicht

---

[11] BGH JZ 1984, 1025; OLG Celle MDR 1964, 65; *Jaeger/Weber* § 145 RdNr. 3; *Uhlenbruck* § 145 RdNr. 7.
[12] BGH ZIP 1984, 980, 981.
[13] *Kuhn/Uhlenbruck* § 145 RdNr. 7 und 7 a.
[14] *Erhardt*, Kölner Schrift, RdNr. 30.
[15] BT-Drucks. 14/6468 vom 27. 6. 2001.

nicht aus. Das gilt auch für die subjektive Seite des Handelns, also für Indiztatsachen für Vorsatz. Trägt der Insolvenzgläubiger diese Tatsachen erst nach der Festsellung der Forderung vor, ist er präkludiert, es sei denn die Tatsachen sind erst nach der Feststellung der Forderung bekannt geworden (s. dazu RdNr. 20).

Der hier angesprochene zivilrechtliche Vorsatz erfordert anders als der strafrechtliche grundsätzlich nach wohl herrschender Meinung auch das Wollen des Rechtsverstoßes als solchen (sog. Vorsatztheorie), so dass Rechtsirrtum den Vorsatz ausschließt (anders nach der sog. Schuldtheorie).[16] Die Einzelheiten sind umstritten. Richtigerweise wird zu differenzieren sein. Dies gilt vor allem für den Fall, dass Gegenstand des Vorwurfs die vorsätzliche Verletzung strafrechtlicher Vorschriften als Schutzgesetz im Sinne von § 823 Abs. 2 BGB[17] ist. Jedenfalls in diesen Fällen gilt die Schuldtheorie.

Praktische Bedeutung hat die Ausnahmeregelung für Eigentums- und Körperverletzungsdelikte sowie sonstige Straftaten gegen Vermögen und Körper. Von besonderen praktischen Interessen sind Straftaten nach § 266a StGB. Insoweit entsteht die Verpflichtung zur Abführung nach der Änderung des Gesetzes 1986 allein durch die versicherungspflichtige Beschäftigung.[18] Sie besteht zwar nicht, wenn dem Arbeitgeber die Abführung im Fälligkeitszeitpunkt wegen Zahlungsunfähigkeit unmöglich war (Unmöglichkeit pflichtgemäßen Verhaltens),[19] dies gilt aber unter der Voraussetzung eines bedingten Vorsatzes nicht, wenn bei der Befriedigung anderer Gläubiger abzusehen war, dass eine rechtzeitige Zahlung nicht möglich sein werde.[20] Wenn ein Arbeitgeber seine Verbindlichkeiten gegenüber dem Träger der Sozialversicherung wegen Zahlungsunfähigkeit nicht erfüllen kann, liegt der Tatbestand des § 266a StGB grundsätzlich nicht vor.[21]

2. Belehrung. Hat ein Insolvenzgläubiger in seiner Anmeldung Tatsachen vorgetragen, 17 aus denen sich nach seiner Einschätzung ergibt, dass der Forderung eine vorsätzlich begangene unerlaubte Handlung zugrunde liegt, muss das Insolvenzgericht den Schuldner darauf hinweisen, dass diese Forderung nicht an der Restschuldbefreiung teilnimmt, sofern sie festgestellt wird. Überdies muss das Insolvenzgericht über die Möglichkeit des Widerspruchs belehren, auch insoweit, als sich der Widerspruch nur auf den Rechtsgrund beziehen kann (z. B. bei Fahrlässigkeit). Die Belehrung des Schuldners sollte so früh wie möglich vor dem Prüfungstermin erfolgen, damit der Schuldner hinreichend Zeit hat, einen Widerspruch vorzubereiten. Ist der Schuldner im Insolvenzverfahren anwaltlich vertreten, ist die Belehrung über die Folgen der Feststellung auch seinem Rechtsanwalt zuzustellen.

3. Formen der Anmeldung. a) Anmeldung mit Behauptung. Die Forderung wird 18 mit der Behauptung angemeldet, dass der Grund der Forderung auf einer vorsätzlich begangenen unerlaubten Handlung beruhe. Widerspricht der Schuldner dieser Einordnung, muss der Insolvenzgläubiger Feststellungsklage beim Prozessgericht erheben. In diesem Zivilprozess muss dann geklärt werden, ob die Forderung tatsächlich aus einer vorsätzlich begangenen unerlaubten Handlung resultiert. Legt der Insolvenzgläubiger ein entsprechendes Feststellungsurteil mit Rechtskraftvermerk vor, wird in die Insolvenztabelle eingetragen, dass die Forderung aus einer vorsätzlich begangenen unerlaubten Handlung stammt. Sie ist damit von der Restschuldbefreiung ausgenommen.

b) Anmeldung mit Vollstreckungsbescheid. Die Forderung wird mit der Einordnung 19 angemeldet, dass der Grund der Forderung eine vorsätzlich begangenen unerlaubten Handlung ist. Dazu wird ein rechtskräftiger Vollstreckungsbescheid vorgelegt, aus dem sich eben dies ergibt. Bei einem Widerspruch des Schuldners gegen diesen Grund der Forderung muss

---

[16] Einzelheiten mwN MünchKomm-*Grundmann*, § 276 RdNr. 153 ff.
[17] So z. B. auch BGH, Urt. vom 9. 1. 2001 – VI ZR 407/99 = NJW 2001, 969.
[18] BGH, 16. 5. 2000 VI ZR 90/99 NJW 2000, 2993.
[19] Hierzu im einzelnen BGH, Urt. vom 15. 10. 1996 VI ZR 327/95 NJW 1997, 133.
[20] BGH, 21. 1. 1997, VI ZR 338/95 NJW 1997, 1237.
[21] BGH, 18. 1. 2007 – IX ZR 176/05.

dann ebenfalls in einem Zivilprozess geklärt werden, ob die Forderung tatsächlich auf einer vorsätzlich begangenen unerlaubten Handlung beruht.[22] In seiner Entscheidung vom 18. 5. 2006 führt der BGH dazu aus, dass der Schuldner durch seinen Widerspruch deutlich macht, dass er nach Erteilung der Restschuldbefreiung bei einem Vollstreckungsversuch der Gläubigerpartei Vollstreckungsabwehrklage erheben werde. Wenn dies zu erwarten ist, ist nach der ständigen Rechtsprechung des Bundesgerichtshofs auch schon zuvor eine ergänzende Feststellungsklage zulässig.[23] Der Widerspruch des Schuldners stellt einen ausreichenden Anhaltspunkt dafür dar, dass es früher oder später zu einer gerichtlichen Auseinandersetzung über die Zulässigkeit der Vollstreckung aus dem Vollstreckungsbescheid kommen wird. Es besteht kein sachlicher Grund, den Streit über die Rechtsnatur der angemeldeten und trotz des Widerspruchs des Schuldners zur Tabelle festgestellten Forderung auf die Zeit nach Erteilung der Restschuldbefreiung zu verschieben, im Ergebnis also dem Reststreit über eine vom Schuldner zu erhebende Vollstreckungsgegenklage zu überlassen. Die Klärung dieser Frage möglichst noch vor Ankündigung der Restschuldbefreiung dürfte regelmäßig im Interesse des Gläubigers und des Schuldners liegen.[24] Bei der Beurteilung der Frage, ob dem Gläubiger gegen den Schuldner ein Anspruch aus einer vorsätzlich begangenen unerlaubten Handlung zusteht, ist das Prozessgericht nicht an den Vollstreckungsbescheid gebunden, weil der Vollstreckungsbescheid nicht geeignet ist, die rechtliche Einordnung des dort geltend gemachten Anspruchs festzulegen. Will der Gläubiger nicht nur seinen Zahlungsanspruch tituliert haben, sondern weiterführende Privilegien (verschärfte Pfändung gemäß § 850f Abs. 2 ZPO oder Ausnahme von der Restschuldbefreiung) in Anspruch nehmen, muss er ein Feststellungsurteil erwirken, das im ordentlichen Verfahren ergeht und mindestens eine Schlüssigkeitsprüfung durch einen Richter voraussetzt.[25] Obgleich der Vollstreckungsbescheid den Anspruch aus einer vorsätzlich begangenen unerlaubten Handlung ausweist, stellte sich für den Schuldner im Mahnverfahren die Frage nicht, ob er Widerspruch oder Einspruch nur deshalb einlegen soll, um eine Abänderung der rechtlichen Einordnung zu erreichen. Die rechtlichen Folgen, welche die Titulierung einer derartigen Forderung nach sich zieht, wird ein Schuldner in der Regel nicht überblicken.[26] Überdies dürfte es ihm nicht zuzumuten sein, Widerspruch oder Einspruch einzulegen, weil er dann mit dem vollen Kostenrisiko belastet bleibt. Das muss er ebenso wenig hinnehmen, wie er darauf zu verweisen ist, im streitigen Verfahren eine negative Feststellungsklage zu erheben.[27] Es obliegt dem Insolvenzgläubiger, den Nachweis für das von ihm behauptete Privileg zu erbringen. Für eine Belehrung gemäß Abs. 2 besteht im Mahnverfahren kein Anlass. Art. 103 Abs. 1 GG verlangt zwar nicht die Unwirksamkeit dieser Titel, die ein Gläubiger wegen einer vorsätzlich begangenen unerlaubten Handlung des Schuldners vor Eröffnung des Insolvenzverfahrens und damit ohne Belehrung nach Absatz 2 erwirkt hat, diese Titel vermögen jedoch die weit reichenden Folgen des § 302 Nr. 1 nicht zu rechtfertigen.[28] Dem steht auch nicht entgegen, dass der Vollstreckungsbescheid der materiellen Rechtskraft fähig ist und diese sämtliche Rechtsgründe für den geltend gemachten Anspruch erfasst. Denn bei Absatz 2 geht es darum, die Voraussetzungen des Privilegs der Nichtteilnahme an der Restschuldbefreiung nachzuweisen. Dazu bedarf es eines Titels, der seine Berechtigung auf Ausnahme von der Restschuldbefreiung erkennen lässt. Diese Berechtigung hat ausschließlich das Prozessgericht zu beurteilen.[29]

Diese rechtliche Würdigung muss für vergleichbare Fallkonstellationen gelten, denkbar sind Urkunden entsprechenden Inhalts.

---

[22] BGH 18. 5. 06.
[23] BGH 18. 5. 06; BGH BGHZ 98, 127, 128 = NJW 1994, 3225, 3227.
[24] BGH 18. 5. 06.
[25] BGH 18. 5. 06.
[26] BGH 18. 5. 06.
[27] BGH 5. 4. 06.
[28] BGH 18. 5. 06.
[29] BGH 5. 4. 06 für die Voraussetzungen des § 850f Abs. 2 ZPO.

c) **Anmeldung mit Urteil. aa) Versäumnisurteil.** Da die Interessenlage des Schuld- 20
ners durchaus mit der im Mahnverfahren vergleichbar ist, gelten die Ausführungen zu
RdNr. 19.

bb) Streitiges Urteil ohne Feststellung. Wird die Forderung mit der Qualifikation aus
einer vorsätzlich begangenen unerlaubten Handlung angemeldet und dazu ein streitiges
Urteil vorgelegt, aus dem sich nicht – auch nicht im Wege der Auslegung – ergibt, dass der
Forderung eine vorsätzlich begangene unerlaubte Handlung zugrunde liegt (z. B. weil erst
nach Rechtskraft des Urteils der deliktische Schuldgrund offenbar wurde), ist der Insolvenzgläubiger bei einem Widerspruch des Schuldners auf den Zivilprozessweg zu verweisen.

cc) Streitiges Urteil mit Feststellung. Wird die Forderung mit der Einordnung als
Forderung aus einer vorsätzlich begangenen unerlaubten Handlung angemeldet und wird
ein rechtskräftiges streitiges Urteil dazu vorgelegt, dass ebenfalls den deliktischen Schuldgrund ausweist, ist ein Widerspruch des Schuldners dagegen als unzulässig zurückzuweisen.

d) Anmeldung nach dem Prüfungstermin. Wird erst nach dem Prüfungstermin
offenbar, dass die Forderung aus einer vorsätzlich begangenen unerlaubten Handlung resultiert, und beantragt der Insolvenzgläubiger insoweit die Feststellung zur Insolvenztabelle, ist
zur Prüfung ein besonderer Prüfungstermin anzuberaumen.[30] Diese Verfahrensweise ist bis
zur Aufhebung des Insolvenzverfahrens zulässig, denn es geht lediglich um die Titulierung
des Grundes und um die Folge, bei der Erteilung der Restschuldbefreiung ausgenommen zu
sein. Am Schlussverzeichnis ändert sich nichts, so dass ausnahmsweise eine Verbindung von
besonderem Prüfungstermin und Schlusstermin (zu den Grundsätzen s. § 177 RdNr. 4)
erfolgen kann.

§ 176 Verlauf des Prüfungstermins

¹ Im Prüfungstermin werden die angemeldeten Forderungen ihrem Betrag und
ihrem Rang nach geprüft. ² Die Forderungen, die vom Insolvenzverwalter, vom
Schuldner oder von einem Insolvenzgläubiger bestritten werden, sind einzeln zu
erörtern.

Schrifttum: *Bähr,* Forderungsprüfung und Tabellenführung, InVo 1998, S. 205; *Bratvogel,* In welchen
Fällen muß der Konkursverwalter die Termine vor dem Konkursgericht persönlich wahrnehmen, in welchen
Fällen kann er sich durch einen Bevollmächtigten vertreten lassen, und wann kann und muß ein anderer
Konkursverwalter bestellt werden?, KTS 1977, 229; *Braun,* Rechtskraftdurchbrechung bei rechtskräftigen
Vollstreckungsbescheiden, ZIP 1987, 687; *Eckardt,* Die Feststellung und Befriedigung des Insolvenzgläubi-
gerrechts, Kölner Schrift zur Insolvenzordnung, 1997, S. 579; *Eickmann,* Höchstpersönliches Verwalterhandeln oder Delegationsbefugnis? – Ein Beitrag zu den Problemen des Einsatzes von Dritten bei Durchführung
der Konkursverwaltung, KTS 1986, 197; *Pape,* Konkursverwalter mit beschränkter Haftung?, ZIP 1993, 737;
Uhlenbruck, Auskunfts- und Mitwirkungspflichten des Schuldners und seiner organschaftlichen Vertreter nach
der Konkursordnung, Vergleichsordnung, Gesamtvollstreckungsordnung sowie Insolvenzordnung, KTS 1997,
371.

Übersicht

	RdNr.		RdNr.
I. Normzweck	1	2. Ladung/Einlassungsfrist	5
II. Termin	2	a) Ladung	5
1. Verfahrensgrundsätze	2	b) Einlassungsfrist	6
a) Faires Verfahren	2	3. Präsenz	7
b) Öffentlichkeit/Ausschluss/Sitzungspolizei	3	4. Bevollmächtigung	8
c) Anwendbare/Nichtanwendbare Vorschriften	4	5. Erörterung	9
		6. Terminsänderung	10
		a) Aufhebung	11

---

[30] AA *Uhlenbruck* InsO § 175 RdNr. 14.

§ 176 1, 2

	RdNr.		RdNr.
b) Verlegung	12	d) Mängel der Anmeldung	23
c) Vertagung	13	2. Folgen	24
aa) Vertagung aus Zeitmangel	14	a) Zurückweisung	24
bb) Vertagung auf Antrag	15	b) Einstweilige Zulassung	25
cc) Unterbrechung	16	**IV. Feststellung**	26
III. Prüfung	17	**V. Widerspruch**	27
1. Prüfungsumfang	17	1. Widerspruchsberechtigung	27
a) Betrag	18	2. Inhalt des Widerspruchs	28
b) Rang	19	3. Form des Widerspruchs	29
c) Verfahrensvoraussetzungen	20	4. Rücknahme des Widerspruchs	30
aa) Allgemeine Verfahrensvoraussetzungen	20	5. Vorläufiges Bestreiten	31
bb) Gesetzliche Vertretung	21	6. Folgen des Widerspruchs	32
cc) Verfahrensbevollmächtigte	22		

I. Normzweck

1 Sinn und Zweck des Termins ist zunächst die Prüfung der angemeldeten und eingetragenen Forderungen durch das Gericht, und zwar hinsichtlich des **Betrages** und, sofern es sich um Forderungen nachrangiger Gläubiger (§ 174 Abs. 3, § 177) handelt, auch hinsichtlich ihres **Ranges**.

Überdies sollen im Termin die bestrittenen Forderungen von den unbestrittenen getrennt werden. Durch die diskursive Erörterung der bestrittenen Forderungen im Termin soll eine **Klärung der Streitpunkte** herbeigeführt werden. Dadurch sollen die Forderungen beschleunigt festgestellt und Zivilprozesse vermieden werden.

II. Termin

2 **1. Verfahrensgrundsätze. a) Faires Verfahren.** Der Grundsatz des fairen Verfahrens vor Gericht (Anlehnung an die angelsächsische „fair trial"-Lehre[1]) gilt auch im Prüfungstermin. Das Insolvenzgericht hat die Pflicht, **effektiven Rechtsschutz** zu gewähren. Dazu gehört auch der Anspruch des Insolvenzschuldners, der Insolvenzgläubiger und des Insolvenzverwalters auf eine **faire Verfahrensführung**.[2] Anderes als das Bundesverfassungsgericht für das Räumungsverfahren gemäß § 885 ZPO,[3] für das Zwangsversteigerungsverfahren gemäß §§ 1 ff. ZVG[4] und das Verfahren bei nachlassgerichtlichen Genehmigungen gemäß § 1829 BGB, §§ 62, 55 FGG[5] entschieden hat, kann auch hier nicht gelten: Es muss vor einer Entscheidung die Beteiligten anhören. Dies gebieten Art. 103 GG bzw. das faire Verfahren.[6] Das Insolvenzgericht hat das Willkürverbot zu beachten. Es muss die Ausübung des richterlichen Fragerechts und die konsequente Anwendung der Aufklärungspflicht gemäß § 139 ZPO die Interessen aller Beteiligten wahren und Recht und Gesetz im konkreten Einzelfall verwirklichen (Art. 20 Abs. 3 GG). Dabei ist, bezogen auf den Einzelfall, alles Sachdienliche aufzuklären, was der Aufarbeitung von Streitfragen und dem Verfahrensfortgang dient, und zwar durch das Befragen der Beteiligten oder durch Erörterung in der mündlichen Verhandlung. Das Insolvenzgericht ist verpflichtet, tatsächliche und rechtliche Fragen und Folgen zu erörtern, d. h., es muss missverständliche Anträge klären,

---

[1] Vgl. die Darstellungen bei *Bruns* Zivilprozessrecht, 2. Aufl. RdNr. 85a und bei *Vollkommer*, Gedächtnisschrift für Bruns 1980, 215, 218.

[2] BVerfGE 46, 325, 334 f.; BVerfGE 49, 220, 225; BVerfGE 51, 150, 156; BVerfGE 52, 214, 219; BVerfGE 52, 131, 145; BVerfGE 67, 329, 339.

[3] BVerfGE 52, 214 = NJW-RR 91, 1101.

[4] BVerfGE 46, 325; vgl. auch BVerfGE 49, 288 ff. (abweichende Meinung, s. Nr. 118, 94); BVerfGE 51, 150.

[5] BVerfG Rpfleger 2000, 205.

[6] BVerfG Rpfleger 2000, 205 mit krit. Anm. *Eickmann* Rpfleger 2000, 245 und *Dümig* Rpfleger 2000, 248; aA (unmittelbare Anwendbarkeit von Art. 103 Abs. 2 GG auf den Rechtspfleger); *Habscheid* RPfleger 2001, 1, 3; *Maunz/Dürig/Schmidt-Aßmann* GG Art. 103 RdNr. 33; *Sachs/Degenhardt* GG Art. 103 RdNr. 4; *v. Münch/Kunig* GG Art. 103 RdNr. 6.

Verlauf des Prüfungstermins   3, 4 § 176

widersprüchlichen Sachvortrag bereinigen, mehrdeutige Erklärungen klarstellen und unpräzisen und mehrdeutigen Tatsachenvortrag, soweit er erheblich ist, klären. Unterschiede zwischen anwaltlich vertretenen und persönlich auftretenden Beteiligten darf das Insolvenzgericht nicht machen.[7] Diese Frage ist zwar strittig, jedoch ist die ablehnende ältere Judikatur und Literatur[8] mit Art. 103 Abs. 1 GG nicht vereinbar. Vor allem könnten systemwidrige Überraschungsentscheidungen so nicht vermieden werden.[9] Insbesondere gilt dies, wenn der Verfahrensbevollmächtigte die Rechtslage falsch beurteilt.[10] Allerdings findet das Aufklärungsgebot des § 139 ZPO seine Grenzen in der Parteilichkeit (Art. 97 Abs. 1 GG)[11] einerseits und in der Klärung materiell-rechtlicher Fragen andererseits. Letztere müssen dem Feststellungsprozess vorbehalten bleiben, s. dazu § 181.

b) Öffentlichkeit/Ausschluss/Sitzungspolizei. Bei dem Prüfungstermin im Insolvenzverfahren handelt es sich um einen **öffentlichen Termin**.[12] Zwar gibt es im Insolvenzverfahren kein erkennendes Gericht i. S. d. § 169 GVG, jedoch würde der Ausschluss der Öffentlichkeit dem Sinn und Zweck des Prüfungstermins zuwiderlaufen, abgesehen von den sich stellenden Problemen bei der Feststellung der Präsenz. Es kann deshalb auch im Hinblick auf die öffentliche Bekanntmachung der Terminsbestimmung (§ 29 Abs. 1 Nr. 2, § 30 Abs. 1 Satz 1) und die Möglichkeit der nachträglichen Anmeldung nichts anderes gelten. 3

Hinsichtlich des **Ausschlusses von der Verhandlung** und der **sitzungspolizeilichen Maßnahmen** gelten die allgemeinen Vorschriften, §§ 176 ff. GVG.

c) Anwendbare Vorschriften/Nicht anwendbare Vorschriften. § 4 verweist auf die ZPO. Hinsichtlich des Prüfungstermins sind folgende Vorschriften 4

anwendbar	nicht anwendbar
§ 136	
§ 138	
§ 139	
	§ 140
	§ 141
	§§ 142 bis 155
§§ 156 und 157	
	§ 158
§§ 159 bis 160 a	
	§ 161
§ 162 Abs. 1	§ 162 Abs. 2
§§ 163 bis 165	
§ 214	
	§ 215
§§ 216 bis 226	
§ 227 Abs. 1 S. 1, Abs. 2 und 3	§ 227 Abs. 1 S. 2
	§§ 230, 231
§§ 233 bis 236	
	§§ 237 bis 240
§ 241	
	§§ 242 bis 244
§§ 245 bis 248	

---

[7] BGHZ 88, 180 = MDR 83, 1017; BGH Rpfleger 1977, 359.
[8] BGH NJW 1984, 310 mit ablehnender Anm. von *Deubner*; *Schneider* NJW 1986, 971.
[9] BGH NJW-RR 93, 569; *Zöller/Stephan* § 139 RdNr. 13.
[10] BGHZ 127, 254 (260) = NJW 1995, 399, 401 = LM H. 4/1995 HOAI Nr. 28 mwN; BGHZ 123, 13 = NJW 1993, 2441 = LM H. 2/1994 § 1365 BGB Nr. 16 = WM 1993, 1556 (unter II 2).
[11] RGZ 103, 289; 109, 70.
[12] AA *Uhlenbruck* InsO § 176 RdNr. 3 ohne Begründung; *Zöller/Gummer* § 169 GVG RdNr. 9 mit unzutreffender Begr.

anwendbar	nicht anwendbar
	§ 249
§ 250	
	§§ 251 und 252
	§§ 253 bis 271
§ 272 Abs. 3	§ 272 Abs. 1 und 2
§ 273 Abs. 1 und 2	§ 273 Abs. 3 und 4
§ 274 Abs. 1	§ 274 Abs. 2 und 3
	§§ 275 bis 277
§ 278 Abs. 4	§ 278 Abs. 1 bis 3

5   **2. Ladung/Einlassungsfrist. a) Ladung.** Der Termin wird bereits **im Eröffnungsbeschluss** bestimmt, § 29 Abs. 1, und mit diesem veröffentlicht, § 30 Abs. 1 Satz 1, und dem Insolvenzschuldner, dem Insolvenzverwalter und den zu diesem Zeitpunkt bereits bekannten Insolvenzgläubigern zugestellt, § 30 Abs. 2. Zur **Wiedereinsetzung in den vorigen Stand** siehe § 186.[13] Die Gründe für die Wiedereinsetzung sind glaubhaft zu machen, § 294 ZPO. Im Hinblick auf die Grundsätze des fairen Verfahrens ist es jedoch erforderlich, dem Insolvenzverwalter **zur Terminsbestimmung rechtliches Gehör** zu gewähren, weil es nach der herrschenden Meinung nicht zulässig ist, dass sich der Insolvenzverwalter im Termin vertreten lässt (siehe dazu RdNr. 8). Findet ein weiterer Prüfungstermin, etwa auf Grund von Vertagung, wird der neue Termin im ursprünglichen Termin verkündet. Eine besondere Ladung der Beteiligten ist dann nicht erforderlich, § 4 InsO, § 218 ZPO. Auch muss dieser neue Termin nicht öffentlich bekannt gemacht werden, § 74 Abs. 2. Wird der Termin verlegt, müssen der Schuldner, der Verwalter und die Gläubiger zum neuen Termin von Amts wegen geladen werden. Die Ladungsfrist beträgt drei Tage, § 4, § 217 ZPO. Auch der **besondere Prüfungstermin** auf Grund einer nachträglichen oder mehrerer nachträglicher Anmeldungen wird zwar öffentlich bekannt gemacht, gleichwohl sind der Insolvenzverwalter, der Insolvenzschuldner und die Insolvenzgläubiger, die eine Forderung angemeldet haben, von Amts wegen zu laden, § 177 Abs. 3.

6   **b) Einlassungsfrist.** Um den Insolvenzgläubigern hinreichend Zeit und die Möglichkeit zur Anmeldung und zur Beschaffung von Beweismitteln zu geben, ist die Frist des § 28 Abs. 1 Satz 1 vorsorglich eher großzügig zu bemessen.[14] Zu den Einzelheiten zur Fristsetzung siehe §§ 27 bis 29 RdNr. 46, 47. Gleiches gilt für die Frist des § 29 Abs. 1 Nr. 2 von mindestens einer Woche und höchstens zwei Monaten,[15] damit der Insolvenzverwalter insbesondere in großen Verfahren **ausreichend Gelegenheit für die Forderungsprüfung** hat. Das Gebot des **ausreichenden rechtlichen Gehörs** gilt auch hier. Zu den Einzelheiten zur Fristsetzung siehe die Erläuterungen zu §§ 27 bis 29 RdNr. 82, 83.

Im Hinblick auf diese besonderen Fristen des Insolvenzverfahrens (§§ 28 Abs. 1 Satz 2, 29 Abs. 1 Nr. 2) ist § 274 Abs. 3 ZPO für den Prüfungstermin und etwa folgender weiterer Prüfungstermine auf Grund von Vertagung oder ähnliches nicht anwendbar, gleichwohl ist Art. 103 GG zu beachten.

7   **3. Präsenz.** Im Termin muss der **Insolvenzverwalter** anwesend sein,[16] ohne ihn kann der Termin nicht durchgeführt werden. Das Erscheinen des Insolvenzverwalter kann mit Aufsichtsmitteln erzwungen werden.[17] Die Forderungsprüfung ist eine höchstpersönliche

---

[13] BGH NJW 64, 47.
[14] AA *Nerlich/Römermann/Becker* § 176 RdNr. 4.
[15] AA *Haarmeyer/Wutzke/Förster*, Handbuch, Kap. 7 RdNr. 42.
[16] AG Hohenschönhausen ZInsO 2000, 168; *Haarmeyer/Wutzke/Förster*, Handbuch, Kap. 7 RdNr. 44; HK-*Irschlinger* § 176 RdNr. 2; *Kübler/Prütting/Pape* § 176 RdNr. 8; *Nerlich/Römermann/Becker* § 176 RdNr. 9; *Kuhn/Uhlenbruck* § 141 RdNr. 1; *Uhlenbruck* InsO § 176 RdNr. 8; aA *Kilger/K. Schmidt* § 141 Anm. 2, FK-*Schulz* § 176 RdNr. 9; *Bratvogel* KTS 1977, 229; *Eickmann* KTS 1986, 197, 204; *Hess* § 141 RdNr. 5; *Breutigam* in *Breutigam/Blersch/Goetsch* § 176 RdNr. 9.
[17] *Kübler/Prütting/Pape* § 176 RdNr. 8.

Verlauf des Prüfungstermins 8–10 § 176

Aufgabe des Insolvenzverwalters, die er nicht delegieren darf. Sie gehört zu den originären Verwalterpflichten und ist eine ureigene und insolvenztypische Handlung des Insolvenzverwalters.[18] Dass der Insolvenzverwalter bei der Forderungsprüfung Mitarbeiter hinzuzieht, steht dem nicht entgegen. Ebenso ist die Erörterungspflicht im Sinne des S. 2 ebenfalls eine originäre Verwalterpflicht jedenfalls insoweit, als sie zu einer Einigung zwischen dem Insolvenzgläubiger und dem Insolvenzverwalter den Grund und die Höhe der angemeldeten Forderung führt.[19] Auch sie kann nicht delegiert werden. Ist der Insolvenzverwalter an der persönlichen Teilnahme verhindert, muss vertagt werden. Deshalb ist es erforderlich, den Termin zuvor mit dem Insolvenzverwalter abzustimmen (s. dazu RdNr. 5). Der **Insolvenzschuldner** sollte anwesend sein (vgl. dazu § 186), es ist möglich seine Anwesenheit zu erzwingen, §§ 98, 101 Abs. 1.[20] Der Schuldner ist gemäß § 97 Abs. 1 S. 1 verpflichtet, dem Gericht, dem Insoslvenzverwalter, dem Gläubigerausschuss und auf Anordnung des Gerichts der Gläubigerversammlung über alle das Verfahren betreffenden Verhältnisse Auskunft zu geben. Gleiches gilt gemäß § 101 Abs. 1 S. 1 für die organschaftlichen Vertreter des Schuldnerunternehmens und vertretungsberechtigten persönlich haftenden Gesellschafter. Zu dieser Auskunftsverpflichtung gehören auch die Auskünfte über den Grund und die Höhe von angemeldeten Forderungen. Daraus folgt, dass der Schuldner in der Regel anwesend sein muss.[21]

Die Anwesenheit der **Insolvenzgläubiger** ist nicht erforderlich;[22] das Fernbleiben im Termin kann sich jedoch im Falle des Bestreitens der Forderung nachteilig auswirken, weil dann ohne diesen Gläubiger erörtert wird (Satz 2).

4. Bevollmächtigung. Der Insolvenzverwalter kann sich nicht durch einen Bevollmächtigten vertreten lassen, er kann aber einen Beistand hinzuziehen.[23]   8
Beim Schuldner und Insolvenzgläubiger ist Vertretung zulässig.[24]

5. Erörterung. Im Gegensatz zu dem bisherigen Konkursverfahren (§ 141 KO) werden   9
nicht mehr alle angemeldeten Forderungen erörtert. Es findet lediglich eine **Erörterung der bestrittenen Forderungen** statt, und zwar auf Grund des Bestreitens durch den Insolvenzverwalter, den Schuldner oder einen Insolvenzgläubiger, was zu einer wesentlichen Beschleunigung des Termins führt. Kann sich einer der Beteiligten nicht sofort hinreichend erklären, so hat das Gericht ihm eine angemessene Frist hierzu einzuräumen, zum Beispiel durch **Vertagung** (siehe dazu die Erläuterungen zu RdNr. 13). Der Grundsatz des rechtlichen Gehörs gilt auch hier, siehe dazu die Erläuterung zu RdNr. 2. Ein **Aufklärungsgespräch im Sinne des § 139 ZPO** mit den Beteiligten hilft Fehleinschätzungen zu vermeiden.

6. Terminsänderung/Aufhebung/Verlegung/Vertagung. Entsprechend § 4, §§ 136,   10
227 ZPO ist die Terminsänderung auch beim Prüfungstermin zulässig. Zuständig dafür ist der **Rechtspfleger,** soweit der Richter sich das Verfahren nicht ganz oder zu diesem Teil vorbehalten hat, § 18 Abs. 2 RPflG.
Die Terminsänderung ist allerdings nur aus **erheblichen Gründen** zulässig, § 4, § 227 Abs. 1 Satz 1 ZPO; sie sollte stets die Ausnahme bleiben, denn es gilt das Beschleunigungsgebot der §§ 272 Abs. 3, 278 Abs. 4 ZPO auch hier.

---

[18] *Eickmann* KTS 1986, 197, 203; *Uhlenbruck/Delhaes* HRP RdNr. 792; FK-*Kießner* § 176 RdNr. 5, *Uhlenbruck* § 176 RdNr. 8.
[19] *Uhlenbruck* InsO § 176 RdNr. 8.
[20] *Haarmeyer/Wutzke/Förster*, Handbuch, Kap. 7 RdNr. 43; *Kübler/Prütting/Pape* § 176 RdNr. 2.
[21] *Uhlenbruck* InsO § 176 RdNr. 5.
[22] *Kübler/Prütting/Pape* § 176 RdNr. 3.
[23] *Jaeger/Weber* § 141 RdNr. 7; *Kilger/K. Schmidt* § 141 Anm. 2; *Senst/Eickmann/Mohn* Hdb. RdNr. 298; HK-*Irschlinger* § 176 RdNr. 2; *Nerlich/Römermann/Becker* § 176 RdNr. 9; *Mohrbutter* Hdb. S. 904; *Mohrbutter/Mohrbutter* Hdb. RdNr. 754; *Kuhn/Uhlenbruck* § 141 RdNr. 1; str. aA *Hess/Kropshofer* § 141 RdNr. 4; wohl auch *Bratvogel* KTS 1977, 229; FK.
[24] *Eickmann* KTS 1986, 204.

Gegen die Entscheidung des Rechtspflegers über eine Terminsänderung ist **befristete Erinnerung** gemäß § 11 Abs. 2 RPflG zulässig. Hilft der Rechtspfleger nicht ab, ist die Erinnerung dem Richter zur Entscheidung vorzulegen, seine Entscheidung ist unanfechtbar.

Gründe für eine Terminsänderung können beispielsweise folgende sein:
- noch erforderliche Gewährung des **rechtlichen Gehörs**;[25]
- die **nicht hinreichende Vorbereitung** des Insolvenzverwalters, eines Insolvenzgläubigers oder des Gerichts, zum Beispiel wenn der Insolvenzverwalter oder ein Gläubiger zur Erklärung über eine Forderung noch nicht imstande sind.[26] Die Abwesenheit eines Gläubigers (aus welchen Gründen auch immer) oder seine unzureichende Vorbereitung kann in Ausnahmefällen ein hinreichender Grund sein, denn auch bei dem Bestreiten der Forderung eines abwesenden Gläubigers ist grundsätzlich zu erörtern. Weder verzögerliche Sachbehandlung des Gerichts noch Nachlässigkeit eines der Beteiligten gelten als hinreichender Grund.
- **Erkrankung** des Insolvenzverwalters oder des Schuldners. Bei einer Erkrankung des Schuldners sind jedoch besonders strenge Maßstäbe anzulegen. Er muss dem Gericht nachweisen, dass er verhandlungsunfähig erkrankt ist. Eine einfache Bescheinigung über die Arbeitsunfähigkeit dürfte ähnlich wie in den Verfahren zur Abgabe der eidesstattlichen Versicherung nicht ausreichen. Bei besonderen Hinweisen ist gegebenenfalls im Hinblick auf eine etwa erforderliche Betreuung dem Vormundschaftsgericht eine Nachricht zu geben;
- **Urlaub** des Insolvenzverwalters oder des Insolvenzschuldners je nach Einzelfall zum Beispiel bei längerfristigen Auslandsaufenthalten;
- **religiöse Feiertage**, wenn sie geltend gemacht werden;
- **dringliche persönliche Gründe** beim Insolvenzverwalter oder Schuldner, beispielsweise Hochzeitstermin, Sterbefall eines nahen Angehörigen u. ä.;
- **Doppelbelegung des Sitzungssaales** oder ähnliche gerichtsinterne Gründe.

Im Einzelnen gibt es folgende Arten der Terminsänderung:

11 a) **Aufhebung.** Die Aufhebung des Termins ist die **Absetzung des Termins vor seinem Beginn,** das heißt vor Aufruf der Sache (§ 4, § 220 ZPO), ohne Bestimmung eines neuen Termins. Weil die Aufhebung des Termins der Stillstand des Verfahrens ist, wird dies im Insolvenzverfahren nur ausnahmsweise zu zulassen sein. Die Aufhebung hat nicht die fristhemmende Wirkung des § 249 ZPO[27] für prozessuale Fristen. Bei der Änderung der Terminsstunde handelt es sich nicht um die Aufhebung, denn die Terminsstunde ist für die Terminsbestimmung unwesentlich[28] (siehe auch RdNr. 12).

12 b) **Verlegung.** Die Verlegung des Termins ist die **Aufhebung des anberaumten Termins unter zeitgleicher Anberaumung eines anderen Termins** früher oder später. Soll ein früherer Termin stattfinden, sind die Verfahrensbeteiligten dazu zu hören, Art. 103 GG. Das Gericht muss bei der Entscheidung über die Terminsverlegung sein pflichtgemäßes Ermessen ausüben. Insbesondere auf Grund eines Antrags des Schuldners sollte nicht zu rasch verlegt werden, denn die Gläubiger mussten oft bereits lange genug auf die Erfüllung ihrer Forderungen warten. Bei der **Änderung der Terminsstunde** handelt es sich nicht um eine Verlegung des Termins, siehe RdNr. 11. In diesem Zusammenhang sei allerdings zu beachten, dass das rechtliche Gehör gemäß Art. 103 GG nicht durch eine Vorverlegung der Terminsstunde beeinträchtigt werden darf.

13 c) **Vertagung.** Die Vertagung eines Termins ist die **Beendigung des begonnenen Termins mit gleichzeitiger Bestimmung eines Fortsetzungstermins,** und zwar durch Beschluss des Insolvenzgerichts. Es sind zwei Arten der Vertagung zu unterscheiden:

---

[25] BGHZ 27, 163; RGZ 81, 321.
[26] *Senst/Eickmann/Mohn* Hdb. RdNr. 308; *Kuhn/Uhlenbruck* § 141 RdNr. 5 a.
[27] *Zöller/Stephan* § 227 RdNr. 1.
[28] *Baumbach/Hartmann* § 227 RdNr. 3.

Verlauf des Prüfungstermins 14–18 § 176

aa) **Vertagung aus Zeitmangel.** Lässt sich die Prüfung der Forderungen nicht in einem Termin erledigen, vertagt das Gericht **von Amts wegen** den Termin. Das Gericht verkündet im Prüfungstermin einen weiteren Termin zur Fortsetzung der Prüfung, § 4 in Verbindung mit § 136 Abs. 3 ZPO. Wenn bereits vor der Terminierung abzusehen ist, dass sich die Prüfung aller Forderungen nicht während eines Termins erledigen lässt, zum Beispiel in größeren Verfahren, empfiehlt es sich sogleich mehrere Prüfungstermine anzuberaumen, zu denen die Gläubiger geladen werden. Die Reihenfolge bestimmt das Gericht nach Ermessen. Es empfiehlt sich begründbare Kriterien zu verwenden, zum Beispiel Sachzusammenhang, Alphabet oder ähnliches. 14

Durch die Vertagung entstehen keine zusätzlichen Veröffentlichungskosten, § 74 Abs. 2.

bb) **Vertagung auf Antrag.** Wenn der Insolvenzverwalter oder ein Insolvenzgläubiger zur Erklärung über eine Forderung noch nicht imstande sind, kommt ebenfalls Vertagung in Betracht.[29] Im Einzelfall mag dies auch für einen Vertagungsantrag des Schuldners gelten. Der **Beschluss über die Vertagung** auf Antrag ist kurz zu begründen, ebenso die Ablehnung eines Vertagungsantrags, § 4, § 227 Abs. 2 Satz 2 ZPO.[30] Durch eine Vertagung entstehen keine zusätzlichen Veröffentlichungskosten., § 74 Abs. 2.[31] 15

cc) **Unterbrechung.** Die Unterbrechung der Sitzung ist keine Vertagung des Termins nach den §§ 239 ff. ZPO.[32] 16

III. Prüfung

1. Prüfungsumfang. Die Prüfung beschränkt sich auf die **formale Zulässigkeit der Forderung.** Eine Prüfung in der Sache, zum Beispiel über das Bestehen der Forderung findet nicht statt. Im Einzelnen sind vom Gericht zu prüfen: 17

a) **Betrag.** Der Betrag der Forderung muss **in Euro** angegeben sein. Dies gilt auch für Nebenansprüche. Eine **Fremdwährungsforderung** oder eine Forderung, die in einer Rechnungseinheit ausgedrückt ist, ist gemäß § 45 Satz 2 ist nach dem amtlichen Kurswert, der zurzeit der Verfahrenseröffnung (§ 27) für den Zahlungsort maßgeblich ist, in inländische Währung umzurechnen. Die **Betragsangabe** ist bei allen Geldforderungen erforderlich, auch bei Schmerzensgeldansprüchen (§§ 847, 1300 BGB) und für sonstige Forderungen, für die im Zivilprozess unbezifferte Antragstellung zulässig ist.[33] Forderungen, die nicht auf Geld gerichtet sind oder deren Geldbetrag unbestimmt ist, sind mit dem Wert zum Zeitpunkt der Verfahrenseröffnung geltend zu machen. Er kann geschätzt werden, § 45 Satz 1. Hinsichtlich der wiederkehrenden Leistungen vgl. § 46 und bzgl. nicht fälliger und auflösend bedingter Forderungen vgl. §§ 41, 42. **Mehrere Forderungen** sind auch nach den Beträgen getrennt anzugeben. Bei **Zinsen** müssen der Zinssatz und -zeitraum angegeben werden, eine betragsmäßige Angabe kann dabei jedoch nicht gefordert werden.[34] Sofern **Zinsen als Hauptforderung** beansprucht werden, ist die Höhe der Forderung bis zum Zeitpunkt der Insolvenzeröffnung kapitalisiert anzugeben. Die Angabe, dass ein angemessener Zinssatz gefordert werde oder dass die Zinsen in das Ermessen des Gerichts gestellt seien, ist nicht hinreichend.[35] Hingegen reichen die Angaben des Zinsbeginns und dass der gesetzliche Zinssatz verlangt werde aus. Auch dürfte die Angabe eines bestimmten Zinssatzes bezogen auf einen objektiven Wertmesser genügen, wenn der Zinsbeginn ebenfalls angegeben ist. Wegen der seit der Eröffnung des Verfahrens laufenden Zinsen siehe § 39 Abs. 1 Satz 1 Nr. 1. 18

---

[29] LG Göttingen ZIP 1989, 1471; *Gottwald/Eickmann*, Insolvenzrechts-Handbuch, § 64 RdNr. 7; *Uhlenbruck/Delhaes* HRP RdNr. 797; *Eickmann* RWS-Skript S. 61; *Senst/Eickmann/Mohn* Hdb. RdNr. 308; *Kuhn/Uhlenbruck* § 142 RdNr. 5a und § 144 RdNr. 2h.
[30] BVerfGE 8. 12. 1992, 1 BvR 326/89 = NJW 94, 574.
[31] *Nerlich/Römermann/Becker* § 176 RdNr. 30.
[32] Köln Rpfleger 84, 281 (zustm. *Weber*).
[33] *Kuhn/Uhlenbruck* § 139 RdNr. 2.
[34] BGH WM 1957, 1334; *Kohn* WM 1959, 104; *Kuhn/Uhlenbruck* § 139 RdNr. 2; *Kilger/K. Schmidt* § 139 Anm. 1b; *Hess/Kropshofer* § 139 Anm. 16.
[35] *Kuhn/Uhlenbruck* § 139 RdNr. 2; *Jaeger/Weber* § 139 RdNr. 3.

Bei **Arbeitnehmerforderungen** muss der Bruttobetrag des Arbeitsentgeltes angegeben sein.[36]

19 b) **Rang.** Bei nachrangigen Gläubigern ist neben dem Betrag auch der Rang zu prüfen, § 176 Abs. 1 in Verbindung §§ 39, 174 Abs. 3.

20 c) **Verfahrensvoraussetzungen. aa) Allgemeine Verfahrensvoraussetzungen.** Das Insolvenzgericht hat gemäß § 4, § 56 ZPO die **Parteifähigkeit** (§ 51 ZPO) und die **Prozessfähigkeit** (§ 52 ZPO) zu prüfen. Überdies hat es die **Vertretung** eines Beteiligten zu prüfen. Für diese Prüfungspflichten gelten die allgemeinen Grundsätze der ZPO. Im Zweifel ist Beweis zu erheben (Freibeweis).

21 bb) **Gesetzliche Vertretung.** Hat ein gesetzlicher Vertreter eine Forderung angemeldet oder tritt er im Prüfungstermin auf, hat das Gericht die Vertretung zu prüfen. Es gelten die allgemeinen zivilprozessualen Anforderungen. Im Zweifel ist Beweis zu erheben (Freibeweis).

22 cc) **Verfahrensbevollmächtigte.** Lässt sich ein Gläubiger durch einen **Rechtsanwalt** vertreten, gilt § 4 in Verbindung mit § 88 Abs. 2 ZPO.[37] Nur auf die Rüge des Insolvenzverwalters oder eines Insolvenzgläubigers ist die Vollmacht zu prüfen. Zur Vollmacht siehe auch § 174 RdNr. 5 ff. Ist die Vollmacht mangelhaft, besteht die Möglichkeit einer einstweiligen Zulassung. Für die **Mitglieder sonstiger rechtsberatender Berufe** gilt § 157 ZPO gemäß § 4 entsprechend. Ein Insolvenzgläubiger kann zwar z. B. einen Steuerberater als Beistand im Termin mitbringen, ihm darf jedoch nicht das Wort erteilt werden. **Privatpersonen** können als Vertreter auftreten. Sie müssen ihre Vertretungsmacht nachweisen. Die Unterlagen, aus denen sich der Nachweis der Vertretungsmacht ergibt, gehören zu den Anmeldeurkunden.

23 d) **Mängel in der Anmeldung.** Mängel in der Anmeldung können noch im Prüfungstermin behoben werden, und zwar durch **Berichtigung oder Ergänzung.**[38] Abweichend davon sind grundsätzliche Änderungen der Anmeldung zu behandeln, siehe dazu die Erläuterungen zu § 177 RdNr. 7 ff. Zum Beispiel können auch im Termin noch die Urkunden vorgelegt werden, aus denen sich die Forderung ergibt.

24 2. **Folgen. a) Zurückweisung.** Entspricht eine Anmeldung nicht diesen Erfordernissen, enthält sie wesentliche Mängel, ist sie zurückzuweisen. Die **Zurückweisung** erfolgt durch Beschluss. Der anmeldende Gläubiger kann gegen den Zurückweisungsbeschluss befristete Erinnerung gemäß § 11 Abs. 2 RPflG einlegen, sofern der Rechtspfleger die Entscheidung getroffen hat. Hilft der Rechtspfleger nicht ab, ist die Erinnerung dem Richter zur Entscheidung vorzulegen. Seine Entscheidung ist unanfechtbar.

25 b) **Einstweilige Zulassung.** Eine einstweilige Zulassung zur Prüfung ist möglich, § 4 in Verbindung mit §§ 56 Abs. 2, 89 Abs. 1 ZPO.[39] Diese einstweilige Zulassung kommt jedoch nur in Betracht, wenn **Gefahr im Verzuge** ist, zum Beispiel wenn die alsbaldige Verjährung des Anspruchs droht. Ein Anspruch auf vorläufige Zulassung besteht nicht.[40] Die Feststellung zur Tabelle kann erst erfolgen, wenn der Mangel beseitigt ist.

IV. Feststellung

26 Das Prüfungsergebnis wird, sofern nicht widerspruchsbefangen (siehe dazu die Erläuterungen zu RdNr. 22 und zu § 178), in die Tabelle eingetragen, § 178 Abs. 2 Satz 1 und 2. Ein Widerspruch des Schuldners steht der Feststellung nicht entgegen, § 178 Abs. 1 Satz 2. Das Nichtbestreiten soll nach der Meinung des Reichsgerichts stillschweigendes Anerkennt-

---

[36] LAG Düsseldorf DB 1975, 988; *Kilger/K. Schmidt* § 139 Anm. 1 b; *Hess/Kropshofer* § 139 Anm. 6.
[37] AA KG EWiR § 82 5/87, 803.
[38] RG KuT 1930, 81; LAG Hamburg ZIP 1988, 1270 = EWiR 4/88, 1109 *(Hess)*; *Kuhn/Uhlenbruck* § 139 RdNr. 1 b.
[39] *Uhlenbruck* InsO § 176 RdNr. 2; *Jaeger/Weber* § 141 RdNr. 3.
[40] *Kuhn/Uhlenbruck* § 141 RdNr. 2 a.

nis sein.[41] Auch ein Anerkenntnis unter Vorbehalt ist zulässig, zum Beispiel unter dem Vorbehalt der Vorlage des Wechsels, wenn Wechselforderungen angemeldet wurden.[42] Das Gericht wird insoweit nur **beurkundend** tätig, eine Entscheidung über das Gläubigerrecht erfolgt nicht. Die Eintragung wirkt hinsichtlich des Betrages und des Ranges wie ein rechtskräftiges Urteil gegenüber dem Insolvenzverwalter und allen Insolvenzgläubigern, § 178 Abs. 3. Zu den weiteren Einzelheiten siehe § 178.

V. Widerspruch

1. Widerspruchsberechtigung. Gemäß S 2 kann eine Forderung vom **Insolvenzverwalter**, vom **Schuldner** (auch in seiner Eigenschaft als Eigenverwalter, § 283 Abs. 1 Satz 1) und/oder von einem **Insolvenzgläubiger** sowie vom **Sachwalter** (§ 283 Abs. 1) bestritten werden. Siehe dazu auch § 178 RdNr. 3 ff. Insolvenzgläubiger (§ 38) sind nur solche, deren Forderung angemeldet und zur Prüfung zugelassen ist,[43] auch solche auf Grund einstweiliger Zulassung.[44] Gegebenenfalls ist auch die Frage der Widerspruchsberechtigung bei einstweiliger Zulassung im Feststellungsprozess zu klären. Es kommt für die Frage der Widerspruchsberechtigung zunächst nicht darauf an, ob die Forderung des bestreitenden Insolvenzgläubiger selbst widerspruchsbefangen oder bereits festgestellt ist.[45] Ist jedoch die Feststellung des Nichtbestehens der Forderung des Widersprechenden bereits rechtskräftig, erlischt auch sein Widerspruchsrecht. Die bestrittene Forderung ist dann festzustellen.[46] Wird das Nichtbestehen der Forderung des Widersprechenden erst dann rechtskräftig festgestellt, wenn über seinen Widerspruch bereits entschieden ist, hat dies keinen Einfluss mehr.[47] Wurde die Forderung eines Gläubigers rechtskräftig zurückgewiesen, hat dieser kein Widerspruchsrecht.[48] **Nicht nachrangige Insolvenzgläubiger** können auch die Forderungen der nachrangigen Insolvenzgläubiger bestreiten. **Nachrangige Insolvenzgläubiger** sind widerspruchsberechtigt,[49] wenn ein Rechtsschutzbedürfnis zu bejahen ist. Voraussetzung dafür ist nicht, dass die Forderung des nachrangigen bereits angemeldet und zur Prüfung zugelassen ist.[50] **Massegläubiger** (§ 53) sind nicht widerspruchsberechtigt, sie gehören nicht zu den Insolvenzgläubigern. Zu den Besonderheiten des Widerspruchs des Schuldners siehe § 178. Im Verbraucherinsolvenzverfahren ist der **Treuhänder** widerspruchsberechtigt, § 313 Abs. 1 Satz 1.

2. Inhalt des Widerspruchs. Der Widersprechende hat im Termin die **Widerspruchsrichtung** anzugeben.[51] Im Hinblick auf die Teilfeststellung ist es unerlässlich, dass der Widersprechende angibt, wogegen sich der Widerspruch richtet, und zwar gegen den Grund der Forderung, den Betrag, die Berechtigung des Anmeldenden, den Rang, die Eigenschaft als Insolvenzforderung. Einer Begründung bedarf es nicht.[52]

---

[41] RGZ 55, 160.
[42] RGZ 37, 4; LZ 1914, 394.
[43] *Kübler/Prütting/Pape* § 176 RdNr. 10 und 11; *Kuhn/Uhlenbruck* § 144 RdNr. 2; *Jaeger/Weber* § 141 RdNr. 8; *Kilger/K. Schmidt* § 144 Anm. 1; *Hess/Kropshofer* § 144 RdNr. 2; aA *Nerlich/Römermann/Becker* § 176 RdNr. 16.
[44] *Kuhn/Uhlenbruck* § 144 RdNr. 2.
[45] *Nerlich/Römermann/Becker* § 176 RdNr. 16; *Kuhn/Uhlenbruck* § 144 RdNr. 2; *Senst/Eickmann/Mohn* Hdb. RdNr. 305.
[46] *Kübler/Prütting/Pape* § 176 RdNr. 10.
[47] *Jaeger/Weber* § 141 RdNr. 8; *Kübler/Prütting/Pape* § 176 RdNr. 10.
[48] OLG Hamburg KTS 1975, 42; LG Hamburg KTS 1975, 46; *Eckardt* in: Kölner Schrift zur Insolvenzordnung, S. 591, RdNr. 27; *Hess* § 144 RdNr. 2; *Jaeger/Weber* § 144 RdNr. 8; *Kuhn/Uhlenbruck* § 144 RdNr. 2.
[49] *Kübler/Prütting/Pape* § 176 RdNr. 11.
[50] *Kübler/Prütting/Pape* § 176 RdNr. 11.
[51] *Jaeger/Weber* § 141 RdNr. 9; *Senst/Eickmann/Mohn* Hdb. RdNr. 306; *Uhlenbruck* InsO § 176 RdNr. 15.
[52] *Haarmeyer/Wutzke/Förster*, Handbuch, Kap. 7 RdNr. 55; *Kübler/Prütting/Pape* § 176 RdNr. 7; *Kuhn/Uhlenbruck* § 144 RdNr. 2a; *Nerlich/Römermann/Becker* § 176 RdNr. 20.

29   3. Form des Widerspruchs. Der Widerspruch ist grundsätzlich **im Termin** (mündlich) zu erklären.[53] Ein schriftlicher Widerspruch eines abwesenden Insolvenzgläubigers ist unbeachtlich.[54]

Ausnahmen, in denen ein schriftlicher Widerspruch zulässig ist, bestehen nur für das Verbraucherinsolvenzverfahren, wenn die Forderungsprüfung schriftlich durchgeführt wird, und soweit die schriftliche Prüfung nachträglich angemeldeter Forderungen angeordnet ist, siehe dazu auch § 178 RdNr. 2.

30   4. Rücknahme des Widerspruchs. Auch die Rücknahme des Widerspruchs ist zulässig,[55] und zwar **mündlich im Prüfungstermin oder später schriftlich oder zu Protokoll der Geschäftsstelle,** § 4 in Verbindung mit § 496 ZPO. Zwar wird die Rücknahme gegenüber dem Gläubiger, dessen Forderung bestritten wurde, und gegenüber dem Insolvenzgericht[56] für zulässig erachtet, aus Gründen der Rechtssicherheit sollte jedoch die Rücknahme nur gegenüber dem Insolvenzgericht erklärt werden,[57] denn nur dann ist sichergestellt, dass die Feststellung in die Tabelle eingetragen wird, das heißt dass die Tabelle von Amts wegen[58] berichtigt wird. Nimmt der Insolvenzverwalter einen Widerspruch, den auch der Schuldner erhoben hatte, auch im Namen des Schuldners zurück, so muss er dies deutlich zum Ausdruck bringen.[59] Die Rücknahme **unter einer Bedingung oder unter Vorbehalt** ist nicht zulässig.[60]

31   5. Vorläufiges Bestreiten. Häufig kann der Insolvenzverwalter wegen der Fülle der angemeldeten Forderungen und weit reichenden anderen Aufgaben bis zum Prüfungstermin noch nicht die Begründetheit aller angemeldeten Forderungen klären, so dass das vorläufige Bestreiten allein ein **Instrument der Zeitgewinnung** darstellt. Die Zulässigkeit des vorläufigen Bestreitens ist umstritten.[61] Fraglich dabei ist, wie lange ein Gläubiger warten muss, bis sich der Insolvenzverwalter endgültig erklärt, dass heißt bis aus dem vorläufigen Bestreiten ein Anerkenntnis oder ein endgültiges Bestreiten der Forderung wird. Der Insolvenzgläubiger kann, da es sich bei dem vorläufigen Bestreiten eben auch um ein Bestreiten handelt, Feststellungsklage nach §§ 179 ff. erheben.[62] Dabei ist insbesondere die **Kostenfolge des § 93 ZPO** bei sofortigem Anerkenntnis durch den Verwalter zu beachten, sofern der Insolvenzgläubiger den Verwalter nicht vor Klageerhebung zur endgültigen Erklärung auffordert.[63] Der Zeitgewinn für den Insolvenzverwalter ist vor allem in größeren Verfahren aus praktischen Erwägungen geboten und auch verfahrenstechnisch machbar, jedoch ist das

---

[53] RGZ 57, 274; HK-*Irschlinger* § 176 RdNr. 5; *Kübler/Prütting/Pape* § 176 RdNr. 6.
[54] RGZ 57, 274; Hamm Rpfleger 65, 78, 79; zur Begr. *Kohler*, Lehrbuch des Konkursrechts, 1981, S. 555 Fn. 3; *Haarmeyer/Wutzke/Förster*, Handbuch, Kap. 7 RdNr. 52; *Jaeger/Weber* § 141 RdNr. 10 und § 144 RdNr. 1; *Kilger/K. Schmidt* § 144 Anm. 3; *Kuhn/Uhlenbruck* § 144 RdNr. 2 e; aA *Nerlich/Römermann/Becker* § 176 RdNr. 21.
[55] BGH WM 1957, 1225, 1226.
[56] *Jaeger/Weber* § 141 RdNr. 10.
[57] *Eckardt*, Kölner Schrift, S. 591, RdNr. 26; *Bähr* InVo 1998, 205, 209; *Kübler/Prütting/Pape* § 176 RdNr. 12.
[58] *Gottwald/Eickmann*, Insolvenzrechts-Handbuch, § 64 RdNr. 8; *Kuhn/Uhlenbruck* § 145 RdNr. 7 a; aA *Jaeger/Weber* § 141 RdNr. 10.
[59] OLG Celle KTS 1964, 118.
[60] RGZ 149, 357, 264.
[61] Für die Zulässigkeit: OLG Karlsruhe ZIP 1989, 791; OLG Düsseldorf ZIP 1982, 201; LG Koblenz KTS 1967, 254; LG Detmold KTS 1966, 151; *Künne* KTS 1980, 297; *Robrecht* KTS 1969, 67; *Wagner* Konkursrecht S. 195; gegen die Zulässigkeit: OLG Köln KTS 179, 119; OLG Hamm KTS 1974, 178; LG Göttingen ZIP 1989, 1471, 1472; *Hoffmann* NJW 1961, 1343; *Senst/Eickmann/Mohn* Hdb. RdNr. 30; *Eickmann* RWS-Skript Nr. 88 S. 59 f.; vermittelnd: LAG Düsseldorf DB 1976, 681.
[62] BAG ZIP 1988, 1587; OLG Hamm KTS 1974, 178; OLG Köln KTS 197, 119; OLG Düsseldorf ZIP 1982, 201; OLG München KTS 1987, 327; OLG Karlsruhe ZIP 1989, 791; KTS 1996, 255 (Leitsatz); OLG Düsseldorf ZIP 1994, 638; OLG Dresden ZIP 1997, 327; LG Göttingen ZIP 1989, 1471; KTS 1995, 1103; *Kuhn/Uhlenbruck* § 144 RdNr. 2 g; *Jaeger/Weber* § 141 RdNr. 9; § 146 RdNr. 16; *Godau-Schüttke* ZIP 1985, 1042; *Eckardt*, Kölner Schrift, S. 591 RdNr. 26; 608 RdNr. 56; aA LG Koblenz KTS 1966, 254; LG Detmold KTS 1995, 151; *Robrecht* KTS 1989, 67; *Künne* KTS 1980, 297.
[63] OLG Düsseldorf Beschluss vom 11. 3. 1994 – 17 W 1/94; LG Göttingen ZIP 1989, 1471.

Nachträgliche Anmeldungen

vorläufige Bestreiten nicht das richtige Institut, um den verfolgten Zweck zu erreichen. Vielmehr ist dem Problem Zeitmangel zur Forderungsprüfung durch einen **Antrag auf Vertagung** des Prüfungstermins zu begegnen (siehe dazu oben die Erläuterungen zu RdNr. 13). Gegebenenfalls hat das Gericht im Wege des § 139 ZPO auf einen entsprechenden Antrag hinzuwirken.

6. Folgen des Widerspruchs. Das Insolvenzgericht trägt bei der angemeldeten Forderung den Widerspruch (auch den des Schuldners) und den Bestreitenden in die Tabelle ein, § 178 Abs. 2 Sätze 1 und 2. Ist die Forderung vom Insolvenzverwalter oder von einem Insolvenzgläubiger bestritten worden, kann der Insolvenzgläubiger gegen den Bestreitenden **Feststellungsklage** erheben, § 179 Abs. 1. Ist die Forderung tituliert, hat der Bestreitende Klage zu erheben, § 179 Abs. 2.

32

§ 177 Nachträgliche Anmeldungen

(1) ¹Im Prüfungstermin sind auch die Forderungen zu prüfen, die nach dem Ablauf der Anmeldefrist angemeldet worden sind. ²Widerspricht jedoch der Insolvenzverwalter oder ein Insolvenzgläubiger dieser Prüfung oder wird eine Forderung erst nach dem Prüfungstermin angemeldet, so hat das Insolvenzgericht auf Kosten des Säumigen entweder einen besonderen Prüfungstermin zu bestimmen oder die Prüfung im schriftlichen Verfahren anzuordnen. ³Für nachträgliche Änderungen der Anmeldung gelten die Sätze 1 und 2 entsprechend.

(2) Hat das Gericht nachrangige Gläubiger nach § 174 Abs. 3 zur Anmeldung ihrer Forderungen aufgefordert und läuft die für diese Anmeldung gesetzte Frist später als eine Woche vor dem Prüfungstermin ab, so ist auf Kosten der Insolvenzmasse entweder ein besonderer Prüfungstermin zu bestimmen oder die Prüfung im schriftlichen Verfahren anzuordnen.

(3) ¹Der besondere Prüfungstermin ist öffentlich bekanntzumachen. ²Zu dem Termin sind die Insolvenzgläubiger, die eine Forderung angemeldet haben, der Verwalter und der Schuldner besonders zu laden. ³§ 74 Abs. 2 Satz 2 gilt entsprechend.

Übersicht

	RdNr.		RdNr.
I. Normzweck	1	1. Frist	6
II. Säumnis	2	2. Bekanntmachung	7
1. Anmeldefrist	2	a) Prüfungstermin	7
2. Folgen der Säumnis	3	b) Schriftliches Verfahren	8
a) Anmeldung bis zum Ende des Prüfungstermins	3	3. Ladung	9
b) Anmeldung nach dem Prüfungstermin	4	4. Kosten	10
III. Nachrangige Insolvenzgläubiger	5	V. Änderung der Anmeldung	11
IV. Besonderer Prüfungstermin/ schriftliches Verfahren	6	1. Grundsätze	11
		2. Rechtsnachfolge	12

I. Normzweck

Zweck der Norm ist die Verfahrensökonomie. Der Prüfungstermin soll nicht aufgehalten werden, andererseits dient die Vorschrift auch der sachgerechten Rechtswahrung des Säumigen (vergleiche vor allem Absatz 2). Überdies regelt die Norm die Verfahrensweise für nachrangige Insolvenzgläubiger gemäß § 39 Abs. 1.

Die Regelung entspricht weitgehend dem § 142 KO.

1

II. Säumnis

2 **1. Anmeldefrist.** Die Anmeldefrist ist keine Ausschlussfrist,[1] Insolvenzgläubiger können also ihre Forderung auch noch nach Ablauf der Anmeldefrist und auch noch nach dem Prüfungstermin bis zum Schluss des Verfahrens anmelden. Solange das Verfahren nicht aufgehoben ist, besteht für den Gläubiger ein Interesse an der Feststellung der Insolvenzforderung zur Insolvenztabelle.[2] Auf die Frage, ob eine verspätet angemeldete Forderung bei den Verteilungen noch berücksichtigt werden kann,[3] kommt es für das Rechtsschutzbedürfnis betreffend die Forderungsprüfung und -feststellung nicht (entscheidend) an. Anderenfalls wären Forderungen, die nach dem Ablauf der Ausschlussfrist des § 189 Abs. 1 angemeldet worden sind, im nachfolgenden Restschuldbefreiungsverfahren ausgeschlossen, weil sie nicht ins Schlussverzeichnis aufgenommen sind.[4]

3 **2. Folgen der Säumnis. a) Anmeldung bis zum Ende des Prüfungstermins.** Ist eine Forderung nach Ablauf der Anmeldefrist, aber noch vor dem Ende des Prüfungstermins angemeldet worden, kann eine Prüfung der Forderung noch im Prüfungstermin erfolgen, es sei denn, ein Insolvenzgläubiger oder der Insolvenzverwalter widerspricht der Prüfung. Bleibt die Forderung unbestritten, wird sie festgestellt. Widerspricht der Insolvenzverwalter oder ein Insolvenzgläubiger der Prüfung im Termin wegen zu kurzer Vorbereitungszeit, muss das Insolvenzgericht einen weiteren Prüfungstermin anberaumen oder Prüfung im schriftlichen Verfahren anordnen. Gemäß Abs. 3 S. 3, der auf § 74 Abs. 2 Satz 2 verweist, ist in einem solchen Fall der Prüfungstermin zu vertagen, und zwar ohne erneute Veröffentlichung. Eine Begründung für diesen Widerspruch gegen die Prüfung braucht nicht abgegeben zu werden.[5] Dieser Widerspruch gegen die Prüfung ist vom Widerspruch gegen die Forderung an sich zu unterscheiden. Ein Widerspruch gegen die Forderung des säumigen Insolvenzgläubigers an sich löst nicht die Folgen des § 177 Abs. 1 Satz 2 aus. Dieser Widerspruch ist ebenso zu behandeln wie der Widerspruch gegen eine rechtzeitig angemeldete Forderung, siehe dazu § 176 RdNr. 27 ff. Die Aufnahme der Forderung in die Tabelle schließt das Widerspruchsrecht des Insolvenzverwalters bezüglich der Prüfung aus, weil im Falle der Aufnahme in die Tabelle davon ausgegangen werden muss, dass er diese Forderung ebenso wie die rechtzeitig angemeldeten geprüft hat.[6]

4 **b) Anmeldung nach dem Prüfungstermin.** Meldet ein Insolvenzgläubiger seine Forderung erst nach dem Prüfungstermin an, ist zur Prüfung dieser Forderung ein neuer Prüfungstermin anzuberaumen oder die Prüfung im schriftlichen Verfahren anzuordnen. Sofern der Insolvenzverwalter bereits Schlussrechnung gelegt hat und die Verteilung nach dem Schlussverzeichnis genehmigt ist, kommt in Betracht, die Forderung im Schlusstermin zu prüfen. Zu diesem Zeitpunkt sind jedoch die Ausschlussfristen der §§ 189, 190 bereits abgelaufen. Eine Aufnahme dieser Forderungen in das Schlussverzeichnis ist dann nicht mehr möglich,[7] denn nur geprüfte Forderungen können in das Schlussverzeichnis aufgenommen werden[8] und Änderungen des Schlussverzeichnisses können wegen des Ablaufs der Frist des § 193 nicht vorgenommen werden.[9] Die Insolvenzgläubiger müssen zu diesem Zeitpunkt (drei Tage nach Ablauf der Frist in § 189) die Sicherheit haben, wie das Schlussverzeichnis schlussendlich aussieht, denn nur dann können sie entscheiden, ob sie gegen die

---

[1] HK-*Irschlinger* § 177 RdNr. 1.
[2] BGH ZIP 1998, 501, dazu EWiR 1998, 501 *(Johlke/Schröder)*; *Kübler/Prütting/Pape* § 176 RdNr. 1.
[3] OLG Köln ZIP 1992, 949, dazu EWiR 1992, 689 *(Mohrbutter)*; *Kübler/Prütting/Pape* § 176 RdNr. 2; *Kuhn/Uhlenbruck* § 142 RdNr. 4 b; *Tscheschke*, Rpfleger 1992, 96 f.
[4] *Kübler/Prütting/Pape* § 176 RdNr. 2; *Tscheschke* Rpfleger 1992, 96 f.
[5] *Kübler/Prütting/Pappe* § 176, RdNr. 3; *Kuhn/Uhlenbruck* § 142 RdNr. 1 a; *Haarmeyer/Wutzke/Förster*, Handbuch, Kap. 7 RdNr. 62.
[6] *Nerlich/Römermann/Becker* § 177 RdNr. 9.
[7] OLG Köln ZIP 1992, 949; § 198 RdNr. 9 mwN.
[8] § 188 RdNr. 4; § 198 RdNr. 9.
[9] § 198 RdNr. 9.

Änderungen Einwendungen erheben wollen. Die Feststellung einer Forderung im Schlusstermin kann mithin nur im Hinblick auf die Titulierung und folgende Vollstreckung aus der Tabelle (§ 201 Abs. 2) zulässig sein.[10] Überdies eröffnet diese Verfahrensweise dem Insolvenzgläubiger die Möglichkeit, einen Antrag auf Versagung der Restschuldbefreiung zu stellen.

III. Nachrangige Insolvenzgläubiger

Nachrangige Insolvenzgläubiger (§ 39) nehmen am Verfahren nur teil, wenn sie zur Anmeldung ihrer Forderung ausdrücklich aufgefordert wurden, § 174 Abs. 3 Satz 1, das heißt wenn an die anderen Insolvenzgläubiger eine Dividende von 100% des Nominalwertes der angemeldeten Forderungen ausgeschüttet werden kann.[11] Praktische Bedeutung hat dies nur in Verfahren, in denen saniert und nicht liquidiert werden soll. Nur durch die Verfahrensbeteilung können diese nachrangigen Insolvenzgläubiger in ein Sanierungskonzept (Insolvenzplan) eingebunden werden.[12] Wurden die nachrangigen Gläubiger im Eröffnungsbeschluss oder später vom Insolvenzgericht zur Anmeldung ihrer Forderungen aufgefordert und läuft die zur Anmeldung gesetzte Frist erst innerhalb der Woche vor dem Prüfungstermin oder später ab, so ist ein gesonderter Prüfungstermin anzuberaumen oder die Prüfung im schriftlichen Verfahren anzuordnen, Abs. 2. Der Zeitpunkt der Anmeldung ist nicht entscheidend.[13] Liegt das Ende der Anmeldefrist vor der letzten Woche vor dem Prüfungstermin, werden die Forderungen der nachrangigen Insolvenzgläubiger im eigentlichen Prüfungstermin geprüft. Werden die nachrangigen Insolvenzgläubiger in Gruppen zur Anmeldung aufgefordert, gilt das zu den Anmeldefristen Gesagte für den jeweils vorangehenden Prüfungstermin.[14] Meldet ein nachrangiger Gläubiger verspätet an, gilt das oben zu RdNr. 3 und 4 Gesagte entsprechend.

IV. Besonderer Prüfungstermin/schriftliches Verfahren

1. Frist. Für den neuen Termin ist keine Frist bestimmt. Es wird jedenfalls die Frist von § 29 Abs. 1 Nummer 1 einzuhalten sein. Steht nicht schon bald eine Verteilung bevor, so wird das Gericht den Termin zweckmäßig hinausschieben, um die Prüfung etwaiger weiterer Anmeldungen in demselben Termin zu ermöglichen.[15] Der Nachprüfungstermin kann auch mit dem Schlusstermin verbunden werden.[16] Wegen des möglichen Ausschlusses von der Schlussverteilung sollte eine derartige Verbindung nur ausnahmsweise erfolgen, wenn dies zeitlich unumgänglich ist.[17] Wegen des drohenden Rechtsverlustes empfiehlt es sich den Gläubiger zu dieser Frage anzuhören. Der Insolvenzgläubiger wird dabei die Höhe der Kosten für den gesonderten Prüfungstermin und den Rechtsnachteil der Nichtteilnahme an der Schlussverteilung abzuwägen haben.

2. Bekanntmachung. a) Prüfungstermin. Der besondere Prüfungstermin ist öffentlich bekanntzumachen, Abs. 3 Satz 1. Die öffentliche Bekanntmachung kann gemäß § 74 Abs. 2 Satz 2 in Verbindung mit § 177 Abs. 3 Satz 3 verzichtbar sein, wenn die Anberaumung eines besonderen Prüfungstermins einer Vertagung des ursprünglichen Termins gleichkommt, z. B. wenn die nachträglich angemeldete Forderung noch im ursprünglichen Termin erörtert wurde und „sich dann aber Widerspruch gegen die Prüfung regt".[18]

---

[10] *Uhlenbruck* InsO § 177, RdNr. 2; a. A. *Gottwald/Eickmann* InsR Hdb § 63 RdNr. 49; *Jahlke/Schröder* EWiR 1998, 501.
[11] *Smid*, Grundzüge des neuen Insolvenzrechts, S. 33.
[12] *Smid*, Grundzüge des neuen Insolvenzrechts, S. 33.
[13] *Nerlich/Römermann/Becker* § 177 RdNr. 23.
[14] *Nerlich/Römermann/Becker* § 177 RdNr. 26.
[15] *Kuhn/Uhlenbruck* § 142 RdNr. 2.
[16] *Kilger/K. Schmidt* § 142 Anm. 1; *Kübler/Prütting/Pape* § 177 RdNr. 4; *Kuhn/Uhlenbruck* § 142 RdNr. 2.
[17] *Kübler/Prütting/Pape* § 177 RdNr. 4; *Haarmeyer/Wutzke/Förster*, Handbuch, Kap. 7 RdNr. 66; *Eckardt*, Kölner Schrift, RdNr. 29; *Tscheschke* Rpfleger 1992, 96 ff.
[18] Begr. des Rechtsausschusses, BT-Drucks. 14/120, S. 29.

§ 177 8–12 5. Teil. 1. Abschnitt. Feststellung der Forderungen

8 **b) Schriftliches Verfahren.** Die Anordnung des schriftlichen Verfahrens ist ebenfalls öffentlich bekannt zu machen, Abs. 3 Satz 1 in entsprechender Anwendung.[19] Nur dann erhalten die Insolvenzgläubiger Kenntnis von der nachträglichen Forderungsanmeldung und können ihr Widerspruchsrecht ausüben.[20] Das Insolvenzgericht hat in der Veröffentlichung eine Ausschlussfrist zur Erhebung des Widerspruchs zu setzen.[21] Wiedereinsetzung in den vorigen Stand ist nicht möglich.[22]

9 **3. Ladung.** Zu dem besonderen Prüfungstermin sind die Insolvenzgläubiger, die eine Forderung angemeldet haben, der Insolvenzverwalter und der Insolvenzschuldner zu laden, Abs. 3 Satz 2. Im schriftlichen Verfahren sind der Insolvenzverwalter, die Insolvenzgläubiger mit angemeldeter Forderung und der Schuldner von der Forderungsanmeldung und der Ausschlussfrist gesondert zu unterrichten.[23]

10 **4. Kosten.** Der säumige Insolvenzgläubiger hat diese Kosten für den gesonderten Prüfungstermin zu tragen. Mehrere säumige Gläubiger sind Gesamtschuldner, § 58 GKG. Die Kostenpflicht ist verschuldensunabhängig; sie wird ausschließlich durch die verspätete Anmeldung – gleich aus welchem Grund – veranlasst.[24] Zu den Kosten für den besonderen Prüfungstermin gehören: die Gerichtsgebühren, die Auslagen für die Ladungen (unter der Voraussetzung Nr. 2 in Teil 9 der Anlage 1 zum GKG, d. h. wenn diese DM 100.– übersteigen) sowie die Kosten des Insolvenzverwalter und der Insolvenzgläubiger für die Teilnahme am Termin.[25] Die verspätete Anmeldung eines Sozialversicherungsträgers im Konkurs eines Mitglieds ist kein Rechtshilfeersuchen im Sinne der RVO (jetzt: SGB I); daher kann auch keine Freistellung von der Gebühr für den Prüfungstermin beansprucht werden.[26] Die Kosten für die öffentliche Bekanntmachung werden gemäß KV 9004 zum GKG nicht erhoben.[27]

Hatte das Insolvenzgericht zur Anmeldung nachrangiger Forderungen aufgefordert, sind die Kosten für den gesonderten Prüfungstermin oder für das schriftliche Verfahren gemäß Absatz 2 Kosten des Insolvenzverfahrens im Sinne von § 54 Nummer 1.[28]

V. Änderung der Anmeldung

11 **1. Grundsätze.** Wird die Anmeldung im Verlauf des Verfahrens geändert, zum Beispiel hinsichtlich des Grundes oder hinsichtlich des Betrages der Forderung, so finden Abs. 1 Satz 1 und 2 entsprechende Anwendung. Entscheidend für die verfahrensrechtliche Behandlung der Änderung der Anmeldung ist der Zeitpunkt der Änderung, siehe dazu oben RdNr. 3 und 4. Wird weniger angemeldet als bisher, handelt es sich nicht um eine Änderung der Anmeldung sondern vielmehr um eine teilweise Rücknahme der Anmeldung, siehe dazu die Erläuterungen zu § 174 RdNr. 16 und § 175 RdNr. 14.

12 **2. Rechtsnachfolge.** Liegt ein Fall der Rechtsnachfolge auf der Seite des Insolvenzgläubigers vor, bedarf es keiner Neuanmeldung, wenn die Einzel- oder Gesamtrechtsnachfolge unstreitig ist. Allerdings muss der Rechtsnachfolger dem Insolvenzgericht die Rechtsnachfolge nachweisen.[29] Der Nachweis der Rechtsnachfolge kann zum Beispiel wie folgt

---

[19] *Nerlich/Römermann/Becker* § 177 RdNr. 40.
[20] HK-*Irschlinger* § 177 RdNr. 7.
[21] HK-*Irschlinger* § 177 RdNr. 9; *Kübler/Prütting/Pape* § 177 RdNr. 6.
[22] *Eckardt* in Kölner Schrift RdNr. 33; HK-*Irschlinger* § 177 RdNr. 9.
[23] HK-*Irschlinger* § 177 RdNr. 10; *Kübler/Prütting/Pape* § 177 RdNr. 6.
[24] *Jaeger/Weber* § 143 RdNr. 5; *Kilger/K. Schmidt* § 143 Anm. 3; *Kübler/Prütting/Pape* § 177 RdNr. 7; *Kuhn/Uhlenbruck* § 143 RdNr. 4; *Nerlich/Römermann/Becker* § 177 RdNr. 18.
[25] *Kübler/Prütting/Pape* § 177 RdNr. 7.
[26] AG Köln KTS 1968, 62 mwN; *Kuhn/Uhlenbruck* § 142 RdNr. 4 a; *Kilger/K. Schmidt* § 142 Anm. 4.
[27] Teil 9 Nr. 9004 der Anlage 1 zum GKG nach der Änderung durch Art. 2 a des Gesetzes v. 6. 8. 1998 (BGBl. I S. 2030) und Art. 1 Nr. 5 a c) EGInsOÄndG v. 19. 12. 1998 (BGBl. 3836); aA *Haarmeyer/Wutzke/Förster*, Handbuch, Kap. 7 RdNr. 67 (Muster) und 70.
[28] *Kübler/Prütting/Pape* § 177 RdNr. 9; *Nerlich/Römermann/Becker* § 177 RdNr. 28.
[29] *Kuhn/Uhlenbruck* § 142 RdNr. 3 c; *Hess/Kropshofer* § 142 RdNr. 9.

erbracht werden: Erbschein, Abtretungsurkunde, Pfändungs- und Überweisungsbeschluss und ähnliches. Ist die Rechtsnachfolge streitig, muss der Rechtsnachfolger neben dem Erstanmelder erneut anmelden. Der Insolvenzverwalter hat bei Zweifeln, wer tatsächlich Inhaber der Forderung ist (sog. Prätendentenstreit), alle in die Tabelle aufzunehmen, und zwar mit dem Hinweis, dass dieselbe Forderung für verschiedene Anmelder in Anspruch genommen wird.[30] Der Insolvenzverwalter darf dann im Prüfungsverfahren die Forderung zwar nach ihrem Bestand und Gesamtbetrag anerkennen, die Rechtszuständigkeit der Anmeldenden aber mit der Beschränkung „bis zum Austrage des Streits unter ihnen" bestreiten.[31] Quoten, die bei einer Auszahlung auf die angemeldete Forderung entfallen, kann der Verwalter unter den Voraussetzungen des § 372 Satz 2 BGB unter Benennung aller eingetragenen Gläubiger und zugunsten des Obsiegenden von ihnen befreiend hinterlegen.[32] Vergleiche dazu § 178. Ist die Forderung nicht tituliert, muss im Feststellungsprozess muss geklärt werden, wer wahrer Forderungsinhaber ist. Ist die Forderung bereits tituliert, gelten die allgemeinen Regeln der §§ 727, 731 ZPO. Ist also im Vollstreckungstitel ein anderer als der Insolvenzgläubiger genannt, muss der Vollstreckungstitel vor der endgültigen Berücksichtigung im Insolvenzverfahren zunächst umgeschrieben (§§ 727, 731 ZPO) und erneut zugestellt (§ 750 Abs. 2 ZPO) werden. Diese Zustellung hat jedoch nicht an den Schuldner sondern an den Insolvenzverwalter zu erfolgen. Für einen Feststellungsprozess dürfte das Rechtsschutzbedürfnis zu verneinen sein.

§ 178 Voraussetzungen und Wirkungen der Feststellung

(1) ¹Eine Forderung gilt als festgestellt, soweit gegen sie im Prüfungstermin oder im schriftlichen Verfahren (§ 177) ein Widerspruch weder vom Insolvenzverwalter noch von einem Insolvenzgläubiger erhoben wird oder soweit ein erhobener Widerspruch beseitigt ist. ²Ein Widerspruch des Schuldners steht der Feststellung der Forderung nicht entgegen.

(2) ¹Das Insolvenzgericht trägt für jede angemeldete Forderung in die Tabelle ein, inwieweit die Forderung ihrem Betrag und ihrem Rang nach festgestellt ist oder wer der Feststellung widersprochen hat. ²Auch ein Widerspruch des Schuldners ist einzutragen. ³Auf Wechseln und sonstigen Schuldurkunden ist vom Urkundsbeamten der Geschäftsstelle die Feststellung zu vermerken.

(3) Die Eintragung in die Tabelle wirkt für die festgestellten Forderungen ihrem Betrag und ihrem Rang nach wie ein rechtskräftiges Urteil gegenüber dem Insolvenzverwalter und allen Insolvenzgläubigern.

Schrifttum: *Behr,* Durchsetzung von Deliktsforderungen bei der Forderungspfändung und im Insolvenzverfahren, Rpfleger 2003, S. 389; *Bley,* Die Feststellung des Konkursgläubigerrechts, 1914; *Bringewat/Waza,* Insolvenzen und Steuern, 6. Aufl. 2004, RdNr. 166 ff.; *Eckardt,* Unanmeldbare Forderungen im Konkursfeststellungsverfahren nach §§ 138 ff. KO, ZIP 1993, 1765; *ders.,* Die Feststellung und Befriedigung des Insolvenzgläubigerrechts, Kölner Schrift zur Insolvenzordnung, 2. Aufl. 2000, S. 743 ff.; *Ehricke,* Die Feststellung streitiger Insolvenzforderungen durch ein Schiedsgericht, ZIP 2006, S. 1847; *Frotscher,* Besteuerung bei Insolvenz, 6. Aufl. 2005, S. 237 ff.; *Fuchs,* Die Änderungen im Restschuldbefreiungsverfahren – Problemlösung oder neue Fragen?, NZI 2002, S. 298; *Gaul,* Zwangsvollstreckungserweiterung nach vorsätzlich begangener unerlaubter Handlung – Kein Nachweis durch Vollstreckungsbescheid, NJW 2005, 2894; *Hattwig,* Ungewissheit für Schuldner deliktischer Forderungen – Überlegungen zu § 184 InsO, ZInsO 2004, S. 636; *Heidbrink/v. d. Groeben,* Insolvenz und Schiedsverfahren, ZIP 2006, S. 265; *Heinze,* Behandlung von Forderungen aus Vorsatzdelikt im Insolvenzverfahren über das Vermögen natürlicher Personen, DZWIR 2002, S. 369; *Henckel,* Der Gegenstand des Verfahrens zur Feststellung von Konkursforderungen, Festschrift für

---

[30] BGH NJW 1997, 1014, 1015.
[31] BGH NJW 1997, 1014, 1015.
[32] BGH NJW 1997, 1014, 1015; *Jaeger/Weber* § 139 RdNr. 2; *Mohrbutter/Mohrbutter,* Hdb. d. Konkurs- und Vergleichsverwaltung, 6. Aufl., RdNr. 759; *Kohler,* AcP 81 (1981), 329 (384 f.); ferner *Oetker,* Konkursrechtliche Grundbegriffe I, 1891, S. 383 f., wenngleich zu Unrecht bereits für die Eintragung in die Tabelle.

§ 178 1   5. Teil. 1. Abschnitt. Feststellung der Forderungen

Michaelis, 1972, S. 151; *Jonas,* Die Konkursfeststellung in ihrer prozessualen Durchführung, 1907; *Kahlert,* Beseitigung des Widerspruchs des Schuldners gegen den Haftungsgrund der vorsätzlichen unerlaubten Handlung im Insolvenzverfahren, ZInsO 2006, S. 409; *Klasmeyer/Elsner,* Zur Behandlung von Ausfallforderungen im Konkurs, Festschrift für Merz, 1992, S. 303; *Kramer,* Konkurs- und Steuerverfahren, 1993, S. 274 ff.; *Krusch,* Zur Auslegung der §§ 145 Abs. 2 und 61 Ziffer 5 KO, ZHR 103 (1936), S. 29; *Kübler,* Zur Abgrenzung der Zuständigkeit von Gesamtvollstreckungsgericht und Verwalter bei der Feststellung der Schuldenmasse, Festschrift für Henckel, 1995, S. 495; *Pape,* Zur Konkurrenz der Vollstreckung aus einer Eintragung in die Konkurstabelle und einem vor Konkurseröffnung erwirkten Titel, KTS 1992, S. 185; *Riedel,* Deliktische Ansprüche in der Restschuldbefreiung, NZI 2002, S. 414; *Riestelhuber,* Der Schiedsspruch im Insolvenzverfahren, ZInsO 2004, S. 427; *Spellenberg,* Zum Gegenstand des Konkursfeststellungsverfahrens (§§ 138 ff. KO), Diss. Göttingen, 1973; *Vallender,* Auswirkungen des Schuldrechtsmodernisierungsgesetzes auf die Anmeldung von Forderungen im Insolvenzverfahren, ZInsO 2002, S. 110.

Übersicht

	RdNr.		RdNr.
I. Normzweck	1	2. Berichtigung unrichtiger Eintragungen	51
II. Entstehungsgeschichte	6	3. Vermerk auf Wechseln und sonstigen Schuldurkunden	53
III. Voraussetzungen der Feststellung	9	4. Benachrichtigung der Gläubiger	54
1. Grundsatz	9	**VII. Rechtskraftwirkung der Eintragung (Abs. 3)**	55
2. Teilfeststellung	10	1. Konstitutive Wirkung des Tabellenvermerks	56
IV. Gegenstand der Feststellung	11	2. Art der Rechtskraftwirkung	59
1. Meinungsstand	12	3. Objektiver Umfang	61
2. Stellungnahme	15	a) Feststellungsgegenstand	61
V. Widerspruch	17	b) Teilfeststellung	63
1. Widerspruchsrecht	17	c) Feststellung für den Ausfall	64
a) Regelinsolvenzverfahren mit Fremdverwalter (Abs. 1 Satz 1)	18	d) Feststellung unanmeldbarer Forderungen	65
aa) Insolvenzverwalter	18	4. Subjektiver Umfang	67
bb) Insolvenzgläubiger	20	a) Gläubiger und Insolvenzverwalter	67
cc) Schuldner	23	b) Schuldner	69
b) Eigenverwaltung (§ 283 Abs. 1)	26	c) Dritte	72
aa) Sachwalter	27	d) Besonderheiten bei der Eigenverwaltung	74
bb) Schuldner	28	5. Klärung des Tabelleninhalts durch Feststellungsklage	75
cc) Insolvenzgläubiger	31	**VIII. Rechtsbehelfe gegen die Eintragung festgestellter Forderungen**	76
c) Kleininsolvenzverfahren	32	1. Vollstreckungsabwehrklage	77
2. Inhalt des Widerspruchs	33	2. Wiederaufnahmeklage	81
a) Begründung	33	3. Arglistklage, § 826 BGB	83
b) „Widerspruchsrichtung" und Teilfeststellung	34	4. Keine Wiedereinsetzung in den vorigen Stand	84
c) Vorläufiges Bestreiten	37	5. Rechtsbehelfe des Schuldners	85
3. Prozesshandlungsvoraussetzungen	39	**IX. Feststellung von Steuerforderungen zur Tabelle**	88
4. Form	40		
5. Beseitigung des Widerspruchs	42		
a) Rücknahme des Widerspruchs	43		
b) Feststellungsurteil	45		
c) Erlöschen der Forderung des Widersprechenden?	46		
VI. Beurkundung des Prüfungsergebnisses	47		
1. Eintragung in die Tabelle	47		

I. Normzweck

1   § 178 regelt **Voraussetzungen und Wirkungen der unstreitigen Feststellung** des Insolvenzgläubigerrechts. Bedeutung hat die (unstreitige oder streitige) Feststellung sowohl im Insolvenzverfahren als auch im gegebenenfalls nachfolgenden Restschuldbefreiungsverfahren. So ist sie grundsätzlich Voraussetzung für Auszahlungen an den Insolvenzgläubiger bei den Verteilungen (§§ 187 ff.; § 292 Abs. 1 Satz 2). Auf bestrittene, nicht festgestellte Forderungen erfolgen Auszahlungen nur dann, wenn die Forderungen im Sinne des § 179

Abs. 2 tituliert sind und der Bestreitende seinen Widerspruch nicht rechtzeitig verfolgt (§ 189 Abs. 2 analog; siehe § 179 RdNr. 29). Gläubiger festgestellter Forderungen sind darüber hinaus in der Gläubigerversammlung ohne weiteres stimmberechtigt (§§ 77 Abs. 1 Satz 1, 178 Abs. 3; vgl. auch § 237).[1] Schließlich können Insolvenzgläubiger, deren Forderungen festgestellt und nicht vom Schuldner bestritten worden sind, aus der Eintragung der Feststellung in die Tabelle die Zwangsvollstreckung gegen den Schuldner persönlich betreiben (§§ 178 Abs. 1 Satz 2, 201 Abs. 2), wenn das Insolvenzverfahren ohne nachfolgendes Restschuldbefreiungsverfahren endet.[2]

Die Feststellung unstreitiger Forderungen soll nach dem Willen des Gesetzgebers zügig und einfach erfolgen.[3] Die ausdrückliche Zustimmung der Gläubiger und des Verwalters zu der angemeldeten Forderung wird nicht verlangt.[4] Vielmehr gilt die Forderung als festgestellt, soweit gegen sie im Prüfungstermin oder im schriftlichen Verfahren ein **Widerspruch** weder vom Verwalter noch von einem Insolvenzgläubiger erhoben wird oder soweit ein erhobener Widerspruch beseitigt ist (Abs. 1 Satz 1). Das Nichtbestreiten wirkt als stillschweigendes Anerkenntnis.[5] Der Verwalter ist zur Forderungsprüfung und gegebenenfalls zum Widerspruch sowohl im Interesse der Insolvenzgläubiger als auch im Interesse des Schuldners berechtigt und verpflichtet (unten RdNr. 18).[6] Die einzelnen Insolvenzgläubiger sind darüber hinaus auch selbst widerspruchsberechtigt (Abs. 1 Satz 1).

Der **Widerspruch des Schuldners** hindert die Feststellung des Insolvenzgläubigerrechts und damit die Teilnahme des Anmelders an den Verteilungen nicht (Abs. 1 Satz 2), wohl aber die Rechtskraft- und Vollstreckungswirkung des Tabelleneintrags außerhalb des Insolvenzverfahrens (§ 201 Abs. 2 Satz 1; dazu unten RdNr. 23 ff.). Das Interesse des Schuldners daran, dass nur berechtigte Anmelder an den Verteilungen teilnehmen (unten RdNr. 23), wird ausschließlich durch den Verwalter wahrgenommen. Der Gesetzgeber befürchtete offenbar, dass der Schuldner Anmeldungen aus schikanösen Motiven widersprechen könnte.[7] Nur als Eigenverwalter ist der Schuldner berechtigt, die Teilnahme Nichtberechtigter an den Verteilungen durch Widerspruch zu verhindern (§ 283 Abs. 1).[8]

Die insolvenzmäßige Forderungsprüfung schließt mit der **Eintragung des Prüfungsergebnisses** in die Tabelle ab (Abs. 2 Satz 1). Die angemeldete Forderung wird entweder mit Urteilswirkung zur Tabelle festgestellt oder zur Tabelle bestritten mit der Folge, dass es je nach den Umständen dem Anmelder (§§ 179 Abs. 1; 189) oder dem Widersprechenden (§§ 179 Abs. 2; 189) obliegt, die positive oder negative Feststellung im ordentlichen Prozess zu verfolgen (§§ 179 ff.). Die Eintragung ist mit Rücksicht auf ihre Bedeutung (Abs. 3) und zur Verhinderung von Fälschungen[9] dem Insolvenzgericht übertragen. Weil der Schuldnerwiderspruch die Vollstreckung aus der Tabelle nach Beendigung des Insolvenzverfahrens hindert, ist auch er einzutragen (Abs. 2 Satz 2). Die Eintragung erfolgt jedoch nicht unter „Ergebnis der Prüfungsverhandlungen", sondern unter „Bemerkungen".[10] Der Vermerk der Feststellung auf Wechseln und sonstigen Schuldurkunden (Abs. 2 Satz 3) bezweckt, dem Gläubiger die Verfügung über die Urkunde zu erleichtern.[11]

---

[1] Dazu *Kübler* in *Kübler/Prütting* § 77 RdNr. 8, 12 f.
[2] *Jaeger/Weber* KO § 141 RdNr. 1; *Kübler/Prütting/Pape* § 176 RdNr. 4; *Spellenberg* S. 2 f.
[3] Motive zur KO, S. 357 = *Hahn* IV, S. 322; vgl. nunmehr auch § 176 Satz 2, der die Einzelerörterung im Prüfungstermin auf „bestrittene" Forderungen beschränkt; dazu *Eckardt*, Kölner Schrift, S. 743, RdNr. 25; *Kübler/Prütting/Pape* § 176 RdNr. 1.
[4] *Nerlich/Römermann/Becker* § 178 RdNr. 5.
[5] RGZ 55, 157, 160.
[6] Er übernimmt insoweit die Funktion des gemeinrechtlichen Kontradiktors; siehe Motive zur KO, S. 362; *Hahn* IV, S. 325; *Baur/Stürner* II, Insolvenzrecht, RdNr. 3.14.
[7] *Kohler*, Konkursrecht, 1891, S. 377 f., 553; vgl. auch *Eckardt*, Kölner Schrift, S. 743, RdNr. 60; Motive zur KO, S. 45 f., 362 = *Hahn* IV, S. 68 f., 325.
[8] Zu Recht kritisch *Eckardt*, Kölner Schrift, S. 743, RdNr. 60; *Kübler/Prütting/Pape* § 174 RdNr. 11.
[9] Motive zur KO, S. 363; *Hahn* IV S. 326.
[10] Motive zur KO, S. 363; *Hahn* IV S. 326 f.
[11] Motive zur KO, S. 363; *Hahn* IV S. 327.

5 Die **Rechtskraftwirkung der Eintragung** festgestellter Forderungen (Abs. 3) soll spätere Widersprüche des Insolvenzverwalters und der Insolvenzgläubiger sowie weitere Prozesse über das festgestellte Insolvenzgläubigerrecht ausschließen.[12]

II. Entstehungsgeschichte

6 § 178 übernimmt inhaltlich im Wesentlichen die Regelungen der **§§ 144 Abs. 1, 145 KO**. Neu ist die Möglichkeit des Widerspruchs im schriftlichen Verfahren als Folgeänderung zur Einführung eines schriftlichen Prüfungsverfahrens für verspätete Anmeldungen (Abs. 1 Satz 1 i. V. m. § 177 Abs. 1 Satz 2, 2. Fall). Abs. 2 Satz 1 präzisiert gegenüber § 145 Abs. 1 Satz 1 KO die erforderlichen Eintragungen in die Tabelle. Schließlich wird klargestellt, dass der Schuldnerwiderspruch der Feststellung nicht entgegensteht (Abs. 1 Satz 2) und dass die Eintragung auch gegenüber dem Insolvenzverwalter wie ein rechtskräftiges Urteil wirkt (Abs. 3). Beides war in der Konkursordnung nicht ausdrücklich geregelt, entsprach aber gleichwohl herrschender Meinung.[13]

7 § 178 Abs. 1 Satz 1 wurde im **Gesetzgebungsverfahren** nicht wesentlich geändert (vgl. §§ 205, 206 RegE; 195, 196 DE; 195, 196 RefE). Die Zusammenfassung zu einer Vorschrift beruht auf einer Empfehlung des Rechtsausschusses, ebenso die Berücksichtigung des Widerspruchs im schriftlichen Verfahren (§ 177).[14]

8 Im **Gesamtvollstreckungsverfahren** galt mit § 11 Abs. 2 Sätze 1 und 3 GesO eine dem § 178 grundsätzlich vergleichbare, jedoch lückenhafte Regelung.[15] Das Ergebnis der Prüfungsverhandlungen war nicht vom Gericht, sondern vom Verwalter in die Tabelle aufzunehmen (§ 11 Abs. 2 Satz 3 GesO).[16] Teilweise wurde deshalb die entsprechende Anwendung des § 145 Abs. 2 KO (= § 179 Abs. 3 InsO: Urteilswirkung der Eintragung festgestellter Forderungen) abgelehnt.[17]

III. Voraussetzungen der Feststellung

9 **1. Grundsatz.** Die Forderung gilt als festgestellt, soweit weder der Insolvenzverwalter (unten RdNr. 18 f.) noch ein Insolvenzgläubiger (unten RdNr. 20 ff.) ihr im Prüfungstermin oder im schriftlichen Verfahren widerspricht oder soweit ein erhobener Widerspruch beseitigt ist (Abs. 1 Satz 1; unten RdNr. 42 ff.). Die Anwesenheit des Gläubigers im Prüfungstermin ist für die Feststellung seiner Forderung nicht erforderlich.[18] Ebenso wenig setzt die Feststellung einen gesonderten Aufruf der Forderung voraus, es sei denn, dass der Verwalter, der Schuldner oder ein Insolvenzgläubiger zuvor ihren Widerspruch gegen die Forderung angekündigt haben (§ 176 Satz 2).[19] Urteilswirkung erzeugt gemäß Abs. 3 nicht schon das Nichtbestreiten im Prüfungstermin, sondern erst die Eintragung der Feststellung in die Tabelle (unten RdNr. 56 ff.).[20] Nur Insolvenzforderungen können mit Rechtskraftwirkung gegenüber dem Verwalter und den Gläubigern zur Tabelle festgestellt werden,

---

[12] Motive S. 364; *Hahn* IV S. 327.
[13] Vgl. Begr. zu § 205 und § 206 RegE (= § 178) BR-Drucks. 1/92 S. 185.
[14] Beschl.-Empfehlung des RechtsA zu § 205, BT-Drucks. 12/7302 S. 179.
[15] *Gottwald/Eickmann*, Nachtrag GesO zum Insolvenzrechts-Handbuch, Kap. III 10. Abschnitt C RdNr. 7 ff.; *Haarmeyer/Wutzke/Förster* GesO § 11 RdNr. 73 ff.; *Hess/Binz/Wienberg* GesO § 11 RdNr. 34 ff.; *Smid* GesO § 11 RdNr. 67 ff., 81 ff.
[16] *Haarmeyer/Wutzke/Förster* GesO § 11 RdNr. 79, 80; *Hess/Binz/Wienberg* GesO § 11 RdNr. 46; *Smid* GesO § 11 RdNr. 82; aA *Gottwald/Eickmann*, Nachtrag GesO zum Insolvenzrechts-Handbuch, Kap. III 10. Abschnitt C RdNr. 9.
[17] *Haarmeyer/Wutzke/Förster* GesO § 11 RdNr. 81; *Kübler*, Festschrift für Henckel, S. 495, 507 f.
[18] § 203 Abs. 2 RegE, der die Prüfung auch bei Abwesenheit des Gläubigers ausdrücklich vorsah (BR-Drucks. 1/92, S. 184), wurde auf Empfehlung des Rechtsausschusses gestrichen, weil sich dasselbe Ergebnis bereits aus § 203 Abs. 1 RegE (= § 176) ergebe (BT-Drucks. 12/7302 S. 178); dazu *Kübler/Prütting/Pape* § 176 RdNr. 3.
[19] Näher *Eckardt*, Kölner Schrift, S. 743, RdNr. 25; *Kübler/Prütting/Pape* § 176 RdNr. 1.
[20] Str. wie hier *Spellenberg* S. 6; *Jaeger/Weber* KO § 145 RdNr. 3; *Uhlenbruck*, InsO § 201 RdNr. 6; *Kilger/K. Schmidt* § 145 Anm. 3; aA *Eckardt*, Kölner Schrift, S. 743, RdNr. 36.

nicht auch Aus- oder Absonderungsrechte oder Masseverbindlichkeiten (unten RdNr. 65 f.).

2. Teilfeststellung. Eine Teilfeststellung („... *soweit* ... ein Widerspruch weder vom Insolvenzverwalter noch von einem Insolvenzgläubiger erhoben wird ...") ist denkbar, wenn sich der Widerspruch allein gegen die **Höhe** der angemeldeten Forderung richtet oder wenn der Widersprechende die **Nachrangigkeit** der Forderung behauptet (§ 39) und das Insolvenzgericht zur Anmeldung von Forderungen des anerkannten Nachranges aufgefordert hat (§ 174 Abs. 3; näher unten RdNr. 34 ff.).[21] Gegenstand der (teilweisen) Feststellung ist das Insolvenzgläubigerrecht im Sinne des Anteils des Gläubigers an der haftungsrechtlichen Zuweisung der Insolvenzmasse (unten RdNr. 11 ff.). Für eine „Zwischenfeststellung" einzelner Voraussetzungen des Insolvenzgläubigerrechts, insbesondere des Bestands der Forderung, ihres Ranges oder ihrer Verfolgbarkeit im Insolvenzverfahren, ist im Prüfungstermin kein Raum. Dagegen sehen die Rechtsprechung und ein Teil des Schrifttums die einzelnen Voraussetzungen der Verfahrensteilnahme als Gegenstand der Feststellung an. Folgt man dieser Ansicht, so kommt je nach „Widerspruchsrichtung" (z. B. bei einem isolierten Rangwiderspruch) die Feststellung einzelner Voraussetzungen der Verfahrensteilnahme (z. B. des Bestehens der Forderung oder ihrer Anmeldbarkeit) in Betracht (siehe unten RdNr. 14; RdNr. 34 ff.).

IV. Gegenstand der Feststellung

Der Gegenstand der Feststellung ist umstritten.[22] Zweck des Feststellungsverfahrens ist die Klärung, ob der Anmelder berechtigt ist, an der Verteilung der Insolvenzmasse sowie an den Verteilungen des Treuhänders in einem möglichen Restschuldbefreiungsverfahren teilzunehmen. Die Teilnahme an den Verteilungen setzt aber nicht nur voraus, dass die Forderung besteht, sondern auch, dass sie im Insolvenzverfahren verfolgbar ist (§ 38) und dass sie den beanspruchten Rang (§§ 38, 39) einnimmt.[23] Der Verwalter kann z. B. das Bestehen der angemeldeten Forderung anerkennen, ihr aber gleichwohl widersprechen, weil sie nachrangig oder keine Insolvenzforderung oder weil sie anfechtbar begründet worden sei. Die Forderung gegen den Schuldner ist daher jedenfalls nicht allein Gegenstand der Feststellung.

1. Meinungsstand. Nach überwiegender Meinung in Rechtsprechung[24] und Schrifttum[25] ist **die Forderung** in ihrer Eigenschaft als Insolvenzforderung bestimmten Ranges und bestimmten Betrages Gegenstand der Feststellung. Im Ergebnis entspricht dem die Ansicht, wonach die einzelnen Voraussetzungen für die Berücksichtigung der Forderung im Insolvenzverfahren den Gegenstand der Feststellung bilden.[26] Festzustellen sind nach dieser Auffassung zumindest drei Rechtsverhältnisse: Dass die Forderung gegen den Schuldner besteht, dass sie im Insolvenzverfahren verfolgbar ist und dass ihr der behauptete Rang zukommt.[27] Unklar bleibt teilweise, ob mit der „Forderung" das materielle Recht oder ein eigenständiger „prozessualer" Anspruch gemeint ist. Näher liegt der prozessuale Anspruch. Die Insolvenzforderung bestimmt sich ohne Rücksicht auf die materiellrechtlichen Rechtsbehauptungen des Anmelders nach dem in der Anmeldung anzugebenden Betrag und dem zur Begründung vorgetragenen Lebenssachverhalt (dem „Grund der Forderung" i. S. d. § 174 Abs. 2). Die rechtlichen Gesichtspunkte, nach denen der Anspruch zu würdigen ist,

---

[21] Vgl. *Kübler/Prütting/Pape* § 176 RdNr. 7.
[22] Obwohl die Erörterung des Feststellungsgegenstandes oft nur im Zusammenhang mit dem Feststellungsprozess erfolgt, stellen sich dieselben Fragen auch bei der freiwilligen Feststellung; vgl. *Henckel,* Festschrift für Michaelis, 1972, S. 151 ff.; *Spellenberg* S. 1 ff.
[23] *Spellenberg* S. 2; *Henckel,* Festschrift für Michaelis, 1971, S. 151, 152. Selbst bei Vorliegen dieser Voraussetzungen haftet die Masse nicht für die Forderung, wenn sie anfechtbar begründet wurde und der Verwalter ihr aus diesem Grunde widerspricht (§§ 129 ff., 146 Abs. 2).
[24] RGZ 55, 157, 160; KG OLG Rspr. 20 (1910), 297, 298.
[25] *Bley* S. 6 ff.; *Jaeger/Weber* KO § 146 RdNr. 13.
[26] *Häsemeyer,* Insolvenzrecht, RdNr. 22.03 f., RdNr. 22.20, RdNr. 22.41; *ders.* KTS 1982, 507, 522 f., 546 ff.
[27] *Häsemeyer,* Insolvenzrecht, RdNr. 22.03 f., RdNr. 22.20, RdNr. 22.41.

sind in der Anmeldung nicht anzugeben.[28] Wird die Forderung bestritten, so ist die Feststellung gegebenenfalls durch Aufnahme eines „über die Forderung" anhängigen Rechtsstreits zu betreiben (§§ 180 Abs. 2, 184 Satz 2). Gegenstand des anhängigen Rechtsstreits ist aber ebenfalls nicht das materielle Recht, sondern der prozessuale Anspruch. Wenn daher im Folgenden in Anlehnung an den Sprachgebrauch der Konkurs- und der Insolvenzordnung von der „Forderung" die Rede ist, so ist damit inhaltlich ein von den materiellen Rechtsbehauptungen losgelöster, durch den angemeldeten Betrag und den dazu vorgetragenen Lebenssachverhalt bestimmter „prozessualer" Anspruch gemeint.

13 Nach der **Gegenansicht** bildet nicht die Forderung (der Anspruch) gegen den Schuldner den Gegenstand der Feststellung, sondern die **Teilnahmebefugnis** des Gläubigers an der Verteilung der Insolvenzmasse[29] bzw. sein insolvenzspezifisches **Haftungsrecht** an der Masse.[30]

14 **Bedeutung** hat der Meinungsstreit vor allem für die Präjudizwirkung der Feststellung. Sieht man die Forderung gegen den Schuldner als Gegenstand der Feststellung an, so kann z. B. der Verwalter in einem späteren Absonderungsrechtsstreit mit dem Gläubiger den Bestand der zuvor festgestellten Forderung nicht mehr wirksam bestreiten (siehe unten RdNr. 62).[31] Ebenso wenig können nach der hM Verwalter oder Gläubiger nachträglich den Bestand der Forderung bestreiten, wenn diese zunächst als nachrangige angemeldet und festgestellt wurde (§§ 39, 174 Abs. 3) und der Gläubiger später einen besseren Rang für die Forderung beansprucht[32] oder wenn im Prüfungstermin lediglich dem behaupteten Rang widersprochen wurde und der Anmelder die Feststellung des besseren Rangs durch Klage verfolgt.[33] Sieht man dagegen das Haftungsrecht an der Masse als Gegenstand der Feststellung an, so hat der Bestand der Forderung nur die Bedeutung einer Vorfrage, auf die sich die Rechtskraft der Feststellung nicht erstreckt. Die Feststellung erzeugt nach dieser Auffassung keine Bindungswirkung in einem späteren Absonderungsrechtsstreit zwischen Gläubiger und Verwalter.[34] Auch wird bei einem isolierten Rangwiderspruch nicht die Forderung als solche festgestellt, sondern allenfalls (§ 174 Abs. 3) das nachrangige Haftungsrecht des Gläubigers an der Masse (siehe oben RdNr. 34 f.).[35]

15 **2. Stellungnahme.** Gegenstand des insolvenzrechtlichen Feststellungsverfahrens ist der Anteil des Gläubigers an der gemeinschaftlichen Haftungszuweisung, sein **„Haftungsrecht"** an der Masse.[36] Nur an der Feststellung dieses Anteils hat der Gläubiger der Masse

---

[28] RGZ 93, 14; *Uhlenbruck*, InsO § 174 RdNr. 16.
[29] *Jaeger/Henckel* KO § 29 RdNr. 19; siehe auch *Henckel*, Festschrift für Michaelis, 1972, S. 151 ff.; *Stein/Jonas/Roth* § 240 RdNr. 31.
[30] *Spellenberg* S. 81 ff.; *Eckardt*, Kölner Schrift, S. 743, RdNr. 1 f.; 597 f.; vgl. auch *Kohler*, Konkursrecht, 1891, S. 378, 392, 530: Feststellungsgegenstand sei das Beschlagsrecht an der Insolvenzmasse; zu ähnlichen Ergebnissen gelangt – auf der Grundlage der Lehre vom Rechtsschutzanspruch – eine im älteren Schrifttum vertretene Auffassung, wonach die prozessuale Teilnahmeberechtigung des Gläubigers festzustellen ist; vgl. *Stein*, Über die Voraussetzungen des Rechtsschutzes, insbesondere bei der Verurteilungsklage, 1903, S. 134 f.; *Jonas* S. 5, 8 ff.; ähnlich *Wach*, Handbuch des deutschen Zivilprozessrechts, Bd. I, 1885, S. 21; *Langheineken*, Der Urteilsanspruch, 1899, S. 187 ff. (Feststellungsgegenstand sei unmittelbar der Rechtsschutzanspruch in Form des Konkursanspruchs). Ausführliche Darstellung und Kritik bei *Spellenberg* S. 27 ff. mwN.
[31] RGZ 55, 157, 160; *Jaeger/Weber* KO § 145 RdNr. 5.
[32] Vgl. RGZ 149, 257, 263 ff.; BGH LM KO § 61 Nr. 2, 3 (nachträgliche Geltendmachung eines Vorrechts nach der KO für zuvor festgestellte Forderung); dagegen *Häsemeyer*, Insolvenzrecht, RdNr. 22.13; 22.41; *ders.* KTS 1982, 507, 546 ff.
[33] RGZ 144, 246, 248 f. (Widerspruch allein gegen das beanspruchte Vorrecht nach der KO); ebenso BAG KTS 1967, 231; *Jaeger/Weber* KO § 145 RdNr. 5, § 146 RdNr. 13; *Gottwald/Eickmann*, Insolvenzrechts-Handbuch, § 64 RdNr. 5 f.; *Smid* § 178 RdNr. 10.
[34] *Eckardt*, Kölner Schrift, S. 743 ff., RdNr. 42; *Henckel*, Festschrift für Michaelis, 1971, S. 151, 156 ff.; *Spellenberg* S. 130 ff.
[35] *Eckardt*, Kölner Schrift, S. 743, RdNr. 43; *Henckel*, Festschrift für Michaelis, 1971, S. 151, 163 ff.; *Spellenberg* S. 137 ff.
[36] *Eckardt*, Kölner Schrift, S. 743, RdNr. 1 f.; RdNr. 38 ff.; *Henckel*, Festschrift für Michaelis, 1972, S. 151, 167; *ders.*, Festschrift für Weber, 1975, S. 237 ff., 252; *Henckel*, InsO § 38 RdNr. 4 aE; *Spellenberg* S. 47 ff., 81 ff. Zur haftungsrechtlichen Zuweisung der Insolvenzmasse an die Gläubiger *Henckel*, InsO § 35 RdNr. 5 f.

gegenüber ein schutzwürdiges Interesse. Für eine (Zwischen-)Feststellung einzelner Voraussetzungen des Haftungsrechts, namentlich des Bestands der Forderung, des beanspruchten Ranges oder der Eigenschaft der Forderung als Insolvenzforderung, ist im Feststellungsverfahren kein Raum.[37] Die Feststellung „verfolgt und bewirkt nichts anderes als das Recht der Teilnahme an den Beschlussfassungen über die Konkursmasse und an der Verteilung derselben."[38] Nach der Auffassung der hM erlangt die Feststellung über den Zweck des Feststellungsverfahrens hinaus gegebenenfalls in ganz anderem Zusammenhang Bedeutung, z. B. in einem Absonderungsrechtsstreit oder im Streit um einen besseren Rang für die Forderung (siehe oben RdNr. 14).[39] Die Folge sind vorsorgliche Widersprüche, die wiederum Verzögerungen und Verteuerungen bei der Forderungsprüfung und -feststellung zur Folge haben und dem Anliegen des Gesetzgebers widersprechen, das Feststellungsverfahren zügig und einfach zu gestalten (siehe oben RdNr. 2). Demgegenüber fällt der Einwand, dass es einen „Konkursteilnahmeanspruch als einheitlichen Rechtsbegriff" nicht gebe,[40] nicht entscheidend ins Gewicht. Erkennt man die Figur der „haftungsrechtlichen Zuweisung" der Insolvenzmasse an die Gläubiger an,[41] so ist es nur konsequent, dem einzelnen Gläubiger ein subjektives Anteilsrecht an dieser Zuweisung zuzugestehen. Als „Forderung" im Sinne der §§ 178, 179 Abs. 1 ist daher das Haftungsrecht des Gläubigers an der Masse anzusehen. Dabei ist jedoch darauf hinzuweisen, dass ein vorinsolvenzlicher Titel im Sinne des § 179 Abs. 2 nicht für das Haftungsrecht an der Insolvenzmasse, sondern nur für den Anspruch des Gläubigers gegen den Schuldner persönlich vorliegen kann (siehe § 179 RdNr. 27). Desgleichen betrifft der vor Eröffnung des Insolvenzverfahrens anhängige Rechtsstreit im Sinne des § 180 Abs. 2 nur den Anspruch gegen den Schuldner persönlich (siehe § 180 RdNr. 15 f.). „Forderung" im Sinne der §§ 179 Abs. 2, 180 Abs. 2 meint daher nicht das Haftungsrecht, sondern den prozessualen Anspruch gegen den Schuldner.

Von dem Gegenstand der Insolvenzfeststellung (§§ 178 bis 183) ist der Gegenstand der **16** Rechtskraft- und Vollstreckungswirkung gemäß **§ 201 Abs. 2** zu unterscheiden.[42] Für die Vollstreckung nach Beendigung des Insolvenzverfahrens kommt es nur auf den Bestand der Forderung (i. S. d. „prozessualen Anspruchs"), nicht aber auf ihre Eigenschaft als Insolvenzforderung oder ihren Rang im Insolvenzverfahren an.[43] Tituliert im Sinne des § 201 Abs. 2 wird daher allein der Anspruch gegen den Schuldner. Daraus kann jedoch nicht geschlossen werden, dass auch die Insolvenzfeststellung den Anspruch zum Gegenstand hätte.[44] Die Titulierung des Anspruchs gemäß § 201 Abs. 2 ist von der Feststellung des Insolvenzgläubigerrechts grundsätzlich zu trennen. § 201 Abs. 2 beruht auf Zweckmäßigkeitserwägungen des Gesetzgebers.[45] Systematisch konsequenter wäre es gewesen, für die Titulierung des Anspruchs gegen den Schuldner im Insolvenzverfahren allein die (stillschweigende) Anerkennung durch den Schuldner genügen zu lassen. Dass zusätzlich die Insolvenzfeststellung vorausgesetzt wurde, trägt der besonderen Zwangslage des Schuldners im Insolvenzverfahren Rechnung.[46]

V. Widerspruch

1. Widerspruchsrecht. Berechtigt, durch Widerspruch die Feststellung einer zu Un- **17** recht angemeldeten Forderung und damit die Teilnahme des Anmelders an den Verteilungen

---

[37] *Henckel*, Festschrift für Michaelis, 1972, S. 151, 152 f., 167.
[38] Motive zur KO, S. 384, 368 = *Hahn* IV, S. 343, 331.
[39] Diese Gefahr hat sich mit Abschaffung der allgemeinen Konkursvorrechte erheblich verringert.
[40] *Jaeger/Weber* KO § 146 RdNr. 13.
[41] Siehe *Henckel*, InsO § 35 RdNr. 5 f.
[42] Zutreffend *Häsemeyer*, Insolvenzrecht, RdNr. 25.18; *Spellenberg* S. 147 ff.
[43] RGZ 55, 157, 160; *Eckardt*, Kölner Schrift, S. 743, RdNr. 28, RdNr. 39; *Spellenberg* S. 147.
[44] *Eckardt*, in Kölner Schrift, S. 743, RdNr. 39.
[45] Vgl. Motive zur KO, S. 384; *Hahn* IV S. 344: *Eckardt*, Kölner Schrift, S. 743, RdNr. 39; *Spellenberg* S. 151.
[46] *Kohler*, Konkursrecht, 1891, S. 301; *Spellenberg* S. 151.

zu verhindern („widerspruchsberechtigt" im engeren Sinne), sind im Regelinsolvenzverfahren der Insolvenzverwalter und die Insolvenzgläubiger (siehe unten RdNr. 18 bis 22). Bei der Eigenverwaltung sind neben den Insolvenzgläubigern der Sachwalter und der Schuldner als Eigenverwalter zum Widerspruch berechtigt (unten RdNr. 26 ff.), im Kleininsolvenzverfahren tritt an die Stelle des Verwalters im Regelinsolvenzverfahren der Treuhänder (unten RdNr. 32).

18   a) **Regelinsolvenzverfahren mit Fremdverwalter (Abs. 1 Satz 1). aa) Insolvenzverwalter.** Der Insolvenzverwalter ist als Amtswalter der Interessen aller Beteiligten zur Prüfung und gegebenenfalls zum Widerspruch nicht nur berechtigt, sondern auch verpflichtet.[47] Er kann seinen Widerspruch auf alle Einwendungen und Einreden gegen den Anspruch stützen, die in der Person des Schuldners begründet sind. Außerdem kann er die mangelnde Verfolgbarkeit der Forderung im Insolvenzverfahren (§§ 38, 53 ff.), die Nachrangigkeit der Forderung (§ 39) oder die Insolvenzanfechtung einwenden (§§ 129 ff., 146 Abs. 2).[48] Verstößt der Verwalter schuldhaft gegen seine Prüfungspflicht, ist er zum Schadensersatz verpflichtet (§ 60 Abs. 1).[49] Weisungen der Gläubigerversammlung oder des Gläubigerausschusses können den Verwalter bei der Ausübung des Widerspruchsrechts weder binden noch entlasten.[50] Ein **isolierter Widerspruch** gegen den Schuldgrund der **vorsätzlichen unerlaubten Handlung** unter Anerkennung des angemeldeten Anspruchs (§§ 174 Abs. 2, 175 Abs. 2, 302 Nr. 1) steht dem Verwalter nicht zu (vgl. unten RdNr. 24).[51] Für die Teilnahme des Anmelders an den Verteilungen im Insolvenzverfahren ist die Feststellung des Schuldgrundes ohne Bedeutung.

19   In der Praxis kommt dem Widerspruch des Insolvenzverwalters die **zentrale Bedeutung** zu.[52] Meist verfügt nur der Verwalter über die zur Erhebung des Widerspruchs notwendigen Informationen, insbesondere wegen seiner Zugriffsmöglichkeit auf die Buchhaltung des Schuldners. Außerdem steht für den einzelnen Gläubiger regelmäßig das Kostenrisiko eines möglichen Feststellungsprozesses oft außer Verhältnis zu dem Vorteil, den ein Ausschluss des Konkurrenten von der Verfahrensteilnahme für ihn bedeuten würde.

20   bb) **Insolvenzgläubiger.** Neben dem Insolvenzverwalter ist jeder Insolvenzgläubiger zum Widerspruch berechtigt. Der Gläubiger widerspricht im eigenen Namen und kraft seines eigenen Haftungsrechts an der Insolvenzmasse (siehe oben RdNr. 15 ff.).[53] Der erfolgreiche Widerspruch kommt jedoch allen Insolvenzgläubigern, nicht nur dem Widersprechenden zugute. Einzelwohl und Gesamtwohl sind insoweit untrennbar miteinander verknüpft.[54] Der Gläubiger kann seinen Widerspruch grundsätzlich auf dieselben Einwendungen stützen wie der Insolvenzverwalter. Die Insolvenzanfechtung kann er jedoch nur geltend machen, wenn sich der Insolvenzverwalter zuvor auf die Anfechtung berufen hat.[55]

Ob dem widersprechenden Gläubiger die behauptete Forderung zusteht, ist nicht durch das Insolvenzgericht, sondern durch das Prozessgericht im Rahmen des Feststellungsrechtsstreits zu prüfen. Dass die Forderung des Bestreitenden ihrerseits bestritten ist, berührt die

---

[47] Dazu *Baur/Stürner* II, Insolvenzrecht, RdNr. 5.7, 10.1 ff.; *Jaeger/Weber* KO § 141 RdNr. 6; *Eckardt*, Kölner Schrift, S. 743, RdNr. 22.
[48] *Häsemeyer*, Insolvenzrecht, RdNr. 22.22.
[49] Siehe auch LG Osnabrück ZIP 1984, 91; *Kübler/Prütting/Pape* § 176 RdNr. 9.
[50] *Jaeger/Weber* KO § 141 RdNr. 6.
[51] LG Trier NZI 2006, 243; aA *Heinze* DZWIR 2002, 369, 370.
[52] So auch *Eckardt*, Kölner Schrift, S. 743, RdNr. 22; *Jaeger/Weber* KO § 141 RdNr. 6; *Kübler/Prütting/Pape* § 176 RdNr. 9.
[53] *Häsemeyer*, Insolvenzrecht, RdNr. 22.03, 22.23; *Jaeger/Weber* KO § 141 RdNr. 8; *Kohler*, Konkursrecht, 1891, S. 392, 559 f.
[54] *Jaeger/Weber* KO § 141 RdNr. 8; *Kohler*, Konkursrecht, 1891, S. 559.
[55] Str. Wie hier *Eckardt*, Kölner Schrift, S. 743, RdNr. 49 Fn. 111; *ders.*, Die Anfechtungsklage wegen Gläubigerbenachteiligung, 1994, S. 320 f.; *Jaeger/Henckel* KO § 36 RdNr. 4; weitergehend *Häsemeyer*, Insolvenzrecht, RdNr. 22.25; aA (kein Recht des Gläubigers zur Berufung auf die Anfechtung) *Baur/Stürner* II, Insolvenzrecht, RdNr. 21.14; *Kilger/K. Schmidt* § 36 Anm. 1.

Wirksamkeit des Widerspruchs nicht.⁵⁶ Die rechtskräftige Abweisung der Klage des bestreitenden Gläubigers auf Feststellung seines eigenen Insolvenzgläubigerrechts wirkt jedoch auch gegenüber dem Anmelder (§ 183 Abs. 1). Der Feststellungsklage des Anmelders gegen den bestreitenden Gläubiger ist in diesem Fall ohne weiteres stattzugeben.⁵⁷

Voraussetzung für einen wirksamen Widerspruch ist nach hM, dass der bestreitende Gläubiger seine Forderung angemeldet hat und dass die Forderung zur Prüfung zugelassen worden ist.⁵⁸ Dies kann aber jedenfalls nicht für einen nachrangigen Insolvenzgläubiger gelten, den das Insolvenzgericht nicht zur Anmeldung seiner Forderung aufgefordert hat (§§ 39, 174 Abs. 3).⁵⁹ Denn einerseits kann der nachrangige Gläubiger mangels Aufforderung durch das Gericht seine Forderung noch nicht wirksam anmelden. Andererseits hat er wegen der Möglichkeit nachträglicher Aufforderung zur Anmeldung ein berechtigtes Interesse daran, Nichtberechtigte von der Teilnahme an den Abstimmungen und Verteilungen auszuschließen.⁶⁰ 21

Gewöhnliche Insolvenzgläubiger haben regelmäßig **kein schutzwürdiges Interesse** daran, Forderungen zu bestreiten, die als **nachrangig** angemeldet wurden (§ 174 Abs. 3 Satz 2).⁶¹ Die gewöhnlichen Insolvenzforderungen sind bei den Verteilungen vor den nachrangigen zu berichten (§ 39). In der Gläubigerversammlung gewähren die nachrangigen Forderungen kein Stimmrecht (§ 77 Abs. 1 Satz 2). Das Interesse des gewöhnlichen Gläubigers, zu verhindern, dass der nachrangige Gläubiger einen Titel für die Zwangsvollstreckung gegen den Schuldner persönlich erlangt (§ 201 Abs. 2), ist innerhalb des Insolvenzverfahrens ebenso wenig schutzwürdig wie außerhalb eines solchen Verfahrens.⁶² Ein rechtliches Interesse des gewöhnlichen Insolvenzgläubigers an dem Widerspruch mag allenfalls ausnahmsweise im Hinblick auf eine mögliche Einflussnahme des nachrangigen Anmelders auf ein Insolvenzplanverfahren zu bejahen sein (§§ 222 Abs. 1 S. 2 Nr. 3, 225, 246). Ebenso wenig wie der Insolvenzverwalter (oben RdNr. 18) kann ein Insolvenzgläubiger isolierten Widerspruch gegen den Schuldgrund der vorsätzlichen unerlaubten Handlung (§§ 174 Abs. 2, 175 Abs. 2, 302 Ziff. 1) erheben. Widerspruchsberechtigt ist insoweit nur der Schuldner (unten RdNr. 24). 22

cc) Schuldner. Der Widerspruch des Schuldners persönlich⁶³ steht der Feststellung des Insolvenzgläubigerrechts nicht entgegen (Abs. 1 Satz 2). Der Schuldner ist daher **nicht widerspruchsberechtigt** im engeren Sinne (siehe oben RdNr. 17). Zwar hat auch der Schuldner ein berechtigtes Interesse daran, dass Nichtberechtigte von der Teilnahme an den Verteilungen ausgeschlossen werden, da er andernfalls – unbeschadet einer möglichen Restschuldbefreiung – einer höheren Nachhaftung gegenüber den wahren Insolvenzgläubigern ausgesetzt ist (§ 201 Abs. 1). Dieses Interesse ist aber allein durch den Insolvenzverwalter wahrzunehmen, der bei schuldhafter Pflichtverletzung dem Schuldner zum Schadensersatz verpflichtet ist (§ 60 Abs. 1). Dem Schuldner steht im Prüfungstermin ein Anhörungsrecht zu, das bei Prozessunfähigkeit durch den gesetzlichen Vertreter des Schuldners wahrzunehmen ist.⁶⁴ 23

---

⁵⁶ *Jaeger/Weber* KO § 141 RdNr. 8.
⁵⁷ *Eckardt*, Kölner Schrift, S. 743, RdNr. 27; *Jaeger/Weber* KO § 141 RdNr. 8; *Kübler/Prütting/Pape* § 176 RdNr. 10.
⁵⁸ *Jaeger/Weber* KO § 141 RdNr. 8; *Kilger/K. Schmidt* § 144 Anm. 1; *Uhlenbruck*, InsO § 178 RdNr. 6; *Kübler/Prütting/Pape* § 176 RdNr. 10; aA *Nerlich/Römermann/Becker* § 176 RdNr. 16.
⁵⁹ *Kübler/Prütting/Pape* § 176 RdNr. 11.
⁶⁰ AA *Smid* § 178 RdNr. 3.
⁶¹ AA *Häsemeyer*, Insolvenzrecht, RdNr. 22.24; *Nerlich/Römermann/Becker* § 176 RdNr. 17. Zur Rechtslage nach der KO *Jaeger/Weber* KO § 141 RdNr. 8; *Kuhn/Uhlenbruck* KO § 144 RdNr. 2; siehe auch *Uhlenbruck*, InsO § 176 RdNr. 10, § 178 RdNr. 6.
⁶² AA *Nerlich/Römermann/Becker* § 176 RdNr. 17.
⁶³ Anders der Widerspruch des Schuldners als Eigenverwalter, § 283 Abs. 1 Satz 2. Siehe unten RdNr. 28 ff.
⁶⁴ *Häsemeyer*, Insolvenzrecht, RdNr. 6.21, 6.24; aA (Prozessfähigkeit für die Erklärung des Schuldners nach § 141 Abs. 2 KO nicht erforderlich) *Jaeger/Weber* KO § 141 RdNr. 1; *Kilger/K. Schmidt* § 141 Anm. 3; *Kuhn/Uhlenbruck* KO § 141 RdNr. 4; zur Gewährung des rechtlichen Gehörs an Prozessunfähige vgl. *Stein/Jonas/Leipold* vor § 128 RdNr. 33 f.

24 Der Widerspruch des Schuldners hindert zwar nicht die Feststellung des Insolvenzgläubigerrechts, wohl aber die **nachinsolvenzliche Zwangsvollstreckung** aus dem Tabelleneintrag gegen den Schuldner persönlich (§§ 201 Abs. 2, 215 Abs. 2 Satz 2, 257 Abs. 1). Diese ist allerdings nur dann möglich, wenn dem Insolvenzverfahren kein Restschuldbefreiungsverfahren folgt (vgl. §§ 201 Abs. 3; 294 Abs. 1; 301 Abs. 1), wenn das Insolvenzgericht die Restschuldbefreiung versagt oder widerruft (§§ 290, 299, 300, 303)[65] oder wenn wegen einer Forderung vollstreckt wird, die nach § 302 von der Erteilung der Restschuldbefreiung nicht berührt wird. Praktische Bedeutung kommt hier vor allem Verbindlichkeiten des Schuldners aus vorsätzlich begangener unerlaubter Handlung zu (§§ 174 Abs. 2, 175 Abs. 2, 302 Ziff. 1). Zur Verhinderung der nachinsolvenzlichen Vollstreckung kann der Schuldner nach hM unter Anerkennung des Zahlungsanspruchs isoliert der Feststellung des **Haftungsgrundes der vorsätzlichen unerlaubten Handlung** zur Tabelle widersprechen.[66] Der Teilhabe des Insolvenzgläubigers an den Verteilungen im Restschuldbefreiungsverfahren steht der Widerspruch des Schuldners nicht entgegen (§ 292 Abs. 1 Satz 2).[67]

25 Der Schuldner kann gemäß §§ 178 Abs. 1 Satz 2, 201 Abs. 2 nur **Grund, Höhe oder Durchsetzbarkeit** der Forderung außerhalb des Insolvenzverfahrens bestreiten, nicht aber den beanspruchten Rang (§§ 38, 39) oder die Verfolgbarkeit der Forderung im Insolvenzverfahren (§§ 38, 53 ff.).[68] Rang und Verfolgbarkeit der Forderung sind allein für die Haftung des Schuldners mit der Insolvenzmasse von Bedeutung, nicht für seine persönliche Haftung nach Beendigung des Insolvenzverfahrens.[69] Hat der Schuldner den Prüfungstermin schuldlos versäumt, so kann ihm das Insolvenzgericht auf Antrag Wiedereinsetzung in den vorigen Stand gewähren (§ 186). Entsprechendes gilt, wenn der Schuldner die gesetzte Frist zur Erhebung von Widersprüchen im schriftlichen Prüfungsverfahren schuldlos versäumt hat.[70]

26 **b) Eigenverwaltung (§ 283 Abs. 1).** Im Eigenverwaltungsverfahren steht das Widerspruchsrecht den Insolvenzgläubigern, dem Sachwalter und dem Schuldner als Eigenverwalter zu (§ 283 Abs. 1):

27 **aa) Sachwalter.** Der Sachwalter ist ebenso wie der Insolvenzverwalter (oben RdNr. 18) zur Prüfung der Forderungen und gegebenenfalls zum Widerspruch nicht nur berechtigt, sondern auch verpflichtet. Die Verletzung der Prüfungspflicht kann die Haftung nach §§ 274 Abs. 1, 60 auslösen. Im Feststellungsprozess gemäß §§ 179 ff. ist der Sachwalter nicht persönlich, sondern nur mit Wirkung für und gegen die Insolvenzmasse Partei.

28 **bb) Schuldner.** Als **Eigenverwalter** kann auch der Schuldner der Forderung mit feststellungshindernder Wirkung widersprechen (§ 283 Abs. 1).[71] Er kann in diesem Fall nicht nur den Bestand der Forderung, sondern auch den beanspruchten Rang (§§ 38, 39) oder die Verfolgbarkeit der Forderung im Insolvenzverfahren (§§ 38, 53 ff.) bestreiten. Auf die Insolvenzanfechtung (§§ 129 ff., 146 Abs. 2) kann sich der Schuldner ebenso wie ein Gläubiger nur berufen, wenn sie zuvor von dem Sachwalter geltend gemacht worden ist (§ 280; siehe oben RdNr. 20). Der Eigenverwalter ist wie der Sachwalter zur Prüfung und gegebenenfalls zum Widerspruch nicht nur berechtigt, sondern auch verpflichtet. Anders als die Entgegennahme der Anmeldungen (§ 270 Abs. 3 Satz 2) ist die Wahrnehmung der

---

[65] *Kübler/Prütting/Pape* § 184 RdNr. 4.
[66] BGH NZI 2006, 536; ZIP 2007, 541; OLG Rostock ZInsO 2005, 1175; OLG Hamm ZIP 2003, 2311; ZInsO 2005, 1329; *Kübler/Prütting/Pape* § 174 RdNr. 46; *Hattwig* ZInsO 2004, 636; *Kahlert* ZInsO 2006, 409; *Kehe/Meyer/Schmerbach* ZInsO 2002, 660; *Pape* ZVI 2002, 225, 236; *Heinze* DZWIR 2002, 369, 370; aA *Fuchs* NZI 2002, 298, 302 f.
[67] *Kübler/Prütting/Pape* § 184 RdNr. 4.
[68] Anders der Schuldner als Eigenverwalter (§ 283 Abs. 1). Siehe unten RdNr. 28 ff.
[69] *Eckardt*, Kölner Schrift, S. 743, RdNr. 28.
[70] *Eckardt*, Kölner Schrift, S. 743, RdNr. 33.
[71] Zu Recht kritisch zum Widerspruchsrecht des Eigenverwalters (überflüssig und mit der Gefahr schikanöser Ausübung verbunden) *Eckardt*, Kölner Schrift, S. 743, RdNr. 60; *Kübler/Prütting/Pape* § 174 RdNr. 11.

Gläubigerinteressen bei der Forderungsprüfung sowohl dem Schuldner als auch dem Sachwalter übertragen.[72]

Der Schuldner kann der Forderung nicht nur in seiner Eigenschaft als Verwalter, sondern **auch persönlich** widersprechen. Der Widerspruch als Eigenverwalter hindert die Feststellung des Haftungsrechts an der Masse (§ 283 Abs. 1 Satz 2; siehe oben RdNr. 15 f.), der persönliche Widerspruch die Rechtskraft- und Vollstreckungswirkung des Tabelleneintrags außerhalb des Insolvenzverfahrens (§§ 178 Abs. 1 Satz 2, 201 Abs. 2). Hätte der Schuldner im Eigenverwaltungsverfahren kein Recht zum persönlichen Widerspruch, so wäre er bei Aufhebung der Eigenverwaltung nicht in der Lage, den Eintritt der Vollstreckungswirkung des § 201 Abs. 2 Satz 1 selbst (im Verfahren nach § 184) zu verhindern (§ 184 RdNr. 9). 29

Der Schuldner kann seine jeweiligen Widerspruchsrechte **unterschiedlich ausüben**.[73] Ein doppeltes Bestreiten ist im Zweifel anzunehmen, wenn der Schuldner dem Bestand der Forderung widerspricht. Den beanspruchten Rang der Forderung (§§ 38, 39) oder ihre Verfolgbarkeit im Insolvenzverfahren (§§ 38, 53 ff.) kann der Schuldner dagegen nur als Verwalter der Masse bestreiten (§ 283 Abs. 1; siehe oben RdNr. 25). Die Beseitigung des persönlichen Widerspruchs erfolgt nach § 184, die Beseitigung des Widerspruchs als Eigenverwalter gemäß §§ 270 Abs. 1 Satz 2, 179 bis 183 (§ 184 RdNr. 9).[74] Wird die Eigenverwaltung aufgehoben (§ 272), so tritt in den Prozess nach §§ 179 ff. entsprechend §§ 241, 246 ZPO der neue Insolvenzverwalter anstelle des Schuldners ein,[75] die Parteistellung des Schuldners persönlich in dem Prozess nach § 184 bleibt dagegen unberührt. 30

cc) Insolvenzgläubiger. Für den Widerspruch eines konkurrierenden Insolvenzgläubigers gilt im Eigenverwaltungsverfahren dasselbe wie bei der Fremdverwaltung (siehe oben RdNr. 20 ff.). 31

c) Kleininsolvenzverfahren. Im Kleininsolvenzverfahren (§§ 311 bis 314) steht das Widerspruchsrecht des Insolvenzverwalters dem Treuhänder zu (§ 313 Abs. 1 Satz 1). Anders als der Insolvenzverwalter im Regelinsolvenzverfahren kann der Treuhänder seinen Widerspruch nur dann auf die Insolvenzanfechtung stützen, wenn zuvor ein Gläubiger die Anfechtung geltend gemacht hat (§ 313 Abs. 2 Satz 1). Umgekehrt können Insolvenzgläubiger den Widerspruch ohne weiteres auf die Insolvenzanfechtung stützen. Im Übrigen gilt das zum Regelinsolvenzverfahren Gesagte entsprechend (RdNr. 18 ff.). 32

2. Inhalt des Widerspruchs. a) Begründung. Der Widerspruch muss nicht begründet werden. Im Interesse einer Streitbeilegung noch im Prüfungstermin ist eine Begründung aber zweckmäßig. Wird ein Widerspruchsgrund genannt, so muss er nicht in die Tabelle aufgenommen werden. Geschieht dies gleichwohl, ist der Bestreitende im Feststellungsprozess an den angegebenen Grund nicht gebunden.[76] 33

b) „Widerspruchsrichtung" und Teilfeststellung. Der Widerspruch kann sich gegen den Grund der angemeldeten Forderung, ihre Höhe, ihre Durchsetzbarkeit (z. B. Verjährung), ihre Verfolgbarkeit im Insolvenzverfahren (§ 38) oder den beanspruchten Rang richten (§§ 38, 39). Der Insolvenzverwalter kann den Widerspruch außerdem auf die Insolvenzanfechtung stützen (§§ 129 ff., 146 Abs. 2), ebenso der Gläubiger, wenn sich der Verwalter zuvor jedenfalls außergerichtlich auf die Anfechtung berufen hat (siehe oben RdNr. 20).[77] 34

---

[72] AA wohl FK-*Foltis* § 270 RdNr. 44 ff.; der Hinweis in der Begründung zu § 344 RegE (= § 283 InsO) auf § 71 VerglO (BR-Drucks. 1/92 S. 226) spricht nicht gegen die hier vertretene Auffassung. Die Interessenlage des Schuldners bei der Eigenverwaltung (Wahrnehmung der Gläubigerinteressen; gegebenenfalls Liquidation des Schuldnervermögens) unterscheidet sich wesentlich von seiner Interessenlage im Vergleichsverfahren (Fortbestand der Verwaltungs- und Verfügungsbefugnis kraft Privatautonomie; Sanierung als Verfahrenszweck); siehe *Häsemeyer*, Insolvenzrecht, RdNr. 8.03, 8.13 f.
[73] Ebenso *Häsemeyer*, Insolvenzrecht, RdNr. 8.16.
[74] *Kübler/Prütting/Pape* § 184 RdNr. 1; FK-*Foltis* § 270 RdNr. 15 a; § 283 RdNr. 4.
[75] Vgl. auch *Häsemeyer*, Insolvenzrecht, RdNr. 8.15: § 239 ZPO analog.
[76] *Jaeger/Weber* KO § 141 RdNr. 9; *Kilger/K. Schmidt* § 144 Anm. 1.
[77] Anders im Kleininsolvenzverfahren, siehe oben RdNr. 32.

35 Die **Bedeutung** der Widerspruchsrichtung hängt davon ab, welche Auffassung man zum Gegenstand des Feststellungsverfahrens vertritt. Nach der hM, die als Gegenstand des Feststellungsverfahrens die Forderung (i. S. d. „prozessualen Anspruchs") als Insolvenzforderung bestimmten Ranges und Betrages ansieht, wird z. B. die Forderung als solches mit Urteilswirkung zur Tabelle festgestellt, wenn sich der Widerspruch allein gegen den für die Forderung beanspruchten Rang richtet (siehe oben RdNr. 14).[78] Der Feststellungsstreit kann dann nur noch die umstrittene Rangfrage betreffen. Nach der Ansicht vom Haftungsrecht als Gegenstand des Feststellungsverfahrens richtet sich dagegen der Widerspruch grundsätzlich gegen das beanspruchte Haftungsrecht als solches, unabhängig davon, ob sich der Bestreitende auf den Nachrang der Forderung, die fehlende Insolvenzforderungseigenschaft oder das Nichtbestehen der Forderung beruft. Insoweit handelt es sich nur um (unverbindliche) Widerspruchsbegründungen, deren Eintragung in die Tabelle weder erforderlich noch schädlich ist (siehe oben RdNr. 33). Eine Teilfeststellung kann nach dieser Ansicht nicht einzelne Voraussetzungen des Haftungsrechts betreffen, sondern nur das Haftungsrecht als solches. Sie kommt in Betracht, wenn die Höhe der Forderung bestritten wird oder wenn der Widersprechende nur den beanspruchten Rang bestreitet und zugleich das Insolvenzgericht zur Anmeldung der Forderungen des anerkannten Nachranges aufgefordert hat (§ 174 Abs. 3). Die Eintragung lautet dann z. B. „Festgestellt in Höhe von 400,– €. Rest vom Insolvenzverwalter bestritten"[79] oder „Festgestellt als nachrangige Insolvenzforderung gemäß § 39 Abs. 1 Nr. 5. Im Übrigen vom Insolvenzverwalter bestritten".

36 Nach der hM ist bei einem Widerspruch gegen eine titulierte Forderung die Widerspruchsrichtung auch deshalb in jedem Falle in die Tabelle einzutragen, weil sie über die **„Betreibungslast"** i. S. d. § 179 Abs. 1, Abs. 2 (§ 146 Abs. 1, Abs. 6 KO) entscheide.[80] So soll es ungeachtet des § 179 Abs. 2 (§ 146 Abs. 6 KO) dem Gläubiger der titulierten Forderung überlassen sein, die Feststellung zu betreiben, wenn sich der Widerspruch allein gegen den (nicht titulierten) Rang der Forderung oder ihre Anmeldbarkeit im Insolvenzverfahren richtet.[81] Nach zutreffender Auffassung obliegt es dagegen unabhängig von der Widerspruchsrichtung in jedem Falle dem Widersprechenden, den Widerspruch gegen den Gläubiger zu verfolgen, wenn für die Forderung, für die das bestrittene Insolvenzgläubigerrecht beansprucht wird, ein vollstreckbarer Schuldtitel oder ein Endurteil vorliegt (näher unten § 179 RdNr. 31 f.).[82]

37 **c) Vorläufiges Bestreiten.** Auch eine „vorläufig bestrittene" Forderung ist **wirksam bestritten.** Der Feststellungsklage des Gläubigers gegen den vorläufig Bestreitenden fehlt nach hM nicht das Rechtsschutzbedürfnis.[83] Der vorläufige Widerspruch gibt jedoch dann keine Veranlassung (§ 93 ZPO) zur Klage, wenn es der Gläubiger unterlässt, den Widersprechenden vor der Klageerhebung oder Prozessaufnahme unter Bestimmung einer ange-

---

[78] So für einen Widerspruch gegen das nach § 61 KO beanspruchte Vorrecht RGZ 144, 246, 248 f.; BAG KTS 1967, 231; *Jaeger/Weber* KO § 145 RdNr. 5, § 146 RdNr. 13; *Kuhn/Uhlenbruck* KO § 144 RdNr. 2 b, § 145 RdNr. 3; für die InsO *Gottwald/Eickmann*, Insolvenzrechts-Handbuch, § 64 RdNr. 5 f.; *Uhlenbruck*, InsO § 201 RdNr. 6.

[79] Vgl. *Uhlenbruck/Delhaes* RdNr. 787; *Senst/Eickmann/Mohn* S. 401.

[80] Für die KO *Jaeger/Weber* KO § 141 RdNr. 9; *Kuhn/Uhlenbruck* KO § 144 RdNr. 2 b; für die InsO *Smid* § 178 RdNr. 3; für die GesO *Hess/Binz/Wienberg* GesO § 11 RdNr. 40, 46 ff.; *Smid* GesO § 11 RdNr. 69; *Uhlenbruck*, InsO § 178 RdNr. 7.

[81] So für die Rechtslage nach der Konkursordnung *Jaeger/Weber* KO § 146 RdNr. 36; zum neuen Recht *Häsemeyer*, Insolvenzrecht, RdNr. 22.34.

[82] *Eckardt*, Kölner Schrift, S. 743, RdNr. 65.

[83] BGH NJW-RR 2006, 773; BAG ZIP 1988, 1587; OLG Dresden ZIP 1997, 327; OLG Düsseldorf ZIP 1982, 201; ZIP 1994, 638; OLG Hamm KTS 1974, 178; OLG Karlsruhe ZIP 1989, 791; KTS 1996, 255 (Leitsatz); OLG Köln KTS 1979, 119; OLG München KTS 1987, 327; ZIP 2005, 2227 (Veranlassung zur Klage nach Ablauf einer zweimonatigen Überlegungsfrist); LG Göttingen ZIP 1989, 1471; KTS 1995, 1103; *Eckardt*, Kölner Schrift, S. 743, RdNr. 26, RdNr. 56; *Godau-Schüttke* ZIP 1985, 1042; *Jaeger/Weber* KO § 141 RdNr. 9, § 146 RdNr. 16; *Uhlenbruck*, InsO § 178 RdNr. 10; aA LG Koblenz KTS 1966, 254; LG Detmold NJW 1976, 523; LG Düsseldorf BB 1977, 1673; *Künne* KTS 1980, 297; *Robrecht* KTS 1969, 67; wohl auch *Smid* § 178 RdNr. 4.

messenen Frist zur Erklärung darüber aufzufordern, ob das Bestreiten als endgültig anzusehen ist. Fragt der Gläubiger nicht nach und erkennt der Bestreitende sofort nach der Klageerhebung oder Prozessaufnahme den Anspruch an, so trägt der Gläubiger die Prozesskosten (§ 93 ZPO).[84] Der klagende Gläubiger trägt auch dann die Kosten des Rechtsstreits, wenn der Verwalter sofort nach der Klageerhebung den vorläufigen Widerspruch zurücknimmt und die Parteien daraufhin den Rechtsstreit für erledigt erklären (siehe unten RdNr. 43 f.). Im Rahmen der Kostenentscheidung nach § 91 a ZPO ist der Rechtsgedanke des § 93 ZPO zu berücksichtigen.[85] Der Verwalter hat durch seinen Widerspruch die Erhebung der Feststellungsklage auch dann nicht gemäß § 93 ZPO veranlasst, wenn der Gläubiger der Anmeldung die **erforderlichen Unterlagen nicht beigefügt** hat und dies bis zur Klageerhebung nicht nachholt.[86]

Anstatt die nicht abschließend geprüften Forderungen im Prüfungstermin vorläufig zu bestreiten, kann der Verwalter auch die **Vertagung des Prüfungstermins** beantragen.[87] Wird die Vertagung im Termin angeordnet, kann die öffentliche Bekanntmachung des neuen Prüfungstermins unterbleiben, § 74 Abs. 2 Satz 2.[88] 38

3. Prozesshandlungsvoraussetzungen. Der Widerspruch im Sinne des § 178 Abs. 1 Satz 1 und seine Rücknahme sind Prozesshandlungen, so dass deren allgemeine Voraussetzungen vorliegen müssen.[89] Prozesshandlung ist auch der Widerspruch des Schuldners gemäß §§ 178 Abs. 1 Satz 2, 201 Abs. 2.[90] 39

4. Form. Der Widerspruch kann grundsätzlich nur **mündlich im Prüfungstermin** erhoben werden. Ein schriftlich eingereichter Widerspruch ist wirkungslos.[91] Eine Wiedereinsetzung wegen schuldloser Versäumung des Prüfungstermins ist nur zugunsten des Schuldners persönlich zulässig, nicht zugunsten des Schuldners in seiner Funktion als Eigenverwalter oder zugunsten eines sonstigen Widerspruchsberechtigten im engeren Sinne (§ 186). 40

Hat das Insolvenzgericht die **schriftliche Prüfung** nachträglich angemeldeter Forderungen angeordnet (§ 177 Abs. 1 Satz 2) oder wird die gesamte Forderungsprüfung schriftlich durchgeführt (§ 5 Abs. 2), muss der Widerspruch bis zum Ablauf der vom Gericht gesetzten Frist schriftlich bei diesem erhoben werden.[92] Analog § 186 kann auch hier eine Wiedereinsetzung nur dem Schuldner persönlich gewährt werden.[93] 41

5. Beseitigung des Widerspruchs. Gemäß Abs. 1 Satz 1 gilt eine Forderung als festgestellt, soweit ein erhobener Widerspruch beseitigt ist. Wurden mehrere Widersprüche erhoben, so bedarf es zur Feststellung im Sinne des Abs. 1 Satz 1 der Beseitigung aller Wider- 42

---

[84] BGH NJW-RR 2006, 773; OLG Düsseldorf ZIP 1982, 201; ZIP 1994, 638; OLG München KTS 1987, 327; OLG Karlsruhe ZIP 1989, 791; KTS 1996, 255 (Leitsatz); OLG Hamm ZIP 1994, 1547; DB 1999, 527; LG Göttingen ZIP 1995, 1103; ZIP 1989, 1471; *Kilger/K. Schmidt* § 146 Anm. 1 a); *Godau-Schüttke* ZIP 1985, 1042; *Kübler/Prütting/Pape* § 179 RdNr. 7; *Smid* § 178 RdNr. 4. Zur Klageveranlassung bei vorbehaltslosem Widerspruch OLG Köln KTS 1995, 435 (Leitsatz).
[85] BGH NJW-RR 2006, 773; OLG Karlsruhe ZIP 1989, 791; OLG Düsseldorf ZIP 1994, 638; LG Göttingen ZIP 1989, 1471; *Godau-Schüttke* ZIP 1985, 1042; *Eckardt*, Kölner Schrift, S. 743, RdNr. 56; *Kübler/Prütting/Pape* § 179 RdNr. 5.
[86] OLG Celle ZIP 1994, 1197; OLG Dresden ZIP 1997, 327; OLG Hamm DB 1999, 527; *Kübler/Prütting/Pape* § 179 RdNr. 8.
[87] HM: LG Göttingen ZIP 1989, 1471; ZIP 1995, 1103; *Uhlenbruck*, InsO § 178 RdNr. 10; *Gottwald/Eickmann*, Insolvenzrechts-Handbuch § 64 RdNr. 4; *Uhlenbruck/Delhaes* RdNr. 797; *Mohrbutter/Mohrbutter/Ernestus* RdNr. IX.36; *Godau-Schüttke* ZIP 1985, 1042.
[88] AG Rastatt ZIP 1980, 754; *Nerlich/Römermann/Becker* § 176 RdNr. 30.
[89] *Gottwald/Eickmann*, Insolvenzrechts-Handbuch, § 64 RdNr. 4; *Eckardt*, Kölner Schrift, S. 743, RdNr. 26; *Kohler*, Lehrbuch des Konkursrechts, 1891, S. 555 f.
[90] *Jaeger/Weber* KO § 141 RdNr. 3; *Kilger/K. Schmidt* § 141 Anm. 3.
[91] RG 57, 274; Hamm Rpfleger 65, 78, 79; *Jaeger/Weber* KO § 141 RdNr. 10, § 144 RdNr. 1; *Kilger/K. Schmidt* § 144 RdNr. 3; *Kohler*, Lehrbuch des Konkursrechts, 1891, S. 555 Fn. 3; aA *Nerlich/Römermann/Becker* § 176 RdNr. 21.
[92] *Eckardt*, Kölner Schrift, S. 743, RdNr. 33; *Kübler/Prütting/Pape* § 177 RdNr. 5 f.; *Nerlich/Römermann/Becker* § 176 RdNr. 22.
[93] *Eckardt*, Kölner Schrift, S. 743, RdNr. 33; *Kübler/Prütting/Pape* § 177 RdNr. 5 f.

sprüche (siehe § 183 RdNr. 4). Der Widerspruch wird beseitigt, wenn ihn der Bestreitende zurücknimmt (unten RdNr. 43 f.) oder wenn die Insolvenzforderung im Feststellungsrechtsstreit mit dem Widersprechenden festgestellt wird (§§ 179 ff.; unten RdNr. 45).

43 **a) Rücknahme des Widerspruchs.** Der Widerspruch kann sowohl im Prüfungstermin als auch außerhalb des Termins gegenüber dem Insolvenzgericht oder gegenüber dem Anmelder[94] zurückgenommen werden.[95] Im Prüfungstermin ist die Rücknahme mündlich, außerhalb des Termins schriftlich oder zu Protokoll der Geschäftsstelle zu erklären (§§ 4 InsO, 496 ZPO). Eine Rücknahme unter einer echten Bedingung oder unter Vorbehalt ist unwirksam.[96] Wurde die Rücknahme gegenüber dem Insolvenzgericht erklärt, so hat das Gericht den Anmelder davon zu benachrichtigen.[97] Die Tabelle ist auf Antrag oder von Amts wegen[98] zu berichtigen (siehe auch unten RdNr. 51 f.). Urteilswirkung erzeugt gemäß Abs. 3 erst die Berichtigung der Tabelle, nicht schon die infolge der Rücknahme eingetretene freiwillige Feststellung nach Abs. 1 (siehe unten RdNr. 56 ff.).[99]

44 Mit der Rücknahme des Widerspruchs entfällt das Interesse des Anmelders an einer gerichtlichen Feststellung seines Gläubigerrechts gegenüber dem Bestreitenden. Eine bereits erhobene **Feststellungsklage wird unzulässig.** Der Anmelder muss die Klage zur Vermeidung der Kostenlast für erledigt erklären (§§ 91, 91 a ZPO).[100] Will der Insolvenzverwalter neben dem eigenen auch den Widerspruch des Schuldners zurücknehmen, so muss er dies deutlich zum Ausdruck bringen.[101]

45 **b) Feststellungsurteil.** Auch die gerichtliche Feststellung des bestrittenen Insolvenzgläubigerrechts gegenüber dem Bestreitenden (§ 183 Abs. 1) beseitigt den Widerspruch im Sinne des Abs. 1 Satz 1. Die rechtskräftige gerichtliche Feststellung wirkt jedoch anders als die freiwillige Feststellung ohne weiteres gegenüber dem Insolvenzverwalter und allen Insolvenzgläubigern (§ 183 Abs. 1). Die Eintragung in die Tabelle (§ 183 Abs. 2) hat im Unterschied zur Eintragung der freiwilligen Feststellung nach § 178 Abs. 3 nur deklaratorische Bedeutung (siehe § 183 RdNr. 7).

46 **c) Erlöschen der Forderung des Widersprechenden?.** Nach überwiegender Meinung im Schrifttum wird der Widerspruch eines Gläubigers auch dadurch beseitigt, dass seine Forderung erlischt.[102] Dagegen spricht, dass über den Bestand oder das Erlöschen der Forderung des Widersprechenden im Streitfall das Prozessgericht entscheiden sollte, nicht das Insolvenzgericht im Rahmen eines Berichtigungsverfahrens. Steht dem Widersprechenden die angemeldete Forderung nicht zu oder erlischt sie später, so ist sein Widerspruch mangels Sachlegitimation unbegründet, aber nicht unwirksam.[103]

VI. Beurkundung des Prüfungsergebnisses

47 **1. Eintragung in die Tabelle.** Das Insolvenzgericht (Rechtspfleger bzw. Richter) trägt gemäß Abs. 2 S. 1 für jede angemeldete Forderung in die Tabelle ein, inwieweit die

---

[94] HM *Jaeger/Weber* KO § 141 RdNr. 10; *Uhlenbruck*, InsO § 178 RdNr. 8.; *Gottwald/Eickmann*, Insolvenzrechts-Handbuch, § 64 RdNr. 9; aA (Rücknahme nur gegenüber dem Insolvenzgericht) *Eckardt*, Kölner Schrift, S. 743, RdNr. 26; *Kübler/Prütting/Pape* § 176 RdNr. 12.
[95] BGH WM 1957, 1225, 1226.
[96] RGZ 149, 257, 264.
[97] *Kübler/Prütting/Pape* § 176 RdNr. 12.
[98] *Gottwald/Eickmann*, Insolvenzrechts-Handbuch, § 64 RdNr. 9; *Uhlenbruck* InsO § 178 RdNr. 21; aA *Jaeger/Weber* KO § 141 RdNr. 10 (Berichtigungsantrag erforderlich, aber konkludent in der Erklärung des Zurücknehmenden enthalten).
[99] AA OLG Karlsruhe, Badische Rechtspraxis 1903, 339; *Jaeger/Weber* KO § 141 RdNr. 10; *Kübler/Prütting/Pape* § 176 RdNr. 13 (deklaratorische Bedeutung der Tabellenberichtigung).
[100] *Eckardt*, Kölner Schrift, S. 743, RdNr. 56.
[101] OLG Celle KTS 1964, 118.
[102] *Jaeger/Weber* KO § 144 RdNr. 2, § 141 RdNr. 8; *Gottwald/Eickmann*, Insolvenzrechts-Handbuch, § 64 RdNr. 12; *Kohler*, Konkursrecht, 1891, S. 560; *Uhlenbruck*, InsO § 178 RdNr. 9.
[103] Siehe auch *Kurlbaum/v. Wilmowski* § 141 Anm. 6; *Jonas* S. 37 f.; ferner Motive zur KO S. 362 = *Hahn*, S. 326.

Forderung ihrem Betrag und ihrem Rang nach festgestellt ist oder wer der Feststellung widersprochen hat.[104] Dem Gericht kommt eine **rein beurkundende Rolle** zu. Über den Bestand des Insolvenzgläubigerrechts entscheidet es nicht.[105] Zur Formulierung der Eintragung bei teilweiser Feststellung siehe oben RdNr. 35. Wird die Forderung bestritten, so ist der Grund des Widerspruchs nicht aufzunehmen. Ein gleichwohl erfolgter Eintrag bindet den Widersprechenden im Feststellungsprozess nicht (oben RdNr. 33). Die nachträgliche Feststellung der Forderung durch Zurücknahme des Widerspruchs oder durch gerichtliche Feststellung wird in der Berichtigungsspalte eingetragen.[106]

Zur Vermeidung der Vollstreckungswirkung des § 201 Abs. 2 Satz 1 ist auch der **Widerspruch des Schuldners** einzutragen (Abs. 2 Satz 2). Auch der isolierte Widerspruch gegen den angemeldeten Forderungsgrund „unerlaubte Handlung" sollte klarstellend aufgenommen werden; auch ohne Aufnahme hindert jedoch dieser Widerspruch die Eintragung des Forderungsgrundes „unerlaubte Handlung" in die Tabelle und damit die Vollstreckungswirkung des § 302 Ziff. 1.[107] Die Eintragung erfolgt unter „Bemerkungen".[108] In die Bemerkungsspalte gehören auch Entscheidungen über die Gewährung oder Versagung des Stimmrechts für Gläubiger bestrittener Forderungen (§ 77 Abs. 2) sowie Vermerke über die Inanspruchnahme eines Absonderungsrechts für die angemeldete Forderung und über die Anmeldung aufschiebend bedingter Forderungen.

Die Eintragung erfolgt durch das **„Insolvenzgericht"**,[109] dh. grundsätzlich durch den Rechtspfleger. In der Praxis trägt vielfach der Insolvenzverwalter das zu erwartende Prüfungsergebnis vorbereitend in die von ihm mittels EDV erstellte Tabelle (§ 5 Abs. 4) ein.[110] Der Richter/Rechtspfleger bestätigt dann durch seine Unterschrift die Übereinstimmung des Ergebnisses des Prüfungstermins mit den vorbereiteten Eintragungen. Abweichungen, z. B. der unangekündigte Widerspruch eines Gläubigers, werden manuell vermerkt.[111] Rechtliche Bedenken gegen dieses Vorgehen, das Schreib- und Hörfehler im Termin weitgehend vermeidet, bestehen nicht. Die Vorschriften der ZPO über die Protokollaufnahme (§§ 159 ff. ZPO), die auf die Eintragung Anwendung finden,[112] stehen einer Vorbereitung der Eintragung durch den Verwalter nicht entgegen.[113]

Nach bislang hM muss der Richter/Rechtspfleger sowie gegebenenfalls der Protokollführer jeden einzelnen Prüfungseintrag unter Angabe von Ort und Datum **unterschreiben**.[114] Insbesondere bei Groß-Insolvenzen verursacht dieses Verfahren erheblichen Aufwand.[115] Dem Wortlaut und Zweck des Abs. 2 wird auch ein Gesamtbeurkundungsvermerk gerecht, durch den sich der Rechtspfleger/Richter den vorbereiteten Tabelleninhalt zu eigen macht.[116]

---

[104] Spalte: „Ergebnis der Prüfungsverhandlung"; Muster: *Uhlenbruck/Delhaes* RdNr. 787; *Senst/Eickmann/Mohn* S. 397 ff.; Muster neuerer, vom Verwalter erstellter EDV-Tabellen: *Grub/Steinbrenner* ZIP 1985, 707; *Haarmeyer/Wutzke/Förster*, Handbuch, Kap. 7 RdNr. 61; *dies.*, Kommentar zur Gesamtvollstreckungsordnung, Anhang IV 4.
[105] *Kübler/Prütting/Pape* § 178 RdNr. 3.
[106] Vgl. die Muster bei *Uhlenbruck/Delhaes* RdNr. 787; *Senst/Eickmann/Mohn* S. 397.
[107] *Riedel* NZI 2002, 414; aA *Behr* Rpfleger 2003, 389, 391 unter Hinweis auf § 178 Abs. 1 Satz 2. Anders als die Eintragung der Forderung ist die Eintragung des Schuldgrundes für die Teilnahme des Anmelders an den Verteilungen im Insolvenzverfahren ohne Bedeutung.
[108] *Jaeger/Weber* KO § 145 RdNr. 1.
[109] Im Geltungsbereich der GesO war streitig, ob die Eintragung durch das Insolvenzgericht oder den Verwalter vorzunehmen war; dazu *Kübler*, Festschrift für Henckel, S. 495, 506 ff. mwN.
[110] *Grub/Steinbrenner* ZIP 1985, 707, 710; *Haarmeyer/Wutzke/Förster*, Handbuch, Kap. 7 RdNr. 58 ff.
[111] *Grub/Steinbrenner* ZIP 1985, 707, 711; vgl. auch *Bähr* InVo 1998, 205, 210.
[112] *Jaeger/Weber* KO § 145 RdNr. 1, § 141 RdNr. 13; siehe schon *Kurlbaum/v. Wilmowski* § 145 Anm. 2; Motive S. 363 = *Hahn* IV, S. 326.
[113] Siehe auch *Eckardt*, Kölner Schrift, S. 743, RdNr. 35; *Kübler/Prütting/Pape* § 178 RdNr. 3.
[114] FK-*Schulz* § 178 RdNr. 12; *Jaeger/Weber* KO § 145 RdNr. 1; *Kübler/Prütting/Pape* § 178 RdNr. 5; *Uhlenbruck*, InsO § 178 RdNr. 2; *Nerlich/Römermann/Becker* § 178 RdNr. 14; *Senst/Eickmann/Mohn* S. 397 ff.; *Uhlenbruck/Delhaes* RdNr. 798.
[115] Kritisch *Kübler*, Festschrift für Henckel, S. 495, 508; *Senst/Eickmann/Mohn* S. 312.
[116] So für die EDV-Tabelle *Grub/Steinbrenner* ZIP 1985, 707, 711; ferner *Haarmeyer/Wutzke/Förster*, Handbuch, Kap. 7 RdNr. 59; *Senst/Eickmann/Mohn* RdNr. 312.

Auch aus den Vorschriften über die Protokollaufnahme ergibt sich die Notwendigkeit separater Unterschriften nicht,[117] ebenso wenig aus der Bedeutung des Tabellenauszugs als Vollstreckungstitel (§ 201 Abs. 2).[118]

51 2. **Berichtigung unrichtiger Eintragungen.** Unrichtige Eintragungen können jederzeit **auf Antrag oder von Amts wegen**[119] berichtigt werden.[120] Die Berichtigung setzt nicht entsprechend § 319 ZPO voraus, dass eine offenbare Unrichtigkeit vorliegt.[121] Noch findet § 320 ZPO Anwendung.[122] Vielmehr gilt für den anfänglich unrichtigen Eintrag § 164 Abs. 1 ZPO (i. V. m. § 4) entsprechend.[123] Die Berichtigungsmöglichkeit, die einem „unabweisbaren praktischen Bedürfnis" entspricht,[124] besteht nicht nur, wenn irrtümlich ein Widerspruch vermerkt wurde, sondern auch bei irrtümlicher Eintragung einer bestrittenen Forderung als unbestritten. Rechtskraftwirkung gemäß Abs. 3 erzeugt nur die Eintragung tatsächlich festgestellter Forderungen.[125] Auch wenn die Unrichtigkeit erst nachträglich (z. B. infolge Widerspruchsrücknahme durch den Verwalter) eintritt, ist die Tabelle zu berichtigen. § 164 Abs. 3 Satz 2 ZPO, der die Berichtigung nur durch dieselben Urkundspersonen zulässt, ist in diesem Fall nicht anwendbar.[126] Gegen eine Entscheidung des Rechtspflegers, durch die eine Berichtigung angeordnet oder abgelehnt wird, ist nur noch die sofortige Rechtspfleger-Erinnerung gegeben (§§ 6 Abs. 1 InsO, 11 Abs. 1, 2 RPflG).[127]

52 Die Berichtigung ist **auch noch nach Beendigung des Insolvenzverfahrens** zulässig.[128] Dies folgt für Forderungen, die infolge Widerspruchs bei Aufhebung des Verfahrens im Prozess befangen sind, ohne weiteres aus §§ 189 Abs. 2, 198, 203 Abs. 1 Nr. 1, 183 Abs. 2. Aber auch im Übrigen besteht nicht zuletzt im Hinblick auf die Vollstreckungswirkung des Tabelleneintrags (§ 201 Abs. 2) ein ausreichendes Bedürfnis für eine Tabellenberichtigung nach Abschluss des Verfahrens.[129]

53 3. **Vermerk auf Wechseln und sonstigen Schuldurkunden.** Die Feststellung, nicht auch ein Bestreiten, ist vom Urkundsbeamten der Geschäftsstelle auf den von den Gläubigern vorgelegten Wechseln und sonstigen Schuldurkunden zu vermerken, Abs. 2 Satz 3. Die Vorschrift bezweckt, dem Gläubiger die Verfügung über die Urkunde zu erleichtern.[130] Der Vermerk ist von dem Urkundsbeamten der Geschäftsstelle zu unterschreiben und mit dem Amtssiegel zu versehen.[131] Er kann nur auf der Originalurkunde eingetragen werden. Ausreichend ist, dass der Gläubiger dem Urkundsbeamten das Original nach dem Prüfungstermin vorlegt und dieser sich von der Übereinstimmung des Originals mit der bei der

---

[117] Vgl. *Kübler*, Festschrift für Henckel, S. 495, 508; *Zöller/Stöber* § 160 RdNr. 16; *Baumbach/Lauterbach/Albers/Hartmann* § 160 RdNr. 22.
[118] Vgl. z. B. §§ 703 b, 699 ZPO.
[119] Dazu LG Berlin JW 1938, 1835; *Uhlenbruck*, InsO § 178 RdNr. 20 ff.; *Jaeger/Weber* KO § 145 RdNr. 3.
[120] BGHZ 91, 198; OLG Celle MDR 1964, 65; OLG Hamm Rpfleger 65, 78; LG Hannover Rpfleger 1996, 419; AG Wuppertal KTS 1970, 237; AG Köln NZI 2005, 171; *Jaeger/Weber* KO § 145 RdNr. 3; *Kilger/K. Schmidt* § 145 RdNr. 4; *Kübler/Prütting/Pape* § 178 RdNr. 14; *Uhlenbruck*, InsO § 178 RdNr. 20.
[121] OLG Celle MDR 1964, 65; aA LG Berlin JW 1938, 1835.
[122] OLG Celle MDR 1964, 65.
[123] *Nerlich/Römermann/Becker* § 178 RdNr. 17.
[124] LG Berlin JW 1938, 1835; OLG Celle MDR 1964, 65; OLG Hamm Rpfleger 1965, 78; *Jaeger/Weber* KO § 145 RdNr. 3 mwN.
[125] *Häsemeyer*, Insolvenzrecht, RdNr. 22.18; *Jaeger/Weber* KO § 145 RdNr. 3; *Kilger/K. Schmidt* § 145 RdNr. 4; aA wohl *Nerlich/Römermann/Becker* § 178 RdNr. 17; kritisch auch *Gaul*, Festschrift für Weber, 1975, S. 155, 174 f. Fn. 90.
[126] Vgl. OLG Celle MDR 1964, 65 (Berichtigung einer nachträglichen Eintragung).
[127] *HK-Irschlinger* § 178 RdNr. 6; kritisch *Eckardt*, Kölner Schrift, S. 743, RdNr. 44.
[128] HM: OLG Celle MDR 1964, 65; Hamm Rpfleger 1965, 78; LG Wuppertal KTS 1970, 237; *Jaeger/Weber* KO § 145 RdNr. 3; *Uhlenbruck*, InsO § 178 RdNr. 24; *Kilger/K. Schmidt* § 145 Anm. 4; aA RGZ 22, 153, 155.
[129] LG Karlsruhe ZIP 1981, 1235; BGHZ 91, 198, 201; *Uhlenbruck*, InsO § 178 RdNr. 24; *Jaeger/Weber* KO § 145 RdNr. 3.
[130] Motive zur KO, S. 363 = Hahn IV, S. 327; *Nerlich/Römermann/Becker* § 178 RdNr. 22; aA *Smid* § 178 RdNr. 9 (Verhinderung mehrfacher Titulierung).
[131] *Uhlenbruck*, InsO § 178 RdNr. 4.

Tabelle befindlichen Kopie überzeugt.[132] Der Vermerk hat rein beurkundende Funktion, keine konstitutive Wirkung. Nach der Feststellung sind die Urkunden dem Anmelder zurückzugeben.[133]

4. Benachrichtigung der Gläubiger. Eine Benachrichtigung vom Ergebnis des Prü- 54 fungstermins sieht die Insolvenzordnung grundsätzlich nur für Gläubiger bestrittener Forderungen vor (§ 179 Abs. 3 Satz 1). Der Tabellenauszug dient dem Gläubiger zum Nachweis von Anmeldung, Prüfung und Widerspruch und damit zum Nachweis des Feststellungsinteresses sowie der besonderen Prozessvoraussetzungen des § 181 im Prozess gegen den Bestreitenden. Da es unter den Voraussetzungen des § 179 Abs. 2 dem Bestreitende obliegt, die (negative) Feststellung zu betreiben, erhält in diesem Fall auch er einen Auszug aus der Tabelle (§ 179 Abs. 3 Satz 2; siehe § 179 RdNr. 29 f.).[134] Gläubiger, deren Forderungen festgestellt worden sind, werden gemäß § 179 Abs. 3 Satz 3 Halbs. 1 nicht benachrichtigt. Hierauf sollen sie vor dem Prüfungstermin (z. B. mit Zustellung des Eröffnungsbeschlusses, § 30 Abs. 2) hingewiesen werden (§ 179 Abs. 3 Satz 3 Halbs. 2), damit überflüssige Rückfragen unterbleiben.[135]

VII. Rechtskraftwirkung der Eintragung (Abs. 3)

Gemäß Abs. 3 wirkt die Eintragung in die Tabelle für die festgestellten Forderungen 55 ihrem Betrag und ihrem Rang nach wie ein rechtskräftiges Urteil gegenüber dem Insolvenzverwalter und allen Insolvenzgläubigern. Abs. 3 gilt nur für die freiwillige Feststellung. Das rechtskräftige Feststellungsurteil (§ 183 Abs. 1) wirkt unmittelbar gegenüber dem Insolvenzverwalter und allen Insolvenzgläubigern; die Eintragung der Feststellung (§ 183 Abs. 2) hat in diesem Falle nur deklaratorische Bedeutung (siehe § 183 RdNr. 7).

1. Konstitutive Wirkung des Tabellenvermerks. Nach der **herrschenden Meinung** 56 kommt erst der Eintragung der freiwilligen Feststellung in die Tabelle Urteilswirkung zu, nicht schon der Feststellung der Forderung als solches, also dem Nichtbestreiten in der Prüfungsverhandlung oder der Rücknahme des Widerspruchs (Abs. 1 Satz 1).[136] Bis zur Eintragung des Prüfungsergebnisses ist daher z. B. eine Wiedereröffnung der Prüfung der festgestellten Forderung denkbar.[137] Andererseits erzeugt nach der hM nicht jeder Feststellungsvermerk Urteilswirkung, sondern nur die Eintragung tatsächlich festgestellter Forderungen. Die Eintragung einer streitig gebliebenen Forderung als festgestellt kann jederzeit auf Antrag oder von Amts wegen berichtigt werden (siehe oben RdNr. 51 f.).[138]

Nach **anderer Ansicht** wirkt schon das Nichtbestreiten der Forderung im Prüfungs- 57 termin wie ein rechtskräftiges Urteil gegenüber dem Verwalter und allen Gläubigern.[139] Die Eintragung der freiwilligen Feststellung habe ebenso wie die Eintragung der gerichtlichen Feststellung (§ 183 Abs. 2; siehe § 183 RdNr. 47) rein deklaratorische Bedeutung. Der Verwalter soll sich jedoch für die Berücksichtigung des Gläubigers bei Verteilungen und Abstimmungen grundsätzlich ohne Haftungsrisiko an die Tabelle halten können, solange nicht die Unrichtigkeit der Eintragung auf der Hand liege.[140] Diese Ansicht beruft sich insbesondere auf die gesetzliche Kompetenzverteilung, nach der das Insolvenzgericht beur-

---

[132] *Nerlich/Römermann/Becker* § 178 RdNr. 20.
[133] *Jaeger/Weber* KO § 145 RdNr. 2.
[134] Begr. zu § 207 RegE (= § 179 InsO) BR-Drucks. 1/92 S. 185.
[135] Vgl. Beschluss-Empfehlung des RechtsA zu § 207 Abs. 3 RegE (= § 179 Abs. 3 InsO), BT-Drucks. 12/7302 S. 179.
[136] RGZ 22, 153, 155; HK-*Irschlinger* § 178 RdNr. 4; *Kilger/K. Schmidt* § 145 Anm. 3; *Kübler/Prütting/Pape* § 178 RdNr. 6 ff.; *Uhlenbruck*, InsO § 178 RdNr. 5; *Spellenberg* S. 6; für die Beseitigung des Widerspruchs durch Rücknahme aA OLG Karlsruhe, Badische Rechtspraxis 1903, 339; *Jaeger/Weber* KO § 141 RdNr. 10; *Kübler/Prütting/Pape* § 176 RdNr. 13.
[137] *Spellenberg* S. 7.
[138] *Häsemeyer*, Insolvenzrecht, RdNr. 22.18; *Jaeger/Weber* KO § 145 RdNr. 3; *Kilger/K. Schmidt* § 145 RdNr. 4; *Uhlenbruck*, InsO § 178 RdNr. 23; kritisch *Gaul*, Festschrift für Weber, 1975, S. 155, 174 f. Fn. 90.
[139] *Eckardt*, Kölner Schrift, S. 743, RdNr. 36.
[140] *Eckardt*, Kölner Schrift, S. 743, RdNr. 37.

kundend tätig ist, während die Anerkennung des Insolvenzgläubigerrechts dem Insolvenzverwalter und den Gläubigern obliegt (siehe oben RdNr. 47).[141]

58 Für die **konstitutive Wirkung** des Tabelleneintrags spricht zunächst der Wortlaut des Abs. 3. Die hM führt darüber hinaus zu größerer Rechtssicherheit für den Verwalter, wenn ein Gläubiger behauptet, seine Forderung sei trotz Eintragung eines Widerspruchs im Prüfungstermin festgestellt worden. Jedenfalls de lege lata ist daher daran festzuhalten, dass erst die Eintragung der Feststellung in die Tabelle Urteilswirkung entfaltet. Abs. 1 regelt demnach die Voraussetzungen der Feststellung, Abs. 3 ihren Vollzug.[142]

59 **2. Art der Rechtskraftwirkung.** Die Eintragung festgestellter Insolvenzforderungen in die Tabelle wirkt **wie ein rechtskräftiges Urteil.** Es gelten die allgemeinen, zu § 322 Abs. 1 ZPO entwickelten Grundsätze.[143] Mit der Eintragung steht daher im Verhältnis zwischen dem Insolvenzverwalter und allen Insolvenzgläubigern fest, dass das angemeldete Insolvenzgläubigerrecht besteht. Verwalter und Gläubiger können dieses Recht in späteren Gläubigerversammlungen nicht mehr bestreiten.[144] Ebenso wenig ist der Insolvenzverwalter berechtigt, die Berücksichtigung des zur Tabelle festgestellten Rechts im Verteilungsverfahren zu verweigern, z. B. unter Berufung auf eine spätere Anfechtung gemäß §§ 119 ff. BGB oder gemäß §§ 129 ff., 146 Abs. 2.[145] Die Urteilswirkung wird nicht dadurch beseitigt, dass der Gläubiger nach der Feststellung seine Anmeldung zurücknimmt; die Zurücknahme der Anmeldung kann aber gegebenenfalls als Verzicht des Anmelders auf die Teilnahme an der Befriedigung aus der Insolvenzmasse ausgelegt werden.[146]

60 Die Eintragung der freiwilligen Feststellung erzeugt keine Rechtskraftwirkung, wenn der Rechtsgrund der festgestellten Forderung nicht hinreichend bestimmt ist.[147] Zur Bestimmung des Rechtsgrundes kann nach Ansicht des BGH auf den Inhalt einer durch das Insolvenzverfahren unterbrochenen Klage zurückgegriffen werden, in welcher der Gläubiger die später festgestellte Forderung geltend gemacht hat.[148]

61 **3. Objektiver Umfang. a) Feststellungsgegenstand.** In Rechtskraft erwächst die Feststellung des angemeldeten Insolvenzgläubigerrechts. Hierbei handelt es sich nach zutreffender Auffassung um den Anteil des Gläubigers an der gemeinschaftlichen Haftungszuweisung (sein **Haftungsrecht** an der Insolvenzmasse). Ob die Forderung besteht, für die das Haftungsrecht beansprucht wird, ob sie den beanspruchten Rang hat und ob sie als Insolvenzforderung zu qualifizieren ist, sind lediglich Vorfragen, über die nicht rechtskräftig entschieden wird (oben RdNr. 15 ff.). Nach der Gegenansicht ist „die gegen den Schuldner erhobene **Forderung** als eine Insolvenzforderung bestimmten Betrages und bestimmten Ranges"[149] Gegenstand der Feststellung (oben RdNr. 12).

---

[141] *Eckardt*, Kölner Schrift, S. 743, RdNr. 36.
[142] *Jaeger/Weber* KO § 145 RdNr. 3; *v. Wilmowski/Kurlbaum* KO 6. Aufl. 1906, § 145 RdNr. 5; *Spellenberg* S. 6.
[143] *Eckardt*, Kölner Schrift, S. 743, RdNr. 38; *ders.* ZIP 1993, 1765, 1773; allgemein *Rosenberg/Schwab/Gottwald*, Zivilprozessrecht, 16. Aufl. 2004, § 150 II, III; MünchKommZPO-*Gottwald* § 322 RdNr. 36 ff.; *Stein/Jonas/Leipold* § 322 RdNr. 196 ff. § 322 Abs. 2 ZPO ist im Rahmen der freiwilligen Feststellung dann nicht anwendbar, wenn der vor Eröffnung des Insolvenzverfahrens verklagte Schuldner der dann festgestellten Insolvenzforderung den Aufrechnungseinwand entgegengesetzt hatte: RG JW 1915 S. 1437 Nr. 13; *Jaeger/Weber* KO § 145 RdNr. 4.
[144] RGZ 57, 270, 274; SeuffA 49, Nr. 227; Motive zur KO S. 357, 364 = *Hahn* IV, S. 322, 327; *Kübler/Prütting/Pape* § 178 RdNr. 8; siehe auch BGH ZIP 1984, 1509; ZIP 1987, 725.
[145] RGZ 27, 91, 92 (Möglichkeit der Anfechtung einzelner Kreditposten nach Feststellung des Saldos); *Berges* KTS 1957, 49, 56; *Jaeger/Weber* KO § 145 RdNr. 5; *Kilger/K. Schmidt* § 145 Anm. 3; *Kübler/Prütting/Pape* § 178 RdNr. 9.
[146] RGZ 112, 297, 299; *Kübler/Prütting/Pape* § 178 RdNr. 8; *Uhlenbruck*, InsO § 178 RdNr. 5; *Gottwald/Eickmann*, Insolvenzrechts-Handbuch, § 64 RdNr. 29.
[147] *Jaeger/Weber* KO § 145 RdNr. 4; allgemein *Stein/Jonas/Leipold* § 322 RdNr. 194 f. mwN.
[148] BGH NJW 1993, 1876, 1878; zu Recht kritisch *Eckardt*, Kölner Schrift, S. 743, RdNr. 45 Fn. 94.
[149] *Jaeger/Weber* KO § 146 RdNr. 13. Ähnlich RGZ 55, 157; 144, 246; 149, 257; in diesem Sinne auch *Häsemeyer*, Insolvenzrecht, RdNr. 22.03 f., RdNr. 22.20, RdNr. 22.41: Gegenstand der Feststellung seien die einzelnen Voraussetzungen für die Berücksichtigung der Forderung im Insolvenzverfahren.

Von Bedeutung ist der Streit vor allem im Zusammenhang mit der **präjudiziellen Wirkung** der Feststellung (siehe schon oben RdNr. 14). Sieht man die Forderung als Gegenstand der Feststellung an, so kann der Verwalter in einem späteren Absonderungsrechtsstreit mit dem Gläubiger den Bestand der zuvor festgestellten Forderung nicht mehr wirksam bestreiten.[150] Anders, wenn nicht die Forderung, sondern das Haftungsrecht an der Masse den Gegenstand der Feststellung bildet (siehe oben RdNr. 14).[151] Wird nur der geltend gemachte Rang bestritten und hat das Insolvenzgericht zur Anmeldung von Forderungen des nicht bestrittenen Nachrangs aufgefordert, so ist, wenn man die Rechtsprechung zur Konkursordnung zugrunde legt,[152] das Gericht im Prozess um den besseren Rang an die vorausgegangene Feststellung der Forderung gebunden. Ebenso, wenn der Gläubiger die Forderung zunächst als nachrangige Forderung anmeldet und feststellen lässt und erst später einen besseren Rang anmeldet (oben RdNr. 14).[153] Nach der Auffassung vom Haftungsrecht als Gegenstand der Feststellung ist dagegen in beiden Fällen das Gericht im nachfolgenden Feststellungsprozess nicht gehindert, das Bestehen der Forderung abzulehnen.[154] Schließlich kommt nach der Rechtsprechung der Feststellung auch in einem unabhängig vom Insolvenzverfahren geführten Prozess zwischen Insolvenzgläubigern präjudizielle Wirkung zu, wenn der Bestand der Forderung für die Entscheidung vorgreiflich ist. So z. B., wenn der Gläubiger der festgestellten Forderung den anderen Insolvenzgläubiger wegen sittenwidriger Schädigung durch geheimgehaltene Sicherungsverträge mit dem Schuldner (§ 826 BGB) in Anspruch nimmt.[155] Desgleichen, wenn ein Insolvenzgläubiger den Gläubiger der festgestellten Forderung wegen einer Vermögensübernahme vom Schuldner (§ 419 BGB aF) belangt.[156] Anders wiederum nach der Ansicht vom Haftungsrecht des Gläubigers als Gegenstand der Feststellung.[157]

b) Teilfeststellung. Wird nur ein Teil der Forderung angemeldet und festgestellt, so wirkt allgemeinen Grundsätzen entsprechend die Eintragung Rechtskraft nur für den festgestellten Teil (siehe schon oben RdNr. 34 ff.).[158]

c) Feststellung für den Ausfall. Ein absonderungsberechtigter Gläubiger nimmt nach § 52 Satz 1 mit dem vollen Betrag seiner Forderung an dem Feststellungsverfahren teil, die Eigenschaft als Ausfallforderung kommt erst im Verteilungsverfahren zum Tragen (§ 52 Satz 2).[159] Die in der Praxis übliche Feststellung einer durch Absonderungsrecht gesicherten Forderung „für den Ausfall" oder „in Höhe des nachzuweisenden Ausfalls"[160] beinhaltet im Zweifel keine Beschränkung der Feststellung, sondern ist als Hinweis auf die Berücksichtigung des Absonderungsrechts im Verteilungsverfahren (§ 52 Satz 2; § 190) zu verstehen.[161] Der Feststellungsvermerk erzeugt ungeachtet des Zusatzes **Rechtskraft für die gesamte Forderung.**[162] Der Zusatz ist daher auch unschädlich, wenn sich später herausstellt, dass gar

---
[150] RGZ 55, 157; *Jaeger/Weber* KO § 145 RdNr. 5.
[151] *Eckardt*, Kölner Schrift, S. 743 f., RdNr. 42; *Henckel*, Festschrift für Michaelis, 1971, S. 151, 156 ff.; *Spellenberg* S. 130 f.; vgl. auch BGH NJW 2006, 3068.
[152] RGZ 144, 246 (Widerspruch gegen das beanspruchte Vorrecht nach der KO); BAG KTS 1967, 231; *Jaeger/Weber* KO § 145 RdNr. 5, § 146 RdNr. 13; *Kuhn/Uhlenbruck* KO § 144 RdNr. 2b, § 145 RdNr. 3; für die InsO ebenso *Smid* § 178 RdNr. 10; *Gottwald/Eickmann*, Insolvenzrechts-Handbuch, § 64 RdNr. 6; *Uhlenbruck*, InsO § 178 RdNr. 7.
[153] Vgl. RGZ 149, 257, 267 ff. (nachträgliche Anmeldung eines Vorrechts nach der KO).
[154] *Eckardt*, Kölner Schrift, S. 743, RdNr. 43; *Henckel*, Festschrift für Michaelis, 1971, S. 151, 163 ff.; *Spellenberg* S. 137 ff.
[155] RG JW 1921, 1363 Nr. 6; aA *Fischer* JW 1921, 1363 Nr. 6 (Anm.); *Jaeger/Weber* KO § 145 RdNr. 5; *Krusch* ZHR 103 (1936), 29, 40 ff., unter Hinweis auf den Zweck des Feststellungsverfahrens.
[156] BGH KTS 1984, 427 (Leitsatz); ebenso OLG Frankfurt KTS 1983, 602.
[157] Ausführlich *Spellenberg* S. 114 ff.
[158] *Eckardt* ZIP 1993, 1765, 1773; *Gottwald/Eickmann*, Insolvenzrechts-Handbuch § 64 RdNr. 27; *Jaeger/Weber* KO § 145 RdNr. 4.
[159] Siehe auch *Kübler/Prütting/Pape* § 176 RdNr. 13, § 178 RdNr. 12.
[160] Vgl. z. B. die Muster bei *Gottwald/Eickmann*, Insolvenzrechts-Handbuch, § 64 RdNr. 19; *Senst/Eickmann/Mohn* S. 401; *Uhlenbruck/Delhaes* RdNr. 787.
[161] RGZ 139, 83, 86; *Jaeger/Lent* § 64 RdNr. 11.
[162] RGZ 22, 153, 154; 139, 83, 86 f.; BGH WM 1957, 1225, 1226; 1961, 427, 429; *Eckardt*, Kölner Schrift, S. 743, RdNr. 47; *Klasmeyer/Elsner*, Festschrift für Merz, 1992, S. 306; *Mandlik* Rpfleger 1980, 143;

kein Absonderungsrecht besteht.[163] Weigert sich der Insolvenzverwalter mit Blick auf das zu Unrecht vermerkte Absonderungsrecht, den Gläubiger in das Verteilungsverzeichnis aufzunehmen, so kann dieser nach §§ 194, 197 Abs. 1 Satz 2 Nr. 2 vorgehen oder gemäß § 256 ZPO Klage auf Feststellung seines Rechts auf unbeschränkte Berücksichtigung bei der Verteilung der Masse erheben.[164] Auch wenn die Forderung „als Ausfallforderung" festgestellt und das beanspruchte Absonderungsrecht in der Tabelle vermerkt wurde, erstreckt sich die Urteilswirkung der Eintragung nur auf die angemeldete Insolvenzforderung, nicht auf das Absonderungsrecht.[165]

65   d) **Feststellung unanmeldbarer Forderungen.** Nur Insolvenzforderungen sind gemäß §§ 174 ff. anzumelden und festzustellen. Die Feststellung von Nicht-Insolvenzforderungen zur Tabelle, insbesondere von Aus- und Absonderungsrechten (§§ 47 ff.)[166] sowie von Masseverbindlichkeiten (§§ 53 ff.),[167] erzeugt nach hM **keine Urteilswirkung**; die entsprechende Eintragung ist demnach von Amts wegen zu berichten.[168] Dasselbe galt nach hM unter der Konkursordnung für die nach §§ 63 KO, 32 a Abs. 1 Satz 1 GmbHG vom Konkursverfahren ausgeschlossenen Forderungen.[169] Diese Forderungen sind nach der Insolvenzordnung nunmehr nachrangige Insolvenzforderungen (§§ 39, 174 Abs. 3).

66   Nach zutreffender Auffassung[170] ist für die Rechtskraftwirkung der Eintragung unanmeldbarer Forderungen – insbesondere von Masseverbindlichkeiten und unaufgefordert angemeldeten nachrangigen Insolvenzforderungen (§ 174 Abs. 3) – danach **zu unterscheiden,** ob der unanmeldbare Anspruch als solcher oder als gewöhnliche Insolvenzforderung zur Tabelle festgestellt wurde. Nur im ersten Fall tritt keine Urteilswirkung ein. Anders bei Eintragung der unanmeldbaren Forderung als gewöhnliche Insolvenzforderung. Es kann keinen Unterschied machen, ob die ordnungsgemäß angemeldete und festgestellte Forderung gar nicht besteht oder ob sie zwar besteht, aber nicht als Insolvenzforderung zu qualifizieren ist. Die Feststellung einer Forderung als Insolvenzforderung hindert jedoch z. B. einen Massegläubiger nicht daran, von dem Insolvenzverwalter Erfüllung der Forderung aus der Masse zu verlangen und notfalls in die Masse zu vollstrecken.[171] Der Gläubiger muss allerdings vor der Durchsetzung seiner Forderung auf seine Rechte aus der Feststellung verzichten (§ 242 BGB).[172]

67   4. **Subjektiver Umfang. a) Gläubiger und Insolvenzverwalter.** Die Rechtskraft der Eintragung erzeugt Rechtskraftwirkung gegenüber dem **Insolvenzverwalter**[173] und **allen anderen Insolvenzgläubigern** (Abs. 3). Unerheblich ist, ob die Gläubiger an dem Prüfungstermin teilgenommen oder überhaupt Forderungen angemeldet haben.[174] Das Insol-

---

Jaeger/Lent KO § 64 RdNr. 11; *Uhlenbruck,* InsO § 178 RdNr. 18; *Kübler/Prütting/Pape* § 174 RdNr. 18; unklar LG Hannover Rpfleger 1996, 419.
[163] RGZ 139, 83; *Jaeger/Lent* KO § 64 RdNr. 11.
[164] RGZ 139, 83, 86; siehe auch BGH WM 1957, 1225; *Eckardt,* Kölner Schrift, S. 743, RdNr. 47.
[165] BGH WM 1974, 1218; *Uhlenbruck,* InsO § 178 RdNr. 18; *Gottwald/Eickmann,* Insolvenzrechts-Handbuch, § 64 RdNr. 19.
[166] RG Bolze 9 Nr. 942; KG LZ 1907, Sp. 679; BayObLG SeuffA 53 Nr. 207; siehe auch BGH WM 1974, 1218.
[167] RG JW 1905, 389, 390; BGH NJW 2006, 3068; BGHZ 113, 381, 382; BAG ZIP 1987, 1266, 1267; 1989, 1205, 1206; BSG ZIP 1982, 191, 192; KG OLGRspr 19, 214; OLG München OLGRspr. 21, 171; aA SG Köln ZIP 1980, 35, 36.
[168] *Gottwald/Eickmann,* Insolvenzrechts-Handbuch, § 64 RdNr. 31; *Jaeger/Henckel* KO § 25 RdNr. 45; *Jaeger/Weber* KO § 145 RdNr. 7; *Kübler/Prütting/Pape* § 178 RdNr. 10 f.
[169] OLG Düsseldorf NJW 1974, 1517; LG Heilbronn DGVZ 1971, 21; im Grundsatz ebenso BGHZ 113, 381, 382, wobei allerdings eine Ausnahme für kapitalersetzende Darlehen gemacht wird.
[170] *Eckardt* ZIP 1993, 1765, 1768 ff.; *ders.,* Kölner Schrift, S. 743, RdNr. 46; zustimmend *Häsemeyer,* Insolvenzrecht, RdNr. 22.04; *Kilger/K. Schmidt* § 145 Anm. 4.
[171] So zu Recht *Eckardt* ZIP 1993, 1765, 1773 (prozessuale Rechtskraftwirkung der Eintragung); *Jaeger/Weber* KO § 145 RdNr. 7; ebenso die hM, die daraus aber zu Unrecht die Wirkungslosigkeit der Eintragung folgert. Siehe BGH NJW 2006, 3068; BAG ZIP 1989, 1205, 1206; OLG München OLGRspr. 21, 171, 172; OLG Düsseldorf NJW 1974, 1517; *Jaeger/Weber* KO § 145 RdNr. 7.
[172] *Eckardt* ZIP 1993, 1765, 1774 Fn. 66.
[173] Im vereinfachten Insolvenzverfahren gegenüber dem Treuhänder, § 313 Abs. 1 Satz 1.
[174] RGZ 37, 1, 2; RG WarnRspr. 1930, Nr. 127; Motive zur KO S. 364 = *Hahn* IV, S. 327.

venzverfahren ist nur dann sinnvoll durchführbar, wenn die Insolvenzgläubigerrechte allen Beteiligten gegenüber einheitlich festgestellt werden (siehe auch § 183 RdNr. 1).[175]

Die rechtskräftige Feststellung einer Forderung hindert nicht einen anderen Gläubiger, dieselbe Forderung seinerseits im Insolvenzverfahren geltend zu machen mit der Behauptung, dass er der wahre Berechtigte sei (**„Prätendentenstreit"**). Insolvenzgläubiger im Sinne des Abs. 3 sind nach dem Zweck der Vorschrift die Inhaber anderer Insolvenzforderungen, nicht diejenigen, welche die festgestellte Forderung für sich selbst in Anspruch nehmen.[176] Grundsätzlich ist es Aufgabe des Insolvenzverwalters und der Gläubiger, die Forderungsinhaberschaft jedes Anmelders zu prüfen und gegebenenfalls zu bestreiten. Hat jedoch ein Gläubiger im Prüfungstermin der Feststellung der von ihm selbst beanspruchten Forderung zugunsten eines anderen Anmelders nicht nur nicht widersprochen, sondern darüber hinaus den Eindruck hervorgerufen, er wolle dem anderen den Vortritt lassen, und hat er hierdurch den Insolvenzverwalter veranlasst, den Anspruch des anderen anzuerkennen, so kann ihm gegebenenfalls der Einwand der unzulässigen Rechtsausübung entgegengehalten werden.[177] Ist der Streit zwischen den Prätendenten offenkundig (z. B. bei einem Streit um die Wirksamkeit einer Abtretung), so kann der Insolvenzverwalter die Forderung nach ihrem Bestand und Betrag anerkennen und die Rechtszuständigkeit der Anmeldenden „bis zum Austrage des Streits unter ihnen" bestreiten.[178] Die auf die Forderung entfallenden Quoten kann er gemäß § 372 S. 2 BGB unter Benennung der eingetragenen Gläubiger und zugunsten des Obsiegenden von ihnen befreiend hinterlegen.[179] 68

b) Schuldner. Die Eintragung der Feststellung wirkt Rechtskraft auch gegenüber dem Schuldner als **Träger der Insolvenzmasse**.[180] Das bedeutet z. B., dass der Schuldner ausgezahlte Dividenden nach Verfahrensbeendigung nicht kondizieren kann, unabhängig davon, ob er der Feststellung der Forderung persönlich widersprochen hat.[181] Der Schuldner ist an die Feststellung seiner Haftung mit den Gegenständen der Masse auch insoweit gebunden, als er die Verfügungsmacht über diese Gegenstände nach Beendigung des Insolvenzverfahrens zurückerhält.[182] 69

Hat der Schuldner der Feststellung nicht widersprochen oder wurde sein Widerspruch beseitigt, so erzeugt nach der hM die Eintragung Rechtskraftwirkung auch **zu Lasten des Schuldners persönlich** (§ 201 Abs. 2 i. V. m. § 178 Abs. 3).[183] § 201 Abs. 2 bestimmt zwar ausdrücklich nur, dass aus der Eintragung die Zwangsvollstreckung wie aus einem vollstreckbaren Urteil stattfindet, nicht aber, dass der Eintragung insgesamt die Wirkungen eines rechtskräftigen Urteils zukommen.[184] Nach dem Zweck des § 201 Abs. 2, „unnöthigen und kostspieligen Aufschub (sowie) böse Ausflüchte"[185] des Schuldners zu verhindern (dazu oben RdNr. 16), sollte aber jedenfalls § 767 Abs. 2 ZPO (entsprechend) angewandt werden, wenn sich der Schuldner gegen die Vollstreckung aus der Tabelle wehrt. Ansprüche, die gemäß § 201 Abs. 2 aus der Tabelle vollstreckt werden können, verjähren in dreißig 70

---

[175] *Jaeger/Weber* KO § 145 RdNr. 5; *Spellenberg* S. 149.
[176] Str.; wie hier RGZ 58, 369, 372 ff.; BGH NJW 1997, 1014, 1015; *Jaeger/Weber* KO § 145 RdNr. 8; Kilger/K. Schmidt § 145 Anm. 3; aA RGZ 37, 1 ff.; *v. Wilmowsky/Kurlbaum* § 141 Anm. 6.
[177] BGH NJW 1970, 810.
[178] BGH NJW 1997, 1014, 1015.
[179] BGH NJW 1997, 1014, 1015.
[180] *Jaeger/Weber* KO § 145 RdNr. 3; *Nerlich/Römermann/Becker* § 178 RdNr. 24.
[181] FG Düsseldorf EFG 1970, 528; *Jaeger/Weber* KO § 164 RdNr. 12; *Spellenberg* S. 151.
[182] *Spellenberg* S. 150 f.
[183] RGZ 112, 297, 300; BGH WM 1961, 427, 429; OLG Köln WM 1995, 597, 599; *Eckardt*, Kölner Schrift, S. 743, RdNr. 39; *Häsemeyer*, Insolvenzrecht, RdNr. 6.24; *Jaeger/Weber* § 164 RdNr. 4; Kilger/ K. Schmidt § 145 Anm. 4; § 164 Anm. 2.
[184] Vgl. auch *Gaul*, Festschrift für Weber, 1975, S. 155, 173 f.; *Spellenberg* S. 147 f.; für § 85 Abs. 1 VerglO, der eine dem § 201 Abs. 2 Satz 1 (§ 164 Abs. 2 KO) entsprechende Formulierung enthielt, lehnte die hM eine Rechtskraftwirkung ab; siehe RGZ 132, 115 f.; *Baur/Stürner* II, Insolvenzrecht, RdNr. 29.6; *Gaul*, Festschrift für Schiedermair, 1976, S. 155; Kilger/K. Schmidt § 85 GesO, Anm. 1 b; aA *Bley* JW 38, 2252; *Habscheid* NJW 71, 1688 f.
[185] Motive zur KO, S. 384 = Hahn IV S. 344.

Jahren, § 197 Abs. 1 Nr. 5 BGB.[186] Der isolierte Widerspruch des Schuldners gegen die Feststellung des Haftungsgrundes der vorsätzlichen unerlaubten Handlung zur Tabelle[187] dient nur der Verhinderung der nachinsolvenzlichen Vollstreckung gemäß § 302 Nr. 1, hindert aber den Eintritt der Rechtskraftwirkung nicht.

71 Ein Urteil, das den Widerspruch des Verwalters oder eines Gläubigers für begründet erklärt, wirkt **nicht zugunsten des Schuldners persönlich** (str.; siehe § 183 RdNr. 6).

72 c) **Dritte.** Gegenüber anderen Personen als dem Insolvenzverwalter, den Insolvenzgläubigern und dem Schuldner erzeugt die Feststellung zur Tabelle grundsätzlich **keine Rechtskraftwirkung**.[188] So wirkt die Feststellung weder gegenüber einem Bürgen[189] noch gegenüber einem Kommanditisten der Schuldnerin,[190] ebenso wenig gegenüber dem Eigentümer eines Grundstücks, das mit Grundschulden belastet ist, die der Schuldner (= Grundschuldgläubiger) zur Sicherheit für die festgestellte Forderung verpfändet hat.[191]

73 Die rechtskräftige Feststellung der Forderung als solche gegenüber dem Schuldner kann jedoch Voraussetzung für einen Anspruch des Gläubigers gegen einen Dritten sein. So tritt der Sicherungsfall für eine zur Abwendung der Zwangsvollstreckung aus dem Versäumnisurteil eingegangene Prozessbürgschaft ein, wenn nach Einspruch gegen ein Versäumnisurteil das Insolvenzverfahren über das Vermögen des Schuldners eröffnet und die Forderung aus dem Versäumnisurteil zur Tabelle festgestellt wird.[192] Ein Leasingnehmer kann vom Leasinggeber die gezahlten Leasingraten nach Bereicherungsrecht herausverlangen, nachdem in der Insolvenz des Lieferanten der Anspruch des Leasinggebers auf Kaufpreisrückzahlung von dem Leasingnehmer angemeldet, zur Tabelle festgestellt worden und damit die Geschäftsgrundlage des Leasingvertrags weggefallen ist.[193] Wird eine Forderung gegen eine insolvente OHG oder KG zur Tabelle festgestellt, so wirkt die Feststellung gemäß §§ 161 Abs. 2, 129 Abs. 1 HGB mittelbar auch gegen die persönlich haftenden Gesellschafter.[194] Entsprechendes gilt für die Feststellung einer Forderung gegen eine GmbH, wenn der Insolvenzverwalter den GmbH-Gesellschafter entsprechend §§ 93 InsO, 128 HGB aus Durchgriffshaftung wegen „Vermögensvermischung" in Anspruch nimmt und der Gesellschafter zuvor Gelegenheit gehabt hat, der Forderungsanmeldung mit Wirkung für seine persönliche Haftung zu widersprechen.[195]

74 d) **Besonderheiten bei der Eigenverwaltung.** Im Eigenverwaltungsverfahren wirkt die Eintragung Rechtskraft gegenüber dem Schuldner als Verwalter und als Träger der Insolvenzmasse sowie gegenüber dem Sachwalter und gegenüber allen Insolvenzgläubigern (§§ 283 Abs. 1, 270 Abs. 1 Satz 2, 178 Abs. 3). Widerspricht der Schuldner nicht persönlich (dazu oben RdNr. 29 f.), so wirkt die Feststellung auch Rechtskraft gegenüber dem Schuldner persönlich.

75 **5. Klärung des Tabelleninhalts durch Feststellungsklage.** Inhalt und Tragweite der Eintragung einer festgestellten Forderung (§ 256 ZPO) können erforderlichenfalls mit Hilfe einer Feststellungsklage geklärt werden.[196] Will dagegen der Gläubiger geltend machen, dass zu Unrecht ein Widerspruch in die Tabelle eingetragen worden sei oder dass ein Tabellen-

---

[186] *Jaeger/Weber* KO § 145 RdNr. 6.
[187] Vgl. BGH NZI 2006, 536; OLG Rostock ZInsO 2005, 1175; OLG Hamm ZIP 2003, 2311; ZinsO 2005, 1329; *Kübler/Prütting/Pape* § 174 RdNr. 46; *Hattwig* ZInsO 2004, 636; *Kahlert* ZInsO 2006, 409; *Kehe/Meyer/Schmerbach* ZInsO 2002, 660.
[188] *Kübler/Prütting/Pape* § 178 RdNr. 7.
[189] BGH NJW 1995, 2161, 2162.
[190] RGZ 51, 33, 40.
[191] RG WarnRspr. 1930, Nr. 127.
[192] OLG Koblenz NJW-RR 1992, 107.
[193] BGHZ 109, 139; NJW 1994, 576; siehe auch *Kübler/Prütting/Pape* § 178 RdNr. 7.
[194] BGH WM 1961, 429; LG Arnsberg KTS 1967, 62; anders für Steuer-Insolvenzforderungen: FG Düsseldorf EFG 1982, 550.
[195] BGH NJW 2006, 1344.
[196] RGZ 139, 83, 84; BGH WM 1957, 1225; BGH ZIP 1984, 1509; 1993, 1876, 1878.

eintrag ganz fehle, so ist er nach der hM auf einen Berichtigungsantrag beim Insolvenzgericht angewiesen (siehe oben RdNr. 51 f.).[197]

VIII. Rechtsbehelfe gegen die Eintragung festgestellter Forderungen

Den Widerspruchsberechtigten (siehe oben RdNr. 17 ff.) stehen gegen die Eintragung 76 festgestellter Forderungen in die Tabelle diejenigen Rechtsbehelfe zu, die gegen ein rechtskräftiges Urteil gegeben wären. Wurde dagegen die Feststellung der Forderung oder ein Widerspruch gegen sie zu Unrecht in der Tabelle vermerkt, so ist die Eintragung auf Antrag oder von Amts zu berichtigen (siehe oben RdNr. 51 f.).

1. Vollstreckungsabwehrklage. Nachträgliche Einwendungen, die das festgestellte 77 Insolvenzgläubigerrecht betreffen, können durch Vollstreckungsgegenklage geltend gemacht werden (§ 767 Abs. 1 ZPO).[198] Als Einwendungen kommen z. B. die Erfüllung der Forderung (etwa durch Dritte), die Leistung an Erfüllungs Statt, der Verzicht auf die Forderung oder die Aufrechnung (siehe unten RdNr. 80) in Betracht. Auf die Erfüllung der Forderung auf Grund von Teilzahlungen eines Mithaftenden nach Feststellung der Forderung kann eine Vollstreckungsgegenklage erst gestützt werden, wenn der Gläubiger vollständig befriedigt ist, § 43.[199] Anders, wenn ein Teilbürge oder Teilgesamtschuldner den gesamten ihm gegenüber bestehenden Anspruch tilgt.[200]

Ausschließlich **zuständig** ist entsprechend § 202 Abs. 1 Nr. 3, Abs. 2 das Amtsgericht, 78 bei dem das Insolvenzverfahren anhängig ist oder war, bei landgerichtlichem Streitwert das übergeordnete Landgericht.[201] **Klagebefugt** ist jeder Widerspruchsberechtigte im engeren Sinne (siehe oben RdNr. 17 ff.). Die Klage geht auf Feststellung, dass das eingetragene Insolvenzgläubigerrecht nicht mehr (ggf. in dem eingetragenen Umfang) besteht.[202]

Die Einwendungen sind entsprechend **§ 767 Abs. 2 ZPO** grundsätzlich nur insoweit 79 zulässig, als sie nach der Feststellung entstanden sind (s. aber u. RdNr. 80).[203] Wurde die Forderung durch Nichtbestreiten festgestellt, so muss die Einwendung grundsätzlich nach dem Schluss des Prüfungstermins bzw. nach Ablauf der von dem Insolvenzgericht gesetzten Frist zur Widerspruchserhebung im schriftlichen Verfahren (§§ 177; 312 Abs. 2 Satz; s. o. RdNr. 41) entstanden sein. Wurde die Forderung durch Rücknahme des Widerspruchs oder durch gerichtliche Entscheidung festgestellt (s. o RdNr. 42 ff.), so ist für den Präklusionszeitpunkt zu unterscheiden: Der Widersprechende kann die Vollstreckungsgegenklage nur auf solche Einwendungen stützen, die nach Rücknahme des Widerspruchs bzw. nach dem Schluss der Letzten mündlichen Tatsachenverhandlung im Feststellungsprozess entstanden sind. Dagegen kann sich ein Widerspruchsberechtigter, der keinen Widerspruch erhoben hat, auf alle nach dem Schluss des Prüfungstermins entstandenen Einwendungen berufen.

Der Verwalter kann nach Ansicht des BGH erst dann mit einer Masseforderung gegen 80 eine Insolvenzforderung **aufrechnen,** wenn die Insolvenzforderung zur Tabelle festgestellt worden ist. Vor der Feststellung fehle es an der Erfüllbarkeit der Hauptforderung. Die gegenteilige Ansicht des Reichsgerichts[204] und eines Teils des Schrifttums[205] verstoße gegen

---

[197] AA *Eckardt*, Kölner Schrift, S. 743, RdNr. 44 auf Grund der Annahme, dass die Feststellung im Sinne des Abs. 1 Satz 1 auch ohne Eintragung Rechtskraftwirkung entfalte (siehe oben RdNr. 57).
[198] BGH ZIP 1984, 1509, 1510; BGHZ 100, 222; 113, 381, 383; RGZ 57, 270; 85, 54; OLG Köln EWiR 1999, 545 *(Haas)*; Uhlenbruck, InsO § 178 RdNr. 25; *Jaeger/Weber* KO § 145 RdNr. 11; *Kilger/K. Schmidt* § 145 Anm. 6.
[199] BGH ZIP 1984, 1509, 1510; LG Baden-Baden ZIP 1981, 472; OLG Karlsruhe ZIP 1981, 1231; *Jaeger/Weber* KO § 145 RdNr. 11.
[200] BGH NJW 1960, 1295; 1997, 1014.
[201] *Jaeger/Weber* KO § 145 RdNr. 11 (unter b).
[202] *Jaeger/Weber* KO § 145 RdNr. 11 (unter c).
[203] BGHZ 113, 381, 383; *Gottwald/Eickmann*, Insolvenzrechts-Handbuch § 64 RdNr. 34; *Jaeger/Weber* KO § 145 RdNr. 11; *Uhlenbruck*, InsO § 179 RdNr. 25; *Kilger/K. Schmidt* § 145 Anm. 6; im Ergebnis ebenso *Eckardt*, Kölner Schrift, S. 743, RdNr. 45.
[204] RG LZ 1907 Sp. 835, 836; 1910 Sp. 231, 232; JW 1915, 1437, 1438.
[205] *Uhlenbruck*, InsO § 178 RdNr. 25.

den Grundsatz der gleichmäßigen Befriedigung der Gläubiger und gegen ihr Recht, einer Insolvenzforderung zu widersprechen.[206] Einer auf Aufrechnung gestützten Vollstreckungsgegenklage des Verwalters gegen die Eintragung einer festgestellten Insolvenzforderung steht demnach § 767 Abs. 2 ZPO nicht entgegen.[207]

81 2. **Wiederaufnahmeklage.** Jeder Widerspruchsberechtigte ist befugt, gegen die Feststellung Wiederaufnahmeklage (§§ 578 ff. ZPO) zu erheben. So z. B. eine **Restitutionsklage,** wenn neue, den Widerspruch stützende Urkunden aufgefunden werden (§ 580 Nr. 7 b ZPO)[208] oder wenn die Feststellung auf eine gefälschte Urkunde über die Forderung gegründet ist (§§ 580 Nr. 2; 581 ZPO), oder eine **Nichtigkeitsklage,** wenn der den Prüfungstermin leitende Richter/Rechtspfleger von der Ausübung des Richteramts kraft Gesetzes ausgeschlossen war (§ 579 Nr. 2 ZPO; § 10 S. 1 RPflG).[209] Obwohl der Richter oder Rechtspfleger im Prüfungstermin nicht erkennend, sondern beurkundend tätig ist, ist eine entsprechende Anwendung des § 579 Nr. 1, 2 ZPO im Hinblick auf die Einflussmöglichkeit des Richters oder Rechtspflegers auf den Gang des Prüfungsverfahrens und damit auf das Feststellungsergebnis gerechtfertigt.[210]

82 Die Klage ist auf richterliche **Aufhebung der Feststellung** zu richten; nach der Aufhebung ist die Tabelle gemäß § 183 Abs. 2 zu berichtigen.[211] Zuständig für die Klage ist nach dem Rechtsgedanken des § 584 Abs. 2 ZPO das Amtsgericht, bei dem das Insolvenzverfahren anhängig ist oder war, bei landgerichtlicher Zuständigkeit das übergeordnete Landgericht (§ 180 Abs. 1 Satz 2, 3).[212]

83 3. **Arglistklage, § 826 BGB.** Hat der Gläubiger eine unrichtige Feststellung zur Tabelle arglistig erschlichen oder nutzt er sie in sittenwidriger Weise aus, so kommt die Beseitigung der rechtskräftigen Feststellung durch Arglistklage (§ 826 BGB) in Betracht.[213]

84 4. **Keine Wiedereinsetzung in den vorigen Stand.** Eine Wiedereinsetzung des Verwalters, Sachwalters, Treuhänders oder Insolvenzgläubigers in den vorigen Stand bei schuldloser Versäumung des Prüfungstermins ist im Interesse einer zügigen Verfahrensabwicklung ausgeschlossen.[214] Dies folgt nicht zuletzt aus § 186, wonach nur dem Schuldner persönlich (§§ 178 Abs. 1 Satz 2, 201)[215] Wiedereinsetzung gegen die Versäumung des Prüfungstermins gewährt werden kann. Im Übrigen stellt der Prüfungstermin auch keine Frist im Sinne des § 233 ZPO dar.

85 5. **Rechtsbehelfe des Schuldners.** Der Schuldner kann die **Feststellung des Insolvenzgläubigerrechts** nicht durch Wiederaufnahmeklage (§§ 578 ff. ZPO) oder Arglist-

---

[206] BGHZ 100, 222, 227; differenzierend *Eckardt* ZIP 1995, 257.
[207] BGHZ 100, 222, 225 ff.; aA RG LZ 1907, Sp. 835, 836; 1910, Sp. 231, 232; *Uhlenbruck,* InsO § 178 RdNr. 25. Grundsätzlich ist nach der hM für die Präklusion von Gestaltungsrechten auf den Zeitpunkt abzustellen, zu dem das Gestaltungsrecht objektiv hätte geltend gemacht werden können: BGHZ 24, 97, 98; 34, 274, 279; 38, 122, 123; 42, 37; 59, 100, 222, 225; 116, 124; 123, 49, 52; MünchKommZPO-*K. Schmidt* § 767 RdNr. 82; *Zöller/Vollkommer* Vor. § 322 RdNr. 62; *Ernst* NJW 1986, 401; aA *Baur/Stürner* I RdNr. 45.14; *Rosenberg/Schwab/Gottwald,* Zivilprozessrecht, 16. Aufl. 2004, § 154 I RdNr. 1; *Stein/Jonas/Münzberg* § 767 RdNr. 32; *Thomas/Putzo* § 767 RdNr. 22; ebenso BGHZ 94, 29 für die nachträgliche Ausübung eines vertraglichen Optionsrechts; differenzierend *Jauernig,* Zwangsvollstreckung, § 12 II.
[208] RGZ 37, 386.
[209] RGZ 57, 271; LZ 1918, Sp. 859 f. Nr. 26; Motive S. 364 = *Hahn* IV, S. 327; *Gottwald/Eickmann,* Insolvenzrechts-Handbuch § 64 RdNr. 32; *Häsemeyer,* Insolvenzrecht, RdNr. 22.19; *Jaeger/Weber* KO § 145 RdNr. 12; *Kilger/K. Schmidt* § 145 Anm. 6; *Uhlenbruck,* InsO § 178 RdNr. 25.
[210] *Jaeger/Weber* KO § 145 RdNr. 13.
[211] *Jaeger/Weber* KO § 145 RdNr. 13.
[212] *Jaeger/Weber* KO § 145 RdNr. 13; aA *v. Wilmowsky/Kurlbaum* KO 6. Aufl. 1906, § 145 Anm. 12; *Petersen/Kleinfeller* KO 4. Aufl. 1900, § 145 Anm. 7: ausschließliche Zuständigkeit des Amtsgerichts, bei dem das Insolvenzverfahren anhängig ist.
[213] *Häsemeyer,* Insolvenzrecht, RdNr. 22.19; *Kilger/K. Schmidt* § 145 RdNr. 6; *Kübler/Prütting/Pape* § 178 RdNr. 15; *Uhlenbruck,* InsO § 178 RdNr. 25; kritisch *Jaeger/Weber* KO § 145 RdNr. 11; *Gottwald/Eickmann,* Insolvenzrechts-Handbuch § 64 RdNr. 33; allgemein *Rosenberg/Schwab/Gottwald,* Zivilprozessrecht, 16. Aufl. 2004, § 161 III.
[214] Siehe *Jaeger/Weber* KO § 145 RdNr. 14.
[215] Nicht dem Schuldner als Eigenverwalter, § 283. Siehe § 186 RdNr. 2.

klage (§ 826 BGB) beseitigen, die Teilnahme des Gläubigers an den Verteilungen nicht durch Vollstreckungsgegenklage (§ 767 ZPO) verhindern (arg. § 178 Abs. 1 Satz 2).[216] Die Wahrnehmung des Schuldnerinteresses daran, dass nur berechtigte Anmelder an der Verteilung der Insolvenzmasse teilnehmen, ist ausschließlich dem Verwalter zugewiesen (siehe oben RdNr. 23).

Gegen die **Vollstreckung aus dem Tabelleneintrag** nach Beendigung des Insolvenzverfahrens kann der Schuldner mit der Vollstreckungsgegenklage vorgehen. Die Zuständigkeit richtet sich nach § 202 Abs. 1 Nr. 3, Abs. 2. Zur Anwendbarkeit des § 767 Abs. 2 ZPO siehe oben RdNr. 70. Darüber hinaus kann der Schuldner gegebenenfalls Wiederaufnahme- oder Arglistklage zu dem Zweck erheben, nachträglich die Forderung zu bestreiten und dadurch die Vollstreckungswirkung des Tabelleneintrags zu beseitigen (§§ 178 Abs. 1 Satz 2; 201 Abs. 2). 86

Hat der Schuldner den Prüfungstermin schuldlos versäumt, so hat ihm das Insolvenzgericht gemäß § 186 Abs. 1 auf Antrag **Wiedereinsetzung in den vorigen Stand** zu gewähren. Die Wiedereinsetzung kann nur dem Schuldner persönlich eingeräumt werden zu dem Zweck, die Vollstreckungswirkung zu beseitigen (§§ 178 Abs. 1 Satz 2, 201 Abs. 2). Eine Wiedereinsetzung des Schuldners in seiner Funktion als Eigenverwalter zum Zwecke der Beseitigung der Insolvenzfeststellung kommt nicht in Betracht (§§ 270 ff., 283 Abs. 1; siehe § 186 RdNr. 2).[217] 87

IX. Feststellung von Steuerforderungen zur Tabelle

Die **Wirkung der Eintragung** einer gemäß Abs. 1 Satz 1 festgestellten Steuerforderung in die Tabelle ist umstritten. Teilweise wird angenommen, die Eintragung wirke wie ein bestandskräftiger Feststellungsbescheid gemäß § 251 Abs. 3 AO.[218] Nach anderer Ansicht wirkt die Eintragung wie ein bestandskräftiger Steuerbescheid.[219] Wieder andere nehmen die Wirkung eines rechtskräftigen Finanzgerichtsurteils an.[220] Von Bedeutung ist der Meinungsstreit vor allem für die Abänderbarkeit der Feststellung. Gegen die Annahme der Urteilswirkung spricht nicht zuletzt, dass das Bedürfnis, die Festsetzung gegebenenfalls ändern zu können, im Steuerrecht größer ist als im Zivilrecht.[221] Auch übernimmt im Steuerrecht in der Regel der bestandskräftige Steuerbescheid die dem zivilgerichtlichen Urteil entsprechende Funktion des Vollstreckungstitels, ohne dass es eines finanzgerichtlichen Urteils bedarf. Ist daher die Urteilswirkung abzulehnen, so bleibt fraglich, ob die Eintragung die Wirkung eines bestandskräftigen Steuerbescheids oder die Wirkung eines bestandskräftigen Feststellungsbescheids (§ 251 Abs. 3 AO) haben soll. Überwiegend wird angenommen, dass eine Änderung des Feststellungsbescheids allein gemäß §§ 130, 131 AO möglich ist.[222] Dagegen spricht, dass der Feststellungsbescheid den Steuerbescheid unter den besonderen Bedingungen des Insolvenzverfahrens ersetzt (siehe § 185 RdNr. 10). Für die Änderung des Feststellungsbescheids sind daher die Vorschriften über die Änderung von Steuerbescheiden (§§ 172 ff. AO) entsprechend anwendbar.[223] Daher kommt es jedenfalls für die Frage der Abänderbarkeit letztlich nicht darauf an, ob die Eintragung festgestellter Steuerforderungen die Wirkung eines Steuer- oder eines Feststellungsbescheids entfaltet. 88

---

[216] Anders der Schuldners als Eigenverwalter (§ 283 Abs. 1).
[217] *Nerlich/Römermann/Becker* § 178 RdNr. 6; aA *Kübler/Prütting/Pape* § 176 RdNr. 6.
[218] FG Baden-Württemberg EFG 1993, 763, 764; *Bringewat/Waza* RdNr. 267.
[219] *Fichtelmann* NJW 1970, 2276, 2279 f.; *Hundt-Esswein* BB 1987, 1718, 1719; *Kilger/K. Schmidt* § 145 Anm. 6; siehe auch FG Münster EFG 1996, 86.
[220] *Hübschmann/Hepp/Spitaler/Beermann* § 251 AO RdNr. 422; *Bley* ZZP 51 (1926), 233, 238 ff.; *Frotscher* S. 267; *Kramer*, Konkurs und Steuerverfahren, 1993, S. 275; *von Wallis* StuW 1939, 813, 817; wohl auch BFH BStBl 1988 II 865, 867; BFH/NV 1998, 42 f.
[221] *Fichtelmann* NJW 1970, 2276, 2279.
[222] FG Baden-Württemberg EFG 1993, 763; *Frotscher* S. 284; *Uhlenbruck*, InsO § 179 RdNr. 19; *Tipke/Kruse/Loose* § 251 AO RdNr. 68; *Maus*, FS Greiner, S. 227 f.
[223] *Kramer* S. 270 ff. AA *Frotscher* S. 257; vgl. auch *Bringewat/Waza* RdNr. 279.

§ 179

5. Teil. 1. Abschnitt. Feststellung der Forderungen

Führt die Änderung der Feststellung zu einer Mehrforderung, so ist der Mehrbetrag nachträglich zur Tabelle anzumelden, damit Verwalter und Gläubiger Gelegenheit zum Bestreiten erhalten. Der Verwalter kann gegen die Ablehnung seines Antrags auf Erlass eines ändernden Feststellungsbescheids Einspruch einlegen (§ 347 AO).[224]

89 Durch die Feststellung der Steuerforderung zur Tabelle werden, wenn der Schuldner der Feststellung nicht widerspricht, die zurzeit der Eröffnung des Insolvenzverfahrens über die Forderung anhängigen Steuerfestsetzungs-, Rechtsbehelfs- und Gerichtsverfahren in der Hauptsache erledigt.[225] Der Auszug aus der Tabelle ersetzt nach Beendigung des Insolvenzverfahrens alle früheren Vollstreckungstitel über die Steuerforderung (§ 201 Abs. 2).[226] Die Vollstreckung erfolgt im Verwaltungsweg (§§ 251 Abs. 2 Satz 2 InsO i. V. m. §§ 259 ff. AO), nicht gemäß § 201 Abs. 2 Satz 1 i. V. m. §§ 724 bis 793 ZPO.[227] Auch die Verjährung von zur Tabelle festgestellten Steuerforderungen richtet sich nach der Abgabenordnung. Es gilt die fünfjährige Verjährungsfrist gemäß § 228 AO, nicht die dreißigjährige Frist des § 197 Abs. 1 Nr. 5 BGB.[228] Nach Feststellung einer USt-Jahresschuld zur Tabelle ohne Widerspruch des Schuldners kann ein Haftungsbescheid nicht mehr auf offene USt-Forderungen aus USt-Voranmeldungszeiträumen gestützt werden.[229]

§ 179 Streitige Forderungen

(1) Ist eine Forderung vom Insolvenzverwalter oder von einem Insolvenzgläubiger bestritten worden, so bleibt es dem Gläubiger überlassen, die Feststellung gegen den Bestreitenden zu betreiben.

(2) Liegt für eine solche Forderung ein vollstreckbarer Schuldtitel oder ein Endurteil vor, so obliegt es dem Bestreitenden, den Widerspruch zu verfolgen.

(3) ¹Das Insolvenzgericht erteilt dem Gläubiger, dessen Forderung bestritten worden ist, einen beglaubigten Auszug aus der Tabelle. ²Im Falle des Absatzes 2 erhält auch der Bestreitende einen solchen Auszug. ³Die Gläubiger, deren Forderungen festgestellt worden sind, werden nicht benachrichtigt; hierauf sollen die Gläubiger vor dem Prüfungstermin hingewiesen werden.

Schrifttum: siehe § 178.

Übersicht

	RdNr.		RdNr.
I. Normzweck	1	5. Feststellungsinteresse	9
II. Entstehungsgeschichte	2	6. Übereinstimmung der Klage mit der Anmeldung	12
III. Bestrittene Forderung	3	7. Prozessführungsbefugnis bei Rechtsnachfolge	13
IV. Feststellung nicht titulierter Forderungen (Abs. 1)	4		
1. Betreibungslast des Gläubigers	4	8. Mehrere Widersprechende	15
2. Rechtsnatur der Klage	5	9. Streithilfe	19
3. Antrag	6	10. Negative Feststellungsklage des Bestreitenden	21
4. Feststellungsgegenstand	7		

---

[224] FG Baden-Württemberg EFG 1993, 763.
[225] *Bringewat/Waza* RdNr. 266; *Frotscher* S. 254; ferner BFH BStBl. 1976 II, 506; FG Münster EFG 1976, 194.
[226] BFH NV 2001, 144; *Bringewat/Waza* RdNr. 268; *Frotscher* S. 254, 274.
[227] BFH BStBl. II 1988, 865, 867; NV 2001, 144 f.; *Bringewat/Waza* RdNr. 268; *Hübschmann/Hepp/Spitaler* § 251 AO, RdNr. 446 ff.; *Frotscher* S. 274.
[228] BFH BStBl. II 1988, 865, 867; *Bringewat/Waza* RdNr. 268; *Frotscher* S. 275; *Kilger/K. Schmidt* § 145 Anm. 6; siehe auch FG Rheinland-Pfalz ZIP 1991, 602 (5-jährige Verjährung des Anspruchs auf Rückzahlung von Sequestrationsumsatzsteuer).
[229] FG Münster EFG 1996, 86.

	RdNr.		RdNr.
V. Feststellung titulierter Forderungen (Abs. 2)	23	8. Mehrere Widersprechende	41
1. Titulierte Forderung	23	9. Streithilfe	42
a) Vollstreckbarer Schuldtitel	23	10. Positive Feststellungsklage des Gläubigers	43
b) Endurteil	24		
c) Entstehungszeitpunkt des Titels	25	**VI. Beglaubigter Auszug aus der Tabelle (Abs. 3)**	45
d) Vorlage des Titels	26		
e) Keine Titulierung insolvenzspezifischer Forderungseigenschaften	27	**VII. Einfluss der Beendigung des Insolvenzverfahrens auf den Feststellungsprozess**	46
f) Identität zwischen titulierter und bestrittener Forderung	28	1. Aufhebung gemäß § 200 Abs. 1	46
2. Betreibungslast des Bestreitenden	29	2. Einstellung	48
3. Betreibungslast des Gläubigers bei insolvenzspezifischen Einwendungen?	31	a) Feststellungsstreit mit dem Verwalter	49
4. Mittel der Widerspruchsverfolgung	33	b) Feststellungsstreit mit einem widersprechenden Gläubiger	53
5. Klageart und -gegenstand; Antrag	36	c) Besonderheiten bei der Eigenverwaltung	54
6. Feststellungsinteresse	38		
7. Übereinstimmung mit der Anmeldung	40	3. Aufhebung gemäß § 258 Abs. 1	55

I. Normzweck

Abs. 1 und Abs. 2 legen fest, wem es obliegt, die (positive oder negative) Feststellung 1 des bestrittenen Insolvenzgläubigerrechts zu betreiben. Die Bestimmung hat eher klarstellende Bedeutung insoweit, als sich die „Betreibungslast" des Gläubigers oder des Bestreitenden bereits unmittelbar aus den Vorschriften über das Verteilungsverfahren ergibt: Ein Gläubiger, für dessen bestrittene Forderung kein Titel im Sinne der §§ 179 Abs. 2, 189 Abs. 1 vorliegt, wird bei einer Verteilung nicht berücksichtigt, wenn er nicht rechtzeitig nachweist, dass er die Feststellung gegen den Bestreitenden betreibt (§ 189 Abs. 1, 3). In diesem Sinne trägt der Gläubiger die „Betreibungslast" (Abs. 1). Ist dagegen die bestrittene Forderung tituliert, so erhält der Gläubiger seinen Anteil ausbezahlt, solange nicht der Bestreitende vor der Auszahlung die Verfolgung des Widerspruchs nachweist (siehe unten RdNr. 29).[1] Bei einem Widerspruch gegen eine titulierte Forderung ist daher grundsätzlich der Bestreitende betreibungsbelastet (Abs. 2; siehe aber unten RdNr. 43). Der beglaubigte Tabellenauszug **(Abs. 3)** soll es dem Kläger ermöglichen, die gemäß § 181 erforderliche Anmeldung und Prüfung der Forderung[2] sowie den Widerspruch gegen die Forderung nachzuweisen, ohne den es am Feststellungsinteresse fehlt (siehe unten RdNr. 9 ff.).

II. Entstehungsgeschichte

§ 179 übernimmt im Wesentlichen die Regelungen des **§ 146 Abs. 1 und 6 KO.** Abs. 3 2 Satz 2 ordnet nunmehr ausdrücklich an, dass bei einem Widerspruch gegen eine titulierte Forderung auch der Bestreitende einen beglaubigten Auszug aus der Tabelle erhält, da in diesem Fall grundsätzlich ihm die Verfolgung der (negativen) Feststellung obliegt (§ 179 Abs. 2). Erstmals wird klargestellt, dass Gläubiger festgestellter Forderungen vom Ergebnis der Prüfung nicht benachrichtigt werden müssen. Sie sollen hierauf vor dem Prüfungstermin hingewiesen werden, damit überflüssige Nachfragen erspart bleiben (Abs. 3 Satz 3). **§ 11 Abs. 3 Sätze 1 und 2 GesO** enthielten eine dem § 146 Abs. 1 und 6 KO vergleichbare und im Wesentlichen in demselben Sinne ausgelegte Regelung.[3] § 179 blieb bis auf Abs. 3

---

[1] Der vor Eröffnung des Insolvenzverfahrens erworbene Titel soll auch im Verhältnis zu dem Bestreitenden maßgebend sein; siehe Motive zur KO, S. 367 f. = *Hahn* IV, S. 329 f.
[2] Motive zur KO, S. 365 = *Hahn* IV, S. 328.
[3] *Haarmeyer/Wutzke/Förster* GesO § 11 RdNr. 99 ff.; *Hess/Binz/Wienberg* GesO § 11 RdNr. 48 ff.; *Smid* GesO § 11 RdNr. 92 ff.

Satz 3, der auf Empfehlung des Rechtsausschusses hinzugefügt wurde,[4] im **Gesetzgebungsverfahren** unverändert (vgl. § 207 RegE, § 197 RefE, § 197 DE).

III. Bestrittene Forderung

3   Abs. 1 und Abs. 2 setzen voraus, dass die Forderung von dem Insolvenzverwalter oder einem Insolvenzgläubiger im Prüfungstermin oder im schriftlichen Verfahren (§ 177) bestritten worden ist. Eine Forderung ist auch dann im Sinne des Abs. 1 Satz 1 bestritten, wenn sich der Widerspruch nicht gegen das Bestehen der Forderung nach Grund oder Betrag, sondern gegen ihre Eigenschaft als Insolvenzforderung (§ 38) oder gegen den geltend gemachten Rang (§ 39) richtet[5] oder wenn der Widersprechende die Insolvenzanfechtung geltend macht. „Forderung" im Sinne des Abs. 1 meint nach zutreffender Auffassung nicht die persönliche Forderung gegen den Schuldner, sondern das Haftungsrecht des Gläubigers an der Insolvenzmasse (ausführlich § 178 RdNr. 11 ff.; ferner unten RdNr. 7 f.).[6] Auch eine „vorläufig bestrittene" Forderung ist wirksam bestritten (§ 178 RdNr. 37 f.). Zum Widerspruchsrecht des Insolvenzverwalters und der Gläubiger siehe § 178 RdNr. 17 ff. Dem Widerspruch des Insolvenzverwalters stehen im Eigenverwaltungsverfahren jeweils die Widersprüche des Schuldners und des Sachwalters gleich (§ 283 Abs. 1; siehe § 178 RdNr. 26 ff.), im Kleininsolvenzverfahren der Widerspruch des Treuhänders (§ 313 Abs. 1 Satz 1; siehe § 178 RdNr. 32). Der erhobene Widerspruch darf nicht beseitigt worden sein (§ 178 Abs. 1 Satz 1).[7] Mit der Rücknahme des Widerspruchs entfällt das Rechtsschutzbedürfnis für die Feststellungsklage.

IV. Feststellung nicht titulierter Forderungen (Abs. 1)

4   **1. Betreibungslast des Gläubigers.** Liegt für die bestrittene Forderung weder ein vollstreckbarer Schuldtitel noch ein Endurteil vor (siehe Abs. 2), so ist es gemäß Abs. 1 dem Gläubiger überlassen, die Feststellung gegen den Bestreitenden zu betreiben. Der Gläubiger betreibt die Feststellung, indem er im ordentlichen Verfahren Klage erhebt (§ 180 Abs. 1 Satz 1) oder einen Rechtsstreit aufnimmt, der zurzeit der Eröffnung des Insolvenzverfahrens über die bestrittene Forderung anhängig ist (§ 180 Abs. 2). Für die Neuklage ist ausschließlich das Amtsgericht, bei dem das Insolvenzverfahren anhängig ist, oder das übergeordnete Landgericht zuständig (§ 180 Abs. 1 Sätze 2, 3). § 179 Abs. 1 hat eher klarstellende Bedeutung insoweit, als sich die „Betreibungslast" des Gläubigers ohne weiteres aus § 189 Abs. 1, Abs. 3 ergibt (siehe oben RdNr. 1).

5   **2. Rechtsnatur der Klage.** Die Klage gemäß §§ 179 ff. ist eine **echte Feststellungsklage** im Sinne des § 256 ZPO.[8] Der Gläubiger erstrebt positive Feststellung (Abs. 1), der Widersprechende negative Feststellung des bestrittenen Insolvenzgläubigerrechts (Abs. 2).[9] Das Feststellungsinteresse des Gläubigers der bestrittenen, nicht titulierten Forderung ergibt sich aus § 189 (siehe unten RdNr. 9 ff.). Abweichende Auffassungen zur Rechtsnatur der Klage des Gläubigers finden sich insbesondere in der älteren Literatur.[10] Einige sahen in der Klage eine Gestaltungsklage auf Beseitigung des Widerspruchs durch das richterliche Ur-

---

[4] BT-Drucks. 12/7302, S. 179.
[5] BGHZ 52, 155, 157; *Uhlenbruck,* InsO § 179 RdNr. 1.
[6] Der Titel im Sinne des Abs. 2 kann allerdings nur den Anspruch betreffen, der dem Haftungsrecht an der Masse zugrunde liegt (dazu unten RdNr. 27).
[7] § 146 Abs. 1 KO sprach zutreffender von „streitig gebliebener Forderung"; dazu *Kilger/K. Schmidt* § 146 Anm. 1 a; *Kuhn/Uhlenbruck* KO § 146 RdNr. 2; ferner *Nerlich/Römermann/Becker* § 179 RdNr. 3; *Uhlenbruck,* InsO § 179 RdNr. 2.
[8] BGH NJW 1967, 1371; *Baur/Stürner* II, Insolvenzrecht, RdNr. 21.16 ff.; *Eckardt,* Kölner Schrift, S. 743, RdNr. 52; *Jaeger/Weber* KO § 146 RdNr. 12; *Uhlenbruck,* InsO § 179 RdNr. 11; *Kilger/K. Schmidt* § 146 Anm. 2 a; *Kübler/Prütting/Pape* § 179 RdNr. 11; *Spellenberg* S. 15 ff., 23; für Feststellungsklage „sui generis" RGZ 116, 368, 372; ähnlich *Jonas* S. 8 ff.; offen BGH WM 1957, 1226.
[9] *Jonas* S. 66 ff.; *Jaeger/Weber* KO § 146 RdNr. 12; *Spellenberg* S. 22 f.
[10] Ausführliche Darstellung bei *Spellenberg* S. 15 ff. mN.

teil.[11] Teilweise wurde eine Leistungsklage auf Erfüllung der Forderung angenommen,[12] zum Teil eine Leistungsklage auf Rücknahme des Widerspruchs (zu vollstrecken nach § 894 ZPO).[13] Die Ansprüche des Gläubigers auf Auszahlung der Quote und seine Mitwirkungsrechte im Insolvenzverfahren prägen jedoch das Wesen der Klage nicht, sondern folgen lediglich mittelbar aus der richterlichen Feststellung des Insolvenzgläubigerrechts. Entsprechendes gilt für die Möglichkeit der Vollstreckung aus der Eintragung in die Tabelle nach Beseitigung des Widerspruchs.[14]

3. Antrag. Der Gläubiger richtet seinen Antrag gewöhnlich auf Feststellung der näher 6 bezeichneten Forderung zur Tabelle.[15] Deutlicher wäre ein Antrag des Gläubigers auf Feststellung, dass ihm für die näher bezeichnete Forderung ein Insolvenzgläubigerrecht (gegebenenfalls bestimmten Ranges) zusteht.[16] Nach zutreffender Auffassung bildet nicht die Forderung gegen den Schuldner, sondern das Insolvenzgläubigerrecht im Sinne des Haftungsrechts des Gläubigers an der Masse den Gegenstand des Feststellungsverfahrens (siehe unten RdNr. 7 f.; ausführlich § 178 RdNr. 11 ff.). Gegen die übliche Antragsfassung spricht auch, dass die rechtskräftige richterliche Feststellung ohne weiteres gegenüber dem Insolvenzverwalter und allen Insolvenzgläubigern wirkt (§ 183 Abs. 1) und der anschließenden Eintragung in die Tabelle nur deklaratorische Bedeutung zukommt (§ 183 Abs. 2; anders der Eintragung einer freiwilligen Feststellung, § 178 Abs. 3; siehe § 183 RdNr. 7; § 178 RdNr. 56 ff.).[17] Wird irrtümlich nicht Feststellung, sondern Verurteilung zur Leistung beantragt und ergeht ein entsprechendes Zahlungsurteil, so kann das Urteil unter Umständen dahin ausgelegt werden, dass nur ein Recht auf insolvenzmäßige Befriedigung zuerkannt ist. Das setzt voraus, dass die geltend gemachte Forderung nach den Entscheidungsgründen zweifelsfrei nur ein Recht auf insolvenzmäßige Befriedigung verschafft.[18]

4. Feststellungsgegenstand. Den Gegenstand der freiwilligen ebenso wie der streitigen 7 Feststellung bildet nach zutreffender Auffassung das Insolvenzgläubigerrecht im Sinne des **Haftungsrechts des Gläubigers an der Masse**.[19] Bestand, Rang und Anmeldbarkeit der persönlichen Forderung haben danach nur die Bedeutung von Vorfragen, auf die sich die Rechtskraftwirkung der Feststellung nicht erstreckt. An einer isolierten Feststellung dieser Fragen hat der Anmelder im Insolvenzverfahren kein schutzwürdiges Interesse. Demgegenüber sehen die Rechtsprechung[20] und ein Teil des Schrifttums[21] die gegen den Schuldner erhobene **Forderung** „als eine Konkursforderung bestimmten Betrages und bestimmten Ranges"[22] als Gegenstand der Feststellung an. Dem entspricht im Ergebnis die Ansicht, dass die einzelnen Voraussetzungen für die Berücksichtigung der Forderung im Insolvenzverfahren (Bestehen der Forderung, ihre Verfolgbarkeit im Insolvenzverfahren und ihr Rang) festzustellen seien.[23] Die Ausführungen zum Gegenstand der freiwilligen Feststellung gelten insofern entsprechend (oben § 178 RdNr. 11 ff.). Im Zusammenhang mit der streitigen

---

[11] *Oetker*, Konkursrechtliche Grundbegriffe, Bd. I, 1891, S. 266 f., 309 f., 579 f.; *Seuffert*, Deutsches Konkursprozessrecht, 1899, S. 269; wohl auch *Weismann*, Die Feststellungsklage, 1879, S. 142 ff.
[12] *Wach*, Der Feststellungsanspruch, 1888, S. 41 f.
[13] *Hellmann*, Lehrbuch des Deutschen Konkursrechts, 1907, S. 476.
[14] *Jaeger/Weber* KO § 146 RdNr. 12; *Eckardt*, Kölner Schrift, S. 743, RdNr. 52; *Spellenberg* S. 19 ff.; *Bley* S. 1 ff.
[15] BGH LM KO § 146 Nr. 4; WM 1957, 1334; NJW 1962, 153; ZIP 1994, 1193, 1194; *Uhlenbruck*, InsO § 179 RdNr. 11; *Kilger/K. Schmidt* § 146 Anm. 2 a.
[16] *Eckardt*, Kölner Schrift, S. 743, RdNr. 52; vgl. auch *Jaeger/Weber* KO § 146 RdNr. 12.
[17] *Eckardt*, Kölner Schrift, S. 743, RdNr. 52, RdNr. 57; *Jaeger/Weber* KO § 146 RdNr. 46; § 147 RdNr. 1; *Uhlenbruck*, InsO § 183 RdNr. 2 ff.; aA *Spellenberg* S. 19 Fn. 82.
[18] BGH LM KO § 146 Nr. 9.
[19] *Eckardt*, Kölner Schrift, S. 743, RdNr. 1 f.; RdNr. 39; *Spellenberg* S. 81 ff.; ähnlich *Jaeger/Henckel* KO § 29 RdNr. 19; *Henckel*, Festschrift für Michaelis, 1972, S. 151 ff.; *Kohler*, Konkursrecht, 1891, S. 378, 392, 530.
[20] RGZ 55, 157, 160; KG OLGZ 20 (1910), 297, 298.
[21] *Bley* S. 6 ff.; *Jaeger/Weber* KO § 146 RdNr. 13; wohl auch *Kübler/Prütting/Pape* § 179 RdNr. 11.
[22] *Jaeger/Weber* KO § 146 RdNr. 13.
[23] *Häsemeyer*, Insolvenzrecht, RdNr. 22.03 f., 22.20, 22.41.

§ 179   8–10   5. Teil. 1. Abschnitt. Feststellung der Forderungen

Feststellung spricht auch die Streitwertregelung des § 182 für die hier vertretene Auffassung. § 182 stellt ebenso wie § 6 Satz 2 ZPO nicht auf den Forderungswert, sondern auf den niedrigeren Wert des festzustellenden Haftungsrechts ab.[24]

8   Im Feststellungsstreit ist das Haftungsrecht des Gläubigers als solches **unabhängig davon** festzustellen, ob sich der Widerspruch gegen den Bestand der Forderung, ihre Eigenschaft als Insolvenzforderung (§§ 38; 47 ff.) oder den für sie beanspruchten Rang (§§ 39; 174 Abs. 3) richtet oder ob er auf die Insolvenzanfechtung gestützt wird. Hierbei handelt es sich lediglich um unverbindliche Begründungen des Widerspruchs (siehe § 178 RdNr. 34 ff.). Dagegen ging die zur Konkursordnung herrschende Meinung davon aus, dass die Forderung als solche zur Tabelle festgestellt werde, wenn der Bestreitende allein dem angemeldeten Vorrecht widersprach. Im nachfolgenden Rechtsstreit war nach dieser Ansicht nicht das Insolvenzgläubigerrecht, sondern nur noch das Vorrecht festzustellen. Die Forderung konnte nicht mehr bestritten werden.[25] Dasselbe sollte gelten, wenn zunächst die Forderung als einfache Insolvenzforderung angemeldet und zur Tabelle festgestellt wurde und der Gläubiger später ein Vorrecht für die Forderung beanspruchte.[26]

9   **5. Feststellungsinteresse.** Das Feststellungsinteresse (§ 256 ZPO) des Gläubigers der bestrittenen, nicht titulierten Forderung ergibt sich aus § 189: Die bestrittene Forderung wird bei der Verteilung nur berücksichtigt, wenn der Gläubiger rechtzeitig nachweist, dass er die Feststellung betreibt (§ 189 Abs. 1, Abs. 3); solange der Feststellungsstreit anhängig ist, wird der auf die Forderung entfallende Anteil zurückbehalten (§ 189 Abs. 2).[27] Das Feststellungsinteresse entfällt, wenn der Beklagte den Widerspruch gegen die Forderung zurücknimmt (siehe oben § 178 RdNr. 43 f.).

10   Der Gläubiger hat ein Feststellungsinteresse, solange das Insolvenzverfahren nicht beendet und es nicht offenkundig ausgeschlossen ist, dass mit der Klage noch rechtsschutzwürdige Ziele zu erreichen sind.[28] Rechtsschutzwürdige Ziele sind nicht mehr zu erreichen, wenn der Gläubiger die Klage erst **nach Ablauf der Ausschlussfrist vor der Schlussverteilung** (§§ 189 Abs. 1, 196) erhebt.[29] Denn die Forderung kann weder bei der Schlussverteilung[30] noch bei einer möglichen Nachtragsverteilung (§ 205 S. 1)[31] noch bei den Verteilungen des Treuhänders im Restschuldbefreiungsverfahren (§ 292 Abs. 1 Satz 2)[32] berücksichtigt werden. Auch das Interesse des Gläubigers, durch Beseitigung des Widerspruchs und Tabellenberichtigung einen Vollstreckungstitel gegen den Schuldner persönlich zu erwirken, wenn dieser der Feststellung im Prüfungstermin nicht widersprochen hat (§§ 200 Abs. 1 Sätze 1, 2; 183 Abs. 2), führt nicht zur Zulässigkeit der Feststellungsklage.[33] Denn die Vollstreckungswirkung des § 201 Abs. 2 ist nicht Zweck der Feststellungsklage, sondern eine durch das Gesetz vermittelte Folge der Feststellung (siehe oben RdNr. 5; ferner § 178 RdNr. 16).[34] Der Gläubiger, der die Klageerhebung bzw. Prozessaufnahme nicht rechtzeitig nachgewiesen hat, kann jedenfalls nach bislang herrschender Meinung auf die Verfahrensteilnahme verzichten und Leistungsklage gegen den Schuldner persönlich erheben (unter Geltung der InsO zweifelhaft; siehe § 184 RdNr. 7). Die Leistungsklage ist entgegen der Auffassung des

---

[24] *Spellenberg* S. 95.
[25] BAG KTS 1967, 231; RGZ 144, 246, 248 f.; *Jaeger/Weber* KO § 145 RdNr. 5, § 146 RdNr. 13; *Kuhn/Uhlenbruck* KO § 144 RdNr. 2 b, § 145 RdNr. 3.
[26] RGZ 149, 257, 267 ff.; BGH LM Nr. 2, 3 zu § 61 KO.
[27] Vgl. *Jaeger/Weber* KO § 146 Anm. 14; *Eckardt*, Kölner Schrift, S. 743, RdNr. 54.
[28] BGH ZIP 1998, 515 (zur GesO); dazu *Johlke/Schröder*, EWiR 1998, 501; zustimmend *Kübler/Prütting/Pape* § 177 RdNr. 2 f.
[29] AA wohl BGH ZIP 1998, 515, 516 wegen der Möglichkeit zur Vollstreckung aus der Tabelle nach Verfahrensbeendigung (dazu unten RdNr. 47).
[30] Vgl. *Jaeger/Weber* KO § 158 RdNr. 4; § 162 RdNr. 4 f.
[31] Zur KO vgl. *Bley* S. 93 f.; *Jonas* S. 86; *Jaeger/Weber* KO § 152 RdNr. 7; *Kuhn/Uhlenbruck* KO § 152 RdNr. 5. Siehe auch *Häsemeyer*, Insolvenzrecht, RdNr. 7.67; aA wohl *Nerlich/Römermann/Becker* § 180 RdNr. 29.
[32] Siehe dazu Begr. zu § 241 RegE (= § 292 InsO) BR-Drucks. 1/92 S. 191.
[33] AA BGH ZIP 1998, 515, 516; *Oetker* ZZP 25 (1899), 1, 68 ff.
[34] *Bley* S. 94, 98; *Jaeger/Weber* KO § 146 RdNr. 44; *Jonas* S. 89 f.

Streitige Forderungen 11–14 § 179

BGH[35] jedenfalls dann ein einfacherer und billigerer Rechtsbehelf als die Feststellungsklage nach §§ 179 ff. gegen den Widersprechenden, wenn der Widersprechende (auch) insolvenzspezifische Einwendungen (Insolvenzanfechtung, Nachrangigkeit, Unanmeldbarkeit) erhoben hat, die dem Schuldner persönlich nicht zu Gebote stehen, oder wenn der Schuldner selbst der Feststellung widersprochen hat und auch dieser Widerspruch noch (nach § 184) beseitigt werden müsste (siehe § 184 RdNr. 6). Zu den Auswirkungen der Beendigung des Insolvenzverfahrens auf das Feststellungsinteresse unten RdNr. 50, 53.

Das Feststellungsinteresse kann auch deshalb fehlen, weil das **formell unanfechtbare** 11 **Schlussverzeichnis** die Forderung nicht berücksichtigt. Dies gilt jedoch nicht, wenn wegen einer Verletzung des rechtlichen Gehörs des Gläubigers (z. B. zu kurze Ladungsfrist für den Schlusstermin) das Insolvenzgericht gehalten ist, gegebenenfalls trotz formeller Unanfechtbarkeit des Verzeichnisses eine Berichtigung anzuordnen.[36]

6. Übereinstimmung der Klage mit der Anmeldung. Der Gläubiger kann die Fest- 12 stellung nach Grund, Betrag und Rang der Forderung nur in der Weise begehren, wie die Forderung in der Anmeldung oder im Prüfungstermin bezeichnet worden ist (§ 181). Weicht die Klage von den Prüfungsgrundlagen ab, so ist sie insoweit als unzulässig abzuweisen. Siehe § 181 RdNr. 1 ff.

7. Prozessführungsbefugnis bei Rechtsnachfolge. Für die selbständige Klage gemäß 13 Abs. 1 i. V. m. § 180 Abs. 1 ist grundsätzlich der jeweilige Gläubiger der bestrittenen Forderung aktiv **prozessführungsbefugt.** Tritt der Anmelder die Forderung nach der Anmeldung, aber vor Erhebung einer Feststellungsklage ab oder geht die Forderung aus einem anderen Grunde vor der Klageerhebung auf einen Sonderrechtsnachfolger über, so ist die Klage durch den Rechtsnachfolger zu erheben.[37] § 265 Abs. 2 ZPO greift nicht ein, da die Anmeldung der Forderung im Insolvenzverfahren nicht ihre Rechtshängigkeit bewirkt.[38] Entgegen § 181 muss der Erwerber nach hM seine Forderung nicht erneut anmelden und prüfen lassen (siehe unten § 181 RdNr. 8). Geht die Forderung durch Einzelrechtsnachfolge über, nachdem der Anmelder Feststellungsklage erhoben hat, führt der Anmelder gemäß § 265 Abs. 2 ZPO den Rechtsstreit als Prozessstandschafter des Rechtsnachfolgers fort.[39] Bei Gesamtrechtsnachfolge nach Rechtshängigkeit des Feststellungsstreits gilt § 239 ZPO.[40] Auch zur Prozessaufnahme (Abs. 1 i. V. m. § 180 Abs. 2) ist grundsätzlich der jeweilige Gläubiger befugt. Geht die bestrittene Forderung vor der Aufnahme des Rechtsstreits durch Einzelrechtsnachfolge auf einen anderen über, so liegt die Prozessführungsbefugnis bei dem Rechtsnachfolger. § 265 Abs. 2 ZPO gilt für die Prozessaufnahme gemäß § 180 Abs. 2 nicht, unabhängig davon, ob die Nachfolge vor oder nach der Anmeldung der Forderung eintritt.[41] Bei Einzelrechtsnachfolge nach Aufnahme des Rechtsstreits besteht die Prozessführungsbefugnis des bisherigen Gläubigers fort (§ 265 Abs. 2 ZPO).

Passiv prozessführungsbefugt ist nach Abs. 1 der Bestreitende. Widerspricht der Ver- 14 walter bzw. der Treuhänder (§ 313 Abs. 1 Satz 1), so ist nach der Amtstheorie der Verwalter selbst (kraft Amtes), nach der Organtheorie die Masse und nach der Vertretertheorie der Schuldner als Träger der Insolvenzmasse Partei des Feststellungsstreits.[42] Auf den Wechsel des Insolvenzverwalters während des Feststellungsprozesses sind die §§ 241, 246 ZPO (nach der Amtstheorie analog) anwendbar.[43] Auch der widersprechende Sachwalter im Eigenverwaltungsverfahren führt den Feststellungsprozess (§§ 283 Abs. 1, 270 Abs. 1 Satz 2, 179 Abs. 1)

---

[35] BGH ZIP 1998, 515, 516.
[36] BGH ZIP 1998, 515 f.
[37] Str.; wie hier *Jaeger/Weber* KO § 146 RdNr. 33; aA RG LZ 1911, Sp. 862.
[38] *Häsemeyer,* Insolvenzrecht, RdNr. 22.11; *Jaeger/Weber* KO § 139 RdNr. 13.
[39] *Häsemeyer* KTS 1982, 507, 552; *Jaeger/Weber* KO § 146 RdNr. 33; *Kilger/K. Schmidt* § 146 Anm. 1 c.
[40] *Häsemeyer* KTS 1982, 507, 552.
[41] *Bley* S. 58 ff.; *Jaeger/Weber* KO § 146 RdNr. 33.
[42] *Jaeger/Henckel* KO § 6 RdNr. 54 ff.
[43] *Jaeger/Henckel* KO § 6 RdNr. 115 mwN.

§ 179 15–18   5. Teil. 1. Abschnitt. Feststellung der Forderungen

nur mit Wirkung für und gegen die Insolvenzmasse.[44] Bei einem Wechsel des Sachwalters gelten die §§ 241, 246 ZPO. Hat ein Schuldner in seiner Eigenschaft als Eigenverwalter widersprochen (§ 283 Abs. 1), so gelten gemäß § 270 Abs. 1 Satz 2 für die Beseitigung des Widerspruchs die §§ 179 bis 183 (siehe § 178 RdNr. 30).[45] Wird nach Rechtshängigkeit der Feststellungsklage die Eigenverwaltung aufgehoben (§ 272), tritt entsprechend §§ 241, 246 ZPO der Fremdverwalter an die Stelle des Eigenverwalters.[46] Hat der Schuldner auch persönlich widersprochen (§ 178 Abs. 1 Satz 2) und der Gläubiger gemäß § 184 Klage gegen den Schuldner persönlich erhoben, so wird der Rechtsstreit gegen den Schuldner persönlich durch die Aufhebung der Eigenverwaltung nicht berührt. Ein konkurrierender Gläubiger widerspricht im eigenen Namen und kraft eigenen Rechts. Er ist persönlich Partei des Feststellungsrechtsstreits (siehe auch § 178 RdNr. 20 f.).[47] Tritt er seine Forderung nach Rechtshängigkeit der Feststellungsklage ab, so bleibt er gleichwohl passiv prozessführungsbefugt (§ 265 Abs. 2 ZPO).[48]

15   **8. Mehrere Widersprechende.** Haben mehrere Widerspruchsberechtigte die Forderung bestritten, so ist die Forderung erst dann festgestellt im Sinne des § 178 Abs. 1 Satz 1, wenn **alle Widersprüche beseitigt** sind. Zur Beseitigung der Widersprüche kann der Gläubiger die Bestreitenden gemeinsam oder getrennt verklagen.[49] Die Widersprechenden sind nicht gemeinsam zur Sache legitimiert mit der Folge notwendiger Streitgenossenschaft gemäß § 62 Abs. 1 Alt. 2 ZPO.

16   Verfolgt der Gläubiger der bestrittenen Forderung die Feststellung in **getrennten Prozessen,** so wirkt ein rechtskräftiges Urteil im Einzelprozess, das die Klage des Gläubigers abweist, ohne weiteres zugunsten des Insolvenzverwalters und aller Insolvenzgläubiger (siehe § 183 RdNr. 3). Die noch anhängigen Feststellungsklagen gegen andere Widersprechende werden unzulässig.[50] Umgekehrt wirkt ein rechtskräftiges Urteil, welches das bestrittene Insolvenzgläubigerrecht feststellt, nur dann gemäß § 183 Abs. 1 gegenüber allen Insolvenzgläubigern und dem Insolvenzverwalter, wenn es den letzten noch nicht überwundenen Widerspruch beseitigt (siehe § 183 RdNr. 4). Festzustellen ist im Einzelprozess ebenso wie im Gesamtprozess das bestrittene Insolvenzgläubigerrecht, nicht lediglich die Unbegründetheit des jeweiligen Widerspruchs.[51]

17   Verklagt der Gläubiger die Bestreitenden **gemeinsam,** so sind sie notwendige Streitgenossen im Sinne des § 62 Abs. 1 Alt. 1 ZPO. Dasselbe gilt, wenn das Gericht die bei ihm anhängigen Feststellungsprozesse gemäß § 147 ZPO verbindet. Die Feststellung des Insolvenzgläubigerrechts kann gegenüber den gemeinsam verklagten Widersprechenden nur einheitlich erfolgen, da der Sieg auch nur eines Widersprechenden zugunsten aller übrigen Insolvenzgläubiger und des Insolvenzverwalters wirkt (siehe § 183 RdNr. 3).[52]

18   Nach Ansicht des BGH kann der Gläubiger einen über die Forderung **anhängigen Prozess (§ 180 Abs. 2)** nur gegenüber allen Bestreitenden wirksam aufnehmen.[53] Dies ergebe sich aus dem Zweck des § 146 Abs. 3 KO (jetzt § 180 Abs. 2), Zeit und Kosten zu sparen und den Rechtsstreit rasch zu Ende zu bringen. Die gemeinsame Prozessaufnahme muss jedoch nicht in jedem Falle der schnellste und kostengünstigste Weg zur Feststellung

---

[44] Vgl. auch FK-*Foltis* § 283 RdNr. 4, § 280 RdNr. 6 ff.
[45] *Kübler/Prütting/Pape* § 184 RdNr. 1; FK-*Foltis* § 270 RdNr. 15 a, § 283 RdNr. 4.
[46] Vgl. auch *Häsemeyer,* Insolvenzrecht, RdNr. 8.15.
[47] *Jaeger/Weber* KO § 146 RdNr. 44.
[48] *Häsemeyer* KTS 1982, 507, 552; *Jaeger/Weber* KO § 146 RdNr. 33.
[49] BGHZ 112, 95, 97 f.; RGZ 51, 97; *Jaeger/Weber* KO § 146 Anm. 7; *Kilger/K. Schmidt* § 146 Anm. 2 b; *Uhlenbruck,* InsO § 179 RdNr. 7; *Kübler/Prütting/Pape* § 179 RdNr. 9; siehe aber unten RdNr. 18 zur Aufnahme anhängiger Prozesse.
[50] *Jaeger/Weber* KO § 146 RdNr. 9; *Jonas* S. 27.
[51] *Eckardt,* Kölner Schrift, S. 743, RdNr. 57 Fn. 121; *Henckel,* Parteilehre und Streitgegenstand im Zivilprozess, 1961, S. 205; *Jaeger/Weber* KO § 146 RdNr. 9; aA *Nerlich/Römermann/Becker* § 180 RdNr. 7.
[52] RGZ 96, 251, 254; *Bley* S. 86 ff.; *Eckardt,* Kölner Schrift, S. 743, RdNr. 51; *Jaeger/Weber* KO § 146 RdNr. 10; *Kilger/K. Schmidt* § 146 Anm. 2 b.
[53] BGHZ 76, 206, 209 f.; 112, 95, 99 (seerechtliches Verteilungsverfahren).

der Forderung gemäß § 178 Abs. 1 Satz 1 sein. So mag ein Teil der Bestreitenden für eine außergerichtliche Einigung offen sein, während sich andere einer Einigung von vornherein verschließen.[54] Insbesondere kann bei einem Widerspruch gegen eine titulierte Forderung eine Prozessaufnahme durch die Bestreitenden gemeinsam nicht verlangt werden, da ansonsten der einzelne Widersprechende durch die Weigerung, den Prozess aufzunehmen, die Verfolgung der übrigen Widersprüche verhindern könnte.[55] Zu Recht verneint der BGH eine Obliegenheit zur Prozessaufnahme gegenüber allen Bestreitenden jedenfalls insoweit, als auch der Schuldner persönlich widersprochen hat (§ 184 Abs. 1 Satz 2).[56] Der Gläubiger darf nicht zu einer Klage nach § 184 gezwungen werden, wenn er nur die Teilnahme an der insolvenzmäßigen Befriedigung erstrebt und auf einen Titel nach § 201 Abs. 2 gegen den Schuldner keinen Wert legt (z. B. wegen eines zu erwartenden Restschuldbefreiungsverfahrens oder wegen der bevorstehenden Löschung der Schuldnerin).

9. Streithilfe. Jeder **Widerspruchsberechtigte** im engeren Sinne (siehe § 178 Rd- 19 Nr. 17) kann, auch wenn er selbst keinen Widerspruch erhoben hat, dem Feststellungsgegner als Nebenintervenient beitreten. Das Interventionsinteresse (§ 66 ZPO) des Verwalters folgt aus seiner Pflicht zur Wahrung der Interessen der Insolvenzgläubiger und des Schuldners (siehe § 178 RdNr. 18); das Interventionsinteresse eines Gläubigers ergibt sich daraus, dass durch Zulassung eines Nichtberechtigten zu den Verteilungen seine Quote verkürzt würde.[57]

Zweifelhaft ist, ob der **Schuldner persönlich** (anders der Eigenverwalter) dem beklagten 20 Verwalter (Sachwalter) oder Gläubiger als Nebenintervenient beitreten kann.[58] Ein Interventionsinteresse ist jedenfalls dann abzulehnen, wenn der Schuldner der Forderung nicht selbst im Prüfungstermin oder im schriftlichen Verfahren widersprochen hat. Zur Verhinderung der Vollstreckungs- und Rechtskraftwirkung der Feststellung gegenüber dem insolvenzfreien Vermögen (§ 201 Abs. 2) ist der Schuldner auf die Erhebung des Widerspruchs im Prüfungstermin angewiesen.[59] Bei der Verwaltung und Prozessführung über die Insolvenzmasse wird der Schuldner vollständig durch den Verwalter verdrängt (siehe oben § 178 Rd-Nr. 23).[60] Hat dagegen der Schuldner der Forderung im Prüfungstermin oder im schriftlichen Verfahren widersprochen, so kann er zugunsten des widersprechenden Verwalters oder Gläubigers intervenieren. Für das Interventionsinteresse reicht es nämlich aus, dass die Entscheidung des Feststellungsstreits (§§ 179 ff.) Rückwirkungen auf den Rechtsstreit zwischen dem Gläubiger und dem Schuldner (§ 184) haben kann.[61]

10. Negative Feststellungsklage des Bestreitenden. Eine Klage des Widersprechen- 21 den auf Feststellung des Nichtbestehens des Insolvenzgläubigerrechts ist in der Regel mangels Feststellungsinteresses **unzulässig**.[62] Der Gläubiger der bestrittenen Forderung wird auf Grund des Widerspruchs bei den Verteilungen nicht berücksichtigt, solange er nicht seinerseits die Feststellung gegen den Bestreitenden betreibt (§ 189 Abs. 1, Abs. 3). Lässt sich

---

[54] Im Ergebnis ebenso *Smid* § 180 RdNr. 6.
[55] *Häsemeyer*, Insolvenzrecht, RdNr. 22.32.
[56] BGH NJW 1998, 2364, 2365; anders im seerechtlichen Verteilungsverfahren, wo der Widerspruch des Schuldners die Feststellung der Forderung hindert (§ 19 Abs. 3 SeeVertO); BGHZ 112, 95, 98.
[57] RG JW 1889, 203; 1891, 273 Nr. 11 (jeweils für Anfechtungsprozess des Verwalters); *Jaeger/Henckel* KO § 36 RdNr. 8; *Jaeger/Weber* KO § 146 RdNr. 11; *Stein/Jonas/Bork* § 66 RdNr. 8; *Bley* S. 89 ff.
[58] Dagegen RGZ 28, 422, 423 f.; JW 1893, S. 343 Nr. 6; zustimmend *Jaeger/Weber* KO § 146 RdNr. 11; *Uhlenbruck*, InsO § 179 RdNr. 6; *Kübler/Prütting/Pape* § 179 RdNr. 12; eine Ausnahme wird wegen § 129 Abs. 1 HGB zugunsten der Gesellschafter einer insolventen offenen Handelsgesellschaft gemacht: vgl. RGZ 34, 360, 365; JW 1902, 213 Nr. 3; *Uhlenbruck*, InsO § 179 RdNr. 6 aE.
[59] *Jaeger/Henckel* KO § 6 RdNr. 102.
[60] *Jaeger/Weber* KO § 146 RdNr. 11; *Uhlenbruck*, InsO § 179 RdNr. 6.
[61] *Eckardt*, Kölner Schrift, S. 743, RdNr. 51; *Jaeger/Henckel* KO § 6 RdNr. 103; *Stein/Jonas/Bork* § 66 RdNr. 13; aA RG JW 1937, 3042, Nr. 34; *Jaeger/Weber* KO § 146 RdNr. 11; *Uhlenbruck*, InsO § 179 RdNr. 6; *Kübler/Prütting/Pape* § 179 RdNr. 12.
[62] BGHZ 19, 163, 164 f.; RGZ 16, 358, 360 ff.; *Jaeger/Weber* KO § 146 RdNr. 16; *Uhlenbruck*, InsO § 179 RdNr. 9; *Kübler/Prütting/Pape* § 179 RdNr. 13; *Smid* § 180 RdNr. 8; aA *Häsemeyer*, Insolvenzrecht, RdNr. 22.38.

jedoch der Gläubiger zur Sache auf die Klage des Bestreitenden ein, so gilt dies als eigenes Betreiben.[63]

22 Eine negative Feststellungsklage des Bestreitenden soll ausnahmsweise zulässig sein, wenn er ein **besonderes rechtliches Interesse** an der Feststellung hat, das über das Interesse am Ausschluss des Anmelders von der Teilnahme an den Verteilungen hinausgeht.[64] So hat nach Ansicht des Reichsgerichts der **widersprechende Verwalter** ein rechtliches Interesse an der Feststellung des Nichtbestehens der bestrittenen Insolvenzforderung, wenn der Gläubiger gegenüber einem Zahlungsbegehren des Verwalters die Aufrechnung mit der bestrittenen Forderung behauptet.[65] Dagegen spricht, dass der Verwalter – soweit die zur Aufrechnung gestellte Forderung die Masseforderung nicht übersteigt – die Berechtigung der Aufrechnung im Rahmen der Durchsetzung der Masseforderung klären kann.[66] Soweit die behauptete Insolvenzforderung über die Masseforderung hinausgeht und nicht im Sinne des § 179 Abs. 2 tituliert ist, muss sie der Verwalter bei der Verteilung der Masse nicht berücksichtigen, solange nicht der Gläubiger die Feststellung betreibt (§ 189 Abs. 1, Abs. 3).[67] Auch ein **widersprechender Insolvenzgläubiger** kann nach hM Klage auf Feststellung des Nichtbestehens der bestrittenen Forderung erheben, wenn er ein besonderes rechtliches Interesse an der Feststellung hat.[68] Die Tatsache, dass der beklagte Gläubiger durch seinen Widerspruch die Berücksichtigung des Klägers bei der Verteilung verhindert, begründet aber noch kein hinreichendes Feststellungsinteresse. Die Widerspruchsberechtigung des beklagten Gläubigers ist vielmehr im Rahmen einer Feststellungsklage gemäß §§ 179 ff. zu klären (siehe § 178 RdNr. 20). Auch eine Klage des **Schuldners persönlich** auf Feststellung des Nichtbestehens der bestrittenen Forderung ist regelmäßig unzulässig.[69] Zur Verhinderung der Vollstreckungswirkung des Tabelleneintrags gemäß § 201 Abs. 2 ist der Widerspruch erforderlich und genügend. Bei der Verwaltung der Insolvenzmasse wird der Schuldner, soweit er nicht als Eigenverwalter handelt, durch den Insolvenzverwalter verdrängt (§§ 80; 178 Abs. 1 Satz 2).

V. Feststellung titulierter Forderungen (Abs. 2)

23 Liegt für die bestrittene Forderung ein vollstreckbarer Schuldtitel oder ein Endurteil vor, so obliegt es gemäß Abs. 2 dem Bestreitenden, den Widerspruch zu verfolgen.

1. Titulierte Forderung. a) Vollstreckbarer Schuldtitel. Vollstreckbare Schuldtitel im Sinne des Abs. 2 sind zunächst die in §§ 704, 794 ZPO genannten Vollstreckungstitel, namentlich rechtskräftige oder für vorläufig vollstreckbar erklärte Endurteile, Prozessvergleiche, Kostenfestsetzungsbeschlüsse, Beschlüsse über die Unterhaltsfestsetzung und Unterhaltsabänderung, beschwerdefähige Entscheidungen, einstweilige Anordnungen im Sinne des § 794 Abs. 1 Nr. 3 a ZPO, Vollstreckungsbescheide, für vollstreckbar erklärte Schiedssprüche, schiedsrichterliche Vergleiche und Anwaltsvergleiche sowie gerichtliche oder notarielle Urkunden, in denen sich der Schuldner der sofortigen Zwangsvollstreckung unterworfen hat.[70] Vollstreckbare Schuldtitel sind außerdem der Auszug aus der Insolvenztabelle (§ 201 Abs. 2 Satz 1 InsO), Entscheidungen und Vergleiche der Arbeitsgerichte (§§ 62, 85 ArbGG) sowie landesrechtliche Vollstreckungstitel (§ 801 ZPO). Auf ausländische Vollstreckungstitel,

---

[63] BGHZ 19, 163, 164 f.; RG JW 1896, 602 Nr. 22; *Jaeger/Weber* KO § 146 RdNr. 16; *Kilger/K. Schmidt* § 146 Anm. 2 a; *Uhlenbruck*, InsO § 179 RdNr. 9.
[64] RGZ 116, 368, 372; JW 1900, 393, 394; aA *Häsemeyer*, Insolvenzrecht, RdNr. 22.38.
[65] RG JW 1900, 393, 394; *Bley* S. 43 f.; *Jaeger/Weber* KO § 146 RdNr. 15; vgl. auch OLG Hamburg OLG Rspr. 6, 239 (Feststellungsklage des widersprechenden Verwalters im Genossenschaftskonkurs).
[66] So BAG NJW 1961, 1885.
[67] Vgl. auch OLG Karlsruhe OLGRspr. 11, 370.
[68] RG JW 1939, 250; *Jaeger/Weber* KO § 146 RdNr. 15; *Uhlenbruck*, InsO § 179 RdNr. 12.
[69] Im Ergebnis ebenso *Jaeger/Weber* KO § 144 RdNr. 4; aA *Uhlenbruck*, InsO § 179 RdNr. 12; etwas anderes gilt für persönlich haftende Gesellschafter einer insolventen KG oder OHG: BGH NJW 1957, 144; *Jaeger/Weber* KO § 144 RdNr. 4; *Kuhn/Uhlenbruck* KO § 146 RdNr. 10.
[70] Ausführlich zu den Vollstreckungstiteln *Baur/Stürner* I, Zwangsvollstreckungsrecht, §§ 13–16.

die nicht Endurteile sind (hierzu RdNr. 24), findet Abs. 2 Anwendung, wenn sie für vollstreckbar erklärt wurden[71] oder ohne Vollstreckbarerklärung im Inland vollstreckbar sind.[72] Keine vollstreckbaren Schuldtitel im Sinne des Abs. 2 sind Arrestbefehle. Sie dienen der Sicherung der Zwangsvollstreckung und entscheiden nicht endgültig über den Arrestanspruch.[73] Zur Anwendung des Abs. 2 auf Steuerforderungen siehe § 185 RdNr. 12 f.

b) Endurteil. Endurteile im Sinne des Abs. 2 sind auch Teilurteile (§ 301 ZPO), Versäumnisurteile[74] und Vorbehaltsurteile (§§ 302, 599 ZPO),[75] nicht jedoch Grundurteile.[76] Nicht erforderlich ist, dass das Urteil rechtskräftig oder vorläufig vollstreckbar ist.[77] Die zweite Alternative des Abs. 2 erlangt vielmehr nur für den Fall fehlender Vollstreckbarkeit eigene Bedeutung, da vollstreckbare Endurteile bereits von der ersten Alternative des Abs. 2 erfasst sind. Maßgebend für die Betreibungslast des Bestreitenden im Falle des Abs. 2 Alt. 2 ist nicht die Vollstreckbarkeit des Titels, sondern die in dem Urteil enthaltene hoheitliche Feststellung.[78] Auch ein Feststellungsurteil, das die bestrittene Forderung nach Grund und Betrag bejaht, fällt daher unter Abs. 2 Alt. 2,[79] ebenso (auch ohne Vollstreckbarerklärung) ein im Inland anerkanntes ausländisches Endurteil.[80] Umgekehrt bildet ein Schiedsspruch ungeachtet des § 1055 ZPO nur dann einen Titel im Sinne des Abs. 2, wenn er für vollstreckbar erklärt worden ist (§ 1060 ZPO).[81]

c) Entstehungszeitpunkt des Titels. Der Titel muss grundsätzlich bei Eröffnung des Insolvenzverfahrens vorhanden sein. Bei Urteilen reicht es aus, dass die mündliche Verhandlung, auf Grund derer das Urteil erging, vor der Eröffnung des Insolvenzverfahrens stattfand (§ 249 Abs. 3 ZPO).[82] Eine Forderung wird nicht dadurch tituliert im Sinne des Abs. 2, dass nach der Eröffnung des Insolvenzverfahrens unter Verletzung der §§ 240, 249 ZPO (siehe vor § 85 RdNr. 74) ein Versäumnisurteil ergeht[83] oder ein Vollstreckungsbefehl erlassen wird.[84]

d) Vorlage des Titels. Der Gläubiger muss den Titel spätestens im Prüfungstermin vorlegen, damit Verwalter und Gläubiger die Gelegenheit zur Prüfung erhalten.[85] Die Vorlage des Originaltitels ist nicht erforderlich.[86] Mangels Vorlage des Titels wird die Forderung wie eine nicht titulierte behandelt. Bei verspäteter Vorlage kann der Gläubiger analog § 177 Abs. 1 Satz 2 die Anordnung eines besonderen Termins[87] oder eines schriftlichen Verfahrens zur Prüfung des Titels beantragen.

---

[71] Die Vollstreckbarerklärung ist auch noch nach Verfahrenseröffnung zulässig; *Uhlenbruck*, InsO § 179 RdNr. 4.
[72] Verordnung (EG) Nr. 805/2004 des Europäischen Parlaments und des Rates vom 21. April 2004 zur Einführung eines europäischen Vollstreckungstitels für unbestrittene Forderungen, ABl. L 143 vom 30. 4. 2004, S. 15–39; §§ 1079–1086 ZPO.
[73] BGH KTS 1962, 51, 52; *Kilger/K. Schmidt* § 146 Anm. 1 b; *Uhlenbruck*, InsO § 179 RdNr. 14; *Kübler/Prütting/Pape* § 179 RdNr. 16.
[74] Auch wenn schon vor Verfahrenseröffnung Einspruch eingelegt war: RGZ 50, 412, 415.
[75] *Jaeger/Weber* KO § 146 RdNr. 35 b; *Kilger/K. Schmidt* § 146 Anm. 1 b; *Uhlenbruck*, InsO § 179 RdNr. 14.
[76] RG JW 1931, 2104, Nr. 12; *Jaeger/Weber* KO § 146 RdNr. 35 b; *Kilger/K. Schmidt* § 146 Anm. 1 b; *Uhlenbruck*, InsO § 179 RdNr. 14; *Kübler/Prütting/Pape* § 179 RdNr. 16.
[77] BGH § 146 KO LM Nr. 1.
[78] *Jaeger/Weber* KO § 146 RdNr. 35 b; *Jonas* S. 73.
[79] *Jaeger/Weber* KO § 146 RdNr. 35 b; *Eckardt*, Kölner Schrift, S. 743, RdNr. 65.
[80] Str.; wie hier *Bley* S. 62; *Jaeger/Weber* KO § 146 RdNr. 48; *Jonas* S. 73; aA LAG Düsseldorf IPRspr. 1991 Nr. 238, S. 512; *Kilger/K. Schmidt* § 146 Anm. 1 b; *Uhlenbruck*, InsO § 179 RdNr. 14.
[81] *Jonas* S. 73; aA *Bley* S. 62; *Jestaedt* S. 109 ff.; *Riestelhuber* ZInsO 2004, 427, 429 f.; *Heidbrink/v. d. Groeben* ZIP 2006, 265, 270.
[82] OLG Braunschweig OLGRspr. 23, 307; siehe auch BGH ZIP 1994, 1388.
[83] OLG Köln NJW 1988, 1859.
[84] LG Stade KTS 1960, 47; *Kilger/K. Schmidt* § 146 Anm. 1 b; *Uhlenbruck*, InsO § 179 RdNr. 14, 31; aA *Bley* S. 62 f.; *Jaeger/Weber* KO § 146 RdNr. 35 b.
[85] RGZ 85, 64, 68.
[86] BGH NZI 2006, 26.
[87] RGZ 85, 69; *Jaeger/Weber* KO § 146 RdNr. 2, RdNr. 35; *Kilger/K. Schmidt* § 146 Anm. 1 b; *Kuhn/Uhlenbruck* KO § 146 RdNr. 32.

27 e) Keine Titulierung insolvenzspezifischer Forderungseigenschaften. Angemeldet, geprüft und bestritten wird nach hier vertretener Ansicht (§ 178 RdNr. 15 ff.; oben RdNr. 7) nicht der Anspruch gegen den Schuldner, sondern das Haftungsrecht des Gläubigers an der Masse. Auf dieses Haftungsrecht bezieht sich aber in der Regel der vorinsolvenzliche Titel nicht. Er trifft nur Aussagen über den Bestand des Anspruchs als einer Voraussetzung des Haftungsrechts, nicht jedoch über den Rang des Anspruchs (§ 39), seine Eigenschaft als Insolvenzforderung (§ 38) oder seine insolvenzrechtliche Anfechtbarkeit. Abs. 2 ist daher ergänzend auszulegen. Die Bestimmung findet immer dann Anwendung, wenn für die Forderung, für die das bestrittene Haftungsrecht in Anspruch genommen wird, ein vollstreckbarer Schuldtitel oder ein Endurteil vorliegt. Dies gilt unabhängig davon, ob der Widerspruch auf das Nichtbestehen des Anspruchs, seine Nachrangigkeit, Unanmeldbarkeit oder die Insolvenzanfechtung gestützt wird. Dagegen kommt die hM, die im Ergebnis die einzelnen Voraussetzungen für die Berücksichtigung des Anspruchs im Insolvenzverfahren als Gegenstand der Feststellung ansieht (siehe § 178 RdNr. 12), zu einem engeren Anwendungsbereich des Abs. 2 (bzw. des § 146 Abs. 6 KO). So war nach Ansicht des BGH § 146 Abs. 6 KO unanwendbar, wenn der Widersprechende allein das für die titulierte Forderung beanspruchte Vorrecht bestritt.[88] Demgemäß soll es nach Auffassung des Schrifttums dem Gläubiger der titulierten Forderung überlassen sein, die Feststellung zu betreiben, wenn der Widersprechende allein den Rang[89] oder die Anmeldbarkeit[90] der titulierten Forderung bestreitet oder die Insolvenzanfechtung[91] geltend macht (ausführlich unten RdNr. 31 f.).

28 f) Identität zwischen titulierter und bestrittener Forderung. Die titulierte und die bestrittene Forderung (nach hier vertretener Ansicht der dem bestrittenen Insolvenzgläubigerrecht zugrunde liegende Anspruch, siehe oben RdNr. 27) **müssen identisch sein.** Mangels Identität zwischen titulierter und bestrittener Forderung ist Abs. 2 unanwendbar, wenn das Urteil einen Erfüllungsanspruch tituliert, der Verwalter die Erfüllung des Vertrages aber ablehnt und daraufhin der Gläubiger einen Schadensersatzanspruch (§ 103 Abs. 2 Satz 1) zur Tabelle anmeldet, den der Verwalter bestreitet.[92] Ebenso wenig wird ein Gläubiger (auch nicht teilweise) nach Abs. 2 privilegiert, dessen Titel nur einen Rechnungsposten in dem zur Tabelle angemeldeten Saldo betrifft.[93] Abs. 2 findet ferner keine Anwendung, wenn die titulierte Forderung nicht auf eine bestimmte Geldforderung gerichtet ist und deshalb der Gläubiger gemäß § 45 Satz 1 den Schätzwert der Forderung angemeldet hat. Der Titel deckt hier nur die Forderung in ihrer ursprünglichen Form, nicht die Schätzung.[94] Abs. 2 greift dagegen ein, wenn eine Forderung in fremder Währung tituliert, aber in Euro angemeldet worden ist (§ 45 S. 2).[95]

29 2. Betreibungslast des Bestreitenden. Liegt für die bestrittene Forderung ein vollstreckbarer Schuldtitel oder ein Endurteil vor, so obliegt es gemäß Abs. 2 dem Bestreitenden, den Widerspruch zu verfolgen. Dem Gläubiger der titulierten Forderung soll die Rechtsposition, die er vor Eröffnung des Insolvenzverfahrens im Verhältnis zu dem Schuldner erlangt hat, auch im Verhältnis zu dem Widersprechenden erhalten bleiben. Aus dem Unterlassen der Widerspruchsverfolgung ergeben sich für den Bestreitenden und die übrigen konkurrierenden Gläubiger Nachteile im Verteilungsverfahren: Solange nicht der Widersprechende die negative Feststellung des Insolvenzgläubigerrechts erstritten hat, wird der

---

[88] BGH LM KO § 61 Nr. 2, 3; ebenso BSG NJW 1961, 1087.
[89] *Häsemeyer,* Insolvenzrecht, RdNr. 22.34; *Jauernig,* Zwangsvollstreckungs- und Insolvenzrecht, § 56 V 2; wohl auch *Nerlich/Römermann/Becker* § 179 RdNr. 15.
[90] *Häsemeyer,* Insolvenzrecht, RdNr. 22.34; für die KO *Bley* S. 65 ff.; *Jonas* S. 76 ff.; *Jaeger/Weber* KO 146 RdNr. 36.
[91] *Häsemeyer,* Insolvenzrecht, RdNr. 22.34.
[92] Str.; wie hier Henckel ZZP 75 (1962) 353 f.; *Jaeger/Henckel* KO § 17 RdNr. 7; aA BGH NJW 1962, 153, 154; *Eckardt,* Kölner Schrift, S. 743, RdNr. 65.
[93] RG LZ 1912, Sp. 331 f. Nr. 2; *Bley* S. 66; *Jaeger/Weber* KO § 146 RdNr. 32, 36 c.
[94] *Jaeger/Weber* KO § 146 RdNr. 3, 36 c; *Bley* S. 66; zustimmend OLG Dresden KuT 1940, 94 (Schätzung einer Forderung aus Unterhaltsvergleich im Nachlasskonkurs).
[95] *Eckardt,* Kölner Schrift, S. 743, RdNr. 65; *Jaeger/Weber* KO § 146 RdNr. 36 c.

Gläubiger der bestrittenen titulierten Forderung bei den Verteilungen berücksichtigt mit der Folge, dass sich der Anteil der übrigen Gläubiger verkürzt (arg. § 189).[96] Die Berücksichtigung erfolgt grundsätzlich durch Auszahlung des Anteils. Weist jedoch der Bestreitende vor Vollzug der Verteilung dem Verwalter die Verfolgung des Widerspruchs nach, so wird der Anteil analog § 189 Abs. 2 zurückbehalten.[97] Dass die Insolvenzordnung anders als die Konkursordnung (§ 168 Nr. 1 KO) die Zurückbehaltung von Anteilen auf titulierte prozessbefangene Forderungen nicht ausdrücklich vorsieht, beruht ersichtlich auf einem Redaktionsversehen.[98]

Der Bestreitende verfolgt den Widerspruch **durch Klage** (§ 180 Abs. 1) oder **durch Aufnahme** eines über die Forderung anhängigen Rechtsstreits (§ 180 Abs. 2). Für die Auswirkungen der Einzel- oder Gesamtrechtsnachfolge auf die Parteistellung des Gläubigers und des Widersprechenden gilt das zur Klage des Gläubigers gemäß Abs. 1 Gesagte entsprechend (siehe oben RdNr. 13 f.). Verfolgt der Bestreitende den Widerspruch nicht, so kann der Gläubiger Feststellungsklage gegen den Bestreitenden erheben oder einen über die Forderung anhängigen Prozess gegen den Bestreitenden aufnehmen (unten RdNr. 43 f.).

3. Betreibungslast des Gläubigers bei insolvenzspezifischen Einwendungen?. Der vorinsolvenzliche Titel bezieht sich nur auf den **Bestand der Forderung** (i. S. d. „prozessualen Anspruchs") **nach Grund und Betrag,** nicht auf ihren Rang oder ihre Anmeldbarkeit im Insolvenzverfahren oder auf ihre insolvenzrechtliche Anfechtbarkeit (siehe oben RdNr. 27).[99] Nach der Rechtsprechung des BGH war es daher trotz Titulierung der Forderung dem Gläubiger überlassen, die Feststellung gegen den Bestreitenden zu betreiben, wenn dieser allein einem von dem Gläubiger beanspruchten Vorrecht (§ 61 Abs. 1 Nr. 1 bis 5 KO) widersprach.[100] Entsprechendes gilt nach Ansicht eines Teils des Schrifttums bei einem Widerspruch allein gegen die Anmeldbarkeit der Forderung[101] und bei Berufung auf die Insolvenzanfechtung.[102] Bei einem Widerspruch sowohl gegen den Bestand der titulierten Forderung als auch gegen den beanspruchten Rang oder die Anmeldbarkeit der Forderung sollte es zu einer Aufspaltung der Betreibungslast und zu getrennten Feststellungsprozessen kommen.[103]

Die entsprechende Anwendung dieser Rechtsprechung auf die Insolvenzordnung, namentlich auf den Fall, dass der Bestreitende den Nachrang (insbesondere § 39 Abs. 1 Nr. 5), die Unanmeldbarkeit oder die Insolvenzanfechtung der titulierten Forderung behauptet, ist **abzulehnen.** Der Wortlaut des §§ 179 Abs. 2, 189 Abs. 1 enthält für die Differenzierung der Betreibungslast je nach „Widerspruchsrichtung" keine Anhaltspunkte. Die mit der Differenzierung verbundene Aufspaltung der Feststellungsprozesse ist prozessual unzweckmäßig.[104] Zwar trifft der vorinsolvenzliche Titel keine Aussage über Rang, Anfechtbarkeit oder Anmeldbarkeit der Forderung. Der Grund für die Privilegierung des Gläubigers gemäß § 179 Abs. 2 liegt aber jedenfalls im Falle des Abs. 2, 1. Alt. weniger in der Gewähr für den Bestand der Forderung, die der Titel bietet, als vielmehr in der Aufrechterhaltung der erlangten

---

[96] *Eckardt,* Kölner Schrift, S. 743, RdNr. 64; *Holzer* NZI 1999, 44, 45 f.; *Kübler/Prütting/Holzer* § 189 RdNr. 3.

[97] Die Ausschlussfrist des § 189 Abs. 1 gilt für den Nachweis des Widersprechenden nicht; zum alten Recht *Jaeger/Weber* KO § 168 RdNr. 4; *Kuhn/Uhlenbruck* KO § 168 RdNr. 3; jetzt *Eckardt,* Kölner Schrift, S. 743, RdNr. 64.

[98] Nach der Begründung zu § 217 RegE (= § 189) sollten die §§ 152, 168 Nr. 1 KO sinngemäß übernommen werden (BR-Drucks. 1/92 S. 186); zutreffend *Eckardt,* Kölner Schrift, S. 743, RdNr. 64; *Holzer* NZI 1999, 44, 45 f.; *Kübler/Prütting/Holzer* § 189 RdNr. 3; *Nerlich/Römermann/Becker* § 178 RdNr. 12.

[99] Dagegen *Häsemeyer,* Insolvenzrecht, RdNr. 22.34.

[100] BGH LM KO § 61 Nr. 2, 3; ebenso BSG NJW 1961, 1087; für die Behauptung des Nachranges nach der InsO *Häsemeyer,* Insolvenzrecht, RdNr. 22.34; *Jauernig,* Zwangsvollstreckungs- und Insolvenzrecht, § 56 V 2; *Nerlich/Römermann/Becker* § 179 RdNr. 15; aA RGZ 116, 368, 374; *Eckardt,* Kölner Schrift, S. 743, RdNr. 65.

[101] So für die KO *Bley* S. 65 ff.; *Jonas* S. 76 ff.; *Jaeger/Weber* KO § 146 RdNr. 36 b.

[102] *Häsemeyer,* Insolvenzrecht, RdNr. 22.34.

[103] *Bley* S. 66 ff.; *Jonas* S. 76 f.; *Jaeger/Weber* KO § 146 RdNr. 36.

[104] RGZ 116, 368, 374.

verfahrensrechtlichen Position auch im Verhältnis zu dem Bestreitenden.[105] Nach Abschaffung der allgemeinen Konkursvorrechte durch die Insolvenzordnung ist es auch sachlich nicht mehr gerechtfertigt, dem Gläubiger die Betreibungslast aufzuerlegen, sobald der Widersprechende den für die titulierte Forderung beanspruchten (Voll-)Rang bestreitet. Der bestrittene Vollrang ist nunmehr die Regel, ein Vorrecht nach der Konkursordnung war die Ausnahme.[106] Geht man schließlich zutreffend vom Haftungsrecht als Gegenstand des Feststellungsverfahrens aus (ausführlich § 178 RdNr. 11 ff.; oben RdNr. 7 f.), so liegt es nahe, die Betreibungslast unabhängig von dem Grund des Widerspruchs gegen das Haftungsrecht einheitlich zu beurteilen.[107] Andernfalls müssten Gläubiger und Bestreitender jeweils in getrennten Prozessen die Feststellung der einzelnen Voraussetzungen des Haftungsrechts verfolgen.[108]

33 **4. Mittel der Widerspruchsverfolgung.** Nach **herrschender Meinung** kann der Bestreitende seinen Widerspruch nur mit den Mitteln verfolgen, die dem Schuldner zurzeit der Insolvenzverfahrenseröffnung gegen den Titel zur Verfügung standen.[109] Liegt für die Forderung ein nicht rechtskräftiges Endurteil vor, so müsse der Bestreitende den Rechtsstreit aufnehmen und fortführen, wie ihn der Schuldner hätte fortführen können. Gegen eine rechtskräftig titulierte Forderung sei der Bestreitende auf die Wiederaufnahmeklage (§§ 578 ff. ZPO) und die Vollstreckungsgegenklage (§ 767 ZPO) angewiesen. Sei die Forderung durch vollstreckbare gerichtliche oder notarielle Urkunde tituliert, so sei Vollstreckungsgegenklage zu erheben, wobei § 767 Abs. 2 ZPO keine Anwendung finde (§ 797 Abs. 4 ZPO).[110]

34 Sieht man entgegen der hM nicht den Anspruch gegen den Schuldner, sondern das **Haftungsrecht des Gläubigers** an der Masse als Gegenstand des Feststellungsverfahrens an (siehe oben RdNr. 7 f.; § 178 RdNr. 11 ff.), so schließt die rechtskräftige Entscheidung über die Forderung eine selbständige negative Feststellungsklage des Widersprechenden über das Haftungsrecht gemäß § 180 Abs. 1 Satz 1 nicht aus. Nach dem Sinn und Zweck des § 180 Abs. 2 ist aber der Widersprechende im Rahmen der Neuklage an eine vor Eröffnung des Insolvenzverfahrens ergangene rechtskräftige Entscheidung, die dem Gläubiger die dem Haftungsrecht zugrunde liegende Forderung zuspricht, gebunden.[111] Der Bestreitende kann daher Einwendungen gegen den Bestand der Forderung dem Grunde oder der Höhe nach grundsätzlich nur insoweit erheben, als sie der Schuldner bis zur letzten mündlichen Tatsachenverhandlung nicht mehr geltend machen konnte (§ 767 Abs. 2 ZPO). Insolvenzspezifische Einwendungen wie Nachrangigkeit, Insolvenzanfechtung oder mangelnde Verfolgbarkeit der Forderung im Insolvenzverfahren kann er dagegen unbegrenzt geltend machen. Eine Durchbrechung der Rechtskraft des vorliegenden Titels ist nur im Rahmen der §§ 578 ff. ZPO oder § 826 BGB möglich. Soweit der Titel nicht rechtskraftfähig ist (Bsp.: vollstreckbare Urkunde), ist er entgegen der hM für die Widerspruchsverfolgung gemäß § 180 Abs. 1 Satz 1 ohne Bedeutung.[112]

35 War über die Forderung, für die das Insolvenzgläubigerrecht beansprucht wird, zurzeit der Eröffnung des Insolvenzverfahrens **ein Rechtsstreit anhängig,** so ist die Feststellung durch Aufnahme des Rechtsstreits zu betreiben (§ 180 Abs. 2). Dem Bestreitenden obliegt gemäß Abs. 2 die Aufnahme, wenn die Forderung durch nicht rechtskräftiges Endurteil oder nicht rechtskräftigen Vollstreckungsbescheid tituliert ist. Nach der Aufnahme ist der Rechtsstreit

---

[105] Z. B. bei Titulierung durch vollstreckbare Urkunde oder Vollstreckungsbescheid; *Kramer,* Konkurs- und Steuerverfahren, 1993, S. 255; aA *Jaeger/Weber* KO § 146 RdNr. 35.
[106] *Eckardt,* Kölner Schrift, S. 743, RdNr. 65.
[107] *Eckardt,* Kölner Schrift, S. 743, RdNr. 65.
[108] Ebenso RGZ 116, 368, 374; *Eckardt,* Kölner Schrift, S. 743, RdNr. 65.
[109] Motive, S. 366 f. = *Hahn* IV S. 328 f.; *Kilger/K. Schmidt* § 146 Anm. 3; *Uhlenbruck,* InsO § 179 RdNr. 17; *Jonas* S. 66 ff.; *Jaeger/Weber* KO § 146 RdNr. 38; *Kübler/Prütting/Pape* § 179 RdNr. 14.
[110] *Kilger/K. Schmidt* § 146 Anm. 3; *Uhlenbruck,* InsO § 179 RdNr. 17; *Jaeger/Weber* KO § 146 RdNr. 38.
[111] *Jaeger/Weber* KO § 146 RdNr. 38; vgl. auch *Eckardt,* Kölner Schrift, S. 743, RdNr. 49: der widersprechende Verwalter oder Gläubiger habe im Hinblick auf die Masse eine dem Rechtsnachfolger des Schuldners jedenfalls ähnliche Stellung.
[112] AA *Jaeger/Weber* KO § 146 RdNr. 39; *Uhlenbruck,* InsO § 179 RdNr. 17.

so fortzusetzen, wie ihn der Schuldner hätte fortsetzen können. Der Widersprechende muss also Einspruch, Berufung oder Revision einlegen oder den Prozess in der Rechtsmittelinstanz weiter betreiben. Das entspricht auch der hM.[113] Der Antrag ist der veränderten prozessualen Situation anzupassen (siehe § 180 RdNr. 23 ff.). Streitgegenstand ist nunmehr die (negative) Feststellung des bestrittenen Insolvenzgläubigerrechts. Der anhängige Rechtsstreit ist auch dann aufzunehmen, wenn der Bestreitende den Widerspruch ausschließlich oder unter anderem auf die Insolvenzanfechtung, Nachrangigkeit oder Unanmeldbarkeit der Forderung stützt (siehe § 180 RdNr. 18).[114] Dass dadurch für die Prüfung dieser Einwendungen gegebenenfalls nur noch ein verkürzter Instanzenzug zur Verfügung steht, nimmt das Gesetz im Interesse der Prozessökonomie in Kauf. Wird nach der Prozessaufnahme die Klage des Gläubigers als unzulässig abgewiesen, so entfällt damit der Titel im Sinne des Abs. 2, ohne dass eine Entscheidung über das Insolvenzgläubigerrecht getroffen wäre. Es ist dann dem Gläubiger überlassen, die Feststellung der Forderung zu betreiben (Abs. 1).[115]

5. Klageart und -gegenstand; Antrag. Die Klage des Widersprechenden gegen den Gläubiger gemäß §§ 179 Abs. 2, 180 Abs. 1 Satz 1 ist eine **negative Feststellungsklage** im Sinne des § 256 ZPO (siehe oben RdNr. 5). Der Widersprechende beantragt üblicherweise, den Widerspruch gegen die Forderung für begründet zu erklären.[116] Deutlicher ist ein Antrag auf Feststellung, dass dem Gläubiger für die angemeldete Forderung ein Insolvenzgläubigerrecht nicht zusteht (siehe oben RdNr. 6).[117] Gegenstand der zu beantragenden negativen Feststellung ist das Insolvenzgläubigerrecht im Sinne des Haftungsrechts des Gläubigers an der Masse (siehe oben RdNr. 7 f.; § 178 RdNr. 15 ff.). Gegen dieses Haftungsrecht richtet sich der Widerspruch, unabhängig davon, ob sich der Bestreitende auf die Nachrangigkeit der Forderung, ihre Unanmeldbarkeit oder die Insolvenzanfechtung beruft (streitig; siehe § 178 RdNr. 34 ff.).

Nimmt der Bestreitende einen Rechtsstreit auf, der zurzeit der Eröffnung des Insolvenzverfahrens zwischen dem Gläubiger als Kläger und dem Schuldner als Beklagten über die Forderung anhängig ist (§§ 179 Abs. 2, 180 Abs. 2), so kann er sich entgegen der hM[118] darauf beschränken, die Abweisung des zu erwartenden Feststellungsantrags des Gläubigers zu beantragen (siehe § 180 RdNr. 25). Der Antrag, den Widerspruch gegen die Forderung für begründet zu erklären, ist in diesem Fall als besondere Formulierung des Abweisungsantrags anzusehen.[119] Die bisherigen Parteirollen ändern sich durch die Aufnahme nicht. Der Bestreitende tritt als Beklagter anstelle des Schuldners in den Prozess ein und kann als solcher die Klage nicht ändern. Unterlässt es der Gläubiger, den Leistungsantrag nach Aufnahme des Rechtsstreits durch den Bestreitenden in einen Antrag auf Feststellung der Forderung zur Tabelle zu ändern, so ist seine Klage als unzulässig abzuweisen, in der Rechtsmittelinstanz unter Aufhebung des angefochtenen Urteils; hierdurch geht die Betreibungslast auf den Gläubiger über.[120] Verurteilt jedoch das Gericht fälschlich den bestreitenden Verwalter zur Leistung, so kann das Urteil gegebenenfalls als Feststellung der eingeklagten Forderung zur Tabelle ausgelegt werden (siehe § 180 RdNr. 24).[121]

---

[113] RGZ 27, 352; Motive, S. 367 = *Hahn* IV, S. 329; *Jaeger/Weber* KO § 146 RdNr. 39; *Uhlenbruck*, InsO § 179 RdNr. 17; *Kilger/K. Schmidt* § 146 Anm. 3 a; *Jonas* S. 82.
[114] Str. Wie hier *Eckardt*, Kölner Schrift, S. 743, RdNr. 49; *Jonas* S. 61 f.; aA *Jaeger/Weber* KO § 146 RdNr. 26, 38.
[115] *Jaeger/Weber* KO § 146 RdNr. 41; *Bley* S. 75 f.; aA *Jonas* S. 83.
[116] RG Warn Rspr. 1933 Nr. 167, S. 362; BGH NJW 1962, 153, 154 f.; ZIP 1994, 1193; *Jaeger/Weber* KO § 146 RdNr. 12; *Jauernig*, Zwangsvollstreckungs- und Insolvenzrecht, § 56 V 2; *Uhlenbruck*, InsO § 179 RdNr. 16; *Kilger/K. Schmidt* § 146 Anm. 3 a.
[117] *Eckardt*, Kölner Schrift, S. 743, RdNr. 52; *Jaeger/Weber* KO § 146 RdNr. 37.
[118] BGH NJW 1962, 153, 154; ZIP 1994, 1193; RG Warn 1933 Nr. 167, S. 362; *Nerlich/Römermann/Becker* § 179 RdNr. 23; *Smid* § 180 RdNr. 10.
[119] Str.; wie hier *Henckel*, ZZP 75 (1962) 351, 353 f.; aA BGH NJW 1962, 153, 154; ZIP 1994, 1193; *Nerlich/Römermann/Becker* § 179 RdNr. 23.
[120] *Henckel*, ZZP 75 (1962) 351, 354.
[121] BGH LM KO § 146 Nr. 9, 17.

38   **6. Feststellungsinteresse.** Das Feststellungsinteresse des Widersprechenden besteht darin, ungerechtfertigte Auszahlungen zu verhindern (siehe oben RdNr. 29) und die Freigabe der zurückbehaltenen Anteile für die Verteilung zu erreichen.[122] Der widersprechende **Insolvenzgläubiger** klagt zum Schutz der eigenen Quote; der widersprechende **Verwalter** prozessiert im Interesse der wirklichen Insolvenzgläubiger sowie des Schuldners, dessen Nachhaftung sich durch Berücksichtigung Nichtberechtigter bei den Verteilungen erhöht (§ 201 Abs. 1). Zum Feststellungsinteresse des Gläubigers der titulierten Forderung siehe unten RdNr. 43.

39   Das **Feststellungsinteresse fehlt** in der Regel, wenn der Bestreitende die negative Feststellungsklage erst nach Vollzug der Schlussverteilung erhebt (§§ 179 Abs. 1, 180 Abs. 1, 2). Eine Zurückbehaltung von Anteilen analog § 189 Abs. 2 kommt dann zunächst nicht mehr in Betracht (siehe oben RdNr. 29). Soweit der Masse wegen der an den Gläubiger ausgezahlten Beträge Schadensersatz- oder Bereicherungsansprüche zustehen, sind diese von dem Insolvenzverwalter durch Leistungsklage und nicht durch Feststellungsklage geltend zu machen.[123] Folgt dem Insolvenzverfahren jedoch ein Restschuldbefreiungsverfahren, kann der Widersprechende Feststellungsklage erheben, um Auszahlungen durch den Treuhänder an den Gläubiger der titulierten Forderung zu verhindern (§ 292 Abs. 1 Satz 2).

40   **7. Übereinstimmung mit der Anmeldung.** Wie die positive Feststellungsklage nach Abs. 1, so ist auch die negative Feststellungsklage gemäß Abs. 2 nur insoweit zulässig, als die Forderung nach Grund, Betrag und Rang in der Anmeldung oder im Prüfungstermin bezeichnet worden ist (§ 181).[124]

41   **8. Mehrere Widersprechende.** Mehrere Bestreitende können den Widerspruch gemeinsam oder selbständig verfolgen. Im ersten Fall sind sie notwendige Streitgenossen im Sinne des § 62 Abs. 1 Alt. 1 ZPO (siehe oben RdNr. 17). Gehen die Bestreitenden in getrennten Prozessen vor, so werden die übrigen Klagen unzulässig, sobald der Widerspruch eines Opponenten rechtskräftig für begründet erklärt wird. Dagegen hat die rechtskräftige Abweisung der negativen Feststellungsklage eines Bestreitenden auf die übrigen Prozesse keinen Einfluss.[125] Die Aufnahme eines anhängigen Rechtsstreits setzt die Rechtsmittelfrist nur für und gegen den aufnehmenden Bestreitenden in Gang.[126] Die Ausführungen zum Widerspruch mehrerer gegen eine nicht titulierte Forderung gelten im Übrigen entsprechend (oben RdNr. 15 ff.).

42   **9. Streithilfe.** Gläubiger und Verwalter können, auch wenn sie der titulierten Forderung nicht selbst widersprochen haben, dem nach Abs. 2 klagenden Opponenten als Streithelfer beitreten. Dasselbe gilt für einen Schuldner, der rechtzeitig der Forderung widersprochen hat. Vgl. im Einzelnen oben RdNr. 19 f.

43   **10. Positive Feststellungsklage des Gläubigers.** Der Gläubiger der titulierten Forderung wird zwar trotz des Widerspruchs ohne weiteres bei der Verteilung der Insolvenzmasse berücksichtigt – entweder durch Auszahlung des Anteils oder (wenn der Opponent den Widerspruch rechtzeitig verfolgt) durch Zurückbehaltung des Anteils analog § 189 Abs. 2 (siehe oben RdNr. 29). Er hat aber mit Rücksicht auf die durch den Widerspruch bewirkte Unsicherheit ein eigenes rechtliches Interesse an der alsbaldigen Feststellung des Insolvenzgläubigerrechts. Sonst hätte es z. B. der Bestreitende in der Hand, die Auszahlung des Anteils des Gläubigers dadurch zu verzögern, dass er kurz vor der Auszahlung Klage erhebt. Verfolgt der Bestreitende seinen Widerspruch nicht, kann daher der Gläubiger selbst Feststellungsklage erheben oder einen anhängigen Prozess gegen den Bestreitenden aufnehmen.[127] Allein

---

[122] *Jonas* S. 68; *Eckardt,* Kölner Schrift, S. 743, RdNr. 54; *Jaeger/Weber* KO § 146 RdNr. 37.
[123] *Bley* S. 95 f.; *Jaeger/Weber* KO § 146 RdNr. 43; aA *Jonas* S. 86 f.
[124] BGH LM KO § 146 Nr. 1.
[125] *Jonas* S. 81.
[126] *Jonas* S. 84.
[127] RGZ 34, 409, 410; 51, 94, 97; 86, 235, 237; JW 1938, 1537 Nr. 27; BGH LM KO § 146 Nr. 1; NJW 1965, 1523; ZIP 1998, 1594; *Bley* S. 76 ff.; *Jaeger/Weber* KO § 146 RdNr. 42; *Jonas* S. 68 ff.; *Kübler/Prütting/Pape* § 179 RdNr. 17; *Nerlich/Römermann/Becker* § 179 RdNr. 17.

Streitige Forderungen   44–46 § 179

die nachlässige Prozessführung durch den klagenden Opponenten begründet dagegen kein rechtliches Interesse des Gläubigers an einer eigenen Feststellungsklage,[128] ebenso wenig das Interesse des Gläubigers an der Klärung seines Stimmrechts.[129]

Als **Mittel für die Betreibung der Feststellung** stehen grundsätzlich Neuklage oder   44
Prozessaufnahme zur Verfügung (§ 180; siehe oben RdNr. 4). War der unterbrochene Rechtsstreit zurzeit der Eröffnung des Insolvenzverfahrens in der Rechtsmittelinstanz anhängig, so kann ihn der Gläubiger aufnehmen und gegebenenfalls seinen Leistungsantrag in einen Antrag auf Feststellung des Insolvenzgläubigerrechts ändern. Entsprechendes gilt, wenn durch Eröffnung des Insolvenzverfahrens eine Rechtsmittelfrist unterbrochen wurde und der Widersprechende nach der Aufnahme des Rechtsstreits durch den Gläubiger das zulässige Rechtsmittel einlegt. Legt dagegen der Widersprechende nach der Aufnahme durch den Gläubiger während der Rechtsmittelfrist kein Rechtsmittel ein, so scheidet eine Klageänderung aus. Infolge der Aufnahme des Rechtsstreits wird das Urteil rechtskräftig.[130]

VI. Beglaubigter Auszug aus der Tabelle (Abs. 3)

Das Insolvenzgericht erteilt dem Gläubiger der bestrittenen Forderung von Amts we-   45
gen[131] einen beglaubigten Auszug aus der Tabelle (Abs. 3 S. 1). Der Auszug soll dem Gläubiger den Nachweis der Anmeldung und Prüfung (§ 181) sowie des Widerspruchs gegen die Forderung erleichtern.[132] Liegt für die bestrittene Forderung ein vollstreckbarer Schuldtitel oder ein Endurteil vor, so erhält auch der Bestreitende einen beglaubigten Auszug (Abs. 3 S. 2). Denn ihm obliegt es in diesem Fall, den Widerspruch durch Klage oder Prozessaufnahme zu verfolgen (Abs. 2). Hierzu muss er seinerseits Anmeldung, Prüfung und Widerspruch gegen die Forderung nachweisen. Die Erteilung des Auszugs an den Gläubiger der titulierten Forderung bleibt unberührt. Er kann selbst Feststellungsklage erheben, wenn der Bestreitende den Widerspruch nicht verfolgt. Gläubiger, deren Forderungen festgestellt worden sind, erhalten mangels Feststellungsinteresses keinen Tabellenauszug (Abs. 3 S. 3, 1. HS). Zur Vermeidung von Nachfragen sollen sie hierauf vor dem Prüfungstermin hingewiesen werden (Abs. 3 S. 3, 2. HS).[133] Der Hinweis kann z. B. in Verbindung mit der Zustellung des Eröffnungsbeschlusses (§ 30 Abs. 2) erfolgen.[134]

VII. Einfluss der Beendigung des Insolvenzverfahrens auf den Feststellungsprozess

1. Aufhebung gemäß § 200 Abs. 1. Die Aufhebung des Insolvenzverfahrens nach Voll-   46
zug der Schlussverteilung (§ 200 Abs. 1) berührt einen noch anhängigen Forderungsfeststellungsprozess **grundsätzlich nicht.** Der Prozess wird zwischen den bisherigen Parteien um die nach §§ 189 Abs. 2, 198 zurückbehaltenen und hinterlegten Beträge fortgesetzt (arg. § 203 Abs. 1 Nr. 1).[135] Dies gilt sowohl für die positive (Abs. 1) als auch für die negative Feststellungsklage (Abs. 2)[136] und unabhängig davon, ob der Verwalter bzw. der Treuhänder (§ 313 Abs. 1 Satz 1), ein konkurrierender Gläubiger oder – in der Eigenverwaltung – der

---

[128] *Eckardt*, Kölner Schrift, S. 743, RdNr. 54; aA *Jaeger/Weber* KO § 146 RdNr. 42.
[129] Hierzu steht dem Gläubiger das Verfahren nach § 77 Abs. 2 zur Verfügung; *Eckardt*, Kölner Schrift, S. 743, RdNr. 54; aA *Bley* S. 77; *Jaeger/Weber* KO § 146 RdNr. 42.
[130] *Jaeger/Weber* KO § 146 RdNr. 42.
[131] RGZ 85, 64, 70 f.; JW 1928, 2714; *Jaeger/Weber* KO § 146 RdNr. 30; *Kilger/K. Schmidt* § 146 RdNr. 2 f.; *Uhlenbruck*, InsO § 179 RdNr. 23.
[132] *Jaeger/Weber* KO § 146 RdNr. 30; *Kilger/K. Schmidt* § 146 RdNr. 2 f.; *Uhlenbruck*, InsO § 179 RdNr. 23; Beschlussempfehlung des Rechtsausschusses zu § 207 Abs. 3 RegE (= § 179 Abs. 3 InsO) BT-Drucks. 12/7302 S. 179. Zur Bedeutung des Widerspruchs für das Feststellungsinteresse siehe oben RdNr. 9.
[133] Vgl. Beschluss-Empfehlung des RechtsA zu § 207 Abs. 3 (= § 179 Abs. 3 InsO) BT-Drucks. 12/7302 S. 179.
[134] Beschluss-Empfehlung des RechtsA zu § 207 Abs. 3 (= § 179 Abs. 3 InsO) BT-Drucks. 12/7302 S. 179.
[135] *Bley* S. 94; *Jaeger/Weber* KO § 146 RdNr. 43; *Jonas* S. 86 ff.; *Uhlenbruck*, InsO § 200 RdNr. 13 ; siehe auch BGH NJW 1982, 1765 (Anfechtungsprozess des Insolvenzverwalters).
[136] Zur analogen Anwendung des § 189 Abs. 2 in diesem Fall oben RdNr. 29.

Sachwalter oder der Schuldner (§ 283 Abs. 1) der Feststellung widersprochen haben. Einer Änderung der Anträge bedarf es nicht. Das Feststellungsinteresse des Gläubigers der bestrittenen Forderung, im Falle des § 179 Abs. 2 des Bestreitenden, besteht fort. Obsiegt der Widersprechende, so werden die Anteile für die Nachtragsverteilung frei (§§ 189 Abs. 2, 203 Abs. 1 Nr. 1). Unterliegt er, so kann der Gläubiger Auszahlung der zurückbehaltenen Beträge verlangen.[137] Nach Berichtigung der Tabelle kann er darüber hinaus aus der Eintragung in die Tabelle die Zwangsvollstreckung gegen den Schuldner persönlich betreiben, es sei denn, dass auch der Schuldner der Feststellung widersprochen hat oder dass dem Insolvenzverfahren ein Restschuldbefreiung folgt (§§ 201 Abs. 2, Abs. 3, 294 Abs. 1).[138]

47 Hat der Gläubiger einer nicht titulierten Forderung erst **nach Ablauf der Ausschlussfrist** vor der Schlussverteilung Feststellungsklage erhoben, so wird die Forderung weder bei der Schlussverteilung (§ 189 Abs. 3) noch bei einer möglichen Nachtragsverteilung (§ 205 Satz 1) noch bei den Verteilungen des Treuhänders im Restschuldbefreiungsverfahren (§ 292 Abs. 1 Satz 2) berücksichtigt. Die Klage ist daher grundsätzlich mangels Feststellungsinteresses unzulässig (siehe oben RdNr. 10).[139] Da für die bestrittene Forderung bei der Schlussverteilung keine Anteile zurückbehalten wurden, endet mit der Aufhebung des Insolvenzverfahrens die Prozessführungsbefugnis des Verwalters (Treuhänders, Sachwalters). Die Ausführungen unten (RdNr. 51) zur Fortsetzung des Prozesses gegen den Schuldner persönlich nach Einstellung des Insolvenzverfahrens gelten in diesem Fall sinngemäß.

48 **2. Einstellung.** Die Auswirkungen der Einstellung des Insolvenzverfahrens (§§ 207 Abs. 1 Satz 1, 211–213) auf einen anhängigen Feststellungsstreit hängen davon ab, ob der Rechtsstreit (wie in der Regel) mit dem Verwalter bzw. Treuhänder oder mit einem widersprechenden Gläubiger geführt wurde. Besonderheiten gelten für das Eigenverwaltungsverfahren (unten RdNr. 54).

49 **a) Feststellungsstreit mit dem Verwalter.** Anders als bei der Aufhebung gemäß § 200 Abs. 1 werden bei der Einstellung keine Anteile für die bestrittene Forderung hinterlegt. Der Schuldner erhält das Recht zurück, über die noch vorhandenen Gegenstände der Insolvenzmasse frei zu verfügen (§ 215 Abs. 2 Satz 1). Eine Fortsetzung des Feststellungsstreits um hinterlegte Anteile mit dem widersprechenden Verwalter kommt daher nicht in Betracht.[140]

50 Die Einstellung bewirkt die **Erledigung des Feststellungsstreits** in der Hauptsache. Die haftungsrechtliche Zuweisung der Insolvenzmasse an die Insolvenzgläubiger erlischt (§ 215 Abs. 2 Satz 1). Für die Feststellung des Anteils des Gläubigers an dieser Zuweisung (des „subjektiven Haftungsrechts"; siehe § 178 RdNr. 15 ff.; oben RdNr. 7 f.) ist kein Raum mehr. Ein fortbestehendes Interesse an der Feststellung des Insolvenzgläubigerrechts ergibt sich auch nicht daraus, dass der Gläubiger durch die Beseitigung des Widerspruchs und die Tabellenberichtigung einen Vollstreckungstitel gegenüber dem Schuldner persönlich erhielte, wenn dieser der Feststellung im Prüfungstermin oder im schriftlichen Verfahren nicht widersprochen hat (§§ 215 Abs. 2 Satz 2; 201 Abs. 2; 183 Abs. 2).[141] Denn die Vollstreckungswirkung des Tabelleneintrags gegenüber dem Schuldner persönlich ist nicht Zweck der Feststellungsklage, sondern nur eine durch das Gesetz vermittelte Folge der Feststellung.[142] Dass der Schuldner mangels eigenen Widerspruchs auch persönlich an die bisherige Prozessführung durch den Verwalter gebunden ist (arg. §§ 215 Abs. 2 Satz 2, 201 Abs. 2), kann im Rahmen einer Leistungsklage gegen den Schuldner berücksichtigt werden (siehe unten RdNr. 52). Der Feststellung der übrigen Voraussetzungen des Haftungsrechts

---

[137] *Jaeger/Weber* KO § 146 RdNr. 43.
[138] *Jaeger/Weber* KO § 146 RdNr. 43.
[139] AA BGH ZIP 1998, 515 und *Kübler/Prütting/Pape* § 177 RdNr. 2 f. unter Hinweis auf die Möglichkeit, durch die gerichtliche Feststellung einen Vollstreckungstitel gegen den Schuldner persönlich zu erlangen (§ 201 Abs. 2).
[140] *Jaeger/Weber* KO § 146 RdNr. 44.
[141] AA *Oetker*, Konkursrechtliche Grundbegriffe, Bd. I, 1891, S. 507; offen BGH ZIP 1998, 515.
[142] *Jaeger/Weber* KO § 146 RdNr. 44.

Streitige Forderungen   51, 52 § 179

(Rang der Forderung, Eigenschaft als Insolvenzforderung, mangelnde Anfechtbarkeit) bedarf es nach der Einstellung nicht mehr.[143] Unberührt bleiben die Fälle der Einstellung nach § 211 unter dem Vorbehalt einer Nachtragsverteilung oder der Einstellung eines vereinfachten Insolvenzverfahrens (§§ 311 ff.) nach § 211 mit anschließendem Restschuldbefreiungsverfahren (dazu unten RdNr. 51).[144]

Der Feststellungsprozess wird durch die Einstellung des Insolvenzverfahrens analog §§ 239, 51 242 ZPO unterbrochen – jedenfalls wenn man den Verwalter selbst[145] oder die Insolvenzmasse[146] als Partei des Feststellungsstreits ansieht.[147] An die Stelle des Verwalters **tritt der Schuldner.** Etwas anderes gilt allenfalls dann, wenn bei Einstellung des Insolvenzverfahrens keine Insolvenzmasse als das „Streitvermögen"[148] oder das „Interessevermögen"[149] mehr vorhanden ist, über die der Schuldner die Verfügungsbefugnis wiedererlangen könnte.[150] War der Verwalter durch einen Prozessbevollmächtigten vertreten, so kann der Prozess analog § 246 ZPO ausgesetzt werden. Bei **Einstellung nach § 211** kann die Prozessführungsbefugnis des Verwalters ebenso wie das Feststellungsinteresse ausnahmsweise dann fortbestehen, wenn das Insolvenzgericht eine Nachtragsverteilung angekündigt hat (§ 211 Abs. 3), bei der die Berücksichtigung nicht nur der Massegläubiger, sondern auch der Insolvenzgläubiger zu erwarten ist.[151] Entsprechendes wird zu gelten haben, wenn ein Insolvenzverfahren über das Vermögen einer natürlichen Person nach § 211 eingestellt wird und eine Berücksichtigung der Insolvenzgläubiger bei den Verteilungen des Treuhänders im nachfolgenden Restschuldbefreiungsverfahren in Betracht kommt (§§ 286 ff., 289 Abs. 3, 292 Abs. 1 Satz 2).

Ist der Bestand der Forderung streitig, so kann der Gläubiger, nachdem der Schuldner den 52 Rechtsstreit aufgenommen hat, von der Feststellungs- zur Leistungsklage übergehen (§ 264 Nr. 2 ZPO).[152] Waren dagegen allein insolvenzspezifische Einwendungen im Streit (Nachrang, mangelnde Anmeldbarkeit, Insolvenzanfechtung), so bedarf es keiner Fortsetzung des Prozesses als Leistungsklage gegenüber dem Schuldner, soweit auch dieser den Bestand der Forderung nicht bestreitet. Der Gläubiger kann den Rechtsstreit für erledigt erklären. Stimmt der Schuldner der Erledigungserklärung des Gläubigers zu, so ergeht Kostenentscheidung nach § 91a ZPO. Der Kostenerstattungsanspruch des Gläubigers ist Masseverbindlichkeit (§ 55 Abs. 1 Nr. 1), für die der Schuldner mit den ehemals zur Insolvenzmasse gehörenden Gegenständen haftet.[153] Der Anspruch ist auch dann gegenüber dem Schuldner

---

[143] AA *Bley* S. 100 f.
[144] Siehe dazu Begr. zu § 329 RegE, BR-Drucks. 1/92 S. 222; *Kübler/Prütting/Pape* § 210 RdNr. 16; zum (fehlenden) Verteilungsmaßstab *Häsemeyer*, Insolvenzrecht, 26.32, 26.56; FK-*Grote* § 292 RdNr. 10; kritisch zum Ausschluss des Restschuldbefreiungsverfahrens bei Einstellung nach § 207 z. B. *Kübler/Prütting/Pape* § 207 RdNr. 46; ausführlich *ders.,* Rpfleger 1997, 237 ff.; ZIP 1997, 190 ff. (zur GesO).
[145] Amtstheorie.
[146] Organtheorie; vgl. auch *Henckel* KO § 6 RdNr. 113.
[147] Bei zutreffender Würdigung der Interessenlage wird der Feststellungsprozess durch die Einstellung des Insolvenzverfahrens auch dann unterbrochen, wenn man den Schuldner als Partei des Feststellungsstreits und den Verwalter als gesetzlichen Vertreter des Schuldners ansieht (Schuldnervertretungstheorie): siehe *Jaeger/Henckel* KO § 6 RdNr. 111; *K. Schmidt* KTS 1984, 345, 384; aA *Jaeger/Lent* KO vor V § 4c vor §§ 6–9; *Lent* ZZP 62, 144; siehe auch *Jaeger/Weber* KO 8. Aufl., § 146 RdNr. 44; 163 RdNr. 6. Allgemein zum Einfluss der Beendigung des Insolvenzverfahrens auf Prozesse über massezugehörige Gegenstände OLG Köln ZIP 1987, 1004 (zu § 163 KO); *Jaeger/Weber* KO § 146 RdNr. 44; § 163 RdNr. 6; § 192 RdNr. 2; *Jaeger/Henckel* KO § 6 RdNr. 109 ff.; *Kübler/Prütting/Pape* § 207 RdNr. 43; § 192 RdNr. 3; *Mohrbutter/Pape*, RdNr. X.53; *Rosenberg/Schwab/Gottwald*, Zivilprozessrecht, 16. Aufl. 2004, § 124 II RdNr. 31; *Stein/Jonas/Roth* § 240 RdNr. 19.
[148] *De Boor*, Zur Lehre vom Parteiwechsel und vom Parteibegriff, 1941, S. 53, 61 ff.; *Weber* KTS 1955, 104 ff.
[149] *Henckel*, Parteilehre und Streitgegenstand im Zivilprozess, 1961, S. 167 ff.
[150] *Jaeger/Weber* KO § 146 RdNr. 44.
[151] Dasselbe gilt für eine Einstellung nach § 207, sofern man auch in diesem Fall eine Nachtragsverteilung zulässt; so *Holzer* NZI 1999, 44, 46; *Kübler/Prütting/Holzer* § 203 RdNr. 29; *Kübler/Prütting/Pape* § 207 RdNr. 39; *Kübler*, Kölner Schrift, S. 967, RdNr. 50; zum alten Recht *Jaeger/Weber* KO § 146 RdNr. 43.
[152] *Jaeger/Weber* KO § 146 RdNr. 44.
[153] *Jaeger/Henckel* KO § 36 RdNr. 18; *Jaeger/Lent* KO § 57 RdNr. 5; § 59 RdNr. 2; *Kilger/K. Schmidt* § 57 Anm. 2; *Uhlenbruck*, InsO § 54 RdNr. 8; aA *Häsemeyer*, Insolvenzrecht, RdNr. 7.72; 25.28 ff.

zu verfolgen, wenn vor einer Einstellung gemäß § 212 oder § 213 der Verwalter für den bedingten Kostenerstattungsanspruch Sicherheit gemäß § 214 Abs. 3 geleistet hat.[154] Die Verfügungsbefugnis über den Sicherungsgegenstand fällt unbeschadet der durch die Sicherstellung begründeten Belastung mit der Einstellung des Verfahrens an den Schuldner zurück.[155] Dieser kann den unterbrochenen Feststellungsprozess seinerseits zum Zwecke der Klageabweisung bzw. beiderseitigen Erledigungserklärung aufnehmen. Der Kostenerstattungsanspruch des Schuldners gehört nach der Einstellung des Insolvenzverfahrens zu seinem freien Vermögen.[156]

53   **b) Feststellungsstreit mit einem widersprechenden Gläubiger.** Ein widersprechender Gläubiger führt den Prozess nicht als Verwalter der Insolvenzmasse, sondern kraft seines eigenen Haftungsrechts an der Masse und auf eigene Kosten.[157] Die Einstellung des Insolvenzverfahrens bewirkt hier **keinen gesetzlichen Parteiwechsel.** Die Verfügungsbefugnis über das Vermögen des Gläubigers als seines „Interessevermögens"[158] geht nicht auf den Schuldner über. Auch der Feststellungsprozess gegen den Gläubiger erledigt sich durch die Einstellung des Insolvenzverfahrens regelmäßig in der Hauptsache, da die haftungsrechtliche Zuweisung der Insolvenzmasse an die Gläubiger und damit das subjektive Haftungsrecht des klagenden Gläubigers erlischt (siehe oben RdNr. 50). Eine Fortsetzung des Rechtsstreits gegen den widersprechenden Gläubiger mit bisherigem Antrag kommt nur bei einer Einstellung nach § 211 in Betracht, wenn eine Nachtragsverteilung zu erwarten ist (§ 211 Abs. 3) oder wenn dem Insolvenzverfahren ein Restschuldbefreiungsverfahren folgt (§ 289 Abs. 3; siehe oben RdNr. 51). Ansonsten kann der Gläubiger den Rechtsstreit gegebenenfalls im Wege gewillkürten Parteiwechsels als Leistungsprozess gegen den Schuldner fortsetzen.[159] War nicht der Bestand der Forderung, sondern allein ihr Rang oder die Eigenschaft der Forderung als Insolvenzforderung (§§ 38 f.) streitig, so bleibt dem Gläubiger regelmäßig nur die Erledigungserklärung. Stimmt der widersprechende Gläubiger zu, so ist über die Kosten gemäß § 91 a ZPO zu entscheiden.

54   **c) Besonderheiten bei der Eigenverwaltung.** Der **Sachwalter** führt den Feststellungsprozess nur mit Wirkung für und gegen die Insolvenzmasse (§§ 283 Abs. 1, 270 Abs. 1 Satz 2, 179 bis 183; siehe oben RdNr. 14). Mit der Einstellung des Insolvenzverfahrens erlischt seine Prozessführungsbefugnis. An die Stelle des Sachwalters tritt der Schuldner. Die Rechtslage entspricht derjenigen im Feststellungsstreit mit dem Insolvenzverwalter (siehe oben RdNr. 49 ff.). Für einen Feststellungsprozess, den **der Schuldner als Eigenverwalter** führt (§ 283 Abs. 1), gelten gemäß § 270 Abs. 1 Satz 2 die §§ 179 bis 183, nicht § 184 (siehe § 184 RdNr. 9). Auch der Schuldner ist als Eigenverwalter nur mit Wirkung für und gegen die Insolvenzmasse Partei. Mit Einstellung des Insolvenzverfahrens ändert sich die Interessenlage des Schuldners. Während er als Verwalter vor allem die Interessen der Gläubiger wahrzunehmen hatte, vertritt er nach der Einstellung seine eigenen Interessen. Deshalb führt die Einstellung auch im Feststellungsprozess gegen einen widersprechenden Eigenverwalter zur Unterbrechung bzw. zur Möglichkeit der Aussetzung des Rechtsstreits. Soweit der Gläubiger nach der Einstellung zur Leistungsklage gegenüber dem Schuldner persönlich übergeht, gilt das oben Gesagte sinngemäß (siehe RdNr. 52).

55   **3. Aufhebung gemäß § 258 Abs. 1.** Die Aufhebung des Insolvenzverfahrens gemäß § 258 Abs. 1 entspricht in ihren Auswirkungen auf einen anhängigen Feststellungsprozess grundsätzlich der Einstellung (siehe oben RdNr. 48 ff.). Anders als bei der Aufhebung nach Schlussverteilung (§ 200 Abs. 1) scheidet eine Fortsetzung des Rechtsstreits mit unveränder-

---

[154] Bei Einstellung nach § 211 Abs. 1 wird § 214 Abs. 3 analog zu gelten haben. AA offenbar *Jaeger/Weber* KO § 146 RdNr. 44 (unter a) für die entsprechenden Regelungen der KO.
[155] *Jaeger/Henckel* KO § 36 RdNr. 18; *Jaeger/Weber* KO § 191 RdNr. 2.
[156] *Jaeger/Henckel* KO § 36 RdNr. 18.
[157] *Jaeger/Weber* KO § 146 RdNr. 44; im Ergebnis auch *Bley* S. 98; aA *Jonas* S. 90, 93.
[158] Siehe *Henckel*, Parteilehre und Streitgegenstand im Zivilprozess, 1961, S. 145 ff., 169.
[159] *Jaeger/Weber* KO § 146 RdNr. 44 (unter b).

ten Anträgen zwischen den bisherigen Parteien aus. Denn der Schuldner erlangt die Verfügungsmacht auch über diejenigen Beträge zurück, die bei früheren Abschlagszahlungen für die Forderung gemäß § 189 Abs. 2 zurückbehalten wurden (keine Hinterlegung gemäß § 198).[160] Der Gläubiger kann nach der Aufhebung gegebenenfalls zur Leistungsklage gegen den Schuldner übergehen oder den Rechtsstreit für erledigt erklären (siehe oben RdNr. 52). Ein fortbestehendes Interesse an der Feststellung des Insolvenzgläubigerrechts ergibt sich weder aus § 257 Abs. 1 (siehe oben RdNr. 50) noch aus § 256 Abs. 1.

§ 180 Zuständigkeit für die Feststellung

(1) ¹ Auf die Feststellung ist im ordentlichen Verfahren Klage zu erheben. ² Für die Klage ist das Amtsgericht ausschließlich zuständig, bei dem das Insolvenzverfahren anhängig ist oder anhängig war. ³ Gehört der Streitgegenstand nicht zur Zuständigkeit der Amtsgerichte, so ist das Landgericht ausschließlich zuständig, zu dessen Bezirk das Insolvenzgericht gehört.

(2) War zur Zeit der Eröffnung des Insolvenzverfahrens ein Rechtsstreit über die Forderung anhängig, so ist die Feststellung durch Aufnahme des Rechtsstreits zu betreiben.

Schrifttum: siehe § 178.

Übersicht

	RdNr.		RdNr.
I. Normzweck	1	2. Rechtsstreit „über die Forderung"	18
II. Entstehungsgeschichte	4	3. Form der Aufnahme	20
III. Neuklage (Abs. 1)	5	4. Aufnahmebefugnis; Aufnahmegegner	21
1. Klage im ordentlichen Verfahren (Abs. 1 Satz 1)	5	5. Parteiwechsel	22
a) Feststellung im Urkundenprozess	6	6. Antragsänderung	23
b) Mahnverfahren	8	7. Zuständigkeit	26
c) Schiedsrichterliches Verfahren	9	8. Aufnahme wegen der Kosten	27
2. Örtliche Zuständigkeit (Abs. 1 Sätze 2 und 3)	12	9. Aufnahme in den besonderen Verfahrensarten	29
3. Sachliche Zuständigkeit	14	a) Aufnahme eines Urkundenprozesses	29
4. Weitere Sachurteilsvoraussetzungen	14	b) Aufnahme eines Mahnverfahrens?	30
IV. Aufnahme eines unterbrochenen Rechtsstreits (Abs. 2)	15	c) Aufnahme eines Schiedsverfahrens?	31
1. Unzulässigkeit der Neuklage	15	10. Kostenentscheidung	32

I. Normzweck

§ 179 bestimmt, wer die Feststellung der bestrittenen Forderung zu betreiben hat. § 180 **1** regelt dagegen, wie die Feststellung zu betreiben ist. Die streitige Feststellung erfolgt nicht im Insolvenzverfahren, sondern außerhalb des Insolvenzverfahrens im Klagewege (Abs. 1 Satz 1). Abs. 1 Satz 1 ist im Zusammenhang mit §§ 189 Abs. 2, 198 zu lesen. Der Feststellungsprozess hindert danach den Fortgang des Insolvenzverfahrens nicht. Gläubiger streitbefangener Forderungen werden bei den Verteilungen durch Zurückbehaltung und Hinterlegung ihrer Anteile gesichert. Die Gesetzgeber von KO und InsO haben damit eine Lehre aus dem gemeinen deutschen Konkursrecht gezogen, unter dessen Geltung sich der

---

[160] *Jaeger/Weber* KO § 192 RdNr. 1 (zum Zwangsvergleich früheren Rechts); dies gilt ausnahmsweise nicht, wenn der Insolvenzplan vorsieht, dass der Verwalter die Verfügungsmacht über die zurückbehaltenen Beträge bis zur endgültigen Feststellung des Insolvenzgläubigerrechts behält; vgl. *Jaeger/Weber* KO § 146 RdNr. 43 (zum Zwangsvergleich früheren Rechts).

§ 180 2–6   5. Teil. 1. Abschnitt. Feststellung der Forderungen

Abschluss des Insolvenzverfahrens wegen anhängiger Feststellungsprozesse häufig auf unbestimmte Zeit verzögerte.[1]

2 **Abs. 1 Sätze 2 und 3** begründet eine ausschließliche örtliche Zuständigkeit für selbständige Insolvenzfeststellungsklagen vor den ordentlichen Gerichten (vgl. § 185).[2] Dies soll einer zu großen Zersplitterung der Streitigkeiten vorbeugen und zugleich für diejenigen Fälle, in denen die Klage gegen mehrere Widersprechende mit verschiedenen allgemeinen Gerichtsständen zu erheben sein würde, die Schaffung eines gemeinschaftlichen Gerichtsstandes auf Grund des § 36 Abs. 1 Nr. 3 ZPO erübrigen.[3]

3 **Abs. 2** ergänzt § 240 ZPO (siehe vor § 85 RdNr. 1 f., 78). Die Aufnahme des unterbrochenen Rechtsstreits soll den Kosten- und Zeitaufwand eines selbständigen Insolvenzfeststellungsprozesses vermeiden, die bisherigen Prozessergebnisse erhalten und den anhängigen Prozess zu einem Abschluss bringen.[4] Ein unterbrochenes Verfahren, das eine Insolvenzforderung zum Gegenstand hat, kann erst aufgenommen werden, wenn die Forderung angemeldet, geprüft und bestritten worden ist. Die Aufnahme erfolgt nach Abs. 2, wenn der Verwalter oder ein Gläubiger, nach § 184 Abs. 1 Satz 2, wenn der Schuldner der Forderung widerspricht.

II. Entstehungsgeschichte

4 § 180 übernimmt im Wesentlichen die Regelungen des § 146 Abs. 2 und 3 KO. Die Vorschrift wurde im Gesetzgebungsverfahren nicht verändert (§§ 208 RegE, 198 RefE, 198 DE). Im Geltungsbereich der Gesamtvollstreckungsordnung war für Insolvenzfeststellungsklagen gemäß § 11 Abs. 3 Satz 3 GesO nF das Gericht örtlich zuständig, in dessen Bezirk das Gesamtvollstreckungsgericht seinen Sitz hatte.[5] § 146 Abs. 3 KO galt entsprechend.[6]

III. Neuklage (Abs. 1)

5 **1. Klage im ordentlichen Verfahren (Abs. 1 Satz 1).** Die streitige Feststellung ist außerhalb des Insolvenzverfahrens zu betreiben (siehe oben RdNr. 1). War zurzeit der Eröffnung des Insolvenzverfahrens kein Rechtsstreit über die bestrittene Forderung anhängig, so ist auf die Feststellung Neuklage zu erheben (Abs. 1 Satz 1). Der Gläubiger erhebt positive (§ 179 Abs. 1), der Bestreitende negative Feststellungsklage (§ 179 Abs. 2) im Sinne des § 256 ZPO.[7] Soweit sich nicht aus §§ 180 bis 183 etwas anderes ergibt, gelten für den Feststellungsstreit vor den ordentlichen Zivilgerichten die Vorschriften der Zivilprozessordnung. Das Feststellungsinteresse ergibt sich unmittelbar aus den Rechtsfolgen des Widerspruchs für das Verteilungsverfahren (siehe § 179 RdNr. 9 ff., 38 f.). Gegenstand der zu beantragenden Feststellung ist das bestrittene Insolvenzgläubigerrecht im Sinne des Haftungsrechts des Gläubigers an der Masse (streitig; siehe § 179 RdNr. 7 f.).

6 **a) Feststellung im Urkundenprozess.** Nach Ansicht der **Rechtsprechung**[8] und eines Teils des Schrifttums[9] kann auf die Feststellung nicht im Urkunden-, Wechsel- oder Scheck-

---

[1] Motive zur KO, S. 364 = *Hahn* IV, S. 327; ferner *Baur/Stürner* II, InsolvenzR, RdNr. 3.12 ff.
[2] Insoweit klingt die gemeinrechtliche *vis attractiva concursus* nach; siehe *Baur/Stürner* II, InsolvenzR, Rd-Nr. 5.47; *Jaeger/Weber* KO § 146 RdNr. 4 f.
[3] Motive zur KO, S. 365 = *Hahn* IV, S. 328.
[4] Motive zur KO, S. 366 = *Hahn* IV, S. 328 f.; *Jaeger/Weber* KO § 146 RdNr. 23.
[5] BGH ZIP 2000, 899; die Zuständigkeit war nicht ausschließlich: *Brödermann* ZIP 1996, 825; *Hess/Binz/Wienberg* GesO § 11 RdNr. 53; aA *Haarmeyer/Wutzke/Förster* GesO § 11 RdNr. 99; *Kilger/K. Schmidt* § 11 GesO Anm. 4.
[6] BAG NZA 1997, 892, 893; *Hess/Binz/Wienberg* GesO § 11 RdNr. 54 f.; *Kilger/K. Schmidt* § 11 GesO Anm. 4; *Mohrbutter/Pape*, Handbuch der Insolvenzverwaltung, RdNr. XVI.176; aA *Smid* GesO § 11 RdNr. 102.
[7] Nach Ansicht von *Nerlich/Römermann/Becker* § 179 RdNr. 19, § 180 RdNr. 1 f. gilt § 180 nicht für die Widerspruchsverfolgung durch den Bestreitenden.
[8] OLG Hamm KTS 1967, 169; OLG München ZIP 1985, 297; vgl. auch BGH WM 1979, 614 (Feststellung zur Vergleichstabelle).
[9] *Baumbach/Lauterbach/Albers/Hartmann* § 592 RdNr. 4; *Eckardt*, Kölner Schrift, S. 743, RdNr. 50; FK-*Kießner* § 180 RdNr. 5; *Kübler/Prütting/Pape* § 180 RdNr. 2; *Thomas/Putzo* § 592 RdNr. 4; ausführlich *Jonas* S. 17 ff., 45 ff.

prozess geklagt werden. Nach dem Wortlaut des § 592 ZPO könne der Kläger im Urkundenprozess nur Verurteilung zur Leistung, nicht Feststellung verlangen. Auch werde der Zweck des Urkundenprozesses, dem durch die Urkunden legitimierten Gläubiger zu einer raschen Befriedung zu verhelfen, bei einer Feststellung der Forderung im Urkundenprozess nicht erreicht, da der Kläger – wenn überhaupt – nur Leistung auf Grund einer der noch zu ermittelnden Insolvenzmasse entsprechenden Quote fordern könne.[10]

Die **Gegenauffassung** geht zutreffend davon aus, dass der Urkundenprozess auch zur Feststellung der bestrittenen Insolvenzforderung zulässig ist.[11] Der Wortlaut des § 592 ZPO steht dem nicht entgegen. Der Gläubiger verfolgt auch durch die Klage gemäß §§ 179 ff. die Befriedigung seiner Forderung, jedoch unter den besonderen Bedingungen des Insolvenzverfahrens. Allerdings würde der Zweck des Urkundenprozesses, dem Kläger rasche Befriedigung zu verschaffen, nicht erreicht, wenn auch nach Rechtskraft des Vorbehaltsurteils der auf die Forderung entfallende Anteil gemäß § 189 Abs. 2 bis zum Abschluss des Nachverfahrens zurückzubehalten wäre.[12] Dies lässt sich jedoch dadurch vermeiden, dass ein Gläubiger, der im Urkundsprozess die Feststellung seiner Forderung erstritten hat, dem Inhaber einer titulierten Insolvenzforderung gleichgestellt wird (§§ 179 Abs. 2, 189 Abs. 2 analog).[13] Bei den Verteilungen sind dann die auf die Forderung entfallenden Anteile an den Gläubiger auszuzahlen, sofern nicht der Widersprechende vor der Auszahlung nachweist, dass er den Widerspruch durch Betreibung des Nachverfahrens verfolgt.[14] Zur Fortsetzung eines durch die Eröffnung des Insolvenzverfahrens unterbrochenen Urkundenprozesses siehe unten RdNr. 29.

b) Mahnverfahren. Das Mahnverfahren ist zur Feststellung des streitigen Insolvenzgläubigerrechts ungeeignet. Es zielt auf den Erlass eines auf Leistung, nicht auf Feststellung lautenden Vollstreckungsbescheids. Zudem ist das Mahnverfahren auf das Unterbleiben der Anspruchsbestreitung angelegt, während es zum Feststellungsprozess gerade deshalb kommt, weil die Forderung bestritten wurde.[15] Hatte der Gläubiger zurzeit der Eröffnung des Insolvenzverfahrens oder des Übergangs der Verfügungsbefugnis über das Vermögen des Schuldners auf einen vorläufigen Verwalter einen Mahnbescheid über seine Forderung beantragt, war dieser aber noch nicht zugestellt, so hemmt die Anmeldung der Forderung zur Tabelle gemäß § 204 Abs. 1 Nr. 10 BGB i. V. m. §§ 167, 693 ZPO analog rückwirkend die Verjährung (siehe auch unten RdNr. 30).[16]

c) Schiedsrichterliches Verfahren. Der Gläubiger und der Bestreitende können vereinbaren, den Streit um das Insolvenzgläubigerrecht der Entscheidung durch ein Schiedsgericht zu unterwerfen (§§ 1029, 1030 Abs. 1). Abs. 1 S. 1 schließt die Entscheidung des Feststellungsstreits im schiedsrichterlichen Verfahren nicht aus.[17]

Eine andere Frage ist es, ob der Bestreitende im Feststellungsrechtsstreit an einen zwischen dem Schuldner und dem Gläubiger geschlossenen Schiedsvertrag gebunden ist. Das überwiegende Schrifttum bejaht dies jedenfalls für den bestreitenden Verwalter,[18] im Vorver-

---

[10] BGH WM 1979, 614 (Feststellung zur Vergleichstabelle); OLG München ZIP 1985, 297.
[11] *Gottwald/Eickmann*, Insolvenzrechts-Handbuch, § 64 RdNr. 40; *Hess/Binz/Wienberg* GesO § 11 RdNr. 52; *Jaeger/Weber* KO § 146 RdNr. 5; *Uhlenbruck*, InsO § 180 RdNr. 5; *MünchKommZPO-Braun* § 592 RdNr. 6; *Smid* § 180 RdNr. 7; *Stein/Jonas/Schlosser* § 592 RdNr. 2 a; *Teske* ZZP 99 (1986), S. 185 ff.; *Zöller/Greger* § 592 RdNr. 3.
[12] So *Stein/Jonas/Schlosser* § 592 RdNr. 2 a.
[13] *Teske* ZZP 99 (1986) S. 185, 199, 201. Zur analogen Anwendung des § 189 auf titulierte Forderungen siehe § 179 RdNr. 29.
[14] *Teske* ZZP 99 (1986) S. 185, 198 ff.
[15] RGZ 129, 339, 343; *Bley* S. 15 ff.; *Jaeger/Weber* KO § 146 RdNr. 27; *Jaeger/Henckel* KO § 10 RdNr. 27; *Jonas* S. 52 ff.; *Kilger/K. Schmidt* § 146 Anm. 2 a; *Uhlenbruck*, InsO § 180 RdNr. 5; *Nerlich/Römermann/Becker* § 180 RdNr. 12.
[16] *Jaeger/Weber* KO § 146 RdNr. 27; aA RGZ 129, 339, 345 f.
[17] *Bley* S. 24 ff.; *Jaeger/Weber* KO § 146 RdNr. 6; § 147 RdNr. 2; *Jestaedt*, Schiedsverfahren und Konkurs, 1985, S. 123 ff.; *Kilger/K. Schmidt* § 146 Anm. 2 a; *Uhlenbruck*, InsO § 180 RdNr. 5.
[18] *Baur/Stürner* II, InsolvenzR, RdNr. 21.20; *Bley* S. 25 ff.; *Jaeger/Weber* KO § 146 RdNr. 6; *Jestaedt*, Schiedsverfahren und Konkurs, 1985, S. 126 ff.; *Kilger/K. Schmidt* § 146 Anm. 2 a; *Uhlenbruck*, InsO § 180

fahren für den starken vorläufigen Verwalter.[19] Die höchstrichterliche Rechtsprechung hat sich zur Bindung des Bestreitenden im Insolvenzfeststellungsprozess, soweit ersichtlich, noch nicht geäußert.[20] Sie bejaht aber eine Bindung des Verwalters, soweit der Rechtsstreit eine Masseforderung[21] oder ein Aus- oder Absonderungsrecht betrifft.[22] Dagegen kann der Schuldner nach der Rechtsprechung des BGH durch eine Schiedsabrede nicht verhindern, dass der Verwalter Rückgewähransprüche aus Insolvenzanfechtung vor staatlichen Gerichten geltend macht; denn der Schuldner sei in keinem Zeitpunkt befugt, über das im Interesse der Gläubiger bestehende Anfechtungsrecht zu verfügen (siehe auch vor § 85 RdNr. 53 ff.).[23]

11 Eine Bindung des Widersprechenden an die Schiedsabrede des Schuldners[24] ist im Insolvenzfeststellungsstreit jedenfalls insoweit anzunehmen, als der Bestand der Forderung in Frage steht. Dagegen wird die Schiedsklausel die Feststellung von Rang und Anmeldbarkeit der Forderung in einem Insolvenzverfahren im Zweifel gar nicht erfassen. Selbst wenn die Parteien diese Fragen ausdrücklich in den Schiedsvertrag einbezogen hätten, wäre der Widersprechende hieran nicht gebunden. Ebenso wenig wie der Schuldner zu Lasten der übrigen Insolvenzgläubiger einer nachrangigen Forderung durch Vereinbarung mit dem Gläubiger einen besseren Rang zuweisen oder eine unanmeldbare Forderung für anmeldbar erklären kann, steht es ihm frei, Rang und Anmeldbarkeit der Forderung im späteren Insolvenzverfahren in eine Schiedsvereinbarung einzubeziehen.[25] Die Ausführungen des BGH zur mangelnden Bindung des Verwalters im Anfechtungsrechtsstreit gelten insoweit entsprechend. Stellt das Schiedsgericht fest, dass die Forderung besteht, so gilt sie analog § 179 Abs. 2 als tituliert, so dass es nunmehr dem Bestreitenden obliegt, den Widerspruch gegen den Rang oder die Anmeldbarkeit der Forderung oder die Insolvenzanfechtung durch Klage vor den ordentlichen Gerichten zu verfolgen. Das Schiedsgericht kann nur dann über insolvenzspezifische Fragen wie Rang, Anmeldbarkeit und Anfechtbarkeit der Forderung entscheiden, wenn sich der Gläubiger und der Widersprechende hierauf einigen.[26]

12 **2. Örtliche Zuständigkeit (Abs. 1 Sätze 2 und 3).** Für die selbständige Feststellungsklage vor den ordentlichen Zivilgerichten ist örtlich ausschließlich das Amtsgericht, bei dem das Insolvenzverfahren anhängig ist oder war (Abs. 1 Satz 2), bei landgerichtlicher Zuständigkeit das übergeordnete Landgericht zuständig (Abs. 1 Satz 3). Die **Zuständigkeitskonzentration** soll eine zu große Zersplitterung der Feststellungsprozesse verhindern und für den Fall, dass die Klage gegen mehrere Bestreitende mit unterschiedlichem allgemeinem Gerichtsstand zu erheben ist, die Bestimmung des zuständigen Gerichts gemäß § 36 Abs. 1 Nr. 3 ZPO erübrigen.[27] Die ausschließliche örtliche Zuständigkeit gemäß Abs. 1 Satz 2 und 3 gilt nicht nur für eine positive Feststellungsklage des Gläubigers gegen den Bestreitenden gemäß § 179 Abs. 1, sondern auch dann, wenn der Bestreitende gemäß § 179 Abs. 2 seinen Widerspruch durch selbständige Klage

---

RdNr. 5; *Kübler/Prütting/Pape* § 180 RdNr. 2; *Heidbrink/v. d. Groeben* ZIP 2006, 265, 269; *Ehricke* ZIP 2006, 1847, 1849.

[19] *Ehricke* ZIP 2006, 1847, 1850; *Heidbrink/v. d. Groeben* ZIP 2006, 265, 269; *Flöther,* Auswirkungen des inländischen Insolvenzverfahrens auf Schiedsverfahren und Schiedsabrede, 2001, S. 47 f.

[20] Für eine Bindung des Verwalters aber OLG Hamburg OLGZ 11, 362; OLG Naumburg OLGZ 42, 78 Fn. 1.

[21] BGHZ 24, 15.

[22] RGZ 137, 109.

[23] BGH NJW 1956, 1920, 1921.

[24] Gleich, ob Verwalter oder Gläubiger; siehe *Jestaedt,* Schiedsverfahren und Konkurs, 1985, S. 128 ff.

[25] Gegen eine Bindung des Widersprechenden an die Schiedsabrede insgesamt *Häsemeyer,* InsolvenzR, RdNr. 13.28; *Jonas* S. 22 f.

[26] AA *Jestaedt,* Schiedsverfahren und Konkurs, S. 133 ff. unter Berufung auf BGHZ 55, 224, 225 f.; 60, 64; NJW 1973, 1077; nach dieser Rechtsprechung stellt der Rang lediglich eine besondere Eigenschaft der Forderung dar, so dass das zur Entscheidung über die Forderung berufene besondere Gericht im Sinne des § 185 auch über den Rang entscheiden könne.

[27] Motive zur KO, S. 365 = *Hahn* IV, S. 328.

verfolgt.²⁸ Eine selbständige Klage des Bestreitenden (im Unterschied zur Prozessaufnahme nach § 180 Abs. 2) kommt z. B. in Betracht, wenn die Forderung durch notarielle Urkunde tituliert ist (siehe § 179 RdNr. 33 ff.).

Abs. 1 Satz 2 und 3 gilt nur für die **Feststellung des streitigen Insolvenzgläubigerrechts**, nicht z. B. für Aus- oder Absonderungsstreitigkeiten.²⁹ Die Vorschrift findet ferner keine Anwendung, wenn zurzeit der Eröffnung des Insolvenzverfahrens ein Rechtsstreit über die bestrittene Forderung anhängig ist (Abs. 2; siehe unten RdNr. 15) oder wenn für die Feststellung des Insolvenzgläubigerrechts der Rechtsweg zu den ordentlichen Gerichten nicht gegeben ist (arg. § 185). In dem Gerichtsstand der Insolvenzfeststellungsklage kann der beklagte Bestreitende nach allgemeinen Regeln (§ 33 ZPO) Widerklage gegen den Anmelder erheben.³⁰ Die Erhebung einer Insolvenzfeststellungsklage als Widerklage gegenüber einer Klage des Insolvenzverwalters kommt in Betracht, wenn die Verwalter vor dem gemäß Abs. 1 Satz 2, 3 für die Insolvenzfeststellungsklage örtlich zuständigen Gericht geklagt hat (§ 33 Abs. 2 ZPO).³¹

3. Sachliche Zuständigkeit. Die sachliche Zuständigkeit der ordentlichen Zivilgerichte richtet sich nach dem Streitwert (§§ 23, 71 GVG), der nach der zu erwartenden Dividende bestimmt wird (§ 182). Nur die örtliche, nicht auch die sachliche Zuständigkeit ist ausschließlich.³² Vereinbarungen über die sachliche Zuständigkeit (§ 38 ZPO) können z. B. dann zweckmäßig sein, wenn dieselbe Forderung mehrfach in unterschiedlicher Höhe bestritten wird und wenn infolge dessen unterschiedliche Zuständigkeiten für die einzelnen Feststellungsklagen gegeben wären.³³ Soweit unabhängig von dem Insolvenzverfahren die Kammer für Handelssachen zur Entscheidung über die streitige Forderung zuständig wäre, kann auch die Klage auf Feststellung der Forderung vor der Kammer für Handelssachen anhängig gemacht werden.³⁴

4. Weitere Sachurteilsvoraussetzungen. Siehe § 179 RdNr. 9 ff.

IV. Aufnahme eines unterbrochenen Rechtsstreits (Abs. 2)

1. Unzulässigkeit der Neuklage. War zurzeit der Eröffnung des Insolvenzverfahrens ein Rechtsstreit über denjenigen Anspruch anhängig, für den das bestrittene Insolvenzgläubigerrecht beansprucht wird (siehe unten RdNr. 18), so ist die Feststellung durch Aufnahme des Rechtsstreits zu betreiben (Abs. 2). Die Erhebung einer **selbständigen Feststellungsklage** ist in diesem Falle ausgeschlossen.³⁵ Abs. 2 bezweckt, den Kosten- und Zeitaufwand eines selbständigen Feststellungsprozesses zu vermeiden und die bisherigen Prozessergebnisse zu erhalten.³⁶ Die Vorschrift ergänzt § 240 ZPO (siehe vor § 85 RdNr. 1 f., 78). Anhängigkeit im Sinne des § 180 Abs. 2 ist gleichbedeutend mit Rechtshängigkeit im Sinne der §§ 261 Abs. 1, 253 Abs. 1 ZPO.³⁷

---

²⁸ *Kübler/Prütting/Pape* § 179 RdNr. 18; aA wohl *Nerlich/Römermann/Becker* § 179 RdNr. 19, § 180 RdNr. 1 f.; für das Verhältnis von § 146 Abs. 6 und § 146 Abs. 2 KO streitig; für die Anwendung des § 146 Abs. 2 auf Klagen des Bestreitenden *Jaeger/Weber* KO § 146 RdNr. 40; *Kilger/K. Schmidt* § 146 Anm. 3a; aA *Baur/Stürner* II, InsolvenzR, RdNr. 21.25; siehe auch Motive zur KO, S. 367 = *Hahn* IV, S. 329.
²⁹ *Jaeger/Weber* KO § 146 RdNr. 18.
³⁰ RGZ 16, 115, 118; *Jaeger/Weber* KO § 146 RdNr. 22.
³¹ RG JW 1902, 397 Nr. 30; *Jaeger/Weber* KO § 146 RdNr. 22; vgl. auch OLG Hamm ZIP 1993, 444.
³² *Eckardt*, Kölner Schrift, S. 743, RdNr. 48, 104; *Jaeger/Weber* KO § 146 RdNr. 18; aA *Jauernig*, Zwangsvollstreckungs- und Insolvenzrecht, § 56 V 3; wohl auch FK-*Kießner* § 180 RdNr. 3.
³³ *Jaeger/Weber* KO § 146 RdNr. 18.
³⁴ *Jaeger/Weber* KO § 146 RdNr. 18; *Kilger/K. Schmidt* § 146 Anm. 2b; *Kübler/Prütting/Pape* § 180 RdNr. 1.
³⁵ BGHZ 105, 34, 37 ff.; *Jaeger/Henckel* KO § 12 RdNr. 6; *Jaeger/Weber* KO § 146 RdNr. 23; *Kilger/K. Schmidt* § 146 Anm. 2d.
³⁶ Motive zur KO S. 366 = *Hahn* IV, S. 328 f.
³⁷ LAG Berlin LAGE Nr. 1 zu § 146 KO.

16 Der Rechtsstreit ist auch dann aufzunehmen, wenn er zurzeit der Eröffnung des Insolvenzverfahrens in der **Rechtsmittelinstanz** schwebte[38] oder wenn die Unterbrechung zwischen den Instanzen eintrat. Die erforderliche Änderung eines früheren Leistungsantrags in einen Antrag auf Feststellung der Forderung zur Tabelle (siehe unten RdNr. 23 ff.) ist nach Auffassung des BGH auch in der Revisionsinstanz möglich. § 559 ZPO soll nicht entgegenstehen.[39] Dies gelte auch für den Fall, dass die ursprüngliche Klageforderung gemäß § 45 Satz 1 (= § 69 KO) in eine Geldforderung umgewandelt wurde.[40] Soweit jedoch der Bestreitende seinen Widerspruch auf insolvenzspezifische Einwendungen wie z. B. die Nachrangigkeit der Forderung oder die Insolvenzanfechtung stützt und dafür neue, beweisbedürftige Tatsachen vorbringt, ist der Rechtsstreit an das Berufungsgericht zurückzuverweisen.[41] Klageänderungen, die über die Umstellung des bisherigen Leistungsantrags in einen Feststellungsantrag hinausgehen (z. B. weil eine andere als die rechtshängige Forderung angemeldet wurde; siehe unten RdNr. 17), sind in der Revisionsinstanz grundsätzlich unzulässig (§ 559 ZPO).[42]

17 Ist der rechtshängige Anspruch **nicht mit demjenigen Anspruch identisch,** für den das Insolvenzgläubigerrecht beansprucht wird, so hat der Gläubiger die Wahl: Er kann entweder den anhängigen Prozess aufnehmen und den Klageantrag gemäß §§ 263, 264 ZPO ändern, oder er kann selbständige Feststellungsklage im Gerichtsstand des Abs. 1 Satz 2, 3 erheben.[43] So z. B., wenn bei Eröffnung des Insolvenzverfahrens ein Rechtsstreit über einen Erfüllungsanspruch anhängig war und der Gläubiger nach Erfüllungsablehnung durch den Verwalter einen Anspruch auf Schadensersatz wegen Nichterfüllung (§ 103) zur Tabelle anmeldet, den der Verwalter bestreitet.[44] Hat ein Arbeitnehmer vor der Eröffnung des Insolvenzverfahrens über das Vermögen des Arbeitgebers die Feststellung des Fortbestehens des Arbeitsverhältnisses beantragt und meldet er nach Eröffnung des Insolvenzverfahrens eine Entgeltforderung zur Tabelle an, die der Verwalter bestreitet, so kann der Gläubiger den anhängigen Prozess mit dem Antrag aufnehmen, die bestrittene Entgeltforderung zur Tabelle festzustellen,[45] oder aber selbständige Klage gemäß Abs. 1 erheben. Ein Antrag, festzustellen, dass über die Vergütung für die Benutzung eines Grundstücks keine Vereinbarung getroffen worden ist, kann nach Eröffnung des Insolvenzverfahrens über das Vermögen des Beklagten und Anmeldung eines Vergütungsanspruchs für die Benutzung des Grundstücks in einen Antrag auf Feststellung der bestrittenen Vergütungsforderung geändert werden.[46] § 181 steht der Klageänderung nicht entgegen (siehe auch § 181 RdNr. 7). Bei fehlender Identität zwischen dem rechtshängigen und dem bestrittenen Anspruch ist im Gegenteil die Klageänderung erforderlich, um die Übereinstimmung zwischen Anmeldung und Klage gemäß § 181 sicherzustellen.[47] War jedoch in den genannten Fällen der Rechtsstreit zurzeit der Eröffnung des Insolvenzverfahrens in der Revisionsinstanz anhängig, so ist die Antragsänderung in der Regel nach § 559 ZPO unzulässig (anderes gilt nach hM für die „Antragsanpassung" bei Identität zwischen dem rechtshängigen und dem angemeldeten und bestrittenen Anspruch; siehe unten RdNr. 23 f.).[48] Zur Aufnahme, wenn mehrere Wider-

---

[38] BGH WM 1965, 626; BGH LM Nr. 5 zu § 146 KO; *Kilger/K. Schmidt* § 146 Anm. 2 d; *Uhlenbruck,* InsO § 180 RdNr. 8 .
[39] BGH LM KO § 146 Nr. 4, 5.
[40] BGH LM KO § 146 Nr. 4; BAGE 50, 62.
[41] BGH LM KO § 146 Nr. 4; *Eckardt,* Kölner Schrift, S. 743, RdNr. 49; *Jonas* S. 61 f.
[42] BGH LM KO § 146 Nr. 4; siehe auch RG JW 1932, 168, 169 (unzulässige Geltendmachung eines Absonderungsrechts); RG LZ 1912, 400 (unzulässige Geltendmachung eines Vorrechts).
[43] Str., wie hier *Jaeger/Henckel* KO § 12 RdNr. 7; *Henckel,* ZZP 75, 351 ff.; aA (Aufnahme unzulässig) offenbar BGHZ 105, 34; *Bley* S. 44 ff.; *Grunsky* EWiR 1988, 1017, 1018; *Kilger/K. Schmidt* § 146 Anm. 2 d.
[44] BGH NJW 1962, 153 (Aufnahme durch den widersprechenden Konkursverwalter); dazu *Henckel* ZZP 75 (1982) 351 ff.
[45] RAG JW 1933, 1551, 1552; insoweit zustimmend BGHZ 105, 34, 38.
[46] BGH LM KO § 146 Nr. 4.
[47] *Henckel* ZZP 75 (1982) 351, 353.
[48] BGH LM KO § 146 Nr. 4; RG JW 1932, 168 (unzulässige Änderung einer ursprünglich auf Zahlung gerichteten Klage in eine Klage auf abgesonderte Befriedigung in der Revisionsinstanz); RG LZ 1912, 400

2. Rechtsstreit „über die Forderung". Abs. 2 setzt voraus, dass ein Rechtsstreit „über **18** die (bestrittene) Forderung" anhängig ist. Bestritten wird nach hier vertretener Auffassung aber nicht der (prozessuale) Anspruch gegen den Schuldner persönlich, der den Gegenstand des vorinsolvenzlichen Rechtsstreits bildet, sondern das **Haftungsrecht** des Gläubigers an der Masse, das neben dem Bestand einer Forderung auch ihre Anmeldbarkeit im Insolvenzverfahren und den geltend gemachten (Voll-)Rang voraussetzt (siehe § 178 RdNr. 15 ff.; § 179 RdNr. 7 f.). § 180 Abs. 2 ist aus dieser Sicht dahingehend auszulegen, dass die Feststellung durch Aufnahme des Rechtsstreits zu betreiben ist, wenn über den dem bestrittenen Haftungsrecht zugrunde liegenden Anspruch zurzeit der Eröffnung des Insolvenzverfahrens ein Rechtsstreit anhängig war. Der Rechtsstreit ist in diesem Fall unabhängig von dem Grund des Widerspruchs aufzunehmen, also auch dann, wenn der Bestreitende den Nachrang, die Unanmeldbarkeit oder die Insolvenzanfechtung geltend macht. Dies gilt grundsätzlich auch für den Fall, dass sich der Rechtsstreit zurzeit der Eröffnung des Insolvenzverfahrens in der Rechtsmittelinstanz befand (siehe oben RdNr. 16). Dass dann für die Erörterung insolvenzspezifischer Einwendungen nur ein verkürzter Instanzenzug zur Verfügung steht, nimmt das Gesetz zugunsten der Prozessökonomie in Kauf.[49]

Dagegen scheidet nach bislang **herrschender Meinung** eine Prozessaufnahme aus, wenn **19** der Widersprechende nicht den rechtshängigen Anspruch, sondern allein den für ihn beanspruchten Rang bestreitet. Die Feststellung des bestrittenen Ranges sei durch selbständige Klage zu betreiben.[50] Zum Teil wird eine Aufnahme des anhängigen Rechtsstreits auch für den Fall abgelehnt, dass über die Eigenschaft des Anspruchs als Insolvenzforderung gestritten oder der Widerspruch auf die Insolvenzanfechtung gestützt wird.[51] Diese Ansicht beruht im Wesentlichen auf der Annahme, dass im Feststellungsverfahren die einzelnen Voraussetzungen der Verfahrensteilnahme getrennt voneinander festgestellt oder bestritten werden können, ein einheitliches Insolvenzgläubigerrecht also abzulehnen sei (siehe § 178 RdNr. 12; § 179 RdNr. 7 f.).

3. Form der Aufnahme. Die Aufnahme erfolgt gemäß § 250 ZPO durch amtswegige **20** Zustellung (§ 166 Abs. 2 ZPO) eines bei dem Gericht des anhängigen Rechtsstreites einzureichenden Schriftsatzes an den Gegner. Die Rechtsprechung lässt darüber hinaus eine Erklärung in mündlicher Verhandlung genügen, wenn beide Parteien anwesend sind.[52] Die Aufnahme ist Prozesshandlung. Mängel der Aufnahme sind nach § 295 ZPO heilbar. Bei Unterbrechung zwischen den Instanzen kann nach Ansicht des BGH die Aufnahme auch (stillschweigend) in Verbindung mit der Einlegung eines Rechtsmittels bei dem Rechtsmittelgericht erfolgen, ungeachtet dessen, dass bei Einlegung des Rechtsmittels der Rechtsstreit mangels Zustellung des Aufnahmeschriftsatzes noch unterbrochen ist.[53] Für Einzelheiten siehe vor § 85 RdNr. 80 f.

4. Aufnahmebefugnis; Aufnahmegegner. Zur Aufnahme ist der Gläubiger der be- **21** strittenen Forderung und unter den Voraussetzungen des § 179 Abs. 2 auch der Bestreitende befugt (siehe § 179 RdNr. 4, 29 f., 43). Aufnahmegegner ist der Bestreitende, wenn der Gläubiger die Feststellung betreibt (§§ 179 Abs. 1; 180 Abs. 2), der Gläubiger, wenn der Bestreitende seinen Widerspruch verfolgt (§§ 179 Abs. 2; 180 Abs. 2). Haben mehrere der

---

(unzulässige Änderung einer Leistungsklage in Klage auf Feststellung, unter anderem, eines Vorrechts nach der KO in der Revisionsinstanz); aA RAG JW 1933, 1551, 1552.
[49] *Eckardt*, Kölner Schrift, S. 743, RdNr. 49; *Jonas* S. 61 f.
[50] *Häsemeyer*, Insolvenzrecht, RdNr. 22.31; *Jauernig*, Zwangsvollstreckungs- und Insolvenzrecht, § 56 V 2; ebenso für einen Widerspruch gegen ein Vorrecht nach der KO *Bley* S. 35; *Jaeger/Weber* KO § 146 RdNr. 26; *Kilger/K. Schmidt* § 146 Anm. 2 d; *Kuhn/Uhlenbruck* KO § 146 RdNr. 18.
[51] *Häsemeyer*, Insolvenzrecht, RdNr. 22.31.
[52] RGZ 78, 343, 344; 86, 235, 240; 109, 47, 48; *Jaeger/Henckel* KO § 10 RdNr. 115.
[53] BGHZ 36, 258, 259 f.; 111, 104, 108 f.; str., ausführlich zum Streitstand *Jaeger/Henckel* KO § 10 RdNr. 116, 55 ff.

§ 180 22–25   5. Teil. 1. Abschnitt. Feststellung der Forderungen

Forderung widersprochen, so kann der Gläubiger nach Ansicht des BGH[54] einen über die Forderung anhängigen Rechtsstreit nur gegenüber allen Widersprechenden gemeinsam aufnehmen (zweifelhaft; siehe § 179 RdNr. 18). Zu den Auswirkungen einer Rechtsnachfolge auf die Aufnahmebefugnis siehe § 179 RdNr. 13 f.

22 **5. Parteiwechsel.** Der Widersprechende tritt anstelle des Schuldners in den aufgenommenen Rechtsstreit ein.[55] Er ist an die bisherigen Prozessergebnisse gebunden (siehe auch § 85 RdNr. 16). Hat auch der Schuldner Widerspruch eingelegt (§ 178 Abs. 1 Satz 2) und nimmt der Gläubiger den Rechtsstreit gegenüber dem Schuldner (§ 184 Abs. 1 Satz 2) und dem widersprechenden Verwalter oder Gläubiger (§ 180 Abs. 2) gemeinsam auf, so sind sie einfache Streitgenossen.[56]

23 **6. Antragsänderung.** Nach der Aufnahme des Rechtsstreits sind die Anträge der veränderten Verfahrenslage anzupassen.[57] Der Gläubiger hat, wenn er Kläger des anhängigen Rechtsstreits ist, nach hM die Feststellung der näher bezeichneten Forderung zur Insolvenztabelle zu beantragen. Deutlicher ist ein Antrag auf Feststellung, dass ihm für die Forderung ein Insolvenzgläubigerrecht zusteht (siehe § 179 RdNr. 6). Die Antragsänderung ist gemäß § 264 Nr. 3 ZPO ohne weiteres zulässig.[58] Sie lässt nach Ansicht des BGH die Identität des jeweils geltend gemachten Anspruchs unberührt.[59] Gegenstand des Insolvenzfeststellungsstreits ist jedoch nach zutreffender Auffassung nicht der Anspruch gegen den Schuldner persönlich, sondern das Haftungsrecht des Gläubigers an der Masse, das neben dem Bestand einer Forderung auch ihre Verfolgbarkeit im Insolvenzverfahren und den geltend gemachten Rang voraussetzt (siehe oben § 179 RdNr. 7 f.).

24 Aufnahme und Antragsänderung sind nach hM auch in dem Fall möglich, dass der Rechtsstreit zurzeit der Eröffnung des Insolvenzverfahrens in der **Revisionsinstanz** schwebte.[60] § 559 ZPO stehe der Antragsänderung nicht entgegen; dies gelte auch, soweit bei der Neufassung des Antrags § 45 (§ 69 KO) zu berücksichtigen sei.[61] Der Rechtsstreit ist aber jedenfalls dann an das Berufungsgericht zurückzuverweisen, wenn der Bestreitende seinen Widerspruch auf insolvenzspezifische Einwendungen wie die Insolvenzanfechtung, die Unanmeldbarkeit oder den Nachrang der Forderung stützt und dafür neue, beweisbedürftige Tatsachen vorträgt.[62] Hat es der Gläubiger nach der Aufnahme des Rechtsstreits versäumt, seinen ursprünglichen Leistungsantrag in einen Antrag auf Feststellung umzustellen, und hat daraufhin das Gericht fälschlicherweise den bestreitenden Verwalter zur Leistung verurteilt, so kann das Urteil als Feststellung der bestrittenen Forderung zur Tabelle ausgelegt werden, wenn die Entscheidungsgründe eindeutig ergeben, dass der Prozess eine Insolvenzforderung und nicht eine Masseverbindlichkeit betraf.[63]

25 Nimmt der **Bestreitende** den anhängigen Rechtsstreit auf (§ 179 Abs. 2 i. V. m. § 180 Abs. 2), so muss er nach Ansicht des BGH beantragen, den Widerspruch für begründet zu erklären.[64] Durch die Aufnahme ändern sich aber unbeschadet des gesetzlichen Parteiwechsels die Parteirollen in dem anhängigen Rechtsstreit grundsätzlich nicht. Tritt der Bestreiten-

---

[54] BGHZ 76, 206, 209 f. (seerechtliches Verteilungsverfahren).
[55] BGH KTS 1962, 46; *Jaeger/Weber* KO § 146 Nr. 29; *Jonas* S. 40; *Kilger/K. Schmidt* § 146 Anm. 2 d; *Uhlenbruck*, InsO § 180 RdNr. 8.
[56] BGH ZIP 1980, 23; *Jaeger/Weber* KO § 146 RdNr. 29.
[57] BGH LM KO § 146 Nr. 4, 5; NJW 1962, 153; BAGE 50, 62; *Jonas* S. 41 ff.; *Eckardt*, Kölner Schrift, S. 743, RdNr. 49, RdNr. 53; *Kilger/K. Schmidt* § 146 Anm. 1 a; *Uhlenbruck*, InsO § 180 RdNr. 8.
[58] OLG Hamm ZIP 1993, 444; *Stein/Jonas/Schumann* § 264 RdNr. 77; *Zöller/Greger* § 264 RdNr. 5; *Kübler/Prütting/Pape* § 180 RdNr. 5; aA *Stein/Jonas/Roth* § 240 RdNr. 33.
[59] BGH LM KO § 146 Nr. 5.
[60] BGH LM KO § 146 Nr. 5; *Stein/Jonas/Roth* § 240 RdNr. 33; zu Recht kritisch *Stein/Jonas/Grunsky* § 561 RdNr. 7.
[61] BGH LM KO § 146 Nr. 5; BAGE 50, 62, 67.
[62] *Eckardt*, Kölner Schrift, S. 743, RdNr. 49; *Jonas* S. 61 f.
[63] RG WarnRspr. 1933 Nr. 167, S. 362 f.; BGH LM KO § 146 Nr. 9; ZIP 1994, 1193; *Uhlenbruck*, InsO § 180 RdNr. 12; *Kilger/K. Schmidt* § 12 Anm. 1.
[64] BGH NJW 1962, 153; ZIP 1994, 1193; *Kübler/Prütting/Pape* § 180 RdNr. 6.

de anstelle des bisher beklagten Schuldners in den Rechtsstreit ein, so kann er sich darauf beschränken, die Abweisung der Klage zu beantragen.[65] Beantragt er in diesem Fall, seinen Widerspruch für begründet zu erklären, so ist dies als besondere Formulierung des Antrags auf Abweisung des zu erwartenden Feststellungsantrags des Gläubigers anzusehen.[66] Als Beklagter kann der Bestreitende die Klage nicht ändern. Hält der Gläubiger nach der Aufnahme des Rechtsstreits durch den Bestreitenden den bisherigen Leistungsantrag aufrecht, so ist seine Klage als unzulässig abzuweisen (siehe aber oben RdNr. 24).[67] Ein Antrag des Bestreitenden, seinen Widerspruch für begründet zu erklären oder – deutlicher – festzustellen, dass dem Anmelder für die näher bezeichnete Forderung kein Insolvenzgläubigerrecht zusteht, ist nur geboten, wenn der Bestreitende im Feststellungsstreit Kläger ist. So, wenn er eine unterbrochene negative Feststellungsklage des Schuldners gegen den Gläubiger aufnimmt (§§ 179, 180 Abs. 2) oder wenn er selbständige negative Feststellungsklage gegen den Gläubiger erhebt (§§ 179 Abs. 2, 180 Abs. 1; Beispiel: Titulierung des Anspruchs durch vollstreckbare Urkunde).

7. Zuständigkeit. Zuständig bleibt örtlich und sachlich das Gericht, bei dem der Rechtsstreit zurzeit der Eröffnung des Insolvenzverfahrens anhängig war.[68] Die einmal begründete sachliche Zuständigkeit des Landgerichts besteht auch dann fort, wenn infolge veränderter Streitwertberechnung (§ 182) oder nur teilweiser Bestreitung für eine selbständige Klage das Amtsgericht zuständig wäre.[69]

8. Aufnahme wegen der Kosten. War der Prozess zwischen dem Gläubiger und dem Schuldner vor Eröffnung des Insolvenzverfahrens durch **beiderseitige Erledigungserklärung** in der Hauptsache beendet, wegen der Kosten jedoch noch anhängig, so kann der Gläubiger die Kostenforderung (§ 91 a ZPO) zur Tabelle anmelden und im Bestreitensfalle den Rechtsstreit gegen den Widersprechenden aufnehmen. Entsprechendes gilt für die Kostenforderung gemäß § 269 Abs. 3 S. 2 ZPO, wenn der Schuldner als Kläger vor Eröffnung des Insolvenzverfahrens seine **Klage zurückgenommen** hat.[70] In dem aufgenommenen Verfahren ist die Kostenforderung dem Grunde nach festzustellen; die Feststellung der Forderungshöhe erfolgt im Kostenfestsetzungsverfahren.[71] Ist vor oder nach der Eröffnung des Insolvenzverfahrens (§ 249 Abs. 3 ZPO) ein Beschluss über die Kosten zugunsten des Gläubigers ergangen (§§ 91 a Abs. 1 Satz 1; 269 Abs. 4 ZPO), so obliegt es dem Bestreitenden, den Widerspruch durch Aufnahme und Anfechtung der Kostenentscheidung zu verfolgen (§ 179 Abs. 2).[72]

War der Prozess zwischen dem Gläubiger als Kläger und dem Schuldner als Beklagtem vor oder durch die Eröffnung des Insolvenzverfahrens **in der Hauptsache erledigt,** ohne dass es zu einer beiderseitigen Erledigungserklärung kam, so kann der Gläubiger seine Kostenforderung anmelden und bei einem Widerspruch den Rechtsstreit gemäß Abs. 2 gegen den Bestreitenden aufnehmen. Dies gilt unabhängig davon, ob der Gläubiger den Rechtsstreit vor der Eröffnung des Insolvenzverfahrens einseitig für erledigt erklärt hat oder nicht.[73] Der Gläubiger muss in dem aufgenommenen Rechtsstreit den Antrag an die veränderte Verfahrenslage anpassen, also die Feststellung der bestrittenen Kostenforderung zur Tabelle beantragen. Gegenstand der zu treffenden Feststellung ist die Kostenforderung, die Erledigung der Hauptsache ist Vorfrage.[74] War auf Grund einseitiger Erledigungserklärung des

---

[65] *Henckel* ZZP 75 (1962) 351, 354.
[66] *Henckel* ZZP 75 (1962) 351, 354.
[67] *Henckel* ZZP 75 (1962) 351, 354.
[68] *Jaeger/Weber* KO § 146 RdNr. 24; *Uhlenbruck*, InsO § 180 RdNr. 8.
[69] § 261 Abs. 3 Nr. 2 ZPO ist jedenfalls entsprechend anwendbar; *Jaeger/Weber* KO § 146 RdNr. 24; *Uhlenbruck*, InsO § 180 RdNr. 2 ff.
[70] OLG Hamburg OLG Rspr. 21, 177; *Jaeger/Henckel* KO § 10 RdNr. 83; *Jaeger/Weber* KO § 146 RdNr. 28.
[71] *Jaeger/Henckel* KO § 10 RdNr. 85.
[72] *Jaeger/Henckel* KO § 10 RdNr. 85.
[73] *Jaeger/Henckel* KO § 10 RdNr. 96 f.
[74] *Jaeger/Henckel* KO § 10 RdNr. 92 ff.

§ 180 28a–31   5. Teil. 1. Abschnitt. Feststellung der Forderungen

Gläubigers vor Eröffnung des Insolvenzverfahrens ein Feststellungsurteil zugunsten des Gläubigers ergangen, so ist es dem Bestreitenden überlassen, den Widerspruch gegen die angemeldete Kostenforderung zu verfolgen (§ 179 Abs. 2).[75]

28a Ist nach Rechtskraft der Kostengrundentscheidung das anhängige **Kostenfestsetzungsverfahren unterbrochen** worden (vgl. Vorbem. §§ 85, 86 RdNr. 44) und hat der Verwalter den zur Tabelle angemeldeten Erstattungsanspruch des Klägers bestritten, kann das unterbrochene Verfahren entsprechend § 180 Abs. 2 InsO aufgenommen werden.[76] In dem aufgenommenen Kostenfestsetzungsverfahren kann die Höhe des Erstattungsanspruchs lediglich festgestellt werden.[77]

29 **9. Aufnahme in den besonderen Verfahrensarten. a) Aufnahme eines Urkundenprozesses.** Ein durch das Insolvenzverfahren unterbrochener Urkunden-, Wechsel- oder Scheckprozess kann als solcher aufgenommen und mit dem Antrag auf Feststellung des bestrittenen Insolvenzgläubigerrechts fortgesetzt werden (siehe oben RdNr. 7). Nach der Gegenansicht (oben RdNr. 6) muss der Gläubiger nach Aufnahme des Rechtsstreits vom Urkundenprozess Abstand nehmen (§ 596 ZPO). Dies ist in der Berufungsinstanz jedoch nur analog § 263 ZPO, in der Revisionsinstanz gar nicht mehr möglich.[78] Teilweise wird ein Übergang in das ordentliche Verfahren kraft Gesetzes angenommen.[79]

30 **b) Aufnahme eines Mahnverfahrens?.** Die Aufnahme eines unterbrochenen Mahnverfahrens (siehe vor §§ 85–87 RdNr. 45) gemäß Abs. 2 scheidet aus, da dieses Verfahren zur Feststellung des Insolvenzgläubigerrechts ungeeignet ist und im Übrigen das Unstreitigbleiben des Anspruchs voraussetzt (siehe oben RdNr. 8). Der Gläubiger, der den Mahnbescheid beantragt hat, muss daher **Neuklage** auf Feststellung gegen den Bestreitenden erheben.[80] Eine Aufnahme ist dagegen möglich, wenn das Mahnverfahren zurzeit der Eröffnung des Insolvenzverfahrens oder der Ernennung des vorläufigen Verwalters bereits in das streitige Verfahren übergegangen war[81] oder wenn zurzeit der Unterbrechung ein nicht rechtskräftiger Vollstreckungsbescheid über die Forderung vorlag. Im zuletzt genannten Fall obliegt die Aufnahme gemäß § 179 Abs. 2 i. V. m. § 180 Abs. 2 dem Bestreitenden.[82]

31 **c) Aufnahme eines Schiedsverfahrens?.** Ein Schiedsverfahren zwischen dem Gläubiger und dem Schuldner über einen als Insolvenzforderung zu qualifizierenden Anspruch wird zwar durch die Eröffnung des Insolvenzverfahrens oder den Übergang der Verwaltungs- und Verfügungsbefugnis auf einen vorläufigen Verwalter nicht gemäß § 240 ZPO unterbrochen.[83] Das Schiedsgericht darf aber das Schiedsverfahren gemäß § 1059 Abs. 2 Nr. 2b ZPO i. V. m. § 87 grundsätzlich nicht vor Abschluss des insolvenzrechtlichen Feststellungsverfahrens fortsetzen (siehe vor § 85 RdNr. 53).[84] Nach Abschluss des Feststellungsverfahrens kann der Gläubiger das Schiedsverfahren gegen den widersprechenden Verwalter oder Gläubiger weiterführen. Der Bestreitende ist an eine von dem Schuldner getroffene Schiedsabrede gebunden, soweit der Bestand der Forderung in Frage steht. Dagegen kann das Schiedsgericht mangels anderslautender Einigung zwischen dem Gläubiger und dem Wider-

---

[75] *Jaeger/Henckel* KO § 10 RdNr. 90; zur Verfolgung eines Kostenerstattungsanspruchs durch den Gläubiger als Beklagten siehe *Jaeger/Henckel* KO § 10 RdNr. 88, 90, 91, 95, 98.
[76] OLG München ZIP 2003, 2318.
[77] OLG München ZIP 2003, 2318.
[78] BGHZ 29, 337; *Zöller/Greger* § 596 RdNr. 4 mwN; aA *Eckardt*, Kölner Schrift, S. 743, RdNr. 50.
[79] OLG Hamm KTS 1967, 169; *Baumbach/Lauterbach/Albers/Hartmann* § 592 RdNr. 4; *Thomas/Putzo* § 592 RdNr. 4; *Jonas* S. 45 ff.
[80] *Bley* S. 17 ff.; *Jaeger/Henckel* KO § 10 RdNr. 27; *Jaeger/Weber* KO § 146 RdNr. 27; *Nerlich/Römermann/Becker* § 180 RdNr. 18; *Stein/Jonas/Schlosser* § 693 RdNr. 14; aA *Jonas* S. 54 ff.
[81] *Jaeger/Weber* § 146 RdNr. 27.
[82] *Jaeger/Weber* § 146 RdNr. 27.
[83] *Jaeger/Henckel* KO § 10 RdNr. 36; *Jestaedt*, Schiedsverfahren und Konkurs, 1985, S. 20 ff., 106 ff.; *Musielak/Stadler* § 240 RdNr. 6; *Schwab/Walter*, Schiedsgerichtsbarkeit, 6. Aufl. 2000, Kap. 16 RdNr. 48.
[84] *Jestaedt*, Schiedsverfahren und Konkurs, 1985, S. 106 ff. (Ausnahme: § 249 Abs. 3 ZPO analog); *Heidbrink/v. d. Groeben* ZIP 2006, 265, 270.

sprechenden nicht über den Rang, die Anmeldbarkeit oder die insolvenzrechtliche Anfechtbarkeit der Forderung entscheiden (siehe oben RdNr. 10 f.).[85]

10. Kostenentscheidung. Die Kostenentscheidung, die in dem aufgenommenen Verfahren ergeht, erfasst sämtliche vor und nach der Aufnahme entstandenen Kosten. Werden die Kosten dem bestreitenden Verwalter auferlegt, so sollen sie in vollem Umfang Masseverbindlichkeiten (§ 55 Abs. 1 Nr. 1) sein, unabhängig davon, ob der Gebührentatbestand vor oder nach der Aufnahme verwirklicht wurde (zweifelhaft; siehe § 85 RdNr. 19 f.; § 182 RdNr. 6). Vom Zeitpunkt der Aufnahme an bestimmt sich der Streitwert für das weitere Verfahren nach § 182.[86] Für die Berechnung der bis dahin entstandenen Gebühren ist der ursprüngliche Wert zugrunde zu legen (siehe § 182 RdNr. 6).[87]

§ 181 Umfang der Feststellung

Die Feststellung kann nach Grund, Betrag und Rang der Forderung nur in der Weise begehrt werden, wie die Forderung in der Anmeldung oder im Prüfungstermin bezeichnet worden ist.

Schrifttum: siehe § 178.

Übersicht

	RdNr.		RdNr.
I. Normzweck und Anwendungsbereich	1	III. Anmeldung und Prüfung als besondere Sachurteilsvoraussetzungen	3
II. Entstehungsgeschichte	2	IV. Grund der Forderung	6
		V. Betrag und Rang	10

I. Normzweck und Anwendungsbereich

§ 181 statuiert eine besondere Sachurteilsvoraussetzung für Insolvenzfeststellungsklagen.[1] Sie soll sicherstellen, dass die übrigen Widerspruchsberechtigten Gelegenheit zur Mitwirkung bei der Feststellung der Insolvenzforderungen erhalten.[2] § 181 gilt für positive (§ 179 Abs. 1) ebenso wie für negative Insolvenzfeststellungsklagen (§ 179 Abs. 2)[3] und unabhängig davon, ob die Feststellung durch Neuklage (§ 180 Abs. 1) oder durch Prozessaufnahme (§ 180 Abs. 2),[4] durch Klage oder Widerklage[5] verfolgt wird. Unerheblich ist auch, ob die Forderung im Prüfungstermin oder im schriftlichen Verfahren bestritten wurde (§ 177 Abs. 1 Satz 2; § 5 Abs. 2).[6]

---
[85] AA für Rang und Anmeldbarkeit *Jestaedt*, Schiedsverfahren und Konkurs, 1985, S. 132 ff.
[86] BGH ZIP 1980, 429; ZIP 1993, 50, 51; NJW-RR 1994, 1251; BFH ZIP 2006, 2284; OLG Düsseldorf OLGR Düsseldorf 1994, 306; OLG Köln MDR 1974, 853; OLG Schleswig ZIP 1981, 1359; OVG Mecklenburg-Vorpommern NVwZ-RR 2004, 798; *Jaeger/Weber* KO § 148 RdNr. 3; *Kilger/K. Schmidt* § 148 Anm. 1a; *Uhlenbruck*, InsO § 182 RdNr. 4.
[87] OLG Düsseldorf KTS 1978, 41 f.; OLGR Düsseldorf 1994, 306; OLG Frankfurt ZIP 1981, 638 f.; OLG Jena OLGR Jena 1997, 284, 285; OLG Köln JurBüro 1986, 1244, 1245.
[1] *Häsemeyer*, Insolvenzrecht, RdNr. 22.28; *Kübler/Prütting/Pape* § 179 RdNr. 4; nach hM fehlt einem Kläger, der die Feststellung einer unangemeldeten und ungeprüften Forderung beantragt, das Feststellungsinteresse: *Bley* S. 50 ff.; *Eckardt*, Kölner Schrift, S. 743, RdNr. 55; *Jaeger/Weber* KO § 146 RdNr. 31; *Uhlenbruck*, InsO § 181 RdNr. 1.
[2] Motive zur KO, S. 366 = *Hahn* IV, S. 329; BGH LM KO § 146 Nr. 1.
[3] BGH LM KO § 146 Nr. 1; NJW 1962, 153; RGZ 86, 394, 396; *Kilger/K. Schmidt* § 146 Anm. 2 e; aA *Nerlich/Römermann/Becker* § 181 RdNr. 1 (nur Klagen des Gläubigers gemäß §§ 179 Abs. 1, 180).
[4] BGH LM KO § 146 Nr. 1; NJW 1962, 153; BAG ZIP 1983, 1095, 1097; OLG Nürnberg ZIP 1982, 476, 477; RGZ 86, 394, 396.
[5] RG JW 1902, S. 397 Nr. 30; *Jaeger/Weber* KO § 146 RdNr. 31.
[6] *Nerlich/Römermann/Becker* § 181 RdNr. 3.

II. Entstehungsgeschichte

2 § 181 entspricht im Wesentlichen § 146 Abs. 4 KO. Im Geltungsbereich der Gesamtvollstreckungsordnung war § 146 Abs. 4 KO entsprechend anwendbar.[7] Neu ist das ausdrückliche Verbot der Abweichung der Klage von dem in der Anmeldung oder im Prüfungstermin bezeichneten Rang der Forderung, das ungeschrieben auch unter der Konkursordnung galt.[8] Im Gesetzgebungsverfahren wurde die Vorschrift nicht verändert (§ 209 RegE; § 199 RefE; § 199 DE).

III. Anmeldung und Prüfung als besondere Sachurteilsvoraussetzungen

3 Anmeldung und Prüfung der festzustellenden Forderung sind besondere Sachurteilsvoraussetzungen. Sie dienen dazu, den übrigen Widerspruchsberechtigten die Mitwirkung bei der Forderungsfeststellung zu sichern. Die Klage ist **unzulässig**, soweit sie von dem in der Anmeldung angegebenen Grund der Forderung abweicht oder der Gläubiger einen höheren Betrag oder besseren Rang als angemeldet geltend macht (siehe aber unten RdNr. 10).[9] Die Unzulässigkeit entfällt, wenn der Gläubiger den neuen Anspruchsgrund, höheren Betrag oder besseren Rang bis zum Schluss der mündlichen Verhandlung im Feststellungsprozess zur Tabelle anmeldet und der Feststellungsgegner die Forderung auch insoweit bestreitet. Da Anmeldung und Prüfung im Interesse aller Insolvenzgläubiger vorgeschrieben sind, können die Parteien des Feststellungsrechtsstreits nicht auf sie verzichten. Eine Heilung durch unterlassene Rüge in der mündlichen Verhandlung (§ 295 ZPO) ist nicht möglich.[10]

4 Als Sachurteilsvoraussetzungen müssen Anmeldung und Prüfung **bis zum Schluss der Letzten mündlichen Verhandlung** vorliegen. Sie können auch noch in der Revisionsinstanz nachgeholt werden.[11] § 559 ZPO steht der Berücksichtigung neuer Tatsachen durch das Revisionsgericht nicht entgegen, soweit sie für das Vorliegen der von Amts wegen zu berücksichtigenden Sachurteilsvoraussetzungen von Bedeutung sind.[12]

5 Zum Nachweis der Anmeldung und Prüfung erteilt das Insolvenzgericht dem Gläubiger der bestrittenen Forderung, im Fall des § 179 Abs. 2 auch dem Bestreitenden, einen **beglaubigten Auszug** aus der Tabelle (§ 179 Abs. 3 Sätze 1, 2; siehe § 179 RdNr. 45). Unterscheiden sich Anmeldung und Eintragung, so ist die Anmeldung maßgebend.[13]

IV. Grund der Forderung

6 Grund der Forderung im Sinne des § 181 ist der für die Entstehung der Forderung **wesentliche Sachverhalt**.[14] Die Ergänzung oder Berichtigung der in der Anmeldung

---

[7] *Hess/Binz/Wienberg* GesO § 11 RdNr. 48; *Mohrbutter/Pape,* Handbuch der Insolvenzverwaltung, RdNr. XVI.180; *Smid* GesO § 11 RdNr. 96.
[8] RGZ 130, 333, 334; LAG Hamm ZIP 1987, 1267, 1270; *Jaeger/Weber* KO § 146 RdNr. 32; *Kilger/K. Schmidt* § 146 Anm. 2 e.
[9] RGZ 130, 333, 334 f.; BGH NJW 1962, 153, 154; ZIP 2000, 706; NJW-RR 2004, 1050; BAG NJW 1986, 1896; LAG Frankfurt KTS 1998, 77 f.; NZA 1992, 619; OLG Nürnberg ZIP 1982, 476, 477; OLG Stuttgart NJW 1962, 1018; LG Bonn ZIP 1996, 1672, 1673; 1997, 934.
[10] BGH LM KO § 146 Nr. 1; OLG Nürnberg ZIP 1982, 476, 477.
[11] Im Ergebnis ebenso BGH LM KO § 61 Nr. 2, 3; BGH ZIP 2000, 706; *Kübler/Prütting/Pape* § 181 RdNr. 2; aA (Schluss der letzten Tatsachenverhandlung maßgebend) *Jaeger/Weber* KO § 146 RdNr. 31; *Kilger/K. Schmidt* § 146 Anm. 2 e; *Uhlenbruck,* InsO § 179 RdNr. 11.
[12] Z. B. BGHZ 85, 288, 290 (nachträgliche Niederlegung eines Schiedsspruchs); BGH ZIP 1981, 746, 747 (Wiedererlangung der Prozessführungsbefugnis durch Konkursaufhebung); ZIP 1983, 994, 995 (nachträgliches Feststellungsinteresse); weitere Nachweise bei *Baumbach/Lauterbach/Albers/Hartmann* § 559 RdNr. 7; kritisch *Stein/Jonas/Grunsky* § 561 RdNr. 14 f., jedoch zustimmend für nachträglich entstandene unstreitige Tatsachen (dort § 561 RdNr. 22 ff.).
[13] KG OLG Rspr. 21, 178.
[14] *Jaeger/Weber* KO § 146 RdNr. 32; *Kilger/K. Schmidt* § 146 Anm. 2 e.; *Uhlenbruck,* InsO § 181 RdNr. 1; *Kübler/Prütting/Pape* § 181 RdNr. 2; siehe auch LAG Hessen KTS 1998, 77 f. (Anmeldung einer Verzugszinsforderung ohne Angabe der zugrundeliegenden Hauptforderungen und des Zinssatzes).

gemachten tatsächlichen Angaben im Feststellungsprozess ist analog § 264 Nr. 1 ZPO zulässig. Auch § 268 Alt. 1 ZPO gilt insoweit entsprechend.[15] Eine weitergehende Einschränkung des § 181 durch analoge Anwendung der §§ 263 f.; 267 f. ZPO ist ausgeschlossen. So wird eine Abweichung des Klagegrundes von dem in der Anmeldung angegebenen Grund der Forderung nicht dadurch zulässig, dass der Beklagte einwilligt oder das Gericht sie für sachdienlich erachtet. § 181 schützt nicht die Parteien des Feststellungsstreits, sondern die Gesamtheit der Insolvenzgläubiger (siehe oben RdNr. 1).[16]

Von der (unzulässigen) Einschränkung des § 181 durch entsprechende Anwendung der §§ 263 f., 267 f. ZPO ist die Zulässigkeit der Änderung der Insolvenzfeststellungsklage zu unterscheiden. § 181 schließt **Klageänderungen** nicht aus.[17] Im Gegenteil bedarf es regelmäßig der Klageänderung, wenn gemäß § 180 Abs. 2 ein über die Forderung anhängiger Rechtsstreit aufgenommen wird (siehe § 180 RdNr. 23 ff.). Aber auch, wenn der Gläubiger oder der Bestreitende die Feststellung durch selbständige Klage gemäß § 180 Abs. 1 verfolgen, steht § 181 einer späteren Klageänderung nicht entgegen. Damit jedoch über die geänderte Klage sachlich entschieden werden kann, muss der geänderte Anspruch bis zum Schluss der Letzten mündlichen Verhandlung im Insolvenzverfahren angemeldet, geprüft und bestritten worden sein.[18]

Zum Grund der Forderung im Sinne des § 181 gehört auch die **Rechtszuständigkeit**.[19] Geht die bestrittene Forderung nach der Anmeldung und Prüfung, aber vor der Klageerhebung auf einen Einzel- oder Gesamtrechtsnachfolger über, so dürfte das Prozessgericht nach dem Wortlaut des § 181 über die Feststellungsklage des Erwerbers sachlich nur entscheiden, nachdem dieser seinerseits die Forderung angemeldet hat. Nach hM erfordert jedoch der Schutzzweck des § 181 eine erneute Anmeldung jedenfalls dann nicht, wenn die Rechtsnachfolge dem Insolvenzgericht nachgewiesen und in der Tabelle vermerkt worden ist.[20] Dagegen spricht, dass die übrigen Widerspruchsberechtigten in diesem Fall keine Möglichkeit haben, die behauptete Rechtsnachfolge zu bestreiten. Weder die Eintragung der Rechtsnachfolge in die Tabelle noch die rechtskräftige Feststellung der Forderung zu Gunsten des vermeintlichen Nachfolgers können verhindern, dass später der wahre Rechtsnachfolger die Forderung gegenüber der Insolvenzmasse für sich in Anspruch nimmt (siehe § 178 RdNr. 68). Nach der hM ist eine erneute Anmeldung und Prüfung auch dann entbehrlich, wenn die Forderung nach Erhebung der Feststellungsklage durch Einzelrechtsnachfolge auf einen Dritten übergeht und der Anmelder nunmehr Feststellung der Forderung als einer dem Erwerber zustehenden beantragt (§ 265 Abs. 2 ZPO) oder wenn nach Erhebung der Feststellungsklage ein Gesamtrechtsnachfolger an die Stelle des bisherigen Klägers tritt (siehe § 179 RdNr. 13).

Keine Abweichung des Klagegrundes von dem in der Anmeldung bezeichneten Grund und keine Mehrforderung stellt es dar, wenn der Gläubiger die Forderung „**für den Ausfall**" anmeldet und dann Klage auf uneingeschränkte Feststellung der Forderung zur Tabelle erhebt.[21] Der Vermerk „für den Ausfall" gilt im Zweifel nur für die Berücksichtigung der Forderung im Verteilungsverfahren. Angemeldet und bestritten ist trotz des Zusatzes die gesamte Forderung (siehe § 178 RdNr. 64).

---

[15] Str.; wie hier BGH KTS 1973, 266, 269; RG LZ 1911, Sp. 231 f.; LZ 1912, Sp. 235 f.; aA (§ 268 Alt. 1 ZPO nicht anwendbar) *Bley* S. 55; *Eckardt*, Kölner Schrift, S. 743, RdNr. 55; *Jaeger/Weber* KO § 146 RdNr. 32; MünchKommZPO-*Lüke* § 263 RdNr. 60; *Stein/Jonas/Schumann* § 263 RdNr. 35.
[16] *Jaeger/Weber* KO § 146 RdNr. 32.
[17] *Bley* S. 53 f.; MünchKommZPO-*Lüke* § 263 RdNr. 59; *Stein/Jonas/Schumann* § 263 RdNr. 35; siehe auch BGH NJW 1962, 153, 154; aA *Baumbach/Lauterbach/Hartmann* § 263 RdNr. 3; *Thomas/Putzo* § 263 RdNr. 12.
[18] Vgl. auch BGH NJW-RR 2004, 1050.
[19] RG LZ 1911 Sp. 862; KG OLG Rspr. 42, 76, 77; *Bley* S. 56; *Jaeger/Weber* KO § 139 RdNr. 2; § 146 RdNr. 33; *Uhlenbruck*, InsO § 181 RdNr. 1.
[20] RG LZ 1911 Sp. 862, 863; *Jaeger/Weber* KO § 146 RdNr. 33; *Kilger/K. Schmidt* § 146 Anm. 1 c; *Uhlenbruck*, InsO § 181 RdNr. 1. Nach KG OLG Rspr. 42, 76 ist auch die Eintragung des Rechtsnachfolgers in die Tabelle entbehrlich.
[21] AA LG Bonn ZIP 1996, 1672; ZIP 1997, 934.

V. Betrag und Rang

10 Die Klage ist auch dann nach § 181 unzulässig, wenn und soweit mit ihr ein höherer Betrag oder ein besserer Rang als angemeldet geltend gemacht wird. Einer Beschränkung des Betrages steht § 181 seinem Schutzzweck nach nicht entgegen,[22] ebenso wenig der bloßen Inanspruchnahme eines schlechteren als des angemeldeten Ranges (§ 39).[23] Verbindet sich jedoch mit der Inanspruchnahme des schlechteren Ranges eine Änderung des Anspruchsgrundes, so erfordert § 181 zunächst eine Neuanmeldung.[24] Die Inanspruchnahme eines schlechteren Ranges kann auch dann zur Unzulässigkeit der Klage führen, wenn das Insolvenzgericht nicht zur Anmeldung von Forderungen des nunmehr beanspruchten Nachranges aufgefordert hat (§ 174 Abs. 3).[25]

§ 182 Streitwert

Der Wert des Streitgegenstands einer Klage auf Feststellung einer Forderung, deren Bestand vom Insolvenzverwalter oder von einem Insolvenzgläubiger bestritten worden ist, bestimmt sich nach dem Betrag, der bei der Verteilung der Insolvenzmasse für die Forderung zu erwarten ist.

Schrifttum: siehe § 178.

Übersicht

	RdNr.		RdNr.
I. Normzweck	1	1. Ausschließliche Maßgeblichkeit der Insolvenzdividende	7
II. Entstehungsgeschichte	2	2. Widerspruch gegen Rang oder Höhe der Forderung	9
III. Klage auf Feststellung einer Insolvenzforderung	3	3. Bewertungszeitpunkt	10
IV. Der bei der Verteilung zu erwartende Betrag	7	4. Mehrere Widersprechende; Mehrheit von Ansprüchen	11

I. Normzweck

1 § 182 soll sicherstellen, dass die Kosten des Verfahrens in einem angemessenen Verhältnis zu seiner regelmäßigen wirtschaftlichen Bedeutung für die Beteiligten stehen. Zugleich soll den Parteien eine zuverlässige Einschätzung ihres Kostenrisikos ermöglicht werden. Die Berechnung des Streitwerts nach dem Nominalwert der bestrittenen Forderung, wie sie z. B. das preußische Kostenrecht vorsah,[1] schlösse die Beseitigung unberechtigter Widersprüche vielfach faktisch aus.[2] Die durch § 182 bewirkte Ausdehnung der amtsgerichtlichen Zuständigkeit für Insolvenzfeststellungsprozesse soll darüber hinaus zur Beschleunigung des Verfahrens beitragen.[3]

---

[22] BGH 103, 1, 3; *Eckardt*, Kölner Schrift, S. 743, RdNr. 55; *Kübler/Prütting/Pape* § 181 RdNr. 2.
[23] BAGE 47, 343, 353 (mit Anm. Zeuner AP TVG § 4 Nr. 88); *Eckardt*, Kölner Schrift, S. 743, RdNr. 55; vgl. auch BAGE 35, 98, 102; aA BGH LM KO § 61 Nr. 2, 3; *Jaeger/Weber* KO § 146 Anm. 32; *Kilger/K. Schmidt* § 146 Anm. 2 e; *Uhlenbruck*, InsO § 181 RdNr. 1; offen LAG Hamm ZIP 1987, 1267, 1270.
[24] *Zeuner*, Anm. zu BAG AP TVG § 4 Nr. 88.
[25] Vgl. *Eckardt*, Kölner Schrift, S. 743, RdNr. 55.
[1] Dazu Motive zur KO, S. 368 = *Hahn* IV, S. 330; *Schneider* MDR 1974, 101, 102.
[2] Motive zur KO, S. 368 = *Hahn* IV, S. 330.
[3] Motive zur KO, S. 368 = *Hahn* IV, S. 330 f.; BGH LM KO § 148 Nr. 1; NJW 1964, 1229; ZIP 1993, 50, 51; OLG Hamm ZIP 1984, 1258.

II. Entstehungsgeschichte

§ 182 übernimmt im Wesentlichen die Regelungen des § 148 KO.[4] Dabei stellt die Vorschrift gegenüber § 148 KO klar, dass bei einem Widerspruch für die Streitwertberechnung einzig die Höhe des Betrages entscheidend ist, den der Gläubiger bei der Verteilung der Insolvenzmasse zu erwarten hat.[5] Im Gesetzgebungsverfahren wurde § 182 inhaltlich nicht verändert (§§ 210 RegE, 200 RefE, 200 DE). Unter der Gesamtvollstreckungsordnung galt § 148 KO entsprechend.[6]

III. Klage auf Feststellung einer Insolvenzforderung

§ 182 gilt grundsätzlich für **alle Klagen gemäß §§ 179, 180** auf Feststellung einer bestrittenen Insolvenzforderung. Unerheblich ist, ob die Feststellung durch Neuklage (§ 180 Abs. 1) oder Prozessaufnahme (§ 180 Abs. 2; siehe aber unten RdNr. 6), positive Feststellungsklage des Gläubigers (§ 179 Abs. 1) oder negative Feststellungsklage des bestreitenden Insolvenzverwalters betrieben wird (§ 179 Abs. 2).[7] Verfolgt jedoch ein widersprechender Gläubiger seinen Widerspruch gemäß §§ 179 Abs. 2, 180, so findet § 182 keine Anwendung. Der Streitwert der Feststellungsklage bestimmt sich in diesem Fall nach dem Betrag, um den sich im Erfolgsfall der Anteil des bestreitenden Gläubigers erhöhen würde.[8] § 182 gilt für die Berechnung des Zuständigkeits-, Rechtsmittel- und Gebührenstreitwerts.[9]

§ 182 ist **nicht anwendbar** auf eine Klage des Anmelders gegen den widersprechenden Schuldner gemäß § 184. Der Streitwert dieser Klage bestimmt sich nach dem Wert des Vollstreckungsanspruchs aus § 201 Abs. 2, also nach dem Nennwert der Forderung. Abzuziehen ist die auf die angemeldete Forderung voraussichtlich entfallende Insolvenzdividende, da der Gläubiger diesen Betrag auch erlangt, wenn er in dem Feststellungsprozess unterliegt.[10] Widerspricht der Schuldner nicht persönlich, sondern als Eigenverwalter (§ 283 Abs. 1 Satz 2), so gelten für die Feststellungsklage des Gläubigers die §§ 179 ff. einschließlich des § 182 (§ 270 Abs. 1 Satz 2).[11] § 182 findet keine Anwendung auf Klagen, mit denen ein Aus- oder Absonderungsrecht oder eine Masseverbindlichkeit geltend gemacht wird,[12] ebenso wenig auf eine Vollstreckungsabwehrklage, die der Gläubiger nach Ablehnung der Eröffnung des Insolvenzverfahrens mangels Masse erhebt.[13]

§ 182 gilt **entsprechend,** wenn die Feststellung bei einem anderen als einem Zivilgericht zu betreiben ist (§ 185 Satz 3).[14] Eine entsprechende Anwendung ist außerdem geboten, wenn der Insolvenzverwalter die Masseunzulänglichkeit angezeigt hat (§ 208) und der

---

[4] BGH NZI 1999, 447.
[5] Vgl. Begründung zu § 210 RegE (= § 182), BR-Drucks. 1/92 S. 185; dies entsprach auch der hM zu § 148 KO: BGH LM KO § 148 Nr. 1; NJW 1964, 1229; ZIP 1993, 50; *Jaeger/Weber* KO § 148 RdNr. 2; *Kilger/K. Schmidt* § 148 Anm. 1 a; *Uhlenbruck,* InsO § 182 RdNr. 2; *Schneider* MDR 1974, 101, 102.
[6] BGH NZI 1999, 447; OLG Naumburg ZIP 1995, 575; *Haarmeyer/Wutzke/Förster* GesO § 11 RdNr. 101; *Hess/Binz/Wienberg* GesO § 11 RdNr. 53 b; *Kilger/Karsten Schmidt* § 11 GesO Anm. 4; *Mohrbutter/Pape,* Handbuch der Insolvenzverwaltung, RdNr. XVI.180; *Smid* GesO § 11 RdNr. 113.
[7] AA *Nerlich/Römermann/Becker* § 182 RdNr. 1, 9 f. (nur entsprechende Anwendung bei Widerspruchsverfolgung durch den Bestreitenden).
[8] *Jaeger/Weber* KO § 148 RdNr. 1; *Kilger/K. Schmidt* § 148 Anm. 1 a; *Uhlenbruck,* InsO § 182 RdNr. 2.
[9] BGH NZI 2002, 549 (Berufungsstreitwert); 2007, 175; *Jaeger/Weber* KO § 148 RdNr. 1.
[10] BGH MDR 1966, 996; *Kilger/K. Schmidt* § 148 Anm. 2; *Uhlenbruck,* InsO § 183 RdNr. 6; *Kübler/Prütting/Pape* § 182 RdNr. 6; *Schneider* MDR 1974, 101; aA (keine Absetzung der Insolvenzquote) *Jaeger/Weber* KO § 148 RdNr. 1.
[11] AA *Kübler/Prütting/Pape* § 182 RdNr. 7 (entsprechende Anwendung des § 182).
[12] *Schneider* MDR 1974, 101; für Masseverbindlichkeit aA FG Düsseldorf EFG 1980, 31, 32.
[13] BGH NJW-RR 1988, 444; aA *Lappe* NJW 1988, 3130; *MünchKommZPO-Lappe* § 3 RdNr. 133.
[14] Vgl. BFH ZIP 2006, 2284; OVG Münster ZIP 1982, 1341 (Verwaltungsstreitverfahren); OVG Mecklenburg-Vorpommern NVwZ-RR 2004, 798; *Uhlenbruck,* InsO § 183 RdNr. 8; *Kübler/Prütting/Pape* § 182 RdNr. 4.

§ 182 6–8   5. Teil. 1. Abschnitt. Feststellung der Forderungen

klagende Massegläubiger daraufhin seinen Zahlungsantrag auf die Feststellung seiner Forderung beschränkt.[15]

6   Wird ein Rechtsstreit, der zurzeit der Eröffnung des Insolvenzverfahrens über die Forderung anhängig ist, gemäß **§ 180 Abs. 2** von dem Gläubiger (§ 179 Abs. 1) oder dem widersprechenden Verwalter (§ 179 Abs. 2) **aufgenommen,** so bestimmt sich der Streitwert für das weitere Verfahren nach § 182.[16] Für die bis zur Aufnahme entstandenen Gebühren ist der ursprüngliche Wert maßgebend.[17] Die bisherige örtliche und sachliche Zuständigkeit bleibt bestehen, ebenso die Zulässigkeit eines vor Eröffnung des Insolvenzverfahrens eingelegten Rechtsmittels.[18] Werden die Kosten des aufgenommenen Rechtsstreits dem Verwalter auferlegt, so sind sie nach hM insgesamt als Masseverbindlichkeiten gemäß § 55 Abs. 1 Nr. 1 zu berichtigen, ohne Rücksicht darauf, ob sie vor oder nach der Eröffnung des Insolvenzverfahrens entstanden sind (zweifelhaft; siehe § 85 RdNr. 19 f.).[19]
§ 182 ist auch dann anwendbar, wenn der Anmelder nach der Aufnahme des Rechtsstreits den Zahlungsantrag versehentlich nicht in einen Antrag auf Feststellung der Forderung zur Tabelle ändert und das Gericht dem Zahlungsantrag stattgibt, das Urteil aber dahin ausgelegt werden kann, dass die Forderung des Klägers zur Tabelle festgestellt wird.[20]

IV. Der bei der Verteilung zu erwartende Betrag

7   **1. Ausschließliche Maßgeblichkeit der Insolvenzdividende.** Der Wert des Streitgegenstands der Insolvenzfeststellungsklage bestimmt sich ausschließlich nach dem Betrag, der bei der Verteilung der Insolvenzmasse für die Forderung zu erwarten ist (§ 182). Es ist unzulässig, den Streitwert auf Grund besonderer Umstände oberhalb oder unterhalb der zu erwartenden Quote anzusetzen. Unerheblich für die Streitwertberechnung ist z. B. ein für die Forderung bestehendes Absonderungsrecht an Gegenständen des Schuldners,[21] die Möglichkeit zur Aufrechnung der Forderung gegen eine Forderung des Schuldners[22] oder die Haftung weiterer Personen für die Forderung, z. B. eines Bürgen[23] oder eines persönlich haftenden Gesellschafters der Schuldnerin. Außer Betracht bleibt auch die Bedeutung der Feststellung für eine Zwangsvollstreckung aus der Tabelle nach Beendigung des Insolvenzverfahrens (§ 201 Abs. 2).[24] § 182 ist **abschließend.** Ein Abschlag wegen des Feststellungscharakters der Klage gemäß §§ 179 ff. erfolgt nicht.[25]

8   Die voraussichtliche Quote ist von dem Prozessgericht **zu schätzen.** Soweit erforderlich, hat es dazu die Auskunft des Insolvenzverwalters einzuholen oder die Insolvenzakten bei-

---

[15] BGH NJW-RR 1988, 689 f.; OLG Celle OLGR Celle 1997, 57 f.; LAG Bremen MDR 1988, 699; aA *Jaeger/Weber* KO § 148 RdNr. 1.
[16] BGH ZIP 1980, 429; ZIP 1993, 50, 51; NJW-RR 1994, 1251; BFH ZIP 2006, 2284; OLG Düsseldorf OLGR Düsseldorf 1994, 306; OLG Köln MDR 1974, 853; OLG Schleswig ZIP 1981, 1359; *Jaeger/Weber* KO § 148 RdNr. 3; *Kilger/K. Schmidt* § 148 Anm. 1 a; *Uhlenbruck,* InsO § 182 RdNr. 4; *Schneider* MDR 1974, 101, 104.
[17] BFH ZIP 2006, 2284; OLG Düsseldorf KTS 1978, 41 f.; OLGR Düsseldorf 1994, 306; OLG Frankfurt ZIP 1981, 638 f.; OLG Jena OLGR Jena 1997, 284, 285; OLG Köln JurBüro 1986, 1244, 1245; OVG Mecklenburg-Vorpommern NVwZ-RR 2004, 798.
[18] Gedanke des § 265 Abs. 3 Nr. 2 ZPO; vgl. *Jaeger/Weber* KO § 148 RdNr. 3; *Uhlenbruck,* InsO § 182 RdNr. 4; siehe auch *Stein/Jonas/Roth* § 4 RdNr. 7.
[19] BGH ZIP 2006, 2132; OLG Frankfurt AnwBl. 83, 569; ZIP 1981, 638; Rpfleger 1977, 372; OLG Hamburg JurBüro 1974, 904; OLG Hamm JurBüro 1990, 1482; OLG Köln JurBüro 1986, 1244; OLG Schleswig ZIP 1981, 1359; *Jaeger/Henckel* KO § 10 RdNr. 119; § 11 RdNr. 7; § 146 RdNr. 16 d; *Stein/Jonas/Roth* § 240 RdNr. 24; aA OLG Hamm ZIP 1994, 1547; *Gaedeke* JW 1939, 733 ff.; *Kübler/Prütting/Lüke* § 85 RdNr. 58 f.; *Uhlenbruck* InsO § 85 RdNr. 51; *Pape* EWiR 1994, 1115.
[20] BGH NJW-RR 1994, 1251; LM KO § 146 Nr. 9; *Jaeger/Weber* KO § 148 RdNr. 1.
[21] BGH ZIP 1993, 50, 51; OLG Hamm ZIP 1984, 1258; BayObLG MDR 1974, 323.
[22] BGH NZI 2000, 115.
[23] BGH NJW 1964, 1229; ZIP 1993, 50, 51; siehe auch *Schneider* MDR 1974, 101, 102; OLG Hamburg ZIP 1989, 1345.
[24] BGH LM KO § 146 Nr. 1; NJW 1964, 1229; ZIP 1993, 50, 51; OLG Celle ZIP 2005, 1571; OLG Köln MDR 1974, 241.
[25] OLG Naumburg ZIP 1995, 575; *Kübler/Prütting/Pape* § 182 RdNr. 3.

zuziehen.²⁶ Die Quote bestimmt sich nach dem Verhältnis der Teilungsmasse zur Schuldenmasse.²⁷ Zur Teilungsmasse in diesem Sinne zählt auch eine (aufrechenbare) Gegenforderung der Masse gegen den Kläger der Feststellungsklage.²⁸ Bei der Schätzung der Schuldenmasse ist die Klageforderung zum vollen Betrag anzusetzen;²⁹ andere bestrittene Forderungen sind unabhängig davon, ob ihretwegen bereits Feststellungsklage erhoben wurde oder nicht, mit dem Wahrscheinlichkeitswert zu berücksichtigen.³⁰ Auch die bis zur Eröffnung des Insolvenzverfahrens aufgelaufenen Zinsen und die bis dahin entstandenen Kosten sind, wie sich im Umkehrschluss aus § 39 Abs. 1 Nr. 1, 2, Abs. 3 ergibt, bei der Ermittlung der Schuldenmasse zu berücksichtigen.³¹ Im Übrigen bleiben die für die Forderung angefallenen Zinsen und Kosten, wenn sie als Nebenforderung geltend gemacht werden, bei der Berechnung des Streitwerts außer Betracht (§ 4 Abs. 1, 2. Halbs. ZPO).³² Ist eine Quote nicht zu erwarten, so ist der Streitwert der Insolvenzfeststellungsklage nach der niedrigsten Gebührenstufe festzusetzen.³³ Der Gebührenstreitwert ist jedoch auf den für die Zuständigkeit des Landgerichts erforderlichen Mindeststreitwert zu setzen, wenn trotz mangelnder Aussicht auf eine Quote der beklagte Insolvenzverwalter dem vom Kläger angegebenen vorläufigen Gegenstandswert oberhalb der Zuständigkeitsgrenze des Landgerichts nicht widersprochen und die sachliche Zuständigkeit des Landgerichts nicht gerügt hat.³⁴ Wird eine Forderung, für die ein Absonderungsrecht besteht, nur „für den Ausfall" angemeldet und auf entsprechende Feststellung zur Tabelle geklagt, so ist nach hM³⁵ der mutmaßliche Ausfall zu schätzen und die Quote nur von dem Teil der Forderung zu berechnen, der durch das Absonderungsrecht nicht gedeckt ist (zweifelhaft; siehe § 178 RdNr. 64).

2. Widerspruch gegen Rang oder Höhe der Forderung. Hat der Bestreitende dem beanspruchten Rang oder der Höhe der Forderung widersprochen und erhebt der Gläubiger nur insoweit Feststellungsklage, so bestimmt sich der Streitwert nach der Differenz zwischen dem Betrag, den der Gläubiger im Obsiegensfalle erhalten würde, und dem Betrag, den er im Falle des Unterliegens erhielte.³⁶ Behauptet z. B. der Widersprechende, die als gewöhnliche Insolvenzforderung angemeldete Forderung betreffe die Rückgewähr eines kapitalersetzenden Darlehens (§ 39 Abs. 1 Nr. 5), so hängt der Streitwert der Insolvenzfeststellungsklage davon ab, ob das Insolvenzgericht zur Anmeldung von Forderungen des betreffenden Nachrangs aufgefordert hat oder nicht (§ 174 Abs. 3). Mangels Aufforderung entspricht der Streitwert dem Betrag, der bei der Verteilung auf die Forderung als gewöhnliche Insolvenzforderung entfallen würde. Hat dagegen das Insolvenzgericht zur Anmeldung von Forderun-

---

²⁶ BGH NZI 1999, 447; 2007, 175; LAG Köln ZIP 1994, 639; *Jaeger/Weber* KO § 148 RdNr. 2; *Uhlenbruck*, InsO § 182 RdNr. 2.
²⁷ Näher *Baur/Stürner*, II, InsolvenzR, RdNr. 12.3.
²⁸ BGH NZI 2000, 115.
²⁹ RG JW 1896, 602 Nr. 22.
³⁰ BGH NZI 1999, 447, 448; *Kilger/K. Schmidt* § 148 Anm. 1 a; *Uhlenbruck*, InsO § 182 RdNr. 5.
³¹ *Schneider* MDR 1974, 101, 104; OLG Naumburg ZIP 1995, 575.
³² OLG München NJW 1967, 1374; OLG Naumburg ZIP 1995, 575; *Kilger/K. Schmidt* § 148 Anm. 1 a; *Kübler/Prütting/Pape* § 182 RdNr. 2; aA *Schneider/Herget*, Streitwert-Kommentar, 11. Aufl. 1996, RdNr. 2724; wohl auch *Schneider* MDR 1974, 101, 104.
³³ BGH NZI 2000, 115; ZIP 1999, 1811 f.; ZIP 1993, 50, 51; OLG Celle KTS 1970, 227 f.; OLG Düsseldorf ZIP 1994, 638, 639; OLG Frankfurt NJW 1973, 1888; OLG Hamm ZIP 1984, 1258; OLG Köln MDR 1974, 853; LAG Köln ZIP 1994, 639; OLG München OLGR München 1992, 224; *Kilger/K. Schmidt* § 148 Anm. 1 b; *Uhlenbruck*, InsO § 183 RdNr. 9; *Kübler/Prütting/Pape* § 182 RdNr. 5; *Schneider/Herget*, Streitwert-Kommentar, 11. Aufl. 1996, RdNr. 2729; *Stein/Jonas/Roth* § 3 RdNr. 52; aA (Streitwertbemessung mit 10% der festzustellenden Forderung) OLG Frankfurt NJW 1970, 868; ZIP 1986, 1063, 1064; LAG Rheinland-Pfalz ZIP 1983, 595, 597; *Oestrich/Winter/Hellstab*, GKG, Streitwert-Kommentar, „Konkursforderungen".
³⁴ LG Göttingen ZIP 1990, 61, 62 f.; aA OLG Rostock NZI 2004, 320.
³⁵ OLG Hamm ZIP 1984, 1258, 1259; *Oestrich/Winter/Hellstab*, GKG, Stand Oktober 1998, Streitwert-Kommentar, „Konkursforderungen"; *Schneider/Herget*, Streitwert-Kommentar, 11. Aufl. 1996, RdNr. 2740.
³⁶ Begr. zu § 210 RegE (= § 182), BR-Drucks. 1/92 S. 185; *Kübler/Prütting/Pape* § 182 RdNr. 4; *Nerlich/Römermann/Becker* § 182 RdNr. 3; siehe auch RG JW 1927, 848 f. Nr. 14; BFH BStBl. II 1988, 124, 125; FG Düsseldorf EFG 1980, 31, 32.

§ 183

gen des behaupteten Nachranges aufgefordert, so ist für die Streitwertberechnung von dem Betrag, der für die Forderung bei Einordnung als gewöhnliche Insolvenzforderung zu erwarten ist,[37] der Betrag abzusetzen, der auf die Forderung in dem zugestandenen Nachrang entfiele.[38]

10 **3. Bewertungszeitpunkt.** Der für die Bewertung maßgebende Zeitpunkt ergibt sich grundsätzlich aus § 4 Abs. 1 ZPO. Für die sachliche Zuständigkeit erster Instanz ist daher die Quote maßgeblich, die zurzeit der Einreichung der Klage zu erwarten ist;[39] für die Berechnung der Rechtsmittelbeschwer kommt es auf den Zeitpunkt des Eingangs des Rechtsmittels an,[40] für den Gebührenstreitwert auf den Zeitpunkt der die Instanz einleitenden Antragstellung. Zur Aufnahme eines anhängigen Rechtsstreits (§ 180 Abs. 2) siehe oben RdNr. 6.[41] Maßgeblich ist die Dividende, die zu dem jeweiligen Zeitpunkt zu erwarten ist.[42] Unerheblich ist, ob sich infolge nachträglicher Veränderung der Teilungs- oder Schuldenmasse die Dividende erhöht oder mindert.[43] Sofern jedoch Umstände unberücksichtigt geblieben sind, die zu dem für die Berechnung maßgeblichen Zeitpunkt bekannt oder erkennbar waren, darf der zunächst angenommene Streitwert berichtigt werden.[44]

11 **4. Mehrere Widersprechende; Mehrheit von Ansprüchen.** Klagt der Gläubiger gegen mehrere Widersprechende gemeinsam, so gilt der einfache Streitwert nach § 182. Eine Zusammenrechnung nach § 5 ZPO scheidet aus, da wirtschaftlich gesehen nur ein Gegenstand – das Insolvenzgläubigerrecht – umstritten ist.[45] Richtet sich die Klage gegen einen widersprechenden Verwalter oder Gläubiger und zugleich gegen den Schuldner, so ist der Nennbetrag der Forderung entscheidend.[46] Begehrt der Gläubiger gleichzeitig Feststellung seiner Forderung zur Tabelle und Feststellung seines Rechts auf abgesonderte Befriedigung, so gilt nach hM der höhere Wert, d. h. regelmäßig der Wert des Absonderungsanspruchs (mit dem Nennwert der Forderung als Obergrenze, § 6 ZPO).[47] Dem Wert des Absonderungsanspruchs sollte aber der Betrag hinzugerechnet werden, der bei der Verteilung für den Teil der Forderung zu erwarten ist, der durch das Absonderungsrecht voraussichtlich nicht gedeckt ist (§ 52).

§ 183 Wirkung der Entscheidung

(1) Eine rechtskräftige Entscheidung, durch die eine Forderung festgestellt oder ein Widerspruch für begründet erklärt wird, wirkt gegenüber dem Insolvenzverwalter und allen Insolvenzgläubigern.

(2) Der obsiegenden Partei obliegt es, beim Insolvenzgericht die Berichtigung der Tabelle zu beantragen.

---

[37] Regelmäßig der Nennbetrag; anders z. B., wenn ein Insolvenzplan auch ohne volle Befriedigung der gewöhnlichen Gläubiger Zahlungen an nachrangige Gläubiger vorsieht; Begr. zu § 210 RegE (= § 182), BR-Drucks. 1/92, S. 184.
[38] Vgl. *Jaeger/Weber* KO § 148 RdNr. 4; *Kilger/K. Schmidt* § 148 Anm. 1 a; *Uhlenbruck*, InsO § 183 RdNr. 6.
[39] OLG Köln NZI 2003, 568.
[40] BGH NZI 1999, 447; OLG Celle ZIP 2005, 1571.
[41] Siehe auch BGH ZIP 1980, 429; OLG Bremen MDR 1988, 699.
[42] OLG Frankfurt KTS 1980, 66; *Kübler/Prütting/Pape* § 182 RdNr. 2.
[43] FK-*Kießner* § 182 RdNr. 2 ff.; *Jaeger/Weber* KO § 148 RdNr. 3; *Uhlenbruck*, InsO § 182 RdNr. 2; *Schneider* MDR 1974, 101, 104; siehe aber LG Göttingen ZIP 1990, 61, 62 und *Kübler/Prütting/Pape* § 182 RdNr. 2.
[44] *Uhlenbruck*, InsO § 182 RdNr. 3; *Schneider* MDR 1974, 101, 104.
[45] *Jaeger/Weber* KO § 148 RdNr. 5; *Stein/Jonas/Roth* § 5 RdNr. 13.
[46] *Jaeger/Weber* KO § 148 RdNr. 5.
[47] OLG Hamm ZIP 1984, 1258, 1259; *Jaeger/Weber* KO § 148 RdNr. 5; *Oestrich/Winter/Hellstab*, GKG, Streitwert-Kommentar, „Konkursforderungen"; *Schneider/Herget*, Streitwert-Kommentar, 11. Aufl. 1996, RdNr. 2711; *Stein/Jonas/Roth* § 3 RdNr. 47 („Konkursfeststellungsprozess").

(3) Haben nur einzelne Gläubiger, nicht der Verwalter, den Rechtsstreit geführt, so können diese Gläubiger die Erstattung ihrer Kosten aus der Insolvenzmasse insoweit verlangen, als der Masse durch die Entscheidung ein Vorteil erwachsen ist.

Schrifttum: siehe § 178.

Übersicht

	RdNr.		RdNr.
I. Normzweck	1	IV. Tabellenberichtigung (Abs. 2)	7
II. Entstehungsgeschichte	2	V. Kosten des Feststellungsprozesses	9
III. Rechtskrafterstreckung (Abs. 1)	3	1. Feststellungsprozess mit dem Verwalter	10
1. Verneinende Feststellung	3	2. Feststellungsprozess mit einem oder mehreren Gläubigern	11
2. Bejahende Feststellung	4		
3. Rechtskrafterstreckung bei Eigenverwaltung und Kleininsolvenzverfahren	5	3. Feststellungsprozess gegen Verwalter und widersprechende Gläubiger zusammen	12
4. Rechtskraftwirkung gegenüber dem Schuldner persönlich	6		

I. Normzweck

Abs. 1 erstreckt die Rechtskraftwirkung des Insolvenzfeststellungsurteils über die Parteien **1** des Rechtsstreits hinaus auf den Insolvenzverwalter und alle Insolvenzgläubiger. Dem einzelnen Gläubiger würde die Feststellung seines Anteils an der gemeinschaftlichen Haftungszuweisung wenig nützen, wenn sie nur gegenüber dem Prozessgegner, nicht auch gegenüber den übrigen Gläubigern und dem Verwalter wirkte. Umgekehrt wirkt eine rechtskräftige Entscheidung, die einen Widerspruch für begründet erklärt, selbst dann zugunsten aller übrigen Insolvenzgläubiger, wenn ein konkurrierender Gläubiger die Entscheidung allein zum Schutze seiner eigenen Quote erstritten hat (siehe § 178 RdNr. 20). Der Gläubiger kann gemäß Abs. 3 Erstattung seiner Kosten aus der Insolvenzmasse verlangen, soweit der Masse durch die Entscheidung ein Vorteil entstanden ist.[1] Für die Berichtigung der Tabelle hat gemäß Abs. 2 die obsiegende Partei zu sorgen. Dem Verwalter wird damit abgenommen, sich bei Verteilungen und Abstimmungen um den Ausgang von Insolvenzfeststellungsprozessen zu kümmern, die gegen einzelne widersprechende Gläubiger anhängig sind.[2]

II. Entstehungsgeschichte

§ 183 entspricht im Wesentlichen §§ 146 Abs. 7, 147 KO. Abs. 1 stellt ebenso wie § 178 **2** Abs. 3 nunmehr klar, dass die Rechtskrafterstreckung auch im Verhältnis zum Insolvenzverwalter eintritt.[3] Die Vorschrift wurde im Gesetzgebungsverfahren inhaltlich nicht verändert (§§ 211 RegE, 201 RefE, 201 DiskE). Im Gesamtvollstreckungsverfahren galt § 147 KO entsprechend.[4]

III. Rechtskrafterstreckung (Abs. 1)

1. Verneinende Feststellung. Eine rechtskräftige Entscheidung, die einen Widerspruch **3** für begründet erklärt, wirkt gemäß Abs. 1 ohne weiteres zugunsten des Insolvenzverwalters und aller Insolvenzgläubiger. Für begründet erklärt im Sinne des Abs. 1 wird der Widerspruch, wenn das Gericht einer negativen Feststellungsklage des Widersprechenden stattgibt oder die positive Feststellungsklage des Gläubigers abweist (siehe § 179 RdNr. 5, 36). Mit der Rechtskraft des Feststellungsurteils ist der unterlegene Anmelder, soweit der Wider-

---

[1] Motive zur KO, S. 368 = *Hahn* IV, S. 330; *Jaeger/Weber* KO § 147 RdNr. 4.
[2] Motive zur KO, S. 367 = *Hahn* IV, S. 330; *Jaeger/Weber* KO § 146 RdNr. 46.
[3] Begr. zu § 211 RegE (= § 183), BR-Drucks. 1/92 S. 185.
[4] *Smid* GesO § 11 RdNr. 111; *Mohrbutter/Pape*, Handbuch der Insolvenzverwaltung, RdNr. XVI.180.

spruch reicht, endgültig von der Teilnahme an den Verteilungen und der Mitwirkung in der Gläubigerversammlung ausgeschlossen.[5] Unerheblich ist, ob noch andere Widerspruchsberechtigte die Forderung bestritten haben. Der Sieg auch nur eines Widerspruchsberechtigten verhindert endgültig die Feststellung der Forderung im Sinne des § 178 Abs. 1 Satz 1, 2. Fall. Noch anhängige Insolvenzfeststellungsklagen gegen andere Widersprechende werden infolge der entgegenstehenden Rechtskraft unzulässig.

4 **2. Bejahende Feststellung.** Hat nur ein Widerspruchsberechtigter (z. B. der Verwalter) das Insolvenzgläubigerrecht bestritten, so wirkt die rechtskräftige positive Feststellung im Prozess gemäß §§ 179 ff. ohne weiteres zu Lasten des Insolvenzverwalters und aller übrigen Insolvenzgläubiger. Von diesem Regelfall geht Abs. 1 aus. Der positiven Feststellung des Insolvenzgläubigerrechts steht die Abweisung der negativen Feststellungsklage des Widersprechenden gleich. Der Gläubiger der bestrittenen Forderung nimmt auf Grund der Feststellung endgültig an dem Insolvenzverfahren teil. Haben dagegen mehrere Widerspruchsberechtigte die Forderung bestritten, so wirkt ein rechtskräftiges positives Feststellungsurteil nur dann gemäß Abs. 1 zu Lasten des Insolvenzverwalters und aller übrigen Insolvenzgläubiger, wenn es den letzten noch nicht überwundenen Widerspruch oder alle Widersprüche gleichzeitig beseitigt.[6] Nur bei Beseitigung aller Widersprüche ist die Forderung festgestellt im Sinne des § 178 Abs. 1 S. 1, 2. Fall. Der Antrag im Einzelprozess kann ebenso wie der Antrag im Gesamtprozess auf Feststellung des bestrittenen Insolvenzgläubigerrechts zur Tabelle lauten (siehe § 179 RdNr. 6).[7] Ein Anspruch, der auf Grund eines rechtskräftigen Feststellungsurteils nach § 180 als Insolvenzforderung zur Tabelle festgestellt worden ist, kann gleichwohl unter Berufung auf § 55 gegen die Masse eingeklagt werden (dazu auch oben § 178 RdNr. 65 f.).[8] Der Insolvenzverwalter kann in dem Rechtsstreit trotz rechtskräftigen Feststellungsurteils Grund und Höhe des Anspruchs bestreiten.[9] Ebenso wenig kommt der Entscheidung über das Nichtbestehen einer zur Aufrechnung gestellten Gegenforderung im rechtskräftig abgeschlossenen Feststellungsverfahren im Verhältnis zwischen Massegläubiger und Insolvenzverwalter Bindungswirkung zu.[10]

5 **3. Rechtskrafterstreckung bei Eigenverwaltung und Kleininsolvenzverfahren.** Im Eigenverwaltungsverfahren wirkt das rechtskräftige Urteil über das Insolvenzgläubigerrecht gegenüber dem Schuldner als Verwalter der Insolvenzmasse sowie gegenüber dem Sachwalter und allen Gläubigern (§§ 283 Abs. 1 Satz 1, 270 Abs. 1 Satz 2, 183 Abs. 1). Im Kleininsolvenzverfahren erstreckt sich die Rechtskraft des Feststellungsurteils auf den Treuhänder (§ 313 Abs. 1 Satz 1) und die Insolvenzgläubiger.[11]

6 **4. Rechtskraftwirkung gegenüber dem Schuldner persönlich.** Die positive Feststellung des bestrittenen Insolvenzgläubigerrechts vermittelt über die Eintragung in die Tabelle nicht nur Vollstreckbarkeit (§ 201 Abs. 2), sondern auch Rechtskraft **zu Lasten** des Schuldners persönlich, sofern dieser der Feststellung nicht widersprochen hat oder sein Widerspruch beseitigt ist (siehe § 178 RdNr. 70).[12] Nach überwiegender Meinung erzeugt darüber hinaus ein Urteil, das die Feststellungsklage des Gläubigers wegen Nichtbestehens

---

[5] *Kilger/K. Schmidt* § 147 Anm. 1; *Uhlenbruck,* InsO § 183 RdNr. 3; ferner *Eckardt,* Kölner Schrift, S. 743, RdNr. 58, Fn. 124; *Henckel,* Parteilehre und Streitgegenstand im Zivilprozess, 1961, S. 206 f.
[6] *Eckardt,* Kölner Schrift, S. 743, RdNr. 58; *Jaeger/Weber* KO § 147 RdNr. 1; *Kilger/K. Schmidt* § 147 Anm. 1; *Kübler/Prütting/Pape* § 183 RdNr. 3; *Spellenberg* S. 113 f. Dieselbe Rechtsfolge würde auch ohne Abs. 1 aus der Eintragung der nachträglichen Feststellung in die Tabelle gem. § 178 Abs. 1, 3 i. V. m. § 183 Abs. 2 folgen (*Eckardt,* Kölner Schrift, S. 743, RdNr. 58).
[7] *Eckardt,* Kölner Schrift, S. 743, RdNr. 52; *Henckel,* Parteilehre und Streitgegenstand im Zivilprozess, 1961, S. 205; *Jaeger/Weber* KO § 146 RdNr. 9; aA *Nerlich/Römermann/Becker* § 180 RdNr. 7; § 183 RdNr. 3.
[8] BGH NJW 2006, 3068.
[9] BGH NJW 2006, 3068.
[10] BGH NJW 2006, 3068.
[11] *Nerlich/Römermann/Becker* § 183 RdNr. 1.
[12] OLG Hamm ZIP 1993, 444, 445; *Eckardt,* Kölner Schrift, S. 743, RdNr. 59; *Jaeger/Weber* KO § 147 RdNr. 3; § 164 RdNr. 4; *Uhlenbruck,* InsO § 183 RdNr. 4.

der Forderung abweist, auch Rechtskraftwirkung **zu Gunsten** des Schuldners persönlich.[13] Der im Feststellungsstreit unterlegene Gläubiger kann nach dieser Ansicht seine Forderung nach Beendigung des Insolvenzverfahrens nicht mehr gegen den Schuldner durchsetzen. Dem ist nicht zu folgen. § 183 Abs. 1 beschränkt die Rechtskraftwirkung des Feststellungsurteils auf den Insolvenzverwalter und die übrigen Insolvenzgläubiger.[14] Der Schuldner ist zunächst nur als Träger der Insolvenzmasse an das Urteil gebunden (siehe auch § 178 RdNr. 69). Zwar vermittelt die Eintragung der positiven Feststellung auch Rechtskraftwirkungen gegenüber dem Schuldner persönlich (§ 201 Abs. 2), sofern dieser der Feststellung nicht widersprochen hat. § 201 Abs. 2 ist jedoch eine eng auszulegende, nicht verallgemeinerungsfähige Ausnahmeregelung.[15] Der Gläubiger bezweckt mit seiner Feststellungsklage die Zulassung zum Insolvenzverfahren. Gegenstand des Feststellungsstreits ist nicht der Anspruch gegen den Schuldner, sondern das Haftungsrecht des Gläubigers an der Masse (siehe § 178 RdNr. 15 ff.; § 179 RdNr. 7 f.). Drohte dem Gläubiger bei einer Klagabweisung der Verlust auch der persönlichen Zugriffsmöglichkeit, so wäre sein Prozessrisiko unangemessen erhöht. Auch § 182 spricht gegen eine Rechtskraftwirkung der Klagabweisung zugunsten des Schuldners persönlich.[16]

IV. Tabellenberichtigung (Abs. 2)

Der obsiegenden Partei obliegt es, beim Insolvenzgericht die Berichtigung der Tabelle zu beantragen (Abs. 2). Der Verwalter kann sich daher bei den Verteilungen regelmäßig ohne Risiko persönlicher Haftung (§ 60) an den jeweiligen Tabelleninhalt halten; er muss sich insbesondere nicht um den Ausgang von Feststellungsprozessen gegen einzelne widersprechende Gläubiger kümmern.[17] Das rechtskräftige Feststellungsurteil wirkt unmittelbar gegenüber dem Verwalter und gegenüber allen Insolvenzgläubigern. Die Berichtigung der Tabelle hat anders als die Tabelleneintragung nach § 178 Abs. 3 nur **deklaratorische** Bedeutung (siehe § 178 RdNr. 56 ff.). Die Berichtigung ist grundsätzlich auch noch nach Aufhebung des Insolvenzverfahrens zulässig (arg. §§ 189 Abs. 2, 203 Abs. 1 Nr. 1, 183 Abs. 2; siehe § 178 RdNr. 52).[18]

Dem **Berichtigungsantrag** ist eine Urteilsausfertigung mit Rechtskraftvermerk (§ 706 ZPO) beizufügen.[19] Ein Beschluss, durch den die Berichtigung abgelehnt wird, ist dem Antragsteller von Amts wegen zuzustellen (§ 8 Abs. 1).[20] Gegen den Beschluss ist nur die sofortige Rechtspflegererinnerung gegeben (§§ 6 Abs. 1 InsO, 11 RPflG). Die Berichtigung selbst soll nicht anfechtbar sein.[21] Stimmt sie nicht mit dem Urteil überein, so kann der Insolvenzverwalter und jeder beeinträchtigte Insolvenzgläubiger seinerseits Berichtigung beantragen und gegen die Ablehnung befristete Rechtspflegererinnerung einlegen.[22]

V. Kosten des Feststellungsprozesses

Wer die Kosten des Feststellungsprozesses zu tragen hat, ergibt sich grundsätzlich aus §§ 91 ff. ZPO. Darüber hinaus können gemäß Abs. 3 einzelne Gläubiger, wenn sie und

---

[13] Das soll unabhängig davon gelten, ob der Schuldner selbst Widerspruch erhoben hat: BGH WM 1958, 696, 697; *Jaeger/Weber* KO § 147 RdNr. 3 (bei Widerspruch des Verwalters); *Uhlenbruck*, InsO § 183 RdNr. 4; *Smid* § 183 RdNr. 4.
[14] *Eckardt*, Kölner Schrift, S. 743, RdNr. 59; *Spellenberg* S. 153 ff.
[15] *Eckardt*, Kölner Schrift, S. 743, RdNr. 59; *Spellenberg* S. 153 ff.
[16] *Kohler*, Konkursrecht, 1891, S. 303.
[17] Motive zur KO, S. 367 = *Hahn* IV, S. 330; *Eckardt*, Kölner Schrift, S. 743, RdNr. 37; *Jaeger/Weber* KO § 146 RdNr. 46.
[18] *Jaeger/Weber* KO § 146 RdNr. 46.
[19] *Gottwald/Eickmann*, Insolvenzrechts-Handbuch, § 64 RdNr. 55; *Jaeger/Weber* KO § 146 RdNr. 46.
[20] *Jaeger/Weber* KO § 146 RdNr. 46.
[21] *Jaeger/Weber* KO § 146 RdNr. 46; *Kilger/K. Schmidt* § 146 Anm. 4; *Uhlenbruck*, InsO § 183 RdNr. 5; *Kübler/Prütting/Pape* § 183 RdNr. 5.
[22] *Jaeger/Weber* KO § 146 RdNr. 46.

nicht auch der Verwalter den Feststellungsrechtsstreit geführt haben, Erstattung ihrer Kosten aus der Insolvenzmasse insoweit verlangen, als der Masse durch die Entscheidung ein Vorteil erwachsen ist.

10 **1. Feststellungsprozess mit dem Verwalter.** Erstreitet der Gläubiger ein positives Feststellungsurteil gegen den widersprechenden Verwalter, so hat die Masse gemäß § 91 ZPO die Kosten des Rechtsstreits als Masseverbindlichkeit (§ 55 Abs. 1 Nr. 1) zu tragen.[23] Die Kostentragungspflicht ist im Fall des § 180 Abs. 2 nach hM auch insoweit Masseverbindlichkeit, als der betreffende Gebührentatbestand vor Eröffnung des Insolvenzverfahrens verwirklicht wurde (zweifelhaft; siehe § 85 RdNr. 19 f.; § 180 RdNr. 32). Unterliegt der Gläubiger, so steht der Masse ein Kostenerstattungsanspruch zu (§ 91 ZPO). Zur Berechnung des Streitwertes, insbesondere bei Aufnahme des Verfahrens, siehe § 182 RdNr. 6 ff.

11 **2. Feststellungsprozess mit einem oder mehreren Gläubigern.** Siegt der Anmelder im Feststellungsprozess mit einem widersprechenden Gläubiger, so hat dieser die Kosten des Rechtsstreits persönlich zu tragen; ein Kostenerstattungsanspruch gegen die Masse steht dem unterlegenen Widersprechenden nicht zu.[24] Werden mehrere widersprechende Gläubiger zusammen verurteilt, so haften sie gem. § 100 Abs. 1 ZPO für die Kosten nach Kopfteilen.[25] Obsiegt der widersprechende Gläubiger, so kann er gemäß § 91 ZPO Erstattung seiner Prozesskosten von dem Anmelder verlangen. Bei mehreren obsiegenden Widersprechenden muss der Anmelder grundsätzlich jedem die ihm entstandenen Kosten erstatten.[26] Unbeschadet des Erstattungsanspruchs gegen den Anmelder können gemäß Abs. 3 der oder die obsiegenden widersprechenden Gläubiger – sofern nicht auch der Verwalter den Feststellungsprozess geführt hat (unten RdNr. 12) – die Erstattung ihrer Prozesskosten aus der Insolvenzmasse insoweit verlangen, als der Masse durch die Entscheidung ein Vorteil erwachsen ist. Den Vorteil bildet die Dividende, die ohne den Widerspruch auf den angemeldeten Anspruch entfallen wäre.[27] Der Ersatzanspruch nach Abs. 3 ist Masseverbindlichkeit (§ 55 Abs. 1 Nr. 3).[28] Er erlischt, soweit der Anmelder dem widersprechenden Gläubiger nach § 91 ZPO die entstandenen Kosten erstattet. Soweit die Masse gemäß Abs. 3 dem widersprechenden Gläubiger die Prozesskosten ersetzt, kann sie Abtretung des Erstattungsanspruchs aus § 91 verlangen, da ansonsten der widersprechende Gläubiger auf Kosten der Masse ungerechtfertigt bereichert wäre.[29]

12 **3. Feststellungsprozess gegen Verwalter und widersprechende Gläubiger zusammen.** Haben der Verwalter und der oder die widersprechenden Gläubiger den Feststellungsprozess gemeinsam geführt, so haften sie, wenn sie unterliegen, dem Anmelder für die Kosten nach Kopfteilen (§ 100 Abs. 1 ZPO). Obsiegen die Widersprechenden, so können sie von dem Anmelder gemäß § 91 ZPO Erstattung ihrer Kosten verlangen. Anders als im Falle der Prozessführung ohne den Verwalter hat jedoch der widersprechende Gläubiger keinen zusätzlichen Anspruch auf Kostenersatz gegen die Masse. Das Gesetz geht davon aus, dass bei einer Prozessführung gemeinsam mit dem Verwalter die dem Gläubiger entstandenen Kosten keine Aufwendungen zum Vorteil der Masse darstellen.[30] Ob tatsächlich der Prozess auch ohne Beteiligung des widersprechenden Gläubigers dasselbe Ergebnis gehabt

---

[23] *Gottwald/Eickmann*, Insolvenzrechts-Handbuch, § 64 RdNr. 60; *Jaeger/Weber* KO § 147 RdNr. 4.
[24] *Gottwald/Eickmann*, Insolvenzrechts-Handbuch, § 64 RdNr. 59; *Jaeger/Weber* KO § 147 RdNr. 4; *Uhlenbruck*, InsO § 183 RdNr. 6; *Kübler/Prütting/Pape* § 183 RdNr. 6.
[25] *Gottwald/Eickmann*, Insolvenzrechts-Handbuch, § 64 RdNr. 60.
[26] *Gottwald/Eickmann*, Insolvenzrechts-Handbuch, § 64 RdNr. 61; Besonderheiten gelten bei gemeinsamem Anwalt.
[27] *Gottwald/Eickmann*, Insolvenzrechts-Handbuch, § 64 RdNr. 61; *Jaeger/Weber* KO § 147 RdNr. 4; *Kilger/K. Schmidt* § 147 Anm. 2; *Kuhn/Uhlenbruck* KO § 147 RdNr. 4.
[28] *Gottwald/Eickmann*, Insolvenzrechts-Handbuch, § 64 RdNr. 61; *Jaeger/Weber* KO § 147 RdNr. 4; *Uhlenbruck*, InsO § 183 RdNr. 6.
[29] *Jaeger/Weber* KO § 147 RdNr. 5; *Kilger/K. Schmidt* § 147 Anm. 2; *Kübler/Prütting/Pape* § 183 RdNr. 6; aA (Übergang kraft Gesetzes gem. § 426 Abs. 2 BGB); *Wolff* KO 2. Aufl. 1921, S. 454; es fehlt jedoch am Gesamtschuldverhältnis zwischen Masse und Anmelder im Sinne des § 421 BGB.
[30] Vgl. Motive zur KO, S. 368 = Hahn IV, S. 330; *Jaeger/Weber* KO § 147 RdNr. 6.

hätte, bleibt nach der abschließenden Regelung des Abs. 3 außer Betracht.[31] Ein Erstattungsanspruch des Gläubigers gegen die Masse scheidet entsprechend Abs. 3 auch dann aus, wenn Verwalter und widersprechender Gläubiger getrennte Feststellungsprozesse geführt und gewonnen haben. Unterliegt dagegen der Verwalter in seinem Prozess, während der Gläubiger gewinnt, so kann dieser nach Abs. 3 Erstattung seiner Kosten aus der Insolvenzmasse verlangen.[32]

§ 184 Klage gegen einen Widerspruch des Schuldners

(1) ¹Hat der Schuldner im Prüfungstermin oder im schriftlichen Verfahren (§ 177) eine Forderung bestritten, so kann der Gläubiger Klage auf Feststellung der Forderung gegen den Schuldner erheben. ²War zur Zeit der Eröffnung des Insolvenzverfahrens ein Rechtsstreit über die Forderung anhängig, so kann der Gläubiger diesen Rechtsstreit gegen den Schuldner aufnehmen.

(2) ¹Liegt für eine solche Forderung ein vollstreckbarer Schuldtitel oder ein Endurteil vor, so obliegt es dem Schuldner binnen einer Frist von einem Monat, die mit dem Prüfungstermin oder im schriftlichen Verfahren mit dem Bestreiten der Forderung beginnt, den Widerspruch zu verfolgen. ²Nach fruchtlosem Ablauf dieser Frist gilt ein Widerspruch als nicht erhoben. ³Das Insolvenzgericht erteilt dem Schuldner und dem Gläubiger, dessen Forderung bestritten worden ist, einen beglaubigten Auszug aus der Tabelle und weist den Schuldner auf die Folgen einer Fristversäumung hin. ⁴Der Schuldner hat dem Gericht die Verfolgung des Anspruchs nachzuweisen.

Schrifttum: siehe § 178.

Übersicht

	RdNr.		RdNr.
I. Entstehungsgeschichte	1	4. Negative Feststellungsklage des Schuldners	8
II. Widerspruch des Schuldners; Normzweck	2	IV. Feststellung titulierter Forderungen (Abs. 2)	8 a
III. Feststellung nicht titulierter Forderungen (Abs. 1)	3	1. Titulierte Forderung	8 b
1. Klage auf Feststellung (Abs. 1 Satz 1)	3	2. Betreibungslast des Schuldners	8 c
2. Prozessaufnahme (Abs. 1 Satz 2)	5	V. Besonderheiten bei der Eigenverwaltung	9
3. Leistungsklage	6		

I. Entstehungsgeschichte

§ 184 Abs. 1 Satz 2 entspricht im Wesentlichen § 144 Abs. 2 KO. Die Möglichkeit zur Beseitigung des Schuldnerwiderspruchs durch Neuklage (§ 184 Abs. 1 Satz 1) war in der Konkursordnung nicht ausdrücklich geregelt, entsprach aber herrschender Meinung. Weniger Einigkeit bestand in der Frage der richtigen Klageart.[1] Im Geltungsbereich der Gesamtvollstreckungsordnung konnte der Gläubiger den Schuldnerwiderspruch analog § 144 Abs. 2 KO durch Aufnahme eines anhängigen Rechtsstreits oder Erhebung einer Feststellungsklage gegen den Schuldner beseitigen.[2] Im Gesetzgebungsverfahren zur Insolvenz-   1

---

[31] *Jaeger/Weber* KO § 147 RdNr. 4, 6; aA *Wolff* KO 2. Aufl. 1921, S. 454.
[32] *Jaeger/Weber* KO § 147 RdNr. 6.
[1] Für Feststellungsklage RGZ 24, 405, 407; *Jaeger/Weber* KO § 144 RdNr. 5; *Kilger/K. Schmidt* § 144 Anm. 4; *Uhlenbruck* InsO § 184 RdNr. 1; für (beschränkte) Leistungsklage BGH ZIP 1980, 23; *Jonas* S. 35 f.; *Spellenberg* S. 155 ff.
[2] *Mohrbutter/Pape*, Handbuch der Insolvenzverwaltung, RdNr. XVI.179; *Smid* in Smid GesO § 11 RdNr. 74.

ordnung blieb § 184 weitgehend unverändert (§§ 212 RegE, 202 RefE, 202 DE). Einzige Änderung gegenüber § 212 RegE ist die Erwähnung des Schuldnerwiderspruchs im schriftlichen Verfahren (§ 184 Abs. 1 Satz 1) als Folgeänderung zur neu geschaffenen Möglichkeit der schriftlichen Prüfung verspätet angemeldeter Forderungen (§ 177).[3] Durch das Gesetz zur Vereinfachung des Insolvenzverfahrens vom 13. April 2007 (BGBl. 2007 I S. 509) wurde Abs. 2 angefügt. Der bisherige Wortlaut wurde Abs. 1 (Art. 1 Nummer 23).

II. Widerspruch des Schuldners; Normzweck

2 Der Widerspruch des Schuldners im Prüfungstermin oder im schriftlichen Verfahren (§ 177 Abs. 1) steht der Feststellung der Forderung und damit der Teilnahme des Gläubigers an den Verteilungen in der Regel nicht entgegen (§ 178 Abs. 1 Satz 2; siehe § 178 RdNr. 23 ff.).[4] Er verhindert jedoch, dass die Eintragung der Feststellung in die Tabelle gemäß **§ 201 Abs. 2 Satz 1** Vollstreckbarkeit und Rechtskraft gegenüber dem Schuldner persönlich erzeugt.[5] Die Klage gemäß § 184 Abs. 1 dient der Beseitigung des Schuldnerwiderspruchs mit dem Ziel, die nachinsolvenzliche Vollstreckung aus der Tabelle zu ermöglichen (§ 201 Abs. 2 Satz 2).[6] Der Schuldnerwiderspruch kann sich **nur gegen den Bestand** der Forderung oder ihre Durchsetzbarkeit außerhalb des Insolvenzverfahrens richten, nicht gegen ihre Eigenschaft als Insolvenzforderung (§ 38) oder gegen den beanspruchten Rang (§§ 38, 39; siehe § 178 RdNr. 25).[7] Zur entsprechenden Anwendung des § 184 bei einem Widerspruch des Steuerschuldners siehe § 185 RdNr. 16 f. Die **praktische Bedeutung** der Vollstreckung gemäß § 201 Abs. 2 und damit des Schuldnerwiderspruchs und seiner Beseitigung ist durch die Einbeziehung des Neuerwerbs in die Insolvenzmasse und die Einführung eines Restschuldbefreiungsverfahrens für natürliche Personen reduziert worden (siehe § 178 RdNr. 24). Praktisch relevant ist vor allem der isolierte Widerspruch gegen die Feststellung des Haftungsgrundes der **vorsätzlichen unerlaubten Handlung** zur Tabelle (§§ 174 Abs. 2, 175 Abs. 2), der die Vollstreckung trotz Restschuldbefreiung gemäß § 302 Ziff. 1 verhindert.[8] Zur Beseitigung eines solchen Widerspruchs ist eine Feststellungsklage analog § 184 Abs. 1 InsO zulässig und erforderlich.[9] Verfügt der Gläubiger der bestrittenen Forderung bereits über einen vollstreckbaren Schuldtitel oder ein Endurteil, so obliegt es dem Schuldner, seinen Widerspruch binnen einer Frist von einem Monat zu verfolgen (Abs. 2; RdNr. 8 a ff.). Dem Gesetzgeber erschien es unbillig, wenn der Gläubiger in diesem Fall trotz des erwirkten Titels nochmals prozessieren müsste und auch bei einer erfolgreichen Prozessführung Gefahr liefe, wegen der wirtschaftlichen Situation des Schuldners seine Kostenerstattungsansprüche nicht oder nur schwer durchsetzen zu können.[10]

III. Feststellung nicht titulierter Forderungen (Abs. 1)

3 **1. Klage auf Feststellung (Abs. 1 Satz 1).** Liegt für die vom Schuldner bestrittene Forderung weder ein vollstreckbarer Schuldtitel noch ein Endurteil vor (siehe Abs. 2), so ist es dem Gläubiger überlassen, Klage auf Feststellung der Forderung gegen den Schuldner

---

[3] Dazu BT-Drucks. 12/7302 S. 178 f.
[4] Etwas anders gilt für den Widerspruch des Schuldners als Eigenverwalter: § 283 Abs. 1 Satz 2.
[5] Dass § 201 Abs. 2 S. 1 den Widerspruch im schriftlichen Verfahren nicht erwähnt, beruht wohl auf einem Redaktionsversehen.
[6] Begr. zu § 230 RegE (= § 201), BR-Drucks. 1/92 S. 187; *Jaeger/Weber* KO § 144 RdNr. 5.
[7] Anders bei der Eigenverwaltung (§ 283 Abs. 1 Satz 2).
[8] BGH NZI 2006, 536; ZIP 2007, 541; *Hattwig* ZInsO 2004, 636; *Kahlert* ZInsO 2006, 409; *Riedel* NZI 2002, 414; *Pape* ZVI 2002, 225, 236; aA *Fuchs* NZI 2002, 298, 302 f.
[9] BGH NZI 2006, 536; 2007, 416; OLG Rostock ZInsO 2005, 1175; OLG Hamm ZInsO 2005, 1329; OLG Frankfurt ZInsO 2005, 714; *Kübler/Prütting/Pape* § 174 RdNr. 46; ZIP 2007, 541; *Behr* Rpfleger 2002, 389, 391; *Pape* ZVI 2002, 225, 236; MünchKommInsO/*Stephan* § 302 RdNr. 20; *Kahlert* ZInsO 2006, 409; *Heinze* DZWIR 2002, 369, 370; aA *Fuchs* NZI 2002, 298, 302 f.
[10] Begr. Regierungsentwurf für ein Gesetz zur Vereinfachung des Insolvenzverfahrens, BT-Drucks. 16/3227, S. 21; *Uhlenbruck* InsO § 184 RdNr. 3.

zu erheben (Abs. 1 Satz 1), wenn nicht zurzeit der Eröffnung des Insolvenzverfahrens ein Rechtsstreit über die Forderung anhängig war (Abs. 1 Satz 2). Wird die Forderung rechtskräftig festgestellt, so ist damit der Schuldnerwiderspruch beseitigt (§ 201 Abs. 2 Satz 2). Die Tabelle ist analog § 183 Abs. 2 zu berichtigen.[11] Entsprechendes gilt, wenn der isolierte Widerspruch des Schuldners gegen die Behauptung des Gläubigers, der Forderung liege eine vorsätzlich begangene unerlaubte Handlung zugrunde, beseitigt wird.[12] Die Klage gemäß § 184 ist eine **echte Feststellungsklage** im Sinne des § 256 ZPO. Das Feststellungsinteresse ergibt sich daraus, dass die gerichtliche Feststellung den Schuldnerwiderspruch beseitigt (§ 201 Abs. 2 Satz 2) und damit die Vollstreckung in das Schuldnervermögen aus der Eintragung der Feststellung in die Tabelle nach Beendigung des Insolvenzverfahrens ermöglicht (§ 201 Abs. 2). Die §§ 179 bis 183 sind auf die Klage nach § 184 nicht anwendbar.[13] Zuständigkeit, Streitwertberechnung und Urteilswirkungen richten sich nach allgemeinen prozessualen Regeln. Gegenstand der Feststellung ist anders als bei der Insolvenzfeststellungsklage (§§ 179 bis 183) nicht das Haftungsrecht des Gläubigers an der Masse, sondern der Anspruch des Gläubigers gegen den Schuldner persönlich (vgl. § 178 RdNr. 16)[14] oder – bei isoliertem Widerspruch gegen den Anspruchsgrund der vorsätzlichen unerlaubten Handlung (siehe oben RdNr. 2) – dieser Anspruchsgrund. Die Klage gegen den Widerspruch des Schuldners kann bereits während des Insolvenzverfahrens erhoben werden, sie muss es aber nicht. Eine Frist für die Erhebung des Feststellungsklage besteht nicht.[15]

Hat außer dem Schuldner noch der Verwalter oder ein anderer Gläubiger die Forderung bestritten, so kann der Gläubiger auch diesem gegenüber Feststellungsklage erheben. Für diese Klage gelten §§ 179 bis 183. Verklagt der Gläubiger den Schuldner und den Verwalter/Gläubiger gemeinsam, so sind sie **einfache Streitgenossen**.[16] Die Klage gegen den widersprechenden Verwalter oder Gläubiger kann (zB mangels Eigenschaft der Forderung als Insolvenzforderung, § 38) abzuweisen sein, obwohl der Klage gegen den Schuldner, die ausschließlich den Bestand und die Durchsetzbarkeit der Forderung zum Gegenstand hat, stattzugeben ist. Hat der Schuldner nur der Qualifizierung der Forderung als aus vorsätzlich begangener unerlaubter Handlung widersprochen und der Gläubiger nur insoweit Feststellungsklage erhoben, liegen die Voraussetzungen einer Streitgenossenschaft mit dem widersprechenden Verwalter oder Gläubiger nicht vor.[17]

2. Prozessaufnahme (Abs. 1 Satz 2). Die Eröffnung des Insolvenzverfahrens unterbricht alle Verfahren des Schuldners, die die Insolvenzmasse betreffen (§ 240 Satz 1 ZPO; siehe vor § 85 RdNr. 1 ff.). Hierzu zählen auch Prozesse über Insolvenzforderungen. Gemäß Abs. 1 Satz 2 kann der Gläubiger das unterbrochene Verfahren gegen den Schuldner aufnehmen, wenn dieser die Forderung im Prüfungstermin oder im schriftlichen Verfahren bestreitet. Eine Neuklage gegen den Schuldner ist in diesem Falle unzulässig. Für den aufgenommenen Prozess gilt grundsätzlich das zur Neuklage Gesagte entsprechend (RdNr. 3 f.). Liegt für die bestrittene Forderung ein vollstreckbarer Schuldtitel oder ein Endurteil vor, obliegt die Aufnahme dem Schuldner (Abs. 2; unten RdNr. 8 a ff.).[18] Nach der Aufnahme ist die Klage des Gläubigers auf Feststellung der Forderung zu richten (§ 184 Satz 1; siehe aber unten RdNr. 6).[19] Aufnahme und Antragsanpassung sind auch noch in

---

[11] *FK-Kießner* § 184 RdNr. 8 f.; *Jaeger/Weber* KO § 144 RdNr. 5.
[12] *Riedel* NZI 2002, 414.
[13] Anders bei einer Feststellungsklage gegen den Schuldner als Eigenverwalter, siehe unten RdNr. 9.
[14] *Spellenberg* S. 147 ff., S. 151.
[15] *Vallender* ZInsO 2002, 110; aA *Hattwig* ZInsO 2004, 636.
[16] BGH ZIP 1980, 23; RGZ 13, 315; 24, 405, 408; RG JW 1895, 266 f. Nr. 15; *Jaeger/Weber* KO § 144 RdNr. 3; *Uhlenbruck* InsO § 185 RdNr. 6; *Kilger/K. Schmidt* § 144 Anm. 4; *Kübler/Prütting/Pape* § 184 RdNr. 6; aA (notwendige Streitgenossen) *v. Wilmowski/Kurlbaum* KO § 144 Anm. 6.
[17] *MünchKommInsO-Stephan* § 302 RdNr. 22.
[18] *Behr* Rpfleger 2003, 389, 391; *Riedel* NZI 2002, 414; aA zum alten Recht *Jaeger/Weber* KO § 144 RdNr. 4.
[19] BGH ZIP 1980, 23; *FK-Kießner* § 184 RdNr. 6.

der Revisionsinstanz zulässig.[20] Haben sowohl der Insolvenzverwalter oder ein konkurrierender Gläubiger als auch der Schuldner der Forderung widersprochen, so kann der Gläubiger den Rechtsstreit gegenüber beiden gemeinsam aufnehmen (§§ 180 Abs. 2; 184 Satz 2). Verwalter und Schuldner sind in dem Prozess einfache Streitgenossen (siehe oben RdNr. 4).[21]

6 **3. Leistungsklage.** Die gerichtliche Feststellung gemäß § 184 Abs. 1 ermöglicht in Verbindung mit der Insolvenzfeststellung (§§ 178 ff.) die Vollstreckung aus der Tabelle gegen den Schuldner persönlich nach Abschluss des Insolvenzverfahrens (§ 201 Abs. 2 Satz 1; siehe oben RdNr. 2). Der direktere Weg zum Vollstreckungstitel gegen den Schuldner wäre eine Leistungsklage. Das Vorgehen gemäß § 184 i. V. m. § 201 Abs. 2 verursacht nur dann keinen größeren Aufwand als eine Leistungsklage, wenn allein der Schuldner die Forderung bestritten hat. Hat auch der Verwalter oder ein Gläubiger Widerspruch erhoben, so verhilft die Feststellungsklage nach § 184 Abs. 1 Satz 1 dem Gläubiger nur in Verbindung mit der Beseitigung des Verwalter- bzw. Gläubigerwiderspruchs zu einem Vollstreckungstitel (§ 201 Abs. 2 Satz 1). Die Erfolgsaussichten einer Klage gegen den widersprechenden Verwalter (Gläubiger) können aber aus insolvenzspezifischen Gründen zweifelhaft sein (zB weil der Verwalter die Nachrangigkeit der Forderung behauptet oder die Insolvenzanfechtung geltend macht), während das Bestehen der von dem Schuldner bestrittenen Forderung nicht fraglich ist. Dem Zweck des § 184 Abs. 1, dem Gläubiger einen Leistungstitel für die Zeit nach der Verfahrensbeendigung zu schaffen, wird in diesem Fall eine Leistungsklage besser gerecht als die Feststellungsklage. § 184 Abs. 1 sollte daher in dem Sinne **einschränkend ausgelegt** werden, dass der Gläubiger jedenfalls bei mangelnder insolvenzmäßiger Feststellung der Forderung (§ 178 Abs. 1 Satz 1) auch Leistungsklage gegen den Schuldner mit der Einschränkung erheben kann, dass die Zwangsvollstreckung erst nach Aufhebung des Insolvenzverfahrens erfolgen darf,[22] gegebenenfalls verbunden mit einem Antrag auf gesonderte Feststellung des Haftungsgrundes der vorsätzlichen unerlaubten Handlung im Urteilstenor.

7 Unabhängig von einem Widerspruch des Schuldners im Prüfungstermin konnte der Gläubiger nach der zur Konkursordnung hM seine Forderung durch Leistungsklage gegen den Schuldner persönlich verfolgen, wenn er auf die **Teilnahme am Insolvenzverfahren verzichtete**.[23] Diese Möglichkeit soll nunmehr nach der Begründung zu § 98 RegE (= § 87) durch den Wortlaut des § 98 RegE (§ 87) im Interesse der Rechtsklarheit ausgeschlossen sein.[24] Zwar wird ein Verzicht des Gläubigers auf die Teilnahme am Insolvenzverfahren infolge der Einbeziehung des Neuerwerbs in die Insolvenzmasse und der Einführung eines Restschuldbefreiungsverfahrens für natürliche Personen nur mehr selten interessengerecht sein.[25] Gleichwohl besteht kein sachlicher Grund, den Gläubiger auf die Feststellung der Forderung zur Tabelle und gegebenenfalls die Beseitigung des Schuldnerwiderspruchs gemäß § 184 Abs. 1 zu verweisen, wenn er auf die Teilnahme an dem Insolvenzverfahren keinen Wert legt und es ihm nur auf einen Vollstreckungstitel gegen den Schuldner persönlich ankommt. Dass der Schuldner während des Insolvenzverfahrens nicht in persönliche Prozesse gezogen werden sollte, ist der Insolvenzordnung nicht zu entnehmen, zumal gemäß § 184 Abs. 1 der Gläubiger im Falle des Schuldnerwiderspruchs Klage gegen den Schuldner erheben und gleichzeitig am Insolvenzverfahren teilnehmen kann.[26]

---

[20] BGH ZIP 1980, 23.
[21] BGH ZIP 1980, 23; *Bley* S. 88 f.; *Jaeger/Weber* KO § 144 RdNr. 3.
[22] Siehe zur KO BGH ZIP 1980, 23 unter Verweis auf RGZ 29, 73, 76; ebenso *Eckardt*, Kölner Schrift, S. 743, RdNr. 28; für Leistungsklage auch *Häsemeyer*, Insolvenzrecht, RdNr. 25.21; *Jonas* S. 35 f.; *Spellenberg* S. 155 ff.; aA (Feststellungsklage) *Jaeger/Weber* KO § 144 RdNr. 5, § 164 RdNr. 4; *Nerlich/Römermann/Becker* § 184 RdNr. 13; *Smid* in Smid § 184 RdNr. 4.
[23] RGZ 29, 73, 74; BGHZ 25, 395, 397 ff.; 72, 234 ff.; BGH NJW 1996, 2035; *Jaeger/Henckel* KO § 12 RdNr. 3, 8 mwN.
[24] BT-Drucks. 12/7302 S. 35; dazu *Eckardt*, Kölner Schrift, S. 743, RdNr. 10.
[25] *Kübler/Prütting/Pape* § 174 RdNr. 7 ff.
[26] BGH NJW 1996, 2035; *Jaeger/Henckel* KO § 12 RdNr. 8.

Klage gegen einen Widerspruch des Schuldners 8–8c § 184

4. Negative Feststellungsklage des Schuldners. Für eine Klage des widersprechenden Schuldners auf negative Feststellung der von dem Gläubiger beanspruchten Forderung, für die weder ein vollstreckbarer Schuldtitel noch ein Endurteil vorliegt, besteht regelmäßig **kein Rechtsschutzbedürfnis**.[27] Entsprechendes gilt für eine negative Feststellungsklage des Schuldners, wenn der Bestand der Forderung unstreitig ist und lediglich Streit darüber besteht, ob die Forderung (insbesondere weil auf vorsätzlicher unerlaubter Handlung beruhend) der Restschuldbefreiung unterfällt.[28] Die nachinsolvenzliche Vollstreckung aus dem Tabelleneintrag (§ 201 Abs. 2 Satz 1) verhindert der Widerspruch im Prüfungstermin bzw. im schriftlichen Verfahren. Hat der Schuldner den Widerspruch versäumt, so kann er die Folgen der Säumnis nicht durch negative Feststellungsklage beseitigen. Sind nachträglich Einwendungen gegen die Forderung entstanden, so kann sie der Schuldner durch Vollstreckungsgegenklage geltend machen. Zur Beseitigung der Rechtskraft- und Vollstreckungswirkung des § 201 Abs. 2 kommt auch die Wiedereinsetzung gegen die Versäumung des Prüfungstermins (§ 186), die Wiederaufnahmeklage (§§ 578 ff. ZPO) oder die Arglistklage gemäß § 826 BGB in Betracht (siehe § 178 RdNr. 86 f.). Soweit die Teilnahme des Gläubigers an den Verteilungen in Frage steht, werden die Interessen des Schuldners ausschließlich durch den Verwalter wahrgenommen (§ 178 Abs. 1 Satz 2).[29]

8

IV. Feststellung titulierter Forderungen (Abs. 2)

Liegt für die bestrittene Forderung ein vollstreckbarer Schuldtitel oder ein Endurteil vor, so obliegt es dem Schuldner binnen einer Frist von einem Monat, den Widerspruch zu verfolgen (Abs. 2 Satz 1). Nach fruchtlosem Ablauf dieser Frist gilt ein Widerspruch als nicht erhoben (Abs. 2 Satz 2). Dem Gesetzgeber erschien es unbillig, wenn der Gläubiger eines erstrittenen Titels nochmals prozessieren muss und auch bei einer erfolgreichen Prozessführung Gefahr läuft, wegen der wirtschaftlichen Situation des Schuldners seine Kostenerstattungsansprüche nicht oder nur schwer durchsetzen zu können.[30] Solange dem Gläubiger die Möglichkeit verbleibt, aus dem vollstreckbaren Schuldtitel auch nach Beendigung des Insolvenzverfahrens vorzugehen, wenn der Schuldner der Feststellung der Forderung zur Tabelle widerspricht,[31] erscheint die Erforderlichkeit der Neuregelung jedoch zweifelhaft. Durch die Neuregelung wird der Schuldner gezwungen, zur Vermeidung der nachinsolvenzlichen Vollstreckung gemäß § 201 Abs. 2 auch gegen einen nicht rechtskräftigen Titel wie ein vorläufig vollstreckbar erklärtes Endurteil, ein Versäumnisurteil oder eine vollstreckbare notarielle Urkunde vorzugehen, selbst wenn nicht feststeht, ob eine solche Vollstreckung überhaupt möglich ist (§ 301) oder der Gläubiger sie betreibt. Damit werden gegebenenfalls unnötige Prozesskosten verursacht.

8 a

1. Titulierte Forderung. Vollstreckbare Schuldtitel im Sinne des Abs. 2 sind die in §§ 704, 794 ZPO genannten Vollstreckungstitel, ferner der Auszug aus der Insolvenztabelle, Entscheidungen und Vergleiche der Arbeitsgerichte (§§ 62, 85 ArbGG) sowie landesrechtliche Vollstreckungstitel (§ 801 ZPO). **Endurteile** im Sinne des Abs. 2 sind auch Teilurteile, Versäumnisurteile und Vorbehaltsurteile. Die Ausführungen oben zu § 179 (RdNr. 23 bis 26) gelten insoweit entsprechend. Die titulierte und die bestrittene Forderung müssen identisch sein (vgl. § 179 RdNr. 28).

8 b

Abs. 2 ist **entsprechend** anwendbar auf die Verfolgung eines isolierten Widerspruchs gegen den behaupteten Anspruchsgrund der **vorsätzlichen unerlaubten Handlung** (§§ 174 Abs. 2, 175 Abs. 2, 302 Ziff. 1), wenn sowohl die Forderung als auch der Delikts-

8 c

---

[27] Jaeger/Weber KO § 144 RdNr. 4; vgl. aber BGH KTS 1957, 9, 10 (Feststellungsinteresse der Gesellschafter einer insolventen OHG).
[28] OLG Hamm ZIP 2003, 2311; dazu Hattwig ZInsO 2004, 636.
[29] Jaeger/Weber KO § 144 RdNr. 4.
[30] Begr. Regierungsentwurf BT-Drucks. 16/3227, S. 21.
[31] BGH NJW 1998, 2364; MünchKommInsO-Hintzen § 201 RdNr. 36; Uhlenbruck § 201 RdNr. 9.

grund durch Feststellungsurteil,[32] Vergleich oder notarielles Schuldanerkenntnis[33] tituliert sind. Ein Interesse an der besonderen Feststellung des Haftungsgrundes der vorsätzlichen unerlaubten Handlung hat der Gläubiger nur aus vollstreckungsrechtlichen Gründen (§§ 850 f Abs. 2 ZPO, 302 Nr. 1). Ein Schuldner, der einer solchen Feststellung in einem gerichtlichen Vergleich zustimmt oder sie in einem notariellen Schuldanerkenntnis selbst trifft, ist über die Bedeutung seiner zusätzlichen Erklärung belehrt.[34] Dagegen obliegt dem Gläubiger einer Deliktsforderung, die durch Vollstreckungsbescheid unter Angabe des Schuldgrundes einer vorsätzlichen unerlaubten Handlung tituliert ist, grundsätzlich die Beseitigung des gegen den Deliktsgrund gerichteten Schuldnerwiderspruchs. Im Feststellungsprozess ist das Gericht an den im Vollstreckungsbescheid aufgeführten Schuldgrund nicht gebunden.[35] Denn hier beruht der Titel auf einseitigen, vom Gericht nicht materiellrechtlich geprüften Angaben des Gläubigers, ohne dass gewährleistet ist, dass der Schuldner die Folgen seiner Untätigkeit – wegen § 302 Nr. 1 InsO nicht eintretende Restschuldbefreiung – überblickt.[36]

8 c **2. Betreibungslast des Schuldners.** Dem **Schuldner obliegt** es, den Widerspruch binnen einer Frist von einem Monat, die mit dem Prüfungstermin oder im schriftlichen Verfahren mit dem Bestreiten der Forderung beginnt, zu verfolgen. Verfolgt der Schuldner nicht innerhalb der Frist seinen Widerspruch, so gilt dieser als nicht erhoben.[37] Der Schuldnerwiderspruch ist damit beseitigt im Sinne des § 201 Abs. 2 Satz 2, die Tabelle analog § 183 Abs. 2 zu berichtigen. Der Schuldner hat dem Gericht die Verfolgung des Anspruchs nachzuweisen (Abs. 2 Satz 4). Das Insolvenzgericht weist den Schuldner auf die Folgen einer Fristversäumung hin (Abs. 2 Satz 3, 2. Halbs.). Mangels Belehrung kommt entsprechend § 186 Wiedereinsetzung in den vorigen Stand in Betracht. Der Schuldner verfolgt seinen Widerspruch durch **Klage** oder durch **Aufnahme** eines über die Forderung anhängigen Rechtsstreits. Er kann den Widerspruch nur mit den Mitteln verfolgen, die ihm zurzeit der Insolvenzverfahrenseröffnung gegen den Titel zustanden (vgl. aber § 179 RdNr. 33 ff. zum Widerspruch des bestreitenden Verwalters oder Gläubigers). Die Klage des Schuldners ist eine negative Feststellungsklage. Gegenstand ist der bestrittene Anspruch, bei einem isolierten Widerspruch gegen den Schuldgrund der unerlaubten Handlung dieser Schuldgrund. Nimmt der Schuldner einen Prozess auf, der zurzeit der Eröffnung des Insolvenzverfahrens mit dem Schuldner als Beklagtem anhängig ist, so kann er sich darauf beschränken, die Abweisung des zu erwartenden Feststellungsantrags des Gläubigers zu beantragen (siehe § 179 RdNr. 41). Verfolgt der Schuldner seinen Widerspruch nicht, so fehlt wird für eine positive Feststellungsklage des Gläubigers der titulierten Forderung regelmäßig das Feststellungsinteresse.

8 d Das Insolvenzgericht erteilt dem Schuldner und dem Gläubiger, dessen Forderung bestritten worden ist, einen **beglaubigten Auszug aus der Tabelle** und weist den Schuldner auf die Folgen einer Fristversäumung hin (Abs. 2 Satz 3). Der Auszug erleichtert dem Schuldner den zur Darlegung seines Feststellungsinteresses erforderlichen Nachweis von Anmeldung, Prüfung und Widerspruch gegen die Forderung.

V. Besonderheiten bei der Eigenverwaltung

9 Im Eigenverwaltungsverfahren (§§ 270 ff.) kann der Schuldner der Feststellung sowohl als Verwalter der Insolvenzmasse (§ 283 Abs. 1) als auch persönlich widersprechen (§§ 178

---

[32] So schon *de lege lata Kahlert* ZInsO 2006, 409, 410 ff.; *Behr* Rpfleger 2003, 389, 391; *Heinze* DZWIR 2002, 369, 371; *Riedel* NZI 2002, 414; *Gaul* NJW 2005, 2894; aA *Hattwig* ZInsO 2004, 636.
[33] *Kahlert* ZInsO 2006, 409, 413.
[34] Vgl. auch *Kahlert* ZInsO 2006, 409, 413; *Pape* NZI 2007, 481, 485.
[35] BGH NJW 2006, 2922; aA OLG Hamm ZInsO 2005, 1329.
[36] BGH NJW 2005, 2922.
[37] Begr. zum Gesetzentwurf der Bundesregierung für ein Gesetz zur Vereinfachung des Insolvenzverfahrens, BT-Drucks. 16/3227, S. 21.

Abs. 1 Satz 2; 201 Abs. 2 Satz 1). Die verschiedenen Widerspruchsrechte kann der Schuldner unterschiedlich ausüben (siehe § 178 RdNr. 30). Bestreitet der Schuldner den Bestand der Forderung, so widerspricht er im Zweifel sowohl als Eigenverwalter als auch persönlich. Nur in seiner Funktion als Eigenverwalter kann der Schuldner dagegen geltend machen, die Forderung sei keine Insolvenzforderung (§ 38) oder nachrangig (§ 39; siehe oben RdNr. 2). Umgekehrt hat nur der Schuldner persönlich ein Interesse an einem isolierten Widerspruch gegen den Schuldgrund der vorsätzlich begangenen unerlaubten Handlung (§ 302 Nr. 1). Für die Beseitigung eines Widerspruchs, den der Schuldner als Verwalter erhoben hat, gelten die §§ 179 bis 183,[38] die Beseitigung des persönlichen Widerspruchs erfolgt nach § 184. Wird die Eigenverwaltung aufgehoben (§ 272), so tritt in den Prozess nach §§ 179 bis 183 der Insolvenzverwalter anstelle des Schuldners ein, der Prozess nach § 184 wird dagegen von der Aufhebung nicht berührt (siehe § 179 RdNr. 14).

§ 185 Besondere Zuständigkeiten

¹ Ist für die Feststellung einer Forderung der Rechtsweg zum ordentlichen Gericht nicht gegeben, so ist die Feststellung bei dem zuständigen anderen Gericht zu betreiben oder von der zuständigen Verwaltungsbehörde vorzunehmen. ² § 180 Abs. 2 und die §§ 181, 183 und 184 gelten entsprechend. ³ Ist die Feststellung bei einem anderen Gericht zu betreiben, so gilt auch § 182 entsprechend.

Schrifttum: *App*, Das Rechtsbehelfsverfahren gegen Feststellungsbescheide der Finanzbehörde nach § 251 Abs. 3 der Abgabenordnung, BB 1985, S. 861 f.; *ders.*, Reichweite von § 251 Abs. 3 der Abgabenordnung, BB 1984, S. 1032 f.; *Bley*, Steuern als Konkursforderungen, ZZP 51 (1926), S. 233 ff.; *Bringewat/Waza*, Insolvenzen und Steuern, 6. Aufl. 2004 RdNr. 161 ff.; *Fichtelmann*, Bescheide im Besteuerungsverfahren nach Konkurseröffnung, NJW 1970, S. 2276 ff.; *Frotscher*, Besteuerung bei Insolvenz, 6. Aufl. 2005, S. 246 ff.; *Gundlach/Frenzel/Schirrmeister*, Der Erlass eines Abgabenbescheides im Insolvenzverfahren, DStR 2004, S. 318 ff.; *Heilmann*, Die Beitrags- und Umlageansprüche der Sozialversicherungsträger im Konkurs des Arbeitgebers, SGb 1981, 470 ff.; *Hübschmann/Hepp/Spitaler*, Kommentar zur Abgabenordnung und Finanzgerichtsordnung, Loseblattwerk, § 251 AO RdNr. 403 ff.; *Hundt-Eßwein*, Die Behandlung von Steueranträgen im Konkurs, BB 1987, 1718; *Kramer*, Konkurs- und Steuerverfahren, 1993, S. 219 ff.; *Maus*, Steuerbescheide im Insolvenzverfahren, Festschrift für Günter Greiner zum 70. Geburtstag, 2005, S. 227 ff.; *Müller*, Konkurs und Besteuerung, DStZ 1950, S. 158 ff.; *Tipke/Kruse*, Abgabenordnung, Finanzgerichtsordnung, Loseblattwerk, § 251 AO RdNr. 49 ff.

Übersicht

	RdNr.		RdNr.
I. Normzweck	1	a) Feststellung durch das Finanzamt (§ 251 Abs. 3 AO)	5
II. Entstehungsgeschichte	2	b) § 180 Abs. 2	12
III. Streitige Feststellung außerhalb des ordentlichen Rechtswegs	3	c) § 181	14
1. Rechtswegzuständigkeit	3	d) §§ 182, 183	15
2. Betreibung der Feststellung durch Verwaltungsakt	4	e) § 184	16
3. Feststellung bestrittener Steuerforderungen	5	4. Betreibung der Feststellung durch Klage	18

I. Normzweck

§ 185 regelt die streitige Feststellung der Insolvenzforderung für den Fall, dass der Rechtsweg zu den ordentlichen Gerichten nicht gegeben ist. §§ 180 Abs. 2, 181, 183, 184 gelten in diesem Fall entsprechend, ebenso § 182, wenn die Feststellung bei einem anderen Gericht zu betreiben ist (Sätze 2 und 3). § 180 Abs. 1 findet dagegen keine Anwendung. Die Feststellung ist vielmehr bei dem zuständigen Gericht des anderen Rechtswegs zu

---

[38] *Kübler/Prütting/Pape* § 184 RdNr. 1.

betreiben oder von der zuständigen Verwaltungsbehörde vorzunehmen (Satz 1). Dies trägt der besonderen Sachkompetenz des allgemein zuständigen Gerichts bzw. der zuständigen Verwaltungsbehörde Rechnung. Dass § 180 Abs. 1 keine entsprechende Anwendung findet, folgt bereits aus § 185 Sätze 2 und 3. Eigene Bedeutung kommt § 185 Satz 1 vor allem insoweit zu, als die Vorschrift der Behörde die Befugnis zur Feststellung des Insolvenzgläubigerrechts gegenüber dem Bestreitenden durch Verwaltungsakt einräumt (siehe unten RdNr. 4).

II. Entstehungsgeschichte

2   § 185 übernimmt inhaltlich im Wesentlichen § 146 Abs. 5 KO. Im Gesetzgebungsverfahren blieb die Vorschrift weitgehend unverändert. Die Beschränkung der entsprechenden Anwendung des § 182 auf Gerichtsverfahren (§ 185 Satz 3) gelangte erst mit dem Regierungsentwurf in die Insolvenzordnung (§§ 213 RegE, 204 RefE, 204 DiskE).[1] Im Geltungsbereich der Gesamtvollstreckungsordnung war zunächst umstritten, ob § 146 Abs. 5 KO entsprechend anzuwenden sei.[2] Jedenfalls seit der Beschränkung des § 11 Abs. 3 Satz 3 GesO auf die Regelung der örtlichen Zuständigkeit[3] ist von einer analogen Geltung auszugehen. Auch § 251 Abs. 3 AO (siehe unten RdNr. 5 ff.) war im Geltungsbereich der Gesamtvollstreckungsordnung entsprechend anwendbar.[4]

III. Streitige Feststellung außerhalb des ordentlichen Rechtswegs

3   **1. Rechtswegzuständigkeit.** Die Rechtswegzuständigkeit richtet sich nach den allgemeinen Regeln.[5] Maßgebend ist grundsätzlich die Natur des bestrittenen Insolvenzgläubigerrechts. So ist z. B. ein Rechtsstreit um angemeldete Lohnforderungen vor den Arbeitsgerichten (§§ 2, 3 ArbGG), ein Streit um Steuerforderungen vor den Finanzgerichten (§ 33 FGO), ein Streit um Sozialversicherungsbeiträge vor den Sozialgerichten (§ 51 SGG) und ein Streit um Kommunalbeiträge vor den Verwaltungsgerichten (§ 40 VwGO) auszutragen. Soweit die bestrittene Forderung außerhalb des Insolvenzrechts zunächst durch Verwaltungsakt der Behörde festzusetzen ist, gilt dies entsprechend für die streitige Feststellung der Forderung im Insolvenzverfahren (siehe unten RdNr. 4 ff.). Das Gericht oder die Behörde entscheidet nicht nur über den Bestand der Forderung, sondern auch über ihren Rang (§ 39) und über ihre Eigenschaft als Insolvenzforderung (§ 38).[6] Ein Wechsel des Verpflichteten[7] oder des Berechtigten berührt die Natur des Insolvenzgläubigerrechts grundsätzlich nicht. Deshalb ist z. B. ein Feststellungsstreit über eine auf einen Zollbürgen übergegangene Zollforderung vor den Finanzgerichten, nicht vor den Zivilgerichten auszutragen.[8]

4   **2. Betreibung der Feststellung durch Verwaltungsakt.** Der Gläubiger kann gemäß Abs. 1, 2. Fall die bestrittene Forderung durch Verwaltungsakt gegenüber dem Bestreitenden feststellen, sofern er außerhalb des Insolvenzrechts zur Festsetzung der Forderung durch Verwaltungsakt gegenüber dem Schuldner berechtigt ist.[9] Das gilt nicht nur für Steuer-

---

[1] Siehe dazu Begr. zu § 213 RegE (= § 185) BR-Drucks. 1/92 S. 185.
[2] Gegen entsprechende Anwendung z. B. LAG Brandenburg ZIP 1993, 1829; *Hess/Binz/Wienberg* GesO § 11 RdNr. 53a; dafür *Pape* EWiR 1993, 1205.
[3] Gesetz vom 24. 6. 1994, BGBl. 1994 I, 1374.
[4] FG Brandenburg EFG 1999, 593 f.
[5] Dazu GemS BGHZ 97, 312, 313 f.; BSG NJW 1990, 342; *Zöller/Gummer* § 13 GVG RdNr. 12 ff. mwN.
[6] Zum Vorrecht nach der Konkursordnung vgl. BGHZ 55, 224; 60, 64; *Jaeger/Weber* KO § 146 RdNr. 20; *Kuhn/Uhlenbruck* KO § 146 RdNr. 15b mwN; vgl. auch *Uhlenbruck,* InsO § 185 RdNr. 1.
[7] BGHZ 72, 56; BVerwGE 35, 170, 171; BSG NJW 87, 1846; *Zöller/Gummer* § 13 GVG RdNr. 13.
[8] AA BGH NJW 1973, 1077; wie hier *André* NJW 1993, 1495 f.; *Häsemeyer,* Insolvenzrecht, RdNr. 22.29.
[9] BVerwG Buchholz 401.0 § 251 AO Nr. 1; BVerwG DÖV 1986, 290; OVG Lüneburg OVGE MüLü 39, 441, 443; *App/Wettlaufer,* Verwaltungsvollstreckungsrecht, 3. Aufl. 1997, § 11 RdNr. 8 f.; *Häsemeyer,* Insolvenzrecht, RdNr. 22.37 f.; *Nerlich/Römermann/Becker* § 185 RdNr. 5; aA VGH Kassel NJW 1987, 971; VG Frankfurt Agrarrecht 1998, 97, 98.

forderungen (§ 251 Abs. 3 AO; unten RdNr. 5 ff.), sondern auch für andere öffentlich-rechtliche Forderungen wie den Anspruch auf Zahlung einer Ausgleichsabgabe nach § 11 Abs. 1 SchwbG,[10] einen öffentlich-rechtlichen Erstattungsanspruch[11] oder den Beitragsanspruch eines Sozialversicherungsträgers.[12] Für den Feststellungsbescheid gelten gemäß Satz 2 die §§ 180 Abs. 2, 181, 183, 184 entsprechend (siehe unten RdNr. 12 ff.). Zweifelhaft ist die entsprechende Anwendung des § 180 Abs. 2, sofern man davon ausgeht, dass den Gegenstand der Anmeldung, Prüfung und Feststellung das Haftungsrecht des Gläubigers an der Masse und nicht der Anspruch gegen den Schuldner persönlich bildet (siehe dazu unten RdNr. 13). Die Streitwertregel des § 182 gilt gemäß Satz 3 nur für das gerichtliche Feststellungsverfahren entsprechend.[13] Gleichwohl wird der Rechtsgedanke des § 182 auch bei der Kostenfestsetzung im Verwaltungsverfahren zu berücksichtigen sein, sofern die maßgebenden Bewertungsvorschriften hinreichend offen gefasst sind.[14] Gegen die Feststellung durch Verwaltungsakt stehen dem Bestreitenden diejenigen Rechtsbehelfe zu, die der Schuldner gegen die Festsetzung der Forderung außerhalb des Insolvenzverfahrens einlegen könnte (z. B. Widerspruch oder Einspruch, Klage; vgl. § 348 Abs. 1 Nr. 11 AO). Im Übrigen gelten die Ausführungen zur Feststellung bestrittener Steuerforderungen (RdNr. 5 ff.) für die Feststellung anderer öffentlich-rechtlicher Forderungen durch Verwaltungsakt im Wesentlichen entsprechend.

3. Feststellung bestrittener Steuerforderungen. a) Feststellung durch das Finanzamt (§ 251 Abs. 3 AO). Ist ein Anspruch aus einem Steuerschuldverhältnis (§ 37 Abs. 1 AO) im Prüfungstermin oder im schriftlichen Verfahren vom Insolvenzverwalter oder einem Insolvenzgläubiger bestritten worden, so ist der Anspruch vom zuständigen Finanzamt durch schriftlichen Verwaltungsakt festzustellen (§ 185 Satz 1 i. V. m. **§ 251 Abs. 3 AO**). Die Feststellung von Steuerforderungen gehört zu den wichtigsten Anwendungsfällen des § 185 Satz 1, 2. Alt. Festzustellen ist die einzelne Steuerforderung, jede Steuerforderung muss nach Grund und Höhe so genau bezeichnet werden, dass die Prüfung der Forderung einwandfrei möglich ist.[15] Mehrere Feststellungen können jedoch in einem Bescheid verbunden werden.[16]

Der Feststellungsbescheid nach § 251 Abs. 3 AO übernimmt nach der Eröffnung des Insolvenzverfahrens die Funktion des Steuerbescheides. Ein nach Eröffnung noch ergehender Steuerbescheid ist nichtig.[17] Nach der Rechtsprechung des BFH umfasst das Verbot der Steuerfestsetzung auch solche Bescheide, in denen Besteuerungsgrundlagen ausschließlich zu dem Zweck ermittelt und festgestellt werden, um Steuerforderungen zur Insolvenztabelle anzumelden.[18] Allenfalls dort, wo die Feststellung ausschließlich zugunsten des Steuerpflichtigen wirken könnte, könne eine Festsetzung noch zulässig sein.[19] Anderenfalls könnte die Finanzbehörde den Vorrang des Insolvenzverfahrens vor dem Festsetzungsverfahren nach der AO unterlaufen, indem sie mit Bindungswirkung Feststellungen oder Festsetzungen von Besteuerungsgrundlagen erlässt.[20]

---

[10] BVerwG DÖV 1986, 290.
[11] BVerwG Buchholz 401.0 § 251 AO Nr. 1 und Vorinstanz OVG Münster NWVBl. 1997, 24, 25; OVG Lüneburg OVGE MüLü 39, 441; aA VG Frankfurt Agrarrecht 1998, 97, 98.
[12] *Heilmann* SGb. 1981, 470, 472; *Kilger/K. Schmidt* § 146 Anm. 2 c; *Nerlich/Römermann/Becker* § 185 RdNr. 11; ähnlich LSG Bayern, ZIP 1998, 1931, 1933, das aber den Erlass eines Verwaltungsakts vor Anmeldung und Bestreitung der Forderung verlangt. AA wohl BSG ZIP 1981, 998: zulässige Klage auf Feststellung einer bestrittenen Beitragsforderung.
[13] Dazu Begr. zu § 213 RegE (= § 185), BR-Drucks. 1/92 S. 185.
[14] *Nerlich/Römermann/Becker* § 185 RdNr. 18.
[15] *Pahlke/Koenig/Fritsch* § 241 AO RdNr. 76.
[16] BFH BStBl. II 1979, 198, 200; allgemein zur Behandlung von Steuerforderungen im Insolvenzverfahren: BMF-Schreiben vom 17. 12 1998, BStBl. I 1998, 1500, ZIP 1999, 775.
[17] BFH BStBl. II 1995, 225; *Tippke/Kruse* § 251 AO RdNr. 44.
[18] BFH BStBl. II 1998, 428; 2003, 630; AA noch BFH BStBl. II 1985, 650.
[19] Ausdrücklich offengelassen in BFH BStBl. II 2003, 630, 631.
[20] *Tipke/Kruse* § 251 RdNr. 67; *Pahlke/Koenig/Fritsch* § 251 RdNr. 87.

§ 185 6–10   5. Teil. 1. Abschnitt. Feststellung der Forderungen

6   Der Feststellungsbescheid gemäß § 251 Abs. 3 AO ist „**das verwaltungsrechtliche Gegenstück**" zum Feststellungsurteil im Sinne des § 183.[21] Der Tenor des Bescheids entspricht dem des positiven Feststellungsurteils (siehe § 179 RdNr. 6).[22] Der Bescheid darf die Forderung nach Grund, Betrag und Rang nur in der Weise feststellen, wie sie in der Anmeldung oder im Prüfungstermin bezeichnet worden ist (§ 181; siehe unten RdNr. 14).

7   **Erforderlich** im Sinne des § 251 Abs. 3 AO ist der Feststellungsbescheid, wenn die angemeldete Forderung bestritten worden ist.[23] Der Umstand, dass die Finanzbehörde mit ihrer Steuerforderung voraussichtlich ausfallen wird, steht der Erforderlichkeit des Feststellungsbescheids nicht entgegen.[24]

8   Der bestandskräftige Feststellungsbescheid wirkt zu Lasten des Insolvenzverwalters und aller übrigen Insolvenzgläubiger (§§ 185 Satz 2, 183 Abs. 1; siehe unten RdNr. 15). Adressat des Feststellungsbescheids ist der Widersprechende; ihm ist der Bescheid bekannt zu geben.[25] Ist der der Bestreitende nicht der Insolvenzverwalter, so ist auch diesem der Bescheid bekannt zu geben.[26] Der Bestreitende kann den Bescheid durch Einspruch (§ 347 Abs. 1 Satz 1 Nr. 1 AO) und anschließende Klage vor dem Finanzgericht **anfechten**.[27] Werden in einen Feststellungsbescheid nach § 251 Abs. 3 AO Steuerforderungen aufgenommen, die auf unterschiedlichen materiellrechtlichen Entstehungsgründen beruhen, so handelt es sich nicht um unselbständige Besteuerungsgrundlagen im Sinne von Teilen eines Steuerbescheids, sondern um selbständig zu beurteilende und anfechtbare Feststellungsakte.[28] Sie unterliegen als selbständige Streitpunkte einer jeweils gesonderten revisionsrechtlichen Prüfung.[29] Ist ein Bescheid, der mehrere Feststellungen enthält, nur hinsichtlich einzelner Feststellungen angefochten, kann nur über diese entschieden werden.[30]

9   Der Feststellungsbescheid ist kein vollziehbarer Verwaltungsakt, so dass eine **Aussetzung der Vollziehung** gemäß § 361 AO oder § 69 FGO nicht in Frage kommt.[31] Auch eine einstweilige Anordnung (§ 114 FGO) mit dem Ziel, die Steuerforderung bei den Verteilungen vorläufig nicht zu berücksichtigen, ist unzulässig. Eine solche Anordnung ist auch nicht erforderlich, da die Finanzbehörde und die Insolvenzmasse während des Rechtsbehelfs- und Gerichtsverfahrens durch die Zurückbehaltung und Hinterlegung der auf die Steuerforderung entfallenden Anteile gemäß §§ 189 Abs. 2, 198 gesichert sind.[32]

10 Der Feststellungsbescheid ist kein auf die Steuerfestsetzung gerichteter Verwaltungsakt und damit kein Steuerbescheid im Sinne des § 155 AO.[33] Daraus wird überwiegend geschlossen, dass eine **Abänderung des bestandskräftigen Bescheids** nur gemäß §§ 130, 131 AO, nicht nach §§ 172 ff. AO möglich ist.[34] Dagegen spricht, dass der Fest-

---

[21] *Bringewat/Waza* RdNr. 277; *Kramer* S. 262; *Uhlenbruck*, InsO § 185 RdNr. 4; *Tipke/Kruse* § 251 AO RdNr. 69.
[22] *Bringewat/Waza* RdNr. 277 *Kramer* S. 262 ff.; siehe auch *Jaeger/Weber* KO § 146 RdNr. 13.
[23] Weitergehend Hessisches FG EFG 1975, 550, 551 (Feststellungsbescheid auch nach Feststellung der Forderung zur Tabelle).
[24] FG Brandenburg EFG 1999, 593, 594. bestätigt durch BFH BFH/NV 2000, 584; *Pahlke/Koenig/Fristsch* § 251 AO RdNr. 87.
[25] Tz. 6.1 des BMF-Schreibens vom 17. 12. 1998, BStBl. I 1998, 1500, 1503; RFHE 19, 355, 359; *Bringewat/Waza* RdNr. 277; *Frotscher* S. 256 f.; *Uhlenbruck*, InsO § 185 RdNr. 4; *Tipke/Kruse* § 251 AO RdNr. 69.
[26] § 122 Abs. 1 AO; AEAO § 122 Tz. 2.9.2.
[27] Dazu BFHE 106, 419, 420 f.; *Bringewat/Waza* RdNr. 278; *Frotscher* S. 260; *Uhlenbruck*, InsO § 185 RdNr. 4.
[28] „Bündeltheorie", vgl. BFH BStBl. II 1990, 327, 330.
[29] BFH BStBl. 1988 II, 199, 200; aA *Kramer* S. 264 ff.
[30] BFH BStBl. II 1979, 198, 200.
[31] FG Rheinland-Pfalz ZIP 1983, 96; *Bringewat/Waza* RdNr. 280; *Frotscher* S. 237 f.; *Tipke/Kruse* § 251 AO RdNr. 69.
[32] FG Rheinland-Pfalz ZIP 1983, 96, 97.
[33] BFH BStBl. 1988 II, 124, 126; *Bringewat/Waza* RdNr. 279; *Frotscher* S. 255; *Maus*, FS Greiner, S. 227 f.
[34] FG Baden-Württemberg EFG 1993, 763, 764; *Bringewat/Waza* RdNr. 279 *Frotscher* S. 256 (jedoch für Anwendung der §§ 172 ff. AO de lege ferenda (Fn. 44)); *Tipke/Kruse* § 251 AO RdNr. 68; *Maus*, FS Greiner, S. 227 f.; aA *Fichtelmann* NJW 1970, 2276, 2279; *Kramer*, S. 267 ff.

Besondere Zuständigkeiten 11, 12 § 185

stellungsbescheid nach § 251 Abs. 3 AO im Insolvenzverfahren die Funktion des Steuerbescheids übernimmt. Die Besonderheiten der Forderungsverfolgung im Insolvenzverfahren (§§ 87, 174) rechtfertigen es nicht, das Verhältnis zwischen dem Vertrauensschutz einerseits, dem Gebot materiell richtiger Besteuerung andererseits innerhalb des Insolvenzverfahrens anders zu beurteilen als außerhalb dieses Verfahrens.[35] Die §§ 172 ff. AO sollten daher auf die Korrektur des Feststellungsbescheids entsprechend angewandt werden (siehe auch § 178 RdNr. 88).[36] Bei der Durchführung der Korrektur ist dem Prüfungs- und Widerspruchsrecht des Verwalters und der übrigen Gläubiger Rechnung zu tragen. Deshalb hat das Finanzamt bei einer Änderung zu Ungunsten der Masse den Mehrbetrag nachträglich zur Tabelle anzumelden und gegebenenfalls gegenüber dem Widersprechenden festzustellen.[37]

Streitig ist, ob § 251 Abs. 3 AO auch für die **Grund- und Gewerbesteuerforderungen einer Gemeinde** gilt. Teilweise wird dies verneint, weil § 1 Abs. 2 AO, wonach bestimmte Vorschriften der Abgabenordnung auf die gemeindlich verwalteten Realsteuern entsprechend anwendbar sind, die Vorschriften über die Vollstreckung, zu denen systematisch auch § 251 Abs. 3 AO gehört, nicht einbezieht.[38] Die Behörde ist jedoch unabhängig von § 251 Abs. 3 AO schon auf Grund des § 185 Satz 1 Alt. 2 zur Feststellung der Forderung durch Verwaltungsakt gegenüber dem Bestreitenden befugt (siehe oben RdNr. 4). Im Übrigen regelt § 251 Abs. 3 AO inhaltlich nicht die Vollstreckung der Steuerforderung, sondern ersetzt ihre Festsetzung unter den besonderen Bedingungen des Insolvenzverfahrens. Die Bestimmungen der Abgabenordnung über die Steuerfestsetzung gelten aber gemäß § 1 Abs. 2 Nr. 4 AO für die gemeindlich verwalteten Realsteuern entsprechend.[39] Viele Bundesländer haben die Streitfrage inzwischen dadurch entschieden, dass sie § 251 Abs. 3 AO für entsprechend anwendbar erklärt haben.[40]

b) § 180 Abs. 2. Nach herrschender Meinung gilt der Verweis des Satz 2 auf § 180 Abs. 2 auch für die Feststellung bestrittener Steuerforderungen. War zurzeit der Eröffnung des Insolvenzverfahrens ein Einspruchs- oder Finanzgerichtsverfahren über die Steuerforderung anhängig, so sei dieses aufzunehmen (siehe aber unten RdNr. 13). Die Aufnahme obliegt nach dieser Ansicht entsprechend § 179 Abs. 2 dem Bestreitenden, wenn für die Forderung ein Steuerbescheid im weiteren Sinne vorliegt.[41] Der Bestreitende kann das unterbrochene Verfahren nach der Aufnahme mit den Mitteln und in der Verfahrenslage fortsetzen, die dem Gemeinschuldner zurzeit der Eröffnung des Insolvenzverfahrens gegen den Bescheid zur Verfügung standen.[42] Eine durch Eröffnung des Insolvenzverfahrens unterbrochene Rechtsmittelfrist beginnt nach Aufnahme von neuem zu laufen (§ 249 Abs. 1 ZPO).[43] Anders als im Zivilprozess muss der Widersprechende nach verbreiteter Ansicht seinen Antrag nicht an die geänderte Verfahrenslage anpassen, sondern kann beantragen, den angefochtenen Steuerbescheid ersatzlos aufzuheben.[44] Auch der Gläubiger der titulierten

---

[35] *Kramer*, S. 269 ff.
[36] *Kramer*, S. 271 f.
[37] *Kramer*, S. 268 f.
[38] VGH Kassel NJW 1987, 971, 972; aA *Frotscher* S. 256; OVG Lüneburg KStZ 1992, 239.
[39] *Frotscher* S. 256.
[40] *Bringewat/Waza* RdNr. 276 mwN; siehe auch VGH Mannheim ESVGH 41, 75 f.
[41] RFHE 18, 141, 144 ff.; 19, 355, 359; BFH BStBl. 1978 II 471, 472; 1988 II 124, 126; BStBl. 1997 II, 464, 465; BStBl. II 2005, 591; ZIP 2006, 2284; OLG Karlsruhe OLGR Karlsruhe 1997, 26; BMF-Schreiben vom 17. 12. 1998, ZIP 1999, 775, 777; *Baur/Stürner* II, Insolvenzrecht, RdNr. 21.28; *Bringewat/Waza* RdNr. 273; *Jaeger/Weber* KO § 146 RdNr. 34; *Kilger/K. Schmidt* § 146 Anm. 3; *Kramer*, S. 253 ff.; *Nerlich/Römermann/Becker* § 179 RdNr. 19, 24 f., § 185 RdNr. 7, 17; *Smid* § 185 RdNr. 4; *Maus*, FS Greiner, S. 227, 229.
[42] BFH BStBl. 1987 II 471, 472; *Bringewat/Waza* RdNr. 281 f.; *Frotscher* S. 260 ff.; *Jaeger/Weber* KO § 146 RdNr. 20; *Kramer* S. 256 ff.; *Müller* DStZ 1950, 158, 160; *Tipke/Kruse* § 251 RdNr. 65.
[43] *Tipke/Kruse* § 251 AO RdNr. 65.
[44] BFH BStBl. 1978 II, 472, 473 f.; BStBl. 1997 II, 464, 465; BStBl. II 2005, 591; OLG Karlsruhe OLGR Karlsruhe 1997, 26; *Uhlenbruck*, InsO § 186 RdNr. 5; aA BFH 1978 II, 165, 167; *Kramer* S. 260; *Müller* DStZ 1950, 158, 160.

§ 185 13–15   5. Teil. 1. Abschnitt. Feststellung der Forderungen

Steuerforderung ist nach dieser Auffassung zur Aufnahme des unterbrochenen Rechtsstreits befugt, da § 179 Abs. 2 ihm nur die Betreibungslast abnimmt, aber nicht die Betreibungsbefugnis entzieht (siehe auch § 179 RdNr. 43).[45] War die bestrittene Forderung bei Eröffnung des Insolvenzverfahrens bereits bestands- oder rechtskräftig festgesetzt, so ist nach dem Rechtsgedanken des § 180 Abs. 2 auch der Bestreitende daran gebunden (siehe § 179 RdNr. 33 ff.). Er kann in diesem Fall nach der hM nur Wiedereinsetzung in den vorigen Stand (§ 110 AO; § 56 FGO), Änderung des bestandskräftigen Bescheids (§§ 172 ff. AO) oder Wiederaufnahme des Rechtsstreits (§§ 134 FGO, 578 ff. ZPO) beantragen. Bei nachträglichem Erlöschen der festgesetzten Steuerforderung kommt ein Antrag auf Erlass eines Abrechnungsbescheids nach § 218 Abs. 2 AO in Betracht.[46] Ein Feststellungsbescheid gemäß § 251 Abs. 3 AO ist bei einem Widerspruch gegen eine titulierte Steuerforderung nach der hM nicht erforderlich.[47]

13   Richtet sich der Widerspruch auch gegen den beanspruchten **Rang** (z. B. bei Anmeldung eines Zwangsgelds gemäß §§ 328 ff. AO als vollrangige Insolvenzforderung, § 39 Abs. 1 Nr. 3), so obliegt es trotz des gegebenenfalls vorliegenden Steuerbescheids nach der hM der Finanzbehörde, den Rang gemäß § 251 Abs. 3 AO gegenüber dem Bestreitenden festzustellen.[48] Anders als das zivilgerichtliche Verfahren (siehe § 180 RdNr. 18 f., 23 ff.) kann das anhängige steuerrechtliche Rechtsbehelfs- oder Gerichtsverfahren nicht auf den Rangstreit ausgedehnt werden. Eine Umstellung des Anfechtungsantrags in einen Antrag auf Feststellung der Begründetheit des Widerspruchs ist diesem Verfahren fremd.[49] Die herrschende Meinung beruht auf der Annahme, dass im Feststellungsverfahren je nach „Widerspruchsrichtung" gegebenenfalls einzelne Voraussetzungen der Verfahrensteilnahme getrennt voneinander festgestellt werden können (siehe § 178 RdNr. 34 ff.). Geht man dagegen davon aus, dass sich der Widerspruch unabhängig von seiner Begründung immer gegen das insolvenzspezifische Haftungsrecht des Gläubigers an der Masse richtet (§ 178 RdNr. 15 ff.), so ist grundsätzlich dieses Haftungsrecht (Insolvenzgläubigerrecht) zunächst durch Bescheid gemäß § 251 Abs. 3 AO festzustellen.

14   c) § 181. Gegenstand des Feststellungsbescheids gemäß § 251 Abs. 3 AO kann nur eine Steuerforderung sein, die mit der angemeldeten und geprüften Forderung identisch ist (§§ 185, 181).[50] Eine im Insolvenzverfahren nach Grund und Höhe angemeldete, aber bestritten gebliebene Umsatzsteuerforderung kann daher im Feststellungsbescheid und in dem sich anschließenden Rechtsbehelfsverfahren nicht gegen eine andere – an sich unbestrittene – Umsatzsteuerforderung ausgetauscht werden.[51] Die Forderungsidentität ist vom Finanzamt im Feststellungsbescheid kenntlich zu machen und im Klagefall vom Finanzgericht von Amts wegen zu prüfen.[52]

15   d) §§ 182, 183. § 182 gilt nur für die Streitwertberechnung im finanzgerichtlichen Verfahren, nicht dagegen im Verfahren vor den Finanzbehörden (Satz 3).[53] Der bestands- oder rechtskräftige Feststellungsbescheid wirkt grundsätzlich zu Lasten des Insolvenzverwalters und aller übrigen Insolvenzgläubiger (Satz 2 i. V. m. § 183 Abs. 1; siehe im Übrigen

---

[45] BVerwG NJW 1989, 314; BFH/NV 1994, 293; BFH ZIP 2006, 968; siehe auch FG Münster EFG 1997, 565; *Maus*, Festschrift Greiner, S. 227, 229 f.
[46] *Bringewat/Waza* RdNr. 283; *Frotscher* S. 263; *Uhlenbruck*, InsO 186 RdNr. 5.
[47] *Bringewat/Waza* RdNr. 281; *Frotscher* S. 260; siehe auch BVerwG NJW 1989, 314; FG Münster EFG 1997, 565.
[48] *Jaeger/Weber* KO § 146 Anm. 20; *Kramer* S. 257.
[49] *Kühn/Kutter/Hofmann*, AO, 16. Auflage 1990, vor § 249 Anm. D 4 a aa; für eine Antragsumstellung BFH 1978 II, 165, 167; *Bringewat/Waza* RdNr. 282; *Kramer* S. 260; *Müller* DStZ 1950, 158, 160; ähnlich FG Rheinland-Pfalz, Urteil vom 27. 11. 1995, Az 1 K 2668/95 (nicht veröffentlicht).
[50] BFH BStBl. II 1984, 545, 546 f.; BStBl II 1988, 124, 126; BStBl II 1988, 199, 200 f.; *Frotscher* S. 255; *Maus*, FS Greiner, S. 227, 232.
[51] BFH BStBl. 1987 II 471, 472.
[52] BFH BStBl. 1984 II, 545, 546 f.
[53] Dazu Begr. zu § 213 RegE (= § 185) BR-Drucks. 1/92 S. 185; BFH ZIP 2006, 2284; zur Anwendung des § 148 KO im finanzgerichtlichen Verfahren siehe BFH BStBl. 1988 II 124, 125.

Besondere Zuständigkeiten

§ 183 RdNr. 4).⁵⁴ Dem obsiegenden Teil obliegt es, beim Insolvenzgericht die Berichtigung der Tabelle zu beantragen (Satz 2 i. V. m. § 183 Abs. 2). Haben einzelne Gläubiger, nicht der Verwalter, Einspruch (und Klage) gegen den Feststellungsbescheid erhoben, so können sie die Erstattung ihrer Kosten aus der Insolvenzmasse insoweit verlangen, als der Masse durch die Entscheidung über den Einspruch oder die Klage ein Vorteil erwachsen ist (Satz 2 i. V. m. § 183 Abs. 3; näher § 183 RdNr. 11).

e) § 184. Der Schuldnerwiderspruch hindert zwar nicht die Feststellung der Steuerforderung zur Tabelle (§ 178 Abs. 1 Satz 2) wohl aber die Vollstreckung aus der Tabelle nach Beendigung des Insolvenzverfahrens (§ 201 Abs. 2 Satz 1 InsO; § 251 Abs. 2 Satz 2 AO). Das Finanzamt kann zur Beseitigung des Schuldnerwiderspruchs einen Feststellungsbescheid gegenüber dem Schuldner erlassen (Satz 2 i. V. m. §§ 184 Abs. 1 Satz 1, 201 Abs. 2 Satz 2 InsO, 251 Abs. 3 AO).⁵⁵ Statt dessen ist auch der Erlass eines Steuerbescheids (§§ 155 ff. AO) als Vollstreckungsgrundlage zulässig (streitig; siehe § 184 RdNr. 6).⁵⁶ Das Vollstreckungsverbot des § 89 bleibt unberührt. War zurzeit der Eröffnung des Insolvenzverfahrens ein Steuerbescheid erlassen und vom Schuldner angefochten, so kann das anhängige Einspruchs- oder Finanzgerichtsverfahren aufgenommen werden (Satz 2 i. V. m. § 184 Abs. 1 Satz 2).⁵⁷

Die finanzgerichtliche Rechtsprechung vertritt zum Teil die Auffassung, dass der Steuergläubiger auch ohne Widerspruch des Schuldners und ohne Verzicht auf die Teilnahme am Insolvenzverfahren ein Steuerfestsetzungsverfahren oder ein schwebendes Rechtsmittelverfahren gegen den Gemeinschuldner persönlich fortsetzen kann.⁵⁸ Die Interessenlage des Steuergläubigers unterscheidet sich jedoch auch hier nicht entscheidend von der eines bürgerlich-rechtlichen Gläubigers, der jedenfalls unter Geltung der Konkursordnung seine Forderung erst nach Verzicht auf die Teilnahme am Insolvenzverfahren gegen den Schuldner persönlich verfolgen konnte (siehe § 184 RdNr. 7).⁵⁹

4. Betreibung der Feststellung durch Klage. Ist der Gläubiger zur Feststellung des bestrittenen Insolvenzgläubigerrechts durch Verwaltungsakt nicht befugt, so hat er die Feststellung durch Klage oder Prozessaufnahme bei dem zuständigen anderen Gericht zu betreiben (Satz 1, 1. Fall). Für die Klage gelten die §§ 180 Abs. 2 bis 184 entsprechend (§ 185 Satz 2 und 3). Auch die §§ 179, 189 sind in diesem Fall entsprechend anwendbar, wenngleich § 185 Satz 2 nicht ausdrücklich auf sie verweist. Liegt z. B. für eine bestrittene Lohnforderung ein vollstreckbarer Schuldtitel oder ein Endurteil vor, so obliegt es gemäß §§ 179 Abs. 2, 189 Abs. 2 analog dem bestreitenden Verwalter, seinen Widerspruch durch Klage oder Prozessaufnahme gegen den anmeldenden Arbeitnehmer zu verfolgen. § 185 Satz 1, 1. Fall findet insbesondere auf Streitigkeiten Anwendung, die in die Zuständigkeit der Arbeitsgerichte fallen. Die gemäß § 2 ArbGG begründete Zuständigkeit wird nicht dadurch berührt, dass sich die Feststellungsklage gegen den bestreitenden Insolvenzverwalter oder Gläubiger⁶⁰ und nicht gegen den Arbeitgeber richtet. Die Arbeitsgerichte sind auch dann zuständig, wenn die bestrittene Forderung nicht durch den Arbeitnehmer, sondern durch die Bundesanstalt für Arbeit (§ 187 Satz 1 SGB III) oder den Pensionssicherungsverein (§ 9 Abs. 2 BetrAVG)⁶¹ geltend gemacht wird (§ 3 ArbGG).

---

⁵⁴ *Frotscher* S. 256.
⁵⁵ *Fichtelmann* NJW 1970, 2276, 2277f.; *Frotscher* S. 270f.; *Kramer* S. 235 Fn. 85; *Uhlenbruck*, InsO § 186 RdNr. 5.
⁵⁶ *Bringewat/Waza* RdNr. 271.
⁵⁷ *Bringewat/Waza* RdNr. 271; aA Hessisches FG EFG 1982, 6, 7 f.
⁵⁸ RFHE 21, 9, 15 ff.; BFH BStBl. III 1951, 192; III 1963, 382, 383; ebenso *Frotscher* S. 271 f.
⁵⁹ FG Rheinland-Pfalz EFG 1978, 471, 472; *Fichtelmann* NJW 1970, 2276, 2277 ff.; ausführlich *Kramer* S. 230 ff.
⁶⁰ Dazu *Jaeger/Weber* KO § 146 RdNr. 19.
⁶¹ Vgl. z. B. BAG NJW 1999, 2612.

§ 186 Wiedereinsetzung in den vorigen Stand

(1) ¹ Hat der Schuldner den Prüfungstermin versäumt, so hat ihm das Insolvenzgericht auf Antrag die Wiedereinsetzung in den vorigen Stand zu gewähren. ² § 51 Abs. 2, § 85 Abs. 2, §§ 233 bis 236 der Zivilprozeßordnung gelten entsprechend.

(2) ¹ Die den Antrag auf Wiedereinsetzung betreffenden Schriftsätze sind dem Gläubiger zuzustellen, dessen Forderung nachträglich bestritten werden soll. ² Das Bestreiten in diesen Schriftsätzen steht, wenn die Wiedereinsetzung erteilt wird, dem Bestreiten im Prüfungstermin gleich.

Übersicht

	RdNr.		RdNr.
I. Normzweck und Anwendungsbereich	1	V. Form des Antrags	6
II. Entstehungsgeschichte	3	VI. Antragsinhalt; Nachholung des Bestreitens	7
III. Wiedereinsetzungsgrund	4	VII. Entscheidung über den Antrag	8
IV. Fristgemäßer Antrag	5	VIII. Wirkung der Wiedereinsetzung	9

I. Normzweck und Anwendungsbereich

1 Hat der Schuldner den Prüfungstermin versäumt und aus diesem Grunde der Forderung nicht widersprochen, so kann der Gläubiger aus der Feststellung der Forderung zur Tabelle nach Beendigung des Insolvenzverfahrens die Zwangsvollstreckung gegen ihn betreiben (§§ 201 Abs. 2; 215 Abs. 2 Satz 2; 257 Abs. 1). War die Säumnis unverschuldet, so gebietet es nicht zuletzt der Anspruch des Schuldners auf rechtliches Gehör (Art. 103 GG), dass er Gelegenheit zur Nachholung des Widerspruchs erhält. § 186 sieht deshalb die Wiedereinsetzung des Schuldners gegen die Versäumung des Prüfungstermins entsprechend den Bestimmungen der Zivilprozessordnung über die Wiedereinsetzung gegen Fristversäumungen vor.[1] Die Vorschrift ist auch dann anwendbar, wenn der Verwalter oder ein Gläubiger die Forderung bestritten haben.[2] Zwar wird durch ihren Widerspruch die Vollstreckung aus der Tabelle zunächst gehindert. Das gilt aber nur solange, als nicht der Widerspruch durch Rücknahme oder streitige Feststellung beseitigt ist. § 186 gilt entsprechend, wenn der Schuldner im Termin zwar anwesend, aber prozessunfähig war,[3] oder wenn bei Anmeldung einer Forderung aus vorsätzlicher unerlaubter Handlung die Belehrung gemäß § 175 Abs. 2 unterblieben oder unzureichend durchgeführt worden ist.[4] Eine analoge Anwendung des § 186 ist auch geboten, wenn der Schuldner eine im schriftlichen Verfahren geprüfte Forderung ohne sein Verschulden nicht innerhalb der vom Insolvenzgericht gesetzten Ausschlussfrist bestritten hat (§§ 177 Abs. 1 Satz 2; 312 Abs. 2 Satz 1).[5]

2 In der **Eigenverwaltung** kann die Wiedereinsetzung nur dem Schuldner persönlich gewährt werden, nicht dem Schuldner in seiner Funktion als Eigenverwalter (§ 283 Abs. 1 Satz 2). Die Frage der Wiedereinsetzung des Eigenverwalters gegen die Versäumung des Prüfungstermins kann sich überhaupt nur stellen, wenn die Anwesenheit des Eigenverwalters nicht Voraussetzung für die Durchführung des Prüfungstermins ist. Dafür, dass die Anwesenheit des Sachwalters genügt, spricht insbesondere, dass auch der Sachwalter im Prüfungstermin zur Wahrung der Interessen der Gläubiger und des Schuldners berechtigt und verpflichtet ist (§ 283 Abs. 1 Satz 2). Versäumt demnach der verwaltende Schuldner den Prüfungstermin, so kann er durch Wiedereinsetzung und nachträglichen Widerspruch nur die Vollstreckungswirkung des § 201 Abs. 2, nicht jedoch die Feststellung der Forderung zur

---

[1] Begr. zu § 214 RegE (= § 186), BR-Drucks. 1/92 S. 185.
[2] *Jaeger/Weber* KO § 165 RdNr. 1; *Nerlich/Römermann/Becker* § 186 RdNr. 6.
[3] *Jaeger/Weber* KO § 165 RdNr. 2, 3.
[4] MünchKommInsO-*Stephan* § 302 RdNr. 14.
[5] *Kübler/Prütting/Pape* § 186 RdNr. 2; *Nerlich/Römermann/Becker* § 186 RdNr. 3.

Tabelle beseitigen. § 186 soll dem Schuldner Gelegenheit geben, die Folgen der Säumnis im Hinblick auf das insolvenzfreie Vermögen rückgängig zu machen (§ 201 Abs. 2). Die Feststellung der Insolvenzforderung zur Tabelle und damit die Berücksichtigung der Forderung bei den Verteilungen kann dagegen auch in der Eigenverwaltung nicht nachträglich beseitigt werden.[6]

II. Entstehungsgeschichte

§ 186 stimmt inhaltlich weitgehend mit § 165 KO überein. Die Vorschrift blieb im Gesetzgebungsverfahren im Wesentlichen unverändert (siehe §§ 214 RegE, 203 RefE, 203 DE).

III. Wiedereinsetzungsgrund

Dem Schuldner ist Wiedereinsetzung zu gewähren, wenn er ohne sein Verschulden (Vorsatz oder Fahrlässigkeit) den Prüfungstermin versäumt hat (Abs. 1 Satz 2 i. V. m. § 233 ZPO). Anders als bei § 276 BGB gilt grundsätzlich ein individueller Fahrlässigkeitsmaßstab, sofern es sich nicht um Anwaltsverschulden handelt.[7] Dem Verschulden des Schuldners steht das Verschulden des gesetzlichen Vertreters (§ 51 Abs. 2 ZPO) und des Bevollmächtigten (§ 85 Abs. 2 ZPO) gleich. Es muss sich jeweils um eigenes Verschulden handeln; Verschulden des Büropersonals genügt nicht.[8] Eine Wiedereinsetzung scheidet aus, wenn die vorgetragenen unverschuldeten Umstände für die Versäumung des Prüfungstermins nicht ursächlich waren.[9]

IV. Fristgemäßer Antrag

Die Wiedereinsetzung ist innerhalb einer Frist von zwei Wochen bei dem Insolvenzgericht zu beantragen (§ 234 Abs. 1 ZPO).[10] Die Frist kann nicht verlängert werden (§ 224 Abs. 2 ZPO). Sie beginnt gemäß § 234 Abs. 2 ZPO mit dem Tag, an dem das der Wahrnehmung des Prüfungstermins entgegenstehende Hindernis behoben ist. Behoben ist das Hindernis nicht erst dann, wenn es tatsächlich aufhörte zu bestehen, sondern schon dann, wenn sein Weiterbestehen nicht mehr als unverschuldet angesehen werden konnte.[11] So beginnt die Frist des § 234 ZPO für einen inhaftierten Schuldner, der zum Prüfungstermin nicht vorgeführt wurde, in dem Augenblick zu laufen, in dem er bei Beachtung aller zu verlangenden Sorgfalt die Erkenntnis gewinnen musste, dass er den Prüfungstermin versäumt hat und um Wiedereinsetzung in den vorigen Stand nachsuchen musste.[12] Gegen die Versäumung der Wiedereinsetzungsfrist findet wiederum Wiedereinsetzung statt (§ 233 ZPO). Für die Fristberechnung gilt § 187 Abs. 1 BGB (vgl. § 222 ZPO). Nach Ablauf eines Jahres, vom Ende des versäumten Prüfungstermins an gerechnet, kann der Schuldner keine Wiedereinsetzung mehr beantragen (§ 234 Abs. 3 ZPO; Ausschlussfrist).[13] Solange nicht die Jahresfrist abgelaufen ist, kann die Wiedereinsetzung auch noch nach Beendigung des Insolvenzverfahrens beim Insolvenzgericht beantragt werden.[14]

---

[6] *Nerlich/Römermann/Becker* § 178 RdNr. 6, § 186 RdNr. 4; aA *Kübler/Prütting/Pape* § 176 RdNr. 6.
[7] Siehe im Einzelnen *Stein/Jonas/Roth* § 233 RdNr. 19 ff. mwN.
[8] BGH NJW-RR 1992, 1019; *Stein/Jonas/Roth* § 233 RdNr. 22 f.
[9] BGH VersR 1987, 49, 50 mwN; ausführlich *Stein/Jonas/Roth* § 233 RdNr. 29 ff.
[10] Die Einhaltung der Wiedereinsetzungsfrist ist ein von Amts wegen zu prüfendes Erfordernis der Zulässigkeit der Wiedereinsetzung; OLG Frankfurt Rpfleger 1977, 213; *Jaeger/Weber* KO § 165 RdNr. 4.
[11] OLG Frankfurt Rpfleger 1977, 213; allgemein BGH NJW-RR 1990, 830; *Zöller/Greger* § 234 RdNr. 5; *Stein/Jonas/Roth* § 234 RdNr. 4 ff. mwN.
[12] OLG Frankfurt Rpfleger 1977, 213, 214.
[13] Vgl. im Einzelnen *Stein/Jonas/Roth* § 234 RdNr. 18 f.
[14] *Jaeger/Weber* KO § 165 RdNr. 4; *Kübler/Prütting/Pape* § 186 RdNr. 4.

V. Form des Antrags

6   Gemäß § 236 Abs. 1 ZPO richtet sich die Form des Antrags auf Wiedereinsetzung nach den Vorschriften, die für die versäumte Prozesshandlung gelten. Der Antrag auf Wiedereinsetzung gegen die Versäumung des Prüfungstermins kann jedoch nicht, wie für den Widerspruch des Schuldners vorgesehen (siehe § 178 RdNr. 40), mündlich im Prüfungstermin erklärt werden. Er ist vielmehr gemäß §§ 4 InsO, 496 ZPO schriftlich beim Insolvenzgericht einzureichen oder mündlich zu Protokoll der Geschäftsstelle zu erklären.[15] Die den Antrag enthaltenden Schriftsätze oder Protokollerklärungen sind dem Gläubiger zuzustellen, dessen Forderung nachträglich bestritten werden soll (Abs. 2 Satz 1). Beantragt im Sinne des § 234 Abs. 1 ZPO ist die Wiedereinsetzung mit der Einreichung der Schriftsätze beim Insolvenzgericht bzw. mit der Protokollerklärung, nicht erst mit der Zustellung an den Gläubiger.

VI. Antragsinhalt; Nachholung des Bestreitens

7   Der Wiedereinsetzungsantrag muss die den Antrag begründenden Tatsachen angeben. Es sind die Umstände vorzutragen, die das Bestreiten des Schuldners im Prüfungstermin oder im schriftlichen Prüfungsverfahren vereitelt haben.[16] Die Tatsachen sind bei der Antragstellung oder im Verfahren über den Antrag glaubhaft zu machen (§ 236 Abs. 2 Satz 1 ZPO i. V. m. § 294 ZPO). Die Forderung oder die Forderungen, die bestritten werden sollen, sind bestimmt zu bezeichnen. Nicht zulässig ist z. B. ein Antrag auf Wiedereinsetzung, „damit einzelne Forderungen bestritten werden können".[17] Das Bestreiten der bezeichneten Forderung(en) ist innerhalb der Antragsfrist nachzuholen; ist dies geschehen und liegen die Voraussetzungen für eine Wiedereinsetzung vor, so ist die Wiedereinsetzung auch ohne Antrag zu gewähren (§ 236 Abs. 2 Satz 2 ZPO).

VII. Entscheidung über den Antrag

8   Über den Antrag entscheidet das Insolvenzgericht. Für das Verfahren gelten die §§ 5 ff. Dies gilt auch für den Fall, dass der Antrag erst nach der Beendigung des Insolvenzverfahrens gestellt wird.[18] Dem Gläubiger ist Gelegenheit zu geben, zu dem Antrag Stellung zu nehmen. Das Gericht kann auf Antrag des Schuldners anordnen, dass die Zwangsvollstreckung aus dem Tabelleneintrag eingestellt werde oder nur gegen Sicherheitsleistung stattfinde (§ 707 ZPO).[19] Der Beschluss über den Wiedereinsetzungsantrag ist dem Schuldner und dem Gläubiger zuzustellen.[20] Dem Schuldner steht gegen die Ablehnung der Wiedereinsetzung, dem Gläubiger gegen ihre Gewährung (nur) die sofortige Rechtspflegererinnerung zu (§ 11 Abs. 2 RPflG; § 6). Die Kosten der Wiedereinsetzung fallen dem Schuldner zur Last, soweit sie nicht durch einen unbegründeten Widerspruch des Gläubigers entstanden sind (§ 4 i. V. m. § 238 Abs. 4 ZPO).[21]

---

[15] OLG Frankfurt Beschl. v. 17. 2. 1977, 20 W 1094/76 (insoweit nicht veröffentlicht in Rpfleger 1977, 213); *Jaeger/Weber* KO § 165 RdNr. 6; *Kilger/K. Schmidt* § 165 Anm. 3; *Uhlenbruck*, InsO § 186 RdNr. 2; *Nerlich/Römermann/Becker* § 186 RdNr. 12.
[16] *Jaeger/Weber* KO § 165 RdNr. 7; allgemein *Stein/Jonas/Roth* § 236 RdNr. 6.
[17] OLG Frankfurt Beschl. v. 17. 2. 1977, 20 W 1094/76 (insoweit nicht veröffentlicht in Rpfleger 1977, 213).
[18] *Jaeger/Weber* KO § 165 RdNr. 8; *Kilger/K. Schmidt* § 165 Anm. 3.
[19] *Jaeger/Weber* KO § 165 RdNr. 8.
[20] *Jaeger/Weber* KO § 165 RdNr. 9; *Kilger/K. Schmidt* § 165 Anm. 3; *Uhlenbruck*, InsO § 186 RdNr. 7.
[21] *Jaeger/Weber* KO § 165 RdNr. 9; *Uhlenbruck*, InsO § 186 RdNr. 9; *Nerlich/Römermann/Becker* § 186 RdNr. 29 f.

VIII. Wirkung der Wiedereinsetzung

Wird die Wiedereinsetzung gewährt, so steht das Bestreiten in den Schriftsätzen, die den Antrag auf Wiedereinsetzung betreffen, dem Bestreiten im Prüfungstermin gleich (Abs. 2 Satz 2). Der Insolvenzrichter hat die Eintragung des Widerspruchs in die Tabelle (unter „Bemerkungen") zu veranlassen.[22] Die Anordnung eines neuen Prüfungstermins ist weder zulässig noch erforderlich.[23] Etwas anderes ergibt sich auch nicht aus § 176 Satz 2, der die Erörterung der vom Schuldner bestrittenen Forderungen im Prüfungstermin vorsieht.[24] Der Schuldner und der Gläubiger der bestrittenen Forderung können die Argumente, die zur Rücknahme des Widerspruchs einerseits, zum Verzicht auf die Verfolgung der Feststellung andererseits führen könnten, schriftlich austauschen. Konkurrierende Gläubiger oder der Verwalter haben kein schutzwürdiges Interesse daran, an der Erörterung der bestrittenen Forderung beteiligt zu werden, da sie selbst nicht nachträglich bestreiten können und der Widerspruch des Schuldners auf die Feststellung der Forderung keinen Einfluss hat (§ 178 Abs. 1 Satz 2).[25]

---

[22] Dass § 186 anders als § 165 KO die Eintragung nicht mehr ausdrücklich vorsieht, ändert am Erfordernis der Tabellenberichtigung nichts; vgl. auch Begr. zu § 214 RegE (= § 186) BR-Drucks. 1/92 S. 185.

[23] *Jaeger/Weber* KO § 165 RdNr. 10; *Kilger/K. Schmidt* § 165 Anm. 3; *Uhlenbruck,* InsO § 186 RdNr. 7; *Kübler/Prütting/Pape* § 186 RdNr. 6; aA *Nerlich/Römermann/Becker* § 186 RdNr. 21.

[24] AA *Nerlich/Römermann/Becker* § 186 RdNr. 19 ff.

[25] Zur Erhebung eines Widerspruchs des Schuldners in der Eigenverwaltung gemäß § 283 Abs. 1 Satz 2 kann Wiedereinsetzung nicht gewährt werden; siehe oben RdNr. 2.

Zweiter Abschnitt. Verteilung

§ 187 Befriedigung der Insolvenzgläubiger

(1) Mit der Befriedigung der Insolvenzgläubiger kann erst nach dem allgemeinen Prüfungstermin begonnen werden.

(2) ¹ Verteilungen an die Insolvenzgläubiger können stattfinden, sooft hinreichende Barmittel in der Insolvenzmasse vorhanden sind. ² Nachrangige Insolvenzgläubiger sollen bei Abschlagsverteilungen nicht berücksichtigt werden.

(3) ¹ Die Verteilungen werden vom Insolvenzverwalter vorgenommen. ² Vor jeder Verteilung hat er die Zustimmung des Gläubigerausschusses einzuholen, wenn ein solcher bestellt ist.

Übersicht

	RdNr.		RdNr.
I. Überblick		VI. Fehlerfolgen im Zusammenhang einer Verteilung	
1. Vergleich mit bisheriger Rechtslage	1	1. Pflichtwidrige Unterlassung einer Verteilung	
2. Normzweck	2	a) Schadenersatzpflicht von Verwalter und Ausschussmitgliedern	14
3. Verteilungsarten, Anwendungsbereich	3	b) Anspruch auf Durchführung	15
4. Ablauf einer Verteilung	4	c) Aufsichtsmaßnahmen, Amtsenthebung	16
5. Verhältnis zu Insolvenzplan und Unternehmensfortführung	5	2. Pflichtwidrige Durchführung	
II. Zeitpunkt der Verteilung (§ 187 Abs. 1)	6	a) Schadenersatzansprüche	17
III. Ermessensentscheidung des Verwalters (§ 187 Abs. 2 Satz 1)	9	b) Bereicherungsansprüche	18
		c) Aufsichtsmaßnahmen	19
IV. Nachrangige Insolvenzgläubiger (§ 187 Abs. 2 Satz 2)	10	VII. Vollzug der Verteilung (§ 187 Abs. 3 Satz 1)	
V. Zustimmung des Gläubigerausschusses (§ 187 Abs. 3 Satz 2)		1. Auszahlung und Zurückbehaltung	20
1. Prüfungsumfang	11	2. Tilgungswirkung	21
2. Kein Weisungsrecht des Gläubigerausschusses gegenüber dem Verwalter	12	3. Streitigkeiten im Rahmen des Vollzugs	22
3. Keine Kompetenz der Gläubigerversammlung	13	VIII. Genossenschaften, Versicherungsvereine auf Gegenseitigkeit	23

I. Überblick

1 **1. Vergleich mit früherer Rechtslage.** § 187 übernimmt weitgehend die Regelungen der §§ 149, 150 und 167 KO. Die Insolvenzordnung erweitert aber den Entscheidungsspielraum des Verwalters. Während bisher sein **Ermessen** durch § 149 KO („soll") in eine bestimmte Richtung gelenkt wurde, ist in § 187 Ermessen eingeräumt.[1] Die Besonderheiten für Zahlungen an Vorrechtsgläubiger (§ 170 KO) sind mit Abschaffung der allgemeinen **Konkursvorrechte** entfallen. Zur Behandlung besonderer Insolvenzvorrechte siehe § 190 RdNr. 7. § 17 Abs. 2 GesO regelt das Verteilungsverfahren nur unvollständig, weil Abschlagszahlungen dort nicht ausdrücklich vorgesehen sind.[2]

---

[1] Begr. zu § 215 RegE (= § 187), *Nerlich/Römermann/Westphal* § 187 RdNr. 17; zum Grund hierfür siehe RdNr. 5.
[2] *Kilger/K. Schmidt* § 17 GesO Anm. 3.

2. Normzweck. Die insoweit inhaltsgleichen §§ 149, 150, 167 KO bezwecken im 2 Interesse aller Gläubiger eine Beschleunigung, Vereinfachung und Verbilligung des Verteilungsverfahrens gegenüber dem aufwändigen und langwierigen Verfahren des gemeinrechtlichen Konkurses.[3] Hierzu dient insbesondere die Übertragung der Verteilung vom Gericht auf den Verwalter.[4] Der formalisierte Charakter des Verteilungsverfahrens ist von diesem Beschleunigungsinteresse geprägt. Daneben soll die Verteilungsgerechtigkeit dadurch gewährleistet werden, dass erst nach dem Prüfungstermin mit den Verteilungen begonnen werden darf. Verfrühte Auszahlungen werden so vermieden.

3. Verteilungsarten, Anwendungsbereich. Das Gesetz kennt **Abschlags-, Schluss-** 3 und **Nachtragsverteilungen**. Die **nachträgliche Berücksichtigung** (§ 192) ist keine eigenständige Verteilung, sondern findet im Rahmen einer der genannten Verteilungen statt.[5] Die §§ 187 bis 191 enthalten allgemeine Bestimmungen für alle Verteilungen.[6] Für die Schlussverteilung enthalten die §§ 196, 197, für die Nachtragsverteilung die §§ 203 bis 205 Sondervorschriften. § 123 Abs. 3 Satz 1 enthält Vorschriften für Abschlagszahlungen auf Sozialplanforderungen. Bei **Eigenverwaltung** nach §§ 270 ff. führt der Schuldner gemäß § 283 Abs. 2 Satz 1 die Verteilung durch. Der Sachwalter prüft die vom Schuldner aufgestellten Verteilungsverzeichnisse und hat jeweils schriftlich zu erklären, ob nach dem Ergebnis seiner Prüfung Einwendungen zu erheben sind (§ 283 Abs. 2 Satz 2). Hat der Sachwalter gemäß § 275 Abs. 2 verlangt, dass Zahlungen nur vom Sachwalter geleistet werden, führt die Auszahlung zwar der Sachwalter durch. Der eigenverwaltende Schuldner hat aber auch in diesem Fall das Verfahren der §§ 187 ff. durchzuführen.[7] Die §§ 187 ff. gelten auch für eine **vereinfachte Verteilung** nach § 314, wobei die Verteilung nach den §§ 187 ff. in diesem Fall vom Treuhänder durchgeführt wird.

4. Ablauf einer Verteilung. Die Grundzüge des Ablaufs einer Abschlagsverteilung 4 erscheinen problemlos. Immer wenn genug flüssige Mittel verfügbar sind, erstellt der Verwalter auf der Grundlage der Tabelle (§ 175) ein Verteilungsverzeichnis (§ 188), das bisherige „Verzeichnis der zu berücksichtigenden Forderungen" i. S. v. § 152 KO. Er besorgt die Zustimmung des Gläubigerausschusses, sofern ein solcher vorhanden ist, und übergibt das Verteilungsverzeichnis dem Insolvenzgericht (§ 188). Gleichzeitig lässt der Verwalter die Summe der zu berücksichtigenden Forderungen und den für die Verteilung vorgesehenen Betrag öffentlich bekannt machen (§ 188). Anschließend wird den Gläubigern ihre Quote ausbezahlt oder in bestimmten Fällen (bestrittene und absonderungsberechtigte Forderungen, §§ 189, 190) für sie zurückbehalten.

5. Verhältnis zu Insolvenzplan und Unternehmensfortführung. Mit der Rechts- 5 kraft der Bestätigung eines **Insolvenzplanes** wird die Aufhebung des Insolvenzverfahrens beschlossen (§ 258 Abs. 1). Danach sind Verteilungen also nicht mehr möglich, bzw. nur so wie im Insolvenzplan vorgesehen.[8] Während der **Aufstellung** eines Insolvenzplanes kommen Verteilungen zwar grundsätzlich in Frage (arg. § 233 Satz 1). Wird ein vorgelegter Insolvenzplan durch eine Verteilung aber gefährdet, hat der Verwalter eine Verteilung zu unterlassen. Nach der Bekanntmachung (§ 188 Satz 3) kann der Verwalter mit dieser Begründung nicht mehr von sich aus die Verteilung einstellen, sondern muss einen Antrag auf gerichtliche Aussetzung stellen (§ 233 Satz 1). Die in § 217 vorgesehene Möglichkeit, die Verteilung an die Beteiligten abweichend von den gesetzlichen Vorschriften zu regeln, hat für Abschlags- und Schlussverteilungen keine Bedeutung. Denn erst wenn der Plan rechtskräftig bestätigt ist, treten die im gestaltenden Teil vorgesehenen Wirkungen ein (§ 256 Abs. 1 Satz 1). Dann aber wird das Verfahren aufgehoben (§ 258 Abs. 1) und es kann

---

[3] *Hahn*, Materialien, S. 331.
[4] Vgl. zum historischen Hintergrund *Jaeger/Weber* § 149 RdNr. 4.
[5] Begr. zu § 220 RegE (= § 192).
[6] *Hahn* Materialien, S. 334; *Uhlenbruck*, § 187 RdNr. 2.
[7] *Uhlenbruck*, § 187 RdNr. 18.
[8] *Uhlenbruck*, § 187 RdNr. 1.

schon deshalb zu keinen Abschlags- oder Schlussverteilungen kommen. Die in § 217 benannte Möglichkeit kann sich daher sinnvollerweise nur auf Nachtragsverteilungen beziehen. Hat die Gläubigerversammlung die **Unternehmensfortführung** beschlossen (§ 157), sind Verteilungen nicht automatisch ausgeschlossen. Die Verteilung von Barmitteln, die durch eine erfolgreiche Unternehmensfortführung gewonnen wurden, darf die Unternehmensfortführung aber nicht gefährden.[9] Der Zieloffenheit des Verfahrens (§ 1 Satz 1) und dem damit einhergehenden unterschiedlichen Ablauf verschiedener Verfahren trägt der Gesetzgeber durch eine Flexibilisierung des Ermessens des Verwalters im Verteilungsverfahren Rechnung (siehe auch RdNr. 9).

II. Zeitpunkt der Verteilung (Abs. 1)

6   Vor dem Prüfungstermin (§ 176) darf eine Verteilung nicht stattfinden. In § 187 Abs. 1 heißt es wie in § 138 KO „allgemeiner Prüfungstermin", obgleich die §§ 29 Abs 1 Nr. 2 und 176 nur von „Prüfungstermin" sprechen. Hierdurch soll klargestellt werden, dass besondere Prüfungstermine nach § 177 Abs. 1 Satz 2 nicht gemeint sind.

7   Im Übrigen steht die Festsetzung des Zeitpunktes im **pflichtgemäßen Ermessen** des Verwalters. Hinsichtlich des Zeitpunktes des *Vollzuges* nach Abschluss des Verteilungsverfahrens (§ 195) besteht kein Ermessen (siehe dazu näher § 195 RdNr. 3). Eine Schlussverteilung ist ermessensunabhängig vorzunehmen, wenn die Verwertung beendet ist (§ 196 Abs. 1).

8   Eine Verteilung kann nicht vorgenommen werden, wenn das Insolvenzgericht nach § 233 die Verwertung und **Verteilung ausgesetzt** hat, um die Durchführung eines vorgelegten oder auch nur geplanten **Insolvenzplanes** nicht zu gefährden. Auch ohne einen Aussetzungsbeschluss ist die Durchführung einer Verteilung, die einen vorgelegten Insolvenzplan gefährdet, ermessensfehlerhaft.

III. Ermessensentscheidung des Verwalters (Abs. 2 Satz 1)

9   Gem. § 187 Abs. 2 Satz 1 „**können** (...) Verteilungen an die Insolvenzgläubiger (...) stattfinden (...)". Dem Verwalter wird durch durch diese Vorschrift pflichtgemäßes Ermessen hinsichtlich Zeitpunkt und Umfang der Verteilung eingeräumt.[10] Abschlagsverteilungen können aufgeschoben werden, wenn dies für die Fortführung des Unternehmens erforderlich ist.[11] Zur Berücksichtigung von Insolvenzplan und Unternehmensfortführung vgl. auch RdNr. 5. Auch kann es im Einzelfall sinnvoll sein, anstelle einer Abschlagsverteilung gesicherte Gläubiger abzufinden, um hohe Zinszahlungen wegen der Nutzung für die Insolvenzmasse zu vermeiden (§ 169).[12] Eine Abschlagsverteilung hat auch zu unterbleiben, wenn die Kosten der Verteilung in keinem wirtschaftlich vernünftigen Verhältnis zu den auszuzahlenden Beträgen stehen.[13] In jedem Fall muss sichergestellt sein, dass Masseansprüche nicht beeinträchtigt werden. Dabei müssen zwingend allerdings nur solche **Masseverbindlichkeiten** berücksichtigt werden, die dem Verwalter bis zu den in § 206 genannten Zeitpunkten bekannt werden. Bei Abschlagsverteilungen ist das der Zeitpunkt, in dem die Quote festgelegt wird, § 195; bei Schlussverteilungen die Beendigung des Schlusstermins, § 197. Darüber hinaus wird der Verwalter bei Abschlagsverteilungen immer auch zu erwartende künftige Masseverbindlichkeiten, insbesondere Sozialplanansprüche gem. § 123 Abs. 2 Satz 1 und laufende Prozesse über Masseverbindlichkeiten in seine Überlegungen einbeziehen, um die Durchführung des Verfahrens nicht durch zu großzügige Abschlagsverteilungen zu gefährden. Abschlagsverteilungen werden die Ausnahme sein, weil ihre Durchführung auch für die Insolvenzgläubiger nur dann sinnvoll ist, wenn trotz der genannten „Masse-

---

[9] Begr. zu § 215 RegE (= § 187).
[10] *Uhlenbruck*, § 187 RdNr. 9.
[11] Begr. zu § 215 RegE (= § 187).
[12] Begr. zu § 215 RegE (= § 187).
[13] *Uhlenbruck*, § 187 RdNr. 4 und 9.

rückstellungen" eine Quote ausgeschüttet werden kann, die nicht nur zwei oder drei Prozent beträgt (vgl. den Wortlaut „hinreichend"). Eine Mindestquote kennt das Gesetz aber nicht.[14] Abschlagsverteilungen können auch unterbleiben, wenn ein rasches Ende des Verfahrens und damit eine Schlussverteilung zu erwarten ist.[15]

IV. Nachrangige Insolvenzgläubiger (Abs. 2 Satz 2)

Die nachrangigen Insolvenzgläubiger (§ 39) „sollen" bei den Abschlagsverteilungen nicht berücksichtigt werden. Eine Berücksichtigung kommt nur dann in Betracht, wenn schon bei den Abschlagsverteilungen feststeht, dass die Masse für alle Insolvenzgläubiger reicht. Dies ist aber ein in der Praxis kaum denkbarer Fall. **10**

V. Zustimmung des Gläubigerausschusses (Abs. 3 Satz 2)

Gem. § 187 Abs. 3 Satz 2 darf der Verwalter die Verteilung nur dann durchführen, wenn der Gläubigerausschuss zugestimmt hat. Für jede neue Verteilung ist eine erneute Zustimmung erforderlich.[16] Bei einer Schlussverteilung ist zusätzlich die Zustimmung des Insolvenzgerichts notwendig (§ 196 Abs. 2).[17] Dies gilt auch für Abschlagsverteilungen in der Insolvenz von Genossenschaften und Versicherungsvereinen auf Gegenseitigkeit (§§ 115 a Abs. 1 Satz 1 GenG, 52 Abs. 2 VAG). Ist kein Gläubigerausschuss bestellt, handelt der Insolvenzverwalter in eigener Verantwortung. Gleiches gilt für eine Nachtragsverteilung, bei der kein Gläubigerausschuss mehr besteht.

1. Prüfungsumfang. Der Gläubigerausschuss darf nur prüfen, ob überhaupt eine Verteilung stattfinden soll. Er kann dagegen nicht die Zustimmung verweigern, weil er die Aufnahme oder Nichtberücksichtigung bestimmter Forderungen ablehnt. Denn erst nachdem die Entscheidung zu Gunsten einer Verteilung gefallen ist, stellt der Verwalter das Verteilungsverzeichnis mit den einzelnen Forderungen auf.[18] Sinn und Zweck der Zustimmungspflicht ist es, dem Gläubigerausschuss die Entscheidung zu überlassen, ob im Interesse der Gläubiger mit einer Verteilung noch zuzuwarten ist.[19] Der Gläubigerausschuss darf aber die Entscheidung des Verwalters hinsichtlich des „ob" einer Verteilung auch dann korrigieren, wenn der Verwalter sein Ermessen pflichtgemäß ausgeübt hat. Dem Gläubigerausschuss als Interessenvertretung der Gläubiger muss überlassen bleiben, ob die Verteilung noch hinausgeschoben werden soll. Insoweit steht dem Ausschuss eigenes Ermessen zu. **11**

2. Kein Weisungsrecht des Gläubigerausschusses. Der Gläubigerausschuss kann nur die vom Verwalter vorgeschlagene Verteilung befürworten oder ablehnen. Er kann dagegen nicht eine vom Verwalter nicht beabsichtigte Verteilung anordnen. Der Verwalter steht allein unter der Aufsicht des Insolvenzgerichtes (§ 58), nicht aber des Gläubigerausschusses. Es steht dem Gläubigerausschuss aber offen, beim Insolvenzgericht aufsichtliches Einschreiten (vgl. RdNr. 16) anzuregen.[20] **12**

3. Keine Kompetenz der Gläubigerversammlung. Die Gläubigerversammlung kann die vom Gläubigerausschuss verweigerte Zustimmung nicht durch einen eigenen Beschluss ersetzen.[21] Allerdings kann die Gläubigerversammlung andere Mitglieder in den Ausschuss wählen, die dann der Verteilung zustimmen (§ 68). **13**

---

[14] *Nerlich/Römermann/Becker* § 187 RdNr. 9; *Uhlenbruck,* § 187 RdNr. 9.
[15] *Jaeger/Weber* § 149 RdNr. 1.
[16] *Nerlich/Römermann/Westphal* § 187 RdNr. 12.
[17] *Kilger/K. Schmidt* § 150 Anm. 2; *Uhlenbruck,* § 187 RdNr. 14; *Jaeger/Weber* § 150 RdNr. 1.
[18] *Hahn* Materialien, S. 335.
[19] *Hahn* Materialien, S. 335.
[20] *Uhlenbruck,* § 187 RdNr. 4.
[21] *Uhlenbruck,* § 187 RdNr. 10 mwN; *Jaeger/Weber* § 150 RdNr. 2 mwN zu älteren abweichenden Auffassungen; *Kilger/K. Schmidt* § 150 Anm. 2.

VI. Fehlerfolgen im Zusammenhang mit Verteilungsverfahren

14 **1. Pflichtwidriges Unterlassen einer Verteilung. a)** Der Verwalter oder die Mitglieder des Gläubigerausschusses machen sich dem Grunde nach **schadenersatzpflichtig** (§§ 60, 71).[22] Voraussetzung ist die Pflichtwidrigkeit des Unterlassens. Wegen des eingeräumten Ermessens kommt dies nur bei einer Ermessensreduktion auf Null in Betracht. Das dürfte nur ausnahmsweise der Fall sein, weil in der Regel vom Verwalter die verschiedensten Gesichtspunkte gegeneinander abgewogen werden müssen. Im Übrigen hat der Gesetzgeber durch die Erweiterung des Ermessensspielraumes zu erkennen gegeben, dass er den Verwalter in den meisten Fällen gerade nicht auf eine bestimmte Entscheidung festlegen möchte. Ein Vermögensschaden[23] besteht in der Regel nur in Höhe entgangener Zinsen, weil die Gläubiger lediglich verspätet befriedigt werden.

15 **b) Ansprüche** gegen Verwalter und/oder Gläubigerausschuss auf **Durchführung** der Verteilung sind zwar in Parallele zur verwaltungsrechtlichen Dogmatik denkbar, wonach eine Ermessensvorschrift ein subjektives Recht dann gewährt, wenn sie (zumindest auch) Interessen Einzelner dient.[24] Die Durchführung der Verteilung dient in erster Linie den Gläubigerinteressen. Die Durchsetzung dieses Anspruchs im **Prozessweg** ist jedoch durch § 87 ausgeschlossen, weil die Insolvenzgläubiger nur innerhalb des Insolvenzverfahrens ihre (teilweise) Befriedigung verfolgen können. Aus diesem Grund kann ein Anspruch auf Durchführung der Verteilung auch nicht auf Naturalrestitution gemäß §§ 60, 61 i. V. m. § 249 Satz 1 BGB gestützt werden. Mit der hM[25] ist also im Ergebnis ein *einklagbarer* Anspruch zu verneinen. Die Gläubiger müssen sich vielmehr an das Insolvenzgericht wenden, damit dieses im Wege der Aufsicht einschreitet. Gegen die Zurückweisung ihres Gesuchs ist eine Beschwerde nicht statthaft (§ 6 Abs. 1). Auch eine Rechtspflegererinnerung (§ 11 Abs. 2 RPflG) ist unzulässig. Mangels eines Anspruchs auf aufsichtliches Einsschreiten fehlt es an der notwendigen Erinnerungsbefugnis.[26]

16 **c)** Möglich ist auch die **Amtsenthebung** (§§ 59, 70). Zuvor wird jedoch das Insolvenzgericht gegenüber dem Verwalter im Wege der **Aufsicht** gem. § 58 Abs. 1 Satz 1 und Abs. 2 vorgehen und eventuell Zwangsgeld androhen und festsetzen. Da es sich dabei um eine Rechtsaufsicht handelt,[27] kann das Gericht nur bei einer ermessensfehlerhaften Unterlassung, also im Fall der Ermessensreduktion auf Null einschreiten. Gegenüber dem Gläubigerausschuss besteht kein Weisungsrecht des Insolvenzgerichtes. Es kann allerdings bei wichtigem Grund ein Mitglied des Gläubigerausschusses entlassen (§ 70).

2. Pflichtwidrige Durchführung der Verteilung. Neben der Möglichkeit von Aufsichtsmaßnahmen und Amtsenthebung interessieren hier vor allem Schadenersatz- und Rückforderungsansprüche. Denkbar sind folgende Konstellationen von Pflichtwidrigkeiten. Zum einen die Durchführung einer Verteilung ohne Zustimmung des Gläubigerausschusses und zum anderen die ermessensfehlerhafte Verkennung der Voraussetzungen einer Verteilung (Ermessensreduktion auf Null).

17 **a) Schadenersatzansprüche** (§§ 60, 71) sind vor allem bei nach § 206 zu Unrecht nicht berücksichtigten Massegläubigern denkbar, wenn nach der Verteilung nicht mehr genügend Masse zu ihrer Befriedigung vorhanden ist. Ihre vorrangige Befriedigung muss vor jeder Verteilung geprüft werden. Dabei haften Verwalter und Ausschussmitglieder nebeneinander als Gesamtschuldner.[28] Denn auch der Gläubigerausschuss muss prüfen, ob Masseverbind-

---

[22] *Uhlenbruck,* § 187 RdNr. 9 f.; *Jaeger/Weber* § 149 RdNr. 5.
[23] Zu Schadenersatz im Wege der Naturalrestitution siehe RdNr. 15.
[24] Vgl. statt aller *Maurer,* Allgemeines Verwaltungsrecht, § 8 RdNr. 15.
[25] RG Gruchot's Beiträge Band 34, 1201, 1204 = JW 1890, 114; Hahn Materialien, S. 335; *Uhlenbruck,* § 187 RdNr. 8; *Jaeger/Weber* § 149 RdNr. 5; *Kilger/K. Schmidt* § 149 Anm. 1.
[26] Näher § 58 RdNr. 57; *Uhlenbruck,* § 58 RdNr. 14 mwN.
[27] *Kilger/K. Schmidt* § 83 Anm. 1.
[28] § 71 RdNr. 22; *Uhlenbruck,* § 71 RdNr. 17 mwN.

lichkeiten hinreichend berücksichtigt wurden, er nimmt insoweit auch Pflichten gegenüber den Masseglaubigern war.[29] Dies ergibt sich auch daraus, dass der Gläubigerausschuss den Verwalter zu überwachen hat (§ 69 Satz 1), also nachprüfen muss, ob der Verwalter die Masseverbindlichkeiten berücksichtigt hat. Aus diesem Grund ist auch eine Mithaftung des Staates gem. § 839 BGB, Art. 34 GG denkbar, weil das Insolvenzgericht ebenfalls den Verwalter überwachen muss.[30] Allerdings greift hier regelmäßig die Subsidiaritätsvorschrift des § 839 Abs. 1 Satz 2 BGB. Auch die Verteilung ohne Zustimmung des Gläubigerausschusses kann zu einer Haftung des Verwalters führen, denn wie ausgeführt schützt die Zustimmungspflicht auch Massegläubiger.

b) Bereicherungsansprüche (§§ 812 ff. BGB) bestehen weder für den Verwalter noch 18 für übergangene Gläubiger, wenn die Verteilung ohne die Zustimmung des Gläubigerausschusses vorgenommen wurde.[31] Die fehlende Zustimmung macht die Verteilung nicht unwirksam.[32] Dagegen besteht ein Bereicherungsanspruch, wenn im Zeitpunkt der Festsetzung des Bruchteils (§ 195) bekannte Masseverbindlichkeiten infolge der Verteilung nicht mehr gedeckt sind (arg. § 206 Nr. 1 e contrario).[33] Rechtsgrund i. S. v. § 812 BGB ist nicht allein die Insolvenzforderung. Diese ist vielmehr so umgestaltet, dass die Gläubiger „ihre Forderungen nur nach den Vorschriften über das Insolvenzverfahren" verfolgen können (§ 87).[34] Hierzu gehören die §§ 206, 187 Abs. 2 Satz 1 („hinreichende Barmittel in der Insolvenzmasse"), aus denen sich ergibt, dass die Insolvenzgläubiger nur insoweit Befriedigung beanspruchen können als dadurch bekannte Masseansprüche nicht verkürzt werden. Aus diesem Grund hat auch ein Insolvenzgläubiger Abschlagszahlungen, die er vom Verwalter vor dem Prüfungstermin erhalten hat, nach § 812 Abs. 1 Satz 1 Alt. 1 BGB in die Masse zurückzubezahlen, ohne sich auf seine später noch festzustellende Dividende berufen zu können.[35] Aus § 187 Abs. 1 folgt, dass der insolvenzspezifische Rechtsgrund für das Behaltendürfen erst nach dem Prüfungstermin vorliegt. Der Bereicherungsanspruch steht der Insolvenzmasse als Leistendem zu und wird vom Insolvenzverwalter geltend gemacht.[36]

c) Aufsichtsmaßnahmen i. S. v. RdNr. 15 sind auch in diesem Zusammenhang möglich. 19

VII. Vollzug der Verteilung (Abs. 3 Satz 1)

1. Auszahlung und Zurückbehaltung. Der Verwalter vollzieht die Verteilung durch 20 Auszahlung oder – in den Fällen der §§ 189, 190, 191 – durch Zurückbehaltung. Die **Auszahlung** ist Holschuld gem. § 269 Abs. 1 BGB und damit wegen der „Natur des Schuldverhältnisses" von den Gläubigern am Sitz der Insolvenzverwaltung abzuholen.[37] Die Auslegungsregelung des § 270 Abs. 1 BGB findet keine Anwendung.[38] Der Grund liegt darin, dass die Abwicklung beim Verwalter konzentriert werden soll. Auch hinsichtlich der Forderungsanmeldung verlangt das Gesetz vom Gläubiger die Initiative. Im eigenen Interesse sollte der Gläubiger zusammen mit der Forderungsanmeldung seine Kontoverbindung mitteilen.[39] Der Verwalter kann die Dividende auf Kosten und Gefahr der Gläubiger überweisen oder bei fehlender Angabe eines Kontos in der Forderungsanmeldung auf andere Weise

---

[29] Vgl. zur Haftung gegenüber Massegläubigern BGHZ 124, 86, 93 f.; BGH ZIP 1994, 46, 48.
[30] RGZ 154, 291, 298 hat die Überwachungspflicht nur für die Richtigkeit und Vollständigkeit des Verzeichnisses verneint.
[31] *Mohrbutter*, Der Ausgleich von Verteilungsfehlern in der Insolvenz, 1998, 89, *Kuhn/Uhlenbruck* § 187 RdNr. 10 mwN; *Kilger/K. Schmidt* § 150 Anm. 1; aA noch *Seuffert*, Deutsches Konkursprozessrecht, 1899, S. 347.
[32] *Nerlich/Römermann/Westphal* § 187 RdNr. 13.
[33] *Mohrbutter* (Fn. 31), 87 f.
[34] Vgl. auch § 188 RdNr. 10 f.
[35] *Mohrbutter* (Fn. 31), 89.
[36] Vgl. dazu näher § 188 RdNr. 11.
[37] *Uhlenbruck*, § 196 RdNr. 16.
[38] *Jaeger/Weber* § 167 RdNr. 1.
[39] *Beck/Depré/Holzer* § 12 RdNr. 23.

übermitteln, z. B. durch Übersendung eines Schecks per Post.⁴⁰ Sind weder Bankverbindung noch Anschrift des Gläubigers zu ermitteln, sind die Beträge gem. § 372 BGB zu hinterlegen.⁴¹ **Zurückzubehaltende** Beträge erfordern eine Hinterlegung nur im Rahmen einer Schlussverteilung, wenn das Insolvenzgericht zugestimmt hat (§ 198).

21   **2. Tilgungswirkung.** Die Tilgung erfolgt gleichmäßig auf alle berücksichtigten Forderungen, die §§ 366, 367 BGB finden also keine Anwendung.⁴² Die Nichtanwendbarkeit bezieht sich aber nur auf Ausschüttungen im Rahmen eines Verteilungsverfahrens. Für sonstige Zahlungen außerhalb einer Verteilung (z. B. Abführung von Sozialversicherungsbeiträgen im Rahmen einer Unternehmensfortführung) sind die §§ 366 f. BGB heranzuziehen.⁴³ Bei Abschlagszahlungen auf **Scheck- und Wechselforderungen** kann der Verwalter verlangen, dass die Wertpapiere im Original vorgelegt und die Teilzahlungen darauf vermerkt werden (Art. 39 Abs. 3 WG, 34 Abs. 3 ScheckG).

22   **3. Streitigkeiten im Rahmen des Vollzugs.** Ein gerichtlich durchsetzbarer **Anspruch auf Auszahlung** der Dividende besteht nicht,⁴⁴ weil die Insolvenzgläubiger ihre Forderungen nur im Insolvenzverfahren durchsetzen können (§ 87). **Streitigkeiten** darüber, ob und mit welchem Forderungsbetrag ein Gläubiger bei einer Verteilung zu berücksichtigen ist, sind im Wege des **Einwendungsverfahrens** (§ 194) auszutragen.⁴⁵ Dies gilt nicht für die Frage, ob eine Forderung durch Auszahlung oder Zurückbehaltung zu berücksichtigen ist. Hier erfolgt die Klärung im **Prozessweg**.⁴⁶ Denn diese Unterscheidung ist im Verteilungsverzeichnis nicht zu treffen.⁴⁷ Damit kann sich eine Einwendung auch nicht gegen das Verteilungsverzeichnis richten. Wegen § 87 ist aber auch hier eine Leistungsklage auf Auszahlung ausgeschlossen, es bleibt nur die Feststellungsklage nach § 256 ZPO.⁴⁸

VIII. Genossenschaften und Versicherungsvereine auf Gegenseitigkeit

23   In aller Regel gibt es bei Genossenschaften keine Nachschusspflicht der Genossen. Hier besteht für die Verteilung keine Besonderheit. Nur in den Fällen, in denen die Genossen (bis zur Höhe ihrer Haftsumme) zu Nachschüssen verpflichtet sind, gelten die folgenden Besonderheiten. Im Insolvenzverfahren ist zu unterscheiden zwischen der Verteilung von Barmitteln aus der Verwertung des Vermögens der Genossenschaft einerseits und der Verteilung von Vor- oder **Nachschüssen der Genossen,** die der Verwalter eingezogen hat, andererseits.⁴⁹ Im ersteren Fall gelten die §§ 187 ff. ohne Einschränkung, im letzteren nach Maßgabe der §§ 115, 115 a GenG. Im Normalfall sollen die eingezogenen Vorschüsse (§§ 109, 110 GenG) erst verteilt werden, wenn die Nachschusspflicht (§ 105 Abs. 1 GenG) genau beziffert werden kann. Diese Nachschussberechnung erfolgt erst nach der Schlussverteilung (§ 114 GenG), weil erst dann feststeht, inwieweit die Gläubiger nicht befriedigt wurden. Der Verwalter hat die eingezogenen Beiträge unverzüglich im Wege einer Nachtragsverteilung an die Gläubiger zu verteilen (§ 115 Abs. 1 GenG). Wenn allerdings die Abwicklung des Insolvenzverfahrens voraussichtlich **längere Zeit** in Anspruch nimmt, kann der Verwalter eingezogene Vorschussbeiträge (§§ 109, 110) einer **Abschlagsverteilung** zuführen (§ 115 a Abs. 1 Satz 1 GenG). Dies *soll* (vgl. demgegenüber die Formulierung in § 115

---

⁴⁰ *Uhlenbruck,* § 196 RdNr. 16; *Kilger/K. Schmidt* § 167 Anm. 1; *Jaeger/Weber* § 167 RdNr. 1.
⁴¹ Vgl. § 198 RdNr. 2 und 4.
⁴² BGH NJW 1985, 3064, 3065 f. = ZIP 1985, 487; RGZ 164, 212, 219; *Uhlenbruck,* § 196 RdNr. 16; *Kilger/K. Schmidt* § 149 Anm. 1 aE; aA noch BGH LM § 366 BGB Nr. 12 = ZIP 1980, 430 = KTS 1980, 327.
⁴³ BGH NJW 1985, 3064, 3066.
⁴⁴ RG Gruchot Band 34, 1201, 1204; *Uhlenbruck,* § 187 RdNr. 8; vgl. auch oben RdNr. 15.
⁴⁵ *Uhlenbruck,* § 194 RdNr. 5; *Jaeger/Weber* § 167 RdNr. 1.
⁴⁶ RG JW 1896, 34 will „Streit über die Vollziehung" im Prozesswege klären, wenn Abhilfe im Aufsichtswege nicht angezeigt oder erfolglos bleibt; vgl. auch LG Düsseldorf KTS 1966, 65, 66.
⁴⁷ § 188 RdNr. 4.
⁴⁸ Vgl. auch § 194 RdNr. 5.
⁴⁹ *Uhlenbruck,* § 187 RdNr. 16.

Abs. 1 aF) aber gem. § 115a Abs. 1 Satz 2 unterbleiben, soweit nach dem Verhältnis der Schulden zu dem Vermögen mit einer Erstattung eingezogener Beiträge an Genossen nach den §§ 105 Abs. 4 oder 115 Abs. 3 zu rechnen ist. Das Insolvenzgericht muss nicht nur der Schlussverteilung, sondern jeder Abschlagsverteilung zustimmen.

Für Versicherungsvereine auf Gegenseitigkeit (VVaG) gelten die vorstehenden Ausführungen entsprechend, § 52 Abs. 2 VAG. 24

§ 188 Verteilungsverzeichnis

¹ Vor einer Verteilung hat der Insolvenzverwalter ein Verzeichnis der Forderungen aufzustellen, die bei der Verteilung zu berücksichtigen sind. ² Das Verzeichnis ist auf der Geschäftsstelle zur Einsicht der Beteiligten niederzulegen. ³ Der Verwalter zeigt dem Gericht die Summe der Forderungen und den für die Verteilung verfügbaren Betrag aus der Insolvenzmasse an; das Gericht hat die angezeigte Summe der Forderungen und den für die Verteilung verfügbaren Betrag öffentlich bekannt zu machen.

Schrifttum: *P. Mohrbutter*, Der Ausgleich von Verteilungsfehlern in der Insolvenz, 1998.

Übersicht

	RdNr.		RdNr.
I. Überblick		IV. Öffentliche Bekanntmachung	
1. Normzweck	1	(§ 188 Satz 3)	6
2. Anwendungsbereich	2	V. Verstöße gegen § 188	
3. Tabelle als Grundlage	3	1. Unwirksamkeit	7
II. Die zu berücksichtigenden Forderungen (§ 188 Satz 1)	4	2. Schadenersatz	8
III. Niederlegung des Verzeichnisses (§ 188 Satz 2)	5	3. Bereicherungsansprüche	10
		VI. „Sondermassen" in der Verteilung	12

I. Überblick

1. Normzweck. Die gegenüber § 151 KO unveränderte Norm bezweckt mit der Bekanntmachung des Verteilungsverzeichnisses zum einen, für einen „festen Boden für die Verteilung", mithin für eine ordnungsgemäße Verfahrensabwicklung zu sorgen.[1] Das Verzeichnis soll als Berechnungsgrundlage für die auszuschüttenden Beträge dienen. Außerdem versprach sich der historische Gesetzgeber eine Verfahrensbeschleunigung. Den mit der Anmeldung oder weiteren Verfolgung ihrer Rechte säumigen Gläubigern soll Gelegenheit gegeben werden, das Versäumte nachzuholen. Insbesondere sollen nachträglich angemeldete Forderungen schneller geprüft werden. Auch soll eine raschere Erledigung rechtshängig gemachter bestrittener Forderungen im Vergleichswege erreicht werden. Durch die Angabe der Teilungsmasse und der bereits teilnahmeberechtigten Forderungssumme soll dem noch nicht berücksichtigten Gläubiger die Prüfung ermöglicht werden, ob es für ihn nicht doch ratsam ist, sich an der bevorstehenden Verteilung zu beteiligen.[2] Die Niederlegung des Verzeichnisses bei Gericht gibt den Gläubigern die Möglichkeit zu prüfen, ob sie im Verzeichnis berücksichtigt sind.[3] Die Vorschrift sichert also auch das Einwendungsverfahren nach § 194 mit seiner Ausschlussfrist. Eine gerichtliche Prüfung der Ordnungsmäßigkeit des Verzeichnisses von Amts wegen ist nicht vorgesehen und die Niederlegung des Verzeichnisses soll auch nicht dazu dienen, eine solche zu ermöglichen.[4] Eine materiell-rechtliche 1

---

[1] *Hahn* Materialien, S. 335; vgl. auch BAG KTS 1973, 269, 270.
[2] *Hahn* Materialien, S. 335.
[3] *Hahn* Materialien, S. 335.
[4] RGZ 154, 298.

§ 188 2–4

Überprüfung der zu berücksichtigenden Forderungen findet im Verteilungsverfahren grundsätzlich nicht statt.⁵

2 **2. Anwendungsbereich.** Die Vorschrift übernimmt ohne Änderungen § 151 KO (vgl. auch § 18 GesO). Sie gilt sowohl für **Abschlags-** als auch für **Schlussverteilungen**.⁶ Im letzteren Fall heißt das Verteilungsverzeichnis Schlussverzeichnis (vgl. § 197 Abs. Satz 2 Nr. 2), das auch Grundlage für eine Nachtragsverteilung ist (§ 205 Satz 1). Ein neues Verteilungsverzeichnis ist daher bei einer Nachtragsverteilung nicht vorgesehen. Ansonsten ist für jede neue Verteilung auch ein neues Verzeichnis zu erstellen. Die bloße Bezugnahme auf frühere Verzeichnisse ist deshalb unzulässig.⁷ Im Fall der **Eigenverwaltung** hat der Schuldner das Verteilungsverzeichnis zu erstellen, das vom Sachwalter zu prüfen ist (§ 283 Abs. 2).

3 **3. Tabelle als Grundlage.** Grundlage für das Verteilungsverzeichnis ist die Tabelle gem. § 175.⁸ Nur in der Tabelle festgestellte Forderungen dürfen ins Verteilungsverzeichnis übernommen werden. Damit ist Anmeldung (§ 174) und Prüfung⁹ (§§ 176, 177) zwingende Voraussetzung für eine Aufnahme ins Verteilungsverzeichnis, selbst wenn für die Forderung ein Titel vorliegen sollte.¹⁰ Aus diesem Grund bestimmt auch § 187 Abs. 1, dass mit der Verteilung erst nach dem Prüfungstermin begonnen werden darf. Die materiell-rechtliche Überprüfung ist mit der Feststellung der Forderung (§ 178) abgeschlossen. Bei der Aufstellung des Verteilungsverzeichnisses ist eine erneute Prüfung nicht zulässig.¹¹ Das Gläubigerverzeichnis nach § 152 ist insofern von Bedeutung, weil es dem Verwalter einen Überblick über die absonderungsberechtigten Gläubiger verschafft, die die besonderen Voraussetzungen des § 190 erfüllen müssen (vgl. § 152 Abs. 2 Satz 1 und 3). Wurde eine Forderung zu Unrecht nicht in die Tabelle aufgenommen, kann das im Verteilungsverfahren nicht mehr korrigiert werden.

II. Die zu berücksichtigenden Forderungen (§ 188 Satz 1)

4 In das Verzeichnis sind Forderungen dann aufzunehmen, wenn sie durch Auszahlung oder Zurückbehaltung (§§ 189 Abs. 2, 190 Abs. 2 Satz 2, 191 Abs. 1 Satz 2) zu berücksichtigen sind.¹² Dies gilt auch für das Schlussverzeichnis.¹³ Im Verteilungsverzeichnis ist nicht danach zu differenzieren, ob die Dividende für die einzelnen Forderungen ausgezahlt oder zurückbehalten werden soll.¹⁴ Dies folgt zum einen aus dem Wortlaut des § 188 („zu berücksichtigen"), zum anderen daraus, dass andernfalls über § 194 im Einwendungsverfahren ein Gläubiger einen durchsetzbaren Anspruch auf Auszahlung erhalten würde. Dies soll aber gerade nicht gelten (vgl. § 187 RdNr. 15). Bei den einzelnen Forderungen ist jedoch im Verzeichnis zu vermerken, ob dieser Gläubiger im Wege nachträglicher Berücksichtigung vorab gleichgestellt werden soll (arg. § 193: „Änderungen des Verzeichnisses [...] auf Grund der §§ *189 bis 192* [Hervorhebung von uns]"). Im Einzelnen sind folgende Forderungen aufzunehmen:

1. Festgestellte Forderungen (§ 178 Abs. 1) sind unabhängig davon zu berücksichtigen, ob die Feststellung schon im Prüfungstermin oder nachträglich, freiwillig oder auf Grund eines gerichtlichen Verfahrens erfolgte.¹⁵ Der Verwalter kann die Aufnahme einer festgestellten **Forderung** nicht mit dem Argument verneinen, dass die Forderung nach der

---

⁵ RGZ 22, 331, 339; *Nerlich/Römermann/Westphal* § 188 RdNr. 3; vgl. aber RdNr. 4.
⁶ *Kilger/K. Schmidt* § 163 Anm. 2 wollen den vergleichbaren § 151 KO nur entsprechend anwenden.
⁷ *Nerlich/Römermann/Westphal* § 188 RdNr. 2.
⁸ *Hahn* Materialien, S. 335; *Jaeger/Weber* § 151 RdNr. 1; *Uhlenbruck,* § 188 RdNr. 2.
⁹ *Hahn* Materialien, S. 336; *Uhlenbruck,* § 188 RdNr. 2; *Jaeger/Weber* § 151 RdNr. 4; FK-*Kießner* § 188 RdNr. 2; vgl. auch RGZ 86, 69.
¹⁰ *Nerlich/Römermann/Westphal* § 188 RdNr. 4.
¹¹ Vgl. oben RdNr. 1, es bleibt nur die Möglichkeit der Vollstreckungsabwehrklage vgl. RdNr. 4.
¹² *Jaeger/Weber* § 151 RdNr. 3.
¹³ OLG Hamm KTS 1994, 502 = ZIP 1994, 1373.
¹⁴ *Uhlenbruck,* § 188 RdNr. 5; *Kilger/K. Schmidt* § 151 Anm. 2.
¹⁵ *Jaeger/Weber* § 151 RdNr. 3.

Verteilungsverzeichnis   5, 6 § 188

Festellung **erloschen** sei (arg. §§ 178 Abs. 3, 183 Abs. 1).[16] Der Gläubiger kann bei einer Weigerung des Verwalters im Einwendungsverfahren nach § 194 seine Berücksichtigung erzwingen, auch wenn seine Forderung tatsächlich erloschen ist. Um das zu verhindern muss der Verwalter die Vollstreckungsabwehrklage nach § 767 ZPO betreiben. Ist die Vollstreckungsabwehrklage bereits erhoben, so ist die Dividende entsprechend § 189 zurückzubehalten.[17] Für einen Antrag analog § 769 ZPO (in der direkten Anwendung ist die Vorschrift nur auf Maßnahmen in der Einzelzwangsvollstreckung zugeschnitten) fehlt damit das Rechtsschutzbedürfnis, weil der Verwalter den Anteil zurückbehalten kann.[18]

2. **Bestrittene,** aber **titulierte Forderungen** (§ 179 Abs. 2) sind zu berücksichtigen, wenn der Titel im Prüfungstermin vorgelegt wird. Denn nicht geprüfte Forderungen sind trotz eines Titels nicht aufnahmefähig.[19] Da die Aufnahme (auch in das Schlussverzeichnis) zwingend vom Gesetz vorgegeben ist, kann in ihr keine materiell-rechtliche Anerkennung der Forderung liegen.[20]

3. **Die übrigen bestrittenen Forderungen** (§ 179 Abs. 1) sind nach Maßgabe des § 189 zu berücksichtigen.

4. **Absonderungsberechtigte Forderungen** (§§ 49 ff.) sind unter den Voraussetzungen des § 190 zu berücksichtigen.

5. **Aufschiebend bedingte Forderungen** werden nach Maßgabe des § 191 berücksichtigt.

6. **Auflösend bedingte Forderungen** werden gem. § 42 bis zum Bedingungseintritt wie unbedingte behandelt. Sie sind also einer der Gruppen 1. bis 4. zuzuordnen. Bei Eintritt der Bedingung gelten die Ausführungen zum späteren Erlöschen einer Forderung entsprechend.[21]

III. Niederlegung des Verzeichnisses (§ 188 Satz 2)

Der Verwalter reicht das Verzeichnis bei Gericht auf der Geschäftsstelle ein. Vom Urkundsbeamten wird ein Niederlegungsvermerk gefertigt und unterzeichnet. Vorschriften über die **Gestaltung des Verteilungsverzeichnisses** gibt es nicht. Zweckmäßig ist ein Ausdruck des Verzeichnisses auf der Grundlage einer EDV-mäßig geführten Tabelle. Vor allem nachträgliche Forderungsanmeldungen und -berichtigungen können dann arbeitssparend erledigt werden.[22]

Über den Wortlaut des § 188 Satz 2 hinaus wird der Verwalter dem Insolvenzgericht einen Nachweis über die erfolgte Zustimmung des Gläubigerausschusses vorlegen, damit das Gericht die Ordnungsmäßigkeit der Verteilung überwachen kann (vgl. für die Schlussverteilung § 196 RdNr. 4).

Die **Einsicht** in das Verteilungsverzeichnis steht allen Beteiligten zu, also allen, die eine Forderung angemeldet haben.[23]

IV. Öffentliche Bekanntmachung (§ 188 Satz 3)[24]

Nach § 188 Satz 3 sind die **Summe** der im Verzeichnis berücksichtigten **Forderungen** und der für die anstehende Verteilung **verfügbare Betrag** vom Verwalter anzuzeigen und

---

[16] OLG Karlsruhe ZIP 1981, 1231, 1232; *Uhlenbruck,* § 188 RdNr. 13; *Jaeger/Weber* § 151 RdNr. 3; *Kilger/K. Schmidt* § 151 Anm. 2.
[17] RGZ 21, 331, 337 f.; *Uhlenbruck,* § 188 RdNr. 13; *Kilger/K. Schmidt* § 151 Anm. 2 aE; aA *Jaeger/Weber* § 168 RdNr. 6 mwN zum älteren Schrifttum. Vgl. zum Problem der Berücksichtigung bestrittener titulierter Forderungen § 189 RdNr. 10.
[18] I. E. auch *Uhlenbruck,* § 188 RdNr. 8; aA *Jaeger/Weber* § 168 RdNr. 6 (wegen der Ablehnung der entsprechenden Anwendung des § 152 KO – entsprechend § 189 – konsequent).
[19] Vgl. oben RdNr. 3; *Hahn* Materialien, S. 336; *Uhlenbruck,* § 188 RdNr. 2; *Jaeger/Weber* § 151 RdNr. 4; vgl. auch RGZ 86, 69.
[20] BAG KTS 1973, 269, 270 = AP Nr. 1 zu § 151 KO m. Anm. *Uhlenbruck.*
[21] Vgl. § 42 RdNr. 8; *Nerlich/Römermann/Westphal* § 188 RdNr. 17.
[22] Muster einer EDV-Tabelle bei *Grub/Steinbrenner* ZIP 1985, 707.
[23] *Kilger/K. Schmidt* § 151 Anm. 3.
[24] *Frege/Keller/Riedel,* HRP Insolvenzrecht RdNr. 1667.

vom Gericht öffentlich bekannt zu machen. Dies erfolgt durch Veröffentlichung im Internet (www.insolvenzbekanntmachungen.de) (**§ 9 Abs. 1**). Daneben hat die Bekanntmachung die Angabe der Insolvenzsache, die Ankündigung, dass eine Abschlags- oder Schlussverteilung erfolgen soll sowie den Hinweis zu enthalten, dass das Verzeichnis der zu berücksichtigenden Forderungen auf der Geschäftsstelle des Insolvenzgerichtes zur Einsicht niedergelegt ist.[25] Da später eine Verminderung des auszuschüttenden Betrages nicht mehr möglich ist,[26] sollte der Verwalter bei der Festsetzung Zurückhaltung üben und nur zweifelsfreie Überschüsse einer Abschlagsverteilung zuführen.[27]

V. Verstöße gegen § 188

7   **1. Unwirksamkeit.** Eine Bekanntmachung ohne vorhergehende Niederlegung des Verzeichnisses ist unwirksam.[28] Die **Ausschlussfristen** der §§ 189, 190 beginnen damit **nicht zu laufen**.[29] Es bedarf einer wiederholten und nur für die Zukunft wirkenden Bekanntmachung, nachdem das Verzeichnis niedergelegt wurde.[30] Erst dann ist die Verteilung wirksam. Auch das Fehlen der Bekanntmachung führt zur Unwirksamkeit der Verteilung. Die unwirksame Verteilung bildet für die berücksichtigten Gläubiger keine Berechtigung, die Zahlung zu behalten, weil sie Zahlungen nur innerhalb des vom Gesetz vorgesehenen Rahmens beanspruchen können (§ 87). Sofern sich allerdings unmittelbar eine dann ordnungsgemäß angekündigte Verteilung anschließt, ist die Rückforderung nach Treu und Glauben gem. § 242 BGB ausgeschlossen („dolo agit qui petit quod statim redditurus est"). Dies gilt allerdings insoweit nicht als der Verwalter bei der anschließenden Verteilung weitere Masseverbindlichkeiten berücksichtigen muss. In diesem Umfang bleibt es bei einer Rückgewährpflicht.

8   **2. Schadenersatzpflicht.** Der Verwalter ist gem. § 60 schadensersatzpflichtig, wenn er zu berücksichtigende Forderungen übergangen hat.[31] In diesem Fall sind die übergangenen Gläubiger bei der nächsten Verteilung vorrangig zu berücksichtigen (§ 192), sodass es bei einem Zinsschaden bewendet. Kommt es mangels ausreichender Masse nicht mehr zu einer Gleichstellung des übergangenen Gläubigers, haftet der Verwalter bis zur Höhe der hypothetischen Dividende. Bei einer ungerechtfertigten Berücksichtigung eines Gläubigers[32] (denkbar ist z. B. die Aufnahme einer nicht geprüften Forderung oder einer absonderungsberechtigten Forderung ohne entsprechenden Ausfallnachweis) können die übrigen Gläubiger vom Verwalter den Betrag als Schaden beanspruchen, den sie im Fall der Nichtberücksichtigung der Pseudo-Gläubiger zusätzlich erhalten hätten. Allerdings ist ein Mitverschulden gem. § 254 BGB dann zu berücksichtigen, wenn die Möglichkeit zu einem Vorgehen im Wege des Einwendungsverfahrens (§ 194) bestand.[33] Das gilt auch, wenn es die Gläubiger versäumt haben, eine nachträgliche Berücksichtigung nach § 192 herbeizuführen.[34]

9   Das Insolvenzgericht ist nicht verpflichtet, von Amts wegen die Richtigkeit des Verzeichnisses zu prüfen. Amtshaftungsansprüche nach § 839 BGB, Art. 34 GG bestehen demnach nicht.[35] Erst auf Einwendungen hin muss sich das Gericht mit dem Verteilungsverzeichnis befassen (§ 194).

10   **3. Bereicherungsansprüche.** Wird ein Gläubiger zu Unrecht im Verteilungsverzeichnis *berücksichtigt*, so kann die an ihn *entsprechend dem Verzeichnis ausbezahlte* Dividende weder

---

[25] *Gottwald/Eickmann*, Insolvenzrechts-Handbuch, § 65 RdNr. 5.
[26] Vgl. § 195 RdNr. 6.
[27] *Nerlich/Römermann/Westphal* § 195 RdNr. 4.
[28] *Jaeger/Weber* § 151 RdNr. 9.
[29] *Uhlenbruck*, § 188 RdNr. 20; *Kilger/K. Schmidt* § 151 Anm. 3.
[30] *Jaeger* KTS 1928, 113 f.; *Kübler/Prütting/Holzer* § 188 RdNr. 16.
[31] OLG Hamm ZIP 1983, 341.
[32] Zu Rückforderungsansprüchen gegen diesen Gläubiger siehe RdNr. 10, 11.
[33] OLG Hamm (Fn. 31).
[34] *Uhlenbruck*, § 188 RdNr. 22.
[35] RGZ 154, 291, 298;. *Kilger/K. Schmidt* § 151 Anm. 4 *Nerlich/Römermann/Westphal* § 188 RdNr. 32 mit dem zutreffenden Hinweis, dass ein gerichtlicher Hinweis auf erkannte Fehler im Verzeichnis sinnvoll sein kann.

vom Verwalter nach § 812 Abs. 1 Satz 1 Alt. 1 BGB noch von den benachteiligten Gläubigern nach § 812 Abs. 1 Satz 1 Alt. 2 BGB zurückgefordert werden.[36] Die Insolvenzforderungen sind nämlich Rechtsgrund, wenn und soweit sie in dem jeweiligen Verzeichnis unangreifbar festgestellt sind.[37] Das Verteilungsverzeichnis soll ja gerade eine sichere Grundlage bilden.[38] Bereicherungsansprüche der benachteiligten Gläubiger sind schon wegen der vorrangigen Leistung des Verwalters ausgeschlossen.[39] Alleinige Möglichkeit für die Gläubiger ist das Einwendungsverfahren nach § 194. Wird ein Gläubiger zu Unrecht *nicht* im Verteilungsverzeichnis *berücksichtigt*, bestehen aus den angeführten Gründen ebenfalls keine Bereicherungsansprüche.

Erhält ein Gläubiger dagegen im Rahmen des Vollzuges *mehr als ihm nach dem Verzeichnis zusteht*, so hat er die Zuvielzahlung nach § 812 Abs. 1 BGB herauszugeben.[40] Die ursprüngliche Forderung wird durch das Insolvenzverfahren so modifiziert, dass der Gläubiger nur noch im Rahmen dieses Verfahrens Befriedigung beanspruchen kann (§ 87). Nur soweit er also in einem Verteilungsverzeichnis berücksichtigt ist, kann er Zahlung beanspruchen, nur soweit besteht ein Rechtsgrund i. S. v. § 812 BGB.[41] Umstritten ist allerdings, wer kondizieren kann. Nach hier vertretener Auffassung kann nur der **Verwalter** den ausgezahlten Betrag kondizieren (§ 812 Abs. 1 Satz 1 Alt. 1 BGB). Eine Eingriffskondiktion der benachteiligten Gläubiger begegnet schon deshalb Bedenken, weil unklar ist, in welche Rechtsposition eingegriffen sein sollte.[42] Jedenfalls ist die Leistungskondiktion des Verwalters vorrangig vor einer Nichtleistungskondiktion der benachteiligten Gläubiger.[43] Neben der Subsidiarität der Nichtleistungskondiktion spricht für diesen Vorrang, dass auch in den sonstigen Fällen einer ungerechtfertigten Schmälerung der Insolvenzmasse der Verwalter die Ausgleichsansprüche realisiert. Hierzu zählt die Insolvenzanfechtung nach den §§ 129 ff. sowie das Geltendmachen eines Gesamtschadens gem. § 92 Satz 1. Auch bestehen Bedenken gegen eine Vielzahl von Einzelklagen der benachteiligten Gläubiger. Dagegen will der BGH[44] den Gläubigern, die im Verzeichnis eingetragen waren und trotzdem unberücksichtigt blieben, einen Bereicherungsanspruch gegen die Zuvielempfänger zubilligen, wenn die benachteiligten Gläubiger nicht mehr über § 192 Gleichstellung erlangen können. Gleiches gilt, wenn der übergangene Gläubiger zu einer Zeit aus dem Verzeichnis gestrichen wurde, zu der die Einwendungsfrist des § 194 bereits abgelaufen war. *Nach* Verfahrensbeendigung sind Bereicherungsansprüche des Schuldners ausgeschlossen, weil als Rechtsgrund die Forderung nunmehr wieder ohne die insolvenzrechtlichen Beschränkungen besteht (§ 201 Abs. 1). Dagegen können die benachteiligten Gläubiger nach Beendigung des Verfahrens Bereicherungsanprüche gem. § 812 Abs. 1 Satz 1 Alt. 2 BGB gegen die zu Unrecht Begünstigten im Wege der Einzelklage verfolgen, *wenn* man als verletzte Rechtsposition das Recht auf gleichmäßige Befriedigung gemäß den Vorschriften des Insolvenzverfahrens ansieht. Die Subsidia-

---

[36] BGHZ 91, 198, 204 ff. = BGH NJW 1984, 2154, 2155 f. = ZIP 1984, 980, 981 f. = WM 1984, 1011, 1013 = JZ 1984, 1025 m. Anm. *Weber*; RG SeuffA 41 Nr. 272; OLG Stuttgart OLGE 11, 366; *Kuhn/Uhlenbruck* § 151 RdNr. 6; *Jaeger/Weber* § 158 RdNr. 10 mwN zum älteren Schrifttum.
[37] *Weber* JZ 1984, 1027; vgl. Hahn Materialien, S. 341.
[38] S. RdNr. 1.
[39] *Weber* JZ 1984, 1027; kritisch gegen die Anwendung des Subsidiaritätsdogmas in diesem Fall MünchKommBGB-*Lieb* § 812 RdNr. 271 m. Fn. 705.
[40] BGHZ 91, 198 = BGH NJW 1984, 2154 = ZIP 1984, 980 = WM 1984, 1011 = JZ 1984, 1025 m. Anm. *Weber*; RGZ 23, 54, 61 f.; 154, 291, 295 f.
[41] *Mohrbutter*, Fehler im Verteilungsverfahren, 1997, 36 ff.; anders *Häsemeyer* RdNr. 2. 34, der die Insolvenzforderung für den Rechtsgrund hält, sich dann aber genötigt sieht, einen Ausgleichsanpruch aus dem Grundsatz der Gleichbehandlung aller Gläubiger zu konstruieren.
[42] So auch *Häsemeyer* (Fn. 41).
[43] *Weber* JZ 1984, 1027, 1028, *Nerlich/Römermann/Westphal* § 188 RdNr. 20; kritsch zur Anwendung des Subsidiaritätsgrundsatzes in diesem Fall, aber i. E. zustimmend MünchKommBGB-*Lieb* § 812 RdNr. 271 m. Fn. 705.
[44] BGH NJW 1984, 2154, 2156; dem BGH folgend *Kuhn/Uhlenbruck* § 158 RdNr. 9; *Jaeger/Weber* § 158 RdNr. 11; *Kilger/K. Schmidt* § 158 Anm. 4; a. A. neben den in Fn. 43 Genannten *Uhlenbruck*, InsO § 188 RdNr. 16 f. mwN.

rität der Nichtleistungskondiktion steht dann nicht mehr entgegen, weil der Anspruch des Schuldners als Träger der Masse auf Kondiktion der geleisteten Zuvielzahlungen mit Verfahrensbeendigung erloschen ist.

VI. „Sondermassen" in der Verteilung

12 Steht ein bestimmter Teil der Insolvenzmasse nicht allen Insolvenzgläubigern, sondern nur einer bestimmten Gläubigergruppe als Haftungsmasse zur Verfügung, so ist für derartige „Sondermassen" ein **besonderes Verteilungsverzeichnis** zu erstellen, das aber zusammen mit dem Hauptverzeichnis niedergelegt werden kann.[45] Auch die Bekanntmachung der „Sondermasse" und der „Sonderforderungen" kann zusammen mit der übrigen Bekanntmachung erfolgen.

13 Beispiele für derartige Sondermassen: (1.) Scheidet ein Kommanditist vor Insolvenzeröffnung aus, haftet er – fünf Jahre lang (§ 159 HGB) – nur noch für Verbindlichkeiten, die vor seinem Ausscheiden begründet worden sind. Gem. § 171 Abs. 2 HGB zieht der Verwalter die Beträge von dem Kommanditisten ein. Er darf aber das Erlangte nur noch für die Altgläubiger verwenden.[46] Er muss also insoweit eine „Sonderverteilung" durchführen.

14 (2.) Geht das Vermögen einer Personengesellschaft im Wege der Gesamtrechtsnachfolge auf eine Kapitalgesellschaft über, und wird diese dann insolvent, dürfen Vermögensgegenstände, die aus der Anfechtung von gläubigerbenachteiligenden Handlungen der übernommenen Personengesellschaft herrühren, nur für deren Gläubiger verwendet werden. Die Gläubiger der übernehmenden Kapitalgesellschaft haben keinen Anspruch auf die aus dem Vermögen der Personengesellschaft weggegebenen Werte, weil diese niemals Teil des übernommenen Gesellschaftsvermögens waren.[47] Auch hier ist eine „Sonderverteilung" durchzuführen.

§ 189 Berücksichtigung bestrittener Forderungen

(1) Ein Insolvenzgläubiger, dessen Forderung nicht festgestellt ist und für dessen Forderung ein vollstreckbarer Titel oder ein Endurteil nicht vorliegt, hat spätestens innerhalb einer Ausschlußfrist von zwei Wochen nach der öffentlichen Bekanntmachung dem Insolvenzverwalter nachzuweisen, daß und für welchen Betrag die Feststellungsklage erhoben oder das Verfahren in dem früher anhängigen Rechtsstreit aufgenommen ist.

(2) Wird der Nachweis rechtzeitig geführt, so wird der auf die Forderung entfallende Anteil bei der Verteilung zurückbehalten, solange der Rechtsstreit anhängig ist.

(3) Wird der Nachweis nicht rechtzeitig geführt, so wird die Forderung bei der Verteilung nicht berücksichtigt.

Übersicht

	RdNr.		RdNr.
I. Überblick	1	IV. Titulierte Forderungen	
II. Ausschlussfrist (§ 189 Abs. 1)		1. Vollstreckbare Titel	8
1. Berechnung	2	2. Endurteile	9
2. Keine Wiedereinsetzung	4	3. Berücksichtigung	10
III. Nachweis		V. Zurückbehaltung (§ 189 Abs. 2)	11
1. Adressat, Inhalt	5	VI. Präklusionswirkung (§ 189 Abs. 3)	12
2. Gesonderter Nachweis	6		
3. Klageerhebung	7	VII. Rechtsbehelfe	13

---

[45] Vgl. z. B. *Uhlenbruck*, § 188 RdNr. 23.
[46] BGHZ 27, 52, 56; 39, 319, 321; 71, 296, 304.
[47] BGHZ 71, 296, 304.

I. Überblick

§ 189 entspricht weitgehend den §§ 152, 168 Nr. 1 KO. Anders als § 152 KO verlangt § 189 aber keinen „mit der Vollstreckungsklausel versehenen Schuldtitel" mehr, sondern lediglich einen „vollstreckbaren Titel". Außerdem ist die Vorschrift ihrem Wortlaut nach im Gegensatz zu § 168 Nr. 1 KO nicht mehr auf bestrittene, titulierte Forderungen anwendbar (vgl. dazu RdNr. 10). Die GesO enthält keine vergleichbare Regelung. Die Vorschrift gilt für die Abschlags- und Schlussverteilung. Für die Nachtragsverteilung hat die Vorschrift ebenfalls Bedeutung, weil hierfür das Schlussverzeichnis Grundlage ist (§ 205 Satz 1). Durch die Ausschlussfrist soll für die Gläubiger ein Anreiz geschaffen werden, das Feststellungsverfahren rasch zu betreiben und damit möglichst schnell Klarheit über die Berücksichtigung im Insolvenzverfahren zu gewinnen.[1] Das Verteilungsverfahren soll durch Feststellungsstreitigkeiten nicht verzögert werden. Die Unterscheidung zwischen titulierten und nicht titulierten Forderungen ist die konsequente Fortsetzung von § 176.

II. Ausschlussfrist (§ 189 Abs. 1)

1. Berechnung. Die Ausschlussfrist beträgt zwei Wochen. Sie beginnt mit Ablauf des zweiten Tages nach der Veröffentlichung (§ 4 i. V. m. §§ 187 Abs. 2 BGB, 222 Abs. 1 ZPO), weil mit Ablauf dieses Tages die Veröffentlichung als bewirkt gilt (§ 9 Abs. 1 Satz 3). Bsp.: Die Veröffentlichung (§ 9 Abs. 1 Satz 1) erfolgt am Donnerstag den 26. 3. Die Frist beginnt dann mit Ablauf von Samstag dem 28. 3. Insoweit gilt § 222 Abs. 2 ZPO nicht, denn bei § 9 Abs. 1 Satz 3 handelt es sich nicht um eine Frist, sondern um eine Fiktion des für den Beginn der Frist maßgeblichen Zeitpunkts.[2] Die Frist endet gem. § 4 i. V. m. §§ 188 Abs. 2 BGB, 222 Abs. 1 ZPO mit Ablauf von Samstag dem 4. 4., wegen § 4 i. V. m. § 222 Abs. 2 ZPO aber erst am Montag, den 6. 4., 24.00 h.

Die Bestimmung des „Tages der Veröffentlichung" (§ 9 Abs. 1 Satz 3) und damit des Beginns der Ausschlussfrist richtet sich nach dem tatsächlichen Erscheinen, nicht nach dem aufgedruckten Erscheinungsdatum, weil andernfalls die Ausschlussfrist unzulässig verkürzt würde.[3] Maßgeblich ist insoweit die Aufgabe zur Post.

2. Keine Wiedereinsetzung. Wiedereinsetzung in den vorigen Stand ist nicht möglich, weil es sich um keine Notfrist handelt (§ 4 i. V. m. §§ 233, 224 Abs. 1 Satz 2 ZPO).

III. Nachweis

1. Adressat, Inhalt. Der Nachweis ist gegenüber dem Verwalter zu führen, nicht dem Insolvenzgericht gegenüber. Eine bestimmte Form ist nicht vorgeschrieben. Umstritten ist die Form des Nachweises. Die bloße Zusendung der Klageschrift genügt jedoch nicht,[4] weil hieraus für den Verwalter nicht ersichtlich ist, ob und wann die Klage bei Gericht eingereicht wurde. Hinzukommen muss jedenfalls die Bestätigung des Prozessgerichts über den Eingang der Klageschrift bzw. des Aufnahmeschriftsatzes.[5] Darüber hinaus muss auch die

---

[1] Vgl. § 188 RdNr. 1.
[2] *Senst/Eickmann/Mohn* RdNr. 36; implizit nunmehr auch BGH WM 1998, 622: „Anwendung des § 9 Abs. 1 Satz 3 führt dazu, dass die Frist erst mit Samstag begann"; vgl. für die parallele Problematik bei § 41 Abs. 2 VwVfG und Art. 4 Abs. 1 Satz 1 Hs. 2 BayVwZVG GrS BayVGH BayVBl. 1990, 693; Vgl. zu § 17 Abs. 2 VwZG BFH NJW 1977, 216; **aA** BGHZ 64, 1, 3 = NJW 1975, 692; § 9 RdNr. 20; *Uhlenbruck*, § 9 RdNr. 3; *Kilger/K. Schmidt* § 76 Anm. 2; § 9 RdNr. 20; HK-*Eickmann* § 9 RdNr. 8; FK-*Schmerbach* § 9 RdNr. 17.
[3] BGH NJW-RR 1993, 255 = KTS 1993, 415; OLG Köln MDR 1990, 558; *Kilger/K. Schmidt* § 76 Anm. 2; aA *Klasmeyer/Elsner*, Festschrift für Merz 1992, 303, 309.
[4] So aber *Kübler/Prütting/Holzer* § 189 RdNr. 10; *Beck/Depré/Holzer* § 12 RdNr. 10 mit Muster; FK-*Schulz* § 189 RdNr. 9 lässt die Mitteilung, bei welchem Gericht das Verfahren anhängig ist, genügen. *Uhlenbruck*, § 189 RdNr. 3 lässt diese Mitteilung ebenfalls genügen, wenn sich Prozessgericht und Insolvenzgericht am selben Ort befinden. Wie hier ablehnend *Nerlich/Römermann/Westphal* § 189 RdNr. 9. Unnötig formalisierend: *Haarmeyer/Wutzke/Förster* 8/20 (Nachweis durch öffentliche Urkunde).
[5] *Smid* in Smid § 189 RdNr. 3; *Nerlich/Römermann/Westphal* § 189 RdNr. 9.

Zustellung des Schriftsatzes an den bestreitenden Insolvenzgläubiger als Voraussetzung der Rechtshängigkeit nachgewiesen werden. Sofern die Zustellung nicht innerhalb der Ausschlussfrist erfolgt ist, genügt wegen § 270 Abs. 3 ZPO (vgl. RdNr. 7) die Darlegung, dass die Zustellung „demnächst" erfolgen wird.[6] Sofern das Prozessgericht einen Vorschuss auf seine Kosten angefordert hat, ist daher dessen Bezahlung gegenüber dem Verwalter nachzuweisen. Der sicherste Weg für den Berater des Gläubigers ist es daher, eine mit dem Eingangsvermerk des Gerichts versehene Klageschrift und den Nachweis über die Vorschusszahlung zu übersenden bzw. die erfolgte Vorschusszahlung zu versichern. Da das Gesetz keine bestimmte Form vorschreibt, kann der Verwalter nach seinem pflichtgemäßen Ermessen auch die bloße Versicherung der Klageerhebung genügen lassen. Haben mehrere Beteiligte widersprochen, so ist nachzuweisen, dass gegenüber sämtlichen Bestreitenden die Feststellung betrieben wird.[7]

6   **2. Gesonderter Nachweis.** Ein gesonderter Nachweis ist **entbehrlich**, wenn auf Feststellung gegenüber dem Insolvenzverwalter geklagt oder ein unterbrochenes Verfahren aufgenommen wird.[8] Der Nachweis liegt hier in der Klageerhebung bzw. im Aufnahmeschriftsatz selbst. Wird der entsprechende Schriftsatz dem Verwalter allerdings nicht innerhalb der Nachweisfrist zugestellt, sind die Voraussetzungen für die Vorwirkung des § 270 Abs. 3 ZPO darzulegen. Ein besonderer Nachweis ist dagegen immer dann erforderlich, wenn nicht der Verwalter, sondern ein Gläubiger widersprochen hat. Es bedarf auch dann keines Nachweises, wenn der Verwalter von der Erhebung der Feststellungsklage bzw. der Aufnahme des Prozesses sichere Kenntnis hat.[9] Dafür spricht der Gesichtspunkt der Verteilungsgerechtigkeit.

7   **3. Klageerhebung.** Da § 189 auf den Nachweis der Klageerhebung abstellt, muss zuvor notwendigerweise der Klage- oder Aufnahmeschriftsatzes zugestellt werden (§ 253 Abs. 1 ZPO),[10] also muss die Klageerhebung schon binnen der Ausschlussfrist erfolgen. Wegen § 270 Abs. 3 ZPO genügt aber die rechtzeitige Einreichung, wenn die Zustellung „demnächst" erfolgt.[11] § 270 Abs. 3 ZPO findet dann Anwendung, wenn die Frist auf keine andere Weise als durch Klageerhebung geltend gemacht werden kann. Für den von § 189 geforderten Nachweis ist die vorherige Zustellung des Klage- oder Aufnahmeschriftsatzes zwingend erforderlich. Ohne Klageerhebung bzw. Aufnahme des Rechtsstreits kann die Frist des § 189 nicht gewahrt werden. Bei Steuerforderungen tritt an die Stelle der Klageerhebung die Bekanntgabe des Feststellungsbescheides gemäß § 251 Abs. 3 AO.

IV. Titulierte Forderungen

8   **1. Vollstreckbare Titel.** Vollstreckbare Titel sind solche, die bereits im Eröffnungszeitpunkt vorlagen und nur wegen § 89 nicht vollstreckt werden können.[12] Hierzu gehören die Titel i. S. d. §§ 708 bis 710, 794, 801 ZPO, 201, 215, 257 InsO.[13] Festsetzungsbescheide über Steuerforderungen oder sonstige öffentlich-rechtliche Abgaben, die *vor* Verfahrenseröffnung bekannt gegeben wurden, werden vollstreckbaren Titeln gleichgestellt (vgl. z. B. § 249 Abs. 1 AO).[14] Die Bestandskraft des Bescheides muss nicht vor Verfahrenseröffnung eingetreten sein.[15] Festsetzungsbescheide, die *nach* Verfahrenseröffnung bekannt gegeben werden,

---

[6] *Nerlich/Römermann/Westphal* § 189 RdNr. 9.
[7] *Uhlenbruck*, § 189 RdNr. 3; *Jaeger/Weber* § 152 RdNr. 5.
[8] *Hahn* Materialien, S. 337; *Jaeger/Weber* § 152 RdNr. 5.
[9] *Nerlich/Römermann/Westphal* § 189 RdNr. 2; *Hess*, KO § 152 RdNr. 2.
[10] *Jaeger/Weber* § 152 RdNr. 5.
[11] BGH WM 1998, 622, 623 = ZIP 1998, 515, 517.
[12] *Kilger/K. Schmidt* § 146 Anm. 1 b); *Gottwald/Eickmann*, Insolvenzrechts-Handbuch, § 64 RdNr. 50.
[13] Vgl. im Einzelnen § 179 RdNr. 23 ff.
[14] *C. Farr*, Die Besteuerung in der Insolvenz RdNr. 217 ff.; *Kilger/K. Schmidt* § 146 Anm. 3. b; *Jaeger/Weber* § 146 RdNr. 35; *Uhlenbruck*, § 189 RdNr. 3 mwN. Gleichgestellt sind Abgabenforderungen, die auf einer Anmeldung nach § 168 AO beruhen, wenn die Anmeldung vor Verfahrenseröffnung erfolgte.
[15] *Farr* (Fn. 14) RdNr. 218.

stellen aus Gründen der Gleichbehandlung der Gläubiger keine vollstreckbaren Titel i. S. d. § 189 dar, auch wenn sie Ansprüche aus Zeiträumen vor Verfahrenseröffnung betreffen.[16] Wie sich aus dem gegenüber § 152 KO geänderten Wortlaut ergibt, ist die Erteilung einer Vollstreckungsklausel (§§ 724 ff. ZPO) nicht erforderlich. Ist in den Fällen der Rechtskrafterstreckung (§§ 727 ff. ZPO) die Rechtskraftwirkung gegenüber dem Schuldner streitig, so ist der Streit nicht im Klauselerteilungs- oder -erinnerungsverfahren (§§ 731, 732 ZPO), sondern im Einwendungsverfahren nach § 194 zu klären. Für befristete oder bedingte Forderungen, die unter § 726 Abs. 1 ZPO fallen, ist ebenfalls kein Klauselerteilungsverfahren erforderlich. Für aufschiebend bedingte Forderungen gilt § 191, für noch nicht fällige § 41. Das *Vorliegen* eines Titels ist wie bei § 179 Abs. 2 zu beurteilen.[17] Ist der Titel vorhanden, aber wurde er nicht bis zum Prüfungstermin vorgelegt (§ 174 Abs. 2), ist die Forderung wie eine nicht titulierte zu behandeln.[18] Dabei muss der Titel im Original vorgelegt werden.[19] Es genügt also nicht, den Titel innerhalb der Frist des § 189 Abs. 1 nachzureichen. Nötigenfalls muss der nicht berücksichtigte Gläubiger, der seinen Titel zum Prüfungstermin nicht vorgelegt hatte, Feststellungsklage erheben und dies innerhalb der Frist des § 189 Abs. 1 nachweisen.

Hält der Verwalter den titulierten Anspruch für nicht bestehend, so hängt sein Vorgehen von den bestehenden Rechtsbehelfsmöglichkeiten ab. Für zivilprozessuale Titel bedeutet dies beispielsweise Folgendes. Sind die Rechtsmittelfristen bereits abgelaufen, bleibt nur eine Vollstreckungsgegenklage nach § 767 ZPO. Bei offenen Rechtsmittelfristen muss der Verwalter das statthafte Rechtsmittel einlegen und einen Antrag nach § 719 ZPO stellen. Wird diesem stattgegeben, liegt kein vollstreckbarer Titel mehr vor. Nach § 189 Abs. 2 kann der Anteil damit zurückbehalten werden.

2. Endurteile. Endurteile, die zu einer Leistung verurteilen (Leistungsurteile) unterfallen bereits den §§ 708 ff. ZPO. Eigenständige Bedeutung kommt der Kategorie der Endurteile deshalb nur dann zu, wenn in einem Feststellungsurteil Grund und[20] Betrag bejaht werden.[21]

3. Berücksichtigung. Eine titulierte Forderung ist in jedem Fall im Verteilungsverfahren zu berücksichtigen, auch wenn sie bei der Prüfung bestritten wurde (Umkehrschluss aus § 189 Abs. 1).[22] Unklar ist allein, ob im Fall des Feststellungsprozesses der Anteil zurückzubehalten oder auszuzahlen ist. § 189 Abs. 2 betrifft seinem Wortlaut und seiner systematischen Stellung nach eindeutig nur nicht titulierte Forderungen. **§ 189 Abs. 2** ist aber **analog** anzuwenden, wenn Feststellungsklage erhoben wurde und dies dem Verwalter nachgewiesen ist. In diesem Fall ist also der entsprechende Anteil nicht auszubezahlen, sondern zurückzubehalten.[23] Denn nach der Gesetzesbegründung sollten die Vorschriften der §§ 152, 168 Nr. 1 KO sinngemäß übernommen werden.[24] § 168 Nr. 1 KO ordnete die

---

[16] BFH NZI 1999, 135, 136 ein nach Verfahrenseröffnung mit einem Leistungsgebot versehener Steuerbescheid ist grundsätzlich unwirksam; vgl. auch BMF-Schreiben vom 17. 12. 1998 (BStBl. 1998 I, 1500) Tz. 5.
[17] AG Düsseldorf ZIP 2006, 1107, 1109.
[18] *Frege/Keller/Riedel* RdNr. 1563.
[19] AG Düsseldorf ZIP 2006, 1107, 1110; *Frege/Keller/Riedel* RdNr. 1563. Die Vorlage eines Originals kann aber, anders als das AG Düsseldorf meint, bei Steuerbescheiden nicht verlangt werden. Denn anders als Vollstreckungstitel nach § 794 ZPO werden diese nicht dadurch zugestellt, dass der Gerichtsvollzieher eine beglaubigte Abschrift übergibt und die Zustellung auf dem Original vermerkt. Bei Steuerforderungen stellt der bekanntgegebene Bescheid den Vollstreckungstitel dar, § 251 AO Abs, 1. Es muss genügen, wenn das Finanzamt den Steuerbescheid zum Prüfungstermin vorlegt. Aus dem Datum des Bescheides können Verwalter und Gläubiger im Regelfall entnehmen, ob der Bescheid bestandskräftig ist oder nicht. Ein Feststellungsbescheid nach § 251 Abs. 3 AO ist nicht notwendig, sondern bei bestandskräftig gewordener Festsetzung überflüssig, *C. Farr* (Fn. 14) RdNr. 227 f.
[20] Ein Grundurteil allein genügt nicht, RG JW 1931, 2104, 2105.
[21] *Jaeger/Weber* § 146 RdNr. 35.
[22] *Holzer* NZI 1999, 44, 45.
[23] Vgl. § 179 RdNr. 29; *Nerlich/Römermann/Westphal* § 189 RdNr. 18; *Holzer* NZI 1999, 44, 46; *Smid* in *Smid* § 189 RdNr. 6; aA (uneingeschränkte Berücksichtigung) FK-*Schulz* § 189 RdNr. 7.
[24] Begr. zu § 217 RegE (= § 189).

Zurückbehaltung auch für bestrittene, wenngleich titulierte Forderungen an, sofern diese infolge eines bei der Prüfung erhobenen Widerspruchs im Prozess befangen sind. Damit liegt eine planwidrige Unvollständigkeit (Lücke) vor. Wie bei bestrittenen, nicht titulierten Forderungen, bei denen der Feststellungsprozess betrieben wird, darf dem Feststellungsprozess durch das Verteilungsverfahren nicht vorgegriffen werden soll. Ansonsten wäre die Verteilungsgerechtigkeit gefährdet und das Widerspruchsrecht gegen titulierte Insolvenzforderungen faktisch entwertet. Der Nachweis der Klageerhebung kann bis zum Vollzug geführt werden. Anders als bei Abs. 1 geht es Abs. 2 nicht um das „ob", sondern um das „wie" der Berücksichtigung.

V. Zurückbehaltung (§ 189 Abs. 2)

11   Wird der Nachweis gem. Abs. 1 rechtzeitig geführt, so ist der auf die Forderung entfallende Anteil zurückzubehalten, er darf also nicht für die Befriedigung von Massegläubigern oder für weitere Verteilungen benutzt werden. Dies gilt, solange der Rechtsstreit anhängig ist. Obsiegt der Gläubiger, so ist ihm der Anteil auszuzahlen, unterliegt er dagegen, wird der zurückbehaltene Betrag für weitere Verteilungen frei. Die gesonderte Verwaltung auf Sonder-/Festgeldkonten ist nicht erforderlich. Eine Hinterlegung ist nur bei einer Schlussverteilung vorgesehen, wenn das Insolvenzgericht zustimmt (§ 198). Bei Verweigerung der Zustimmung ist aber jedenfalls bei Beendigung des Insolvenzverfahrens die Anlage auf einem gesonderten Konto des Verwalters angezeigt, damit die zurückbehaltenen Beträge eindeutig unterscheidbar bleiben. Denn auch nach Verfahrensaufhebung kann der Schuldner über die zurückbehaltenen Gelder nicht verfügen, arg. § 203 Abs. 3 Satz 1.

VI. Präklusionswirkung (§ 189 Abs. 3)

12   Wird der Nachweis nicht (rechtzeitig) geführt, ist der säumige Gläubiger bei der anstehenden Verteilung nicht zu berücksichtigen. Handelt es sich dabei um eine Abschlagsverteilung, kann der Gläubiger an späteren Verteilungen teilnehmen und dabei gem. § 192 vorrangig berücksichtigt werden, wenn er bis dahin den Nachweis geführt oder gar im Feststellungsverfahren obsiegt hat. Geht es dagegen um eine Schlussverteilung, so ist der Gläubiger auch bei einer Nachtragsverteilung ausgeschlossen, weil diese auf dem Schlussverzeichnis beruht (§ 205 Satz 1).[25] Eine Hinweis- und Warnpflicht des Verwalters dahingehend, dass der Nachweis bisher nicht geführt wurde, besteht jedenfalls bei geschäftserfahrenen Gläubigern nicht.[26] Gleiches gilt, wenn der Gläubiger anwaltlich vertreten ist. Der Verwalter ist aber berechtigt, einzelne Gläubiger auf den noch ausstehenden Nachweis hinzuweisen, um ihnen gegenüber die Nichtaufnahme in das Verteilungsverzeichnis rechtfertigen zu können.[27]

VII. Rechtsbehelfe

13   Wird eine bestrittene Forderung vom Verwalter nicht berücksichtigt, steht dem Gläubiger das **Einwendungsverfahren** des § 194 offen. Damit ist der Streit über Rechtzeitigkeit und Ordnungsmäßigkeit des Nachweises im Prozessweg unzulässig.[28] Zu streitigen Fällen der Rechtskrafterstreckung siehe RdNr. 8.

---

[25] Vgl. § 196 RdNr. 6; RG JW 1913, 752, 753; *Kilger/K. Schmidt* § 152 Anm. 3; anders die Regelung in § 878 Abs. 2 ZPO!
[26] OLG Hamm ZIP 1994, 1373 = KTS 1994, 502, 503 (nur Leitsatz).
[27] AA *Johlke* EWiR § 153 KO 1/94, 901, 902: nur allgemeiner Hinweis ohne konkrete Namensnennung.
[28] OLG Köln MDR 1990, 558; vgl. aber § 194 RdNr. 3.

§ 190 Berücksichtigung absonderungsberechtigter Gläubiger

(1) ¹Ein Gläubiger, der zur abgesonderten Befriedigung berechtigt ist, hat spätestens innerhalb der in § 189 Abs. 1 vorgesehenen Ausschlußfrist dem Insolvenzverwalter nachzuweisen, daß und für welchen Betrag er auf abgesonderte Befriedigung verzichtet hat oder bei ihr ausgefallen ist. ²Wird der Nachweis nicht rechtzeitig geführt, so wird die Forderung bei der Verteilung nicht berücksichtigt.

(2) ¹Zur Berücksichtigung bei einer Abschlagsverteilung genügt es, wenn der Gläubiger spätestens innerhalb der Ausschlußfrist dem Verwalter nachweist, daß die Verwertung des Gegenstands betrieben wird, an dem das Absonderungsrecht besteht, und den Betrag des mutmaßlichen Ausfalls glaubhaft macht. ²In diesem Fall wird der auf die Forderung entfallende Anteil bei der Verteilung zurückbehalten. ³Sind die Voraussetzungen des Absatzes 1 bei der Schlußverteilung nicht erfüllt, so wird der zurückbehaltene Anteil für die Schlußverteilung frei.

(3) ¹Ist nur der Verwalter zur Verwertung des Gegenstands berechtigt, an dem das Absonderungsrecht besteht, so sind die Absätze 1 und 2 nicht anzuwenden. ²Bei einer Abschlagsverteilung hat der Verwalter, wenn er den Gegenstand noch nicht verwertet hat, den Ausfall des Gläubigers zu schätzen und den auf die Forderung entfallenden Anteil zurückzubehalten.

Übersicht

	RdNr.		RdNr.
I. Überblick		3. Entsprechende Anwendung	6
1. Normzweck	1	**III. Verwertung durch den Gläubiger**	
2. Stellung absonderungsberechtigter Gläubiger im Verteilungsverfahren	2	(§ 190 Abs. 1 und 2)	
		1. Nachweis des Verzichts	8
II. Anwendungsbereich		2. Nachweis des Ausfalls	9
1. Verwertungsrecht des Gläubigers (§ 190 Abs. 1 und 2)	3	3. Ausschlussfrist	13
2. Verwertungsrecht des Verwalters (§ 190 Abs. 3)	5	**IV. Verwertung durch den Verwalter** (§ 190 Abs. 3)	14

I. Überblick

1. Normzweck. Wie die im Wesentlichen inhaltsgleichen §§ 153, 156, 168 Nr. 3 KO (die GesO enthält keine vergleichbare Regelung) bezweckt § 190, die Befriedigung der Insolvenzgläubiger nicht durch Schwierigkeiten bei der Verwertung von Gegenständen zu verzögern, an denen Absonderungsrechte bestehen.[1]   **1**

2. Stellung absonderungsberechtigter Gläubiger im Verteilungsverfahren. Gläubiger, denen der Schuldner persönlich haftet, und die an einem Gegenstand der Insolvenzmasse ein Absonderungsrecht (§§ 49 bis 51) haben, sind Insolvenzgläubiger (§ 52 Satz 1). Befriedigung aus der Insolvenzmasse können sie allerdings nur dann beanspruchen, wenn sie auf den Erlös aus der Verwertung des Gegenstandes verzichten oder dieser Erlös nicht zu ihrer Befriedigung ausreicht (§ 52 Satz 2). Um die absonderungsberechtigten Gläubiger nicht durch frühzeitige Abschlagsverteilungen, bei denen der Ausfall noch nicht feststeht, zu benachteiligen, werden sie durch Zurückbehaltung in Höhe des nur **geschätzten** Ausfalls berücksichtigt (§ 190 Abs. 2 Satz 1 und 2). Der absonderungsberechtigte Gläubiger kann im Prüfungstermin seine Forderung in vollem Umfang anmelden,[2] die auch dann in vollem Umfang festgestellt und tituliert ist, wenn sie nur „in Höhe des Ausfalls" anerkannt wird.[3]   **2**

---

[1] *Hahn* Materialien, S. 254.
[2] Vgl. aber zur Anmeldung „für den Ausfall" LG Bonn ZIP 1996, 1672.
[3] *Uhlenbruck*, § 178 RdNr. 3; *Mandlik* RPflG 1980, 143, 144; vorzugswürdig ist daher die Feststellung „für den Ausfall" bzw. als „Ausfallforderung", vgl. *Nerlich/Römermann/Westphal* § 190 RdNr. 17; vgl. § 52 RdNr. 19.

Die Rechtskraftwirkung der Feststellung besteht trotz des einschränkenden Tabellenvermerks hinsichtlich der gesamten Insolvenzforderung (§ 178 Abs. 3).[4] Dem Absonderungsrecht kommt somit die eigentliche Bedeutung erst bei Verwertung und Verteilung zu.[5] Für den Verwalter ist es von großer Wichtigkeit, alle absonderungsberechtigten Gläubiger zu kennen, um zu prüfen, ob die Voraussetzungen des § 190 erfüllt sind. Hierbei kann er sich insbesondere des Gläubigerverzeichnisses bedienen (vgl. § 152 Abs. 2). Anders als § 64 KO stellen die §§ 52, 190 nicht mehr darauf ab, ob der Insolvenzgläubiger abgesonderte Befriedigung *beansprucht,* sondern nur noch auf seine *Berechtigung*. Für die Notwendigkeit eines Verzichts oder des Nachweises des Ausfalls kann es daher nicht darauf ankommen, dass ein Gläubiger nur hinsichtlich eines geringen Teils seiner Forderung abgesonderte Befriedigung beansprucht.[6] Absonderungsberechtigte Gläubiger sind bei einer Verteilung selbstverständlich nur dann zu berücksichtigen, wenn ihnen der Schuldner auch persönlich haftet (§ 52 Satz 1). Verzichtet ein Gläubiger *vor* Verfahrenseröffnung auf das den Absonderungsanspruch begründende Recht, so ist er kein absonderungsberechtigter Gläubiger. § 190 ist damit unanwendbar.[7]

II. Anwendungsbereich

3 **1. Verwertungsrecht des Gläubigers (Abs. 1 und 2). a)** Wie § 190 Abs. 3 Satz 1 im Vergleich zum bisher geltenden Konkursrecht der §§ 153, 156, 168 Nr. 3 KO nunmehr ausdrücklich klarstellt,[8] finden die Vorschriften des **Abs. 1 und 2** nur dann Anwendung, wenn der Gläubiger selbst zur Verwertung *berechtigt* ist. Bei Immobilien ist das stets der Fall (§ 49).[9] Die Verwertungsrechte von Gläubiger und Verwalter stehen also nebeneinander. Dagegen schließen sie sich bei beweglichen Sachen und Forderungen gegenseitig aus (§ 173 Abs. 1). Ein Verwertungsrecht des Gläubigers ist nach den §§ 166, 173 bei beweglichen Sachen nur dann gegeben, wenn er sie in unmittelbarem[10] Besitz hat. Bei sicherungshalber abgetretenen Forderungen geht das Verwertungsrecht des Verwalters vor (§§ 166 Abs. 2, 173). Im Übrigen gilt die Vorschrift sowohl für **Abschlags-** als auch für **Schlussverteilungen**. Nicht fällige Absonderungsrechte gelten nach hM gemäß § 41 Abs. 1 als fällig, zumindest dann, wenn – wie in der hier interessierenden Konstellation des § 190 – der Gläubiger zugleich auch eine persönliche Forderung gegen den Insolvenzschuldner hat.[11]

4 **b)** Bei **bestrittenen** persönlichen Forderungen ist vorrangig § 189 zu prüfen.[12] Wenn bereits nach § 189 eine Forderung nicht zu berücksichtigen ist, kommt es auf § 190 nicht mehr an. Wird – wie in der Praxis üblich[13] – die Forderung im Prüfungstermin „für den

---

[4] Vgl. auch BGH WM 1957, 1225, 1226; 1961, 427, 429; RGZ 139, 83, 86; § 178 RdNr. 64.
[5] *Uhlenbruck,* § 178 RdNr. 3.
[6] So aber *Nerlich/Römermann/Westphal* § 190 RdNr. 20; darin kann aber ein teilweiser Verzicht liegen, vgl. vor §§ 49 bis 52 RdNr. 127.
[7] *Jager/Weber* § 153 RdNr. 3.
[8] Begr. § 218 RegE (= § 190).
[9] *Nerlich/Römermann/Becker* § 165 RdNr. 50 ff.
[10] Mittelbarer Besitz genügt nicht, weil sonst auch gerade der Sicherungseigentümer entgegen der Intention des Gesetzgebers (Begr. § 191 RegE = § 166) verwertungsberechtigt wäre, vgl. auch *Nerlich/Römermann/Becker* § 166 RdNr. 17.
[11] Vgl. § 41 RdNr. 14 ff. mit dem zutreffenden Hinweis, dass in der Praxis auf Grund entsprechender Vereinbarungen Absonderungsrechte spätestens mit Insolvenzeröffnung fällig sein werden; *Uhlenbuck/Uhlenbruck* § 41 RdNr. 6; FK-*Schulz* § 41 RdNr. 2; *Nerlich/Römermann/Andres* § 41 RdNr. 7; HK-*Eickmann* § 41 RdNr. 3. Zur vergleichbaren Anwendung von § 65 KO vgl. BGHZ 31, 337, 340 ff. = NJW 1960, 675; aA *Kübler/Prütting/Holzer* § 41 RdNr. 5. Ob die vom BGH und der hM konstatierte Zwangslage tatsächlich eine Anwendung rechtfertigt, scheint indes zweifelhaft. Der Gläubiger, der sich auf eine nicht belastbare Sicherheit verlässt, muss eben damit rechnen, dass er im Insolvenzverfahren nur beücksichtigt wird, wenn er verzichtet. Bei der Vereinbarung des Absonderungsrechts kann die Fälligkeit entsprechend geregelt werden. Die Zwangslage hat der Gläubiger somit selbst zu verantworten.
[12] *Jager/Weber* § 153 Einl.
[13] Vgl. auch RGZ 139, 83, 86.

Ausfall" anerkannt, so ist das kein teilweises Bestreiten. Die Forderung ist vielmehr in vollem Umfang anerkannt und festgestellt.[14] § 189 findet hierauf also keine Anwendung, es ist allein § 190 maßgeblich. Selbst wenn die Feststellung (§ 178) ohne die Einschränkung „für den Ausfall" erfolgt, so ist § 190 anzuwenden, unabhängig davon, ob dem Verwalter das Absonderungsrecht bei der Anerkennung im Prüfungstermin bekannt war.[15] Bezieht sich die Feststellung „für den Ausfall" auf ein bestimmtes Absonderungsrecht und wird später ein weiteres Absonderungsrecht bekannt, so gilt deshalb auch für dieses „neue" Absonderungsrecht § 190.[16] Andernfalls könnte sich der Gläubiger den Beschränkungen von § 190 Abs. 1 und 2 dadurch entziehen, dass er bei der Anmeldung ein dem Verwalter noch nicht bekannt gewordenes Absonderungsrecht verschweigt.[17] Die Rechtskraft des Feststellungsvermerks erstreckt sich eben nicht auf Stellungnahmen zu den beanspruchten Absonderungsrechten, sondern nur auf Betrag und Rang (§ 178 Abs. 3). „Der Zusatz als Ausfallforderung soll nur betonen, was sich nach dem Gesetz von selbst versteht."[18]

2. Verwertungsrecht des Verwalters (Abs. 3). Soweit ein alleiniges Verwertungsrecht (vgl. RdNr. 3) des Verwalters besteht, entfallen für die Gläubiger die Nachweispflichten der Abs. 1 und 2 (§ 190 Abs. 3 Satz 1). Zu Einzelheiten vgl. RdNr. 14 f. 5

3. Entsprechende Anwendung. a) Im Insolvenzverfahren über das Vermögen des **Erben** gelten für Gläubiger, denen der Erbe auch persönlich haftet, die §§ 52, 190, 192, 198, 237 Abs. 1 Satz 2 entsprechend, wenn auch über den Nachlass das Insolvenzverfahren eröffnet oder die Nachlassverwaltung angeordnet wurde (§ 331 Abs. 1). Gleiches gilt bei einem Insolvenzverfahren über das **Gesamtgut bei fortgesetzter Gütergemeinschaft** (§ 332 Abs. 1). Dagegen ist die Vorschrift in der **Parallelinsolvenz** von **Gesellschaft** und persönlich haftendem **Gesellschafter** nicht anwendbar (arg. §§ 43, 331 Abs. 1, 332 Abs. 1).[19] Die Ansprüche der Insolvenzgläubiger in der Insolvenz des Gesellschafters werden vom Insolvenzverwalter geltend gemacht (§ 93). Die Problematik des Ausfalls stellt sich dabei in der Gesellschafterinsolvenz insoweit, als der Insolvenzverwalter keine Zahlungen einfordern darf, die über den Betrag hinausgehen, der bei Berücksichtigung des Liquidationswertes der bereits vorhandenen Insolvenzmasse (Gesellschaftsvermögen) zur Befriedigung aller Insolvenzgläubiger erforderlich ist. Denn ein solcher Überschuss müsste gem. § 199 Satz 2 wieder an die Gesellschafter zurückgezahlt werden (dolo facit-Einwand gem. § 242 BGB).[20] Außerdem sind Gesellschafter nur insoweit zum Nachschuss gemäß § 735 BGB verpflichtet ist, als das Gesellschaftsvermögen nicht ausreicht.[21] Da es sich hierbei um eine materiell-rechtliche Einwendungen gegen die in der Gesellschafterinsolvenz angemeldete Forderung handelt, ist sie im Prüfungstermin des Gesellschafterinsolvenzverfahrens gegebenenfalls durch Widerspruch geltend zu machen.[22] Im Streitfall erfolgt dann die Klärung im Feststellungsprozess. Gem. § 189 Abs. 2 ist in diesem Fall der gesamte angemeldete Betrag zurückzubehalten, wenn der entsprechende Nachweis der Klageerhebung geführt wird. Unterbleibt dagegen ein Widerspruch oder wird er im Feststellungsverfahren beseitigt, ist die Forderung mit dem angemeldeten Betrag zur Tabelle festgestellt. Die Frage einer Berücksichtigung im Verteilungsverfahren der Gesellschafterinsolvenz stellt sich dann nicht mehr. 6

---

[14] *Uhlenbruck,* § 178 RdNr. 3; *Mandlik* Rpfleger 1980, 143, 144.
[15] *Mandlik* (Fn. 14), 144; *Jaeger/Weber* § 153 RdNr. 2.
[16] *Jaeger/Weber* § 153 RdNr. 2.
[17] Zur Frage, ob hierin ein konkludenter Verzicht liegt siehe RdNr. 8.
[18] *Jaeger/Lent* § 64 RdNr. 11.
[19] So schon zu §§ 212, 153 KO BGH NJW 1994, 2286.
[20] Begr. zu § 105 RegE (= § 93); vgl. § 93 RdNr. 25; kritisch zu diesem Grundsatz FK-*App* § 93 RdNr. 6 c.
[21] Vgl. § 93 RdNr. 28.
[22] AA *Uhlenbruck/Hirte* § 93 RdNr. 26: analog § 52 wie Absonderungsrecht (Feststellung der Forderung in Höhe des ganzen Betrages für den Ausfall in der Gesellschaftsinsolvenz); konsequenterweise muss *Hirte* dann § 190 analog anwenden.

§ 190   6a–8

6a Hat ein Gesellschafter eine „**eigenkapitalersetzende Sicherheit**" gewährt, so kann der Gläubiger seine Forderung in der Insolvenz nur insoweit geltend machen als er nicht durch Inanspruchnahme des Gesellschafters bzw. Inanspruchnahme der vom Gesellschafter gewährten Sicherheit Befriedigung erlangen kann (§ 32a Abs. 2 GmbHG). Die Interessenlage ist der eines absonderungsberechtigten Gläubigers vergleichbar. § 190 Abs. 1 und 2 ist daher analog anwendbar.[23] Bei Abschlagsverteilungen wird der Gläubiger daher durch Zurückbehaltung berücksichtigt, wenn und soweit er den Ausfall glaubhaft macht. Auszahlungen erhält der Gläubiger nur, wenn er fristgerecht nachweist, dass und in welcher Höhe er ausgefallen ist. Ein Verzicht auf die Inanspruchnahme ist nicht möglich, weil er der Masse – anders als beim Absonderungsrecht – nicht zugute käme.[24] Haben sowohl die Gesellschaft als auch der Gesellschafter in eigenkapitalersetzender Weise eine Sicherheit gewährt (Doppelbesicherung), so kann der Gläubiger sich zunächst voll aus der von der Gesellschaft gewährten Sicherheit befriedigen und muss sich erst dann an den Gesellschafter nach § 32a Abs. 2 GmbHG halten.[25] § 190 ist also zunächst unmittelbar im Hinblick auf das Absonderungsrecht anwendbar. Hinsichtlich der Ausfallforderung gilt dann die analoge Anwendung von § 190 Abs. 1 und 2 im Hinblick auf die Inanspruchnahme des Gesellschafters. Verzichtet der Gläubiger auf das Absonderungsrecht, muss er sich nach § 32a Abs. 2 GmbHG an den Gesellschafter halten.[26]

7 b) Die entsprechende Anwendung von § 190 (wie auch von § 192) wird in den Fällen **besonderer Insolvenzvorrechte** angeordnet:

aa) Pfandbriefgläubiger und sonstige Gläubiger von Inhaberschuldverschreibungen bei Insolvenz eines Kreditinstituts in den Fällen der §§ 35 Abs. 2 Hypothekenbankgesetz, 15 Abs. 3 Gesetz über die Landwirtschaftliche Rentenbank, 1 Abs. 2 Gesetz betreffend die Industriekreditbank Aktiengesellschaft, 36 Abs. 2 Schiffsbankgesetz, 16 Abs. 3 Gesetz über die Deutsche Genossenschaftsbank, 6 Abs. 2 Gesetz über Pfandbriefe und verwandte Schuldverschreibungen öffentlich-rechtlicher Kreditanstalten.

bb) Ansprüche der Versicherten in der Insolvenz des Versicherungsunternehmens (§ 77 Abs. 4 Satz 3 VAG).

cc) Vorrecht des Kommittenten, Hinterlegers und Verpfänders in der Insolvenz des Kommissionärs, Verwahrers oder Pfandgläubigers, § 32 Abs. 4 Depotgesetz.[27]

III. Verwertungsrecht durch den Gläubiger (§ 190 Abs. 1 und 2)

8 **1. Nachweis des Verzichtes.**[28] Verzicht ist die endgültige und vorbehaltlose Aufgabe des den Absonderungsanpruch begründenden Rechtes,[29] die bloße Abrede, das Absonderungsrecht nicht auszuüben, genügt also nicht.[30] Der Verzicht setzt im Liegenschaftsrecht die Eintragung voraus, §§ 875 Abs. 1 Satz 2, 1168 Abs. 2 BGB.[31] Wegen §§ 878 BGB, 17, 45 GBO muss aber bereits die Antragstellung durch den Insolvenzverwalter beim Grundbuchamt genügen, wenn die Verzichtserklärung gem. § 29 GBO in öffentlich beglaubigter Form vorliegt. Außer in diesen Fällen eines Formerfordernisses ist ein Verzicht auch konkludent möglich.[32] Hat der Verwalter von dem Recht auf abgesonderte Befriedigung keine Kenntnis und berücksichtigt er deshalb den Gläubiger bei einer Verteilung ohne entsprechenden Nachweis, so ist zu prüfen, ob der Gläubiger nicht konkludent auf das Absonderungsrecht

---

[23] *K. Schmidt* ZIP 1999, 1821, 1826.
[24] *K. Schmidt* ZIP 1999, 1821, 1826.
[25] BGH ZIP 1985, 158, 159 = NJW 1985, 858; aA *K. Schmidt* ZIP 1999, 1821, 1827.
[26] *K. Schmidt* ZIP 1999, 1821, 1827.
[27] Ausführlich dazu *Kuhn/Uhlenbruck* § 61 RdNr. 10 ff.
[28] Zu Einzelheiten des Verzichtes vgl. vor § 49 RdNr. 120 ff.
[29] Vor §§ 49 bis 52 RdNr. 120 ff.; *Uhlenbruck*, § 52 RdNr. 15 f.
[30] Vgl. vor §§ 49 bis 52 RdNr. 121; aA *Kilger/K. Schmidt* § 64 Anm. 5.
[31] Vgl. vor §§ 49 bis 52 RdNr. 125.
[32] OLG Hamm ZIP 1994, 1373, 1375.

verzichtet hat. Allein das vorbehaltlose Geltendmachen einer Forderung führt nicht zur Annahme eines Verzichts.[33] Allerdings lässt die vorbehaltlose Entgegennahme der Verteilungsdividende – in Kenntnis des Absonderungsrechtes[34] – auf einen Verzicht schließen, weil ein absonderungsberechtigter Gläubiger eben nicht Auszahlung beanspruchen kann, und sein Verhalten daher nach Treu und Glauben (§ 157 BGB) als Verzicht zu werten ist.[35] Damit wird auch verhindert, dass der absonderungsberechtigte Gläubiger, der sich für seine ganze Forderung die Dividende zahlen lässt und anschließend hinsichtlich des Restes von seinem Absonderungsrecht Gebrauch macht, besser steht, als wenn er zunächst zur abgesonderten Befriedigung geschritten wäre und dann für den Ausfall die Dividende erhalten hätte.

Beispiele: G hat an einem Massegegenstand (Wert 500,- €) ein Besitzpfandrecht (§ 1204 BGB) für eine Insolvenzforderung von 1000,- €. Im Rahmen einer Abschlagsverteilung werden 10% ausgeschüttet. Befriedigt sich G i. H. v. 500,- € zunächst aus dem Pfandrecht, erhält er für seine Ausfallforderung von 500,- € noch 50,- € insgesamt also 550,- €. Würde er – weil dem Verwalter das Absonderungsrecht zunächst nicht bekannt war – zunächst die volle Dividende von 100,- € und dann den Erlös aus dem Pfandrecht erhalten, würde er in Höhe von 600,- € befriedigt. Um das zu verhindern, ist bei der Entgegennahme der Dividende ein Verzicht auf das Absonderungsrecht in Höhe von 10% des mutmaßlichen Ausfalls, also 50,- € anzunehmen. Will der Gläubiger diese Unsicherheit nicht auf sich nehmen, muss er die Entgegennahme in dieser Höhe verweigern bzw. auf das Absonderungsrecht hinweisen. Dies gilt allerdings dann nicht, wenn es dem Gläubiger ausnahmsweise gelingt, glaubhaft darzulegen, dass er vom Absonderungsrecht keine Kenntnis hatte.

Ist ein Verzicht zu verneinen, etwa wegen Unkenntnis des Gläubigers von seinem Absonderungsrecht oder wegen erfolgreicher Anfechtung (§§ 119 ff. BGB), so kann der Verwalter den ausgezahlten Betrag zurückverlangen (§ 812 Abs. 1 Satz 1 Alt. 1 BGB). Denn gem. § 52 Satz 2 kann der Gläubiger nur dann anteilsmäßige Befriedigung aus der Masse verlangen, wenn er verzichtet oder ausgefallen ist. § 52 Satz 2 geht damit der Bestandskraft des Verteilungsverzeichnisses vor, weil es andernfalls zu einer inakzeptablen Privilegierung der absonderungsberechtigten Gläubiger käme. Er würde trotz des uneingeschränkten Zugriffs auf das Absonderungsrecht eine quotale Befriedigung hinsichtlich seiner gesamten Forderung und nicht nur seines Ausfalls erhalten. Bei einem Verzicht vor Verfahrenseröffnung ist § 190 nicht anwendbar (siehe RdNr. 2).

2. Nachweis des Ausfalls. a) Nachweis. Ausfall ist der Betrag, zu dem die Forderung des Gläubigers bei der abgesonderten Befriedigung ungedeckt bleibt.[36] Der Nachweis des Ausfalles setzt daher den Vollzug der Verwertung voraus.[37] Ungenügend ist deshalb der Beweis, dass der Pfandwert eine bestimmte Höhe nicht übersteigt, und damit ein bestimmter Ausfall unausweichlich ist.[38] Ein Ausfall kann sich auch durch eine abweichende Regelung der Rechtsstellung in einem **Insolvenzplan** ergeben (§§ 217, 223 Abs. 2). Allerdings ist die Auswirkung auf das Verteilungsverfahren faktisch gering (vgl. § 187 RdNr. 5). Dem Ausfall gleichgestellt ist der Untergang oder die vollständige Zerstörung der Sache. Im Fall der noch nicht beendeten **Zwangsversteigerung** kann für die Schätzung des mutmaßlichen Ausfalls unter Berücksichtigung der Rangfolge von dem nach § 74a Abs. 5 ZVG festgesetzten Verkehrswert ausgegangen werden.[39] Gem. § 174 ZVG kann der absonderungsberechtigte Gläubiger bis zum Schluss der Verhandlung im Versteigerungstermin (§§ 66, 74 ZVG) verlangen, dass abweichend von den gesetzlichen Versteigerungsbedingungen bei der Fest-

---

[33] RGZ 16, 32, 36; 16, 68, 70; *Uhlenbruck*, § 52 RdNr. 16.
[34] Anders soll es sein, wenn sich der Gläubiger seines Rechtes nicht bewusst war, RG Recht 1914 Nr. 2009; *Uhlenbruck*, § 52 RdNr. 17.
[35] Vgl. zum Gesichtspunkt der Verwirkung im Vergleichsverfahren OLG München NJW 1959, 1542 und *Uhlenbruck*, § 52 RdNr. 19.
[36] *Jaeger/Weber* § 153 RdNr. 4.
[37] *Jaeger/Weber* § 153 RdNr. 4; *Uhlenbruck*, § 52 RdNr. 18.
[38] Vgl. RGZ 64, 425, 427; 92, 181, 191.
[39] *Uhlenbruck*, § 190 RdNr. 5.

stellung des geringsten Gebots (§§ 44, 45 ZVG) nur die seinem Anspruche vorgehenden Rechte berücksichtigt werden. Wird auf beide Ausgebote geboten, so ist der Zuschlag auf das abweichende Angebot zu erteilen, weil nur dann der Ausfall des Gläubigers festgestellt werden kann.[40]

b) Abschlagsverteilung. aa) Glaubhaftmachung. Vor Durchführung einer Abschlagsverteilung wird der Verwalter in der Regel die ihm bekannten absonderungs- und verwertungsberechtigten Gläubiger anschreiben und auffordern, ihren **mutmaßlichen Ausfall** mitzuteilen und glaubhaft zu machen. Ein echter Nachweis würde die absonderungsberechtigten Gläubiger gegenüber aufschiebend bedingten Gläubigern (§ 191) unangemessen benachteiligen, obwohl ihre Forderungen durch den Ausfall „gewissermaßen bedingt"[41] sind. Nach § 190 Abs. 2 Satz 1 genügt deshalb der Nachweis, dass die **Verwertung betrieben** wird und der mutmaßliche Ausfall glaubhaft, d. h. überwiegend wahrscheinlich gemacht wird (§ 294 ZPO analog, weil der Verwalter, nicht aber das Gericht überzeugt sein muss).[42] Die beabsichtigte Gleichbehandlung mit aufschiebend bedingten Gläubigern führt aber konsequenterweise dazu, dass bei einer bloßen Glaubhaftmachung der Anteil des absonderungsberechtigten Gläubigers – wie bei § 191 – nur zurückbehalten wird (§ 190 Abs. 2 Satz 1). Die Vorlage einer eidesstattlichen Versicherung ist möglich (§ 294 ZPO).

10   Da § 190 Abs. 2 nur bei beweglichen Sachen anwendbar ist,[43] **betreibt** der Pfandgläubiger die **Verwertung** schon dann, wenn er den Verkauf des Gegenstandes androht (§ 1234 Abs. 1 BGB). Denn es ist nicht einzusehen ist, warum der Gläubiger bei einer Abschlagsverteilung, die während der Wartefrist des § 1234 Abs. 2 BGB stattfindet, nicht berücksichtigt werden soll. Zum kaufmännischen Zurückbehaltungsrecht vgl. § 371 HGB. Bei einem Pfändungspfandrecht genügt bereits der Pfändungsauftrag an den Gerichtsvollzieher, weil dieser ohne weiteren Auftrag des Gläubigers die Verwertung (§ 814 ZPO) durchführt.[44] Bei Sicherungseigentum, das sich – atypischerweise – im unmittelbaren Besitz des Sicherungseigentümers befindet, genügen Verkaufsbemühungen (z. B. Zeitungsanzeigen). Bei zeitweiliger Unverwertbarkeit (Bsp.: Die sicherungshalber abgetretene Forderung ist gestundet) scheidet ein Nachweis aus, weil die Verwertung nicht betrieben werden kann. In diesem Fall bleibt dem Gläubiger nur, den mutmaßlichen Ausfall zu schätzen und in dieser Höhe auf das Absonderungsrecht zu verzichten.[45]

11   **bb) Nachweis.** Kann der Gläubiger seinen **tatsächlichen Ausfall** nachweisen (wozu er die Verwertung durchgeführt haben muss) oder hat er verzichtet, so ist er nicht durch bloße Zurückbehaltung, sondern durch **Auszahlung** zu berücksichtigen.

12   **c) Schlussverteilung.** Bei einer Schlussverteilung gelten die Erleichterungen der Glaubhaftmachung nicht mehr, vielmehr ist der tatsächliche Ausfall nachzuweisen. Der Gläubiger muss also die Verwertung bereits durchgeführt haben, wenn er bei einer Schlussverteilung berücksichtigt werden will. Andernfalls muss er verzichten. Ein Verzicht „in Höhe des mutmaßlichen Ausfalles" ist nicht möglich, weil andernfalls doch wieder entgegen § 190 Abs. 1 eine Berücksichtigung des mutmaßlichen Ausfalls bei der Schlussverteilung erfolgte. Der Gläubiger kann aber natürlich seinen voraussichtlichen Ausfall schätzen, beziffern und für diesen Betrag auf abgesonderte Befriedigung verzichten. Gelingt dem Gläubiger der Nachweis eines tatsächlichen Ausfalles bis zur Schlussverteilung nicht, so werden auch zuvor bei Abschlagsverteilungen nach § 190 Abs. 2 Satz 2 zurückbehaltene Anteile für die Schlussverteilung frei (§ 190 Abs. 2 Satz 3).

---

[40] *Zeller/Stöber*, ZVG, § 174 Anm. 3. 10 (auch zu anderen Fallgestaltungen); *Uhlenbruck*, § 190 RdNr. 5.
[41] *Hahn* Materialien, S. 256.
[42] *Jaeger/Weber* § 153 RdNr. 5.
[43] Vgl. RdNr. 2.
[44] *Zöller/Stöber*, ZPO, § 814 RdNr. 2.
[45] *Uhlenbruck*, § 153 RdNr. 3; *Jaeger/Weber* § 153 RdNr. 2.

3. Ausschlussfrist. Nach Abs. 1 Satz 1 ist die Ausschlussfrist des § 190 mit der des § 189 **13** identisch, es ist daher auf die dortigen Ausführungen (§ 189 RdNr. 2 bis 4) zu verweisen. Hinsichtlich der Präklusionswirkung des § 190 Abs. 1 Satz 2 vgl. § 189 RdNr. 11. Gemäß § 192 kann der absonderungsberechtigte Gläubiger bei einer folgenden Abschlags- oder Schlussverteilung vorrangig berücksichtigt werden, wenn er bis dahin den Nachweis von Verzicht oder Ausfall erbringt.

IV. Verwertungsrecht durch den Verwalter (§ 190 Abs. 3)

Bei einer **Abschlagsverteilung** hat der Verwalter den Ausfall zu **schätzen** und den **14** auf die verbleibende Forderung entfallenden Anteil zurückzubehalten (§ 190 Abs. 3 Satz 2).

Der Verwalter muss die Gegenstände bis zur **Schlussverteilung** verwerten, weil diese **15** erst nach vollständiger Verwertung der Insolvenzmasse erfolgt (§ 196 Abs. 1). Der tatsächliche Ausfall steht damit bei der Schlussverteilung fest. Ist hingegen das Sicherungsgut nicht oder nur langfristig verwertbar, so ist im Schlusstermin über die nicht verwertbaren Gegenstände der Insolvenzmasse zu entscheiden (§ 197 Abs. 1 Satz 2 Nr. 3). Mangels Verwertung steht der Ausfall hier also nicht fest und der absonderungsberechtigte Gläubiger nimmt an der Schlussverteilung nicht teil. Etwa bei Abschlagsverteilungen nach § 190 Abs. 2 Satz 2 zurückbehaltene Beträge werden dann für die Schlussverteilung frei (§ 190 Abs. 2 Satz 3). Der Gläubiger kann dies nur dann abwenden, wenn er rechtzeitig verzichtet.[46] Der Gläubiger muss sich also entscheiden, ob er die Quote möchte oder ob er selbst nach Verfahrensabschluss die Verwertung betreiben will. Angesichts der offensichtlich schweren Verwertbarkeit wird für den Gläubiger die Quote vielfach die vorzugswürdige Alternative darstellen.

§ 191 Berücksichtigung aufschiebend bedingter Forderungen

(1) ¹Eine aufschiebend bedingte Forderung wird bei einer Abschlagsverteilung mit ihrem vollen Betrag berücksichtigt. ²Der auf die Forderung entfallende Anteil wird bei der Verteilung zurückbehalten.

(2) ¹Bei der Schlußverteilung wird eine aufschiebend bedingte Forderung nicht berücksichtigt, wenn die Möglichkeit des Eintritts der Bedingung so fernliegt, daß die Forderung zur Zeit der Verteilung keinen Vermögenswert hat. ²In diesem Fall wird ein gemäß Absatz 1 Satz 2 zurückbehaltener Anteil für die Schlußverteilung frei.

Übersicht

	RdNr.		RdNr.
I. Überblick		4. Abgrenzung zu betagten Forderungen (§ 41)	8
1. Vergleich mit bisheriger Rechtslage	1	5. Steuerforderungen	
2. Normzweck	2	a) Grundsätzliches	9
3. Verhältnis zu §§ 189, 190	3	b) Einzelfälle	11
II. Aufschiebend bedingte Forderungen		6. Regressansprüche gegen den Schuldner	13
1. Aufschiebend bedingte Forderungen im eigentlichen Sinne		**III. Behandlung aufschiebend bedingter Forderungen**	
a) Zum Begriff	4	1. Abschlagsverteilungen (§ 191 Abs. 1)	14
b) Bedingungsausfall	5	2. Schlussverteilungen (§ 191 Abs. 2)	15
2. Bedingungsausfall	6		
3. Bedingungseintritt	7		

---

[46] *Nerlich/Römermann/Westphal* § 190 RdNr. 46; *Uhlenbruck*, § 190 RdNr. 10.

I. Überblick

1. Vergleich mit bisheriger Rechtslage. Die Vorschriften über *aufschiebend bedingte* Forderungen in den §§ 154, 156 und 168 Nr. 2 KO (die GesO enthält keine vergleichbaren Regelungen) werden – ohne inhaltliche Änderungen – in einer Vorschrift zusammengefasst.[1] Damit bleibt es dabei, dass aufschiebend bedingte Forderungen nur zu einer Sicherung, nämlich zur Zurückbehaltung berechtigen (§ 191 Abs. 1 Satz 2), auch wenn das Gesetz keine Vorschrift mehr enthält, die das – wie noch § 67 KO – ausdrücklich ausspricht. Für *auflösend bedingte* Forderungen gilt weiterhin (wie nach § 66 KO), dass sie wie unbedingte zu behandeln sind (§ 42). Dagegen ist die Vorschrift des § 168 Nr. 4 KO als „wenig praktischer Sonderfall"[2] (auflösend bedingte Forderungen, bei denen der Gläubiger zur Sicherheitsleistung verpflichtet ist) nicht übernommen worden.

2. Normzweck. Ein aufschiebend bedingt berechtigter Gläubiger hat noch keinen Anspruch gegen den Schuldner und kann deshalb, solange die Bedingung nicht eingetreten ist, nur *Sicherstellung* verlangen.[3] Das Gesetz lehnt eine Schätzung des Wertes (vgl. § 45) der Forderung nach der Wahrscheinlichkeit des Bedingungseintrittes ab.[4] Die Sicherung des Gläubigers mit aufschiebend bedingtem Anspruch darf aber nicht zu einer Benachteiligung der Gläubiger mit unbedingten Forderungen führen, weil der bedingt Berechtigte auch vor Verfahrenseröffnung damit rechnen muss, dass sie vorzugsweise befriedigt werden.[5] Er wird deshalb während des Verfahrens uneingeschränkt gesichert, hingegen bei der Schlussverteilung nur dann berücksichtigt, wenn der Bedingungseintritt nicht aussichtslos ist (§ 191 Abs. 2).

3. Verhältnis zu §§ 189, 190. Für *bestrittene* Forderungen ist zunächst § 189 maßgeblich.[6] Ist nach dieser Vorschrift eine Forderung nicht zu berücksichtigen, kommt es auf § 191 nicht mehr an. Für *absonderungsberechtigte* Forderungen gilt allein § 190, weil und sofern der gesicherte Anspruch gegen den Schuldner persönlich unbedingt ist. Der Ausfall ist keine aufschiebende Bedingung der Insolvenzforderung.[7] Ist dagegen die persönliche Forderung aufschiebend bedingt, ist zu unterscheiden: Weist der absonderungsberechtigte Gläubiger Verzicht oder Ausfall nicht nach, kommt es auf § 191 nicht mehr an. Die Forderung bleibt bereits wegen § 190 unberücksichtigt. Bei erfolgreichem Nachweis gem. § 190 ist die Forderung nach § 191 zu behandeln, also vor Bedingungseintritt durch Zurückbehaltung.

II. Aufschiebend bedingte Forderungen

1. Zum Begriff. a) Insolvenzforderung. Aufschiebend bedingte Forderungen können nur dann berücksichtigt werden, wenn sie **Insolvenzforderungen** i. S. v. § 38 sind. Dafür muss der anspruchsbegründende Tatbestand vor Verfahrenseröffnung vollständig begründet, insbesondere Verträge müssen vorher geschlossen worden sein.[8] Steht der Eintritt der Bedingung im Belieben des Schuldners **(Potestativbedingung)**, so liegt keine Insolvenzforderung vor. Das ergibt sich aus dem Rechtsgedanken des § 81, wonach Rechtshandlungen des Schuldners nach Verfahrenseröffnung in Bezug auf die Insolvenzgläubiger unwirksam sind.[9] Die Mehrung der Schuldenmasse während des Insolvenzverfahrens soll dem Schuldner nicht möglich sein.[10] In diesen Problemzusammenhang gehört die Einordnung

---

[1] Begr. § 218 RegE (= § 191).
[2] Begr. § 49 RegE (= § 42).
[3] *Hahn* Materialien, S. 260.
[4] *Hahn* Materialien, S. 261 f.
[5] *Hahn* Matrialien, S. 261 f.
[6] *Jaeger/Weber* § 154 RdNr. 1.
[7] Aber ähnlich und deshalb gleichzubehandeln, § 190 RdNr. 9.
[8] BGHZ 38, 369, 371 f. = NJW 1963, 709, 710; *Jaeger/Henckel* § 3 RdNr. 31; *Kilger/K. Schmidt* § 3 Anm. 4. a); vgl. auch RGZ 152, 321, 322.
[9] *Hahn* Materialien, S. 259.
[10] RGZ 59, 53, 57; *Jaeger/Henckel* § 3 RdNr. 37 mwN.

von Ansprüchen aus einer *Besserungsabrede*.[11] Hierbei ist nach dem Parteiwillen zu differenzieren.[12] Soll die Forderung nur im Fall einer Besserung wieder aufleben, liegt – mangels einer Besserung – keine (Insolvenz-)Forderung vor. Ist dagegen gewollt, dass die Forderung geltend gemacht werden kann, wenn eine außergerichtliche Sanierung gescheitert ist, so handelt es sich um eine (Insolvenz-)Forderung.

b) Bedingung. Erfasst sind zunächst die rechtsgeschäftlichen Bedingungen i. S. v. § 158 BGB, bei denen nach der Vereinbarung der Parteien das Entstehen der Forderung von einem zukünftigen, ungewissen Ereignis abhängt. Der insolvenzrechtliche Begriff der bedingten Forderung im Hinblick auf den Normzweck (vgl. RdNr. 2) geht darüber hinaus und umfasst auch **„unechte", gesetzliche** Bedingungen, bei denen das Entstehen der Forderung von noch fehlenden gesetzlichen Voraussetzungen abhängt.[13] Für **aufschiebend befristete** Forderungen trifft das Gesetz keine Regelung. § 163 BGB ordnet nur die entsprechende Anwendung der §§ 158, 160 und 161 BGB an und besagt damit nichts über die insolvenzrechtliche Einordnung.[14] Außerdem passt § 163 BGB allenfalls für rechtsgeschäftlich begründete Verbindlichkeiten, nicht aber für solche aus Gesetz. § 41 bietet die bessere Lösung als § 191, wenn feststeht, dass die Forderung später entstehen wird. Denn für § 191 ist entscheidend das für die Bedingung charakteristische Element der Ungewissheit.[15] Dieses besteht nur dann, wenn noch unsicher ist, ob überhaupt Fälligkeit eintritt (vgl. dazu unten RdNr. 8). Eine Forderung ist wegen der **Rechtskraftwirkung der Feststellung** (§ 178 Abs. 3) nur dann als eine bedingte zu behandeln, wenn sie auch in der Tabelle mit dieser Einschränkung festgestellt ist.[16] Ist die Forderung dagegen als unbedingte festgestellt, greifen die Beschränkungen des § 191 nicht.

2. Bedingungsausfall. Wird der Bedingungseintritt bis zur Unanfechtbarkeit des Verteilungsverzeichnisses unmöglich, scheidet – anders als bei nachträglicher Erfüllung[17] – eine Berücksichtigung aus. Das ergibt sich in Fällen, in denen die Bedingung vor dem Prüfungstermin ausfällt, schon daraus, dass die Forderung in diesem Fall von der Feststellung zur Tabelle als Grundlage des Verteilungsverzeichnisses[18] ausgeschlossen ist.[19] Der Gläubiger, der seine Forderung angemeldet hat und den vom Verwalter oder anderen Gläubigern geltend gemachten Bedingungsausfall bestreitet, muss das Feststellungsverfahren betreiben.[20] Wird die Forderung trotz des bereits bestehenden Bedingungsausfalls als unbedingte festgestellt, kann der Bedingungsausfall wegen der Rechtskraftwirkung nicht mehr geltend gemacht werden. Fällt die Bedingung nach der Feststellung aus, ist die Forderung im Verteilungsverzeichnis nicht zu berücksichtigen, weil die Insolvenzgläubigerschaft erloschen ist. Die Rechtskraft der Tabelle steht dem nicht entgegen, weil die ordnungsgemäße Feststellung die Bedingung beinhaltet[21] (vgl. auch § 726 ZPO). Streitigkeiten über den Bedingungsausfall in diesem Zusammenhang sind im Einwendungsverfahren (§ 194) zu klären.[22] Zum Bedingungsausfall nach der Schlussverteilung siehe RdNr. 15.

---

[11] Dazu *Obermüller*, Insolvenzrecht in der Bankpraxis, RdNr. 1. 166 ff.; *Uhlenbruck*, § 38 Rd: 25; vgl. § 38 RdNr. 51.
[12] *Kilger/K. Schmidt* § 3 Anm. 4 a).
[13] RGZ 58, 11; *Hahn* Materialien, S. 260; *Uhlenbruck*, § 67 RdNr. 1.
[14] AA *Nerlich/Römermann/Andres* § 41 RdNr. 5; *Kuhn/Uhlenbruck* § 154 RdNr. 7 mwN zur Rechtslage der KO; vgl. auch *Palandt/Heinrichs* § 163 RdNr. 2.
[15] § 41 RdNr. 9 f. *(Lwowski/Bitter)*; vgl. auch *Uhlenbruck*, § 41 RdNr. 4 und § 191 RdNr. 4.
[16] Die bedingte Forderung ist als solche anzumelden und festzustellen, *Nerlich/Römermann/Westphal* § 191 RdNr. 4. Zu ungewissem Fälligkeitszeitpunkt vgl. RdNr. 8.
[17] Vgl. § 188 RdNr. 4.
[18] Vgl. § 188 RdNr. 3.
[19] BGHZ 113, 207, 212 = NJW 1991, 1111, 1112 = ZIP 1991, 235, 237.
[20] Anders scheinbar *Kilger/K. Schmidt* § 67 Anm. 2 aE; *Jaeger/Lent* § 67 RdNr. 4, die nur das Einwendungsverfahren nach § 194 zulassen wollen.
[21] Aufschiebend bedingte Forderungen sind in dieser Eigenschaft anzumelden und festzustellen, *Kuhn/Uhlenbruck* § 67 RdNr. 5; *Nerlich/Römermann/Westphal* § 191 RdNr. 4.
[22] Insoweit besteht Übereinstimmung mit der in Fn. 20 zitierten Literatur.

7 3. Bedingungseintritt. Ist die Bedingung eingetreten, ist die Forderung durch Auszahlung zu berücksichtigen. Dies gilt auch, wenn die Bedingung bereits vor der Feststellung eingetreten und dennoch als bedingte festgestellt worden ist. Tritt die Bedingung vor Bestandskraft des Verteilungsverzeichnisses (§ 194) ein, ist die auf die Forderung entfallende Quote bei der anschließenden Verteilung auszubezahlen. Tritt die Bedingung nach dem vorgenannten Zeitpunkt, aber vor Vollzug der Verteilung ein, erfolgt eine sofortige Auszahlung. Erfolgt der Bedingungseintritt nach Vollzug der Verteilung, aber vor Aufhebung des Verfahrens, muss der Insolvenzverwalter ebenfalls sofort auszahlen. Aus dem Rechtsgedanken des § 192 lässt sich nicht ableiten, dass mit der Auszahlung bis zur nächsten Verteilung zugewartet werden muss. Die Praktikabilitätserwägungen greifen hier nicht durch, weil die Beträge, anders als in den Fällen des § 192, bereits zurückbehalten wurden. Ein *einklagbarer* Anspruch gegen den Verwalter auf Auszahlung besteht jedoch nicht.[23] Auch kann der behauptete Bedingungseintritt vom Gläubiger nicht im Einwendungsverfahren geltend gemacht werden, weil im Verteilungsverzeichnis nicht zwischen Zurückbehaltung und Auszahlung zu differenzieren ist. Tritt die Bedingung nach Verfahrensabschluss ein, wird der zurückbehaltene Betrag für eine Nachtragsverteilung an den Gläubiger frei, § 203 Abs. 1 Nr. 1. Gegen die Ablehnung der Nachtragsverteilung ist die Beschwerde statthaft, § 204 Abs. 1 Satz 2.

8 4. Abgrenzung zu betagten Forderungen (§ 41). Betagte Forderungen, die bereits bestehen, aber noch nicht fällig sind, werden gemäß § 41 Abs. 1 wie fällige, unbedingte Ansprüche behandelt. Die Unterscheidung ist oft schwierig zu treffen und spielt eine wichtige Rolle, z. B. im Hinblick auf die Insolvenzfestigkeit von Abtretungen.[24] Betagte Forderungen sind bei Verteilungen durch Auszahlung – abgezinst nach § 41 Abs. 2 – zu berücksichtigen. Etwas anderes gilt dann, wenn die **Fälligkeit aufschiebend bedingt** ist. Dann ist die Forderung wie eine aufschiebend bedingte i. S. v. § 191 anzusehen. Denn in diesem Fall steht nicht fest, ob überhaupt noch Fälligkeit eintritt.[25] Aus diesem Grund fallen auch Forderungen mit **ungewissem Fälligkeitseintritt** unter § 191.[26] Hierzu gehören zwar auch Ansprüche aus *unverfallbaren Anwartschaften gem.* § 1 *BetrAVG*.[27] Doch sind diese gem. § 45 zu schätzen und mit diesem – abgezinsten – Betrag als sofort fälliger Zahlungsanspruch zu behandeln (§ 9 Abs. 2 Satz 3 BetrAVG i. d. F. durch Art. 91 Nr. 4 EGInsO).[28] Die Umwandlung gem. § 45 vollzieht sich aber nicht automatisch mit der Verfahrenseröffnung, sondern erst mit der Eintragung in die Tabelle.[29] Für unwiderrufliche *Versorgungsanwartschaften*, die *nicht in den Anwendungsbereich des Betriebsrentengesetzes* fallen,[30] bleibt es hingegen bei einer Anwendung von § 191.[31] Forderungen mit **gewisser, aber unbestimmter** Fälligkeit (z. B. Forderungen, die auf den Todesfall einer Person fällig gestellt werden) unterliegen als betagte Forderungen § 41 und nicht § 191.[32] Sie sind mit dem nach § 45 zu schätzenden Wert (§ 41 Abs. 2 gilt nicht[33]) bei einer Verteilung zu berücksichtigen (vgl. § 41 RdNr. 20).

9 5. Steuerforderungen. a) Grundsätzliches. Ein Anspruch aus dem Steuerschuldverhältnis ist dann Insolvenzforderung (§ 38), wenn der zivilrechtliche Tatbestand, der zur Ent-

---

[23] Vgl. § 187 RdNr. 15; es bleiben aber Aufsichtsmaßnahmen.
[24] BGHZ 109, 368, 372.
[25] *Kilger/K. Schmidt* § 67 Anm. 1.
[26] Vgl. § 41 RdNr. 8 *(Lwowski/Bitter)*; Uhlenbruck, § 65 RdNr. 6 b.
[27] BAG ZIP 1990, 400, 401; vgl. ausführlich § 45 RdNr. 12 ff. *(Lwowski/Bitter)*.
[28] Das entspricht der bisherigen Rechtsprechung des BAG: BAGE 24, 204, 211; BAG ZIP 1983, 1095, 1096; 1989, 319, 320; 1990, 400, 401; kritisch dazu BGHZ 113, 207, 213 = BGH ZIP 1997, 1596, 1598; *Weber*, Anmerkung zu BAG AP § 61 KO Nr. 9.
[29] BGHZ 113, 207, 213 = NJW 1991, 1111, 1112 = ZIP 1991, 235, 237.
[30] Zum Anwendungsbereich vgl. § 17 Abs. 1 Satz 2 BetrAVG und BGH ZIP 1997, 1596, 1597 mwN.
[31] BGHZ 136, 220, 224 ff. = NJW 1998, 312, 313 = ZIP 1997, 1596, 1598 f. = WM 1997, 1720, 1721 f. = LM § 67 KO Nr. 3 m. Anm. *Pape*; BGH ZIP 2005, 909, 910 f., auch zum Problem des Verwertungsrechts bei Verpfändung einer zur Sicherung der Versorgungszusage geschlossenen Rückdeckungsversicherung.
[32] § 41 RdNr. 8 *(Lwowski/Bitter)*; Uhlenbruck, § 41 RdNr. 5 mwN; aA *Nerlich/Römermann/Andres* § 41 RdNr. 4; FK-*Schumacher* § 41 RdNr. 3.
[33] BGH WM 1960, 228, 231.

stehung der Steuer führt, vor Eröffnung des Insolvenzverfahrens verwirklicht wurde (§ 38 AO).[34] Es kommt auch dann auf diese Tatbestandsverwirklichung an, wenn die Forderung nach Steuerrecht noch nicht entstanden ist (insbesondere in den Fällen der §§ 13 UStG, 36 EStG).[35] Die steuerrechtlich zu beurteilende Frage des Entstehens der Steuerforderung und die insolvenzrechtliche Beurteilung des Begründetseins der Forderung sind also zu unterscheiden.[36]

Fallen insolvenzrechtliche Begründetheit (vor Eröffnung) und steuerrechtliches Entstehen (nach Eröffnung) auseinander, so ist die Forderung aufschiebend befristet mit gewissem Fälligkeitszeitpunkt und damit nach § 41 zu behandeln.[37] Hauptbeispiel ist der Fall, dass vor Verfahrenseröffnung der umsatzsteuerpflichtige Umsatz getätigt worden ist und der Veranlagungszeitraum (zehnter Tag des Folgemonats ohne Dauerfristverlängerung) erst danach abläuft. In diesem kurzen Zeitraum wird sich allerdings kaum jemals in der Praxis das Problem ein Abschlagsverteilung stellen. § 191 findet hingegen dann Anwendung, wenn der Schuldner eine Anzahlung geleistet hat, auf die keine Umsatzsteuer abgeführt wurde und noch offen ist, ob der Verwalter den Vertrag erfüllt.[38]

b) Einzelfälle. Wird der **steuerpflichtige Umsatz** nach Verfahrenseröffnung vom Verwalter ausgeführt, so liegt eine Masseverbindlichkeit nach § 55 Abs. 1 Nr. 1 vor, selbst wenn das Entgelt bereits vor Eröffnung vereinnahmt wurde.[39] Bei der Besteuerung nach vereinbarten Entgelten entsteht die Umsatzsteuer (steuerlich) mit Ablauf des Voranmeldungszeitraums, in dem das (Teil-)Entgelt vereinnahmt wurde, § 13 Abs. 1 Nr. 1 a) Satz 4 UStG. Insolvenzrechtlich entsteht die Umsatzsteuer hingegen mit Erbringung der Leistung. Der Masseschuldcharakter der Umsatzsteuer auf Anzahlungen vor Insolvenzeröffnung lässt sich nur dann verhindern, wenn der Verwalter anstelle der Erfüllungswahl einen neuen Werkvertrag hinsichtlich der Fertigstellung des Werks abschließt.[40]

Problematisch ist die Einordnung eines Steueranspruchs, der auf einer **Berichtigung des Vorsteuerabzugs** gem. § 17 Abs. 2 Nr. 1 Satz 1 UStG beruht. Hat der Schuldner von anderen Insolvenzgläubigern eine umsatzsteuerpflichtige Leistung erhalten, kann er die Vorsteuer unter den Voraussetzungen des § 15 UStG abziehen. Wird infolge der Krise des Schuldners das von ihm geschuldete Entgelt uneinbringlich, so ist der Vorsteuerabzug zu berichtigen, § 17 Abs. 2 Nr. 1 UStG. Damit erhöht sich die Umsatzsteuerschuld des Schuldners. Der darauf beruhende Steueranspruch ist also durch die Uneinbringlichkeit aufschiebend bedingt.[41] Der Anspruch auf Erstattung des berichtigten Vorsteuerabzugs ist Insolvenzforderung (§ 38), wenn der Umsatz an den Schuldner vor Verfahrenseröffnung ausgeführt wurde. Denn spätestens mit der Eröffnung des Insolvenzverfahrens ist – trotz einer etwaigen Quote – die Forderung in voller Höhe undurchsetzbar und damit uneinbringlich geworden.[42] Die Bedingung ist also spätestens mit Verfahrenseröffnung eingetreten. Die Steuerberichtigung ist für den Besteuerungszeitraum vorzunehmen, in dem die Änderung der Bemessungsgrundlage eingetreten ist (§ 17 Abs. 2 Nr. 1 i. V. m. Abs. 1 Satz 3 UStG). Besteuerungszeitraum ist das Kalenderjahr (§ 16 Abs. 1 Satz 2 UStG).[43] Der Berichtigungsanspruch stellt insolvenzrechtlich eine aufschiebend befristete Forderung mit be-

---

[34] § 38 RdNr. 25 (*Ehricke*); instruktives Beispiel zur Aufteilung im Bereich der Einkommensteuer *C. Farr*, Die Besteuerung in der Insolvenz RdNr. 294 ff.

[35] BFH ZIP 1981, 1261; NJW 1956, 1775 m. Anm. v. *Haenicke*; *Uhlenbruck*, § 38 RdNr. 6, 27; BGHZ 19, 163, 168 f. = NJW 1956, 180 betrifft nur die Fälligkeit im Hinblick auf § 61 Abs. 1 Nr. 2 KO.

[36] BFH BStBl. 1994 II, 83, 84; ZIP 1987, 119, 120.

[37] Vgl. oben RdNr. 5; § 41 RdNr. 10 f. (*Bitter*); aA noch BFH ZIP 1981, 1261, 1262; Unklar *Uhlenbruck*, § 191 RdNr. 5.

[38] *C. Farr*, Die Besteuerung in der Insolvenz, RdNr. 374.

[39] BFH BStBl. II 1978, 483; *Kuhn/Uhlenbruck* § 67 RdNr. 4 b; *Gottwald/Frotscher* Insolvenzrechtshandbuch § 123 RdNr. 6; aA *C. Farr*, Die Besteuerung in der Insolvenz, RdNr. 369.

[40] *Gottwald/Frotscher* Insolvenzrechtshandbuch § 123 RdNr. 24. Weitere Einzelheiten bei *Farr*, Die Besteuerung in der Insolvenz, RdNr. 369 ff.

[41] *Uhlenbruck*, § 191 RdNr. 4; *Kalter* BB 1972, 1270; aA *Fichtelmann* Umsatzsteuerrundschau 1970, 276.

[42] BFH ZIP 1987, 119, 121. Anders wenn der Verwalter die Erfüllung wählt, BFH BStBl. II 2000, 703; *C. Farr*, Die Besteuerung in der Insolvenz, RdNr. 392.

[43] *C. Farr*, Die Besteuerung in der Insolvenz, RdNr. 364.

stimmten Fälligkeitszeitpunkt dar. Hierfür gilt nicht § 191, sondern § 41 (vgl. oben Rd-Nr. 5). Der Anspruch auf Vorauszahlung (§ 18 Abs. 1 Satz 1 und 2 UStG) ist nach § 18 Abs. 1 Satz 3 UStG am zehnten Tag nach Ablauf des Voranmeldungszeitaumes (§ 18 Abs. 2 UStG), in dem die Uneinbringlichkeit eingetreten ist, fällig. Nicht fällige Forderungen gelten gem. § 41 Abs. 1 als fällig und sind nach § 41 Abs. 2 abzuzinsen.

13 **6. Regressanspüche gegen den Schuldner.** Haften der Schuldner und wenigstens ein Dritter einem Gläubiger gemeinsam dergestalt, dass bei Befriedigung durch den Dritten dieser beim Schuldner Rückgriff nehmen kann, so ist der Rückgriffsanspruch durch die Leistung des Dritten an den Gläubiger aufschiebend bedingt. Bsp.: Gesamtschuldnerische Haftung (§ 426 BGB), Rückgriffsansprüche des Bürgen (§ 774 BGB). Der Gläubiger kann seine Forderung uneingeschränkt geltend machen (§ 43). Dagegen sind Rückgriffsansprüche des leistenden Mitverpflichteten nur dann im Insolvenzverfahren zu berücksichtigen, wenn der Gläubiger seine Forderung gegen den Schuldner im Insolvenzverfahren nicht geltend macht (§ 44). Es besteht im Ergebnis wirtschaftlich nur eine einzige Verpflichtung, die durch das Insolvenzverfahren nicht verdoppelt werden darf.[44] Wenn also der Gläubiger seine Forderung im Insolvenzverfahren nicht geltend macht (etwa weil der Zugriff auf einen solventen Mitverpflichteten ohnehin ausreicht) und der mitverpflichtete Dritte den Gläubiger (noch) nicht befriedigt hat, ist sein (durch die Inanspruchnahme bedingter) Rückgriffsanspruch nach § 191 durch Zurückbehaltung zu berücksichtigen.[45] Es muss also bildlich gesprochen zunächst die Hürde des § 44 überwunden werden, bevor man zur Berücksichtigung nach § 191 kommt.

III. Behandlung aufschiebend bedingter Forderungen

14 **1. Abschlagsverteilungen (§ 191 Abs. 1).** Ist bis zum Vollzug der Verteilung[46] die Bedingung nicht eingetreten, wird der auf den **vollen Betrag** entfallende Anteil **zurückbehalten**. Ist die Bedingung eingetreten, wird der Betrag ausbezahlt.

15 **2. Schlussverteilung (§ 191 Abs. 2).** Bei einer Schlussverteilung ist ebenfalls der Anteil durch Hinterlegung (§ 198) zurückzubehalten, wenn bis zu ihrem Vollzug die Bedingung nicht eingetreten ist und die Möglichkeit des Eintritts der Bedingung nicht so fern liegt, dass die Forderung keinen Vermögenswert mehr darstellt, § 191 Abs. 2 Satz 1.[47] Ein Anspruch auf Auszahlung besteht nicht.[48] In § 191 Abs. 2 wird ein Redaktionsversehen gesehen, weil das Gesetz für Schlussverteilungen nicht ausdrücklich die Art der Berücksichtigung bestimme. Wenn auch die systematische Stellung dies nicht unbedingt nahelegt, erscheint es doch vom Wortlaut her unproblematisch, auch bei Schlussverteilungen § 191 Abs. 1 Satz 2 anzuwenden. Denn dort ist nur von „Verteilung" die Rede. Einer Analogie bedarf es daher nicht.[49] Streitigkeiten über diese Aussichtslosigkeit sind im Einwendungsverfahren nach §§ 194, 197 Abs. 3 zu klären.[50] Dabei ist der Verwalter darlegungs- und beweispflichtig (arg.: „[...] nicht berücksichtigt, wenn [...]").[51] Bei Aussichtslosigkeit wird auch der bei einer Abschlagsverteilung zurückbehaltene Anteil für eine Schlussverteilung frei, § 191 Abs. 2 Satz 2. Treten Aussichtslosigkeit oder Bedingungsausfall (s. RdNr. 6) nach der Schlussverteilung ein, werden die bei der Schlussverteilung zurückbehaltenen Beträge für eine Nachtragsverteilung (§ 203 Abs. 1 Nr. 1) frei.[52]

---

[44] RGZ 14, 172, 178; 72, 285, 290; 83, 401, 404; BGHZ 55, 117, 120; BGH DB 1985, 805, 806 ff.

[45] *Uhlenbruck*, § 191 RdNr. 2; § 44 RdNr. 12 *(Lwowski/Bitter)*.

[46] Auf die Unangreifbarkeit des Verteilungsverzeichnisses kommt es nicht an, weil darin nicht zwischen Auszahlung und Zurückbehaltung unterschieden wird, s. § 188 RdNr. 4.

[47] Vgl. zum Begriff der fern liegenden Möglichkeit auch §§ 916 Abs. 2 ZPO, 1986 Abs. 2 BGB.

[48] *Uhlenbruck*, § 191 RdNr. 6 mwN.

[49] AA *Uhlenbruck*, § 191 RdNr. 6; *Nerlich/Römermann/Westphal* § 191 RdNr. 11.

[50] *Uhlenbruck*, § 191 RdNr. 7.

[51] *Uhlenbruck*, § 191 RdNr. 7; *Kilger/K. Schmidt* § 154 Anm. 1 aE; *Jaeger/Weber* § 154 RdNr. 4; *Nerlich/Römermann/Westphal* § 191 RdNr. 11.

[52] *Jaeger/Weber* § 154 RdNr. 4; *Nerlich/Römermann/Westphal* § 191 RdNr. 5 und 12.

Bei Bedingungseintritt erfolgt eine Auszahlung an den berücksichtigten Gläubiger. Da hierbei ein zurückbehaltener Betrag nach Verfahrensaufhebung frei wird, ist dies gemäß § 203 Abs 1 Nr. 1, der nicht von einem Freiwerden „für die Masse", sondern „für die Verteilung" spricht, eine Nachtragsverteilung und bedarf daher der Zustimmung durch das Insolvenzgericht.

§ 192 Nachträgliche Berücksichtigung

Gläubiger, die bei einer Abschlagsverteilung nicht berücksichtigt worden sind und die Voraussetzungen der §§ 189, 190 nachträglich erfüllen, erhalten bei der folgenden Verteilung aus der restlichen Insolvenzmasse vorab einen Betrag, der sie mit den übrigen Gläubigern gleichstellt.

Übersicht

	RdNr.		RdNr.
I. Normzweck, Vergleich mit bisheriger Rechtslage	1	2. Ausschlussfrist	10
II. Anwendungsbereich		3. Kein Gesuch	12
1. Abschlagsverteilung	5	IV. Durchführung	
2. Rechtmäßig ausgeschlossene Gläubiger	6	1. Verteilungsverzeichnis	13
3. Verspätet angemeldete Forderungen	7	2. Gleichstellung	14
4. Rechtswidrig ausgeschlossene Gläubiger	8	V. Verstöße gegen § 192, Rechtsbehelfe	
III. Voraussetzungen		1. Rechtswidrig unterlassene Gleichstellung	15
1. Nachweis	9	2. Rechtswidrig durchgeführte Gleichstellung	16

I. Normzweck, Vergleich mit bisheriger Rechtslage

Die Vorschrift entspricht im Wesentlichen § 155 KO.[1] Sie begrenzt die Präklusionswirkung der §§ 189, 190.[2] Die bereits bei einer früheren Verteilung bedachten Gläubiger können nur beanspruchen, dass ihnen die ausgezahlte Dividende erhalten bleibt. Darüber hinaus führt die Ausschließung bei einer Abschlagsverteilung nicht dazu, dass das Prinzip der **gleichmäßigen Befriedigung** aller Insolvenzgläubiger im weiteren Verfahren aufgehoben wäre.[3] Die GesO enthält keine vergleichbare Regelung. 1

Folgende Änderungen im Wortlaut sind dennoch festzuhalten. Die Insolvenzgläubiger „erhalten *bei der folgenden Verteilung*" vorab einen Betrag. Damit wird eine Vereinfachung des Verteilungsverfahrens erzielt, weil die Gläubiger, die nachträglich die Voraussetzungen für die Berücksichtigung bei einer Verteilung erfüllen, nicht sofort, sondern erst bei der folgenden Verteilung den übrigen Gläubigern gleichgestellt werden.[4] Die nachträgliche Berücksichtigung stellt also **kein eigenständiges Verfahren** dar, sondern vollzieht sich im Rahmen einer Verteilung. 2

§ 155 KO sieht vor, dass die Gläubiger die nachträgliche Berücksichtigung „*verlangen können*".[5] Demgegenüber „*erhalten*" die Gläubiger nach § 192 „vorab einen Betrag, der sie mit den übrigen Gläubigern gleichstellt." Nach dem Wortlaut ist damit **kein besonderes Gesuch** um nachträgliche Berücksichtigung zu stellen.[6] 3

---

[1] Begr. zu § 220 RegE (= § 192).
[2] *Hahn* Materialien, S. 337 f.
[3] *Hahn* Materialien, S. 338.
[4] Begr. zu § 220 RegE (= § 192).
[5] Der Gesetzgeber der KO lehnte eine Berücksichtigung von Amts wegen ab, *Hahn* Materialien, S. 339.
[6] AA *Nerlich/Römermann/Westphal* § 192 RdNr. 7; *Kübler/Prütting/Holzer* § 192 RdNr. 4; *Hess* § 192 RdNr. 5.

4 Nach § 155 KO war eine nachträgliche Berücksichtigung nur möglich, wenn die „Restmasse (...) nicht infolge des Ablaufs einer Ausschlussfrist für eine neue Verteilung zu verwenden ist." § 192 enthält diese Einschränkung nicht mehr ausdrücklich, sie ergibt sich jedoch weiterhin daraus, dass der Gläubiger die Voraussetzungen der §§ 189, 190 erfüllen, also die dortigen Ausschlussfristen wahren muss.

II. Anwendungsbereich

5 **1. Abschlagsverteilung.** Die Vorschrift gilt nur für den Fall, dass der Gläubiger bei einer Abschlagsverteilung unberücksichtigt geblieben ist. Dagegen erfasst die Präklusion bei einer Schlussverteilung auch anschließende Nachtragsverteilungen (§ 205 Satz 1). § 192 kann zu einer nachträglichen Berücksichtigung im Rahmen sowohl einer weiteren Abschlags- als auch der Schlussverteilung führen. § 192 ist auf **besondere Vorrechte** entsprechend anzuwenden.[7]

6 **2. Rechtmäßig ausgeschlossene Gläubiger.** Nach dem Wortlaut sind nur solche Gläubiger erfasst, die bei der vorangegangenen Abschlagsverteilung zu Recht ausgeschlossen waren. Denn wenn sie „die Voraussetzungen der §§ 189, 190 nachträglich erfüllen", können sie bei der Abschlagsverteilung noch nicht erfüllt gewesen sein. Damit wurden sie zu Recht nicht berücksichtigt.

7 **3. Verspätet angemeldete Forderungen.** Analog gilt die Vorschrift auch für die Berücksichtigung verspätet angemeldeter Forderungen.[8] Die Vergleichbarkeit ergibt sich daraus, dass alle Gläubiger im Verfahren gleich behandelt werden sollen und die Versäumung der Anmeldefrist zu keiner Präklusion führt. § 177 Abs. 1 Satz 2 lässt ausdrücklich die Anmeldung auch nach dem Prüfungstermin zu. Für die Aufnahme in das Verteilungsverzeichnis ist neben der Anmeldung die Prüfung in einem besonderen Prüfungstermin oder im schriftlichen Verfahren erforderlich.

8 **4. Rechtswidrig ausgeschlossene Gläubiger.** § 192 gilt a fortiori auch für diejenigen Gläubiger, die von vornherein die Voraussetzungen der §§ 187 ff. für eine Berücksichtigung erfüllen, also zu Unrecht ausgeschlossen wurden.[9] Dem kann nicht entgegengehalten werden, dass diese Gläubiger die Möglichkeit hatten, ihre Berücksichtigung im Einwendungsverfahren zu erzwingen.[10] Denn auch die zu Recht ausgeschlossenen Gläubiger hätten möglicherweise bereits bei der vorangegangenen Abschlagsverteilungen die Nachweise der §§ 189, 190 führen können, ohne dass es für § 192 auf dieses Versäumnis ankäme. Im Übrigen widerspricht diese Ansicht dem Normzweck, wonach eine auf das ganze Verfahren bezogene, gleichmäßige Befriedigung der gleichberechtigten Insolvenzgläubiger auch bei nachfolgenden Verteilungen hergestellt werden und sich die Präklusionswirkung damit auf ein Behaltendürfen der ausgezahlten Dividende beschränken soll (siehe RdNr. 1). § 192 gilt dagegen nicht, wenn bei einer Abschlagsverteilung versehentlich an einen Gläubiger, der im Verteilungsverzeichnis aufgeführt ist, keine Dividende ausgezahlt wird. Hier kann der Gläubiger jederzeit Auszahlung seiner Dividende verlange. Er muss nicht analog § 192 auf die nächste Verteilung warten.[11]

III. Voraussetzungen

9 **1. Nachweis.** Um den übrigen Gläubigern gleichgestellt werden zu können, müssen die Voraussetzungen der §§ 189, 190 nachträglich erfüllt werden. In den Fällen analoger Anwendung (vgl. RdNr. 7, 8) der Vorschrift ist kein Nachweis erforderlich. Bei verspätet

---

[7] § 190 RdNr. 7.
[8] *Nerlich/Römermann/Westphal* § 192 RdNr. 6.
[9] *Uhlenbruck,* § 192 RdNr. 3; *Nerlich/Römermann/Westphal* § 192 RdNr. 16; *Kilger/K. Schmidt* § 155 Anm. 1; *Jaeger/Weber* § 155 RdNr. 1 a.
[10] So aber *Seuffert,* Das Deutsche Konkursprozessrecht, 1898, S. 365.
[11] *Nerlich/Römermann/Westphal* § 192 RdNr. 16.

angemeldeten Forderungen, die nicht bestritten sind, genügt allein die Feststellung zur Tabelle. Bei rechtswidriger Nichtberücksichtigung ist ebenfalls kein Nachweis zu verlangen, denn die Forderung hätte schon bei der vorangegangen Verteilung berücksichtigt werden müssen.

2. Ausschlussfrist. Um überhaupt an der nächsten Verteilung teilnehmen zu können, muss der bisher säumig gebliebene Gläubiger innerhalb der Ausschlussfrist der §§ 189 Abs. 1, 190 Abs. 2 die entsprechenden Nachweise erbringen. Nur wenn so überhaupt seine Teilnahme an der neuen Verteilung gesichert ist, kann vorab eine Gleichstellung nach § 192 erfolgen. Es genügt also nicht, dass der Gläubiger nachträglich die Voraussetzungen für die Teilnahme an der vorangegangen Verteilung nachweist. Ein solcher Nachweis würde auch nicht gelingen, weil die Ausschlussfrist für die frühere Verteilung bereits versäumt ist.

Auch bei **verspätet angemeldeten Forderungen** ist unabdingbare Voraussetzung für eine Teilnahme an der Verteilung und damit für eine Gleichstellung nach § 192 die vorherige **Prüfung** in einem besonderen Prüfungstermin oder im schriftlichen Verfahren (§ 177 Abs. 1 Satz 2). Wird die Forderung nicht bestritten und ist sie auch nicht absonderungsberechtigt, kann der Gläubiger noch im Einwendungsverfahren innerhalb der Frist des § 194 die Berücksichtigung erzwingen. Der Verwalter kann die Forderung bis zum Ablauf der Frist des § 193 in das Verteilungsverzeichnis aufnehmen. Im Bestreitensfall sind die Voraussetzungen des § 189 rechtzeitig nachzuweisen. Gleiches gilt bei absonderungsberechtigten Forderungen. In diesen Fällen ist theoretisch denkbar, dass der Gläubiger die Nachweise innerhalb der Ausschlussfrist des § 189 Abs. 1 erbracht hat, die Feststellung aber innerhalb der Frist des § 194 erfolgt. Auch dann ist die Forderung zu berücksichtigen.

3. Kein Gesuch. Nach dem Wortlaut des § 192 erfolgt die nachträgliche Berücksichtigung und Gleichstellung ohne ein Gesuch. Es müssen nur die Nachweise im Sinne der §§ 189, 190 geführt werden. Die Literatur zu § 155 KO differenzierte bisher danach, ob ein Gläubiger zu Recht ausgeschlossen war (dann Antragspflicht) oder zu Unrecht nicht berücksichtigt wurde (dann Gleichstellung von Amts wegen).[12] Diese Unterscheidung findet in § 192 keine Stütze mehr (siehe RdNr. 3), auch wenn die Begründung zu § 220 RegE (= § 192) kein bewusstes Abweichen von der KO in diesem Punkt erkennen lässt. Die Unterscheidung ist auch nicht vom Gesetzeszweck her vorgegeben. Die Präklusionswirkung soll sich auf die ausbezahlten Dividenden beschränken und die Gesamtdividende nicht berühren (siehe RdNr. 1). Auch wird der Verwalter vor keine unzumutbare Aufgabe gestellt, weil er ja ohnehin das neue Verteilungsverzeichnis mit dem der vorangegangenen Abschlagsverteilung vergleichen muss, um festzustellen, ob jetzt berücksichtigte Gläubiger früher zu Unrecht übergangen wurden. Die Erfassung der rechtmäßig Ausgeschlossenen ist sogar weniger aufwändig, weil diese ja nachträglich den Nachweis der §§ 189, 190 geführt haben und ihre Fälle daher dem Verwalter in der Regel ohnehin bekannt sind. Praktische Bedeutung hat die Meinungsdifferenz aber nicht, weil in der nachträglichen Erbringung der Nachweise bzw. der verspäteten Anmeldung ein konkludentes Gesuch um Gleichstellung mit den übrigen Gläubigern zu sehen ist.[13] Bei den zu Unrecht übergangenen Gläubigern liegt zwar kein solcher Antrag vor, doch erfolgt hier auch nach der Gegenansicht die Gleichstellung von Amts wegen.[14]

IV. Durchführung

1. Verteilungsverzeichnis. Aus § 193 ergibt sich mittelbar, dass die Gleichstellung im Verteilungsverzeichnis zu vermerken ist („Änderungen des Verzeichnisses [...] auf Grund

---

[12] *Uhlenbruck*, § 192 RdNr. 6 mwN für das alte und neue Recht; *Nerlich/Römermann/Westphal* § 192 RdNr. 15.
[13] *Uhlenbruck*, § 192 RdNr. 5.
[14] Vgl. *Uhlenbruck*, § 192 RdNr. 6 mwN.

§ 193   5. Teil. 2. Abschnitt. Verteilung

der §§ 189 bis 192"). Der Zustimmung des Gläubigerausssschusses (§ 187 Abs. 3 Satz 2) bedarf es nicht.[15] Denn die Gleichstellung ist keine eigenständige Verteilung, sondern vollzieht sich innerhalb einer genehmigten Verteilung.

14   **2. Gleichstellung.** Die Gleichstellung erfolgt „vorab aus der restlichen Insolvenzmasse". Die Restmasse besteht aus dem, was nach der letzten Abschlagsverteilung noch übrig geblieben, seither verwertet worden, nach den §§ 189 bis 191 für die Masse freigeworden oder sonst zur Masse zurückgeflossen ist. Vor einer Auszahlung im Rahmen dieser Vorschrift sind stets alle Masseverbindlichkeiten (in den Grenzen des § 206) zu berücksichtigen. Die besonderen Insolvenzvorrechte (§ 189 RdNr. 7) werden entsprechend den §§ 190, 192 im Rahmen der Verteilung berücksichtigt. Der „Nachzügler" erhält vorweg die bislang an die übrigen Gläubiger gezahlte Quote und nimmt sodann an der weiteren Verteilung ebenfalls teil. Reicht die Restmasse nicht mehr aus, den „Nachzüglern" eine gleich hohe Quote zur Verfügung zu stellen, so ist die Quote für die „Nachzügler" entsprechend zu reduzieren. In diesem Fall empfiehlt es sich, die nachträgliche Berücksichtigung in der Form einer Schlussverteilung vorzunehmen. Eine (teilweise) Rückforderung der bereits ausbezahlten Dividenden kommt nicht in Betracht.[16]

V. Verstöße gegen § 192, Rechtsbehelfe

15   **1. Rechtswidrig unterlassene Gleichstellung.** Unterlässt der Verwalter die nachträgliche Berücksichtigung, kann der Gläubiger sie nicht im Prozessweg erzwingen. Ein einklagbarer Anspruch auf nachträgliche Berücksichtigung besteht nicht, weil diese nur eine besondere Form der Verteilung ist.[17] Er kann aber im Einwendungsverfahren (§ 194) seine Gleichstellung erzwingen, weil die Gleichstellung im Verzeichnis zu vermerken ist (siehe RdNr. 13).

16   **2. Rechtswidrig durchgeführte Gleichstellung.** Die benachteiligten Gläubiger können vom Verwalter nach Maßgabe des § 60 Schadenersatz verlangen und Aufsichtsmaßnahmen anregen.[18] Gegen die vorab erfolgende Gleichstellung können nach § 194 Einwendung erhoben werden. Rückforderungsansprüche (§ 812 BGB) des Verwalters gegen den Gläubiger,[19] der zu Unrecht gleichgestellt wurde, sind denkbar, wenn die Gleichstellung nicht im Verteilungsverzeichnis vermerkt wurde. Im Übrigen schließt die Bestandskraft des Verteilungsverzeichnisses eine Rückforderung aus.

§ 193 Änderung des Verteilungsverzeichnisses

Der Insolvenzverwalter hat die Änderungen des Verzeichnisses, die auf Grund der §§ 189 bis 192 erforderlich werden, binnen drei Tagen nach Ablauf der in § 189 Abs. 1 vorgesehenen Ausschlußfrist vorzunehmen.

Übersicht

	RdNr.		RdNr.
I. Überblick	1	3. Änderungen auf Grund § 191	5
II. Die Drei-Tages-Frist	2	4. Änderungen auf Grund § 192	7
III. Änderungen		5. Berichtigung von Irrtümern	8
1. Änderungen auf Grund § 189	3	IV. Niederlegung	9
2. Änderungen auf Grund § 190	4		

---

[15] *Uhlenbruck*, § 192 RdNr. 6; aA HK-*Irschlinger* § 192 RdNr. 4.
[16] Vgl. § 188 RdNr. 10.
[17] § 187 RdNr. 14; *Uhlenbruck*, § 192 RdNr. 3.
[18] Vgl. § 187 RdNr. 15 f.
[19] Dazu § 188 RdNr. 10 f.

I. Überblick

§ 193 übernimmt ohne inhaltliche Änderungen § 157 KO. Die GesO enthält keine vergleichbare Regelung. Die kurze Dreitagesfrist ist vor dem Hintergrund der Einwendungsfrist des § 194 zu sehen. Den Gläubigern soll die Möglichkeit offen gehalten werden, auch gegen Änderungen des Verzeichnisses Einwendungen zu erheben.[1] Aus Gründen der Rechtssicherheit ist auch bei Schlussverteilungen an der Regelung des § 193 festzuhalten, obwohl im Schlussverteilungsverfahren die Einwendungsfrist des § 194 Abs. 1 nicht gilt (arg. § 197 Abs. 3).

II. Die Drei-Tages-Frist

Die Frist beginnt gem. §§ 187 Abs. 2 BGB, 222 Abs. 1 ZPO, 4 InsO mit Ablauf der Ausschlussfrist (§ 189 Abs. 1) und endet gem. §§ 188 Abs. 1 BGB, 222 Abs. 1 ZPO, 4 InsO mit Ablauf des dritten Tages, es sei denn, es handelt es sich dabei einen Samstag, Sonntag oder Feiertag (§§ 222 Abs. 2 ZPO, 4 InsO). Eine **Wiedereinsetzung** ist **nicht möglich**, weil es sich um keine Notfrist handelt (§§ 233, 224 Abs. 1 Satz 2 ZPO, 4 InsO). Änderungen nach Ablauf der Frist sind unzulässig und gesetzwidrig.[2] Sie können im Einwendungsverfahren (§ 194) angegriffen werden, wenn die einwöchige Einwendungsfrist noch nicht abgelaufen ist. Diese wird jedoch auch durch eine gesetzwidrige Änderung oder Berichtigung nicht erneut zum Laufen gebracht. Die Änderung muss also nach Ablauf der Drei-Tages-Frist des § 193 und vor Ablauf der Wochenfrist des § 194 erfolgt sein. Andernfalls bleiben nur Schadenersatzansprüche gegen den Verwalter (§ 60). Offensichtliche Irrtümer können auch nach Ablauf der Frist noch beseitigt werden.[3]

III. Änderungen

Nur die folgenden Änderungen des Verzeichnisses kommen in Betracht. Über die genannten Fälle hinaus ist eine Abänderung durch den Verwalter von Amts wegen ausgeschlossen. Allerdings können Gläubiger über das Einwendungsverfahren nach § 194 eine Abänderung erzwingen. Übersieht der Verwalter die Frist und werden daher auf Grund der unzulässigen Änderungen mehr Gläubiger berücksichtigt, so haben die übrigen Gläubiger dem Grunde nach einen Schadenersatzanspruch gegen den Verwalter (§ 60), dem sie sich aber ein Mitverschulden nach § 254 BGB entgegenhalten lassen müssen, wenn ihnen eine Einwendung nach § 194 offen stand.

1. Änderungen auf Grund § 189. Hat ein Gläubiger innerhalb der Ausschlussfrist des § 189 Abs. 1 nachgewiesen, für welchen Betrag er die Feststellungsklage erhoben bzw. den früheren Rechtsstreit aufgenommen hat, ist die bestrittene Forderung in das Verteilungsverzeichnis aufzunehmen. Der Nachweis kann innerhalb der Frist des § 193 nicht mehr nachgeholt werden.

2. Änderungen auf Grund § 190. Eine absonderungsberechtigte Forderung ist nachträglich in das Verteilungsverzeichnis aufzunehmen, wenn und soweit der Gläubiger innerhalb der Ausschlussfrist des § 189 Abs. 1 nachweist, dass er auf abgesonderte Befriedigung verzichtet hat oder bei ihr ausgefallen ist. Bei Abschlagsverteilungen ist der mutmaßliche Ausfall glaubhaft zu machen (§ 190 Abs. 2 Satz 1), während bei einer Schlussverteilung der endgültige Ausfall feststehen muss. Keine über § 193 zu berichtigende Änderung ist das Freiwerden eines Anteils für die Schlussverteilung, der bei einer vorangegangenen Abschlagsverteilung zurückbehalten wurde (§ 190 Abs. 2 Satz 3). Damit wird nur die für die Schlussverteilung zur Verfügung stehende Masse erhöht. Die Verteilungsmasse ist aber nicht

---
[1] *Uhlenbruck* § 193 RdNr. 4.
[2] *Jaeger/Weber* § 157 RdNr. 1; vgl. zur Problematik der nachträglichen Feststellung von Forderungen, die erst im Schlusstermin geprüft werden § 197 RdNr. 9.
[3] *Nerlich/Römermann/Westphal* § 188 RdNr. 24.

im Verteilungsverzeichnis zu vermerken, sondern gem § 188 Satz 3 öffentlich bekannt zu machen. Eine erneute Bekanntmachung auf Grund einer geänderten Verteilungsmasse ist nicht erforderlich.[4] Zum einen unterliegt diese Verteilungsmasse wegen § 206 Nr. 1 (Berücksichtigung von Masseverbindlichkeiten) praktisch immer noch bestimmten Veränderungen. Zum anderen soll die Bekanntmachung Gläubigern die Entscheidung ermöglichen, ob sie an der Verteilung teilnehmen wollen.[5] Nach Ablauf der Ausschlussfrist ist das für bisher zu Recht noch nicht berücksichtigte Gläubiger aber ohnehin nicht mehr möglich.

5 **3. Änderungen auf Grund § 191.** In Betracht kommt hier allein ein **Ausfall** der Bedingung bei einer Schlussverteilung, wenn die Möglichkeit des Eintritts so fern liegt, dass die Forderung keinen Vermögenswert hat, § 191 Abs. 2 Satz 1. Dabei kann sich der Ausfall auch noch nach Ablauf der Ausschlussfrist ergeben (vgl. Wortlaut § 191: „zurzeit der Verteilung").[6] Der Verwalter kann diesen Ausfall jedoch nur innerhalb der Frist des § 193 berücksichtigen, weil dem betroffenen Gläubiger die Möglichkeit des Einwendungsverfahrens gegen die Nichtberücksichtigung offen bleiben muss. Andere Gläubiger können dagegen den Ausfall innerhalb der Frist des § 194 im Einwendungsverfahren geltend machen. Über § 193 nicht zu berücksichtigen ist ein Freiwerden zurückbehaltener Beträge nach § 191 Abs. 2 Satz 2 (vgl. RdNr. 4).

6 Der **Eintritt** einer *aufschiebenden* Bedingung führt nicht zu einer Änderung des Verzeichnisses, weil im Verzeichnis nicht zwischen Zurückbehaltung und Auszahlung zu unterscheiden ist.[7] Der Eintritt einer *auflösenden* Bedingung ist kein Fall des § 191. Sofern das die Vollstreckbarkeit beseitigende Urteil auf Grund einer Vollstreckungsgegenklage nach § 767 ZPO vorliegt, kann ein Gläubiger im Wege des Einwendungsverfahrens durchsetzen, dass die auf Grund des Eintritts der auflösenden Bedingung weggefallene Forderung nicht mehr zu berücksichtigen ist. Dem Verwalter ist es dagegen verwehrt, von sich aus die Forderung aus dem Verteilungsverzeichnis zu nehmen (arg. § 193 e contrario).[8] Um einen offensichtlichen Irrtum (vgl. RdNr. 8) handelt es sich dabei nämlich nicht.

7 **4. Änderungen auf Grund § 192.** Eine Änderung nach § 192 wird dann erforderlich, wenn ein Gläubiger, der weder bei einer vorangegangenen Verteilung noch im Verzeichnis für die anstehende Verteilung berücksichtigt wurde, nunmehr im Verteilungsverzeichnis zu berücksichtigen ist, weil er die Voraussetzungen der §§ 189, 190 nachträglich erfüllt hat. Aus § 193 ergibt sich dabei, dass der Verwalter auch die Gleichstellung nach § 192 im Verzeichnis zu vermerken hat.

8 **5. Berichtigung von Irrtümern.** Neben den ausdrücklich genannten Fällen der §§ 189 bis 192 sind auch Berichtigungen von **offensichtlichen Irrtümern** zulässig.[9] Hierzu zählen beispielsweise auch die versehentliche Nichtaufnahme einer festgestellten Forderung; oder die Aufnahme von Masseansprüchen in das Verzeichnis. Auch diese Berichtigungen sind innerhalb der Drei-Tages-Frist vorzunehmen.[10] Auch insoweit muss die Möglichkeit des Einwendungsverfahrens offen gehalten werden (s. RdNr. 1). Soweit die Gegenansicht nur die Berichtigung von Schreib- und Rechenfehlern zulassen will,[11] greift dies zu kurz. Es muss dem Verwalter – auch angesichts einer drohenden Haftung – möglich sein, auch sonstige, ohne weiteres erkennbare Fehler von sich aus zu beseitigen. Die Gewährleistung einer richtigen Verteilung darf in solchen Fällen nicht allein der Initiative von Gläubigern im Einwendungsverfahren überlassen bleiben. Bloße Schreib- oder Rechenfehler unterscheiden

---

[4] *Nerlich/Römermann/Westphal* § 193 RdNr. 10.
[5] Vgl. § 188 RdNr. 1.
[6] AA *Nerlich/Römermann/Westphal* § 193 RdNr. 2.
[7] Vgl. § 188 RdNr. 4.
[8] AA *Nerlich/Römermann/Westphal* § 193 RdNr. 1 für den Fall, dass der Forderungswegfall innerhalb der Ausschlussfrist des § 189 Abs. 1 eintritt.
[9] *Uhlenbruck*, § 193 RdNr. 2 mwN; *Nerlich/Römermann/Westphal* § 193 RdNr. 8; *Hahn* Materialien, S. 339; *Jaeger/Weber* § 157 RdNr. 1: „Berichtigung offenbar gewordener Irrtümer".
[10] *Hahn* Materialien, S. 339.
[11] *Nerlich/Römermann/Westphal* § 193 RdNr. 8; *Kübler/Prütting/Holzer* 193 RdNr. 2.

sich von sonstigen offensichtlichen Irrtümern darin, dass sie auch nach Ablauf der Drei-Tages-Frist noch berichtigt werden können.[12]

IV. Niederlegung

Auch das geänderte Verteilungsverzeichnis ist gem. § 188 Satz 2 niederzulegen.[13] Richtigerweise sollten die Änderungen nach § 193 auf dem ursprünglichen, beim Insolvenzgericht niedergelegten Verzeichnis in einer Berichtigungsspalte vermerkt werden,[14] auch wenn dem Gesetzeswortlaut mit der Niederlegung eines auf der Grundlage der Änderungen komplett neugefassten Verzeichnisses genüge getan wird. Denn dann ist für Gläubiger, die bereits das ursprüngliche Verzeichnis überprüft haben ohne weiteres zu erkennen, welche Änderungen nach Ablauf der Ausschlussfrist vorgenommen wurden. Eine erneute Bekanntmachung der Verteilungsmasse erfolgt dagegen nicht.[15] 9

§ 194 Einwendungen gegen das Verteilungsverzeichnis

(1) Bei einer Abschlagsverteilung sind Einwendungen eines Gläubigers gegen das Verzeichnis bis zum Ablauf einer Woche nach dem Ende der in § 189 Abs. 1 vorgesehenen Ausschlußfrist bei dem Insolvenzgericht zu erheben.

(2) ¹Eine Entscheidung des Gerichts, durch die Einwendungen zurückgewiesen werden, ist dem Gläubiger und dem Insolvenzverwalter zuzustellen. ²Dem Gläubiger steht gegen den Beschluß die sofortige Beschwerde zu.

(3) ¹Eine Entscheidung des Gerichts, durch die eine Berichtigung des Verzeichnisses angeordnet wird, ist dem Gläubiger und dem Verwalter zuzustellen und in der Geschäftsstelle zur Einsicht der Beteiligten niederzulegen. ²Dem Verwalter und den Insolvenzgläubigern steht gegen den Beschluß die sofortige Beschwerde zu. ³Die Beschwerdefrist beginnt mit dem Tag, an dem die Entscheidung niedergelegt worden ist.

Übersicht

	RdNr.		RdNr.
I. Überblick	1	a) Zurückweisung (Abs. 2)	10
II. Abgrenzung zu anderen Rechtsbehelfen		b) Berichtigung (Abs. 3)	11
		c) Berichtigung unter teilweiser Zurückweisung	12
1. Materiell-rechtliche Einwendungen	2	IV. Rechtsbehelfe	
2. Verfahrensrechtliche Einwendungen	3	1. Keine Rechtspflegererinnerung (§ 11 Abs. 1 RPflG)	13
III. Einwendungsverfahren		2. Beschwerde	14
1. Mögliche Ziele einer Einwendung (Statthaftigkeit)	4	3. Beschwerdeberechtigung	15
2. Einwendungsberechtigte	6	4. Einlegung und Form	16
3. Einwendungsfrist	7	5. Beschwerdefrist	17
4. Adressat, Zuständigkeit, Form	8	6. Aufschiebende Wirkung	18
5. Verfahrensvorschriften	9	7. Weitere Beschwerde	19
6. Zustellung und Niederlegung			

I. Überblick

§ 194 Abs. 1 gilt nur für **Abschlagsverteilungen**, die Absätze 2 und 3 auch für **Schlussverteilungen (§ 197 Abs. 3)**. Für Nachtragsverteilungen spielt die Vorschrift unmittelbar 1

---

[12] Nerlich/Römermann/Westphal § 188 RdNr. 24.
[13] Uhlenbruck § 193 RdNr. 4.
[14] So der Vorschlag von Nerlich/Römermann/Westphal § 193 RdNr. 3.
[15] Vgl. RdNr. 4.

keine Rolle, weil es kein Nachtragsverteilungsverzeichnis gibt (§ 205 Satz 1). Einwendungen gegen das Schlussverzeichnis können sich aber natürlich auch auf Nachtragsverteilungen auswirken. Gegenüber § 158 KO stellt § 194 nunmehr ausdrücklich klar, wem zuzustellen und wer beschwerdeberechtigt ist.[1] Die in § 222 Abs. 1 Satz 2 RegE vorgesehene Regelung der Form der Einwendung wurde nicht übernommen, weil sie sich nach Ansicht des Rechtsausschusses bereits aus den §§ 496 ZPO, 4 InsO ergibt.[2] In der Praxis spielen jedenfalls Einwendungen gegen die Aufnahme anderer Gläubiger in das Verteilungsverzeichnis eine geringe Rolle, weil die Gläubiger in aller Regel nur an der Berücksichtigung ihrer eigenen Forderungen interessiert sind.

II. Abgrenzung zu anderen Rechtsbehelfen

1. Materiell-rechtliche Einwendungen. Will ein Gläubiger geltend machen, dass die Forderung eines anderen Gläubigers nicht oder nicht in dieser Höhe besteht, so muss er das durch Bestreiten im **Prüfungsverfahren** oder durch Klage im **Feststellungsverfahren** (§§ 176 ff.) tun. Im Verteilungsverfahren kann er derartige materiell-rechtliche Einwendungen nicht geltend machen.[3] Denn wenn schon eine bereits im Prüfungsverfahren bestrittene Forderung gem. § 189 berücksichtigt werden muss, so erst recht die festgestellten und später bestrittenen. Das nachträgliche Erlöschen der Forderung kann daher ebenfalls nicht nach § 194, sondern nur nach § 767 ZPO geltend gemacht werden.[4] Dagegen führt der endgültige Ausfall einer aufschiebenden Bedingung bei einer Forderung, die als bedingte festgestellt wurde, ohne weiteres dazu, dass sie nicht zu berücksichtigen ist.[5] Ihre unzutreffende Aufnahme in die Liste kann Gegenstand einer Einwendung nach § 194 sein.

2. Verfahrensrechtliche Einwendungen. Macht ein Gläubiger geltend, dass das Verzeichnis nicht den Vorschriften des Verteilungsverfahrens nach den §§ 188 ff. entspricht, so kann er nicht Klage auf Änderung des Verteilungsverzeichnisses im normalen **Zivilprozess** erheben, weil es mit § 194 ein sachnäheres Verfahren gibt und eine Klage daher wegen fehlenden Rechtsschutzbedürfnisses unzulässig wäre.[6] Eine **Feststellungsklage** nach § 256 ZPO über ein Rechtsverhältnis, das auch die Berücksichtigung im Verteilungsverzeichnis beeinflusst, ist dadurch aber nicht schlechthin ausgeschlossen. Eine solche Klage erscheint dann zulässig, wenn es um eine grundsätzliche, also über das anstehende Verteilungsverfahren hinausgehende Klärung geht.[7] Über die Frage, ob Forderungen bei Verteilungen zu berücksichtigen sind, entscheidet nach Auffassung des BGH in keinem Fall das Prozess-, sondern allein das Insolvenzgericht.[8]

Beispiele: (1.) In der Tabelle wurde eine Forderung „vorläufig als Ausfallforderung festgestellt". Nunmehr erweist sich das Absonderungsrecht als nicht bestehend. Der Verwalter lehnt – zu Unrecht – die Berücksichtigung ab, weil die Forderung erneut und diesmal unbeschränkt zur Tabelle angemeldet werden müsse.[9] Hier ist sowohl eine Feststellungsklage hinsichtlich der wirksamen Feststellung zur Tabelle als auch ein Einwendungsverfahren nach § 194 zulässig.[10] Das Einwendungsverfahren kann nach §§ 148 ZPO, 4 InsO ausgesetzt werden. Nur durch eine Einwendung nach § 194 kann unmittelbar die Berücksichtigung im Einwendungsverfahren erzwungen werden.[11]

(2.) Eine Forderung wurde mit dem Zusatz festgestellt, dass von ihr der Gegenwert der abgesonderten Waren abzusetzen sei. Nunmehr streiten Verwalter und Gläubiger darüber, ob der Gegenwert nach

---
[1] Begr. zu § 222 RegE (= § 194).
[2] Ausschussbericht zu § 222 Abs. 1 RegE.
[3] RGZ 21, 331, 339; BGH WM 1957, 1225, 1226; *Jaeger/Weber* § 158 RdNr. 1; *Uhlenbruck*, § 194 RdNr. 5.
[4] RG (Fn. 3); vgl. § 188 RdNr. 4.
[5] Vgl. § 191 RdNr. 6.
[6] *Jaeger/Weber* § 158 RdNr. 1; vgl. auch BGH WM 1998, 622, 623 = ZIP 1998, 515, 517.
[7] *Jaeger/Weber* § 158 RdNr. 1.
[8] BGH (Fn. 6).
[9] Fall von RGZ 139, 83.
[10] *Jaeger/Weber* § 158 RdNr. 1.
[11] BGH WM 1998, 622, 623 = ZIP 1998, 515, 517.

Einwendungen gegen das Verteilungsverzeichnis 4–6 § 194

dem Zeitwert oder nach dem Rechnungspreis zu bemessen sei.[12] Da diese Frage grundsätzliche Bedeutung für das gesamte Insolvenzverfahren hat, ist die allgemeine Feststellungsklage zulässig.[13] Auch eine Einwendung nach § 194 ist in diesem Fall zulässig, weil es zwar um materiell-rechtliche Fragen geht, aber die Klärung dieser Frage bei der Feststellung ausdrücklich dem Verteilungsverfahren vorbehalten wurde.[14] Vgl. im Übrigen auch RG JW 1938, 892 (Streitigkeit über das Absonderungsrecht und damit die Reichweite des Ausfalls) sowie RGZ 116, 368 (Streit über das Konkursvorrecht nach § 61 Abs. 1 Nr. 2 KO).

III. Einwendungsverfahren

1. Mögliche Ziele einer Einwendung (Statthaftigkeit). Das Verteilungsverfahren ist 4 statthaft, wenn „Einwendungen eines Gläubigers gegen das Verzeichnis" erhoben werden. Ein Gläubiger kann also geltend machen, dass seine Forderung entgegen den verfahrensrechtlichen Bestimmungen der §§ 188 ff. zu Unrecht nicht berücksichtigt wurde. Umgekehrt kann er auch das Ziel verfolgen, eine entgegen den §§ 188 ff. berücksichtigte Forderung eines anderen Gläubigers aus dem Verzeichnis zu streichen. Ein Gläubiger kann auch geltend machen, dass vorab eine Gleichstellung nach § 192 zu erfolgen habe oder umgekehrt gerade nicht erfolgen darf.[15] Die Einwendung kann sich sowohl gegen das ursprüngliche (§ 188) wie gegen das geänderte (§ 193) Verzeichnis richten. Der Nachweis i. S. d. §§ 189, 190 kann innerhalb der Einwendungsfrist oder während des Einwendungsverfahrens nicht nachgeholt werden, weil andernfalls die Ausschlussfrist des § 189 verlängert würde.[16] Das widerspräche dem Beschleunigungscharakter.[17] Dagegen genügt bei einem Bedingungsausfall (§ 191 Abs. 2 Satz 1) oder einer erfolgreichen Vollstreckungsgegenklage (§ 767 ZPO), wenn der Wegfall der Forderung im Zeitpunkt der Entscheidung des Insolvenzgerichts feststeht.

Ein Anspruch auf Durchführung einer Verteilung ist keinesfalls im Wege des Einwen- 5 dungsverfahrens zu verfolgen. Dieses ist nur dann zulässig, wenn eine Verteilung bereits eingeleitet worden ist. Erst dann gibt es ein Verzeichnis. Auch eine Erhöhung des für die Verteilung vorgesehenen Betrages und damit der Quote kann nicht mit dem Einwendungsverfahren erreicht werden. Nach § 194 Abs. 1 sind nur Einwendungen gegen das Verzeichnis zulässig. Das Verteilungsverzeichnis enthält gemäß § 188 Satz 1 aber nur die berücksichtigten Forderungen. Die Quote ergibt sich dagegen aus der unabhängig vom Verzeichnis vorzunehmenden Bekanntmachung nach § 188 Satz 3. Da im Verzeichnis auch nicht zwischen Zurückbehaltung oder Auszahlung unterschieden wird,[18] ist eine Einwendung unstatthaft, wenn sie sich gegen die Art des Vollzuges wendet. Hier ist neben Aufsichtsmaßnahmen auch eine Feststellungsklage unter Beachtung der oben (RdNr. 2) dargestellten Grundsätze möglich.

2. Einwendungsberechtigte. § 194 Abs. 1 spricht von „Gläubigern". Das sind zunächst 6 die „normalen", nicht nachrangigen Insolvenzgläubiger i. S. v. § 38. Voraussetzung ist, dass sie ihre Forderungen angemeldet haben, weil ihnen andernfalls das Rechtsschutzbedürfnis abzusprechen ist.[19] Dagegen müssen ihre Forderungen nicht geprüft worden sein. Nachrangige Gläubiger scheiden bei Einwendungen gegen ein Verzeichnis für eine Abschlagsverteilung regelmäßig aus (§ 187 Abs. 2 Satz 2). Denn die zur Verteilung anstehende Summe würde nur unter den zu berücksichtigenden Gläubigern anders aufgeteilt werden. Nur wenn bei Erfolg der Einwendung die nicht ganz fern liegende Möglichkeit besteht, dass der nachrangige Gläubiger berücksichtigt wird, ist seine Einwendung zulässig. Massegläubi-

---

[12] Fall von BGH WM 1957, 1225.
[13] BGH (Fn. 12); *Jaeger/Weber* § 158 RdNr. 1.
[14] AA wohl BGH WM 1957, 1225, 1227; *Jaeger/Weber* § 158 RdNr. 1.
[15] *Nerlich/Römermann/Westphal* § 194 RdNr. 5.
[16] *Uhlenbruck*, § 194 RdNr. 4; *Nerlich/Römermann/Westphal* § 194 RdNr. 5; *Jaeger/Weber* § 158 RdNr. 4.
[17] § 187 RdNr. 2.
[18] § 188 RdNr. 4.
[19] *Uhlenbruck*, § 194 RdNr. 2; *Jaeger/Weber* § 158 RdNr. 2.

ger sind nicht einwendungsberechtigt, da sie ohnehin vorab aus der Masse befriedig werden müssen (§ 53). Der Schuldner ist nicht einwendungsberechtigt.

7 **3. Einwendungsfrist.** Die Frist ist eine Ausschlussfrist (§§ 230, 231 ZPO, 4 InsO). Sie ist nicht verlängerbar (§§ 224 ZPO, 4 InsO). Wiedereinsetzung ist nicht möglich, weil es sich um keine Notfrist handelt (§§ 224 Abs. 1 Satz 2, 233 ZPO, 4 InsO).
Die Frist beginnt gem. §§ 187 Abs. 2 BGB, 222 Abs. 1 ZPO, 4 InsO mit Ablauf des letzten Tages der Ausschlussfrist des § 189 Abs. 1 und endet mit Ablauf des Tages, der in seiner Benennung dem letzten Tag der Ausschlussfrist entspricht (§§ 188 Abs. 2 Alt. 2 BGB, 222 Abs. 1 ZPO, 4 InsO). In den Fällen des § 222 Abs. 2 ZPO endet die Frist erst mit Ablauf des nächsten Werktages. Einwendungen sind auch schon vor Beginn der Frist statthaft.

8 **4. Adressat, Zuständigkeit, Form.** Die Einwendungen sind beim Insolvenzgericht geltend zu machen. Werden sie gegenüber dem Verwalter erhoben, ist zur Fristwahrung erforderlich, dass die Einwendungen weitergegeben werden und innerhalb der Frist bei Gericht eingehen. Der Verwalter ist nicht zur Weitergabe verpflichtet. Werden die Einwendungen bei einem sachlich oder örtlich unzuständigen Gericht rechtzeitig erhoben, so ist es unschädlich, wenn erst nach Ablauf der Einwendungsfrist gemäß §§ 281, 495 Abs. 1 ZPO, 4 InsO an das zuständige Gericht verwiesen wird.[20]
Sachlich ist das Insolvenzgericht **zuständig** (§ 2). Die **örtliche** Zuständigkeit ergibt sich aus § 3. **Funktionell** ist der Rechtspfleger zuständig, wenn sich der Richter das Einwendungsverfahren nicht vorbehalten hat (§§ 3 Nr. 2e, 18 Abs. 2 RPflG).
Die Einwendungen sind schriftlich oder mündlich zu Protokoll der Geschäftsstelle anzubringen, §§ 496 ZPO, 4 InsO.[21]

9 **5. Verfahrensvorschriften.** Grundsätzlich gelten nach § 4 die Vorschriften der ZPO entsprechend. Besonderheiten ergeben sich aus § 5: Amtsermittlungsgrundsatz (§ 5 Abs. 1 Satz 1), Entscheidung ohne vorherige mündliche Verhandlung (§ 5 Abs. 2). Dem Verwalter ist stets rechtliches Gehör zu gewähren, Gläubigern dagegen nur, wenn sie von der konkreten Einwendung betroffen sind.[22] Das Insolvenzgericht **entscheidet** durch Beschluss (§ 194 Abs. 2 und 3). Mehrere Einwendungen können gem. § 147 ZPO verbunden werden. Das Gericht berichtigt nicht selbst das Verzeichnis, sondern ordnet die Berichtigung durch den Verwalter an (§ 194 Abs. 3 Satz 1).

6. Zustellung und Niederlegung. Hier ist danach zu differenzieren, ob die Einwendungen zurückgewiesen werden (Abs. 2) oder eine Berichtigung angeordnet wird (Abs. 3).

10 **a) Zurückweisung.** Die Entscheidung ist dem mit seiner Einwendung zurückgewiesenen Gläubiger zuzustellen (§ 8), weil diesem gem. Abs. 2 Satz 3 die sofortige Beschwerde offen steht. Dem Verwalter ist die Entscheidung zu Informationszwecken zu übersenden. Eine Niederlegung unterbleibt, weil die übrigen Gläubiger nicht betroffen sind.

11 **b) Berichtigung (Abs. 3).** Hier ist die Entscheidung dem Gläubiger zuzustellen, dessen Forderung im Verzeichnis berichtigt werden soll. Die Zustellung an den Verwalter ist erforderlich, weil dieser die Berichtigung vornehmen soll. Darüber hinaus ist der Beschluss zur Einsicht der Beteiligten niederzulegen. Dies erscheint aber nur dann sinnvoll, wenn sie durch die Entscheidung betroffen und daher beschwerdeberechtigt sind. Denkbar ist das nur dann, wenn zusätzliche Forderungen oder bereits berücksichtigte Forderungen mit einem höheren Betrag berücksichtigt werden, nicht aber wenn Forderungen aus dem Verzeichnis gestrichen werden sollen. Im letzteren Fall werden die übrigen Gläubiger ja nur begünstigt.

12 **c) Berichtigung unter teilweiser Zurückweisung.** Gibt das Gericht der Einwendung nur teilweise statt und ordnet daraufhin eine Berichtigung an, die hinter der Einwendung zurückbleibt, so sind die Abs. 2 und 3 kumulativ anzuwenden.

---

[20] BGHZ 97, 155, 161; 34, 230, 235; 35, 374, 377 f.
[21] So die Auffassung des Ausschussberichts zu § 222 Abs. 1 RegE; zweifelhaft, weil § 496 ZPO von Anträgen und Erklärungen spricht, die zugestellt werden sollen.
[22] *Kübler/Prütting/Holzer* § 194 RdNr. 11.

IV. Rechtsbehelfe

1. Keine Rechtspflegererinnerung (§ 11 Abs. 1 RPflG). Die Beschwerdemöglichkeit schließt die Erinnerung aus, § 11 Abs. 1 und 2 RPflG.[23]

2. Beschwerde. Gemäß § 194 Abs. 2 und 3 ist die sofortige Beschwerde gegeben. Auf das Beschwerdeverfahren sind – neben den Besonderheiten des § 5 – die §§ 567 ff. ZPO anwendbar (§ 4). Gewisse Modifikationen enthält § 6.

3. Beschwerdeberechtigung. Hinsichtlich der Beschwerdeberechtigung ist wieder zwischen Zurückweisung und Berichtigung zu unterscheiden. Im Fall der **Zurückweisung** ist allein der zurückgewiesene Gläubiger beschwerdeberechtigt (Abs. 2 Satz 2). Bei einer **Berichtigung** sind die Insolvenzgläubiger sowie der Verwalter beschwerdeberechtigt (Abs. 3. Satz 2). Wird das Verzeichnis unter **teilweiser Zurückweisung** der Einwendung berichtigt, so sind sowohl die einwendenden als auch die übrigen Insolvenzgläubiger und der Verwalter beschwerdeberechtigt.

4. Einlegung und Form. Die Beschwerde ist beim Insolvenzgericht einzulegen (§ 569 Abs. 1 ZPO). Dies kann schriftlich oder zu Protokoll der Geschäftsstelle erfolgen (§ 569 Abs. 2 ZPO). Zur Fristwahrung genügt die Einlegung beim Beschwerdegericht auch dann, wenn kein dringender Fall vorliegt (§ 577 Abs. 2 Satz 2 ZPO).

5. Beschwerdefrist. Die Frist ist eine Notfrist und beträgt zwei Wochen (§ 577 Abs. 2 Satz 1 ZPO). Hinsichtlich des **Beginns** der Frist ist wieder zu differenzieren. In den Fällen der **Zurückweisung** beginnt die Frist mit der Zustellung beim zurückgewiesenen Gläubiger (§ 6 Abs. 2 Satz 1). Es findet also § 187 Abs. 1 BGB über die §§ 222 Abs. 1 ZPO, 4 InsO Anwendung. Ordnet das Gericht die **Berichtigung** an, so beginnt die Frist mit dem „Tag der Niederlegung". Da der Fristlauf nicht mit der Niederlegung, sondern mit dem Tag der Niederlegung beginnt, sind die §§ 187 Abs. 2 BGB, 222 Abs. 1 ZPO, 4 InsO einschlägig.[24] Dieser Fristbeginn gilt auch für die Gläubiger und den Verwalter, denen die Entscheidung zugestellt wird (Abs. 3 Satz 3). Der Zeitpunkt der Zustellung ist daher insoweit nicht maßgeblich. Findet die **Berichtigung unter teilweiser Zurückweisung** statt, so ist ebenfalls für sämtliche Beschwerdeberechtigte der Beginn des Tages der Niederlegung entscheidend für den Fristbeginn. Für den zurückgewiesenen Gläubiger gilt § 194 Abs. 3 Satz 3 insoweit analog.[25] Denn es ist nicht einzusehen, warum für den Gläubiger, dem nach Abs. 3 Satz 1 die Entscheidung ebenfalls zugestellt wurde (dessen Berücksichtigung im Verzeichnis also teilweise berichtigt wurde), der Tag der Niederlegung maßgeblich sein soll, für den Gläubiger, dem nach Abs. 2 zugestellt wurde (dessen Einwendung also teilweise zurückgewiesen wurde), hingegen nicht (Abs. 3 Satz 3). Bei Fristversäumung ist unter den Voraussetzungen des § 233 ZPO Wiedereinsetzung möglich.

6. Aufschiebende Wirkung. Sowohl die Einwendung als auch die Beschwerde haben zwar kein ausdrückliche aufschiebende Wirkung (vgl. § 572 ZPO), doch darf mit Quotenfestsetzung und Vollzug der Verteilung erst nach Abschluss des Einwendungsverfahrens begonnen werden.[26]

7. Weitere Beschwerde. Unter den engen Voraussetzungen des § 7 Abs. 1 (Gefährdung einer einheitlichen Rechtsprechung) ist eine weitere Beschwerde möglich.

---

[23] Vgl. § 6 RdNr. 58; *Nerlich/Römermann/Westphal* § 194 RdNr. 17; aA *Uhlenbruck*, § 194 RdNr. 14.
[24] *Uhlenbruck* § 194 RdNr. 17. Zur KO wurde vertreten, dass die Frist – anders als der übereinstimmende Wortlaut der §§ 158 Abs. 2 Satz 3 KO, 194 Abs. 3 Satz 3 – mit der Niederlegung beginnt, vgl. *Kuhn/Uhlenbruck* § 158 RdNr. 7; *Jaeger/Weber* § 158 RdNr. 7 soll .
[25] AA für § 158 KO *Jaeger/Weber* § 158 RdNr. 8; § 158 Abs. 2 KO regelte aber nur die Niederlegung und musste sich für den Fristbeginn nicht zwischen Zustellung und Niederlegung entscheiden.
[26] Vgl. § 195 RdNr. 3; widersprüchlich *Kilger/K. Schmidt* § 158 Anm. 3 einerseits und § 159 Anm. 1 andererseits.

§ 195 Festsetzung des Bruchteils

(1) ¹Für eine Abschlagsverteilung bestimmt der Gläubigerausschuß auf Vorschlag des Insolvenzverwalters den zu zahlenden Bruchteil. ²Ist kein Gläubigerausschuß bestellt, so bestimmt der Verwalter den Bruchteil.

(2) Der Verwalter hat den Bruchteil den berücksichtigten Gläubigern mitzuteilen.

Übersicht

	RdNr.		RdNr.
I. Überblick	1	2. Grenze nach unten	6
II. Kompetenzverteilung	2	V. Mitteilung des festgesetzten Prozentsatzes (§ 195 Abs. 2)	7
III. Zeitpunkt der Quotenfestlegung	3	VI. Rechtsbehelfe	8
IV. Höhe der Quote			
1. Grenze nach oben	5		

I. Überblick

1 § 195 übernimmt sinngemäß die Regelung des § 159 KO.[1] Die GesO enthält keine vergleichbare Regelung. Die Festsetzung der Quote ist eine reine Verwaltungsmaßnahme[2] und im Wesentlichen eine bloße Rechenoperation[3] (siehe dazu im Einzelnen RdNr. 5 und 6). Sie gilt **nur** für **Abschlagsverteilungen.** Bedeutung kommt der Vorschrift dadurch zu, dass sie Massegläubiger, die sich nicht rechtzeitig gemeldet haben, ab dem Zeitpunkt der Festsetzung der Quoten von der für die Verteilung bereitgestellten Masse ausschließt (§ 206 Nr. 1). Die Quotenfestsetzung schließt die Vorbereitung einer Abschlagsverteilung ab (siehe RdNr. 3). Der Vollzug schließt sich unmittelbar an.

II. Kompetenzverteilung

2 Grudsätzlich bestimmt der Gläubigerausschuss die Quote, § 195 Satz 1. Besonders sinnvoll erscheint dies nicht, da es sich um eine bloße Rechenoperation handelt. Besteht kein Gläubigerausschuss, bestimmt allein der Verwalter die Quote. Ist ein Gläubigerausschuss bestellt, bestimmt dieser auf Vorschlag des Verwalters die Quote. Der Wortlaut macht deutlich, dass der Ausschuss nicht an die vom Verwalter vorgeschlagene Quote gebunden ist.[4] Andererseits darf der Gläubigerausschuss ohne einen Vorschlag des Verwalters keine Festsetzung vornehmen. Im wenig praxisrelevanten Fall der pflichtwidrigen Weigerung des Verwalters sind Aufsichtsmaßnahmen des Gerichts möglich (§ 58 Abs. 1 und 2). Auch droht eine Schadenersatzpflicht nach § 60 (Zinsschaden!). Weigert sich der Gläubigerausschuss pflichtwidrig, eine Quote zu bestimmen, bleibt nur die Schadenersatzpflicht gem. § 71 und die Entlassung nach § 70. Weder Insolvenzgericht noch Gläubigerversammlung haben ein Weisungsrecht gegenüber dem Ausschuss. Die Gläubigerversammlung kann aber die Mitglieder abberufen und neue wählen (§ 68 Abs. 2). Ein einklagbarer Anspruch auf Festsetzung der Quote besteht nicht.[5] Das Insolvenzgericht prüft nicht die Richtigkeit der Quotenfestsetzung.[6]

---

[1] Begr. § 223 bis 225 RegE (= §§ 195 bis 197).
[2] *Uhlenbruck,* § 195 RdNr. 4; *Kilger/K. Schmidt* § 159 Anm. 1, die sich aber zu Unrecht auf RG Gruchot's Beiträge 34, 1201, 1205 berufen, denn das RG spricht nur in Zusammenhang mit § 137 KO aF (= § 187) von Verwaltungsmaßnahmen,.
[3] *Hahn* Materialien, S. 340: „Die Festsetzung des zu zahlenden Prozentsatzes ist demnach eine durchaus einfache Rechnungsoperation."
[4] So auch schon bisher *Kilger/K. Schmidt* § 159 Anm. 1; *Kuhn/Uhlenbruck* § 159 RdNr. 2; *Jaeger/Weber* § 159 RdNr. 2 mwN zu abweichenden älteren Auffassungen.
[5] Vgl. RdNr. 8 sowie § 187 RdNr. 15.
[6] *Nerlich/Römermann/Westphal* § 195 RdNr. 8.

III. Zeitpunkt der Quotenfestlegung

Die Quote ist erst festzusetzen, wenn die **Einwendungsfrist abgelaufen** oder ein **3** etwaiges **Einwendungsverfahren abgeschlossen** ist.[7] Das ergibt sich zwar nicht aus dem Wortlaut, wohl aber aus der systematischen Stellung hinter § 194. Auch der historische Gesetzgeber ging davon aus.[8] Andernfalls wäre die gesonderte Quotenfestsetzung neben dem Verteilungsverzeichnis und der Festlegung der für die Verteilung bestimmten Masse (§ 188) überflüssig. Schließlich führt eine Vorverlegung zu einer unbegründeten Benachteiligung der Massegläubiger nach § 206 Nr. 1.

Wenn der Kreis der zu berücksichtigenden Forderungen endgültig feststeht, ist die Quote **4** **unverzüglich** festzusetzen. Eine Ausnahme gilt nur dann, wenn die Fortsetzung der Verteilung die Durchführung eines Insolvenzplanes gefährden würde und das Gericht deshalb auf Antrag von Schuldner oder Verwalter die Verteilung aussetzt (§ 233 Satz 1). Der Verwalter kann von sich aus die Verteilung nicht aussetzen.

IV. Höhe der Quote

1. Grenze nach oben. Nach der Vorstellung des Gesetzgebers ergibt sich die Quote aus **5** einer einfachen Rechenoperation,[9] weil die verfügbare Masse wegen § 206 Nr. 1 und die zu berücksichtigenden Forderungen feststehen. Danach bleibt für Verwalter und Gläubigerausschuss kein Spielraum. Insbesondere kann der verfügbare Betrag nicht über dem nach § 188 Satz 3 veröffentlichten liegen, weil sonst der Präklusionswirkung der §§ 189, 190 zu große Bedeutung zukäme.[10] Der Ausschluss soll sich allein auf den veröffentlichten Betrag beziehen. Zusätzliche Mittel, die zwischen der Veröffentlichung nach § 188 und der Quotenfestlegung nach § 195 flüssig geworden sind, sind also einer späteren Verteilung vorzubehalten.[11] Anders ist es dagegen bei der Schlussverteilung, bei der sich die Präklusion auch auf Nachtragsverteilungen bezieht (§ 205 Satz 1).

2. Grenze nach unten. Die Verteilungsmasse kann auch nicht beliebig nach unten **6** herabgesetzt werden. Von dem nach § 188 Satz 3 veröffentlichten Betrag dürfen lediglich neue Masseansprüche (vgl. § 206 Nr. 1) sowie die nach § 192 für die Gleichstellung erforderlichen Mittel abgezogen werden. Andernfalls wäre die Quotenfestsetzung entgegen der Vorstellung des Gesetzgebers keine bloße Rechenoperation, sondern eine eigene Ermessensentscheidung. Auch würde man sonst mit der Entscheidung der §§ 187, 188 in Widerspruch geraten, wonach der Verwalter den auszuschüttenden Betrag festsetzt. Allerdings muss die verfügbare Masse nicht bis auf den letzten Pfennig verteilt werden. Es empfiehlt sich vielmehr, einen möglichst runden und damit leicht handhabbaren Prozentsatz zu ermitteln.[12] Unvorhergesehene Schmälerungen der Verteilungsmasse sind jedoch zu berücksichtigen.

---

[7] *Gottwald/Eickmann*, Insolvenzrechts-Handbuch § 65 RdNr. 9; *Kilger/K. Schmidt* § 159 Anm. 1; *Nerlich/Römermann/Westphal* § 195 RdNr. 3 mit dem Hinweis, dass die von der Gegenansicht vorgeschlagene Zurückbehaltung unpraktikabel ist, so jetzt auch *Uhlenbruck*, § 195 RdNr. 2; anders *Jaeger/Weber* § 159 RdNr. 1: Festsetzung jederzeit möglich, aber vor Abschluss des Einwendungsverfahrens unzweckmäßig.
[8] *Hahn* Materialien, S. 340: „nach Ablauf der im § 146 Abs. 1 [Anm.: entspricht § 194] bestimmten Frist oder nach endgültiger Entscheidung über die innerhalb derselben erhobenen Einwendungen steht mit völliger Sicherheit der Kreis der theilnahmeberechtigten Konkursgläubiger und der zu berücksichtigende Betrag jeder Forderung fest.".
[9] Vgl. Fn. 3 und RdNr. 1 im Text.
[10] *Hahn* Materialien, S. 340; *Nerlich/Römermann/Westphal* § 195 RdNr. 6; anders *Uhlenbruck*, § 195 RdNr. 3: Verwalter ist bei Überschreiten des Betrages lediglich *nicht verpflichtet*, den Beschluss des Gläubigerausschusses zu vollziehen.
[11] *Jaeger/Weber* § 159 RdNr. 3.
[12] *Hahn* Materialien, S. 340; *Jaeger/Weber* § 159 RdNr. 3; *Nerlich/Römermann/Westphal* § 195 RdNr. 4.

V. Mitteilung des festgesetzten Prozentsatzes (§ 195 Abs. 2)

7   Zweck dieser Mitteilung soll es sein, die Gläubiger in Stand zu setzen, ihren Anteil zu erheben.[13] Die Mitteilung an nur einen Gläubiger hat zur Folge, dass die Festsetzung **wirksam** wird.[14] Das ist damit der entscheidende Zeitpunkt für die Präklusion der Massegläubiger nach **§ 206 Nr. 1**.[15] Eine bestimmte Form ist für die Mitteilung nicht vorgesehen. Eine gesonderte Mitteilung ist bei Vollzug durch Auszahlung nicht erforderlich. In der Praxis erfolgt sie durch einen entsprechenden Zusatz auf dem Überweisungsträger.[16] Wird der Anteil zurückbehalten, ist die Quote dem Gläubiger gesondert mitzuteilen. Bis zur Mitteilung ist eine **Berichtigung** der Quotenfestsetzung ohne weiteres möglich, weil es sich bis dahin um ein reines Verwaltungsinternum handelt. Auch danach ist die Beseitigung von Irrtümern möglich, allerdings wegen § 206 Nr. 1 nicht zur Berücksichtigung neu bekannt gewordener Massegläubiger.[17] Auf keinen Fall darf mehr verfügbare Masse verteilt werden als zur Verteilung nach § 188 veröffentlicht wurde. Bsp.: Falsche Berechnung der Quoten, unvorhergesehene Schmälerung der Verteilungsmasse durch Veruntreuung oder Diebstahl.[18]

VI. Rechtsbehelfe

8   Ein einklagbarer **Anspruch** auf Auszahlung der mitgeteilten Quote aus der Masse besteht zwar **nicht,** denn die Gläubiger können ausschließlich im Insolvenzverfahren Befriedigung verlangen können (§ 87), das keine Leistungsklage vorsieht.[19] Über die **Schadenersatzpflicht** gem. §§ 60, 71 gelangt man im Ergebnis aber doch zu einer Zahlungspflicht. Außerdem sind Aufsichtsmaßnahmen möglich (§ 58). Wurde die Quote trotz eines richtigen Verteilungsverzeichnisses falsch berechnet, sind Bereicherungsansprüche (§ 812 Abs. 1 Satz 1 Alt. 1 BGB) gegen die zu Unrecht bevorzugten Gläubiger möglich.[20] Der Quotenfestsetzung kommt keine Bestandskraft zu, wie sich etwa daran zeigt, dass sie ohne weiteres berichtigt werden kann (vgl. RdNr. 7). Zum anderen kann die Quotenfestsetzung den Umfang der verteilungsfähigen Masse nicht vermehren.

§ 196 Schlußverteilung

(1) Die Schlußverteilung erfolgt, sobald die Verwertung der Insolvenzmasse mit Ausnahme eines laufenden Einkommens beendet ist.

(2) Die Schlußverteilung darf nur mit Zustimmung des Insolvenzgerichts vorgenommen werden.

Übersicht

	RdNr.		RdNr.
I. Überblick	1	a) Prüfung durch das Insolvenzgericht	4
II. Voraussetzungen		b) Fehlende Zustimmung	5
1. Verwertung der Masse (Abs. 1)	2	c) Widerruf der Zustimmung	6
2. Anhängigkeit von Prozessen	3	**III. Schlussverzeichnis**	9
3. Zustimmung des Insolvenzgerichtes (Abs. 2)		**IV. Rechtsbehelfe**	10

---

[13] *Hahn* Materialien, S. 340; *Uhlenbruck,* § 195 RdNr. 7.
[14] *Jaeger/Weber* § 159 RdNr. 4; *Hess* § 195 RdNr. 6; *Nerlich/Römermann/Westphal* § 195 RdNr. 11.
[15] *Uhlenbruck,* § 195 RdNr. 7.
[16] *Nerlich/Römermann/Westphal* § 195 RdNr. 10; *Uhlenbruck,* § 195 RdNr. 7 mwN; LG Osnabrück KTS 1957, 142, 143.
[17] *Uhlenbruck,* § 195 RdNr. 7; *Nerlich/Römermann/Westphal* § 195 RdNr. 11.
[18] *Jaeger/Weber* § 159 RdNr. 5.
[19] RG Gruchot's Beiträge 34, 1201, 1203 ff.; *Kuhn/Uhlenbruck* § 159 RdNr. 2; *Kilger/K. Schmidt* § 159 Anm. 1; *Jaeger/Weber* § 159 RdNr. 5 mwN auch zu älteren abweichenden Auffassungen, vgl. auch § 187 RdNr. 15.
[20] Vgl. auch *Mohrbutter,* Fehler im Verteilungsverfahren 1997, S. 91 f.; zur Problematik von Bereicherungsansprüchen allgemein vgl. § 188 RdNr. 10 f.

I. Überblick

§ 196 übernimmt sinngemäß die Vorschrift des § 161 KO.[1] Gegenüber Abschlagsverteilungen kommt ihr gesteigerte Bedeutung zu, weil Insolvenzgläubiger, die bei der Schlussverteilung ausgeschlossen sind, auch bei Nachtragverteilungen nicht mehr berücksichtigt werden (§ 205 Satz 1). Nach der Schlussverteilung ist es unmöglich, während des Verfahrens aufgetretene Irrtümer und Unregelmäßigkeiten wieder auszugleichen. Deshalb sieht das Gesetz in Abs. 2 eine Überprüfung und Genehmigung durch das Insolvenzgericht vor. Auf die Schlussverteilung sind die §§ 187 bis 192 direkt, § 194 Abs. 2 und 3 über § 197 Abs. 3 anwendbar. Eine ausdrückliche Quotenfestsetzung nach § 195 ist nicht vorgesehen. Auch § 193 ist anwendbar. Anders als bei Abschlagsverteilungen liegt die Durchführung der Schlussverteilung nicht im Ermessen des Verwalters.

II. Voraussetzungen

1. Verwertung der Masse (Abs. 1). Die Verwertung der Insolvenzmasse muss beendet sein (Abs. 1). Sind noch unverwertbare Gegenstände vorhanden, hindert das die Schlussverteilung nicht (arg. § 197 Abs. 1 S. 2 Nr. 3). Sie können wegen ihrer Unverwertbarkeit ja die Teilungsmasse nicht vermehren.[2] Gleiches gilt für Forderungen, die erst in weiter Zukunft fällig werden und deren Verwertung somit nicht von Handlungen des Verwalters abhängig ist. Durch die Erweiterung der Masse um den **Neuerwerb** (§ 35), stellt sich insbesondere bei wiederkehrenden Leistungen die Frage, ob die Verwertung einer Insolvenzmasse überhaupt beendet sein kann. Es würde aber zu einer mit dem Zweck des Verteilungsverfahrens nicht zu vereinbarenden Verzögerung führen, wenn der Verwalter warten müsste, bis ein weiterer Neuerwerb bis zum voraussichtlichen Verfahrensabschluss vollkommen ausgeschlossen ist. Beendet ist die Verwertung vielmehr dann, wenn der Verwalter die verwertbare Masse verwertet hat und nennenswerter Neuerwerb nicht zu erwarten ist. Durch das InsOÄndG 2001 wurde klargestellt, dass laufendes Einkommen der Schlussverteilung nicht entgegensteht.[3] In vielen Fällen wird es ohnehin nicht zu einer nennenswerten Erhöhung der Masse im Wege des Neuerwerbs kommen.

Der Verwalter macht sich dem Grunde nach schadenersatzpflichtig (§ 60), wenn er die Schlussverteilung durchführt, obwohl die Verwertung in dem genannten Sinn noch nicht beendet ist. Ein Schaden für die Gläubiger ist aber kaum denkbar. Eine Schadenersatzpflicht kommt in Betracht, wenn die Durchführung pflichtwidrig verzögert wird, obwohl die Verwertung beendet ist. In diesem Fall kann ein Zinsschaden entstehen. Das Gericht kann den Verwalter im Wege der Rechtsaufsicht (§ 58) anweisen, die Schlussverteilung durchzuführen.[4]

2. Anhängigkeit von Prozessen. Die Anhängigkeit eines Feststellungsprozesses (§ 179) hindert eine Schlussverteilung nicht, wie sich aus § 189 ergibt. Gleiches gilt auch für die Anhängigkeit eines Aktivprozesses.[5] In diesen Fällen ist eine Nachtragsverteilung gem. § 203[6] möglich. Eine vielfach nicht absehbare Verzögerung der Schlussverteilung und damit der Aufhebung des Verfahrens (§ 200 Abs. 1) wäre nicht gerechtfertigt. Andererseits steht nicht endgültig fest, ob auch wirklich das gesamte Massevermögen verwertet wurde, denn die streitbefangenen Ansprüche gehören zur Masse. Für den Verwalter bleibt in solchen

---

[1] Begr. §§ 223 bis 225 RegE (= §§ 195 bis 197).
[2] *Uhlenbruck*, § 196 RdNr. 4; *Gottwald/Eickmann*, Insolvenzrechts-Handbuch, § 65 RdNr. 11.
[3] Vgl. zu dieser Problematik AG Düsseldorf ZInsO 2001, 572 m. Anm. *Haarmeyer* und dazu *Erdmann* ZInsO 2001, 742.
[4] AA anscheinend *Jaeger/Weber* § 161 RdNr. 6, die aus § 161 Abs. 2 KO schließen, dass das Gericht die Vornahme der Schlussverteilung nur genehmigen, nicht aber anordnen kann. Anders dagegen *Jaeger/Weber* § 161 RdNr. 4: Einschreiten der Aufsichtsbehörde bei pflichtwidriger Verzögerung.
[5] RG JW 1936, 2927, 2929; BAG KTS 1973, 269, 270; *Uhlenbruck*, § 196 RdNr. 5; aA *Nerlich/Römermann/Westphal* § 196 RdNr. 10 ff.
[6] § 203 ist wie der inhaltsgleiche § 166 KO jedenfalls analog anzuwenden, RG JW 1936, 2927, 2929. Vgl. auch *Uhlenbruck*, § 196 RdNr. 5.

Fällen deshalb ein vom Insolvenzgericht überprüfbarer Entscheidungsspielraum. Regelmäßig wird er die Schlussverteilung erst dann durchführen, wenn Aktivprozesse im Wesentlichen abgeschlossen sind. Zu beachten ist nämlich der erhebliche Aufwand, der mit Nachtragsverteilungen verbunden ist. Bei Verteilungen, die erst nach zwei oder drei Jahren erfolgen können, gibt es häufig Probleme mit dem Geldtransfer. So haben z. B. Anwälte als Gläubigervertreter ihr Mandat längst beendet, während Gläubiger unbekannt verzogen sind und ihre in der Insolvenztabelle angegebene Bankverbindung nicht mehr besteht. Größere Firmen haben ihre Forderungen bereits ausgebucht. Trotz einer Aufhebung des Insolvenzverfahrens bleibt der Insolvenzverwalter weiterhin aktivlegitimiert und prozessführungsbefugt. Im Rahmen der Schlussverteilung ist aus der Masse eine ausreichende Rückstellung für die Prozesskosten zu bilden. Die Schlussverteilung trotz eines laufenden Aktivprozesses wird daher die Ausnahme darstellen. Ein absolutes Hindernis für die Verteilung sollte daraus aber nicht gemacht werden.

4 **3. Zustimmung des Insolvenzgerichts (Abs. 2). a) Prüfung durch das Insolvenzgericht.** Auch wenn § 196 nunmehr von „Zustimmung" statt von „Genehmigung" (§ 161 KO) spricht, so ist damit keine Änderung verbunden.[7] Gemeint ist – entsprechend dem vom Gesetz bezweckten Prüfungsauftrag an das Gericht – die vorherige Zustimmung. Der Prüfungsumfang erstreckt sich auf das Tatbestandsmerkmal der „Verwertung der Insolvenzmasse".[8] Die Zustimmung ist demnach nicht deshalb zu verweigern, weil das Gericht bei der Prüfung von Schlussbericht und Schlussrechnung[9] eine Unregelmäßigkeit des Verwalters feststellt, sondern nur dann, wenn infolge des Fehlverhaltens die Masse noch nicht verwertet ist.[10] Als allgemeines Aufsichtsmittel im Hinblick auf Beanstandungen von Schlussbericht und Schlussrechnung kommen weder die Verweigerung noch der Widerruf der Zustimmung in Betracht.[11] Zum einen sind die Aufsichtsmittel in § 58 Abs. 2 genannt und zum anderen ist nicht einzusehen, warum die Gläubiger auf ihre Befriedigung warten sollen, wenn der Verwalter seine Pflichten nicht erfüllt. Es muss nur – nachprüfbar – die Insolvenzmasse verwertet sein. Darüber hinaus prüft das Gericht auch die Zustimmung des Gläubigerausschusses.[12] Eine Prüfung des Schlussverzeichnisses von Amts wegen findet nicht statt (arg. § 197 Abs. 3). Allerdings *kann* das Insolvenzgericht das Schlussverzeichnis prüfen, z. B. ob ungeprüfte nachangemeldete Forderungen enthalten sind.[13] Sinnvoll kann das Insolvenzgericht erst dann prüfen, wenn ihm **Schlussbericht** und **Schlussrechnung** mit den Belegen (§ 66)[14] und eventuell eine **Aufstellung der nicht verwertbaren Massegegenstände**[15] und damit eine Übersicht über die Verwertung vorliegen. In § 66 Abs. 2 Satz 1 ordnet nunmehr das Gesetz die Prüfung der Schlussrechnung durch das Gericht ausdrücklich an. Nach § 66 Abs. 2 Satz 2 hat auch der Gläubigerausschuss die Schlussrechnung zu prüfen. Das Gericht kann sich bei der Prüfung eines Sachverständigen (Steuerberater oder Wirtschaftsprüfer) bedienen (§ 5 Abs. 1 Satz 2). Der Verwalter reicht mit dem Antrag auf Genehmigung der Schlussverteilung folglich einen Nachweis der Zustimmung des Gläubigerausschusses, den Schlussbericht, die Schlussrechnung und die Aufstellung der unverwertbaren Massegegenstände ein.[16] Zwar wird der Schlussbericht vom Gesetz nicht ausdrücklich

---

[7] Begr. §§ 223 bis 225 RegE (= §§ 195 bis 197) lässt keine Änderungsabsicht erkennen; *Uhlenbruck,* § 196 RdNr. 6 mwN.
[8] *Gottwald/Eickmann,* Insolvenzrechts-Handbuch, § 65 RdNr. 14.
[9] Vgl. dazu *Uhlenbruck* ZIP 1982, 125 ff.
[10] *Gottwald/Eickmann,* Insolvenzrechts-Handbuch, § 65 RdNr. 20 mit Beipielen in RdNr. 18 ff.
[11] AA *Uhlenbruck,* § 196 RdNr. 11.
[12] *Uhlenbruck,* § 196 RdNr. 6.
[13] Delhaes KTS 1963, 250; aA (für umfassende Prüfungspflicht) *Uhlenbruck,* § 196 RdNr. 9.
[14] Siehe dazu im Einzelnen die Kommentierung zu § 66.
[15] Das dient zugleich der Vorbereitung des Schlusstermins (§ 197 Abs. 1 Satz Nr. 3).
[16] In der Praxis gehören zu den *Abschlussunterlagen,* die der Verwalter bei Gericht einreicht, noch die Vergütungsanträge des Verwalters und der Mitglieder des Gläubigerausschusses und gem. § 188 Satz 3 auch das Schlussverzeichnis. Es empfiehlt sich, die Zustimmung des Gläubigerausschusses zu allen Abschlussunterlagen einzuholen, vor allem auch zu Antrag auf Festsetzung der Vergütung und der Auslagen des Verwalters.

vorgeschrieben. Eine Berichtspflicht besteht nach § 58 Abs. 1 Satz 2 nur, wenn das Gericht es ausdrücklich verlangt. Aus dem Zweck der Zustimmungspflicht nach § 196 ergibt sich jedoch, dass das Gericht eine kurz gefasste Übersicht über den Ablauf des Insolvenzverfahrens benötigt. Dabei handelt es sich insbesondere um den Nachweis, dass die Insolvenzmasse verwertet worden ist. Dieser ist auf der Grundlage der zu Beginn des Verfahrens vorgelegten Unterlagen (Verzeichnis der Massegegenstände, Vermögensübersicht, §§ 151 ff.) zu erstellen.

Das Gesetz ordnet nicht ausdrücklich an, dass die Genehmigung dem Verwalter **zuzustellen** ist. Jedoch ist der richterliche Beschluss zuzustellen, wenn er die Vergütung und die zu erstattenden Auslagen des Verwalters und der Mitglieder des Gläubigerausschusses festsetzt (§§ 64 Abs. 2, 73 Abs. 2).[17]

b) Fehlende Zustimmung. Führt der Verwalter die Schlussverteilung ohne Zustimmung des Gerichtes aus, so hat dies nicht die Nichtigkeit der Schlussverteilung zur Folge.[18] Allerdings macht sich der Verwalter dem Grunde nach schadenersatzpflichtig (§ 60).

c) Widerruf der Zustimmung. Der Widerruf ist ausnahmsweise zuzulassen, wenn zwingende Rücksichten auf Gläubigerinteressen ihn gebieten.[19] Ein Hauptanwendungsfall bestand früher darin, durch den Widerruf einen Zwangsvergleich zu ermöglichen.[20] Für den Insolvenzplan spielt das keine Rolle mehr, weil § 218 Abs. 1 Satz 3 für den spätestmöglichen Eingang eines Insolvenzplanes den Schlusstermin und nicht mehr wie § 173 KO die Genehmigung der Schlussverteilung bestimmt.

Ein Widerruf soll auch zulässig sein, wenn nach der Zustimmung und vor dem Schlusstermin festgestellt wird, dass noch Massegegenstände zu verwerten sind, also die Voraussetzung für die Zustimmung in Wahrheit nicht vorlagen und andererseits zu befürchten ist, dass die Verwertung bis zur geplanten Verteilung nicht mehr vollzogen werden kann.[21] In der Praxis wird dieser Fall aber kaum eine Rolle spielen. Der Verwalter wird mit dem Vollzug der Schlussverteilung bis zur vollständigen Verwertung zuwarten. Für einen Widerruf besteht also nur dann ein Bedürfnis, wenn mit einem pflichtwidrigen Verhalten des Verwalters zu rechnen ist.

Der Widerruf ist nicht dadurch ausgeschlossen, dass inzwischen die Ausschlussfristen der §§ 189, 190 abgelaufen sind.[22] Dafür könnte man zwar anführen, dass die Präklusionswirkung nicht zur Disposition des Gerichtes steht. Das wäre aber nur dann richtig, wenn nach erneuter Genehmigung neuerlich eine Bekanntmachung nach § 188 Satz 3 erforderlich wäre. Das ist aber nicht der Fall. Selbst wenn sich der verfügbare Betrag aus der Masse durch nachträgliche Verwertung erhöht, kann dieser ohne weiteres der Schlussverteilung zugeführt werden. Die Begründung für die Beschränkung auf den veröffentlichten Betrag im Rahmen von Abschlagsverteilungen (vgl. § 195 RdNr. 5) treffen bei einer Schlussverteilung nicht zu. Denn die bei der Schlussverteilung ausgeschlossenen Gläubiger können bei einer Nachtragsverteilung ohnehin nicht berücksichtigt werden (§ 205 Satz 1). Dann macht eine Beschränkung des zu verteilenden Betrages keinen Sinn. Eine erneute Bekanntmachung hat daher nicht zu erfolgen. Andernfalls würde nur den bislang säumigen Gläubiger eine erneute Gelegenheit geboten werden, den Nachweis noch zu führen. Das ist aber nicht Sinn und Zweck der Zustimmungspflicht nach Abs. 2. Nach Abhaltung des Schlusstermins soll ein Widerruf nicht mehr möglich sein und an dessen Stelle die Aussetzung der Schlussverteilung treten.[23] Gegen diese Konstruktion besteht aber das Bedenken, dass das Gesetz nur unter den Voraussetzungen des § 233 Satz 1 die Aussetzung vorsieht.

---

[17] *Kuhn/Uhlenbruck* § 196 RdNr. 10.
[18] *Kuhn/Uhlenbruck* § 196 RdNr. 15 mwN; *Jaeger/Weber* § 161 RdNr. 9.
[19] OLG Frankfurt KTS 1971, 218; AG Düsseldorf ZIP 2006, 1107, 1108; *Nerlich/Römermann/Westphal* § 196 RdNr. 27; *Uhlenbruck,* § 196 RdNr. 12 mwN.
[20] Vgl. hierzu OLG Frankfurt KTS 1971, 218; *Richert* NJW 1961, 2151 ff.
[21] *Uhlenbruck,* § 196 RdNr. 12 mwN.
[22] AA OLG Frankfurt KTS 1971, 218, 219; *Uhlenbruck* § 196 RdNr. 13.
[23] *Uhlenbruck* § 196 RdNr. 13.

Sie ist auch nicht notwendig, denn es ist kein Grund ersichtlich, warum der Widerruf nicht bis zum Vollzug der Schlussverteilung möglich sein sollte. Nach Durchführung der Schlussverteilung kommt ein Widerruf aus Gründen der Rechtssicherheit dagegen nicht mehr in Betracht.

III. Schlussverzeichnis

9   Gem. § 188 Satz 1 hat der Verwalter für die Schlussverteilung ein Verteilungsverzeichnis zu erstellen, das sog. Schlussverzeichnis (vgl. § 205 Satz 1). Neben den nach § 188 RdNr. 4 zu berücksichtigenden Forderungen sind auch nachrangige Insolvenzgläubiger i. S. v. § 39 in das Schlussverzeichnis aufzunehmen, selbst wenn auf sie eine Quote nicht ausgeschüttet werden kann (arg. § 187 Abs. 2 Satz 2 e contrario). Dies ist wegen der Präklusionswirkung hinsichtlich späterer Nachtragsverteilungen (§ 205 Satz 1) gerechtfertigt. Voraussetzung ist aber, dass diese nachrangigen Forderungen angemeldet sind, was nur bei einer entsprechenden Aufforderung durch das Insolvenzgericht in Betracht kommt (§ 174 Abs. 3 Satz 1). Gläubiger mit aufschiebend bedingten Forderungen sind nicht aufzunehmen, wenn die Anwartschaft aussichtslos ist, § 191 Abs. 2 Satz 1. Das Verzeichnis ist auf der Geschäftsstelle niederzulegen (§ 188 Satz 2). Außerdem hat der Verwalter den für die Schlussverteilung verfügbaren Betrag und die Summe der im Schlussverzeichnis berücksichtigten Forderungen öffentlich bekannt zu machen (§ 188 Satz 3). Im Hinblick auf § 206 Nr. 2 wird teilweise empfohlen, den Vorbehalt vorrangiger Befriedigung von Massegläubigern aufzunehmen.[24] Notwendig ist das nicht. Für Änderungen und Berichtigungen des Verteilungsverzeichnisses, die auf Grund der §§ 189 bis 192 erforderlich werden, gilt die Frist des § 193, obwohl diese nur vor dem Hintergrund der kurzen Einwendungsfrist des § 194 verständlich ist und es im Schlussverteilungsverfahren keine Einwendungsfrist (arg. § 197 Abs. 3) gibt. Aus Gründen der Rechtssicherheit ist auch eine analoge Anwendung (Änderungen bis zum vierten Tag vor dem Schlusstermin möglich) abzulehnen.

IV. Rechtsbehelfe

10   Gegen das **Schlussverzeichnis** sind Einwendungen nach §§ 194, 197 Abs. 3 möglich. Dabei gilt die Ausschlussfrist des § 194 Abs. 1 nicht. Die Einwendungen sind gem. § 197 Abs. 1 Satz 2 Nr. 2 im Schlusstermin zu erheben.[25]

11   Gegen die Zustimmung oder die Ablehnung der **Zustimmung** sowie gegen den **Widerruf** oder dessen Ablehnung durch den **Richter** ist keine Beschwerde möglich, weil das Gesetz keine Beschwerdemöglichkeit vorsieht (§ 6 Abs. 1).[26] Dagegen ist in diesen Fällen die Rechtspflegererinnerung zulässig, § 11 Abs. 2 Satz 1 RPflG.[27]

§ 197 Schlußtermin

(1) ¹Bei der Zustimmung zur Schlußverteilung bestimmt das Insolvenzgericht den Termin für eine abschließende Gläubigerversammlung. ²Dieser Termin dient

1. zur Erörterung der Schlußrechnung des Insolvenzverwalters,
2. zur Erhebung von Einwendungen gegen das Schlußverzeichnis und
3. zur Entscheidung der Gläubiger über die nicht verwertbaren Gegenstände der Insolvenzmasse.

---

[24] *Nerlich/Römermann/Westphal* § 196 RdNr. 26.
[25] Siehe dazu § 197 RdNr. 5.
[26] Der frühere Streit (vgl. *Kuhn/Uhlenbruck* § 161 RdNr. 5 c und 7 mwN) ist damit gegenstandslos geworden.
[27] Vgl. Begr. § 6 RegE (= § 6) *Uhlenbruck*, § 196 RdNr. 14.

(2) Zwischen der öffentlichen Bekanntmachung des Termins und dem Termin soll eine Frist von mindestens einem Monat und höchstens zwei Monaten liegen.
(3) Für die Entscheidung des Gerichts über Einwendungen eines Gläubigers gilt § 194 Abs. 2 und 3 entsprechend.

Übersicht

	RdNr.		RdNr.
I. Vergleich mit früherer Rechtslage, Zweck des Schlusstermins	1	2. Präklusionswirkung	6
II. Verfahren	2	V. Entscheidung über nicht verwertbare Gegenstände	
III. Erörterung der Schlussrechnung	4	1. Entlastungswirkung	7
IV. Einwendungen gegen das Schlussverzeichnis		2. Entscheidung	8
1. Einwendungsverfahren	5	VI. Verbindung von Schlusstermin und besonderem Prüfungstermin	9

I. Vergleich mit früherer Rechtslage, Zweck des Schlusstermins

Die Vorschrift übernimmt sinngemäß die Regelung des § 162 KO.[1] Allerdings wird in § 197 Abs. 1 Satz 2 Nr. 1 („Erörterung") im Gegensatz zu Nr. 2 („Einwendung") klargestellt, dass gegen die Schlussrechnung nicht mehr wie bisher nach § 86 Satz 4 KO Einwendungen vorgebracht werden können. Daraus folgt, dass Schadenersatzansprüche gegen den Verwalter nicht mehr ausgeschlossen sind, wenn Einwendungen gegen die Schlussrechnung im Schlusstermin versäumt wurden. Der Verwalter wird nunmehr durch die Verjährungsvorschrift des § 62 Satz 1 geschützt.[2] Anders als nach § 91 Abs. 1 Satz 2 KO muss das Insolvenzgericht die Gläubigerversammlung vor Festsetzung der Vergütung und der Auslagen der Mitglieder des Gläubigerausschusses nicht mehr anhören. Dem Schlusstermin kommt daher nicht mehr[3] die Funktion zu, diese Anhörung zu ermöglichen. Neben den in Abs. 1 Satz 2 genannten Punkten dient der Schlusstermin auch der **Anhörung** von Insolvenzgläubigern und Verwalter zu einem Antrag des Schuldners auf **Restschuldbefreiung** (§ 289 Abs. 1 Satz 1). Die Frist zwischen Bekanntmachung und Schlusstermin (Abs. 2) ist nicht mehr zwingend (wie in § 162 Abs. 1) vorgegeben, sondern nur noch als Sollvorschrift gefasst. Gegenüber der ursprünglichen Gesetzesfassung wurden die Fristen durch Gesetz vom 19. 12. 1998 (BGBl. I, 3836) verlängert. An Stelle der ursprünglichen drei Wochen trat die Mindestfrist von einem Monat. Die Höchstfrist wurde von einem auf zwei Monate verlängert.

II. Verfahren

Der Schlusstermin ist die abschließende Gläubigerversammlung (§ 197 Abs. 1 Satz 1). Es finden daher die §§ 74 ff. Anwendung. Die Gläubigerversammlung wird vom Insolvenzgericht (in aller Regel dem Rechtspfleger) geleitet (§ 76 Abs. 1). Für die Beschlussfassung gelten die §§ 76 Abs. 2, 77. Der Insolvenzverwalter muss zwingend persönlich anwesend sein, eine Vertretung ist unzulässig. Bei Verhinderung ist der Schlusstermin zu vertagen.[4]

Auch ohne Antrag (§ 75) bestimmt das Gericht mit der Zustimmung zur Schlussverteilung den **Schlusstermin** (§ 197 Abs. 1 Satz 1). Zeit, Ort und Tagesordnung sind nach § 9 öffentlich bekannt zu machen (§ 74 Abs. 2 Satz 1). Die Bekanntmachung kann unterbleiben, wenn in einem Schlusstermin die Verhandlung vertagt wird (§ 74 Abs. 2 Satz 2). Dagegen ist die Terminsverlegung bekannt zu machen. Gemäß § 197 Abs. 2 soll zwischen der öffentlichen Bekanntmachung und dem Termin eine Frist von mindestens einem Monat

---
[1] Begr. §§ 223 bis 225 RegE (= §§ 195 bis 197).
[2] Begr. § 76 RegE (= § 66).
[3] Vgl. für die KO noch *Kuhn/Uhlenbruck* § 162 RdNr. 1.
[4] *Nerlich/Römermann/Westphal* § 197 RdNr. 2.

und höchstens zwei Monaten liegen (zur Fristberechnung vgl. § 189 RdNr. 2, 3).[5] Da es sich nur um eine Sollvorschrift handelt, können in begründeten Ausnahmefällen abweichende Bestimmungen getroffen werden.[6] Haben Gläubiger nachträglich ihr Forderungen angemeldet, ist – wenn möglich – vor Ablauf der Ausschlussfristen der §§ 189, 190 oder überhaupt vor Einleitung des Schlussverteilungsverfahrens ein **besonderer Prüfungstermin** gem. § 177 Abs. 1 Satz 2 anzuberaumen, damit die Voraussetzungen für eine Aufnahme in das Schlussverzeichnis[7] noch geschaffen werden können.[8] Der Schlusstermin ist zwingend so festzusetzen, dass die Ausschlussfristen der §§ 189, 190 und die Änderungsfrist (§ 193) abgelaufen sind.[9] Die Möglichkeit von Einwendungen muss auch gegen das geänderte Schlussverzeichnis gewährleistet werden.

III. Erörterung der Schlussrechnung

4 Wie unter RdNr. 1 dargelegt dient der Schlusstermin nicht mehr dem Vorbringen von Einwendungen gegen die Schlussrechnung, sondern nur deren Erörterung. Vgl. § 66 RdNr. 34.

IV. Einwendungen gegen das Schlussverzeichnis

5 **1. Einwendungsverfahren.** § 197 Abs. 1 Satz 2 Nr. 2 tritt an die Stelle des § 194 Abs. 1. Folgende Modifikationen sind damit verbunden. Die Einwendungen müssen **mündlich** im Schlusstermin vorgebracht werden, auch wenn sie bereits zuvor schriftlich gegenüber Gericht und/oder Verwalter erhoben wurden,[10] um mögliche Bedenken sogleich im Termin zu klären. Möglich ist die Bezugnahme auf einen vorherigen Schriftsatz, wenn dieser hinreichend substantiiert ist. Die Einwendungen sind zu protokollieren. Zu Statthaftigkeit und Einwendungsberechtigung vgl. § 194 RdNr. 4 bis 6. Trotz § 206 Nr. 2 sind Massegläubiger nicht einwendungsberechtigt. Einwendungen können sich nur auf das Schlussverzeichnis beziehen, nicht aber auf die zur Verteilung gelangende Masse. Über die Einwendungen entscheidet das Insolvenzgericht, wobei § 197 Abs. 3 die entsprechende Anwendung von § 194 Abs. 2 und 3 anordnet. Hinsichtlich der Bekanntmachung der Entscheidung ist daher auf § 194 RdNr. 10 bis 12 zu verweisen. Für die möglichen Rechtsbehelfe gilt § 194 RdNr. 13 ff. Das Einwendungsverfahren wird durch die Aufhebung des Insolvenzverfahrens (§ 200)[11] nicht erledigt,[12] weil das Schlussverzeichnis auch nach Verfahrensaufhebung noch für Nachtragsverteilungen Bedeutung hat.

6 **2. Präklusionswirkung.** Die Versäumung von Einwendungen gegen das Schlussverzeichnis im Schlusstermin führt dazu, dass ein nicht berücksichtigter Gläubiger sowohl bei der Schluss- als auch bei etwaigen Nachtragsverteilungen ausgeschlossen ist, weil letztere auf der Grundlage des Schlussverzeichnisses erfolgen (§ 205 Satz 1).[13] Ein zu Unrecht berück-

---

[5] Vgl. dazu auch *Uhlenbruck*, § 197 RdNr. 2.
[6] Ladungsfristen von nur einer Woche oder weniger sind nur dann zulässig, wenn die Bekanntmachung den Entscheidungsausspruch enthält, also auf die Präklusionsfolgen hinweist, BGH WM 1998, 622, 623 = ZIP 1998, 515, 517.
[7] Nur geprüfte Forderungen können in das Verteilungsverzeichnis aufgenommen werden, § 188 RdNr. 4.
[8] *Uhlenbruck*, § 197 RdNr. 1; zur Verbindung von Schlusstermin und besonderem Prüfungstermin siehe außerdem RdNr. 9.
[9] Nach *Kuhn/Uhlenbruck*, § *Kilger/K. Schmidt* § 162 Anm. 3 soll außerdem die Einwendungsfrist des § 158 KO (= § 194 Abs. 1) abgelaufen sein müssen. Diese Einwendungsfrist gilt jedoch nur im Rahmen von Abschlagsverteilungen und kann daher bei Bekanntmachung eines Schlussverzeichnisses gar nicht laufen.
[10] *Uhlenbruck*, § 197 RdNr. 4; *Jaeger/Weber* § 162 RdNr. 4; aA *Häsemeyer*, Insolvenzrecht, RdNr. 7.65.
[11] Gem. § 200 Abs. 1 erfolgt die Aufhebung nach Vollzug der Schlussverteilung und diese wiederum nach Abschluss des Einwendungsverfahrens (vgl. § 195 RdNr. 3), sodass die genannte Konstellation bei gesetzeskonformem Verfahrensablauf gar nicht eintreten kann.
[12] *Kuhn/Uhlenbruck* § 162 RdNr. 4; aA OLG Frankfurt Rpfleger 1992, 35.
[13] BGHZ 91, 198, 210; RGZ 87, 151, 154; OLG Köln MDR 1990, 558; RG HRR 32, 1090; LG Düsseldorf KTS 1966, 185; AG Krefeld NZI 2001, 45; *Uhlenbruck*, § 197 RdNr. 7; *Kilger/K. Schmidt* § 162 Anm. 5; Vgl. § 205 RdNr. 3.

sichtigter Gläubiger muss die Dividende, die ihm in Übereinstimmung mit dem Schlussverzeichnis ausgezahlt wurde, nicht als ungerechtfertigte Bereicherung herausgeben,[14] weil das unanfechtbare Schlussverzeichnis für Schluss- und Nachtragsverteilungen eine „unumstößliche Grundlage"[15] darstellt (vgl. genauer dazu § 188 RdNr. 10). Dagegen sind Ansprüche gegen den Insolvenzschuldner nach § 201 (Nachhaftung) von der Präklusion nicht berührt.[16] **Wiedereinsetzung** ist **nicht möglich**,[17] weil das Gesetz keine Notfrist vorsieht. Eine Analogie zu § 233 ZPO, sofern eine solche überhaupt für möglich erachtet wird, scheidet aus, weil eine planwidrige Unvollständigkeit nicht vorliegt. Das ergibt sich im Gegenschluss aus § 186. Ein Verstoß gegen Art. 103 Abs. 1 GG (Anspruch auf rechtliches Gehör) liegt nicht vor,[18] weil mit dem großzügig terminierten Schlusstermin ja genügend Gelegenheit zur Stellungnahme besteht. Eine Anfechtung der der durch die Säumnis verursachten Rechtsfolgen nach §§ 119 ff. BGB kommt nicht in Betracht.[19] Die §§ 119 ff. BGB sind auf Prozesshandlungen schon gar nicht anwendbar.[20] Außerdem werden die Anfechtungsfristen der §§ 121 Abs. 2, 124 BGB dem Bedürfnis nach einer sicheren und unumstößlichen Grundlage nicht gerecht. Ist die **Ladungsfrist** allerdings **zu kurz** bemessen,[21] ist zur Vermeidung einer Verletzung des rechtlichen Gehörs eine **Gegenvorstellung** statthaft.[22]

V. Entscheidung über nicht verwertbare Gegenstände

1. Entlastungswirkung. Grundsätzlich liegt die Freigabe eines Massegegenstandes, d. h. die Überführung in das insolvenzfreie Vermögen des Insolvenzschuldners, im Ermessen des Verwalters, wenn der Gegenstand unverwertbar ist oder von der Verwertung ein Gewinn für die Masse nicht erwartet werden kann.[23] Allerdings kann sich der Verwalter nach § 60 schadenersatzpflichtig machen, wenn er ermessensfehlerhaft handelt. Von diesen haftungsrechtlichen Risiken soll ihn die Entscheidung der Gläubiger nach § 197 Abs. 1 Satz 2 Nr. 3 befreien. Führt der Verwalter also den Beschluss der Gläubigerversammlung aus, sind Schadenersatzansprüche gegen ihn auch dann ausgeschlossen, wenn es sich um eine an sich pflichtwidrige Maßnahme handelt. Allerdings wird der Insolvenzverwalter in einem solchen Fall erwägen (ohne dazu verpflichtet zu sein, weil sonst die Entlastungsfunktion wieder aufgehoben würde), in der Gläubigerversammlung die Aufhebung des Beschlusses zu beantragen (§ 78 Abs. 1). Der Verwalter bereitet die Entscheidung dadurch vor, dass er eine Aufstellung der nicht verwertbaren Massegegenstände erstellt und vorlegt. Entscheiden sich die Gläubiger nicht für irgendeine Art der Verwertung, so liegt darin eine konkludente Freigabe.[24] Einen

7

---

[14] BGHZ 91, 198 = BGH NJW 1984, 2154 = ZIP 1984, 980 = WM 1984, 1011 = JZ 1984, 1025 m. Anm. *Weber*; RGSeuffA 41 Nr. 272; OLG Stuttgart OLGE 11, 366.
[15] *Hahn* Materialien, S. 341.
[16] *Kilger/K. Schmidt* § 162 Anm. 5.
[17] BGHZ 91, 198, 205 f.: = NJW 1984, 2154, 2156: „Auf die Frage, ob dem Gläubiger die Versäumung (...) vorzuwerfen ist, kommt es für die vom Gesetz bestimmte Ausschlusswirkung nicht an." So auch implizit RGZ 87, 154, 154; *Uhlenbruck*, § 197 RdNr. 7; *Jaeger/Weber* § 162 RdNr. 4; *Nerlich/Römermann/Westphal* § 197 RdNr. 9; FK-*Kießner* § 197 RdNr. 23; aA *Häsemeyer* (Fn. 10); auch OLG Köln KTS 1989, 447, 448 prüft unter Berufung auf Art. 103 Abs. 1 GG und BVerfGE 69, 126, 137 der Sache nach Wiedereinsetzungsgründe.
[18] *Kilger/K. Schmidt* § 162 Anm. 5.
[19] AA noch *Kuhn/Uhlenbruck* § 162 RdNr. 4.
[20] *Rosenberg/Schwab/Gottwald*, Zivilprozessrecht, § 65 V. 3.; soweit man im Rahmen von § 86 Satz 4 KO eine Anfechtung zuließ, vgl. z. B. *Jaeger/Weber* § 86 RdNr. 8, mag der genannte Einwand nicht verfangen, weil man in der Nichterhebung von Einwendungen einen materiell-rechtlichen Verzicht auf Schadenersatzansprüche sehen kann. Kritisch aber gegen die Anwendung der §§ 119 ff. BGB in Zusammenhang mit § 86 Satz 4 KO *Kilger/K. Schmidt* § 86 Anm. 4.
[21] Das ist etwa bei einer nur fünftägigen Ladungsfrist der Fall, wenn die Bekanntmachung keinen Hinweis auf die Präklusionsfolgen enthält, BGH WM 1998, 622, 623 = ZIP 1998, 515, 517.
[22] BGH (Fn. 21).
[23] Vgl. § 35 RdNr. 85.
[24] RG JW 1888, 288.

derartigen schlüssigen Freigabewillen wird man aber nur bezüglich der in der Aufstellung aufgelisteten Gegenstände annehmen können. Die Entlastungswirkung tritt auch dann ein, wenn kein entsprechender Beschluss gefasst wird. Denn nach § 197 Abs. 1 Satz 2 Nr. 3 tragen die Gläubiger und nicht der Verwalter die Verantwortung. Aus diesem Grund wird der Verwalter auch dann entlastet, wenn im Termin kein Gläubiger erscheint. Soweit im Übrigen die Entlastungswirkung auf die nach pflichtgemäßem Ermessen vorgenommene Freigabe beschränkt wird,[25] kann dem nicht gefolgt werden. Denn in diesem Fall haftet der Verwalter ohnehin nicht. Eine Entlastung macht hier überhaupt keinen Sinn. Im Übrigen hat die gesamte Thematik in der Praxis keine Bedeutung.

8 **2. Entscheidung.** Die Gläubigerversammlung entscheidet durch Beschluss (§ 76 Abs. 2). Es ist nicht ausgeschlossen, dass bereits in einer früheren Gläubigerversammlung ein Beschluss über die Verwertung eines bestimmten Gegenstandes gefasst worden ist.[26] Die Gläubigerversammlung kann die Freigabe beschließen. Sie kann den Verwalter anweisen, eine bestimmte Form der Verwertung durchzuführen oder einen erneuten Verwertungsversuch vorzunehmen. Es kann die Übernahme des Gegenstandes durch einen oder mehrere Gläubiger beschlossen werden, wobei der Übernahmepreis auf die Quote angerechnet wird.[27] Die Übertragung auf einen Treuhänder bewirkt keinen Vorteil.[28] Denn dann ist als Vermögensbestandteil der Anspruch aus dem Treuhandverhältnis in der Masse und es ist über dessen Verwertung zu entscheiden. Grundsätzliche Einwendungen gegen die Begründung eines Treuhandverhältnisses insbesondere aus § 313 bestehen nicht. Der Insolvenzverwalter verwaltet den Anspruch aus dem Treuhandverhältnis. Eine Treuhänderschaft nach § 313 liegt nicht vor.

VI. Verbindung von Schlusstermin und besonderem Prüfungstermin

9 Für Anmeldung und Prüfung von Forderungen besteht keine zeitliche Grenze. Sie sind also bis zur Aufhebung des Verfahrens möglich. Das Insolvenzgericht bestimmt gem. § 177 Abs. 1 Satz 2 einen besonderen Prüfungstermin für die später angemeldeten Forderungen. Wird dieser mit dem Schlusstermin verbunden (vgl. § 177 RdNr. 6), so sind die Ausschlussfristen der §§ 189, 190 in diesem Zeitpunkt bereits abgelaufen.[29] Dabei kann offen bleiben, ob die Ausschlussfristen der §§ 189, 190 überhaupt für ungeprüfte Forderungen gelten.[30] Da aber nur geprüfte Forderungen in das Schlussverzeichnis aufgenommen werden können[31] und Änderungen des Schlussverzeichnisses wegen des Ablaufs der Frist des § 193[32] ausgeschlossen sind, ist eine Aufnahme von Forderungen, die erst im Schlusstermin festgestellt werden, in das Schlussverzeichnis nicht mehr möglich.[33] Das gilt für alle Forderungen, die nach Ablauf der Frist des § 193 angemeldet werden unabhängig davon, ob dies im Schlusstermin oder nach Genehmigung der Schlussverteilung erfolgt. Aus § 193 ergibt sich, dass Änderungen nach Ablauf der Einwendungsfrist (bei der Schlussverteilung also vor dem Schlusstermin) abgeschlossen sein müssen, damit die übrigen Gläubiger entscheiden können, ob sie gegen die Änderungen Einwendungen erheben und deshalb zum Schlusstermin erscheinen wollen. Die Feststellung im Schlusstermin hat daher nur Bedeutung für die Zwangsvollstreckung aus der Tabelle (§ 201 Abs. 2). Das Insolvenzgericht wird daher den besonderen Prüfungstermin vor dem Schlusstermin bestimmen.[34]

---

[25] So noch *Kuhn/Uhlenbruck* § 162 RdNr. 6 und *Jaeger/Weber* § 162 RdNr. 6.
[26] LG Wiesbaden MDR 1970, 598; *Kuhn/Uhlenbruck* § 162 RdNr. 6.
[27] Vgl. zu möglichen Leistungsstörungen ausführlich *Jaeger/Weber* § 162 RdNr. 6 (§ 365 BGB).
[28] Vgl. dazu *Uhlenbruck*, § 197 RdNr. 8 mwN.
[29] Vgl. RdNr. 3.
[30] Verneinend *Tscheschke* Rpfleger 1992, 96 ff.
[31] § 188 RdNr. 4.
[32] Vgl. RdNr. 3.
[33] BGH ZIP 2007, 876 mwN; i. E. auch OLG Köln ZIP 1992, 949 = EWiR § 142 KO 1/92, 689; *Uhlenbruck* KTS 1975, 14; *Jaeger/Weber* § 162 RdNr. 9; *Kilger/K. Schmidt* § 162 Anm. 2; aA *Boenecke* KTS 1955, 1175; *Tscheschke* Rpfleger 1992, 96, 97.
[34] *Nerlich/Römermann/Westphal* § 196 RdNr. 18.

§ 198 Hinterlegung zurückbehaltener Beträge

Beträge, die bei der Schlußverteilung zurückzubehalten sind, hat der Insolvenzverwalter für Rechnung der Beteiligten bei einer geeigneten Stelle zu hinterlegen.

I. Vergleich mit bisheriger Rechtslage, Anwendungsbereich

Gegenüber § 169 KO stellt § 198 klar, dass von den Gläubigern *nicht erhobene* Beträge nicht hinterlegt werden.[1] Sie sind vielmehr auszuzahlen, d. h. zu überweisen oder durch die Post zuzustellen. Ist dies nicht möglich, sollte der Verwalter diese Beträge zu seinem Schutz nach den §§ 372 ff. BGB hinterlegen.[2] Die neu gefasste Regelung gibt dem Verwalter mehr Entscheidungsfreiheit, weil nunmehr von ihm die Initiative zu einer Hinterlegung ausgeht und das Gericht lediglich zustimmt, während es bisher nach § 169 KO die Hinterlegung anordnete. Auch die Ergänzung „bei einer geeigneten Stelle" dient der Klarstellung, dass nicht nur bei einer amtlichen Hinterlegungsstelle i. S. d. §§ 372 ff. BGB, sondern auch bei einer Bank oder bei einer anderen geeigneten Stelle hinterlegt werden kann.[3] Anders als ursprünglich geplant ist keine Zustimmung des Insolvenzgerichtes erforderlich. 1

§ 198 gilt nur für Beträge, die bei einer **Schlussverteilung zurückzubehalten** (§§ 189, 191[4]) sind. Beträge, die bei einer Abschlagsverteilung zurückzubehalten sind, können daher nicht auf Kosten der Beteiligten hinterlegt werden, die Hinterlegungskosten treffen vielmehr die Masse. Von einer Hinterlegung bei einer Abschlagsverteilung ist folglich abzuraten. Die Vorschrift gilt auch **nicht für eine Hinterlegung nach § 372 BGB**, wenn die Auszahlung an den Gläubiger unmöglich ist, weil weder Aufenthalt noch Kontoverbindung bekannt sind.[5] Damit ist zwischen der insolvenzrechtlichen Hinterlegung nach § 198 und der bürgerlich-rechtlichen Hinterlegung nach § 372 BGB zu unterscheiden. 2

II. Insolvenzrechtliche Hinterlegung nach § 198

Eine Hinterlegung bei der amtlichen Hinterlegungsstelle ist nicht erforderlich. Der Betrag kann insbesondere auch bei einer Bank hinterlegt werden. Die Hinterlegung muss auf den Namen der Insolvenzmasse ohne Ausschluss des Rückforderungsrechts erfolgen. Denn die Beträge müssen für eine etwaige Nachtragsverteilung (§ 203) verfügbar bleiben. Die Hinterlegung dient der sicheren Aufbewahrung. Der Insolvenzbeschlag besteht fort (arg. § 203 Abs. 1 Nr. 3). Die Kontoführungsgebühren sind aus dem hinterlegten Betrag zu bestreiten („für Rechnung der Beteiligten"). Dafür stehen Zinsen den Berechtigten zu. 3

III. Bürgerlich-rechtliche Hinterlegung (§ 372 BGB)

Im diesem Fall hinterlegt der Verwalter beim Amtsgericht als amtlicher Hinterlegungsstelle (§ 1 Abs. 2 HinterlegungsO) zugunsten des Gläubigers und verzichtet zweckmäßigerweise auf das Recht zur Rücknahme (§ 376 Abs. 2 Nr. 1 BGB), um die Erfüllungswirkung herbeizuführen (§ 378 BGB).[6] Wird auf das Rücknahmerecht nicht verzichtet, kommen die Beträge für eine Nachtragsverteilung nur dann in Betracht, wenn im Verhalten des Gläubigers ein konkludenter Verzicht zu sehen ist.[7] 4

---

[1] Begr. § 222 RegE (= § 198).
[2] *Nerlich/Römermann/Westphal* § 198 RdNr. 6.
[3] Ausschussbericht zu § 226 RegE (= § 198).
[4] § 190 Abs. 2 Satz 2 sieht die Zurückbehaltung nur bei einer Abschlagsverteilung vor.
[5] Vgl. *Uhlenbruck,* § 198 RdNr. 7.
[6] *Nerlich/Römermann/Westphal* § 198 RdNr. 11.
[7] *Kuhn/Uhlenbruck* § 169 RdNr. 6; zu Verzicht und Verwirkung vgl. *Bihler* KTS 1962, 84, 87.

§ 199 Überschuß bei der Schlußverteilung

¹Können bei der Schlußverteilung die Forderungen aller Insolvenzgläubiger in voller Höhe berichtigt werden, so hat der Insolvenzverwalter einen verbleibenden Überschuß dem Schuldner herauszugeben. ²Ist der Schuldner keine natürliche Person, so hat der Verwalter jeder am Schuldner beteiligten Person den Teil des Überschusses herauszugeben, der ihr bei einer Abwicklung außerhalb des Insolvenzverfahrens zustünde.

I. Natürliche Personen

1   Die neu geschaffene Regelung stellt in Satz 1 klar, dass etwaige Überschüsse an den Schuldner herauszugeben sind,[1] was aber ohnehin auf der Hand liegt. Mit dieser Problematik hat sich der Verwalter (leider) so gut wie nie zu befassen. Maßgeblich sind diejenigen Forderungen, die im Schlussverzeichnis berücksichtigt sind. Der Verwalter muss also einen Überschuss auch dann an den Schuldner herausgeben, wenn Insolvenzgläubiger vorhanden sind, die im Schlussverzeichnis nicht berücksichtigt wurden.[2] Selbstverständlich sind vorab aus dem Überschuss nachträglich bekannt gewordene Masseverbindlichkeiten zu begleichen, § 206 Nr. 2.

II. Juristische Personen und Gesellschaften

2   In Satz 2 liegt die eigentliche Bedeutung der Vorschrift. Verbleibt ein Überschuss im Insolvenzverfahren über das Vermögen einer juristischen Person oder einer Gesellschaft, so hat der Verwalter auch für die Verteilung des Überschusses an die einzelnen Anteilsinhaber zu sorgen. Auf diese Weise wird vermieden, dass sich dem Insolvenzverfahren noch eine gesellschaftsrechtliche Liquidation anschließen muss.[3] Maßstab für diese Verteilung sind die gesetzlichen oder vertraglichen Bestimmungen über die Aufteilung des Vermögens im Falle einer solchen Liquidation: § 49 Abs. 1 Satz 1 BGB (eingetragener Verein); § 734 BGB (Gesellschaft Bürgerlichen Rechts; nichtrechtsfähige Vereine über § 54 Satz 1 BGB); § 155 HGB (Personenhandelsgesellschaften, Partnerschaftsgesellschaft über § 10 Abs. 1 PartGG); § 271 AktG (Aktiengesellschaft, Kommanditgesellschaft auf Aktien gem § 279 Abs. 3 AktG); § 72 GmbHG (Gesellschaft mit beschränkter Haftung); §§ 91 f. GenG (Genossenschaft). Diese Vollabwicklung ist aber kein Verfahrensziel, das gleichrangig mit den Zielen in § 1 wäre. Sie ist vielmehr der Gläubigerbefriedigung untergeordnet. Aus § 199 Satz 2 kann daher nicht geschlossen werden, dass der Verwalter in jedem Fall zur Vollabwicklung verpflichtet wäre. Er darf also auch in der Insolvenz juristischer Personen Gegenstände freigeben.[4]

3   Hat der Verwalter über das Vermögen der Gesellschaft nach § 93 von einem persönlich haftenden Gesellschafter (§ 128 HGB) mehr eingezogen als letztlich zur Befriedigung der Gläubiger erforderlich war, ist der Überschuss an den in Anspruch genommenen Gesellschafter zurückzuzahlen (vgl. § 110 HGB).[5] Dieser Aufwendungsersatzanspruch ist nach § 733 BGB vor der Verteilung eines etwaigen Überschusses zu berichtigen.

§ 200 Aufhebung des Insolvenzverfahrens

(1) Sobald die Schlussverteilung vollzogen ist, beschließt das Insolvenzgericht die Aufhebung des Insolvenzverfahrens.

(2) ¹Der Beschluss und der Grund der Aufhebung sind öffentlich bekannt zu machen. ²Die §§ 31 bis 33 gelten entsprechend.

---

[1] Begr. § 227 RegE (= § 199).
[2] *Nerlich/Römermann/Westphal* § 199 RdNr. 5.
[3] Begr. § 227 RegE (= § 199).
[4] BGHZ 148, 252, 258 f.: = NJW 2001, 2966; NJW 2005, 2015, 2016.
[5] *Baumbach/Hopt* HGB § 110 RdNr. 10 vgl. auch § 93 RdNr. 25.

Aufhebung des Insolvenzverfahrens   1–4 § 200

Schrifttum: *App,* Die Aufhebung und Einstellung des Insolvenzverfahrens und die Gläubigerrechte nach Verfahrensbeendigung, DGVZ 2001, 1 ff.; *Uhlenbruck,* Rechtsfolgen der Beendigung des Konkursverfahrens, ZIP 1993, 241 ff.; *ders.,* Aufhebung des Konkursverfahrens trotz Einwendungen gegen das Schlussverzeichnis?, Rpfleger 1994, 407 ff.; *Wellkamp,* Verfahrensprobleme bei der Insolvenz der Gesellschaft bürgerlichen Rechts, KTS 2000, 331.

Übersicht

	RdNr.		RdNr.
A. Normzweck	1	b) Nach Aufhebung	22
B. Entstehungsgeschichte	4	6. Weitere Benachrichtigungen	29
C. Aufhebung des Insolvenzverfahrens	6	D. Wirkung der Insolvenzaufhebung	30
1. Vollzug der Schlussverteilung	6	1. Übergang der Verwaltungs- und Verfügungsbefugnis auf den Schuldner	30
2. Aufhebungsbeschluss	9	a) Analogie zu §§ 215, 259	30
3. Bekanntmachung	12	b) Zeitpunkt des Übergangs	32
a) Inhalt	12	c) Rückgabe der Masse	34
b) Form	14	d) Rechte der Gläubiger	35
4. Wirksamwerden der Aufhebung	17	2. Anhängige Prozesse	37
5. Nachricht an öffentliche Register	18	3. Urkunden, Papier, Geschäftsunterlagen	42
a) Nach Eröffnung	19		

A. Normzweck

Das Insolvenzverfahren wird förmlich mit dem Eröffnungsbeschluss, § 27, eröffnet und **1** nach Vollzug der Schlussverteilung durch Beschluss förmlich aufgehoben. Die Aufhebung erfolgt auch nach rechtskräftiger Aufhebung der Eröffnungsentscheidung, § 34 Abs. 3. Einen weiteren Aufhebungsgrund sieht § 258 nach rechtskräftiger Bestätigung des Insolvenzplans vor. Vorzeitig abgebrochen durch Einstellungsbeschluss wird das Insolvenzverfahren in den Fällen §§ 207, 211, 212, 213. Mit der Aufhebung des Insolvenzverfahrens werden die mit der Insolvenzeröffnung verbundenen Auswirkungen sowohl gegen den Schuldner als auch gegen die Gläubiger für die Zukunft beseitigt. Das mit Eröffnung auf den Insolvenzverwalter übergegangene Recht, das dem Schuldner gehörende Vermögen zu verwalten und darüber zu verfügen, § 80, fällt an den Schuldner zurück. Vollstreckungsverbote, §§ 89, 90, 110 Abs. 2, 114 Abs. 3, 123 Abs. 3 Satz 2 und 210, gelten nicht mehr, die Insolvenzgläubiger haben grundsätzlich das freie Nachforderungsrecht, § 201.

In Abweichung zu § 263 Abs. 1 Satz 1 KO sieht § 200 vor, dass das Insolvenzverfahren **2** nach Vollzug der Schlussverteilung aufzuheben ist und nicht, wie bisher, schon nach Abhaltung des Schlusstermins. Damit soll sichergestellt werden, dass das Amt des Verwalters und die gerichtliche Aufsicht über seine Geschäftsführung auch während der Schlussverteilung eine eindeutige Rechtsgrundlage haben. Die bisherige Regelung über den Ausschluss der Anfechtbarkeit des Beschlusses, § 163 Abs. 1 Satz 2 KO ist obsolet, da § 6 insoweit eine abschließende Regelung trifft.

Wie bereits § 163 KO enthält auch § 200 keine Regelung über die Rechtsfolgen der **3** Aufhebung des Verfahrens, insoweit kann jedoch auf die Wirkungen nach Verfahrenseinstellung, § 215 bzw. nach rechtskräftiger Bestätigung des Insolvenzplans, § 259, zurückgegriffen werden.[1]

B. Entstehungsgeschichte

Die bisherige Regelung, die Aufhebung des Konkursverfahrens unmittelbar nach **4** Abhaltung des Schlusstermins zu beschließen, wurde einerseits als Rechtspflicht angese-

---

[1] *Uhlenbruck* § 200 RdNr. 1; *Kübler/Prütting/Holzer* § 200 RdNr. 2.

hen.² Andererseits blieben zahlreiche Rechtsfragen strittig. Mit Aufhebung des Konkursverfahrens unterstand der Konkursverwalter nicht mehr der Aufsicht des Konkursgerichts und konnte auch nicht mehr zur ordnungsgemäßen Schlussverteilung angehalten werden. Zwangsmaßnahmen gegen den Konkursverwalter waren nicht möglich, § 83 KO. Mit Aufhebung des Verfahrens erhielt der Schuldner zwar grundsätzlich die freie Verfügungsgewalt über die noch vorhandene Masse zurück, insoweit musste jedoch eine Nachwirkung des Konkursbeschlages angenommen werden.³ Anhängige Prozesse, die vom Konkursverwalter eingeleitet oder gegen ihn geführt wurden, mussten nach Aufhebung des Konkursverfahrens durch den Schuldner persönlich weitergeführt werden. Nur im Falle eines Anfechtungsprozesses hatte der BGH die prozessuale Fortführungsbefugnis des Konkursverwalters für den Fall anerkannt, dass der Konkursbeendigung eine Schlussverteilung vorausgegangen und eine Nachtragsverteilung, § 166 KO, möglich und deshalb auch vom Konkursgericht angeordnet worden war.⁴ Um eine ordnungsgemäße verfahrensrechtliche Abwicklung zu garantieren, wurde von der Literatur in der gerichtlichen Genehmigung der Schlussverteilung ein stillschweigender Vorbehalt einer Nachtragsverteilung hinsichtlich des Prozessgegenstandes angenommen.⁵ Das OLG Celle⁶ nahm an, dass für der Höhe nach noch nicht hinreichend bestimmte Forderungen im Zeitpunkt der Schlussverteilung auch eine stillschweigend ausgesprochene Nachtragsverteilung angenommen werden musste. Das OLG Frankfurt⁷ hat in einem Fall, in dem der Schlusstermin noch mit einem besonderen Prüfungstermin verbunden wurde und in dem gleichzeitig Einwendungen eines Gläubigers gegen das Schlussverzeichnis zurückgewiesen wurden, das Rechtsmittel des Gläubigers gegen einen Zurückweisungsbeschluss mit Eintritt der Rechtskraft des Aufhebungsbeschlusses als gegenstandslos erklärt. Mit rechtskräftiger Aufhebung des Konkursverfahrens waren Rechtsmittel in der Hauptsache als erledigt anzusehen und nur noch im Kostenpunkt auszutragen, es sei denn, dass der Rechtsbehelf seinem Gegenstand nach von der Fortdauer des Konkursverfahrens unabhängig war. Zahlreiche Konkursgerichte waren deshalb bereits in der Vergangenheit dazu übergegangen, die Verfahrensaufhebung erst nach Abschluss der Schlussverteilung vorzunehmen.⁸

5 Die Neuregelung lässt den Insolvenzbeschlag mit seinen materiellen Wirkungen Kraft Gesetzes bis zum Vollzug der Schlussverteilung bestehen. Dies ist zweckmäßig, da das Amt des Verwalters und die Aufsichtspflicht des Gerichts während der Schlussverteilung noch andauern und ausgeübt werden müssen.⁹

C. Aufhebung des Insolvenzverfahrens

6 **1. Vollzug der Schlussverteilung.** Nach Verwertung der Insolvenzmasse hat der Verwalter die Schlussverteilung vorzunehmen, § 196 Abs. 1. Die Schlussverteilung beinhaltet die Ausschüttung der gesamten noch vorhandenen Teilungsmasse.¹⁰ Den Vollzug der Schlussverteilung hat der Insolvenzverwalter dem Insolvenzgericht gegenüber nachzuweisen. Sofern im Schlusstermin, § 197, **Einwendungen** gegen die Schlussrechnung oder auch das Schlussverzeichnis erhoben werden, kann die Schlussverteilung erst vollzogen werden, sobald über die Einwendungen rechtskräftig entschieden ist.

---

[2] *Uhlenbruck* Rpfleger 1994, 407.
[3] BGH NJW 1973, 1198; BGH ZIP 1982, 467; *Kuhn/Uhlenbruck* § 163 KO RdNr. 6, 9; *Jaeger/Weber* § 163 RdNr. 7.
[4] BGH ZIP 1982, 457, 468.
[5] *Jaeger/Weber* § 163 RdNr. 6; *Hess/Kropshofer* § 163 RdNr. 9; *Kuhn/Uhlenbruck* § 163 KO RdNr. 8.
[6] KTS 1972, 265.
[7] Rpfleger 1992, 35 = ZIP 1991, 1365 = NJW-RR 1992, 487.
[8] *Uhlenbruck* ZIP 1993, 241, 245; *Bihler* KTS 1962, 84, 89.
[9] Begr. RegE zu § 228.
[10] § 196 RdNr. 1; HK-*Irschlinger* § 196 RdNr. 1; *Nerlich/Römermann/Westphal* § 196 RdNr. 4; *Smid* § 196 RdNr. 4; *Uhlenbruck* § 200 RdNr. 2.

Aufhebung des Insolvenzverfahrens   7–12 § 200

Der **Vollzug der Schlussverteilung** beinhaltet: 7
a) die Zuteilung der restlichen Teilungsmasse an die im Verteilungsverzeichnis aufgeführten Beteiligten, § 188,
b) die Hinterlegung zurückbehaltener Beträge, § 198, entweder bei einer amtlichen Stelle im Sinne von § 273 BGB oder auf einem Sonderkonto des Insolvenzverwalters,
c) im Falle eines Überschusses nach Wegfertigung aller Insolvenzgläubiger, die Auszahlung an den Schuldner oder im Falle einer juristischen Person an die Gesellschafter, § 199.

Der Insolvenzverwalter hat den Vollzug der Schlussverteilung nachzuweisen. Sofern der 8
Nachweis nicht durch geeignete Belege (Hinterlegungsschein, Kontoauszüge) geführt werden kann, genügt die ausdrückliche und begründete Erklärung des Insolvenzverwalters.

2. Aufhebungsbeschluss. Die Aufhebung des Insolvenzverfahrens erfolgt durch Be- 9
schluss. Einer Begründung des Beschlusses bedarf es nicht.[11] Da es mehrere Aufhebungsgründe gibt (§§ 209, 258), ist in dem Beschluss der **Grund der Aufhebung** anzugeben.[12] **Beschlussformel** und **Aufhebungsgrund** sind öffentlich bekannt zu machen. Hierbei genügt im Fall des § 200 die Angabe „nach Vollzug der Schlussverteilung".

Der Aufhebungsbeschluss ist als Entscheidung des Insolvenzgerichts mangels einer gesetz- 10
lichen Regelung[13] unanfechtbar, § 6 Abs. 1. Die **Rechtskraft** tritt ein, sobald nach dem Tag der Veröffentlichung zwei weitere Tage verstrichen sind, §§ 200 Abs. 2 Satz 1, 9 Abs. 1 Satz 3.[14] Die Unanfechtbarkeit des Aufhebungsbeschlusses gilt jedoch nur dann, wenn der Insolvenzrichter die Entscheidung getroffen hat. Da das gesamte Insolvenzverfahren grundsätzlich nach der Verfahrenseröffnung zur weiteren Bearbeitung auf den Rechtspfleger übergeht, § 18 Abs. 1 RPflG, wird auch der Aufhebungsbeschluss regelmäßig vom Rechtspfleger getroffen. Im Falle einer Entscheidung des Rechtspflegers ist hiergegen das Rechtsmittel der **sofortigen Erinnerung** gegeben, § 11 Abs. 2 Satz 1 RPflG.[15] Die Erinnerung steht jedem Beteiligten zu, der durch die Entscheidung in seinen Rechten verletzt sein kann, auch dem Verwalter. Die Erinnerung ist innerhalb der für die sofortige Beschwerde geltenden Frist einzulegen, § 577 Abs. 2 ZPO. Die Frist beginnt mit Ablauf von zwei weiteren Tagen nach dem Tag der Veröffentlichung, § 9 Abs. 1 Satz 3. Der Rechtspfleger kann der Erinnerung abhelfen, § 11 Abs. 2 Satz 2 RPflG. Im Falle der Nichtabhilfe entscheidet der Insolvenzrichter abschließend, § 11 Abs. 2 Satz 3 RPflG.

Wird die **Aufhebung** des Insolvenzverfahrens **abgelehnt**, so ist nach den selben zuvor 11
genannten Grundsätzen danach zu unterscheiden, ob der Richter oder der Rechtspfleger die Ablehnung der Verfahrensaufhebung beschlossen hat.[16]

3. Bekanntmachung. a) Inhalt. Der Inhalt der öffentlichen Bekanntmachung ergibt 12
sich zunächst aus § 200 Abs. 2 Satz 1. Hiernach sind der Beschluss und der Grund der Aufhebung zu veröffentlichen. Mit Beschluss ist nur die Beschlussformel (= Tenor) gemeint. Die für den Geschäftsverkehr maßgebliche Begründung ergibt sich aus der Angabe des Grundes der Aufhebung. Insgesamt genügt deshalb die Mitteilung, das (genau bezeichnete) Insolvenzverfahren ist nach Vollzug der Schlussverteilung aufgehoben.[17] Zweck der öffentlichen **Bekanntmachung** ist die möglichst umfassende Unterrichtung des Geschäftsverkehrs unter gleichzeitiger Wahrung der Rechte der Beteiligten. Um die Verfahrensvorgänge zu erleichtern und zu vereinfachen wird regelmäßig von einer förmlichen Zustellung an die einzelnen Personen abgesehen und statt dessen die öffentliche Bekanntmachung im

---

[11] *Uhlenbruck* § 200 RdNr. 3; *Nerlich/Römermann/Westphal* § 200 RdNr. 3.
[12] *Andres*/Leithaus, InsO, § 200 RdNr. 4.
[13] Ausdrückliche Regelung nach bisherigem Recht, § 163 Abs. 1 Satz 2 KO.
[14] Vgl. LG Braunschweig MDR 1964, 64 zu § 376, 163 KO; FK-*Kießner* § 200 RdNr. 3.
[15] *Uhlenbruck* § 200 RdNr. 5; FK-*Kießner* § 200 RdNr. 19; *Kübler/Prütting/Holzer* § 200 RdNr. 18; *Andres/Leithaus*, InsO, § 200 RdNr. 3.
[16] *Uhlenbruck* § 200 RdNr. 8.
[17] *Uhlenbruck* § 200 RdNr. 4; HK-*Irschlinger* § 200 RdNr. 3; *Kübler/Prütting/Holzer* § 200 RdNr. 16; *Nerlich/Römermann/Westphal* § 200 RdNr. 4.

Internet[18] gewählt, von denen ausgegangen wird, dass diese jedermann zugänglich und von den Beteiligten regelmäßig gelesen werden.[19] Auf diesem Hintergrund regelt § 9 Abs. 1 Satz 2, dass in der öffentlichen Bekanntmachung der Schuldner mit Vor- und Zunahme bzw. Firmierung unter weiterer Angabe der Anschrift und des Geschäftszweiges anzugeben ist.

13 In den Text der öffentlichen Bekanntmachung kann auch die **Festsetzung** einer eventuellen **Vergütung** des Insolvenzverwalters und/oder der Mitglieder des Gläubigerausschusses aufgenommen werden, sofern die entsprechende Festsetzung im Schlusstermin vorgenommen worden ist.[20] Soweit die öffentliche Bekanntmachung eine Rechtsmittelfrist in Lauf setzt, muss der vollständige Entscheidungsausspruch veröffentlicht werden.[21]

14 **b) Form.** Der Aufhebungsbeschluss ist allen am Verfahren Beteiligten mitzuteilen. Die Mitteilung erfolgt durch **öffentliche Bekanntmachung** im Internet.[22] Einer besonderen Zustellung an die Beteiligten bedarf es nicht, da der Nachweis der Zustellung durch die öffentliche Bekanntmachung ersetzt wird, § 9 Abs. 3. Eine förmliche Zustellung ist auch deswegen entbehrlich, weil der Aufhebungsbeschluss unanfechtbar ist und eine Rechtsmittelfrist nicht in Gang gesetzt wird (zum Rechtsmittel gegen die Entscheidung des Rechtspflegers vgl. zuvor RdNr. 10).

15 Zuständig für die Veranlassung der öffentlichen Bekanntmachung ist die Geschäftsstelle des Insolvenzgerichts, § 30 Abs. 1 Satz 1 analog. Nicht geregelt ist der Text dieser Veröffentlichung. Die Bekanntmachung dient der Nachrichtenübermittlung bundesweit, also über den regionalen Bereich hinaus. Relevant dürfte daher nur die Angabe der Tatsache sein, dass das Insolvenzverfahren aufgehoben ist. Der Grund der Aufhebung ist insoweit nur von sekundärer Bedeutung.[23]

16 Auf Grund der Unanfechtbarkeit des Aufhebungsbeschlusses tritt die Rechtskraft nach Ablauf von zwei weiteren Tagen nach dem Tag der Veröffentlichung ein, § 9 Abs. 1 Satz 3. Sofern der Rechtspfleger die Entscheidung getroffen hat, tritt die Rechtskraft erst zwei Wochen nach der Zustellungsfiktion nach § 9 Abs. 1 Satz 3 ein (§ 11 Abs. 2 RPflG).

17 **4. Wirksamwerden der Aufhebung.** Der Beschluss über die Aufhebung des Insolvenzverfahrens wird zu dem **Zeitpunkt** für und gegen alle Beteiligten wirksam, zu dem seine öffentliche Bekanntmachung nach § 9 Abs. 1 Satz 3 als bewirkt gilt, also nach Ablauf von zwei weiteren Tagen nach dem Tage der Veröffentlichung. Es kommt nicht darauf an, ob der Aufhebungsbeschluss formell rechtskräftig ist. Die Wirksamkeit tritt deshalb auch dann zu dem angegebenen Zeitpunkt ein, wenn der Rechtspfleger den Aufhebungsbeschluss erlassen hat und gegen seine Entscheidung noch die Möglichkeit der sofortigen Erinnerung besteht, § 11 Abs. 2 RPflG.[24] Etwas anderes gilt nur dann, wenn der Rechtspfleger im Beschluss ausdrücklich die **Rechtswirkungen der Aufhebung** von der Rechtskraft des Beschlusses abhängig gemacht hat.

18 **5. Nachricht an öffentliche Register.** Da die Aufhebung des Verfahrens das Gegenstück zur Eröffnung ist, muss sichergestellt werden, dass alle amtlichen Stellen, die nach gesetzlicher Anordnung von der Eröffnung benachrichtigt worden sind, nunmehr von der Beendigung des Verfahrens in Kenntnis gesetzt werden. Demzufolge verweist Abs. 2 Satz 3 auf die Benachrichtigungspflichten nach der Eröffnung, §§ 31 bis 33.

---

[18] VO zu öffentlichen Bekanntmachungen in Insolvenzsachen im Internet vom 12. 2. 2002, BGBl I 677; hierzu *Mäusezahl* Insbüro 2004, 53; auf Grund des Gesetzes zur Vereinfachung des Insolvenzverfahrens vom 13. 4. 2007 (BGBl I 509) wurde § 9 Abs. 1 InsO geändert, und der bisherige § 200 Abs. 2 Satz 2 InsO aufgehoben. Veröffentlichungen erfolgen nur noch im Internet.

[19] Vgl. hierzu die Kommentierung zu §§ 8, 9.

[20] Vgl. hierzu zum sog. „Münchener Verfahren" *Kuhn/Uhlenbruck* § 163 KO RdNr. 2; Verfügungsmuster in *Uhlenbruck/Delhaes* RdNr. 944; *Uhlenbruck* § 200 RdNr. 4; *Kübler/Prütting/Holzer* § 200 RdNr. 17.

[21] BVerfG NJW 1988, 1255 = ZIP 1988, 379 = Rpfleger 1988, 327; *Uhlenbruck* § 200 RdNr. 4.

[22] S. Fn. 18.

[23] *Uhlenbruck* § 200 RdNr. 4; *Kübler/Prütting/Holzer* § 200 RdNr. 15.

[24] BGH NJW 1975, 692; *Zöller/Greger* § 240 RdNr. 15.

a) Nach Eröffnung. Das Insolvenzgericht hat eine Ausfertigung des Eröffnungsbeschlusses **19** dem **Handels-, Genossenschafts-, Partnerschafts-** oder **Vereinsregister** mitzuteilen, § 31. Das Handels-, Genossenschafts-, Partnerschafts- oder Vereinsgericht hat die Eröffnung des Insolvenzverfahrens in sein Register einzutragen, §§ 32, 34 HGB, § 102 GenG, § 75 BGB.

Die Eröffnung des Insolvenzverfahrens ist weiterhin dem **Grundbuchamt** zu übermit- **20** teln, § 32. Da im Grundbuch stets die Möglichkeit eines gutgläubigen Erwerbs besteht, § 81 InsO, §§ 892, 893 BGB, hat das Grundbuchamt die Insolvenzeröffnung sowohl bei Grundstücken als auch bei grundstücksgleichen Rechten (zB Erbbaurecht) des Insolvenzschuldners einzutragen. Gleichermaßen gilt dies, wenn der Schuldner Eigentümer eines Miteigentumsanteils oder als Mitglied einer Gesamthandsgemeinschaft im Grundbuch eingetragen ist (zB Erbengemeinschaft),[25] vgl. §§ 32, 33 RdNr. 19. Ist der Insolvenzschuldner als Miteigentümer in **Gesellschaft Bürgerlichen Rechts** im Grundbuch eingetragen, soll die Eintragung des Insolvenzvermerkes nach Eröffnung des Insolvenzverfahren über das Vermögen des Mitgesellschafters nicht zulässig sein.[26] Im Wesentlichen wird hierzu ausgeführt, dass eine klare Trennung von Privateigentum und gesamthänderisch gebundenem Gesellschaftsvermögen vorzunehmen ist. Die Gesellschaft bürgerlichen Rechts könne aber ungeachtet ihrer Nichtrechtsfähigkeit eigenes Vermögen besitzen. Die in sie eingebrachten oder von ihr erworbenen Gegenstände seien, ohne Berücksichtigung der rechtlichen Zuordnung zu den gesamthänderisch gebundenen Gesellschaftern jedenfalls wirtschaftlich gesondertes Vermögen, das nicht den privaten Zwecken der Gesellschafter zugänglich gemacht werden könne, sondern dem gemeinsamen Zweck gewidmet sei.[27] Der BGH hat in seiner Grundsatzentscheidung vom 21. 1. 2001[28] zumindest der (Außen) GbR Rechtsfähigkeit zugesprochen, sofern die GbR durch Teilnahme am Rechtsverkehr eigene Rechte und Pflichten begründet. Zur Haftung eines einzelnen Gesellschafters oder der GbR selbst, wendet der BGH die Vorschriften über die OHG an. Der Schutzzweck von § 32 Abs. 1 Nr. 1 verlangt jedoch auch in diesem Fall die Eintragung des Insolvenzvermerks im Grundbuch. Ebenso wie als Mitglied einer Erbengemeinschaft kann der Insolvenzschuldner über seinen Anteil an dem Grundstück oder dem grundstücksgleichen Recht nur zusammen mit den übrigen Gesellschaftern verfügen, § 719 BGB. Allerdings ist die Willenserklärung des Schuldners im Rahmen einer solchen gemeinschaftlichen Verfügung unwirksam, § 81 Abs. 1 Satz 1. Dem Schuldner ist es verboten, zusammen mit den anderen Gesellschaftern über einzelne Massegegenstände zu verfügen. § 80 Abs. 1. Eine solche Verfügung ist nur dann wirksam, wenn an Stelle des Schuldners der Insolvenzverwalter mitwirkt oder wenn er die Verfügung genehmigt. Gleichwohl kann ein Dritter, der bezüglich der Insolvenzeröffnung in gutem Glauben ist, das Grundstück gutgläubig erwerben, § 81 Abs. 1 InsO, § 892 BGB.[29]

Weiterhin ist die Eröffnung des Insolvenzverfahrens in das **Schiffsregister,** das Schiffs- **21** bauregister und das Register für Pfandrechte an Luftfahrzeugen einzutragen, § 33.

b) Nach Aufhebung. Nach § 200 Abs. 2 Satz 3 gelten die §§ 31 bis 33 entsprechend. **22** Wie nach der Insolvenzeröffnung hat daher nach Aufhebung des Insolvenzverfahrens die Geschäftsstelle des Insolvenzgerichtes dem **Registergericht** die Verfahrensaufhebung zu übermitteln. Zum Nachweis ist eine Ausfertigung des Aufhebungsbeschlusses beizufügen. Ebenso ist die Eintragung der Insolvenzeröffnung im **Grundbuch** bzw. im See-, Binnenschiffs- oder Schiffsbauregister ist wieder zu löschen.

---

[25] LG Dessau InVo 2001, 57.
[26] OLG Rostock Rpfleger 2004, 94 = NJW-RR 2004, 260 = NZI 2003, 648 = ZIP 2004, 44 = DZWIR 2004, 38 m. Anm. Keller; OLG Dresden NJW-RR 2003, 46 = NZI 2002, 687 = Rpfleger 2003, 96 = ZInsO 2002, 1031 = ZIP 2003, 130 = NotBZ 2003, 159; LG Leipzig Rpfleger 2000, 111; *Keller* Rpfleger 2000, 201, 202; vgl. bereits *Rellermeyer* Rpfleger 2004, 149, 151 mwN; für einen Zustimmungsvorbehalt LG Frankenthal Rpfleger 2002, 72.
[27] Vgl. hierzu *Eickmann* Rpfleger 1985, 85; *Bauer/v. Oefele/Bauer* GBO § 38 RdNr. 70.
[28] NJW 2001, 1056 = ZIP 2001, 330 = Rpfleger 2001, 246.
[29] LG Neubrandenburg InVo 2001, 251 = NZI 2001, 325; LG Hamburg ZIP 1986, 1590 = EWiR 1986, 1221 *(Otto)*; HK-*Kirchhof* § 32 RdNr. 4.

23 Die **Löschung** im Grundbuch kann – wie die Eintragung § 32 – auf Ersuchen des Insolvenzgerichts erfolgen. Für das **Ersuchen** gilt § 38 GBO, es ersetzt Antrag und Bewilligung i. S. v. §§ 13, 19 GBO.

24 Die Löschung kann weiterhin auf **Antrag des Insolvenzverwalters** erfolgen, § 32 Abs. 3 Satz 2. Hierbei ist es unerheblich, ob die Eintragung der Insolvenzeröffnung auf Ersuchen des Insolvenzgerichts oder auf Antrag des Insolvenzverwalters vorgenommen wurde.[30]

25 Der Insolvenzverwalter kann jedoch zunächst nur einen Antrag i. S. d. § 13 GBO stellen. Der Antrag ersetzt nicht die weiteren grundbuchrechtlichen Eintragungsvoraussetzungen. Eine Berichtigungsbewilligung, § 19 GBO, wird regelmäßig nicht in Betracht kommen, da diese in öffentlich beglaubigter Form vorgelegt werden müsste, § 29 Abs. 1 GBO. Die Löschung dürfte regelmäßig auf Grund eines **Unrichtigkeitsnachweises** erfolgen, § 22 GBO. Der Nachweis der Grundbuchunrichtigkeit wird geführt durch eine Ausfertigung oder beglaubigte Abschrift[31] des Aufhebungsbeschlusses des Insolvenzgerichts. Das Antragsrecht des Insolvenzverwalters ist hierbei unabhängig davon, ob das Insolvenzverfahren bereits aufgehoben wurde. Der Fortbestand der Verwalterbefugnis ist Kraft der gesetzlichen Regelung in § 200 Abs. 2 Satz 3 auch über die Aufhebung des Insolvenzverfahrens hinaus anzunehmen.[32]

26 Auch auf **Antrag des Schuldners** kann die Löschung erfolgen. Er erhält nach Aufhebung des Insolvenzverfahrens die Verwaltungs- und Verfügungsbefugnis über sein noch vorhandenes Vermögen zurück und ist damit auch antragsberechtigt i. S. d. § 13 GBO. Die Löschung setzt auch hier den Unrichtigkeitsnachweis voraus, der in Form einer Ausfertigung oder beglaubigten Abschrift des Aufhebungsbeschlusses beigebracht werden kann.

27 Ist neben dem Insolvenzvermerk noch die Eintragung einer **Verfügungsbeschränkung** nach den §§ 23, 21 Abs. 2 Nr. 2 vorhanden, so ist diese bereits bei der Insolvenzeröffnung gegenstandslos geworden und kann spätestens jetzt nach Aufhebung des Insolvenzverfahrens mit gelöscht werden; der Nachweis der Unrichtigkeit erfolgt auch hier auf Grund einer Ausfertigung oder beglaubigten Abschrift des Aufhebungsbeschlusses.[33]

28 Ist eine **Nachtragsverteilung** bereits vor Aufhebung des Insolvenzverfahrens angeordnet worden, so bleibt die Verwaltungs- und Verfügungsbefugnis des Insolvenzverwalters bezüglich der von der Anordnung betroffenen Vermögensgegenstände erhalten, § 203. Von einer Löschung des Insolvenzvermerks im Grundbuch, Handels-, Genossenschafts, Partnerschafts- oder Vereinsregister ist in diesem Falle Abstand zu nehmen. Zunächst die Löschung vorzunehmen und dann erneut den Insolvenzvermerk auf Grund der Nachtragsverteilung einzutragen, ist nicht nur unzweckmäßig, sondern bringt die Gefahr mit sich, dass Vermögensverschiebungen unter Berufung auf einen möglichen gutgläubigen Erwerb vorgenommen werden.

29 **6. Weitere Benachrichtigungen.** Neben einer Benachrichtigung der öffentlichen Register im Sinne der §§ 31–33 sieht das Gesetz grundsätzlich eine Benachrichtigungspflicht nicht vor. Die Geschäftsstelle hat jedoch die Aufhebung des Insolvenzverfahrens all denjeni-

---

[30] *Uhlenbruck* § 32 RdNr. 13 und 200 RdNr. 7; FK-*Kießner* § 200 RdNr. 6, 7.
[31] BGH NJW 2000, 2427.
[32] *Uhlenbruck* § 200 RdNr. 1; HK-*Irschlinger* § 200 RdNr. 5; *Kübler/Prütting/Holzer* § 200 RdNr. 22. Letzterer folgert jedoch weiterhin (RdNr. 23), dass der Antrag des Insolvenzverwalters das Grundbuchamt dahingehend verpflichten soll zu überprüfen, ob nicht eine Löschung wegen rechtlicher Gegenstandslosigkeit möglich ist, § 84 GBO. Dem Wortlaut nach kann es sich bei der Löschung gegenstandsloser Eintragungen nicht nur um Rechte, sondern u. a. auch um Verfügungsbeschränkungen handeln, § 84 Abs. 3 GBO. Der Normzweck dieser Vorschrift besteht jedoch darin, bedeutungslose Eintragungen, die unnütz und nur irreführender Ballast der Grundbuchbenutzung bzw. Grundführung darstellen von Amts wegen zu löschen (*Meikel/Ebeling*, Grundbuchrecht, 9. Aufl., § 84 RdNr. 3). Die Löschung wegen Gegenstandslosigkeit löst jedoch ein förmliches Verfahren aus, §§ 85 ff. GBO, welches vorliegend für die Löschung des Insolvenzvermerkes regelmäßig nicht in Betracht kommen dürfte. Auch der Hinweis auf die Kostenfreiheit ändert daran nichts.
[33] *Uhlenbruck* § 200 RdNr. 7; *Andres/Leithaus*, InsO, § 200 RdNr. 5.

gen Personen und Behörden mitzuteilen, die von der Insolvenzeröffnung selbst benachrichtigt wurden. Die Benachrichtigungspflichten ergeben sich aus der Anordnung über **Mitteilungen in Zivilsachen** (MiZi).[34] Neben der Bekanntmachungspflicht durch das Insolvenzgericht dürfte es sich auch für den Insolvenzverwalter empfehlen, eine Kopie des Aufhebungsbeschlusses all denjenigen zu übermitteln, die ihm als weitere Beteiligte aus dem nunmehr beendeten Verfahren bekannt sind.[35]

D. Wirkung der Insolvenzaufhebung

1. Übergang der Verwaltungs- und Verfügungsbefugnis auf den Schuldner. 30
a) Analogie zu §§ 215, 259. Der Gesetzgeber hat es versäumt, die **Rechtsfolgen der Aufhebung** des Insolvenzverfahrens nach Vollzug der Schlussverteilung zu regeln (vgl. zuvor RdNr. 3). Wird das Insolvenzverfahren eingestellt mangels Masse, § 207, nach Anzeige der Masseunzulänglichkeit, §§ 211, 209, wegen Wegfall des Eröffnungsgrundes, § 212, oder mit Zustimmung aller Gläubiger, § 213, so regelt § 215 Abs. 2 Satz 1, dass mit der Einstellung des Verfahrens der Schuldner das Recht zurückerhält, über die Insolvenzmasse frei zu verfügen. Gleiches gilt im Falle des § 34 Abs. 3. Noch deutlicher ist die gesetzliche Regelung als Folge der rechtskräftigen Bestätigung des Insolvenzplans mit nachfolgender Aufhebung des Insolvenzverfahrens, § 258. Hierzu regelt § 259, dass der Schuldner nicht nur das Recht zurückerhält, über die Insolvenzmasse frei zu verfügen, sondern auch die Tatsache des Erlöschens der Ämter des Insolvenzverwalters und der Mitglieder des Gläubigerausschusses. Da sowohl mit einer Einstellung des Insolvenzverfahrens als auch nach rechtskräftiger Bestätigung eines Insolvenzplans das Insolvenzverfahren insgesamt beendet ist, können die dort geregelten gesetzlichen Rechtswirkungen auch auf die Aufhebung des Insolvenzverfahrens i. S. d. § 200 angewandt werden.

Mit der Aufhebung des Insolvenzverfahrens erlangt der Schuldner aber nicht nur die 31 **Verfügungsbefugnis** zurück, sondern auch die **Verwaltungsbefugnis.** Mit Aufhebung des Verfahrens ist auch das Amt des Insolvenzverwalters beendet. Das mit Eröffnung des Verfahrens auf den Insolvenzverwalter übergegangene Recht des Schuldners, über die Insolvenzmasse zu verfügen und zu verwalten, fällt mit Beendigung des Amtes Kraft Gesetzes auf den Schuldner zurück.[36] Nicht nur das Amt des Insolvenzverwalters, sondern auch die Ämter der Mitglieder eines Gläubigerausschusses sind damit erloschen. Der Insolvenzbeschlag fällt Kraft Gesetzes weg. Die rechtlichen Wirkungen treten sofort mit Aufhebung des Insolvenzverfahrens ein. Der genaue Zeitpunkt ergibt sich aus § 9 Abs. 1 Satz 3, nach Ablauf von zwei Tagen nach dem Tag der öffentlichen Bekanntmachung.

b) Zeitpunkt des Übergangs. Sofern der Rechtspfleger den Aufhebungsbeschluss erlas- 32 sen hat, ist gegen seine Entscheidung die befristete Erinnerung zulässig, § 11 Abs. 2 RPflG. Hierüber entscheidet der Richter abschließend. Der Richter könnte somit den Aufhebungsbeschluss seinerseits wieder aufheben. Um Schwierigkeiten bei der etwaigen Rückabwicklung eines solchen vom Richter aufgehobenen Aufhebungsbeschlusses zu vermeiden, empfiehlt es sich für den Rechtspfleger, im Beschluss ausdrücklich zu bestimmen, dass die Rechtswirkungen der Aufhebung des Insolvenzverfahrens erst mit der Rechtskraft des Beschlusses eintreten. Durchgreifende rechtliche Bedenken bestehen hiergegen nicht.

Trotz Aufhebung des Insolvenzverfahrens bleibt der Insolvenzverwalter hinsichtlich der 33 Vermögensgegenstände verwaltungs- und verfügungsbefugt, die zur Teilungsmasse einer angeordneten Nachtragsverteilung gehören, § 203. Die Aufhebung des Insolvenzverfahrens steht der Anordnung einer Nachtragsverteilung nicht entgegen, § 203 Abs. 2.[37]

---

[34] MiZi XII a Nr. 4, BAnz. Nr. 160 v. 27. 8. 1999; vgl. Verfügungsmuster in *Uhlenbruck/Delhaes* RdNr. 944.
[35] *Nehrlich/Römermann/Westphal* § 200 RdNr. 7.
[36] *Uhlenbruck* § 200 RdNr. 9; *Nerlich/Römermann/Westphal* § 200 RdNr. 8; *Kübler/Prütting/Holzer* § 200 RdNr. 7; *Uhlenbruck* ZIP 1993, 241, 245.
[37] BGH NJW 1973, 1198 = WM 1973, 642, 644; BGH ZIP NJW 1982, 1765 = ZIP 1982, 467.

§ 200 34–38

34 **c) Rückgabe der Masse.** Nach Aufhebung des Insolvenzverfahrens hat der Insolvenzverwalter seine Verwaltungstätigkeit gegenüber den Verfahrensbeteiligten und insbesondere dem Schuldner sofort einzustellen. Einstellen bedeutet jedoch nicht, dass er seine Tätigkeit einfach beendet. Vielmehr ist er insoweit, als actus contrarius zur Aufnahme seiner Tätigkeit, zunächst verpflichtet, dafür Sorge zu tragen, dass dem Insolvenzschuldner die Verfügungsgewalt über sein Vermögen auch tatsächlich wieder zurückgegeben wird.[38] Insbesondere hat der Insolvenzverwalter dem Schuldner in seinen Händen befindliches Massevermögen und auch **Unterlagen, Papiere** einschl. der **Geschäftsbücher** auszuhändigen. Rechtshandlungen, die der Insolvenzverwalter während seiner Tätigkeit getroffen hat, bleiben auch nach Aufhebung des Verfahrens für und gegen den Schuldner wirksam, der Schuldner ist an Verträge auch nach Beendigung des Verfahrens gebunden (§ 34 Abs. 3 Satz 3 analog). Etwas anderes kann nur dann gelten, wenn Handlungen des Verwalters oder Verträge sich im Nachhinein als dem Insolvenzzweck offenbar zuwiderlaufend herausstellen würden.[39]

35 **d) Rechte der Gläubiger.** Mit Aufhebung des Insolvenzverfahrens verlieren auch die Vollstreckungsverbote ihre Wirkung, §§ 89, 90, 110 Abs. 2, 123 Abs. 3 Satz 2. Die Insolvenzgläubiger können ihre Insolvenzforderungen, die in der Insolvenztabelle eingetragen sind, vom Insolvenzverwalter festgestellt und vom Schuldner nicht bestritten wurden, nach Aufhebung des Verfahrens gegen den Schuldner in Höhe der nicht gezahlten Beträge unbeschränkt weiter geltend machen, § 201 Abs. 1. Soweit es sich bei dem Schuldner um eine natürliche Person handelt und zugleich mit der Aufhebung des Verfahrens die Restschuldbefreiung angekündigt wurde, § 291 Abs. 1, ist das **Nachforderungsrecht** zu Gunsten der einzelnen Insolvenzgläubiger jedoch **ausgeschlossen,** Zwangsvollstreckungen für Insolvenzgläubiger sind während der Laufzeit der Abtretungserklärung unzulässig, § 294 Abs. 1.

36 Die **Hemmung der Verjährung** durch Forderungsanmeldung im Insolvenzverfahren entfällt mit der Aufhebung des Verfahrens, § 204 Abs. 1 Nr. 10 BGB. Die Hemmung dauert während des gesamten Verfahrens und darüber hinaus noch weitere 6 Monate an, § 204 Abs. 2 Satz 1 BGB. Das gilt auch für nicht festgestellte Forderungen.[40]

37 **2. Anhängige Prozesse.** Mit Aufhebung des Insolvenzverfahrens erlangt der Schuldner nicht nur die Verwaltungs- und Verfügungsbefugnis über sein Vermögen zurück, sondern auch die mit Eröffnung des Verfahrens auf den Insolvenzverwalter übergegangene **Prozessführungsbefugnis.** Sind bei der Aufhebung des Verfahrens noch Rechtsstreite anhängig, die der Insolvenzverwalter Kraft seines Amtes für oder gegen die Masse geführt hat, werden diese unterbrochen, §§ 240, 239 ZPO.[41] Der Aufhebung des Verfahrens steht auch die Einstellung des Insolvenzverfahrens gleich, §§ 207 bis 216.[42] Die Unterbrechung tritt ein, sobald der Aufhebungsbeschluss **wirksam** geworden ist, somit mit Ablauf von zwei weiteren Tagen nach dem Tage der öffentlichen Bekanntmachung, § 9 Abs. 1 Satz 3. Es kommt nicht darauf an, ob der Aufhebungsbeschluss formell rechtskräftig ist, somit unabhängig davon, dass gegen den vom Rechtspfleger erlassenen Aufhebungsbeschluss noch die Möglichkeit der sofortigen Erinnerung gegeben ist, § 11 Abs. 2 RPflG.[43] Dem Schuldner steht es frei, das unterbrochene Verfahren aufzunehmen, § 250 ZPO, und im eigenen Namen fortzuführen.[44]

38 Hat der Insolvenzverwalter für ein gerichtliches Verfahren einen **Rechtsanwalt** mit seiner Vertretung beauftragt und ihm eine entsprechende **Prozessvollmacht** erteilt, tritt mit Aufhebung des Insolvenzverfahrens keine Unterbrechung des noch anhängigen Prozesses ein. Die Vollmacht wird nicht durch eine Veränderung in der gesetzlichen Vertretung des

---

[38] *Nerlich/Römermann/Westphal* § 200 RdNr. 8.
[39] BGH NJW 1971, 701, 703; BGH NJW 1983, 2018, 2019; *Nerlich/Römermann/Westphal* § 200 RdNr. 9.
[40] *Uhlenbruck* § 174 RdNr. 28; *Vallender* ZInsO 2002, 110; *Kübler/Prütting/Holzer* § 200 RdNr. 12 spricht von Verjährungsunterbrechung.
[41] *Uhlenbruck* § 200 RdNr. 14; FK-*Kießner* § 200 RdNr. 12; BK-*Breutigam* § 200 RdNr. 17.
[42] BGH NJW 1990, 1293.
[43] BGH NJW 1975, 692; *Zöller/Greger* § 240 RdNr. 15.
[44] *Uhlenbruck* § 200 RdNr. 14; *Nerlich/Römermann/Westphal* § 200 RdNr. 11.

Vollmachtgebers aufgehoben, § 86 Hs. 1 ZPO. Eine Unterbrechung des laufenden Prozesses entsprechend § 240 ZPO kommt somit nicht in Betracht.[45] Der Schuldner ist nach Aufhebung des Verfahrens nicht nur an abgeschlossene Rechtshandlungen gebunden, die der Insolvenzverwalter vorgenommen hat, sondern auch erteilte Vollmachten bleiben grundsätzlich bestehen. Der Schuldner muss erteilte Vollmachten widerrufen.[46]

Hat der Insolvenzverwalter als Rechtsanwalt selbst den Prozess geführt, so erlischt seine Vollmacht mit Aufhebung des Insolvenzverfahrens. Zwar tritt eine Verfahrensunterbrechung dann nicht ein, wenn u. a. bei Verlust der Prozessfähigkeit oder bei Wegfall des gesetzlichen Vertreters eine Vertretung durch einen Prozessbevollmächtigten stattfindet, § 246 Abs. 1 ZPO, jedoch ist dieser Fall bei Personenidentität des Insolvenzverwalters und des beauftragten Rechtsanwaltes nicht gegeben. Mit Verlust der Prozessführungsbefugnis ist eine prozessuale Vertretung durch einen Prozessbevollmächtigten nicht mehr gegeben.[47] Die weitere Vertretung durch die Person des Insolvenzverwalters als Prozessbevollmächtigten bedarf einer erneuten Beauftragung durch den Schuldner.

Bleiben Vermögensgegenstände auch nach Aufhebung des Insolvenzverfahrens einer **Nachtragsverteilung** vorbehalten, so gilt insoweit der Insolvenzbeschlag fort. Hierauf erstreckt sich weiterhin die Prozessführungsbefugnis des Verwalters, die insoweit fortdauert. Diese fortdauernde Prozessführungsbefugnis gilt auch für die Fortführung von **Anfechtungsklagen,** da der Rückgewähranspruch i. S. v. § 143 Abs. 1 Satz 1 zur Insolvenzmasse gehört und somit in einer Nachtragsverteilung auszukehren ist.[48] Gleiches gilt, wenn bezüglich des mit der Anfechtung verfolgten Gegenstandes ein ausdrücklicher **Vorbehalt** bestimmt wird. Der Insolvenzverwalter ist nicht nur befugt, anhängige Anfechtungsprozesse insoweit fortzuführen, sondern kann sie auch erst nach Aufhebung des Verfahrens anhängig machen.[49] Zu Recht weist *Uhlenbruck*[50] darauf hin, dass das Recht des Insolvenzverwalters anhängige Anfechtungsprozesse fortzuführen oder neue Anfechtungsprozesse einzuleiten davon abhängt, dass das Insolvenzgericht betreffend der Gegenstände, auf die sich der Anfechtungsprozess bezieht, eine Nachtragsverteilung gesondert anordnet. Ein stillschweigender Vorbehalt einer Nachtragsverteilung genügt insoweit nicht.[51] Ohne einen entsprechenden Vorbehalt oder ohne die gerichtliche Anordnung einer Nachtragsverteilung kann der bisherige Insolvenzverwalter keinen Aktivprozess zu Gunsten von noch zur Insolvenzmasse gehörenden Gegenständen führen (zur Ausnahme im Planverfahren, vgl. § 259 Abs. 3 S. 1).

Sofern keine Nachtragsverteilung angeordnet wird, kann der bisherige Insolvenzverwalter keinen Anfechtungsprozess mehr führen.[52] Eine entsprechende Anwendung des § 239 ZPO scheidet aus. Hinsichtlich des im Anfechtungsprozess geltend gemachten Rückgewähranspruches sind weder der Insolvenzschuldner noch die Gesamtheit der Insolvenzgläubiger als Rechtsnachfolger i. S. d. § 239 ZPO anzusehen. Insbesondere die Gesamtheit der Insolvenzgläubiger kann nicht als Rechtsnachfolger des Insolvenzverwalters angesehen werden, die Gläubiger sind nur einzeln anfechtungsberechtigt und in ihrer Gesamtheit selbst nicht rechtsfähig. Der Insolvenzschuldner ist grundsätzlich nicht befugt, vor, während oder nach dem Insolvenzverfahren eigene Rechtshandlungen oder gegen ihn gerichtete Rechtshandlungen seiner Gläubiger nach §§ 129 ff. anzufechten. Das in der Insolvenzordnung geregelte Anfechtungsrecht steht ausschließlich dem Insolvenzverwalter zu. Insofern findet nach Aufhebung des Insolvenzverfahrens kein Übergang der Prozessführungsbefugnis auf den Insol-

---

[45] *Zöller/Vollkommer* § 86 RdNr. 9; *Zöller/Greger* § 240 RdNr. 15; *Uhlenbruck* § 200 RdNr. 14; *Nerlich/Römermann/Westphal* § 200 RdNr. 12.
[46] *Uhlenbruck* § 200 RdNr. 14; *Nerlich/Römermann/Westphal* § 200 RdNr. 12.
[47] *Uhlenbruck* § 200 RdNr. 14.
[48] BGH ZIP 1982, 467, 468; HK-*Irschlinger* § 200 RdNr. 7; *Uhlenbruck* § 200 RdNr. 14; FK-*Kießner* § 200 RdNr. 11, 12.
[49] BGH ZIP 1982, 467; *Nerlich/Römermann/Westphal* § 200 RdNr. 11.
[50] ZIP 1993, 241, 246.
[51] LG Köln ZIP 1982, 737; *Uhlenbruck* § 200 RdNr. 13.
[52] *Nerlich/Römermann/Westphal* § 200 RdNr. 11.

venzschuldner statt. Das Anfechtungsrecht ist eigens für Insolvenzzwecke geschaffen und untrennbar mit dem Amt des Insolvenzverwalters verbunden. Der Insolvenzverwalter übt das Anfechtungsrecht im Interesse der Insolvenzgläubiger aus, handelt aber insoweit weder als deren Vertreter noch als Vertreter des Schuldners, sondern Kraft gesetzlicher Übertragung bzw. als Partei Kraft Amtes.[53] Nach einer im Vordringen vertretenen Meinung ist das **Anfechtungsrecht abtretbar.**[54] In diesem Falle wird die weitere Verfolgung des Anspruchs durch den Zessionar durch die Aufhebung des Verfahrens nicht gehindert. In der Praxis dürfte sich ein entsprechender Vorbehalt im Aufhebungsbeschluss empfehlen, um Rechtsunsicherheit zu vermeiden. Ist nach Aufhebung des Insolvenzverfahrens eine Insolvenzanfechtungsklage noch anhängig, und wird insoweit keine Nachtragsverteilung angeordnet, tritt auch keine Verfahrensunterbrechung ein, §§ 239, 240 ZPO. Die noch anhängige Klage ist in der Hauptsache erledigt, weil das Anfechtungsrecht mit der Beendigung des Insolvenzverfahrens ersatzlos weggefallen ist,[55] das Verfahren kann nur noch wegen der Kosten vom und gegen den Schuldner weitergeführt werden (zur Ausnahme im Planverfahren vgl. § 259 Abs. 3 S. 1).

42 **3. Urkunden, Papier, Geschäftsunterlagen.** Nach Aufhebung des Insolvenzverfahrens hat der Insolvenzverwalter sämtliche schriftlichen Unterlagen (Bücher, Papiere, Urkunden, Geschäftsunterlagen), die er nach Insolvenzeröffnung zur ordnungsgemäßen Ausführung seines Amtes in Besitz genommen hat, dem Schuldner zurückzugeben. Soweit eine **Nachtragsverteilung** angeordnet wird und der Insolvenzbeschlag fort gilt, verbleiben auch hierfür benötigte Geschäftsunterlagen beim Insolvenzverwalter. Nach § 157 Abs. 2 HGB sind die Geschäftsunterlagen entweder einem Gesellschafter oder einem Dritten in Verwahrung zu geben. Bei einer **Gesellschaft mit beschränkter Haftung** sind die Unterlagen auf die Dauer von 10 Jahren nach Beendigung der Liquidation einem Gesellschafter oder einem Dritten in Verwahrung zu geben, § 74 Abs. 2 Satz 1 GmbHG. Eine gleiche Regelung gilt für die **Aktiengesellschaft** bzw. Kommanditgesellschaft auf Aktien, § 273 Abs. 2 AktG, hier sind die Unterlagen allerdings an einem vom Gericht bestimmten sicheren Ort zur Aufbewahrung zu hinterlegen.

43 Der Insolvenzschuldner ist grundsätzlich zur Rücknahme der Geschäftsbücher verpflichtet.[56] Ist der Insolvenzschuldner (Gesellschafter oder Dritter) nicht zur Annahme der Unterlagen bereit, so kann die Annahme nicht durch **Zwangsgeld** erzwungen werden.[57] Das Insolvenzgericht ist nicht befugt, ein Zwangsgeld zur Annahme der Geschäftsunterlagen festzusetzen, auch nicht bei einer Aktiengesellschaft oder Kommanditgesellschaft auf Aktien.[58] § 273 Abs. 2 AktG regelt lediglich die Tatsache, dass die Bücher und Schriften der Gesellschaft an einem von Gericht bestimmten **sicheren Ort** zur Aufbewahrung auf 10 Jahre zu hinterlegen sind. Als „sicherer Ort" kann auch die Wohnung oder die Geschäftsräume eines Gesellschafters bestimmt werden. Nach § 407 AktG können Vorstandsmitglieder oder Abwickler durch Festsetzung von Zwangsgeld angehalten werden, die Unterlagen an den vom Gericht bestimmen sicheren Ort zu verbringen und aufzubewahren. Das Zwangsgeld kann jedoch nicht vom Insolvenzgericht festgesetzt werden, sondern nur vom Registergericht. Der Insolvenzverwalter kann jedoch beim **Registergericht** einen Antrag i. S. d. §§ 157 Abs. 2 Satz 1 HGB, 74 Abs. 2 Satz 1 GmbHG, 273 Abs. 2 AktG stellen. Die Festsetzung selbst und die Bestimmung der Person bzw. des Ortes

---

[53] BGH MDR 1968, 236.
[54] *Kreft* ZInsO 1999, 372 mwN; *Wagner* ZIP 1999, 700; HK-*Kreft* § 129 RdNr. 88.
[55] BGH MDR 1982, 748 = ZIP 1982, 467; *Uhlenbruck* ZIP 1993, 241, 246; *Nerlich/Römermann/Westphal* § 200 RdNr. 11; *Kübler/Prütting/Holzer* § 200 RdNr. 10.
[56] LG Hannover KTS 1973, 191; OLG Stuttgart ZIP 1984, 1385 = Rpfleger 1984, 192; *Uhlenbruck* § 200 RdNr. 16; *Uhlenbruck/Delhaes* RdNr. 937 a; *Kübler/Prütting/Holzer* § 200 RdNr. 13; HK-*Irschlinger* § 200 RdNr. 9; *Nerlich/Römermann/Westphal* § 200 RdNr. 13.
[57] LG Hannover KTS 1973, 191; OLG Stuttgart ZIP 1984, 1385 = Rpfleger 1984, 192.
[58] AA: *Kübler/Prütting/Holzer* § 200 RdNr. 13, unter Angabe von §§ 407, 273 Abs. 2 AktG; *Uhlenbruck* § 200 RdNr. 16.

der Hinterlegung trifft das Registergericht. Sofern das Registergericht eine dritte Person zur Annahme und Aufbewahrung der Geschäftsunterlagen bestimmt, kann die Annahme des Amtes nicht erzwungen werden, sie bedarf der Zustimmung des benannten Dritten.[59] Die **Bestimmung eines Dritten** zur Verwahrung durch das Registergericht ist wenig praktikabel, niemand kann ohne seine Zustimmung zu einer solchen Aufgabe gezwungen werden, die darüber hinaus auch durchaus nicht unerhebliche Kosten mit sich bringen kann.[60] Um seiner Rückgabeverpflichtung nachzukommen und damit der Insolvenzverwalter selbst nicht mit weiteren Kosten der Aufbewahrung belastet wird,[61] ist ihm zu empfehlen, zunächst das zuständige Finanzamt zu informieren, welches dann den Schuldner unter Androhung von Zwangsmittel zur Erfüllung der ihm obliegenden steuerlichen Aufbewahrungspflichten anhalten kann.[62] Soweit selbst dann noch keine Annahmebereitschaft des Schuldners besteht, ist der Insolvenzverwalter berechtigt, nach schriftlicher Ankündigung der Vernichtung und nach Inkenntnissetzung der Staatsanwaltschaft die Unterlagen tatsächlich zu vernichten.[63] Ausgenommen von der Vernichtung sind nur Personalunterlagen. Die Bestellung eines gesonderten Liquidators[64] ist abzulehnen, da es nach Aufhebung des Insolvenzverfahrens niemanden gibt, der die entsprechenden Kosten übernehmen wird.[65]

§ 201 Rechte der Insolvenzgläubiger nach Verfahrensaufhebung

(1) Die Insolvenzgläubiger können nach der Aufhebung des Insolvenzverfahrens ihre restlichen Forderungen gegen den Schuldner unbeschränkt geltend machen.

(2) ¹Die Insolvenzgläubiger, deren Forderungen festgestellt und nicht vom Schuldner im Prüfungstermin bestritten worden sind, können aus der Eintragung in die Tabelle wie aus einem vollstreckbaren Urteil die Zwangsvollstreckung gegen den Schuldner betreiben. ²Einer nicht bestrittenen Forderung steht eine Forderung gleich, bei der ein erhobener Widerspruch beseitigt ist. ³Der Antrag auf Erteilung einer vollstreckbaren Ausfertigung aus der Tabelle kann erst nach Aufhebung des Insolvenzverfahrens gestellt werden.

(3) Die Vorschriften über die Restschuldbefreiung bleiben unberührt.

Schrifttum: *Ackmann,* Lebenslängliche Schuldverstrickung oder Schuldbefreiung durch Konkurs?, ZIP 1982, 1266; *Hansens,* Zur Zulässigkeit der Erteilung eines vollstreckbaren Konkurstabellenauszuges vor Beendigung des Konkursverfahrens, JurBüro 1985, 499; *Hundt-Eßwein,* Die Behandlung von Steueransprüchen im Konkurs, BB 1987, 1718; *Kalter,* Die nachkonkursliche Vermögens- und Schuldenmasse, KTS 1980, 215; *Pape,* Zur entsprechenden Anwendung des § 166 KO auf eine Verteilung nach Einstellung der Masse, ZIP 1992, 747; *ders.,* Zur Konkurrenz der Vollstreckung aus einer Eintragung in die Konkurstabelle und einem vor Konkurseröffnung erwirkten Titel, KTS 1992, 185; *Paulus,* Grundlagen des neuen Insolvenzrechts Liquidations- und Planverfahren, DStR 2004, 1568; *Heinze,* Behandlung von Forderungen aus Vorsatzdelikte im Insolvenzverfahren über das Vermögen natürlicher Personen, DZWIR 2002, 369; *Riedel,* Deliktische Ansprüche in der Restschuldbefreiung, NZI 2002, 414; *Rinjes,* Restschuldbefreiung und Forderungen aus vorsätzlichen unerlaubten Handlungen nach dem InsOÄndG, DZWir 2002, 415; *Behr,* Durchsetzung von Deliktsforderungen bei der Forderungspfändung und im Insolvenzverfahren; Rpfleger 2003, 389; *Hattwig,* Ungewissheit für Schuldner deliktischer Forderungen – Überlegungen zu § 184 InsO, ZInsO 2004, 636; *Schoppe,* Nachhaftung für Deliktforderungen im Anschluss an das Restschuldbefreiungsverfahren, ZVI 2004, 377.

---

[59] OLG Stuttgart ZIP 1984, 1385 = Rpfleger 1984, 192; *Uhlenbruck* § 200 RdNr. 16.
[60] OLG Stuttgart ZIP 1998, 1880; *Nerlich/Römermann/Westphal* § 200 RdNr. 13.
[61] Spätestens im Schlusstermin sollte beschlossen werden, Gelder zurück zu behalten, damit der Verwalter die Aufbewahrung selbst vornehmen oder in die Wege leiten kann, FK-*Kießner* § 200 RdNr. 17.
[62] Vgl. § 147 AO; *Uhlenbruck* § 200 RdNr. 16; *Nerlich/Römermann/Westphal* § 200 RdNr. 13; *Kübler/Prütting/Holzer* § 200 RdNr. 13.
[63] *Nerlich/Römermann/Westphal* § 200 RdNr. 13; *Smid* § 200 RdNr. 15; *Uhlenbruck* § 200 RdNr. 16.
[64] *Kalter* KTS 1960, 6369.
[65] So auch *Uhlenbruck* § 200 RdNr. 16; *Nerlich/Römermann/Westphal* § 200 RdNr. 13.

Übersicht

	RdNr.		RdNr.
A. Normzweck	1	6. Deliktsanspruch	20 a
B. Entstehungsgeschichte	4	D. Vollstreckbarer Tabellenauszug	21
C. Unbeschränkte Nachhaftung	7	1. Erteilung des vollstreckbaren Tabellenauszuges	21
1. Insolvenzforderung	7	a) Festgestellte Forderung	21
2. Umgerechnete Forderungen gem. §§ 41, 45, 46	9	b) Gerichtliche Zuständigkeit	26
		c) Erteilung des Tabellenauszuges	33
3. Masseansprüche	15	d) Keine Doppeltitulierung	34
4. Nicht angemeldete und nicht durchsetzbare Forderungen	17	e) Rechtsmittel	39
5. Öffentlich-rechtliche Ansprüche	20		

A. Normzweck

1 Die Norm regelt – ebenso wie im Konkursrecht – das unbeschränkte Nachforderungsrecht der Insolvenzgläubiger, die sich am Insolvenzverfahren beteiligt haben. Sie können ihre noch nicht befriedigten Forderungen in vollem Umfange gegen den Schuldner im Wege der Zwangsvollstreckung weiter geltend machen. Das gilt selbstverständlich auch für diejenigen Gläubiger, die sich nicht am Insolvenzverfahren beteiligt haben.

2 Grundlage der weiteren Geltendmachung der noch offenen Forderungen ist für den jeweiligen Insolvenzgläubiger der vollstreckbare Auszug aus der Insolvenztabelle, sofern die Forderung festgestellt, nicht bestritten oder ein Widerspruch beseitigt ist. Der Auszug aus der Insolvenztabelle verschafft somit insbesondere den Insolvenzgläubigern, die bisher keine titulierte Forderung in Händen hatten, einen zur Zwangsvollstreckung geeigneten Titel.

3 Das uneingeschränkte Nachforderungsrecht der Gläubiger steht jedoch unter dem Vorbehalt der Ankündigung und letztlich der Erteilung der Restschuldbefreiung. Die Erteilung der Restschuldbefreiung bewirkt zwar nicht den materiellen Untergang des titulierten Anspruches, hindert den Gläubiger jedoch an der weiteren Durchsetzung.

B. Entstehungsgeschichte

4 Das unbeschränkte Nachforderungsrecht in § 201 Abs. 1 entspricht der Regelung in § 164 Abs. 1 KO. Auch die Feststellung, dass der Tabellenauszug einen zur Zwangsvollstreckung geeigneten Titel darstellt, § 201 Abs. 2 Satz 1 und 2, ist im Wesentlichen wie in § 164 Abs. 2 KO übernommen worden. Gestrichen wurde die Verweisung in die Vorschriften der ZPO §§ 724 bis 793. Statt dessen wurde die Formulierung „wie aus einem vollstreckbaren Urteil" gewählt, die jedoch insoweit missverständlich ist, als der Tabellenauszug nicht automatisch vollstreckbar ist, sondern noch mit einer Vollstreckungsklausel versehen werden muss.

5 Der Zusatz in § 201 Abs. 2 Satz 3 wurde erst nachträglich durch das Gesetz vom 19. 12. 1998 eingefügt.[1] Hierdurch sollte die alte Streitfrage geklärt werden, ob der Antrag auf Erteilung eines vollstreckbaren Tabellenauszuges bereits vor Abschluss des Konkursverfahrens gestellt werden konnte, obwohl die Erteilung der vollstreckbaren Ausfertigung erst nach Aufheben des Verfahrens möglich war, da erst nach Schlussverteilung der Restbetrag fest stand, wegen dessen der Gläubiger vollstrecken konnte. Da in der gerichtlichen Praxis viele Gläubiger die Anträge bereits vorzeitig stellten, führte dies auf der gerichtlichen Seite nicht nur zu einer erheblichen Belastung, sondern möglicher Weise auch zu Schadenersatzansprüchen, da Anträge auch leicht übersehen werden konnten. Da die Aufhebung des Insolvenz-

---

[1] EGInsOÄndG vom 19. 12. 1998, BGBl. I 3836.

verfahrens nach § 200 Abs. 2 öffentlich bekannt gemacht wird, ist nunmehr auch für jeden Gläubiger ohne weiteres ersichtlich, ab wann er den Antrag auf Erteilung eines vollstreckbaren Tabellenauszuges stellen kann.

Die Zuständigkeitsregelung für Klagen auf Erteilung der Klausel, sowie für Vollstreckungsgegenklagen oder Klauselklagen, früher in § 164 Abs. 3 KO i.V.m. § 146 Abs. 2 KO ist nunmehr in der gesonderten Vorschrift § 202 geregelt. 6

C. Unbeschränkte Nachhaftung

1. Insolvenzforderung. Eines der zentralen Anliegen des neuen Insolvenzrechtes war 7 die Einführung einer Restschuldbefreiung für natürliche Personen. Aber auch die erteilte Restschuldbefreiung steht dem Grundsatz der unbeschränkten Nachhaftung nicht entgegen.[2] Die Insolvenzgläubiger, §§ 38, 39, können während des Insolvenzverfahrens ihre Ansprüche nicht im Wege der Zwangsvollstreckung gegen den Schuldner durchsetzen, §§ 89, 88. Dies gilt unabhängig davon, ob sie als Insolvenzgläubiger am Verfahren teilnehmen und ihre Ansprüche zur Insolvenztabelle anmelden, §§ 174 ff., oder nicht. Nach Aufhebung des Insolvenzverfahrens gelten die vollstreckungsrechtlichen Beschränkungen nicht mehr. Gläubiger, die sich nicht am Insolvenzverfahren beteiligt haben, können ihre Ansprüche nunmehr so, wie sie sich bereits vor dem Insolvenzverfahren dargestellt haben, gegen den Schuldner weiter durchsetzen. Diejenigen Insolvenzgläubiger, die ihre Ansprüche zur Insolvenztabelle angemeldet haben, erlangen einen **Vollstreckungstitel** in Form des Auszuges aus der Insolvenztabelle, § 201 Abs. 2 Satz 1 und 2, und können grundsätzlich hieraus gegen den Schuldner uneingeschränkt im Wege der Zwangsvollstreckung vorgehen, der Anspruch verjährt erst in 30 Jahren, § 197 Abs. 1 Nr. 5 BGB.[3] Das Nachhaftungsrecht des Schuldners bezieht sich auf diejenige Gläubigerforderung, die unter Anrechnung von Abschlagszahlungen während des laufenden Insolvenzverfahrens und unter Berücksichtigung der Schlussverteilung noch offen ist.

Am Insolvenzverfahren beteiligen können sich nur Gläubiger, die zum Zeitpunkt der 8 Eröffnung einen begründeten Vermögensanspruch gegen den Schuldner haben, § 38. Für erst nach Eröffnung des Insolvenzverfahrens neu begründete Verbindlichkeiten gilt § 201 nicht, diese sogenannten **„Neugläubiger"** unterliegen keinem Vollstreckungsverbot und können grundsätzlich während des Verfahrens ihre Ansprüche durchsetzen.[4] Eine Ausnahme gilt für Zwangsvollstreckungen in künftige Forderungen auf Bezüge aus einem Dienstverhältnis oder an deren Stelle tretende laufende Bezüge, hier ist die Zwangsvollstreckung für Alt- und Neugläubiger unzulässig, § 89 Abs. 2 Satz 1. Allerdings ist eine Zwangsvollstreckung regelmäßig aussichtslos, da auch das Neuvermögen zur Insolvenzmasse gehört und damit dem Insolvenzbeschlag unterliegt, § 35. Nicht dem Insolvenzbeschlag unterliegen die in § 36 genannten Gegenstände bzw. Teile des schuldnerischen Arbeitseinkommens, stehen dem Gläubiger jedenfalls nicht als Zugriffsmasse zur Verfügung, da es sich um unpfändbare Gegenstände handelt. Letztlich bleiben einem Neugläubiger zur Zwangsvollstreckung nur diejenigen Gegenstände, die der Insolvenzverwalter während des Verfahrens frei gibt. § 89 Abs. 1 spricht von „noch in das sonstige Vermögen", hierbei dürfte es sich eher um ein aus der Konkursordnung übernommenes „Versehen" handeln, welches in § 14 Abs. 1 KO Sinn gab, jetzt aber nach der Neudefinition in § 35 so nicht mehr gelten kann.

2. Umgerechnete Forderungen i. S. v. §§ 41, 45, 46. Im Hinblick auf eine umfassende Schuldenregulierung können in Ergänzung zu § 38 auch nicht fällige Forderungen, § 41, ferner nicht auf Geld gerichtete und betragsmäßig unbestimmte Ansprüche, § 45, sowie Forderungen auf wiederkehrende Leistungen, § 46, im Verfahren angemeldet werden. Nicht 9

---

[2] *Prütting*, Kölner Schrift, S. 245, RdNr. 74.
[3] Zu Zinsen vgl. OLG Köln WM 1995, 597, 600.
[4] *Nerlich/Römermann/Westphal* §§ 201, 202 RdNr. 5; HK-*Irschlinger* § 201 RdNr. 2.

fällige Forderungen gelten gemäß § 41 Abs. 1 als fällig (vgl. § 41 RdNr. 1) und werden gemäß § 41 Abs. 2 abgezinst (vgl. § 41 RdNr. 17 ff.), nicht auf Geld gerichtete Forderungen oder Forderungen, deren Geldbetrag unbestimmt ist, sind bei der Anmeldung zu schätzen bzw. umzurechnen (vgl. § 45 RdNr. 21 ff.). Forderungen, deren Betrag und Dauer bestimmt ist, sind von dem Anmelder für die gesamte Restlaufzeit zu kapitalisieren unter Abzug des Zwischenzinses (vgl. § 46 RdNr. 7 ff.); Leistungen von unbestimmter Dauer sind der Summe nach zu schätzen (vgl. § 45 RdNr. 11, 26 und § 46 RdNr. 4). Fremdwährungsforderungen sind nach dem Kurswert des Tages der Verfahrenseröffnung in Euro umzurechnen (vgl. § 45 RdNr. 17 ff., 24).

10 Da der Gläubiger gemäß § 201 Abs. 1 die Möglichkeit hat, seine restlichen Forderungen nach Aufhebung des Insolvenzverfahrens weiterzuverfolgen, und ihm hierfür gemäß § 201 Abs. 2 der Tabelleneintrag als Titel zur Verfügung steht, ergibt sich die Frage, ob sich das Weiterverfolgungsrecht bei den gemäß § 41 fällig gestellten bzw. gemäß §§ 45, 46 umgerechneten Forderungen auf den **Bestand der Forderung in ihrer ursprünglichen oder neuen (= umgerechneten) Gestalt** bezieht (dazu eingehend § 41 RdNr. 26 ff. und § 45 RdNr. 36 ff.). Zu differenzieren ist danach, ob es zu einer rechtskräftigen Feststellung der Forderung zur Tabelle gekommen ist oder nicht.

11 Ist das Verfahren noch vor der rechtskräftigen Feststellung beendet worden, kann der Gläubiger seine Forderung (nur) in der alten Gestalt gegen den Schuldner (weiter-)verfolgen (§ 41 RdNr. 31, § 45 RdNr. 37). Gleiches gilt, wenn der Gläubiger seine Anmeldung noch vor der Feststellung zur Tabelle zurückzieht oder ein gegen die Forderung erhobener Widerspruch nicht durch eine Feststellungsklage des Gläubigers (Abs. 2 Satz 2) überwunden wird (§ 41 RdNr. 31, § 45 RdNr. 37 f.).

12 Kommt es hingegen zu einer **rechtskräftigen Feststellung der Forderung zur Tabelle,** ist die Rechtslage umstritten (dazu eingehend § 45 RdNr. 39 ff.). Die Rechtsprechung und hM geht von einer **Umwandlung** (Inhaltsänderung) der Forderung im Zeitpunkt der Feststellung aus, so dass die Forderung ab diesem Zeitpunkt nur noch in der umgerechneten Gestalt verfolgt werden kann.[5] Demgegenüber will eine in jüngerer Zeit vordringende Ansicht dem Gläubiger die Möglichkeit geben, die Umrechnungswirkung durch eine Anmeldung mit abgestuftem Inhalt auf das Verfahren zu beschränken, so dass er nach Verfahrensende wieder auf die Forderung in ihrer ursprünglichen Gestalt zurückgreifen kann. Umgekehrt könne der Schuldner in eingeschränkter Form (mit Wirkung für die Nachhaftung) Widerspruch einlegen.[6]

13 Der hM ist im Ergebnis, nicht allerdings in der Begründung zuzustimmen. Die Feststellung zur Tabelle kann eine materielle Änderung (Umwandlung) der Forderung ebenso wenig bewirken wie dies bei einem rechtskräftigen Urteil der Fall ist. Die Titulierung in Form des Tabelleneintrags beschränkt sich auf eine **rein prozessuale Wirkung,** hat also lediglich die rechtskräftige Feststellung der Forderung in ihrer umgerechneten Gestalt gegenüber dem Schuldner zur Folge (§ 45 RdNr. 42). Diese rechtskräftige Feststellung wirkt auch nach Verfahrensende fort. Die von der Minderansicht vorgeschlagene Anmeldung mit abgestuftem Inhalt sowie ein beschränkter Widerspruch sind de lege lata nicht vertretbar, weil das Gesetz derartige Instrumente nicht kennt. Zudem würde die Beschränkung auf das Verfahren dem Grundanliegen des § 201 Abs. 2 widersprechen, der das Ergebnis der – uU zeitaufwändigen und z. T. mit einem Feststellungsprozess verbundenen – Feststellung zur Tabelle ganz generell für die Zeit nach Abschluss des Verfahrens sichern will (vgl. im Einzelnen § 45 RdNr. 43 f.).

14 Kommt es nach der rechtskräftigen Feststellung der umgerechneten Forderung zur Tabelle zu einer **Kollision mit einem älteren Vollstreckungstitel,** geht der in der Tabelle

---

[5] RGZ 93, 209, 213; 112, 297, 299; RG JW 1956, 2139; BGHZ 108, 123, 127 = NJW 1989, 3155, 3157 = Fn. 1; BGH NJW 1992, 2091, 2092 = Fn. 74; zum neuen Recht siehe *Uhlenbruck* § 45 RdNr. 7; *Hess* § 45 RdNr. 31; *Kübler/Prütting/Holzer* § 45 RdNr. 8; HK-*Eickmann* E 45 RdNr. 8.

[6] *Häsemeyer* RdNr. 25.11 ff.; dem folgend *Nerlich/Römermann/Westphal* §§ 201, 202 RdNr. 14; HK-*Irschlinger* § 201 RdNr. 5.

liegende neue Titel generell vor. Wollte man dem Gläubiger das Recht geben, wahlweise aus dem einen oder anderen Titel vorzugehen, könnte er auf Kosten des Schuldners spekulieren, obwohl sich dieser gegen die doppelte Titulierung nicht wehren konnte (§ 45 RdNr. 45).

3. Masseansprüche. Die Nachhaftung des Schuldners gilt nur, wie sich aus dem Gesetzeswortlaut ergibt, für Insolvenzgläubiger. Nicht erfasst werden somit **Masseansprüche,** da die Gläubiger dieser Ansprüche auch nicht am Insolvenzverfahren teilnehmen. Weiterhin werden diese Ansprüche auch nicht zur Insolvenztabelle angemeldet. Die Nachhaftung beschränkt sich jedoch ausschließlich auf die Eintragung in der Insolvenztabelle. Ansprüche, die **vor Eröffnung** des Insolvenzverfahrens **begründet** wurden und deren Erfüllung nach der Verfahrenseröffnung zur Masse verlangt wird, unterliegen insoweit nicht der Nachhaftung nach § 201, sondern hierfür haftet der Schuldner auch nach Beendigung des Insolvenzverfahrens weiter fort.[7] Diese Gläubiger unterliegen auch nicht einem Vollstreckungsverbot während des Insolvenzverfahrens, §§ 89, 88, sind somit berechtigt, auch während des Verfahrens ihre Forderung zwangsweise beizutreiben.

Werden Ansprüche erst **während des Insolvenzverfahrens begründet** und nicht aus der Masse gezahlt, beschränkt sich die Haftung des Insolvenzschuldners nach Aufhebung des Insolvenzverfahrens nur auf Massegegenstände, die als Überschuss dem Schuldner zurückgegeben werden oder auf Gegenstände, die der Insolvenzverwalter bereits während des Verfahrens freigegeben hat.[8] Der Schuldner hat auf solche Masseverbindlichkeiten keinen Einfluss, da diese ausschließlich vom Handeln des Verwalters abhängig sind. Die Tätigkeit des Verwalters beschränkt sich jedoch ausschließlich auf das zur Insolvenzmasse gehörende Vermögen, eine Haftung des gesamten Vermögens des Schuldners nach Beendigung des Insolvenzverfahrens kann durch Handeln des Verwalters nicht begründet werden. Der Schuldner hat auch nach Beendigung des Verfahrens keine Möglichkeit, die Angemessenheit und die Notwendigkeit der durch das Handeln des Verwalters ausgelösten Verbindlichkeiten zu überprüfen.

4. Nicht angemeldete und nicht durchsetzbare Forderungen. Gläubiger, die zwar einen begründeten Vermögensanspruch gegen den Schuldner im Zeitpunkt der Verfahrenseröffnung haben, ihre Forderung jedoch nicht zum Verfahren anmelden, sind auch keine Insolvenzgläubiger im Sinne von § 201 Abs. 1. Die Nachhaftung mit der Möglichkeit der Vollstreckung aus der Insolvenztabelle besteht nicht. Diese Gläubiger können nach Beendigung des Insolvenzverfahrens ihre ursprüngliche Forderung gegen den Schuldner weiter durchsetzen.

Dies gilt auch für diejenigen Gläubiger, die zwar ihre Forderung zur Insolvenztabelle angemeldet haben, bei denen der Insolvenzverwalter und/oder Schuldner der Anmeldung jedoch widersprochen haben und der Widerspruch während des Insolvenzverfahrens nicht beseitigt wurde. Diesen Gläubigern kann nach Aufhebung des Insolvenzverfahrens kein vollstreckbarer Tabellenauszug erteilt werden, § 178 Abs. 3. Diese Gläubiger können ihre ursprüngliche Forderung (eine rechtskräftige Titulierung der gem. §§ 41, 45, 46 umgerechneten Forderung findet nicht statt) in vollem Umfange gegen den Schuldner weiter durchsetzen. Der **ursprüngliche Titel** gilt weiter. Noch nicht titulierte Ansprüche sind durch Klage oder durch Aufnahme eines durch das Insolvenzverfahren unterbrochenen Prozesses gegen den Schuldner weiter geltend zu machen. Handelt es sich bei dem Schuldner um eine natürliche Person und wurde die Restschuldbefreiung angekündigt, unterliegen dieser Gläubiger jedoch dem Vollstreckungsverbot nach § 294 Abs. 1. Auch die Erteilung der Restschuldbefreiung wirkt gegen diese Gläubiger. Betroffen sind alle Insolvenzgläubiger, § 301 Abs. 1.

---

[7] *Kilger/K. Schmidt* § 57 RdNr. 2; *Uhlenbruck* § 201 RdNr. 2; *Nerlich/Römermann/Westphal* §§ 201, 202 RdNr. 6; HK-*Irschlinger* § 201 RdNr. 2; *Smid* § 201 RdNr. 3.
[8] HK-*Irschlinger* § 201 RdNr. 2; *Nerlich/Römermann/Westphal* §§ 201, 202 RdNr. 7; aA *Häsemeyer* RdNr. 25, 30; *Smid* § 201 RdNr. 3, der dies auf Grund des Insolvenzbeschlag in § 35 anzweifelt.

19 Die Nachhaftung nach § 201 gilt auch nicht für solche Ansprüche, die nach § 39 nachrangig sind. Etwas anderes gilt nur dann, wenn die Forderungen **nachrangiger Gläubiger** nach besonderer Aufforderung zur Anmeldung berechtigt sind, § 174 Abs. 3, und somit auch in die Insolvenztabelle eingetragen und festgestellt wurden. Grundsätzlich sind diese Ansprüche Insolvenzforderungen, nehmen jedoch am Verfahren nicht teil. Sie werden mangels Anmeldung nicht in die Insolvenztabelle eingetragen, können somit nicht festgestellt werden und es kann weiterhin auch kein vollstreckbarer Tabellenauszug für diese Ansprüche erteilt werden, § 201 Abs. 2. Der Gläubiger ist daher berechtigt, diese Ansprüche auch nach Aufhebung des Insolvenzverfahrens uneingeschränkt gegen den Schuldner geltend zu machen, vorbehaltlich einer eventuell erteilten Restschuldbefreiung.

20 **5. Öffentlich-rechtliche Ansprüche.** Die Nachhaftung nach § 201 bezieht sich auch auf öffentlich-rechtliche Ansprüche, insbesondere Steuern. Das materielle Steuerrecht wird durch das Insolvenzverfahren grundsätzlich nicht berührt, der Insolvenzschuldner bleibt Träger der Rechte und Pflichten aus dem Steuerrechtsverhältnis. Der Rang und die Geltendmachung von Steuerforderungen bestimmt sich nach Insolvenzrecht, § 251 Abs. 2 AO. Auch **öffentlich-rechtliche Ansprüche sind Insolvenzforderungen,** soweit sie zurzeit der Eröffnung des Verfahrens begründet sind, § 38. Sind diese Ansprüche als Insolvenzforderung einzustufen, müssen auch die öffentlich-rechtlichen Träger ihre Forderung zur Insolvenztabelle anmelden. Soweit der Anspruch zur Insolvenztabelle festgestellt wird, ist der Tabellenauszug Grundlage für die nachinsolvenzrechtliche Vollstreckung gegen den Schuldner.[9] Die Vollstreckung selbst richtet sich dann wieder nach den Regeln der AO, auch die Verjährung festgestellter Forderungen richtet sich nach der Beendigung des Verfahrens nach den öffentlichen-rechtlichen Vorschriften, bei Steuern insbesondere nach § 228 AO.[10] War der Anspruch bereits vor Eröffnung des Insolvenzverfahrens durch Steuerbescheid tituliert, tritt an dessen Stelle nunmehr der vollstreckbare Tabellenauszug, nur er allein ist für die weitere Vollstreckung im Rahmen der Nachhaftung maßgeblich.[11]

20 a **6. Deliktsanspruch.** Gem. § 174 Abs. 1 InsO haben die Insolvenzgläubiger ihre Forderungen beim Insolvenzverwalter anzumelden.[12] Der Insolvenzverwalter hat jede angemeldete Forderung mit Grund und Betrag in die Tabelle einzutragen, § 175 InsO. Weiterhin einzutragen ist die vom Gläubiger angegebene Tatsache oder Einschätzung eines Anspruchs aus unerlaubter Handlung, § 174 Abs. 2 InsO. Die Forderungen werden im gerichtlichen Prüfungstermin jedoch nur nach **Betrag** und nach **Rang** geprüft, § 176 InsO und nicht nach dem **Rechtsgrund.**[13] Das Gericht hat in der Tabelle den Verlauf der Prüfung zu dokumentieren, insbesondere für jede Forderung in die Tabelle einzutragen, inwieweit sie festgestellt ist, § 178 Abs. 2 InsO. Erfolgt weder durch den Insolvenzverwalter noch durch Insolvenzgläubiger ein Widerspruch gegen die angemeldete Forderung, wird die Feststellung fingiert, § 178 Abs. 1 InsO. Durch die Eintragungen der Feststellung in die Tabelle nach Betrag und Rang erhält die angemeldete Forderung gegenüber dem Insolvenzverwalter und allen Insolvenzgläubigern eine Wirkung, die einem rechtskräftigen Urteil entspricht, § 178 Abs. 3 InsO. Ein Widerspruch eines Insolvenzverwalters oder eines Gläubigers hindert zunächst die Feststellungswirkung, nicht aber der Widerspruch des Schuldners, § 178 Abs. 1 S. 2 InsO. Der Widerspruch kann jedoch beseitigt werden, § 178 Abs. 1 S. 2 InsO, ggf. durch Feststellungsklage, § 179 InsO vor dem ordentlichen Gericht im streitigen Verfahren. Die Gläubigerforderung durchläuft also im Feststellungsverfahren drei Verfahrensabschnitte: Anmeldung, Prüfung und Feststellung.

20 b Liegt der Forderung eine **vorsätzlich begangene unerlaubte Handlung** des Schuldners zugrunde, sind diese Tatsachen bei der Forderungsanmeldung plausibel und konkret

---

[9] Vgl. OVG NRW KKZ 1999, 166; *Uhlenbruck* § 201 RdNr. 10.
[10] BFH BStBl. II 1988, 865.
[11] *Uhlenbruck* § 201 RdNr. 10.
[12] Hierzu allgemein *Mäusezahl* ZInsO 2002, 462.
[13] *Uhlenbruck* § 174 RdNr. 16.

darzulegen, damit eine Eintragung der Forderung zur Tabelle im Insolvenzverfahren erfolgen kann und der Rechtsgrund der Forderung auch von der **Rechtskraftwirkung** der **Tabelleneintragung** erfasst werden kann, welche die Voraussetzung für die Ausnahme von der Restschuldbefreiung, § 302 Nr. 1 InsO, darstellt. Der Schuldner kann dem Rechtsgrund alleine widersprechen.[14] Hat der Schuldner dem Rechtsgrund einer angemeldeten Forderung aus unerlaubter Handlung widersprochen, hat der Gläubiger ein rechtliches Interesse daran, den Widerspruch durch Feststellungsklage zu beseitigen.[15] Erlangt der Gläubiger ein positives Urteil, ist der Widerspruch des Schuldners beseitigt. Das Forderungsattribut der unerlaubten Handlung ist dann zur Tabelle festgestellt. Materiell hat dies zur Folge, dass der Anspruch nicht der Restschuldbefreiung unterliegt, § 302 Nr. 1 InsO.

Bleibt die Frage, ob der vollstreckbare Tabellenauszug auch ein mit dem Forderungsattribut der unerlaubten Handlung geeigneter Vollstreckungstitel ist, um zB nach § 850 f Abs. 2 ZPO vollstrecken zu können. Der BGH hat zum **Vollstreckungsbescheid** entschieden, dass hierdurch der Nachweis einer Forderung aus vorsätzlich begangener unerlaubter Handlung für das Vollstreckungsprivileg durch den Gläubiger nicht geführt werden kann.[16] Im Wesentlichen wird die Entscheidung von der Tatsache getragen, dass im Mahnverfahren keine materielle Anspruchsprüfung vorgenommen wird. Dies kann bei dem Verfahren zur Erlangung eines Tabellenauszuges als Titel jedoch nicht gleich gesetzt werden. Zwar nimmt auch das Insolvenzgericht keine materielle Prüfung des angemeldeten Anspruchs dem Grunde nach vor. Widerspricht der Schuldner im Termin dem Forderungsattribut nicht oder wird ein Widerspruch im Feststellungsprozess beseitigt, steht dies aber einem streitigen Urteil im Zivilprozess gleich. Der Tabellenauszug ist daher auch ein Titel mit dem Vollstreckungsprivileg nach § 850 f Abs. 2 ZPO.

Der Gläubiger kann aber auch bereits einen Titel vorlegen, aus dem sich die Tatsache der vorsätzlich begangenen unerlaubten Handlung ergibt. Diese Tatsache muss sich aber aus dem **Tenor des Urteils** oder aus den **Entscheidungsgründen** ergeben.[17] Nicht geeignet ist der **Vollstreckungsbescheid** als Titel.[18] Mit dieser Entscheidung setzt der BGH seine Grundsätze aus 2003 (s. vor RdNr. 20 c) zu § 850 f Abs. 2 ZPO fort.[19] Das Mahnverfahren, das zum Erlass des Vollstreckungsbescheides geführt hat, kann nur wegen eines Anspruchs, der die Zahlung einer bestimmten Geldsumme zum Gegenstand hat, eingeleitet werden (§ 688 Abs. 1 ZPO). Es ist nicht dazu bestimmt, zur Vorbereitung der privilegierten Vollstreckung den deliktischen Schuldgrund und den für § 850 f Abs. 2 ZPO erforderlichen Verschuldensgrad feststellen zu lassen. Der Schuldner kann daher bei Vorlage eines solchen Titels dem Forderungsattribut jederzeit noch wirksam widersprechen.

---

[14] *Uhlenbruck* § 174 RdNr. 16; *Mäusezahl* ZInsO 2002, 462, 466 ff.; *Kehe/Meyer/Schmerbach* ZInsO 2002, 660, 662; LG Trier v. 31. 1. 2006, 1 S 207/05 in BeckRS 2006, 02546.

[15] OLG Celle Rpfleger 2003, 465 = InVo 2003, 350 = ZVI 2004, 46 = ZInsO 2003, 280; LG Köln NZI 2005, 406; *Kehe/Meyer/Schmerbach* ZInsO 2002, 660, 665.

[16] BGH NJW 2005, 1663 = Rpfleger 2005, 370 = ZInsO 2005, 538 mit Anm. *Grote* = FamRZ 2005, 974 = JurBüro 2005, 437 = MDR 2005, 1014 = WM 2005, 1326 = InVo 2005, 326 = ZVI 2005, 253; hierzu *Gaul*, NJW 2005, 2894.

[17] BGH NJW 2003, 515 = Rpfleger 2003, 91 = ZInsO 2002, 1183 = BB 2002, 2468 = JurBüro 2003, 436 = KTS 2003, 263 = MDR 2003, 290 = VersR 2003, 620 = WM 2002, 2385 = InVo 2003, 70.

[18] BGH NJW 2005, 1663 = Rpfleger 2005, 370 = ZInsO 2005, 538 mit Anm. *Grote* = FamRZ 2005, 974 = JurBüro 2005, 437 = MDR 2005, 1014 = WM 2005, 1326 = InVo 2005, 326 = ZVI 2005, 253; hierzu *Gaul*, NJW 2005, 2894.

[19] Die bis dahin ergangene Rechtsprechung ist somit überholt: zuletzt noch LG Heilbronn Rpfleger 2005, 98 = InVo 2005, 197; der Gläubiger kann die vorsätzlich begangene unerlaubte Handlung schlüssig vortragen; in keinem Falle genügt es, wenn im Vollstreckungsbescheid der titulierte Anspruch als vorsätzlich begangene unerlaubte Handlung klassifiziert ist, aA LG München JurBüro 2004, 673; LG Augsburg Rpfleger 1995, 122 = DGVZ 1995, 26; LG Münster JurBüro 1996, 385; das Vollstreckungsgericht muss selbstständig die Angaben prüfen, OLG Hamm NJW 1973, 1332; LG Düsseldorf NJW-RR 1987, 758 = Rpfleger 1987, 319; LG Bonn Rpfleger 1994, 264; LG Münster JurBüro 1996, 385; *Büchmann* NJW 1987, 172, aA LG Landshut Rpfleger 1996, 470; *Stein/Jonas/Münzberg* § 850 f RdNr. 10; *Musielak/Becker* § 850 f RdNr. 10; sofern der Vortrag des Gläubigers ungenügend ist, muss er gegebenenfalls Feststellungsklage erheben, so BGH NJW 1990, 834 = Rpfleger 1990, 248 = WM 1989, 583; OLG Oldenburg NJW-RR 1992, 573.

Da der bisherige Titel – soweit Deckungsgleichheit besteht (hierzu nachfolgend Rd-Nr. 20 e) – durch den vollstreckbaren Tabellenauszug als „aufgezehrt" gilt, muss der Gläubiger bei einem Widerspruch des Schuldners diesen durch ein Feststellungsurteil beseitigen, um nach erteilter Restschuldbefreiung weiter vollstrecken zu können.[20] Erst Recht gilt dies beim Vollstreckungsbescheid, da das Forderungsattribut überhaupt noch nicht rechtswirksam tituliert ist.

20 e   Hat der Schuldner dem Rechtsgrund **nicht** widersprochen oder wird ein Widerspruch beseitigt, bleibt weiter die Frage, ob der Auszug aus der **Insolvenztabelle** überhaupt als Titel gegen den Schuldner genutzt werden kann.[21] Einem Insolvenzgläubiger soll auch nach Aufhebung des Insolvenzverfahrens in der Wohlverhaltensperiode kein vollstreckbarer Tabellenauszug erteilt werden. Auch die Erteilung einer vollstreckbaren Ausfertigung während der Wohlverhaltensperiode zur Vollstreckung in den pfandfreien Betrag gem. §§ 850 f Abs. 2, 850 d ZPO soll nicht möglich sein.[22] Hier steht § 294 InsO entgegen. Auch wenn man die Erteilung der Klausel nicht als Zwangsvollstreckung ansieht, fehlt der Erteilung der vollstreckbaren Ausfertigung jedoch das Rechtsschutzinteresse. Dem ist zu widersprechen. Die Erteilung der Vollstreckungsklausel selbst ist noch kein Akt der Zwangsvollstreckung, da letztere erst nach Vorliegen der Klausel und Zustellung des Titels beginnt, § 750 Abs. 1 ZPO. Die Klauselerteilung ist daher noch eine Vorstufe der Zwangsvollstreckung. Weder eine Einstellung der Zwangsvollstreckung (zB gem. §§ 707, 769 ZPO) noch das mit der Eröffnung des Insolvenzverfahrens verbundene Vollstreckungsverbot nach § 89 Abs. 1 InsO, das im Eröffnungsverfahren erlassene Vollstreckungsverbot nach § 21 Abs. 2 Nr. 3 InsO oder § 294 InsO in der Wohlverhaltensphase hindern die Erteilung der Vollstreckungsklausel.[23] Dies ist unabhängig davon zu beurteilen, ob die Zwangsvollstreckung überhaupt möglich ist.

D. Vollstreckbarer Tabellenauszug

21   **1. Erteilung des vollstreckbaren Tabellenauszuges. a) Festgestellte Forderung.** Die Eintragung der angemeldeten Forderung in die Insolvenztabelle wirkt für die festgestellten Forderungen ihrem Betrag und ihrem Rang nach wie ein **rechtskräftiges Urteil** gegenüber dem Insolvenzverwalter und allen Insolvenzgläubigern und ist insoweit ein zur Zwangsvollstreckung geeigneter Titel, §§ 178 Abs. 3, 201 Abs. 2. Voraussetzung ist, dass die angemeldete Forderung im Prüfungstermin oder nach nachträglich widerspruchslos festgestellt wird. Zum Widerspruch berechtigt sind der Insolvenzverwalter und jeder Insolvenzgläubiger, § 178 Abs. 1 Satz 1. Erhebt der Insolvenzverwalter oder ein Insolvenzgläubiger **Widerspruch** und wird dieser Widerspruch später beseitigt, steht dies einer nicht bestrittenen und damit uneingeschränkt festgestellten Forderung gleich, § 201 Abs. 2 Satz 2. Hierbei ist es unerheblich, ob der Widerspruch durch Rücknahme des Widersprechenden oder durch ein Feststellungsurteil beseitigt wird. Grundsätzlich steht ein Widerspruch des Schuldners einer Feststellung der Forderung nicht entgegen, § 178 Abs. 1 Satz 2. Nach dem Wortlaut von § 201 Abs. 2 Satz 1 ist der Tabellenauszug dann jedoch nicht ein zum Zwecke der Zwangsvollstreckung geeigneter Titel, es kann keine Vollstreckungsklausel erteilt werden. Der anmeldende Gläubiger muss den Widerspruch durch Feststellungsklage beseitigen, § 184. Eine vom Widerspruch des Schuldners behaftete Forderung nimmt zwar an der

---

[20] Streitig: in diesem Sinne vgl. § 302; überzeugend auch *Hattwig* ZInsO 636, 640; aA der alte Titel gilt weiter *Graf Schlicker/Remmert* NZI 2001, 569; *Behr* Rpfleger 2003, 389; *Heinze* DZWIR 2002, 369; der Schuldner muss sich bei der Vollstreckung aus dem bisherigen Titel mit § 767 ZPO wehren, *Riedel* NZI 2002, 414; *Uhlenbruck* § 184 RdNr. 3 differenziert noch der Art des Titels. Die Entscheidung des LG Oldenburg ZVI 2003, 291 ist durch die BGH-Rechtsprechung zu § 850 f Abs. 2 ZPO (s. Fn. 17) überholt.

[21] *Uhlenbruck* § 174 RdNr. 16.

[22] AG Göttingen ZInsO 2005 668 = DZWir 2005, 348 = ZVI 2005, 327; aA FK-InsO/*Kießner* § 201 RdNr. 17.

[23] *Hintzen/Wolf*, RdNr. 351 ff.; MünchKomm/*Wolfsteiner*, ZPO, § 724 RdNr. 37; Zöller/*Stöber* § 724 RdNr. 5; OLG Braunschweig Rpfleger 1978, 220.

Verteilung im Insolvenzverfahren teil, nach Aufhebung des Verfahrens hat die Eintragung in die Insolvenztabelle für den Gläubiger jedoch keine Vollstreckungswirkung.[24]

Widerspricht der Schuldner der angemeldeten Forderung im Prüfungstermin, gibt 22 dann aber sein Bestreiten nach Aufhebung des Insolvenzverfahrens auf, tritt nicht die rechtskräftige Vollstreckungswirkung nach Abs. 2 ein. Hat der Gläubiger nach Widerspruch des Schuldners nicht vor Beendigung des Insolvenzverfahrens zur Beseitigung des Widerspruchs Klage erhoben, kann er nach Beendigung des Verfahrens nur noch seine ursprüngliche Forderung gegen den Schuldner unbeschränkt geltend machen, nicht jedoch die im Insolvenzverfahren vom Insolvenzverwalter festgestellte Forderung.[25]

Hat zunächst der **Insolvenzverwalter der angemeldeten Forderung widersprochen,** 23 wird dann jedoch nach Klageerhebung die rechtskräftige Feststellung zur Insolvenztabelle vorgenommen, schafft dies auch gegenüber dem Insolvenzschuldner einen vollstreckbaren Titel.[26] Widerspricht der Schuldner einer angemeldeten Forderung für die der Gläubiger bereits vor Eröffnung des Verfahrens einen noch nicht rechtskräftigen Titel erlangt hat, so bleibt, solange der Widerspruch nicht beseitigt ist, für die nach Insolvenzbeendigung mögliche Vollstreckung in das sonstige Vermögen des Schuldners dieser Titel bestehen. Will der Insolvenzschuldner vermeiden, dass der Titel rechtskräftig wird, so kann und muss er innerhalb der nach Aufnahme des Rechtsstreits durch den Gläubiger oder spätestens nach Aufhebung des Insolvenzverfahrens neu beginnenden Frist das zulässige **Rechtsmittel** gegen die Entscheidung einlegen.[27] Die Eintragung in die Insolvenztabelle wirkt hinsichtlich der festgestellten Forderung ihrem Betrag und Rang nach wie ein rechtskräftiges Urteil gegenüber allen Insolvenzgläubigern und auch dem Insolvenzverwalter, § 178 Abs. 3. Die **widerspruchslose Feststellung** hat somit die Wirkung eines rechtskräftigen Urteils. Ist die festgestellte Forderung jedoch bereits außerhalb des Insolvenzverfahrens durch einen Dritten gezahlt worden, kann der Insolvenzverwalter gegen die festgestellte Forderung im Wege der Vollstreckungsgegenklage vorgehen, § 767 ZPO entsprechend.[28] Da die Feststellung der Forderung wie ein rechtskräftiges Urteil wirkt und auch zur Berücksichtigung bei der Masseverteilung führt, sind hiergegen auch diejenigen Rechtsbehelfe gegeben, die außerhalb des Insolvenzverfahrens einer rechtskräftig verurteilen Partei zur Verfügung stehen. Bei den festgestellten Forderungen muss es sich jedoch um Insolvenzforderungen handeln, ein zur Insolvenztabelle angemeldeter Massekostenanspruch kann nicht die Rechtswirkungen nach Abs. 2 beanspruchen, die Eintragung selbst ist ohne jede rechtliche Bedeutung.[29]

Die Insolvenztabelle ist bei **unrichtiger Eintragung** zu berichtigen und zwar auch dann, 24 wenn die Eintragung auf Grund einer irrtümlich falschen Erklärung des Insolvenzverwalters zu Stande gekommen ist. Denn nur die Eintragung wirklich festgestellter Forderungen in die Insolvenztabelle erzeugt Rechtskraft, nicht der irrtümliche Feststellungsvermerk streitig gebliebener Forderungen.[30] Die Berichtigung der Insolvenztabelle ist bei unzutreffenden Tabelleneintragungen auch noch nach Aufhebung des Insolvenzverfahrens zulässig.[31]

Die **rechtskräftige Vollstreckungswirkung** festgestellter Forderungen richtet sich im- 25 mer nur gegen den Insolvenzschuldner selbst. Nur ihm gegenüber hat die Eintragung in die Tabelle die Wirkung eines rechtskräftigen Urteils. Ist das Insolvenzverfahren über das Vermögen einer OHG, KG oder GbR eröffnet, kann aus dem Tabelleneintrag nicht gegen den Gesellschafter vollstreckt werden, § 129 Abs. 4 HGB, und umgekehrt aus einem vollstreckbaren Tabellenauszug gegen den Gesellschafter, nicht gegen die Gesellschaft, § 124 Abs. 2

---

[24] BGH NJW 1998, 2364 = ZIP 1998, 1113 = *Runkel* EWiR 1998, 757; OLG Köln WM 1995, 597 mwN; *Uhlenbruck* § 201 RdNr. 6; *Smid* § 201 RdNr. 6.
[25] LSG NW Rpfleger 1986, 105.
[26] OLG Hamm ZIP 1993, 444.
[27] BGH NJW 1998, 2364 = MDR 1998, 982 = BB 1998, 2177 = ZIP 1998, 1113 = WM 1998, 1366 = InVo 1998, 245.
[28] BGH Rpfleger 1984, 476.
[29] OVG Münster KTS 1999, 137 = Rpfleger 1999, 89.
[30] LG Hannover Rpfleger 1996, 419.
[31] OLG Celle MDR 1964, 65; OLG Hamm Rpfleger 1965, 78; aA LG Karlsruhe ZIP 1981, 1235.

HGB.³² Hat der Gläubiger einen Vollstreckungstitel sowohl gegen die Gesellschaft als auch gegen den Gesellschafter als Gesamtschuldner erstritten, und wird das Insolvenzverfahren nur über eine der beiden Personen eröffnet, kann die Eintragung und die Feststellung der Forderung auch nur gegenüber dem Insolvenzschuldner wirken, der ursprüngliche Titel gegen den anderen, nicht am Insolvenzverfahren beteiligten Schuldner bleibt erhalten.³³

26 **b) Gerichtliche Zuständigkeit.** Der **Antrag auf Erteilung** einer vollstreckbaren Ausfertigung aus der Insolvenztabelle kann nur von den jeweiligem Insolvenzgläubiger oder seinem Rechtsnachfolger gestellt werden. Die Antragstellung ist erst nach Aufhebung des Insolvenzverfahrens zulässig, § 201 Abs. 2 Satz 3. Der Antragseingang darf somit erst am dritten Tag nach der öffentlichen Bekanntmachung der Verfahrensaufhebung gestellt werden, § 9 Abs. 1 Satz 3. Dies gilt auch dann, wenn der Rechtspfleger den Aufhebungsbeschluss erlassen hat, der Eintritt der Rechtskraft nach Ablauf der Rechtsmittelfrist (befristete Erinnerung, § 11 Abs. 2 RPflG) braucht nicht abgewartet zu werden. Wird der **Antrag zu früh** gestellt, ist er als unzulässig zurückzuweisen.³⁴

27 Ausgehend von dem Gesetzestext kann der Insolvenzgläubiger aus der Eintragung in die Tabelle „wie aus einem vollstreckbaren Urteil" die Zwangsvollstreckung gegen den Schuldner betreiben. Wortgenau würde dies bedeuten, dass der Tabelleneintrag bereits den Titel und die Vollstreckungsklausel beinhaltet. Nach der Definition in § 724 Abs. 1 ZPO setzt sich eine vollstreckbare Ausfertigung aus den beiden Komponenten Vollstreckungstitel und Vollstreckungsklausel zusammen. Aus der Regierungsbegründung zu § 201 ist zu entnehmen, dass § 164 KO sinngemäß übernommen werden sollte. Entfallen ist jedoch der Hinweis auf die entsprechende Anwendung der §§ 724 bis 793 ZPO, 164 Abs. 2 KO. Aus der Gesetzesbegründung kann somit nicht entnommen werden, dass der Gesetzgeber die Erteilung der **Vollstreckungsklausel** auf den Tabellenauszug für entbehrlich hält.³⁵ Der Tabellenauszug ist zunächst nur der zur Zwangsvollstreckung geeignete Titel, der dann noch vom Insolvenzgericht für vollstreckbar erklärt werden muss. Da der vollstreckbare Tabellenauszug einem rechtskräftigen Urteil gleich steht, bedarf es keines gesonderten Rechtskraftzeugnisses.³⁶

28 Auch wenn die Anmeldung der Forderungen der Insolvenzgläubiger beim Insolvenzverwalter zu erfolgen haben, § 174 Abs. 1, erfolgt die Prüfung der einzelnen Forderungen und die Protokollierung der Feststellung einschließlich des späteren Wegfalls eines erhobenen Widerspruches durch das Insolvenzgericht. Nur das **Insolvenzgericht ist für die Erteilung der Vollstreckungsklausel** auf den Tabellenauszug **zuständig.** Diese Zuständigkeit ist ausschließlich, § 2 Abs. 1. Wurde die Forderung des Gläubigers während der Prüfung bestritten, ist auch bereits im laufenden Insolvenzverfahren nur das Insolvenzgericht zur Erteilung eines beglaubigten Auszuges aus der Tabelle zuständig, § 179 Abs. 3 Satz 1.

29 Da die Insolvenzordnung selbst keine weiteren Regelungen zum Prozedere der Erteilung der Vollstreckungsklausel enthält, sind über § 4 die allgemeinen Vorschriften der ZPO zur Erteilung der vollstreckbaren Ausfertigung anzuwenden.³⁷ Die **funktionelle Zuständigkeit** für die Erteilung der Klausel hängt von der Art der Klausel selbst ab. Für die einfache Klausel ist der Urkundsbeamte der Geschäftsstelle des Insolvenzgerichts zuständig, § 724 Abs. 2 ZPO, bei einer titelergänzenden bzw. titelumschreibenden Klausel ist der Rechtspfleger des Insolvenzgerichtes zuständig, § 20 Nr. 12 RPflG. Eine Klauselerteilung bzw. Klauselumschreibung kommt jedoch dann nicht in Betracht, wenn das Insolvenzverfahren gegen

---

³² AG München KTS 1966, 122; zur GbR und insbesondere zur Haftung entsprechend den Regeln der OHG vgl. BGH v. 21. 1. 2001, NJW 2001, 1056 = ZIP 2001, 330 = Rpfleger 2001, 246.
³³ LG Hannover, Rpfleger 1992, 127 = DGVZ 1992, 11; *Uhlenbruck* § 201 RdNr. 1.
³⁴ *Kübler/Prütting/Holzer* § 201 RdNr. 6 a; *Nerlich/Römermann/Westphal* §§ 201, 202 RdNr. 18; überholt somit die Auffassung zum Konkursrecht, vgl. AG Kaiserslautern ZIP 1988, 989; *Kuhn/Uhlenbruck* § 164 RdNr. 3 a.
³⁵ So auch *Kübler/Prütting/Holzer* § 201 RdNr. 9.
³⁶ *Nerlich/Römermann/Westphal* §§ 201, 202 RdNr. 19; *Uhlenbruck* § 201 RdNr. 7.
³⁷ *Nerlich/Römermann/Westphal* §§ 201, 202 RdNr. 19; *Uhlenbruck* § 201 RdNr. 7; *Hintzen/Wolf*, RdNr. 3.60 ff.

eine OHG, KG oder GbR geführt wurde und der Insolvenzgläubiger den Antrag stellt, den Tabellenauszug gegen den Gesellschafter selbst zu erteilen (oder umgekehrt: Insolvenzverfahren gegen den Gesellschafter und Klauselerteilung gegen die Gesellschaft). Hier stehen die Regelungen in §§ 129 Abs. 4 und 124 Abs. 2 HGB entgegen.[38] Eine Rechtsnachfolge kommt beispielhaft dann in Betracht, wenn der Insolvenzgläubiger seinen Anspruch abgetreten hat oder auf der Schuldnerseite Erbfolge eingetreten ist.

Das funktionell zuständige Organ (Urkundsbeamte der Geschäftsstelle oder Rechtspfleger) prüft im Rahmen seiner Prüfungskompetenz vor Erteilung der Klausel an Hand der ihm vorliegenden Unterlagen zunächst nur, ob über die Forderungsprüfung ein eindeutiger Feststellungsvermerk getroffen wurde. Weiterhin darf **kein Widerspruch des Insolvenzverwalters** mehr bestehen. Ebenfalls muss ein **Widerspruch des Schuldners** durch Feststellungsurteil beseitigt sein oder durch Rücknahme bzw. Anerkenntniserklärung des Schuldners selbst weggefallen sein. Im Falle einer titelumschreibenden Klausel sind die Urkunden zum Nachweis der Rechtsnachfolge in öffentlich beglaubigter Form beizufügen, §§ 727 ff. ZPO. Eine Anhörung des Schuldners erfolgt bei Erteilung der einfachen Klausel nicht, bei der Erteilung einer titelumschreibenden Klausel steht die Anhörung im Ermessen des Insolvenzgerichts, § 730 ZPO.[39] Zahlungen, die im Laufe des Insolvenzverfahrens als Abschlagszahlung geleistet und Zahlungen aus der Schlussverteilung sind von der Gläubigerforderung abzusetzen und in der vollstreckbaren Ausfertigung entsprechend zu vermerken.

Ist eine vollstreckbare Auswertung erteilt und wird später die Erteilung einer **weiteren vollstreckbaren Ausfertigung** beantragt, § 733 ZPO, ist hierfür ebenfalls das Insolvenzgericht zuständig. Funktionell zuständig ist der Rechtspfleger, § 20 Nr. 12, 13 RPflG.

Kosten, die einem einzelnen Insolvenzgläubiger durch die Teilnahme am Verfahren erwachsen, können nicht zur Insolvenztabelle angemeldet werden, es handelt sich um nachrangige Forderungen, § 39 Abs. 1 Nr. 2. Eine Ausnahme gilt nur dann, wenn zur Anmeldung solcher nachrangiger Ansprüche gesondert aufgefordert wurde, § 174 Abs. 3. **Kosten,** die dem Insolvenzgläubiger durch die Teilnahme am Verfahren entstehen, insbesondere durch die Beauftragung eines Rechtsanwaltes, sind nicht Kosten der Zwangsvollstreckung i. S. v. § 788 ZPO, und können somit nicht im Rahmen der nachfolgenden Zwangsvollstreckung vom Schuldner beigetrieben werden. Es handelt sich hierbei um diejenigen Kosten, die entsprechend einem Erkenntnisverfahren als Prozesskosten nur auf Grund eines zur Zwangsvollstreckung geeigneten Titels beigetrieben werden können, § 103 Abs. 1 ZPO entsprechend. Der vollstreckbare Titel als Grundlage für die Festsetzung ist der vollstreckbare Tabellenauszug. Für die **Festsetzung dieser Kosten** ist daher ebenfalls das Insolvenzgericht als Gericht des ersten Rechtszuges zuständig.[40]

c) **Erteilung des Tabellenauszuges.** Die Erteilung einer vollstreckbaren Ausfertigung aus der Tabelle erfolgt nur auf **Antrag.** Da bereits der Antrag selbst erst nach Aufhebung des Insolvenzverfahrens gestellt werden kann (vgl. zuvor RdNr. 26), kann folgerichtig die Klauselerteilung ebenfalls erst nach Beendigung und Aufhebung des Insolvenzverfahrens erfolgen. Damit hat sich die noch im Konkursrecht streitige Frage, ob die Erteilung der vollstreckbaren Ausfertigung schon vor Aufhebung des Konkursverfahrens zulässig ist, erledigt.[41] Die vollstreckbare Ausfertigung kann auch während der Wohlverhaltensperiode erteilt werden.[41a]

d) **Keine Doppeltitulierung.** Nicht geregelt ist – wie bereits im Konkursrecht – die Frage, welches Schicksal ein Vollstreckungstitel erleidet, den der Insolvenzgläubiger bereits

---

[38] LG Hannover Rpfleger 1992, 127 = DGVZ 1992, 11.
[39] Zu weiteren Einzelheiten vgl. *Hintzen/Wolf,* RdNr. 3.72 ff.
[40] *Nerlich/Römermann/Westphal* §§ 201, 202 RdNr. 19; *Uhlenbruck* § 201 RdNr. 11; *Kalter* KTS 1980, 215, 223.
[41] BGH NJW 1960, 435; LG Nürnberg-Fürth MDR 1950, 752; AG Kaufbeuren MDR 1961, 696; AG München MDR 1965, 307; LG München I KTS 1965, 51; OLG Braunschweig Rpfleger 1978, 220; *Kuhn/Uhlenbruck* § 164 RdNr. 3 a mwN; *Hansens* JurBüro 1985, 499 ff.
[41a] LG Tübingen NZI 2006, 647; LG Leipzig NZI 2006, 603.

vor dem Insolvenzverfahren für die in die Insolvenztabelle eingetragene Forderung erstritten hat. Bereits die Regelung in § 733 ZPO stellt klar, dass zum Schutz des Schuldners vor wiederholter Zwangsvollstreckung wegen des selben vollstreckbaren Anspruches eine neue – weitere – vollstreckbare Ausfertigung des Titels gegen den Schuldner grundsätzlich nicht erteilt werden soll. Eine weitere vollstreckbare Ausfertigung kann nur dann erteilt werden, wenn ein **besonderes schutzwürdiges Interesse des Gläubigers** dies notwendig erscheinen lässt. Ausgehend von diesem Rechtsgedanken ist zu unterscheiden:

35 a) Hat der Gläubiger einen vollstreckbaren Titel gegen den Schuldner in Händen, nimmt jedoch nicht am Insolvenzverfahren teil, bleibt der Titel auch nach Aufhebung des Insolvenzverfahrens für den Gläubiger bestehen, der Gläubiger kann nach Wegfall der Vollstreckungssperre, §§ 88, 89, gegen den Schuldner uneingeschränkt vollstrecken. Eine Ausnahme gilt nur dann, wenn dem Schuldner die Restschuldbefreiung angekündigt wird, in diesem Falle unterliegt der Gläubiger dem Vollstreckungsverbot nach § 294.

36 b) Hat der Gläubiger einen titulierten Anspruch und meldet diese Forderung zur Insolvenztabelle an, so kann nach Aufhebung des Insolvenzverfahrens nach wie vor aus dem alten Titel vollstreckt werden, sofern der angemeldete Anspruch einem Widerspruch ausgesetzt ist und der Widerspruch während des Verfahrens nicht beseitigt wurde, nach § 201 Abs. 2 Satz 1 setzt die Erteilung eines vollstreckbaren Tabellenauszuges eine widerspruchslose Forderungsfeststellung voraus.

37 c) Hat der Gläubiger seinen bereits titulierten Anspruch zur Insolvenztabelle angemeldet und wird der Anspruch festgestellt und nicht bestritten, wirkt die Eintragung wie ein rechtskräftiges Urteil, § 178 Abs. 3. Dem Gläubiger stehen somit zwei zur Zwangsvollstreckung geeignete Titel wegen des selben Anspruches zur Verfügung. Ausgehend von einer Entscheidung des Reichsgerichts[42] hat der Gläubiger jedoch nicht mehr die Möglichkeit, auf den früheren Vollstreckungstitel zurückzugreifen, da dieser durch den vollstreckbaren Tabellenauszug „aufgezehrt" wird.[43] Der vollstreckbare Tabellenauszug ersetzt den früheren Vollstreckungstitel nicht nur dem Umfang nach, sondern auch in einer eventuell inhaltsgeänderten Form, §§ 41, 42, 45, 46. Die Nachhaftung des Schuldners bestimmt sich nur noch nach dem Inhalt der Tabelleneintragung. Nach Auffassung von *Holzer*[44] wird nicht nur die Rechts- oder Vollstreckungskraft des ersten Titels aufgezehrt, sondern dessen Existenz schlechthin. Dem kann jedoch nur insoweit zugestimmt werden, als der bereits früher titulierte Anspruch des Gläubigers auch insgesamt am Insolvenzverfahren teilnimmt. Mit seinen **laufenden Zinsen** der Forderungen seit der Öffnung des Insolvenzverfahrens ist der Insolvenzgläubiger jedoch ein nachrangiger Insolvenzgläubiger und nimmt nur nach besonderer Aufforderung zur Anmeldung am Insolvenzverfahren teil, § 174 Abs. 3. Dies dürfte in der Praxis sicherlich der Ausnahmefall bleiben, nachrangige Gläubiger haben regelmäßig keine große Aussicht auf Zahlung. Soweit der Gläubiger somit Ansprüche, die in dem früheren Titel mittituliert sind, zum Insolvenzverfahren nicht anmelden kann, bildet auch der vollstreckbare Tabellenauszug hierüber keine neuen zur Zwangsvollstreckung geeigneten Titel.[45] Eine „Aufzehrung" des früheren Titels kann somit nur in der Höhe in Betracht kommen, in der der titulierte und der zum Verfahren angemeldete Betrag identisch ist. Soweit es um nachrangige Forderungen im Sinne von § 39 geht, ist nach wie vor der frühere Titel die zur Zwangsvollstreckung geeignete und bestimmte Grundlage.[46]

---

[42] RGZ 93, 213; 112, 300; 132, 115.
[43] LG Hannover Rpfleger 1992, 127; *Kuhn/Uhlenbruck* § 164 RdNr. 1 b; *Jaeger/Weber* § 164 RdNr. 6; *Hess/Kropshofer* § 164 RdNr. 5.
[44] *Kübler/Prütting/Holzer* § 201 RdNr. 18.
[45] LG Bielefeld DGVZ 1991, 120.
[46] LG Bielefeld DGVZ 1991, 120; jetzt auch *Uhlenbruck* § 201 RdNr. 9; FK-*Kießner* § 201 RdNr. 11 b; so wohl auch *Jaeger/Weber* § 164 RdNr. 6: „Deckt der frühere Titel zugleich unanmeldbare Forderungen, dann bleibt er allerdings insoweit maßgebend." Kritisch auch *Smid* § 201 RdNr. 4, der lediglich einen Vermerk auf den alten Titel fordert, dass die Forderung zur Tabelle festgestellt ist.

Vollstreckt der Gläubiger aus dem früheren Titel, obwohl über den deckungsgleichen **38** Anspruch ein vollstreckbarer Tabellenauszug vorliegt, kann der Schuldner hiergegen im Wege der **Vollstreckungserinnerung** vorgehen, § 766 ZPO. Im Rahmen der Vollstreckungserinnerung kann der Schuldner u. a. die allgemeinen Vollstreckungsvoraussetzungen rügen, insbesondere den Wegfall der Vollstreckbarkeit des Titels.[47] Die Rüge des Schuldners zur fehlenden Vollstreckbarkeit des Titels ist auch als Vollstreckungshindernis nach § 775 Nr. 1 ZPO zu werten, mit der Folge, dass bereits getroffene Vollstreckungsmaßnahmen aufzuheben sind, § 776 ZPO.

e) Rechtsmittel. Über die Erteilung der einfachen Vollstreckungsklausel entscheidet **39** der Urkundsbeamte der Geschäftsstelle, im Falle einer titelergänzenden oder titelübertragenden Klausel der Rechtspfleger, §§ 724 Abs. 2 ZPO, 20 Nr. 12 RPflG. **Sachlich und örtlich zuständig** ist das Insolvenzgericht, § 201 Abs. 2 Satz 1. Lehnt der Urkundsbeamte der Geschäftsstelle oder der Rechtspfleger des Insolvenzgerichtes die Erteilung der Klausel ab, handelt es sich hierbei nicht um eine Entscheidung i. S. v. § 6. Das Klauselerteilungsverfahren ist ein Annexverfahren, welches erst nach Aufheben des Insolvenzverfahrens beginnt. Der Antrag auf Klauselerteilung kann erst nach Aufhebung des Verfahrens gestellt werden. Entscheidungen i. S. v. § 6 sind jedoch nur solche, die während des Insolvenzverfahrens getroffen werden. Auf das Verfahren zur Klauselerteilung sind über § 4 die allgemeinen Rechtsmittelvorschriften der Zivilprozessordnung anzuwenden. Lehnt der Urkundsbeamte der Geschäftsstelle oder der Rechtspfleger die Klauselerteilung ab, ist hiergegen die befristete Erinnerung – binnen zwei Wochen – zulässig, § 573 Abs. 1 ZPO, § 11 Abs. 1 RPflG. Ist die Vollstreckungsklausel erteilt und erhebt der Schuldner hiergegen Einwendungen, ist das Rechtsmittel der unbefristeten Erinnerung gem. § 732 ZPO gegeben.[48] Unabhängig ob der Urkundsbeamte oder der Rechtspfleger zuständig ist und ebenfalls unabhängig welche Entscheidung getroffen wurde, auf Grund der Sachnähe ist und bleibt das Insolvenzgericht zuständig.[49] Über eine mögliche Beschwerde entscheidet dann der Insolvenzrichter bzw. das Landgericht, Kammer für Insolvenzsachen.[50] Zur Erhebung einer Klage auf Erteilung der Vollstreckungsklausel siehe § 202.

§ 202 Zuständigkeit bei der Vollstreckung

(1) Im Falle des § 201 ist das Amtsgericht, bei dem das Insolvenzverfahren anhängig ist oder anhängig war, ausschließlich zuständig für Klagen:
1. **auf Erteilung der Vollstreckungsklausel;**
2. **durch die nach der Erteilung der Vollstreckungsklausel bestritten wird, dass die Voraussetzungen für die Erteilung eingetreten waren;**
3. **durch die Einwendungen geltend gemacht werden, die den Anspruch selbst betreffen.**

(2) Gehört der Streitgegenstand nicht zur Zuständigkeit der Amtsgerichte, so ist das Landgericht ausschließlich zuständig, zu dessen Bezirk das Insolvenzgericht gehört.

---

[47] *Kilger/K. Schmidt* § 164 Anm. 2; *Uhlenbruck* § 201 RdNr. 9; *Nerlich/Römermann/Westphal* §§ 201, 202 RdNr. 16 Fn. 7.
[48] *Hansen*, JurBüro 1985, 499 zum Konkursrecht und noch vor Änderung des § 11 RPflG durch das 3. Gesetz zur Änderung des Rechtspflegergesetzes vom 6. 8. 1998 (BGBl. I 2030).
[49] Und nicht wie teilweise vertreten wird, das Prozessgericht, so auch *Uhlenbruck* § 202 RdNr. 2.
[50] *Uhlenbruck* § 202 RdNr. 2.

Übersicht

	RdNr.		RdNr.
A. Normzweck	1	2. Klauselgegenklage	3
B. Klagearten	2	3. Vollstreckungsabwehrklage	4
1. Klage auf Erteilung der Vollstreckungsklausel	2	C. Zuständigkeit	5

A. Normzweck

1 In § 202 sind die alten Regelungen der §§ 164 Abs. 3 und 146 Abs. 2 KO aufgegangen. Die inhaltsgleiche Übernahme aus dem bisherigen Konkursrecht wiederholt jedoch nur das, was bereits das Zivilprozess- und Gerichtsverfassungsrecht regeln.[1] Von § 202 erfasst werden ausschließlich Klagen, die sich auf den vollstreckbaren Tabellenauszug beziehen, § 201 Abs. 2: Die Klage auf Erteilung der Vollstreckungsklausel, § 731 ZPO, die Klauselgegenklage, § 768 ZPO und die Vollstreckungsabwehrklage, § 767 ZPO. § 202 Abs. 2 regelt weiterhin eine ausschließliche Zuständigkeit für die vorstehenden Klagen, so dass eine Gerichtsstandsvereinbarung unzulässig ist, § 40 Abs. 2 ZPO oder auch eine abweichende Zuständigkeit durch rügelose Einlassung nicht erlangt werden kann.[2]

B. Klagearten

2 **1. Klage auf Erteilung der Vollstreckungsklausel.** Kann der Gläubiger in den Fällen einer titelergänzenden oder titelübertragenden Klausel den erforderlichen Nachweis durch öffentliche oder öffentlich beglaubigte Urkunden nicht erbringen, §§ 726 Abs. 1, 727 bis 729, 742, 744, 744 a, 745 Abs. 2, 749 ZPO, bleibt ihm zur Erlangung der Vollstreckungsklausel nur noch die Möglichkeit, Klage auf Erteilung der Klausel zu erheben, § 731 ZPO. Unbenommen bleibt dem Rechtsnachfolger, statt einer Klage gem. § 731 ZPO eine neue (Anspruchs) Klage gegen den Schuldner zu erheben.[3]

3 **2. Klauselgegenklage.** Mit dem Verfahren der Klauselerinnerung nach § 732 ZPO kann der Schuldner Einwendungen gegen eine dem Gläubiger erteilte Klausel erheben, die Fehler formeller Art zum Gegenstand haben. Liegen die Voraussetzungen einer Klauselerinnerung nach § 732 ZPO und einer Vollstreckungsgegenklage in entsprechender Anwendung des § 767 ZPO vor, so hat der Schuldner ein Wahlrecht.[4] Im Rahmen einer Klauselgegenklage ist der Schuldner darauf beschränkt, zu rügen, dass die materiellen Voraussetzungen für die Erteilung einer qualifizierten Klausel nicht vorliegen, § 768 ZPO. Allerdings stehen dem Schuldner im Rahmen der Klauselgegenklage alle Beweismittel der ZPO zum Nachweis der materiellen Voraussetzung zur Verfügung, anders im Rahmen der Erinnerung nach § 732 ZPO.[5]

4 **3. Vollstreckungsabwehrklage.** Mit der Vollstreckungsabwehrklage kann der Schuldner materiellrechtliche Einwendungen gegen den titulierten Anspruch vortragen. Die Einwendungen müssen rechtsvernichtender oder rechtshemmender Art sein. Im Hinblick auf die **Präklusion der Einwendungen,** § 767 Abs. 2 ZPO, kann der Schuldner die Vollstreckungsabwehrklage nur auf Gründe stützen, die nach der Feststellung der Forderung ent-

---

[1] Zurecht kritisch *Kübler/Prütting/Holzer* § 202 RdNr. 2.
[2] *Nerlich/Römermann/Westphal* §§ 201, 202 RdNr. 25.
[3] BGH NJW 1987, 2863; LG Berlin JurBüro 1995, 219.
[4] BGH NJW-RR 2004, 1718 = Rpfleger 2005, 33 = DNotZ 2005, 132 = FamRZ 2004, 1714 = MDR 2005, 113 = WM 2004, 1745 = InVo 2005, 22 = NotBZ 2004, 429 = WuB H. 12/2004 VII A. § 732 ZPO 1.04 *Hintzen* = ZfIR 2004, 964 und erneut Rpfleger 2005, 612 = NJOZ 2005, 3298; OLG Saarbrücken NJOZ 2005, 3162.
[5] Zu Einzelheiten mit Nachweis von Literatur und Rechtsprechung: *Hintzen/Wolf,* RdNr. 3.230 ff.

standen sind; hierbei ist auf den Zeitpunkt abzustellen, in dem die Forderung widerspruchslos durch den Insolvenzverwalter anerkannt und im Prüfungstermin oder später zur Tabelle festgestellt wurde[6] oder bei Erhebung eines Widerspruches der Zeitpunkt, in dem der Widerspruch rechtskräftig beseitigt wurde. Hat der Gläubiger nach Bestreiten der Forderung Feststellungsklage erhoben, ist für den Zeitpunkt des Entstehen der Einwendungen auf die letzte mündliche Verhandlung in diesem Feststellungsprozess abzustellen.[7] Auf den gleichen Zeitpunkt ist abzustellen, wenn der Schuldner der Forderung widersprochen und der Gläubiger die Beseitigung des Widerspruchs nach § 184 eingeleitet hat.

C. Zuständigkeit

Sachlich zuständig ist je nach Höhe des Streitwertes entweder das Amtsgericht oder das Landgericht, §§ 23, 71 GVG. Der Streitwert bestimmt sich hierbei nach der Höhe der Forderungsfeststellung in der Insolvenztabelle.

Örtlich zuständig ist das Amtsgericht oder Landgericht am Ort des Insolvenzgerichtes, somit beim Amtsgericht nicht das Insolvenzgericht selbst, sondern die Prozessabteilung.[8]

Die vorstehenden Ausführungen gelten auch für **öffentlich-rechtliche Forderungen,** insbesondere Steuerforderungen, die angemeldet und in der Insolvenztabelle widerspruchslos festgestellt wurden. Vollstreckungsgrundlage gegen den Schuldner ist nur noch der Tabelleneintrag, bereits bestehende Vollstreckungstitel, insbesondere Steuerbescheide oder sonstige Beitragsbescheide werden durch den vollstreckbaren Tabellenauszug verdrängt. Hiervon unabhängig ist die Frage zu beantworten, ob die Beitreibung selbst auf zivilprozessualem Wege oder im Wege des Verwaltungszwangs erfolgt; hier dürften die öffentlich-rechtlichen Träger eine Wahlmöglichkeit haben.[9]

§ 203 Anordnung der Nachtragsverteilung

(1) Auf Antrag des Insolvenzverwalters oder eines Insolvenzgläubigers oder von Amts wegen ordnet das Insolvenzgericht eine Nachtragsverteilung an, wenn nach dem Schlusstermin
1. zurückbehaltene Beträge für die Verteilung frei werden,
2. Beträge, die aus der Insolvenzmasse gezahlt sind, zurückfließen oder
3. Gegenstände der Masse ermittelt werden.

(2) Die Aufhebung des Verfahrens steht der Anordnung einer Nachtragsverteilung nicht entgegen.

(3) [1]Das Gericht kann von der Anordnung absehen und den zur Verfügung stehenden Betrag oder den ermittelten Gegenstand dem Schuldner überlassen, wenn dies mit Rücksicht auf die Geringfügigkeit des Betrags oder den geringen Wert des Gegenstands und die Kosten einer Nachtragsverteilung angemessen erscheint. [2]Es kann die Anordnung davon abhängig machen, dass ein Geldbetrag vorgeschossen wird, der die Kosten der Nachtragsverteilung deckt.

Schrifttum: *Delhaes,* Das konkursrechtliche Verteilungsverfahren in der Praxis, KTS 1963, 240 ff.; *Neuhof,* Wiederaufnahme abgeschlossener Konkursverfahren bei nachträglich erkannter Unwirksamkeit formularmäßig bestellter Kreditsicherheiten, NJW 1995, 937 ff.; *Pape,* Zur entsprechenden Anwendung des § 166 KO auf eine Verteilung nach Einstellung mangels Masse, ZIP 1992, 747 ff.; *Uhlenbruck,* Rechtsfolgen der Beendigung des Konkursverfahrens, ZIP 1993, 241 ff.

---

[6] Hierzu Zöller/*Herget* § 767 RdNr. 15; FK-*Kießner* § 202 RdNr. 11.
[7] *Jaeger/Weber* § 164 RdNr. 8.
[8] *Nerlich/Römermann/Westphal* §§ 201, 202 RdNr. 25; *Kübler/Prütting/Holzer* § 202 RdNr. 1 und 14, auch bei den Rechtsbehelfen Erinnerung § 573 Abs. 1 ZPO oder § 11 Abs. 1 RPflG; HK-*Irschlinger* § 202 RdNr. 3.
[9] So auch *Jaeger/Weber* § 164 RdNr. 6 b.

Übersicht

	RdNr.		RdNr.
A. Normzweck	1	b) Zurückbehaltende Beträge	13
B. Entstehungsgeschichte	5	c) Zurückfließende Beträge	14
C. Nachtragsverteilung	7	d) Nachträglich ermittelte Massegegenstände	15
1. Einleitung des Verfahrens	7	6. Fortdauernder oder neu begründeter Insolvenzbeschlag	19
2. Nach dem Schlusstermin	8	7. Insolvenzverwalter	22
3. Schlussverzeichnis	9	D. Geringfügigkeit des Betrages oder geringer Wert des Gegenstandes	25
4. Anordnung des Verfahrens durch das Insolvenzgericht	10	E. Zahlung eines Kostenvorschusses	26
5. Beträge und Gegenstände der Nachtragsverteilung	12	F. Nachtragsverteilung bei Einstellung des Verfahrens	29
a) Nicht der Nachtragsverteilung unterliegender Massezufluss	12		

A. Normzweck

1   Die Vorschrift entspricht dem früheren § 166 KO. Werden nach Beendigung des Schlusstermins zurückbehaltende Beträge für die Verteilung frei oder fließen sonstige Beträge zur Insolvenzmasse zurück oder werden nachträglich Gegenstände der Insolvenzmasse ermittelt, kann eine Nachtragsverteilung angeordnet werden. Sinn und Zweck der Nachtragsverteilung ist, dass Insolvenzgläubiger, deren Forderungen in das Schlussverzeichnis aufgenommen worden sind, auch nach Aufhebung des Insolvenzverfahrens noch befriedigt werden können, sofern später zur Masse gehörende Beträge oder Gegenstände frei bzw. ermittelt werden. Hierbei steht die Aufhebung des Verfahrens der Anordnung einer Nachtragsverteilung nicht entgegen.

2   Die Vorschrift findet auch **im Verbraucherinsolvenzverfahren** Anwendung.[1] Nach Beendigung des vereinfachten Insolvenzverfahrens oder im Falle der Einstellung des Verfahrens nach Anzeige der Masseunzulänglichkeit, §§ 314 Abs. 3 Satz 2, 289 Abs. 3, schließt sich das Restschuldbefreiungsverfahren an, §§ 286 ff. Aber auch wenn die strukturelle Gestaltung des Verbraucherinsolvenzverfahrens es nicht mit der Unternehmerinsolvenz verglichen werden kann, finden die Vorschriften über das Unternehmensinsolvenzverfahren weitgehend Anwendung. Sinn und Zweck einer Nachtragsverteilung sprechen für eine Anwendung auch in der Verbraucherinsolvenz.

3   Der Nachtragsverteilung unterliegen jedoch nur die in Abs. 1 Nr. 1 bis 3 aufgeführten Beträge bzw. Gegenstände, die Aufzählung ist abschließend. Soweit die Beträge bzw. Gegenstände zum Zeitpunkt des Schlusstermins bereits bekannt sind und einer Nachtragsverteilung vorbehalten werden, wirkt die Insolvenzbeschlagnahme auch über die Aufhebung des Insolvenzverfahrens hinsichtlich dieser Beträge bzw. Gegenstände fort. Soweit diese Beträge oder Gegenstände nachträglich ermittelt werden bzw. zur Masse zurückfließen, tritt in Folge der Anordnung der Nachtragsverteilung eine neue Insolvenzbeschlagnahme ein.[2]

4   Ist der für die Verteilung frei werdende oder zur Insolvenzmasse zurückfließende Betrag oder der für die Masse ermittelte Gegenstand nur von geringem Wert, so dass nach Abzug der durch eine Nachtragsverteilung entstehenden Kosten kein nennenswerter Betrag als Überschuss zur Verteilung ausgewiesen werden kann, steht es im Ermessen des Insolvenzgerichts die Nachtragsverteilung abzulehnen. Die Ablehnung der Nachtragsverteilung unterbleibt, wenn das Insolvenzgericht von dem Antragsteller einen Kostenvorschuss anfordert, der die Kosten der Nachtragsverteilung deckt und der dann auch tatsächlich gezahlt wird.

---

[1] BGH NZI 2006, 180 = MDR 2006, 894 = Rpfleger 2006, 153 = ZIP 2006, 143 = WuB H. 5/2006 VI A. § 203 InsO (*Hintzen*).
[2] BGH NJW 1973, 1198 = WM 1973, 642.

Diese Regelung dürfte in der Praxis keine große Resonanz auslösen, da Gläubiger nur wenig geneigt sein werden, einen Kostenvorschuss für eine Nachtragsverteilung zu zahlen.

B. Entstehungsgeschichte

Die in § 166 KO geregelte Nachtragsverteilung wird in Abs. 1 in redaktionell geänderter Fassung übernommen. Der Zeitraum zwischen Schlusstermin und Aufhebung des Insolvenzverfahrens kann durchaus mehrere Wochen umfassen. Die Anordnung einer Nachtragsverteilung, die sich nach dem Schlusstermin aufzeigt, muss nicht sofort angeordnet werden. Die Anordnung kann während des Vollzugs der Schlussverteilung, aber auch nach Aufhebung des Insolvenzverfahrens angeordnet werden, § 203 Abs. 2. Die Nachtragsverteilung kann auch je nach Kenntnis und Notwendigkeit bei Vorliegen der Voraussetzungen mehrfach angeordnet werden. Zeichnet sich innerhalb eines kurzen Zeitraumes jedoch ab, dass mehrere Tatbestände die Anordnung mehrerer Nachtragsverteilungen notwendig werden lassen, hat das Gericht nach freiem Ermessen darüber zu entscheiden, ob mit der Anordnung zunächst zugewartet wird, bis sämtliche Tatbestandsmerkmale für eine gemeinsame Nachtragsverteilungen vorliegen. Dies kann sich in der Praxis zB dann ergeben, wenn noch mehrere anhängige Feststellungsklagen von Insolvenzgläubigern zu deren Nachteil oder noch laufende Anfechtungsprozesse zu Gunsten der Insolvenzmasse in kurzen Zeitabschnitten hintereinander entschieden werden.[3]

Vor Anordnung der Nachtragsverteilung hat das Insolvenzgericht das Kosten-Nutzen Verhältnis abzuwägen. Sind die Kosten der Nachtragsverteilung höher oder auch nur geringfügig niedriger als die Summe der nachträglich zu verteilenden Beträge an die Insolvenzgläubiger, kann das Gericht entweder die Nachtragsverteilung ablehnen oder von der Zahlung eines Kostenvorschusses durch den Antragsteller abhängig machen. Auch wenn § 166 KO eine solche Regelung nicht vorsah, war die Ablehnung einer Nachtragsverteilung bei Geringfügigkeit in der Praxis anerkannt.[4] Soweit geringfügige Beträge nach wie vor dem Konkursbeschlag unterlagen, jedoch in keinem Verhältnis zu den Kosten der Nachtragsverteilung standen, wurde es überwiegend als gerechtfertigt angesehen, diese Beträge dem Verwalter als weitere Vergütung festzusetzen.[5] Diese Handhabung ist nach der Neuregelung in § 203 nunmehr jedoch ausgeschlossen.

C. Nachtragsverteilung

1. Einleitung des Verfahrens. Die Nachtragsverteilung kann nach Beendigung des Schlusstermins,[6] somit während der Schlussverteilung, aber auch nach Aufhebung des Insolvenzverfahrens angeordnet werden, Abs. 2. Die **Anordnung** erfolgt entweder auf Antrag des Insolvenzverwalters oder eines Insolvenzgläubigers oder von Amts wegen, Abs. 1 Satz 1. Ist das Insolvenzverfahren aufgehoben, bleibt der ehemalige Insolvenzverwalter antragsberechtigt. Will der Insolvenzverwalter selbst keinen Antrag stellen, sollte er – bereits um Schadensersatzansprüche auszuschließen – die Anordnung der Nachtragsverteilung anregen, das Insolvenzgericht hat dann von Amts wegen über die Anordnung zu entscheiden. Stellt ein Insolvenzgläubiger den Antrag, ist das Rechtsschutzinteresse nur dann zu bejahen, wenn die Insolvenzgläubiger aus dem Insolvenzverfahren keine volle Zuteilung erlangt haben; sind die Insolvenzgläubiger insgesamt befriedigt worden, ist der Überschuss bei der Schlussverteilung dem Schuldner herauszugeben, § 199. Eine Nachtragsverteilung ist abzu-

---

[3] Vgl. RegE zu § 231.
[4] LG Osnabrück KTS 1957, 142; *Parsch* KTS 1956, 148; *Kuhn/Uhlenbruck* § 166 RdNr. 7.
[5] *Kuhn/Uhlenbruck* § 166 RdNr. 7; *Jaeger/Weber* § 166 RdNr. 9.
[6] BGH NZI 2005, 395.

lehnen, weil in diesem Falle frei werdende bzw. zurückfließende Beträge oder sonstige ermittelte Gegenstände dem Schuldner gebühren.[7]

8   **2. Nach dem Schlusstermin.** Eine Nachtragsverteilung kommt nur dann in Betracht, wenn die in Abs. 1 Nr. 1 bis 3 aufgezählten Tatbestände nach dem Schlusstermin verwirklicht werden. Bereits die Formulierung in § 166 Abs. 1 Satz 1 KO „nach dem Vollzuge der Schlussverteilung" wurde in diesem Sinne verstanden.[8] Massezuflüsse, die bis zum Schlusstermin bekannt werden, können noch in die Schlussverteilung einbezogen werden, und entziehen sich somit einer Nachtragsverteilung. Auch die Regelung in Abs. 2, dass die Aufhebung des Insolvenzverfahrens einer Anordnung einer Nachtragsverteilung nicht entgegensteht, dient nur der Klarstellung, sie war bereits in der bisherigen Praxis unstreitig.[9]

9   **3. Schlussverzeichnis.** Die Anordnung der Nachtragsverteilung kann erst nach dem Schlusstermin erfolgen, mit der Folge, dass auch nur die Insolvenzgläubiger zu berücksichtigen sind, deren Forderungen im Verteilungsverzeichnis aufgenommen sind, § 188. Im Schlusstermin wird u. a. auch das Schlussverzeichnis abschließend geprüft und ist somit auch für eine Nachtragsverteilung bindend, § 197 Abs. 1 Satz 2 Nr. 2. Forderungen, die nicht im Schlussverzeichnis aufgeführt sind, können im Rahmen der Nachtragsverteilung nicht berücksichtigt werden.[10]

10   **4. Anordnung des Verfahrens durch das Insolvenzgericht.** Die Anordnung der Nachtragsverteilung erfolgt durch Beschluss des Insolvenzgerichts. Hierbei ist es unerheblich, ob bereits im Schlusstermin eine Nachtragsverteilung ausdrücklich oder stillschweigend vorbehalten wurde, oder ob Gegenstände zur Masse erst später ermittelt werden.[11] Funktionell zuständig zur Entscheidung ist der Rechtspfleger, § 18 Abs. 1 RPflG. Es handelt sich bei der Nachtragsverteilung nicht um ein gesondertes Insolvenzverfahren, auf der Grundlage des Schlussverzeichnisses wird lediglich ein späterer Massezufluss an die Insolvenzgläubiger zugeteilt. Wird mit der Anordnung der Nachtragsverteilung nicht der ehemalige **Insolvenzverwalter,** sondern ein neuer Insolvenzverwalter bestellt, ist für die Entscheidung ebenfalls der Rechtspfleger zuständig, eine der Erstbestellung eines Insolvenzverwalters im Insolvenzeröffnungsbeschluss vergleichbare Situation liegt nicht vor. Die Nachtragsverteilung ist ein dem Insolvenzverfahren nachgeordnetes Verteilungsverfahren, unabhängig davon, ob die Nachtragsverteilung während der Schlussverteilung oder nach Aufheben des Insolvenzverfahrens angeordnet wird. Die Nachtragsverteilung ist die Fortsetzung des insoweit mit der Insolvenzeröffnung auf den Rechtspfleger übergegangenen Insolvenzverfahrens.[12]

11   Wird die **Nachtragsverteilung** abgelehnt, ist der entsprechende Beschluss dem Antragsteller zuzustellen, § 204 Abs. 1 Satz 1. Die Anordnung der Nachtragsverteilung ist dem Insolvenzverwalter, dem Schuldner und auch dem Antragsteller zuzustellen, § 204 Abs. 2 Satz 2. Gegen die Anordnung oder Ablehnung ist die **sofortige Beschwerde** gegeben, § 204 Abs. 1 Satz 2, Abs. 2 Satz 2. Im Hinblick auf § 206 Nr. 3 ist die Anordnung der Nachtragsverteilung öffentlich bekannt zu machen, § 9 Abs. 1.[13]

12   **5. Beträge und Gegenstände der Nachtragsverteilung. a) Nicht der Nachtragsverteilung unterliegender Massezufluss.** Der Nachtragsverteilung unterliegen nur die abschließend in Abs. 1 Nr. 1 bis 3 aufgeführten zurückbehaltenden bzw. zurückfließenden Beträge und die Gegenstände der Masse, die später ermittelt werden. Da sich der Massezufluss für die Nachtragsverteilung nach dem Schlusstermin verwirklichen muss, ist der Neuerwerb i. S. v. § 35 während des Insolvenzverfahrens kein der Nachtragsverteilung

---

[7] *Nerlich/Römermann/Westphal* §§ 203, 204 RdNr. 3.
[8] *Kuhn/Uhlenbruck* § 166 RdNr. 1; *Jaeger/Weber* § 166 RdNr. 8; *Kilger/K. Schmidt* § 166 Anm. 1.
[9] LG Köln ZIP 1982, 337; *Kilger/K. Schmidt* § 166 Anm. 1; *Uhlenbruck* § 203 RdNr. 3.
[10] RGJR 1932, 1090; *Uhlenbruck* § 203 RdNr. 3.
[11] *Uhlenbruck* § 203 RdNr. 17; *Nerlich/Römermann/Westphal* §§ 203, 204 RdNr. 9.
[12] So auch *Uhlenbruck* § 203 RdNr. 19; *Kübler/Prütting/Holzer* § 203 RdNr. 4; *FK-Kießner* § 203 RdNr. 20.
[13] *HK-Irschlinger* § 203 RdNr. 9; aA *FK-Kießner* § 204 RdNr. 2.

unterliegendes Vermögen.[14] Ebenfalls nicht der Nachtragsverteilung unterliegen diejenigen Gegenstände, die der Insolvenzverwalter freigegeben hat oder die Freigabe erfolgte auf Beschluss der Gläubigerversammlung im Schlusstermin, § 197 Abs. 1 Nr. 3. Die Freigabe kann selbstverständlich auch bereits während des Insolvenzverfahrens erfolgt sein. Die Freigabe ist grundsätzlich unwiderruflich, Gegenstände sind mit Wirksamwerden der Freigabe aus der Insolvenzmasse ausgeschieden, unterliegen nicht mehr dem Insolvenzbeschlag, und können somit für eine nachträgliche Verteilung nicht mehr herangezogen werden.[15]

b) Zurückbehaltene Beträge. Der Nachtragsverteilung unterliegen zurückbehaltene Beträge, die nach dem Schlusstermin für die Verteilung frei werden.[16] Der Nachtragsverteilung unterliegen zunächst die nach § 198 hinterlegten Beträge. Im Rahmen der Schlussverteilung nach dem Schlusstermin können auf der Grundlage des Schlussverzeichnisses nur solche Forderungen berücksichtigt werden, die festgestellt sind, §§ 178 Abs. 1, 188 Satz 1. Ist eine nicht titulierte und bestrittene Forderung zum Schlusstermin noch nicht festgestellt, so wird nach Vorlage des entsprechenden Nachweises zur Erhebung der Feststellungsklage der auf die Forderung entfallene Anteil bei der Verteilung zurückbehalten und hinterlegt, § 189 Abs. 1 und 2. Ebenfalls zu hinterlegen ist der Anteil, der auf eine aufschiebend bedingte Forderung bei der Schlussverteilung entfällt, § 191.[17] Ebenfalls der Nachtragsverteilung unterliegen hinterlegte Beträge für **streitige Masseansprüche,** die sich als unbegründet erweisen.[18] Da der Begriff „frei werdende Beträge" sehr weit zu fassen ist,[19] hierunter sind auch Forderungen und andere Vermögensgegenstände zu subsumieren, unterliegen der Nachtragsverteilung auch diejenigen Beträge, auf die ein Insolvenzgläubiger verzichtet, nachdem die auf ihn entfallende Quote hinterlegt wurde.[20]

c) Zurückfließende Beträge. Der Nachtragsverteilung unterliegen diejenigen Beträge, die während des Insolvenzverfahrens bis zum Schlusstermin aus der Masse ausgezahlt wurden und nach dem Schlusstermin zur Masse zurückfließen. Zur Masse zurückzuzahlen sind Beträge, die irrtümlich in vollem Umfange oder zu hoch ausgezahlt wurden: zB zu hoch veranschlagte Ausfallforderung eines Absonderungsberechtigten, zu hoch ermittelter Quotenanteil, irrtümlich ausgezahlter Betrag auf eine nicht festgestellte Forderung, Zahlungen auf auflösend bedingte Forderungen, bei denen die auflösende Bedingung eintritt, Zahlungen auf einen angeblichen Masseanspruch, der sich im Nachhinein als unbegründet erweist, im Beschwerdeverfahren gekürzte Vergütung des Insolvenzverwalters oder des Gläubigerausschusses, die zurückzuzahlen sind.[21] Erfasst werden auch Gegenstände, die der Verwalter zunächst nicht für verwertbar hielt und deshalb nicht zur Masse gezogen hat.[21a]

d) Nachträglich ermittelte Massegegenstände. Der Nachtragsverteilung unterliegen Gegenstände, die erst nach dem Schlusstermin im Rahmen der Schlussverteilung oder auch nach Aufhebung des Insolvenzverfahrens ermittelt werden. Hierbei handelt es sich in erster Linie um Gegenstände, die dem Insolvenzverwalter unbekannt geblieben bzw. verheimlicht wurden oder von denen er irrtümlich davon ausging, dass sie nicht zur Insolvenzmasse gehören (zB Auslandsvermögen,[22] Vermögen in der ehemaligen DDR).[23] Hierzu gehören

---

[14] *Uhlenbruck* § 203 RdNr. 4.
[15] *Kilger/K. Schmidt* § 166 Anm. 1 c; *Uhlenbruck* § 203 RdNr. 4; *Nerlich/Römermann/Westphal* §§ 203, 204 RdNr. 8; *Kübler/Prütting/Holzer* § 203 RdNr. 8.
[16] OLG Celle KTS 1972, 265.
[17] *Nerlich/Römermann/Westphal* §§ 203, 204 RdNr. 5; *Kübler/Prütting/Holzer* § 203 RdNr. 9; *Uhlenbruck* § 203 RdNr. 5.
[18] *Uhlenbruck* § 203 RdNr. 5; HK-*Irschlinger* § 203 RdNr. 3.
[19] OLG Celle KTS 1972, 265; *Uhlenbruck* § 203 RdNr. 2.
[20] HK-*Irschlinger* § 203 RdNr. 3; FK-*Kießner* § 203 RdNr. 9.
[21] OLG Celle KTS 1972, 265; vgl. *Uhlenbruck* § 203 RdNr. 7; *Kübler/Prütting/Holzer* § 203 RdNr. 12; *Nerlich/Römermann/Westphal* §§ 203, 204 RdNr. 7; *Hess/Kropshofer* § 166 RdNr. 2; *Andres/Leithaus,* InsO, § 203 RdNr. 7.
[21a] BGH ZInsO 2006, 1105.
[22] *Uhlenbruck* § 203 RdNr. 8; *Kübler/Prütting/Holzer* § 203 RdNr. 13.
[23] LG Berlin Rpfleger 1993, 301.

auch Gegenstände, die der Verwalter zunächst für nicht verwertbar hielt und sie deswegen auch nicht zur Masse gezogen hat. Außenstände, die der Verwalter wegen einer vermeintlichen Aufrechnung zunächst nicht eingezogen hat, stehen ebenfalls der Nachtragsverteilung zur Verfügung.[24] Hat der Insolvenzverwalter Massegegenstände veruntreut oder bestehen aus sonstigen Handlungen Schadensersatzansprüche gegen ihn, handelt es sich ebenfalls um nachträglich ermittelte Vermögensgegenstände der Masse.[25]

16 Nicht der Nachtragsverteilung unterliegen diejenigen Gegenstände, die auf Grund **rechtswirksamer Freigabe** endgültig aus dem Insolvenzbeschlag ausgeschieden sind. Die Freigabe ist endgültig und unwiderruflich.[26] Hat der Schuldner über diese freigegebenen Gegenstände oder Ansprüche verfügt, so kann der Erwerber nicht zur Herausgabe in Anspruch genommen werden und auch das aus der Veräußerung Erlangte kann nicht vom Schuldner zur Nachtragsverteilung gefordert werden.[27] Eine dingliche Surrogation findet nur in den gesetzlich angeordneten Fällen statt.[28]

17 Der Nachtragsverteilung können auch solche Gegenstände unterliegen, die erst auf Grund einer **Insolvenzanfechtung** zur Masse gezogen werden können. Dies setzt jedoch voraus, dass die Anfechtungsmöglichkeit dem Insolvenzverwalter erst nach Beendigung des Schlusstermins bekannt wird. Eine Anfechtungsmöglichkeit, die vor dem Schlusstermin bekannt war, hätte umgehend ergriffen werden müssen, die anfechtungsbehafteten Gegenstände unterliegen der Schlussverteilung, die dann insoweit aufgeschoben werden muss.[29] Die Insolvenzanfechtung bezieht sich zunächst auf Rechtshandlungen, die vor der Eröffnung des Insolvenzverfahrens vorgenommen wurden, sie wird vom Insolvenzverwalter wahrgenommen, § 129 Abs. 1. § 147 regelt die Anfechtbarkeit von Rechtshandlungen auch nach Eröffnung des Insolvenzverfahrens. Die insolvenzspezifisch geregelten Anfechtungsmöglichkeiten sind mit Aufhebung des Insolvenzverfahrens ausgeschlossen. Die Nachtragsverteilung ist kein neues Insolvenzverfahren, sondern setzt lediglich die noch nicht endgültig abgeschlossene Schlussverteilung fort. Eine Anfechtung nach Aufhebung des Insolvenzverfahrens kommt somit nur in Betracht, sofern Gegenstände bereits der Nachtragsverteilung vorbehalten wurden und der Schuldner durch Rechtshandlung diese Nachtragsverteilung vereitelt oder beeinträchtigt.[30]

18 Der Nachtragsverteilung unterliegen auch diejenigen Gegenstände, die zwar nicht nachträglich ermittelt werden, die jedoch zeitlich vorher irrtümlich aus der Insolvenzmasse durch den Insolvenzverwalter oder Beschluss der Gläubigerversammlung an den Schuldner freigegeben wurden. An eine sogenannte unechte **Freigabeerklärung** ist der Insolvenzverwalter nicht gebunden.[31]

19 **6. Fortdauernder oder neu begründeter Insolvenzbeschlag.** Mit Aufhebung des Insolvenzverfahrens ist die Insolvenzbeschlagnahme entfallen, § 80 Abs. 1, die Verwaltungs- und Verfügungsbefugnis fällt an den Schuldner zurück.[32] Die Anordnung der Nachtragsverteilung ist kein eigenständiges Insolvenzverfahren, es handelt sich um die Fortsetzung der Verteilung, die grundsätzlich nach Vollzug mit Aufhebung des Insolvenzverfahrens endet. Sofern Beträge oder Vermögensgegenstände einer Nachtragsverteilung vorbehalten wurden, wirkt die Insolvenzbeschlagnahme auch über die Aufhebung des Insolvenzverfahrens hinaus. Hierzu ist im Einzelnen zu unterscheiden:

---

[24] *Uhlenbruck* § 203 RdNr. 8, 9; *Kübler/Prütting/Holzer* § 203 RdNr. 13.
[25] *Uhlenbruck* § 203 RdNr. 9; *Nerlich/Römermann/Westphal* §§ 203, 204 RdNr. 8, der zurecht darauf hinweist, dass ein solcher Schadensersatzanspruch dem Verwalter aber nicht erst nach dem Schlusstermin bekannt werden darf.
[26] RGZ 60, 107 ff.; OLG Nürnberg MDR 1957, 683; *Kilger/K. Schmidt* § 166 Anm. 1 c; *Nerlich/Römermann/Westphal* §§ 203, 204 RdNr. 8; *Kübler/Prütting/Holzer* § 203 RdNr. 14.
[27] RGZ 25, 7, 9.
[28] *Kuhn/Uhlenbruck* § 166 RdNr. 5 a; *Jaeger/Weber* § 166 RdNr. 7.
[29] In diesem Sinne auch *Nerlich/Römermann/Westphal* §§ 203, 204 RdNr. 8 und § 196 RdNr. 7.
[30] In diesem Sinne auch *Uhlenbruck* § 203 RdNr. 9; *Neuhof* NJW 1993, 2840, 2844.
[31] *Neuhof* NJW 1995, 937, 938; *Uhlenbruck* § 203 RdNr. 9; *Nerlich/Römermann/Westphal* §§ 203, 204 RdNr. 6.
[32] Vgl. hierzu § 200 RdNr. 27 ff.

a) **Beträge** nach §§ 189 Abs. 2, 191 Abs. 1 werden nach Maßgabe des Schlussverzeichnisses bei der Schlussverteilung zurückbehalten und nach dem Schlusstermin wieder zur Verteilung für die Masse frei, Beträge oder Gegenstände, die auf Grund eines Beschlusses der Gläubigerversammlung im Schlusstermin einer Nachtragsverteilung vorbehalten werden, werden ebenfalls zur Verteilung wieder frei, in diesen Fällen ist die Insolvenzbeschlagnahme nicht mit der Aufhebung des Insolvenzverfahrens entfallen, soweit diese Vermögenswerte betroffen sind, dauert die Beschlagnahme nach wie vor an. Die Anordnung der Nachtragsverteilung durch gerichtlichen Beschluss des Rechtspflegers oder Richters hat nur deklaratorische Bedeutung.[33] Der Schuldner kann trotz formeller Aufhebung des Insolvenzverfahrens über diese Gegenstände nicht verfügen, Zwangsvollstreckungen für Insolvenzgläubiger sind unzulässig, § 89. Auch ein Neugläubiger, dessen Anspruch erst nach Aufhebung des Insolvenzverfahrens gegen den Schuldner begründet wurde, unterliegt der Vollstreckungssperre. Neugläubiger fallen zwar grundsätzlich nicht direkt unter die Vollstreckungssperre nach § 89, sie können jedoch nicht in Gegenstände vollstrecken, die der Masse zuzuordnen sind, da jeglicher Rechtserwerb an massezugehörigen Gegenständen spätestens nach § 91 Abs. 1 ausgeschlossen ist. Soweit Beträge oder Gegenstände der Nachtragsverteilung unterliegen, und die Insolvenzbeschlagnahme fortwährt, sind auch die insolvenzspezifischen Vollstreckungsverbote nach wie vor wirksam und zu beachten.

b) **Beträge,** die zur Insolvenzmasse zurückfließen oder Gegenstände, **die erst später zur Masse ermittelt werden,** sind zunächst mit Aufhebung des Insolvenzverfahrens aus der Insolvenzbeschlagnahme entlassen. Erst mit Anordnung der Nachtragsverteilung in diese Vermögenswerte tritt eine erneute Insolvenzbeschlagnahme ein, allerdings nur mit Wirkung ex nunc.[34] Da der Anordnungsbeschluss insoweit konstitutive Wirkung zeigt, empfiehlt es sich, den Inhalt nach § 27 auszurichten, insbesondere sollte sich die Stunde der Anordnung aus dem Beschluss ergeben. Die **Beschlagnahmewirkung** tritt dann genau mit diesem angegebenen Zeitpunkt ein, hiervon unabhängig ist die öffentliche Bekanntmachung, § 9 Abs. 1 und die Zustellung nach § 204 Abs. 2 Satz 1. Die Verwaltungs- und Verfügungsbefugnis über die der Nachtragsverteilung unterliegenden Beträge oder Gegenstände geht auf den Insolvenzverwalter über, § 80, Zwangsvollstreckungen in diese Gegenstände sind sowohl für Insolvenzgläubiger als auch für Neugläubiger unzulässig, §§ 89, 91. Die so genannte Rückschlagsperre, § 88, ist jedoch nicht anzuwenden, die Tatbestandsvoraussetzungen liegen nicht vor (Antrag auf Insolvenzeröffnung). Die Beschlagnahmewirkung durch die Anordnung der Nachtragsverteilung wirkt nur in die Zukunft. Absonderungsrechte an diesen Gegenständen und auch ein Rechtserwerb bei Grundbesitz nach §§ 878, 892, 893 BGB sind gegen die Beschlagnahme wirksam. Bei Grundstücken und grundstücksgleichen Rechten empfiehlt sich daher eine erneute Eintragung des Insolvenzvermerkes im Grundbuch.[35]

7. Insolvenzverwalter. Die Nachtragsverteilung obliegt dem Insolvenzverwalter. Hinsichtlich der Verwaltungs- und Verfügungsbefugnis einschließlich der Prozessführungsbefugnis ist wiederum zu unterscheiden, ob die Vermögenswerte einer vorbehaltenen Nachtragsverteilung unterliegen oder ob die Vermögenswerte erst durch die Anordnung der Nachtragsverteilung erneut unter den Insolvenzbeschlag fallen.

Soweit die Nachtragsverteilung vorbehalten wurde, enden die **Befugnisse des Insolvenzverwalters** nicht mit der Aufhebung des Insolvenzverfahrens, sie bleiben zum Zwecke der Nachtragsverteilung bestehen. Selbstverständlich beziehen sie sich nur auf die der Nachtragsverteilung unterliegenden Vermögenswerte.[36] Auch die **Prozessführungsbefugnis**

---

[33] BGH NJW 1973, 1198 = WM 1973, 642; *Uhlenbruck* § 203 RdNr. 12; *Nerlich/Römermann/Westphal* §§ 203, 204 RdNr. 12; *Kübler/Prütting/Holzer* § 203 RdNr. 24.
[34] *Kilger/K. Schmidt* § 166 Anm. 2; *Uhlenbruck* § 203 RdNr. 12; HK-*Irschlinger* § 203 RdNr. 6; *Kübler/Prütting/Holzer* § 203 RdNr. 25, 26; *Andres*/Leithaus, InsO, § 203 RdNr. 8.
[35] *Uhlenbruck* § 203 RdNr. 12.
[36] BGH NJW 1973, 1198 = WM 1973, 642.

bleibt zum Zwecke der Nachtragsverteilung erhalten, insbesondere ist der Insolvenzverwalter legitimiert, anhängige Prozesse weiterzuführen.[37] Hinsichtlich der zur Insolvenzmasse zurückfließenden Beträge oder später ermittelter Gegenstände bestimmt sich die Verwaltungs- und Verfügungsbefugnis, einschließlich der Prozessführungsbefugnis des Insolvenzverwalters, nach den Anordnungsbeschluss.

24 Zur Nachtragsverteilung befugt und verpflichtet ist der Insolvenzverwalter, der bis zur Aufhebung des Insolvenzverfahrens im Amte war. Die Nachtragsverteilung ist in Fortführung der Schlussverteilung zu sehen und gehört somit noch zu seinen fortbestehenden Aufgaben. Ist der Insolvenzverwalter aus persönlichen oder sonstigen Gründen jedoch nicht mehr in der Lage das Amt auszuführen (altersbedingt, Verlust der Geschäftsfähigkeit, zu große Entfernung durch Wegzug vom Insolvenzgericht oder Versterben) ist mit dem Anordnungsbeschluss über die Nachtragsverteilung ein neuer Insolvenzverwalter zu bestimmen. Ebenfalls ist ein **neuer Insolvenzverwalter** dann zu bestimmen, wenn Schadensersatzansprüche gegen den bisherigen Verwalter geltend gemacht werden, zB wegen Veruntreuung.[38]

D. Geringfügigkeit des Betrages oder geringer Wert des Gegenstandes

25 Die Nachtragsverteilung wird auf Antrag des Insolvenzverwalters oder eines Insolvenzgläubigers oder von Amts wegen angeordnet, die Entscheidung selbst steht im Ermessen des Insolvenzgerichts. Hierbei ist insbesondere zu berücksichtigen, ob die zur Nachtragsverteilung anstehenden Beträge oder Gegenstände auch in einem adäquaten **Kosten-Nutzungsverhältnis** zum Aufwand und Umfang der Nachtragsverteilung stehen. Steht nur eine geringfügige Masse für die Verteilung zur Verfügung, kann von der Nachtragsverteilung abgesehen werden. Diese Regelung, in Anlehnung an die österreichische Konkursordnung, § 138 Abs. 3 österr. KO, wurde in Abs. 3 übernommen, um insoweit den Bedürfnissen der Praxis entgegenzukommen.[39] Für die Anordnung der Nachtragsverteilung muss ebenso wie in jedem anderen Verfahren auch grundsätzlich das Rechtsschutzinteresse geprüft werden. Dieses ist nur dann anzunehmen, wenn sich im Hinblick auf die Höhe der zu verteilenden Beträge, des Aufwandes und des Umfangs des Verfahrens und insbesondere unter Berücksichtigung der auf die einzelnen Gläubiger entfallenden Quote, eine Verteilung überhaupt lohnt, andernfalls diese aus prozessökonomischen Gründen abzulehnen ist.[40] Allerdings wurde hier die Auffassung vertreten, dass auch minimalste Beträge an die einzelnen Insolvenzgläubiger ausgezahlt werden müssen. Dies kann aber dazu führen, dass der Anteil, der auf einen einzelnen Insolvenzgläubiger entfällt, niedriger ist als die Kosten, die durch die Überweisung und banktechnische Buchung entstehen. Die Auszahlung nur größerer Beträge an einzelne Insolvenzgläubiger und damit das Übergehen der anderen Insolvenzgläubiger mit Kleinstbeträgen würde jedoch dem Gebot der Gleichbehandlung widersprechen und ist unzulässig.[41] In der neueren Literatur wird teilweise vertreten,[42] dass die Auszahlung nicht davon abhängig gemacht werden könne, dass der Betrag zumindest die Kosten der Überweisung oder eine Benachrichtigung durch den Verwalter übersteige. Da niemals ein Gläubiger einem anderen gegenüber besser gestellt werden dürfe, müssten auch **Kleinbeträge** in jedem Falle ausgezahlt werden. In dieser strengen Form kann dem jedoch nicht gefolgt werden. Kleinbeträge (bis zu 10 € oder 15 €), die nicht den Aufwand der Benachrichtigung einschließlich der mit der Überweisung verbundenen Kosten übersteigen, sollen gerade nicht einer Nachtragsverteilung unterliegen. Beträge in dieser Größenordnung kön-

---

[37] BGH BGHZ 83, 102 = NJW 1982, 1765 = ZIP 1982, 467.
[38] *Uhlenbruck* § 203 RdNr. 11.
[39] Vgl. RegE zu § 231; *Kübler/Prütting/Holzer* § 203 RdNr. 15.
[40] LG Osnabrück KTS 1957, 142; *Parsch* KTS 1956, 148.
[41] LG Osnabrück KTS 1957, 142, 143.
[42] *Kübler/Prütting/Holzer* § 203, RdNr. 16.

nen freigegeben und dem Schuldner zur freien Verfügung überlassen werden.[43] Es bleibt den Gläubigern überlassen, auf die frei gewordenen Beträge oder Gegenstände Zugriff zu nehmen.[44] Die bisherige Übung, diese Gelder dem Verwalter als weitere Vergütung festzusetzen, ist jedoch wegen der ausschließlichen Regelung in Abs. 3 ausgeschlossen.[45]

E. Zahlung eines Kostenvorschusses

Das Insolvenzgericht kann die Anordnung der Nachtragsverteilung von der Zahlung eines Kostenvorschusses abhängig machen, Abs. 3 Satz 2. Auch hiermit wollte der Gesetzgeber den Bedürfnissen der Praxis entgegenkommen. Beispielsweise kommt die Zahlung eines Kostenvorschusses dann in Betracht, wenn ganz unsicher ist, welcher Erlös bei der Verwertung eines nachträglich ermittelten Massegegenstandes erzielt werden kann.[46]

Ein Kostenvorschuss ist auch dann anzufordern, wenn abzusehen ist, dass die mit der Nachtragsverteilung verbundenen Kosten die zur Verteilung erzielten Beträge übersteigen. Zu den **Kosten der Nachtragsverteilung** gehört in erster Linie die Vergütung des Insolvenzverwalters. Gebührenrechtlich handelt es sich bei der Nachtragsverteilung um ein selbstständiges Verfahren, § 6 Abs. 1 InsVV. Wird für die Nachtragsverteilung ein neuer Insolvenzverwalter bestellt, ist ihm in jedem Falle eine Vergütung zuzubilligen. Übernimmt die Nachtragsverteilung jedoch der ursprüngliche Insolvenzverwalter, ist eine gesonderte Vergütung dann nicht anzusetzen, wenn die Nachtragsverteilung voraussehbar war und schon bei der Festsetzung der Vergütung für das Insolvenzverfahren mitberücksichtigt worden ist, § 6 Abs. 1 Satz 2 InsVV. In jedem Falle jedoch sind dem Insolvenzverwalter die Auslagen zu erstatten. Ebenfalls zu den Kosten des Verfahrens gehören die mit der Nachtragsverteilung verbundenen gerichtlichen Kosten, insbesondere Zustellungs- und Veröffentlichungskosten.

Der Kostenvorschuss ist von dem antragstellenden Insolvenzgläubiger oder von der Gemeinschaft der Insolvenzgläubiger anzufordern, wobei letzteres im Zweifel praktisch undurchführbar ist.[47] Auch wenn der gezahlte Kostenvorschuss als Kosten des Verfahrens vorweg aus der Verteilungsmasse zurückzuzahlen ist, dürfte die Motivation eines Insolvenzgläubigers zur Zahlung eines solchen Vorschusses in der Praxis nur sehr gering sein. Auch vor diesem Hintergrund wird es bei der Auszahlung von Kleinstbeträgen darauf hinauslaufen, dass diese freigegeben und dem Schuldner zur Verfügung gestellt werden. Die selbe Konsequenz ergibt sich aus der Tatsache, dass der Kostenvorschuss zwar angefordert aber nicht gezahlt und damit die Nachtragsverteilung nicht angeordnet wird. Auch in diesem Falle verbleiben die einer eventuellen Nachtragsverteilung unterliegenden Beträge oder Gegenstände dem freien Vermögen des Schuldners.

F. Nachtragsverteilung bei Einstellung des Verfahrens

Das eröffnete Insolvenzverfahren kann eingestellt werden mangels Masse, § 207, oder wegen Masseunzulänglichkeit, §§ 208 bis 211, 214 bis 216 (die Einstellungsmöglichkeiten nach §§ 212, 213 sind hier nicht weiter relevant). Die Möglichkeit der Anordnung einer Nachtragsverteilung im Falle der Einstellung wegen Masseunzulänglichkeit ist neu geregelt in § 211 Abs. 3 (vgl. insoweit die Kommentierung zu § 211). Die Neuregelung bezieht sich allerdings ausdrücklich nur auf den Fall der Einstellung des Insolvenzverfahrens nach Anzeige der Masseunzulänglichkeit und nicht auf die Einstellung mangels Masse, § 207.[48] Recht-

---

[43] *Andres*/Leithaus, InsO, § 203 RdNr. 9; differenziert hierzu *Uhlenbruck* § 203 RdNr. 14.
[44] So *Uhlenbruck* § 203 RdNr. 14.
[45] *Uhlenbruck* § 203 RdNr. 14; *Kübler/Prütting/Holzer* § 203 RdNr. 16.
[46] RegE zu § 231.
[47] So auch *Uhlenbruck* § 203 RdNr. 15.
[48] *Kübler/Prütting/Holzer* spricht hier von einem Redaktionsversehen des Gesetzgebers, § 203 RdNr. 28.

sprechung[49] und Literatur[50] haben die **Anordnung einer Nachtragsverteilung auch nach Einstellung des Verfahrens mangels Masse** weitgehend bejaht. Die Interessen der Massegläubiger in einem Verfahren nach Einstellung mangels Masse zu denen der Insolvenzgläubiger nach dem Schlusstermin sind weitgehend deckungsgleich. § 211 Abs. 3 ist daher auch nach Einstellung des Verfahrens mangels Masse anzuwenden. Dies ergibt sich auch aus der Regierungsbegründung, in der es u. a. heißt: „Zum geltenden Konkursrecht wird kritisiert, dass nach einer Einstellung mangels Masse die Verteilung nachträglich ermittelter Masse nicht möglich ist. Abs. 3 hilft diesem Mangel ab, indem er die Vorschriften über die Nachtragsverteilung für entsprechend anwendbar klärt."[51] Der Gesetzgeber hat also offensichtlich nicht in einer Einstellung nach Anzeige der Masseunzulänglichkeit oder mangels Masse unterscheiden wollen, die gesetzliche Umsetzung ist allerdings misslungen.

§ 204 Rechtsmittel

(1) ¹Der Beschluss, durch den der Antrag auf Nachtragsverteilung abgelehnt wird, ist dem Antragsteller zuzustellen. ²Gegen den Beschluss steht dem Antragsteller die sofortige Beschwerde zu.

(2) ¹Der Beschluss, durch den eine Nachtragsverteilung angeordnet wird, ist dem Insolvenzverwalter, dem Schuldner und, wenn ein Gläubiger die Verteilung beantragt hatte, diesem Gläubiger zuzustellen. ²Gegen den Beschluss steht dem Schuldner die sofortige Beschwerde zu.

A. Normzweck

1   Zur Vervollständigung des bisher nur fragmentarisch geregelten Verfahrens schafft § 204 die gesetzliche Regelung, wem sowohl der die Nachtragsverteilung anordnende als auch ablehnende Beschluss zuzustellen ist und wem das Rechtsmittel der sofortigen Beschwerde zusteht. Da die Regelung abschließend ist, sind weitere Zustellungen an in § 204 nicht genannte Personen nicht vorzunehmen und andererseits werden die nicht genannten Personen trotz möglicher Beschwer von der Einlegung der sofortigen Beschwerde ausgeschlossen.

B. Entscheidung

2   **1. Ablehnende Entscheidung.** Hat der **Insolvenzverwalter** oder ein **Insolvenzgläubiger** die Nachtragsverteilung beantragt und wird der Antrag abgelehnt, so ist der ablehnende Beschluss dem jeweiligen Antragsteller zuzustellen, Abs. 1 Satz 1. Diese Selbstverständlichkeit ist schon deswegen notwendig, da dem Antragsteller gegen den ablehnenden Beschluss das Rechtsmittel der sofortigen Beschwerde zusteht, Abs. 1 Satz 2. Von der Ablehnung ist zunächst nur der Antragsteller beschwert und somit auch rechtsmittelbefugt.

3   Hat der **Rechtspfleger** die ablehnende Entscheidung getroffen – was in der Praxis regelmäßig der Fall sein wird – ist ebenfalls die sofortige Beschwerde gegeben, § 6 Abs. 1. Nach § 11 Abs. 1 RPflG ist gegen Entscheidung des Rechtspflegers das Rechtsmittel gegeben, das nach den allgemeinen verfahrensrechtlichen Vorschriften zulässig ist, somit bei Entscheidun-

---

[49] LG Oldenburg ZIP 1992, 200; LG Darmstadt Rpfleger 2001, 512 m. Anm. *Kneller*; aA OLG Celle NdsRpfl 1965, 200; aA LG Marburg NJW-RR 2003, 266 = ZInsO 2003, 288 = NZI 2003, 101 = ZIP 2003, 729.

[50] *Pape* ZIP 1992, 747 ff.; *Uhlenbruck* § 203 RdNr. 21 misst dem Fall keine praktische Bedeutung zu; FK-*Kießner* § 203 RdNr. 28; BK-*Breutigam* § 207 RdNr. 38.

[51] RegE zu § 324.

gen in Insolvenzsachen die sofortige Beschwerde, soweit diese im Gesetz ausdrücklich vorgesehen ist, §§ 6 Abs. 1, 204 Abs. 1 Satz 2.[1]

Westphal[2] kritisiert zu Recht, dass auf Grund der abschließenden Regelung ein Massegläubiger, dessen Anspruch bis zum Schlusstermin nicht bekannt geworden ist, sowohl vom Antragsrecht auf Anordnung der Nachtragsverteilung und somit auch von der Möglichkeit der Einlegung eines Rechtsmittels ausgeschlossen wird, obwohl er auch bei der Nachtragsverteilung vorab aus der zur Verteilung stehenden Masse zu befriedigen ist.

2. Stattgebende Entscheidung. Wird die Nachtragsverteilung auf Antrag oder auch von Amts wegen angeordnet, ist der Anordnungsbeschluss dem Insolvenzverwalter, dem Schuldner und dem antragstellenden Insolvenzgläubiger zuzustellen, Abs. 2 Satz 1. Das Recht zur Erhebung der **sofortigen Beschwerde** steht jedoch nur dem Schuldner zu. Der Schuldner ist von der Anordnung der Nachtragsverteilung insoweit beschwert, als er die Verwaltungs- und Verfügungsbefugnis über die der Nachtragsverteilung unterliegende Vermögensgegenstände an den Insolvenzverwalter verliert.

Hat der **Rechtspfleger** die Nachtragsverteilung angeordnet, ist auch hier, wie bei der Ablehnung der Nachtragsverteilung, die sofortige Beschwerde das zulässige Rechtsmittel, § 11 Abs. 1 RPflG, § 6 Abs. 1. Die Zustellung des Anordnungsbeschlusses an den Insolvenzverwalter und dem antragstellenden Gläubiger dient nur der Kenntniserlangung. Der Gläubiger, dessen Antrag stattgegeben wurde, ist nicht beschwert, das selbe gilt für den Insolvenzverwalter,[3] sofern er Antragsteller ist.

Die Bestellung zum Insolvenzverwalter selbst ist nur möglich mit dessen Zustimmung, er kann das Amt ablehnen oder nachträglich auch aus dem Amt entlassen werden, es gelten die Regelungen zu §§ 56, 59.

§ 205 Vollzug der Nachtragsverteilung

¹**Nach der Anordnung der Nachtragsverteilung hat der Insolvenzverwalter den zur Verfügung stehenden Betrag oder den Erlös aus der Verwertung des ermittelten Gegenstands auf Grund des Schlussverzeichnisses zu verteilen.** ²**Er hat dem Insolvenzgericht Rechnung zu legen.**

Übersicht

	RdNr.		RdNr.
A. Normzweck	1	2. Grundlage der Nachtragsverteilung	3
B. Vollzug der Nachtragsverteilung	2	3. Insolvenzverwalter	6
1. Voraussetzungen der Verteilung	2	4. Rechnungslegung	10

A. Normzweck

Die Vorschrift regelt die Abwicklung der Nachtragsverteilung. Sie darf erst nach der Anordnung durch das Insolvenzgericht erfolgen. Zur Durchführung der Nachtragsverteilung berufen ist der Insolvenzverwalter. Grundlage der Verteilung ist das Schlussverzeichnis, §§ 188, 197 Abs. 1 Nr. 2. Es handelt sich somit um eine ähnliche Regelung entsprechend der Verteilung vor Aufhebung des Insolvenzverfahrens, §§ 187 ff. Die Nachtragsverteilung ist von der Sache her die Fortsetzung der Schlussverteilung in Vermögenswerte, die bereits vor Aufhebung des Insolvenzverfahrens einer Nachtragsverteilung vorbehalten wurden oder die nachträglich zur Verteilung frei werden, zurückfließen oder später erst ermittelt werden. In Anlehnung an § 66 Abs. 1 hat der Insolvenzverwalter Rechnung zu legen, allerdings nur

---

[1] *Nerlich/Römermann/Westphal* §§ 203, 204 RdNr. 17 und *Kübler/Prütting/Holzer* § 204 RdNr. 3.
[2] In *Nerlich/Römermann* §§ 203, 204 RdNr. 17; so auch *Uhlenbruck* § 204 RdNr. 3.
[3] AA *Smid* § 204 RdNr. 4, der das Beschwerderecht für den Verwalter aus Art. 19 Abs. 4 GG ableitet.

dem Insolvenzgericht gegenüber. Es handelt sich um die gesetzliche Rechenschaftspflicht des Verwalters, der er vor Beendigung seines Amtes nachkommen muss.

B. Vollzug der Nachtragsverteilung

1. Voraussetzungen der Verteilung. Mit der Verteilung der Vermögenswerte nach § 203 Abs. 1 Nr. 1 bis 3 kann erst begonnen werden, wenn die Nachtragsverteilung förmlich durch Beschluss des Insolvenzgerichts angeordnet wurde, § 203 Abs. 1 Satz 1. Der Verwalter kann also nicht von sich aus mit der Verteilung auf Grund des Schlussverzeichnisses beginnen, auch wenn ihm verteilbare Vermögenswerte bereits zur Verfügung stehen. Die **gerichtliche Anordnung** der Nachtragsverteilung ist zwingende Voraussetzung für das Handeln des Insolvenzverwalters, da nur so sichergestellt ist, dass auch die Kostendeckung sicher ist, § 203 Abs. 3 Satz 1, und die Wirkungen der Insolvenzbeschlagnahme auf die der Nachtragsverteilung unterliegenden Vermögenswerte gewährleistet wird.

2. Grundlage der Nachtragsverteilung. Grundlage der Nachtragsverteilung ist das Schlussverzeichnis, §§ 188, 197 Abs. 1 Nr. 2. Das **Schlussverzeichnis** ist für die Nachtragsverteilung bindend. Einwendungen gegen das Schlussverzeichnis konnten nur im Schlusstermin vor der Schlussverteilung geltend gemacht und berücksichtigt werden.[1] In der Nachtragsverteilung findet keine Gläubigerversammlung statt, in der bereits im Schlussverzeichnis aufgenommene Beträge nachträglich noch korrigiert werden können. **Einwendungen gegen das Schlussverzeichnis sind** insoweit in der Nachtragsverteilung **präkludiert**.[2] Korrekturen sind allenfalls dann zulässig, wenn einzelne Gläubiger bereits ganz oder teilweise befriedigt wurden oder auf ihre Ansprüche verzichten. Solche Korrekturen kann der Insolvenzverwalter selbstständig vornehmen, die Einberufung einer Gläubigerversammlung ist nicht vorgesehen, § 197 Abs. 1 findet in der Nachtragsverteilung keine Anwendung.[3]

Die an die im Schlussverzeichnis aufgeführten **Gläubiger** auszuzahlende Quote bestimmt ausschließlich der Insolvenzverwalter. Werden dem Verwalter bisher nicht gezahlte Masseforderungen bekannt, sind diese im Rahmen der Nachtragsverteilung vorab aus dem zu verteilenden Erlös zu zahlen, § 206 Nr. 3.

Das Schlussverzeichnis ist zur Einsicht der Beteiligten auf der Geschäftsstelle niedergelegt worden, § 188 Satz 2. Das Verteilungsverzeichnis muss für die Nachtragsverteilung nicht erneut zur Einsicht der Beteiligten offen gelegt werden.[4] Dies ist auch dann entbehrlich, wenn das Verteilungsverzeichnis nachträglich korrigiert wurde, zB wenn sich aus dem Verteilungsverzeichnis ersichtliche Forderungen durch Zahlungen oder Verzicht ermäßigt haben oder sonstige Korrekturen nach §§ 189 Abs. 1 oder 194 Abs. 3 angebracht wurden.[5] Die Summe der im Rahmen der Verteilung zu berücksichtigenden Forderungen sind aus dem Schlussverzeichnis ersichtlich, Korrekturen für die Nachtragsverteilung können nur insoweit angebracht werden, als strittige Beträge nunmehr endgültig festgestellt sind oder der Höhe nach festgestellte Forderungen sich nunmehr ermäßigt haben. Einwendungen dem Grund und der Höhe nach gegen angemeldete Forderungen können nicht mehr berücksichtigt werden. Der Insolvenzverwalter ist gehalten, die Nachtragsverteilung als solche und den für die Verteilung verfügbaren Betrag öffentlich bekannt zu machen, § 188 Satz 3.[6]

---

[1] HK-*Irschlinger* § 197 RdNr. 4.
[2] HK-*Irschlinger* § 205 RdNr. 2; *Nerlich/Römermann/Westphal* § 205 RdNr. 5; *Smid* § 205 RdNr. 1; *Uhlenbruck* § 205 RdNr. 3.
[3] *Nerlich/Römermann/Westphal* § 205 RdNr. 5.
[4] So auch *Uhlenbruck* § 205 RdNr. 4.
[5] HK-*Irschlinger* § 205 RdNr. 3; *Nerlich/Römermann/Westphal* § 205 RdNr. 6.
[6] HK-*Irschlinger* § 205 RdNr. 3; *Nerlich/Römermann/Westphal* § 205 RdNr. 6; *Kübler/Prütting/Holzer* § 205 RdNr. 6, der dies unter Hinweis auf § 206 Nr. 3 begründet.

3. Insolvenzverwalter. Die Durchführung der Nachtragsverteilung obliegt dem Insolvenzverwalter, der bereits für die Durchführung des Insolvenzverfahrens bestellt war. Nur dann, wenn der bisherige Insolvenzverwalter aus persönlichen oder sonstigen Gründen zur Übernahme des Amtes nicht in der Lage ist, kann ein neuer Insolvenzverwalter bestellt werden (vgl. hierzu § 203 RdNr. 24). 6

Für die Nachtragsverteilung ist dem Insolvenzverwalter eine **gesonderte Vergütung** zu gewähren, die unter Berücksichtigung des Wertes der nachträglich verteilten Insolvenzmasse nach billigem Ermessen festzusetzen ist, § 6 InsVV. Sofern ein neuer Insolvenzverwalter eingesetzt wird, ist ihm in jeden Falle eine gesonderte Vergütung zu gewähren. Wird jedoch der bereits für die Durchführung des Insolvenzverfahrens bestellte Insolvenzverwalter auch in der Nachtragsverteilung eingesetzt, ist eine Vergütung dann nicht zu gewähren, wenn die Nachtragsverteilung voraussehbar war und schon bei der Festsetzung für die Vergütung für das Insolvenzverfahrens diese Tätigkeit berücksichtigt worden ist.[7] Auslagen sind dem Insolvenzverwalter in jedem Falle zu erstatten. 7

Das Amt des Insolvenzverwalter besteht hinsichtlich der zur Verteilung vorhandenen Vermögenswerte, § 203 Abs. 1 Nr. 1 bis 3, fort. Der Insolvenzverwalter steht unter der **Aufsicht des Insolvenzgerichts,** § 58, für seine Sorgfaltspflichten und seine Haftung gelten die Grundsätze nach §§ 59, 60. Bei Verletzung seiner Sorgfaltspflichten ist er den Beteiligten gegenüber zum Schadensersatz verpflichtet. 8

Der Insolvenzverwalter hat vorhandene Beträge quotenmäßig an die aus dem Schlussverzeichnis ersichtlichen Gläubiger auszuzahlen. Hierbei zu berücksichtigen sind nachträgliche Korrekturen (vgl. oben RdNr. 3). Grundsätzlich gilt auch hier § 198, Beträge die bei der Verteilung zurückzuhalten sind, hat der Insolvenzverwalter bei einer geeigneten Stelle zu hinterlegen. Hiervon sollte jedoch regelmäßig kein Gebrauch gemacht werden. Gerade die zurückbehaltenden Beträge stehen für eine Nachtragsverteilung zur Verfügung. Die Nachtragsverteilung sollte nicht bereits erneut die Grundlage für eine weitere Nachtragsverteilung legen. Wenn absehbar ist, dass die Nachtragsverteilung nicht zur endgültigen Verteilung führt, sollte von einer Nachtragsverteilung Abstand genommen oder sie sollte erst dann angeordnet werden, wenn auch die Verteilung selbst durchgeführt werden kann, § 203 Abs. 1 und 3.[8] Sofern der Empfänger unbekannt ist, kann die Hinterlegung unter Verzicht auf die Rücknahme erfolgen, §§ 372, 376, 378 BGB. 9

4. Rechnungslegung. Über den Vollzug der Nachtragsverteilung hat der Insolvenzverwalter Rechnung zu legen, § 66 Abs. 1. Da im Rahmen der Nachtragsverteilung keine Gläubigerversammlung stattfindet, hat die Rechnungslegung ausschließlich gegenüber dem Insolvenzgericht zu erfolgen. Da das Insolvenzgericht insoweit die Belange der Gläubiger im Rahmen seiner Prüfungspflicht zu beachten hat, ist die Rechnungslegung mit besonderer Sorgfalt zu prüfen. Entsprechend der Regelung zu § 66 sollte auch hier die Rechnungslegung sowohl aus einem Tätigkeitsbericht des Verwalters und einer Übersicht über Einnahmen und Ausgaben bestehen.[9] 10

§ 206 Ausschluss von Massegläubigern

Massegläubiger, deren Ansprüche dem Insolvenzverwalter
1. bei einer Abschlagsverteilung erst nach der Festsetzung des Bruchteils,
2. bei der Schlussverteilung erst nach der Beendigung des Schlusstermins oder
3. bei einer Nachtragsverteilung erst nach der öffentlichen Bekanntmachung

bekannt geworden sind, können Befriedigung nur aus den Mitteln verlangen, die nach der Verteilung in der Insolvenzmasse verbleiben.

---

[7] *Haarmeyer/Wutzke/Förster* InsVV § 6 RdNr. 1, *Uhlenbruck* § 205 RdNr. 6.
[8] Zur Pflicht zur Hinterlegung HK-*Irschlinger* § 205 RdNr. 6.
[9] *Uhlenbruck* § 205 RdNr. 5; *Andres*/Leithaus, InsO, § 205.

Übersicht

	RdNr.		RdNr.
A. Normzweck	1	2. Kenntnis des Verwalters	7
B. Ausschluss der Massegläubiger	2	C. Nachhaftung des Schuldners	8
1. Zeitpunkt des Ausschlusses	2		

A. Normzweck

1 Die Ansprüche von Massegläubigern, § 53, sind grundsätzlich vorweg aus der Insolvenzmasse zu befriedigen, bevor eine Auszahlung an die Insolvenzgläubiger erfolgt. Insbesondere bei den sonstigen Masseverbindlichkeiten, § 55, kann es vorkommen, dass einzelne Ansprüche dem Insolvenzverwalter erst nach durchgeführter Verteilung bekannt werden. Zweck der Vorschrift (sie entspricht § 172 KO) ist, die Insolvenzgläubiger davor zu schützen, dass Massegläubiger erst nach der Verteilung auftreten und ihre Ansprüche dann möglicherweise mit einer Bereicherungsklage durchsetzen und die Insolvenzgläubiger auf Rückzahlung in Anspruch nehmen.[1] Die Vorschrift schafft insoweit einen Ausgleich, dass klar gestellt wird, dass die Insolvenzgläubiger nach einer unanfechtbaren Auszahlung die Beträge „mit Rechtsgrund" erworben haben.

B. Ausschluss der Massegläubiger

2 **1. Zeitpunkt des Ausschlusses.** Die Befriedigung der Massegläubiger erfolgt aus der nach Aussonderung, Absonderung und Aufrechnung verbleibenden Insolvenzmasse. Masseansprüche sind in vollem Umfange vor der Auszahlung an Insolvenzgläubiger zu berücksichtigen. Die Befriedigung und bereits die Geltendmachung der Masseansprüche geschieht außerhalb des Insolvenzverfahrens, sie müssen dem Verwalter zur Kenntnis gelangen, der Verwalter hat diese Ansprüche auch ohne besondere Anmeldung zu berücksichtigen. Für eine Nichterfüllung der Masseverbindlichkeit ist der Verwalter ggfs. schadensersatzpflichtig, § 61. Der Verwalter kann **Masseansprüche** jedoch nur dann berücksichtigen und erfüllen, wenn sie ihm rechtzeitig vor einer Verteilung bekannt werden. Sofern Massegläubiger ihre Ansprüche dem Verwalter erst nach einer Verteilung zur Kenntnis bringen, können sie erst bei der nächsten Verteilung wieder berücksichtigt werden.[2] Da in einem laufenden Insolvenzverfahren mehrere Verteilungen vorgesehen sind, regelt § 206 hierfür die maßgeblichen Zeitpunkte:

3 a) Die **erste Abschlagsverteilung**, § 195, kann nach dem allgemeinen Prüfungstermin vorgenommen werden, §§ 187, 176. Die Abschlagsverteilung steht im Ermessen des Insolvenzverwalters, sie kann auch unterbleiben, wenn die Kosten der Verteilung in keinem vernünftigen Verhältnis zu den auszuzahlenden Beträgen stehen. Beabsichtigt der Insolvenzverwalter eine Erstverteilung in Form einer Abschlagszahlung, setzt er die auszuzahlende Quote für die jeweiligen Insolvenzgläubiger fest und teilt diese an die Gläubiger mit, § 195 Abs. 2. Ist ein Gläubigerausschuss bestellt, bestimmt dieser auf Vorschlag des Verwalters den auszuzahlenden Bruchteil, § 195 Abs. 1. Sobald die Festsetzung des Bruchteils den Insolvenzgläubigern mitgeteilt wurde, kann ein Massegläubiger bei dem Vollzug der Abschlagsverteilung nicht mehr berücksichtigt werden.

4 b) Hat der Insolvenzverwalter die Verwertung der Insolvenzmasse beendet, erfolgt die **Schlussverteilung**, die jedoch der Zustimmung des Insolvenzgerichts bedarf, § 196 Abs. 2. Hierzu bestimmt das Insolvenzgericht den Schlusstermin, § 197 Abs. 1. Der Ausschluss zur Berücksichtigung von Massegläubigern ist die Beendigung des Schlusstermins.[3]

---

[1] *Uhlenbruck* § 206 RdNr. 1.
[2] Relative Präklusion, vgl. *Jaeger/Weber* § 172 RdNr. 1; *Uhlenbruck* § 206 RdNr. 3.
[3] *Kuhn/Uhlenbruck* § 172 RdNr. 3 b; *Jaeger/Weber* § 172 RdNr. 3; *Nerlich/Römermann/Westphal* § 206 RdNr. 4.

c) Ist eine **Nachtragsverteilung** durch das Insolvenzgericht angeordnet worden, hat der Verwalter den zur Verteilung anstehenden Betrag aus den nachträglich ermittelten Vermögenswerten öffentlich bekannt zu machen, § 188 Satz 3. Sobald die öffentliche Bekanntmachung als bewirkt gilt (ab dem 3. Tage nach dem Tag der Veröffentlichung, § 9 Abs. 1 Satz 3), können Ansprüche von Massegläubigern bei der Nachtragsverteilung nicht mehr berücksichtigt werden.[4]

Der **Ausschluss** der Berücksichtigung **eines Masseanspruches** im Insolvenzverfahren ist jedoch nicht absolut. Masseansprüche sind grundsätzlich vorweg aus der zur Verteilung anstehenden Insolvenzmasse zu befriedigen. Kann der Anspruch eines Massegläubigers bei einer Abschlagsverteilung nicht mehr berücksichtigt werden, ist er nicht generell von der Verteilung ausgeschlossen, seine Ansprüche werden dann bei der nächsten Abschlagsverteilung oder spätestens bei der Schlussverteilung vorweg berücksichtigt. Sofern eine Berücksichtigung bei der Schlussverteilung nicht mehr zulässig ist, ist der Massegläubiger auf die Nachtragsverteilung angewiesen, die er allerdings selbst nicht beantragen kann, § 203 Abs. 1 Satz 1. Ein entsprechender Antrag kann allenfalls als Anregung gewertet werden, dass das *Insolvenzgericht* von Amts wegen die Nachtragsverteilung anordnet.

2. Kenntnis des Verwalters. Die Ansprüche von **Massegläubigern** sind außerhalb des Insolvenzverfahrens geltend zu machen und zu berücksichtigen. Sobald der Insolvenzverwalter positive Kenntnis hat, muss er Masseansprüche von Amts wegen berücksichtigen.[5] Hierbei ist es unerheblich, auf welche Weise der Insolvenzverwalter hiervon Kenntnis erlangt hat. Bestehen jedoch Zweifel, ob der Anspruch dem Grunde und der Höhe nach als Masseanspruch zu werten ist, hat der Insolvenzverwalter den zur Befriedigung erforderlichen Betrag zurückzubehalten, um sich nicht selbst schadensersatzpflichtig zu machen.[6] Zur Berücksichtigung reicht es aus, wenn der Insolvenzverwalter von dem Anspruchsgrund Kenntnis erlangt hat.[7] Zwar kann „kennen müssen" der tatsächlichen Kenntnis nicht gleich gestellt werden, jedoch läuft der Verwalter Gefahr, sich schadensersatzpflichtig zu machen, wenn er die Kenntnisnahme selbst schuldhaft vereitelt, indem er sich die Kenntnis nicht selbst verschafft, zB sollte der Verwalter vor dem Schlusstermin eventuelle Steueransprüche mit dem Finanzamt abgleichen oder bei dem Insolvenzgericht die genaue Höhe der Gerichtskosten erfragen.[8]

C. Nachhaftung des Schuldners

Der Ausschluss der Berücksichtigung von Massegläubigern wirkt nur zu Gunsten der Insolvenzgläubiger und der Insolvenzmasse. Massegläubiger können ihre Ansprüche weiterhin auch nach Aufhebung des Insolvenzverfahrens und – sofern keine Nachtragsverteilung erfolgt – gegen den Schuldner persönlich geltend machen.[9] Sie sind jedoch bei der Durchsetzung ihrer Ansprüche auf den herauszugebenden Überschuss an den Schuldner oder nachträglich ermittelte Gegenstände, § 203 Abs. 1 Nr. 3, angewiesen.[10] Etwas anderes gilt nur dann, wenn der Schuldner auch mit seinem freien Vermögen für eine Masseverbindlichkeit haftet. Eine nach § 301 erteilte Restschuldbefreiung wirkt sich nicht auf die Ansprüche von Massegläubigern aus, sie ist ausschließlich auf die Ansprüche von Insolvenzgläubigern begrenzt.

---

[4] *Uhlenbruck* § 206 RdNr. 2; *Nerlich/Römermann/Westphal* § 206 RdNr. 5.
[5] *Uhlenbruck* § 206 RdNr. 3; *Nerlich/Römermann/Westphal* § 206 RdNr. 6; FK-*Kießner* § 206 RdNr. 3; *Kübler/Prütting/Holzer* § 206 RdNr. 2; *Andres*/Leithaus, InsO, § 206 RdNr. 5.
[6] *Uhlenbruck* § 206 RdNr. 3.
[7] BGH ZIP 1985, 359; OLG Schleswig ZIP 1984, 619; *Uhlenbruck* § 206 RdNr. 3.
[8] BGH ZIP 1985, 359; *Uhlenbruck* § 206 RdNr. 3; *Nerlich/Römermann/Westphal* § 206 RdNr. 6, 7.
[9] *Uhlenbruck* § 206 RdNr. 5.
[10] *Uhlenbruck* § 206 RdNr. 5; *Nerlich/Römermann/Westphal* § 206 RdNr. 9; *Kübler/Prütting/Holzer* § 206 RdNr. 4.

Dritter Abschnitt. Einstellung des Verfahrens

§ 207 Einstellung mangels Masse

(1) ¹ Stellt sich nach der Eröffnung des Insolvenzverfahrens heraus, daß die Insolvenzmasse nicht ausreicht, um die Kosten des Verfahrens zu decken, so stellt das Insolvenzgericht das Verfahren ein. ² Die Einstellung unterbleibt, wenn ein ausreichender Geldbetrag vorgeschossen wird oder die Kosten nach § 4 a gestundet werden; § 26 Abs. 3 gilt entsprechend.

(2) Vor der Einstellung sind die Gläubigerversammlung, der Insolvenzverwalter und die Massegläubiger zu hören.

(3) ¹ Soweit Barmittel in der Masse vorhanden sind, hat der Verwalter vor der Einstellung die Kosten des Verfahrens, von diesen zuerst die Auslagen, nach dem Verhältnis ihrer Beträge zu berichtigen. ² Zur Verwertung von Massegegenständen ist er nicht mehr verpflichtet.

Schrifttum: *Berger*, Die persönliche Haftung des Insolvenzverwalters gegenüber dem Prozessgegner bei erfolgloser Prozessführung für die Masse, KTS 2004, 185; *Dinstühler*, Die Abwicklung masseamer Insolvenzverfahren nach der Insolvenzordnung, ZIP 1998, 1697; *Gerke/Sietz*, Reichweite des Auslagenbegriffs gem. § 54 InsO und steuerrechtliche Pflichten des Verwalters in masseamer Verfahren, NZI 2005, 373; *Haarmeyer*, Abweisung der Verfahrenseröffnung mangels Kostendeckung nach § 26 InsO, ZInsO 2001, 103; *Haarmeyer/Suvacarevic*, Praxis der Abweisung mangels Masse, ZInsO 2006, 953; *Henckel*, Masselosigkeit und Masseschulden in: Festschrift 100 Jahre Konkursordnung, 1977, S. 169; *ders.*, Die Behandlung von Neumasseschulden bei Massearmut, ZIP 1993, 1277; *Hergenröder*, Modifizierte Verbraucherinsolvenz bei Massehaltigkeit, DZWIR 2006, 440; *Kaufmann*, Die Unzulässigkeit der Berücksichtigung sonstiger Masseverbindlichkeiten bei der Verfahrenskostendeckungsprüfung, ZInsO 2006, 961; *Keller*, Gibt es einen Zusammenhang zwischen Masselosigkeit, Restschuldbefreiung und der Vergütung des Insolvenzverwalters, ZIP 2000, 688; *Kirchhof*, Zwei Jahre Insolvenzordnung – ein Rückblick, ZInsO 2001, 1; *Kluth*, Das Verfahren bei unzulänglicher Insolvenzmasse oder ein „Himmelfahrtskommando" für den Insolvenzverwalter, ZInsO 2000, 177; *Konzen*, Der Gläubigerschutz bei Liquidation der masselosen GmbH, Festschrift P. Ulmer, 2003, S. 323; *Kübler*, Die Behandlung masseunzulänglicher Verfahren nach neuem Recht, Kölner Schrift zur Insolvenzordnung, 2. Aufl., 2000, S. 967; *Maus*, Die steuerrechtliche Stellung des Insolvenzverwalters und des Treuhänders, ZInsO 1999, 683; *Mäusezahl*, Die Abwicklung masseunzulänglicher Verfahren, ZVI 2003, 617; *Onusseit*, Die steuerlichen Rechte und Pflichten des Insolvenzverwalters in den verschiedenen Verfahrensarten nach der InsO, ZInsO 2000, 363; *Pape*, Die Verfahrensabwicklung und Verwalterhaftung bei Masselosigkeit und Massearmut (Masseunzulänglichkeit) de lege lata und de lege ferenda, KTS 1995, 189; *ders.*, Die Haftung des Insolvenzverwalters für den Kostenerstattungsanspruch des Prozessgegners, ZIP 2001, 1701; *ders.*, Erstattungsfähigkeit der Steuerberatungskosten bei Unverständnis der Finanzverwaltung, ZInsO 2004, 1049; *ders.*, Ende der Restschuldbefreiung für alle?, ZInsO 2006, 897; *Pape/Hauser*, Massearme Verfahren nach der InsO (2002); *Rattunde/Röder*, Verfahrenseröffnung und Kostendeckung nach der Insolvenzordnung, DZWiR 1999, 309; *Ringstmeier*, Beendigung masseloser Insolvenzverfahren, JurBüro 2004, 49; *Roth*, Prozessuale Rechtsfolgen der „Insolvenz in der Insolvenz", Festschrift H. F. Gaul, 1997, S. 573; *Runkel/Schnurbusch*, Rechtsfolgen der Masseunzulänglichkeit, NZI 2000, 49; *Smid*, Die Abwicklung masseunzulänglicher Insolvenzverfahren nach neuem Recht, WM 1998, 1313; *Stobbe*, Die Durchsetzung gesellschaftsrechtlicher Ansprüche der GmbH in Insolvenz und masseloser Liquidation, 2000; *J. Uhlenbruck*, Die Rechtsfolgen der Abweisung oder Einstellung mangels Masse für die Gesellschaft mit beschränkter Haftung, Kölner Schrift zur Insolvenzordnung, 2. Aufl., 2000, S. 1187; *W. Uhlenbruck*, Der „Konkurs im Konkurs" – 50 Jahre BGH-Rechtsprechung zum Problem der Verteilungsgerechtigkeit in masselosen und masseamen Insolvenzverfahren –, 50 Jahre Bundesgerichtshof, Festausgabe aus der Wissenschaft, 2000, S. 803; *ders.*, Gesetzesunzulänglichkeit bei Masseunzulänglichkeit, NZI 2001, 408; *ders.*, Die Durchsetzung von Gläubigeransprüchen gegen die vermögenslose GmbH und deren Organe nach geltendem und neuem Insolvenzrecht, ZIP 1996, 1641; *Vallender*, Einzelzwangsvollstreckung im neuen Insolvenzrecht, ZIP 1997, 1993; *Weitzmann*, Rechnungslegung und Schlussrechnungsprüfung, ZInsO 2007, 449; *Wienberg/Voigt*, Aufwendungen für Steuerberaterkosten bei masseunzulänglichen Insolvenzverfahren als Auslagen des Verwalters gem. § 54 Nr. 2 InsO, ZIP 1999, 1662.

Übersicht

	RdNr.		RdNr.
A. Normzweck	1	**III. Sonderfälle**	51
B. Entstehungsgeschichte	6	1. Genossenschaft	51
C. Feststellung der Masselosigkeit	9	2. Insolvenzplan	52
I. Verfahrensbeendigung	9	3. Vollabwicklung des schuldnerischen Vermögens	53
1. Aufhebung des Insolvenzverfahrens	9	a) Einstellung mangels Masse	54
2. Einstellung des Insolvenzverfahrens	10	b) Freigabe	55
a) Einstellungsgründe	11	**E. Rechtsfolgen des Eintritts der Masselosigkeit**	56
b) Abgrenzung zwischen der Einstellung nach § 207 und § 208	13	**I. Materiellrechtliche Bedeutung**	56
II. Verfahrenskostendeckung	14	**II. Eintritt der Masselosigkeit**	57
1. Prüfung	14	**III. Verteilung der Barmittel**	58
a) Insolvenzverwalter	15	1. Anteilige Befriedigung	58
b) Insolvenzgericht	16	2. Rückforderungsanspruch, Verteilungsfehler	60
2. Insolvenzmasse	17	a) Zahlungen vor Eintritt der Masselosigkeit	60
a) Aktivmasse	18	b) Zahlungen nach Eintritt der Masselosigkeit	61
b) Liquidität	19		
c) Verwertbarkeit	20	**IV. Beendigung der Verwertungspflicht**	62
aa) Hinreichende Erfolgsaussichten	21	**V. Steuerliche Pflichten**	64
bb) Zumutbarkeit	23	**VI. Auswirkungen auf das Erkenntnis- und Vollstreckungsverfahren**	65
cc) Zulässigkeit der Prozessführung	24	1. Erkenntnisverfahren	65
3. Kosten des Verfahrens	25	a) Neu eingeleitete Prozesse	65
a) Begriff	25	b) Anhängige Prozesse	66
b) Berechnungsgrundlage	26	c) Beweislast	67
c) Erweiterung des Kostenbegriffs?	27	2. Zwangsvollstreckung	68
aa) Kostenvermeidung	28	**F. Rechtswirkungen der Einstellung mangels Masse**	70
bb) Stellungnahme	29	**I. Rechtsstellung des Schuldners**	70
4. Kostenvorschuss	30	1. Verwaltungs- und Verfügungsbefugnis	70
a) Zweck	30	2. Nachhaftung für Verbindlichkeiten	72
b) Haftung der Organmitglieder	31	a) Insolvenzforderungen	73
c) Vorschussleistender	32	b) Restschuldbefreiung	74
d) Vorschussbemessung	34	c) Masseverbindlichkeiten	76
e) Verfahren	36	3. Schuldnerverzeichnis	78
f) Sondermasse	37	4. Geschäftsunterlagen	79
5. Stundung der Verfahrenskosten	39	**II. Rechtsstreitigkeiten**	80
D. Die Einstellung mangels Masse	40	1. Unterbrochene Rechtsstreitigkeiten	81
I. Ablauf des Verfahrens	40	2. Anhängige Rechtsstreitigkeiten	82
1. Anzeige der Masselosigkeit	40	3. Anfechtungsklagen	84
2. Anhörung der Beteiligten	41	**III. Nachtragsverteilung**	87
a) Gläubigerversammlung	42	**IV. Akteneinsichtsrecht**	88
b) Massegläubiger	43		
3. Rechnungslegung	44		
4. Forderungsprüfung, Nachhaftung	46		
II. Einstellung	48		
1. Beschlussfassung durch das Insolvenzgericht	48		
2. Wirksamwerden der Einstellung	49		
3. Ablehnung der Einstellung	50		

A. Normzweck

Die Kosten des Insolvenzverfahrens sind nach § 53 aus der Insolvenzmasse zu bestreiten. **1** Die Deckung der Verfahrenskosten ist gleichermaßen Voraussetzung für die Eröffnung, vgl. § 26 Abs. 1, wie auch Durchführung des Verfahrens. Ein Insolvenzverfahren ist für die

Insolvenzgläubiger ohne wirtschaftlichen Nutzen, wenn eine zu verteilende Masse nicht erzielt werden kann. Stellt sich nach Eröffnung des Insolvenzverfahrens heraus, dass die Insolvenzmasse zur vorrangigen Befriedigung der Massegläubiger nicht ausreichend ist und damit für die Insolvenzgläubiger ein totaler Ausfall eintritt, so wird das Insolvenzverfahren durch Einstellung beendet. Die Abwicklung massearmer Insolvenzverfahren hat der Gesetzgeber nunmehr in den §§ 207 bis 211 neu geregelt.

2   Das Gesetz unterscheidet zwei Arten des Einstellungsverfahrens im Hinblick auf den Grad der Massearmut.[1] Können aus der Insolvenzmasse zwar noch die Kosten des Verfahrens i. S. d. § 54 befriedigt werden, nicht aber die sonstigen Masseschulden nach § 55, so hat der Insolvenzverwalter die **Masseunzulänglichkeit** (= Massearmut im weiteren Sinn) anzuzeigen; die Einstellung des masseunzulänglichen Verfahrens richtet sich nach den §§ 208 bis 211. Demgegenüber tritt nach dem Gesetz **Masselosigkeit** (= Massearmut im engeren Sinn) ein, wenn sich zeigt, dass nicht einmal mehr eine die Kosten des Verfahrens deckende Masse vorhanden ist; im Fall der Massekostenarmut ist das Verfahren nach Maßgabe des § 207 einzustellen.

3   Zweck des § 207 ist die **Regelung der Einstellung** des Insolvenzverfahrens, das nach Hervortreten der Masselosigkeit nicht mehr durchführbar ist und deshalb abgebrochen werden muss. Zuvor ist den Beteiligten Gelegenheit zu geben, die Einstellung durch Beseitigung der Masselosigkeit abzuwenden; vorhandene Barmittel sind noch zu verteilen. Ausdrücklich stellt der Gesetzgeber in § 207 Abs. 3 Satz 2 klar, dass der Insolvenzverwalter nicht mehr verpflichtet ist, Massegegenstände zu verwerten. Aufgrund der Verfahrenseinstellung wegen Masselosigkeit sind vielmehr die nicht verwerteten Vermögensgegenstände dem Schuldner zurückzugeben, § 215 Abs. 2; die Gläubiger erhalten dadurch wieder die Möglichkeit, im Wege der Einzelzwangsvollstreckung hierauf zuzugreifen. Der Gesetzgeber räumt mit der in § 207 enthaltenen Regelung ein, dass nach Eintritt der Masselosigkeit dem Verwalter wegen des Verlustes seines Anspruchs auf die volle Vergütung die Fortsetzung seiner Abwicklungstätigkeit nicht mehr zugemutet werden kann.[2] Zu einer weiteren Geschäftsführung ist der Insolvenzverwalter idR auch nicht in der Lage, da von ihm neu begründete Masseverbindlichkeiten nicht mehr aus der vorhandenen Masse befriedigt werden können. Das ohnehin hohe Haftungsrisiko des Insolvenzverwalters soll damit durch § 207 begrenzt werden. Der Insolvenzverwalter ist auch nicht im Interesse einer höheren Befriedigung der Massekostengläubiger gezwungen, noch vorhandenes Vermögen zu realisieren.[3] Nur wenn noch Barmittel vorhanden sind, hat der Insolvenzverwalter diese nach Maßgabe des § 207 Abs. 3 Satz 1 zur gleichmäßigen Begleichung der Kosten des Verfahrens einzusetzen.

4   Nach dem Willen des Gesetzgebers sollte das einheitliche Insolvenzverfahren auch zur **Vollabwicklung von Gesellschaften** bis hin zur Löschungsreife führen.[4] Die Insolvenzordnung verwirklicht dieses Ziel jedoch nur eingeschränkt.[5] Besteht keine ausreichende Verfahrenskostendeckung wird die insolvenzrechtliche Liquidation ohne Rücksicht auf evtl. noch vorhandene Vermögenswerte abgebrochen und das eröffnete Verfahren kann ohne weiteres zur Einstellung gebracht werden.

5   Das Insolvenzverfahren hat neben der gemeinschaftlichen Befriedigung der Gläubiger nach § 1 Satz 2 auch den Zweck, den Schuldner nach Maßgabe der §§ 286 ff. von seinen restlichen Verbindlichkeiten zu befreien. Der Schuldner kann dieses Ziel jedoch nicht erreichen, wenn für die Durchführung eines Insolvenzverfahrens eine ausreichende kosten-

---

[1] *Kübler*, Kölner Schrift, S. 967, 971, RdNr. 13.
[2] Begr. § 317 RegE, *Kübler/Prütting*, S. 431; zur Entwicklung der Rechtsprechung *Uhlenbruck*, Festschrift 50 Jahre BGH, S. 814 f.
[3] *Häsemeyer* RdNr. 7.76; *Kübler/Prütting/Pape* § 207 RdNr. 22; *Nerlich/Römermann/Westphal* § 207 RdNr. 34.
[4] Allg. Begr. RegE BT-Drucks. 12/2443; S. 83; *Konzen*, Festschrift P. Ulmer, S. 323, 333 f.
[5] Kritisch hierzu: *J. Uhlenbruck* Kölner Schrift, S. 1194 RdNr. 15; *K. Schmidt* Kölner Schrift, S. 911, RdNr. 20 ff.

Einstellung mangels Masse

deckende Masse nicht zur Verfügung steht. Damit dieser Personenkreis jedoch in den Genuss einer **Restschuldbefreiung** kommen kann, eröffnet § 4a die Möglichkeit, die Kosten des Insolvenzverfahrens bis zur Erteilung der Schuldbefreiung auf Antrag zu stunden. Stellt sich erst nach Eröffnung des Insolvenzverfahrens die Massekostenarmut heraus, so unterbleibt die Einstellung, wenn die Verfahrenskosten nach § 4a Abs. 2 gestundet werden, § 207 Abs. 1 Satz 2. Dadurch soll auch den völlig mittellosen Schuldnern die Möglichkeit eines wirtschaftlichen Neuanfangs durch Gewährung der Restschuldbefreiung erhalten werden.

B. Entstehungsgeschichte

Die Insolvenzordnung hat an dem Prinzip, dass bei nicht verfahrenskostendeckender Masse ein Insolvenzverfahren nicht durchgeführt werden kann, nichts geändert. Unter der Geltung der KO wurde die weit überwiegende Zahl der Eröffnungsanträge mangels Masse nach § 107 KO abgewiesen oder nach § 204 KO eingestellt.[6] Die wesentliche Ursache hierfür lag in dem **erheblichen Umfang der Massekosten und Masseschulden,** die durch die Konkursmasse abgedeckt werden mussten.[7] Nach § 58 Nr. 1, 2 KO gehörten zu den Massekosten nicht nur die Gerichtskosten und die Vergütung des Konkursverwalters, also die heutigen Kosten des Verfahrens nach § 54, sondern sämtliche Ausgaben für die Verwaltung, Verwertung und Verteilung der Masse. In die Prüfung der Massekostendeckung mussten darüber hinaus wegen des sich aus § 60 Abs. 1 KO ergebenden Vorrangs die in § 59 Nr. 1, 2 KO aufgeführten Masseverbindlichkeiten einbezogen werden. Hierbei handelte es sich u. a. um die Ansprüche der Arbeitnehmer, deren Begleichung der Verwalter aus der Masse bis zum Ablauf der – gegenüber § 113 idR erheblich längeren – Kündigungsfristen schuldete, auch wenn er ihre Leistungen nicht in Anspruch genommen hatte. Zudem nahm die herrschende Lehre an, dass die Einstellung nach § 204 KO geboten ist, wenn die Konkursmasse voraussichtlich nicht ausreichen wird, neben den Massekosten auch die mit der Weiterführung des Verfahrens neu entstehenden Masseschulden voll abzudecken.[8] Dies führte in der Praxis dazu, dass Konkursverfahren mangels Masse eingestellt wurden, obgleich noch teilweise beträchtliche Vermögenswerte vorhanden waren, die jedoch zur erforderlichen Massedeckung nicht ausreichten. Mit der Rechtskraft des Einstellungsbeschlusses war der Schuldner wieder berechtigt, über das vorhandene Vermögen frei zu verfügen, was dem Zweck des Konkursverfahrens, das Schuldnervermögen gleichmäßig unter die Gläubiger zu verteilen, evident widersprach.

Das gesetzgeberische Ziel war es deshalb, der erschreckend hohen Zahl der Verfahrensabweisungen bzw. Einstellungen mangels Masse nach der KO effizient entgegenzuwirken.[9] Zu diesem Zweck erfolgte eine **Neubestimmung des Begriffs der Verfahrenskosten,** um die für die Durchführung eines Insolvenzverfahrens erforderliche Kostendeckung herabzusetzen. Deshalb wurde der Begriff der Kosten des Verfahrens i. S. d. § 54 um die in § 58 Nr. 1, 2 KO bezeichneten Ausgaben für die Verwaltung, Verwertung und Verteilung der Masse bereinigt. Die Verwaltungs- und Verwertungsausgaben werden nunmehr einheitlich den sonstigen Masseverbindlichkeiten in § 55 Abs. 1 Nr. 1 zugeordnet. Sie sind damit nicht mehr gegenüber den Verfahrenskosten nach § 54 vorrangig. Die Herabsetzung der Kostenbarrieren kann trotzdem nicht verhindern, dass ein eröffnetes Insolvenzverfahren wegen Masseunzulänglichkeit nach § 211 eingestellt werden muss, wenn die vorhandenen Massemittel nicht ausreichend sind, um eine ordnungsgemäße Abwicklung zu finanzieren. Der

---

[6] Die Nichterfüllungsquote lag zuletzt bei 3/4 aller beantragten Konkursverfahren; von den eröffneten Konkursverfahren wurden dann noch mehr als 1/4 mangels Masse eingestellt, vgl. *Mohrbutter/Ringstmeier/Pape* § 12 RdNr. 1.
[7] Hinzu kam eine weitgehende Vorabverteilung der Masse durch Sicherungsrechte der Warenlieferanten und Kreditgeber.
[8] *Kilger/K. Schmidt* § 204 KO Anm. 1; *Kuhn/Uhlenbruck* § 204 KO RdNr. 3 mwN.
[9] Allg. Begr. RegE, *Kübler/Prütting*, S. 102.

Gesetzgeber hat diese Gefahren bewusst in Kauf genommen, um die auch mit einem nicht vollständig durchgeführten Insolvenzverfahren verbundenen Vorteile gegenüber einer „insolvenzfreien" Abwicklung des Schuldnervermögens für die Beteiligten zu nutzen.[10] Diese wurden u. a. darin gesehen, dass erst der Insolvenzverwalter auf Grund der ihm zustehenden umfassenden Verfahrens- und Informationsrechte eine ordnungsgemäße Feststellung des Aktiv- und Passivvermögens des Schuldners herbeiführen kann. Durch die Ermittlung von – andernfalls unentdeckt gebliebenen – Vermögenswerten, Ausschöpfung der bestehenden Haftungsmöglichkeiten gegenüber Geschäftsführern bzw. Gesellschaftern oder durch Rückgängigmachung von Vermögensverschiebungen mit Hilfe anfechtungsrechtlicher Klagen kann es ihm nach den gesetzgeberischen Vorstellungen dann sogar gelingen, eine anfänglich eingeschätzte Masseannut zu überwinden. Auch Chancen für die Erhaltung des Unternehmens und damit verbunden der Arbeitsplätze können vom Insolvenzverwalter nur wahrgenommen werden, wenn es zur Durchführung des Verfahrens kommt.

7a   Bei fehlender Kostendeckung unterbleibt – wie nach früherem Recht (§ 107 Abs. 1 Satz 2 KO) – die Einstellung mangels Masse, wenn ein kostendeckender Geldbetrag vorgeschossen wird, § 207 Abs. 1 Satz 2 Alt. 1. Seit Inkrafttreten des InsÄndG 2001 kann ein eröffnetes Verfahren auch im Falle einer Kostenstundung gem. §§ 4a ff. nicht mehr wegen mangelnder Kostendeckung eingestellt werden. Anliegen des Gesetzgebers war es, mit Hilfe der Stundungsregelung mittellosen Schuldnern unter zumutbaren Bedingungen den Zugang zum Insolvenzverfahren und damit zur Restschuldbefreiung zu ermöglichen.[11]

8   Mit der Neuregelung des Insolvenzverfahrens verfolgte der Gesetzgeber auch das Ziel, die Vollabwicklung des Schuldnervermögens als insolvenzrechtliche Aufgabe zu bewältigen.[12] Das Insolvenzverfahren sollte bei Gesellschaften zugleich die gesellschaftsrechtliche Abwicklung bis hin zur Herbeiführung der Löschungsreife und anschließender Löschung übernehmen, so dass für eine anschließende **außergerichtliche Liquidation kein Bedürfnis** mehr besteht. Dieses Reformziel hat der Gesetzgeber jedoch, wie sich aus § 207 Abs. 3 ergibt, nicht konsequent umgesetzt.[13]

C. Feststellung der Masselosigkeit

I. Verfahrensbeendigung

9   **1. Aufhebung des Insolvenzverfahrens.** Das Insolvenzverfahren wird beendet durch Aufhebung oder Einstellung des Verfahrens. Die Verfahrensaufhebung stellt die ordnungsgemäße Beendigung nach Vollzug der **Schlussverteilung**, § 200 Abs. 1, oder rechtskräftiger **Bestätigung eines Insolvenzplans**, § 258 Abs. 1, dar. Die Aufhebung erfolgt durch Beschluss des Insolvenzgerichtes. Der Beschluss und der Grund der Aufhebung sind öffentlich bekannt zu machen, § 200 Abs. 2 Satz 1. Mit der Aufhebung des Insolvenzverfahrens erhält der Schuldner die Verwaltungs- und Verfügungsbefugnis über die Insolvenzmasse[14] zurück, soweit noch Massegegenstände vorhanden sein sollten.

10   **2. Einstellung des Insolvenzverfahrens.** Kann das Insolvenzverfahren nicht bis zu seiner Aufhebung durchgeführt werden, so erfolgt die **Verfahrensbeendigung durch Einstellung**. Die Einstellung erfolgt durch Beschluss des Insolvenzgerichtes nach den §§ 215, 216. Die Insolvenzordnung kennt vier Einstellungsgründe; diese sind in den §§ 207, 211, 212 und 213 abschließend geregelt.

---

[10] Allg. Begr. RegE, *Kübler/Prütting*, S. 97.
[11] BGH NZI 2003, 665.
[12] Allg. Begr. RegE, *Kübler/Prütting*, S. 101.
[13] Vgl. eingehend hierzu *Stobbe* S. 137; ferner *Uhlenbruck*, Die Durchsetzung von Gläubigeransprüchen, ZIP 1996, 1646; *Konzen*, Festschrift P. Ulmer, S. 323, 333.
[14] Vorbehaltlich der Anordnung einer Nachtragsverteilung, vgl. § 203.

a) **Einstellungsgründe.** Einstellungsgrund nach § 212 ist der **Wegfall des Eröffnungsgrundes.** Die Einstellung setzt einen Antrag des Schuldners voraus, der den Einstellungsgrund glaubhaft machen muss. Nach § 213 ist das Insolvenzverfahrens auf Antrag des Schuldners einzustellen, wenn **alle Insolvenzgläubiger zugestimmt** haben. Dieser Einstellungsgrund erfasst den Ausnahmefall, dass sich die Finanzlage des Schuldners nach Verfahrenseröffnung entscheidend verbessert haben sollte. Stellt sich nach Verfahrenseröffnung heraus, dass die Insolvenzmasse nicht für die Abwicklung ausreichend ist, so unterscheidet das Gesetz zwischen der Einstellung wegen Masselosigkeit i. S. d. § 207 und der Einstellung wegen Masseunzulänglichkeit nach den §§ 208 ff. 11

Masseunzulänglichkeit ist gegeben, wenn die Insolvenzmasse zum Bestreiten der Kosten des Verfahrens i. S. d. § 54 ausreichend ist, jedoch die sonstigen Masseverbindlichkeiten nicht voll erfüllt werden können. Der Insolvenzverwalter hat den Eintritt der Masseunzulänglichkeit nach § 208 dem Insolvenzgericht gegenüber anzuzeigen. In dem der Anzeige anschließenden Verfahren ist er nach § 208 Abs. 3 weiter verpflichtet, die Masse zu verwalten und zu verwerten. Erst wenn er die Insolvenzmasse nach Maßgabe des § 209 an die Massegläubiger verteilt hat, stellt das Insolvenzgericht das Insolvenzverfahren nach § 211 ein. Können demgegenüber nicht einmal die Verfahrenskosten i. S. d. § 54 aus der Insolvenzmasse voll befriedigt werden, so wird das Verfahren umgehend beendet. Der Insolvenzverwalter ist in diesem Fall nicht zur Fortsetzung der Masseverwertung verpflichtet, § 207 Abs. 3. Das Insolvenzverfahren ist wegen der unzureichenden Kostendeckung einzustellen, sofern ein ausreichender Geldbetrag[15] nicht von einem Beteiligten vorgeschossen wird. 12

b) **Abgrenzung zwischen der Einstellung nach § 207 und § 208.** Ob sich die Einstellung eines Insolvenzverfahrens nach § 207 oder den §§ 208 ff. richtet, hängt im Einzelfall von einer schwierigen Bewertung der vorhandenen wie auch künftigen Insolvenzmasse und der – voraussichtlichen – Kosten des Verfahrens ab. Deshalb kann nicht ausgeschlossen werden, dass sich die **Deckungsprognose** nachträglich als falsch herausstellt. Hat der Insolvenzverwalter nach § 208 Masseunzulänglichkeit angezeigt, so ist der Verwalter zur Verwaltung und Verwertung der Masse nach § 208 Abs. 3 weiter verpflichtet. Zeigt sich nunmehr, dass die angenommene Deckung der Verfahrenskosten z. B. auf Grund von Forderungsausfällen oder sonstigen Erlösschmälerungen nicht mehr vorhanden ist, kann das Verfahren auf Antrag des Insolvenzverwalters nach § 207 vom Insolvenzgericht eingestellt werden. Der Übergang in das Einstellungsverfahren nach § 207 ist möglich, zumal bei unzureichender Verfahrenskostendeckung dem Insolvenzverwalter keine weitere Abwicklungs- bzw. Verwertungstätigkeit zugemutet wird.[16] Dies gilt auch umgekehrt. Hatte der Insolvenzverwalter nach § 207 beim Insolvenzgericht die Einstellung mangels Masse beantragt, so kann er diesen Antrag, solange keine rechtskräftige Einstellung erfolgte, zurücknehmen und die Masseunzulänglichkeit anzeigen, da mit dem Übergang in das Abwicklungsverfahren nach den §§ 208 ff. kein Eingriff in die Rechtsposition der Massegläubiger verbunden ist; deren Befriedigungsaussichten erfahren vielmehr eine Verbesserung.[17] 13

II. Verfahrenskostendeckung

1. Prüfung. Die Deckung der Kosten des Verfahrens i. S. d. § 54 ist die **finanzielle Mindestvoraussetzung** für die Durchführung eines Insolvenzverfahrens zum Zwecke der gemeinschaftlichen Haftungsrealisierung im Interesse der Insolvenzgläubiger. Stellt sich im Verlauf des Insolvenzverfahrens heraus, dass die verwertbare Masse die Kosten des Verfahrens nicht zu decken vermag, z. B. wenn sich die Verwertung eines Grundstücks oder gewerblichen Schutzrechtes als unmöglich herausstellt, was bei Verfahrenseröffnung nicht absehbar 14

---

[15] Nach § 207 Abs. 1 Satz 2 kann die Einstellung auch unterbleiben, wenn die Kosten nach § 4a InsOÄndG gestundet werden.
[16] *Dinstühler* ZIP 1998, 1698.
[17] Vgl. zur Zulässigkeit der Rückkehr in das Regelinsolvenzverfahren nach Anzeige der Masseunzulänglichkeit § 208 RdNr. 53.

war, so wird das Verfahren abgebrochen und durch das Insolvenzgericht nach § 207 Abs. 1 eingestellt. Dem Insolvenzverwalter werden weitere Tätigkeiten im Interesse der Masse nicht mehr zugemutet, wenn die Begleichung seiner Vergütungsansprüche auf Grund ausbleibender Verwertungserlöse nicht mehr gesichert ist.

15 a) **Insolvenzverwalter.** Zur Prüfung der Kostendeckung hat der Insolvenzverwalter zu berechnen und gegenüberzustellen die Höhe der Verfahrenskosten und das (voraussichtlich) realisierbare Vermögen, das zu deren Begleichung eingesetzt werden kann.[18] Ob eine ausreichende Kostendeckung besteht oder eine Unterdeckung eingetreten ist, lässt sich im Einzelfall kaum exakt feststellen.[19] So richten sich die Gerichtskosten wie auch die Vergütungsansprüche des Verwalters nach dem Wert der Insolvenzmasse, auf die sich die Schlussrechnung bezieht, vgl. § 1 Abs. 1 InsVV. Der zum Schluss des Verfahrens tatsächlich erzielte Wert der Masse hängt aber vom künftigen Verfahrensablauf ab, der sich insbesondere etwa bei der Fortführung eines Unternehmens nur annähernd prognostizieren lässt. Die für die Vergütungsberechnung maßgebliche Teilungsmasse kann insbesosndere zu Verfahrensbeginn nur im Schätzwege ermittelt werden. Ein weiteres Bewertungsproblem ergibt sich daraus, dass für die effektive Deckung der Verfahrenskosten nicht auf die – geschätzte – Aktivmasse abgestellt werden kann, sondern auf die idR erheblich geringeren Massemittel, die zur Begleichung der Verfahrenskosten tatsächlich zur Verfügung stehen. Der Wert der Insolvenzmasse und die Verfahrenskosten sind flexible Werte, die sich wechselseitig beeinflussen und vom Erfolg der Abwicklung des Insolvenzverfahrens abhängig sind. Trotz der mit einer Schätzung zwangsläufig verbundenen Unsicherheiten ist der Insolvenzverwalter gehalten, die Frage der ausreichenden Verfahrenskostendeckung laufend zu kontrollieren, um seine Vergütungsansprüche nicht zu riskieren bzw. Abwicklungskosten zu produzieren, die letztlich nicht aus der Masse bezahlt werden können.

16 b) **Insolvenzgericht.** Das Insolvenzgericht hat sorgfältig und umfassend zu klären, ob Massehlosigkeit als Voraussetzung der Einstellung nach § 207 eingetreten ist. Dies ist eine **Amtspflicht** des Insolvenzgerichts.[20] Bestehen Zweifel, hat das Insolvenzgericht diesen, ggf. unter Hinzuziehung eines – weiteren – Sachverständigen nachzugehen und sie zu klären.[21] Das ist unabhängig davon, dass das Insolvenzgericht die Kostendeckung nicht ständig zu überprüfen hat und hierzu auch nicht in der Lage ist. Der Anstoß zur Prüfung wird idR vom Insolvenzverwalter ausgehen.

17 **2. Insolvenzmasse.** Masselhosigkeit tritt ein, wenn die – voraussichtlich zu erzielende – Insolvenzmasse nicht mehr in der Lage ist, die Kosten des Verfahrens nach § 54 vollständig auszugleichen. Damit spielt auf der Aktivseite die Ermittlung des voraussichtlichen Werts der Masse die zentrale Rolle. Der Bewertung der Masse kommt dabei eine Doppelfunktion zu. Sie bildet zum einen die Grundlage für die Berechnung der zu erwartenden Verfahrenskosten, zugleich bemisst sich deren ausreichende Deckung an dem ermittelten Massewert.[22]

18 a) **Aktivmasse.** Für die Prüfung der Verfahrenskostendeckung kann nicht auf das gesamte schuldnerische Vermögen i. S. d. § 35 abgestellt werden. Die Vermögenswerte des Schuldners erweisen sich im Rahmen der insolvenzrechtlichen Liquidation z. B. als nicht werthaltig oder verwertbar, so dass entsprechende Wertberichtigungen bzw. Abschläge auf den zunächst angenommenen Vermögenswert erfolgen müssen. Maßgeblich kann nur der voraussichtlich realisierbare Wert der Masse bei Verfahrensbeendigung sein, also die voraussichtliche Tei-

---

[18] OLG Karlsruhe ZIP 1989, 1071; *Nerlich/Römermann/Westphal* § 207 RdNr. 17; *Kübler/Prütting/Pape* § 207 RdNr. 9.
[19] *Braun/Uhlenbruck,* Unternehmensinsolvenz, S. 269; für „exakt" bestimmbar wird dagegen die Höhe der erforderlichen Kostendeckung angesehen, vgl. *Kübler/Prütting/Pape* § 207 RdNr. 17.
[20] *Kübler/Prütting/Pape* § 26 RdNr. 3.
[21] HK-*Landfermann* § 207 RdNr. 16; zur Überprüfung eines vorgelegten Sachverständigengutachtens vgl. LG Berlin ZInsO 2000, 224; *Häsemeyer* RdNr. 7.28.
[22] Vgl. BGH ZInsO 2003, 707; FK-*Schmerbach* § 26 RdNr. 13; ferner *Stobbe*, Die Durchsetzung, RdNr. 197.

lungs- oder Aktivmasse, die effektiv zum Ausgleich der Verfahrenskosten eingesetzt werden kann.²³ **Vermögensgegenstände** sind deshalb mit ihrem geschätzten Liquidationserlös²⁴ anzusetzen. Sind diese vollumfänglich mit Sicherungsrechten belastet, können nur die der Masse aus der Feststellung und Verwertung zufließenden **Kostenbeiträge** nach §§ 170, 171 berücksichtigt werden.²⁵ Aussonderungsrechte sind von vornherein nicht Bestandteil der (Soll-)Insolvenzmasse. **Außenstände** des Schuldners, insbesondere wenn sie bestritten sind, können nur in Höhe des wahrscheinlich realisierbaren Betrages angesetzt werden. **Vorräten** kann nur der Veräußerungswert beigelegt werden, der im Rahmen der Insolvenz unter Abzug der für die Verwertung ggf. noch aufzubringenden Kosten noch erzielbar ist. Ein **Neuerwerb** des Schuldners ist im Hinblick auf § 35 der Masse zuzurechnen, wie z. B. ein pfändungsfreies monatliches Arbeitseinkommen. Ebenso sind **anfechtungsrechtliche Erstattungsansprüche** oder Haftungsansprüche gegen die Gesellschafter bzw. Organe der Gesellschaft zu berücksichtigen, auch wenn ihre Bewertung wegen der damit idR zusammenhängenden schwierigen rechtlichen Fragen besonders risikobehaftet ist.²⁶ Ein mutmaßlicher Wert kann meist wegen der vorhandenen oder auftretenden Realisierungsprobleme nur äußerst vorsichtig angesetzt werden. Soweit **Gewinnabführungs- und Verlustübernahmeverträge** bestehen, können sie als Aktiva angesetzt werden, wenn zu erwarten ist, dass Ausgleichsansprüche trotz der Insolvenz bestehen und durchsetzbar sind.²⁷

b) Liquidität. Für die Deckungsprognose nach § 207 ist es aber nicht allein entscheidend, ob die – voraussichtlich – erzielbare Aktivmasse bei Verfahrensbeendigung zur Kostendeckung ausreichend sein kann. Vielmehr ist es erforderlich, dass die Verfahrenskosten im Zeitpunkt ihrer **Fälligkeit** bezahlt werden können. Die Insolvenzmasse ist nur ausreichend, wenn sie insoweit über hinlängliche liquide Mittel verfügt. Allerdings sind zu Beginn des Insolvenzverfahrens im Wesentlichen als fällig nur anzusehen die gerichtlichen Kosten sowie die Vergütung und die Auslagen des vorläufigen Insolvenzverwalters. Die endgültige Vergütung und die Auslagen des Insolvenzverwalters (§ 63), die idR den wesentlichen Teil der Gesamtkosten ausmachen, werden dagegen erst mit Ableistung der Tätigkeit, und damit spätestens mit Beendigung des Verfahrens fällig.²⁸ Deshalb müssen auch für die Kostendeckung zu Beginn des Verfahrens nur erheblich geringere liquide Mittel in der Masse vorhanden sein.²⁹ Zum Ausgleich der später fällig werdenden weiteren Verfahrenskosten muss die Masse erst im Laufe des Verfahrens in der Lage sein.³⁰ Dies ist dann der Fall, wenn auf Grund konkreter Umstände die Annahme gerechtfertigt ist, dass die Deckung der Kosten des Verfahrens noch herbeigeführt werden kann. Zunächst illiquide Vermögensgegenstände oder auch künftige Zuwächse der Insolvenzmasse können in die Deckungsprognose einfließen, wenn hinreichend sichergestellt ist, dass aus ihrer Verwertung in einer absehbaren Zeit nach Verfahrenseröffnung entsprechende Barmittel der Masse zur Begleichung der Gerichtskosten sowie der fällig werdenden Vergütungs- und Auslagenansprüche des Verwal-

---

²³ OLG Köln ZInsO 2000, 606; HK-*Kirchhof* § 26 RdNr. 5.
²⁴ LG Darmstadt ZIP 1981, 470; *Häsemeyer* RdNr. 7.28; HambKomm-*Weitzmann* § 207 RdNr. 8. Eine Fortführung ist bei zweifelhafter Massekostendeckung idR nicht realistisch.
²⁵ LG Berlin ZInsO 2000, 224.
²⁶ LG Frankfurt ZInsO 2006, 107; OLG Schleswig ZInsO 2000, 501; OLG Hamm ZInsO 2005, 217; *Gottwald/Uhlenbruck* § 14 RdNr. 73.
²⁷ HK-*Kirchhof* § 26 RdNr. 7.
²⁸ Der vorleistende Verwalter kann aber nach § 9 InsVV einen angemessenen Vergütungsvorschuss aus der Masse beanspruchen, dessen rechtzeitige Entnahme sein Ausfallrisiko verringern soll, BGHZ 116, 233. Zur Sicherung der Vergütungsansprüche bei Masselosigkeit durch Vorschussentnahmen, *Kübler/Prütting/Pape* § 207 RdNr. 23. Dem Verwalter ist ein Zurückstellen der Vorschusszahlung je eher zumutbar, desto sicherer mit der künftigen Deckung der Verfahrenskosten gerechnet werden kann, vgl. hierzu AG Hamburg NZI 2000, 140.
²⁹ OLG Köln ZInsO 2000, 606; ferner HK-*Kirchhof* § 26 RdNr. 5 ff.
³⁰ AG Hamburg NZI 2000, 140; LG Kaiserslautern ZInsO 2001, 628; abweichend hierzu sollen nur solche während des eröffneten Verfahrens anfallende Vermögenszuwächse berücksichtigt werden können, wenn sie konkret und zeitnah zum Eröffnungszeitpunkt realisierbar sind, um auch die Verwalterhaftung nach § 61 zu begrenzen, OLG Köln NZI 2000, 218.

ters zufließen. Eine unzureichende Geldliquidität, deren Überwindung absehbar ist, kann die Einstellung des Insolvenzverfahrens nach § 207 nicht rechtfertigen.[31]

20 c) **Verwertbarkeit.** Ob eine Kostendeckung durch **weitere Abwicklungs- und Verwertungsmaßnahmen** erreicht werden kann, ist nach einem besonders sorgfältigen Maßstab zu beurteilen, wenn der Umsetzungsprozess den Einsatz von vorhandenen Massemitteln erfordert. So müssen z. B. zum Zwecke der Be- und Verwertung ausländischen Grundvermögens Makler und Notare eingeschaltet, zur Vorbereitung eines anfechtungsrechtlichen Erstattungsanspruchs Gutachten zur Klärung der Vermögenssituation in Auftrag gegeben oder Rechtsanwälte zur Durchsetzung von gesellschaftsrechtlichen Haftungsansprüchen gegen die Geschäftsführer oder Gesellschafter der Schuldnerin beauftragt werden. Gelingt es dadurch dem Verwalter, die Vermögenspositionen erfolgreich zugunsten der Masse zu realisieren, so ist eine – „temporäre" – Unterdeckung der Massekosten beseitigt und die Vergütung für seine Tätigkeit gesichert. Die Durchführung des Insolvenzverfahrens zum Zwecke der vollständigen Haftungsrealisierung liegt insoweit im Interesse der Gläubiger wie auch der Allgemeinheit. Geht demgegenüber zB ein vom Insolvenzverwalter angestrengter Rechtsstreit verloren, so führt dies zur Masselosigkeit und der Insolvenzverwalter verliert – anteilig – seine Vergütung.[32] Stehen der Insolvenzmasse keine ausreichenden liquiden Mittel zur Verfügung, so kann der Insolvenzverwalter im Prinzip seinen Abwicklungs- und Verwertungspflichten nicht nachkommen. Zu diesem Zweck dennoch von ihm eingegangene Verpflichtungen können nur zu Lasten der Verfahrenskostendeckung bzw. seiner Vergütung beglichen werden.[33] Die potentiellen Vermögensgegenstände oder Ansprüche können deshalb nur dann dem Vermögen des Schuldners zugerechnet und in die Deckungsprognose einbezogen werden, wenn sie hinreichend sicher in absehbarer Zeit zugunsten der Masse erfolgreich realisiert werden können. Für die Prognose, bis wann mögliche Vermögenswerte sich in Geld umwandeln lassen und damit für die Masse „in angemessener Zeit verwertbar" sind, kann im Einzelfall ein Zeitraum von einem Jahr nach Insolvenzeröffnung unbedenklich sein.[34] Die hierfür erforderliche Tätigkeit muss dem Insolvenzverwalter im Hinblick auf die Sicherung seiner Vergütungsansprüche aber auch zumutbar sein.[35]

21 aa) **Hinreichende Erfolgsaussichten.** Die Haftungsrealisierung zugunsten der Masse muss **objektiv Erfolg versprechend** sein. Ob dies der Fall ist, hängt maßgeblich von den in Rede stehenden Vermögenswerten ab. Ist ein Grundstück wegen seiner Kontaminationen unveräußerbar, so kann ein Veräußerungserlös nicht mit der Begründung in die voraussichtliche Teilungsmasse eingestellt werden, dass sich die Verhältnisse am Immobilienmarkt uU in den nächsten Jahren verändern könnten.[36] Ebenso kann ein Auslandsvermögen des Schuldners nicht bei der Prüfung der Verfahrenskostendeckung als liquidierbarer Wert berücksichtigt werden, wenn es voraussichtlich in den nächsten Jahren nicht zur Insolvenzmasse gezogen werden kann.[37]

---

[31] *Nerlich/Römermann/Mönning* § 26 RdNr. 27; *Haarmeyer* ZInsO 2001, 105; aA LG Darmstadt ZIP 1981, 470.
[32] Darüber hinaus haftet der Verwalter aber nicht persönlich nach den §§ 60, 61 für ungedeckte Kostenerstattungsansprüche des obsiegenden Prozessgegners, BGH ZInsO 2005, 146 = NZI 2005, 155 m. Anm. *Vallender*; s. dazu auch RdNr. 24.
[33] *Dinstühler* ZIP 1998, 1699; ferner *Pape* ZIP 2001, 1701.
[34] BGH ZInsO 2003, 707 = NZI 2004, 30 = ZIP 2003, 2171 zu § 26 Abs. 1 Satz 1; s. auch AG Hamburg ZInsO 2006, 51, wonach im Einzelfall ein längerer Zeitraum für die Prognose in Betracht kommt, ob sich Ansprüche massegenerierend durchsetzen lassen.
[35] *Smid*, Kölner Schrift, S. 453 ff. RdNr. 59.
[36] Die bloße Aussicht auf einen Vermögenszuwachs kann zur Deckung der Verfahrenskosten nicht herangezogen werden, OLG Köln ZIP 2000, 548; *Nerlich/Römermann/Mönning* § 26 RdNr. 27; *Gottwald/Uhlenbruck* § 15 RdNr. 4.
[37] Der Zeitraum, in dem der Vermögenswert realisiert werden muss, wird sehr unterschiedlich bemessen; Realisierbarkeit von Vermögenswerten bis zu einem Jahr ist ausreichend, vgl. *Haarmeyer* ZInsO 2001, 106. Nach *Jaeger/Schilken* § 26 RdNr. 29 ist maßgeblich darauf abzustellen, ob die Prognose eine überwiegende Wahrscheinlichkeit dafür ergibt, dass die Vermögenswerte im Laufe des eröffneten Verfahrens zur Verfügung stehen werden, mag dies auch erst nach einem längeren Zeitraum zu erwarten sein.

Handelt es sich um – bestrittene – Anfechtungs- oder Haftungsansprüche gegen Gesellschaftsorgane, so können diese als zur Kostendeckung zur Verfügung stehende Mittel dann angesehen werden, wenn entsprechend §§ 114 ff. ZPO eine hinreichende Aussicht für eine erfolgreiche gerichtliche Geltendmachung besteht und die erforderlichen Prozesskosten entweder aus eigenen Mitteln oder durch Gewährung von Prozesskostenhilfe aufgebracht werden können.[38] Der Insolvenzverwalter hat deshalb auch unter Einsatz seiner umfassenden Auskunfts- und Informationsrechte den Sachverhalt möglichst vollständig zu ermitteln,[39] damit eine ausreichende Beurteilung der Erfolgschancen eines Rechtsstreites vorgenommen werden kann. Er hat ggf. zur Prüfung ein Rechtsgutachten einzuholen.[40] Offene Forderungen sind im Wege der Prozesskostenhilfe einzuklagen, wenn die Masse über keine ausreichenden Eigenmittel verfügt. Dem Insolvenzverwalter wird Prozesskostenhilfe bewilligt, wenn das Prozessgericht hinreichende Erfolgsaussichten annimmt und für die wirtschaftlich beteiligten Gläubiger eine Vorschussleistung nicht zumutbar ist, § 116 Satz 1 Nr. 1 ZPO.[41] Zielt der Rechtsstreit auf eine Erhöhung der Quotenaussicht der Insolvenzgläubiger, so wird ihnen wegen der idR nur geringfügig verbesserten Quotenaussicht die Aufbringung der Prozesskosten nicht zumutbar sein.[42] Bestehen auch unter Einbeziehung möglicher Prozessrisiken aussichtsreiche Chancen, den (illiquiden) Anspruch der Masse rechtlich und tatsächlich durchzusetzen, so ist dieser mit seinem realisierbaren Wert zur voraussichtlichen Aktivmasse hinzuzurechnen.[43]

bb) Zumutbarkeit. Die risikoreiche Verwertungstätigkeit muss dem Insolvenzverwalter auch zumutbar[44] sein. Vom Verwalter kann nicht verlangt werden, nicht gedeckte Masseverbindlichkeiten einzugehen. Stellt sich z. B. nachfolgend heraus, dass das zum Aktivvermögen gezählte Auslandsvermögen nicht der Insolvenzmasse zugeführt werden kann oder Erfolg versprechende Rechtsstreitigkeiten verloren werden, so hat idR der Verwalter mit Vergütungsausfällen oder einer persönlichen Haftung nach § 61 zu rechnen, wenn er die zum Zwecke der Haftungsrealisierung eingegangenen Masseverbindlichkeiten nicht begleichen kann.[45] Dieses Risiko kann er auch nicht durch Vorschussanforderungen vermeiden, da diese angesichts der unzureichenden Massemittel von vornherein nicht durchsetzbar sind.[46] Soweit bereits während des Eröffnungsverfahrens erkennbar ist, dass die Kostendeckung nicht gegeben ist, sondern erst aus der Geltendmachung und Realisierung von illiquiden und nicht gesicherten Vermögenswerten erzielt werden kann, muss der Verwalter – sofern er sich in seinem Gutachten nicht bereits zur Verfahrenseröffnung geäußert hat – auf diese

---

[38] Dem Insolvenzverwalter ist bei hinreichenden Erfolgsaussichten der Klage auch dann Prozesskostenhilfe zu gewähren, wenn der Prozess in erster Linie der Erhaltung und Realisierung seiner rangbesten Vergütungsansprüche dient; er muss die Masse betreffenden Prozesse nicht auf eigenes Risiko führen, vgl. BGH ZIP 2005, 1519.

[39] Vgl. zur Geltendmachung von Auskunftsansprüchen gegen den GmbH-Geschäftsführer wegen Unklarheiten in Zusammenhang mit der Buchhaltung, OLG Dresden ZIP 1999, 900.

[40] BGH NJW 1988, 3204.

[41] Die Gewährung der Prozesskostenhilfe ist nach Feststellung des BGH die Regel, ihre Verweigerung die Ausnahme, BGH ZIP 1994, 1644; ferner OLG Jena ZInsO 2001, 268.

[42] Dies gilt insbesondere, wenn nach angezeigter Masseunzulänglichkeit mit keiner Verbesserung der Quote zu rechnen ist. Bei einer Quotenverbesserung von 4,5% wird Vorschusszahlung als zumutbar angesehen von OLG Koblenz ZInsO 2001, 96; ferner KG NZI 2000, 222. Soweit Massegläubiger vom Prozessausgang profitieren, kann es für sie zumutbar sein, die Prozesskosten aufzubringen, BGH ZIP 2005, 1519.

[43] Dadurch erhöhen sich gleichzeitig die in Abhängigkeit zur Teilungsmasse veranschlagten Verfahrenskosten, für deren Deckung deshalb entsprechend mehr Massemittel wieder zur Verfügung stehen müssen. Das für die Deckung der Verfahrenskosten maßgebliche (d. h. in angemessener Zeit liquidierbare) Schuldnervermögen kann freilich geringer sein als der Wert der Insolvenzmasse bei Beendigung des Verfahrens, BGH ZInsO 2003, 707 = NZI 2004, 30 = ZIP 2003, 2171 zu § 26 Abs. 1 Satz 1.

[44] Vgl. HambKomm-*Schröder* § 26 RdNr. 18. Sind die Vergütungsansprüche des Insolvenzverwalters nicht gesichert, kann diesem nicht zugemutet werden, eine weitere Verwertung der Masse nach dem Gesetz nicht mehr zumutbar sein, Begr. zu § 317 RegE, *Kübler/Prütting*, S. 434. So bereits *Henckel*, Festschrift 100 Jahre Konkursordnung, S. 172 ff., wonach kein Verwalter zu finden sein wird, der das Amt in Kenntnis der völligen oder teilweisen Nicht-Deckung seiner Vergütung übernimmt.

[45] *Häsemeyer* RdNr. 7.76; *Gottwald/Uhlenbruck* § 15 RdNr. 6.

[46] Die Vergütung sollte grundsätzlich durch Vorschussleistungen sichergestellt werden, BVerfG NJW 1993, 2861; BGH NJW 1992, 692.

Situation hingewiesen werden, damit er zuvor prüfen kann, ob er zur Amtsübernahme bereit ist. Zeigt sich der Konflikt erst im weiteren Verfahrensablauf, kann vom Insolvenzverwalter nicht verlangt werden, unter Inkaufnahme des – teilweisen – Verlustes seiner Vergütung und erheblicher Haftungsrisiken seine Verwertungstätigkeit wegen der bloßen Aussicht auf Verfahrenskostendeckung fortzusetzen. Das Verfahren ist vielmehr, wenn mit zumutbarem Aufwand eine Deckung der Verfahrenskosten nicht erreichbar ist, nach § 207 einzustellen; damit entfällt gem. § 207 Abs. 3 auch die Verpflichtung des Insolvenzverwalters zur weiteren Verwertung von Massegegenständen. Allerdings ist es nicht ausgeschlossen, dass der Insolvenzverwalter bereit ist, über das vertretbare Maß hinaus Risiken in Kauf zu nehmen.[47] Eine Verfahrenseinstellung kann dann nicht erzwungen werden, zumindest solange noch die Aussicht besteht, dass z. B. durch die Weiterführung des Rechtsstreites eine ausreichende Verfahrenskostendeckung zu Stande gebracht werden kann. Nicht ausgeschlossen ist es auch, eine besondere Risikobereitschaft des Insolvenzverwalters im Erfolgsfall vergütungsrechtlich durch Gewährung eines Zuschlags[48] nach § 3 InsVV zu honorieren; Voraussetzung hierfür ist allerdings, dass die aus der Fortführung der risikobehafteten Verwertungstätigkeit erreichten Vermögenszuwächse über die bloße Deckung der Verfahrenskosten hinausgehend auch den Insolvenzgläubigern zugute kommen.

24   **cc) Zulässigkeit der Prozessführung.** Nach der neueren Rspr. des BGH und inzwischen hM[49] obliegt dem Insolvenzverwalter keine insolvenzspezifische Pflicht gegenüber dem Prozessgegner zur Prüfung hinreichender Erfolgsaussichten von Klage und Rechtsmittel bei der Einleitung und Führung eines Prozesses. Da der Verwalter nach der InsO nicht verpflichtet ist, bei der Führung eines Rechtsstreits die Interessen des Prozessgegners an einer eventuellen Erstattung seiner Kosten zu berücksichtigen, trifft ihn nach § 60 Abs. 1 Satz 1 auch keine persönliche Haftung für dessen Kostenerstattungsansprüche.[50] Das gilt auch dann, wenn der Verwalter nicht Kläger, sondern Beklagter eines Zivilprozesses ist.[51] Seit der Grundsatzentscheidung in BGHZ 161, 236 ist ebenfalls geklärt, dass der Insolvenzverwalter nach verlorenem Rechtsstreit auch nicht aus § 61 Abs. 1 für Prozesskosten des Gegners persönlich haftet.[52] Zwar handelt es sich bei dem Prozesskostenerstattungsanspruch um eine bei Massearmut unerfüllbare Masseverbindlichkeit gem. § 55 Abs. 1 Nr. 1. Nach dem Schutzzweck des § 61 soll aber nur solchen Massegläubigern ein Ausgleichsanspruch gegen den Verwalter zustehen, die sich insbesondere durch Vertragsschluss zu Gegenleistungen an die Masse verpflichtet haben. Die Interessen eines eventuellen Prozessgegners werden von diesem Normzweck nicht erfasst; ob eine obsiegende Prozesspartei von ihr aufgewendete Prozesskosten erstattet erhält, gehört vielmehr zu deren allgemeinen Risiken.[53] Da der Insolvenzverwalter somit – unabhängig von den Erfolgsaussichten seiner Klage – keiner persönlichen Haftung für den gegnerischen Kostenerstattungsanspruch aus-

---

[47] *Smid* § 26 RdNr. 11; ferner FK-*Schmerbach* § 26 RdNr. 15.
[48] Vgl. eingehend zur Risikoübernahme des Verwalters für seine Vergütung, *Stobbe*, Die Durchsetzung, RdNr. 254 f.
[49] BGHZ 148, 175 = NJW 2001, 3187; BGHZ 161, 236 = ZInsO 2005, 146 m. i. E. zust. Anm. *Pape* S. 138 = NZI 2005, 155 m. zust. Anm. *Vallender* = WM 2005, 180 m. zust. Anm. *Tetzlaff* in WuB VI A. § 60 InsO 1.05; HK-*Eickmann* § 61 RdNr. 13; HambKomm-*Fuchs* § 61 RdNr. 8.
[50] So die zur Haftung nach § 82 KO hL, die zurückgeht auf *Weber*, Zur persönlichen Verantwortlichkeit des Konkursverwalters, Festschrift Lent, 1957, S. 301, 322.
[51] BGH NZI 2006, 169 = ZInsO 2006, 100.
[52] Vgl. BGHZ 148, 175 = NJW 2001, 3187; BGHZ 161, 236 = ZInsO 2005, 146 m. i. E. zust. Anm. *Pape* S. 138 = NZI 2005, 155 m. zust. Anm. *Vallender* = WM 2005, 180 m. zust. Anm. *Tetzlaff* in WuB VI A. § 60 InsO 1.05; aA zuletzt *Adam* DZWIR 2006, 321, 323 f., wonach der Verwalter bei einem Rechtsstreit mit geringen Erfolgsaussichten nach § 61 für den Kostenschaden des Prozessgegners haften soll. Für die Anwendung des § 61 als Haftungsnorm im Fall erkennbar unzulänglicher Masse *Kübler/Prütting/Lüke* § 61 RdNr. 3 mwN; eingehend hierzu *Pape*, Die Haftung des Insolvenzverwalters für den Kostenerstattungsanspruch des Prozessgegners, ZIP 2001, 1701.
[53] Vgl. BGHZ 148, 175 = NJW 2001, 3187; BGHZ 161, 236 = ZInsO 2005, 146 m. i. E. zust. Anm. *Pape* S. 138 = NZI 2005, 155 m. zust. Anm. *Vallender* = WM 2005, 180 m. zust. Anm. *Tetzlaff* in WuB VI A. § 60 InsO 1.05; BGHZ 154, 269 = ZInsO 2003, 657.

gesetzt ist, wird seine Prozessführung bei eingetretener oder drohender Masseunzulänglichkeit erheblich erleichtert. Ohne diese Haftungsbegrenzung müsste er bei Massearmut im eigenen Interesse die Prozessführung regelmäßig unterlassen bzw. beenden, da die Prozesschancen vor Beginn eines Rechtsstreits oftmals auf Grund komplexer Sachverhalte und schwieriger Rechtsfragen nur schwer kalkulierbar sind. Eine Prozessführung wäre ihm nicht zumutbar, da er für den Kostenerstattungsanspruch des Gegners persönlich einzustehen hätte, sobald er die Erfolgsaussichten im Ergebnis unzutreffend eingeschätzt hat. Jedoch darf der Insolvenzverwalter nicht daran gehindert werden, zum Zweck optimaler Gläubigerbefriedigung aussichtsreiche Masseprozesse zu führen, auch wenn im Fall des Unterliegens ein Erstattungsanspruch des Prozessgegners aus der Masse nicht beglichen werden kann.[54] Ihm muss deshalb mit Blick auf die mit einem erhöhten Risiko behaftete Prozesstätigkeit ein angemessener Beurteilungsspielraum eingeräumt werden. Die Prozessführung kann ihm nur dann als sittenwidrige Schädigung des Prozessgegners gem. § 826 BGB vorgeworfen werden, wenn er die Prozessaussichten in unvertretbarer Weise verkannt hat, und damit in zumindest grob fahrlässiger Weise ein gerichtliches Verfahren einleitet oder durchführt, obwohl er weiss, dass der (bedingte) gegnerische Kostenerstattungsanspuch ungedeckt ist.[55] Der Verwalter erfüllt mit der Prozesstätigkeit seine Amtspflicht, die Masse zu mehren. Die Zulässigkeit der Prozessführung kann nicht allein wegen der Masseinsuffizienz in Frage gestellt werden. Von der Masselosigkeit würden sonst gerade solche Personen profitieren,[56] die besonders hartnäckig ihren Pflichten gegenüber der Insolvenzmasse nicht nachkommen. Das widerspräche zudem dem Insolvenzzweck, mit der Durchführung des Verfahrens eine möglichst vollständige und geordnete Abwicklung des verbliebenen schuldnerischen Vermögens im Interesse der Gleichbehandlung aller Insolvenzgläubiger zu gewährleisten.

3. Kosten des Verfahrens. a) Begriff. Die Kosten des Verfahrens sind in § 54 normiert. **25** Die Festlegung ist abschließend.[57] Sie umfassen die Gerichtsgebühren für die Eröffnung und die Durchführung des Verfahrens; diese belaufen sich idR auf den dreifachen Satz der Gebühr, vgl. §§ 11, 37 Abs. 1 Satz 1 GKG i. V. m. Kostenverzeichnis Nr. 4110 bis 4150, und werden berechnet nach der Masse bei Beendigung des Verfahrens. Ferner gehören zu den Verfahrenskosten auch die Vergütung des vorläufigen Insolvenzverwalters und Insolvenzverwalters; diese berechnen sich nach §§ 63, 21 Abs. 2 Nr. 1 i. V. m. der InsVV. Auch im Hinblick auf das in § 3 InsVV geregelte System von Zu- und Abschlägen zur Regelvergütung nach § 2 InsVV ist vor allem im frühen Stadium des Verfahrens eine präzise Vergütungsberechnung nahezu ausgeschlossen.[58] Deshalb ist es sachgerecht, anfangs zum Zwecke der Berechnung der Verfahrenskostendeckung unter Außerachtlassung der Besonderheiten des Einzelfalls von der Regelvergütung des (vorläufigen) Insolvenzverwalters auszugehen. Hinzu kommen noch die Auslagen des Gerichtes und Verwalters sowie, falls ein Gläubigerausschuss bestellt wurde, die Vergütungs- und Auslagenansprüche der Mitglieder gem. § 17 InsVV, deren Höhe gleichfalls erst bei Verfahrensabschluss festgestellt werden kann.[59] Nicht zu den Kosten des Verfahrens zählen die Aufwendungen für die Verwaltung, Verwertung und Verteilung der Masse. Sie sind sonstige Masseverbindlichkeiten nach § 55 Abs. 1 und bleiben deshalb bei der Berechnung der Verfahrenskostendeckung außer Betracht.

b) Berechnungsgrundlage. Grundlage für die Berechnung der Gerichtskosten sowie **26** der Vergütungsansprüche des Verwalters ist der Wert der Teilungsmasse, auf die sich die Schlussrechnung des Verwalters bezieht.[60] Diese kann namentlich zu Beginn des Verfahrens

---

[54] Der Insolvenzverwalter hat Erfolg versprechende Prozesse zum Zweck der Massemehrung zu führen, vgl. BGH ZIP 1993, 188.
[55] Zur Vorsatzhaftung nach § 826 BGB vgl. BGH NZI 2005, 155; *Berger* KTS 2004, 185, 193.
[56] *Pape* ZIP 2001, 1701.
[57] LG Berlin ZInsO 2000, 242; AG Neu-Ulm NZI 2000, 386; AG Neuruppin DZWiR 1999, 306; *Häsemeyer* RdNr. 7.76; ferner § 54 RdNr. 8 f.
[58] *Haarmeyer* ZInsO 2001, 105; *Gottwald/Uhlenbruck* § 15 RdNr. 3.
[59] Im Einzelnen zu den Kosten des Verfahrens vgl. § 54 RdNr. 35.
[60] BGH NZI 2001, 193; *Blersch* 13; *Haarmeyer/Wutzke/Förster* InsVV § 1 RdNr. 8.

nur geschätzt werden, z. B. anhand der vom Insolvenzverwalter vorzulegenden Vermögensübersicht nach § 153 sowie eines vorhandenen Gutachtens des vorläufigen Insolvenzverwalters. Ist die voraussichtliche Teilungsmasse plausibel und prüfbar ermittelt, sind die gesamten Verfahrenskosten zu veranschlagen, nicht etwa nur bis zum Berichtstermin.[61] Aufgrund der vielfältigen Unsicherheiten und Ungenauigkeiten einer derartigen Bewertung ist diese vom Verwalter entsprechend den Verfahrensfortschritten zu überprüfen und ggf. anzupassen.[62]

27   c) **Erweiterung des Kostenbegriffs?** Um die Effizienzvorteile des neuen marktkonformen Verfahrens zu nutzen, war es der ausdrückliche gesetzgeberische Wille, die Eröffnung des Insolvenzverfahrens ausschließlich noch von der Deckung der reinen Verfahrenskosten i. S. d. § 54 abhängig zu machen. Dadurch wird die Eröffnung des Insolvenzverfahrens erleichtert.[63] Befinden sich keine über die Deckung der Verfahrenskosten hinausgehenden Mittel in der Masse, so ist der Insolvenzverwalter nicht imstande, seine Verwaltungs- und Verwertungsaufgaben ordnungsgemäß wahrzunehmen.[64] Der Gesetzgeber hat diesem Umstand jedoch keine entscheidende Bedeutung beigemessen. Die gesetzgeberische Intention ging dahin, die Zahl der eröffneten und durchgeführten Verfahren durch radikale Herabsetzung der Kostenbarrieren zu fördern in der Annahme, dass auch ein nicht vollständig zum Abschluss gebrachtes Insolvenzverfahren für die Beteiligten von größerem Vorteil ist als eine – sofortige – Einstellung.[65] Die Verfahrenseinstellung nach § 207 kommt deshalb bei gesetzeskonformer Auslegung nur in Frage, wenn der Wert der Insolvenzmasse unter das durch die Deckung der Verfahrenskosten markierte Limit gesunken ist. Solange dies nicht der Fall ist, ist das Verfahren weiterzuführen.[66]

28   aa) **Kostenvermeidung.** Welche Maßnahmen der Insolvenzverwalter in Erfüllung seiner Abwicklungs- und Befriedigungsaufgabe im Fall – drohender – Masseinsuffizienz noch ergreifen kann, beurteilt sich vor allem auch anhand der tatsächlich zur Verfügung stehenden Mittel. Der Insolvenzverwalter darf freilich einer voraussichtlich zeitaufwändigen und schwierigen Abwicklung nicht aus dem Weg gehen, indem er unter Hinweis auf vermeintlich notwendige Ausgaben den Eintritt der Masselosigkeit provoziert.[67] Bei der Beurteilung der Verfahrenskostendeckung muss vielmehr sorgfältig geprüft werden, inwieweit tatsächlich kostenauslösende Maßnahmen erforderlich sind und ob diese nicht vermieden werden können, z. B. durch Freigabe oder kurzfristige Veräußerung von Massegegenständen unter Wert, um die Masse von laufenden Belastungen, die mit den Vermögensgegenständen verbunden sind, zu entlasten.[68] Sind Steuererklärungen abzugeben, die der Insolvenzverwalter nicht selbst erstellen kann, so muss er versuchen, das Finanzamt zur Schätzung der Besteuerungsgrundlagen zu veranlassen, um die mit der Beauftragung eines Steuerberaters verbundenen Kosten einzusparen.[69] Um den Eintritt der Masselosigkeit abzuwenden, hat der Insolvenzverwalter auf die Begründung von Masseverbindlichkeiten, soweit dies zumutbar ist, zu verzichten. Er ist deshalb auch nicht zur Prozessführung verpflichtet, solange die Insolvenzmasse zur Aufbringung der damit verbundenen

---

[61] So noch § 317 RegE, *Kübler/Prütting*, S. 434; hierzu *Pape* KTS 1995, 190; *Kübler,* Kölner Schrift, S. 969 RdNr. 5.
[62] *Uhlenbruck* in: K. Schmidt/Uhlenbruck, Die GmbH in Krise, Sanierung und Insolvenz, S. 403 RdNr. 732 mwN.
[63] Allg. Begr. RegE, *Kübler/Prütting,* S. 103.
[64] *Häsemeyer,* RdNr. 14.23; *Dinstühler* ZIP 1998, 168.
[65] So bereits *Jaeger,* der in zweifelhaften Fällen die Eröffnung des Konkursverfahrens befürwortete, da die Massearmut auch in einem späteren Stadium noch berücksichtigt werden könnte, Lehrbuch des Konkursrechts, 8. Aufl., 1932, S. 171.
[66] AG Hamburg NZI 2000, 140.
[67] *Kübler/Prütting/Pape* § 208 RdNr. 21; HK-*Landfermann* § 208 RdNr. 14/15; aA *Kübler,* Kölner Schrift, S. 976 RdNr. 33, der empfiehlt, die für die Verwaltung erforderlichen Kosten „großzügig" anzusetzen, um den Tatbestand des § 207 herbeizuführen.
[68] *Runkel/Schnurbusch* NZI 2000, 49; *Kluth* ZInsO 2000, 177; *Haarmeyer* ZInsO 2001, 105.
[69] AG Hamburg NZI 2000, 140; *Kirchhof* ZInsO 2001, 5.

Einstellung mangels Masse

Kosten nicht in der Lage ist.[70] Eine vorhandene Deckung der Kosten des Insolvenzverfahrens darf nicht vom Verwalter durch die Einleitung von Rechtsstreitigkeiten gefährdet werden, für die keine hinreichend sicheren Erfolgschancen bestehen.

bb) Stellungnahme. Die gesetzliche Regelung wird vor allem im Schrifttum mit einigem Recht kritisiert.[71] Wie soll der Insolvenzverwalter die notwendige Bewirtschaftung und Sicherung der Massegegenstände gewährleisten, wenn ihm die Mittel fehlen, z. B. zur Aufrechterhaltung des Versicherungsschutzes, zu einer erforderlichen Bewachung oder der Belieferung mit Strom, Heizung und Wasser? Daraus resultiert auch die Befürchtung vieler Insolvenzverwalter, zwangsläufig in eine Haftungssituation nach § 61 zu geraten.[72] Die Weiterführung eines Insolvenzverfahrens, in dem selbst absolut notwendige Verwaltungsmaßnahmen nicht aus der Masse bezahlt werden können, ist ohne erkennbaren Nutzen.[73] Die Insolvenzgläubiger können von Eröffnung des Verfahrens an nicht mit irgendeiner Befriedigung ihrer Ansprüche rechnen. Die vorhandenen Massemittel werden vielmehr zum Bestreiten der Verfahrenskosten aufgebraucht und stehen damit auch nach Verfahrenseinstellung den Gläubigern als Zugriffsobjekte in der Einzelzwangsvollstreckung nicht zur Verfügung; daneben ist auf Grund der Massearmut die Befriedigung der Massegläubiger selbst aus vom Insolvenzverwalter eingegangenen Rechtsgeschäften ungewiss. Damit nicht Insolvenzverfahren eröffnet oder weitergeführt werden müssen, die ihren Zweck offenkundig nicht erfüllen können, wird deshalb in der Kommentarliteratur vorgeschlagen, in die Kosten i. S. d. § 54 auch die für die ordnungsgemäße Verwaltung und Verwertung der Masse zwingend notwendigen Ausgaben einzubeziehen.[74] Soweit eine Deckung dieser weitergehenden **„unausweichlichen Verwaltungskosten"** nicht – mehr – vorhanden ist, führte dies vorzeitig zur Einstellung des eröffneten Verfahrens wegen Masselosigkeit nach § 207. *Rattunde/Röder* vertreten die Auffassung, die Aufwendungen für derartige notwendige Sicherungs- und Verwaltungsmaßnahmen als Annex den Auslagen des Verwalters i. S. d. § 54 Nr. 2, 2. Fall zuzurechnen; die erforderliche Deckung der Verfahrenskosten nach § 207 Abs. 1 müsste deshalb diese mit umfassen.[75] Die Lösungswege sind jedoch mit dem Wortlaut und Normzweck der §§ 207, 54 unvereinbar. Die Ausgaben für die Verwaltung, Verwertung und Verteilung der Masse sind einheitlich in § 55 Abs. 1 als sonstige Masseverbindlichkeiten eingeordnet, was eine Umqualifizierung als Kosten des Verfahrens i. S. d. § 54 ausschließt. Der Begriff der Auslagen des Insolvenzverwalters in § 4 Abs. 2 InsVV bezieht sich auf Ausgaben, die aus der Amtstätigkeit des Insolvenzverwalters herrühren und ihn deshalb persönlich treffen; sie haben nichts mit den für die ordnungsgemäße Verfahrensabwicklung erforderlichen Ausgaben zu tun.[76] Soweit nach der Rechtsprechung des BGH notwendige Steuerberatungskosten des Insolvenzverwalters ausnahmsweise als erstattungsfähige Auslagen

---

[70] Die Möglichkeiten der Bewilligung der Prozesskostenhilfe müssen deshalb vom Insolvenzverwalter zum Zwecke der Massemehrung konsequent genutzt werden, wenn er den Prozess nach pflichtgemäßer Prüfung für aussichtsreich halten kann, BGH ZIP 1998, 297; OLG Köln ZIP 2000, 1779.
[71] HK-*Landfermann* § 207 RdNr. 5; *Haarmeyer/Wutzke/Förster*, Handbuch, Kap. 8 RdNr. 127; *Häsemeyer* RdNr. 726; *Dinstühler* ZIP 1998, 1698.
[72] Vgl. zu dieser Befürchtung u. zu Möglichkeiten der Haftungsvermeidung aber *Kaufmann* in ZInsO 2006, 961, 962 f., wonach für den Verwalter zwar zahlreiche Haftungsrisiken bestehen, dieser jedoch in massearmen Verfahren nicht „unausweichlich" in die persönliche Haftung gerät.
[73] Es gilt der Grundsatz, dass ein Verfahren nicht eröffnet werden sollte, das alsbald auf Grund Massearmut wieder einzustellen wäre, vgl. *Jaeger*, Lehrbuch des Konkursrechts, 8. Aufl., 1932, S. 171.
[74] HK-*Landfermann* § 207 RdNr. 7/8; *Kübler*, Kölner Schrift, S. 976, RdNr. 33; *Smid* § 207 Nr. 5.
[75] *Rattunde/Röder*, Verfahrenseröffnung und Kostendeckung nach der InsO, DZWiR 1999, 309; zust. *Uhlenbruck* § 207 RdNr. 3; begrenzt auf die öffentlich-rechtlichen – strafbewehrten – Verpflichtungen des Verwalters auch HambKomm-*Weitzmann* § 207 RdNr. 5.
[76] *Kirchhof* ZInsO 2001, 5, hält es für vertretbar, dass der Insolvenzverwalter Fachkräfte mit der Erfüllung besonderer Aufgaben unter den Voraussetzungen des § 4 Abs. 1 Satz 3 InsVV beauftragen kann, etwa zur Erstellung von Steuererklärungen oder Beseitigung von Altlasten; deren Vergütungsansprüche stellten Auslagen des Insolvenzverwalters nach § 54 Nr. 2 dar, die deshalb in die Kostendeckung des § 207 einzubeziehen wären; allerdings war es gerade Zweck des § 5 InsVV, die frühere Praxis zu unterbinden, die Erstattung von Gehältern und sonstigen Hilfskräften als Auslagen zu unterbinden, vgl. im Einzelnen *Haarmeyer/Wutzke/Förster* InsVV § 4 RdNr. 9. Zur Reichweite des Auslagenbegriffs gem. § 54 InsO s. *Gerke/Sietz* NZI 2005, 373 f.

und damit als Massekostendeckung zu behandeln sind, gilt dies nur in masselosen Insolvenzverfahren mit Kostenstundung gem. § 4 a.[77] Nur de lege ferenda wird erreicht werden können, dass auf Grund unzureichender Mittel nicht sinnvoll abwicklungsfähige Insolvenzverfahren eingestellt werden können, auch wenn noch eine Deckung der reinen Verfahrenskosten vorhanden sein sollte.[78]

30 **4. Kostenvorschuss. a) Zweck.** Nach § 207 Abs. 1 Satz 2 HS 1 ist es erlaubt, die Einstellung des Insolvenzverfahrens mangels Masse durch Leistung eines ausreichenden Geldbetrags abzuwenden. Mit Hilfe der Zahlung eines Massekostenvorschusses kann die Fortsetzung der Liquidation nach den Regeln des Insolvenzrechtes erreicht werden. Allerdings besteht in der Praxis – wie auch unter Geltung der KO und vor allem seit der Möglichkeit der Kostenstundung – wenig Bereitschaft zur Vorschussfinanzierung.[79] Die außergerichtliche Liquidation nach Einstellung des Insolvenzverfahrens ist für den einzelnen Gläubiger grundsätzlich vorteilhafter, da der individuelle Zugriff auf das schuldnerische Vermögen im Wege der Zwangsvollstreckung wieder eröffnet wird. Auch in Zukunft wird die Abwicklung masseloser Gesellschaften außerhalb des Insolvenzrechtes erforderlich sein.[80] Im Einzelfall kann der geschädigte Gläubiger jedoch ausreichend interessiert sein, durch Leistung eines Kostenvorschusses die weitere Tätigkeit des Insolvenzverwalters zu erkaufen. Beweggrund kann z. B. die Hoffnung sein, dass dieser durch Einsatz seiner umfassenden Auskunfts- und Informationsrechte verborgen gebliebene Massegegenstände aufspürt, gesellschaftsrechtliche Haftungsansprüche gegen die Organe und Gesellschafter herausfindet oder insolvenzrechtliche Anfechtungsansprüche erfolgreich zur Masseanreicherung durchsetzt. Sicherheitengläubiger können sich zu Vorschussleistungen bereit finden, um eine ordnungsgemäße Verwertung ihrer Aus- und Absonderungsrechte durch den Insolvenzverwalter zu gewährleisten, insbesondere wenn sie dem Schuldner misstrauen. Ohne die Verfolgung eigennütziger Zwecke wird niemand die Leistung eines Verfahrenskostenvorschusses auf sich nehmen.[81]

31 **b) Haftung der Organmitglieder.** Der eingezahlte Verfahrenskostenvorschuss ist idR verloren, wenn das Insolvenzverfahren mangels Masse nach § 207 eingestellt werden muss. Um das damit verbundene Kostenrisiko zu mindern, sieht § 207 Abs. 1 Satz 2, 2. HS i. V. m. § 26 Abs. 3 eine Haftung der Geschäftsführer für geleistete Verfahrenkostenvorschüsse vor.[82] Der Vorschussleistende hat danach einen **Schadenersatzanspruch** in Höhe des vorgeschossenen Betrages gegen die Mitglieder der Geschäftsführung wegen Insolvenzverschleppung. Um die Anspruchsdurchsetzung zu erleichtern, müssen die subjektiven Voraussetzungen einer Insolvenzverschleppung nicht nachgewiesen werden; vielmehr wird insoweit vermutet, dass der Geschäftsführer pflichtwidrig und schuldhaft gehandelt hat, was im Übrigen auch durch den Eintritt der Masselosigkeit indiziert wird. Auch die gesetzliche Beweiserleichterung kann jedoch die Bereitschaft nicht nachhaltig fördern, zur Abwendung der Verfahrenseinstellung ausreichende Kostenvorschüsse zur Verfügung zu stellen.[83] Der Vorschussleistende ist weiterhin gezwungen, zur Durchsetzung des Schadenersatzanspruches einen auch unter Berücksichtigung der Beweislastumkehr riskanten und kostspieligen Regressprozess zu führen. Zusätzlich muss er die Ungewissheit in Kauf nehmen, dass Rückgriffsansprüche gegen den Geschäftsführer wegen unzureichender Vermögensverhältnisse nicht durchgesetzt werden können, wenn dieser zur Abwendung der Haftung z. B. in das

---

[77] BGH NJW 2004, 2976 u. ZIP 2006, 1501; AG Hamburg NZI 2006, 674; AG Dresden ZIP 2006, 1686 (Kosten auch der „Lohnbuchhaltung" als erstattungsfähige Auslagen); *Kaufmann* ZInsO 2006, 961, 964. Für Anerkennung der Steuerberatungskosten als Auslagen des Verwalters auch in Verfahren mit ausreichender Masse ohne Kostenstundung aber *Pape* ZInsO 2004, 1049, 1051; ebenso HK-*Landfermann* § 207 RdNr. 12.

[78] *Kaufmann*, ZInsO 2006, 961 ff.; *Jaeger/Henckel* § 26 RdNr. 17; *Breutigam* in: Breutigam/Blersch/Goetsch § 207 RdNr. 6; vgl. auch zu § 54 RdNr. 33.

[79] *Breutigam* in: Breutigam/Blersch/Goetsch § 207 RdNr. 12; *Mohrbutter/Ringstmeier/Pape* § 12 RdNr. 33.

[80] *K. Schmidt*, Kölner Schrift, S. 1199 RdNr. 41; *Konzen*, Festschrift P. Ulmer, S. 323 ff.

[81] *Breutigam* in: Breutigam/Blersch/Goetsch § 207 RdNr. 11.

[82] *Kübler/Prütting/Pape* § 26 RdNr. 22.

[83] *Breutigam* in: Breutigam/Blersch/Goetsch § 207 RdNr. 12.

Verbraucherinsolvenzverfahren nach den §§ 305 ff. flüchtet. Eine auch andern Gläubigern nutzbringende Vorschusszahlung bleibt deshalb für den Gläubiger ein kaum kalkulierbares Risiko, so dass es meist eher in seinem Interesse liegt, die Einstellung des Insolvenzverfahrens mangels Masse abzuwarten und im Wege der Individualzwangsvollstreckung zu versuchen, auf noch vorhandene Vermögensgegenstände des Schuldners zuzugreifen.

c) Vorschussleistender. Jeder Gläubiger ist zur Leistung des Verfahrenskostenvorschusses nach § 207 Abs. 1 Satz 2 berechtigt. Auch der Schuldner selbst kann den erforderlichen Kostenvorschuss erbringen, damit das Insolvenzverfahren durchgeführt wird und ihm eine Restschuldbefreiung zugute kommen kann.[84] Darüber hinaus sind auch nicht am Insolvenzverfahren unmittelbar Beteiligte zur Erbringung eines Kostenvorschusses befugt, um die im allgemeinen Interesse an einer geordneten Abwicklung liegende Weiterführung des Insolvenzverfahrens sicherzustellen.[85] Ein rechtliches Interesse an der Nicht-Einstellung des Verfahrens muss der Leistende nicht besitzen oder glaubhaft machen.[86] In der Insolvenz über das Vermögen einer GmbH kann der Verfahrenskostenvorschuss deshalb auch von einem Gesellschafter gestellt werden. Die Bewilligung der Prozesskostenhilfe für einen Gläubiger nach §§ 114 ff. ZPO umfasst nicht die Einzahlung des Vorschusses, bei dem es sich nicht um Prozesskosten handelt.[87]

Die Vorschussleistung durch den Insolvenzverwalter ist zwar vom Gesetz nicht ausdrücklich untersagt. Der Insolvenzverwalter hat jedoch gem. § 56 Abs. 1 die Stellung eines unabhängigen Sachwalters. Mit der Aufbringung des Verfahrenskostenvorschusses würde sich der Insolvenzverwalter wirtschaftlich am Verfahren beteiligen, was zu einem Interessenkonflikt führen kann. Der Insolvenzverwalter kann deshalb nach zutreffender hM[88] auch nicht den Vorschuss übernehmen, um z. B. die Weiterführung seiner Tätigkeit als Insolvenzverwalter zu sichern.

d) Vorschussbemessung. Die Höhe des Vorschusses bemisst sich nach dem zur Abdeckung der Kosten des Verfahrens erforderlichen Betrag.[89] Deshalb ist es erforderlich, ausgehend von der voraussichtlichen Teilungsmasse die gesamten Verfahrenskosten i. S. d. § 54 möglichst exakt zu berechnen. Nach § 54 Nr. 2 gehören auch die Vergütung und Auslagen des vorläufigen Insolvenzverwalters zu den Verfahrenskosten; sie sind deshalb bei der Bemessung des erforderlichen Verfahrenskostenvorschusses einzurechnen. Soweit die Insolvenzmasse über – wenn auch unzureichende – eigene Mittel verfügt, ist nur eine bestehende Kostenunterdeckung durch den Vorschuss auszugleichen.

Der Vorschuss dient ausschließlich dazu, die Begleichung der Verfahrenskosten sicherzustellen. Er steht in keiner Beziehung zu den sonstigen Masseverbindlichkeiten. Die Ausgaben für die Verwaltung und Verwertung der Insolvenzmasse oder sonstige Masseverbindlichkeiten nach § 55 sind für die Vorschussberechnung irrelevant. Auch dürfen in den Vorschuss nicht eingerechnet werden Aufwendungen für solche Verwaltungsmaßnahmen, die – zumindest für eine befristete – Durchführung des Insolvenzverfahrens notwendig sind, wie z. B. für die Aufrechterhaltung des Versicherungsschutzes oder Sicherstellung der Energieversorgung.[90] Gegenüber den Verfahrenskosten i. S. d. § 54 sind die Verwaltungs- und Verwertungsausgaben nach der gesetzlichen Rangordnung, vgl. § 209 Abs. 1, nunmehr ausdrücklich nachrangig; sie können deshalb dem Vorschussleistenden nicht noch zusätzlich

---

[84] OLG Köln NZI 2000, 219; FK-*Schmerbach* § 26 RdNr. 18.
[85] HM, z. B. Kübler/Prütting/Pape § 207 RdNr. 19; Nerlich/Römermann/Westphal § 207 RdNr. 19; Haarmeyer ZInsO 2001, 107; Breutigam in: Breutigam/Blersch/Goetsch § 207 RdNr. 13, nur Beteiligte des Insolvenzverfahrens.
[86] *Kübler*, Kölner Schrift, S. 970 RdNr. 12 unter Hinweis auf die Entstehungsgeschichte.
[87] HK-*Kirchhof* § 26 RdNr. 24; *Gottwald/Uhlenbruck*, Insolvenzrechts-Handbuch, § 15 RdNr. 15. Dies gilt auch für das Bestehen von Gebührenfreiheit.
[88] *Mohrbutter/Ringstmeier/Pape* § 12 RdNr. 35; HK-*Landfermann* § 207 RdNr. 14; HambKomm-*Weitzmann* § 207 RdNr. 13; zweifelnd dagegen *Uhlenbruck* NZI 2001, 408.
[89] Kübler/Prütting/Pape § 209 RdNr. 16; *Kübler*, Kölner Schrift, S. 996 RdNr. 8; Nerlich/Römermann/Westphal § 207 RdNr. 23.
[90] *Haarmeyer/Wutzke/Förster*, Handbuch, Kap. 8 RdNr. 136; *Dinstühler* ZIP 1998, 1699.

aufgebürdet werden. Der Insolvenzverwalter ist vielmehr angesichts der Masseamut gezwungen, von der Begründung nicht gedeckter Masseverbindlichkeiten Abstand zu nehmen, andernfalls riskiert er bei deren Nichterfüllung nach § 61 persönlich haften zu müssen. Obgleich die eigentlichen Verfahrenkosten durch eine ausreichende Vorschussleistung abgedeckt sind, kann die Weiterführung des Insolvenzverfahrens dennoch zweckwidrig sein, wenn keine konkrete Aussicht auf eine Masseanreicherung besteht und dem Insolvenzverwalter auch keine weiteren finanziellen Mittel zur Verfügung stehen, um seine Abwicklungs- und Verwertungsaufgaben ordnungsgemäß erfüllen zu können; die Einstellung des Verfahrens ist jedoch nach § 207 erst zugelassen, wenn die Verfahrenskostendeckung unterschritten ist.[91] Hatte ein Gläubiger zunächst einen ausreichenden Geldbetrag vorgeschossen, so ist er nicht zu einem Nachschuss verpflichtet, wenn sich im Laufe des Verfahrens herausstellt, dass er unzureichend ist.[92] Vielmehr ist das Insolvenzverfahren, sobald die – erneute – Masselosigkeit festgestellt wurde, einzustellen, soweit der aufgetretene Fehlbetrag nicht wiederum vorgeschossen wird.

36   e) **Verfahren.** Das Insolvenzgericht hat die Höhe des als ausreichend angesehenen Verfahrenskostenvorschusses festzusetzen. Zur Einzahlung kann es eine Frist setzen. Dabei handelt es sich nicht um eine Ausschlussfrist.[93] Der Vorschuss kann deshalb bis zur Rechtskraft des Einstellungsbeschlusses eingezahlt werden.[94] Das Insolvenzgericht kann aber nur dem Antragsteller aufgeben, den Vorschuss zu leisten; bei mehreren Antragstellern kann von ihnen jeweils der volle Geldbetrag eingefordert werden. Erfolgt die Leistung des festgesetzten Kostenvorschusses nicht, so beschließt das Insolvenzgericht die Verfahrenseinstellung. Der Einstellungsbeschluss ist nach § 216 mit der sofortigen Beschwerde anfechtbar. Die Beschwerde kann darauf gestützt werden, dass das Insolvenzgericht den Vorschuss fehlerhaft berechnet und z. B. im Ergebnis zu hoch angesetzt hat.[95]

37   f) **Sondermasse.** Der zur Verhinderung der Verfahrenseinstellung eingezahlte Verfahrenskostenvorschuss[96] wird nicht Teil der Insolvenzmasse. Er stellt vielmehr eine treuhänderisch gebundene Sondermasse dar, die der Verwaltung des Insolvenzverwalters unterliegt.[97] Wird vom Schuldner ein kostendeckender Vorschuss nach § 207 tatsächlich geleistet, so stellt dieser allerdings nur dann ein Sondervermögen dar, wenn er nachweisbar aus seinem massefreien Vermögen bzw. von einem Dritten stammt; andernfalls ist er Bestandteil der Insolvenzmasse.[98] Aufgrund seiner Zweckbindung darf der Vorschuss ausschließlich zur Begleichung der Verfahrenskosten eingesetzt werden. Sobald die Insolvenzmasse ausreichend ist, um die Verfahrenskosten abzudecken, hat der Vorschussleistende deshalb einen Anspruch auf (Teil-)Rückzahlung gegenüber dem Insolvenzverwalter.[99]

38   Muss demgegenüber der Vorschuss zum Ausgleich der Verfahrenskosten eingesetzt werden, so tritt der Leistende im Insolvenzverfahren an die Stelle des Massekostengläubigers, dessen Ansprüche damit befriedigt werden konnten.[100] Er ist vorrangig zu befriedigen, vgl. § 209 Abs. 1 Nr. 1, wenn nachfolgend der Insolvenzverwalter die Verfahrenskosten noch aus der

---

[91] Vgl. § 207 RdNr. 29.
[92] *Hess*, InsO, § 207 RdNr. 25.
[93] *Kübler/Prütting/Pape* § 207 RdNr. 17; *Breutigam* in: *Breutigam/Blersch/Goetsch* § 207 RdNr. 15.
[94] *Haarmeyer* ZInsO 2001, 103 ff.; HambKomm-*Weitzmann* § 207 RdNr. 14.
[95] LG Hof JurBüro 1989, 654. Der Einwand, der Vorschuss sei nachträglich im Beschwerdeverfahren einbezahlt, ist zu berücksichtigen, vgl. OLG Frankfurt ZIP 1991, 1153. Die Anforderung des Vorschusses durch das Insolvenzgericht ist nicht mehr selbständig anfechtbar, so dass eine Überprüfung nur im Beschwerdeverfahren erfolgt, *Gottwald/Uhlenbruck* § 15 RdNr. 11.
[96] Die Einzahlung des Kostenvorschusses kann mit Zustimmung des Insolvenzgerichtes durch Stellung einer Massekostengarantie, z. B. durch ein Kreditinstitut ersetzt werden. Die Zulassung einer solchen Kostengarantie liegt im richterlichen Ermessen.
[97] HM: *Nerlich/Römermann/Westphal* § 207 RdNr. 24; *Gottwald/Uhlenbruck,* Insolvenzrechts-Handbuch, § 15 RdNr. 14.
[98] HK-*Kirchhof* § 26 RdNr. 34; *Haarmeyer* ZInsO 2001, 107.
[99] OLG Frankfurt/Main ZIP 1986, 931.
[100] HK-*Kirchhof* § 26 RdNr. 34.

Masse bestreiten kann. Soweit auf Grund der Masseinsuffizienz dies nicht der Fall ist, fällt der Vorschussleistende aus. Nach Verfahrenseinstellung haftet jedoch der Schuldner ihm gegenüber mit der an diesen zurückgegebenen Restmasse;[101] daneben stehen ihm ggf. Ersatzansprüche nach §§ 207 Abs. 1 Satz 2, 26 Abs. 3 gegen die Organe der insolventen Gesellschaft zu.

5. Stundung der Verfahrenskosten. Ist der Schuldner eine natürliche Person, kann er mit einem Antrag auf Stundung der Kosten des Insolvenzverfahrens gem. § 207 Abs. 1 Satz 2, 2. HS i. V. m. § 4 a Abs. 1 Satz 1 eine sonst drohende Einstellung mangels Masse verhindern und mit dem Antrag auf Restschuldbefreiung gem. §§ 286 ff. erreichen, von seinen restlichen Verbindlichkeiten befreit zu werden, § 1 Satz 2. Seit Inkrafttreten des InsÄndG 2001 ist die Zahl der mit Hilfe der Kostenstundung durchgeführten Verfahren und damit auch die Belastung der Insolvenzgerichte stark angestiegen.[102] Ohne die Stundung der Verfahrenskosten würde ein Großteil der Insolvenzverfahren mangels Masse nicht eröffnet bzw. nachträglich eingestellt. Den Stundungsvorschriften kommt daher gerade für die masselosen Verfahren eine besondere Bedeutung zu. Ein zulässiger Stundungsantrag setzt voraus, dass der Schuldner dem Insolvenzgericht konkret darlegt, dass sein Vermögen voraussichtlich zur Deckung der in § 54 genannten Verfahrenskosten nicht ausreicht. Zu den gestundeten Kosten gehören insbesondere die festgesetzte Vergütung und die Auslagen des Insolvenzverwalters. In Fällen der Kostenstundung sind notwendige Aufwendungen des Insolvenzverwalters infolge der Beauftragung eines Steuerberaters – ausnahmsweise (s. zum Auslagenbegriff RdNr. 29) – als Auslagen i. S. v. § 4 Abs. 2 InsVV zu behandeln, die gem. § 63 Abs. 2 aus der Staatskasse zu erstatten sind. Dies setzt aber voraus, dass die Finanzverwaltung auf der Erfüllung der in § 34 Abs. 3 AO normierten Pflichten trotz Massearmut weiterhin besteht statt auf die Abgabe einer Steuererklärung zu verzichten und die Besteuerungsgrundlagen zu schätzen.[103]

D. Die Einstellung mangels Masse

I. Ablauf des Verfahrens

1. Anzeige der Masselosigkeit. Die Einstellung des Verfahrens mangels Masse nach § 207 erfolgt durch das Insolvenzgericht von Amts wegen. Das Insolvenzgericht kann den Eintritt der Masselosigkeit idR jedoch nicht erkennen. Eine Pflicht, die Deckung der Verfahrenskosten laufend zu kontrollieren, besteht für das Insolvenzgericht zudem nicht. Der Insolvenzverwalter hat die wirtschaftliche und finanzielle Lage des seiner Verwaltung unterliegenden schuldnerischen Vermögens laufend zu überwachen. Aufgrund seiner verfahrensrechtlichen Stellung verfügt er idR allein über die erforderlichen Informationen und Kenntnisse zur Berechnung und Prüfung der Verfahrenskostendeckung. Ergibt sich im Verlauf des Insolvenzverfahrens, dass – entgegen der Prognose bei Verfahrenseröffnung – die zur Deckung der Verfahrenskosten benötigten Mittel nicht ausreichen, so hat er das Insolvenzgericht über den Eintritt der Masselosigkeit in Kenntnis zu setzen. Er kann gleichzeitig die Einstellung mangels Masse nach § 207 anzeigen; eines förmlichen Antrages bedarf es jedoch nicht.[104] Das Insolvenzgericht hat nunmehr von Amts wegen zu klären, ob tatsächlich die Voraussetzungen nach § 207 vorliegen. Der Insolvenzverwalter hat deshalb den Eintritt der Masselosigkeit nachvollziehbar darzulegen, so dass eine Prüfung durch das Insolvenzgericht

---

[101] *Nerlich/Römermann/Westphal* § 207 RdNr. 25.
[102] S. dazu *Hergenröder* DZWIR 2006, 265 f.; *Pape* ZInsO 2006, 897. Im Zuge der geplanten Reform des Insolvenzrechts natürlicher Personen soll zur Entlastung der Insolvenzgerichte und zur Kostenentlastung der Länderhaushalte die 2001 neu eingeführte Kostenstundung allerdings wieder aufgehoben werden; bei Wegfall der Stundungsmöglichkeit wären bereits eröffnete Verfahren gem. § 207 einzustellen, sobald das Schuldnervermögen die Verfahrenskosten nicht (mehr) deckt. Vgl. auch Fn. 184.
[103] BGHZ 160, 176, 182 f. = NJW 2004, 2976 = NZI 2004, 577 f. m. zust. Anm. *Bernsau*; BGH NZI 2006, 586 = ZInsO 2006, 817: Keine Auslagenerstattung aber bei Beschäftigung eigener Hilfskräfte; zust. HK-*Landfermann* § 207 RdNr. 10/11; ebenso bereits LG Kassel m. Anm. *Keller* EWiR 2002, 957.
[104] *Kübler/Prütting/Pape* § 207 RdNr. 13; *Nerlich/Römermann/Westphal* § 207 RdNr. 19.

erfolgen kann. Er hat zu diesem Zweck unter Angabe der vorhandenen Mittel sowie der noch künftig realisierbaren Vermögenswerte die erzielbare voraussichtliche Teilungsmasse möglichst genau zu beziffern; hiervon ausgehend sind die Verfahrenskosten zu berechnen und plausibel darzulegen, dass diese gegenwärtig und auch künftig aus der Aktivmasse nicht beglichen werden können. Die Anregung an das Insolvenzgericht zur Verfahrenseinstellung kann auch von einem Gläubiger oder anderen Verfahrensbeteiligten ausgehen, wenn diese, was typischerweise aber nicht der Fall ist, über entsprechende Informationen verfügen.[105] Zu Aufklärungszwecken wird das Insolvenzgericht in einem solchen Fall zunächst den Insolvenzverwalter zu einer Stellungnahme auffordern, § 58 Abs. 1.

41 **2. Anhörung der Beteiligten.** Sieht das Gericht auf Grund der Anzeige die Einstellungsvoraussetzungen für gegeben an, so hat es vor einer Verfahrenseinstellung nach § 207 Abs. 2 die Gläubigerversammlung, den Insolvenzverwalter und die Massegläubiger zu hören. Die Anhörung dient vor allem dem Insolvenzgericht, das die Anzeige nur beschränkt prüfen kann, zur abschließenden Klärung, ob die Einstellungsvoraussetzungen vorliegen.[106] Die Gläubiger können deren Eintritt z. B. dadurch in Zweifel ziehen, dass sie die Existenz weiterer Vermögensgegenstände nachweisen. Zudem erhalten die Beteiligten Gelegenheit, durch eine ausreichende Vorschussleistung eine nicht in ihrem Interesse liegende Einstellung des Verfahrens nach § 207 abzuwenden.[107] Anzuhören ist – was selbstverständlich ist – der Insolvenzverwalter.

42 **a) Gläubigerversammlung.** Ausdrücklich vorgeschrieben ist die Anhörung der Gläubigerversammlung. In der Einberufung der Gläubigerversammlung zum Zwecke der Anhörung ist auch der Hinweis aufzunehmen, dass die Verfahrenseinstellung durch Einzahlung des vom Insolvenzgericht festgelegten Kostenvorschusses verhindert werden kann. Die Gläubiger können in der ersten Gläubigerversammlung auf ihr Anhörungsrecht nach § 207 Abs. 2 nicht verzichten, da die Anhörung vom Gesetzgeber ausdrücklich vorgeschrieben ist.[108] Die gesetzgeberische Regelung ist aber nicht sachgerecht. Gerade in größeren Verfahren wäre es vernünftiger, auf die kostenträchtige Durchführung einer Gläubigerversammlung zu verzichten, an deren Teilnahme die Gläubiger wegen der fehlenden Quotenaussicht grundsätzlich ohnehin nicht interessiert sind.[109] Die Anhörung eines im Insolvenzverfahren bestellten Gläubigerausschusses wäre ausreichend; der Gesetzgeber hat dies jedoch nicht vorgesehen.

43 **b) Massegläubiger.** Das Insolvenzgericht hat vor der Verfahrenseinstellung ferner die Massegläubiger zu hören. Diese sind dem Insolvenzgericht nicht bekannt; der Insolvenzverwalter hat deshalb eine vollständige, mit Namen und Anschrift versehene Massegläubigerliste beim Insolvenzgericht einzureichen, aus der auch die geltend gemachten Ansprüche ersichtlich sind und inwieweit diese anerkannt bzw. bestritten sind. Für die Anhörung der Massegläubiger ist eine Form nicht vorgeschrieben. Die Unterrichtung wird idR durch ein Rundschreiben erfolgen, in dem die Gründe für die Einstellung des Verfahrens erläutert werden und Gelegenheit geboten wird, bis zum Stattfinden der Gläubigerversammlung hierzu Stellung zu nehmen sowie ggf. die Einstellung durch eine Vorschusszahlung abzuwenden.[110] Das Insolvenzgericht kann entsprechend § 8 Abs. 3 mit der Durchführung der Anhörung auch den Insolvenzverwalter beauftragen. Eine besondere Zustellung des Informationsschreibens bedarf es aber nicht.

---

[105] *Kübler/Prütting/Pape* § 207 RdNr. 13.
[106] Allg. Begr. zu § 317 RegE, *Kübler/Prütting*, S. 434.
[107] Allg. Begr. zu § 317 RegE, *Kübler/Prütting*, S. 434.
[108] *Kübler/Prütting/Pape* § 207 RdNr. 21; *Mohrbutter/Ringstmeier/Pape* § 12 RdNr. 39; *Haarmeyer/Wutzke/Förster*, Handbuch, Kap. 8 RdNr. 118; strittig. Weiterhin wird für zulässig angesehen, dass die Gläubiger in der ersten Gläubigerversammlung gem. der früheren Rechtsprechung auf eine Anhörung vor der Verfahrenseinstellung wegen Masselosigkeit sowie auf die Abnahme der Schlussrechnung verzichten und die Entscheidung dem Insolvenzgericht überlassen können, vgl. LG Göttingen ZIP 1997, 1039; *Nerlich/Römermann/Westphal* § 207 RdNr. 32; *Hess*, InsO, § 207 RdNr. 32; *Breutigam* in: *Breutigam/Blersch/Goetsch* § 207 RdNr. 10.
[109] *Smid* WM 1998, 1316.
[110] *Kübler/Prütting/Pape* § 207 RdNr. 14; *Nerlich/Römermann/Westphal* § 207 RdNr. 34.

3. Rechnungslegung. Der Insolvenzverwalter hat auch im Falle der Einstellung mangels 44
Masse nach § 207 einen Tätigkeitsbericht vorzulegen sowie nach Maßgabe des § 66 Abs. 1
Rechnung zu legen.[111] Die Schlussrechnung ist vom Insolvenzgericht zu prüfen, § 66 Abs. 2
Satz 1. Die Anhörung der Gläubigerversammlung nach § 207 Abs. 2 kann mit dem Termin
zur Abnahme der Schlussrechnung des Verwalters verbunden werden.[112] Dies ist zweckmäßig, um in Hinblick auf den Eintritt der Masselosigkeit die Verfahrenseinstellung möglichst zügig und kostengünstig herbeizuführen.

Der Insolvenzverwalter hat deshalb seine Schlussrechnung rechtzeitig vor dem anberaumten 45
Termin der Gläubigerversammlung beim Insolvenzgericht einzureichen.[113] Insoweit
muss in Kauf genommen werden, dass die Abnahme der Schlussrechnung nicht einhergeht
mit der Beendigung des Amts als Insolvenzverwalter. Dieser hat zunächst gem. § 207 Abs. 3
die Verteilung der Barmittel an die Massekostengläubiger vorzunehmen. Erst wenn er den
Vollzug durch Vorlage des entsprechenden Verteilungsverzeichnisses sowie der Auszahlungsbelege gegenüber dem Insolvenzgericht nachgewiesen hat, kann dieses die Verfahrenseinstellung beschließen, vgl. §§ 215, 216.

4. Forderungsprüfung, Nachhaftung. Die Insolvenzgläubiger haben auch im Falle der 46
Beendigung des Insolvenzverfahrens durch Einstellung ein Interesse daran, dass die zur
Tabelle angemeldeten Insolvenzforderungen geprüft und festgestellt werden. Nach Verfahrenseinstellung können sie ihre Ansprüche gegen den Schuldner wieder unbeschränkt
geltend machen, §§ 215 Abs. 2 Satz 2 i.V. m. 201, 202. Wurden ihre Forderungen uneingeschränkt festgestellt, können sie aus der Eintragung in die Insolvenztabelle wie aus einem
vollstreckbaren Urteil die Zwangsvollstreckung betreiben, § 201 Abs. 2 Satz 1. Liegen nach
Eintritt der Masselosigkeit noch nicht geprüfte – nachträglich angemeldete – Insolvenzforderungen vor, sollten auch diese im Zusammenhang mit der Anhörung der Gläubigerversammlung geprüft werden, damit zugunsten der Insolvenzgläubiger zumindest noch eine
Titulierung ihrer Ansprüche herbeigeführt werden kann.[114]

Der Insolvenzverwalter hat ein Verteilungsverzeichnis bzw. Schlussverzeichnis i. S. d. 47
§§ 188, 197 Abs. 1 beim Insolvenzgericht allerdings nicht einzureichen.[115] Für den Fall der
Einstellung mangels Masse ist ein derartiges Verzeichnis nicht vorgesehen, da die Verteilung
einer Masse an die Insolvenzgläubiger nicht in Betracht kommt.

II. Einstellung

1. Beschlussfassung durch das Insolvenzgericht. Die Einstellung des Insolvenzverfahrens erfolgt von Amts wegen, wenn Masselosigkeit eingetreten ist und ein ausreichender 48
Kostenvorschuss nicht einbezahlt wurde.[116] Das Insolvenzgericht hat keinen Ermessensspielraum.[117] Der Einstellungsbeschluss sowie der Grund der Einstellung mangels Masse nach
§ 207 sind öffentlich bekannt zu machen, § 215 Abs. 1 Satz 1.[118] Der Einstellungsbeschluss
kann von jedem Insolvenzgläubiger und dem Schuldner mit der sofortigen Beschwerde
angefochten werden; dagegen steht dem Insolvenzverwalter kein Beschwerderecht zu, § 216
Abs. 1. Die sofortige Beschwerde hat grundsätzlich keine aufschiebende Wirkung,
§§ 4 i. V. m. 572 Abs. 1 ZPO, vgl. aber § 572 Abs. 2 und 3 ZPO. Bis zur Rechtskraft der
Beschwerdeentscheidung behält der Schuldner deshalb die Verwaltungs- und Verfügungsbefugnis, die er auf Grund der Einstellung des Insolvenzverfahrens zurückerhalten hatte,

---

[111] HambKomm-*Weitzmann* § 207 RdNr. 9.
[112] Allg. Begr. zu § 317 RegE, *Kübler/Prütting*, S. 435; HK-*Landfermann* § 207 RdNr. 18.
[113] *Haarmeyer/Wutzke/Förster*, Handbuch, Kap. 8 RdNr. 118; *Kübler/Prütting/Pape* § 207 RdNr. 20.
[114] Dagegen hält Pape in: *Mohrbutter/Ringstmeier/Pape* § 12 RdNr. 61 eine solche Forderungsprüfung für unvereinbar mit dem Zweck des Einstellungsverfahrens nach § 207.
[115] *Haarmeyer/Wutzke/Förster*, Handbuch, Kap. 8 RdNr. 116; *Mohrbutter/Ringstmeier/Pape* § 12 RdNr. 41; *Kluth* ZInsO 2000, 182 f.; *Dinstühler* ZIP 1998, 1707.
[116] Zuvor hat der Insolvenzverwalter die Verteilung nach § 207 Abs. 3 vorzunehmen, vgl. § 207 RdNr. 58.
[117] *Smid* § 207 RdNr. 3; *Breutigam* in: *Breutigam/Blersch/Goetsch* § 207 RdNr. 23.
[118] Zum Einstellungsverfahren selbst vgl. näher § 215 RdNr. 4 f.

§ 215 Abs. 1 Satz 1. Die sofortige Beschwerde wird idR darauf gestützt werden, dass Masselosigkeit i. S. d. § 207 nicht eingetreten ist.

2. Wirksamwerden der Einstellung. Der Einstellungsbeschluss wird wirksam in dem Zeitpunkt, in dem die öffentliche Bekanntmachung als bewirkt gilt. Dies ist nach § 9 Abs. 1 Satz 3 der Fall, sobald nach dem Tag der Veröffentlichung zwei weitere Tage verstrichen sind.[119] Die öffentliche Bekanntmachung der Verfahrenseinstellung hat deshalb umgehend nach der Beschlussfassung durch das Insolvenzgericht zu erfolgen. Die vom Insolvenzverwalter vorgenommenen Handlungen bleiben wirksam. Die Einstellung wirkt ex nunc.

3. Ablehnung der Einstellung. Hat sich das Insolvenzgericht nach dem vom Insolvenzverwalter angezeigten Eintritt der Masselosigkeit nicht davon überzeugen können, dass die Einstellungsvoraussetzungen vorliegen, so nimmt das Insolvenzverfahren ohne weiteres seinen Fortgang. Auch wenn die Einstellung mangels Masse förmlich beantragt wurde, sieht das Gesetz nicht vor, dass die Zurückweisung mittels anfechtbarem Beschluss zu erfolgen hat. Eine gerichtliche Rechtsmittelkontrolle der Beurteilung des Insolvenzgerichts, dass z. B. im Hinblick auf noch vorhandene Erfolg versprechende Ansprüche eine ausreichende Verfahrenskostendeckung vorhanden ist, findet nicht statt.[119a] Dem Insolvenzverwalter verbleibt im Konfliktsfall die Möglichkeit, Masseunzulänglichkeit nach § 208 anzuzeigen.[119b] Allerdings ist er dann weiterhin zur Verwaltung und Verwertung der Masse bis hin zur Verteilung an die Massegläubiger verpflichtet, § 208 Abs. 3, wobei die aus der weiteren Verwaltung entstehenden Verfahrenskosten und damit auch die Verwaltervergütung gem. § 209 Abs. 1 Nr. 1 in jedem Fall vorrangig aus den vorhandenen Barmitteln der Masse zu erfüllen sind.[120]

III. Sonderfälle

1. Genossenschaft. In der Satzung von Genossenschaften ist idR eine beschränkte oder unbeschränkte Nachschusspflicht statuiert. Im Hinblick auf die Nachschusspflicht ist deshalb eine Einstellung mangels einer verfahrenskostendeckenden Masse unzulässig. Nach § 105 Abs. 1 GenG können die Nachschüsse auch ausdrücklich zur Abdeckung der Ansprüche der Massegläubiger geltend gemacht werden.[121] Jedoch ist die Verfahrensbeendigung nach § 207 nur ausgeschlossen, wenn die Kosten des Verfahrens durch die eingeforderten Nachschüsse aufgebracht werden können.[122] Sie werden zur Insolvenzmasse geleistet und können deshalb auch zur Begleichung der Verfahrenskosten eingesetzt werden. Freilich ist das Insolvenzverfahren über das Vermögen der Genossenschaft nach § 207 einzustellen, wenn sich zeigt, dass die zur Deckung der Kosten des Verfahrens benötigten Nachschüsse gegenüber den Genossen nicht zu realisieren sind. Ist in der Satzung der Genossenschaft eine Nachschusspflicht nicht verankert, so kann die Einstellung wegen Masselosigkeit ohne weiteres erfolgen.

2. Insolvenzplan. Die Vorlage eines Insolvenzplans kommt nicht in Betracht, wenn auf Grund von Masselosigkeit die Verfahrenskosten nicht voll befriedigt werden können. Der Insolvenzplan muss gewährleisten, dass nach seiner Verabschiedung die Masseansprüche befriedigt bzw. sichergestellt werden können, § 258 Abs. 2. Ein vorgelegter Insolvenzplan ist nach § 231 Abs. 1 unzulässig, der nicht ausreichend erkennen lässt, dass die Masseverbindlichkeiten voll befriedigt werden können.[123] Ohne eine die Verfahrenskosten deckende Masse ist das Insolvenzverfahren nach § 207 zu beenden. Bei der Ausarbeitung eines

---

[119] Vgl. hierzu § 215 RdNr. 6.
[119a] Gegen die Ablehnung der Verfahrenseinstellung mangels Masse kann lediglich Erinnerung nach § 11 Abs. 2 RpflG eingelegt werden.
[119b] BGH ZInsO 2007, 541; *Kübler/Prütting/Pape* § 207 RdNr. 29.
[120] BGH NJW 2006, 970 = NZI 2006, 392.
[121] OLG Frankfurt NJW-RR 1997, 675 zur KO; *Uhlenbruck* § 207 RdNr. 19.
[122] § 105 Abs. 1 GenG wurde durch Art. 49 EGInsO ausdrücklich dahingehend geändert, vgl. *Kübler/Prütting*, S. 913.
[123] *Smid* WM 1998, 1322.

Insolvenzplans ist bei der Berechnung der Verfahrenskosten eine ggf. erhöhte Vergütung nach § 3 Abs. 1 lit. e InsVV von vornherein zu berücksichtigen.

3. Vollabwicklung des schuldnerischen Vermögens. Zu den grundlegenden gesetzgeberischen Absichten gehörte, die Vollabwicklung des Schuldnervermögens als insolvenzrechtliche Aufgabe zu bewältigen.[124] Das Insolvenzverfahren sollte bei Gesellschaften zugleich die Aufgabe der gesellschaftsrechtlichen Abwicklung bis hin zur Herbeiführung der Löschungsreife und anschließenden Löschung übernehmen, vgl. § 141 a FGG. Damit sollte im Interesse des Rechtsverkehrs zugleich sichergestellt werden, dass insolvente Gesellschaften nach Durchführung des Insolvenzverfahrens in aller Regel gelöscht werden.[125] Das Gesetz hat den Grundsatz der Vollabwicklung der juristischen Person durch den Insolvenzverwalter jedoch nur unzureichend verwirklicht.[126] Gesetzlicher Hauptzweck des Insolvenzverfahrens ist gem. § 1 Satz 1 die Wahrung der Gläubigerinteressen durch gemeinschaftliche Befriedigung, dem eine Abwicklung juristischer Personen untergeordnet ist.[126a] Muss das Insolvenzverfahren nach § 207 eingestellt werden, weil keine die Verfahrenskosten deckende ausreichende Masse mehr vorhanden ist, so bedeutet dies nicht, dass überhaupt keine Vermögenswerte vorhanden sind. Eine vollständige Verteilung der Insolvenzmasse durch den Insolvenzverwalter ist aber im Falle der Masselosigkeit nicht vorgesehen.[127]

a) Einstellung mangels Masse. Ein noch vorhandenes Restvermögen ist vielmehr nach Verfahrenseinstellung vom Insolvenzverwalter zurückzugeben. Diese Vermögenswerte sind im gesellschaftsrechtlichen Liquidationsverfahren abzuwickeln.[128] Die Gesellschaft ist zwar kraft Gesetzes mit der rechtskräftigen Entscheidung über die Einstellung mangels Masse i. S. d. § 207 aufgelöst, vgl. § 60 Abs. 1 Nr. 5 GmbHG, eine Löschung kann jedoch nach § 141 a FGG erst erfolgen, wenn auch tatsächlich Vermögenslosigkeit eingetreten ist.[129] Die Gesellschaft ist deshalb, solange sie noch über Vermögen verfügt, im Rechtsstreit parteifähig.[130] Gerade im Insolvenzverfahren über das Vermögen einer GmbH, das wegen Massellosigkeit eingestellt werden musste, sind oftmals gesellschaftsrechtliche Haftungsansprüche der GmbH gegen ihre Organverwalter, Gesellschafter oder verbundene Unternehmen wegen masseschädigender Auszahlungen vorhanden, die unerkannt geblieben sind bzw. deren Durchsetzbarkeit auch wegen des Fehlens der zur Prozessführung benötigten Mittel als nicht ausreichend eingestuft wurde.[131] Deshalb hat auch künftig nach der Beendigung des Insolvenzverfahrens durch Verfahrenseinstellung nach § 207 eine gesellschaftsrechtliche Liquidation zur Verwertung des Restvermögens, und insbesondere hier der gesellschaftsrechtlichen Haftungsansprüche zugunsten der Gläubiger zu erfolgen.

b) Freigabe. Die mit der Abweisung eines Insolvenzantrags einer GmbH mangels Masse einhergehende Auflösung der Gesellschaft führt nicht zugleich auch zu deren Vollbeendigung. Noch vorhandenes Gesellschaftsvermögen ist zurückzugeben. Die gesetzliche Regelung ist eine Bestätigung dafür, dass auch während des Insolvenzverfahrens über das Ver-

---

[124] Allg. Begr. Nr. 4 a dd zum RegE, *Kübler/Prütting*, S. 103.
[125] In der Begründung zur Änderung des § 141 a FGG durch EGInsO Art. 23 heißt es u. a. ausdrücklich: Es ist ein Ziel des neuen Insolvenzverfahrens, das Vermögen des Schuldners vollständig abzuwickeln. Eine Gesellschaft soll im Insolvenzverfahren bis zur Löschungsreife abgewickelt werden, vgl. Allg. Begr. RegE, *Kübler/Prütting*, S. 823.
[126] *J. Uhlenbruck*, Kölner Schrift, S. 1196 RdNr. 20; *K. Schmidt*, Kölner Schrift, S. 1207 ff. RdNr. 14 f.; *Kübler/Prütting/Pape* § 207 RdNr. 50.
[126a] BGH ZIP 2001, 1469; ZIP 1996, 842.
[127] *Kübler/Prütting/Pape* § 207 RdNr. 53; *Mohrbutter/Ringstmeier/Pape* § 12 RdNr. 64.
[128] Zum Gläubigerschutz bei der außergerichtlichen Liquidation der masselosen GmbH eingehend *Konzen* in Festschrift für P. Ulmer (2003) S. 323 f., 328 f.; *J. Uhlenbruck*, Kölner Schrift, S. 1195 RdNr. 18 mwN.
[129] BGHZ 53, 264. Die Lehre vom Doppeltatbestand gilt deshalb weiter, vgl. hierzu eingehend *Scholz/K. Schmidt* GmbHG, § 60 RdNr. 56, § 74 RdNr. 14.
[130] BGH ZIP 1994, 1685. Zur Durchsetzung gesellschaftsrechtlicher Ansprüche der GmbH in Insolvenz und masseloser Liquidation vgl. umfassend *Stobbe* S. 161 f.
[131] *K. Schmidt*, Die Enthaftung ausgeschiedener Gesellschafter, ZIP 1992, 9 ff.; zu den Gläubigerrisiken im Liquidationsverfahren s. *Konzen* (Fn. 128) S. 323, 325 f.

mögen einer juristischen Person eine Freigabe von Massegegenständen, die z. B. nicht verwertbar sind oder keine Massemehrung versprechen, zulässig ist.[132]

E. Rechtsfolgen des Eintritts der Masselosigkeit

I. Materiellrechtliche Bedeutung

56 Jeder Massegläubiger kann grundsätzlich seine Forderungen gegen den Insolvenzverwalter einklagen und deswegen in die Insolvenzmasse vollstrecken. Tritt jedoch Masselosigkeit ein, können die Ansprüche der Massegläubiger nicht mehr befriedigt werden.[133] Die Vorschrift des § 207 führt zu einer materiellrechtlichen Beschränkung des Forderungsrechtes der Massegläubiger, welche von Amts wegen zu beachten ist.[134] Mit dem tatsächlichen Eintritt der Masselosigkeit verlieren die sonstigen Massegläubiger nach § 55 auf Grund des absoluten Vorrangs der Verfahrenskosten die Möglichkeit, ihre Forderung noch gegen die Masse durchzusetzen; gleichzeitig wird die korrespondierende Leistungspflicht des Insolvenzverwalters aufgehoben, ohne dass jedoch der Bestand der Masseforderungen dadurch berührt wird.[135] Die Gläubiger der Verfahrenskosten können dagegen vom Insolvenzverwalter die ihnen nach § 207 Abs. 3 zustehenden Quoten geltend machen; insoweit erschöpft sich die Abwicklungsaufgabe des Insolvenzverwalters darin, die vorhandenen Barmittel ranggerecht und gleichmäßig zur Begleichung der Verfahrenskosten einzusetzen. Den materiellrechtlichen Folgen aus dem Eintritt der Masselosigkeit muss in Zusammenhang mit der Befriedigung von Masseverbindlichkeiten vom Verwalter entsprechend Rechnung getragen werden.

II. Eintritt der Masselosigkeit

57 Der Eintritt der Masselosigkeit i. S. d. § 207 Abs. 1 ist – anders als die Masseunzulänglichkeit nach § 208 – nicht von deren vorheriger Anzeige gegenüber dem Insolvenzgericht oder einer öffentlichen Bekanntmachung abhängig. Vielmehr treten die sich aus der Masselosigkeit ergebenden Rechtsfolgen ein, sobald deren Voraussetzungen vorliegen.[136] Die Verfahrenseinstellung selbst erfolgt in dem in § 207 geregelten Verfahren durch das Insolvenzgericht nach Anhörung der Beteiligten gem. § 207 Abs. 2. Der Verwalter, der die Einstellung gegenüber dem Insolvenzgericht nur anregen kann, darf seine Tätigkeit somit nicht sofort beenden. Das Insolvenzverfahren muss angesichts der fehlenden Verfahrenskostendeckung möglichst umgehend zum Abschluss gebracht werden, so dass für den Verwalter auch keine Verwertungspflichten mehr bestehen.[137] Kosten für eine öffentliche Bekanntmachung des Eintritts der Masselosigkeit sind infolgedessen nach dem Gesetz entbehrlich und können eingespart werden. Anlässlich der Einberufung der Gläubigerversammlung, die zur beabsichtigten Einstellung angehört werden muss, wird zudem u. a. die Tagesordnung öffentlich bekannt gemacht, § 74 Abs. 2 Satz 1, so dass eine Unterrichtung der Beteiligten stattfindet.

III. Verteilung der Barmittel

58 **1. Anteilige Befriedigung.** Die Einstellung des Verfahrens durch das Insolvenzgericht kann erst erfolgen, wenn die vorhandenen Barmittel vom Insolvenzverwalter verteilt wur-

---

[132] BGH NZI 2005, 387 = ZInsO 2005, 594; BVerwG ZInsO 2004, 1206; *Häsemeyer* RdNr. 13.14; aA *Kilger/K. Schmidt* KO § 6 Anm. 5 a, bb, da mit dem Liquidationszweck der Gesellschaftsinsolvenz nicht vereinbar.
[133] BGH ZIP 1995, 1204; BAG ZIP 1999, 36.
[134] Vgl. *Pape* KTS 1995, 189 f.
[135] LAG Düsseldorf ZIP 2000, 2034; *Pape*, Die Berücksichtigung der Anzeige der Masseinsuffizienz im Erkenntnisverfahren, ZInsO 2000, 60; aA *Runkel/Schnurbusch* NZI 2000, 52.
[136] *Kübler/Prütting/Pape* § 207 RdNr. 11. Das Gesetz kennt – im Gegensatz zu § 208 – nicht den Tatbestand der „drohenden" Masselosigkeit. Da zur Prüfung auch auf die – künftige – Entwicklung der Insolvenzmasse abgestellt werden muss, enthält auch die Feststellung der Masselosigkeit zwangsläufig Prognoseelemente.
[137] *Kübler/Prütting/Pape* § 207 RdNr. 8 a; *Nerlich/Römermann/Westphal* § 207 RdNr. 38; HambKomm-*Weitzmann* § 207 RdNr. 21 a.

den, § 207 Abs. 3 Satz 1. Die Verpflichtung zur gleichmäßigen Befriedigung der Verfahrenskostengläubiger bezieht sich ausschließlich auf die vorhandenen, liquiden Mittel der Masse. Der Insolvenzverwalter ist nicht mehr verpflichtet, vorhandene Massegegenstände zu verwerten, auch nicht zum Zwecke der Erhöhung der Verteilungsquote.

Der Insolvenzverwalter hat zwar vor der Verfahrenseinstellung die Verteilung der Barmittel vorzunehmen und gegenüber dem Insolvenzgericht nachzuweisen. Mit dem Vollzug darf er aber erst beginnen, wenn diese ihm vom Insolvenzgericht aufgegeben bzw. gestattet ist; es muss sichergestellt sein, dass im Anschluss hieran es auch tatsächlich zur Verfahrenseinstellung kommt.[138] Für die Verteilung der Barmittel gilt folgende Rangordnung:[139] Vorrangig auszugleichen sind – anteilig nach dem Verhältnis ihrer Beträge – die Auslagen des Gerichtes, des Insolvenzverwalters und der Mitglieder des Gläubigerausschusses; nachrangig sind – gleichfalls anteilig – zu berichtigen die Gerichtskosten und die Vergütungsansprüche. Den Vollzug der Verteilung der vorhandenen Barmittel hat der Insolvenzverwalter in geeigneter Form gegenüber dem Insolvenzgericht nachzuweisen, damit die Verfahrenseinstellung erfolgen kann.[140] Zum Zwecke der – anteiligen – Befriedigung werden die Vergütungs- und Auslagenansprüche des Verwalters wie auch der Mitglieder des Gläubigerausschusses nicht im Hinblick auf den Zeitpunkt des Eintritts der Massearmut aufgeteilt.[141] Der Insolvenzverwalter ist deshalb auch nicht mehr verpflichtet, eine entsprechende zeitanteilige Aufteilung seiner Vergütungsansprüche vorzunehmen.[142] Allerdings können auf Grund der vorzeitigen Verfahrensbeendigung im Hinblick auf die Einstellung mangels Masse Abschläge auf die Regelvergütung hinsichtlich einer verkürzten Verfahrensdauer nach § 3 Abs. 2 lit. c InsVV gerechtfertigt sein.[143] Eine solche Herabsetzung der Vergütung besitzt wegen der bereits eingetretenen Massearmut meist keine praktische Relevanz mehr. Wichtiger wird oftmals sein, dass der Insolvenzverwalter durch rechtzeitige Vorschussanforderungen von vornherein das Risiko von Vergütungsausfällen reduziert.[144] Soweit getätigte Entnahmen durch die dem Insolvenzverwalter zustehenden Vergütungsansprüche gedeckt waren, kommt auch nach Eintritt der Massearmut eine anteilige Rückzahlung nicht in Betracht.[145]

2. Rückforderungsanspruch, Verteilungsfehler. a) Zahlungen vor Eintritt der Massearmut. Hatte der Insolvenzverwalter vor Eintritt der Massearmut die Ansprüche von Massegläubigern mit Recht befriedigt, so können diese die erhaltenen Zahlungen behalten. Rückforderungsansprüche der Masse bestehen nicht.[146] Dies gilt auch für Vorschüsse auf die Vergütung und Auslagen, die der Insolvenzverwalter mit Zustimmung des Gerichtes der Insolvenzmasse entnommen hat.[147]

b) Zahlungen nach Eintritt der Massearmut. Ist dem Insolvenzverwalter bei Verteilung der Barmittel gem. der Rangordnung des § 207 Abs. 3 ein Fehler unterlaufen, so kann er diesen Fehler noch korrigieren.[148] Der Begünstigte hatte auf die entgegen dem Verteilungsschlüssel des § 207 Abs. 3 erhaltene Zahlung keinen Anspruch, so dass er insoweit nach § 812 Abs. 1 Satz 1 ungerechtfertigt bereichert ist. Ein Erstattungsanspruch besteht im Grundsatz auch im Hinblick auf irrtümliche Zahlungen auf sonstige Massever-

---

[138] Wie hier *Pape/Hauser* RdNr. 226/227 und 240, wonach der Verwalter sich vor der Verteilung beim Insolvenzgericht zu vergewissern hat, dass es zu einer Einstellung mangels Masse kommt.
[139] *Breutigam* in: *Breutigam/Blersch/Goetsch* § 207 RdNr. 20; *Hess*, InsO, § 207 RdNr. 47; *Nerlich/Römermann/Westphal* § 207 RdNr. 37.
[140] Da idR Auszahlungen nur an die Gerichtskasse und den Verwalter erfolgen, erübrigt sich die Erstellung gesonderter Verteilungslisten, vgl. hierzu auch *Kluth* ZInsO 2000, 182 f.
[141] *Breutigam* in: *Breutigam/Blersch/Goetsch* § 207 RdNr. 21.
[142] BFH ZIP 2001, 428; HambKomm-*Weitzmann* § 207 RdNr. 21.
[143] BGH ZInsO 2005, 85 (bei vorzeitiger Beendigung des Verwalteramtes); OLG Stuttgart ZIP 2000, 587.
[144] *Kübler/Prütting/Pape* § 207 RdNr. 23.
[145] *Uhlenbruck* § 207 RdNr. 12.
[146] *Mohrbutter/Ringsmeier/Pape* § 12 RdNr. 42; HK-*Landfermann* § 207 RdNr. 19.
[147] Nur dadurch kann der vorleistende Insolvenzverwalter Vergütungsausfälle in massearmen Verfahren effektiv vermeiden oder doch verringern, vgl. BGHZ 116, 233, 241; *Kübler/Prütting/Pape* § 207 RdNr. 23.
[148] *Mohrbutter/Ringsmeier/Pape* § 12 RdNr. 43.

bindlichkeiten, die überhaupt nicht hätten erfolgen dürfen. Nach dem Gesetz sind die sich aus dem Eintritt der Masselosigkeit ergebenden Rechtsfolgen nicht von einer vorherigen Anzeige oder öffentlichen Bekanntmachung abhängig.[149] Der Insolvenzverwalter kann den fehlenden Rechtsgrund gegenüber dem Massegläubiger aber nur geltend machen, wenn zum Zeitpunkt der Zahlung die Masselosigkeit eingetreten war und diese von ihm auch verlautbart worden ist.[150] Wenn der Insolvenzverwalter nicht zuvor in irgendeiner geeigneten Form die Masselosigkeit bekannt gemacht hat, kann er sich auf diese zwecks Rückforderung von irrtümlich auf Masseverbindlichkeiten gezahlten Beträgen nicht berufen. Die Massegläubiger dürfen bis zu diesem Zeitpunkt mit Recht auf die Beständigkeit des Rechtserwerbs vertrauen.[151] Rückforderungsansprüche des Insolvenzverwalters sind ferner ausgeschlossen, wenn das Verfahren – rechtskräftig – eingestellt ist.[152] Der Bereicherungsanspruch gehört nach der Verfahrensbeendigung nicht mehr zur Masse und kann deshalb vom Insolvenzverwalter aus eigenem Recht nicht mehr geltend gemacht werden.[153]

IV. Beendigung der Verwertungspflicht

62 Ab Eintritt der Masselosigkeit ist der Insolvenzverwalter bis zur Einstellung des Verfahrens nicht mehr verpflichtet, vorhandene Massegegenstände zur Verwertung zu bringen, § 207 Abs. 3 Satz 2.[154] Da seine Vergütungsansprüche nicht mehr aus der Masse voll erfüllt werden können, wird ihm der mit der Verwertung verbundene Aufwand sowie das darin enthaltene Risiko nicht mehr zugemutet.

63 Der Insolvenzverwalter hat jedoch bis zur Einstellung des Verfahrens die volle Verwaltungs- und Verfügungsbefugnis.[155] Er ist deshalb auch weiter berechtigt, Verwertungsmaßnahmen durchzuführen. Von dieser Verwertungsbefugnis wird er im eigenen Interesse Gebrauch machen, wenn er die Chance sieht, dadurch die – anteilige – Befriedigung seiner ungedeckten Auslagen- und Vergütungsansprüche zu erhöhen.[156]

63 a Für den Gläubiger einer Bürgschaft auf erstes Anfordern, der sich in masseloser Insolvenz befindet und auf Liquidität nicht mehr angewiesen ist, entfällt das Recht, sofortige Zahlung zu verlangen; es widerspräche nämlich dem Sinn und Zweck einer solchen Bürgschaft, wenn der Bürge ohne Aussicht auf Rückzahlung an den Gläubiger leisten müsste.[157]

V. Steuerliche Pflichten

64 Der Insolvenzverwalter hat im Rahmen seiner Verwaltungstätigkeit grundsätzlich alle steuerlichen Pflichten des Schuldners zu erfüllen.[158] Die handelsrechtliche Buch- und Rechnungslegungspflicht ergibt sich unmittelbar aus § 155 Abs. 1 Satz 2.[158a] Da der Schuldner die Verfügungsgewalt über die Bücher verliert, hat der Verwalter auch dessen Steuererklärungspflichten aus der Zeit vor Verfahrenseröffnung zu erfüllen.[159] Dies erfordert idR die Aufarbeitung der handels- und steuerlichen Buchführung. Im massearmen Verfahren hat das Finanzamt der Tatsache Rechnung zu tragen, dass die Buchführungs- und Bilanzierungs-

---

[149] *Kuhn/Uhlenbruck* § 60 KO RdNr. 2 g.
[150] *Kübler/Prütting/Pape* § 207 RdNr. 11.
[151] *Henckel*, Anmerkung in BAG AP Nr. 1 KO § 60.
[152] *Mohrbutter* in: *Mohrbutter/Ringstmeier* § 6 RdNr. 303; *Kuhn/Uhlenbruck* § 60 KO RdNr. 2 g.
[153] OLG Hamm EWIR 1993, 477 m. Anm. *Mohrbutter*.
[154] *Häsemeyer* RdNr. 7.76; *Nerlich/Römermann/Westphal* § 207 RdNr. 38.
[155] *Smid* WM 1998, 1315.
[156] *Breutigam* in: *Breutigam/Blersch/Goetsch* § 207 RdNr. 19.
[157] BGHZ 151, 241 = NJW 2002, 3170.
[158] BFH ZIP 1993, 374; *Voigt-Salus* in: *Mohrbutter/Ringstmeier*, § 32 RdNr. 143 f.; *Weitzmann*, ZInsO 2007, 449; *Onusseit*, Die steuerlichen Rechte und Pflichten des Insolvenzverwalters in den verschiedenen Verfahrensarten nach der InsO, ZInsO 2000, 363.
[158a] Zu den Buchführungsverpflichtungen i.e. vgl. *Vortmann*, in: *Mohrbutter/Ringstmeier*, § 31 RdNr. 25 f.
[159] BGH ZIP 1980, 25; *Vortmann* aaO § 31 RdNr. 28.

pflichten vom Insolvenzverwalter nicht erfüllt werden können, da die hierzu benötigten Mittel, z. B. zur Beauftragung eines Steuerberaters oder Buchhalters, nicht aus der Masse aufgebracht werden können.[160] Das Finanzamt kann insoweit nicht voraussetzen, dass der Insolvenzverwalter kraft seiner beruflichen Qualifikation die steuerlichen Erklärungspflichten persönlich zu erfüllen habe.[161] Die Erstellung und Abgabe der steuerlichen Erklärungen stellt grundsätzlich keine einfache und vom Verwalter persönlich vorzunehmende Tätigkeit dar. Gegen den Fortbestand steuerlicher Pflichten trotz ungenügender Masse spricht auch das mit der Erledigung der steuerlichen Pflichten verbundene Haftungsrisiko.[162] Im Übrigen besteht kein wirkliches Bedürfnis, den Insolvenzverwalter unter diesen Voraussetzungen zur Abgabe der steuerlichen Erklärungen, z. B. unter Androhung von Zwangsgeldern zu zwingen, wenn das Finanzamt die Steuern im Wege der Schätzung ermitteln kann.[163] Mit Eintritt der Masselosigkeit entfallen ex nunc die Steuererklärungspflichten des Insolvenzverwalters, zumal er nicht mehr in der Lage ist, zu diesem Zweck einen Steuerberater oder andere geeignete Person zu beauftragen.[164]

VI. Auswirkungen auf das Erkenntnis- und Vollstreckungsverfahren

1. Erkenntnisverfahren. a) Neu eingeleitete Prozesse. Der Massegläubiger ist, da seine Forderung unberührt bleibt, auch nach Eintritt der Masselosigkeit nicht gehindert, gegen den Insolvenzverwalter gerichtlich vorzugehen. Da jedoch keine Befriedigungs- und Vollstreckungsmöglichkeiten bestehen, ist eine entsprechende Leistungsklage wegen fehlenden Rechtsschutzbedürfnisses unzulässig.[165] Dem Massegläubiger verbleibt jedoch die Möglichkeit, durch Erhebung einer Feststellungsklage das Bestehen und die Höhe des geltend gemachten Masseanspruches zu klären.[166] Dadurch werden die Interessen der Massegläubiger ausreichend berücksichtigt,[167] während der Insolvenzverwalter davor bewahrt wird, die aus Leistungsurteilen drohende Zwangsvollstreckung jeweils im Einzelfall abwehren zu müssen.[168]

b) Anhängige Prozesse. In einem bereits anhängigen Rechtsstreit über eine Masseforderung ist nach Eintritt der Masselosigkeit i. S. d. § 207 die Leistungsklage auf einen Feststellungsantrag umzustellen.[169] Eine Aussetzung des Verfahrens entsprechend § 148 ZPO bis zur Entscheidung des Insolvenzgerichtes liegt idR nicht im Interesse des Klägers, da eine gerichtliche Klärung der von ihm geltend gemachten Masseansprüche gerade verschoben

---

[160] AG Hamburg NZI 2000, 141; *Pape* in *Mohrbutter/Ringstmeier* § 5 RdNr. 15 u. § 12 RdNr. 19; s. dazu auch o. RdNr. 28/29 u. § 53 RdNr. 33.

[161] So aber im Grundsatz die bisherige Rspr. der Finanzgerichte, vgl. BFH ZIP 1994, 1969 u. zu dieser Rspr. auch BGH NZI 2004, 577 = NJW 2004, 2976. Da hiernach der Eintritt der Massearmut den Insolvenzverwalter nicht von der Erfüllung öffentlich-rechtlicher Pflichten befreit, wird vorgeschlagen, zumindest die Kosten eines vom Insolvenzverwalter auf eigene Rechnung eingesetzten Steuerberaters als Auslagen i. S. d. § 4 InsVV für erstattungsfähig anzusehen und damit den Weg zur Verfahrenseinstellung nach § 207 zu öffnen, vgl. *Wienberg/Voigt* ZIP 1999, 1662; ähnlich auch *Kirchhof* ZInsO 2001, 5; ferner *Maus* ZInsO 1999, 683. Nach der Rspr. des BGH kann der Insolvenzverwalter angemessene Steuerberaterkosten jedenfalls bei Kostenstundung als „Auslagen" aus der Staatskasse erstattet verlangen, ZIP 2004, 1717 u. 2006, 1501; dazu o. RdNr. 29.

[162] Ist die Verpflichtung für den Insolvenzverwalter unerfüllbar oder unzumutbar, kann ihm deren Nichtbeachtung freilich nicht als Pflichtwidrigkeit angelastet werden. Vgl. *Pape* aaO § 5 RdNr. 15.

[163] AG Hamburg NZI 2000, 141; *Pape* aaO § 5 RdNr. 14. Zur Praxis der Steuerschätzung, wenn sich der Verwalter gegenüber dem Finanzamt auf Unzumutbarkeit beruft, vgl. *Voigt-Salus* aaO § 32 RdNr. 147.

[164] BFH ZIP 1996, 430; *Vortmann* aaO § 31 RdNr. 34.

[165] BGH NJW 2006, 2997 = NZI 2006, 392; NZI 2006, 697 = ZInsO 2006, 1049; *Mohrbutter/Ringstmeier/Pape* § 12 RdNr. 59; *Nerlich/Römermann/Westphal* § 209 RdNr. 18; aA *Roth*, Prozessuale Rechtsfolgen, Festschrift Gaul, S. 573; *Runkel/Schnurbusch* NZI 2000, 49, 52 f.

[166] *Kübler/Prütting/Pape* § 210 RdNr. 7.

[167] Da eine Befriedigung der Massegläubiger – mit Ausnahme der Verfahrenskosten – nicht erfolgt, ist auch die nach früherem Recht vorgenommene Differenzierung zwischen nicht feststehender und feststehender Verteilungsquote entbehrlich, *Kuhn/Uhlenbruck* § 60 KO RdNr. 3 f.

[168] LAG Düsseldorf ZIP 2000, 235.

[169] Vgl. hierzu näher § 208 RdNr. 64 f.

wird. Er verliert Zeit, zumal er damit rechnen muss, dass das Insolvenzverfahren wegen der eingetretenen Masselosigkeit rasch zur Einstellung gebracht wird.[170]

67 **c) Beweislast.** Für den Eintritt der Masselosigkeit nach § 207 ist im Streitfall der Insolvenzverwalter darlegungs- und beweispflichtig. Er kann seiner Beweispflicht nicht allein dadurch nachkommen, dass er gegenüber dem Insolvenzgericht das Vorliegen der Masselosigkeit anzeigt. Der Insolvenzverwalter hat im Falle der Masselosigkeit nicht das Recht, diese – wie im Falle der Masseunzulänglichkeit nach § 208 – mit bindender Wirkung für alle Beteiligten einheitlich durch eine entsprechende Anzeige oder öffentliche Bekanntmachung festzustellen. Vielmehr hat er im Rechtsstreit die Tatsachen darzulegen, aus denen sich ergibt, dass für die – gegenüber den Verfahrenskosten – nachrangigen Masseverbindlichkeiten keine Befriedigungsaussichten bestehen. Hierfür ist es idR ausreichend, wenn der Insolvenzverwalter einen im Zeitpunkt der letzten mündlichen Verhandlung zeitnahen Status vorlegt, aus dessen Zahlenwerk sich die Masselosigkeit ablesen lässt. Nicht ausreichend ist, wenn der Insolvenzverwalter nur die Summe der verfügbaren liquiden Mittel mitteilt. Er hat darüber hinaus noch das gesamte verwertbare Vermögen des Schuldners darzulegen, da sich hieran die Unzulänglichkeit bemisst.[171] Gelangt das Prozessgericht zum Ergebnis, dass der Einwand der Masselosigkeit i. S. d. § 207 gegenüber der Leistungsklage des Massegläubigers vom Insolvenzverwalter zu Recht erhoben wurde, so ist diese wegen fehlenden Rechtsschutzbedürfnisses als unzulässig anzusehen; in Betracht kommt nur noch der Erlass eines Feststellungsurteils.[172]

68 **2. Zwangsvollstreckung.** Verfügt der Massegläubiger bereits über einen Vollstreckungstitel gegen den Insolvenzverwalter, so ist nach Eintritt der Masselosigkeit i. S. d. § 207 die Vollstreckung in die Insolvenzmasse unzulässig.[173] Das Vollstreckungsverbot des § 210 ist zwar nicht unmittelbar anwendbar, da es seinem Wortlaut nach nur den Fall betrifft, dass der Insolvenzverwalter die Masseunzulänglichkeit nach § 208 angezeigt hat. Eine entsprechende Anwendung ist aber wegen des übereinstimmenden Normzwecks bei eingetretener Masselosigkeit statthaft.[174] Das Vollstreckungsverbot dient dazu, jeweils sicherzustellen, dass bei unzureichender Insolvenzmasse die Verteilung nach der vorgegebenen Rangordnung des § 209 bzw. des § 207 Abs. 3 durch den Verwalter erfolgen kann. Die Beachtung dieser gesetzlichen Verteilungsschlüssel stellt eine insolvenzspezifische Verpflichtung dar.

69 Verletzen Vollstreckungsmaßnahmen von Massegläubigern das gesetzliche Vollstreckungsverbot, ist hiergegen der Rechtsbehelf der Erinnerung nach § 766 ZPO gegeben, über die analog § 89 Abs. 3 das Insolvenzgericht zu entscheiden hat.[175] Soweit demgegenüber die Erhebung einer Vollstreckungsgegenklage nach § 767 ZPO, ggf. i. V. m. einem Antrag auf einstweilige Einstellung der Zwangsvollstreckung nach § 769 ZPO für notwendig erachtet wird,[176] so führte dies vor allem auch zu Kostennachteilen für die bereits völlig unzureichende Masse.[177] Gelingt es dennoch einem Massegläubiger im Wege der Zwangsvollstreckung eine Befriedigung nach Eintritt der Masselosigkeit zu erhalten, so ist er zur Herausgabe des Erlangten nach § 812 BGB an die Insolvenzmasse verpflichtet, da er hierauf wegen der vorrangig zu befriedigenden Kosten des Verfahrens nach §§ 207 Abs. 1 Abs. 3 keinen Anspruch besaß.[178]

---

[170] BAG ZIP 1986, 1338; *Kübler/Prütting/Pape* § 207 RdNr. 31.
[171] BAG NJW 1999, 517; vgl. ferner zur Beweislast BGH NZI 2001, 539.
[172] BGH NJW 2006, 2997; genügt der Insolvenzverwalter seiner Darlegungslast nicht, entfaltet der Einwand der Masselosigkeit keine Wirkung, vgl. BayObLG NZI 2000, 366.
[173] BGH NZI 2006, 697 = ZInsO 2006, 1049; m. Anm. *Schwarz/Lehre* ZInsO 2007, 26 = WM 2006, 2090 m. zust. Anm. *Pape* WuB VI A. § 89 InsO 2.07; NJW 2006, 2997 = BGHReport 2006, 933 *(Hefermehl)* = NZI 2006, 392.
[174] BGH NZI 2006, 697 = ZInsO 2006, 1049; *Kübler/Prütting/Pape* § 207 RdNr. 32; HambKomm-*Weitzmann* § 207 RdNr. 25 aE. Vgl. auch § 210 RdNr. 15 u. 25.
[175] BGH NZI 2006, 697 = ZInsO 2006, 1049; *Roth*, Prozessuale Rechtsfolgen, Festschrift *Gaul*, S. 573, 582.
[176] HK-*Landfermann* § 207 RdNr. 22; OLG Hamm ZIP 1993, 523.
[177] BGH NZI 2006, 697 = ZInsO 2006, 1049; *Kübler/Prütting/Pape* § 207 RdNr. 33.
[178] *Kuhn/Uhlenbruck* § 60 KO RdNr. 3i.

F. Rechtswirkungen der Einstellung mangels Masse

I. Rechtsstellung des Schuldners

1. Verwaltungs- und Verfügungsbefugnis. Der Schuldner erhält mit Wirksamwerden **70** der Verfahrenseinstellung[179] die Verwaltungs- und Verfügungsbefugnis über die Insolvenzmasse – einschließlich der Prozessführungsbefugnis – wieder zurück, § 215 Abs. 2.[180] Soweit noch Massegegenstände vorhanden sind, die der Verwalter nicht verwertet hat, sind diese dem Schuldner zurückzugeben. Die Einstellung des Insolvenzverfahrens nach § 207 führt nicht zu der vom Gesetzgeber beabsichtigten insolvenzrechtlichen Vollabwicklung des schuldnerischen Vermögens.[181]

Mit der Verfahrenseinstellung endet das Amt des Insolvenzverwalters.[182] Dieser ist nicht **71** mehr verantwortlich für die Restliquidation der dem Schuldner überlassenen Massebestandteile. Eine weitere Haftungsverwirklichung erfolgt durch die den Gläubigern wieder eröffnete Möglichkeit der Individualzwangsvollstreckung.[183] Hatte der Insolvenzverwalter z. B. zur Durchsetzung gesellschaftsrechtlicher Ansprüche einen Masseprozess gegen die Gesellschafter geführt, so können die Gläubiger diese Ansprüche nunmehr pfänden.

2. Nachhaftung für Verbindlichkeiten. Sobald die Barmittel gem. § 207 Abs. 3 verteilt sind, stellt das Gericht das Insolvenzverfahren ein. Der Schuldner kann wieder über die **72** noch vorhandene Masse frei verfügen, so dass auch die Gläubiger ihre im Verfahren nicht befriedigten Ansprüche gegen ihn weiter zu verfolgen haben.

a) Insolvenzforderungen. Die Insolvenzgläubiger können ihre Forderungen nach Einstellung des Insolvenzverfahrens unbeschränkt gegen den Schuldner geltend machen. Das **73** Recht der freien Nachforderung haben sie wie bei der Aufhebung des Insolvenzverfahrens, § 215 Abs. 2 i. V. m. § 201. Gegebenenfalls steht ihnen hierzu eine vollstreckbare Ausfertigung der Eintragung in die Tabelle zu, § 201 Abs. 2 (s. RdNr. 46). Insolvenzrechtliche Beschränkungen der Anspruchsverfolgung entfallen, wie z. B. Aufrechnungs- oder Vollstreckungsverbote, §§ 96, 89.

b) Restschuldbefreiung. Das Insolvenzverfahren dient nach der gesetzgeberischen **74** Konzeption neben der gemeinschaftlichen Befriedigung der Gläubiger auch dem Zweck, den redlichen Schuldner, wenn es sich um eine natürliche Person handelt, von seinen restlichen Verbindlichkeiten zu befreien, § 1 Satz 2. Dieses verfahrensrechtliche Ziel kann der Schuldner nach geltendem Recht, vgl. § 289 Abs. 3, nur erreichen, wenn zuvor ein Insolvenzverfahren durchgeführt wird.[184] Dem völlig vermögenslosen Schuldner, der die Verfahrenskosten nicht aufbringen kann, ist damit die Restschuldbefreiung verschlossen. Dementsprechend kann der Schuldner keine Restschuldbefreiung erlangen, wenn das Verfahren mangels verfahrenskostendeckender Masse nach § 207 Abs. 1 eingestellt werden

---

[179] Diese richtet sich nach § 9 Abs. 1 Satz 3.
[180] Vgl. § 215 RdNr. 9f. Erst wenn der Einstellungsbeschluss auf Grund einer eingelegten sofortigen Beschwerde aufgehoben wird, verliert der Schuldner wieder die Verwaltungs- und Verfügungsbefugnis, *Haarmeyer/Wutzke/Förster*, Handbuch, Kap. 8 RdNr. 123; nach *Häsemeyer*, RdNr. 70.70, entfallen die Wirkungen der Einstellung mit der Aufhebung des Einstellungsbeschlusses rückwirkend.
[181] Vgl. § 207 RdNr. 53.
[182] Dem Verwalter steht hiergegen – anders als bei einer Entlassung aus wichtigem Grund, § 59 Abs. 2 – kein Rechtsmittel zu. Mit der Verfahrensbeendigung durch Einstellung enden auch die Rechte und Pflichten des Gläubigerausschusses.
[183] *Mohrbutter/Ringstmeier/Pape* § 12 RdNr. 61.
[184] *Häsemeyer* RdNr. 26.05. Nach dem RegE zur Entschuldung mittelloser Personen u. a. v. 22. 8. 2007 (s. NZI 2007, Heft 9) sollen vermögenslose Schuldner künftig aber in einem vereinfachten „Entschuldungsverfahren" – ohne das bisher zwingend vorgeschaltete Insolvenzverfahren u. daher auch ohne Kostenstundung – eine Befreiung von ihren Verbindlichkeiten erhalten können. Zu den Reformplänen s. *Ahrens*, Entschuldungsverfahren und Restschuldbefreiung, NZI 2007, 193 und *Schmerbach*, Die geplante Entschuldung völlig mittelloser Personen, NZI 2007, 198.

§ 207 75–77 5. Teil. 3. Abschnitt. Einstellung des Verfahrens

muss.[185] Hingegen bleibt die Restschuldbefreiung nach § 289 Abs. 3 zulässig, wenn das Insolvenzverfahren gem. § 211 wegen Masseunzulänglichkeit nach § 208 eingestellt wurde. Das Vorhandensein eines die Verfahrenskosten deckenden Vermögens wird danach als Mindestvoraussetzung angesehen, um in den Genuss der Restschuldbefreiung zu kommen. Diese gesetzliche Differenzierung ist jedoch sachlich nicht zu rechtfertigen, da sie gerade diejenigen Schuldner grundsätzlich von der Restschuldbefreiung ausschließt, die ihrer am nötigsten bedürften.[186]

75   Das zentrale Anliegen des InsOÄndG 2001 war es deshalb, diesen verfassungswidrigen Zustand zu beheben und mit Hilfe der Kostenstundung nach §§ 4a, 207 Abs. 1 Satz 2 auch denjenigen Personen den Zugang zum Restschuldbefreiungsverfahren zu eröffnen, die zur Aufbringung der Verfahrenskosten nicht in der Lage sind. Dadurch ist das der Durchführung des Insolvenz- und Restschuldbefreiungsverfahrens entgegenstehende Verfahrenshindernis der fehlenden Kostendeckung beseitigt worden.[187]

76   c) **Masseverbindlichkeiten.** Als Rechtsträger des zur Insolvenzmasse gehörenden Vermögens haftet der Schuldner persönlich für die nach Einstellung des Verfahrens gem. § 207 unerfüllt gebliebenen Massekosten und Masseverbindlichkeiten.[188] Hinsichtlich des **Umfangs** dieser Haftung ist jedoch zu unterscheiden.[189] Beruhen die Ansprüche der Massegläubiger auf der Verwaltungs- und Verwertungstätigkeit des Insolvenzverwalters, so beschränkt sich die Haftung des Schuldners gegenständlich auf das mit dem Insolvenzbeschlag haftungsrechtlich den Gläubigern zugewiesene Vermögen, soweit es noch vorhanden ist.[190] Der Verwalter kann den Schuldner nur beschränkt auf die Insolvenzmasse verpflichten, vgl. § 80 Abs. 1. Nach § 35 zählt hierzu aber auch der Neuerwerb des Schuldners während des Verfahrens, so dass ein haftungsrechtlich freies Vermögen des Schuldners – mit Ausnahme ggf. von freigegebenen Gegenständen – weitgehend ausgeschlossen ist.[191] Werden nach Verfahrenseinstellung z.B. Vergütungsansprüche vom Insolvenzverwalter geltend gemacht, so haftet der Schuldner auch insoweit nur mit der ihm überlassenen restlichen Insolvenzmasse.[192] Gegenüber einer Zwangsvollstreckung in sein (insolvenzfreies) Neuvermögen kann der Schuldner die Haftungsbegrenzung als materielle Einwendung im Wege der Vollstreckungsabwehrklage nach § 767 ZPO geltend machen.

77   Hatte dagegen der Schuldner den Rechtsgrund für den Anspruch des Massegläubigers bereits vor Insolvenzeröffnung selbst geschaffen, so hat er hierfür nach Einstellung des Verfahrens uneingeschränkt einzustehen, z.B. für nicht beglichene Masseverbindlichkeiten aus Miet- oder Arbeitsverhältnissen, § 108. Die Entstehung und der Umfang dieser aus der Zeit vor Verfahrenseröffnung stammenden Masseverbindlichkeiten nach § 55 Abs. 1 Nr. 2 Fall 2 beruhen nicht auf Rechtshandlungen des Insolvenzverwalters.[193] Die uneingeschränkte Haftung des Schuldners ist deshalb berechtigt. Dies gilt auch für die während des Eröff-

---

[185] BGH NZI 2000, 261; *Uhlenbruck* § 289 RdNr. 31.
[186] *Kübler/Prütting/Pape* § 207 RdNr. 46 mwN.
[187] *Mohrbutter/Ringsmeier/Pape* § 12 RdNr. 66. Im Zusammenhang mit dem geplanten Wegfall der geltenden Stundungsregelung, vgl. Fn. 184, soll der Schuldner künftig in masselosen Fällen sofort ein vereinfachtes Restschuldbefreiungsverfahren einleiten können.
[188] BGH NJW 1968, 300 u. 1955, 339; OLG Stuttgart NZI 2007, 527; HK-*Eickmann* § 53 RdNr. 11; *Uhlenbruck* § 207 RdNr. 16.
[189] So die hM schon unter Geltung der KO, vgl. *Kübler/Prütting/Pape* § 207 RdNr. 37; HK-*Landfermann* § 215 RdNr. 4; *Gottwald/Klopp/Kluth* § 58 RdNr. 18; dagegen *Runkel/Schnurbusch* NZI 2000, 57, mit der Begründung, dass die InsO haftungsbegrenzende Vorschriften wie die §§ 1975 ff. BGB im Erbrecht nicht vorsieht.
[190] OLG Stuttgart NZI 2007, 527 (zu § 201); *Mohrbutter* in *Mohrbutter/Ringsmeier* § 6 RdNr. 266; *Mohrbutter/Ringsmeier/Pursche* § 13 RdNr. 69; HK-*Irschlinger* § 201 RdNr. 2. Für uneingeschränkte Haftung des Schuldners aber *Häsemeyer* RdNr. 25.30; *Uhlenbruck* § 207 RdNr. 16.
[191] *Gottwald/Klopp/Kluth* § 58 RdNr. 17.
[192] BGH WM 1964, 1345.
[193] Es handelt sich um „oktroyierte" Masseverbindlichkeiten i.S.d. § 90 – jfls. bis zu dem Zeitpunkt, zu dem der Verwalter das Mietverhältnis frühestens hätte kündigen können, vgl. dazu OLG Stuttgart (Fn. 190) m. krit. Anm. *Eckert* in EWiR 2007, 503.

Einstellung mangels Masse   78–81 § 207

nungsverfahrens vom Schuldner mit Zustimmung eines vorläufigen Insolvenzverwalters begründeten Ansprüche.[194]

3. Schuldnerverzeichnis. Mit der Einstellung des Insolvenzverfahrens mangels kostendeckender Masse ist eine Eintragung in das Schuldnerverzeichnis nicht verbunden.[195] Eine ausdrückliche gesetzliche Regelung fehlt. Aufgrund der mit der Eintragung für den Schuldner verbundenen Wirkung ist eine entsprechende Anwendung des § 26, der die Eintragung in das Schuldnerverzeichnis für den Fall der Abweisung mangels Masse vorsieht, ausgeschlossen. Freilich ist eine Kundgabe bereits über die öffentliche Bekanntmachung der Verfahrenseinstellung nach § 215 Abs. 1 erfolgt.[196]   78

4. Geschäftsunterlagen. Mit der Beendigung des Verfahrens durch Einstellung mangels kostendeckender Masse erhält der Insolvenzschuldner das Verwaltungsrecht zurück, § 215 Abs. 2. Der Insolvenzverwalter muss deshalb auch die Geschäftsunterlagen des Unternehmens an ihn zurückgeben.[197] Der Schuldner hat nunmehr die gesetzlichen Aufbewahrungspflichten z. B. nach § 257 Abs. 1 HGB zu erfüllen,[198] auch wenn er über keinerlei Vermögen verfügt. Der Insolvenzverwalter ist auch dann nicht für die weitere Aufbewahrung der Geschäftsunterlagen verantwortlich, wenn noch Vermögen vorhanden sein sollte.[199] Vielmehr haben bei Handelsgesellschaften bis zu deren Vollbeendigung die Geschäftsführung, der Vorstand oder die Liquidatoren hierfür Sorge zu tragen. Das praktische Problem liegt idR darin, auf welche Weise sich der Insolvenzverwalter der in Einzelfällen erheblichen Aktenbestände entledigen kann. Die Übernahme der Geschäftsunterlagen durch den Schuldner im Gerichtswege durchzusetzen, wenn dieser hierzu nicht freiwillig bereit ist, ist nur dann Erfolg versprechend, wenn er hierzu überhaupt in der Lage ist.[200] Als Ausweg bietet sich meist nur an, die Erfüllung der Aufbewahrungsfristen noch während des Insolvenzverfahrens zu regeln und die entsprechenden Kosten hierfür zurückzustellen.[201] Hat der Insolvenzverwalter in Erfüllung seiner Buch- und Rechnungslegungspflichten für das schuldnerische Unternehmen Geschäftsunterlagen erstellt, so hat er diese mit der Verfahrensbeendigung gleichfalls dem schuldnerischen Unternehmen zurückzugeben, soweit sie von den gesetzlichen Aufbewahrungspflichten umfasst werden.[202]   79

II. Rechtsstreitigkeiten

Mit dem Wirksamwerden des Einstellungsbeschlusses nach § 207 endet der Insolvenzbeschlag. Die sich daraus ergebenden Rechtsfolgen auf noch anhängige Rechtsstreitigkeiten sind davon abhängig, ob diese bereits vor Eröffnung des Insolvenzverfahrens anhängig waren oder nach Verfahrenseröffnung vom Insolvenzverwalter eingeleitet wurden.   80

1. Unterbrochene Rechtsstreitigkeiten. Ein bei Insolvenzeröffnung anhängiger Rechtsstreit wird gem. § 240 ZPO unterbrochen. Wird der Rechtsstreit vom Insolvenzverwalter im Laufe des Verfahrens nicht aufgenommen, endet die Unterbrechungswirkung mit der Einstellung des Verfahrens nach § 207, die insoweit der Aufhebung des Insolvenz-   81

---

[194] *Kübler/Prütting/Pape* § 207 RdNr. 38.
[195] *Nerlich/Römermann/Westphal* § 207 RdNr. 47; *Pape/Hauser* RdNr. 270.
[196] Zur Tragweite der Eintragung in das Schuldnerverzeichnis und dem Löschungsinteresse des Schuldners, vgl. *Robrecht*, Vorzeitige Löschung des Schuldners im Schuldnerverzeichnis, KTS 2000, 529.
[197] OLG Stuttgart ZIP 1998, 1883, dazu EWiR 1998, 987 *(Eckardt);* ZIP 1984, 1385.
[198] OLG Hamm NJW 1964, 2355; LG Stuttgart KTS 1984, 441.
[199] *Kalter*, Die Geschäftsbücher und Geschäftspapiere im Konkurs, insbesondere ihre Führung und Verwahrung, KTS 1960, 65; *Mohrbutter/Ringstmeier/Pape* § 12 RdNr. 63 u. 150.
[200] Die Prozessführung kann nicht durch Hinterlegung nach § 372 BGB vermieden werden, da deren Voraussetzungen nicht vorliegen, *Kalter* aaO, KTS 1960, 70.
[201] *Förster/Tost*, Die Archivierung von Geschäftsunterlagen in Insolvenzverfahren, ZInsO 1998, 297; *Uhlenbruck* § 207 RdNr. 20; kritisch dazu *Gottwald/Klopp/Kluth*, Insolvenzrechts-Handbuch, § 75 RdNr. 30; *Pape/Hauser* RdNr. 275.
[202] *Jaeger/Weber* § 117 KO RdNr. 21.

verfahrens nach § 200 gleichgestellt ist.[203] Maßgebender Zeitpunkt für die Beendigung der Unterbrechungswirkung ist nicht die Rechtskraft des Einstellungsbeschlusses, sondern dessen Wirksamwerden mit Ablauf des zweiten Tages nach der öffentlichen Bekanntmachung, § 9 Abs. 1 Satz 3.[204] Von diesem Zeitpunkt an beginnen die Fristen in dem während der Dauer des Insolvenzverfahrens unterbrochenen Rechtsstreit wieder zu laufen. Die Prozessbeteiligten haben hierauf zu achten. Die Fortsetzung des Rechtsstreits durch den wieder prozessführungsbefugten Schuldner bedarf deshalb keiner ausdrücklichen Aufnahme des Rechtsstreites oder einer Anzeige.[205] Das gilt auch für den Prozessgegner. Waren von diesem Prozessbevollmächtigte eingeschaltet, so sind sie verpflichtet, alle zumutbaren Vorkehrungen zu treffen, um den Lauf einer unterbrochenen Rechtsmittelbegründungsfrist nach der Aufhebung bzw. Einstellung des Insolvenzverfahrens unter Kontrolle zu halten.[206]

82 2. **Anhängige Rechtsstreitigkeiten.** Hatte der Insolvenzverwalter während des Verfahrens Rechtsstreitigkeiten eingeleitet oder nach den §§ 85, 86 aufgenommen, so endet mit dem Wirksamwerden der Verfahrenseinstellung nach § 207 seine Prozessführungsbefugnis. Es findet ein Parteiwechsel und damit entsprechend § 239 ZPO eine Prozessunterbrechung statt.[207] Der Schuldner tritt nicht ohne weiteres mit der Verfahrensbeendigung in den Prozess ein.[208] Die Unterbrechung des Rechtsstreites endet erst, wenn der Schuldner ihn ordnungsgemäß aufgenommen hat. Er erhält damit Gelegenheit, vor einer Entscheidung über die Weiterführung des Prozesses die Sach- und Rechtslage gründlich zu prüfen. Diese Einarbeitungszeit muss ihm zugestanden werden, auch im Hinblick auf die mit dem Rechtsstreit verbundenen Kostenrisiken, die von ihm getragen werden müssen.[209] Wird der Rechtsstreit nach Aufnahme fortgesetzt, muss der Prozessgegner, wenn er obsiegt, seine Kosten gegen den Schuldner festsetzen lassen, da sich die Kostenerstattungsansprüche nach Aufhebung des Insolvenzverfahrens gegen diesen richten.[210]

83 Hatte allerdings der Insolvenzverwalter zur Führung des Rechtsstreites einen Prozessbevollmächtigten bestellt, so endet die ihm erteilte Prozessvollmacht nicht automatisch mit der Verfahrensbeendigung nach § 207.[211] Eine Unterbrechung des Prozesses tritt deshalb nicht ein.[211a] Um den Schuldner jedoch ausreichend Zeit zur Prüfung der Prozesschancen einzuräumen, kann die Aussetzung des Rechtsstreits nach § 246 ZPO beantragt werden. Dadurch wird eine der Verfahrensunterbrechung gleichkommende Wirkung erzielt.[212] Wenn sich der Insolvenzverwalter aber als Rechtsanwalt nach § 78 Abs. 3 ZPO selbst vertreten hatte, so erlischt diese Prozessvollmacht mit Verfahrenseinstellung und es tritt eine Prozessunterbrechung ein.

84 3. **Anfechtungsklagen.** Ist Gegenstand der vom Insolvenzverwalter erhobenen Klage ein insolvenzrechtlicher **Anfechtungsanspruch,** so dient dieser der Verwirklichung der Gläubigergleichbehandlung. Die angefochtene Rechtshandlung ist idR gegenüber dem Schuldner rechtswirksam. Mit der Einstellung des Insolvenzverfahrens nach § 207 erlischt der anfechtungsrechtliche Rückgewähranspruch, da er untrennbar mit dem Amt des Insolvenzverwalters verbunden ist.[213] Anfechtungsprozesse können deshalb vom Schuldner nicht

---

[203] BGH ZIP 1989, 1411; *Nerlich/Römermann/Westphal* § 207 RdNr. 43.
[204] *Uhlenbruck* § 207 RdNr. 17; *Mohrbutter/Ringstmeier/Pape* § 12 RdNr. 54.
[205] *Kübler/Prütting/Pape* § 207 RdNr. 42.
[206] BGH ZIP 1992, 1152 dazu EWiR 1992, 825 *(Fleck)*.
[207] OLG Karlsruhe ZInsO 2005, 824; *Uhlenbruck* § 207 RdNr. 17; HambKomm-*Weitzmann* § 207 RdNr. 25.
[208] OLG Köln ZIP 1987, 1004; aA MünchKommZPO-*Feiber* § 240 RdNr. 34.
[209] Vgl. dazu auch *Mohrbutter/Ringstmeier/Pape* § 12 RdNr. 56.
[210] BGHZ 49, 11, 16; *Haarmeyer/Wutzke/Förster*, Handbuch, Kap. 8 RdNr. 145.
[211] *Kuhn/Uhlenbruck* § 192 KO RdNr. 3; *Mohrbutter/Ringstmeier/Pursche* § 13 RdNr. 66.
[211a] OLG Karlsruhe ZInsO 2005, 823.
[212] *Kübler/Prütting/Pape* § 207 RdNr. 43; OLG Köln ZIP 1987, 1004.
[213] BGH NJW 1982, 1795; *Kilger/K. Schmidt* § 6 KO Anm. 7 g; *Häsemeyer* RdNr. 21.108; HK-*Kreft* § 129 RdNr. 82; *Graf-Schlicker/Huber* § 129 RdNr. 31.

weitergeführt werden.[214] Sie sind auf Grund der Verfahrenseinstellung in der Hauptsache erledigt. Eine Aufnahme des Prozesses kommt nur wegen der Kosten in Betracht. Der Schuldner hat den Rechtsstreit zur Herbeiführung einer Kostenentscheidung nach § 91a ZPO für erledigt zu erklären, andernfalls ist die Anfechtungsklage kostenpflichtig abzuweisen.[215]

Die Anordnung einer Nachtragsverteilung im Anschluss an eine Einstellung mangels Masse gem. § 207 ist nach vorherrschender Auffassung (s. Fn. 219) nicht zulässig. Wegen der unzureichenden Deckung der Verfahrenskosten wird das Insolvenzverfahren beendet, auch wenn noch liquidierbare Vermögenswerte vorhanden sind, die der Schuldner ggf. unverwertet zurückerhält.[216] Dem Insolvenzverwalter kann auch nicht ausnahmsweise zum Zwecke der Durchführung einer **Nachtragsverteilung die Prozessführungsbefugnis** zur Einleitung oder Weiterführung eines Anfechtungsprozesses entsprechend § 203 Abs. 1 Nr. 1 eingeräumt werden.[217] Vielmehr sind seine restlichen Abwicklungs- und Verteilungsaufgaben nach § 207 Abs. 3 mit Verfahrenseinstellung endgültig erledigt. 85

Hatte der Insolvenzverwalter eine zur Masse gehörende Forderung eingeklagt und diese während des Rechtsstreites an einen **Dritten abgetreten,** so erlischt sein Prozessführungsrecht gleichfalls mit der Verfahrensbeendigung. In diesem Fall geht dieses aber nicht auf den Schuldner, sondern auf den neuen Gläubiger über, der in den Rechtsstreit – auch gegen den Widerspruch des Beklagten – eintritt.[218] 86

III. Nachtragsverteilung

Die Möglichkeit einer Nachtragsverteilung ist nach § 211 Abs. 3 Satz 1 vom Gesetzgeber nur für die Einstellung des Verfahrens auf Grund vom Verwalter angezeigter Masseunzulänglichkeit vorgesehen. Die Vorschriften über die Durchführung von Nachtragsverteilungen können nicht auf die Einstellung auf Grund Massekostenlosigkeit i. S. d. § 207 entsprechend angewandt werden.[219] Zwar ist es bei der Verfahrenseinstellung nach § 207 gleichfalls denkbar, dass noch unbekannte Massegegenstände auftauchen und ermittelt werden, deren nachträgliche Verteilung im Interesse der Massegläubiger liegen würde.[220] Jedoch ist der Insolvenzverwalter nach § 207 Abs. 3 Satz 2 ausdrücklich nicht mehr verpflichtet, die Verwertungstätigkeit im Hinblick auf die sonst drohenden Vergütungsausfälle fortzusetzen. Eine solche Verwertungspflicht kann ihm auch im Rahmen der Nachtragsverteilung nicht wieder auferlegt werden.[221] Auch ist es aus Sicht der Gläubiger nicht gerechtfertigt, Massegegenstände, die ihnen mit dem Insolvenzbeschlag haftungsrechtlich zugewiesen waren, zur weiteren Befriedigung der Verfahrenskosten einzusetzen und damit ihrem individuellen Zugriff im Rahmen der Zwangsvollstreckung zu entziehen. Richtiger erscheint es deshalb, ein allerdings neu zu beantragendes Insolvenzverfahren durchzuführen, sofern der Wert der ermittelten Vermögensgegenstände dies rechtfertigt. 87

---

[214] *Uhlenbruck* § 207 RdNr. 17; HambKomm-*Weitzmann* § 207 RdNr. 25. Eine Weiterführung des Rechtsstreits durch den Insolvenzverwalter kraft Vollmacht des Schuldners ist ebenso unzulässig. Zur Streitfrage, ob eine Insolvenzanfechtung trotz Massearmut überhaupt zulässig ist, vgl. § 208 RdNr. 51.

[215] *Haarmeyer/Wutzke/Förster,* Handbuch, Kap. 8 RdNr. 145; *Nerlich/Römermann/Westphal* § 207 RdNr. 44.

[216] *Breutigam* in: *Breutigam/Blersch/Goetsch* § 207 RdNr. 31 f.; *Dinstühler* ZIP 1998, 1707.

[217] HK-*Landfermann* § 207 RdNr. 25; befürwortend dagegen *Pape/Hauser* RdNr. 258, 259; *Pape* in: *Mohrbutter/Ringstmeier* § 12 RdNr. 57; *Uhlenbruck* § 207 RdNr. 13; vgl. hierzu auch u. RdNr. 87.

[218] BGH NJW 1992, 2894.

[219] HK-*Landfermann* § 207 RdNr. 24; *Uhlenbruck* § 207 RdNr. 13; *Nerlich/Römermann/Westphal* § 207 RdNr. 39; *Haarmeyer/Wutzke/Förster,* Handbuch, Kap. 8 RdNr. 144; *Pursche* in: *Mohrbutter/Ringstmeier* § 13 RdNr. 63; *Dinstühler* ZIP 1998, 1707; aA *Kübler,* Kölner Schrift, S. 967 RdNr. 48; *Smid* § 207 RdNr. 14; *Pape* in: *Mohrbutter/Ringstmeier* § 12 RdNr. 60; *Gottwald/Klopp/Kluth* § 74 RdNr. 49, FK-*Kießner* § 207 RdNr. 32.

[220] OLG Oldenburg ZIP 1992, 200; *Breutigam* in: *Breutigam/Blersch/Goetsch* § 207 RdNr. 32.

[221] *Haarmeyer/Wutzke/Förster,* Handbuch, Kap. 8 RdNr. 144; *Nerlich/Römermann/Westphal* § 207 RdNr. 39; *Graf-Schlicker/Mäusezahl* § 207 RdNr. 13; aA *Kübler/Prütting/Pape* § 207 RdNr. 39; *Hess* § 207 RdNr. 57.

IV. Akteneinsichtsrecht

88 Aufgrund ihrer Beteiligung im eröffneten Insolvenzverfahren steht allen Gläubigern des Schuldners auch nach Einstellung mangels Masse weiterhin das Recht zur Akteneinsicht als „Parteien" nach § 299 Abs. 1 ZPO i. V. m. § 4 InsO zu.[222] Trotz Verfahrenseinstellung besteht das Ausforschungsinteresse der Gläubiger fort, doch noch Vermögenswerte des Schuldners als Vollstreckungsobjekte zur Durchsetzung ihrer Forderungen zu ermitteln. Soweit das Einsichtsrecht nach Abs. 1 des § 299 ZPO für die Zeit nach Verfahrensbeendigung in der Literatur teilweise auf den antragstellenden Gläubiger beschränkt wird,[223] kann aber auch den sonstigen Gläubigern als „dritten Personen" i. S. d. § 299 Abs. 2 ZPO schon auf Grund ihrer Gläubigerposition das erforderliche rechtliche Interesse an der Einsicht in die gesamten Insolvenzverfahrensakten nicht abgesprochen werden; dass mit Hilfe der Akteneinsicht zugleich (oder allein) überprüft werden soll, ob Schadenersatzansprüche gegen Dritten, insbesondere Gesellschaftsorgane bestehen, lässt das schutzwürdige Interesse potenzieller Gläubiger grundsätzlich nicht entfallen.[224] Vor der Entscheidung über das Einsichtsgesuch und den Umfang der zu gewährenden Akteneinsicht ist dem insolventen Schuldner zunächst im Rahmen des Möglichen und Zumutbaren Gelegenheit zu geben, mögliche gegenläufige Geheimhaltungsinteressen geltend zu machen.[225]

§ 208 Anzeige der Masseunzulänglichkeit

(1) ¹ Sind die Kosten des Insolvenzverfahrens gedeckt, reicht die Insolvenzmasse jedoch nicht aus, um die fälligen sonstigen Masseverbindlichkeiten zu erfüllen, so hat der Insolvenzverwalter dem Insolvenzgericht anzuzeigen, daß Masseunzulänglichkeit vorliegt. ² Gleiches gilt, wenn die Masse voraussichtlich nicht ausreichen wird, um die bestehenden sonstigen Masseverbindlichkeiten im Zeitpunkt der Fälligkeit zu erfüllen.

(2) ¹ Das Gericht hat die Anzeige der Masseunzulänglichkeit öffentlich bekanntzumachen. ² Den Massegläubigern ist sie besonders zuzustellen.

(3) Die Pflicht des Verwalters zur Verwaltung und zur Verwertung der Masse besteht auch nach der Anzeige der Masseunzulänglichkeit fort.

Schrifttum: *Adam*, Die Prozessführung des Insolvenzverwalters, DZWIR 2006, 321; *Ahrendt/Struck*, Kein Anfechtungsrecht des Verwalters bei Masseunzulänglichkeit?, ZInsO 2000, 264; *Bank/Weinbeer*, Insolvenzverwalterhaftung unter Berücksichtigung aktueller BGH-Rechtsprechung, NZI 2005, 478 ff.; *Berscheid*, Zur Unzulässigkeit einer Leistungsklage bei angezeigter Masseunzulänglichkeit, ZInsO 2002, 868; *Dinstühler*, Die Abwicklung masseärmer Insolvenzverfahren nach der Insolvenzordnung, ZIP 1998, 1697; *Gundlach/Frenzel/Schmidt*, Die Insolvenzanfechtung nach Anzeige einer nicht kostendeckenden Masse durch den Insolvenzverwalter, NZI 2004, 184; *Häsemeyer*, Das Verfahren bei Masseunzulänglichkeit – eine verselbständigte Variante des Insolvenzverfahrens?, Festschrift für Gerhardt (2003) S. 323; S. 341; *ders.* in: *Leipold*, Insolvenzrecht im Umbruch, 1991, 101, 104 ff; *Henckel*, Die Behandlung der Neumasseschulden bei Massearmut, ZIP 1993, 1277; *Kayser/Heck*, Die Gläubigerversammlung nach Anzeige der Masseunzulänglichkeit, NZI 2005, 65 f.; *Kluth*, Das Verfahren bei unzulänglicher Insolvenzmasse oder ein „Himmelfahrtskommando" für den Insolvenzverwalter, ZInsO 2000, 177; *Konzen*, Der Gläubigerschutz bei Liquidation der massenlosen GmbH, Festschrift für Ulmer (2003) S. 323; *Kröpelin*, Die masseärme Insolvenz, 2003; *dies.*, Aktuelle Probleme der Masseunzulänglichkeit: Wider die Unzulässigkeit von Leistungsklagen und zur Verfahrensabwicklung bei Neumasseunzulänglichkeit, ZIP 2003, 2341 f.; *Kübler*, Die Behandlung masseärmer Insolvenzverfahren nach dem neuen Recht, Kölner Schrift zur Insolvenzordnung, 2. Aufl., 2000, 967; *Lüke*, Aufgaben und Haftung des Insolvenzverwalters, 50 Jahre Bundesgerichtshof, Festausgabe aus der Wissenschaft, 2000,

---

[222] *Jaeger/Gerhardt* § 4 Nr. 23; HK-*Kirchhof* § 4 RdNr. 14; *Uhlenbruck* § 4 RdNr. 31; *Kind/Heinrich*, Die Insolvenzakte im Blickpunkt des Gläubigerinteresses, NZI 2006, 433.

[223] So HambKomm-*Rüther* § 4 RdNr. 35.

[224] Vgl. BGH NZI 2006, 472 = ZIP 2006, 1154 = EWiR 2006, 447 m. Anm. *Pape*; OLG Hamburg ZIP 2002, 266 = EWiR 2002, 267 m. zust. Anm. *Bork*; *Uhlenbruck* § 207 RdNr. 21 – jeweils zum Recht auf Akteneinsicht bei Abweisung des Eröffnungsantrags mangels Masse.

[225] BGH NZI 2006, 472; ZIP 1998, 961.

Anzeige der Masseunzulänglichkeit **§ 208**

S. 701; *Marotzke,* Antizipierte Begründung privilegierter Neumasseverbindlichkeiten – das Ende des Treuhandkontenmodells, ZInsO 2005, 561 f.; *Maus,* Die steuerrechtliche Stellung des Insolvenzverwalters und des Treuhänders, ZInsO 1999, 683; *Möhlmann,* Der Nachweis der Verfahrenseinstellung im neuen Insolvenzrecht, KTS 1998, 373; *Pape,* Keine persönliche Haftung des Insolvenzverwalters für die Kosten des Prozessgegners der Insolvenzmasse, ZInsO 2005, 138; *ders.,* Erforderlichkeit der Überprüfung der Anzeige der Masseunzulänglichkeit durch das Insolvenzgericht, ZInsO 2004, 1223; *ders.,* Die Berücksichtigung der Anzeige der Masseinsuffizienz im Erkenntnisverfahren, ZInsO 2001, 60; *ders.,* Zulässigkeit der Insolvenzanfechtung nach Anzeige der Masseinsuffizienz, ZIP 2001, 901; *Pape/Hauser,* Massearme Verfahren nach der Insolvenzordnung (2002); *Roth,* Prozessuale Rechtsfolgen der „Insolvenz in der Insolvenz", Festschrift H. F. Gaul, 1997, S. 573; *Runkel/Schnurbusch,* Rechtsfolgen der Masseunzulänglichkeit, NZI 2000, 49; *A. Schmidt,* Nichts ist unmöglich: Rückkehr in das „normalen" Insolvenzverfahren trotz angezeigter Masseunzulänglichkeit, NZI 1999, 442; *Smid,* Die Rechtsfolgen angezeigter masseunzulänglicher Insolvenzverfahren nach dem neuen Recht, WM 1998, 1313; *J. Uhlenbruck,* Die Rechtsfolgen der Abweisung oder Einstellung mangels Masse für die Gesellschaft mit beschränkter Haftung, Kölner Schrift zur Insolvenzordnung, 2. Aufl., S. 1187; *W. Uhlenbruck,* Der „Konkurs im Konkurs" – 50 Jahre BGH-Rechtsprechung zum Problem der Verteilungsgerechtigkeit in masselosen und massearmen Insolvenzverfahren –, in: 50 Jahre Bundesgerichtshof, Festgabe aus Wissenschaft und Praxis, 2000, S. 803; *ders.,* Gesetzesunzulänglichkeit bei Masseunzulänglichkeit, NZI 2001, 408; *Vallender/Fuchs,* Ein großer Wurf? – Anmerkungen zum Diskussionsentwurf des BMJ, NZI 2003, 292 ff.

Übersicht

	RdNr.		RdNr.
A. Normzweck	1	**D. Das Verfahren bei Masseunzulänglichkeit**	34
B. Entstehungsgeschichte	4	**I. Anzeige der Masseunzulänglichkeit durch den Insolvenzverwalter**	34
I. Frühere Rechtslage	4	1. Feststellungskompetenz des Insolvenzverwalters	34
II. Gesetzgebungsverfahren	7	2. Form und Inhalt der Anzeige	36
1. Feststellung der Masseunzulänglichkeit	10	3. Maßgebender Zeitpunkt	37
2. Rechtsschutzmöglichkeit gegen Anzeige der Masseunzulänglichkeit	11	4. Überprüfbarkeit	38
3. Auswirkungen der Masseunzulänglichkeit auf Masseverbindlichkeiten	12	a) Ausschluss jeder Rechtsmittel	38
C. Feststellung der Masseunzulänglichkeit	13	b) Kontrolle durch das Insolvenzgericht	39
I. Abwicklung des masseunzulänglichen Verfahrens	13	c) Stellungnahme	40
1. Masselosigkeit und Masseunzulänglichkeit	13	**II. Bekanntmachung des Insolvenzgerichtes**	41
2. Rangordnung	15	**III. Rechtsfolgen aus der Anzeige der Masseunzulänglichkeit**	43
II. Eintritt der Masseunzulänglichkeit	17	1. Pflicht zur Verwaltung und Verwertung	43
1. Prüfung der Masseunzulänglichkeit	17	a) Abwicklungs- und Verwertungsaufgabe	43
2. Begriff der Masseunzulänglichkeit	19	b) Verfahrensrisiken	45
a) Eingetretene Masseunzulänglichkeit	20	c) Abwicklung ohne ausreichende Masse	48
b) Drohende Masseunzulänglichkeit	21	d) Prozessführung	49
3. Insolvenzmasse	23	aa) Hinreichende Erfolgsaussichten	50
a) Vermögen des Schuldners	23	bb) Anfechtungsprozesse	51
b) Liquidität	24	2. Verteilungsverfahren	52
c) Vorübergehende Masseunzulänglichkeit	25	3. Rückkehr in das Regelinsolvenzverfahren	53
4. Masseverbindlichkeiten	27	a) Unwiderruflichkeit der Anzeige	54
a) Umfang	27	b) Widerruflichkeit der Anzeige	55
b) Bewertung	28	4. Nachtragsverteilung	56
5. Zeitpunkt der Anzeige der Masseunzulänglichkeit	30	5. Rechnungslegung	57
a) Vorbeugende Anzeige	31	6. Insolvenzplan	58
b) Provozierte Anzeige	32	7. Restschuldbefreiung	59
c) „Verspätete" Anzeige	33	**IV. Erneute Masseunzulänglichkeit**	60

Hefermehl 1549

§ 208 1, 2
5. Teil. 3. Abschnitt. Einstellung des Verfahrens

	RdNr.		RdNr.
E. Materiellrechtliche u. prozessuale Wirkungen der Masseunzulänglichkeit	61	2. Aufrechnung	70
		IV. Steuerliche Pflichten	71
I. Kürzung des Forderungsrechts	61	V. Sonderfälle	72
1. Insolvenz in der Insolvenz	61	1. Nachlassinsolvenzverfahren	72
2. Geltendmachung der Masseunzulänglichkeit	62	2. Eigenverwaltung	73
		G. Haftung des Insolvenzverwalters	74
3. Rückforderung	63	I. Haftungsrisiko	74
II. Prozessuale Auswirkungen	64	II. Haftungsgrundlagen	75
1. Erkenntnisverfahren	64	1. Haftung nach § 61	75
a) Leistungs- u. Feststellungsklage	65	2. Fehlerhafte Anzeige	77
b) Stellungnahme	66	3. Haftung aus Abwicklungsfehlern	80
c) Darlegungs- und Beweislast	67	a) Betriebsfortführung	81
2. Vollstreckungsverfahren	68	b) Rechtsstreit	82
III. Sonstige materielle Rechtsfolgen	69		
1. Sicherungsrechte	69		

A. Normzweck

1   Stellt sich nach Verfahrenseröffnung heraus, dass zwar eine die Verfahrenskosten i. S. d. § 54 deckende Insolvenzmasse vorhanden ist, diese aber nicht ausreicht, sämtliche Massegläubiger zu befriedigen, tritt Masseunzulänglichkeit ein. Bei Hervortreten der Masseunzulänglichkeit wird das Insolvenzverfahren – im Gegensatz zur Einstellung gem. § 207 nach Eintritt der Massselosigkeit – fortgesetzt. Die Abwicklung masseunzulänglicher Insolvenzverfahren ist in den §§ 208 bis 211 neu geregelt worden.[1] Die weiterbestehende Verwertungs- und Verteilungspflicht des Insolvenzverwalters hat den Zweck, die Haftung gegenüber dem Schuldner innerhalb eines geordneten Verfahrens vollständig zu realisieren, um der unter Geltung der KO weit verbreiteten Praxis einer Flucht des Schuldners in die Massearmut einen wirksamen Riegel vorzuschieben.[2] Auch die Abwicklung masseunzulänglicher Verfahren besitzt eine Ordnungs- und Regelungsfunktion.[3] Jedoch ändert sich der Verfahrenszweck. Das Verfahren dient nicht mehr der Befriedigung der Insolvenzgläubiger, sondern primär derjenigen der Massegläubiger.[4]

2   Das besondere Verwertungs- und Verteilungsverfahren nach den §§ 208 ff. beginnt mit der Anzeige der Masseunzulänglichkeit durch den Insolvenzverwalter an das Insolvenzgericht. Dadurch wird eine Zäsur herbeigeführt zwischen den nach der Anzeige vom Verwalter begründeten Neu-Masseverbindlichkeiten und den zu diesem Zeitpunkt bereits bestehenden Alt-Masseverbindlichkeiten. Das nun gesetzlich verankerte Vorwegbefriedigungsrecht der Neumassegläubiger in § 209 Abs. 1 Nr. 2 ist das Kernstück der Neuregelung; dieses ist notwendig, damit der Insolvenzverwalter angesichts einer unzulänglichen Insolvenzmasse seine ihm nach § 208 Abs. 3 auferlegte Abwicklungstätigkeit fortsetzen kann.[5] Er darf die zur Verwaltung und Verwertung der Restmasse erforderlichen Geschäfte nur insoweit eingehen, wie er die daraus resultierenden Masseverbindlichkeiten vorrangig und in voller

---

[1] Die Abwicklung masseloser Verfahren war unter Geltung der KO ein unbewältigtes rechtliches und rechtspolitisches Problem, vgl. *Uhlenbruck*, Konkurs im Konkurs, Festschrift 50 Jahre BGH, 2000, S. 803 ff.
[2] Allg. Begr. RegE, *Kübler/Prütting*, S. 101; *Smid* WM 1998, 1320.
[3] *Kuhn/Uhlenbruck* § 60 KO RdNr. 31.
[4] *Uhlenbruck* § 208 RdNr. 20; *Mohrbutter/Ringstmeier/Pape* § 12 RdNr. 109 f.; *Häsemeyer*, Festschrift für Gerhardt (2003), S. 341, 344 f., der den Notcharakter des Abwicklungsverfahrens bei Masseunzulänglichkeit betont; *Dinstühler* ZIP 1998, 1702: „Richtungswechsel des Verfahrensziels". Es dient aber auch dem Interesse des Schuldners an der Restschuldbefreiung, § 289 Abs. 3.
[5] Da nach der Rechtsprechung zu § 60 KO Neu-Masseschulden grundsätzlichen keinen Vorrang besaßen, war die gesetzliche Regelung erforderlich; vgl. Begr. RegE zu § 318, *Kübler/Prütting*, S. 436.

Höhe befriedigen kann, und zwar ohne Rücksicht auf die bestehenden Masseverbindlichkeiten der Altmassegläubiger.[6]

Die Altmassegläubiger befinden sich nach Anzeige der Masseunzulänglichkeit in einer den Insolvenzgläubigern im Regelinsolvenzverfahren vergleichbaren verfahrensrechtlichen Lage.[7] Ihnen ist deshalb in der „Insolvenz in der Insolvenz" untersagt, wegen ihrer Masseansprüche in die Insolvenzmasse nach § 210 zu vollstrecken.

B. Entstehungsgeschichte

I. Frühere Rechtslage

Die Abwicklung massearmer Verfahren nach der Konkursordnung bereitete in der Praxis auf Grund erheblicher Rechtsunsicherheiten große Schwierigkeiten. Reichte die Masse zur Erfüllung sämtlicher Masseansprüche nicht aus, so sah § 60 KO eine Rangordnung dieser Verbindlichkeiten vor. Danach waren an erster Stelle die Ansprüche aus Rechtshandlungen des Konkursverwalters sowie aus zweiseitigen Verträgen zu befriedigen, deren Erfüllung zur Konkursmasse verlangt wird oder für die Zeit nach Eröffnung des Verfahrens erfolgen muss, § 60 Abs. 1 Nr. 1 KO. Nachrangig waren demgegenüber die Massekosten i. S. d. § 58 KO, also die Verfahrenskosten wie auch die Ausgaben für das Verfahren sowie die Verwaltung und Verteilung der Masse. Aufgrund dieser gesetzlichen Rangordnung des § 60 KO war das eröffnete Insolvenzverfahren nach § 204 KO einzustellen, wenn die Insolvenzmasse zwar die (nachrangigen) Massekosten des § 58 KO abdeckte, jedoch nicht auch die im ersten Rang stehenden Masseschulden nach § 59 Abs. 1 Nr. 1, 2 KO.[8] Um die Insolvenzmasse nach Maßgabe des § 60 KO an die Massegläubiger zu verteilen, sollten diese zwar vor einer Verfahrenseinstellung noch verwertet werden. Jedoch enthielt die Konkursordnung keine Regelungen für das vom Konkursverwalter nach Eintritt der Masseinsuffizienz zu beachtende Verfahren.[9]

Eine weitere ordnungsgemäße Konkursabwicklung nach Eintritt der Masseinsuffizienz erfordert vor allem, dass zu diesem Zweck neue Masseverbindlichkeiten eingegangen werden können. Hinsichtlich dieser Neu-Masseverbindlichkeiten war aber strittig, ob sie in voller Höhe vorweg aus der Masse bezahlt oder – nach Eintritt der Masseunzulänglichkeit – auch nur nach Maßgabe des § 60 KO befriedigt werden können, also nach ihrem Rang und ggf. nur anteilig.[10] Freilich leuchtet es unmittelbar ein, dass der Verwalter seinen Abwicklungsaufgaben nicht gerecht werden kann, wenn er seinem Vertragspartner im Zweifel nur anteilige Befriedigung versprechen kann. Die Rechtsprechung des BGH hielt es jedoch nicht für zulässig, Neu-Masseverbindlichkeiten – mit Ausnahme der Konkursverwaltervergütung – gegenüber den bei Eintritt der Masseunzulänglichkeit bestehenden Alt-Masseschulden zu privilegieren.[11] Die durch § 60 KO vorgegebene Rangordnung konnte nach Auffassung der Rechtsprechung nur durch den Gesetzgeber abgeändert werden.

Ohne ein Vorwegbefriedigungsrecht für Neumassegläubiger war es aber dem Verwalter nur unter Inkaufnahme eines unzumutbaren Haftungsrisikos möglich, seine Tätigkeit bis zur vollständigen Verwertung und Verteilung der Masse fortzusetzen; er geriete schnell in Gefahr, sich schadenersatzpflichtig zu machen, wenn er die Befriedigungsmöglichkeiten von ihm begründeter Neu-Masseschulden unzutreffend einschätzte. In der Praxis führte deshalb der Eintritt des „Konkurs im Konkurs" vielfach zur alsbaldigen Verfahrenseinstellung, obgleich noch erhebliche Vermögenswerte vorhanden waren, wie z. B. auch Haftungs-

---

[6] Eine Verkürzung der Insolvenzmasse erfolgt durch die vorrangige Befriedigung der Neu-Massegläubiger grundsätzlich nicht, da die Gegenleistung in die Masse gelangt, *Kilger/K. Schmidt* § 60 KO Anm. 4 a.
[7] Dazu näher § 209 RdNr. 35.
[8] Die Einzelheiten waren umstritten, vgl. *Kuhn/Uhlenbruck* § 204 KO RdNr. 1.
[9] *Kilger/K. Schmidt* § 204 KO Anm. 2.
[10] *Uhlenbruck*, Konkurs im Konkurs, Festschrift 50 Jahre BGH, 2000, S. 803 ff.
[11] BGH NJW 1992, 692; ZIP 1984, 612; Zur Entwicklung der Rechtsprechung eingehend *Uhlenbruck*, Konkurs im Konkurs, Festschrift 50 Jahre BGH, 2000, S. 803 ff.

ansprüche gegenüber den Gesellschaftern bzw. Geschäftsführern, die zugunsten der Massegläubiger noch hätten realisiert werden können.[12]

II. Gesetzgebungsverfahren

7 Zweck der gesetzlichen Neuregelung des masseunzulänglichen Verfahrens war es deshalb, den Insolvenzverwalter zu befähigen, seine Abwicklungsaufgabe ohne übermäßiges Haftungsrisiko so lange fortzusetzen, bis die Masse vollständig verwertet ist; dies ist wiederum Voraussetzung dafür, dass die Masseverbindlichkeiten möglichst weitgehend getilgt werden können. Dadurch sollte zugleich auch das Ziel verwirklich werden, im Insolvenzverfahren das schuldnerische Vermögen vollständig abzuwickeln, so dass im Anschluss hieran für eine außergerichtliche Liquidation kein Bedürfnis mehr besteht.[13] Wird das verwertbare Massevermögen restlos zur Befriedigung der Gläubiger eingesetzt, wird eine Rückgabe von Vermögenswerten an den Schuldner vermieden.

8 Die neue Vorschrift des § 208 basiert auf Vorschlägen der Praxis und Rechtslehre zur Behandlung von Neu-Masseschulden bei Eintritt der Masseunzulänglichkeit. Damit der Verwalter die weitere Verwertung und Verteilung der Masse durchführen kann, wurde er als berechtigt angesehen, sobald er die während des Verfahrens hervorgetretene Masseunzulänglichkeit bekannt gemacht hatte, die Neu-Masseschulden außerhalb des Verteilungsmaßstabs nach § 60 KO vorab voll zu befriedigen.[14] Demgegenüber sollten die im Zeitpunkt der Bekanntmachung bestehenden Alt-Massegläubiger – wie Konkursgläubiger – nach der Rangordnung des § 60 KO in einem „Konkurs im Konkurs" befriedigt werden.[15]

9 Die Abwicklung masseunzulänglicher Insolvenzverfahren wird durch die Neuregelung erstmals auf eine gesetzliche Grundlage gestellt, was erforderlich gewesen ist. Der Insolvenzverwalter erhält die Handlungsfreiheiten, die er benötigt, um seine Abwicklungs- und Befriedigungsaufgabe zur Verwertung und Verteilung der Restmasse gem. § 207 Abs. 3 erfüllen zu können.

10 **1. Feststellung der Masseunzulänglichkeit.** Mit der Anzeige der Masseunzulänglichkeit durch den Insolvenzverwalter wird die Insolvenz in das Abwicklungsverfahren nach den §§ 209 bis 211 übergeleitet. Die Feststellung der Masseunzulänglichkeit war nach § 319 RegE Sache des Insolvenzgerichtes.[16] Demgegenüber wurde jedoch eingewandt, dass diese Aufgabe die Insolvenzgerichte überfordert; sie sollten von der Prüfung der die Masseunzulänglichkeit begründenden Tatsachen wie auch von der Anhörung der Verfahrensbeteiligten entlastet werden. Der Insolvenzverwalter sollte deshalb auf Vorschlag des Rechtsausschusses ausschließlich verantwortlich für die Feststellung der Masseunzulänglichkeit sein.[17] Den Insolvenzgerichten obliegt es in der Gesetz gewordenen Fassung nur noch, die ihnen vom Verwalter angezeigte Masseunzulänglichkeit öffentlich bekannt zu machen und den Massegläubigern besonders zuzustellen, § 208 Abs. 2.

11 **2. Rechtsschutzmöglichkeit gegen Anzeige der Masseunzulänglichkeit.** Mit der Verlagerung der Feststellungskompetenz auf den Insolvenzverwalter ging einher der Verlust von Rechtsschutzmöglichkeiten für die Insolvenzgläubiger wie insbesondere die Massegläubiger. § 318 RegE hatte noch vorgesehen, dass vor einer Entscheidung des Insolvenzgerichtes eine Anhörung vor allem auch der betroffenen Massegläubiger stattfinden hat;[18] ferner war ihnen eine Rechtsmittelmöglichkeit gegen den Einstellungsbeschluss des Insolvenzgerichtes eingeräumt. Der Gesetzgeber hielt den Ausschluss jeglicher Überprüfungsmöglichkeit der Masseunzulänglichkeitsanzeige jedoch für gerechtfertigt im Hinblick

---

[12] *Kuhn/Uhlenbruck* § 60 KO RdNr. 3.
[13] Allg. Begr. RegE, *Kübler/Prütting*, S. 101; *J. Uhlenbruck*, Kölner Schrift, S. 1197 RdNr. 21.
[14] *Henckel*, ZIP 1993, 1277; *Kuhn/Uhlenbruck* § 60 KO RdNr. 2 a.
[15] *Kilger/K. Schmidt* § 60 KO Anm. 4 a.
[16] § 319 RegE, *Kübler/Prütting*, S. 633.
[17] Begr. Rechtsausschuss, *Kübler/Prütting*, S. 437.
[18] Begr. zu § 318 RegE, *Kübler/Prütting*, S. 436.

auf die den Verwalter nach § 61 treffende persönliche Haftung für nicht erfüllbare Masseverbindlichkeiten.

3. Auswirkungen der Masseunzulänglichkeit auf Masseverbindlichkeiten. Gestrichen wurde auf Vorschlag des Rechtsausschusses auch § 320 Abs. 2 RegE, der die Wirkungen des Eintritts der Masseunzulänglichkeit auf die zum Zeitpunkt der Anzeige bestehenden Masseverbindlichkeiten regelte.[19] Ein gesetzliches Regelungsbedürfnis wurde verneint. Vielmehr sollte es der Rechtsprechung vorbehalten bleiben zu klären, ob die Regeln über die Erfüllung gegenseitiger Verträge, über die Aufrechnung im Verfahren sowie über die Unwirksamkeit von vor der Eröffnung des Verfahrens durch Zwangsvollstreckung erlangten Sicherungen auf derartige Masseverbindlichkeiten übertragen werden können.[20]

C. Feststellung der Masseunzulänglichkeit nach § 208

I. Abwicklung des masseunzulänglichen Verfahrens

1. Abgrenzung Masselosigkeit und Masseunzulänglichkeit. Die InsO unterscheidet zwischen zwei verschiedenen Tatbeständen der Massearmut, an die unterschiedliche Rechtsfolgen geknüpft sind. Masselosigkeit (=Massearmut im engeren Sinn) i. S. d. § 207 tritt ein, wenn der Insolvenzmasse – entgegen der ursprünglichen Prognose – die zur Deckung der Verfahrenskosten benötigten Mittel fehlen, z. B. wenn ein als werthaltig angesehener Anspruch des Schuldners sich nicht realisieren lässt. Ohne ausreichende Deckung der Verfahrenskosten kann das Insolvenzverfahren nicht durchgeführt werden. Es ist deshalb ohne weitere Verwertung, vgl. § 207 Abs. 3, gem. § 207 Abs. 1 wegen Masselosigkeit umgehend vom Insolvenzgericht von Amts wegen einzustellen.[21]

Demgegenüber liegt Masseunzulänglichkeit i. S. d. § 208 vor, wenn die Mittel zur Begleichung der Verfahrenskosten i. S. d. § 54 vorhanden sind, die Insolvenzmasse aber nicht ausreicht, um alle sonstigen Masseverbindlichkeiten vollständig zu erfüllen. Im Hinblick auf die Deckung der Kosten des Verfahrens wird dieses weiter fortgesetzt, allerdings mit einem geänderten Verfahrenszweck, sobald der Insolvenzverwalter die Masseunzulänglichkeit angezeigt hat. Die geordnete Verwertung der noch vorhandenen Restmasse erfolgt jetzt zugunsten der Massegläubiger, und dient nicht mehr der gemeinschaftlichen Befriedigung der Insolvenzgläubiger.[22] Mit der Fortführung des masseunzulänglichen Verfahrens bis hin zur vollständigen Verwertung der Insolvenzmasse wird zugleich ausgeschlossen, dass nach Verfahrenseinstellung noch Vermögensgegenstände an den Schuldner zurückgegeben werden müssen.

2. Rangordnung der Massegläubiger. Die dem Insolvenzgericht vom Verwalter angezeigte Masseunzulänglichkeit bewirkt, dass die Befriedigung der Massegläubiger sich ab diesem Zeitpunkt nach der Rangordnung des § 209 richtet. Bevor die Masseunzulänglichkeit nicht angezeigt ist, kann jeder Massegläubiger die geschuldete Leistung gegen den Insolvenzverwalter geltend machen und ggf. bei Nichterfüllung in die Masse vollstrecken. Was er bis zu diesem Zeitpunkt vom Insolvenzverwalter auf seine Forderung erhält, muss er auch nach angezeigter Masseunzulänglichkeit nicht herausgeben, sondern kann dies behalten.[23] Erst mit der Anzeige der Masseunzulänglichkeit greift die Rangordnung des § 209 ein, die zwecks Verteilung der ungenügenden Mittel die Masseverbindlichkeiten in drei Rangstufen aufteilt.[24]

Die erste Rangstelle nehmen die Verfahrenskosten i. S. d. § 54 ein. Sie müssen – auch nach Anzeige der Masseunzulänglichkeit – voll abgedeckt sein, andernfalls das Verfahren nach § 207 abgebrochen wird und einzustellen ist. An der zweiten Rangstelle stehen die

---
[19] Begr. Rechtsausschuss, *Kübler/Prütting*, S. 437; kritisch hierzu *Kluth* ZInsO 2000, 177.
[20] Begr. Rechtsausschuss, *Kübler/Prütting*, S. 437.
[21] Vgl. § 207 RdNr. 40 u. 62.
[22] *Haarmeyer/Wutzke/Förster*, Handbuch, Kap. 8 RdNr. 159.
[23] *Uhlenbruck* § 209 RdNr. 20.
[24] Vgl. § 209 RdNr. 13.

nach der Masseunzulänglichkeitsanzeige vom Verwalter zum Zwecke der Restabwicklung eingegangenen Neu-Masseschulden. An der dritten, der letzten Rangstelle, sind alle übrigen Alt-Masseverbindlichkeiten eingestuft. Diese haben ihr Recht auf Vorwegbefriedigung verloren; Vollstreckungsmaßnahmen sind nach § 210 unzulässig. Mit der Anzeige der Masseunzulänglichkeit greift der Insolvenzverwalter deshalb in erster Linie in die Rechtsstellung der Alt-Massegläubiger ein. Ihnen gegenüber kann er sich in erster Linie durch eine verfrühte oder unrichtige Unzulänglichkeitsanzeige schadenersatzpflichtig machen, weil er deren Befriedigungsmöglichkeiten wegen der sich aus § 209 Abs. 1 Nr. 3 ergebenden Rangrückstufung beeinträchtigt.[25]

II. Eintritt der Masseunzulänglichkeit

17 **1. Prüfung der Masseunzulänglichkeit.** Der Insolvenzverwalter hat ständig im Auge zu behalten, ob die Insolvenzmasse ausreichend ist, die Massegläubiger aus der Insolvenzmasse gem. § 53 vorweg zu befriedigen.[26] Die Kontrolle der Massezulänglichkeit gehört zu den insolvenzspezifischen Pflichten. Freilich ist die Pflicht des Insolvenzverwalters, bei eingetretener oder drohender Masseunzulänglichkeit diese dem Insolvenzgericht anzuzeigen, nicht gesetzlich normiert.[27] Jedoch haftet der Insolvenzverwalter persönlich nach § 61 Satz 1, wenn er fällige Masseverbindlichkeiten wegen Masseunzulänglichkeit nicht befriedigen kann, obgleich deren Eintritt bei Begründung der Verbindlichkeit für ihn vorhersehbar war. Zur Vermeidung einer derartigen Haftung muss der Verwalter die Masseunzulänglichkeit rechtzeitig anzeigen, da er bereits haftet, wenn er hätte erkennen können, dass die Masse zur Deckung der eingegangenen Verbindlichkeiten voraussichtlich nicht ausreichen wird. Er kann sich gem. § 61 Satz 2 nur durch den Nachweis entlasten, dass entweder objektiv von einer ausreichenden Masse auszugehen war oder dass die Unzulänglichkeit für ihn nicht erkennbar war.[28] Im Hinblick auf die Haftung nach § 61 ging der Gesetzgeber davon aus, dass der Verwalter aus eigenem Interesse heraus die Masseunzulänglichkeit nur anzeigen wird, wenn er dies auch verantworten kann. Eine leichtfertige Handhabung der Unzulänglichkeitsanzeige wurde nicht erwartet.[29]

18 Zweck der mit der Anzeige verbundenen Rangrückstufung der Alt-Masseverbindlichkeiten i. S. d. § 209 Abs. 1 Nr. 3 ist es, den Insolvenzverwalter wieder handlungsfähig zu machen. Zur Erfüllung der ihm im masseunzulänglichen Verfahren auferlegten Abwicklungs- und Befriedigungspflichten ist er danach wieder in der Lage, neue Masseschulden einzugehen, da er diese voll und vorweg aus der verbliebenen Aktivmasse befriedigen kann. Dadurch reduziert sich auch das Haftungsrisiko des Insolvenzverwalters. Er muss – wenn er die Anzeige rechtzeitig erstattet hat – nur noch sicherstellen, dass die von ihm neu begründeten Masseverbindlichkeiten getilgt werden, da er für die Nichterfüllung der Neu-Masseverbindlichkeiten entsprechend § 61 wiederum persönlich haftet.[30]

19 **2. Begriff der Masseunzulänglichkeit.** Masseunzulänglichkeit tritt nach § 208 ein, wenn die Insolvenzmasse nicht ausreichend ist, um die fälligen sonstigen Verbindlichkeiten zu erfüllen bzw. wenn die Masse voraussichtlich nicht ausreichen wird, um diese im Zeitpunkt ihrer Fälligkeit zu erfüllen. Der Insolvenzverwalter hat zur Feststellung, ob Masseunzulänglichkeit i. S. d. § 208 vorliegt, zu ermitteln den Umfang der bestehenden fälligen und fällig werdenden sonstigen Masseverbindlichkeiten und die – unter Abzug der Verfahrenskosten – zur Befriedigung voraussichtlich zur Verfügung stehende Insolvenzmas-

---

[25] *Kübler*, Kölner Schrift, S. 967 RdNr. 27; ferner *Kluth* ZInsO 2000, 180.
[26] *Breutigam* in *Breutigam/Blersch/Goetsch* § 208 RdNr. 7; *Kübler/Prütting/Pape* § 208 RdNr. 5.
[27] Das Insolvenzgericht ist in die Prüfung der Masseunzulänglichkeit nicht eingeschaltet, vgl. zur Entstehungsgeschichte § 208 RdNr. 10.
[28] Vgl. BGH NZI 2005, 222 m. Anm. *Zwoll* = ZIP 2005, 311, dazu EWiR 2005, 679 *(Pape)*.
[29] Begr. zu § 318 RegE, *Kübler/Prütting*, S. 436; *Breutigam* in *Breutigam/Blersch/Goetsch* § 208 RdNr. 7; kritisch dagegen *Dinstühler* ZIP 1998, 1701; *Kübler*, Kölner Schrift, S. 967 RdNr. 16, vgl. hierzu RdNr. 30.
[30] BGH NZI 2005, 222; s. RdNr. 75.

se.³¹ In der Mehrzahl der Insolvenzverfahren wird sich aus der Gegenüberstellung der relevanten Aktiva und Passiva ein klares Ergebnis ablesen lassen. Da nach § 26 Abs. 1 aber eine Verfahrenseröffnung schon bei einer nur knappen Deckung der Verfahrenskosten erfolgen muss, kann es auch im Laufe des Verfahrens strittig werden, ob die – über die Kostendeckung hinaus – zur Verfügung stehenden Mittel der Insolvenzmasse zur Erfüllung aller sonstigen Ansprüche der Massegläubiger noch ausreichend sind.

a) Eingetretene Masseunzulänglichkeit. Die Masseunzulänglichkeit ist eingetreten, wenn die Insolvenzmasse nicht mehr in der Lage ist, die fällig gewordenen Masseverbindlichkeiten zu bedienen, § 208 Abs. 1 Satz 1. Zu den Masseverbindlichkeiten zählen sowohl die aus der Geschäftsführung des Verwalters entstandenen wie auch die kraft Gesetzes aus den fortbestehenden Dauerschuldverhältnissen herrührenden (oktroyierten) Masseschulden, § 55 Abs. 1. Die Insolvenzmasse ist mit Blick auf die sonstigen Masseverbindlichkeiten zahlungsunfähig; die eingetretene Masseunzulänglichkeit entspricht insoweit der Situation des § 17 Abs. 2.³²

b) Drohende Masseunzulänglichkeit. Mit der eingetretenen Masseunzulänglichkeit wird in § 208 Abs. 1 Satz 2 die drohende Masseunzulänglichkeit gleichgestellt.³²ᵃ Diese liegt vor, wenn der Insolvenzverwalter bereits absehen kann, dass die Masse voraussichtlich nicht ausreichend ist, um die bestehenden sonstigen Masseverbindlichkeiten im Zeitpunkt ihrer Fälligkeit zu erfüllen.³³ Der Insolvenzverwalter hat eine Prognoseentscheidung zu treffen, die ihm einen gewissen Beurteilungsspielraum eröffnet.³⁴ Entscheidend kommt es darauf an, ob die Insolvenzmasse zur Erfüllung sämtlicher bestehender Masseverbindlichkeiten „voraussichtlich" nicht ausreichend sein wird, was heißt, dass die Nichterfüllung sämtlicher sonstiger Masseverbindlichkeiten wahrscheinlicher sein muss als deren vollständige Erfüllung. Da in die Beurteilung auch Masseschulden aus künftigen Abwicklungsmaßnahmen des Verwalters einbezogen werden müssen, kann dies dazu führen, dass der Verwalter bereits unmittelbar nach Verfahrenseröffnung die Masseunzulänglichkeit anzeigen muss. Er kann dadurch erreichen, dass die nach § 209 entstehenden (oktroyierten) Masseverbindlichkeiten aus fortbestehenden Dauerschuldverhältnissen als Alt-Masseverbindlichkeiten zurückgestuft und nur noch gem. § 209 Abs. 1 Nr. 3 nachrangig zu befriedigen sind, sofern die Gegenleistung nicht in Anspruch genommen wird, vgl. § 209 Abs. 2 Nr. 3.³⁵ Die vorhandenen Mittel kann er für die tatsächliche Liquidation einsetzen.

Die Gleichbehandlung der drohenden mit der bereits eingetretenen Masseunzulänglichkeit ist notwendig auch im Hinblick auf die Haftung des Insolvenzverwalters nach § 61. Sobald die drohende Masseunzulänglichkeit absehbar ist, kann sich der Insolvenzverwalter nach § 61 schadenersatzpflichtig machen, wenn er neue Masseverbindlichkeiten eingeht, die er später nicht voll erfüllen kann.³⁶ Er muss sich deshalb laufend darüber vergewissern, ob die vollständige Erfüllung der bestehenden Masseverbindlichkeiten im Zeitpunkt ihrer Fälligkeit ernsthaft gefährdet sein könnte.³⁷ Wenn eine solche Gefahr nicht ausgeschlossen werden kann,

---

[31] Die Rechtsprechung verlangte zur Darlegung der Masseunzulänglichkeit nach § 60 KO idR die Vorlage eines zeitnahen Konkursstatus, aus dem die Summe der verfügbaren liquiden Mittel wie auch das gesamte verwertbare Vermögen des Schuldners hervorgehen musste, vgl. BGH NZI 2001, 539; BAG NJW 1999, 517; BayObLG NZI 2000, 366.
[32] *Breutigam* in *Breutigam/Blersch/Goetsch* § 208 RdNr. 10.
[32a] Wegen der rechtlichen Gleichbehandlung beider Anzeigen hat eine spätere Anzeige der tatsächlich eingetretenen Masseunzulänglichkeit keine eigenständige Bedeutung; sie kann also auch den Vorrang der nach der Anzeige der drohenden Masseunzulänglichkeit begründeten Neumasseschulden i. S. von § 209 Abs. 1 Nr. 2 nicht wieder aufheben, OLG Frankfurt NZI 2005, 40.
[33] *Breutigam* in: *Breutigam/Blersch/Goetsch* § 208 RdNr. 12; ferner *Kübler*, Kölner Schrift, S. 974 RdNr. 26.
[34] *Mohrbutter/Ringstmeier/Pape* § 12 RdNr. 91.
[35] *Haarmeyer/Wutzke/Förster*, Handbuch, Kap. 8 RdNr. 161; *HK-Landfermann* § 208 RdNr. 10.
[36] *Pape* in *Mohrbutter/Ringstmeier* § 12 RdNr. 89, 92;, *Kübler/Prütting* S. 436; *Kübler/Prütting/Pape* § 208 RdNr. 15; *Breutigam* in: *Breutigam/Blersch/Goetsch* § 208 RdNr. 15; *Kübler*, Kölner Schrift, S. 967 RdNr. 27. Die Haftung nach § 61 knüpft damit inhaltlich an die Erkennbarkeit der drohenden Masseunzulänglichkeit durch den Insolvenzverwalter bei Begründung der Masseschuld an.
[37] BGH NZI 2004, 435 m. Anm. *Kaufmann* S. 439 = ZInsO 2004, 609 m. Anm. *Pape* S. 605 f. u. st. Rspr.

würde sich der Insolvenzverwalter bei Eingehung neuer Masseverbindlichkeiten einem erheblichen persönlichen Haftungsrisiko aussetzen, zumal er dafür beweispflichtig ist, dass eine nachfolgend eingetretene Masseunzulänglichkeit für ihn zum damaligen Zeitpunkt nicht vorhersehbar war, § 61 Satz 2.[38] Im Interesse der eigenen Haftungsbegrenzung muss deshalb der Insolvenzverwalter die drohende Masseunzulänglichkeit rechtzeitig dem Insolvenzgericht anzeigen, um die Geltung des Verteilungsschlüssels nach § 209 herbeizuführen. Erst nach der Anzeige der Masseunzulänglichkeit kann der Insolvenzverwalter die Liquidationstätigkeit fortsetzen, da die von ihm zu diesem Zweck neu begründeten Masseverbindlichkeiten nach § 209 Abs. 1 Nr. 2 vorrangig aus der Insolvenzmasse befriedigt werden können.[39]

23   **3. Insolvenzmasse. a) Vermögen des Schuldners.** Maßgebend für den Eintritt der (drohenden) Masseunzulänglichkeit ist, ob die Insolvenzmasse – über die Verfahrenskosten hinausgehend – ausreichend ist, um die Masseverbindlichkeiten zum Zeitpunkt ihrer Fälligkeit zu erfüllen. Unter dem Begriff der Insolvenzmasse kann nicht der im Zeitpunkt der Verfahrenseröffnung geschätzte Wert der sog. Soll-Masse verstanden werden. Diese umfasst Vermögenswerte, deren Bestand und Realisierbarkeit sich erst während des Verfahrens herausstellt. Maßstab der Beurteilung der Unzulänglichkeit kann vielmehr nur das Aktivvermögen, d. h. das gesamte, verwertbare Vermögen des Schuldners sein.[40]

24   **b) Liquidität.** Allerdings kann es nicht darauf ankommen, ob irgendwann einmal im Laufe des Verfahrens die Erwartung besteht, dass eine zur Befriedigung der Masseverbindlichkeiten ausreichende Masse vorhanden ist. Nach dem Gesetz ist der Eintritt der Masseunzulänglichkeit davon abhängig, ob die bestehenden Masseverbindlichkeiten zu ihrem **Fälligkeitszeitpunkt** aus der Masse bedient werden können.[41] Wenn dies nicht gewährleistet ist, gerät der Insolvenzverwalter unweigerlich in Verzug, so dass der Massegläubiger seinen Anspruch gerichtlich geltend machen sowie ggf. in die Masse vollstrecken kann. Gerade diese Gefahr soll der Insolvenzverwalter durch rechtzeitige Anzeige der Masseunzulänglichkeit abwenden können, da ansonsten eine weitere geordnete Abwicklung des Verfahrens ausgeschlossen ist. Für die Feststellung, ob die Insolvenzmasse unter Berücksichtigung der Verfahrenskosten ausreichend ist, muss deshalb auf die liquiden Mittel abgestellt werden, die im Zeitpunkt der Fälligkeit zur Begleichung der Masseverbindlichkeiten zur Verfügung stehen. Da die Ansprüche der Massegläubiger idR auf eine Geldleistung gerichtet sind, ist für deren Erfüllbarkeit zudem auch die **Geldliquidität der Masse** ausschlaggebend. Die Insolvenzmasse muss über ausreichende Barmittel verfügen, um ihren Zahlungsverpflichtungen ordnungsgemäß gegenüber den Massegläubigern nachkommen zu können; ist dies nicht mehr gewährleistet, ist Masseunzulänglichkeit i. S. d. § 208 eingetreten oder zumindest droht sie.

25   **c) Vorübergehende Masseunzulänglichkeit.** Der Eintritt der Masseunzulänglichkeit nach § 208 wird nicht dadurch ausgeschlossen, dass sich in der Insolvenzmasse noch verwertbare Vermögensgegenstände befinden, wenn diese erst im Laufe des Verfahrens in Geld umgesetzt werden können und damit voraussichtlich zur Befriedigung der sonstigen Masseverbindlichkeiten im Zeitpunkt ihrer jeweiligen Fälligkeiten nicht zur Verfügung stehen.[42] Vermögenswerte, die nicht oder auch nicht in absehbarer Zeit liquidierbar sind, stehen zur gleichmäßigen und vollständigen Berichtigung aller Ansprüche von Massegläubigern nicht zur Verfügung und lassen diese deshalb ernsthaft gefährdet erscheinen. Zu den illiquiden Aktiva zählen z. B. im Ausland gelegene, schwer verwertbare Grundstücke, bei denen sich nicht voraussehen lässt, ob und wann hieraus ein Masseerlös zu realisieren ist. Soweit offene Ansprüche zur Masse gehören, schließen sie den Eintritt der Masseunzulänglichkeit nicht aus, wenn

---

[38] BGH NJW 2004, 3334 = NZI 2004, 435; NZI 2005, 222 = ZIP 2005, 311, dazu EWiR 2995, 679 (Pape) = DZWIR 2005, 211 m. Anm. *Smid* DZWIR 2006, 20.
[39] OLG Frankfurt NZI 2005, 40; *Kübler/Prütting/Pape* § 208 RdNr. 15 c.
[40] BAG NJW 1999, 517; *Mohrbutter/Ringstmeier/Pape* § 12 RdNr. 14; s. auch o. § 207 RdNr. 18.
[41] *Haarmeyer/Wutzke/Förster*, Handbuch, Kap. 8 RdNr. 162; HK-*Landfermann* § 208 RdNr. 7.
[42] Davon gehen auch *Haarmeyer/Wutzke/Förster*, Handbuch, Kap. 8 RdNr. 162 aus, die auf die Möglichkeit der Massebesserung verweisen. Zur Eröffnung des Insolvenzverfahrens trotz temporärer Verfahrenskostenunterdeckung vgl. AG Hamburg ZInsO 2006, 51 u. § 207 RdNr. 20.

mit ihrer Durchsetzung nicht gerechnet werden kann; eine Erfolg versprechende gerichtliche Geltendmachung, ggf. unter Bewilligung der Prozesskostenhilfe nach § 110 ZPO, ist allein nicht ausreichend, um sie als liquide Mittel einzustufen. Auch titulierte Forderungen können wegen des Vollstreckungsrisikos idR liquiden Mitteln nicht gleichgestellt werden.

Wegen der Illiquidität von Vermögenswerten kann die Insolvenzmasse – drohend – zahlungsunfähig sein.[43] Aufgrund des Verwertungsstands lässt sich mitunter im Einzelfall prognostizieren, dass sie zu einem späteren Zeitpunkt wieder über ausreichende flüssige Mittel verfügt, um alle Masseverbindlichkeiten zu befriedigen. In diesem Fall liegt es im Interesse der Massegläubiger, dass der Insolvenzverwalter von der Anzeige der Masseunzulänglichkeit Abstand nimmt, damit die damit verbundene Rangrückstufung für die Alt-Massegläubiger nicht eintritt. Der Insolvenzverwalter sollte deshalb die Massegläubiger über diese „temporäre" Masseunzulänglichkeit aufklären und sie auffordern, z. B. Stundungsvereinbarungen abzuschließen, damit die sonstigen Masseverbindlichkeiten erst zu einem Zeitpunkt fällig werden, in dem sie voraussichtlich aus der Masse bezahlt werden können. Einen Anspruch hierauf besitzt er aber nicht. Sollten sich Massegläubiger nicht abhalten lassen, wegen ihrer Ansprüche z. B. in die Masse zu vollstrecken, so kann dies der Insolvenzverwalter nur durch Anzeige der Masseunzulänglichkeit abwenden. Im Fall der Massebesserung kann er in das Regelverfahren zurückkehren.[44]

4. Masseverbindlichkeiten. a) Umfang. Die zur Feststellung der Masseunzulänglichkeit zu berücksichtigenden sonstigen Masseverbindlichkeiten umfassen die sich aus § 55 ergebenden Ansprüche. Hierzu zählen die durch die Verwaltung, Verwertung und Verteilung der Insolvenzmasse begründeten Masseverbindlichkeiten wie auch die aus gegenseitigen Verträgen, deren Erfüllung zur Insolvenzmasse verlangt wird oder für die Zeit nach Eröffnung des Insolvenzverfahrens erfolgen muss, § 55 Abs. 1 Nr. 1 und 2. Der Insolvenzverwalter muss auch die aus nach Insolvenzeröffnung weiterbestehenden Miet- oder Arbeitsverträgen herrührenden oktroyierten Masseverbindlichkeiten voll berücksichtigen, obgleich er deren Umfang im Wesentlichen nur dadurch reduzieren kann, dass er die Vertragsverhältnisse nach Maßgabe der §§ 109, 113 durch Kündigung vorzeitig beendet. Einzubeziehen sind in die Prognoseentscheidung auch die im Eröffnungsverfahren von einem vorläufigen Insolvenzverwalter, auf den die Verwaltungs- und Verfügungsbefugnis gem. § 22 Abs. 1 übergegangen ist, begründeten Masseverbindlichkeiten nach § 55 Abs. 2. Ebenso müssen aus dem verwertbaren Vermögen des Schuldners abgedeckt sein die Ansprüche aus ungerechtfertigter Bereicherung der Masse, § 55 Abs. 1 Nr. 3, sowie Unterhaltsansprüche des Schuldners nach §§ 100, 101 Abs. 1 Satz 3, vgl. § 209 Abs. 1 Nr. 3. Die sich aus nach Insolvenzeröffnung abgeschlossenen Sozialplänen ergebenden Ansprüche sind dagegen bei der Prüfung der Massezulänglichkeit nicht zu berücksichtigen.[45] Sie werden zwar in § 123 Abs. 2 als Masseforderungen rechtlich qualifiziert; sie dürfen jedoch nur – anteilig – befriedigt werden, wenn auch eine Masse zur Befriedigung der Insolvenzgläubiger vorhanden ist; bei unzulänglicher Masse fallen sie deshalb aus.

b) Bewertung. Der tatsächliche Umfang der bei der Feststellung der Masseunzulänglichkeit zu berücksichtigenden Masseverbindlichkeiten ist aber oftmals nicht präzise zu ermitteln. Die von Massegläubigern geltend gemachten Ansprüche können dem Grunde wie auch der Höhe nach ungewiss oder strittig sein, so wenn vom Vermieter Nutzungsentschädigungsansprüche geltend gemacht werden, Arbeitnehmer wegen nach Insolvenzeröffnung rückständiger Lohn- und Gehaltsansprüche prozessieren oder die öffentliche Hand wegen

---

[43] Vgl. BAG NJW 2000, 517; BayObLG NZI 2000, 366; kritisch zu den Rechtsfolgen einer temporären Masseunzulänglichkeit im Hinblick auf die Schuldnerinteressen auch *Uhlenbruck* § 208 RdNr. 11 u. NZI 2001, 409. Der Weg, den Eintritt der Masseunzulänglichkeit dadurch vorübergehend abzuwenden oder hinauszuzögern, indem die Begründung neuer Masseverbindlichkeiten unterlassen wird, ist nur gangbar, wenn nicht notwendige Maßnahmen anstehen, wie z.B. auch bei einer Auslaufproduktion, vgl. AG Hamburg NZI 2000, 140, 142; *Haarmeyer/Wutzke/Förster*, Handbuch, Kap. 8 RdNr. 162.
[44] *Kübler/Prütting/Pape* § 208 RdNr. 12a u. 23; vgl. u. RdNr. 53 mwN.
[45] *Nerlich/Römermann/Westphal* § 208 RdNr. 13.

der Beseitigung von Kontaminationen die Erstattung von Entsorgungskosten fordert. Deshalb ist eine Bewertung erforderlich, um den Umfang der in die Prüfung der Masseunzulänglichkeit einzubeziehenden Masseverbindlichkeiten festzulegen. Die Bewertung muss auf nachvollziehbaren Tatsachen beruhen; sie muss plausibel sein.[46] So sind **Verbindlichkeiten** grundsätzlich in der Höhe anzusetzen, in der unter Zugrundelegung kaufmännischer Vorsicht mit einer Inanspruchnahme gerechnet werden muss.

29 Dem Insolvenzverwalter ist ein gewisser Beurteilungsspielraum zuzugestehen. Er darf jedoch nicht z. B. die Risiken überhöhen, um dadurch den vorzeitigen Eintritt der Masseunzulänglichkeit zu provozieren (s. RdNr. 32).

30 **5. Zeitpunkt der Anzeige der Masseunzulänglichkeit.** Die für die Befriedigung der Massegläubiger geltende Rangordnung nach § 209 stellt ausschließlich auf den Zeitpunkt der dem Insolvenzgericht angezeigten Masseunzulänglichkeit ab. Die Berechnung des Umfangs der fälligen und fällig werdenden Masseverbindlichkeiten sowie der zu ihrer Befriedigung im Fälligkeitszeitpunkt zur Verfügung stehenden Massemittel ist vor allem bei einer Fortführung des Unternehmens oder unübersichtlichen Vermögenssituation schwierig und mit Unwägbarkeiten behaftet. Zweck des § 208 ist es, dem Insolvenzverwalter – unter der Voraussetzung der Deckung der Verfahrenskosten – durch Anzeige der Masseunzulänglichkeit in die Lage zu versetzen, den sich aus § 208 Abs. 3 ergebenden Abwicklungspflichten nachzukommen und das gesetzgeberische Ziel der Vollabwicklung des schuldnerischen Vermögens auf rechtlich gesicherter Basis zu verwirklichen. Obgleich der Insolvenzverwalter durch die Wahl des Zeitpunkts der Unzulänglichkeitsanzeige die Befriedigungsrechte der Massegläubiger entscheidend beeinflussen kann, hat der Gesetzgeber ausdrücklich davon abgesehen, eine Pflicht des Insolvenzverwalters zu normieren, bei eingetretener oder drohender Masseunzulänglichkeit die Feststellung zu beantragen.[47] Vielmehr wird es in das pflichtgemäße Ermessen des Insolvenzverwalters gestellt, mit Blick auf die weitere Verfahrensabwicklung zu entscheiden, wann die Anzeige der Masseunzulänglichkeit erforderlich ist. In Übereinstimmung mit dem Eröffnungsgrund der drohenden Zahlungsunfähigkeit rechtfertigt bereits die drohende Masseunzulänglichkeit deren Anzeige nach § 208 Abs. 1 Satz 2.[48] Sobald ihr Eintritt für den Insolvenzverwalter erkennbar wird, kann er die Masseunzulänglichkeit anzeigen, ist hierzu jedoch nach § 208 nicht verpflichtet. Die (vorsorgliche) Anzeige bei drohender Masseunzulänglichkeit ist der in der Praxis häufigste Fall. Die für die Anzeige zur Verfügung stehende Zeitspanne endet mit Eintritt der Masseunzulänglichkeit.[49] Tatsächlich besteht jedoch für den Verwalter ein erheblicher Zwang, bereits die drohende Masseunzulänglichkeit anzuzeigen. Nach § 61 haftet er für von ihm eingegangene, nicht erfüllte Masseverbindlichkeiten, wenn er bei deren Begründung hätte erkennen können, dass die Masse voraussichtlich zur Erfüllung nicht ausreichen wird. Parallel hierzu regelt § 208 Abs. 1 Satz 2, dass der Eintritt der Masseunzulänglichkeit droht, wenn die Masse voraussichtlich nicht zur Befriedigung der bestehenden Masseverbindlichkeiten zum Zeitpunkt ihrer Fälligkeit ausreichen wird. Sobald deshalb die drohende Masseunzulänglichkeit eingetreten ist, muss der Insolvenzverwalter mit der persönlichen Haftung rechnen, wenn er weiterhin Masseverbindlichkeiten begründet, die er später aus der Masse nicht voll erfüllen kann. Um das Haftungsrisiko zu vermeiden, ist der Insolvenzverwalter darauf angewiesen, die drohende Masseunzulänglichkeit rechtzeitig anzuzeigen. Zum Zwecke der weiteren Abwicklung des Verfahrens nach § 208 Abs. 3 kann er danach wieder Neu-Masseverbindlichkeiten i. S. d. § 209 Abs. 1 Nr. 2 begründen und diese wegen des ihnen zukommenden Vorwegbefriedigungsrechtes voll berichtigen.

31 **a) Vorbeugende Anzeige.** Auch wenn der Insolvenzverwalter ein berechtigtes Interesse daran hat, die Masseunzulänglichkeit möglichst frühzeitig anzuzeigen, so ist jedoch die

---

[46] Zur Berechnung und Feststellung der Masseunzulänglichkeit im Einzelnen *Möhlmann* KTS 1998, 382, vgl. dazu auch *Kübler/Prütting/Pape* § 208 RdNr. 16 a.
[47] Begr. § 318 RegE, *Kübler/Prütting*, S. 436.
[48] *Breutigam* in *Breutigam/Blersch/Goetsch* § 208 RdNr. 12.
[49] *Uhlenbruck* § 208 RdNr. 10; FK-*Kießner* § 208 RdNr. 8 a.

vorbeugende oder prophylaktische Anzeige unzulässig.⁵⁰ Solange die Masse „voraussichtlich" noch zur Befriedigung der Massegläubiger ausreichend ist, darf der Insolvenzverwalter zur Vermeidung eigener Haftungsrisiken das Befriedigungsrecht der vorhandenen Massegläubiger nicht ausschalten und sie auf eine quotale Befriedigung verweisen.⁵¹ Freilich löst auch die – unzulässige – vorbeugende oder unrichtige Anzeige der Masseunzulänglichkeit die Rechtsfolgen des § 209 und damit die Rangrückstufung der Alt-Massegläubiger nach § 209 Abs. 1 Nr. 3 aus. Soweit den Alt-Massegläubigern dadurch ein Schaden entsteht, können sie ihn nur in einem Haftungsprozess gegenüber dem Insolvenzverwalter geltend machen und durchsetzen.⁵²

b) Provozierte Anzeige. Ebenso ist der Insolvenzverwalter nicht berechtigt, den Zeitpunkt des Eintritts der (drohenden) Masseunzulänglichkeit zu provozieren. So darf er nicht Masseverbindlichkeiten eingehen, deren Nichterfüllung er, sobald Masseunzulänglichkeit angezeigt ist, einkalkuliert, auch wenn er gleichzeitig damit rechnet, diese zu einem späteren Zeitpunkt, etwa aus dem Erlös eines schwer verwertbaren Grundstücks zu befriedigen. Die Vertragspartner vertrauen darauf, dass der Insolvenzverwalter den eingegangenen Zahlungsverpflichtungen ordnungsgemäß nachkommt.⁵³ Er kann auch im Hinblick auf erwartete künftige Massemehrungen keine laufenden Abwicklungsgeschäfte tätigen, wenn ihm die zur Bezahlung benötigten Geldmittel fehlen. Ist die vertragsgemäße Begleichung von eingegangenen Masseverbindlichkeiten auf Grund der Liquiditätssituation von vornherein nicht gewährleistet bzw. zweifelhaft, so muss der Insolvenzverwalter den Vertragspartner hierüber aufklären und ggf. vereinbaren, dass die sich hieraus ergebenden Zahlungsverpflichtungen der Entwicklung der Liquiditätslage der Masse angepasst werden. 32

c) Verspätete Anzeige. Der Insolvenzverwalter kann den Eintritt der – drohenden – Masseunzulänglichkeit verspätet erkannt haben. Zeigt er infolgedessen die Unzulänglichkeit der Masse dem Gericht nur mit Verzögerung an, so können sich daraus haftungsrechtliche Folgen ergeben, wenn Massegläubiger mit ihren Forderungen ausfallen oder eine geringere Quote erhalten, weil andere Masseverbindlichkeiten trotz vorliegender Masseunzulänglichkeit befriedigt wurden.⁵⁴ Vor allem aber haftet der Insolvenzverwalter persönlich nach § 61, da er bei Begründung der Masseverbindlichkeit hat erkennen können, dass die Masse zur Deckung dieser weiteren Verbindlichkeit voraussichtlich nicht ausreichen wird. 33

D. Das Verfahren bei Masseunzulänglichkeit

I. Anzeige der Masseunzulänglichkeit durch den Insolvenzverwalter

1. Feststellungskompetenz des Insolvenzverwalters. Die Feststellung des Eintritts der Masseunzulänglichkeit fällt in die ausschließliche Zuständigkeit des Insolvenzverwalters.⁵⁵ Er legt mit der Anzeige **einheitlich** und **verbindlich gegenüber allen Beteiligten** den Zeitpunkt fest, von dem an die Massegläubiger nach der Rangordnung des § 209 zu 34

---

⁵⁰ *Kübler/Prütting/Pape* § 208 RdNr. 17; *Breutigam* in *Breutigam/Blersch/Goetsch* § 208 RdNr. 14. Auf Grund des absoluten Vorrangs der Verfahrenskosten gem. § 209 Abs. 1 Satz 1 ist auch für eine prophylaktische Masseunzulänglichkeitsanzeige zur Sicherung der Vergütungsansprüche kein Raum mehr.
⁵¹ *Mohrbutter/Ringstmeier/Pape* § 12 RdNr. 96.
⁵² Skeptisch zu den Erfolgsaussichten, *Kübler/Prütting/Pape* § 208 RdNr. 6; *Uhlenbruck* NZI 2001, 409; vgl. ferner § 208 RdNr. 77 f.
⁵³ Der Insolvenzverwalter haftet auch unmittelbar persönlich; sollte allerdings der Zahlungsausgleich später aus der Masse möglich sein, so würde die Haftung insoweit entfallen.
⁵⁴ BGH WM 1973, 556; *Mohrbutter/Ringstmeier/Pape* § 12 RdNr. 99 u. *Mohrbutter* in *Mohrbutter/Ringstmeier* § 33 RdNr. 128.
⁵⁵ *Häsemeyer* RdNr. 7.78. Zu den gesetzgeberischen Bestrebungen, die alleinige Feststellungskompetenz des Insolvenzverwalters de lege ferenda einzuschränken, vgl. *Kayser* NZI 2005, 67; HambKomm-*Weitzmann* § 208 RdNr. 6. Der Reformgesetzgeber hat zunächst vorgesehene Änderungen, etwa eine gerichtliche Überprüfung der Anzeige der Masseunzulänglichkeit auf Antrag eines Massegläubigers, letztlich aber nicht weiterverfolgt.

befriedigen sind.⁵⁶ Nicht mehr erforderlich ist es, die Masseunzulänglichkeit dem einzelnen Massegläubiger einredeweise entgegenzusetzen. Aufgrund dieser inter-omnes-Wirkung stellt sich auch nicht mehr die Frage, wer z. B. im Rahmen eines Zivilprozesses die Darlegungs- und Beweislast für die Masseunzulänglichkeit trägt.⁵⁷

35 Das Insolvenzgericht besitzt keine Feststellungskompetenz. Es ist ohne weitere Prüfungsmöglichkeit an die Anzeige des Insolvenzverwalters **gebunden**.⁵⁸ Der Insolvenzverwalter hat die Entscheidung, ob die Voraussetzungen der Masseunzulänglichkeit vorliegen, nach eigener Prüfung und Beurteilung zu treffen.⁵⁹ Seine Anzeige ist auch bei fehlerhafter Beurteilung der Frage der eingetretenen oder drohenden Unzulänglichkeit der Masse für das Insolvenz- und auch für das befasste Prozessgericht grundsätzlich bindend. Unverbindlich kann sie allenfalls dann sein, wenn eine entsprechende gerichtliche Feststellung nichtig wäre. Anhaltspunkte für eine Unverbindlichkeit der Anzeige werden aber selten bestehen.⁶⁰ Eine Mitwirkung der Beteiligten im Verfahren einschließlich des Insolvenzgerichtes oder eine Anhörung der betroffenen Massegläubiger bzw. der Gläubigerversammlung – wie in § 207 Abs. 2 ausdrücklich vorgeschrieben – ist nicht vorgesehen.⁶¹

36 **2. Form und Inhalt der Anzeige.** Die Form der Anzeige der Masseunzulänglichkeit durch den Insolvenzverwalter gegenüber dem Insolvenzgericht ist ebenso wie deren Inhalt nicht vorgeschrieben.⁶² Damit der mit der Anzeige verbundene Zweck erfüllt werden kann, muss aus ihr das Insolvenzgericht klar die Entscheidung des Insolvenzverwalters ersehen können, dass Masseunzulänglichkeit i. S. d. § 208 eingetreten ist. Die Hinzufügung von Bedingungen, Auflagen o. dgl. ist nicht statthaft.⁶³ An die Anzeige der Masseunzulänglichkeit werden vom Gesetz keine weiteren inhaltlichen Anforderungen gestellt. Der Insolvenzverwalter muss deshalb z. B. nicht darlegen den Umfang der bestehenden Masseverbindlichkeiten und die Aktivmasse, aus der er die (voraussichtliche) Unterdeckung berechnet hat.⁶⁴ Dies erleichtert dem Insolvenzverwalter die Anzeige vor allem in Eilfällen, da sie kurzfristig und ohne größeren Aufwand möglich ist. Eine andere Frage ist, ob der Insolvenzverwalter der Anzeige der Masseunzulänglichkeit Unterlagen beifügen sollte, aus denen seine Berechnung und Prognose nachvollzogen werden können.⁶⁵ Dies ist grundsätzlich zu befürworten.⁶⁶ Der Insolvenzverwalter kann dadurch von vornherein vermeiden, dass das Insolvenzgericht – z. B. auf Veranlassung von zurückgesetzten Alt-Gläubigern – weitere Informationen und Auskünfte einholt.⁶⁷ Ferner werden die Betroffenen der gesetzmäßigen Verfahrensabwicklung nur das erforderliche Vertrauen entgegenbringen, wenn die für den weiteren Verfahrensgang wesentliche Entscheidung über die Anzeige der Masseunzulänglichkeit hinreichend transparent gemacht wird. Der Insolvenzverwalter sollte deshalb – zumindest zeitnah – einen aktuellen Insolvenzstatus vorlegen, aus dem hervorgeht, von welchem verwertbaren Vermögen des Schuldners er ausgeht und inwieweit die bestehenden Masseverbindlichkeiten nicht ausreichend abgedeckt sind. Der

---

⁵⁶ *Kübler*, Kölner Schrift, S. 973 RdNr. 19 f.; kritisch hierzu *Kluth* ZInsO 2000, 180 f.
⁵⁷ Hingegen muss vom Verwalter eine erneute Masseunzulänglichkeit gegenüber dem einzelnen Neu-Massegläubiger einredeweise geltend gemacht und nachgewiesen werden, vgl. RdNr. 60.
⁵⁸ BGHZ 154, 358; BAG ZIP 2002, 628, 631. Dagegen war das Prozessgericht im früheren Konkursverfahren an eine Anzeige der Masseunzulänglichkeit durch den Konkursverwalter nicht gebunden, BGH DZWIR 2006, 35 m. Anm. *Smid* S. 19.
⁵⁹ Zu seinem Beurteilungsspielraum vgl. o. RdNr. 17.
⁶⁰ BGHZ 154, 358/361 = NJW 2003, 2454; BGH NZI 2005, 817; BAG NZI 2005, 408.
⁶¹ Kritisch hierzu *Kübler/Prütting/Pape* § 208 RdNr. 7.
⁶² Ein GesE der Länder NRW u. Nds. zur Verbesserung u. Vereinfachung der Aufsicht in Insolvenzverfahren (GAVI) v. 15. 8. 2007 (BRat-Drucks. 566/07) sieht einen Begründungszwang für den Insolvenzverwalter vor, damit die Gläubiger überprüfen können, ob die angezeigte Masseunzulänglichkeit tatsächlich vorliegt u. auf welchen Ursachen sie beruht.
⁶³ *Dinstühler* ZIP 1998, 1701.
⁶⁴ *Kübler/Prütting/Pape* § 208 RdNr. 5 u. 5 d.
⁶⁵ *Breutigam* in: *Breutigam/Blersch/Goetsch* § 208 RdNr. 17; *Möhlmann* KTS 1998, 378, der die Vorlage einer Masseunzulänglichkeitsberechnung empfiehlt, um u. a. Haftungsrisiken zu begegnen.
⁶⁶ *Kübler/Prütting/Pape* § 208 RdNr. 5.
⁶⁷ *Kübler/Prütting/Pape* § 208 RdNr. 8.

Insolvenzverwalter hat eine vollständige Liste der Massegläubiger vorzulegen, damit die Anzeige ihnen umgehend zugestellt werden kann. Auch wenn ihnen keine Rechtsmittel eingeräumt wurde, um gegen die Anzeige und die damit verbundenen Rechtsfolgen vorzugehen,[68] so müssen sie durch eine umgehende Information jedoch in die Lage versetzt werden, sich auf die neue Verfahrenssituation einzustellen und ggf. anderweitig zu reagieren.

3. Maßgebender Zeitpunkt. Zur Anzeige der Masseunzulänglichkeit ist allein der Insolvenzverwalter berechtigt; die Verfahrenseröffnung ist Voraussetzung. Eine Anzeige bereits im Eröffnungsverfahren durch den bloß vorläufigen Insolvenzverwalter kommt daher grundsätzlich nicht in Betracht.[69] Maßgebend für den Eintritt der Rechtsfolgen ist der Eingang der Masseunzulänglichkeitsanzeige beim Insolvenzgericht.[70] Wann das Insolvenzgericht die Anzeige öffentlich bekannt macht, ist unerheblich.[71] Der maßgebliche Zeitpunkt, von dem ab sich die Befriedigung der Massegläubiger nach der Rangordnung des § 209 richtet, wird damit einheitlich mit Wirkung gegenüber sämtlichen Massegläubigern festgelegt.[72] Dementsprechend liegen Neu-Masseverbindlichkeiten nach § 209 Abs. 1 Nr. 2 vor, wenn sie „nach der Anzeige der Masseunzulänglichkeit" begründet wurden. Nach einer vom Insolvenzverwalter angezeigten Masseunzulänglichkeit ist in einem Rechtsstreit auch das Prozessgericht hieran gebunden, da es – wie das Insolvenzgericht – keine Befugnis zur Feststellung der Masseunzulänglichkeit besitzt.[73] Der Verwalter kann sich auch nicht nur gegenüber einem Massegläubiger auf den Eintritt der Masseunzulänglichkeit berufen; nach der Anzeige ist sie gegenüber allen Massegläubigern geltend zu machen.[74]

4. Überprüfbarkeit. a) Ausschluss jeder Rechtsmittel. Das Recht, die Masseunzulänglichkeit festzustellen, besitzt ausschließlich der Insolvenzverwalter. Mit der Anzeige greift der Insolvenzverwalter in erster Linie auf Grund der sich aus § 209 Abs. 1 Nr. 3 ergebenden Rangrückstufung in die Befriedigungsaussichten der Alt-Massegläubiger ein. Dennoch sieht das Gesetz keine verfahrensimmanente Prüfung oder Kontrolle der Verwalteranzeige vor.[75] Auch die zurückgesetzten Altmassegläubiger besitzen keine Überprüfungsmöglichkeit.[76] Der Gesetzgeber hat ausdrücklich die Justiziabilität der Anzeige der Masseunzulänglichkeit nicht vorgesehen, um die Insolvenzgerichte von der gerichtlichen Prüfung zu entlasten und damit auch auf eine zügige Abwicklung des masseunzulänglichen Verfahrens hinzuwirken. In der Tat wäre mit Verfahrensverzögerungen zu rechnen, da der für die Anzeigenüberprüfung zuständige Rechtspfleger schon zur eigenen Absicherung regelmäßig sachverständige Hilfe hinzuziehen wird. Nach *Runkel/Schnurbusch*[77] soll jedoch die Erhebung einer Feststellungsklage durch Massegläubiger zulässig sein mit dem Ziel, festzustellen, dass Masseunzulänglichkeit nicht eingetreten ist. Dem steht aber die gesetzgeberische Intention entgegen, durch Ausschluss von Rechtsmitteln das Abwicklungsverfahren zu vereinfachen und für den Verwalter Planungssicherheit zu schaffen. Dieser gesetzgeberische Zweck würde unterlaufen, wenn der Verwalter nach Anzeige der Masseunzulänglichkeit mit Fest-

---

[68] Gegen die Einstellung nach § 211 ist gem. § 216 die sofortige Beschwerde nicht vorgesehen; kritisch *Dinstühler* ZIP 1998, 1701.
[69] HambKomm-*Schröder* § 22 RdNr. 25. Wenn der nach § 22 Abs. 1 Nr. 3 beauftragte vorläufige Insolvenzverwalter bereits gutachterlich eindeutig die Masseunzulänglichkeit angezeigt hat und dann bei der Verfahrenseröffnung zum endgültigen Verwalter bestellt wird, kann das Insolvenzgericht davon ausgehen, dass dieser an seiner verfrühten (unwirksamen) Anzeige festhalten und sich diese zu Eigen machen will; es wird daher keine nochmalige ausdrückliche Erklärung von ihm verlangt, sondern die ihm vorliegende konkludente Anzeige des Verwalters zusammen mit dem Eröffnungsbeschluss gem. § 208 Abs. 2 öffentlich bekannt machen, vgl. BAG NZI 2005, 408 m. zust. Anm. *Lindemann* in EWiR 2005, 473; HK-*Landfermann* § 208 RdNr. 10.
[70] *Mohrbutter/Ringstmeier/Pape* § 12 RdNr. 81; *Graf-Schlicker/Mäusezahl* § 208 RdNr. 10.
[71] *Runkel/Schnurbusch* NZI 2000, 51.
[72] *Nerlich/Römermann/Westphal* § 208 RdNr. 23.
[73] BGH NZI 2005, 369.
[74] BGH ZInsO 2000, 42; *Kübler/Prütting/Pape* § 208 RdNr. 5.
[75] Der Gesetzgeber hat Vorschläge, eine gerichtliche Überprüfung der Anzeige auf Antrag eines Massegläubigers zuzulassen, nicht übernommen.
[76] Das Insolvenzgericht kann ggf. veranlasst werden, aufsichtsrechtlich gegen den Verwalter vorzugehen.
[77] NZI 2000, 52.

stellungsklagen unzufriedener Alt-Massegläubiger überzogen werden könnte. Auch schreibt das Gesetz keine Pflicht des Insolvenzverwalters zur **vorherigen Anhörung** entsprechend § 207 Abs. 2 vor. Die betroffenen Massegläubiger im masseunzulänglichen Verfahren, in dem noch eine verteilbare Insolvenzmasse vorhanden ist, besitzen damit nicht einmal die Rechtsstellung der Gläubiger bei Eintritt der Masselosigkeit nach § 207.[78]

39 **b) Kontrolle durch das Insolvenzgericht.** Soweit mit dem Verzicht auf eine gerichtliche Feststellung der Masseunzulänglichkeit tatsächlich eine Entlastung der Justiz einhergeht,[79] ist jedoch der damit einhergehende Rechtsverlust vor allem der Alt-Massegläubiger nicht überzeugend.[80] Das Feststellungsrecht des Insolvenzverwalters zur Anzeige der Unzulänglichkeit der Masse unterliegt keiner inhaltlichen Kontrolle durch das Insolvenzgericht. Das Insolvenzgericht wirkt an dem Entscheidungsprozess nicht mit. Es hat deshalb auch keine Kompetenz, die vom Verwalter angezeigte Masseunzulänglichkeit einer Prüfung zu unterziehen.[81] Allerdings ist es dem Insolvenzgericht im Rahmen der **Aufsicht** nach § 58 erlaubt, vom Verwalter nähere Angaben oder Auskünfte zum Bestehen der angezeigten Masseunzulänglichkeit einzuholen. Den Gläubigern steht allerdings auf Grund der gesetzlichen Kompetenzzuweisung an den Insolvenzverwalter kein Anspruch auf Einschreiten des Insolvenzgerichtes im Rahmen der gerichtlichen Aufsicht zu. Aufsichtsmaßnahmen des Insolvenzgerichtes haben zudem keinen Einfluss darauf, dass mit der vom Verwalter angezeigten Masseunzulänglichkeit die daran anknüpfenden Wirkungen nach §§ 209 ff. ausgelöst werden.[82]

40 **c) Stellungnahme.** Angesichts der unzureichenden Rechtsschutzmöglichkeiten besteht in der Tat im Einzelfall die Gefahr, dass Insolvenzverwalter die Masseunzulänglichkeit „vorbeugend" anzeigen, um z. B. bei angespannter Liquiditätslage die Pflichten zur Erfüllung laufender Masseverbindlichkeiten – zumindest zeitweise – außer Kraft zu setzen. Den sich aus einer verfrühten oder unzutreffenden Unzulänglichkeitsanzeige ergebenden Gefahren wird nach Auffassung des Gesetzgebers durch die den Verwalter treffende – gegenüber der Konkursordnung verschärften – Haftung wirksam begegnet.[83] Jedoch kann der sich aus einer förmlichen gerichtlichen Kontrolle ergebende Schutz für die betroffenen Gläubiger nicht durch eine – potentielle – Verwalterhaftung gleichwertig ersetzt werden.[84] Die Prüfung der Frage, ob der Verwalter die Masseunzulänglichkeit fehlerhaft, insbesondere verfrüht angezeigt hat, wird auf einen gegen den Verwalter zu führenden Haftungsprozess verlagert.[85] Die beabsichtigte Entlastung der Insolvenzgerichte wird durch die mögliche Mehrbelastung der Prozessgerichte bei einer incidenten Überprüfung – jedenfalls teilweise – kompensiert.[86] Die Urteilswirkung der Entscheidung in einem gegen den Insolvenzverwalter erhobenen Haftungsprozess beschränkt sich auf die Prozessbeteiligten, so dass hieraus sämtliche zurückgesetzten Massegläubiger von vornherein keinen Nutzen ziehen können. Werden bei einer „vorsorglich" angezeigten Masseunzulänglichkeit die Alt-Masseverbindlichkeiten vom Insolvenzverwalter später noch erfüllt, so tritt bei ihnen freilich nur ein auf die Verspätungsfolgen begrenzter Schaden ein.[87] Ob deshalb die schwierig nachweisbare und begrenzte Haftung

---

[78] Da die Alt-Massegläubiger i. S. d. § 209 Abs. 1 Nr. 3 im Grundsatz mit ihren Ansprüchen aber nicht von vornherein ausfallen, sieht *Breutigam* (*Breutigam/Blersch/Goetsch* § 208 RdNr. 8) hierin eine sachgerechte Differenzierung; dagegen *Kübler/Prütting/Pape* § 208 RdNr. 7; *Kluth* ZInsO 2000, 177, 179 f.

[79] Begr. zu § 317 RegE, *Kübler/Prütting*, S. 437.

[80] *Kübler/Prütting/Pape* § 208 RdNr. 4.

[81] *Haarmeyer/Wutzke/Förster*, Handbuch, Kap. 8 RdNr. 164; *HK-Landfermann* § 208 RdNr. 8; *Runkel/Schnurbusch* NZI 2000, 49, 51.

[82] *Kübler/Prütting/Pape* § 208 RdNr. 8.

[83] Nach *Breutigam* (in *Breutigam/Blersch/Goetsch* § 208 RdNr. 8) wird die lediglich inzidente Prüfung der Masseunzulänglichkeit im Haftungsprozess gerechtfertigt durch den Gewinn an Flexibilität des Verwalters bei der Abwicklung masseunzulänglicher Verfahren.

[84] *Kübler/Prütting/Pape* § 208 RdNr. 2; *Dinstühler* ZIP 1998, 1697, 1701; *Nerlich/Römermann/Westphal* § 208 RdNr. 16.

[85] *Roth*, Insolvenz in der Insolvenz, Festschrift *Gaul*, S. 573, 583.

[86] *Kübler/Prütting/Pape* § 208 RdNr. 4.

[87] BGH NZI 2004, 209 = WM 2004, 295; *HK-Landfermann* § 208 RdNr. 12; *Kayser/Heck* NZI 2005, 65, 67.

gegenüber Alt-Massegläubigern geeignet ist, den Verwalter von einer vorzeitigen Anzeige der Masseunzulänglichkeit abzuhalten, wenn er dadurch sein aus der Begründung von Neu-Masseverbindlichkeiten resultierendes Haftungsrisiko spürbar reduzieren kann, bleibt fraglich. Allerdings darf nicht übersehen werden, dass die sich aus § 61 ergebenden Haftungsrisiken dem Verwalter wenig Spielraum lassen, die Anzeige der Masseunzulänglichkeit beliebig zu handhaben.[88]

II. Bekanntmachung des Insolvenzgerichtes

Die vom Insolvenzverwalter angezeigte Masseunzulänglichkeit ist vom Insolvenzgericht – ungeprüft – öffentlich bekannt zu machen, § 208 Abs. 2 Satz 1. Die öffentliche Bekanntmachung richtet sich nach § 9.

Das Insolvenzgericht hat darüber hinaus die Anzeige der Masseunzulänglichkeit gem. § 208 Abs. 2 Satz 2 den Massegläubigern besonders zuzustellen, das sind die von der Unzulänglichkeitsanzeige zurückgestuften Altmassegläubiger i. S. d. § 209 Abs. 1 Nr. 3. Damit die Zustellungen erfolgen können, hat der Insolvenzverwalter eine entsprechende Massegläubigerliste dem Insolvenzgericht vorzulegen, aus der sich neben den Namen und der Anschrift zusätzlich auch der Grund und die Höhe der Ansprüche ergeben sollten, ggf. mit der Anmerkung, inwieweit diese vom Verwalter bestritten werden. Mit der Durchführung der Zustellungen kann das Insolvenzgericht den Insolvenzverwalter beauftragen, § 8 Abs. 3;[89] von dieser Delegationsmöglichkeit machen die Insolvenzgerichte regelmäßig Gebrauch. Wenn das Insolvenzgericht die Masseunzulänglichkeit ordnungsgemäß öffentlich bekannt gemacht hat, ersetzt diese Bekanntmachung den Nachweis der förmlichen Zustellung an die Massegläubiger, § 9 Abs. 3.[90]

III. Rechtsfolgen aus der Anzeige der Masseunzulänglichkeit

1. Pflicht zur Verwaltung und Verwertung. a) Abwicklungs- und Verwertungsaufgabe.
Mit der Anzeige der Masseunzulänglichkeit endet nicht die Abwicklungs- und Befriedigungsaufgabe des Insolvenzverwalters. Er bleibt vielmehr zur Verwaltung und Verwertung der Masse verpflichtet, § 208 Abs. 3.[91] Das Insolvenzverfahren wird fortgesetzt mit dem Ziel, die noch vorhandene Restmasse geordnet im Interesse der Befriedigung der Massegläubiger zu verwerten.[92] Zudem soll verhindert werden, dass Massebestandteile an den Schuldner zurückgegeben werden müssen und damit die Vollabwicklung des schuldnerischen Vermögens nicht erreicht wird. Dem Insolvenzverwalter wird die Fortsetzung seiner Tätigkeit zugemutet, da im Rahmen der Deckung der Verfahrenskosten auch seine Vergütungsansprüche abgesichert sind. Zu einer unentgeltlichen Tätigkeit wird er nicht verpflichtet.[93] Das Amt des Insolvenzverwalters mit den sich daraus ergebenden Rechten und Pflichten bleibt bestehen.

Der Insolvenzverwalter hat deshalb die Verwertung nach Maßgabe der §§ 148 f. vorzunehmen, auch im Hinblick auf die mit Absonderungsrechten belasteten Gegenstände, §§ 165 ff.[94] Ebenso gelten im Abwicklungsverfahren nach § 208 Abs. 3 die §§ 160 ff., die

---

[88] BGH NZI 2004, 209 = WM 2004, 295; *Breutigam* in Breutigam/Blersch/Goetsch § 208 RdNr. 7; *Hess* § 210 RdNr. 27; zum Haftungsrisiko vgl. u. RdNr. 74 f.
[89] Zu dem weiteren Verfahren der Einstellung vgl. § 211 RdNr. 1 f.
[90] BAG ZIP 2004, 1323.
[91] So auch die hM zu § 60 KO, *Kuhn/Uhlenbruck* § 204 KO RdNr. 3 a.
[92] BGHZ 151, 241 = NJW 2002, 3170 m. krit. Anm. *Theewen* in EWiR 2003, 17. Da der insolvente (Bürgschafts-)Gläubiger nach angezeigter Masseunzulänglichkeit nicht mehr auf liquide Mittel für eine weitere Geschäftstätigkeit angewiesen ist, kann der Verwalter bei einer Bürgschaft auf erstes Anfordern vom Bürgen nicht mehr sofortige Zahlung zugunsten der Massegläubiger beanspruchen; stattdessen stehen ihm, wenn der Bürge den Missbrauchseinwand erhebt, nur die Rechte aus einer gewöhnlichen Bürgschaft zu, s. BGH aaO.
[93] BGH ZIP 1992, 120. Der Verwalter wird daher auch zum eigenen Schutz Masseunzulänglichkeit anzeigen, sobald die verfügbare Masse seinen Vergütungsanspruch nebst Auslagen nicht mehr voll deckt.
[94] *Smid* § 166, RdNr. 29.

den Verwalter verpflichten, vor bedeutsamen Rechtshandlungen, Betriebsveräußerungen an besonders Interessierte oder unter Wert die Zustimmung der Gläubigerversammlung oder des Gläubigerausschusses einzuholen. **Rechtshandlungen von besonderer Bedeutung** können vor dem Hintergrund der eingetretenen Masseunzulänglichkeit auch die Abwehr bzw. Anerkennung von geltend gemachten Masseansprüchen sein.[95] Allerdings sind erkennbar die §§ 160 ff. nicht zugeschnitten auf die Abwicklung des masseunzulänglichen Verfahrens. So werden insbesondere die Insolvenzgläubiger, die keine Befriedigung mehr zu erwarten haben, nicht zur Teilnahme an Gläubigerversammlungen oder Gläubigerausschüssen zu bewegen sein; ein Gremium, in dem sich die Willensbildung der Massegläubiger vollziehen könnte, sieht die Insolvenzordnung nicht vor. Falls nach Anzeige der Masseunzulänglichkeit eine weitere Gläubigerversammlung stattfindet, ist fraglich, ob bloße Insolvenzgläubiger daran zu beteiligen sind.[96] Hat der Rechtspfleger sie zu einer Abstimmung zugelassen, so kann das allenfalls im Verfahren nach § 18 Abs. 3 Satz 2 HS 1 RPflG überprüft werden; eine nach § 6 InsO nicht statthafte Beschwerde gegen den angefochtenen Beschluss wird dadurch nicht eröffnet.[97] Zur Vermeidung von Haftungsrisiken wird der Insolvenzverwalter in jedem Fall das Insolvenzgericht rechzeitig von der beabsichtigten Vornahme der besonders bedeutsamen Rechtshandlungen informieren[98] und ggf. auch die Massegläubiger hierüber in Kenntnis setzen sowie zur Stellungnahme auffordern, um auf diese Weise zu erkunden, ob Einwände oder Bedenken bestehen.

45 **b) Verfahrensrisiken.** Aufgrund der mit der Anzeige der Masseunzulänglichkeit bewirkten rechtlichen Zäsur kann der Verwalter neue Masseverbindlichkeiten zum Zweck der weiteren Verwaltung und Verwertung nach § 208 Abs. 3 eingehen und diese vorweg nach § 209 Abs. 1 Nr. 2 voll befriedigen. Im Hinblick auf die zurückgestuften Alt-Masseverbindlichkeiten nach § 209 Abs. 1 Nr. 3 gewinnt er damit die erforderliche Handlungsfreiheit zurück, um die Verfahrensabwicklung zu Ende bringen zu können.[99] Ein **Haftungsrisiko gegenüber den Alt-Massegläubigern** besteht weitgehend nicht mehr, es sei denn, er hat sich bei der Schuldbegründung bereits nach § 61 schadenersatzpflichtig gemacht, da er den voraussichtlichen Eintritt der Masseunzulänglichkeit schuldhaft nicht erkannt bzw. die Unzulänglichkeitsanzeige zu spät erstattet hat.

46 Das Abwicklungsverfahren dient in erster Linie der bestmöglichen Befriedigung der nach § 209 Abs. 1 Nr. 3 im Rang zurückgestuften Alt-Massegläubiger.[100] Der Insolvenzverwalter muss deshalb deren Interesse im Auge behalten und sich vor allem um eine unverzügliche Verwertung der vorhandenen Restmasse bemühen, damit die Verbindlichkeiten der Alt-Massegläubiger frühestmöglich – anteilig – bedient werden können.[101] Um deren Befriedigungsaussichten nicht zu verkürzen oder zu gefährden, hat der Insolvenzverwalter – auch

---

[95] *Kluth* ZInsO 2000, 177 ff.
[96] Offen gelassen in BGH WM 2004, 2494, 2495 = NZI 2005, 32. Da es in diesem Stadium des Verfahrens vorrangig um die Interessen der Altmassegläubiger geht, sollen nach einer im Schrifttum vertretenen Ansicht auch nur diese an Stelle der nicht nachrangigen Insolvenzgläubiger in der Versammlung stimmberechtigt sein, vgl. HK-*Landfermann* § 208 RdNr. 21 u. § 211 RdNr. 6; *Graf-Schlicker/Mäusezahl* § 208 RdNr. 18–20. Gegen eine solche Beschränkung der Mitwirkungsrechte der Insolvenzgläubiger oder deren Ausschluss vom weiteren Verfahren nach Anzeige der Masseunzulänglichkeit aber *Kayser/Heck* NZI 2005, 65, 66 f.; *Mohrbutter/Ringstmeier* § 23 RdNr. 65; dazu auch § 211 RdNr. 17 Fn. 25.
[97] BGH NZI 2005, 32. Zur gesamten Problematik der Gläubigerversammlung im massearmen Verfahren s. *Kayser/Heck* NZI 2005, 65 f.
[98] Nach *Haarmeyer/Wutzke/Förster*, Handbuch, Kap. 8 RdNr. 168, sollte der Verwalter die Einberufung einer Gläubigerversammlung beantragen, auch wenn voraussichtlich niemand erscheint; krit. dazu *Uhlenbruck* § 208 RdNr. 19.
[99] HK-*Landfermann* § 208 RdNr. 13.
[100] BGH NZI 2005, 32 = ZIP 2004, 2341; *Uhlenbruck* § 208 RdNr. 20; *Haarmeyer/Wutzke/Förster*, Handbuch, Kap. 8 RdNr. 167.
[101] BGH ZInsO 2002, 879; *Kübler*, Kölner Schrift, S. 967 RdNr. 29; *Kübler/Prütting/Pape* § 208 RdNr. 20; *Häsemeyer*, Festschrift für Gerhardt (2003), 341, 347; krit. demgegenüber HambKomm-*Weitzmann* § 208 RdNr. 15 u. auch HK-*Landfermann* § 208 RdNr. 14, wonach die Masseunzulänglichkeit nichts am Ablauf des Verfahrens ändert u. dem Verwalter daher weiterhin alle Möglichkeiten der Verfahrensgestaltung offen stehen.

zur Vermeidung der eigenen Haftung nach § 61 – sich auf solche Verwaltungs- und Verwertungshandlungen zu konzentrieren, die die Abwicklung fördern und möglichst wirtschaftlich vorteilhaft sind. Nur solche Geschäfte können grundsätzlich noch getätigt werden, bei denen der Masse zumindest eine **gleichwertige Gegenleistung** zufließt, um zu verhindern, dass die zur Befriedigung der Alt-Massegläubiger zur Verfügung stehende Masse nicht noch weiter geschmälert wird.[102] Zur Vermeidung von Masseschulden ist der Verwalter zur Freistellung von Arbeitnehmern berechtigt. Die Weiterführung eines nicht rentablen Betriebes kann dem Insolvenzverwalter deshalb als Liquidationsverschleppung angelastet werden, wenn diese sich zu Lasten der Alt-Massegläubiger auswirkt.[103]

Der Insolvenzverwalter haftet gegenüber den **Neu-Massegläubigern,** mit denen er zur Durchführung der Liquidation Geschäfte tätigt, nach § 61, wenn er nicht erkennt, dass die noch vorhandene Restmasse auch nicht zur Erfüllung der neuen Forderungen ausreichend ist. Dem Insolvenzverwalter wird der Entlastungsbeweis nach § 61 Satz 2 idR nicht gelingen, da er nach angezeigter Masseunzulänglichkeit in verschärfter Weise zu kontrollieren hat, dass die nach der Anzeige eingegangenen Masseverbindlichkeiten jedenfalls voll befriedigt werden können.[104] Im Abwicklungsverfahren nach § 208 Abs. 3 ist der Insolvenzverwalter damit weiterhin Haftungsrisiken ausgesetzt.[105]

c) Abwicklung ohne ausreichende Masse. Insolvenzverfahren können nach § 26 Abs. 1 eröffnet werden, wenn nur die Verfahrenskosten voraussichtlich durch die Insolvenzmasse gedeckt sind. Stehen darüber hinaus keine oder nur unzureichende Mittel zur Verfügung, so wird der Insolvenzverwalter gezwungen sein, sofern nicht eine Einstellung wegen Masselosigkeit nach § 207 in Betracht kommt, frühzeitig die drohende Masseunzulänglichkeit anzuzeigen, um seine Haftungsrisiken gegenüber Alt-Massegläubigern einzugrenzen u. um seinen Vergütungsanspruch nicht zu gefährden.[106] Eine wirtschaftlich sinnvolle Abwicklung entsprechend der Zwecksetzung des § 208 Abs. 3 im Interesse der Massegläubiger ist jedoch idR nicht möglich, wenn die finanziellen Mittel fehlen, um selbst dringende Maßnahmen zur Masseerhaltung und Verwertung in Auftrag zu geben.[107] Ebenso fragwürdig ist auch die Weiterführung eines Abwicklungsverfahrens, wenn dadurch die noch vorhandene Insolvenzmasse aufgezehrt wird.[108] Die gesetzliche Leitidee war es fraglos, die Verfahrenskosten gering zu halten, damit möglichst viele Insolvenzverfahren eröffnet und durchgeführt werden können. Deshalb entspricht es auch nicht dem Willen des Gesetzgebers, die erforderliche Deckung der Verfahrenskosten „höher" anzusetzen, umso den Verfahrensabbruch nach § 207 einzuleiten.[109] Jedoch darf letztlich auch nicht übersehen werden, dass für die Gläubiger die Eröffnung und Durchführung eines kostenträchtigen Insolvenzverfahrens, für das die Vermögenswerte des Schuldners aufgezehrt werden, wirtschaftlich nachteiliger ist als die Abweisung des Insolvenzantrags mangels Masse, da für sie dann zumindest ein Einzelzugriff im Rahmen der Einzelzwangsvollstreckung möglich bleibt.[110]

---

[102] Den Alt-Massegläubigern entsteht insoweit durch die Anzeige der Masseunzulänglichkeit kein Schaden, da sie nur den ohnehin für die Abwicklung erforderlichen Aufwand tragen müssen; dazu auch *Smid* § 208 RdNr. 9.

[103] LAG Hamm DZWIR 2001, 148; ferner *Kübler,* Kölner Schrift, S. 976 RdNr. 31; *Kübler/Prütting/Pape* § 208 RdNr. 21.

[104] Vgl. u. RdNr. 76.

[105] Zu den Möglichkeiten des Verwalters, seine persönliche Haftung trotz zahlreicher Risiken abzuwenden, vgl. *Kaufmann* ZInsO 2006, 961, 962 f.

[106] Nach *Haarmeyer/Wutzke/Förster,* Handbuch, Kap. 8 RdNr. 161 kann es die erste Amtshandlung des Verwalters sein, die Masseunzulänglichkeit dem Gericht anzuzeigen.

[107] Alle mit Kosten verbundenen Handlungen zu unterlassen, ggf. kostenverursachende Vermögensgegenstände aus der Masse freizugeben, kann zwar das Insolvenzverfahren vor der Verfahrenseinstellung nach § 207 bewahren, die Befriedigungsaussichten der Massegläubiger werden dadurch aber nicht verbessert, HK-*Landfermann* § 208 RdNr. 15; *Smid* WM 1998, 1313, 1318.

[108] *Kübler/Prütting/Pape* § 209 RdNr. 11: Sinn des Verfahrens darf es nicht sein, die Masse bis auf die vorrangige Befriedigung der Kostenansprüche und Neu-Masseverbindlichkeiten zu „verwirtschaften".

[109] Für diesen Ausweg u. a. *Kübler,* Kölner Schrift, S. 976 RdNr. 33.

[110] *Breutigam* in *Breutigam/Blersch/Goetsch* § 208 RdNr. 25.

49 d) Prozessführung. Nach Anzeige der Masseunzulänglichkeit hat der Insolvenzverwalter die Verwertung fortzusetzen. Allerdings ist dem Insolvenzverwalter eine weitere Prozesstätigkeit nicht mehr zumutbar, wenn dadurch Verbindlichkeiten begründet werden, für deren Erfüllung er, da die Insolvenzmasse nicht ausreichend ist, persönlich haften würde.[111]

50 aa) Hinreichende Erfolgsaussichten. Auch wenn keine ausreichende Kostendeckung besteht, so ist der Insolvenzverwalter dennoch nicht von vornherein verpflichtet, die Prozessführung zu unterlassen bzw. zu beenden. Das gebotene prozessuale Vorgehen richtet sich vielmehr nach den voraussichtlichen Prozessaussichten.[112] Zur Vermeidung von Haftungsrisiken sollte der Insolvenzverwalter hierzu, sofern ausreichende Mittel vorhanden sind, stets gutachterliche Stellungnahmen einholen.[113] Wenn hinreichende Erfolgsaussichten bestehen oder ggf. Prozesskostenhilfe bewilligt wurde, erfüllt der Verwalter mit der Prozessführung seine auch im masseunzulänglichen Verfahren weiterbestehende Pflicht zur Massemehrung.[114] Dies gilt auch dann, wenn die Masse im Falle des Unterliegens – vorhersehbar – nicht ausreichend ist, um die Kostenerstattungsansprüche des Gegners zu erfüllen. Der Kostenerstattungsanspruch des Prozessgegners ist aufschiebend bedingt.[115] Eine persönliche Haftung des Insolvenzverwalters nach § 60 kommt nicht in Betracht, da der Verwalter keine insolvenzspezifische Pflicht gegenüber dem Prozessgegner zur Prüfung der hinreichenden Erfolgsaussichten von Klage und Rechtsmittel verletzt; die InsO verpflichtet den Verwalter nicht, vor der Erhebung einer Klage oder während des Prozesses die gegnerischen Interessen an einer eventuellen Kostenerstattung zu berücksichtigen.[116] Obwohl es sich bei dem Prozesskostenerstattungsanspruch um eine Masseverbindlichkeit handelt,[117] scheidet auch eine persönliche Haftung des Verwalters nach § 61 aus; denn dessen Pflicht, keine unerfüllbaren Masseverbindlichkeiten zu begründen, dient nicht dem Schutz seiner Prozessgegner.[118]

51 bb) Anfechtungsprozesse. Diese Grundsätze gelten für Anfechtungsprozesse nur eingeschränkt. Die Anfechtung nach den §§ 129 ff. schützt die insolvenzrechtliche Haftungsabwicklung gegen Beeinträchtigungen; Voraussetzung jedes Anfechtungstatbestandes ist deshalb objektiv eine Benachteiligung der Insolvenzgläubiger.[119] Im Fall der Anzeige der Masseunzulänglichkeit haben die Insolvenzgläubiger grundsätzlich keine Befriedigung mehr zu erwarten, da die Masse zur Erfüllung sämtlicher Masseverbindlichkeiten nicht mehr ausreichend ist. Eine Insolvenzanfechtung ist jedoch entgegen der in Rspr. und Schrifttum vorherrschenden Auffassung unzulässig, wenn sie sich nur zugunsten von Massegläubigern auswirkt.[120] In diesem Fall verfehlt die Insolvenzanfechtung ihren Zweck, Vermögensver-

---

[111] BAG NJW 1999, 517, 518.
[112] *A. Schmidt* NZI 1999, 444; vgl. hierzu näher § 207 RdNr. 24.
[113] Ansonsten bestehen vor allem bei Rechtsstreitigkeiten mit besonderer Bedeutung haftungsrechtliche Risiken, wenn eine Zustimmung des Gläubigerausschusses oder einer Gläubigerversammlung nach § 160 nicht mehr herbeigeführt werden kann.
[114] Vgl. BGH NZI 2004, 26 = ZIP 2003, 2036.
[115] Auch wenn der Rechtsstreit nach der Anzeige der Masseunzulänglichkeit fortgeführt wird, ist der Kostenerstattungsanspruch als Alt-Masseverbindlichkeit zu qualifizieren, der im Rang gem. § 209 Abs. 1 Nr. 3 zu befriedigen ist.
[116] BGH ZInsO 2005, 146 m. Anm. *Pape* S. 138 f. = NZI 2005, 155 f. m. Anm. *Vallender*; BGH ZIP 2001, 1376 m. Anm. *Pape* EWiR 2001, 823.
[117] Hat der unterlegene Verwalter einen in erster Instanz unterbrochenen Rechtsstreit aufgenommen, ist der prozessuale Kostenerstattungsanspruch insgesamt, also auch hinsichtlich der Kosten vor Aufnahme des Verfahrens, als Masseverbindlichkeit zu behandeln, BGH NZI 2007, 104.
[118] BGH NZI 2005, 155, vgl. auch § 207 RdNr. 24.
[119] BGH ZIP 1993, 273 u. 2004, 1509; *Häsemeyer* RdNr. 21.25; HK-*Kreft* § 129 RdNr. 36; *Gottwald/Huber* § 46 RdNr. 51.
[120] OLG Dresden NZI 2001, 259; LG Stralsund ZIP 2001, 936; *Kübler/Prütting/Paulus* § 129 RdNr. 22; *Häsemeyer* RdNr. 21.25 u. in Festschr. für Gerhardt S. 341, 358 f.; aA BGH ZIP 2003, 2036 u. 2001, 1641 = NZI 2001, 587, wonach die Anzeige der Masseunzulänglichkeit für die Anfechtung grundsätzlich bedeutungslos ist; HK-*Kreft* § 129 RdNr. 36; *Uhlenbruck/Hirte* § 129 RdNr. 10; *Uhlenbruck* § 208 RdNr. 29; FK-*Kießner* § 211 RdNr. 22; *Gundlach/Frenzel/Schmidt* NZI 2004, 184; *Hess* § 208 RdNr. 22; *Mohrbutter/Ringstmeier/Pape* § 12 RdNr. 117 f., wonach die Beteiligung der Insolvenzgläubiger schon im Vorfeld des Insolvenzverfahrens ein Anfechtungsrecht des Verwalters fortbestehen lässt, weil die Gläubigerbenachteiligung

schiebungen des Schuldners – idR nach Eintritt der „materiellen Insolvenz"[121] – im Interesse einer effektiven Gleichbehandlung der Insolvenzgläubiger haftungsrechtlich rückgängig zu machen. Auch wenn die Benachteiligung der Insolvenzgläubiger mit der Vornahme der Rechtshandlung vor Insolvenzeröffnung abgeschlossen ist, ist deren Anfechtung nur gerechtfertigt, wenn dadurch eine anteilige Befriedigung der Insolvenzgläubiger herbeigeführt werden kann.[122] Bezweckt die Fortsetzung des Anfechtungsprozesses allein,[123] die weitere Abwicklung des Verfahrens im Interesse der Massegläubiger zu finanzieren, so darf auch die unterschiedliche Rechtsposition der durch die anfechtbare Handlung begünstigten Insolvenzgläubiger (also der Anfechtungsgegner) mit Blick auf die einzelnen Anfechtungstatbestände nicht übersehen werden. Dem Empfänger z. B. einer Deckung nach §§ 130, 131 die Leistung wieder zu entziehen, um damit Abwicklungsmaßnahmen oder Verfahrenskosten zu bezahlen, die bei (frühzeitiger) Einstellung überhaupt nicht entstanden oder vermieden worden wären, lässt sich nicht mit dem Verfahrensziel der optimalen Befriedigung der Insolvenzgläubiger rechtfertigen,[124] sondern begünstigt die Abwicklung von Verfahren um ihrer selbst willen. Besteht dagegen die Chance, dass der Anfechtungsprozess im Ergebnis auch den Insolvenzgläubigern zu Gute kommt, kann dessen Fortführung durch den Verwalter nach angezeigter Masseunzulänglichkeit als zulässige Abwicklungsmaßnahme nach § 208 Abs. 3 angesehen werden.[124a]

2. Verteilungsverfahren. Für die Verteilung schreibt das Gesetz in § 211 Abs. 1 nur die Beachtung der Rangordnung des § 209 vor. Für die – anteilige – Befriedigung der Alt-Massegläubiger i. S. d. § 209 Abs. 1 Nr. 3 ist das in den §§ 187 ff. für die Insolvenzgläubiger geregelte Verteilungsverfahren nicht anwendbar.[125] Der Insolvenzverwalter hat deshalb keine Altmassegläubigerliste und auch kein Verteilungsverzeichnis i. S. d. § 188 aufzustellen und bei Gericht einzureichen.[126] Für die Schlussverteilung bedarf es keiner Zustimmung des Insolvenzgerichtes. Die in §§ 196, 197 geregelte Schlussverteilung für Insolvenzgläubiger ist auf die Befriedigung der Alt-Massegläubiger im Abwicklungsverfahren nach § 208 Abs. 3 nicht übertragbar. Dem Insolvenzverwalter ist es deshalb freigestellt,[127] wie er seine Verteilungslisten und Verteilungsberechnungen gestaltet. Aufgrund der Haftung für Verteilungsfehler ist der Insolvenzverwalter ohnehin gehalten, die Befriedigung der Alt-Massegläubiger nach § 209 Abs. 1 Nr. 3 ausreichend zu dokumentieren. Die Befriedigung der Neu-Massegläubiger nach § 209 Abs. 1 Nr. 3 richtet sich nach den §§ 53 f.[128] Diese hat der Insolvenzverwalter im Rahmen der Rechnungslegung nachzuweisen.

3. Rückkehr in das Regelinsolvenzverfahren. Die vom Insolvenzverwalter angezeigte Masseunzulänglichkeit muss nicht von Dauer sein. Tauchen vor Einstellung des Verfahrens neue Vermögenswerte auf, werden nicht erwartete Verkaufserlöse erzielt, werden verloren geglaubte Prozesse gewonnen u. dgl., so kann dadurch die Insolvenzmasse wieder ausreichend

---

– unabhängig vom Ergebnis der Anfechtung – schon durch anfechtbare Rechtshandlungen im Vorfeld des Insolvenzverfahrens eintrete.
[121] BGH ZIP 1997, 1929.
[122] Die haftungsrechtliche Unwirksamkeit des angefochtenen Rechtsgeschäftes beruht darauf, dass dieses gegen das im Verhältnis der Gläubiger untereinander geltende Gleichbehandlungsprinzip nach Eintritt der materiellen Insolvenz verstoßen hat, *Häsemeyer* RdNr. 21.01 f.
[123] Vgl. auch *Gottwald/Huber* § 46 RdNr. 66 und *Graf-Schlicker/Huber* § 129 RdNr. 18, wonach die Anfechtung bei bestehender Masseunzulänglichkeit ausscheidet, weil es eine Insolvenzanfechtung allein zugunsten der Massegläubiger nicht gibt.
[124] AA BGH NZI 2001, 587; AG Hildesheim ZInsO 2001, 816; *Pape* ZIP 2001, 901.
[124a] Vgl. *A. Schmidt* NZI 1999, 443; *Dinstühler* ZIP 1998, 1697 f.; *Graf-Schlicker/Huber* § 129 RdNr. 18. Zur Möglichkeit des Insolvenzverwalters, das eigentliche Insolvenzverfahren wieder aufzunehmen, wenn die Insolvenzanfechtung auch Leistungen auf Insolvenzforderungen erwarten lässt, s. *Häsemeyer* in Festschrift für Gerhardt S. 359.
[125] *Kluth* ZInsO 2000, 177; *Gottwald/Klopp/Kluth* § 74 RdNr. 39 f.
[126] *Haarmeyer/Wutzke/Förster*, Handbuch, Kap. 8 RdNr. 167. Vgl. ferner zu § 211 RdNr. 5; *Nerlich/Römermann/Westphal* § 211 RdNr. 13.
[127] *Kluth* ZInsO 2000, 177, der Insolvenzverwalter hat grundsätzlich „freie Hand" für die Verteilung.
[128] Der Erstellung einer Neumassegläubigerliste bedarf es deshalb nicht, vgl. dazu § 211 RdNr. 5.

werden, um sämtliche Massegläubiger zu befriedigen. Ob durch eine solche – überraschend – positive Entwicklung des Verfahrens der Weg zurück in das Regelinsolvenzverfahren offen steht, ist strittig.[129] Mit der Anzeige der Masseunzulänglichkeit ist gesetzlich vorgeschrieben der Übergang in das Abwicklungsverfahren nach § 208 Abs. 3; die Insolvenzmasse ist nach Maßgabe des § 209 an die Massegläubiger zu verteilen, vgl. § 211 Abs. 1. Diese rechtlichen Wirkungen der angezeigten Masseunzulänglichkeit können nicht einfach entfallen, wenn auf Grund neuer Prognose des Verwalters eine ausreichende Insolvenzmasse wieder zur Verfügung steht. Der Insolvenzverwalter kann nicht beliebig zwischen dem Regelinsolvenzverfahren und dem Verfahren nach angezeigter Masseunzulänglichkeit wechseln je nach dem Stand der Deckungsprognose; vielmehr muss für alle Verfahrensbeteiligten eindeutig feststehen, nach welchen gesetzlichen Vorschriften die Insolvenz abgewickelt wird.[130]

54 **a) Unwiderruflichkeit der Anzeige der Masseunzulänglichkeit.** Nach einer vereinzelt gebliebenen Entscheidung des AG Hamburg[131] soll die Anzeige der Masseunzulänglichkeit nicht mehr rückholbar sein, da sie die Reihenfolge der Befriedigung der Massegläubiger bis zur Einstellung des Verfahrens unwiderruflich verändert. Andernfalls bestehe die Gefahr, dass die bevorzugte Befriedigung der Neumassegläubiger nach § 209 Abs. 1 Nr. 2 zu ihrem Nachteil durch eine Rücknahme der Anzeige wieder beseitigt werde. Deshalb können nach dieser Auffassung später eingetretene Massemehrungen nur über den Weg der Nachtragsverteilung gem. §§ 211 Abs. 3, 203, 205 an die Gläubiger ausgeschüttet werden.

55 **b) Widerruflichkeit der Anzeige der Masseunzulänglichkeit.** Das Ziel des Insolvenzverfahrens ist in erster Linie die gemeinschaftliche Befriedigung der Insolvenzgläubiger. Nur im Ausnahmefall, wenn die Insolvenzmasse unzulänglich wird, dient die Verfahrensabwicklung den Massegläubigern. Liegen die Voraussetzungen der Masseunzulänglichkeit nicht mehr vor, muss deshalb auch die Rückkehr in das Regelinsolvenzverfahren herbeigeführt werden können.[132] Eine gesetzliche Regelung fehlt allerdings. Zur Schließung der Lücke können nach *A. Schmidt* die §§ 212, 213 herangezogen werden.[133] Sie regeln für das Normalverfahren die Einstellung wegen Wegfalls des Eröffnungsgrundes bzw. mit Zustimmung der Gläubiger. Der Insolvenzverwalter hat danach beim Insolvenzgericht die Rückkehr in das Regelinsolvenzverfahren durch eine „Zulänglichkeitsanzeige" zu beantragen,[134] wenn er entweder die Masseunzulänglichkeit beseitigt oder die Zustimmung sämtlicher Massegläubiger beibringt. Zudem ist auch im Interesse der Rechtsklarheit eine öffentliche Bekanntmachung der Anzeige, dass Masseunzulänglichkeit nicht mehr besteht, durch das Insolvenzgericht notwendig,[135] die den in Betracht kommenden Massegläubigern besonders zuzustellen ist. Eine sachliche Überprüfung der Anzeige durch das Gericht erfolgt gleichfalls nicht. Das Masseunzulänglichkeitsverfahren wird also entsprechend § 208 Abs. 1 und 2 **förmlich** zurück in das Regelinsolvenzverfahren übergeleitet. Die Rechtsfolgen der angezeigten Masseunzulänglichkeit fallen ex nunc mit der Anzeige, dass wieder ausreichend Masse zur Verfügung steht, gegenüber allen Massegläubigerin einheitlich für die Zukunft weg.[136] Bei Wiederaufnahme des Regelverfahrens können sämtliche Massegläubiger wieder ohne Rücksicht auf die

---

[129] *Dinstühler* ZIP 1998, 1697, 1705; *Pape* ZInsO 2001, 60, 62; ferner *Uhlenbruck* NZI 2001, 408.
[130] *Kübler/Prütting/Pape* § 208 RdNr. 24.
[131] AG Hamburg NZI 2000, 141.
[132] *Runkel/Schnurbusch* NZI 2000, 49, 53; *Pape* ZInsO 2001, 60, 62; *Uhlenbruck* § 208 RdNr. 31; HambKomm-*Weitzmann* § 208 RdNr. 14; *Kayser/Heck* NZI 2005, 65, 67; s. auch BGH NZI 2004, 209 = ZIP 2004, 326.
[133] *A. Schmidt* NZI 1999, 442.
[134] *Kübler/Prütting/Pape* § 208 RdNr. 24.
[135] Die Feststellungskompetenz für einen Wegfall der Masseunzulänglichkeit liegt auch hier allein beim Insolvenzverwalter, HK-*Landfermann* § 208 RdNr. 22; *Kübler/Prütting/Pape* § 208 RdNr. 24; *Graf-Schlicker/Mäusezahl* § 208 RdNr. 25; dagegen *A. Schmidt* NZI 1999, 443, der entsprechend § 214 eine Beschlussfassung des Insolvenzgerichtes empfiehlt.
[136] Von einem anderen Verständnis der Unzulänglichkeitsanzeige ausgehend aA *Runkel/Schnurbusch* NZI 2000, 49, 53, wonach der Insolvenzverwalter im Einzelfall entscheiden kann, ob er den Einwand der Masseunzulänglichkeit erhebt oder nicht.

Rangordnung des § 209 ihre Ansprüche gegenüber der Masse geltend machen und ggf. in diese vollstrecken. Das Verfahren wird als normales Insolvenzverfahren fortgesetzt.[137]

4. Nachtragsverteilung. Das Gesetz sieht in § 211 Abs. 3 ausdrücklich vor, dass eine Nachtragsverteilung erfolgen kann, wenn nach der Einstellung des Verfahrens Gegenstände der Insolvenzmasse ermittelt werden.[138] Das Gesetz hat diese vereinfachte Form der Verteilung vorgesehen, um ein erneutes Insolvenzverfahren zu vermeiden.

5. Rechnungslegung. Nach § 211 Abs. 2 hat der Insolvenzverwalter für seine Tätigkeit nach Anzeige der Masseunzulänglichkeit gesondert Rechnung zu legen.[139] Im Vordergrund steht hierbei die Darlegung der vom Insolvenzverwalter neu begründeten Masseverbindlichkeiten i. S. d. § 209 Abs. 1 Nr. 2. Die hervorgehobene gesonderte Rechnungslegungspflicht für den Verfahrensabschnitt nach der Anzeige lässt die sich aus § 66 ergebende Rechnungslegungspflicht für das gesamte Verfahren im Übrigen unberührt.

6. Insolvenzplan. Das Verwertungs- und Befriedigungsverfahren nach § 208 Abs. 3 kann durch einen Insolvenzplan nicht abweichend von der gesetzlichen Regelung gestaltet werden.[140] Die Frage der Zulässigkeit eines Insolvenzplanverfahrens bei Masseunzulänglichkeit ist strittig.[141] Der Insolvenzplan ist grundsätzlich ein Mittel der Gläubiger, die für sie optimale Verwertungsart auch abweichend von den gesetzlichen Vorschriften zu verwirklichen. Deshalb würde es an sich nicht der dem Insolvenzverwalter aufgegebenen Verwertung nach § 208 Abs. 3 widersprechen, wenn diese auf der Grundlage eines Insolvenzplans erfolgt, der vom Schuldner wie auch vom Insolvenzverwalter vorgelegt werden könnte. Fraglich ist jedoch, wie im masseunzulänglichen Verfahren eine zulässige Gruppenbildung nach § 222 vorgenommen werden kann.[142] Nur eine Einbeziehung der Massegläubiger in das Erörterungs- und Abstimmungsverfahren nach §§ 235 f. kann nicht statthaft sein, auch wenn auf Grund der Massesituation für die Insolvenzgläubiger keine Befriedigungsaussichten bestehen. Der Insolvenzplan hat auch den Zweck, den Schuldner gem. § 227 Abs. 1 von seinen restlichen Verbindlichkeiten gegenüber den Insolvenzgläubigern zu befreien. Auf der anderen Seite besitzen die Insolvenzgläubiger nach § 201 das freie Nachforderungsrecht gegenüber dem Schuldner. Dieses darf ihnen deshalb nicht durch einen „Abwicklungsplan" genommen werden, an dem sie verfahrensrechtlich nicht ausreichend beteiligt werden.[143] Im masseunzulänglichen Verfahren ist deshalb eine Konstellation kaum denkbar, in der sich ein Insolvenzplan realisieren lässt, der gegenüber der Regelverwertung nach § 208 Abs. 3 den Massegläubigern verbesserte Befriedigungsaussichten unter ausreichender Wahrung der Interessen der Insolvenzgläubiger verschafft.[144]

7. Restschuldbefreiung. Das Insolvenzverfahren dient neben der gemeinschaftlichen Befriedigung der Gläubiger auch dem Zweck, den redlichen Schuldner nach Maßgabe der §§ 286 ff. von seinen restlichen Verbindlichkeiten gegenüber den Insolvenzgläubigern zu befreien, vgl. § 1 Satz 2. Dieses Ziel eines wirtschaftlichen Neuanfangs kann er jedoch nach der gesetzlichen Konzeption nur erreichen, wenn das Insolvenzverfahren durchgeführt wird. Bei einer die Verfahrenskosten nicht deckenden Masse wird das Insolvenzverfahren nicht

---

[137] Zur weiteren Forderungsfeststellung und Verteilung an die Insolvenzgläubiger vgl. *Mohrbutter/Ringstmeier/Pape* § 12 RdNr. 105.
[138] Vgl. § 211 RdNr. 20.
[139] Vgl. hierzu im Einzelnen § 211 RdNr. 15 f.
[140] Der 323 RegE, der auch nach Feststellung der Masseunzulänglichkeit die Möglichkeit zur Vorlage eines Insolvenzplans vorsah, wurde nicht in das Gesetz übernommen. Vgl. *Gottwald/Klopp/Kluth* § 74 RdNr. 37; *Graf-Schlicker/Mäusezahl* § 208 RdNr. 27; *Kluth* ZInsO 2000, 177, 184; *Häsemeyer*, § 28 RdNr. 13 und Festschrift für Gerhardt (2003), 341, 350 f.; LG Dresden ZIP 2005, 1607 = ZInsO 2005, 831 m. krit. Anm. *Paul* S. 1136.
[141] Befürwortend *Dinstühler* ZIP 1998, 1707; *Kübler/Prütting/Pape* § 210 RdNr. 14–15 a u. *Mohrbutter/Ringstmeier/Pape* § 12 RdNr. 151 (aber beschränkt auf seltene Ausnahmefälle und nur bei Zustimmung aller Massegläubiger); *Uhlenbruck* § 211 RdNr. 11.
[142] *Kübler/Prütting/Pape* § 210 RdNr. 15.
[143] *Kluth* ZInsO 2000, 185; *Graf-Schlicker/Mäusezahl* § 208 RdNr. 27.
[144] Dazu auch *Kübler/Prütting/Pape* § 210 RdNr. 15 a.

eröffnet bzw. eingestellt, §§ 26 Abs. 1, 207 Abs. 1, und ist ein Restschuldbefreiungsverfahren unzulässig.[145] Sind die erforderlichen Verfahrenskosten durch das schuldnerische Vermögen jedoch abgedeckt, so wird dem Schuldner die Möglichkeit der Restschuldbefreiung im Anschluss an das gem. § 211 eingestellte Insolvenzverfahren eröffnet. Dies ist ausdrücklich für das masseunzulängliche Verfahren in § 289 Abs. 3 geregelt. Der im Restschuldbefreiungsverfahren bestellte Treuhänder hat bei der Verteilung eingehender Beträge nicht nur die nach § 4a gestundeten Verfahrenskosten, § 292 Abs. 1 Satz 2, sondern nach zutr. hM wegen des Vorrangs der Massegläubiger auch die sonstigen im Verfahren offen gebliebenen Masseverbindlichkeiten vor den Forderungen der Insolvenzgläubiger zu befriedigen, §§ 53, 209.[146]

IV. Erneute Masseunzulänglichkeit

60 Nach Anzeige der Masseunzulänglichkeit sieht § 209 Abs. 1 Nr. 2 eine privilegierte Befriedigung der Neumassegläubiger vor. Sie sind u. a. vom Insolvenzverwalter vorweg voll zu befriedigen. Indes ist es nicht ausgeschlossen, dass auch im Hinblick auf die Neumasseverbindlichkeiten Masseunzulänglichkeit auftritt, wenn die Masse nicht ausreicht, um alle Neu-Massegläubiger vollständig zu befriedigen, weil z. B. auf Grund unvorhersehbarer Auftragsverluste im Rahmen der Betriebsfortführung die Umsatzziele nicht erreicht werden können. Nach teilweise vertretener Ansicht soll der Insolvenzverwalter berechtigt sein, diesmal in Ansehung der Neu-Masseverbindlichkeiten nochmals die Masseunzulänglichkeit nach § 208 anzuzeigen.[147] Rechtsfolge gem. § 209 wäre, dass bei weiterer Masseinsuffizienz Alt-Masseverbindlichkeiten unterschiedlicher Rangstufe gebildet werden müssen. Jedoch ist auch aus systematischen Gründen eine nochmalige entsprechende Anwendung der §§ 208 ff. nicht erforderlich.[148] Durch Mehrfachanzeigen gem. § 208 würde die Abwicklung des masseunzulänglichen Verfahrens für die Beteiligten nur intransparenter. Vielmehr ist auf die zu § 60 KO entwickelten Grundsätze für die Behandlung von Masseverbindlichkeiten nach Eintritt der Masseunzulänglichkeit zurückzugreifen. Soweit Neu-Massegläubiger versuchen, ihre Masseansprüche gerichtlich geltend zu machen, so kann der Insolvenzverwalter im Prozess die Masseunzulänglichkeit einwenden.[149] Er ist im Rechtsstreit für den Eintritt der – erneuten – Masseunzulänglichkeit darlegungs- und beweispflichtig, denn der prozessuale Einwand der weiteren Masseinsuffizienz hat nicht die verbindliche Wirkung einer Anzeige gem. § 208 Abs. 1 Satz 1.[150] Seiner Darlegungs- und Beweislast kann er nicht dadurch genügen, dass er die Masseunzulänglichkeit öffentlich bekannt macht, da hierzu eine gesetzliche Regelung erforderlich wäre.[151] Vielmehr hat er eine zeitnahe Liquiditätsberechnung vorzulegen, auf deren Grundlage das Prozessgericht mit Hilfe der Beweiserleichterungen entsprechend § 287 Abs. 2 ZPO beurteilen kann, ob wiederum Masseunzulänglichkeit vorliegt.[152] Auf titulierte Ansprüche gem. § 209 Abs. 1 Nr. 2 ist das Vollstreckungsverbot

---

[145] Die Einstellung mangels Masse unterbleibt aber bei Kostenstundung nach § 4a, § 207 Abs. 1 Satz 2, vgl. § 207 RdNr. 74.

[146] BGH WM 2005, 1129; *Pape* in: *Mohrbutter/Ringstmeier* § 17 RdNr. 105 u. 113; HambKomm-*Streck* § 289 RdNr. 9.

[147] *Dinstühler* ZIP 1998, 1697, 1707; ebenso HK-*Landfermann* § 208 RdNr. 23; *Kröpelin* ZIP 2003, 2341, 2344 f; HambKomm-*Weitzmann* § 208 RdNr. 11 u. § 210 RdNr. 5; FK-*Kießner* § 208 RdNr. 18a.

[148] BGH NJW 2006, 2997, 2999; NJW 2003, 2454; *Mohrbutter/Ringstmeier/Pape* § 12 RdNr. 100; *Graf-Schlicker/Mäusezahl* § 208 RdNr. 23; *Breutigam* in *Breutigam/Blersch/Goetsch* § 208 RdNr. 4; *Runkel/Schnurbusch* NZI 2000, 49, 55; vgl. auch § 210 RdNr. 20.

[149] BGH NJW 2003, 2454 = NZI 2003, 369. Der Einwand (o. eine formlose Anzeige) der unzulänglichen Neumasse löst nicht die Rechtsfolgen des § 209 aus, alle Neumasseschulden sind vielmehr im gleichen Rang mit gleicher Quote zu bedienen; da somit die erst nach der erneuten „Anzeige" begründeten Masseverbindlichkeiten keinen Vorrang haben, würde sich der Verwalter bei weiterer Geschäftstätigkeit kaum beherrschbaren Haftungsrisiken nach § 61 aussetzen.

[150] BGH aaO; BAG ZIP 2002, 1261.

[151] Vgl. BGH DZWIR 2006, 35 (zur Anzeige nach § 60 KO).

[152] BGH NJW 2003, 2454; s. auch § 210 RdNr. 22.

des § 210 nach hM nicht analog anwendbar, da eine planwidrige Regelungslücke nicht vorhanden ist. Neu-Massegläubiger sollten nach Auffassung des Gesetzgebers ihre Vollstreckungsmöglichkeiten nach Anzeige der Unzulänglichkeit nicht verlieren.[153] Der Verwalter muss deshalb den Einwand der weiteren Masseunzulänglichkeit im Wege der Vollstreckungsgegenklage nach § 767 ZPO geltend machen, um die Durchsetzung von Ansprüchen gegen die Masse abzuwehren.[154]

E. Materiellrechtliche u. prozessuale Wirkungen der Masseunzulänglichkeit

I. Kürzung des Forderungsrechtes

1. Insolvenz in der Insolvenz. Können die sonstigen Masseverbindlichkeiten – bei bestehender Verfahrenskostendeckung – nicht aus der Insolvenzmasse voll befriedigt werden, tritt die früher als „Konkurs im Konkurs" bezeichnete Situation ein.[155] Die Massegläubiger sehen sich einer zur Befriedigung ihrer Ansprüche insuffizienten Masse gegenüber. Sie besitzen keine Aussicht mehr auf volle Befriedigung und bilden deshalb mit den Insolvenzgläubigern vergleichbare Verlustgemeinschaft, für die auch der Grundsatz der Gleichbehandlung gilt.[156] Mit der Anzeige der Masseunzulänglichkeit erfolgt die zeitliche Fixierung, ab der die Rangordnung des § 209 einheitlich gegenüber den nunmehr nachrangig zu befriedigenden Alt-Massegläubigern eingreift. Sie sichert dadurch deren Gleichbehandlung im Rahmen der Rangverhältnisse des § 209 Abs. 1 Nr. 3.[157]

2. Geltendmachung der Masseunzulänglichkeit. Die Anzeige der Masseunzulänglichkeit lässt die Forderung des Massegläubigers unberührt. Sie schränkt jedoch die Leistungspflicht des Insolvenzverwalters und damit zugleich auch den Wert der Altmasseforderungen ein.[158] Aufgrund der Anzeige der Masseunzulänglichkeit verlieren die Alt-Masseverbindlichkeiten i. S. d. § 209 Abs. 1 Nr. 3 nicht allein ihre Durchsetzbarkeit, sondern es tritt auch eine Anspruchsbeschränkung auf die ihnen zustehende Quote ein.[159] Die Höhe der Quote schwankt im Laufe des Verfahrens und kann im Grunde erst nach Abschluss der Verwertung hinreichend sicher berechnet werden. Der Eintritt der Masseunzulänglichkeit begründet deshalb eine materiellrechtliche Einwendung. Dies entspricht dem bisherigen Verständnis zu § 60 KO; die Rechtslage hat der Gesetzgeber nicht ändern wollen.[160]

3. Rückforderung. Hatte der Insolvenzverwalter vor der angezeigten Masseunzulänglichkeit auf Masseverbindlichkeiten Zahlungen geleistet, so müssen diese nicht zurückerstattet werden.[161] Die Rechtsfolgen der Masseunzulänglichkeit treten erst mit deren Anzeige ein. Vor der Anzeige besitzen die Massegläubiger materiellrechtlich einwendungsfreie Ansprüche. Erhält dagegen ein Massegläubiger nach angezeigter Masseunzulänglichkeit Leistungen, die über die ihm nach § 209 Abs. 1 Nr. 3 zustehende Quote hinausgehen, so hat er diese unter dem Gesichtspunkt der ungerechtfertigten Bereicherung der Masse wieder zu erstatten.[162]

---

[153] Begr. Rechtsausschuss zu § 210, *Kübler/Prütting*, S. 441.
[154] BGH ZInsO 2005, 1103; BAG ZInsO 2005, 50; AG Hamburg ZInsO 2007, 830; s. auch § 210 RdNr. 21.
[155] BGH NJW 2006, 2997, 2999 („Insolvenz in der Insolvenz"); *Uhlenbruck* § 208 RdNr. 1; HK-*Landfermann* § 208 RdNr. 16.
[156] BGHZ 154, 358 = NJW 2003, 2454.
[157] Vgl. § 209 RdNr. 13.
[158] BGH NZI 2004, 209 m. Anm. Uhlenbruck = ZIP 2004, 326, dazu EWiR 2004, 349 *(Pape)*.
[159] BGHZ 154, 358 = NJW 2003, 2454; *Pape* ZInsO 2001, 60; *Dinstühler* ZIP 1998, 1697, 1701; aA *Runkel/Schnurbusch* NZI 2000, 54.
[160] *Mohrbutter/Ringstmeier/Pape* § 12 RdNr. 114; aA *Uhlenbruck* § 208 RdNr. 1, *Kröpelin* ZIP 2003, 2341, 2342.
[161] *Kübler/Prütting/Pape* § 208 RdNr. 1.
[162] OLG Brandenburg NZI 2002, 1007; *Uhlenbruck* § 208 RdNr. 1.

II. Prozessuale Auswirkungen

64 **1. Erkenntnisverfahren.** Nach angezeigter Masseunzulänglichkeit sind die Alt-Masseverbindlichkeiten in der Rangordnung des § 209 Abs. 1 Nr. 3 anteilig zu befriedigen. Die Altmassegläubiger sind nach § 210 daran gehindert, die Zwangsvollstreckung zu betreiben. Das Vollstreckungsverbot begründet über seinen Wortlaut hinaus nicht nur einen im Wege der Vollstreckungserinnerung nach § 766 ZPO geltend zu machenden vollstreckungsrechtlichen Einwand, sondern ist auch im Rahmen eines anhängigen oder künftigen Rechtsstreits mit einem Alt-Massegläubiger zu berücksichtigen.

65 **a) Leistungs- u. Feststellungsklage.** Da der Gläubiger einer Masseforderung nach § 209 Abs. 1 Nr. 3 keine Vollstreckungsmöglichkeiten besitzt, kann der Insolvenzverwalter nach angezeigter Masseunzulänglichkeit nicht mehr zur Leistung verurteilt werden. Eine erhobene **Leistungsklage** ist nach feststehender Rechtsprechung des BGH und des BAG sowie der hM im Schrifttum wegen des **fehlenden Rechtsschutzbedürfnisses unzulässig**.[163] Könnte jeder **Altmassegläubiger** den Insolvenzverwalter mittels Leistungsklage in Anspruch nehmen, so würden die Gerichte Leistungsurteile ohne Rücksicht auf deren tatsächliche Durchsetzbarkeit erlassen müssen. Das aber widerspricht dem Sinn und Zweck der §§ 208, 210.[164] Die Möglichkeit von Zwangsvollstreckungsmaßnahmen soll von vornherein ausgeschlossen werden, da diese die Abwicklung des masseunzulänglichen Verfahrens und die Verteilung blockieren würden. Der Alt-Massegläubiger hat nur Anspruch auf Teilnahme am Verteilungsverfahren nach § 209 Abs. 1 Nr. 3. Zur Klärung seiner Ansprüche hat er die Möglichkeit, Feststellungsklage gegen den Insolvenzverwalter zu erheben.[165] Eine bereits anhängige Leistungsklage eines Alt-Massegläubigers ist nach Anzeige der Masseunzulänglichkeit in eine Feststellungsklage umzustellen, § 264 Nr. 3 ZPO.[166] Der Arbeitnehmer, der seine Lohnansprüche gegen die Masse gerichtlich geltend macht, muss die Berechtigung seiner bestrittenen Forderungen im Wege der Feststellungsklage weiterverfolgen, wenn der Insolvenzverwalter die angezeigte Masseunzulänglichkeit einwendet.[167] Auch im Kostenfestsetzungsverfahren ist eine vom Insolvenzverwalter nach Eintritt der Rechtshängigkeit angezeigte Masseunzulänglichkeit zu berücksichtigen. Daher kann gegen den Verwalter kein **Kostenfestsetzungsbeschluss** nach § 104 ZPO mehr zugunsten eines Altmassegläubigers erlassen werden; denn diesem fehlt wegen des in § 210 angeordneten Vollstreckungsverbots das Rechtsschutzinteresse, in Form eines solchen Beschlusses noch einen Vollstreckungstitel zu erlangen.[168] Insoweit gilt das Gleiche wie im Klageverfahren. Soweit der Kostenerstattungsanspruch streitig ist, bleibt auch im Kostenfestsetzungsverfahren die Möglichkeit eines Feststellungsausspruchs.[169]

Neu-Masseverbindlichkeiten, die nicht dem Vollstreckungsverbot des § 210 unterliegen, können dagegen auch nach Anzeige der Masseunzulänglichkeit im Wege der Leistungsklage gegenüber dem Insolvenzverwalter geltend gemacht werden.[170] Das prozessuale Vorgehen hängt damit von der insolvenzrechtlichen Einordnung der Masseverbindlichkeit ab.

---

[163] BGHZ 154, 358 = NJW 2003, 2454 = NZI 2003, 369 m. Anm. *Uhlenbruck* S. 372 = ZIP 2003, 914 m. Anm. *Tetzlaff* in EWiR 2003, 651 = WM 2003, 1027 m. Anm. *Barnert* WuB VI C. § 209 InsO 1.03; BGH ZInsO 2004, 674; NZI 2005, 392; BAG ZIP 2002, 628 u. 2005, 873; HK-*Landfermann* § 210 Rd-Nr. 6; *Uhlenbruck* § 208 RdNr. 27. AA *Runkel/Schnurbusch* NZI 2001, 49 *Kröpelin* ZIP 2003, 2341: Nach der sog. „vollstreckungsrechtlichen Lösung" soll die Leistungsklage auch für Alt-Masseverbindlichkeiten weiter zulässig, das Urteil aber während des Insolvenzverfahrens nicht vollstreckbar sein.

[164] *Kübler/Prütting/Pape* § 210 RdNr. 7.

[165] BAG ZIP 2002, 628; BGH ZIP 2003, 914.

[166] BAG ZIP 2002, 628.

[167] LAG Düsseldorf ZIP 2000, 2035.

[168] BGH ZIP 2005, 817 = NZI 2005, 328 = ZInsO 2005, 430.

[169] LAG Stuttgart 2001, 657; aA OLG München ZIP 2000, 555; offen gelassen in BGH NZI 2005, 328, 329.

[170] BAG ZIP 2004, 1323 m. Anm. *Bork* in EWiR 2004, 815; NZI 2003, 161. Auch bei Neumasseschulden ist allerdings nur eine Feststellungsklage zulässig, wenn sich bereits im Erkenntnisverfahren eine lediglich quotale Befriedigung der Gläubiger abzeichnet vgl. BGH NJW 2003, 2454.

b) Folgen. Gegen die Unzulässigkeit der Leistungsklage sprechen auch keine praktischen **66** Erwägungen.[171] Den Alt-Massegläubigern bringt es keinen Nutzen, wenn sie zwar einen Leistungstitel gegen den Insolvenzverwalter erstreiten können, für sie aber wegen der angezeigten Masseunzulänglichkeit keine Vollstreckungsmöglichkeiten bestehen.[172] Die Vollstreckungsorgane haben die Anzeige der Masseunzulänglichkeit als Vollstreckungshindernis in jedem Fall zu beachten. Eine Prüfung der Rechtmäßigkeit der Anzeige steht ihnen nicht zu, da die Kompetenz zur Feststellung der Masseunzulänglichkeit ausschließlich dem Insolvenzverwalter zusteht.[173] Die Handhabung der Unzulänglichkeitsanzeige kann von den Massegläubigern allenfalls mittelbar durch die Geltendmachung von Haftungsansprüchen gegen den Verwalter einer nachträglichen gerichtlichen Kontrolle unterzogen werden.[174] Zudem ist der Insolvenzverwalter zur ranggerechten Gleichbehandlung aller Alt-Massegläubiger i. S. d. § 209 Abs. 1 Nr. 3 verpflichtet, wenn eine – anteilige – Befriedigung erfolgt. Gegenüber titulierten Ansprüchen dürfen deshalb die übrigen – festgestellten – Masseverbindlichkeiten nicht schlechter gestellt werden.[175] Fehler des Insolvenzverwalters im Verteilungsverfahren sind haftungsrechtlich sanktioniert. Die Verpflichtung, alle Massegläubiger nach § 209 Abs. 1 Nr. 3 gleich zu behandeln, gilt freilich auch dann, wenn die Masseunzulänglichkeit auf Grund unerwartet positiver Verwertungsergebnisse überwunden werden kann. Im Hinblick auch auf die haftungsrechtlichen Folgen kann dem Insolvenzverwalter nicht unterstellt werden, zuzulassen, dass titulierte Ansprüche gegenüber berechtigten – ggf. gerichtlich festgestellten – Masseansprüchen bevorzugt befriedigt werden.[176]

c) Darlegungs- und Beweislast. Der Eintritt der Masseunzulänglichkeit wirkt sich nicht **67** unmittelbar auf den Rechtsstreit aus. Der Insolvenzverwalter hat gegenüber der Leistungsklage den Einwand der Masseunzulänglichkeit geltend zu machen. Für den Eintritt der Rechtsfolgen der §§ 209 f. ist es ausreichend, wenn er die Masseunzulänglichkeit dem Insolvenzgericht anzeigt.[177] Er genügt deshalb seiner prozessualen Darlegungs- und Beweislast, wenn er die Anzeigeerstattung nachweist. Darüber hinaus ist nicht erforderlich, dass er den Eintritt der Masseunzulänglichkeit durch entsprechenden Tatsachenvortrag belegt.[178] Dies würde bedeuten, dass die Befugnis zur Feststellung der Masseunzulänglichkeit auf das Prozessgericht verlagert würde und stünde damit in Widerspruch zum alleinigen Recht des Insolvenzverwalters, die Masseunzulänglichkeit gegenüber allen Beteiligten verbindlich festzustellen.

2. Vollstreckungsverfahren. Massegläubiger können grundsätzlich während des Insol- **68** venzverfahrens wegen ihrer titulierten Ansprüche in die Masse vollstrecken. Ihre Ansprüche unterliegen keinen quotenmäßigen Beschränkungen. Nach der Anzeige der Masseunzulänglichkeit, dem Eintritt der „Insolvenz in der Insolvenz", erfolgt jedoch eine materiellrechtliche Beschränkung der Ansprüche der Alt-Massegläubiger auf die ihnen zustehende Quote. Da auch der Gleichbehandlungsgrundsatz zur Anwendung kommt, darf der einzelne Massegläubiger sich keine Besserstellung durch Zwangsvollstreckungsmaßnahmen verschaffen. § 210 statuiert deshalb ein gesetzliches Vollstreckungsverbot für titulierte Alt-Masseverbindlichkeiten i. S. d. § 209 Abs. 1 Nr. 3. Gegen nach § 210 unzulässige Zwangsvollstreckungsmaßnahmen steht dem Insolvenzverwalter der Rechtsbehelf der Vollstreckungserinnerung nach § 766 ZPO zu, über die das Insolvenzgericht entscheidet.[179] Das Vollstreckungsorgan

---

[171] *Pape* ZInsO 2001, 60.
[172] Eine entsprechende Anwendung des § 888 Abs. 2 ZPO verbietet sich, da die Höhe der Quote nicht feststeht, so dass eine dahingehend konkretisierte Verurteilung nicht möglich ist; LAG Düsseldorf ZIP 2000, 2035; aA *Runkel/Schnurbusch* NZI 2000, 49, 52.
[173] *Runkel/Schnurbusch* NZI 2000, 49, 52 gestehen dies gleichfalls zu.
[174] *Breutigam* in: *Breutigam/Blersch/Goetsch* § 208 RdNr. 7.
[175] *Kübler/Prütting/Pape* § 210 RdNr. 8 a.
[176] *Kübler/Prütting/Pape* § 210 RdNr. 8; aA *Runkel/Schnurbusch* NZI 2000, 49, 52 unter Hinweis auf den „böswilligen" Verwalter.
[177] BGHZ 154, 358 = NJW 2003, 2454.
[178] Dagegen hat der Verwalter den Einwand weiterer Masseunzulänglichkeit gegenüber Neumassegläubigern im Prozess i. e. darzulegen u. nachzuweisen, s. RdNr. 60.
[179] BGH ZInsO 2006, 1049; s. auch § 210 RdNr. 14.

hat die Rechtmäßigkeit der angezeigten Masseunzulänglichkeit nicht zu überprüfen. Das Feststellungsrecht steht auch insoweit ausschließlich dem Insolvenzverwalter zu. Das Erinnerungsverfahren nach § 766 ZPO dient allein der Klärung der vollstreckungsrechtlichen Frage, ob das Vollstreckungsverbot vom Insolvenzverwalter mit Recht eingewandt wurde.

III. Sonstige materielle Rechtsfolgen.

1. Sicherungsrechte. Die Masseverbindlichkeiten werden durch die Anzeige der Masseunzulänglichkeit in ihrem Bestand nicht berührt. Allein die Leistungspflicht des Insolvenzverwalters und damit die Durchsetzbarkeit der Ansprüche wird eingeschränkt. Soweit zur Besicherung der Altmasseverbindlichkeiten Sicherheiten bestellt wurden, werden sie deshalb durch Eintritt der Masseunzulänglichkeit nicht berührt.[180] Dies gilt auch für akzessorische Sicherheiten, wie Bürgschaften oder Hypotheken.

2. Aufrechnung. Massegläubiger können grundsätzlich mit ihren Ansprüchen gegen Ansprüche der Insolvenzmasse aufrechnen, §§ 387 ff. BGB. Ihre Aufrechnungsbefugnis wird aber durch die Anzeige der Masseunzulänglichkeit entsprechend den insolvenzrechtlichen Aufrechnungsvorschriften, §§ 94–96, eingeschränkt. Nach der Anzeige regelt § 209 die geordnete Verteilung der Insolvenzmasse. Alt-Masseverbindlichkeiten i. S. d. § 209 Abs. 1 Nr. 3 werden idR nur noch anteilig befriedigt. Nach § 210 gilt für sie eine Vollstreckungssperre. Alt-Massegläubiger sind von der Feststellung der Masseunzulänglichkeit wertungsmäßig vergleichbar betroffen wie Insolvenzforderungen infolge der Insolvenzeröffnung.[181] Demzufolge werden die in der InsO geregelten **Aufrechnungsverbote gem. § 96 Nr. 1 und 2**[182] nach zutreffender herrschender Meinung entsprechend angewandt.[183] Massegläubiger können mit ihren Alt-Forderungen nur noch gegen solche Ansprüche der Masse wirksam aufrechnen, die vor Anzeige der Masseunzulänglichkeit entstanden sind.[184] Das Vertrauen in solche Aufrechnungslagen wird geschützt, die zum Zeitpunkt der Anzeige des Insolvenzverwalters schon bestanden haben.[185] Die Aufrechnung von Alt-Forderungen gegen Neuansprüche der Masse, die erst nach dieser Anzeige begründet worden sind, ist deshalb unzulässig. Dadurch wird sichergestellt, dass sich kein Alt-Massegläubiger eine ungerechtfertigte Befriedigung vor anderen verschaffen kann, die dem zwischen ihnen bei Eintritt der „Insolvenz in der Insolvenz" geltenden Grundsatz der Gleichbehandlung widerspricht. Stellt der Insolvenzverwalter seine gesamte Verwaltervergütung nach Anzeige der Masseunzulänglichkeit in Rechnung, so kann das Finanzamt gegenüber dem sich aus der Vergütung ergebenden Vorsteueranspruch des Schuldners nicht mit rückständigen Umsatzsteuerforderungen aufrechnen, die vor der Anzeige der Masseunzulänglichkeit entstanden sind.[186] Der Vorsteuererstattungsanspruch der Masse entsteht erst nach der Anzeige mit Abschluss der Tätigkeit und Rechnungstellung, so dass das Finanzamt sich nicht mit Hilfe der Aufrechnung wegen seines vor der Anzeige entstandenen Umsatzsteueranspruchs voll befriedigen kann, obgleich die Masse zur vollständigen Befriedigung der Alt-Masseverbindlichkeiten nicht ausreichend ist.

---

[180] *Runkel/Schnurbusch* NZI 2000, 49, 52; *Uhlenbruck* § 208 RdNr. 25.
[181] In § 320 RegE war noch ausdrücklich vorgesehen, die Aufrechnungsregeln der §§ 94 bis 96 zur Anwendung zu bringen; wegen fehlenden Regelungsbedürfnisses wurde hiervon jedoch abgesehen, Begr. Rechtsausschuss, *Kübler/Prütting*, S. 437.
[182] Die Aufrechnungsverbote des § 96 Abs. 1 Nr. 3 und 4 treffen für das masseunzulängliche Verfahren nicht zu.
[183] BGH NJW 1995, 2783, 2786 noch zur KO; *Uhlenbruck* § 94 RdNr. 4, § 208 RdNr. 22, § 210 RdNr. 7; *Henckel*, Festschrift für Lüke, 1997, 260 f.; *Dinstühler* ZIP 1998, 1697, 1705; aA *Runkel/Schnurbusch* NZI 2000, 49, 54, die eine unmittelbare Anwendung der Aufrechnungsverbote der §§ 387 ff. BGB vorziehen.
[184] BGH NJW 1995, 2783, 2786.
[185] *Kübler/Prütting/Pape* § 210 RdNr. 10; *Haarmeyer/Wutzke/Förster*, Handbuch, Kap. 8 RdNr. 169.
[186] BFH ZIP 2001, 428, dazu EWiR 2001, 777 *(Onusseit)*.

IV. Steuerliche Pflichten

Nach der Rechtsprechung des BFH hat der Insolvenzverwalter auch im masseunzulänglichen Verfahren die sich aus dem Steuerrechtsverhältnis ergebenden Pflichten zu erfüllen, wie die zur Buchführung, Erstellung von Jahresabschlüssen, Abgabe der Steuererklärungen, vgl. §§ 34 Abs. 3, 153 Abs. 1, 140 AO.[187] Freilich ist es erforderlich, die steuerlichen Pflichten der eingetretenen Masseunzulänglichkeit anzupassen, d. h. zu reduzieren oder entfallen zu lassen. Das gilt vor allem dann, wenn ersichtlich ist, dass auch bei Erfüllung sämtlicher steuerlichen Pflichten auf Grund der Lage der Insolvenzmasse keine Steuern gezahlt werden müssen bzw. können. Die Erfüllung der steuerlichen Pflichten darf nicht zu einem Selbstzweck werden.[188] Kann der Insolvenzverwalter die steuerlichen Erklärungen nicht selbst erstellen, so darf er auch nicht gezwungen werden, hiermit einen Steuerberater oder Buchhalter zu beauftragen, wenn der Masse die zur Begleichung der damit verbundenen Kosten erforderlichen Mittel fehlen.[189] Die Pflicht zur Verwaltung nach § 208 ist dahingehend eingeschränkt, dass nicht neue Masseverbindlichkeiten eingegangen werden dürfen, die durch die Masse nicht gedeckt sind.[190] Der Masse muss es zumutbar sein, ihre – unzureichenden – Mittel auch unter Berücksichtigung anderer erforderlicher Ausgaben zur Anfertigung der Steuererklärungen einzusetzen; das Finanzamt hat sich ggf. mit der Schätzung der Besteuerungsgrundlagen zu begnügen.[191]

71

V. Sonderfälle

1. Nachlassinsolvenzverfahren. Im Nachlassinsolvenzverfahren kann gleichfalls Masseunzulänglichkeit i. S. d. § 208 hervortreten. Für die Abwicklung bestehen grundsätzlich keine Besonderheiten. § 324 Abs. 1 erweitert allerdings den Kreis der Masseverbindlichkeiten.[192] Die in § 324 Abs. 1 Nr. 1 bis 6 genannten Masseschulden besitzen gem. Abs. 2 im masseunzulänglichen Verfahren den Rang von Alt-Masseverbindlichkeiten nach § 209 Abs. 1 Nr. 3.

72

2. Eigenverwaltung. Tritt im Rahmen der vom Insolvenzgericht angeordneten Eigenverwaltung Masseunzulänglichkeit ein, so ist diese vom Sachwalter anzuzeigen, § 285.[193] Sofern der Eintritt der Masseunzulänglichkeit absehbar sein sollte, ist idR die Anordnung der Eigenverwaltung nach § 270 Abs. 2 Nr. 3 verfehlt. Der Sachwalter hat keine Möglichkeit, die Aufhebung der Anordnung der Eigenverwaltung zu beantragen; eine Aufhebung der Anordnung ist auch von Amts wegen nicht vorgesehen. Vielmehr sind Anträge der Gläubigerversammlung oder eines absonderungsberechtigten Gläubigers bzw. Insolvenzgläubigers nach § 272 erforderlich, um ein Verfahren zur Beendigung der Eigenverwaltung einzuleiten. Auch nach vom Sachwalter angezeigter Masseunzulänglichkeit ist es deshalb dem Schuldner bis zur förmlichen Beendigung der Eigenverwaltung möglich, weiterhin tätig zu werden. Der sich aus den §§ 209, 210 ergebende Schutz insbesondere auch vor Vollstreckungsmaßnahmen von Alt-Massegläubigern nach § 209 Abs. 1 Nr. 3 kommt dem Schuldner damit zugute. Dies birgt für den Sachwalter erhebliche Gefahren. Um diesen Haftungsrisiken vorzubeugen, sollte er vor allem auch die Insolvenzgläubiger und ggf. den Gläubigerausschuss über die Gründe informieren, die zum Eintritt der Masseunzulänglichkeit geführt haben; zugleich sollte er darauf hinwirken, dass diese nach § 272 die Aufhebung

73

---

[187] BFH ZIP 1994, 1969 – noch zur KO, dazu EWiR 1995, 165 *(Braun)*.
[188] *Pink*, Rechnungslegungspflichten in der Insolvenz der Kapitalgesellschaft, ZIP 1997, 177; vgl. dazu schon § 207 RdNr. 64.
[189] Der Verwalter kann aber jedenfalls bei Kostenstundung Erstattung der Steuerberaterkosten als Auslagen aus der Staatskasse beanspruchen, BGH NJW 2004, 2976 = NZI 2004, 577.
[190] *Smid* § 208 RdNr. 9.
[191] Vgl. auch Kübler/Prütting/Pape § 208 RdNr. 19 b; HambKomm-*Weitzmann* § 208 RdNr. 17. Zur Konfliktslage anschaulich AG Hamburg NZI 2000, 140; *Kaufmann* ZInsO 2006, 961, 963 f.
[192] *Uhlenbruck/Lüer* § 324 RdNr. 1.
[193] Anzeigeberechtigt ist nach dem Gesetz nur der Sachwalter (nicht auch der Schuldner), s. *Uhlenbruck* § 285 RdNr. 1.

der Eigenverwaltung beantragen, da deren Fortsetzung mit Nachteilen für die Gläubiger verbunden ist, § 274 Abs. 3.[194] Zur erforderlichen Glaubhaftmachung nach § 272 Abs. 2 können sich Gläubiger dann auf die Masseunzulänglichkeitsanzeige oder sonstige Informationen des Sachwalters stützen.

F. Haftung des Insolvenzverwalters

I. Haftungsrisiko

74 Der Insolvenzverwalter darf die Masseunzulänglichkeit i. S. d. § 208 nur anzeigen, wenn sie eingetreten ist oder droht.[195] Die Voraussetzungen der Masseunzulänglichkeit nach § 208 müssen aber auch objektiv vorliegen. Eine lediglich vorsorglich angezeigte Masseunzulänglichkeit verletzt deshalb insolvenzspezifische Pflichten.[196] Das Insolvenzgericht prüft freilich nicht, ob die angezeigte Masseunzulänglichkeit rechtmäßig erfolgte. Da auch die fehlerhafte Verwalteranzeige die Rechtsfolgen des § 209 auslöst, besteht für geschädigte Massegläubiger, insbesondere für die im Rang zurückgestuften Alt-Massegläubiger i. S. v. § 209 Abs. 1 Nr. 3 nur die Möglichkeit, die Richtigkeit der erstatteten Anzeige in einem nachfolgenden Haftungsprozess gegen den Insolvenzverwalter zu überprüfen.[197] Aus einer verfrühten oder ggf. auch verspäteten Anzeige einer Masseunzulänglichkeit, welche auf die Abwicklung des Insolvenzverfahrens ansonsten ohne Einfluss ist, ergeben sich für den Insolvenzverwalter zwar Haftungsrisiken. Sollte es ihm aber z. B. gelingen, die Alt-Massegläubiger – wenn auch verspätet – so zu befriedigen wie bei pflichtgemäßer Anzeigenerstattung, reduziert sich das Haftungsrisiko auf einen aufgetretenen Verspätungsschaden.[198]

II. Haftungsgrundlagen

75 **1. Haftung nach § 61.** § 61 regelt ausschliesslich die Haftung des Insolvenzverwalters für die pflichtwidrige Begründung von Masseverbindlichkeiten. Für späteres schuldhaftes Handeln, das zu einer Masseschmälerung und damit zu einem Ausfall der Massegläubiger führt, ist der Insolvenzverwalter nur nach § 60 verantwortlich. Werden daher vom Insolvenzverwalter durch Rechtshandlungen Masseverbindlichkeiten begründet, die aus der Insolvenzmasse nicht voll erfüllt werden können, so haftet er dem Vertragspartner uU persönlich auf Schadenersatz. Ein Ausfallschaden liegt jedenfalls vor, wenn der Verwalter Masseunzulänglichkeit angezeigt hat und sich auch etwaige Außenstände nicht ohne weiteres zugunsten der Massegläubiger realisieren lassen.[199] Da die Haftung bereits einsetzt, wenn bei Begründung der Masseverbindlichkeit erkennbar war, dass die Masse voraussichtlich zur Erfüllung nicht ausreichend sein wird, muss der Insolvenzverwalter im Interesse der Haftungsvermeidung bereits eine drohende Masseunzulänglichkeit dem Insolvenzgericht anzeigen.[200]

76 Können vom Insolvenzverwalter nach angezeigter Masseunzulänglichkeit eingegangene Neu-Masseverbindlichkeiten i. S. d. § 209 Abs. 1 Nr. 2 nicht ausgeglichen werden, so haftet er in Höhe des Ausfallschadens entsprechend § 61 auf Schadenersatz, wenn er bei Begründung der Masseverbindlichkeit pflichtwidrig und schuldhaft nicht erkannt hat, dass erneut

---

[194] *Smid* WM 1998, 1324; *HK-Landfermann* § 285 RdNr. 4.
[195] Dem Insolvenzverwalter steht damit ein Zeitraum zur Verfügung, in dem er mit Blick auf seine persönliche Haftung nach § 61 bestimmen kann, wann die Anzeige der Unzulänglichkeit gegenüber dem Gericht erfolgt, vgl. § 208 RdNr. 37.
[196] *Kübler/Prütting/Pape* § 208 RdNr. 12; vgl. auch § 208 RdNr. 31.
[197] *Breutigam* in: *Breutigam/Blersch/Goetsch* § 208 RdNr. 7; *Roth*, Insolvenz in der Insolvenz, Festschrift *Gaul*, S. 573, 583.
[198] BGH NZI 2004, 435 m. Anm. *Kaufmann* = WM 2004, 1191 m. Anm. *Lüke/Stengel* in WuB VI A. § 61 InsO 1.05.
[199] BGH ZIP 2004, 1107.
[200] *Kübler*, Kölner Schrift, S. 946 RdNr. 30 f.; *Mohrbutter/Ringstmeier/Pape* § 12 RdNr. 89.

die Masse voraussichtlich unzureichend ist.[201] Nach § 61 Satz 2 kann sich der Verwalter entlasten, wenn er beweist, dass zZt der Anspruchsbegründung objektiv von einer Erfüllbarkeit der eingegangenen Verbindlichkeit auszugehen war oder dass er die Unzulänglichkeit der Masse nicht erkennen konnte. Dieser Entlastungsbeweis wird im Allgemeinen nur gelingen, wenn der Verwalter eine plausible Liquiditätsrechnung erstellt und diese bis zum Zeitpunkt der Begründung der Verbindlichkeit laufend aktualisiert hat.[202]

2. Fehlerhafte Anzeige. Erstattet der Insolvenzverwalter eine Anzeige, obgleich die Voraussetzungen der Masseunzulänglichkeit – auch im Laufe des Verfahrens – nicht eingetreten sind, so werden die Alt-Massegläubiger zwar im Ergebnis voll befriedigt werden können, jedoch zu einem späteren Zeitpunkt. Der Insolvenzverwalter haftet für den durch die unbegründete Anzeige der Masseunzulänglichkeit hervorgerufenen Schaden den Alt-Massegläubigern nach § 60. Eine Haftung nach § 61 kommt nicht in Betracht, da dem Insolvenzverwalter in Bezug auf die Begründung der Masseverbindlichkeiten kein Vorwurf gemacht werden kann.[203]

Die Masseunzulänglichkeit kann vom Insolvenzverwalter auch zu früh angezeigt werden, wenn die Voraussetzungen der drohenden Masseunzulänglichkeit nach § 208 Abs. 1 Satz 2 nicht vorlagen. Für die Alt-Massegläubiger kann vor allem ein Schaden eintreten, wenn sie geltend machen können, dass ihre Masseansprüche andernfalls zuvor ggf. im Wege der Zwangsvollstreckung aus der Masse erfüllt worden wären. Ob ein solcher Schadensnachweis erfolgreich geführt werden kann, ist zweifelhaft, wenn nachfolgend die Voraussetzungen einer drohenden Masseunzulänglichkeit tatsächlich eintreten. Der notwendige Aufwand der weiteren Abwicklung geht ohnedies zu Lasten der Alt-Massegläubiger, so dass daraus für sie kein Schaden erwächst. Der Insolvenzverwalter wird zudem sich jeweils darauf berufen, dass er im Zeitpunkt der Anzeige der Unzulänglichkeit den Eintritt bereits zutreffend vorhergesehen hat, was idR schwer zu widerlegen sein dürfte.[204]

Wird demgegenüber vom Insolvenzverwalter die Masseunzulänglichkeitsanzeige „verspätet" erstattet, so trifft ihn ein höheres Haftungsrisiko. Die zurückgestuften Alt-Massegläubiger werden grundsätzlich geltend machen können, dass bei Eingehen der Masseverbindlichkeiten der voraussichtliche Eintritt der Masseunzulänglichkeit erkennbar war, so dass der Verwalter ihnen persönlich nach § 61 haftet, wenn er nicht den Entlastungsbeweis führen kann (s. § 53 RdNr. 92).

3. Haftung aus Abwicklungsfehlern. Ein weiteres Haftungsrisiko ergibt sich für den Insolvenzverwalter aus dem mit § 208 verfolgten Zweck, die Erfüllung der Verwertungs- und Befriedigungsaufgaben gem. § 208 Abs. 3 zu ermöglichen. Der erzielbare Verwertungserlös wie aber auch die Kosten der weiteren Abwicklung, z.B. bei der Liquidation eines Unternehmens, lassen sich nur mittels Schätzung, und damit ungenau und unsicher erfassen. Stellt sich ex post heraus, dass die vorgenommene **Deckungsprognose** unzutreffend war, so kann dies dazu führen, dass die Neu-Massegläubiger nicht mehr voll befriedigt werden können oder die Alt-Massegläubiger leer ausgehen, da die vorhandenen Massemittel auf Grund der entstandenen Kosten vollständig verbraucht wurden. Um dies zu verhindern, hat der Insolvenzverwalter im Hinblick auf die bereits erkannte Masseinsuffizienz Neu-Masseverbindlichkeiten nur noch mit Vorsicht und unter Berücksichtigung des zu erwartenden Nutzens für die nach der Rangordnung des § 209 zu befriedigenden Massegläubiger vorzunehmen. Hieraus ergeben sich für den Insolvenzverwalter schwer kalkulierbare Haftungs-

---

[201] § 61 gilt ohne weiteres auch bei pflichtwidriger Begründung von Neu-Masseverbindlichkeiten, s. BGH ZIP 2005, 311 = NZI 2005, 222.
[202] Zu den Anforderungen an den Entlastungsbeweis s. BGH ZInsO 2005, 205 = ZIP 2005, 311 m. Anm. Pape in EWiR 2005, 679; ZIP 2004, 1107.
[203] HK-*Landfermann* § 208 RdNr. 12.
[204] War die Einschätzung des Verwalters aus ex-ante-Sicht nicht vorwerfbar unrichtig, ist es Sache des Massegläubigers die Ursachen für einen von der Prognose abweichenden Verlauf darzulegen und zu beweisen, vgl. BGH NZI 2005, 222 = ZInsO 2005, 205.

§ 209

risiken, die ihm vom Gesetz allerdings im Hinblick auf den Vorrang seiner Vergütungsansprüche zugemutet werden.[205]

81 **a) Betriebsfortführung.** Im Fall der Masseunzulänglichkeit ist eine Fortführung der unternehmerischen Tätigkeit nur im Ausnahmefall vorstellbar. Eine positive Fortführungsprognose für das Unternehmen wird idR nicht vorhanden sein. Die vielfältigen Risiken, die mit der unternehmerischen Tätigkeit verbunden sind, können wirtschaftlich vertretbar nicht in Kauf genommen oder kalkuliert werden, wenn dem Verwalter nur eine unzulängliche Insolvenzmasse zur Verfügung steht.[206] Wird der Insolvenzverwalter von Neu-Massegläubigern, deren Ansprüche im Rahmen einer Weiterführung des Geschäfts nicht befriedigt werden konnten, persönlich in Anspruch genommen, so wird ihm deshalb der Entlastungsbeweis nach § 61 Satz 2 idR misslingen.[207] Gegenüber den Alt-Massegläubigern droht die persönliche Haftung nach § 60, wenn durch die verlustbringende betriebliche Tätigkeit ein zunächst noch vorhandener Deckungsstock vermindert oder verbraucht wird. Der Umfang sowie die Art und Weise der Abwicklungstätigkeit haben sich zu orientieren am Abwicklungszweck des § 208 Abs. 3,[208] der vor allem in der Befriedigung der Alt-Massegläubiger besteht. Eine Aufrechterhaltung des Betriebs ist idR deshalb nur im Sinne einer Auslaufproduktion und damit alsbaldigen Liquidation wirtschaftlich sinnvoll, um z. B. noch vorhandene Warenvorräte umsetzen zu können oder angefangene Aufträge zum Abschluss zu bringen.[209]

82 **b) Rechtsstreit.** Der Insolvenzverwalter ist grundsätzlich auch im masseunzulänglichen Verfahren befugt, Prozesse über Aktiva der Insolvenzmasse oder zur Abwehr von Masseansprüchen zu führen. Die Möglichkeit, im Falle des Prozessverlustes den Kostenerstattungsanspruch des Prozessgegners aus der Masse nicht befriedigen zu können, schließt eine Prozesstätigkeit nicht aus. Der Insolvenzverwalter geriete sonst in eine Pflichtenkollision.[210] Er würde sich haftbar machen für das Unterlassen einer uU erfolgreichen Prozesstätigkeit wie aber auch für die Führung des Rechtsstreites, wenn dieser verloren geht. Auch hier kann die Lösung des Konflikts nicht darin liegen, von der Prozessführung Abstand zu nehmen. Vielmehr trifft den Insolvenzverwalter die Verpflichtung, einen nutzbringenden Rechtsstreit für die Masse zu führen, wenn hinreichende Erfolgschancen bejaht werden können. Eine persönliche Haftung für nicht beitreibbare Prozesskosten des obsiegenden Gegners kommt nur bei vorsätzlich sittenwidriger Schädigung gem. § 826 BGB in Betracht, falls der Verwalter in zumindest grob leichtfertiger Weise ein gerichtliches Verfahren einleitet und durchführt, obwohl er weiß, dass der bedingte gegnerische Kostenerstattungsanspruch nicht gedeckt ist.[211]

§ 209 Befriedigung der Massegläubiger

(1) Der Insolvenzverwalter hat die Masseverbindlichkeiten nach folgender Rangordnung zu berichtigen, bei gleichem Rang nach dem Verhältnis ihrer Beträge:
1. die Kosten des Insolvenzverfahrens;
2. die Masseverbindlichkeiten, die nach der Anzeige der Masseunzulänglichkeit begründet worden sind, ohne zu den Kosten des Verfahrens zu gehören;
3. die übrigen Masseverbindlichkeiten, unter diesen zuletzt der nach den §§ 100, 101 Abs. 1 Satz 3 bewilligte Unterhalt.

---

[205] *Kübler*, Kölner Schrift, S. 976 RdNr. 30; ausführlich zu den Haftungsgefahren für den Verwalter bei unzulänglicher Masse *Mohrbutter/Ringstmeier/Voigt-Salus* § 32 RdNr. 45 f., RdNr. 62 f.
[206] Zur Haftung wegen Liquidationsverschleppung BGH ZIP 1989, 1584, 1589; ZIP 1987, 115.
[207] Vgl. dazu § 53 RdNr. 88.
[208] *Haarmeyer/Wutzke/Förster*, Handbuch, Kap. 8 RdNr. 167; *Mohrbutter/Ringstmeier/Pape* § 12 RdNr. 110; *Kübler/Prütting/Pape* § 208 RdNr. 20; s. auch § 208 RdNr. 46.
[209] *Häsemeyer* RdNr. 14.23 und Festschrift für Gerhardt (2003), 341, 346 f.
[210] BGH ZInsO 2005, 146 u. BGHZ 148, 175 f.; aA *Adam* DZWIR 2006, 321, 324; vgl. § 208 RdNr. 50.
[211] BGH ZInsO 2005, 146 = NZI 2005, 155 mit. zust. Anm. *Vallender*; gegen eine Reduzierung der Verwalterhaftung auf den Tatbestand des § 826 BGB *Adam* DZWIR 2006, 321, 324 f.

Befriedigung der Massegläubiger **§ 209**

(2) Als Masseverbindlichkeiten im Sinne des Absatzes 1 Nr. 2 gelten auch die Verbindlichkeiten

1. aus einem gegenseitigen Vertrag, dessen Erfüllung der Verwalter gewählt hat, nachdem er die Masseunzulänglichkeit angezeigt hatte;
2. aus einem Dauerschuldverhältnis für die Zeit nach dem ersten Termin, zu dem der Verwalter nach der Anzeige der Masseunzulänglichkeit kündigen konnte;
3. aus einem Dauerschuldverhältnis, soweit der Verwalter nach der Anzeige der Masseunzulänglichkeit für die Insolvenzmasse die Gegenleistung in Anspruch genommen hat.

Schrifttum: *Dinstühler,* Die Abwicklung massearmer Insolvenzverfahren nach der Insolvenzordnung, ZIP 1998, 1697; *Eckert,* Miete, Pacht und Leasing im neuen Insolvenzrecht, ZIP 1996, 897; *Frind,* Treuhandkonto – geeignete Umgehung der „Einzelermächtigung"?, ZInsO 2005, 1296 f.; *Gundlach/Frenzel/Schmidt,* Die Mietforderung nach Anzeige der Masseunzulänglichkeit in der Insolvenz des Mieters, InVo 2004, 169; *Häsemeyer,* Das Verfahren der Masseunzulänglichkeit – eine verselbständigte Variante des Insolvenzverfahrens?, Festschrift für Gerhardt (2003), S. 341 f.; *Henckel,* Masselosigkeit und Masseschulden in: Festschrift 100 Jahre Konkursordnung, 1977, S. 169; *ders.* Die Behandlung von Neumasseschulden bei Massearmut, ZIP 1993, 1277; *Kier,* Die Begründung von Masseverbindlichkeiten durch den schwachen vorläufigen Insolvenzverwalter, Festschr. für Greiner (2005) S. 117; *Kießling,* Die Kontoführung im Insolvenzverfahren, vor allem durch Rechtsanwälte, NZI 2006, 440 f.; *Kießner,* Verfahrenskostenstundung und Rangordnung nach § 209 InsO, Festschrift für E. Braun (2007) S. 205; *Kirchhof,* 2 Jahre Insolvenzordnung – ein Rückblick, ZInsO 2001, 1; *Kübler,* Die Behandlung massearmer Insolvenzverfahren nach neuem Recht, Kölner Schrift zur Insolvenzordnung, 2. Aufl., 2000, S. 967; *Marotzke,* Antizipierte Begründung privilegierter Neumasseverbindlichkeiten – das Ende des Treuhandkontenmodells?, ZInsO 2005, 561 f.; *Rattunde/Röder,* Verfahrenseröffnung und Kostendeckung nach der Insolvenzordnung, DZWIR 1999, 309; *Ringstmeier,* Abwicklung von Mietverhältnissen im masseunzulänglichen Insolvenzverfahren, ZInsO 2004, 169; *Roth,* Prozessuale Rechtsfolgen der „Insolvenz in der Insolvenz", Festschrift H. F. Gaul, 1997, S. 573; *Smid,* Die Abwicklung masseunzulänglicher Insolvenzverfahren nach neuem Recht, WM 1998, 1313; *Stobbe,* Die Durchsetzung gesellschaftsrechtlicher Ansprüche der GmbH in Insolvenz und masseloser Liquidation, 2000; *J. Uhlenbruck,* Die Rechtsfolgen der Abweisung oder Einstellung mangels Masse für die Gesellschaft mit beschränkter Haftung, Kölner Schrift zur Insolvenzordnung, 2. Aufl., S. 1187; *W. Uhlenbruck,* Der „Konkurs im Konkurs" – 50 Jahre BGH-Rechtsprechung zum Problem der Verteilungsgerechtigkeit in masselosen und massearmen Insolvenzverfahren –, Festschrift Bundesgerichtshof, Festausgabe aus der Wissenschaft, 2000, S. 803; *ders.,* Die Durchsetzung von Gläubigeransprüchen gegen die vermögenslose GmbH und deren Organe nach geltendem und neuem Insolvenzrecht, ZIP 1996, 1641; *Werres,* Das Treuhandmodell – Zulässigkeit und Praxis, ZInsO 2006, 918 f.; *ders.,* Gläubiger im Insolvenzeröffnungsverfahren – Massegläubiger oder Treuhandmodell?, ZInsO 2005, 1233 f.

Übersicht

	RdNr.		RdNr.
A. Normzweck	1	b) Keine Ausweitung des Kostenbegriffs	19
B. Entstehungsgeschichte	5	III. Neu-Masseverbindlichkeiten	20
I. Mängel des Verfahrens nach § 60 KO	5	1. Definition	20
1. Rangverhältnis	6	2. Umfang	22
2. Behandlung der Neu-Masseschulden	8	3. Abgrenzung	24
a) Rechtsprechung	9	4. Erfüllung gegenseitiger Verträge	25
b) Schrifttum	10	a) Vertragsabschluss vor Insolvenzeröffnung	26
II. Gesetzgebung	11	b) Vertragsabschluss nach Insolvenzeröffnung	29
C. Die Rangordnung des § 209	13	5. Dauerschuldverhältnisse	30
I. Verteilungsprinzip	13	a) Masseansprüche nach Ablauf der Kündigungsfrist	31
II. Kosten des Verfahrens	15	b) Masseansprüche bei Inanspruchnahme der Gegenleistung	33
1. Absolute Priorität	15	IV. Alt-Masseverbindlichkeiten	34
a) Masseverbindlichkeiten aus Handlungen des Verwalters	16	1. Begriff	35
b) Masseverbindlichkeiten aus ungerechtfertigter Bereicherung	17	2. Unterhaltsansprüche des Schuldners	36
2. Umfang	18	3. Sozialplanansprüche	37
a) Kostenbegriff	18		

A. Normzweck

1 Nach angezeigter Masseunzulänglichkeit ist das Insolvenzverfahren fortzuführen, § 208 Abs. 3, damit die noch vorhandene Insolvenzmasse verwertet und an die Massegläubiger verteilt wird. Zweck des § 209 ist es, den Insolvenzverwalter zur Erfüllung der Abwicklungs- und Befriedigungsaufgabe zu befähigen. Angesichts der unzureichenden Mittel legt § 209 eine drei Klassen umfassende Rangordnung fest, nach der die Massegläubiger zu befriedigen sind.

2 Der absolute Vorrang der Verfahrenskosten beruht auf dem Verständnis des Gesetzgebers, dass ein Insolvenzverfahren nicht durchgeführt werden kann, wenn diese nicht gedeckt sind. Im Falle des Eintritts der Massellosigkeit sieht deshalb § 207 vor, dass das Insolvenzverfahren abgebrochen und vorzeitig eingestellt wird.[1] Infolgedessen weist § 209 Abs. 1 Nr. 1 den reinen Verfahrenskosten den ersten Rang zu.

3 Kernstück der Neuregelung des § 209 ist die gesetzlich getroffene Unterscheidung zwischen Neu- und Alt-Masseverbindlichkeiten. Maßgebend hierfür ist der Zeitpunkt der Anzeige der Masseunzulänglichkeit nach § 208 Abs. 1 bei dem Insolvenzgericht.[2] Die Privilegierung der Neu-Masseverbindlichkeiten nach § 209 Abs. 1 Nr. 2 ist notwendig, da sich niemand auf Geschäfte mit dem Insolvenzverwalter einließe, wenn er nicht sicher sein könnte, die volle Gegenleistung aus der Insolvenzmasse zu erhalten. Als Neu-Masseverbindlichkeiten werden vom Gesetz sämtliche Ansprüche eingestuft, die nach angezeigter Masseunzulänglichkeit vom Insolvenzverwalter begründet wurden.[3] Der Insolvenzverwalter kann seine Geschäftsführung fortsetzen, da die vorhandene Masse vorrangig zur Begleichung der von ihm eingegangenen neuen Verbindlichkeiten dient.

4 Die Bevorzugung der Neumassegläubiger geht einher mit der Rangrückstufung der Alt-Massegläubiger in § 209 Abs. 1 Nr. 3. Darunter fallen sämtliche nicht zu den Neu-Masseverbindlichkeiten zählenden Masseverbindlichkeiten. Ihre Erfüllung kann der Insolvenzverwalter verweigern, vgl. § 210, um zuvor die vorhandenen Mittel zur Befriedigung der vorrangigen Rangklassen einsetzen zu können. Die Alt-Massegläubiger erhalten also keine quotale Befriedigung aus der Verteilung der vorhandenen Insolvenzmasse, so dass ihre Forderungen an Wert verlieren; auf Grund des innerhalb der einzelnen Gruppen geltenden Gleichbehandlungsgrundsatzes sind auch die Alt-Masseschulden im Verhältnis ihrer Beträge zu berichtigen.

B. Entstehungsgeschichte

I. Mängel des Verfahrens nach § 60 KO

5 Zu den zentralen Anliegen der Reform gehörte es, die Abwicklung masseloser und massearmer Verfahren gesetzlich zu regeln. Der Gesetzgeber musste auf den sich in der Konkurspraxis herausgebildeten Missstand reagieren, dass die beantragten Konkurse in ganz überwiegender Zahl mangels Masse nach §§ 107, 204 KO nicht eröffnet oder vorzeitig eingestellt wurden. Das Konkursrecht konnte damit die ihm zugewiesene Ordnungs- und Regelungsfunktion nicht mehr erfüllen.[4] Vielmehr fand eine konkursfreie Liquidation statt,

---

[1] Vgl. § 207 RdNr. 40.
[2] Die Abwicklung des „Konkurs im Konkurs" war nach § 60 KO weitgehend unmöglich, da den Neu-Masseschulden kein Vorrang eingeräumt war; vgl. zur Entwicklung der Rechtsprechung *Uhlenbruck*, Konkurs im Konkurs, 50 Jahre BGH, 2000, S. 803 f.
[3] Die sich aus gegenseitigen Vertragsverhältnissen bzw. Dauerschuldverhältnissen ergebenden Neu-Masseverbindlichkeiten werden in § 209 Abs. 2 näher konkretisiert.
[4] Allg. Begr. RegE, *Kübler/Prütting*, S. 101.

deren wesentliche Mängel eine völlig unzureichende Haftungsrealisierung und die Nichtbeachtung der Gläubigergleichbehandlung waren. Geschäftsführer von Gesellschaften waren mitunter bestrebt, einen Konkurs mangels Masse herbeizuführen, um auf diese Weise gesellschaftsrechtlichen Haftungsansprüchen zu entgehen und sich die Befugnis zu verschaffen, das noch vorhandene Restvermögen selbst zu verwerten, z. B. durch Eintreibung verborgen gebliebener Ansprüche.[5]

1. Rangverhältnis. Die hohe Zahl der nicht durchgeführten Konkursverfahren war zurückzuführen auf die sich aus § 60 KO ergebende Rangordnung im masseunzulänglichen Verfahren. Nach dieser waren erstrangig die Masseschulden zu befriedigen, die aus Geschäften des Konkursverwalters resultierten oder aus gegenseitigen Verträgen, deren Erfüllung zur Konkursmasse verlangt wurde oder für die Zeit nach Verfahrenseröffnung erfolgen musste, § 60 Abs. 1 Nr. 1 i. V. m. § 59 Abs. 1 Nr. 1, 2 KO. Der Umfang dieser Ansprüche, insbesondere die Lohn- und Mietzinsansprüche aus den weiterbestehenden Verträgen erschöpften häufig bereits die Konkursmasse. Nachrangig hierzu waren in § 60 auf der zweiten Rangstelle die Massekosten i. S. d. § 58 KO eingestuft, die nicht nur die Kosten des Verfahrens, sondern auch die Ausgaben für die Verwaltung, Verwertung und Verteilung der Masse, und damit z. B. auch die steuerlichen Ansprüche des Finanzamts umfassten. Aufgrund dieses Rangverhältnisses mussten in die Prüfung, ob die Massekosten nach § 58 KO gedeckt sind, auch die vorrangigen Masseschulden nach § 59 Nr. 1, 2 KO einbezogen werden.[6] Die Konkursmasse reichte deshalb häufig zur Befriedigung sämtlicher dieser Masseverbindlichkeiten nicht aus, so dass das Verfahren nicht durchgeführt wurde, obgleich erhebliche Vermögenswerte vorhanden waren.[7]

Der komplizierte Verteilungsschlüssel des § 60 KO war vom historischen Gesetzgeber festgelegt worden, um den Verwalter zur frühzeitigen Verfahrenseinstellung zu veranlassen. Aufgrund des Nachrangs der Vergütungsansprüche drohten Vergütungsausfälle, wenn die Befriedigungsaussichten der vorrangigen Massegläubiger nach § 59 Abs. 1 Nr. 1, 2 KO nicht ausreichend gewahrt wurden.[8] Diese ursprünglich verständliche gesetzgeberische Zielrichtung hat jedoch dazu beigetragen, dass schließlich eine übergroße Zahl masseunzulänglicher Verfahren überhaupt nicht mehr durchgeführt wurden.

2. Behandlung der Neu-Masseschulden. Die KO enthielt in § 60 KO einen Verteilungsschlüssel für das masseunzulängliche Verfahren, jedoch keine ausreichenden Regelungen für dessen ordnungsgemäße Abwicklung.[9] Der Konkursverwalter sollte zwar trotz Masseunzulänglichkeit die noch vorhandene Konkursmasse – freilich nunmehr im Interesse der Massegläubiger – verwerten und verteilen können.[10] Um diese Aufgabe zu erfüllen, muss er auch neue Geschäfte tätigen und damit neue Masseverbindlichkeiten begründen können. Bis zum Inkrafttreten der InsO blieb es aber streitig, wie derartige Neu-Masseverbindlichkeiten, die mit der Abwicklung des masseunzulänglichen Verfahrens zwangsläufig verbunden sind, aus der Masse zu befriedigen sind.

a) Rechtsprechung. Der BGH hat zunächst ein Vorwegbefriedigungsrecht der Neu-Massegläubiger strikt abgelehnt und auch für die Berichtigung der Neu-Masseverbindlichkeiten auf den Verteilungsschlüssel des § 60 KO verwiesen.[11] Die Situation blieb deshalb für die Praxis unbefriedigend. Begründete der Verwalter zur Erfüllung seiner Verwertungspflichten neue Masseverbindlichkeiten, so drohte ihm die persönliche Haftung, wenn er diese nur anteilig befriedigen konnte; überdies riskierte er den Ausfall seiner Vergütung. Anfang der 90er-Jahre lockerte der BGH seine Rechtsprechung und erkannte nunmehr auch aus ver-

---

[5] Allg. Begr. RegE, *Kübler/Prütting*, S. 102.
[6] *Kübler*, Kölner Schrift, S. 968 RdNr. 3.
[7] *Kilger/K. Schmidt* § 107 KO Anm. 2.
[8] BGHZ 55, 101, 103; *Smid* WM 1998, 1320. Zur Statistik vgl. allg. Begr. RegE, *Kübler/Prütting*, S. 86.
[9] Zu den Regelungsdefiziten vgl. *Mohrbutter/Ringstmeier/Pape* § 12 RdNr. 2/3.
[10] *Jaeger/Weber* §§ 205, 206 KO RdNr. 2; *Henckel*, Festschrift 100 Jahre Konkursordnung, S. 183 ff.
[11] BGH NJW 1984, 1527.

fassungsrechtlichen Gründen an,[12] dass es nach Hervortreten der Masselosigkeit oder Masseunzulänglichkeit gerechtfertigt ist, die Vergütungs- und Auslagenansprüche des Verwalters im Hinblick auf Art. 12 GG zu privilegieren.[13] Er billigte diesen jedoch nur anteilig einen Vorrang zu, soweit sie nach Feststellung der Masseunzulänglichkeit entstanden waren.[14] Mit dieser Änderung seiner Rechtsprechung stand der BGH im Grundsatz nicht mehr dem Lösungsweg ablehnend gegenüber, durch Privilegierung der Neu-Masseverbindlichkeiten die Abwicklung eines masseunzulänglichen Verfahrens praktisch handhabbar zu gestalten.

10   b) **Schrifttum.** Das Schrifttum und im Folgenden die Praxis hatten dagegen überwiegend den Standpunkt eingenommen, dass zur Bewältigung der sich aus dem „Konkurs im Konkurs" ergebenden Probleme Neu-Masseschulden jeder Art einschließlich der Vergütung des Verwalters vom Verteilungsschlüssel des § 60 KO ausgenommen werden müssen.[15] Ihnen sollte ein Vorwegbefriedigungsrecht zukommen, um eine beschleunigte und den Gläubigerinteressen gerecht werdende Abwicklung zu erreichen. Den Alt-Massegläubigern entsteht durch die Zurückstufung, wie *Henckel* zutreffend hervorgehoben hat, regelmäßig kein Schaden, da sie den notwendigen Aufwand für die weitere Verwertung und Verteilung der Restmasse ohnedies durch Einbußen bei ihren Quoten tragen müssen.[16]

II. Gesetzgebung

11   Ziel des Gesetzgebers war es, für die Abwicklung des masseunzulänglichen Verfahrens eine einfache und präzise Regelung zu schaffen.[17] Die Rangordnung des § 60 KO wurde aufgegeben und eine grundsätzlich neue Strukturierung vorgenommen. Die erste Rangstelle nehmen nun die Kosten des Insolvenzverfahrens i. S. d. § 54 ein, deren Deckung Grundvoraussetzung für eine Verfahrensdurchführung ist, vgl. § 207. Die Ausgaben der Verwaltung, Verwertung und Verteilung werden aus dem Bereich der Massekosten eliminiert und den sonstigen Masseverbindlichkeiten nach § 55 Abs. 1 Nr. 1 zugeordnet. Die Privilegierung der sog. Neu-Massegläubiger ist nunmehr in § 209 Abs. 1 Nr. 2 gesetzlich verankert. Die Alt-Massegläubiger, zu denen alle übrigen Masseverbindlichkeiten zählen, sind demgegenüber nachrangig zu befriedigen; sie befinden sich auf der dritten Rangstelle, § 209 Abs. 1 Nr. 3.

12   Maßgebend für die Abgrenzung zwischen Neu- und Alt-Masseverbindlichkeiten ist der Zeitpunkt der Anzeige der Masseunzulänglichkeit. Die zunächst noch im RegE vorgesehene Regelung,[18] die auf den „Antrag auf Feststellung der Masseunzulänglichkeit" abstellte, ist nicht in das Gesetz übernommen worden.[19] In Übereinstimmung mit der Regelung in § 208 ist vielmehr allein die Anzeige der Masseunzulänglichkeit an das Insolvenzgericht durch den Insolvenzverwalter ausschlaggebend für die geänderte Rangfolge bei der Befriedigung der Massegläubiger.

C. Die Rangordnung des § 209

I. Verteilungsprinzip

13   Nach der Anzeige der Masseunzulänglichkeit gilt die Rangordnung des § 209 für sämtliche Masseverbindlichkeiten. Der Insolvenzverwalter hat die Massegläubiger ausschließlich in

---

[12] BVerfG ZIP 1993, 838 m. Anm. *Pape* EWiR 1993, 701; hierzu weiterführend *Uhlenbruck*, Festschrift 50 Jahre BGH, S. 803, 814.
[13] BGH NJW 1992, 692 = ZIP 1992, 120, dazu EWiR 1992, 173 *(Uhlenbruck)*.
[14] Hinsichtlich der vorher entstandenen Vergütungsansprüche lehnte der BGH eine rangmäßige Aufwertung im Wege der richterlichen Rechtsfortbildung ab, s. dazu auch BGH NJW 2006, 2997, 3000.
[15] *Kilger/K. Schmidt* § 60 KO Anm. 4 a; *Henckel*, ZIP 1993, 1277.
[16] *Henckel*, Festschrift 100 Jahre Konkursordnung, S. 183 f.
[17] Begr. § 209 RegE, *Kübler/Prütting*, S. 438.
[18] Begr. § 321 RegE, *Kübler/Prütting*, S. 438.
[19] Begr. § 209 RegE, *Kübler/Prütting*, S. 440.

der durch § 209 vorgegebenen Reihenfolge zu befriedigen.[20] Zur Anwendung kommen hierfür die allgemeinen Verteilungsprinzipien. Die Alt-Massegläubiger der Rangklasse 3 erhalten nur dann Zahlungen, wenn die vorrangigen Neu-Massegläubiger der Rangklasse 2 vollständig befriedigt werden; in gleicher Weise vorrangig sind die Verfahrenskosten des Rang 1 gegenüber den Neu-Masseschulden des Rang 2 in § 209. Können die Gläubiger innerhalb einer Rangklasse nicht vollständig befriedigt werden, so sind sie quotal im Verhältnis ihrer Forderungsbeträge zu befriedigen.[21] Nebenansprüche, die als solche geltend gemacht werden, teilen den Rang der Hauptforderung.[22]

Masseansprüche, die nicht auf Geld gerichtet sind, wurden vom Verteilungsschlüssel des § 60 KO von vornherein nicht erfasst. Die darin liegende Bevorzugung der Gläubiger von **Sachleistungen** hat § 209 nicht übernommen.[23] Wenn innerhalb einer Rangklasse die Gläubiger nur noch anteilig befriedigt werden können, so sind nicht auf Geld gerichtete Ansprüche entsprechend § 45 umzurechnen. Auch wenn das Gesetz einen entsprechenden ausdrücklichen Hinweis auf § 45 nicht enthält, so kann die für das Regelinsolvenzverfahren geltende Vorschrift zwanglos angewandt werden.[24] Die nicht auf Geld gerichteten Ansprüche sind deshalb nach der Umrechnung quotal zu kürzen und zu befriedigen.

II. Kosten des Verfahrens

1. Absolute Priorität. Die Kosten des Verfahrens i. S. d. § 54 sind nach § 209 Abs. 1 Nr. 1 vorrangig vor allen anderen Masseverbindlichkeiten voll[25] zu befriedigen. Der Vorrang ist unabhängig davon, wann der Insolvenzverwalter die Masseunzulänglichkeit dem Insolvenzgericht anzeigt. Eine **Aufteilung der Vergütungs- und Auslagenansprüche** des Verwalters in einen vor und nach der Anzeige der Masseunzulänglichkeit verdienten Anteil findet nicht statt.[26] Die absolute Vorrangstellung genießen die gesamten Verfahrenskosten ungeteilt und damit auch die Ansprüche des Insolvenzverwalters.

a) Masseverbindlichkeiten aus Handlungen des Verwalters. Die absolute Privilegierung der Verfahrenskosten hat nicht vorbehaltlose Zustimmung erfahren. *Häsemeyer*[27] kritisiert, dass Gläubigern aus Geschäften mit dem Insolvenzverwalter nicht eine Zurücksetzung ihrer Ansprüche hinter dessen Vergütungsforderungen zugemutet werden kann. Jedoch darf nicht übersehen werden, dass ohne die Leistungserbringung des Insolvenzverwalters ein weiterer Haftungszugriff auf das schuldnerische Vermögen im Interesse vor allem auch der Massegläubiger ausgeschlossen ist. Der hierbei entstehende Aufwand ist erforderlich, um das Verfahren geordnet zum Abschluss zu bringen. Deshalb ist es gerechtfertigt, dass die Vergütung des Insolvenzverwalters nicht dem **Risiko der Masseunzulänglichkeit** ausgesetzt wird.[28] Die verschärfte persönliche Haftung des Insolvenzverwalters nach §§ 60, 61 bietet

---

[20] Auch der starke vorläufige Insolvenzverwalter kann vor Aufhebung seiner Bestellung, § 25 Abs. 2, die vorhandene Masse entsprechend der Rangordnung des § 209 Abs. 1 Nr. 1 oder Nr. 3 verteilen, wenn das von ihm verwaltete Schuldnervermögen zur Tilgung aller Verbindlichkeiten nicht ausreicht, vgl. *Haarmeyer*, FS Greiner (2005), 103, 106 f.; HK-Kirchhof § 25 RdNr. 7, *Jaeger/Gerhardt* § 22 RdNr. 69.
[21] Pape in: *Mohrbutter/Ringsmeier* § 12 RdNr. 134; *Haarmeyer/Wutzke/Förster*, Handbuch, Kap. 8 RdNr. 172.
[22] *Kilger/K. Schmidt* § 60 KO Anm. 3.
[23] Soweit Urlaubsansprüche bestehen, können Arbeitnehmer auch nach Anzeige der Masseunzulänglichkeit vom Insolvenzverwalter Freistellung von der Arbeitspflicht verlangen. Diese Ansprüche unterliegen im Gegensatz zu den mit dem Urlaub verbundenen Geldansprüchen nicht der Regelung des § 209. Gleiches gilt für vormerkungsgeschützte Ansprüche, § 106 Abs. 1 Satz 1, die trotz angezeigter Masseinsuffizienz aus der Masse zu erfüllen sind, s. OLG Stuttgart ZInsO 2004, 1087.
[24] *Kübler/Prütting/Pape* § 209 RdNr. 4; *Breutigam* in: *Breutigam/Blersch/Goetsch* § 209 RdNr. 7.
[25] Soweit dies nicht möglich ist, hat eine Verfahrenseinstellung nach § 207 zu erfolgen. Dadurch erhalten die Kostengläubiger einen zusätzlichen Schutz.
[26] BGH NJW 2006, 2997, 3000 = NZI 2006, 392; *Hess*, InsO, § 209 RdNr. 25.
[27] *Häsemeyer* RdNr. 14.02, 14.24 u. Festschrift für Gerhardt S. 341, 351; *Smid* §§ 55 RdNr. 1, 209 RdNr. 4; zu den Bedenken gegen die gesetzliche Rangordnung s. auch *Kübler/Prütting/Pape* § 209 RdNr. 3 b–d.
[28] *Kübler*, Kölner Schrift, S. 977 RdNr. 36; *Kübler/Prütting/Pape* § 209 RdNr. 6.

zudem ausreichenden Schutz davor, dass er Verfahren nur zur Sicherung seiner Ansprüche auf Kosten der Massegläubiger weiterführt.

17 **b) Masseverbindlichkeiten aus ungerechtfertigter Bereicherung.** *Häsemeyer*[29] hat gleichfalls kritisiert, dass die Verbindlichkeiten aus einer rechtlosen Bereicherung der Insolvenzmasse zurückgesetzt werden. Diese Rückstufung hinter die Verfahrenskosten sei verfassungswidrig, weil für eine Inanspruchnahme eines derartigen Erwerbs zur Finanzierung des Insolvenzverfahrens jeder haftungsrechtliche Zuweisungsgrund fehlte. Jedoch behandelt die InsO – wie auch die KO – den Anspruch auf **Rückgewähr eines rechtsgrundlosen Erwerbs der Masse** nicht anders als die sonstigen Masseansprüche nach § 55 Abs. 1 Nr. 1 und 2; für eine rangmäßige Differenzierung nach hervortretender Masseunzulänglichkeit ist deshalb ein hinreichender Grund nicht ersichtlich.[30] Entsteht der Anspruch aus ungerechtfertigter Bereicherung der Masse allerdings nach angezeigter Masseunzulänglichkeit, muss dieser auch als Neu-Masseschuld i. S. d. § 209 Abs. 1 Nr. 2 qualifiziert werden (s. u. RdNr. 20).

18 **2. Umfang. a) Kostenbegriff.** Die nach der Rangfolge des § 209 Abs. 1 Nr. 1 vorrangig zu bezahlenden Kosten des Verfahrens ergeben sich aus § 54. Sie umfassen deshalb die Gerichtskosten, die Vergütungen und Auslagen des vorläufigen und endgültigen Insolvenzverwalters wie auch der Mitglieder des Gläubigerausschusses.[31] Ist zu deren Befriedigung die Insolvenzmasse nicht ausreichend, so tritt Masselosigkeit i. S. d. § 207 ein. Der Insolvenzverwalter hat das Insolvenzgericht hiervon umgehend zu unterrichten, da das Insolvenzverfahren nicht weitergeführt werden kann, sondern abgebrochen werden muss. Die angezeigte Masseunzulänglichkeit steht einem Übergang in das Abwicklungsverfahren nach § 207 nicht entgegen, sobald deren Voraussetzungen eingetreten sind.[32] Der Verwalter kann allerdings seine Tätigkeit nicht sofort beenden, sondern muss die Einstellungsentscheidung des Insolvenzgerichts abwarten; entstehen aus der weiteren Geschäftsführung bis zur Verfahrenseinstellung zusätzliche Kosten, sind auch diese grundsätzlich im ersten Rang zu berichtigen.[33]

19 **b) Keine Ausweitung des Kostenbegriffs.** Der den Verfahrenskosten in § 209 Abs. 1 Nr. 1 eingeräumte Vorrang bezieht sich ausschließlich auf die Kosten des Insolvenzverfahrens i. S. d. § 54.[34] Es war der ausdrückliche Wille des Gesetzgebers der InsO, um die Zahl der durchgeführten Insolvenzverfahren zu erhöhen, sämtliche sonstigen Kosten und Ausgaben, insbesondere für die Verwaltung, Verwertung und Verteilung nicht mehr den Verfahrenskosten zuzurechnen und damit den **Umfang der Verfahrenskosten** strikt zu begrenzen.[35] Die gesetzgeberische Vorgabe führt in der Praxis jedoch dann zu Problemen, wenn die Masse nicht oder nur wenig über die Deckung der Verfahrenskosten hinausgeht.[36] Der Insolvenzverwalter kann meist auch nicht von der Eingehung neuer Masseschulden Abstand nehmen, da die Erhaltung und Sicherung der Massegegenstände Kosten verursacht, z. B. für den Versicherungsschutz oder die Versorgung mit Heizung, Wasser und Elektrizität. Solange freilich noch nicht absehbar ist, ob im Laufe des Verfahrens nicht doch noch

---

[29] *Häsemeyer* RdNr. 14.24 und in Festschrift für Gerhardt S. 341, 356.
[30] BGH NJW 2006, 2997, wonach die uneingeschränkte Hervorhebung der Verfahrenskosten aus Gründen einer geordneten Verfahrensabwicklung nicht zu beanstanden ist; vgl. auch Kübler/Prütting/Pape § 209 RdNr. 3 c u. 3 d.
[31] Vgl. § 54 RdNr. 6.
[32] *Kübler/Prütting/Pape* § 207 RdNr. 12.
[33] BGH NJW 2006, 2997, 3000.
[34] Dazu gehören nach hM in der Kommentarliteratur auch die nach § 4 a gestundeten Verfahrenskosten, die deshalb vor den Forderungen der anderen Gläubiger aus der Masse zu berichtigen sind, soweit diese dazu ausreicht, vgl. *Kübler/Prütting/Pape* § 209 RdNr. 5 a; *Uhlenbruck* § 209 RdNr. 8; *Jaeger/Eckardt* § 4 a RdNr. 60; *Graf-Schlicker-Mäusezahl* § 209 RdNr. 2; aA aber FK-*Kießner* § 209 RdNr. 7 a–d u. Kießner in Festschrift für E. Braun (2007) S. 205, 214 f.; HK-*Landfermann* § 209 RdNr. 6 und HambKomm-*Weitzmann* § 209 RdNr. 3.
[35] Vgl. § 54 RdNr. 33.
[36] AG Hamburg ZInsO 2006, 51 = ZIP 2006, 1784. Eingehend zur Problematik der Massedasten und -pflichten bei knapper Massedeckung *Mohrbutter/Ringstmeier/Voigt-Salus* § 32 RdNr. 4, 45 ff., 62 ff.; *Kirchhof* ZInsO 2001, 5 f.; *Rattunde/Röder* DZWIR 1999, 309.

Massemehrungen erzielt werden können,[37] die auch gemessen an den damit ggf. verbundenen Aufwendungen Vorteile versprechen, ist an der Weiterführung des Insolvenzverfahrens festzuhalten, wobei durch die Freigabe von belasteten Gegenständen oder ähnliche Maßnahmen mögliche Kostenbelastungen von vornherein vermieden oder gering gehalten werden sollten.[38] Jedoch sind masseunzulängliche Verfahren wegen der Unmöglichkeit, die Insolvenzgläubiger auch nur anteilig zu befriedigen, auf einen alsbaldigen Abschluss angelegt, der deshalb nicht durch ungerechtfertigten Aufwand oder bloßes Abwarten und Zögern verschleppt werden darf.

III. Neu-Masseverbindlichkeiten

1. Definition. Die Neu-Masseverbindlichkeiten sind nach der Rangordnung des § 209 Abs. 1 Nr. 2 an zweiter Rangstelle zu befriedigen. Sie umfassen sämtliche Ansprüche nach § 55, deren Rechtsgrund nach der angezeigten Masseunzulänglichkeit geschaffen wurde. Für die Abgrenzung gegenüber den im Rang zurückgestuften Alt-Masseverbindlichkeiten ist ausschließlich maßgebend der Zeitpunkt, in dem der Insolvenzverwalter die Masseunzulänglichkeit dem Insolvenzgericht angezeigt hat.[39] Dies gilt mangels Sonderregelung auch für („aufoktroyierte") Ansprüche aus gesetzlichen Schuldverhältnissen. Der Rang eines ohne Zutun des Insolvenzverwalters begründeten Massebereicherungsanspruchs, § 55 Abs. 1 Nr. 3, hängt also davon ab, ob die Massebereicherung vor oder erst nach Anzeige der Masseunzulänglichkeit eingetreten ist. Wird z. B. eine Nichtschuld nach angezeigter Masseunzulänglichkeit irrtümlich an den Insolvenzverwalter gezahlt, ist der Bereicherungsanspruch als Neumasseverbindlichkeit einzuordnen.[40] Ob die Voraussetzungen der Anzeige nach § 208 tatsächlich vorgelegen haben, ist ohne Bedeutung. Eine Prüfung der Richtigkeit der Anzeige durch das Insolvenzgericht oder andere Verfahrensbeteiligten sieht das Gesetz nicht vor. Die Rechtsfolgen des § 209 werden durch die **Anzeige der Masseunzulänglichkeit** ausgelöst, unabhängig davon, ob sie zu Recht oder zu Unrecht vorgenommen wird. Gläubigern steht nur der Weg offen, zum Ausgleich von Schäden wegen einer fehlerhaften Anzeige einen individuellen Haftungsprozess gegen den Insolvenzverwalter einzuleiten.[41]

Die in § 209 Abs. 1 vorgegebene spezielle Reihenfolge bei der Berichtigung von Masseverbindlichkeiten lässt es nicht zu, dass Geschäftspartner des vorläufigen (schwachen) Insolvenzverwalters z. B. während einer Betriebsfortführung mittels einer besonderen Anordnung des Insolvenzgerichts nach §§ 21 Abs. 1 Satz 1, 22 Abs. 2 Satz 2 vor den Folgen der Masseunzulänglichkeit nach § 209 abgesichert werden. Zwar ist der vorläufige Verwalter auf Grund einer konkreten gerichtlichen Einzelermächtigung rechtlich in der Lage, bestimmte Masseverbindlichkeiten i. S. d. § 55 Abs. 2 zu begründen (s. § 55 RdNr. 213). Diese werden aber im Falle einer nach Insolvenzeröffnung gem. § 208 angezeigten Masseunzulänglichkeit zwingend zu Altmasseschulden i. S. d. § 209 Abs. 1 Nr. 3 rückgestuft. Eine insolvenzgerichtliche Anordnung, die den vorläufigen schwachen Verwalter entgegen der gesetzlichen Rangordnung zur Begründung von Neumasseverbindlichkeiten im (Vor-)Rang des § 209 Abs. 1 Nr. 2 ermächtigen würde, wäre gesetzwidrig und insoweit unwirksam.[42]

---

[37] Hinter der Insolvenz sind nach K. Schmidt regelmäßig schwer eintreibbare Forderungen, wie Haftungsansprüche gegen Gesellschafter und Geschäftsführer verborgen, die wegen Mangels einer liquiden Masse nicht realisiert werden können, Kilger/K. Schmidt § 107 KO Anm. 2; J. Uhlenbruck, Kölner Schrift, S. 1187; umfassend hierzu Stobbe, Durchsetzung gesellschaftsrechtlicher Ansprüche, 2000, S. 161 f.
[38] Kübler/Prütting/Pape § 208 RdNr. 19 a; Kaufmann ZInsO 2006, 961 f. – auch zu Haftungsrisiken und Möglichkeiten des Verwalters, sich wirksam vor einer Haftung zu schützen.
[39] HK-Landfermann § 209 RdNr. 10; FK-Kießner § 209 RdNr. 18.
[40] BGH NJW 2006, 2997 = NZI 2006, 392 = BGH-Report 2006, 933 m. Anm. Hefermehl; HK-Landfermann § 209 RdNr. 18.
[41] Breutigam in: Breutigam/Blersch/Goetsch § 208 RdNr. 7; vgl. § 208 RdNr. 33.
[42] HK-Kirchhof § 22 RdNr. 52; HK-Landfermann § 209 RdNr. 4; Marotzke ZInsO 2005, 561 f.; Werres ZInsO 2005, 1236; Kier, Festschrift Greiner, S. 117, 120; aA AG Hamburg ZInsO 2004, 1270. Zur Möglichkeit des vorläufigen Verwalters, Forderungen aus sog. Weiterlieferungen durch Einrichtung von Treuhandkonten auch bei Masseunzulänglichkeit abzusichern („Treuhandkontenmodell"), s. insbes. Werres ZInsO 2005,

21 Die Haftungsdrohung ist nach den gesetzgeberischen Vorstellungen ausreichend, den Verwalter zu einer rechtzeitigen, insbesondere frühzeitigen Anzeige der Masseunzulänglichkeit zu veranlassen. Diese Erwartung ist im Grundsatz berechtigt. Für den Insolvenzverwalter besteht keine Veranlassung, z. B. die Unzulänglichkeitsanzeige bewusst zu spät zu erstatten, um die Befriedigungsaussichten eines Massegläubigers, der andernfalls zu den Neu-Massegläubigern gehörte, zu beeinträchtigen.[43]

22 **2. Umfang.** Der Insolvenzverwalter kann nach dem Gesetz frei entscheiden, welche Masseschulden er nach Anzeige der Unzulänglichkeit eingeht. Auch wenn das Gesetz keine ausdrückliche Begrenzungen vorsieht, so hat sich die weitere Tätigkeit an dem sich aus § 208 Abs. 3 ergebenden Abwicklungszweck zu orientieren.

23 Der Insolvenzverwalter hat deshalb seine Verwertungstätigkeit so zu gestalten, dass das gesetzgeberische Ziel einer Vollabwicklung des schuldnerischen Vermögens erreicht werden kann. Er hat dafür Sorge zu tragen, dass die bestehende Verfahrenskostendeckung im weiteren Verfahrensablauf nicht verloren geht, um eine Einstellung nach § 207 wegen Masselosigkeit in jedem Fall zu vermeiden. Deshalb hat der Insolvenzverwalter die Geschäftsführungstätigkeit so einzurichten, dass dem Interesse der vorhandenen Alt-Massegläubiger an einer bestmöglichen Befriedigung ihrer zurückgesetzten Masseverbindlichkeiten soweit wie möglich entsprochen wird.[44] Hält sich der Insolvenzverwalter nicht in den **Grenzen der ihm aufgegebenen Abwicklungs- und Verwertungstätigkeit,** so berührt dies nicht die Wirksamkeit des Rechtsgeschäftes mit dem Neu-Massegläubiger.[45] Jedoch kann er sich gegenüber Alt-Massegläubigern insoweit schadenersatzpflichtig machen, als sie eine im Hinblick auf die vorhandene Insolvenzmasse nicht angemessene Befriedigungsquote erhalten.[46]

24 **3. Abgrenzung.** Ob nach der Anzeige der Masseunzulänglichkeit begründete Neu-Masseverbindlichkeiten vorliegen, ist nach dem entsprechend heranzuziehenden § 38 zu beantworten.[47] Maßgebend für die Abgrenzung gegenüber den nachrangigen Altmasseschulden ist, ob die Verbindlichkeit zeitlich vor oder nach Eingang der Unzulänglichkeitsanzeige beim Insolvenzgericht begründet war. Unmittelbar i. S. d. § 209 Abs. 1 Nr. 2 ist eine Masseverbindlichkeit **„begründet"** worden, wenn der Insolvenzverwalter den Rechtsgrund dafür – insbesondere durch selbstbestimmtes Handeln i. S. v. § 55 Abs. 1 Nr. 1 – nach angezeigter Masseinsuffizienz gelegt hat.[48] Hatte das Schuldrechtsverhältnis, aus dem sich der Anspruch ergibt, zZt der Anzeige bereits bestanden, liegt dagegen eine Altmasseverbindlichkeit i. S. v. § 209 Abs. 1 Nr. 3 vor.[49]

24 a So hat z. B. der Anspruch eines Gläubigers auf Erstattung von Prozesskosten, weil dieser schon mit der Zustellung der Klage aufschiebend bedingt entsteht,[50] nur dann den privilegierten Rang einer Neumasseverbindlichkeit, wenn die Rechtshängigkeit nach Anzeige der Masseunzulänglichkeit eingetreten ist. **Wohngeldforderungen** der Eigentümergemeinschaft sind im Insolvenzverfahren über das Vermögen eines Wohnungseigentümers durch die Verwaltung begründete Masseverbindlichkeiten nach § 55 Abs. 1 Nr. 1, soweit sie nach

---

1233 f. u. 2006, 918 f, *Marotzke* ZInsO 2004, 561 f.; krit. HambKomm-*Schröder* § 22 RdNr. 98 f.; *Frind* ZInsO 2005, 1296 f.

[43] *Kübler/Prütting/Pape* § 209 RdNr. 10/10 a. In der Praxis wird indes vielfach „prophylaktisch" die Masseinsuffizienz angezeigt, vgl. § 208 RdNr. 31.

[44] *Kübler,* Kölner RdNr. 29; *Haarmeyer/Wutzke/Förster,* Handbuch, Kap. 8 RdNr. 167; *Häsemeyer,* Festschrift Gerhardt, S. 341, 344 f.

[45] *Kübler/Prütting/Pape* § 209 RdNr. 11.

[46] BGH ZIP 1989, 1589; 1987, 115; *Mohrbutter/Ringstmeier/Pape* § 12 RdNr. 110/111; *Kübler,* Kölner Schrift, S. 967 RdNr. 33.

[47] *Uhlenbruck* § 209 RdNr. 10; *Kübler/Prütting/Pape* § 209 RdNr. 10 b; *Mohrbutter/Ringstmeier/Pape* § 12 RdNr. 137.

[48] BGHZ 154, 358 = NJW 2003, 2454; BGH ZInsO 2005, 1103; BAG ZIP 2006, 1510; *Breutigam* in: *Breutigam/Blersch/Goetsch* § 209 RdNr. 11.

[49] Vgl. BAG NZI 2004, 636 zum Anspruch auf Urlaubsentgelt/Urlaubsgeld, der auf einem schon vor der Unzulänglichkeitsanzeige geschlossenen Arbeitsvertrag beruht.

[50] BGH ZInsO 2005, 1103; NJW 1992, 2575.

Insolvenzeröffnung fällig werden u. der Verwalter die Eigentumswohnung nicht aus der Masse freigibt.[51] Zeigt der Insolvenzverwalter die Masseunzulänglichkeit nach § 208 an, ist dementsprechend zwischen § 209 Abs. 1 Nr. 2 und 3 zu differenzieren; bei den erst nach der Anzeige fällig werdenden Wohngeldbeträgen, §§ 16 Abs. 2, 28 WEG, handelt es sich um Neu-Masseverbindlichkeiten.[52] Kommt der Insolvenzverwalter einer behördlichen Anordnung zur Beseitigung von **Umweltaltlasten** nicht nach und lässt die Behörde diese daraufhin beseitigen, stellt der Kostenerstattungsanspruch nur eine Altmasseschud dar, sofern der Verwalter nach der durchgeführten Ersazvornahme die Masseunzulänglickeit anzeigt.[52a]

Um Abgrenzungsschwierigkeiten im Hinblick auf die sich aus **Vertragsverhältnissen** ergebenden Masseschulden nach § 55 Abs. 1 Nr. 2 zu vermeiden, erfolgt in § 209 Abs. 2 eine Präzisierung und Klärung dazu, in welchen Fällen das Verhalten des Insolvenzverwalters nach angezeigter Masseunzulänglichkeit zu Neumasseverbindlichkeiten führt.

4. Erfüllung gegenseitiger Verträge. Der Insolvenzverwalter kann nach § 103 Abs. 1 **25** verlangen, dass vom Schuldner vor Verfahrenseröffnung abgeschlossene gegenseitige Verträge zur Insolvenzmasse erfüllt werden. § 209 Abs. 2 Nr. 1 knüpft an dieses Erfüllungswahlrecht des Insolvenzverwalters an. In § 320 Abs. 2 RegE war vorgesehen, dass die Vorschriften über die Erfüllung gegenseitiger Verträge im Insolvenzverfahren entsprechend für die Masseverbindlichkeiten gelten sollen, die zwischen der Insolvenzeröffnung und dem Antrag auf Feststellung der Masseunzulänglichkeit begründet worden sind.[53] Diese Regelung wurde nicht in das Gesetz übernommen; es sollte der Rechtsprechung überlassen werden, ob die Regeln über die Erfüllung gegenseitiger Verträge auf derartige vom Insolvenzverwalter selbst begründete Masseverbindlichkeiten übertragen werden können. Dies ist zu bejahen.[54] Der Eintritt der Masseunzulänglichkeit hat nach der Konzeption der „Insolvenz in der Insolvenz" für die betroffenen Massegläubiger ähnliche Wirkungen, wie die Eröffnung des Insolvenzverfahrens für die Insolvenzgläubiger. Nach Anzeige der Masseunzulänglichkeit besitzt deshalb der Insolvenzverwalter entsprechend § 103 ein Wahlrecht hinsichtlich der zu diesem Zeitpunkt noch beiderseits unerfüllten Austauschverträge.[55] Maßstab für die Ausübung des Wahlrechtes sind freilich nicht mehr die Interessen der Insolvenzgläubiger, sondern die der nach § 209 Abs. 1 Nr. 3 zurückgesetzten Alt-Massegläubiger bzw. die Erfüllung der Abwicklungsziele nach § 208 Abs. 3.

a) Vertragsabschluss vor Insolvenzeröffnung. Liegt ein vom Schuldner noch vor **26** Eröffnung des Insolvenzverfahrens abgeschlossener gegenseitiger Vertrag i. S. d. § 103 vor, führt die Verfahrenseröffnung nach der neueren Rechtsprechung des BGH nur dazu, dass die Vertragspartner ihre noch ausstehenden Erfüllungsansprüche grundsätzlich nicht mehr durchsetzen können und der Vertrag insolvenzmäßig abzuwickeln ist.[56] Lehnt der Insolvenzverwalter die Erfüllung ab, so verwandelt sich der Erfüllungsanspruch des Vertragspartners endgültig in einen als Insolvenzforderung geltend zu machenden Anspruch auf Schadenersatz wegen Nichterfüllung.[57] Ob die Erfüllungsablehnung bereits vor Anzeige der Masseunzulänglichkeit erfolgte oder nachher, ist unerheblich.

Hatte der Insolvenzverwalter sein **Wahlrecht** noch nicht ausgeübt, so **verliert er es nicht 27 mit der Anzeige der Masseunzulänglichkeit**.[58] Entscheidet er sich nunmehr für die

---

[51] OLG Düsseldorf NZI 2007, 50 m. Anm. Drasdo S. 52; OLG Stuttgart ZInsO 2002, 1089 = ZIP 2002, 1955 m. Anm. *Eckert* EWiR 2002, 1051; dazu auch § 55 RdNr. 76.
[52] KG ZIP 2000, 2029 m. Anm. *Eckert* EWiR 2001, 283.
[52a] Vgl. *Voigt-Salus* in: Mohrbutter/Ringstmeier § 32 RdNr. 108; *Lwowski/Tetzlaff*, Umweltlasten in der Insolvenz und gesicherte Gläubiger, WM 2005, 921, 923, 928.
[53] Begr. zu § 320 RegE, *Kübler/Prütting*, S. 634; Begr. Rechtsausschuss, *Kübler/Prütting*, S. 437.
[54] HK-*Landfermann* § 209 RdNr. 12; so jetzt auch *Kübler/Prütting/Pape* § 209 RdNr. 12/12 a.
[55] HK-*Landfermann* § 209 RdNr. 12; *Dinstühler* ZIP 1998, 1697, 1703.
[56] Die Ansprüche aus dem unverändert bestehen bleibenden Vertragsverhältnis werden wieder durchsetzbar, sobald der Verwalter die Erfüllung wählt; zur Wirkung der Insolvenzeröffnung auf die vertraglichen Erfüllungsansprüche s. BGHZ 150, 353 = NJW 2002, 2783; 155, 87 = NJW 2003, 2744.
[57] *Kübler/Prütting/Pape* § 209 RdNr. 12 b.
[58] *Breutigam* in: Breutigam/Blersch/Goetsch § 209 RdNr. 13.

Vertragserfüllung, so handelt es sich bei den Ansprüchen des Vertragspartners um Masseverbindlichkeiten nach der ersten Alternative des § 55 Abs. 1 Nr. 2, die nach § 209 Abs. 2 Nr. 1 als Neu-Masseverbindlichkeiten mit Vorrang vom Insolvenzverwalter zu erfüllen sind.[59] Die Erfüllungswahl nach angezeigter Masseunzulänglichkeit wird entsprechend § 103 in ihren Rechtsfolgen einem Neuabschluss gleichgestellt, wobei jedoch im Falle von bereits vor der Anzeige erbrachten Teilleistungen des Vertragspartners auch § 105 entsprechend anwendbar ist.[60]

28 Hatte dagegen der Insolvenzverwalter bereits vor der angezeigten Masseunzulänglichkeit Erfüllung gewählt, so stellen die daraus sich ergebenden Masseverbindlichkeiten des Vertragspartners nach § 209 Abs. 1 Nr. 3 Alt-Masseverbindlichkeiten dar.[61] Der Insolvenzverwalter ist zwar nur noch zur nachrangigen und ggf. anteiligen Befriedigung verpflichtet, jedoch verliert er auch den Anspruch auf die Gegenleistung. Das kann im Einzelfall für die weitere Abwicklung äußerst nachteilig sein. Das Wahlrecht des § 103 hat jedoch den Zweck, der Verwaltung und der Verwertung der Masse Vorteile zu bringen. Hatte der Verwalter sich deshalb nach Insolvenzeröffnung bereits für die Vertragserfüllung entschieden, so steht ihm nach der Anzeige der Masseunzulänglichkeit **erneut** das **Wahlrecht** zu,[62] sofern die Voraussetzungen des § 103 in diesem Zeitpunkt weiterhin vorliegen. Er hat vor der Ausübung freilich zu prüfen, ob hinsichtlich des durch den Eintritt der Masseunzulänglichkeit geänderten Verfahrenszwecks die weitere Durchführung des nicht vollständig erfüllten Vertrages noch nützlich und wirtschaftlich vernünftig ist. Lehnt er dagegen nunmehr die Vertragserfüllung endgültig ab, stellen die Schadenersatzansprüche des Vertragspartners auf Grund der vorangegangenen Erfüllungswahl weiter Alt-Masseverbindlichkeiten i. S. d. § 209 Abs. 1 Nr. 3 dar.

29 b) **Vertragsabschluss nach Insolvenzeröffnung.** Schließt der Insolvenzverwalter nach Insolvenzeröffnung gegenseitige Verträge ab, die im Zeitpunkt der Anzeige der Masseunzulänglichkeit beiderseits nicht erfüllt sind, so ist ihm entsprechend § 103 die Entscheidung zu überlassen, ob er den Vertrag auch angesichts der eingetretenen Masseunzulänglichkeit erfüllen will oder ob er nicht mehr daran festhält.[63] Die Erfüllungswahl hat entsprechend § 209 Abs. 2 Nr. 1 zur Folge, dass die Masseansprüche des Vertragspartners als Neu-Masseverbindlichkeiten zu qualifizieren sind, während die Ablehnung der Vertragserfüllung es dabei belässt, dass der Anspruch des Vertragspartners auf Schadensersatz als Alt-Masseverbindlichkeit i. S. d. § 209 Abs. 1 Nr. 3 nur nachrangig erfüllt werden muss.[64]

30 5. **Dauerschuldverhältnisse.** Nach § 108 werden die Dauerschuldverhältnisse durch die Insolvenzeröffnung zunächst nicht berührt. Die Ansprüche der Arbeitnehmer aus den Arbeitsverträgen oder des Vermieters aus der Vermietung unbeweglicher Gegenstände oder Räume stellen deshalb für die Zeit nach Verfahrenseröffnung gem. **§ 55 Abs. 1 Nr. 2 Masseverbindlichkeiten** dar. Der Insolvenzverwalter hat diese nicht auf seiner Entscheidung beruhenden oktroyierten Verbindlichkeiten hinzunehmen und aus der Insolvenzmasse zu erfüllen.[65] Das Gesetz räumt ihm lediglich die Befugnis ein, den Umfang dieser die Insolvenzmasse belastenden Masseverbindlichkeiten durch Ausübung von Sonderkündigungsrechten nach §§ 113 Satz 1, 109 innerhalb von drei Monaten bzw. der gesetzlichen Kündigungsfrist vorzeitig zu beenden. Nach Anzeige der Masseunzulänglichkeit unterscheidet das Gesetz die sich aus Dauerschuldverhältnissen ergebenden Ansprüche anhand der in

---

[59] FK-*Kießner* § 209 RdNr. 22; *Nerlich/Römermann/Westphal* § 209 RdNr. 7; HK-*Landfermann* § 209 RdNr. 12.
[60] Vgl. *Mohrbutter/Ringstmeier/Homann* § 7 RdNr. 18; *Uhlenbruck* § 209 RdNr. 13.
[61] HambKomm-*Weitzmann* § 209 RdNr. 5.
[62] *Dinstühler* ZIP 1998, 1697, 1703; *Breutigam* in *Breutigam/Blersch/Goetsch* § 209 RdNr. 14; *Ringstmeier* ZInsO 2004, 169, 170 f.; *Mohrbutter/Ringstmeier/Homann* § 7 RdNr. 17; HK-*Landfermann* § 209 RdNr. 12 Fn. 19 und 208 HambKomm-*Weitzmann* § 209 RdNr. 5; *Uhlenbruck* § 209 RdNr. 12; *Kübler/Prütting/Pape* § 209 RdNr. 12a u. § 210 RdNr. 12; *Mohrbutter/Ringstmeier/Pape* § 12 RdNr. 123; FK-*Kießner* § 209 RdNr. 24.
[63] Für ein Wahlrecht analog § 103 auch *Ringstmeier* ZInsO 2004, 171 u. *Kübler*, Kölner Schrift, S. 958.
[64] *Nerlich/Römermann/Westphal* § 209 RdNr. 7.
[65] Vgl. zum Begriff § 55 RdNr. 134.

§ 209 Abs. 2 Nr. 2 und 3 genannten Kriterien nach Alt- und Neu-Masseverbindlichkeiten. Danach sind Verbindlichkeiten aus einem vor Anzeige der Masseunzulänglichkeit abgeschlossenen **Dauerschuldverhältnis** letztrangig zu befriedigende Altmasseschulden i. S. d. § 209 Abs. 1 Nr. 3, auch wenn z. B. Arbeits- und Mietverhältnisse gem. § 108 über den Zeitpunkt der Anzeige hinaus rechtlich fortbestehen und Ansprüche hieraus erst später fällig werden. Den Tilgungsvorrang von Neumasseschulden erhalten diese Dauerverbindlichkeiten erst, wenn die besonderen Voraussetzungen des § 209 Abs. 2 Nr. 2 und 3 vorliegen. Leitgedanke der gesetzlichen Regelung[66] ist, dass Neu-Masseverbindlichkeiten i. S. d. § 209 Abs. 1 Nr. 2 vorliegen, wenn ihre Entstehung dem Insolvenzverwalter zugerechnet werden kann, sei es, dass er von einem ihm zustehenden Kündigungsrecht keinen Gebrauch macht, sei es, dass er die Leistung des Vertragspartners nutzt.[67] Dagegen werden Verbindlichkeiten, deren Entstehung der Verwalter nicht ausweichen kann, als Altmasseverbindlichkeiten behandelt.

a) Masseansprüche nach Ablauf der Kündigungsfrist. Gem. § 209 Abs. 2 Nr. 2 gelten als Neumasseverbindlichkeiten auch die Verbindlichkeiten aus einem Dauerschuldverhältnis für die Zeit nach dem Termin, zu dem der Verwalter nach Anzeige der Masseunzulänglichkeit erstmals kündigen konnte. Daraus folgt umgekehrt, dass bei rechtzeitiger Kündigung zum nächstmöglichen Termin die zuvor entstandenen Ansprüche des anderen Teils Altmasseverbindlichkeiten i. S. v. § 209 Abs. 1 Nr. 3 sind,[68] soweit sich aus § 209 Abs. 2 Nr. 3 auf Grund Inanspruchnahme der Gegenleistung nichts anderes ergibt. Der Eintritt der Masseunzulänglichkeit gibt dem Insolvenzverwalter kein Recht zur fristlosen Kündigung.[69] Ihm stehen aber die **besonderen insolvenzrechtlichen Kündigungsmöglichkeiten** nach §§ 113, 109 zu. Hat der Insolvenzverwalter das Dauerschuldverhältnis allerdings selbst begründet, sind diese Sonderkündigungsrechte grundsätzlich nicht anwendbar.[70] Die angezeigte Masselosigkeit führt nach der Konzeption einer Insolvenz in der Insolvenz dazu, dass der Insolvenzverwalter nicht mehr an die Einhaltung der vertraglichen oder gesetzlichen Kündigungsfrist gebunden ist, sondern von den insolvenzrechtlichen Sonderkündigungsrechten nach §§ 109, 113 Gebrauch machen kann.[71] Deshalb kann z. B. der Vermieter seine Mietzinsansprüche bis zum Ablauf der Kündigungsfrist wegen ihres Charakters als Alt-Masseverbindlichkeiten i. S. v. § 209 Abs. 1 Nr. 3 nicht mehr gegen die Masse durchsetzen, da er nur noch einen Anspruch auf anteilige Befriedigung besitzt. Ihm ist deshalb nach Anzeige der Masseunzulänglichkeit als Ausgleich ein außerordentliches Kündigungsrecht einzuräumen, um sich aus dem Vertragsverhältnis lösen zu können.[72]

Der Insolvenzverwalter muss allerdings die Kündigung nach der Anzeige der Masseunzulänglichkeit zum **frühest möglichen Zeitpunkt** aussprechen. Das wird regelmäßig auch der Fall sein, da kaum vorstellbar ist, dass der Insolvenzverwalter an einem Dauerschuldverhältnis festhalten will, das der Masse keinen tatsächlichen Nutzen bringt.[73] Werden etwa die Arbeitskraft eines Arbeitnehmers oder Mietobjekte für die Abwicklung des massearmen Verfahrens nicht mehr benötigt, wird sich der Verwalter im Interesse der Erhaltung der

---

[66] Begr. § 209 RegE, *Kübler/Prütting*, S. 439.
[67] Vgl. BGHZ 154, 358; BAG ZIP 2006, 1510 u. DZWIR 2005, 106 m. zust. Anm. *Oetker* S 110.
[68] Die Verbindlichkeiten „aus" einem Dauerschuldverhältnis gem. § 209 Abs. 2 Nr. 2 sind abzugrenzen von Ansprüchen, die der Verwalter z. B. bei anderen Arbeitsverhältnis erst durch eigene Handlungen nach angezeigter Masseunzulänglichkeit begründet; vgl. BAG NZI 2003, 161 u. 2007, 126, wonach Ansprüche auf Nachteilsausgleich nach § 113 Abs. 3 BetrVG, die durch betriebsverfassungswidriges Vorgehen des Verwalters nach erfolgter Anzeige ausgelöst werden, zu den Neumasseverbindlichkeiten i. S. v. § 209 Abs. 1 Nr. 2 zählen.
[69] *Uhlenbruck* § 209 RdNr. 14; *Kübler*, Kölner Schrift, S. 977, 978 RdNr. 38.
[70] *Kübler/Prütting/Pape* § 209 RdNr. 15.
[71] Zur Ausübung der Sonderkündigungsrechte s. *Kübler/Prütting/Pape* § 209 RdNr. 15.
[72] *Eckert*, Miete, Pacht und Leasing im neuen Insolvenzrecht, ZIP 1996, 897, 905; *Ringstmeier* ZInsO 2004, 172.
[73] Kündigt der Verwalter schon vor der angezeigten Masseunzulänglichkeit, geschieht dies zum frühestmöglichen Termin; eine erneute Kündigung nach der Anzeige könnte das Vertragsende nicht beschleunigen u. erübrigt sich daher, BGH NZI 2003, 369.

Masse veranlasst sehen, das Arbeits- oder Mietverhältnis unverzüglich zu beenden. Versäumt er es schlicht, zum frühesten ersten Termin das Dauerschuldverhältnis zu kündigen, so kann dies zu einem Schadenersatzanspruch nach § 61 führen.[74] Die Ansprüche des Vertragspartners aus dem Dauerschuldverhältnis stellen nach § 209 Abs. 2 Nr. 2 für die Zeit nach dem ersten Termin, zu dem der Verwalter nach Masseunzulänglichkeitsanzeige hätte kündigen können, Neu-Masseverbindlichkeiten dar. Dies ist unabhängig davon, ob der Verwalter die Gegenleistung in Anspruch nimmt oder nicht.[75] Entscheidend für die Einstufung als Neu-Masseverbindlichkeit ist, dass der Fortbestand des Dauerschuldverhältnisses nach Anzeige der Masseunzulänglichkeit über den frühest möglichen Beendigungszeitpunkt hinaus auf einem Unterlassen des Insolvenzverwalters beruht, für das er verantwortlich ist. Lässt er die erste rechtliche Kündigungsmöglichkeit nach seiner Anzeige ungenutzt verstreichen, sind daher Vergütungsansprüche der Arbeitnehmer bzw. ihre auf das Arbeitsamt übergegangenen Ansprüche nach diesem Zeitpunkt vom Insolvenzverwalter als Neu-Masseverbindlichkeiten nach § 209 Abs. 1 Nr. 2 mit Vorrang zu erfüllen. Dies gilt auch, wenn die Arbeitnehmer von der Pflicht zur Arbeitsleistung freigestellt sind.[76] Ebenso stehen in der Insolvenz des Mieters die bis zum Vertragsende noch anfallenden Mietzinsforderungen einer neu begründeten Masseverbindlichkeit i. S. d. § 209 Abs. 1 Nr. 2 gleich, wenn der Verwalter trotz angezeigter Masseunzulänglichkeit nicht unverzüglich kündigt; ob das Mietobjekt weiter für die Masse genutzt wird, ist unerheblich.

32 a Der maßgebliche Termin der **erstmöglichen** Kündigung i. S. v. § 209 Abs. 2 Nr. 2 richtet sich allein nach der objektiven Lage, wobei auf das **rechtliche** Können zur wirksamen Beendigung des Dauerschuldverhältnisses abzustellen ist.[77] Müssen z. B. vor der Kündigung eines Arbeitsverhältnisses mit der Frist des § 113 noch behördliche Zustimmungen eingeholt oder der Betriebsrat nach § 102 BetrVG angehört werden, sind zunächst diese allgemeinen Kündigungsvoraussetzungen vom Verwalter unverzüglich herbeizuführen. Solange dieser nach Anzeige der Masseunzulänglichkeit rechtlich am Ausspruch der Kündigung gehindert war, „konnte" er noch nicht kündigen. Dies trifft auch zu, wenn bei einer Betriebsstilllegung zuvor Interessenausgleichsverhandlungen mit dem Betriebsrat zu führen sind, weil der Verwalter andernfalls die Masse mit Verpflichtungen zum Nachteilsausgleich gem. § 113 Abs. 3 BetrVG wirtschaftlich belasten würde;[78] erst der Abschluss dieses Ausgleichsverfahrens bildet hier den frühest möglichen Zeitpunkt einer Kündigung. Hingegen stellt § 1 KSchG kein im Rahmen des § 209 Abs. 2 Nr. 2 beachtliches rechtliches Kündigungshindernis dar.[79] Hat der Verwalter zum ersten zulässigen Termin gekündigt, sind die Lohnforderungen der von ihm nach Anzeige der Masseunzulänglichkeit freigestellten Arbeitnehmer nur nachrangig zu erfüllen.

33 **b) Masseansprüche bei Inanspruchnahme der Gegenleistung.** Hat der Insolvenzverwalter nach angezeigter Masseunzulänglichkeit das Dauerschuldverhältnis fortgesetzt und die Gegenleistung in Anspruch genommen, so sind die Ansprüche der Gegenseite nach § 209 Abs. 2 Nr. 3 stets Neu-Masseverbindlichkeiten. Diese Einstufung beruht darauf, dass die Masse die **Leistung ihres Vertragspartners in Anspruch** genommen hat, weshalb sie hierfür auch die volle Vergütung schuldet.[80] Die Rechtsfolge ist deshalb auch völlig unabhängig davon, ob das Arbeits- oder Mietverhältnis gekündigt ist. Nach gefestigter Rechtsprechung des BGH erfordert eine „Inanspruchnahme" i. S. v. § 209 Abs. 2 Nr. 3 keine

---

[74] BGH NZI 2004, 435 = ZInsO 2004, 609; BAG DZWIR 2005, 106 m. zust. Anm. *Oetker* S. 112; *Kübler/Prütting/Pape* § 209 RdNr. 15; FK-*Kießner* § 209 RdNr. 31.

[75] *Kübler/Prütting/Pape* § 209 RdNr. 16.

[76] BAG ZIP 2004, 1323 = DZWIR 2005, 106 f. m. zust. Anm. *Oetker* S. 110; NZI 2005, 408; ZIP 2003, 1850; HK-*Landfermann* § 209 RdNr. 14; aA *Uhlenbruck* § 209 RdNr. 16.

[77] BAG NZA 2006, 162; NZI 2005, 408 = ZIP 2005, 873, dazu EWiR 2005, 473 *(Lindemann)*; DZWiR 2005, 106 f. = ZIP 2004 1323, dazu EWiR 2004, 815 *(Bork)*; ZInsO 2005, 51; ZIP 2002, 628, dazu EWiR 2002, 815 *(Berscheid)*.

[78] BAG ZIP 2003, 1850; 2004, 1323; *Ringstmeier* ZInsO 2004, 171.

[79] BAG ZIP 2004, 1323; NZI 2005, 408; dazu auch *Mohrbutter/Ringstmeier/Plössner* § 29 RdNr. 85.

[80] *Haarmeyer/Wutzke/Förster*, Handbuch, Kap. 8 RdNr. 173; *Nerlich/Römermann/Westphal* § 209 RdNr. 11.

ausdrückliche Willensbestätigung oder Kundgabe des Insolvenzverwalters, Leistungen aus einem Dauerschuldverhältnis für die Insolvenzmasse weiter in Anspruch nehmen zu wollen. Ausreichend, aber auch erforderlich ist ein Verhalten des Verwalters, mit dem er die Gegenleistung nach Anzeige der Masseunzulänglichkeit nutzt, obwohl er dies pflichtgemäß hätte verhindern können.[81] Will der Verwalter das Entstehen von Neumasseverbindlichkeiten im Interesse aller Massegläubiger vermeiden, muss er ggf. – über die bloße Einstellung der Nutzung hinaus – aktiv tätig werden und von sich aus alles unternehmen, um eine weitere Inanspruchnahme der Gegenleistung zu verhindern. Soweit er durch noch laufende Kündigungsfristen gebunden ist, hat er den Vertragspartner im Zusammenhang mit der Anzeige von dessen vertraglichen Pflichten „freizustellen".[82] Mit der bewussten Wahl für oder gegen eine solche Freistellung entscheidet der Verwalter darüber, ob eine Masseschuld als Alt- oder Neumasseverbindlichkeit einzuordnen ist.

Werden vom Insolvenzverwalter die **angemieteten betrieblichen Räume** weiter genutzt, so schuldet er aus der Masse den vollen Mietzins nach angezeigter Masseunzulänglichkeit als Neu-Masseverbindlichkeit nach § 209 Abs. 1 Nr. 2, Abs. 2 Nr. 3.[83] Er kann den Vermieter nach Anzeige der Massearmut aber auch von seiner Gebrauchsüberlassungspflicht „freistellen", indem er diesem die weitere Nutzung der Mietsache und deren Rücknahme anbietet. Scheidet eine Herausgabe des unmittelbaren Besitzes etwa bei fortdauernder Untervermietung aus, so ist dem (Haupt-)Vermieter die Einziehung des Untermietzinses beim Endmieter zu überlassen.[84] Solange fällige Untermietzahlungen aber noch für die Masse vereinnahmt werden, fehlt es an einer vollständigen Nutzungsaufgabe und nimmt der Verwalter die Vermieterleistungen weiter in Anspruch; die Mietzinsforderungen des Vermieters sind demzufolge als vorrangige Neumasseverbindlichkeiten zu befriedigen.[85]

33 a

Entscheidet sich der Insolvenzverwalter nach Anzeige der Masseunzulänglichkeit dafür, einen Arbeitnehmer weiter zu beschäftigen und damit dessen „Gegenleistung" in Anspruch zu nehmen, stellt die geschuldete Arbeitsvergütung eine Neumasseverbindlichkeit i. S. d. § 209 Abs. 2 Nr. 3 dar. Der Verwalter wird daher im Interesse der Erhaltung der Masse Arbeitnehmern kündigen und diese „freistellen", sobald er deren Arbeitsleistung zur Abwicklung des Verfahrens oder Unternehmensfortführung nicht mehr benötigt. Den freigestellten Arbeitnehmern, die keine Gegenleistung mehr für die Masse erbringen, steht bis zum nächstzulässigen Kündigungstermin kein Anspruch auf vorrangige Befriedigung als Neumassegläubigern zu.[86]

33 b

---

[81] BGHZ 154, 358 = NJW 2003, 2454 = ZInsO 2003, 412 m. Anm. *Ringstmeier* ZInsO 2004, 169, NZI 2003, 369, 372 m. zust. Anm. *Uhlenbruck* = ZIP 2003, 914 dazu EWiR 2003, 651 *(Tetzlaff)* = WM 2003, 1027 m. Anm. *Barnert*, WuB VI C. § 209 InsO 1.03; NZI 2004, 209 = WM 2004, 295 m. zust. Anm. *Tetzlaff*, WuB VI C. § 50 InsO 1.04 = ZIP 2004, 326, dazu EWiR § 50 InsO 1/04, 349 *(Pape)* – jeweils zum Mietverhältnis.
[82] BGH aaO (Fn. 81).
[83] BGH ZIP 2004, 326, dazu EWiR 2004, 349 *(Pape)*. Ausser der Mietzinsforderung sind freilich nur solche Ansprüche aus dem Mietverhältnis rangmäßig privilegiert, die Masseschulden gem. § 55 Abs. 1 darstellen; bloße Insolvenzforderungen ändern ihren Charakter auch bei Aufrechterhaltung des Mietverhältnisses nach Anzeige der Masseunzulänglichkeit nicht.
[84] BGH ZInsO 2004, 674 m. krit. Anm. *H.-G. Eckert* in EWiR 2004, 871, wonach die Nutzung dem Verwalter bei fortbestehendem Untermietverhältnis nur aufgedrängt sei ohne Inanspruchnahme der Mietsache bedeuten sollte. Eingehend zur gewerblichen Zwischenvermietung *Ringstmeier* ZInsO 2004, 169, 175 f., wonach im Haupt- u. im Untermietverhältnis nach angezeigter Masseunzulänglichkeit einheitlich entweder Neu- oder nur Altmasseschulden bestehen.
[85] Der Verwalter wird bei einer Zwischenvermietung daher im Interesse der Gläubiger abzuwägen haben, ob er den Einzug der Mietzinsen vom Endmieter dem (Haupt-)Vermieter überlässt oder ob er die Miete weiter für die Masse einnehmen soll. Leitet er keine Zahlungen an den (Haupt-)Vermieter weiter, kann dieser allerdings das Zwischenmietverhältnis fristlos kündigen, BGH NJW 2005, 2552 = NZI 2005, 450.
[86] Vgl. BAG NZI 2006, 309; 2004, 636 m. zust. Anm. *V. Schneider* in EWiR 2004, 1139. Der Verwalter begründet auch keine Neumasseschulden, wenn er den Arbeitnehmer unwiderruflich „unter Anrechnung auf offenen Urlaub" von jeder Arbeitsleistung freistellt, BAG NZI 2004, 636.

IV. Alt-Masseverbindlichkeiten

34 Masseansprüche, die nicht zu den Kosten des Verfahrens i. S. d. § 54 gehören oder in die Gruppe der Neu-Masseverbindlichkeiten nach § 209 Abs. 1 Nr. 2 fallen, sind nach § 209 Abs. 1 Nr. 3 Alt-Masseverbindlichkeiten. Sie stehen im letzten Rang und sind deshalb im Verteilungsverfahren erst dann zu berücksichtigen, wenn die vorrangigen Massegläubiger voll befriedigt sind.[87] Zu den Alt-Masseverbindlichkeiten gehören die in § 55 aufgeführten sonstigen Masseverbindlichkeiten; unter ihnen besteht Gleichrang.[88] Nachrangig hierzu sind allein die Unterhaltsansprüche des Schuldners nach §§ 100, 101 Abs. 1 Satz 3.

35 **1. Begriff.** Die Alt-Masseverbindlichkeiten werden nach dem Verständnis von der „Insolvenz in der Insolvenz" – entsprechend den Ansprüchen der Insolvenzgläubiger – zum Zweck der gemeinschaftlichen Befriedigung aus der vorhandenen Restmasse zusammengefasst; sie sind innerhalb dieser „Verlustgemeinschaft" bei gleichem Rang auch gleich zu behandeln. Ist die Insolvenzmasse zur vollständigen Befriedigung der Alt-Masseansprüche nicht ausreichend, hat eine anteilsmäßige Berichtigung zu erfolgen.[89] Nebenansprüche teilen idR den Rang der Hauptforderung.[90] Auch die Ansprüche aus einer – vor Anzeige der Masseunzulänglichkeit – eingetretenen ungerechtfertigten Bereicherung der Masse sind vom Gesetz den Alt-Masseverbindlichkeiten zugeordnet.[91] Sie können wegen des Vollstreckungsverbotes nach § 210 daher nicht im Wege der Leistungs-, sondern nur mit der Feststellungsklage verfolgt werden (s. § 208 RdNr. 65).

36 **2. Unterhaltsansprüche des Schuldners.** Die Unterhaltsansprüche des Schuldners oder des persönlich haftenden Gesellschafters des Schuldners nach §§ 100, 101 Abs. 1 Satz 3 werden als Alt-Masseverbindlichkeiten i. S. d. § 209 Abs. 1 Nr. 3 HS 2 rechtlich eingeordnet. In § 114 Abs. 2 des RegE war noch vorgesehen, das die Unterhaltsleistungen aus der Insolvenzmasse nur zu kürzen sind, wenn andere Massegläubiger nicht mehr voll befriedigt werden können. Im Interesse der Rechtsklarheit sollte die Rangfolge der Massegläubiger dann aber in § 209 umfassend geregelt werden.[92] Deshalb sind die Unterhaltsansprüche innerhalb der **Alt-Masseverbindlichkeiten als letztrangig** eingestuft worden. Sie dürfen also erst dann erfüllt werden, wenn sämtliche vorrangigen Alt-Masseverbindlichkeiten voll aus der Masse beglichen werden können. Im Fall der angezeigten Masseunzulänglichkeit wird idR deshalb der Schuldner hinsichtlich seiner Unterhaltsansprüche weitgehend leer ausgehen.[93]

37 **3. Sozialplanansprüche.** Ansprüche der Arbeitnehmer aus einem nach Insolvenzeröffnung abgeschlossenen Sozialplan stellen nach § 123 Abs. 2 Satz 1 Masseverbindlichkeiten dar. Sie sind in § 209 nicht aufgeführt. Grund hierfür ist, dass nach § 123 Abs. 2 Satz 2 eine Befriedigung der Sozialplanforderungen erst zulässig ist, wenn auch auf die Insolvenzgläubiger eine Quote ausgeschüttet wird. Das kommt indes nur in Betracht, wenn die angezeigte Masseunzulänglichkeit beseitigt werden konnte und das Verfahren wieder in das Regelinsolvenzverfahren zurückgeführt wurde.[94] Für die Befriedigung ist jedoch dann nicht mehr § 209 einschlägig.

---

[87] Zu Masseverbindlichkeiten aus dem Eröffnungsverfahren s. o. RdNr. 20a; zur str. Frage einer „Vorrang-Ermächtigung" des vorläufigen Verwalters vgl. auch HambKomm-*Weitzmann* § 209 RdNr. 9.
[88] Die Rangordnung des § 60 KO ist auch insoweit aufgegeben worden; *Kübler/Prütting/Pape* § 209 RdNr. 18.
[89] FK-*Kießner* § 209 RdNr. 38.
[90] *Kilger/K. Schmidt* § 60 KO RdNr. 3.
[91] Zu dieser Einordnung vgl. o. RdNr. 17 u. 20.
[92] Begr. Rechtsausschuss, *Kübler/Prütting*, S. 440.
[93] *Breutigam* in: Breutigam/Blersch/Goetsch § 209 RdNr. 20.
[94] *Nerlich/Römermann/Westphal* § 209 RdNr. 13.

§ 210 Vollstreckungsverbot

Sobald der Insolvenzverwalter die Masseunzulänglichkeit angezeigt hat, ist die Vollstreckung wegen einer Masseverbindlichkeit im Sinne des § 209 Abs. 1 Nr. 3 unzulässig.

Schrifttum: *Behr,* Auswirkungen der Insolvenzverfahren auf die Einzelzwangsvollstreckung, JurBüro 1999, 66; *Dinstühler,* Die Abwicklung masseaarmer Insolvenzverfahren nach der Insolvenzordnung, ZIP 1998, 1697; *Huken,* Konkursordnung – Vorsteuervergütung aus Leistungen des Konkursverwalters bei Masseunzulänglichkeit, ZInsO 2001, 498; *Kluth,* Das Verfahren bei unzulänglicher Insolvenzmasse oder ein „Himmelfahrtskommando" für den Insolvenzverwalter, ZInsO 2000, 177; *Kröpelin,* Aktuelle Probleme der Masseunzulänglichkeit: Wider die Unzulässigkeit von Leistungsklagen und zur Verfahrensabwicklung bei Neumasseunzulänglichkeit, ZInsO 2001, 60; *Rendels,* BGH zur Masseunzulänglichkeit: Absoluter Vorrang der Kosten des Insolvenzverfahrens vor Neumasseverbindlichkeiten. Sind die Haftungsrisiken bei (ggf. erneuter) Masseunzulänglichkeit noch tragbar?, INDAT-Report 2006, 34; *Roth,* Prozessuale Rechtsfolgen der „Insolvenz in der Insolvenz", Festschrift für H. F. Gaul, 1997, S. 573; *Runkel/Schnurbusch,* Rechtsfolgen der Masseunzulänglichkeit, NZI 2000, 49; *Smid,* Die Abwicklung masseunzulänglicher Insolvenzverfahren nach neuem Recht, WM 1998, 1313; *Urban,* Kostenfeststellungs- statt Kostenfestsetzungsbeschluss nach Anzeige der Masseunzulänglichkeit, ZVI 2004, 233; *Vallender,* Einzelzwangsvollstreckung im neuen Insolvenzrecht, ZIP 1997, 1993.

Übersicht

	RdNr.		RdNr.
A. Normzweck	1	IV. Durchsetzung des Vollstreckungsverbots	14
B. Entstehungsgeschichte	2	1. Rechtsbehelf	14
C. Vollstreckungsverbot	5	2. Rückforderungsanspruch	16
I. Altmassegläubiger	5	3. Leistungsklagen	18
1. Keine Feststellungsklage gegen Vollstreckungsverbot	7	4. Kostenfestsetzungsbeschluss	18 a
2. Zwangsvollstreckung nach Verfahrenseinstellung	8	D. Neumassegläubiger	19
II. Zeitpunkt	9	I. Anwendungsbereich	19
III. Tragweite	10	II. Masseunzulänglichkeit gegenüber Neumassegläubigern	20
1. Vollstreckungsmaßnahmen	10	1. Vollstreckungsabwehrklage nach § 767 ZPO	21
2. Laufende Zwangsvollstreckung	11	2. Einwand der erneuten Masseunzulänglichkeit im gerichtlichen Verfahren	22
3. Feststehende Verteilungsquote	12	III. Entsprechende Anwendung des § 210	24
4. Keine Ausweitung des Vollstreckungsverbots nach § 88 analog	13		

A. Normzweck

Massegläubiger sind keine Insolvenzgläubiger. Die Befriedigung ihrer Ansprüche erfolgt **1** außerhalb des Verfahrens und unabhängig vom Verfahrensgang, § 53. Jeder Massegläubiger kann deshalb seinen Anspruch auch klageweise selbständig geltend machen und die Einzelzwangsvollstreckung in die Insolvenzmasse betreiben (vgl. § 53 RdNr. 58 f.). Das ändert sich erst mit der Anzeige der Masseunzulänglichkeit; ab diesem Zeitpunkt ist für die Berichtigung der sonstigen Masseverbindlichkeiten i. S. d. § 55 die Rangordnung des § 209 ausschließlich maßgebend. Massegläubiger nach § 209 Abs. 1 Nr. 3, deren Forderungen schon bis zur Anzeige der Masseunzulänglichkeit begründet worden sind, besitzen auf Grund der materiellrechtlichen Beschränkung ihres Anspruchs, die mit der Anzeige der Massearmut verbunden ist, nur noch ein Recht auf quotale Befriedigung. Deshalb verbietet ihnen § 210 die Einzelzwangsvollstreckung. Dadurch wird gewährleistet, dass nicht der einzelne Gläubiger die volle Befriedigung seiner Forderung durchsetzen kann und eine vorzeitige Aushöhlung der Insolvenzmasse stattfindet. Nach § 209 Abs. 1 Nr. 3 sind die

§ 210 2–6
5. Teil. 3. Abschnitt. Einstellung des Verfahrens

Altmassegläubiger gleich zu befriedigen. Deswegen kann es nicht zugelassen werden, dass sie sich bei einem Wettlauf mit anderen Gläubigern durch Vollstreckungsmaßnahmen eine Vorzugsstellung verschaffen. Dagegen gilt das Vollstreckungsverbot des § 210 ausdrücklich nicht für (Neu-)Massegläubiger i. S. v. § 209 Abs. 1 Nr. 2; deren erst nach der Anzeige begründeten Ansprüche können daher grundsätzlich gegen die Masse vollstreckt werden. Mit Hilfe des Vollstreckungsverbotes kann der Insolvenzverwalter die in § 209 angeordnete Reihenfolge bei der Befriedigung von Masseschulden und damit den Vorrang der Neumasseverbindlichkeiten im Falle unzulänglicher Massen verfahrensrechtlich durchsetzen.

B. Entstehungsgeschichte

2 Nach allgemeiner Auffassung war im masseunzulänglichen Verfahren nach § 60 KO die Zwangsvollstreckung unzulässig, damit eine Befriedigung der Massegläubiger nach der vorgegebenen Rangordnung nicht gestört wird.[1] Der Gesetzgeber der InsO wollte die Vollstreckungssperre nunmehr normieren.

3 In § 322 RegE war allerdings zunächst nur ein Vollstreckungsschutz-Verfahren geregelt.[2] Dieses sah vor, dass der Insolvenzverwalter die Feststellung der Masseunzulänglichkeit und die einstweilige Einstellung der Zwangsvollstreckung wegen einer Masseverbindlichkeit beantragen konnte, wenn hierdurch die Befriedigung der Massegläubiger nach der im Gesetz vorgesehenen Rangordnung gefährdet würde. Die Entscheidung über die Einstellung der Zwangsvollstreckung hatte das Insolvenzgericht nach Anhörung des Gläubigers zu treffen. Diese war mit dem Rechtsmittel der sofortigen Beschwerde anfechtbar. Die Regelung des § 322 RegE war geprägt von dem Gedanken, die Vollstreckungsmöglichkeiten der Massegläubiger so wenig wie möglich einzuschränken; so sollte die Anordnung der Einstellung der Zwangsvollstreckung nur zulässig sein, solange noch nicht feststand, in welcher Höhe der Altmassegläubiger eine quotale Befriedigung beanspruchen kann. Andernfalls sollte die Verfahrenseinstellung unterbleiben und der Insolvenzverwalter die entsprechenden Abschlagszahlungen an die betroffenen Altmassegläubiger leisten.[3]

4 Der Rechtsausschuss befürchtete wohl zu Recht, dass der in § 322 RegE vorgesehene Vollstreckungsschutz nach Anzeige der Masseunzulänglichkeit zu einer erheblichen Belastung der Insolvenzgerichte führen würde. Zur Sicherung des Vorrangs der Masseverbindlichkeiten nach § 209 Abs. 1 Nr. 2 hat er deshalb ein eo ipso wirkendes gesetzliches Vollstreckungsverbot[4] für Altmassegläubiger eingeführt. Damit konnten Regelungen hinsichtlich der Zuständigkeit des Insolvenzgerichtes, der Zulässigkeit einer sofortigen Beschwerde sowie der Anhörung der Gläubiger entfallen, da sich die Unzulässigkeit der Individualzwangsvollstreckung unmittelbar aus dem Gesetz ergibt.

C. Vollstreckungsverbot

I. Altmassegläubiger

5 Die Vorschrift des § 210 verbietet nach der Anzeige der Masseunzulänglichkeit die Zwangsvollstreckung wegen der in **§ 209 Abs. 1 Nr. 3** bezeichneten **Altmasseverbindlichkeiten.** Das Vollstreckungsverbot richtet sich in seinem unmittelbaren Anwendungsbereich ausschließlich gegen die Altmassegläubiger, die zur Durchsetzung ihrer Forderungen versuchen, entgegen der Rangordnung des § 209 ihre volle Befriedigung im Wege der Individualzwangsvollstreckung durchzusetzen.[5]

6 **Neumasseverbindlichkeiten** i. S. d. § 209 Abs. 1 Nr. 2, die nach Anzeige der Masseunzulänglichkeit begründet wurden, werden vom Vollstreckungsverbot des § 210 nicht

---
[1] *Kilger/K. Schmidt* § 60 KO Anm. 3.
[2] Begr. § 322 RegE, *Kübler/Prütting,* S 441.
[3] Begr. § 322 RegE, *Kübler/Prütting,* S. 441.
[4] Begr. Rechtsausschuss, *Kübler/Prütting,* S. 441.
[5] BGHZ 154, 358 = NJW 2003, 2454 = NZI 2003, 369; NJW 2006, 2997, 2999; *Nerlich/Römermann/ Westphal* § 210 RdNr. 3; *Breutigam* in: *Breutigam/Blersch/Goetsch* § 210 RdNr. 2.

erfasst.⁶ Das Gesetz geht dabei von dem Regelfall aus, dass die vom Insolvenzverwalter erst nach Anzeige der Masseunzulänglichkeit während des weiteren Verfahrens nach § 208 Abs. 3 neu begründeten Masseverbindlichkeiten bei Fälligkeit aus der dann vorhandenen Masse voll gedeckt sind. Ihr Vorwegbefriedigungsrecht wird durch das auf die Altmassegläubiger beschränkte Verbot der Einzelzwangsvollstreckung gesichert.⁷ Das Vollstreckungsverbot bezieht sich auch nicht auf Sozialplangläubiger, da ihnen nach § 123 Abs. 3 Satz 2 bereits die Zwangsvollstreckung in die Masse wegen einer Sozialplanforderung grundsätzlich untersagt ist.

1. Keine Feststellungsklage gegen Vollstreckungsverbot. Mit der Anzeige der Masseunzulänglichkeit bestehen für die Altmassegläubiger keine Möglichkeiten mehr, ihre Ansprüche durch Einzelzwangsvollstreckungsmaßnahmen durchzusetzen. Die Berechtigung der vom Verwalter angezeigten Masseunzulänglichkeit wird nach der gesetzlichen Regelung nicht überprüft.⁸ Angesichts der fehlenden gerichtlichen Kontrolle ist von *Runkel/Schnurbusch* als Ausweg vorgeschlagen worden, die Erhebung einer Feststellungsklage – während des noch laufenden Insolvenzverfahrens – zuzulassen mit dem Ziel, gerichtlich überprüfen zu lassen, ob das Vollstreckungsverbot des § 210 auf Grund drohender bzw. eingetretener Masseunzulänglichkeit tatsächlich besteht.⁹ Aber auch eine solche Feststellungsklage kann nicht als statthaft angesehen werden. Die Feststellung der Masseunzulänglichkeit obliegt ausschließlich dem Insolvenzverwalter. Die gesetzgeberische Intention würde umgangen, wenn über ein Feststellungsklageverfahren letztlich die Gerichte wieder entscheidungsbefugt wären.¹⁰ Ein Nachteil wäre auch, dass im Hinblick auf divergierende gerichtliche Entscheidungen der Zeitpunkt des Eintritts der Masseunzulänglichkeit nicht mehr einheitlich gegenüber allen beteiligten Massegläubigern festgestellt würde. Zudem spricht der Wortlaut des § 210 dafür, dass Tatbestandsvoraussetzung für das Vollstreckungsverbot ausschließlich die vom Insolvenzverwalter nach § 208 angezeigte Masseunzulänglichkeit ist, unabhängig davon, ob diese berechtigt oder zu Unrecht erfolgte.¹¹

2. Zwangsvollstreckung nach Verfahrenseinstellung. Mit der Einstellung des Insolvenzverfahrens endet das Vollstreckungsverbot des § 210.¹² Die wegen ihrer Ansprüche nicht befriedigten Massegläubiger können gegen den Schuldner die Individualzwangsvollstreckung betreiben.¹³ Allerdings haftet der Schuldner gegenüber den Massegläubigern, deren Ansprüche durch Handlungen des Insolvenzverwalters begründet wurden, nur mit der Restmasse, die ihm vom Verwalter gem. § 215 Abs. 2 zurückzugeben ist. Die Vollstreckung in ein vom Insolvenzbeschlag nicht erfasst gewesenes Vermögen kann der Schuldner durch Erhebung der Vollstreckungsgegenklage nach § 767 ZPO abwenden.¹⁴

II. Zeitpunkt

Das Vollstreckungsverbot entfaltet seine Wirkung, sobald dem Insolvenzgericht die Masseunzulänglichkeit nach § 208 angezeigt wird. Maßgebender Zeitpunkt ist allein der Eingang der Unzulänglichkeitsanzeige beim Insolvenzgericht. Die Geltung der Vollstreckungssperre ist nach dem Gesetz nicht von weiteren Voraussetzungen abhängig.¹⁵

---

⁶ Begr. Rechtsausschuss, *Kübler/Prütting*, S. 441; *Uhlenbruck* § 210 RdNr. 1; vgl. auch § 210 RdNr. 19.
⁷ *Kübler/Prütting/Pape* § 210 RdNr. 6; HK-*Landfermann* § 210 RdNr. 1.
⁸ BGH NZI 2003, 369 = ZIP 2003, 914, dazu EWiR 2003, 651 *(Tetzlaff)*; BAG ZIP 2002, 628, dazu EWiR 2002, 815 *(Berscheid)*; vgl. auch § 208 RdNr. 35.
⁹ *Runkel/Schnurbusch* NZI 2000, 49, 52.
¹⁰ *Uhlenbruck* § 210 RdNr. 4; *Kübler/Prütting/Pape* § 208 RdNr. 4, der allerdings die gesetzliche Regelung als nicht überzeugend ablehnt.
¹¹ HK-*Landfermann* § 210 RdNr. 2.
¹² *Kübler/Prütting/Pape* § 215 RdNr. 4.
¹³ *Uhlenbruck* § 215 RdNr. 9; vgl. auch § 207 RdNr. 76.
¹⁴ Vgl. § 207 RdNr. 76.
¹⁵ HK-*Landfermann* § 210 RdNr. 2.

III. Tragweite

10 **1. Vollstreckungsmaßnahmen.** Zwangsvollstreckungsmaßnahmen jeder Art und Weise sind nach § 210 verboten. Unerheblich ist, ob der Massegläubiger i. S. d. § 209 Abs. 1 Nr. 3 die Zwangsvollstreckung aus einem Leistungsurteil, einem Kostenfestsetzungsbeschluss oder einem anderen Vollstreckungstitel betreibt.[16] Auch für den Steuerfiskus als Altmassegläubiger gilt das Verbot der Einzelzwangsvollstreckung aus Steuerbescheiden.[17] Nach angezeigter Masseunzulänglichkeit können Altmassegläubiger entsprechend § 91 auch keine Vorzugsrechte mehr an Gegenständen der Insolvenzmasse erwerben.[18]

11 **2. Laufende Zwangsvollstreckung.** Das Vollstreckungsverbot greift auch in laufende Zwangsvollstreckungsmaßnahmen ein und untersagt deren Fortsetzung.[19] Hatte der Massegläubiger allerdings vor dem Wirksamwerden des Vollstreckungsverbotes im Wege der Zwangsvollstreckung für seine titulierte Forderung aus der Insolvenzmasse bereits ein Pfändungspfandrecht erlangt, so bleibt dieses wirksam.[20] Der Massegläubiger kann sich nach Verwertung aus dem Erlös befriedigen. Hier handelt es sich nicht um eine abgesonderte Befriedigung nach den §§ 50 f.; diese gilt für Insolvenzgläubiger und kann nicht auf Massegläubiger Anwendung finden.[21]

12 **3. Feststehende Verteilungsquote.** Nach § 210 ist die Individualzwangsvollstreckung insgesamt unzulässig. § 322 Abs. 1 RegE wollte dem Altmassegläubiger die Zwangsvollstreckung nur untersagen, solange die Verteilungsquote noch nicht feststand.[22] Diese am Verständnis zu § 60 KO orientierte, differenzierende Regelung ist mit Recht nicht in das Gesetz übernommen worden.[23] Danach könnte der Altmassegläubiger jeweils einwenden, dass er nach dem Stand des Verfahrens zumindest eine bestimmte Quote zu beanspruchen habe. Damit würde das Abwicklungs- und Verteilungsverfahren nach §§ 208 Abs. 3, 209 jedoch wieder mit Rechtsstreitigkeiten belastet, die der Gesetzgeber ausdrücklich durch eine Vereinfachung und Streichung von Rechtsmitteln vermeiden wollte. Altmassegläubiger haben das berechtigte Interesse an dem Erhalt von Abschlagszahlungen aus der Masse, soweit eine Quotenaussicht tatsächlich feststeht. Wenn der Insolvenzverwalter zur Durchführung entsprechender **Vorab-Ausschüttungen** nicht bereit ist, verbleibt ihnen aber nur die Möglichkeit, das Insolvenzgericht zu aufsichtsrechtlichen Maßnahmen zu veranlassen. Indes ist der Insolvenzverwalter allein verantwortlich für die ranggerechte Befriedigung auch der anderen vorrangigen Neumassegläubiger; er hat deshalb sorgfältig darauf zu achten, diese nicht durch zu hohe Abschlagszahlungen an Altgläubiger zu gefährden.

13 **4. Keine Ausweitung des Vollstreckungsverbots nach § 88 analog.** Das Vollstreckungsverbot des § 210 erfasst alle Zwangsvollstreckungsmaßnahmen nach Wirksamwerden der Unzulänglichkeitsanzeige. Eine Ausweitung des Vollstreckungsverbotes auf Maßnahmen innerhalb des letzten Monats vor der Anzeige entsprechend § 88 ist nicht statthaft.[24] Die Rückschlagsperre des § 88 ergänzt von ihrer Funktion her das Recht der Insolvenzanfechtung, indem die **Wirkungen von Zwangsvollstreckungsmaßnahmen** vor Verfahrenseröffnung rückgängig gemacht werden. Die Regelung ist damit zugeschnitten auf die Interessenlage der Insolvenzgläubiger, nach Eintritt der materiellen

---

[16] BGH NZI 2005, 328 (Kostenfestsetzungsbeschluss) = ZIP 2005, 817; *Nerlich/Römermann/Westphal* § 210 RdNr. 5.
[17] BFH ZIP 1996, 1838 m. Anm. *Huken* ZInsO 2001, 498.
[18] *Kübler/Prütting/Pape* § 210 RdNr. 9; HambKomm-*Weitzmann* § 210 RdNr. 5.
[19] *Kübler/Prütting/Pape* § 210 RdNr. 3.
[20] HK-*Landfermann* § 210 RdNr. 4; zur Anwendung der Rückschlagsperre nach § 88 analog vgl. § 210 RdNr. 13.
[21] *Häsemeyer* RdNr. 14.26; vgl. auch RdNr. 16.
[22] Begr. § 322 RegE, *Kübler/Prütting*, S. 441.
[23] Dagegen für eine entsprechende teleologische Reduktion *Breutigam* in: *Breutigam/Blersch/Goetsch* § 210 RdNr. 8.
[24] Ebenso *Mohrbutter/Ringstmeier/Pape* § 12 RdNr. 126, da keine planwidrige Regelungslücke vorliegt; aA HK-*Landfermann* § 210 RdNr. 4; *Breutigam* in: *Breutigam/Blersch/Goetsch* § 210 RdNr. 3.

Insolvenz[25] gemeinschaftlich aus dem Vermögen des Schuldners befriedigt zu werden. Demgegenüber sind im Insolvenzverfahren die Masseverbindlichkeiten wie geschuldet aus der Insolvenzmasse zu erfüllen. Ihr Vorwegbefriedigungsrecht nach § 53 endet erst, wenn der Insolvenzverwalter durch die Anzeige der Masseunzulänglichkeit das Regelinsolvenzverfahren in eine Abwicklung nach §§ 208 f. überleitet. Der Insolvenzverwalter ist berechtigt, bereits die drohende Masseunzulänglichkeit gem. § 208 anzuzeigen. Die Pflicht des Schuldners zur Stellung eines Insolvenzantrags gegenüber seinen Gläubigern kann insoweit nicht gleichgestellt werden der ausschließlich vom Insolvenzverwalter nach § 208 zu erstattenden Anzeige der Masseunzulänglichkeit. Deshalb können auch Sicherheiten, die Massegläubiger im letzten Monat vor der Anzeige durch Zwangsvollstreckung erlangt haben, nicht entsprechend § 88 unwirksam werden. Soweit der Insolvenzverwalter durch eine verspätete Anzeige der Masseunzulänglichkeit nach § 208 schuldhaft nicht verhindert hat, dass ein Massegläubiger i. S. d. § 209 Abs. 1 Nr. 3 noch eine Sicherung für seine Forderung im Wege der Einzelzwangsvollstreckung erlangt hat, so können die Altmassegläubiger einen ihnen dadurch entstandenen Quotenschaden haftungsrechtlich gegenüber dem Insolvenzverwalter durchsetzen.

IV. Durchsetzung des Vollstreckungsverbots

1. Rechtsbehelf. Das Vollstreckungsverbot des § 210 ist von den Vollstreckungsorganen von Amts wegen zu beachten. Werden ungeachtet des Vollstreckungshindernisses die Vollstreckungsmaßnahmen vollzogen, so sind die verbotswidrig vorgenommenen Vollstreckungen zwar materiellrechtlich unwirksam, führen jedoch zu einer wirksamen Verstrickung.[26] Im Falle z. B. der öffentlichen Versteigerung kann der Ersteher das – gepfändete – Recht erwerben.[27]

Die Unzulässigkeit der Zwangsvollstreckung nach Anzeige der Masseunzulänglichkeit wird mit der Erinnerung nach § 766 ZPO geltend gemacht.[28] Zur Abwehr einer wegen Masseunzulänglichkeit unzulässigen Zwangsvollstreckung bedarf es nicht mehr wie nach altem Recht der aufwändigen Erhebung einer Vollstreckungsgegenklage nach § 767 ZPO. Das Vollstreckungsorgan ist an die angezeigte Masseunzulänglichkeit gebunden; eine Prüfung, ob diese berechtigt vom Verwalter angezeigt wurde, ist nicht gestattet. Die Erinnerung ist entsprechend § 89 Abs. 3 beim Insolvenzgericht einzureichen.[29] Eine ausdrückliche Zuständigkeitsregelung hat der Gesetzgeber nicht getroffen. Jedoch hat er in § 89 Abs. 3 die Prüfung, ob Zwangsvollstreckungen für einzelne Gläubiger während des Insolvenzverfahrens zulässig sind, nicht dem Vollstreckungsgericht, sondern dem Insolvenzgericht übertragen. Dieses entscheidet dann als besonderes Vollstreckungsgericht.[30] Sachlicher Grund hierfür ist die Annahme, dass das Insolvenzgericht die Voraussetzungen der Vollstreckungsverbote, insbesondere hinsichtlich der **insolvenzrechtlichen Tatbestände** besser beurteilen könne.[31] Dementsprechend ist es bei der gerichtlichen Durchsetzung des Vollstreckungsverbotes in § 210 sachgerecht, dass über die vom Verwalter gegen Vollstreckungsmaßnahmen eines Massegläubigers i. S. d. § 209 Abs. 1 Nr. 3 eingelegte Erinnerung das Insolvenzgericht als das sachnähere Gericht entscheidet. Dieses ist auch dann funktionell zuständig, wenn ein Kostengläubiger nach Eintritt der Massearmut (§ 207) in die Insolvenzmasse vollstreckt und

---

[25] BGH ZIP 1997, 1929, 1930.
[26] *Uhlenbruck* § 210 RdNr. 4; *Breutigam* in: Breutigam/Blersch/Goetsch § 210 RdNr. 6; ferner § 89 Rd-Nr. 33.
[27] OLG Celle KTS 1962, 112, 114.
[28] BGH NZI 2006, 697 = ZInsO 2006, 1049; *Uhlenbruck* § 90 RdNr. 10 und § 210 RdNr. 4; *Kröpelin* ZIP 2003, 2341, 2343; HK-*Landfermann* § 210 RdNr. 5; Kübler/Prütting/Pape § 210 RdNr. 4; aA *Nerlich/Römermann/Westphal* § 210 RdNr. 5; LG Heilbronn ZIP 2002, 1214 m. krit. Anm. *Keller* in EWiR 2002, 923.
[29] BGH aaO; Kübler/Prütting/Pape § 210 RdNr. 4a; HK-*Landfermann* § 210 RdNr. 5; *Breutigam* in: Breutigam/Blersch/Goetsch § 210 RdNr. 7; nach aA das Vollstreckungsgericht, *Runkel/Schnurbusch* NZI 2000, 49, 51.
[30] BGH ZIP 2004, 732.
[31] Begr. § 89 RegE, *Kübler/Prütting*, S. 266.

damit gegen das Vollstreckungsverbot im erweiterten Anwendungsbereich des § 210 verstösst (s. dazu RdNr. 25).[32]

16 **2. Rückforderungsanspruch.** Erst mit der Anzeige der Masseunzulänglichkeit ist für die Befriedigung der Massegläubiger die Rangordnung des § 209 maßgebend. Hat deshalb der Massegläubiger vor der Anzeige eine Befriedigung oder Sicherheit aus der Masse erhalten, so stand sie ihm zu und er kann sie behalten.[33] Dies gilt auch, wenn der Insolvenzverwalter z. B. die Masseverbindlichkeit vor Eintritt der Fälligkeit beglichen hat; eine Rückforderung ist ausgeschlossen.

17 Mit der Anzeige der Masseunzulänglichkeit kann der Altmassegläubiger i. S. d. § 209 Abs. 1 Nr. 3 jedoch nur noch Befriedigung seiner Ansprüche gem. der besonderen Verteilungsordnung des § 209 beanspruchen; eine Befriedigung im Wege der Zwangsvollstreckung ist ausgeschlossen. Hat der Massegläubiger ungeachtet der angezeigten Masseunzulänglichkeit auf vollstreckungsrechtlichem Weg eine Sicherheit oder Befriedigung erlangt, so hat er diese wieder an die Masse herauszugeben.[34] Da sie ihm im Hinblick auf die anteilige und gleichmäßige Befriedigung nach § 209 nicht gebührt, hat die Rückabwicklung wegen ungerechtfertigter Bereicherung nach den §§ 812 ff. zu erfolgen.

18 **3. Leistungsklagen.** Das Vollstreckungsverbot richtet sich nicht nur gegen im Zeitpunkt der Anzeige der (drohenden) Masseunzulänglichkeit bereits vorhandene titulierte Ansprüche der Massegläubiger i. S. d. § 209 Abs. 1 Nr. 3. Verfügen sie zu diesem Zeitpunkt noch nicht über einen Vollstreckungstitel, so können sie einen solchen im Erkenntnisverfahren auch nicht mehr erlangen. Leistungsklagen von Altmassegläubigern gegen den Insolvenzverwalter sind nach feststehender Rspr. und hM im Schrifttum wegen der nicht mehr vorhandenen Vollstreckungsmöglichkeit mangels **Rechtsschutzinteresses** unzulässig.[35] Ein Leistungsurteil wäre vollstreckungsunfähig und hätte keine weitreichendere Wirkung als ein Feststellungsurteil. Tritt nach Anzeige der (drohenden) Masseunzulänglichkeit ein Vollstreckungsverbot i. S. d. § 210 auf, ist der Altmassegläubiger daher auf die Feststellung beschränkt, dass ihm der geltend gemachte – bestrittene – Anspruch als Masseanspruch zusteht.[36] So können etwa Mietzinsansprüche, die in der Zeit nach Insolvenzeröffnung entstanden sind und gem. §§ 108 Abs. 1, 55 Abs. 1 Nr. 2 Masseschulden sind, nur noch im Wege der Feststellungsklage verfolgt werden, soweit sie in den Zeitraum vor Anzeige der Masseunzulänglichkeit fallen. Eine im Zeitpunkt der Unzulänglichkeitsanzeige anhängige Leistungsklage ist gem. § 264 Nr. 2 ZPO auf einen Feststellungsantrag umzustellen.[37]

18a **4. Kostenfestsetzungsbeschluss.** Sobald der Insolvenzverwalter nach Eintritt der Rechtshängigkeit Masseunzulänglichkeit angezeigt hat, kann auch im Kostenfestsetzungsverfahren kein Vollstreckungstitel mehr zugunsten eines Altmassegläubigers ergehen (s. § 208 RdNr. 65). Diesem fehlt wie im Klageverfahren das notwendige Rechtsschutzinteresse für den Erlass eines – gem. § 210 nicht mehr durchsetzbaren (s. RdNr. 10) – Kostenfestsetzungs-

---

[32] BGH NZI 2006, 697.
[33] Das Gesetz knüpft die Rechtsfolgen der Masseunzulänglichkeit ausschließlich an deren Anzeige an, unabhängig davon, ob auch die materiellrechtlichen Voraussetzungen der (drohenden) Masseunzulänglichkeit vorliegen. Deshalb ist es fraglich, ob die Anfechtungsvorschriften der §§ 129 ff. sinngemäß angewendet werden können (befürwortend zu den §§ 53 bis 55 KO BGHZ 130, 46 f), wenn der einzelne Massegläubiger in Kenntnis ihres Vorliegens durch Rechtshandlungen des Verwalters vor Anzeige der Masseinsuffizienz eine Sicherung oder Befriedigung erhält; zum Streitstand vgl. HK-*Kreft* § 129 RdNr. 35; dagegen *Pape* in: *Mohrbutter/Ringsmeier* § 12 RdNr. 122 u. *Kübler/Prütting/Pape* § 210 RdNr. 13, da die Altmassegläubiger erst in dem Moment eine Befriedigungsgemeinschaft bilden, in dem die Anzeige der Masseunzulänglichkeit erfolgt.
[34] *Dinstühler* ZIP 1998, 1697, 1705.
[35] BGH NJW 2006, 2997 = NZI 2006, 392; NZI 2004, 209; BGHZ 154, 358 = NJW 2003, 2454 = NZI 2003, 369; BAG ZInsO 2005, 51 f.; NZI 2005, 408; ZIP 2003, 1850; dazu EWiR 2004, 243 *(Pape)*; ZIP 2002, 628; OLG Düsseldorf NZI 2007, 50; *Uhlenbruck* § 210 RdNr. 6; *Mohrbutter/Ringsmeier/Pape* § 12 RdNr. 114; HK-*Landfermann* § 210 RdNr. 6; HambKomm-*Weitzmann* § 210 RdNr. 3; aA *Kröpelin* ZIP 2003, 2341; *Runkel/Schnurbusch* NZI 2000, 49, 52; vgl. auch § 208 RdNr. 65.
[36] Ist die Einordnung der Klageforderung als Masseverbindlichkeit unstreitig, wird aber idR kein Feststellungsinteresse mehr bestehen.
[37] OLG Köln NZI 2001, 554; *Kübler/Prütting/Pape* § 210 RdNr. 7.

beschlusses nach § 104 ZPO.[38] Für den zuständigen Rechtspfleger ist eine nach Rechtshängigkeit angezeigte Masseunzulänglichkeit ohne weiteres aus den Akten ersichtlich. Wenn der Kostenerstattungsanspruch sachlich oder rechnerisch streitig ist, kann sein Bestehen aber auf zulässigen Antrag des Altmassegläubigers gerichtlich wenigstens festgestellt werden.[39]

D. Neumassegläubiger

I. Anwendungsbereich

Das Vollstreckungsverbot des § 210 bezieht sich nach seinem Wortlaut ausschließlich auf die „übrigen" Masseverbindlichkeiten i. S. d. § 209 Abs. 1 Nr. 3. Nach Anzeige der Masseunzulänglichkeit verlieren deshalb Neumassegläubiger ihre Vollstreckungsbefugnis grundsätzlich nicht.[40] Sie können ihre Forderungen gem. § 209 Abs. 1 Nr. 2 also regelmäßig weiterhin mit der Zahlungsklage verfolgen und ggf. noch volle Befriedigung aus der Masse erlangen.[40a] Eine Ausdehnung des Vollstreckungsverbots des § 210 auf Gläubiger von Neumasseverbindlichkeiten, die nach Anzeige der Masseunzulänglichkeit mit dem Verwalter kontrahiert haben, hat der Gesetzgeber ausdrücklich abgelehnt. Er befürchtete, der Insolvenzverwalter würde unter diesen Voraussetzungen keinen Vertragspartner finden, der noch bereit wäre, im Rahmen der weiteren Verwaltung und Verwertung der Masse mit ihm zu kontrahieren.[41] Sein Handlungsspielraum wäre wesentlich zum Nachteil der Gläubigergesamtheit eingeschränkt, was die ihm nach § 208 Abs. 3 obliegende Restabwicklung der Insolvenzmasse gefährden würde.

19

II. Masseunzulänglichkeit gegenüber Neumassegläubigern

Trotz bereits angezeigter Masseunzulänglichkeit kann sich im Laufe des Verfahrens ergeben, dass die verfügbare Insolvenzmasse nicht einmal in der Lage ist, alle fälligen Ansprüche der Gläubiger vorrangiger Masseverbindlichkeiten nach § 209 Abs. 1 Nr. 2 vollständig zu befriedigen. Die Rechtsfolgen einer solchen erneuten oder fortwährenden Masseunzulänglichkeit bezüglich der Neumassegläubiger sind gesetzlich nicht geregelt. Die Vorschriften der §§ 208 ff., die mit dem Vollstreckungsverbot für Altmassegläubiger den Vorrang der Neumasseverbindlichkeiten gem. § 209 Abs. 1 Nr. 2 absichern, sind nicht entsprechend anzuwenden.[42] Eine wiederholte, das Insolvenzgericht bindende Unzulänglichkeitsanzeige des Verwalters nach § 208 würde – abweichend von der gesetzlichen Rangordnung in § 209, wonach alle Neumassegläubiger im selben Rang die gleiche Quote erhalten – unterschiedliche Befriedigungsklassen innerhalb der Neumasseverbindlichkeiten schaffen, indem die (ursprünglichen) Neumassegläubiger ihren Vorrang einbüßen und die nach der weiteren Anzeige neu hinzukommenden Gläubiger einen verbesserten Rang mit Aussicht auf vollständige Befriedigung erhalten („Neumassegläubiger 1. Klasse"). Solche in § 209 nicht vorgesehenen zusätzlichen Rangstufen würden die restliche Abwicklung der Insol-

20

---

[38] BGH NZI 2005, 328 = ZInsO 2005, 430 = ZIP 2005, 817; ZInsO 2005, 1103; *Uhlenbruck* § 210 RdNr. 3; *Pape* in: *Mohrbutter/Ringstmeier* § 12 RdNr. 128.
[39] HK-*Landfermann* § 210 RdNr. 7; in BGH ZInsO 2005, 430 und 1103 konnte die Zulässigkeit eines Feststellungsausspruches im Kostenfestsetzungsverfahren jeweils offen bleiben, da der Kostenerstattungsanspruch selbst außer Streit war.
[40] BGH NJW 2006, 2997, 2998; BAG NZI 2005, 408, 409; an der Berechtigung der Vollstreckungsmöglichkeit von Neumassegläubigern dagegen zweifelnd *Nerlich/Römermann/Westphal* § 210 RdNr. 8.
[40a] Dies gilt auch für die durch Vormerkung gesicherten (insolvenzfesten) Auflassungsanspruch, der trotz angezeigter Masseunzulänglichkeit – außerhalb der Verteilungsordnung des § 209 – vorab aus der Masse zu erfüllen ist, vgl. OLG Stuttgart ZInsO 2004, 1087.
[41] Begr. Rechtsausschuss, *Kübler/Prütting*, S. 441.
[42] BGH NJW 2006, 2997, 2999 = WM 2006, 970 m. krit. Anm. *Barner*, WuB VI A. § 209 InsO 1.06; NJW 2003, 2454; aA *Kröpelin* ZIP 2003, 2341, 2344 f.; zur erneuten Anzeige der Masseunzulänglichkeit s. § 208 RdNr. 60.

venzmasse unnötig erschweren.[43] Auch das Vollstreckungsverbot des § 210, das die Rangfolge des § 209 Abs. 1 und namentlich die Neumassegläubiger vor Einzelvollstreckungen nachrangiger Massegläubiger schützen will, lässt sich nicht analog auf das Konkurrenzverhältnis gleichrangiger Neumassegläubiger übertragen.[44] Obgleich sie wegen ihrer Ansprüche nach § 210 keinem Vollstreckungsverbot unterliegen, wird deren Durchsetzbarkeit nach zutreffender hM mit dem erneuten Hervortreten der Masseunzulänglichkeit eingeschränkt.[45] Wie im Fall der „Insolvenz in der Insolvenz" können sie im Hinblick auf die wiederum unzulängliche Masse nur noch eine **quotale Befriedigung aus der Insolvenzmasse** verlangen. Aufgrund des zwischen ihnen nunmehr ebenfalls geltenden Grundsatzes der Gleichbehandlung darf der einzelne Gläubiger sich nicht durch Vollstreckungsmaßnahmen eine Vorzugsstellung verschaffen und so die auf andere Neumassegläubiger entfallende Befriedigungsquote weiter verringern. Ein Wettlauf miteinander konkurrierender Neugläubiger muss – ähnlich wie bei der ursprünglichen Masseunzulänglichkeit – verhindert werden.[46]

21 **1. Vollstreckungsabwehrklage nach § 767 ZPO.** Ist zugunsten eines Neumassegläubigers schon ein Zahlungstitel ergangen, kann der Insolvenzverwalter dessen Zwangsvollstreckung durch Erhebung der Vollstreckungsgegenklage nach § 767 ZPO abwehren und die Klage ggf. mit einem Antrag auf einstweilige Einstellung der Zwangsvollstreckung verbinden. In diesem Verfahren ist die weitere Massearmut als neue materiell-rechtliche Einwendung i. S. v. § 767 Abs. 2 ZPO gegen die Masseforderung geltend zu machen.[47] Eine ausdrückliche Regelung enthält das Gesetz hierzu nicht. Der Rückgriff auf die zur Anwendung des § 60 KO im masseunzulänglichen Verfahrens entwickelten Grundsätze ist deshalb zutreffend.[48] Der Insolvenzverwalter hat danach die erneut drohende oder eingetretene Masseunzulänglichkeit gegenüber den Massegläubigern **öffentlich bekannt zu machen;** darüber hinaus sollte er – allerdings ohne die konstitutive Wirkung der formellen Anzeige des § 208 – die nunmehr auch gegenüber den Neumassegläubigern bestehende Masseunzulänglichkeit dem Insolvenzgericht mitteilen.

22 **2. Einwand der erneuten Masseunzulänglichkeit im gerichtlichen Verfahren.** Im Rechtsstreit mit einem Neumassegläubiger kann sich der Insolvenzverwalter auf weitere Masseunzulänglichkeit berufen. Dieser Einwand hat aber – anders als die (erstmalige) Anzeige der Masseunzulänglichkeit nach § 208 – keine verbindliche Wirkung.[49] Da der Verwalter somit keine prozessuale Sonderstellung besitzt, ist er für eine von ihm behauptete fortwährende Masseunzulänglichkeit darlegungs- und beweispflichtig.[50] Zur ordnungsgemäßen Substantiierung hat er die mindestens drohende Zahlungsunfähigkeit der Neumasse im Einzelnen darzulegen und hierzu nach Möglichkeit einen auf den Zeitpunkt der Letzten mündlichen Verhandlung bezogenen Insolvenzstatus vorzulegen, aus dessen aktuellem Zah-

---

[43] Vgl. *Mohrbutter/Ringstmeier/Pape* § 12 RdNr. 100; *Graf-Schlicker/Mäusezahl* § 208 RdNr. 23; OLG Frankfurt NZI 2005, 40, 41; gegen Rangänderung unter den Neumasseverbindlichkeiten auch *Rendels*, INDAT-Report 2006, 34, 36; aA *Kröpelin* ZIP 2003, 2345.

[44] BAG ZIP 2004, 1323 = DZWIR 2005, 106 m. Anm. *Oetker* S. 108 f.; *Uhlenbruck* § 210 RdNr. 5; *Mohrbutter/Ringstmeier/Pape* § 12 RdNr. 116 u. 129; aA HK-*Landfermann* § 210 RdNr. 3; *Kröpelin* ZIP 2003, 2345.

[45] BGHZ 154, 358 = NJW 2003, 358; NJW 2006, 2997; BAG ZInsO 2005, 51 f.; ZIP 2004, 1323; *Kübler/Prütting/Pape* § 210 RdNr. 6.

[46] BGH aaO; *Kübler,* KO Fester Schrift, S. 967, 979.

[47] ZIP 2005, 1103; BAG ZInsO 2005, 50 und ZIP 2004, 1323; AG Hamburg ZInsO 2007, 830; *Uhlenbruck* § 210 RdNr. 1 und 5; *Mohrbutter/Ringstmeier/Pape* § 12 RdNr. 116 und 129; *Gottwald/Klopp/Kluth* § 74 RdNr. 43; HambKomm-*Weitzmann* § 210 RdNr. 4; *Nerlich/Römermann/Westphal* § 210 RdNr. 8; HK-*Landfermann* § 210 RdNr. 3.

[48] *Kübler/Prütting/Pape* § 210 RdNr. 6; *Kilger/K. Schmidt* § 60 KO Anm. 2.

[49] Vgl. § 208 RdNr. 60. Nach der Rspr. des BGH ist eine erneute – formelle – Anzeige der Masseunzulänglichkeit nicht nötig; offen geblieben ist die Rechtsfrage einer etwaigen Bindungswirkung, BGH NJW 2006, 2997.

[50] BGHZ 154, 358, 369; BGH ZInsO 2004, 674; WM 2001, 1470, 1472; BAG ZInsO 2002, 889 m. Anm. *Berscheid* S. 868; *Mohrbutter/Ringstmeier/Pape* § 12 RdNr. 101. Im Kostenfestsetzungsverfahren reicht es aus, wenn der Verwalter die Neumasseunzulänglichkeit gem. § 104 Abs. 2 Satz 1 ZPO glaubhaft macht, BGH ZInsO 2005, 1103.

lenwerk sich die weitere (drohende) Masseinsuffizienz ablesen lässt; eine nur pauschale Gegenüberstellung von Aktiva und Passiva ohne deren Bewertung genügt nicht.[51] Kein Beweisanzeichen liefert die für das Insolvenzgericht bindende (erste) Anzeige der Masseunzulänglichkeit; auch deren öffentliche Bekanntmachung ersetzt daher im Passivpozess des Insolvenzverwalters mit einem Massegläubiger nicht die Darlegung und den Nachweis der wiederum unzulänglichen Masse.[52] Letztlich hat das Prozessgericht die Voraussetzungen der erneuten Masseunzulänglichkeit mit Hilfe der Beweiserleichterungen entsprechend § 287 Abs. 2 ZPO zu beurteilen.[53]

Soweit feststeht, dass auch für die fälligen Neumasseverbindlichkeiten i. S. d. § 209 Abs. 1 Nr. 2 nur noch eine quotale Befriedigung in Frage kommt, befinden sich deren Gläubiger prozessual in einer vergleichbaren Situation wie die Altmassegläubiger. Beide können mit Hilfe eines Zahlungstitels keine vollständige Befriedigung ihrer Ansprüche mehr erlangen. Der Insolvenzverwalter, der zur Sicherung einer gleichmäßigen Behandlung aller Neugläubiger die Erfüllung verweigern darf, kann grundsätzlich nicht mehr zur Leistung verurteilt werden. Die Neumassegläubiger verlieren deshalb – ausnahmsweise – das Recht, den Verwalter auf uneingeschränkte Leistung zu verklagen; eine **Leistungsklage** gegen die Masse ist wegen fehlenden Rechtsschutzbedürfnisses unzulässig.[54] Zulässig ist nur noch die Erhebung einer Feststellungsklage; im anhängigen Rechtsstreit hat der Neumassegläubiger zur Feststellungsklage überzugehen, § 264 Nr. 2 ZPO.[55] Mit der gerichtlichen Feststellung, dass die geltend gemachten Masseforderungen im Rang des § 209 Abs. 1 Nr. 2 einzuordnen und somit vom Verwalter vorrangig zu berichtigen sind, stehen Neumassegläubiger im praktischen Ergebnis regelmäßig nicht schlechter als bei einem Leistungsurteil; denn es ist grundsätzlich davon auszugehen, dass sich der Insolvenzverwalter bei Verteilung der vorhandenen Masse strikt an die gesetzlich vorgegebene Rangfolge hält.[56] Auf der anderen Seite wird dem Verwalter die Abwicklung massearmer Verfahren erleichtert, wenn er bei wiederum unzureichender Masse Leistungsklagen auch von Neumassegläubigern abwehren kann. Sollte vor Abschluss des Verfahrens die im Rahmen des § 209 Abs. 1 Nr. 2 zur Verteilung gelangende Quote an die Neumassegläubiger bereits endgültig feststehen, so kann ein **Leistungsurteil in Höhe dieser Quote** gegen den Insolvenzverwalter ergehen.[57] In diesem seltenen Ausnahmefall lässt sich der auszuzahlende Betrag beziffern, so dass ein auf die anteilige Befriedigung beschränkter Leistungsantrag zulässig ist. Auch bei feststehender Verteilungsquote ist aber im Einzelfall zu prüfen, ob für die erhobene Leistungsklage ein Rechtsschutzbedürfnis überhaupt vorhanden ist, wenn z. B. der Insolvenzverwalter seine Leistungspflicht nicht bestreitet, jedoch auf eine derzeit bestehende unzureichende Liquiditätslage hinweist und diese im Einzelnen plausibel macht.[58] In Fällen der weiteren Masseunzulänglichkeit kann zugunsten der Neumassegläubiger auch kein **Kostenfestsetzungsbeschluss** gegen den Insolvenzverwalter ergehen; ihnen fehlt – wie im Klageverfahren – das notwendige Rechtsschutzinteresse für den Erlass eines zur Vollstreckung geeigneten Titels, § 794 Abs. 1 Nr. 2 ZPO.[58a] Der für die

---

[51] BGHZ 154, 358; OLG Düsseldorf NZI 2007, 50, 52 m. Anm. *Drasdo*; *Mohrbutter/Ringstmeier/Pape* § 12 RdNr. 94.
[52] BGH ZInsO 2004, 326 und 2005, 1103; *Mohrbutter/Ringstmeier/Pape* § 12 RdNr. 83; anders noch Vorauflage und – zu § 60 KO – *Uhlenbruck* in EWiR 1996, 33, wonach der Verwalter seiner prozessualen Last bereits durch den Hinweis auf die öffentliche Bekanntmachung der Masseunzulänglichkeit genüge.
[53] BGHZ 154, 358; ZInsO 2004, 674; ZIP 2004, 326; BAG ZIP 2003, 1850.
[54] BGHZ 147, 28, 36; 154, 327 = NJW 2003, 2454 = NZI 2003, 369 = WM 2003, 1027; bestätigt in NZI 2005, 392; BAG NZI 2004, 636; DZWIR 2005, 106 f. m. zust. Anm. *Oetker* = ZIP 2004, 1323, dazu EWiR 2004, 815 *(Bork)*; ZIP 2003, 1850, dazu EWiR 2004, 243 *(Pape)*.
[55] BGH ZInsO 2005, 1103; BAG ZIP 2004, 1323 = DZWIR 2005, 106 m. Anm. *Oetker* S. 108 f.; *Mohrbutter/Ringstmeier/Pape* § 12 RdNr. 113 f.; HK-*Landfermann* § 210 RdNr. 8.
[56] Vgl. *Uhlenbruck* § 210 RdNr. 6.
[57] BAG ZIP 2004, 1323; in BGH NJW 2003, 2454 und WM 2001, 1470 blieb unentschieden, ob bei feststehender Verteilungsquote – mit dieser Beschränkung – auch zur Leistung an den Massegläubiger verurteilt werden kann.
[58] *Kuhn/Uhlenbruck* § 60 KO RdNr. 3 g.
[58a] BGH ZInsO 2005, 1103 = NZI 2005, 680.

§ 211 5. Teil. 3. Abschnitt. Einstellung des Verfahrens

(erneute) Masseunzulänglichkeit beweispflichtige Verwalter muss allerdings im Einzelnen darlegen und mit den im Kostenfestsetzungsverfahren zulässigen Mitteln glaubhaft machen, dass auch die für die Neumassegläubiger zur Verfügung stehende Masse unzulänglich ist.[58b]

III. Entsprechende Anwendung des § 210

24 § 210 ist auf das Rangverhältnis zwischen Neumasseverbindlichkeiten und Verfahrenskosten entsprechend anzuwenden.[59] Konkurrieren bei unzulänglicher Insolvenzmasse die im ersten Rang zu berichtigenden Kosten des Insolvenzverfahrens, § 209 Abs. 1 Nr. 1 i. V. m. § 54, mit den im zweiten Rang zu berichtigenden Neumasseverbindlichkeiten nach § 209 Abs. 1 Nr. 2, ist auch den Neumassegläubigern eine Vollstreckung in die Masse verboten, um den Vorrang der Verfahrenskosten sicherzustellen. Wie bei dem in § 210 ausdrücklich geregelten Vollstreckungsverbot für nachrangige Altmassegläubiger geht es auch hier um die von § 210 bezweckte Durchsetzung der in § 209 angeordneten Befriedigungsreihenfolge. Das gesetzliche Vollstreckungsverbot ist daher nach seinem Sinn und Zweck auf einen Neumassegläubiger auszudehnen, sobald dessen Einzelzwangsvollstreckung die absolute Vorrangstellung der Verfahrenskosten in massearmen Insolvenzverfahren gefährdet.[60] Folglich fehlt einer Leistungsklage gegen die Masse das Rechtsschutzbedürfnis, wenn der Verwalter zu Recht einwendet, dass die neu zu erwirtschaftende Insolvenzmasse nicht ausreiche, neben den erstrangigen Verfahrenskosten auch die eingeklagte Neumasseforderung voll zu erfüllen.[61]

25 Auch im Falle der Massearmut i. S. v. § 207 gilt das Vollstreckungsverbot des § 210 entsprechend; denn die Befriedigung der Kostengläubiger in der Rangfolge des § 207 Abs. 3 Satz 1 würde vereitelt, wenn ein anderer Kostengläubiger in die Insolvenzmasse vollstrecken könnte, obwohl die vorhandenen Barmittel nicht einmal zur Deckung der Verfahrenskosten nach §§ 209 Abs. 1 Nr. 1, 54 ausreichen.[62] Der Insolvenzverwalter, der die Einstellung des Verfahrens mangels Masse abwarten muss, befindet sich in einer vergleichbaren Lage wie bei Masseunzulänglichkeit. Die analoge Anwendung des § 210 im masselosen Verfahren füllt daher eine planwidrige Regelungslücke aus, wobei die Anzeige gem. § 208 hier durch die Mitteilung des Verwalters an das Insolvenzgericht vom Eintritt der Masselosigkeit ersetzt wird.[63]

§ 211 Einstellung nach Anzeige der Masseunzulänglichkeit

(1) Sobald der Insolvenzverwalter die Insolvenzmasse nach Maßgabe des § 209 verteilt hat, stellt das Insolvenzgericht das Insolvenzverfahren ein.

(2) Der Verwalter hat für seine Tätigkeit nach der Anzeige der Masseunzulänglichkeit gesondert Rechnung zu legen.

(3) ¹ Werden nach der Einstellung des Verfahrens Gegenstände der Insolvenzmasse ermittelt, so ordnet das Gericht auf Antrag des Verwalters oder eines Massegläubigers oder von Amts wegen eine Nachtragsverteilung an. ² § 203 Abs. 3 und die §§ 204 und 205 gelten entsprechend.

[58b] BGH aaO.
[59] BGH NJW 2006, 2997, 3000 = BGH-Report 2006, 933 *(Hefermehl)* = NZI 2006, 392 = ZInsO 2006, 541 = WM 2006, 970 m. krit. Anm. *Barnert* in WuB VI A. § 209 InsO 1.06.
[60] Zum Normzweck s. HK-*Landfermann* § 210 RdNr. 1; *Uhlenbruck* RdNr. 1; *Kröpelin* ZIP 2003, 2341, 2342 f.
[61] Der Insolvenzverwalter wird bei weiterer Geschäftsführung trotz andauernder Masseunzulänglichkeit aber strikt darauf bedacht sein müssen, nicht in eine Lage zu geraten, in der neu begründete Masseverbindlichkeiten wegen des Vorrangs der Verfahrenskosten – insbesondere seines eigenen Vergütungsanspruchs – nicht mehr voll befriedigt werden können, vgl. dazu auch Mohrbutter/Ringstmeier/Pape § 12 RdNr. 102.
[62] BGH NZI 2006, 697 – ZInsO 2006, 1049 = WM 2006, 2090 m. Anm. *Pape* WuB VI A. § 89 InsO 2.07; *Mohrbutter/Ringstmeier/Pape* § 12 RdNr. 59; dazu auch § 207 RdNr. 68.
[63] BGH aaO; aA *Gottwald/Klopp/Kluth* § 74 RdNr. 44, die eine analoge Anwendung des § 210 ablehnen und den Verwalter auf die Vollstreckungsgegenklage verweisen.

Schrifttum: *Dinstühler,* Die Abwicklung massearmer Insolvenzverfahren nach der Insolvenzordnung, ZIP 1998, 1697; *Kluth,* Das Verfahren bei unzulänglicher Insolvenzmasse oder ein „Himmelfahrtskommando" für den Insolvenzverwalter, ZInsO 2000, 177; *Pape,* Zur entsprechenden Anwendung des § 166 KO auf eine Verteilung nach Einstellung mangels Masse, ZIP 1992, 747; *Pink,* Rechnungslegungspflichten in der Insolvenz der Kapitalgesellschaft, ZIP 1997, 117; *Uhlenbruck,* Rechtsfolgen der Beendigung des Konkursverfahrens, ZIP 1993, 241; *ders.,* Gesetzesunzulänglichkeit bei Masseunzulänglichkeit, NZI 2001, 408; *Weitzmann,* Rechnungslegung und Schlussrechnungsprüfung, ZInsO 2007, 449.

Übersicht

	RdNr.		RdNr.
A. Normzweck	1	III. Rechtsfolgen der Einstellung	14
B. Entstehungsgeschichte	3	D. Gesonderte Rechnungslegung	15
C. Einstellungsverfahren	4	I. Rechnungslegungspflicht	15
I. Verteilung der Masse	4	II. Prüfung	17
1. Rangfolge der Verteilung	4	E. Nachtragsverteilung	19
2. Verteilungsverfahren	5	I. Voraussetzungen	19
3. Hinterlegungsstelle	6	1. Anwendungsbereich	20
4. Nachträgliche Verteilung	7	2. Anordnung	21
II. Einstellung	9	II. Verfahren	22
1. Entscheidung des Insolvenzgerichts	9	1. Verteilung	23
2. Prüfung der Einstellungsvoraussetzungen	10	2. Vermögensgegenstände	25
3. Rechtsmittel	12		

A. Normzweck

Nach Anzeige der Masseunzulänglichkeit dient das Verfahren nach §§ 208, 209 der bestmöglichen Befriedigung der Massegläubiger i. S. d. § 209 Abs. 1 Nr. 3. Es soll darüber hinaus aber auch der Ordnungs- und Regelungsfunktion des Insolvenzrechtes gerecht werden und die vollständige Abwicklung des schuldnerischen Vermögens herbeiführen.[1] Die Einstellung des Verfahrens wird deshalb in § 211 Abs. 1 ausdrücklich davon abhängig gemacht, dass zuvor die Insolvenzmasse nach Maßgabe des § 209 verteilt ist. 1

Für das Einstellungsverfahren verlangt § 211 Abs. 2, dass die Schlussrechnung des Verwalters, vgl. § 66, aufzuteilen ist zwischen der Zeit seiner Tätigkeit vor der Anzeige der Masseunzulänglichkeit und dem Zeitraum danach. Die **gesonderte Rechnungslegung** über die Abwicklung des masseunzulänglichen Verfahrens ist vorgeschrieben, da die während dieser Zeit begründeten Masseverbindlichkeiten nach § 209 Abs. 1 Nr. 2 vorrangig zu erfüllen sind. 2

B. Entstehungsgeschichte

§ 211 schließt an die entsprechenden Regelungen in §§ 204, 205 Abs. 2 KO über die Einstellung des Verfahrens nach Eintritt der Masseunzulänglichkeit an. Der Gesetzgeber hat zugleich die Chance der Neuregelung genutzt, um gegenüber dem früheren Recht Klarstellungen herbeizuführen. So wird in Übereinstimmung mit der herrschenden Auffassung zu § 204 KO ausdrücklich betont, dass der Abschluss der gem. § 209 vorzunehmenden Verteilung der Masse durch den Verwalter Voraussetzung der Einstellung des Verfahrens ist.[2] Zur KO war kritisiert worden, dass nach einer Einstellung mangels Masse die Verteilung nachträglich ermittelter Masse nicht möglich ist. Der Gesetzgeber hat diesem Mangel abgeholfen, indem er die Vorschriften über die Nachtragsverteilung für entsprechend anwendbar erklärt.[3] 3

---

[1] Allg. Begr. RegE, *Kübler/Prütting,* S. 101.
[2] Begr. § 324 RegE, *Kübler/Prütting,* S. 442.
[3] Begr. § 324 RegE, *Kübler/Prütting,* S. 442.

C. Einstellungsvoraussetzungen

I. Verteilung der Masse

4 **1. Rangfolge der Verteilung.** Der Insolvenzverwalter hat vor der Verfahrenseinstellung die Insolvenzmasse nach Maßgabe des § 209 an die Massegläubiger zu verteilen. Absolute Priorität besitzt die Befriedigung der Verfahrenskosten i. S. d. § 54. Nachfolgend sind an zweiter Rangstelle die Ansprüche der Massegläubiger nach § 209 Abs. 1 Nr. 2 zu erfüllen. Die Abgrenzung gegenüber den im Rang zurückgesetzten Altmassegläubigern richtet sich ausschließlich nach dem Zeitpunkt des Eingangs der Masseunzulänglichkeitsanzeige des Verwalters beim Insolvenzgericht[3a] Erst nach Deckung sämtlicher vorrangiger Ansprüche erfolgt die Befriedigung der nachrangigen Massegläubiger i. S. d. § 209 Abs. 1 Nr. 3; reicht die Masse zur Befriedigung nicht aus, sind die Massemittel quotal und gleichmäßig an diese zu verteilen.

5 **2. Verteilungsverfahren.** Ein Verfahren, nach dem die Verteilung der Insolvenzmasse sich vollzieht, ist im Gesetz nicht geregelt.[4] Dem Insolvenzverwalter ist freigestellt, wie er die Aufgabe der ranggerechten Verteilung der Insolvenzmasse erfüllt. Die Erstellung von **Massegläubigerlisten** sowie eines **Verteilungsverzeichnisses** ist nicht vorgeschrieben; ebenso wenig ist die „Schlussverteilung" von einer Zustimmung des Insolvenzgerichtes abhängig.[5] Eine entsprechende Anwendung des auf die Insolvenzgläubiger zugeschnittenen Verteilungsverfahrens nach §§ 187 ff. kommt wegen ihrer völlig anderen verfahrensrechtlichen und materiellrechtlichen Rechtsstellung im Insolvenzverfahren nicht in Betracht. Der Insolvenzverwalter muss freilich noch vor der Verfahrenseinstellung im Rahmen der Rechnungslegung, § 211 Abs. 2, über die Befriedigung der Massegläubiger sowie die Verteilung der Insolvenzmasse berichten und sie belegen. Er ist schon deshalb im eigenen Interesse gehalten, prüfbare Verteilungslisten zu erstellen, um die **Mittelverwendung** hinreichend dokumentieren zu können; zu diesem Zweck muss er auch entsprechende Nachweise vorlegen können.[6] Ein den Grundsätzen ordnungsgemäßer Buchhaltung entsprechend aufgestelltes Rechenwerk ist zudem erforderlich, um einer persönlichen Haftungsinanspruchnahme wegen angeblicher Verteilungsfehler nach § 60 durch vermeintlich benachteiligte Massegläubiger wirkungsvoll entgegentreten zu können.

6 **3. Hinterlegungsstelle.** Der Verteilungsaufgabe kann sich der Insolvenzverwalter nicht durch Hinterlegung der Barmittel entziehen, da er sie zur Erfüllung der – unstreitigen – Masseansprüche einzusetzen hat. Ein Verteilungsverfahren nach § 209 lässt sich über die Hinterlegungsstelle nicht organisieren und vollziehen.[7]

7 **4. Nachträgliche Verteilung.** Die Verteilung der Insolvenzmasse kann grundsätzlich erst abgeschlossen werden, wenn die zu berücksichtigenden Masseverbindlichkeiten feststehen und das Aktivvermögen verwertet ist. Die Klärung einzelner Masseverbindlichkeiten oder die Fortsetzung eines voraussichtlich langwierigen Rechtsstreites sollten aber nicht dazu führen, dass die Verfahrenseinstellung auf unabsehbare Zeit blockiert wird. Das Gesetz sieht in § 211 zwar nicht vor, dass strittige oder aufschiebend bedingte Masseansprüche sicherzustellen sind. Allerdings muss von der **Zulässigkeit der Sicherheitsleistung** ausgegangen werden, da eine zügige Verteilung und Einstellung des Verfahrens gerade im Interesse der in ihren Befriedigungsrechten zurückgesetzten Massegläubiger nach § 209 Abs. 1 Nr. 3 liegt. Soweit Masseansprüche streitig sind, hat entsprechend §§ 214 Abs. 3, 258 Abs. 2 eine

---

[3a] BGH NJW 2006, 2997; dazu § 209 RdNr. 20.
[4] Eingehend hierzu *Kluth* ZInsO 2000, 177, 182; ferner *Uhlenbruck* NZI 2001, 410.
[5] *Haarmeyer/Wutzke/Förster*, Handbuch, Kap. 8 RdNr. 167; *Gottwald-Klopp/Kluth* § 74 RdNr. 39.
[6] *Mohrbutter/Ringstmeier/Pape* § 12 RdNr. 145; *HK-Landfermann* § 211 RdNr. 3; *Graf-Schlicker/Mäusezahl* § 211 RdNr. 6; nach *Kluth* (Fn. 4), handelt es sich um sinn- und zweckvolle „Arbeitspapiere", die der Erfüllung der Aufgabe zur Masseabwicklung und späteren Rechnungslegung dienlich sind.
[7] *Nerlich/Römermann/Westphal* § 211 RdNr. 5.

Sicherstellung für jede einzelne, bestimmt zu bezeichnende Forderung zu erfolgen.[8] Für die Sicherstellung aufschiebend bedingter oder betagter Masseforderungen gilt dies entsprechend. Die Sicherheit ist nach Maßgabe der §§ 232 ff. BGB in Höhe des Werts des zu sichernden Masseanspruchs zu leisten, soweit keine anderweitige Vereinbarung – etwa über die Sicherheit durch Bankbürgschaft – mit dem jeweiligen Massegläubiger getroffen wurde. Sind Ansprüche von Massegläubigern bis zur Schlussverteilung im Rahmen der Verfahrenseinstellung nicht bekannt geworden, so sind sie entsprechend § 206 Nr. 2 von der weiteren Befriedigung ausgeschlossen. Die Massegläubiger müssen ihre Ansprüche danach wieder gegen den Schuldner geltend machen. Im Hinblick auf die persönliche Haftung des Insolvenzverwalters wird er auch bei zweifelhaften Ansprüchen vor der Verteilung den zur Erfüllung erforderlichen Betrag zwecks Sicherstellung vorsichtshalber zurückhalten und diesen erst an den Gläubiger auskehren, wenn dessen Berechtigung geklärt ist.

Befinden sich in der Insolvenzmasse noch **schwer liquidierbare Vermögenswerte**, schließt dies wegen der Möglichkeit der Nachtragsverteilung die Einstellung des Verfahrens nach § 211 nicht aus. Ist z. B. noch ein Haftungsprozess gegen Geschäftsführer oder Gesellschafter des schuldnerischen Unternehmens anhängig, so kann das Insolvenzgericht gem. § 211 Abs. 3, § 203 Abs. 1 Nr. 1 insoweit die Nachtragsverteilung anzuordnen, so dass der Verwalter weiterhin prozessführungsbefugt bleibt.[9] Fließen auf Grund des Ausgangs des Rechtsstreits oder anderer dem Insolvenzverwalter vorbehaltener Verwertungsmaßnahmen der Insolvenzmasse finanzielle Mittel zu, so sind sie vom Insolvenzverwalter nachträglich einschließlich frei werdender Beträge, die z. B. für die Prozessführung zurückbehalten wurden, gem. § 209 zu verteilen.[10]

II. Einstellung

1. Entscheidung des Insolvenzgerichts. Der Insolvenzverwalter hat nach Verteilung der Insolvenzmasse das Insolvenzgericht hiervon umgehend in Kenntnis zu setzen. Im Anschluss an diese Mitteilung und die Rechnungslegung des Verwalters gem. § 211 Abs. 2 erfolgt die Einstellung des Verfahrens durch das Insolvenzgericht. Die Verfahrenseinstellung soll in direktem Anschluss („sobald") an den Vollzug der Verteilung vorgenommen werden.[11] Insolvenzgericht kann nicht nach eigenem Ermessen über die Einstellung des Verfahrens befinden; diese ist vielmehr zwingend vorgegeben.[12]

2. Prüfung der Einstellungsvoraussetzungen. Die Einstellung kann allerdings nur erfolgen, wenn deren Voraussetzungen vorliegen. Hiervon hat sich das Gericht zu überzeugen. Es hat deshalb sorgsam zu prüfen, ob die Insolvenzmasse nach Maßgabe des § 209 vollständig verteilt ist.

Vor der Einstellung ist eine **Anhörung der Gläubigerversammlung** oder der **Massegläubiger** nicht vorgesehen. Der Schuldner, der Insolvenzverwalter wie auch die Mitglieder des Gläubigerausschusses sind aber nach § 215 Abs. 1 Satz 2 vorab über den Zeitpunkt des Wirksamwerdens der Einstellung zu unterrichten, damit sie sich rechtzeitig hierauf einstellen können.[13]

3. Rechtsmittel. Der Einstellungsbeschluss des Insolvenzgerichtes ist nicht mit der sofortigen Beschwerde angreifbar, § 6 Abs. 1.[14] Nach § 216 Abs. 1 kann nur die Einstellung des Insolvenzverfahrens nach den §§ 207, 212 oder 213 mit der sofortigen Beschwerde

---

[8] *Kübler/Prütting/Pape* § 211 RdNr. 5, der allerdings eine entsprechende Anwendung des § 189 befürwortet; ebenso HambKomm-*Weitzmann* § 211 RdNr. 4; *Graf-Schlicker/Mäusezahl* § 211 RdNr. 4..
[9] *Uhlenbruck* ZIP 1993, 241 f.; *Pape* in: *Mohrbutter/Ringstmeier* § 12 RdNr. 148; s. auch RdNr. 20.
[10] HK-*Landfermann* § 211 RdNr. 8, HambKomm-*Weitzmann* § 211 RdNr. 5; dazu auch RdNr. 21.
[11] Zur gerichtlichen Überprüfung der Schlussrechnung des Verwalters s. RdNr. 18.
[12] *Nerlich/Römermann/Westphal* § 211 RdNr. 6; *Graf-Schlicker/Mäusezahl* § 211 RdNr. 2.
[13] Zur Vorabinformation s. § 215 RdNr. 7.
[14] BGH ZInsO 2007, 263 = WM 2007, 555 m. Anm. *Hess* WuB VI A. § 211 InsO 1.07; *Uhlenbruck* § 211 RdNr. 9.

angefochten werden; eine Anfechtung der Verfahrenseinstellung nach § 211 ist nicht vorgesehen. Den **Rechtsmittelausschluss** sah der Gesetzgeber darin begründet, dass infolge der Verfahrenseinstellung erst nach Verteilung des Schuldnervermögens die Rechte insbesondere der Massegläubiger ausreichend geschützt werden. Soweit der Einstellungsbeschluss nach § 211 – wie idR – vom Rechtspfleger erlassen wird, besteht aber für die Massegläubiger und den Schuldner die Möglichkeit, hiergegen befristete Erinnerung nach § 11 Abs. 2 Satz 1 RPflG einzulegen.[15] Die damit eröffnete Überprüfung durch den Insolvenzrichter genügt den Anforderungen des Art. 19 Abs. 4 GG.[15a]

13   Bereits die Anzeige der Masseunzulänglichkeit nach § 208 unterliegt keiner förmlichen richterlichen Kontrolle. Indem auch der Einstellungsbeschluss zur Beendigung des masseunzulänglichen Verfahrens nicht rechtsmittelfähig ist, besteht für die Betroffenen, vor allem die zurückgesetzten Massegläubiger nach § 209 Abs. 1 Nr. 3, überhaupt **keine verfahrensimmanente Überprüfungsmöglichkeit.** Dies ist rechtspolitisch nicht angemessen. Die Insolvenzgläubiger werden zwar wegen der fehlenden Befriedigungsaussichten vermutlich an der Teilnahme und Mitwirkung im Insolvenzverfahren nicht interessiert sein. Jedoch hätte den Massegläubigern, deren Ansprüche aus der Insolvenzmasse nicht voll befriedigt worden sind, zumindest Gelegenheit gegeben werden müssen, zu einer beabsichtigten Einstellung des Verfahrens Stellung zu nehmen, um z. B. noch weitere Verwertungsmaßnahmen oder die gerichtliche Geltendmachung von Ansprüchen anregen zu können.[16] Aufgrund der unzureichenden Einbeziehung der betroffenen Massegläubiger in den Ablauf des Verfahrens bis hin zur Einstellung fehlt der Verwertung und Verteilung der Insolvenzmasse nach der angezeigten Masseunzulänglichkeit die ausreichende Legitimation und damit oft auch die Akzeptanz der Beteiligten. Ihnen bleibt weitgehend nichts anderes übrig, als wegen vermeintlicher Schädigungen auf Grund von Pflichtverletzungen des Insolvenzverwalters bei der von ihm angezeigten Masseunzulänglichkeit gegen diesen Haftungsprozesse anzustrengen, in deren Rahmen erst dann – mittelbar – eine Verfahrenskontrolle stattfindet.[17] Das ist jedoch höchst aufwändig, umständlich und idR auch zu spät.

III. Rechtsfolgen der Einstellung

14   Die Rechtsfolgen der Einstellung des Verfahrens nach § 211 entsprechen im Wesentlichen denjenigen der Einstellung nach § 207, auf deren Kommentierung deshalb verwiesen werden kann.[18] Mit der Einstellung des Insolvenzverfahrens erhält nach § 215 Abs. 2 Satz 1 der Schuldner das Recht zurück, über die Insolvenzmasse frei zu verfügen. Soweit deshalb noch eine nicht liquidierbare Restmasse vorhanden ist, hat der Insolvenzverwalter diese dem Schuldner zu übergeben. Zur Aufbewahrung u. Rückgabe der Geschäftsunterlagen des Schuldners vgl. § 207 RdNr. 79.

D. Gesonderte Rechnungslegung

I. Rechnungslegungspflicht

15   Der Insolvenzverwalter hat nach § 66 Abs. 1 bei der Beendigung seines Amtes Rechnung zu legen. Dies gilt entsprechend auch bei der Beendigung durch Einstellung des Verfahrens.[18a] Hiervon geht das Gesetz in § 211 Abs. 2 aus. Jedoch schreibt es vor, dass die Schlussrechnung aufgeteilt wird in die Verfahrensabschnitte vor und nach der Anzeige der

---

[15] *Kübler/Prütting/Pape* § 211 RdNr. 10; HambKomm-*Weitzmann* § 211 RdNr. 6.
[15a] BGH ZInsO 2007, 263.
[16] *Kübler/Prütting/Pape* § 211 RdNr. 11. Die Entscheidung nach § 211 ist auch für den Schuldner unanfechtbar, der nach rechtskräftiger Versagung der Restschuldbefreiung, §§ 287, 289, in demselben Verfahren erneut einen (wirkungslosen) Restschuldbefreiungsantrag gestellt hat, BGH aaO (Fn. 14).
[17] *Nerlich/Römermann/Westphal* § 211 RdNr. 9.
[18] Vgl. § 207 RdNr. 70 f.
[18a] Zu den Anforderungen an die interne (Dokumentations-)Rechnungslegung i.e. vgl. *Weitzmann*, ZInsO 2007, 449 f.

Masseunzulänglichkeit. Die gesonderte Rechnungslegungspflicht für das masseunzulängliche Verfahren ist Ausdruck des geänderten Verfahrenszwecks.[19] Den Massegläubigern soll mit einer auf **diesen Verfahrensabschnitt zugeschnittenen Rechnungslegung** ermöglicht werden, sich ein klares Bild über die Geschäftsführung des Insolvenzverwalters machen zu können. Die das Abwicklungsverfahren nach § 208 Abs. 3 betreffende gesonderte Rechnungslegung ist erforderlich, um den Massegläubigern eine Kontrolle des Handelns des Insolvenzverwalters auch hinsichtlich möglicher Haftungsansprüche zu ermöglichen. Damit sie ihren Zweck erfüllen kann, hat der Insolvenzverwalter einen **Tätigkeitsbericht** sowie eine **Einnahmen- und Ausgabenrechnung** bei Gericht einzureichen, die sich auf das masseunzulängliche Verfahren beziehen. Aus ihnen muss vor allem im Hinblick auf die Rangordnung des § 209 ersichtlich werden, welche Verbindlichkeiten der Verwalter nach angezeigter Masseunzulänglichkeit begründet und vorrangig erfüllt hat.[20] Auf diese Angaben sind die Altmassegläubiger angewiesen, um beurteilen zu können, ob der Insolvenzverwalter bei der Befriedigung der Massegläubiger die Rangordnung des § 209 beachtet und die Masseunzulänglichkeit rechtzeitig oder aber verspätet angezeigt hat.

Der Insolvenzverwalter ist auch im Rahmen der Rechnungslegung nicht verpflichtet, ein **Schlussverzeichnis** zu erstellen. Um die anteilsmäßige Befriedigung der Altmassegläubiger durchzuführen, ist allerdings die Erstellung einer Massegläubigerliste und eines Verteilungsverzeichnisses notwendig, um diese in ausreichender Form nachweisen zu können.[21] Die Vorlage einer Massegläubigerliste ist ferner erforderlich, wenn eine Nachtragsverteilung i. S. d. § 211 Abs. 3 in Betracht zu ziehen ist.[22]

II. Prüfung

Entsprechend § 66 Abs. 2 hat das Insolvenzgericht die Schlussrechnung des Insolvenzverwalters zu prüfen, dagegen ist eine Abnahme der Schlussrechnung durch die Gläubigerversammlung entbehrlich.[23] Die Insolvenzgläubiger besitzen grundsätzlich keine Befriedigungsaussichten mehr, so dass ihre Anhörung vor der Verfahrenseinstellung nicht vorgesehen ist; dementsprechend kann auch von ihrer Mitwirkung bei der Prüfung der Schlussrechnung abgesehen werden.[24] Die Abwicklung des masseunzulänglichen Verfahrens dient vorrangig den Interessen der Massegläubiger i. S. d. § 209 Abs. 1 Nr. 3; jedoch können sie mangels gesetzlicher Regelung im masseunzulänglichen Verfahren nicht die aus Insolvenzgläubigern bestehende Gläubigerversammlung verkörpern und deren Funktionen übernehmen.[25]

Der Insolvenzverwalter hat im Zusammenhang mit der Vorlage der Schlussrechnung auch die **Nachweise über die Verteilung der Insolvenzmasse** zu erbringen. Werden vom Insolvenzgericht die Einstellungsvoraussetzungen bejaht, so hat es nach Prüfung der vor-

---

[19] *Dinstühler* ZIP 1998, 1697, 1702.
[20] *Nerlich/Römermann/Westphal* § 211 RdNr. 13; *Haarmeyer/Wutzke/Förster*, Handbuch, Kap. 8 RdNr. 167; *Pape* in: *Mohrbutter/Ringstmeier* § 12 RdNr. 149; HambKomm-*Weitzmann* § 211 RdNr. 3; ferner *Kluth* ZInsO 2000, 177, 183.
[21] Vgl. *Uhlenbruck* § 211 RdNr. 2 und o. RdNr. 5.
[22] HambKomm-*Weitzmann* § 211 RdNr. 3 aE.
[23] Nach *Kübler/Prütting/Pape* § 211 RdNr. 15 ist das Gericht Adressat der Schlussrechnung; ebenso HK-*Landfermann* § 211 RdNr. 6; *Haarmeyer/Wutzke/Förster*, Handbuch, Kap. 8 RdNr. 174.
[24] Die Gläubigerversammlung konnte bereits im ersten Termin für den Fall der Einstellung wegen Masseinsuffizienz nach § 204 KO auf das Recht der Abnahme der Schlussrechnung verzichten, so dass damit die Prüfung allein dem Gericht oblag, LG Göttingen ZIP 1997, 1039; *Kübler/Prütting/Pape* § 211 RdNr. 15.
[25] § 323 RegE, der vorgesehen hatte, dass nach Feststellung der Masseunzulänglichkeit in der Gläubigerversammlung an die Stelle der nicht nachrangigen Insolvenzgläubiger die Massegläubiger treten, ist auf Empfehlung des Rechtsausschusses ausdrücklich nicht in das Gesetz übernommen worden, vgl. zu den damit verbundenen Folgen *Kluth* ZInsO 2000, 177, 179. Gegen eine Umbesetzung der Gläubigerversammlung auch *Kayser/Heck* NZI 2005, 65 f.; aA HK-*Landfermann* § 211 RdNr. 6, der auf Grund der dem Gesetz zugrundeliegenden Konzeption der „Insolvenz in der Insolvenz" für die Abhaltung einer Gläubigerversammlung plädiert, an der die Altmassegläubiger teilnehmen und stimmberechtigt sind.

gelegten Schlussrechnung die Einstellung des Verfahrens zu verfügen. Die vorherige Einberufung einer Gläubigerversammlung ist allerdings ausnahmsweise erforderlich, wenn der Schuldner die **Restschuldbefreiung** beantragt hat.[26] Insolvenzgläubiger sind nämlich zu diesem Antrag – anders als Massegläubiger – im Restschuldbefreiungsverfahren anzuhören u. können dabei Versagungsgründe vorbringen, § 289 Abs. 1 Satz 1, bevor das Gericht das masseunzulängliche Verfahren – erst nach rechtskräftiger Entscheidung zur Restschuldbefreiung, § 289 Abs. 2 Satz 2 – gem. § 211 einstellt.

E. Nachtragsverteilung

I. Voraussetzungen

19 Werden nach der Verfahrenseinstellung noch Gegenstände der Insolvenzmasse ermittelt, so kann eine Nachtragsverteilung nach § 211 Abs. 3 stattfinden.[27] Die Zulässigkeit der Nachtragsverteilung erfüllt den gesetzgeberischen Zweck, eine vollständige Verwertung des schuldnerischen Vermögens auch bei Masseunzulänglichkeit herbeizuführen.

20 **1. Anwendungsbereich.** Seinem Wortlaut nach beschränkt § 211 Abs. 3 die Nachtragsverteilung auf nach der Verfahrenseinstellung ermittelte Gegenstände der Insolvenzmasse, vgl. § 203 Abs. 1 Nr. 3.[28] Die weiteren in § 203 Abs. 1 Nr. 1 und 2 aufgeführten Fälle der Nachtragsverteilung werden nicht erfasst, so dass zurückbehaltene Beträge oder Erstattungen aus überbezahlten Verfahrenskosten nicht Gegenstände einer Nachtragsverteilung sein könnten. Dies würde jedoch der klaren gesetzgeberischen Intention widersprechen, wonach mit Hilfe der Nachtragsverteilung umfassend die vollständige Haftungsrealisierung bewirkt werden sollte. Deshalb müssen auch nach Verfahreneinstellung zurückfließende oder im Hinblick auf einen anhängigen Rechtsstreit zunächst zurückbehaltene Beträge noch nachträglich verteilt werden können.[29]

21 **2. Anordnung.** Die Anordnung der Nachtragsverteilung erfolgt entweder auf Antrag des Verwalters, eines Massegläubigers oder aber von Amts wegen. Da Insolvenzgläubiger idR nicht Nutznießer des Nachtragsverteilungsverfahrens sind, besitzen sie kein Antragsrecht. Soweit ein Insolvenzgläubiger dennoch die Nachtragsverteilung beantragt, so ist dies zwar unzulässig; das Insolvenzgericht wird den Antrag jedoch zum Anlass nehmen, von Amts wegen zu prüfen, ob die Voraussetzungen für die Durchführung einer Nachtragsverteilung nach dem Gesetz vorliegen und diese ggf. anordnen.[30]

II. Verfahren

22 Das Verfahren der Nachtragsverteilung richtet sich nach den entsprechend anwendbaren §§ 203 Abs. 3, 204 und 205. Mit der Anordnung der Nachtragsverteilung unterliegt der nachträglich ermittelte Gegenstand der Insolvenzmasse wieder dem Insolvenzbeschlag. Soweit die Nachtragsverteilung zugleich mit der Verfahrenseinstellung angeordnet wurde, erhält der Schuldner über Gegenstände, die von dieser erfasst werden, entgegen § 215 Abs. 2 Satz 1 die **Verfügungsmacht nicht zurück;** diese verbleibt beim bisherigen Insolvenz-

---

[26] HK-*Landfermann* § 211 RdNr. 6 u. § 289 RdNr. 10; *Uhlenbruck/Vallender* § 289 RdNr. 34; LG Kassel ZInsO 2004, 161; *Pape* in: *Mohrbutter/Ringstmeier* § 12 RdNr. 149 u. § 17 RdNr. 89/102 hält einer Rechnungsüberprüfung durch die Insolvenzgläubiger in einem Schlusstermin allerdings entgegen, dass deren Anhörung nach § 289 Abs. 1 regelmäßig im schriftlichen Verfahren erfolgt.
[27] Str. ist, ob auch nach Einstellung des Verfahrens mangels Masse (§ 207) noch eine Nachtragsverteilung zu Gunsten der Massegläubiger analog § 211 Abs. 3 angeordnet werden kann; s. dazu § 207 RdNr. 87.
[28] Hierzu gehören auch Gegenstände, die der Verwalter zunächst nicht für verwertbar hielt und deswegen nicht zur Masse gezogen hat, BGH ZInsO 2006, 33 u. 1105.
[29] HK-*Landfermann* § 211 RdNr. 8; *Haarmeyer/Wutzke/Förster,* Handbuch, Kap. 8 RdNr. 175; *Mohrbutter/Ringstmeier/Pape* § 12 RdNr. 147; *Uhlenbruck* NZI 2001, 410; aA *Graf-Schlicker/Mäusezahl* § 211 RdNr. 8.
[30] *Nerlich/Römermann/Westphal* § 211 RdNr. 16.

verwalter. Gegen die Ablehnung oder Anordnung der Nachtragsverteilung können entsprechend § 204 Rechtsmittel eingelegt werden, § 211 Abs. 3 Satz 2.

1. Verteilung. Der Vollzug der Nachtragsverteilung richtet sich nach § 205. Der Insolvenzverwalter hat den Erlös aus der Verwertung zu verteilen. Maßgebend für die Verteilung ist die Rangordnung des § 209 Abs. 1. 23

Der Verwertungserlös kann im Einzelfall ausreichend sein, um sämtliche Massegläubiger zu befriedigen. Den **verbleibenden Überschuss** hat der Insolvenzverwalter an die Insolvenzgläubiger auszuschütten. Nach § 205 Satz 1 hat die Verteilung auf der Grundlage eines Schlussverzeichnisses über die offen stehenden Masseverbindlichkeiten zu erfolgen. Liegt ein solches nicht vor,[31] ist der Verwalter zuvor gezwungen, ein gesondertes Verzeichnis zu erstellen, anhand dessen die Verteilung durchgeführt werden kann.[32] In entsprechender Weise ist bei Durchführung der Restschuldbefreiung im Anschluss an die Verfahrenseinstellung nach § 289 Abs. 3 zu verfahren. Auch hier sollte von vornherein darauf geachtet werden, dass die Forderungen der Insolvenzgläubiger ordnungsgemäß festgestellt und in ein Schlussverzeichnis aufgenommen werden; ist dies nicht der Fall, muss für die Abwicklung der Restschuldbefreiung die Erstellung ausreichender Verteilungsverzeichnisse nachgeholt werden. 24

2. Vermögensgegenstände. Wenn der Nachtragsverteilung flüssige Mittel unterliegen, so ist die Verteilung unproblematisch. Handelt es sich jedoch um illiquide Gegenstände, so müssen die mit der Verwertung verbundenen Aufwendungen in die Schätzung des Erlöses einbezogen werden. Die Anordnung der Nachtragsverteilung steht entsprechend § 203 Abs. 3 in einem solchen Fall im Ermessen des Insolvenzgerichtes. Die Nachtragsverteilung macht im Hinblick auf die damit verbundenen Kosten wirtschaftlich nur Sinn, wenn den Massegläubigern nicht nur ein geringfügiger Betrag zur weiteren Befriedigung ihrer Ansprüche zufließt. Andernfalls wird das Gericht von der Anordnung einer Nachtragsverteilung absehen und das „Nachtragsvermögen" dem Schuldner überlassen. 25

§ 212 Einstellung wegen Wegfalls des Eröffnungsgrunds

¹Das Insolvenzverfahren ist auf Antrag des Schuldners einzustellen, wenn gewährleistet ist, daß nach der Einstellung beim Schuldner weder Zahlungsunfähigkeit noch drohende Zahlungsunfähigkeit noch, soweit die Überschuldung Grund für die Eröffnung des Insolvenzverfahrens ist, Überschuldung vorliegt. ²Der Antrag ist nur zulässig, wenn das Fehlen der Eröffnungsgründe glaubhaft gemacht wird.

Schrifttum: *Möhlmann,* Der Nachweis der Verfahrenseinstellung im neuen Insolvenzrecht, KTS 1998, 373.

Übersicht

	RdNr.		RdNr.
A. Normzweck	1	2. Nichtbestehen von Eröffnungsgründen	5
B. Entstehungsgeschichte	2	II. Antrag	7
C. Voraussetzungen der Verfahrenseinstellung	4	1. Antragsberechtigung	7
I. Wegfall des Eröffnungsgrundes	4	2. Rechtsschutzbedürfnis	9
1. Eröffnungsgründe	4	3. Glaubhaftmachung	10
		D. Verfahren der Einstellung	12

---

[31] Vgl. *Kluth* ZInsO 2000, 177, 182.
[32] *Kübler/Prütting/Pape* § 211 RdNr. 17.

A. Normzweck

1 Die Durchführung eines Insolvenzverfahrens ist wegen des damit verbundenen Eingriffs in die Rechtsstellung des Schuldners nicht gerechtfertigt, wenn die Eröffnungsgründe nicht vorliegen oder beseitigt wurden.[1] Zweck des § 212 ist es, dem Schuldner in einem solchen Fall das Recht einzuräumen, die Verfahrensdauer durch Herbeiführung einer Einstellung des **eröffneten Verfahrens abzukürzen.** Für die Anwendung der Vorschrift besteht vor allem dann ein Bedürfnis, wenn der Schuldner durch nachhaltige Kapitalmaßnahmen wie Eigenkapitalzufuhr, Forderungsverzichte oder Rangrücktritte gewährleisten kann, dass eingetretene Eröffnungsgründe überwunden sind und dass deshalb auf absehbare Zeit ein neues Insolvenzverfahren ausgeschlossen erscheint.

B. Entstehungsgeschichte

2 Die KO kannte eine Einstellung wegen Fehlens oder Wegfalls des Eröffnungsgrundes nicht. Auch wenn der Eröffnungsgrund irrtümlich angenommen oder später entfallen war, konnte der Schuldner eine vorzeitige Beendigung des Verfahrens nur mit Zustimmung aller Gläubiger gem. § 202 KO erreichen. Verweigerten diese jedoch die Zustimmung, z. B. um Obstruktion zu betreiben, so war der Schuldner darauf angewiesen, die Zustimmungserklärungen auf dem aufwändigen und mühsamen Weg über § 894 ZPO zu erkämpfen.[2] Dies wurde zu Recht als Mangel des geltenden Konkursrechtes angesehen.[3]

3 In Anknüpfung an die Regelung in § 19 Abs. 1 Nr. 4 GesO[4] sah § 325 RegE vor, dass das Insolvenzverfahren auf Antrag des Schuldners einzustellen ist, wenn feststeht, dass eine Insolvenz nicht oder nicht mehr gegeben ist.[5] In § 325 Abs. 2 RegE war zudem vorgesehen, dass das Antragsrecht jeder am Schuldner beteiligten Person zusteht, sofern diese keine natürliche Person ist. Dadurch sollte z. B. der Muttergesellschaft eines insolventen Unternehmens die Möglichkeit eingeräumt werden, die Einstellung des Insolvenzverfahrens zu erreichen, wenn sie durch eine Garantieerklärung gegenüber den Gläubigern des Unternehmens den Eröffnungsgrund beseitigt hat. Auf Empfehlung des Rechtsausschusses ist diese Regelung jedoch aus Vereinfachungsgründen gestrichen worden.[6] Die Berechtigung, die Einstellung wegen Wegfalls des Eröffnungsgrundes zu beantragen, wurde damit auf den Schuldner beschränkt.

C. Voraussetzungen der Verfahrenseinstellung

I. Wegfall des Eröffnungsgrundes

4 **1. Eröffnungsgründe.** Das Insolvenzverfahren wird eröffnet, wenn nach Überzeugung des Gerichtes ein für die Rechtsform des Schuldners maßgebender Insolvenzeröffnungsgrund, §§ 17 bis 19, vorliegt. Eine vorzeitige Beendigung des Insolvenzverfahrens nach §§ 212, 214 setzt voraus, dass alle in Betracht kommenden Eröffnungsgründe beseitigt sind.[7]

---

[1] Begr. § 325 RegE, *Kübler/Prütting*, S. 443.
[2] *Nerlich/Römermann/Westphal* § 212 RdNr. 2.
[3] *Kilger/K. Schmidt* KO § 203 Anm. 2 b bb.
[4] § 19 Abs. 1 Nr. 4 GesO sah vor, dass die Gesamtvollstreckung einzustellen ist, wenn der Eröffnungsgrund beseitigt war.
[5] Begr. § 325 RegE, *Kübler/Prütting*, S. 443.
[6] Begr. Rechtsausschuss, *Kübler/Prütting*, S. 444.
[7] OLG Celle ZIP 2000, 1943; LG München ZInsO 2001, 861; *Haarmeyer/Wutzke/Förster*, Handbuch, Kap. 8 RdNr. 149.

Einstellung wegen Wegfalls des Eröffnungsgrunds   5, 6 § 212

Ob zum Zeitpunkt der Verfahrenseröffnung z. B. der Insolvenzgrund der Zahlungsunfähigkeit tatsächlich vorhanden war oder nur irrtümlich vom Insolvenzgericht angenommen wurde, ist unerheblich. Entscheidend für die Einstellung nach § 212 ist, dass Insolvenzgründe nicht bzw. nicht mehr vorliegen.[8] Waren die materiellen Eröffnungsvoraussetzungen im maßgeblichen Zeitpunkt der Eröffnung erfüllt, kann der nachträgliche Wegfall des Insolvenzgrundes nur noch im Verfahren nach § 212 geltend gemacht werden.[9] Eine Aufhebung des Eröffnungsbeschlusses im Verfahren der sofortigen Schuldnerbeschwerde, § 34 Abs. 2, kommt dann nicht mehr in Betracht.[9a]

2. Nichtbestehen von Eröffnungsgründen. Die vollständige Befriedigung der Insolvenzgläubiger durch den Insolvenzverwalter berechtigt den Schuldner grundsätzlich nicht zur vorzeitigen Verfahrensbeendigung nach § 212, vielmehr ist ein förmlicher Abschluss nach den §§ 187, 196 f. herbeizuführen.[10] Jedoch kann der Schuldner Einstellungsantrag stellen, wenn mit der **vollständigen Befriedigung der Insolvenzgläubiger** auch der Eröffnungsgrund beseitigt wurde.[11] Maßgebend für die Beurteilung ist der Zeitpunkt der Entscheidung über den Einstellungsantrag des Schuldners. Das Insolvenzgericht hat wie bei der Prüfung, ob die Voraussetzungen für die Eröffnung eines Insolvenzverfahrens vorliegen, nunmehr umgekehrt deren Nichtvorliegen zu beurteilen und festzustellen. Deshalb kommt es auch nicht nur darauf an, ob der für die Verfahrenseröffnung seinerzeit maßgebende Grund beseitigt wurde oder nie bestanden hat. Vielmehr muss nach Überzeugung des Gerichts die **sichere Erwartung** bestehen, dass auch nicht aus einem anderen Grund wieder ein Insolvenzverfahren eröffnet werden kann. Alle in Betracht kommenden Eröffnungsgründe müssen **nachhaltig** überwunden sein.[12] Das kann z. B. zweifelhaft sein, wenn noch eine Steuerprüfung läuft. 5

Nach dem Gesetz reicht es zudem nicht aus, dass nur die Zahlungsunfähigkeit beseitigt ist, auch mit dem Eintritt einer **drohenden Zahlungsunfähigkeit,** § 18, darf in absehbarer Zeit nicht mehr gerechnet werden. Die Anforderungen an eine Einstellung wegen Wegfalls des Eröffnungsgrundes sind deshalb äußerst hoch.[13] Damit das Insolvenzgericht eine ausreichende Prüfung der wiedererlangten Zahlungsfähigkeit vornehmen kann, muss der Schuldner nicht nur einen aktuellen Finanzstatus vorlegen, sondern auch einen Finanzplan für die Zukunft, aus dem ersichtlich ist, dass er auch seinen künftigen Zahlungsverpflichtungen pünktlich nachkommen kann.[14] Hierzu gehört auch die Darlegung, durch welche Maßnahmen, wie z. B. unbedingte Kapitalerhöhungen, Garantieerklärungen, Bürgschaften u. dgl. gewährleistet ist, dass der Schuldner tatsächlich über die benötigten finanziellen Mittel verfügen kann. Die Vorlage bloßer Absichtserklärungen potentieller Kreditgeber ist nicht ausreichend.[15] Im Falle einer juristischen Person muss daneben gewährleistet sein, dass sie – auch zukünftig – nicht überschuldet ist. Die **Überschuldungsprüfung** richtet sich nach 6

---

[8] HK-*Landfermann* § 212 RdNr. 2 u. ganz hM.
[9] BGH ZInsO 2006, 1051 f. = NJW 2006, 3554 m. zust. Anm. *Gundlach* S. 3556 = DZWIR 2007, 152 m. zust. Anm. *Gruber* S. 154 f. = NZI 2006, 693 m. zust. Anm. *Frenzel/Schirrmeister* S. 696; NZI 2006, 696; *Graf-Schlicker/Kexel* § 34 RdNr. 27; aA *Jaeger/Gerhardt* § 34 RdNr. 23; *M. Nöll,* Das insolvenzrechtliche Stichtagsprinzip u. die beschwerdegerichtliche Prüfung der materiellen Eröffnungsvoraussetzungen, ZInsO 2007, 249, 253.
[9a] Der Schuldner kann aber mit der Beschwerde rügen, dass der Eröffnungsgrund schon während des Antragsverfahrens bis zur Eröffnung fortgefallen ist. In diesem Fall ist er nicht auf einen Einstellungsantrag nach § 212 angewiesen.
[10] *Uhlenbruck* § 212 RdNr. 1.
[11] Auch die nachrangigen Insolvenzgläubiger nach § 39 müssen befriedigt sein, ansonsten besteht die Gefahr, dass Verfahrenseinstellung in eines neues Verfahrens hinsichtlich dieser Ansprüche eröffnet werden muss; vgl. LG München ZInsO 2001, 861.
[12] *Haarmeyer/Wutzke/Förster,* Handbuch, Kap. 8 RdNr. 149; *Uhlenbruck* § 212 RdNr. 2; HambKomm-*Weitzmann* § 212 RdNr. 2; AG Hamburg ZIP 2006, 1688, 1691.
[13] *Kübler/Prütting/Pape* § 212 RdNr. 5.
[14] So auch AG Hamburg ZIP 2006, 1688, 1690; *Graf-Schlicker-Mäusezahl* § 211 RdNr. 7; *Pursche* in: *Mohrbutter/Ringstmeier* § 13 RdNr. 98.
[15] OLG Celle ZIP 2000, 1943 = NZI 2001, 28; LG München ZInsO 2001, 861.

Hefermehl

§ 19. Zum Schutz der Gläubiger vor einer erneuten Insolvenz und damit verbundenen Nachteilen muss maßgebend sein, dass das schuldnerische Unternehmen rechnerisch unter Ansatz von Liquidations- oder Zerschlagungswerten nicht überschuldet ist.[16] Wenn der Überschuldungstatbestand nur mit Blick auf eine positive Fortführungsprognose, § 19 Abs. 2 Satz 2, verneint werden kann, so kann dies für eine Sanierung des Unternehmens auf der Grundlage eines Insolvenzplans Anlass sein; für die sofortige Einstellung des Insolvenzverfahrens nach § 212 ist dies nicht ausreichend.[17]

II. Antrag

7 **1. Antragsberechtigung.** Der Antrag auf Einstellung nach § 212 kann **ausschließlich vom Schuldner** gestellt werden. Antragsberechtigt sind natürliche Personen wie auch juristische Personen. Sind mehrere Personen Schuldner, wie die persönlich haftenden Gesellschafter einer oHG oder BGB-Gesellschaft oder im Nachlassinsolvenzverfahren die Miterben, so muss der Antrag einheitlich von allen gestellt werden.[18] Der Antrag einer sich in der Insolvenz befindenden juristischen Person ist von sämtlichen organschaftlichen Vertretern zu stellen.[19] Nicht antragsberechtigt sind die Gesellschafter des Schuldners.[20] Befinden sich in einer Unternehmensgruppe mehrere verbundene Unternehmen in der Insolvenz, so ist weiterhin der Geschäftsführer der Schuldnerin zur Antragsstellung nach § 212 berechtigt.[21] Der Insolvenzverwalter selbst ist nicht zur Stellung des Einstellungsantrags befugt.[22]

8 Die Stellung des Antrags nach § 212 ist nicht an eine Frist gebunden. Er kann deshalb auch bereits vor Ablauf der Frist zur Anmeldung der Insolvenzforderungen gestellt werden; das Insolvenzverfahren könnte gleichfalls zuvor bereits eingestellt werden. Für die Stellung des Antrags ist eine Form nicht vorgeschrieben.

9 **2. Rechtsschutzbedürfnis.** Der Einstellungsantrag kann in jeder Lage des Verfahrens gestellt werden. Er darf jedoch vom Schuldner nicht dazu benutzt werden, um die Verfahrensabwicklung zu beeinträchtigen und z. B. Verwertungsentscheidungen zu verzögern. Werden Einstellungsanträge erkennbar zum Zwecke der Verschleppung und nachhaltigen Störung der Insolvenzabwicklung gestellt, so sind diese von vornherein als rechtsmissbräuchlich und damit unzulässig anzusehen, etwa wenn der Schuldner selbst einräumt, den Umfang der Verbindlichkeiten nicht genau zu kennen.[23]

10 **3. Glaubhaftmachung.** Der Schuldner hat das Fehlen von Eröffnungsgründen gem. § 212 Satz 2 glaubhaft zu machen. Die Glaubhaftmachung ist eine besondere Zulässigkeitsvoraussetzung des Einstellungsantrags.[24] Ohne ausreichende Glaubhaftmachung ist der Antrag nicht nach § 214 Abs. 1 Satz 1 zu veröffentlichen und als unzulässig zurückzuweisen.[25] Das in § 214 geregelte kostenträchtige Verfahren zum Zweck der Einstellung wird nicht „eröffnet". Die Glaubhaftmachung richtet sich nach § 294 ZPO und besagt, dass Eröffnungsgründe auf Grund liquider Beweismittel mit überwiegender Wahrscheinlichkeit fehlen. Mittel der Glaubhaftmachung können eidesstattliche Versicherungen sein aber auch

---

[16] *Kübler/Prütting/Pape* § 212 RdNr. 6.
[17] *Haarmeyer/Wutzke/Förster*, Handbuch, Kap. 8 RdNr. 146; aA HK-*Landfermann* § 212 RdNr. 4. Zur Beseitigung der Überschuldung bei Gesellschafterdarlehen mit qualifizierten Rangrücktrittserklärungen s. BGHZ 146, 264 u. OLG Dresden DZWIR 2004, 476 = EWiR 2002, 489 m. Anm. *Steinecke*.
[18] *Uhlenbruck* § 212 RdNr. 3.
[19] AG Hamburg ZInsO 2006, 666 = ZIP 2006, 1688; HambKomm-*Weitzmann* § 212 RdNr. 3; *Uhlenbruck* § 212 RdNr. 3; *Graf-Schlicker/Mäusezahl* § 212 RdNr. 2; aA HK-*Landfermann* § 212 RdNr. 3.
[20] Das folgt aus der Streichung des § 325 Abs. 2 RegE, vgl. Begr. Rechtsausschuss, *Kübler/Prütting*, S. 444.
[21] OLG Celle NZI 2001, 28 = ZInsO 2000, 558 = ZIP 2000, 1943.
[22] *Kübler/Prütting/Pape* § 212 RdNr. 4.
[23] OLG Celle ZIP 2000, 1943 mit ablehnender Anm. *Ringstmeier* EWiR 2001, 31 hinsichtlich der Pflicht des Verwalters, über die Höhe der Verbindlichkeiten dem Schuldner Auskunft zu erteilen; hierzu ferner *Kübler/Prütting/Pape* § 212 RdNr. 8 a. Nach *Pape* sind insbesondere Folgeanträge mangels Rechtsschutzbedürfnis als unzulässig anzusehen, wenn sie nicht auf neue Tatsachen gestützt sind, vgl. *Kübler/Prütting/Pape* § 212 RdNr. 8.
[24] *Nerlich/Römermann/Westphal* § 212 RdNr. 7; *Haarmeyer/Wutzke/Förster*, Handbuch, Kap. 8 RdNr. 150.
[25] OLG Celle (Fn. 21).

sonstige Unterlagen, Gutachten oder Erklärungen wie Bürgschaften, Rangrücktritte, Patronatserklärungen, Besserungsscheine oder auch Finanz- und Wirtschaftspläne, die von einem Wirtschaftsprüfer begutachtet sind.[26]

Um die Wiederherstellung seiner Zahlungsfähigkeit konkret darzulegen, hat der Schuldner glaubhaft zu machen, dass ihm ausreichende finanzielle Mittel zur Verfügung stehen, um sämtliche Verbindlichkeiten, die mit der Eröffnung des Verfahrens als fällig gelten (§ 41 Abs. 1), einschließlich der Verfahrenskosten und Masseschulden erfüllen zu können. Zu diesem Zweck sind bloße Absichtserklärungen zur Schuldentilgung ungeeignet.[27] Die zur **nachhaltigen Beseitigung** der Eröffnungsgründe notwendige Zuführung von Eigenkapital muss sichergestellt sein, weshalb nur uneingeschränkte und unbedingte Garantieerklärungen oder Patronatserklärungen für die Glaubhaftmachung geeignet sind, dass keine Insolvenzgründe einschließlich der drohenden Zahlungsunfähigkeit bestehen. 11

D. Verfahren der Einstellung

Ist der Einstellungsantrag auf Grund ausreichender Glaubhaftmachung des Wegfalls der Eröffnungsgründe zulässig, so richtet sich das weitere Verfahren der Einstellung nach § 214.[28] Der zulässige Antrag ist öffentlich bekannt zu machen und in der Geschäftsstelle zur Einsicht der Beteiligten auszulegen. Das Insolvenzgericht hat in tatsächlicher und rechtlicher Hinsicht umfassend zu prüfen, ob die Voraussetzungen der Verfahrenseinstellung nach § 212 wirklich vorliegen; zuvor sind gem. § 214 Abs. 2 der Antragsteller, der Insolvenzverwalter und ggf. der Gläubigerausschuss anzuhören. Ist das Insolvenzgericht nach Abschluss des Verfahrens zur Überzeugung gelangt, dass die Insolvenzgründe nachhaltig beseitigt sind, beschließt es gem. §§ 212, 215 die Einstellung des Insolvenzverfahrens. Gegen den Einstellungsbeschluss können sich die Insolvenzgläubiger mit der sofortigen Beschwerde wenden, § 216 Abs. 1. Wird der Einstellungsantrag z. B. wegen nicht ausreichender Glaubhaftmachung der Einstellungsgründe als unzulässig zurückgewiesen oder nach Prüfung als unbegründet abgewiesen, weil die tatsächlichen Voraussetzungen des § 212 nicht erfüllt sind, steht dem Schuldner die sofortige Beschwerde nach § 216 Abs. 2 zu. 12

§ 213 Einstellung mit Zustimmung der Gläubiger

(1) ¹Das Insolvenzverfahren ist auf Antrag des Schuldners einzustellen, wenn er nach Ablauf der Anmeldefrist die Zustimmung aller Insolvenzgläubiger beibringt, die Forderungen angemeldet haben. ²Bei Gläubigern, deren Forderungen vom Schuldner oder vom Insolvenzverwalter bestritten werden, und bei absonderungsberechtigten Gläubigern entscheidet das Insolvenzgericht nach freiem Ermessen, inwieweit es einer Zustimmung dieser Gläubiger oder einer Sicherheitsleistung gegenüber ihnen bedarf.

(2) Das Verfahren kann auf Antrag des Schuldners vor dem Ablauf der Anmeldefrist eingestellt werden, wenn außer den Gläubigern, deren Zustimmung der Schuldner beibringt, andere Gläubiger nicht bekannt sind.

Übersicht

	RdNr.		RdNr.
A. Normzweck	1	I. Einstellungsgründe	3
B. Entstehungsgeschichte	2	II. Einstellung nach Ablauf der Anmeldefrist	5
C. Einstellung mit Zustimmung der Insolvenzgläubiger	3	1. Antragstellung	5

---

[26] *Uhlenbruck* § 212 RdNr. 7.
[27] OLG Celle ZIP 2000, 1943.
[28] *Gottwald/Klopp/Kluth*, Insolvenzrechts-Handbuch, § 74 RdNr. 60.

	RdNr.		RdNr.
2. Frist	7	c) Verfahrenskosten, Massegläubiger	14
3. Zustimmung der Insolvenzgläubiger	7	2. Verfahrenseinstellung	15
a) Zustimmungserklärungen	8	**IV. Einstellung vor Ablauf der Anmeldefrist**	16
b) Beibringung der angemeldeten Forderungen	10	1. Zustimmungserklärungen	17
III. Entscheidung des Insolvenzgerichts	11	2. Entscheidung	19
1. Weitere Zustimmungserklärungen	11	3. Genossenschaft, Versicherungsverein	20
a) Bestrittene Forderungen	12	**D. Verfahren**	21
b) Absonderungsberechtigte	13		

A. Normzweck

1   Das Insolvenzverfahren dient der gemeinschaftlichen Befriedigung der Insolvenzgläubiger. Wenn die Insolvenzgläubiger auf die Durchführung des Insolvenzverfahrens verzichten, so besteht kein Grund, dieses gegen deren Willen durchzuführen.[1] Werden vom Schuldner **sämtliche Zustimmungserklärungen** der Insolvenzgläubiger beigebracht, sieht § 213 die vorzeitige Verfahrensbeendigung durch Einstellung vor. Bei allseitigem Einverständnis können die Gläubiger also ausnahmsweise über das Verfahrensende disponieren. Auf den nachträglichen Wegfall des **Insolvenzgrundes** ist § 213 nicht anwendbar, da dieser Einstellungsgrund in § 212 speziell geregelt ist.

B. Entstehungsgeschichte

2   Die Verfahrenseinstellung mit Zustimmung der Konkursgläubiger war bereits in § 202 KO vorgesehen. Die neue Vorschrift des § 213 übernimmt im Wesentlichen die bisherige Regelung.[2] Zusätzlich ist vorgesehen, dass auch bei absonderungsberechtigten Gläubigern das Insolvenzgericht nach seinem Ermessen entscheidet, ob ihre Zustimmung zur Einstellung erforderlich ist. Die Antragsberechtigung wurde – wie bei § 212 – zum Zwecke der Verfahrensvereinfachung auf den Schuldner beschränkt.

C. Einstellung mit Zustimmung der Insolvenzgläubiger

I. Einstellungsgründe

3   Der materielle Einstellungsgrund ist der Insolvenzverzicht der Gläubiger.[3] Stimmen die Gläubiger aller angemeldeten Forderungen der Einstellung des Verfahrens zu, so ist das Verfahren auf Antrag des Schuldners einzustellen. Das Gesetz unterscheidet in § 213 zwei Einstellungsvarianten: Die Einstellung **nach Ablauf** der Anmeldefrist, die das Insolvenzgericht beschließen muss, wenn die Voraussetzungen vorliegen, und die Einstellung **vor dem Ablauf** der Anmeldefrist, die in das Ermessen des Insolvenzgerichts gestellt ist. Unerheblich ist deshalb, ob der Schuldner den Antrag vor oder nach Ablauf der Anmeldefrist stellt oder wann er die Zustimmungserklärungen der Insolvenzgläubiger beigebracht hat.

4   Die Einstellung des Verfahrens mit Zustimmung der Gläubiger ist in der Praxis höchst selten. Sie kann in Betracht kommen, wenn z. B. bei einer außergerichtlichen Schuldenregulierung das Interesse an einer vereinfachten und verkürzten Art der Verfahrensbeendigung besteht.

---

[1] Vgl. auch HambKomm-*Weitzmann* § 213 RdNr. 1.
[2] Begr. § 326 RegE, *Kübler/Prütting*, S. 444.
[3] *Gottwald/Klopp/Kluth*, Insolvenzrechts-Handbuch, § 74 RdNr. 67.

II. Einstellung nach Ablauf der Anmeldefrist

1. Antragstellung. Nur der Schuldner kann die Einstellung nach § 213 beantragen. Eine 5
Verfahrenseinstellung von Amts wegen, auf Antrag des Verwalters oder auf Wunsch auch
aller Insolvenzgläubiger ist nicht statthaft. Befinden sich mehrere Personen in der Rolle des
Schuldners, wie z. B. Gesellschafter einer oHG, so muss der Antrag einheitlich von allen
gestellt werden; ebenso muss bei einer juristischen Person die Antragstellung – wie bei der
Einstellung nach § 212 – von sämtlichen organschaftlichen Vertretern vorgenommen werden.[4]

Für die Stellung des Antrags ist eine Form nicht vorgeschrieben. Er kann deshalb auch 6
mündlich in der Gläubigerversammlung gestellt werden.[5]

2. Frist. Die Stellung des Antrags ist nicht fristgebunden; sie kann in jeder Lage des 7
Verfahrens wirksam erfolgen. Der Antrag kann auch schon vor Ablauf der Anmeldefrist
gestellt werden. Im Regelfall wird hierüber jedoch erst nach Ablauf der Anmeldefrist
entschieden.

3. Zustimmung der Insolvenzgläubiger. a) Zustimmungserklärungen. Die Zu- 8
stimmungserklärung des Gläubigers zur beantragten Verfahrenseinstellung hat nur den Verzicht auf die Fortsetzung des Insolvenzverfahrens zum Inhalt; dieser bezieht sich nicht auf
den Anspruch selbst oder dessen Geltendmachung.[6] Die Zustimmungserklärung ist eine
reine **Prozesshandlung**.[7] Sie kann nicht von einer Bedingung abhängig gemacht werden.
Sie muss zudem unwiderruflich sein, jedoch kann sie befristet abgegeben werden.[8] Als
Prozesshandlung ist die Zustimmungserklärung nicht nach den §§ 119 ff. BGB wegen
Irrtums, Täuschung oder Drohung anfechtbar. Willensmängel können vom Gläubiger nur
nach Maßgabe des § 214 Abs. 1 Satz 3 durch Widerspruchseinlegung gegen den Antrag
oder ggf. nachfolgend durch Beschwerde gegen den Einstellungsbeschluss nach § 215
geltend gemacht werden.[9]

Als Prozesshandlung ist die Zustimmungserklärung nur wirksam, wenn der zustimmende 9
Gläubiger prozessfähig oder im Falle der Abgabe durch einen Vertreter prozessordnungsgemäß vertreten ist.[10] Dies hat das Insolvenzgericht von Amts wegen zu prüfen.

b) Beibringung der angemeldeten Forderungen. Der Schuldner hat die Zustim- 10
mung aller Insolvenzgläubiger, die Forderungen zur Tabelle angemeldet haben, beizubringen.[11] Das Gesetz verlangt für die Beendigung der Insolvenz auf freiwilliger Basis Einstimmigkeit.[12] Keine Zustimmungserklärungen müssen von Gläubigern vorgelegt werden, die
nicht angemeldet oder ihre Anmeldung wirksam zurückgenommen haben. Wer am Insolvenzverfahren nicht teilnehmen will, verliert auch seinen Anspruch darauf, dass seinetwegen
das Verfahren fortgeführt wird.[13] Deshalb besteht keine Notwendigkeit, diese Insolvenzgläubiger nochmals zur Anmeldung aufzufordern; sie können ohnehin ihre Anmeldung bis
zum Erlass des Einstellungsbeschlusses nachträglich noch vornehmen.[14] Auch wenn Gläubi-

---

[4] Vgl. zu § 212 RdNr. 7.
[5] *Jaeger/Weber* § 203 KO RdNr. 1.
[6] *Uhlenbruck* § 213 RdNr. 6; HambKomm-*Weitzmann* § 213 RdNr. 4.
[7] *Uhlenbruck* § 213 RdNr. 6.
[8] HambKomm-*Weitzmann* § 213 RdNr. 4; *Haarmeyer/Wutzke/Förster*, Handbuch, Kap. 8 RdNr. 155. Nach *Gottwald/Klopp/Kluth* § 74 RdNr. 67 ist eine Befristung zweifelhaft, soweit sie den sachgerechten Verfahrensablauf stört.
[9] *Kübler/Prütting/Pape* § 213 RdNr. 3; HambKomm-*Weitzmann* § 213 RdNr. 4.
[10] *Uhlenbruck* § 213 RdNr. 6.
[11] *Nerlich/Römermann/Westphal* § 213 RdNr. 3.
[12] Nachrangige Insolvenzgläubiger i. S. d. § 39 sind zur Anmeldung ihrer Ansprüche gem. § 174 Abs. 3 aufzufordern, da auch ihre Zustimmung zur Verfahrenseinstellung nach § 213 erforderlich ist, vgl. *Hess* § 213 RdNr. 14; FK-*Kießner* § 213 RdNr. 8; *Uhlenbruck* § 213 RdNr. 4; ob dies allerdings auch für Ansprüche auf Rückgewähr kapitalsetzender Darlehen gem. § 39 Abs. 1 Nr. 5 gilt, ist eher zweifelhaft.
[13] *Jaeger/Weber* §§ 202, 203 KO RdNr. 4.
[14] *Nerlich/Römermann/Westphal* § 213 RdNr. 3.

ger, die angemeldet haben, voll befriedigt wurden, müssen vom Schuldner für sie keine Zustimmungserklärungen vorgelegt werden; jedoch hat er den Nachweis der Erfüllung und damit des Erlöschens der angemeldeten Forderung zu führen.[15] Der Schuldner muss auch die Zustimmungserklärungen der Gläubiger mit betagten und bedingten Insolvenzforderungen beibringen.[16] Soweit Forderungen festgestellt, jedoch von einem Insolvenzgläubiger bestritten sind, misst § 213 diesem Umstand keine Bedeutung zu.[17] Der Schuldner hat die entsprechende Zustimmungserklärung des Gläubigers einzuholen.

III. Entscheidung des Insolvenzgerichtes

11 **1. Weitere Zustimmungserklärungen.** Im Rahmen der Prüfung der Begründetheit des Einstellungsantrags hat das Insolvenzgericht nach freiem Ermessen zu entscheiden, inwieweit es gem. § 213 Abs. 1 Satz 2 weiterer Zustimmungserklärungen von Gläubigern oder einer Sicherheitsleistung ihnen gegenüber bedarf. Entsprechende gerichtliche Verfügungen sind nicht selbständig rechtsmittelfähig.[18] Sie können nur überprüft werden in einem gegen die Ablehnungsentscheidung eingeleiteten Beschwerdeverfahren nach § 216 Abs. 2. Da es sich jedoch um eine gerichtliche Ermessensentscheidung handelt, besteht nur eine eingeschränkte Kontrollmöglichkeit.

12 **a) Bestrittene Forderungen.** In den Fällen, in denen Insolvenzforderungen angemeldet sind, diese jedoch vom Schuldner oder Insolvenzverwalter bestritten sind, hat der Schuldner die ihm vom Gericht aufgegebenen weiteren Zustimmungserklärungen von diesen Gläubigern bzw. Sicherheitsleistungen beizubringen. Hierzu zählen auch die Fälle, in denen die vom Gläubiger angemeldete Forderung noch nicht festgestellt werden konnte, weil ein Prüfungstermin bisher nicht stattgefunden hatte bzw. sie erst nach dem Prüfungstermin angemeldet wurden.[19] Im Rahmen der Entscheidungsfindung wird das Gericht in erster Linie auf die Erfolgsaussichten der bestrittenen Forderungen abstellen. Es wird z.B. aber auch berücksichtigen, ob Gläubigerforderungen auffallend vom Schuldner bestritten werden; dies kann darauf hindeuten, dass der Schuldner auf diese Weise versucht, die Zustimmungsverweigerung einzelner zu unterlaufen.[20] Das gilt auch umgekehrt: Gläubiger können versucht sein, ihr Zustimmungsrecht zu benützen, um z.B. durch überhöhte Anmeldungen unlauteren Druck auf den Schuldner auszuüben, auch wenn ihnen grundsätzlich nicht untersagt ist, sich ihre Zustimmung „abkaufen" zu lassen.

13 **b) Absonderungsberechtigte.** Nach § 202 Abs. 1 KO war für die Einstellung stets erforderlich die Zustimmung der Absonderungsberechtigten, die für den Ausfall Konkursgläubiger waren. Demgegenüber sieht § 213 vor, dass bei absonderungsberechtigten Gläubigern das Insolvenzgericht nach seinem Ermessen entscheidet, ob ihre Zustimmung zur Einstellung erforderlich ist. Die Zustimmung eines Insolvenzgläubigers, der zugleich zur abgesonderten Befriedigung berechtigt ist, kann damit im Einzelfall für entbehrlich erklärt werden.[21] Das Insolvenzgericht kann aber auch anordnen, die Zustimmung eines absonderungsberechtigten Gläubigers beizubringen, der nicht gleichzeitig Insolvenzgläubiger ist. Nach den gesetzgeberischen Vorstellungen soll entscheidend sein, ob der Gläubiger ein **berechtigtes Interesse** an einer **zumindest zeitweiligen Fortsetzung** des Insolvenzverfahrens hat.[22] Ein solches Interesse kann sich daraus ergeben, dass die Ausfallforderung des

---

[15] OLG Dresden LZ 1925, 53; *Uhlenbruck* § 213 RdNr. 5.
[16] *Kübler/Prütting/Pape* § 213 RdNr. 4.
[17] *Kübler/Prütting/Pape* § 213 RdNr. 5.
[18] HambKomm-*Weitzmann* § 213 RdNr. 5.
[19] *Nerlich/Römermann/Westphal* § 213 RdNr. 14, 15; vgl. zu weiteren Kriterien der insolvenzgerichtlichen Entscheidung *Nerlich/Römermann/Westphal* § 213 RdNr. 16 f.
[20] *Kübler/Prütting/Pape* § 213 RdNr. 6.
[21] Auf die Zustimmung kann vor allem verzichtet werden, wenn die Forderung des Gläubigers durch das Absonderungsrecht gesichert ist und daher kein Ausfallrisiko besteht, *Kübler/Prütting/Pape* § 213 RdNr. 7; FK-*Kießner* § 213 RdNr. 10.
[22] Begr. § 326 RegE, *Kübler/Prütting*, S. 444; *Uhlenbruck* § 213 RdNr. 10.

Absonderungsberechtigten gegen den Schuldner nicht voll gedeckt ist. Es kann sich aber z. B. auch daraus ergeben, dass eine vom Verwalter begonnene Verwertung von dinglichen Sicherheiten zu Ende geführt werden sollte oder dass eine Gesamtverwertung der belasteten Gegenstände für die gesicherten Gläubiger vorteilhafter ist.

c) Verfahrenskosten, Massegläubiger. Eine Zustimmung zur Verfahrenseinstellung von Massegläubigern ist nicht erforderlich.[23] Vielmehr gilt gem. § 214 Abs. 3, dass die Einstellung erst erfolgen kann, wenn der Verwalter die Verfahrenskosten i. S. d. § 54 wie auch die Ansprüche der sonstigen Massegläubiger berichtigt bzw. sichergestellt hat. 14

2. Verfahrenseinstellung. Das Gericht hat, wenn dem Schuldner die Beibringung der Zustimmung aller Gläubiger gelungen ist, das Insolvenzverfahren gem. § 213 einzustellen. Gegen die Verfahrenseinstellung steht jedem Insolvenzgläubiger gem. § 216 Abs. 1 die sofortige Beschwerde zu; sofern der Antrag auf Verfahrenseinstellung abgelehnt wurde, hat der Schuldner das Recht, hiergegen sofortige Beschwerde einzulegen, vgl. § 216 Abs. 2. 15

IV. Einstellung vor Ablauf der Anmeldefrist

Nach § 213 Abs. 2 ist die Verfahrenseinstellung auf Antrag des Schuldners bereits vor Ablauf der Anmeldefrist zulässig. Die Anforderungen an eine Verfahrenseinstellung sind strenger, da das Anmelde- und Prüfungsverfahren der Insolvenzforderungen nicht abgeschlossen ist.[24] Als Beispiel für diesen Ausnahmefall wurde unter Geltung des § 202 Abs. 2 KO angeführt, dass der **Eröffnungsgrund von vornherein gefehlt** oder durch vollständige Befriedigung alsbald wieder beseitigt wurde. Da diese Fallkonstellation nunmehr von § 212 erfasst wird, ist ein Anwendungsbereich für § 213 Abs. 2 kaum mehr erkennbar.[25] 16

1. Zustimmungserklärungen. Der Schuldner muss die Zustimmungserklärungen sämtlicher bekannter Gläubiger beibringen, unabhängig davon, ob diese angemeldet haben oder nicht. Bestehen Zweifel daran, ob die Zustimmungserklärungen aller bekannten Gläubiger vorgelegt sind, hat eine Prüfung durch das Insolvenzgericht zu erfolgen, z. B. anhand des Gläubiger- oder Vermögensverzeichnisses nach §§ 152, 153.[26] 17

Auf die Zustimmungserklärungen einzelner (bekannter) Gläubiger kann nicht verzichtet werden. Das Insolvenzgericht ist nicht befugt, nach eigenem Ermessen zu entscheiden, ob die Zustimmung erforderlich ist oder ggf. durch eine Sicherheitsleistung ersetzt werden kann.[27] Insoweit berücksichtigt das Gesetz Bedenken, die mit einem vorzeitigen Insolvenzverzicht in jedem Fall verbunden sind. 18

2. Entscheidung. Liegen die Voraussetzungen nach § 213 Abs. 2 vor, so besteht dennoch für das Insolvenzgericht **kein Einstellungszwang.** Folglich kann das Insolvenzgericht bei seiner Ermessensentscheidung weiter bestehende Zweifel berücksichtigen, insbesondere im Hinblick auf die Existenz nicht bekannt gewordener Gläubiger. In diesem Fall wird das Insolvenzgericht vielmehr den Ablauf der Anmeldefrist abwarten.[28] Falls bislang unbekannte Gläubiger Insolvenzforderungen angemeldet haben, besteht dann die Gelegenheit, dem Schuldner aufzugeben, die ausstehenden Zustimmungserklärungen beizubringen.[29] 19

3. Genossenschaft, Versicherungsverein. Auch in der Insolvenz einer Genossenschaft oder eines Versicherungsvereins aG ist § 213 Abs. 2 anwendbar. Denn die Sonderregelungen in § 116 GenG aF und § 52 Abs. 2 VAG aF, wonach eine Verfahrenseinstellung auf Antrag des Vorstandes erst nach Ablauf der Anmeldefrist möglich war, sind durch das EGInsO (Art. 49 Nr. 38 u. Art. 87 Nr. 7) ersatzlos weggefallen.[30] 20

---

[23] HK-*Landfermann* § 213 RdNr. 6; FK-*Kießner* § 213 RdNr. 13.
[24] *Jaeger/Weber* §§ 202, 203 KO RdNr. 6.
[25] *Nerlich/Römermann/Westphal* § 213 RdNr. 21.
[26] *Kübler/Prütting/Pape* § 213 RdNr. 8.
[27] *Nerlich/Römermann/Westphal* § 213 RdNr. 23; *Uhlenbruck* § 213 RdNr. 11.
[28] *Uhlenbruck* § 213 RdNr. 11 aE.
[29] *Jaeger/Weber* §§ 202, 203 KO RdNr. 6.
[30] HK-*Landfermann* § 213 RdNr. 7; *Gottwald/Klopp/Kluth* § 74 RdNr. 69.

D. Verfahren

21 Können vom Schuldner die nach § 213 erforderlichen Zustimmungen der angemeldeten Insolvenzgläubiger nicht vorgelegt werden, so ist der Antrag auf Einstellung des Verfahrens als **unzulässig zurückzuweisen.** Das Insolvenzgericht wird idR zuvor dem Schuldner die Möglichkeit geben, noch als fehlend erachtete Zustimmungserklärungen oder Sicherheitsleistungen innerhalb einer gesetzten Frist beizubringen. Gegen die **Ablehnungsentscheidung** steht dem Schuldner die sofortige Beschwerde gem. § 216 Abs. 2 zu. Liegt ein zulässiger Antrag i. S. d. § 213 vor, so richtet sich das weitere Verfahren nach den §§ 214 bis 216; auf die entsprechende Kommentierung kann verwiesen werden.[31] Vor der Verfahrenseinstellung sind nach § 214 Abs. 3 die unstreitigen Masseansprüche zu berichtigen und ist für die streitigen Sicherheit zu leisten; ebenso sind auch die Verfahrenskosten einschließlich der Vergütungs- und Auslagenerstattungsansprüche des Insolvenzverwalters vorab auszugleichen.[32]

22 Nach rechtskräftiger Einstellung des Verfahrens ist ein anschließendes Restschuldbefreiungsverfahren nach §§ 287 ff. nicht zulässig, s. § 289 Abs. 3.[33]

§ 214 Verfahren bei der Einstellung

(1) ¹Der Antrag auf Einstellung des Insolvenzverfahrens nach § 212 oder § 213 ist öffentlich bekanntzumachen. ²Er ist in der Geschäftsstelle zur Einsicht der Beteiligten niederzulegen; im Falle des § 213 sind die zustimmenden Erklärungen der Gläubiger beizufügen. ³Die Insolvenzgläubiger können binnen einer Woche nach der öffentlichen Bekanntmachung schriftlich oder zu Protokoll der Geschäftsstelle Widerspruch gegen den Antrag erheben.

(2) ¹Das Insolvenzgericht beschließt über die Einstellung nach Anhörung des Antragstellers, des Insolvenzverwalters und des Gläubigerausschusses, wenn ein solcher bestellt ist. ²Im Falle eines Widerspruchs ist auch der widersprechende Gläubiger zu hören.

(3) Vor der Einstellung hat der Verwalter die unstreitigen Masseansprüche zu berichtigen und für die streitigen Sicherheit zu leisten.

Übersicht

	RdNr.		RdNr.
A. Normzweck	1	D. Entscheidung des Insolvenzgerichts	13
B. Entstehungsgeschichte	2	I. Einstellungsbeschluss	13
C. Verfahren bei der Einstellung	3	II. Ablehnung	14
I. Zulässigkeit	3	III. Rechtsmittel	15
II. Öffentliche Bekanntmachung	4	E. Befriedigung und Sicherstellung der Masseansprüche	16
III. Widerspruch	5		
1. Berechtigter	6	I. Befriedigung	16
2. Widerspruchsgründe	8	II. Sicherstellung	18
3. Frist	10		
IV. Anhörung	12		

---

[31] Vgl. § 214 RdNr. 3 f.
[32] OLG Celle ZIP 1981, 1113.
[33] *Kübler/Prütting/Pape* § 213 RdNr. 10; HambKomm-*Weitzmann* § 213 RdNr. 9.

A. Normzweck

Das Verfahren bei der Einstellung wegen Wegfalls des Eröffnungsgrundes oder mit Zustimmung der Gläubiger wird übereinstimmend in § 214 geregelt. Ob die Voraussetzungen für eine Einstellung vorliegen, ist jeweils vom Insolvenzgericht von Amts wegen zu prüfen. Das Verfahren sieht vor, die von der Insolvenz Betroffenen in den Entscheidungsprozess einzubeziehen, um auf diese Weise zu gewährleisten, dass eine Verfahrenseinstellung mit dem Interesse der Gläubiger übereinstimmt.[1] Dem Bedürfnis der Massegläubiger wird dadurch Rechnung getragen, dass in § 214 Abs. 3 vor der Einstellung die Befriedigung bzw. Sicherstellung ihrer Ansprüche gewährleistet sein muss.

B. Entstehungsgeschichte

Das Gesetz hat die Regeln, die bisher für die verfahrensrechtliche Behandlung des Einstellungsantrags in § 203 KO vorgesehen waren, im Wesentlichen übernommen und sie auch auf den neu geregelten Fall der Einstellung wegen Wegfalls des Eröffnungsgrundes übertragen. Die in § 203 Abs. 1 Satz 3 KO enthaltene Beschränkung des Widerspruchsrechtes von Konkursgläubigern wurde allerdings fallen gelassen. Das Recht zum Widerspruch gegen den Einstellungsantrag steht nunmehr jedem Insolvenzgläubiger zu. Dem Gesetzgeber erschien dies gerechtfertigt, da die Prüfung des Vorliegens der Einstellungsgründe von Amts wegen erfolgt.[2] Insoweit wurde es als zweckmäßig angesehen, vor der Entscheidung über die Einstellung auch eine Anhörung des Gläubigerausschusses vorzusehen, sofern ein solcher bestellt ist.

C. Verfahren bei der Einstellung

I. Zulässigkeit

Der Antrag des Schuldners auf Einstellung des Verfahrens muss zulässig sein. Wird die Einstellung wegen Wegfalls des Eröffnungsgrundes nach § 212 geltend gemacht, sind deren Voraussetzungen glaubhaft zu machen; wird als Einstellungsgrund die Zustimmung aller Insolvenzgläubiger gem. § 213 behauptet, hat der Schuldner die Zustimmungserklärungen aller Gläubiger vorzulegen, deren Forderungen angemeldet und vom Schuldner sowie Insolvenzverwalter nicht bestritten sind.[3] Sind diese Voraussetzungen nicht gegeben, so ist der **Einstellungsantrag ohne weitere Sachprüfung** als unzulässig zurückzuweisen.[4] Eine öffentliche Bekanntmachung des Einstellungsantrags erübrigt sich. Dem Schuldner steht gegen die Zurückweisung seines Antrags als unzulässig das Recht der sofortigen Beschwerde nach § 216 Abs. 2 zu.

II. Öffentliche Bekanntmachung

Ist der Antrag auf Einstellung gem. §§ 212, 213 nach Auffassung des Gerichts zulässig, ist dieser nach Maßgabe des § 9 öffentlich bekannt zu machen. Der Einstellungsantrag ist ferner in der Geschäftsstelle zur Einsicht der Beteiligten niederzulegen. Wird die Einstellung nach § 213 beantragt, so sind auch die zustimmenden Erklärungen der Gläubiger dem in der

---

[1] Begr. § 327 RegE, *Kübler/Prütting*, S. 446.
[2] Begr. § 327 RegE, *Kübler/Prütting*, S. 446.
[3] *Uhlenbruck* § 214 RdNr. 2.
[4] OLG Celle ZIP 2000, 1943.

Geschäftsstelle niedergelegten Antrag beizufügen. Soweit die Vorlage von Zustimmungserklärungen entbehrlich ist, weil z. B. die Forderung durch Befriedigung erloschen ist, sind ersatzweise die entsprechenden Unterlagen vorzulegen, aus denen sich dies ergibt.[5] Wurde dem Schuldner vom Gericht gem. § 213 Abs. 1 Satz 2 aufgegeben, Zustimmungserklärungen von Gläubigern bestrittener Forderungen vorzulegen oder ihnen gegenüber Sicherheit zu leisten, so sind diese Unterlagen gleichfalls auszulegen, damit die Beteiligten sich hierüber informieren und ggf. auch hierzu Stellung nehmen können.

III. Widerspruch

5 Nach § 214 Abs. 1 Satz 3 können Insolvenzgläubiger gegen den Einstellungsantrag Widerspruch erheben. Der Widerspruch ist **kein Rechtsmittel**.[6] Sein verfahrensrechtlicher Zweck besteht darin, es den Insolvenzgläubigern zu ermöglichen, rechtzeitig vor der Einstellung Einwände dem Gericht vorzutragen, die der beantragten Einstellung nach ihrer Beurteilung entgegenstehen. In der Einlegung eines Widerspruchs liegt deshalb auch kein Widerruf einer vom Gläubiger erteilten Zustimmungserklärung.

6 **1. Berechtigter.** Zur Erhebung des Widerspruchs sind ausschließlich die Insolvenzgläubiger berechtigt.[7] Voraussetzung ist nicht, dass sie die Forderung auch angemeldet haben;[8] ebenso bleibt beschwerdeberechtigt auch jeder Insolvenzgläubiger, der der Einstellung zugestimmt hatte. Die geltend gemachten Einstellungshindernisse werden von Amts wegen durch das Insolvenzgericht geprüft.[9]

7 Kein Widerspruchsrecht besitzen die Massegläubiger wie auch der Insolvenzverwalter. Gleichfalls besitzen absonderungsberechtigte Gläubiger, denen der Schuldner nicht persönlich haftet, kein Widerspruchsrecht, da sie sich aus der Verwertung der Sicherheiten befriedigen können. Ihre Interessen werden im Übrigen vom Insolvenzgericht im Rahmen der Ermessensentscheidung nach § 213 Abs. 1 Satz 2 berücksichtigt. Auch nachrangigen Insolvenzgläubigern i. S. d. § 39 ist keine Widerspruchsbefugnis eingeräumt worden, wenn sie nicht am Verfahren teilnehmen, vgl. § 174 Abs. 3.[10]

8 **2. Widerspruchsgründe.** Eine Begründung des Widerspruchs ist nicht erforderlich. Der Widersprechende muss jedoch angeben, weshalb aus seiner Sicht die Einstellungsvoraussetzungen nicht vorliegen, damit das Gericht diesen Hinweisen im Rahmen der Amtsermittlung nachgehen kann.[11]

9 Gegenüber einer beantragten Einstellung nach § 212 kann z. B. vorgebracht werden, die Eröffnungsgründe seien nicht nachhaltig beseitigt, weil eine vollständige Befriedigung der Insolvenzgläubiger nicht erreichbar sei. Gegenüber einem Einstellungsantrag nach § 213 kann vor allem von Gläubigern angeführt werden, erforderliche Zustimmungserklärungen fehlten, sie seien gefälscht bzw. beruhten auf Irrtum, Betrug oder Drohung; gleichfalls kann bemängelt werden, dass der Vertreter des Gläubigers, der die Zustimmungserklärung abgegeben hatte, keine Vertretungsmacht besessen hat.[12]

10 **3. Frist.** Die Frist für die Einlegung des Widerspruchs beträgt nach § 214 Abs. 1 Satz 3 eine Woche. Die Frist beginnt mit dem Wirksamwerden der öffentlichen Bekanntmachung, vgl. § 9 Abs. 1 Satz 3. Die Versäumung der Widerspruchsfrist ist jedoch unschädlich.[13] Das Insolvenzgericht hat auch **Einstellungshindernisse** zu berücksichtigen, die im Rahmen

---

[5] *Nerlich/Römermann/Westphal* § 214 RdNr. 3.
[6] *Jaeger/Weber* §§ 202, 203 KO RdNr. 8.
[7] *HK-Landfermann* § 214 RdNr. 2.
[8] Die Einschränkung in § 203 Abs. 1 Satz 3 KO wurde ausdrücklich fallen gelassen, vgl. Begr. § 327 RegE, *Kübler/Prütting,* S. 446.
[9] *HambKomm-Weitzmann* § 214 RdNr. 5.
[10] AA HK-Landfermann § 214 RdNr. 2.
[11] *Nerlich/Römermann/Westphal* § 214 RdNr. 7; FK-*Kießner* § 214 RdNr. 6.
[12] *Uhlenbruck* § 214 RdNr. 7.
[13] *Nerlich/Römermann/Westphal* § 214 RdNr. 9; *Graf-Schlicker/Mäusezahl* § 214 RdNr. 8.

eines verspätet eingelegten Widerspruchs vorgebracht werden. Allerdings hat das Gericht vor einer Entscheidung den Ablauf der Widerspruchsfrist abzuwarten.

Eine Rücknahme des Widerspruchs ist dementsprechend jederzeit zulässig. Die durch Einlegung des Widerspruchs dem Insolvenzgericht bekannt gewordenen Hinderungsgründe sind jedoch weiterhin im Rahmen der Prüfung der Einstellungsvoraussetzungen von Amts wegen zu berücksichtigen.[14] 11

IV. Anhörung

Nach Ablauf der Widerspruchsfrist kann das Insolvenzgericht noch nicht über den Einstellungsantrag entscheiden. Vor der Entscheidung über die Einstellung sind der Schuldner, der Insolvenzverwalter und, wenn ein solcher bestellt ist, der Gläubigerausschuss anzuhören, § 214 Abs. 2 Satz 1. Nach § 214 Abs. 2 Satz 2 ist auch einem widersprechenden Gläubiger Gelegenheit zur mündlichen oder schriftlichen Äußerung einzuräumen. Nach der Anhörung hat das Insolvenzgericht zu prüfen, ob noch weitere für die Entscheidung wesentlichen Umstände zu ermitteln sind, § 5 Abs. 1. Erst wenn dies nicht mehr der Fall ist, kann das Insolvenzgericht entscheiden.[15] 12

D. Entscheidung des Insolvenzgerichts

I. Einstellungsbeschluss

Gelangt das Gericht zur Überzeugung, dass die Voraussetzungen der Einstellungsgründe nach § 212 oder § 213 Abs. 1 vorliegen, so hat es die Einstellung des Verfahrens zu beschließen. Die Einstellung des Verfahrens wird nicht in das Ermessen des Gerichtes gestellt, da der Schuldner auf die **abgekürzte Beendigung des Verfahrens** ein Recht hat. Nicht erforderlich ist auch zuvor eine Gläubigerversammlung, z.B. zur Abnahme der Schlussrechnung des Verwalters anzuberaumen. Auf Seiten der Gläubiger fehlt ein berechtigtes Interesse an der Fortsetzung des Verfahrens, da die Insolvenzgründe beseitigt sind bzw. Zustimmungserklärungen zur Einstellung vorliegen.[16] Allerdings müssen vor der Einstellung die Erfüllung bzw. Sicherstellung der Verfahrenskosten wie auch der Masseverbindlichkeiten gewährleistet sein, vgl. § 214 Abs. 3. Erst im Anschluss hieran kann die Verfahrenseinstellung erfolgen. 13

II. Ablehnung

Im Verfahren nach § 214 kann sich auch herausstellen, dass der zulässige Einstellungsantrag sich als nicht begründet erweist, z.B. weil das Gericht den Wegfall des Eröffnungsgrundes nicht mit der erforderlichen Sicherheit feststellen kann. Der Einstellungsantrag ist in diesem Fall vom Insolvenzgericht als nicht begründet abzuweisen. 14

III. Rechtsmittel

Der Beschluss des Insolvenzgerichtes, das Insolvenzverfahren einzustellen oder den Einstellungsantrag abzuweisen, ist nach Maßgabe des § 216 mit der sofortigen Beschwerde anfechtbar. 15

---

[14] Uhlenbruck § 214 RdNr. 6; FK-*Kießner* § 214 RdNr. 7.
[15] *Uhlenbruck* § 214 RdNr. 8.
[16] Nerlich/*Römermann*/*Westphal* § 214 RdNr. 12.

E. Befriedigung und Sicherstellung der Masseansprüche

I. Befriedigung

16 Vor jeder Einstellung des Verfahrens muss den Interessen der Massegläubiger Rechnung getragen werden. Der Insolvenzverwalter ist deshalb verpflichtet, wie in § 214 Abs. 3 ausdrücklich hervorgehoben wird, die Masseansprüche gem. § 53 vorab zu berichtigen oder sicherzustellen. Das Gericht hat dem Verwalter die Möglichkeit einzuräumen, diese Pflicht zu erfüllen, bevor der Schuldner durch die Einstellung des Verfahrens die Verfügungsbefugnis zurückerhält.

17 Zu diesem Zweck sind vor der Einstellung auch die Vergütung und Auslagen des Insolvenzverwalters sowie der Mitglieder eines Gläubigerausschusses festzusetzen. Der Insolvenzverwalter muss deshalb die Schlussrechnung einschließlich seines **Vergütungs- und Auslagenantrags** bei Gericht einreichen, sobald sich abzeichnet, dass das Insolvenzgericht die Verfahrenseinstellung beschließt.[17] Die Vergütung wie auch die Auslagen des Verwalters und der Mitglieder eines Gläubigerausschusses sind nach Festsetzung noch vor der Einstellung in vollem Umfang zu begleichen.[18] Gleichfalls sind die **unstreitigen Masseverbindlichkeiten** aus dem Barbestand zu berichtigen. Stehen nicht ausreichende liquide Mittel zur Verfügung, so sind vom Insolvenzverwalter noch die erforderlichen Verwertungsmaßnahmen zu ergreifen, damit auch deren Befriedigung vor Verfahrenseinstellung aus der Insolvenzmasse gewährleistet ist.

II. Sicherstellung

18 Die strittigen Masseverbindlichkeiten sind vom Insolvenzverwalter zu erfassen; ihre Sicherstellung erfolgt gem. §§ 232 ff. BGB, wenn nicht eine andere Form der Sicherstellung vereinbart ist, was zulässig sein dürfte. Nicht nur strittige, sondern auch **aufschiebend bedingte oder betagte Masseverbindlichkeiten** sind sicherzustellen. Sonst besteht die Gefahr, dass alsbald wieder Zahlungsunfähigkeit eintritt, und zwar auf Grund von Verpflichtungen, die während des Insolvenzverfahrens begründet wurden. Haben Massegläubiger ihre Ansprüche im Insolvenzverfahren nicht geltend gemacht, müssen für derartige Risiken vom Insolvenzverwalter nicht vorsorglich Sicherstellungen erfolgen; die Massegläubiger können vielmehr ihre Ansprüche nur noch gegenüber dem Schuldner weiter verfolgen.

§ 215 Bekanntmachung und Wirkungen der Einstellung

(1) ¹Der Beschluß, durch den das Insolvenzverfahren nach § 207, 211, 212 oder 213 eingestellt wird, und der Grund der Einstellung sind öffentlich bekanntzumachen. ²Der Schuldner, der Insolvenzverwalter und die Mitglieder des Gläubigerausschusses sind vorab über den Zeitpunkt des Wirksamwerdens der Einstellung (§ 9 Abs. 1 Satz 3) zu unterrichten. ³§ 200 Abs. 2 Satz 2 gilt entsprechend.

(2) ¹Mit der Einstellung des Insolvenzverfahrens erhält der Schuldner das Recht zurück, über die Insolvenzmasse frei zu verfügen. ²Die §§ 201, 202 gelten entsprechend.

---

[17] *Kübler/Prütting/Pape* § 214 RdNr. 3; *Graf-Schlicker/Mäusezahl* § 214 RdNr. 9.
[18] *Gottwald/Klopp/Kluth* § 74 RdNr. 62; HambKomm-*Weitzmann* § 214 RdNr. 7; *Uhlenbruck* § 214 RdNr. 10.

Übersicht

	RdNr.		RdNr.
A. Normzweck	1	IV. Eintragung in öffentliche Register	8
B. Entstehungsgeschichte	2	D. Wirkungen der Einstellung	9
C. Bekanntmachung der Einstellung	4	I. Verfügungsmacht des Schuldners	9
I. Öffentliche Bekanntmachung	4	1. Rechtshandlungen des Verwalters	10
1. Inhalt	4	2. Prozessführungsbefugnis	11
2. Bekanntmachung	5	3. Geschäftsbücher, sonstige Ansprüche	13
II. Einstellungsbeschluss	6	II. Restschuldbefreiung	14
III. Vorabinformation	7	III. Nachhaftung des Schuldners	15

A. Normzweck

An die Einstellung des Verfahrens in allen vier Fällen, die das Gesetz kennt, sind einschneidende Rechtsfolgen geknüpft. In § 215 Abs. 2 wird geregelt, dass auf Grund der Beendigung des Insolvenzbeschlages infolge der Verfahrenseinstellung der Schuldner seine Verfügungs- und damit auch seine Prozessführungsbefugnis zurückerlangt. Diese für den Geschäftsverkehr bedeutsamen Tatsachen sind deshalb ausreichend bekannt zu machen; dies ist Regelungsgegenstand des § 215 Abs. 1.[1]

B. Entstehungsgeschichte

Die Bekanntmachung des Einstellungsbeschlusses und der Rückfall der Verwaltungs- und Verfügungsbefugnis über die Masse auf den Schuldner waren gleich lautend in den §§ 205 und 206 KO geregelt. Sie werden im Interesse der redaktionellen Straffung in § 215 zusammengefasst. Neu ist die Verpflichtung des Insolvenzgerichtes aufgenommen worden, den Schuldner, den Insolvenzverwalter und die Mitglieder des Gläubigerausschusses vorab über den Zeitpunkt zu unterrichten, in dem durch die Einstellung des Verfahrens die Verfügungsbefugnis wieder auf den Schuldner übergeht. Zweck dieser Vorabinformation an die unmittelbar Beteiligten ist es, ihnen ausreichend Zeit einzuräumen, sich auf das Ende des Insolvenzbeschlags einzustellen.[2]

Da für die Bekanntmachung der Einstellung des Insolvenzverfahrens die gleichen Regelungen gelten sollen wie für die Bekanntmachung der Aufhebung des Insolvenzverfahrens nach der Schlussverteilung, ordnet § 215 Abs. 1 Satz 3 die entsprechende Anwendung des § 200 Abs. 2 Satz 2 und 3 an, der wegen der Bekanntmachung in den öffentlichen Registern auf die §§ 31 bis 33 weiter verweist.[3]

C. Bekanntmachung der Einstellung

I. Öffentliche Bekanntmachung

1. Inhalt. Der Einstellungsbeschluss ist unter Angabe des Einstellungsgrundes unmittelbar im Anschluss an seinen Erlass öffentlich bekannt zu machen, § 215 Abs. 1 Satz 1. Ein Hinausschieben der Bekanntmachung ist wegen der daran anknüpfenden Beschwerdefrist nicht statthaft. In der Bekanntmachung muss zudem angegeben sein, auf welchen der in Frage kommenden Gründe, vgl. §§ 207, 211 bis 213, die Einstellung beruht.

---

[1] *Nerlich/Römermann/Westphal* § 215 RdNr. 2.
[2] Begr. § 328 RegE, *Kübler/Prütting*, S. 447.
[3] Begr. Rechtsausschuss § 328 RegE, *Kübler/Prütting*, S. 447.

§ 215 5–9   5. Teil. 3. Abschnitt. Einstellung des Verfahrens

5   **2. Bekanntmachung.** Die Bekanntmachung richtet sich nach § 9. In der Veröffentlichung ist deshalb der Schuldner genau zu bezeichnen und sind insbesondere seine Anschrift und der Geschäftszweig anzugeben, § 9 Abs. 1 Satz 2. Die öffentliche Bekanntmachung in Insolvenzsachen, die bisher wahlweise über die Printmedien (Bundesanzeiger) oder das Internet erfolgen konnte, ist gem. § 9 Abs. 1 Satz 2 idF des zum 1. 7. 2007 in Kraft getretenen Gesetzes zur Vereinfachung des Insolvenzverfahrens v. 13. 4. 2007 nur noch über das **Internet** vorzunehmen. Mit der vorgeschriebenen Internetveröffentlichung werden die Gläubiger schnell, umfassend und auch kostengünstig über Einstellungen des Insolenzverfahrens informiert.[4]

II. Einstellungsbeschluss

6   Der Einstellungsbeschluss des Insolvenzgerichtes ist nicht schon – entsprechend dem Eröffnungsbeschluss, vgl. § 27 – wirksam, wenn er aufhört, eine interne Angelegenheit des Gerichtes zu sein.[5] Maßgebend für das Wirksamwerden des Einstellungsbeschlusses ist der Vollzug der öffentlichen Bekanntmachung. Diese gilt nach § 9 Abs. 1 Satz 3 als bewirkt, wenn nach dem Tag der Veröffentlichung zwei weitere Tage verstrichen sind. Der Beginn der 2-Tages-Frist richtet sich nach der Veröffentlichung, die idR nicht mit dem aufgedruckten Erscheinungsdatum des Blatts übereinstimmt, sondern am nächsten Tag mit der Auslieferung erfolgt.[6]

III. Vorabinformation

7   Das Insolvenzgericht hat, sobald die Verfahrenseinstellung verfügt werden soll, den Schuldner, den Insolvenzverwalter und die Mitglieder des Gläubigerausschusses vorab über den Zeitpunkt des Wirksamwerdens der Einstellung zu informieren, § 215 Abs. 1 Satz 2.[7] Entscheidend ist, dass mit Wirksamwerden des Einstellungsbeschlusses die Verwaltungs- und Verfügungsbefugnis über die Insolvenzmasse wieder dem Schuldner zufällt; auf diese Rechtsfolge sollen sich die unmittelbaren Verfahrensbeteiligten rechtzeitig vorbereiten können.

IV. Eintragung in öffentliche Register

8   Die notwendige Bekanntmachung der Verfahrenseinstellung erfolgt gemäß den für die Aufhebung des Insolvenzverfahrens geltenden Regelungen, vgl. § 200 Abs. 2 Satz 2. Die von der Geschäftsstelle des Insolvenzgerichtes zu Verfahrensbeginn von der Insolvenzeröffnung gem. § 31 unterrichteten Behörden sind nunmehr über die Einstellung des Verfahrens zu informieren. Im Grundbuch oder im Register für Schiffe und Luftfahrzeuge eingetragene Insolvenzvermerke, vgl. §§ 32, 33, sind zur Löschung zu bringen, allerdings erst dann, wenn der Einstellungsbeschluss rechtskräftig geworden ist.[8] Das Löschungsersuchen kann das Insolvenzgericht veranlassen; der Insolvenzverwalter ist zudem selbst antragsberechtigt, vgl. § 32 Abs. 3 Satz 2. Auch nach Verfahrenseinstellung ist er hierzu noch befugt.

D. Wirkungen der Einstellung

I. Verfügungsmacht des Schuldners

9   Sobald der Einstellungsbeschluss wirksam wird, vgl. § 9 Abs. 1 Satz 3, endet der Insolvenzbeschlag für die Zukunft. Der Insolvenzverwalter verliert die Verwaltungs- und Ver-

---

[4] Der Wegfall von Veröffentlichungen im Bundesanzeiger gilt auch in den vor dem 1. 7. 2007 eröffneten (Alt)Insolvenzverfahren, s. AG Duisburg NZI 2007, 531, aA *Sternal*, Das Gesetz zur Vereinfachung des Insolvenzverfahrens, NJW 2007, 1911. Den Landesjustizverwaltungen bleiben allerdings für eine Übergangszeit noch gewisse Wahlmöglichkeiten bei der Form der Bekanntmachung, § 9 Abs. 2 Satz 1.
[5] *Uhlenbruck* § 215 RdNr. 2.
[6] BGH KTS 1993, 415; HK-*Kirchhof* § 9 RdNr. 8.
[7] HambKomm-*Weitzmann* § 215 RdNr. 2.
[8] *Nerlich/Römermann/Westphal* § 215 RdNr. 10.

fügungsbefugnis nach § 80 Abs. 1 über die Insolvenzmasse; der Schuldner erlangt sie zurück. Er ist wieder berechtigt, frei über die Insolvenzmasse zu verfügen § 215 Abs. 2 Satz 1.

1. Rechtshandlungen des Verwalters. Die Wirkungen der Verfahrenseinstellung treten nur für die Zukunft (ex nunc) ein.[9] Der Insolvenzbeschlag wird nicht rückwirkend beseitigt. Die Rechtshandlungen des Insolvenzverwalters, die er während der Insolvenz vorgenommen hat, bleiben deshalb rechtswirksam.[10] Dies gilt z. B. für rechtsgeschäftliche Verfügungen, die Ausübung des Wahlrechts nach § 103 oder für die Kündigung von Dauerschuldverhältnissen, u. zwar unabhängig davon, ob die Maßnahmen des Insolvenzverwalters nach Auffassung des Schuldners wirtschaftlich sinnvoll oder unzweckmäßig waren. Eine Bindung des Schuldners entfällt nur dann, wenn Rechtshandlungen des Verwalters evident insolvenzzweckwidrig[11] und damit unwirksam sind. Sind angemeldete Insolvenzforderungen vom Insolvenzverwalter festgestellt, kann der Gläubiger hieraus nach Verfahrenseinstellung gegen den Schuldner vollstrecken, § 201 Abs. 2 Satz 1.[12] Wurde allerdings vom Finanzamt wegen einer Insolvenzforderung gegen den Verwalter ein Steuerbescheid erlassen, so wird dieser nicht etwa mit der Verfahrenseinstellung wirksam; das Finanzamt hat vielmehr die Steuerschuld gegen den Schuldner neu festzusetzen.[13]

2. Prozessführungsbefugnis. Mit der Wirksamkeit des Einstellungsbeschlusses werden laufende Verwalterprozesse – wie bei Aufhebung des Verfahrens, § 200 – analog §§ 239, 242 ZPO unterbrochen,[14] da der Insolvenzverwalter grundsätzlich auch nicht mehr gem. § 80 prozessführungsbefugt ist. Bei einer Einstellung nach § 207 ist der Insolvenzverwalter nach hM nicht befugt, noch anhängige Aktivprozesse mit dem Ziel weiterzuführen, eine Massemehrung herbeizuführen.[15] Erfolgt eine Verfahrenseinstellung dagegen nach § 208 wegen Masseunzulänglichkeit, kann dem Insolvenzverwalter im Rahmen der **Anordnung der Nachtragsverteilung** (§ 211 Abs. 3) die Weiterführung eines anhängigen Aktivprozesses zur Realisierung weiterer Masse vorbehalten werden.[16] Auch wenn der Verwalter bei angeordneter Nachtragsverteilung ausnahmsweise prozessführungsbefugt bleibt, kann er aber Anfechtungsklagen, die bei Einstellung des Verfahrens gem. § 211 anhängig sind, regelmäßig nicht mehr weiterführen, weil die angefochtene Rechtshandlung nach angezeigter Masseinsuffizienz die Insolvenzgläubiger nicht benachteiligt, § 129 Abs. 1.[17]
Erfolgt die Einstellung nach §§ 212, 213, so müssen zuvor die Ansprüche der Massegläubiger **einschließlich der Verfahrenskosten** befriedigt oder zumindest sichergestellt sein. Eine Aufrechterhaltung der Prozessführungsbefugnis des Verwalters im Interesse der Erhöhung der Insolvenzmasse erübrigt sich deshalb; das Prozessführungsrecht geht vorbehaltlos auf den Schuldner über.[18]

3. Geschäftsbücher, sonstige Ansprüche. Mit der Verfahrenseinstellung steht dem Schuldner das Recht zu, die noch vorhandene Restinsolvenzmasse vom Verwalter zurückzuerhalten. Dieser hat deshalb die Pflicht, alle erforderlichen Maßnahmen zu treffen, damit der Schuldner die Verfügungsbefugnis und damit auch den Besitz der Masse wiedererlangt. Er hat ihm deshalb auch die Geschäftsbücher auszuhändigen.[19] Soweit sich noch in der Insolvenzmasse Ansprüche befinden, ist nunmehr der Schuldner zur Weiterverfolgung berechtigt.

---

[9] *Jaeger/Weber* §§ 205, 206 KO RdNr. 7.
[10] *Uhlenbruck* § 215 RdNr. 7.
[11] Vgl. BGH NJW 1994, 323.
[12] *Kübler/Prütting/Pape* § 215 RdNr. 4; *Graf-Schlicker/Mäusezahl* § 215 RdNr. 5.
[13] FG Düsseldorf KTS 1958, 30.
[14] BGH ZIP 1982, 467; *Uhlenbruck* § 200 RdNr. 14 u. § 215 RdNr. 8.
[15] Vgl. § 207 RdNr. 87.
[16] Vgl. *Kübler/Prütting/Pape* § 213 RdNr. 2.
[17] AA jedoch BGH NZI 2001, 587; ZIP 2003, 2036; *Mohrbutter/Ringstmeier/Pape* § 12 RdNr. 117–121, wonach eine benachteiligende Rechtshandlung trotz Masseunzulänglichkeit vorliegt; dazu näher § 208 RdNr. 51 u. § 207 RdNr. 84.
[18] *Kübler/Prütting/Pape* § 215 RdNr. 2.
[19] *Gottwald/Klopp/Kluth*, Insolvenzrechts-Handbuch, § 75 RdNr. 28; vgl. ferner auch § 207 RdNr. 79.

II. Restschuldbefreiung

14 Ob im Anschluss an eine Verfahrenseinstellung ein Restschuldbefreiungsverfahren nach den §§ 286 ff. in Frage kommt, ist differenziert zu sehen. Im Fall der Einstellung nach § 207 ist eine zur Deckung der Verfahrenskosten ausreichende Insolvenzmasse nicht vorhanden; da die Deckung der Verfahrenskosten jedoch auch Voraussetzung der Restschuldbefreiung ist, war ein solches Verfahren bei Masseamut bis zur Einführung der Stundungsregelung, §§ 4 a ff., regelmäßig nicht möglich. Soweit natürlichen Personen, die die Verfahrenskosten nicht aufbringen können, nach § 4 a Stundung bewilligt wird, steht auch ihnen das Restschuldbefreiungsverfahren offen.[20] Wird das Verfahren gem. § 211 eingestellt, schließt § 289 Abs. 3 Satz 1 die Erteilung einer Restschuldbefreiung nicht aus. Die Einstellung des Verfahrens nach §§ 212, 213 beruht darauf, dass die Insolvenzgläubiger befriedigt werden können bzw. auf deren Insolvenzverzicht. Damit wäre es unvereinbar, noch ein Restschuldbefreiungsverfahren durchzuführen.[21]

III. Nachhaftung des Schuldners

15 Nach Einstellung des Verfahrens können die Insolvenzgläubiger ihre Ansprüche entsprechend §§ 201, 202 gegen den Schuldner wieder unbeschränkt geltend machen. Voraussetzung ist jedoch, dass die Forderungen vor der Einstellung des Verfahrens vom Insolvenzgericht gem. § 178 Abs. 2 Satz 1 zur Tabelle festgestellt sind. Die Insolvenzgläubiger können sich einen vollstreckbaren Auszug aus der Insolvenztabelle erteilen lassen und daraus vollstrecken, wenn der Schuldner seinen Zahlungsverpflichtungen nicht nachkommt. Dies gilt auch für die Fälle der Einstellung nach §§ 212, 213.

16 Zur persönlichen Haftung des Schuldners für Masseverbindlichkeiten, die bei einer Einstellung nach § 207 oder § 211 unerfüllt geblieben sind, s. § 207 RdNr. 76/77.

§ 216 Rechtsmittel

(1) Wird das Insolvenzverfahren nach § 207, 212 oder 213 eingestellt, so steht jedem Insolvenzgläubiger und, wenn die Einstellung nach § 207 erfolgt, dem Schuldner die sofortige Beschwerde zu.

(2) Wird ein Antrag nach § 212 oder § 213 abgelehnt, so steht dem Schuldner die sofortige Beschwerde zu.

Übersicht

	RdNr.		RdNr.
A. Normzweck	1	d) Insolvenzverwalter	9
B. Entstehungsgeschichte	2	II. Ablehnung des Antrags auf Einstellung	10
C. Rechtsmittel	3	III. Beschwerdeverfahren	12
I. Einstellung des Verfahrens	3	1. Sofortige Beschwerde	12
1. Einstellungsbeschluss	3	2. Befristete Rechtspflegererinnerung	13
2. Beschwerdeberechtigung	4	3. Wirkung	14
a) Insolvenzgläubiger	5	4. Rechtsbeschwerde	16
b) Massegläubiger	7		
c) Schuldner	8		

A. Normzweck

1 Die insolvenzspezifischen Entscheidungen des Insolvenzgerichtes unterliegen nach § 6 Abs. 1 nur in denjenigen Fällen einem Rechtsmittel, in denen die Insolvenzordnung die

---

[20] *Uhlenbruck* § 215 RdNr. 10; s. dazu § 207 RdNr. 74.
[21] *Kübler/Prütting/Pape* § 215 RdNr. 3.

sofortige Beschwerde vorsieht. Die Beschränkung der Rechtsmittel gewährleistet einen zügigen Ablauf des Insolvenzverfahrens. Zweck des § 216 ist es daher, die Rechtsmittelmöglichkeiten gegen Einstellungsbeschlüsse und gegen die Ablehnung eines Einstellungsantrages zu regeln. Die Einstellung des Verfahrens nach Anzeige der Masseunzulänglichkeit nach § 211 ist nicht in § 216 Abs. 1 aufgenommen worden, da hiergegen ein Rechtsschutz nicht vorgesehen ist.

B. Entstehungsgeschichte

Nach der gesetzgeberischen Konzeption sind die Anfechtungsmöglichkeiten in der InsO auf die Fälle beschränkt, in denen diese zugelassen sind. Für die Fälle der vorzeitigen Einstellung des Verfahrens mangels Masse oder nach §§ 212 bzw. 213 musste deshalb der Gesetzgeber die Rechtsmittel ausdrücklich regeln, die den Beteiligten zur Rechtswahrung eingeräumt werden. Bereits § 330 RegE sah – wie bei Aufhebung des Verfahrens nach der Schlussverteilung oder der Planbestätigung – kein Rechtsmittel gegen die Verfahrenseinstellung nach Anzeige der Masseunzulänglichkeit gem. § 211 vor. Nach der Verteilung des Schuldnervermögens bestehe kein Bedürfnis mehr für eine Anfechtbarkeit der Einstellungsentscheidung.[1]

C. Rechtsmittel

I. Einstellung des Verfahrens

1. Einstellungsbeschluss. Die InsO kennt vier Einstellungsgründe. Jedoch nur gegen die Einstellung auf Grund Masselosigkeit nach § 207 sowie in den selten vorkommenden Fällen der Einstellung wegen Wegfalls des Insolvenzeröffnungsgrundes (§ 212) oder mit Zustimmung der Insolvenzgläubiger (§ 213) wird die sofortige Beschwerde gegen den Einstellungsbeschluss zugelassen. Im praktisch wichtigsten Fall der Einstellung wegen Masseunzulänglichkeit nach § 211 ist eine rechtsförmliche Überprüfungsmöglichkeit gem. § 216 weder für die Insolvenz- noch für die Massegläubiger eröffnet. Ihre Rechtsschutzmöglichkeiten sind dadurch erheblich eingeschränkt.[2]

2. Beschwerdeberechtigung. Die Berechtigung zur Einlegung der sofortigen Beschwerde ist in § 216 wie folgt geregelt:

a) Insolvenzgläubiger. Die Insolvenzgläubiger sind jeweils bei Verfahrenseinstellung beschwerdeberechtigt; dies gilt kraft der ausdrücklichen gesetzlichen Regelung aber nicht bei Einstellung wegen Masseunzulänglichkeit nach § 211. Im Einstellungsverfahren nach § 212 oder § 213 haben die Insolvenzgläubiger gem. § 214 Abs. 1 Satz 3 zuvor die Möglichkeit, dem Einstellungsantrag des Schuldners zu widersprechen. Ob die Insolvenzgläubiger von dieser ihnen im Anhörungsverfahren eingeräumten Widerspruchsmöglichkeit Gebrauch machen oder nicht, ist ihnen freigestellt. In jedem Fall verlieren sie nicht das Recht zur Einlegung der sofortigen Beschwerde gegen den Einstellungsbeschluss nach § 212 oder § 213, wenn sie gegen den schuldnerischen Einstellungsantrag keinen Widerspruch eingelegt haben.[3]

Die nachrangigen Insolvenzgläubiger i. S. d. § 39 sind nur beschwerdeberechtigt, wenn sie vom Insolvenzgericht besonders zur Anmeldung ihrer Forderungen aufgefordert und damit in das Insolvenzverfahren einbezogen wurden.[4]

---

[1] Begr. § 330 RegE, *Kübler/Prütting*, S. 448; BGH ZInsO 2007, 263.
[2] Zur Problematik dieser Regelung vgl. § 208 RdNr. 38 f. u. § 211 RdNr. 13; kritisch zur Beschränkung des Beschwerderechts auch *Kübler/Prütting/Pape* § 216 RdNr. 2.
[3] *Kübler/Prütting/Pape* § 212 RdNr. 21.
[4] *Smid* § 216 RdNr. 2; gegen die Einschränkung HK-*Landfermann* § 216 RdNr. 5.

7 **b) Massegläubiger.** Die Massegläubiger sind grundsätzlich nicht beschwerdebefugt.[5] Ihre Interessen werden allein durch die persönliche Haftung des Insolvenzverwalters nach §§ 61, 60 geschützt. Für die Massegläubiger können sich Schadenersatzansprüche gegenüber dem Insolvenzverwalter ergeben, wenn er ihnen gegenüber bestehende Verpflichtungen verletzt, z. B. nicht für die Berichtigung und Sicherstellung von Masseansprüchen nach § 214 Abs. 3 ausreichend Sorge trägt.

8 **c) Schuldner.** Die Einstellung des Verfahrens wegen Masseamut liegt nicht immer im Interesse des Schuldners, der dadurch z. B. Sanierungschancen für sein Unternehmen durch Vorlage eines Insolvenzplans verliert. Jedoch ist auch er nur beschwerdeberechtigt gegen eine Einstellung mangels Masse nach § 207 Abs. 1, da er damit auch die Möglichkeit der Restschuldbefreiung nach § 289 Abs. 3 verliert.

9 **d) Insolvenzverwalter.** Gegen die Einstellung des Verfahrens steht dem Insolvenzverwalter kein Rechtsmittel zu.[5a] Dies gilt auch für den Fall der Einstellung mit Zustimmung der Insolvenzgläubiger.

II. Ablehnung des Antrags auf Einstellung

10 Wird dem Antrag z. B. des Insolvenzverwalters auf Einstellung nach § 207 wegen Masselosigkeit vom Insolvenzgericht nicht entsprochen, so handelt es sich nicht um eine rechtsmittelfähige Entscheidung. Der Insolvenzverwalter ist trotz Ablehnung seines Antrags – auch durch förmlichen Beschluss – nicht beschwerdeberechtigt; das Insolvenzverfahren wird fortgesetzt.[6]

11 Die Einstellung des Verfahrens nach § 212 oder § 213 kann ausschließlich vom Schuldner beantragt werden. Wird der Antrag vom Insolvenzgericht zurückgewiesen, so ist auch nur der Schuldner berechtigt, hiergegen gem. § 216 Abs. 2 sofortige Beschwerde einzulegen.

III. Beschwerdeverfahren

12 **1. Sofortige Beschwerde.** Die Einlegung der sofortigen Beschwerde und das Beschwerdeverfahren richten sich nach § 6. Beschwerdegericht ist das Landgericht, § 72 GVG. Die zweiwöchige Beschwerdefrist nach § 4 i. V. m. § 569 Abs. 1 Satz 1 ZPO beginnt mit der Verkündung der Entscheidung oder, wenn sie nicht verkündet wird, nach Maßgabe der §§ 8, 9 mit der wirksamen Zustellung bzw. öffentlichen Bekanntmachung. Es ist zulässig, dass die zweiwöchige Beschwerdefrist an die öffentliche Bekanntmachung anknüpft, § 9 Abs. 3, wenn diese die anzufechtende Entscheidung hinreichend erkennen lässt. Ist die öffentliche Bekanntmachung wirksam erfolgt, sind Fehler, die im Rahmen der Einzelzustellungen aufgetreten sind, ohne Bedeutung.[7]

13 **2. Befristete Rechtspflegererinnerung.** Die Einstellungsbeschlüsse nach §§ 207 ff. trifft grundsätzlich der **Rechtspfleger,** da sie nicht dem Richtervorbehalt in § 18 Abs. 1 RPflG unterfallen. Für Rechtsbehelfe gegen Entscheidungen des Rechtspflegers ist § 11 RPflG maßgebend. Nach dessen Abs. 1 steht den Verfahrensbeteiligten, soweit eine Beschwerde nach § 216 statthaft ist, dieses Rechtsmittel auch gegen die Rechtspflegerentscheidungen zu. Daher können z. B. alle nach § 216 Abs. 1 beschwerdeberechtigten Insolvenzgläubiger sofortige Beschwerde auch gegen Verfahrenseinstellungen nach den §§ 207, 212 oder 213 einlegen, die nicht vom Richter, sondern vom Rechtspfleger beschlossen worden sind. Darüber hinaus sieht § 11 Abs. 2 RPflG die befristete **Rechtspflegererinnerung** vor, soweit § 216 die Beschwerde ausschließt. Stellt also der Rechtspfleger nach Anzeige des

---

[5] Nerlich/Römermann/Westphal § 216 RdNr. 6.
[5a] Endet das Amt des Verwalters nicht durch Einstellung des Verfahrens, sondern durch Entlassung aus wichtigem Grund, steht ihm hiergegen aber die sofortige Beschwerde zu, § 59 Abs. 2.
[6] BGH ZInsO 2007, 541; vgl. § 207 RdNr. 50.
[7] HK-Kirchhof § 9 RdNr. 9.

Insolvenzverwalters das Verfahren wegen Masseunzulänglichkeit ein, § 211, findet hiergegen innerhalb zweiwöchiger Notfrist die Erinnerung statt.[8] Über Erinnerungen, denen der Rechtspfleger nicht abhilft, § 11 Abs. 2 Satz 2 RPflG, hat der Insolvenzrichter zu entscheiden.

3. Wirkung. Die Einlegung der sofortigen Beschwerde hat – ebenso wie die Erinnerung gegen die Entscheidung des Rechtspflegers, § 11 Abs. 2 Satz 4 RPflG – keine aufschiebende Wirkung, §§ 570 Abs. 1 ZPO, 4 InsO. Trotz der Anfechtung des Einstellungsbeschlusses erhält daher der Schuldner bis zur Rechtskraft der Beschwerdeentscheidung, § 6 Abs. 3 Satz 1, das Recht zurück, über die Insolvenzmasse frei zu verfügen. Ebenso endet die Prozessunterbrechung bereits mit der Einstellung und nicht erst mit Eintritt der Rechtskraft des Einstellungsbeschlusses.[9] Jedoch können Insolvenzgericht und Beschwerdegericht die Vollziehung des angefochtenen Beschlusses aussetzen, § 570 Abs. 2 ZPO, und so z. B. verhindern, dass der Insolvenzverwalter eine noch vorhandene Restmasse an den Schuldner herausgibt. Das Beschwerdegericht kann bei Vorliegen besonderer Umstände die sofortige Wirksamkeit seiner Entscheidung anordnen, § 6 Abs. 3 Satz 2.

Mit der rechtskräftigen Aufhebung des Einstellungsbeschlusses im Erinnerungs- oder Beschwerdeverfahren wird die Einstellung wieder rückgängig gemacht. Dennoch verlieren zwischenzeitliche Handlungen des Schuldners nicht ihre Wirksamkeit. Das Insolvenzverfahren nimmt aber im Übrigen seinen Fortgang, wie wenn die Einstellung nicht geschehen wäre.[10]

4. Rechtsbeschwerde. Wird eine gem. § 216 statthafte sofortige Beschwerde als unzulässig verworfen oder als unbegründet zurückgewiesen, findet hiergegen zusätzlich die (Insolvenz-) **Rechtsbeschwerde** statt, §§ 6 Abs. 1, 7, § 574 Abs. 1 Nr. 1 ZPO.[10a] Sie kann wirksam nur durch einen beim BGH zugelassenen Rechtsanwalt eingelegt werden.[11] Zu ihrer Begründung müssen die besonderen Zulassungsvoraussetzungen des § 574 Abs. 2 ZPO dargelegt werden, § 575 Abs. 3 Nr. 2 ZPO. Im Übrigen gleichen die Anforderungen der Revisionsbegründung gem. § 551 Abs. 3 ZPO.

---

[8] Der Rechtsbehelf der Erinnerung steht auch den nach § 216 nicht beschwerdebefugten Massegläubigern und dem Insolvenzverwalter zu, vgl. *Uhlenbruck* § 216 RdNr. 6.
[9] *Jaeger/Weber* §§ 205, 206 KO RdNr. 5.
[10] *Jaeger/Weber* §§ 205, 206 KO RdNr. 6.
[10a] Kann eine gerichtliche Entscheidung nicht im Wege der sofortigen Beschwerde angefochten werden, ist auch die Rechtsbeschwerde unzulässig.
[11] BGH ZIP 2002, 1003.

Sechster Teil. Insolvenzplan

Vorbemerkungen vor §§ 217 bis 269

Schrifttum: *Aghion/Hart/Moore,* The Economics of Bankruptcy Reform, 8 The Journal of Law, Economics, & Organization 523 ff. (1992); *Baird,* Elements of Bankruptcy, 4. Aufl. 2006; *Balz,* Sanierung von Unternehmen oder von Unternehmensträgern?, 1986; *Balz,* Logik und Grenzen des Insolvenzrechts, ZIP 1988, 1438 ff.; *Bebchuk,* A New Approach to Corporate Reorganizations, 101 Harv. L. Rev. 775 ff. (1988); *Bigus/Eger,* Führt die deutsche InsO zu mehr Marktkonformität bei Unternehmensinsolvenzen? Einige Bemerkungen aus ökonomischer Sicht, ZInsO 2003, 1 ff.; *Bork,* Der Insolvenzplan, ZZP 109 (1996), 473 ff.; *Braun/Uhlenbruck,* Unternehmensinsolvenz, 1997; *Burger/Schellberg,* Der Insolvenzplan im neuen Insolvenzrecht, Der Betrieb 1994, 1833 ff.; *Buth/Hermanns* (Hrsg.), Restrukturierung, Sanierung, Insolvenz, 2. Aufl. 2004; *Delaney,* Strategic Bankruptcy, 1992; *Dinstühler,* Der Insolvenzplan gem. den §§ 217 bis 269, InVo 1998, 333 ff.; *Drukarczyk,* Unternehmen und Insolvenz, 1987; *Drukarczyk/Schöntag,* Insolvenzplan, optionsbasierte Lösungen, Verlustvorträge und vom Gesetzgeber verursachte Sanierungshemmnisse, in *Bessler* (Hrsg.), Börsen, Banken und Kapitalmärkte, 2006, 649 ff.; *Eidenmüller,* Der Insolvenzplan als Vertrag, Jahrbuch für Neue Politische Ökonomie (JNPÖ) 15 (1996), 164 ff.; *Eidenmüller,* Insolvenzbewältigung durch Reorganisation, in *Ott/Schäfer* (Hrsg.), Effiziente Verhaltenssteuerung und Kooperation im Zivilrecht, 1997, 145 ff.; *Eidenmüller,* Unternehmenssanierung zwischen Markt und Gesetz, 1999; *Eidenmüller,* Prognoseentscheidungen im Insolvenzplanverfahren: Verfahrenslähmung durch Minderheitenschutz?, NJW 1999, 1837 ff.; *Eidenmüller,* Gesellschafterstellung und Insolvenzplan, ZGR 2001, 680 ff.; *Eidenmüller,* Obstruktionsverbot, Vorrangregel und Absonderungsrechte, in *Richter/Schüler/Schwetzler* (Hrsg.), Kapitalgeberansprüche, Marktwertorientierung und Unternehmenswert, 2003, 187 ff.; *Eidenmüller,* Effizienz als Rechtsprinzip, 3. Aufl. 2005; *Eidenmüller,* Verfahrenskoordination bei Konzerninsolvenzen, ZHR 169 (2005), 528 ff.; *Flessner,* Sanierung und Reorganisation, 1982; *Gaul,* Zur Struktur und Wirkungsweise des Insolvenzplans als „privatautonomes" Instrument der Haftungsverwirklichung, in *Baums/Wertenbruch/Lutter/Schmidt* (Hrsg.), Festschrift für Ulrich Huber zum siebzigsten Geburtstag, 2006, 1187 ff.; *Grub,* Die angemessene Zahlungsquote im Insolvenzplan, in *Prütting/Vallender* (Hrsg.), Insolvenzrecht in Wissenschaft und Praxis, 2000, 501 ff.; *Häsemeyer,* Der Insolvenzplan als vermögens- und haftungsrechtlicher Vertrag, in *Schilken/Becker-Eberhard/Gerhardt* (Hrsg.), Festschrift für Hans Friedhelm Gaul, 1997, 175 ff.; *Happe,* Die Rechtsnatur des Insolvenzplans, 2004; *Hart,* Firms, Contracts, and Financial Structure, 1995; *Hax,* Die ökonomischen Aspekte des neuen Insolvenzordnung, in *Kübler* (Hrsg.), Neuordnung des Insolvenzrechts, 1989, 21 ff.; *Henckel,* Deregulierung im Insolvenzverfahren?, KTS 1989, 477 ff.; *Henckel,* Der Insolvenzplan, 1999 (bisher unveröffentlichtes Manuskript); *Herzig,* Das Insolvenzplanverfahren, 2001; *Hess/Obermüller,* Insolvenzplan, Restschuldbefreiung und Verbraucherinsolvenz, 3. Aufl. 2003; *Hess/Weis,* Der Insolvenzplan, WM 1998, 2349 ff.; *Jackson,* The Logic and Limits of Bankruptcy Law, 1986; *Jungmann,* Schlechterstellungsverbote im Insolvenzplanverfahren – Zum Verhältnis und Verständnis der §§ 245 und 251 InsO –, KTS 2006, 135 ff.; *Kußmaul/Steffan,* Insolvenzplanverfahren: Der prepackaged Plan als Sanierungsalternative, DB 2000, 1849 ff.; *Leipold,* Zur Rechtsnatur des Insolvenzplans, KTS 2006, 109 ff.; *Maus,* Der Insolvenzplan, in Arbeitskreis für Insolvenz- und Schiedsgerichtswesen eV, Köln (Hrsg.), Kölner Schrift zur Insolvenzordnung, 2. Aufl. 2000, 931 ff.; *Müller,* Der Verband in der Insolvenz, 2002; *Müller,* Gesellschaftsrechtliche Regelungen im Insolvenzplan, KTS 2002, 209 ff.; *Noack/Bunke,* Gläubigerbeteiligung an Sanierungsbeiträgen und Vertragsüberleitung bei der übertragenden Sanierung in der Gesellschaftsinsolvenz, KTS 2005, 129 ff.; *Patzschke,* Reorganisation der Kapitalgesellschaften im Insolvenzplanverfahren, 2000; *Paulus,* Die Insolvenz als Sanierungschance – ein Plädoyer, ZGR 2005, 309 ff.; *Picot/Aleth,* Unternehmenskrise und Insolvenz, 1999; *Riggert,* Das Insolvenzplanverfahren: Strategische Probleme aus der Sicht absonderungsberechtigter Banken, WM 1998, 1521 ff.; *Roe,* Corporate Reorganization and Bankruptcy, 2000; *Rotstegge,* Konzerninsolvenz, 2007; *Sassenrath,* Der Eingriff in Anteilseignerrechte durch den Insolvenzplan, ZIP 2003, 1517 ff.; *Schiessler,* Der Insolvenzplan, 1997; *K. Schmidt,* Möglichkeiten der Sanierung von Unternehmen durch Maßnahmen im Unternehmens-, Arbeits-, Sozial- und Insolvenzrecht, Gutachten D zum 54. Deutschen Juristentag, 1982; *K. Schmidt,* Wege zum Insolvenzrecht der Unternehmen, 1990; *K. Schmidt/Uhlenbruck* (Hrsg.), Die GmbH in Krise, Sanierung und Insolvenz, 3. Aufl. 2003; *R. H. Schmidt,* Ökonomische Analyse des Insolvenzrechts, 1980; *Smid/Rattunde,* Der Insolvenzplan, 2. Aufl. 2005; *Stürner,* Aufstellung und Bestätigung des Insolvenzplans, in *Leipold* (Hrsg.), Insolvenzrecht im Umbruch, 1991, 41 ff.; *Tabb,* The Law of Bankruptcy, 1997; *Warrikoff,* Gestaltungsmöglichkeiten im Insolvenzplan, KTS 1997, 527 ff.; *Weisemann/Smid* (Hrsg.), Handbuch Unternehmensinsolvenz, 1999.

Übersicht

	RdNr.		RdNr.
A. Zweck des Insolvenzplanverfahrens	1	a) Planverfahren bei Verbraucherinsolvenzen?	29
B. Entstehungsgeschichte, Ziel und Ablauf des Insolvenzplanverfahrens	2	b) Planverfahren bei Masseunzulänglichkeit?	33
I. Vergleich und Zwangsvergleich des alten Rechts	2	c) Konzerninsolvenzplanverfahren?	34
II. Reformdiskussion, Ziele der Insolvenzrechtsreform und Stellenwert der Unternehmensreorganisation	4	2. Territorialer Anwendungsbereich	38
		II. Zuständigkeit und Verfahrensfragen	42
		1. Zuständigkeit	42
III. Der Insolvenzplan im System der Insolvenzrechtsreform	8	2. Verfahrensfragen	43
		a) Geltung des Untersuchungsgrundsatzes	44
IV. Ablauf des Insolvenzplanverfahrens	10	b) Mediative Tätigkeit durch Insolvenzgerichte und -verwalter	47
C. Einfluss des US-amerikanischen Insolvenzrechts und der ökonomischen Theorie des Insolvenzrechts	14	3. Rechtsmittel	54
		E. Praktische Bedeutung des Insolvenzplanverfahrens	58
I. US-amerikanisches Insolvenzrecht	15	I. Gerichtlich überwachte und außergerichtliche Unternehmenssanierung	58
II. Ökonomische Theorie des Insolvenzrechts	21	II. Insolvenzplan als strategisches Instrument	60
D. Zulässigkeit eines Insolvenzplanverfahrens, Zuständigkeit und Verfahrensfragen	28	1. Insolvenzplan zur Disziplinierung von Akkordstörern	60
I. Zulässigkeit eines Insolvenzplanverfahrens	28	2. Insolvenzplan als Instrument der Eigensanierung des Schuldners	61
1. Persönlich-gegenständlicher Anwendungsbereich	28		

A. Zweck des Insolvenzplanverfahrens

1   Das Rechtsinstitut des **Insolvenzplans** ist „... eine der bedeutsamsten Neuerungen des ... einheitlichen Insolvenzverfahrens."[1] Der Gesetzgeber verfolgt mit diesem Rechtsinstitut das Ziel, „... den Beteiligten einen Rechtsrahmen für die einvernehmliche Bewältigung der Insolvenz im Wege von Verhandlungen und privatautonomen Austauschprozessen zu ermöglichen."[2] In einem Insolvenzplan kann die Befriedigung der absonderungsberechtigten Gläubiger und der Insolvenzgläubiger, die Verwertung der Insolvenzmasse und deren Verteilung an die Beteiligten sowie die Haftung des Schuldners nach der Beendigung des Insolvenzverfahrens abweichend von den Vorschriften der InsO geregelt werden (§ 217). Mit dem Rechtsinstitut des Insolvenzplans wird den Verfahrensbeteiligten damit eine Option auf eine **Privatisierung der Insolvenzabwicklung**[3] eingeräumt: Alle wesentlichen insolvenzrechtlichen Fragestellungen können privatautonom geregelt werden.[4] Wird kein Insolvenzplan aufgestellt, hat der Insolvenzverwalter das zur Insolvenzmasse gehörende Vermögen im **Regelinsolvenzverfahren** zu verwerten (§ 159) und entsprechend den gesetzlichen Vorschriften zu verteilen (§§ 187 ff.).

---

[1] BT-Drucks. 12/2443, S. 90.
[2] BT-Drucks. 12/2443, S. 90.
[3] Zu diesem Gedanken vgl. *Eidenmüller* JNPÖ 15 (1996), 164.
[4] Die Privatisierung ist nicht vollständig: Insolvenzpläne bedürfen der gerichtlichen Bestätigung (§§ 248 ff.). Dabei handelt es sich allerdings um keine Ermessens-, sondern um eine Rechtsentscheidung, vgl. § 217 RdNr. 18.

B. Entstehungsgeschichte, Ziel und Ablauf des Insolvenzplanverfahrens

I. Vergleich und Zwangsvergleich des alten Rechts

Das Rechtsinstitut des Insolvenzplans ist neu. Der Gedanke einer einvernehmlichen 2 Insolvenzbewältigung innerhalb eines gerichtlich überwachten Insolvenzverfahrens ist alt. Möglich war sie vor Geltung der InsO auf der Basis eines **Vergleichs** im Vergleichsverfahren der VerglO, eines **Zwangsvergleichs** im Konkursverfahren (§§ 173 ff. KO) sowie eines Vergleichs im Verfahren der Gesamtvollstreckung (§ 16 GesO). Indes war die Struktur dieser Verfahren so beschaffen, dass sie jedenfalls als Instrument der **Sanierung eines Unternehmensträgers** (sog. Unternehmensreorganisation[5]) **praktisch keine Bedeutung** besaßen. Typisch für diese Form der Insolvenzbewältigung ist nämlich eine finanz- und leistungswirtschaftliche Sanierung des notleidenden Unternehmens in der Hand des bisherigen Trägers mit dem Ziel, eine Befriedigung der Gläubiger aus den Erträgen des reorganisierten Unternehmens zu ermöglichen. Im Vergleichsverfahren war dies auf Grund der von § 7 Abs. 1 Satz 2 bzw. Abs. 2 Satz 1 VerglO vorgegebenen Mindestbefriedigungsquote (35% bzw. – bei Zahlungsfristen von mehr als einem Jahr – 40%) regelmäßig unmöglich. Typologisch war das Vergleichsverfahren ein finanzwirtschaftlich orientiertes Schuldenregulierungsverfahren. Eine umfassende finanz- und leistungswirtschaftliche Reorganisation des Schuldnerunternehmens wurde durch die Regelungen der VerglO nicht unterstützt. Zudem konnte durch die in §§ 17 und 18 VerglO normierten Ablehnungsgründe („Würdigkeitserfordernisse") die Eröffnung eines Vergleichsverfahrens sogar in Fällen be- oder verhindert werden, in denen eine Sanierung des Unternehmensträgers auch aus der Sicht der Gläubiger die vorteilhafteste Form der Insolvenzbewältigung gewesen wäre. Schließlich litt die praktische Bedeutung des Vergleichsverfahrens an der fehlenden Einbindung der Absonderungsberechtigten in das Verfahren (vgl. § 27 VerglO). Jedem Absonderungsberechtigten mit einem Sicherungsrecht an betriebsnotwendigem Vermögen stand damit gewissermaßen ein Veto-Recht gegen eine (bestimmte Form der) Unternehmensfortführung zu.[6]

Mindestbefriedigungsquoten gab es beim Zwangsvergleich im Konkurs bzw. beim Ver- 3 gleich nach der GesO zwar nicht. Auch enthielt die KO lediglich einen – im Vergleich zu §§ 17, 18 VerglO – wesentlich kürzeren Katalog von „Würdigkeitserfordernissen" (§ 175 KO – in der GesO fehlten entsprechende Vorschriften). Ebenso wie beim Vergleichsverfahren nach der VerglO konnten Absonderungsberechtigte jedoch weder in einen Zwangsvergleich nach der KO noch in einen Vergleich nach der GesO eingebunden werden (§§ 173 KO, 16 Abs. 2 und 3 GesO). Auch die praktische Bedeutung von Zwangsvergleich nach der KO und Vergleich nach der GesO als Reorganisationsinstrument war deshalb gering.

II. Reformdiskussion, Ziele der Insolvenzrechtsreform und Stellenwert der Unternehmensreorganisation

Die moderne Diskussion um eine Reform des Insolvenzrechts im Allgemeinen und eine 4 Verbesserung der Möglichkeiten zur Fortführung insolventer bzw. überschuldeter, aber erhaltenswerter Unternehmen im Besonderen erstreckte sich über einen Zeitraum von etwa 20 Jahren. Ihren ersten Kulminationspunkt erreichte sie 1982 mit dem von *K. Schmidt*

---

[5] Zum Begriff vgl. *Eidenmüller*, Insolvenzbewältigung durch Reorganisation, Ott/Schäfer (Hrsg.), Effiziente Verhaltenssteuerung und Kooperation im Zivilrecht, 1997, S. 145.
[6] Die Einbindung von Absonderungsberechtigten in das Verfahren bedeutet keineswegs zwingend einen Eingriff in die zivilrechtliche Haftungsordnung, sofern der relative wirtschaftliche Wert der Absonderungsrechte respektiert wird.

vorgelegten Juristentagsgutachten zur Unternehmenssanierung,[7] ihren zweiten 1985/1986 mit der Vorlage des 1. und 2. KommBer. der im Jahre 1978 vom damaligen Bundesminister der Justiz Dr. Vogel eingesetzten **Kommission für Insolvenzrecht.**[8] Als Teil eines einheitlichen Insolvenzverfahrens war für unternehmerisch tätige Schuldner (1. KommBer. Ls. 2.1.3) ein **Reorganisationsverfahren** vorgesehen, das in einem Vorverfahren vom Insolvenzgericht bei hinreichender Reorganisationsaussicht hätte eingeleitet werden müssen (1. KommBer. Ls. 1.3.4.4 Abs. 1) und auf eine Erhaltung des Unternehmens in der Hand des Schuldners abzielte (vgl. 1. KommBer. S. 157). Der in der Konzeption dieses Verfahrens zum Ausdruck kommende Vorrang der Sanierung vor der Liquidation sowie der Vorrang der Reorganisation (Sanierung in der Hand des bisherigen Trägers) vor der übertragenden Sanierung[9] (Verkauf des Unternehmens – unter Trennung von seinem Träger – an einen Investor) stießen ebenso auf **Kritik** wie der erhebliche Einfluss, den die Insolvenzgerichte auf Gang und Ausgang des Verfahrens haben sollten.[10]

5   Diese Kritik blieb in der Folgezeit nicht ohne Einfluss. Mit dem 1988 vom Bundesministerium der Justiz vorgelegten Diskussionsentwurf eines Gesetzes zur Reform des Insolvenzrechts (DE),[11] dem ein Jahr später folgenden Referentenentwurf (RefE)[12] und schließlich dem 1992 eingebrachten Gesetzentwurf der Bundesregierung (RegE)[13] wurde ein **ordnungspolitischer Schwenk**[14] vollzogen, der eine Neukonzeptionierung der Ziele des Insolvenzrechts im Allgemeinen und der Rolle eines Planverfahrens als Instrument der Insolvenzbewältigung im Besonderen zur Folge hatte. Ins Zentrum des Insolvenzrechts wurde das Ziel der **Haftungsverwirklichung** und damit dasjenige der **bestmöglichen Gläubigerbefriedigung** gerückt. Überaus deutlich heißt es in § 1 Satz 1, dass das Insolvenzverfahren dazu dient, die Gläubiger eines Schuldners gemeinschaftlich zu befriedigen, indem das Vermögen des Schuldners verwertet und der Erlös verteilt oder in einem Insolvenzplan eine abweichende Regelung insbesondere zum Erhalt des Unternehmens getroffen wird. Die **Fortführung eines notleidenden Unternehmens** ist nach dieser Konzeption ein mögliches **Mittel der Haftungsverwirklichung,** aber kein eigenständiges Ziel des Insolvenzrechts.[15]

6   Unter welchen Umständen und in welcher Form (Reorganisation oder übertragende Sanierung) eine Unternehmensfortführung sinnvoll ist, hängt von dem Verhältnis von Fortführungs- und Liquidationswert auf der einen Seite und der Höhe des Fortführungswerts bei einer Reorganisation sowie bei einer übertragenden Sanierung auf der anderen Seite ab. Zur Erreichung einer bestmöglichen Gläubigerbefriedigung ist eine Unternehmensfortführung geboten, wenn der Fortführungswert den Liquidationswert des Unternehmens übersteigt.[16] Eine Unternehmensfortführung in Form der Reorganisation ist geboten, wenn der **Fortführungswert bei einer Reorganisation größer** ist **als** derjenige **bei einer übertragen-**

---

[7] *K. Schmidt,* Möglichkeiten der Sanierung von Unternehmen durch Maßnahmen im Unternehmens-, Arbeits-, Sozial- und Insolvenzrecht, Gutachten D zum 54. Deutschen Juristentag, 1982.
[8] *Bundesministerium der Justiz* (Hrsg.), Erster Bericht der Kommission für Insolvenzrecht, 1985; *Bundesministerium der Justiz* (Hrsg.), Zweiter Bericht der Kommission für Insolvenzrecht, 1986.
[9] Den Begriff hat *K. Schmidt* geprägt. Vgl. *K. Schmidt* ZIP 1980, 328, 336.
[10] Vgl. vor allem *Balz,* Sanierung von Unternehmen oder von Unternehmensträgern?, 1986, S. 19 ff., 28 f., 53 ff. *et passim.*
[11] *Bundesministerium der Justiz,* Gesetz zur Reform des Insolvenzrechts: Diskussionsentwurf, 1988.
[12] *Bundesministerium der Justiz,* Gesetz zur Reform des Insolvenzrechts: Referentenentwurf, 1989.
[13] BT-Drucks. 12/2443.
[14] Vgl. *Balz* ZIP 1988, 1438 ff.
[15] Unrichtig *Bork,* Einführung in das Insolvenzrecht, 4. Aufl. 2005, RdNr. 356 (Erhalt des Unternehmens als eigenständiges Verfahrensziel); HK-*Flessner* vor § 217 RdNr. 4 (ebenso); *Smid/Rattunde,* Der Insolvenzplan, 2. Aufl. 2005, RdNr. 0.2 (ebenso).
[16] Der Liquidationswert ist der (hypothetische) Zerschlagungswert für die unternehmensgebundenen Aktiva. Der Fortführungswert ist mit den anerkannten Methoden der Unternehmensbewertung zu ermitteln (vgl. etwa *Drukarczyk/Schüler,* Unternehmensbewertung, 5. Aufl. 2006). AA *Hax,* Die ökonomischen Aspekte der neuen Insolvenzordnung, in *Kübler* (Hrsg.), Neuordnung des Insolvenzrechts, 1989, S. 21, 24 (es komme auf den Betrag an, den ein Investor oder eine Gruppe von Investoren für das Unternehmen zu zahlen bereit sei).

den Sanierung.[17] Letzteres kann trotz der ungünstigen *ex ante*-Effekte eines Reorganisationsverfahrens (Anreiz der Eigentümer/Manager zu einer nachlässigen Wirtschaftstätigkeit) unter bestimmten Voraussetzungen der Fall sein: etwa deshalb, weil eine Reorganisation die Eigentümer/Manager zu einer rechtzeitigeren Verfahrensauslösung motiviert[18] oder deren besondere Kenntnisse/Fähigkeiten nutzbar macht, weil unternehmensträgerspezifische „Berechtigungen" (z. B. vorteilhafte schuldrechtliche Verträge[19]) erhalten bleiben,[20] weil eine Reorganisation gewisse steuerliche Vorteile im Vergleich zu einer übertragenden Sanierung besitzt bzw. besitzen kann (z. B. Nutzung von Verlustvorträgen,[21] Entfallen von Grunderwerbssteuer – andererseits sind Sanierungsgewinne durch Forderungsverzichte bei einer Reorganisation nach Aufhebung des § 3 Nr. 66 aF EStG steuerpflichtig[22]) oder weil notleidende Unternehmen auf Grund von Informationsasymmetrien und/oder Finanzierungsrestriktionen durch Marktteilnehmer möglicherweise unterbewertet werden.

Der ordnungspolitische Schwenk des RegE im Vergleich zu den Kommissionsvorschlägen kam aber nicht nur in der Betonung des Ziels der Haftungsverwirklichung und in der Absage an einen generellen Vorrang der Sanierung vor der Liquidation bzw. der Reorganisation vor der übertragenden Sanierung zum Ausdruck. Die Gerichts- und Verwalterzentriertheit der Kommissionsvorschläge wurde ersetzt durch ein dezidiert **marktwirtschaftliches Verständnis** der Struktur des Insolvenzrechts:[23] Insolvenzrecht hat danach die Aufgabe, den Marktaustritt oder den finanziellen Umbau von am Markt versagenden Wirtschaftseinheiten rechtlich zu regeln. Der Tatbestand einer Insolvenz ist jedoch kein Tatbestand eines Versagens des Marktes. Das Gegenteil trifft zu: Da Marktmechanismen erfahrungsgemäß zu **effizienteren** (für alle Betroffenen vorteilhafteren) Ergebnissen führen als hoheitliche Wirtschaftsregulierung, geht es auch bei der Gestaltung von Insolvenzverfahren darum, marktwirtschaftliche Prinzipien soweit als möglich zur Geltung zu bringen. Das aber bedeutet, dass die wesentlichen Entscheidungen im Verfahren von den **Gläubigern** zu treffen sind: Bei einer Unternehmensinsolvenz sind sie die „wirtschaftlichen Eigentümer" des Unternehmens. 7

III. Der Insolvenzplan im System der Insolvenzrechtsreform

Das Instrument zur Realisierung dieser Zielsetzung innerhalb der InsO ist der **Insolvenzplan**. Er „... tritt an die Stelle von Vergleich und Zwangsvergleich und gestaltet diese 8

---

[17] Vgl. dazu etwa *Eidenmüller*, Unternehmenssanierung zwischen Markt und Gesetz, 1999, S. 32 ff.
[18] Das kann bei einzelkaufmännisch geführten Unternehmen auch und gerade deshalb der Fall sein, weil eine Restschuldbefreiung im Planverfahren einfacher erreichbar ist als nach den §§ 286 ff., vgl. *Wellensiek* NZI 2002, 233, 238.
[19] Bereits *de lege lata*, allerdings gegen die ganz hM, für eine Überleitung unternehmensbezogener Dauerschuldverhältnisse auf den neuen Rechtsträger bei einer übertragenden Sanierung gem. § 25 HGB *Noack*, Unternehmensinsolvenz: Reorganisation des Rechtsträgers oder Vertragsnachfolge bei übertragender Sanierung, in *Crezelius/Hirte/Vieweg* (Hrsg.), Festschrift für Volker Röhricht zum 65. Geburtstag, 2005, S. 455, 462 ff.; *Noack/Bunke* KTS 2005, 129, 136 ff.
[20] Vgl. insoweit etwa das Insolvenzverfahren über das Vermögen der Tölzer Eissport GmbH (Eishockey, 2. Bundesliga) und dazu *Hingerl* ZInsO 2004, 232: „Eine übertragende Sanierung wäre nicht möglich gewesen, weil nach der Satzung des [Eishockeyspielbetriebsgesellschaft] eine Übertragung der Lizenz auf ein anderes Unternehmen nicht möglich ist". Vgl. auch *Rattunde* AnwBl. 2007, 241, 243; *Fritze* DZWiR 2007, 89.
[21] Gem. § 8 Abs. 4 KStG muss eine Körperschaft, die einen Verlustabzug nutzen möchte, rechtlich und wirtschaftlich mit derjenigen identisch sein, die ihn erlitten hat. Besonderheiten gelten allerdings gem. § 12 Abs. 3 Satz 2 UmwStG.
[22] Krit. insoweit der *Arbeitskreis der Insolvenzverwalter Deutschland e. V.* NZI 2002, 3, 14 (Steuerfreiheit von Sanierungsgewinnen müsse wieder eingeführt werden); *Rattunde* ZIP 2003, 596, 599 f. (ebenso); *Andres/Leithaus* vor § 217 RdNr. 12 (ebenso). Für die Praxis hat sich durch das Schreiben des Bundesministeriums der Finanzen vom 27. März 2003 (IV A 6 – S 2140–8/03), BStBl. 2003 I, S. 240, eine weitgehende Entlastung ergeben: Sanierungsgewinne werden durch Steuerstundung und Steuererlass aus sachlichen Billigkeitsgründen im Ergebnis steuerfrei gestellt. Zu fortbestehenden Problemen vgl. aber auch *Rattunde*, Sanierung und Reorganisation von Großunternehmen in der insolvenzrechtlichen Praxis, in *Smid* (Hrsg.), Neue Fragen des deutschen und internationalen Insolvenzrechts, 2006, S. 58, 68 f.
[23] Vgl. BT-Drucks. 12/2443, S. 75 ff.

grundlegend um."[24] Bereits der Name des neuen Rechtsinstituts macht den Unterschied deutlich: Der Begriff des Plans bzw. der Planung bringt ein dynamisches Moment der **Zukunftsbezogenheit** zum Ausdruck, das für die Unternehmensreorganisation als Form der Insolvenzbewältigung typisch ist und sich von dem gegenwartsbezogenen, statischen Charakter des Vergleichsparadigmas deutlich absetzt. Der Insolvenzplan ist zudem – anders als Vergleich und Zwangsvergleich – kein dem Schuldner vorbehaltenes Instrument der Schuldenregulierung (nur er konnte einen Vergleich bzw. Zwangsvergleich vorschlagen, §§ 2 Abs. 1 Satz 2, 3 Abs. 1 VerglO, 173 KO, 16 Abs. 1 GesO), sondern vielmehr ein wichtiges **Instrument der Haftungsverwirklichung in der Hand der Gläubiger:**[25] Sie können den Insolvenzverwalter mit der Planausarbeitung beauftragen und ihm das Planziel vorgeben (§ 157 Satz 2), und sie entscheiden über Annahme oder Ablehnung eines von dem Insolvenzverwalter oder dem Schuldner vorgelegten Plans (§§ 235 ff.).

9 Dem Grundgedanken der bestmöglichen Gläubigerbefriedigung verpflichtet, hat der Gesetzgeber das Insolvenzplanverfahren ergebnisoffen konzipiert. Insolvenzpläne sind **universelle Instrumente der Masseverwertung.**[26] Auf der Basis eines Insolvenzplans ist im Falle einer Unternehmensinsolvenz also beispielsweise eine Sanierung des Unternehmensträgers ebenso möglich wie eine übertragende Sanierung oder aber eine von den gesetzlichen Vorschriften abweichende Liquidation und Verteilung des Unternehmensvermögens. Nicht ohne Grund heißt es denn auch in § 1 Satz 1, dass in einem Insolvenzplan eine Regelung insbesondere (aber eben nicht nur!) zum Erhalt des Unternehmens getroffen werden kann. Konzeptionell wäre die Charakterisierung des Insolvenzplanverfahrens als Sanierungsverfahren deshalb unzutreffend. **Rechtstatsächlich** steht seit dem Inkrafttreten der InsO bei der weit überwiegenden Zahl der bisherigen Planverfahren allerdings der **Sanierungszweck im Vordergrund.**[27] Denn eine Sanierung des Unternehmensträgers ist – anders als eine übertragende Sanierung oder eine Liquidation – nur im Insolvenzplanverfahren, nicht aber im Regelinsolvenzverfahren möglich.[28]

IV. Ablauf des Insolvenzplanverfahrens

10 Das Insolvenzplanverfahren (§§ 217 ff.) ist Teil des **einheitlichen Insolvenzverfahrens.** Anders als das Vergleichsverfahren der VerglO ist es also nicht etwa dem Regelinsolvenzverfahren vorgeschaltet (vgl. § 102 VerglO). Es handelt sich vielmehr um ein besonderes Verfahren im Rahmen des einheitlichen, eröffneten Insolvenzverfahrens. Das Gesetz unterscheidet drei Abschnitte: Aufstellung des Plans (§§ 217 bis 234), Annahme und Bestätigung des Plans (§§ 235 bis 253), Wirkungen des bestätigten Plans und Überwachung der Planerfüllung (§§ 254 bis 269).

11 Eingeleitet wird ein Insolvenzplanverfahren durch die Vorlage eines Insolvenzplans. Planvorlageberechtigt sind der Insolvenzverwalter und der Schuldner (§ 218 Abs. 1 Satz 1). Jeder Insolvenzplan muss einen darstellenden und einen gestaltenden Teil enthalten (§§ 219 ff.). Im gestaltenden Teil kann u. a. in die Rechtsstellung der (nachrangigen) Insolvenzgläubiger (§§ 224, 225) und in diejenige der Absonderungsberechtigten eingegriffen werden (§ 223), und es kann die Haftung des Schuldners (§ 217) sowie – bei Gesellschaften ohne Rechts-

---

[24] BT-Drucks. 12/2443, S. 90.
[25] Ähnlich *Jauernig*, Zwangsvollstreckungs- und Insolvenzrecht, 21. Aufl. 1999, S. 276 („gläubigergesteuertes Sanierungsinstrument"); *Schmudde/Vorwerk* ZInsO 2006, 347, 350.
[26] Vgl. BT-Drucks. 12/2443, S. 83, 90 f. Abweichend FK-*Jaffé* § 217 RdNr. 12 („Der Insolvenzplan ist ein Sanierungsinstrument ...").
[27] Vgl. *Rattunde* ZIP 2003, 596 ff. (Herlitz AG); *Rattunde*, Sanierung und Reorganisation von Großunternehmen in der insolvenzrechtlichen Praxis, in *Smid* (Hrsg.), Neue Fragen des deutschen und internationalen Insolvenzrechts, 2006, S. 58, 66 ff. (Senator Entertainment AG); *Fritze* DZWiR 2007, 89, 90 ff. (Senator Entertainment AG); *Hingerl* ZInsO 2004, 232 f. (Tölzer Eissport GmbH, Eishockey, 2. Bundesliga); *Spies* ZInsO 2005, 1254 ff. (ALS Anlagentechnik und Sondermaschinen GmbH, ECO Elektrotechnik Coswig GmbH).
[28] Insoweit zutreffend *Kluth* ZInsO 2002, 1115.

persönlichkeit oder Kommanditgesellschaften auf Aktien als Schuldner – die persönliche Haftung der Gesellschafter des Schuldners nach der Beendigung des Insolvenzverfahrens geregelt werden (§ 227 Abs. 2).

Unter bestimmten Voraussetzungen muss das Insolvenzgericht einen vorgelegten Plan von Amts wegen zurückweisen (§ 231). Dabei handelt es sich allerdings um keine den §§ 17 und 18 VerglO vergleichbaren „Würdigkeitserfordernisse". Wird der Plan nicht zurückgewiesen, werden Stellungnahmen zu ihm eingeholt (§ 232). In einem Erörterungs- und Abstimmungstermin werden das Stimmrecht der Gläubiger und der Insolvenzplan erörtert. Anschließend wird über den Plan in Gruppen, die der Planvorlegende gebildet hat (§ 222), abgestimmt (§§ 235 Abs. 1 Satz 1, 243). Zur Annahme eines Plans ist grundsätzlich eine einfache Kopf- und Summenmehrheit in jeder gebildeten Gläubigergruppe erforderlich (§ 244 Abs. 1). Unter bestimmten Voraussetzungen wird die Zustimmung einer sich widersetzenden Gläubigergruppe allerdings fingiert (§ 245 – „Obstruktionsverbot"). Auch die – an sich erforderliche – Zustimmung eines dem Plan widersprechenden Schuldners wird unter bestimmten Voraussetzungen fingiert (§ 247 Abs. 2). Nach der Annahme durch die Gläubiger und der Zustimmung des Schuldners bedarf der Plan noch der Bestätigung durch das Insolvenzgericht (§ 248 Abs. 1). Sie hängt insbesondere von der Einhaltung wesentlicher Verfahrensvorschriften (§ 250) sowie davon ab, dass kein dem Plan widersprechender Gläubiger, der einen Antrag auf Versagung der Bestätigung gestellt hat, durch den Plan voraussichtlich schlechter gestellt wird, als er ohne einen Plan stünde (§ 251 Abs. 1) – Mindestbefriedigungsquoten wie beim Vergleich nach der VerglO gem. § 7 Abs. 1 Satz 2 bzw. Abs. 2 Satz 1 VerglO gibt es demgegenüber nicht.

Mit der Rechtskraft der Bestätigung des Insolvenzplans treten die im gestaltenden Teil festgelegten Wirkungen für und gegen alle Beteiligten ein (§ 254 Abs. 1 Satz 1). Das Insolvenzgericht beschließt die Aufhebung des Insolvenzverfahrens (§ 258 Abs. 1) mit der Folge, dass der Schuldner wieder frei über die Insolvenzmasse verfügen kann (§ 259 Abs. 1 Satz 2). Allerdings kann im gestaltenden Teil des Plans vorgesehen werden, dass die Planerfüllung überwacht wird (§ 260 Abs. 1). Die Überwachung ist Aufgabe des Verwalters (§ 261 Abs. 1 Satz 1), der dem Gläubigerausschuss und dem Gericht jährlich zu berichten hat (§ 261 Abs. 2 Satz 1). Rechtsgeschäfte des Schuldners können für die Überwachungszeit von der Zustimmung des Verwalters abhängig gemacht werden (§ 263 Satz 1).

C. Einfluss des US-amerikanischen Insolvenzrechts und der ökonomischen Theorie des Insolvenzrechts

Die Gesetz gewordene Struktur des Insolvenzplanverfahrens wurde maßgeblich zum einen von dem US-amerikanischen Insolvenzrecht und zum anderen von der ökonomischen Theorie des Insolvenzrechts beeinflusst. In der allgemeinen Begründung des RegE wird dieser Einfluss explizit anerkannt.[29] Eine nähere Betrachtung zeigt allerdings, dass der Stellenwert des US-amerikanischen Insolvenzrechts und der ökonomischen Theorie des Insolvenzrechts für die Auslegung einzelner Bestimmungen des Insolvenzplanverfahrens sowie für seine rechtsfortbildende Weiterentwicklung unterschiedlich hoch ist.

I. US-amerikanisches Insolvenzrecht

Das US-amerikanische Insolvenzrecht hat seine heutige Prägung in erster Linie durch den **Bankruptcy Code des Jahres 1978** erhalten (11 U.S.C.), der zuletzt durch den **Bankruptcy Abuse Prevention and Consumer Protection Act 2005** reformiert wor-

---

[29] Vgl. BT-Drucks. 12/2443, S. 106: „Die hier vorgeschlagenen Regelungen sind besonders vom amerikanischen Recht, vor allem jedoch von neueren, noch stärker marktwirtschaftlich orientierten Strömungen in der Rechtswissenschaft der Vereinigten Staaten von Amerika beeinflusst."

den ist.³⁰ In seinem Zentrum steht neben dem in Chapter 7 geregelten Liquidationsverfahren (11 U. S. C. §§ 701 ff.) das **Reorganisationsverfahren** des **Chapter 11** (11 U. S. C. §§ 1101 ff.). Beide Verfahrenstypen stehen grundsätzlich natürlichen und juristischen Personen gleichermaßen offen (11 U. S. C. § 101 (41), § 109 (b) und (d)). *Discharge* (Schuldbefreiung) können juristische Personen allerdings nur im Verfahren nach Chapter 11 erhalten (11 U. S. C. §§ 727 (a) (1), 1141 (d)).

16 Die Ursprünge des in Chapter 11 kodifizierten Reorganisationsverfahrens liegen in der zweiten Hälfte des 19. Jahrhunderts.³¹ Insbesondere anlässlich des Zusammenbruchs von Eisenbahngesellschaften, deren Anlagevermögen (Züge, Schienen etc.) einen vernachlässigbar geringen Liquidationswert gehabt hätte, wurde richterrechtlich – gestützt auf Billigkeitsregeln *(equity)* – das *receivership*-**Verfahren** entwickelt: Ein gerichtlich eingesetzter Zwangsverwalter *(receiver)* übertrug das Schuldnervermögen im Wege der Zwangsversteigerung auf eine Auffanggesellschaft. Die dissentierenden Gläubiger wurden aus dem Kaufpreis befriedigt, die zustimmenden mit Ansprüchen gegen die Auffanggesellschaft abgefunden. Eine (partielle) gesetzliche Regelung erfuhr das Reorganisationsrecht durch den **Bankruptcy Act** des Jahres **1898,** der durch den **Chandler Act 1938** grundlegend reformiert wurde. In der Fassung des Chandler Act enthielt der Bankruptcy Act in Chapter 10 *(Corporate Reorganizations)* ein Reorganisationsverfahren für Kapitalgesellschaften (unter regelmäßiger Beteiligung eines Treuhänders [*trustee*]) und in Chapter 11 *(Arrangements)* ein weniger aufwändiges und verwalterloses Vergleichsverfahren auch – aber nicht nur – für natürliche Personen („any person"). 1978 wurden die Chapter 10 und 11 schließlich in dem grundlegend reformierten Chapter 11 zusammengeführt.

17 Die Regelungen des in **Chapter 11** kodifizierten **Reorganisationsverfahrens** haben einer Vielzahl von **Vorschriften des Insolvenzplanverfahrens als Vorbild** gedient.³² Dies gilt etwa für den darstellenden Teil eines Insolvenzplans (vgl. §§ 219, 220 mit 11 U. S. C. § 1125), die Vorschriften über die Gruppenbildung und die gruppenweise Abstimmung über einen vorgelegten Plan (vgl. §§ 222, 226, 243, 244 mit 11 U. S. C. §§ 1122, 1123 (a) (4), 1126), das Obstruktionsverbot und seine Voraussetzungen (vgl. § 245 mit 11 U. S. C. § 1129 (b)) oder den Minderheitenschutz (vgl. § 251 Abs. 1 Nr. 2 mit 11 U. S. C. § 1129 (a) (7)). Auch die Möglichkeit einer Eigenverwaltung durch den Schuldner (§§ 270 ff.) ist dem US-amerikanischen Recht nachempfunden: Das Chapter 11-Verfahren ist grundsätzlich ein verwalterloses Verfahren (vgl. 11 U. S. C. §§ 1104, 1107).

18 Trotz dieser engen Anlehnung einer Vielzahl von Vorschriften des Insolvenzplanverfahrens an die Regelungen des **Chapter 11-Verfahrens** ist dessen **Wert als Hilfsmittel für die Auslegung und Fortbildung der §§ 217 ff. begrenzt.** Dies liegt im Wesentlichen daran, dass sich die Grundkonzeption des Chapter 11-Verfahrens von derjenigen des Insolvenzplanverfahrens unterscheidet:³³ Das Chapter 11-Verfahren ist ein reines Sanierungsverfahren, das primär dem Schuldner einen Neuanfang ermöglichen soll und in dem der Schuldner demzufolge auch eine sehr starke Stellung besitzt. Das Insolvenzplanverfahren ist nach § 1 Satz 1 ein dem Ziel der Haftungsverwirklichung dienendes und demzufolge für alle Verwertungsformen (Liquidation, übertragende Sanierung, Reorganisation) offenes Verfahren der Insolvenzbewältigung, das maßgeblich von den Gläubigern gesteuert wird bzw. werden kann.

19 Diese **unterschiedliche Grundkonzeption von Chapter 11-Verfahren und Insolvenzplanverfahren** kommt ebenfalls in einer Vielzahl von Einzelregelungen zum Aus-

---

³⁰ Bankruptcy Abuse Prevention and Consumer Protection Act of 2005, Pub. L. 109–8, 119 Stat. 23. Einen Überblick über dessen wichtigste Regelungen in deutscher Sprache gibt *Hafner* DAJV Newsletter 2006, 13 ff.

³¹ Für eine Darstellung der Entwicklung vgl. etwa *Baird,* Elements of Bankruptcy, 4. Aufl. 2006, S. 69 ff.; *Flessner,* Sanierung und Reorganisation, 1982, S. 33 ff.

³² Der Gesetzgeber selbst weist verschiedentlich hin, etwa im Hinblick auf die Vorschriften über die Gruppenbildung (vgl. BT-Drucks. 12/2443, S. 195) oder im Hinblick auf das Obstruktionsverbot (vgl. BT-Drucks. 12/2443, S. 205, 208).

³³ Vgl. insoweit auch *Balz* ZIP 1988, 1438, 1442 f.; *Bork* ZZP 109 (1996), 473, 480 f.

druck: Das Chapter 11-Verfahren ist grundsätzlich ein verwalterloses Verfahren (vgl. Rd-Nr. 17), das Insolvenzplanverfahren nur ausnahmsweise (§ 270 Abs. 2). Während dem Schuldner gem. 11 U. S. C. § 1121 (b) – (d) ein exklusives Planvorlagerecht für die ersten 120 Tage des Verfahrens zusteht und er dann weitere 60 Tage Zeit hat, sich um die Planannahme zu bemühen,[34] sind gemäß § 218 Abs. 1 Satz 1 der Insolvenzverwalter und der Schuldner zur Planvorlage berechtigt, und gem. § 157 Satz 2 kann die Gläubigerversammlung den Verwalter mit der Planvorlage beauftragen und diesem das Planziel vorgeben. Schuldnerpläne, die offensichtlich keine Aussicht auf Annahme durch die Gläubiger haben, sind in einem frühen Verfahrensstadium vom Insolvenzgericht zurückzuweisen (§ 231 Abs. 1 Nr. 2). Zudem kann die Gläubigerversammlung jederzeit eine Stilllegung des Schuldnerunternehmens beschließen (§ 157 Satz 1 und 3) und über den Verwalter durchsetzen, dass das Unternehmen liquidiert wird (§§ 159, 233 Satz 2). Schließlich wirkt das Obstruktionsverbot nach 11 U. S. C. § 1129 (b) unter Umständen bereits bei der Planannahme durch nur eine Gläubigergruppe (11 U. S. C. § 1129 (a) (10)), während es nach § 245 Abs. 1 Nr. 3 erst bei einer expliziten Zustimmung seitens der Mehrheit der abstimmenden Gläubigergruppen eingreifen kann.

Aufgrund der sich in diesen und anderen abweichenden Einzelregelungen widerspiegelnden, unterschiedlichen Grundkonzeptionen des Chapter 11-Verfahrens und des Insolvenzplanverfahrens wäre es verfehlt, eine teleologische Auslegung und Fortbildung von Normen des Insolvenzplanverfahrens unreflektiert an Auslegungs- und Fortbildungsergebnissen ähnlicher Vorschriften des Chapter 11-Verfahrens auszurichten. Der Gesetzgeber des Insolvenzplanverfahrens hat zwar gewissermaßen Teile aus dem „Werkzeugkasten" des Chapter 11-Verfahrens übernommen,[35] sich aber ansonsten bewusst von dessen Grundkonzeption abgesetzt und ein eigenständiges Verfahrensmodell geschaffen. Obwohl danach eine schematische Übernahme von Auslegungs- und Fortbildungsergebnissen des US-amerikanischen Rechts ausscheidet, kann es sich im Einzelfall als hilfreich erweisen, bei der Interpretation und Weiterentwicklung der Normen des Insolvenzplanverfahrens auf die unter dem Bankruptcy Code 1978 gemachten **Erfahrungen** und das dort von Rechtswissenschaft und Rechtsprechung zusammengetragene **Argumentationsmaterial** zurückzugreifen: Eine in diesem Sinne **kritische rechtsvergleichende Analyse,** die den Systemhintergrund der US-amerikanischen und deutschen Normen nicht vernachlässigt, vermag der Auslegung und Fortbildung von Normen des Insolvenzplanverfahrens im Einzelfall sicherlich Impulse zu geben.

II. Ökonomische Theorie des Insolvenzrechts

Noch einen größeren Einfluss auf das Insolvenzplanverfahren als das US-amerikanische Insolvenzrecht hat die ökonomische Theorie des Insolvenzrechts gehabt.[36] Sie untersucht die Realfolgen insolvenzrechtlicher Regeln und bewertet diese unter volkswirtschaftlichen Gesichtspunkten. Der wesentliche Forschungsertrag der ökonomischen Theorie des Insolvenzrechts lässt sich in einem Satz wie folgt zusammenfassen: Ein Insolvenzgesetz ist umso besser, je mehr es dazu beiträgt, *ex post* (in der Krise) den Wert des haftenden Schuldnervermögens zu maximieren – ggf. mittels einer Sanierung des Unternehmensträgers (Unter-

---

[34] Beide Fristen können vom Gericht gem. 11 U. S. C. § 1121 (d) (1) verkürzt oder verlängert werden. Letzteres geschieht häufig. Grenzen setzt jetzt aber 11 U. S. C. § 1121 (d) (2): Die 120-Tage-Frist kann bis maximal 18 Monate nach Verfahrenseinleitung und die 180-Tage-Frist bis maximal 20 Monate nach Verfahrenseinleitung verlängert werden. Dadurch werden die Gläubiger im US-amerikanischen Planverfahren Verhandlungsmacht gewinnen. Gleichzeitig wird die Neuregelung vermutlich dazu führen, dass Schuldner noch mehr *pre-packaged plans* einreichen als heute, zutr. *Hafner* DAJV Newsletter 2006, 13.
[35] So treffend *Nerlich/Römermann/Braun* vor § 217 RdNr. 119.
[36] Wichtige Arbeiten stammen von *Jackson*, The Logic and Limits of Bankruptcy Law, 1986; *Hart*, Firms, Contracts, and Financial Structure, 1995, S. 156 ff.; *Bebchuk* 101 Harv. L. Rev. 775 ff. (1988); *Aghion/Hart/Moore* 8 J. of Law, Economics, & Organization 523 ff. (1992). Aus deutscher Sicht vgl. vor allem *R. H. Schmidt*, Ökonomische Analyse des Insolvenzrechts, 1980; *Drukarczyk*, Unternehmen und Insolvenz, 1987; *Eidenmüller*, Unternehmenssanierung zwischen Markt und Gesetz, 1999.

nehmensreorganisation) –, ohne dadurch *ex ante* unerwünschte Anreize zu einer nachlässigen Wirtschaftstätigkeit des Schuldners zu setzen. Die Erkenntnisse der ökonomischen Theorie des Insolvenzrechts waren verantwortlich für die Rückbesinnung des Gesetzgebers auf das insolvenzrechtliche Ziel der Haftungsverwirklichung und die Einstufung unterschiedlicher Formen der Verwertung des Schuldnervermögens (Liquidation, übertragende Sanierung, Reorganisation) als – situationsspezifisch einzusetzende – Mittel zur Erzielung einer bestmöglichen Gläubigerbefriedigung. Die Erkenntnisse der **ökonomischen Theorie des Insolvenzrechts** haben aber auch die konkrete **Struktur des Insolvenzplanverfahrens maßgeblich geprägt.**

22 Das gilt zum einen für den Grundgedanken des Insolvenzplanverfahrens, durch Verhandlungen der Verfahrensbeteiligten, die in einen bestimmten Insolvenzplan mit bestimmten Inhalten münden, eine möglichst effiziente Verwertung des Schuldnervermögens hervorzubringen. In privatautonomen Verhandlungen und Austauschvorgängen, heißt es in der Gesetzesbegründung, wird das wirtschaftliche Optimum durch diejenige Lösung verwirklicht, die mindestens einen Beteiligten besser und alle anderen nicht schlechter stellt als jede andere Lösung.[37] Mit dieser Formulierung direkt angesprochen ist das ökonomische Effizienzkriterium der **Pareto-Effizienz** (nach dem Ökonomen *Pareto*): Erst wenn sich die Lage irgendeines Beteiligten nur noch auf Kosten eines anderen Beteiligten verbessern lässt, ist ein optimaler Zustand erreicht.[38] Gemeinsamkeiten (gemeinsame Interessen) der Beteiligten lassen sich im Planverfahren ebenso wie Unterschiede (unterschiedliche Interessen) zur Entwicklung **allseits vorteilhafter Gestaltungsmöglichkeiten** nutzen. Diese können dann ihrerseits in einer konkreten Planstruktur (Gruppenbildung, gestaltende Regelungen) abgebildet werden.[39] So ist es beispielsweise sinnvoll, wenn – in den Grenzen des nach § 222 Abs. 2 Zulässigen – risikofreudige bzw. optimistische Gläubiger bei einer Unternehmensfortführung einer anderen Gruppe zugeordnet werden als risikoscheue bzw. pessimistische, und Erstere mit Eigenkapitaltiteln befriedigt werden, Letztere demgegenüber mit (neuen) Fremdkapitaltiteln.

23 Die ökonomische Theorie des Insolvenzrechts hat aber nicht nur den Grundgedanken des Insolvenzplanverfahrens maßgeblich beeinflusst. Sie stand auch Pate bei der Ausgestaltung der Regeln über die **Annahme eines Insolvenzplans durch die Gläubiger** im Allgemeinen sowie derjenigen über das **Obstruktionsverbot** im Besonderen. Dem gemeinsamen Ziel der Wertschöpfung (Effizienzsteigerung) steht bei der Aufstellung eines Insolvenzplans nämlich regelmäßig das individuelle Ziel der Wertbeanspruchung (Verteilung) gegenüber: Jeder einzelne Beteiligte ist bestrebt, seinen persönlichen Vorteil zu maximieren. Verlangte man für die Annahme eines Plans Einstimmigkeit, könnte der dadurch entstehende „Verteilungskampf" insbesondere bei Informationsasymmetrien dazu führen, dass effiziente Lösungen nicht erreicht werden. Aus diesem Grund sieht § 244 Abs. 1 vor, dass es für die Planannahme ausreicht, wenn der Plan in jeder gemäß § 222 gebildeten Gläubigergruppe die Zustimmung einer einfachen Kopf- und Summenmehrheit der Abstimmenden findet. Selbst wenn eine Gruppe dem Plan nicht zustimmt, wird ihre Zustimmung nach dem Obstruktionsverbot fingiert, wenn die Gläubiger der betreffenden Gruppe durch den Plan voraussichtlich nicht schlechter gestellt werden, als sie ohne ihn stünden, wenn sie angemessen an dem durch den Plan geschaffenen wirtschaftlichen Wert beteiligt werden – diese Voraussetzung wird in § 245 Abs. 2 näher definiert[40] – und wenn die Mehrheit der Gruppen

---

[37] BT-Drucks. 12/2443, S. 78.
[38] Zu diesem Kriterium vgl. etwa *Eidenmüller*, Effizienz als Rechtsprinzip, 3. Aufl. 2005, S. 48 ff.
[39] Zu verschiedenen Techniken der Wertschöpfung vgl. etwa *Eidenmüller*, Unternehmenssanierung zwischen Markt und Gesetz, 1999, S. 500 ff.
[40] Angesichts der präzisen Formulierung des § 245 Abs. 2 unbegründet ist die Kritik von *Jauernig*, Zwangsvollstreckungs- und Insolvenzrecht, 21. Aufl. 1999, S. 281 („Steine statt Brot"). Zu § 245 Abs. 2 Nr. 2 im Hinblick auf Absonderungsrechte vgl. *Eidenmüller*, Obstruktionsverbot, Vorrangregel und Absonderungsrechte, in *Richter/Schüler/Schwetzler* (Hrsg.), Kapitalgeberansprüche, Marktwertorientierung und Unternehmenswert, 2003, S. 187, 194 ff.

dem Plan zugestimmt hat (§ 245 Abs. 1).⁴¹ „Verteilungskämpfe" zwischen einzelnen Gläubigergruppen werden von der InsO also nur bis zur Grenze der Angemessenheit toleriert.⁴²

Die ökonomische Theorie des Insolvenzrechts zeichnet drittens aber schließlich auch für die Regelungen über den **Minderheitenschutz** verantwortlich. Jedes Verfahren, das Mehrheitsentscheidungen zulässt, birgt das Risiko einer Diskriminierung der überstimmten Minderheit. Dem ökonomischen Effizienzkriterium der Pareto-Effizienz im Vergleich zum Regelinsolvenzverfahren genügt ein Insolvenzplan jedoch nur, wenn kein Beteiligter schlechter gestellt wird als bei einer „planlosen" Insolvenzabwicklung. Deshalb sieht § 247 vor, dass ein Insolvenzplan den Schuldner gegen seinen Willen voraussichtlich nicht schlechter stellen darf, als er ohne einen Plan stünde. Dieselbe „Minimalbefriedigung" ist auch jedem einzelnen Gläubiger zu gewähren. Ansonsten kann er durch Widerspruch und einen entsprechenden Antrag die Planbestätigung verhindern (§ 251). Der damit geschaffene Minderheitenschutz geht zu Recht weniger weit als der Schutz einer Gläubigermehrheit im Falle des Obstruktionsverbots.⁴³ Gegen den Willen einer ganzen Gläubigergruppe darf ein Insolvenzplan nur bestätigt werden, wenn die betreffende Gruppe angemessen an dem durch den Plan geschaffenen Wert beteiligt wird. Gegen den Willen einzelner Gläubiger oder des Schuldners darf er bereits dann bestätigt werden, wenn diese voraussichtlich mindestens ebenso gut gestellt werden, wie sie ohne einen Plan stünden. Da im Regelinsolvenzverfahren **absonderungsberechtigte Gläubiger** vorrangig zu befriedigen sind (§§ 50, 51, 170), kann ihnen dieser Vorrang gegen ihren Willen auch im Insolvenzplanverfahren nicht genommen werden (vgl. § 217 RdNr. 63). Ob diese Grundentscheidung des Gesetzgebers zugunsten einer vorrangigen Befriedigung absonderungsberechtigter Gläubiger dem ökonomischen Effizienzkriterium entspricht, ist allerdings nicht unzweifelhaft.⁴⁴

Die Regeln des Insolvenzplanverfahrens über Mehrheitsentscheidungen, das Obstruktionsverbot und den Minderheitenschutz markieren den Rechtsrahmen, innerhalb dessen sich die Verhandlungen der Gläubiger und des Schuldners über eine von der gesetzlichen Regelung abweichende Insolvenzabwicklung bewegen. Die Beteiligten verhandeln gewissermaßen **„im Schatten des Rechts":**⁴⁵ Der Rechtsrahmen steckt die Struktur und den ökonomischen Wert der jeweiligen Alternativen ab, wenn es zu keiner vollumfänglich einvernehmlichen Regelung kommen sollte.

Da der Gesetzgeber klar zu erkennen gegeben hat, dass das Ziel des Insolvenzplanverfahrens in einer dem ökonomischen Effizienzkriterium der Pareto-Effizienz genügenden Insolvenzabwicklung liegt (vgl. RdNr. 22), bestehen keine Bedenken, Auslegung und Fortbildung der Normen des **Insolvenzplanverfahrens teleologisch** an dem **ökonomischen Effizienzkriterium auszurichten:** Im Zweifel ist diejenige Auslegungs- bzw. Fortbildungsalternative zu wählen, die zu ökonomisch effizienten Lösungen führt bzw. solche Lösungen ermöglicht.⁴⁶ Im Lichte dieses Kriteriums ist beispielsweise § 220 Abs. 2 (Inhalt

---

⁴¹ Die drei in § 245 Abs. 1 bestimmten Voraussetzungen des Obstruktionsverbots müssen nach dem unzweideutigen Wortlaut der Bestimmung kumulativ erfüllt sein, vgl. OLG Köln NZI 2001, 660, 661 f.; LG Göttingen NZI 2005, 41, 42.
⁴² Nicht richtig eingeschätzt wird die Funktion des Obstruktionsverbots von *Smid* InVo 1996, 314, 315: Nicht weil eine Forderung wirtschaftlich wertlos ist, ist die Verweigerung der Zustimmung Obstruktion (so aber *Smid*), sondern weil und soweit Gläubiger angemessen an dem durch den Plan geschaffenen Wert beteiligt werden.
⁴³ Vgl. BT-Drucks. 12/2443, S. 211.
⁴⁴ Zur ökonomischen Analyse von Sicherungsrechten vgl. etwa *Bebchuk/Fried* 105 Yale L. J. 857 ff. (1996); *Bebchuk/Fried* 82 Cornell L. R. 1279 ff. (1997); *Eidenmüller*, Vertragliche Vorkehrungen gegen Insolvenzrisiken, in *Hart* (Hrsg.), Privatrecht im „Risikostaat", 1997, S. 43, 54 ff.
⁴⁵ Der Ausdruck „bargaining in the shadow of the law" wurde geprägt von *Mnookin/Kornhauser* 88 Yale L. J. 950 ff. (1979).
⁴⁶ Grundsätzlich zustimmend *Smid/Rattunde,* Der Insolvenzplan, 2. Aufl. 2005, RdNr. 2.40 f., die darüber hinaus aber eine Berücksichtigung der in § 1 Satz 1 genannten Ziele einfordern. Allerdings gibt es in § 1 Satz 1 nur ein Ziel, nämlich dasjenige der bestmöglichen kollektiven Haftungsverwirklichung, vgl. RdNr. 5. Was „bestmöglich" ist, wird durch das Planverfahren in die Hand der Gläubiger gegeben: Sie sollen privatautonom eine möglichst effiziente Lösung entwickeln können. Das Effizienzziel steht also klar im Mittelpunkt.

des darstellenden Teils eines Insolvenzplans) so zu interpretieren, dass ein Insolvenzplan die Gläubiger mittels **Vergleichsrechnungen** über ihre Befriedigung bei einer Insolvenzabwicklung ohne Plan informieren muss: Nur auf der Grundlage solcher Vergleichsrechnungen können diese überhaupt beurteilen, ob eine plangemäße Insolvenzabwicklung sie besser stellt als eine „planlose" und es deswegen ökonomisch rational ist, dem vorgelegten Plan zuzustimmen.[47]

27 Dass der Gesetzgeber sich bei der Formulierung der Ziele des Insolvenzrechts im Allgemeinen und der Ausgestaltung der Struktur des Insolvenzplanverfahrens im Besonderen stark von der ökonomischen Theorie des Insolvenzrechts hat beeinflussen lassen, heißt nicht, dass die letztlich Gesetz gewordene Regelung aus ökonomischer Sicht nicht kritikwürdig wäre.[48] Zu den gravierendsten **Defiziten des Insolvenzplanverfahrens aus ökonomischer Sicht** gehört erstens die Tatsache, dass eine sinnvolle (effiziente) Unternehmensfortführung auf Grund der Abstimmungsregeln der §§ 243 ff. unter bestimmten Umständen verhindert werden kann, weil sie von den absonderungsberechtigten Gläubigern abgelehnt wird.[49] Zweitens führt die Gesetz gewordene Regelung des Obstruktionsverbots und des Minderheitenschutzes dazu, dass die Insolvenzgerichte im Bestätigungsverfahren schwierige und rechtsmittelanfällige – und damit verfahrensverzögernde – Vergleichsrechnungen hinsichtlich einer Gläubigerbefriedigung mit und ohne Plan anzustellen haben.[50] Diese strukturellen Defizite des Insolvenzplanverfahrens lassen sich indes in vielen Fällen durch die Vorlage von besonders gestalteten Insolvenzplänen verringern. Darauf ist zurückzukommen (vgl. § 221 RdNr. 103 ff.).

D. Zulässigkeit eines Insolvenzplanverfahrens, Zuständigkeit und Verfahrensfragen

I. Zulässigkeit eines Insolvenzplanverfahrens

28 **1. Persönlich-gegenständlicher Anwendungsbereich.** Ein Insolvenzplanverfahren gem. den §§ 217 ff. ist grundsätzlich in allen Fällen zulässig, in denen auch ein Insolvenzverfahren gem. den §§ 11 und 12 zulässig ist. Planfähig sind demzufolge grundsätzlich natürliche und juristische Personen (mit den Ausnahmen des § 12 Abs. 1),[51] der nicht rechtsfähige Verein, Gesellschaften ohne Rechtspersönlichkeit (offene Handelsgesellschaft, Kommanditgesellschaft, Partnerschaftsgesellschaft, Gesellschaft des Bürgerlichen Rechts – sofern sie ein Gesamthandsvermögen bildet[52] –, Partenreederei, Europäische wirtschaftliche

---

[47] Vgl. insoweit *Eidenmüller*, Unternehmenssanierung zwischen Markt und Gesetz, 1999, S. 59 f. mwN. Ebenso etwa *Bork*, Einführung in das Insolvenzrecht, 4. Aufl. 2005, RdNr. 317. AA wohl OLG Dresden ZIP 2000, 1303, 1305.

[48] Vgl. im Einzelnen *Eidenmüller*, Unternehmenssanierung zwischen Markt und Gesetz, 1999, S. 71 ff., 81 ff.

[49] Wahrscheinlich ist dies vor allem dann, wenn die Auszahlungen an die Gläubiger bei einer Unternehmensfortführung – szenarioabhängig (Erfolg/Misserfolg der Sanierung) – stark variieren, bei einer Unternehmensliquidation demgegenüber sicher sind, vgl. § 221 RdNr. 103 und begleitende Fn.

[50] Krit. deshalb zu Recht bereits im Vorfeld *Stürner*, Aufstellung und Bestätigung des Insolvenzplans, in *Leipold* (Hrsg.), Insolvenzrecht im Umbruch, 1991, S. 41, 46 f.; *Henckel* KTS 1989, 477, 492 („Die perhorreszierte Richtermacht kann sich über die Mehrheitsentscheidungen hinwegsetzen anhand von Kriterien, deren Voraussetzung unsicher feststellbar sind"). An dem Problem hat sich durch die Einfügung des Wortes „voraussichtlich" durch Gesetz v. 19. 12. 1998 (BGBl. 1998 I, S. 3836, 3839) nichts geändert, vgl. *Eidenmüller* NJW 1999, 1837 f. Für die Relevanz der Problematik in der Praxis vgl. exemplarisch die Sachverhaltsdarstellung in der Entscheidung OLG Köln NZI 2001, 660.

[51] Insolvenzplanfähig ist auch der Versicherungsverein auf Gegenseitigkeit. Eine dem § 112 VerglO vergleichbare Vorschrift enthält die InsO nicht. Zur Sinnhaftigkeit eines Insolvenzplanverfahrens bei einem Versicherungsverein auf Gegenseitigkeit skeptisch *Noack*, Gesellschaftsrecht, 1999, RdNr. 708 f.

[52] Vgl. *Noack*, Gesellschaftsrecht, 1999, RdNr. 46. Wenn die Gesellschaft eine reine Innengesellschaft ist, ist sie zwar nach § 11 Abs. 2 Nr. 1 insolvenzfähig, es kann jedoch keinen Eröffnungsgrund der (drohenden) Zahlungsunfähigkeit (§§ 17, 18) geben, vgl. *Noack*, Gesellschaftsrecht, 1999, RdNr. 47. Anders *K. Schmidt*, Insolvenzordnung und Unternehmensrecht – Was bringt die Reform?, in Arbeitskreis für Insolvenz- und Schiedsgerichtswesen eV, Köln (Hrsg.), Kölner Schrift zur Insolvenzordnung, 2. Aufl. 2000, S. 1199, 1202 f., *ders.* ZGR 1998, 633, 640 (dann keine Insolvenzfähigkeit).

Interessenvereinigung), der Nachlass, das Gesamtgut einer fortgesetzten Gütergemeinschaft sowie das Gesamtgut einer Gütergemeinschaft, das von den Ehegatten gemeinschaftlich verwaltet wird. Planfähig sind darüber hinaus auch die **Vorgesellschaft** sowie die **Vorgründungsgesellschaft**.[53] Planfähig sind schließlich auch fehlerhafte sowie aufgelöste Gesellschaften, sofern bei Letzteren die Verteilung des Vermögens noch nicht vollzogen ist (§ 11 Abs. 3). Sonderprobleme des persönlich-gegenständlichen Anwendungsbereichs des Planverfahrens ergeben sich bei Verbraucherinsolvenzen, bei Masseunzulänglichkeit sowie bei „Konzerninsolvenzen".

a) Planverfahren bei Verbraucherinsolvenzen? Die grundsätzliche Zulässigkeit des Insolvenzplanverfahrens bei der Insolvenz einer natürlichen Person erfährt eine wichtige Einschränkung bei **Verbraucherinsolvenzen** und „**sonstigen Kleinverfahren**" (§§ 304 ff.). In dem vereinfachten Insolvenzverfahren nach den §§ 311 ff. sind die Vorschriften über den Insolvenzplan nicht anzuwenden (§ 312 Abs. 2). Der Abschnitt über Verbraucherinsolvenz- und Kleinverfahren wurde ursprünglich Gesetz erst auf Grund eines entsprechenden Vorschlags des Rechtsausschusses.[54] Im RegE war für Insolvenzfälle des beschriebenen Personenkreises noch ein Eigenverwaltungsverfahren ohne Sachwalter vorgesehen (§§ 347 ff. RegE). In diesem Verfahren wäre die Vorlage eines Insolvenzplans zulässig gewesen (§ 357 RegE). Nach der Gesetz gewordenen Regelung tritt das Verfahren über den Schuldenbereinigungsplan (§§ 305 ff.) – nach einem erfolglosen außergerichtlichen Einigungsversuch (§ 305 Abs. 1 Nr. 1) – an die Stelle des Insolvenzplanverfahrens. Scheitert der Schuldenbereinigungsplan, kommt es zu einem vereinfachten Insolvenzverfahren (s. o.). Das Schuldenbereinigungsverfahren ist weniger komplex als das Insolvenzplanverfahren: Schwierige Fragen der Voraussetzungen und Formen einer Unternehmensfortführung stellen sich nicht. Es geht vielmehr im Wesentlichen um die Befriedigung der Gläubiger aus dem gegenwärtigen Vermögen und dem zukünftigen Arbeitseinkommen des Schuldners sowie um dessen Entschuldung. Rechtspolitisch ließ sich die Einführung eines besonderen Verfahrenstyps daher durchaus rechtfertigen.[55]

Allerdings ist der Anwendungsbereich dieses Verfahrenstyps bereits kurz nach Inkrafttreten der InsO erheblich reduziert worden. Ursprünglich betraf das Verbraucherverfahren natürliche Personen, die keine oder nur eine geringfügige selbständige wirtschaftliche Tätigkeit ausüben (§ 304 aF). Gem. § 304 idF des **InsOÄndG 2001** werden demgegenüber Kleinverfahren m.W. v. 1. 12. 2001 nicht mehr von den §§ 304 ff. erfasst. Für natürliche Personen, die (gegenwärtig) eine selbständige wirtschaftliche Tätigkeit ausüben, gelten also die allgemeinen Vorschriften. Das Verbraucherverfahren ist ferner auch dann nicht anwendbar, wenn der Schuldner in der Vergangenheit eine selbständige wirtschaftliche Tätigkeit ausgeübt hat und seine Vermögensverhältnisse nicht überschaubar sind oder gegen ihn Forderungen aus Arbeitsverhältnissen bestehen. Durch diese Neuregelung wurde nicht nur der Anwendungsbereich der §§ 304 ff. reduziert, sondern gleichzeitig derjenige der §§ 217 ff. erweitert. Das Insolvenzplanverfahren wurde also aufgewertet. Gleichwohl bleibt festzuhalten: Aufgrund der Ausklammerung von Verbraucherinsolvenzen aus dem Anwendungsbereich des Insolvenzplanverfahrens liegt dessen Domäne im Bereich der **Unternehmensinsolvenz**.[56] Zumindest missverständlich ist aber die Aussage, Subjekt eines Insolvenzplanverfahrens könne ausschließlich „ein Unternehmen" sein.[57] Mit dieser Charakterisierung

---

[53] Vgl. *Noack*, Gesellschaftsrecht, 1999, RdNr. 57, 240. Sofern die Vorgründungsgesellschaft (noch) nicht als Außengesellschaft auftritt, entspricht die Rechtslage derjenigen bei einer BGB-Innengesellschaft: Sie ist insolvenzfähig, es kann jedoch keinen Eröffnungsgrund der (drohenden) Zahlungsunfähigkeit geben (§§ 17, 18), vgl. vorherige Fn.
[54] Vgl. BT-Drucks. 12/7302, S. 132 ff., 189 ff.
[55] Im Ergebnis ebenso *Schiessler*, Der Insolvenzplan, 1997, S. 64 ff.
[56] Ebenso *Bork*, Einführung in das Insolvenzrecht, 4. Aufl. 2005, RdNr. 312; *Schiessler*, Der Insolvenzplan, 1997, S. 68. Zu den problematischen berufsrechtlichen Aspekten (Zulassungswiderruf) von Planverfahren bei Freiberuflern wie Rechtsanwälten, Notaren und Steuerberatern vgl. etwa *Graf/Wunsch* ZVI 2005, 105 ff.
[57] So *Nerlich/Römermann/Braun* vor § 217 RdNr. 5.

wird der persönlich-gegenständliche Anwendungsbereich des Insolvenzplanverfahrens (s. o. RdNr. 28) nicht vollständig beschrieben.

31 Anwendungsprobleme hinsichtlich des Insolvenzplanverfahrens können sich insbesondere bei Insolvenzverfahren über die in § 11 Abs. 2 Nr. 2 aufgeführten **Sondervermögensmassen** ergeben: etwa im Insolvenzverfahren über den Nachlass einer Person, die, wenn sie noch leben würde, ein Verfahren nach den §§ 304 ff. durchführen müsste, oder im Insolvenzverfahren über das Gesamtgut einer (fortgesetzten) Gütergemeinschaft, an der eine solche Person beteiligt ist. In diesen Fällen ist die Vorlage eines **Insolvenzplans** gleichwohl **zulässig**.[58] Die §§ 304 ff. sind auf die Insolvenz eines bestimmten Personenkreises zugeschnitten und erfüllen insoweit ganz bestimmte Zwecke (s. o. RdNr. 29). Sie lassen sich nicht – auch nicht analog – im Rahmen von Insolvenzverfahren über die in § 11 Abs. 2 Nr. 2 aufgeführten Sondervermögensmassen heranziehen.

32 Eine andere Frage ist, welche Konsequenzen sich für ein gem. §§ 305 ff. eingeleitetes Verfahren ergeben, wenn der **Schuldner** nach Verfahrenseinleitung **verstirbt**. In diesem Fall wird das Verfahren als Nachlassinsolvenzverfahren fortgeführt, und es gelten für die Zeit nach dem Erbfall die für diesen Verfahrenstyp maßgeblichen Bestimmungen.[59] Auch ein **Insolvenzplanverfahren** ist dann **möglich**. Eine Kollision mit den Regelungen der §§ 305 ff. erscheint denkbar nur für den Fall, dass zum Todeszeitpunkt bereits ein Schuldenbereinigungsplan gem. § 308 Abs. 1 Satz 1 Hs. 1 als angenommen galt. Dann gilt jedoch gleichzeitig auch der Antrag auf Eröffnung des Insolvenzverfahrens als zurückgenommen (§ 308 Abs. 2), eine Verfahrensfortführung kommt also ohnehin grundsätzlich nicht mehr in Betracht. Der Schuldenbereinigungsplan erledigt sich sicherlich auch nicht generell und *in toto* gleichsam automatisch mit dem Tod des Schuldners. Er hat die Wirkung eines Vergleichs i. S. v. § 794 Abs. 1 Nr. 1 ZPO (vgl. § 308 Abs. 1 Satz 2) und ist damit sowohl Prozesshandlung als auch materielles Rechtsgeschäft.[60] Als materielles Rechtsgeschäft kann seine Wirksamkeit auf Grund des Todes des Schuldners in Einzelfällen ganz oder teilweise deshalb zweifelhaft sein, weil bestimmte höchstpersönliche Verpflichtungen, etwa eine von dem Schuldner übernommene Arbeitspflicht (§ 613 Satz 1 BGB), unvererblich sind. Die Wirksamkeit der Prozesshandlung und damit die verfahrensbeendende Wirkung des Schuldenbereinigungsplans werden davon jedoch nicht berührt. Führt die (Teil-)Unwirksamkeit des Plans als materielles Rechtsgeschäft zum Eintritt eines Insolvenzgrundes, ist vielmehr ein Nachlassinsolvenzverfahren einzuleiten, in dem ein Insolvenzplan zulässig ist.

33 **b) Planverfahren bei Masseunzulänglichkeit?** Ein weiteres Anwendungsproblem hinsichtlich des Insolvenzplanverfahrens kann sich insbesondere in Fällen der **Masseunzulänglichkeit** (§§ 208 ff.) ergeben. Nach § 323 Abs. 2 RegE wäre auch in diesen Fällen ein Insolvenzplanverfahren zulässig gewesen. Auf Vorschlag des Rechtsausschusses wurden diese Vorschrift gestrichen und die entsprechenden Probleme „... der Rechtsprechung [überlassen]".[61] § 217, der die zulässigen Regelungsgegenstände eines Insolvenzplans aufzählt, nennt die Ansprüche von Massegläubigern nicht. Besteht keine Masseunzulänglichkeit, sind die Masseverbindlichkeiten also in jedem Fall vorab zu berichtigen (§§ 53, 258 Abs. 2). Kommt es allerdings zur Masseunzulänglichkeit, ist eine volle Befriedigung nicht möglich und eine Berichtigung nach der in § 209 festgelegten Rangfolge erforderlich. Für die Zulässigkeit eines Insolvenzplanverfahrens in diesem Fall spricht zunächst § 208 Abs. 3 i. V. m. § 217: Die Verwertung der Insolvenzmasse kann Gegenstand eines Insolvenzplans sein, und an dem Verwertungsauftrag des Insolvenzverwalters ändert sich durch die Anzeige

---

[58] Ebenso für den Fall der Nachlassinsolvenz *Nerlich/Römermann/Braun* § 217 RdNr. 5.
[59] AA *Siegmann* ZEV 2000, 345, 347 (nur bei einer entsprechenden Antragsänderung). Keinesfalls kann das Nachlassinsolvenzverfahren als Verbraucher- oder Kleinverfahren durchgeführt werden (insoweit ebenso *Siegmann* ZEV 2000, 345, 347; aA etwa *Nerlich/Römermann/Becker* § 1 RdNr. 11). Funktional dienen die jeweiligen Verfahren ganz unterschiedlichen Zwecken.
[60] Vgl. *Thomas/Putzo* § 794 RdNr. 3 mwN zur ganz hM von der Doppelnatur eines Prozessvergleichs.
[61] BT-Drucks. 12/7302, S. 180.

der Masseunzulänglichkeit nichts.[62] Auch ist im Falle einer Unternehmensinsolvenz möglicherweise eine Fortführung des Unternehmens in der Hand des bisherigen Trägers (Unternehmensreorganisation) die aus Sicht der Massegläubiger beste Verwertungsform. Realisieren lässt sich diese Verwertungsform jedoch nur auf der Grundlage eines Insolvenzplans. Gerade im Lichte des insolvenzrechtlichen Ziels der Haftungsverwirklichung (vgl. § 1 Satz 1) ist deshalb die Frage nach der **Zulässigkeit eines Insolvenzplanverfahrens** auch in Fällen der Masseunzulänglichkeit zu bejahen.[63] Aus § 258 Abs. 2 ergibt sich kein Gegenargument,[64] weil die Vorschrift auf den Regelfall des nicht masseunzulänglichen Verfahrens zugeschnitten ist (vgl. oben).[65] Zur Gruppenbildung im Rahmen eines Planverfahrens bei Masseunzulänglichkeit vgl. § 222 RdNr. 69 f.

c) **Konzerninsolvenzplanverfahren?** Jedes Regelinsolvenzverfahren bezieht sich auf 34
die einem bestimmten Träger zugeordnete Vermögensmasse. Ein Insolvenzverfahren über das Gesamtvermögen eines Vertragskonzerns oder eines faktischen Konzerns gibt es nicht.[66] Gleiches gilt für das Insolvenzplanverfahren. § 217 zählt die Vorschriften auf, von denen durch einen Insolvenzplan abgewichen werden kann. Die §§ 11 und 12 gehören nicht dazu. Ebenso wie das Regelinsolvenzverfahren bezieht sich also auch das Insolvenzplanverfahren immer auf das einem bestimmten Träger zugeordnete Vermögen. Gerät ein Konzern in die Krise, sind die Voraussetzungen für die Verfahrenseröffnung im Hinblick auf jedes Konzernunternehmen einzeln zu prüfen und ggf. mehrere Verfahren zu eröffnen. In jedem der eröffneten Verfahren kann dann ein Insolvenzplan vorgelegt werden. Ein **Konzerninsolvenzplanverfahren** gibt es **nicht**.

Diese Rechtslage ist *de lege lata* hinzunehmen, aber kritikwürdig. Denn die rechtliche 35
Selbständigkeit mehrerer Konzernunternehmen steht regelmäßig im Gegensatz zu ihrer wirtschaftlichen Verbindung: Jedes Konzernunternehmen ist Teil der Wirtschaftseinheit „Konzern". Jede Neuausrichtung eines Konzernunternehmens oder aber seine Liquidation hat zwangsläufig Auswirkungen auf diese Wirtschaftseinheit. Sieht ein Insolvenzplan für die reorganisationsbedürftige Tochter beispielsweise einen Rückzug aus einem bestimmten Geschäftsfeld vor, hat jedoch die Mutter in den letzten Jahren auf Grund einer entgegengesetzten strategischen Entscheidung massiv in dieses Geschäftsfeld investiert, dann werden durch diesen Plan natürlich auch die Interessen der Mutter berührt. Gleiches gilt, wenn sich die Tochter aus dem Konzernverbund lösen will oder aber gar liquidiert werden soll. Eine ökonomisch optimale (wertmaximierende) Insolvenzabwicklung lässt sich bei einem Konzern nur konzernbezogen konzipieren.[67]

---

[62] Vgl. *Maus*, Der Insolvenzplan, in Arbeitskreis für Insolvenz- und Schiedsgerichtswesen eV, Köln (Hrsg.), Kölner Schrift zur Insolvenzordnung, 2. Aufl. 2000, S. 931, 964.
[63] Das dürfte inzwischen ganz **hM** sein. Im Ergebnis wie im Text *Maus*, Der Insolvenzplan, in Arbeitskreis für Insolvenz- und Schiedsgerichtswesen eV, Köln (Hrsg.), Kölner Schrift zur Insolvenzordnung, 2. Aufl. 2000, S. 931, 964 f.; *Dinstühler* InVo 1998, 333, 344; *Smid* WM 1998, 1313, 1323; HK-*Flessner* § 217 RdNr. 10; *Kübler/Prütting/Otte* § 217 RdNr. 45; *Gottwald/Braun*, Insolvenzrechts-Handbuch, § 67 RdNr. 22; *Hess* in: *Hess/Obermüller*, Insolvenzplan, Restschuldbefreiung und Verbraucherinsolvenz, 3. Aufl. 2003, RdNr. 291; *Paul* ZInsO 2005, 1136 f.; *Bähr/Landry* EWiR § 231 InsO 1/05, 831 f. **AA** LG Dresden ZIP 2005, 1607 f.; *Häsemeyer*, Insolvenzrecht, 3. Aufl. 2003, RdNr. 28.13.
[64] So aber LG Dresden ZIP 2005, 1607.
[65] Ebenso *Paul* ZInsO 2005, 1136, 1137.
[66] Im US-amerikanischen Insolvenzrecht ist demgegenüber gem. Bankruptcy Rule 1015 (b) (4) bei Konzernunternehmen eine Verfahrensverbindung (sog. *joint administration*) möglich („If a joint petition or two or more petitions are pending in the same court by or against ... a debtor and an affiliate, the court may order a joint administration of the estates"). Eine *joint administration* bewirkt allerdings keine Konsolidierung der Insolvenzmassen und Verbindlichkeiten. Eine entsprechende Konsolidierung kann jedoch auf Grund des richterrechtlich entwickelten Rechtsinstituts einer so genannten *substantive consolidation* erfolgen, vgl. ausführlich und mit einer Vielzahl von Rechtsprechungsnachweisen *Tabb*, The Law of Bankruptcy, 1997, S. 133 ff. Vgl. auch *Roe*, Corporate Reorganization and Bankruptcy, 2000, S. 235 ff. Eine deutschsprachige Darstellung liefert *Scheel*, Konzerninsolvenzrecht, 1995, S. 241 ff., insbes. S. 248 mwN.
[67] Vgl. *Eidenmüller*, Unternehmenssanierung zwischen Markt und Gesetz, 1999, S. 797 ff. mwN zu der seit langem geführten Diskussion.

36 Ansätze dazu fanden sich noch in den Vorschlägen der Insolvenzrechtskommission. So hieß es in Ls. 2.2.3 Abs. 3 des 1. KommBer., dass bei der Aufstellung eines Reorganisationsplans über das Vermögen der Tochtergesellschaft eines Vertragskonzerns die Muttergesellschaft beratend mitwirken könne.[68] Dieser Vorschlag ist nicht Gesetz geworden. *De lege lata* besteht daher keine andere Möglichkeit, als mit **Hilfslösungen** ein möglichst **hohes Maß an Verfahrenskoordination** zu erreichen.[69] *Prima facie* lässt sich beispielsweise bei einem Unterordnungskonzern eine einheitliche örtliche Zuständigkeit eines Insolvenzgerichts für alle Konzernunternehmen dadurch sicherstellen, dass für die Tochtergesellschaften gem. § 3 Abs. 1 Satz 2 davon ausgegangen wird, dass der Mittelpunkt ihrer wirtschaftlichen Tätigkeit am Sitz der Mutter liegt.[70] Indes liegt der Tätigkeitsmittelpunkt einer Tochtergesellschaft auch bei einer offensichtlichen Abhängigkeit von der Mutter dort, wo die Unternehmensleitung faktisch agiert, und sei es in der Form, dass sie eine Weisung der Mutter befolgt.[71] Immerhin kann in mehreren Verfahren über Konzerngesellschaften zumindest prinzipiell derselbe Insolvenzverwalter eingesetzt werden. Denkbar ist auch die Einsetzung eines Insolvenzverwalters in dem Verfahren über das Vermögen der Mutter und – auf Antrag – die Anordnung der Eigenverwaltung (§§ 270 ff.) in den Verfahren über das Vermögen der jeweiligen Tochtergesellschaften sowie die Einsetzung des Insolvenzverwalters in dem „führenden" Insolvenzverfahren als Sachwalter bei den Tochtergesellschaften.[72] Werden unterschiedliche Insolvenzverwalter eingesetzt, können diese ihr Vorgehen ggf. über **„Insolvenzverwaltungsverträge"** koordinieren. Die Befugnis zum Abschluss eines entsprechenden Vertrags lässt sich aus § 159 ableiten. Allerdings ist gem. § 160 Abs. 1 Satz 1 die Zustimmung des Gläubigerausschusses erforderlich,[73] und es sind ggf. etwaige Beschlüsse der Gläubigerversammlung gem. § 157 zu beachten. Ein geeignetes Mittel einer Verfahrenskoordination kann aber schließlich vor allem auch die Vorlage **inhaltlich aufeinander abgestimmter Insolvenzpläne** sein, deren darstellender Teil jeweils die Insolvenzbewältigungsstrategie für den Konzern sowie das jeweilige Konzernunternehmen und deren gestaltender Teil die zur Umsetzung für das betroffene Konzernunternehmen erforderlichen Rechtsänderungen enthält.[74] Die Entwicklung entsprechend aufeinander abgestimmter Insolvenzpläne kann unter Umständen durch **mediative Techniken** unterstützt werden (vgl. dazu unten RdNr. 47 ff.). Zudem kann in jeden der Insolvenzpläne eine Klausel aufgenommen werden, nach der der jeweilige Plan erst wirksam werden soll (§ 158 Abs. 1 BGB), wenn alle Pläne rechtskräftig bestätigt wurden (vgl. § 217 RdNr. 42, § 221 RdNr. 25). **Unzulässig** ist demgegenüber ein „... **konsolidierter übergreifender Insolvenzplan für den gesamten Konzern ...**",[75] der eine konsolidierte Gruppenbildung (§ 222) und Rechtsgestaltung für den Gesamtkonzern enthält. Denn ein solcher Plan setzt genau das voraus, wogegen sich der Gesetzgeber der InsO mit § 11 ausdrücklich entschieden hat: eine Konsolidierung der Vermögensmassen und Ansprüche/Rechte im Falle einer Insolvenz mehrerer Konzernunternehmen.

---

[68] Vgl. 1. KommBer. Ls. 2.2.3 Abs. 3.
[69] Ausführlich *Eidenmüller* ZHR 169 (2005), 528, 536 ff.; vgl. auch *Graeber* NZI 2007, 265 ff.; *Rotstegge*, Konzerninsolvenz, 2007, S. 171 ff., 213 ff., 394 ff.
[70] Vgl. *Uhlenbruck* NZI 1999, 41, 44.
[71] Vgl. *Eidenmüller* ZHR 169 (2005), 528, 538 mwN in Fn. 28.
[72] Vgl. auch *Noack*, Gesellschaftsrecht, 1999, RdNr. 740; *Braun* in: *Braun/Uhlenbruck*, Unternehmensinsolvenz, 1997, S. 522.
[73] Einzelheiten bei *Eidenmüller* ZZP 114 (2001), 3 ff., sowie *Eidenmüller* JNPÖ 18 (1999), 81, 91 f.
[74] Vgl. *Eidenmüller* ZHR 169 (2005), 528, 546 f. Ähnlich *Noack*, Gesellschaftsrecht, 1999, RdNr. 740. Vgl. auch *Rattunde* ZIP 2003, 596 ff. (abgestimmte Insolvenzpläne bei der Sanierung des Herlitz-Konzerns); *Kübler/Prütting/Otte* § 217 RdNr. 61 g ff. Warum *Smid/Rattunde*, Der Insolvenzplan, 2. Aufl. 2005, RdNr. 2.63 meinen, dass die Einsetzung verschiedener Verwalter durch Insolvenzgerichte an verschiedenen Orten der Vorlage abgestimmter Pläne „entgegen steht", erschließt sich mir nicht. Richtig ist natürlich, dass diese Vorlage erleichtert wird, wenn in den mehreren Verfahren derselbe Verwalter agiert.
[75] So *Uhlenbruck* NZI 1999, 41, 44 (Hervorhebung von mir). Wie im Text demgegenüber auch *Rotstegge*, Konzerninsolvenz, 2007, S. 352 ff.

Sofern die soeben beschriebenen Möglichkeiten einer Verfahrenskoordination bei der 37
Insolvenz mehrerer Konzernunternehmen von den betroffenen Akteuren nicht freiwillig
genutzt werden, stellt sich die Frage, ob ggf. auch **Koordinationspflichten** mit entsprechenden Inhalten bestehen können. Diese Frage ist im Grundsatz zu bejahen.[76] Allerdings
unterscheidet sich die Rechtsgrundlage entsprechender Pflichten nach dem Pflichtadressaten
im jeweiligen Einzelfall. Im Hinblick auf Insolvenzverwalter und -gerichte geht es etwa
vorrangig um die aus § 1 Satz 1 folgende Pflicht zur bestmöglichen Masseverwertung. Bei
Geschäftsleitern können sich Koordinationspflichten (auch) aus ihrer gesellschaftsrechtlichen
Stellung ergeben (vgl. etwa § 93 Abs. 1 Satz 1 AktG, § 43 Abs. 1 GmbHG). Im Hinblick
auf die Gesellschafter von Not leidenden Konzerngesellschaften steht die gesellschaftsrechtliche Treuepflicht im Vordergrund.

2. Territorialer Anwendungsbereich. Im Hinblick auf den territorialen Anwendungs- 38
bereich des Insolvenzplanverfahrens ist zunächst zwischen Insolvenzverfahren ohne und
solchen mit grenzüberschreitenden Bezügen zu unterscheiden. Unproblematisch zulässig ist
das Insolvenzplanverfahren bei rein nationalen Sachverhalten, sofern in Deutschland ein
Insolvenzverfahren am allgemeinen Gerichtsstand des Schuldners bzw. am Schwerpunkt von
dessen selbständiger wirtschaftlicher Tätigkeit (vgl. § 3 Abs. 1) eröffnet wurde. Bei Insolvenzverfahren mit grenzüberschreitenden Bezügen ist zwischen solchen im Anwendungsbereich der Europäischen Insolvenzverordnung (EuInsVO)[77] und solchen nach dem autonomen deutschen internationalen Insolvenzrecht (§§ 335 ff.) zu differenzieren.

Im Anwendungsbereich der **Europäischen Insolvenzverordnung**[78] kann ein Insolvenz- 39
plan unproblematisch dann vorgelegt und bestätigt werden, wenn der Mittelpunkt der
hauptsächlichen Interessen des Schuldners in Deutschland liegt und demzufolge hier ein
Hauptinsolvenzverfahren eröffnet wurde (vgl. Art. 3 Abs. 1 EuInsVO). Die *lex fori
concursus* entscheidet gemäß Art. 4 Abs. 2 lit. j) EuInsVO unter anderem über „die Voraussetzungen und die Wirkungen der Beendigung des Insolvenzverfahrens, insbesondere durch
Vergleich".[79] Besteht im Inland (lediglich) eine Niederlassung, so kann zumindest ein
Partikular- bzw. Sekundärinsolvenzverfahren mit Wirkung für das Inlandsvermögen
eröffnet werden (vgl. Art. 3 Abs. 2 bis 4 EuInsVO – terminologisch sind Partikularverfahren
nach Eröffnung eines Hauptinsolvenzverfahrens „Sekundärinsolvenzverfahren"). Auch in
einem Partikular- bzw. Sekundärinsolvenzverfahren ist eine Verfahrensbeendigung mittels
Insolvenzplan grundsätzlich möglich. Das ist zu begrüßen: Der Zweck eines Insolvenzplanverfahrens, den Verfahrensbeteiligten einen Rechtsrahmen für eine privatautonom gestaltete
und zu einer bestmöglichen Gläubigerbefriedigung führende Insolvenzbewältigung bereitzustellen, ist hier ebenso einschlägig wie bei einem Hauptinsolvenzverfahren am Mittelpunkt
der hauptsächlichen Interessen des Schuldners. Allerdings bestehen bei einer Verfahrensbeendigung durch Insolvenzplan in einem Partikular- bzw. Sekundärinsolvenzverfahren
Besonderheiten im Hinblick auf das Vorschlagsrecht (Art. 34 Abs. 1 Unterabs. 1, Abs. 3
EuInsVO), die Bestätigungsvoraussetzungen (Art. 34 Abs. 1 Unterabs. 2 EuInsVO) sowie
die Wirkungen des Plans (Art. 17 Abs. 2, 34 Abs. 2 EuInsVO).[80] Letztere würden die
allgemeinen Planwirkungen nach § 254 beschränken. Da dies innerhalb des deutschen
Rechts einen Systembruch bedeutet hätte, hat sich der Gesetzgeber zu folgender Ausführungsvorschrift in Art. 102 § 9 EGInsO entschlossen: „Sieht ein Insolvenzplan eine Stun-

---

[76] Ausführlich *Eidenmüller* ZHR 169 (2005), 528, 549 ff.
[77] Verordnung (EG) Nr. 1346/2000 des Rates über Insolvenzverfahren v. 29. 5. 2000 (ABl. EG Nr. L 160 v. 30. 6. 2000, S. 1 ff.). Die Verordnung ist am 31. 5. 2002 in Kraft getreten. Zu der Verordnung einführend vgl. etwa *Eidenmüller* IPRax 2001, 2 ff.; *Leible/Staudinger* KTS 2000, 533 ff.; *Wimmer* ZInsO 2001, 97 ff.
[78] Dieser ist nur im Verhältnis zu den EU-Mitgliedstaaten eröffnet. Drittstaatenverhältnisse regelt die Verordnung nicht. Zu dieser Streitfrage vgl. etwa *Eidenmüller* IPRax 2001, 2, 5.
[79] Art. 102 § 9 EGInsO findet auf inländische Hauptinsolvenzverfahren keine Anwendung (unrichtig *Becker*, Insolvenzrecht, 2005, RdNr. 1611). Die Vorschrift betrifft nur inländische, territorial beschränkte Verfahren.
[80] Zum schwierigen Verhältnis von Art. 17 Abs. 2 und Art. 34 Abs. 2 EuInsVO vgl. *Eidenmüller* IPRax 2001, 2, 9.

dung, einen Erlass oder sonstige Einschränkungen der Rechte der Gläubiger vor, so darf er vom Insolvenzgericht nur bestätigt werden, wenn alle betroffenen Gläubiger dem Plan zugestimmt haben."

40   Ähnlich stellt sich die Rechtslage nach dem autonomen deutschen internationalen Insolvenzrecht dar. Unproblematisch sind wiederum zunächst Vorlage und Bestätigung eines Insolvenzplans im Rahmen eines **(Haupt-)Insolvenzverfahrens** am (inländischen) allgemeinen Gerichtsstand des Schuldners bzw. am Schwerpunkt von dessen selbständiger wirtschaftlicher Tätigkeit. Besteht im Inland (lediglich) eine Niederlassung oder ist sonstiges Vermögen im Inland belegen, so kann zumindest ein **Partikular- bzw. Sekundärinsolvenzverfahren** mit Wirkung für das Inlandsvermögen eröffnet werden (vgl. § 354 Abs. 1 – anders als nach der EuInsVO ist also das Bestehen einer Niederlassung dafür nicht zwingend Voraussetzung). Auch im Rahmen eines solchen Verfahrens ist eine Verfahrensbeendigung mittels Insolvenzplan grundsätzlich möglich. Allerdings sind Besonderheiten bzgl. des Planvorlagerechts (§ 357 Abs. 3 Satz 2), des Rechts eines ausländischen Verwalters zur Stellungnahme zu einem vorgelegten Plan (§ 357 Abs. 3 Satz 1) sowie der Bestätigungsvoraussetzungen (§ 355 Abs. 2) zu beachten. § 355 Abs. 2 entspricht dabei inhaltlich Art. 102 § 9 EGInsO.

41   Werden in **parallel laufenden Insolvenzverfahren** (Hauptinsolvenzverfahren in einem und Sekundärinsolvenzverfahren in einem anderen Staat) jeweils Insolvenzpläne vorgelegt, so stellen sich schwierige Fragen der Verfahrenskoordination im Allgemeinen und der – gegebenenfalls zu modifizierenden – Anwendung der §§ 217 ff. auf das inländische Planverfahren im Besonderen.[81] Sie werden durch die bereits zitierten, gesetzlich geregelten Besonderheiten sowie andere Normen zur Verfahrenskoordination (vgl. etwa Art. 31 EuInsVO sowie § 357) nicht vollständig beantwortet (für Einzelheiten s. die Kommentierung zur EuInsVO sowie zu den §§ 335 ff.). Unabhängig von Modifikationen im Hinblick auf die Anwendung der §§ 217 ff. kann die Verfahrenskoordination jedenfalls durch „**Insolvenzverwaltungsverträge**" der beteiligten Insolvenzverwalter verbessert werden. Ein entsprechender Vertrag kann von einem in Deutschland eingesetzten Insolvenzverwalter – vorbehaltlich der Zustimmung des Gläubigerausschusses gem. § 160 Abs. 1 Satz 1 – gestützt auf § 159 abgeschlossen werden (vgl. dazu bereits RdNr. 36).

II. Zuständigkeit und Verfahrensfragen

42   **1. Zuständigkeit.** Die ausschließliche sachliche Zuständigkeit für das Insolvenzverfahren liegt gem. § 2 Abs. 1 bei den Amtsgerichten. Gem. § 3 Nr. 2 e) und g) RPflG ist das Verfahren grundsätzlich **Rechtspflegersache**. Das gilt auch für das Insolvenzplanverfahren. Die in diesem Verfahren von den Insolvenzgerichten zu treffenden Entscheidungen gehören nicht zu denjenigen, die gem. § 18 Abs. 1 RPflG generell dem Richter vorbehalten sind. Dieser kann sich das Verfahren jedoch ganz oder teilweise vorbehalten oder es an sich ziehen, wenn er dies für geboten erachtet (§ 18 Abs. 2 RPflG). Sonderregeln gelten für **Stimmrechtsfestsetzungen** gem. §§ 237, 238. Werden sie vom Rechtspfleger vorgenommen, haben sie nicht die in § 256 bezeichneten Rechtsfolgen (§ 18 Abs. 3 Satz 1 RPflG). Auf Antrag eines Gläubigers oder des Insolvenzverwalters kann der Richter das Stimmrecht neu festsetzen und eine Abstimmungswiederholung anordnen, sofern sich die Entscheidung des Rechtspflegers auf das Ergebnis einer Abstimmung ausgewirkt hat und der Antrag bis zum Schluss des betreffenden Abstimmungstermins gestellt wurde (§ 18 Abs. 3 Satz 2 RPflG). Zu den **Rechtsmitteln** im Insolvenzplanverfahren s. u. RdNr. 54 ff.

43   **2. Verfahrensfragen.** Der Ablauf des Insolvenzplanverfahrens sowie die Rechte und Pflichten der Verfahrensbeteiligten in diesem Verfahren richten sich in erster Linie nach den §§ 217 ff. Darüber hinaus sind vor allem drei das Verfahren beeinflussende Normenkom-

---

[81] Vgl. dazu allgemein *Reinhart*, Sanierungsverfahren im internationalen Insolvenzrecht, 1995, S. 299 ff.

plexe bzw. Normen von Bedeutung. Zum einen gelten im Insolvenzplanverfahren natürlich ebenso wie im gesamten sonstigen Verfahrensrecht bestimmte **verfassungsrechtlich garantierte Verfahrensgrundsätze,** etwa das Rechtsstaatsprinzip (Art. 20 Abs. 3 GG), die Garantie des gesetzlichen Richters (Art. 101 Abs. 1 Satz 2 GG), der Anspruch auf rechtliches Gehör (Art. 103 Abs. 1 GG) oder das aus Art. 3 Abs. 1 GG abzuleitende Willkürverbot.[82] Staatliche Organe, insbesondere die Insolvenzgerichte, haben bei ihren Handlungen **grundrechtliche Schutzpflichten** zu beachten.[83] Zum anderen gilt im Insolvenzverfahren – und damit prinzipiell auch im Insolvenzplanverfahren – gem. § 5 Abs. 1 Satz 1 der **Untersuchungsgrundsatz** (s. RdNr. 44 ff.). Schließlich sind gem. § 4 subsidiär bei Fehlen einer insolvenzrechtlichen Spezialregelung die **Vorschriften der ZPO** anwendbar. Für das auf eine privatautonome Insolvenzbewältigung abzielende Insolvenzplanverfahren ist dabei u. a. § 278 ZPO von Bedeutung: Auf der Grundlage dieser Vorschrift hat das Insolvenzgericht das Recht und die Pflicht, auf eine möglichst einvernehmliche Insolvenzabwicklung hinzuwirken (s. RdNr. 47).

a) Geltung des Untersuchungsgrundsatzes. Besondere Probleme wirft die Geltung 44 des Untersuchungsgrundsatzes im Insolvenzplanverfahren auf. Immerhin liegt der Zweck dieses Verfahrens ja darin, „... den Beteiligten einen Rechtsrahmen für die einvernehmliche Bewältigung der Insolvenz im Wege von Verhandlungen und privatautonomen Austauschprozessen zu ermöglichen."[84] Mit der Vorlage eines Insolvenzplans wird eine von dem Regelinsolvenzverfahren abweichende Insolvenzabwicklung ermöglicht (§ 217) und regelmäßig von dem Planvorlegenden auch angestrebt. Aufgrund dieser Zwecksetzung wird im Schrifttum teilweise die Auffassung vertreten, dass der Untersuchungsgrundsatz im Insolvenzplanverfahren trotz § 5 Abs. 1 Satz 1 nicht gilt.[85] Die praktische Bedeutung dieser Frage zeigt sich vor allem im Hinblick auf die vom Insolvenzgericht nach der Abstimmung der Gläubiger zu treffende Entscheidung über die **Bestätigung eines Plans** (§§ 248 ff.). Für diese Bestätigung kann es darauf ankommen, ob eine bestimmte Gläubigergruppe, einzelne Gläubiger oder der Schuldner durch den Plan voraussichtlich besser oder schlechter gestellt werden, als sie ohne einen Plan stünden (§§ 245 Abs. 1 Nr. 1, 247 Abs. 2 Nr. 1, 251 Abs. 1 Nr. 2). Darüber hinaus kann es darauf ankommen, ob eine bestimmte Gläubigergruppe angemessen an dem wirtschaftlichen Wert beteiligt wird, der den Beteiligten auf der Grundlage des Plans zufließen soll (§§ 245 Abs. 1 Nr. 2 i. V. m. 245 Abs. 2). Während einzelne Autoren davon ausgehen, dass das Insolvenzgericht diese Bestätigungsvoraussetzungen auf Grund des Untersuchungsgrundsatzes von Amts wegen zu prüfen habe,[86] wird von anderer Seite die Auffassung vertreten, dass es „... nicht Aufgabe der amtswegigen Ermittlung des Sachverhalts durch das Insolvenzgericht ... sein [kann], die Voraussetzungen eines Obstruktionsverbots gem. § 245 zu ermitteln."[87]

Die unterschiedlichen Einschätzungen im Hinblick auf die Geltung des Untersuchungs- 45 grundsatzes im Insolvenzplanverfahren dürften weitgehend auf Missverständnissen beruhen.[88] Die prinzipielle Geltung dieses Grundsatzes auch für dieses Verfahren steht kraft der ausdrücklichen gesetzlichen Anordnung in § 5 Abs. 1 Satz 1 und mangels einer Bereichs-

---

[82] Vgl. im Einzelnen *Prütting,* Allgemeine Verfahrensgrundsätze der Insolvenzordnung, in Arbeitskreis für Insolvenz- und Schiedsgerichtswesen eV, Köln (Hrsg.), Kölner Schrift zur Insolvenzordnung, 2. Aufl. 2000, S. 221, 224 ff.
[83] Dazu ausführlich *Canaris,* Grundrechte und Privatrecht, 1999, S. 71 ff. *et passim.*
[84] BT-Drucks. 12/2443, S. 90.
[85] In diesem Sinne *Braun* in: *Braun/Uhlenbruck,* Unternehmensinsolvenz, 1997, S. 624; *Kübler/Prütting/Otte* § 245 RdNr. 66 (er folgt *Braun*).
[86] Vgl. etwa *Maus* in: *K. Schmidt/Uhlenbruck* (Hrsg.), Die GmbH in Krise, Sanierung und Insolvenz, 3. Aufl. 2003, RdNr. 1621 (betr. Vergleich mit einer Insolvenzabwicklung ohne Plan); *Hess/Weis* WM 1998, 2349, 2360 (betr. Voraussetzungen des Obstruktionsverbots); *Weisemann/Holz* in: *Weisemann/Smid* (Hrsg.), Handbuch Unternehmensinsolvenz, 1999, Kap. 15 RdNr. 112 (ebenso); *Grub* in: *Prütting/Vallender* (Hrsg.), FS für Uhlenbruck, 2000, S. 501, 506 (ebenso).
[87] *Smid/Rattunde,* Der Insolvenzplan, 2. Aufl. 2005, RdNr. 13.43.
[88] Vgl. *Eidenmüller* ZGR 2001, 680, 697 f.

ausnahme für die §§ 217 ff. außer Frage.[89] Indes ist ebenso unzweifelhaft richtig, dass diese prinzipielle Geltung eine Einschränkung für die Fälle erfährt, in denen einzelne Regelungen der §§ 217 ff. explizit oder implizit die Last der Tatsachenermittlung und -verifizierung anderen Beteiligten als dem Insolvenzgericht aufbürden. Ausarbeitung und Vorlage eines Insolvenzplans sind Sache des Planvorlegenden, der dabei die §§ 219 ff. zu beachten hat. Im Bestätigungsverfahren hat das Insolvenzgericht den **vorgelegten Plan** zu überprüfen. Ebensowenig, wie es Erwägungen dazu anzustellen hat, ob ein anderer als der vorgelegte Plan bestätigt werden könnte, hat es zu ermitteln, „... ob es über [die] im Plan genannten Bedingungen hinaus Tatsachen und Sachverhalte gibt, die die Bestätigung erlauben."[90] Das ändert allerdings nichts daran, dass das Insolvenzgericht im Bestätigungsverfahren von Amts wegen zu untersuchen hat, ob die **Bestätigungsvoraussetzungen** hinsichtlich des jeweils vorgelegten Plans gegeben sind.[91] Es hat also beispielsweise zu prüfen, ob im Hinblick auf eine den Plan ablehnende Gläubigergruppe die Voraussetzungen des Obstruktionsverbots (§ 245) eingreifen,[92] ob der dem Plan widersprechende Schuldner durch den Plan voraussichtlich schlechter gestellt wird, als er ohne einen Plan stünde (§ 247) und ob eine solche Schlechterstellung im Hinblick auf einen Gläubiger vorliegt, der dem Plan widersprochen und glaubhaft gemacht hat, dass er schlechter gestellt wird (§ 251). Da das Insolvenzgericht im Bestätigungsverfahren die Bestätigungsvoraussetzungen von Amts wegen zu untersuchen hat, hat es insoweit auch – sofern es seine eigene Sachkunde nicht für ausreichend erachtet – gem. § 5 Abs. 1 Satz 2 entsprechende **Sachverständigengutachten** einzuholen.[93] Von praktischer Bedeutung ist dies insbesondere im Hinblick auf den durch die §§ 245 Abs. 1 Nr. 1, 247 Abs. 2 Nr. 1 und 251 Abs. 1 Nr. 2 geforderten Vergleich der Stellung eines Gläubigers bzw. des Schuldners bei einer Insolvenzabwicklung auf der Basis eines Plans einerseits und ohne Plan andererseits.

46 Dieselben Grundsätze wie für das Bestätigungsverfahren gem. §§ 248 ff. – amtswegige Untersuchung durch die Insolvenzgerichte, soweit die §§ 217 ff. die Last der Tatsachenermittlung und -verifizierung nicht anderen Beteiligten aufbürden – gelten auch für das **Vorprüfungsverfahren** gem. § 231. Auch im Vorprüfungsverfahren ist das Insolvenzgericht nur zur Beurteilung des jeweils vorgelegten Plans verpflichtet (arg. § 231 Abs. 1 Nr. 1). Seine Kompetenz zur Zurückweisung eines Schuldnerplans bei **offensichtlicher** Aussichtslosigkeit der Annahme durch die Gläubiger (§ 231 Abs. 1 Nr. 2) bzw. offensichtlicher Unerfüllbarkeit der durch den Plan eingeräumten Ansprüche (§ 231 Abs. 1 Nr. 3) stellt sich als eine für die konkrete Problemstellung gesetzlich angeordnete Einschränkung des Untersuchungsgrundsatzes dar: Das Gericht soll im Vorprüfungsverfahren gem. § 231 Abs. 1 Nr. 2 und Nr. 3 nicht Detailuntersuchungen – ggf. unter Inanspruchnahme von Sachverständigen – anstellen, sondern sich auf eine Evidenzkontrolle auf der Basis der eigenen Sachkunde beschränken.[94] Zwischen dem Gehalt der Begriffe „offensichtlich" (in § 231) und „voraussichtlich" (in §§ 245, 247 und 251) besteht insoweit ein gravierender Unterschied.[95]

---

[89] AA allerdings (ohne Begründung) *Kübler/Prütting/Otte* § 231 RdNr. 4 („Der Amtsermittlungsgrundsatz des § 5 gilt im Insolvenzplanverfahren nicht.").
[90] *Braun* in: *Braun/Uhlenbruck,* Unternehmensinsolvenz, 1997, S. 624 (*Braun* vertritt *insoweit* dieselbe Auffassung wie hier im Text).
[91] Gem. § 248 Abs. 1 bedarf der Plan erst *nach* der Annahme durch die Gläubiger (§§ 244 bis 246) und der Zustimmung des Schuldners der Bestätigung durch das Insolvenzgericht. Damit soll aber nicht zum Ausdruck gebracht werden, dass eine Bestätigungsentscheidung nur bei Annahme/Zustimmung erforderlich ist. Fehlen Annahme oder Zustimmung, ist die Bestätigung vielmehr zu versagen, vgl. HK-*Flessner* § 248 RdNr. 3.
[92] Zutr. deshalb insoweit OLG Köln NZI 2001, 660, 661 f.; LG Traunstein NZI 1999, 461, 462 ff.
[93] So geschehen etwa in dem Fall, den das OLG Köln (NZI 2001, 660) auf weitere Beschwerde zu entscheiden hatte (Insolvenzgericht: AG Essen).
[94] Im Ergebnis ebenso *Braun* in: *Braun/Uhlenbruck,* Unternehmensinsolvenz, 1997, S. 479; HK-*Flessner* § 231 RdNr. 11.
[95] Vgl. *Eidenmüller* NJW 1999, 1837, 1838. Das wird nicht richtig gesehen von LG Traunstein NZI 1999, 461, 463, FK-*Jaffé* § 251 RdNr. 19 ff., sowie *Kübler/Prütting/Otte* § 245 RdNr. 15.

b) Mediative Tätigkeit durch Insolvenzgerichte und -verwalter.[96] Eine weitere 47 verfahrensrechtliche Besonderheit des Insolvenzplanverfahrens ist mit der durch § 4 angeordneten, ergänzenden Geltung der Vorschriften der ZPO verbunden. Durch diese Verweisung wird das Insolvenzverfahren in seiner Funktion als Gesamtvollstreckungsverfahren der streitigen Gerichtsbarkeit zugeordnet.[97] Im Zentrum des Verfahrens steht die Frage, wie eine begrenzte Haftungsmasse zum Zwecke der Gläubigerbefriedigung bestmöglich einzusetzen und wie sie unter die Gläubiger zu verteilen ist. Es geht um den Ausgleich verschiedener Rechtspositionen, die sich auf konträre Ziele richten, nämlich die bestmögliche Befriedigung der jeweils eigenen wirtschaftlichen Interessen. Dieser „Ausgleichsgedanke" hat vor allem im Insolvenzplanverfahren, das auf eine einvernehmliche Insolvenzbewältigung abzielt, beredten Ausdruck gefunden. Angesichts dieses Charakters eines Insolvenzverfahrens im Allgemeinen und des Insolvenzplanverfahrens im Besonderen kann kaum zweifelhaft sein, dass über § 4 auch **§ 278 ZPO** zur Anwendung gelangt.[98] Das Insolvenzgericht muss also in jeder Lage des Verfahrens auf eine **gütliche Beilegung von Konflikt- oder Streitpunkten** zwischen den Verfahrensbeteiligten bedacht sein (§ 278 Abs. 1 ZPO). Diese Verpflichtung lässt sich als ein Auftrag zu einer **mediativen Tätigkeit** interpretieren.[99] Sie besitzt gerade im Insolvenzplanverfahren auf Grund der Vielzahl der Beteiligten, Themen (Verhandlungsgegenstände) und involvierten Interessen eine große Bedeutung. Die Erfolgsaussichten für einen vorgelegten Plan sind umso größer, je mehr Beteiligte ihre Interessen durch den Plan (wenigstens teilweise) befriedigt sehen und je weniger Beteiligte dem Plan demzufolge widersprechen: Entsprechende Widersprüche machen im Bestätigungsverfahren unter Umständen aufwändige Prüfungen erforderlich (§§ 245 Abs. 1 Nr. 1, 247 Abs. 2 Nr. 1, 251 Abs. 1 Nr. 2).

In den **USA** wird eine dem § 278 ZPO ähnliche Regelung in Regel 16 der *Federal Rules* 48 *of Civil Procedure,* die gemäß Regel 7016 der *Federal Rules of Bankruptcy Procedure* im Rahmen von insolvenzrechtlichen *adversary proceedings* Anwendung findet, systematisch zur Förderung von **alternativen Streitbeilegungsmethoden** eingesetzt.[100] Gemäß Regel 16 (a) und (c) (9) kann das Gericht nämlich dort das Erscheinen der Parteien bzw. ihrer Anwälte zu einer *pretrial conference* anordnen und die nötigen Maßnahmen hinsichtlich des Einsatzes von „besonderen Verfahren" treffen, die eine vergleichsweise Erledigung des Streits fördern, sofern es dazu durch Gesetz oder eine örtliche Regelung ermächtigt ist.

Ähnliche Befugnisse besitzt auch das Insolvenzgericht in einem deutschen Insolvenzverfahren gemäß § 4 i. V. m. § 278 ZPO. Dabei ist anders als im Zivilprozess bei einer *entsprechenden* Anwendung des § 278 ZPO allerdings davon auszugehen, dass eine Güteverhandlung nicht obligatorisch stattfinden muss, sondern (nur) fakultativ stattfinden kann (vgl. § 278 Abs. 2 ZPO). Bestimmt das Insolvenzgericht einen Termin zu einer Güteverhandlung, so soll 49

---

[96] Vgl. insoweit ausführlich *Eidenmüller,* Unternehmenssanierung zwischen Markt und Gesetz, 1999, S. 528 ff., 895 ff.; *ders.* BB 1998 Beilage 10, 19 ff.; *Kassing* ZInsO 1999, 266 ff.; *Schuhmacher/Thiemann* DZWIR 1999, 441 ff.

[97] Vgl. § 4 RdNr. 3; *Uhlenbruck/ders.* § 4 RdNr. 1. So auch schon die hM zu dem – insoweit vergleichbaren – § 72 KO.

[98] Ebenso *Prütting,* Allgemeine Verfahrensgrundsätze der Insolvenzordnung, in Arbeitskreis für Insolvenz- und Schiedsgerichtswesen eV, Köln (Hrsg.), Kölner Schrift zur Insolvenzordnung, 2. Aufl. 2000, S. 221, 238 (für § 279 ZPO aF); *Smid/Rattunde,* Der Insolvenzplan, 2. Aufl. 2005, RdNr. 2.49.

[99] Zustimmend *Smid/Rattunde,* Der Insolvenzplan, 2. Aufl. 2005, RdNr. 2.48 f. Der Begriff „mediative Tätigkeit" statt „Mediation" (= Vermittlung im Konflikt durch einen neutralen Dritten ohne Entscheidungskompetenz mit dem Ziel einer interessengerechten Problemlösung, vgl. *Eidenmüller,* Verhandlungsmanagement durch Mediation, in *Henssler/Koch* (Hrsg.), Mediation in der Anwaltspraxis, 1999, RdNr. 21 mwN) wird bewusst gewählt: Das Insolvenzgericht hat im Insolvenzplanverfahren eine Reihe von (allerdings gebundenen) Entscheidungen zu treffen, insbesondere über die Entscheidung über die Bestätigung eines von den Gläubigern angenommenen Plans gem. §§ 248 ff. Gleichwohl erscheint es gerechtfertigt, zumindest von einer „mediativen Tätigkeit" zu sprechen, die sich von der bloßen Vergleichsförderung insoweit unterscheidet, als das Gericht spezifische Mediationstechniken zur Förderung interessengerechter Problemlösungen einsetzen kann. Vgl. dazu im Text sowie allg. *Duve,* Mediation und Vergleich im Prozess, 1999, S. 442 ff., 448 ff., *et passim.*

[100] Vgl. insoweit etwa *Bedikian* 48 Dispute Resolution J. 25 ff. (1993); *Burr* 12 Ohio State J. on Dispute Resolution 311 ff., insbes. 326 (1997).

es zu diesem Zweck das persönliche Erscheinen der Verfahrensbeteiligten anordnen (§ 278 Abs. 3 Satz 1 ZPO). Die Anberaumung eines entsprechenden Termins wird sich z. B. dann empfehlen, wenn mehrere (konkurrierende) Insolvenzpläne vorgelegt wurden (s. die Kommentierung zu § 218) oder wenn sich die Verhandlungen der Beteiligten über einen vorgelegten Plan als besonders komplex und schwierig erweisen und ggf. mit Widersprüchen zu rechnen ist. Das persönliche Erscheinen der Beteiligten kann mittels der Festsetzung eines Ordnungsgeldes erzwungen werden, § 278 Abs. 3 Satz 2 ZPO i. V. m. § 141 Abs. 3 ZPO.

50 Im Rahmen eines Gütetermins kann das Insolvenzgericht eine Vielzahl von **Mediationstechniken** einsetzen, um die Chancen für eine (möglichst) einvernehmliche Insolvenzbewältigung mittels eines Insolvenzplans zu erhöhen.[101] Es kann die Verhandlungen der Beteiligten versachlichen, indem es deren Aufmerksamkeit auf ihre jeweiligen Interessen und Nichteinigungsalternativen (Planablehnung) sowie auf mögliche Einigungsoptionen (Planzustimmung) lenkt. Es kann dazu beitragen, Gemeinsamkeiten (Interessen/Erwartungen) und Unterschiede zwischen den Beteiligten zu identifizieren, die sich zur Entwicklung wertschöpfender (effizienzsteigernder) Einigungsoptionen nutzen lassen. Dieser Prozess lässt sich durch Kreativitätstechniken (*brainstorming* u. ä.) unterstützen. Schließlich hat das Insolvenzgericht die Möglichkeit, die Entscheidungsgrundlagen für alle Beteiligten dadurch zu verbessern, dass es die Gewinnung und rasche Verbreitung sämtlicher planbezogener und -relevanter Informationen fördert (ggf. unter Mitwirkung eines Sachverständigen gem. § 5 Abs. 1 Satz 2): Homogene Informationsstände sind ein Schlüsselfaktor für eine konsensuale Insolvenzbewältigung.

51 Neben dem Insolvenzgericht kann im Insolvenzplanverfahren in erster Linie der **Insolvenzverwalter** mediativ tätig werden bzw. Mediationstechniken anwenden. Aufgrund seiner gesetzlich vorgeschriebenen Unabhängigkeit von den Gläubigern und dem Schuldner (vgl. § 56 Abs. 1) ist er für diese Aufgabe sogar in gewisser Weise prädestiniert. Ein Insolvenzverwalter ist neben dem Schuldner **planvorlageberechtigt** (§ 218 Abs. 1 Satz 1).[102] Wenn der insolvente Schuldner bzw. dessen Management den Gläubigern nicht glaubwürdig erscheint, kann sich das Planvorlagerecht des Insolvenzverwalters als wichtige Voraussetzung für eine einvernehmliche Insolvenzbewältigung erweisen: Ein von ihm vorgelegter Plan genießt dann gegenüber einem (inhaltsgleichen!) Plan des Schuldners möglicherweise eine wesentlich **größere Akzeptanz**.

52 Regelmäßig werden der eigentlichen Planvorlage umfangreiche Verhandlungen des Insolvenzverwalters mit den verschiedenen Gläubigergruppen sowie dem Schuldner bzw. dessen Repräsentanten vorausgegangen sein. In dieser – in den §§ 217 ff. nur teilweise (§ 218 Abs. 3) geregelten – Phase des Insolvenzplanverfahrens kann der Insolvenzverwalter sich vielfältig mediativ betätigen. Er kann die Verhandlungen der Insolvenzbeteiligten leiten und den Verhandlungsprozess organisieren, einen Kommunikationskanal für die Beteiligten bilden sowie deren Interessen und Nichteinigungsalternativen ausloten und bewerten helfen. Vor allem aber bietet sich das sog. **Ein-Text-Verfahren**[103] als idealer Rahmen für die Aufstellung und Modifizierung des Plans während der Verhandlungen an: Der ursprüngliche,

---

[101] Ausführlich *Eidenmüller*, Unternehmenssanierung zwischen Markt und Gesetz, 1999, S. 528 ff.

[102] Die von § 56 Abs. 1 geforderte Unabhängigkeit muss er sich auch bei einem Auftrag zur Planausarbeitung mit Zielvorgabe (vgl. § 157 Satz 2) bewahren: Einzelne inhaltliche Gestaltungen können gem. § 157 Satz 2 nicht vorgegeben werden, vgl. § 218 RdNr. 15, 17 ff.

[103] Vgl. zu ihm etwa *Raiffa*, The Art and Science of Negotiation, 1982, S. 205 ff. Grundgedanke dieses Verfahrens ist es, dass ein neutraler Dritter möglichst rasch einen gemeinsamen Arbeitstext produziert, der die Grundzüge einer denkbaren Einigung bezüglich aller Verhandlungsthemen enthält. Dieser Text kann dann von allen Verhandlungsbeteiligten kritisiert und durch Verbesserungsvorschläge ergänzt werden. Dadurch kommt ein Revisionsprozess in Gang, in dessen Verlauf der Arbeitstext mehrfach verändert wird. Das Ein-Text-Verfahren besitzt in komplexen Verhandlungen vor allem deshalb eine große Bedeutung, weil es (1) Verhandlungskomplexität und Verhandlungskosten reduziert, (2) Risikokosten verringert (das Ausmaß der Zugeständnisse bzgl. aller Verhandlungsgegenstände ist für alle Beteiligten absehbar), (3) effizienzsteigernde „Paketlösungen" ermöglicht und (4) ein Gefühl der Gemeinsamkeit erzeugt und dadurch die Initiative und das Engagement der Beteiligten stärkt.

tentative Entwurf kommt vom Insolvenzverwalter und wird dann Schritt für Schritt ergänzt und verändert, bevor er schließlich vorgelegt wird.

Seine mediative Rolle kann der Insolvenzverwalter auch im Rahmen des Erörterungs- und Abstimmungstermins (§§ 235 ff.) beibehalten. Zu einer inhaltlichen Änderung des Plans „in letzter Sekunde" sagt das Gesetz nur, dass diese durch den Planvorlegenden im Hinblick auf einzelne Regelungen des Plans möglich ist (§ 240 Satz 1). Solche Planänderungen können das Resultat von Verhandlungen während des Erörterungstermins sein, wenn sich herausstellt, dass der vorgelegte Plan derzeit zwar nicht mehrheitsfähig ist, bei einer geringfügigen Änderung einzelner Regelungen jedoch mehrheitsfähig wäre. Insbesondere dann, wenn das Insolvenzgericht einen gesonderten Abstimmungstermin bestimmt hat (§ 241 Abs. 1 Satz 1), wird es im Vorfeld dieses Termins zu weiteren Verhandlungen kommen, die der Insolvenzverwalter unter Einsatz der verschiedensten Mediationstechniken (vgl. RdNr. 50 ff.) mit dem Ziel unterstützen kann, die Annahmechancen für den vorgelegten Plan zu maximieren. 53

3. Rechtsmittel. Entscheidungen des Insolvenzgerichts im Insolvenzplanverfahren unterliegen nur in den Fällen einem Rechtsmittel, in denen die InsO die **sofortige Beschwerde** vorsieht (§ 6 Abs. 1). Gegen die Entscheidung des Landgerichts als Beschwerdegericht ist dann unter bestimmten Voraussetzungen auch eine **weitere Beschwerde** zum Oberlandesgericht statthaft (§ 7). Im Insolvenzplanverfahren unterliegt der sofortigen Beschwerde zum einen der Beschluss des Insolvenzgerichts über die **Zurückweisung eines vorgelegten Plans** gem. § 231 Abs. 3 (etwas anderes gilt für die Weiterleitung des Plans zur Stellungnahme gem. § 232, und zwar selbst dann, wenn das Gericht, was zulässig sein dürfte, insoweit einen „Nichtzurückweisungsbeschluss" fasst:[104] Der Gesetzgeber hat insoweit mit gutem Grund – nämlich zur Effektuierung des Insolvenzplans als Instrument der privatautonomen Insolvenzbewältigung – davon abgesehen, ein Rechtsmittel für statthaft zu erklären). Der sofortigen Beschwerde unterliegt zum anderen die Entscheidung des Insolvenzgerichts über die **Bestätigung des Insolvenzplans** (§ 253). Stimmrechtsentscheidungen aus dem Erörterungstermin kann das Insolvenzgericht auf Antrag des Verwalters oder eines erschienenen Gläubigers ändern (§§ 237 Abs. 1 Satz 1, 238 Abs. 1 Satz 3 i. V. m. 77 Abs. 2 Satz 3). Gegen solche Entscheidungen ist die sofortige Beschwerde nicht eröffnet, und sie sind auch nicht im Rahmen einer sofortigen Beschwerde bzgl. der Bestätigung des Insolvenzplans angreifbar.[105] 54

Hat nicht der Insolvenzrichter, sondern der **Rechtspfleger** eine bestimmte Entscheidung getroffen – dies ist wegen § 18 Abs. 1 und 2 RPflG der Regelfall –, so kann diese Entscheidung gem. § 11 Abs. 1 RPflG mit der **sofortigen Beschwerde** (zum Landgericht) in den Fällen angegriffen werden, in denen die sofortige Beschwerde gem. § 6 Abs. 1 statthaft ist. In allen übrigen Fällen findet gem. § 11 Abs. 2 Satz 1 RPflG die (sofortige) **Erinnerung** statt. Hilft der Rechtspfleger ihr nicht ab, entscheidet der Insolvenzrichter beim Amtsgericht (§ 11 Abs. 2 Satz 2 und Satz 3 RPflG). Ausgeschlossen ist die Erinnerung lediglich in Entscheidungen über die Gewährung eines Stimmrechts gem. §§ 237 Abs. 1 Satz 1, 238 Abs. 1 Satz 3 i. V. m. 77 Abs. 2 Satz 2 (§ 11 Abs. 3 Satz 2 RPflG). In diesen Fällen kommt, sofern sich die Rechtspflegerentscheidung auf das Ergebnis einer Abstimmung ausgewirkt hat, unter bestimmten Voraussetzungen eine Neufestsetzung des Stimmrechts durch den Richter und eine Wiederholung der Abstimmung in Betracht, s. o. RdNr. 42. 55

Gegen die Zwangsvollstreckung aus einem rechtskräftig bestätigten Plan kann sich der **Schuldner** grundsätzlich mittels einer **Vollstreckungsabwehrklage** zur Wehr setzen, sofern er Einwendungen gegen Gläubigeransprüche vorzubringen vermag, die er nicht schon im Prüfungstermin hätte vorbringen können (§§ 257 Abs. 1 Satz 1, 4, § 767 ZPO).[106] Das 56

---

[104] Ebenso *Smid/Rattunde,* Der Insolvenzplan, 2. Aufl. 2005, RdNr. 9.49 ff.; HK-*Flessner* § 231 RdNr. 14; *Kübler/Prütting/Otte* § 231 RdNr. 24.

[105] Zutr. deshalb LG Bielefeld ZInsO 2002, 198, 199; LG Berlin ZInsO 2002, 1191, 1192.

[106] Vgl. *Gaul,* Zur Struktur und Wirkungsweise des Insolvenzplans als „privatautonomes" Instrument der Haftungsverwirklichung, in *Baums/Wertenbruch/Lutter/Schmidt* (Hrsg.), Festschrift für Ulrich Huber zum siebzigsten Geburtstag, 2006, S. 1187, 1219 ff. Der Gesetzgeber der InsO ist dem Vorschlag von *Bork* in:

Rechtsschutzbedürfnis für eine entsprechende Klage fehlt dem Schuldner auch nicht bei einem von ihm selbst vorgelegten Plan:[107] Da ohnehin nur Einwendungen vorgebracht werden können, die nach dem Prüfungstermin entstanden sind, kommt es nicht darauf an, ob der Schuldner mit der Planvorlage irgendwelche Gläubigeransprüche anerkannt hat[108] (was im Übrigen nicht der Fall ist: Die Plangestaltung erfolgt gem. § 222 *gruppenbezogen* im Hinblick auf Gläubiger mit einer bestimmten Rechtsstellung bzw. bestimmten wirtschaftlichen Interessen; *individuelle* Ansprüche/Rechte werden im Plan nicht aufgeführt und deshalb auch nicht anerkannt).

57 Ebenso wie der Schuldner können auch **Plangaranten** (vgl. §§ 230 Abs. 3, 257 Abs. 2) grundsätzlich eine **Vollstreckungsabwehrklage** gestützt auf Einwendungen gegen den jeweiligen Verpflichtungstatbestand erheben.[109] Allerdings werden Mängel des Verpflichtungstatbestandes durch eine rechtskräftige Planbestätigung geheilt (vgl. § 230 RdNr. 92). Wird aus dem Plan in Gegenstände vollstreckt, an denen Dritten ein die Veräußerung hinderndes Recht i. S. v. § 771 Abs. 1 ZPO zusteht, so ist eine **Drittwiderspruchsklage** statthaft.

E. Praktische Bedeutung des Insolvenzplanverfahrens

I. Gerichtlich überwachte und außergerichtliche Unternehmenssanierung

58 Obwohl das Insolvenzplanverfahren das Kernstück der Insolvenzrechtsreform ausmacht, sollte seine **praktische Bedeutung nicht überschätzt** werden. Von 2002 bis 2005 sind insgesamt (nur) 102 Insolvenzverfahren nach rechtskräftiger Planbestätigung aufgehoben worden (6 in 2002, 9 in 2003, 70 in 2004 und 17 in 2005).[110] Unternehmenssanierungen sind jedoch umso aussichtsreicher, je rascher und flexibler sie durchgeführt werden können und je geringer der Imageschaden ist, den das Unternehmen auf Grund des Verfahrens erleidet. Das Insolvenzplanverfahren ist ein verfahrenstechnisch kompliziertes und damit langwieriges Verfahren, insbesondere auf Grund der verfahrensverzögernden Effekte der Minderheitenschutzregelungen. Innerhalb des gerichtlich überwachten Insolvenzverfahrens lässt sich zwar nicht eine Sanierung des Unternehmensträgers (Unternehmensreorganisation), wohl aber eine Sanierung des Unternehmens im Wege der übertragenden Sanierung unkomplizierter auch im Regelinsolvenzverfahren durchführen.[111] Vor allem aber besitzt eine **außergerichtliche Unternehmenssanierung** („freie Sanierung")[112] auf Grund ihrer Schnelligkeit, ihrer geringen Publizität (Folge: vergleichsweise geringer Imageschaden für das notleidende Unternehmen), ihrer großen Flexibilität und des Höchstmaßes an privatautonomer Gestaltung, das sie zulässt, in vielen Fällen ganz erhebliche Vorteile im Vergleich zu einer Sanierung innerhalb eines Insolvenzverfahrens.[113] Dies hat auch der Gesetzgeber

---

Leipold (Hrsg.), Insolvenzrecht im Umbruch, 1991, S. 51, 56 f., die Sperre des § 767 Abs. 2 ZPO für zwar entstandene, dem Schuldner jedoch unbekannte Einwendungen aufzuheben, nicht gefolgt.
[107] Ebenso nunmehr wohl *Smid/Rattunde,* Der Insolvenzplan, 2. Aufl. 2005, RdNr. 19.7.
[108] So wohl noch *Smid/Rattunde,* Der Insolvenzplan, 1998, RdNr. 391.
[109] Vgl. *Gaul,* Zur Struktur und Wirkungsweise des Insolvenzplans als „privatautonomes" Instrument der Haftungsverwirklichung, in *Baums/Wertenbruch/Lutter/Schmidt* (Hrsg.), Festschrift für Ulrich Huber zum siebzigsten Geburtstag, 2006, S. 1187, 1222 ff.
[110] Vgl. die Übersicht bei *Spies* ZInsO 2005, 1254, 1255. Wie man die Aussage und Prognose, dass „... das Planverfahren einen festen Platz im Insolvenzrecht eingenommen hat und diesen in Zukunft noch festigen wird..." (*Schmudde/Vorwerk* ZInsO 2006, 347, 352) bewertet, hängt deshalb davon ab, was man unter einem „festen Platz" versteht.
[111] Insoweit zutr. *Wellensiek* WM 1999, 405, 411.
[112] Ältere Gesamtdarstellung: *Künne,* Außergerichtliche Vergleichsordnung (AVerglO), 7. Aufl. 1968. Neuere Literatur: *Kohler-Gehrig,* Außergerichtlicher Vergleich zur Schuldenbereinigung und Sanierung, 1987; *Eidenmüller,* Unternehmenssanierung zwischen Markt und Gesetz, 1999; *Häsemeyer,* Insolvenzrecht, 3. Aufl. 2003, RdNr. 27.01 ff.
[113] Vgl. ausführlich *Eidenmüller,* Unternehmenssanierung zwischen Markt und Gesetz, 1999, S. 331 ff., 404 ff. Weniger positiv *Bigus/Eger* ZInsO 2003, 1, 7 f., die allerdings die außergerichtliche Sanierungspraxis verkennen. So spielt insbesondere der von den Autoren betonte Aspekt der „Geheimhaltung" bei der Krise

der InsO nicht verkannt, der durch die Abschaffung des § 419 BGB sowie durch die Einführung der vereinfachten Kapitalherabsetzung bei der GmbH (§§ 58a bis 58f GmbHG) den Spielraum für freie Sanierungen deutlich erweitert hat (vgl. Art. 33 Nr. 16 und Art. 48 Nr. 4 EGInsO). Die Haftungsrisiken bei einer solchen Sanierung, insbesondere für die beteiligten Banken[114] sowie für die Unternehmensleiter (u. a. gem. § 26 Abs. 3), sind regelmäßig nicht so groß, dass sie deren Vorteile zunichte machen würden.

Im Kontext einer angestrebten Unternehmenssanierung kommt es zur Einleitung eines Insolvenzverfahrens deshalb vorrangig dann, wenn eine außergerichtliche Sanierung aus anderen Gründen scheitert oder zu scheitern droht und deshalb unpraktisch erscheint. Dies kann in erster Linie deshalb der Fall sein, weil und soweit eine **effektive Koordination des Gläubigerhandelns** bei einer außergerichtlichen Unternehmenssanierung im Einzelfall als unmöglich oder aber zumindest als zu schwierig erscheint.[115] Während dissentierende Gläubiger innerhalb eines Insolvenzverfahrens majorisiert (§ 244) und unter Umständen sogar ganze Gläubigergruppen gegen ihren Willen eingebunden werden können (§ 245), ist gleiches im Rahmen einer außergerichtlichen Sanierung zumindest nach Ansicht der Rechtsprechung nicht der Fall: „Nach geltendem Recht entfaltet ein außergerichtlicher Sanierungsvergleich eine Bindungswirkung nur für diejenigen Gläubiger, die ihn geschlossen haben. Sogenannte Akkordstörer [Gläubiger, die einem Sanierungsvergleich nicht zustimmten, der Verf.] sind grundsätzlich auch dann nicht gehindert, ihre Ansprüche gegen den Schuldner uneingeschränkt durchzusetzen, wenn eine ganz überwiegende Mehrheit der Gläubiger einen derartigen Vergleich befürwortet."[116] Zwar lässt sich zeigen, dass diese Entscheidung unrichtig ist und dass sich auf der Grundlage der gesellschaftsähnlichen Verbindung der an einem außergerichtlichen Sanierungsvorhaben Beteiligten *de lege lata* ein System von **Kooperationspflichten im Reorganisationsrecht** entwickeln lässt.[117] Diese Rechtsauffassung hat sich bisher allerdings noch nicht durchsetzen können.[118]

II. Insolvenzplan als strategisches Instrument

1. Insolvenzplan zur Disziplinierung von Akkordstörern. Die Bedeutung des Insolvenzplanverfahrens als Form der Insolvenzbewältigung liegt in einer Sanierungssituation demzufolge vor allem in seinem geplanten Einsatz als **strategisches Instrument** zur Nutzung bestimmter Handlungsoptionen oder Vorteile, die außergerichtlich oder aber im Regelinsolvenzverfahren nicht zur Verfügung stehen. Wenn beispielsweise eine Sanierung des Unternehmens in der Hand des bisherigen Trägers eine höchstmögliche Gläubigerbefriedigung verspricht, jedoch absehbar ist, dass einzelne wesentliche Gläubiger dem Reorganisationsvorhaben außergerichtlich nicht zustimmen werden, kann ein unter den übrigen Gläubigern und dem Schuldner konsentiertes Insolvenzplankonzept als Teil eines sog. **vorgefertigten Konkurses** *(prepackaged bankruptcy)*[119] zur **Einbindung der Akkordstörer** genutzt werden:[120] Es wird ein Insolvenzantrag gestellt, und die Gläubiger beauftragen den

---

großer Unternehmen natürlich keine Rolle, gleichwohl sind die im Text skizzierten Vorteile eines außergerichtlichen Verfahrens beträchtlich.

[114] Vgl. *Eidenmüller*, Unternehmenssanierung zwischen Markt und Gesetz, 1999, S. 371 ff.; *Gawaz*, Bankenhaftung für Sanierungskredite, 1997; *Wittig* in: K. Schmidt/Uhlenbruck (Hrsg.), Die GmbH in Krise, Sanierung und Insolvenz, 3. Aufl. 2003, RdNr. 472 ff.

[115] Vgl. insoweit auch *Paulus* ZGR 2005, 309, 315 f.

[116] BGHZ 116, 319 (Leitsatz a)).

[117] Vgl. *Eidenmüller*, Unternehmenssanierung zwischen Markt und Gesetz, 1999, S. 551 ff.; *ders.* ZHR 169 (2005), 528, 555 ff.

[118] Grundsätzlich zustimmend jetzt allerdings etwa *Bamberger* in: Knops/Bamberger/Maier-Reimer (Hrsg.), Recht der Sanierungsfinanzierung, 2005, § 16 RdNr. 21, 33 f.; wohl auch *Schulz*, Treuepflichten unter Insolvenzgläubigern, 2003, RdNr. 293 ff.

[119] Ausführlich zum Begriff und zur Bedeutung einer *prepackaged bankruptcy* vor dem Hintergrund US-amerikanischer Erfahrungen *Eidenmüller*, Unternehmenssanierung zwischen Markt und Gesetz, 1999, S. 437 ff.

[120] Ähnlich *Spies* ZInsO 2005, 1254, 1257: „Vielmehr stellt ein Insolvenzplanverfahren einen geeigneten Weg dar, ein Sanierungskonzept umzusetzen, wenn außergerichtliche Bemühungen nicht von Erfolg gekrönt gewesen sind.".

Insolvenzverwalter mit der Ausarbeitung eines entsprechenden Plans (§ 157 Satz 2) oder der Schuldner legt einen entsprechenden Plan vor. Allerdings sollte dabei nicht übersehen werden, dass Insolvenzpläne in einer solchen Situation gerade auf Grund der Präsenz von Akkordstörern besonders widerspruchsanfällig sind und deswegen die Gefahr von Verfahrensverzögerungen im Vergleich zu „konventionellen" Insolvenzplänen eher noch erhöhen.[121] Zudem ist eine außergerichtliche (vorgezogene) Abstimmung über ein entsprechendes Insolvenzplankonzept, die dann im Insolvenzplanverfahren weiterwirken würde – in den USA wird insoweit treffend von einer *pre-voted prepackaged bankruptcy* gesprochen[122] (vgl. dazu 11 U. S. C. § 1126 (b)) – in Deutschland nicht möglich. Diskutabel erscheint lediglich eine schuldrechtliche Verpflichtung zu einem bestimmten Abstimmungsverhalten (**Stimmbindung**).[123] Prüfungs-, Erörterungs- und Abstimmungstermin werden dadurch aber nicht entbehrlich. Eine Verfahrensbeschleunigung, die einer *pre-voted prepackaged bankruptcy* vergleichbar wäre, bewirkt eine entsprechende Stimmbindung – ihre Zulässigkeit unterstellt – also sicher nicht.

61 **2. Insolvenzplan als Instrument der Eigensanierung des Schuldners.** Außer zur Einbindung von Akkordstörern besitzt das Insolvenzplanverfahren eine strategische Bedeutung in manchen Fällen sicherlich auch als ein **Instrument der Eigensanierung** in der Hand **des Schuldners**.[124] Obwohl sich das Planverfahren und die planrelevanten Regelungen der InsO sowohl konzeptionell als auch im Detail von dem US-amerikanischen Reorganisationsverfahren unterscheiden (s. o. RdNr. 18 f.), kann doch kein Zweifel daran sein, dass auch das deutsche Insolvenzrecht mit den Möglichkeiten der Eigenverwaltung (§§ 270 ff.) und der Planvorlage durch den Schuldner bereits bei Antragstellung (§ 218 Abs. 1 Satz 1 und Satz 2) sowie dem Schutz vor dem Entzug betriebsnotwendigen Mobiliar- und Immobiliarvermögens (vgl. §§ 107 Abs. 2 Satz 1, 166, 279 Satz 1, 282 Abs. 1 Satz 1 InsO, § 30 d ZVG) für einen unternehmenstragenden Schuldner gewissermaßen ein Refugium sein kann. Bei Inkrafttreten der InsO war abzusehen, dass insbesondere gut beratene Schuldner, bei denen im Vorfeld des Insolvenzverfahrens möglicherweise bereits ein Sanierungskonzept erarbeitet wurde, eine entsprechende Verfahrensoption nicht selten als strategisches Instrument nutzen werden. Die bisherigen Erfahrungen mit dem Planverfahren bestätigen diese Einschätzung.[125] Ob diese Gestaltungsvariante aus ökonomischer Sicht zu erwünschten Ergebnissen führt, ist eine offene Frage: Auf der einen Seite fördert sie den frühzeitigen Eintritt in ein Insolvenzverfahren und erhöht damit die Sanierungschancen. Auf der anderen Seite verringert sie die Sanktionswirkung der Insolvenz und erhöht damit möglicherweise den Anreiz von Managern/Eigentümern, sich nachlässig (gläubigerschädigend) zu verhalten (vgl. ausführlich § 218 RdNr. 67).

---

[121] Zu optimistisch *Braun* in: *Braun/Uhlenbruck,* Unternehmensinsolvenz, 1997, S. 561 f., 567 f.
[122] Vgl. etwa *Tashjian/Lease/McConnell* 40 J. of. Fin. Econ. 135 ff., 138 (1996).
[123] Gegen ihre Zulässigkeit *Eidenmüller,* Unternehmenssanierung zwischen Markt und Gesetz, 1999, S. 443 Fn. 374 (arg. § 134 BGB: Die Regelungen der InsO über die Annahme von Insolvenzplänen lassen erkennen, dass der Gesetzgeber eine Abstimmung in Kenntnis aller tatsächlichen Umstände zum Abstimmungszeitpunkt „vorschwebt"; insbesondere der Erörterungstermin, in dem unter anderem der Insolvenzplan erörtert wird (§ 235 Abs. 1 Satz 1) und der zur Änderung einzelner Regelungen des Plans führen kann (§ 240), verlöre völlig seine Bedeutung, wollte man entsprechende Bindungen anerkennen); für Zulässigkeit demgegenüber *Nerlich/Römermann/Braun* § 218 RdNr. 22; grundsätzlich auch *Smid/Rattunde,* Der Insolvenzplan, 2. Aufl. 2005, RdNr. 4.10 ff. In der Entscheidung BGH NZI 2005, 325 ff. kam es auf die Stimmbindungsabrede in einem „Kooperationsvertrag" nicht an (vgl. die Sachverhaltsdarstellung aaO 326).
[124] Vgl. *Kußmaul/Steffan* DB 2000, 1849 ff.; *Huntemann/Dietrich* ZInsO 2001, 13, 16 f.; *Paulus* DStR 2004, 1568, 1574 f.; *Hofmann* ZIP 2007, 260, 263. Instruktiv insoweit aus Sicht der US-amerikanischen Insolvenzpraxis *Delaney,* Strategic Bankruptcy, 1992, insbes. Kap. 6.
[125] Vgl. *Spies* ZInsO 2005, 1254 ff. (betr. ALS Anlagentechnik und Sondermaschinen GmbH, ECO Elektrotechnik Coswig GmbH). Vgl. auch die Fälle Hucke AG (Stuttgarter Zeitung v. 18. 11. 2006, S. 17, sowie Ad-hoc-Mitteilung v. 17. 11. 2006), CBB Holding AG (Börsen-Zeitung v. 27. 1. 2006, S. 13, sowie Ad-hoc-Mitteilung v. 26. 1. 2006) und Agiv Real Estate AG (Süddeutsche Zeitung v. 1. 6. 2005, S. 29).

Erster Abschnitt. Aufstellung des Plans

§ 217 Grundsatz

Die Befriedigung der absonderungsberechtigten Gläubiger und der Insolvenzgläubiger, die Verwertung der Insolvenzmasse und deren Verteilung an die Beteiligten sowie die Haftung des Schuldners nach der Beendigung des Insolvenzverfahrens können in einem Insolvenzplan abweichend von den Vorschriften dieses Gesetzes geregelt werden.

Schrifttum: Vgl. die Nachweise vor § 217.

Übersicht

	RdNr.		RdNr.
A. Normzweck	1	e) Gesetzes- bzw. Sittenwidrigkeit	43
B. Entstehungsgeschichte	3	f) Unwirksamkeit gem. § 779 Abs. 1 BGB	44
C. Rechtsnatur eines Insolvenzplans	4	g) Anfängliche Geschäftsgrundlagenstörungen	46
I. Qualifikationsmöglichkeiten	7	h) Tod des Schuldners	47
II. Der Insolvenzplan als materiellrechtlicher Vertrag	12	2. Planauslegung und Leistungsmodalitäten	48
1. Vorzüge und Probleme einer Vertragsqualifikation	13	3. Leistungsstörungen und Plananpassung	52
a) Vertragsqualifikation und Zweck des Insolvenzplans	14	a) Anwendbare Vorschriften	52
b) Funktion der gerichtlichen Bestätigung	18	b) Nachträgliche Geschäftsgrundlagenstörungen	53
c) Beschlusscharakter der Gläubigerabstimmung	19	c) Tod des Schuldners	54
d) Das Problem der fingierten Zustimmung	21	D. Plangegenstand	55
2. Vertrag zwischen dem Schuldner und seinen Gläubigern	23	E. Planunterworfene	56
3. Zustandekommen des Vertrags	26	I. Zwangsweise Planunterworfene	59
a) Planvorlage durch den Insolvenzverwalter	27	1. Insolvenzgläubiger	59
b) Planvorlage durch den Schuldner	28	2. Nachrangige Insolvenzgläubiger	61
4. Vergleichscharakter des Vertrags	29	3. Absonderungsberechtigte	62
III. Der Insolvenzplan als Prozessvertrag	30	4. Schuldner	64
1. Doppelnatur des Insolvenzplans	31	5. Gesellschafter	65
2. Vorrang (insolvenz)verfahrensrechtlicher Spezialregeln	32	a) Gesellschafter als zwangsweise Planunterworfene?	66
IV. Folgen der Einordnung eines Insolvenzplans als Vertrag mit Doppelnatur	34	b) Defizite der gesetzlichen Regelung	74
1. Rechtswirksames Zustandekommen eines Insolvenzplans	35	6. Ehegatten und eingetragene Lebenspartner	77
a) Willensmängel	35	II. Nicht zwangsweise Planunterworfene	78
b) Fehlende/beschränkte Geschäftsfähigkeit	38	1. Massegläubiger	79
c) Widerruflichkeit der Planzustimmung	39	a) Nicht oder nicht vollständig erfüllte gegenseitige Verträge	80
d) Bedingungen/Befristungen	40	b) Sozialplangläubiger	81
		c) Sanierungsgewinne	83
		d) Masseunzulänglichkeit	84
		2. Aussonderungsberechtigte	85
		a) Einfacher Eigentumsvorbehalt	86
		aa) Dingliche Rechtsstellung des Vorbehaltsberechtigten	87

	RdNr.		RdNr.
bb) Schuldrechtliche Rechtsstellung des Vorbehaltsberechtigten	90	8. Fortführung von Anfechtungsprozessen	146
b) Verlängerter und erweiterter Eigentumsvorbehalt	91	9. Planfeste Vorschriften	147
c) Eigenkapitalersetzende Nutzungsüberlassung	92	**II. Zulässige Planregelungen im Verhältnis zu nicht zwangsweise Planunterworfenen**	148
3. Vormerkungsberechtigte	93	1. Vorteilhaftigkeit ergänzender Planregelungen	149
4. Vorbehaltskäufer	94		
5. Auffang- oder Übernahmegesellschaften	95	2. Grundsätzliche Zulässigkeit ergänzender Planregelungen	150
6. Sonstige Personen	97	3. Voraussetzungen der Zulässigkeit ergänzender Planregelungen	153
F. Zulässige Planregelungen	98	a) Zustimmung des Betroffenen	154
I. Zulässige Planregelungen im Verhältnis zu zwangsweise Planunterworfenen	99	b) Bezug zur gemeinschaftlichen Haftungsverwirklichung	155
1. Befriedigung der Absonderungsberechtigten und der Insolvenzgläubiger	102	4. Formerfordernisse	156
a) Plandispositive Vorschriften	103	5. Anwendungsfelder für ergänzende Planregelungen	157
b) Grenzen zulässiger Planregelungen	105	a) Regelungen im Verhältnis zu Massegläubigern und Aussonderungsberechtigten	158
c) Praktisch bedeutsame Anwendungsfälle	107	b) Übernahme von Verpflichtungen, insbes. Kreditgewährung	159
aa) Verpflichtung zur Kreditvergabe?	108	c) Gesellschaftsrechtliche Regelungen	160
bb) Verpflichtung zu sonstigen Leistungen?	110	d) Übertragende Sanierung	161
cc) Zwangsweise Änderung von Langzeitverträgen für die Zukunft?	111	**G. Plantypen**	162
dd) Verzicht auf Gestaltungsrechte?	114	**I. Differenzierung nach dem Planurheber**	163
2. Verwertung der Insolvenzmasse	117	**II. Differenzierung nach dem Planvorlagezeitpunkt**	164
a) Plandispositive Vorschriften	118	**III. Differenzierung nach dem Planziel**	166
b) Praktisch bedeutsame Planregelungen	119	1. Liquidationspläne	167
c) Regulierung des Massebestandes?	120	2. Übertragungspläne	168
d) Regulierung der Abwicklung von Rechtsgeschäften?	123	3. Reorganisationspläne	171
3. Verteilung der Insolvenzmasse	124	4. Schuldenregulierungspläne	174
4. Haftung des Schuldners und der persönlich haftenden Gesellschafter	126	5. Sonstige Pläne	175
a) Haftung des Schuldners	127	**H. Sanktionen bei Verstößen gegen den zulässigen Planinhalt**	176
aa) Natürliche Personen als Schuldner	128	**I. Planzurückweisung im Vorprüfungsverfahren**	178
bb) Gesellschaften als Schuldner	130	**II. Versagung der Planbestätigung im Bestätigungsverfahren**	180
b) Haftung der persönlich haftenden Gesellschafter	132	1. Nachträgliche Mängel	182
aa) Zweck des § 227 Abs. 2 im Lichte des § 93	133	a) Grundsätzliche Beachtlichkeit	182
bb) Erfasste Gesellschaften (als Schuldner)	135	b) Wesentlichkeit	183
cc) Erfasste Gesellschafter (als persönlich Haftende)	136	c) Behebbarkeit	184
dd) Rechtsgrund der persönlichen Haftung	137	2. Ursprüngliche Mängel	185
ee) Zulässige Haftungsregelungen (Haftungsbestimmungen)	140	a) Grundsätzliche Beachtlichkeit	185
5. Nachschusspflicht des Mitglieds einer Genossenschaft	143	aa) Beachtlichkeit als Inhaltsmängel	186
6. Persönliche Haftung der Ehegatten bzw. der eingetragenen Lebenspartner	144	bb) Beachtlichkeit als Ursachen für Fehler in der verfahrensmäßigen Planbehandlung	189
7. Planüberwachung	145	b) Wesentlichkeit/Behebbarkeit	191
		III. Heilung von Inhaltsmängeln durch rechtskräftige Planbestätigung	192

A. Normzweck

§ 217 ist die Ausgangsnorm der Vorschriften über den Insolvenzplan (§§ 217 ff.). Sie macht 1 den Zweck des neuen Rechtsinstituts deutlich: Mit ihm wird den Beteiligten eine Option auf eine **Privatisierung der Insolvenzabwicklung** eingeräumt (s. vor § 217 RdNr. 1). Gleichzeitig wird der Gegenstand dieser Option näher bestimmt: Regelbar sind die Befriedigung der Gläubiger, die Verwertung und Verteilung der Masse sowie die Haftung des Schuldners nach Verfahrensbeendigung. Die Beteiligten können diese Option nutzen, aber sie müssen es nicht. Kommt kein Plan zustande, wird die Insolvenz im Regelverfahren abgewickelt.

Rechtspolitisch kritikwürdig sind die Vorschriften über den Insolvenzplan im Allge- 2 meinen und § 217 im Besonderen auf Grund der **fehlenden Möglichkeit eines Zwangseingriffs in Gesellschafterrechte,** der über Haftungsregelungen gem. § 227 Abs. 2 (vgl. dazu RdNr. 66 ff., 149 ff.) hinausgeht (vgl. ausführlich RdNr. 74 f.). Der ökonomische Wert der Gesellschafterposition in einem insolventen oder überschuldeten Unternehmen ist 0 – wirtschaftliche Eigentümer eines solchen Unternehmens sind seine Gläubiger. *De lege lata* liegt die Entscheidungsautonomie hinsichtlich gesellschaftsrechtlicher Sanierungsmaßnahmen – sie sind für eine Erfolg versprechende Sanierung nahezu immer unerlässlich – gleichwohl bei den Altgesellschaftern (das gilt z. B. für eine nominelle Kapitalherabsetzung). Eine Verknüpfung der Außen- und der Innenseite eines Sanierungsvorhabens ist lediglich über Planbedingungen (vgl. RdNr. 40 ff., § 221 RdNr. 24 f.) bzw. bedingte Pläne i. S. v. § 249 möglich (vgl. § 221 RdNr. 22 f.).

B. Entstehungsgeschichte

Das Rechtsinstitut des Insolvenzplans ersetzt „... Vergleich und Zwangsvergleich und 3 gestaltet diese grundlegend um"[1] (ausführlich zur Entstehungsgeschichte, zum Ziel und zum Ablauf des Insolvenzplanverfahrens vor § 217 RdNr. 2 ff.). Der 1. KommBer. hatte zu diesem Zweck noch ein **Reorganisationsverfahren** und einen **Reorganisationsplan** vorgeschlagen.[2] Der Gesetzgeber der InsO ist dem nicht gefolgt und hat den Insolvenzplan als ein **universelles Instrument der Masseverwertung** konzipiert.[3] § 253 RegE unterschied sich aber in zweierlei Hinsicht noch von dem schließlich Gesetz gewordenen § 217: (1) Zum einen war – insoweit übereinstimmend mit § 243 RefE, aber abweichend von § 243 DE – vorgesehen, dass auch die Haftung der **persönlich haftenden Gesellschafter** des Schuldners in einem Insolvenzplan regelbar ist. Der Rechtsausschuss empfahl, diese Passage des RegE zur „Verfahrensvereinfachung" zu streichen. Dadurch werde allerdings, wie § 270 RegE (= § 227) zeige, nicht ausgeschlossen, dass „... auf die Haftung eines persönlich haftenden Gesellschafters des Schuldners im Plan verzichtet werden kann ...".[4] (2) Zum zweiten wurden in § 253 Abs. 2 RegE noch exemplarisch („Gegenstand eines Plans kann insbesondere sein ...") einige **Regelungsoptionen** für einen Insolvenzplan aufgezählt: die Befriedigung der Gläubiger aus den Erträgen des vom Schuldner oder von einem Dritten fortgeführten Unternehmens oder aus dem Arbeitseinkommen des Schuldners, die Verwertung der Insolvenzmasse durch einen Treuhänder im Auftrag der Gläubiger sowie die Stundung und der teilweise Erlass von Gläubigeransprüchen. Auf Empfehlung des Rechtsausschusses wurde § 253 Abs. 2 RegE zur „redaktionellen Verkürzung des Gesetzes" gestrichen.[5]

---

[1] BT-Drucks. 12/2443, S. 90.
[2] Vgl. 1. KommBer. Ls. 2.1.1 ff.
[3] Vgl. BT-Drucks. 12/2443, S. 83, 90 f.
[4] Vgl. BT-Drucks. 12/7302, S. 181.
[5] Vgl. BT-Drucks. 12/7302, S. 181.

C. Rechtsnatur eines Insolvenzplans

4 Das Rechtsinstitut des Insolvenzplans ist ohne erkennbares Vorbild im alten Insolvenzrecht. Deshalb können die zu Vergleich und Zwangsvergleich nach der VerglO, der KO sowie der GesO entwickelten Theorien über deren **Rechtsnatur** auch nicht unbesehen auf den Insolvenzplan übertragen werden.[6] Auch ein Rekurs auf das Planverständnis in den **USA** – dort wird ein Reorganisationsplan mehrheitlich wie ein Vertrag behandelt[7] – ist wegen der erheblichen strukturellen Unterschiede zwischen dem Insolvenzplanverfahren und dem US-amerikanischen Reorganisationsverfahren (11 U.S.C. §§ 1101 ff., s. Vorb. RdNr. 18 ff.) sowie dem gänzlich anderen Stellenwert dogmatischer Klassifikationen in beiden Rechtssystemen nur bedingt hilfreich.

5 Die Frage nach der Rechtsnatur eines Insolvenzplans ist dabei **keineswegs nur theoretisch** von Bedeutung.[8] Wenn und soweit in den §§ 217 ff. bestimmte Fragen, die sich z. B. auf das (wirksame) Zustandekommen eines Insolvenzplans, seine Rechtsbeständigkeit, die Bestimmung von Leistungsmodalitäten oder die Effekte etwaiger Leistungsstörungen einschließlich der Anpassung von Planregelungen beziehen, nicht oder nur lückenhaft geregelt sind, und sich deshalb der Rückgriff auf allgemein geltende Vorschriften als notwendig erweist, kommt es natürlich darauf an, was für ein rechtliches Gebilde ein Insolvenzplan ist. Gleiches gilt dann, wenn sich Regelungen innerhalb eines Insolvenzplans als auslegungsbedürftig erweisen.[9]

6 Die Frage nach der Rechtsnatur eines Insolvenzplans betrifft dabei die Rechtsnatur des Insolvenzplans „insgesamt". Es geht mithin nicht um die Rechtsnatur einzelner in den Plan aufgenommener Regelungen, sondern um die Rechtsnatur desjenigen Aktes, durch den diese Regelungen in Kraft gesetzt werden. Dass Insolvenzpläne rechtsgeschäftliche Elemente/Bestandteile enthalten können, steht außer Zweifel (vgl. § 254 Abs. 1 Satz 2).

I. Qualifikationsmöglichkeiten

7 Nach der Vorstellung des Gesetzgebers handelt es sich bei einem Insolvenzplan um eine „... privatautonome, den gesetzlichen Vorschriften entsprechende Übereinkunft der mitspracheberechtigten Beteiligten über die Verwertung des haftenden Schuldnervermögens ...".[10] An einer anderen Stelle ist von der Vertragsfreiheit der Beteiligten die

---

[6] Zutr. *Dinstühler* InVo 1998, 333, 344. Zu den zum Zwangsvergleich vertretenen Theorien vgl. ausführlich *Jaeger/Weber* § 173 RdNr. 5 ff.

[7] Vgl. etwa In re White Farm Equipment Co., 38 B. R. 718, 724 (Bankr. N. D.Ohio 1984) („... White Farm's Plan had already been accepted by its creditors and confirmed by the Bankruptcy Court ..., thereby creating a contractual relationship between White Farm and its creditors ..."); In re Mako, Inc., 120 B. R. 203, 207 (Bkrtcy. E. D.Okl. 1990) („A Chapter 11 Plan, whether it is one contemplating reorganization or the liquidation of assets, is nothing more nor less than a contract between a debtor and the creditors of the bankruptcy estate."); In re Dahlgren International, Inc., 147 B. R. 393, 398 f. (N. D. Tex. 1992) (ebenso, mit dem Zusatz: „That the Plan was later confirmed by court order changes not the validity of the contract."); Hillis Motors, Inc., v. Hawaii Automobile Dealers' Association, et al., C. A. 9 (Hawaii) 1993, 997 F. 2 d 581, 588 („A reorganization plan resembles a consent decree and, therefore, should be construed basically as a contract") mwN. Etwas vorsichtiger allerdings In re CF & I Fabricators of Utah, Inc., C. A. 10 (Utah) 1998, 150 F. 3 d 1233, 1239: „... (W)e need not decide today whether a reorganization plan is a contract per se ... (E)ven if we assume a plan is a contract ...".

[8] Ebenso *Leipold* KTS 2006, 109, 126; *Gaul*, Zur Struktur und Wirkungsweise des Insolvenzplans als „privatautonomes" Instrument der Haftungsverwirklichung, in *Baums/Wertenbruch/Lutter/Schmidt* (Hrsg.), Festschrift für Ulrich Huber zum siebzigsten Geburtstag, 2006, S. 1187, 1191. AA *Jauernig*, Zwangsvollstreckungs- und Insolvenzrecht, 21. Aufl. 1999, S. 286 („Praktische Bedeutung kommt der Konstruktionsfrage nicht zu ..."), sowie FK-*Jaffé* § 217 RdNr. 99 (die Insolvenzpraxis habe vordringlichere Aufgaben zu bewältigen).

[9] Vgl. insoweit BGH NZI 2006, 100 (Verständnis der Klausel „§ 259 III InsO findet Anwendung" – vgl. dazu auch § 221 RdNr. 40).

[10] BT-Drucks. 12/2443, S. 91.

Rede.¹¹ Der Insolvenzplan besitzt danach offenbar zumindest in erster Linie den Charakter eines **Vertrags:** Er ist eine „Übereinkunft der mitspracheberechtigten Beteiligten". Keine Aussage findet sich in der Begründung des RegE allerdings dazu, ob es sich bei einem Insolvenzplan um einen **materiellrechtlichen Vertrag** oder um einen **Prozessvertrag** handeln soll oder ob von einer Doppelnatur des Insolvenzplans auszugehen ist.

Die Deutung des Rechtsinstituts des Insolvenzplans als Vertrag ist allerdings nicht die einzig denkbare Qualifikationsmöglichkeit. Denn ein Insolvenzplan ist in ein komplexes, gerichtlich überwachtes Verfahren „eingebettet". Insbesondere bedarf ein von den Gläubigern angenommener und mit der Zustimmung des Schuldners versehener Plan zu seiner Wirksamkeit auch noch der Bestätigung durch das Insolvenzgericht (§ 248 Abs. 1). Dies lässt sich heranziehen für ein Verständnis des Insolvenzplans als **privatrechtsgestaltender Verfahrensakt**¹² oder als Beleg für den **urteilsähnlichen Charakter** eines Insolvenzplans.¹³

Ein Insolvenzplan trägt aber auch unverkennbar Züge eines **gesellschaftsrechtlichen Beschlusses.**¹⁴ Denn zwischen den Gläubigern eines insolventen oder überschuldeten Unternehmens besteht eine gesellschaftsähnliche Verbindung zumindest ab dem Zeitpunkt der Eröffnung eines Insolvenzverfahrens.¹⁵ Die Abstimmung der Gläubiger über einen vorgelegten Plan im Erörterungs- und Abstimmungstermin (einer besonderen Gläubigerversammlung), die bei einer einfachen Kopf- und Summenmehrheit der Abstimmenden in jeder gebildeten Gläubigergruppe zur Planannahme führt (§ 244 Abs. 1), lässt sich ggf. als Beschlussfassung interpretieren.

Angesichts der konkurrierenden Qualifikationsmöglichkeiten für einen Insolvenzplan ist schließlich aber auch die Annahme nicht von vornherein von der Hand zu weisen, dass es sich hier um ein **Rechtsinstitut *sui generis*** handeln könnte¹⁶ oder dass der Insolvenzplan ein „... **spezifisch insolvenzrechtliches Instrument** [ist], mit dem die Gläubigergesamtheit ihre Befriedigung aus dem Schuldnervermögen organisiert."¹⁷ Auch der Gedanke, dass es sich bei dem Insolvenzplan um „... eine **Rechtsnorm eigener Art** handelt, die auf Initiative des Schuldners oder des Verwalters von der Gläubigerschaft beschlossen wird ...",¹⁸ ist zumindest erwägenswert.

Im Ergebnis wird sich zeigen, dass ein Insolvenzplan eine **Doppelnatur** besitzt: Er ist einerseits ein (mehrseitiger) **materiellrechtlicher Vertrag** zwischen den Gläubigern und dem Schuldner über eine von dem Regelverfahren abweichende Form der Insolvenzbewältigung (dazu RdNr. 12 ff.), andererseits gleichzeitig aber auch ein **Prozessvertrag,** mit dessen Abschluss die Beteiligten unmittelbar Einfluss auf die Insolvabwicklung im Allgemeinen und den Fortgang/Abschluss des Insolvenzplanverfahrens im Besonderen nehmen (dazu RdNr. 30 ff.).

---

¹¹ BT-Drucks. 12/2443, S. 215.
¹² *Leipold* KTS 2006, 109, 122 ff.
¹³ Vgl. *Smid/Rattunde,* Der Insolvenzplan, 2. Aufl. 2005, RdNr. 6.7, die die „... weitreichenden eigenen Gestaltungsbefugnisse des Insolvenzgerichts ..." sowie „... den Eingriffscharakter der durch den Plan projektierten Rechtsgestaltungen ..." betonen und die These vertreten, dass sich die Rechtswirkungen eines Insolvenzplans „... nicht aus Gesichtspunkten eines wechselseitigen Konsenses freiwillig kontrahierender Parteien begründen bzw. legitimieren lassen ..." (Hervorhebungen weggelassen).
¹⁴ Vgl. *Braun* in Braun/Uhlenbruck, Unternehmensinsolvenz, 1997, S. 467 f.; *Nerlich/Römermann/Braun* vor § 217 RdNr. 81; *Kübler/Prütting/Otte* § 217 RdNr. 73 ff., 76 ff.; *Henckel* NZI 1999, 66, 67 („Planbeschluss").
¹⁵ Der BGH hat diese Frage in BGHZ 116, 319, 324 = NJW 1992, 967, 968 letztlich offengelassen, jedoch eine gewisse Sympathie für die Annahme einer unter den Gläubigern ab diesem Zeitpunkt bestehenden „Gemeinschaft" bekundet. Tatsächlich besteht eine gesellschaftsähnliche Verbindung der Gläubiger eines insolventen oder überschuldeten Unternehmens auch schon vor Einleitung eines Insolvenzverfahrens, vgl. *Eidenmüller,* Unternehmenssanierung zwischen Markt und Gesetz, 1999, S. 601 f., 608 ff.
¹⁶ Vgl. *Schiessler,* Der Insolvenzplan, 1997, S. 22; *Dinstühler* InVo 1998, 333, 344; *Foerste,* Insolvenzrecht, 2. Aufl. 2004, RdNr. 474; *Becker,* Insolvenzrecht, 2005, RdNr. 1610.
¹⁷ BGH NZI 2006, 100, 101 (Hervorhebung von mir). Vgl. aber auch aaO 102: „Dies zeigt, dass der Insolvenzplan, auch wenn seine Annahme weitgehend auf der Willensübereinkunft der Beteiligten beruht, kein Vertrag im herkömmlichen Sinne ist."
¹⁸ *Happe,* Die Rechtsnatur des Insolvenzplans, 2004, S. 115 (Hervorhebungen von mir). Vgl. auch aaO S. 214 ff., insbes. 218.

II. Der Insolvenzplan als materiellrechtlicher Vertrag

12 Rechtskräftig bestätigte Insolvenzpläne wirken unmittelbar gestaltend auf die **materielle Rechtslage** ein (arg. § 254 Abs. 1 Satz 1). Sollte es sich bei Insolvenzplänen – entsprechend der Einschätzung in der Begründung des RegE (vgl. RdNr. 7) – um Verträge handeln, dann liegt auf Grund dieser materiellen Wirkung nahe, dass es sich jedenfalls *auch* um **materiellrechtliche Verträge** – und *nicht nur* um Prozessverträge – handelt. Im Lichte dieser Überlegung lässt sich das Qualifikationsproblem in diesem Abschnitt wie folgt in einzelne Fragenkomplexe aufteilen: (1) Welche Gesichtspunkte sprechen dafür/dagegen, einen Insolvenzplan als materiellrechtlichen Vertrag und nicht als privatrechtsgestaltenden Verfahrensakt, als urteilsähnliches Gebilde, als einen Beschluss, als ein Rechtsinstitut sui generis bzw. als spezifisch insolvenzrechtliches Instrument oder als Rechtsnorm eigener Art zu qualifizieren? (2) Unterstellt, ein Insolvenzplan sei als materiellrechtlicher Vertrag zu qualifizieren: Wer wären die Partner dieses Vertrags? (3) Wie kommt ein etwaiger Vertrag dogmatisch-konstruktiv zustande? (4) Besitzt er den Charakter eines Vergleichs i. S. v. § 779 BGB?

13 **1. Vorzüge und Probleme einer Vertragsqualifikation.** Die Vorzüge einer Vertragsqualifikation von Insolvenzplänen liegen vor allem darin, dass diese Qualifikation – anders als andere Qualifikationsmöglichkeiten – dem Zweck des neuen Rechtsinstituts und seiner systematischen Stellung in der InsO am besten gerecht wird. Probleme ergeben sich allerdings daraus, dass Insolvenzpläne auch zu Lasten widersprechender Beteiligter wirken können.

14 **a) Vertragsqualifikation und Zweck des Insolvenzplans.** Die von dem Gesetzgeber favorisierte Qualifikation eines Insolvenzplans als Vertrag (vgl. RdNr. 7) entspricht in verschiedener Hinsicht dem Zweck, dem dieses neue Rechtsinstitut dienen soll.

15 So besteht zwischen dem Vertragsgedanken und dem Ziel einer möglichst **effizienten Verwertung des Schuldnervermögens** ein einfacher Zusammenhang: Wenn sich die Verfahrensbeteiligten auf eine bestimmte Verwertungsart einigen, nimmt offensichtlich keiner von ihnen an, dass er dadurch schlechter gestellt wird als bei einer Verwertung ohne Plan. Sonst hätte er sich bei rationalem Verhalten auf den Plan nicht eingelassen. Gleichzeitig versprechen sich einzelne Beteiligte von einer Verwertung gemäß Plan offenbar Vorteile. In privatautonomen Verhandlungen und Austauschvorgängen, heißt es in der Gesetzesbegründung, werde das wirtschaftliche Optimum durch diejenige Lösung verwirklicht, die mindestens einen Beteiligten besser und alle anderen nicht schlechter stelle als jede andere Lösung.[19]

16 Welches diese Lösung ist, hängt von den **subjektiven Präferenzen** aller an dem Insolvenzverfahren Beteiligten ab. Diese bewerten eine bestimmte Verwertungsalternative nicht nur auf der Grundlage der an sie aus dem Schuldnervermögen fließenden Zahlungen. Entscheidend ist vielmehr die Gesamtheit der im Einzelfall erwarteten positiven und negativen Auswirkungen.[20] Dazu können z. B. die Erhaltung oder der Verlust von Arbeitsplätzen ebenso gehören wie der Fortbestand oder die Beendigung einer bewährten Geschäftsbeziehung. Der entscheidende Vorteil einer vertraglichen Bewältigung der Insolvenz liegt darin, dass sie diese höchst unterschiedlichen subjektiven Präferenzen voll zur Geltung bringt.

17 Ebenfalls ein Ausfluss des Vertragsgedankens ist schließlich der Gesichtspunkt der **Akzeptanz**. Weil ein Insolvenzplan von privater Initiative getragen und durch eine Übereinkunft der Beteiligten legitimiert wird, kann man vermuten, dass der in ihm festgelegte Verwertungsmodus regelmäßig auf eine größere Akzeptanz stoßen wird als ein Verwertungsmodus, der von staatlichen Stellen diktiert oder doch zumindest maßgeblich beeinflusst wird. Ein hoher Akzeptanzgrad aber ist insbesondere bei einer geplanten Sanierung eine unabdingbare Voraussetzung für eine erfolgreiche Umsetzung der beschlossenen Maßnahmen.

---

[19] BT-Drucks. 12/2443, S. 78.
[20] BT-Drucks. 12/2443, S. 76.

Grundsatz

b) Funktion der gerichtlichen Bestätigung. Gestützt wird die Vertragsqualifikation 18 von Insolvenzplänen auch durch die Systematik der Vorschriften über die Planannahme und die Planbestätigung. Ein vorgelegter Insolvenzplan ist zwar in ein komplexes, gerichtlich überwachtes Verfahren eingebettet. Insbesondere bedarf er nicht nur der Annahme durch die Gläubiger und der Zustimmung des Schuldners als der „privaten Akteure", sondern auch noch der Bestätigung durch das Insolvenzgericht (vgl. § 248 Abs. 1). *Prima facie* scheint dieses Erfordernis der **gerichtlichen Bestätigung** gegen eine „reine" Vertragsqualifikation und für den verfahrensrechtlichen bzw. urteilsähnlichen oder zumindest für den *sui generis*-Charakter von Insolvenzplänen zu sprechen.[21] Es ist indes für die Rechtsnatur eines Insolvenzplans **nicht prägend.** Denn die Bestätigungsentscheidung des Insolvenzgerichts ist eine Rechtsentscheidung. Eine inhaltliche Gestaltungsbefugnis besitzt das Gericht nicht:[22] Liegt keiner der in §§ 249 bis 251 aufgeführten Versagungsgründe vor, so muss ein zur Bestätigung vorliegender Plan auch bestätigt werden. Die Aufgabe des Insolvenzgerichts beschränkt sich also auf die rechtliche Kontrolle einer inhaltlich privatautonom getroffenen Vereinbarung anhand abschließend und präzise definierter rechtlicher Maßstäbe. Dass diese Maßstäbe teilweise wirtschaftlich (schwierige) Prognosen erforderlich machen, ändert an der rechtlichen Gebundenheit der gerichtlichen Entscheidung nichts.[23]

c) Beschlusscharakter der Gläubigerabstimmung. Gewichtiger als die Argumente, 19 die sich aus dem Erfordernis der gerichtlichen Bestätigung eines Insolvenzplans für dessen urteilsähnlichen Charakter ableiten lassen, ist der Hinweis darauf, dass das Zustandekommen eines Insolvenzplans primär von der Zustimmung der Gläubiger abhängt, und dass deren Abstimmung einen **Beschlusscharakter** besitzt. Zwar ist in den Vorschriften über die Annahme und Bestätigung des Plans (§§ 235 ff.) nicht explizit von einem Beschluss der Gläubiger die Rede. Die zwischen diesen bestehende gesellschaftsähnliche Verbindung sowie die Ähnlichkeit der Vorschriften über die Planannahme mit denjenigen einer Beschlussfassung innerhalb einer Gesellschaft (vgl. bereits RdNr. 9) legen es jedoch nahe, die Abstimmung der Gläubiger als Beschlussfassung zu interpretieren.

Indes ergibt sich daraus kein zwingender Gegensatz zur Qualifikation eines Insolvenzplans 20 als Vertrag. Denn die Stimmabgabe seitens eines Gläubigers ist eine **Willenserklärung** und der Beschluss ein Rechtsgeschäft eigener Art.[24] Die in einer zustimmenden Stimmabgabe liegende Billigung des Plans durch einen bestimmten Gläubiger ist als Willenserklärung – anders als bei Beschlüssen von Mitgliedern sonstiger Verbände – nicht nur Element der verbandsinternen Willensbildung, sondern gleichzeitig Ausdruck der Willensäußerung des betreffenden Gläubigers im Verhältnis zum Schuldner: Ihm wird eine von der gesetzlichen Regelung abweichende Form der Insolvenzabwicklung vorgeschlagen.[25] Der Schuldner kann diesem Vorschlag zustimmen, er kann ihn aber auch ablehnen (zu den Vertragsparteien vgl. RdNr. 23 f.).

---

[21] Darauf stützt sich denn auch maßgeblich *Leipold* KTS 2006, 109, 118 f., 121 f.
[22] Zutr. insoweit *Schiessler,* Der Insolvenzplan, 1997, S. 21 f.; *Hess/Weis* WM 1998, 2349, 2350. Ebenso *Müller* KTS 2002, 209, 211, *Happe,* Die Rechtsnatur des Insolvenzplans, 2004, S. 193 ff., und jetzt auch *Gaul,* Zur Struktur und Wirkungsweise des Insolvenzplans als „privatautonomes" Instrument der Haftungsverwirklichung, in *Baums/Wertenbruch/Lutter/Schmidt* (Hrsg.), Festschrift für Ulrich Huber zum siebzigsten Geburtstag, 2006, S. 1187, 1198 f. Missverständlich demgegenüber *Weisemann/Holz* in: *Weisemann/Smid* (Hrsg.), Handbuch Unternehmensinsolvenz, 1999, Kap. 15 RdNr. 24, nach denen das Insolvenzgericht eine „materielle Sachprüfungskompetenz" besitzen soll.
[23] Deshalb überzeugen die Einwände von *Leipold* KTS 2006, 109, 118 f., 121 f., im Ergebnis nicht.
[24] Vgl. insoweit allgemein *K. Schmidt,* Gesellschaftsrecht, 4. Aufl. 2002, S. 442 ff., sowie – bezogen auf das Planverfahren – *Schiessler,* Der Insolvenzplan, 1997, S. 20 („Dabei bildet die Zustimmung bzw. Ablehnung der Vorlage durch die beteiligten Gläubiger ... die zentrale Willenserklärung"). AA *Bork* in: *Leipold* (Hrsg.), Insolvenzrecht im Umbruch, 1991, S. 51, 55 Fn. 21 („Da ... die Abstimmung über den Plan keine Willenserklärung ist ...").
[25] So jetzt auch *Gaul,* Zur Struktur und Wirkungsweise des Insolvenzplans als „privatautonomes" Instrument der Haftungsverwirklichung, in *Baums/Wertenbruch/Lutter/Schmidt* (Hrsg.), Festschrift für Ulrich Huber zum siebzigsten Geburtstag, 2006, S. 1187, 1213.

21 **d) Das Problem der fingierten Zustimmung.** Der Haupteinwand gegen die Qualifikation eines Insolvenzplans als Vertrag – gleichzeitig das Hauptargument für eine Qualifikation als Rechtsinstitut *sui generis* oder als Rechtsnorm eigener Art – ergibt sich daraus, dass Insolvenzpläne unter Umständen auch gegen den Willen bestimmter Gläubiger und Gläubigergruppen wirksam werden können (§§ 244 bis 246, 254 Abs. 1 Satz 3) und dass unter bestimmten Voraussetzungen auch die Zustimmung des widersprechenden Schuldners fingiert wird (§ 247).[26] Indes kann ein widersprechender Gläubiger die Planbestätigung verhindern, wenn er durch den Plan voraussichtlich schlechter gestellt wird, als er ohne einen Plan stünde (§ 251 Abs. 1 Nr. 2). Auch setzt die Zustimmungsfiktion im Hinblick auf den widersprechenden Schuldner voraus, dass dieser voraussichtlich nicht schlechter gestellt wird, als er ohne Plan stünde (§ 247 Abs. 2 Nr. 1). Die Legitimation dieser Regelungen liegt in der Erwägung, dass eine Handlungsoption, die einen Beteiligten voraussichtlich nicht schlechter stellt als eine andere Handlungsoption, fair und damit zustimmungsfähig ist: Es gibt keinen rechtlich anerkennenswerten Grund, einem entsprechenden Plan die Zustimmung zu versagen. Die unter diesen Voraussetzungen gesetzlich angeordnete **Wirkungserstreckung** eines Insolvenzplans auf widersprechende Beteiligte erweist sich damit nicht als grundsätzlicher Bruch mit dem Vertragsgedanken.[27] Die fehlende aktuelle Zustimmung eines Beteiligten wird vielmehr unter besonderen Umständen durch eine hypothetische Zustimmung ersetzt.

22 Als Zwischenergebnis kann daher festgehalten werden, dass Insolvenzpläne als **Verträge** und nicht als privatrechtsgestaltende Verfahrensakte, urteilsähnliche Gebilde, Beschlüsse, Rechtsinstitute *sui generis*, spezifisch insolvenzrechtliche Instrumente oder Rechtsnormen eigener Art zu qualifizieren sind. Aufgrund ihrer unmittelbar rechtsgestaltenden Wirkung bzgl. der materiellen Rechtslage (§ 254 Abs. 1 Satz 1) handelt es sich jedenfalls auch um **materiellrechtliche** Verträge (zu der Frage, ob Insolvenzpläne nicht nur materiellrechtliche Verträge, sondern gleichzeitig auch Prozessverträge sind, vgl. RdNr. 30 ff.).[28]

---

[26] Zu diesem Einwand vgl. vor allem BGH NZI 2006, 100, 102; *Leipold* KTS 2006, 109, 117 f., 119 ff.; *Happe*, Die Rechtsnatur des Insolvenzplans, 2004, S. 123 ff., 185 f.

[27] Ebenso jetzt *Müller* KTS 2002, 209, 211; *Gaul*, Zur Struktur und Wirkungsweise des Insolvenzplans als „privatautonomes" Instrument der Haftungsverwirklichung, in *Baums/Wertenbruch/Lutter/Schmidt* (Hrsg.), Festschrift für Ulrich Huber zum siebzigsten Geburtstag, 2006, S. 1187, 1195, 1205 f., 1214 ff.

[28] Das ist ganz hM, wenngleich die Frage nach den Vertragspartnern (vgl. dazu sogleich RdNr. 23 f.) unterschiedlich beantwortet wird. Vgl. *Eidenmüller* JNPÖ 15 (1996), 164, 165 Fn. 10 (Vertrag zwischen den Gläubigern und dem Schuldner); *Gaul*, Zur Struktur und Wirkungsweise des Insolvenzplans als „privatautonomes" Instrument der Haftungsverwirklichung, in *Baums/Wertenbruch/Lutter/Schmidt* (Hrsg.), Festschrift für Ulrich Huber zum siebzigsten Geburtstag, 2006, S. 1187, 1197 ff. (ebenso); *Müller* KTS 2002, 209, 210 ff. (ebenso); *Braun* in: *Braun/Uhlenbruck*, Unternehmensinsolvenz, 1997, S. 467 f. (mehrseitiger Verwertungsvertrag zwischen den Gläubigern über das Haftungssubstrat Schuldnervermögen); *Hess* in: *Hess/Obermüller*, Insolvenzplan, Restschuldbefreiung und Verbraucherinsolvenz, 3. Aufl. 2003, RdNr. 5 a (ebenso); *Haarmeyer/Wutzke/Förster*, Handbuch zur Insolvenzordnung InsO/EGInsO, 3. Aufl. 2001, Kap. 9 RdNr. 4 (ähnlich); *Häsemeyer*, Der Insolvenzplan als vermögens- und haftungsrechtlicher Vertrag, in *Schilken/Becker-Eberhard/Gerhardt* (Hrsg.), Festschrift für Hans Friedhelm Gaul, 1997, S. 175, 179 f. (Vertrag zwischen den Gläubigern und dem Schuldner; bei einem Verwalterplan, von dem Schuldner abgelehnt wird, allerdings Vertrag zwischen den Gläubigern und dem Verwalter); *Häsemeyer*, Insolvenzrecht, 3. Aufl. 2003, RdNr. 28.70 (ebenso); *Windel* JURA 1999, 1, 7 (ähnlich); *Kübler/Prütting/Otte* § 217 RdNr. 65 f. (privatrechtlicher Vertrag eigener Art); *Kluth* ZInsO 2002, 1115, 1116 ff. (Vertrag zwischen den Gläubigern und dem Schuldner bei einem Sanierungsplan, bei einem Liquidationsplan dagegen Vertrag zwischen den Gläubigern und dem einvernehmlich einbezogenen Unternehmenserwerber); *Hess/Weis* WM 1998, 2349, 2350 (Insolvenzplan stehe einem gerichtlichen Vergleich und einem Vertrag näher als einem Urteil); *Smid/Rattunde* InsO § 217 RdNr. 7 („Vertrag mit partiellem Abschlusszwang" – in *Smid/Rattunde*, Der Insolvenzplan, 2. Aufl. 2005, RdNr. 6.6, wird diese Konstruktion aber als „gekünstelt" bezeichnet); *Bork*, Verfahrenshürden beim Insolvenzplan, in *Henckel/Kreft* (Hrsg.), Insolvenzrecht 1998, 1999, S. 111, 127 Fn. 59 („Vertrag" – vgl. aber auch *Bork*, Einführung in das Insolvenzrecht, 4. Aufl. 2005, RdNr. 311, wo davon die Rede ist, dass der Plan zu den „Rechtsgeschäften" gehöre, worunter auch Beschlüsse subsumierbar sind); FK-*Jaffé* § 217 RdNr. 101 (der Gesetzgeber habe sich deutlicher als im bisherigen Recht der KO der Vertragslösung zugewandt); *Andres/Leithaus* § 217 RdNr. 15 (die Annahme einer vertraglichen Vereinbarung der Beteiligten liege am nächsten). **AA** *Leipold* KTS 2006, 109, 122 ff. (privatrechtsgestaltender Verfahrensakt); *Schiessler*, Der Insolvenzplan, 1997, S. 22 (Rechtsinstitut *sui generis*); *Dinstühler* InVo 1998, 333, 344 (ebenso); *Foerste*, Insolvenz-

2. Vertrag zwischen dem Schuldner und seinen Gläubigern.

Damit ist die Frage 23 nach den Vertragspartnern und dem Vertragsgegenstand allerdings noch nicht beantwortet. Die gesetzlichen Regeln legen die Annahme eines mehrseitigen Vertrags **zwischen dem Schuldner und seinen Gläubigern** über eine **von dem Regelverfahren abweichende Form der Insolvenzbewältigung** nahe.[29] Ein vorgelegter Insolvenzplan bedarf nämlich zum einen der Annahme durch die Gläubiger gem. §§ 244 bis 246, zum anderen aber auch der Zustimmung des Schuldners gem. § 247 (vgl. auch § 248 Abs. 1: „Nach der Annahme ... durch die Gläubiger ... und der Zustimmung des Schuldners ...").

Eine Qualifikation eines Insolvenzplans als mehrseitiger Verwertungsvertrag nur zwischen 24 den Gläubigern – unter Ausschluss des Schuldners – könnte demgegenüber nicht überzeugen.[30] Ebenso wenig überzeugen könnte die Auffassung, dass es sich jedenfalls bei einem von dem Insolvenzverwalter vorgelegten und gegen den Widerspruch des Schuldners bestätigten Plan um einen Vertrag zwischen den Gläubigern und dem Insolvenzverwalter handeln soll.[31] Beide Auffassungen bzw. Qualifikationen übersehen, dass der **Schuldner** einem von den Gläubigern angenommenen Plan gem. §§ 247, 248 Abs. 1 **immer zustimmen muss** und dass seine Zustimmung nur unter bestimmten Voraussetzungen kraft Gesetzes fingiert wird.[32] Dieses Zustimmungserfordernis bezüglich des Schuldners ist durchaus sinnvoll: Er kann sich nämlich z. B. auch mit einem Plan einverstanden erklären, der ihn schlechter stellt als eine Insolvenzabwicklung ohne Plan. Im Einzelfall mag es für ihn gute Gründe geben, so zu verfahren (z. B. wenn sich die Gläubiger im Plan zu einer Kreditgewährung verpflichten, die ihm die Fortführung seines einzelkaufmännischen Unternehmens erlaubt, er dafür jedoch auf eine Restschuldbefreiung verzichtet und verpflichtet bleibt, alle ausstehenden Verbindlichkeiten – zeitlich gestreckt – zu erfüllen).

Offensichtlich unrichtig ist schließlich die Erwägung, dass lediglich „der Sanierungsplan" 25 als mehrseitiger Vertrag zwischen den Gläubigern und dem Schuldner verstanden werden könne, „der Liquidationsplan" demgegenüber als „... Vertrag ‚zwischen den Gläubigern und dem einvernehmlich als Planbeteiligten einbezogenen (Unternehmens-)Erwerber' ..." anzusehen sei.[33] Damit wird der *Insolvenzplan* als Vertrag mit dem davon selbstverständlich zu unterscheidenden *Veräußerungsgeschäft* als Vertrag verwechselt. Zur Aufnahme der Willenserklärungen bzgl. einer Unternehmensveräußerung in einen Insolvenzplan vgl. RdNr. 161, zu Übertragungsplänen generell vgl. RdNr. 168 ff.

---

recht, 2. Aufl. 2004, RdNr. 474 (ebenso); *Becker,* Insolvenzrecht, 2005, RdNr. 1610 (ebenso); *Happe,* Die Rechtsnatur des Insolvenzplans, 2004, S. 115 (Rechtsnorm eigener Art); *Henckel* NZI 1999, 66, 67 (Ähnlichkeit mit gesellschaftsrechtlichem Beschluss). Nicht ganz klar ist die Position des **BGH**. Einerseits bezeichnet er den Insolvenzplan als „spezifisch insolvenzrechtliches Instrument" (NZI 2006, 100, 101). Andererseits heißt es, dass der Insolvenzplan „... kein Vertrag im herkömmlichen Sinne ist" (aaO 102). Deutlicher noch bzgl. des Vertragscharakters eines Insolvenzplans OLG Jena NZI 2002, 435, 436 als Vorinstanz („... privatrechtlicher Vertrag eigener Art ...").

[29] Bei einem Insolvenzverfahren über ein *Sondervermögen* sind Schuldner im verfahrensrechtlichen Sinne der Erbe bzw. die Erben (Nachlassinsolvenz), der überlebende Ehegatte bzw. eingetragene Lebenspartner (fortgesetzte Gütergemeinschaft) bzw. die Ehegatten bzw. eingetragene Lebenspartner (gemeinschaftlich verwaltetes Gesamtgut einer Gütergemeinschaft), vgl. *Bork,* Einführung in das Insolvenzrecht, 4. Aufl. 2005, RdNr. 36; *Biehl* InVo 1998, 237, 241. AA BT-Drucks. 12/2443, S. 113. Danach soll das Sondervermögen selbst Schuldner sein. Das aber ist offensichtlich nicht möglich.

[30] So aber *Braun* in: *Braun/Uhlenbruck,* Unternehmensinsolvenz, 1997, S. 467 f.: Der Schuldner müsse einem Plan nur zustimmen, wenn „... in seine Rechte spezifisch über die Duldung der Verwertung seines Vermögens hinaus eingegriffen wird." Das aber ist nicht richtig, vgl. sogleich im Text.

[31] So aber *Häsemeyer,* Der Insolvenzplan als vermögens- und haftungsrechtlicher Vertrag, in *Schilken/Becker-Eberhard/Gerhardt* (Hrsg.), Festschrift für Hans Friedhelm Gaul, 1997, S. 175, 180; *Häsemeyer,* Insolvenzrecht, 3. Aufl. 2003, RdNr. 28.43 und 28.70; ähnlich *Windel* JURA 1999, 1, 7. Die zitierten Autoren stützen ihre Rechtsauffassung maßgeblich auf die Erwägung, dass der Schuldner einem entsprechenden Plan nicht zustimme. Diese Erwägung trägt die vertretene Rechtsauffassung jedoch nicht, vgl. sogleich im Text.

[32] Dies wird nicht richtig gesehen von *Braun* in: *Braun/Uhlenbruck,* Unternehmensinsolvenz, 1997, S. 467; *Henckel* NZI 1999, 66, 67. Zutr. demgegenüber insoweit *Schiessler,* Der Insolvenzplan, 1997, S. 21; *Hess/Weis* WM 1998, 2349, 2350; *Kübler/Prütting/Otte* § 217 RdNr. 75; *Happe,* Die Rechtsnatur des Insolvenzplans, 2004, S. 189 ff.

[33] So *Kluth* ZInsO 2002, 1115, 1117.

26 **3. Zustandekommen des Vertrags.** Im Hinblick auf das dogmatisch-konstruktive Zustandekommen des materiellrechtlichen Vertrags zwischen den Gläubigern und dem Schuldner über eine von dem Regelverfahren abweichende Form der Insolvenzbewältigung ist zwischen zwei Konstellationen zu unterscheiden: einer Planvorlage durch den Insolvenzverwalter und einer Planvorlage durch den Schuldner.

27 **a) Planvorlage durch den Insolvenzverwalter.** Legt der Insolvenzverwalter einen Insolvenzplan vor (vgl. § 218 Abs. 1 Satz 1),[34] so liegt darin zunächst nur eine Verfahrenshandlung, nicht jedoch eine materiellrechtliche Willenserklärung (vgl. auch § 218 RdNr. 9 ff.).[35] Das Angebot zum Abschluss eines Vertrags mit dem Schuldner ist vielmehr in der Planannahme durch die Gläubiger gem. den §§ 244 bis 246 zu erblicken. Sie bindet kraft Gesetzes auch die dissentierenden Gläubiger (Wirkungserstreckung des Angebots). Stimmt der Schuldner dem Plan im Abstimmungstermin explizit zu, nimmt er damit das Angebot der Gläubiger an. Schweigt er oder widerspricht er dem Plan, wird seine Zustimmung unter bestimmten Voraussetzungen fingiert (§ 247).[36]

28 **b) Planvorlage durch den Schuldner.** Auch in der Planvorlage durch den Schuldner liegt zunächst lediglich eine Verfahrenshandlung und noch keine auf Abschluss eines Vertrags gerichtete, materiellrechtliche Willenserklärung (vgl. auch § 218 RdNr. 9 ff.).[37] Materiellrechtlich hat die Planvorlage lediglich die Bedeutung einer *invitatio ad offerendum* im Sinne einer Mitteilung der Bereitschaft zum Vertragsschluss zu den im Plan festgelegten Bedingungen.[38] Diese Deutung mag kontraintuitiv erscheinen. Vergewissert man sich jedoch der Regelungssystematik der §§ 235 ff., nach der für die Annahme eines vorgelegten Plans ein positives Votum der Gläubiger die erste – und wichtigste – Hürde darstellt, dann gewinnt die entsprechende Deutung erheblich an Plausibilität. Die Zustimmung des Schuldners ist ein dieser ersten Hürde nachgeschaltetes, zweites Wirksamkeitserfordernis, das gem. §§ 247, 248 Abs. 1 auch in den Fällen erfüllt werden muss, in denen der Schuldner den Plan selbst vorgelegt hat (eine Ausnahme für Schuldnerpläne ist dort nicht vorgesehen). Diese Regelung wäre unverständlich, wenn die Planvorlage durch den Schuldner bereits eine entsprechende Zustimmung – im Sinne eines materiellrechtlichen Angebots auf Abschluss eines Verwertungsvertrags – enthielte.[39] Liegt aber in der Planvorlage durch den Schuldner lediglich eine Verfahrenshandlung und gleichzeitig eine *invitatio ad offerendum* im oben

---

[34] Gleiches gilt bei einer Planvorlage durch den Sachwalter in Eigenverwaltungsfällen. Für die Details des Planvorlagerechts s. die Kommentierung zu § 218.

[35] So jetzt auch *Gaul*, Zur Struktur und Wirkungsweise des Insolvenzplans als „privatautonomes" Instrument der Haftungsverwirklichung, in *Baums/Wertenbruch/Lutter/Schmidt* (Hrsg.), Festschrift für Ulrich Huber zum siebzigsten Geburtstag, 2006, S. 1187, 1197, 1202. AA *Hess/Weis* WM 1998, 2349, 2350: Planvorlage im Gläubigerauftrag als annahmefähiges Angebot (der Gläubiger) – dagegen spricht jedoch, dass die Gläubiger dem Verwalter gem. § 157 Satz 2 nur das Ziel des Plans vorgeben können; erst mit der Abstimmung über den vorgelegten Plan machen sie sich diesen vollinhaltlich zu eigen (oder nicht).

[36] So jetzt auch *Gaul*, Zur Struktur und Wirkungsweise des Insolvenzplans als „privatautonomes" Instrument der Haftungsverwirklichung, in *Baums/Wertenbruch/Lutter/Schmidt* (Hrsg.), Festschrift für Ulrich Huber zum siebzigsten Geburtstag, 2006, S. 1187, 1202 f., 1212 f.

[37] So jetzt auch *Gaul,* Zur Struktur und Wirkungsweise des Insolvenzplans als „privatautonomes" Instrument der Haftungsverwirklichung, in *Baums/Wertenbruch/Lutter/Schmidt* (Hrsg.), Festschrift für Ulrich Huber zum siebzigsten Geburtstag, 2006, S. 1187, 1197, 1202. AA *Häsemeyer,* Der Insolvenzplan als vermögens- und haftungsrechtlicher Vertrag, in *Schilken/Becker-Eberhard/Gerhardt* (Hrsg.), Festschrift für Hans Friedhelm Gaul, 1997, S. 175, 179; *Häsemeyer*, Insolvenzrecht, 3. Aufl. 2003, RdNr. 28.42 und 28.70; *Hess/Weis* WM 1998, 2349, 2350; wohl auch *Müller* KTS 2002, 209, 211 Fn. 5 – gegen den Angebotscharakter der Planvorlage durch den Schuldner spricht die Regelungssystematik der §§ 235 ff., vgl. dazu sogleich im Text.

[38] Zu dieser Charakterisierung einer *invitatio ad offerendum* vgl. MünchKommBGB-*Kramer* § 145 RdNr. 10.

[39] Zutr. *Schiessler*, Der Insolvenzplan, 1997, S. 20; *Häsemeyer,* Insolvenzrecht, 3. Aufl. 2003, RdNr. 28.70, erklärt deshalb – auf der Grundlage seiner Auffassung (Planvorlage durch den Schuldner als materiellrechtliches Vertragsangebot) konsequent, aber der gesetzlichen Regelung nicht gerecht werdend – den § 247 bei einem Schuldnerplan für „obsolet". Ähnlich *Smid/Rattunde*, Der Insolvenzplan, 2. Aufl. 2005, RdNr. 14.14 ff., nach denen ein Schuldnerwiderspruch bei unverändert angenommenen Eigenplänen treuwidrig sein soll.

Grundsatz   29–31 § 217

angegebenen Sinne, so unterscheidet sich das Zustandekommen des Vertrags im Ergebnis nicht von der Konstellation eines von dem Insolvenzverwalter vorgelegten Plans (s. RdNr. 27).

4. Vergleichscharakter des Vertrags. Als mehrseitiger Vertrag zwischen den Gläubigern und dem Schuldner über eine von dem Regelverfahren abweichende Form der Insolvenzbewältigung besitzt ein Insolvenzplan den Charakter eines **Vergleichs** i. S. v. § 779 BGB, sofern ein „gegenseitiges Nachgeben" vorliegt.[40] Denn in einer Insolvenzsituation ist auf Grund der eingeschränkten Leistungsfähigkeit des Schuldners die Verwirklichung der Gläubigeransprüche unsicher (vgl. § 779 Abs. 2 BGB).[41] Jede Regelung, nach der der Schuldner plangemäß irgendwelche Leistungen an die Gläubiger erbringen soll, diese ihrerseits dafür irgendwelche Rechtseinbußen in Kauf nehmen – und seien es auch nur kurzfristige Stundungen – führt dazu, dass diese Unsicherheit „... im Wege gegenseitigen Nachgebens beseitigt wird ..." (§ 779 Abs. 1 BGB). Zur Frage der Anwendbarkeit des besonderen Unwirksamkeitsgrundes des § 779 Abs. 1 (Nichtbestehen des nach dem Vergleichsinhalt zugrunde gelegten Sachverhalts) vgl. RdNr. 44 f. 29

III. Der Insolvenzplan als Prozessvertrag

Die materiellrechtliche Vertragsnatur eines Insolvenzplans ist nicht ohne Einfluss auf eine Reihe von Folgefragen, die sich im Zusammenhang mit dem (wirksamen) Zustandekommen und der Rechtsbeständigkeit eines Insolvenzplans sowie der Bestimmung von Leistungsmodalitäten und dem Effekt von Leistungsstörungen einschließlich einer etwaigen Plananpassung stellen können (s. RdNr. 35 ff.). Dabei darf jedoch die verfahrensrechtliche Einbettung eines Insolvenzplans nicht außer Acht gelassen werden. 30

1. Doppelnatur des Insolvenzplans. Dass ein Insolvenzplan materiellrechtlich als mehrseitiger Vertrag zwischen den Gläubigern und dem Schuldner zu qualifizieren ist, ändert nämlich nichts daran, dass sein wirksames Zustandekommen maßgeblich von den **Verfahrensregeln** der §§ 217 ff. und insbesondere der §§ 235 ff. beeinflusst wird. Diese Verfahrensregeln werden ihrerseits – soweit sie Lücken enthalten – durch diejenigen der ZPO ergänzt (§ 4). Als materiellrechtliches Rechtsinstitut ist ein Insolvenzplan in diesem Sinne verfahrensrechtlich determiniert. Auch das Insolvenzplanverfahren ist Teil des Insolvenzverfahrens, genauer: Es ist eine besondere Form des Insolvenzverfahrens. Die Möglichkeit, in einem Insolvenzplan eine von wesentlichen Vorschriften der InsO abweichende, privatautonome Form der Haftungsverwirklichung zu vereinbaren, lässt den verfahrensrechtlichen Charakter des Insolvenzplanverfahrens unberührt. Ähnlich wie ein Prozessvergleich im Zivilprozess besitzt auch der Insolvenzplan daher eine **Doppelnatur:** Er ist einerseits ein materiellrechtlicher Vertrag, andererseits gleichzeitig aber auch ein **Prozessvertrag**,[42] mit dessen Abschluss die Beteiligten unmittelbar Einfluss auf die Insolvenzabwicklung im Allgemeinen und den Fortgang/Abschluss des Insolvenzplanverfahrens im Besonderen nehmen. 31

---

[40] Ebenso *Hess/Weiss* WM 1998, 2349, 2350. So jetzt auch *Gaul,* Zur Struktur und Wirkungsweise des Insolvenzplans als „privatautonomes" Instrument der Haftungsverwirklichung, in *Baums/Wertenbruch/Lutter/Schmidt* (Hrsg.), Festschrift für Ulrich Huber zum siebzigsten Geburtstag, 2006, S. 1187, 1205. Vgl. auch *Dinstühler* InVo 1998, 333, 345 („So lässt sich formulieren, dass der Insolvenzplan seinem überwiegenden Inhalt nach auf Tatbestände des Bürgerlichen Rechts, etwa Vergleiche ... zurückgreift"). AA offenbar BGH NZI 2006, 100, 101. In der Begründung des RegE heißt es zwar, dass der Insolvenzplan „... kein Vergleich ..." sei (BT-Drucks. 12/2443, S. 91). Damit ist jedoch nicht der Vergleich gem. § 779 BGB gemeint (so aber wohl das Verständnis des BGH aaO). Das Rechtsinstitut des Insolvenzplans sollte vielmehr von dem Zwangsvergleich nach der KO und dem Vergleich nach der VerglO abgegrenzt werden.
[41] Vgl. BGHZ 116, 319, 330 = NJW 1992, 967, 970.
[42] Dazu allgemein *Stein/Jonas/Leipold* vor § 128 RdNr. 300 ff. und umfassend *Wagner,* Prozessverträge, 1998. Wie im Text jetzt auch *Gaul,* Zur Struktur und Wirkungsweise des Insolvenzplans als „privatautonomes" Instrument der Haftungsverwirklichung, in *Baums/Wertenbruch/Lutter/Schmidt* (Hrsg.), Festschrift für Ulrich Huber zum siebzigsten Geburtstag, 2006, S. 1187, 1206. Grundsätzlich zustimmend auch *Kluth* ZInsO 2002, 1115, 1116.

32 **2. Vorrang (insolvenz)verfahrensrechtlicher Spezialregeln.** Da die Wirksamkeit eines Insolvenzplans als materiellrechtliches Rechtsgeschäft maßgeblich von der Einhaltung der einschlägigen Verfahrensregeln abhängt, lässt sich ohne weiteres folgender Grundsatz formulieren: Sofern und soweit die einschlägigen **Verfahrensregeln und -grundsätze der InsO** bzw. die ergänzend anwendbaren Verfahrensregeln und -grundsätze der ZPO einen bestimmten Sachverhalt regeln, der das Zustandekommen bzw. die Rechtsbeständigkeit eines Insolvenzplans oder die Bestimmung von Leistungsmodalitäten sowie den Effekt von Leistungsstörungen einschließlich einer etwaigen Plananpassung betrifft, gehen sie als *leges speciales* den korrespondierenden **materiellrechtlichen Regeln des BGB** vor.

33 Der Stellenwert dieses Grundsatzes für die Beurteilung von konkreten Einzelfragen hängt vor allem von der Frage ab, wann davon auszugehen ist, dass ein bestimmtes Sachproblem von den einschlägigen Verfahrensregeln der InsO bzw. der ZPO abschließend geregelt wird und wann diese Regeln demgegenüber eine Lücke enthalten, die Raum lässt für eine Anwendung der einschlägigen Regeln des BGB. Auch insoweit kann aus der verfahrensrechtlichen Einbettung des Insolvenzplans als materiellrechtliches Rechtsgeschäft zumindest ein allgemeiner Grundsatz abgeleitet werden: **Im Zweifel** ist davon auszugehen, dass die einschlägigen **Verfahrensregeln der InsO bzw. der ZPO** ein bestimmtes Sachproblem **abschließend** regeln.

IV. Folgen der Einordnung eines Insolvenzplans als Vertrag mit Doppelnatur

34 Dogmatisch und praktisch wichtige Folgefragen, die sich aus der Doppelnatur eines Insolvenzplans als materiellrechtlicher Vertrag und als Prozessvertrag ergeben, betreffen das Zustandekommen und die Rechtsbeständigkeit eines Plans (RdNr. 35 ff.), die Planauslegung und Leistungsmodalitäten (RdNr. 48 ff.) sowie Leistungsstörungen und die Plananpassung (RdNr. 52 ff.).

35 **1. Rechtswirksames Zustandekommen eines Insolvenzplans. a) Willensmängel.** Für das wirksame Zustandekommen eines Insolvenzplans von besonderer Bedeutung sind die Effekte etwaiger Willensmängel der Beteiligten. Auf einseitige Prozesshandlungen sind die Vorschriften des BGB über Willensmängel nach hM weder unmittelbar noch analog anwendbar.[43] Etwas anderes gilt für Prozessverträge.[44] Im Hinblick auf das Zustandekommen eines Insolvenzplans bedeutet dies zunächst, dass eine Anfechtung der Zustimmung eines Beteiligten wegen arglistiger **Täuschung** oder widerrechtlicher **Drohung** gem. § 123 BGB oder **Irrtums** gem. § 119 BGB zwar grundsätzlich in Betracht kommt. Indes ist aus dem Zweck der Regelungen über die gerichtliche Planbestätigung im Allgemeinen (§§ 248 bis 253) sowie dem Beschwerderecht der Gläubiger und des Schuldners im Besonderen (§ 253) und der Gestaltungswirkung eines rechtskräftig bestätigten Plans (§ 254 Abs. 1 Satz 1) abzuleiten, dass die Rechtsfolgen einer Anfechtung nur im Rahmen der Regelungen des Bestätigungsverfahrens geltend gemacht werden können.[45] Das Kollektivinteresse an der Bestandskraft rechtskräftig bestätigter Insolvenzpläne wiegt insoweit schwerer als das Interesse

---

[43] Vgl. stellv. MünchKommZPO-*Lüke* Einleitung RdNr. 282; *Zöller/Greger*, ZPO, 25. Aufl. 2005, vor § 128 RdNr. 21.

[44] Vgl. stellv. MünchKommZPO-*Lüke* Einleitung RdNr. 286; *Zöller/Greger*, ZPO, 25. Aufl. 2005, vor § 128 RdNr. 30. Diese unterschiedliche Behandlung erklärt sich u. a. daraus, dass einseitige Prozesshandlungen – anders als Prozessverträge – innerhalb gewisser Grenzen einseitig widerrufbar sind, vgl. *Wagner*, Prozessverträge, 1998, S. 203.

[45] Ebenso jetzt *Müller* KTS 2002, 209, 212 f. Enger *Happe*, Die Rechtsnatur des Insolvenzplans, 2004, S. 232 ff., der ausschließlich mit §§ 250, 251 „helfen" möchte. AA offenbar *Gaul*, Zur Struktur und Wirkungsweise des Insolvenzplans als „privatautonomes" Instrument der Haftungsverwirklichung, in *Baums/Wertenbruch/Lutter/Schmidt* (Hrsg.), Festschrift für Ulrich Huber zum siebzigsten Geburtstag, 2006, S. 1187, 1222, der aus § 250 Nr. 2 ableiten möchte, dass auch nach rechtskräftiger Planbestätigung eine Anfechtung wegen arglistiger Täuschung oder widerrechtlicher Drohung in Betracht kommt. Dass entsprechende Mängel im Bestätigungsverfahren relevant sind bzw. sein können (vgl. dazu auch sogleich im Text RdNr. 36), spricht bei einer teleologischen und systematischen Auslegung der §§ 248 ff. jedoch gegen und nicht für eine Beachtlichkeit auch noch nach einer rechtskräftigen Planbestätigung.

eines Getäuschten, Bedrohten oder Irrenden an der Beseitigung einer mangelbehafteten Planzustimmung. Wird ein Insolvenzplan **rechtskräftig bestätigt,** kommt also eine Anfechtung der Planzustimmung nicht mehr in Betracht bzw. sie erzeugt jedenfalls keine Rechtswirkungen.[46]

Im Bestätigungsverfahren können sich Willensmängel i. S. v. §§ 119 und 123 BGB in dreierlei Hinsicht auswirken: Zum einen ist einem Plan die Bestätigung zu versagen, wenn er – etwa auf Grund einer erfolgten Anfechtung – tatsächlich nicht von allen Gläubigergruppen angenommen wurde (§§ 248 Abs. 1, 250 Nr. 1).[47] Unbeachtlich ist die Planablehnung durch eine Gläubigergruppe nur unter den Voraussetzungen des Obstruktionsverbots (§ 245). Zum anderen ist einem Plan gem. § 250 Nr. 2 die Bestätigung zu versagen, wenn seine Annahme „... unlauter, insbesondere durch Begünstigung eines Gläubigers, herbeigeführt worden ist."[48] Letzteres kann auch bei arglistigen Täuschungen bzw. widerrechtlichen Drohungen im Vorfeld der oder im Zusammenhang mit der Abstimmung über einen Plan der Fall sein.[49] Drittens schließlich kann die Anfechtung einer expliziten Planzustimmung seitens des Schuldners zur Folge haben, dass dessen Zustimmung fehlt, sofern die Zustimmungsfiktion des § 247 Abs. 1 nicht eingreift – auch in diesem Fall müsste dem Plan die Bestätigung versagt werden (§§ 248 Abs. 1, 250 Nr. 1).[50]

Dasselbe wie für eine Anfechtung wegen Täuschung, Drohung oder Irrtums gilt für die Nichtigkeit einer Zustimmung auf Grund von § 116 Satz 2 BGB (bekannter **geheimer Vorbehalt**),[51] § 117 Abs. 1 BGB **(einverständliches Scheingeschäft)** sowie § 118 BGB **(Mangel der Ernstlichkeit).** Auch solche Willensmängel sind beachtlich nur als mögliche Gründe einer Bestätigungsversagung gem. §§ 248 Abs. 1, 250 Nr. 1 bzw. § 250 Nr. 2 (Letzteres ist allerdings kaum vorstellbar).

b) Fehlende/beschränkte Geschäftsfähigkeit. Da die Zustimmung eines Gläubigers oder des Schuldners zu einem vorgelegten Plan nicht nur Willenserklärung, sondern gleichzeitig Verfahrenshandlung ist, werden die bürgerlich-rechtlichen Vorschriften über die **Geschäftsfähigkeit** (§§ 104 ff. BGB) durch die verfahrensrechtlichen **Prozesshandlungsvoraussetzungen** (insbesondere Partei- und Prozessfähigkeit) verdrängt.[52] Für diesbezügli-

---

[46] Ebenso jetzt *Happe,* Die Rechtsnatur des Insolvenzplans, 2004, S. 201, 236. Zu undifferenziert demgegenüber *Braun* in: *Braun/Uhlenbruck,* Unternehmensinsolvenz, 1997, S. 468, *Nerlich/Römermann/Braun* vor § 217 RdNr. 83 sowie – *Braun* folgend – *Kübler/Prütting/Otte* § 217 RdNr. 78, die unter Berufung auf das Fehlen einer dem § 196 KO vergleichbaren Vorschrift begründen möchten, dass eine Anfechtung wegen Irrtums, Täuschung oder Drohung von vornherein nicht in Betracht kommt (im Ergebnis wie die zitierten Autoren auch *Leipold* KTS 2006, 109, 126 sowie *Haarmeyer/Wutzke/Förster,* Handbuch zur Insolvenzordnung InsO/EGInsO, 3. Aufl. 2001, Kap. 9 RdNr. 4, allerdings ohne das Argument aus § 196 KO). Das ist schon deswegen nicht richtig, weil § 196 KO nur die Anfechtung eines rechtskräftig bestätigten Zwangsvergleichs betraf. Im Bestätigungsverfahren konnte (und musste, arg. § 196 Abs. 2 KO) der Anfechtungsgrund ohne weiteres geltend gemacht werden (vgl. *Jaeger/Weber* § 184 RdNr. 4 und 186 RdNr. 2). Aus dem Fehlen einer dem § 196 KO vergleichbaren Vorschrift lässt sich nunmehr weder ableiten, dass der Gesetzgeber der InsO eine Anfechtungsmöglichkeit auch nach rechtskräftiger Bestätigung eröffnen wollte, noch lässt sich ableiten, dass er nach diesem Zeitpunkt eine Anfechtungsmöglichkeit generell ausschließen wollte: Der „Streichung" des § 196 KO könnten beide Motive zugrunde liegen.

[47] Im Ergebnis insoweit übereinstimmend *Happe,* Die Rechtsnatur des Insolvenzplans, 2004, S. 235 (allerdings für den Fall der Nichtabgabe einer Stimme, nicht für den Fall der Anfechtbarkeit). Entgegen dem insoweit engeren Wortlaut des § 248 Abs. 1 ist eine Entscheidung über die Versagung der Bestätigung auch dann erforderlich, wenn der Plan von den Gläubigern angenommen wurde. Ebenso HK-*Flessner* § 248 RdNr. 3, sowie *Schiessler,* Der Insolvenzplan, 1997, S. 178. Das zeigt auch die – mit dem Wortlaut des § 248 Abs. 1 insoweit nicht gut harmonierende – Regelung in § 250 Nr. 1.

[48] Zur Anwendung der Vorschrift bei einem Forderungskauf, der die nötige Abstimmungsmehrheit sichern soll, vgl. BGH NZI 2005, 325 ff.

[49] Ebenso jetzt *Müller* KTS 2002, 209, 212 f. Insoweit übereinstimmend auch *Happe,* Die Rechtsnatur des Insolvenzplans, 2004, S. 233.

[50] Insoweit im Ergebnis übereinstimmend für den Fall der Nichtabgabe der Erklärung des Schuldners *Happe,* Die Rechtsnatur des Insolvenzplans, 2004, S. 235.

[51] Ein nicht bekannter geheimer Vorbehalt ist bereits gem. § 116 Satz 1 BGB unbeachtlich, vgl. RGZ 77, 403, 405.

[52] AA *Nerlich/Römermann/Braun* vor § 217 RdNr. 83.

che Mängel gilt dasselbe wie für die bereits erörterten Willensmängel: Sie sind beachtlich nur im Bestätigungsverfahren gem. §§ 248 Abs. 1, 250 Nr. 1 (§ 250 Nr. 2 spielt insofern sicherlich keine Rolle).

39 **c) Widerruflichkeit der Planzustimmung.** Entsprechend anwendbar auf Prozessverträge sind die §§ 145 ff. BGB über den Vertragsschluss, soweit keine verfahrensrechtlichen Spezialregeln eingreifen.[53] Entgegen § 145 BGB kann ein Gläubiger die **Bindung** an das in seiner Planzustimmung liegende Vertragsangebot nicht ausschließen. Denn für alle Beteiligten muss Klarheit über das Abstimmungsverhalten aller Beteiligten bestehen. Die Zustimmung des Schuldners – bzw. deren Fiktion – bringt den Insolvenzplan als materiellrechtlichen Vertrag und als Prozessvertrag dann zustande. Von der Frage der Widerruflichkeit der Planzustimmung zu unterscheiden ist die Frage, ob die Vorlage eines Insolvenzplans als Prozesshandlung widerruflich ist und ob, in welchem Umfang und bis wann ein vorgelegter Plan geändert werden kann, vgl. dazu § 218 RdNr. 140 ff.

40 **d) Bedingungen/Befristungen.** Das Problem der Zulässigkeit von Bedingungen oder Befristungen i. S. v. §§ 158, 163 BGB kann sich zum einen im Hinblick auf die in einen Plan aufgenommenen Willenserklärungen (vgl. etwa § 228 Satz 1), zum anderen aber auch im Hinblick auf die den Insolvenzplan als materiellrechtlichen Vertrag und als Prozessvertrag zustande bringenden Zustimmungserklärungen stellen.

41 Ohne weiteres zulässig ist es, einzelne oder mehrere **Willenserklärungen, die in den Plan aufgenommen werden,** unter eine aufschiebende oder auflösende Bedingung zu stellen.[54] § 255 Abs. 3 Satz 1 (Zulässigkeit einer privatautonom ausgestalteten Wiederauflebensklausel) zeigt, dass der Gesetzgeber insoweit jedenfalls auflösende Bedingungen für zulässig erachtet, und für aufschiebende kann kaum etwas anderes gelten (das folgt indes nicht aus § 249, der – entgegen der verwirrenden Überschrift – keine Regelung über eine aufschiebende Bedingung i. S. v. § 158 Abs. 1 BGB trifft, vgl. § 221 RdNr. 22). Auch Befristungen (§ 163 BGB) einzelner oder mehrerer in den Plan aufgenommener Willenserklärungen sind deshalb zulässig.

42 Schwieriger zu beantworten ist die Frage, ob auch der **Plan insgesamt als Rechtsgeschäft** unter eine aufschiebende oder auflösende Bedingung bzw. unter einen Anfangs- oder Endtermin gestellt werden kann (rechtstechnisch würde dies bedeuten, dass die den Insolvenzplan als Vertrag zustande bringenden Planzustimmungen der Beteiligten auf ein bedingtes/befristetes Rechtsgeschäft gerichtet sind bzw. einen entsprechenden Inhalt haben).[55] § 249 enthält zu dieser Frage keine Aussage (vgl. soeben RdNr. 41 sowie § 221 RdNr. 22) und bietet auch für einen Gegenschluss des Inhalts, dass *nur* der dort vorgesehene Weg einer verfahrensrechtlichen Bestätigungsvoraussetzung in Betracht komme, keine Basis.[56] Auch aus § 254 Abs. 1 Satz 1 lässt sich nicht ableiten, dass die Bedingung eines Plans unzulässig sein soll, weil er mit Rechtskraft der Bestätigung wirksam werde.[57] Das folgt schon daraus, dass jedenfalls in den Plan aufgenommene Willenserklärungen bedingt oder befristet werden können (vgl. RdNr. 41), so dass wesentliche Planinhalte keineswegs notwendig mit Rechtskraft der Bestätigung wirksam werden (müssen). Auch § 255 schließlich spricht nicht gegen die Bedingung eines Plans,[58] sondern nach dem bereits Ausgeführten für das Gegenteil (vgl. RdNr. 41). Während Bedingungen und Befristungen bei einseitigen Prozesshandlungen aus Gründen der Rechtsklarheit insbesondere für den Prozessgegner und das Prozessgericht weithin unzulässig sind, werden sie bei Prozessverträgen nach allgemeiner Ansicht ohne weiteres als zulässig angesehen.[59] Dahinter steht die zutreffende Erwägung, dass

---

[53] Vgl. stellv. *Stein/Jonas/Leipold* vor § 128 RdNr. 306; MünchKommZPO-*Lüke* Einleitung RdNr. 286.
[54] Das dürfte unstr. sein. Vgl. stellv. HK-*Flessner* § 249 RdNr. 7.
[55] Vgl. *Eidenmüller* ZGR 2001, 680, 696.
[56] So aber (ohne Begründung) *Müller* KTS 2002, 209, 215.
[57] So aber *Müller* KTS 2002, 209, 215 f.
[58] So aber *Müller* KTS 2002, 209, 216.
[59] Vgl. stellv. *Wagner,* Prozessverträge, 1998, S. 302 mwN; *Stein/Jonas/Leipold* vor § 128 RdNr. 305; MünchKommZPO-*Lüke* Einleitung RdNr. 286.

Grundsatz 43–45 § 217

einverständliche privatautonome Dispositionen jedenfalls unter dem Gesichtspunkt des Erwartungsschutzes bzgl. des Prozessgegners unproblematisch sind. Ein **Insolvenzplan** kann also als solcher **bedingt oder befristet** werden.[60]

e) Gesetzes- bzw. Sittenwidrigkeit. Rechtsgeschäftliche **Regelungen**, die in einen 43 Insolvenzplan aufgenommen werden, können unter Umständen sittenwidrig sein (§ 138 BGB) oder gegen ein Verbotsgesetz verstoßen (§ 134 BGB). Schwieriger zu beantworten ist die Frage, ob davon auch die **Zustimmung** eines Beteiligten zum Plan als solche in ihrer Wirksamkeit in dem Sinne berührt wird, dass sie – weil auf einen sittenwidrigen oder verbotenen Tatbestand gerichtet – als nichtig anzusehen wäre. Zwar sind die §§ 134, 138 BGB auf Prozessverträge anwendbar.[61] Gleichwohl wird man eine Nichtigkeit der Planzustimmung selbst bei gesetzes- oder sittenwidrigen Planinhalten grundsätzlich verneinen müssen, obwohl die entsprechende Zustimmung den Plan in Geltung setzen soll. In den seltensten Fällen werden alle in einem Plan getroffenen Regelungen sitten- bzw. verbotswidrig sein. Die Stimmabgabe eines Beteiligten lässt sich jedoch kaum allein deshalb in vollem Umfang als unbeachtlich einstufen, nur weil Teile der getroffenen Planregelungen möglicherweise anstößig sind.

f) Unwirksamkeit gem. § 779 Abs. 1 BGB. Schließlich kann sich im Einzelfall unter 44 Umständen die Frage stellen, ob ein Insolvenzplan gem. § 779 Abs. 1 BGB unwirksam sein könnte. Nach dieser Vorschrift ist ein Vergleich unwirksam, wenn der nach seinem Inhalte als feststehend zugrunde gelegte Sachverhalt der Wirklichkeit nicht entspricht und der Streit oder die Ungewissheit der Beteiligten über ein Rechtsverhältnis – bzw. die Unsicherheit über die Verwirklichung eines Anspruchs (§ 779 Abs. 2 BGB) – bei Kenntnis der Sachlage nicht entstanden sein würde. Ein Insolvenzplan besitzt den Charakter eines Vergleichs i. S. v. § 779 BGB (vgl. RdNr. 29). Grundsätzlich kann er deshalb unter den genannten Voraussetzungen gem. § 779 Abs. 1 BGB unwirksam sein.[62]

Indes ist – ähnlich wie bei möglichen Willens- sowie Geschäftsfähigkeitsmängeln (vgl. 45 RdNr. 35 ff.) – aus dem Zweck der Regelungen über die gerichtliche Planbestätigung im Allgemeinen (§§ 248 bis 253) sowie dem Beschwerderecht der Gläubiger und des Schuldners im Besonderen (§ 253) und der Gestaltungswirkung eines rechtskräftig bestätigten Plans (§ 254 Abs. 1 Satz 1) abzuleiten, dass die Unwirksamkeit nur im Rahmen der Regelungen des Bestätigungsverfahrens geltend gemacht werden kann (ein etwaiger Mangel wird also durch die rechtskräftige Planbestätigung geheilt).[63] Insoweit kommt zum einen ggf. eine Bestätigungsversagung gem. § 250 Nr. 2 in Betracht. Dafür muss sich der Unwirksamkeitsgrund des § 779 Abs. 1 BGB im Einzelfall gleichzeitig als unlauter herbeigeführte Plan-

---

[60] Ebenso die ganz hM. Vgl. LG Dessau ZInsO 2001, 1167 f. (betr. Bedingungen, allerdings verwechselt das Gericht diese mit einer verfahrensrechtlichen Bestätigungsvoraussetzung gem. § 249); *Schiessler*, Der Insolvenzplan, 1997, S. 111, 181 f. (betr. Bedingungen); *Nerlich/Römermann/Braun* § 249 RdNr. 1 f. (betr. Bedingungen); HK-*Flessner* § 249 RdNr. 4 und 7 (betr. Bedingungen); *Hess* in: *Hess/Obermüller*, Insolvenzplan, Restschuldbefreiung und Verbraucherinsolvenz, 3. Aufl. 2003, RdNr. 327 f. (betr. Bedingungen); *Kübler/Prütting/Otte* § 221 RdNr. 8 (betr. Befristungen); *Nerlich/Römermann/Braun* § 219 RdNr. 90 (betr. Befristungen). Offenlassend betr. Bedingungen Gegenäußerung BReg zur BR-Stellungnahme zum EGInsO, vgl. BT-Drucks. 12/3803, S. 135. AA für Bedingungen *Müller* KTS 2002, 209, 214 ff.; *Happe*, Die Rechtsnatur des Insolvenzplans, 2004, S. 246.
[61] Vgl. stellv. *Wagner*, Prozessverträge, 1998, S. 159 mwN; *Stein/Jonas/Leipold* vor § 128 RdNr. 311.
[62] Zust. *Smid/Rattunde*, Der Insolvenzplan, 2. Aufl. 2005, RdNr. 9.19.
[63] Ähnlich *Jaeger/Weber* § 173 RdNr. 16 und § 196 RdNr. 3 sowie *Kuhn/Uhlenbruck* § 173 RdNr. 4 a zum Zwangsvergleich unter der Geltung der KO. Allerdings stützen sich beide Autoren maßgeblich auf einen Gegenschluss aus § 196 KO (Anfechtung eines rechtskräftig bestätigten Zwangsvergleichs „nur" wegen Betrugs). Eine dem § 196 KO vergleichbare Vorschrift in der InsO fehlt. Aus diesem Fehlen lässt sich nunmehr allerdings weder ableiten, dass der Gesetzgeber der InsO eine Möglichkeit zur Geltendmachung der Unwirksamkeit auch nach rechtskräftiger Bestätigung eröffnen wollte, noch lässt sich ableiten, dass er nach diesem Zeitpunkt eine entsprechende Möglichkeit generell ausschließen wollte: Der „Streichung" des § 196 KO könnten beide Motive zugrunde liegen (vgl. bereits RdNr. 35 und begleitende Fn.). Entscheidend muss deshalb eine systematische Auslegung der Vorschriften des Insolvenzplanverfahrens im Allgemeinen und derjenigen des Bestätigungsverfahrens im Besonderen sein.

annahme darstellen. Weitergehend wird man zum anderen aber eine Planunwirksamkeit gem. § 779 Abs. 1 BGB immer auch wie eine fehlende Planannahme seitens der Gläubiger sowie eine fehlende Planzustimmung seitens des Schuldners behandeln können, so dass die Planbestätigung generell auch analog §§ 248 Abs. 1, 250 Nr. 1 zu versagen ist.

46 **g) Anfängliche Geschäftsgrundlagenstörungen.** Sind die tatbestandlichen Voraussetzungen des § 779 Abs. 1 BGB nicht gegeben, so gelten ergänzend die Regeln des § 313 BGB über **Geschäftsgrundlagenstörungen** (vgl. insoweit auch RdNr. 52).[64] Indes ist kaum zu sehen, in welcher Weise ein **anfängliches Fehlen** der Geschäftsgrundlage das wirksame Zustandekommen eines Insolvenzplans hindern sollte (zu den Folgen eines **nachträglichen Fortfalls** der Geschäftsgrundlage nach einer rechtskräftigen Planbestätigung vgl. RdNr. 53). Geltend gemacht werden kann ein anfängliches Fehlen der Geschäftsgrundlage aus den bereits genannten Gründen nur im Rahmen der Regelungen des Bestätigungsverfahrens (vgl. RdNr. 35 f.). In Betracht kommt insoweit eine Bestätigungsversagung analog §§ 248 Abs. 1, 250 Nr. 1 wegen eines nachträglichen Rücktritts von Gläubigern oder des Schuldners von dem im Erörterungs- und Abstimmungstermin angenommenen Plan. Dazu müsste erstens eine gravierende Geschäftsgrundlagenstörung vorliegen, die es den Gläubigern oder dem Schuldner unzumutbar macht, an dem im Erörterungs- und Abstimmungstermin angenommenen Insolvenzplan festzuhalten; die Rechtsfolge einer entsprechenden Geschäftsgrundlagenstörung müsste zweitens in einem Rücktrittsrecht der Beteiligten liegen (dies ist gem. § 313 Abs. 3 Satz 1 BGB nur der Fall, wenn eine Anpassung – und darauf gerichtete Neuverhandlungen – nicht möglich oder einem Teil nicht zumutbar ist, vgl. auch RdNr. 53); drittens müssten schließlich entweder der Schuldner oder mindestens so viele Gläubiger nach der Planannahme durch eine Erklärung gegenüber dem Insolvenzgericht von dem Plan zurückgetreten sein, dass die nach den §§ 244 bis 246 erforderlichen Mehrheiten nicht mehr erreicht sind (entgegen dem – dispositiven – § 351 Satz 1 BGB wird man zwar annehmen müssen, dass ein entsprechendes Rücktrittsrecht von jedem Gläubiger ausgeübt werden könnte, da es sonst bei einer Vielzahl von Beteiligten ggf. wertlos wäre,[65] dass jedoch nicht jeder einzelne Gläubiger den Plan zu Fall bringen kann).

47 **h) Tod des Schuldners.** Stirbt der Schuldner vor Rechtskraft der Planbestätigung (zu den Folgen seines Todes nach rechtskräftiger Planbestätigung vgl. RdNr. 54), so wird das Insolvenzverfahren als Nachlassinsolvenzverfahren gem. den §§ 315 ff. fortgeführt. Auch bei einer Nachlassinsolvenz ist die Vorlage eines Insolvenzplans zulässig (vgl. Vorb. RdNr. 28). Schuldner ist allerdings jetzt der Erbe (vgl. RdNr. 23 und begleitende Fn.). Für das rechtswirksame Zustandekommen eines Insolvenzplans ergeben sich daraus keine Besonderheiten: Bis zum Todeszeitpunkt sind die §§ 217 ff. mit der Maßgabe anzuwenden, dass Schuldner der Erblasser ist; nach diesem Zeitpunkt sind sie mit der Maßgabe anzuwenden, dass Schuldner der Erbe ist.[66] Allerdings kann der Todesfall bei einem Plan, dem die Gläubiger und der Erblasser bereits zugestimmt hatten, unter Umständen eine anfängliche Geschäftsgrundlagenstörung zur Folge haben, vgl. insoweit RdNr. 46.

48 **2. Planauslegung und Leistungsmodalitäten.** Für die Auslegung von Prozessverträgen gelten ebenso wie für die Auslegung materiellrechtlicher Verträge grundsätzlich die **§§ 133, 157 BGB**.[67] Eine Ausnahme betrifft allerdings Prozessvergleiche. Da sie Vollstreckungstitel sind (§ 794 Abs. 1 Nr. 1 ZPO), müssen sie nach den für Urteile geltenden Grundsätzen ausgelegt werden. Maßgebend ist daher allein der protokollierte Inhalt des Vergleichs.[68]

---

[64] *Becker*, Insolvenzrecht, 2005, RdNr. 1688.
[65] Vgl. auch BGHZ 46, 278, 279 ff.
[66] Ein von dem verstorbenen Schuldner vorgelegter Insolvenzplan bleibt also als Verfahrensakt wirksam, vgl. *Happe*, Die Rechtsnatur des Insolvenzplans, 2004, S. 227.
[67] Vgl. stellv. *Wagner*, Prozessverträge, 1998, S. 291; *Stein/Jonas/Leipold* vor § 128 RdNr. 309; MünchKommZPO-*Lüke* Einleitung RdNr. 286.
[68] Vgl. stellv. *Zöller*, ZPO, 25. Aufl. 2005, § 794 RdNr. 14 a.

Soweit der gestaltende Teil eines Insolvenzplans einen **vollstreckbaren Inhalt** hat, ist er 49 zusammen mit dem gerichtlichen Bestätigungsbeschluss sowie dem Tabelleneintrag ein Vollstreckungstitel (§ 257 Abs. 1 Satz 1 – vgl. § 221 RdNr. 13). Insoweit kommt es bei seiner Auslegung primär auf den Wortlaut der getroffenen Bestimmungen an. Ergänzend können auch die Darlegungen im darstellenden Planteil zur Auslegung herangezogen werden.[69]

Anders verhält es sich im Hinblick auf diejenigen Regelungen im gestaltenden Teil, die 50 **keinen vollstreckungsfähigen Inhalt** haben (z. B. eine Regelung über die Fortführung anhängiger Rechtsstreite gem. § 259 Abs. 3 oder eine Kreditrahmenregelung gem. § 264). Insoweit bestehen keine Bedenken dagegen, bei einer erforderlichen Auslegung der in dem Plan getroffenen Regelungen auf die zu den §§ 133, 157 BGB entwickelten Grundsätze zurückzugreifen.[70] Abzustellen ist demzufolge darauf, wie eine bestimmte Regelung von den anderen Beteiligten (Gläubiger, Schuldner) redlicherweise verstanden werden kann und muss.[71] Es kommt also maßgeblich auf das **(objektivierte) individuelle Verständnis** derjenigen an, die den Plan beschlossen haben. Da sich der Kreis der von einem Insolvenzplan Betroffenen nach dessen Annahme nicht mehr ändert, ist eine Auslegung allein nach dem objektiven Erklärungsbefund, wie sie etwa bei Allgemeinen Geschäftsbedingungen oder Gesellschaftsverträgen von Publikumsgesellschaften stattfindet, nicht zulässig.[72] Bei einer erforderlichen Auslegung können auch **Umstände außerhalb des Plans** Berücksichtigung finden,[73] insbesondere Äußerungen einzelner oder mehrerer Beteiligter bei den Verhandlungen über den Plan. Geht es um die Schließung einer Regelungslücke, so ist zu ermitteln, welche Regelung die Beteiligten bei redlichem Verhalten getroffen hätten, wenn ihnen die Regelungsnotwendigkeit bekannt gewesen wäre. Eine entsprechende ergänzende Auslegung darf keinesfalls dazu führen, dass ein widersprechender Beteiligter voraussichtlich schlechter gestellt wird als bei einer Insolvenzabwicklung ohne Plan (arg. §§ 247 Abs. 2 Nr. 1, 251 Abs. 1 Nr. 2).

Mangels einer entgegenstehenden Planregelung subsidiär anwendbar sind die Vorschriften 51 des allgemeinen Schuldrechts über die Bestimmung von **Leistungsmodalitäten,** etwa diejenigen zur Bestimmung von Leistungsort und -zeit (§§ 269 bis 271 BGB).[74]

3. Leistungsstörungen und Plananpassung. a) Anwendbare Vorschriften. Die Ar- 52 ten, Voraussetzungen und Auswirkungen von **Leistungsstörungen** auf einen angenommenen und rechtskräftig bestätigten Plan richten sich in erster Linie nach § 255, im Übrigen – soweit dies zulässig ist (vgl. § 255 Abs. 3) – nach den im Plan getroffenen Regelungen[75] und subsidiär nach den schuldrechtlichen Regelungen des BGB, insbesondere den §§ 275, 323 ff. BGB (dass einzelne Verpflichtungen innerhalb eines Plans in einem Gegenseitigkeitsverhältnis stehen, erscheint zumindest nicht von vornherein ausgeschlossen).[76] Anwendbar ist etwa auch § 242 BGB.

b) Nachträgliche Geschäftsgrundlagenstörungen. Als bedeutsam könnte sich dies 53 vor allem bei einer (tiefgreifenden) **Veränderung** der für die Planannahme durch die

---

[69] AA wohl *Nerlich/Römermann/Braun* vor § 217 RdNr. 84, der auch insoweit – ohne Begründung – §§ 133, 157 BGB heranziehen will.
[70] Ebenso OLG Jena NZI 2002, 435, 436, als Vorinstanz zu BGH NZI 2006, 100.
[71] Ähnlich BGH NZI 2006, 100, 102 (relevant sei das „... ungekünstelte[n] Verständnis derjenigen, an die sich die Erklärung richtet ..."). Anders *Happe*, Die Rechtsnatur des Insolvenzplans, 2004, S. 255 f. (Auslegung nach den allgemeinen Grundsätzen über die Auslegung von Rechtsnormen).
[72] Vgl. BGH NZI 2006, 100, 102.
[73] Vgl. stellv. MünchKommBGB-*Mayer-Maly/Busche* § 133 RdNr. 44 mwN zur Berücksichtigung des Gesamtverhaltens der Parteien.
[74] Ebenso *Nerlich/Römermann/Braun* vor § 217 RdNr. 84 sowie *Kilger/K. Schmidt* § 173 Anm. 1) (Letzterer zur insoweit vergleichbaren Rechtslage unter der KO).
[75] In Nr. 22 des Entwurfes des IDW-Fachausschusses Recht: Anforderungen an Insolvenzpläne, ZIP 1999, 500, 502, werden Regelungen zur Plananpassung empfohlen. Auch die Begründung des RegE zu § 253 (= § 217) spricht Planregelungen mit dem Ziel einer „... Vorsorge für eine Anpassung an veränderte Umstände ..." (BT-Drucks. 12/2443, S. 195) direkt an.
[76] AA, aber zu undifferenziert, *Becker*, Insolvenzrecht, 2005, RdNr. 1688; *Vallender* in K. Schmidt/Uhlenbruck (Hrsg.), Die GmbH in Krise, Sanierung und Insolvenz, 3. Aufl. 2003, RdNr. 1708.

Beteiligten **maßgeblichen Umstände** erweisen. Denn über § 313 BGB gelangen auch die Grundsätze über das Fehlen oder den Wegfall der **Geschäftsgrundlage** zur Anwendung (vgl. bereits RdNr. 46). Eine entsprechende Geschäftsgrundlagenstörung hat seit der Schuldrechtsmodernisierung nicht mehr eine kraft Gesetzes eintretende Vertragsanpassung zur Folge.[77] Ist eine solche Anpassung möglich und zumutbar (wenn nicht besteht gem. § 313 Abs. 3 Satz 1 BGB ein Rücktrittsrecht), liegt nach nunmehr geltendem Recht gem. § 313 Abs. 1 BGB die primäre Rechtsfolge einer Geschäftsgrundlagenstörung vielmehr in **Neuverhandlungspflichten** der Beteiligten, deren genauer Inhalt auf der Basis eines Systems von Wertungskriterien zu bestimmen ist. Erst wenn die pflichtgemäß durchgeführten Neuverhandlungen scheitern, kann ggf. eine Anpassung des Vertrages verlangt werden.[78] Die Vorzüge dieser Regelung zeigen sich gerade im Kontext des Insolvenzplanverfahrens, das der Gesetzgeber als Mechanismus der privatautonomen Insolvenzbewältigung konzipiert hat: Wenn es Verhandlungen der Beteiligten sind, denen ein Insolvenzplan seine Entstehung und seine Legitimationsgrundlage verdankt, dann sollten es auch Verhandlungen sein, durch die er an veränderte Umstände angepasst wird. Dass die Beteiligten einen angenommenen und rechtskräftig bestätigten Insolvenzplan *ex post* jederzeit einvernehmlich ändern können, steht dabei außer Frage. Ebenfalls außer Frage steht, dass sie *ex ante* eine **Neuverhandlungsklausel** in ihn aufnehmen können, die sie unter bestimmten und von dem gesetzlichen Tatbestand einer Geschäftsgrundlagenstörung gegebenenfalls abweichenden Umständen zu Neuverhandlungen (eines bestimmten Typs/mit einer bestimmten Zielsetzung) verpflichtet.[79] Eine auf diesem Wege erfolgende (nachträgliche) Planänderung ist ohne weiteres zulässig und von einer Planänderung im Vorfeld des rechtswirksamen Zustandekommens eines Plans zu unterscheiden (vgl. § 218 RdNr. 163).

54 **c) Tod des Schuldners.** Mangels einer expliziten Planregelung nach den allgemein geltenden schuld- und erbrechtlichen Vorschriften zu beurteilen sind auch die Auswirkungen, die der **Tod des Schuldners** auf einen angenommenen und rechtskräftig bestätigten Insolvenzplan hat. Sofern das Insolvenzverfahren noch nicht aufgehoben worden war (vgl. § 258 Abs. 1), wird es als Nachlassinsolvenzverfahren zu Ende geführt (vgl. bereits RdNr. 47). Im Grundsatz ist davon auszugehen, dass der Todesfall die Rechtswirksamkeit des Insolvenzplans nicht tangiert. Vielmehr sukzedieren der Erbe bzw. die Erben gem. §§ 1922, 1967 BGB in die Rechtsstellung des Schuldners. Bestimmte Rechtsbeziehungen des Schuldners = Erblassers, die in dem Insolvenzplan geregelt wurden, können indes unvererblich sein, etwa solche mit einem höchstpersönlichen Charakter.[80] In diesem Fall bleibt nach dem Rechtsgedanken des § 139 Hs. 2 BGB – eine Teilnichtigkeit im technischen Sinne liegt nicht vor – die Wirksamkeit des Plans im Übrigen im Zweifel unberührt. Allerdings kann der Fortfall bestimmter Regelungsteile eine Geschäftsgrundlagenstörung bewirken, die nach dem oben Ausgeführten (vgl. RdNr. 53) primär Neuverhandlungspflichten auslöst. Zu Neuverhandlungspflichten kommt es auch, wenn der Tod des Schuldners zwar nicht zum Fortfall bestimmter Regelungsgegenstände führt, aber trotzdem eine Geschäftsgrundlagenstörung bewirkt, etwa soweit die persönliche Mitwirkung des Schuldners als geschäftsführender Gesellschafter des notleidenden und zu reorganisierenden Unternehmens für den Erfolg der Planrealisierung aus Sicht aller Beteiligten eine ausschlaggebende Bedeutung besitzt.

---

[77] Vgl. zur seinerzeitigen Rechtslage etwa *Palandt/Heinrichs,* 61. Aufl. 2002, § 242 RdNr. 130 mwN aus Rspr. und Lit.
[78] Vgl. insoweit etwa *Palandt/Heinrichs* § 313 RdNr. 29 mwN; *Eidenmüller* JURA 2001, 824, 831.
[79] Zur Klarstellung sei bemerkt, dass eine solche Neuverhandlungsklausel als Teil des gestaltenden Teils eines Plans (§ 221) im Planverfahren natürlich mit Mehrheitsentscheidung gem. den §§ 244 ff. verabschiedet werden kann. Bei der Formulierung des Inhalts der Klausel ist zu beachten, dass sie nicht zu einer voraussichtlichen Schlechterstellung eines Gläubigers oder des Schuldners im Vergleich mit einer Insolvenzabwicklung ohne Plan führt (vgl. §§ 247 Abs. 2 Nr. 1, 251 Abs. 1 Nr. 2). Vgl. auch § 221 RdNr. 57.
[80] Vgl. insoweit allgemein MünchKommBGB-*Leipold* § 1922 RdNr. 19 ff.

D. Plangegenstand

Die Beschreibung der potentiellen Regelungsinhalte eines Insolvenzplans in § 217 kombiniert persönliche Elemente (Wessen Rechtsstellung kann durch einen Plan geregelt werden? – vgl. RdNr. 56 ff.) mit sachlichen Elementen (Welche Art von Regelungen sind zulässig? – vgl. RdNr. 98 ff.). Zu diesen sachlichen Elementen gehört die Zulässigkeit eines Insolvenzverfahrens (§§ 11, 12) nicht (vgl. auch RdNr. 147). Dies bedeutet, dass der **Plangegenstand** eines Insolvenzplans mit dem Gegenstand im Regelinsolvenzverfahren identisch ist: Plangegenstand ist dasjenige **Vermögen**, über das gem. **§§ 11 bzw. 12** ein Insolvenzverfahren eröffnet wurde bzw. eröffnet werden soll (bei einem vom Schuldner zusammen mit dem Eröffnungsantrag gem. § 218 Abs. 1 Satz 2 vorgelegten Plan). Ebensowenig, wie es im Regelinsolvenzverfahren ein Konzerninsolvenzverfahren gibt, gibt es im Insolvenzplanverfahren ein **Konzerninsolvenzplanverfahren**. Das Insolvenzplanverfahren bezieht sich auf die einem bestimmten Träger zugeordnete Vermögensmasse bzw. auf eine spezifische Sondervermögensmasse (ausführlich zum persönlichen/gegenständlichen und territorialen Anwendungsbereich des Planverfahrens vgl. vor § 217 RdNr. 29 ff., 38 f.). 55

E. Planunterworfene

Im Hinblick auf die Personen, deren Rechtsstellung durch einen Insolvenzplan beeinflusst werden kann, werden in § 217 die absonderungsberechtigten Gläubiger, die Insolvenzgläubiger und der Schuldner erwähnt. Gleichzeitig ist in § 217 und in den folgenden Vorschriften des Planverfahrens aber auch von den „**Beteiligten**" die Rede. Dieser Begriff wird von dem Gesetzgeber in den §§ 217 ff. allerdings nicht präzise definiert. In § 217 bezieht er sich offensichtlich nur auf die absonderungsberechtigten Gläubiger und die Insolvenzgläubiger.[81] Ebenso liegt es in der Mehrzahl der Fälle, in denen in den §§ 217 ff. die „Beteiligten" angesprochen werden (vgl. vor allem §§ 222 Abs. 1 Satz 1, 226). Andererseits findet sich in der Regierungsbegründung zu § 221 ein Hinweis darauf, dass auch der Schuldner als Beteiligter angesehen wird und dass Gleiches auch für die am Schuldner beteiligten Personen gelten solle, sofern Ersterer keine natürliche Person ist.[82] Dazu passt zumindest dem Wortlaut nach auch § 254 Abs. 1 Satz 2. Danach werden offenbar auch die Gesellschafter einer insolventen GmbH als Beteiligte des Insolvenzplanverfahrens angesehen. 56

Der für die personelle Reichweite eines Insolvenzplans maßgebliche Beteiligtenbegriff weist also **erhebliche Unklarheiten** auf. Gleichwohl geht der Gesetzgeber offensichtlich davon aus, dass der Beteiligtenbegriff in den §§ 217 ff. **einheitlich** zu verstehen ist.[83] Die bestehenden Unklarheiten lassen sich auch nicht unter Rekurs auf den Beteiligtenbegriff in anderen Bestimmungen der InsO aufklären. Insbesondere muss der Beteiligtenbegriff in § 60 Abs. 1 Satz 1[84] (Haftung des Insolvenzverwalters) auf Grund der sich von § 217 57

---

[81] Ebenso *Jauernig*, Zwangsvollstreckungs- und Insolvenzrecht, 21. Aufl. 1999, S. 276.
[82] Vgl. BT-Drucks. 12/2443, S. 199. Der Hinweis auf die am Schuldner beteiligten Personen als Beteiligte des Insolvenzplanverfahrens hat sich trotz der vom Rechtsausschuss vorgeschlagenen – und Gesetz gewordenen – Änderungen nicht erledigt, da er sich auch auf § 270 Abs. 2 RegE (= § 227 Abs. 2) bezog.
[83] Vgl. BT-Drucks. 12/2443, S. 199, wo im Zusammenhang mit der Erläuterung des Beteiligtenbegriffs bei § 264 RegE = § 221 auf die §§ 253, 265 bis 270 RegE = §§ 217, 222 bis 227 verwiesen wird. AA *Jauernig*, Zwangsvollstreckungs- und Insolvenzrecht, 21. Aufl. 1999, S. 276 (Beteiligtenbegriff in § 217 und § 221 unterschiedlich).
[84] Die Begründung des RegE scheint ihn verfahrensrechtlich zu deuten, vgl. BT-Drucks. 12/2443, S. 129. Die ganz hL hält demgegenüber für beteiligt jeden, gegenüber dem dem Verwalter bestimmte insolvenzspezifische Pflichten obliegen (materiellrechtlicher Beteiligtenbegriff), vgl. *Lüke*, Die persönliche Haftung des Konkursverwalters, 1986, S. 32 ff. (zum gleichgelagerten Problem unter der Geltung von § 82 KO); HK-*Eickmann* § 60 RdNr. 5; *Nerlich/Römermann/Abeltshauser* § 60 RdNr. 16 f.

unterscheidenden systematischen Stellung und Funktion der Norm keineswegs zwingend mit dem für das Insolvenzplanverfahren maßgeblichen Beteiligtenbegriff übereinstimmen.

58 Sinnvollerweise sollte im Hinblick auf die potentiell von den Regelungen eines Insolvenzplans Betroffenen **funktional** zwischen zwei Gruppen von Beteiligten unterschieden werden. Diese Unterscheidung wird durch die §§ 217 ff. zwar nicht explizit vorgegeben, erweist sich aber als notwendig, um die personelle Reichweite eines Insolvenzplans präzise zu bestimmen bzw. bestimmen zu können: (1) Zu der ersten Gruppe von Beteiligten gehören alle Personen, deren Rechtsstellung auch gegen ihren Willen und unabhängig von einer Teilnahme an dem Insolvenzplanverfahren durch einen Plan gem. § 254 Abs. 1 zu ihren Lasten geändert werden kann. Im Hinblick auf diese Personengruppe kann man in Anlehnung an den materiellen Beteiligtenbegriff im Bereich der freiwilligen Gerichtsbarkeit[85] von den materiell Planbeteiligten oder aber von den **zwangsweise Planunterworfenen** sprechen.[86] (2) Zu der zweiten Gruppe gehören Personen, die sich unter Umständen freiwillig (fakultativ) bestimmten, sie belastenden Planregelungen unterwerfen können. Ihre Zustimmung zu den entsprechenden Regelungen ist prinzipiell eine unabdingbare Voraussetzung dafür, dass diese zu ihren Lasten wirken (können). Etwas anderes gilt *ausnahmsweise* allenfalls bei rein gegenstandsbezogenen Planregelungen über die *Verwertung der Insolvenzmasse* gem. § 217, die personenunabhängig für alle von ihnen Betroffenen gleichermaßen gelten (vgl. dazu RdNr. 78, 98, 117 ff., 148). Man kann die entsprechenden Personen als prinzipiell **nicht zwangsweise** oder als (nur) **freiwillig Planunterworfene** bezeichnen. Der Ausdruck „formell Beteiligte" wäre demgegenüber unpassend, weil er – zu Unrecht – suggerieren würde, dass nur die Angehörigen dieser zweiten Gruppe – nicht aber diejenigen der ersten – an dem Plan formell beteiligt sein können.[87]

I. Zwangsweise Planunterworfene

59 **1. Insolvenzgläubiger.** Zu den Beteiligten, deren Rechtsstellung auch gegen ihren Willen durch einen Plan geändert werden kann, gehören in erster Linie die **Insolvenzgläubiger.** Deren Befriedigung kann in einem Insolvenzplan geregelt werden (§ 217), wobei die Wirkungen eines rechtskräftig bestätigten Plans auch gegenüber solchen Gläubigern eintreten, die dem Plan widersprochen haben (§ 254 Abs. 1 Satz 3). Wer Insolvenzgläubiger ist, ergibt sich aus § 38: Es sind dies alle persönlichen Gläubiger, die einen bei der Eröffnung des Insolvenzverfahrens begründeten Vermögensanspruch gegen den Schuldner haben. Insolvenzforderungen in diesem Sinne sind z. B. ungesicherte schuldrechtliche Forderungen von Banken, Anleihegläubigern,[88] Lieferanten, Kreditversicherern und Arbeitnehmern sowie Regressansprüche des Pensions-Sicherungs-Vereins gem. § 9 Abs. 2 BetrAVG.[89] Insolvenzforderungen sind aber auch bei der Eröffnung des Insolvenzverfahrens bereits begründete **Steuerforderungen** des Fiskus. Sie sind in vollem Umfang planunterworfen. Die Regelungen der §§ 217 ff. gehen insoweit den Vorschriften der AO, insbesondere dem § 227 AO, vor.[90] Insolvenzgläubiger sind schließlich auch Inhaber betagter und auflösend

---

[85] Vgl. insoweit allgemein *Keidel/Zimmermann*, Freiwillige Gerichtsbarkeit, 15. Aufl. 2003, § 6 RdNr. 18.

[86] Ähnlich im Ausgangspunkt *Schiessler*, Der Insolvenzplan, 1997, S. 72.

[87] Von der Regelung der Rechtsstellung eines nicht zwangsweise Planunterworfenen im Plan zu unterscheiden ist die Wirkungserstreckung eines Plans kraft gesetzlicher Anordnung auf einen nicht zwangsweise Planunterworfenen. Ein Fall einer solchen Wirkungserstreckung ist in §§ 265, 266 angeordneten Nachrang von Neugläubigern in einem Folgeinsolvenzverfahren nach einer Kreditrahmenvereinbarung in dem Erstinsolvenzverfahren. Die Rechtsstellung dieser Gläubiger wird – zu ihren Lasten – durch das Gesetz, nicht aber durch den Plan geregelt.

[88] Zur Gruppenbildung und Abstimmung bei Anleihegläubigern vgl. § 222 RdNr. 144 und 145.

[89] Für § 38 reicht es aus, wenn die Gläubigerstellung simultan mit der Insolvenzeröffnung begründet wird.

[90] Vgl. insoweit das Schreiben des Bundesministeriums der Finanzen an die obersten Finanzbehörden der Länder v. 17. 12. 1998 (auszugsweise abgedruckt in ZIP 1999, 775 ff.) unter Nr. 9.3.: „Auf die Abgabenforderungen, auf die sich der bestätigte Insolvenzplan bezieht, finden die Vorschriften der §§ 163, 222, 227 AO keine Anwendung mehr. Die im Insolvenzplan festgelegten Rechtswirkungen treten kraft Gesetzes (§ 254 Abs. 1) ein". Dass die Entscheidung des Finanzamts über Zustimmung oder Ablehnung eines bestimmten

bedingter Forderungen vor Bedingungseintritt (§§ 41, 42), nicht jedoch Gläubiger, denen bestimmte familienrechtliche Unterhaltsansprüche zustehen (§ 40).

Keine Insolvenzgläubigerforderungen sind **Schadensersatzansprüche** von Alt- oder 60 Neugläubigern gegen die Vorstände/Geschäftsführer einer insolventen AG/GmbH wegen schuldhafter **Verstöße gegen die Insolvenzantragspflicht** (§§ 92 Abs. 2 AktG, 64 Abs. 1 GmbHG i. V. m. § 823 Abs. 2 BGB): Anspruchsgegner sind die Vorstände/Geschäftsführer, nicht die Gesellschaft. Soweit jedoch § 92 Satz 1 den Insolvenzverwalter ermächtigt, diese Forderungen als Gesamtschadensansprüche geltend zu machen,[91] dienen die eingezogenen Beträge jedenfalls funktional der Masseanreicherung zugunsten der Geschädigten.[92] Ob insoweit eine Planregelung als Regelung über die „Verwertung der Insolvenzmasse" (vgl. § 217) zulässig ist, hängt von der Reichweite dieser Formulierung ab (vgl. RdNr. 121).

2. Nachrangige Insolvenzgläubiger. Zwangsweise planunterworfen sind neben den 61 Insolvenzgläubigern die **nachrangigen Insolvenzgläubiger.** Dass der Gesetzgeber mit dem Begriff der Insolvenzgläubiger in § 217 auch die nachrangigen Insolvenzgläubiger anspricht, zeigen deutlich die Regelungen in den §§ 222 und 225 über die Einteilung der nachrangigen Insolvenzgläubiger in unterschiedliche Gruppen (§ 222 Abs. 1 Satz 2 Nr. 3) sowie die Effekte des gestaltenden Teils eines Insolvenzplans für die nachrangigen Insolvenzgläubigerforderungen (§ 225). Wer zu den nachrangigen Insolvenzgläubigern gehört, ist in §§ 39, 327, § 51 Abs. 1 VAG, Art. 108 Abs. 2 EGInsO geregelt. Erfasst werden unter anderem die Gläubiger **kapitalersetzender Gesellschafterdarlehen** (§ 39 Abs. 1 Nr. 5) sowie die Gläubiger von Forderungen, für die im Wege eines **Rangrücktritts** der Nachrang im Insolvenzverfahren vereinbart wurde (§ 39 Abs. 2). Besondere Regeln gelten in einem **Folgeinsolvenzverfahren,** wenn in dem Erstinsolvenzverfahren Kreditrahmenvereinbarungen getroffen wurden (§§ 264 ff.): In dem Folgeinsolvenzverfahren sind nachrangig gegenüber den entsprechenden Kreditgläubigern die Altgläubiger und vertragliche Neugläubiger (§§ 264, 265)[93] und diesen gegenüber wiederum nachrangig die übrigen nachrangigen Gläubiger i. S. v. §§ 39, 327, § 51 Abs. 1 VAG, Art. 108 Abs. 2 EGInsO (§ 266 Abs. 2 – zur Gruppenbildung in diesem Fall vgl. § 222 RdNr. 66 ff.).

3. Absonderungsberechtigte. Zu den Beteiligten, deren Rechtsstellung auch gegen 62 ihren Willen durch einen Plan geändert werden kann, gehören ferner grundsätzlich die **Absonderungsberechtigten** (vgl. §§ 217, 222 Abs. 1 Satz 2 Nr. 1, 223 – beachte aber auch die Ausnahmebestimmung für Finanzsicherheiten in § 223 Abs. 1 Satz 2). Welche Gläubiger absonderungsberechtigt sind, ergibt sich aus §§ 49 bis 51. Die Regelung des § 48 über die Ersatzaussonderung wird man auf Absonderungsrechte analog anwenden können.[94] Zu den Absonderungsberechtigten zählen also auch die Ersatzabsonderungsberechtigten.

Nach altem Recht konnte durch einen Vergleich oder Zwangsvergleich in die dingliche 63 Rechtsstellung von Absonderungsberechtigten demgegenüber nicht eingegriffen werden (vgl. §§ 27 VerglO, 173 KO, 16 Abs. 2 GesO). Hintergrund der Neuregelung war vor allem die Erwägung, dass sich eine – im Einzelfall den Wert des haftenden Schuldnervermögens

---

Plans gem. Nr. 9.2 offenbar als „... Ermessensentscheidung nach den §§ 163, 222, 227 AO..." begriffen wird, ändert an der Planunterworfenheit der entsprechenden Steuerforderungen nichts.

[91] Nach der Ansicht des BGH ist dies nur im Hinblick auf Altgläubigeransprüche der Fall, vgl. BGH NJW 1998, 2667 (die Entscheidung erging noch zum alten Recht); BGH NZI 2004, 496 f. (ebenso). Mit Recht kritisch *K. Schmidt* ZGR 1998, 633, 665 ff. (Differenzierung zwischen Alt- und Neugläubigeransprüchen für den Verwalter nicht praktikabel).

[92] Rechtlich stehen die Ansprüche indes nach wie vor den Geschädigten zu, so dass es unrichtig wäre, eine rechtliche Massezugehörigkeit anzunehmen, zutr. *Bork,* Gesamt(schadens)liquidation im Insolvenzverfahren, in Arbeitskreis für Insolvenz- und Schiedsgerichtswesen eV, Köln (Hrsg.), Kölner Schrift zur Insolvenzordnung, 2. Aufl. 2000, S. 1333, 1339.

[93] Aus der Warte des Erstinsolvenzverfahrens sind diese vertraglichen Neugläubiger insofern zwangsweise planunterworfen, als ihre Rechtsstellung in einem (etwaigen) Folgeinsolvenzverfahren auch ohne ihre Mitwirkung und ggf. gegen ihren Willen geregelt werden kann, vgl. HK-*Flessner* § 221 RdNr. 9. Allerdings begeben sie sich natürlich freiwillig in eine Gläubigerrolle.

[94] Vgl. zu dieser Frage etwa *Marotzke* ZZP 109 (1996), 429, 434 ff.

§ 217   64   6. Teil. 1. Abschnitt. Aufstellung des Plans

maximierende und damit im Interesse aller Gläubiger liegende – Unternehmensfortführung regelmäßig nur dann realisieren lässt, wenn **betriebsnotwendiges Vermögen,** an dem Absonderungsrechte bestehen, vor dem Zugriff der Absonderungsberechtigten geschützt wird.[95] Indes geht es dabei nur um Beschränkungen der Rechtsdurchsetzung, nicht aber um Eingriffe in die Wertsubstanz der Sicherheiten: Die gesetzgeberische Konzeption folgt einzelnen Stimmen im ökonomischen Schrifttum, wonach Insolvenzverfahren der kollektiven Haftungsverwirklichung, nicht aber der Neubewertung („Umwertung") von Rechtspositionen dienen.[96] Folgerichtig kann jeder Absonderungsberechtigte verhindern, dass er gegen seinen Willen durch einen Insolvenzplan voraussichtlich schlechter gestellt wird, als er ohne einen Plan im Regelinsolvenzverfahren stünde (vgl. § 251). Auch kann das Obstruktionsverbot zu Lasten einer Gruppe von Absonderungsberechtigten nicht eingreifen, wenn Insolvenzgläubiger oder nachrangige Insolvenzgläubiger wirtschaftliche Werte erhalten (§ 245 Abs. 2 Nr. 2).[97]

64   **4. Schuldner.** Zu den zwangsweise Planunterworfenen gehört ferner der **Schuldner.**[98] Seine Haftung – und damit seine Rechtsstellung – nach der Beendigung des Insolvenzverfahrens kann in einem Insolvenzplan geregelt werden (§ 217), und dieser kann für den

---

[95] Vgl. BT-Drucks. 12/2443, S. 86: „Die alleinige Rechtfertigung für die Einbeziehung der Sicherungsgläubiger liegt vielmehr darin, dass für die Verwertung des Schuldnervermögens im ganzen möglichst günstige Bedingungen geschaffen werden sollen."

[96] Vgl. wiederum BT-Drucks. 12/2443, S. 86: „Dies rechtfertigt ... lediglich, den Sicherungsgläubigern durch die Einbindung in das Verfahren bei der Durchsetzung ihrer Rechte gewisse Rücksichtnahmen abzuverlangen ..., nicht aber, Eingriffe in die Wertsubstanz der Sicherheiten vorzunehmen." Aus ökonomischer Sicht entwickelt und begründet wurde diese Auffassung namentlich von *Jackson*, The Logic and Limits of Bankruptcy Law, 1986, passim. Sie ist umstritten. Für die Gegenauffassung vgl. etwa *Bebchuk/Fried* 105 Yale L. J. 857 ff. (1996). Für eine Übersicht über den Meinungsstand vgl. *Eidenmüller*, Vertragliche Vorkehrungen gegen Insolvenzrisiken, in D. Hart (Hrsg.), Privatrecht im „Risikostaat", 1997, S. 43, 54 ff. mwN.

[97] § 245 Abs. 2 Nr. 2 ist wenigstens entsprechend zugunsten absonderungsberechtigter Gläubiger anzuwenden, weil der Zweck der Vorschrift auf das Verhältnis von absonderungsberechtigten Gläubigern und Insolvenzgläubigern ebenso zutrifft wie auf das Verhältnis von „normalen" Insolvenzgläubigern und nachrangigen Insolvenzgläubigern, vgl. *Eidenmüller*, Unternehmenssanierung zwischen Markt und Gesetz, 1999, S. 80; *Smid* InVo 2000, 1, 7 f.; *Smid*, Stellung der Grundpfandgläubiger, Zwangsversteigerung und Schuldenreorganisation durch Insolvenzplan: Bemerkungen zu § 245 Abs. 1 Nr. 2 und Abs. 2 Nr. 2 InsO, in *Schilken/Kreft/Wagner/Eckardt* (Hrsg.), Festschrift für Walter Gerhardt, 2004, S. 931, 958. Dies wird von der Gegenauffassung (LG Traunstein NZI 1999, 461, 464; *Nerlich/Römermann/Braun* § 245 RdNr. 22 f.; *Braun* NZI 1999, 473, 477; *Grub* in: *Prütting/Vallender* (Hrsg.), Festschrift für Uhlenbruck, 2000, S. 501, 515; *Jungmann*, Grundpfandgläubiger und Unternehmensinsolvenz, 2004, RdNr. 308) verkannt. Die Anwendung von § 245 Abs. 2 Nr. 2 zugunsten absonderungsberechtigter Gläubiger bedeutet dabei, dass der wirtschaftliche Wert der Absonderungsrechte einer Gruppe widersprechender Absonderungsberechtigter in vollem Umfang – Erwartungswert und Risikoprofil – zu erhalten ist, wenn (nachrangige) Insolvenzgläubiger oder ihm beteiligte Personen wirtschaftliche Werte erhalten sollen, vgl. ausführlich *Eidenmüller*, Obstruktionsverbot, Vorrangregel und Absonderungsrechte, in *Richter/Schüler/Schwetzler* (Hrsg.), Kapitalgeberansprüche, Marktwertorientierung und Unternehmenswert, 2003, S. 187, 194 ff.

[98] Im Schrifttum wird diese Frage unter dem Aspekt diskutiert, ob der Schuldner als Beteiligter im Insolvenzplanverfahren anzusehen sei. Dies ist ganz hL, wobei allerdings teilweise zwischen verschiedenen Arten der Beteiligung und zwischen einer Beteiligung im Hinblick auf unterschiedliche Vorschriften des Insolvenzplanverfahrens differenziert wird. Vgl. *Schiessler*, Der Insolvenzplan, 1997, S. 72 f. (Schuldner als materiell Beteiligter); *Bork*, Einführung in das Insolvenzrecht, 4. Aufl. 2005, RdNr. 320 (Schuldner als Beteiligter); *Jauernig*, Zwangsvollstreckungs- und Insolvenzrecht, 21. Aufl. 1999, S. 276 (Schuldner als Beteiligter i. S. v. § 221, nicht aber i. S. v. § 217); *Nerlich/Römermann/Braun* § 254 RdNr. 5 (Schuldner als Beteiligter – anders aber wohl bei § 219 RdNr. 56); *Picot/Aleth*, Unternehmenskrise und Insolvenz, 1999, RdNr. 811 (Schuldner als Beteiligter); *Noack*, Gesellschaftsrecht, 1999, RdNr. 105 (Schuldner als verfahrensrechtlich und materiell Beteiligter); *Smid/Rattunde* InsO § 221 RdNr. 13 (Schuldner als formell Beteiligter); *Hess/Weis* WM 1998, 2349, 2355 (Schuldner als materiell Beteiligter – anders aber *Hess* in: *Hess/Obermüller*, Insolvenzplan, Restschuldbefreiung und Verbraucherinsolvenz, 3. Aufl. 2003, RdNr. 82); *Maus* in K. *Schmidt/Uhlenbruck* (Hrsg.), Die GmbH in Krise, Sanierung und Insolvenz, 3. Aufl. 2003, RdNr. 1622 (Schuldner insoweit Beteiligter, als seine Haftung geregelt werden kann); FK-*Jaffé* § 217 RdNr. 131, 135 sowie § 221 RdNr. 9, 14 (ebenso); *Kluth* ZInsO 2002, 1115, 1116 (Schuldner als „Planbeteiligter mit eingeschränkten Kompetenzen"). Nicht ganz klar *Häsemeyer*, Insolvenzrecht, 3. Aufl. 2003, RdNr. 28.79 einerseits (Schuldner als Beteiligter) und RdNr. 28.81 andererseits (Schuldner an einem gegen seinen Willen verabschiedeten Verwertungsplan nicht beteiligt).

Zeitraum nach Aufhebung des Insolvenzverfahrens auch eine Überwachung der Planerfüllung zu Lasten des Schuldners vorsehen (§§ 259 Abs. 2, 260 Abs. 1). Dabei wird die Zustimmung des Schuldners zu einem von den Gläubigern angenommenen Plan unter bestimmten Voraussetzungen auch dann fingiert, wenn er dem Plan im Abstimmungstermin widersprochen hat (§ 247). Der Begriff des Schuldners im Sinne des Insolvenzplanverfahrens ist verfahrensrechtlich zu verstehen: Schuldner ist derjenige, über dessen Vermögen gem. §§ 11 und 12 das Insolvenzverfahren eröffnet wurde.

5. Gesellschafter. Anders als der Schuldner werden seine Gesellschafter in § 217 nicht erwähnt. Allerdings geht § 227 Abs. 2 offenbar davon aus, dass zumindest die persönliche Haftung von Gesellschaftern einer Gesellschaft ohne Rechtspersönlichkeit bzw. einer Kommanditgesellschaft auf Aktien in einem Insolvenzplan regelbar ist. Auch findet sich in § 105 Abs. 1 Satz 2 GenG eine Bestimmung darüber, dass im Falle eines rechtskräftig bestätigten Insolvenzplans eine Nachschusspflicht von Mitgliedern einer Genossenschaft insoweit besteht, als sie im gestaltenden Teil des Plans vorgesehen ist. Und aus § 254 Abs. 1 scheint auf den ersten Blick zu folgen, dass eine zwangsweise Übertragung von Anteilen an einer GmbH durch eine entsprechende Planregelung möglich sein soll. Schließlich lässt § 217 Regelungen über die Verteilung der Insolvenzmasse zu, und zu diesen Regeln gehört § 199 Satz 2 (Herausgabe eines etwaigen Überschusses bei der Schlussverteilung an die Gesellschafter des Schuldners). Diese rudimentären und kryptischen Regelungen zur Planunterworfenheit von Gesellschaftern haben kontroverse Einschätzungen im Schrifttum ausgelöst: Während die ganz **hL** davon ausgeht, dass die **Gesellschafter** des Schuldners **nicht Beteiligte des Insolvenzplanverfahrens** sind,[99] wird teilweise auch die Auffassung vertreten, dass Zwangseingriffe in Gesellschafterrechte zulässig seien.[100] Der Rechtsausschuss, auf dessen Empfehlung die endgültige Fassung des § 217 (s. o. RdNr. 3) ebenso wie diejenige des § 254 Abs. 1 zurückgehen,[101] vermied jedenfalls eine eindeutige Stellungnahme. Zwar wurde die in § 217 ursprünglich vorgesehene Möglichkeit, die Haftung der persönlich haftenden Gesellschafter des Schuldners in einem Insolvenzplan zu regeln, auf seine Empfehlung gestrichen (s. o. RdNr. 3). Auch führte diese Streichung zu diversen Folgeänderungen bzgl. der Regelung des Widerspruchsrechts, des Minderheitenschutzes und des Beschwerderechts.[102] Eine explizite Aussage zur Beteiligtenstellung der Gesellschafter des Schuldners und der Frage, ob und in welchem Umfang auch gegen deren Willen in ihre Rechtsstellung eingegriffen werden kann, findet sich in dem Bericht des Rechtsausschusses jedoch weder zu § 217 noch zu § 254. Zu § 217 heißt es lediglich, dass durch die vorgeschlagene Neufassung nicht ausgeschlossen werde, dass „... auf die Haftung eines persönlich haftenden Gesellschafters des Schuldners im Plan verzichtet werden kann ...".[103]

---

[99] Vgl. *Eidenmüller* ZGR 2001, 680, 682 ff. (mit Ausnahme von Haftungsregelungen gem. § 227 Abs. 2 sowie § 105 Abs. 1 Satz 2 GenG sowie Regelungen gem. § 199 Satz 2); *Smid/Rattunde*, Der Insolvenzplan, 2. Aufl. 2005, RdNr. 6.13 ff. (mit Ausnahme von Haftungsregelungen gem. § 227 Abs. 2 sowie § 105 Abs. 1 Satz 2 GenG); *Noack*, Gesellschaftsrecht, 1999, RdNr. 7, 105, 114 (mit Ausnahmen für persönlich haftende Gesellschafter als „materiell Beteiligte" i. S. v. § 227 Abs. 2, RdNr. 105, sowie für nachschusspflichtige Mitglieder einer Genossenschaft bei höherer Nachschusspflicht als im Regelinsolvenzverfahren, RdNr. 613, 632); *Noack/Bunke* KTS 2005, 129, 130 f. (mit Ausnahme von Haftungsregelungen gem. § 227 Abs. 2); *Bork*, Einführung in das Insolvenzrecht, 4. Aufl. 2005, RdNr. 320, 328 (ebenso); *Sassenrath* ZIP 2003, 1517, 1518 (ebenso); *Kübler/Prütting/Otte* § 217 RdNr. 28 und § 221 RdNr. 3 (ebenso); *Nerlich/Römermann/Braun* § 217 RdNr. 35; HK-*Flessner* § 221 RdNr. 3; *Andres/Leithaus* § 217 RdNr. 10; *Hess* InsO § 217 RdNr. 23; *Kluth* ZInsO 2002, 258, 263; *Maus* in: K. Schmidt/Uhlenbruck (Hrsg.), Die GmbH in Krise, Sanierung und Insolvenz, 3. Aufl. 2003, RdNr. 1622; *Gottwald/Haas*, Insolvenzrechts-Handbuch, 3. Aufl. 2006, § 92 RdNr. 298.

[100] Vgl. *Delhaes* NZI 1999, 47, 50 (ohne Begründung), und wohl auch *Uhlenbruck* GmbHR 1995, 195, 210 (unentschieden aber *Uhlenbruck*, Gesellschaftsrechtliche Aspekte des neuen Insolvenzrechts, in Arbeitskreis für Insolvenz- und Schiedsgerichtswesen eV, Köln (Hrsg.), Kölner Schrift zur Insolvenzordnung, 2. Aufl. 2000, S. 1157, 1175).

[101] Vgl. BT-Drucks. 12/7302, S. 185, zu § 301 RegE = § 254. Insoweit griff der Rechtsausschuss eine Anregung der Bundesregierung auf, vgl. BT-Drucks. 12/3803, S. 135 f.

[102] Vgl. BT-Drucks. 12/7302, S. 184, zu § 293 RegE = § 247, zu § 298 RegE = § 251 und zu § 300 RegE = § 253.

[103] Vgl. BT-Drucks. 12/7302, S. 181.

66 **a) Gesellschafter als zwangsweise Planunterworfene?** Gegen ihren Willen planunterworfen sind die Gesellschafter des Schuldners nicht allein schon deshalb, weil dieser es ist. Dass der Gesetzgeber mit dem Begriff des Schuldners nicht gleichzeitig auch dessen Gesellschafter anspricht, zeigt § 227 Abs. 2, der begrifflich zwischen dem Schuldner und seinen Gesellschaftern unterscheidet. Damit bleiben als Anknüpfungspunkte für eine mögliche zwangsweise Planunterworfenheit von Gesellschaftern § 254 Abs. 1, § 227 Abs. 2 sowie § 105 Abs. 1 Satz 2 GenG und § 199 Satz 2.

67 Ausgeschlossen erscheint, dass der Rechtsausschuss mit der empfohlenen Fassung für § 254 Abs. 1 Satz 2 eine auch zwangsweise mögliche Übertragung von Anteilen an einer GmbH hat zulassen wollen. Die einschlägige Passage der Beschlussempfehlung spricht davon, dass „... Erklärungen zur Übertragung von Anteilen an einer Gesellschaft mit beschränkter Haftung als formwirksam abgegeben gelten, *wenn sie in den Plan aufgenommen worden sind.*"[104] GmbH-Gesellschaftern – insbesondere solchen der im Insolvenzverfahren befindlichen Gesellschaft[105] – sollte also die Möglichkeit eingeräumt werden, Verpflichtungs- und/oder Verfügungsgeschäfte über ihren Anteil im Plan wirksam vorzunehmen (fakultative Planunterwerfung, vgl. RdNr. 148 ff., 160). Nicht intendiert war hingegen, sie auch gegen ihren Willen gem. § 254 Abs. 1 Satz 1 und Satz 3 in ein gem. den §§ 244 ff. mehrheitlich angenommenes Plankonzept einbinden zu können. Auch würde die in § 254 Abs. 1 Satz 3 i. V. m. Satz 1 angeordnete Wirkungserstreckung auf widersprechende Beteiligte im Hinblick auf GmbH-Gesellschafter nur schlecht passen, weil diese über einen Insolvenzplan gar nicht abstimmen und diesem daher auch nicht widersprechen können (zur Möglichkeit eines Widerspruchsrechts analog § 251 siehe aber sogleich RdNr. 72 f.).

68 Als Anhaltspunkte für eine auch zwangsweise mögliche Planunterwerfung von Gesellschaftern kommen somit nur § 227 Abs. 2 und die Sonderregelung für Genossenschaften in § 105 Abs. 1 Satz 2 GenG sowie § 199 Satz 2 in Betracht. § 227 Abs. 2 ist das „planungsrechtliche" Korrelat zu § 93, der die Befugnis zur Geltendmachung der persönlichen Gesellschafterhaftung bei einer Gesellschaft ohne Rechtspersönlichkeit oder einer Kommanditgesellschaft auf Aktien während der Dauer des Insolvenzverfahrens ausschließlich dem Insolvenzverwalter zuweist. Dass sich aus § 227 Abs. 2 eine Befugnis ableiten lässt, durch eine Regelung in dem gestaltenden Teil eines Insolvenzplans die – mangels Regelung – ansonsten eintretende Befreiung von der persönlichen Gesellschafterhaftung ganz oder teilweise auszuschließen, lässt sich nun angesichts der klaren gesetzlichen Regelung kaum leugnen. Die in § 227 Abs. 2 angeordnete, entsprechende Anwendung von § 227 Abs. 1 wird man nämlich so interpretieren müssen, dass die persönliche Gesellschafterhaftung in vollem Umfang erlischt, wenn sie im Plan nicht geregelt wird.[106] Im Plan kann aber auch vorgesehen werden, dass die **persönliche Gesellschafterhaftung** in einem **weitergehenden Umfang** fortbestehen soll als die Haftung der Gesellschaft.[107] Die darin liegende Durch-

---

[104] Vgl. BT-Drucks. 12/7302, S. 185 (Hervorhebung von mir).

[105] Das verkennt *Noack,* Gesellschaftsrecht, 1999, RdNr. 124, der meint, § 254 Abs. 1 Satz 2 beziehe sich nur auf Geschäftsanteile, die der Schuldner an Tochtergesellschaften hält, die in der Rechtsform einer GmbH geführt werden, abtritt.

[106] Vgl. *Eidenmüller* ZGR 2001, 680, 685. AA *Noack,* Gesellschaftsrecht, 1999, RdNr. 535, 539, *Noack/Bunke* in: *Prütting/Vallender* (Hrsg.), Festschrift für Uhlenbruck, 2000, S. 335, 352 f., *Theißen* ZIP 1998, 1625, 1629, *Müller* KTS 2002, 209, 249 ff. und wohl auch *Armbruster,* Die Stellung der haftenden Gesellschafters in der Insolvenz der Personenhandelsgesellschaft nach geltendem und künftigem Recht, 1996, S. 234, die die Verweisung in § 227 Abs. 2 auf § 227 Abs. 1 im Sinne eines Gleichlaufs von Gesellschafts- und Gesellschafterhaftung interpretieren. Diese Interpretation dürfte unzutreffend sein, vgl. dazu sogleich im Text. Vgl. im Übrigen auch *Theißen* aaO zu den Folgen für den Binnenregress zwischen den Gesellschaftern gem. § 426 BGB bei einem aus einer Bürgschaft für eine Gesellschaftsschuld in Anspruch genommenen Gesellschafter (Begrenzung des Regresses durch § 227 Abs. 2 gegenüber den Mitgesellschaftern, die mit der Bürgschaftsbestellung nicht einverstanden waren).

[107] *Eidenmüller* ZGR 2001, 680, 685. Im Ergebnis wohl ebenso *Gottwald/Haas,* Insolvenzrechts-Handbuch, 2. Aufl. 2001, § 94 RdNr. 69; *Becker,* Insolvenzrecht, 2005, RdNr. 1637; *Kübler/Prütting/Otte* § 221 RdNr. 3; *Hess* in: *Hess/Obermüller,* Insolvenzplan, Restschuldbefreiung und Verbraucherinsolvenz, 3. Aufl. 2003, RdNr. 793. AA (unter Berufung auf den Akzessorietätsgedanken) *Noack,* Gesellschaftsrecht, 1999, Rd-

brechung des Akzessorietätsprinzips wird durch § 227 Abs. 2 i. V. m. Abs. 1 explizit ermöglicht: Wenn § 227 Abs. 1 gem. Abs. 2 „entsprechend" für die persönliche Haftung der Gesellschafter gelten soll, dann muss sich die in § 227 Abs. 1 vorgesehene „Bestimmung" auch auf Regelungen bzgl. der Gesellschafterhaftung – und nicht auf Regelungen bzgl. der Gesellschaftshaftung – beziehen. Im Extremfall kann also z. B. festgelegt werden, dass die persönliche Gesellschafterhaftung in vollem Umfang bestehen bleiben soll.[108] Die Formulierung des Rechtsausschusses, § 270 RegE (= § 227) lasse einen „Verzicht" auf die Haftung eines persönlich haftenden Gesellschafters des Schuldners im Plan zu,[109] erweist sich deshalb im Ergebnis als in hohem Grade missverständlich: Die Befreiung (der „Verzicht") tritt vielmehr kraft Gesetzes ein, wenn im Plan nichts anderes geregelt wird.[110]

Wenn es § 227 Abs. 2 aber zulässt, dass in einem Insolvenzplan zu Lasten bestimmter Gesellschafter von der gesetzlichen Regelfolge (Haftungsbefreiung) abgewichen wird, dann bedeutet dies gleichzeitig, dass diese **Gesellschafter** – einer Gesellschaft ohne Rechtspersönlichkeit bzw. einer Kommanditgesellschaft auf Aktien – materiell beteiligt und **zwangsweise planunterworfen** sein können. Die gegenständliche Reichweite dieser Planunterworfenheit ergibt sich dabei aus der Formulierung, dass es sich um eine ihre „persönliche Haftung" betreffende Regelung handeln muss (vgl. dazu RdNr. 140 ff.). **69**

Ähnlich wie § 227 Abs. 2 macht auch § 105 Abs. 1 Satz 2 GenG deutlich, dass Gesellschafter – im konkreten Fall: Mitglieder einer eingetragenen Genossenschaft – unter bestimmten Voraussetzungen zwangsweise planunterworfen sein können. Auch insoweit ist die gegenständliche Reichweite der Planunterworfenheit durch das Gesetz festgelegt: Sie besteht nur im Hinblick auf die Regelung der Nachschusspflicht (vgl. auch RdNr. 143).[111] **70**

Gleiches gilt schließlich im Hinblick auf die durch § 217 i. V. m. § 199 Satz 2 eröffnete Möglichkeit von Planregelungen im Hinblick auf die Herausgabe eines etwaigen Überschusses bei der Schlussverteilung an die Gesellschafter von anderen als natürlichen Personen als Schuldner (vgl. auch RdNr. 124). **71**

Sofern und soweit Gesellschafter zwangsweise planunterworfen sind, muss diesen im Verfahren **analog § 251** die Befugnis zustehen, geltend zu machen, dass sie durch den Plan voraussichtlich schlechter gestellt werden, als sie ohne ihn stünden, und sie müssen **analog § 253** insoweit auch als beschwerdeberechtigt angesehen werden.[112] Der Gesetzgeber hatte **72**

Nr. 539 f.; *Noack/Bunke* in *Prütting/Vallender* (Hrsg.), Festschrift für Uhlenbruck, S. 335, 353; *dies.* KTS 2005, 129, 130 Fn. 7; *Uhlenbruck/Hirte* § 11 RdNr. 324; *Müller* KTS 2002, 209, 249 ff. (zur Auseinandersetzung mit *Noack, Bunke, Hirte* und *Müller* vgl. sogleich im Text).

[108] Eine entsprechende Regelung ist auch nicht etwa deshalb unzulässig, weil sie dem Gesellschafter eine weitergehende Haftung auferlegt als die Haftung, mit der er in einem (hypothetischen) Insolvenzverfahren über sein eigenes Vermögen unter Berücksichtigung der Möglichkeit einer Restschuldbefreiung (§§ 286 ff.) rechnen müsste (so aber *Nerlich/Römermann/Braun* § 227 RdNr. 4). Diese Auffassung verkennt zum einen den Unterschied zwischen einem Insolvenzverfahren über das Vermögen der Gesellschaft und einem Verfahren über das Vermögen eines ihrer Gesellschafter: In dem zuerst genannten Verfahren sind die §§ 286 ff. bedeutungslos (ebenso *Noack*, Gesellschaftsrecht, 1999, RdNr. 534). Mit § 227 Abs. 2 ist auch nach dem im Text Ausgeführten keine „Verzahnung" beider Verfahren beabsichtigt (so aber – ohne Begründung – *Nerlich/Römermann/Braun* § 227 RdNr. 4). Die entsprechende Auffassung verkennt zum anderen, dass selbst in einem Verfahren über das Vermögen eines Gesellschafters die §§ 286 ff. nicht die Zulässigkeit einer bestimmten Planregelung betreffen, sondern lediglich – bei einem Schuldnerwiderspruch – die Erfolgsaussichten für den Plan herabsetzen (vgl. RdNr. 128).

[109] Vgl. BT-Drucks. 12/7302, S. 181.

[110] Denkbar ist dabei natürlich auch eine Regelung des Inhalts, dass die Gesellschafterhaftung für einen Teil der (plangemäßen) Gesellschaftsverbindlichkeiten bestehen bleibt, wodurch die Gesellschafter besser gestellt werden als ihre Gesellschaft. Insoweit zutr. *Müller* KTS 2002, 209, 253 ff.

[111] *Noack*, Gesellschaftsrecht, 1999, RdNr. 613, 632, meint offenbar, dass nachschusspflichtige Mitglieder einer Genossenschaft nur beteiligt sei, sofern der Plan eine Nachschusspflicht vorsieht, die diejenige im Regelverfahren gem. § 105 Abs. 1 Satz 1 GenG übersteigt. Ebenso *Terbrack* ZInsO 2001, 1027, 1029. Indes besteht eine Planunterworfenheit (materielle Beteiligung) auch dann, wenn dies nicht geschieht.

[112] Vgl. *Eidenmüller* ZGR 2001, 680, 686 f. Zustimmend *Hess* in: *Hess/Obermüller*, Insolvenzplan, Restschuldbefreiung und Verbraucherinsolvenz, 3. Aufl. 2003, RdNr. 793. Ebenso offenbar auch *Noack*, Gesellschaftsrecht, 1999, RdNr. 613 („Rechtsbehelfe im Planverfahren" für nachschusspflichtige Mitglieder einer Genossenschaft); *Hirte* in *Prütting/Vallender* (Hrsg.), Festschrift für Uhlenbruck, 2000, S. 637, 643 (Beschwer-

eine entsprechende Minderheitenschutzregelung in § 298 RegE (= § 251) und eine entsprechende Beschwerdemöglichkeit in § 300 RegE (= § 253) ursprünglich vorgesehen. Sie wurden jedoch auf Empfehlung des Rechtsausschusses mit der Begründung gestrichen, dass die Rechtsstellung der am Schuldner beteiligten Personen außerhalb des Plans bleibe bzw. dass in diese Rechtsstellung durch einen Plan nicht eingegriffen werden könne.[113] Dies ist jedoch, wie sich soeben gezeigt hat, nicht notwendig der Fall.

73 Praktisch dürfte ein entsprechendes Antrags- und Beschwerderecht zum einen bei nachschusspflichtigen Mitgliedern einer Genossenschaft werden. Sie können die gem. § 6 Nr. 3 GenG vereinbarte Höchstgrenze ihrer Nachschusspflicht als „planfest" geltend machen.[114] Zum anderen würde die persönliche Haftung der Gesellschafter einer Gesellschaft ohne Rechtspersönlichkeit oder einer Kommanditgesellschaft auf Aktien zwar im Regelinsolvenzverfahren über das Verfahren hinaus Bestand haben. Diese können jedoch verhindern, dass ihnen durch den Plan eine Forthaftung aufgezwungen wird, die über die fortbestehende Haftung der Gesellschaft hinausgeht. Schließlich kann auch von § 199 Satz 2 nicht gegen den Willen eines Gesellschafters zu seinem Nachteil abgewichen werden.

74 **b) Defizite der gesetzlichen Regelung.** Weder § 227 Abs. 2 noch § 105 Abs. 1 Satz 2 GenG lassen es zu, die Gesellschafter eines (drohend) insolventen oder überschuldeten Unternehmens zur Mitwirkung an einem bestimmten Sanierungsvorhaben zu zwingen, z. B. durch einen Kapitalschnitt, durch die Mitwirkung an einer Umwandlung von Gläubigerforderungen in Eigenkapital oder durch eine Anteilsübertragung auf einen Investor. Grundlage eines entsprechenden Zwangs können unter bestimmten Voraussetzungen allenfalls **gesellschaftsrechtliche Treuepflichten** sein.[115] Deren Intensität folgt in Kapitalgesellschaften insbesondere in Sanierungssituationen dem Maß an faktischen Einflussmöglichkeiten, das ein Gesellschafter besitzt – je mehr er oder sie in der Lage ist, die Geschicke der Gesellschaft zu bestimmen, desto höher sind auch die dadurch vermittelte Verantwortung und die Pflicht zur Rücksichtnahme auf die Interessen der Gesellschaft und die gesellschaftsbezogenen Belange der Mitgesellschafter.[116] Allerdings lässt sich auf dieser Basis keine Verpflichtung von Gesellschaftern begründen, aus der Gesellschaft auszuscheiden.[117] De lege lata ebenfalls nicht vertretbar ist es, die gesetzgeberische Entscheidung durch die Postulierung eines schuldrechtlichen Anspruchs des Verwalters auf Übertragung der zur bestmöglichen Haftungsverwirklichung benötigten Gesellschaftsanteile zu unterlaufen.[118]

---

derecht des § 253 für nachschusspflichtige Mitglieder einer Genossenschaft); *Terbrack* ZInsO 2001, 1027, 1030 f. (Widerspruchsrecht für nachschusspflichtige Mitglieder einer Genossenschaft); *Beuthien/Titze* ZIP 2002, 1116, 1123 (ebenso).

[113] BT-Drucks. 12/7302, S. 184.

[114] Im Ergebnis übereinstimmend *Terbrack* ZInsO 2001, 1027, 1030 f. Allerdings möchte *Terbrack* aaO offenbar ein „Widerspruchsrecht" nur gewähren, sofern eine „... höhere Nachschusspflicht im Plan vorgesehen ist, als sie bei einer konkursmäßigen Verwertung des Vermögens der Genossenschaft zu leisten wäre." Das aber ist eine Frage der Begründetheit, nicht der Zulässigkeit eines „Widerspruchs". Teilweise aA *Beuthien/Titze* ZIP 2002, 1116, 1123, die ein „Widerspruchsrecht" nur jedem zehnten Teil der Mitglieder einer Genossenschaft (gemeinsam) gewähren wollen. Für diese Einschränkung aber gibt es im Lichte der individualschützenden Konzeption der §§ 247, 251 keinen Sachgrund.

[115] Vgl. *Eidenmüller*, Unternehmenssanierung zwischen Markt und Gesetz, 1999, S. 778 ff.; ders. ZHR 169 (2006), 528, 558 ff.

[116] Vgl. BGHZ 129, 136, 143 (Girmes). Dass zwischen Einflussmöglichkeit und Treuepflicht eine Korrelation besteht, kam schon in der ITT- und in der Linotype-Entscheidung des Gerichts zum Ausdruck, vgl. BGHZ 65, 15, 19 (ITT) sowie BGHZ 103, 184, 195 (Linotype) und dazu etwa *Lutter* ZHR 153 (1989), 446, 452 ff., der aaO 453 treffend von einem „gleitende[n] Hineinwachsen in gesteigerte Pflichten" als Besonderheit der Treuepflicht im Kapitalgesellschaftsrecht spricht. Der „Fortschritt" des Girmes-Urteils liegt darin, dass die Pflichtintensität an das konkrete Maß an Einflussmöglichkeiten gekoppelt und damit variabel gestaltet wird.

[117] Ebenso *Sassenrath* ZIP 2003, 1517, 1519; *Noack*, Unternehmensinsolvenz: Reorganisation des Rechtsträgers oder Vertragsnachfolge bei übertragender Sanierung, in *Crezelius/Hirte/Vieweg* (Hrsg.), Festschrift für Volker Röhricht zum 65. Geburtstag, 2005, S. 455, 460 f.; *Uhlenbruck/Hirte* § 11 RdNr. 161.

[118] So aber *Nerlich/Römermann/Braun* § 217 RdNr. 41 ff. Krit. insoweit auch *Sassenrath* ZIP 2003, 1517, 1519; *Noack/Bunke* KTS 2005, 129, 130; *Noack*, Unternehmensinsolvenz: Reorganisation des Rechtsträgers oder Vertragsnachfolge bei übertragender Sanierung, in *Crezelius/Hirte/Vieweg* (Hrsg.), Festschrift für Volker Röhricht zum 65. Geburtstag, 2005, S. 455, 460; *Kübler/Prütting/Otte* § 217 RdNr. 61 c.

Der Gesetzgeber ist damit deutlich hinter Überlegungen zur Einbeziehung gesellschafts- 75
rechtlicher Maßnahmen in einen „Reorganisationsplan" zurückgeblieben, die noch die
Kommission für Insolvenzrecht angestellt hatte.[119] Im Lichte des insolvenzrechtlichen Ziels
einer bestmöglichen Haftungsverwirklichung (vgl. Vorb. RdNr. 5) ist dies kaum verständlich.[120] In bestimmten Fällen maximiert die Erhaltung eines notleidenden Unternehmens in
der Hand des bisherigen Unternehmensträgers (Unternehmensreorganisation) die verfügbare Haftungsmasse (vgl. Vorb. RdNr. 6). Ohne Kapitalmaßnahmen lässt sich eine solche
Unternehmensreorganisation aber regelmäßig nicht durchführen, und damit können die
bisherigen Gesellschafter eine effiziente Verwertung des Unternehmensvermögens blockieren. Dafür gibt es keinen einleuchtenden Grund: Bei einer wirtschaftlichen Betrachtung sind
die Eigentümer eines überschuldeten Unternehmens nicht seine Gesellschafter, sondern
seine Gläubiger: Sofern das Unternehmensvermögen nicht ausreicht, die Gläubigeransprüche zu befriedigen, ist der Wert der Gesellschafterpositionen 0.[121] Ist das Unternehmen
(drohend) zahlungsunfähig, wird sich die Sachlage regelmäßig genauso darstellen: Praktisch
tritt (drohende) Zahlungsunfähigkeit regelmäßig erst nach einer schon bestehenden Überschuldung ein, da wegen Informationsasymmetrien und imperfekter Kapitalmärkte auch
überschuldete Unternehmen häufig noch Kredit erhalten (der umgekehrte Fall eines nicht
überschuldeten Unternehmens, dass trotzdem keinen Kredit mehr erhält und deswegen in
eine Liquiditätskrise gerät, ist äußerst unwahrscheinlich).[122]

Die Möglichkeit einer rechtlichen **Verdrängung des Gesellschafters** eines (drohend) 76
zahlungsunfähigen oder überschuldeten Unternehmens **aus seiner Gesellschafterposition**
ließe sich *de lege ferenda* daher ökonomisch durchaus legitimieren. Darin läge, soweit der
Entzug der durch Art. 14 Abs. 1 Satz 1 GG geschützten Eigentumsposition durch eine
gesetzlich geregelte Mehrheitsentscheidung (der organisierten Gläubigerschaft sowie der
Altgesellschafter) herbeigeführt wird, auch keine Enteignung i. S. v. Art. 14 Abs. 3 GG,
sondern vielmehr eine Inhalts- und Schrankenbestimmung i. S. v. Art. 14 Abs. 1 Satz 2 GG:
„Eine Enteignung muss stets vom Staat oder doch von dem mit staatlichen Zwangsrechten
beliehenen Unternehmer ausgehen."[123] Ist die entzogene Gesellschafterposition im konkreten
Fall wirtschaftlich wertlos, dann ist eine Entschädigung verfassungsrechtlich nicht geboten.[124]

---

[119] 1. KommBer. S. 189 ff., 278 ff.
[120] Vgl. *Eidenmüller* ZGR 2001, 680, 687 f. Zu Recht kritisch deshalb auch *Sassenrath* ZIP 2003, 1517, 1528 ff. mit detaillierten Vorschlägen *de lege ferenda*; Nerlich/Römermann/Braun § 217 RdNr. 38 ff.; HK-*Flessner* § 221 RdNr. 4 f.; Kübler/Prütting/Otte § 217 RdNr. 60; *Noack*, Gesellschaftsrecht, 1999, RdNr. 104; Noack/Bunke KTS 2005, 129, 131; *Noack*, Unternehmensinsolvenz: Reorganisation des Rechtsträgers oder Vertragsnachfolge bei übertragender Sanierung, in Crezelius/Hirte/Vieweg (Hrsg.), Festschrift für Volker Röhricht zum 65. Geburtstag, 2005, S. 455, 459; *Rattunde* ZIP 2003, 596, 600; *Smid/Rattunde*, Der Insolvenzplan, 2. Aufl. 2005, RdNr. 6.13 ff.; *Drukarczyk/Schöntag*, Insolvenzplan, optionsbasierte Lösungen, Verlustvorträge und vom Gesetzgeber verursachte Sanierungshemmnisse, in *Bessler* (Hrsg.), Börsen, Banken und Kapitalmärkte, 2006, S. 649, 670 („Im Ergebnis ist die Verfestigung der Position der Alteigentümer im Insolvenzplanverfahren als Konstruktionsfehler zu bezeichnen."). AA *Kluth* ZInsO 2002, 258, 263; Uhlenbruck/Lüer Vorb. zu §§ 217–269 RdNr. 40, § 217 RdNr. 16 f.; *Müller*, Der Verband in der Insolvenz, 2002, S. 366 ff. (unter Verkennung des strategischen Blockadepotentials der Altgesellschafter, für das es keine ökonomische Rechtfertigung gibt).
[121] Vgl. auch Nerlich/Römermann/Braun § 217 RdNr. 38: „organisationsrechtliche(n) Formalposition"; Lauscher/Weßling/Bange ZInsO 1999, 5, 15.
[122] Vgl. *Eidenmüller*, EBOR 7 (2006), 239, 242. Das verkennt Uhlenbruck/Lüer § 217 RdNr. 18 f.
[123] BVerfGE 14, 263, 277 (Feldmühle). Auch eine Enteignung durch Gesetz läge nicht vor: Nicht die gesetzliche Regelung, sondern erst die Mehrheitsentscheidung innerhalb des gesetzlich geregelten Verfahrens würde den Entzug der Gesellschafterposition bewirken, vgl. auch BVerfG aaO (zum Umwandlungsgesetz). Vgl. auch *Sassenrath* ZIP 2003, 1517, 1523; *Noack*, Unternehmensinsolvenz: Reorganisation des Rechtsträgers oder Vertragsnachfolge bei übertragender Sanierung, in Crezelius/Hirte/Vieweg (Hrsg.), Festschrift für Volker Röhricht zum 65. Geburtstag, 2005, S. 455, 459; Mülbert/Leuschner ZHR 170 (2006), 615, 625. AA demgegenüber *Smid/Rattunde*, Der Insolvenzplan, 2. Aufl. 2005, RdNr. 6.24; *Kluth* ZInsO 2002, 258, 263; *Eidenmüller* ZGR 2001, 680, 688; ders. in Vorauflage RdNr. 74 (alle gehen von einer Enteignung i. S. v. Art. 14 Abs. 3 GG aus – diese Ansicht gebe ich auf).
[124] Vgl. zu dieser Frage auch *Smid/Rattunde*, Der Insolvenzplan, 2. Aufl. 2005, RdNr. 6.24, die offenbar eine Entschädigung in jedem Fall für erforderlich halten. Ähnlich *Kluth* ZInsO 2002, 258, 263.

Lässt sich ausnahmsweise noch ein Restwert feststellen, dann ist allerdings eine volle Kompensation der Altgesellschafter gesetzlich vorzusehen.[125] *De lege lata* lässt sich eine Verzahnung der Innen- und der Außenseite eines Sanierungsvorhabens nur über rechtsgeschäftliche Planbedingungen (vgl. RdNr. 40 ff., § 221 RdNr. 24 f.) bzw. bedingte Pläne i. S. v. § 249 (vgl. § 221 RdNr. 22 f.) und damit auf einem (unnötig) komplizierten Weg bewerkstelligen.

77 **6. Ehegatten und eingetragene Lebenspartner.** Genauso wie die persönliche Gesellschafterhaftung gem. § 227 Abs. 2 ist bei einem Insolvenzverfahren über das gemeinschaftlich verwaltete Gesamtgut einer Gütergemeinschaft die persönliche Haftung der Ehegatten (§ 334 Abs. 2) bzw. der eingetragenen Lebenspartner geregelt (§ 7 Satz 2 LPartG).[126] Auch diese sind also insoweit zwangsweise planunterworfen (vgl. auch RdNr. 144).[127] Ähnlich wie zwangsweise planunterworfenen Gesellschaftern (vgl. RdNr. 72) wird man auch zwangsweise planunterworfenen Ehegatten bzw. eingetragenen Lebenspartnern analog § 251 die Befugnis zugestehen müssen, geltend zu machen, dass sie durch den Plan voraussichtlich schlechter gestellt werden, als sie ohne ihn stünden. Analog § 253 steht ihnen insoweit auch ein Beschwerderecht gegen eine gleichwohl erfolgende Planbestätigung zu.

II. Nicht zwangsweise Planunterworfene

78 Alle diejenigen, die nicht zwangsweise planunterworfen sind, können **zu ihren Lasten** mit Ausnahme von rein gegenstandsbezogenen Planregelungen über die Verwertung der Insolvenzmasse i. S. v. § 217 (vgl. dazu RdNr. 58, 98, 117 ff., 148) allenfalls kraft einer freiwilligen Planunterwerfung von den in einem Insolvenzplan getroffenen Regelungen erfasst werden (dies schließt natürlich nicht aus, dass solchen Personen durch den Plan als Vertrag zwischen dem Schuldner und seinen Gläubigern Ansprüche eingeräumt werden; insofern handelt es sich nicht um einen Vertrag zu Lasten, sondern **zugunsten Dritter,** der gem. § 328 Abs. 1 BGB problemlos zulässig ist[128]). Ob und in welcher Hinsicht eine Einbeziehung der entsprechenden Personen in einen Insolvenzplan dann möglich ist, ist eine Frage, die allgemein die Zulässigkeit ergänzender Planregelungen auf freiwilliger Basis betrifft (vgl. dazu RdNr. 148 ff.).

79 **1. Massegläubiger.** Zu den grundsätzlich nicht zwangsweise Planunterworfenen gehören zunächst die Massegläubiger.[129] Besteht keine Masseunzulänglichkeit, reicht die Insolvenzmasse also zur Deckung der Verfahrenskosten und sonstigen Masseverbindlichkeiten aus (vgl. § 208 Abs. 1 Satz 1), sind ihre Ansprüche gem. § 53 vorab zu befriedigen. Hervorzuheben sind Besonderheiten bei nicht oder nicht vollständig erfüllten gegenseitigen Verträgen, bei Sozialplangläubigern, im Hinblick auf Sanierungsgewinne und für den Fall der Masseunzulänglichkeit.

80 **a) Nicht oder nicht vollständig erfüllte gegenseitige Verträge.** Zu den Massegläubigern gehören grundsätzlich auch die Gläubiger auf Grund von nicht oder nicht vollständig erfüllten gegenseitigen Verträgen, deren Erfüllung der Insolvenzverwalter verlangt hat (§ 55 Abs. 1 Nr. 2). Bei teilbaren Leistungen sind sie Massegläubiger allerdings nur mit der Forderung für den nach Eröffnung des Insolvenzverfahrens erbrachten Leistungsteil. Der Vergütungsanspruch für den vor Insolvenzverfahrenseröffnung erbrachten Leistungsteil ist

---

[125] Vgl. BVerfGE 100, 289, 303; BVerfG NJW 2001, 279, 280. Vgl. auch *Sassenrath* ZIP 2003, 1517, 1524.
[126] § 7 Satz 2 LPartG verweist für einen Lebenspartnerschaftsvertrag auf die §§ 1409 ff. BGB. § 334 spricht zwar nur von „Ehegatten". Man wird die Vorschrift jedoch im Lichte der Regelungen des später erlassenen LPartG interpretieren müssen, so dass sie sich auch auf eingetragene Lebenspartner bezieht, die einen entsprechenden Lebenspartnerschaftsvertrag geschlossen haben.
[127] In einem Nachlassinsolvenzverfahren oder in einem Insolvenzverfahren über das Gesamtgut einer fortgesetzten Gütergemeinschaft besteht eine persönliche Erben- bzw. Ehegatten-/Lebenspartnerhaftung, die Planregelungsgegenstand sein könnte, nicht (vgl. §§ 1975, 1489 Abs. 2 BGB).
[128] AA (ohne Begründung) *Uhlenbruck/Lüer* § 217 RdNr. 8.
[129] Einhellige Meinung, vgl. stellvertretend *Schiessler*, Der Insolvenzplan, 1997, S. 74; *Hauser/Hawelka* ZIP 1998, 1261, 1263; *Hess* in: *Hess/Obermüller,* Insolvenzplan, Restschuldbefreiung und Verbraucherinsolvenz, 3. Aufl. 2003, RdNr. 78; HK-*Flessner* § 221 RdNr. 2; *Kübler/Prütting/Otte* § 217 RdNr. 57.

Insolvenzforderung (§ 105 Satz 1).¹³⁰ Abzulehnen ist wegen dieser ausdrücklichen gesetzgeberischen Entscheidung *e contrario* die Auffassung, dass auch bei nicht teilbaren Leistungen die Forderung für den vor Insolvenzeröffnung erbrachten Leistungsteil – wiewohl rechtlich Masseforderung – planunterworfen sei.¹³¹

b) Sozialplangläubiger. Masseverbindlichkeiten und damit nicht planunterworfen sind auch die Verbindlichkeiten aus einem Sozialplan, der nach der Eröffnung des Insolvenzverfahrens aufgestellt wird (§ 123 Abs. 2 Satz 1 i. V. m. § 123 Abs. 1). Das bedeutet zunächst, dass Ansprüche aus einem Sozialplan, der nach Verfahrenseröffnung **außerhalb eines Insolvenzplans** aufgestellt wurde, in einem Insolvenzplan gegen den Willen der Sozialplangläubiger nicht mehr gekürzt werden können.¹³² Die Gegenauffassung¹³³ ist mit der eindeutigen gesetzlichen Regelung in § 123 Abs. 2 Satz 1 nicht zu vereinbaren. Sie verkennt auch den Zweck der in § 123 Abs. 2 Satz 2 angeordneten Befreiungen von der relativen Grenze des Sozialplanvolumens¹³⁴ bei Zustandekommen eines Insolvenzplans: Wenn die (nachrangigen) Insolvenzgläubiger und die Absonderungsberechtigten einen Plan gem. den §§ 244 ff. in Kenntnis eines Sozialplans annehmen, dann ist ihnen die damit verbundene, belastende Wirkung des § 123 Abs. 2 Satz 2 bewusst – ihnen geschieht also kein „Unrecht". 81

Sofern der Sozialplan nicht außerhalb eines Insolvenzplans aufgestellt wurde, sondern als **Teil eines Insolvenzplans** verabschiedet werden soll – zur Zulässigkeit dieses Vorgehens vgl. RdNr. 148 ff., § 221 RdNr. 82 –, stellt sich das Problem eines Zwangseingriffs in Sozialplangläubigerforderungen durch einen Insolvenzplan deshalb nicht, weil diese Forderungen überhaupt erst mit Rechtskraft der Planbestätigung begründet werden (vgl. § 254 Abs. 1 Satz 1). Sie sind dann – als Masseansprüche – vor der Aufhebung des Insolvenzverfahrens zu berichten (§ 258 Abs. 2). 82

c) Sanierungsgewinne. Seit der Aufhebung von § 3 Nr. 66 EStG aF sind Sanierungsgewinne steuerpflichtig. Im Insolvenzplanverfahren entsteht ein etwaiger Sanierungsgewinn mit Rechtskraft der Planbestätigung, arg. § 254 Abs. 1 Satz 1.¹³⁵ Er begründet eine – nicht planunterworfene – Masseforderung des Fiskus gem. § 55 Abs. 1 Nr. 1 Alt. 2. Nicht einschlägig ist demgegenüber § 55 Abs. 1 Nr. 1 Alt. 1, da ein Insolvenzplan von den Gläubigern angenommen werden und vom Gericht bestätigt werden muss. Der Sanierungsgewinn geht also auch bei einem von dem Insolvenzverwalter vorgelegten Plan nicht auf eine „Handlung des Insolvenzverwalters" zurück.¹³⁶ Die entstehende Masseforderung nötigt 83

---

¹³⁰ Zur rechtspolitischen und rechtsdogmatischen Kritik dieser Vorschrift vgl. ausführlich HK-*Marotzke* § 105 RdNr. 3 ff.
¹³¹ So aber *Nerlich/Römermann/Braun* § 217 RdNr. 28.
¹³² Ebenso *Kübler/Prütting/Moll* §§ 123, 124 RdNr. 64; HK-*Flessner* § 221 RdNr. 2; *Andres/Leithaus* § 217 RdNr. 9; *Schiessler*, Der Insolvenzplan, 1997, S. 74.
¹³³ *Nerlich/Römermann/Braun* § 217 RdNr. 30, 34; wohl auch *Nerlich/Römermann/Hamacher* § 123 RdNr. 28; HK-*Irschlinger* § 123 RdNr. 4; *Hess* InsO § 123 RdNr. 41; *Kübler/Prütting/Otte* § 217 RdNr. 60 a; *Uhlenbruck*, Einführung und Praxishinweise zum neuen Insolvenzrecht, in: Das neue Insolvenzrecht: Insolvenzordnung und Einführungsgesetz nebst Materialien (Text- und Dokumentationsband), 1994, S. 53; *Schwerdtner*, Der Sozialplan im Eröffnungsverfahren und nach der Verfahrenseröffnung, in Arbeitskreis für Insolvenz- und Schiedsgerichtswesen eV, Köln (Hrsg.), Kölner Schrift zur Insolvenzordnung, 2. Aufl. 2000, S. 1605, 1634; *Oberhofer* ZInsO 1999, 439, 442; *Uhlenbruck/Lüer* § 217 RdNr. 21.
¹³⁴ Eine Befreiung von der absoluten Grenze des § 123 Abs. 1 ist keinesfalls möglich. Ebenso die Begründung des RegE, vgl. BT-Drucks. 12/2443, S. 154; *Annuß* NZI 1999, 344, 350; *Kübler/Prütting/Moll* §§ 123, 124 RdNr. 61; *Nerlich/Römermann/Hamacher* § 123 RdNr. 29. AA (ohne Begründung und mit der eindeutigen gesetzlichen Regelung in § 123 Abs. 1 und Abs. 2 Satz 2 nicht zu vereinbaren) HK-*Irschlinger* § 123 RdNr. 3; *Uhlenbruck*, Einführung und Praxishinweise zum neuen Insolvenzrecht, in: Das neue Insolvenzrecht: Insolvenzordnung und Einführungsgesetz nebst Materialien (Text- und Dokumentationsband), 1994, S. 53 (anders aber *Uhlenbruck* in: *Braun/Uhlenbruck*, Unternehmensinsolvenz, 1997, S. 126); *Schwerdtner*, Der Sozialplan im Eröffnungsverfahren und nach der Verfahrenseröffnung, in Arbeitskreis für Insolvenz- und Schiedsgerichtswesen eV, Köln (Hrsg.), Kölner Schrift zur Insolvenzordnung, 2. Aufl. 2000, S. 1605, 1634.
¹³⁵ AA *Maus* NZI 2000, 449, 451; *ders.* ZIP 2002, 589, 592 (Sanierungsgewinn entstehe mit Planbestätigung).
¹³⁶ Ebenso *Maus* ZIP 2002, 589, 592, 593 f.

zur Bildung einer Rückstellung im Plan und muss vor Aufhebung des Verfahrens berichtigt werden (§ 258 Abs. 2 – steht ihre Höhe zu diesem Zeitpunkt noch nicht fest, was praktisch immer der Fall sein dürfte, so ist in entsprechender Anwendung der Vorschrift zumindest Sicherheit in der voraussichtlichen Höhe zu leisten[137]). Für die Praxis hat sich durch das Schreiben des Bundesministeriums der Finanzen vom 27. März 2003 (IV A 6 – S 2140 – 8/03), BStBl. 2003 I, S. 240, eine weitgehende Entlastung ergeben: Sanierungsgewinne werden durch Steuerstundung und Steuererlass aus sachlichen Billigkeitsgründen im Ergebnis steuerfrei gestellt.[138] Für Einzelheiten vgl. die Kommentierung zum Insolvenzsteuerrecht RdNr. 244.

84 **d) Masseunzulänglichkeit.** Besonderheiten im Hinblick auf die zwangsweise Planunterworfenheit von Massegläubigern ergeben sich schließlich im Falle einer Masseunzulänglichkeit. Teleologische Gesichtspunkte sprechen dafür, auch in diesem Fall ein Insolvenzplanverfahren für zulässig zu halten (vgl. Vorb. RdNr. 33). Ausnahmsweise sind dann auch Massegläubiger zwangsweise planunterworfen (zur Gruppenbildung vgl. § 222 RdNr. 69 f.).

85 **2. Aussonderungsberechtigte.** Anders als Massegläubiger sind Aussonderungsberechtigte nie zwangsweise planunterworfen.[139] Zu ihren Lasten kann ihre Rechtsstellung also durch einen Insolvenzplan keinesfalls ohne ihre freiwillige Mitwirkung geändert werden (zu den Möglichkeiten dieser Mitwirkung vgl. RdNr. 148 ff., insbes. 158). Wer aussonderungs- bzw. ersatzaussonderungsberechtigt ist, ergibt sich aus den §§ 47 und 48. Zweifelhaft sind danach insbesondere die Behandlung der verschiedenen Formen des Eigentumsvorbehalts (einfacher Eigentumsvorbehalt, Verlängerungs- und Erweiterungsformen) sowie der Fall einer möglichen eigenkapitalersetzenden Nutzungsüberlassung.

86 **a) Einfacher Eigentumsvorbehalt.** Im Hinblick auf den einfachen Eigentumsvorbehalt ist zunächst zwischen der dinglichen und der schuldrechtlichen Rechtsstellung des Vorbehaltsberechtigten zu unterscheiden.

87 **aa) Dingliche Rechtsstellung des Vorbehaltsberechtigten.** Dass der einfache Eigentumsvorbehalt **dinglich** gem. § 47 zur Aussonderung berechtigen soll, zeigen zum einen § 107 Abs. 2 Satz 1, dessen Sinn der Gesetzgeber in der (temporären) Abwehr eines Aussonderungsrechts des Vorbehaltsverkäufers sieht,[140] und zum anderen ein Gegenschluss zur Behandlung des Sicherungseigentums als Absonderungsrecht in § 51 Nr. 1. In der Begründung des RegE zu dieser Vorschrift heißt es: „Der einfache Eigentumsvorbehalt soll ... zur Aussonderung berechtigen."[141] Damit wich der RegE klar von den Vorschlägen des RefE ab, der in seinem § 55 Abs. 1 Nr. 1 den (einfachen) Eigentumsvorbehaltsberechtigten noch als Absonderungsberechtigten eingestuft hatte. Die schließlich Gesetz gewordene Regelung ist zwar rechtspolitisch kritikwürdig. Denn trotz der funktionalen Besonderheiten des Eigentumsvorbehalts – er sichert nicht so sehr den Primär-, sondern vielmehr den Sekundäranspruch (Rückabwicklungsanspruch) des Verkäufers – wäre es vertretbar und unter dem Gesichtspunkt einer aus der Warte der Gesamtgläubigerschaft optimalen Insolvenzabwicklung sinnvoll, Vorbehaltseigentümer auch über den Berichtstermin hinaus (vgl. § 107 Abs. 2 Satz 1) bei Erhaltung des wirtschaftlichen Wertes ihres Vorbehaltsrechts in das (Plan-)Ver-

---

[137] Für eine noch weiter einschränkende Auslegung der Vorschrift vgl. *Schreiber/Flitsch* BB 2005, 1173, 1174 ff. (bei noch nicht fälligen Masseansprüchen sei lediglich eine „Sicherstellung" erforderlich).
[138] Zu fortbestehenden Problemen vgl. aber auch *Rattunde*, Sanierung und Reorganisation von Großunternehmen in der insolvenzrechtlichen Praxis, in *Smid* (Hrsg.), Neue Fragen des deutschen und internationalen Insolvenzrechts, 2006, S. 58, 68 f.
[139] Einhellige Meinung, vgl. stellv. BT-Drucks. 12/2443, S. 195; *Schiessler*, Der Insolvenzplan, 1997, S. 74 f.; *Braun* in: *Braun/Uhlenbruck*, Unternehmensinsolvenz, 1997, S. 579–581; *Hess* in: *Hess/Obermüller*, Insolvenzplan, Restschuldbefreiung und Verbraucherinsolvenz, 3. Aufl. 2003, RdNr. 78; *Smid/Rattunde*, Der Insolvenzplan, 2. Aufl. 2005, RdNr. 6.35; HK-*Flessner* § 221 RdNr. 2; *Kübler/Prütting/Otte* § 217 RdNr. 57; FK-*Jaffé* § 217 RdNr. 118. Mit Recht krit. zur fehlenden Einbeziehung der Aussonderungsberechtigten in das Planverfahren *Niesert* InVo 1998, 141, 142; *Maus* in *K. Schmidt/Uhlenbruck* (Hrsg.), Die GmbH in Krise, Sanierung und Insolvenz, 3. Aufl. 2003, RdNr. 1623.
[140] Vgl. BT-Drucks. 12/2443, S. 87.
[141] Vgl. BT-Drucks. 12/2443, S. 125.

Grundsatz

fahren einzubinden.[142] *De lege lata* ist die entgegenstehende Entscheidung des Gesetzgebers jedoch hinzunehmen.[143]

Aussondern kann der Vorbehaltseigentümer das Vorbehaltsgut allerdings gem. § 47 Satz 2 **88** erst dann, wenn ihm gem. § 985 BGB ein **fälliger Herausgabeanspruch** gegen den Schuldner zusteht, und dies setzt voraus, dass das aus dem Kaufvertrag sich ergebende Besitzrecht des Vorbehaltskäufers (§ 986 Abs. 1 Satz 1 Alt. 1 BGB) erloschen ist. Das ist etwa dann der Fall, wenn der Vorbehaltsverkäufer bereits vor Verfahrenseröffnung gem. § 323 BGB von dem Vertrag zurückgetreten ist (in diesem Fall ist eine Erfüllungswahl nicht mehr möglich, § 107 Abs. 2 Satz 1 läuft also leer).[144] Dies ist auch dann der Fall, wenn der Insolvenzverwalter gem. §§ 103, 107 Abs. 2 die Vertragserfüllung abgelehnt hat[145] (ein Rücktritt des Vorbehaltsverkäufers gem. § 323 BGB nach Verfahrenseröffnung ist auf Grund der Spezialregelung des § 107 Abs. 2 Satz 1 demgegenüber ausgeschlossen).[146] Aussondern kann der Vorbehaltseigentümer das Vorbehaltsgut allerdings trotz erloschenen Besitzrechts des Käufers nach hM dann nicht, wenn es – im Zusammenhang mit einer gestundeten Kaufpreisforderung eines Gesellschafter-Gläubigers – der Sicherung einer **eigenkapitalersetzenden** Kreditgewährung dienen soll.[147]

Besteht nach dem soeben Ausgeführten ein Aussonderungsrecht auf Grund eines ein- **89** fachen Eigentumsvorbehalts, so kann in die dingliche Rechtsstellung des Vorbehaltsberechtigten durch einen Plan gegen dessen Willen nicht eingegriffen werden. Ein entsprechender Eingriff kommt aber auch dann nicht in Betracht, wenn lediglich ein „potentielles" Aussonderungsrecht besteht. Das betrifft den nach den Terminregelungen der InsO denkbaren (vgl. §§ 29 Abs. 2, 107 Abs. 2 Satz 1, 236) – wenngleich unwahrscheinlichen – Fall, dass über einen Plan abgestimmt wird, bevor der Insolvenzverwalter sein Wahlrecht ausübt. Ein „potentiell" zur Aussonderung berechtigter Eigentümer einer unter Vorbehalt veräußerten Sache ist gem. § 217 nicht zwangsweise planunterworfen.

bb) Schuldrechtliche Rechtsstellung des Vorbehaltsberechtigten. Von der Plan- **90** festigkeit des Eigentumsvorbehalts als dingliches Recht zu unterscheiden ist die Frage, ob die **schuldrechtliche** Forderung, deren Erfüllung die aufschiebende Bedingung (§ 158 Abs. 1 BGB) des Eigentumsübergangs markiert, als Insolvenzforderung planunterworfen ist. Wegen § 55 Abs. 1 Nr. 2 Alt. 1 ist die Frage kaum praktisch, da die Erfüllungswahl seitens des Insolvenzverwalters den Kaufpreisanspruch zur Masseschuld macht und die Wahlentscheidung des Verwalters regelmäßig vor dem Erörterungs- und Abstimmungstermin liegen wird, vgl. soeben RdNr. 89 (lehnt der Verwalter die Erfüllung ab, kann der Vorbehaltsverkäufer

---

[142] Ebenso *Schiessler*, Der Insolvenzplan, 1997, S. 83 f.
[143] Ganz hM. Vgl. *Obermüller* WM 1998, 483, 484, 487; *Pohlmann*, Befugnisse und Funktionen des vorläufigen Insolvenzverwalters, 1998, RdNr. 438; *Marotzke* ZZP 109 (1996) 429, 431 f., 438; HK-*Marotzke* § 107 RdNr. 12; *Schiessler*, Der Insolvenzplan, 1997, S. 81; *Uhlenbruck* in: *Braun/Uhlenbruck*, Unternehmensinsolvenz, 1997, S. 331; *Braun* in: *Braun/Uhlenbruck*, Unternehmensinsolvenz, 1997, S. 580; *Kübler/Prütting/Otte* § 217 RdNr. 57; *Hess* InsO § 47 RdNr. 49 (anders aber § 217 RdNr. 29). **AA**, aber mit dem gesetzgeberischen Willen und der Regelungssystematik der InsO nicht zu vereinbaren, *Häsemeyer*, Insolvenzrecht, 3. Aufl. 2003, RdNr. 11.10; *Smid/Rattunde*, Der Insolvenzplan, 1998, RdNr. 359 ff. (anders aber jetzt *dies.*, 2. Aufl. 2005, RdNr. 6.40 f.; anders auch schon *Smid* WM 1998, 2489, 2496).
[144] Vgl. *Eidenmüller*, Unternehmenssanierung zwischen Markt und Gesetz, 1999, S. 858.
[145] In der Schwebezeit verlieren offene Ansprüche nach der neuen Rechtsprechung des BGH zwar ihre Durchsetzbarkeit (vgl. BGH NJW 2002, 2783, 2785). Gleichwohl wird man in dieser Schwebezeit zumindest von einem „latenten" Besitzrecht des Vorbehaltskäufers gem. § 986 Abs. 1 Satz 1 Alt. 1 BGB ausgehen müssen.
[146] Vgl. *Eidenmüller*, Unternehmenssanierung zwischen Markt und Gesetz, 1999, S. 858. Im Ergebnis ebenso – unter Berufung auf § 91 – *Häsemeyer*, Insolvenzrecht, 3. Aufl. 2003, RdNr. 18.35 Fn. 132. AA *Marotzke* JZ 1995, 803, 813, *Marotzke* ZZP 109 (1996) 429, 438 Fn. 46, sowie HK-*Marotzke* § 107 RdNr. 29 ff., der (lediglich) für die Fälle eines **vor** dem Antrag auf Eröffnung eines Insolvenzverfahrens begründeten, zum Rücktritt berechtigenden „Leistungsrückstandes" mit einer Analogie zu § 112 Nr. 1 helfen will. Dem gesetzgeberischen Willen dürfte die im Text vertretene Auffassung jedoch eher entsprechen.
[147] Überblick über den Meinungsstand bei *Scholz/K. Schmidt*, GmbHG, 9. Aufl. 2000, §§ 32 a, 32 b RdNr. 60 und 116, sowie *Altmeppen* in: *Roth/Altmeppen* § 32 a RdNr. 208 ff. (selbst sehr kritisch) – jeweils mwN.

aussondern, vgl. RdNr. 88; eine etwaige Schadensersatzforderung des Vorbehaltsverkäufers ist eine normale Insolvenzforderung und damit planunterworfen, § 103 Abs. 2 Satz 1). Davon abgesehen wäre sie zu verneinen,[148] weil die Rechtsstellung des Vorbehaltseigentümers – entgegen der gesetzgeberischen Konzeption – ansonsten nahezu vollständig entwertet werden könnte: Etwa indem der Plan die Kaufpreisforderung auf ein Minimum herabsetzt, der Schuldner diese Forderung erfüllt[149] und nunmehr von dem Vorbehaltseigentümer, der sein Eigentum noch nicht verloren hat, weil sich die Bedingung wohl auf die ursprüngliche Forderung bezieht,[150] gem. § 433 Abs. 1 Satz 1 BGB Übereignung verlangen könnte, ohne dass diesem insoweit ein Gegenrecht zustünde.

91 **b) Verlängerter und erweiterter Eigentumsvorbehalt.** Teilweise anders als beim einfachen Eigentumsvorbehalt ist die Planunterworfenheit von verlängertem und erweitertem Eigentumsvorbehalt zu beurteilen. Die verschiedenen Formen des verlängerten Eigentumsvorbehalts begründen planunterworfene Absonderungsrechte:[151] die Zession der aus der Weiterveräußerung sich ergebenden Forderungen gem. § 51 Nr. 1 Alt. 2 und Verarbeitungs- bzw. Herstellerklauseln gem. § 51 Nr. 1 Alt. 1 (in unmittelbarer Anwendung der Vorschrift, wenn man den Rechtserwerb des Vorbehaltsverkäufers über §§ 929, 930 BGB konstruiert, in analoger Anwendung der Vorschrift, wenn man von einem Direkterwerb des Vorbehaltsverkäufers ausgeht). Gleiches gilt für den erweiterten Eigentumsvorbehalt nach Eintritt des Erweiterungsfalles,[152] also für den Zeitraum nach Erfüllung der den unmittelbaren Anlass des Eigentumsvorbehalts bildenden Kaufpreisforderung bzw. – bei einer Erfüllungsablehnung seitens des Verwalters – nach Eintritt der Unmöglichkeit der Erfüllung. Denn nach Eintritt des Erweiterungsfalls ist der Eigentumsvorbehalt gewissermaßen aus dem Synallagma des ursprünglichen Kausalgeschäfts herausgelöst und erfüllt eine Sicherungsfunktion gem. § 51 Nr. 1. Vor Eintritt des Erweiterungsfalls ist der erweiterte Eigentumsvorbehalt demgegenüber wie der einfache Eigentumsvorbehalt zu behandeln: Der Vorbehaltsberechtigte kann nicht allein deshalb schlechter stehen, weil er einen erweiterten Vorbehalt vereinbart hat.[153]

92 **c) Eigenkapitalersetzende Nutzungsüberlassung.** In gefestigter Rechtsprechung steht der BGH auf dem Standpunkt, dass Nutzungsüberlassungen eigenkapitalersetzend im Sinne des § 32 a Abs. 3 GmbHG sein können.[154] Dadurch wird indes die dingliche Rechtszuordnung nicht berührt, das Eigentum verbleibt also zunächst bei dem Überlassenden,[155] und dieser ist auch nicht verpflichtet, sein Eigentum auf den Schuldner zu übertragen.[156] Lediglich das vereinbarte Nutzungsrecht soll unter Ausschluss von an den Insolvenzfall anknüpfenden gesetzlichen oder vertraglichen Kündigungs- oder Beendigungsrechten weitergewährt werden müssen.[157] Ein Aussonderungsrecht des Überlassenden besteht damit

---

[148] AA (ohne Begründung) *Marotzke* ZZP 109 (1996) 429, 438 Fn. 46.
[149] Sofern der Insolvenzplan die Kaufpreisforderung entsprechend herabgesetzt hat, gerät der Vorbehaltskäufer nicht etwa deshalb in Verzug, weil er dem Vorbehaltsverkäufer nur den reduzierten und nicht den ursprünglich vereinbarten Kaufpreis bezahlt. Offenlassend insoweit *Marotzke* ZZP 109 (1996) 429, 438 Fn. 46.
[150] Insoweit übereinstimmend *Marotzke* ZZP 109 (1996) 429, 438 Fn. 46.
[151] Ganz hM. Vgl. stellv. BT-Drucks. 12/2443, S. 125; *Bork*, Einführung in das Insolvenzrecht, 4. Aufl. 2005, RdNr. 238 f.; HK-*Marotzke* § 107 RdNr. 17; HK-*Eickmann* § 51 RdNr. 3; *Hess* InsO § 47 RdNr. 72. AA zur Rechtslage unter der KO noch *Baur/Stürner*, Zwangsvollstreckungs-, Konkurs- und Vergleichsrecht, Band II, 12. Aufl. 1990, RdNr. 14.9.
[152] Ganz hM. Vgl. stellv. *Bork*, Einführung in das Insolvenzrecht, 4. Aufl. 2005, RdNr. 238 f.; HK-*Marotzke* § 107 RdNr. 15; HK-*Eickmann* § 51 RdNr. 3; *Hess* InsO § 47 RdNr. 67. AA zur Rechtslage unter der KO noch *Baur/Stürner*, Zwangsvollstreckungs-, Konkurs- und Vergleichsrecht, Band II, 12. Aufl. 1990, RdNr. 14.9.
[153] Unstr. Vgl. stellv. *Bork*, Einführung in das Insolvenzrecht, 4. Aufl. 2005, RdNr. 238 f.; HK-*Marotzke* § 107 RdNr. 14; HK-*Eickmann* § 51 RdNr. 3; *Hess* InsO § 47 RdNr. 66.
[154] Vgl. BGHZ 109, 55; BGHZ 121, 31; BGHZ 127; BGHZ 127, 17; BGHZ 140, 147; zuletzt BGH NZI 2005, 347.
[155] Vgl. BGHZ 121, 31, 45.
[156] Vgl. BGHZ 127, 1, 8; BGHZ 127, 17, 27; BGHZ 140, 147, 150.
[157] Vgl. BGHZ 127, 1, 10 f.; BGHZ 127, 26; BGHZ 140, 147, 150; BGH NZI 2005, 347, 348.

nach dieser Rechtsprechung gem. § 47 Satz 2 erst nach wirksamer Beendigung des Überlassungsverhältnisses. Vorher ist das **Nutzungsrecht** funktional Teil der Insolvenzmasse i. S. v. § 35 und damit auch zwangsweise planunterworfen (vgl. auch RdNr. 117 ff.): Regelbar sind etwa die Art der (eigenen) Weiternutzung durch den Schuldner, die Überlassung der Ausübung des Nutzungsrechts an einen Dritten sowie die Weitervermietung/-verpachtung an einen Dritten.[158]

3. Vormerkungsberechtigte. Nicht zwangsweise planunterworfen sind Gläubiger, denen gem. § 106 ein vormerkungsgesicherter Anspruch zusteht,[159] und zwar entgegen dem insofern missverständlichen Wortlaut des § 254 Abs. 2 Satz 1 auch dann nicht, wenn sich der durch die Vormerkung gesicherte Anspruch auf einen der Insolvenzmasse zugehörigen Gegenstand bezieht. Richtet sich der Anspruch allerdings auf die Einräumung eines **Grundpfandrechts** an einem Gegenstand der Insolvenzmasse, dann ist der betreffende Gläubiger als (zukünftig) Absonderungsberechtigter zwangsweise planunterworfen: Der vorgemerkte Anspruch muss zwar erfüllt werden, das dadurch entstehende Absonderungsrecht (§ 49) ist jedoch einer zwangsweisen Planregelung zugänglich.[160]

4. Vorbehaltskäufer. Ebenso wie die Rechtsstellung eines Gläubigers, für dessen Anspruch eine Vormerkung besteht, ist die Rechtsstellung eines Vorbehaltskäufers zu beurteilen, dem von dem Schuldner des Insolvenzverfahrens eine bewegliche Sache unter Eigentumsvorbehalt verkauft und der Besitz an der Sache übertragen wurde. Gem. § 107 Abs. 1 Satz 1 kann der Vorbehaltskäufer die Erfüllung des Kaufvertrags verlangen. Mit dieser etwas unklaren Formulierung soll in erster Linie zum Ausdruck gebracht werden, dass dem Insolvenzverwalter im Hinblick auf ein entsprechendes Rechtsgeschäft kein Wahlrecht gem. § 103 zustehen soll.[161] Gleichzeitig bedeutet dies, dass der schuldrechtliche Erfüllungsanspruch des Käufers auch nicht zwangsweise planunterworfen ist.[162] Zahlt er den (Rest-)Kaufpreis, tritt die Bedingung ein, er erwirbt Eigentum und kann aussondern.

5. Auffang- oder Übernahmegesellschaften. Nicht zwangsweise planunterworfen sind Auffang- oder Übernahmegesellschaften. Ohne Mitwirkung der jeweiligen Auffang- oder Übernahmegesellschaft kann ein Plan also nicht etwa festlegen, dass den Gläubigern des Schuldnerunternehmens gegen die Auffang- oder Übernahmegesellschaft bestimmte Ansprüche zustehen sollen.[163] Denkbar sind lediglich Planregelungen auf freiwilliger Basis (vgl. RdNr. 148 ff., § 221 RdNr. 34).[164] § 229 Satz 1 spricht nicht gegen die hier vertretene Auffassung: Dass einem Insolvenzplan, der eine Gläubigerbefriedigung aus den Erträgen einer Auffang- oder Übernahmegesellschaft vorsieht, eine Vermögensübersicht auf den Stichtag des Planwirksamwerdens beizufügen ist, sagt nichts über die Frage aus, unter welchen Umständen Ansprüche der Gläubiger auf diese Erträge begründet werden können. Auch aus der in § 260 Abs. 3 getroffenen Regelung über die Zulässigkeit der Anordnung einer Planüberwachung im Verhältnis zu einer Übernahmegesellschaft im gestaltenden Teil

---

[158] Vgl. BGHZ 127, 1, 12; BGHZ 127, 17, 26. Vgl. auch *Nerlich/Römermann/Braun* § 217 RdNr. 22.
[159] Einhellige Meinung, vgl. stellv. BT-Drucks. 12/2443, S. 195 (für vormerkungsgesicherte Ansprüche auf Übereignung eines unbeweglichen Gegenstandes); *Schiessler*, Der Insolvenzplan, 1997, S. 75 (ebenso); *Kübler/Prütting/Otte* § 217 RdNr. 57 a (ebenso); *Smid/Rattunde* InsO § 221 RdNr. 25 (ebenso); FK-*Jaffé* § 217 RdNr. 122 (ebenso); HK-*Marotzke* § 106 RdNr. 47 f. (generell für vormerkungsgesicherte Ansprüche).
[160] Vgl. *Marotzke* ZZP 109 (1996) 429, 439 Fn. 47; HK-*Marotzke* § 106 RdNr. 49.
[161] Vgl. BT-Drucks. 12/2443, S. 144.
[162] Abweichend *Marotzke* ZZP 109 (1996) 429, 439, sowie HK-*Marotzke* § 107 RdNr. 11, nach dem das *Anwartschaftsrecht* des Vertragspartners planfest sein soll. Der akzessorische Charakter des Anwartschaftsrechts spricht indes eher dafür, den Erfüllungsanspruch des Vertragspartners als planfest anzusehen – die Folge davon ist eine Planfestigkeit des Anwartschaftsrechts.
[163] Ebenso *Noack*, Gesellschaftsrecht, 1999, RdNr. 140 f.; *Noack/Bunke* KTS 2005, 129, 135; *Kluth* ZInsO 2002, 1115, 1116.
[164] ZB dergestalt, dass eine übertragende Sanierung im Plan zwischen dem Schuldnerunternehmen und der Auffang- bzw. Übernahmegesellschaft vereinbart sowie gleichzeitig gem. § 328 BGB festgelegt wird, dass den Gläubigern bestimmte Ansprüche gegen die Auffang- bzw. Übernahmegesellschaft zustehen sollen (vgl. *Noack*, Gesellschaftsrecht, 1999, RdNr. 141; *Noack/Bunke* KTS 2005, 129, 136).

eines Insolvenzplans ergibt sich nichts anderes. *Prima facie* scheint damit zwar auch gegen den Willen einer Übernahmegesellschaft eine sie belastende Planregelung möglich. Indes kann sich die Überwachung nur auf Ansprüche beziehen, die den Gläubigern gegen eine Übernahmegesellschaft zustehen (vgl. den Wortlaut des § 260 Abs. 3), und diese Ansprüche können nicht gegen den Willen der Übernahmegesellschaft begründet werden. Man wird § 260 Abs. 3 daher einschränkend so zu lesen haben, dass eine Planüberwachung dieser Ansprüche (nur) mit Einverständnis der Übernahmegesellschaft möglich ist,[165] dass dieses Einverständnis aber im Zweifel vorliegt, wenn die Gesellschaft mit der Begründung von gegen sie gerichteten Gläubigeransprüchen einverstanden ist.

96 Von der Frage, ob Auffang- oder Übernahmegesellschaften zwangsweise planunterworfen sind, zu unterscheiden ist die Frage, ob Ansprüche, die sich gegen solche Gesellschaften auf Grund von *freiwilligen* Planregelungen ergeben (können), planregelbar sind. Zu denken ist etwa an eine sich aus § 25 Abs. 1 Satz 1 HGB möglicherweise ergebende Haftung bei einer im Plan freiwillig vereinbarten Unternehmensveräußerung (übertragende Sanierung, vgl. RdNr. 168 ff.).[166] § 254 Abs. 2 ist insoweit nicht einschlägig, da die Haftung überhaupt erst mit Rechtskraft der Planbestätigung begründet würde (vgl. zu § 254 Abs. 2 auch sogleich RdNr. 97). Als Teil der Rechtsfolgen einer freiwilligen Planbeteiligung ist der Umfang einer sich aus § 25 Abs. 1 Satz 1 HGB ergebenden Haftung vielmehr planregelbar, Ansprüche bestehen gegen eine Auffang- oder Übernahmegesellschaft also in dem Umfang, in dem sie im Plan freiwillig begründet wurden.

97 **6. Sonstige Personen.** Nicht zwangsweise planunterworfen sind Ansprüche, die Insolvenzgläubigern gegen **Mitschuldner** und **Bürgen** zustehen, bzw. Rechte von Insolvenzgläubigern an massefremden Gegenständen (arg. § 254 Abs. 2 Satz 1). Mitschuldner bzw. Bürge kann natürlich auch ein Gesellschafter der Schuldnergesellschaft sein.[167] Die Rechtsstellung haftender Dritter im Verhältnis zum Schuldner wird durch den Plan allerdings mittelbar insofern geregelt, als deren Regressansprüche kraft Gesetzes gem. § 254 Abs. 2 Satz 2 entsprechend der für die Insolvenzgläubigerforderungen getroffenen Regelung gekürzt werden.[168] Nicht zwangsweise – sondern allenfalls freiwillig (vgl. RdNr. 148 ff., insbes. 159) – planunterworfen sind ferner Personen, die als **potentielle Kreditgeber**, ggf. auf der Grundlage eines Kreditrahmens (vgl. § 264), in Betracht kommen (vgl. auch RdNr. 108 f.).[169]

F. Zulässige Planregelungen

98 Die Unterscheidung zwischen Personen, deren Rechtsstellung auch gegen ihren Willen und unabhängig von einer Teilnahme an dem Insolvenzplanverfahren durch einen Plan gem. § 254 Abs. 1 Satz 3 zu ihren Lasten geändert werden kann (zwangsweise Planunterworfene)

---

[165] AA *Noack*, Gesellschaftsrecht, 1999, RdNr. 137. Unklar *Häsemeyer*, Insolvenzrecht, 3. Aufl. 2003, RdNr. 28.55 und 28.58, nach dem Übernahmegesellschaften in die Überwachung einbezogen und auch Pflichten auferlegt werden können, der aber nicht näher ausführt, ob damit eine Beteiligung kraft freiwilliger Planunterwerfung oder aber eine zwangsweise Planunterworfenheit gemeint ist.

[166] Allerdings soll diese Haftung nach Ansicht der Rechtsprechung bei einer Veräußerung durch einen Konkursverwalter ausgeschlossen sein, weil sie dem Ziel einer bestmöglichen Masseverwertung widersprechen würde, vgl. RGZ 58, 167 ff.; BGH NJW 1988, 1912, 1913; BGH NJW 1992, 911. Diese Rechtsprechung ist zwar angreifbar, u. a. auf Grund der expliziten Ausschlussmöglichkeit in § 25 Abs. 2 HGB, aber auch – bei der Veräußerung auf der Basis eines Insolvenzplanes – auf Grund der Planregelbarkeit der Ansprüche aus § 25 Abs. 1 HGB, siehe dazu im Text. *De lege lata* ist jedoch davon auszugehen, dass der BGH seine Rechtsprechung auch für Unternehmensveräußerungen in Insolvenzplänen fortführen wird.

[167] Deswegen mutmaßt *K. Schmidt* ZGR 1998, 633, 670, zu Recht, dass „… die Inanspruchnahme von persönlich haftenden Gesellschaftern als Bürgen zunehmen wird." Vgl. auch *K. Schmidt* ZGR 1996, 209, 218 f., sowie *Theißen* ZIP 1998, 1625, 1629.

[168] Missverständlich *Theißen* ZIP 1998, 1625, 1629 (Rückgriff „verwehrt").

[169] Missverständlich *Windel* JURA 1999, 1, 6 (der gestaltende Teil des Plans lege u. a. fest, wie die Rechtsstellung etwaiger Kreditgeber durch den Plan geändert werden soll).

und solchen, bei denen dies nicht der Fall ist (nicht zwangsweise Planunterworfene), besitzt auch eine Bedeutung im Hinblick auf die Frage, welche Planregelungen in einem Insolvenzplan zulässig sind. Offensichtlich müssen alle Regelungen, die im Hinblick auf die zweite Personengruppe zulässig sind, auch im Hinblick auf die erste Personengruppe zulässig sein. Umgekehrt gilt dies nicht. Nur soweit die in § 217 aufgeführten, zulässigen Planregelungen nicht personen-, sondern rein gegenstandsbezogen sind (das trifft nur auf Regelungen über die „Verwertung der Insolvenzmasse" zu, vgl. dazu RdNr. 58, 78, 117 ff., 148), können sie ausnahmsweise nicht nur die erste, sondern auch die zweite Personengruppe erfassen.[170]

I. Zulässige Planregelungen im Verhältnis zu zwangsweise Planunterworfenen

Der Gesetzgeber bestimmt in § 217 die zulässigen Planregelungen im Verhältnis zu den zwangsweise Planunterworfenen – weitergehend als in § 1 Satz 1[171] – dahingehend, dass die **Befriedigung** der absonderungsberechtigten Gläubiger und der Insolvenzgläubiger, die **Verwertung** der Insolvenzmasse und deren **Verteilung** an die Beteiligten sowie die **Haftung** des Schuldners nach der Beendigung des Insolvenzverfahrens abweichend von den Vorschriften der InsO geregelt werden können. Eine – teilweise oder vollständige – Abweichung ist möglich, aber nicht zwingend („kann"). Gleichzeitig ist die Möglichkeit zur **privatautonomen Gestaltung** in einem Insolvenzplan **begrenzt:** Nicht alle Vorschriften der InsO sind plandispositiv, sondern nur diejenigen, die durch die Aufzählung der zulässigen Planregelungen in § 217 bezeichnet werden.[172] Zudem setzt diese Aufzählung Grenzen auch im Hinblick auf die Art, in der von den jeweiligen Vorschriften der InsO abgewichen werden kann. Zu dieser Begrenzung der zulässigen Planregelungen hat sich der Gesetzgeber gerade im Interesse derjenigen veranlasst gesehen, deren Rechtsstellung durch einen Plan auch gegen ihren Willen geändert werden kann (vgl. § 254 Abs. 1 Satz 1 und Satz 3). Dies wird nicht richtig gesehen, wenn in der Literatur die These vertreten wird, dass man die enumerative Auflistung in § 217 nicht als abschließend zu verstehen habe[173] – diese **Auflistung ist abschließend.** 99

Allerdings steht § 217 im Kontext der übrigen – ihrerseits nicht dispositiven, weil in § 217 nicht angesprochenen – Vorschriften über das Insolvenzplanverfahren (§§ 217 bis 269), und diese Vorschriften ergänzen § 217 im Hinblick auf die zulässigen Planregelungen im Verhältnis zu den zwangsweise Planunterworfenen (vgl. etwa §§ 227 Abs. 2, 259 Abs. 3, 260 Abs. 1). Zudem finden sich auch in anderen Teilen der InsO sowie in anderen Gesetzen Vorschriften, die den Rahmen für entsprechende Planregelungen abstecken (vgl. etwa § 334 Abs. 2 sowie § 105 Abs. 1 Satz 2 GenG). Das vollständige Spektrum zulässiger Planregelungen im Verhältnis zu zwangsweise Planunterworfenen erschließt sich daher erst bei einer Gesamtbetrachtung von § 217, der übrigen Vorschriften des Planverfahrens sowie weiterer Teile der InsO und sonstiger insolvenzplanbezogener Vorschriften in anderen Gesetzen. 100

---

[170] Allerdings ist kaum zu sehen, in welcher Weise sich dies zu Lasten dieser Personengruppe soll auswirken können.

[171] Gem. § 1 Satz 1 sind die Abweichungsmöglichkeiten für einen Plan auf Regelungen über die Vermögensverwertung und die Erlösverteilung beschränkt. § 217 öffnet weitergehende Gestaltungsspielräume. Der Widerspruch ist zugunsten von § 217 als *lex specialis* aufzulösen. Vgl. auch *Henckel,* Der Insolvenzplan, 1999 (bisher unveröffentlichtes Manuskript).

[172] Dass der Insolvenzplan in der allgemeinen Begründung des RegE als „universelle[s] Instrument der Masseverwertung" bezeichnet wird (BT-Drucks. 12/2443, S. 90), bedeutet nicht, dass alle Regelungen der InsO – ausgenommen diejenigen über den Plan selbst – plandispositiv wären. Mit Bedacht spricht der Gesetzgeber an derselben Stelle davon, dass der Plan „... von sämtlichen Vorschriften über die konkursmäßige Zwangsverwertung und Verteilung abweichende Regelungen treffen [kann] ..." (BT-Drucks. 12/2443, S. 90 – abweichende Regelungen sind also *nur* von diesen Vorschriften zulässig), und mit Bedacht wird diese Möglichkeit durch die Aufzählung der zulässigen Planregelungen in § 217 präzisiert).

[173] So (ohne Begründung) *Paulus* DZWIR 1999, 53, 58. Ähnlich *Häsemeyer,* Insolvenzrecht, 3. Aufl. 2003, RdNr. 28.17, nach dem der Insolvenzplan „... allen im Rahmen der Vertragsfreiheit zulässigen Vereinbarungen [offen stehen] ..." soll, sowie *Weisemann/Holz* in: *Weisemann/Smid* (Hrsg.), Handbuch Unternehmensinsolvenz, 1999, Kap. 15 RdNr. 4, nach denen „... der Plan praktisch alles vorsehen und regeln [kann], was rechtlich privatautonom möglich ist."

101 § 217 selbst bezieht sich dabei auf den **gestaltenden Teil** (§ 221) eines Insolvenzplans. Nur in ihm finden sich „Regelungen" i. S. v. § 217. Der darstellende Teil eines Plans (§ 220) enthält demgegenüber lediglich „Beschreibungen" (vgl. § 220 Abs. 1) sowie „Angaben" (vgl. § 220 Abs. 2). Indirekt sind die im gestaltenden Teil getroffenen Regelungen aber natürlich auch für den darstellenden Teil relevant. Denn in diesem sind die entsprechenden Regelungen zu erläutern und zu begründen, um den Gläubigern eine informierte Entscheidung über Planannahme oder -ablehnung zu ermöglichen.

102 **1. Befriedigung der Absonderungsberechtigen und der Insolvenzgläubiger.** Gem. § 217 planregelbar soll zum einen die Befriedigung der absonderungsberechtigten Gläubiger und der Insolvenzgläubiger sein. Der Begriff „absonderungsberechtigter Gläubiger" ist unscharf, da es für die Stellung einer Person als Absonderungsberechtigter unerheblich ist, ob der Schuldner auch persönlich haftet (ist dies der Fall, so gilt § 52, vgl. auch § 222 RdNr. 50). Planregelbar sind also die Befriedigung der Absonderungsberechtigten (mit Ausnahme von § 223 Abs. 1 Satz 2) und der Insolvenzgläubiger, womit auch die nachrangigen Insolvenzgläubiger gemeint sind (arg. § 222 Abs. 1 Satz 2 Nr. 3).

103 a) **Plandispositive Vorschriften.** Der Begriff der „Befriedigung" wird in der InsO an unterschiedlichen Stellen unterschiedlich gebraucht. In § 1 Satz 1 wird die gemeinschaftliche Befriedigung der Gläubiger im Regelverfahren oder mittels Plan als Ziel des Insolvenzverfahrens bestimmt. Unter dem Begriff der „Befriedigung" wird man hier jedes rechtlich zulässige Ergebnis des Insolvenzverfahrens (in einem umfassenden Sinne) verstehen müssen.[174] In einem engeren Sinne mit der Befriedigung der Absonderungsberechtigten beschäftigen sich die §§ 49 bis 52 sowie die §§ 165 bis 173, in einem engeren Sinne mit der Befriedigung der Insolvenzgläubiger die §§ 38 bis 46 sowie die §§ 174 bis 206 (vgl. die Überschrift des Fünften Teils), wobei allerdings der Abschnitt über die Feststellung der Forderungen (§§ 174 bis 186) wohl nicht zur „Befriedigung" im Sinne des § 217 gehören dürfte. Wie schwankend die Begriffsbildung des Gesetzgebers ist, zeigt sich zum einen darin, dass Gegenstand der §§ 165 bis 173 nicht nur die Befriedigung der Absonderungsberechtigten, sondern auch die Verwertung von Gegenständen mit Absonderungsrechten ist, in § 217 die Verwertung aber eigens genannt wird. Unklarheiten der Begriffsbildung zeigen sich zum anderen darin, dass die in §§ 187 bis 206 geregelte Befriedigung der Insolvenzgläubiger die Überschrift „Verteilung" trägt, aber auch die Verteilung in § 217 eigens genannt wird.

104 Angesichts dieser schwankenden Begriffsbildung ist eine autonome, am Zweck des Insolvenzplanverfahrens orientierte Auslegung des Begriffs der „Befriedigung" in § 217 geboten.[175] Das Rechtsinstitut des Insolvenzplans soll eine **effizientere** – für alle Beteiligten vorteilhaftere – Form der Insolvenzabwicklung ermöglichen, als sie im Regelinsolvenzverfahren erreichbar ist (vgl. RdNr. 15 sowie Vorb. RdNr. 21 ff.). Der Begriff der „Befriedigung" in § 217 bezieht sich demzufolge auf alle Regeln der InsO, die sich auf die **Höhe der Zahlungen** auswirken, die Absonderungsberechtigte bzw. (nachrangige) Insolvenzgläubiger aus dem Schuldnervermögen erwarten können.[176] Dazu gehören im Hinblick auf Absonderungsrechte in erster Linie die **§§ 165 bis 173**[177] (plandispositiv sind also insbesondere auch die Kostenbeitragsregelungen der §§ 170, 171) sowie die über § 49 zur Anwendung berufenen **§§ 10 Abs. 1 Nr. 1 a, 30 d bis 30 f, 153 b, 153 c ZVG** und in Bezug auf (nachrangige)

---

[174] Ebenso HK-*Flessner* § 217 RdNr. 3.
[175] Ähnlich HK-*Flessner* § 217 RdNr. 3.
[176] Weitergehend HK-*Flessner* § 217 RdNr. 3, der den Begriff der „Befriedigung" als „Auffangbegriff" interpretiert, der eine Planabweichung auch von solchen Vorschriften der InsO erlaube, die mit der Verwertung der Insolvenzmasse, deren Verteilung an die Beteiligten, sowie der Haftung des Schuldners nach Beendigung des Verfahrens nichts zu tun haben. Konsequenterweise sieht sich *Flessner* dann aaO jedoch genötigt, den Bereich plandispositiver Vorschriften unter Berufung auf wenig klare und nicht erläuterte Kriterien („wesentliche Schutzgarantien", Vorschriften mit „konstitutiver Bedeutung" für das Insolvenzverfahren) wieder einzuengen.
[177] AA HK-*Flessner* § 217 RdNr. 7, der die §§ 165 bis 173 demgegenüber offensichtlich für planfest hält (anders aber bei RdNr. 4, wo sie als plandispositiv eingestuft werden).

Insolvenzgläubiger in erster Linie die **§§ 187 bis 206** (plandispositiv sind also grundsätzlich die Vorschriften über die Verteilung, zu gewissen Einschränkungen im Hinblick auf nicht dispositive Vorschriften im Bereich der §§ 187 bis 206 vgl. aber RdNr. 124). Darüber hinaus wird die Höhe der zu erwartenden Zahlungen natürlich von der Art der Verwertung des Schuldnervermögens beeinflusst. Damit überschneidet sich der Regelungsbereich, der in § 217 mit dem Begriff der „Befriedigung" (der Absonderungsberechtigten und der Insolvenzgläubiger) zur Plandisposition gestellt wird, mit den Regelungsbereichen, die mit den Begriffen der „Verteilung" und der „Verwertung" (der Insolvenzmasse) zur Plandisposition gestellt werden (vgl. RdNr. 117 ff., 124).

b) Grenzen zulässiger Planregelungen. § 217 eröffnet die Möglichkeit, Regelungen **105** über die Befriedigung der Absonderungsberechtigten und der Insolvenzgläubiger abweichend von den Vorschriften der InsO zu treffen, ohne im Einzelnen festzulegen, in welcher Weise diese Abweichung erfolgen kann. Die Grenzen zulässiger Planregelungen mit Zwangswirkung auch gegen Widersprechende sind teleologisch ebenfalls aus dem Begriff der „Befriedigung" abzuleiten. Regelungen über die „Befriedigung" von Absonderungsberechtigten und Insolvenzgläubigern beschäftigen sich mit den **Zahlungen,** die Rechte- oder Forderungsinhaber **für ihre bestehenden Rechte/Ansprüche erhalten.** Die durch § 217 eingeräumte Möglichkeit, die Befriedigung der Absonderungsberechtigten und der Insolvenzgläubiger durch einen Plan abweichend vom Regelinsolvenzverfahren zu gestalten, findet ihre **Grenze in neuen Verpflichtungen,** die der genannte Personenkreis zum Zwecke einer optimalen Insolvenzabwicklung übernehmen soll.[178] Regelungen zur Befriedigung sind nur solche, die sich auf die Verwirklichung eines Absonderungsrechts oder aber die Erfüllung eines Anspruchs beziehen. Dazu können auch solche gehören, die einem Berechtigten neue Rechte und/oder Ansprüche einräumen, nicht aber solche, die neue Verpflichtungen für ihn mit sich bringen. Selbst wenn die Übernahme entsprechender Verpflichtungen (langfristig) eine höhere „Befriedigung" bedeutet, soll sie gegen den Willen eines zwangsweise Planunterworfenen nach der erkennbaren Regelungsabsicht des Gesetzgebers nicht durchgesetzt werden können.[179]

Eine andere Frage ist, ob die Übernahme neuer Verpflichtungen **auf freiwilliger Basis** **106** in einem Insolvenzplan möglich ist. Diese Frage beurteilt sich nach den Grenzen, die allgemein für zulässige Regelungen im Verhältnis zu nicht zwangsweise Planunterworfenen gelten (vgl. RdNr. 148 ff.). Eine wiederum andere Frage ist, ob eine materiellrechtliche Pflicht zur Übernahme entsprechender Verpflichtungen nicht möglicherweise auf Grund einer gesellschaftsähnlichen Verbindung der Gläubiger eines notleidenden Unternehmens bestehen könnte. Tatsächlich lässt sich zeigen, dass eine entsprechende Verbindung existiert, und es lässt sich ferner – allerdings **gegen die noch hM** – zeigen, dass sich auf ihrer Grundlage ein **System von materiellrechtlichen Kooperationspflichten** bei Unternehmenssanierungen entwickeln lässt, das sein Hauptanwendungsfeld im außergerichtlichen Bereich hat, das aber auch in ein gerichtlich überwachtes Insolvenzverfahren „hineinwirken" kann. Dieses System spezifiziert die Minimalanforderungen, die in Sanierungssituationen an das solidarische Verhalten der Beteiligten gestellt werden können.[180]

c) Praktisch bedeutsame Anwendungsfälle. Praktisch werden die soeben angestellten **107** Überlegungen zum einen im Hinblick auf die Frage, ob zwangsweise Planunterworfene in

---

[178] Ebenso jetzt *Kübler/Prütting/Otte* § 223 RdNr. 9.
[179] Die Ausführungen in der Begründung des RegE zu § 217 (vgl. BT-Drucks. 12/2443, S. 195) beschäftigen sich lediglich mit Zahlungen an die Gläubiger (aus den Erträgen eines Unternehmens, aus dem Arbeitseinkommen eines Schuldners) und verstehen unter „Befriedigung" erkennbar nur Vorgänge, die unmittelbar einen Vorteil für die Gläubiger bedeuten, nicht aber solche, die zunächst einmal zu einer Verpflichtung führen.
[180] Ausführlich *Eidenmüller,* Unternehmenssanierung zwischen Markt und Gesetz, 1999, S. 551 ff., 853 ff., mit einer Vielzahl von Nachweisen; *ders.* ZHR 169 (2005), 528, 555 ff. Vgl. jetzt auch *Bamberger* in: *Knops/Bamberger/Maier-Reimer* (Hrsg.), Recht der Sanierungsfinanzierung, 2005, § 16 RdNr. 21, 33 f.; *Schulz,* Treuepflichten unter Insolvenzgläubigern, 2003, RdNr. 293 ff., 300 ff.

§ 217 108–111   6. Teil. 1. Abschnitt. Aufstellung des Plans

einem Insolvenzplan gem. § 254 Abs. 1 Satz 1 und Satz 3 verpflichtet werden können, einen (kurzfristigen) Überbrückungskredit oder einen (langfristigen) Sanierungskredit zu vergeben, ob sie zu sonstigen Leistungen verpflichtet werden können, ob gegen ihren Willen Vertragsänderungen durchgesetzt werden können, oder ob ihnen ggf. ein Verzicht auf Gestaltungsrechte aufgenötigt werden kann.

108   aa) **Verpflichtung zur Kreditvergabe?** Jedenfalls mittelbar ist die Höhe der Zahlungen, die Absonderungsberechtigte und (nachrangige) Insolvenzgläubiger aus dem Schuldnervermögen erwarten können, in den Fällen, in denen eine (temporäre) Unternehmensfortführung den Wert des haftenden Schuldnervermögens maximiert, unter Umständen davon abhängig, dass eine Finanzierung dieser (temporären) Unternehmensfortführung gelingt. Gleichwohl kommt eine Zwangsverpflichtung zur Vergabe eines **Überbrückungs- oder Sanierungskredits** in einem Insolvenzplan auf Grund der erkennbaren Zwecksetzung des § 217 (vgl. RdNr. 105) nicht in Betracht.[181] Das schließt aber nicht aus, dass ein entsprechender Kredit auf freiwilliger Basis in einem Plan vereinbart wird (vgl. RdNr. 159).

109   Eine Verpflichtung zur Vergabe eines Überbrückungs- oder Sanierungskredits lässt sich allenfalls aus dem bereits erwähnten System materiellrechtlicher Kooperationspflichten bei Unternehmenssanierungen ableiten (vgl. RdNr. 106). Tatsächlich kann Teil dieses Systems von Kooperationspflichten auch eine die Geschäftsbanken eines notleidenden Unternehmens treffende Pflicht zur Vergabe eines Überbrückungs- und/oder eines Sanierungskredits bzw. im Falle von Warenkreditversicherern, die Lieferungen an dieses Unternehmen versichern – eine Pflicht zur Ausweitung von Warenkreditversicherungslinien sein. Allerdings besteht diese Pflicht nur unter ganz bestimmten Voraussetzungen: Es muss eine plausible Sanierungschance bestehen (im Falle eines Überbrückungskredits) bzw. von der tatsächlichen Sanierungsfähigkeit des notleidenden Unternehmens ausgegangen werden können (im Falle eines Sanierungskredits), die Kreditvergabe muss eine geeignete und erforderliche Sanierungsmaßnahme sein, und eine Vergabepflicht muss schließlich erforderlich (mildestes Mittel) und den Pflichtadressaten auch zumutbar sein (im Hinblick auf den zuletzt genannten Gesichtspunkt geht es vor allem um die Lastenverteilung zwischen den Betroffenen).[182]

110   bb) **Verpflichtung zu sonstigen Leistungen?** Ebensowenig, wie ein zwangsweise Planunterworfener in einem Insolvenzplan gegen seinen Willen verpflichtet werden kann, einen Kredit zu gewähren, kann er verpflichtet werden, sonstige Leistungen zu erbringen. Die Übernahme z. B. einer Verpflichtung zur **(Weiter-)Belieferung** des Schuldners mit bestimmten Waren oder aber zum **Ankauf bestimmter Gegenstände** des Schuldnervermögens kann allenfalls auf freiwilliger Basis in einem Insolvenzplan erfolgen (vgl. RdNr. 159).[183] Auch materiellrechtliche Kooperationspflichten (vgl. RdNr. 106) bestehen insoweit nicht. Denn ausreichende Anreize zum Abschluss entsprechender Verträge werden mittelbar über die durch materiellrechtliche Finanzierungspflichten (vgl. RdNr. 109) verbesserte Finanzausstattung des Schuldners gesetzt.[184]

111   cc) **Zwangsweise Änderung von Langzeitverträgen für die Zukunft?** Ebenso wie durch den Neuabschluss eines Vertragsverhältnisses würde ein zwangsweise Planunterworfener auch durch eine zukunftsbezogene, für ihn nachteilige **Änderung der Bedingungen** eines Langzeitvertrages belastet. Gegen den Willen eines Vermieters oder Verpächters ist es deshalb z. B. nicht möglich, im Plan eine Herabsetzung des **Miet- oder Pachtzinses** festzusetzen,[185] gegen den Willen eines Arbeitnehmers ist es nicht möglich, im Plan eine

---

[181] AA (ohne Begründung) offenbar *Lauscher/Weßling/Bange* ZInsO 1999, 5, 15; *Buchalik* NZI 2000, 294, 301, sowie *Grub* in: *Prütting/Vallender* (Hrsg.), Festschrift für Uhlenbruck, 2000, S. 501, 511; unentschieden *Kirchhof* ZInsO 2001, 1, 8 („zweifelhaft").
[182] Zu den Einzelheiten vgl. *Eidenmüller*, Unternehmenssanierung zwischen Markt und Gesetz, 1999, S. 862 ff., 886 ff.
[183] AA (ohne Begründung) offenbar *Lauscher/Weßling/Bange* ZInsO 1999, 5, 15.
[184] Vgl. *Eidenmüller*, Unternehmenssanierung zwischen Markt und Gesetz, 1999, S. 271 f., 756 f., 770 f., im Hinblick auf die Kooperationspflichten, die Lieferanten bei einem Reorganisationsvorhaben treffen.
[185] Ebenso *Smid/Rattunde*, Der Insolvenzplan, 2. Aufl. 2005, RdNr. 6.51.

Kürzung des **Arbeitsentgelts** für die Zukunft vorzusehen, und zwar unabhängig davon, ob dem zusätzlich auch noch tarifvertragliche oder betriebsverfassungsrechtliche Regelungen entgegenstehen (zu den Voraussetzungen einer Änderung der Arbeitsbedingungen im gestaltenden Teil eines Plans vgl. § 221 RdNr. 80).[186]

Unzulässig ist danach beispielsweise auch folgende Insolvenzplanregelung: „Den Golfclubs wird die Wahlmöglichkeit eingeräumt, die bestehenden Verträge mit der Schuldnerin unter verschlechterten Konditionen fortzusetzen oder unter bestimmten Voraussetzungen zu kündigen und mit der B neu abzuschließen."[187] Zwar ist die Einräumung von **Wahlrechten** als solche im gestaltenden Teil eines Plans nicht zu beanstanden (vgl. § 221 RdNr. 73, § 222 RdNr. 42). Gegen seinen Willen kann ein Vertragspartners jedoch nicht dazu gezwungen werden, entweder einen bestehenden Vertrag zu verschlechterten Konditionen fortzusetzen oder einen neuen Vertrag mit einer dritten Person abzuschließen. 112

Eine andere Frage ist, ob in einem Insolvenzplan eine **Vertragsbeendigung** mit Zwangswirkung gegen Widersprechende regelbar ist. Eine entsprechende Regelung würde allerdings ebenfalls nicht die „Befriedigung" der Absonderungsberechtigten und der Insolvenzgläubiger im Hinblick auf ihre bestehenden Rechte/Ansprüche betreffen. Es ginge vielmehr um eine Materie, die die InsO im Zweiten Abschnitt ihres Dritten Teils unter dem Gesichtspunkt einer „Erfüllung der Rechtsgeschäfte" (§§ 103 ff.) behandelt. Diskutabel erscheint deshalb lediglich, ob eine entsprechende Planregelung mit Zwangswirkung unter Umständen als Regelung über die „Verwertung der Insolvenzmasse" im Sinne des § 217 zulässig sein könnte. Es wird sich zeigen, dass dies nicht der Fall ist, vgl. unten RdNr. 123. 113

dd) Verzicht auf Gestaltungsrechte? Weniger eindeutig als die (zu verneinende) Frage, ob ein Insolvenzplan einem zwangsweise Planunterworfenen neue Verpflichtungen oder geänderte Vertragsbedingungen für die Zukunft aufoktroyieren kann, ist die Frage zu beantworten, ob er ggf. vorsehen kann, dass dieser auf ihm zustehende Gestaltungsrechte – insbesondere auf **Kündigungs-** oder **Rücktrittsrechte**, z. B. im Hinblick auf **Kredit-, Miet- oder Pachtverhältnisse** – verzichtet. Schuldrechtlich ist ein einseitiger Verzicht auf ein Gestaltungsrecht grundsätzlich möglich.[188] Für die Zulässigkeit einer entsprechenden Planregelung auch gegen den Willen eines zwangsweise Planunterworfenen scheint die Erwägung zu sprechen, dass durch einen Plan eine Kürzung von Insolvenzforderungen zweifellos zulässig ist (vgl. § 224). Wenn aber Forderungen gegen den Willen eines Betroffenen zwangsweise gekürzt werden können, warum sollte dann nicht auch ein – gewissermaßen im Vorfeld eines Eingriffs in fällige Forderungen angesiedelter – Zwangseingriff in Gestaltungsrechte zulässig sein? 114

Gegen die Zulässigkeit entsprechender Planregelungen auch gegen den Willen zwangsweise Planunterworfener sprechen indes mehrere Erwägungen. Zunächst einmal ist klar, dass keinesfalls ein Verzicht auf alle denkbaren Gestaltungsrechte in Betracht kommt. Mit dem Schutzzweck des § 123 BGB wäre es z. B. nicht zu vereinbaren, wenn einem arglistig Getäuschten oder widerrechtlich Bedrohten das ihm zustehende Anfechtungsrecht genommen werden könnte. Ganz generell steht entsprechenden Planregelungen wiederum entgegen, dass es sich bei ihnen nicht um solche handelt, die die Befriedigung der Absonderungsberechtigten und der Insolvenzgläubiger betreffen.[189] Es geht vielmehr um den Prob- 115

---

[186] Ebenso *Moll* in: *K. Schmidt/Uhlenbruck* (Hrsg.), Die GmbH in Krise, Sanierung und Insolvenz, 3. Aufl. 2003, RdNr. 1726; *Smid/Rattunde*, Der Insolvenzplan, 2. Aufl. 2005, RdNr. 6.54; *Kübler/Prütting/Otte* § 217 RdNr. 61; *Bichlmeier/Engberding/Oberhofer*, Insolvenzhandbuch, 2. Aufl. 2003, S. 370; *Hess* in: *Hess/Obermüller*, Insolvenzplan, Restschuldbefreiung und Verbraucherinsolvenz, 3. Aufl. 2003, RdNr. 790 a.
[187] Vgl. die Sachverhaltsdarstellung in BGH NZI 2005, 325, 326.
[188] Vgl. etwa MünchKommBGB-*Schlüter* § 397 RdNr. 19.
[189] Unklar *Smid/Rattunde*, Der Insolvenzplan, 2. Aufl. 2005, RdNr. 6.49. Für die Zulässigkeit einer Planregelung, nach der „... Kredite nicht gekündigt ... werden ...", ohne jede Problematisierung LG Traunstein NZI 1999, 461, 463. Wenn man entgegen der im Text vertretenen Auffassung entsprechende Plangestaltungen als „Befriedigungsregelungen" für zulässig hält, dann sind jedenfalls zwei Einschränkungen zu machen: (1) Dominante gesetzgeberische Schutzzwecke dürfen nicht entgegenstehen. Das betrifft etwa den Fall des arglistig getäuschten Vertragspartners. (2) Der zwangsweise Ausschluss von Gestaltungsrechten darf nicht dazu

lemkreis „Erfüllung der Rechtsgeschäfte" (§§ 103 ff.) und damit um Planregelungen, die mit Zwangswirkung gegen Widersprechende allenfalls als Regelungen über die „Verwertung der Insolvenzmasse" i. S. v. § 217 zulässig sein könnten, es im Ergebnis aber nicht sind (vgl. unten RdNr. 123).

116 Eine andere Frage ist wiederum, ob ein freiwilliger Verzicht auf Gestaltungsrechte im Plan möglich ist (vgl. RdNr. 148 ff.), und ebenfalls eine andere Frage ist, ob sich aus einem System materiellrechtlicher Kooperationspflichten bei Unternehmenssanierungen (vgl. RdNr. 106) ggf. Schranken für die Ausübung von Gestaltungsrechten ableiten lassen. Dies ist im Ergebnis der Fall: Die Kündigung einer Kreditzusage oder eines ausgereichten Kredits gegenüber einem (präsumtiv) sanierungsfähigen und -würdigen Unternehmen ist kooperationspflichtwidrig und unwirksam.[190]

117 **2. Verwertung der Insolvenzmasse.** Die zweite Gruppe von Regeln, von denen in einem Insolvenzplan auch gegen den Willen eines zwangsweise Planunterworfenen abgewichen werden kann, sind die Vorschriften über die Verwertung der Insolvenzmasse. Ebensowenig wie im Hinblick auf die in § 217 vorgesehene Möglichkeit zur abweichenden Regelung der Befriedigung der Absonderungsberechtigten und der Insolvenzgläubiger enthält die Vorschrift allerdings eine genaue Bezeichnung der plandispositiven Regelungen der InsO.

118 **a) Plandispositive Vorschriften.** Der Begriff der Insolvenzmasse wird in den §§ 35 bis 37 bestimmt – im Gegensatz zur Rechtslage vor Inkrafttreten der InsO gehört dazu vor allem auch Neuerwerb des Schuldners (§ 35) –, die Vorschriften über die Masseverwertung finden sich in dem Vierten Teil der InsO (§§ 148 bis 173), der mit „Verwaltung und Verwertung der Insolvenzmasse" überschrieben ist. Von diesen Vorschriften betreffen die §§ 148 bis 155 allerdings lediglich die Massesicherung, während die §§ 165 bis 173 sich mit „Gegenständen mit Absonderungsrechten" beschäftigen und damit indirekt die Befriedigung der Absonderungsberechtigten regeln (vgl. bereits RdNr. 104). Damit verbleiben als Regelungen über die Masseverwertung diejenigen des Zweiten Abschnitts des Vierten Teils (§§ 156 bis 164). Insoweit regeln die §§ 156 und 157 das Verfahren im Berichtstermin und die dort von der Gläubigerversammlung zu treffenden Entscheidungen. Nach den Terminierungsregeln der InsO (§§ 29, 236) wäre es zwar theoretisch denkbar, dass der Berichtstermin nach dem (verbundenen) Prüfungs-, Erörterungs- und Abstimmungstermin stattfindet. Eine entsprechende Terminierung würde jedoch dem Zweck des Berichtstermins, der die Gläubiger u. a. in den Stand versetzen soll, eine Entscheidung über die Aufstellung eines (konkurrierenden) Insolvenzplans zu treffen (vgl. § 157 Satz 2), widersprechen. Dies bedeutet, dass der Berichtstermin jedenfalls nicht später als ein verbundener Prüfungs-, Erörterungs- und Abstimmungstermin stattfinden darf. Da Planregelungen erst mit Rechtskraft der Planbestätigung wirksam werden (§ 254 Abs. 1 Satz 1), sind die §§ 156, 157 schon aus diesem Grund einer Planregelung entzogen.[191] Gleiches gilt erst recht für § 158, der Verwertungshandlungen vor dem Berichtstermin betrifft.[192] Letztlich beschränkt sich der Bereich der plandispositiven Vorschriften damit auf die **§§ 159 bis 164** (dazu kommen noch die §§ 165 bis 173, sofern man diese nicht bereits als Befriedigungsregelungen für plandispositiv hält).[193]

119 **b) Praktisch bedeutsame Planregelungen.** Es ist kaum ein Insolvenzplan vorstellbar, der von den §§ 159 bis 164 nicht – wenn auch ggf. nur teilweise – abweicht. Für einen Plan, der die Reorganisation des Unternehmensträgers und die Befriedigung der Gläubiger aus

---

führen, dass einem Gläubiger ein neues Risiko aufgebürdet wird, das über das bereits in der Vergangenheit übernommene Risiko hinausgeht. Für zulässig könnte man danach etwa den Ausschluss der Kündigung eines ausgereichten Kredits, nicht aber den Ausschluss der Kündigung eines Bierlieferungsvertrages ansehen.

[190] Ausführlich *Eidenmüller*, Unternehmenssanierung zwischen Markt und Gesetz, 1999, S. 826 ff., 860 ff.
[191] Ebenso (mit ähnlicher Begründung) HK-*Flessner* § 217 RdNr. 4. AA (ohne Begründung) für § 157 *Smid/Rattunde*, Der Insolvenzplan, 2. Aufl. 2005, RdNr. 5.64.
[192] Ebenso (mit ähnlicher Begründung) HK-*Flessner* § 217 RdNr. 4. AA (ohne Begründung) für § 158 Abs. 1 *Smid/Rattunde*, Der Insolvenzplan, 2. Aufl. 2005, RdNr. 5.64.
[193] Im Ergebnis ebenso HK-*Flessner* § 217 RdNr. 4.

den Erträgen des reorganisierten Unternehmens vorsieht, liegt das auf der Hand: Mit dem Verwertungsauftrag des Insolvenzverwalters gem. § 159 wäre ein entsprechendes Vorgehen nicht vereinbar. Ein Plan, der den Verkauf des Unternehmens als Vermögensgesamtheit an einen neuen Rechtsträger vorsieht (übertragende Sanierung), wird regelmäßig in der einen oder anderen Hinsicht von den §§ 160 bis 163 abweichen (sofern der neue Träger in gestaltende Planregelungen einbezogen werden soll, ist dies allerdings nur mit seiner Zustimmung möglich, vgl. RdNr. 95, 148 ff., § 221 RdNr. 34). Aber auch ein Plan, dessen Ziel in einer Einzelliquidation des Schuldnervermögens liegt, wird sich zumeist nicht an die von § 159 vorgegebene, hohe Liquidationsgeschwindigkeit („unverzügliche" Verwertung) und maximale Liquidationsintensität – das *gesamte* Schuldnervermögen ist zu verwerten – halten, sondern eine andere Form der Liquidation vorsehen – ansonsten wäre schwer zu verstehen, warum überhaupt ein Plan aufgestellt wird. Denkbar ist z. B. auch, dass nicht der Insolvenzverwalter, sondern ein Treuhänder die Masse verwerten soll, wie dies in § 253 Abs. 2 Nr. 2 RegE als Beispiel für eine planabweichende Regelung noch vorgesehen war.[194]

c) Regulierung des Massebestandes? Die Beschränkung der plandispositiven Vorschriften auf die §§ 159 bis 164 hat Implikationen im Hinblick auf das praktisch bedeutsame Problem, ob in einem Insolvenzplan mit Zwangswirkung gegen Widersprechende auf **Ansprüche des Schuldners gegen Dritte** (z. B. gegen seine **Gesellschafter,** insbes. auch gegen eine **Konzerngesellschaft**) verzichtet werden kann. Solche Ansprüche gehören zur Insolvenzmasse. Wird auf sie verzichtet – oder werden sie anderweitigen Regelungen unterworfen –, dann liegt darin eine Planregelung über die Verwertung der Insolvenzmasse i. S. v. § 159.[195] Dabei ist allerdings zu beachten, dass zwingende Vorschriften außerhalb der §§ 159 ff. durch eine solche Planregelung nicht „überspielt" werden können. Voraussetzung für einen wirksamen Verzicht ist deshalb, dass diesem solche Vorschriften nicht entgegenstehen (vgl. etwa § 93 Abs. 4 Satz 3 und Satz 4 AktG[196]). 120

Zwangsweise planunterworfen sind deswegen auch **Gesamtschadensansprüche** i. S. v. § 92 wegen schuldhafter Verstöße gegen die Insolvenzantragspflicht. Zwar richten sich diese Ansprüche nicht gegen den Schuldner, sondern gegen die jeweils insolvenzantragspflichtigen Personen. Die Einziehungsbefugnis während des Insolvenzverfahrens steht jedoch dem Insolvenzverwalter zu (§ 92 Satz 1). Funktional gehören die entsprechenden Ansprüche deshalb zur Insolvenzmasse. Planregelungen über deren Behandlung sind demzufolge als Planregelungen über die Masseverwertung ebenso zulässig wie bei Ansprüchen, die auch materiellrechtlich dem Schuldner zustehen (und damit in die Insolvenzmasse fallen). 121

Schließlich sind deshalb auch **Anfechtungsansprüche** i. S. v. § 143 einer Planregelung mit Zwangswirkung gegen Widersprechende zugänglich.[197] Als mit der Verfahrenseröffnung 122

---

[194] Vgl. auch *Hess* in: *Hess/Obermüller,* Insolvenzplan, Restschuldbefreiung und Verbraucherinsolvenz, 3. Aufl. 2003, RdNr. 234. In diesem Fall wird der Plan Einwilligungserklärungen gem. § 185 Abs. 1 BGB bzgl. der Verwertung durch den Treuhänder enthalten, die analog § 254 Abs. 1 Satz 2 Hs. 1 und Satz 3 mit Rechtskraft der Planbestätigung wirksam werden. Sollen Verpflichtungen des Treuhänders begründet werden, so ist dies nur mit dessen Einverständnis möglich, da er nicht zwangsweise planunterworfen ist, vgl. im Text RdNr. 148 ff.

[195] Im Ergebnis ebenso *Hess* in: *Hess/Obermüller,* Insolvenzplan, Restschuldbefreiung und Verbraucherinsolvenz, 3. Aufl. 2003, RdNr. 15.

[196] Danach kann in einem Insolvenzplan auf Ansprüche gegen Vorstandsmitglieder verzichtet werden. Die Wirksamkeit des Verzichts setzt aber voraus, dass die Hauptversammlung zustimmt und nicht eine Minderheit, deren Anteile zusammen den zehnten Teil des Grundkapitals erreichen, zur Niederschrift Widerspruch erhebt. Trotz der in § 93 Abs. 4 Satz 4 AktG explizit eingeräumten Möglichkeit einer Planregelung gegen die Zulässigkeit einer solchen Regelung (ohne Begründung) *Uhlenbruck/Lüer* § 217 RdNr. 22.

[197] Im Ergebnis ebenso *Nerlich/Römermann/Braun* § 217 RdNr. 18, 20, 23, sowie *Smid/Rattunde,* Der Insolvenzplan, 2. Aufl. 2005, RdNr. 5.70 a. *Paulus* DZWIR 1999, 53, 58, meint, dass in einem Insolvenzplan, über die Aufzählung in § 217 hinaus, „... schlicht die Sammlung der Masse ..." geregelt werden könne. Unrichtig ist die Annahme, die Aufzählung in § 217 sei nicht abschließend, vgl. im Text RdNr. 99. Versteht man eine Planregelung bzgl. Anfechtungsansprüchen als Regelung über die Sammlung der Masse, so kann eine entsprechende Regelung als Regelung über die Masseverwertung nach dem im Text soeben Ausgeführten gleichwohl zulässig sein. Gegen die Planregelbarkeit von Anfechtungsansprüchen offenbar (ohne Begründung) HK-*Flessner* § 217 RdNr. 7.

entstehende, schuldrechtliche Rückübertragungsansprüche[198] gehören entsprechende Anfechtungsansprüche – anders als die Gegenstände, auf die sie sich richten – zur Insolvenzmasse, deren Verwertung durch einen Insolvenzplan geregelt werden kann.

123 d) **Regulierung der Abwicklung von Rechtsgeschäften?** Nicht mit Zwangswirkung gegen widersprechende Beteiligte kann in einem Plan von den Regelungen der InsO im Zweiten Abschnitt des Dritten Teils über die „Erfüllung der Rechtsgeschäfte" bzw. die „Mitwirkung des Betriebsrats" (§§ 103 bis 128) abgewichen werden.[199] Die in diesem Abschnitt getroffenen Regelungen sind in erster Linie solche, die den Fortbestand oder die Auflösung von Rechtsgeschäften des Schuldners – sei es durch eine Handlung des Insolvenzverwalters, sei es durch eine Handlung des rechtsgeschäftlichen Partners des Schuldners – betreffen. Sofern sich aus solchen Rechtsgeschäften Ansprüche des Schuldners ergeben haben oder ergeben können, beeinflussen die entsprechenden Regelungen den *Bestand* der – zugunsten der Gläubiger verwertbaren – Insolvenzmasse. Mit der *Verwertung* der Insolvenzmasse selbst haben sie demgegenüber nichts zu tun. Eine **Beendigung von Arbeitsverhältnissen** kann deshalb mit Zwangswirkung gegen Widersprechende im gestaltenden Teil eines Insolvenzplans nicht geregelt werden.[200]

124 3. **Verteilung der Insolvenzmasse.** Abweichend von den Vorschriften der InsO und mit Zwangswirkung gegenüber Widersprechenden regelbar ist ferner die Verteilung der Insolvenzmasse an die Beteiligten. Die entsprechenden Vorschriften der InsO finden sich in dem mit „Verteilung" überschriebenen Zweiten Abschnitt des Fünften Teils (§§ 187 bis 206). Insoweit decken sich die Begriffe der „Befriedigung der Insolvenzgläubiger" und der „Verteilung der Insolvenzmasse" in § 217 (vgl. bereits RdNr. 104). Grundsätzlich wären die §§ 187 ff. auch im Insolvenzplanverfahren anwendbar, soweit nicht die §§ 217 ff., insbes. die §§ 254 ff., Spezialregelungen enthalten.[201] Das zeigt sich etwa daran, dass auch reine Liquidations- oder „Verteilungspläne" möglich sind. Solche Pläne werden u. a. von einzelnen Vorschriften der §§ 187 abweichen (vgl. auch RdNr. 167, 175). Allerdings betreffen die §§ 201 und 202 materiell nicht die Verteilung der Insolvenzmasse, sondern die Haftung des Schuldners nach Aufhebung des Insolvenzverfahrens (vgl. dazu RdNr. 127 ff.). Von den übrigen Vorschriften als nicht-dispositiv wird man die insolvenzverfahrensrechtlich zentralen Regeln über die Behandlung von Einwendungen gegen das Verteilungsverzeichnis (§ 194), den Schlusstermin (§ 197) sowie die Rechtsmittel gegen die Anordnung/Ablehnung von Nachtragsverteilungen ansehen müssen (§ 204).[202] Im Hinblick auf die Verfahrensaufhebung geht § 258 dem § 200 vor. Alle übrigen Vorschriften der §§ 187 bis 206 sind plandispositiv. Das gilt vor allem auch für die §§ 203, 205, 206 über Nachtragsverteilungen[203] (Abweichungen von § 206 sind allerdings nur zugunsten von Massegläubigern möglich) sowie für die §§ 189 und 190. Dass die zuletzt genannten Vorschriften die Rechte von Personen betreffen, die am Zustandekommen des Insolvenzplans nicht beteiligt wurden,[204] ist nicht richtig (arg. §§ 237 Abs. 1 Satz 1 i. V. m. 77 Abs. 2, § 237 Abs. 1 Satz 2 Hs. 2). Sieht der Plan vor, dass ein etwaiger Übererlös nicht dem Schuldner (§ 199 Satz 1) bzw. dessen Gesellschaftern

---

[198] So die hM zur Dogmatik des § 143, vgl. *Bork,* Einführung in das Insolvenzrecht, 4. Aufl. 2005, RdNr. 223, 228 mwN.

[199] Ebenso HK-*Flessner* § 217 RdNr. 7; *Braun/Braun* vor § 217 RdNr. 8; *Andres/Leithaus* vor § 217 RdNr. 5, § 217 RdNr. 8. Im US-amerikanischen Reorganisationsverfahren sind ähnliche Regelungen in einem Plan demgegenüber gem. 11 U. S. C. § 1123 (b) (2) zulässig: „... (A) plan may – ... provide for the assumption, rejection, or assignment of any executory contract or unexpired lease of the debtor ...". Ebenso für das deutsche Recht (betr. §§ 103, 107) *Smid/Rattunde* InsO § 221 RdNr. 26.

[200] Unzulässig deshalb die diesbezügliche Planregelung in dem Insolvenzverfahren über das Vermögen der Tölzer Eissport GmbH, vgl. dazu *Hingerl* ZInsO 2004, 232 f.

[201] Das wird verkannt von *Breutigam/Kahlert* ZInsO 2002, 469; *Otte/Wiester* NZI 2005, 70, 71.

[202] Ebenso HK-*Flessner* § 217 RdNr. 5.

[203] AA HK-*Flessner* § 217 RdNr. 5, der offenbar der Ansicht ist, dass Nachtragsverteilungen deshalb nicht im Plan geregelt werden *können,* weil sie nach dem Schlusstermin stattfinden. Daraus ergibt sich aber nichts gegen die Planregelbarkeit von Nachtragsverteilungen.

[204] So HK-*Flessner* § 217 RdNr. 5.

(§ 199 Satz 2) herauszugeben ist, so wird der Plan nur Erfolg haben, wenn der Schuldner nicht gem. § 247 Abs. 1 bzw. die Gesellschafter nicht analog § 251 Abs. 1 Nr. 1[205] widersprechen.

Praktisch bedeutsam könnten Verteilungsregelungen in einem Insolvenzplan unter anderem insoweit werden, als es um die Verwendung von „neuer" Masse auf Grund einer im Insolvenzverfahren beschlossenen **Kapitalerhöhung** geht. Eine solche Kapitalerhöhung kann auch während des Insolvenzverfahrens grundsätzlich beschlossen werden (zu Einzelheiten vgl. § 230 RdNr. 65). Möglich ist dies – auf freiwilliger Basis – im gestaltenden Teil eines Plans (vgl. RdNr. 160, § 221 RdNr. 88, 92) oder aber außerhalb des Plans und mit diesem über § 249 verknüpft. Zwar ist **Neuerwerb des Schuldners** massezugehörig (§ 35 Abs. 1 InsO), und von dieser Vorschrift kann in einem Insolvenzplan auch nicht abgewichen werden (vgl. auch RdNr. 147).[206] Indes ist in einem Insolvenzplan selbstverständlich eine Regelung des Inhalts zulässig, dass nur ein bestimmter **Teil der Masse** an die Gläubiger zur **Verteilung** gelangt.[207] Das ergibt sich schon daraus, dass es keinen Unterschied macht, ob den Gläubigern eine niedrigere Quote angeboten wird (was sicher zulässig ist) oder aber dieselbe Quote bzgl. einer verkleinerten Masse. Im Ergebnis ist es also möglich, neu generierte Masse als Liquidität in der Gesellschaft zu halten. Widersprechende Gläubiger werden über § 251 die Bestätigung eines entsprechenden Plans regelmäßig nicht verhindern können, sofern die Gesellschafter im Regelverfahren keine Kapitalerhöhung beschlossen hätten.

4. Haftung des Schuldners und der persönlich haftenden Gesellschafter. Mit Zwangswirkung gegenüber Widersprechenden regelbar sind schließlich die Haftung des Schuldners nach der Beendigung des Insolvenzverfahrens (§§ 217, 227 Abs. 1), die persönliche Haftung der Gesellschafter, sofern es sich bei dem Schuldner um eine Gesellschaft ohne Rechtspersönlichkeit oder eine Kommanditgesellschaft auf Aktien handelt (§ 227 Abs. 2), sowie gem. § 105 Abs. 1 Satz 2 GenG auch die Nachschusspflicht von Mitgliedern einer eingetragenen Genossenschaft.

a) Haftung des Schuldners. Die Haftung des Schuldners nach Beendigung des Insolvenzverfahrens betreffen bei natürlichen Personen zum einen die §§ 201 und 202 über das freie Nachforderungsrecht sowie zum anderen die Vorschriften des Achten Teils der InsO über die Restschuldbefreiung (§§ 286 bis 303). Personen- und Kapitalgesellschaften werden demgegenüber im Regelverfahren bis zur Löschungsreife abgewickelt. Im Hinblick auf die zulässigen Planregelungen ist deshalb zwischen natürlichen Personen als Schuldner und Gesellschaften als Schuldner zu differenzieren.

aa) Natürliche Personen als Schuldner. Abgesehen von § 202 (Zuständigkeitsregelung für Vollstreckungsfragen) dürften alle soeben zitierten Vorschriften (§§ 201, 286 bis 303) plandispositiv sein.[208] Das ergibt sich mittelbar aus § 227 Abs. 1, nach dem der Schuldner mangels anderweitiger Planregelung mit Ausnahme der in § 39 Abs. 1 Nr. 3 geregelten Forderungen (arg. § 225 Abs. 3) eine gesetzliche Restschuldbefreiung von denjenigen Verbindlichkeiten gegenüber seinen Insolvenzgläubigern erlangt, die er nach dem Plan nicht befriedigen soll. Der Umfang und die Voraussetzungen dieser Restschuld-

---

[205] Nach dem Wortlaut der §§ 247, 251 steht den Gesellschaftern in diesem Fall kein Widerspruchsrecht zu. Man wird es ihnen jedoch in einer Analogie zu § 251 Abs. 1 Nr. 1 zugestehen müssen, da sie auf Grund von § 217 im Hinblick auf eine Abweichung von § 199 zwangsweise planunterworfen sind, vgl. auch im Text RdNr. 72.

[206] AA insoweit wohl (aber unzutr.) *Hüffer* AktG § 182 RdNr. 32 b.

[207] Im Ergebnis ebenso *Hüffer* AktG § 182 RdNr. 32 b. Unentschieden *K. Schmidt* AG 2006, 597, 604 f. („verdient kritische Prüfung").

[208] Ebenso für § 201 *Otte/Wiester* NZI 2005, 70, 73. Teilweise aA HK-*Flessner* § 217 RdNr. 6, nach dem eine Abweichung von den Verfahrensvorschriften, nach denen Restschuldbefreiung zu erreichen ist (§§ 287 bis 300, 303), nicht möglich sein soll, sofern diese durch den Plan nicht gänzlich ausgeschlossen wurde. Eine entsprechende Interpretation des § 217 ist jedoch mit der aus § 227 Abs. 1 abzuleitenden Planregelungskompetenz kaum zu vereinbaren, vgl. dazu sogleich im Text.

befreiung sind damit genau die **Kehrseite** dessen, was in dem Plan über die Befriedigung der Insolvenzgläubiger geregelt wird. Mit § 217 vereinbar ist deshalb insbesondere auch ein Insolvenzplan, der vorsieht, dass die Insolvenzgläubiger keinerlei Befriedigung erhalten, mit der Folge, dass die Gesamtverbindlichkeiten des Schuldners gegenüber seinen Insolvenzgläubigern bei einer rechtskräftigen Planbestätigung erlöschen (sogenannter **Null-Plan**).[209] Der Insolvenzplan ist ein Instrument der privatautonomen Haftungsverwirklichung. Da jeder Insolvenzplan von den Gläubigern gem. §§ 244 bis 246 angenommen werden muss, besteht kein Grund, einen Null-Plan von vornherein für unzulässig zu halten: Durch das Recht, einen Null-Plan abzulehnen, ist das Kollektiv der Gläubiger ausreichend geschützt, und ausreichender Individualgläubigerschutz wird durch § 251 bewirkt. In einem Insolvenzplan kann aber z. B. auch festgelegt werden, dass der Schuldner seine Verbindlichkeiten – unter Ausschluss der Möglichkeit einer Restschuldbefreiung – in voller Höhe über einen bestimmten Zeitraum zu erfüllen hat (Erfolg wird ein solcher Plan allerdings nur dann haben, wenn der Schuldner nicht widerspricht, vgl. § 247).[210] Ferner kann in einem Insolvenzplan z. B. auch vorgesehen werden, dass der Schuldner unabhängig von seiner „Redlichkeit" i. S. v. § 290 mit Ausnahme der in § 39 Abs. 1 Nr. 3 geregelten Forderungen von seinen Verbindlichkeiten gegenüber den Insolvenzgläubigern befreit wird, wenn er – in Abweichung von § 287 Abs. 2 Satz 1 – sein pfändbares Arbeitseinkommen für einen bestimmten Zeitraum an einen von den Gläubigern zu bestimmenden Treuhänder abtritt.[211]

129   Missverständlich ist die Aussage, dass ein Insolvenzplan, der in das insolvenzfreie Vermögen des Schuldners eingreift, indem er Zuzahlungen aus dem der Zwangsvollstreckung nicht unterworfenen Vermögen fordert, regelmäßig eine Schlechterstellung i. S. v. § 247 Abs. 2 Nr. 1 bewirkt.[212] Richtig ist, dass ein Insolvenzplan den Schuldner ebenso wenig wie seine Gläubiger (vgl. RdNr. 105 ff.) zu zusätzlichen Leistungen verpflichten kann. Eine entsprechende Regelung gegen den Willen des Schuldners wäre unzulässig. Allerdings geht es insoweit nicht um eine Schlechterstellung i. S. v. § 247 Abs. 2 Nr. 1, sondern um die Grenzen zulässiger Planregelungen. Auch ist es nicht richtig, im Hinblick auf das Zugriffsobjekt der den Gläubigern nach dem Plan gegen den Schuldner (noch) zustehenden Ansprüche von insolvenzfreiem Vermögen zu sprechen, da es ein solches nach Aufhebung des Insolvenzverfahrens (§ 258 Abs. 1) nicht gibt und die Gläubiger auf das der Zwangsvollstreckung nicht unterliegende Vermögen (natürlich) nicht zugreifen können. Ein Plan, der eine entsprechende Zugriffsmöglichkeit eröffnen will, wäre insoweit gesetzeswidrig. Aber auch dabei handelt es sich nicht um ein Problem der Schlechterstellung i. S. v. § 247 Abs. 2 Nr. 1, sondern um die Grenzen zulässiger Planregelungen.

130   **bb) Gesellschaften als Schuldner.** Personen- und Kapitalgesellschaften werden durch die Eröffnung des Insolvenzverfahrens über das Vermögen der Gesellschaft aufgelöst. Allerdings kann nach den einschlägigen gesetzlichen Vorschriften nach rechtskräftiger Bestätigung eines Insolvenzplans und Aufhebung des Insolvenzverfahrens ein Fortsetzungsbeschluss gefasst werden (vgl. § 230 RdNr. 29). Planregelungen über die fortbestehende Haftung von Gesellschaften als Schuldner besitzen eine Bedeutung demzufolge nur für den Fall der Unternehmensfortführung.[213] Eine Verknüpfung ist dergestalt möglich, dass der Plan gem. § 249 unter die verfahrensrechtliche oder gem. § 158 Abs. 1 BGB unter die rechtsgeschäftliche Bedingung der Fassung eines – seinerseits unter der aufschiebenden Bedingung der

---

[209] Wohl unstr. Vgl. *Nerlich/Römermann/Braun* § 219 RdNr. 59; *Hess* InsO § 217 RdNr. 34. Kontrovers diskutiert wird die Frage für den Schuldenbereinigungsplan gem. § 305 Abs. 1 Nr. 4. Vgl. insoweit die Kommentierung zu § 305.
[210] Vgl. auch *Nerlich/Römermann/Braun* § 247 RdNr. 4; *HK-Flessner* § 217 RdNr. 6, § 227 RdNr. 6; *Uhlenbruck/Maus* § 221 RdNr. 6.
[211] Vgl. für weitere Regelungsmöglichkeiten auch die Begründung zu § 253 RegE (= § 217), BT-Drucks. 12/2443, S. 195.
[212] Vgl. *Nerlich/Römermann/Braun* § 247 RdNr. 6.
[213] Vgl. auch *Schiessler*, Der Insolvenzplan, 1997, S. 109 f.

Verfahrensaufhebung stehenden – Fortsetzungsbeschlusses gestellt wird (vgl. RdNr. 42 sowie § 221 RdNr. 22 ff. und § 230 RdNr. 38 ff.).

Planregelungen, die den Schuldner haftungsmäßig voraussichtlich schlechter stellen, als er 131 ohne einen Plan stünde, begründen die Beachtlichkeit eines Widerspruchs gem. § 247. Das allerdings ist nicht vorstellbar: Im Regelverfahren wäre der Schuldner abgewickelt und gelöscht worden. Darin liegt keine „Besserstellung" im Vergleich mit einer Forthaftung gemäß Plan. Planregelungen, die nicht die Haftung des Schuldners betreffen, sind zu seinen Lasten nur als Planregelungen auf freiwilliger Basis möglich (vgl. RdNr. 148 ff.). Fehlt eine entsprechende Mitwirkung des Schuldners, so ist der Plan inhaltlich fehlerhaft. Ein entsprechender Mangel ist im Vorprüfungsverfahren gem. § 231 Abs. 1 Nr. 1 und ggf. auch im Bestätigungsverfahren gem. § 250 Nr. 1 beachtlich (vgl. RdNr. 176 ff.).

b) Haftung der persönlich haftenden Gesellschafter. § 227 Abs. 2 lässt es zu, dass 132 ein Insolvenzplan Bestimmungen über die persönliche Haftung der Gesellschafter einer Gesellschaft ohne Rechtspersönlichkeit oder einer Kommanditgesellschaft auf Aktien trifft. Die Vorschrift wirft eine Reihe von Zweifelsfragen auf, die sich auf die erfassten Gesellschaften (als Schuldner), auf die erfassten Gesellschafter (als persönlich Haftende), auf den Rechtsgrund von deren persönlicher Haftung sowie auf die Art der zulässigen Haftungsregelungen (Haftungsbestimmungen) im Insolvenzplan beziehen. Die ersten drei Fragen stellen sich in gleicher Weise bei § 93, der Parallelvorschrift zu § 227 Abs. 2 im Regelinsolvenzverfahren. Sie lassen sich nur auf der Grundlage einer Analyse des Zwecks der beiden Vorschriften beantworten.

aa) Zweck des § 227 Abs. 2 im Lichte des § 93. Nach den Vorstellungen des 133 Gesetzgebers soll durch § 93 sichergestellt werden, dass gesetzliche Haftungsanordnungen, die der **Gesamtheit der Gesellschaftsgläubiger** zugute kommen sollen, nicht durch einzelne Gläubiger zu ihrem Vorteil ausgenutzt werden: „Im Interesse der gleichmäßigen Befriedigung der Gesellschaftsgläubiger wirkt die Vorschrift darauf hin, dass sich keiner dieser Gläubiger in der Insolvenz der Gesellschaft durch einen schnelleren Zugriff auf persönlich haftende Gesellschafter Sondervorteile verschafft."[214] Ansprüche bzw. Rechte, die nur **einzelnen Gläubigern** gegen die Gesellschafter zustehen – etwa auf Grund einer Bürgschaft – werden von dieser Vorschrift nicht erfasst: Bei ihnen geht es nicht darum, dass ein Gläubiger eine im Kollektivinteresse bestehende Haftungsanordnung unterläuft; vielmehr hat der betreffende Gläubiger eine im Individualinteresse bestehende Haftungsanordnung geschaffen. Eine weitere Einschränkung der Reichweite des § 93 ergibt sich aus der Formulierung, dass es um eine Haftung für „Verbindlichkeiten der Gesellschaft" gehen muss. § 93 betrifft also nur Tatbestände einer **akzessorischen Gesellschafterhaftung.** Ansprüche, die sich originär gegen einzelne Gesellschafter richten, werden von der Vorschrift nicht erfasst. Ebenfalls von § 93 nicht erfasst werden Ansprüche, die materiell nicht den Gläubigern der Gesellschaft, sondern vielmehr dieser selbst (gegen ihre Gesellschafter) zustehen.

Durch § 227 Abs. 2 und § 254 Abs. 2 Satz 1 wird die mit § 93 verbundene gesetz- 134 geberische Zwecksetzung in das Planverfahren „verlängert": Haftungsanordnungen für Gesellschaftsschulden im Kollektivinteresse sind planunterworfen (§ 227 Abs. 2), gesondert vereinbarte Haftungsanordnungen im Individualinteresse sind es nicht (§ 254 Abs. 2 Satz 1). Wenn aber der Zweck des § 227 Abs. 2 ebenso wie derjenige des § 93 darin liegt, im Interesse des Kollektivs der Gläubiger liegende Haftungsregelungen auch dem Kollektiv der Gläubiger nutzbar zu machen, dann bedeutet dies, dass § 227 Abs. 2 ebenso wie § 93 auf **alle persönlichen Haftungstatbestände von Gesellschaftern für Gesellschaftsschulden** Anwendung finden muss, die der **Gesamtheit der Gesellschaftsgläubiger** zugute kommen sollen (zu dem Sonderproblem der Anwendbarkeit von § 227 Abs. 2 auf Haftungstatbestände im Interesse einer Untergruppe der Gesellschaftsgläubiger vgl. RdNr. 138), und

---

[214] BT-Drucks. 12/2443, S. 140.

bei denen die Zulässigkeit einer Einzelrechtsverfolgung zu kollektivschädlichen Ergebnissen führen würde: etwa auf Grund der höheren Risiken bzw. Risikokosten, die von jedem Gläubiger zu tragen sind (für jeden einzelnen Gläubiger besteht die Gefahr, dass er gänzlich „leer" ausgeht) und/oder auf Grund der insgesamt höheren Rechtsverfolgungskosten (die Gesellschafterhaftung wird nicht in einem Verfahren, sondern ggf. in einer Vielzahl von Verfahren geltend gemacht).[215] Methodisch geht es bei einer entsprechenden Interpretation von § 93 und § 227 Abs. 2 um eine **teleologische Extension:** Der „zu enge" Wortlaut der Vorschriften wird im Lichte ihrer *ratio legis* korrigiert.[216]

135 bb) Erfasste Gesellschaften (als Schuldner). Daraus ergeben sich Konsequenzen zunächst für die Frage, welche Gesellschaften von § 227 Abs. 2 erfasst werden. Ihrem Wortlaut nach betrifft die Vorschrift nur Insolvenzverfahren über das Vermögen einer Gesellschaft ohne Rechtspersönlichkeit (vgl. § 11 Abs. 2 Nr. 1) oder einer Kommanditgesellschaft auf Aktien als Schuldner. Ohne weiteres erfasst wird deshalb sicherlich auch die **Vorgründungsgesellschaft,** die – je nach Geschäftsfeld und Tätigkeit – entweder als BGB-Gesellschaft oder als OHG zu behandeln ist. Zweifelhaft ist demgegenüber, ob auch die (echte) **Vorgesellschaft** unter § 227 Abs. 2 fällt. Wird die unbeschränkte Verlustdeckungshaftung der Gründergesellschafter als Außenhaftung konzipiert,[217] so ist § 227 Abs. 2 – ebenso wie § 93 – zwanglos auf diese Haftungsanordnung anwendbar. Nach dem Innenhaftungskonzept der Rechtsprechung[218] folgt die Befugnis des Insolvenzverwalters zur Inanspruchnahme der Gesellschafter indes nicht aus § 93, sondern aus § 80 Abs. 1, da es sich um massezugehörige Ansprüche handelt.[219] Auch § 227 Abs. 2 ist deshalb nicht anwendbar. Eine Planregelung ist allenfalls unter dem Gesichtspunkt der Regulierung des Massebestandes denkbar (vgl. RdNr. 120 ff.). Sehr wohl Anwendung finden kann § 227 Abs. 2 auf andere **juristische Personen** als Kommanditgesellschaften auf Aktien, sofern bei solchen juristischen Personen im Einzelfall eine Außenhaftung der Gesellschafter gegenüber dem Kollektiv der Gesellschaftsgläubiger praktisch wird (vgl. RdNr. 137). Jedenfalls entsprechend anzuwenden ist die Vorschrift auf die Regelung der persönlichen Gesellschafterhaftung in einem Insolvenzverfahren über das Vermögen eines Rechtsnachfolgers einer Gesellschaft ohne Rechtspersönlichkeit oder einer Kommanditgesellschaft auf Aktien.[220]

136 cc) Erfasste Gesellschafter (als persönlich Haftende). Welche Gesellschafter (als persönlich Haftende) von § 227 Abs. 2 erfasst werden, ist ebenso wie die von der Vorschrift erfassten Gesellschaften (als Schuldner) auf der Grundlage des Zwecks der Vorschrift (vgl. RdNr. 133) zu bestimmen. In den Anwendungsbereich des § 227 Abs. 2 fallen danach nicht nur Gesellschafter, die grundsätzlich für die Gesellschaftsschulden persönlich haften (etwa: Komplementäre einer KG, Gesellschafter einer BGB-Gesellschaft). Erfasst werden vielmehr alle Gesellschafter, gegenüber denen im Einzelfall eine im Interesse des Kollektivs der Gesellschaftsgläubiger angeordnete persönliche Haftung besteht. Dazu gehört beispielsweise der nach § 171 Abs. 1 Hs. 1 HGB oder § 176 HGB persönlich haftende **Kommanditist.**[221]

---

[215] Vgl. *Eidenmüller* ZGR 2001, 680, 683.
[216] Zu Begriff und Voraussetzungen einer teleologischen Extension vgl. *Larenz/Canaris,* Methodenlehre der Rechtswissenschaft, 3. Aufl. 1995, S. 216 ff.
[217] So etwa *K. Schmidt,* Gesellschaftsrecht, 4. Aufl. 2002, S. 1023 f. Übersicht über den Meinungsstand bei *Hüffer* AktG § 41 RdNr. 9 a und 9 b.
[218] Vgl. BGH NJW 1997, 1507. Zuletzt bestätigt in BGH NJW-RR 2006, 254 f.
[219] Ebenso *Noack,* Gesellschaftsrecht, 1999, RdNr. 504, 508.
[220] Vgl. *Gerhardt* ZIP 2000, 2181, 2183 ff.
[221] Vgl. *Eidenmüller* ZGR 2001, 680, 684. Ebenso *Noack,* Gesellschaftsrecht, 1999, RdNr. 542 f., *Uhlenbruck/Hirte* § 11 RdNr. 316, *Müller* KTS 2002, 209, 258 ff., und wohl auch *K. Schmidt* ZGR 1996, 209, 217. Teilweise aA *Hess* in: *Hess/Obermüller,* Insolvenzplan, Restschuldbefreiung und Verbraucherinsolvenz, 3. Aufl. 2003, RdNr. 386 f. (§ 227 Abs. 2 sei nur auf die Kommanditistenhaftung aus § 176 HGB anwendbar – aber für eine Differenzierung zwischen einer Haftung gem. § 171 Abs. 1 Hs. 1 HGB und gem. § 176 HGB gibt es keinen einleuchtenden Grund). Außerhalb eines Plans folgt die Befugnis des Insolvenzverwalters zur Geltendmachung der Kommanditistenhaftung im Hinblick auf § 171 Abs. 1 Hs. 1 HGB aus § 171 Abs. 2 HGB und im Hinblick auf § 176 HGB aus § 93. § 171 Abs. 2 HGB ist wegen § 93 überflüssig und könnte ersatzlos gestrichen werden, vgl. *Noack,* Gesellschaftsrecht, 1999, RdNr. 496, 523. Krit. auch *Armbruster,* Die

Grundsatz

Dazu gehören aber auch bereits ausgeschiedene Gesellschafter, die (noch) für die Schulden der Gesellschaft verantwortlich sind. Es gibt keinen sachlich gerechtfertigten Grund, die noch aktiven Gesellschafter insoweit anders zu behandeln als die bereits ausgeschiedenen. Das Kollektivhandlungsproblem übereilter Vollstreckungszugriffe mit der Folge von Sondervorteilen für einzelne Gesellschaftsgläubiger (vgl. oben RdNr. 133) stellt sich bei Letzteren nicht anders als bei Ersteren.[222]

dd) Rechtsgrund der persönlichen Haftung. Nach alledem kann es für die Anwendbarkeit des § 227 Abs. 2 auf den Rechtsgrund der persönlichen Haftung eines Gesellschafters nicht ankommen. Entscheidend ist allein, dass es sich um eine persönliche (nicht dingliche, arg. § 254 Abs. 2 Satz 1) Haftung für eine Gesellschaftsschuld handelt, die nach ihrem Zweck dem Kollektiv der Gesellschaftsgläubiger zugute kommen soll, und bei der die Zulässigkeit einer Individualrechtsverfolgung zu willkürlichen und kollektivschädlichen – weil den Gesamtumfang der Rechtsverfolgungskosten erhöhenden – Ergebnissen führen würde. Das ist unproblematisch der Fall z. B. bei der persönlichen Haftung der Gesellschafter einer OHG oder einer BGB-Gesellschaft,[223] aber auch bei der persönlichen Haftung der Komplementäre einer KG sowie der Kommanditisten nach § 171 Abs. 1 Hs. 1 HGB oder § 176 HGB (vgl. RdNr. 136). Das ist aber auch der Fall in allen Fällen eines **Haftungsdurchgriffs** auf die Gesellschafter einer Kapitalgesellschaft (unabhängig davon, wie dieser Haftungsdurchgriff rechtsdogmatisch begründet wird).[224] Die Gesellschafterhaftung wegen eines „**existenzvernichtenden Eingriffs**"[225] unterliegt also § 227 Abs. 2, und zwar auch insoweit, als es nicht um einen gesellschaftsrechtlichen Durchgriff, sondern um konkurrierende Ansprüche aus § 826 BGB geht.[226]

Ein besonderer Fall liegt bei einer persönlichen Gesellschafterhaftung für Gesellschaftsschulden nur im Verhältnis zu einer **Teilgruppe des Kollektivs der Gesellschaftsgläubiger** vor. Eine entsprechende Gesellschafterhaftung besteht etwa bei bereits ausgeschiedenen Gesellschaftern. Sie lässt sich unter dem Gesichtspunkt eines Haftungsdurchgriffs aber unter Umständen auch in bestimmten Fallkonstellationen zu Gunsten (nur) der gesetzlichen Gläubiger eines insolventen oder überschuldeten Schuldners begründen, die – anders als Vertragsgläubiger – keine Möglichkeit haben, sich durch vertragliche Regelungen gegen Insolvenzrisiken zu schützen.[227] Der materiale Grund für die Anwendung von § 93 und § 227 Abs. 2 liegt auch in diesen Fällen vor: Eine entsprechende Haftungsanordnung soll zwar nicht dem Kollektiv aller Gesellschaftsgläubiger, aber doch immerhin einer Teilgruppe dieses Kollektivs zugute kommen, und die Zulassung einer Einzelrechtsverfolgung würde zu willkürlichen und kollektivschädlichen Ergebnissen führen.

Stellung des haftenden Gesellschafters in der Insolvenz der Personenhandelsgesellschaft nach geltendem und künftigem Recht, 1996, S. 149.

[222] Vgl. *Eidenmüller* ZGR 2001, 680, 684. Ebenso *Noack*, Gesellschaftsrecht, 1999, RdNr. 544; *Uhlenbruck/Hirte* § 11 RdNr. 317; *Armbruster*, Die Stellung des haftenden Gesellschafters in der Insolvenz der Personenhandelsgesellschaft nach geltendem und künftigem Recht, 1996, S. 150, 237 f.; *Gerhardt* ZIP 2000, 2181, 2182 f.; *Müller* KTS 2002, 209, 255 ff.; *Gottwald/Haas*, Insolvenzrechts-Handbuch, 2. Aufl. 2001, § 94 RdNr. 69. AA *Hess* in: *Hess/Obermüller*, Insolvenzplan, Restschuldbefreiung und Verbraucherinsolvenz, 3. Aufl. 2003, RdNr. 381: § 227 Abs. 2 wolle die Fortführung des Unternehmens (offenbar durch die nicht ausscheidenden Gesellschafter) erleichtern – aber darin liegt nicht der Zweck des § 227 Abs. 2, vgl. im Text RdNr. 133 f.

[223] Sofern nicht im Einzelfall eine Haftungsbeschränkung vereinbart ist, vgl. *K. Schmidt* ZGR 1996, 209, 217 f.

[224] Vgl. *Eidenmüller* ZGR 2001, 680, 685. Ebenso bzgl. der „Durchgriffs-Außenhaftung" *K. Schmidt* ZGR 1996, 209, 217. Im Grundsatz auch *Uhlenbruck/Hirte* § 11 RdNr. 318, 321 (abweichend aber RdNr. 319). AA wohl *Noack*, Gesellschaftsrecht, 1999, RdNr. 499, 506 (bzgl. § 93), allerdings ohne Auseinandersetzung mit dem Argument, dass der Zweck von § 93 bzw. § 227 Abs. 2 auch auf Fälle eines Haftungsdurchgriffs zutrifft.

[225] Vgl. insoweit zuletzt BGH NZG 2005, 177 ff.; BGH NZG 2005, 214; BGH NZG 2005, 886, 889. Vgl. auch OLG München ZIP 2006, 564, 567 f.

[226] Vgl. insoweit zuletzt BGH NZG 2005, 178, 179 f.; BGH NZG 2005, 214, 215.

[227] Vgl. *Hansmann/Kraakman*, The Uneasy Case for Limiting Shareholder Liability in Tort, 100 Yale L. J. 1879 ff. (1991); *Eidenmüller* JZ 2001, 1041, 1049.

§ 217 139–143   6. Teil. 1. Abschnitt. Aufstellung des Plans

139   Daraus ergeben sich scheinbar weitergehend auch Konsequenzen für eine etwaige **Handelndenhaftung** bei der Vorgesellschaft gem. § 11 Abs. 2 GmbHG oder § 41 Abs. 1 Satz 2 AktG. Sofern diese Haftung auf Grund einer bestimmten Handlung mehreren Gläubigern gegenüber besteht, trifft die *ratio* des § 93 und damit auch diejenige des § 227 Abs. 2 auf sie offenbar in gleicher Weise – wenn auch auf Grund der verminderten Zahl der Berechtigten ggf. in verminderter Weise – zu. Indes richten sich entsprechende Ansprüche nicht gegen die Gesellschaft, sondern unmittelbar gegen die handelnden Gesellschafter. Weder § 93 noch § 227 Abs. 2 betreffen jedoch Fälle einer originären Gesellschafterhaftung. Die Vorschriften erfassen vielmehr nur die Haftung von Gesellschaftern für Verbindlichkeiten der Gesellschaft (vgl. RdNr. 133). Die Handelndenhaftung gem. § 11 Abs. 2 GmbHG oder § 41 Abs. 1 Satz 2 AktG ist damit nicht planunterworfen.[228]

140   **ee) Zulässige Haftungsregelungen (Haftungsbestimmungen).** Welche Haftungsregelungen (Haftungsbestimmungen) in einem Insolvenzplan im Hinblick auf die persönliche Haftung von Gesellschaftern zulässig sind, ergibt sich aus der in § 227 Abs. 2 angeordneten, entsprechenden Anwendung von § 227 Abs. 1. Diese Anordnung wird man so interpretieren müssen, dass die persönliche Gesellschafterhaftung in vollem Umfang erlischt, wenn sie im Plan nicht geregelt wird (vgl. bereits RdNr. 68). Aufgrund der Verweisung in § 227 Abs. 2 auf § 227 Abs. 1 kann im Plan aber auch vorgesehen werden, dass die persönliche Gesellschafterhaftung in einem weitergehenden Umfang fortbestehen soll als die Haftung der Gesellschaft (vgl. bereits RdNr. 68).

141   Unzulässig wäre demgegenüber z. B. eine Regelung, mit der die Gesellschafter verpflichtet werden sollen, ihrem Unternehmen ein Darlehen zu gewähren. Eine entsprechende Regelung hat mit ihrer Haftung i. S. v. § 227 Abs. 2 nichts zu tun. Ein freiwilliger Sanierungsbeitrag dieser Art bleibt natürlich denkbar (vgl. RdNr. 148 ff., insbes. 159), ggf. in Kombination mit einer – einvernehmlichen! – Freistellung von einer mit Zwangswirkung gegen widersprechende Gläubiger im Plan nicht eliminierbaren Haftung gem. § 254 Abs. 2 Satz 1.[229] Unzulässig wäre auch ein Eingriff in die Kapitalstruktur der Gesellschaft oder in die Beteiligungsverhältnisse. Auch insoweit kommt lediglich eine freiwillige Beteiligung an einem Insolvenzplan in Betracht (vgl. RdNr. 148 ff., insbes. 160). Von der Frage einer zwangsweisen Verpflichtung von Gesellschaftern zu Sanierungsbeiträgen im Plan zu unterscheiden ist die Frage, ob und ggf. unter welchen Voraussetzungen eine gesellschaftsrechtliche Nachschusspflicht bestehen könnte.[230]

142   Gegen zulässige Haftungsbestimmungen, die sie schlechter stellen als eine Insolvenzabwicklung über das Gesellschaftsvermögen im Regelverfahren, können sich die Gesellschafter mit einem Antrag analog § 251 und einer Beschwerde analog § 253 zur Wehr setzen (vgl. bereits RdNr. 72). Unzulässige Haftungsregelungen begründen demgegenüber einen inhaltlichen Planmangel, der im Vorprüfungsverfahren gem. § 231 Abs. 1 Nr. 1 und ggf. auch im Bestätigungsverfahren gem. § 250 Nr. 1 von Amts wegen beachtlich ist. Auch insoweit sollten die Gesellschafter analog § 253 als beschwerdeberechtigt angesehen werden (vgl. RdNr. 194).

143   **5. Nachschusspflicht des Mitglieds einer Genossenschaft.** Ebenso wie die Haftung des Schuldners nach der Beendigung des Insolvenzverfahrens (§ 217) sowie die persönliche Haftung der Gesellschafter des Schuldners (§ 227 Abs. 2) ist auch die Nachschusspflicht der Mitglieder einer eingetragenen Genossenschaft (§ 105 Abs. 1 Satz 2 GenG) mit Zwangswirkung gegen Widersprechende planregelbar. Der Plan kann etwa vorsehen, dass die Mitglieder überhaupt keine Nachschüsse zu leisten haben, er kann aber auch Nachschüsse in einer bestimmten Höhe festlegen. Ein Plan, der einem Mitglied höhere Nachschüsse zumutet, als dieses gem. § 6 Nr. 3 GenG im Regelinsolvenzverfahren zu leisten hätte, darf

---

[228] Vgl. *Eidenmüller* ZGR 2001, 680, 684 f. Ebenso K. *Schmidt* ZGR 1996, 209, 217; *Noack*, Gesellschaftsrecht, 1999, RdNr. 508.
[229] Vgl. dazu *Windel* Jura 1999, 1, 4.
[230] Vgl. dazu etwa *Eidenmüller*, Unternehmenssanierung zwischen Markt und Gesetz, 1999, S. 638.

jedoch analog § 251 bei einem Widerspruch des betreffenden Mitglieds nicht bestätigt werden, wenn dieses die Versagung der Bestätigung beantragt (vgl. bereits RdNr. 72 f.). Insoweit steht dem betreffenden Mitglied auch ein Beschwerderecht analog § 253 zu (vgl. bereits RdNr. 72 f.). Regelt ein Plan gegen den Willen von Mitgliedern andere Fragen als deren Nachschusspflicht, so ist er inhaltlich fehlerhaft. Ein entsprechender Fehler ist im Vorprüfungsverfahren gem. § 231 Abs. 1 Nr. 1 und ggf. auch im Bestätigungsverfahren gem. § 250 Nr. 1 von Amts wegen beachtlich. Auch insoweit sollten die Mitglieder analog § 253 als beschwerdeberechtigt angesehen werden (vgl. RdNr. 194).

6. Persönliche Haftung der Ehegatten bzw. der eingetragenen Lebenspartner. 144
Gem. § 334 Abs. 2 kann ferner die persönliche Haftung der Ehegatten bzw. der eingetragenen Lebenspartner in einem Insolvenzverfahren über das gemeinschaftlich verwaltete Gesamtgut mittels eines Insolvenzplans geregelt werden (vgl. auch RdNr. 77). Trifft der Plan keine Bestimmung, tritt eine vollständige Haftungsbefreiung ein (§ 334 Abs. 2 i. V. m. § 227 Abs. 1). Der Plan kann die Haftung aber auch – ganz oder teilweise – aufrechterhalten. Haftungsmäßige Schlechterstellungen im Vergleich zum Regelverfahren sind analog §§ 251, 253 abwehrbar (vgl. bereits RdNr. 77). Andere Fragen als ihre persönliche Haftung können zu Lasten der betroffenen Ehegatten bzw. eingetragenen Lebenspartner nur auf freiwilliger Basis im Plan geregelt werden (vgl. RdNr. 148 ff.). Ansonsten liegt ein inhaltlicher Planmangel vor, der im Vorprüfungsverfahren gem. § 231 Abs. 1 Nr. 1 und ggf. auch im Bestätigungsverfahren gem. § 250 Nr. 1 von Amts wegen beachtlich ist und ein Beschwerderecht der Ehegatten bzw. eingetragenen Lebenspartner analog § 253 begründet (vgl. RdNr. 194).

7. Planüberwachung. Zu Lasten des Schuldners kann ein Insolvenzplan vorsehen, dass 145
der Schuldner nach der Aufhebung des Insolvenzverfahrens in seiner Verfügungsfreiheit über die Insolvenzmasse (vgl. § 259 Abs. 1 Satz 2) durch eine angeordnete Planüberwachung mit Zustimmungserfordernissen für Rechtsgeschäfte beschränkt wird (vgl. §§ 259 Abs. 2, 260 Abs. 1, 263 – vgl. dazu ausführlich § 221 RdNr. 33 ff.). Im Verhältnis zu einer Übernahmegesellschaft ist eine derartige Anordnung entgegen dem Wortlaut des § 260 Abs. 3 demgegenüber nur mit deren Einverständnis möglich. Von diesem Einverständnis ist allerdings im Zweifel auszugehen, wenn die betreffende Gesellschaft im Insolvenzplan (freiwillig) gegen sie gerichtete Ansprüche der Gläubiger begründet hat (vgl. RdNr. 95).

8. Fortführung von Anfechtungsprozessen. Zu Lasten, möglicherweise aber auch 146
zugunsten des Schuldners kann der Plan schließlich gem. § 259 Abs. 3 vorsehen, dass ein schwebender Anfechtungsprozess auch nach Aufhebung des Insolvenzverfahrens vom Insolvenzverwalter fortgeführt wird (vgl. auch § 221 RdNr. 40).[231]

9. Planfeste Vorschriften. Im Ergebnis kann daher auch mit Zwangswirkung gegen 147
Widersprechende von den §§ 159 bis 164 über die Verwertung der Insolvenzmasse, von den §§ 165 bis 173 sowie den §§ 10 Abs. 1 Nr. 1 a, 30 d bis 30 f, 153 b, 153 c ZVG über die Befriedigung der Absonderungsberechtigten, von großen Teilen der §§ 187 bis 206 über die Befriedigung der Insolvenzgläubiger und die Verteilung der Insolvenzmasse, von § 201 und den §§ 286 bis 303 über die Haftung des Schuldners nach der Beendigung des Insolvenzverfahrens, von § 201 i. V. m. § 93 über die entsprechende Haftung persönlich haftender Gesellschafter, von § 105 Abs. 1 Satz 2 GenG über die Nachschusspflicht von Mitgliedern einer eingetragenen Genossenschaft, sowie von § 1459 Abs. 2 BGB über die persönliche Ehegatten- bzw. Lebenspartnerhaftung in einem Insolvenzverfahren über das gemeinschaftlich verwaltete Gesamtgut abgewichen werden. Alle übrigen Vorschriften der InsO sind planfest in dem Sinne, dass jedenfalls gegen den Willen eines zwangsweise Planunterworfenen gem. § 254 Abs. 1 Satz 1 und Satz 3 eine Planregelung nicht getroffen werden kann.

---

[231] Für einen entsprechenden Fall vgl. BGH NZI 2006, 100, 102 f.

II. Zulässige Planregelungen im Verhältnis zu nicht zwangsweise Planunterworfenen

148 Nicht zwangsweise Planunterworfene sind nach dem oben Ausgeführten zum einen Personen, die überhaupt nicht zwangsweise planunterworfen sind (z. B. Aussonderungsberechtigte). Nicht zwangsweise Planunterworfene sind aber auch Personen, die in einer bestimmten Hinsicht nicht zwangsweise planunterworfen sind (z. B. Gläubiger im Hinblick auf die etwaige Vergabe eines Überbrückungs- oder Sanierungskredits). Personenbezogene Regelungen in einem Insolvenzplan zu Lasten *nicht* oder *nicht so* zwangsweise Planunterworfener gegen deren Willen sind unzulässig. Lediglich von rein gegenstandsbezogenen Regelungen über die „Verwertung der Insolvenzmasse" i. S. v. § 217 (vgl. RdNr. 58, 78, 98, 117 ff.) kann auch diese Personengruppe erfasst werden.

149 **1. Vorteilhaftigkeit ergänzender Planregelungen.** Aus der Sicht aller Betroffenen – einschließlich der nicht zwangsweise Planunterworfenen – ist es im Einzelfall darüber hinaus möglicherweise sinnvoll, ergänzende personenbezogene Regelungen in einen Plan aufzunehmen, die sich zu Lasten von nicht oder nicht so zwangsweise Planunterworfenen auswirken. Zum einen könnten auf diesem Wege ggf. die „Verhandlungsgegenstände" des Planverfahrens erweitert und so effiziente „Tauschgeschäfte" auf Grund unterschiedlicher Interessenpriorisierungen ermöglicht werden.[232] Zum anderen würde damit dem in einer Insolvenzsituation regelmäßig drängenden Anliegen nach Konzentration und Beschleunigung der Insolvenzabwicklung Rechnung getragen.[233] Drittens schließlich würden ggf. Transaktionskosten gespart, sofern über § 254 Abs. 1 Satz 2 sonst erforderliche, kostspielige Beurkundungen etc. überflüssig werden (zur Formwahrungsfiktion des § 254 Abs. 1 Satz 2 bzgl. in einen Plan aufgenommener Willenserklärungen nicht zwangsweise Planunterworfener vgl. RdNr. 156).

150 **2. Grundsätzliche Zulässigkeit ergänzender Planregelungen.** Dass nach dem Willen des Gesetzgebers ergänzende Planregelungen auch im Verhältnis zu nicht zwangsweise Planunterworfenen zulässig sein können, zeigt vor allem § 254 Abs. 1 Satz 2. Die Vorschrift soll es nach den Vorstellungen des Rechtsausschusses ermöglichen, rechtsgeschäftliche Erklärungen über die Abtretung von GmbH-Anteilen in den Plan aufzunehmen, die nicht mit Zwangswirkung gegen Widersprechende gem. § 254 Abs. 1 Satz 3 durchgesetzt werden könnten (vgl. RdNr. 67). Gestützt wird die These der Zulässigkeit ergänzender Planregelungen im Verhältnis zu nicht zwangsweise Planunterworfenen auch durch § 230 Abs. 3 i. V. m. § 257 Abs. 2 über die einem Insolvenzplan als Anlage beigefügten und ggf. an der Titelwirkung des Plans teilnehmenden Verpflichtungserklärungen Dritter. Dass entsprechende – oder andere – Sanierungsbeiträge Dritter durch einen Plan nicht erzwingbar sind, bedeutet also offenbar nicht, dass sie „… außerhalb des Planverfahrens vereinbart (und dann im darstellenden Teil des Plans erwähnt) werden [müssen]".[234]

151 Auch aus § 228 über die Änderung sachenrechtlicher Verhältnisse in einem Insolvenzplan lässt sich kein Argument gegen die Zulässigkeit ergänzender Planregelungen im Verhältnis zu nicht zwangsweise Planunterworfenen ableiten. Zwar ist richtig, dass in der Begründung des RegE zu dieser Vorschrift noch davon ausgegangen wurde, dass sie sich ausschließlich auf zwangsweise Planunterworfene bezieht, so dass die rechtskräftige Bestätigung des Plans durch das Insolvenzgericht dann die Wirkung habe, dass in den Plan aufgenommene Willenserklärungen „… als abgegeben gelten, auch in Bezug auf die Beteiligten, die dem Plan nicht zugestimmt haben …".[235] Aufgrund der auf Empfehlung des Rechtsausschusses – die von dem RegE abwich – schließlich Gesetz gewordenen Fassung des § 254 Abs. 1 Satz 2 wird

---

[232] Vgl. ausführlich *Eidenmüller*, Unternehmenssanierung zwischen Markt und Gesetz, 1999, S. 501 ff.
[233] Vgl. HK-*Flessner* § 228 RdNr. 1.
[234] So aber *Bork*, Einführung in das Insolvenzrecht, 4. Aufl. 2005, RdNr. 320. *Bork* folgend *Kübler/Prütting/Otte* § 221 RdNr. 5 (allerdings nicht mit *Kübler/Prütting/Otte* § 221 RdNr. 9 zu vereinbaren).
[235] BT-Drucks. 12/2443, S. 202.

man jedoch davon auszugehen haben, dass § 228 bei einer systematischen Interpretation der Vorschrift im Lichte des § 254 Abs. 1 Satz 2 auch die Aufnahme sachenrechtlicher Willenserklärungen solcher Personen in den Plan zulässt, die nicht zwangsweise planunterworfen sind, und dass entsprechende Erklärungen sich folgerichtig auch auf massefremde Gegenstände beziehen können.[236]

Im Ergebnis ist daher davon auszugehen, dass es **grundsätzlich zulässig** sein kann, in einen Insolvenzplan auch solche ergänzenden Regelungen aufzunehmen, die keine Zwangswirkung gegen Widersprechende i. S. v. § 254 Abs. 1 Satz 1 und Satz 3 entfalten (zu den Voraussetzungen und der Zulässigkeit entsprechender Regelungen im Einzelnen vgl. sogleich RdNr. 153ff.). In diesem Sinne begrenzt die Reichweite dieser Zwangswirkung die Menge zulässiger Planregelungen nicht.[237] 152

3. Voraussetzungen der Zulässigkeit ergänzender Planregelungen. Mit der bejahenden Antwort auf die Frage, ob auch ergänzende Planregelungen im Verhältnis zu nicht zwangsweise Planunterworfenen zulässig sein können, ist noch nicht die weitergehende Frage beantwortet, unter welchen Voraussetzungen sie ggf. zulässig sind. Die entsprechenden Zulässigkeitsvoraussetzungen lassen sich zum einen aus der Rechtsstellung nicht zwangsweise Planunterworfener und zum anderen aus dem Zweck des Insolvenzverfahrens im Allgemeinen und des Insolvenzplanverfahrens im Besonderen ableiten. 153

a) Zustimmung des Betroffenen. Eine ergänzende Planregelung, die zu Lasten eines nicht zwangsweise Planunterworfenen wirken soll, kann nur mit seiner Zustimmung wirksam werden (etwas anderes gilt natürlich, wenn einem Dritten im Plan lediglich gem. § 328 BGB ein Anspruch eingeräumt werden soll). Rechtstechnisch sind insoweit zwei Wege gangbar. Werden entsprechende Regelungen in den gestaltenden Teil des Plans aufgenommen (Bsp.: Übertragung eines Gesellschaftsanteils oder eines Grundstücks, Übernahme einer Lieferverpflichtung), so ist dem Plan analog § 230 Abs. 2 als Anlage die Zustimmung des bzw. der Betroffenen beizufügen (Weg 1). Aus der Vorschrift des § 230 Abs. 2, die unmittelbar nur auf die Übernahme von Anteils- oder Mitgliedschaftsrechten oder Beteiligungen durch Gläubiger Anwendung findet, lässt sich der allgemeine Gedanke ableiten, dass Planregelungen, die potentielle neue Belastungen für eine bestimmte Person mit sich bringen, durch eine Zustimmung in einer Plananlage legitimiert werden können (wird ein gesell- 154

---

[236] Zutr. HK-*Flessner* § 228 RdNr. 4, 8 f.
[237] Vgl. ausführlich *Eidenmüller* ZGR 2001, 680, 689 ff. Dies dürfte inzwischen ganz **hM** sein. Vgl. *Nerlich/Römermann/Braun* § 254 RdNr. 6 (betr. Regelungen im Verhältnis zu Aussonderungsberechtigten, Massegläubigern und sonstigen Personen, die weder Gläubiger noch Schuldner sind [z. B. Gesellschafter]); *Smid/Rattunde*, Der Insolvenzplan, 2. Aufl. 2005, RdNr. 5.71 (betr. Begründung eines Mietvertrags sowie Erwerb/Freigabe von Sicherungsgut im gestaltenden Teil eines Plans); *Smid/Rattunde* InsO § 221 RdNr. 22 (betr. gesellschaftsrechtliche Regelungen); HK-*Flessner* § 254 RdNr. 4 bis 6 (betr. bestimmte planunterstützende Rechtsgeschäfte, Veräußerung von GmbH-Anteilen und Erklärungen nach § 230 Abs. 3), § 221 RdNr. 10 (betr. Verpflichtungserklärungen, Verfügungen über massefremde Gegenstände, Zustimmungen und gesellschaftsrechtliche Beschlüsse), § 228 RdNr. 1 und 4 (betr. Verfügungen über massefremde Gegenstände); FK-*Jaffé* § 221 RdNr. 19 (generell betr. dritte Personen, die sich „... aus freien Stücken in den Plan miteinbeziehen lassen ..."); *Hess/Weis* WM 1998, 2349, 2355 (betr. Aussonderungsberechtigte); *Wittig* DB 1999, 197, 205, und *Wittig* in: K. Schmidt/Uhlenbruck (Hrsg.), Die GmbH in Krise, Sanierung und Insolvenz, 3. Aufl. 2003, RdNr. 1705 (betr. Besicherung von Neukrediten); *Andres/Leithaus* §§ 219–221 RdNr. 7 (betr. gesellschaftsrechtliche Regelungen); *Gottwald/Haas*, Insolvenzrechts-Handbuch, 4. Aufl. 2006, § 92 RdNr. 298 (ebenso); *Müller* KTS 2002, 209, 236 f. (betr. Willenserklärungen von Gesellschaftern der Schuldnergesellschaft zur Begründung, Änderung, Übertragung oder Aufhebung von Rechten an Gegenständen); *Uhlenbruck/Maus* § 221 RdNr. 2 (einschränkend aber aaO RdNr. 11). **AA** *Noack* in: Lieb/Noack/Westermann (Hrsg.), Festschrift für Wolfgang Zöllner, 1998, S. 411, 421 (§ 254 Abs. 1 Satz 2 habe außer für den Fall, dass die insolvente Gesellschaft Anteile an einem Tochterunternehmen abtreten soll, keinen Anwendungsbereich – damit wird allerdings der Regelungswille des Gesetzgebers im Hinblick auf § 254 Abs. 1 Satz 2 nicht richtig eingeschätzt, vgl. dazu im Text RdNr. 67); *Patzschke*, Reorganisation der Kapitalgesellschaften im Insolvenzverfahren, 2000, S. 50 ff. (er folgt *Noack*); *Niesert* InVo 1998, 141, 142 (betr. Aussonderungsberechtigte mit dem Argument, dass durch einen Beitritt in die rechtliche Stellung der übrigen Verfahrensbeteiligten eingegriffen würde – erstens ist jedoch kaum vorstellbar, worin ein solcher Eingriff liegen sollte, und zweitens werden die übrigen Verfahrensbeteiligten durch §§ 247, 251 ausreichend geschützt); *Uhlenbruck/Lüer* § 217 RdNr. 9.

schaftsrechtlicher Beschluss in den gestaltenden Teil aufgenommen, ist natürlich nur die Zustimmung derjenigen erforderlich, die gesellschaftsrechtlich zustimmen müssen, damit der Beschluss wirksam gefasst werden kann). Mit Rechtskraft der Planbestätigung werden die entsprechenden Regelungen dann wirksam bzw. gelten in den gestaltenden Teil aufgenommene Willenserklärungen als abgegeben (§ 254 Abs. 1 Satz 1 und Satz 2). Alternativ dazu kommt aber auch in Betracht, dass ein nicht oder nicht in einer bestimmten Hinsicht zwangsweise Planunterworfener *tatsächlich* eine auf die intendierte Rechtsänderung gerichtete Willenserklärung abgibt, und zwar gem. oder analog § 230 Abs. 3 in einer **Anlage** zu dem Plan (Weg 2).[238] § 254 Abs. 1 Satz 2 ist *insoweit* missverständlich formuliert. Die dort angeordnete Fiktionswirkung im Hinblick auf die Abgabe von Willenserklärungen bezieht sich nur auf Willenserklärungen im gestaltenden Teil des Plans.[239] Für Willenserklärungen in einer Plananlage hat § 254 Abs. 1 Satz 2 eine andere Bedeutung: Die Vorschrift markiert die aufschiebende Bedingung (rechtskräftige Planbestätigung), unter der entsprechende Willenserklärungen im Zweifel abgegeben werden.[240]

155 **b) Bezug zur gemeinschaftlichen Haftungsverwirklichung.** Die Zustimmung nicht zwangsweise Planunterworfener zu ergänzenden Planregelungen, die sie belasten, ist eine notwendige, aber keine hinreichende Voraussetzung für die Zulässigkeit entsprechender Regelungen. Das Insolvenzverfahren dient der gemeinschaftlichen Gläubigerbefriedigung (§ 1 Satz 1). Das Insolvenzplanverfahren gibt den Beteiligten die Möglichkeit, privatautonom von wesentlichen Vorschriften des Regelverfahrens abzuweichen und so ggf. allseits vorteilhaftere (effizientere) Ergebnisse (eine höhere Befriedigung) zu erzielen, als sie sich im Regelverfahren erzielen ließen. Dem Zweck des Insolvenzverfahrens im Allgemeinen und dem des Insolvenzplanverfahrens im Besonderen würde es widersprechen, wollte man mit der Zustimmung nicht zwangsweise Planunterworfener beliebige, sie betreffende und belastende Regelungen in einem Insolvenzplan für möglich halten. Zulässig sind vielmehr nur solche ergänzenden Regelungen, die einen Bezug zu dem Zweck des Insolvenzplanverfahrens, eine möglichst **optimale Gläubigerbefriedigung** zu ermöglichen, aufweisen.[241] Regelungen, die nicht wenigstens mittelbar dazu dienen sollen, eine möglichst effiziente Insolvenzbewältigung herbeizuführen, sind unzulässig. Um das Insolvenzgericht in die Lage zu versetzen, die Zielsetzung entsprechender Planregelungen im Vorprüfungsverfahren bzgl. des zulässigen Planinhalts (vgl. § 231 Abs. 1 Nr. 1) sachkundig prüfen zu können, ist von dem Planvorlegenden zu verlangen, dass dieser die Gründe für die Aufnahme von ergänzenden Planregelungen im Verhältnis zu nicht zwangsweise Planunterworfenen und deren Bezug zu dem Ziel der optimalen Gläubigerbefriedigung im darstellenden Teil des Plans (§ 220) darlegt.

156 **4. Formerfordernisse.** Werden ergänzende Planregelungen auf freiwilliger Basis in zulässiger Weise in einen Insolvenzplan aufgenommen, dann werden dadurch etwa einzuhaltende Formvorschriften gem. § 254 Abs. 1 Satz 2 ersetzt.[242] Wenn nämlich § 254 Abs. 1 Satz 2 nach dem erklärten Willen des Gesetzgebers die formwirksame, freiwillige Übertragung von Gesellschaftsanteilen ermöglichen soll,[243] dann ist nicht einzusehen, warum etwas anderes für sonstige auf freiwilliger Basis vorgenommene Planregelungen gelten soll –

---

[238] Direkt ist § 230 Abs. 3 nur auf Verpflichtungserklärungen, nicht aber auf Verfügungen anwendbar.

[239] Das verkennt HK-*Flessner* § 254 RdNr. 4, nach dem eine Fiktionswirkung der Vorschrift offenbar auch im Hinblick auf Willenserklärungen zwangsweise Planunterworfener im gestaltenden Teil des Plans nicht bestehen soll.

[240] Ähnlich HK-*Flessner* § 254 RdNr. 4, der aber offenbar davon ausgeht, dass entsprechende Willenserklärungen *immer* unter einer solchen aufschiebenden Bedingung stehen.

[241] Ähnlich *Schiessler*, Der Insolvenzplan, 1997, S. 105, sowie *Hess* in: *Hess/Obermüller*, Insolvenzplan, Restschuldbefreiung und Verbraucherinsolvenz, 3. Aufl. 2003, RdNr. 219 (beide allerdings nur im Hinblick auf Regelungen bezüglich zwangsweise Planunterworfener – bei ihnen besteht der Bezug zur Haftungsverwirklichung aber wohl immer).

[242] Ebenso HK-*Flessner* § 254 RdNr. 4.

[243] Vgl. BT-Drucks. 12/3803, S. 135 f., sowie BT-Drucks. 12/7302, S. 185.

ein sachlich gerechtfertigtes Differenzierungskriterium gibt es insoweit nicht. Dass dadurch unter Umständen gewisse Formzwecke unterlaufen werden könnten (insbesondere Übereilungsschutz), hat der Gesetzgeber in einer Abwägung mit dem Ziel des Insolvenzplanverfahrens, eine möglichst optimale Gläubigerbefriedigung zu ermöglichen, bewusst in Kauf genommen.

5. Anwendungsfelder für ergänzende Planregelungen. Der mit dem Kriterium des Bezugs zu dem Ziel einer optimalen Gläubigerbefriedigung verbundene „Filter" für zulässige ergänzende Planregelungen im Verhältnis zu nicht zwangsweise Planunterworfenen ist recht durchlässig. Nur selten wird sich nicht darlegen lassen, dass ein bestimmtes Rechtsgeschäft mit einem nicht zwangsweise Planunterworfenen sich nicht wenigstens mittelbar positiv auf die Wahrscheinlichkeit der Erreichung dieses Ziels auswirken würde. Im Folgenden werden einige wichtige Anwendungsfelder denkbarer ergänzender Planregelungen im Verhältnis zu nicht zwangsweise Planunterworfenen im Überblick dargestellt. Einzelregelungen werden in den Erläuterungen zu § 221 erörtert.

a) Regelungen im Verhältnis zu Massegläubigern und Aussonderungsberechtigten. In die Rechtsstellung von Massegläubigern kann, sieht man einmal von dem Fall der Masseunzulänglichkeit ab, gegen deren Willen durch einen Plan ebenso wenig eingegriffen werden wie in die Rechtsstellung von Aussonderungsberechtigten (vgl. RdNr. 79 ff., 85 ff. – möglich bleiben allerdings rein gegenstandsbezogene Regelungen über die „Verwertung der Insolvenzmasse" i. S. v. § 217, vgl. RdNr. 58, 78, 98, 117 ff., 148). In vielen Fällen wird sich ein Sanierungskonzept jedoch nur dann realisieren lassen, wenn auch Massegläubiger und/oder Aussonderungsberechtigte freiwillig zur Übernahme bestimmter Sanierungslasten bereit sind. Aber auch eine aus der Sicht des Kollektivs aller Gläubiger vorteilhafte Liquidation lässt sich möglicherweise nur verwirklichen, wenn Massegläubiger bzw. Aussonderungsberechtigte Verzichte leisten bzw. Rechtseinbußen in Kauf nehmen. Lassen sich entsprechende Zusammenhänge darlegen, sind dahingehende ergänzende Regelungen im Plan auf freiwilliger Basis zulässig.[244] Gleiches gilt für Absonderungsberechtigte in dem Sonderfall des § 223 Abs. 1 Satz 2.

b) Übernahme von Verpflichtungen, insbes. Kreditgewährung. Anders als Massegläubiger und Aussonderungsberechtigte sind Absonderungsberechtigte (von dem Sonderfall des § 223 Abs. 1 Satz 2 abgesehen) und Insolvenzgläubiger grundsätzlich zwangsweise planunterworfen. Mittels eines Insolvenzplans können sie jedoch nicht dazu gezwungen werden, im Verhältnis zum Schuldner neue Verpflichtungen zu übernehmen. Insbesondere können sie – wenn entsprechende Verpflichtungen nicht schon bestehen – nicht dazu gezwungen werden, diesen mit bestimmten Waren zu beliefern, ihm bestimmte Dienstleistungen zu erbringen oder aber an ihn einen Überbrückungs- oder Sanierungskredit zu vergeben (vgl. RdNr. 105 ff., insbes. 107 ff.). Bei einer intendierten Unternehmenssanierung werden sich entsprechende Verpflichtungsübernahmen, insbesondere eine entsprechende Kreditvergabe, jedoch regelmäßig als unerlässliche Sanierungsvoraussetzung erweisen. Die dazu erforderlichen Regelungen können dann auf freiwilliger Basis in den Plan aufgenommen werden. Sofern der **Schuldner** Vertragspartner entsprechender Rechtsgeschäfte sein soll, kann im Rahmen des § 80 Abs. 1 grundsätzlich der Verwalter die erforderlichen Zustimmungen/Willenserklärungen abgeben. Ist allerdings eine Verpflichtung des Schuldners mit seinem nach Verfahrensaufhebung anfallenden Neuvermögen beabsichtigt, sind die entsprechenden Erklärungen durch den Schuldner, ggf. handelnd durch seine vertretungsberechtigten Organe, abzugeben.

c) Gesellschaftsrechtliche Regelungen. Da nahezu jedes unternehmensbezogene Sanierungsvorhaben finanzwirtschaftliche Sanierungsmaßnahmen nicht nur auf der Außenseite (Verhältnis Schuldner zu seinen Gläubigern), sondern auch auf der Innenseite des Unter-

---

[244] AA (betr. Massegläubiger) *Oberhofer* ZInsO 1999, 439, der allerdings den Unterschied zwischen Planregelungen mit Zwangswirkung und Planregelungen auf freiwilliger Basis verkennt.

nehmens (Verhältnis der Gesellschafter untereinander) voraussetzt, werden insbesondere gesellschaftsrechtliche Regelungen auf freiwilliger Basis in einen Plan aufgenommen werden können, sofern sie einen Beitrag zur optimalen Haftungsverwirklichung leisten.[245] Die in § 254 Abs. 1 Satz 2 explizit für zulässig erklärte Abtretung von Geschäftsanteilen an einer GmbH sowie die dazugehörige schuldrechtliche Verpflichtung ist insofern nur eine Gestaltungsmöglichkeit von vielen (zu einzelnen gesellschaftsrechtlichen Maßnahmen vgl. § 221 RdNr. 85 ff.).

161 **d) Übertragende Sanierung.** Eine denkbare Form der Unternehmensfortführung auf der Grundlage eines Plans ist die Fortführung des Unternehmens in der Hand eines neuen Rechtsträgers. Der Bezug einer entsprechenden Fortführungslösung zu dem Ziel der optimalen Haftungsverwirklichung liegt auf der Hand. Der neue Rechtsträger kann indes nicht zwangsweise in ein entsprechendes Plankonzept eingebunden werden. Er muss vielmehr diesbezüglichen Planregelungen zustimmen bzw. entsprechende Willenserklärungen abgeben (vgl. RdNr. 154).

G. Plantypen

162 Insolvenzpläne lassen sich nach unterschiedlichen Kriterien klassifizieren. Drei wichtige Klassifikationsmöglichkeiten sind: der Planurheber, der Zeitpunkt, zu dem die Planvorlage erfolgt, sowie das Planziel. Entsprechende Klassifikationen können gewissermaßen als Kurzcharakterisierung von Plänen dienen und die Kommunikation über Pläne erleichtern. Eine präzise Analyse der in einem bestimmten Plan zulässigen Regelungen (vgl. RdNr. 98 ff.) machen sie keinesfalls überflüssig.

I. Differenzierung nach dem Planurheber

163 Zur Planvorlage sind gem. § 218 Abs. 1 Satz 1 der Insolvenzverwalter und der Schuldner berechtigt (für Details zum Planvorlagerecht vgl. die Kommentierung zu § 218), bei der Eigenverwaltung gelten Besonderheiten (§ 284, vgl. auch insoweit die Kommentierung zu § 218). Die Gläubiger haben kein eigenes Planvorlagerecht, können jedoch auf dem Weg über einen Beschluss der Gläubigerversammlung den Verwalter mit der Planvorlage beauftragen und ihm das Planziel vorgeben (§ 157 Satz 2). Dasselbe Recht steht ihnen bei einer angeordneten Eigenverwaltung gegenüber dem Sachwalter und dem Schuldner zu (§ 284 Abs. 1 Satz 1). Man kann alle Pläne, die von einem Planvorlageberechtigten im Auftrag und unter Beachtung der Zielvorgaben der Gläubigerversammlung vorgelegt werden, als **derivative Pläne** bezeichnen (zur Terminologie vgl. auch § 218 RdNr. 14): Ihre Struktur ist nicht das Werk des Planvorlegenden, sie leitet sich vielmehr ab von einem entsprechenden Beschluss der Gläubigerversammlung. Insolvenzpläne, die ein Planvorlageberechtigter demgegenüber „aus eigenem Recht" (ohne Planauftrag der Gläubigerversammlung) vorlegt, kann man als **originäre Pläne** bezeichnen (zur Terminologie vgl. auch § 218 RdNr. 24). Ihre Struktur geht auf die Plangestaltungsvorstellungen des jeweils Planvorlegenden zurück.

II. Differenzierung nach dem Planvorlagezeitpunkt

164 Insolvenzpläne können in einem Zeitraum vorgelegt werden, der von der Stellung des Antrags auf Eröffnung eines Insolvenzverfahrens (§ 218 Abs. 1 Satz 2 – dies gilt allerdings

---

[245] Ebenso *Kübler/Prütting/Otte* § 221 RdNr. 9. AA *Noack,* Gesellschaftsrecht, 1999, RdNr. 110, 112, 121, der sich für seine Rechtsauffassung auf die Erwägung stützt, dass in die internen Gesellschaftsverhältnisse durch einen Plan nicht eingegriffen werden kann. Das ist insofern richtig, als Regelungen mit Zwangswirkung zu Lasten von Gesellschaftern ausgeschlossen sind. Etwas anderes gilt für Regelungen auf freiwilliger Basis. Der Unterschied zwischen beiden Regelungstypen wird von *Noack* nicht gesehen.

nur für Schuldner-, nicht für Verwalterpläne) bis zum Schlusstermin reicht (§ 218 Abs. 1 Satz 3, für Einzelheiten zum Planvorlagezeitraum vgl. § 218 RdNr. 109 ff.). Insolvenzpläne, die erst **im Insolvenzverfahren erarbeitet und vorgelegt** werden, haben zumindest bei einer intendierten Unternehmensfortführung den Nachteil, dass Sanierungsstrategien und -maßnahmen regelmäßig umso Erfolg versprechender sind, je schneller sie verfolgt und implementiert werden. Der Schuldner kann dieser Tatsache durch einen Insolvenzplan Rechnung tragen, den er außergerichtlich – ggf. unter Inanspruchnahme externen Sachverstands – erarbeitet und mit den wichtigsten Gläubigern abgestimmt hat, und den er gleichzeitig mit einem Insolvenzantrag wegen drohender Zahlungsunfähigkeit (vgl. § 18 Abs. 1) vorlegt (§ 218 Abs. 1 Satz 2), ggf. in Kombination mit einem Antrag auf Anordnung der Eigenverwaltung (§ 270 Abs. 2 Nr. 1).[246] Einen entsprechenden, im Vorfeld eines Insolvenzverfahrens erarbeiteten und zeitgleich mit dem Eröffnungsantrag vorgelegten Insolvenzplan kann man als **vorgefertigten Plan** bezeichnen. Im US-amerikanischen Reorganisationsrecht wird insoweit treffend von einer *prepackaged bankruptcy* bzw. einem ***prepackaged plan*** gesprochen.[247]

Ein besonderer Zeitvorteil lässt sich im US-amerikanischen Recht dadurch erreichen, dass eine (vorgezogene) außergerichtliche Abstimmung über den vorgelegten Plan unter bestimmten Voraussetzungen auch im Rahmen des sich anschließenden Insolvenzverfahrens anerkannt wird. Dazu ist erforderlich, dass bei der Vorbereitung der Abstimmung bestimmte Informationspflichten eingehalten wurden (vgl. 11 U. S. C. § 1126 (b)). In der Praxis hat sich für eine *prepackaged bankruptcy,* bei der es zu einer derartigen Vorfeldabstimmung kommt, der Begriff *pre-voted prepack* eingebürgert, während in den Fällen, in denen die Abstimmung erst nach Verfahrenseröffnung erfolgt, von einer *post-voted prepack* die Rede ist.[248] Im Rahmen des deutschen Insolvenzplanverfahrens ist eine der Situation bei einer *pre-voted prepack* vergleichbare Vorfeldabstimmung nicht möglich: Abgestimmt wird in dem Erörterungs- und Abstimmungstermin (§ 235 Abs. 1 Satz 1) bzw. in einem gesonderten Abstimmungstermin (§ 241 Abs. 1 Satz 1). Der besondere Zeitvorteil, der mit einer Vorfeldabstimmung verbunden ist, lässt sich also nicht realisieren. 165

III. Differenzierung nach dem Planziel

Das Insolvenzplanverfahren ist vom Gesetzgeber nicht als reines Sanierungsverfahren konzipiert worden. Der Insolvenzplan ist vielmehr ein „universelle[s] Instrument der Masseverwertung"[249] (vgl. auch Vorb. RdNr. 9). Dies bedeutet, dass das Planverfahren offen ist für unterschiedliche Planziele (Liquidation oder Sanierung) und dass es offen ist für unterschiedliche Instrumente zur Realisierung dieser Ziele (Art/Form einer Liquidation oder Sanierung). Im Folgenden werden einige Planarten/Plantypen, die durch ihr jeweiliges Ziel und die zur Zielerreichung eingesetzten Instrumente charakterisiert werden, im Überblick dargestellt.[250] 166

1. Liquidationspläne. Zweck eines Liquidationsplans wird regelmäßig eine von den Vorschriften des Regelinsolvenzverfahrens abweichende Form der Liquidierung des haftenden Schuldnervermögens sein. Diese Abweichung kann die Liquidationsgeschwindigkeit betreffen (statt der von § 159 verlangten unverzüglichen Masseverwertung ist häufig – etwa zur Sicherstellung einer Ausproduktion – eine langsamere Liquidation vorteilhaft), sie kann die Liquidationsintensität betreffen (Liquidation des Schuldnervermögens im Ganzen oder nur in Teilen), oder sie kann beispielsweise auch eine von den §§ 165 ff. abweichende Form 167

---

[246] Vgl. *Spies* ZInsO 2005, 1254, 1256 f.
[247] Ausführlich *Eidenmüller,* Unternehmenssanierung zwischen Markt und Gesetz, 1999, S. 437 ff.
[248] Vgl. *Eidenmüller,* Unternehmenssanierung zwischen Markt und Gesetz, 1999, S. 438.
[249] Vgl. BT-Drucks. 12/2443, S. 90.
[250] Vgl. auch *Hess/Weis* WM 1998, 2349, 2352; *Hermanns/Buth* DStR 1997, 1178; *Burger/Schellberg* DB 1994, 1833 f.; *Henckel,* Der Insolvenzplan, 1999 (noch unveröffentlichtes Manuskript); FK-*Jaffé* § 217 RdNr. 142 ff.

der Verwertung von Vermögensgegenständen, an denen Absonderungsrechte bestehen, betreffen.[251] Auch von den Verteilungsregeln der §§ 187 ff. wird ein Liquidationsplan ggf. abweichen (vgl. insoweit RdNr. 124).

168   **2. Übertragungspläne.** Wenn auch der Insolvenzplan ein „universelle[s] Instrument der Masseverwertung"[252] ist, so kann doch nicht zweifelhaft sein, dass seine Domäne im Bereich der Unternehmenssanierung liegt (vgl. Vorb. RdNr. 9). Eine Form der Unternehmenssanierung ist der Verkauf der Unternehmensaktiva an einen Dritten (bestehende Gesellschaft oder neu gegründete Auffanggesellschaft), der das Unternehmen saniert und weiterführt, während die Gläubiger aus dem erzielten Kaufpreis befriedigt werden oder Ansprüche gegen den Dritten (vgl. § 230 Abs. 3) bzw. Mitgliedschaftsrechte (vgl. § 230 Abs. 2) eingeräumt bekommen. Für diesen Vorgang hat sich im Anschluss an einen entsprechenden Vorschlag von *K. Schmidt*[253] der Begriff **übertragende Sanierung** eingebürgert.

169   Eine übertragende Sanierung ist rechtlich eine bestimmte Form der Liquidation, nämlich eine Liquidation mit maximaler Liquidationsintensität (Verkauf des Unternehmens als Ganzes). Sofern sie zu einer Befriedigung der Gläubiger aus einem von dem Übernehmer gezahlten Kaufpreis führt, impliziert sie eine Desinvestitionsentscheidung der Gläubiger. Erfolgt die Befriedigung dagegen mit neu eingeräumten schuldrechtlichen Ansprüchen oder Mitgliedschaftsrechten, liegt eine Investitionsentscheidung vor. Dass eine übertragende Sanierung auf der Grundlage eines Insolvenzplans rechtlich zulässig ist, kann nicht zweifelhaft sein (vgl. § 229 Satz 1). Nach den – letztlich nicht Gesetz gewordenen – §§ 181 und 182 RegE wäre sie bei einer Betriebsveräußerung an besonders Interessierte und unter bestimmten Voraussetzungen auch bei einer Betriebsveräußerung unter Wert sogar nur auf der Grundlage eines Plans möglich gewesen. Abgewichen wird mit einem Übertragungsplan regelmäßig von den Vorschriften der §§ 166 Abs. 2 Nr. 1, 161 bis 163, sowie von Regelungen der §§ 187 bis 206, sofern die Gläubiger nicht mit Barmitteln (Kaufpreis) befriedigt werden sollen.

170   Eine **übertragende Sanierung auf der Grundlage eines Insolvenzplans** kann aus Sicht der Gläubiger bisweilen **vorteilhafter** sein **als eine übertragende Sanierung ohne einen Insolvenzplan**.[254] Zwar ist das Planverfahren verfahrenstechnisch aufwändiger als das Regelinsolvenzverfahren. Insbesondere sind die Annahme- und Bestätigungsvoraussetzungen für einen Insolvenzplan (§§ 244 ff., 248 ff.) anspruchsvoller als die in den §§ 160 ff. normierten Zustimmungserfordernisse. Auch ist richtig, dass die Rechtsmittelunterworfenheit von Bestätigungsentscheidungen (vgl. § 253) zu erheblichen Verfahrensverzögerungen führen kann, die einer effizienten Übertragungslösung fast immer abträglich sind.[255] Indes besitzt ein rechtskräftig bestätigter Insolvenzplan auf Grund der Gruppenbezogenheit der Rechtsgestaltung und Abstimmung dafür regelmäßig auch eine höhere Legitimationskraft als ein freihändiger Unternehmensverkauf durch den Verwalter (vgl. insoweit § 222 RdNr. 2 ff.).[256] Auch ist es nicht richtig, dass die Gläubiger dem Verwalter gem. § 157 Satz 2 die Konditionen der übertragenden Sanierung im Einzelnen vorschreiben müssten.[257] Sie haben es vielmehr in der Hand, das Ausmaß der Flexibilität der Verhandlungsführung mit potentiellen Übernehmern festzulegen. Vor allem aber lassen sich bestimmte, im Zusammenhang mit einer übertragenden Sanierung sinnvolle oder diese ermöglichende Regelungen überhaupt nur auf der Grundlage eines Plans treffen: etwa Eingriffe in Absonderungs-

---

[251] Vgl. insoweit auch *Schiessler*, Der Insolvenzplan, 1997, S. 106 f.; HK-*Flessner* § 217 RdNr. 13; *Picot/Aleth*, Unternehmenskrise und Insolvenz, 1999, RdNr. 795.
[252] BT-Drucks. 12/2443, S. 90.
[253] *K. Schmidt* ZIP 1980, 328, 336.
[254] Ähnlich *Picot/Aleth*, Unternehmenskrise und Insolvenz, 1999, RdNr. 794. AA *Wellensiek* WM 1999, 405, 411; *ders.* NZI 2002, 233, 237 f.
[255] Vgl. insoweit vor allem *Henckel*, Der Insolvenzplan, 1999 (noch unveröffentlichtes Manuskript); *Wellensiek* NZI 2002, 233, 238.
[256] Ähnlich *Bork*, Einführung in das Insolvenzrecht, 4. Aufl. 2005, RdNr. 381.
[257] So aber offenbar *Kaltmeyer* ZInsO 1999, 316, 322.

Grundsatz

rechte (§ 223 Abs. 2)[258] oder aber eine Entschuldung des Unternehmensträgers im Falle einer Teilbetriebsveräußerung (§ 227 Abs. 1).[259]

3. Reorganisationspläne. Unter einer Unternehmensreorganisation lässt sich insolvenzrechtlich die Sanierung eines notleidenden Unternehmens in der Hand des bisherigen Trägers verstehen.[260] Typisch für eine Unternehmensreorganisation ist die Befriedigung der Gläubiger nicht aus einem durch die Verwertung des Schuldnervermögens erzielten Erlös, sondern aus den Erträgen des reorganisierten Unternehmens (vgl. § 229 Satz 1). Im Vergleich zu einer übertragenden Sanierung *kann* eine Reorganisation zu einer größeren Haftungsmasse führen und deshalb aus der Sicht der Gläubiger vorteilhafter sein (vgl. Vorb. RdNr. 6). Allerdings hat der Gesetzgeber durch die Abschaffung der Steuerfreiheit von Sanierungsgewinnen (§ 3 Nr. 66 EStG aF) Unternehmensreorganisationen erheblich „verteuert", da diese regelmäßig mit Forderungsverzichten – und korrespondierenden Erhöhungen des Betriebsvermögens – verbunden sind.[261]

Unternehmensreorganisationen können sich auf eine Neuordnung der Finanzierungsbeziehungen eines notleidenden Unternehmens beschränken (**finanzwirtschaftliche Reorganisation**). Zur nachhaltigen Wiederherstellung der Ertragskraft des notleidenden Unternehmens wird jedoch regelmäßig auch eine **leistungswirtschaftliche Reorganisation**, also eine Neuausrichtung aller die Leistungserstellung betreffenden unternehmerischen Prozesse, erforderlich sein – ob sie sich angesichts der häufig nur begrenzt zur Verfügung stehenden Zeit im Insolvenzplanverfahren immer bewerkstelligen lässt, wenn sie sinnvoll ist, ist eine andere Frage. Finanzwirtschaftliche Maßnahmen sind im darstellenden Planteil zu erörtern (§ 220) und im gestaltenden Teil umzusetzen (§ 221). Sie werden insbesondere abweichen von Regelvorschriften über die Verwertung der Insolvenzmasse (§§ 156 bis 173 – das Unternehmensvermögen wird ja als Wirtschaftseinheit zusammengehalten) sowie von Vorschriften über deren Verteilung (§§ 187 bis 206 – an die Stelle der Verteilung tritt die zeitverzögerte Bedienung von Altansprüchen bzw. die Begründung neuer Ansprüche/von Mitgliedschaftsrechten). Beschränken sich die Planregelungen auf eine Stundung von Gläubigeransprüchen, kann man von einem **Moratoriumsplan** sprechen. Leistungswirtschaftliche Maßnahmen werden im darstellenden Teil des Plans als Plangrundlagen erörtert (§ 220). Zu Rechtsgestaltungen geben sie regelmäßig keinen Anlass.

Primär finanzwirtschaftlich ausgerichtete Reorganisationspläne weisen typologisch eine gewisse Nähe zu Vergleich und Zwangsvergleich nach altem Recht (VerglO, KO, GesO) auf. Indes sollten die Ähnlichkeiten nicht überbetont werden:[262] Der Vergleich nach der VerglO ließ sich nicht als Reorganisationsinstrument interpretieren, weil die für eine Unternehmensreorganisation typische Befriedigung der Gläubiger aus den Erträgen des reorganisierten Unternehmens durch die Mindestbefriedigungsquote des § 7 Abs. 1 Satz 2 bzw. Abs. 2 Satz 1 VerglO für den Regelfall unmöglich gemacht wurde. Auch der Zwangsvergleich gem. §§ 173 ff. KO bzw. der Vergleich gem. § 16 GesO waren auf die Abgeltung bestehender Forderungen, nicht aber auf die Begründung neuer Ansprüche zur Gläubigerbefriedigung ausgerichtet (Letzteres war zwar nicht unzulässig, aber jedenfalls auch nicht typisch). Vgl. im Übrigen auch Vorb. RdNr. 2 f.

4. Schuldenregulierungspläne. Hat ein finanzwirtschaftlich ausgerichteter Insolvenzplan nicht die Neuordnung der Finanzierungsbeziehungen eines notleidenden Unternehmens, sondern die Neuordnung der Finanzverhältnisse einer natürlichen Person zum Ziel,

---

[258] Deshalb ist nicht nachvollziehbar, warum *Wellensiek* NZI 2002, 233, 238, in der Einbeziehung der Absonderungsberechtigten in das Planverfahren einen Nachteil dieses Verfahrens gegenüber dem Regelverfahren sieht.
[259] Vgl. auch *Nerlich/Römermann/Braun* vor § 217 RdNr. 199 f.
[260] Vgl. *Eidenmüller*, Unternehmenssanierung zwischen Markt und Gesetz, 1999, S. 15.
[261] Für die Praxis hat sich durch das Schreiben des Bundesministeriums der Finanzen vom 27. März 2003 (IV A 6 – S 2140 – 8/03) allerdings eine weitgehende Entlastung ergeben: Sanierungsgewinne werden durch Steuerstundung und Steuererlass aus sachlichen Billigkeitsgründen im Ergebnis steuerfrei gestellt.
[262] So aber wohl HK-*Flessner* § 217 RdNr. 16.

kann man von einem Schuldenregulierungsplan sprechen.[263] Entsprechende Pläne werden regelmäßig – ebenso wie finanzwirtschaftliche Reorganisationspläne – von Vorschriften des Regelinsolvenzverfahrens über die Verwertung der Insolvenzmasse (§§ 156 bis 173) sowie deren Verteilung (§§ 187 bis 206) abweichen und die Modalitäten der Gläubigerbefriedigung aus dem Erwerbseinkommen des Schuldners regeln. Auch kann eine Restschuldbefreiung unter anderen als den in den §§ 286 ff. normierten Voraussetzungen gewährt werden. Eine Abweichung zu Lasten des Schuldners kann gegen dessen Willen allerdings nicht durchgesetzt werden (§ 247 Abs. 2 Nr. 1).

175   **5. Sonstige Pläne.** Entsprechend dem Grundkonzept des Insolvenzplans als einem universellen Instrument der Masseverwertung (vgl. RdNr. 166) kann ein Plan auch verschiedene Plantypen miteinander kombinieren, etwa eine übertragende Sanierung mit einer Reorganisation in dem Sinne, dass die Veräußerung an den Dritten erst nach einer Sanierungsphase erfolgen soll.[264] Ein Plan kann sich auch darauf beschränken, von bestimmten Verwertungs- oder Verteilungsregeln des Regelverfahrens abzuweichen (in dem zuletzt genannten Fall könnte man von einem „Verteilungsplan" sprechen), oder andere Fragen der Haftungsverwirklichung zu regeln (vgl. die Erwähnung der „Befriedigung" der Gläubiger in § 217 und dazu RdNr. 102 ff.). Nicht jede entsprechende Plangestaltung wird man einem bestimmten Plantyp zuordnen können.

H. Sanktionen bei Verstößen gegen den zulässigen Planinhalt

176   Die in § 217 aufgeführten möglichen Regelungsgegenstände eines Insolvenzplans betreffen dessen – gesetzlich zulässigen – **Inhalt**. Zwar findet sich in der Begründung des RegE zu § 231 der Hinweis, dass dieser Inhalt (nur) durch die §§ 219 bis 230 bestimmt werde.[265] Indes sind die §§ 219 bis 230 im Kontext des § 217 zu lesen, der den Rahmen der in einem Insolvenzplan zulässigen Regelungen absteckt. Auch die sich aus dieser Vorschrift ergebenden Anforderungen betreffen deshalb den Planinhalt i. S. v. § 231 Abs. 1 Nr. 1 (vgl. auch § 221 RdNr. 3).

177   Dies hat Konsequenzen für die Sanktionierung von Verstößen gegen § 217. Solche Verstöße sind in unterschiedlichen Formen denkbar. Praktisch dürften insbesondere Fälle werden, in denen ein Plan Regelungen zu Lasten *nicht* zwangsweise Planunterworfener (z. B. zu Lasten Aussonderungsberechtigter)[266] oder zu Lasten *nicht so* zwangsweise Planunterworfener (z. B. Vergabe eines Kredits durch Gläubigerbanken, Abschluss eines Liefervertrages durch Lieferantengläubiger) ohne deren explizite Zustimmung vorsieht.

I. Planzurückweisung im Vorprüfungsverfahren

178   Gem. § 231 Abs. 1 Nr. 1 hat das Insolvenzgericht einen vorgelegten Insolvenzplan von Amts wegen zurückzuweisen, wenn die Vorschriften über das Recht zur **Vorlage** und den **Inhalt** des Plans nicht beachtet sind und der Vorlegende den Mangel nicht beheben kann oder innerhalb einer angemessenen, vom Gericht gesetzten Frist nicht behebt. Entgegen dem insoweit etwas missverständlichen Wortlaut der Vorschrift sind für eine Zurückweisung nicht kumulativ Verstöße gegen Vorschriften über das Planvorlagerecht und gegen Vorschriften über den Planinhalt erforderlich. Es reicht vielmehr aus, wenn entweder in der einen oder in der anderen Hinsicht verstoßen wird.[267]

---

[263] Vgl. BT-Drucks. 12/2443, S. 195.
[264] Vgl. Nr. 6 des Entwurfes des IDW-Fachausschusses Recht: Anforderungen an Insolvenzpläne, ZIP 1999, 500, 501.
[265] Vgl. BT-Drucks. 12/2443, S. 204.
[266] Zulässig sind insoweit nur rein gegenstandsbezogene Regelungen über die Verwertung der Insolvenzmasse i. S. v. § 217, vgl. RdNr. 58, 78, 98, 117 ff., 148.
[267] Das geht aus der Begründung des RegE eindeutig hervor, vgl. BT-Drucks. 12/2443, S. 204: „Die gesetzlichen Bestimmungen über das Vorlagerecht ... und den Inhalt des Plans ... müssen beachtet sein ...".

Ob ein Inhaltsmangel i. S. v. § 231 Abs. 1 Nr. 1 grundsätzlich **behebbar** ist oder nicht, 179
hängt davon ab, ob der Plan in dem betreffenden Punkt nach der Planvorlage noch geändert
werden kann (dann Behebbarkeit des Mangels) oder nicht (dann Unbehebbarkeit des Mangels), vgl. § 218 RdNr. 153 ff. sowie die Kommentierung zu § 240.[268] Isolierte Änderungen
des darstellenden Teils eines Plans sowie Änderungen/Ergänzungen von Plananlagen sind bis
zum Beginn der Abstimmung über den Plan immer zulässig (vgl. § 218 RdNr. 161).
Demgegenüber kann der gestaltende Teil eines Plans nur im Hinblick auf einzelne Regelungen geändert werden (vgl. ausführlich § 218 RdNr. 154 ff., insbes. 157 ff.).

II. Versagung der Planbestätigung im Bestätigungsverfahren

Inhaltliche Planmängel sind aber unter Umständen auch noch im Bestätigungsverfahren 180
beachtlich. Gem. § 250 Nr. 1 ist einem Insolvenzplan nämlich die Bestätigung unter
anderem dann von Amts wegen zu versagen, wenn die Vorschriften über den Inhalt und die
verfahrensmäßige Behandlung des Plans in einem wesentlichen Punkt nicht beachtet worden
sind und der Mangel nicht behoben werden kann. Ebenso wie bei § 231 Abs. 1 Nr. 1 ist
auch bei § 250 Nr. 1 – entgegen dem insoweit etwas missverständlichen Wortlaut – kein
kumulativer Verstoß gegen Inhalts- und Vorlagemängel erforderlich. Es reicht aus, wenn
gegen Vorschriften über den Planinhalt oder gegen solche über seine verfahrensmäßige
Behandlung verstoßen wurde.[269]

Im Hinblick auf die Anwendung des § 250 Nr. 1 im Bestätigungsverfahren ist zwischen 181
solchen Inhaltsmängeln, die bereits bei der Vorprüfung vorlagen („ursprüngliche Mängel"),
und solchen, die – auf Grund einer Planänderung – erst nach der Vorprüfung aufgetreten
sind („nachträgliche Mängel"), zu unterscheiden.

1. Nachträgliche Mängel. a) Grundsätzliche Beachtlichkeit. Weniger Probleme 182
wirft die Behandlung nachträglicher Inhaltsmängel im Bestätigungsverfahren auf. Dass sie
grundsätzlich gem. § 250 Nr. 1 beachtlich sind, kann deshalb nicht zweifelhaft sein, weil sie
im Vorprüfungsverfahren noch gar nicht geprüft und beanstandet werden konnten und
deshalb auch nicht „verbraucht" sein können.

b) Wesentlichkeit. Anders als im Vorprüfungsverfahren ist im Bestätigungsverfahren 183
allerdings nicht mehr jeder Inhaltsmangel beachtlich. Nur wesentliche Mängel rechtfertigen
in diesem fortgeschrittenen Verfahrensstadium noch ein Scheitern des Plans. Ob Verstöße
gegen den nach § 217 zulässigen Planinhalt wesentlich in diesem Sinne sind, ist eine Frage
des Einzelfalls. Als wesentlich wird man jedenfalls unzulässige Abweichungen von Vorschriften der InsO ansehen müssen, die zentrale Verfahrensrechte einzelner Beteiligter enthalten
(z. B. Planabweichungen von § 194). Auch die Begründung von Verpflichtungen zu Lasten
von nicht oder nicht so Planunterworfenen ohne deren Zustimmung dürfte einen wesentlichen Verstoß darstellen. Eine Heilung des Mangels durch die Plannahme seitens der
Gläubiger sowie die Zustimmung des Schuldners kann man allenfalls in den Fällen in
Betracht ziehen, in denen alle diejenigen, zu deren Lasten sich der Planmangel auswirkt,
dem Plan im Abstimmungstermin explizit zugestimmt haben.

c) Behebbarkeit. Im Bestätigungsverfahren sind inhaltliche Planmängel grundsätzlich 184
nicht mehr behebbar. Ihre Behebung wäre nämlich nur mittels einer Planänderung möglich.
Eine entsprechende Planänderung ist jedoch nach dem Beginn der Abstimmung der Gläubiger über den Plan ausgeschlossen (vgl. § 218 RdNr. 153 ff., insbes. 156). Behoben werden
könnte ein entsprechender Mangel also nur auf dem Weg über eine **Wiederholung der
Abstimmung** der Gläubiger über den vorgelegten Plan. Ob und ggf. unter welchen Voraussetzungen dies zulässig ist, ist in den §§ 217 ff. nicht explizit geregelt. Der Erörterungs-

---

[268] Deswegen kann der Aussage *Häsemeyers*, Insolvenzrecht, 3. Aufl. 2003, RdNr. 28.15, „Inhaltliche Mängel sind heilbar ...", in dieser Generalität nicht gefolgt werden.
[269] In § 231 Abs. 1 Nr. 1 ist das Wort „und" nach dem eindeutigen Willen des Gesetzgebers als „oder" zu lesen, vgl. RdNr. 178. Es kann nicht angenommen werden, dass für § 250 Nr. 1 etwas anderes gelten soll. Ebenso jetzt *Gottwald/Braun*, Insolvenzrechts-Handbuch, 3. Aufl. 2006, § 68 RdNr. 100 Fn. 130.

und Abstimmungstermin bzw. ein gesondert anberaumter Abstimmungstermin sind besondere Gläubigerversammlungen. Die Sitzungsleitung obliegt dem Insolvenzgericht (vgl. § 76 Abs. 1). Indes zeigt § 18 Abs. 3 Satz 2 RPflG (ermessensabhängige Abstimmungswiederholung bei ergebnisrelevanten Stimmrechtsentscheidungen des Rechtspflegers), dass eine Abstimmungswiederholung nur in Ausnahmesituationen möglich sein soll. Nur so lässt sich die Gefahr strategisch-manipulativer Einflussnahmen auf das Insolvenzgericht von vornherein gering halten. Abgesehen von dem in § 18 Abs. 3 Satz 2 RPflG gesetzlich besonders geregelten Fall wird man eine Wiederholung der Abstimmung deshalb allenfalls in den Fällen für zulässig erachten können, in denen das Insolvenzgericht im Zusammenhang mit dem Abstimmungsverfahren einen Fehler begangen hat (z. B. fehlerhafte Protokollierung des Abstimmungsergebnisses, das tatsächliche Ergebnis lässt sich nicht mehr aufklären), nicht aber mit dem Ziel, eine Planänderung zu ermöglichen.[270]

185 **2. Ursprüngliche Mängel. a) Grundsätzliche Beachtlichkeit.** Inhaltsmängel, die bereits zum Zeitpunkt der Vorprüfung vorlagen („ursprüngliche Mängel"), zu diesem Zeitpunkt aber gleichwohl nicht zur Planzurückweisung führten, können im Bestätigungsverfahren aus zwei Gründen beachtlich sein: zum einen als (nicht erledigte) Inhaltsmängel, zum anderen aber auch als Ursachen für Fehler in der verfahrensmäßigen Planbehandlung.

186 **aa) Beachtlichkeit als Inhaltsmängel.** Inhaltsmängel erledigen sich nicht dadurch, dass sie im Vorprüfungsverfahren nicht beachtet wurden. Vorprüfungs- und Bestätigungsverfahren dienen unterschiedlichen Zwecken: Das Vorprüfungsverfahren soll verhindern, dass das komplizierte Insolvenzplanverfahren bei Plänen durchgeführt wird, die fehlerhaft (§ 231 Abs. 1 Nr. 1), offensichtlich chancenlos (§ 231 Abs. 1 Nr. 2) oder offensichtlich nicht erfüllbar sind (§ 231 Abs. 1 Nr. 3) oder mit denen missbräuchliche (verfahrensverzögernde) Zwecke verfolgt werden (§ 231 Abs. 2). Das Vorprüfungsverfahren dient also in erster Linie **verfahrensökonomischen** Zwecken. Demgegenüber steht im Bestätigungsverfahren ganz die (detaillierte) **Rechtmäßigkeitskontrolle** eines Plans im Vordergrund (§§ 248 bis 251). Diese Kontrolle ist auch dann sinnvoll, wenn das komplizierte Insolvenzplanverfahren zu Unrecht durchgeführt wurde und der Fehler erst im Bestätigungsverfahren entdeckt wird.

187 Dass auch der Gesetzgeber ursprüngliche Inhaltsmängel im Bestätigungsverfahren als grundsätzlich noch beachtlich ansieht, ergibt sich mittelbar zudem aus dem in § 250 Nr. 1 enthaltenen Filter der Wesentlichkeit des Mangels. Dadurch ist gewährleistet, dass nicht jeder (ursprüngliche) Inhaltsmangel zu einer Bestätigungsversagung führt bzw. führen muss.

188 An der grundsätzlichen Beachtlichkeit ursprünglicher Mängel im Bestätigungsverfahren ändert sich auch dann nichts, wenn das Insolvenzgericht im Vorprüfungsverfahren im Hinblick auf den vorgelegten Plan einen (positiven) Zulassungsbeschluss gefasst hat. Ein solcher Beschluss ist in § 231 Abs. 3 zwar nicht vorgesehen. Man wird ihn aus Gründen der Klarstellung jedoch für zulässig halten müssen.[271] Fasst das Insolvenzgericht einen Zulassungsbeschluss, so ist es an diesen im weiteren Verlauf des Planverfahrens nach allgemeinen prozessualen Grundsätzen (vgl. § 4) nicht gebunden.[272] Zwar soll etwas anderes grundsätzlich für unanfechtbare Beschlüsse gelten,[273] und gegen einen etwa gefassten Zulassungsbeschluss ist tatsächlich kein Rechtsmittel gegeben.[274] Der praeterlegale Charakter des

---

[270] Ebenso *Hess* in: *Hess/Obermüller*, Insolvenzplan, Restschuldbefreiung und Verbraucherinsolvenz, 3. Aufl. 2003, RdNr. 337; *Bork*, Verfahrenshürden beim Insolvenzplan, in *Henckel/Kreft* (Hrsg.), Insolvenzrecht 1998, 1999, S. 111, 116 f. AA (ohne Begründung) *Schiessler*, Der Insolvenzplan, 1997, S. 180 (nur *de lege ferenda* möglich). Auch nach BGH NZI 2005, 325, 327 f. kommt eine Abstimmungswiederholung offenbar grundsätzlich nicht in Betracht.
[271] Ebenso *Smid/Rattunde*, Der Insolvenzplan, 2. Aufl. 2005, RdNr. 9.49 ff.; HK-*Flessner* § 231 RdNr. 14; *Bork*, Verfahrenshürden beim Insolvenzplan, in *Henckel/Kreft* (Hrsg.), Insolvenzrecht 1998, 1999, S. 111, 115.
[272] Ebenso *Bork*, Verfahrenshürden beim Insolvenzplan, in *Henckel/Kreft* (Hrsg.), Insolvenzrecht 1998, 1999, S. 111, 115 f.
[273] Vgl. *Zöller/Vollkommer*, ZPO, 26. Aufl. 2007, § 318 RdNr. 9 mwN.
[274] Arg. §§ 231 Abs. 3 e. c. i. V. m. 6 Abs. 1. Ebenso *Smid/Rattunde*, Der Insolvenzplan, 2. Aufl. 2005, RdNr. 9.49; HK-*Flessner* § 231 RdNr. 14; *Bork*, Verfahrenshürden beim Insolvenzplan, in *Henckel/Kreft* (Hrsg.), Insolvenzrecht 1998, 1999, S. 111, 115.

Beschlusses und die Tatsache, dass erst im Bestätigungsverfahren eine abschließende Rechtmäßigkeitskontrolle des Plans erfolgt, sprechen jedoch entscheidend gegen eine Bindungswirkung. Sie besteht bei unanfechtbaren Beschlüssen deshalb, weil und soweit diese verfahrensabschließenden Charakter besitzen und deshalb urteilsähnlich sind. Das ist bei einem etwa gefassten Zulassungsbeschluss nicht der Fall.

bb) Beachtlichkeit als Ursachen für Fehler in der verfahrensmäßigen Planbehandlung. Ursprüngliche Inhaltsmängel eines Plans können im Bestätigungsverfahren auch als Ursachen für Fehler in der verfahrensmäßigen Planbehandlung beachtlich sein. Zu den Vorschriften über die verfahrensmäßige Behandlung des Insolvenzplans, deren Verletzung die Versagung der Bestätigung rechtfertigen kann, gehört nämlich auch die obligatorische Planzurückweisung eines vorgelegten Plans gem. § 231 Abs. 1 Nr. 1 bei Inhalts- oder Vorlagemängeln.[275] Bedeutung besitzt dieser Grund für eine Bestätigungsversagung gem. § 250 Nr. 1 nicht so sehr bei Inhaltsmängeln (diese sind unmittelbar gem. § 250 Nr. 1 Alt. 1 beachtlich), sondern vielmehr bei Vorlagemängeln (sie sind nur mittelbar über § 250 Nr. 1 Alt. 2 i. V. m. § 231 Abs. 1 Nr. 1 beachtlich).

Eine Nichtbeachtung des § 231 Abs. 1 Nr. 1 durch das Insolvenzgericht liegt in allen Fällen vor, in denen ein vorgelegter Plan bei objektiver Betrachtung von Amts wegen zurückzuweisen gewesen wäre. Auf ein „Verschulden" des mit der Sache befassten Gerichts kommt es grundsätzlich nicht an. Lediglich dann, wenn sich ein objektiv vorliegender Zurückweisungsgrund erst im Lichte von Tatsachen zeigt, die nach der Planzulassung zutage getreten sind (vgl. § 5 Abs. 1 Satz 1), dürfte kein Verstoß des Insolvenzgerichts gegen § 231 Abs. 1 Nr. 1 vorliegen.

b) Wesentlichkeit/Behebbarkeit. Im Hinblick auf die Wesentlichkeit ursprünglicher Mängel (sei es unmittelbar als Inhaltsmängel, sei es als Ursachen für Fehler in der verfahrensmäßigen Planbehandlung) gelten die Ausführungen zu nachträglichen Planmängeln entsprechend (vgl. RdNr. 183). Gleiches gilt für die Behebbarkeit entsprechender Mängel. Eine Abstimmungswiederholung mit dem Ziel einer Planänderung – sie allein wäre zur Behebung eines Inhaltsmangels bzw. mittelbar unter Umständen auch zur Behebung eines durch den Inhaltsmangel verursachten Nichtzurückweisungsmangels geeignet – kommt nicht in Betracht (vgl. RdNr. 184).

III. Heilung von Inhaltsmängeln durch rechtskräftige Planbestätigung

Wird ein Insolvenzplan rechtskräftig bestätigt, dann werden durch diese rechtskräftige Bestätigung etwaige Inhaltsmängel sowie Mängel in der verfahrensmäßigen Planbehandlung grundsätzlich **geheilt**. Aus der Systematik der Vorschriften über das Planbestätigungsverfahren (§§ 248 bis 253) sowie der Gestaltungswirkung rechtskräftig bestätigter Insolvenzpläne (§ 254) ist abzuleiten, dass entsprechende Mängel grundsätzlich nur im Bestätigungsverfahren geltend gemacht werden können.[276]

Etwas anderes gilt allerdings möglicherweise im Hinblick auf Planregelungen, die zu Lasten *nicht* zwangsweise Planunterworfener (z. B. zu Lasten Aussonderungsberechtigter) oder zu Lasten *nicht so* zwangsweise Planunterworfener (z. B. Vergabe eines Kredits durch Gläubigerbanken, Abschluss eines Liefervertrages durch Lieferantengläubiger) ohne deren Zustimmung wirken sollen. Entsprechende Regelungen liegen außerhalb des in einem Insolvenzplan durch Mehrheitsentscheidung Gestaltbaren. Das Erfordernis der Rechtssicherheit im Hinblick auf die mit einem rechtskräftig bestätigten Plan bewirkten Umgestaltungen der Rechtsverhältnisse findet seine Grenze scheinbar bei Regelungen, die von vornherein

---

[275] Ebenso HK-*Flessner* § 250 RdNr. 3.
[276] Ebenso die ganz hM zum Zwangsvergleich nach der KO, vgl. etwa *Jaeger/Weber* § 189 RdNr. 5, *Kuhn/Uhlenbruck* § 189 RdNr. 4, *Kilger/K. Schmidt* § 184 Anm. 1), sowie zum Vergleich nach der VerglO, vgl. etwa *Bley/Mohrbutter* § 78 RdNr. 15. Für den Insolvenzplan jetzt auch *Uhlenbruck/Lüer* § 254 RdNr. 7 sowie *Häsemeyer*, Insolvenzrecht, 3. Aufl. 2003, RdNr. 28.74 (für Abschlussmängel, auch wenn diese gravierend sein sollten).

außerhalb dessen liegen, was in einem Plan überhaupt mit Zwangswirkung gegen Widersprechende geregelt werden kann.[277]

194 Indes können sowohl die Gläubiger als auch der Schuldner den Beschluss, durch den ein Insolvenzplan bestätigt wird, gem. § 253 mit der Begründung angreifen, dass eine inhaltlich unzulässige Planregelung vorliegt, die auf Grund von § 250 Nr. 1 von Amts wegen zur Versagung der Bestätigung führen muss. Weitergehend wird man auch anderen Personen, die durch eine inhaltlich unzulässige Planregelung belastet werden, **analog § 253** ein entsprechendes Beschwerderecht zugestehen müssen (vgl. auch § 230 RdNr. 36, 92): Deren Interessenlage unterscheidet sich insoweit nicht von derjenigen eines durch eine inhaltlich unzulässige Planregelung belasteten Gläubigers bzw. von derjenigen des durch eine inhaltlich unzulässige Planregelung belasteten Schuldners, und der Gesetzgeber hat die Möglichkeit einer Belastung anderer Personen als der Gläubiger bzw. des Schuldners durch inhaltlich unzulässige Planregelungen offenbar übersehen, es besteht also insoweit eine Regelungslücke.

195 Damit sind diejenigen Personen, die durch eine inhaltlich unzulässige Planregelung belastet werden, verfahrensrechtlich in der Lage, sich gegen eine entsprechende Belastung zur Wehr zu setzen. Allein dieser Gesichtspunkt rechtfertigt allerdings noch nicht die Heilung von Mängeln, deren Entstehung sie in keiner Weise hervorgerufen oder zumindest beeinflusst haben. Etwas anderes dürfte aber in den Fällen gelten, in denen die betreffenden Personen eine sie belastende, unzulässige Planregelung **zurechenbar veranlasst** haben (etwa dadurch, dass sie die Formulierung einer entsprechenden Planregelung angeregt haben). Sofern und soweit dies der Fall ist – dabei können prinzipiell dieselben Maßstäbe angelegt werden, wie sie die hM zur Konkretisierung des Publizitätstatbestandes in § 15 Abs. 3 HGB entwickelt hat[278] – und sie deshalb auch zumutbarerweise eine Beschwerde hätten einlegen können, wird man davon ausgehen müssen, dass die rechtskräftige Planbestätigung den Inhaltsmangel auch insoweit heilt (etwas anderes gilt z.B. dann, wenn in einem Plan zu Lasten eines unbeteiligten Dritten ohne dessen Veranlassung und Wissen festgelegt wird, dass dieser für Ansprüche gegen den Schuldner als Bürge haften soll).

§ 218 Vorlage des Insolvenzplans

(1) ¹ **Zur Vorlage eines Insolvenzplans an das Insolvenzgericht sind der Insolvenzverwalter und der Schuldner berechtigt.** ² **Die Vorlage durch den Schuldner kann mit dem Antrag auf Eröffnung des Insolvenzverfahrens verbunden werden.** ³ **Ein Plan, der erst nach dem Schlußtermin beim Gericht eingeht, wird nicht berücksichtigt.**

(2) Hat die Gläubigerversammlung den Verwalter beauftragt, einen Insolvenzplan auszuarbeiten, so hat der Verwalter den Plan binnen angemessener Frist dem Gericht vorzulegen.

(3) Bei der Aufstellung des Plans durch den Verwalter wirken der Gläubigerausschuß, wenn ein solcher bestellt ist, der Betriebsrat, der Sprecherausschuß der leitenden Angestellten und der Schuldner beratend mit.

Schrifttum: *Dinstühler,* Der Insolvenzplan gem. den §§ 217–269, InVo 1998, 333 ff.; *Drukarczyk,* Insolvenzrechtsreform: Reformkonzeption und aktueller Stand, DBW 52 (1992), 161 ff.; *Eidenmüller,* Der Insolvenzplan als Vertrag, Jahrbuch für Neue Politische Ökonomie (JNPÖ) 15 (1996), 164 ff.; *Evers/*

---

[277] So die ganz hM zur vergleichbaren Problemstellung im Hinblick auf einen Verzicht auf Absonderungsrechte in einem Zwangsvergleich nach der KO, vgl. etwa *Jaeger/Weber* § 189 RdNr. 7 sowie *Kuhn/Uhlenbruck* § 189 RdNr. 4, bzw. in einem Vergleich nach der VerglO, vgl. etwa *Bley/Mohrbutter* § 78 RdNr. 14.

[278] Vgl. insoweit stellv. *Canaris,* Handelsrecht, 24. Aufl. 2006, S. 65 ff. mwN. Allerdings dürfte auf Grund der weitreichenden Gestaltungswirkungen eines rechtskräftig bestätigten Plans eine zurechenbare Veranlassung weitergehend auch bei beschränkt Geschäftsfähigen oder Geschäftsunfähigen vorliegen, sofern der Geschäftsfähigkeitsmangel nicht offensichtlich ist.

Vorlage des Insolvenzplans   **§ 218**

Möhlmann, Feststellung eines Insolvenzplans – Überlegungen aus verfahrensrechtlicher und ökonomischer Perspektive, ZInsO 1999, 21 ff.; *Hax,* Die ökonomischen Aspekte der neuen Insolvenzordnung, in *Kübler* (Hrsg.), Neuordnung des Insolvenzrechts, 1989, 21 ff.; *Henckel,* Deregulierung im Insolvenzverfahren, KTS 1989, 477 ff.; *Hess/Weis,* Der Insolvenzplan, WM 1998, 2349 ff.; *Lüke,* Zur Haftung des Insolvenzverwalters im Planverfahren, in *Prütting/Vallender* (Hrsg.), Insolvenzrecht in Wissenschaft und Praxis, 2000, 519 ff.; *Maus,* Der Insolvenzplan, in Arbeitskreis für Insolvenz- und Schiedsgerichtswesen eV, Köln (Hrsg.), Kölner Schrift zur Insolvenzordnung, 2. Aufl. 2000, 931 ff.; *Paulus,* Die Rolle der Gläubiger im neuen Insolvenzrecht, DZWIR 1999, 53 ff.; *Riggert,* Das Insolvenzplanverfahren: Strategische Probleme aus der Sicht absonderungsberechtigter Banken, WM 1998, 1521 ff.; *Smid,* Zum Recht der Planinitiative gem. § 218, WM 1996, 1249 ff.; *Stürner,* Aufstellung und Bestätigung des Insolvenzplans, in *Leipold* (Hrsg.), Insolvenzrecht im Umbruch, 1991, 41 ff.; *Vogel,* Die Einreichung mehrerer Insolvenzpläne durch den Schuldner, DZWIR 2004, 490 ff.; *Warrikoff,* Gestaltungsmöglichkeiten im Insolvenzplan, KTS 1997, 527 ff.

Übersicht

	RdNr.		RdNr.
A. Normzweck, rechtsvergleichender Hintergrund und rechtspolitische Beurteilung	1	**V. Mitwirkungsverfahren bei der Planaufstellung**	36
I. Normzweck	1	1. Anwendungsbereich des Mitwirkungsverfahrens	37
II. Rechtsvergleichender Hintergrund	2	2. Mitwirkende Personen/Institutionen	41
		3. Adressaten von Mitwirkungspflichten	44
III. Rechtspolitische Beurteilung	3	a) Insolvenzverwalter	45
B. Entstehungsgeschichte	6	b) Gläubigerausschuss(mitglieder), Betriebsrat, Sprecherausschuss, Schuldner	47
C. Rechtsnatur der Planvorlage	9	4. Inhalte von Mitwirkungspflichten	49
I. Planvorlage als Prozesshandlung	9	a) Informationspflicht des Verwalters	50
II. Anwendbarkeit der allgemein für Prozesshandlungen geltenden Regeln	10	b) Pflicht zur Stellungnahme durch Gläubigerausschuss(mitglieder), Betriebsrat, Sprecherausschuss, Schuldner	51
III. Planvorlage als materiellrechtliche Willenserklärung?	11	c) Pflicht zur Berücksichtigung der Stellungnahmen durch den Verwalter	52
D. Planvorlage durch den Insolvenzverwalter	12	d) Wiederholung des Konsultationszyklus	53
I. Bedeutung des Planvorlagerechts	12	5. Sanktionen bei Pflichtverstößen	54
II. Planvorlage im Gläubigerauftrag (derivativer Verwalterplan)	14	a) Pflichtverstöße des Verwalters	55
1. Begriff des derivativen Verwalterplans	14	aa) Vorprüfungsverfahren	55
		bb) Bestätigungsverfahren	57
2. Zielvorgabe durch die Gläubigerversammlung	15	cc) Heilung durch rechtskräftige Planbestätigung	60
3. Aufoktroyierung eines bestimmten Plans?	17	b) Pflichtverstöße durch Gläubigerausschuss(mitglieder), Betriebsrat, Sprecherausschuss, Schuldner	61
4. Planvorlage binnen angemessener Frist	21	**VI. Kosten der Planaufstellung und des Mitwirkungsverfahrens**	62
5. Planvorlage ohne inhaltliche Mängel	23	1. Kosten der Planaufstellung durch den Insolvenzverwalter	62
III. Planvorlage ohne Gläubigerauftrag (originärer Verwalterplan)	24	2. Kosten des Mitwirkungsverfahrens	63
1. Begriff des originären Verwalterplans	24	**E. Planvorlage durch den Schuldner**	65
2. Zulässigkeit eines originären Verwalterplans	25	I. Bedeutung des Planvorlagerechts	65
3. Originärer und derivativer Verwalterplan	28	II. Planvorlageberechtigte Personen	68
4. Originärer Verwalterplan und Negativauftrag der Gläubigerversammlung	30	1. Insolvenz einer natürlichen Person	68
		2. Insolvenz einer juristischen Person	69
IV. Planvorlage durch den vorläufigen Insolvenzverwalter?	31	a) Planvorlage als Geschäftsleitungsmaßnahme	70
1. Planvorlagerecht?	31	b) Verfahrensrechtliche Einbettung des Planvorlagerechts	71
2. Planvorlage und Planausarbeitung	34	c) Besonderheiten im Innenverhältnis	80

	RdNr.		RdNr.
3. Insolvenz einer Gesellschaft ohne Rechtspersönlichkeit	81	**I. Grundsätzliche Zulässigkeit einer Planrücknahme**	141
4. Insolvenzverfahren über ein Sondervermögen	82	**II. Pflicht zur Planrücknahme**	146
a) Nachlassinsolvenz	83	**III. Zeitliche Grenze einer Planrücknahme**	147
b) Insolvenzverfahren über das Gesamtgut einer fortgesetzten Gütergemeinschaft	86	**IV. Planrücknahmeberechtigte Person(en)**	151
c) Insolvenzverfahren über das gemeinschaftlich verwaltete Gesamtgut einer Gütergemeinschaft	87	**V. Form der Planrücknahme und Zugangserfordernis**	152
III. Planvorlage bei Antragstellung (§ 218 Abs. 1 Satz 2)	88	**VI. Planänderung**	153
1. Planvorlage nur bei Eigenantrag?	89	1. Änderungen des gestaltenden Teils	154
2. Zwingende Planvorlage bei Antragstellung?	92	a) Grundsätzliche Zulässigkeit von Änderungen	156
IV. Kosten der Planerstellung	93	b) Grenzen zulässiger Änderungen	157
F. Planvorlage durch Gläubiger?	99	c) Pflicht zur Planänderung	160
G. Besonderheiten bei der Eigenverwaltung	100	2. Isolierte Änderungen des darstellenden Teils und Änderungen/Ergänzungen von Plananlagen	161
I. Kein Auftrag der Gläubigerversammlung zur Planausarbeitung	101	3. Planänderung und nachträgliche Planergänzung	162
1. Planvorlagerecht des Schuldners	101	4. Planänderung und nachträgliche Plananpassung	163
2. Planvorlagerecht des Sachwalters	102	**N. Verzicht auf das Planvorlagerecht und rechtsmissbräuchliche Ausübung des Planvorlagerechts**	164
II. Auftrag der Gläubigerversammlung zur Planausarbeitung	103	**I. Verzicht auf das Planvorlagerecht**	164
1. Zulässigkeit einer Zielvorgabe	103	**II. Rechtsmissbräuchliche Ausübung des Planvorlagerechts**	169
2. Planvorlagerecht des Schuldners bei Gläubigerauftrag	105	**O. Wirksamkeit und Wirkungen einer Planvorlage/Planrücknahme**	170
3. Planvorlagerecht des Sachwalters bei Gläubigerauftrag	107	**I. Wirksamkeit einer Planvorlage**	170
H. Frühester und spätester Zeitpunkt einer Planvorlage	109	1. Inhaltliche Planmängel und Verstöße gegen das Planvorlagerecht	170
I. Frühester Zeitpunkt einer Planvorlage	109	2. Planvorlage durch „noch nicht" und durch „jetzt nicht mehr" Berechtigte	174
1. Insolvenzverwalter	109	a) Planvorlage durch „noch nicht" Berechtigte	175
2. Schuldner	110	b) Planvorlage durch „jetzt nicht mehr" Berechtigte	181
3. Sachwalter	111	3. Sonstige Mängel der Planvorlage	183
II. Spätester Zeitpunkt einer Planvorlage	112	**II. Wirkungen einer Planvorlage**	185
J. Vorlage mehrerer Pläne durch einen Planvorlageberechtigten	116	**III. Wirksamkeit und Wirkungen einer Planrücknahme**	188
I. Sequentielle Planvorlage	117	**P. Plankonkurrenz**	189
II. Simultane Planvorlage	121	**I. Abstimmung über mehrere vorgelegte Pläne**	190
1. Alternativpläne	122	**II. Annahme mehrerer vorgelegter Pläne**	194
2. Eventualpläne	128	**Q. Besonderheiten bei internationalen Insolvenzen**	198
K. Planvorlagepflicht?	134		
L. Form der Planvorlage und Zugangserfordernis	139		
M. Rücknahme und Änderung eines vorgelegten Plans	140		

A. Normzweck, rechtsvergleichender Hintergrund und rechtspolitische Beurteilung

I. Normzweck

Die Vorlage eines Insolvenzplans setzt das Insolvenzplanverfahren in Gang. Nach der ursprünglichen gesetzgeberischen Konzeption sollte das Planvorlagerecht weit gestreut sein (vgl. RdNr. 6 ff.) und als **Wettbewerbsstimulans** wirken: Es gehe darum, so der RegE, „... den Wettbewerb um die beste Art der Masseverwertung und damit die Funktion des Insolvenzverfahrens als eines ‚Entdeckungsverfahrens' [zu] stärken."[1] Dieses Ziel ist in der Gesetz gewordenen Fassung des § 218 nur noch partiell verwirklicht: Planvorlageberechtigt sind (nur) der **Insolvenzverwalter** und der **Schuldner** (§ 218 Abs. 1 Satz 1). Auf von ihnen vorgelegte Pläne beschränken sich „Planwettbewerb" und „Entdeckungsverfahren". 1

II. Rechtsvergleichender Hintergrund

Die Parallelvorschrift zu § 218 im US-amerikanischen Reorganisationsrecht ist 11 U. S. C. § 1121. Die mit § 218 Gesetz gewordene Regelung des Planvorlagerechts in Deutschland weicht signifikant von derjenigen gem. 11 U. S. C. § 1121 ab. Danach steht dem Schuldner ein exklusives Planvorlagerecht für die ersten 120 Tage nach Verfahrenseröffnung zu (11 U. S. C. § 1121 (b)). Legt er in diesem Zeitraum einen Plan vor, hat er weitere 60 Tage Zeit, sich um die Planannahme zu bemühen (11 U. S. C. § 1121 (c) (3)). Beide Fristen können vom Gericht gem. 11 U. S. C. § 1121 (d) (1) verkürzt oder verlängert werden. Letzteres geschieht häufig.[2] Der Schuldner besitzt damit gem. 11 U. S. C. § 1121 eine sehr starke Stellung. Allerdings: Nach Ablauf der 180 Tage kann gem. 11 U. S. C. § 1121 (c) (3) jede interessierte Partei („any party in interest") einen Plan vorlegen. Der (potentielle) Planwettbewerb in den USA ist damit in der Anfangsphase des Verfahrens nicht existent (exklusives Planvorlagerecht des Schuldners), dann aber sehr intensiv (Planvorlagerecht jeder interessierten Partei). 2

III. Rechtspolitische Beurteilung

Kritikwürdig an der Regelung des Planvorlagerechts in § 218 ist insbesondere das Fehlen eines eigenen **Planvorlagerechts der Gläubiger** (vgl. auch RdNr. 99).[3] Zum Zwecke ihrer gemeinschaftlichen Befriedigung wird ein Insolvenzverfahren durchgeführt (§ 1 Satz 1, vgl. vor § 217 RdNr. 5). Gerade den Gläubigern bzw. bestimmten – gesetzlich festgelegten – Gläubigergruppen sollte deshalb *de lege ferenda* ein Planvorlagerecht eingeräumt werden. Dass es dadurch zu einer „verwirrende[n] Vielfalt" von Plänen mit der Folge einer „Verfahrenshemmung" kommen könnte,[4] erscheint zumindest dann unwahrscheinlich, wenn die planvorlegenden Gläubiger verpflichtet wären, die – im Einzelfall nicht unerheblichen – Kosten der Planerstellung zu tragen: Dies sollte genügen, um die Gefahr einer verfahrens- 3

---

[1] BT-Drucks. 12/2443, S. 92. Die entsprechenden Formulierungen lehnen sich deutlich an die Charakterisierung des Wettbewerbs als eines „Entdeckungsverfahrens" durch *von Hayek* an. Vgl. *von Hayek*, Der Wettbewerb als Entdeckungsverfahren, 1968.

[2] Grenzen setzt jetzt aber 11 U. S. C. § 1121 (d) (2): Die 120-Tage-Frist kann bis maximal 18 Monate nach Verfahrenseinleitung und die 180-Tage-Frist bis maximal 20 Monate nach Verfahrenseinleitung verlängert werden. Dadurch werden die Gläubiger im US-amerikanischen Planverfahren Verhandlungsmacht gewinnen. Gleichzeitig wird die Neuregelung vermutlich dazu führen, dass Schuldner noch mehr *pre-packaged plans* einreichen als heute, zutr. *Hafner* DAJV Newsletter 2006, 13.

[3] Krit. auch *Braun* in: *Braun/Uhlenbruck*, Unternehmensinsolvenz, 1997, S. 472; *Goller* ZInsO 2000, 249, 255.

[4] So die Kritik von *Leipold* in: *Stürner* (Hrsg.), Insolvenzrecht im Umbruch, 1991, S. 41, 43, an dem ggü. § 218 noch weiter gefassten Planvorlagerecht in §§ 244, 245 RefE.

verzögernden Vorlage allzu vieler Pläne zu bannen.[5] Die derzeitige gesetzliche Regelung, die den Gläubigern lediglich die Befugnis gibt, den Verwalter mit der Planerstellung zu beauftragen und ihm das Ziel des Plans vorzugeben (§ 157 Satz 2 i. V. m. § 218 Abs. 2), ist für ein eigenes Planvorlagerecht der Gläubiger aus mehreren Gründen kein adäquater Ersatz: (1) Der Verwalter muss einen entsprechenden Auftragsplan lediglich in angemessener Frist vorlegen (§ 218 Abs. 2), während ein Plan des Schuldners möglicherweise bereits zusammen mit dem Eröffnungsantrag vorgelegt wurde (§ 218 Abs. 1 Satz 2). (2) Versteht sich der Verwalter nicht als „verlängerter Arm" der Gläubiger, bleibt diesen nur die Möglichkeit, Aufsichtsmaßnahmen des Insolvenzgerichts anzuregen (§ 58) bzw. in schwerwiegenden Fällen die Entlassung des Verwalters zu beantragen (§ 59). (3) Schließlich läuft jeder Beschluss der Gläubigerversammlung nach § 157 Satz 2 bzw. § 59 Abs. 1 Satz 2 Gefahr, gem. § 78 vom Insolvenzgericht auf Antrag des Verwalters unter Berufung auf das unkonturierte Kriterium des gemeinsamen Interesses der Insolvenzgläubiger aufgehoben zu werden.

4   Kritikwürdig ist aber nicht nur das Fehlen eines eigenen Planvorlagerechts der Gläubiger bzw. bestimmter Gläubigergruppen. Kritikwürdig ist auch das Fehlen eines in § 255 Abs. 1 Nr. 2 des RegE (dazu RdNr. 7) noch vorgesehenen Planvorlagerechts der **persönlich haftenden Gesellschafter** des Schuldners. Deren persönliche Haftung kann in einem Insolvenzplan geregelt werden (§ 227 Abs. 2 – ausführlich § 217 RdNr. 68 ff., 132 ff.). Als Korrelat dieser Planunterworfenheit wäre ein eigenes Planvorlagerecht eines jeden persönlich haftenden Gesellschafters systemgerecht und angemessen gewesen.[6]

5   Kritikwürdig ist schließlich das **Fehlen fairer und eindeutiger Regeln zur Entscheidung des Wettstreits** zwischen mehreren vorgelegten Insolvenzplänen. Die derzeitige Gesetzeslage räumt dem Insolvenzgericht einen problematischen Einfluss auf das Abstimmungsergebnis ein. Darüber hinaus fehlt eine Regelung der Konsequenzen einer – *de lege lata* möglichen – Annahme mehrerer Pläne durch die Gläubiger (vgl. RdNr. 190 ff., 194 ff.).[7]

B. Entstehungsgeschichte

6   Unter der Geltung von KO, VerglO und GesO waren Vergleich bzw. Zwangsvergleich finanzwirtschaftliche Schuldenregulierungsinstrumente in der Hand des jeweiligen Schuldners: Allein ihm stand ein entsprechendes Vorschlagsrecht zu (vgl. § 173 KO, § 16 Abs. 1 GesO, §§ 2 Abs. 1 Satz 2, 3 Abs. 1 VerglO). Der Insolvenzplan sollte demgegenüber nach den ursprünglichen Vorstellungen des Gesetzgebers primär ein Instrument der Haftungsverwirklichung in den Händen der Gläubiger sein. Folgerichtig sah der RefE nicht nur ein Planvorlagerecht des Schuldners und, wenn dieser keine natürliche Person ist, jeder Person oder Mehrzahl von Personen vor, die am Kapital des Schuldners zu mindestens $1/5$ beteiligt ist oder in dieser Höhe ein kapitalersetzendes Gesellschafterdarlehen oder ein Darlehen, für das der Nachrang im Insolvenzverfahren vereinbart ist, gewährt hat (§ 245 Abs. 1 Nr. 3 RefE). Auch der Verwalter im Auftrag der Gläubiger (§§ 166 Satz 2, 244 Abs. 1 RefE), mindestens fünf absonderungsberechtigte Gläubiger mit einem Volumen von zusammen mindestens $1/5$ des Wertes aller Absonderungsrechte (§ 245 Abs. 1 Nr. 1 RefE), sowie mindestens fünf nicht nachrangige Insolvenzgläubiger mit einem Volumen von zusammen mindestens $1/5$ der Forderungssumme aller nicht nachrangigen Insolvenzgläubiger (§ 245 Abs. 1 Nr. 2 RefE) sollten vorlageberechtigt sein.

7   Der RegE ließ die Regelung des Planvorlagerechts des Verwalters im Auftrag der Gläubigerversammlung unberührt (§§ 176 Satz 2, 254 Abs. 1 RegE), brachte im Übrigen jedoch

---

[5] Vgl. *Hax*, Die ökonomischen Aspekte der neuen Insolvenzordnung, in *Kübler* (Hrsg.), Neuordnung des Insolvenzrechts, 1989, S. 21, 30 f.; *Eidenmüller* JNPÖ 15 (1996), 164, 174; *Eidenmüller*, Unternehmenssanierung zwischen Markt und Gesetz, 1999, S. 63.
[6] Krit. auch *Noack*, Gesellschaftsrecht, 1999, RdNr. 106.
[7] Krit. auch *Nerlich/Römermann/Braun* § 218 RdNr. 49.

einzelne Änderungen: Planvorlageberechtigt sollten neben dem Verwalter mindestens fünf absonderungsberechtigte Gläubiger oder nicht nachrangige Insolvenzgläubiger sein, die nach der Schätzung des Insolvenzgerichts zusammen 1/5 des Stimmrechts in der Gläubigerversammlung erreichen, das sich insgesamt aus den Forderungsbeträgen und dem Wert der Absonderungsrechte ergibt (§ 255 Abs. 1 Nr. 1 RegE). Planvorlageberechtigt sollten darüber hinaus der Schuldner und, wenn dieser keine natürliche Person ist, jede Person oder Mehrzahl von Personen, die am Kapital des Schuldners zu mindestens 1/5 beteiligt ist, sowie jeder persönlich haftende Gesellschafter sein (§ 255 Abs. 1 Nr. 2 RegE).

Der Rechtsausschuss empfahl, § 255 RegE ersatzlos zu streichen und das Planvorlagerecht auf den Insolvenzverwalter und den Schuldner zu beschränken: „Dadurch werden die praktischen Schwierigkeiten vermieden, die sich nach dem Regierungsentwurf bei konkurrierenden Insolvenzplänen von Gläubigergruppen hätten ergeben können."[8] Die bisherigen § 254 Abs. 1 und 2 RegE wurden mit geringfügigen Änderungen zu Abs. 2 und Abs. 3 (= § 218 Abs. 2 und Abs. 3), die Beschränkung des Planvorlagerechts auf den Insolvenzverwalter sowie den Schuldner wurde in § 254 Abs. 1 Satz 1 nF geregelt (= § 218 Abs. 1 Satz 1). Zusätzlich wurden Regelungen zum frühestmöglichen Zeitpunkt der Planvorlage durch den Schuldner (§ 254 Abs. 1 Satz 2 nF = § 218 Abs. 1 Satz 2) sowie zum letztmöglichen Zeitpunkt einer Planvorlage aufgenommen (§ 254 Abs. 1 Satz 3 nF = § 218 Abs. 1 Satz 3). 8

C. Rechtsnatur der Planvorlage

I. Planvorlage als Prozesshandlung

Die Vorlage eines Insolvenzplans leitet das Insolvenzplanverfahren ein: Nach der Planvorlage hat das Insolvenzgericht den vorgelegten Plan unter bestimmten Voraussetzungen von Amts wegen (§ 231 Abs. 1) oder auf Antrag (§ 231 Abs. 2) zurückzuweisen. Ansonsten ist der Plan bestimmten Personen bzw. Institutionen zur Stellungnahme zuzuleiten (§ 232). Aufgrund der verfahrensbeeinflussenden – nämlich verfahrenseinleitenden – Wirkung der Planvorlage ist diese als **Prozesshandlung** zu qualifizieren.[9] Die Qualifikation der Planvorlage als Prozesshandlung ist bedeutsam vor allem für die Beantwortung der Frage, unter welchen Voraussetzungen eine Planvorlage **wirksam bzw. unwirksam** ist. 9

II. Anwendbarkeit der allgemein für Prozesshandlungen geltenden Regeln

Da die Planvorlage eine das Insolvenzplanverfahren einleitende Prozesshandlung ist, sind auf sie grundsätzlich die **allgemein für Prozesshandlungen geltenden Regeln**[10] sowie die Regeln über **bestimmende Schriftsätze**[11] anwendbar, sofern und soweit die §§ 217 ff. eine bestimmte Frage nicht speziell regeln. Zuerst ist also immer zu fragen, ob die §§ 217 ff. eine einschlägige Spezialvorschrift enthalten. Wenn dies nicht der Fall ist, kann auf die allgemein für Prozesshandlungen und bestimmende Schriftsätze geltenden Regeln zurückgegriffen werden. Nach diesem Schema ist z. B. zu beurteilen, ob ein Plan schriftlich abge- 10

---

[8] BT-Drucks. 12/7302, S. 181.
[9] Ebenso *Schiessler*, Der Insolvenzplan, 1997, S. 86; *Gaul*, Zur Struktur und Wirkungsweise des Insolvenzplans als „privatautonomes" Instrument der Haftungsverwirklichung, in *Baums/Wertenbruch/Lutter/Schmidt* (Hrsg.), Festschrift für Ulrich Huber zum siebzigsten Geburtstag, 2006, S. 1187, 1197, 1202; wohl auch *Nerlich/Römermann/Braun* § 219 RdNr. 54 (Planvorlage als verfahrensrechtlicher Antrag auf abweichende Abwicklung i. S. v. § 1 Satz 1).
[10] Zu ihnen vgl. etwa MünchKommZPO-*Lüke* Einleitung RdNr. 270 ff.
[11] Zu ihnen vgl. etwa *Stein/Jonas/Leipold* § 129 RdNr. 4 ff. *Smid/Rattunde*, Der Insolvenzplan, 2. Aufl. 2005, RdNr. 3.1, halten die ergänzende Anwendung der Regeln über bestimmende Schriftsätze für „wenig aussagekräftig", da die Regelungen in einem Insolvenzplan mit Bedingungen versehen werden könnten und zudem ein weiter Bereich von Möglichkeiten der Abänderung eines vorgelegten Plans eröffnet sei. Indes: Es geht um eine *ergänzende* Anwendung der Regeln über bestimmende Schriftsätze, sofern und soweit die §§ 217 ff. keine Spezialregelung enthalten, vgl. dazu im Text.

fasst und unterschrieben werden muss (vgl. RdNr. 139), ob er dem Insolvenzgericht zugehen muss (vgl. RdNr. 139), ob eine eventuelle oder kumulative Vorlage mehrerer Pläne möglich ist (vgl. dazu RdNr. 121 ff.) und ob ein vorgelegter Plan zurückgenommen werden kann (vgl. dazu RdNr. 140 ff.). Nach diesem Schema ist aber auch zu beurteilen, welche Rechtsfolgen sich bei etwaigen Mängeln im Zusammenhang mit der Planvorlage ergeben (vgl. RdNr. 170 ff.).

III. Planvorlage als materiellrechtliche Willenserklärung?

11   Ein von den Gläubigern angenommener und mit der Zustimmung des Schuldners versehener Insolvenzplan ist ein mehrseitiger Vertrag zwischen den Gläubigern und dem Schuldner über die Verwertung des haftenden Schuldnervermögens (vgl. § 217 RdNr. 23 f.). Indes liegt weder in der Planvorlage durch den Insolvenzverwalter noch in derjenigen durch den Schuldner bereits eine materiellrechtliche Willenserklärung. Konstruktiv kommt der Verwertungsvertrag in beiden Fällen auf andere Weise zustande (vgl. § 217 RdNr. 26 ff.). Die Planvorlage ist also lediglich Prozesshandlung. Sie hat – anders als ein von den Gläubigern angenommener und mit der Zustimmung des Schuldners versehener Insolvenzplan, der Prozessvertrag und materiellrechtlicher Vertrag ist (vgl. § 217 RdNr. 31) – **keine Doppelnatur.**

D. Planvorlage durch den Insolvenzverwalter

I. Bedeutung des Planvorlagerechts

12   Die Bedeutung des Planvorlagerechts des Insolvenzverwalters gem. § 218 Abs. 1 Satz 1 liegt vor allem in dessen Unabhängigkeit von den Gläubigern und dem Schuldner (§ 56 Abs. 1) und der **größeren Akzeptanz,** die ein von ihm vorgelegter Plan deshalb im Vergleich zu einem (inhaltsgleichen!) Schuldnerplan möglicherweise genießt. Dabei betrifft die eigentliche Planvorlage allerdings nur einen kleinen Teil der **Mediationstechniken,** die ein Insolvenzverwalter im Vorfeld der Planvorlage und – in einem späteren Stadium – im Vorfeld der Abstimmung über einen vorgelegten Plan anwenden kann, um die Aussichten für eine Planannahme zu erhöhen (vgl. dazu vor § 217 RdNr. 49 ff.).

13   Dass dem Gesetzgeber die **„Richtigkeitsgewähr"** eines Verwalterplans höher erscheint als diejenige eines Schuldnerplans, lassen mehrere Regelungen des Insolvenzplanverfahrens erkennen. So betrifft die Pflicht des Insolvenzgerichts, einen Plan gem. § 231 Abs. 2 unter bestimmten Voraussetzungen auf Antrag des Insolvenzverwalters mit Zustimmung des Gläubigerausschusses zurückzuweisen, nur Schuldnerpläne. Gleiches gilt für die in § 231 Abs. 1 Nr. 2 und Nr. 3 normierten Zurückweisungsgründe. Schließlich ist die planschützende Aussetzung der Verwertung der Insolvenzmasse und ihrer Verteilung (§ 233 Satz 1) (nur) auf Antrag des Verwalters mit Zustimmung des Gläubigerausschusses oder der Gläubigerversammlung zu unterlassen bzw. aufzuheben, nicht aber auf Antrag des Schuldners (§ 233 Satz 2) – der Schutz des § 233 Satz 1 ist für Schuldnerpläne somit wesentlich schwächer.

II. Planvorlage im Gläubigerauftrag (derivativer Verwalterplan)

14   **1. Begriff des derivativen Verwalterplans.** Nach der ursprünglichen Regelung im RegE hätte dem Insolvenzverwalter ein Planvorlagerecht nur bei einem Gläubigerauftrag zur Planausarbeitung zugestanden: § 176 Satz 2 RegE (später unverändert § 157 Satz 2) sah eine Ermächtigung der Gläubigerversammlung vor, den Verwalter mit der Ausarbeitung eines Plans zu beauftragen und ihm das Planziel vorzugeben. § 254 Abs. 1 RegE (später mit redaktionellen Änderungen § 218 Abs. 2) verpflichtete den Verwalter in diesem Fall zur Planvorlage in angemessener Frist. Eine dem § 218 Abs. 1 Satz 1 vergleichbare Vorschrift, die das Planvorlagerecht des Insolvenzverwalters gewissermaßen abstrakt festschreibt, fehlte.

Auch nach der schließlich Gesetz gewordenen Fassung der §§ 157, 218 kann indes kein Zweifel daran sein, dass ein Insolvenzverwalter jedenfalls ein **Planvorlagerecht** und eine **Planvorlagepflicht** hat, wenn er von der Gläubigerversammlung gem. § 157 Satz 2 mit der Planausarbeitung beauftragt wurde. Einen entsprechenden Insolvenzplan, der seine Legitimationsgrundlage in einem Beschluss der Gläubigerversammlung findet, kann man als **derivativen Verwalterplan** bezeichnen.[12]

2. Zielvorgabe durch die Gläubigerversammlung. Gem. § 157 Satz 2 kann die Gläubigerversammlung dem Verwalter bei einem derivativen Verwalterplan das Ziel des Plans vorgeben. Was dies bedeutet, wird in § 157 nicht näher erläutert, und auch die Begründung des Regierungsentwurfs schweigt sich zu dieser Frage aus.[13] Auf der Basis der Funktion eines Insolvenzplans als „universelle[s] Instrument der Masseverwertung"[14] liegt es nahe, den Begriff der „Zielvorgabe" im Lichte der drei wesentlichen Handlungsalternativen bezüglich einer Verwertung der Insolvenzmasse (Liquidation, Reorganisation, übertragende Sanierung) zu interpretieren. Die Gläubigerversammlung kann den Verwalter also beauftragen, einen **Liquidationsplan** auszuarbeiten, sie kann ihn beauftragen, einen Plan auszuarbeiten, der die Fortführung des Schuldnerunternehmens in der Hand des bisherigen Trägers vorsieht **(Reorganisationsplan)**, und sie kann ihn beauftragen, einen Plan auszuarbeiten, der die Fortführung des Schuldnerunternehmens in der Hand eines neuen Trägers vorsieht **(Übertragungsplan)**. Weitergehende inhaltliche Vorgaben, etwa im Hinblick auf eine bestimmte Gruppenbildung, kann die Gläubigerversammlung dem Verwalter demgegenüber nicht machen:[15] § 157 Satz 2 handelt von dem Planziel, nicht aber von dem Planinhalt (für die Frage, ob die Gläubigerversammlung dem Insolvenzverwalter die Erstellung und Vorlage **mehrerer derivativer Insolvenzpläne** mit ggf. konträrer Zielsetzung aufgeben kann, vgl. RdNr. 126).

Gem. § 157 Satz 3 kann die Gläubigerversammlung eine einmal gemachte Zielvorgabe für einen derivativen Plan nachträglich wieder **revidieren.** Zu den Konsequenzen, die sich bei einer entsprechenden Beschlussrevision ergeben, wenn der Verwalter bereits einen Plan entsprechend der ursprünglichen Zielvorgabe vorgelegt und damit das Insolvenzplanverfahren eingeleitet hatte, vgl. RdNr. 146.

3. Aufoktroyierung eines bestimmten Plans? Wenn die Gläubigerversammlung dem Verwalter keine konkreten inhaltlichen Vorgaben für die Planerstellung machen kann (vgl. RdNr. 15), kann sie ihm erst recht **nicht** einen bestimmten, fertig ausgearbeiteten **Plan** in dem Sinne **aufoktroyieren,** dass der Verwalter gem. § 218 Abs. 2 verpflichtet wäre, genau diesen Plan vorzulegen.[16] Dass dies unzulässig ist, ergibt sich schon aus dem eindeutigen

---

[12] Zum Begriff vgl. *Eidenmüller*, Unternehmenssanierung zwischen Markt und Gesetz, 1999, S. 64.
[13] Vgl. BT-Drucks. 12/2443, S. 173.
[14] Vgl. BT-Drucks. 12/2443, S. 90.
[15] Ebenso *Delhaes* NZI 1999, 47, 51; *Henckel,* Der Insolvenzplan, 1999 (noch unveröffentlichtes Manuskript) („Die Beschränkung auf die Zielvorgabe verhindert, dass die Gläubigerversammlung den Verwalter durch detaillierte Vorschriften über den Plan bindet und dem Verwalter freie Hand, in Verhandlungen mit den Beteiligten einen mehrheitsfähigen Plan zu gestalten"); wohl auch *Maus* in K. Schmidt/Uhlenbruck (Hrsg.), Die GmbH in Krise, Sanierung und Insolvenz, 3. Aufl. 2003, RdNr. 1618 Fn. 5 (keine zwingende Bindung des Verwalters an „Gestaltungsvorstellungen", die über die Verwertungsalternativen Liquidation, übertragende Sanierung und Reorganisation hinausgehen). Grundsätzlich zurückhaltend bzgl. der Möglichkeit konkreter Vorgaben auch *Happe,* Die Rechtsnatur des Insolvenzplans, 2004, S. 97 ff. AA *Riggert,* WM 1998, 1521, 1524 (betr. Gruppenbildung); *Kübler/Prütting/Otte* § 245 RdNr. 24 (er folgt insoweit *Riggert*) sowie § 218 RdNr. 35 (inhaltliche Vorgaben über das Planziel hinaus möglich); *Schiessler,* Der Insolvenzplan, 1997, S. 99 (Bindung des Verwalters bei der inhaltlichen Gestaltung an Vorgaben); *Braun/Braun* § 218 RdNr. 4 (ähnlich); *Haarmeyer/Wutzke/Förster,* Handbuch zur Insolvenzordnung InsO/EGInsO, 3. Aufl. 2001, Kap. 9 RdNr. 18 (ähnlich).
[16] Ebenso jetzt *Uhlenbruck/Lüer* § 218 RdNr. 16; wohl auch *Delhaes* NZI 1999, 47, 51. AA allerdings die hL, vgl. *Smid,* WM 1996, 1249, 1253; *Dinstühler* InVo 1998, 333, 339; *Paulus* DZWIR 1999, 53, 58 (die Gläubiger könnten den Verwalter mit der „... präzisen Erstellung eines ihnen vorschwebenden Plans beauftragen"); *Hess* in: Hess/Obermüller, Insolvenzplan, Restschuldbefreiung und Verbraucherinsolvenz, 3. Aufl. 2003, RdNr. 49; *Nerlich/Römermann/Braun* § 218 RdNr. 45; *Kübler/Prütting/Otte* § 218 RdNr. 35; *Weisemann/Holz* in: Weisemann/Smid (Hrsg.), Handbuch Unternehmensinsolvenz, 1999, Kap. 15 RdNr. 53; *Lüke*

Wortlaut der §§ 157 Satz 2, 218 Abs. 2, die von der „Ausarbeitung" eines Insolvenzplans durch den Verwalter sprechen. Könnte dieser verpflichtet werden, einen ganz bestimmten, bereits fertigen Plan vorzulegen, dann gäbe es nichts mehr „auszuarbeiten". Dass das Fehlen eines eigenen Planvorlagerechts der Gläubiger bzw. bestimmter Gläubigergruppen rechtspolitisch kritikwürdig ist (vgl. RdNr. 3), sollte einen nicht dazu verleiten, ein solches Planvorlagerecht auf mittelbarem Wege gegen den Wortlaut des Gesetzes nun doch als geltendes Recht auszugeben.

18   Gegen die Zulässigkeit der Aufoktroyierung eines bestimmten, fertig ausgearbeiteten Plans sprechen im Übrigen auch eindeutig die in § 218 Abs. 3 enthaltenen Regeln über die Mitwirkung bestimmter Personen bzw. Institutionen bei der Aufstellung eines Plans durch den Verwalter (vgl. dazu RdNr. 36 ff.). Dieser Prozess hätte keinen Sinn, wenn die Gläubigerversammlung den Verwalter verpflichten könnte, einen bereits fertig ausgearbeiteten Plan vorzulegen. Der Gläubigerausschuss (nicht die Gläubigerversammlung!) ist vielmehr eine von mehreren (!) Institutionen bzw. Personen, die bei der Planaufstellung durch den Verwalter gem. § 218 Abs. 3 beratend mitwirken.

19   Dass der Insolvenzverwalter gem. § 78 Abs. 1 die Möglichkeit hat, einen Antrag auf Aufhebung eines dem gemeinsamen Interesse der Insolvenzgläubiger widersprechenden Beschlusses der Gläubigerversammlung durch das Insolvenzgericht zu stellen und sich damit vor Planvorgaben „zu schützen", die seines Erachtens dem „wohlverstandenen" Interesse der Insolvenzgläubiger zuwiderlaufen, stützt die These von der möglichen Aufoktroyierung eines Plans nicht.[17] Dieses Antragsrecht gibt für die Auslegung der Reichweite einzelner Bestimmungen der InsO, welche die Gläubigerversammlung zu bestimmten Beschlüssen ermächtigen – dazu gehört insbesondere auch § 157 Satz 2 –, nichts her. Es soll vielmehr – unabhängig von dieser Reichweite – dem Insolvenzverwalter ebenso wie jedem absonderungsberechtigten oder nicht nachrangigen Insolvenzgläubiger die Möglichkeit geben, die durch eine Mehrheitsentscheidung in der Gläubigerversammlung indizierte Übereinstimmung eines Beschlusses mit dem gemeinsamen Interesse der Insolvenzgläubiger durch eine unabhängige Instanz überprüfen zu lassen.

20   Auch wenn man die Gläubigerversammlung nicht gem. § 157 Satz 2 für befugt hält, dem Verwalter einen bestimmten, fertig ausgearbeiteten Plan aufzuoktroyieren, werden sich die Fälle, in denen der Verwalter den mutmaßlichen Plangestaltungswillen der Gläubiger ignoriert, sicherlich in Grenzen halten. Denn jeder Plan bedarf der Annahme durch die Gläubiger (§§ 244 ff.). Welches Interesse aber sollte ein Verwalter haben, einen Plan auszuarbeiten, dessen Annahmechancen von vornherein minimal sind? Die praktische Bedeutung der Streitfrage dürfte also nicht sonderlich groß sein.

21   **4. Planvorlage binnen angemessener Frist.** Hat die Gläubigerversammlung den Verwalter beauftragt, einen Insolvenzplan auszuarbeiten, so hat er den Plan binnen **angemessener Frist** dem Gericht vorzulegen (§ 218 Abs. 2). Eine nähere Bestimmung des Rechtsbegriffs der Angemessenheit enthält das Gesetz nicht. Die (außergerichtliche) Sanierungspraxis zeigt, dass Sanierungsgutachten bei **kleineren Unternehmen** binnen **eines Monats**, bei **großen Unternehmen** mit vielen Geschäftsfeldern und demzufolge vielen Einzelprüfungen jedenfalls binnen **dreier Monate** erstellt werden (können).[18] Bedenkt man, dass Sanierungspläne das Gros der vorgelegten Insolvenzpläne ausmachen und dass in Sanierungssituationen die Schnelligkeit der Durchführung eines Sanierungsvorhabens zu seinen wichtigsten Erfolgsfaktoren gehört,[19] so erscheinen diese zeitlichen Vorgaben als Richtwerte auch für die Planvorlage durch den Insolvenzverwalter als angemessen.[20] Auch die durch § 218

---

in: *Prütting/Vallender* (Hrsg.), Festschrift für Uhlenbruck, 2000, S. 519, 534; *Haarmeyer/Wutzke/Förster*, Handbuch zur Insolvenzordnung InsO/EGInsO, 3. Aufl. 2001, Kap. 9 RdNr. 22.

[17] So aber *Smid* WM 1996, 1249, 1253; ihm folgend *Schiessler*, Der Insolvenzplan, 1997, S. 99.
[18] Vgl. *Eidenmüller*, Unternehmenssanierung zwischen Markt und Gesetz, 1999, S. 288, 308 f.
[19] Vgl. *Eidenmüller*, Unternehmenssanierung zwischen Markt und Gesetz, 1999, S. 408 f.
[20] Ähnlich *Kaltmeyer* ZInsO 1999, 316, 323 (vier bis acht Wochen); FK-*Jaffé* § 218 RdNr. 103 (ebenso); *Engberding* DZWIR 1998, 94, 97 (zwei Monate); *Uhlenbruck/Lüer* § 218 RdNr. 34 (acht Wochen); *Lüke* in

Abs. 3 vorgeschriebene Mitwirkung bestimmter Personen bzw. Institutionen bei der Planaufstellung (dazu RdNr. 36 ff.) lässt sich in diesem zeitlichen Rahmen bewerkstelligen.

Unterlässt der Verwalter die Planvorlage binnen angemessener Frist, hat er ggf. **Aufsichts-** 22 **maßnahmen** nach § 58 Abs. 1 Satz 2, Abs. 2 Satz 1 und Satz 2 zu gewärtigen.[21] In schwerwiegenden Fällen kommt auch eine **Entlassung** gem. § 59 Abs. 1 Satz 1 in Betracht.[22] Darüber hinaus **haftet** er allen Beteiligten gem. § 60 Abs. 1 Satz 1 auf Schadensersatz, wenn er die verzögerte Planvorlage zu vertreten hat.[23] Hat der Verstoß gegen § 218 Abs. 2 beispielsweise zur Folge, dass sich die Sanierungschancen für ein bestimmtes Unternehmen verschlechtern bzw. dass diese Chancen vorbeiziehen, so trifft den Verwalter bei schuldhaftem Verhalten eine Verantwortlichkeit für die ggf. erhebliche Verkürzung der Befriedigungsquote der Gläubiger.

5. Planvorlage ohne inhaltliche Mängel. Der Verwalter hat einen in Auftrag gegebe- 23 nen Plan aber nicht nur in angemessener Frist vorzulegen. Er hat auch dafür Sorge zu tragen, dass der Plan **keine inhaltlichen Mängel** aufweist, also den in den §§ 219 ff. normierten Anforderungen entspricht.[24] Zwar lässt sich eine entsprechende Pflicht nicht unmittelbar aus § 218 Abs. 2 allein ableiten. Wenn der Verwalter jedoch gem. § 218 Abs. 2 zur Planvorlage in angemessener Frist verpflichtet ist, und wenn gleichzeitig ein vorgelegter Plan den in §§ 219 ff. normierten Anforderungen genügen muss, dann folgt daraus, dass der Verwalter bei der Planvorlage auf eine den §§ 219 ff. entsprechende inhaltliche Plangestaltung zu achten hat. Macht er Fehler oder droht er Fehler zu machen, muss er ggf. mit Sanktionen gem. den §§ 58 bis 60 rechnen (vgl. RdNr. 22).[25]

III. Planvorlage ohne Gläubigerauftrag (originärer Verwalterplan)

1. Begriff des originären Verwalterplans. § 218 Abs. 1 Satz 1 spricht ganz abstrakt 24 davon, dass der Insolvenzverwalter berechtigt ist, einen Insolvenzplan vorzulegen. Während man einen Insolvenzplan, den er gem. §§ 157 Satz 2, 218 Abs. 2 im Auftrag der Gläubigerversammlung vorlegt, als derivativen Verwalterplan bezeichnen kann (vgl. RdNr. 14), lässt sich ein Plan, dem ein solcher Auftrag nicht zugrunde liegt, mit dem Begriff des **originären Verwalterplans** kennzeichnen.[26]

2. Zulässigkeit eines originären Verwalterplans. Trotz des eindeutigen Wortlauts des 25 § 218 Abs. 1 Satz 1 ist sehr fraglich, ob die Vorlage eines solchen originären Verwalterplans

---

Prütting/Vallender (Hrsg.), Festschrift für Uhlenbruck, 2000, S. 519, 531 (4 bis 12 Wochen). Mehr Zeit gewährt *Hess* in: *Hess/Obermüller*, Insolvenzplan, Restschuldbefreiung und Verbraucherinsolvenz, 3. Aufl. 2003, RdNr. 18 (zwei bis sechs Monate). Weniger Zeit gewährt (abhängig vom Einzelfall) *Maus* in K. *Schmidt/Uhlenbruck* (Hrsg.), Die GmbH in Krise, Sanierung und Insolvenz, 3. Aufl. 2003, RdNr. 1618 (unter Umständen nur Tage); *Maus*, Der Insolvenzplan, in Arbeitskreis für Insolvenz- und Schiedsgerichtswesen eV, Köln (Hrsg.), Kölner Schrift zur Insolvenzordnung, 2. Aufl. 2000, S. 931, 940 (ebenso). Ohne konkrete Aussage *Haarmeyer/Wutzke/Förster*, Handbuch zur Insolvenzordnung InsO/EGInsO, 3. Aufl. 2001, Kap. 9 RdNr. 22 („Was angemessen ist, wird sich nur aus den Besonderheiten des Einzelfalls und den Zielsetzungen definieren lassen.").

[21] Vgl. BT-Drucks. 12/2443, S. 196. Ebenso *Schiessler,* Der Insolvenzplan, 1997, S. 88, 99; HK-*Flessner* § 218 RdNr. 9; *Kübler/Prütting/Otte* § 218 RdNr. 39; *Hess* in: *Hess/Obermüller*, Insolvenzplan, Restschuldbefreiung und Verbraucherinsolvenz, 3. Aufl. 2003, RdNr. 21; FK-*Jaffé* § 218 RdNr. 46; *Andres/Leithaus* § 218 RdNr. 4.

[22] Vgl. BT-Drucks. 12/2443, S. 196. Ebenso AG Göttingen DZWIR 2003, 260, 261; *Schiessler,* Der Insolvenzplan, 1997, S. 88, 99; HK-*Flessner* § 218 RdNr. 9; *Kübler/Prütting/Otte* § 218 RdNr. 39; *Hess* in: *Hess/Obermüller*, Insolvenzplan, Restschuldbefreiung und Verbraucherinsolvenz, 3. Aufl. 2003, RdNr. 21; FK-*Jaffé* § 218 RdNr. 46.

[23] Ebenso HK-*Flessner* § 218 RdNr. 9.

[24] Andeutungen in diese Richtung auch bei *Kübler/Prütting/Otte* § 218 RdNr. 51.

[25] Vgl. auch *Warrikoff* KTS 1996, 489, 501 f. (*allein* das Fehlschlagen eines Plans könne keinen Schuldvorwurf gem. § 60 begründen); *Engberding* DZWIR 1998, 94, 97 (Haftung gem. § 60 bei Vorlage eines grob fehlerhaften Plans). Ausführlich *Lüke* in: *Prütting/Vallender* (Hrsg.), Festschrift für Uhlenbruck, 2000, S. 519, 528 ff.

[26] Zum Begriff vgl. *Eidenmüller,* Unternehmenssanierung zwischen Markt und Gesetz, 1999, S. 64.

zulässig ist. Die Gesetzesmaterialien legen nämlich den gegenteiligen Schluss nahe. „Ohne einen Auftrag der Gläubigerversammlung ...", so heißt es in der Begründung des RegE, „... ist der Verwalter nicht berechtigt, einen Plan vorzulegen."[27] Der Rechtsausschuss, auf dessen Vorschlag § 218 Abs. 1 Satz 1 Gesetz wurde, setzte sich in seiner Beschlussempfehlung zu den §§ 254, 255 des RegE mit der Frage eines originären Planvorlagerechts des Insolvenzverwalters nicht auseinander, sondern bemerkte nur, dass das „... Recht zur Vorlage eines Insolvenzplans durch die Neufassung des § 254 [= § 218] und die gleichzeitige Streichung des § 255 auf den Schuldner und auf den Insolvenzverwalter beschränkt [werde]."[28] Ziel der Vorschläge des Rechtsausschusses war also die Eliminierung des ursprünglich vorgesehenen Vorschlagsrechts anderer Personen als des Insolvenzverwalters und des Schuldners; nicht aber ging es dem Ausschuss darum, an der Ausgestaltung des Vorschlagsrechts des Insolvenzverwalters durch den RegE etwas zu ändern.

26 Gleichwohl sprechen eine Reihe von Gründen dafür, die Vorlage eines **Verwalterplans auch ohne Auftrag der Gläubigerversammlung** im Ergebnis für **zulässig** zu halten.[29] Zum einen hat nämlich der präsumtive Wille des Gesetzgebers in der schließlich Gesetz gewordenen Fassung des § 218 keinen deutlichen Ausdruck gefunden. Das Gegenteil ist der Fall: Wenn originäre Verwalterpläne unzulässig sein sollen, hätte es bei § 254 Abs. 1 RegE (= § 218 Abs. 2) sein Bewenden haben können, die bloße „Wiederholung" der Vorschlagsberechtigung des Verwalters in § 218 Abs. 1 Satz 1 müsste als überflüssig erscheinen. Dass es in den §§ 156 Abs. 1 Satz 2 und 157 Satz 2 heißt, der Verwalter habe im Berichtstermin die Möglichkeiten für einen Insolvenzplan darzulegen und die Gläubigerversammlung könne ihn mit der Planausarbeitung beauftragen, dass also dort etwas über die zukünftige Erstellung eines Verwalterplans ausgesagt wird, spricht ebenfalls nicht gegen ein originäres Planvorlagerecht des Verwalters, weil die zitierten Vorschriften eben von vornherein nur einen derivativen Verwalterplan betreffen. Es kommt hinzu, dass mit der Vorlage eines originären im Vergleich zu einem derivativen Verwalterplan ein unter dem Gesichtspunkt der Erhaltung bzw. Optimierung der Sanierungschancen für ein notleidendes Unternehmen wesentlicher **Zeitvorteil** verbunden sein kann, dessen Nutzung auch und gerade im **Interesse der Gläubiger** liegt. Bis zur möglichen Beauftragung des Insolvenzverwalters durch die Gläubigerversammlung mit der Planerstellung im Berichtstermin sind nämlich möglicherweise bereits drei Monate nach Insolvenzeröffnung verstrichen (§ 29 Abs. 1 Nr. 1). Bedenkt man, dass dem Insolvenzverwalter zur Ausarbeitung eines derivativen Plans mindestens ein, in

---

[27] BT-Drucks. 12/2443, S. 196.
[28] BT-Drucks. 12/7302, S. 181.
[29] Vgl. bereits *Eidenmüller* JNPÖ 15 (1996), 164, 174, sowie *Eidenmüller*, Unternehmenssanierung zwischen Markt und Gesetz, 1999, S. 64. Das ist inzwischen ganz **hL**. Vgl. *Uhlenbruck* GmbHR 1995, 195, 209; *Warrikoff* KTS 1997, 527, 528 f.; *Dinstühler* InVo 1998, 333, 338; *Engberding* DZWIR 1998, 94, 95; *Lauscher/Weßling/Bange* ZInsO 1999, 5, 7; *Evers/Möhlmann* ZInsO 1999, 21, 22; *Kaltmeyer* ZInsO 1999, 255, 257; *Delhaes* NZI 1999, 47, 51; *Wittig* ZInsO 1999, 373, 378; *Graf/Wunsch* ZIP 2001, 1029, 1030; *Hess* in: *Hess/Obermüller*, Insolvenzplan, Restschuldbefreiung und Verbraucherinsolvenz, 3. Aufl. 2003, RdNr. 16; *Braun* in: *Braun/Uhlenbruck*, Unternehmensinsolvenz, 1997, S. 474; *Maus* in *K. Schmidt/Uhlenbruck* (Hrsg.), Die GmbH in Krise, Sanierung und Insolvenz, 3. Aufl. 2003, RdNr. 1618 (anders allerdings noch *ders.* in der 1. Aufl., S. 400); *Maus*, Der Insolvenzplan, in Arbeitskreis für Insolvenz- und Schiedsgerichtswesen eV, Köln (Hrsg.), Kölner Schrift zur Insolvenzordnung, 2. Aufl. 2000, 931, 939 (anders allerdings noch *ders.* in der 1. Aufl., S. 714); *Happe*, Die Rechtsnatur des Insolvenzplans, 2004, S. 93 f.; *Häsemeyer*, Insolvenzrecht, 3. Aufl. 2003, RdNr. 28.10 f.; *HK-Flessner* § 218 RdNr. 6; *Kübler/Prütting/Otte* § 218 RdNr. 11, 15; *FK-Jaffé* § 218 RdNr. 55; *Uhlenbruck/Lüer* § 218 RdNr. 4 ff.; *Weisemann/Holz* in: *Weisemann/Smid* (Hrsg.), Handbuch Unternehmensinsolvenz, 1999, Kap. 15 RdNr. 55; *Haarmeyer/Wutzke/Förster*, Handbuch zur Insolvenzordnung InsO/EGInsO, 3. Aufl. 2001, Kap. 9 RdNr. 21; *Foerste*, Insolvenzrecht, 2. Aufl. 2004, RdNr. 495; *Becker*, Insolvenzrecht, 2005, RdNr. 1617; wohl auch *Bork*, Einführung in das Insolvenzrecht, 4. Aufl. 2005, RdNr. 332. **AA** *Obermüller* WM 1998, 483, 484; *Schiessler*, Der Insolvenzplan, 1997, S. 88, 98 f.; *Maesch*, Corporate Governance in der insolventen Aktiengesellschaft, 2005, S. 233 ff.; *Andres/Leithaus* § 218 RdNr. 10 (aber nicht mit RdNr. 4 zu vereinbaren, wo die Existenz eines originären Planvorlagerechts vorausgesetzt wird). Widersprüchlich *Smid* InVo 1997, 169, 170 („Während das Planinitiativrecht des Verwalters in die Gläubigerselbstverwaltung eingebunden ist (arg. § 157) ...") einerseits und *Smid* Rpfleger 1997, 501, 503 („Entwirft der Verwalter daher aus eigener Initiative ... einen Plan ...") andererseits.

Vorlage des Insolvenzplans   27, 28 § 218

komplexen Fällen sogar drei Monate zur Verfügung stehen (vgl. RdNr. 21), so bedeutet dies, dass bei einer größeren Unternehmensinsolvenz möglicherweise sechs Monate nach Insolvenzeröffnung vergehen, bevor der Verwalter einen Plan vorlegen kann. Dass dies der (optimalen) Wahrnehmung von Sanierungschancen nicht zuträglich ist, liegt auf der Hand.

Wesentliche Gläubigerinteressen, die gegen die Zulässigkeit eines originären Verwalter- 27 plans sprechen könnten, sind nicht ersichtlich: Nicht nur sind die Gläubiger allein schon dadurch geschützt, dass jeder Plan durch sie angenommen werden muss (§§ 244 ff.). Sie können auch durch Beschlüsse gem. § 157 Satz 1 (Stilllegung oder vorläufige Fortführung des Unternehmens) bzw. § 157 Satz 2 (Planziel) Parameter für das Insolvenzplanverfahren setzen, die in ihrem Interesse liegen – tun sie dies nicht, besteht kein legitimes Bedürfnis, dem Verwalter unter Berufung auf teleologische Erwägungen der Gläubigerautonomie das Recht zur Vorlage eines originären Verwalterplans abzuschneiden.[30] Im Ergebnis ist deshalb ein originäres Planvorlagerecht des Verwalters insbesondere unter dem Gesichtspunkt der Effektuierung des Insolvenzplanverfahrens (vgl. vor § 217 RdNr. 26) zu bejahen.

3. Originärer und derivativer Verwalterplan. Eine andere Frage ist, ob das **originäre** 28 **Planvorlagerecht des Verwalters** möglicherweise **erlischt**, wenn die Gläubigerversammlung gem. § 157 Satz 2 einen Auftrag zur Planausarbeitung – ggf. unter Vorgabe des Planziels – an den Verwalter richtet, also einen **derivativen Verwalterplan initiiert.** Diese Frage ist zu bejahen (für die Folgen, falls der Insolvenzverwalter gleichwohl einen originären Plan vorlegt bzw. bereits vorgelegt hat s. RdNr. 171, 181 f.).[31] Unter dem Gesichtspunkt der Entdeckung der besten Verwertungsart (vgl. RdNr. 1) mag ein entsprechendes Gesetzesverständnis zwar angreifbar erscheinen. Mit dem Prinzip der Gläubigerautonomie wäre es jedoch nur schwer zu vereinbaren, wenn der Verwalter als Agent der Gläubiger bei der Planausarbeitung diesen durch einen weiteren Plan Konkurrenz machen könnte. Dies leuchtet unmittelbar ein, sofern die Gläubigerversammlung Zielvorgaben i. S. v. § 157 Satz 2 gemacht hat. Aber auch dann, wenn dies nicht der Fall ist, würde die Zulässigkeit eines originären neben einem derivativen Verwalterplan zumindest bedeuten, dass der Verwalter nicht seine ganze Aufmerksamkeit und Arbeitskraft dem von den Gläubigern initiierten Plan widmen könnte und würde. Etwa bereits geleistete Vorarbeiten im Hinblick auf einen originären Plan wird der Verwalter regelmäßig auch bei der Ausarbeitung eines derivativen Plans nutzen können. Der Zeitvorteil originärer Verwalterpläne dürfte also in vielen Fällen auch einem später initiierten derivativen Plan zugute kommen. Keine entscheidende argumentative Bedeutung besitzt demgegenüber die Tatsache, dass der Verwalter sich dadurch vor einem Beschluss der Gläubigerversammlung „schützen" kann, dass er gem. § 78 Abs. 1 die Aufhebung eines präsumtiv dem gemeinsamen Interesse der Insolvenzgläubiger wider-

---

[30] Dass die Gläubigerversammlung einen Stilllegungsbeschluss fassen kann, der einem originären Verwalterplan die Grundlage entzieht, ist deshalb entgegen *Schiessler,* Der Insolvenzplan, 1997, S. 88, ein Argument *für* und nicht gegen die Zulässigkeit eines originären Verwalterplans.
[31] Vgl. auch *Eidenmüller* JNPÖ 15 (1996), 164, 174 f., sowie *Eidenmüller,* Unternehmenssanierung zwischen Markt und Gesetz, 1999, S. 64 f. Die Frage ist **sehr str.** Wie im Text *Paulus* DZWIR 1999, 53, 58 f.; FK-*Jaffé* § 218 RdNr. 76; HK-*Flessner* § 157 RdNr. 5 und § 218 RdNr. 10; *Kübler/Prütting/Otte* § 218 RdNr. 31 Fn. 65 (etwas anderes soll allerdings dann gelten, wenn der Verwalter seinen Plan bereits dem Gericht vorgelegt hat; dann soll vor der verfahrensmäßigen „Erledigung" dieses Plans kein Auftrag der Gläubigerversammlung an den Verwalter mehr möglich sein, vgl. *Kübler/Prütting/Otte* § 218 RdNr. 16 und 34); *Andres/Leithaus* § 218 RdNr. 4 (aber nicht mit RdNr. 10 zu vereinbaren, wo die Existenz eines originären Planvorlagerechts von vornherein ausgeschlossen wird); wohl auch *Haarmeyer/Wutzke/Förster,* Handbuch zur Insolvenzordnung InsO/EGInsO, 3. Aufl. 2001, Kap. 9 RdNr. 22. **AA** *Smid* WM 1996, 1249, 1254; *Warrikoff* KTS 1997, 527, 530 f. (allerdings kaum mit *Warrikoff* KTS 1996, 489, 500, zu vereinbaren); *Riggert* WM 1998, 1521, 1522 Fn. 12; *Hess/Weis* WM 1998, 2349, 2351 f.; *Hess* in: *Hess/Obermüller,* Insolvenzplan, Restschuldbefreiung und Verbraucherinsolvenz, 3. Aufl. 2003, RdNr. 50; *Nerlich/Römermann/Braun* § 218 RdNr. 37 ff.; *Uhlenbruck/Lüer* § 218 RdNr. 7; *Lüke* in *Prütting/Vallender* (Hrsg.), Festschrift für Uhlenbruck, 2000, S. 519, 524 ff. (allerdings könne der Verwalter einen zweiten Plan erst nach Scheitern des ersten Plans vorlegen); *Happe,* Die Rechtsnatur des Insolvenzplans, 2004, S. 100; *Maus* in K. *Schmidt/Uhlenbruck* (Hrsg.), Die GmbH in Krise, Sanierung und Insolvenz, 3. Aufl. 2003, RdNr. 1618.

sprechenden Beschlusses durch das Insolvenzgericht beantragt:[32] Diese allgemeine verfahrensrechtliche Befugnis, die auch absonderungsberechtigten Gläubigern und nicht nachrangigen Insolvenzgläubigern zusteht, gibt für die Auslegung spezifischer insolvenzplanrelevanter Bestimmungen der InsO nichts her (vgl. bereits RdNr. 19).

29   Trotz Initiierung eines derivativen Verwalterplans erlischt das originäre Planvorlagerecht des Verwalters ausnahmsweise dann nicht, wenn ihm die Gläubigerversammlung die Ausarbeitung und Vorlage eines **originären Plans** neben dem derivativen **gestattet**.[33] Dazu ist sie selbstverständlich berechtigt, da das im Regelfall eintretende Erlöschen des originären Planvorlagerechts des Verwalters ihrem Schutz dient und sie auf diesen Schutz verzichten kann. Fehlt es an einer entsprechenden Gestattung, **widerruft** die Gläubigerversammlung jedoch den Auftrag an den Verwalter in einem späteren Verfahrensstadium, wozu sie gem. § 157 Satz 3 berechtigt ist, lebt das originäre Planvorlagerecht des Verwalters wieder auf.[34]

30   **4. Originärer Verwalterplan und Negativauftrag der Gläubigerversammlung.** Das **originäre Planvorlagerecht des Verwalters** erlischt aber nicht nur dann, wenn die Gläubigerversammlung den Verwalter gem. § 157 Satz 2 mit der Ausarbeitung eines Plans beauftragt. Es **erlischt** auch dann, wenn die Gläubigerversammlung einen Beschluss des Inhalts fasst, dass kein Insolvenzplan ausgearbeitet werden soll, wenn sie also einen **Negativauftrag** erteilt (für die Folgen, falls der Insolvenzverwalter gleichwohl einen originären Plan vorlegt bzw. bereits vorgelegt hat, s. wiederum RdNr. 171, 181 f.).[35] Dass ein solcher Negativauftrag zulässig ist, ergibt sich allerdings nicht unmittelbar aus § 157 Satz 2. Dort ist vielmehr nur von einem (positiven) Auftrag zur Planausarbeitung und von einer Vorgabe der Planziele die Rede. Wenn es der Gläubigerversammlung aber möglich ist, dem Verwalter ein beliebiges, gesetzlich zulässiges Planziel vorzugeben, dann wäre es merkwürdig, wenn sie nicht auch die Befugnis hätte, die Ausarbeitung und Vorlage eines Plans seitens des Insolvenzverwalters zu untersagen. Das originäre Planvorlagerecht des Verwalters aus § 218 Abs. 1 Satz 1 ist ein Instrument zur Förderung einer möglichst effizienten Insolvenzabwicklung und damit einer möglichst hohen Gläubigerbefriedigung. Als Instrument im Gläubigerinteresse steht es unter dem Vorbehalt der Artikulation eines abweichenden oder entgegenstehenden Gläubigerwillens. Die im Schrifttum teilweise geäußerte, abweichende Auffassung ist ersichtlich von der Befürchtung getragen, dass eine von „Großgläubigern" dominierte Gläubigerversammlung (vgl. § 76 Abs. 2) eine „sinnvolle" Planinitiative des Verwalters zunichte machen könnte.[36] Über Sinn und Zweck der Mehrheitsregel des § 76 Abs. 2 kann man durchaus streiten. *De lege lata* ist sie jedoch hinzunehmen. Für oder gegen den Fortbestand des originären Planvorlagerechts des Verwalters lässt sich aus ihr jedenfalls nichts ableiten.[37] Von großer praktischer Bedeutung dürfte die Streitfrage im Übrigen nicht sein: Über einen Stilllegungs- oder Fortführungsbeschluss gem. § 157 Satz 1 kann die Gläubigerversammlung jedenfalls eine in eine andere Richtung laufende Planinitiative des Verwalters ohne weiteres konterkarieren.

---

[32] So aber FK-*Jaffé* § 218 RdNr. 92.
[33] Ebenso FK-*Jaffé* § 218 RdNr. 95.
[34] Ebenso HK-*Flessner* § 157 RdNr. 6.
[35] Ebenso *Smid* WM 1996, 1249, 1253; *Weisemann/Holz* in: *Weisemann/Smid* (Hrsg.), Handbuch Unternehmensinsolvenz, 1999, Kap. 15 RdNr. 54; *Foerste,* Insolvenzrecht, 2. Aufl. 2004, RdNr. 495; *Andres/Leithaus* § 218 RdNr. 4 (aber nicht mit RdNr. 10 zu vereinbaren, wo die Existenz eines originären Planvorlagerechts von vornherein ausgeschlossen wird). Offenlassend *Kübler/Prütting/Otte* § 218 RdNr. 15. AA *Hess* in: *Hess/Obermüller,* Insolvenzplan, Restschuldbefreiung und Verbraucherinsolvenz, 3. Aufl. 2003, RdNr. 51; *Nerlich/Römermann/Braun* § 218 RdNr. 33 ff.; HK-*Flessner* § 218 RdNr. 7; *Uhlenbruck/Lüer* § 218 RdNr. 5; *Happe,* Die Rechtsnatur des Insolvenzplans, 2004, S. 99 f.; wohl auch *Warrikoff* KTS 1997, 527, 529.
[36] *Nerlich/Römermann/Braun* § 218 RdNr. 43.
[37] Ebensowenig lässt sich allerdings aber auch aus der Möglichkeit des Verwalters, sich gegen Beschlüsse der Gläubigerversammlung mittels eines Antrags nach § 78 Abs. 1 zu „schützen", etwas zugunsten eines Negativauftrags ableiten, vgl. im Text RdNr. 19.

IV. Planvorlage durch den vorläufigen Insolvenzverwalter?

1. Planvorlagerecht? Sowohl in § 218 Abs. 1 Satz 1 als auch in § 157 Satz 2 ist zwar der Insolvenzverwalter, nicht aber auch der vorläufige Insolvenzverwalter als möglicher Planvorlageberechtigter angesprochen. Gleichwohl kann man die Frage aufwerfen, ob ein originärer Verwalterplan auf der Grundlage einer **analogen Anwendung** von § 218 Abs. 1 Satz 1 nicht auch von einem **vorläufigen Insolvenzverwalter** vorgelegt werden kann. Wäre eine entsprechende Analogie zulässig, könnte in einer Sanierungssituation ggf. besonders rasch nach Stellung des Insolvenzantrages mit einem Sanierungsplan reagiert werden – zum Vorteil aller Verfahrensbeteiligten. Genau aus diesem Grund findet die Vorstellung von einem Planvorlagerecht des vorläufigen Insolvenzverwalters in der Literatur auch einzelne Anhänger,[38] zumindest für den Fall eines vorläufigen Insolvenzverwalters mit Verfügungsbefugnis gem. § 22 Abs. 1 Satz 1.[39]

Indes kommt eine analoge Anwendung des § 218 Abs. 1 Satz 1 auf den vorläufigen Insolvenzverwalter aus methodischen Gründen nicht in Betracht. Unzulässig ist die Analogie deshalb, weil **keine Regelungslücke** besteht. Der Gesetzgeber hat die Rechtsstellung eines vorläufigen Verwalters in § 21 Abs. 2 Nr. 1 und § 22 im Einzelnen ausgestaltet. Dass sich in den zitierten Vorschriften kein Verweis auf den § 218 findet, kann nicht als eine planwidrige Unvollständigkeit des Gesetzes angesehen werden. Es handelt sich vielmehr um eine bewusste gesetzgeberische Entscheidung. Dafür spricht nicht zuletzt auch § 218 Abs. 1 Satz 2. Danach ist eine Planvorlage durch den Schuldner bereits vor Verfahrenseröffnung möglich (vgl. RdNr. 88 ff., 110). Im Wege eines Umkehrschlusses ist aus dieser Regelung zu folgern, dass Gleiches im Hinblick auf den (prospektiven) Insolvenzverwalter eben nicht gelten soll.

Auch unmittelbar aus § 22 Abs. 1 Satz 2 Nr. 2 und 3 bzw. Abs. 2 lässt sich für den vorläufigen Insolvenzverwalter mit Verfügungsbefugnis i. S. v. § 22 Abs. 1 Satz 1 bzw. den vorläufigen Insolvenzverwalter, dem gem. § 22 Abs. 2 die Aufgaben nach § 22 Abs. 1 Satz 2 Nr. 2 und 3 übertragen wurden, ein Planvorlagerecht nicht ableiten. Die Pflichten zur temporären Fortführung eines vom Schuldner betriebenen Unternehmens bis zur Entscheidung über die Eröffnung des Insolvenzverfahrens sowie ggf. zur Prüfung der Fortführungsaussichten als Sachverständiger lassen sich auch ohne Vorlage eines Insolvenzplans erfüllen. Zwar ist eine sachverständige Prüfung der Fortführungsaussichten nicht möglich, ohne dass der vorläufige Insolvenzverwalter sich auch Gedanken über die Grobstrukturen eines möglichen Sanierungskonzepts und damit auch über das konzeptionelle Gerüst eines möglichen (späteren) Insolvenzplans macht. Dies bedeutet jedoch nicht, dass er in diesem Verfahrensstadium bereits berechtigt (oder gar verpflichtet) sein müsste, einen entsprechenden Plan vorzulegen. Im Ergebnis ist daher festzuhalten, dass ein **vorläufiger Insolvenzverwalter kein Planvorlagerecht** besitzt (für die Folgen, falls der vorläufige Insolvenzverwalter gleichwohl einen Plan vorlegt s. RdNr. 175 ff.).[40]

2. Planvorlage und Planausarbeitung. Eine andere Frage ist, ob der vorläufige Insolvenzverwalter befugt ist, bereits im Stadium der vorläufigen Insolvenzverwaltung mit der **Ausarbeitung** eines möglichen Insolvenzplans zu beginnen und/oder einen Plan sogar schon **fertigzustellen,** ohne diesen allerdings dem Insolvenzgericht zunächst vorzulegen. Diese Frage ist zumindest im Grundsatz für den vorläufigen Verwalter, der das Schuldnerunternehmen gem. § 22 Abs. 1 Satz 2 Nr. 2 oder § 22 Abs. 2 bis zur Entscheidung über die Verfahrenseröffnung fortzuführen hat, **zu bejahen.**[41] Eine kritische Erfolgsgröße ist der

---
[38] Vgl. noch *Smid/Rattunde,* Der Insolvenzplan, 1. Aufl. 1998, RdNr. 111 und *Smid* WM 1998, 2489, 2499 (anders aber *ders.* bei 2493 und nunmehr *Smid/Rattunde,* Der Insolvenzplan, 2. Aufl. 2005, RdNr. 3.10).
[39] *Nerlich/Römermann/Braun* § 218 RdNr. 30 f.
[40] Ebenso *Kübler/Prütting/Otte* § 218 RdNr. 42; HK-*Flessner* § 218 RdNr. 6; *Uhlenbruck/Lüer* § 218 RdNr. 9; *Kassing* ZInsO 1999, 266, 269; *Smid* WM 1998, 2489, 2493; *Smid/Rattunde,* Der Insolvenzplan, 2. Aufl. 2005, RdNr. 3.10; *Becker,* Insolvenzrecht, 2005, RdNr. 1615.
[41] So müssen jedenfalls *a maiore ad minus* auch alle diejenigen entscheiden, die dem vorläufigen Verwalter weitergehend sogar ein Planvorlagerecht zugestehen, vgl. im Text RdNr. 31. Für ein Recht zur Planausarbei-

Faktor Zeit nämlich in erster Linie in allen Fällen einer präsumtiv vorteilhaften Unternehmenssanierung, nicht dagegen bei einer ins Auge gefassten Liquidation des Schuldnervermögens. Wenn dem Verwalter aber durch das Insolvenzgericht die temporäre Unternehmensfortführung übertragen wurde, dann wird man unter dem Gesichtspunkt der effektiven Aufgabenerfüllung auch den Beginn der Arbeit an einem ggf. später vorzulegenden Insolvenzplan als von der übertragenen Aufgabe mit umfasst ansehen können. Dafür spricht nicht zuletzt auch die Tatsache, dass ein späterer Insolvenzverwalter in dem möglicherweise bereits wenige Tage oder Wochen nach Verfahrenseröffnung stattfindenden Berichtstermin (vgl. § 29 Abs. 1 Nr. 1 Hs. 2) gem. § 156 Abs. 1 Satz 2 darzulegen hat, „... welche Möglichkeiten für einen Insolvenzplan bestehen ...". Die Erfüllung dieser Pflicht wird erleichtert, wenn seitens des vorläufigen Insolvenzverwalters bereits entsprechende Vorarbeiten erfolgt sind.

35 Diese Überlegungen sind durch ein *caveat* zur ergänzen. Jeder von einem Insolvenzverwalter vorgelegte Plan muss bei seiner Aufstellung den in § 218 Abs. 3 normierten Mitwirkungsprozess durchlaufen (zu diesem Prozess vgl. RdNr. 36 ff.). Ist dies nicht der Fall, leidet der Plan an einem Verfahrensmangel. Dass ein mit der temporären Unternehmensfortführung beauftragter vorläufiger Insolvenzverwalter einen Insolvenzplan ausarbeiten darf, bedeutet nicht, dass dadurch die Regelung des § 218 Abs. 3 überspielt werden könnte. Bevor der vorbereitete Plan vorgelegt wird, muss der in § 218 Abs. 3 normierte Prozess durchgeführt werden (vgl. auch RdNr. 38 f.). Dies ist trotz der Vorarbeiten auch noch möglich, sofern der vorbereitete Plan seitens des Insolvenzverwalters als potentiell veränderungs- und verbesserungsfähiger Entwurf, nicht aber als ein fertiges Produkt angesehen wird.

V. Mitwirkungsverfahren bei der Planaufstellung

36 Gem. § 218 Abs. 3 wirken bei der Aufstellung des Plans durch den Verwalter der Gläubigerausschuss, wenn ein solcher bestellt ist, der Betriebsrat, der Sprecherausschuss der leitenden Angestellten und der Schuldner beratend mit. **Zweck** der Vorschrift ist es, durch die Einbeziehung der potentiell Planbetroffenen bei der Planaufstellung durch den Verwalter die Wahrscheinlichkeit des Auffindens kreativer, **allseits vorteilhafter Planlösungen** und damit auch die **Akzeptanzchancen** eines vorgelegten Verwalterplans zu erhöhen.

37 **1. Anwendungsbereich des Mitwirkungsverfahrens.** § 218 Abs. 3 betrifft die Aufstellung eines Insolvenzplans durch den Insolvenzverwalter. Erfasst werden damit zum einen Insolvenzpläne, die der Verwalter gem. § 157 Satz 2 im Auftrag der Gläubigerversammlung aufstellt (**derivative Verwalterpläne**, vgl. RdNr. 14), zum anderen aber auch Insolvenzpläne, die er aus eigenem Recht vorzulegen beabsichtigt (**originäre Verwalterpläne**, vgl. RdNr. 24). Der Normzweck des § 218 Abs. 3 trifft auf beide Arten von Verwalterplänen gleichermaßen zu.[42]

38 **Nicht anwendbar** ist § 218 Abs. 3 demgegenüber auf die Vorbereitung eines Insolvenzplans durch einen **vorläufigen Insolvenzverwalter** (zur Zulässigkeit vgl. RdNr. 34).[43] Für eine analoge Anwendung der Vorschrift auf die Planausarbeitung durch einen vorläufigen Insolvenzverwalter besteht kein Bedürfnis, weil ein entsprechender Plan ohnehin nur ein tentativer Entwurf sein kann und darf, der das Mitwirkungsverfahren nach Eröffnung des Insolvenzverfahrens und Bestellung eines Insolvenzverwalters und vor der Vorlage des Plans an das Insolvenzgericht nicht entbehrlich macht. Dieses Verfahren ist vielmehr ordnungsgemäß durchzuführen.

---

tung darüber hinaus *Hess/Weis* WM 1998, 2349, 2351; *Hess* in: *Hess/Obermüller*, Insolvenzplan, Restschuldbefreiung und Verbraucherinsolvenz, 3. Aufl. 2003, RdNr. 16; *Uhlenbruck/Lüer* § 218 RdNr. 8; *Kassing* ZInsO 1999, 266, 269.

[42] Ebenso *Kübler/Prütting/Otte* § 218 RdNr. 58; FK-*Jaffé* § 218 RdNr. 97; *Uhlenbruck/Lüer* § 218 RdNr. 47.

[43] AA *Kübler/Prütting/Otte* § 218 RdNr. 59.

Vorlage des Insolvenzplans 39–41 § 218

Eine andere, damit im Zusammenhang stehende Frage ist, ob die Durchführung des 39
Mitwirkungsverfahrens seitens des Insolvenzverwalters ausnahmsweise dann entfallen kann,
wenn bereits der vorläufige Verwalter **freiwillig** einen entsprechenden **Mitwirkungsprozess durchgeführt** hat. Dadurch würde das Verfahren sicherlich beschleunigt. Indes kommt
eine „vorgezogene Mitwirkung" von vornherein allenfalls bei einer Personenidentität von
vorläufigem und regulärem Insolvenzverwalter in Betracht. Bei einer Personenverschiedenheit könnte der Zweck des § 218 Abs. 3 (Berücksichtigung der Stellungnahmen der Mitwirkenden durch den Verwalter, der den Plan vorlegt und ihn verantwortet, vgl. RdNr. 36,
45, 52) demgegenüber nicht erreicht werden. Besteht Personenidentität, dann entfällt der
Mitwirkungsprozess jedenfalls nicht *in toto*. Lediglich sofern und soweit einzelne Mitwirkungspflichten (zu ihnen RdNr. 49 ff.) bereits vorab erfüllt wurden, braucht der Prozess
nicht erneut durchgeführt zu werden.

Nicht anwendbar ist § 218 Abs. 3 auf einen von dem **Schuldner** vorbereiteten und 40
schließlich vorgelegten Plan.[44] Auch insoweit käme – ebenso wie im Hinblick auf den
vorläufigen Insolvenzverwalter (vgl. RdNr. 38) – allenfalls eine analoge Anwendung in
Betracht. Indes besteht keine planwidrige Regelungslücke: In § 218 Abs. 1 Satz 1 werden
der Insolvenzverwalter und der Schuldner als Planvorlageberechtigte genannt, und zwei
Absätze weiter wird das Mitwirkungsverfahren auf Verwalterpläne beschränkt. Im Übrigen
zeigt auch § 218 Abs. 1 Satz 2, der dem Schuldner eine Planvorlage bereits zusammen mit
dem Antrag auf Eröffnung des Insolvenzverfahrens erlaubt, deutlich, dass Schuldnerpläne
ein strategisches Instrument der Insolvenzabwicklung sein können, auf das § 218 Abs. 3
weder Anwendung finden soll noch kann (einen [vorläufigen] Gläubigerausschuss gibt es in
diesem Verfahrensstadium beispielsweise natürlich noch nicht; auch passt die in § 218
Abs. 3 angesprochene Mitwirkung des Schuldners offensichtlich nur bei Verwalterplänen).
Dass der Schuldner im Interesse der Erhöhung der Akzeptanzchancen eines von ihm
vorbereiteten und vorgelegten Plans ggf. gut beraten ist, wenn er den Plan vorab mit den
Planbetroffenen, insbesondere den wichtigsten Gläubigern, abstimmt, steht außer Frage.
Ebenfalls unberührt bleiben natürlich Mitwirkungsrechte bzw. -pflichten, die sich aus
anderen Gesetzen, insbesondere dem **BetrVG** sowie dem **SprAuG**, ergeben können.[45]
Ferner sind bei Schuldnerplänen gesellschaftsrechtliche Besonderheiten im Innenverhältnis
zu beachten.[46]

2. Mitwirkende Personen/Institutionen. Zur Mitwirkung sind bei einem von dem 41
Verwalter vorgelegten Plan gem. § 218 Abs. 3 der Gläubigerausschuss, sofern ein solcher
gem. §§ 67, 68 bestellt ist, der Betriebsrat, der Sprecherausschuss der leitenden Angestellten
sowie der Schuldner berufen. Die Aufgaben des **Gläubigerausschusses** sind dabei sowohl
solche des Ausschusses als Institution als auch solche jedes einzelnen Ausschussmitgliedes
(vgl. § 69),[47] das dabei ggf. an Ausschussbeschlüsse gem. § 72 gebunden ist. Der **Betriebsrat** handelt im Rahmen der gefassten Beschlüsse durch seinen Vorsitzenden bzw. – bei
dessen Verhinderung – durch dessen Stellvertreter (§ 26 Abs. 2 BetrVG), gleiches gilt für
den **Sprecherausschuss** (§ 11 Abs. 2 SprAuG). Ist der **Schuldner** eine natürliche Person,
ist er persönlich zur Mitwirkung berufen. Bei der Insolvenz über das Vermögen einer
juristischen Person oder einer Gesellschaft ohne Rechtspersönlichkeit sind es die vertretungsbefugten Mitglieder des Vertretungsorgans bzw. die vertretungsbefugten persönlich
haftenden Gesellschafter.[48] Der Begriff des Schuldners ist im Hinblick auf den Mitwirkungs-

---

[44] Ebenso *Kübler/Prütting/Otte* § 218 RdNr. 61; FK-*Jaffé* § 218 RdNr. 35; *Uhlenbruck/Lüer* § 218 RdNr. 47.
[45] Vgl. insoweit auch *Hess* in: *Hess/Obermüller*, Insolvenzplan, Restschuldbefreiung und Verbraucherinsolvenz, 3. Aufl. 2003, RdNr. 20.
[46] So besteht etwa bei Aktiengesellschaften eine Pflicht des Vorstands, die Hauptversammlung unverzüglich mit der Planvorlage zu befassen, vgl. RdNr. 80.
[47] Vgl. *Kübler* in: *Kübler/Prütting* § 69 RdNr. 16.
[48] Ebenso *Nerlich/Römermann/Braun* § 218 RdNr. 63. AA für Personengesellschaften HK-*Flessner* § 218 RdNr. 12 (Mitwirkung durch alle Gesellschafter gemeinsam).

prozess (§ 218 Abs. 3) ebenso zu interpretieren wie im Hinblick auf die Vorlageberechtigung (§ 218 Abs. 1 Satz 1 – dazu ausführlich RdNr. 68 ff.).

42 Nicht Gesetz geworden ist § 254 Abs. 2 Satz 2 RegE, nach dem bei der Insolvenz anderer als natürlicher Personen „... auch jede Person oder Mehrzahl von Personen, die am Kapital des Schuldners zu mindestens einem Fünftel beteiligt ist, dazu berechtigt [ist], durch einen dem Gericht benannten Vertreter auf eigene Kosten beratend mitzuwirken."[49] Auf eine entsprechende Vorschrift glaubte der Rechtsausschuss aus Gründen der „Verfahrensvereinfachung" verzichten zu müssen.[50] Diese gesetzgeberische Entscheidung ist zu respektieren. **Gesellschafter** insolventer Unternehmen können sich also – von vertretungsbefugten persönlich haftenden Gesellschaftern abgesehen (vgl. RdNr. 81) – nicht durch einen designierten Repräsentanten in das formalisierte Mitwirkungsverfahren gem. § 218 Abs. 3 (zu den Rechten und Pflichten der Beteiligten vgl. RdNr. 49 ff.) einschalten.[51]

43 Indes spricht § 218 Abs. 3 nicht dagegen, dass andere als die in § 218 Abs. 3 genannten Personen bzw. Institutionen – unter anderem auch die Gesellschafter insolventer Unternehmen – sich **außerhalb** dieses Verfahrens an der Planausarbeitung beteiligen bzw. von dem Verwalter beteiligt werden.[52] Eine Ausschlusswirkung des Inhalts, dass nur die in § 218 Abs. 3 genannten Personen bzw. Institutionen mitwirken dürfen (und ggf. müssen, vgl. RdNr. 47 f., 51, 61), liegt außerhalb des der Vorschrift zugrundeliegenden Zwecks, die Entwicklung vorteilhafter Planlösungen zu fördern und damit die Akzeptanzchancen eines vorgelegten Verwalterplans zu erhöhen (zur Frage, ob und ggf. unter welchen Voraussetzungen die nach § 218 Abs. 3 bzw. außerhalb dieses Verfahrens mitwirkenden Personen für ihre Tätigkeit eine Vergütung bzw. Kostenerstattung verlangen können,[53] vgl. RdNr. 64).

44 **3. Adressaten von Mitwirkungspflichten.** Die Struktur des Mitwirkungsverfahrens wird in § 218 Abs. 3 nicht näher beschrieben. Der Gesetzgeber begnügt sich vielmehr mit der wenig klaren Feststellung, dass die genannten Personen bzw. Institutionen „beratend mitwirken". Diese Formulierung lässt offen, wer der **Schuldner** etwaiger Mitwirkungspflichten und wer der **Gläubiger** solcher Pflichten ist und ob es entsprechende Pflichten überhaupt gibt. Sie lässt ferner offen, welche konkreten **Inhalte** etwaige Mitwirkungspflichten haben könnten.

45 **a) Insolvenzverwalter.** Was zunächst die erste Frage betrifft (zu dem Problem möglicher Pflichteninhalte vgl. RdNr. 49 ff.), so scheint die Formulierung des Gesetzes bei einer am Normzweck der Vorschrift orientierten Auslegung immerhin nahezulegen, dass jedenfalls den in § 218 Abs. 3 genannten Personen bzw. Institutionen ein **Anspruch gegen den Insolvenzverwalter** auf beratende Mitwirkung eingeräumt werden sollte.[54] Denn im Interesse dieser Personen bzw. Institutionen, die von einem Insolvenzplan unmittelbar oder mittelbar betroffen werden, liegt es, in einem möglichst frühen Stadium des Planverfahrens auf den Planinhalt Einfluss nehmen zu können. Dementsprechend heißt es denn auch in der Begründung des RegE, dass der Verwalter „... den Rat des Gläubigerausschusses, des Schuldners und gegebenenfalls des Betriebsrats und des Sprecherausschusses einzuholen [hat] ... Insbesondere wenn der Plan die Fortführung des schuldnerischen Unternehmens ermöglichen soll, **wird** dieser Kreis von besonders interessierten Personen vom Verwalter

---

[49] BT-Drucks. 12/2443, S. 49.
[50] BT-Drucks. 12/7302, S. 181 f.
[51] So aber *Kübler/Prütting/Otte* § 218 RdNr. 55; FK-*Jaffé* § 218 RdNr. 96.
[52] Ebenso *Kübler/Prütting/Otte* § 218 RdNr. 55.
[53] Die Frage, ob auch Personen/Institutionen, die in § 218 Abs. 3 nicht genannt sind, bei der Planausarbeitung einbezogen werden können, ist von der Frage zu unterscheiden, ob diese Personen/Institutionen eine Vergütung bzw. Kostenerstattung erhalten bzw. erhalten dürfen. AA insoweit offenbar *Kübler/Prütting/Otte* § 218 RdNr. 55.
[54] So zu Recht die **hL**. Vgl. *Hess* in: *Hess/Obermüller*, Insolvenzplan, Restschuldbefreiung und Verbraucherinsolvenz, 3. Aufl. 2003, RdNr. 20; *Kübler/Prütting/Otte* § 218 RdNr. 54, 56; *Nerlich/Römermann/Braun* § 218 RdNr. 54 f.; HK-*Flessner* § 218 RdNr. 13 f.; FK-*Jaffé* § 218 RdNr. 96, 98; *Uhlenbruck/Lüer* § 218 RdNr. 49 f. AA etwa *Haarmeyer/Wutzke/Förster*, Handbuch zur Insolvenzordnung InsO/EGInsO, 3. Aufl. 2001, Kap. 9 RdNr. 32 (keine Verpflichtungen des Verwalters).

immer wieder über den Fortgang der Bemühungen **zu unterrichten und erneut zu konsultieren sein** ...".[55] Entsprechende Ansprüche der genannten Personen bzw. Institutionen treten dabei neben etwaige Mitwirkungsbefugnisse, die sich aus speziellen gesetzlichen Vorschriften – etwa aus dem BetrVG oder aus dem SprAuG – ergeben.[56]

Durch die während des Gesetzgebungsprozesses erfolgte Verringerung der Zahl der Planvorlageberechtigten (vgl. RdNr. 6 ff.) haben sich der Normzweck des § 218 Abs. 3 und die Interessenlage der in dieser Vorschrift angesprochenen Personen bzw. Institutionen nicht gewandelt. § 218 Abs. 3 bezog sich auch in der ursprünglichen Fassung des RegE (§ 254 Abs. 2 RegE) nur auf Verwalterpläne, nicht auf Pläne des Schuldners, bestimmter am Schuldner beteiligter Personen oder bestimmter Gläubiger (§ 255 RegE). Mit der Aussage, dass die Vorschrift „... einmal einen Sinn [hatte], solange der Gesetzgeber die Konkurrenz verschiedener Planentwürfe vorsah, da der noch im Regierungsentwurf konzipierte ,Insolvenzplanbeirat' ... gleichsam ein Koordinations- und Abstimmungsforum hätte sein können, vor dem der ungeheure Mittelverschleiß durch konkurrierende Planentwürfe hätte vermieden oder doch abgemildert werden können ...", und dass das „Beiratsmodell" nach der Reduzierung der Zahl der Planvorlageberechtigten „schlechthin dysfunktional" geworden sei,[57] werden Sinn und Zweck des § 218 Abs. 3 nicht richtig eingeschätzt. Die Vorschrift sollte und soll bei Verwalterplänen durch eine frühzeitige Einbeziehung der potentiell Planbetroffenen die Akzeptanzchancen entsprechender Pläne steigern (vgl. RdNr. 36). Eine „Moderierung" des Planwettbewerbs war und ist nicht ihr Ziel. Es wäre auch merkwürdig, wenn der RegE auf der einen Seite durch ein weit gestreutes Planvorlagerecht einen möglichst scharfen Planwettbewerb initiieren wollte und gleichzeitig § 218 Abs. 3 die Funktion gehabt haben sollte, diesen Planwettbewerb in seinen Auswirkungen wieder zu reduzieren.

b) Gläubigerausschuss(mitglieder), Betriebsrat, Sprecherausschuss, Schuldner. Dass durch die Vorschrift des § 218 Abs. 3 Ansprüche der dort genannten Personen bzw. Institutionen gegen den Insolvenzverwalter auf Mitwirkung bei der Planaufstellung begründet werden, heißt nicht, dass nicht auch **Ansprüche des Insolvenzverwalters** gegen die genannten Personen bzw. Institutionen auf Mitwirkung bestehen könnten. Zwar wird eine entsprechende Auslegung durch die Formulierungen in der Begründung des RegE nicht nahegelegt.[58] Der Wortlaut der Vorschrift („... wirken ... beratend mit") lässt sie jedoch ohne weiteres zu. Auch im Lichte des Zwecks der Norm erscheint sie vertretbar: Wenn es dem Gesetzgeber darum geht, durch die Einbeziehung der potentiell Planbetroffenen bei der Planaufstellung durch den Verwalter die Wahrscheinlichkeit des Auffindens kreativer, allseits vorteilhafter Planlösungen und damit auch die Akzeptanzchancen eines vorgelegten Verwalterplans zu erhöhen (vgl. RdNr. 36), dann wird dieser Zweck mehr noch als durch eine bloße Mitwirkungsmöglichkeit durch eine **Mitwirkungspflicht** der angesprochenen Personen bzw. Institutionen gefördert.

Weiter erhärtet wird diese Interpretation des § 218 Abs. 3 auch durch eine Betrachtung der **systematischen Stellung** der Vorschrift im Gesetz.[59] Gem. § 69 Satz 1 haben die Mitglieder des Gläubigerausschusses nämlich den Insolvenzverwalter bei seiner Geschäftsführung zu unterstützen. § 218 Abs. 3 kann man, soweit dort der Gläubigerausschuss als mitwirkende Institution angesprochen wird, durchaus als eine Vorschrift ansehen, die auch diese allgemein geltende Unterstützungspflicht für den Sonderfall der Planerstellung durch den Verwalter konkretisiert.[60] Ähnliches gilt für die in § 97 Abs. 2 normierte Pflicht des Schuldners, den Verwalter bei der Erfüllung seiner Aufgaben zu unterstützen. Dessen Recht,

---

[55] Vgl. BT-Drucks. 12/2443, S. 196 (Hervorhebungen von mir).
[56] Vgl. HK-*Flessner* § 218 RdNr. 12.
[57] So früher *Smid/Rattunde,* Der Insolvenzplan, 1. Aufl. 1998, RdNr. 119.
[58] Vgl. BT-Drucks. 12/2443, S. 196. Die einschlägigen Passagen handeln lediglich von Pflichten des Verwalters.
[59] Insoweit zutr. *Smid/Rattunde,* Der Insolvenzplan, 1. Aufl. 1998, RdNr. 121 ff.
[60] Ebenso wohl *Häsemeyer,* Insolvenzrecht, 3. Aufl. 2003, RdNr. 28.11.

einen Insolvenzplan gem. § 247 in einem späteren Verfahrensstadium abzulehnen, spricht nicht gegen eine Mitwirkungspflicht bei der Planaufstellung: Je mehr ein Verwalterplan auch die Interessen des Schuldners berücksichtigt, desto unwahrscheinlicher wird es, dass dieser sein Ablehnungsrecht ausüben „muss". Schließlich lässt sich auch die allgemeine Interessenwahrnehmungspflicht von Betriebsrat bzw. Sprecherausschuss der leitenden Angestellten für die Arbeitnehmer bzw. leitenden Angestellten des Betriebes (§§ 80 Abs. 1 BetrVG, 25 Abs. 1 Satz 1 SprAuG) zur Stützung der Überlegung heranziehen, dass § 218 Abs. 3 nicht nur Mitwirkungsrechte der genannten Institutionen bzw. Personen, sondern auch Mitwirkungspflichten statuiert.[61]

49   **4. Inhalte von Mitwirkungspflichten.** Dass durch § 218 Abs. 3 zum einen Mitwirkungsrechte, zum anderen aber auch Mitwirkungspflichten der in § 218 Abs. 3 genannten Personen bzw. Institutionen statuiert werden, besagt für sich genommen noch nichts über das **konkrete Pflichtenprogramm,** das bei der Aufstellung eines Verwalterplans einzuhalten ist. § 218 Abs. 3 spricht ohne nähere Erläuterung von einer „beratenden Mitwirkung". In dieser Formulierung kommt immerhin deutlich zum Ausdruck, dass den in der Vorschrift genannten Institutionen bzw. Personen jedenfalls **kein Anspruch** gegen den Insolvenzverwalter dahingehend zustehen soll, dass dieser ihre jeweiligen **Vorstellungen hinsichtlich der Plangestaltung übernimmt.** Der Begriff der „beratenden Mitwirkung" deutet vielmehr darauf hin, dass durch § 218 Abs. 3 ein **System multilateraler Verhandlungspflichten** begründet werden soll. Dessen wesentliche Inhalte lassen sich auf der Grundlage des Zwecks der Vorschrift und unter ergänzender Heranziehung der Erkenntnisse der **interdisziplinären Verhandlungsforschung**[62] im Wege der (ergänzenden) Gesetzesauslegung gewinnen.

50   **a) Informationspflicht des Verwalters.** Am Anfang des Mitwirkungsprozesses trifft den Verwalter danach eine Pflicht, die in § 218 Abs. 3 genannten Personen bzw. Institutionen über seine Absicht zur Aufstellung eines Insolvenzplans, über die für dessen Inhalt wesentlichen tatsächlichen Grundlagen sowie über ggf. bereits angestellte Vorüberlegungen hinsichtlich der Planstruktur sowie möglicher Einzelregelungen zu **informieren.**[63] Ohne eine entsprechende Information können die genannten Personen bzw. Institutionen überhaupt nicht (Information über Planinitiative) oder zumindest nicht sinnvoll (Information über tatsächliche Grundlagen sowie über Vorüberlegungen hinsichtlich der Planstruktur und möglicher Einzelregelungen) beratend mitwirken. Dass ein dem Insolvenzgericht vorgelegter Plan in einer späteren Phase des Insolvenzplanverfahrens gem. § 232 Abs. 1 Nr. 1 und 2 nochmals dem Gläubigerausschuss, dem Betriebsrat, dem Sprecherausschuss der leitenden Angestellten sowie dem Schuldner zur Stellungnahme vorzulegen ist, spricht nicht gegen eine entsprechende Informationspflicht bei der Planaufstellung. Denn die spätere Vorlage eines fertigen Plans zur Stellungnahme dient der Vorbereitung der Entscheidung der Beteiligten gem. §§ 244 ff. über Annahme oder Ablehnung des Plans[64] und damit einem anderen Zweck als die Informationspflicht bei der Planaufstellung, die ihnen Gelegenheit geben soll, Planstruktur und -inhalte zu beeinflussen. Zudem kommt eine Änderung von Planregelungen nach der Planvorlage – anders als bei der Planausarbeitung – nur noch in den Grenzen des § 240 Satz 1 in Betracht (vgl. RdNr. 157 ff.). Die nach § 232 einzuholenden Stellungnahmen können sich auf die Grundstruktur des vorgelegten Plans also gar nicht mehr auswirken. Grenzen der aus § 218

---

[61] Im Ergebnis ebenso *Hess* in: *Hess/Obermüller,* Insolvenzplan, Restschuldbefreiung und Verbraucherinsolvenz, 3. Aufl. 2003, RdNr. 20a. **AA** *Kübler/Prütting/Otte* § 218 RdNr. 53 ff.; *Nerlich/Römermann/Braun* § 218 RdNr. 54 ff.; FK-*Jaffé* § 218 RdNr. 96 ff.; *Lüke* in *Prütting/Vallender* (Hrsg.), Festschrift für Uhlenbruck, 2000, S. 519, 533; HK-*Flessner* § 218 RdNr. 14 (Mitberatung sei freiwillig, für den Schuldner könne sich eine Verpflichtung aus § 97 ergeben).
[62] Vgl. insoweit *Eidenmüller,* Unternehmenssanierung zwischen Markt und Gesetz, 1999, S. 475 ff.
[63] Ebenso jetzt *Andres/Leithaus* § 218 RdNr. 8. Vgl. auch *Nerlich/Römermann/Braun* § 218 RdNr. 56; *Hess* in: *Hess/Obermüller,* Insolvenzplan, Restschuldbefreiung und Verbraucherinsolvenz, 3. Aufl. 2003, RdNr. 20 („Unterrichtungspflicht").
[64] Vgl. BT-Drucks. 12/2443, S. 204.

Abs. 3 abzuleitenden Informationspflicht bei der Planaufstellung ergeben sich aus dem Gesichtspunkt der **Zumutbarkeit**. Hält sich der Schuldner etwa verborgen oder ist er flüchtig, braucht der Insolvenzverwalter ihn nicht etwa zu suchen oder suchen zu lassen, um ihn gem. § 218 Abs. 3 zu informieren. Im Übrigen kann unter Umständen auch eine Vorabinformation des vorläufigen Verwalters pflichterfüllend wirken, vgl. RdNr. 39.

b) Pflicht zur Stellungnahme durch Gläubigerausschuss(mitglieder), Betriebsrat, Sprecherausschuss, Schuldner. Nachdem der Verwalter seine soeben skizzierte Informationspflicht erfüllt hat, trifft die in § 218 Abs. 3 genannten Personen bzw. Institutionen eine Pflicht des Inhalts, zu dem Planvorhaben des Verwalters, den tatsächlichen Grundlagen, von denen dieser ausgeht, sowie den ggf. bereits angestellten Vorüberlegungen hinsichtlich der Planstruktur sowie möglicher Einzelregelungen **substantiiert Stellung zu nehmen** (ein Recht zur Stellungnahme haben sie unabhängig von der Erfüllung der den Verwalter treffenden Informationspflicht).[65] Durch diese Stellungnahmen soll der Verwalter in die Lage versetzt werden, abweichende Tatsacheneinschätzungen und/oder Auffassungen hinsichtlich einer geeigneten Plangestaltung erkennen und bei der Planaufstellung berücksichtigen zu können. Die entsprechenden Stellungnahmen sind unverzüglich abzugeben. Bei kleineren Unternehmensinsolvenzen dürfte eine Frist von einigen Tagen, in komplexeren Fällen eine Frist von ein bis maximal zwei Wochen angemessen sein. 51

c) Pflicht zur Berücksichtigung der Stellungnahmen durch den Verwalter. Der Verwalter ist verpflichtet, sich mit den abgegebenen Stellungnahmen unverzüglich und **substantiiert auseinanderzusetzen** und diese bei der Planaufstellung zu **berücksichtigen**.[66] Dabei kann er durchaus auch zu abweichenden Einschätzungen bzw. Auffassungen gelangen (vgl. RdNr. 49). In diesem Fall trifft ihn jedoch eine **Argumentationslast** des Inhalts, dass er die Gründe für seine abweichende Einschätzung bzw. Auffassung im Einzelnen darlegt und damit zu erkennen gibt, dass und warum er bestimmten Stellungnahmen nicht gefolgt ist. Die entsprechenden Stellungnahmen und seine diesbezüglichen Überlegungen hat er gem. § 220 Abs. 2 in den darstellenden Teil des Insolvenzplans zu integrieren.[67] Sie sind für die Entscheidung der Gläubiger über die Zustimmung zum Plan und für dessen gerichtliche Bestätigung erheblich. Mündliche Erläuterungen gegenüber denjenigen, die Stellungnahmen abgegeben haben, sind hilfreich, können die Dokumentation im darstellenden Teil jedoch nicht ersetzen. 52

d) Wiederholung des Konsultationszyklus. Unter welchen Umständen der Verwalter darüber hinaus verpflichtet ist, den unter a) bis c) geschilderten Konsultationszyklus erneut einzuleiten, ist eine Frage des Einzelfalles. Zu befürworten ist eine entsprechende Pflicht zumindest dann, wenn der Verwalter auf der Grundlage der eingegangenen Stellungnahmen **neuartige Planelemente** vorschlagen möchte, die Einzelnen der in § 218 Abs. 3 genannten Personen bzw. Institutionen bisher möglicherweise noch nicht bekannt sind, oder wenn sich die **Tatsachengrundlagen** der Planerstellung geändert haben.[68] Bleibt er demgegen- 53

---

[65] Ebenso jetzt *Andres/Leithaus* § 218 RdNr. 8.
[66] Ebenso jetzt *Andres/Leithaus* § 218 RdNr. 8; *Moll* in K. Schmidt/Uhlenbruck (Hrsg.), Die GmbH in Krise, Sanierung und Insolvenz, 3. Aufl. 2003, RdNr. 1719.
[67] Entgegen FK-*Jaffé* § 218 RdNr. 100 und *Nerlich/Römermann/Braun* § 218 RdNr. 60 a sind die eingegangenen Stellungnahmen also in der im Text beschriebenen Form in den Plan aufzunehmen.
[68] Vgl. insoweit auch HK-*Flessner* § 218 RdNr. 13 (der Rat der in § 218 Abs. 3 genannten Gremien und des Schuldners müsse „... wieder und wieder eingeholt werden, wenn neue Erkenntnisse für die Planaufstellung zu berücksichtigen sind"); weitergehend offenbar *Kübler/Prütting/Otte* § 218 RdNr. 56 (der Verwalter müsse den benannten Kreis besonders interessierter Personen als ein neben dem Gläubigerausschuss faktisch eigenes Gremium immer wieder über den Fortgang der Bemühungen unterrichten und konsultieren; weitergehend auch *Nerlich/Römermann/Braun* § 218 RdNr. 57 f. (vor Abschluss des Planentwurfs müsse der Verwalter den Mitwirkungsberechtigten Gelegenheit geben, „... die wesentlichen Strukturen zu erörtern und an der schlussendlichen Fertigung durch Diskussion mitzuwirken"; vor Einreichung, aber nach Fertigung des Plans sei dieser den Mitwirkungsberechtigten zur Stellungnahme in schriftlicher Form zu überlassen, damit diese Ergänzungen und Abänderungswünsche vorbringen können, der Verwalter sei ggf. zu mündlichen Erläuterungen verpflichtet).

über auf einer unveränderten Tatsachenbasis bei seinem ursprünglichen Vorschlag, oder übernimmt er einen gleich lautenden Änderungsvorschlag aller Angehörten, hat es bei dem einmaligen Durchlauf sein Bewenden.

54   **5. Sanktionen bei Pflichtverstößen.** Gem. § 231 Abs. 1 Nr. 1 ist ein vorgelegter Insolvenzplan von Amts wegen zurückzuweisen, sofern die Vorschriften über das Recht zur Vorlage und den Inhalt des Plans nicht beachtet sind und der Vorlegende den Mangel nicht beheben kann oder innerhalb einer angemessenen, vom Gericht gesetzten Frist nicht behebt.[69] Entgegen dem missverständlichen Wortlaut der Vorschrift ist kein kumulativer Verstoß gegen Vorschriften über das Recht zur Planvorlage und gegen solche über den Planinhalt erforderlich. Ausreichend ist vielmehr, wenn entweder gegen Vorschriften über das Planvorlagerecht oder gegen solche über den Planinhalt verstoßen wird.[70] Zu den Vorschriften über das Recht zur Planvorlage zählt auch § 218 Abs. 3 (§ 218 ist insgesamt mit dem Begriff „Vorlage des Insolvenzplans" überschrieben). Die Anforderungen, die sich aus § 220 Abs. 2 hinsichtlich des darstellenden Teils eines Insolvenzplans ergeben, betreffen demgegenüber den Planinhalt. Zu ihnen gehört nach dem oben Ausgeführten die Dokumentation der Auseinandersetzung mit den abgegebenen Stellungnahmen durch den Insolvenzverwalter (vgl. RdNr. 52).

55   **a) Pflichtverstöße des Verwalters. aa) Vorprüfungsverfahren.** Erfüllt der **Verwalter** die ihn im Rahmen des Mitwirkungsprozesses treffenden Pflichten nicht, hat das Insolvenzgericht einen von ihm vorgelegten Plan im Vorprüfungsverfahren gem. § 231 Abs. 1 Nr. 1 von Amts wegen zurückzuweisen, sofern es sich um einen nicht behebbaren oder aber um einen binnen einer vom Gericht gesetzten angemessenen Frist nicht behobenen Mangel handelt.[71] Dies gilt unterschiedslos für **originäre wie für derivative Verwalterpläne** (zu diesen Begriffen vgl. RdNr. 14, 24)[72] und für sämtliche denkbaren Verstöße des Verwalters gegen die ihn treffenden Mitwirkungspflichten. Insbesondere rechtfertigen auch Verstöße gegen Pflichten **gegenüber dem Schuldner** grundsätzlich eine Zurückweisung gem. § 231 Abs. 1 Nr. 1. Dass diesem selbst ein Planvorlagerecht gem. § 218 Abs. 1 Satz 1 zusteht, das er dazu nutzen kann, seine eigenen Planvorstellungen zu entwickeln, nötigt unter dem Gesichtspunkt der Existenz eines „Selbsthilferechts" zu keiner anderen Beurteilung. Denn der Schuldner mag mit gutem Grund – nämlich zur Erhöhung der Akzeptanzchancen eines vorgelegten Plans bei der Gläubigerschaft – von der Vorlage eines eigenen Plans absehen und auf eine Planvorlage durch den Verwalter hoffen bzw. diese anregen (vgl. auch RdNr. 12). Die ihm gegenüber bestehenden Pflichten des Verwalters bei der Planaufstellung im Rahmen des § 218 Abs. 3 erfüllen deshalb einen eigenständigen Zweck, der sich durch das Recht zur Vorlage eines eigenen Plans nicht erledigt.

56   Ob ein Pflichtverstoß vorliegt, hat das Insolvenzgericht **von Amts wegen** zu ermitteln (§ 5 Abs. 1, vgl. auch vor § 217 RdNr. 43 ff.).[73] Gelangt es auf der Grundlage des vorhandenen Beweismaterials zu der Überzeugung, dass der Verwalter Pflichten verletzt hat, die ihn im Rahmen des Mitwirkungsprozesses treffen, ist ein Zurückweisungsgrund gegeben. Ein entsprechender Planmangel ist nämlich nach der Planvorlage **nicht** mehr i. S. v. § 231 Abs. 1 Nr. 1 **behebbar**.[74] Zwar kann ein vorgelegter Insolvenzplan auch in diesem Ver-

---

[69] Ähnlich jetzt *Nerlich/Römermann/Braun* § 218 RdNr. 61.

[70] Das geht aus den einschlägigen Passagen in der Begründung des RegE eindeutig hervor, vgl. BT-Drucks. 12/2443, S. 204: „Die gesetzlichen Bestimmungen über das Vorlagerecht ... **und** den Inhalt des Plans ... müssen beachtet sein ..." (Hervorhebung von mir).

[71] Ebenso HK-*Flessner* § 231 RdNr. 5; *Andres/Leithaus* § 218 RdNr. 9. AA *Smid/Rattunde,* Der Insolvenzplan, 2. Aufl. 2005, RdNr. 9.12.; *Braun/Braun* § 218 RdNr. 10; *Uhlenbruck/Lüer* § 218 RdNr. 50; *Haarmeyer/Wutzke/Förster,* Handbuch zur Insolvenzordnung InsO/EGInsO, 3. Aufl. 2001, Kap. 9 RdNr. 33; offenbar auch *Hess* in: *Hess/Obermüller,* Insolvenzplan, Restschuldbefreiung und Verbraucherinsolvenz, 3. Aufl. 2003, RdNr. 20 a, aber mit unklarer Begründung.

[72] AA *Kübler/Prütting/Otte* § 218 RdNr. 60 (keine Anwendung von § 231 Abs. 1 Nr. 1 bei originären Verwalterplänen).

[73] AA *Nerlich/Römermann/Braun* § 218 RdNr. 61 Fn. 4.

[74] Ebenso *Weisemann/Holz* in: *Weisemann/Smid* (Hrsg.), Handbuch Unternehmensinsolvenz, 1999, Kap. 15 RdNr. 69. Grundsätzlich auch *Kübler/Prütting/Otte* § 231 RdNr. 7.

fahrensstadium noch geändert werden (vgl. RdNr. 156 ff.). Änderbar sind jedoch nur noch einzelne Planregelungen (vgl. RdNr. 157 ff.). Damit ist es unmöglich, den Zweck des § 218 Abs. 3, der darin liegt, den genannten Personen bzw. Institutionen vor der Planvorlage einen umfassenden Einfluss auf die Plankonzeption einzuräumen, noch nachträglich zu erfüllen.

bb) **Bestätigungsverfahren**. Wird ein vorgelegter Insolvenzplan trotz eines Mitwirkungsmangels vom Insolvenzgericht im Vorprüfungsverfahren nicht zurückgewiesen, so kann der Mangel immer noch gem. § 250 Nr. 1 dazu führen, dass dem Plan nach der Annahme durch die Gläubiger die gerichtliche **Bestätigung** versagt wird,[75] und zwar aus zwei Gründen: (1) Verstöße gegen die Dokumentationspflicht bzgl. eingegangener Stellungnahmen sind gem. § 250 Nr. 1 als Verstöße gegen den gesetzlichen **Planinhalt** beachtlich. Sie erledigen sich nicht dadurch, dass sie im Vorprüfungsverfahren nicht beachtet wurden. Vorprüfungs- und Bestätigungsverfahren dienen unterschiedlichen Zwecken (vgl. ausführlich § 217 RdNr. 186 ff.). (2) Zu den Vorschriften über die **verfahrensmäßige Behandlung** des Insolvenzplans, deren Verletzung die Versagung der Bestätigung rechtfertigen kann, gehört auch die obligatorische Planzurückweisung eines vorgelegten Plans gem. § 231 Abs. 1 Nr. 1 bei einem Verstoß gegen § 218 (vgl. auch § 217 RdNr. 189 f.).

Eine **Heilung** von Pflichtverletzungen – des Verwalters bzw. des Gerichts – auf Grund der späteren **Einholung von Stellungnahmen** gem. § 232 kommt auf Grund der unterschiedlichen Zwecke von § 218 Abs. 3 auf der einen und § 232 auf der anderen Seite nicht in Betracht (vgl. dazu bereits RdNr. 50). Auch die **mehrheitliche Annahme** des Plans seitens der Gläubiger bewirkt keine Heilung.[76] Sie könnte von vornherein allenfalls im Hinblick auf Versäumnisse bei der Planaufstellung im Verhältnis zum Gläubigerausschuss erfolgen, wohl aber nicht im Verhältnis zum Betriebsrat, zum Sprecherausschuss der leitenden Angestellten sowie zum Schuldner, wenn dieser dem Plan im Abstimmungstermin widersprochen hat. Sie ist aber auch im Verhältnis zum Gläubigerausschuss bzw. zu einem zustimmenden Schuldner auf Grund des Zwecks des § 218 Abs. 3 abzulehnen: Dieser liegt darin, den genannten Personen bzw. Institutionen in einer frühen Phase der Planarbeitung Einfluss auf Planstruktur und -inhalt zu geben (vgl. RdNr. 36, 45). Dieser Zweck kann im Rahmen der Abstimmung über einen vorgelegten Plan nicht mehr erreicht werden. Bestimmte Gläubiger/der Schuldner mögen den Plan *nolens volens* akzeptieren, obwohl sie möglicherweise bei einer Einhaltung des § 218 Abs. 3 hätten erreichen können, dass ein anderer Plan vorgelegt wird. Aus diesem Grund kommt auch eine **Mangelbehebung** im Bestätigungsverfahren nicht mehr in Betracht.

Ob der nach § 250 Nr. 1 beachtliche Mangel einen **wesentlichen Punkt** iS der Vorschrift betrifft, ist eine Frage des Einzelfalls. Wesentlich dürfte jedenfalls eine Nichtzurückweisung im Vorprüfungsverfahren sein, obwohl der Verwalter einzelne der in § 218 Abs. 3 genannten Personen bzw. Institutionen von seinem Planvorhaben überhaupt nicht informiert hat (vgl. RdNr. 50), obwohl er sich mit eingegangenen Stellungnahmen überhaupt nicht auseinandergesetzt hat (vgl. RdNr. 52) oder obwohl er bei neuartigen Planelementen oder geänderten Tatsachengrundlagen keine weiteren Konsultationen durchgeführt hat (vgl. RdNr. 53).

cc) **Heilung durch rechtskräftige Planbestätigung.** Wird ein Insolvenzplan rechtskräftig bestätigt, so werden etwaige Pflichtverstöße des Verwalters im Rahmen des Mitwirkungsverfahrens durch die rechtskräftige Planbestätigung geheilt, vgl. § 217 RdNr. 192.

b) **Pflichtverstöße durch Gläubigerausschuss(mitglieder), Betriebsrat, Sprecherausschuss, Schuldner.** Anders als Pflichtverstöße des Verwalters führt das pflichtwidrige Unterlassen einer substantiierten Stellungnahme durch eine oder mehrere der in § 218 Abs. 3 genannten Personen bzw. Institutionen zu dem Planvorhaben des Verwalters, den

---

[75] Ebenso jetzt *Andres/Leithaus* § 218 RdNr. 9. AA *Braun/Braun* § 218 RdNr. 10; *Uhlenbruck/Lüer* § 218 RdNr. 50.
[76] So aber *Nerlich/Römermann/Braun* § 218 RdNr. 62. Erwogen auch von *Kübler/Prütting/Otte* § 231 RdNr. 7.

tatsächlichen Grundlagen, von denen dieser ausgeht, sowie den ggf. bereits angestellten Vorüberlegungen hinsichtlich der Planstruktur sowie möglicher Einzelregelungen nicht zu einer Planzurückweisung gem. § 231 Abs. 1 Nr. 1. Der Verwalter hat in dieser Situation alles getan, was von ihm als Planersteller zu erwarten ist. Die Konsequenz eines entsprechenden Pflichtverstoßes liegt vielmehr darin, dass der Verwalter die – ihm unbekannt bleibenden – Gegenvorstellungen des oder der Schweigenden nicht zu berücksichtigen braucht. Deren Pflicht zur Stellungnahme besitzt also einen **Obliegenheitscharakter:** Sie wird durch den Verlust eines ansonsten bestehenden Anspruchs gegen den Verwalter (auf Berücksichtigung der Stellungnahme(n)) sanktioniert.

VI. Kosten der Planaufstellung und des Mitwirkungsverfahrens

62 **1. Kosten der Planaufstellung durch den Insolvenzverwalter.** Ein Insolvenzverwalter, der einen – originären oder derivativen – Verwalterplan aufstellt, kann dafür gem. § 3 Abs. 1 e) InsVV eine den Regelsatz übersteigende Vergütung verlangen. Die Aufstellung eines Insolvenzplans setzt nicht nur juristische, sondern auch erhebliche betriebswirtschaftliche Kenntnisse und Fertigkeiten voraus. Häufig wird der Insolvenzverwalter nicht über alle diese Kenntnisse und Fertigkeiten verfügen. Als besonders schwierig können sich im Einzelfall beispielsweise die Erstellung der von § 229 geforderten Planrechnungen oder aber die bei einer teleologischen Auslegung des § 220 Abs. 2 gebotene (vgl. vor § 217 RdNr. 26) Beifügung einer Vergleichsrechnung mit einer Insolvenzabwicklung ohne Plan erweisen. In angemessenem Umfang kann ein Insolvenzverwalter dann **sachverständigen Rat** rechtsgeschäftlich für Rechnung der Masse in Anspruch nehmen und dadurch **Masseverbindlichkeiten** gem. § 55 Abs. 1 Nr. 1 begründen.[77] Als angemessen wird man die rechtsgeschäftliche Einholung sachverständigen Rates jedenfalls dann ansehen können, wenn die Gläubigerversammlung einer entsprechenden Maßnahme des Verwalters zugestimmt hat.[78]

63 **2. Kosten des Mitwirkungsverfahrens.** Im Zusammenhang mit der Durchführung des von § 218 Abs. 3 vorgeschriebenen Mitwirkungsverfahrens kann darüber hinaus möglicherweise die Frage praktisch werden, ob und ggf. unter welchen Umständen die in § 218 Abs. 3 genannten Personen bzw. Institutionen für die ihnen durch die Mitwirkung entstehenden Kosten einen Ersatz aus der Insolvenzmasse verlangen können. Der RegE zu § 254 (= § 218) stellt – im Ergebnis zutreffend, aber ohne Begründung – lapidar fest, dass die „… Mitwirkung keine besonderen Vergütungs- oder Entschädigungsansprüche auslöst."[79] Im Hinblick auf eine etwaige Vergütung der Mitglieder des **Gläubigerausschusses** trifft § 73 eine abschließende Spezialregelung.[80] Spezielle Regelungen bestehen auch im Hinblick auf die Tätigkeit von **Betriebsrats-** sowie **Sprecherausschussmitgliedern** (§§ 37, 40 BetrVG, 14 SprAuG).[81] Zweifelhaft ist die Rechtslage im Hinblick auf die dem **Schuldner** entstehenden Kosten. § 113 Abs. 1 Satz 1 RegE hatte insoweit noch vorgesehen, dass dem Schuldner „… aus der Insolvenzmasse die notwendigen Auslagen zu erstatten [sind], die ihm bei der Erfüllung seiner Auskunfts- und Mitwirkungspflichten entstehen."[82] Die Vorschrift fiel der Kritik des Rechtsausschusses an dem „Detailperfektionismus" des RegE zum Opfer und wurde ersatzlos gestrichen.[83] Sonstige Ersatzansprüche nach der InsO bestehen nicht. Aber auch ein Anspruch aus Geschäftsführung ohne Auftrag (§§ 677, 683, 670 BGB) kommt nicht in Betracht, da der Schuldner zur Mitwirkung gem. §§ 218 Abs. 3 und 97

---

[77] Vgl. etwa *Bork* ZZP 109 (1996), 473, 481 f.
[78] Ebenso *Kübler/Prütting/Otte* § 218 RdNr. 55.
[79] BT-Drucks. 12/2443, S. 196.
[80] Ebenso HK-*Flessner* § 218 RdNr. 14; *Kübler/Prütting/Otte* § 218 RdNr. 62; FK-*Jaffé* § 218 RdNr. 39, 100 a.
[81] Ebenso HK-*Flessner* § 218 RdNr. 14; *Kübler/Prütting/Otte* § 218 RdNr. 62; FK-*Jaffé* § 218 RdNr. 39, 100 a; *Moll* in K. Schmidt/Uhlenbruck (Hrsg.), Die GmbH in Krise, Sanierung und Insolvenz, 3. Aufl. 2003, RdNr. 1720.
[82] BT-Drucks. 12/2443, S. 26.
[83] Vgl. BT-Drucks. 12/7302, S. 167.

Abs. 2 nicht nur berechtigt, sondern sogar verpflichtet ist. Wer aber einem anderen gegenüber auf Grund einer Spezialvorschrift zur Geschäftsführung berechtigt und verpflichtet ist, kann kein Geschäftsführer ohne Auftrag i. S. v. § 677 BGB sein.[84] Ein Ersatzanspruch des Schuldners besteht daher nicht.[85]

Sofern der Insolvenzverwalter **dritte**, in § 218 Abs. 3 nicht genannte **Personen** in die Planaufstellung involviert (z. B. Sachverständige, zur Zulässigkeit dieses Vorgehens vgl. RdNr. 62), wird regelmäßig eine rechtsgeschäftliche Beauftragung – mit der Folge einer entsprechenden Vergütungspflicht – vorliegen. Dass beispielsweise sachverständige Dritte umfangreiche und kostspielige Stellungnahmen zu einem Planentwurf ungefragt und spontan abgeben, ist nicht realistisch. Fehlt es an einer rechtsgeschäftlichen Beauftragung, kommt gleichwohl ein Anspruch aus Geschäftsführung ohne Auftrag (§§ 677, 683, 670 BGB) regelmäßig nicht in Betracht. Zweifelhaft ist schon, ob der jeweilige Dritte, der neben seinen eigenen Interessen allenfalls „auch" ein Geschäft des Insolvenzverwalters wahrnimmt, überhaupt einen entsprechenden Fremdgeschäftsführungswillen besitzt.[86] Jedenfalls handelt ein solcher Dritter nicht ohne Berechtigung i. S. v. § 677 BGB. Denn die Abgabe einer Stellungnahme im Rahmen der Planaufstellung durch den Insolvenzverwalter ist verfahrensrechtlich zulässig (vgl. RdNr. 43) und unter dem Gesichtspunkt der Einbeziehung möglichst vieler relevanter Aspekte und der Entwicklung allseits vorteilhafter Planlösungen sogar erwünscht. Dritte Personen, die sich entsprechend engagieren, tun dies also im Verhältnis zum Insolvenzverwalter mit und im Rahmen einer spezifischen verfahrensrechtlichen Berechtigung. 64

E. Planvorlage durch den Schuldner

I. Bedeutung des Planvorlagerechts

Neben dem Insolvenzverwalter ist gem. § 218 Abs. 1 Satz 1 der **Schuldner** berechtigt, einen Insolvenzplan vorzulegen. Dies kann bereits gleichzeitig mit der Stellung eines Antrages auf Eröffnung des Insolvenzverfahrens geschehen (§ 218 Abs. 1 Satz 2). § 218 Abs. 3 (Mitwirkungsverfahren bei der Planaufstellung) ist auf Schuldnerpläne nicht anwendbar (vgl. RdNr. 40). Der Gesetzgeber hat sich damit nicht nur dafür entschieden, dem Schuldner überhaupt ein Planvorlagerecht zuzugestehen. Er hat darüber hinaus eine Regelung getroffen, die dem Schuldner im Vergleich zu einem von einem Insolvenzverwalter vorgelegten Plan einen erheblichen **Zeitvorsprung** verschaffen kann und es ihm erlaubt, das Insolvenzplanverfahren als **strategische Handlungsoption** zu nutzen. Die Kombination: Eigenantrag bei drohender Zahlungsunfähigkeit (§ 18 Abs. 1), Antrag auf Eigenverwaltung (§ 270 Abs. 2 Nr. 1) sowie gleichzeitige Vorlage eines bereits im Insolvenzvorfeld ausgearbeiteten und ggf. mit einzelnen Hauptgläubigern abgestimmten Insolvenzplans (§ 218 Abs. 1 Satz 1 und Satz 2) – in den USA wird insoweit treffend von einem *prepackaged plan* gesprochen[87] – ist zumindest für gut beratene Schuldner, bei denen im Vorfeld des Insolvenzantrages möglicherweise bereits ein Sanierungskonzept erarbeitet wurde, ein interessanter „Weg aus der Krise". 65

Ob die Einräumung einer derartigen strategischen Handlungsoption im Lichte des insolvenzrechtlichen Ziels einer (möglichst hohen) Befriedigung der Gläubigeransprüche (vgl. § 1 Satz 1) **rechtspolitisch** sinnvoll war, ist eine schwierig zu beantwortende Frage.[88] Auf 66

---

[84] Allg. Meinung. Vgl. stellv. MünchKommBGB-*Seiler* § 677 RdNr. 43 sowie *Staudinger/Bergmann*, Neubearbeitung 2006, vor §§ 677 ff. RdNr. 187 ff.
[85] Im Ergebnis ebenso HK-*Flessner* § 218 RdNr. 14; Kübler/Prütting/Otte § 218 RdNr. 62; *Hess* in: *Hess/Obermüller*, Insolvenzplan, Restschuldbefreiung und Verbraucherinsolvenz, 3. Aufl. 2003, RdNr. 23.
[86] Zu diesem Problemkreis vgl. *Staudinger/Bergmann*, Neubearbeitung 2006, vor §§ 677 ff. RdNr. 139 ff. mit einer Vielzahl von Nachweisen aus der umstr. Rspr. des BGH zum „auch fremden Geschäft".
[87] Ausführlich zu *prepackaged bankruptcies* vgl. *Eidenmüller*, Unternehmenssanierung zwischen Markt und Gesetz, 1999, S. 437 ff.
[88] Vgl. *Eidenmüller*, Unternehmenssanierung zwischen Markt und Gesetz, 1999, S. 34 ff. mwN.

der einen Seite ist regelmäßig der Schuldner von allen Beteiligten am besten über seine Liquiditäts- und Vermögenslage informiert. Wenn er bei einer Unternehmensinsolvenz die Möglichkeit hat, in einem frühen Verfahrensstadium einen Insolvenzplan als Eigensanierungsplan vorzulegen, der vorsieht, dass er in irgendeiner Form an dem Unternehmen beteiligt bleibt – sei es in der Form einer Kapitalbeteiligung, sei es in einer Managementfunktion –, dann steigen seine Anreize, selbst ein Insolvenzverfahren einzuleiten und als Problemlösungshilfe zu nutzen. Dadurch kann der – aus der Sicht der Gläubiger – nachteilige **Kapitalverzehr verringert** werden, der regelmäßig eintritt, wenn dem Schuldner eine entsprechende Perspektive nicht geboten wird: Zumeist versucht er dann, die Krise möglichst zu verheimlichen und durch eine riskante Geschäftspolitik doch noch abzuwenden – gewöhnlich ohne Erfolg und zum Nachteil seiner Gläubiger.[89] Da dem Schuldner auch – anders als in den USA gem. 11 U.S.C. § 1121 (b) – **kein exklusives Planvorlagerecht** zusteht, ist die Gefahr (relativ) gering, dass er das Insolvenzplanverfahren mit Erfolg dazu ausnützen kann, seine Gläubiger durch Verzögerungstaktiken zu schädigen: Diese können vielmehr den Verwalter mit der Ausarbeitung eines konkurrierenden Plans beauftragen (§ 157 Satz 2) – wenn auch mit einer gewissen Verzögerung im Vergleich zu einem bereits vorgelegten Schuldnerplan. Zudem kann kein Insolvenzplan die Verwertung und Verteilung der Insolvenzmasse blockieren, wenn damit die Gefahr erheblicher Nachteile für die Masse verbunden ist (§ 233 Satz 2 Hs. 1) oder wenn sich Verwalter und Gläubigerausschuss oder Gläubigerversammlung für eine Fortsetzung der Verwertung und Verteilung entscheiden (§ 233 Satz 2 Hs. 2).

67 Auf der anderen Seite gehen von der durch § 218 Abs. 1 Satz 1 und Satz 2 dem Schuldner eingeräumten strategischen Handlungsoption eines frühzeitig vorgelegten Eigensanierungsplans aber auch **negative Anreizeffekte** aus: Ein Unternehmer, der sein ökonomisches Überleben auch in der Krise gesichert sieht, lebt gefahrloser und wirtschaftet möglicherweise nachlässiger als ein Unternehmer, dem die Sanktion der Eliminierung aus dem Marktgeschehen droht. Eine Entwicklung wie in den USA, in denen der Konkurs den ihm anhaftenden Makel inzwischen weitgehend verloren hat und die Nutzung eines Insolvenzverfahrens vielfach als normales Finanzierungsinstrument bzw. normale Geschäftsstrategie angesehen wird, erscheint aus dieser Perspektive sehr bedenklich.[90]

II. Planvorlageberechtigte Personen

68 **1. Insolvenz einer natürlichen Person.** Gem. § 218 Abs. 1 Satz 1 steht das Planvorlagerecht dem Schuldner zu. Keine Probleme wirft diese Regelung bei der Insolvenz einer **natürlichen Person** (vgl. § 11 Abs. 1 Satz 1) auf: Planvorlageberechtigt ist hier die betreffende Person selbst, ggf. handelnd durch einen gesetzlichen oder aber einen rechtsgeschäftlich bestellten Vertreter.

69 **2. Insolvenz einer juristischen Person.** Wesentlich zweifelhafter ist demgegenüber, wem das Planvorlagerecht bei der Insolvenz einer **juristischen Person** zustehen soll bzw. von wem hier das Planvorlagerecht des Schuldners wahrgenommen wird. Insoweit sind drei unterschiedliche Fragenkreise zu unterscheiden: (1) die Vertretung der juristischen Person im Außenverhältnis (RdNr. 70); (2) der Einfluss verfahrensrechtlicher Regelungen der InsO auf das Planvorlagerecht (RdNr. 71 ff.) und (3) etwaige Besonderheiten im Innenverhältnis (RdNr. 80).

70 **a) Planvorlage als Geschäftsleitungsmaßnahme.** Grundsätzlich fällt die Planvorlage als **Geschäftsleitungsmaßnahme im Außenverhältnis** in die **Vertretungskompetenz der Geschäftsleiter**. Das gilt auch dann, wenn der Plan die Fortführung der Gesellschaft

---

[89] Vgl. insoweit etwa *Eidenmüller* EBOR 7 (2006), 239, 243; *Drukarczyk*, Soll das Insolvenzrecht eine Reorganisation zulassen?, in *Gerke* (Hrsg.), Planwirtschaft am Ende – Marktwirtschaft in der Krise?, 1994, S. 109, 131 f.

[90] Sehr instruktiv insoweit *Delaney*, Strategic Bankruptcy, 1992, passim.

vorsieht oder andere Maßnahmen voraussetzt, die in die Kompetenz der Gesellschafter fallen (beispielsweise Kapitalmaßnahmen). Dafür sprechen eine Reihe von Gesichtspunkten. Erstens würde das Planvorlagerecht des Schuldners bereits bei Antragstellung (§ 218 Abs. 1 Satz 2) erheblich entwertet, wenn für diese Vorlage immer ein Gesellschafterbeschluss erforderlich wäre. Zweitens fehlt eine spezialgesetzliche Zuweisung dieser Materie (Planvorlage) zu den Gesellschafterkompetenzen. Drittens zeigt die Möglichkeit eines bedingten Plans im Sinne von § 249 bzw. von rechtsgeschäftlichen Planbedingungen (vgl. § 217 RdNr. 40 ff.), dass der Gesetzgeber selbst die Planvorlage als Geschäftsleitungsmaßnahme einstuft, die mit gesellschaftsrechtlichen Maßnahmen, die in die Kompetenz der Gesellschafter fallen, auf eine bestimmte Weise verschränkt werden kann. Viertens schließlich werden die Gesellschafter durch die Planvorlage als Geschäftsleitungshandlung nicht präjudiziert – selbst wenn der Plan beispielsweise eine Fortführung unter Änderung des Unternehmensgegenstandes vorsieht, bleiben die Gesellschafter bzgl. dieser Frage entscheidungszuständig.

b) Verfahrensrechtliche Einbettung des Planvorlagerechts. Dass die Planvorlage eine in die Vertretungskompetenz der Geschäftsleiter fallende Geschäftshandlung ist, bedeutet allerdings nicht ohne weiteres, dass die allgemein geltenden Vertretungsregeln unbesehen zur Anwendung kommen können. Vorrangig sind vielmehr **spezielle verfahrensrechtliche Vorgaben** der InsO zu beachten. Bedeutsam sind insoweit vor allem § 15 und § 18. Gem. § 15 Abs. 1 kann ein Insolvenzantrag wegen Zahlungsunfähigkeit oder Überschuldung (§§ 17, 19) bei einer juristischen Person von jedem Mitglied des Vertretungsorgans bzw. – bei einer KGaA – von jedem persönlich haftenden Gesellschafter gestellt werden.[91] Anders verhält es sich bei einem Insolvenzantrag wegen drohender Zahlungsunfähigkeit gem. § 18. Hier ist nicht jedes Mitglied des Vertretungsorgans bzw. – bei einer KGaA – jeder persönlich haftende Gesellschafter antragsberechtigt. Wird der Insolvenzantrag nicht von allen Mitgliedern des Vertretungsorgans bzw. allen persönlich haftenden Gesellschaftern gestellt, so kann er wegen drohender Zahlungsunfähigkeit nur gestellt werden, wenn der oder die Antragsteller zur Vertretung der juristischen Person berechtigt sind (§ 18 Abs. 3).

Insbesondere auf Grund der durch § 218 Abs. 1 Satz 2 ermöglichten Verknüpfung von Insolvenzantrag und Vorlage eines Insolvenzplans scheint es nahezuliegen, diese Regelungen analog auch auf das Recht zur Planvorlage zu übertragen. Ein Insolvenzplan könnte dann in den Fällen, in denen ein Insolvenzantrag wegen Zahlungsunfähigkeit oder Überschuldung gestellt wurde bzw. gestellt wird, bei einer juristischen Person von jedem Mitglied des Vertretungsorgans bzw. – bei einer KGaA – von jedem persönlich haftenden Gesellschafter vorgelegt werden. Bei einem Insolvenzantrag wegen drohender Zahlungsunfähigkeit käme es demgegenüber auf die Vertretungsberechtigung des Planvorlegenden an.

Indes würde ein entsprechendes Verständnis der Regelungssystematik der §§ 15 ff. und insbesondere dem Verhältnis von Insolvenzantragspflicht (bei Zahlungsunfähigkeit oder Überschuldung) auf der einen und Insolvenzantragsrecht (bei drohender Zahlungsunfähigkeit) auf der anderen Seite nicht gerecht. Bei Zahlungsunfähigkeit oder Überschuldung besteht nicht nur ein Insolvenzantragsrecht, sondern auch eine Insolvenzantragspflicht der einzelnen Mitglieder des Vertretungsorgans einer juristischen Person bzw. – bei einer KGaA – jedes persönlich haftenden Gesellschafters (vgl. für AG, KGaA und GmbH §§ 92 Abs. 2, 283 Nr. 14 AktG und 64 Abs. 1 GmbHG i. V. m. 15 Abs. 1).[92] Bei drohender

---

[91] § 15 Abs. 1 ist auf Grund von „redaktionellen Straffungen", die der Rechtsausschuss angeregt hat, unglücklich formuliert. Die Gesetzesmaterialien zeigen, dass das Antragsrecht bei einer juristischen Person jedem Mitglied des Vertretungsorgans, bei einer KGaA und bei einer Gesellschaft ohne Rechtspersönlichkeit dagegen allen persönlich haftenden Gesellschaftern zustehen soll. Vgl. §§ 17 und 18 RegE (BT-Drucks. 12/2443, S. 12) und BT-Drucks. 12/7302, S. 156. Missverstanden wird § 15 Abs. 1 von Noack, Gesellschaftsrecht, 1999, RdNr. 433 ff., der die Entstehungsgeschichte der Vorschrift nicht berücksichtigt.

[92] Zwar werden sowohl in § 64 Abs. 1 GmbHG als auch in § 92 Abs. 2 AktG das Kollegium („die Geschäftsführer" bzw. „der Vorstand") und nicht die einzelnen Kollegiumsmitglieder als Insolvenzantragspflichtige adressiert. Dass der Gesetzgeber damit jedoch eine Pflichtenstellung jedes einzelnen Mitglieds

Zahlungsunfähigkeit besteht eine entsprechende Antragspflicht nicht. Dass es insoweit auf die Vertretungsberechtigung des Antragstellers ankommen soll, begründet der Rechtsausschuss, auf dessen Empfehlung § 18 Abs. 3 Gesetz wurde, mit der Erwägung, dass ein missbräuchlicher Umgang mit dem neuen Insolvenzgrund der drohenden Zahlungsunfähigkeit vermieden werden soll.[93]

74 Diese Erwägung lässt sich nun aber zwanglos auch auf die Situation bei der Vorlage eines Insolvenzplans übertragen. Ebenso wie das Stellen eines Insolvenzantrages wegen drohender Zahlungsunfähigkeit ist die Vorlage eines Insolvenzplans gem. § 218 Abs. 1 Satz 1 **immer** – also auch bei Zahlungsunfähigkeit oder Überschuldung – eine **fakultative Handlung:** Es besteht ein Vorlagerecht, aber keine Vorlagepflicht (zur Frage, ob dies in besonders gelagerten Ausnahmefällen einmal anders liegen kann, vgl. RdNr. 134 ff.). Auch stellt sich ebenso wie bei einem Insolvenzantrag wegen drohender Zahlungsunfähigkeit im Hinblick auf die Vorlage eines Insolvenzplans das Problem eines möglichen missbräuchlichen Umgangs mit dem Planvorlagerecht: etwa dadurch, dass einzelne Mitglieder des Vertretungsorgans bzw. – bei einer KGaA – einzelne persönlich haftende Gesellschafter mit der Vorlage eines Insolvenzplans unabgestimmte, eigennützige Sanierungsstrategien verfolgen. Deshalb liegt es nahe, auf das Planvorlagerecht bei juristischen Personen generell **§ 18 Abs. 3 analog** anzuwenden: Wenn nicht alle Mitglieder des Vertretungsorgans bzw. – bei einer KGaA – alle persönlich haftenden Gesellschafter den Plan gemeinsam vorlegen, müssen der oder die Vorlegenden kraft der gesetzlichen und gesellschaftsvertraglichen Regeln **zur Vertretung** der juristischen Person **berechtigt** sein.[94]

75 Eine weitere Einschränkung kann sich dann ergeben, wenn es im Einzelfall außer dem oder den vertretungsberechtigten Vorlegenden noch andere Vertretungsberechtigte oder andere Konstellationen von Vertretungsberechtigten gibt (Bsp.: In der A, B und C GmbH sind A, B und C jeweils einzelvertretungsberechtigt; A möchte einen Insolvenzplan vorlegen). In einer solchen Situation kann ein Insolvenzplan nur von **allen Vertretungsberechtigten gemeinsam** vorgelegt werden. Wollte man anders entscheiden, bestünde die Gefahr, dass Streitigkeiten der vertretungsberechtigten Personen untereinander über Sinn und Inhalt eines Insolvenzplans durch konkurrierende, kumulative Planvorschläge[95] oder auf dem Weg über die Rücknahme eines von einer vertretungsberechtigten Person vorgelegten Plans[96] nach außen getragen werden. Zur Vermeidung des damit verbundenen, erheblichen Maßes an Rechtsunsicherheit ist davon auszugehen, dass juristische Personen – ebenso wie natürliche – bei der Planvorlage „mit einer Stimme" sprechen müssen.[97]

---

begründen wollte, zeigen die Strafregelungen in § 84 Abs. 1 Nr. 2 GmbHG bzw. § 401 Abs. 1 Nr. 2 AktG sowie die gleichzeitige Gewährung eines Antragsrechts in § 15 Abs. 1.

[93] Vgl. BT-Drucks. 12/7302, S. 157.

[94] **HL**, vgl. *Dinstühler* InVo 1998, 333, 338; *Nerlich/Römermann/Braun* § 218 RdNr. 8 ff., insbes. RdNr. 14; *HK-Flessner* § 218 RdNr. 5; *Kübler/Prütting/Otte* § 218 RdNr. 26 a; *Andres/Leithaus* § 218 RdNr. 11; *Uhlenbruck/Lüer* § 218 RdNr. 11; *Noack*, Gesellschaftsrecht, 1999, RdNr. 305 f.; *Haarmeyer/Wutzke/Förster*, Handbuch zur Insolvenzordnung InsO/EGInsO, 3. Aufl. 2001, Kap. 9 RdNr. 20. Noch strenger *Foerste*, Insolvenzrecht, 2. Aufl. 2004, RdNr. 496 (es müssen immer sämtliche Vertretungsberechtigten zusammenwirken). **AA** (ohne Begründung) *Hess* in: *Hess/Obermüller*, Insolvenzplan, Restschuldbefreiung und Verbraucherinsolvenz, 3. Aufl. 2003, RdNr. 25 (jedes Mitglied des Vertretungsorgans vorlageberechtigt); *Vogel* DZWIR 2004, 490, 491 (ebenso – das dafür maßgeblich vorgebrachte Argument, es gebe gesellschaftsrechtliche Sanierungspflichten, die jeden einzelnen Geschäftsleiter träfen (vgl. dazu auch RdNr. 134 ff. und begleitende Fußnoten), trägt nicht: Der Verstoß gegen solche Pflichten zieht gesellschaftsrechtliche Sanktionen nach sich, eine insolvenzrechtliche Handlungsbefugnis jedes einzelnen Geschäftsleiters ist also nicht nötig; schlagend ist zudem der im Text diskutierte Einwand möglicherweise unabgestimmter Sanierungsstrategien einzelner Geschäftsleiter).

[95] Zu deren Zulässigkeit bzw. Unzulässigkeit vgl. RdNr. 122 ff. Bsp.: A schlägt im Namen der GmbH den Plan X, B schlägt im Namen der GmbH den Plan Y vor.

[96] Dazu ausführlich RdNr. 141 ff. Bsp.: B nimmt im Namen der GmbH den Plan zurück, den A vorgelegt hat.

[97] Ebenso im Ergebnis *Kübler/Prütting/Otte* § 218 RdNr. 26 a, der allerdings nicht genau zwischen dem generellen Problem der Zulässigkeit der simultanen Vorlage mehrerer Pläne durch eine Person und demjenigen der Vertretung eines Planvorlageberechtigten differenziert; *Maesch*, Corporate Governance in der insolventen Aktiengesellschaft, 2005, S. 238 f.

Diese Regel gilt auch dann, wenn dem Zusammenwirken der vertretungsberechtigten **76** Personen im Einzelfall **faktische Schwierigkeiten** entgegenstehen, etwa weil sich eine oder mehrere dieser Personen verborgen halten bzw. flüchtig sind. Eine „... vertretungsberechtigte Mehrheit ..." reicht also auch in diesem Sonderfall für die Planvorlage nicht aus.[98] Das Planvorlagerecht des Schuldners ist eine ihm durch den Gesetzgeber eingeräumte Handlungsoption. Es liegt an einer notleidenden juristischen Person, ihre Vertretungsverhältnisse im Einzelfall so zu organisieren, dass sie diese Handlungsoption auch wahrnehmen kann. Dabei auftretende Schwierigkeiten fallen in ihren Verantwortungs- und Rechtskreis.

Wird ein **Insolvenzplan erst nach Eröffnung des Insolvenzverfahrens vorgelegt,** so **77** ist die juristische Person zu diesem Zeitpunkt zwar bereits **aufgelöst** (vgl. § 262 Abs. 1 Nr. 3 AktG für die AG, §§ 289 Abs. 1 AktG, 161 Abs. 2, 131 Abs. 1 Nr. 3 HGB für die KGaA, § 60 Abs. 1 Nr. 4 GmbHG für die GmbH). An der Kompetenz der Mitglieder des Vertretungsorgans der Gesellschaft bzw. – bei einer KGaA – der persönlich haftenden Gesellschafter zur Vorlage eines Insolvenzplans ändert sich dadurch jedoch nichts.[99] Es gelten vielmehr die unter RdNr. 74 ff. dargestellten Grundsätze. Das Gleiche gilt, wenn das **Insolvenzverfahren über das Vermögen einer bereits aufgelösten Gesellschaft eröffnet** wird (vgl. § 11 Abs. 3). An die Stelle der Mitglieder des Vertretungsorgans bzw. der persönlich haftenden Gesellschafter treten dann die **Abwickler.**

Nicht nur im Hinblick auf die Insolvenzfähigkeit (vgl. § 11 Abs. 1 Satz 2), sondern **78** grundsätzlich für das gesamte Insolvenzverfahren einschließlich des Planverfahrens wie eine juristische Person zu behandeln ist der **nicht rechtsfähige Verein.**[100] Gleiches gilt für eine **Vorgesellschaft,** also eine Kapitalgesellschaft im Gründungsstadium nach formwirksamem Abschluss des Gesellschaftsvertrags, sofern und soweit sich aus der fehlenden Eintragung im Handelsregister nichts anderes ergibt. Eine **Vorgründungsgesellschaft** ist demgegenüber eine BGB-Gesellschaft oder eine OHG und deshalb nach den für die Insolvenz von Gesellschaften ohne Rechtspersönlichkeit geltenden Regeln zu behandeln.

Besonderheiten gelten bei **Versicherungen und Kreditinstituten.** Gem. § 88 Abs. 1 **79** VAG bzw. § 46b Abs. 1 Satz 4 KWG ist zur Stellung eines Insolvenzantrages nur das Bundesaufsichtsamt für das Versicherungswesen bzw. die Bundesanstalt für Finanzdienstleistungsaufsicht berechtigt. Folgerichtig wird man annehmen müssen, dass auch nur die Aufsichtsbehörde – neben dem Insolvenzverwalter –, nicht aber der Schuldner selbst, planvorlageberechtigt ist.[101] Dass der Schuldner über ein größeres Interesse an einer Sanierung und insoweit ggf. auch über spezifische Kenntnisse/Erfahrungen verfügt,[102] mag zutreffen. Für ein Planvorlagerecht auch des Schuldners folgt daraus jedoch nichts. Dagegen spricht entscheidend die Monopolisierung des Insolvenzantragsrechts bei der Aufsichtsbehörde. Auch im Lichte des § 218 Abs. 2 Satz 2 wäre es ungereimt, den Schuldner vom Insolvenzantragsrecht auszuschließen, diesem jedoch ein Planvorlagerecht zu geben.[103] Der Gesetzgeber hat das insolvenzrechtliche „Schicksal" des Schuldners vielmehr in die Hand der Aufsichtsbehörde gelegt. Im Einzelfall wird diese ggf. aus gutem Grund Sanierungsinteres-

---

[98] So aber *Kübler/Prütting/Otte* § 218 RdNr. 27 und 27 a im Anschluss an die Überlegungen von *Kuhn/Uhlenbruck* § 173 RdNr. 7 zum vergleichbaren Problem unter der Geltung der KO (von *Uhlenbruck/Lüer* § 218 RdNr. 11 wird dies für die InsO allerdings nicht mehr ausdrücklich vertreten). Wie im Text demgegenüber bereits *Jaeger/Weber* § 173 RdNr. 21.

[99] Unstr. zum alten Recht, vgl. für die GmbH etwa *Hachenburg/Ulmer*, GmbHG, 8. Aufl. 1997, § 63 RdNr. 101 sowie *Scholz/K. Schmidt*, GmbHG, 8. Aufl. 1993/95, § 63 RdNr. 64.

[100] HM, vgl. *Nerlich/Römermann/Mönning* § 11 RdNr. 48; *Noack,* Gesellschaftsrecht, 1999, RdNr. 696.

[101] AA *Vogel* DZWIR 2004, 490, 493 (Planvorlagerecht von Schuldner und Aufsichtsbehörde); *Uhlenbruck/Lüer* § 218 RdNr. 15 (Planvorlagerecht nur des Schuldners); *Braun/Braun* § 218 RdNr. 2 (ebenso); *Kübler/Prütting/Otte* § 218 RdNr. 27 c (ebenso).

[102] So *Vogel* DZWIR 2004, 490, 493.

[103] Wie *Uhlenbruck/Lüer* § 218 RdNr. 15 meint, aus § 218 Abs. 1 Satz 2 das Gegenteil ableiten zu können, ist deshalb ganz unverständlich, zumal er aaO darauf hinweist, dass das Auseinanderfallen der Antragsrechte die zulässige Verbindung von Eröffnungsantrag und Vorlage eines Insolvenzplans erschwert.

sen des Schuldners konterkarieren (wenn eine Sanierung nicht die wertmaximierende Handlungsalternative ist). Dass die Aufsichtsbehörde davon abgesehen gut beraten ist, sich die Kenntnisse und Erfahrungen des Schuldners zunutze zu machen, steht auf einem anderen Blatt.

80 **c) Besonderheiten im Innenverhältnis.** Obwohl die Vorlage eines Insolvenzplans als Geschäftsleitungsmaßnahme anzusehen ist mit der Folge, dass die vertretungsberechtigten Personen das Planvorlagerecht für die juristische Person ausüben (vgl. RdNr. 70 ff.), sind im Innenverhältnis gewisse Besonderheiten zu beachten. So geht der BGH etwa für die **Aktiengesellschaft** davon aus, dass Geschäftsleitungsmaßnahmen, die schwerwiegende Eingriffe in die Rechte und Interessen der Aktionäre beinhalten, der Zustimmung der Hauptversammlung bedürfen.[104] Die Vorlage eines Insolvenzplans wird dieses Kriterium regelmäßig erfüllen. Offensichtlich ist dies für Fortführungspläne: Ihre Umsetzung setzt jedenfalls einen Fortführungsbeschluss voraus.[105] Aber auch Liquidationspläne tangieren potentiell Aktionärsrechte, insbesondere unter dem Gesichtspunkt der Überschussherausgabe gemäß § 199 Satz 2. Vom Vorstand ist allerdings nicht zu verlangen, dass er die Zustimmung der Hauptversammlung vor Planvorlage herbeiführt. Dies würde das Planvorlagerecht des Schuldners als strategisches Instrument entwerten (vgl. bereits RdNr. 70). Genügend ist vielmehr, dass er den Vorgang unverzüglich der Hauptversammlung unterbreitet.[106] Deren Zustimmung bedarf einer Dreiviertel-Mehrheit des vertretenen Grundkapitals.[107] Stimmt die Hauptversammlung zu, kann sich daraus aus Treu und Glauben eine Pflicht ergeben, später auch die zur Umsetzung des Plankonzepts erforderlichen Beschlüsse, etwa einen Fortsetzungsbeschluss, zu fassen.[108] Bei einer **Kommanditgesellschaft auf Aktien** betrifft das Zustimmungserfordernis bzgl. des Plans die Hauptversammlung, während für die Komplementäre Einstimmigkeit gilt; diese und die Hauptversammlung sind unverzüglich mit der Planvorlage zu befassen (vgl. §§ 278 Abs. 2 AktG, 116 Abs. 2, 161 Abs. 2, 164 HGB). Ähnliche Überlegungen sind schließlich bei einer **GmbH** anzustellen. Deren Geschäftsführer sind also verpflichtet, im Hinblick auf eine Planvorlage unverzüglich eine Entscheidung der Gesellschafterversammlung herbeizuführen.[109] Deren Zustimmung bedarf einer Dreiviertel-Mehrheit der abgegebenen Stimmen. Entsprechende Weisungen der Gesellschafterversammlung im Hinblick auf die Planvorlage haben die Geschäftsführer zu befolgen.[110] Mit dem Plankonzept zustimmenden Beschlüssen dürfen die Gesellschafter sich später nicht mehr in Widerspruch setzen.

81 **3. Insolvenz einer Gesellschaft ohne Rechtspersönlichkeit.** Im Hinblick auf die Ausübung des schuldnerischen Rechts zur Planvorlage gelangen bei der Insolvenz einer Gesellschaft ohne Rechtspersönlichkeit weitgehend dieselben Grundsätze zur Anwendung wie bei der Insolvenz einer juristischen Person. Analog § 18 Abs. 3 sind also, wenn nicht alle persönlich haftenden Gesellschafter den Plan gemeinsam vorlegen, nur die **vertretungsberechtigten persönlich haftenden Gesellschafter** zur Planvorlage berechtigt.[111]

---

[104] BGHZ 83, 122 ff. (Holzmüller); BGHZ 159, 30 ff. (Gelatine).
[105] Ebenso *Kübler/Prütting/Otte* § 218 RdNr. 26 d; *Uhlenbruck/Lüer* § 218 RdNr. 12. AA *Maesch,* Corporate Governance in der insolventen Aktiengesellschaft, 2005, S. 240 f., 242 f.
[106] Davon unabhängig bestehen ggf. Auskunftsrechte eines jeden Aktionärs gem. §§ 131, 132 AktG, vgl. dazu LG Berlin DZWIR 2005, 479, 480.
[107] BGHZ 159, 30, 45 f.
[108] Ebenso *Kübler/Prütting/Otte* § 218 RdNr. 26 f; *Uhlenbruck/Lüer* § 218 RdNr. 21.
[109] Weitergehend *Götker,* Der Geschäftsführer in der Insolvenz der GmbH, 1999, RdNr. 549, der eine Befassung der Gesellschafterversammlung *vor* der Planvorlage verlangt. Damit aber würde das Planvorlagerecht des Schuldners als strategisches Instrument auch bei geschlossenen Gesellschaften zumindest etwas entwertet, vgl. RdNr. 70.
[110] Ebenso *Uhlenbruck/Lüer* § 218 RdNr. 12; *Kübler/Prütting/Otte* § 218 RdNr. 26 c (jedenfalls für Pläne, „… die die Herabsetzung von eigenen Forderungen oder die Sanierung der GmbH zum Inhalt haben …").
[111] Ebenso *Dinstühler* InVo 1998, 333, 338; *Noack,* Gesellschaftsrecht, 1999, RdNr. 107; *Nerlich/Römermann/Braun* § 218 RdNr. 8 ff., insbes. RdNr. 14; *Uhlenbruck/Lüer* § 218 RdNr. 14. AA *Vogel* DZWIR 2004, 490, 492 (Planvorlagerecht eines jeden Gesellschafters).

Vorlage des Insolvenzplans **82–84 § 218**

Sind mehrere persönlich haftende Gesellschafter vertretungsberechtigt, müssen sie **gemeinsam** handeln (vgl. auch RdNr. 75),[112] und zwar auch dann, wenn dem faktische Schwierigkeiten entgegenstehen sollten (vgl. auch RdNr. 76).[113] Dabei bleibt es auch bei einer Planvorlage nach Eröffnung des Insolvenzverfahrens (vgl. auch RdNr. 77):[114] Die gesetzlichen Liquidationsregeln gelten im eröffneten Insolvenzverfahren nicht (vgl. §§ 730 Abs. 1 BGB, 145 Abs. 1 HGB).[115] War die Gesellschaft allerdings bereits *vor* Eröffnung des Insolvenzverfahrens aufgelöst, treten an die Stelle der persönlich haftenden Gesellschafter die Abwickler (vgl. auch RdNr. 77). In jedem Fall sind alle Gesellschafter unverzüglich mit der Planvorlage zu befassen. Mit welcher Mehrheit sie dieser zustimmen müssen, hängt von der Vertragsgestaltung im Einzelfall ab. Fehlt eine explizite Regelung, so ist Einstimmigkeit erforderlich.[116] Stimmen die Gesellschafter dem Plankonzept zu, so erzeugt dies nach Treu und Glauben eine „Folgepflicht" für Beschlüsse, die das Plankonzept umsetzen, bei einem Fortführungsplan also insbesondere im Hinblick auf die Fassung eines Fortführungsbeschlusses.

4. Insolvenzverfahren über ein Sondervermögen. Besondere Probleme wirft das **82** Planvorlagerecht des Schuldners bei einem Insolvenzverfahren über ein Sondervermögen gem. § 11 Abs. 2 Nr. 2 auf.

a) Nachlassinsolvenz. Für eine Nachlassinsolvenz hatte § 372 RegE noch vorgesehen, **83** dass bei mehreren Erben jeder Erbe, dessen Anteil am Nachlass mindestens ein Fünftel beträgt, und jede Mehrzahl von Erben mit einem solchen Anteil zur Vorlage eines Insolvenzplans berechtigt sein sollen.[117] Auf Empfehlung des Rechtsausschusses wurde diese Vorschrift mit der Begründung gestrichen, dass das Planvorlagerecht nach den Vorstellungen des Ausschusses auf den Verwalter und den Schuldner beschränkt werden soll.[118] Vollständig übersehen wurde dabei, dass § 372 RegE gerade der Präzisierung des Planvorlagerechts des Schuldners für den Fall einer Nachlassinsolvenz zu dienen bestimmt war.

Wenig hilfreich im Hinblick auf das Planvorlagerecht ist aber auch § 320 (gleich lautend **84** § 363 RegE), die Parallelvorschrift zu § 18, über den Eröffnungsgrund der drohenden Zahlungsunfähigkeit bei einer Nachlassinsolvenz. Danach soll bei einem Antrag des Erben auch die drohende Zahlungsunfähigkeit Eröffnungsgrund sein (§ 320 Satz 2). Man kann die Vorschrift so lesen, dass bei mehreren Erben jeder Miterbe ohne weiteres antragsberechtigt sein soll. Dagegen spricht jedoch die Regelung des § 317 Abs. 2, nach der im Falle eines Antrages wegen Zahlungsunfähigkeit oder Überschuldung bei einem Antrag, der nicht von allen Erben gestellt wird, eine Glaubhaftmachung des Eröffnungsgrundes erforderlich ist. Dies müsste *a fortiori* jedenfalls auch bei einem Antrag wegen drohender Zahlungsunfähigkeit gelten. Zutreffender erscheint es jedoch, einen Antrag wegen drohender Zahlungsunfähigkeit nur dann für zulässig zu halten, wenn er durch einen **Mehrheitsbeschluss der Erbengemeinschaft** gem. §§ 2038 Abs. 2 Satz 1, 745 Abs. 1 Satz 1 BGB **legitimiert** ist. Da ein solcher Mehrheitsbeschluss im Außenverhältnis eine Vertretungsmacht der Mehrheit bzw. einzelner von ihr Beauftragter begründet,[119] liegt darin eine dem § 18 Abs. 3 entsprechende und damit der Systematik des Gesetzes gerecht werdende Interpretation des § 320 Satz 2. Aus den bereits ausführlich dargelegten Gründen (vgl. RdNr. 74) sind diese Erwägungen

---

[112] Ebenso *Kübler/Prütting/Otte* § 218 RdNr. 26; *Hess* in: *Hess/Obermüller*, Insolvenzplan, Restschuldbefreiung und Verbraucherinsolvenz, 3. Aufl. 2003, RdNr. 25.
[113] AA *Kübler/Prütting/Otte* § 218 RdNr. 27.
[114] So im Ergebnis auch *Noack*, Gesellschaftsrecht, 1999, RdNr. 107; *Uhlenbruck/Hirte* § 11 RdNr. 311 (aber nicht mit *Uhlenbruck/Hirte* § 11 RdNr. 291 zu vereinbaren). AA *HK-Flessner* § 218 RdNr. 5 (alle Gesellschafter gemeinschaftlich), unter unzutr. Berufung auf die *außerhalb* eines Insolvenzverfahrens geltenden Auseinandersetzungs- bzw. Liquidationsregeln. Wie *Flessner* aber auch *Andres/Leithaus* § 218 RdNr. 11; *Haarmeyer/Wutzke/Förster*, Handbuch zur Insolvenzordnung InsO/EGInsO, 3. Aufl. 2001, Kap. 9 RdNr. 20.
[115] Vgl. MünchKommBGB-*Ulmer* § 730 RdNr. 23.
[116] Ebenso *Kübler/Prütting/Otte* § 218 RdNr. 26 b; *Uhlenbruck/Lüer* § 218 RdNr. 14.
[117] Vgl. BT-Drucks. 12/2443, S. 67.
[118] Vgl. BT-Drucks. 12/7302, S. 194.
[119] Vgl. MünchKommBGB-*Heldrich* § 2038 RdNr. 51 mwN auch zu abweichenden Auffassungen.

auch auf das **Recht zur Planvorlage** zu übertragen.[120] Denn während im Falle von Zahlungsunfähigkeit oder Überschuldung eine Pflicht zur Stellung eines Insolvenzantrages besteht (vgl. § 1980 BGB), begründet die drohende Zahlungsunfähigkeit lediglich ein Antragsrecht. Ebenso wie ein Insolvenzantrag bei drohender Zahlungsunfähigkeit ist aber auch die Vorlage eines Insolvenzplans eine fakultative Handlung, die gewisse Missbrauchsrisiken (unabgestimmte, eigennützige Planvorlagen bei mehreren Erben) birgt. Diese Risiken werden durch das Erfordernis eines entsprechenden Mehrheitsbeschlusses ausgeschlossen.

85 Gehört der Nachlass zum Gesamtgut einer Gütergemeinschaft, so ist ergänzend § 318 zu beachten. Nach dieser Vorschrift ist auch der Ehegatte, der nicht Erbe ist, aber das Gesamtgut allein oder mit seinem Ehegatten (dem Erben) gemeinschaftlich verwaltet, berechtigt, einen Insolvenzantrag zu stellen. Dies gilt jedoch nicht für einen Insolvenzantrag wegen drohender Zahlungsunfähigkeit (vgl. § 320 Satz 2). Da das Planvorlagerecht systematisch analog zum Antragsrecht wegen drohender Zahlungsunfähigkeit zu behandeln ist, ergeben sich damit keine Besonderheiten gegenüber dem Normalfall einer Nachlassinsolvenz. Planvorlageberechtigt ist also der erbende Ehegatte, bei mehreren Erben ist ein Mehrheitsbeschluss der Erbengemeinschaft erforderlich. Entsprechendes gilt für eingetragene Lebenspartner.[121]

86 **b) Insolvenzverfahren über das Gesamtgut einer fortgesetzten Gütergemeinschaft.** Im Rahmen eines Insolvenzverfahrens über das Gesamtgut einer fortgesetzten Gütergemeinschaft ist Schuldner allein der überlebende Ehegatte bzw. eingetragene Lebenspartner. Eine persönliche Haftung der anteilsberechtigten Abkömmlinge für die Verbindlichkeiten des verstorbenen oder des überlebenden Ehegatten bzw. eingetragenen Lebenspartners wird durch eine fortgesetzte Gütergemeinschaft nicht begründet (vgl. § 1489 Abs. 3 BGB). Planvorlageberechtigt ist damit allein der **überlebende Ehegatte bzw. eingetragene Lebenspartner**.

87 **c) Insolvenzverfahren über das gemeinschaftlich verwaltete Gesamtgut einer Gütergemeinschaft.** Bei einem Insolvenzverfahren über das gemeinschaftlich verwaltete Gesamtgut einer Gütergemeinschaft steht das Antragsrecht wegen drohender Zahlungsunfähigkeit gem. § 333 Abs. 2 Satz 3 beiden Ehegatten bzw. eingetragenen Lebenspartnern nur gemeinsam zu. Zwar besteht insoweit – anders als bei einer Nachlassinsolvenz – auch für einen Insolvenzantrag wegen bereits eingetretener Zahlungsunfähigkeit keine Antragspflicht. Auch ein Insolvenzantrag wegen Zahlungsunfähigkeit ist also eine (bloße) Handlungsoption. Jeder Ehegatte bzw. eingetragene Lebenspartner kann sie wahrnehmen (§ 333 Abs. 2 Satz 1 und Satz 2). Aus diesem Grund ist es auch nicht möglich, im Hinblick auf das Recht zur Planvorlage als einer ähnlichen Handlungsoption ohne weiteres auf eine Analogie zu § 333 Abs. 2 Satz 3 zurückzugreifen. Indem der Gesetzgeber jedoch den Insolvenzantrag wegen drohender Zahlungsunfähigkeit von einem gemeinsamen Handeln der Ehegatten bzw. eingetragenen Lebenspartner abhängig macht, gibt er zu erkennen, dass das damit verbundene „Drohpotential" gegenüber den Gläubigern im unmittelbaren Insolvenzvorfeld nur bei einem koordinierten Vorgehen der Ehegatten bzw. eingetragenen Lebenspartner gegeben sein soll. Ein ähnliches Drohpotential ist mit der potentiellen Vorlage eines Insolvenzplans verbunden (vgl. RdNr. 65 ff.). Im Übrigen besteht auch insoweit ein Bedürfnis nach einer

---

[120] AA (ohne Begründung) *Siegmann* ZEV 2000, 345, 347, sowie (unter Berufung auf § 230 Abs. 1 KO und § 113 Abs. 1 Nr. 1 Satz 3 VerglO) HK-*Marotzke* vor §§ 315 bis 334 RdNr. 4: Planvorlageberechtigung nur aller Erben gemeinsam. Aber warum sollten die §§ 230 Abs. 1 KO und 113 Abs. 1 Nr. 1 Satz 3 VerglO die Auslegung der maßgeblichen Vorschriften der InsO beeinflussen? Unklar *Gottwald/Döbereiner*, Insolvenzrechts-Handbuch, 3. Aufl. 2006, § 115 RdNr. 2 (Planvorlage nur durch alle Erben gemeinsam, gleichwohl sollen §§ 2038 Abs. 2 Satz 1, 745 Abs. 1 Satz 1 BGB anwendbar sein).

[121] § 7 Satz 2 LPartG verweist für Lebenspartnerschaftsverträge auf die §§ 1409 ff. Von den einschlägigen Vorschriften der InsO, in denen von „Ehegatten" die Rede ist, die durch einen Ehevertrag Gütergemeinschaft vereinbart haben, werden damit auch eingetragene Lebenspartner erfasst, die einen entsprechenden Lebenspartnerschaftsvertrag geschlossen haben.

Verhinderung unabgestimmter und ggf. eigennütziger Planvorlagen durch einen Ehegatten bzw. eingetragenen Lebenspartner gegen den Willen des jeweils anderen. Planvorlageberechtigt sind deshalb nur beide **Ehegatten bzw. eingetragenen Lebenspartner gemeinsam.**

III. Planvorlage bei Antragstellung (§ 218 Abs. 1 Satz 2)

Gem. § 218 Abs. 1 Satz 2 kann die Planvorlage durch den Schuldner mit dem Antrag auf Eröffnung des Insolvenzverfahrens verbunden werden. Diese Vorschrift wirft im Zusammenspiel mit § 218 Abs. 1 Satz 1 zwei klärungsbedürftige Fragen auf (zu der zeitlichen Grenze des 218 Abs. 1 Satz 3 vgl. demgegenüber RdNr. 112 ff.): (1) Ist mit dem Begriff des Insolvenzantrags in § 218 Abs. 1 Satz 2 nur der Eigenantrag des Schuldners oder auch der Antrag eines Gläubigers gemeint? (2) Muss die Planvorlage ggf. mit der Insolvenzantragstellung verbunden werden? 88

1. Planvorlage nur bei Eigenantrag? Der Wortlaut des § 218 Abs. 1 Satz 2 ist im Hinblick auf die Frage, ob mit dem Begriff des Antrags auf Eröffnung eines Insolvenzverfahrens nur der Eigenantrag des Schuldners oder auch der Antrag eines Gläubigers gemeint ist, nicht eindeutig. Die Gesetzesmaterialien, in denen eine Parallele zu dem alten Rechtszustand unter der Vergleichsordnung gezogen wird (vgl. §§ 2, 3 VerglO), lassen jedoch den Schluss zu, dass der Gesetzgeber einen **Eigenantrag** des Schuldners im Auge hatte. Indem dieser gleichzeitig mit der Stellung des Antrags auf Eröffnung des Insolvenzverfahrens einen Plan vorlege, könne er von vornherein gegenüber seinen Gläubigern zum Ausdruck bringen, „... dass er zwar nicht mehr uneingeschränkt zur Erfüllung seiner Verbindlichkeiten in der Lage ist, dass er jedoch einen Weg sieht, die Insolvenz einvernehmlich zu bereinigen."[122] Die Gewährung des Rechts zur Planvorlage gleichzeitig mit der Stellung eines Eigenantrags auf Eröffnung des Insolvenzverfahrens wird also als Teil ein und derselben strategischen Handlungsoption für den Schuldner verstanden. 89

Indes bedeutet dies nicht zwingend, dass die Insolvenzantragstellung durch einen **Gläubiger** den Schuldner im Vorfeld der Insolvenzeröffnung (noch) nicht zur Planvorlage berechtigen soll. Denn wenn ein Gläubiger einen Insolvenzantrag stellt, dann geht dem Schuldner zwar ein Teil des „Überraschungseffekts" verloren, den er erzielen könnte, wenn er gleichzeitig einen Insolvenzantrag stellt und einen Insolvenzplan vorlegt. Immerhin könnte er den strategischen Handlungsvorteil gegenüber einem Verwalterplan, den ihm der Gesetzgeber mit der Regelung des § 218 Abs. 1 Satz 2 einräumt, auch bei einem Gläubigerantrag durch eine gleichzeitige oder kurze Zeit später erfolgende Planvorlage noch partiell nutzen. Auch erschiene es als purer Formalismus, würde man von dem Schuldner verlangen, nach Stellung eines Insolvenzantrags durch einen Gläubiger noch schnell einen Eigenantrag „nachzuschieben" – was zulässig wäre – und mit diesem gleichzeitig einen Insolvenzplan vorzulegen. Auch bei einem (wirksamen) Gläubigerantrag ist der Schuldner daher planvorlageberechtigt.[123] 90

Nimmt der Antragsteller (Gläubiger oder Schuldner) allerdings den Antrag auf Eröffnung des Insolvenzverfahrens zurück (vgl. § 13 Abs. 2), entfällt das Planvorlagerecht des Schuldners gem. § 218 Abs. 1 Satz 2 im Vorfeld der Insolvenzverfahrenseröffnung. In der Rücknahme des Insolvenzantrags wird jedenfalls bei einem Schuldnerantrag regelmäßig gleichzeitig eine Rücknahme des zusammen mit dem Insolvenzantrag vorgelegten Insolvenzplans liegen (vgl. dazu RdNr. 141 ff.). Für die Konsequenzen bei einem Gläubigerantrag und in den Fällen, in denen bei einem Schuldnerantrag nur der Antrag – nicht aber der Insolvenzplan – zurückgenommen wird, vgl. RdNr. 181 f. 91

---
[122] BT-Drucks. 12/2443, S. 196.
[123] Ebenso FK-*Jaffé* § 218 RdNr. 30; *Kübler/Prütting/Otte* § 218 RdNr. 38; *Hess* in: *Hess/Obermüller*, Insolvenzplan, Restschuldbefreiung und Verbraucherinsolvenz, 3. Aufl. 2003, RdNr. 27; *Nerlich/Römermann/ Braun* § 218 RdNr. 3. **AA** (ohne Begründung) *Smid* WM 1996, 1249 (Planvorlage nur simultan mit Eigenantrag).

92 **2. Zwingende Planvorlage bei Antragstellung?** § 218 Abs. 1 Satz 2 spricht ausdrücklich davon, dass der Schuldner bei Insolvenzantragstellung einen Insolvenzplan vorlegen **kann**. Daraus kann man im Gegenschluss ableiten, dass er zu diesem Zeitpunkt einen Insolvenzplan aber noch **nicht vorlegen muss**. Er kann ihn vielmehr auch noch zu jedem Zeitpunkt nach Antragstellung bis zum Schlusstermin (§ 218 Abs. 1 Satz 3) vorlegen.[124]

IV. Kosten der Planerstellung

93 Insbesondere bei größeren Unternehmensinsolvenzen kann die Erstellung eines Insolvenzplans für den Schuldner sehr kostspielig werden. § 256 Abs. 1 Satz 1 RegE hatte insoweit noch vorgesehen, dass ein gem. § 255 RegE Planvorlageberechtigter – dazu gehört auch der Schuldner – „... keinen Anspruch auf Ersatz der Kosten [hat], die ihm durch die Ausarbeitung des Plans entstanden sind."[125] Auf Empfehlung des Rechtsausschusses wurde diese Vorschrift gestrichen. Auch ohne sie könne der Schuldner die ihm entstehenden Kosten nicht ersetzt verlangen. Ein Anspruch aus Geschäftsführung ohne Auftrag (§§ 677, 683, 670 BGB) komme nicht in Betracht, da der Schuldner ein eigenes Geschäft besorge, nicht eines der Masse oder der Gläubigergesamtheit.[126]

94 Mit dieser Begründung lässt sich ein Ersatzanspruch aus Geschäftsführung ohne Auftrag allerdings nicht ablehnen. Denn immerhin „nützt" ein von dem Schuldner vorgelegter Insolvenzplan ja auch der Gesamtheit aller Gläubiger in dem Sinne, dass er jeden Gläubiger voraussichtlich mindestens so gut stellen muss, wie dieser bei einer Insolvenzabwicklung ohne Plan stünde. Ein Insolvenzplan, der diesem Kriterium nicht genügt, hat keine Aussicht auf Annahme durch die Gläubiger bzw. Bestätigung durch das Insolvenzgericht nach einem Gläubigerwiderspruch (vgl. § 251). Aus diesem Grund wird man davon ausgehen müssen, dass ein Schuldner, der einen Plan ausarbeitet, zumindest auch ein Geschäft der Gläubigergesamtheit vornimmt.

95 Gleichwohl kommt ein Ersatzanspruch unter dem Gesichtspunkt einer Geschäftsführung ohne Auftrag im Ergebnis nicht in Betracht. Zum einen ist nämlich höchst zweifelhaft, ob der Schuldner, der neben seinen eigenen Interessen lediglich „auch" ein Geschäft der Gläubigergesamtheit wahrnimmt, überhaupt einen entsprechenden Fremdgeschäftsführungswillen besitzt.[127] Zum anderen und vor allem aber handelt er nicht ohne Berechtigung i. S. v. § 677 BGB. Denn die Vorlage eines Insolvenzplans durch ihn ist verfahrensrechtlich zulässig (§ 218 Abs. 1 Satz 1 und Satz 2) und unter dem Gesichtspunkt der Förderung des Wettbewerbs um die beste Art der Masseverwertung (vgl. RdNr. 1) sogar erwünscht. Der Schuldner, der einen Insolvenzplan ausarbeitet und vorlegt, handelt also im Insolvenzverfahren mit und im Rahmen einer besonderen verfahrensrechtlichen Befugnis (vgl. insoweit auch RdNr. 64).

96 Denkbar ist allerdings, dass sich der Schuldner im gestaltenden Teil des von ihm **vorgelegten Plans** (§ 221) ein **Recht auf Kostenersatz** einräumt.[128] Eine entsprechende Planregelung ist als abweichende Planregelung über die Verteilung der Insolvenzmasse (vgl. § 217) grundsätzlich zulässig. Bedeutung erlangt sie allerdings nur, wenn der Plan von den Gläubigern angenommen und rechtskräftig bestätigt wird (§ 254 Abs. 1 Satz 1).

97 Eine Verpflichtung des Verwalters, die zur Ausarbeitung eines Insolvenzplans durch den Schuldner erforderlichen Mittel freizugeben und gegebenenfalls der Begründung entspre-

---

[124] Ebenso *Nerlich/Römermann/Braun* § 218 RdNr. 3; *Hess* in: *Hess/Obermüller*, Insolvenzplan, Restschuldbefreiung und Verbraucherinsolvenz, 3. Aufl. 2003, RdNr. 26. **AA** (ohne Begründung) *Smid* WM 1996, 1249 (Planvorlage nur simultan mit Eigenantrag).
[125] BT-Drucks. 12/2443, S. 50.
[126] Vgl. BT-Drucks. 12/7302, S. 182. Ebenso *Kübler/Prütting/Otte* § 218 RdNr. 10; *Hess* in: *Hess/Obermüller*, Insolvenzplan, Restschuldbefreiung und Verbraucherinsolvenz, 3. Aufl. 2003, RdNr. 23; FK-*Jaffé* § 218 RdNr. 37 f.; *Andres/Leithaus* § 218 RdNr. 2.
[127] Zu diesem Problemkreis vgl. *Staudinger/Bergmann*, Neubearbeitung 2006, vor §§ 677 ff. RdNr. 139 ff., mit einer Vielzahl von Nachweisen aus der umstrittenen Rspr. des BGH zum „auch fremden Geschäft".
[128] Vgl. auch FK-*Jaffé* § 218 RdNr. 40; *Nerlich/Römermann/Braun* § 218 RdNr. 22 a.

chender Verbindlichkeiten zulasten der Masse zuzustimmen, besteht demgegenüber nicht.[129] Mit Verfahrenseröffnung hat der Verwalter die Masse treuhänderisch für die Gläubiger zu verwalten (§ 80 Abs. 1).[130] Es ist kein Grund dafür ersichtlich, warum er verpflichtet sein sollte, die Wahrnehmung verfahrensrechtlicher Befugnisse seitens des Schuldners zu fördern. Dazu ist er nicht einmal berechtigt. Ob Massegegenstände überhaupt freigegeben werden können, ist bekanntlich allgemein und erst recht speziell im Bereich der Verbandsinsolvenz überaus strittig.[131] Jedenfalls kann eine Freigabe keinesfalls in Betracht kommen, wenn es sich um Vermögenswerte handelt, die aus Gläubigersicht wertvoll und deshalb für eine optimale Haftungsverwirklichung (§ 1 Satz 1) nötig sind. Davon ist bei liquiden Mitteln auszugehen. Das Vorlagerecht des Schuldners läuft deshalb nicht leer. Für vor Verfahrenseröffnung erarbeitete und bezahlte Pläne ist das offensichtlich. Nach Verfahrenseröffnung bleibt dem Schuldner immer noch die Planvorfinanzierung durch Dritte (gegen eine Sicherung seitens des Schuldners) und die Hoffnung, dass ein überlegener Plan die Zustimmung der Gläubiger – samt Kostenerstattungsregelung (vgl. RdNr. 96) – finden wird.

Von einem etwaigen Anspruch des Schuldners auf Kostenersatz zu unterscheiden sind etwaige Ansprüche von **Gesellschaftern** des Schuldners, die „für diesen" einen Plan ausgearbeitet haben. Solche Ansprüche können den Gesellschaftern gegen den Schuldner grundsätzlich sowohl aus einem etwaigen Vertrag als auch auf Grund Gesetzes (insbesondere Geschäftsführung ohne Auftrag, § 110 HGB) zustehen. Wurden sie vor Insolvenzeröffnung begründet, handelt es sich um Insolvenzforderungen. Nach Insolvenzeröffnung können sie als Masseverbindlichkeiten nur noch mit Zustimmung des Insolvenzverwalters begründet werden, die nach dem soeben Ausgeführten (vgl. RdNr. 97) jedoch ausgeschlossen ist. **98**

F. Planvorlage durch Gläubiger?

Die schließlich Gesetz gewordene Fassung des § 218 kennt – anders als noch § 255 Abs. 1 Nr. 1 RegE – **kein eigenes Planvorlagerecht einzelner Gläubiger** oder **bestimmter Gruppen von Gläubigern**. Gläubiger oder Gläubigergruppen, die einen Insolvenzplan vorlegen möchten, können dieses Ziel nur auf mittelbarem Wege über die Herbeiführung eines Beschlusses der Gläubigerversammlung gem. § 157 Satz 2 erreichen, mit dem diese den Verwalter beauftragt, einen Insolvenzplan auszuarbeiten und ihm ggf. auch das Planziel vorgibt (vgl. dazu RdNr. 14 ff.). Unmittelbar aus dem Anspruch jedes Verfahrensbeteiligten auf rechtliches Gehör (Art. 103 Abs. 1 GG) lässt sich ein Planvorlagerecht eines einzelnen Gläubigers keinesfalls ableiten.[132] *De lege lata* ist das Fehlen eines eigenen Planvorlagerechts einzelner Gläubiger oder bestimmter Gruppen von Gläubigern hinzunehmen, *de lege ferenda* ist es kritikwürdig (vgl. RdNr. 3). **99**

G. Besonderheiten bei der Eigenverwaltung

Besonderheiten im Hinblick auf das Recht zur Vorlage eines Insolvenzplans können sich ergeben, sofern das Insolvenzgericht in dem Beschluss über die Eröffnung des Insolvenzverfahrens (vgl. § 270 Abs. 1 Satz 1) oder in einem späteren Verfahrensstadium (vgl. § 271 Satz 1) Eigenverwaltung durch den Schuldner anordnet (für Details vgl. die Kommentierung zu § 284). Vor Anordnung der Eigenverwaltung gelten für das Planvorlagerecht des Insol- **100**

---

[129] AA *Uhlenbruck/Lüer* § 218 RdNr. 60.
[130] Die Relevanz dieser Zweckbindung verkennt *Uhlenbruck/Lüer* § 218 RdNr. 60, wenn er bemerkt, dass es nicht einleuchtend sei, „... die Kosten für die Aufstellung eines Plans durch den Verwalter anders zu behandeln als die Kosten für die Aufstellung des Plans durch den Schuldner nach Eröffnung des Verfahrens ...".
[131] Für einen Überblick über den Meinungsstand vgl. etwa *Jaeger/Müller* § 35 RdNr. 146 ff. mwN.
[132] Ebenso *Smid* WM 1996, 1249, 1253 f.

venzverwalters (vgl. dazu RdNr. 12 ff.) und dasjenige des Schuldners (vgl. dazu RdNr. 65 ff.) keine Besonderheiten. Danach ist § 284 zu beachten. Wer planvorlageberechtigt ist, hängt davon ab, ob die Gläubigerversammlung einen Beschluss über die Ausarbeitung eines Insolvenzplans fasst oder nicht. Gemäß § 284 Abs. 1 Satz 1 ist ein Auftrag der Gläubigerversammlung zur Ausarbeitung eines Insolvenzplans an den Sachwalter oder an den Schuldner zu richten.

I. Kein Auftrag der Gläubigerversammlung zur Planausarbeitung

101 **1. Planvorlagerecht des Schuldners.** Wird ein solcher Auftrag nicht ausgesprochen, so kann zweifellos **der Schuldner** gem. § 218 Abs. 1 Satz 1 einen (originären) Insolvenzplan vorlegen. Der Schuldner muss also nicht warten, bis ihm die Gläubigerversammlung einen Auftrag zur Planausarbeitung erteilt.[133]

102 **2. Planvorlagerecht des Sachwalters.** Dem Sachwalter steht demgegenüber ein originäres Planvorlagerecht **nicht** zu.[134] In § 218 Abs. 1 Satz 1 wird er nicht genannt. Aber auch eine analoge Anwendung der Vorschrift kommt nicht in Betracht. Bei einer angeordneten Eigenverwaltung nimmt der Sachwalter funktional Aufsichtsaufgaben war, die Rolle des Insolvenzverwalters „spielt" demgegenüber der Schuldner: Er ist sein eigener Verwalter. Den die Entscheidung der Gläubiger gem. § 157 vorbereitenden Bericht im Berichtstermin hat demzufolge auch nicht der Sachwalter, sondern der Schuldner zu erstatten.

II. Auftrag der Gläubigerversammlung zur Planausarbeitung

103 **1. Zulässigkeit einer Zielvorgabe.** Beauftragt die Gläubigerversammlung den Schuldner oder den Sachwalter mit der Planausarbeitung, so stellt sich zunächst die Frage, ob der Auftrag – ebenso wie dies gemäß § 157 Satz 2 bei einem an den Insolvenzverwalter gerichteten Auftrag vorgesehen ist – eine **Zielvorgabe** enthalten darf. Obwohl § 284 keine diesbezügliche Regelung enthält, dürfte eine entsprechende Zielvorgabe zulässig sein. Dafür spricht zum einen eine systematische Interpretation des „Beauftragungsrechts" der Gläubiger für Insolvenzfälle mit und solche ohne Eigenverwaltung. Mit der Formulierung „Ein Auftrag der Gläubigerversammlung zur Ausarbeitung eines Insolvenzplans ..." nimmt § 284 Abs. 1 Satz 1 implizit auf § 157 Satz 2 und die dort geregelte Zielvorgabemöglichkeit Bezug. Lediglich der Adressat der Beauftragung wird in § 284 Abs. 1 Satz 1 abweichend von § 157 Satz 2 bestimmt. Für die Zulässigkeit einer Zielvorgabe spricht zum anderen aber auch eine teleologische Auslegung des § 284 im Lichte des für das Insolvenzplanverfahren wichtigen Grundsatzes der Gläubigerautonomie (vgl. vor § 217 RdNr. 8).[135]

104 Gegen die Zulässigkeit von Zielvorgaben bei einer Beauftragung des Schuldners kann man allenfalls einwenden, dass dessen Rechtsposition durch die Anordnung der Eigenverwaltung im Vergleich zu dem Normalfall der Bestellung eines Insolvenzverwalters gestärkt wird. In diesem Normalfall aber könnten die Gläubiger unzweifelhaft nur dem Insolvenzverwalter, nicht aber dem Schuldner, Zielvorgaben machen (vgl. § 157 Satz 2). Indes ist der Schuldner bei der Eigenverwaltung immer auch berechtigt, einen konkurrierenden, „eigenen" Plan vorzulegen, vgl. sogleich RdNr. 105 f. Er besitzt also ausreichend Raum, seine Ziele und Interessen bei der Plangestaltung zu verwirklichen.

---

[133] Ebenso *Nerlich/Römermann/Riggert* § 284 RdNr. 3; *Kübler/Prütting/Pape* § 284 RdNr. 5; *HK-Landfermann* § 284 RdNr. 3; *Hess* InsO § 284 RdNr. 4.

[134] Vgl. *Eidenmüller*, Unternehmenssanierung zwischen Markt und Gesetz, 1999, S. 65. Ebenso *Nerlich/Römermann/Riggert* § 284 RdNr. 2; *HK-Landfermann* § 284 RdNr. 3; wohl auch *Weisemann/Holz* in: *Weisemann/Smid* (Hrsg.), Handbuch Unternehmensinsolvenz, 1999, Kap. 15 RdNr. 56. **AA** *Warrikoff* KTS 1997, 527, 532 (Analogie zu § 218 Abs. 1 Satz 1); *Kübler/Prütting/Otte* § 218 RdNr. 28; *Uhlenbruck/Lüer* § 218 RdNr. 17.

[135] Vgl. *Eidenmüller*, Unternehmenssanierung zwischen Markt und Gesetz, 1999, S. 65. Die Stärkung der Gläubigerautonomie war auch der wesentliche Grund für den Rechtsausschuss, zu empfehlen, dass § 345 RegE (= § 284) eine Beauftragung nicht nur des Schuldners, sondern auch des Sachwalters ermöglichen soll (vgl. BT-Drucks. 12/7302, S. 186).

2. Planvorlagerecht des Schuldners bei Gläubigerauftrag. Beauftragt die Gläubiger- 105
versammlung den Schuldner, so stellt sich zunächst die Frage, welches Schicksal das **originäre Planvorlagerecht** des Schuldners in diesem Fall erleidet. Kann er dann ggf. – anders
als ein beauftragter Insolvenzverwalter (vgl. RdNr. 28 f.) – einen originären **und** einen
derivativen Plan vorlegen? Diese Frage ist zu bejahen.[136] Der Grund für die Abweichung
gegenüber der Rechtslage bei einem beauftragten Insolvenzverwalter liegt darin, dass der
Schuldner im Insolvenzverfahren – anders als der Insolvenzverwalter – nicht so sehr Agent
der Gläubiger, sondern vielmehr deren Gegenspieler ist und demzufolge legitimerweise auch
andere Interessen verfolgt. Das erkennt die InsO insbesondere im Insolvenzplanverfahren in
verschiedenen Regelungen durchaus an (vgl. etwa nur §§ 227, 247). Es erscheint deshalb
gerechtfertigt, vom Fortbestand seines originären Planvorlagerechts auch bei gleichzeitiger
Vorlage eines derivativen Plans auszugehen. Praktische Bedeutung dürfte dem allerdings nur
für die Fälle zukommen, in denen die Gläubigerversammlung einen derivativen Plan mit
einer konkreten Zielvorgabe gem. § 157 Satz 2 in Auftrag gibt bzw. gegeben hat (vgl.
RdNr. 103).

Im Hinblick auf den vom Schuldner im Auftrag der Gläubigerversammlung auszuarbei- 106
tenden und vorzulegenden derivativen Plan ist eine analoge Anwendung von § 218 Abs. 2
sachgerecht und nahe liegend. Dieser Plan ist also binnen angemessener Frist vorzulegen.
Die Mitwirkungsregelung in § 218 Abs. 3 ist demgegenüber nicht analog anwendbar, weil
keine Regelungslücke besteht: Der Gesetzgeber hat in § 284 Abs. 1 Satz 2 für die Aufstellung eines derivativen Plans durch den Schuldner eine besondere Beratungsregelung
(Mitwirkungsregelung) getroffen.

3. Planvorlagerecht des Sachwalters bei Gläubigerauftrag. Sofern die Gläubiger- 107
versammlung nicht den Schuldner, sondern den Sachwalter mit der Planausarbeitung beauftragt, hat dies ebenso wenig wie ein Auftrag an den Schuldner einen Einfluss auf das
originäre Planvorlagerecht des Schuldners (vgl. RdNr. 105). Es stellt sich jedoch die Frage,
ob der Sachwalter bei einem an ihn gerichteten Auftrag selbst ein Recht zur Planvorlage hat
oder ob er den von ihm erarbeiteten Plan „über" den Schuldner vorlegen muss. Obwohl
§ 284 Abs. 1 Satz 1 nur von einem Auftrag der Gläubigerversammlung an den Sachwalter
spricht und § 218 Abs. 1 Satz 1 den Sachwalter als Planvorlageberechtigten nicht nennt, ist
diesem bei einem entsprechenden Auftrag an den Sachwalter in einer erweiternden Auslegung der zitierten Vorschriften ein unmittelbares Planvorlagerecht zuzugestehen. Die
Gläubigerversammlung mag mit gutem Grund bei einer angeordneten Eigenverwaltung den
Sachwalter und nicht den Schuldner mit der Planausarbeitung beauftragen. Dann sollte
dieser aber auch unmittelbar das **Recht zur Planvorlage** besitzen. Es wäre ein überflüssiger
Formalismus, würde man stattdessen annehmen, dass der Schuldner verpflichtet ist, einen
von dem Sachwalter ausgearbeiteten Plan vorzulegen.[137]

Im Rahmen der Planausarbeitung durch den Sachwalter sind § 218 Abs. 2 (Planvorlage 108
in angemessener Frist) sowie § 218 Abs. 3 (Mitwirkung bestimmter Personen bzw. Institutionen) analog anwendbar.[138] Anders als im Hinblick auf ein etwaiges originäres Planvorlagerecht des Sachwalters analog § 218 Abs. 1 Satz 1 (vgl. RdNr. 102) steht einer
entsprechenden Analogie der Grundgedanke der Eigenverwaltung nicht entgegen. Die *ratio*
von § 218 Abs. 2 und Abs. 3 trifft vielmehr auf einen Sachwalterplan als Auftragsplan
ebenso zu wie auf einen Insolvenzverwalterplan als Auftragsplan. Anders als bei einem
Auftrag an den Schuldner ist eine analoge Anwendung von § 218 Abs. 3 auch nicht durch
§ 284 Abs. 1 Satz 2 „gesperrt": Die Vorschrift betrifft den Auftrag an den Sachwalter
nicht.

---

[136] Vgl. *Eidenmüller*, Unternehmenssanierung zwischen Markt und Gesetz, 1999, S. 66. Ebenso *Nerlich/
Römermann/Riggert* § 284 RdNr. 4.
[137] Vgl. *Eidenmüller*, Unternehmenssanierung zwischen Markt und Gesetz, 1999, S. 65 f.
[138] Ebenso für § 218 Abs. 3 *Uhlenbruck/Lüer* § 218 RdNr. 47, der allerdings zu Unrecht auch ein originäres
Planvorlagerecht des Sachwalters bejaht, vgl. im Text RdNr. 102.

H. Frühester und spätester Zeitpunkt einer Planvorlage

I. Frühester Zeitpunkt einer Planvorlage

109 **1. Insolvenzverwalter.** Im Hinblick auf den frühestmöglichen Zeitpunkt einer Planvorlage ist zwischen den einzelnen planvorlageberechtigten Personen zu differenzieren. Ein (originäres) Planvorlagerecht des Insolvenzverwalters besteht ab dem Zeitpunkt, zu dem dessen Amt beginnt. Das ist der Fall, wenn er nach einem wirksamen Bestellungsbeschluss (vgl. § 56 Abs. 1) das ihm übertragene **Amt angenommen** hat.[139] Ein Planvorlagerecht eines vorläufigen Insolvenzverwalters im Eröffnungsstadium besteht nicht (vgl. RdNr. 31 ff.).

110 **2. Schuldner.** Der Schuldner besitzt ein (originäres) Planvorlagerecht gem. § 218 Abs. 1 Satz 2 i. V. m. § 218 Abs. 1 Satz 1 ab dem Zeitpunkt, zu dem von irgendeinem Antragsberechtigten ein **wirksamer Insolvenzantrag** gestellt wurde (vgl. RdNr. 88 ff.).

111 **3. Sachwalter.** Ein Sachwalter besitzt kein originäres, sondern allenfalls ein derivatives Planvorlagerecht (vgl. RdNr. 102, 107 f.). Dieses besteht, sofern er nach einem wirksamen Bestellungsbeschluss das ihm übertragene **Amt angenommen** hat (§§ 274 Abs. 1, 56 Abs. 1) und er durch einen wirksamen Gläubigerversammlungsbeschluss gem. § 284 Abs. 1 Satz 1 mit der Planausarbeitung beauftragt wurde (gleichzeitig entsteht in diesem Fall eine Vorlagepflicht in angemessener Frist analog § 218 Abs. 2, vgl. RdNr. 108).

II. Spätester Zeitpunkt einer Planvorlage

112 Über den spätesten Zeitpunkt einer Planvorlage heißt es in § 218 Abs. 1 Satz 3, dass ein Plan, der erst nach dem **Schlusstermin** (vgl. § 197) beim Gericht eingehe, „nicht berücksichtigt" wird. Im Kontext der in § 218 Abs. 1 Satz 1 und Satz 2 getroffenen Regelungen ist diese Vorschrift so zu lesen, dass ein **Planvorlagerecht** eines ansonsten Planvorlageberechtigten nach dem Schlusstermin nicht mehr besteht. Der Schlusstermin liegt zeitlich vor dem Vollzug der Schlussverteilung und diese wiederum vor der Aufhebung des Insolvenzverfahrens durch einen entsprechenden Beschluss des Insolvenzgerichts (§ 200). Der Insolvenzbeschlag ist also bei der Schlussverteilung in jedem Fall noch gegeben – eine begrüßenswerte Neuerung gegenüber § 163 KO. Gleichwohl besteht kein Anlass, § 218 Abs. 1 Satz 3 so zu interpretieren, dass das Planvorlagerecht erst mit dem **Aufhebungsbeschluss** nach § 200 endet.[140] Der Schlusstermin ist die abschließende Gläubigerversammlung, in der ggf. auch noch insolvenzplanbezogene Beschlüsse gem. § 157 Satz 2 und Satz 3 gefasst werden können. Die Fixierung dieses Termins als zeitliche Schranke des Planvorlagerechts ist also durchaus sinnvoll.[141]

113 Diese zeitliche Schranke gilt für das Planvorlagerecht **aller Planvorlageberechtigten** (Insolvenzverwalter, Schuldner, ggf. Sachwalter).[142] Dass sich die Vorteilhaftigkeit eines Insolvenzplans im Vergleich zu einer Insolvenzabwicklung im Regelverfahren möglicherweise erst in einem Verfahrensstadium zeigt, zu dem die Verwertung und Verteilung der Masse weit fortgeschritten sind,[143] ist zwar richtig, betrifft aber die Planvorlage durch alle Planvorlageberechtigte gleichermaßen und nicht etwa nur die Planvorlage durch bestimmte Planvorlageberechtigte.

---

[139] Ebenso *Kübler/Prütting/Otte* § 218 RdNr. 39.
[140] So ursprünglich *Kübler/Prütting/Otte* § 218 RdNr. 43 Fn. 86, der diese Auffassung nunmehr aufgegeben hat.
[141] Gegen ein Planvorlagerecht bis zum Aufhebungsbeschluss sprechen darüber hinaus auch noch die dadurch in weitergehendem Maße eröffneten Missbrauchsmöglichkeiten für den Schuldner durch Verzögerungstaktiken.
[142] AA *Schiessler*, Der Insolvenzplan, 1997, S. 103: § 218 Abs. 1 Satz 3 betreffe nur Schuldnerpläne.
[143] So *Schiessler*, Der Insolvenzplan, 1997, S. 103.

Vorlage des Insolvenzplans

114 Wird ein Insolvenzplan erst nach dem Schlusstermin vorgelegt, kommt eine **Wiedereinsetzung in den vorigen Stand** gem. § 4 i. V. m. §§ 233 ff. ZPO nicht in Betracht.[144] Bei der zeitlichen Begrenzung des Planvorlagerechts durch § 218 Abs. 1 Satz 3 handelt es sich um keine Notfrist i. S. d. §§ 233, 224 Abs. 1 Satz 2 ZPO. Auch eine dem § 186 vergleichbare Gewährung einer Wiedereinsetzungsmöglichkeit – dort vorgesehen beim Versäumen des Prüfungstermins – ist für den Fall einer Planvorlage nach dem Schlusstermin nicht vorgesehen.

115 Eine Sonderregelung für den spätesten Zeitpunkt einer Planvorlage gilt gem. § 116 Nr. 1 GenG im Falle eines Insolvenzverfahrens über das Vermögen einer eingetragenen **Genossenschaft**. Nach dieser Vorschrift besteht das Planvorlagerecht dort bis zur Beendigung des Nachschussverfahrens.[145] Sofern die Nachschusspflicht der Mitglieder statutarisch ausgeschlossen ist (vgl. §§ 6 Nr. 3, 105 Abs. 1 Satz 1 GenG), gelten keine Besonderheiten.

J. Vorlage mehrerer Pläne durch einen Planvorlageberechtigten

116 § 218 enthält keine Regelung der Frage, ob ein bestimmter Planvorlageberechtigter mehrere Pläne vorlegen kann. Dabei ist zwischen der Vorlage eines Plans, nachdem ein zunächst vorgelegter Plan gescheitert ist **(sequentielle Planvorlage)**, und der gleichzeitigen Vorlage mehrerer Pläne **(simultane Planvorlage)** zu unterscheiden.

I. Sequentielle Planvorlage

117 Weniger Probleme wirft die sequentielle Planvorlage auf. Dass der Gesetzgeber der InsO sie für zulässig erachtet, zeigt die in § 231 Abs. 2 für „neue Pläne" des Schuldners getroffene Regelung, die sich inhaltlich eng an § 176 KO anlehnt. Hatte der Schuldner in dem Insolvenzverfahren bereits einen Plan vorgelegt, der von den Gläubigern abgelehnt, vom Gericht nicht bestätigt oder vom Schuldner nach der öffentlichen Bekanntmachung des Erörterungstermins zurückgezogen worden ist, so hat das Gericht nach § 231 Abs. 2 einen neuen Plan des Schuldners zurückzuweisen, wenn der Insolvenzverwalter mit Zustimmung des Gläubigerausschusses, wenn ein solcher bestellt ist, die Zurückweisung beantragt.

118 § 231 Abs. 2 setzt voraus, dass die Vorlage eines **neuen Plans** durch den **Schuldner als solche zulässig** ist.[146] Lediglich für bestimmte, im Einzelnen geregelte Tatbestände werden Zurückweisungsgründe normiert. Zulässig ist die Vorlage eines neuen Plans jedenfalls nach verfahrensrechtlicher Erledigung des ersten. Verfahrensrechtlich erledigt hat sich ein ursprünglich vorgelegter Plan dann, wenn er als Gegenstand des Insolvenzplanverfahrens nicht mehr existiert. Dies ist z. B. der Fall, wenn der Plan von dem Schuldner zurückgenommen wurde (vgl. § 231 Abs. 2 Alt. 3, zur Planrücknahme ausführlich RdNr. 141 ff.). Zulässig ist die Vorlage eines neuen Plans aber bereits dann, wenn er von den Gläubigern abgelehnt (§ 231 Abs. 2 Alt. 1) oder gerichtlich nicht bestätigt wurde (§ 231 Abs. 2 Alt. 2) – beide Ereignisse liegen im Vorfeld verfahrensrechtlicher Erledigung durch *rechtskräftige* Bestätigungsversagung. Allgemein wird man aus § 231 Abs. 2 ableiten können, dass der Schuldner dann einen neuen Plan vorlegen kann, wenn der Erste im Verfahren – wenn auch noch nicht rechtskräftig – **gescheitert** ist: durch Rücknahme, durch Gläubigerablehnung (§§ 244 bis 246), durch Bestätigungsversagung (§§ 248 ff.) oder aber durch Zurückweisung im Vorprüfungsverfahren (§ 231).[147]

---

[144] Ebenso *Häsemeyer,* Insolvenzrecht, 3. Aufl. 2003, RdNr. 28.09 Fn. 31.
[145] Vgl. *Terbrack* ZInsO 2001, 1027, 1028 f.; *Beuthien/Titze* ZIP 2002, 1116, 1122.
[146] Ebenso die Stellungnahme des Rechtsausschusses zu diesem Problemkreis (BT-Drucks. 12/7302, S. 184); *Schiessler,* Der Insolvenzplan, 1997, S. 153; *Kübler/Prütting/Otte* § 218 RdNr. 8; *Hess* in: *Hess/Obermüller,* Insolvenzplan, Restschuldbefreiung und Verbraucherinsolvenz, 3. Aufl. 2003, RdNr. 26.
[147] Eine erneute Planvorlage ist deshalb auch in Kombination mit einem Rechtsmittel gem. § 231 Abs. 3 gegen die Zurückweisung des ersten oder gem. § 253 gegen die Bestätigungsversagung zulässig. Im Ergebnis ebenso *Kübler/Prütting/Otte* § 231 RdNr. 26 (betr. § 231 Abs. 3).

119 § 231 Abs. 2 setzt aber nicht nur voraus, dass die Vorlage eines neuen Plans durch den Schuldner in den genannten Fällen zulässig ist. Die Vorschrift setzt weitergehend voraus, dass auch die Vorlage eines **neuen Plans** durch einen **anderen Planvorlageberechtigten** unter diesen Umständen **zulässig** ist.[148] Denn es ist kein Grund ersichtlich, warum dem Schuldner ein erneutes Planvorlagerecht zustehen soll, einem anderen Planvorlageberechtigten jedoch nicht. Ganz im Gegenteil: Mit der in § 231 Abs. 2 getroffenen Regelung möchte der Gesetzgeber verhindern, dass das Planvorlagerecht zur Verfahrensverschleppung missbraucht wird[149] – diese Befürchtung besteht bei Insolvenzverwalter- oder Sachwalterplänen von vornherein nicht.

120 Die Zulässigkeit der Vorlage eines neuen Plans nach dem Scheitern des ersten bedeutet, dass der Planvorlageberechtigte einen gänzlich neuen, aber auch einen möglicherweise nur **geringfügig geänderten** Plan vorlegen kann.[150] Weitergehend wird man grundsätzlich sogar die erneute Vorlage **desselben Plans** für zulässig halten müssen. So kann es z. B. sein, dass sich die Akzeptanzchancen für einen bestimmten Plan durch einen Sinneswandel maßgeblicher Gläubiger grundlegend geändert haben, nachdem der Schuldner diesen Plan zurückgenommen hat. Sofern und soweit sich diese oder andere **Umstände geändert** haben, die für Planannahme und/oder Planbestätigung maßgeblich sind, ist die erneute Vorlage desselben Plans selbst dann zulässig, wenn dieser Plan rechtskräftig gem. § 231 zurückgewiesen worden war bzw. ihm rechtskräftig gem. §§ 248 ff. die Bestätigung versagt worden war.[151] Die materielle Rechtskraft der ursprünglichen gerichtlichen Entscheidung – dass sie einen der materiellen Rechtskraft fähigen Entscheidungsinhalt besitzt, dürfte unzweifelhaft sein, da eine bestimmte Rechtslage im Hinblick auf einen bestimmten Plan „festgestellt" wird[152] – steht dann einer erneuten Planvorlage nicht entgegen. **Grenzen** können sich für eine **sequentielle Planvorlage** allerdings nicht nur aus der rechtskräftigen Zurückweisung bzw. Nichtbestätigung desselben Plans, sondern auch aus § 231 Abs. 2 sowie unter dem Gesichtspunkt des **Rechtsmissbrauchs** ergeben (dazu RdNr. 169).

II. Simultane Planvorlage

121 Im Hinblick auf die gleichzeitige Vorlage mehrerer Pläne durch einen Planvorlageberechtigten sind zwei Konstellationen vorstellbar. Es kann zum einen sein, dass ein Planvorlageberechtigter mehrere Pläne alternativ in der Erwartung vorlegt, dass wenigstens einer der vorgelegten Pläne schließlich von den Gläubigern angenommen, vom Schuldner gebilligt und gerichtlich bestätigt wird. Insoweit kann man von **Alternativplänen** sprechen. Es kann aber auch sein, dass ein Planvorlageberechtigter einen Plan für den Fall vorlegt, dass ein anderer von ihm oder einem anderen vorgelegter Plan scheitert. Insoweit kann man von **Eventualplänen** sprechen.

122 **1. Alternativpläne.** Im Chapter 11-Verfahren des US-amerikanischen Rechts kann ein Planvorlageberechtigter nicht nur einen, sondern gleichzeitig mehrere Alternativpläne vorlegen. Dies ergibt sich daraus, dass die gesetzliche Formulierung der Berechtigung zur Vorlage eines Plans (vgl. 11 U. S. C. § 1121) gem. 11 U. S. C. § 102 (7) so zu verstehen ist, dass sie auch den Plural, also die Vorlage mehrerer Pläne, einschließt („the singular includes

---

[148] Ebenso die Stellungnahme des Rechtsausschusses zu diesem Problemkreis (BT-Drucks. 12/7302, S. 184); *Schiessler*, Der Insolvenzplan, 1997, S. 153; *Kübler/Prütting/Otte* § 218 RdNr. 8; *Uhlenbruck/Lüer* § 218 RdNr. 1.

[149] Vgl. BT-Drucks. 12/2443, S. 204.

[150] Ebenso die Stellungnahme des Rechtsausschusses zu diesem Problemkreis, vgl. BT-Drucks. 12/7302, S. 184.

[151] Noch weitergehend jetzt *Happe*, Die Rechtsnatur des Insolvenzplans, 2004, S. 252 f., der auf der Basis seiner „Rechtsnormtheorie" die Vorlage desselben Plans immer für zulässig hält.

[152] Im Ergebnis ebenso *Happe*, Die Rechtsnatur des Insolvenzplans, 2004, S. 252 f. AA generell für Entscheidungen des Insolvenzgerichts (aber ohne Begründung) *Bork*, Einführung in das Insolvenzrecht, 4. Aufl. 2005, RdNr. 49.

the plural"). Im Hinblick auf die Rechtslage unter der InsO wird die Frage im Schrifttum kontrovers erörtert.[153]

Im Grundsatz ist davon auszugehen, dass die **Vorlage von Alternativplänen** durch einen bestimmten Planvorlageberechtigten **unzulässig** ist (zur Ausnahme bei der Vorlage eines originären und eines derivativen Plans vgl. RdNr. 127, zu den Folgen einer unzulässigen Alternativvorlage vgl. RdNr. 170 ff.).[154] Als Prozesshandlung (vgl. RdNr. 9) ähnelt die Vorlage eines Insolvenzplans einer zivilprozessualen Klage insoweit, als auch mit der Insolvenzplanvorlage ein Antrag gestellt wird: nämlich ein Antrag i. S. v. § 1 Satz 1 auf eine von dem Regelinsolvenzverfahren abweichende Insolvenzabwicklung mittels eines Insolvenzplans.[155] Dieser Antrag unterliegt gem. § 4 i. V. m. § 253 Abs. 2 Nr. 2 ZPO dem **Bestimmtheitsgebot**. Alternativanträge sind mit diesem Gebot nicht vereinbar und deshalb unzulässig:[156] Es ist nicht klar, welche von dem Regelinsolvenzverfahren abweichende Plangestaltung der Planvorlegende vorschlägt und zur Entscheidung der Gläubiger (§§ 244 bis 246) bzw. des Insolvenzgerichts (§§ 231, 248 ff.) stellt. 123

Die hier vertretene Rechtsauffassung wird noch erhärtet, wenn man die Regelungen über das Planvorlagerecht in den **systematischen Kontext** der Vorschriften des Insolvenzplanverfahrens stellt. Die *ratio* der in § 231 Abs. 2 für Schuldnerpläne getroffenen Regelung (Zurückweisungsmöglichkeit „neuer" Pläne unter bestimmten Voraussetzungen) liegt darin, zu verhindern, dass dieser sein Vorlagerecht zur Verfahrensverschleppung missbraucht.[157] Eine entsprechende Gefahr besteht, wenn auch vielleicht in einem etwas geringeren Maße, bei der Vorlage von Alternativplänen. Hielte man sie für zulässig, könnte der Schuldner die Zurückweisungsgründe des § 231 Abs. 2 umgehen.[158] 124

Diese Erwägung trifft die Planvorlage durch andere Planvorlageberechtigte zwar nicht. Aber auch die durch § 240 eingeräumte Möglichkeit, einzelne Regelungen eines vorgelegten Insolvenzplans auf Grund der Erörterung im Erörterungstermin inhaltlich zu ändern (zur Reichweite dieser Kompetenz vgl. RdNr. 154 ff.), spricht eher gegen die Zulässigkeit von Alternativplänen: Ist sich der Planvorlegende über die Akzeptanzchancen des von ihm vorgelegten Plans nicht ganz sicher, bleibt ihm immer noch die Möglichkeit einer nachträglichen Planänderung hinsichtlich einzelner Regelungen – damit kann zumindest teilweise dasselbe Ziel erreicht werden wie bei der Vorlage von Alternativplänen.[159] 125

Schließlich zeigt auch die auf derivative Verwalterpläne bezogene Regelung des § 157 Satz 2 und Satz 3, dass Alternativpläne unzulässig sein sollen. Wenn dort davon die Rede ist, 126

---

[153] Für die **Zulässigkeit** von Alternativplänen: *Dinstühler* InVo 1998, 333, 338 (ohne Differenzierung zwischen Alternativ- und Eventualplänen). Für die **Unzulässigkeit** von Alternativplänen: *Schiessler,* Der Insolvenzplan, 1997, S. 115; *Smid* WM 1996, 1249, 1254 (ohne Differenzierung zwischen Alternativ- und Eventualplänen); *Kübler/Prütting/Otte* § 218 RdNr. 7 (ohne Differenzierung zwischen Alternativ- und Eventualplänen); *Haarmeyer/Wutzke/Förster,* Handbuch zur Insolvenzordnung InsO/EGInsO, 3. Aufl. 2001, Kap. 9 RdNr. 25 (ebenso); *Nerlich/Römermann/Braun* § 218 RdNr. 47; *Hess* in: *Hess/Obermüller,* Insolvenzplan, Restschuldbefreiung und Verbraucherinsolvenz, 3. Aufl. 2003, RdNr. 236 (allerdings nicht mit *Hess/Weis* WM 1998, 2349, 2352, zu vereinbaren); *Vogel* DZWIR 2004, 490, 492 (bei natürlichen Personen als Schuldner).
[154] Das bedeutet indes nicht, dass gleichwohl vorgelegte Alternativpläne ohne weiteres gem. § 231 Abs. 1 Nr. 1 zurückzuweisen wären: Das Insolvenzgericht wird dem Planvorlegenden vielmehr aufgeben, die Pläne in ein Eventualverhältnis zu stellen (zur Zulässigkeit von Eventualplänen vgl. im Text RdNr. 128 ff.). Eine entsprechende Änderung dürfte gem. § 4 i. V. m. § 264 Nr. 2 ZPO oder jedenfalls gem. § 4 i. V. m. § 263 ZPO zulässig sein.
[155] Zutr. Charakterisierung bei *Nerlich/Römermann/Braun* § 219 RdNr. 54.
[156] Das war auch im Hinblick auf den Zwangsvergleich nach der KO die ganz hM. Vgl. *Jaeger/Weber* § 174 RdNr. 1; *Kuhn/Uhlenbruck* § 174 RdNr. 1 e – jeweils mwN. Gleiches galt für den Vergleichsvorschlag nach der VerglO. Vgl. *Bley/Mohrbutter* § 3 RdNr. 13; *Kilger/K. Schmidt* § 7 VerglO Anm. 1). Allerdings sind diese Literaturstimmen argumentativ hier nur insoweit verwertbar, als sie *mehrere* alternative (Zwangs-)Vergleichsvorschläge des Schuldners für unzulässig halten. Etwas anderes gilt für die Frage, ob eine bedingte Rechtsgestaltung innerhalb *eines* (Zwangs-)Vergleichsvorschlags (Insolvenzplans) zulässig ist, die den Gläubigern ein Wahlrecht einräumt, vgl. § 222 RdNr. 40 ff.
[157] Vgl. BT-Drucks. 12/2443, S. 204.
[158] Zutr. *Nerlich/Römermann/Braun* § 218 RdNr. 47.
[159] Ebenso *Kübler/Prütting/Otte* § 218 RdNr. 7.

dass die Gläubigerversammlung den Verwalter beauftragen kann, einen (!) Insolvenzplan unter Vorgabe eines bestimmten Ziels auszuarbeiten (Satz 2), und dass sie ihre diesbezüglichen Entscheidungen in späteren Terminen ändern könne (Satz 3), dann sind diese Regelungen offensichtlich auf die Vorlage eines bestimmten Plans und seinen Inhalt zugeschnitten:[160] Hielte man einen Auftrag zur Ausarbeitung mehrerer Pläne mit unterschiedlichen Zielsetzungen für zulässig, dann besäße die Befugnis zur Auftragsänderung im Hinblick auf das Planziel keine Bedeutung. Die Gläubigerversammlung kann den Verwalter also nur mit der Erstellung und Vorlage eines Plans, nicht aber mit der Erstellung und Vorlage von Alternativplänen beauftragen (zur Rechtslage im Hinblick auf Eventualpläne vgl. RdNr. 131 ff., insbes. 133).

127 Eine **Ausnahme** von dem grundsätzlichen Verbot der Vorlage von Alternativplänen ist für das Verhältnis von solchen Insolvenzplänen, die aus eigenem Recht vorgelegt werden (**originäre Insolvenzpläne**), und solchen, die im Gläubigerauftrag vorgelegt werden (**derivative Insolvenzpläne**), zu machen (zur Terminologie vgl. RdNr. 14, 24, zum originären und derivativen Planvorlagerecht des Insolvenzverwalters vgl. RdNr. 14 ff., 24 ff., zum originären und derivativen Planvorlagerecht des Schuldners bei der Eigenverwaltung vgl. RdNr. 101, 105 f.). Originäre und derivative Pläne werden zwar formal von demselben Vorlageberechtigten vorgelegt. Der derivative Plan ist jedoch ein Plan, den die Gläubigerversammlung in Auftrag gegeben hat, ggf. verbunden mit einer Zielvorgabe (vgl. § 157 Satz 2). Materiell ist ein derivativer Plan deshalb ein Plan der Gläubigerversammlung. Dies rechtfertigt es, trotz der auch insoweit gewichtigen Gegenargumente (RdNr. 123 ff.) in diesem Sonderfall ausnahmsweise die Vorlage zweier Pläne durch denselben Vorlageberechtigten für zulässig zu erachten.

128 **2. Eventualpläne.** Während Alternativpläne gleichzeitig verfahrensrechtlich wirksam werden sollen, kann der Vorlegende auch daran interessiert sein, einen Plan unbedingt und einen weiteren nur für den Fall vorzulegen, dass der Erste scheitert. Denkbar erscheint auch, dass ein Planvorlageberechtigter einen Plan für den Fall vorlegt, dass der von einem anderen Planvorlageberechtigten vorgelegte Plan keinen Erfolg hat. Ebenso wie die Zulässigkeit bzw. Unzulässigkeit von Alternativplänen wird auch die Zulässigkeit bzw. Unzulässigkeit entsprechender Eventualpläne im Schrifttum kontrovers erörtert.[161]

129 Als Prozesshandlung ist die Vorlage eines Insolvenzplans grundsätzlich bedingungsfeindlich. Anerkanntermaßen davon ausgenommen sind jedoch innerprozessuale Bedingungen, also Bedingungen, die an den Eintritt (oder Nichteintritt) eines bestimmten **innerprozessualen Vorgangs** anknüpfen.[162] Dadurch entsteht im Allgemeinen kein Nachteil für das Gericht oder die übrigen Verfahrensbeteiligten, da lediglich eine bestimmte Reihenfolge der Antragsbehandlung vorgegeben wird. Auf der Grundlage dieser Überlegungen müsste man die Vorlage eines Eventualplans für zulässig halten. Alle Beteiligten können sich darauf einstellen, dass sie sich entweder nur mit dem „Hauptplan" oder aber – bei dessen Misserfolg – auch noch mit dem „Hilfsplan" auseinandersetzen müssen. Dass das Scheitern des „Hauptplans" sowohl rechtliche (z. B. Zurückweisung wegen eines Inhaltsmangels gem. § 231 Abs. 1 Nr. 1) als auch tatsächliche Gründe haben kann (z. B. Nichtannahme des Plans durch die Gläubiger gem. §§ 244 bis 246), sollte insoweit keine Rolle spielen: Es handelt

---

[160] Ebenso Nerlich/Römermann/Braun § 218 RdNr. 47. AA *Hess/Weis* WM 1998, 2349, 2352 (allerdings nicht mit *Hess* in: *Hess/Obermüller*, Insolvenzplan, Restschuldbefreiung und Verbraucherinsolvenz, 3. Aufl. 2003, RdNr. 236, zu vereinbaren); *Happe*, Die Rechtsnatur des Insolvenzplans, 2004, S. 96 f. (Zulässigkeit mehrerer Planaufträge der Gläubigerversammlung an den Verwalter).

[161] Für die **Zulässigkeit** von Eventualplänen: *Schiessler*, Der Insolvenzplan, 1997, S. 111; *Vogel* DZWIR 2004, 490, 492; *Dinstühler* InVo 1998, 333, 338 (ohne Differenzierung zwischen Alternativ- und Eventualplänen). Für die **Unzulässigkeit** von Eventualplänen: *Nerlich/Römermann/Braun* § 219 RdNr. 83 f.; *Smid* WM 1996, 1249, 1254 (ohne Differenzierung zwischen Alternativ- und Eventualplänen); *Kübler/Prütting/Otte* § 218 RdNr. 7 (ohne Differenzierung zwischen Alternativ- und Eventualplänen). Widersprüchlich *Hess* in: *Hess/Obermüller*, Insolvenzplan, Restschuldbefreiung und Verbraucherinsolvenz, 3. Aufl. 2003, RdNr. 228 (für Zulässigkeit) auf der einen und RdNr. 759 (gegen Zulässigkeit) auf der anderen Seite.

[162] Vgl. stellv. *Stein/Jonas/Leipold* vor § 128 RdNr. 268 ff.

sich jeweils um Ereignisse, die innerhalb des Insolvenzverfahrens liegen, und für alle Beteiligten ist klar, dass die Unsicherheit über die Behandlung des „Hilfsplans" innerhalb dieses Verfahrens aufgeklärt werden wird (das ist anders, wenn ein „Hilfsplan" an den Eintritt einer verfahrensexternen, aufschiebenden Bedingung geknüpft wird).

Demzufolge wurde es denn auch unter der Geltung der KO mehrheitlich für zulässig **130** erachtet, dass der Gemeinschuldner einen Zwangsvergleichsvorschlag als Eventualvorschlag macht, der erst nach der Ablehnung des Hauptvorschlags zur Abstimmung gelangen soll.[163] Etwas anderes sollte allerdings auf Grund von § 18 Nr. 3 VerglO für einen Vergleichsvorschlag im Rahmen des gerichtlichen Vergleichsverfahrens gelten: Der Vergleichsschuldner könne, so hieß es, in diesem Verfahren nur einen Vergleichsvorschlag unterbreiten, der seiner Vermögenslage im Sinne der zitierten Vorschrift entspreche.[164] Da die InsO eine dem § 18 Nr. 3 VerglO ähnliche Vorschrift nicht mehr enthält, entfällt jedenfalls dieser Einwand, der gegen die Zulässigkeit eines Eventualplans sonst hätte vorgebracht werden können.

Indes bleibt die Frage, ob sich ggf. aus dem systematischen Kontext der Vorschriften über **131** das Insolvenzplanverfahren, insbesondere aus § 231 Abs. 2, § 240 oder § 157 Satz 2 und Satz 3, entsprechende Einwände ableiten lassen. Im Hinblick auf § 231 Abs. 2 ist dies nicht der Fall. Eventualpläne führen auf der Zeitachse zu einer sequentiellen Planbehandlung, ebenso wie sequentiell vorgelegte Pläne, deren Zulässigkeit durch § 231 Abs. 2 vorausgesetzt wird, vgl. RdNr. 124. Die Erwägungen, die sich aus § 240 sowie § 157 Satz 2 und Satz 3 gegen die Zulässigkeit von Alternativplänen ableiten lassen (vgl. RdNr. 125 f.), besitzen allerdings auch im Hinblick auf das Problem der Zulässigkeit von Eventualplänen zumindest ein gewisses Gewicht.

Letztlich dürfte die Wertung entscheidend sein, die der Gesetzgeber mit der Regelung in **132** § 231 Abs. 2 für die grundsätzliche Zulässigkeit sequentieller Planvorlagen durch denselben Planvorlageberechtigten getroffen hat. Eventualpläne sind – anders als Alternativpläne – nicht nur nach allgemeinen verfahrensrechtlichen Gesichtspunkten unbedenklich. Sie haben letztlich auch keinen anderen Effekt als eine sequentielle Planvorlage in einer extrem zeiteffizienten Form: Wenn ein Planvorlageberechtigter einen neuen Plan nach dem Scheitern des ursprünglich vorgelegten Plans vorlegen kann, warum sollte er dann nicht auch in der Lage sein, bereits bei Vorlage des ursprünglichen Plans einen Eventualplan vorzulegen, der unmittelbar nach dem Scheitern des ursprünglich vorgelegten Plans wirksam werden soll? Für eine differenzierende rechtliche Beurteilung dieser beiden Vorgehensweisen gibt es keinen einleuchtenden Grund, im Gegenteil: Der **Verfahrensbeschleunigung** ist mit einem bereits ausgearbeiteten Eventualplan mehr gedient als mit einem sequentiell vorgelegten Plan, der möglicherweise erst nach dem Scheitern des ursprünglich vorgelegten Plans ausgearbeitet wird.

Die Vorlage eines **Eventualplans** für den Fall des verfahrensrechtlichen Scheiterns des **133** „Hauptplans" durch Rücknahme, durch Gläubigerablehnung (§§ 244 bis 246), durch Bestätigungsversagung (§§ 248 ff.) oder aber durch Zurückweisung im Vorprüfungsverfahren (§ 231) ist daher im Ergebnis als **zulässig** anzusehen, und auch die Gläubigerversammlung kann gem. § 157 Satz 2 einen solchen Plan in Auftrag geben.

K. Planvorlagepflicht?

Gem. §§ 157, 218, 284 sind der Insolvenzverwalter, der Schuldner und – in Eigenver- **134** waltungsfällen – ggf. auch der Sachwalter zur Planvorlage **berechtigt**. Eine andere Frage ist, ob und ggf. unter welchen Voraussetzungen sie dazu auch **verpflichtet** sind. Unproblematisch ist die Existenz einer entsprechenden Planvorlagepflicht nur bei solchen Plänen, die ein Insolvenzverwalter, Sachwalter oder Schuldner im Gläubigerauftrag gem. § 157 Satz 2 bzw. § 284 Abs. 1 Satz 1 erstellt, also bei **derivativen Plänen** (zum Begriff vgl. RdNr. 14). Hier

---

[163] Vgl. *Jaeger/Weber* § 174 RdNr. 1 mwN; *Kuhn/Uhlenbruck* § 174 RdNr. 1 e.
[164] Vgl. *Bley/Mohrbutter* § 66 RdNr. 19; *Kuhn/Uhlenbruck* § 174 RdNr. 1 e.

ergibt sich eine Planvorlagepflicht aus § 218 Abs. 2, der für derivative Insolvenzverwalterpläne unmittelbar und für derivative Sachwalter- bzw. Schuldnerpläne jedenfalls analog anwendbar ist (vgl. dazu RdNr. 21 f., 106, 108). Bei **originären Plänen** (zum Begriff vgl. RdNr. 24) des Insolvenzverwalters oder des Schuldners fehlt eine explizite gesetzliche Regelung.

135 Jedenfalls für den **Schuldner** ist eine Pflicht zur Vorlage eines originären Insolvenzplans sicherlich **abzulehnen**.[165] Das ihm in § 218 Abs. 1 Satz 1 eingeräumte Planvorlagerecht, das er gleichzeitig mit der Stellung eines Insolvenzantrags ausüben kann (§ 218 Abs. 1 Satz 2), ist ein Instrument, mit dem er seine Interessen im Insolvenzverfahren wahren und eine im Vergleich zum Regelinsolvenzverfahren oder aber einem konkurrierenden Plan des Verwalters alternative Form der Insolvenzabwicklung vorschlagen kann. Es gibt keinen einleuchtenden Grund, warum er dazu verpflichtet sein sollte, dieses Instrument auch tatsächlich zu nutzen.

136 Von der Frage einer verfahrensrechtlichen Pflicht des Schuldners zur Planvorlage zu unterscheiden ist die Frage, ob bei einer Gesellschaft die zur Geschäftsführung berufenen Personen **gesellschaftsrechtlich** verpflichtet sein können, einen Insolvenzplan aufzustellen und diesen vorzulegen. Diese Frage ist im Grundsatz zu bejahen. Jedenfalls dann, wenn eine Unternehmensreorganisation die optimale Form der Verwertung des schuldnerischen Vermögens darstellt, liegt diese Form der Masseverwertung nicht nur im Interesse der Gläubiger, sondern auch im Interesse des Schuldners und der an ihm beteiligten Personen: So erlangt ihre Beteiligung ggf. wieder einen positiven (Kapital-)Wert. Diesen Vorteil haben die Geschäftsleiter nach den einschlägigen gesellschaftsrechtlichen Vorschriften (vgl. etwa §§ 93 Abs. 1 Satz 1 AktG, 43 Abs. 1 GmbHG für die AG und die GmbH) wahrzunehmen.[166] Ist demgegenüber eine Liquidation oder eine übertragende Sanierung wertmaximierend, gilt gleiches nur in dem unwahrscheinlichen Fall, in dem ein Überschuss für den Schuldner zu erwarten ist (§ 199).[167]

137 Wiederum anders schon im Ausgangspunkt stellt sich die Sachlage im Hinblick auf originäre **Insolvenzverwalterpläne** dar. Gem. §§ 1 Satz 1, 60 Abs. 1, 159 hat der Verwalter die zur Insolvenzmasse gehörenden Gegenstände nämlich möglichst optimal, d. h. unter Realisierung eines möglichst hohen Verwertungserlöses, zu verwerten. Es sind Situationen vorstellbar – wenn auch nicht sehr wahrscheinlich –, in denen eine entsprechende Masseverwertung nur erreichbar erscheint, wenn der Verwalter sie durch einen Insolvenzplan einleitet: etwa dann, wenn das im Insolvenzverfahren befindliche Unternehmen des Schuldners unter Beibehaltung des bisherigen Trägers reorganisiert werden soll, der Schuldner aber nicht über die Ressourcen oder Fähigkeiten zur Ausarbeitung eines entsprechenden Plans verfügt und die durch die Einberufung einer Gläubigerversammlung zum Zwecke der Herbeiführung einer Entscheidung über eine Planvorlage gem. § 157 Satz 2 eintretende Verzögerung die Realisierungschancen für einen entsprechenden Reorganisationsplan erheblich verringern würde. In einer solchen Situation kann sich **ausnahmsweise** einmal eine **Verpflichtung** des Insolvenzverwalters zur kurzfristigen Ausarbeitung und Vorlage eines Insolvenzplans ergeben.[168]

---

[165] Ebenso *Nerlich/Römermann/Braun* vor § 217 RdNr. 88 f.
[166] Vgl. *Eidenmüller* ZHR 169 (2005), 528, 554 f. Ebenso *Götker*, Der Geschäftsführer in der Insolvenz der GmbH, 1999, RdNr. 533 ff., insbes. 536 für die GmbH; *Maus* in K. Schmidt/Uhlenbruck (Hrsg.), Die GmbH in Krise, Sanierung und Insolvenz, 3. Aufl. 2003, RdNr. 1617 (ebenso); *Maesch*, Corporate Governance in der insolventen Aktiengesellschaft, 2005, S. 244 ff., insbes. 255; *Nerlich/Römermann/Braun* § 218 RdNr. 14; wohl auch *Müller*, Der Verband in der Insolvenz, 2002, S. 304.
[167] Für eine noch weitergehende Vorlagepflicht offenbar *Götker*, Der Geschäftsführer in der Insolvenz der GmbH, 1999, RdNr. 536.
[168] Vgl. *Eidenmüller* ZHR 169 (2005), 528, 552. Ebenso *HK-Flessner* § 218 RdNr. 11; *Lüke* in Prütting/Vallender (Hrsg.), Festschrift für Uhlenbruck, 2000, S. 519, 523 ff., 527; *Maus* in K. Schmidt/Uhlenbruck (Hrsg.), Die GmbH in Krise, Sanierung und Insolvenz, 3. Aufl. 2003, RdNr. 1618; *Nerlich/Römermann/Braun* vor § 217 RdNr. 89 Fn. 2; *Haarmeyer/Wutzke/Förster*, Handbuch zur Insolvenzordnung InsO/EGInsO, 3. Aufl. 2001, Kap. 9 RdNr. 21. An meiner in *Eidenmüller*, Unternehmenssanierung zwischen Markt und Gesetz, 1999, S. 880 f., geäußerten, gegenteiligen Auffassung halte ich insoweit nicht mehr fest.

Eine andere Frage ist, ob die Gläubiger ihrerseits unter bestimmten Umständen verpflich- **138** tet sein könnten, eine Beauftragung des Insolvenzverwalters mit der Planerstellung herbeizuführen bzw. genauer gesagt, sich ihr im Rahmen einer Beschlussfassung nach § 157 Satz 2 nicht zu widersetzen. Diese Frage ist zumindest im Grundsatz zu verneinen. Wenn die Aufstellung eines Insolvenzplans aus Sicht der Gläubiger sinnvoll erscheint, dann wird sich eine einfache Summenmehrheit der Abstimmenden (vgl. § 76 Abs. 2) für eine entsprechende Planvorlage sicherlich finden. Mit dieser Mehrheitsregel werden keine so großen Hindernisse für gläubigergestützte Insolvenzpläne aufgerichtet, dass über eine Pflicht zur zustimmenden Mitwirkung bei einer entsprechenden Beschlussfassung ernsthaft nachgedacht werden müsste.[169]

L. Form der Planvorlage und Zugangserfordernis

Ein Insolvenzplan ist **schriftlich** abzufassen. Das ergibt sich aus einer Vielzahl von **139** Regelungen der §§ 219 ff., die allesamt die Schriftlichkeit des Plans voraussetzen (vgl. nur § 234 über die Niederlegung des Plans zur Einsicht).[170] Darüber hinaus ist ein Insolvenzplan aber auch von dem Planvorlegenden **eigenhändig zu unterschreiben**.[171] Ein Insolvenzplan unterliegt als eine das Insolvenzplanverfahren einleitende Prozesshandlung den für bestimmende Schriftsätze geltenden Regeln (vgl. RdNr. 10), und bestimmende Schriftsätze sind eigenhändig zu unterschreiben.[172] Insoweit enthalten die §§ 217 ff. keine Sonderregelung. Einzureichen sind mindestens sechs Ausfertigungen (arg. §§ 232 Abs. 1, 234, § 133 Abs. 1 ZPO[173]). Schließlich muss ein Insolvenzplan dem Insolvenzgericht aber auch **zugehen**. Das wird in § 218 Abs. 1 Satz 1 vorausgesetzt. Dort ist von der „Vorlage" eines Plans an das Insolvenzgericht die Rede. Im Übrigen entspricht das Zugangserfordernis auch den allgemein für Prozesshandlungen geltenden Regeln.[174] Zu den Folgen eines Verstoßes gegen die erforderliche Form der Planvorlage oder gegen das Zugangserfordernis vgl. RdNr. 183 f.

M. Rücknahme und Änderung eines vorgelegten Plans

Bisweilen mag es demjenigen, der einen Insolvenzplan vorgelegt hat, opportun erschei- **140** nen, den Plan nach seiner Vorlage in einem späteren Verfahrensstadium wieder **zurückzunehmen**. Ob eine entsprechende Rücknahme überhaupt möglich ist, könnte zweifelhaft erscheinen. Nicht ohne weiteres klar ist auch, bis zu welchem Zeitpunkt sie ggf. erfolgen kann und wer ggf. rücknahmebefugt ist. Ähnliche Fragen treten auf, wenn ein vorgelegter Plan nicht zurückgenommen, sondern lediglich **geändert** werden soll.

I. Grundsätzliche Zulässigkeit einer Planrücknahme

Die grundsätzliche Zulässigkeit bzw. Unzulässigkeit einer Planrücknahme ist **nicht** nach **141** **materiellrechtlichen, sondern** vielmehr nach **verfahrensrechtlichen** Regeln und Prinzipien zu beurteilen. Die Vorlage eines Insolvenzplans ist eine Verfahrenshandlung, aber keine materiellrechtliche Willenserklärung (vgl. RdNr. 9 bis 11). Demzufolge ist auch die Planrücknahme als *actus contrarius* eine Verfahrenshandlung, aber keine materiellrechtliche Willenserklärung. Schon aus diesem Grund kann § 145 BGB (Bindung an ein Vertrags-

---

[169] Näher *Eidenmüller* ZHR 169 (2005), 528, 557 f., auch zu möglichen Ausnahmen zu dem im Text formulierten Grundsatz für (extreme) Sonderkonstellationen.
[170] Ebenso *Uhlenbruck/Lüer* § 218 RdNr. 43.
[171] Im Ergebnis ebenso *Uhlenbruck/Lüer* § 218 RdNr. 43.
[172] Vgl. stellv. *Stein/Jonas/Leipold* § 129 RdNr. 8.
[173] Neben derjenigen für das Gericht vier für die in § 232 Abs. 1 genannten Stellen sowie eine für die Geschäftsstelle (§ 234), vgl. *Uhlenbruck/Lüer* § 218 RdNr. 44.
[174] Vgl. stellv. *Stein/Jonas/Leipold* vor § 128 RdNr. 241.

§ 218 142–144   6. Teil. 1. Abschnitt. Aufstellung des Plans

angebot) keine Schranke für eine Planrücknahme sein. Selbst wenn man in der Vorlage eines Insolvenzplans materiellrechtlich ein Vertragsangebot erblicken wollte, läge in dieser Vorlage doch gleichzeitig auch eine Verfahrenshandlung. Und da das „Schicksal" eines Insolvenzplans von seiner Vorlage bis zu seiner rechtskräftigen gerichtlichen Bestätigung primär durch die einschlägigen Verfahrensregeln der InsO (§§ 217 ff.) und subsidiär durch die Verfahrensregeln der ZPO determiniert wird (vgl. § 4), müsste man annehmen, dass eine verfahrensrechtlich eröffnete Rücknahmemöglichkeit ein materiellrechtliches Widerrufsverbot jedenfalls dominieren würde (vgl. insoweit auch § 217 RdNr. 32 f.).

142 Nach allgemeinen verfahrensrechtlichen Grundsätzen können Prozesshandlungen, die den Charakter eines Prozessantrags besitzen, grundsätzlich zurückgenommen werden. Unzulässig ist eine Antragsrücknahme erst dann, wenn das Verfahren so weit gediehen ist, dass man den übrigen Verfahrensbeteiligten unter dem Gesichtspunkt ihrer durch die Mitwirkung an dem Verfahren begründeten Schutzwürdigkeit redlicherweise ein Recht auf eine Entscheidung zubilligen muss.[175] Die Vorlage eines Insolvenzplans ist eine der Stellung eines Prozessantrags vergleichbare Prozesshandlung (vgl. RdNr. 123). Nach allgemeinen **verfahrensrechtlichen Grundsätzen** wäre die **Rücknahme** eines vorgelegten Insolvenzplans deshalb **grundsätzlich zulässig**. Diskussionsbedürftig und -fähig erscheint lediglich die Frage, in welchem Verfahrensstadium eine Rücknahme aus Gründen der Schutzwürdigkeit irgendeines anderen Verfahrensbeteiligten ggf. ausnahmsweise nicht mehr möglich ist (vgl. RdNr. 147 ff.).

143 Dass auch der **Gesetzgeber der InsO** von der grundsätzlichen **Zulässigkeit der Rücknahme** eines vorgelegten Insolvenzplans ausgeht, zeigt nicht nur allgemein das mit dem Insolvenzplanverfahren angestrebte Ziel einer möglichst flexiblen Insolvenzabwicklung,[176] sondern vor allem auch die Vorschrift des § 231 Abs. 2. In ihr wird jedenfalls vorausgesetzt, dass der Schuldner einen von ihm vorgelegten Plan nach der öffentlichen Bekanntmachung des Erörterungstermins zurücknehmen kann. Implizit wird aber weitergehend vorausgesetzt, dass jeder Planvorlegende grundsätzlich jederzeit einen von ihm vorgelegten Plan zurücknehmen kann. Denn § 231 Abs. 2 soll eine Verfahrensverschleppung seitens des Schuldners verhindern (vgl. RdNr. 124), zu der es insbesondere dann kommen kann, wenn dieser einen neuen Insolvenzplan vorlegt, nachdem er einen anderen Plan in einem bereits fortgeschrittenen Verfahrensstadium zurückgenommen hatte. Diese Gefahr besteht nicht in gleicher Weise, wenn der Schuldner einen von ihm vorgelegten Plan in einem früheren Verfahrensstadium zurücknimmt,[177] und sie besteht erst recht nicht bei der Planrücknahme – mit anschließender Vorlage eines neuen Plans – durch den Insolvenzverwalter oder Sachwalter.

144 Auch aus § 240 Satz 1 lässt sich kein Argument gegen die grundsätzliche Zulässigkeit einer Planrücknahme ableiten.[178] Nach dieser Vorschrift, die ihre endgültige Gestalt erst durch eine Beschlussempfehlung des Rechtsausschusses erhalten hat,[179] ist ein Planvorlegender (nur) berechtigt, einzelne Planregelungen auf Grund der Erörterung im Erörterungstermin inhaltlich zu ändern. Es könnte den Anschein haben, als ob diese Regelung durch eine Planrücknahme im oder nach dem Erörterungstermin mit einer sich anschließenden Vorlage eines neuen Plans, der von dem ursprünglich vorgelegten Plan substantiell abweicht, unterlaufen würde, so dass sich die Frage stellen würde, ob die Rücknahme und/oder die Neuvorlage wegen eines mittelbaren Verstoßes gegen § 240 Satz 1 als unzulässig angesehen werden müssten. Bei genauerer Betrachtung wird der Schutzzweck des § 240 Satz 1, der in dem Begriff zum Ausdruck kommt, dass nur einzelne Planregelungen geändert werden können, durch das beschriebene Verfahren indes überhaupt nicht tangiert. Dieser Schutzzweck liegt nämlich darin, zu verhindern, dass die Gläubiger im Erörterungs- und Abstim-

---

[175] Vgl. stellv. *Stein/Jonas/Leipold* vor § 128 RdNr. 280.
[176] Vgl. BT-Drucks. 12/2443, S. 90.
[177] Vgl. auch *Kübler/Prütting/Otte* § 218 RdNr. 48.
[178] So aber *Häsemeyer*, Insolvenzrecht, 3. Aufl. 2003, RdNr. 28.30 (die Berufung auf den Bericht des Rechtsausschusses [BT-Drucks. 12/7302, S. 183] geht fehl). Gegen ihn mit Recht *Bork*, Verfahrenshürden beim Insolvenzplan, in *Henckel/Kreft* (Hrsg.), Insolvenzrecht 1998, 1999, S. 111, 119 Fn. 26.
[179] Vgl. BT-Drucks. 12/7302, S. 103, 183.

mungstermin oder in einem gesondert anberaumten Abstimmungstermin mit einem Plan konfrontiert werden, mit dem sie sich bisher noch nicht oder nur ganz unzureichend auseinandersetzen konnten, und der auch nicht den in den §§ 231 und 232 normierten, verfahrensrechtlichen Sicherungen bzw. Prüfungen unterlag.[180] Dieser Schutzzweck wird durch die Rücknahme eines Plans im oder nach dem Erörterungstermin und eine sich anschließende Vorlage eines neuen Plans nicht berührt, weil dieser neue Plan alle in den §§ 217 ff. aufgerichteten verfahrensrechtlichen Hürden erneut überwinden muss.

Im **Ergebnis** ist deshalb davon auszugehen, dass die **Rücknahme** eines von einem Planvorlegenden vorgelegten Plans nach allgemeinen verfahrensrechtlichen Grundsätzen sowie den in §§ 217 ff. getroffenen Regelungen **grundsätzlich zulässig** ist.[181] Dies gilt unabhängig davon, ob es sich um einen originären Plan des Insolvenzverwalters oder Schuldners oder um einen derivativen Plan des Insolvenzverwalters bzw. – bei einer angeordneten Eigenverwaltung – des Sachwalters oder Schuldners handelt. Auch dann, wenn ein **Insolvenzplan im Auftrag der Gläubigerversammlung** erstellt und vorgelegt wird, ist eine **Rücknahme** durch den Planvorlegenden mithin **grundsätzlich zulässig**.[182] Die im Schrifttum teilweise vertretene Auffassung, dass eine Planrücknahme durch den mit der Erstellung eines Plans Beauftragten erst nach einem entpflichtenden Beschluss der Gläubigerversammlung in Betracht komme,[183] verkennt die Wirkungsweise eines entsprechenden Auftrags: Er begründet gem. § 218 Abs. 2 eine verfahrensrechtliche Pflicht zur Planvorlage binnen angemessener Frist, deren Missachtung für den Insolvenzverwalter bzw. Sachwalter unter Umständen Sanktionen nach den §§ 58 ff. (ggf. i. V. m. § 274 Abs. 1) nach sich zieht sowie für den Schuldner bedeuten kann, dass die Anordnung der Eigenverwaltung gem. § 272 Abs. 1 Nr. 1 auf Antrag der Gläubigerversammlung oder gem. §§ 272 Abs. 1 Nr. 2 i. V. m. 270 Abs. 2 Nr. 3 auf Antrag eines absonderungsberechtigten Gläubigers oder eines Insolvenzgläubigers nachträglich aufgehoben wird.[184] Das verfahrensrechtliche Rücknahmerecht als solches wird von der verfahrensrechtlichen Pflicht zur Planerstellung und -vorlage binnen angemessener Frist indes nicht berührt.

II. Pflicht zur Planrücknahme

Eine **Pflicht zur Planrücknahme** kommt bei einem **derivativen Plan** des Insolvenzverwalters bzw. – bei einer angeordneten Eigenverwaltung – des Sachwalters oder Schuldners in Betracht. Genauso, wie die Gläubigerversammlung gem. § 157 Satz 2 den Insolvenzverwalter bzw. – bei einer angeordneten Eigenverwaltung – gem. § 284 Abs. 1 Satz 1 den Sachwalter oder den Schuldner mit der Planausarbeitung beauftragen kann, kann sie diesen Beschluss später auch wieder revidieren (arg. § 157 Satz 3), mit der Folge, dass den Planvorlegenden nach dem Rechtsgedanken des § 218 Abs. 2 grundsätzlich eine verfahrensrechtliche Pflicht zur Planrücknahme binnen angemessener Frist trifft.

III. Zeitliche Grenze einer Planrücknahme

Dass eine Planrücknahme durch den Planvorlegenden grundsätzlich zulässig ist (ggf. ist dieser sogar zu einer Rücknahme verpflichtet, vgl. soeben RdNr. 146), bedeutet nicht, dass

---

[180] Vgl. *Nerlich/Römermann/Braun* § 240 RdNr. 8; HK-*Flessner* § 240 RdNr. 5.
[181] Ebenso die ganz **hL**. Vgl. *Schiessler*, Der Insolvenzplan, 1997, S. 152 f.; *Bork*, Verfahrenshürden beim Insolvenzplan, in *Henckel/Kreft* (Hrsg.), Insolvenzrecht 1998, 1999, S. 111, 119; HK-*Flessner* § 240 RdNr. 12; *Kübler/Prütting/Otte* § 218 RdNr. 48, 48 a; *Nerlich/Römermann/Braun* § 235 RdNr. 15; *Uhlenbruck/Lüer* § 218 RdNr. 54; *Happe*, Die Rechtsnatur des Insolvenzplans, 2004, S. 225 f. AA *Häsemeyer*, Insolvenzrecht, 3. Aufl. 2003, RdNr. 28.30. Widersprüchlich *Smid/Rattunde*, Der Insolvenzplan, 1. Aufl. 1998, RdNr. 635 (Rücknahme ausgeschlossen), einerseits und *Smid/Rattunde* InsO § 218 RdNr. 18 (Rücknahme bis zur rechtskräftigen Bestätigung zulässig), andererseits.
[182] So jetzt auch *Kübler/Prütting/Otte* § 218 RdNr. 48 a.
[183] So *Schiessler*, Der Insolvenzplan, 1997, S. 153.
[184] Pflichtwidriges (weil gegen § 218 Abs. 2 verstoßendes) Verhalten des „Planbeauftragten" bleibt folglich nicht unsanktioniert, die Pflicht aus § 218 Abs. 2 läuft also nicht leer.

§ 218   148   6. Teil. 1. Abschnitt. Aufstellung des Plans

sie zeitlich unbegrenzt zulässig sein müsste. Der gesetzlichen Regelung des Insolvenzplanverfahrens lässt sich insoweit lediglich entnehmen, dass der Gesetzgeber sie jedenfalls noch nach der öffentlichen Bekanntmachung des Erörterungstermins für zulässig hält (arg. § 231 Abs. 2 Alt. 3). Da auch der Erörterungs- und Abstimmungstermin (§ 235 Abs. 1 Satz 1) bzw. – bei der Bestimmung eines gesonderten Abstimmungstermins gem. § 241 Abs. 1 – der Erörterungstermin auf der einen und der Abstimmungstermin auf der anderen Seite (besondere) Gläubigerversammlungen sind, wird man weitergehend aus § 157 Satz 2 und Satz 3 jedenfalls für einen derivativen Plan (zum Begriff vgl. RdNr. 14, zu den Arten derivativer Pläne vgl. RdNr. 14 ff., 103 ff.) eine Rücknahmemöglichkeit jedenfalls auch noch zu irgendeinem Zeitpunkt **während des Abstimmungstermins** anzuerkennen haben,[185] und etwas anderes kann kaum für Pläne gelten, die ein Planvorlageberechtigter aus eigenem Recht vorgelegt hat (originäre Pläne, zum Begriff vgl. RdNr. 24, zu den Arten originärer Pläne vgl. RdNr. 24 ff., 65 ff., 101 f.): Ein einleuchtender Grund für eine unterschiedliche Behandlung derivativer und originärer Pläne ist nicht ersichtlich. Auf der anderen Seite ist die Rücknahme eines vorgelegten Plans **nach seiner rechtskräftigen gerichtlichen Bestätigung bzw. deren Versagung** sicherlich nicht mehr möglich:[186] Mit der formellen Rechtskraft der gerichtlichen Entscheidung **endet** das auf Schaffung eines wirksamen Insolvenzplans gerichtete Planverfahren, und es treten – im Falle der Planbestätigung – die im Plan vorgesehenen Gestaltungswirkungen ein, § 254 Abs. 1 Satz 1 (zu einer etwaigen Planüberwachung kommt es erst nach Aufhebung des Insolvenzverfahrens, § 260 Abs. 2). Fraglich kann also nur sein, zu welchem Zeitpunkt **zwischen** dem Beginn des Abstimmungstermins auf der einen und der Rechtskraft der gerichtlichen Bestätigungsentscheidung auf der anderen Seite eine Planrücknahme unter dem Gesichtspunkt schutzwürdiger Interessen sonstiger Verfahrensbeteiligter (vgl. dazu RdNr. 142) oder aber auf Grund besonderer gesetzlicher Wertungen des Planverfahrens als ausgeschlossen angesehen werden muss.

148   Insoweit spricht vieles dafür, auf den **Beginn der Abstimmung der Gläubiger** im Abstimmungs- und Erörterungstermin oder in einem gesondert anberaumten Abstimmungstermin als Ausschlussgrund für eine bis zu diesem Zeitpunkt noch zulässige Planrücknahme abzustellen.[187] Dies gilt zunächst für alle nicht vom Schuldner originär vorgelegten Insolvenzpläne. Entsprechende Pläne kann die Gläubigerversammlung durch einen Negativauftrag (bei einem originären Verwalterplan, vgl. RdNr. 30) bzw. durch einen Beschluss, der einen ursprünglichen Planauftrag zurücknimmt (bei einem derivativen Insolvenzverwalter-, Sachwalter- oder Schuldnerplan, vgl. RdNr. 146), mit der in § 76 Abs. 2 vorgesehenen Mehrheit gem. § 157 Satz 2 und Satz 3 „stoppen". Zeichnet sich zu Beginn der Abstimmung über einen vorgelegten Plan ab, dass dieser Erfolg haben wird, so könnte über eine Mehrheitsentscheidung gem. § 76 Abs. 2 – die anders zustande kommen kann als eine Mehrheitsentscheidung gem. den §§ 244 ff.! – der gesetzlich vorgesehene Abstimmungsprozess konterkariert werden. Gläubiger, die in dem Verfahren gem. den §§ 244 ff. zu unterliegen drohen, sollen aber nach der Entscheidung des Gesetzgebers einen Plan nur noch dann zu Fall bringen können, wenn er sie voraussichtlich schlechter stellt als eine Insolvenzabwicklung ohne Plan (§ 251 Abs. 1 Nr. 2).[188]

---

[185] Zutr. *Schiessler,* Der Insolvenzplan, 1997, S. 152.
[186] Ebenso *Schiessler,* Der Insolvenzplan, 1997, S. 152.
[187] Ebenso die **hL,** aber mit teilweise abweichender Begründung. Vgl. *Schiessler,* Der Insolvenzplan, 1997, S. 152 f.; HK-*Flessner* § 240 RdNr. 12; *Nerlich/Römermann/Braun* § 235 RdNr. 17; *Happe,* Die Rechtsnatur des Insolvenzplans, 2004, S. 225 f. Ebenso für den Zwangsvergleich nach der KO *Jaeger/Weber* § 173 RdNr. 26 und *Kuhn/Uhlenbruck* § 174 RdNr. 4 sowie für den Vergleich nach der Vergleichsordnung *Bley/Mohrbutter* § 66 RdNr. 18. Weitergehend *Kübler/Prütting/Otte* § 218 RdNr. 48 b: Rücknahmemöglichkeit bis zur gerichtlichen Planbestätigung. Noch weitergehend *Uhlenbruck/Lüer* § 218 RdNr. 54: Rücknahmemöglichkeit bis zur Rechtskraft der Planbestätigung.
[188] Ließe man eine Planrücknahme noch **nach** der Abstimmung der Gläubiger zu, so käme noch hinzu, dass die Gläubiger über einen Beschluss gem. § 157 Satz 2 und Satz 3 über die Planrücknahme durch den mit der Planvorlage Beauftragten das Abstimmungsergebnis *ex post* wieder annullieren könnten, vgl. *Schiessler,* Der Insolvenzplan, 1997, S. 152 f.

Ähnliches gilt für einen vom Schuldner originär – d. h. außerhalb eines Gläubigerauftrags im Rahmen der Eigenverwaltung – vorgelegten Plan. Erkennt der Schuldner nach Beginn der Abstimmung, dass sein Plan von den Gläubigern aller Voraussicht nach abgelehnt werden wird, dann könnte er durch eine Planrücknahme verhindern, dass eine formell und materiell rechtskräftige Entscheidung über die Nichtbestätigung des Plans ergeht, mit der Folge, dass er denselben Plan später grundsätzlich erneut vorlegen könnte (vgl. RdNr. 117 ff., insbes. 120).[189] Mit Beginn der Abstimmung über einen Schuldnerplan haben die Gläubiger jedoch ein legitimes Interesse daran, dass über diesen Plan nunmehr auch verbindlich und – in den Grenzen der materiellen Rechtskraft einer versagenden Bestätigungsentscheidung – letztgültig befunden wird. Im Übrigen zeigt § 247 Abs. 2, dass auch der Schuldner einen Insolvenzplan im Abstimmungsprozess nur noch unter ganz bestimmten Voraussetzungen zu Fall bringen können soll. Wenn man einen Schuldnerwiderspruch bei einem originären Schuldnerplan sogar grundsätzlich für unzulässig hält (vgl. insoweit die Kommentierung zu § 247), so spricht dies erst recht gegen eine Rücknahmemöglichkeit nach Abstimmungsbeginn.

Im Ergebnis ist die Rücknahme eines vorgelegten Plans damit unabhängig von der Person des Planvorlegenden bis zum Beginn der Abstimmung der Gläubiger über den Plan zulässig. Dieser Zeitpunkt liegt im unmittelbaren Vorfeld des Zeitpunktes, zu dem der erste Akt gesetzt wird, der materiellrechtlich für das Zustandekommen eines Insolvenzplans als mehrseitiger Vertrag zwischen dem Schuldner und seinen Gläubigern über die Verwertung des haftenden Schuldnervermögens entscheidend ist. Das Angebot zum Abschluss dieses Vertrags liegt nämlich – unabhängig davon, wer den Plan vorgelegt hat – in dem positiven Votum der Gläubiger gem. den §§ 244 ff. (vgl. dazu § 217 RdNr. 26 ff.).

IV. Planrücknahmeberechtigte Person(en)

Die Planrücknahme ist der *actus contrarius* der Planvorlage. Demzufolge kann ein bestimmter Plan grundsätzlich immer nur von **derjenigen Person** (denjenigen Personen) zurückgenommen werden, **die ihn vorgelegt hat** (haben). Keinerlei Probleme wirft dies in Fällen auf, in denen der Insolvenzverwalter oder – bei einer angeordneten Eigenverwaltung – der Sachwalter einen bestimmten Plan vorgelegt hat. Unproblematisch ist auch die Rücknahmebefugnis bei einem von dem Schuldner vorgelegten Plan, sofern dieser eine natürliche Person ist. Zweifelhaft kann allerdings im Einzelfall sein, wer bei einer Planvorlage durch den Schuldner rücknahmeberechtigt ist, wenn es sich bei diesem um eine juristische Person oder eine Gesellschaft ohne Rechtspersönlichkeit handelt. Ebenso wie bei der Planvorlage kommt es auch bei der Rücknahme darauf an, zu vermeiden, dass schuldnerinterne Streitigkeiten über das optimale Vorgehen im Insolvenzfall nach außen getragen werden (vgl. RdNr. 75). Planrücknahmeberechtigt sind deshalb nur alle vertretungsberechtigten Mitglieder des Vertretungsorgans gemeinsam bzw. alle vertretungsberechtigten persönlich haftenden Gesellschafter gemeinsam (vgl. RdNr. 75). Dies muss auch dann gelten, wenn sich der insoweit **maßgebliche Personenkreis zwischen Planvorlage und -rücknahme geändert** hat, etwa auf Grund der Bestellung eines neuen Vorstandsmitglieds oder aber eines Gesellschafterwechsels. Entsprechend den Regeln über das Planvorlagerecht ist auch das Planrücknahmerecht im Rahmen eines Insolvenzverfahrens über ein Sondervermögen zu beurteilen (vgl. RdNr. 82 ff.).

V. Form der Planrücknahme und Zugangserfordernis

Für die Form der Planrücknahme gelten die Regeln über die Form der Planvorlage entsprechend (vgl. RdNr. 139). Die Planrücknahme muss also durch eine schriftliche, eigenhändig unterschriebene Erklärung erfolgen. Sie muss dem Insolvenzgericht zugehen. Für die Folgen eines Verstoßes gegen diese Anforderungen vgl. RdNr. 183 f.

---

[189] Darin liegt – entgegen *Schiessler*, Der Insolvenzplan, 1997, S. 153 – durchaus ein Vorteil für den Schuldner.

VI. Planänderung

153 Aus der Zulässigkeit einer Planrücknahme bis zum Beginn des Abstimmungsprozesses im Abstimmungstermin scheint *a maiore ad minus* zu folgen, dass auch eine Planänderung jedenfalls bis zu diesem Zeitpunkt grundsätzlich zulässig sein müsste. Denn wenn es möglich ist, einen Plan ganz zurückzuziehen, warum sollte es dann nicht möglich sein, ihn zu ändern und damit partiell zurückzuziehen? Ein entsprechender Schluss von der Zulässigkeit einer Planrücknahme auf die Zulässigkeit einer Planänderung wäre jedoch voreilig. Denn anders als bei einer Planrücknahme, durch die ein ursprünglich vorgelegter Plan als Verfahrensgegenstand annulliert wird, bewirkt eine Planänderung lediglich eine Veränderung des ursprünglichen Verfahrensgegenstands. Dadurch wird die Gefahr begründet, dass **verfahrensrechtliche Sicherungen**, die die „Richtigkeitsgewähr" eines vorgelegten Plans erhöhen sollen, unterlaufen werden. Zu diesen verfahrensrechtlichen Sicherungen innerhalb des Insolvenzplanverfahrens gehören vor allem die §§ 231 und 232.

154 **1. Änderungen des gestaltenden Teils.** Ob und in welchem Umfang ein einmal vorgelegter Plan nachträglich geändert werden kann, ist demzufolge zum einen unter Berücksichtigung der mit den Vorschriften des Insolvenzplanverfahrens verfolgten verfahrensrechtlichen Sicherungszwecke, zum anderen aber auch unter Berücksichtigung etwaiger Spezialregelungen des Insolvenzplanverfahrens über die Befugnis zur Planänderung zu beurteilen. Insoweit ist vor allem die in **§ 240 Satz 1** getroffene Regelung von Bedeutung. Danach ist ein Planvorlegender berechtigt, einzelne Regelungen des Insolvenzplans auf Grund der Erörterung in dem Erörterungs- und Abstimmungstermin zu ändern. Der Begriff „Regelungen" macht deutlich, dass sich die Vorschrift auf den **gestaltenden Teil** eines Plans bezieht. Mittelbar wird aber auch eine Aussage über Änderungen bzgl. des darstellenden Teils getroffen. Denn soweit der gestaltende Teil geändert werden kann, müssen auch die ihn stützenden Erwägungen im darstellenden Teil geändert werden können (zu isolierten Änderungen des darstellenden Teils vgl. RdNr. 161).[190]

155 Der wesentliche Zweck des § 240 Satz 1 liegt in einer Verfahrensbeschleunigung für den Fall, dass sich in den Verhandlungen während des Erörterungstermins herausstellt, dass der vorgelegte Plan derzeit zwar nicht mehrheitsfähig ist, bei einer Änderung einzelner Regelungen des gestaltenden Teils jedoch mehrheitsfähig wäre (vgl. vor § 217 RdNr. 53). Die Alternative zu einer Planänderung läge nämlich in einer Planrücknahme und der Vorlage eines neuen Plans. Damit aber wäre eine unter Umständen erhebliche Verfahrensverzögerung verbunden. Andererseits müssen die **Planstruktur** und die **Planübersichtlichkeit** erhalten bleiben, damit die verfahrensrechtlichen Sicherungen der §§ 231 und 232 nicht unterlaufen werden und die Gläubiger nicht über einen Plan abstimmen müssen, den sie überhaupt noch nicht oder nur unzureichend kennen (vgl. auch RdNr. 157).[191]

156 **a) Grundsätzliche Zulässigkeit von Änderungen.** Im Lichte dieser Überlegungen ist eine **Änderung einzelner Regelungen des gestaltenden Teils** (und der sie stützenden Erwägungen im darstellenden Teil) nicht nur nach der Planerörterung im Erörterungs- und Abstimmungstermin, sondern auch bereits **zu jedem Zeitpunkt nach der Vorlage des Insolvenzplans** bis zum Beginn der Abstimmung über den vorgelegten Plan für **zulässig** zu erachten. Ebenso, wie sich ein Planänderungsbedarf nach den Erörterungen im Erörterungs- und Abstimmungstermin ergeben kann, kann er sich natürlich auch z. B. bereits nach Eingang der gem. § 232 eingeholten Stellungnahmen zu dem vorgelegten Plan ergeben,[192] und wenn der Gesetzgeber eine Änderung einzelner Planregelungen sogar noch in einem Verfahrensstadium für zulässig erklärt, in dem die Planvorprüfung durch das Insolvenzgericht

---

[190] Vgl. HK-*Flessner* § 240 RdNr. 4.
[191] Vgl. *Nerlich/Römermann/Braun* § 240 RdNr. 8; HK-*Flessner* § 240 RdNr. 5. Enger *Smid* InVo 2000, 1, 4, der jede Planänderung, die eine (zusätzliche) Belastung bestimmter Gläubiger bewirkt, für unzulässig hält (mit § 240 nicht zu vereinbaren).
[192] Vgl. *Kübler/Prütting/Otte* § 218 RdNr. 47.

gem. § 231 längst erfolgt und die nach § 232 einzuholenden Stellungnahmen bereits abgegeben sind, dann muss eine entsprechende Änderung einzelner Planvorschriften erst recht in einem früheren Verfahrensstadium möglich sein, zu dem die entsprechenden verfahrensrechtlichen Sicherungen ggf. noch „greifen". Für die erforderliche Form einer Planänderung gelten die Überlegungen zu der bei einer Planvorlage einzuhaltenden Form entsprechend (vgl. RdNr. 139).

b) Grenzen zulässiger Änderungen. Aus der in § 240 Satz 1 getroffenen Regelung lässt sich nicht nur die grundsätzliche Zulässigkeit von Planänderungen ableiten. § 240 Satz 1 i. V. m. der in § 218 Abs. 3 zum Ausdruck kommenden Wertentscheidung zeigt auch, dass eine Änderung von **mehr als nur einzelner Planregelungen** nicht nur nach den Erörterungen im Erörterungs- und Abstimmungstermin, sondern **zu jedem Zeitpunkt nach der Vorlage des Insolvenzplans** bis zum Beginn der Abstimmung über den vorgelegten Plan **unzulässig** ist.[193] Zwar kann beispielsweise § 232 seinen Zweck auch noch erfüllen, wenn der Planvorlegende wesentliche Planänderungen nach der Vorprüfung durch das Insolvenzgericht (§ 231), aber vor der Abgabe der Stellungnahmen durch die in § 232 genannten Personen bzw. Institutionen vornimmt. Aber der Sicherungszweck der Vorprüfung (§ 231) würde dadurch unterlaufen. Ferner würde für den Fall, dass wesentliche Änderungen unmittelbar nach der Planvorlage vorgenommen werden, jedenfalls der in § 218 Abs. 3 angeordnete Mitwirkungsprozess bei der Planausarbeitung partiell entwertet. Dass die in § 218 Abs. 3 genannten Personen bzw. Institutionen in einem späteren Verfahrensstadium gem. § 232 die Möglichkeit haben, zu dem (geänderten) Plan Stellung zu nehmen, ist dafür kein gleichwertiger Ersatz, weil wesentliche Planänderungen nach der Vorprüfung gem. § 231 jedenfalls nicht mehr möglich sind. Keinesfalls kann aus der Existenz eines Planmangels auf die Möglichkeit bzw. Zulässigkeit einer Planänderung zur Mangelbehebung geschlossen werden. § 231 Abs. 1 Nr. 1 verpflichtet im Gegenteil das Insolvenzgericht zur sofortigen Planzurückweisung von Amts wegen, sofern ein Planmangel nicht behebbar ist. Dies ist der Fall, wenn eine Mangelbehebung die Änderung von mehr als nur einzelner Planregelungen erfordern würde.

Eine Befugnis zur Änderung von mehr als nur einzelner Planregelungen lässt sich bei derivativen Plänen auch nicht mittelbar aus § 157 Satz 3 i. V. m. § 157 Satz 2 ableiten. Zwar besitzt die Gläubigerversammlung nach diesen Vorschriften die Kompetenz, eine ursprünglich für einen Insolvenzplan gemachte **Zielvorgabe** später wieder zu revidieren (z. B. in dem Sinne, dass ein notleidendes Unternehmen nunmehr plangemäß nicht saniert, sondern liquidiert werden soll). Wenn eine solche Korrektur erfolgt, hat dies jedoch nicht zur Folge, dass der Planvorlegende nunmehr den Plan – entsprechend der geänderten Zielvorgabe – grundlegend ändern dürfte. Die Gesetz gewordene Fassung des § 240, welche die Befugnis zur nachträglichen Planänderung mit guten Gründen (vgl. RdNr. 155, 157) auf einzelne Regelungen beschränkt, geht auf eine entsprechende Beschlussempfehlung des Rechtsausschusses zurück.[194] Dabei wurde übersehen, § 157 Satz 2 und Satz 3 mit der geänderten Fassung des § 240 abzustimmen. Die dadurch entstandene Unstimmigkeit ist dahingehend aufzulösen, dass ein Beschluss der Gläubigerversammlung gem. § 157 Satz 3 i. V. m. § 157 Satz 2 bzgl. der nachträglichen Zieländerung für einen derivativen Plan den Planvorlegenden entsprechend dem Rechtsgedanken des § 218 Abs. 2 zur Zurücknahme des ursprünglich vorgelegten Plans und gleichzeitig in unmittelbarer Anwendung von § 218 Abs. 2 zur Ausarbeitung und Vorlage eines neuen Plans entsprechend der geänderten Zielsetzung verpflichtet (vgl. insoweit auch RdNr. 146). Damit wird zum einen dem in § 157 zum Ausdruck kommenden Prinzip der Gläubigerautonomie Rechnung getragen, zum anderen

---
[193] Unrichtig deshalb *Maus* in K. *Schmidt/Uhlenbruck* (Hrsg.), Die GmbH in Krise, Sanierung und Insolvenz, 3. Aufl. 2003, RdNr. 1651 („Praktisch kann im Erörterungstermin ein mehr oder weniger neuer Plan vorgelegt werden.").
[194] Vgl. BT-Drucks. 12/7302, S. 103, 183. Nach § 284 Abs. 1 Satz 1 des RegE (vgl. BT-Drucks. 12/2443, S. 54) war die Änderungsbefugnis nicht auf einzelne Planregelungen beschränkt: „Der Vorlegende ist berechtigt, den Insolvenzplan auf Grund des Erörterungstermins inhaltlich zu ändern."

aber auch gewährleistet, dass eine grundlegende Planumgestaltung nur auf einem Wege möglich ist, der die verfahrensrechtlichen Sicherungen der §§ 218 Abs. 3, 231 und 232 einhält.

159 Welches danach noch zulässige Änderungen einzelner Planregelungen, und welches unzulässige Planänderungen sind, lässt sich nur unter Berücksichtigung der Umstände des jeweiligen Einzelfalls entscheiden (vgl. die Kommentierung zu § 240). Dass nur einzelne Regelungen geändert werden dürfen, bedeutet nicht, dass diese Änderungen nicht substantiell (wesentlich) sein können.[195] Zulässig dürften deshalb z. B. Quotenänderungen oder aber die Aufteilung einer Gläubigergruppe in zwei selbständige Untergruppen sein (vgl. auch § 222 RdNr. 43).[196] Unzulässig wären demgegenüber z. B. die Änderung des Planziels oder eine umfassende Gruppenneubildung.[197] Der Verdacht einer unzulässigen Planänderung liegt vor allem dann nahe, wenn der Schuldner nach der Bekanntmachung des Erörterungstermins Planänderungen vornimmt: Ein neuer Schuldnerplan (nach Rücknahme des alten) unterläge nämlich – anders als ein lediglich geänderter Plan – dem Zurückweisungsrisiko des § 231 Abs. 2.

160 **c) Pflicht zur Planänderung.** Ebenso wie eine Pflicht zur Planrücknahme (vgl. RdNr. 146) kommt bei einem derivativen Plan ggf. auch eine Pflicht zur Planänderung in Betracht. Ändert die Gläubigerversammlung gem. § 157 Satz 3 i. V. m. § 157 Satz 2 allerdings eine ursprünglich gemachte Zielvorgabe für einen Insolvenzplan, so wird dadurch nach dem soeben Ausgeführten (vgl. RdNr. 158) keine Pflicht zur Planänderung im eigentlichen Sinne, sondern eine Pflicht zur Rücknahme des ursprünglich vorgelegten und gleichzeitig eine Pflicht zur Ausarbeitung und Vorlage eines der geänderten Zielvorgabe Rechnung tragenden, neuen Plans begründet. Auch sonst sind Konstellationen, in denen bei einem derivativen Plan eine Pflicht zur Planänderung im eigentlichen Sinne entstehen könnte, wohl nicht vorstellbar. Denn dafür müsste die Gläubigerversammlung gem. § 157 Satz 3 i. V. m. § 157 Satz 2 die Befugnis haben, dem Planvorlegenden einzelne inhaltliche Planregelungen zu diktieren. Diese Befugnis aber besitzt sie nicht (vgl. RdNr. 15 f., 17 ff.).

161 **2. Isolierte Änderungen des darstellenden Teils und Änderungen/Ergänzungen von Plananlagen.** Von Änderungen des gestaltenden Teils eines Plans und korrespondierenden Änderungen in den die entsprechenden Regelungen stützenden Erwägungen im darstellenden Teil zu unterscheiden sind isolierte Änderungen im darstellenden Teil sowie Änderungen bzw. Ergänzungen von Plananlagen. Beispielhaft genannt für isolierte Änderungen des darstellenden Teils seien etwa die nachträgliche Beifügung von Vergleichsrechnungen mit einer Insolvenzabwicklung ohne Plan oder aber die nachträgliche Erläuterung einer Gruppenabgrenzung gem. § 222 Abs. 2 Satz 3. Beispielhaft genannt für Änderungen bzw. Ergänzungen von Plananlagen seien etwa die nachträgliche Beifügung von Erklärungen gem. § 230 Abs. 1 oder Abs. 2. Entsprechende Änderungen oder Ergänzungen lassen die Planstruktur und -übersichtlichkeit immer unberührt, da für diese lediglich maßgeblich ist, was im gestaltenden Teil an Regelungen getroffen wurde. Aus diesem Grund sind isolierte Änderungen des darstellenden Teils sowie Änderungen oder Ergänzungen von Plananlagen bis zum Beginn der Abstimmung über den Plan grundsätzlich immer zulässig.[198]

---

[195] Zutr. *Braun* in: *Braun/Uhlenbruck*, Unternehmensinsolvenz, 1997, S. 633 f.; *Riggert* WM 1998, 1521 Fn. 6; *Bork*, Verfahrenshürden beim Insolvenzplan, in *Henckel/Kreft* (Hrsg.), Insolvenzrecht 1998, 1999, S. 111, 119.

[196] Vgl. *Bork*, Verfahrenshürden beim Insolvenzplan, in *Henckel/Kreft* (Hrsg.), Insolvenzrecht 1998, 1999, S. 111, 119. AA *Smid* InVo 2000, 1, 4, betr. belastende Quotenänderungen.

[197] Vgl. *Kübler/Prütting/Otte* § 240 RdNr. 3 (Unzulässigkeit der Änderung des ganzen Plans, seines Kerns oder seiner Zielsetzung); *Bork*, Verfahrenshürden beim Insolvenzplan, in *Henckel/Kreft* (Hrsg.), Insolvenzrecht 1998, 1999, S. 111, 119 (Unzulässigkeit der Änderung des Planziels oder einer umfassenden Gruppenneubildung).

[198] Vgl. auch *Henckel*, Der Insolvenzplan, 1999 (noch unveröffentlichtes Manuskript), der davon spricht, dass eine Fortführungserklärung nach § 230 Abs. 1 noch bis zur Abstimmung über den Plan abgegeben werden könne.

3. Planänderung und nachträgliche Planergänzung. Von der Zulässigkeit bzw. Un- 162
zulässigkeit einer Planänderung im Vorfeld des rechtswirksamen Zustandekommens eines
Plans zu unterscheiden ist die Frage, ob und ggf. unter welchen Voraussetzungen ein
Insolvenzplan möglicherweise **nach seiner rechtskräftigen Bestätigung** durch einen
weiteren Plan im Rahmen desselben Insolvenzverfahrens **ergänzt** werden kann. Gegen
dieses Vorgehen ist nichts einzuwenden, sofern der ergänzende Plan in dem durch die
§§ 217 ff. vorgegebenen Verfahren vorgelegt und verabschiedet wird.[199]

4. Planänderung und nachträgliche Plananpassung. Von der Zulässigkeit bzw. Un- 163
zulässigkeit einer Planänderung im Vorfeld des rechtswirksamen Zustandekommens eines
Plans ebenfalls zu unterscheiden ist die Frage, ob und ggf. unter welchen Voraussetzungen
ein Insolvenzplan möglicherweise **nach seiner rechtskräftigen Bestätigung** auf Grund
von **Änderungs- oder Anpassungsklauseln im Plan** geändert werden kann. Der Schutzzweck des § 240 Satz 1 – die Gläubiger sollen nicht über einen Plan abstimmen müssen, den
sie nicht oder nur unzureichend kennen (vgl. RdNr. 155) – steht einer entsprechenden
Änderungsmöglichkeit nicht entgegen. Ihre Zulässigkeit ist nach den allgemein für zulässige
Planinhalte geltenden Regeln zu beurteilen (vgl. § 217 RdNr. 53, § 221 RdNr. 57).

N. Verzicht auf das Planvorlagerecht und rechtsmissbräuchliche Ausübung des Planvorlagerechts

I. Verzicht auf das Planvorlagerecht

Die in § 218 getroffene und durch die §§ 157 und 284 ergänzte Regelung des Plan- 164
vorlagerechts begründet eine verfahrensrechtliche Befugnis des jeweils Planvorlageberechtigten (Insolvenzverwalter, Schuldner, ggf. Sachwalter). Soweit es sich dabei um ein **originäres
Planvorlagerecht** handelt (zur Terminologie vgl. RdNr. 24, zum originären Planvorlagerecht des Insolvenzverwalters vgl. RdNr. 24 ff., zum originären Planvorlagerecht des Schuldners vgl. RdNr. 65 ff.), kann jedenfalls der **Schuldner** durch eine schriftliche Erklärung
gegenüber dem Insolvenzgericht (arg. § 218 Abs. 1 Satz 1) auf dieses Recht **verzichten**.[200]
Das originäre Planvorlagerecht des Schuldners ist ein Instrument, mit dem dieser seinen
subjektiven Vorstellungen über eine optimale Insolvenzabwicklung Gestalt verleihen und
seine persönlichen Abwicklungsinteressen fördern kann. Es mag für den Schuldner gute
Gründe geben, seinen Gläubigern zu signalisieren, dass er von diesem Instrument keinen
Gebrauch machen möchte (etwa weil er diese zu bestimmten Zugeständnissen bewegen will,
die er nur erhält, wenn er seinerseits auf bestimmte Vorteile, die ihm das Insolvenzverfahren
bietet, verzichtet). Dass der Gesetzgeber der InsO das originäre Planvorlagerecht des Schuldners (paternalistisch) als unverzichtbar ausgestalten wollte, kann gerade angesichts dieser
Interessenlage des Schuldners nicht angenommen werden.

Eine andere Frage ist, ob und ggf. unter welchen Voraussetzungen ein verfahrensrecht- 165
licher Verzicht des Schuldners auf das Planvorlagerecht pflichtwidrig wäre und Sanktionen
nach sich zöge. Wie bereits gesehen, können beispielsweise die Geschäftsleiter einer Kapitalgesellschaft auf Grund ihrer Organstellung gesellschaftsrechtlich zur Vorlage eines Insolvenzplans verpflichtet sein (vgl. RdNr. 136). Sofern dies der Fall ist, liegt in einem verfahrensrechtlichen Verzicht auf das Planvorlagerecht eine zum Schadensersatz verpflichtende Verletzung gesellschaftsrechtlicher Pflichten.

Unter welchen Voraussetzungen man davon ausgehen kann, dass der Schuldner auf sein 166
originäres Planvorlagerecht verzichtet (hat), hängt von den Umständen des jeweiligen
Einzelfalls ab. Nahe liegt dies insbesondere dann, wenn er eine explizite Verzichtserklärung

---
[199] Für ein praktisches Beispiel vgl. AG Frankfurt/Oder DZWIR 2006, 87. Ebenso in diesem Punkt *Happe*, Die Rechtsnatur des Insolvenzplans, 2004, S. 260.
[200] Zweifelnd *Nerlich/Römermann/Braun* § 218 RdNr. 72.

abgibt. In der **Rücknahme** eines vorgelegten Plans (dazu RdNr. 141 ff.) liegt demgegenüber im Zweifel **kein Verzicht** auf das originäre Planvorlagerecht. Der Erklärungswert einer Rücknahme erschöpft sich vielmehr regelmäßig darin, dass die Vorlage eines bestimmten Plans rückgängig gemacht werden soll.

167 Etwas anderes als für das originäre Planvorlagerecht des Schuldners muss für das **originäre Planvorlagerecht** des **Verwalters** gelten. Ebenso wie den Schuldner kann auch den Verwalter unter bestimmten Voraussetzungen ausnahmsweise eine **Planvorlagepflicht** treffen: Ihre Rechtsgrundlage sind die §§ 1 Satz 1, 60 Abs. 1, 159 (vgl. RdNr. 137). Diese Rechtsgrundlage ist also ebenso wie diejenige des Planvorlagerechts eine **insolvenzverfahrensrechtliche**. Könnte der Verwalter auf sein originäres Planvorlagerecht verzichten, dann könnte er sich selbst von einer ihn ausnahmsweise treffenden und im Interesse der Gläubiger liegenden insolvenzverfahrensrechtlichen Pflicht dispensieren. Eine entsprechende Kompetenz wäre mit seiner durch die InsO geregelten, treuhänderischen Rechtsstellung nicht zu vereinbaren. Dass der Verzicht auf das Planvorlagerecht – so er denn wirksam wäre – seinerseits als eine pflichtwidrige und damit gem. § 60 Abs. 1 Satz 1 zum Schadensersatz verpflichtende Handlung anzusehen wäre, ist für die Möglichkeit einer Planvorlage insoweit kein adäquater Ersatz. Aus dem Gesamtzusammenhang der insolvenzrechtlichen Normen ist vielmehr abzuleiten, dass ein Verzicht des Verwalters auf sein originäres Planvorlagerecht nicht möglich ist.[201]

168 Ähnliche Erwägungen führen dazu, auch den Verzicht auf das **derivative Planvorlagerecht** des Insolvenzverwalters bzw. – in Eigenverwaltungsfällen – des Schuldners oder des Sachwalters (zur Terminologie vgl. RdNr. 14, zum derivativen Planvorlagerecht des Insolvenzverwalters vgl. RdNr. 14 ff., zum derivativen Planvorlagerecht des Schuldners oder des Sachwalters bei der Eigenverwaltung vgl. RdNr. 103 ff.) als unwirksam anzusehen.[202] Der jeweils Planvorlageberechtigte wäre sonst in der Lage, sich seiner aus § 218 Abs. 2 (zur analogen Anwendung der Vorschrift im Rahmen einer derivativen Planvorlage des Schuldners oder Sachwalters vgl. RdNr. 106, 108) folgenden, **insolvenzverfahrensrechtlichen Pflicht** zur Planvorlage binnen angemessener Frist zu entziehen. Dass sich auch die Gläubigerversammlung als Planauftraggeber im Hinblick auf die Ausübung ihres Auftragsrechts nicht selbst binden kann, folgt aus § 157 Satz 3, der ihr das Recht gibt, eine einmal gem. § 157 Satz 2 getroffene Entscheidung nachträglich wieder zu ändern.

II. Rechtsmissbräuchliche Ausübung des Planvorlagerechts

169 Als Prozesshandlung steht die Vorlage eines Insolvenzplans unter dem Vorbehalt des **Rechtsmissbrauchs:** Ein Beteiligter, der das ihm zustehende Planvorlagerecht in einer gegen Treu und Glauben verstoßenden Weise gebraucht, kann dieses Planvorlagerecht nicht für sich in Anspruch nehmen.[203] Eine gewisse praktische Bedeutung könnte die Anwendung der Grundsätze über die rechtsmissbräuchliche Ausübung verfahrensrechtlicher Befugnisse im Hinblick auf das **originäre Planvorlagerecht** des **Schuldners** erlangen. Anerkanntermaßen liegt nämlich in der Ausübung einer verfahrensrechtlichen Befugnis insbesondere dann ein Missbrauch, wenn sie allein zu Zwecken der **Verfahrensverschleppung** erfolgt.[204] Es ist beispielsweise vorstellbar, dass der Schuldner „Plan um Plan" vorlegt, um gem. § 233 eine Aussetzung der Verwertung und Verteilung der Insolvenzmasse zu erreichen, nachdem er den jeweiligen „Vorgängerplan" jeweils kurz vor der öffentlichen Bekanntmachung des Erörterungstermins zurückgenommen hat. Die verfahrensrechtliche Zurückweisungsbefugnis des Insolvenzgerichts gem. § 231 Abs. 2 greift in diesem Fall nicht ein, und auch eine analoge Anwendung der Vorschrift kommt auf Grund des Fehlens einer planwidrigen Regelungslücke nicht in Betracht. Andererseits wird man dem aus § 231 Abs. 2 ableitbaren

---

[201] Ebenso im Ergebnis *Nerlich/Römermann/Braun* § 218 RdNr. 72.
[202] Ebenso im Ergebnis *Nerlich/Römermann/Braun* § 218 RdNr. 72.
[203] Vgl. dazu allg. *Stein/Jonas/Leipold* vor § 128 RdNr. 294.
[204] Vgl. dazu allg. *Stein/Jonas/Leipold* vor § 128 RdNr. 294.

Umkehrschluss (keine Zurückweisungsbefugnis bei Rücknahme des vorherigen Plans vor Bekanntmachung des Erörterungstermins) keinen so weitgehenden Regelungsgehalt entnehmen können, dass damit auch die Anwendung der allgemeinen verfahrensrechtlichen Grundsätze über die missbräuchliche Ausübung von Verfahrensbefugnissen verdrängt sein soll. Abhängig von den Umständen des jeweiligen Einzelfalls ist daher eine Anwendung dieser Grundsätze auf sequentiell vorgelegte Schuldnerpläne mit ausschließlich dilatorischer Zielsetzung zu erwägen.

O. Wirksamkeit und Wirkungen einer Planvorlage/Planrücknahme

I. Wirksamkeit einer Planvorlage

1. Inhaltliche Planmängel und Verstöße gegen das Planvorlagerecht. Die Wirksamkeit der Vorlage eines Insolvenzplans richtet sich nach den für Verfahrenshandlungen allgemein geltenden Regeln, die durch die §§ 217 ff. als *leges speciales* ggf. ergänzt oder verdrängt werden (vgl. RdNr. 10). Das bedeutet zunächst, dass **inhaltliche Planmängel** und **Verstöße gegen das Planvorlagerecht** die Wirksamkeit eines vorgelegten Plans nicht berühren, sondern lediglich zu seiner Fehlerhaftigkeit und ggf. auch seiner Zurückweisung führen. Dies ergibt sich aus § 231 Abs. 1 Nr. 1, der voraussetzt, dass ein Plan, der an entsprechenden Mängeln leidet, zwar als Verfahrensgegenstand existent ist, jedoch im **Vorprüfungsverfahren** zurückgewiesen werden kann und ggf. muss. 170

Zu den Verstößen gegen das Planvorlagerecht gehören nicht nur die Planvorlage durch einen **nicht Planvorlageberechtigten** (z. B. die Planvorlage durch einen vorläufigen Insolvenzverwalter, vgl. dazu auch RdNr. 33, oder die Vorlage eines originären Plans durch den regulären Insolvenzverwalter, nachdem ein derivativer Plan in Auftrag gegeben und bereits vorgelegt wurde), sondern auch die unzulässige Vorlage mehrerer **Alternativpläne** (vgl. RdNr. 122 ff.) sowie die im Einzelfall **rechtsmissbräuchliche Ausübung** des Planvorlagerechts (vgl. RdNr. 169) oder die erneute Vorlage eines Insolvenzplans (bei unveränderter Tatsachenlage), der bereits einmal **rechtskräftig** gem. § 231 **zurückgewiesen** worden war bzw. dem rechtskräftig gem. §§ 248 ff. die **Bestätigung versagt** worden war (vgl. RdNr. 120).[205] Auch Verstöße gegen die **zeitlichen Grenzen** des Planvorlagerechts (vgl. dazu RdNr. 109 ff.) sind als Verstöße gegen das Recht zur Planvorlage i. S. v. § 231 Abs. 1 Nr. 1 zu behandeln. Pflichtverletzungen des Verwalters im Rahmen des **Mitwirkungsverfahrens** (§ 218 Abs. 3) sind schließlich ebenfalls gem. § 231 Abs. 1 Nr. 1 beachtlich, und zwar als Verstöße gegen das Recht zur Planvorlage bzw. – in dem Fall der unterlassenen Dokumentation der Auseinandersetzung mit den gem. § 218 Abs. 3 abgegebenen Stellungnahmen – als Verstoß gegen den vorgeschriebenen Planinhalt (vgl. zu den verfahrensrechtlichen Folgen RdNr. 54 ff.). 171

Verstöße gegen das Recht zur Planvorlage können aber nicht nur im Vorprüfungsverfahren, sondern auch im **Bestätigungsverfahren** gem. § 250 Nr. 1 beachtlich sein. Zu den Vorschriften über die **verfahrensmäßige Behandlung** des Insolvenzplans, deren Nichtbeachtung unter Umständen die Versagung der Bestätigung rechtfertigt, gehört nämlich auch die obligatorische Planzurückweisung eines vorgelegten Plans gem. § 231 Abs. 1 Nr. 1 bei einem Verstoß gegen § 218 (vgl. auch § 217 RdNr. 189). Eine Mangelbehebung i. S. v. § 250 Nr. 1 ist in diesem Verfahrensstadium ausgeschlossen, und zwar selbst dann, wenn man insoweit nicht auf den Verfahrensmangel (Verstoß gegen § 231 Abs. 1 Nr. 1), sondern auf den „dahinter liegenden" Vorlagemangel abstellen wollte: Planänderung und/oder -rücknahme sind nach Beginn der Abstimmung der Gläubiger ausgeschlossen (vgl. RdNr. 148 ff., 156 ff.), und eine Wiederholung der Abstimmung ist allenfalls dann zulässig, 172

---

[205] In den Fällen des § 231 Abs. 2 liegt demgegenüber kein Verstoß gegen das Planvorlagerecht i. S. v. § 231 Abs. 1 Nr. 1, sondern vielmehr ein besonderer Zurückweisungsgrund vor.

wenn das Insolvenzgericht im Zusammenhang mit dem Abstimmungsverfahren einen Fehler begangen hat, nicht aber mit dem Ziel, eine Planänderung und/oder -rücknahme zu ermöglichen (vgl. § 217 RdNr. 184). Ob der Mangel einen wesentlichen Punkt i. S. v. § 250 Nr. 1 betrifft, ist eine Frage des Einzelfalls. Angesichts der Bedeutung des Planvorlagerechts für das Insolvenzplanverfahren ist eine Nichtzurückweisung unter Verstoß gegen § 231 Abs. 1 Nr. 1 trotz Vorliegens eines der in RdNr. 171 aufgezählten Fehler im Zweifel wesentlich (für Fehler im Mitwirkungsverfahren gelten allerdings Besonderheiten, vgl. RdNr. 54 ff.).

173 Wird ein Insolvenzplan rechtskräftig bestätigt, dann werden etwaige Verstöße gegen das Planvorlagerecht durch die **rechtskräftige Bestätigung geheilt.** Entsprechende Verstöße können also nur im Rahmen der §§ 231 Abs. 1 Nr. 1 und 250 Nr. 1 geltend gemacht werden, vgl. § 217 RdNr. 192.

174 **2. Planvorlage durch „noch nicht" und durch „jetzt nicht mehr" Berechtigte.** Besondere Probleme können auftreten, sofern ein „noch nicht" Planvorlageberechtigter einen Insolvenzplan vorlegt bzw. ein „jetzt nicht mehr" Planvorlageberechtigter einen Insolvenzplan vorgelegt hat.

175 **a) Planvorlage durch „noch nicht" Berechtigte.** Im Hinblick auf eine Planvorlage durch „noch nicht" Berechtigte sind folgende Konstellationen denkbar: (1) Ein vorläufiger Insolvenzverwalter, der nach Verfahrenseröffnung zum Insolvenzverwalter ernannt wird, legt einen Insolvenzplan vor. (2) Bei einer angeordneten Eigenverwaltung legt der Sachwalter einen Insolvenzplan vor, kurze Zeit später wird er von der Gläubigerversammlung mit der Planausarbeitung beauftragt. (3) Der Schuldner legt einen Insolvenzplan vor, kurze Zeit später stellt er Insolvenzantrag.

176 In Fall (1) ist der vorgelegte Plan grundsätzlich gem. § 231 Abs. 1 Nr. 1 Alt. 1 zurückzuweisen, also auch dann, wenn die Ernennung des regulären Insolvenzverwalters der Entscheidung nach § 231 vorhergeht. Das Amt des vorläufigen Insolvenzverwalters ist ein anderes Amt als dasjenige eines regulären Insolvenzverwalters. Der vorlegende vorläufige Insolvenzverwalter kann den Mangel nach Insolvenzeröffnung nicht mehr beheben. Der reguläre Insolvenzverwalter kann ihn nicht beheben, weil er den Plan nicht vorgelegt hat.

177 Denkbar ist allerdings, dass der reguläre Insolvenzverwalter dem Insolvenzgericht gegenüber schriftlich erklärt, dass er sich den Plan des vorläufigen Verwalters zu eigen macht. In diesem Fall erschiene es formalistisch, den Plan des vorläufigen Verwalters zur Klarstellung gem. § 231 Abs. 1 Nr. 1 wegen dessen fehlender Planvorlageberechtigung zurückzuweisen, denjenigen des regulären Verwalters demgegenüber als neuen Verfahrensgegenstand zu behandeln, der allenfalls aus anderen der in § 231 Abs. 1 genannten Gründe zurückgewiesen werden könnte. Zutreffend erscheint vielmehr die Annahme, dass der ursprüngliche Plan (des vorläufigen Verwalters) nunmehr als Plan des regulären Verwalters aufrechterhalten werden kann. § 231 Abs. 1 Nr. 1 ist insoweit teleologisch zu reduzieren: Der Zweck der Vorschrift, das komplizierte Planverfahren bei fehlerhaften Plänen in einem frühen Stadium abzubrechen, trifft auf den Fall eines durch den regulären Verwalter aufrechterhaltenen Plans des vorläufigen Verwalters zumindest im Hinblick auf einen (ursprünglichen) Verstoß gegen § 218 Abs. 1 Satz 1 nicht zu.

178 Eine andere Frage ist, ob dieser Plan dann möglicherweise deshalb gem. § 231 Abs. 1 Nr. 1 scheitert, weil der Mitwirkungsprozess gem. § 218 Abs. 3 nicht ordnungsgemäß durchgeführt wurde. Von einer ordnungsgemäßen Durchführung wird man nur dann ausgehen können, wenn der vorläufige Verwalter vor der Planvorlage alle Pflichten erfüllt hat, die sonst der reguläre Verwalter gem. § 218 Abs. 3 erfüllen muss, vgl. auch RdNr. 39.

179 Ähnliches wie in Fall (1) gilt in Fall (2). Da ein Sachwalter niemals ein originäres Planvorlagerecht hat (vgl. RdNr. 102), ist ein von ihm aus eigenem Antrieb vorgelegter Plan grundsätzlich gem. § 231 Abs. 1 Nr. 1 Alt. 1 zurückzuweisen. Sofern der Sachwalter nach dem Planauftrag der Gläubigerversammlung dem Insolvenzgericht gegenüber schriftlich erklärt, dass er den Plan als derivativen Plan aufrechterhalten möchte, ist § 231 Abs. 1 Nr. 1

entsprechend teleologisch zu reduzieren. Unberührt bleibt eine mögliche Zurückweisung wegen einer Fehlerhaftigkeit des analog § 218 Abs. 3 durchzuführenden Mitwirkungsverfahrens (vgl. RdNr. 108, 178).

In Fall (3) ist eine Heilung gem. § 231 Abs. 1 Nr. 1 ohne weiteres möglich, sofern der Schuldner nach Insolvenzverfahrenseröffnung schriftlich gegenüber dem Insolvenzgericht erklärt, dass er an dem verfrüht vorgelegten Plan festhalten will (anders als dem vorläufigen Insolvenzverwalter und dem Sachwalter steht dem Schuldner ein originäres Planvorlagerecht an sich zu, nur nicht zu dem gewählten Zeitpunkt). Auch Probleme der Mitwirkung bei der Planaufstellung ergeben sich nicht, da § 218 Abs. 3 auf Schuldnerpläne nicht anwendbar ist.

b) Planvorlage durch „jetzt nicht mehr" Berechtigte. Im Hinblick auf eine Planvorlage durch „jetzt nicht mehr" Berechtigte sind folgende Konstellationen denkbar: (1) Ein Insolvenzverwalter oder – bei einer angeordneten Eigenverwaltung – ein Sachwalter oder der Schuldner legt einen derivativen Plan vor; nach der Planvorlage annulliert die Gläubigerversammlung den Planauftrag gem. § 157 Satz 3. (2) Der Insolvenzverwalter legt einen originären Plan vor; später wird er von der Gläubigerversammlung mit der Erstellung eines derivativen Plans beauftragt (Folge: das originäre Planvorlagerecht des Verwalters erlischt, vgl. RdNr. 28).

Der Wortlaut des § 218 Abs. 1 Satz 1 legt nahe, dass das Recht zur Planvorlage **bei der Planvorlage,** nicht aber auch noch danach bestehen muss. Abgestellt wird in § 218 Abs. 1 Satz 1 auf die Vorlage eines Insolvenzplans an das Insolvenzgericht, und es wird geregelt, wer zu dieser Vorlage berechtigt ist. Der Wegfall der Planvorlageberechtigung nach der Planvorlage führt also nicht zur Verfahrensfehlerhaftigkeit eines vorgelegten Plans. Allerdings hat die Annullierung eines Planauftrags durch die Gläubigerversammlung nach dem Rechtsgedanken des § 218 Abs. 2 zur Folge, dass den Planvorlegenden eine verfahrensrechtliche Pflicht zur Planrücknahme binnen angemessener Frist trifft (vgl. bereits RdNr. 146).

3. Sonstige Mängel der Planvorlage. Andere Mängel der Planvorlage als inhaltliche Planmängel und Verstöße gegen das Recht zur Planvorlage sind im Hinblick auf ihre Rechtsfolgen – da § 231 Abs. 1 Nr. 1 insoweit keine verdrängende Spezialregelung enthält – grundsätzlich nach allgemeinen verfahrensrechtlichen Regeln zu behandeln. Danach ist eine Insolvenzplanvorlage an das Insolvenzgericht (vgl. § 218 Abs. 1 Satz 1) nur wirksam, wenn der Insolvenzplan dem Insolvenzgericht **zugeht** (vgl. RdNr. 139).[206] Unwirksam ist auch ein nicht **schriftlich** abgefasster, sondern dem Insolvenzgericht nur mündlich vorgetragener Insolvenzplan (vgl. RdNr. 139).[207] Gleiches gilt schließlich für einen nicht **unterschriebenen** Plan.[208]

Eine unwirksame Planvorlage ist verfahrensrechtlich unbeachtlich. Gleichwohl dürfte § 231 Abs. 1 Nr. 1 mit der Maßgabe **analog** anzuwenden sein, dass das Insolvenzgericht berechtigt ist, die Unwirksamkeit durch Beschluss festzustellen, sofern eine Heilung des Unwirksamkeitsgrundes nicht in Betracht kommt oder diese nicht in angemessener Frist erfolgte. Eine Mangelbehebung ist von vornherein ausgeschlossen bei mündlich vorgetragenen oder nicht zugegangenen Plänen: Hier ist eine Neuvornahme erforderlich. Fehlt demgegenüber die Unterschrift, ist in den zeitlichen Grenzen einer zulässigen Planvorlage (vgl. RdNr. 109 ff.) eine Heilung möglich.[209] Ein entsprechender Effekt ist auch mit einer rechtskräftigen Planbestätigung verbunden, vgl. § 217 RdNr. 192.

II. Wirkungen einer Planvorlage

Die Vorlage eines Insolvenzplans setzt das **Insolvenzplanverfahren** in Gang. Das Insolvenzgericht hat den vorgelegten Plan anhand der Maßstäbe des § 231 Abs. 1 zu prüfen und bei nicht behebbaren oder in angemessener Frist nicht behobenen inhaltlichen Mängeln

---

[206] Vgl. Stein/Jonas/Leipold vor § 128 RdNr. 241 ff.; Thomas/Putzo/Reichold Einl. III RdNr. 12.
[207] Vgl. Stein/Jonas/Leipold vor § 128 RdNr. 236, 241; Thomas/Putzo/Reichold Einl. III RdNr. 10 f.
[208] Vgl. Stein/Jonas/Leipold § 130 RdNr. 57.
[209] Vgl. Stein/Jonas/Leipold § 130 RdNr. 57 f.; Thomas/Putzo/Reichold § 129 RdNr. 14.

oder Verstößen gegen das Recht zur Planvorlage gem. § 231 Abs. 1 Nr. 1 von Amts wegen zurückzuweisen. Bei sonstigen nicht behebbaren oder in angemessener Frist nicht behobenen Mängeln kann es die Planunwirksamkeit analog § 231 Abs. 1 Nr. 1 feststellen (vgl. RdNr. 184).

186 Ist ein Plan mangelfrei bzw. wurde ein behebbarer Mangel innerhalb der gesetzten Frist behoben, folgt eine Einholung von Stellungnahmen der in § 232 genannten Personen bzw. Institutionen. Gem. § 233 hat das Insolvenzgericht auf Antrag des Schuldners oder des Insolvenzverwalters die **Aussetzung der Verwertung und Verteilung** der Insolvenzmasse anzuordnen, soweit die Durchführung eines vorgelegten Insolvenzplans durch die Fortsetzung der Verwertung und Verteilung der Insolvenzmasse gefährdet würde und mit der Aussetzung nicht die Gefahr erheblicher Nachteile für die Masse verbunden ist. Anwendbar ist § 233 nur im Falle einer wirksamen Planvorlage (vgl. insoweit RdNr. 170 ff., insbes. 183 f.). Ein etwaiger Unwirksamkeitsgrund muss also vorher analog § 231 Abs. 1 Nr. 1 behoben worden sein (vgl. insoweit RdNr. 184). Bei einem derivativen Insolvenzplan wird ein Bedürfnis für eine Aussetzungsentscheidung regelmäßig nicht bestehen, weil bei einem solchen Plan der sich aus § 159 ergebende Verwertungsauftrag des Insolvenzverwalters ohnehin bereits durch die entsprechenden Beschlüsse der Gläubigerversammlung gem. § 157 Satz 2 beschränkt sein wird.[210]

187 Relevanz kann die Vorlage eines Insolvenzplans darüber hinaus im Hinblick auf die Frage erlangen, was als eine **besonders bedeutsame Rechtshandlung** i. S. v. § 160 anzusehen ist, für die der Insolvenzverwalter die Zustimmung des Gläubigerausschusses einzuholen hat.[211] Im Zweifel sind alle Rechtshandlungen besonders bedeutsam, welche die Erfolgsaussichten eines vorgelegten Plans und/oder seine Realisierbarkeit im Falle seiner rechtskräftigen Bestätigung erheblich beeinflussen.

III. Wirksamkeit und Wirkungen einer Planrücknahme

188 Als *actus contrarius* der Planvorlage gelten für die Planrücknahme grundsätzlich dieselben Regeln wie für die Planvorlage. Anders als bei der Planvorlage ist die Planrücknahmeberechtigung des Rücknehmenden (vgl. zur Person des Rücknahmeberechtigten RdNr. 151) allerdings eine Wirksamkeitsvoraussetzung, d. h. die von einem nicht Rücknahmeberechtigten erklärte Rücknahme ist unwirksam. Dafür spricht insbesondere der Schutz des Planvorlegenden, dessen verfahrensrechtliche Befugnis ausgehöhlt würde, wenn ihn irgendein anderer Beteiligter durch eine Planrücknahme zwingen könnte, das Planverfahren mit einer Planvorlage erneut von Anfang an zu durchlaufen. Wirksam ist eine Planrücknahme demzufolge nur dann, wenn sie **schriftlich gegenüber dem Insolvenzgericht durch einen Planrücknahmeberechtigten** erklärt wird. Eine wirksame Planrücknahme hat zur Konsequenz, dass ein zunächst vorgelegter Insolvenzplan als Verfahrensgegenstand *ex tunc* wegfällt (arg. § 4 i. V. m. § 269 Abs. 3 Satz 1 ZPO).

P. Plankonkurrenz

189 Obwohl der Kreis der Planvorlageberechtigten durch die Beschlussempfehlungen des Rechtsausschusses auf den Insolvenzverwalter und den Schuldner reduziert wurde (vgl. RdNr. 6), kann es sein, dass zwei Insolvenzpläne vorgelegt werden und das Insolvenzplanverfahren gleichzeitig durchlaufen, so dass zumindest ein Minimum an Planwettbewerb weiterhin gewährleistet ist. Folgt man der hier vertretenen Auffassung zum Verhältnis von originärem und derivativem Planvorlagerecht eines Insolvenzverwalters nicht (vgl. RdNr. 28 f.), sind möglicherweise sogar drei Insolvenzpläne simultan Verfahrensgegenstand.

---

[210] Vgl. *Häsemeyer*, Insolvenzrecht, 3. Aufl. 2003, RdNr. 28.10; *Kübler/Prütting/Otte* § 218 RdNr. 52.
[211] Vgl. HK-*Flessner* § 218 RdNr. 15.

Gleiches gilt, wenn die Gläubigerversammlung dem Verwalter gestattet, neben einem derivativen zusätzlich noch einen originären Plan vorzulegen (vgl. RdNr. 29). Die Vorschriften über Annahme und Bestätigung eines Insolvenzplans (§§ 235 bis 253) sind jedoch auf den Fall zugeschnitten, dass nur ein Plan vorgelegt wird. Es fehlt eine Regelung der Frage, in welcher Reihenfolge über mehrere vorgelegte Insolvenzpläne abzustimmen ist (vgl. dazu RdNr. 190 ff.), und es fehlt eine Regelung der Konsequenzen einer – *de lege lata* möglichen – Annahme mehrerer Pläne durch die Gläubiger (vgl. dazu RdNr. 194 ff.).[212]

I. Abstimmung über mehrere vorgelegte Pläne

Werden mehrere Pläne vorgelegt, dann muss über jeden Plan einzeln abgestimmt werden, **190** also erst über Plan A, dann über Plan B und gegebenenfalls auch noch über Plan C (die §§ 235 ff. sehen keine Wahl zwischen verschiedenen Plänen, sondern eine Abstimmung über jeden vorgelegten Plan vor). Ist das jeweilige Abstimmungsergebnis unmittelbar anschließend bekannt,[213] dann dürfte unzweifelhaft sein, dass die Abstimmungsreihenfolge das Stimmverhalten der Beteiligten beeinflussen kann. Man stelle sich etwa eine bestimmte Gläubigergruppe G vor, die eine deutliche Präferenz für Plan A besitzt, für die aber auch Plan B im Vergleich zu einer Insolvenzabwicklung ohne Plan noch akzeptabel wäre. Wird zuerst über A abgestimmt, wird G für A stimmen und für den Fall seiner Annahme anschließend B ablehnen. Wird zuerst über B abgestimmt, wird G möglicherweise für B und A stimmen, wenn unsicher ist, ob A mehrheitsfähig ist.

§ 294 RegE sah vor, dass bei Vorliegen mehrerer Insolvenzpläne vom Insolvenzgericht ein **191** einheitlicher Erörterungs- und Abstimmungstermin bestimmt werden soll. In der Begründung zu dieser Vorschrift hieß es, dass die Reihenfolge der Abstimmung „... nach dem Inhalt der Pläne und den sonstigen Umständen des Einzelfalls vom Gericht festzulegen sein [wird]."[214] Der Rechtsausschuss empfahl, diese Vorschrift aus Gründen der redaktionellen Straffung zu streichen. Das Bedürfnis für eine Regelung habe sich dadurch vermindert, dass das Recht zur Planvorlage auf den Schuldner und den Verwalter beschränkt werde.[215]

Auch auf der Basis der schließlich Gesetz gewordenen Regelung dürfte unzweifelhaft sein, **192** dass das Insolvenzgericht die **Entscheidung über die Abstimmungsreihenfolge** zu treffen hat. Gem. § 235 Abs. 1 Satz 1 hat es nämlich den **Termin** für die Erörterung eines Plans und die Abstimmung über den Plan zu bestimmen, kann also bei mehreren Plänen jeweils unterschiedliche Termine festlegen. Da der Erörterungs- und Abstimmungstermin eine besondere Gläubigerversammlung ist, kann es selbst dann, wenn es für mehrere vorgelegte Pläne einen einheitlichen Erörterungs- und Abstimmungstermin bestimmt, innerhalb dieses Termins die Abstimmungsreihenfolge gem. § 76 Abs. 1 festlegen (vorbehaltlich eines abweichenden Beschlusses der Gläubigerversammlung gem. § 76 Abs. 2). Damit wird dem Insolvenzgericht ein erheblicher und problematischer Einfluss auf das Abstimmungsverhalten der Gläubiger und das Schicksal einzelner Planentwürfe eingeräumt.

Zur Minimierung der Unwägbarkeiten einer ad hoc festgelegten Verfahrensgestaltung **193** sollte die Terminierung durch das Insolvenzgericht grundsätzlich so erfolgen, dass über den Plan zuerst abgestimmt wird, der als Erster **fehlerlos vorgelegt** wurde. Für dieses Kriterium spricht zum einen, dass es einfach zu prüfen und festzustellen ist und das Insolvenzgericht nicht zu einer inhaltlichen Auseinandersetzung mit den Erfolgsaussichten der jeweiligen Pläne zwingt. Zum anderen liegt in der fehlerlosen Planvorlage aber auch ein materiales

---

[212] Vgl. zu diesen Fragen bereits *Eidenmüller* JNPÖ 15 (1996), 164, 175 ff.; *ders.*, Unternehmenssanierung zwischen Markt und Gesetz, 1999, S. 67 ff.
[213] Das ist jedenfalls immer dann der Fall, wenn **kein** gesonderter Abstimmungstermin bestimmt wird. Dann kann das Stimmrecht nämlich nur mündlich ausgeübt werden (arg. § 242 Abs. 1). Aber auch bei einer (teilweisen) schriftlichen Stimmabgabe im Rahmen eines gesonderten Abstimmungstermins ist es natürlich möglich, dass das Insolvenzgericht das Ergebnis bekanntgibt, bevor über die weiteren Pläne abgestimmt wird (zu dieser Bekanntgabe wäre das Gericht aber wohl nicht verpflichtet).
[214] BT-Drucks. 12/2443, S. 210.
[215] BT-Drucks. 12/7302, S. 184.

§ 218 194, 195   6. Teil. 1. Abschnitt. Aufstellung des Plans

Gerechtigkeitskriterium: Derjenige Plan, der früher fehlerlos vorgelegt wurde, hat auch eine frühere Abstimmung seitens der Gläubiger „verdient". Nichtsdestotrotz sollte die Abstimmung wenn möglich innerhalb eines für die mehreren vorgelegten Pläne **einheitlichen Erörterungs- und Abstimmungstermins** kurz hintereinander erfolgen, um die Gefahr strategischer Manöver nach der Abstimmung über den ersten Plan zu minimieren,[216] sofern eine gemeinsame Terminierung nicht eine erhebliche Verfahrensverzögerung hinsichtlich des zuerst vorgelegten Plans auslöst.[217]

II. Annahme mehrerer vorgelegter Pläne

194 Die Probleme werden noch dadurch verschärft, dass aus dem Abstimmungsverfahren durchaus auch einmal zwei Pläne als „Sieger" hervorgehen können. Man denke etwa an zwei Insolvenzpläne A und B, die sich nur dadurch unterscheiden, wie ein Teil des durch den Plan geschaffenen Wertes auf zwei von zehn Gläubigergruppen verteilt wird. Die Gläubigergruppen G 1 bis G 8 sind indifferent zwischen A und B und stimmen beiden Plänen zu. G 9 lehnt A ab und stimmt B zu, G 10 stimmt A zu und lehnt B ab. Aufgrund der Regelungen über das Obstruktionsverbot (§ 245) wird in dem einen Fall die Zustimmung von G 9, in dem anderen diejenige von G 10 fingiert – beide Pläne sind von den Gläubigern angenommen.[218]

195 Was soll in diesem Fall geschehen? In den USA findet sich eine Lösung der dort ähnlich gelagerten Problematik in 11 U. S. C. § 1129 (c). Danach darf das Gericht nur einen Plan bestätigen, und es soll bei der Auswahl des zu bestätigenden Plans die Präferenzen der Gläubiger und derjenigen, die Eigenkapitaltitel an dem Unternehmen halten, berücksichtigen („... the court shall consider the preferences of creditors and equity security holders in determining which plan to confirm"). Eine vergleichbare Regelung in den §§ 248 ff. fehlt. Im Schrifttum werden höchst unterschiedliche Antworten auf die Frage gegeben, wie sich das Insolvenzgericht in einem entsprechenden Fall verhalten soll: Bestätigung des Plans, den es für den wirtschaftlich günstigsten hält,[219] dem insgesamt mehr Gruppen zugestimmt haben (bei einer Pattsituation soll die Mehrheit der Kopf- und Summenzahlen entscheiden),[220] der die größte Zustimmung der Gläubiger gefunden hat,[221] der die summenmäßig größte Zustimmung der Gläubiger gefunden hat,[222] der nach Summen und Köpfen die größte Gläubigerzustimmung gefunden hat,[223] der das geeignetste Fortführungskonzept enthält[224] oder der nach Auffassung des Gerichts zu weniger intensiven Eingriffen führt.[225] Vorgeschlagen wird aber auch eine Versagung der Bestätigung im Hinblick auf beide Pläne, da nicht „der" Plan i. S. v. § 248 Abs. 1 angenommen worden sei, sondern mehrere,[226] die Bestäti-

---

[216] Strenger HK-*Flessner* § 235 RdNr. 11 (das Insolvenzgericht sei zur Behandlung der mehreren Pläne in demselben Termin verpflichtet).
[217] Vgl. *Nerlich/Römermann/Braun* § 235 RdNr. 13.
[218] Beispiel: Plan A gewährt G9 für die Altansprüche der Gläubiger „neue" Forderungen gegen das reorganisierte Unternehmen (etwa in Gestalt einer Anleihe) und G10 eine **wirtschaftlich gleichwertige** Barabfindung. Plan B enthält die genau umgekehrte Regelung. G9 lehnt A und G10 lehnt B ab, weil beide Gruppen – aus welchen Gründen sei dahingestellt – die Barabfindung präferieren. Die Voraussetzungen des § 245, insbesondere dessen Abs. 1 Nr. 2 i. V. m. Abs. 2 Nr. 3, sind in beiden Fällen gegeben (G9 und G10 erhalten – wirtschaftlich betrachtet – objektiv gleichwertige Leistungen).
[219] *Henckel* KTS 1989, 477, 482 (zum DE).
[220] *Braun/Braun* § 218 RdNr. 12.
[221] *Maus* in K. *Schmidt/Uhlenbruck* (Hrsg.), Die GmbH in Krise, Sanierung und Insolvenz, 3. Aufl. 2003, RdNr. 1618.
[222] *Riggert* WM 1998, 1521, 1525.
[223] *Kübler/Prütting/Otte* § 218 RdNr. 37. Was geschehen soll, wenn ein Plan nach Summen, ein anderer nach Köpfen die größere Zustimmung gefunden hat, lässt *Otte* offen.
[224] *Engberding* DZWIR 1998, 94, 96.
[225] *Happe*, Die Rechtsnatur des Insolvenzplans, 2004, S. 249 f.
[226] HK-*Flessner* § 248 RdNr. 5 (das Insolvenzgericht könne bzw. – bei einem entsprechenden Gläubigerversammlungsbeschluss gem. § 76 Abs. 2 – müsse auch die Planerörterung und Abstimmung einmal wiederholen). Ebenso *Vallender* in K. *Schmidt/Uhlenbruck* (Hrsg.), Die GmbH in Krise, Sanierung und Insolvenz, 3. Aufl. 2003, RdNr. 1670.

gung des zuletzt angenommenen Plans, da dessen Annahme die Annahme des ersten außer Kraft setze,[227] sowie die Durchführung einer „Vorabstimmung" über beide Pläne mit der Folge, dass über den Plan, der in den jeweils gebildeten und zustimmenden Gruppen insgesamt nach Forderungen die höchste Zustimmung gefunden hat, endgültig abgestimmt wird.[228]

Keiner dieser Lösungsvorschläge überzeugt. Teilweise sind sie schon deshalb ungeeignet, **196** weil sie nicht in jedem Fall eine Entscheidung zwischen mehreren angenommenen Plänen herbeiführen. So kann es z. B. sein, dass ein Plan nach Summen, ein anderer dagegen nach Köpfen die größte Gläubigerzustimmung gefunden hat (Kriterium der höchsten Gläubigerzustimmung bzw. der höchsten Gläubigerzustimmung nach Summen und Köpfen). Der Vorschlag, die Planzahl über eine „Vorabstimmung" zu reduzieren, findet in den §§ 235 ff. keinerlei gesetzliche Grundlage, ebenso wenig die These, dass die Annahme des letzten Plans die Annahme aller vorhergehenden außer Kraft setze. Dass kein Plan i. S. v. § 248 angenommen sei, wenn mehrere angenommen worden sind, gibt der Wortlaut der Vorschrift nicht her,[229] und man kann dem Gesetzgeber, der Plankonkurrenz gewollt hat (vgl. RdNr. 1), auch kaum einen entsprechenden Regelungswillen unterstellen. Dadurch würde im Übrigen die gesetzliche Regelung des Annahmeprozesses gem. den §§ 244 ff. unterlaufen, die eindeutig festlegt, wann ein vorgelegter Plan angenommen wurde. Auch die übrigen Lösungsvorschläge sind mit der Regelungssystematik der §§ 248 ff. nicht zu vereinbaren. In diesen Vorschriften werden bestimmte Tatbestände formuliert, bei deren Vorliegen das Insolvenzgericht einen angenommenen Plan nicht bestätigen darf. Dies heißt gleichzeitig: Wenn keiner der dort normierten Versagungsgründe einschlägig ist, muss ein angenommener Plan auch bestätigt werden. Nur dieser Gegenschluss entspricht dem das gesamte Insolvenzplanverfahren prägenden Grundsatz der Gläubigerautonomie. Mit diesem Grundsatz wäre es nicht zu vereinbaren, dem Insolvenzgericht über die in den §§ 248 ff. genannten Versagungsgründe hinaus die Befugnis zuzuerkennen, weitere Versagungsgründe richterrechtlich zu schaffen und bei mehreren angenommenen Plänen etwa nur denjenigen zu bestätigen, den es für den wirtschaftlich günstigsten hält, der seines Erachtens das beste Fortführungskonzept verkörpert, der die geringsten Eingriffe in Gläubigerrechte mit sich bringt oder dem nach Forderungssummen die meisten Gläubiger zugestimmt haben.

Dem Insolvenzgericht bleibt also keine andere Wahl, als ggf. **mehrere angenommene** **197** **Insolvenzpläne** gem. den §§ 248 ff. zu **bestätigen.** Welcher Plan zuerst bestätigt werden kann, wird dabei unter anderem davon abhängen, wie schwierig sich die Prüfung der Voraussetzungen einer Bestätigung im Einzelfall gestaltet (etwa auf Grund von Minderheitenschutzanträgen gem. § 251 oder der Prüfung der Voraussetzungen des Obstruktionsverbotes gem. § 245). Das Insolvenzgericht besitzt insoweit kein Ermessen im Hinblick auf die zeitliche Reihenfolge der Bestätigung. Es hat die jeweilige Bestätigungsentscheidung vielmehr zu treffen, sobald sie unter Beachtung der §§ 248 ff. getroffen werden kann.[230] Das unmögliche Ergebnis, dass mehrere Pläne rechtskräftig werden und dementsprechend auch die im gestaltenden Teil mehrerer Pläne festgelegten Wirkungen für und gegen alle Beteiligten eintreten würden (§ 254 Abs. 1 Satz 1), lässt sich gleichwohl vermeiden. Denn in dem Augenblick, in dem der erste Insolvenzplan **rechtskräftig** wird, tritt verfahrensrechtlich eine **Erledigung aller anderen Pläne** ein.[231] Der Grund dafür liegt darin, dass der Abschluss des Insolvenzplanverfahrens mittels eines rechtskräftig bestätigten Plans dieses

---

[227] *Schiessler,* Der Insolvenzplan, 1997, S. 155.
[228] *Hess/Weis* WM 1998, 2349, 2359.
[229] § 248 Abs. 1 stellt auf die Planannahme gem. den §§ 244 bis 246 im Hinblick auf jeden *einzelnen* Plan ab.
[230] Ebenso *Uhlenbruck/Lüer* § 218 RdNr. 32.
[231] Vgl. auch *Riggert* WM 1998, 1521, 1525. In dem – allerdings kaum vorstellbaren – Fall, dass beide Pläne gleichzeitig rechtskräftig werden, müsste man annehmen, dass beide Bestätigungsentscheidungen wegen Widersprüchlichkeit nichtig sind. Daraus ergibt sich aber kein Argument gegen die grundsätzliche Zulässigkeit der Bestätigung mehrerer angenommener Pläne und die Verpflichtung des Insolvenzgerichts dazu (so aber *Riggert* aaO).

§ 219

Verfahren beendet, so dass konkurrierende Pläne gegenstandslos werden. Dass damit der zuerst rechtskräftig gewordene Plan den Planwettbewerb gewinnt, ist nur auf den ersten Blick ein arbiträres Kriterium: Zeit ist im Rahmen eines Insolvenzverfahrens ein knappes Gut. Seine effiziente Nutzung ist erwünscht.

Q. Besonderheiten bei internationalen Insolvenzen

198 Gewisse Besonderheiten im Hinblick auf das Planvorlagerecht sind schließlich bei internationalen Insolvenzen zu beachten. Im Hinblick auf Insolvenzverfahren mit grenzüberschreitenden Bezügen ist zwischen solchen im Anwendungsbereich der Europäischen Insolvenzverordnung (EuInsVO) und solchen nach dem autonomen deutschen internationalen Insolvenzrecht (§§ 335 ff.) zu differenzieren (vgl. Vorb. RdNr. 38 ff.).

199 Wird im Anwendungsbereich der **Europäischen Insolvenzverordnung** im Inland ein Hauptinsolvenzverfahren oder ein Partikularverfahren eröffnet, so richtet sich das Planvorlagerecht allein nach § 218. Besonderheiten ergeben sich, wenn im Inland ein **Sekundärinsolvenzverfahren** neben einem ausländischen Hauptinsolvenzverfahren eröffnet wird. In diesem Fall kann *auch* der Verwalter des Hauptinsolvenzverfahrens einen Insolvenzplan in dem Sekundärinsolvenzverfahren vorschlagen (Art. 34 Abs. 1 Unterabs. 1 EuInsVO). Er kann ferner wie ein Gläubiger an (inländischen) Gläubigerversammlungen teilnehmen und dort auf einen Planauftrag an den inländischen Verwalter hinwirken (Art. 32 Abs. 3, 36 EuInsVO). Sofern nach Art. 33 EuInsVO die Verwertung in dem Sekundärinsolvenzverfahren ausgesetzt wurde, können während der Aussetzung *nur* der Verwalter des Hauptinsolvenzverfahrens sowie der Schuldner mit dessen Zustimmung einen Insolvenzplan vorschlagen (Art. 34 Abs. 3 EuInsVO). In diesem Fall besitzt der Verwalter des Sekundärinsolvenzverfahrens also kein Planvorlagerecht. Wird neben einem inländischen Hauptinsolvenzverfahren im Ausland ein Sekundärinsolvenzverfahren eröffnet, so stellt sich die Sachlage spiegelbildlich dar. Der deutsche Verwalter besitzt also im Ausland unter anderem ein Vorschlagsrecht bzgl. eines Sanierungsplans, Vergleichs oder einer anderen vergleichbaren Maßnahme. Für Einzelheiten vgl. die Kommentierung zu Art. 34 EuInsVO.

200 Ähnlich stellt sich die Rechtslage nach dem **autonomen deutschen internationalen Insolvenzrecht** dar. Im Hinblick auf ein inländisches Hauptinsolvenzverfahren oder Partikularverfahren richtet sich das Planvorlagerecht allein nach § 218. Wird im Inland ein **Sekundärinsolvenzverfahren** eröffnet, so ist ein von einem inländischen Planvorlageberechtigten vorgelegter Insolvenzplan dem ausländischen Verwalter zur Stellungnahme zuzuleiten (§ 357 Abs. 3 Satz 1). Der ausländische Verwalter ist darüber hinaus berechtigt, selbst einen Plan vorzulegen (§ 357 Abs. 3 Satz 2). Insoweit gelten § 218 Abs. 1 Satz 2 und Satz 3 entsprechend (§ 357 Abs. 3 Satz 3). Der ausländische Verwalter kann also den Antrag auf Eröffnung eines Sekundärinsolvenzverfahrens (vgl. § 356 Abs. 2) mit der Vorlage eines Insolvenzplans verbinden (§§ 218 Abs. 1 Satz 2). Darüber hinaus ist der ausländische Verwalter berechtigt, an den (inländischen) Gläubigerversammlungen teilzunehmen (§ 357 Abs. 2) und kann in diesem Rahmen einen Planauftrag anregen (vgl. § 157 Satz 2). Für Einzelheiten vgl. die Kommentierung zu § 357.

§ 219 Gliederung des Plans

¹ **Der Insolvenzplan besteht aus dem darstellenden Teil und dem gestaltenden Teil.** ² **Ihm sind die in den §§ 229 und 230 genannten Anlagen beizufügen.**

Übersicht

	RdNr.		RdNr.
A. Normzweck	1	**C. Planbestandteile**	5
B. Entstehungsgeschichte	3	**D. Planwirkungen**	8

A. Normzweck

Mit der Aufgliederung des Insolvenzplans in einen darstellenden und in einen gestaltenden Teil sowie der Beifügung von den in §§ 229 und 230 genannten Anlagen bezweckt die Vorschrift die volle Information der Beteiligten über die Grundlagen, den Gegenstand und die Auswirkungen des Plans. Damit ist auch die Form des Insolvenzplans mit seinen erforderlichen Bestandteilen standardisiert, die den Beteiligten eine Beurteilung erleichtert.

Die Gliederung in einen gestaltenden und einen darstellenden Teil trägt dem Erfordernis Rechnung, dass der darstellende Teil primär unterrichtenden Charakter hat und der gestaltende Teil die Rechtsänderungen enthält, die durch den Plan (nach dessen Bestätigung) konstitutiv verwirklicht werden sollen. Insbesondere zeigt der darstellende Teil das Konzept, das den Rechtsänderungen zugrunde liegt, und erläutert es im Einzelnen.

B. Entstehungsgeschichte

§ 219 entspricht im Wesentlichen – abgesehen von den notwendigen Anpassungen der Verweisungen auf Grund der Beschlüsse des Rechtsausschusses[1] in Satz 2 – dem § 257 Abs. 1 RegE.

§ 257 Abs. 2 RegE, der die Option für den Verzicht auf den darstellenden Teil bei Kleinverfahren enthielt, wurde durch Beschluss des Rechtsausschusses gestrichen, da für Kleinverfahren an die Stelle des Insolvenzplans das einfachere Schuldenbereinigungsverfahren (§§ 304 ff., § 312 Abs. 3) getreten ist.[2]

C. Planbestandteile

Entsprechend ihrer Aufgabenstellung sind die beiden Teile des Insolvenzplans einerseits klar voneinander zu trennen, andererseits ist jedoch zu beachten, dass erhebliche Interdependenzen zwischen den beiden Planbestandteilen bestehen.

Der darstellende Teil soll den Beteiligten die Beurteilungsgrundlage geben, die für die Entscheidung über den Insolvenzplan erforderlich ist; dazu enthält § 220 weitergehende Darstellungserfordernisse. Insofern bedeutet der darstellende Teil auch die Grundlage für die geplante Gestaltung der Rechte der Beteiligten im Sinne von Änderungen ihrer Rechtsstellung, die Gegenstand des gestaltenden Teiles sind.

Die Beifügung der Vermögensübersicht sowie des Ergebnis- und Finanzplans (§ 229) und weiterer Anlagen (§ 230) soll den Beteiligten und dem Insolvenzgericht primär die wirtschaftlichen Konsequenzen aus der Fortführung des Unternehmens auf der Grundlage des Insolvenzplans (sowohl für das betreffende Unternehmen als auch für die Beteiligten selbst) konkretisieren.

D. Planwirkungen

Mit der Rechtskraft der Bestätigung des Insolvenzplans treten die im gestaltenden Teil festgelegten Wirkungen für und gegen alle Beteiligten ein (§ 254 Abs. 1 Satz 1). Daher entfaltet nur der gestaltende Teil unmittelbar rechtsgestaltende Wirkung und ist unter der in § 257 Abs. 1 Satz 1 genannten Voraussetzung vollstreckbarer Titel.[3] Im gestaltenden Teil

---
[1] Bericht BTag S. 95.
[2] Bericht BTag S. 182.
[3] Siehe dazu auch *Smid/Rattunde* RdNr. 268 ff.

§ 220

6. Teil. 1. Abschnitt. Aufstellung des Plans

kann auch die Überwachung der Erfüllung des Plans vorgesehen werden (§ 260 Abs. 1). Für den **Planvollzug**[4] können darüber hinaus weitere Vorkehrungen im gestaltenden Teil getroffen werden: **Zustimmungsvorbehalte** des Insolvenzverwalters zu bestimmten Geschäften des Schuldners oder der Übernahmegesellschaft (§ 263) und/oder die Festlegung eines **Kreditrahmens** für den Schuldner oder die Übernahmegesellschaft als Obergrenze für Kredite, die während der Zeit der Überwachung von diesen aufgenommen werden können oder die ein Massegläubiger in die Zeit der Überwachung hinein stehen lässt (§ 264 Abs. 1).

9 Der gestaltende Teil hat für den Planvollzug auch insofern wesentliche Bedeutung, als mit Rechtskraft des bestätigten Insolvenzplans nach § 258 Abs. 1 die Aufhebung des Insolvenzverfahrens vom Insolvenzgericht beschlossen wird, und damit die Ämter des Insolvenzverwalters sowie der Mitglieder des Gläubigerausschusses erlöschen (sofern eine Überwachung nicht beschlossen wird) und der Schuldner das Recht zurückerhält, über die Massegegenstände frei verfügen zu können (§ 259 Abs. 1). Die **Wiederauflebensklausel** (§ 255 Abs. 1 Satz 1) übt Druck auf den Schuldner zur plangemäßen Erfüllung aus: Gerät der Schuldner mit der Erfüllung des Plans bezüglich Forderungen, die von Insolvenzgläubigern auf Grund des gestaltenden Teils gestundet oder teilweise erlassen worden sind, so werden unter Beachtung der Erfordernisse nach § 255 Abs. 1 Satz 2 Stundung und Erlass für den Gläubiger hinfällig. Allerdings kann von dieser gesetzlichen Regel zugunsten des Schuldners im Insolvenzplan durch entsprechende Festlegungen im gestaltenden Teil abgewichen werden (§ 255 Abs. 3).

10 In Anbetracht der unmittelbaren Rechtswirkungen und der Vollstreckbarkeit ist eine klare Trennung von gestaltendem Teil und darstellendem Teil erforderlich.[5] Insbesondere im Rahmen einer beschlossenen Überwachung[6] wird für die **beobachtende Kontrolle** durch den Insolvenzverwalter[7] (§ 261 Abs. 1 Satz 1) auch der darstellende Teil ergänzende und damit mittelbare Wirkung entfalten, zumal der Verwalter jährlich über den jeweiligen Stand und die weiteren Aussichten der Erfüllung des Insolvenzplans zu berichten hat (§ 261 Abs. 2 Satz 1). Zu beobachten ist daher, ob und inwieweit die vom darstellenden Teil detaillierten und vorgeschlagenen Maßnahmen (z. B. Darstellung der erforderlichen Sanierungsmaßnahmen mit Beschreibung der Einzelnen zeitlichen Sanierungsabschnitte und der Plan-Sanierungsergebnisse) in die Realität plangemäß umgesetzt worden sind. Insofern dient der darstellende Teil der begleitenden, beobachtenden Kontrolle und gibt wesentliche Hinweise auf die Aussichten, ob das Insolvenzplanverfahren erfolgreich abgeschlossen werden kann, oder ob es vorzeitig abgebrochen und in das Liquidationsverfahren übergeleitet oder ob ein neues Insolvenzverfahren durchgeführt werden soll.

11 Für die Überwachung von Bedeutung sind die bei Vorliegen der Voraussetzungen des § 229 (Gläubiger sollen bei Fortführung aus den Erträgen befriedigt werden) beizufügenden Anlagen in Form der Vermögensübersicht (einschließlich ihrer Entwicklung während der Laufzeit des Insolvenzplans) sowie die Ergebnis- und Finanzplanung, die in einzelne Rechnungs- bzw. Planungsperioden gegliedert ist. Die betreffenden Planzahlen sind mit den erwirtschafteten Ist-Werten zu vergleichen. Dabei werden geringfügige Planabweichungen unproblematisch sein, während erhebliche Planabweichungen in Verbindung mit den Vorgaben des gestaltenden Teils und des darstellenden Teil zu den angeführten Konsequenzen[8] führen können.

§ 220 Darstellender Teil

(1) Im darstellenden Teil des Insolvenzplans wird beschrieben, welche Maßnahmen nach der Eröffnung des Insolvenzverfahrens getroffen worden sind oder noch

---

[4] Vgl. *Bork* RdNr. 347 ff.
[5] Vgl. HK-*Flessner* § 219 RdNr. 3 f.
[6] Siehe RdNr. 9.
[7] Vgl. *Bork* RdNr. 351.
[8] Vgl. RdNr. 10.

Darstellender Teil **1 § 220**

getroffen werden sollen, um die Grundlagen für die geplante Gestaltung der Rechte der Beteiligten zu schaffen.

(2) Der darstellende Teil soll alle sonstigen Angaben zu den Grundlagen und den Auswirkungen des Plans enthalten, die für die Entscheidung der Gläubiger über die Zustimmung zum Plan und für dessen gerichtliche Bestätigung erheblich sind.

Schrifttum: *Bickhoff/Blatz/Eilenberger/Haghani/Kraus*, Die Unternehmenskrise als Chance. Innovative Ansätze zur Sanierung und Restrukturierung. Berlin usw. 2004; *Bork*, Einführung in das neue Insolvenzrecht. 2. Aufl. 1998; *Drukarczyk*, Unternehmensbewertung. 4. Aufl. München 2003; *Eilenberger*, Betriebliche Finanzwirtschaft, 7. Aufl. München 2003; *Institut der Wirtschaftsprüfer* (Hrsg.), Wirtschaftsprüfer-Handbuch (WP-Handbuch) 1992, Band II. 10. Aufl. 1992; *Risse*, Betriebswirtschaftliche Aspekte der Sanierung durch Unternehmensfortführung nach der Insolvenzordnung. KTS, Heft 4/94, 465 bis 491; *Smid/Rattunde*, Der Insolvenzplan. Stuttgart usw. 1998; *Spremann*, Finanzanalyse und Unternehmensbewertung, München 2002; *Spremann*, Valuation, München 2004.

Übersicht

	RdNr.		RdNr.
A. Normzweck	1	b) Fortführungswert	36
B. Entstehungsgeschichte	2	3. Erforderliche Maßnahmen zur Verbesserung der Vermögens-. Finanz- und Ertragslage	45
C. Allgemeine Inhalte des darstellenden Teils	4		
D. Beschreibung der Maßnahmen nach Insolvenzeröffnung	12	4. Schaffung der Grundlagen für die geplante Gestaltung der Rechte der Beteiligten	50
E. Darlegung von entscheidungsrelevanten zu ergreifenden Maßnahmen	15	a) Absonderungsberechtigte Gläubiger	51
I. Erstellung eines Sanierungsplans	16	b) Insolvenzgläubiger	54
1. Sanierung des Unternehmensträgers	17	II. Übertragende Sanierung (Betriebsveräußerung) auf der Grundlage eines Plans	
2. Übertragende Sanierung	18	1. Voraussetzungen	56
II. Entwicklung eines Sozialplans	21	2. Bewertung	60
III. Aufnahme von Insolvenzdarlehen	23	a) Investitionsorientierte Bewertung	62
IV. Einholung behördlicher Genehmigungen und Erklärungen Dritter	25	b) Ertragswertverfahren	63
		c) Substanzwertverfahren	64
F. Angaben zu Grundlagen und Auswirkungen des Plans	26	d) Mittelwertverfahren	65
I. Sanierung des Unternehmensträgers		e) Kombinierte Verfahren	66
1. Beurteilung der Fortführungsfähigkeit	27	3. Auswirkungen auf Rechte der Beteiligten	67
2. Bewertungsalternativen	31	G. Ablauf des Verfahrens bei Erstellung des darstellenden Teils	69
a) Stilllegungswert (Liquidationswert)	32		

A. Normzweck

Die Vorschrift dient zum einen der Information der Gläubiger und auch des Insolvenzgerichts über Maßnahmen, die seit Eröffnung des Insolvenzverfahrens bereits getroffen worden sind. Insofern handelt es sich um eine Bestandsaufnahme. Darüber hinaus sollen weitere Maßnahmen beschrieben werden, die im Planverfahren noch zu ergreifen sind und damit die Grundlagen des konstitutiven Teils des Plans, nämlich den gestaltenden Teil mit der geplanten Gestaltung der Rechte der Beteiligten (§ 221) betreffen. Die Beteiligten müssen zum anderen in die Lage versetzt werden, die Plankonsequenzen zu erkennen und zu bewerten, um auf dieser Basis ihre Entscheidung zur Zustimmung oder Ablehnung zum vorgelegten Plan bzw. ggf. zu konkurrierenden Plänen zu fundieren. Dasselbe gilt für die Entscheidung des Insolvenzgerichts über Zurückweisung (§ 231) oder Bestätigung des Insolvenzplans. 1

B. Entstehungsgeschichte

2 § 220 Abs. 1 übernimmt unverändert § 258 Abs. 1 RegE, während § 220 Abs. 2 aus der Zusammenfassung (und Streichung) der §§ 258 Abs. 2, 259 bis 263 RegE durch Beschlüsse des Rechtsausschusses[1] entstanden ist. Damit wird auf eine detaillierte Ausfüllung der **Anforderungen** (und deren Ausgestaltung) an den darstellenden Teil zugunsten einer allgemeinen Bestimmung in § 220 Abs. 2, welchen **Inhalt** dieser Teil haben sollte, verzichtet; die Neufassung des § 258 Abs. 2 RegE (und nunmehrigen § 220 Abs. 2) dient insbesondere der redaktionellen Straffung.[2] Darüber hinaus vertraute der Rechtsausschuss darauf, dass derjenige, der einen Plan aufstellt und schließlich die Zustimmung der Gläubiger zu diesem Plan erreichen will, von sich aus daran interessiert ist, den Gläubigern die erforderlichen Informationen zu geben.[3] Insofern dient der Wegfall von § 259 RegE (Vergleichsrechnung), § 260 RegE (Hinweis auf frühere Insolvenzstraftaten des Schuldners), § 261 RegE (Beteiligung der Gläubiger) und § 262 RegE (Sanierung des Schuldners) der Flexibilisierung der Plandarlegungen im darstellenden Teil. Gleichwohl geben die entfallenen Vorschriften des RegE wertvolle Hinweise für die formale und inhaltliche Gestaltung des darstellenden Teils; insofern bedeuten sie für den Plansteller auch eine gewisse Orientierungshilfe.

3 Der Wegfall von 263 RegE (Insiderproblematik bei Betriebsveräußerung) ist durch die Änderung von § 181 RegE[4] (nunmehr § 162: Betriebsveräußerung an besonders Interessierte) hinfällig geworden, zumal nach Auffassung des Rechtsausschusses eine Betriebsveräußerung auch dann ohne einen Insolvenzplan möglich ist, wenn sie an einen Insider erfolgt.[5]

C. Allgemeine Inhalte des darstellenden Teils

4 In **wirtschaftlicher** Betrachtungsweise wird die Zustimmung der Gläubiger zu einem Insolvenzplan in erster Linie von der Überlegung bestimmt werden, ob sie durch den Plan besser gestellt werden, als sie ohne einen Plan stünden. Daher kommt einer **Vergleichsrechnung,** welche die Gläubiger darüber unterrichtet, inwieweit der Plan ihre Befriedigungschance verbessert, wesentliche Bedeutung zu.[6] In einer derartigen Rechnung ist anzugeben, in welchem Umfang die Gläubiger voraussichtlich bei einer Verwertung der Insolvenzmasse ohne Insolvenzplan befriedigt werden könnten. Dabei kann das Ergebnis der Verwertung der Insolvenzmasse ohne Plan lediglich geschätzt werden (= geschätzte Liquidationswerte). Grundlage dafür ist das nach § 151 Abs. 1 vom Verwalter aufzustellende Verzeichnis der Massegegenstände und die dabei entsprechend § 151 Abs. 2 anzugebenden Werte:[7] Liquidationswerte für die Alternative „Stilllegung" und Fortführungswerte für den Fall beabsichtigter Fortführung des Unternehmens.

5 Eine Vergleichsrechnung wird darüber hinaus auch in den Fällen wesentliche Entscheidungsgrundlage sein, in denen eine **Fortführung aus anderen Gründen** über Aufstellung eines Plans von Interesse sein kann. Beispielsweise ist der Fall denkbar, dass die Mehrzahl der Gläubiger sich aus der Fortsetzung der Geschäftsbeziehungen mit dem Schuldner künftige Erträge bzw. Gewinne verspricht, und deshalb auch einen Plan akzeptieren könnte, bei dessen Annahme sie in geringerem Umfang befriedigt würde als bei einer sofortigen

---

[1] Bericht BTag S. 96.
[2] Bericht BTag S. 182.
[3] Bericht BTag S. 182.
[4] Bericht BTag S. 68.
[5] Bericht BTag S. 182.
[6] Vgl. Erläuterung zu § 259 RegE.
[7] Siehe dazu § 151 RdNr. 6 ff.

Zwangsverwertung des Schuldnervermögens. Diese Fallgestaltung dürfte insbesondere bei **drohender Zahlungsunfähigkeit**[8] eine nicht unbedeutende Rolle spielen, zumal auf Grund der Zukunftsaussichten eine Fortführung bei entsprechenden Maßnahmen mit einem Plan durchaus Erfolg versprechend sein könnte und eine tatsächliche Zahlungsunfähigkeit, wie sie von § 17 definiert[9] wird, noch nicht eingetreten ist. Vielmehr droht eine Zahlungsunfähigkeit oder eine Zahlungsstockung,[10] die beherrschbar ist. Aber auch in denjenigen Fällen, in denen Zahlungsunfähigkeit im Sinne von § 17 vorliegt, kann ein Interesse an einer Fortführung bestehen, wenn es sich beim Schuldner um einen wichtigen Kunden bzw. Hauptabnehmer oder Geschäftspartner handelt und bei Liquidation des Unternehmens des Schuldners damit der Markt „wegbrechen" würde. Daneben sind durchaus auch andere Motive sozialer und persönlicher Art denkbar, die eine Fortführung trotz geringerer Befriedigung als bei Liquidation realistisch erscheinen lassen.

Da der Verwalter auf Grund von § 153 Abs. 1 Satz 1 auf den Zeitpunkt der Eröffnung des 6 Insolvenzverfahrens eine **Vermögensübersicht** aufzustellen hat, in der die Gegenstände der Insolvenzmasse (bewertet jeweils entsprechend § 251 Abs. 2 Satz 1 mit Fortführungs- **und Liquidationswerten**; § 153 Abs. 1 Satz 2) und die Verbindlichkeiten des Schuldners (gegliedert entsprechend § 152 Abs. 2 Satz 1 nach absonderungsberechtigten Gläubigern und den einzelnen Rangklassen der nachrangigen Insolvenzgläubiger; § 153 Abs. 1 Satz 2) aufgeführt und einander gegenübergestellt werden, hat der darstellende Teil insbesondere **grundsätzliche Aussagen**[11] zur **Dauer** der Fortführung (kurzfristig oder über längere Zeit) und über die **Art** der Fortführung bzw. Verwertung zu enthalten, d. h. anzugeben, ob
– eine Sanierung des Unternehmensträgers, oder
– eine übertragende Sanierung
in Betracht gezogen und verfolgt oder ob es beim Grundsatz einer unverzüglichen Verwertung, also einer Liquidation, bleiben soll und der Insolvenzplan dann in Form eines **Liquidationsplans** gestaltet werden soll. Bei Fortführung durch Sanierung des Unternehmensträgers wird in jedem Fall auch die Frage der Beschaffung der notwendigen Finanzmittel zu erläutern sein.

In jedem Fall ist es erforderlich, eine **Analyse der Ursachen** der Insolvenz in den 7 darstellenden Teil aufzunehmen, die ihrerseits die Basis für die Darlegung der **Sanierungskonzepte** abgibt.

Einer **Ursachenanalyse** kommt insbesondere bei drohender Zahlungsunfähigkeit grund- 8 legende Bedeutung zu, da in diesem Fall bei entsprechender Plangestaltung auch für Sanierungen des Unternehmensträgers durchaus realistische Chancen bestehen und genutzt werden können. Dabei stehen Analysen der Vermögens-, Finanz- und Ertragslage im Vordergrund, aber auch mögliche organisatorische Ursachen und ggf. unternehmensexterne Ursachen (Konjunkturentwicklung, gesetzliche Auflagen u. ä.), die für die Insolvenz mitoder hauptverantwortlich sein können, sind darzulegen. Bei Kleinunternehmen ist wesentliches Augenmerk auf personale Ursachen, die häufig in Zusammenhang mit Qualität und **Verhalten** des Unternehmers zusammenhängen, zu richten.

In diesem Zusammenhang wird im darstellenden Teil auch auf die Frage einzugehen sein, 9 ob der Schuldner, der das Unternehmen fortführen möchte, **Insolvenzstraftaten** begangen hat oder entsprechende Verfahren anhängig sind. Es wird darauf hinzuweisen sein, ob gegen den Schuldner eine gerichtliche Untersuchung oder ein gerichtliches Verfahren nach den §§ 283 bis 283 c des Strafgesetzbuches oder ein wiederaufgenommenes Verfahren anhängig ist oder der Schuldner wegen einer solchen Straftat rechtskräftig verurteilt worden ist. Zwar ist es im Hinblick auf den Plan, der die Fortführung des schuldnerischen Unternehmens durch einen Dritten vorsieht, oder für einen reinen Liquidationsplan regelmäßig unerheblich, ob

---

[8] § 18 RdNr. 22.
[9] Vgl. § 17 RdNr. 6.
[10] Siehe dazu § 17 RdNr. 32.
[11] Siehe dazu auch *Bork* RdNr. 316.

sich der Schuldner wegen einer Insolvenzstraftat schuldig gemacht hat, jedoch wird bei einem Sanierungskonzept, das Fortführung durch den Schuldner selbst vorsieht, ein Bankrottdelikt des Schuldners häufig Bedenken gegen seine Zuverlässigkeit bei der Erfüllung des Plans begründen. Aber auch in diesem Fall reicht es aus, die Gläubiger über das Strafverfahren zu informieren und es ihnen zu überlassen, ob sie dem Plan gleichwohl zustimmen wollen.[12] Bei juristischen Personen und Gesellschaften sollten analog Strafverfahren gegen organschaftliche Vertreter hinsichtlich derartiger Insolvenzstraftaten angegeben werden.

10 Zum allgemeinen Planinhalt des darstellenden Teils zählen auch bestimmte **formale Angaben** rechtlicher und tatsächlicher Natur: Angaben zur Rechtsform des Schuldners, zum Gesellschafter- und Aktionärskreis, zum Gesellschaftsvertrag, zu sonstigen Unternehmensverträgen im Hinblick auf Beteiligungen an anderen Unternehmen und ggf. zum Konsolidierungskreis und zur Satzung. Dazu kommen das Gläubigerverzeichnis, Aufstellungen über geleistete Sicherheiten unter Berücksichtigung von Aussonderungsrechten (§§ 47, 48) und Absonderungsrechten (§§ 49 bis 51), Aufstellungen über Vermögensgegenstände, die sicherungsübereignet sind und über Sicherungszessionen, Aufstellungen über bestehende Leasingverträge sowie der Bericht des Insolvenzverwalters (§ 156, mit der Darlegung, ob Aussichten auf Fortführung oder Teilerhalt des Unternehmens des Schuldners bestehen) und weitere Informationen des Schuldners nach § 97.

11 Gegenstand des allgemeinen Inhalts des darstellenden Teil sollen schließlich Angaben zu möglichen **besonderen Interessenlagen** sein, die aus einer Doppelrolle bestimmter Beteiligter erwachsen können, die gleichzeitig Gläubiger und Eigentümer des Schuldners sind:[13] Für die Information der Gläubiger kann es von wesentlicher Bedeutung sein, ob einzelne Gläubiger gleichzeitig Aktionäre des Schuldners sind und damit an dem Unternehmen eine **unmittelbare Beteiligung** besteht. Diese Gläubiger könnten in Anbetracht ihres Aktienbesitzes an einer Sanierung des Schuldners stärker interessiert sein als andere Gläubiger, die ohne Aktienbesitz am insolventen Unternehmen sind. Die erstgenannte Gruppe von Gläubigern hätte nämlich Vorteile aus der Sanierung insofern zu erwarten, als bei erfolgreicher Sanierung mit Erreichen des **Turnarounds** der Aktienkurs steigen würde und auf diese Weise ein Wertzuwachs entstünde, an dem die anderen Gläubiger nicht teilhaben könnten. Die „Aktionärs-Gläubiger" wären daher einer besonderen Gruppe zuzuweisen, deren Leistungen, die ihnen nach dem Plan zustehen, sachgerecht unter Berücksichtigung des Vorteils aus dem Wertzuwachs zu kürzen wären. Darüber hinaus kann auch eine nur **mittelbare Beteiligung** eine besondere Interessenlage begründen;[14] daher sollten die übrigen Gläubiger über derartige besondere Interessenlagen durch Aufnahme in den darstellenden Teil unterrichtet werden. Voraussetzung dafür ist allerdings eine lückenlose Bestandsaufnahme aller Beteiligungen und möglicher Beteiligungen von Verfahrensbeteiligten daran.

D. Beschreibung von Maßnahmen nach Insolvenzeröffnung

12 In einem ersten Schritt sind nach Darlegung der Ziele, die mit dem Plan verfolgt werden, und weiterer allgemeiner Angaben[15] die Maßnahmen zu beschreiben, die nach Eröffnung des Insolvenzverfahrens bereits getroffen worden sind. Beispielsweise zählen in diesem Zusammenhang insbesondere[16]
– Betriebsänderungen,
– andere organisatorische Maßnahmen,
– personelle Maßnahmen,
– finanzielle Maßnahmen

---

[12] Siehe Erl. zu § 260 RegE.
[13] Siehe Erl. zu § 261 RegE.
[14] Siehe § 261 Satz 2 RegE.
[15] Siehe oben RdNr. 4 ff.
[16] Vgl. § 258 Abs. 2 RegE und Erl. zu § 258 RegE.

zu den wichtigsten Maßnahmen, die bei der Sanierung von Unternehmen zu ergreifen sind. Da die Insolvenzursache in der Regel in mangelnder Wirtschaftlichkeit besteht, ist der Wiederherstellung einer ausreichenden Ertragskraft des insolventen Unternehmens Priorität einzuräumen. Die Mitteilung derjenigen Maßnahmen, die dazu beitragen, bilden eine wesentliche Grundlage für die Entscheidung der Gläubiger über den vorgelegten Plan. Somit ist von Interesse, ob Betriebsänderungen bereits erfolgt sind (z. B. in Form der Stilllegung oder Teilstilllegung von Betrieben oder Betriebsteilen) und/oder ob Umstrukturierungen der betrieblichen Organisation vorgenommen worden sind (z. B. Veränderungen der Aufbaustruktur durch Straffung der Hierarchien und Änderungen der Ablauforganisation im Allgemeinen, Änderungen der Organisation der Produktion, der Beschaffung, des Vertriebs).

Besonderes Augenmerk richtet sich regelmäßig auf erfolgte **personelle Maßnahmen,** 13 von denen sich für die Sanierung ein meist nicht unerhebliches Potential erschließt, z. B. durch Freisetzung von Personal auf Grund bereits getroffener Organisationsmaßnahmen. Nach Möglichkeit ist bereits frühzeitig Klarheit über den Umfang entstehender **Sozialplanforderungen** zu gewinnen und über bereits getroffene Maßnahmen zu berichten, zumal alle mit einer Sanierung verbundenen Betriebsänderungen in einem Sozialplan zu berücksichtigen sind, und Sozialplanforderungen als Massekosten vorweg zu befriedigen sind.[17]

Finanzwirtschaftliche Maßnahmen, die bereits getroffen worden sind, werden regel- 14 mäßig in der Aufnahme von **Darlehen** zur vorübergehenden Fortführung durch den Verwalter bestehen. Da diese in voller Höhe aus der Insolvenzmasse zurückzuzahlen sind, bedeuten sie ein Risiko für die Befriedigung der Insolvenzgläubiger, über das sie vor der Entscheidung über einen Plan unterrichtet werden müssen.[18]

E. Darlegung von entscheidungsrelevanten zu ergreifenden Maßnahmen

Von wesentlichem Interesse sind in diesem Zusammenhang Darlegungen 15
– zum **Sanierungskonzept,** auf dem der konkrete **Sanierungsplan** beruhen wird,
– zu **Sozialplanforderungen,** die mit dem vorgeschlagenen Sanierungsplan verbunden sein werden,
– zu Höhe und Konditionen von **Insolvenzdarlehen,** die der Verwalter zur Finanzierung des insolventen Betriebs während des Verfahrens noch aufnehmen muss,
– zu behördlichen **Genehmigungen** und zu **Erklärungen** Dritter, die für die Wirksamkeit bestimmter künftiger Maßnahmen des Insolvenzplans erforderlich sind.

I. Erstellung eines Sanierungsplans

Planersteller können bei der Gestaltung von Sanierungsplänen grundsätzlich zwischen 16 den beiden nachstehend angeführten (reinen) Formen von Sanierungskonzepten wählen, wobei auch Varianten von Insolvenzplänen denkbar sind, die zum Teil eine Sanierung zum Gegenstand haben, zum anderen Teil jedoch eine Liquidation vorsehen (Teilsanierung mit Liquidation des nicht sanierungswürdigen Restes des Betriebs bzw. Betriebsverbundes):

1. Sanierung des Unternehmensträgers:[19] Dabei erfolgt die Sanierung des insolventen 17 Unternehmens in der Weise, dass der bisherige Unternehmensträger das Unternehmen fortführt. Die Erfolgsaussichten für dieses Modell sind in der Regel nur dann positiv einzuschätzen, wenn der bisherige Unternehmensträger, der die aktuelle Insolvenz schließlich zu verantworten hat, gravierende Veränderungen vornimmt und dafür die Zustimmung der Gläubiger erhält. Insbesondere ist es erforderlich, neue Kapitalgeber zu finden, die die

---

[17] §§ 123 Abs. 2 Satz 1, 53.
[18] Siehe Erl. zu § 258 RegE.
[19] Siehe auch § 262 RegE.

Verschuldungssituation (im Gegensatz zu zusätzlichen Darlehensgebern) nicht noch weiter verschlechtern. Insofern wird in diesem Zusammenhang wohl vorzugsweise die Aufnahme stiller Gesellschafter in Betracht kommen. Dazu sind als weitere Maßnahmen die Änderung der Rechtsform, der gesellschaftsrechtlichen Struktur und/oder der Beteiligungsverhältnisse des Unternehmens zu nennen und zu empfehlen. Dieses Konzept der Sanierung wird in erster Linie im Falle des § 18 als Eröffnungsgrund des Verfahrens – in Verbindung mit Eigenverwaltung (§ 270) – gewählt werden, zumal der Schuldner auf diese Weise seinem Unternehmen den Eintritt in die tatsächliche Zahlungsunfähigkeit (§ 17) erspart, und grundsätzlich die Weichen für eine Fortführung seines Unternehmens durch Reorganisation und Restrukturierung mit Hilfe der Gläubiger stellen kann.[20]

18 **2. Übertragende Sanierung.** Die Unternehmensfortführung erfolgt auf der Basis der Veräußerung (Übertragung) eines Unternehmens, eines Betriebes oder größerer Betriebsteile von dem insolventen Träger auf einen anderen, bereits bestehenden oder neu zu gründenten Rechtsträger. Dabei sind im Rahmen der InsO zwei Wege der Durchführung möglich: Entweder die **Gesamtveräußerung** eines Unternehmens oder Betriebes aus der Insolvenzmasse mit Zustimmung des Gläubigerausschusses oder die Veräußerung mittels eines **Übertragungsplans** im Insolvenzplanverfahren, der sich in seinen Wirkungen als **Liquidationsplan** erweist.

19 Mit der übertragenden Sanierung steht den Beteiligten neben der Sanierung des Unternehmensträgers ein gleichrangiges Sanierungsinstrument zur Verfügung. Die Abschaffung von § 419 BGB durch Art. 33 EGInsO erleichtert die übertragende Sanierung außerhalb der Insolvenz, allerdings blieben § 613a BGB und § 75 AO weiter bestehen, so dass bei Erwerb eines illiquiden Unternehmensträgers vor oder nach einer Insolvenz der Erwerber in die Rechte und Pflichten aus den im betreffenden Unternehmen/Betrieb im Zeitpunkt des Übergangs bestehenden Arbeitsverhältnisse eintritt und auch weiterhin mit dem übernommenen Vermögen für die in diesem Unternehmen/Betrieb begründeten Steuerschulden haftet.

20 Sanierung des Unternehmensträgers und übertragende Sanierung entsprechen dem bereits nach bislang geltendem Recht anerkannten Fortführungsvergleich und Liquidationsvergleich.[21] In der rechtspolitischen Diskussion ist teilweise vorgeschlagen worden, die übertragende Sanierung gegenüber der Sanierung des Unternehmensträgers zu erschweren und zurückzudrängen. Beispielsweise ist gefordert worden, § 25 HGB bei übertragenden Sanierungen auch im Insolvenzverfahren anzuwenden mit der Folge, dass der Betriebs- oder Unternehmenserwerber für die Altverbindlichkeiten weiter haften würde. Der RegE hat diesen Vorschlag jedoch nicht aufgegriffen.

II. Entwicklung eines Sozialplans

21 Da Sanierungsanstrengungen unabhängig vom gewählten Sanierungskonzept regelmäßig mit organisatorischen Maßnahmen verbunden sein werden, die eine Rationalisierung und Erhöhung der Wirtschaftlichkeit zum Gegenstand haben und deren Wirkungen in der Entlassung von Teilen der Belegschaft bestehen werden, ist ein Sozialplan zu entwickeln, der den Gesamtbetrag aller prognostizierten Sozialplanforderungen enthält. Ein derartiger Sozialplan, der alle mit der Sanierung verbundenen Betriebsänderungen und ggf. auch für künftige Sozialpläne getroffene Vereinbarungen umfasst, sollte nach Möglichkeit vor der Abstimmung der Gläubiger über den Plan vorliegen.

22 Ist ein solcher Sozialplan jedoch im Zeitpunkt der Vorlage des Plans noch nicht zustandegekommen, so ist der voraussichtliche Gesamtbetrag der Sozialplanforderungen nach dem Stand der Verhandlungen zwischen Betriebsrat und Insolvenzverwalter anzugeben; jede Unsicherheit über diesen Gesamtbetrag wird allerdings die Bereitschaft der Gläubiger zur

---

[20] Siehe auch § 263 RegE.
[21] Vgl. *Kuhn/Uhlenbruck* § 174 KO RdNr. 1 ff.

Annahme des Plans herabsetzen. Obwohl auch eine Rahmenvereinbarung für künftige Sozialpläne denkbar ist, hat der Rechtsausschuss den im RegE vorgesehenen Rahmensozialplan[22] mit der Begründung gestrichen, dass dieser Bereich keine größere praktische Bedeutung gewinnen würde und daher eine Straffung des Gesetzentwurfs vorgehe. Gleichwohl kann auch eine Rahmenvereinbarung als Grundlage für die Entscheidung der Gläubiger über den Plan in den darstellenden Teil aufgenommen werden.

III. Aufnahme von Insolvenzdarlehen

Von wesentlicher Bedeutung für die Entscheidungssituation der Gläubiger kann auch die Frage der Aufnahme künftiger Insolvenzdarlehen zur Fortführung sowohl bei Sanierung des Unternehmensträgers als auch bei übertragender Sanierung sein. In diesem Zusammenhang ist darzulegen, in welchem Umfang und zu welchen Konditionen Insolvenzdarlehen zu beschaffen sind. Dabei bestehen jedoch hinsichtlich der grundsätzlichen Sanierungskonzepte erhebliche Unterschiede insofern, als bei Sanierung des Unternehmensträgers **Sanierungskredite** für die gesamte Dauer der Sanierung, die sich häufig über mehrere Jahre erstrecken wird, erforderlich werden. In diesem Falle sind die entsprechenden Kredite zu differenzieren zwischen Krediten, die der Betriebsfortführung dienen (= **Betriebsmittelkredite**), und solchen Krediten, die Investitionen für Modernisierung und Rationalisierung des Unternehmens (= **Investitionskredite**) zum Gegenstand haben. In letzterem Falle sind Investitionsrechnungen vorzulegen, die erkennen lassen, wie sich die entsprechenden Investitionen amortisieren und in welchem Zeitraum die Tilgungen der Investitionskredite zu erwarten sind.

Im Falle der übertragenden Sanierung bedarf es dagegen in der Regel nur überbrückender **Liquiditätskredite,** deren Rückführung bei erfolgter Übertragung an den neuen Rechtsträger aus dem Übertragungserlös möglich sein muss. Würde eine derartige Rückführung nicht möglich sein, so müsste ein entsprechender Sanierungsplan allein aus diesem Grunde bei rationaler Verhaltensweise der Ablehnung durch die Gläubiger unterliegen.

IV. Einholung behördlicher Genehmigungen und Erklärungen Dritter

Zur Information der Gläubiger über Genehmigungs- und Erklärungsvorbehalte bezüglich einzelner Maßnahmen des Insolvenzplans sah § 272 RegE eine entsprechende Regelung mit der Begründung vor, den Gläubigern würde eine klare Grundlage für ihre Entscheidung über den Plan fehlen, wenn dieser Maßnahmen vorsieht, die nur mit Genehmigung einer Behörde oder mit Zustimmung eines Dritten wirksam werden können, diese Genehmigung oder Zustimmung im Zeitpunkt der Abstimmung der Gläubiger aber noch nicht vorliegt. So kann beispielsweise der Zusammenschluss des schuldnerischen Unternehmens mit einem anderen Unternehmen einer kartellrechtlichen Genehmigung bedürfen, oder die Veräußerung von Grundstücken einer Genehmigung nach dem Grundstücksverkehrsgesetz. Aber auch Maßnahmen aus dem gestaltenden Teil können betroffen sein: Die vorgesehene Abfindung einer Gruppe von Gläubigern durch Anteilsrechte an einem anderen Unternehmen kann die Zustimmung der bisherigen Anteilseigner dieses Unternehmens erfordern. Es wird nicht in allen Fällen erreichbar sein, dass die erforderliche Genehmigung oder Zustimmung schon erteilt wird, bevor die Gläubiger über die Annahme des Plans entscheiden. Um auch in den verbleibenden Fällen so weit wie möglich Klarheit für die Gläubiger zu schaffen, war vorgesehen, dass im Plan anzugeben ist, ob eine noch nicht vorliegende Genehmigung oder Erklärung verbindlich zugesagt ist oder aus welchen Gründen mit dieser gerechnet werden kann. Der Rechtsausschuss hat § 272 RegE mit der Begründung gestrichen, dass diese Streichung eine Folge der Neufassung des § 258 Abs. 2 RegE sei.[23]

---

[22] § 143 RegE.
[23] Bericht BTag S. 181.

F. Angaben zu Grundlagen und Auswirkungen des Plans

26 Während die oben unter D. und E. dargelegten Beschreibungsteile einerseits die nach Insolvenzeröffnung bereits ergriffenen Maßnahmen betreffen, andererseits einen Ausblick auf grundsätzlich bei Fortführung noch zu ergreifende entscheidungsrelevante Maßnahmen geben, wird es in einem weiteren Schritt erforderlich sein zu zeigen, wie der konkret gestaltete, vorgelegte Insolvenzplan in seiner Gesamtheit im Hinblick auf die Interessenlage der Beteiligten wirkt. Dazu ist es erforderlich, die Grundlagen des Plans aufzuzeigen und den Beteiligten sowie dem Insolvenzgericht eine klare Beurteilungsgrundlage zu schaffen. Insbesondere muss die Frage der **Fortführungswürdigkeit** bzw. **-fähigkeit** des Unternehmens einer Beurteilung durch Beteiligte und Gericht zugänglich gemacht werden: Den Gläubigern muss dargelegt werden, wie sie bei Fortführung auf der Grundlage eines Plans in ökonomischer Hinsicht gegenüber der Liquidation gestellt sein würden. Aber auch dem Insolvenzgericht ist eine Entscheidungsgrundlage zur Verfügung zu stellen, auf deren Basis im Wesentlichen die Entscheidung über Fortführung oder Liquidation zu fällen ist. Das bedeutet für das Insolvenzgericht konkret die Lösung der Frage, ob eine Ablehnung oder eine Bestätigung des Insolvenzplans zu erfolgen hat. Insofern wird auf diesen Teil des Plans aus der Sicht des Planerstellers (Schuldner oder Insolvenzverwalter) das wesentliche Augenmerk zu lenken und dieser Planteil mit besonderer Sorgfalt zu gestalten sein, um die Erfolgsaussichten der Annahme des Insolvenzplans zu erhöhen.

I. Sanierung des Unternehmensträgers

27 **1. Beurteilung der Fortführungsfähigkeit.** Für die **Gläubiger** stellt sich die Frage, ob bei Fortführung durch Sanierung des Unternehmensträgers für sie Vorteile gegenüber einer sofortigen Liquidation entstehen würden. Grundlage der Beurteilung der **Fortführungsfähigkeit**, also der **Sanierungsfähigkeit**, wird das Vermögensverzeichnis sein, das der Insolvenzverwalter nach § 151 Abs. 1 zu erstellen hat, und in dem jeder Gegenstand mit dem Liquidationswert und – bei geplanter Fortführung – mit dem Fortführungswert anzugeben ist (§ 151 Abs. 2).[24]

28 Hinsichtlich der Beurteilung der Fortführungsfähigkeit des insolventen Unternehmens besteht dabei das grundsätzliche Problem, dass es sich in der Mehrzahl um Unternehmen mit **mangelhafter Rentabilität** handelt, deren Erträge gegenüber den Aufwendungen unangemessen niedrig sind. Insofern wäre bei rationaler Betrachtung und im Interesse einer optimalen Kapitalallokation die **Liquidation,** also die Stilllegung und Beendigung der Tätigkeit dieser Unternehmung die einzig richtige ökonomische Konsequenz: Das Kapital könnte in eine gesamtwirtschaftlich und auch betriebswirtschaftlich günstigere, also effizientere Verwendung transformiert werden, die dann zu (höheren) Einnahmenüberschüssen führen würde. Diese ausschließlich **finanzwirtschaftlich** orientierte Zielsetzung muss allerdings ergänzt werden um eine **soziale Komponente,** deren Zielsetzung in der Regel darin besteht, Arbeitsplätze zu erhalten und den Beschäftigten Einkommen aus Arbeitstätigkeit zu gewährleisten. Unter diesem Aspekt erhebt sich zweifelsohne die Frage nach der Fortführungsfähigkeit des Unternehmens.

29 Aber auch unter dem Aspekt des Interesses des **Schuldners,** der **drohende Zahlungsunfähigkeit**[25] als Eröffnungsgrund des Insolvenzverfahrens in Anspruch nimmt, kann durchaus Fortführungswürdigkeit in Frage kommen, und zwar dann, wenn er sich sozusagen einen Spielraum für die **Rekonstruktion** seines Unternehmens verschafft (und damit in Einklang mit Interessen der **Gläubiger** stehen kann): Er nutzt die Möglichkeit, über einen

---

[24] Siehe dazu § 151 RdNr. 9 ff.
[25] Siehe dazu § 18 RdNr. 53.

Insolvenzplan einen vorübergehenden, erheblichen Liquiditätsengpass zu überbrücken und/oder dessen Ursachen zu beseitigen (um dann später wieder den Antrag auf Eröffnung des Insolvenzverfahrens gemäß § 13 Abs. 2 zurückzunehmen und aus dem Schutz des Insolvenzverfahrens entlassen zu werden).

Um die Erfolgsaussichten der Fortführung des Unternehmensträgers beurteilen zu können, ist es notwendig, summarisch zu prüfen, inwiefern die **Haupteinflussfaktoren,** die für Sanierungen relevant sind, sich positiv entwickeln werden. Im Einzelnen kann es sich dabei um eine Bewertung[26]
– des Markt- und Absatzpotentials,
– der Ressourcen betrieblicher Art (Produktionsverfahren, Produktionseinrichtungen, Qualifikation der Mitarbeiter),
– der Organisation und der Geschäftsführung,
– der Kostensituation, und
– etwaiger Finanzierungsquellen, die im Falle der Sanierung aktiviert werden könnten,

handeln. Auf dieser Grundlage wäre dann zu entscheiden, ob schwerpunktmäßig eine finanzielle Sanierung, eine organisatorische und/oder eine kostensenkende Sanierung in Betracht käme. Zweifellos wird auch die Art des Unternehmens für die Fortführungsentscheidung ebenso eine Rolle spielen wie die Rechtsform einschließlich der Bilanzierungserfordernisse sowie etwaiger Bilanzierungshilfen.

2. **Bewertungsalternativen.** Im Rahmen einer **Vergleichsrechnung** ist den Beteiligten (und dem Insolvenzgericht) darzulegen, welche Ergebnisse bei Fortführung des Unternehmensträgers und bei Liquidation prognostiziert werden. Insofern ist die Bewertung der Insolvenzmasse sowohl zu Stilllegungs- (Liquidations-) als auch zu Fortführungswerten als Bewertungsalternativen unabdingbar. Daher sind die **Grundsätze** der Bewertung zu Stilllegungs- und Fortführungswerten im Folgenden vergleichend darzulegen.[27]

a) **Stilllegungswert (Liquidationswert).** Der Wert von Vermögensgegenständen bei Stilllegung des Unternehmens kann als Liquidations- oder Zerschlagungswert bezeichnet werden. Aus diesen Bezeichnungen geht bereits hervor, dass der Stilllegungswert von Vermögensgegenständen von der Art der Verwertung auf dem **Absatzmarkt** abhängt, zumal sie nicht mehr entsprechend ihrer Zweckbestimmung im Betriebsprozess eingesetzt werden können. Die Verwertung kann darin bestehen, dass das Unternehmen in größeren Betriebsteilen verkauft oder durch Zerschlagung bis auf den letzten Vermögensgegenstand „versilbert" wird. Welche Strategie der Liquidation auch immer gewählt wird, das Unternehmen verliert seine bisherige Identität, es erfolgt keine Fortführung, sondern eine mehr oder weniger weitgehende Zerschlagung nach erfolgter Stilllegung. Der Verkaufswert der zu liquidierenden Vermögensgegenstände der Insolvenzmasse hängt von den Marktgegebenheiten und dem angewandten Verfahren ab, und zwar unabhängig davon, ob es sich um eine öffentliche Ausschreibung und öffentliche Versteigerung oder ob es sich um nichtöffentliche Verkaufsverhandlungen und Verkaufsprozesse handelt. In jedem der Fälle erweist sich die Höhe des Liquidationserlöses als Ergebnis des Zusammenwirkens von **Marktsituation,** der angesprochenen **Zerschlagungsintensität** und von der **Zerschlagungsgeschwindigkeit** ab. In der Regel führen Liquidationsprozesse mit hohem zeitlichen Zerschlagungsdruck zu schlechteren Ergebnissen, also geringeren Liquidationserlösen, als dies bei ausreichendem Zeithorizont der Fall wäre. *Kuhn/Uhlenbruck* sprechen in diesem Zusammenhang von **Zerschlagungswerten** einerseits und von **Liquidationswerten** als einer milderen Form andererseits, wobei letztere „einer Liquidation unter normalen Umständen"[28] entsprechen.

Insofern kann es auch **unterschiedliche Liquidationswerte** für den Ansatz im Vermögensverzeichnis geben. Welcher dieser Ansätze zum Tragen kommt, dürfte nach dem **Vorsichtsprinzip** zu beurteilen sein, zumal zu optimistische Liquidationswerte die Ent-

---
[26] Siehe dazu *Risse,* 465 ff.
[27] Siehe dazu auch § 151 RdNr. 9 ff.
[28] *Kuhn/Uhlenbruck* § 102 KO RdNr. 6 i.

scheidung über die Durchführung eines Insolvenzplanverfahrens idR negativ beeinflussen werden.

34 Hinsichtlich der Höhe der **Liquidationserlöse** zeigt die Praxis, dass sich in der Regel bei immateriellen Vermögensgegenständen, bei individuellen selbst erstellten Vermögensgegenständen und bei Halbfabrikaten sowie bei Fertigfabrikaten in Form von Einzelanfertigungen relativ geringe Liquidationserlöse ergeben, sofern sie überhaupt am Markt absetzbar sind. Daher gilt für Unternehmen, die über hohe Bestände derartiger Vermögensgegenstände verfügen, dass die Bewertung zu Liquidationswerten zu ungünstigeren Ergebnissen führen kann als dies bei der Bewertung bei Fortführung des Unternehmens der Fall ist.

35 Im Rahmen von Vergleichsrechnungen ist grundsätzlich zu berücksichtigen, dass im Falle der Liquidation **Kosten der Verwertung** entstehen, die gemäß § 171 Abs. 2 entweder **pauschal** mit 5% oder – sofern **tatsächlich höher** entstanden – mit den höheren tatsächlichen Kosten anzusetzen sind und insofern die entsprechenden Liquidationswerte **mindern**. Eine weitere Minderung des Liquidationserlöses ist für den Fall zu berücksichtigen, dass die Verwertung zu einer Belastung der Masse mit **Umsatzsteuer** führt (§ 171 Abs. 2 Satz 3). Allerdings ist Umsatzsteuer auf den **Netto-Verwertungserlös** zu berechnen, während die Kosten der Verwertung (und die Feststellungskosten nach § 171 Abs. 1 in Höhe von 4%) auf Basis des **Brutto-Verkaufserlöses** zu berechnen sind. Bei einem Verwertungserlös (brutto) von beispielsweise 500 000 €, einem pauschalen Verwertungserlös von 5% und einem Umsatzsteuersatz von 19% ergibt sich daher eine Belastung von **20,966%**, wie folgende Beispielsrechnung zeigt:

(1) Ermittlung des **Netto-Umsatzsteuersatzes** auf den Brutto-Erlös:

$$19\% \cdot \frac{100\%}{119\%} = 15,966\%$$

(2) Ermittlung der Belastung des Verwertungserlöses (ohne Feststellungskosten):

Verwertungskosten (5 %)	25 000 €
Netto-Umsatzsteuersatz (15,966 %)	79 830 €
	104 830 €
	(oder 20,966 €
	von 500 000 €)

Allerdings könnten die Verwertungskosten entfallen, wenn der Insolvenzverwalter dem Gläubiger die Massegegenstände zur Verwertung überlässt (§ 170 Abs. 2). In diesem Fall verringert sich die Belastung auf die Umsatzsteuerzahlung von **15,966%** auf den Brutto-Verkaufserlös (bzw. 19% auf den Netto-Verkaufserlös).

36 **b) Fortführungswert.** Der Gesetzgeber hat den Begriff des Fortführungswertes im Sinne der InsO nicht definiert und deren Ermittlungsmodalitäten auch nicht im Ansatz näher bestimmt, so dass die insolvenzrechtliche Fortführungsbewertung Neuland betritt. Die Ermittlung eines Fortführungswertes auf der Basis von Methoden der Unternehmensbewertung erscheint nur im Falle der übertragenden Sanierung[29] sinnvoll und realisierbar, so dass die Ermittlung von Fortführungswerten, die auf **einzelne** Vermögensgegenstände des Masseverzeichnisses zutreffen, auf andere Weise zu erfolgen hat. Dabei ist einschränkend darauf hinzuweisen, dass sich die Betriebswirtschaftslehre bislang mit dieser Problematik des deutschen Insolvenzrechts – wenn überhaupt – nur rudimentär beschäftigt hat.

37 Einen möglichen Ansatzpunkt für die Ermittlung einzelner Fortführungswerte könnte die handelsrechtliche Rechnungslegung bieten, zumal der **Grundsatz des Going Concern** als übergeordnetes Rechtsprinzip die handelsrechtliche Bewertung bestimmt:[30] Die Bewertung der einzelnen Vermögensgegenstände ist an ihrer tatsächlich beabsichtigten (und rechtlichen)

---

[29] Siehe dazu RdNr. 56 ff.
[30] Siehe dazu *Eilenberger*, Betriebliches Rechnungswesen, 7. Aufl. 1995, S. 56 f. und *Drukarczyk*, Finanzierung, 7. Aufl. 1996, S. 53.

Verwendung bei Fortführung des (normalen) Unternehmensprozesses auszurichten (§ 252 Abs. 1 Nr. 2 HGB). Allerdings können diese **handelsrechtlichen Fortführungswerte** nicht unmittelbar als **insolvenzrechtliche Fortführungswerte** Verwendung finden, weil für die handelsrechtliche Bewertung entsprechend § 252 Abs. 1 Nr. 4 HGB zusätzliche Wertmaßstäbe bzw. Einschränkungen auf Grund des Gebots der vorsichtigen Bewertung in Form des Realisationsprinzips, des Imparitätsprinzips sowie des Niederstwertprinzips (bei Aktiva) und des Höchstwertprinzips (bei Passiva) zu beachten sind.

Als Maßstab für die **insolvenzrechtliche Fortführungsbewertung** ist daher für einzelne Vermögensgegenstände von einem Fortführungswert im Sinne eines **Rekonstruktionswertes**[31] auszugehen, der sich an den Preisen auf dem **Beschaffungsmarkt** orientiert und die Fortführung des Unternehmens als Ganzes berücksichtigt. 38

Das bedeutet, dass Gegenstände des **Anlagevermögens,** die handelsrechtlich auf Grund der Beachtung des **Anschaffungswertprinzips** (als Ausprägung des Realisationsprinzips) erheblich unterbewertet waren (z. B. Grundstücke, Gebäude, Beteiligungen) mit einem **höheren Wert** im Insolvenzplan angesetzt werden können, zumal das Prinzip der kaufmännischen Vorsicht in diesem Zusammenhang unbeachtlich sein muss. 39

Insbesondere bei **Grundstücken** wird eine Auflösung stiller Reserven sichtbar werden, wenn die Fortführungsbewertung zu (aktuellen) Beschaffungspreisen und nicht zum historischen Anschaffungswert erfolgt. In diesem Zusammenhang wird auch zu prüfen sein, welche Grundstücke, an denen Gläubiger idR Absonderungsrechte geltend machen können, weiterhin für die Betriebsfortführung unabdingbar sind. Ist dies der Fall, kann der Insolvenzverwalter den Einbezug dieser Grundstücke in das Insolvenzplanverfahren fordern. 40

Allerdings kann die insolvenzrechtliche Fortführungsbewertung bei Gegenständen des **Anlagevermögens** aber auch zu **Abwertungen** einzelner Vermögensgegenstände der Insolvenzmasse führen, die handelsrechtlich höher bewertet waren, wenn die Preise auf den Beschaffungsmärkten niedriger sind. Dies kann vor allem dann der Fall sein, wenn sich das Unternehmen bereits seit einiger Zeit in einer Krisensituation befunden hat und zur Verbesserung des Bilanzbildes im Sinne eines Window Dressing durch Übergang von der degressiven Abschreibung auf die lineare Abschreibung eine Erhöhung des Bestandes der Aktiva auf legalem Wege durch Wahrnehmung der handelsrechtlichen Bewertungswahlrechte vorgenommen hat. Dasselbe gilt für den Fall, dass der Schuldner in der Handelsbilanz sogar für eine Aktivierung geringwertiger Wirtschaftsgüter gesorgt und dadurch zwar eine gewisse Verbesserung des Bilanzbildes erreicht hat, jedoch eine Bereinigung der Krisenursachen damit nicht gelungen ist, sondern diese vielmehr verdeckt worden sind. 41

Die Bewertung von Gegenständen des **Umlaufvermögens** nach Maßstäben insolvenzrechtlicher Fortführungsbewertung kann und wird gegenüber den handelsrechtlichen Bewertungsgepflogenheiten grundsätzlich zu **höheren** Wertansätzen führen, und zwar vorzugsweise in folgenden Fällen: 42
- Bewertung der **Rohstoffe** zu Tageswerten des Beschaffungsmarktes (ohne „Deckelung" durch den historischen Anschaffungswert als Obergrenze);
- Bewertung der **Halbfabrikate** entsprechend dem Stand der Bearbeitung zu aktuellen Selbstkosten;
- Bewertung der **Fertigfabrikate,** die schlechte Marktgängigkeit aufweisen, zu aktuellen Selbstkosten;
- Bewertung von **Hilfs- und Betriebsstoffen** zu Tageswerten des Beschaffungsmarktes (ebenfalls ohne „Deckelung" durch handelsrechtliche Wertobergrenzen).

Da das Krisenunternehmen zum Zeitpunkt der Planerstellung allerdings keine angemessene Umsatzrendite erzielen kann, sind die oben dargelegten Ansätze für die Selbstkosten in der Weise zu reduzieren, dass die Bewertung **verlustfrei** erfolgt. Das bedeutet, dass die erwarteten Verluste in **reduzierten Selbstkostenansätzen** berücksichtigt werden können (und sollten). 43

---

[31] Siehe dazu auch WP-Handbuch 1992, Bd. II, F 365 ff. In diesem Sinne auch *Bork,* RdNr. 92. Kritisch dazu *Burger/Schellberg* BB 1995, 261 ff.

44 Aktiva und Passiva, die **nicht selbständig veräußerbar** sind, wie z. B. die Kosten für die Ingangsetzung des Geschäftsbetriebs und dessen Erweiterung (§ 269 HGB), das aktivierte Disagio aus Finanzierungen (§ 250 Abs. 3 HGB) oder der derivative Firmenwert (§ 255 Abs. 4 HGB), die zwar in der HGB-Fortführungsbilanz aktivierungsfähig sind, werden jedoch in der Regel mangels eines entsprechenden Preises am Beschaffungsmarkt bei insolvenzrechtlicher Fortführungsbewertung als Bilanzierungshilfen **nicht ansatzfähig** sein.

45 **3. Erforderliche Maßnahmen zur Verbesserung der Vermögens-, Finanz- und Ertragslage.** Da im Falle der Sanierung des Unternehmensträgers die Gläubiger auf eine Liquidation zugunsten der Fortführung (vorerst) verzichten (und ggf. sogar noch Insolvenzkredite zur Fortführung gewähren bzw. diesen Kreditaufnahmen zustimmen) müssen sie in die Lage versetzt werden, durch Kenntnis insbesondere über die künftige Ertragslage einem entsprechenden **Sanierungsplan** zustimmen zu können. In der Regel wird im Plan daher darzulegen sein, welche Maßnahmen zur Verbesserung der Vermögenssituation einerseits und der Finanz- und Ertragslage andererseits zu treffen sind. Ergänzt wird diese Darlegung durch die von § 229 geforderte Darstellung der Wirkungen, die sich bei Wirksamwerden des Plans im Zeitablauf ergeben.[32] Dem darstellenden Teil ist diese als **Anlage** beizufügen. Der Zweck der Darlegung der erforderlichen Eingriffe in die Vermögens-, Finanz- und Ertragssituation besteht darin, den Gläubigern und dem Insolvenzgericht die Grundlage für eine sichere Beurteilung der Sanierungsfähigkeit des Unternehmens zu liefern und zu gewährleisten, dass die Erfüllbarkeit des Sanierungsplans einigermaßen sicher beurteilt werden kann. Besonderes Augenmerk ist auf die Sicherstellung der Zahlungsfähigkeit des fortgeführten Unternehmens zu legen. Alle Eingriffe und ihre Auswirkungen sind ausführlich darzustellen.

46 Im Einzelnen werden insbesondere **Eingriffe** und **Maßnahmen** zu detaillieren sein, die zeigen,
– wie die Ertragskraft des Unternehmens wiederhergestellt werden kann,
– welche personellen und organisatorischen Regelungen zu treffen sein werden,
– welche Umsatzchancen prognostiziert und realisiert werden, und
– wie die Überbrückungsfinanzierung erfolgen soll.

47 Von besonderer Bedeutung sind in diesem Zusammenhang Eingriffe in die **Vermögenssituation,** die die absonderungsberechtigten Gläubiger im Hinblick auf die Verwertung von unbeweglichen Gegenständen betreffen. Es geht dabei um die Frage, ob der Verwalter Grundstücke zur unmittelbaren Verwertung an absonderungsberechtigte Gläubiger freigibt oder beim Insolvenzgericht entsprechend § 165 die Zwangsverwaltung (oder Zwangsversteigerung) betreiben möchte. Die Konsequenz aus der **Zwangsverwaltung** besteht dann darin, dass den betreffenden absonderungsberechtigten Gläubigern die geschuldeten laufenden Zinsen aus der Insolvenzmasse zu zahlen sind, was eine Fortsetzung des Kreditverhältnisses bedeutet und sich auf die Ertragslage entsprechend auswirken wird. Daher ist in diesem Fall zu zeigen, durch welche Eingriffe in die Ertragslage, diese Zahlungen sichergestellt werden können.

48 Ohne Zweifel bedeuten derartige Eingriffe in die Vermögenssituation Auswirkungen auf die Gestaltung der Rechte der Gläubiger. Es können sich aber auch Änderungen insofern ergeben, als die absonderungsberechtigten Gläubiger nicht mehr voll, sondern nur noch **quotal** befriedigt werden können und sich insofern dem Status der Insolvenzgläubiger nähern oder diesen – zumindest mit dem ausgefallenen Teil angehören (§ 223 Abs. 2).

49 Darzulegen sind nicht zuletzt insbesondere Eingriffe in die **Ertragslage,** die zeigen, dass die Kosten dauerhaft gesenkt und die Erlöse durch entsprechende Maßnahmen im Absatzbereich erhöht werden können.

50 **4. Schaffung der Grundlagen für die geplante Gestaltung der Rechte der Beteiligten.** Den Gläubigern, die dem Plan zustimmen sollen, und dem Insolvenzgericht, das für die Bestätigung des Plans zuständig ist, sind im darstellenden Teil auch die geplante Gestal-

---

[32] Siehe dazu § 229 RdNr. 10 ff.

tung der Rechte der Beteiligten (einschl. des Schuldners) in den Grundzügen darzulegen und die Bildung von Gruppen vorzubereiten.

a) Absonderungsberechtigte Gläubiger. Es wird sich empfehlen, bei Fortführung **51** durch den Unternehmensträger im Sanierungsplan abweichend von § 223 eine Neubestimmung der Rechte der absonderungsberechtigten Gläubiger vorzusehen. Dabei ist möglich, dass den Insolvenzgläubigern dingliche Rechtspositionen eingeräumt werden sollen, beispielsweise dass die Forderungen im Plan gekürzt, für die gekürzten Forderungen aber Sicherheiten bestellt werden sollen. In diesem Zusammenhang ist auch die Änderung des § 925 Abs. 1 Satz 3 BGB durch Art. 33 Nr. 26 EG zu sehen, die es ermöglicht, die Auflassung in einem rechtskräftig bestätigten Insolvenzplan zu erklären.

Dasselbe gilt für Änderungen sachenrechtlicher Verhältnisse (§ 228): Der Sanierungsplan **52** könnte sich mit der Regelung ausschließlich **schuldrechtlicher Verhältnisse** begnügen und dabei auch bestimmte Rechte der absonderungsberechtigten Gläubiger berühren. Das wäre der Fall, wenn der Plan die Verpflichtung der absonderungsberechtigten Gläubiger zur Freigabe von Sicherheiten verbindlich festschreibt, sobald bestimmte Teilbeträge an diese bezahlt worden sind. Diese Regelung setzt allerdings Teilbarkeit von Sicherheiten voraus. Sofern derartige Regelungen nicht gewollt oder nicht möglich sein sollten, können Willenserklärungen der Beteiligten zur Begründung, Änderung, Übertragung oder Aufhebung von Rechten an **Sachen** – auch im Grundbuch eingetragenen Rechten an einem Grundstück – in den gestaltenden Teil des Insolvenzplans aufgenommen werden. Gleichgestellt sind dabei **Rechte,** die im Schiffsregister, im Schiffsbauregister oder im Register für Pfandrechte an Luftfahrzeugen eingetragen sind.

Soll vom Gleichbehandlungsgrundsatz des § 226 Abs. 1 abgewichen werden, so sind im **53** Sanierungsplan grundsätzlich zustimmende Erklärungen jedes Betroffenen für die **Ungleichbehandlung** vorzusehen. Dasselbe gilt für zulässige **Barabfindungen** von Gläubigern, die dem Plan voraussichtlich nicht zustimmen werden. Dabei ist § 251 über den Minderheitenschutz zu beachten. Grundsätzlich besteht dabei die Gefahr, dass auf Antrag der (des) Minderheitengläubiger(s) die Bestätigung des Insolvenzplans versagt wird.

b) Insolvenzgläubiger. Für die **Insolvenzgläubiger** wird festzustellen bzw. zu ermit- **54** teln sein, in welchem Umfang die Fortführung zu Verminderungen ihrer Ansprüche gegenüber des zu sanierenden Unternehmens im Vergleich zur sofortigen Stilllegung und anschließender Liquidation führen. Es wird aber auch darzulegen sein, inwiefern sich die Rechtsstellung der Insolvenzgläubiger bei erfolgreicher Fortführung verbessern kann. Insofern lässt sich Einfluss auf die Motivlage der zur quotalen Befriedigung ihrer Forderungen aus der Insolvenzmasse berechtigten Insolvenzgläubiger nehmen.

Wesentliche Änderungen der Rechtsstellung werden in der Regel allerdings die **nach-** **55** **rangigen Insolvenzgläubiger** hinzunehmen haben, und dabei wiederum diejenigen Gläubiger, die kapitalersetzende Gesellschafterdarlehen (§ 39 Abs. 1 Nr. 5) dem insolventen Unternehmen gewährt haben. Denn für diesen Gläubigerkreis greift der Grundsatz des § 225 Abs. 1, demzufolge die Forderungen nachrangiger Insolvenzgläubiger als erlassen gelten, sofern der Insolvenzplan nichts anderes bestimmt. Sieht der Insolvenzplan abweichende Regelungen analog zum Vorgehen bei den Insolvenzgläubigern vor, so sind für jede Gruppe der nachrangigen Insolvenzgläubiger Angaben darüber zu machen, um welchen Bruchteil die Forderungen gekürzt, für welchen Zeitraum sie gestundet, wie sie gesichert oder welchen sonstigen Regelungen sie unterworfen werden sollen (§ 224).

II. Übertragende Sanierung (Betriebsveräußerung) auf der Grundlage eines Plans

1. Voraussetzungen. Betriebsveräußerungen können grundsätzlich in Form der Über- **56** tragung des gesamten Unternehmens an einen **neuen Rechtsträger** erfolgen oder in Form von Teil-Betriebsveräußerungen. Während im ersten Fall die Ermittlung des **rechnerisch erforderlichen Verkaufswertes** (Unternehmenswertes) auf Grund eigenständiger Bilanzierung des bisherigen Rechtsträgers mit Hilfe der von der Betriebswirtschaftslehre entwickelten Bewertungsverfahren – zumindest von der Datenlage her – keine größeren Probleme bereiten dürfte, wird das im zweiten Fall häufig nicht so sein: Da **Teilbetriebe** nicht selbständig bilanzieren, werden die entsprechenden rechnerischen Ermittlungen eines Verkaufswertes Schwierigkeiten bereiten.

57 Unabhängig davon, ob Gesamt- oder Teilbetriebsveräußerung im Rahmen übertragender Sanierung vorgenommen werden sollen, kann der rechnerisch ermittelte Verkaufswert letztlich nur ein Maßstab dafür sein, ob die am Markt erzielbaren Verwertungserlöse (**Markterlöse**) Ergebnis einer **korrekten Marktpreisbildung** sein können. Damit soll Missbräuchen, die in der Praxis bei übertragenden Sanierungen in Veräußerungen unter Wert bestehen, vorgebeugt werden. Insbesondere in Zusammenhang mit Management-buy-outs, bei denen das bisherige Management das (lebensfähige) Unternehmen übernimmt, könnten auf Grund der Interessenlage des übernehmenden Managements derartige Veräußerungen unter Wert erfolgen, bei denen nicht der **volle Marktwert**, der in diesem Fall den **Fortführungswert** für das Unternehmen **als Ganzes** repräsentiert, als Erlös erzielt wird. Die Konsequenz für die Gläubiger des Schuldners (und auch für den Schuldner selbst) besteht bei Veräußerungen unter Wert darin, dass sie vom Erfolg der Sanierung zum Teil ausgeschlossen (weil unzulänglich befriedigt) werden. Auf der anderen Seite fließen in diesem Fall dem Erwerber, also dem auf- oder übernehmenden neuen Unternehmensträger vermögenswerte Sondervorteile zu, die mit dem Zweck des Insolvenzverfahrens unvereinbar sind.

58 Missbräuche sind dagegen ausgeschlossen, wenn der **volle Markterlös** (Fortführungswert) des Unternehmens (oder des Betriebes) in die **Insolvenzmasse** fließt. Daher war in § 181 Abs. 1 RegE vorgesehen, dass Betriebsveräußerungen an besonders Interessierte (Insider) nur auf der Grundlage eines Insolvenzplans zulässig sind. Der Rechtsausschuss hat allerdings diese Bestimmung in der Neuformulierung im Sinne einer erheblichen Vereinfachung und Verkürzung[33] gestrichen und die Betriebsveräußerung ohne Plan als **Verwertungshandlung** mit Zustimmung der Gläubigerversammlung zugelassen.[34] Insofern sind für die sanierende Übertragung zwei Wege gegeben, nämlich derjenige ohne Plan auf der Basis des § 162 Abs. 1 und der Weg über einen **Sanierungsplan**.

59 Bei übertragender Sanierung auf der Grundlage eines Plans besteht grundsätzlich der Vorteil, dass im Falle der Bestätigung des Übertragungsplans gegen die übertragende Sanierung selbst dann keine Bedenken bestehen können, wenn die vom neuen Unternehmensträger aufzubringenden Zahlungen hinter dem Erlös zurückbleiben sollten, der bei Einzelveräußerung des Schuldnervermögens erzielbar wäre.

60 **2. Bewertung.** Im Gegensatz zur Ermittlung der Fortführungswerte einzelner Massegegenstände im Falle der Sanierung des Unternehmensträgers[35] erfolgt bei übertragender Sanierung, die eine **Liquidation** bedeutet, die Ermittlung des Wertes des gesamten Unternehmens, des Betriebes oder des Teilbetriebes. In diesem Zusammenhang gilt der Grundsatz, dass bei Erwerb ganzer Unternehmen oder Teilen des Unternehmens, für die kein börsenmäßig festgestellter oder feststellbarer Marktwert existiert (z.B. weil ihre Anteile nicht verbrieft sind, wie bei GmbH-Anteilen das der Fall ist, oder im Falle von Aktien, die nicht börsenmäßig notiert sind), zur Ermittlung des Marktwertes anerkannte Verfahren der Unternehmensbewertung anzuwenden sind.[36]

61 Der **Gesamtwert** eines Unternehmens kann einerseits durch Anwendung der nunmehr vorherrschenden **investitionsorientierten Bewertungsverfahren (Discounted Cash Flow-Verfahren – DCF-Verfahren)**, andererseits im Ausnahmefall mit Hilfe sog. **Praktikerverfahren,** die finanzwirtschaftliche Relevanz aufweisen (Ertragswert-, Substanzwert-, Mittelwertverfahren), geschätzt werden.

---

[33] Beratung BTag zu § 181 RegE, S. 175 f.
[34] Beratung BTag § 181 Abs. 1 RegE.
[35] Siehe RdNr. 36 ff.
[36] Siehe dazu *Eilenberger,* Betriebliche Finanzwirtschaft. 7. Aufl. 2003, 216 ff.; *Spremann,* Valuation, 2004; *Drukarczyk,* Unternehmensbewertung, 4. Aufl. 2003, 119 ff.; *Münstermann,* Wert und Bewertung der Unternehmung, in: Handwörterbuch der Finanzwirtschaft, 3. Aufl. 1967; WP-Handbuch 1992, Band II 1992.

a) Investitionsorientierte Bewertung. Der Gesamtwert des Unternehmens wird aus der Sicht des Käufers auf der Basis nachhaltig erzielbarer **Free Cash Flows (FCF)** und deren Diskontierung ermittelt. Die FCF sind jene Perioden-Zahlungsströme bzw. Zahlungsbestände, die den Kapitalgebern (Eigentümern und Gläubigern) zustehen Im Falle der Bewertung von insolvenzbedrohten Unternehmen ist der sog. Entity-Ansatz anzuwenden. Auf der Basis von Plan-Bilanzen und Plan-GuV's erfolgt die Ermittlung der künftigen operativen Cash Flows (OCF) der einzelnen Perioden in der Weise, dass in einem ersten Schritt vom Plan-Periodenumsatz die zu dessen Erzielung erforderlichen Kosten abgezogen werden und so die Earnings befor Interest and Taxes (EBIT) entstehen; in einem zweiten Schritt sind die EBIT um die zu zahlenden Ertragsteuern (T) zu verringern und diesem Betrag die Abschreibungen hinzuzufügen, also:

$$OCF = EBIT\,(1 - T) + Abschreibungen$$

Da der Term EBIT (1 − T) den Net Operating Profit after Taxes (NOPAT) darstellt, kann die vorstehende Gleichung auch geschrieben werden als

$$OCF = NOPAT + Abschreibungen.$$

Der Free Cash Flow je Periode repräsentiert den Umfang des Cash Flow des Unternehmens, der für die Investoren verfügbar ist, und zwar nachdem das Unternehmen alle operativen Bedürfnisse erfüllt hat und alle budgetierten Investitionen in das Anlage- und Umlaufvermögen erfolgt sind, also:

$$FCF = OCF - Budgetierte\ Investitionen$$

Die auf die beschriebene Weise gewonnen Perioden-FCF sind mit einem sachgerechten Kalkulationszinssatz auf den Betrachtungszeitpunkt abzudiskontieren. Dabei findet üblicherweise das Konzept der gewogenen Kapitalkosten Anwendung (Weighted-Average-Cost-of-Capital; WACC). Der Gesamtwert des Unternehmens ergibt sich daher durch Diskontierung der Perioden-FCF mit den WACC, die sich als Summe aus den gewichteten geplanten Eigen- und Fremdkapitalkosten ergeben. Dabei sind die geplanten Fremdkapitalkosten auf Grund der steuerlichen Anrechenbarkeit um die auf Unternehmensebene erzielbaren Steuerminderungen zu bereinigen:

$$WACC \;=\; i_{(e)}\,(1 - T_U) \cdot \frac{FK^{(M)}}{GK} \;+\; r_{EK} \cdot \frac{EK^{(M)}}{GK}$$

wobei: i_e = vom Markt (Gläubiger, Investoren) erwarteter Fremdkapitalzins
  T_U = Steuersatz des Unternehmens
  $EK^{(M)}$ = Marktwert des Eigenkapitals (Unternehmenswert)
  $FK^{(M)}$ = Marktwert des Fremdkapitals
  GK = Gesamtkapitalwert ($EK^{(M)} + FK^{(M)}$)
  r_{EK} = Rendite-Erwartungen der Eigentümer (Eigenkapitalgeber)

Auf dieser Grundlage ergibt sich der Unternehmensgesamtwert (UW) als Summe der Barwerte der diskontierten FCF der Detailprognoseperiode und des (diskontierten) Barwertes des Restwerts sowie des Barwerts des nicht betriebsnotwendigen Vermögens:

$$UW \;=\; \sum_{t=0}^{n} \frac{FCF_t}{(1 + WACC)^t} \;+\; \frac{RW}{(1 + WACC)^t} \;+\; NBV$$

wobei: FCF = Free Cash Flow der Periode
  t = Periodenindex (0, 1, 2, …, n)
  RW = Residualwert
  NBV = Barwert des nicht betriebsnotwendigen Vermögens

§ 220

Die Eigenkapitalkosten ergeben sich aus den Rendite-Erwartungen der Eigenkapitalgeber und werden in der Regel kapitalmarkttheoretisch über das **Capital Asset Pricing Model (CAPM)** ermittelt:

$$r_{EK} = r_f + (r_m - r_f)\,\beta_i$$

wobei:
- r_{EK} = Eigenkapitalrentabilität des Unternehmens i
- β_i = Beta-Faktor des Unternehmens i
- r_m = Marktrendite
- r_f = risikofreier Zinssatz

Die CAPM-Gleichung zeigt, dass die Eigenkapitalrentabilität des Unternehmens i abhängt von der Höhe des risikofreien Zinssatzes (z. B. von Staatspapieren), der Marktrendite des Kapitalmarkts (der durch einen repräsentativen Index (z. B. DAX-Rendite) und dem Beta-Faktor (als Ausdruck des individuellen Risikos von Unternehmen i), wobei die Beta-Werte von Null (Staatspapiere) über Beta=1 (mittleres Risiko) bis zu höheren Beta-Werten (korrespondierend zu den höheren erwarteten Erträgen) reichen.

Für die Ermittlung des Unternehmensgesamtwertes ist schließlich noch erforderlich, die prognostizierten Werte für die Perioden-FCF bezüglich ihres Planungshorizonts zwischen den FCF einer Detailplanungsperiode, in der die FCF für einen Zeitraum von fünf bis sieben Jahren möglichst exakt geplant werden, und einer Folgeperiode zu unterscheiden, für die ein Restwert (RW) planerisch ermittelt wird. In der Regel wird bei **unbegrenzter Nutzungs-** bzw. **Fortführungsdauer** der Restwert als **Fortführungswert** im Sinne einer ewigen Rente angesehen, also

$$RW = \frac{\overline{FCF}_{T+1}}{WACC}$$

wobei: T = Dauer des Detailprognose-Zeitraums.

Im Falle **begrenzter Nutzungsdauer** würde der Restwert als **Liquidationswert** aufzufassen sein, so dass der konstante FCF mit dem Rentenbarwertfaktor zu multipplizieren wäre. Der Liquidationswert erweist sich dabei als Barwert der Nettoerlöse, die sich entweder zum Zeitpunkt der Liquidation oder die sich innerhalb eines Liquidations-Zeitraumes aus den geplanten Liquidationen aus der Veräußerung der Vermögensgegenstände abzüglich der Schulden und Liquidationskosten sowie der Ertragsteuern auf den Liquidationsgewinn ergeben:

$$RW = \overline{FCF}_{T+1} \cdot \frac{(1 + WACC)^n - 1}{WACC\,(1 + WACC)^n}$$

Auf dieser Grundlage ergibt sich der **Unternehmensgesamtwert (UW)** als

$$UW = \sum_{t=0}^{n} \frac{FCF_t}{(1 + WACC)^t} + \frac{RW}{(1 + WACC)^t} + NBV$$

wobei:
- FCF = Free Cash Flows (Finanzielle Überschüsse nach Steuern, jedoch vor Zinsen)
- t = Periodenindex (0, 1, 2, ..., n)
- RW = Residualwert
- NBV = Barwert des nicht betriebsnotwendigen Vermögen

63 b) **Ertragswertverfahren.** Der Gesamtwert des Unternehmens bestimmt sich durch **Kapitalisierung** der zu erwartenden (durchschnittlichen) Gewinne (G), die als **Renten** aufgefasst und auf den Gegenwartswert abdiskontiert werden **(mathematische Berechnungsmethode).** Dagegen fasst die **kaufmännische Berechnungsmethode** den Gewinn nicht als Zeitrente auf, sondern als **ewige Rente,** d. h. als Zins der investierten Finanzmittel, die jährlich für unbegrenzte Dauer Einkommen abwerfen. Die Berücksichtigung des **allgemeinen Unternehmerrisikos** kann im Rahmen der Ertragswertermittlung entweder in Form eines Abschlages vom erwarteten Erfolg **(Ergebnis-Abschlagsmethode)** oder in Form eines Zuschlages auf den (notwendigen) Kapitalisierungszinssatz **(Zinszuschlagsmethode)** erfolgen.

c) **Substanzwertverfahren.** Der Substanzwert stellt nach traditioneller Auffassung die Summe der Reproduktionswerte des betriebsnotwendigen Vermögensteils abzüglich der Schulden des Unternehmens dar. Hinsichtlich des Umfanges des Einbezugs von Vermögensteilen in die Substanzwertermittlung kann zwischen einem **Gesamtreproduktionswert** (mit den Alternativen Gesamtreproduktions-Neuwert oder -Altwert), einem **Teilreproduktionswert** (mit den Alternativen Teilreproduktions-Neuwert oder -Altwert) und einem **Liquidationswert** (Liquidationsnettoerlös) unterschieden werden. Da der Erwerber eines Unternehmens im Allgemeinen von der Überlegung ausgeht, welchen Ertragswert (= Zukunftserfolgswert) dieses für ihn besitzt, kann unter finanzwirtschaftlichen Zielsetzungen der **Teilreproduktions-Altwert** als Substanzwert aufgefasst und als Vergleichswert für den Zukunftserfolg herangezogen werden.

d) **Mittelwertverfahren.** Dabei handelt es sich um ein Korrektur-Verfahren, das den Unsicherheiten, die der Ertragswert- und der Substanzwertermittlung anhaften, dadurch Rechnung tragen sollte, dass der Gesamtwert das arithmetische Mittel zwischen Ertrags- und Sachwert bildet. Dabei kann hinsichtlich des Ertragswertes seinerseits das arithmetische Mittel zwischen der mathematischen und der kaufmännischen Berechnungsmethode zu Grunde gelegt werden.

e) **Kombinierte Verfahren.** In der Praxis haben sich neben den unter a) bis d) angeführten Verfahren weitere Verfahren der Unternehmensbewertung herausgebildet, z.B. das Stuttgarter Verfahren[37] u. a.

3. Auswirkungen auf Rechte der Beteiligten. Die allgemeinen Vorschriften über das Zustandekommen eines Insolvenzplans bieten eine vollwertige Legitimation übertragender Sanierungen (durch Liquidation des bisherigen Unternehmensträgers). Durch die Zustimmung der Mehrheiten, die interessengerechte Gruppenbildung, das Anrecht aller Gruppen auf angemessene Beteiligung an dem planmäßig erzielten **Fortführungsmehrwert** und den Schutz jedes einzelnen Beteiligten in Höhe des Liquidationswerts seiner Rechtsstellung ist sichergestellt, dass marktwidrige und dem Verfahrenszweck widersprechende Sondervorteile für einzelne Verfahrensbeteiligte vermieden werden. Beteiligte, die maßgeblich an dem neuen Unternehmensträger beteiligt oder wirtschaftlich interessiert sind, werden regelmäßig unter den Beteiligten gleichen insolvenzrechtlichen Ranges eine besondere Gruppe bilden; dadurch wird die Möglichkeit eröffnet, die finanzielle Stellung solcher Beteiligter hinsichtlich der Insolvenzmasse in dem Plan besonders, typischerweise ungünstiger als die der anderen gleichrangigen Beteiligten, auszugestalten. Die Beteiligten können also ihren Interessen gemäß unterschiedlich behandelt werden.

Darüber hinaus erlaubt ein **Übertragungsplan** auch differenzierte, dem Einzelfall angemessene Gestaltungen, die im Vergleich zu einer Gesamtveräußerung des Unternehmens oder Betriebes aus der Insolvenzmasse häufig Effizienzvorteile bieten werden. So ist es beispielsweise möglich, dem Erwerber den Kaufpreis zu stunden und diesen von zukünftigen Entwicklungen, etwa dem Erreichen bestimmter Bilanzkennzahlen, abhängig zu machen; einzelne Beteiligtengruppen können etwa in Anteilsrechten der Übernahmegesellschaft abgefunden oder durch günstige Bedingungen bei künftigen Lieferbeziehungen für den Verzicht auf Forderungsrechte entschädigt werden. Der Plan kann sich im Einzelfall aber auch darauf beschränken, eine Veräußerung gegen bar zu legitimieren und den Erlös –

---

[37] Siehe dazu WP-Handbuch, 1998, Bd. II, D 49 ff.

gegebenenfalls abweichend von der gesetzlichen Verteilungsregel – unter den Beteiligten aufzuteilen.

G. Ablauf des Verfahrens bei Erstellung des darstellenden Teils

69 Wesentlich für die Entscheidungen der Beteiligten und des Insolvenzgerichts ist die Herstellung einer breiten Informationsbasis und einer ausreichenden Transparenz. Da nach § 232 Abs. 2 das Insolvenzgericht der für den Schuldner zuständigen amtlichen Berufsvertretungen des Handels, der Industrie, des Handwerks oder der Landwirtschaft sowie anderen sachkundigen Stellen Gelegenheit zur Äußerung geben kann, und gemäß § 232 Abs. 1 Nr. 1 der Plan auch ggf. dem Betriebsrat und dem Sprecherausschuss der leitenden Angestellten zugeleitet wird, sollte der darstellende Teil über die vom Gesetz geforderten Grundinformationen hinausgehen und zusätzliche allgemeine Informationen enthalten, die positive Stellungnahmen zum Plan fördern.

70 Bei Erstellung des Insolvenzplans werden in aller Regel noch nicht alle erforderlichen Informationen und Bewertungsgrundlagen verfügbar sein, so dass entsprechende Ergänzungen vom Insolvenzgericht und auch Alternativrechnungen in Vorbereitung der insolvenzgerichtlichen Bestätigung des Plans zuzulassen sind.

71 Weitere Informationen werden sich ergeben, wenn im Rahmen der Bewertung des vorgelegten Plans oder von Planalternativen Entscheidungen der Gläubigerversammlung getroffen und dadurch ggf. Planänderungen notwendig werden. Dazu kommt, dass Pläne bis zum Schlusstermin bei Gericht eingereicht werden können (§ 218 Abs. 1) und aus diesem Grund unter Umständen Änderungen an einem schon eingereichten, anderen Plan erforderlich werden.

72 Zu beachten ist auch, dass bei Erstellung von Bewertungsgutachten durch Sachverständige eine Zeitreserve vorzusehen ist, die dazu genutzt werden kann, Stellungnahmen abzugeben und Verbesserungen am Plan vorzunehmen. Insofern wird es sich bei Erstellung eines Plans generell um einen mehrstufigen Prozess handeln, der jeweils mit Teilentscheidungen abgeschlossen wird, bis letztlich der endgültige Insolvenzplan zur gerichtlichen Bestätigung vorgelegt werden kann.

§ 221 Gestaltender Teil

Im gestaltenden Teil des Insolvenzplans wird festgelegt, wie die Rechtsstellung der Beteiligten durch den Plan geändert werden soll.

Schrifttum: Vgl. die Nachweise vor § 217.

Übersicht

	RdNr.		RdNr.
A. Normzweck	1	1. Vollstreckungsrechtliches Bestimmtheitsgebot	13
B. Entstehungsgeschichte	5	2. Sachenrechtlicher Bestimmtheitsgrundsatz	16
C. Rechtsvergleichender Hintergrund der Norm	7	E. Beteiligte	17
D. Anforderungen an den gestaltenden Teil des Plans	8	F. Änderung der Rechtsstellung	18
I. Gesetzmäßigkeit der Rechtsgestaltung	9	G. Beteiligtenübergreifende Rechtsgestaltung	21
II. Gruppenbezogenheit der Rechtsgestaltung	11	I. Bedingte Pläne (§ 249), Planbedingungen und -befristungen	22
III. Bestimmtheit der Rechtsgestaltung	13	1. Bedingte Pläne (§ 249)	22

	RdNr.		RdNr.
2. Planbedingungen	24	1. Zwangseingriffe in Insolvenzgläubigerforderungen	71
3. Befristungen	26	2. Regelungen auf freiwilliger Basis	76
II. Regelungen für den Fall unterbliebener/verzögerter Planerfüllung	27	**III. Nachrangige Insolvenzgläubiger**	77
III. Regelungen für den Fall sonstiger Pflichtverletzungen des Schuldners	32	**IV. Arbeitsrechtliche Regelungen im gestaltenden Teil**	78
IV. Regelungen über die Überwachung der Planerfüllung	33	1. Eingriffe in Insolvenzforderungen	79
1. Überwachung nach dem gesetzlichen Regelmodell	34	2. Änderung der Arbeitsbedingungen	80
		3. Sozialplan und Interessenausgleich	81
2. Privatautonom ausgestaltete Planüberwachung	35	4. Sonstige Regelungen	83
V. Kreditrahmenregelungen	38	**V. Schuldner, persönlich haftende Gesellschafter/Ehegatten/eingetragene Lebenspartner, Mitglieder einer Genossenschaft**	84
VI. Regelungen über die Fortführung anhängiger Rechtsstreite	40	**VI. Gesellschaftsrechtliche Regelungen auf freiwilliger Basis**	85
VII. Salvatorische Klauseln	41	1. Rechtstechnische Verknüpfung	86
1. Minderheitenschutzklauseln (Gleichstellungsklauseln)	42	a) Vorleistungsrisiko der Gesellschafter	87
a) Finanzierung über Rückstellung	43	b) Zulässigkeit gesellschaftsrechtlicher Maßnahmen	88
b) Finanzierung über Bürgschaft/Garantie	45	c) Vorleistungsrisiko der Gläubiger	89
2. Obstruktionsklauseln	46	2. Praktisch bedeutsame Regelungen	90
a) Gleichstellung mit Insolvenzabwicklung ohne Plan	47	a) Übertragung von Gesellschaftsanteilen	91
b) Angemessene Beteiligung an dem Planwert	48	b) Gesellschaftsrechtliche Beschlüsse	92
VIII. Ausschlussklauseln	50	c) Beitrittserklärungen	93
IX. Änderungs- und Anpassungsklauseln	57	d) Gesellschaftsgründungen	94
		e) Vermögensübertragungen	95
X. Klarstellungsklauseln	58	f) Unternehmensverträge	96
H. Beteiligtenspezifische Rechtsgestaltung	59	g) Anmeldungen zum Handelsregister	97
I. Absonderungsberechtigte	61	**VII. Aussonderungsberechtigte, Massegläubiger**	98
1. Unmittelbare Zwangseingriffe in Absonderungsrechte	62	**J. Sachenrechtliche Regelungen**	99
a) Materiellrechtliche Rechtsstellung	63	**K. Effiziente Pläne**	103
aa) Kürzungen	64	**L. Sanktionen bei einer Verletzung des zulässigen Planinhalts**	107
bb) Stundungen	65	**I. Vorprüfungsverfahren**	108
cc) Sonstige Regelungen	66	**II. Bestätigungsverfahren**	111
b) Verfahrensrechtliche Rechtsstellung	67	1. Nachträgliche Mängel	112
2. Mittelbare Zwangseingriffe in Absonderungsrechte	68	2. Ursprüngliche Mängel	114
3. Regelungen auf freiwilliger Basis	69	**III. Heilung von Inhaltsmängeln durch rechtskräftige Planbestätigung**	118
II. Insolvenzgläubiger	70		

A. Normzweck

Gem. § 219 Satz 1 besteht ein Insolvenzplan aus einem darstellenden und einem gestaltenden Teil. Der darstellende Teil enthält das Plankonzept (vgl. § 220), der gestaltende demgegenüber die zur Umsetzung des Plankonzepts erforderlichen Rechtsgestaltungen. Das Verhältnis beider Teile ähnelt demjenigen von Klageantrag und Klagebegründung bzw. demjenigen von Tenor und Tatbestand/Entscheidungsgründen.[1]

---

[1] Vgl. HK-*Flessner* § 219 RdNr. 3.

§ 221 2–6

2   § 221 ist die **Grundnorm über den gestaltenden Teil**. In ihm werden danach Regelungen über die Änderung der – schuld- und/oder sachenrechtlichen[2] – Rechtsstellung der Beteiligten getroffen. Der Begriff der „Änderung der Rechtsstellung" wird von dem Gesetzgeber extensiv interpretiert. Es gehe um alle „... **Rechtsänderungen, die durch den Plan verwirklicht werden sollen.**"[3] Einzelfragen der Rechtsgestaltung werden in den §§ 222 bis 228 behandelt. Dort finden sich auch (plandispositive) Vorschriften für den Fall, dass in einem Insolvenzplan eine bestimmte Frage nicht geregelt wird (vgl. §§ 223 Abs. 1 Satz 1, 225 Abs. 1, 227). Wirksam werden die im gestaltenden Teil getroffenen Regelungen – mangels einer anderweitigen Bestimmung (vgl. RdNr. 26 sowie § 217 RdNr. 42) – mit Rechtskraft der Planbestätigung (§ 254 Abs. 1 Satz 1).

3   § 221 sowie die §§ 222 bis 228 müssen im Zusammenhang mit § 217, der Ausgangsvorschrift des Planverfahrens, aber auch im Zusammenhang mit anderen Vorschriften des Planverfahrens (z. B. § 264), der Insolvenzordnung (z. B. § 334 Abs. 2) sowie anderer Gesetze (z. B. § 105 Abs. 1 Satz 2 GenG) gelesen werden. **§ 217** sowie die diese Vorschrift ergänzenden Normen des Planverfahrens, der InsO sowie anderer Gesetze stecken den **Rahmen** der in dem gestaltenden Teil eines Insolvenzplans **zulässigen Regelungen** ab. § 221 sowie die diese Vorschrift ergänzenden §§ 222 bis 228 legen fest, wie dieser Rahmen ausgefüllt werden kann: durch Regelungen, die eine die Beteiligten betreffende Rechtsänderung bewirken.

4   Die in dem gestaltenden Teil eines Insolvenzplans getroffenen Regelungen stellen den **Kern privatautonomer Insolvenzbewältigung** innerhalb des Insolvenzverfahrens dar.[4] In ihm legen die Beteiligten fest, inwieweit in dem zulässigen Rahmen eine von dem Regelverfahren abweichende Insolvenzabwicklung durchgeführt werden soll. Die an § 217 zu übende **rechtspolitische Kritik** richtet sich dabei gleichermaßen auch gegen § 221: Der Gesetzgeber hat es versäumt, Eingriffe in die Rechtsstellung der Gesellschafter eines notleidenden Unternehmens zuzulassen, die über eine Regelung der persönlichen Haftung der Gesellschafter einer Gesellschaft ohne Rechtspersönlichkeit bzw. einer Kommanditgesellschaft auf Aktien (vgl. § 227 Abs. 2) hinausgehen (vgl. § 217 RdNr. 2, 74 ff.). Dadurch wird auch die Realisierung **effizienter Reorganisationspläne**, die mit einer vollständigen Umwandlung von Gläubigerforderungen in Eigenkapital verbunden sind, erheblich erschwert (vgl. RdNr. 103 ff.).

B. Entstehungsgeschichte

5   § 221 hat Vorläufer in den durch die InsO abgelösten Insolvenzgesetzen in den Vorschriften über den Inhalt eines Vergleichs- bzw. Zwangsvergleichsvorschlags (§§ 174 KO, 7 VerglO, 16 Abs. 3 GesO). Indes unterscheiden sich Vergleich bzw. Zwangsvergleich des alten Rechts sowie der Insolvenzplan der InsO grundlegend (siehe vor § 217 RdNr. 2 f.). Insbesondere besaßen Erstere als Instrumente einer Unternehmenssanierung, bei der die Gläubigerbefriedigung aus den Erträgen des sanierten Unternehmens erfolgen soll, praktisch keine Bedeutung. Die in § 221 verwandten Begriffe „gestaltender Teil" und „Insolvenzplan" bringen demgegenüber die **Zukunftsbezogenheit** der in einem Insolvenzplan möglichen Planregelungen und damit auch den Charakter eines Plans als potentielles Sanierungsinstrument deutlich zum Ausdruck, ohne dadurch eine Liquidation des Schuldnervermögens auf der Grundlage eines Plans auszuschließen (vgl. § 217 RdNr. 167), wie das noch nach den Vorschlägen der Kommission für Insolvenzrecht der Fall gewesen wäre (vgl. 1. KommBer. Ls. 2.2.7 zum gestaltenden Teil eines „Reorganisationsplans").

6   § 221 gehört zu den wenigen Vorschriften der InsO, die im Zuge des Gesetzgebungsverfahrens praktisch keine Änderung erfahren haben. § 254 DE sah vor, dass im gestaltenden

---

[2] Vgl. *Noack*, Gesellschaftsrecht 1999, RdNr. 113.
[3] BT-Drucks. 12/2443, S. 199 (Hervorhebung von mir).
[4] Zutr. Charakterisierung bei *Schiessler*, Der Insolvenzplan, 1997, S. 104.

Teil des Plans festgelegt wird, wie die Rechtsstellung der Beteiligten durch den Plan geändert werden soll. § 254 RefE brachte lediglich eine redaktionelle Anpassung: In dem Eingangshalbsatz wurde „Plan" durch „Insolvenzplan" ersetzt. § 264 RegE ließ § 254 RefE unverändert und wurde schließlich Gesetz als § 221.

C. Rechtsvergleichender Hintergrund der Norm

Die Parallelvorschrift zu § 221 im US-amerikanischen Chapter 11-Verfahren ist 11 U.S.C. § 1123. Indes unterscheidet sich der Rahmen der nach dieser Vorschrift zulässigen Planregelungen grundlegend von dem des deutschen Insolvenzplanverfahrens: 11 U.S.C. § 1123 lässt **weitergehende Regelungen** als § 221 zu.[5] Insbesondere kann gem. 11 U.S.C. § 1123 (a) (5) (I) in einem Plan als angemessenes Instrument der Planimplementierung auch eine Änderung des **Gesellschaftsvertrags** des Schuldners vorgesehen werden („amendment of the debtor's charter"). Damit wird die Realisierung effizienter Reorganisationspläne ermöglicht, die nach den §§ 217 ff. an der Unzulässigkeit organisationsrechtlicher Zwangseingriffe in Gesellschafterrechte scheitern würden (vgl. RdNr. 103 ff., insbes. 106).

D. Anforderungen an den gestaltenden Teil des Plans

Als Instrument privatautonomer Insolvenzbewältigung unterliegt der gestaltende Teil eines Insolvenzplans einer Reihe von allgemeinen Anforderungen, die sich nicht unmittelbar aus § 221 selbst, sondern aus der Funktion des Insolvenzplans als Rechtsinstitut der InsO und der systematischen Stellung des § 221 im Kontext der gesamten Vorschriften über das Insolvenzplanverfahren (§§ 217 bis 269) ergeben.

I. Gesetzmäßigkeit der Rechtsgestaltung

Ein Insolvenzplan ist materiellrechtlich als mehrseitiger Vertrag zwischen dem Schuldner und seinen Gläubigern über die Verwertung des haftenden Schuldnervermögens zu qualifizieren (vgl. § 217 RdNr. 11, 23). Gleichzeitig ist ein Insolvenzplan aber auch ein Prozessvertrag, mit dessen Abschluss die Beteiligten unmittelbar Einfluss auf die Insolvenzabwicklung im Allgemeinen und den Fortgang/Abschluss des Insolvenzplanverfahrens im Besonderen nehmen (vgl. § 217 RdNr. 30 ff.).

In einen Plan können schuldrechtliche (vgl. § 254 Abs. 1 Satz 2 Hs. 2), aber auch sachenrechtliche Willenserklärungen (vgl. §§ 228, 254 Abs. 1 Satz 2 Hs. 1) aufgenommen werden. Rechtsgeschäftliche Regelungen im gestaltenden Teil eines Insolvenzplans müssen **gesetzmäßig** in einem doppelten Sinne sein:[6] Sie müssen sich zum einen im Rahmen der nach § 217 und ergänzender Regelungen der InsO bzw. anderer Gesetze (vgl. RdNr. 3) überhaupt zulässigen Gestaltungen halten. Sie müssen zum anderen aber auch mit den außerhalb des Insolvenzverfahrens geltenden, zwingenden Rechtsvorschriften vereinbar sein. Dazu gehören etwa – aber nicht nur – die §§ 134 und 138 BGB (vgl. dazu § 217 RdNr. 43).

II. Gruppenbezogenheit der Rechtsgestaltung

Gem. § 222 Abs. 1 Satz 1 müssen bei der Festlegung der Rechte der Beteiligten im Insolvenzplan Gruppen gebildet werden, soweit Gläubiger mit unterschiedlicher Rechts-

---
[5] Vgl. insoweit insbesondere 11 U.S.C. § 1123 (b) (6): „Subject to subsection (a) of this section, a plan may... include any other appropriate provision not inconsistent with the applicable provisions of this title.".
[6] Vgl. insoweit auch *Schiessler*, Der Insolvenzplan, 1997, S. 113; *Nerlich/Römermann/Braun* § 219 RdNr. 64.

stellung betroffen sind. Aus den Gläubigern mit gleicher Rechtsstellung können (weitere) Gruppen gebildet werden, in denen Gläubiger mit gleichartigen wirtschaftlichen Interessen zusammengefasst werden (§ 222 Abs. 2 Satz 1 – zu den Details der Gruppenbildung vgl. die Kommentierung zu § 222). Wenn § 222 Abs. 1 Satz 1 von der „Festlegung der Rechte der Beteiligten im Insolvenzplan" spricht, so wird dadurch unmittelbar der Bezug zu § 221 hergestellt. **Rechtsgestaltung** in einem Insolvenzplan hat **grundsätzlich gruppenbezogen** zu erfolgen, wobei innerhalb jeder Gruppe allen Beteiligten gleiche Rechte anzubieten sind (§ 226 Abs. 1), sofern nicht alle betroffenen Beteiligten einer unterschiedlichen Behandlung zustimmen (§ 226 Abs. 2 Satz 1).

12   Das Erfordernis der Gruppenbezogenheit der Rechtsgestaltung gilt jedoch **nicht ausnahmslos.** Es betrifft nur die gläubigerbezogene Rechtsgestaltung (vgl. §§ 222, 243). In dem gestaltenden Teil eines Insolvenzplans können jedoch zum einen mit Zwangswirkung gegen Widersprechende i. S. v. § 254 Abs. 1 Satz 3 auch Regelungen getroffen werden, die sich nicht auf Gläubigerrechte beziehen (z. B. Regelungen über die Verwertung der Insolvenzmasse, vgl. § 217 – ausführlich dazu § 217 RdNr. 117 ff. sowie § 222 RdNr. 23). Es können zum anderen aber auch auf freiwilliger Basis mit bestimmten Personen – nicht notwendig Gläubigern – Regelungen vereinbart werden, die einen Bezug zu dem Ziel des Insolvenzplanverfahrens einer möglichst optimalen Haftungsverwirklichung aufweisen, einer Zwangswirkung i. S. v. § 254 Abs. 1 Satz 3 jedoch nicht zugänglich wären (z. B. die Vergabe eines Überbrückungs- oder Sanierungskredits durch mehrere [Gläubiger-]Banken an ein im Insolvenzverfahren befindliches Unternehmen – ausführlich dazu § 217 RdNr. 108 f., 159 sowie § 222 RdNr. 25). Auch insoweit handelt es sich um eine gruppenfreie und nicht um eine gruppenbezogene Rechtsgestaltung, weil sie mit jedem Betroffenen vereinbart werden muss, um wirksam werden zu können.

III. Bestimmtheit der Rechtsgestaltung

13   **1. Vollstreckungsrechtliches Bestimmtheitsgebot.** Aus einem rechtskräftig bestätigten Insolvenzplan in Verbindung mit der Eintragung in die Tabelle können die Insolvenzgläubiger, deren Forderungen festgestellt und nicht vom Schuldner im Prüfungstermin bestritten worden sind, wie aus einem vollstreckbaren Urteil die Zwangsvollstreckung gegen den Schuldner betreiben (§ 257 Abs. 1 Satz 1). Der gestaltende Teil eines Plans bildet mithin nach Rechtskraft der Planbestätigung einen **Teil eines Vollstreckungstitels.** Die anderen beiden Teile sind der gerichtliche Bestätigungsbeschluss sowie der Tabelleneintrag.[7]

14   Wenn der gestaltende Teil eines Plans aber ein potentieller Teil eines Vollstreckungstitels ist, dann bedeutet dies, dass er auch **vollstreckungsfähig**[8] – und das heißt: **hinreichend bestimmt – formuliert** werden muss, soweit die in ihm getroffenen Regelungen einen potentiell vollstreckbaren Inhalt haben (nicht alle zulässigen Planregelungen haben einen entsprechenden Inhalt, vgl. etwa § 264).[9]

---

[7] Ebenso HK-*Flessner* § 257 RdNr. 2; *Kübler/Prütting/Otte* § 257 RdNr. 6; *K. Schmidt/Uhlenbruck/Vallender* (Hrsg.), Die GmbH in Krise, Sanierung und Insolvenz, 3. Aufl. 2003, RdNr. 1681; wohl auch *Smid/Rattunde* InsO § 257 RdNr. 1; *Jauernig*, Zwangsvollstreckungs- und Insolvenzrecht, 21. Aufl. 1999, S. 284. **AA** (Tabelleneintrag als Titel) *Häsemeyer*, Insolvenzrecht, 3. Aufl. 2003, RdNr. 28.84; *Schiessler*, Der Insolvenzplan, 1997, S. 202; *Hess* in: *Hess/Obermüller*, Insolvenzplan, Restschuldbefreiung und Verbraucherinsolvenz, 3. Aufl. 2003, RdNr. 454; *Nerlich/Römermann/Braun* § 257 RdNr. 2. Aus dem Tabelleneintrag ergibt sich jedoch nur, dass eine bestimmte Forderung angemeldet wurde, aber nicht, ob und in welchem Umfang sie durch den Insolvenzplan befriedigt werden soll. Vgl. deswegen auch *Gaul*, Zur Struktur und Wirkungsweise des Insolvenzplans als „privatautonomes" Instrument der Haftungsverwirklichung, in Baums/Wertenbruch/Lutter/Schmidt (Hrsg.), Festschrift für Ulrich Huber zum siebzigsten Geburtstag, 2006, S. 1187, 1217 f. (Titel sei „... die Feststellung der Forderung in der Tabelle ‚nach Maßgabe' und ‚in den Grenzen' des Plans ..."); wie *Gaul* auch *Foerste*, Insolvenzrecht, 2. Aufl. 2004, RdNr. 525.

[8] Vgl. insoweit auch *Smid/Rattunde*, Der Insolvenzplan, 2. Aufl. 2005, RdNr. 5.76.

[9] Vgl. zur hinreichend bestimmten Bezeichnung eines Anspruchs als Voraussetzung des vollstreckbaren Inhalts eines Titels allgemein MünchKomm ZPO-*Krüger* § 704 RdNr. 8 mwN.

Unter der Geltung der alten Insolvenzgesetze wurde im Zusammenhang mit dem Bestimmtheitserfordernis vor allem die Zulässigkeit einer **Kombination von Quoten- und Liquidationsvergleich** diskutiert: Der Schuldner sagt eine bestimmte Quote zu; bei Nichterfüllung der zugesagten Quote bis zum Zeitpunkt X soll sein Vermögen liquidiert werden und der bei der Liquidation auf die Forderungen entfallende (verhältnismäßige) Tilgungsbetrag an die Stelle der zugesagten Quote treten. Teilweise wurde vertreten, dass eine entsprechende Gestaltung dem Bestimmtheitsgebot nicht genüge – und deshalb unzulässig sei –, weil zum Zeitpunkt der Vergleichsbestätigung nicht gesagt werden könne, „... ob die vergleichsbeteiligten Forderungen in Höhe des die angebotene Quote oder in Höhe des den Liquidationserlös übersteigenden Betrages erlassen sein sollen."[10] Indes reicht es aus, wenn in einem Insolvenzplan **bestimmbar** festgelegt wird, wann der Liquidationsfall eintritt und welches Vermögen ihm dann unterliegt (dann steht nämlich zu jedem denkbaren Vollstreckungszeitpunkt – und auf die Vollstreckungsperspektive kommt es an – die Erlasshöhe fest).[11] Ersteres kann durch auflösende (§ 158 Abs. 2 BGB) und aufschiebende Bedingungen (§ 158 Abs. 1 BGB) bezüglich der jeweiligen Planregelungen geschehen (zur grundsätzlichen Zulässigkeit entsprechender Bedingungen vgl. RdNr. 24 sowie § 217 RdNr. 41, zu ihrer Vereinbarkeit mit § 255 Abs. 3 Satz 2 vgl. RdNr. 27). Ein neues Insolvenzverfahren lässt sich durch eine entsprechende Konstruktion allerdings nicht vermeiden, wenn die Liquidation das ganze Schuldnervermögen zum Zeitpunkt des Bedingungseintritts erfassen soll und inzwischen Neugläubiger dazugekommen sind: In diesem Fall liegt nämlich erneut Zahlungsunfähigkeit und/oder Überschuldung vor.[12]

2. Sachenrechtlicher Bestimmtheitsgrundsatz. Mit dem vollstreckungsrechtlichen Bestimmtheitsgebot nicht verwechselt werden darf der **sachenrechtliche Bestimmtheitsgrundsatz** (Spezialitätsgrundsatz). Danach sind dingliche Rechte nur an bestimmten einzelnen Sachen möglich.[13] Sofern in den gestaltenden Teil eines Plans sachenrechtliche Willenserklärungen aufgenommen werden (vgl. §§ 228, 254 Abs. 1 Satz 2 Hs. 1), ist der sachenrechtliche Bestimmtheitsgrundsatz natürlich zu beachten.[14]

E. Beteiligte

§ 221 bestimmt, dass im gestaltenden Teil eines Plans festgelegt wird, wie die Rechtsstellung der **Beteiligten** durch den Plan geändert werden soll. Ebensowenig wie in § 217 wird allerdings ausgeführt, wer zu den Beteiligten gehört. Der Sprachgebrauch des Gesetzgebers innerhalb der §§ 217 ff. ist uneinheitlich, und die Begründungen zu den einzelnen Vorschriften des RegE tragen zur Klärung nichts bei (ausführlich § 217 RdNr. 56 f.). Bei dieser Sachlage erscheint es sinnvoll, den Beteiligtenbegriff im Insolvenzplanverfahren **funktional** zu bestimmen und zwischen zwei Gruppen von „Beteiligten" zu unterscheiden (ausführlich § 217 RdNr. 58): (1) Zu der ersten Gruppe gehören alle Personen, deren Rechtsstellung auch gegen ihren Willen und unabhängig von einer Teilnahme an dem Insolvenzplanverfahren durch einen Plan gem. § 254 Abs. 1 Satz 1 und Satz 3 zu ihren Lasten geändert werden kann (**„zwangsweise Planunterworfene"**). Es sind dies die

---

[10] *Jaeger/Weber* § 174 RdNr. 4. Ebenso *Bley/Mohrbutter* § 9 RdNr. 8.
[11] So schon *Kuhn/Uhlenbruck* § 174 RdNr. 1 c; *Kilger/K. Schmidt* § 174 Anm. 2). Für das neue Recht auch *Hess* in: *Hess/Obermüller*, Insolvenzplan, Restschuldbefreiung und Verbraucherinsolvenz, 3. Aufl. 2003, RdNr. 227.
[12] Dass eine Liquidation des Schuldnervermögens dann nur in dem neuen Insolvenzverfahren erfolgen kann, macht die Konstruktion nicht unzulässig; so aber *Schiessler*, Der Insolvenzplan, 1997, S. 116; ebenso *Nerlich/Römermann/Braun* § 219 RdNr. 71). Denn der Regelungsgehalt des „Liquidationsteils" des kombinierten Vergleichs lässt sich dahingehend interpretieren, dass den Gläubigern Ansprüche in Höhe ihres verhältnismäßigen Anteils am Liquidationserlös zustehen sollen, ohne dass diese Liquidation zwingend außergerichtlich stattzufinden hätte.
[13] Vgl. allgemein etwa *Baur/Stürner*, Sachenrecht, 17. Aufl. 1999, § 4 RdNr. 17.
[14] Vgl. auch *Nerlich/Römermann/Braun* § 219 RdNr. 72 f.

Absonderungsberechtigten, die (nachrangigen) Insolvenzgläubiger, der Schuldner, unter Umständen Gesellschafter des Schuldners (vgl. § 227 Abs. 2, § 105 Abs. 1 Satz 2 GenG), Ehegatten bzw. eingetragene Lebenspartner im Falle des § 334 Abs. 2 sowie bei Masseunzulänglichkeit auch Massegläubiger (vgl. § 217 RdNr. 59 ff., 84). (2) Zu der zweiten Gruppe gehören alle anderen Personen (**"nicht zwangsweise Planunterworfene"**). Es sind dies die Aussonderungsberechtigten, Massegläubiger (außer bei Masseunzulänglichkeit), Vormerkungsberechtigte, Vorbehaltskäufer sowie Auffang- oder Übernahmegesellschaften (vgl. § 217 RdNr. 78 ff.). Deren Rechtsstellung kann in dem gestaltenden Teil eines Plans zu ihren Lasten – von rein gegenstandsbezogenen Regelungen über die Verwertung der Insolvenzmasse abgesehen (vgl. § 217 RdNr. 58 78, 98, 117 ff., 148) – (nur) geregelt werden, sofern sie entsprechenden Regelungen zustimmen und diese Regelungen einen Bezug zu dem Zweck des Insolvenzplanverfahrens, eine möglichst optimale Gläubigerbefriedigung zu ermöglichen, aufweisen (vgl. § 217 RdNr. 148 ff. – Regelungen auf „freiwilliger Basis" mit Bezug zu dem Zweck des Insolvenzplanverfahrens sind natürlich immer auch im Hinblick auf die erste Personengruppe möglich). Von der Regelung der Rechtsstellung eines nicht zwangsweise Planunterworfenen im Plan zu unterscheiden ist die Wirkungserstreckung eines Plans kraft gesetzlicher Anordnung auf einen nicht zwangsweise Planunterworfenen (z. B. auf Grund einer Kreditrahmenregelung gem. §§ 265, 266 im Verhältnis zu bestimmten Neugläubigern).

F. Änderung der Rechtsstellung

18 § 221 beschreibt die im gestaltenden Teil eines Insolvenzplans zulässige Rechtsgestaltung mit der Formulierung, dass festgelegt werden könne, „... wie die Rechtsstellung der Beteiligten durch den Plan geändert werden soll." Damit sind alle **Rechtsänderungen** gemeint, die sich im Rahmen der Plangestaltungen halten, die nach § 217, den Vorschriften des Planverfahrens und anderen Normen der InsO sowie sonstigen gesetzlichen Regelungen zulässig sind und die Beteiligten betreffen (vgl. RdNr. 3).

19 Eine **Änderung der Rechtsstellung** in diesem Sinne ist zunächst sicherlich mit jeder Regelung verbunden, die die **materiellrechtliche** (schuld- oder sachenrechtliche) Position eines Beteiligten, wie sie sich vor Eröffnung des Insolvenzverfahrens darstellte, modifiziert (z. B. durch eine Stundung oder Kürzung von Insolvenzforderungen). Eine Änderung der Rechtsstellung ist aber auch mit jeder Regelung verbunden, die die **verfahrensrechtliche** Position eines Beteiligten relativ zu seiner Position im Regelinsolvenzverfahren verändert (z. B. durch eine abweichende Bestimmung der Höhe des Kostenbeitrags gem. § 171 – darin liegt gleichzeitig ein Eingriff in die materiellrechtliche Rechtsstellung – oder durch die Anordnung einer Planüberwachung gem. § 260 Abs. 1).[15]

20 Beschreibungen, Berichte, Prognosen, Einschätzungen und Zielvorstellungen haben mit einer Änderung der Rechtsstellung der Beteiligten nichts zu tun. Sie gehören deshalb nicht in den gestaltenden, sondern in den darstellenden Planteil.[16]

G. Beteiligtenübergreifende Rechtsgestaltung

21 Rechtsgestaltung in einem Insolvenzplan hat grundsätzlich gruppenbezogen zu erfolgen (vgl. RdNr. 11). Indes gibt es gewisse Formen und Techniken der rechtsstellungsändernden Rechtsgestaltung, die bei allen gebildeten Gruppen eingesetzt werden können. Zudem gilt das Erfordernis der Gruppenbezogenheit der Rechtsgestaltung nicht ausnahmslos: Es gibt

---

[15] Ähnlich im Ergebnis wohl HK-*Flessner* § 221 RdNr. 6, der darauf abstellt, ob eine Regelung von dem abweicht, „... was sonst nach materiellem Recht und InsO ..." für einen Beteiligten gelten würde.
[16] Vgl. HK-*Flessner* § 221 RdNr. 6.

auch eine gruppenfreie Rechtsgestaltung (vgl. RdNr. 12). Im Hinblick auf Formen und Techniken der rechtsstellungsändernden Rechtsgestaltung, die bei allen gebildeten Gruppen eingesetzt werden können oder die gruppenfrei sind und alle Beteiligten betreffen, lässt sich von einer **beteiligtenübergreifenden Rechtsgestaltung** sprechen. Einige wesentliche dieser Formen und Techniken werden im Folgenden erörtert (RdNr. 22 ff.), bevor in einem späteren Abschnitt auf beteiligtenspezifische Formen und Techniken der Rechtsgestaltung näher eingegangen wird (RdNr. 59 ff.).

I. Bedingte Pläne (§ 249), Planbedingungen und -befristungen

1. Bedingte Pläne (§ 249). Der Gesetzgeber hat mit § 249 Satz 1 die Möglichkeit geschaffen, in einem Insolvenzplan[17] vorzusehen, dass vor der Bestätigung bestimmte Leistungen erbracht oder andere Maßnahmen verwirklicht werden sollen. Geschieht dies, so darf der Plan nur bestätigt werden, wenn die entsprechenden Voraussetzungen erfüllt sind. Entgegen der missverständlichen Überschrift des § 249 („Bedingter Plan") handelt es sich dabei allerdings nicht um rechtsgeschäftliche Bedingungen im Sinne des § 158 BGB.[18] Dagegen spricht schon die Erwägung, dass der mit § 249 beabsichtigte Schutz der Gläubiger vor nicht honorierten Vorleistungen bei Unternehmenssanierungen (Bsp.: die Gläubiger leisten Verzichte im Vertrauen auf eine angekündigte Kapitalerhöhung – die Kapitalerhöhung bleibt aus)[19] bei einer rechtsgeschäftlichen Bedingung unabhängig von der Bestätigung durch das Insolvenzgericht bis zum Bedingungseintritt ohnehin gewährleistet wäre. § 249 handelt nicht von rechtsgeschäftlichen Bedingungen, sondern vielmehr davon, dass in dem Plan eine zusätzliche, **verfahrensrechtliche Voraussetzung für seine Bestätigung** aufgestellt wird.[20]

Ein wesentliches Anwendungsfeld für bedingte Pläne i. S. v. § 249 werden **gesellschaftsrechtliche Maßnahmen/Regelungen** sein. Der Erfolg eines Sanierungsvorhabens setzt nahezu immer ein koordiniertes Vorgehen auf der Außenseite des Unternehmens (Fremdkapitalgeber) und auf seiner Innenseite (Eigenkapitalgeber) voraus. Durch die Festsetzung einer verfahrensrechtlichen Bestätigungsvoraussetzung gem. § 249 kann sichergestellt werden, dass ein Plan nicht bestätigt wird, sofern nicht vorher die festgesetzten Maßnahmen/ Leistungen ergriffen bzw. erbracht wurden. Allerdings muss die Bestätigungsvoraussetzung auch so formuliert sein, dass sie vor Bestätigung überhaupt erfüllt werden kann. Beispielhaft sei hier nur der Verkauf der Gesellschaftsanteile an dem notleidenden Unternehmen durch die derzeitigen Gesellschafter an einen Investor genannt. Von der Formulierung einer Bestätigungsvoraussetzung i. S. v. § 249 streng zu unterscheiden ist die Aufnahme gesellschaftsrechtlicher Regelungen unmittelbar in den gestaltenden Teil eines Plans (vgl. dazu RdNr. 85 ff.).

2. Planbedingungen. Ungeachtet der Möglichkeit eines bedingten Plans i. S. v. § 249 besteht die Möglichkeit, einzelne oder mehrere der in den gestaltenden Teil eines Plans aufgenommenen – schuldrechtlichen oder sachenrechtlichen – **Willenserklärungen** unter eine **aufschiebende** oder **auflösende Bedingung** i. S. v. § 158 BGB zu stellen. Aus der Tatsache, dass § 249 die Möglichkeit einräumt, eine verfahrensrechtliche Bestätigungsvoraussetzung aufzustellen, lässt sich nicht etwa im Wege eines Gegenschlusses etwas anderes ableiten. § 255 Abs. 3 Satz 1 setzt vielmehr die Zulässigkeit auflösender Bedingungen voraus, und für aufschiebende kann kaum etwas anderes gelten (vgl. § 217 RdNr. 40 f.). In

---

[17] Eine entsprechende Bestimmung kann im darstellenden Teil des Plans getroffen werden (vgl. BT-Drucks. 12/2443, S. 211), aber wohl auch im gestaltenden Teil, da sie die verfahrensrechtliche Rechtsstellung der Beteiligten betrifft, vgl. dazu im Text.
[18] Vgl. *Eidenmüller* ZGR 2001, 680, 694 f. So aber (ohne Begründung) *Schiessler*, Der Insolvenzplan, 1997, S. 111, 181 f.; *Nerlich/Römermann/Braun* § 249 RdNr. 1 f.; *Hess* in: *Hess/Obermüller*, Insolvenzplan, Restschuldbefreiung und Verbraucherinsolvenz, 3. Aufl. 2003, RdNr. 328.
[19] Vgl. BT-Drucks. 12/2443, S. 211.
[20] Ebenso HK-*Flessner* § 249 RdNr. 4.

dem gestaltenden Teil eines Plans kann also z. B. festgelegt werden, dass bestimmte Willenserklärungen erst wirksam werden sollen (aufschiebende Bedingung), wenn vorher bestimmte gesellschaftsrechtliche Maßnahmen durchgeführt wurden. Ein weiteres wesentliches Anwendungsfeld für aufschiebende/auflösende Bedingungen werden Regelungen über eine unterbliebene bzw. verzögerte Planerfüllung sein (vgl. RdNr. 27 ff.).

25 Unter (aufschiebende oder auflösende) Bedingungen können aber nicht nur Willenserklärungen gestellt werden, die in den Plan aufgenommen wurden. Auch die Wirksamkeit des Plans als Ganzes kann von entsprechenden Bedingungen abhängig gemacht werden (vgl. § 217 RdNr. 42).

26 **3. Befristungen.** Ebenso wie aufschiebende und/oder auflösende Bedingungen sind im Hinblick auf die in einen Plan aufgenommenen Willenserklärungen auch **Befristungen** (§ 163 BGB) grundsätzlich zulässig (vgl. § 217 RdNr. 41). So kann z. B. vorgesehen werden, dass einzelne oder mehrere dieser Erklärungen zu einem späteren als dem in § 254 Abs. 1 Satz 1 festgelegten Zeitpunkt (rechtskräftige Bestätigung) wirksam werden sollen. Auch die Wirksamkeit des Plans als Ganzes kann von entsprechenden Befristungen abhängig gemacht werden (vgl. § 217 RdNr. 42).

II. Regelungen für den Fall unterbliebener/verzögerter Planerfüllung

27 Wer einem Insolvenzplan zustimmt, der für ihn mit Rechtseinbußen (Stundungen, Erlasse etc.) verbunden ist, hat regelmäßig ein Interesse daran, dass diese Rechtseinbußen rückgängig gemacht werden, wenn der Schuldner nach rechtskräftiger Planbestätigung nicht einmal die plangemäß fortbestehenden bzw. eingeräumten Ansprüche erfüllt. Diesem Interesse wird durch die **Wiederauflebensklausel** des § 255 Abs. 1 und Abs. 2, die sich ihrem Wortlaut nach allerdings nur auf Stundungsabreden und Teilerlassverträge (§ 397 Abs. 1 BGB) im Verhältnis zu Insolvenzgläubigern bezieht, Rechnung getragen. Sie kann durch Planregelungen modifiziert werden (§ 255 Abs. 3 Satz 1), im Hinblick auf § 255 Abs. 1 allerdings nicht zum Nachteil des Schuldners (§ 255 Abs. 3 Satz 2). **Auflösende Bedingungen,** die sich auf Stundungsabreden oder Teilerlassverträge beziehen, können also statt einer gänzlichen „Hinfälligkeit" der Abreden bzw. Verträge (vgl. § 255 Abs. 1 Satz 1) vorsehen, dass diese lediglich teilweise auflösend bedingt sind; sie können auch die Voraussetzungen eines erheblichen Erfüllungsrückstandes (vgl. § 255 Abs. 1 Satz 1 i. V. m. Satz 2) zugunsten des Schuldners verschärfen, also z. B. längere Nachfristen, mehrere Mahnungen oder aber Mindesthöhen nicht erfüllter Verbindlichkeiten vorsehen.[21]

28 Sehr zweifelhaft ist, ob und ggf. unter welchen Voraussetzungen sog. **Besserungsklauseln** mit § 255 Abs. 3 Satz 2 vereinbar sind.[22] Sie haben regelmäßig die Bedeutung, dass ein Erlassvertrag unter die auflösende Bedingung einer Besserung der Vermögensverhältnisse – deren Voraussetzungen im Einzelnen präzisiert werden – gestellt wird.[23] Wird ein **Besserungsschein** begeben, so liegt darin gleichzeitig ein aufschiebend bedingtes, abstraktes Schuldanerkenntnis i. S. v. § 781 BGB für den Fall der Besserung der Vermögensverhältnisse.[24] Ein Wiederaufleben von Forderungen trotz plangemäßer Erfüllung ist aber mit § 255

---

[21] Vgl. auch *Nerlich/Römermann/Braun* § 255 RdNr. 7; *Kübler/Prütting/Otte* § 255 RdNr. 18.

[22] Für generell zulässig (ohne Begründung und ohne Berücksichtigung von § 255 Abs. 3 Satz 2) *Hess* in: *Hess/Obermüller*, Insolvenzplan, Restschuldbefreiung und Verbraucherinsolvenz, 3. Aufl. 2003, RdNr. 229, FK-*Jaffé* § 221 RdNr. 19, sowie *Schiessler*, Der Insolvenzplan, 1997, S. 111.

[23] Vgl. etwa *K. Schmidt/Uhlenbruck/Wittig* (Hrsg.), Die GmbH in Krise, Sanierung und Insolvenz, 3. Aufl. 2003, RdNr. 514 mwN; *Uhlenbruck* in: *K. Schmidt/Uhlenbruck* (Hrsg.), Die GmbH in Krise, Sanierung und Insolvenz, 3. Aufl. 2003, RdNr. 457. AA *Herlinghaus*, Forderungsverzichte und Besserungsvereinbarungen zur Sanierung von Kapitalgesellschaften, 1994, S. 113 ff., insbes. S. 129 (Stundung der kausalen Forderung bis zum Eintritt besserer Vermögensverhältnisse).

[24] Vgl. *Uhlenbruck* in: *K. Schmidt/Uhlenbruck* (Hrsg.), Die GmbH in Krise, Sanierung und Insolvenz, 3. Aufl. 2003, RdNr. 457. AA *Herlinghaus*, Forderungsverzichte und Besserungsvereinbarungen zur Sanierung von Kapitalgesellschaften, 1994, S. 113 ff., insbes. S. 129 (Stundung der abstrakten, unbedingten Verpflichtung bis zum Eintritt besserer Vermögensverhältnisse).

Abs. 3 Satz 2 nicht vereinbar. Haltbar sind Besserungsvereinbarungen wohl nur dann, wenn sie sich in der Eingehung einer aufschiebend bedingten (abstrakten) Verpflichtung für den Fall der Besserung der Vermögensverhältnisse erschöpfen. Der Rechtsgrund dieser Verpflichtung liegt dann in der als Naturalobligation fortbestehenden, ursprünglichen Schuld (vgl. § 254 Abs. 3).

Nach dem Wortlaut des § 255 findet die Vorschrift keine Anwendung auf **vollständig erlassene Insolvenzforderungen** und auf Rechtseinbußen in Bezug auf **Absonderungsrechte**.[25] Folgerichtig müsste man annehmen, dass insoweit auch auflösende Bedingungen für den Fall einer unterbliebenen oder verzögerten Planerfüllung unzulässig sind. Das leuchtet ein bei vollständig erlassenen Insolvenzforderungen, da insoweit keine Ansprüche mehr bestehen, mit deren Erfüllung der Schuldner erheblich in Rückstand geraten könnte.[26] Zweifelhafter ist die Rechtslage bei Rechtseinbußen in Bezug auf Absonderungsrechte. Es gibt keinen sachlichen Grund, warum ein Absonderungsberechtigter, dem anstelle seines Absonderungsrechts im Plan schuldrechtliche Zahlungsansprüche eingeräumt werden, bei erheblichen Erfüllungsrückständen schlechter stehen soll als ein Insolvenzgläubiger, der mit dem Schuldner einen Teilerlass vereinbart hat. Praktische Schwierigkeiten, die mit einem Wiederaufleben im Sinne des § 255 bzw. mit den Folgen einer auflösenden Bedingung im Einzelfall verbunden sein können,[27] vermögen diese Ungleichbehandlung nicht zu rechtfertigen. § 255 sollte daher analog auch auf Rechtseinbußen im Hinblick auf Absonderungsrechte angewendet werden. Auch auflösende Bedingungen für den Fall einer unterbliebenen oder verzögerten Planerfüllung sind insoweit zulässig.[28] 29

§ 255 Abs. 3 Satz 2 begrenzt im Übrigen nicht nur den Spielraum, der für den Einsatz von auflösenden Bedingungen als Instrument des Gläubigerschutzes für den Fall einer unterbliebenen bzw. verzögerten Planerfüllung zur Verfügung steht. Die Vorschrift begrenzt auch die Zulässigkeit von **Endterminen** (§ 163 BGB) im Hinblick auf Willenserklärungen, die in den Plan aufgenommen wurden. 30

Eine den § 255 ergänzende Sonderregelung für den **Pensions-Sicherungs-Verein** enthält § 9 Abs. 4 Satz 2 BetrAVG.[29] Sie schützt den Träger der Insolvenzsicherung bei einer horizontalen Aufteilung von Versorgungsleistungen. Nach der Vorschrift kann der Pensions-Sicherungs-Verein, „... wenn innerhalb von drei Jahren nach der Aufhebung des Insolvenzverfahrens ein Antrag auf Eröffnung eines neuen Insolvenzverfahrens über das Vermögen des Arbeitgebers gestellt wird, in diesem Verfahren als Insolvenzgläubiger Erstattung der von ihm erbrachten Leistungen verlangen." Von dieser Vorschrift kann in einem Insolvenzplan nach der expliziten Ermächtigung in § 9 Abs. 4 Satz 2 BetrAVG abgewichen werden („Sofern im Insolvenzplan nichts anderes vorgesehen ist ..."). Zur Gruppenbildung gemäß § 9 Abs. 4 Satz 1 BetrAVG vgl. § 222 RdNr. 139 ff. 31

III. Regelungen für den Fall sonstiger Pflichtverletzungen des Schuldners

Die Wiederauflebensklausel des § 255 Abs. 1 Satz 1 betrifft nur Fälle, in denen der Schuldner mit „... der Erfüllung des Plans erheblich in Rückstand gerät." Trotz des weit gefassten Wortlauts („Planerfüllung") bezieht sie sich – wie § 255 Abs. 1 Satz 2 deutlich macht – nur auf **Zahlungspflichten**. Nur Zahlungspflichten betrifft demzufolge auch die 32

---

[25] Die Nichtanwendbarkeit des § 255 auf Rechtseinbußen im Hinblick auf Absonderungsrechte bekräftigt die Begr. des RegE, vgl. BT-Drucks. 12/2443, S. 213 f. Vgl. auch *Schiessler*, Der Insolvenzplan, 1997, S. 195; *Häsemeyer*, Insolvenzrecht, 3. Aufl. 2003, RdNr. 28.77 a.
[26] Vgl. *Kübler/Prütting/Otte* § 255 RdNr. 14.
[27] Auf sie beruft sich die Begr. des RegE, vgl. BT-Drucks. 12/2443, S. 213 f.
[28] Ähnlich *Braun* in: *Braun/Uhlenbruck*, Unternehmensinsolvenz, 1997, S. 490 f.; wohl auch *Kübler/Prütting/Otte* § 255 RdNr. 11 f. Für Zulässigkeit einer auflösenden Bedingung, aber gegen Anwendbarkeit von § 255 *Lauscher/Weßling/Bange* ZInsO 1999, 5, 13. *Obermüller* WM 1998, 483, 490, hält demgegenüber (lediglich) die Aufnahme eines aufschiebend bedingten Anspruchs auf Neubestellung im Plan für zulässig. Ebenso *Jungmann*, Grundpfandgläubiger und Unternehmensinsolvenz, 2004, RdNr. 328.
[29] Vgl. dazu etwa *Flitsch/Chardon* DZWIR 2004, 485, 489 f.

Ermächtigung zu einer abweichenden Gestaltung in § 255 Abs. 3. Indes kann man aus der Existenz des § 255 keinen Gegenschluss des Inhalts ableiten, dass auflösende Bedingungen bei **sonstigen Pflichtverstößen** des Schuldners unzulässig sind.[30] Entsprechende Pflichtverstöße besitzen unter dem Gesichtspunkt des Gläubigerschutzes unter Umständen sogar eine mindestens ebenso gravierende Bedeutung wie erhebliche Zahlungsrückstände i. S. v. § 255 Abs. 1. Unter dieser Voraussetzung – erhebliche Gefährdung der Erfüllung plangemäß eingeräumter Gläubigeransprüche – können sie als auflösende Bedingungen im Hinblick auf in den Plan aufgenommene Willenserklärungen formuliert werden.

IV. Regelungen über die Überwachung der Planerfüllung

33   Eine weitere Möglichkeit der Risikoverringerung für die Gläubiger liegt darin, eine Überwachung der Planerfüllung gem. § 260 Abs. 1 anzuordnen. Dabei ist zwischen einer Planüberwachung nach dem gesetzlichen Modell der §§ 260 ff. und privatautonom ausgestalteten Formen der Planüberwachung zu unterscheiden (für Einzelfragen vgl. die Kommentierung zu § 260[31]).

34   **1. Überwachung nach dem gesetzlichen Regelmodell.** Gem. § 260 Abs. 1 kann im gestaltenden Teil des Plans vorgesehen werden, dass die Erfüllung des Plans überwacht wird. Geschieht dies, so wird gem. § 260 Abs. 2 durch den Insolvenzverwalter (§ 261 Abs. 1 Satz 1) überwacht, ob die Ansprüche erfüllt werden, die den Gläubigern nach dem gestaltenden Teil des Plans gegen den Schuldner zustehen. Wenn dies besonders vorgesehen ist, erstreckt sich die Überwachungstätigkeit auch auf die gegen eine Übernahmegesellschaft eingeräumten Ansprüche (§ 260 Abs. 3).[32] Ansprüche gegen eine solche Gesellschaft können nur mit deren Einverständnis begründet werden, da diese nicht zwangsweise planunterworfen ist (vgl. § 217 RdNr. 95). In diesem Einverständnis liegt dann im Zweifel auch das (erforderliche) Einverständnis mit einer entsprechenden Überwachungsregelung. Im Rahmen des gesetzlichen Regelmodells der Planüberwachung kann zusätzlich vorgesehen werden, dass bestimmte[33] Rechtsgeschäfte des Schuldners oder der Übernahmegesellschaft während der Zeit der Überwachung nur wirksam sind, wenn der Insolvenzverwalter ihnen zustimmt (§ 263 Satz 1). Betrifft das Zustimmungserfordernis eine Übernahmegesellschaft, so ist wieder deren Einverständnis erforderlich, das im Zweifel in dem Einverständnis mit der Begründung der gegen die Gesellschaft gerichteten Ansprüche liegt.

35   **2. Privatautonom ausgestaltete Planüberwachung.** Nach Ansicht des Gesetzgebers ist das gesetzliche Regelmodell der Planüberwachung in den §§ 260 ff. nicht das einzig mögliche. Die Beteiligten könnten vielmehr kraft ihrer „Vertragsfreiheit" auch „... andere Formen [vorsehen], etwa eine Überwachung durch einen von den Gläubigern bestimmten Sachwalter."[34] Eine derartige Überwachung könne jedoch nicht mit Elementen des gesetzlichen Regelmodells kombiniert werden. So sei etwa die Vereinbarung dinglich wirkender Verfügungsbeschränkungen (§ 263) nicht möglich.[35]

---

[30] Ebenso *Schiessler,* Der Insolvenzplan, 1997, S. 195.

[31] Vgl. auch *Fischer,* Die unternehmerischen Mitwirkungsrechte der Gläubiger in der Überwachungsphase des Insolvenzplans, 2002, S. 111 ff., 141 ff.

[32] Entgegen der Begr. des RegE zu dieser Vorschrift (BT-Drucks. 12/2443, S. 215) ist sie auch auf Übernahmegesellschaften anwendbar, die die Legaldefinition in § 260 Abs. 3 nicht erfüllen (so im Ergebnis auch *Kübler/Prütting/Otte* § 260 RdNr. 15 f., aA etwa *Noack,* Gesellschaftsrecht, 1999, RdNr. 135). Die entgegengesetzte Ansicht der Begr. des RegE beruht auf der Erwägung, dass den Gesellschaftern einer bereits vor Verfahrenseröffnung bestehenden Gesellschaft eine Überwachung nicht zugemutet werden könne. Indes ist für eine Überwachung ohnehin immer das Einverständnis der Übernahmegesellschaft erforderlich, vgl. im Text.

[33] Sie müssen genau bezeichnet werden, und es darf sich auch nicht um alle Rechtsgeschäfte handeln, vgl. HK-*Flessner* § 263 RdNr. 3; *Nerlich/Römermann/Braun* § 263 RdNr. 2; *Kübler/Prütting/Otte* § 263 RdNr. 2.

[34] BT-Drucks. 12/2443, S. 215. Zu den Möglichkeiten einer privatautonomen Gestaltung vgl. etwa *Kübler/Prütting/Otte* § 260 RdNr. 5, § 261 RdNr. 9 und 12, § 262 RdNr. 3.

[35] BT-Drucks. 12/2443, S. 215. Vgl. auch *Schiessler,* Der Insolvenzplan, 1997, S. 208; *Kübler/Prütting/Otte* § 260 RdNr. 6; *Nerlich/Römermann/Braun* § 259 RdNr. 4 und § 261 RdNr. 3.

In diesen Überlegungen klingt an, dass eine privatautonom ausgestaltete Planüberwachung 36
– anders als eine Überwachung nach dem gesetzlichen Regelmodell – nur mit dem Einverständnis des Schuldners möglich ist (im Hinblick auf Übernahmegesellschaften ist dieses Einverständnis nach dem oben unter RdNr. 34 Ausgeführten immer erforderlich). Das ist grundsätzlich richtig, denn die durch §§ 259 Abs. 2, 260 ff. ermöglichte Planüberwachung zu Lasten des Schuldners ist **gegenständlich** kraft der dort getroffenen Regelungen auf das gesetzliche Regelmodell beschränkt. Wenn der Plan also z. B. vorsieht, dass ein Treuhänder oder Sachwalter die Planerfüllung überwachen soll, und dass diesem Treuhänder oder Sachwalter andere bzw. weitere Rechte zustehen sollen, als sie in § 261 Abs. 1 Satz 3 i. V. m. § 22 Abs. 3 genannt sind, dann lässt sich dies nur mit Zustimmung des Schuldners (nicht des Verwalters, da keine massebezogene Regelung i. S. v. § 80 Abs. 1 vorliegt) realisieren.[36] Etwas anderes gilt dann, wenn im Plan gem. § 260 Abs. 1 für das gesetzliche Regelmodell optiert wird und privatautonom lediglich Regelungen getroffen werden, die den Schuldner weniger stark belasten als dieses Regelmodell (z. B. eine Erfüllungsüberwachung nicht bzgl. aller Ansprüche i. S. v. § 260 Abs. 2, sondern nur bzgl. einzelner Ansprüche).[37]

Ebenfalls zutreffend ist die gesetzgeberische Erwägung, privatautonom gestaltete Über- 37
wachungsmodelle dürften keine Regelungen vorsehen, die nach den §§ 260 ff. (nur) im Rahmen des gesetzlichen Regelungsmodells zulässig sind. Dies betrifft zum einen Zustimmungsbefugnisse i. S. v. § 263 – sie wirken schuldrechtlich *und* dinglich – und zum anderen Kreditrahmenregelungen (§ 264 – zu ihnen RdNr. 38 f.), sofern die Überwachung durch einen Treuhänder oder Sachwalter erfolgen soll. Insoweit werden nämlich nach der gesetzlichen Regelung wichtige Handlungskompetenzen des Insolvenzverwalters begründet (vgl. §§ 263 Satz 1, 264 Abs. 2), der seinerseits der Aufsicht durch das Insolvenzgericht unterliegt (§ 261 Abs. 1 Satz 2). Diese verfahrensrechtliche Sicherung besteht bei einem privatautonom eingesetzten Treuhänder bzw. Sachwalter nicht. Dadurch wird die Vereinbarung lediglich schuldrechtlich wirkender Zustimmungsvorbehalte indes nicht ausgeschlossen.[38]

V. Kreditrahmenregelungen

Im Zusammenhang mit der Anordnung einer Planüberwachung nach dem gesetzlichen 38
Regelmodell zu sehen sind Kreditrahmenregelungen gem. § 264. Das Rechtsinstitut des Kreditrahmens soll durch eine Privilegierung von Neukrediten in einem etwaigen Folgeinsolvenzverfahren (vgl. § 266) – dadurch wird die Rechtsstellung der Insolvenzgläubiger des Erstverfahrens geändert – die Bereitschaft zur Unternehmensfinanzierung in der Krise erhöhen. Zu diesem Zweck sind die §§ 264 ff. indes nur ganz bedingt geeignet, da sie eine Privilegierung auch gegenüber Absonderungsberechtigten nicht begründen (vgl. § 222 RdNr. 67 mit Nachweisen). Keine Anwendung finden die §§ 264 ff., wenn privatautonom von dem gesetzlichen Regelmodell der Planüberwachung dergestalt abgewichen wird, dass ein Treuhänder oder Sachwalter, nicht aber der Insolvenzverwalter, für die Überwachung zuständig sein soll (arg. § 264 Abs. 2).

Eine wirksame Kreditrahmenregelung in dem gestaltenden Teil des Plans setzt voraus, dass 39
ein Kreditrahmen dem Grunde (vgl. § 264 Abs. 1 Satz 1) sowie der Höhe nach (§ 264 Abs. 1 Satz 2) geschaffen wird. Sonderbestimmungen für stehengelassene Masseansprüche

---

[36] § 247 Abs. 2 ist insoweit nicht anwendbar (aA *Kübler/Prütting/Otte* § 260 RdNr. 7). Die Vorschrift betrifft nur Regelungen, die grundsätzlich mit Zwangswirkung gegen den Schuldner verabschiedet werden können. Bei der im Text beschriebenen Planüberwachung geht es jedoch um eine Regelung, die gegenständlich über das hinausreicht, was überhaupt mit Zwangswirkung gegen den Schuldner vorgesehen werden kann. Seine Zustimmung ist deshalb insoweit immer erforderlich. Unzulässig gegen den Willen des Schuldners aus den im Text genannten Gründen sind die Regelungen bei FK-*Jaffé* § 221 RdNr. 27 f. Wie im Text demgegenüber wohl *Smid* NZI 2006, 201, 205.

[37] *Nerlich/Römermann/Braun* § 260 RdNr. 3 spricht insoweit von „beschränkter Überwachung". Vgl. auch den Entwurf des IDW-Fachausschusses Recht „Anforderungen an Insolvenzpläne" (IDW ES 2), abgedruckt in ZIP 1999, 500, 503 f., unter RdNr. 47.

[38] Vgl. *Nerlich/Römermann/Braun* § 260 RdNr. 3.

sind nicht erforderlich.³⁹ Zwar verlangt § 258 Abs. 2 deren Erfüllung vor Verfahrensaufhebung. Darauf kann der betreffende Massegläubiger – durch ein „Stehenlassen" – jedoch verzichten.⁴⁰ In dem gestaltenden Teil kann festgelegt werden, dass die Privilegierung nur für bestimmte der von § 264 Abs. 1 Satz 1 erfassten⁴¹ Kreditgeschäfte – kapitalersetzende Gesellschafterdarlehen sind in jedem Fall ausgeschlossen (arg. § 264 Abs. 3)⁴² – gelten⁴³ und dass sie nur im Verhältnis zu bestimmten Insolvenzgläubigern i. S. v. § 264 Abs. 1 Satz 1 bzw. bestimmten vertraglichen Neugläubigern i. S. v. § 265 wirken soll.⁴⁴

VI. Regelungen über die Fortführung anhängiger Rechtsstreite

40 Unter der Geltung der KO wurde angenommen, dass sich ein zum Zeitpunkt der Aufhebung des Konkursverfahrens noch schwebender Anfechtungsprozess mit der Aufhebung in der Hauptsache erledigt.⁴⁵ Um den damit für den Anfechtungsgegner verbundenen Anreiz zur Verfahrensverschleppung zu eliminieren, hat der Gesetzgeber mit § 259 Abs. 3 die Möglichkeit zu einer abweichenden Rechtsgestaltung geschaffen: Gem. § 259 Abs. 3 Satz 1 kann vorgesehen werden, dass der Verwalter den Prozess auch nach Aufhebung des Verfahrens noch fortführen kann. Eine entsprechende Bestimmung hat zur Folge, dass der Verwalter prozessführungsbefugt bleibt und keine Erledigung eintritt (der Anfechtungsanspruch besteht also fort).⁴⁶ Soweit der Plan keine anderweitige Regelung trifft, wird der Prozess dann für Rechnung des Schuldners geführt (§ 259 Abs. 3 Satz 2). Diesem steht also bei einem Prozesserfolg der erlangte Betrag zu, bei einem Prozessverlust hat er aber auch die Prozesskosten zu tragen.⁴⁷ Die Klausel „§ 259 III InsO findet Anwendung" genügt in der Regel als Ermächtigung des Insolvenzverwalters, Anfechtungsrechtsstreitigkeiten auch nach Aufhebung des Insolvenzverfahrens fortzuführen.⁴⁸ Eine spezifischere Ermächtigung ist also nicht erforderlich.

VII. Salvatorische Klauseln

41 Gem. § 251 Abs. 1 ist einem Insolvenzplan auf Antrag eines Gläubigers die Bestätigung zu versagen, wenn der Gläubiger dem Plan widersprochen hat und durch diesen voraussichtlich schlechter gestellt wird, als er ohne ihn stünde. Bei einer entsprechenden voraussichtlichen Schlechterstellung des Schuldners darf ein Plan auch nicht gegen dessen Widerspruch bestätigt werden (§ 247). Diese Schutzbestimmungen können sich lähmend auf das Insolvenzplanverfahren auswirken (vgl. vor § 217 RdNr. 27). Der Gesetzgeber glaubt, durch die kurz vor Inkrafttreten der InsO mit Gesetz v. 19. 12. 1998⁴⁹ erfolgte Einfügung des Wortes *voraussichtlich* die Insolvenzgerichte im Bestätigungsverfahren freier gestellt und damit das Problem gelöst zu haben.⁵⁰ Tatsächlich ist jedoch das Gegenteil der

---

³⁹ AA *Dinstühler* ZInsO 1998, 243, 246 f., der indes die Möglichkeit eines Verzichts auf die Berichtigung vor Verfahrensaufhebung (vgl. dazu sogleich im Text zu § 258 Abs. 2) übersieht.
⁴⁰ Vgl. HK-*Flessner* § 264 RdNr. 3.
⁴¹ Nach BT-Drucks. 12/2443, S. 216, „Kredite[n] jeder Art" (z. B. auch Lieferantenkredite). Ausführlich *Nerlich/Römermann/Braun* § 264 RdNr. 3.
⁴² Vgl. HK-*Flessner* § 264 RdNr. 11; *K. Schmidt/Uhlenbruck/Wittig* (Hrsg.), Die GmbH in Krise, Sanierung und Insolvenz, 3. Aufl. 2003, RdNr. 1700. Krit. *Schiessler*, Der Insolvenzplan, 1997, S. 216 ff. *Noack*, Gesellschaftsrecht, 1999, RdNr. 208, 218, möchte vom Anwendungsbereich des § 264 Abs. 3 jedenfalls solche kapitalersetzenden Gesellschafterkredite ausnehmen, die im Insolvenzverfahren gem. § 55 Abs. 1 Nr. 1, Abs. 2 Masseschuldcharakter besaßen und stehengelassen wurden. Das erscheint zutreffend.
⁴³ Vgl. HK-*Flessner* § 264 RdNr. 5.
⁴⁴ So wohl auch HK-*Flessner* § 264 RdNr. 4.
⁴⁵ Vgl. *Kilger/K. Schmidt* § 192 Anm. 2).
⁴⁶ Vgl. BT-Drucks. 12/2443, S. 214; *Jauernig*, Zwangsvollstreckungs- und Insolvenzrecht, 21. Aufl. 1999, S. 283.
⁴⁷ Vgl. BT-Drucks. 12/2443, S. 214.
⁴⁸ BGH NZI 2006, 100.
⁴⁹ BGBl. 1998 I, S. 3836, 3839.
⁵⁰ Vgl. BT-Drucks. 14/120, S. 14. Ebenso LG Traunstein NZI 1999, 461, 463; *Uhlenbruck* NZI 1998, 1, 4; *Kaltmeyer* ZInsO 1999, 316, 317, 320; FK-*Jaffé* § 251 RdNr. 19 ff.

Fall: Die Prognoseaufgabe ist durch die Neuregelung eher noch schwieriger geworden, weil das Kriterium der „Voraussichtlichkeit" im Sinne einer überwiegenden Wahrscheinlichkeit (> 0.5) zu verstehen sein soll[51] und deren Ermittlung die Prüfung unterschiedlicher Entwicklungsszenarien voraussetzt.[52] Eine Erleichterung ist für den Fall eines Gläubigerwiderspruchs auch nicht mit der „Hürde" der Glaubhaftmachung bzgl. einer Schlechterstellung als Zulässigkeitsvoraussetzung eines Antrages auf Bestätigungsversagung verbunden (vgl. § 251 Abs. 2).[53] Denn glaubhaft machen muss ein Gläubiger nur die *voraussichtliche* Schlechterstellung – dass in § 251 Abs. 2 das Wort „voraussichtlich" nicht eingefügt wurde, ist ein offensichtliches Redaktionsversehen.[53a] Eine tatsächliche Erleichterung hätte die Verwendung der Worte „offensichtlich" oder „eindeutig" gebracht[54] – sie wurde jedoch nicht Gesetz. Eine Möglichkeit, das Schlechterstellungsrisiko zu begrenzen, sind **salvatorische Klauseln** im gestaltenden Teil eines Insolvenzplans.[55] Sie lassen sich ggf. auch dazu einsetzen, die Voraussetzungen des Obstruktionsverbots (§ 245) herbeizuführen.

1. Minderheitsschutzklauseln (Gleichstellungsklauseln). Klauseln, mit denen das 42 Schlechterstellungsrisiko eines individuellen Beteiligten – eines Gläubigers (§ 251) oder des Schuldners (§ 247) – durch Zusatzleistungen begrenzt oder gar ausgeschlossen werden soll, lassen sich als **Gleichstellungsklauseln** bezeichnen. Sie können danach unterschieden werden, ob die Zusatzleistungen durch eine gebildete Rückstellung oder aber durch eine Bürgschaft bzw. eine Garantie finanziert werden sollen.

a) Finanzierung über Rückstellung. In den gestaltenden Teil eines Plans kann z. B. 43 folgende Bestimmung aufgenommen werden: „Wenn ein Beteiligter durch diesen Plan voraussichtlich schlechter gestellt wird, als er ohne ihn stünde, sind an ihn aus einer gebildeten Rückstellung zusätzliche Zahlungen in einer Höhe zu leisten, die zu einer Gleichstellung führt."[56] Das Gebot der gruppenbezogenen Gläubigergleichbehandlung (§ 226 Abs. 1) steht einer solchen Gleichstellungsklausel nicht entgegen: Gerade weil die Rechtsgestaltung im Plan gruppenbezogen erfolgt, sind immer *alle* Gruppenangehörigen von einer potentiellen Schlechterstellung betroffen, und durch die Klausel werden auch *alle* begünstigt.[57] Ist die Höhe der **Rückstellung** ausreichend dimensioniert (dazu sogleich), hat die Gleichstellungsklausel zur Folge, dass das Insolvenzgericht einen Plan ohne Vergleichsrechnungen bestätigen kann: Eine etwaige Schlechterstellung eines Beteiligten wird durch

---

[51] Vgl. BT-Drucks. 14/120, S. 14.
[52] Ausführlich *Eidenmüller* NJW 1999, 1837 f.
[53] So aber LG Berlin ZInsO 2002, 1191, 1192; *Jungmann* KTS 2006, 135, 145 f.
[53a] Im Ergebnis ebenso jetzt BGH ZIP 2007, 923, 924. Vgl. auch BGH ZInsO 2007, 442, 443.
[54] Vgl. *Eidenmüller,* Unternehmenssanierung zwischen Markt und Gesetz, 1999, S. 91 f.
[55] Andeutungen bereits in der Begr. des RegE zu § 298 RegE (= § 251), vgl. BT-Drucks. 12/2443, S. 212. Ausführlich zu Typen und Wirkungen von salvatorischen Klauseln *Eidenmüller* JNPÖ 15 (1996), 164, 182 f.; *Eidenmüller,* Unternehmenssanierung zwischen Markt und Gesetz, 1999, S. 92 ff.; *Eidenmüller* NJW 1999, 1837, 1838. Vgl. auch Braun in: Braun/Uhlenbruck, Insolvenzrecht, 1997, S. 488, 637 f.; Nerlich/Römermann/Braun § 219 RdNr. 87; Bork, Verfahrenshürden beim Insolvenzplan, in *Henckel/Kreft* (Hrsg.), Insolvenzrecht 1998, 1999, S. 111, 123 f.; *Riggert* WM 1998, 1521, 1523; *Kaltmeyer* ZInsO 1999, 316, 320 f.; *Graf/Wunsch* ZIP 2001, 1029, 1038; *Müller,* Der Verband in der Insolvenz, 2002, S. 300 f. **Krit.** *Smid* ZInsO 1998, 347 ff.; *Wutzke* ZInsO 1999, 1, 4; *HK-Flessner* § 251 RdNr. 11; *Häsemeyer,* Insolvenzrecht, 3. Aufl. 2003, RdNr. 28.49; *Jungmann,* Grundpfandgläubiger und Unternehmensinsolvenz, 2004, RdNr. 316 ff. – zur Auseinandersetzung mit den Kritikern vgl. die Ausführungen sogleich im Text.
[56] Für ein anderes praktisches Beispiel vgl. Braun/Uhlenbruck, Muster eines Insolvenzplans, 1998, S. 64 (die dort vorgesehene Ausschlussfrist für die Geltendmachung der Zusatzleistungen schließt den Gleichstellungseffekt allerdings möglicherweise aus).
[57] Unnötig problematisierend *Smid* ZInsO 1998, 347, 349 ff; *HK-Flessner* § 251 RdNr. 11; *Jungmann,* Grundpfandgläubiger und Unternehmensinsolvenz, 2004, RdNr. 316. Auch unter dem Gesichtspunkt des § 245 Abs. 2 Nr. 3 ergeben sich keine Probleme (aA *Jungmann* aaO RdNr. 317): Gleichstellungsklauseln sichern eine Gleichstellung mit einer „planlosen" Insolvenzabwicklung für *alle* Gläubiger, die sonst schlechter gestellt würden. Ein Zusatzvorteil für einzelne Gläubiger oder Gläubigergruppen liegt darin nicht. Auf der Grundlage einer solchen Klausel wird *kein* „Begünstigter" besser gestellt als andere, sonst gleichrangig zu befriedigende Gläubiger.

die Klausel ausgeschlossen.[58] Der oder die präsumtiv Benachteiligten müssen im ordentlichen Rechtsweg gegen den Schuldner auf die Zusatzleistungen klagen (Leistungsklage). Von der Titularwirkung des § 257 Abs. 1 Satz 1 werden die Zusatzleistungen nämlich nicht erfasst, da aus dem Plan nicht hervorgeht, ob und ggf. in welcher Höhe sie an bestimmte Beteiligte zu erbringen sind.[59] Der „heilende Effekt" einer salvatorischen Klausel wird davon nicht berührt: Für ihn kommt es nur auf eine materiellrechtliche Gleichstellung an. Kein Gläubiger hat „einen Anspruch" auf eine Titulierung seiner Forderung. Dies zeigt sich schon daran, dass der Schuldner durch Bestreiten einer Forderung die Wirkung des § 257 Abs. 1 Satz 1 ausschließen kann. Deshalb liegt in dem Verweis auf eine Leistungsklage auch kein „grobe[r] Systembruch".[60]

44 Ob der zurückgestellte Betrag zur Kompensation aller Widersprechenden ausreicht – er darf andererseits nicht so hoch sein, dass die Anspruchserfüllung offensichtlich ausgeschlossen erscheint (§ 231 Abs. 1 Nr. 3)[61] –, hängt einerseits von der Zahl der Betroffenen und der Höhe des jeweils zu einer Gleichstellung erforderlichen Betrags und andererseits von der Höhe der Rückstellung ab. Bisweilen wird bereits eine überschlägige Betrachtung zeigen, dass die Finanzierung etwaiger Zusatzleistungen gesichert ist: etwa wenn nur ein Gläubiger dem Plan widersprochen hat und die Rückstellung sogar den Nominalwert seiner Forderung übersteigt. In anderen Fällen, insbesondere bei einer Vielzahl Widersprechender, wird dieser Schluss allerdings eine genaue Analyse der jeweils zu zahlenden Differenzbeträge und damit präzise Kalkulationen zu den Befriedigungsquoten bei einer plangemäßen Insolvenzabwicklung und bei einer Insolvenzabwicklung ohne Plan erforderlich machen. Dass eine Vielzahl von Beteiligten widerspricht, kann ein unerwünschter Nebeneffekt einer Gleichstellungsklausel sein: Durch einen Widerspruch kann man sich die Chance auf Zusatzleistungen sichern.[62] Wenn aber „zu viele" Beteiligte widersprechen, tritt der erhoffte Entlastungseffekt für das Planbestätigungsverfahren nicht ein.

45 **b) Finanzierung über Bürgschaft/Garantie.** Um dies zu vermeiden, ist eine finanzielle Absicherung einer entsprechenden Gleichstellungsklausel mittels einer **Bürgschaft** oder einer **Garantie** zu erwägen. Sofern ein Dritter z. B. zur Abgabe einer entsprechenden Bürgschaft bereit ist, könnte die Klausel wie folgt lauten: „Wenn ein Beteiligter durch diesen Plan voraussichtlich schlechter gestellt wird, als er ohne ihn stünde, sind an ihn zusätzliche Zahlungen in einer Höhe zu leisten, die zu einer Gleichstellung führt. Für diese Zahlungen hat sich die Bank X durch eine diesem Plan gem. § 230 Abs. 3 beigefügte Erklärung selbstschuldnerisch verbürgt."[63] Handelt es sich bei der Bank X um eine solvente Großbank, an deren Bonität keinerlei Zweifel besteht, dann ist die Finanzierung der Zusatzleistungen gesichert – der Plan kann trotz eines Gläubigerwiderspruchs ohne Vergleichsrechnungen bestätigt werden. Klage erheben würde ein präsumtiv benachteiligter Gläubiger dann sinnvollerweise sofort gegen die Bank X (auch hier wäre trotz § 257 Abs. 2 eine Leistungsklage erforderlich, da aus dem Plan nicht hervorgeht, ob und ggf. in welcher Höhe die Bank leistungspflichtig ist, vgl. RdNr. 43). Gleiches würde gelten, wenn die Finanzierung der

---

[58] Unrichtig *Smid* ZInsO 1999, 347, 349: Das Insolvenzgericht müsse eine etwaige Schlechterstellung nur dann nicht prüfen, wenn die „... angemeldete[n] Forderung zu einhundert Prozent gesichert wird ...". Erforderlich ist lediglich, dass eine Gleichstellung sicher ist.

[59] Ein Verstoß gegen das Bestimmtheitserfordernis liegt darin nicht, weil die Rechtsnatur entsprechender Klauseln eine bestimmtere Fassung nicht zulässt, bzw. diese von vornherein keinen (potentiell) vollstreckbaren Inhalt besitzen, vgl. dazu im Text RdNr. 14. Zu Unrecht kritisch deshalb *Wutzke* ZInsO 1999, 1, 4.

[60] So aber *Smid* ZInsO 1998, 347, 348. Gegen diese These zu Recht auch *Bork*, Verfahrenshürden beim Insolvenzplan, in *Henckel/Kreft* (Hrsg.), Insolvenzrecht 1998, 1999, S. 111, 124 Fn. 52; *Graf/Wunsch* ZIP 2001, 1029, 1038 Fn. 69.

[61] Vgl. *Smid* ZInsO 1998, 347, 349; HK-*Flessner* § 251 RdNr. 11. Das Problem stellt sich bei einer Finanzierung über eine Bürgschafts- oder Garantieerklärung nicht, vgl. dazu im Text RdNr. 45.

[62] Vgl. *Eidenmüller*, Unternehmenssanierung zwischen Markt und Gesetz, 1999, S. 95. Insoweit zutr. auch *Wutzke* ZInsO 1999, 1, 4.

[63] Da die Bürgschaft Plananlage ist, sind die auf § 226 Abs. 3 gestützten Bedenken von *Wutzke* ZInsO 1999, 1, 4, gegenstandslos.

Zusatzleistungen in der Klausel durch eine Garantieerklärung der entsprechenden Bank abgesichert wird.

2. Obstruktionsklauseln. Salvatorische Klauseln lassen sich aber nicht nur zu dem 46 Zweck einsetzen, das Schlechterstellungsrisiko bezüglich einzelner Beteiligter auszuschließen oder zumindest zu verringern. Sie können auch verwandt werden, um den Anwendungsbereich des Obstruktionsverbots (§ 245) zu eröffnen.

a) Gleichstellung mit Insolvenzabwicklung ohne Plan. Gem. § 245 Abs. 1 Nr. 1 47 setzt ein Eingreifen des Obstruktionsverbots nämlich unter anderem voraus, dass die Gläubiger einer widersprechenden Gläubigergruppe voraussichtlich nicht schlechter gestellt werden, als sie ohne einen Plan stünden. Diese Klausel ist ebenso zu verstehen wie § 251 Abs. 2 Nr. 2 (vgl. RdNr. 41), es kommt also darauf an, ob eine überwiegende Wahrscheinlichkeit (> 0.5) für eine Besserstellung besteht (oder nicht).[64] Eine Gleichstellungsklausel der in RdNr. 43 bzw. RdNr. 45 beschriebenen Art wirkt nicht nur zugunsten einzelner Gläubiger, sondern auch – gewissermaßen mittelbar – zugunsten aller Gläubiger einer bestimmten Gruppe (die wegen § 226 Abs. 1 von einem Plan immer gleich betroffen sind).[65]

b) Angemessene Beteiligung an dem Planwert. Im Übrigen kann man auch die 48 Aufnahme von Klauseln in den gestaltenden Teil erwägen, die eine angemessene Beteiligung der widersprechenden Gläubigergruppe an dem durch den Plan geschaffenen Wert i. S. v. § 245 Abs. 1 Nr. 2 i. V. m. § 245 Abs. 2 sicherstellen sollen.[66] Im Hinblick auf die Voraussetzung des § 245 Abs. 2 Nr. 3 kann dies etwa in der Weise geschehen, dass Zusatzleistungen (aus einer gebildeten Rückstellung oder finanziert durch eine Bürgschaft/Garantie) für den Fall vorgesehen werden, dass andere Gläubiger – die ohne Plan gleichrangig zu befriedigen wären – sonst besser gestellt würden als die Gläubiger der widersprechenden Gruppe. Im Hinblick auf alle drei Voraussetzungen des § 245 Abs. 2 (Nr. 1 bis Nr. 3) denkbar wäre auch eine Klausel des Inhalts, dass die anderen Beteiligten zugewandten Ansprüche bzw. Werte soweit gekürzt bzw. verringert werden, dass keine übernominale Befriedigung von Gläubigern (Nr. 1), keine Befriedigung nachrangiger Gläubiger (Nr. 2) und keine Besserstellung gleichrangiger Gläubiger (Nr. 3) eintritt. Das Risiko einer entsprechenden Kürzungsklausel liegt darin, dass dann unter Umständen die Beteiligten, deren Ansprüche/Werte gekürzt bzw. verringert werden, voraussichtlich schlechter gestellt würden, als sie ohne einen Plan stünden.

Besonderheiten ergeben sich im Hinblick auf eine etwaige Zuweisung von Werten an den 49 Schuldner, die gem. § 245 Abs. 2 Nr. 2 die Anwendung des Obstruktionsverbots zu Lasten irgendeiner Gläubigergruppe ausschließen würde. Selbst wenn der Schuldner plangemäß an dem notleidenden Unternehmen beteiligt bleiben soll, kann die Zuweisung eines wirtschaftlichen Werts an ihn z. B. dadurch ausgeschlossen werden, dass sämtliche in der Zukunft anfallenden Unternehmensgewinne sowie etwaige Liquidationserlöse über einen Dritten, der als Treuhänder für die Gläubiger an dem Unternehmen beteiligt wird, an die Gläubiger ausgeschüttet werden sollen (von § 230 Abs. 2 wird eine entsprechende Gestaltung nicht erfasst, da kein Gläubiger Zwangsmitglied eines Verbandes werden soll, vgl. § 230 RdNr. 46).[67] Die Beitrittserklärung des Treuhänders zu dem Unternehmen kann auf freiwil-

---

[64] AA *Jungmann* KTS 2006, 135, 139 ff. Danach soll für eine Planbestätigung eine „vernünftige Chance" auf Besserstellung reichen (aaO 140). Diese Auslegung des § 245 Abs. 1 Nr. 1 ist nicht mit dem klaren Wortlaut der Vorschrift nicht zu vereinbaren. Das Ziel einer raschen Planbestätigung (aaO 142 f.) ist ein gutes Argument *de lege ferenda* für eine andere Regelung (vgl. im Text RdNr. 41), erlaubt es jedoch nicht, sich über die *lex lata* einfach hinwegzusetzen. Gleiches gilt für die Überlegung, dass der gruppenbezogene Schutz (§ 245) ggf. weniger weit gehen sollte als der Individualschutz, bei dem ein Gläubiger eine voraussichtliche Schlechterstellung glaubhaft machen muss (diese Hürde besteht bei § 245 nicht), vgl. aaO 144 f.
[65] Vgl. *Eidenmüller*, Unternehmenssanierung zwischen Markt und Gesetz, 1999, S. 96 Fn. 108; *Nerlich/Römermann/Braun* § 219 RdNr. 87.
[66] Vgl. *Eidenmüller*, Unternehmenssanierung zwischen Markt und Gesetz, 1999, S. 96 Fn. 108.
[67] Vgl. *Eidenmüller* ZGR 2001, 680, 709. Für ähnliche Gestaltungen vgl. *Braun/Uhlenbruck*, Muster eines Insolvenzplans, 1998, S. 61 f., 84 (vgl. auch *Braun* NZI 1999, 473, 478); *Hess* in: *Hess/Obermüller*, Insolvenzplan, Restschuldbefreiung und Verbraucherinsolvenz, 3. Aufl. 2003, S. 295, 299; *Kübler/Prütting/Otte* § 221

liger Basis (vgl. RdNr. 93 sowie § 217 RdNr. 148 ff., insbes. 160) in den Insolvenzplan aufgenommen werden. Mit dem Einverständnis aller Betroffenen ist es auch möglich, dessen gesellschaftsrechtliche Stellung (vgl. RdNr. 92, 94 sowie § 217 RdNr. 148 ff., insbes. 160) sowie seine Rechtsstellung im Verhältnis zu den Gläubigern (vgl. § 217 RdNr. 148 ff.) im Plan zu regeln.

VIII. Ausschlussklauseln

50 Gem. § 254 Abs. 1 Satz 3 entfaltet ein rechtskräftig bestätigter Insolvenzplan Wirkungen auch für Insolvenzgläubiger, „... die ihre Forderungen nicht angemeldet haben ...". Dies bedeutet für „Nachzügler" zum einen, dass auch sie von den Rechtsgestaltungen des Plans erfasst werden, also beispielsweise Kürzungen von Insolvenzforderungen hinnehmen müssen. Das bedeutet für „Nachzügler" zum anderen aber auch, dass sie nicht am Planverfahren teilnehmen müssen, um sich Planleistungen zu sichern.[68] Rechtsnachteile erleiden sie allenfalls insofern, als sie aus dem Plan nicht vollstrecken können, wenn sie ihre Forderungen nicht anmelden (vgl. § 257 Abs. 1).[69] Auch kommt ihnen die Hemmungsvorschrift des § 204 Abs. 1 Nr. 10 BGB nicht zugute. Schließlich ist zugunsten des Schuldners § 256 *entsprechend* anwendbar, dieser kann also durch einen Antrag nach § 256 Abs. 1 Satz 2 verhindern, dass er ohne weiteres mit der Erfüllung des Plans in erheblichen Rückstand i.S.v. § 255 Abs. 1 gerät, sofern er eine (angebliche) Forderung nicht vollumfänglich bezahlt.[70] Keinesfalls können aber Regelungen über die Restschuldbefreiung bei natürlichen Personen (§§ 286, 301 Abs. 1) zu Lasten von „Nachzüglern" analog angewendet werden: Erstens besteht im Rahmen der §§ 217 ff. keine planwidrige Regelungslücke (vgl. § 254 RdNr. 24), und zweitens sind die Zwecke der jeweiligen Regelkomplexe verschieden (bestmögliche Haftungsverwirklichung im Planverfahren, § 1 Satz 1, „Rechtswohltat" für den redlichen Schuldner und volkswirtschaftliche Mobilisierung seines Humankapitals im Rahmen der Restschuldbefreiung, § 1 Satz 2).[71]

51 Daraus können sich für einen Planarchitekten erhebliche Probleme ergeben. Man denke etwa an einen Plan, der unter anderem Produkthaftungsansprüche bereinigen soll, die sich gegen den Insolvenzschuldner richten.[72] Typischerweise sind die Gläubiger entsprechender Ansprüche und die Anspruchshöhe in einer Insolvenzsituation jedenfalls nicht vollständig bekannt. Das Gesamtvolumen entsprechender Forderungen ist für den Planarchitekten also eine unsichere Größe. Das erschwert realistische Plangestaltungen und nötigt zur Bildung von Rückstellungen. Tauchen nach rechtskräftiger Planbestätigung „Nachzügler" in erheblichem Umfang auf, erweist sich die zugesagte Quote möglicherweise als unrealistisch. Eventuell besteht sogar erneut eine akute Insolvenzgefahr.

52 Dieser Gefahr lässt sich möglicherweise mit **Ausschlussklauseln** im gestaltenden Teil eines Insolvenzplans begegnen. Denkbar ist etwa eine Vorschrift mit folgendem Inhalt: „Insolvenzgläubigerforderungen werden nur mit dem im Prüfungstermin zur Insolvenz-

---

RdNr. 9. Sehr zweifelhaft ist die Rechtsauffassung des LG Traunstein NZI 1999, 461, 464 (der Begr. des RegE zu § 290 RegE = § 245 folgend, vgl. BT-Drucks. 12/2443, S. 209), dass die an einer GmbH (als Schuldnerin) beteiligten Gesellschafter dann keinen wirtschaftlichen Wert erhalten, wenn es am Markt keinen Interessenten für das notleidende Unternehmen gibt. Fehlende Interessenten sind allenfalls ein Indiz für eine fehlende Wertzuwendung, jedoch kein zwingender Ausschlussgrund, vgl. *Eidenmüller* ZGR 2001, 680, 706 f. Krit. auch HK – *Flessner* § 245 RdNr. 20 sowie *Smid* InVo 2000, 1, 8 f. (im Anschluss an *Wittig* ZInsO 1999, 373, 378 f., und der Entscheidung des U. S. Supreme Court vom 3. 5. 1999 in der Sache Bank of America National Trust and Savings Association v. 203 North Lasalle Street Partnership, 119 S. Ct. 1411); der Entscheidung des LG Traunstein aber zustimmend *Braun* NZI 1999, 473, 477.

[68] Ebenso *Breutigam/Kahlert* ZInsO 2002, 469, 471; *Otte/Wiester* NZI 2005, 70, 71.
[69] Ebenso *Otte/Wiester* NZI 2005, 70, 72 f.
[70] § 256 hat ein Vorbild in § 97 VerglO. Zu dieser Vorschrift hatte der BGH entschieden, dass sie auch Vergleichsforderungen betreffe, die im Vergleichsverfahren nicht geltend gemacht wurden, vgl. BGHZ 32, 218, 223 f. Dem kann man auch für die InsO folgen, vgl. *Otte/Wiester* NZI 2005, 70, 71 f.
[71] AA *Breutigam/Kahlert* ZInsO 2002, 469, 472. Wie im Text im Ergebnis demgegenüber *Otte/Wiester* NZI 2005, 70, 72.
[72] Für eine solche Fallgestaltung vgl. etwa *Rose/Tetzlaff/Wollstadt* ZInsO 2005, 673 ff.

tabelle festgestellten Betrag oder dann berücksichtigt, wenn sie bis zum Erörterungs- und Abstimmungstermin angemeldet und weder vom Insolvenzverwalter noch von einem Insolvenzgläubiger bestritten wurden. Bestrittene Forderungen werden berücksichtigt, wenn für sie ein vollstreckbarer Titel oder ein Endurteil vorliegt. Ist dies nicht der Fall, gilt § 189 mit der Maßgabe entsprechend, dass ein Gläubiger binnen zweier Wochen nach gerichtlicher Planbestätigung Klage zu erheben hat."[73]

Mit einer solchen Klausel wird unter anderem von §§ 188, 189 abgewichen (statt auf die Bekanntmachung nach § 188 Satz 3 wird auf die gerichtliche Planbestätigung abgestellt). Das ist zulässig (vgl. § 217 RdNr. 104, 124).[74] Auch § 201 steht der Klausel nicht entgegen: Diese Vorschrift ist ebenfalls plandispositiv (vgl. § 217 RdNr. 128). Bedenken ergeben sich auch nicht auf Grund von § 254 Abs. 1 Satz 3: Dass ein „Nachzügler" sich die Gestaltungen eines Plans entgegenhalten lassen muss, bedeutet nicht, dass er einen „Anspruch" auf eine Behandlung wie diejenigen hätte, die ihre Forderungen angemeldet haben. Vielmehr muss er sich eben auch eine Ausschlussklausel im Plan entgegenhalten lassen.[75] Schließlich lässt sich auch unter dem Gesichtspunkt des Schutzes von Gläubigern, deren Forderungen erst nach dem Abschluss des Planverfahrens „anmeldefähig" werden, nichts gegen die Klausel ableiten.[76] Solche Gläubiger sind keine Insolvenzgläubiger (§ 38) und werden deshalb von der Klausel gar nicht erfasst.

Zweifelhaft ist allerdings, ob die Klausel mit § 256 zu vereinbaren ist.[77] Diese Vorschrift schützt den Schuldner bei bestrittenen und – in entsprechender Anwendung der Norm – nicht angemeldeten Forderungen davor, in erheblichen Rückstand i. S. v. § 255 zu geraten (vgl. RdNr. 48 a). Soweit er die Forderung in dem Umfang berücksichtigt, die der Stimmrechtsentscheidung des Insolvenzgerichts (§ 256 Abs. 1 Satz 1) oder einer beantragten nachträglichen Entscheidung (§ 256 Abs. 1 Satz 2) entspricht, kann er ein Wiederaufleben i. S. v. § 255 vermeiden. *Prima facie* ist § 256 eine *zwingende* Vorschrift, von der in einem Plan also nicht abgewichen werden kann. Das scheint sich ohne weiteres daraus zu ergeben, dass plandispositive Verfahrensvorschriften als solche explizit ausgewiesen sind, vgl. etwa § 255 Abs. 3. Allerdings ist dieser Gegenschluss aus § 255 Abs. 3 nicht sicher.[78] So sind trotz Fehlens einer expliziten Dispositionsklausel privatautonome Überwachungsmodelle, die von den §§ 260 ff. abweichen, nach dem Willen des Gesetzgebers grundsätzlich zulässig (vgl. RdNr. 35 ff.). Auch spricht die explizite Öffnungsklausel in § 217, nach der Verteilungsfragen plandispositiv sind (vgl. § 217 RdNr. 124) dafür, dass der durch § 256 vermittelte Schuldnerschutz nicht die Maximalgrenze des Zulässigen darstellt. **Ausschlussklauseln** der beschriebenen Art **verstoßen** damit **nicht gegen § 256**. Sie begründen keinen inhaltlichen Planmangel i. S. v. § 231 Abs. 1 Nr. 1 und sind auch nicht etwa im Bestätigungsverfahren gem. § 250 Nr. 1 beachtlich.

Allerdings könnte es sein, dass eine solche Klausel gem. § 251 bei einem Gläubigerwiderspruch zumindest deshalb die Planbestätigung hindert, weil sie den Widersprechenden voraussichtlich schlechter stellt als er im Regelverfahren stünde.[79] Ein entsprechender Wi-

---

[73] Für andere Gestaltungen vgl. etwa *Otte/Wiester* NZI 2005, 70, 75 f.; *Rose/Tetzlaff/Wollstadt* ZInsO 2005, 673, 677.
[74] §§ 188, 189 sind grundsätzlich auch im Planverfahren direkt anwendbar (vgl. § 217 RdNr. 124, aA *Otte/Wiester* NZI 2005, 70, 71; *Breutigam/Kahlert* ZInsO 2002, 469), über eine Analogie zu § 189 braucht also nicht nachgedacht zu werden (so aber *Breutigam/Kahlert* ZInsO 2002, 469 ff.). Bei der Anwendung der Vorschriften ist natürlich den Besonderheiten des Planverfahrens Rechnung zu tragen.
[75] Ebenso *Otte/Wiester* NZI 2005, 70, 73.
[76] So aber *Schreiber/Flitsch* BB 2005, 1173, 1177.
[77] Dieses Problem wird von allen, die Ausschlussklauseln für zulässig halten, übersehen, vgl. *Breutigam/Kahlert* ZInsO 2002, 469 ff.; *Otte/Wiester* aaO 71 f. bzgl. § 256 beschränkt sich auf die Frage, ob die Vorschrift den Zugang von „Nachzüglern" zu einem Plan abschneidet, was die Autoren zutreffend verneinen); *Rose/Tetzlaff/Wollstadt* ZInsO 2005, 673 ff.
[78] Deshalb nicht überzeugend *Schreiber/Flitsch* BB 2005, 1173, 1177.
[79] Mit einem unzulässigen Planinhalt, der nach § 231 Abs. 1 Nr. 1 bzw. § 250 Nr. 1 beachtlich wäre (vgl. dazu RdNr. 107 ff.), hat *dies* nichts zu tun. Deshalb liegen die Überlegungen von *Otte/Wiester* NZI 2005, 70, 76 f. zu einer „geltungserhaltenden Reduktion" insoweit neben der Sache.

derspruch ist zunächst nicht wahrscheinlich: Eine potentielle voraussichtliche Schlechterstellung betrifft primär „Nachzügler", aber diese nehmen am Abstimmungstermin nicht teil. Davon unabhängig fehlt es regelmäßig aber auch an einer voraussichtlichen Schlechterstellung. Diskutabel ist sie allenfalls mit Blick auf den Verlust des Nachforderungsrechts aus § 201. Dass von dieser Vorschrift im Plan abgewichen werden kann (vgl. RdNr. 53), bedeutet natürlich nicht, dass diese Abweichung nicht im Rahmen des § 251 beachtlich sein könnte.[80] Indes betrifft dieses Nachforderungsrecht ohnehin nur natürliche Personen und ist deshalb in den hier interessierenden Fällen (Bsp.: Insolvenz eines in der Rechtsform einer Kapitalgesellschaft betriebenen Industrieunternehmens auf Grund von Produkthaftungsansprüchen) praktisch nicht relevant. Liegt dies im Einzelfall einmal anders, müsste geprüft werden, ob im Lichte des wirtschaftlichen Wertes des Nachforderungsrechtes, auch unter Berücksichtigung der Möglichkeit einer Restschuldbefreiung (§§ 286 ff.), tatsächlich eine voraussichtliche Schlechterstellung gegeben ist. Das ist immerhin denkbar und jedenfalls nicht von vornherein ausgeschlossen.

56 Bei einer Ausschlussklausel der soeben diskutierten Art handelt es sich um beteiligtenübergreifende Rechtsgestaltung in dem Sinne, dass sie grundsätzlich bei allen gebildeten Gruppen eingesetzt werden kann (vgl. zum Begriff RdNr. 21). Die Rechtsgestaltung betrifft jedoch immer bestimmte Gläubiger und ist damit nicht gruppenfrei (vgl. zum Begriff RdNr. 12). Das bedeutet, dass innerhalb der jeweils gebildeten Gruppen für die Rechteinhaber Ausschlussklauseln aufzunehmen sind, sofern dies opportun erscheint.[81] Im Lichte des § 245 Abs. 2 Nr. 3 sollte dabei allerdings darauf geachtet werden, dass *alle* gleichrangigen Gläubiger von einer solchen Klausel betroffen sind (und nicht nur einzelne).

IX. Änderungs- und Anpassungsklauseln

57 Aufgrund der Zukunftsbezogenheit eines Insolvenzplans kann ein Bedarf nach Vorschriften bestehen, die zu einer Anpassung von Planregelungen an veränderte Umstände führen. Diesem Zweck können Änderungs- und Anpassungsklauseln dienen. Zu Ersteren gehören alle Planklauseln, die einem Beteiligten oder einem Dritten das Recht einräumen, Planregelungen nach rechtskräftiger Planbestätigung nachträglich zu ändern, etwa auf Grund einer **Bevollmächtigung** unter Befreiung von dem Verbot des Selbstkontrahierens (§ 181 BGB), oder auf Grund eines **Leistungsbestimmungsrechts** gem. § 315 Abs. 1 BGB. Zu Letzteren gehören alle Klauseln, die unter gewissen Voraussetzungen eine Anpassung der Planregeln für die Zukunft in einem gewissen Verfahren vorsehen (z. B. **Neuverhandlungsklauseln**). Entsprechende Klauseln sind zulässig, sofern feststeht, dass die mit ihnen verbundenen Rechtswirkungen sich jedenfalls nicht dergestalt zu Lasten einzelner oder mehrerer Gläubiger oder des Schuldners auswirken können, dass diese schlechter stehen als bei einer Insolvenzabwicklung ohne Plan. Diese Einschränkung ergibt sich mittelbar aus § 247 Abs. 2 Nr. 1 und § 251 Abs. 1 Nr. 2: Weder ein Gläubiger noch der Schuldner müssen es hinnehmen, durch den Plan voraussichtlich schlechter gestellt zu werden als sie ohne einen Plan stünden. Dies hat das Insolvenzgericht im Bestätigungstermin unter bestimmten Voraussetzungen zu prüfen (vgl. § 247 i. V. m. § 248 Abs. 1 einerseits, § 251 andererseits). Eine Planklausel, die zu einer entsprechenden Schlechterstellung führen kann, ist demzufolge unzulässig. Dies gilt etwa für eine Planklausel, die dem Schuldner ein Leistungsbestimmungsrecht gem. § 315 Abs. 1 BGB einräumt.[82] Zulässig sind demgegenüber **Neuverhandlungs-** und **Mediations- bzw. Schlichtungsklauseln.** Sie sind ergebnisoffen in dem

---

[80] Das übersehen *Otte/Wiester* NZI 2005, 70, 74 f.

[81] Es geht also nicht etwa darum, bereits die Gruppenbildung unter dem Gesichtspunkt der Bildung einer Gruppe der „Entrechteten" vorzunehmen (so aber wohl *Nerlich/Römermann/Braun* § 222 RdNr. 115; vgl. insoweit auch *Otte/Wiester* NZI 2005, 70, 73 f.). Die Gruppenbildung erfolgt vielmehr entsprechend den Vorgaben des § 222, und dann wird für die jeweils gebildeten Gruppen ggf. eine Ausschlussklausel aufgenommen.

[82] Ebenso *Hess* in: *Hess/Obermüller,* Insolvenzplan, Restschuldbefreiung und Verbraucherinsolvenz, 2. Aufl. 1998, RdNr. 236 (allerdings unter dem Gesichtspunkt der fehlenden Bestimmtheit des Plans).

Sinne, dass mit ihnen eine potentiell nachteilige Einwirkung auf die materielle Rechtsstellung eines Beteiligten nicht verbunden ist. Eine auf dem Weg über eine entsprechende Klausel erfolgende nachträgliche Planänderung ist auch nicht an die Zulässigkeitsvoraussetzungen geknüpft, die an eine Planänderung im Vorfeld des rechtswirksamen Zustandekommens eines Plans zu stellen sind, vgl. § 218 RdNr. 163.

X. Klarstellungsklauseln

Eine besondere Form von Änderungsklauseln sind sog. Klarstellungsklauseln. Unter diesem Begriff werden in der Literatur Klauseln diskutiert, die den Verwalter oder einen sonstigen Dritten ermächtigen sollen, einen angenommenen und bestätigten Plan nachträglich „klarstellend" zu ändern, um etwaigen Beanstandungen durch Behörden (Registergericht, Grundbuchamt etc.) Rechnung zu tragen.[83] Eine „rein formale" Klarstellung – etwa im Hinblick auf den genauen Inhalt einer bestimmten Planregelung – ist allerdings überflüssig, sofern der Plan bestätigt und damit bekundet wurde, dass er inhaltlich an keinen wesentlichen Mängeln leidet (vgl. § 250 Nr. 1). Eine inhaltliche Planänderung ist unter den soeben dargestellten Voraussetzungen (RdNr. 57) zulässig.[84]

H. Beteiligtenspezifische Rechtsgestaltung

Formen und Techniken der rechtsstellungsändernden Rechtsgestaltung, die entweder gruppenbezogen im Hinblick auf bestimmte Beteiligte eingesetzt werden können oder die zwar gruppenfrei sind, aber nur bestimmte Beteiligte betreffen, lassen sich mit dem Begriff der **beteiligtenspezifischen Rechtsgestaltung** kennzeichnen. Einzelheiten der beteiligtenspezifischen Rechtsgestaltung im Hinblick auf zwangsweise Planunterworfene (zum Begriff vgl. RdNr. 17) sind in den §§ 222 bis 228 geregelt. Regelungen im Verhältnis zu nicht bzw. nicht in der beabsichtigten Form zwangsweise Planunterworfenen (zum Begriff vgl. RdNr. 17) sind zulässig, sofern deren Zustimmung vorliegt und die Regelungen einen Bezug zu dem Zweck des Insolvenzplanverfahrens, eine möglichst optimale Gläubigerbefriedigung zu ermöglichen, aufweisen (vgl. § 217 RdNr. 148 ff.).

Im Folgenden werden einige wesentliche Möglichkeiten einer beteiligtenspezifischen Rechtsgestaltung im Verhältnis zu zwangsweise Planunterworfenen und im Verhältnis zu nicht bzw. nicht in der beabsichtigten Form zwangsweise Planunterworfenen im Überblick dargestellt. Dabei werden zwei Problemkreise mit einer großen praktischen Bedeutung (arbeitsrechtliche Regelungen, gesellschaftsrechtliche Regelungen auf freiwilliger Basis) in eigenen Unterabschnitten (IV. und VI.) behandelt. Einzelfragen sachenrechtlicher Rechtsgestaltungen werden in einem späteren Hauptabschnitt (J.) erörtert.

I. Absonderungsberechtigte

Absonderungsberechtigte (in Bezug auf massezugehörige Gegenstände) sind zwangsweise planunterworfen: Ihre Rechtsstellung kann – mit Ausnahme der in § 223 Abs. 1 Satz 2 genannten Sicherheiten – im gestaltenden Teil eines Plans auch gegen ihren Willen geändert werden (vgl. § 217 RdNr. 62 f.). Daneben sind Planregelungen mit Absonderungsberechtigten aber auch auf freiwilliger Basis möglich (vgl. § 217 RdNr. 148 ff.).

---

[83] Vgl. *Nerlich/Römermann/Braun* § 219 RdNr. 88 f. Für Änderungen vor der Abstimmung der Gläubiger über den Plan vgl. demgegenüber § 218 RdNr. 153 ff. (sie dürfen nur durch den Planvorlegenden bzw. einen von ihm Bevollmächtigten erfolgen und nur einzelne Regelungen betreffen).

[84] AA *Nerlich/Römermann/Braun* § 219 RdNr. 89 unter Berufung auf die Erwägung, dass dann eine (unzulässige) „indirekte Eventual-Planregelung" vorläge. Aber das ist nicht der Fall: Verfahrensrechtlich wird nur ein Plan vorgelegt und bestätigt. Aus den Argumenten, die gegen die Zulässigkeit von Eventualplänen sprechen (vgl. § 218 RdNr. 128 ff., insbes. 131), lassen sich keine Argumente gewinnen, die gegen die Zulässigkeit einer nachträglichen Abänderung eines rechtskräftig bestätigten Plans sprechen.

62 **1. Unmittelbare Zwangseingriffe in Absonderungsrechte.** Die zwangsweise Änderung der Rechtsstellung eines Absonderungsberechtigten kann zum einen in der Form erfolgen, dass in dessen materiellrechtliche Rechtsstellung eingegriffen wird. Denkbar ist zum anderen aber auch ein Eingriff durch eine Änderung der Rechtsstellung eines Absonderungsberechtigten relativ zu seiner verfahrensrechtlichen Stellung im Regelverfahren.

63 **a) Materiellrechtliche Rechtsstellung.** Ein Zwangseingriff in die materiellrechtliche Rechtsstellung eines Absonderungsberechtigten setzt voraus, dass in den Plan schuld- oder sachenrechtliche Willenserklärungen des Absonderungsberechtigten aufgenommen werden, die gem. § 254 Abs. 1 mit Rechtskraft der Planbestätigung als abgegeben gelten (bereits in der bindenden Abgabe einer entsprechenden Erklärung liegt eine Änderung der materiellrechtlichen Rechtsstellung des Absonderungsberechtigten; auch dann, wenn das Absonderungsrecht allein durch diese Erklärung noch nicht berührt wird, etwa weil dazu ein Vertrag erforderlich ist, hat sich die Rechtsstellung des Absonderungsberechtigten verändert, weil ein auf eine Rechtsänderung gerichtetes, annahmefähiges Angebot existiert). Die Fiktionswirkung dieser Vorschrift beschränkt sich allerdings auf die in den Plan aufgenommenen Willenserklärungen des zwangsweise planunterworfenen Absonderungsberechtigten. Sonstige, für die (weitere) Änderung der Rechtsstellung eines Absonderungsberechtigten ggf. erforderliche Voraussetzungen (z. B. Besitzübergabe, Eintragung ins Grundbuch) kann sie ebenso wenig ersetzen[85] wie Willenserklärungen nicht zwangsweise Planunterworfener. § 223 Abs. 2 beschreibt das Spektrum denkbarer Regelungen mit den Begriffen „Kürzung" (um einen bestimmten Bruchteil), „Stundung" (für einen bestimmten Zeitraum) sowie „sonstige Regelungen".[86] Die Vorschrift betrifft schuld- und sachenrechtliche Regelungen gleichermaßen. Aus § 228 kann nicht im Gegenschluss gefolgert werden, dass § 223 einen rein schuldrechtlichen Anwendungsbereich habe.[87] Vielmehr sind die Anforderungen des § 228 bei sachenrechtlichen Regelungen im Rahmen des § 223 zu beachten.[88]

64 **aa) Kürzungen.** Gekürzt werden kann ein Absonderungsrecht entweder vollständig (mit der Folge eines Erlöschens des Rechts) oder teilweise. Eine vollständige Kürzung liegt z. B. vor, wenn zur Sicherheit abgetretene Forderungen zurück abgetreten werden sollen (§ 398 BGB), wenn zur Sicherheit übereignete bewegliche Sachen gem. § 929 BGB zurück übereignet werden sollen (im Falle des § 929 Satz 2 BGB tritt diese Wirkung unmittelbar mit Rechtskraft der Planbestätigung ein, sofern eine korrespondierende Übereignungserklärung des Schuldners[89] vorliegt), wenn ein Pfandrecht gem. § 1255 Abs. 1 BGB durch Erklärung des Pfandgläubigers aufgehoben werden soll, wenn ein Grundpfandrecht durch Erklärung des Berechtigten aufgehoben werden (§ 875 Abs. 1 Satz 1 BGB) bzw. wenn dieser auf das Grundpfandrecht verzichten soll (§ 1168 Abs. 1 BGB). Eine teilweise Kürzung eines Absonderungsrechts liegt z. B. vor, wenn eine zur Sicherheit abgetretene Forderung teilweise zurück abgetreten werden soll (§ 398 BGB). Die Höhe der bruchteilsmäßigen Kürzung ist gem. § 223 Abs. 2 genau anzugeben.[90] Entsprechende Willenserklärungen können auch unter die aufschiebende Bedingung (§ 158 Abs. 1 BGB) der Erfüllung anderer Ansprüche, die dem Absonderungsberechtigten durch den Plan eingeräumt werden, gestellt werden (zur Zulässigkeit aufschiebender Bedingungen vgl. RdNr. 24). Nicht mit § 223 Abs. 2 vereinbar dürfte allerdings eine Gestaltung sein, nach der eine quotale Kürzung von Absonderungsrechten aufschiebend bedingt (§ 158 Abs. 1 BGB) zur flankierenden Unterstützung einer Kreditrahmenregelung in dem Umfang erfolgen soll, in dem in einem Folgeinsolvenzverfahren ansonsten Kreditrahmengläubiger (vgl. § 264 Abs. 1 Satz 1) nicht voll befriedigt

---

[85] Vgl. BT-Drucks. 12/2443, S. 213.
[86] Überblick über denkbare Regelungen bei *Obermüller* WM 1998, 483, 486 f., 488 f.
[87] So aber *Nerlich/Römermann/Braun* § 223 RdNr. 17.
[88] Vgl. BT-Drucks. 12/2443, S. 200.
[89] Für diesen handelt insoweit der Verwalter als Verfügungsbefugter, arg. § 166 Abs. 1.
[90] Eine Kürzung mit einem Absolutbetrag (z. B. DM 5000) in einer Gruppe mit mehreren Absonderungsberechtigten ist wegen § 226 Abs. 1 nur zulässig, sofern der Wert der Absonderungsrechte identisch ist, vgl. auch *Nerlich/Römermann/Braun* § 223 RdNr. 18.

werden könnten.[91] Denn bei dieser Regelung ist die für § 245 Abs. 1 Nr. 1 und § 251 Abs. 1 Nr. 2 wichtige wirtschaftliche Stellung eines Absonderungsberechtigten auf Grund des Plans (noch) nicht erkennbar.

bb) Stundungen. Die Stundung eines Absonderungsrechts liegt z. B. in einer Planregelung, die die Fälligkeit einer Grundschuld abweichend von der ursprünglichen Fälligkeitsregelung bestimmt (vgl. § 1193 BGB). In diesem Fall ist der Stundungszeitraum präzise festzulegen (§ 223 Abs. 2). 65

cc) Sonstige Regelungen. Die „sonstigen Regelungen", denen Absonderungsrechte unterworfen werden können, sind zahlreich. Beispielhaft genannt seien hier nur die Sicherheitenübertragung auf einen Treuhänder (sofern dieser einer entsprechenden Planregelung zustimmt),[92] die Sicherheitenübertragung auf einen Pool, an dem die Absonderungsberechtigten als BGB-Gesellschafter beteiligt sind,[93] eine Sicherheitenabgrenzungsvereinbarung zwischen Absonderungsberechtigten bei kollidierenden Sicherungszessionen (Globalzession und verlängerter Eigentumsvorbehalt),[94] die Stellung anderer Sicherheiten (Ersatzsicherheiten) durch den Schuldner[95] (damit muss dieser[96] allerdings, da es nicht um eine Haftungsregelung i. S. v. § 217 geht, explizit einverstanden sein) oder die Einbringung eines Absonderungsrechts als Sacheinlage in eine Kapitalgesellschaft[97] (dies setzt allerdings nicht nur die Schaffung der entsprechenden gesellschaftsrechtlichen Voraussetzungen, sondern gem. § 230 Abs. 2 auch die zustimmende Erklärung der betroffenen Absonderungsberechtigten als Plananlage voraus, zu deren Inhalt vgl. § 230 RdNr. 56 f.). 66

b) Verfahrensrechtliche Rechtsstellung. Ein Eingriff in die verfahrensrechtliche Rechtsstellung eines Absonderungsberechtigten im Vergleich zum Regelverfahren (und gleichzeitig ein Eingriff in seine materiellrechtliche Rechtsstellung) liegt z. B. in Planregelungen, die einen (nachträglichen) Erlass des Erlösherausgabeanspruches aus § 170 Abs. 1 Satz 2, von Zinsforderungen aus § 169 oder Wertausgleichsansprüchen aus § 172 Abs. 1 bewirken sollen,[98] die höhere Verwertungskostenbeiträge als die in § 171 normierten festlegen,[99] oder dem Schuldner die Befugnis (§ 185 BGB) zur Verwertung eines Absonderungsrechts einräumen, ohne dem Absonderungsberechtigten die Rechte aus § 168 (Mitteilung der Veräußerungsabsicht) zu geben. 67

2. Mittelbare Zwangseingriffe in Absonderungsrechte. Zwangseingriffe in Absonderungsrechte sind aber nicht nur in der Form denkbar, dass unmittelbar in das Absonderungsrecht eingegriffen wird. Eingriffe in Forderungen, die durch akzessorische Sicherungsrechte gesichert sind (z. B. §§ 1252, 1163 BGB), bewirken einen mittelbaren Eingriff in Absonderungsrechte ebenso wie Eingriffe in Forderungen, bei denen das Absonderungsrecht auf Grund einer Sicherungsabrede nicht mehr in demselben Umfang wie vorher geltend gemacht werden kann.[100] Auch in diesen Fällen ist die bruchteilsmäßige Kürzung gem. 68

---

[91] So aber *Braun* in: *Braun/Uhlenbruck*, Unternehmensinsolvenz 1997, S. 652 f.
[92] Vgl. insoweit auch *Braun* in: *Braun/Uhlenbruck*, Unternehmensinsolvenz 1997, S. 588; *Kübler/Prütting/Otte* § 223 RdNr. 12 bis 14, § 264 RdNr. 9; *Lauscher/Weßling/Bange* ZInsO 1999, 5, 16.
[93] Vgl. BT-Drucks. 12/2443, S. 200; *Schiessler*, Der Insolvenzplan, 1997, S. 110 f.; *Bork*, Einführung in das Insolvenzrecht, 4. Aufl. 2005, RdNr. 324; *Nerlich/Römermann/Braun* § 223 RdNr. 23; *Gottwald/ders.*, Insolvenzrechts-Handbuch, 3. Aufl. 2006, § 44 RdNr. 35.
[94] Vgl. *Kübler/Prütting/Otte* § 245 RdNr. 26.
[95] Vgl. *Obermüller* WM 1998, 483, 486; *Lauscher/Weßling/Bange* ZInsO 1999, 5, 16.
[96] Für ihn handelt gem. § 80 Abs. 1 der Verwalter, sofern die Ersatzsicherheiten aus der Insolvenzmasse gestellt werden sollen.
[97] Vgl. *Braun* in: *Braun/Uhlenbruck*, Unternehmensinsolvenz 1997, S. 586 f.
[98] Vgl. HK-*Flessner* § 223 RdNr. 3; *Bork*, Einführung in das Insolvenzrecht, 4. Aufl. 2005, RdNr. 324.; *Hess* in: *Hess/Obermüller*, Insolvenzplan, Restschuldbefreiung und Verbraucherinsolvenz, 3. Aufl. 2003, RdNr. 777; *Obermüller* WM 1998, 483, 486; *Hess/Weis* InVo 1996, 91, 92.
[99] Vgl. *Hess* in: *Hess/Obermüller*, Insolvenzplan, Restschuldbefreiung und Verbraucherinsolvenz, 3. Aufl. 2003, RdNr. 777; *Hess/Weis* InVo 1996, 91, 92.
[100] Vgl. HK-*Flessner* § 222 RdNr. 7, § 223 RdNr. 4; *Bork*, Einführung in das Insolvenzrecht, 4. Aufl. 2005, RdNr. 324.

§ 223 Abs. 2 anzugeben. Bei nur teilweise gesicherten Forderungen ist im Zweifel davon auszugehen, dass Erlassvereinbarungen sich zunächst auf den ungesicherten Teil beziehen. Das Absonderungsrecht wird also nur dann berührt, wenn der verbleibende Teil der Forderung kleiner ist als der Wert des Absonderungsrechts.[101]

69 **3. Regelungen auf freiwilliger Basis.** Absonderungsberechtigte können schließlich aber auch auf freiwilliger Basis im gestaltenden Teil eines Insolvenzplans einen Beitrag zur Insolvenzbewältigung leisten, sofern dieser Beitrag dem Ziel des Planverfahrens, eine optimale Haftungsverwirklichung herbeizuführen, dienlich ist (vgl. § 217 RdNr. 148 ff.). Mit Zustimmung der Betroffenen denkbar ist etwa die Aufnahme von Willenserklärungen in den gestaltenden Teil des Plans, mit denen sich Lieferanten verpflichten, ein notleidendes Unternehmen (auch) in der Zukunft zu bestimmten Konditionen mit bestimmten Waren zu beliefern, oder aber von Willenserklärungen, mit denen sich Banken verpflichten, dem Unternehmen einzeln oder gemeinsam einen Kredit bzw. Kredite in einer bestimmten Höhe zu gewähren.

II. Insolvenzgläubiger

70 Die Gestaltung der Rechte der nicht nachrangigen Insolvenzgläubiger beschreibt die Begründung des RegE für den Regelfall als „... Hauptgegenstand des Plans ...".[102] Ebenso wie Absonderungsberechtigte sind auch Insolvenzgläubiger zwangsweise planunterworfen (vgl. § 217 RdNr. 59 f.), und auch bei ihnen sind darüber hinaus Planregelungen auf freiwilliger Basis denkbar und praktisch bedeutsam (vgl. § 217 RdNr. 148 ff.). Absonderungsberechtigte sind in Insolvenzgläubigergruppen nicht nur mit ihrer Ausfallforderung, sondern mit der vollen Höhe ihrer Forderung zu berücksichtigen (vgl. zu diesem Problem ausführlich § 222 RdNr. 54 ff.).

71 **1. Zwangseingriffe in Insolvenzgläubigerforderungen.** § 224 beschreibt das Spektrum denkbarer Regelungen mit den Begriffen „Kürzung" (um einen bestimmten Bruchteil), „Stundung" (für einen bestimmten Zeitraum), „Sicherung" sowie „sonstige Regelungen". Gekürzt wird eine Insolvenzforderung durch einen (teilweisen) Erlass i. S. v. § 397 BGB.[103] Eine darauf gerichtete Willenserklärung der Gläubiger kann in den Plan aufgenommen werden und wird auch gegen deren Willen mit Rechtskraft der Planbestätigung wirksam gem. § 254 Abs. 1. Mit dem Erfordernis der Bestimmtheit der Rechtsgestaltung (vgl. RdNr. 13 ff.) vereinbar ist dabei z. B. eine Regelung, nach der ein bestimmter Betrag („Gesamtabgeltungsbetrag") an die Insolvenzgläubiger proportional zur Höhe ihrer Forderungen verteilt und die jeweilige Restforderung erlassen werden soll.[104] Auch Willenserklärungen, die auf Abschluss einer Stundungsvereinbarung gerichtet sind, können mit der Wirkung des § 254 Abs. 1 Satz 1 und Satz 3 in den gestaltenden Teil aufgenommen werden.[105]

72 Demgegenüber setzt eine Sicherung – aus dem Schuldnervermögen bzw. aus dem Vermögen eines Dritten[106] – voraus, dass der Sicherungsgeber einer entsprechenden Regelung zustimmt. Für Dritte versteht sich dies von selbst, da diese nicht zwangsweise planunterworfen sind. Aber auch der Schuldner ist nur insoweit zwangsweise planunterworfen, als es um seine Haftung nach Beendigung des Insolvenzverfahrens geht (vgl. § 217 RdNr. 127 ff.). Die Bestellung von Sicherheiten aber ist keine Haftungsfrage.[107]

---

[101] Vgl. *Braun* in: *Braun/Uhlenbruck*, Unternehmensinsolvenz, 1997, S. 585; *Obermüller* WM 1998, 483, 486; *Kübler/Prütting/Otte* § 223 RdNr. 8.
[102] BT-Drucks. 12/2443, S. 201.
[103] Vgl. auch *Schiessler*, Der Insolvenzplan, 1997, S. 109 f.
[104] Vgl. *Nerlich/Römermann/Braun* § 224 RdNr. 7, auch zu dem Problem verspätet geltend gemachter Forderungen.
[105] Vgl. auch *Schiessler*, Der Insolvenzplan, 1997, S. 109.
[106] Vgl. dazu etwa *Hess* in: *Hess/Obermüller*, Insolvenzplan, Restschuldbefreiung und Verbraucherinsolvenz, 3. Aufl. 2003, RdNr. 231 ff.
[107] Ob der Insolvenzverwalter oder der Schuldner die zustimmende Erklärung abgeben kann bzw. muss, hängt davon ab, ob die Sicherheit aus der Insolvenzmasse bestellt werden soll (dann kann der Verwalter die Erklärung gem. § 80 Abs. 1 abgeben) oder nicht (dann muss sie der Schuldner abgeben).

Zu den sonstigen Regelungen, denen Insolvenzgläubigerforderungen zwangsweise unter- 73
worfen werden können, gehört z. B. die Aufnahme von Willenserklärungen in den gestaltenden Teil, die auf eine Nachrangvereinbarung i. S. v. § 39 Abs. 2 für eine etwaige Folgeinsolvenz gerichtet sind,[108] die Einräumung neuer Forderungen gegen den Schuldner (insoweit dürfte allerdings aus dem soeben genannten Grund die Zustimmung des Schuldners erforderlich sein),[109] auch in Gestalt von Gewinnschuldverschreibungen, Genussrechten, Wandel- oder Optionsschuldverschreibungen (für diese gilt § 230 Abs. 2 nicht, vgl. § 230 RdNr. 55), sowie die Einbringung von Forderungen als Sacheinlage in eine Kapitalgesellschaft (zu dem Problem der Werthaltigkeit der Forderungen RdNr. 106 und begleitende Fußnoten). Zulässig ist es auch, jedem Gläubiger einer Gruppe ein **Wahlrecht** (§ 158 Abs. 1 BGB) zwischen bestimmten Regelungen anzubieten. Da jedem das Wahlrecht zusteht, ist § 226 Abs. 1 nicht verletzt.[110]

Nicht mit Zwangswirkung gegen die Gläubiger des Schuldners in den Plan aufgenommen 74
werden kann ein Verzicht auf **Gestaltungsrechte,** insbes. **Kündigungsrechte.** Das gilt für Kreditkündigungen genauso wie für die Kündigung von Miet- oder Pachtverhältnissen (vgl. ausführlich § 217 RdNr. 114 ff., 123). Ebensowenig kann mit Zwangswirkung der **Neuabschluss** von Verträgen oder die Fortführung eines bestehenden Vertragsverhältnisses zu geänderten Konditionen durchgesetzt werden (vgl. § 217 RdNr. 108 ff., 111 f.).

Eine **Sonderregelung** gilt gem. § 7 Abs. 4 BetrAVG im Hinblick auf die Behandlung 75
von Ansprüchen auf betriebliche Versorgungsleistungen.[111] Gem. § 7 Abs. 4 Satz 2 und Satz 3 BetrAVG hängt das Ausmaß der von dem Pensions-Sicherungs-Verein zu erbringenden Leistungen nämlich von den Festlegungen im Insolvenzplan im Hinblick auf die vom Arbeitgeber zu erbringenden Leistungen ab. Sowohl eine vertikale als auch eine horizontale Aufteilung der Betriebsrentenansprüche sind denkbar.[112] Als Soll-Inhalt des gestaltenden Teils des Plans schreibt § 7 Abs. 4 Satz 5 BetrAVG vor, dass für den Fall einer nachhaltigen Besserung der wirtschaftlichen Lage des Arbeitgebers vorzusehen ist, dass die vom Träger der Insolvenzsicherung zu erbringenden Leistungen ganz oder zum Teil vom Arbeitgeber oder sonstigen Träger der Versorgung wieder übernommen werden (zur Gruppenbildung vgl. § 222 RdNr. 139 ff.).[113] Zur Vermeidung etwaiger (späterer) Unstimmigkeiten empfiehlt sich eine möglichst präzise Regelung dazu, wann von einer „nachhaltigen Besserung der wirtschaftlichen Lage" auszugehen ist.[114] Wird im Insolvenzplan eine horizontale Aufteilung der Betriebsrentenansprüche vorgesehen, tritt der Besserungsfall aber schon vor Ablauf des für den Pensions-Sicherungs-Verein vorgesehenen Leistungszeitraumes ein, ist der Arbeit-

---

[108] Vgl. zu Rangrücktrittserklärungen etwa K. *Schmidt/Uhlenbruck/Wittig* (Hrsg.), Die GmbH in Krise, Sanierung und Insolvenz, 3. Aufl. 2003, RdNr. 516 ff. mwN.
[109] Nicht des Verwalters: § 80 Abs. 1 betrifft nur die Insolvenzmasse.
[110] Vgl. für eine entsprechende Regelung BGH NZI 2005, 325, 326 (für die Unzulässigkeit dieser Regelung aus anderen Gründen im konkreten Fall vgl. § 217 RdNr. 112). Vgl. auch *Nerlich/Römermann/Braun* § 222 RdNr. 37 f. Auch das Bestimmtheitsgebot bei potentiell vollstreckungsfähigen Regelungen (vgl. RdNr. 13 ff.) ist nicht verletzt. Nach allgemeinen verfahrensrechtlichen Grundsätzen braucht ein wahlberechtigter Kläger bei einer Wahlschuld sein Wahlrecht nicht schon bei Klageerhebung auszuüben, vgl. *Stein/Jonas/Schumann* § 253 RdNr. 122 mwN; aA (ohne Begründung) MünchKommZPO-*Lüke* § 260 RdNr. 23, *Zöller/Greger*, ZPO, 25. Aufl. 2005, § 260 RdNr. 5.
[111] Die Vorschrift setzt zwar – anders als etwa § 9 Abs. 4 Satz 1 BetrAVG – nicht explizit die Fortführung des Unternehmens voraus. Jedenfalls eine horizontale Aufteilung der Ansprüche (§ 7 Abs. 4 Satz 3 BetrAVG) kommt jedoch nur im Fortführungsfall in Betracht. Gleiches gilt für eine Besserungsklausel nach § 7 Abs. 4 Satz 5 BetrAVG (ebenso wohl *Flitsch/Chardon* DZWIR 2004, 485, 486, 488 f.).
[112] Bei einer *vertikalen* Aufteilung übernehmen der Pensions-Sicherungs-Verein und der Arbeitgeber gleichzeitig einen Teil der Ansprüche. Bei einer *horizontalen* Aufteilung übernimmt der Pensions-Sicherungs-Verein die Ansprüche zunächst voll, und nach Ablauf einer bestimmten Frist übernimmt sie der Arbeitgeber (ebenfalls voll).
[113] Das Fehlen einer entsprechenden Besserungsklausel führt, wenn nicht besondere Umstände vorliegen, zu einem gem. §§ 231 Abs. 1 Nr. 1, 250 Nr. 1 beachtlichen Planmangel (ebenso *Lohkemper* KTS 1996, 1, 42). Der Planverfasser besitzt insoweit also kein Ermessen im Sinne einer von ihm zu treffenden „Abwägungsentscheidung" (so aber *Flitsch/Chardon* DZWIR 2004, 485, 487 f., insbes. 490). Vgl. auch RdNr. 107 ff.
[114] Vgl. *Flitsch/Chardon* DZWIR 2004, 485, 488.

geber auf Grund einer solchen Besserungsklausel auch schon vorher wieder leistungspflichtig.[115]

76 **2. Regelungen auf freiwilliger Basis.** Ebenso wie Absonderungsberechtigte können auch Insolvenzgläubiger auf freiwilliger Basis im gestaltenden Teil eines Insolvenzplans einen Beitrag zur Insolvenzbewältigung leisten, sofern dieser Beitrag dem Ziel des Planverfahrens, eine optimale Haftungsverwirklichung herbeizuführen, dienlich ist (vgl. § 217 RdNr. 148 ff.). Gegenstand eines solchen Beitrags können z. B. die soeben (RdNr. 74) geschilderten Maßnahmen sein, die nicht mit Zwangswirkung durchsetzbar sind.

III. Nachrangige Insolvenzgläubiger

77 Ebenso wie nicht nachrangige Insolvenzgläubiger sind auch nachrangige zwangsweise planunterworfen (vgl. § 217 RdNr. 61). Wird nichts geregelt, gelten deren Forderungen als erlassen (§ 225 Abs. 1) mit Ausnahme der Haftung für die in § 39 Abs. 1 Nr. 3 aufgeführten Verbindlichkeiten, die nicht ausgeschlossen oder eingeschränkt werden kann (§ 225 Abs. 3). Sollen nachrangige Insolvenzgläubiger teilweise befriedigt werden, sind dieselben Regelungen möglich wie bei nicht nachrangigen Insolvenzgläubigern (vgl. § 225 Abs. 2). Wegen § 245 Abs. 2 Nr. 2 wird eine solche teilweise Befriedigung im Plan die Ausnahme sein, weil dadurch die Anwendung des Obstruktionsverbots zu Lasten vorrangiger Gläubigergruppen ausgeschlossen wird.[116] Wird für Forderungen aus kapitalersetzenden Darlehen (§ 39 Abs. 1 Nr. 5) eine teilweise Befriedigung vorgesehen, dann werden diese vollständig „entsperrt", können also nach Aufhebung des Insolvenzverfahrens auch dann geltend gemacht werden, wenn dadurch eine Unterbilanz hergestellt oder vertieft wird.[117] Planregelungen auf freiwilliger Basis sind bei nachrangigen Insolvenzgläubigern ebenso möglich wie bei nicht nachrangigen sowie bei Absonderungsberechtigten (vgl. RdNr. 69, 76 sowie § 217 RdNr. 148 ff.).

IV. Arbeitsrechtliche Regelungen im gestaltenden Teil

78 Von einer großen praktischen Bedeutung ist die Frage, ob und ggf. welche arbeitsrechtlichen Regelungen im gestaltenden Teil eines Plans möglich sind. Aus diesem Grund wird dieser Frage hier ein eigener Unterabschnitt gewidmet. Dabei ist zwischen mehreren Themenkomplexen zu unterscheiden.

79 **1. Eingriffe in Insolvenzforderungen.** Grundsätzlich möglich sind zunächst Zwangseingriffe in Insolvenzforderungen. Entsprechende Forderungen, die Arbeitnehmern zustehen, können also gekürzt, gestundet oder sonstigen Regelungen unterworfen werden (vgl. § 224 und RdNr. 71 ff.). Dies setzt allerdings voraus, dass es sich um Forderungen handelt, über die der einzelne Arbeitnehmer **disponieren** kann.[118] § 254 Abs. 1 kann im Hinblick auf einen persönlich und gegenständlich (mit seiner Forderung) zwangsweise Planunterworfenen zwar Willenserklärungen – gerichtet auf einen Erlass, eine Stundung etc. – fingieren. Die Vorschrift setzt aber sonstige gesetzliche Regelungen, die die Fähigkeit des Planunterworfenen, entsprechende Willenserklärungen wirksam abzugeben, beschränken, nicht außer Kraft.[119] Für einen diesbezüglichen gesetzgeberischen Regelungswillen fehlt jeder Anhalts-

---

[115] Vgl. *Flitsch/Chardon* DZWIR 2004, 485, 489.
[116] Darin, und nicht so sehr in § 251 Abs. 1 Nr. 2 (vgl. HK-*Flessner* § 225 RdNr. 2), liegt die Problematik einer teilweisen Befriedigung nachrangiger Insolvenzgläubiger.
[117] Vgl. *Noack*, Gesellschaftsrecht, 1999, RdNr. 215. AA *Scholz/K. Schmidt*, GmbHG, 9. Aufl. 2000, §§ 32a, 32b RdNr. 66.
[118] Ebenso wohl *Braun* in: *Braun/Uhlenbruck*, Unternehmensinsolvenz, 1997, S. 584 (für tarifvertragliche Regelungen); *Kübler/Prütting/Otte* § 217 RdNr. 61 (ebenso); *Smid/Rattunde*, Der Insolvenzplan, 2. Aufl. 2005, RdNr. 6.54 (ebenso); *Lauscher/Weßling/Bange* ZInsO 1999, 5, 12 (für tarifvertragliche Regelungen und Betriebsvereinbarungen). **AA** *Moll* in: *K. Schmidt/Uhlenbruck* (Hrsg.), Die GmbH in Krise, Sanierung und Insolvenz, 3. Aufl. 2003, RdNr. 1725; wohl auch *Oberhofer* ZInsO 1999, 439, 441 ff. – zur Auseinandersetzung mit *Moll* und *Oberhofer* vgl. sogleich im Text.
[119] So aber *Oberhofer* ZInsO 1999, 439, 442, der in § 254 Abs. 1 Satz 1 eine „Spezialnorm" erblickt, die „... dem ursprünglich unwirksamen Verzicht doch seine Wirksamkeit verleiht."

punkt. Auch aus dem Charakter des Insolvenzplanverfahrens als einem „... formell-justizförmig geregelten Verfahren[s] ..."[120] ergibt sich nichts anderes: Mit dieser Formel wird nichts über die Reichweite zulässiger Planregelungen ausgesagt. Das bedeutet z. B., dass Ansprüche aus dem Entgeltfortzahlungsgesetz keinesfalls gekürzt werden können (§ 12 EntgeltfortzahlungsG). In tarifvertraglich begründete Ansprüche kann eingegriffen werden, sofern dem die Tarifvertragsparteien im Plan zustimmen (§ 4 Abs. 4 Satz 1 TVG).[121] Eingriffe in Ansprüche, die durch Betriebsvereinbarungen eingeräumt wurden, setzen voraus, dass der Betriebsrat dem im Plan zustimmt (vgl. § 77 Abs. 4 Satz 2 BetrVG). Die entsprechenden Zustimmungen können auch als Planbedingungen gem. § 249 oder als aufschiebende Bedingungen gem. § 158 Abs. 1 BGB formuliert werden.[122]

2. Änderung der Arbeitsbedingungen. Grundsätzlich unzulässig ist demgegenüber 80 eine zwangsweise Änderung der Arbeitsbedingungen für die Zukunft im Sinne einer das Einverständnis der betroffenen Arbeitnehmer fingierenden Planregelung (vgl. zu einer Änderungskündigung durch den Insolvenzverwalter aber RdNr. 83). Mittels eines Insolvenzplans kann gegen den Willen eines zwangsweise Planunterworfenen zwar dessen Befriedigung geregelt werden. Eine Verpflichtung zu neuen Leistungen oder aber eine Umgestaltung bestehender Vertragsverhältnisse für die Zukunft ist mit Zwangswirkung demgegenüber nicht möglich (vgl. § 217 RdNr. 108 f., 110 f.). Dies bedeutet, dass eine Änderung der Arbeitsbedingungen für die Zukunft, etwa eine Verkürzung von **Kündigungsfristen**, insbesondere aber eine **Lohn- oder Gehaltskürzung**, im gestaltenden Teil eines Plans[123] nur unter folgenden Voraussetzungen zulässig ist: (1) Der bzw. die betroffenen Arbeitnehmer und der Schuldner müssen dem in einer Plananlage **zustimmen** (vgl. § 217 RdNr. 148 ff., insbes. 154);[124] (2) Die entsprechenden Arbeitsbedingungen bzw. Regeln müssen zur **individualvertraglichen Disposition** der Erklärenden stehen. Bei tarifvertraglichen Regelungen setzt dies eine Öffnungsklausel im Tarifvertrag voraus (§ 4 Abs. 3 TVG), bei durch Betriebsvereinbarungen eingeräumten Ansprüchen ist die Zustimmung des Betriebsrats erforderlich (§ 77 Abs. 4 Satz 2 BetrVG); (3) Die Änderung muss einen Bezug zu dem Ziel des Insolvenzplanverfahrens, eine **optimale Haftungsverwirklichung** zu ermöglichen, aufweisen (vgl. § 217 RdNr. 148 ff., insbes. 155). Letzteres wird regelmäßig der Fall sein.

3. Sozialplan und Interessenausgleich. Ein Sozialplan ist eine Einigung zwischen dem 81 Unternehmer und dem Betriebsrat über den Ausgleich oder die Milderung der wirtschaftlichen Nachteile, die den Arbeitnehmern infolge einer geplanten Betriebsänderung entstehen (§ 112 Abs. 1 Satz 2 BetrVG). Sozialpläne können außerhalb eines Insolvenzplans aufgestellt und ggf. mittels einer Planbedingung i. S. v. § 249 oder einer aufschiebenden Bedingung gem. § 158 Abs. 1 BGB mit dem Plan verknüpft werden. Sie begründen Masseforderungen der Arbeitnehmer (§ 123 Abs. 2 Satz 1). Über deren Volumen ist – so entsprechende Sozialpläne denn bereits abgeschlossen wurden – im darstellenden Teil eines Insolvenzplans gem. § 220 Abs. 2 zu berichten.[125]

---

[120] Moll in: K. Schmidt/Uhlenbruck (Hrsg.), Die GmbH in Krise, Sanierung und Insolvenz, 3. Aufl. 2003, RdNr. 1725.
[121] Weitergehend (zu Unrecht) Bichlmeier/Engberding/Oberhofer, Insolvenzhandbuch, 2. Aufl. 2003, S. 371. Danach soll ein Eingriff auch dann zulässig sein, wenn die betroffenen Arbeitnehmer (insgesamt) besser stehen als im Regelverfahren. Das aber ändert nichts an der Schranke des § 4 Abs. 4 TVG.
[122] Vgl. die Planregelung bei Oberhofer ZInsO 1999, 439, 443.
[123] Lauscher/Weßling/Bange ZInsO 1999, 5, 12 (ähnlich Oberhofer ZInsO 1999, 439, 443, Bichlmeier/Engberding/Oberhofer, Insolvenzhandbuch, 2. Aufl. 2003, S. 370 f., vgl. auch FK-Jaffé § 221 RdNr. 19 aE) halten sie nur „... auf schuldrechtlicher Basis außerhalb des Plans ..." für möglich, setzen sich aber nicht mit der Frage auseinander, warum eine Regelung im Plan auf dieser Basis (einvernehmliche schuldrechtliche Regelung) ausgeschlossen sein soll.
[124] Für den Schuldner handelt insoweit der Verwalter: Gem. § 113 Abs. 1 Satz 1 ist er nicht nur zu Beendigungs-, sondern auch zu Änderungskündigungen befugt. Er kann damit auch Erklärungen, die auf eine Vertragsänderung für die Zukunft gerichtet sind, mit Wirkung für den Schuldner abgeben.
[125] Str., vgl. Eidenmüller, Unternehmenssanierung zwischen Markt und Gesetz, 1999, S. 60 mwN.

82 Eine Sozialplanregelung kann aber auch in den gestaltenden Teil eines Insolvenzplans aufgenommen werden.[126] Das ergibt sich zwar nicht direkt aus § 123 Abs. 2 Satz 2. Denn dort wird lediglich etwas über das zulässige Sozialplanvolumen im Falle des Zustandekommens eines Insolvenzplans ausgesagt, aber nichts darüber geregelt, ob ein Sozialplan auch in einem Insolvenzplan vereinbart werden kann. Die Zulässigkeit eines entsprechenden Vorgehens ergibt sich jedoch daraus, dass generell Regelungen im gestaltenden Teil eines Plans auf freiwilliger Basis zulässig sind, sofern sie einen Bezug zu dem Ziel des Insolvenzplanverfahrens, eine möglichst optimale Haftungsverwirklichung zu bewirken, aufweisen (vgl. § 217 RdNr. 148 ff., insbes. 155). Das aber ist bei einer Sozialplanregelung im Zusammenhang mit einer Unternehmensinsolvenz regelmäßig der Fall. Aus demselben Grund kann im gestaltenden Teil mit Zustimmung der Betroffenen auch ein Interessenausgleich, etwa mit dem Inhalt des § 125, geregelt werden.[127]

83 **4. Sonstige Regelungen.** Auch die Aufnahme bzw. die Aufhebung anderer **Betriebsvereinbarungen,** der Abschluss oder die Aufhebung von **Tarifverträgen** sowie die Aufnahme von Kündigungs- oder Rücktrittserklärungen sind auf freiwilliger Basis zulässig, sofern ein Bezug zu dem Ziel des Insolvenzplanverfahrens (optimale Haftungsverwirklichung) besteht. So kann der Insolvenzverwalter im Plan z. B. Betriebsvereinbarungen nach § 120[128] oder Arbeitsverhältnisse gem. § 113 kündigen, und zwar auch in der Form einer Änderungskündigung.[129]

V. Schuldner, persönlich haftende Gesellschafter/Ehegatten/eingetragene Lebenspartner, Mitglieder einer Genossenschaft

84 Im gestaltenden Teil eines Insolvenzplans kann ferner die Haftung des Schuldners nach Beendigung des Insolvenzverfahrens zwangsweise auch gegen dessen Willen geregelt werden (vgl. ausführlich § 217 RdNr. 64, 127 ff.). Gleiches gilt für die persönliche Gesellschafterhaftung, die persönliche Haftung von Ehegatten bzw. eingetragenen Lebenspartnern im Insolvenzverfahren über das gemeinschaftlich verwaltete Gesamtgut einer Gütergemeinschaft sowie die Nachschusspflicht von Mitgliedern einer Genossenschaft (vgl. ausführlich § 217 RdNr. 65 ff., 77, 132 ff., 143 f.).

VI. Gesellschaftsrechtliche Regelungen auf freiwilliger Basis

85 Von einer auch zwangsweise möglichen Regelung der persönlichen Gesellschafterhaftung zu unterscheiden ist die Frage, welche gesellschaftsrechtlichen Regelungen ggf. auf freiwilliger Basis in den gestaltenden Teil eines Insolvenzplans aufgenommen werden könnten bzw. sollten. Das Kriterium für entsprechende Regelungen ist dasselbe wie für alle anderen fakultativen Planregelungen: Diejenigen, zu deren Lasten sie sich auswirken, müssen ihnen zustimmen, und es muss ein Bezug zu dem Ziel des Insolvenzplanverfahrens, eine möglichst optimale Haftungsverwirklichung zu bewirken, bestehen (vgl. § 217 RdNr. 148 ff., insbes. 153 ff.).

86 **1. Rechtstechnische Verknüpfung.** Werden entsprechende Regelungen in den gestaltenden Teil eines Plans aufgenommen, dann handelt es sich nicht um einen bedingten Plan i. S. v. § 249 (dazu RdNr. 22 f.).[130] Denn es geht ja nicht darum, dass außerhalb des Plans

---

[126] Ebenso jetzt *Moll* in: *K. Schmidt/Uhlenbruck* (Hrsg.), Die GmbH in Krise, Sanierung und Insolvenz, 3. Aufl. 2003, RdNr. 1723. AA *Maus* in: *Graf-Schlicker/Maus/Uhlenbruck* (Hrsg.), Die Unternehmensinsolvenz nach der InsO, 1997, S. 229, 238, der allerdings den Unterschied zwischen Planregelungen mit Zwangswirkung und Planregelungen auf freiwilliger Basis verkennt, vgl. dazu sogleich im Text.
[127] AA *Maus* in: *Graf-Schlicker/Maus/Uhlenbruck* (Hrsg.), Die Unternehmensinsolvenz nach der InsO, 1997, S. 238.
[128] Vgl. auch *Braun/Uhlenbruck,* Muster eines Insolvenzplans, 1998, S. 83 Fn. 67.
[129] Vgl. auch *Braun/Uhlenbruck,* Muster eines Insolvenzplans, 1998, S. 83 Fn. 67; *Berscheid,* Personalanpassung im eröffneten Insolvenzverfahren und im Insolvenzplanverfahren, in Arbeitskreis für Insolvenz- und Schiedsgerichtswesen eV, Köln (Hrsg.), Kölner Schrift zur Insolvenzordnung, 2. Aufl. 2000, S. 1395, 1429 f.
[130] Vgl. *Eidenmüller* ZGR 2001, 680, 691 f.

vor seiner Bestätigung bestimmte Leistungen erbracht oder andere Maßnahmen verwirklicht werden sollen. Vielmehr sind die entsprechenden Regelungen **Teil des Plans** und sollen mit seiner rechtskräftigen Bestätigung wirksam werden. Das kann dadurch geschehen, dass sie – sofern dies gesellschaftsrechtlich zulässig ist – unter eine entsprechende rechtsgeschäftliche (aufschiebende) Bedingung i. S. v. § 158 Abs. 1 BGB gestellt werden („planungsrechtlich" ist dies möglich, vgl. RdNr. 24).[131] Aber auch in Abwesenheit einer entsprechenden Bedingung ist jedenfalls § 254 Abs. 1 Satz 1 anwendbar. Wirksam werden die Regelungen also in jedem Fall erst mit rechtskräftiger Planbestätigung (vgl. auch § 217 RdNr. 154).

a) **Vorleistungsrisiko der Gesellschafter.** Dadurch wird gleichzeitig ein Problem gelöst, das sich für die an entsprechenden gesellschaftsrechtlichen Regelungen Beteiligten ergäbe, wenn sie außerhalb des Plans gem. § 249 Regelungen treffen sollen, ohne zu wissen, ob der Plan tatsächlich rechtskräftig bestätigt wird. Sie stünden dann nämlich gewissermaßen vor einem „Vorleistungsrisiko", dem sie nur durch kautelarische Hilfskonstruktionen – etwa die unwiderrufliche Beauftragung eines Treuhänders[132] oder schuldrechtliche Stimmbindungen[133] – oder dadurch entgehen könnten, dass sie – sofern der Plan dies gem. § 249 zulässt – die Maßnahme/Leistung nicht unbedingt treffen/erbringen, sondern unter die aufschiebende Bedingung einer rechtskräftigen Planbestätigung stellen (ließe der Plan dies nicht zu, könnte er gem. § 249 nicht bestätigt werden). 87

b) **Zulässigkeit gesellschaftsrechtlicher Maßnahmen.** Ein weiteres Problem ergibt sich allerdings daraus, dass bestimmte gesellschaftsrechtliche Maßnahmen wirksam nicht schon mit rechtskräftiger Planbestätigung, sondern erst **nach Aufhebung** des Insolvenzverfahrens beschlossen werden können.[134] Dies gilt etwa für Fortsetzungsbeschlüsse (vgl. § 230 RdNr. 29) und für Umwandlungsbeschlüsse.[135] Andere Maßnahmen, insbesondere solche Kapitalerhöhungsbeschlüsse, die die Unternehmensfortführung voraussetzen, wird man sogar weitergehend erst dann für zulässig halten können, wenn die Fortsetzung wirksam beschlossen wurde (vgl. § 230 RdNr. 65). Indes dürfte es möglich sein, die in den gestaltenden Teil des Plans aufgenommenen Maßnahmen auch insoweit unter aufschiebende Bedingungen i. S. v. § 158 Abs. 1 BGB zu stellen, nämlich unter die aufschiebende Bedingung der Aufhebung des Insolvenzverfahrens (betr. Fortsetzungs- bzw. Umwandlungsbeschlüsse) bzw. unter die aufschiebende Bedingung der Fassung eines wirksamen Fortsetzungsbeschlusses (betr. Kapitalerhöhungsbeschluss). Im Ergebnis bedeutet dies z. B., dass ein gesellschaftsrechtlicher Fortsetzungsbeschluss in den gestaltenden Teil eines Insolvenzplans aufgenommen werden kann;[136] dabei ist der Beschluss als bedingter Beschluss für den Fall der Aufhebung des Insolvenzverfahrens nach rechtskräftiger Bestätigung des Insolvenzplans zu formulieren (wird er als unbedingter Beschluss formuliert, so ist er nach rechtskräftiger Planbestätigung bis zur Aufhebung des Insolvenzverfahrens schwebend unwirksam). 88

---

[131] Vgl. dazu *Müller* KTS 2002, 209, 217 f.
[132] Vgl. *Braun* in: *Braun/Uhlenbruck*, Unternehmensinsolvenz, 1997, S. 578. Dies müsste dann auch so als Planbedingung i. S. v. § 249 formuliert werden.
[133] Vgl. *Müller* KTS 2002, 209, 218 f.
[134] Vgl. *Eidenmüller* ZGR 2001, 680, 692 f.
[135] Gem. §§ 3 Abs. 3, 124 Abs. 2 und 191 Abs. 3 UmwG können an Verschmelzungen, Spaltungen und Formwechseln aufgelöste Rechtsträger **jedenfalls** nur beteiligt sein, wenn deren Fortsetzung beschlossen werden kann. Vgl. insoweit auch *Limmer*, Unternehmensumstrukturierungen vor und in der Insolvenz nach neuem Umwandlungsrecht, in Arbeitskreis für Insolvenz- und Schiedsgerichtswesen eV, Köln (Hrsg.), Kölner Schrift zur Insolvenzordnung, 2. Aufl. 2000, S. 1219, 1246 f.; *Noack*, Reorganisation der Schuldnergesellschaft nach neuem Insolvenzrecht, in Lieb/Noack/Westermann (Hrsg.), Festschrift für Wolfgang Zöllner, 1998, S. 411, 424 ff., insbes. 428 (ein vorher gefasster Beschluss ist schwebend unwirksam und wird wirksam mit Verfahrensaufhebung); *Müller* KTS 2002, 209, 229; *Weber* ZInsO 2001, 385, 389; *Heckschen* DB 2005, 2675 f. Ob an einer Verschmelzung oder Spaltung ein aufgelöster Rechtsträger als übernehmender Rechtsträger **überhaupt** beteiligt sein kann, ist auf Grund des insoweit nicht eindeutigen Wortlauts des § 3 Abs. 3 UmwG str., vgl. *Pfeifer* ZInsO 1999, 547, 549 ff. mwN.
[136] Ein entsprechender Beschluss kann also nicht nur Plananlage sein (so aber wohl *Becker*, Insolvenzrecht, 2005, RdNr. 1648).

89 **c) Vorleistungsrisiko der Gläubiger.** Ein letztes Problem für die Gläubiger des notleidenden Unternehmens ergibt sich schließlich daraus, dass nach rechtskräftiger Planbestätigung und Aufhebung des Insolvenzverfahrens die Möglichkeit bestehen kann, dass die Gesellschafter ursprünglich getroffene Maßnahmen wieder rückgängig machen und/oder deren rechtlichen bzw. wirtschaftlichen Vollzug unterlassen.[137] Indes lässt sich dem dadurch begegnen, dass die in den gestaltenden Teil aufgenommenen Willenserklärungen der Gläubiger unter die aufschiebende Bedingung gestellt werden, dass ein Beschlussvollzug erfolgt und eine Beschlussrückgängigmachung – binnen eines bestimmten Zeitraums – unterbleibt. Alternativ dazu ist noch ein anderer Weg zur Begrenzung des „Vorleistungsrisikos" der Gläubiger gangbar: Die Gesellschafter können sich vertraglich dazu verpflichten, Beschlüsse, die im Plan aufschiebend bedingt gefasst werden, binnen eines bestimmten Zeitraums nicht rückgängig zu machen und diese auch rechtlich sowie wirtschaftlich zu vollziehen (Letzteres etwa dadurch, dass einem Treuhänder entsprechende Mittel zur Verfügung gestellt werden). Entsprechende Abreden sind Plananlagen i. S. v. § 230 Abs. 3. Ohne eine explizite vertragliche Verpflichtung kann man eine entsprechende Verpflichtung der Gesellschaft (des Verbandes) im Einzelfall auch aus dem Verbot des *venire contra factum proprium* ableiten.[138] Es wäre treuwidrig, wenn die Gesellschafter Beschlüsse, die sie zur Planumsetzung gefasst haben, rückgängig machen bzw. nicht vollziehen würden, vgl. insoweit auch § 218 RdNr. 80, 81.

90 **2. Praktisch bedeutsame Regelungen.** Im Folgenden werden einige praktisch bedeutsame gesellschaftsrechtliche Regelungen im gestaltenden Teil eines Plans zusammenfassend dargestellt.[139] Klarstellend sei erneut betont, dass es sich dabei – soweit nicht anders gekennzeichnet – um Regelungen auf freiwilliger Basis mit Zustimmung der Betroffenen und nicht um Regelungen mit Zwangswirkung auch gegen Widersprechende handelt (vgl. RdNr. 17).

91 **a) Übertragung von Gesellschaftsanteilen.** Denkbar ist zum einen die rechtsgeschäftliche Übertragung von Anteilen an dem notleidenden Unternehmen auf einen oder mehrere Investoren.[140] In § 254 Abs. 1 Satz 2 wird eine entsprechende Übertragung im Hinblick auf GmbH-Anteile explizit angesprochen. Die Vorschrift bezieht sich keineswegs nur auf Anteile, die das notleidende Unternehmen an anderen Gesellschaften hält, sondern auch und gerade auf Gesellschaftsanteile an diesem Unternehmen selbst (vgl. § 217 RdNr. 67).

92 **b) Gesellschaftsrechtliche Beschlüsse.** Denkbar ist zum anderen die Aufnahme gesellschaftsrechtlicher Beschlüsse (Fortsetzung, Umwandlung, Kapitalherabsetzung, Kapitalerhöhung,[141] Aufnahme neuer Gesellschafter, Geschäftsführungsmaßnahmen etc.). Sofern diese Beschlüsse wirksam erst nach rechtskräftiger Bestätigung des Insolvenzplans und Aufhebung des Insolvenzverfahrens bzw. nach Fortsetzung der Gesellschaft gefasst werden können, müssen sie entsprechend aufschiebend bedingt werden (vgl. RdNr. 88). Ansonsten sind sie schwebend unwirksam.

93 **c) Beitrittserklärungen.** In den Insolvenzplan aufgenommen werden können ferner Erklärungen über den Beitritt von Gläubigern oder Dritten als Gesellschafter zu dem notleidenden Unternehmen oder anderen Unternehmen, etwa als stille Gesellschafter.[142] Dass dies im Falle von Gläubigern möglich ist, ergibt sich mittelbar aus § 230 Abs. 2 (vgl.

---

[137] Vgl. *Eidenmüller* ZGR 2001, 680, 693 f.
[138] Ebenso *Müller* KTS 2002, 209, 220 f.
[139] Überblick auch bei *Hess* in: *Hess/Obermüller*, Insolvenzplan, Restschuldbefreiung und Verbraucherinsolvenz, 3. Aufl. 2003, RdNr. 791 ff.; *Hess/Weis* InVo 1996, 169, 170; *Kübler/Prütting/Otte* § 221 RdNr. 9.
[140] Für ein praktisches Beispiel vgl. etwa *Braun/Uhlenbruck*, Muster eines Insolvenzplans, 1998, S. 78.
[141] Für ein praktisches Beispiel für einen Kapitalschnitt vgl. etwa *Braun/Uhlenbruck*, Muster eines Insolvenzplans, 1998, S. 76 bis 78. Gegen die Zulässigkeit der Aufnahme eines Kapitalerhöhungsbeschlusses in den gestaltenden Teil eines Insolvenzplans auf freiwilliger Basis *Müller* KTS 2002, 209, 238 f., der allerdings die Problematik freiwilliger Planregelungen nicht grundsätzlich erkennt und behandelt, vgl. dazu § 217 RdNr. 148 ff.
[142] Ebenso *Müller* KTS 2002, 209, 239.

§ 230 RdNr. 42 ff., insbes. RdNr. 56 ff.). Für Beitrittserklärungen Dritter gilt § 230 Abs. 2 nicht. Mit deren Zustimmung können entsprechende Beitrittserklärungen ebenfalls in den gestaltenden Teil aufgenommen werden.

d) Gesellschaftsgründungen. Ebenso wie Beitrittserklärungen zu einem bestehenden **94** Unternehmen können in den gestaltenden Teil eines Insolvenzplans mit Zustimmung der Betroffenen auch Regelungen, die auf den Abschluss eines Gesellschaftsvertrages bzgl. eines neuen Unternehmens gerichtet sind, aufgenommen werden. Soweit sich Gläubiger an diesem Unternehmen beteiligen sollen, handelt es sich um einen Fall, der ebenfalls von § 230 Abs. 2 erfasst wird (vgl. RdNr. 93).

e) Vermögensübertragungen. Im gestaltenden Teil kann ferner festgelegt werden, dass **95** der Schuldner sein Vermögen in eine neu gegründete Gesellschaft, an der er beteiligt sein soll, einbringt. Ebenso kann z. B. festgelegt werden, dass er sein Vermögen auf eine schon bestehende Gesellschaft übertragen soll. Soweit es nur um die Übertragung als solche geht, handelt es sich dabei um eine Regelung über die Verwertung der Insolvenzmasse, die auch gegen den Willen des Schuldners mit Zwangswirkung verabschiedet werden kann. Anders verhält es sich im Hinblick auf die Beteiligungsentscheidung.

f) Unternehmensverträge. Auf freiwilliger Basis kommen auch Regelungen über den **96** Abschluss eines Unternehmensvertrags (konzernrechtlichen Organisationsvertrags) im gestaltenden Teil eines Plans grundsätzlich in Betracht. Die Zuständigkeit für die Zustimmung zu dem Abschluss eines entsprechenden Vertrags liegt wohl nicht beim Insolvenzverwalter, sondern bei den gesellschaftsrechtlich zuständigen Organen. Da der Abschluss eines konzernrechtlichen Organisationsvertrags implizit die Fortführung des notleidenden Unternehmens voraussetzt, kann er erst nach Fassung eines wirksamen Fortführungsbeschlusses erfolgen. Ansonsten ist der entsprechende Vertrag schwebend unwirksam. Gleiches gilt für Umwandlungsverträge, etwa einen Spaltungsvertrag.[143] Dem kann durch aufschiebende Bedingungen (§ 158 Abs. 1 BGB) in den entsprechenden Regelungen Rechnung getragen werden.

g) Anmeldungen zum Handelsregister. Schließlich können in den gestaltenden Teil **97** des Plans auf freiwilliger Basis aber auch etwaige Handelsregisteranmeldungen u. ä. Vorgänge aufgenommen werden. Auch sie werden gem. § 254 Abs. 1 Satz 1 mit rechtskräftiger Planbestätigung wirksam. Etwaige Zugangserfordernisse bleiben davon natürlich unberührt.

VII. Aussonderungsberechtigte, Massegläubiger

Aussonderungsberechtigte und Massegläubiger sind nicht zwangsweise planunterworfen **98** (etwas anderes gilt für Massegläubiger bei Masseunzulänglichkeit, vgl. vor § 217 RdNr. 33, § 217 RdNr. 84 sowie § 222 RdNr. 69 f.). Gleichwohl können auch Regelungen zu ihren Lasten im gestaltenden Teil eines Plans getroffen werden, sofern sie damit einverstanden sind und diese Regelungen einen Bezug zu dem Ziel des Insolvenzplanverfahrens, eine optimale Haftungsverwirklichung zu gewährleisten, aufweisen (vgl. § 217 RdNr. 148 ff., insbes. 158).

J. Sachenrechtliche Regelungen

Gem. § 228 können auch sachenrechtliche Regelungen in einen Insolvenzplan auf- **99** genommen werden. Dies wird regelmäßig im Zusammenhang mit der beteiligtenspezifischen Rechtsgestaltung geschehen (vgl. RdNr. 59 ff.). Dabei muss allerdings genau zwischen Willenserklärungen, die sich auf zwangsweise Planunterworfene, und solchen, die sich auf nicht zwangsweise Planunterworfene beziehen, unterschieden werden.

---

[143] Vgl. etwa *Noack*, Gesellschaftsrecht, 1999, RdNr. 125; *Heckschen* DB 2005, 2675, 2676.

100 Im Verhältnis zu einem persönlich und sachlich (im Hinblick auf die Art der jeweiligen Regelung) **zwangsweise Planunterworfenen** (vgl. dazu RdNr. 17 sowie § 217 RdNr. 56 ff.) bewirkt die Aufnahme einer entsprechenden Willenserklärung in den Plan, dass sie gem. § 254 Abs. 1 Satz 2 Hs. 1 und Satz 3 mit Rechtskraft der Planbestätigung – ebenso wie die schuldrechtliche Erklärung bzgl. eines dazugehörigen Kausalgeschäfts (vgl. § 254 Abs. 1 Satz 2 Hs. 2) – als abgegeben **gilt** (unabhängig von einer Verfahrensteilnahme und dem Willen des Betroffenen).[144]

101 Im Hinblick auf einen persönlich oder sachlich **nicht zwangsweise Planunterworfenen** (vgl. dazu RdNr. 17 sowie § 217 RdNr. 56 ff.) ist die Aufnahme einer entsprechenden Willenserklärung in den gestaltenden Teil des Plans nur zulässig, sofern der Betroffene dem zustimmt und ein Bezug zu dem Ziel des Insolvenzplanverfahrens, eine optimale Haftungsverwirklichung zu ermöglichen, besteht. Wirksam wird auch eine solche Willenserklärung gem. § 254 Abs. 1 Satz 2 Hs. 1 erst mit rechtskräftiger Planbestätigung (vgl. § 217 RdNr. 148 ff., insbes. 153 ff.). Bei einer Auflassung, die im Insolvenzplan erklärt werden kann (§ 925 Abs. 1 Satz 3 BGB), stünde im Übrigen § 925 Abs. 2 BGB selbst der Bedingung einer rechtskräftigen Planbestätigung nicht entgegen, da es sich um eine Rechtsbedingung handelt.[145]

102 Die die Aufnahme sachenrechtlicher Willenserklärungen in den gestaltenden Planteil betreffenden Regeln gelten entsprechend für die Eintragungsbewilligung gem. § 19 GBO sowie den Eintragungsantrag gem. § 13 GBO. Dass es sich bei Letzterem nicht um eine Willenserklärung, sondern um eine Verfahrenshandlung handelt, steht dem nicht entgegen.[146] § 228 sollte insoweit zumindest analog angewandt werden. Dadurch wird das Verfahren vereinfacht und eine rasche Planumsetzung gefördert.

K. Effiziente Pläne

103 Die ökonomische Theorie des Insolvenzrechts hat in den letzten Jahren – vor allem vor dem Hintergrund von Defiziten des US-amerikanischen Chapter 11-Verfahrens – eine Reihe von Vorschlägen zur Gestaltung eines ökonomisch effizienten Insolvenzverfahrens für Insolvenzen größerer Kapitalgesellschaften gemacht.[147] Diese Vorschläge sind auch für das deutsche Insolvenzplanverfahren bedeutsam, da sie vor allem das Ziel haben, zwei Grundprobleme des US-amerikanischen Reorganisationsrechts zu lösen, die in ähnlicher Form auch im Insolvenzplanverfahren auftreten (können): Die Bewertung des reorganisierten

---

[144] Vgl. BT-Drucks. 12/2443, S. 202. Unrichtig *Becker*, Insolvenzrecht, 2005, RdNr. 1642 („Derjenige, dessen Wille im Plan erklärt wird, muss also diesen Willen auch wirklich gebildet und geäußert haben."). *Becker* differenziert nicht zwischen zwangsweise Planunterworfenen und nicht zwangsweise Planunterworfenen. Unrichtig ebenfalls *Andres/Leithaus* §§ 219–221 RdNr. 7.

[145] Vgl. BT-Drucks. 12/3803, S. 125, 135 (BR-Stellungnahme zum RegE des EGInsO und Gegenäußerung BReg.).

[146] Ebenso *Bork*, Die Wirkungen des Insolvenzplans nach §§ 290 bis 305 RefE, in *Leipold* (Hrsg.), Insolvenzrecht im Umbruch, 1991, 51, 52 Fn. 6; *Bork*, Einführung in das Insolvenzrecht, 4. Aufl. 2005, RdNr. 325; HK-*Flessner* § 228 RdNr. 6; *Hess* in: *Hess/Obermüller*, Insolvenzplan, Restschuldbefreiung und Verbraucherinsolvenz, 3. Aufl. 2003, RdNr. 92; *Jungmann*, Grundpfandgläubiger und Unternehmensinsolvenz, 2004, RdNr. 1632; *K. Schmidt/Uhlenbruck/Maus* (Hrsg.), Die GmbH in Krise, Sanierung und Insolvenz, 3. Aufl. 2003, RdNr. 1632; *Haarmeyer/Wutzke/Förster*, Handbuch zur Insolvenzordnung InsO/EGInsO, 3. Aufl. 2001, Kap. 9 RdNr. 107. AA die Begr. des RegE zu § 228 (BT-Drucks. 12/2443, S. 202) sowie – dieser folgend – *Schiessler*, Der Insolvenzplan, 1997, S. 112, mit der Erwägung, dass sich § 228 auf Willenserklärungen beschränke. Das hindert indes eine analoge Anwendung der Vorschrift auf den Eintragungsantrag gem. § 13 GBO nicht, vgl. im Text.

[147] Grundlegend waren die Arbeiten von *Bebchuk* 101 Harv. L. Rev. 775 ff. (1988) sowie *Aghion/Hart/Moore* 8 J. of Law, Econ. & Org. 523 ff. (1992). Ausführlich zur Anwendung dieser Vorschläge im Insolvenzplanverfahren *Eidenmüller*, Unternehmenssanierung zwischen Markt und Gesetz, 1999, S. 112 ff. Für eine zusammenfassende Darstellung der Vorschläge vgl. auch *Hinrichs* KTS 2002, 497 ff.; *Bigus/Eger* ZInsO 2003, 1, 4 ff.; *Jungmann* ZVglRWiss 104 (2005), 59, 75 ff. (der selbst aaO 84 ff. ein eigenes Modell [„SIR-System"] entwickelt).

Unternehmens im Rahmen einer Vergleichsrechnung mit einer Gläubigerbefriedigung im Regelverfahren (vgl. dazu bereits RdNr. 41) und das Scheitern von Reorganisationsplänen, die den Unternehmenswert maximieren würden, an dem (konservativen) Abstimmungsverhalten gesicherter Gläubiger.[148]

Im Zentrum der entsprechenden Vorschläge der ökonomischen Theorie steht eine Umwandlung von Gläubigerforderungen bzw. Absonderungsrechten in (Optionen auf) Eigenkapital. Das grundlegende Funktionsprinzip eines solchen Plans sei im Folgenden an Hand eines *stilisierten* Beispielsfalls verdeutlicht.[149] Ein überschuldetes Unternehmen U habe drei Gläubiger, denen jeweils Forderungen in Höhe von TEuro 10 zustehen: G 1 (in vollem Umfang gesicherter, absonderungsberechtigter Gläubiger), G 2 (Insolvenzgläubiger) und G 3 (nachrangiger Insolvenzgläubiger). G 1 wird nach dem Plan Alleingesellschafter von U. G 2 erhält eine Option, diese Gesellschafterstellung durch eine Zahlung von TEuro 10 an G 1 zu erwerben. G 3 erhält eine Option, die Option von G 2 und die Gesellschafterstellung von G 1 gegen eine Zahlung von TEuro 20 (zur Hälfte an G 2 und G 1) zu erwerben. Die Optionen können nach rechtskräftiger Planbestätigung einen Monat lang ausgeübt werden. Anschließend entscheidet der neue Eigentümer von U über dessen Zukunft.

104

Dieser Plan hat folgende Effekte: (1) Die gesetzliche Befriedigungsreihenfolge wird gewahrt. Ein nachrangiger Gläubiger erhält erst dann etwas, wenn vorrangige voll befriedigt wurden. (2) Durch die Umwandlung aller Gläubigerforderungen in (Optionen auf) Eigenkapital werden die ursprünglich heterogenen Interessen von Gläubigern mit unterschiedlicher Rechtsstellung – absonderungsberechtigte Gläubiger favorisieren risikoarme Reorganisationsstrategien, Insolvenzgläubiger risikoreiche – homogenisiert: Der neue Eigentümer von U wird die für die Unternehmenszukunft wertmaximierende Entscheidung treffen (dies liegt in seinem Interesse). (3) Prognosen und Vergleichsrechnungen mit einer „planlosen" Insolvenzabwicklung entfallen: Da die gesetzliche Befriedigungsreihenfolge gewahrt bleibt und der neue Eigentümer die für U wertmaximierende Entscheidung treffen wird (ggf. Liquidation!), steht kein Gläubiger jemals schlechter als bei einer Insolvenzabwicklung ohne Plan.

105

Die zur Realisierung eines entsprechenden Plans erforderlichen, komplexen gesellschaftsrechtlichen Maßnahmen lassen sich weitgehend als Planbedingungen gem. § 249 (vgl. dazu RdNr. 22 f.) formulieren.[150] Hindernisse können sich allerdings aus § 230 Abs. 2 ergeben: Kein Gläubiger braucht sich gegen seinen Willen in eine Gesellschafterstellung drängen zu

106

---

[148] Nehmen wir an, die Liquidation des Unternehmens erbringe einen Erlös von € 9 Mio., sein Fortführungswert betrage € 11 Mio. Dieser Fortführungswert ergebe sich als Mittel zweier gleich wahrscheinlicher Szenarien: Ist die Reorganisation erfolgreich, liege der Unternehmenswert bei € 18 Mio., ist sie erfolglos, liege er bei € 4 Mio. Nehmen wir weiter an, das Volumen von Absonderungsrechten beträgt € 10 Mio. Obwohl die Unternehmensfortführung wirtschaftlich die richtige Entscheidung ist (€ 11 Mio. > € 9 Mio.), werden die Absonderungsberechtigten gegen eine Fortführung votieren. Bei einer Liquidation erhalten sie € 9 Mio. (sie sind vorrangig zu befriedigen), bei Fortführung können sie € 7 Mio. erwarten (€ 10 Mio. bei erfolgreicher Sanierung und € 4 Mio. bei einem Scheitern – beide Szenarien sind gleich wahrscheinlich). § 245 verhindert nicht, dass der vorgelegte Reorganisationsplan an ihrem Widerstand scheitert. Der Plan stellt die Gruppe der Absonderungsberechtigten nämlich schlechter, als sie ohne einen Plan stünde (§ 245 Abs. 1 Nr. 1). Damit wird eine sinnvolle Unternehmensfortführung vereitelt.

[149] Für eine Darstellung komplexerer Fälle vgl. *Eidenmüller*, Unternehmenssanierung zwischen Markt und Gesetz, 1999, S. 103 ff.

[150] Erforderlich ist eine (nominelle) Kapitalherabsetzung auf 0 und eine (effektive) Kapitalerhöhung, bei der die Absonderungsrechte bzw. Forderungen als Sacheinlagen eingebracht werden (sollen). Probleme können sich in zweierlei Hinsicht ergeben: (1) Sacheinlagen sind nach hM nur zulässig, soweit es um den das Mindeststamm- bzw. Mindestnennkapital übersteigenden Betrag geht. Entsprechend einschränkend werden § 58 a Abs. 4 Satz 1 GmbHG sowie § 228 Abs. 1 AktG ausgelegt, vgl. *Scholz/Priester*, GmbHG, 9. Aufl. 2000/02, § 58 a RdNr. 40, sowie *Hüffer* AktG § 228 RdNr. 3. In der entsprechenden Höhe müsste also eine (zusätzliche) Bareinlage erfolgen. (2) Ob und in welcher Höhe wirtschaftlich nur teilweise werthaltige Forderungen bei Kapitalgesellschaften einlagefähig sind, ist str. Vgl. etwa *Scholz/Winter*, GmbHG, 9. Aufl. 2000/02, § 5 RdNr. 47 f., sowie *Hüffer* AktG § 27 RdNr. 25. Richtigerweise ist ihre Einlagefähigkeit mit ihrem tatsächlichen ökonomischen Wert zu bejahen.

lassen (vgl. § 230 RdNr. 46). Die bekannte und vor allem durch kapitalersatzrechtliche Haftungsrisiken begründete Scheu von Kreditgebern, sich an Krisenunternehmen zu beteiligen, dürfte indes durch das Sanierungsprivileg des § 32 a Abs. 3 Satz 3 GmbHG zumindest etwas zurückgegangen sein.[151] Indes bleiben gewisse Risiken, insbesondere auf Grund einer möglichen Differenzhaftung wegen einer Überbewertung der eingelegten Absonderungsrechte bzw. Forderungen. Auch kann dem Anteilserwerb bei Konzernunternehmen das Verbot des Erwerbs eigener Aktien entgegenstehen (§§ 71, 71 d AktG). Schließlich eignet sich das Modell primär für größere, börsennotierte Aktiengesellschaften, bei denen ein reger Handel mit Anteilen und Optionen noch am ehesten vorstellbar ist.

L. Sanktionen bei einer Verletzung des zulässigen Planinhalts

107   Ein Verstoß gegen die Vorschriften über den Inhalt des gestaltenden Teils eines Plans (§ 221) kann zum einen im Vorprüfungsverfahren gem. § 231 Abs. 1 Nr. 1, zum anderen ggf. aber auch noch im Bestätigungsverfahren gem. § 250 Nr. 1 beachtlich sein.

I. Vorprüfungsverfahren

108   Im Vorprüfungsverfahren hat das Insolvenzgericht gem. § 231 Abs. 1 Nr. 1 unter anderem zu prüfen, ob die Vorschriften über den Inhalt des Plans beachtet sind. Entgegen dem etwas missverständlichen Wortlaut der Vorschrift rechtfertigt nicht erst ein kumulativer Verstoß gegen Vorschriften über den Inhalt und solche über das Vorlagerecht die Planzurückweisung. Ausreichend ist vielmehr ein Inhaltsmangel (vgl. § 217 RdNr. 180).

109   Zu den Vorschriften über den Inhalt des Plans gehören nach der Begründung des RegE (nur) die §§ 219 bis 230.[152] Indes sind die §§ 219 bis 230 im Kontext des § 217 zu lesen, der den Rahmen der in einem Insolvenzplan zulässigen Regelungen absteckt (vgl. RdNr. 3). Auch die sich aus dieser Vorschrift ergebenden Anforderungen betreffen deshalb den Planinhalt i. S. v. § 231 Abs. 1 Nr. 1 (vgl. auch § 217 RdNr. 176). Ein Insolvenzplan, dem ein gestaltender Teil völlig fehlt, leidet deshalb ebenso an einem inhaltlichen Mangel i. S. v. § 231 Abs. 1 Nr. 1 wie ein Plan, der gegen den durch §§ 217 und 221 bestimmten, zulässigen Umfang der Rechtsgestaltung (vgl. RdNr. 3) oder gegen die allgemeine, aus § 222 abgeleitete Plananforderung der Gruppenbezogenheit der Rechtsgestaltung (vgl. RdNr. 11 f.) verstößt. Aber auch Verstöße gegen die allgemeinen Plananforderungen der Bestimmtheit der getroffenen Regelungen, soweit diese einen potentiell vollstreckungsfähigen Inhalt haben (vgl. RdNr. 13 ff.), sowie der Gesetzmäßigkeit der Rechtsgestaltung (vgl. RdNr. 9 f.) werden von § 231 Abs. 1 Nr. 1 erfasst. Das aus § 257 Abs. 1 Satz 1 abgeleitete allgemeine Erfordernis eines bestimmten und damit vollstreckungsfähigen Planinhalts präzisiert die Form der nach § 221 zulässigen Festlegungen über die Änderung der Rechtsstellung der Beteiligten durch den Plan.[153] Das allgemeine Erfordernis eines gesetzmäßigen Planinhalts ist eine inhaltliche Plananforderung, die sich zwar nicht aus den §§ 219 bis 230 ergibt, bei einer objektiv-teleologischen Auslegung des § 231 Abs. 1 Nr. 1 jedoch gleichwohl Beachtung finden muss: Die Vorschrift soll verhindern, dass inhaltlich fehlerhafte Pläne das Planverfahren durchlaufen – zu den danach relevanten Mängeln dürften deshalb grundsätzlich nicht nur Verstöße gegen die §§ 219 bis 230, sondern auch Verstöße gegen andere gesetzliche Vorschriften zählen, die den Plan inhaltlich fehlerhaft machen. Da solche Verstöße jedoch häufig schwieriger zu entdecken und zu beurteilen sein werden als Verstöße

---

[151] Zu den Voraussetzungen und Rechtsfolgen des Sanierungsprivilegs aus jüngerer Zeit vgl. BGH NJW 2006, 1283. Vgl. auch *Tetzlaff* ZInsO 2005, 644 ff.
[152] Vgl. BT-Drucks. 12/2443, S. 204.
[153] Für eine Berücksichtigung dieses Erfordernisses im Vorprüfungsverfahren deshalb wohl auch HK-*Flessner* § 231 RdNr. 2 f.

gegen die §§ 219 bis 230, sind sie analog § 231 Abs. 1 Nr. 2 und Nr. 3 nur im Falle der Offensichtlichkeit beachtlich.

Ob ein inhaltlicher Planmangel i. S. v. § 231 Abs. 1 Nr. 1 behebbar ist, hängt davon ab, ob eine Planänderung in dem beanstandeten Punkt nach Planvorlage noch möglich ist (vgl. dazu ausführlich § 218 RdNr. 153 ff. sowie die Kommentierung zu § 240). Nach Planvorlage kann der gestaltende Teil eines Plans nur noch im Hinblick auf einzelne Regelungen geändert werden (vgl. § 218 RdNr. 154 ff., insbes. 157). Zulässig sind danach z. B. Quotenänderungen oder aber die Aufteilung einer Gläubigergruppe in zwei selbständige Untergruppen, unzulässig z. B. die Änderung des Planziels oder eine umfassende Gruppenneubildung (vgl. § 218 RdNr. 159). 110

II. Bestätigungsverfahren

Auch im Bestätigungsverfahren hat das Insolvenzgericht inhaltliche Planmängel zu beachten. Gem. § 250 Nr. 1 ist einem Plan nämlich die Bestätigung unter anderem dann von Amts wegen zu versagen, wenn die Vorschriften über den Inhalt und die verfahrensmäßige Behandlung des Plans in einem wesentlichen Punkt nicht beachtet worden sind und der Mangel nicht behoben werden kann. Dabei ist zwischen Mängeln zu unterscheiden, die erst auf Grund einer späteren Planänderung entstanden sind („nachträgliche Mängel"), und solchen, die im Vorprüfungsverfahren objektiv bereits vorlagen („ursprüngliche Mängel"). 111

1. Nachträgliche Mängel. Inhaltliche Planmängel, die erst nach dem Vorprüfungsverfahren auf Grund einer Planänderung entstanden sind, verpflichten zur Versagung der Planbestätigung von Amts wegen gem. § 250 Nr. 1, sofern sie wesentlich und nicht mehr behebbar sind (vgl. § 217 RdNr. 182 ff.). Die **Wesentlichkeit** eines inhaltlichen Planmangels ist immer eine Frage des Einzelfalles. Als Leitlinie der Prüfung wird man insoweit davon ausgehen müssen, dass jedenfalls das völlige Fehlen eines gestaltenden Teils, die Nichtbeachtung der allgemeinen Anforderungen an den gestaltenden Teil (bestimmter Inhalt bei potentiell vollstreckungsfähigen Regelungen, Gruppenbezogenheit der Rechtsgestaltung, Gesetzmäßigkeit der Rechtsgestaltung), die Aufnahme von belastenden Rechtsgestaltungen in den Plan im Verhältnis zu nicht oder nicht so zwangsweise Planunterworfenen ohne deren Einverständnis sowie unzulässige Abweichungen von Vorschriften der InsO, die zentrale Verfahrensrechte einzelner Beteiligter enthalten (z. B. Planabweichungen von § 194), immer „wesentliche Punkte" i. S. v. § 250 Nr. 1 betreffen (bei einer nicht auf Verstößen gegen die §§ 219 bis 230 beruhenden Gesetzeswidrigkeit der Rechtsgestaltung ist allerdings eine Offensichtlichkeit der Gesetzeswidrigkeit erforderlich, vgl. RdNr. 109). Eine Heilung des Mangels durch die Planannahme seitens der Gläubiger sowie die Zustimmung des Schuldners kann man allenfalls in den Fällen in Betracht ziehen, in denen alle diejenigen, zu deren Lasten sich der Planmangel auswirkt, dem Plan im Abstimmungstermin explizit zugestimmt haben (vgl. § 217 RdNr. 183). 112

Gem. § 250 Nr. 1 greift die Sanktion der amtswegigen Bestätigungsversagung indes nur ein, wenn eine Fehlerbehebung nicht mehr möglich ist. Eine entsprechende Unmöglichkeit ist bei inhaltlichen Planmängeln grundsätzlich immer gegeben. Denn eine Planänderung ist nach Beginn der Abstimmung der Gläubiger über den Plan nicht mehr zulässig (vgl. § 218 RdNr. 153 ff., insbes. 156 f.), und eine Wiederholung der Abstimmung wird man allenfalls in den Fällen für zulässig erachten können, in denen das Insolvenzgericht im Zusammenhang mit dem Abstimmungsverfahren einen Fehler begangen hat, nicht aber mit dem Ziel, eine inhaltliche Planänderung zu ermöglichen (vgl. ausführlich § 217 RdNr. 184). 113

2. Ursprüngliche Mängel. Inhaltsmängel, die bereits zum Zeitpunkt der Vorprüfung vorlagen („ursprüngliche Mängel"), zu diesem Zeitpunkt aber gleichwohl nicht zur Planzurückweisung führten, können im Bestätigungsverfahren aus zwei Gründen beachtlich sein: zum einen als (nicht erledigte) Inhaltsmängel, zum anderen aber auch als Ursachen für Fehler in der verfahrensmäßigen Planbehandlung. 114

115 Inhaltsmängel erledigen sich nicht dadurch, dass sie im Vorprüfungsverfahren nicht beachtet wurden. Vorprüfungs- und Bestätigungsverfahren dienen unterschiedlichen **Zwecken** (vgl. ausführlich § 217 RdNr. 186 f.). An der grundsätzlichen Beachtlichkeit ursprünglicher Mängel im Bestätigungsverfahren ändert sich auch dann nichts, wenn das Insolvenzgericht im Vorprüfungsverfahren im Hinblick auf den vorgelegten Plan einen (positiven) Zulassungsbeschluss gefasst hat (vgl. ausführlich § 217 RdNr. 188).

116 Ursprüngliche Inhaltsmängel eines Plans können im Bestätigungsverfahren auch als Ursachen für Fehler in der verfahrensmäßigen Planbehandlung beachtlich sein. Zu den Vorschriften über die verfahrensmäßige Behandlung des Insolvenzplans, deren Verletzung die Versagung der Bestätigung rechtfertigen kann, gehört nämlich auch die obligatorische Planzurückweisung eines vorgelegten Plans gem. § 231 Abs. 1 Nr. 1 bei Inhalts- oder Vorlagemängeln (vgl. § 217 RdNr. 189). Eine Nichtbeachtung des § 231 Abs. 1 Nr. 1 durch das Insolvenzgericht liegt in allen Fällen vor, in denen ein vorgelegter Plan bei objektiver Betrachtung auf der Grundlage der vorliegenden Tatsachen von Amts wegen zurückzuweisen gewesen wäre (vgl. § 217 RdNr. 190).

117 Im Hinblick auf die Wesentlichkeit ursprünglicher Mängel (sei es unmittelbar als Inhaltsmängel, sei es als Ursachen für Fehler in der verfahrensmäßigen Planbehandlung) gelten die Ausführungen zu nachträglichen Planmängeln entsprechend (vgl. RdNr. 112). Gleiches gilt für die Behebbarkeit entsprechender Mängel. Eine Abstimmungswiederholung mit dem Ziel einer Planänderung – sie allein wäre zur Behebung eines Inhaltsmangels bzw. mittelbar unter Umständen auch zur Behebung eines durch den Inhaltsmangel verursachten Nichtzurückweisungsmangels geeignet – kommt nicht in Betracht (vgl. RdNr. 113).

III. Heilung von Inhaltsmängeln durch rechtskräftige Planbestätigung

118 Wird ein Insolvenzplan rechtskräftig bestätigt, dann werden durch diese rechtskräftige Bestätigung etwaige Inhaltsmängel sowie Mängel in der verfahrensmäßigen Planbehandlung grundsätzlich **geheilt** (vgl. ausführlich § 217 RdNr. 192 ff.).

§ 222 Bildung von Gruppen

(1) ¹ Bei der Festlegung der Rechte der Beteiligten im Insolvenzplan sind Gruppen zu bilden, soweit Gläubiger mit unterschiedlicher Rechtsstellung betroffen sind. ² Es ist zu unterscheiden zwischen
1. den absonderungsberechtigten Gläubigern, wenn durch den Plan in deren Rechte eingegriffen wird;
2. den nicht nachrangigen Insolvenzgläubigern;
3. den einzelnen Rangklassen der nachrangigen Insolvenzgläubiger, soweit deren Forderungen nicht nach § 225 als erlassen gelten sollen.

(2) ¹ Aus den Gläubigern mit gleicher Rechtsstellung können Gruppen gebildet werden, in denen Gläubiger mit gleichartigen wirtschaftlichen Interessen zusammengefaßt werden. ² Die Gruppen müssen sachgerecht voneinander abgegrenzt werden. ³ Die Kriterien für die Abgrenzung sind im Plan anzugeben.

(3) ¹ Die Arbeitnehmer sollen eine besondere Gruppe bilden, wenn sie als Insolvenzgläubiger mit nicht unerheblichen Forderungen beteiligt sind. ² Für Kleingläubiger können besondere Gruppen gebildet werden.

Schrifttum: *Baird*, Elements of Bankruptcy, 4. Aufl. 1996; *Bruns*, Grundpfandrechte im Insolvenzplanverfahren – das Ende deutscher Immobiliarsicherheiten?, KTS 2004, 1 ff.; *Eidenmüller*, Der Insolvenzplan als Vertrag, Jahrbuch für Neue Politische Ökonomie (JNPÖ) 15 (1996), 164 ff.; *Eidenmüller*, Unternehmenssanierung zwischen Markt und Gesetz, 1999; *Henckel*, Deregulierung im Insolvenzverfahren?, KTS 1989, 477 ff.; *Henckel*, Der Insolvenzplan, 1999 (noch unveröffentlichtes Manuskript); *Hess/Weis*, Die sachgerechte Abgrenzung der Gläubigergruppen nach der InsO, InVo 1998, 64 ff.; *Jackson*, The Logic and Limits of

Bankruptcy Law, 1986; *Kaltmeyer*, Der Insolvenzplan als Sanierungsmittel des Schuldners – Unter Berücksichtigung des EGInsOÄndG v. 19. 12. 1998 (Teil I), ZInsO 1999, 255 ff.; *Neumann*, Die Gläubigerautonomie in einem künftigen Insolvenzverfahren, 1995; *Riggert*, Das Insolvenzplanverfahren – Strategische Probleme aus der Sicht absonderungsberechtigter Banken –, WM 1998, 1521 ff.; *Smid*, Kontrolle der sachgerechten Abgrenzung von Gläubigergruppen im Insolvenzplanverfahren, InVo 1997, 169 ff.; *Smid*, Salvatorische Klauseln als Instrument zur Abwehr von Widersprüchen gegen den Insolvenzplan, ZInsO 1998, 347 ff.; *Smid*, Stellung der Grundpfandgläubiger, Zwangsversteigerung und Schuldenreorganisation durch Insolvenzplan: Bemerkungen zu § 245 Abs. 1 Nr. 2 und Abs. 2 Nr. 2 InsO, in *Schilken/Kreft/Wagner/Eckardt* (Hrsg.), Festschrift für Walter Gerhardt, 2004, 931 ff.; *Stürner*, Aufstellung und Bestätigung des Insolvenzplans, in: *Leipold* (Hrsg.), Insolvenzrecht im Umbruch, 1991, 41 ff.

Übersicht

	RdNr.		RdNr.
A. Normzweck, Strategie der Gruppenbildung und rechtspolitische Kritik	1	3. Gleichheitsgrundsatz (Art. 3 GG) und Eigentumsschutz (Art. 14 GG)	33
I. Überblick über den Anwendungsbereich des § 222	1	**VII. Pläne mit einer Gruppe**	36
II. Zweck der Gruppenbildung	2	**VIII. Bedingte Gruppenbildung**	40
1. Erhöhung der Legitimationskraft von Mehrheitsentscheidungen	2	**IX. Änderung der Gruppenbildung**	43
2. Realisierung von Wertschöpfungspotentialen	5	**E. Gruppenbildung auf der Basis unterschiedlicher Rechtsstellung**	45
III. Strategie der Gruppenbildung	6	**I. Begriff der unterschiedlichen Rechtsstellung**	46
IV. Rechtspolitische Kritik	8	**II. Absonderungsberechtigte Gläubiger**	49
1. Möglichkeit manipulativer Gruppenbildung?	8	1. Absonderungsrechte	50
2. Zu weitgehende Prüfungskompetenz der Insolvenzgerichte	10	2. Eingriff in Absonderungsrechte	51
3. Gruppenbezogene versus gruppenübergreifende Gleichbehandlung	11	3. Absonderungsrechte und Insolvenzgläubigerforderungen	54
B. Entstehungsgeschichte der Norm	12	**III. Nicht nachrangige Insolvenzgläubiger**	58
I. Frühere Regelung	12	**IV. Nachrangige Insolvenzgläubiger**	59
II. Reformvorschläge	14	1. Gruppenbildung bei Erlassfiktion	60
III. Gesetzgebungsverfahren zur InsO	15	2. Gruppenbildung bei teilweiser Erlassfiktion	64
C. Rechtsvergleichender Hintergrund der Norm	19	**V. Gruppenbildung im Folgeinsolvenzplanverfahren nach Kreditrahmenregelung im Erstinsolvenzplanverfahren**	66
D. Allgemeine Fragen der Gruppenbildung	20	**VI. Gruppenbildung bei Masseunzulänglichkeit**	69
I. Gruppenbildung als Teil des darstellenden und des gestaltenden Teils	21	**F. Gruppenbildung auf der Basis gleichartiger wirtschaftlicher Interessen**	71
II. Gruppenfreie Rechtsgestaltung	22	**I. Gleichartige wirtschaftliche Interessen und sachgerechte Abgrenzung als Gruppenbildungskriterien**	72
1. Planregelungen mit Zwangswirkung	23	**II. Präzisierung der Gruppenbildungskriterien**	74
2. Fakultative Planregelungen	25	1. Gleichartige wirtschaftliche Interessen	74
III. Gruppenbildung und gruppenbezogene Abstimmung	26	a) Wirtschaftliche Interessen	75
IV. Rechtebezogenheit der Gruppenbildung	27	b) Gleichartigkeit wirtschaftlicher Interessen	78
V. Gruppen mit einem Recht (einem Gläubiger)	30	c) Anknüpfungspunkte für gleichartige wirtschaftliche Interessen	80
VI. Maßstäbe der Gruppenbildung	31	aa) Rechtliche Struktur/Entstehungsgrund eines Rechts	81
1. Regeln des § 222	31	bb) Gegenstand eines Rechts	82
2. Schutz rechtlichen Gehörs (Art. 103 Abs. 1 GG)?	32		

	RdNr.		RdNr.
cc) Werthaltigkeit eines Rechts	83	2. Nicht unerhebliche Insolvenzgläubigerforderungen von Arbeitnehmern	118
dd) Fälligkeit/Unsicherheit eines Rechts	85	3. Gruppenbildungspflicht im Regelfall	122
ee) Person des Berechtigten	86	4. Bildung mehrerer Arbeitnehmergruppen	123
ff) Beziehung des Berechtigten zum Schuldner	87	II. Sonderregeln der Gruppenbildung für Kleingläubiger	124
gg) Beziehung des Berechtigten zu anderen Berechtigten	88	1. Regelungsgehalt von § 222 Abs. 3 Satz 2	124
hh) Kumulation von Anknüpfungspunkten	89	2. Begriff des Kleingläubigers	128
2. Sachgerechte Gruppenabgrenzung	90	3. Zweck einer Kleingläubigergruppenbildung	130
III. Anwendung der Gruppenbildungskriterien auf praxiswesentliche Fallkonstellationen	92	4. Bildung mehrerer Kleingläubigergruppen	131
1. Gruppierung von gesicherten Insolvenzgläubigerforderungen	93	5. Geringfügige Forderungen außerhalb von § 222 Abs. 3 Satz 2	132
2. Gruppierung von bestimmten Rechten eines bestimmten Beteiligten	95	H. Sonstige Sonderregeln der Gruppenbildung	133
IV. Dokumentation der Gruppenbildungskriterien	97	I. Genossenschaften	134
V. Missbrauchsverbot als (ungeschriebene) Grenze der Gruppenbildung?	100	1. Regelungsgehalt von § 116 Nr. 3 GenG	134
VI. Reduktion des Gruppenbildungsermessens: Gruppenbildungspflichten	105	2. Bildung mehrerer Gruppen von Gläubiger-Genossen	138
1. Gesetzgeberische Konzeption eines freien Gruppenbildungsermessens	105	II. Pensions-Sicherungs-Verein	139
2. Freies Gruppenbildungsermessen als Systembruch	106	1. Regelungsgehalt von § 9 Abs. 4 Satz 1 BetrAVG	139
3. Verfassungsrechtliche Bedenken gegen freies Gruppenbildungsermessen	107	2. Mehrere Gruppen?	143
4. Bedeutung der Effizienz des Planverfahrens	108	III. Anleihegläubiger	144
5. Gruppenbildungspflichten im Ausnahmefall	109	J. Sanktionen bei Verstößen gegen Gruppenbildungsregeln	146
G. Sonderregeln der Gruppenbildung für Arbeitnehmer und Kleingläubiger	112	I. Planzurückweisung im Vorprüfungsverfahren	147
I. Sonderregeln der Gruppenbildung für Arbeitnehmer	113	II. Versagung der Planbestätigung im Bestätigungsverfahren	148
1. Regelungsgehalt von § 222 Abs. 3 Satz 1	114	1. Anwendbarkeit von § 250 Nr. 1 auf Gruppenbildungsmängel	149
		2. Wesentlichkeit und Unbehebbarkeit von Gruppenbildungsmängeln	150
		III. Heilung von Gruppenbildungsmängeln durch rechtskräftige Planbestätigung	151

A. Normzweck, Strategie der Gruppenbildung und rechtspolitische Kritik

I. Überblick über den Anwendungsbereich des § 222

1 § 222 gehört zu den wichtigsten Vorschriften über die inhaltliche Gestaltung eines Insolvenzplans und des Insolvenzplanverfahrens insgesamt. Gem. § 222 Abs. 1 Satz 1 **müssen** bei der „Festlegung der Rechte" der Beteiligten Gruppen gebildet werden, soweit Gläubiger mit **unterschiedlicher Rechtsstellung** betroffen sind. Unter bestimmten Voraussetzungen ist (jedenfalls) zu unterscheiden zwischen den absonderungsberechtigten Gläubigern, den nicht nachrangigen Insolvenzgläubigern und den einzelnen Rangklassen der nachrangigen Insolvenzgläubiger (§ 222 Abs. 1 Satz 2). Gem. § 222 Abs. 2 Satz 1 **können** aus Gläubigern mit gleicher Rechtsstellung Gruppen gebildet werden, in denen

Gläubiger mit **gleichartigen wirtschaftlichen Interessen** zusammengefasst werden. Dabei ist eine sachgerechte Gruppenabgrenzung vorzunehmen (§ 222 Abs. 2 Satz 2). Für Arbeitnehmer und Kleingläubiger gelten gem. § 222 Abs. 3 im Hinblick auf die Gruppenbildung **Sonderregeln**.

II. Zweck der Gruppenbildung

1. Erhöhung der Legitimationskraft von Mehrheitsentscheidungen. Der Zweck 2 der Vorschriften über die Gruppenbildung in § 222 erschließt sich im Kontext der Vorschriften über die **Annahme eines Insolvenzplans** durch die Gläubiger (§§ 243 ff.). Der Gesetzgeber erhofft sich von dem Insolvenzplanverfahren wirtschaftlich optimale (Pareto-effiziente) Abwicklungslösungen (vgl. vor § 217 RdNr. 22).[1] Indes steht dem gemeinsamen Ziel der Wertschöpfung (Effizienzsteigerung) bei der Planaufstellung das individuelle Ziel der Wertbeanspruchung gegenüber: Jeder einzelne Beteiligte ist bestrebt, seinen persönlichen Vorteil zu maximieren. Verlangte man für die Planannahme den Konsens aller Beteiligten, wären die Kosten der Entscheidungsfindung vermutlich prohibitiv hoch (es ist extrem unwahrscheinlich, dass ein entsprechender Konsens gefunden wird). Das andere Extrem läge in einer Regel, die einem Beteiligten die autoritative Befugnis zugesteht, einen bestimmten Insolvenzplan zu verabschieden. In der Mitte zwischen diesen Extremen gibt es ein weites Spektrum möglicher Entscheidungsregeln, die allesamt sicherstellen sollen, dass vernünftige Pläne nicht an strategischem Verhalten einzelner Beteiligter scheitern.

Die InsO hat sich insoweit für ein zweistufiges System entschieden. Auf Stufe 1 werden 3 die Kosten der Entscheidungsfindung durch eine Mehrheitsregel begrenzt.[2] Über einen vorgelegten Plan stimmt jede **Gläubigergruppe** gesondert ab (§ 243). (Nur) Innerhalb jeder Gruppe sind den Beteiligten gleiche Rechte anzubieten (§ 226 Abs. 1). Zur Annahme eines Plans genügt es, wenn er in jeder Gruppe die Zustimmung einer (einfachen) Kopf- und Summenmehrheit der Abstimmenden findet (§ 244 Abs. 1). Selbst wenn eine Gruppe dem Plan nicht zustimmt, wird ihre Zustimmung nach dem Obstruktionsverbot (§ 245) auf Stufe 2 unter bestimmten Voraussetzungen fingiert. Dies ist dann der Fall, wenn die Gläubiger der betreffenden Gruppe durch den Plan voraussichtlich nicht schlechter gestellt werden, als sie ohne ihn stünden, wenn sie angemessen an dem durch den Plan geschaffenen wirtschaftlichen Wert beteiligt werden und wenn die Mehrheit der Gruppen dem Plan zugestimmt hat (§ 245 Abs. 1). Das Obstruktionsverbot lässt sich als Antwort auf das Spannungsverhältnis zwischen Wertschöpfung und Wertbeanspruchung begreifen: Verteilungskämpfe zwischen einzelnen Gläubigergruppen werden nur bis zur Grenze der Angemessenheit toleriert.

Anstelle eines gruppenbezogenen Abstimmungsverfahrens und einer gruppenbezogenen 4 Mehrheitsregel wären auch ein gruppenübergreifendes Abstimmungsverfahren und eine gruppenübergreifende Mehrheitsregel denkbar gewesen (etwa nach dem Vorbild von § 182 Abs. 1 KO, § 74 Abs. 1 und 3 VerglO oder § 16 Abs. 4 Satz 3 GesO). Indes ist die **Legitimationskraft einer Mehrheitsentscheidung** umso höher, je größer die Wahrscheinlichkeit ist, dass die Entscheidung der Mehrheit auch im Interesse der überstimmten Minderheit liegt.[3] Diese Wahrscheinlichkeit aber steigt mit dem Grad der Interessenparallelität derjenigen, die innerhalb des jeweiligen Abstimmungskörpers vereinigt sind. Dieser Grad ist minimal, wenn alle Gläubiger gemeinsam in einem gruppenübergreifenden Abstim-

---

[1] BT-Drucks. 12/2443, S. 78.
[2] Völlig zu Recht wird in der Begründung des RegE darauf hingewiesen, dass die Verankerung einer Mehrheitsregel in Insolvenzverfahren nicht ein Element politischer oder verbandsrechtlicher Demokratie, sondern ein technischer Behelf zur Erleichterung der Entscheidungsfindung einer unkoordinierten Vielzahl Beteiligter ist, vgl. BT-Drucks. 12/2443, S. 79.
[3] Auch insoweit treffend die Begründung des RegE: „Das Mehrheitsprinzip vermag auch seiner beschränkten Funktion, die Obstruktion sinnvoller Verwertungsentscheidungen durch Minderheiten zu verhindern, lediglich dann gerecht zu werden, wenn nur die Stimmen von Beteiligten mit im Wesentlichen gleichartigen Interessen und Rechten addiert werden" (BT-Drucks. 12/2443, S. 92).

mungsverfahren abstimmen. Der Hauptzweck der Gruppenbildung gem. § 222 und des gruppenbezogenen Abstimmungsverfahrens gem. §§ 243 ff. liegt darin, Abstimmungskörper zu schaffen, die ein möglichst **hohes Maß an Interessenparallelität der Abstimmenden** aufweisen.[4] Deswegen sind zwingend unterschiedliche Gruppen für Gläubiger mit unterschiedlicher Rechtsstellung – und damit naturgemäß auch unterschiedlichen wirtschaftlichen Interessen – zu bilden (§ 222 Abs. 1), und deswegen können unterschiedliche Gruppen für Gläubiger mit zwar gleicher Rechtsstellung, aber unterschiedlichen wirtschaftlichen Interessen gebildet werden (§ 222 Abs. 2).

5   **2. Realisierung von Wertschöpfungspotentialen.** Der zweite wesentliche Zweck der Vorschriften über die Gruppenbildung in § 222 liegt in der Realisierung von Wertschöpfungspotentialen (Effizienzpotentialen). Es ist nicht richtig, dass Gläubigerautonomie nur „... funktionieren [kann], wenn sämtliche Gläubiger im Wesentlichen gleiche Interessen haben".[5] Das Funktionsprinzip der Gläubigerautonomie sind nicht gleiche Interessen, sondern eine flexible Gruppenbildung,[6] die Divergenzen in den Rechtsstellungen und in den wirtschaftlichen Interessen der Gläubiger abbildet und zur Geltung bringt. Da den Beteiligten nur innerhalb jeder gebildeten Gruppe gleiche Rechte anzubieten sind (§ 226 Abs. 1), können unterschiedliche Präferenzen durch unterschiedliche rechtliche Gestaltungen zur **Realisierung von Wertschöpfungspotentialen** ausgenutzt werden: So sind unterschiedliche Erwartungen bzw. Prognosen (im Hinblick auf die zukünftige Entwicklung des notleidenden Unternehmens) oder unterschiedliche Einstellungen zu Risiken sowie unterschiedliche Zeitpräferenzen ggf. ein Ansatzpunkt für eine fakultative Gruppenbildung gem. § 222 Abs. 2 und damit für eine differenzierende Rechtsgestaltung zum Vorteil aller Beteiligten – etwa dadurch, dass pessimistische, risikoaverse und/oder „ungeduldige" Gläubiger in erster Linie mit einer Barquote und/oder mit Fremdkapitaltiteln, optimistische, risikofreudige und/oder „geduldige" demgegenüber in erster Linie mit Eigenkapitaltiteln abgefunden werden.[7]

III. Strategie der Gruppenbildung

6   Die Gruppenbildung liegt in der Hand desjenigen, der einen Insolvenzplan vorlegt (zum Planvorlagerecht vgl. die Kommentierung zu § 218; zu der strittigen Frage, ob die Gläubigerversammlung gem. § 157 Satz 2 Einfluss auf die Gruppenbildung nehmen kann, vgl. § 218 RdNr. 15). Aufgrund des gruppenbezogenen Abstimmungsverfahrens wird eine „geschickte" Gruppenbildung regelmäßig ein **Schlüsselfaktor** für die Erfolgsaussichten eines vorgelegten Plans sein. Das Ziel eines Planarchitekten muss es sein, jedenfalls die Zustimmung einer **Mehrheit der abstimmenden Gruppen** zu dem Plan zu gewinnen. Zwar ist zur Planannahme grundsätzlich die Zustimmung jeder Gruppe erforderlich (§ 244 Abs. 1). Der Widerspruch einer Gruppe kann jedoch ggf. mittels des Obstruktionsverbots überwunden werden, sofern nur eine Mehrheit der abstimmenden Gruppen dem Plan (mit den erforderlichen Mehrheiten) zugestimmt hat (§ 245 Abs. 1 Nr. 3). Aus diesem Grund empfiehlt es sich, eine **ungerade Zahl** von Gruppen zu bilden und diesen Gruppen jeweils gruppenspezifische Planregelungen (vgl. § 226 Abs. 1) anzubieten, die ihre jeweilige Zustimmungswahrscheinlichkeit maximieren.[8] Eine entsprechende Plangestaltung wird in der Praxis regelmäßig das Resultat von vorfühlenden Absprachen und Verhandlungen während der Planausarbeitung sein, die bei einem Verwalterplan ggf. im Zusammenhang mit dem in § 218 Abs. 3 vorgeschriebenen Mitwirkungsprozess stehen (vgl. § 218 RdNr. 36 ff.).

---

[4] Dem entspricht der Zweck der vergleichbaren Regelung in 11 U.S.C. § 1122. Vgl. dazu *Baird*, The Elements of Bankruptcy, 1992/93, S. 246: „The central idea of § 1122 is that those who are similarly situated should be grouped together and that this class should decide as group whether to go along with the plan ...".
[5] So aber *Uhlenbruck* NZI 1998, 1, 4.
[6] Zutr. *Neumann*, Die Gläubigerautonomie in einem künftigen Insolvenzverfahren, 1995, S. 89 f.
[7] Vgl. *Eidenmüller*, Unternehmenssanierung zwischen Markt und Gesetz, 1999, S. 501 ff.; *ders.* BB 1998 (Beilage 10), 19, 21.
[8] Ähnlich *Braun* in: *Braun/Uhlenbruck*, Unternehmensinsolvenz, 1997, S. 603 f.; *Riggert* WM 1998, 1521, 1524 f.; *Kübler/Prütting/Otte* § 222 RdNr. 25.

Weitergehende generelle (situationsunabhängige) **strategische Handlungsempfehlungen** für einen Planarchitekten lassen sich kaum geben. So senkt eine höhere Anzahl von Gruppen zwar – prozentual betrachtet – die Schwelle für das Erreichen einer Gruppenmehrheit ab und erleichtert damit ein Eingreifen des Obstruktionsverbots (z. B. wird bei drei Gruppen eine Gruppenmehrheit mit ca. 66% der Gruppen erreicht, bei 5 Gruppen mit 60% und bei sieben Gruppen mit ca. 57%).[9] Es mag deshalb im Einzelfall z. B. opportun erscheinen, die Zahl der zustimmenden Gruppen durch eine gem. § 222 Abs. 2 vorgenommene Teilung einer Gruppe, deren Zustimmung sicher erwartet wird, in zwei Gruppen zu multiplizieren[10] (allerdings stehen diesem Verfahren, wie sich später zeigen wird [RdNr. 90 f.], rechtliche Hindernisse im Weg). Auch lässt sich das Abstimmungsverhalten kleinerer Gruppen – sie sind eine notwendige Konsequenz einer höheren Gruppenzahl – regelmäßig leichter prognostizieren als dasjenige größerer.[11] In kleineren Gruppen ist jedoch die Stimme einzelner widersprechender Gläubiger faktisch gewichtiger als in größeren, so dass im Ergebnis tendenziell mehr Gruppen widersprechen werden,[12] wenn es dem Planarchitekten nicht gelingt, die Opponenten in einigen wenigen Gruppen zusammenzufassen.[13] Zudem ist die Zustimmung einer tatsächlich zustimmenden Gläubigergruppe sicher, diejenige, deren Zustimmung über das Obstruktionsverbot fingiert werden muss, demgegenüber abhängig von vielen tatsächlichen und rechtlichen Unwägbarkeiten und damit bis zu einem gewissen Grade spekulativ.

IV. Rechtspolitische Kritik

1. Möglichkeit manipulativer Gruppenbildung? § 222 gehört zu den am heftigsten 8 kritisierten Vorschriften des Insolvenzplanverfahrens.[14] Das gruppenbezogene Abstimmungsverfahren gem. den §§ 243 ff. ist so beschaffen, dass ein vorgelegter Insolvenzplan bei Anwendung des Obstruktionsverbots unter Umständen gegen den Willen einer Mehrheit der Gläubiger nach Summen und Köpfen verabschiedet werden kann. Diese Tatsache als solche ist zwar noch nicht eigentlich problematisch, sofern man – was zutreffend erscheint – gruppenbezogenen Abstimmungsverfahren und einer gruppenbezogenen Mehrheitsbildung eine größere Legitimationskraft zugesteht als gruppenübergreifenden Abstimmungsverfahren und einer gruppenübergreifenden Mehrheitsbildung (vgl. RdNr. 4). Befürchtet wird jedoch, dass der gruppenbezogene Abstimmungsprozess gem. den §§ 243 ff. durch eine auf Maximierung der Annahmechancen für einen vorgelegten Plan ausgerichtete Gruppenbildungsstrategie **manipuliert** werden könnte. Die Kritik gipfelt in der – aus „... Reihen der Praxis ..." mitgeteilten – Befürchtung, dass möglicherweise mit „... völlig neue[n] Formen des Insolvenzbetrugs ..."[15] zu rechnen sei.

---

[9] Dieser Zusammenhang wird nicht richtig gesehen von *Riggert* WM 1998, 1521, 1524 („Um die Mehrheit zu erzielen, müssen bei kleiner Gruppenzahl nur wenige Gruppen zur Darstellung einer Mehrheit gewonnen werden"); HK-*Flessner* § 222 RdNr. 15 („Je mehr Gruppen gebildet werden, umso höher steigt die Zahl der Gruppen, die für eine Mehrheit erforderlich ist ..."); *Kübler/Prütting/Otte* § 222 RdNr. 24 („... [E]ine große Gruppenzahl ist andererseits auch nicht notwendig mehrheitsfeindlich. Der Widerstand einiger Gruppen wirkt sich wegen des Obstruktionsverbots (§ 245) möglicherweise nicht so stark [aus], so, wenn sich immer noch eine planzustimmende Gruppenmehrheit findet (§ 245 Abs. 1 Nr. 3)."
[10] Vgl. *Kaltmeyer* ZInsO 1999, 255, 265.
[11] Vgl. *Kaltmeyer* ZInsO 1999, 255, 265.
[12] Vgl. *Baird*, Elements of Bankruptcy, 4. Aufl. 2006, S. 261.
[13] Vgl. *Braun* in: *Braun/Uhlenbruck*, Unternehmensinsolvenz, 1997, S. 603 f.; *Lauscher/Weßling/Bange* ZInsO 1999, 5, 7; *Kaltmeyer* ZInsO 1999, 255, 265; *Wellensiek* WM 1999, 405, 410; *Kübler/Prütting/Otte* § 222 RdNr. 25.
[14] Vgl. stellv. *Häsemeyer*, Insolvenzrecht, 3. Aufl. 2003, RdNr. 28.23 ff., 28.49; *Foerste*, Insolvenzrecht, 2. Aufl. 2004, RdNr. 483; *Goller* ZInsO 2000, 249, 255; *Henckel*, Der Insolvenzplan, 1999 (noch unveröffentlichtes Manuskript); besonders prononciert *Smid* InVo 1997, 169 ff. Für Kritik während des Gesetzgebungsverfahrens vgl. *Henckel* KTS 1989, 477, 491 (zum DE); *Stürner* in: *Leipold* (Hrsg.), Insolvenzrecht im Umbruch, 1991, S. 41, 45 ff. (zum RefE).
[15] *Smid* InVo 1997, 169, 171.

9 Indes ist strategisches Verhalten eines Planarchitekten bei der Gruppenbildung nicht nur legitim, sondern nach der gesetzgeberischen Grundkonzeption des Planverfahrens, die dem Planarchitekten das Recht der Gruppenbildung einräumt, sogar unvermeidlich. Fraglich kann nur sein, ob die **Gruppenbildungsregeln** und die **Gruppenbildungskontrolle** so beschaffen sind, dass der Zweck eines gruppenbezogenen Abstimmungsverfahrens, die Erhöhung der Legitimationskraft des Abstimmungsergebnisses im Vergleich zu einem gruppenübergreifenden Abstimmungsverfahren, auch tatsächlich erreicht wird. *Prima facie* ist dies der Fall, da eine beliebige Fragmentierung der Gläubigerschaft in unterschiedliche Gruppen nicht möglich ist: Eine gem. § 222 Abs. 2 fakultativ gebildete Gruppe muss Gläubiger mit gleichartigen wirtschaftlichen Interessen zusammenfassen und von anderen Gruppen sachgerecht abgegrenzt werden (dazu RdNr. 71 ff.). Dies hat das Insolvenzgericht im Vorprüfungsverfahren zu kontrollieren (§ 231 Abs. 1 Nr. 1, vgl. RdNr. 147). Es ist dabei an verfassungsrechtliche Maßstäbe gebunden, die sich aus Art. 3 Abs. 1 GG und Art. 14 Abs. 1 Satz 1 GG ableiten lassen, und die die Auslegung der Gruppenbildungsregeln des § 222 maßgeblich beeinflussen (dazu ausführlich RdNr. 33 ff., 105 ff., insbes. 107). Gruppenbildungsregeln und -kontrolle sind so beschaffen, dass sich ein Missbrauch des gruppenbezogenen Abstimmungsverfahrens tatsächlich vermeiden lässt (für eine Detailanalyse der Gruppenbildungsregeln vgl. RdNr. 45 ff., 71 ff.).[16]

10 **2. Zu weitgehende Prüfungskompetenz der Insolvenzgerichte.** Eher schon kann man fragen, ob die Regeln des Planverfahrens über die Gruppenbildung und die Gruppenbildungskontrolle nicht deshalb rechtspolitisch kritikwürdig sind, weil sie eine **zu weitgehende Planüberprüfung** bewirken. Ob eine Gruppenabgrenzung sachgerecht ist oder nicht, ist eine Frage, die man im Einzelfall sicherlich auf die eine oder die andere Weise vertretbar beantworten kann. „... [T]here may be no absolute answer to the question of ,proper' classification ..."[17] hat *Jackson* einmal mit Blick auf das US-amerikanische Insolvenzrecht zu Recht festgestellt. Die Verpflichtung der Insolvenzgerichte, die Sachgerechtigkeit der Gruppenbildung gem. § 231 Abs. 1 Nr. 1 präzise nachzuprüfen, provoziert Verfahrensverzögerungen durch Planzurückweisungen und Rechtsmittel (§ 231 Abs. 3). *De lege ferenda* empfiehlt es sich, die Zurückweisungspflicht in § 231 Abs. 1 Nr. 1 – ähnlich wie in § 231 Abs. 1 Nr. 2 und Nr. 3 – auf offensichtliche Planmängel im Allgemeinen bzw. eine **offensichtlich** nicht sachgerechte Gruppenbildung im Besonderen zu beschränken.[18]

11 **3. Gruppenbezogene versus gruppenübergreifende Gleichbehandlung.** Bedenken gegen das gruppenbezogene Abstimmungsverfahren werden aber nicht nur auf Grund vermeintlicher Manipulationsgefahren, sondern auch unter dem Gesichtspunkt der Beschränkung des Gleichbehandlungsgrundsatzes auf eine **gruppenbezogene Gläubigergleichbehandlung** (vgl. § 226 Abs. 1) erhoben: Wenn es gelinge, durch den Plan Vermögenswerte zu aktivieren, die bei gesetzlicher Abwicklung nicht realisiert werden könnten, sollte der Wertzuwachs danach allen Gläubigern gleichmäßig zugute kommen.[19] Mit dieser Kritik wird allerdings die Regelungssystematik des gruppenbezogenen Abstimmungsverfahrens in den §§ 243 ff. verkannt. Wenn eine Gruppe im Verhältnis zu den anderen gebildeten Gruppen im Hinblick auf „aktivierte" Vermögenswerte zurückgesetzt wird, wird die zurückgesetzte Gruppe dem Plan widersprechen. Dann aber kann der Plan nur bestätigt werden, wenn sich die Zustimmung der opponierenden Gruppe über das Obstruktionsverbot (§ 245) fingieren lässt. Dies aber setzt voraus, dass diese Gruppe angemessen an dem

---

[16] Im Ergebnis ähnlich *Schiessler*, Der Insolvenzplan, 1997, S. 121 ff.
[17] *Jackson*, The Logic and Limits of Bankruptcy Law, 1986, S. 216.
[18] Vgl. *Eidenmüller* JNPÖ 15 (1996), 164, 188, sowie *Eidenmüller*, Unternehmenssanierung zwischen Markt und Gesetz, 1999, S. 84 f. Bereits de lege lata für diesen Maßstab – auf Grund der eindeutigen Regelung in § 231 Abs. 1 Nr. 1 allerdings nicht vertretbar – *Hess/Weis* InVo 1998, 64, 65; *Evers/Möhlmann* ZInsO 1999, 21, 27; *Müller*, Der Verband in der Insolvenz, 2002, S. 294 f.; *Kübler/Prütting/Otte* § 231 RdNr. 10; wohl auch *Maus* in: K. Schmidt/Uhlenbruck (Hrsg.), Die GmbH in Krise, Sanierung und Insolvenz, 3. Aufl. 2003, RdNr. 1631, und *Vallender* ebenda RdNr. 1638.
[19] *Häsemeyer*, Insolvenzrecht, 3. Aufl. 2003, RdNr. 28.49.

durch den Plan geschaffenen wirtschaftlichen Wert beteiligt wird (vgl. § 245 Abs. 1 Nr. 2 i. V. m. § 245 Abs. 2). Die Kritik des auf die einzelnen gebildeten Gruppen beschränkten Gleichbehandlungsgrundsatzes geht damit fehl.[20]

B. Entstehungsgeschichte der Norm

I. Frühere Regelung

§ 222 hat keine unmittelbaren Vorläufer in den durch die InsO abgelösten Insolvenzgesetzen (KO, VerglO, GesO). Am Vergleichsverfahren nach der VerglO waren – in der Terminologie der InsO – absonderungsberechtigte Gläubiger und nachrangige Insolvenzgläubiger nicht beteiligt (vgl. §§ 26 Abs. 1, 27, 29 VerglO). § 83 VerglO bzw. § 32 a Abs. 1 Satz 2 GmbHG ordneten lediglich eine Wirkungserstreckung des Vergleichs auf bestimmte nachrangige Forderungen an. Gleiches galt für den Zwangsvergleich im Konkurs (§§ 63, 173 KO – eine dem § 83 VerglO entsprechende Vorschrift fehlte allerdings) sowie für den Vergleich im Gesamtvollstreckungsverfahren (§ 16 Abs. 2 GesO, § 63 KO analog – auch hier fehlte allerdings eine dem § 83 VerglO entsprechende Vorschrift). Aufgrund der Beschränkung der am Vergleich nach der VerglO, dem Zwangsvergleich nach der KO sowie dem Vergleich nach der GesO teilnehmenden Gläubiger auf die – in der Terminologie der InsO – (nicht bevorrechtigten) Insolvenzgläubiger war eine Gruppenbildung nicht erforderlich.

Indes war sie auch nicht vollständig unmöglich. Auch unter der Geltung der durch die InsO abgelösten, alten Insolvenzgesetze konnten die Gesichtspunkte, die für eine Differenzierung zwischen Gläubigern mit gleicher Rechtsstellung sprechen (vgl. RdNr. 4), nämlich zumindest insoweit berücksichtigt werden, als eine **Zurücksetzung** bestimmter Gruppen von Gläubigern möglich war, wenn sie durch diese mit einer qualifizierten Mehrheitsentscheidung (§ 8 Abs. 2 VerglO) oder einstimmig akzeptiert wurde (§ 181 Satz 2 KO – für den Vergleich im Gesamtvollstreckungsverfahren galt trotz § 16 Abs. 3 Satz 2 Hs. 2 GesO dasselbe).[21] Auch konnten unter diesen Voraussetzungen mehrere Gruppen jeweils unterschiedlich stark zurückgesetzt werden.[22] Das gruppenbezogene Abstimmungsverfahren der InsO ist im Lichte dieser Regelungen daher kein vollständiges Novum.

II. Reformvorschläge

Wichtige Impulse für die Neuregelung gingen insbesondere von den Vorschlägen des 1. KommBer. aus. Leitsatz 2. 2. 16 sah **für die Abstimmung** über den Reorganisationsplan (und nur für diese) innerhalb des Reorganisationsverfahrens eine **zwingende gesetzliche Bildung von drei Gruppen** vor: (1) Insolvenzgläubiger mit bestimmten Sicherungsrechten, (2) ungesicherte Gläubiger, (3) im Unternehmen verbleibende Arbeitnehmer, deren Ansprüche auf rückständiges Arbeitsentgelt gekürzt werden sollen. Gläubiger, die – anders als die Gläubiger der Gruppe (1) – im Insolvenzverfahren abgesonderte Befriedigung beanspruchen können (insbesondere Grundpfandgläubiger), sollten bei einer simultanen persönlichen Haftung des Schuldners in Höhe ihres (mutmaßlichen) Ausfalls der Gruppe (2) zugeordnet werden (Leitsatz 2. 2. 16 Abs. 2 Satz 1 und Satz 2). Bei einer plangemäß vorgesehenen Kürzung von Mobiliarsicherheiten sollten die Gläubiger der Gruppe (1) nicht nur in Höhe ihres planunabhängigen (mutmaßlichen) Ausfalls, sondern auch in der Höhe der planmäßigen Kürzung in Gruppe (2) abstimmen (Leitsatz 2. 2. 16 Abs. 2 Satz 3). Interessant ist die Begründung, mit der sich die Kommission für eine gesetzliche Fixierung

---

[20] Ebenso *Bork*, Einführung in das Insolvenzrecht, 4. Aufl. 2005, RdNr. 322, der feststellt, dass hinter dem System einer gruppenbezogenen Rechtsgestaltung und Abstimmung eine „... vernünftige Handhabung des Grundsatzes der Gleichbehandlung ..." steht.
[21] Vgl. *Kilger/K. Schmidt* § 16 GesO Anm. 2) b).
[22] Vgl. *Kilger/K. Schmidt* § 8 VerglO Anm. 3).

der Gruppenbildung aussprach. Durch die Zulassung weiterer Abstimmungsgruppen seitens des Gerichts oder im Reorganisationsplan „... würde die Durchführung des Reorganisationsverfahrens erheblich erschwert und unter Umständen durch Streitigkeiten verzögert, weil jede Interessengruppierung eine eigene Abstimmungsgruppe für sich in Anspruch nehmen könnte" (aus der Begründung des 1. KommBer. zu Leitsatz 2. 2. 16).[23]

III. Gesetzgebungsverfahren zur InsO

15 Im Gesetzgebungsverfahren zur InsO wurden diese Erwägungen indes nicht mehr für durchschlagend gehalten. Bereits § 255 DE wich in zweierlei Hinsicht klar von Leitsatz 2. 2. 16 des 1. KommBer. ab. Zum einen wurde die Gruppenbildung in die Hand des **Planarchitekten** gelegt. Zum anderen sollte sie nicht nur für die Abstimmung über einen Insolvenzplan, sondern auch für die **Gestaltung der Rechte** der Beteiligten maßgeblich sein (vgl. §§ 255 Abs. 1 Satz 1, 259 Abs. 1 und Abs. 2 DE). An diesen beiden Grundentscheidungen hat sich bis zur endgültigen Fassung des § 222 nichts mehr geändert.

16 In anderer Hinsicht unterschied sich § 255 DE demgegenüber noch gravierend von § 222. § 255 Abs. 1 DE (inhaltlich gleich lautend später § 255 Abs. 1 RefE und § 265 Abs. 1 RegE) sah vor, dass bei der Festlegung der Rechte der Beteiligten Gruppen gebildet werden **müssen,** in denen Beteiligte mit gleicher Rechtsstellung und gleichartigen wirtschaftlichen Interessen zusammengefasst werden. Diese Gruppen sollten sachgerecht voneinander abgegrenzt und die Abgrenzungskriterien im Plan angegeben werden. In § 255 Abs. 2 DE (inhaltlich gleich lautend später § 255 Abs. 2 RefE und § 265 Abs. 2 RegE) wurde festgelegt, dass insoweit zumindest zwischen den absonderungsberechtigten Gläubigern, den nicht nachrangigen Insolvenzgläubigern sowie den einzelnen Rangklassen nachrangiger Insolvenzgläubiger zu unterscheiden sei.

17 Der Rechtsausschuss übte an diesen Regelungen deutliche Kritik. Die Aufstellung eines Insolvenzplans und die Abstimmung über diesen würden „... übermäßig kompliziert, wenn unterschiedliche wirtschaftliche Interessen rechtlich gleichgestellter Gläubiger dazu zwängen, diese Gläubiger in entsprechende Gruppen aufzuteilen."[24] Auf seine Empfehlung hin wurde die Bildung von mehreren Gruppen aus Gläubigern mit gleicher Rechtsstellung, aber unterschiedlichen wirtschaftlichen Interessen in § 222 Abs. 2 deshalb nicht als eine obligatorische, sondern als eine **fakultative** ausgestaltet. Zudem monierte der Rechtsausschuss, dass eine obligatorische Gruppenbildung im Hinblick auf absonderungsberechtigte Gläubiger, nicht nachrangige Insolvenzgläubiger sowie die einzelnen Rangklassen nachrangiger Insolvenzgläubiger wenig sinnvoll sei, sofern der Plan die Rechte der absonderungsberechtigten Gläubiger nicht antaste und die Ansprüche der nachrangigen Insolvenzgläubiger gem. § 225 Abs. 1 (inhaltlich gleich lautend § 258 Abs. 1 DE, § 258 Abs. 1 RefE und § 268 Abs. 1 RegE) als erlassen gelten.[25] Dementsprechend wurde in § 222 Abs. 1 Satz 2 die obligatorische Gruppenbildung im Hinblick auf absonderungsberechtigte Gläubiger auf den Fall eines **Eingriffs in deren Rechte** (Nr. 1) und im Hinblick auf die einzelnen Rangklassen nachrangiger Insolvenzgläubiger auf den Fall beschränkt, dass deren Forderungen **nicht** gem. § 225 als **erlassen** gelten sollen.

18 Eine eher marginale Änderung erfuhr § 255 DE im Zuge des Gesetzgebungsverfahrens zur InsO noch im Hinblick auf die Rechtsstellung der Arbeitnehmer. § 255 Abs. 3 DE traf zunächst nur eine Regelung in Bezug auf Kleingläubiger, die unverändert in § 255 Abs. 3 Satz 2 RefE und § 265 Abs. 3 Satz 2 RegE übernommen und schließlich als § 222 Abs. 3 Satz 2 Gesetz wurde. Eine Sonderregelung für Arbeitnehmer enthielt § 255 Abs. 3 DE demgegenüber nicht. Davon wich § 255 Abs. 3 Satz 1 RefE (gleich lautend dann § 265 Abs. 3 Satz 1 RegE und § 222 Abs. 3 Satz 1) ab: Die Interessenlage der Arbeitnehmer

---
[23] 1. KommBer. S. 183.
[24] BT-Drucks. 12/7302, S. 182.
[25] BT-Drucks. 12/7302, S. 182.

unterscheide sich von derjenigen anderer Insolvenzgläubiger.[26] Deswegen sollen die Arbeitnehmer eine besondere Gruppe bilden, wenn sie als Insolvenzgläubiger mit nicht unerheblichen Forderungen beteiligt sind.[27]

C. Rechtsvergleichender Hintergrund der Norm

§ 222 weist gewisse Ähnlichkeiten mit einer zentralen Vorschrift des in Chapter 11 des Bankruptcy Code geregelten, US-amerikanischen Reorganisationsverfahrens auf. In 11 U.S.C. § 1122 (a) heißt es, dass – von dem Sonderfall des 11 U.S.C. § 1122 (b) abgesehen – ein Plan einen Anspruch oder ein Interesse (damit sind bestimmte Sicherungsrechte [sog. *equity securities*] gemeint) nur dann einer bestimmten Klasse (Gruppe) zuordnen darf, wenn dieser Anspruch oder dieses Interesse den anderen Ansprüchen oder Interessen der Klasse (Gruppe) **im Wesentlichen (substantiell) ähnelt** („Except as provided in subsection (b) of this section, a plan may place a claim or an interest in a particular class only if such claim or interest is substantially similar to the other claims or interests of such class"). Ähnlich wie im Insolvenzplanverfahren nach der InsO kommt dieser Vorschrift vor allem im Zusammenhang mit den Vorschriften über die Planbestätigung gegen den Willen einzelner oder mehrerer Gläubigerklassen(gruppen) (sog. *cram down*, vgl. 11 U.S.C. § 1129 (b)) eine erhebliche praktische Bedeutung zu. Die US-amerikanische Insolvenzrechtswissenschaft und -praxis hat sich in vielfältiger Weise mit der Konkretisierung des Begriffs „substantially similar" im Zusammenhang mit behaupteten Manipulationen bei der Gruppenbildung mit dem Ziel einer Planbestätigung beschäftigt.[28] Die dabei gewonnenen Erkenntnisse können unter gebührender Beachtung der Besonderheiten, die § 222 von 11 U.S.C. § 1122 unterscheidet, auch für die Auslegung und Fortbildung des § 222 fruchtbar gemacht werden.[29] Darauf ist an verschiedenen Stellen im Einzelnen zurückzukommen.

D. Allgemeine Fragen der Gruppenbildung

§ 222 Abs. 1 betrifft die Gruppenbildung für Gläubiger mit unterschiedlicher Rechtsstellung, § 222 Abs. 2 diejenige für Gläubiger mit gleicher Rechtsstellung, § 222 Abs. 3 enthält Sonderregeln für Arbeitnehmer und Kleingläubiger. Einige allgemeine Fragen der Gruppenbildung besitzen eine grundsätzliche Bedeutung für sämtliche Gruppenbildungsformen bzw. -regeln.

I. Gruppenbildung als Teil des darstellenden und des gestaltenden Teils

In § 222 Abs. 1 Satz 1 heißt es, dass bei „… der Festlegung der Rechte der Beteiligten im Insolvenzplan …" Gruppen zu bilden sind. Damit wird angedeutet, dass die Gruppenbildung den **gestaltenden Teil** eines Insolvenzplans betrifft. Durch diesen wird nämlich festgelegt, „… wie die Rechtsstellung der Beteiligten durch den Plan geändert werden soll" (§ 221). Allerdings beschränkt sich die Bedeutung der Gruppenbildung nicht auf den gestal-

---

[26] So die Begründung zu § 255 Abs. 3 Satz 1 RefE (abgedruckt in *Bundesministerium der Justiz*, Gesetz zur Reform des Insolvenzrechts: Referentenentwurf, 1989, S. 264).
[27] Auf der Basis des RefE war diese Regelung allerdings noch schwer verständlich, da § 255 Abs. 1 Satz 1 RefE ohnehin eine **zwingende** Gruppenbildung nach gleichartigen bzw. unterschiedlichen wirtschaftlichen Interessen vorsah.
[28] Überblick bei *Baird*, Elements of Bankruptcy, 4. Aufl. 2006, S. 257 ff.
[29] Ebenso zu Recht *Nerlich/Römermann/Braun* § 222 RdNr. 3 f. und 11 ff. Natürlich geht es dabei nicht darum, „… leichtfertig Parallelen [zu eröffnen] …" (*Smid* InVo 1997, 169, 176 – ähnlich wie *Smid* ablehnend zur kritischen Nutzbarmachung der Ergebnisse US-amerikanischer Rechtswissenschaft und -praxis aber auch *FK-Jaffé* § 222 RdNr. 37 ff.).

tenden Teil eines Insolvenzplans.³⁰ In § 222 Abs. 2 Satz 3 wird für die Gruppenbildung bei Gläubigern mit gleicher Rechtsstellung, aber unterschiedlichen wirtschaftlichen Interessen die Angabe sachgerechter Abgrenzungskriterien „im Plan" gefordert. Dabei kann es sich nur um den **darstellenden Teil** des Plans handeln.³¹ Denn der gestaltende Teil enthält nur rechtsstellungsbezogene Regelungen, die einer Gestaltungswirkung gem. § 254 Abs. 1 zugänglich sind. Beschreibungen und Erläuterungen, welche die Grundlagen des Plans betreffen, gehören gem. § 220 Abs. 2 in den darstellenden Teil. Auch von dem Spezialfall des § 222 Abs. 2 Satz 3 abgesehen ist davon auszugehen, dass ein Planarchitekt sämtliche für die Gruppenbildung nach § 222 maßgeblichen Erwägungen gem. § 220 Abs. 2 als wesentliche Plangrundlagen in dessen darstellendem Teil zu erläutern hat.³²

II. Gruppenfreie Rechtsgestaltung

22 Obwohl die gruppenbezogene Rechtsgestaltung gem. §§ 221, 222 den Kern des gestaltenden Teils eines Insolvenzplans ausmacht, muss sich ein Insolvenzplan nicht in einer gruppenbezogenen Rechtsgestaltung erschöpfen. Gem. §§ 217, 221 ist auch eine gruppenfreie Rechtsgestaltung möglich.

23 **1. Planregelungen mit Zwangswirkung.** Das betrifft zum einen eine Reihe von in dem gestaltenden Teil eines Plans möglichen Regelungen, die mit Zwangswirkung im Verhältnis zu den von ihnen Betroffenen – also auch ohne deren explizite Zustimmung – erfolgen können. So kann im gestaltenden Teil z. B. die Haftung des Schuldners nach Beendigung des Insolvenzverfahrens ebenso geregelt werden (§§ 217, 227 Abs. 1 – vgl. dazu § 217 RdNr. 64, 127 ff. und § 221 RdNr. 84) wie die Haftung der persönlich haftenden Gesellschafter des Schuldners, sofern es sich bei diesem um eine Gesellschaft ohne Rechtspersönlichkeit oder eine Kommanditgesellschaft auf Aktien handelt (§ 227 Abs. 2 – vgl. dazu § 217 RdNr. 65 ff., 132 ff. und § 221 RdNr. 84), oder aber die persönliche Haftung der Ehegatten bzw. eingetragenen Lebenspartnern in einem Insolvenzplanverfahren über das gemeinschaftlich verwaltete Gesamtgut einer Gütergemeinschaft (§ 334 Abs. 2 – vgl. § 217 RdNr. 77, 144). Auch Regelungen über die Verwertung der Insolvenzmasse sind z. B. möglich (vgl. § 217 RdNr. 117 ff.).

24 Alle diese Regelungen unterliegen grundsätzlich nicht den Vorschriften der §§ 222 ff. über die Gruppenbildung und die gruppenbezogene Rechtsgestaltung. Denn diese Vorschriften gelten nur für die Gläubiger des Schuldners (vgl. §§ 222, 243), nicht aber für den Schuldner selbst, persönlich haftende Gesellschafter bzw. Ehegatten/eingetragene Lebenspartner oder für überhaupt nicht personenbezogene Regelungen. Indes wird man im Falle mehrerer Gesellschafter, Ehegatten oder eingetragener Lebenspartner §§ 222 Abs. 1 Satz 1 und Abs. 2 sowie §§ 226 Abs. 1 und Abs. 2 vorsichtig analog anwenden können. So können z. B. mehrere persönlich haftende **Gesellschafter** eines Schuldners nur unterschiedlich behandelt werden, wenn sie zustimmen (§ 226 Abs. 2 analog) oder wenn sie in Gruppen aufgeteilt wurden.³³ Eine entsprechende Aufteilung in verschiedene Gruppen ist zwingend bei einer unterschiedlichen Rechtsstellung (§ 222 Abs. 1 Satz 1 analog – etwa weil sie auf Grund gesellschaftsvertraglicher Regeln an einem Liquidationsüberschuss unterschiedlich partizipieren,³⁴ zum Begriff der unterschiedlichen Rechtsstellung vgl. RdNr. 46 ff.). Bei unterschiedlichen wirtschaftlichen Interessen steht sie im Ermessen des Planarchitekten (§ 222 Abs. 2).

---

³⁰ AA offenbar *Kaltmeyer* ZInsO 1999, 255, 258; *Hess* in: *Hess/Obermüller,* Insolvenzplan, Restschuldbefreiung und Verbraucherinsolvenz, 3. Aufl. 2003, RdNr. 159.
³¹ AA offenbar Nr. 38 ff. des Entwurfes des IDW-Fachausschusses Recht: Anforderungen an Insolvenzpläne, ZIP 1999, 500, 503.
³² Vgl. insoweit etwa Nr. 16 bis 18 des Entwurfes des IDW-Fachausschusses Recht: Anforderungen an Insolvenzpläne, ZIP 1999, 500, 501 f., sowie die „Musterpläne" von *Braun/Uhlenbruck,* Muster eines Insolvenzplans, 1998, S. 11, 43 ff., und von *Lauscher/Weßling/Bange* ZInsO 1999, 5, 12.
³³ Vgl. insoweit auch *Müller* KTS 2002, 209, 255.
³⁴ Vgl. *Smid/Rattunde* InsO § 222 RdNr. 1.

Bildung von Gruppen   25–28 § 222

2. Fakultative Planregelungen. Eine gruppenfreie Rechtsgestaltung ist aber auch im 25 Hinblick auf sog. fakultative Planregelungen möglich. Dabei handelt es sich um Regelungen, die einen Bezug zu dem Ziel des Insolvenzplanverfahrens einer möglichst optimalen Haftungsverwirklichung aufweisen, jedoch nur mit Zustimmung der von ihnen Belasteten in den Plan aufgenommen werden dürfen. Beispielhaft sei hier nur die Vergabe eines Überbrückungs- oder Sanierungskredits durch mehrere (Gläubiger-) Banken an ein im Insolvenzverfahren befindliches Unternehmen genannt (vgl. § 217 RdNr. 105 ff., insbes. 107 ff., 159). Auch insoweit handelt es sich um eine gruppenfreie und nicht um eine gruppenbezogene Rechtsgestaltung, weil sie mit jedem Betroffenen vereinbart werden muss, um wirksam werden zu können.

III. Gruppenbildung und gruppenbezogene Abstimmung

§ 222 beschäftigt sich mit der obligatorischen und der fakultativen **Bildung** von Gläubi- 26 gergruppen in einem Insolvenzplan. Deren Bedeutung liegt, wie bereits erwähnt (vgl. RdNr. 3), darin, dass nur innerhalb jeder gebildeten Gruppe allen Beteiligten gleiche Rechte anzubieten sind (§ 226 Abs. 1) und dass über einen Insolvenzplan gruppenbezogen gesondert abgestimmt wird (§§ 243 ff.). Gegenstand von § 222 ist nicht die Frage, ob die Gläubiger einer nach dieser Vorschrift ordnungsgemäß gebildeten Gruppe **stimmberechtigt** sind.[35] Diese Frage beantwortet vielmehr § 237 Abs. 2: Gläubiger, deren Forderungen durch den Plan nicht beeinträchtigt werden, haben kein Stimmrecht. Da gruppenweise gleiche Rechte anzubieten sind, bedeutet dies, dass die betreffende Gruppe nicht stimmberechtigt ist (vgl. § 243). Gegenstand von § 222 ist auch nicht die Frage, ob die Zustimmung einer abstimmenden Gruppe zum Plan ggf. fingiert wird. Voraussetzungen und Tatbestände einer entsprechenden **Zustimmungsfiktion** sind vielmehr in §§ 245, 246 geregelt.

IV. Rechtebezogenheit der Gruppenbildung

In § 222 ist im Hinblick auf die obligatorische und die fakultative Gruppenbildung 27 durchgängig von (absonderungsberechtigten, nicht nachrangigen, nachrangigen) **Gläubigern** (§ 222 Abs. 1 und 2) bzw. von Arbeitnehmern als Insolvenzgläubiger sowie von Kleingläubigern (§ 222 Abs. 3) die Rede. Die entsprechenden Formulierungen suggerieren eine **Personenbezogenheit** der Gruppenbildungsregeln. Tatsächlich sind diese Regeln jedoch nicht personen-, sondern vielmehr **rechtebezogen**.[36] So kann eine bestimmte Person z. B. Inhaber eines Absonderungsrechts, Gläubiger einer nicht nachrangigen Insolvenzforderung und Gläubiger einer nachrangigen Insolvenzforderung sein. In diesem Fall sind die jeweiligen **Rechte** dieser Person in drei unterschiedliche Gruppen einzuordnen (vgl. § 222 Abs. 1 Satz 2 Nr. 1 bis 3). Die Rechtslage in Deutschland unterscheidet sich insoweit nicht von derjenigen in den USA gem. 11 U.S.C. § 1122 (a). Auch dort geht es um die Klassifizierung von Ansprüchen („claims") bzw. Interessen („interests", damit sind bestimmte Sicherungsrechte gemeint, vgl. RdNr. 19).

Diese Zusammenhänge werden vom **BGH** in einer neueren Entscheidung **grundlegend** 28 **verkannt.**[37] Im konkreten Fall ging es unter anderem um eine Bank als Grundpfandrechtsgläubigerin, der die Insolvenzschuldnerin auch persönlich haftete. In den Entscheidungsgründen wird mitgeteilt, dass die Bank „... mit ihrer gesamten Forderung in die Gruppe 1

---

[35] Unrichtig deshalb *Haarmeyer/Wutzke/Förster*, Handbuch zur Insolvenzordnung InsO/EGInsO, 3. Aufl. 2001, Kap. 9 RdNr. 75: „Die Festlegung der Stimmrechte bedeutet zugleich die Zuordnung zur jeweiligen Gruppe der Beteiligten nach § 222 ...".
[36] Ebenso *Braun* in: *Braun/Uhlenbruck*, Unternehmensinsolvenz, 1997, S. 437; *Uhlenbruck/Lüer* § 222 RdNr. 15.
[37] BGH NZI 2005, 619. Dieselben Fehler finden sich schon bei LG Berlin NZI 2005, 335, 337, als Vorinstanz, obwohl das LG Berlin noch explizit (und zu Recht!) bemerkt, dass „... die Regeln des § 222 InsO nicht personen-, sondern rechtsbezogen ..." seien. Unrichtig auch HK-*Flessner* § 222 RdNr. 6.

der absonderungsberechtigten Gläubiger eingeordnet worden ist."[38] Diese Gruppenbildung war schon deshalb fehlerhaft, weil in Gruppe 1 nicht „absonderungsberechtigte Gläubiger" (so aber der BGH[39]), sondern *Absonderungsrechte* (bestimmter Beteiligter) hätten eingeordnet werden müssen. Darüber hinaus wird auf dieser Basis sofort klar, dass eine *Insolvenzgläubigerforderung* („gesamte Forderung") ein anderes Recht ist, das in eine solche Gruppe nicht, auch nicht teilweise, eingruppiert werden darf. Selbst wenn also die persönliche Forderung eines Absonderungsberechtigten in voller Höhe durch das Absonderungsrecht „gedeckt" ist, ist in die Gruppe mit Absonderungsrechten nicht etwa diese persönliche Forderung, sondern immer nur das Absonderungsrecht aufzunehmen (anders der BGH[40]). Vgl. auch RdNr. 45 ff., 49 ff.

29   Aus der Rechtebezogenheit der Gruppenbildungsregeln folgt des Weiteren, dass Gläubiger, denen ein bestimmtes Recht **gemeinsam** zusteht, im Hinblick auf dieses Recht zwingend derselben Gruppe zugeordnet werden müssen. Dies wird so – zu Recht – auch von § 244 Abs. 2 Satz 1 vorausgesetzt. Eine entsprechende gemeinsame Rechtszuständigkeit besteht etwa bei einer Gesamtgläubigerschaft (§ 428 BGB), bei einer Gemeinschaft nach Bruchteilen (§§ 741 ff. BGB) sowie bei einer Gesamthandsgemeinschaft (bei Sicherheitenpools hängt die dingliche Rechtsträgerschaft [Gesamthand, Gemeinschaft, Treuhand, Poolmitglied] von den Umständen, insbesondere der Vertragsgestaltung, im Einzelfall ab).[41] Sie besteht nicht bei einer Teilgläubigerschaft (§ 420 BGB). Selbst wenn die Rechtszuständigkeit nicht gemeinschaftlich ist – so sind beispielsweise mehrere Banken, die einen Konsortialkredit vergeben, in der Regel ebenso Teilgläubiger wie die mehreren Gläubiger einer Anleihe[42] –, wird indes dann, wenn zwischen den mehreren Gläubigern schuldrechtliche Bindungen bestehen, insbesondere wenn diese eine Gesellschaft des Bürgerlichen Rechts bilden,[43] eine Aufteilung der Rechte in verschiedene Gruppen auf Grund der *prima facie* gleich gelagerten wirtschaftlichen Interessen regelmäßig nicht in Betracht kommen (vgl. dazu auch RdNr. 89, 90 f. und 144 f.).

V. Gruppen mit einem Recht (einem Gläubiger)

30   § 222 spricht durchgängig von der Bildung von „Gruppen". Durch diesen Wortlaut wird nahegelegt, dass jede Gruppe mehr als ein Recht bzw. einen Gläubiger enthalten muss. Dass trotzdem unter Umständen auch Gruppen mit nur einem Recht (bzw. einem Gläubiger) gebildet werden können, zeigen zum einen die – allerdings eher theoretischen – Fälle, in denen überhaupt nur ein Absonderungsberechtigter (neben mindestens einem Insolvenzgläubiger) oder nur ein (nachrangiger) Insolvenzgläubiger (neben mindestens einem Absonderungsberechtigten) existiert. Aber auch von diesen unwahrscheinlichen Konstellationen abgesehen spricht für die grundsätzliche Zulässigkeit von Gruppen mit nur einem Recht (bzw. einem Gläubiger) zum anderen die durch Art. 91 Nr. 4 d) EGInsO für den Pensions-Sicherungs-Verein getroffene Regelung, nach der für diesen eine besondere Gruppe gebildet werden kann (= § 9 Abs. 4 Satz 1 BetrAVG, vgl. insoweit auch RdNr. 139 ff.). Diese Regelung wurde vom Gesetzgeber auch nicht als Ausnahmeregelung zu einem grundsätzlich geltenden Verbot von Gruppen mit einem Recht bzw. einem Gläubiger konzipiert.[44]

---

[38] BGH NZI 2005, 619, 620.
[39] BGH NZI 2005, 619, 621.
[40] BGH NZI 2005, 619, 620 f.
[41] Vgl. etwa *Eidenmüller*, Unternehmenssanierung zwischen Markt und Gesetz, 1999, S. 644 f.; Martinek/Oechsler, Poolverträge, in Schimansky/Bunte/Lwowski (Hrsg.), Bankrechts-Handbuch, Band II, 2. Aufl. 2001, § 97 RdNr. 24 ff.
[42] Vgl. *Eidenmüller*, Unternehmenssanierung zwischen Markt und Gesetz, 1999, S. 134 und 202 ff. (dass bei Anleihegläubigern häufig das Klagerecht des einzelnen Gläubigers mittels einer sog. *no-action clause* ausgeschlossen wird, ändert nichts an der materiellen Berechtigung des einzelnen Gläubigers).
[43] Das ist bei Konsortialkrediten, Anleihen und Sicherheiten-Pools in der Regel der Fall, vgl. *Eidenmüller*, Unternehmenssanierung zwischen Markt und Gesetz, 1999, S. 133 f., 645 f., 647 f. mwN.
[44] So aber *Smid* ZInsO 1998, 347, 352.

Vielmehr soll durch sie der besonderen wirtschaftlichen Interessenlage des Pensions-Sicherungs-Vereins durch eine Konkretisierung der Gruppenbildungsmöglichkeit für Gläubiger mit unterschiedlichen wirtschaftlichen Interessen (§ 222 Abs. 2) Rechnung getragen werden.[45] Dieser **teleologische Gesichtspunkt** trifft nun aber generell und nicht nur auf den Pensions-Sicherungs-Verein zu: Das Grundprinzip des § 222, nur solche Rechte bzw. Gläubiger in einer Gruppe zusammenzufassen, bei denen auf Grund der Gleichartigkeit der Rechtsstellung bzw. der wirtschaftlichen Interessenlage Mehrheitsentscheidungen auch im Interesse der überstimmten Minderheit liegen (vgl. RdNr. 4), erfordert, dass unter Umständen auch die Bildung von Gruppen mit nur einem Recht bzw. nur einem Gläubiger zulässig ist.[46] Dem entspricht im Übrigen auch die Rechtslage in den USA. Auch dort ist für das Chapter 11-Verfahren anerkannt, dass eine gebildete Klasse unter Umständen aus nur einem Gläubiger bestehen kann.[47]

VI. Maßstäbe der Gruppenbildung

1. Regeln des § 222. Maßstäbe der Gruppenbildung sind zuerst und vor allem die in 31 § 222 aufgeführten Kriterien der unterschiedlichen Rechtsstellung von Gläubigern (Abs. 1) und der Unterschiedlichkeit ihrer wirtschaftlichen Interessen (Abs. 2) sowie die Sonderregeln für Arbeitnehmer und Kleingläubiger (Abs. 3). Aufgrund der verwandten **unbestimmten Rechtsbegriffe** sind die genannten Kriterien bzw. Regeln allerdings in hohem Maße auslegungsbedürftig und -fähig. Dabei sind vor allem **verfassungsrechtliche Gewährleistungen** zu beachten.[48] Denn als einfachgesetzliche Norm muss § 222 im Lichte entsprechender verfassungsrechtlicher Gewährleistungen gesehen und ggf. auch interpretiert werden, um ihre Verfassungskonformität sicherzustellen (**verfassungskonforme Auslegung**).[49]

2. Schutz rechtlichen Gehörs (Art. 103 Abs. 1 GG)? Entgegen einer im Schrifttum 32 vereinzelt vertretenen Auffassung geht es insoweit allerdings nicht vorrangig um den Schutz des Anspruchs auf **rechtliches Gehör** (Art. 103 Abs. 1 GG).[50] Rechtliches Gehör gegen präsumtive Regelverstöße bei der Gruppenbildung wird durch spezielle Verfahrensregeln gewährleistet, die den Gläubigern Mitwirkungs-, Stellungnahme- sowie Erörterungsrechte einräumen (vgl. §§ 218 Abs. 3, 232 Abs. 1 Nr. 1, 235 Abs. 1 Satz 1).[51] Zudem ist ein vorgelegter Insolvenzplan von Amts wegen zurückzuweisen, sofern er nicht behebbare bzw. in angemessener Frist nicht behobene Verstöße gegen die Gruppenbildungsregeln enthält (§ 231 Abs. 1 Nr. 1). Sind die Verstöße wesentlich und nicht behebbar, darf er auch nach

---

[45] Vgl. BT-Drucks. 12/3803, S. 112; BT-Drucks. 12/7303, S. 115.
[46] Im Ergebnis ebenso HK-*Flessner* § 222 RdNr. 11; *Picot/Aleth*, Unternehmenskrise und Insolvenz, 1999, RdNr. 812; *Andres/Leithaus* § 222 RdNr. 9; *K. Schmidt/Uhlenbruck/Wellensiek* (Hrsg.), Die GmbH in Krise, Sanierung und Insolvenz, 3. Aufl. 2003, RdNr. 1648; *Nerlich/Römermann/Braun* § 222 RdNr. 10b; *Bruns* KTS 2004, 1, 11 f. (sogar eine Pflicht zur Bildung einer „Ein-Pfandrecht-Gruppe" befürwortend, dazu RdNr. 111 und begleitende Fußnoten); implizit auch *Kaltmeyer* ZInsO 1999, 255, 260. Für ein praktisches Beispiel vgl. LG Traunstein NZI 1999, 461 f. (Stadt W. als Absonderungsberechtigte bildete eine Gruppe). Widersprüchlich einerseits *Smid* InVo 1997, 169, 176 (Unzulässigkeit der Bildung von Gruppen mit nur einem Gläubiger bzw. nur einem Recht), und andererseits *Smid*, Stellung der Grundpfandgläubiger, Zwangsversteigerung und Schuldenreorganisation durch Insolvenzplan: Bemerkungen zu § 245 Abs. 1 Nr. 2 und Abs. 2 Nr. 2 InsO, in *Schilken/Kreft/Wagner/Eckardt* (Hrsg.), Festschrift für Walter Gerhardt, 2004, S. 931, 948 ff. (Zulässigkeit).
[47] Vgl. exemplarisch In re Atlanta West VI, Bkrtcy. N. D. Ga. 1988, 91 B. R. 620, 624 et seq. (im konkreten Fall wurde eine ungesicherte Bank einer besonderen Klasse zugeordnet).
[48] Zu ihrer Bedeutung für das Insolvenzverfahren vgl. vor allem *Prütting*, Allgemeine Verfahrensgrundsätze der Insolvenzordnung, in Arbeitskreis für Insolvenz- und Schiedsgerichtswesen eV, Köln (Hrsg.), Kölner Schrift zur Insolvenzordnung, 2. Aufl. 2000, S. 221, 224 ff.
[49] Vgl. zu dem Gebot verfassungskonformer Auslegung etwa *Larenz/Canaris*, Methodenlehre der Rechtswissenschaft, 3. Aufl. 1995, S. 159 ff., mit einer Vielzahl von Nachweisen aus der Rspr. des Bundesverfassungsgerichts.
[50] So aber *Smid* InVo 1997, 169, 177.
[51] Ebenso bzgl. § 235 *Hess/Weis* InVo 1998, 64, 65.

Annahme durch die Gläubiger gem. den §§ 243 ff. nicht bestätigt werden (§ 250 Nr. 1, vgl. zur Relevanz von Inhaltsmängeln im Bestätigungsverfahren auch § 217 RdNr. 180 ff.). Jeder Gläubiger hat die Möglichkeit, Gründe, die seines Erachtens für eine Zurückweisung bzw. eine Bestätigungsversagung sprechen, dem Gericht zur Kenntnis zu bringen.

33   **3. Gleichheitssatz (Art. 3 GG) und Eigentumsschutz (Art. 14 GG).** Thematisch berührt sind vielmehr in erster Linie der allgemeine **Gleichheitssatz** (Art. 3 Abs. 1 GG) sowie die verfassungsrechtliche Gewährleistung des **Eigentums** (Art. 14 Abs. 1 Satz 1 GG). Von Letzterer werden die Forderungen der Gläubiger gegen den Schuldner zweifelsohne erfasst.

34   Insbesondere der allgemeine Gleichheitssatz besitzt für die Auslegung der einfachgesetzlichen Gruppenbildungsregeln des § 222 eine zentrale Bedeutung.[52] Zum einen sind nämlich die praktisch besonders wichtigen Vorschriften über die Gruppenbildung nach gleichartigen wirtschaftlichen Interessen (§ 222 Abs. 2) *Ausdruck* des aus Art. 3 Abs. 1 GG ableitbaren Verfassungsauftrags, Regeln über eine gruppenbezogene Rechtsgestaltung und Abstimmung so zu gestalten, dass Gläubiger nur dann – aber auch: immer dann – ungleich behandelt werden, wenn sich dafür ein sachlich gerechtfertigter Grund finden lässt: Gläubiger mit gleicher Rechtsstellung, aber unterschiedlichen wirtschaftlichen Interessen dürfen nicht in einer Untergruppe zusammengefasst werden (§ 222 Abs. 2 Satz 1 – ausführlich RdNr. 74 ff.). Gläubiger mit gleicher Rechtsstellung und gleichartigen wirtschaftlichen Interessen dürfen nicht mehreren Untergruppen zugeordnet werden, weil dann eine sachgerechte Abgrenzung nicht möglich ist (§ 222 Abs. 2 Satz 2 – ausführlich RdNr. 90 f.). Zum anderen lässt sich zeigen, dass das durch den Gesetzgeber in § 222 Abs. 2 Satz 1 eingeräumte Gruppenbildungsermessen („können") in besonders gelagerten Fällen durch aus Art. 3 Abs. 1 GG abzuleitende Gruppenbildungspflichten *reduziert* ist. Entgegen dem Wortlaut des § 222 Abs. 2 Satz 1 müssen dann Untergruppen gebildet werden (vgl. ausführlich RdNr. 105 ff.).

35   Da der wirtschaftliche Wert der grundrechtlich geschützten Eigentumsposition eines Gläubigers maßgeblich von der Zuordnung zu einer bestimmten Gläubigergruppe und der für diese Gruppe vorgesehenen Rechtsgestaltung beeinflusst wird, läge in Gruppenbildungsregeln, die gegen Art. 3 Abs. 1 GG verstoßen, gleichzeitig eine rechtswidrige und damit von Art. 14 Abs. 1 Satz 2 und Abs. 2 GG nicht gedeckte Eigentumsverletzung. Dass kein dem Plan widersprechender Gläubiger hinnehmen muss, durch diesen voraussichtlich schlechter gestellt zu werden, als er ohne einen Plan stünde (§ 251), und dass keine dem Plan widersprechende Gläubigergruppe hinnehmen muss, nicht angemessen an dem durch den Plan geschaffenen Wert beteiligt zu werden (§ 245 Abs. 1 Nr. 2, Abs. 2), schlösse eine entsprechende Eigentumsverletzung nicht aus. Bei einer Gruppenbildung, die auf gegen Art. 3 Abs. 1 GG verstoßenden Regeln basiert, liefen die Gläubiger bestimmter Gruppen nämlich Gefahr, schlechter gestellt zu werden als andere Gläubiger, die ohne einen Plan **gleichrangig** mit ihnen zu befriedigen wären. Dagegen könnte sich zwar die Gruppe insgesamt mittels einer Planablehnung wehren (arg. § 245 Abs. 1 Nr. 2, Abs. 2 Nr. 3), nicht aber der einzelne Gläubiger, auf dessen Schutz es verfassungsrechtlich allein ankommt.[53]

VII. Pläne mit einer Gruppe

36   Von der Frage, ob es Gruppen geben kann, denen nur ein Recht zugeordnet wird (vgl. RdNr. 30), ist die Frage zu unterscheiden, ob und ggf. unter welchen Voraussetzungen von einer Gruppenbildung im Plan ganz abgesehen bzw. ein Plan mit nur einer Gruppe gebildet werden kann. Das ist sicherlich dann möglich, wenn es nur einen einzigen Gläubiger gibt. Von diesem eher theoretischen Fall abgesehen kann eine Gruppenbildung nach dem Wort-

---

[52] Zustimmend *Bruns* KTS 2004, 1, 10.
[53] Diese Zusammenhänge werden verkannt von *Hess/Weis* InVo 1998, 64, 65.

laut des § 222 dann unterbleiben, wenn nur Gläubiger mit gleicher Rechtsstellung beteiligt sind (§ 222 Abs. 1 Satz 1) und § 222 Abs. 3 Satz 1 (Soll-Gruppenbildung für Arbeitnehmer unter bestimmten Umständen) nicht zur Bildung einer Sondergruppe nötigt. Allerdings gilt dies nur unter der Prämisse, dass die durch § 222 Abs. 2 Satz 1 eröffnete Möglichkeit einer Gruppenbildung nach gleichartigen wirtschaftlichen Interessen unter keinen Umständen zu einer Gruppenbildungspflicht führen kann. Diese Prämisse wird durch den Wortlaut des Gesetzes zwar nahegelegt, erweist sich jedoch bei einer näheren Untersuchung als unzutreffend (vgl. ausführlich RdNr. 105 ff.).

Sind Gläubiger mit unterschiedlicher Rechtsstellung betroffen, ist grundsätzlich immer **37** eine Gruppenbildung erforderlich (arg. § 222 Abs. 1 Satz 1). Allerdings sollen die auf Vorschlag des Rechtsausschusses schließlich Gesetz gewordenen Ergänzungen von § 222 Abs. 1 Satz 2 Nr. 1 („... wenn durch den Plan in deren Rechte eingegriffen wird ...") und § 222 Abs. 1 Satz 2 Nr. 3 („... soweit deren Forderungen nicht nach § 225 als erlassen gelten sollen ...") die Gruppenbildung auch bei der Beteiligung von Gläubigern mit unterschiedlicher Rechtsstellung in vielen Fällen überflüssig machen: „Wenn der Plan die Rechte der gesicherten Gläubiger unangetastet lässt und nichts daran ändert, dass die Forderungen der nachrangigen Gläubiger als erlassen gelten ..., bleiben Regelungen nur für die nicht nachrangigen Insolvenzgläubiger zu treffen, die im Sinne des § 265 [des RegE, entspricht § 222, der Verf.] rechtlich gleichgestellt sind."[54]

Diese Einschätzung ist in mehrfacher Hinsicht korrekturbedürftig: (1) Sie setzt voraus, **38** dass keine Sondergruppenbildung für Arbeitnehmer gem. § 222 Abs. 3 Satz 1 erforderlich ist (vgl. bereits RdNr. 36). (2) Sie setzt weiter voraus, dass als Gläubiger mit unterschiedlicher Rechtsstellung nur Absonderungsberechtigte, Insolvenzgläubiger und nachrangige Insolvenzgläubiger in Betracht kommen. Das ist jedoch nicht notwendig der Fall, z. B. nicht in dem Sonderfall eines Insolvenzplans in einem Folgeinsolvenzplanverfahren nach einer Kreditrahmenregelung in einem Erstinsolvenzplanverfahren (vgl. RdNr. 66 ff.). (3) Schließlich ist fraglich, ob nicht ausnahmsweise auch einmal eine Gruppenbildungspflicht im Hinblick auf Gläubiger mit gleichartigen wirtschaftlichen Interessen bestehen kann (vgl. ausführlich RdNr. 105 ff.).

Sofern im Einzelfall ein Insolvenzplan mit nur einer Gruppe zulässig ist, ist eine Rechts- **39** gestaltung im Plan auch nur für die Mitglieder dieser Gruppe zu treffen. Sie würden dann über den Plan gem. § 243 abstimmen. Der Plan wäre angenommen, wenn er eine Kopf- und Summenmehrheit der Abstimmenden erhielte (§ 244 Abs. 1). Das Obstruktionsverbot könnte allein schon wegen § 245 Abs. 1 Nr. 3 nicht zur Anwendung gelangen.

VIII. Bedingte Gruppenbildung

Bisweilen kann es aus der Warte eines Planarchitekten aus strategischen Gründen sinnvoll **40** erscheinen, eine Gruppenbildung nicht unbedingt, sondern bedingt in dem Sinne vorzunehmen, dass bestimmte Rechte den gestaltenden Regeln einer bestimmten Gruppe nur unter bestimmten Voraussetzungen unterworfen (und den gestaltenden Regeln einer anderen Gruppe dann nicht unterworfen) werden sollen. So wäre es z. B. denkbar, Insolvenzgläubigerforderungen, die den für eine gebildete Kleingruppe festgelegten Schwellenbetrag übersteigen, dieser Kleingruppe nur für den Fall zuzuordnen, dass die betroffenen Insolvenzgläubiger durch einen Vertrag mit dem Insolvenzverwalter unter der aufschiebenden Bedingung der rechtskräftigen Planbestätigung auf den überschießenden Teilbetrag verzichten (§§ 158 Abs. 1, 397 Abs. 1 BGB).[55] Auf diese Weise mag es einem Planarchitekten gelingen, die Annahmechancen für den vorgelegten Plan zu erhöhen.

---

[54] BT-Drucks. 12/7302, S. 182. Ebenso etwa HK-*Flessner* § 222 RdNr. 8; *Nerlich/Römermann/Braun* § 222 RdNr. 6; *Kübler/Prütting/Otte* § 222 RdNr. 26; *Wellensiek* in: K. Schmidt/Uhlenbruck (Hrsg.), Die GmbH in Krise, Sanierung und Insolvenz, 3. Aufl. 2003, RdNr. 1649; *Foerste*, Insolvenzrecht, 2. Aufl. 2004, RdNr. 481; *Bilgery* ZInsO 2001, 316, 317 f.

[55] Vgl. das Beispiel bei *Braun/Uhlenbruck,* Muster eines Insolvenzplans, 1998, S. 44, 59, 75.

41 Rechtstechnisch geht es dabei allerdings nicht um eine bedingte Gruppenbildung, sondern um eine **bedingte Rechtsgestaltung:** Die in den betroffenen Gruppen gem. § 221 für bestimmte Rechte festgelegten Regelungen werden unter aufschiebende oder auflösende Bedingungen gestellt, die an das Verhalten der Rechtsinhaber anknüpfen. Diese bedingte Rechtsgestaltung vermittelt dann die Zugehörigkeit eines bestimmten Rechtsinhabers zu einer bestimmten Gruppe. Eine entsprechende Rechtsgestaltung innerhalb eines Insolvenzplans ist streng von der Vorlage mehrerer Alternativpläne zu unterscheiden (zu dieser vgl. § 218 RdNr. 122 ff.). Erstere ist **grundsätzlich unbedenklich zulässig,** sofern die Gruppenbildungskriterien des § 222 eingehalten werden. Im Vergleich zu einer unbedingten Rechtsgestaltung führt sie für einige Gläubiger zu einer Verbesserung ihrer Rechtsstellung, da sie in der Lage sind, zwischen zwei oder mehr Gestaltungen zu wählen. Ein Verstoß gegen § 226 Abs. 1 liegt darin nicht, weil **innerhalb** jeder Gruppe allen Beteiligten gleiche Rechte angeboten werden (die Regelung betrifft die Zugehörigkeit zu einer Gruppe, nicht die für eine Gruppe festgelegte Gestaltung).

42 Eine andere Form einer bedingten Rechtsgestaltung liegt darin, dass jedem Gläubiger einer bestimmten Gruppe ein **Wahlrecht** (§ 158 Abs. 1 BGB) zwischen bestimmten Regelungen angeboten wird, ohne dass sich durch die Ausübung des Wahlrechts allerdings die Gruppenzugehörigkeit ändert (z. B. wird einer bestimmten Insolvenzgläubigergruppe die Wahl zwischen einer Barquote und einer langfristigen Stundung gelassen).[56] Auch eine solche bedingte Rechtsgestaltung ist zulässig (vgl. auch § 217 RdNr. 112, § 221 RdNr. 73).

IX. Änderung der Gruppenbildung

43 Vor der wirksamen Vorlage eines Insolvenzplans an das Insolvenzgericht (durch Zugang des schriftlich ausgearbeiteten und unterschriebenen Plans, vgl. § 218 RdNr. 139, 183) kann die Gruppenbildung im Plan durch den Planarchitekten problemlos geändert werden. **Nach Planvorlage** ist eine Änderung der Gruppenbildung ein **Sonderfall einer Änderung des gestaltenden Teils** eines Plans und demzufolge nur unter den Voraussetzungen und in den Grenzen einer insoweit zulässigen Planänderung möglich (vgl. insoweit § 218 RdNr. 153 ff. sowie die Kommentierung zu § 240). Ausgeschlossen sind danach Änderungen von mehr als nur einzelnen Regelungen i. S. v. § 240 Satz 1. Der Schutzzweck dieser Vorschrift liegt in der Gewährleistung der **Übersichtlichkeit der Planstruktur** – ein Beteiligter soll nicht über einen Plan abstimmen müssen, mit dessen Struktur er sich noch nicht bzw. nur unzureichend beschäftigt hat bzw. beschäftigen konnte –, nicht aber in dem Schutz einzelner Gläubiger vor ggf. substantiellen/gravierenden Änderungen im Hinblick auf die Art/Höhe der für sie vorgesehenen Befriedigung (vgl. § 218 RdNr. 155, 159 mwN). Zulässig ist danach z. B. die **Aufteilung** einer bisher einheitlichen Gruppe in zwei selbständige Untergruppen,[57] und zwar auch dann, wenn dies mit signifikanten Quotenänderungen für einzelne Gläubiger einhergeht. Ebenfalls zulässig sind Korrekturen fehlerhafter Gruppenbildungen, soweit die Planstruktur als solche nicht verändert wird. Beispielhaft genannt sei etwa der Fall, dass in eine Gruppe mit Absonderungsrechten auch (teilweise) Insolvenzgläubigerforderungen der Absonderungsberechtigten aufgenommen wurden (vgl. RdNr. 28). Unzulässig ist demgegen-

---

[56] Vgl. für eine entsprechende Regelung BGH NZI 2005, 325, 326 (für die Unzulässigkeit dieser Regelung aus anderen Gründen im konkreten Fall vgl. § 217 RdNr. 112).

[57] Vgl. *Bork,* Verfahrenshürden beim Insolvenzplan, in *Henckel/Kreft* (Hrsg.), Insolvenzrecht 1998, 1999, S. 111, 119. Gegen jede Änderungsmöglichkeit bzgl. der Gruppenbildung nach erfolgter Stimmrechtsfestsetzung gem. den §§ 237 bis 239 demgegenüber *Smid/Rattunde,* Der Insolvenzplan, 2. Aufl. 2005, RdNr. 11.39, unter Berufung auf ein Leerlaufen des Kontrollrechts aus § 231 Abs. 1 Nr. 1. Daraus lässt sich indes gegen eine entsprechende Änderungsbefugnis schon deshalb nichts ableiten, weil dieses Argument gegen jegliche inhaltliche Planänderung vorgebracht werden könnte, solche Planänderungen aber auch in einem Verfahrensstadium weit nach der Vorprüfung durch das Insolvenzgericht nach der ausdrücklichen Anordnung des Gesetzgebers zulässig sind (arg. § 240 Satz 1). Im Übrigen wird Schutz gegen inhaltliche Planmängel auch noch durch § 250 Nr. 1 gewährleistet.

über eine **umfassende Gruppenneubildung.**[58] Eine solche dürfte jedenfalls dann vorliegen, wenn sich die Gruppenzahl um mehr als 100% verändert.

Von der Änderung der Gruppenbildung zu unterscheiden ist eine nachträgliche Änderung/Ergänzung der gem. § 222 Abs. 2 Satz 3 erforderlichen **Dokumentation** der Gruppenbildungskriterien im Hinblick auf eine an sich zulässige Gruppenbildung. Eine entsprechende Änderung/Ergänzung ist immer zulässig, da sie die Übersichtlichkeit der Planstruktur nicht in Frage stellt (vgl. auch § 218 RdNr. 161).

E. Gruppenbildung auf der Basis unterschiedlicher Rechtsstellung

Gem. § 222 Abs. 1 Satz 1 sind bei der Festlegung der Rechte der Beteiligten im Insolvenzplan Gruppen zu bilden, soweit Gläubiger mit **unterschiedlicher Rechtsstellung** betroffen sind. Zu unterscheiden ist gem. § 222 Abs. 1 Satz 2 unter bestimmten Voraussetzungen zwischen den absonderungsberechtigten Gläubigern, den nicht nachrangigen Insolvenzgläubigern und den einzelnen Rangklassen der nachrangigen Insolvenzgläubiger. Da die Gruppenbildung **rechte-** und **nicht personenbezogen** erfolgt (vgl. RdNr. 27 f.) bedeutet dies: Unterschiedliche Rechte müssen unterschiedlichen Gruppen zugeordnet werden. In diesem Sinne ist eine Bildung von **Mischgruppen,** in denen unterschiedliche Rechtspositionen vereint werden (etwa Absonderungsrechte und Insolvenzgläubigerforderungen) **unzulässig.**[59]

I. Begriff der unterschiedlichen Rechtsstellung

Für die Anwendung der Regeln über die Gruppenbildung in § 222 besitzt der Begriff der unterschiedlichen Rechtsstellung in § 222 Abs. 1 Satz 1 eine grundlegende Bedeutung. Denn während für Gläubiger mit unterschiedlicher Rechtsstellung Gruppen zu bilden **sind,** ist die Gruppenbildung bei Gläubigern mit gleicher Rechtsstellung, aber unterschiedlichen Interessen nach dem Wortlaut des Gesetzes gem. § 222 Abs. 2 Satz 1 fakultativ (**„können"**). Die Abgrenzung ist auch deshalb wichtig, weil die Gruppenbildung bei Gläubigern mit unterschiedlicher Rechtsstellung Pflicht und damit immer zulässig ist, während diejenige bei Gläubigern mit gleicher Rechtsstellung nur unter bestimmten Voraussetzungen (gleichartige wirtschaftliche Interessen der jeweils Gruppierten, sachgerechte Abgrenzung der gebildeten Gruppen, dazu im einzelnen RdNr. 72 ff.) erfolgen darf.

Was der Gesetzgeber sich unter Gläubigern mit unterschiedlicher Rechtsstellung vorstellt, zeigt die Aufzählung von absonderungsberechtigten Gläubigern, nicht nachrangigen Insolvenzgläubigern und nachrangigen Insolvenzgläubigern in § 222 Abs. 1 Satz 2. Angesprochen ist offenbar die **Rechtsstellung im Insolvenzverfahren,** genauer gesagt die **Rangfolge der Befriedigungsrechte,** die durch das Insolvenzrecht für die Rechte der Beteiligten aufgerichtet wird.[60] Nur insofern, als die Rechtsstellung einzelner Rechtsinhaber im

---

[58] Vgl. *Bork,* Verfahrenshürden beim Insolvenzplan, in *Henckel/Kreft* (Hrsg.), Insolvenzrecht 1998, 1999, S. 111, 119.

[59] So im Ergebnis auch BGH NZI 2005, 619, 621; *Braun/Braun* § 222 RdNr. 4. Allerdings verkennt der BGH, dass die Gruppenbildung nicht personen-, sondern rechtebezogen erfolgt, vgl. RdNr. 27 f. im Text. Für die Zulässigkeit von Mischgruppen in einem Sonderfall (keine Bevorzugung von ungesicherten Gläubigern in einer Mischgruppe mit absonderungsberechtigten Gläubigern im Verhältnis zu anderen nicht nachrangigen Gläubigern), soweit ersichtlich, nur *Smid* NZI 2005, 296, 297. Diese Auffassung hat keinerlei Grundlage im geltenden Recht. Auch ist unerfindlich, wie *Smid* NZI 2005, 613, 615, zu der Einschätzung gelangt, der BGH habe für den Fall, dass „... eine Ungleichbehandlung der verschiedenen Rechtspositionen innerhalb der Gruppe gewährleistet werde ...", Mischgruppen absonderungsberechtigter Gläubiger und nicht nachrangiger Insolvenzgläubiger gebilligt. Der BGH hat aaO die Rechtsauffassung von *Smid* NZI 2005, 296, 297, mitgeteilt, ohne diese gutzuheißen oder auch nur die Zulässigkeit von Mischgruppen für einen Ausnahmefall offenzulassen („Soweit eine Ausnahme für den Fall angenommen wird...").

[60] Ähnlich FK-*Jaffé* § 222 RdNr. 13 („unterschiedliche Verfahrensränge"), der aber aus unerfindlichen Gründen auf die Verfahrensränge unter der Geltung von KO/VerglO/GesO abstellt. Wie im Text jetzt auch *Andres/Leithaus* § 222 RdNr. 2.

Insolvenzverfahren im Hinblick auf ihre Befriedigungsreihenfolge divergiert, liegt eine unterschiedliche Rechtsstellung i. S. v. § 222 Abs. 1 Satz 1 vor. Unerheblich ist deshalb z. B., ob der Grund einer (nicht nachrangigen) Insolvenzforderung in einem Mietvertrag, einem Werkvertrag oder einem Kaufvertrag liegt. Alle diese Forderungen haben die gleiche Rechtsstellung. Unerheblich ist deshalb z. B. auch, ob es sich um ein Absonderungsrecht auf Grund eines Grundpfandrechts, eines Mobiliarpfandrechts oder aber auf Grund Sicherungseigentums handelt. Auch alle diese Absonderungsrechte haben dieselbe Rechtsstellung.[61]

48 Eine andere Frage ist, ob die in § 222 Abs. 1 Satz 2 erfolgte Aufzählung von Gläubigern mit unterschiedlicher Rechtsstellung (betreffend die Rangfolge ihrer Befriedigung im Insolvenzverfahren) abschließend ist, oder ob es noch weitere Fälle bzw. Typen einer unterschiedlichen Rechtsstellung gibt. Der Gesetzgeber geht von dem abschließenden Charakter der Aufzählung aus.[62] *Prima facie* erscheint dies zutreffend, da mit den in § 222 Abs. 1 Satz 2 genannten Rechten die planunterworfenen – also mit Zwangswirkung auch gegen Widersprechende i. S. v. § 254 Abs. 1 Satz 3 regelbaren – Gläubigerberechtigungen offenbar abschließend umschrieben sind. Indes ist ein Insolvenzplanverfahren aus teleologischen Erwägungen auch bei **Masseunzulänglichkeit** (§§ 208 ff.) zulässig (vgl. vor § 217 RdNr. 33 sowie § 217 RdNr. 84), und in diesem Fall wird die insolvenzrechtliche Befriedigungsrangfolge durch § 209 vorgegeben. Darüber hinaus etablieren die §§ 264 bis 266 eine besondere **Vor- und Nachrangregelung** in einem Folgeinsolvenzverfahren, nachdem in dem vorangegangenen Insolvenzverfahren in dem gestaltenden Teil eines Insolvenzplans eine Regelung im Hinblick auf Kreditrahmengläubiger getroffen worden war. In beiden Fällen handelt es sich um insolvenzrechtliche Regelungen, die eine unterschiedliche rangmäßige Befriedigung von Rechten begründen, die in § 222 Abs. 1 Satz 2 nicht erwähnt ist. Die dortige Aufzählung von Gläubigern mit unterschiedlicher Rechtsstellung ist also **nicht abschließend** (zur Gruppenbildung in einem Insolvenzplanverfahren bei Masseunzulänglichkeit vgl. RdNr. 69 f. und zur Gruppenbildung in einem Folgeinsolvenzplanverfahren nach einer Kreditrahmenregelung in einem Erstinsolvenzplanverfahren vgl. RdNr. 66 ff.).[63]

II. Absonderungsberechtigte Gläubiger

49 Gem. § 222 Abs. 1 Satz 2 Nr. 1 ist für die absonderungsberechtigten Gläubiger eine Gruppe zu bilden, wenn durch den Plan in deren Rechte eingegriffen wird. Der zweite Halbsatz dieser Vorschrift geht auf eine Beschlussempfehlung des Rechtsausschusses zurück, der dadurch die Fälle einer obligatorischen Gruppenbildung beschränken wollte (vgl. RdNr. 17). Nicht mit Zwangswirkung i. S. v. § 254 Abs. 1 Satz 3 eingegriffen werden kann in die in § 223 Abs. 1 Satz 2 genannten Sicherheiten.

50 **1. Absonderungsrechte.** Wer absonderungsberechtigter Gläubiger ist, ergibt sich aus den §§ 49 bis 51. Der Begriff „absonderungsberechtigter Gläubiger" ist insofern unscharf, als es für die Stellung einer Person als Absonderungsberechtigter unerheblich ist, ob der Schuldner auch persönlich haftet (ist dies der Fall, so gilt § 52). Auch sind die Regeln in § 222 über die Gruppenbildung nicht personen-, sondern vielmehr rechtebezogen (vgl. RdNr. 27 f.). Worum es in § 222 Abs. 1 Satz 2 Nr. 1 geht, sind Eingriffe in **Absonderungsrechte.** Sicherungsrechte an massefremden Gegenständen werden von der Vorschrift nicht erfasst.[64]

---

[61] AA HK-*Flessner* § 222 RdNr. 5, der allerdings – insoweit inkonsequent – meint, in diesen Fällen sei die Gruppenbildung nach § 222 Abs. 2 fakultativ. Das ist mit der Regelung in § 222 Abs. 1 Satz 1 nicht zu vereinbaren.
[62] Vgl. die Begründung des RegE zu § 265 (= § 222): „Abs. 1 der neuen Vorschrift nennt als maßgebliche Kriterien für die Gruppenbildung im Plan die gleiche Rechtsstellung – dieses Kriterium ist für die Gläubiger in Abs. 2 [= § 222 Abs. 1 Satz 2, der Verf.] näher erläutert – ..." (BT-Drucks. 12/2443, S. 199).
[63] AA *Uhlenbruck/Lüer* § 222 RdNr. 12; wohl auch *Nerlich/Römermann/Braun* § 222 RdNr. 5.
[64] AA *Hess* in: *Hess/Obermüller*, Insolvenzplan, Restschuldbefreiung und Verbraucherinsolvenz, 3. Aufl. 2003, RdNr. 207.

2. Eingriff in Absonderungsrechte. Ein Eingriff in ein Absonderungsrecht durch den 51 Plan liegt vor, wenn das Absonderungsrecht Regelungen unterworfen wird, die von denjenigen des **Regelinsolvenzverfahrens** zu Lasten des Absonderungsberechtigten **abweichen** (ob sie ihn gleichzeitig in irgendeiner Form begünstigen, ist irrelevant).[65] Das ist z. B. der Fall, wenn das aus § 173 Abs. 1 folgende Verwertungsrecht oder der Vorrang bei der Erlösverteilung (§ 170 Abs. 1) (teilweise) beschnitten wird, Verzinsungs- und/oder Wertersatzansprüche (§§ 169, 172) ausgeschlossen oder gekürzt werden oder aber höhere als die in § 171 festgelegten Kostenbeiträge vorgesehen werden. Ein (mittelbarer) Eingriff in ein Absonderungsrecht liegt aber auch dann vor, wenn durch einen plangemäßen **Eingriff** in eine **gesicherte persönliche Forderung** Bestand, Höhe oder Durchsetzbarkeit eines Absonderungsrechts tangiert werden – entweder auf Grund von dessen akzessorischem Charakter (vgl. etwa §§ 1137, 1163, 1211, 1252 BGB) oder aber auf Grund der Verknüpfung mittels einer Sicherungsabrede.[66] Aus § 223 Abs. 1 Satz 1 ergibt sich nichts anderes.[67] Das Gegenteil ist der Fall: Eine entsprechende Regelung enthält vielmehr eine „andere Bestimmung" im Sinne eines Eingriffs *auch* in Absonderungsrechte. Dadurch wird zudem eine unnötige Lockerung der dinglichen oder schuldrechtlichen Akzessorietät des Befriedigungsrechts vermieden.[68]

Kein Eingriff in ein Absonderungsrecht liegt vor, wenn dem Absonderungsberechtigten 52 ein **Wahlrecht** zwischen entsprechend beschränkenden – teilweise aber möglicherweise auch begünstigenden – Regelungen und einer Abwicklung gem. den Vorschriften des Regelinsolvenzverfahrens angeboten wird (die entsprechenden Gestaltungen stünden dann jeweils unter einer aufschiebenden Bedingung gem. § 158 Abs. 1 BGB, vgl. auch § 221 RdNr. 73). In diesem Fall liegt es allein an dem Willen des Absonderungsberechtigten, ob sein Absonderungsrecht tangiert wird.

Wenn durch den Insolvenzplan nicht in alle, sondern nur in **einzelne Absonderungsrechte** 53 eingegriffen wird, dann ist gem. § 222 Abs. 1 Satz 2 Nr. 1 eine Gruppenbildung Pflicht nur bezüglich derjenigen Absonderungsberechtigten, in deren Rechte eingegriffen wird (sollen diese unterschiedlich behandelt werden, so müssen wegen § 226 Abs. 1 gem. § 222 Abs. 2 sogar mehrere Gruppen gebildet werden). Eine Gruppenbildung bezüglich derjenigen Absonderungsberechtigten, deren Rechte unangetastet bleiben, ist demgegenüber gem. § 222 Abs. 1 Satz 2 Nr. 1 nicht erforderlich. Praktische Relevanz besitzt diese Frage nicht. Selbst wenn man nämlich eine – gewissermaßen spiegelbildliche – Gruppenbildung auch bezüglich derjenigen Absonderungsberechtigten, in deren Rechte nicht eingegriffen wird, gem. § 222 Abs. 1 Satz 2 Nr. 1 für erforderlich hielte, würden die Mitglieder dieser Gruppe an der Abstimmung über den Plan nicht teilnehmen (arg. §§ 238 Abs. 2, 237 Abs. 2, 243), und auch für die Anwendung des Obstruktionsverbots spielte die Existenz der Gruppe keine Rolle (§ 245 Abs. 1 Nr. 3 stellt auf die Mehrheit der *abstimmenden* Gruppen ab).

3. Absonderungsrechte und Insolvenzgläubigerforderungen. Gruppenbildungs- 54 probleme bei der Beteiligung von Absonderungsberechtigten können sich vor allem dann

---

[65] Ähnlich *Henckel*, Der Insolvenzplan, 1999 (noch unveröffentlichtes Manuskript). Etwas enger offenbar *Nerlich/Römermann/Braun* § 223 RdNr. 8 bis 10, nach dem es darauf ankommen soll, ob dem Absonderungsberechtigten der wirtschaftliche Wert seines Absonderungsrechts zur Verfügung steht (dann kein Eingriff) oder nicht (dann Eingriff).

[66] Vgl. HK-*Flessner* § 222 RdNr. 7; *Andres/Leithaus* § 222 RdNr. 3; *Bork*, Einführung in das Insolvenzrecht, 4. Aufl. 2005, RdNr. 324. Eingriffe in die gesicherte Forderung implizieren einen Eingriff in das Absonderungsrecht allerdings nur dann, wenn dadurch der (verbleibende) Rest der Forderung kleiner wird als der Wert des Absonderungsrechts, vgl. *Braun* in: *Braun/Uhlenbruck*, Unternehmensinsolvenz, 1997, S. 585; *Obermüller* WM 1998, 483, 486; *Smid*, Stellung der Grundpfandgläubiger, Zwangsversteigerung und Schuldenreorganisation durch Insolvenzplan: Bemerkungen zu § 245 Abs. 1 Nr. 2 und Abs. 2 InsO, in *Schilken/Kreft/Wagner/Eckardt* (Hrsg.), Festschrift für Walter Gerhardt, 2004, S. 931, 945 f.

[67] So aber *Becker*, Insolvenzrecht, 2005, RdNr. 1632.

[68] *Becker*, Insolvenzrecht, 2005, RdNr. 1615, sieht diesen Gesichtspunkt, misst ihm jedoch nicht genügend Bedeutung bei. Insbesondere lassen sich andere „Akzessorietätslockerungen" (vgl. etwa §§ 254 Abs. 2, 301 Abs. 2) nicht verallgemeinern: Es handelt sich um Ausnahmevorschriften.

ergeben, wenn diesen der Schuldner auch persönlich haftet. Gem. § 52 Satz 1 sind sie dann nämlich in voller Höhe der persönlichen Forderung auch (ggf. nachrangige) Insolvenzgläubiger. Allerdings bestimmt § 52 Satz 2, dass sie zur anteilsmäßigen Befriedigung aus der Insolvenzmasse nur berechtigt sind, soweit sie auf eine abgesonderte Befriedigung verzichten oder bei ihr ausgefallen sind. Denkbar ist deshalb zum einen, dass die Insolvenzgläubigerforderung eines Absonderungsberechtigten in voller Höhe bei der Gruppenbildung gem. § 222 Abs. 1 Satz 2 Nr. 2 bzw. Nr. 3 zu berücksichtigen ist. Denkbar ist zum anderen aber auch, dass sie nur in Höhe des mutmaßlichen Ausfalls berücksichtigt werden muss. Denkbar ist schließlich drittens, dass sie überhaupt nur dann (in Höhe des mutmaßlichen Ausfalls) zu berücksichtigen ist, wenn nicht in das Absonderungsrecht eingegriffen wird (wird eingegriffen, könnte man § 222 Abs. 1 Nr. 1 als Spezialregelung ansehen).

55 Richtig ist die **vollumfängliche Berücksichtigung** der **Insolvenzgläubigerforderung** eines Absonderungsberechtigten bei den für (nachrangige) Insolvenzgläubigerforderungen getroffenen Regelungen gem. § 222 Abs. 1 Satz 2 Nr. 2 bzw. 3 (insoweit liegt dann allerdings eine differenzierende Gruppenbildung gem. § 222 Abs. 2 nahe, vgl. RdNr. 83, 93 f.).[69] Dafür spricht insbesondere die Tatsache, dass ein Eingriff in ein Absonderungsrecht gem. § 222 Abs. 1 Satz 2 Nr. 1 z.B. bei akzessorischen dinglichen Sicherheiten nach dem oben Ausgeführten auch durch eine plangemäße Kürzung der persönlichen Forderung erfolgen kann (vgl. RdNr. 51). Gekürzt wird aber nicht die Ausfallforderung, sondern die nach § 52 Satz 1 bestehende Insolvenzforderung. Die Gegenauffassung, die sich für eine Berücksichtigung der Insolvenzgläubigerforderung eines Absonderungsberechtigten nur in Höhe des mutmaßlichen Ausfalls ausspricht und sich dafür maßgeblich auf die Stimmrechtsregelung in § 237 Abs. 1 Satz 2 beruft,[70] berücksichtigt nicht genügend den Unterschied (vgl. RdNr. 26) zwischen Gruppenbildungs- (§ 222) und Stimmrechtsregeln (§§ 237 bis 239): Es ist eine Frage, welche Rechte gem. § 222 bestimmten Gruppen zuzuordnen sind, und es ist eine andere Frage, ob und inwieweit die jeweiligen Rechtsinhaber stimmberechtigt sind.[71] Schwierigkeiten wirft die Gegenauffassung aber auch deshalb auf, weil sie – konsequenterweise – von jedem Planersteller verlangen muss, dass dieser die „Wertauswirkung" des Plans auf Absonderungsrechte im darstellenden Teil des Plans angibt, um überhaupt feststellen zu können, in welchem Umfang eine Ausfallforderung besteht (und deswegen planunterworfen ist).[72]

56 Nicht gangbar aber ist auch der Weg, die Insolvenzgläubigerforderung eines Absonderungsberechtigten nur dann bei der Gruppenbildung nach § 222 Abs. 1 Satz 2 Nr. 2 bzw. Nr. 3 zu berücksichtigen, wenn nicht in das Absonderungsrecht eingegriffen wird.[73] Dagegen spricht zunächst wiederum, dass in Absonderungsrechte auch und gerade durch die

---

[69] So jetzt auch *Andres/Leithaus* § 222 RdNr. 3. „Vollumfängliche Berücksichtigung" heißt, dass die jeweilige Insolvenzforderung des Absonderungsberechtigten in vollem Umfang bei der Gruppenbildung nach § 222 Abs. 1 Satz 2 Nr. 2 bzw. Nr. 3 zu berücksichtigen ist. Unnötig problematisierend *Smid*, Stellung der Grundpfandgläubiger, Zwangsversteigerung und Schuldenreorganisation durch Insolvenzplan: Bemerkungen zu § 245 Abs. 1 Nr. 2 und Abs. 2 Nr. 2 InsO, in *Schilken/Kreft/Wagner/Eckardt* (Hrsg.), Festschrift für Walter Gerhardt, 2004, S. 931, 943.

[70] *Nerlich/Römermann/Braun* § 222 RdNr. 101 ff., insbes. 106, § 223 RdNr. 13 ff.; *Braun/Uhlenbruck*, Muster eines Insolvenzplans, 1998, S. 50 Fn. 22, 51 Fn. 24, 56 (auf S. 45 Fn. 17, 56, 79 f., insbes. 80 Fn. 62, wird sogar für möglich gehalten, dass in der nach § 222 Abs. 1 Nr. 1 gebildeten Gruppe auch die Ausfallforderung geregelt wird); *Jungmann*, Grundpfandgläubiger und Unternehmensinsolvenz, 2004, RdNr. 273; *Lauscher/Weßling/Bange* ZInsO 1999, 5, 7; *Kaltmeyer* ZInsO 1999, 255, 259; *HK-Flessner* § 222 RdNr. 6; *Kübler/Prütting/Otte* § 217 RdNr. 59; *Uhlenbruck/Lüer* § 222 RdNr. 20; wohl auch *Evers/Möhlmann* ZInsO 1999, 21, 23, und *Obermüller* WM 1998, 483, 489. Ohne Problematisierung ebenso LG Traunstein NZI 1999, 461 f.

[71] Insoweit zustimmend *Smid*, Stellung der Grundpfandgläubiger, Zwangsversteigerung und Schuldenreorganisation durch Insolvenzplan: Bemerkungen zu § 245 Abs. 1 Nr. 2 und Abs. 2 Nr. 2 InsO, in *Schilken/Kreft/Wagner/Eckardt* (Hrsg.), Festschrift für Walter Gerhardt, 2004, S. 931, 943.

[72] Vgl. *Nerlich/Römermann/Braun* § 223 RdNr. 16.

[73] So aber *Smid*, Stellung der Grundpfandgläubiger, Zwangsversteigerung und Schuldenreorganisation durch Insolvenzplan: Bemerkungen zu § 245 Abs. 1 Nr. 2 und Abs. 2 Nr. 2 InsO, in *Schilken/Kreft/Wagner/Eckardt* (Hrsg.), Festschrift für Walter Gerhardt, 2004, S. 931, 944 f. Anders aber offenbar wieder *Smid* NZI 2005, 613, 615.

Kürzung von Insolvenzgläubigerforderungen eingegriffen werden kann (vgl. RdNr. 55).[74] Dass § 222 Abs. 1 Satz 2 Nr. 1 bei Eingriffen in Absonderungsrechte eine abschließende Regelung sei, gibt weder der Wortlaut der Vorschrift noch ihr Zweck her. Es ist nicht zu erkennen, warum es einem Planarchitekten verboten sein soll, *auch die Insolvenzgläubigerforderung eines Absonderungsberechtigten zu kürzen*, wenn gleichzeitig in das Absonderungsrecht eingegriffen wird (darauf liefe diese Auffassung hinaus). Das hätte beispielsweise praktisch zur Konsequenz, dass in Kreditforderungen durch einen Plan nicht eingegriffen werden kann, wenn die bestellten Sicherungen plangemäß (teilweise) reduziert werden. Aber wenn es der Gesetzgeber schon erlaubt, in Sicherungsrechte eines Gläubigers einzugreifen, warum soll dann nicht auch in die gesicherte Forderung eingegriffen werden können? Dafür gibt es keinen in den §§ 221 ff. angelegten Sachgrund.

Der **BGH** hat die Frage jüngst **offengelassen**. Sie bedürfe keiner Entscheidung, da eine Befriedigung der Insolvenzgläubigerforderung gem. § 52 Satz 2 nicht verlangt werden könne, soweit der Wert des Absonderungsrechts reiche.[75] Ein absonderungsberechtigter Gläubiger sei (nur) dann in unterschiedliche Gruppen einzuordnen, „... wenn seine Forderung nicht in voller Höhe durch sein Absonderungsrecht gedeckt ist."[76] Diese Überlegungen sind nicht tragfähig. Die Gruppenbildung ist rechte-, nicht personenbezogen (vgl. RdNr. 27 ff.). Zwar ist richtig, dass die Befriedigung einer Insolvenzgläubigerforderung gem. § 52 Satz 2 nicht verlangt werden kann, soweit der Wert des Absonderungsrechts reicht. Dass die Insolvenzgläubigerforderung eines Absonderungsberechtigten nach der hier vertretenen Auffassung vollumfänglich bei den für (nachrangige) Insolvenzgläubigerforderungen getroffenen Regelungen gem. § 222 Abs. 1 Satz 2 Nr. 2 bzw. Nr. 3 zu berücksichtigen ist, bedeutet natürlich nicht, dass ihre plangemäße Befriedigung von der Realisierung des Werts des Absonderungsrechts unabhängig wäre: *Soweit* dieser Wert reicht, kann eine Befriedigung der plangemäß geregelten Insolvenzgläubigerforderung nicht verlangt werden (vgl. §§ 52 Satz 2, 256 und RdNr. 54). Indes besagt dies nichts dafür, in welchem Umfang die Regeln des § 222 bei Absonderungsberechtigten, die gleichzeitig (nachrangige) Insolvenzgläubiger sind, eine Zuordnung der Insolvenzgläubigerforderung zu einer Gruppe mit Insolvenzgläubigerforderungen verlangen.[77] Dafür ist irrelevant, ob der Wert des Absonderungsrechts im Einzelfall die gesicherte Forderung deckt oder nicht.

III. Nicht nachrangige Insolvenzgläubiger

Gem. § 222 Abs. 1 Satz 2 Nr. 2 ist für nicht nachrangige Insolvenzgläubiger eine Gruppe zu bilden. Welches nicht nachrangige Insolvenzgläubigerforderungen im Sinne dieser Vorschrift sind, ist gem. den §§ 38 ff. zu ermitteln. Die Pflicht zur Bildung einer entsprechenden Gruppe entfällt, wenn es keine nicht nachrangigen Insolvenzgläubigerforderungen gibt, oder wenn – dieser Fall kann eher praktisch werden – weder für absonderungsberechtigte Gläubiger gem. § 222 Abs. 1 Satz 2 Nr. 1 noch für nachrangige Insolvenzgläubiger gem. § 222 Abs. 1 Satz 2 Nr. 3 noch für Arbeitnehmer gem. § 222 Abs. 3 Satz 1 eine Gruppe gebildet werden muss, keine sonstigen Gläubiger mit einer unterschiedlichen Rechtsstellung beteiligt sind und auch nicht ausnahmsweise eine Pflicht zur Gruppierung nach gleichen bzw. unterschiedlichen wirtschaftlichen Interessen besteht (zu diesem Sonderfall eines Ein-Gruppen-Plans vgl. RdNr. 36 ff.).

---

[74] Das anerkennt sogar *Smid* selbst, vgl. *Smid,* Stellung der Grundpfandgläubiger, Zwangsversteigerung und Schuldenreorganisation durch Insolvenzplan: Bemerkungen zu § 245 Abs. 1 Nr. 2 und Abs. 2 Nr. 2 InsO, in *Schilken/Kreft/Wagner/Eckardt* (Hrsg.), Festschrift für Walter Gerhardt, 2004, S. 931, 945 f. Insofern ist seine Auffassung widersprüchlich.
[75] BGH NZI 2005, 619, 620. Unerfindlich ist, wie *Smid* NZI 2005, 613, 615, zu der Einschätzung gelangt, der Senat habe entschieden, dass absonderungsberechtigte Gläubiger mit ihren Ausfallforderungen als Insolvenzgläubiger in eine Gruppe nicht nachrangiger Insolvenzgläubiger einzuordnen seien. Der Senat hat diese Frage vielmehr explizit offengelassen.
[76] BGH NZI 2005, 619, 621.
[77] Das verkennt auch *Nerlich/Römermann/Braun* § 222 RdNr. 101 Fn. 2.

IV. Nachrangige Insolvenzgläubiger

59 Für die einzelnen Rangklassen der nachrangigen Insolvenzgläubiger sind gem. § 222 Abs. 1 Satz 2 Nr. 3 Gruppen zu bilden, soweit deren Forderungen nicht nach § 225 als erlassen gelten sollen. Welches nachrangige Insolvenzgläubigerforderungen sind, ergibt sich aus §§ 39, 327, § 51 Abs. 1 VAG, Art. 108 Abs. 2 EGInsO (bei einem Folgeinsolvenzverfahren nach einer Kreditrahmenabrede im Erstinsolvenzverfahren sind auch die §§ 264 bis 266 einschlägig, zur Gruppenbildung in diesem Sonderfall vgl. RdNr. 66 ff.).

60 **1. Gruppenbildung bei Erlassfiktion.** Wenn der Insolvenzplan (in seinem gestaltenden Teil) keine Regelungen bezüglich der Forderungen nachrangiger Insolvenzgläubiger trifft, gelten diese Forderungen gem. § 225 Abs. 1 als erlassen. Nach der in § 222 Abs. 1 Satz 2 Nr. 3 Hs. 2 angeordneten Einschränkung scheint dann eine Gruppenbildung nicht erforderlich zu sein. Allerdings findet sich in § 225 Abs. 3 die Bestimmung, dass die Haftung des Schuldners nach der Beendigung des Insolvenzverfahrens für Geldstrafen und die diesen in **§ 39 Abs. 1 Nr. 3** gleichgestellten Verbindlichkeiten durch einen Plan weder ausgeschlossen noch eingeschränkt werden kann – die entsprechenden nachrangigen Insolvenzforderungen sind also „planfest", sie können nicht erlassen werden (und gelten demzufolge auch nicht gem. § 225 Abs. 1 als erlassen). Das bedeutet allerdings nicht, dass deswegen insoweit eine Gruppenbildung erfolgen müsste. § 222 Abs. 1 Satz 2 Nr. 3 ist vielmehr so zu lesen, dass für die einzelnen Rangklassen nachrangiger Insolvenzgläubiger eine Gruppenbildung nicht erforderlich ist, soweit deren Forderungen gem. § 225 Abs. 1 als erlassen gelten bzw. gem. § 225 Abs. 3 unangetastet bleiben müssen.[78] Bei dieser Lesart der Vorschrift besteht insoweit eine gewisse Parallele zu § 222 Abs. 1 Satz 2 Nr. 1, nach dem eine Gruppierung von Absonderungsrechten unterbleiben kann, wenn der Plan diese Rechte unangetastet lässt.

61 Gegen die Entbehrlichkeit einer Gruppenbildung für nachrangige Insolvenzgläubigerforderungen scheint nun aber bei einer systematischen Interpretation der Vorschriften über das Insolvenzplanverfahren § 246 zu sprechen. In § 246 Nr. 1 heißt es nämlich, dass die Zustimmung der Gruppen mit dem Rang des § 39 Abs. 1 Nr. 1 oder 2 unter anderem dann als erteilt gelte, wenn die entsprechenden Zins- oder Kostenforderungen nach § 225 Abs. 1 als erlassen gelten und wenn schon die Hauptforderungen der Insolvenzgläubiger nach dem Plan nicht voll berichtigt werden. Ferner wird in § 246 Nr. 2 eine Zustimmungsfiktion für die Gruppen mit einem Rang hinter § 39 Abs. 1 Nr. 3 angeordnet, wenn kein Insolvenzgläubiger durch den Plan besser gestellt wird als die Gläubiger dieser Gruppen. In beiden Fällen wird offenbar vorausgesetzt, dass Gruppen nach § 222 Abs. 1 Satz 2 Nr. 3 gebildet wurden, obwohl ein Erlasstatbestand gem. § 225 Abs. 1 vorliegt (§ 246 Nr. 1) bzw. zumindest vorliegen kann (§ 246 Nr. 2). Indes erklärt sich die Diskrepanz von § 222 Abs. 1 Satz 2 Nr. 3 auf der einen und § 246 auf der anderen Seite daraus, dass der einschränkende Zusatz in § 222 Abs. 1 Satz 2 Nr. 3 („... soweit deren ...") auf Vorschlag des Rechtsausschusses Gesetz wurde (vgl. RdNr. 17) und dabei übersehen wurde, § 246 entsprechend anzupassen. Letztlich maßgebend für die Auslegung des § 222 Abs. 1 Satz 2 Nr. 3 muss der in der Vorschrift eindeutig ausgedrückte, zuletzt hervorgetretene gesetzgeberische Wille und nicht die auf Grund eines Redaktionsversehens unterlassene Anpassung von § 246 sein.

62 Mit ähnlichen Erwägungen ist eine Friktion aufzulösen, die sich nach der hier vertretenen Rechtsauffassung im Verhältnis von § 222 Abs. 1 Satz 2 Nr. 3 auf der einen und § 237 Abs. 1 Satz 1 auf der anderen Seite ergeben kann. Gem. § 237 Abs. 1 Satz 1 i. V. m. § 77 Abs. 1 Satz 1 soll nachrangigen Gläubigern bei der Abstimmung über einen Insolvenzplan nämlich ein Stimmrecht zustehen, sofern das Insolvenzgericht zur Anmeldung dieser Forderungen aufgefordert hat (§ 174 Abs. 3 Satz 1) und die Forderungen durch den Plan beeinträchtigt werden (arg. § 237 Abs. 2). Das System der Abstimmung über einen Insolvenzplan ist jedoch gruppenbezogen (§ 243), es wird also vorausgesetzt, dass eine Gruppe der nach-

---

[78] Ebenso *Nerlich/Römermann/Braun* § 225 RdNr. 7; *Andres/Leithaus* § 222 RdNr. 5.

rangigen Insolvenzgläubiger, deren Forderungen durch den Plan als erlassen gelten sollen, gebildet wurde. Auch insoweit hat der Gesetzgeber auf Grund eines Redaktionsversehens übersehen, die in § 237 Abs. 1 Satz 1 getroffene Anordnung an die geänderte Fassung des § 222 Abs. 1 Satz 2 Nr. 3 anzupassen. Eine **Gruppenbildung** ist daher trotz der Regelung in § 237 Abs. 1 Satz 1 **nicht erforderlich**.[79]

Aus Sicht der nachrangigen Insolvenzgläubiger ist dieses Ergebnis nicht unzumutbar. **63** Zwar ist es richtig, dass sie damit genau dann über einen Plan nicht abstimmen (dürfen), wenn sie durch diesen maximal belastet werden: Ihre Forderungen gelten als erlassen. Aber dadurch werden sie **nicht rechtlos** gestellt. Denn sie können dem Plan im Abstimmungstermin trotzdem schriftlich oder zu Protokoll der Geschäftsstelle widersprechen und anschließend einen Minderheitenschutzantrag gem. § 251 stellen. Dieses Recht steht ihnen nämlich unabhängig davon zu, ob sie ein Stimmrecht hatten oder abgestimmt haben.[80] Dadurch ist gewährleistet, dass sie durch den Plan jedenfalls voraussichtlich nicht schlechter gestellt werden (können), als sie ohne ihn stünden. Auch vor der vom Rechtsausschuss empfohlenen und schließlich Gesetz gewordenen Korrektur des § 222 Abs. 1 Satz 2 Nr. 3 waren die nachrangigen Insolvenzgläubiger im Übrigen in ähnlicher Weise „belastet". Denn die Zustimmungsfiktion des § 246 Nr. 1 soll ja ausgerechnet dann greifen, wenn die Forderungen mit dem Rang des § 39 Abs. 1 Nr. 1 oder Nr. 2 erlassen werden oder als erlassen gelten (vgl. RdNr. 61).

2. Gruppenbildung bei teilweiser Erlassfiktion. Zweifelhaft ist die Rechtslage, wenn **64** der Plan im Hinblick auf nachrangige Insolvenzgläubigerforderungen eines bestimmten Rangs eine (teilweise) Befriedigung vorsieht, nachrangige Insolvenzgläubigerforderungen eines anderen Rangs demgegenüber nicht regelt, diese also gem. § 225 Abs. 1 als erlassen gelten sollen. Der Wortlaut des § 222 Abs. 1 Satz 2 Nr. 3 ist nicht eindeutig im Hinblick auf die Frage, ob in diesem Fall eine Gruppenbildung für alle Rangklassen nachrangiger Insolvenzgläubigerforderungen erfolgen muss oder ob nur eine Gruppe für diejenige Rangklasse zu bilden ist, deren Forderungen nicht als erlassen gelten sollen. Eine systematische Interpretation der Gruppenbildungs- im Kontext der Abstimmungsregeln legt eine vermittelnde Auffassung nahe.[81] Eine wesentliche Voraussetzung für das Eingreifen des Obstruktionsverbots zu Lasten einer einen Insolvenzplan ablehnenden Abstimmungsgruppe ist, dass kein Gläubiger, der ohne einen Plan mit Nachrang gegenüber den Gläubigern der Gruppe zu befriedigen wäre, einen wirtschaftlichen Wert erhält (§ 245 Abs. 2 Nr. 2). Diese Voraussetzung aber ist – ebenso wie alle anderen Voraussetzungen des Obstruktionsverbots – nur prüfbar, wenn eine entsprechende Abstimmungsgruppe überhaupt gebildet wurde und den Plan abgelehnt hat. Indem der Gesetzgeber die Wahrung der regelinsolvenzverfahrensrechtlichen Befriedigungsrangfolge als eine Voraussetzung für das Eingreifen des Obstruktionsverbots normiert, gibt er implizit zu erkennen, dass immer dann, wenn von dieser Rangfolge abgewichen wird, die insoweit zurückgesetzten Gläubiger gruppenmäßig organisiert werden müssen und über den Plan abzustimmen haben. Sollen z. B. Kostenansprüche (§ 39 Abs. 1 Nr. 2) teilweise erfüllt werden, dann sind die Voraussetzungen des Obstruktionsverbots im Hinblick auf Zinsforderungen (§ 39 Abs. 1 Nr. 1) nur prüfbar, wenn eine entsprechende Gläubigergruppe gebildet wurde und den Plan abgelehnt hat. Gem. § 222 Abs. 1 Satz 2 Nr. 3 muss der Plan also Gruppen bilden für alle Rangklassen nachrangiger Insolvenz-

---

[79] Zust. jetzt *Gottwald/Braun*, Insolvenzrechts-Handbuch, 3. Aufl. 2006, § 68 RdNr. 41 Fn. 48. AA *Noack*, Gesellschaftsrecht, 1999, RdNr. 213, der eine „fakultative" Gruppenbildung gem. § 222 Abs. 1 Satz 2 (!) befürwortet und gleichzeitig feststellt, dass dies zur Folge habe, „... dass doch eine Abstimmungsgruppe der Inhaber kapitalersetzender Forderungen **besteht**" (Hervorhebung von mir). *Noack* folgend *Scholz/K. Schmidt*, GmbHG, 9. Aufl. 2000, §§ 32a, 32b RdNr. 65. Ähnlich auch *Uhlenbruck/Hirte* § 11 RdNr. 167 (im Falle der Erlasswirkung werde nur die Differenzierung nach den einzelnen Rangklassen nachrangiger Insolvenzgläubiger entbehrlich, nicht aber die Gruppenbildung für die nachrangigen Gläubiger insgesamt).
[80] Ebenso HK-*Flessner* § 251 RdNr. 3. Vgl. auch BT-Drucks. 12/2443, S. 212 (Irrelevanz der Stimmberechtigung).
[81] Vgl. im Folgenden auch *Nerlich/Römermann/Braun* § 225 RdNr. 5 f.

65 Ein Sonderproblem ergibt sich dann, wenn eine gem. § 39 Abs. 1 Nr. 1 nachrangige **Zinsforderung** durch ein Sicherungsrecht – das ein Absonderungsrecht begründet – gesichert ist und die Zinsforderung durch eine Planregelung nur deshalb aufrechterhalten wird (§ 225 Abs. 2), damit die Inanspruchnahme der Sicherheit möglich bleibt (man denke z. B. an ein Mobiliarpfand, das auch nach Insolvenzeröffnung laufende Zinsforderungen des Kreditgebers sichert, vgl. § 1252 BGB). Im Schrifttum wird insofern vereinzelt erwogen, ob die Bildung einer Gruppe gem. § 222 Abs. 1 Satz 2 Nr. 3 in diesem Fall, da sie „... förmelnd erscheint ...", nicht unterbleiben könne.[82] Indes haben auch „förmelnd" anmutende Regelungen gerade im Insolvenzplanverfahren ihren guten Sinn: Wird eine entsprechende Gruppe im Plan gebildet, dann ist sofort erkennbar, dass das Eingreifen des Obstruktionsverbots zu Lasten der nicht nachrangigen Insolvenzgläubiger wegen § 245 Abs. 2 Nr. 2 problematisch sein könnte. Dass dem im Ergebnis nicht so ist, wenn die nachrangige Insolvenzgläubigerforderung von dem Absonderungsrecht voll „gedeckt" wird, weil eine Befriedigung der plangemäß geregelten Insolvenzgläubigerforderung nicht verlangt werden kann, soweit der Wert des Absonderungsrechts reicht (vgl. §§ 52 Satz 2, 256 und Rd-Nr. 57),[83] ändert nichts an der durch größere Plantransparenz vermittelten Sensibilität für das Eingreifen der Regeln des Planverfahrens. Im Übrigen ist der zusätzliche Planerstellungsaufwand minimal, da nur eine Gruppe für die Zinsforderungen, nicht aber für die übrigen nachrangigen Insolvenzgläubigerforderungen gebildet werden muss,[84] sofern nicht eine Forderung nach § 39 Abs. 2 der Zinsforderung vorgeht (vgl. RdNr. 64).

V. Gruppenbildung im Folgeinsolvenzplanverfahren nach Kreditrahmenregelung im Erstinsolvenzplanverfahren

66 Ein Sonderfall einer Gruppenbildung wegen der Betroffenheit von Gläubigern mit unterschiedlicher Rechtsstellung gem. § 222 Abs. 1 Satz 1 tritt auf, wenn in einem Erstinsolvenzplanverfahren in dem gestaltenden Teil eines Insolvenzplans eine Kreditrahmenregelung gem. § 264 getroffen wurde und es dann vor der Aufhebung der Planüberwachung (vgl. § 266 Abs. 1) zu einem erneuten Insolvenzverfahren (Folgeinsolvenzverfahren) kommt, in dem ebenfalls ein Insolvenzplan vorgelegt werden soll (Folgeinsolvenzplanverfahren). Die in § 222 Abs. 1 Satz 2 Nr. 1 bis Nr. 3 festgelegte Differenzierung zwischen Gläubigern mit unterschiedlicher Rechtsstellung wird dann nämlich durch die in den §§ 264 bis 266 angeordnete, besondere Vor- und Nachrangregelung für Folgeinsolvenzverfahren nach einer Kreditrahmenregelung in einem Erstinsolvenzplanverfahren ergänzt und überlagert.

67 Die Befriedigungsrangfolge in einem Folgeinsolvenzverfahren nach einer Kreditrahmenregelung in einem Erstinsolvenzplanverfahren gestaltet sich wie folgt:[85] (1) An erster Stelle stehen die **Absonderungsberechtigten**. Obwohl er *de lege ferenda* zur Effektuierung des Instruments des Kreditrahmens als Finanzierungsstimulans wünschenswert wäre, wird *de lege lata* kein Vorrang von Kreditrahmengläubigern gegenüber Absonderungsberechtigten begründet.[86] (2) An zweiter Stelle stehen die **Kreditrahmengläubiger** (allerdings nicht,

---

[82] So *Nerlich/Römermann/Braun* § 225 RdNr. 4 Fn. 4; *Braun/Uhlenbruck*, Muster eines Insolvenzplans, S. 84 Fn. 68.
[83] Insoweit im Ergebnis zutr. *Nerlich/Römermann/Braun* § 225 RdNr. 4.
[84] AA offenbar *Braun/Uhlenbruck*, Muster eines Insolvenzplans, S. 84 Fn. 68, aber nicht zu vereinbaren mit *Nerlich/Römermann/Braun* § 225 RdNr. 5 f.
[85] Vgl. im Folgenden auch *Dinstühler* ZInsO 1998, 243, 247 ff., sowie *Wittig* DB 1999, 197, 204 f.
[86] Einhellige Meinung, vgl. etwa *Braun*, Der Kreditrahmen gem. § 264 als Finanzierungsinstrument des Sanierungsplans, in Arbeitskreis für Insolvenz- und Schiedsgerichtswesen eV, Köln (Hrsg.), Kölner Schrift zur Insolvenzordnung, 2. Aufl. 2000, S. 1137, 1147 ff., insbes. 1150 ff.; *Braun* in: *Braun/Uhlenbruck*, Unternehmensinsolvenz, 1997, S. 647 ff.; *Dinstühler* ZInsO 1998, 243, 248 f.; *Wittig* DB 1999, 197, 204; *Eidenmüller*, Unternehmenssanierung zwischen Markt und Gesetz, 1999, S. 867; HK-*Flessner* § 264 RdNr. 10.

sofern es sich um eigenkapitalersetzende Darlehen handelt, vgl. § 264 Abs. 3) und – gleichrangig – die auf **gesetzlicher Grundlage** während des Planüberwachungszeitraums begründeten Neugläubigeransprüche (arg. e. c. § 265 Satz 1) sowie diejenigen Altgläubiger und vertraglichen Neugläubiger, die kraft ausdrücklicher Anordnung im Plan nicht nach § 264 bzw. § 265 zurückgesetzt werden sollen (vgl. § 221 RdNr. 39). (3) An dritter Stelle stehen die nach § 264 zurückgesetzten **Altgläubiger** sowie die nach § 265 zurückgesetzten **vertraglichen Neugläubiger**. (4) An vierter Stelle schließlich stehen die einzelnen Rangklassen der gem. §§ 39, 327, § 51 Abs. 1 VAG, Art. 108 Abs. 2 EGInsO **nachrangigen Insolvenzgläubiger**.

Soll in einem Folgeinsolvenzverfahren ein Insolvenzplan aufgestellt, also ein Folgeinsolvenzplanverfahren durchgeführt werden, dann ist gem. § 222 Abs. 1 Satz 1 zwingend eine Gruppenbildung erforderlich, die zwischen den Rechten der Beteiligten entsprechend ihrem Befriedigungsrang differenziert. Unter Umständen kommt auch eine weitere (fakultative) Differenzierung und Gruppenbildung gem. § 222 Abs. 2 in Betracht (vgl. RdNr. 72 ff.). **68**

VI. Gruppenbildung bei Masseunzulänglichkeit

Ein weiterer Sonderfall einer Gruppenbildung wegen der Betroffenheit von Gläubigern mit unterschiedlicher Rechtsstellung gem. § 222 Abs. 1 Satz 1 ergibt sich dann, wenn ein Insolvenzplan bei Masseunzulänglichkeit aufgestellt werden soll. Das ist zulässig, da sich eine die vorhandene Haftungsmasse des Schuldners maximierende und in diesem Sinne optimale Insolvenzabwicklung auch bei Masseunzulänglichkeit unter Umständen – nämlich bei einer intendierten Unternehmensreorganisation – nur auf der Grundlage eines Insolvenzplans realisieren lässt (vgl. vor § 217 RdNr. 33 sowie § 217 RdNr. 84). **69**

Im Regelinsolvenzverfahren sind bei Masseunzulänglichkeit die Verfahrenskosten und die Masseverbindlichkeiten in der durch § 209 vorgegebenen Rangfolge zu berichtigen. Auf Absonderungsberechtigte sowie (nachrangige) Insolvenzgläubiger entfällt nichts. Im Planverfahren begründen die einzelnen Rangklassen des § 209 Abs. 1 Nr. 1 bis Nr. 3 jeweils eine unterschiedliche Rechtsstellung i. S. v. § 222 Abs. 1 Satz 1. Diese wiederum unterscheidet sich von der Rechtsstellung der Absonderungsberechtigten, der Insolvenzgläubiger sowie derjenigen der einzelnen Rangklassen der nachrangigen Insolvenzgläubiger. Die Gruppenbildung hat dem gem. § 222 Abs. 1 Satz 1 Rechnung zu tragen. Dabei wird man § 222 Abs. 1 Satz 2 Nr. 1 in dem Sinne entsprechend anwenden können, dass für die einzelnen Rangklassen der Massegläubiger nur dann eine Gruppe zu bilden ist, wenn keine volle Befriedigung erfolgt.[87] Ferner sind § 222 Abs. 1 Satz 2 Nr. 3 und § 225 Abs. 1 auf Absonderungsberechtigte sowie (nachrangige) Insolvenzgläubiger entsprechend anwendbar. Wird nichts geregelt, und werden demzufolge auch keine Gruppen gebildet, erlöschen deren Rechte. Neben einer (obligatorischen) Gruppenbildung auf Grund unterschiedlicher Rechtsstellung kommt auch bei Masseunzulänglichkeit ggf. noch eine weitere (fakultative) Differenzierung und Gruppenbildung gem. § 222 Abs. 2 in Betracht (vgl. RdNr. 72 ff.). **70**

F. Gruppenbildung auf der Basis gleichartiger wirtschaftlicher Interessen

Gem. § 222 Abs. 2 Satz 1 können aus den Gläubigern mit gleicher Rechtsstellung (zur Präzisierung dieses Begriffs vgl. RdNr. 46 ff.) Gruppen gebildet werden, in denen Gläubiger mit gleichartigen wirtschaftlichen Interessen zusammengefasst werden. Die Abgrenzung der Gruppen hat sachgerecht zu erfolgen (§ 222 Abs. 2 Satz 2), und die Abgrenzungskriterien sind im Plan anzugeben (§ 222 Abs. 2 Satz 3). **71**

---

[87] *Bähr/Landry* EWiR § 231 InsO 1/05, 831, 832, meinen, dass die Forderungen der Neumassegläubiger (§ 209 Abs. 1 Nr. 2) gem. § 258 Abs. 2 „... vollständig berichtigt werden müssen ...". Aber der Fall, dass die (noch) vorhandene Masse dafür nicht ausreicht, ist denkbar (wenn auch nicht sehr wahrscheinlich).

I. Gleichartige wirtschaftliche Interessen und sachgerechte Abgrenzung als Gruppenbildungskriterien

72 Der Wortlaut des § 222 Abs. 2 ist im Hinblick auf die Frage, ob eine Gruppenbildung nach dieser Vorschrift allein auf der Basis **gleichartiger wirtschaftlicher Interessen** von Gläubigern mit gleicher Rechtsstellung in Betracht kommt, oder ob auch bzw. sogar ausschließlich der Gesichtspunkt einer **sachgerechten Abgrenzung** als Gruppenbildungskriterium heranzuziehen ist, nicht eindeutig. In der Begründung des RegE zu § 265 (= § 222) finden sich Formulierungen, die darauf hindeuten, dass das materiale Differenzierungskriterium in den wirtschaftlichen Interessen der Beteiligten gesehen wird und dass allein damit eine sachgerechte Abgrenzung schlüssig darzulegen ist.[88] Auch der Bericht des Rechtsausschusses zu § 265 RegE legt diese Deutung nahe.[89] Auf der anderen Seite ist in der allgemeinen Begründung des RegE im Hinblick auf das Erfordernis einer sachgerechten Gruppenabgrenzung davon die Rede, dass sich „[d]ie zulässigen Differenzierungskriterien ... nicht abschließend normieren [lassen]."[90] Man kann diese Formulierung dahingehend interpretieren, dass nicht jedes gleichartige wirtschaftliche Interesse eine Gruppenbildung rechtfertigt, dass vielmehr zusätzlich eine sachgerechte Abgrenzung zu anderen Gruppen erfolgen muss (wobei sich die Differenzierungskriterien nicht abschließend festlegen lassen). In diesem Fall ginge es um eine kumulative Anwendung des Sachgerechtigkeitskriteriums und des Kriteriums der gleichartigen wirtschaftlichen Interessen. Man kann die entsprechende Formulierung aber auch so interpretieren, dass es allein auf den Gesichtspunkt der Sachgerechtigkeit ankommt. In diesem Fall wäre das Sachgerechtigkeitskriterium dominant.

73 Zutreffend dürfte es sein, gem. § 222 Abs. 2 eine Gruppenbildung nur dann für zulässig zu erachten, wenn sie sich erstens auf **gleichartige wirtschaftliche Interessen** der Beteiligten stützen kann **und** wenn sie zweitens **sachgerecht** ist (kumulative Anwendung des Sachgerechtigkeitskriteriums).[91] Stellte man allein auf das Sachgerechtigkeitskriterium ab, würde man § 222 Abs. 2 Satz 1, der eine fakultative Gruppenbildung bei gleichartigen wirtschaftlichen Interessen zulässt, ignorieren. Stellte man demgegenüber allein auf das Kriterium gleichartiger wirtschaftlicher Interessen ab, wäre nicht klar, warum der Gesetzgeber in § 222 Abs. 2 Satz 2 und Satz 3 davon spricht, dass sachgerechte Abgrenzungskriterien erforderlich und in dem Plan anzugeben sind. Es hätte dann vielmehr näher gelegen, dass einfach die jeweiligen gleichartigen wirtschaftlichen Interessen aufzuführen gewesen wären. Offensichtlich (und mit Recht) glaubte der Gesetzgeber, dass bei der enormen Vielfalt wirtschaftlicher Interessen ein alleiniges Abstellen auf dieses Kriterium manipulative Gruppenbildungsstrategien nicht hindern könnte. Damit ist allerdings die Frage, welchen zusätzlichen Gruppenbildungsmaßstab das blasse Kriterium der Sachgerechtigkeit ins Spiel bringt, noch nicht beantwortet. Die Beantwortung dieser Frage setzt eine

---

[88] Vgl. BT-Drucks. 12/2443, S. 199 f.: „Um Manipulationen zur Beschaffung von Mehrheiten zu vermeiden, ist ausdrücklich vorgeschrieben, dass die Gruppen sachgerecht voneinander abgegrenzt und die Kriterien für die Abgrenzung im Plan angegeben werden müssen. Der Verfasser des Plans ... muss ... erläutern, inwiefern diese Differenzierung nach den rechtlichen und wirtschaftlichen Interessen der Beteiligten gerechtfertigt ist" (die Erwähnung der rechtlichen Interessen in dieser Formulierung ist darauf zurückzuführen, dass nach § 265 Abs. 1 Satz 1 RegE noch eine obligatorische Gruppenbildung für „... Beteiligte mit gleicher Rechtsstellung und gleichartigen wirtschaftlichen Interessen ..." vorgeschrieben war).

[89] Vgl. BT-Drucks. 12/7302, S. 182 (dort ist nur von unterschiedlichen wirtschaftlichen Interessen die Rede, der Gesichtspunkt der Sachgerechtigkeit wird gar nicht erwähnt).

[90] Vgl. BT-Drucks. 12/2443, S. 93.

[91] Ebenso *Jungmann*, Grundpfandgläubiger und Unternehmensinsolvenz, 2004, RdNr. 275, und wohl auch HK-*Flessner* § 222 RdNr. 13; *Kübler/Prütting/Otte* § 222 RdNr. 7; *Hess* in: *Hess/Obermüller*, Insolvenzplan, Restschuldbefreiung und Verbraucherinsolvenz, 3. Aufl. 2003, RdNr. 154; *Smid/Rattunde*, Der Insolvenzplan, 2. Aufl. 2005, RdNr. 7.25; *Smid*, Stellung der Grundpfandgläubiger, Zwangsversteigerung und Schuldenreorganisation durch Insolvenzplan: Bemerkungen zu § 245 Abs. 1 Nr. 2 und Abs. 2 Nr. 2 InsO, in Schilken/Kreft/Wagner/Eckardt (Hrsg.), Festschrift für Walter Gerhardt, 2004, S. 931, 946. AA wohl *Nerlich/Römermann/Braun* § 222 RdNr. 7 (stellt allein auf gleichartige bzw. unterschiedliche wirtschaftliche Interessen ab). Ohne Stellungnahme zu dieser Frage **BGH** NZI 2005, 619, 621.

Präzisierung zum einen des Maßstabs der gleichartigen wirtschaftlichen Interessen und zum anderen eine Rückbesinnung auf den Zweck der gruppenbezogenen Rechtsgestaltung und Abstimmung (vgl. dazu RdNr. 2 ff.) voraus.

II. Präzisierung der Gruppenbildungskriterien

1. Gleichartige wirtschaftliche Interessen. Nach dem oben Ausgeführten sind gleichartige wirtschaftliche Interessen eine notwendige, aber keine hinreichende Bedingung für eine zulässige Gruppenbildung gem. § 222 Abs. 2. Die Auslegung des Begriffs der gleichartigen wirtschaftlichen Interessen bestimmt damit zum einen maßgeblich den Gruppenbildungsfreiraum eines Planverfassers, zum anderen den verbleibenden Stellenwert des weiteren Kriteriums der Sachgerechtigkeit der Gruppenbildung.

74

a) **Wirtschaftliche Interessen.** Wirtschaftliche Interessen sind alle im weitesten Sinne auf wirtschaftliche Gegenstände bzw. Phänomene gerichteten Interessen einer bestimmten Person. Relevant für die Gruppenbildung gem. § 222 Abs. 2 können aber nur solche wirtschaftlichen Interessen sein, die sich aus dem Tatbestand des über das Vermögen eines bestimmten Schuldners eröffneten **Insolvenzverfahrens** ergeben. Insolvenzrelevante wirtschaftliche Interessen sind unmittelbar oder mittelbar, kurz- oder langfristig auf monetäre **Zahlungen** des Schuldners gerichtete Interessen. Beispielhaft angesprochen werden in der Begründung des RegE zu § 265 (= § 222) unter anderem das Interesse der Geschäftspartner an einer Fortsetzung der Geschäftsbeziehungen, das Interesse von Absonderungsberechtigten, deren Forderung nur vom Fortführungswert der Sicherheit (nicht aber von deren Einzelveräußerungswert) gedeckt wird, an einer Sanierung des Unternehmens, sowie die besondere Interessenlage von Gläubiger-Gesellschaftern, die sich *auch* für die Werthaltigkeit der von ihnen gehaltenen Eigenkapitalposition interessieren.[92]

75

Die angesprochenen Beispiele zeigen gleichzeitig, dass die **Befriedigung** der für § 222 Abs. 2 maßgeblichen wirtschaftlichen Interessen nicht nur von der konkreten Insolvenzsituation eines bestimmten Schuldners, sondern auch und vor allem von dem Ziel abhängig ist, das mit einem bestimmten Insolvenzplan von dem Planarchitekten (bzw. – bei einem derivativen Verwalterplan [dazu § 218 RdNr. 14] – der Gläubigerversammlung, vgl. § 157 Satz 2) verfolgt wird. Dieses Faktum darf jedoch nicht in dem Sinne missverstanden werden, dass die wirtschaftlichen Interessen der Beteiligten relativ zu dem Planziel zu ermitteln wären und dass sich die Gruppenbildung gem. § 222 Abs. 2 an den so ermittelten relativen Interessen zu orientieren hätte.[93] Wäre dies richtig, dann hätte es der Planarchitekt in der Hand, bestimmte wirtschaftliche Interessen zu aktivieren bzw. zu deaktivieren: Stellt er einen Liquidationsplan auf, dann käme es für § 222 Abs. 2 auf die liquidationsbezogenen wirtschaftlichen Interessen der Beteiligten an, stellt er einen Fortführungsplan auf, käme es auf die fortführungsbezogenen Interessen an. Dadurch würden Manipulationen ermöglicht. Die insolvenzbezogenen wirtschaftlichen Interessen der Beteiligten sind deshalb nicht planziel- und planinhaltsbezogen, sondern planunabhängig zu bestimmen.

76

Indem das deutsche Recht in § 222 Abs. 2 Satz 1 maßgeblich auf die Gleichartigkeit wirtschaftlicher Interessen abstellt, weicht es insoweit im Übrigen klar von der Rechtslage im Rahmen des US-amerikanischen Chapter 11-Verfahrens ab, nach der für die Klassifizierung gem. 11 U. S. C. § 1122 (a) nur die substantielle Ähnlichkeit von Ansprüchen *(claims)* bzw. bestimmten Sicherungsrechten *(interests,* damit sind bestimmte *equity securities* gemeint) maßgeblich ist. Das deutsche Recht verlangt eine Gruppierung bei einer unterschiedlichen

77

---

[92] Vgl. BT-Drucks. 12/2443, S. 199.
[93] So aber offenbar die Begründung des RegE zu § 222, vgl. BT-Drucks. 12/2443, S. 199: „Die Beispiele zeigen zugleich, dass die Bildung der Gruppen im Hinblick auf den Inhalt des Plans erfolgen muss; insbesondere sind bei einem Sanierungsplan andere Gruppen zu bilden als bei einem Liquidationsplan." Vgl. auch HK-*Flessner* § 222 RdNr. 13 (der Planverfasser habe es weitgehend in der Hand, Planinhalt und Gruppenbildung strategisch aufeinander abzustimmen); *Nerlich/Römermann/Braun* § 222 RdNr. 75 (wirtschaftliche Interessen könnten nur plankonzeptbezogen verstanden werden).

Rechtsstellung, und gleichzeitig erlaubt es eine Gruppierung nach gleichartigen wirtschaftlichen Interessen. Die These, dass nach § 222 „... die (weitere) Aufspaltung von Inhabern rechtlich strukturell gleichartiger Forderungen unzulässig [wird] ...",[94] ist unzutreffend: Sie wird durch § 222 Abs. 2 Satz 1 klar falsifiziert.[95]

78 **b) Gleichartigkeit wirtschaftlicher Interessen.** Wirtschaftliche Interessen rechtfertigen nur dann eine Zusammenfassung mehrerer Gläubiger mit derselben Rechtsstellung i. S. v. § 222 Abs. 1 Satz 1 in einer (besonderen) Gruppe, wenn sie **gleichartig** sind (§ 222 Abs. 2 Satz 1). Dass alle in einer Insolvenzsituation vereinten Beteiligten ein gemeinsames Interesse an der Maximierung des haftenden Schuldnervermögens besitzen, kann sicherlich nicht als gleichartiges wirtschaftliches Interesse im Sinne dieser Vorschrift gelten. Dadurch würde eine Gruppendifferenzierung gem. § 222 Abs. 2 unmöglich gemacht. Im Auge hat der Gesetzgeber offenbar Gemeinsamkeiten bei solchen wirtschaftlichen Interessen, deren Befriedigung mittelbar die Befriedigung des ultimativen insolvenzbezogenen Interesses eines bestimmten Beteiligten an möglichst hohen monetären Zahlungen (vgl. RdNr. 75) beeinflusst. Dazu kann z. B. die Aufrechterhaltung einer etablierten Geschäftsbeziehung seitens eines Lieferanten oder die Aufrechterhaltung einer werthaltigen Eigenkapitalposition seitens eines Gläubiger-Gesellschafters gehören.

79 Nun ist kaum vorstellbar oder zumindest sehr unwahrscheinlich, dass alle wirtschaftlichen Interessen von zwei oder mehr Beteiligten identisch sind. Der eine Lieferant erhofft sich langfristig möglicherweise einen größeren Umsatz mit dem – derzeit notleidenden – Unternehmen als der andere, der eine Gläubiger-Gesellschafter ist mit 10% an dem Unternehmen beteiligt, während der andere eine 20%-Beteiligung hält usw. Entscheidend muss deshalb sein, ob die **wichtigsten insolvenzbezogenen wirtschaftlichen Interessen** von zwei oder mehr Beteiligten, die zu einer Gruppe zusammengefasst werden sollen, identisch sind.[96] Im Einzelfall kann dabei die folgende, aus dem Zweck einer gruppenbezogenen Rechtsgestaltung und eines gruppenbezogenen Abstimmungsmechanismus (vgl. RdNr. 2 ff., insbes. 4) abgeleitete **Testfrage** hilfreich sein: Unterstellt, eine oder mehrere der designierten Gruppenangehörigen würden in ihrer Gruppe bei der Abstimmung gem. § 244 überstimmt – könnte man dann trotzdem noch sagen, dass die Gruppenmehrheit jedenfalls die hauptsächlichen – wenn auch nicht alle – wirtschaftlichen Interessen der Gruppenminderheit wahrnimmt, so dass diese von jener insoweit **repräsentiert** wird? Ist diese Frage mit ja zu beantworten, liegen gleichartige wirtschaftliche Interessen i. S. v. § 222 Abs. 2 Satz 1, die eine Gruppenbildung grundsätzlich zu rechtfertigen vermögen, vor.[97]

80 **c) Anknüpfungspunkte für gleichartige wirtschaftliche Interessen.** Ob danach im Hinblick auf zwei oder mehr Rechte, die gem. § 222 Abs. 2 in einer Gruppe zusammengefasst werden sollen, gleichartige wirtschaftliche Interessen der Beteiligten bestehen, ist immer eine Frage des Einzelfalls und einzelfallbezogen auf der Grundlage der soeben angestellten Überlegungen (RdNr. 79) zu beantworten. Indes ist es für einen Planarchitekten hilfreich, über Anknüpfungspunkte für gleichartige wirtschaftliche Interessen zu verfügen, die bei der

---

[94] *Smid* InVo 1997, 169, 178.
[95] Im Ergebnis ebenso *Nerlich/Römermann/Braun* § 222 RdNr. 42 ff., der zudem zu Recht bemerkt, dass sich das deutsche Recht die – im Vergleich zum US-amerikanischen – größere „Freizügigkeit" bei der Gruppenbildung auf Grund der engeren Voraussetzungen des Obstruktionsverbots, insbesondere des § 245 Abs. 2 Nr. 3, auch „leisten" könne (aaO RdNr. 44).
[96] Viel zu großzügig demgegenüber *Wellensiek* in: *K. Schmidt/Uhlenbruck* (Hrsg.), Die GmbH in Krise, Sanierung und Insolvenz, 3. Aufl. 2003, RdNr. 1647. Danach soll es genügen, dass eine Gruppe „möglichst homogen" ist und dass die Interessen der Gruppenangehörigen „möglichst gleichgerichtet" sind.
[97] Klarstellend sei bemerkt, dass die Testfrage natürlich dann – und nur dann – mit ja zu beantworten ist, sofern die wichtigsten insolvenzbezogenen wirtschaftlichen Interessen von zwei oder mehr Beteiligten übereinstimmen. Eine dahingehende Prüfung wird dem Planarchitekten bzw. dem Insolvenzgericht (§ 231 Abs. 1 Nr. 1) letztlich also nicht abgenommen. Allerdings lenkt die Frage nach der Repräsentativität des Abstimmungsergebnisses für die überstimmte Minderheit die Aufmerksamkeit auf die Bedeutung der wichtigsten insolvenzbezogenen wirtschaftlichen Interessen der Beteiligten. Darin liegt der hauptsächliche Nutzen der beschriebenen Testfrage.

Planerstellung als Ausgangspunkte für eine Gruppenbildung gem. § 222 Abs. 2 dienen können. Die wichtigsten dieser Anknüpfungspunkte sollen im Folgenden dargestellt werden. Dabei sei vorab erneut darauf hingewiesen, dass die Identifikation eines gleichartigen wirtschaftlichen Interesses noch nichts darüber aussagt, ob es sich um ein wichtiges insolvenzbezogenes wirtschaftliches Interesse der Beteiligten handelt. Darauf aber kommt es im Rahmen von § 222 Abs. 2 an (vgl. RdNr. 79).

aa) Rechtliche Struktur/Entstehungsgrund eines Rechts. Rechte schützen Interessen der Rechtsinhaber. Gleiche Rechte schützen regelmäßig gleiche, unterschiedliche Rechte unterschiedliche Interessen. Ein erster wesentlicher Anknüpfungspunkt für gleichartige wirtschaftliche Interessen liegt demzufolge in einer **gleichartigen rechtlichen Struktur** der den Beteiligten zustehenden **Rechte** (im Sinne einer Gleichartigkeit des Inhalts der jeweiligen Berechtigung) sowie in deren **gleichartigem Entstehungsgrund.** Im Hinblick auf Absonderungsrechte bedeutet dies z. B., dass die in den §§ 49 bis 51 festgelegten unterschiedlichen Typen von Absonderungsrechten Anknüpfungspunkte für eine Gruppendifferenzierung bieten (z. B. Grundpfandgläubiger, rechtsgeschäftliche Pfandrechtsgläubiger, gesetzliche Pfandrechtsgläubiger, Pfändungspfandrechtsgläubiger, Sicherungseigentümer, Sicherungszessionare, Zurückbehaltungsberechtigte etc.),[98] wobei insoweit ggf. weiter nach dem Rang des jeweiligen Absonderungsrechts oder dessen Entstehungsgrund (Individualsicherheit/Globalsicherheit, erweiterter/verlängerter Eigentumsvorbehalt) differenziert werden kann. Im Hinblick auf Insolvenzgläubigerforderungen ist der privat- oder öffentlichrechtliche Rechtsgrund der Forderung ein entsprechender Anknüpfungspunkt (z. B. Miete, Kauf, Darlehen, wertpapierrechtliche Tatbestände, ungerechtfertigte Bereicherung, Delikt[99] etc. einerseits, Steuerrecht, Sozialversicherungsrecht, Sicherheitsrecht etc. andererseits),[100] und Anlass zu einer weiteren Differenzierung bieten ggf. etwa die jeweils unterschiedliche gesetzliche bzw. kautelarische Ausgestaltung eines bestimmten Vertragstyps (z. B. Kontokorrentkredit, Annuitätendarlehen, Tilgungsdarlehen etc.) oder aber die aus einem bestimmten Rechtsgrund sich ergebenden, unterschiedlichen Typen von Ansprüchen (z. B. Rückzahlung des Darlehenskapitals, vertragliche Zinsansprüche [Zeitraum vor Verfahrenseröffnung], Ansprüche auf Verzugszinsen, Schadensersatzansprüche wegen Nichterfüllung etc.).[101]

bb) Gegenstand eines Rechts. Ein zweiter Anknüpfungspunkt für gleichartige wirtschaftliche Interessen von Beteiligten kann in der **Gleichartigkeit des Gegenstandes** des ihnen zustehenden Rechts liegen. Bei Insolvenzgläubigerforderungen, die sich auf Geld richten bzw. entsprechend umzurechnen sind (§ 45 Satz 1), spielt dieser Gesichtspunkt naturgemäß keine besondere Rolle. Bei Absonderungsrechten werden die wirtschaftlichen Interessen eines Berechtigten indes nicht nur durch die rechtliche Struktur des Rechts, sondern auch durch dessen Gegenstand beeinflusst. Hier können gleichartige wirtschaftliche Interessen z. B. dadurch begründet werden, dass das Recht an demselben Gegenstand besteht (bzw. ungleichartige, wenn es an einem anderen Gegenstand besteht), dass es an einem Gegenstand besteht, der zu den betriebsnotwendigen oder aber zu den nicht betriebsnotwendigen Vermögensgegenständen bzw. zum Anlage- oder aber zum Umlaufvermögen gehört, dass es an einem Gegenstand besteht, der auch privat genutzt wird etc.[102]

---

[98] Vgl. insoweit auch *Obermüller* WM 1998, 483, 487; *Braun* in: *Braun/Uhlenbruck*, Unternehmensinsolvenz, 1997, S. 596; *Nerlich/Römermann/Braun* § 222 RdNr. 69 ff.; *Hess/Weis* InVo 1998, 64, 67; *Kübler/Prütting/Otte* § 222 RdNr. 17; FK-*Jaffé* § 222 RdNr. 49.
[99] Praxisrelevant kann insoweit insbesondere die Gruppierung von Produkthaftungsansprüchen werden, vgl. etwa *Rose/Tetzlaff/Wollstadt* ZInsO 2005, 673, 677.
[100] Vgl. insoweit auch *Braun* in: *Braun/Uhlenbruck*, Unternehmensinsolvenz, 1997, S. 595 f.; *Nerlich/Römermann/Braun* § 222 RdNr. 61 ff.; *Hess/Weis* InVo 1998, 64, 67; *Kübler/Prütting/Otte* § 222 RdNr. 19 f.; FK-*Jaffé* § 222 RdNr. 49 f.
[101] Vgl. insoweit auch *Nerlich/Römermann/Braun* § 222 RdNr. 110 ff.
[102] Vgl. insoweit auch *Braun* in: *Braun/Uhlenbruck*, Unternehmensinsolvenz, 1997, S. 596; *Nerlich/Römermann/Braun* § 222 RdNr. 72; *Hess/Weis* InVo 1998, 64, 67; *Kübler/Prütting/Otte* § 222 RdNr. 17.

83 **cc) Werthaltigkeit eines Rechts.** In der Literatur wird ferner die Auffassung vertreten, dass auch die **Werthaltigkeit** eines Absonderungsrechts oder einer Insolvenzgläubigerforderung nicht nur ein Anknüpfungspunkt für gleichartige wirtschaftliche Interessen, sondern weitergehend sogar ein hinreichendes Differenzierungskriterium darstellen könne.[103] Auf den ersten Blick scheint diese Auffassung zumindest im Hinblick auf Insolvenzgläubigerforderungen unrichtig zu sein, weil diese offenbar immer gleich werthaltig bzw. nicht werthaltig sind. Unterschiede können sich jedoch ergeben, soweit für Insolvenzgläubigerforderungen z. B. Sicherheiten an nicht insolvenzbefangenem Vermögen bestehen.[104] Erinnert sei aber auch an die vollumfängliche Berücksichtigung der Insolvenzgläubigerforderung eines Absonderungsberechtigten bei den für (nachrangige) Insolvenzgläubigerforderungen getroffenen Regelungen (vgl. RdNr. 54 ff.). Die entsprechende Insolvenzgläubigerforderung ist offensichtlich werthaltiger als diejenige anderer Gläubiger (vgl. auch RdNr. 93 f.). Im Hinblick auf Absonderungsrechte selbst kann ferner die Werthaltigkeit des Absonderungsrechts im Einzelfall jedenfalls einen Anknüpfungspunkt für gleichartige wirtschaftliche Interessen der Betroffenen bieten.[105] Absonderungsberechtigte, deren Forderung zwar vom Fortführungswert der haftenden Sicherheit gedeckt ist, nicht jedoch von deren Einzelveräußerungswert, haben ein gleichartiges wirtschaftliches Interesse an der Unternehmensfortführung.[106] Ob es sich bei den durch die unterschiedliche Werthaltigkeit von bestimmten Rechten berührten Interessen um die wichtigsten insolvenzbezogenen wirtschaftlichen Interessen der Betroffenen handelt, so dass eine entsprechende Gruppenbildung den Repräsentationstest besteht (vgl. RdNr. 79), bleibt im Einzelfall allerdings immer noch zu prüfen.

84 Nichts zu tun hat eine differenzierende Gruppenbildung zwischen verschiedenen Absonderungsberechtigten auf Grund der unterschiedlichen Werthaltigkeit ihrer Sicherungsrechte im Übrigen mit dem Verbot der „Mischgruppenbildung", also mit dem Verbot, unterschiedliche Rechtspositionen in dieselbe Gruppe aufzunehmen (vgl. dazu RdNr. 27 f., 45). **Unrichtig** ist deshalb die Aussage des **BGH**, dass in einem Insolvenzplan „... die Bildung einer Gruppe, die Gläubiger mit werthaltigen und nicht werthaltigen Absonderungsrechten in sich vereint, grundsätzlich unzulässig [ist]."[107] Die „Werthaltigkeit" eines Absonderungsrechts begründet keine unterschiedliche Rechtsstellung. Zwischen Gläubigern mit gleicher Rechtsstellung kann differenziert werden. Es muss aber nicht differenziert werden (zu Gruppenbildungspflichten im Ausnahmefall vgl. RdNr. 105 ff.). Die Aussage des BGH wird (nur) verständlich auf der Basis der Prämisse des Gerichts, dass § 222 Personen – und nicht Rechte – gruppiere, und dass in eine Gruppe mit absonderungsberechtigten Gläubigern die gesicherte Forderung (sofern werthaltig) – und nicht das Sicherungsrecht – einzuordnen sei. Diese Prämisse aber ist falsch (vgl. RdNr. 27 f., 45).

85 **dd) Fälligkeit/Unsicherheit eines Rechts.** Ein weiterer Anknüpfungspunkt für gleichartige wirtschaftliche Interessen mehrerer Beteiligter kann in der **Fälligkeit** der ihnen zustehenden Rechte sowie in deren **betragsmäßiger Bestimmtheit** liegen. Zutreffend wird in der Begründung des RegE darauf hingewiesen, dass ein „... Gläubiger, dessen

---

[103] Vgl. *Hess/Weis* InVo 1998, 64, 67: „Die unterschiedliche wirtschaftliche Werthaltigkeit der Forderung und der Sicherungsrechte stellt ein sachgerechtes Abgrenzungskriterium im Sinne des § 222 Abs. 2 dar." Für die Relevanz der Werthaltigkeit von Forderungen/Sicherungsrechten als Anknüpfungspunkt für gleichartige wirtschaftliche Interessen auch HK-*Flessner* § 222 RdNr. 11; *Obermüller* WM 1998, 483, 487; *Kaltmeyer* ZInsO 1999, 255, 259; FK-*Jaffé* § 222 RdNr. 49; *Foerste*, Insolvenzrecht, 2. Aufl. 2004, RdNr. 482. Widersprüchlich *Smid/Rattunde*, Der Insolvenzplan, 2. Aufl. 2005, RdNr. 7.30 (Relevanz für Sicherungsrechte bejahend, nicht aber für Forderungen) einerseits und *Smid/Rattunde* InsO § 222 RdNr. 23 sowie *Smid* InVo 1997, 169, 176 andererseits (Relevanz generell verneinend).
[104] Vgl. BT-Drucks. 12/2443, S. 93; *Schiessler*, Der Insolvenzplan, 1997, S. 117; FK-*Jaffé* § 222 RdNr. 49.
[105] Ebenso *Obermüller* WM 1998, 483, 487; HK-*Flessner* § 222 RdNr. 11. Unrichtig aber *Uhlenbruck/Lüer* § 222 RdNr. 20, nach dem in eine Gruppe nach Nr. 1 nur der „Wert des Absonderungsrechts" einbezogen werden dürfe. Absonderungsrechte sind bei der Eingruppierung nach Gläubigern unterschiedlicher Rechtsstellung immer mit ihrem Nominalwert zu erfassen.
[106] Vgl. BT-Drucks. 12/2443, S. 199.
[107] BGH NZI 2005, 619 (Leitsatz 1).

Forderung bei der Eröffnung des Insolvenzverfahrens noch gar nicht fällig war, ... typischerweise weniger an schnellen Zahlungen aus dem Schuldnervermögen interessiert sein [wird] als andere Gläubiger."[108] Ähnliches gilt für Gläubiger, deren Forderung bei Eröffnung des Insolvenzverfahrens zwar dem Grunde, nicht aber der Höhe nach feststeht.[109]

ee) Person des Berechtigten. Regelmäßig bedeutsam für die wirtschaftliche Interessenlage eines Insolvenzbeteiligten, dem ein Absonderungsrecht oder aber eine Insolvenzforderung zusteht, ist ferner, welcher **Personengruppe** er zugehört bzw. welchen **Typus von Beteiligten** er repräsentiert.[110] So ist die Kreditvergabe für Banken ihr Kerngeschäft, für Lieferanten demgegenüber ein Instrument der Absatzförderung. Dies legt eine Differenzierung zwischen Geld- und Warenkreditgebern nahe. Innerhalb der Gruppe der Geldkreditgeber haben Banken andere Interessen als Anleihegläubiger und bei diesen wiederum Privatanleger andere als institutionelle Investoren. Warenkreditversicherer verfolgen andere Ziele als die bei ihnen versicherten Lieferanten, die Interessenlage staatlicher oder dem staatlichen Bereich zuzurechnender Institutionen unterscheidet sich von derjenigen von Privatpersonen, wobei auch im Hinblick auf Erstere keine Interessenhomogenität besteht, sondern die (wirtschaftlichen) Interessen der Steuergläubiger von denjenigen der Sozialversicherungsgläubiger divergieren etc.

ff) Beziehung des Berechtigten zum Schuldner. Einen sechsten Anknüpfungspunkt für gleichartige wirtschaftliche Interessen von einzelnen oder mehreren Beteiligten kann im Einzelfall deren (besondere) **Beziehung zum Schuldner** bieten. Das trifft etwa auf langjährige Geschäftspartner des Schuldners zu, auf Gläubiger, die sich gleichzeitig in einer Gesellschafterstellung befinden oder mit dem Schuldner konzernrechtlich verbunden sind, oder auf Angehörige des Schuldners, die sich gleichzeitig in einer Gläubigerstellung befinden, spiegelbildlich natürlich aber auch auf Gläubiger, bei denen eine entsprechende Geschäftspartnerschaft nicht besteht (im Extremfall: Deliktsgläubiger des Schuldners).[111]

gg) Beziehung des Berechtigten zu anderen Berechtigten. Schließlich kann auch in der (besonderen) Beziehung mehrerer Berechtigter untereinander ein Anknüpfungspunkt für gleichartige wirtschaftliche Interessen i. S. v. § 222 Abs. 2 Satz 1 liegen. Das gilt etwa dann, wenn im Außenverhältnis eine Teilgläubigerschaft (§ 420 BGB), im Innenverhältnis demgegenüber eine Gesellschaft bürgerlichen Rechts oder eine andere Sonderverbindung vorliegt, wie dies bei Konsortialkreditgebern und Anleihegläubigern regelmäßig der Fall ist (vgl. RdNr. 29 – sofern bei Sicherheitenpools mehrere im Außenverhältnis dinglich berechtigt sind [in diesem Fall liegt entweder eine gesamthänderische oder eine gemeinschaftliche Berechtigung vor], ist die Zugehörigkeit zu einer Gruppe wegen § 244 Abs. 2 Satz 1 zwingend, vgl. RdNr. 29). Eine besondere Beziehung mehrerer Berechtigter untereinander mag aber im Einzelfall auch deshalb bestehen, weil diese z. B. gesellschaftsrechtlich verflochten, konzernrechtlich verbunden oder aber gemeinsame Wettbewerber des Schuldners sind.[112]

hh) Kumulation von Anknüpfungspunkten. Die Wahrscheinlichkeit, dass die Entscheidung einer Mehrheit von Gruppenmitgliedern repräsentativ auch für die überstimmte Minderheit ist, dass eine Gruppenbildung nach gleichartigen wirtschaftlichen Interessen also dem Repräsentationstest (vgl. RdNr. 79) genügt, steigt, je mehr Anknüpfungspunkte es im Einzelfall für gleichartige wirtschaftliche Interessen der Mitglieder einer bestimmten Gruppe

---

[108] BT-Drucks. 12/2443, S. 199. Vgl. auch BT-Drucks. 12/2443, S. 93. Ebenso *Schiessler*, Der Insolvenzplan, 1997, S. 117; *Kaltmeyer* ZInsO 1999, 255, 259; FK-*Jaffé* § 222 RdNr. 49; AA *Smid* InVo 1997, 169, 176, unter Berufung auf den Schutzzweck des § 41 Abs. 1. Aber dieser Schutzzweck ändert an der Interessenlage der betr. Gläubiger nichts.
[109] Vgl. BT-Drucks. 12/2443, S. 93; *Schiessler*, Der Insolvenzplan, 1997, S. 117.
[110] Vgl. insoweit auch *Braun* in: *Braun/Uhlenbruck*, Unternehmensinsolvenz, 1997, S. 595 f.; *Nerlich/Römermann/Braun* § 222 RdNr. 60, 70; *Kübler/Prütting/Otte* § 222 RdNr. 19.
[111] Vgl. insoweit auch FK-*Jaffé* § 222 RdNr. 48 f.; *Picot/Aleth*, Unternehmenskrise und Insolvenz, 1999, RdNr. 812.
[112] Vgl. BT-Drucks. 12/2443, S. 93.

gibt. Je mehr Anknüpfungspunkte es gibt, desto höher ist nämlich auch die Wahrscheinlichkeit, dass die wichtigsten wirtschaftlichen Interessen der Gruppenmitglieder gleichartig sind. Exemplarische Konstellationen einer hohen Dichte von Anknüpfungspunkten sind etwa die bereits erwähnten Fälle mehrerer Banken, die gemeinsam einen Konsortialkredit vergeben haben, oder mehrerer Anleihegläubiger einer bestimmten Anleihe (vgl. RdNr. 88). In diesen Fällen sind die rechtliche Struktur bzw. der Entstehungsgrund sowie der Gegenstand der Ansprüche identisch (vgl. RdNr. 81 f.), diese sind regelmäßig zu den gleichen Zeitpunkten fällig (vgl. RdNr. 85), die Berechtigten sind im Innenverhältnis in besonderer Weise miteinander verbunden (vgl. RdNr. 88), und sie gehören zumindest bei einem Konsortialkredit zu einer homogenen Personengruppe (vgl. RdNr. 86, bei Anleihegläubigern ist dies weniger sicher). Divergenzen können allerdings im Hinblick auf ihre Beziehungen zum Schuldner bestehen (vgl. RdNr. 87).

90 **2. Sachgerechte Gruppenabgrenzung.** Gleichartige wirtschaftliche Interessen sind eine notwendige, aber keine hinreichende Bedingung für eine zulässige Gruppenbildung gem. § 222 Abs. 2 (vgl. RdNr. 73). Eine auf Grund gleichartiger wirtschaftlicher Interessen gem. § 222 Abs. 2 Satz 1 gebildete Gruppe muss sich zudem von anderen Gruppen **sachgerecht abgrenzen** lassen (§ 222 Abs. 2 Satz 2). Das Kriterium der sachgerechten Abgrenzung wird vom Gesetzgeber nicht näher erläutert. Betrachtet man es im Kontext der durch das Kriterium der gleichartigen wirtschaftlichen Interessen zugelassenen Differenzierungsmöglichkeiten, dann wird erkennbar, in welcher Weise das Kriterium der sachgerechten Abgrenzung eine sinnvolle Funktion als **Differenzierungsverbot** erfüllen kann. Gem. § 222 Abs. 2 Satz 1 wäre es z. B. ohne weiteres zulässig, aus einer Gruppe von Gläubigern mit **denselben wirtschaftlichen Interessen** zwei oder mehr Gruppen zu bilden. Den Repräsentationstest (vgl. RdNr. 79) würde jede der gebildeten Gruppen bestehen, nach wie vor wäre also die Entscheidung einer Gruppenmehrheit repräsentativ auch für die überstimmte Minderheit. Das Ziel einer solchen Gruppenbildungsstrategie läge aber offenbar einzig und allein darin, das Ergebnis der gruppenbezogenen Abstimmung zu beeinflussen, insbesondere die Zahl der zustimmenden Gruppen zu erhöhen (vgl. § 245 Abs. 1 Nr. 3). Einen sachlichen Grund für eine Gruppenteilung bzw. -differenzierung gäbe es nicht.

91 Das Erfordernis einer sachgerechten Abgrenzung von Gläubigergruppen in § 222 Abs. 2 Satz 2 ist deshalb dahingehend zu verstehen, dass es für die Unterscheidung zwischen zwei oder mehr gebildeten Gruppen einen **sachlich gerechtfertigten Grund** geben muss. Ein solcher Grund liegt insbesondere dann **nicht** vor, wenn die **wichtigsten wirtschaftlichen Interessen** derjenigen, deren Rechte in unterschiedliche Gruppen eingeordnet wurden, **gleichartig** sind. Wird das Kriterium der sachgerechten Abgrenzung von Gläubigergruppen in der Weise verstanden, dann wird auch seine Komplementarität mit dem Kriterium der gleichartigen wirtschaftlichen Interessen deutlich: In eine Gruppe **dürfen** nur solche Berechtigten aufgenommen werden, die gleichartige wirtschaftliche Interessen haben (§ 222 Abs. 2 Satz 1). In eine Gruppe **müssen** aber auch alle diejenigen aufgenommen werden, deren wichtigste wirtschaftliche Interessen gleichartig sind. Insoweit unterscheidet sich die Rechtslage in Deutschland von derjenigen gem. 11 U. S. C. § 1122 (a) des US-amerikanischen Chapter 11-Verfahrens. Dort kommt es ausschließlich auf die Ähnlichkeit der in einer Klasse zusammengefassten Ansprüche bzw. Sicherungsrechte an. Eine sachgerechte Abgrenzung einer Klasse von anderen wird nicht verlangt, und deswegen ist es möglich, dass aus einer Gruppe mit substantiell ähnlichen Ansprüchen/Sicherungsrechten zwei Untergruppen gebildet werden.[113]

---

[113] Vgl. etwa In re Huckabee Auto Co., Bkrtcy. M. D. Ga. 1981, 33 B. R. 132, 137; In re Planes, Inc., N. D. Georgia 1985, 48 B. R. 698, 700 et seq.; In re Nerlich, N. V., Bkrtcy. D. S. C. 1986, 72 B. R. 181, 183; In re AG Consultants Grain Div., Inc., Bkrtcy. N. D. Ind. 1987, 77 B. R. 665, 670 et seq., 676; In re Atlanta West VI, Bkrtcy. N. D. Ga. 1988, 91 B. R. 620, 625 et seq. Diese Rechtslage ist allerdings keineswegs unumstritten. Abweichende Entscheidungen werden zitiert von der Entscheidung In re AG Consultants Grain Div., Inc., Bkrtcy. N. D. Ind. 1987, 77 B. R. 565, 571. Vgl. auch *Baird*, The Elements of Bankruptcy, 1992/93, S. 247: „Abuses can arise both when the proponent of a plan puts different claims in the same class and when the proponent puts similar claims in different classes.".

III. Anwendung der Gruppenbildungskriterien auf praxiswesentliche Fallkonstellationen

Die Anknüpfungspunkte für gleichartige wirtschaftliche Interessen (vgl. RdNr. 80 ff.) lassen sich als eine Art heuristisches Raster interpretieren, das eine Hilfestellung bei der Beantwortung der Frage bietet, ob die wichtigsten insolvenzbezogenen wirtschaftlichen Interessen von zwei oder mehr Beteiligten, die zu einer Gruppe zusammengefasst werden sollen, identisch sind und eine intendierte Gruppenbildung damit den entscheidenden Repräsentationstest (vgl. RdNr. 79) besteht. Im Folgenden werden einige praxiswesentliche Fallkonstellationen auf der Basis dieses Rasters im Hinblick auf die bei ihnen bestehenden Gruppenbildungsmöglichkeiten untersucht. 92

1. Gruppierung von gesicherten Insolvenzgläubigerforderungen. Im Zusammenhang mit der durch § 222 Abs. 1 gebotenen Differenzierung zwischen Gläubigern mit unterschiedlicher Rechtsstellung hatte sich gezeigt, dass Absonderungsberechtigte, denen der Schuldner auch persönlich haftet, mit ihrem Absonderungsrecht gem. § 222 Abs. 1 Satz 2 Nr. 1 den Absonderungsberechtigten und mit ihrer Insolvenzgläubigerforderung in vollem Umfang gem. § 222 Abs. 1 Satz 2 Nr. 2 oder Nr. 3 den nicht nachrangigen bzw. den nachrangigen Insolvenzgläubigern zuzuordnen sind (vgl. RdNr. 55). Dabei kann die Frage auftreten, ob allein die Tatsache der – teilweisen oder gänzlichen – Sicherung der (nicht nachrangigen bzw. nachrangigen) Insolvenzgläubigerforderung es rechtfertigt, diese gem. § 222 Abs. 2 Satz 1 von den übrigen (nicht nachrangigen bzw. nachrangigen) Insolvenzgläubigerforderungen zu separieren oder ob diese Tatsache zumindest ein Anknüpfungspunkt für gleichartige wirtschaftliche Interessen der betroffenen Gläubiger ist. 93

Letzteres ist zutreffend.[114] Dass eine Insolvenzgläubigerforderung ganz oder teilweise gesichert ist, impliziert, dass der betreffende Insolvenzgläubiger ein geringeres insolvenzbezogenes wirtschaftliches Interesse an einer Unternehmensfortführung hat als andere Insolvenzgläubiger: Auch bei einer Liquidation des Unternehmens kann er mit einer vollen oder zumindest teilweisen Befriedigung rechnen. Seine Forderung ist werthaltiger (vgl. bereits RdNr. 83). Indes liegt darin nur ein Anknüpfungspunkt für ein gleich gelagertes wirtschaftliches Interesse der Gläubiger gesicherter Forderungen, und es ist keineswegs zwingend, dass es sich dabei um das **wichtigste** insolvenzbezogene wirtschaftliche Interesse handelt (vgl. RdNr. 79) und dass sich dieses Interesse von demjenigen anderer Rechtsinhaber **sachgerecht unterscheiden** lässt (§ 222 Abs. 2 Satz 2, vgl. RdNr. 90 f.). Möglicherweise sind im Einzelfall andere insolvenzbezogene wirtschaftliche Interessen von einer größeren Bedeutung, oder das geringe Interesse an einer Unternehmensfortführung ist auch für andere Rechtsinhaber zentral. 94

2. Gruppierung von bestimmten Rechten eines bestimmten Beteiligten. Eine weitere praxiswesentliche Fallkonstellation wird häufig in der Frage liegen, ob die rechtliche Struktur/der Entstehungsgrund eines bestimmten Rechts oder die Person des jeweils Berechtigten nicht unter bestimmten Voraussetzungen ein hinreichender Grund für eine differenzierende Gruppenbildung gem. § 222 Abs. 2 Satz 1 sein kann. So wird etwa die Auffassung vertreten, dass die auf die Bundesagentur für Arbeit nach Beantragung von **Insolvenzgeld** gem. § 187 Satz 1 SGB III **übergegangenen Ansprüche auf Arbeitsentgelt**,[115] die unterschiedlichen Steuergläubigern (Bund, Länder, Gemeinden) zustehenden unterschiedlichen **Steueransprüche**,[116] die **sicherheitsrechtlichen** (polizeirecht- 95

---

[114] Weitergehend *Nerlich/Römermann/Braun* § 222 RdNr. 107 (Teilsicherung einer Forderung als hinreichender Differenzierungsgrund); *Kübler/Prütting/Otte* § 222 RdNr. 20 (ebenso). AA *Smid/Rattunde,* Der Insolvenzplan, 2. Aufl. 2005, RdNr. 7.30 (die wirtschaftliche Werthaltigkeit einer Forderung sei kein sachliches Kriterium für die Zuordnung zu einer bestimmten Gläubigergruppe).
[115] *Nerlich/Römermann/Braun* § 222 RdNr. 99; *Kübler/Prütting/Otte* § 222 RdNr. 10; *FK-Jaffé* § 222 RdNr. 49.
[116] *Nerlich/Römermann/Braun* § 222 RdNr. 98; *Kübler/Prütting/Otte* § 222 RdNr. 10.

lichen) Ansprüche,[117] sowie der Charakter von Insolvenzforderungen als **sozialversicherungsrechtliche Beitragsforderungen**[118] ohne weiteres eine Gruppendifferenzierung gem. § 222 Abs. 2 Satz 1 rechtfertigen.

96 Mit dieser Einschätzung wird der Stellenwert der Anknüpfungspunkte für gleichartige wirtschaftliche Interessen i. S. v. § 222 Abs. 2 Satz 1 partiell unrichtig gesehen. Zutreffend ist die Überlegung, dass die rechtliche Struktur/der Entstehungsgrund eines Rechts sowie die Person des Berechtigten Anknüpfungspunkte für gleichartige wirtschaftliche Interessen sind (vgl. RdNr. 81, 86). Unzutreffend ist die These, dass aus diesen Anknüpfungspunkten zwingend eine Gruppierungsmöglichkeit gem. § 222 Abs. 2 Satz 1 abgeleitet werden könne. Letztlich entscheidend ist wiederum die Frage, ob die **wichtigsten** wirtschaftlichen Interessen der ins Auge gefassten Gruppenmitglieder gleichartig sind (vgl. RdNr. 79) und ob sich diese Interessen von denjenigen anderer Rechteinhaber **sachgerecht unterscheiden** lassen (§ 222 Abs. 2 Satz 2, vgl. RdNr. 90 f.). Dies kann im Hinblick auf die genannten Ansprüche der genannten Berechtigten der Fall sein – bisweilen wird dafür sogar eine hohe Wahrscheinlichkeit bestehen –, zwingend ist dies jedoch nicht.

IV. Dokumentation der Gruppenbildungskriterien

97 Gem. § 222 Abs. 2 Satz 3 sind die Kriterien für die Abgrenzung der nach § 222 Abs. 2 Satz 1 und Satz 2 gebildeten Gläubigergruppen im Plan anzugeben. In der Begründung des RegE wird zu dieser Vorschrift ausgeführt, dass der Verfasser des Plans sich nicht damit begnügen könne, einige Beteiligte anderen Gruppen zuzuordnen und ihnen damit andere Ansprüche zuzuweisen als den übrigen; er müsse vielmehr „... zusätzlich erläutern, inwiefern diese Differenzierung nach den ... wirtschaftlichen Interessen der Beteiligten gerechtfertigt ist."[119] Diese Wendung ist im Lichte des oben zur Präzisierung der Gruppenbildungskriterien Ausgeführten (vgl. RdNr. 74 ff.) wie folgt zu verstehen: Es muss **erstens** dargelegt werden, auf Grund welcher gleichartiger wirtschaftlicher Interessen eine bestimmte Gruppe gebildet wurde; **zweitens** ist darzulegen, dass es sich dabei um die wichtigsten insolvenzbezogenen wirtschaftlichen Interessen der Gruppenmitglieder handelt; schließlich ist **drittens** darzulegen, dass und inwiefern alle Beteiligten, deren wichtigste insolvenzbezogene wirtschaftliche Interessen übereinstimmen, derselben Gruppe zugeordnet wurden.

98 Fehlen die entsprechenden Angaben oder sind sie unvollständig, dann sind die Gruppenbildung und damit auch der Planinhalt bereits aus diesem formalen Grund mangelhaft (Verstoß gegen § 222 Abs. 2 Satz 3), so dass ein vorgelegter Plan vom Insolvenzgericht zurückzuweisen ist, wenn der Darlegungsmangel binnen angemessener Frist nicht behoben wurde (§ 231 Abs. 1 Nr. 1). Entsprechende Mängel sind immer behebbar, da sie sich ohne Beeinträchtigung der Übersichtlichkeit der Planstruktur korrigieren lassen (vgl. auch RdNr. 147 sowie § 218 RdNr. 161).[120]

99 Hat der Planvorlegende die erforderlichen Angaben gemacht, dann hat das Insolvenzgericht den Plan im Vorprüfungsverfahren gem. § 231 Abs. 1 Nr. 1 nur anhand der **dargelegten Kriterien** zu überprüfen. Es hat mit anderen Worten nicht zu fragen, ob sich die durch den Planarchitekten vorgenommene Gruppenbildung irgendwie rechtfertigen ließe, sondern lediglich, ob die vorgetragenen Gesichtspunkte dazu geeignet sind. Dafür spricht zum einen die Erwägung, dass das Insolvenzgericht die vorgenommene Gruppenbildung sinnvoll überhaupt nur auf der Grundlage der gem. § 222 Abs. 2 Satz 3 dokumentierten Kriterien überprüfen kann. Allein diese Auslegung des § 222 Abs. 2 Satz 3 wird zum anderen auch

---

[117] *Nerlich/Römermann/Braun* § 222 RdNr. 66.
[118] *Nerlich/Römermann/Braun* § 222 RdNr. 100; FK-*Jaffé* § 222 RdNr. 49.
[119] BT-Drucks. 12/2443, S. 200 (die in der zitierten Passage der Begründung weiter enthaltene Wendung, dass auch erläutert werden müsse, warum die Differenzierung nach den rechtlichen Interessen der Beteiligten gerechtfertigt sei, ist durch Abweichung des § 222 von § 265 RegE in diesem Punkt gegenstandslos).
[120] Im Ergebnis ebenso wohl Hess in: *Hess/Obermüller*, Insolvenzplan, Restschuldbefreiung und Verbraucherinsolvenz, 3. Aufl. 2003, RdNr. 154.

dem Zweck der Vorschrift gerecht, den Planverfasser zur Einhaltung der materialen Gruppenbildungskriterien (gleichartige wirtschaftliche Interessen, sachgerechte Abgrenzung) anzuhalten (vgl. zur Sanktionierung von Verstößen gegen § 222 im Übrigen RdNr. 146 ff.).

V. Missbrauchsverbot als (ungeschriebene) Grenze der Gruppenbildung?

100 In der Literatur wird vereinzelt die These vertreten, dass die Zulässigkeit einer in einem Insolvenzplan vorgenommenen Gruppenbildung nicht allein anhand der in § 222 Abs. 1 sowie in § 222 Abs. 2 niedergelegten Kriterien zu beurteilen sei. Vielmehr müsse das „... durch den Plan vorgesehene Ensemble von Gläubigergruppen insgesamt daraufhin ‚wertend' betrachtet werden, ob die Art der Einteilung in Gruppen geeignet ist, dissentierenden Gläubigern die Geltendmachung ihres Einspruchs gegen den Plan zu erschweren."[121] Eine Gruppenbildung nach § 222 Abs. 2 sei unzulässig, „... wenn sie den Verdacht manipulativer Einflussnahme auf das Abstimmungsergebnis nahelegt."[122] Davon könne man beispielsweise dann ausgehen, wenn die Gruppenbildung zu einer „... Verschiebung der nach § 245 Abs. 1 Nr. 3 beachtlichen Mehrheitsverhältnisse..."[123] führt.

101 Mit diesen Erwägungen wird die Logik der gesetzlichen Regelungen über eine gruppenbezogene Rechtsgestaltung und -abstimmung verkannt (vgl. insoweit bereits RdNr. 8 f.). **Strategisches Verhalten** eines Planarchitekten bei der Gruppenbildung im Rahmen dieser Regelungen (dazu sogleich) ist zulässig und **legitim.** Jeder einzelne Gläubiger wird durch § 251 dagegen geschützt, durch einen vorgelegten Plan voraussichtlich schlechter gestellt zu werden, als er ohne ihn stünde. Gegen den Willen einer ganzen Gläubigergruppe kann ein Plan sogar nur dann verabschiedet werden, wenn die Mehrheit der abstimmenden Gruppen ihm zugestimmt hat (§ 245 Abs. 1 Nr. 3) – nach 11 U.S.C. § 1129 (a) (10) ist im US-amerikanischen Reorganisationsverfahren demgegenüber die Zustimmung von nur einer Klasse erforderlich – und wenn die Gläubiger der dissentierenden Gruppe **angemessen** an dem durch den Plan geschaffenen Wert beteiligt werden (§ 245 Abs. 1 Nr. 2). Dazu gehört insbesondere, dass kein Gläubiger, der ohne einen Plan gleichrangig mit den Gläubigern dieser Gruppe zu befriedigen wäre, besser gestellt wird als die Gruppenmitglieder (§ 245 Abs. 2 Nr. 3). Die Voraussetzungen für ein Eingreifen des Obstruktionsverbots sind damit nicht nur präzise formuliert, sondern auch hoch angesiedelt: Das negative Risiko für eine dissentierende Gruppe bei einer – wahrgenommenen oder tatsächlichen – „Manipulation" der Gruppenbildung beschränkt sich darauf, **nicht mehr als angemessen** an dem Planwert beteiligt zu werden.[124]

102 Manipulationsversuche lassen sich im Übrigen durch die Gruppenbildungskriterien der unterschiedlichen Rechtsstellung (§ 222 Abs. 1, vgl. dazu RdNr. 45 ff.) sowie der gleichartigen wirtschaftlichen Interessen und der sachgerechten Abgrenzung von Gläubigergruppen (§ 222 Abs. 2, vgl. dazu RdNr. 71 ff.) wirksam bekämpfen. Die entsprechenden Gruppenbildungskriterien sind zu diesem Zweck erforderlich, aber auch völlig ausreichend: Ihre Aufgabe liegt ja gerade darin, „... Manipulationen zur Beschaffung von Mehrheiten zu vermeiden...",[125] und diese Aufgabe können sie bei einer zweckgerechten Interpretation auch ohne weiteres erfüllen.[126] Innerhalb des US-amerikanischen Chapter 11-Verfahrens ist dies anders: Dass dort eine allgemeine Missbrauchskontrolle der Gruppenbildung für erfor-

---

[121] *Smid* InVo 1997, 169, 177 (Hervorhebungen im Original weggelassen).
[122] *Smid* InVo 1997, 169, 179. Etwas anderes soll nur dann gelten, wenn der Planarchitekt belegen kann, dass dieser Verdacht unbegründet ist, vgl. *Smid* WM 1998, 2489, 2496.
[123] *Smid* InVo 1997, 169, 177.
[124] Verkannt wird die Funktion des Obstruktionsverbots von *Smid* InVo 1996, 314, 315: Nicht weil eine Forderung wirtschaftlich wertlos ist, ist die Verweigerung der Zustimmung Obstruktion (so aber *Smid*), sondern weil und soweit Gläubiger angemessen an dem durch den Plan geschaffenen Wert beteiligt werden.
[125] Vgl. BT-Drucks. 12/2443, S. 199.
[126] Die diesbezügliche Skepsis von *Neumann*, Die Gläubigerautonomie in einem künftigen Insolvenzverfahren, 1995, S. 90, ist unbegründet.

derlich gehalten wird,[127] hat seinen Grund unter anderem darin, dass das Gruppenbildungskriterium der substantiellen Ähnlichkeit der in einer Gruppe zusammengefassten Ansprüche/Sicherungsrechte (11 U. S. C. § 1122 (a)) eine sachgerechte Abgrenzung der gebildeten Gläubigergruppen gerade nicht verlangt (vgl. RdNr. 91).

103 Ein allgemeines Missbrauchsverbot als Gruppenbildungsgrenze lässt sich für das Insolvenzplanverfahren auch nicht – mittelbar – aus § 250 Nr. 2 herleiten, der das Insolvenzgericht im Bestätigungsverfahren zu einer Versagung der Planbestätigung verpflichtet, sofern die Annahme des Plans unlauter herbeigeführt wurde.[128] Die Regeln über die Gruppenbildung betreffen den Inhalt des Insolvenzplans. Er ist vom Insolvenzgericht gem. § 231 Abs. 1 Nr. 1 sowie ggf. gem. § 250 Nr. 1 zu kontrollieren (vgl. dazu auch RdNr. 146 ff.). § 250 Nr. 2 ist daher im Hinblick auf die im Plan vorgenommene Gruppenbildung von vornherein nicht einschlägig und kein geeigneter Kontrollmaßstab.

104 Als Ergebnis ist nach alledem festzuhalten, dass ein über die Gruppenbildungskriterien der unterschiedlichen Rechtsstellung (§ 222 Abs. 1) sowie der gleichartigen wirtschaftlichen Interessen und der sachgerechten Gruppenabgrenzung (§ 222 Abs. 2) hinausgehendes, **allgemeines Missbrauchsverbot** als (ungeschriebene) Grenze der Gruppenbildung **nicht besteht**.[129] Eine ganz andere Frage ist, ob das durch § 222 Abs. 2 Satz 1 einem Planarchitekten eingeräumte **Gruppenbildungsermessen** – dort ist explizit davon die Rede, dass Gruppen gebildet werden *können*, in denen Gläubiger mit gleichartigen wirtschaftlichen Interessen zusammengefasst werden – unter ganz bestimmten Voraussetzungen **reduziert sein könnte**. Dabei geht es indes nicht um ein allgemeines Missbrauchsverbot – missbräuchliche Gruppenbildungen sind bereits nach den in § 222 Abs. 1 und 2 kodifizierten Gruppenbildungskriterien unzulässig –, sondern um das Problem, ob eine nicht missbräuchliche Gruppenbildung im Einzelfall gleichwohl unzulässig sein könnte (vgl. dazu RdNr. 105 ff., insbes. 109 f.).

VI. Reduktion des Gruppenbildungsermessens: Gruppenbildungspflichten

105 **1. Gesetzgeberische Konzeption eines freien Gruppenbildungsermessens.** Der RegE hatte in seinem § 265 Abs. 1 Satz 1 noch explizit vorgesehen, dass bei der Festlegung der Rechte der Beteiligten Gruppen zu bilden sind, in denen Beteiligte mit gleicher Rechtsstellung und gleichartigen wirtschaftlichen Interessen zusammengefasst werden. Zu folgen vermochte der Rechtsausschuss der „Zwangsgruppierung" von Gläubigern mit gleicher Rechtsstellung, nicht aber derjenigen von Gläubigern mit gleichen wirtschaftlichen Interessen. Dadurch würde, so meinte er, das Insolvenzplanverfahren „... übermäßig kompliziert ...".[130] Er empfahl deshalb insoweit eine lediglich fakultative Gruppenbildung, die schließlich auch Gesetz wurde (§ 222 Abs. 2): „Wer einen Plan vorlegt, kann diese Gläubiger [mit gleicher Rechtsstellung, der Verf.] in Gruppen aufteilen, braucht es aber nicht, auch wenn die betroffenen Gläubiger sehr unterschiedliche wirtschaftliche Interessen haben ...".[131] Auf der Grundlage dieser Äußerungen kann anscheinend kein Zweifel daran

---

[127] Vgl. etwa Hanson v. First Bank of South Dakota, N. A., C. A. 8 (S. D.) 1987, 828 F. 2 d 1310, 1313; In re Holywell Corp., C. A. 11 (Fla.) 1990, 913 F. 2 d 873, 880; In re Ward, Bkrtcy. S. D. Fla. 1988, 89 B. R. 998, 1000 et seq.; In re Allegheny West VI, Bkrtcy. N. D. Ga. 1988, 91 B. R. 620, 626.
[128] So aber offenbar *Wellensiek* WM 1999, 405, 410.
[129] Ganz **hL**, vgl. etwa *Bork*, Verfahrenshürden beim Insolvenzplan, in *Henckel/Kreft* (Hrsg.), Insolvenzrecht 1998, 1999, S. 111, 116 (etwas weniger deutlich noch *Bork* ZZP 109 (1996), 473, 484 f.); *Kaltmeyer* ZInsO 1999, 255, 263; *Hess/Weis* InVo 1998, 64, 65; *Hess* in: *Hess/Obermüller*, Insolvenzplan, Restschuldbefreiung und Verbraucherinsolvenz, 3. Aufl. 2003, RdNr. 54 a, 181 f.; *Riggert* WM 1998, 1521, 1524 Fn. 24; *Maus* in: *K. Schmidt/Uhlenbruck* (Hrsg.), Die GmbH in Krise, Sanierung und Insolvenz, 3. Aufl. 2003, RdNr. 1631, und *Vallender* ebenda RdNr. 1638; *Jungmann*, Grundpfandgläubiger und Unternehmensinsolvenz, 2004, RdNr. 291. AA offenbar *Wellensiek* WM 1999, 405, 410; *Evers/Möhlmann* ZInsO 1999, 21, 27; *FK-Jaffé* § 222 RdNr. 59, der jedoch feststellt, dass das von *Smid* beschriebene Missbrauchsszenario auf Grund des durch § 245 Abs. 2 Nr. 3 vermittelten Schutzes in der geschilderten Form nicht bzw. so gut wie nicht eintreten werde (RdNr. 35, 62).
[130] BT-Drucks. 12/7302, S. 182.
[131] BT-Drucks. 12/7302, S. 182.

bestehen, dass nach der gesetzgeberischen Konzeption des § 222 Abs. 2 jedem Planarchitekten ein **freies Gruppenbildungsermessen** im Hinblick auf die Differenzierung zwischen Beteiligten mit gleicher Rechtsstellung, aber unterschiedlichen wirtschaftlichen Interessen, zustehen soll. Dem entspricht die fast einhellige Ansicht im Schrifttum.[132]

2. Freies Gruppenbildungsermessen als Systembruch. In dieser vom Gesetzgeber 106
gewollten *Freiheit* eines Planarchitekten bei der Gruppenbildung nach gleichartigen wirtschaftlichen Interessen liegt ein **Systembruch** innerhalb des durch § 222 Abs. 2 Satz 1 aufgerichteten Systems einer Gruppenbildung auf der Basis gleichartiger wirtschaftlicher Interessen. Das wird deutlich, wenn man sich vor Augen führt, dass es gem. § 222 Abs. 2 Satz 1 nicht zulässig wäre, eine oder mehrere Gruppen zu bilden, in denen sich Beteiligte mit unterschiedlichen wirtschaftlichen Interessen wiederfinden, dass es aber offenbar zulässig sein soll, eine Gruppenbildung nach dieser Vorschrift zu unterlassen, so dass in den nach § 222 Abs. 1 unter Berücksichtigung der Rechtsstellung der Beteiligten gebildeten Gruppen über den Plan abgestimmt wird, in denen sich jeweils Beteiligte mit ggf. völlig unterschiedlichen wirtschaftlichen Interessen befinden. Mit anderen Worten: Die Zusammenfassung von Beteiligten mit unter Umständen völlig heterogenen wirtschaftlichen Interessen in „Großgruppen" gem. § 222 Abs. 1 ist zulässig, ihre Zusammenfassung in „Kleingruppen" gem. § 222 Abs. 2 ist es nicht. Das für ein System gruppenbezogener Rechtsgestaltung und Abstimmung maßgebliche Repräsentationsprinzip (vgl. RdNr. 4) ist aber nicht nur in dem zuletzt genannten, sondern auch – und erst recht – in dem zuerst genannten Fall verletzt.

3. Verfassungsrechtliche Bedenken gegen freies Gruppenbildungsermessen. Die 107
Bedenken gegen die gesetzliche Regelung verstärken sich noch, wenn man die **verfassungsrechtliche Dimension** der Gruppenbildung und der Gruppenbildungsregeln in die Betrachtung einbezieht. Hinter den Gruppenbildungskriterien der gleichartigen wirtschaftlichen Interessen (§ 222 Abs. 2 Satz 1) und der sachgerechten Abgrenzung der Gruppen (§ 222 Abs. 2 Satz 2) steht der verfassungsrechtliche Auftrag, Ungleiches ungleich und Gleiches gleich zu behandeln (Art. 3 Abs. 1 GG): Wird gem. § 222 Abs. 2 eine Gruppe gebildet, dann müssen die Gruppenmitglieder von der Insolvenz des Schuldners gleichartig betroffen sein (§ 222 Abs. 2 Satz 1) – sind sie es nicht, besteht ein **Differenzierungsgebot** –, und alle, die in dieser Weise gleichartig betroffen sind, müssen der gebildeten Gruppe zugeordnet werden (§ 222 Abs. 2 Satz 3, **Gleichbehandlungsgebot**, vgl. ausführlich RdNr. 90 f.). Werden Beteiligte mit unterschiedlichen wirtschaftlichen Interessen gem. § 222 Abs. 2 Satz 1 derselben Gruppe zugeordnet, liegt ein Verstoß gegen das Differenzierungsgebot vor. Das aber wäre unweigerlich auch dann der Fall, wenn § 222 Abs. 2 Satz 1 es zulassen würde, dass es der Planarchitekt bei einer Gruppenbildung nach unterschiedlicher Rechtsstellung gem. § 222 Abs. 1 belässt. In diesem Fall würde sich nämlich eine Vielzahl von Beteiligten mit ganz unterschiedlichen wirtschaftlichen Interessen in derselben Gruppe befinden.

4. Bedeutung der Effizienz des Planverfahrens. Auf der anderen Seite ist zu berück- 108
sichtigen, dass es **praktisch** häufig sehr **schwierig** sein kann, die wichtigsten insolvenzbezogenen wirtschaftlichen Interessen der Beteiligten zu identifizieren. Verlangten die Gruppenbildungsregeln von einem Planarchitekten, dass er über die Aufteilung nach unterschiedlicher Rechtsstellung (§ 222 Abs. 1) hinaus in jedem Fall auch noch eine Aufteilung nach unterschiedlichen wirtschaftlichen Interessen (§ 222 Abs. 2) vornimmt, dann hätte dies unter Umständen eine erhebliche **Verzögerung** bei der Planaufstellung und unter Umständen eine weitere erhebliche Verzögerung auf Grund einer ggf. fehlerhaften und deshalb gem. § 231 Abs. 1 Nr. 1 zu beanstandenden Gruppenbildung zur Folge. Die **Effizienz des Planverfahrens** würde leiden, und zwar zum Nachteil aller Beteiligten: Je länger das Verfahren dauert, desto länger wird bei einer angestrebten Unternehmenssanierung auch die

---

[132] Vgl. *Kaltmeyer* ZInsO 1999, 255, 263 f.; *Kübler/Prütting/Otte* § 222 RdNr. 3, 6; *Nerlich/Römermann/Braun* § 222 RdNr. 16, 67 f. Grundsätzlich zustimmend zu der im Text formulierten Kritik jetzt aber *Bruns* KTS 2004, 1, 10.

normale Unternehmenstätigkeit durch das Verfahren unterbrochen, und desto größer ist auch der weitere Reputationsverlust, den das notleidende Unternehmen erleidet[133] – hier liegt der zutreffende Kern der Befürchtung des Rechtsausschusses bzgl. einer „übermäßigen Komplizierung" des Insolvenzplanverfahrens (vgl. RdNr. 17).

109   **5. Gruppenbildungspflichten im Ausnahmefall.** Diesen gegenläufigen Erwägungen lässt sich durch eine Interpretation des § 222 Abs. 2 Satz 1 Rechnung tragen, welche die **Verfassungskonformität** der Vorschrift gewährleistet, ohne dadurch jedoch die Effizienz des Planverfahrens grundsätzlich in Frage zu stellen. Für den Regelfall verbleibt es danach bei einer fakultativen Gruppenbildung gem. dem Wortlaut des § 222 Abs. 2 Satz 1. Das Gruppenbildungsermessen eines Planarchitekten berechtigt diesen jedoch nicht dazu, lediglich die Pflichtgruppen gem. § 222 Abs. 1 zu bilden, sofern dadurch Beteiligte, deren **wichtigste insolvenzbezogene wirtschaftliche Interessen** (zu diesem Kriterium vgl. RdNr. 79) **offensichtlich divergieren,** derselben Gruppe zugeordnet würden. In diesem Fall einer offensichtlichen Divergenz der zentralen insolvenzbezogenen wirtschaftlichen Interessen entstünde nämlich eine Situation, in der das Abstimmungsergebnis innerhalb einer Gruppe für die überstimmte Minderheit in keiner Weise mehr als repräsentativ angesehen werden könnte. Gleichzeitig wird die Effizienz des Planverfahrens durch eine Pflicht zur differenzierenden Gruppenbildung nicht oder nur unwesentlich beeinträchtigt, wenn auf den ersten Blick („offensichtlich") erkennbar ist, dass die wichtigsten insolvenzbezogenen wirtschaftlichen Interessen der in den Pflichtgruppen gem. § 222 Abs. 1 zusammengefassten Berechtigten divergieren. Der Planarchitekt ist deshalb in einer solchen Situation auf Grund einer verfassungskonformen Interpretation des § 222 Abs. 2 Satz 1 **verfassungsrechtlich gehalten,** eine **differenzierende Gruppenbildung** auf der Basis der wirtschaftlichen Interessen der Beteiligten vorzunehmen. Insofern ist sein Gruppenbildungsermessen reduziert. Eine kontralegale Rechtsfortbildung liegt in einer entsprechenden Interpretation des § 222 Abs. 2 Satz 1 nicht. Der Wille des historischen Gesetzgebers muss vielmehr dem Verfassungsauftrag, eine Vorschrift des einfachen Rechts möglichst verfassungskonform zu interpretieren, weichen. Die Grenze einer solchen Interpretation läge erst in einem eindeutig entgegenstehenden Gesetzeswortlaut. Mit dem Wortlaut des § 222 Abs. 2 Satz 1 („können" als „Möglichkeit") aber lässt sich eine Ermessensreduktion im Sinne einer Gruppenbildungspflicht unter außergewöhnlichen Umständen durchaus noch vereinbaren.

110   Dass danach eine Gruppenbildungspflicht auf **Ausnahmefälle** beschränkt ist (Kriterium der **offensichtlichen** Divergenz der wichtigsten insolvenzbezogenen wirtschaftlichen Interessen), tatsächlich gem. § 222 Abs. 2 gebildete Gruppen demgegenüber an einem strengeren Maßstab überprüft werden (Identität der wichtigsten insolvenzbezogenen wirtschaftlichen Interessen, vgl. RdNr. 79), ist durchaus gerechtfertigt: Wenn ein Planarchitekt von sich aus – offenbar zur Erhöhung der Erfolgschancen des von ihm vorgelegten Plans – gem. § 222 Abs. 2 eine differenzierende Gruppenbildung nach unterschiedlichen wirtschaftlichen Interessen vornimmt, dann stellt er sich bewusst der Schwierigkeit einer entsprechenden Differenzierung und setzt selbst eine Ursache für mögliche Verfahrensverzögerungen auf Grund einer fehlerhaften Gruppenbildung. Etwas anderes gilt, wenn er eine Gruppenbildung nach unterschiedlichen wirtschaftlichen Interessen kraft eines gesetzlichen Auftrags (verfassungskonforme Auslegung des § 222 Abs. 2 Satz 1) vornimmt bzw. vornehmen soll.

111   Die Beschränkung einer Gruppenbildungspflicht auf Ausnahmefälle bedeutet gleichzeitig, dass **generelle Aussagen** zu einer solchen Pflicht im Hinblick auf bestimmte Beteiligte **nicht möglich** sind. So lässt sich beispielsweise nicht generell sagen, dass eine Gruppenbildungspflicht für **Grundpfandrechtsgläubiger** bestehe, weil sich deren Interessen von denjenigen anderer Absonderungsberechtigter unterschieden.[134] Zwar ist es richtig, dass die jeweiligen Sicherungsgegenstände unterschiedlichen Märkten zuzuordnen sind, dass die Haftungsrealisierung anderen Regeln folgt, dass die erreichbaren Fortführungswerte diver-

---

[133] Vgl. *Eidenmüller,* Unternehmenssanierung zwischen Markt und Gesetz, 1999, S. 76, 408 f.
[134] So aber *Bruns* KTS 2004, 1, 11; ihm folgend HK-*Flessner* § 222 RdNr. 5.

Bildung von Gruppen — 112–116 § 222

gieren können und dass Grundpfandrechte für das Hypothekenbankgeschäft eine besondere Bedeutung besitzen.¹³⁵ Ob daraus folgt, dass die wichtigsten insolvenzbezogenen wirtschaftlichen Interessen der Grundpfandrechtsgläubiger sich von denjenigen anderer Beteiligter offensichtlich unterscheiden, bleibt jedoch eine Frage des **konkreten Einzelfalles** und der in diesem Einzelfall gegebenen Interessenlage. Ein solcher offensichtlicher Unterschied kann, muss aber keineswegs bestehen.¹³⁶

G. Sonderregeln der Gruppenbildung für Arbeitnehmer und Kleingläubiger

In § 222 Abs. 3 hat der Gesetzgeber Sonderregeln der Gruppenbildung für Arbeitnehmer und Kleingläubiger geschaffen. Gem. § 222 Abs. 3 Satz 1 sollen Arbeitnehmer eine besondere Gruppe bilden, wenn sie als Insolvenzgläubiger mit nicht unerheblichen Forderungen beteiligt sind (gleich lautend § 67 Abs. 2 Satz 2 über die Soll-Repräsentanz von Arbeitnehmern im Gläubigerausschuss), und gem. § 222 Abs. 3 Satz 2 können für Kleingläubiger besondere Gruppen gebildet werden. **112**

I. Sonderregeln der Gruppenbildung für Arbeitnehmer

Hintergrund der für Arbeitnehmer getroffenen Sonderregelung ist die Vorstellung des Gesetzgebers, dass deren Interessenlage in der Regel von derjenigen anderer Insolvenzgläubiger abweiche, „... da die Arbeitsverhältnisse über den Zeitpunkt der Verfahrenseröffnung hinaus fortbestehen und da im Verfahren über die Erhaltung der Arbeitsplätze entschieden wird. Wenn den Arbeitnehmern nicht unerhebliche Insolvenzforderungen zustehen, ist daher in einem Plan regelmäßig eine besondere Gruppe der Arbeitnehmer zu bilden."¹³⁷ **113**

1. Regelungsgehalt von § 222 Abs. 3 Satz 1. Der Zweck des § 222 Abs. 3 Satz 1 liegt danach in erster Linie in einer **Durchbrechung** des in § 222 Abs. 2 Satz 1 kodifizierten Grundsatzes einer (lediglich) **fakultativen Gruppenbildung** auf der Basis gleichartiger wirtschaftlicher Interessen bei Gläubigern mit gleicher Rechtsstellung. Gleichzeitig wird man § 222 Abs. 3 Satz 1 auch als *lex specialis* **zu § 222 Abs. 2 Satz 1 und Satz 2** in dem Sinne ansehen können, dass der Gruppenbildungsauftrag des § 222 Abs. 3 Satz 1 die Prüfung der Übereinstimmung der wichtigsten insolvenzbezogenen wirtschaftlichen Interessen i. S. v. § 222 Abs. 2 Satz 1 überflüssig machen und als – zu dokumentierendes (§ 222 Abs. 2 Satz 3) – Abgrenzungskriterium i. S. v. § 222 Abs. 2 Satz 2 genügen soll. **114**

Geht man davon aus, dass § 222 Abs. 2 Satz 1 verfassungskonform dahingehend zu interpretieren ist, dass ein Planarchitekt eine differenzierende Gruppenbildung vornehmen muss, sofern ansonsten Beteiligte, deren wichtigste insolvenzbezogene wirtschaftliche Interessen offensichtlich divergieren, derselben Gruppe zugeordnet würden (vgl. RdNr. 109), so hat § 222 Abs. 3 Satz 1 eine **praktische Bedeutung** nur noch dann, wenn im Einzelfall eine entsprechende offensichtliche Interessendivergenz tatsächlich nicht besteht oder zumindest zweifelhaft ist. Dies dürfte indes nur selten der Fall sein: Die wichtigsten insolvenzbezogenen wirtschaftlichen Interessen von Arbeitnehmern werden sich regelmäßig offensichtlich von denjenigen anderer Beteiligter unterscheiden. **115**

Sollte es im Einzelfall einmal anders liegen – besteht also keine offensichtliche Divergenz der wichtigsten insolvenzbezogenen wirtschaftlichen Interessen von Arbeitnehmern und **116**

---

¹³⁵ Das sind die von *Bruns* KTS 2004, 1, 11, vorgetragenen Gesichtspunkte.
¹³⁶ Erst Recht besteht keine generelle Pflicht zur Bildung von „Ein-Pfandrecht-Gruppen" (so aber *Bruns* KTS 2004, 1, 12). Weder einfachgesetzlich noch verfassungsrechtlich haben Grundpfandrechtsgläubiger einen *generellen* Anspruch auf angemessene Teilhabe an dem durch den Plan geschaffenen Wert (vgl. § 245 Abs. 1 Nr. 2). Dem (verfassungsrechtlich gebotenen) Individualschutz ist vielmehr Genüge getan, wenn ein widersprechender Gläubiger voraussichtlich nicht schlechter gestellt wird als bei einer „planlosen" Insolvenzabwicklung, vgl. § 251 Abs. 1 Nr. 2.
¹³⁷ BT-Drucks. 12/2443, S. 200.

anderen Beteiligten –, so ist eine Gruppierung der Arbeitnehmerforderungen gem. § 222 Abs. 3 Satz 1 verfassungsrechtlich unter dem Gesichtspunkt des Art. 3 Abs. 1 GG anscheinend nicht ganz unbedenklich. Denn würde die Gruppierung der Forderungen nicht gem. § 222 Abs. 3 Satz 1, sondern gem. § 222 Abs. 2 Satz 1 erfolgen, dann ließe sich die Arbeitnehmergruppe möglicherweise nicht sachgerecht von anderen Gruppen abgrenzen (§ 222 Abs. 2 Satz 2). Verfassungsrechtliche Bedenken gegen § 222 Abs. 3 Satz 1 können sich auch daraus ergeben, dass innerhalb der Arbeitnehmergruppe die wichtigsten insolvenzbezogenen wirtschaftlichen Interessen möglicherweise nicht übereinstimmen (§ 222 Abs. 2 Satz 1).

117 Indes lässt sich beiden Bedenken bei der Anwendung von § 222 Abs. 3 Satz 1 Rechnung tragen. Dass sich die wichtigsten insolvenzbezogenen wirtschaftlichen Interessen von Arbeitnehmern im Einzelfall **nicht offensichtlich von denjenigen anderer Beteiligter unterscheiden,** bedeutet ja nicht, dass sie sich mit Sicherheit nicht von denjenigen anderer Beteiligter unterscheiden: Möglicherweise unterscheiden sie sich schon (nur eben nicht offensichtlich). Allerdings ist das Fehlen einer offensichtlichen Interessendivergenz ein Indiz dafür, dass eine Ausnahme zu dem in § 222 Abs. 3 Satz 1 mit dem Begriff „sollen" vorausgesetzten Regelfall (vgl. RdNr. 113) vorliegen könnte, so dass eine Gruppenbildungspflicht nach dieser Vorschrift *in concreto* nicht besteht. Sofern die wichtigsten insolvenzbezogenen Interessen von Arbeitnehmern allerdings mit denjenigen anderer Beteiligter **offensichtlich übereinstimmen** – das ist ein „Mehr" im Vergleich zu einer fehlenden offensichtlichen Interessendivergenz –, ist weitergehend davon auszugehen, dass nicht nur keine Gruppenbildungspflicht gem. § 222 Abs. 3 Satz 1 besteht, sondern dass eine differenzierende Gruppenbildung (Arbeitnehmer/andere Beteiligte) sogar prinzipiell unzulässig ist. Dem zweiten Bedenken – unterschiedliche Interessen innerhalb der Arbeitnehmerschaft – lässt sich dadurch Rechnung tragen, dass bei einer **offensichtlichen Divergenz** der wichtigsten insolvenzbezogenen wirtschaftlichen Interessen **innerhalb der Arbeitnehmerschaft** § 222 Abs. 3 Satz 1 verfassungskonform so ausgelegt wird, dass mehrere Arbeitnehmergruppen gebildet werden müssen (vgl. RdNr. 123).

118 **2. Nicht unerhebliche Insolvenzgläubigerforderungen von Arbeitnehmern.** Die Anwendung von § 222 Abs. 3 Satz 1 setzt voraus, dass Arbeitnehmer als Insolvenzgläubiger mit nicht unerheblichen Forderungen beteiligt sind. Anknüpfungspunkt für § 222 Abs. 3 Satz 1 sind demzufolge die den **Arbeitnehmern** zustehenden **Insolvenzgläubigerforderungen** i. S. v. § 38.[138] Unberücksichtigt bleiben deshalb zum einen Insolvenzgläubigerforderungen von freien Mitarbeitern. Unberücksichtigt bleiben zum anderen Masseforderungen von Arbeitnehmern gem. § 55 Abs. 1 Nr. 2, Abs. 2 oder gem. § 123 Abs. 2 Satz 1[139] (vgl. aber RdNr. 69 f. zu dem Sonderfall einer Insolvenzplanaufstellung in einem masseunzulänglichen Verfahren). Nicht einzubeziehen sind schließlich aber auch Insolvenzgläubigerforderungen von Arbeitnehmern, für die Insolvenzgeld in Anspruch genommen wurde, so dass die entsprechenden Ansprüche gem. § 187 Satz 1 SGB III auf die Bundesagentur für Arbeit übergegangen sind: In diesem Fall sind nicht die Arbeitnehmer, sondern es ist die Bundesagentur für Arbeit mit Insolvenzgläubigerforderungen beteiligt.[140] Dem sollte der Fall gleichgestellt werden, dass Insolvenzgeld zwar noch nicht in Anspruch genommen wurde, aber in Anspruch genommen werden kann. Zwar stehen die Insolvenz-

---

[138] Zur Klassifizierung von Arbeitnehmerforderungen im Insolvenzverfahren vgl. etwa *Lohkemper* KTS 1996, 1, 32 ff., sowie *Schaub* DB 1999, 217, 219.

[139] Vgl. HK-*Flessner* § 222 RdNr. 14; implizit auch *Nerlich/Römermann/Braun* § 222 RdNr. 91. AA offenbar *Hess* in: *Hess/Obermüller*, Insolvenzplan, Restschuldbefreiung und Verbraucherinsolvenz, 3. Aufl. 2003, RdNr. 156 (nach der Verfahrenseröffnung anfallende Löhne und Gehälter seien einzubeziehen).

[140] Ebenso *Schiessler*, Der Insolvenzplan, 1997, S. 118; *Dinstühler* InVo 1998, 333, 335 Fn. 38; *Henckel*, Der Insolvenzplan, 1999 (noch unveröffentlichtes Manuskript); *Nerlich/Römermann/Braun* § 222 RdNr. 90; HK-*Flessner* § 222 RdNr. 14; *Kübler/Prütting/Otte* § 222 RdNr. 12 (für die Begründung des RegE zu § 222 [BT-Drucks. 12/2443, S. 200] sowie *Henckel*, *Flessner* und *Otte* aaO reicht es weitergehend sogar aus, dass die Insolvenzforderungen der Arbeitnehmer durch Insolvenzgeld „gedeckt" sind; das ist im Ergebnis zutr., vgl. im Text RdNr. 118).

gläubigerforderungen dann noch den betroffenen Arbeitnehmern zu. Aufgrund der Möglichkeit der Inanspruchnahme von Insolvenzgeld und der damit verbundenen Sicherungswirkung ist die Stellung der Arbeitnehmer mit derjenigen von „normalen" Insolvenzgläubigern jedoch nicht vergleichbar.

Wann die den Arbeitnehmern zustehenden Insolvenzgläubigerforderungen eine **nicht unerhebliche** Größenordnung erreichen, lässt sich § 222 Abs. 3 Satz 1 nicht entnehmen. Der der Vorschrift zugrundeliegende Gedanke, dem Arbeitsplatzerhaltungsinteresse der Arbeitnehmer Rechnung zu tragen, spricht dafür, insoweit nicht auf die objektive Relation der Arbeitnehmer-Insolvenzgläubigerforderungen zu dem Gesamtvolumen der im Plan geregelten Insolvenzgläubigerforderungen, sondern vielmehr auf die **subjektive Betroffenheit der Arbeitnehmer** abzustellen.[141] Dabei dürften deren Einkommens- und Vermögensverhältnisse ein geeigneter Maßstab sein. Nicht unerheblich ist ein Arbeitnehmer sicherlich dann von der Insolvenz seines Arbeitgebers betroffen, wenn die ihm zustehenden Insolvenzgläubigerforderungen mehr als 10% seines Jahreseinkommens ausmachen.[142] Insgesamt nicht unerheblich beteiligt sind die Arbeitnehmer mit Insolvenzgläubigerforderungen wohl bereits dann, wenn dieses Kriterium bei einigen Arbeitnehmern erfüllt ist.[143]

Fehlt eine **nicht unerhebliche Beteiligung** der Arbeitnehmer in diesem Sinne, dann ist § 222 Abs. 3 Satz 1 nicht anwendbar, und für die Gruppenbildung gelten die allgemeinen Regeln (§ 222 Abs. 1 und Abs. 2). Die Arbeitnehmereigenschaft eines Insolvenzgläubigers ist in diesem Fall ein personenbezogener Anknüpfungspunkt für gleichartige wirtschaftliche Interessen i. S. v. § 222 Abs. 2 Satz 1. Die Prüfung, ob eine auf dieser Grundlage vorgenommene Gruppenbildung, welche die Arbeitnehmer-Insolvenzgläubiger in einer Gruppe zusammenfasst, dem Repräsentationstest genügt (vgl. RdNr. 79), erledigt sich dadurch allerdings nicht.[144] Eine entsprechende Prüfung ist auch dann erforderlich, wenn Arbeitnehmer zwar mit Insolvenzgläubigerforderungen erheblich beteiligt sind, diese Forderungen jedoch mit denjenigen von **freien Mitarbeitern** in einer Gruppe zusammengefasst werden sollen.[145]

Ein Sonderproblem der Anwendung des § 222 Abs. 3 Satz 1 tritt auf, wenn ein Insolvenzplan in einem **masseunzulänglichen Verfahren** aufgestellt werden soll (vgl. RdNr. 69 f.). In diesem Fall sollte § 222 Abs. 3 Satz 1 mit der Maßgabe angewendet werden, dass es auf eine in dem soeben geschilderten Sinne nicht unerhebliche Beteiligung von Arbeitnehmern mit Masseforderungen ankommt.

3. Gruppenbildungspflicht im Regelfall. Sind Arbeitnehmer gem. § 222 Abs. 3 Satz 1 mit nicht unerheblichen Insolvenzgläubigerforderungen beteiligt, so **sollen** sie eine besondere Gruppe bilden. Damit ist gemeint, dass eine Gruppenbildungspflicht bzgl. der den Arbeitnehmern zustehenden Insolvenzgläubigerforderungen (zur Rechtebezogenheit der Gruppenbildung vgl. RdNr. 27 f.) besteht (Regelfall),[146] sofern nicht ausnahmsweise besondere Umstände nahelegen, dass von einer entsprechenden Gruppenbildung abgesehen wird (Ausnahmefall). Im Regelfall ist eine Darlegung der Gruppenbildungskriterien gem. § 222 Abs. 2 Satz 3 nicht erforderlich. Es genügt vielmehr der Verweis auf § 222 Abs. 3 Satz 1 (vgl. bereits RdNr. 114). Im Ausnahmefall sind die Gründe, die den Planarchitekten

---

[141] Zutr. *Nerlich/Römermann/Braun* § 222 RdNr. 93.
[142] Gegen einkommensbezogene Mindestbeträge aber *Nerlich/Römermann/Braun* § 222 RdNr. 93 Fn. 1.
[143] Ähnlich *Nerlich/Römermann/Braun* § 222 RdNr. 93 (aber kaum mit RdNr. 94a zu vereinbaren). AA *Uhlenbruck/Lüer* § 222 RdNr. 27.
[144] AA *Nerlich/Römermann/Braun* § 222 RdNr. 94 („Arbeitnehmer zu sein ist, bezogen auf die Möglichkeit, optional sachgerecht abzugrenzen, immer taugliches Kriterium"); *Uhlenbruck/Lüer* § 222 RdNr. 23 (ebenso).
[145] Vgl. *Hess/Weis* InVo 1998, 64, 67.
[146] Ebenso *Jauernig*, Zwangsvollstreckungs- und Insolvenzrecht, 21. Aufl. 1999, S. 278, allerdings mit dem unzutr., weil § 231 Abs. 1 Nr. 1 nicht berücksichtigenden Zusatz, dass ein „... Unterbleiben ... jedoch keine Rechtsfolgen (hat)"; ebenso wie *Jauernig* insoweit *Weisemann/Holz* in: *Weisemann/Smid* (Hrsg.), Handbuch Unternehmensinsolvenz, 1999, Kap. 15 RdNr. 67. AA offenbar *Obermüller* WM 1998, 483, 487 („Nicht zwingend erforderlich...").

dazu bewogen haben, keine besondere Arbeitnehmergruppe zu bilden, demgegenüber analog § 222 Abs. 2 Satz 3 detailliert darzulegen.

123   4. Bildung mehrerer Arbeitnehmergruppen. Dass ein Planarchitekt unter den in § 222 Abs. 3 Satz 1 festgelegten Voraussetzungen eine besondere Arbeitnehmergruppe bilden soll, bedeutet nicht, dass er nicht auch **mehrere Arbeitnehmergruppen** bilden könnte (bzw. nach der hier vertretenen Auffassung ggf. sogar bilden müsste, vgl. RdNr. 117).[147] Arbeitnehmer, denen Insolvenzgläubigerforderungen zustehen, haben keineswegs notwendig dieselben wirtschaftlichen Interessen: So unterscheiden sich z.B. die Interessen derjenigen Arbeitnehmer, die ihren Arbeitsplatz behalten werden, maßgeblich von den Interessen derjenigen, die ihn verlieren werden.[148] Will ein Planarchitekt zwischen verschiedenen Arbeitnehmergruppen differenzieren, dann muss er dabei die Gruppenbildungskriterien des § 222 Abs. 2 Satz 1 und Satz 2 einhalten (gleichartige wirtschaftliche Interessen, sachgerechte Abgrenzung der gebildeten Gruppen – vgl. RdNr. 74ff., 90f.) und diese gem. § 222 Abs. 2 Satz 3 dokumentieren (vgl. RdNr. 97ff.). Haben einzelne Arbeitnehmer gleichzeitig den Status von Kleingläubigern (§ 222 Abs. 3 Satz 2), gelten zusätzlich die Sonderregeln der Gruppenbildung für Kleingläubiger (vgl. RdNr. 124ff.).

II. Sonderregeln der Gruppenbildung für Kleingläubiger

124   1. Regelungsgehalt von § 222 Abs. 3 Satz 2. Gem. § 222 Abs. 3 Satz 2 können für Kleingläubiger besondere Gruppen gebildet werden. Hintergrund dieser Sonderregelung, die in 11 U.S.C. § 1122 (b) des US-amerikanischen Reorganisationsverfahrens ein gewisses Vorbild hat,[149] ist die Überlegung des Gesetzgebers, dass es zur Verfahrensvereinfachung zweckmäßig sein könne, alle Gläubiger mit Forderungen bis zu einer bestimmten Höhe voll zu befriedigen, so dass eine Abstimmung dieser Gläubiger über den Plan überflüssig wird (vgl. §§ 237 Abs. 2, 243).[150] Ohne eine Regelung, welche die Gruppenbildung für Kleingläubiger explizit zulasse, könne jedoch zweifelhaft sein, „… ob allein die geringe Höhe der Forderung ein besonderes ‚wirtschaftliches Interesse' … begründet."[151] § 222 Abs. 3 Satz 2 ist danach – ebenso wie § 222 Abs. 3 Satz 1 (vgl. RdNr. 114) – als *lex specialis* zu § 222 **Abs. 2 Satz 1 und Satz 2** einzustufen: Kleingläubiger sollen unabhängig davon, ob sie im Einzelfall tatsächlich gleichartige wirtschaftliche Interessen i.S.v. § 222 Abs. 2 Satz 1 haben, in einer Gruppe zusammengefasst werden können,[152] die aus der Gruppe der nicht nachrangigen Insolvenzgläubiger (§ 222 Abs. 1 Satz 2 Nr. 2) – auf sie ist die Regelung des § 222 Abs. 3 Satz 2 ersichtlich bezogen – „herausgeschnitten" wird. Zumindest dann, wenn nur eine Kleingläubigergruppe gebildet wird (zu dem Sonderproblem der Bildung mehrerer

---

[147] Ebenso *Kaltmeyer* ZInsO 1999, 255, 259; *Kübler/Prütting/Otte* § 222 RdNr. 12; *Nerlich/Römermann/Braun* § 222 RdNr. 95f.; *FK-Jaffé* § 222 RdNr. 68; *Moll* in: K. Schmidt/Uhlenbruck (Hrsg.), Die GmbH in Krise, Sanierung und Insolvenz, 3. Aufl. 2003, RdNr. 1723; *Uhlenbruck/Lüer* § 222 RdNr. 28; unentschieden *Hess/Weis* WM 1998, 2349, 2356.

[148] Vgl. *Nerlich/Römermann/Braun* § 222 RdNr. 96.

[149] Diese Vorschrift lautet im Wortlaut: „A plan may designate a separate class of claims consisting only of every unsecured claim that is less than or reduced to an amount that the court approves as reasonable and necessary for administrative convenience."

[150] Vgl. BT-Drucks. 12/2443, S. 200. Dies ist bei **außergerichtlichen Unternehmenssanierungen** im Übrigen nicht anders. Auch hier werden Gläubiger mit einem geringfügigen Engagement regelmäßig voll befriedigt und in die Sanierungsverhandlungen nicht einbezogen, vgl. *Eidenmüller*, Unternehmenssanierung zwischen Markt und Gesetz, 1999, S. 270f., 722f.

[151] Vgl. BT-Drucks. 12/2443, S. 200.

[152] Vgl. auch *Schiessler*, Der Insolvenzplan, 1997, S. 118; *FK-Jaffé* § 222 RdNr. 70; *Nerlich/Römermann/Braun* § 222 RdNr. 83 (*Braun* mutmaßt sogar – zu Unrecht, vgl. im Text RdNr. 125 –, dass die Kleingläubigereigenschaft grundsätzlich **kein** gemeinsames wirtschaftliches Interesse i.S.v. § 222 Abs. 2 Satz 1 gewesen wäre). Nicht richtig gesehen wird jedenfalls der Regelungswille des Gesetzgebers von *Bork*, Einführung in das Insolvenzrecht, 4. Aufl. 2005, RdNr. 321 Fn. 17, sowie *Haarmeyer/Wutzke/Förster*, Handbuch zur Insolvenzordnung InsO/EGInsO, 3. Aufl. 2001, Kap. 9 RdNr. 76, die eine Kleingläubigergruppenbildung gem. § 222 Abs. 3 Satz 2 an den Gruppenbildungskriterien des § 222 Abs. 2 messen wollen.

Kleingläubigergruppen vgl. RdNr. 131), soll der Kleingläubigerstatus als – zu dokumentierendes, vgl. § 222 Abs. 2 Satz 3 – Abgrenzungskriterium i. S. v. § 222 Abs. 2 Satz 2 ausreichen.

Verfassungsrechtlich ist § 222 Abs. 3 Satz 2 unter dem Gesichtspunkt des Art. 3 Abs. 1 GG unbedenklich, sofern die wichtigsten insolvenzbezogenen wirtschaftlichen Interessen von Kleingläubigern übereinstimmen und sich von denjenigen anderer Gläubiger unterscheiden (vgl. RdNr. 107). Davon kann man jedoch nicht ohne weiteres ausgehen. Zwar haben Kleingläubiger regelmäßig auf Grund von Kosten/Nutzen-Erwägungen nur ein deutlich herabgesetztes Interesse an einer Rechtsverfolgung (die geringe Forderungshöhe lässt eine Rechtsverfolgung schon bei geringen Kosten unwirtschaftlich erscheinen).[153] Ob es sich dabei um einen dominanten Faktor handelt, kann aber im Einzelfall zweifelhaft sein. Ferner haben auch Gläubiger, die zwar nicht Kleingläubiger i. S. v. § 222 Abs. 3 Satz 2 sind (vgl. dazu RdNr. 128 f.), aber nur Forderungen geringer Höhe halten, lediglich ein eingeschränktes Rechtsverfolgungsinteresse. 125

Gleichwohl wird man die durch § 222 Abs. 3 Satz 2 eingeräumte Gruppenbildungsmöglichkeit für Kleingläubiger als typisierende Regelung zur Verfahrensvereinfachung auch verfassungsrechtlich noch für akzeptabel halten können, sofern im Einzelfall nur keine offensichtliche Interessendivergenz innerhalb der Kleingläubigerschaft und keine offensichtliche Interessenidentität zwischen den Kleingläubigern und anderen Beteiligten besteht (vgl. zur ähnlich gelagerten Problemstellung im Hinblick auf eine Gruppierung von Arbeitnehmerforderungen gem. § 222 Abs. 3 Satz 1 RdNr. 117). Sind die **Interessendivergenzen zwischen den Kleingläubigern** ausnahmsweise allerdings **offensichtlich,** dann kann eine Gruppenbildung zwar auf § 222 Abs. 3 Satz 2 gestützt werden, die Vorschrift ist jedoch verfassungskonform dahin auszulegen, dass mehrere Kleingläubigergruppen gebildet werden müssen, die den Interessendivergenzen Rechnung tragen (vgl. auch RdNr. 131).[154] Wenn im Einzelfall ausnahmsweise **offensichtlich** ist, dass die wichtigsten insolvenzbezogenen wirtschaftlichen **Interessen der Kleingläubiger und diejenigen anderer Beteiligter identisch** sind, dann ist § 222 Abs. 3 Satz 2 verfassungskonform dahingehend auszulegen, dass eine Gruppenbildungsbefugnis nach dieser Vorschrift nicht besteht (vgl. auch RdNr. 117). Soweit die offensichtliche Interessenidentität reicht (Kleingläubiger/andere Beteiligte), scheidet eine differenzierende Gruppenbildung aus. 126

Im Übrigen versteht der Gesetzgeber § 222 Abs. 3 Satz 2 als eine Vorschrift, die – ebenso wie § 222 Abs. 2 Satz 1 – eine Gruppenbildung ermöglichen soll, diese aber nicht erzwingt („Kleingläubiger können …"). Ebenso wie bei § 222 Abs. 2 Satz 1 ist dieses Gruppenbildungsermessen reduziert (mit der Folge einer Pflicht zur Separierung von Kleingläubigern von den übrigen Insolvenzgläubigern), sofern sich die wichtigsten insolvenzbezogenen wirtschaftlichen Interessen der Kleingläubiger im Einzelfall offensichtlich von denjenigen der übrigen Insolvenzgläubiger unterscheiden (vgl. RdNr. 109). Dies ist denkbar, aber unwahrscheinlich. 127

2. Begriff des Kleingläubigers. § 222 Abs. 3 Satz 2 enthält keine Definition des Begriffs des „Kleingläubigers". In der einschlägigen Literatur wird eine Vielzahl von absoluten und relativen Kriterien zur Bestimmung des Kleingläubigerstatus diskutiert. Zu den absoluten Kriterien gehören: € 500,[155] die Bagatellgrenze des § 511 a Abs. 1 Satz 1 aF ZPO (DM 1500)[156] – jetzt § 511 Abs. 2 Nr. 1 ZPO (€ 600) – sowie alternativ der Status als Kleingewerbetreibender im Sinne des Umsatzsteuerrechts oder als Gläubiger einer Unterhaltsforderung gem. § 40.[157] Ein relatives Kriterium enthält der – durch den Verfahrensvereinfachungszweck des § 222 Abs. 3 Satz 2 motivierte – Vorschlag, als Kleingläubiger alle 128

---

[153] Vgl. *Eidenmüller,* Unternehmenssanierung zwischen Markt und Gesetz, 1999, S. 725 f.
[154] AA *Nerlich/Römermann/Braun* § 222 RdNr. 83.
[155] *Nerlich/Römermann/Braun* § 222 RdNr. 87.
[156] *Hess/Weis* InVo 1998, 64, 67; *Kaltmeyer* ZInsO 1999, 255, 259.
[157] *Smid* InVo 1997, 169, 178.

anzusehen, durch deren Eingruppierung gem. § 222 Abs. 3 Satz 2 die Zahl der in das Verfahren einbezogenen Gläubiger (gemeint: der abstimmenden Gläubiger) um mindestens 10% reduziert wird.[158] Bisweilen werden absolute und relative Kriterien als Alternativmöglichkeiten auch kombiniert (so die Grenze von € 500 mit dem soeben geschilderten Reduktions-Kriterium).[159] Bisweilen wird auf Kriterien ganz verzichtet und der Gestaltungswille des Planarchitekten für maßgeblich erklärt.[160] Nach anderer Ansicht sollen stets die Verhältnisse im Einzelfall maßgeblich sein.[161]

129   Der zuletzt genannte Vorschlag kann schon deshalb nicht befriedigen, weil er die normative Vorgabe des Gesetzgebers in § 222 Abs. 3 Satz 2 („Für Kleingläubiger können ...") ignoriert. Alle absoluten Kriterien haben den Nachteil, dass sich der Status als Kleingläubiger sinnvoll kaum unabhängig von der konkreten Insolvenzsituation bestimmen lässt: Was bei der Insolvenz eines Milliarden-Unternehmens noch eine – vergleichsweise – belanglose Forderung ist, kann bei einem Kleingewerbetreibenden eine maßgebliche Insolvenzursache sein. Der Begriff des Kleingläubigers sollte deshalb ausschließlich **relativ** zur Struktur des jeweiligen Insolvenzverfahrens bestimmt werden. Insofern ist allerdings das Kriterium der durch die Gruppenbildung gem. § 222 Abs. 3 Satz 2 bewirkten Reduktion um mindestens 10% der abstimmenden Gläubiger nicht hilfreich. Nach diesem Kriterium könnten im Extremfall alle Gläubiger (100%) als Kleingläubiger eingestuft werden. Vorzuziehen ist eine andere Formulierung der 10%-Grenze: Ordnet man die Gläubiger in aufsteigender Reihenfolge nach der Höhe ihrer Forderung, so sind Kleingläubiger alle bis zum summenmäßigen Erreichen von 10% des gegen den Schuldner insgesamt gerichteten Forderungsvolumens. Durch diese Formulierung der 10%-Grenze wird der Begriff des Kleingläubigers zum einen handhabbar bestimmt, und zum anderen wird dem Anliegen des Gesetzgebers, durch eine Sonderbestimmung für Kleingläubiger verfahrensvereinfachende Plangestaltungen zu ermöglichen, Rechnung getragen.

130   **3. Zweck einer Kleingläubigergruppenbildung.** § 222 Abs. 3 Satz 2 enthält keine Regelung der Frage, zu welchem Zweck eine Kleingläubigergruppenbildung zulässig ist. In der Begründung des RegE wird die volle Befriedigung der Kleingläubiger nicht als ausschließlich, sondern als „insbesondere" – zur Verfahrensvereinfachung – zulässige, besondere Behandlung der Gläubiger mit Forderungen geringer Höhe angesprochen.[162] Danach soll eine Kleingläubigergruppenbildung nach dieser Vorschrift offenbar auch dann zulässig sein, wenn für die betroffenen Gläubiger nur eine teilweise Befriedigung vorgesehen ist. Indes erschiene eine entsprechende Interpretation des § 222 Abs. 3 Satz 2 im Lichte der Funktion der Vorschrift, eine Gruppenbildung für den Regelfall auch ohne Darlegung der Existenz bestimmter gemeinsamer wirtschaftlicher Interessen zu ermöglichen (vgl. RdNr. 124), höchst bedenklich. Denn der Verzicht auf die verfahrensrechtliche Sicherung durch die Gruppenbildungskriterien des § 222 Abs. 2 Satz 1 und Satz 2 – sie gewährleisten die Interessenhomogenität innerhalb einer gebildeten Gruppe und damit auch die Fairness des Abstimmungsergebnisses für die überstimmten Gruppenmitglieder – ist aus Sicht der betroffenen Gläubiger nur dann hinnehmbar, wenn er mit einem korrespondierenden Vorteil – nämlich ihrer vollen Befriedigung – einhergeht. Ist dies nicht der Fall, würden Kleingläubiger unter Umständen eine niedrigere Befriedigung erhalten als andere Gläubigergruppen und gleichzeitig nicht einmal die verfahrensrechtlichen Sicherungen des § 222 Abs. 2 Satz 1 und Satz 2 geltend machen können – das wäre ein nicht akzeptables Ergebnis. Die Sonderregelung des § 222 Abs. 3 Satz 2 kann also als Gruppenbildungsbestimmung durch einen Planarchitekten nur dann in Anspruch genommen werden, wenn Kleingläubiger nach dem Plan **voll befriedigt** werden sollen. Ist eine andere Behandlung beabsich-

---

[158] Nerlich/Römermann/Braun § 222 RdNr. 85, 87.
[159] Das ist letztlich der Vorschlag von Nerlich/Römermann/Braun § 222 RdNr. 87.
[160] So Jauernig, Zwangsvollstreckungs- und Insolvenzrecht, 21. Aufl. 1999, S. 278 (die maximale Forderungshöhe sei im Plan anzugeben).
[161] So Uhlenbruck/Lüer § 222 RdNr. 33.
[162] Vgl. BT-Drucks. 12/2443, S. 200.

tigt,[163] kommt eine Gruppenbildung nur unter den in § 222 Abs. 2 Satz 1 und Satz 2 niedergelegten Voraussetzungen in Betracht (vgl. dazu sogleich RdNr. 132).[164]

4. Bildung mehrerer Kleingläubigergruppen. § 222 Abs. 3 Satz 2 spricht davon, dass 131 für Kleingläubiger besondere Gruppen gebildet werden können. Diese Formulierung legt nahe, dass die Einrichtung **mehrerer Kleingläubigergruppen** prinzipiell zulässig ist. Indes könnte dies einen Planarchitekten zumindest dann zu einer verfassungsrechtlich unter dem Gesichtspunkt des Art. 3 Abs. 1 GG höchst bedenklichen (vgl. insoweit auch RdNr. 34) Gruppenfragmentierung veranlassen, wenn der mit § 222 Abs. 3 Satz 2 verbundene Dispens von dem Gruppenbildungskriterium der sachgerechten Gruppenabgrenzung (vgl. RdNr. 90 f.) auch insoweit gelten würde.[165] § 222 Abs. 3 Satz 2 ist deshalb dahingehend einschränkend auszulegen, dass bei der Bildung mehrerer Kleingläubigergruppen deren sachgerechte Abgrenzung erforderlich ist und die Abgrenzungskriterien im Plan anzugeben sind (§ 222 Abs. 2 Satz 2 und Satz 3 analog).[166] Eine sachgerechte Abgrenzung mehrerer Kleingläubigergruppen voneinander ist insbesondere dann nicht möglich, wenn deren wichtigste wirtschaftliche Interessen im Einzelfall identisch sind (vgl. insoweit auch RdNr. 91). Umgekehrt ist die Bildung mehrerer Kleingläubigergruppen nach der hier vertretenen Auffassung aber nicht nur zulässig, sondern sogar verpflichtend, wenn die wichtigsten insolvenzbezogenen wirtschaftlichen Interessen der betroffenen Kleingläubiger offensichtlich divergieren (vgl. RdNr. 126).

5. Geringfügige Forderungen außerhalb von § 222 Abs. 3 Satz 2. Für Gläubiger 132 mit Forderungen geringer Höhe, die gleichwohl keine Kleingläubiger im Sinne des § 222 Abs. 3 Satz 2 sind, greift die Sonderregelung dieser Vorschrift zur Gruppenbildung nicht. Es gelten vielmehr die allgemeinen Gruppenbildungskriterien (gleichartige wirtschaftliche Interessen, sachgerechte Gruppenabgrenzung, vgl. RdNr. 74 ff., 90 f.). Dies schließt eine Zusammenfassung der Gläubiger mit Forderungen geringer Höhe in einer Gruppe nicht aus, sofern deren wichtigste insolvenzbezogene wirtschaftliche Interessen im Einzelfall übereinstimmen. Das herabgesetzte Rechtsverfolgungsinteresse von Gläubigern mit Forderungen geringer Höhe (vgl. RdNr. 125) kann insoweit ein Ansatzpunkt sein. Wird jedoch gleichzeitig eine Kleingläubigergruppe gem. § 222 Abs. 3 Satz 2 gebildet, dürfte es schwer fallen, eine Gruppe mit geringfügigen Forderungen gem. § 222 Abs. 2 Satz 2 sachgerecht von der gebildeten Kleingläubigergruppe abzugrenzen.

H. Sonstige Sonderregeln der Gruppenbildung

§ 222 Abs. 3 enthält nicht die einzigen gesetzlichen Sonderregeln der Gruppenbildung. 133 Besondere Gruppenbildungsvorschriften hat der Gesetzgeber auch durch Art. 49 Nr. 38 EGInsO für eingetragene Genossenschaften sowie durch Art. 91 Nr. 4. d) EGInsO für den Pensions-Sicherungs-Verein und durch Art. 51 Nr. 4 EGInsO für Anleihegläubiger getroffen.

---

[163] Das ist auch dann der Fall, wenn die Kleingläubiger nach dem ursprünglich vorgelegten Plan voll befriedigt werden sollten, auf Grund einer späteren Planänderung jedoch nur noch eine teilweise Befriedigung erfolgen soll.
[164] AA *Uhlenbruck/Lüer* § 222 RdNr. 33. Unzulässig war die Gruppenbildung in LG Traunstein NZI 1999, 461 f., deshalb in Bezug auf die Kleingläubigergruppenbildung, sofern diese auf § 222 Abs. 3 Satz 2 gestützt wurde. Der Entscheidung insoweit zust. (ohne Problematisierung) aber *Braun* NZI 1999, 473, 475.
[165] Vgl. auch *Henckel*, Der Insolvenzplan, 1999 (noch unveröffentlichtes Manuskript), der es für „überflüssig" hält, dass „... im Gesetz ohne weitere Voraussetzungen die Bildung mehrerer Gruppen von Kleingläubigern gestattet wird."
[166] Ausnahmsweise etwas anderes gilt dann, wenn die Ursache einer Fragmentierung der Kleingläubiger darin liegt, dass eine besondere Kleingläubigergruppe von Arbeitnehmern gem. § 222 Abs. 3 Satz 1 gebildet wird bzw. werden muss.

I. Genossenschaften

134 **1. Regelungsgehalt von § 116 Nr. 3 GenG.** Gem. § 116 Nr. 3 GenG sind die Vorschriften der Insolvenzordnung über den Insolvenzplan unter anderem mit der Abweichung auf Genossenschaften anzuwenden, dass bei der Bildung der Gruppen für die Festlegung der Rechte der Gläubiger im Plan zwischen den Gläubigern, die zugleich Mitglieder der Genossenschaft sind, und den übrigen Gläubigern unterschieden werden **kann**. Die Gesetz gewordene Fassung des § 116 Nr. 3 GenG weicht nicht unerheblich von der Fassung des RegE ab. Dieser hatte noch vorgesehen, dass bei der Gruppenbildung zwischen den Gläubigern, die zugleich Mitglieder der Genossenschaft sind **und** Nachschüsse zu leisten haben, sowie den übrigen Gläubigern unterschieden werden **muss**.[167] Hintergrund dieses Regelungsvorschlags war die in § 265 Abs. 1 Satz 1 RegE zur InsO ursprünglich vorgesehene Pflichtunterscheidung zwischen Gruppen, in denen Beteiligte mit gleicher Rechtsstellung und gleichartigen wirtschaftlichen Interessen zusammengefasst werden. In der Begründung des RegE findet sich dazu die Überlegung, dass schon nach § 265 Abs. 1 Satz 1 RegE zur InsO Gläubiger, die gleichzeitig Genossen sind, „regelmäßig" andere wirtschaftliche Interessen hätten als die übrigen Gläubiger und bei der Aufstellung eines Plans deshalb regelmäßig einer besonderen Gruppe zuzuweisen seien. Zwingend vorgeschrieben werde dies durch die vorgeschlagene Bestimmung für den Fall, dass die Genossen nachschusspflichtig seien, denn in diesem Fall wichen ihre Interessen von denen der übrigen Gläubiger „besonders stark" ab.[168] Da der Rechtsausschuss im Falle unterschiedlicher wirtschaftlicher Interessen eine fakultative statt einer obligatorischen Differenzierung vorschlug, hielt er es folgerichtig für notwendig, § 116 Nr. 3 GenG „... zu einer ‚Kann-Vorschrift' umzugestalten. Bei dieser Ausgestaltung braucht die Vorschrift nicht mehr auf die nachschusspflichtigen Genossen beschränkt zu werden, sondern kann allgemein für alle Gläubiger gelten, die zugleich Mitglieder der Genossenschaft sind."[169]

135 Der Regelungsgehalt des § 116 Nr. 3 GenG erschöpft sich aber nicht darin, deklaratorisch die Gruppenbildungsmöglichkeit gem. § 222 Abs. 2 Satz 1 bei gleichartigen wirtschaftlichen Interessen zu wiederholen.[170] Bei einer entsprechenden Interpretation wäre die Vorschrift nämlich überflüssig.[171] § 116 Nr. 3 GenG ist vielmehr – ähnlich wie § 222 Abs. 3 Satz 1 und Satz 2 – als *lex specialis* **zu § 222 Abs. 2 Satz 1 und Satz 2** einzustufen: Gläubiger, die zugleich Mitglieder der Genossenschaft sind, sollen unabhängig davon, ob sie im Einzelfall tatsächlich gleichartige wirtschaftliche Interessen i. S. v. § 222 Abs. 2 Satz 1 haben, in einer Gruppe zusammengefasst werden können; ferner soll zumindest dann, wenn jeweils nur eine entsprechende Gruppe aus allen gleichrangig berechtigten Mitgliedern der Genossenschaft gebildet wird (zu dem Sonderproblem der Bildung mehrerer Gruppen von Gläubiger-Genossen innerhalb der jeweils gleichrangig Berechtigten vgl. RdNr. 138),[172] der Doppelstatus als Gläubiger und Mitglied der Genossenschaft als – zu dokumentierendes, vgl. § 222 Abs. 2 Satz 3 – Abgrenzungskriterium i. S. v. § 222 Abs. 2 Satz 2 ausreichen.

136 Verfassungsrechtlich ist § 116 Nr. 3 GenG als typisierende Regelung – ebenso wie § 222 Abs. 3 Satz 1 und Satz 2 (vgl. RdNr. 116 f., 125 f.) – grundsätzlich unbedenklich, da Gläubiger-Genossen regelmäßig zumindest gewisse gemeinsame wirtschaftliche Interessen

---

[167] Vgl. BT-Drucks. 12/3803, S. 35.
[168] Vgl. BT-Drucks. 12/3803, S. 94. Eine unterschiedliche Rechtsstellung i. S. v. § 265 Abs. 1 Satz 1 RegE zur InsO bzw. § 222 Abs. 1 Satz 1 ist damit nicht verbunden, weil es insoweit lediglich auf die Rangfolge der Befriedigungsrechte im Insolvenzverfahren ankommt, vgl. RdNr. 47. Damit aber hat die Nachschusspflicht nichts zu tun.
[169] BT-Drucks. 12/7303, S. 112.
[170] So aber offenbar *Noack*, Gesellschaftsrecht, 1999, RdNr. 633; *Hirte* in: *Prütting/Vallender* (Hrsg.), Festschrift für Uhlenbruck, 2000, S. 637, 642; *Terbrack* ZInsO 2001, 1027, 1029 f.
[171] So denn auch *Terbrack* ZInsO 2001, 1027, 1030; ihm folgend *Uhlenbruck/Hirte* § 11 RdNr. 216.
[172] Während sich § 222 Abs. 3 Satz 2 ersichtlich nur auf die nicht nachrangigen Kleingläubiger bezieht, ist die Sonderregelung für Gläubiger-Genossen prinzipiell auf Gläubiger-Genossen mit ganz unterschiedlichen Rechtsstellungen i. S. v. § 222 Abs. 1 Satz 1 anwendbar.

haben werden, wenn es auch im Einzelfall unter Umständen nicht notwendig die jeweils wichtigsten sind, und da die Interessen von Gläubiger-Genossen sich regelmäßig auch von denjenigen anderer Gläubiger unterscheiden werden. Lediglich dann, wenn die Interessen der beteiligten Gläubiger-Genossen **offensichtlich** voneinander divergieren, kann eine Gruppenbildung zwar auf § 116 Nr. 3 GenG gestützt werden, die Vorschrift ist jedoch verfassungskonform dahin auszulegen, dass mehrere Gruppen von Gläubiger-Genossen gebildet werden müssen, die den Interessendivergenzen Rechnung tragen (vgl. auch RdNr. 136). Ist im Einzelfall **offensichtlich,** dass sich die wichtigsten insolvenzbezogenen wirtschaftlichen Interessen der Gläubiger-Genossen nicht von denjenigen anderer Beteiligter unterscheiden, dann ist § 116 Nr. 3 GenG verfassungskonform dahingehend auszulegen, dass eine Gruppenbildungsbefugnis nach dieser Vorschrift nicht besteht. Soweit die offensichtliche Interessenidentität reicht (Gläubiger-Genossen/andere Beteiligte), scheidet eine differenzierende Gruppenbildung aus (vgl. auch RdNr. 117, 126).

Im Übrigen versteht der Gesetzgeber auch § 116 Nr. 3 GenG als eine Vorschrift, die – ebenso wie § 222 Abs. 2 Satz 1 und § 222 Abs. 3 Satz 2 – eine Gruppenbildung ermöglichen soll, diese aber nicht erzwingt („... kann ... unterschieden werden ..."). Ebenso wie bei § 222 Abs. 2 Satz 1 und § 222 Abs. 3 Satz 2 ist dieses Gruppenbildungsermessen reduziert (mit der Folge einer Pflicht zur Separierung von Gläubiger-Genossen von den übrigen Gläubigern), sofern sich die wichtigsten insolvenzbezogenen wirtschaftlichen Interessen der Gläubiger-Genossen im Einzelfall offensichtlich von denjenigen der übrigen Gläubiger unterscheiden (vgl. RdNr. 109, 127). Dies ist auf Grund der Doppelstellung von Gläubiger-Genossen als Gläubiger und Gesellschafter im Einzelfall durchaus denkbar. **137**

2. Bildung mehrerer Gruppen von Gläubiger-Genossen. § 116 Nr. 3 GenG schließt eine weitere Differenzierung innerhalb des Kreises derjenigen, die gleichzeitig Gläubiger und Mitglieder der Genossenschaft sind und dieselbe Rechtsstellung im Sinne des § 222 Abs. 1 einnehmen, nicht aus. Eine entsprechende Differenzierung unterliegt den Gruppenbildungskriterien des § 222 Abs. 2 Satz 1 und Satz 2 (gleichartige wirtschaftliche Interessen, sachgerechte Abgrenzung) und der Dokumentationspflicht des § 222 Abs. 2 Satz 3. Als Anknüpfungspunkte für gleichartige wirtschaftliche Interessen kommen etwa die Zahl der nach § 7a Abs. 2 GenG gezeichneten Geschäftsanteile[173] sowie der Status als durch das Insolvenzverfahren am Ausscheiden gehindertes Mitglied gem. § 75 Satz 1 GenG[174] oder aber die Verpflichtung zur Leistung von Nachschüssen in Betracht.[175] Unter Umständen ist eine entsprechende differenzierende Gruppenbildung sogar verfassungsrechtlich geboten (vgl. RdNr. 136). **138**

II. Pensions-Sicherungs-Verein

1. Regelungsgehalt von § 9 Abs. 4 Satz 1 BetrAVG. Gem. § 9 Abs. 4 Satz 1 BetrAVG kann in einem Insolvenzplan, der die Fortführung des Unternehmens oder eines Betriebes vorsieht, für den Träger der Insolvenzsicherung eine besondere Gruppe gebildet werden. Anwendbar ist die Vorschrift immer dann, wenn das notleidende Unternehmen wenigstens teilweise von demselben Rechtsträger fortgeführt wird (Reorganisation).[176] Ähnlich wie bei § 116 Nr. 3 GenG weicht auch bei § 9 Abs. 4 Satz 1 BetrAVG die schließlich Gesetz gewordene Fassung der Vorschrift insofern von der Fassung des RegE ab, als dieser noch – auf der Linie der in § 265 Abs. 1 Satz 1 RegE zur InsO ursprünglich vorgesehenen Pflichtunterscheidung zwischen Gruppen, in denen Beteiligte mit gleicher Rechtsstellung und gleichartigen wirtschaftlichen Interessen zusammengefasst werden – eine **Pflicht** zur Gruppenbildung für den Pensions-Sicherungs-Verein vorgesehen hatte.[177] Auf Empfehlung des **139**

---

[173] Vgl. *Beuthien/Titze* ZIP 2002, 1116, 1123.
[174] Vgl. *Scheibner* DZWIR 1999, 8, 9; *Beuthien/Titze* ZIP 2002, 1116, 1123.
[175] Vgl. *Noack,* Gesellschaftsrecht, 1999, RdNr. 633.
[176] Vgl. *Flitsch/Chardon* DZWIR 2004, 485, 486.
[177] Vgl. BT-Drucks. 12/3803, S. 49.

140 Rechtsausschusses wurde daraus – der Ausschuss-Konzeption einer fakultativen Gruppenbildung bei gleichartigen wirtschaftlichen Interessen entsprechend – eine **Kann**-Vorschrift.[178]

140 § 9 Abs. 4 Satz 1 BetrAVG stellt sich damit nach der Konzeption des Gesetzgebers – ähnlich wie § 222 Abs. 3 Satz 1 und Satz 2 sowie § 116 Nr. 3 GenG – als *lex specialis* zu **§ 222 Abs. 2 Satz 1 und Satz 2** dar: Für die nicht nachrangigen Insolvenzgläubigerforderungen des Pensions-Sicherungs-Vereins – nur solche Forderungen können dem Verein zustehen – soll unabhängig davon, ob sich die wichtigsten insolvenzbezogenen wirtschaftlichen Interessen des Vereins im Einzelfall tatsächlich von denjenigen aller anderen Insolvenzgläubiger unterscheiden (§ 222 Abs. 2 Satz 2) und unabhängig davon, ob die wichtigsten insolvenzbezogenen Interessen des Vereins im Hinblick auf alle von ihm gehaltenen Forderungen übereinstimmen (§ 222 Abs. 2 Satz 1), für den Fall einer plangemäß vorgesehenen Betriebs- oder Unternehmensfortführung eine eigene Gruppe gebildet werden können.

141 Verfassungsrechtlich ist § 9 Abs. 4 Satz 1 BetrAVG als typisierende Regelung – ebenso wie § 222 Abs. 3 Satz 1 und Satz 2 sowie § 116 Nr. 3 GenG (vgl. RdNr. 116 f., 125 f., 136) – grundsätzlich unbedenklich, da der Pensions-Sicherungs-Verein regelmäßig zumindest teilweise andere wirtschaftliche Interessen haben wird als andere Beteiligte, wenn es im Einzelfall auch zweifelhaft sein mag, ob es die wichtigsten Interessen sind, und da diese Interessen auch regelmäßig im Hinblick auf alle von ihm gehaltenen Forderungen übereinstimmen werden. Lediglich bei einer **offensichtlichen** Identität der wichtigsten insolvenzbezogenen wirtschaftlichen Interessen des Pensions-Sicherungs-Vereins und anderer Beteiligter kann der Planarchitekt eine Gruppenbildung nicht auf § 9 Abs. 4 Satz 1 BetrAVG stützen. Soweit die offensichtliche Interessenidentität reicht (Pensions-Sicherungs-Verein/andere Beteiligte), scheidet eine differenzierende Gruppenbildung aus (vgl. auch RdNr. 117, 126, 136). Dieser Fall dürfte kaum praktisch werden. Erst recht nicht praktisch werden dürfte der Fall, dass die wichtigsten insolvenzbezogenen wirtschaftlichen Interessen des Vereins im Hinblick auf die von ihm gehaltenen Forderungen **offensichtlich** divergieren (in diesem Fall müssten für den Verein zwei oder mehr Gruppen gebildet werden).

142 Im Übrigen versteht der Gesetzgeber auch § 9 Abs. 4 Satz 1 BetrAVG als Vorschrift, die – ebenso wie § 222 Abs. 2 Satz 1, § 222 Abs. 3 Satz 2 und § 116 Nr. 3 GenG – eine Gruppenbildung ermöglichen soll, diese aber nicht erzwingt („... kann ... gebildet werden ...").[179] Ebenso wie bei § 222 Abs. 2 Satz 1, § 222 Abs. 3 Satz 2 und § 116 Nr. 3 GenG ist dieses Gruppenbildungsermessen reduziert (mit der Folge einer Pflicht zur Separierung des Pensions-Sicherungs-Vereins von den übrigen Gläubigern), sofern sich die wichtigsten insolvenzbezogenen wirtschaftlichen Interessen des Pensions-Sicherungs-Vereins offensichtlich von denjenigen der übrigen Gläubiger unterscheiden (vgl. RdNr. 109, 127, 137). Dies ist auf Grund der Stellung und der Aufgaben des Pensions-Sicherungs-Vereins im Einzelfall durchaus denkbar.

143 **2. Mehrere Gruppen?** Da die Gruppenbildungsregeln in § 222 entgegen dem missverständlichen Wortlaut sich nicht auf Gläubiger, sondern auf Rechte beziehen (vgl. RdNr. 27 f.), wäre zumindest prinzipiell auch eine Bildung mehrerer Gruppen aus den dem Pensions-Sicherungs-Verein zustehenden Forderungen denkbar. Indes muss diese Gruppenbildung dann folgerichtig den Anforderungen des § 222 Abs. 2 genügen. Es ist also darzutun, inwiefern sich die wichtigsten insolvenzbezogenen wirtschaftlichen Interessen des Vereins im Hinblick auf bestimmte der von ihm gehaltenen Forderungen unterscheiden (§ 222 Abs. 2 Satz 2). Es ist nicht zu erkennen, auf welche Weise dies geschehen könnte.

III. Anleihegläubiger

144 Besondere Gruppenbildungsregeln gelten schließlich für Anleihegläubiger. Der RegE hatte in seinem Art. 51 Nr. 4 ursprünglich noch vorgesehen, § 19a Abs. 1 SchVG so zu

---

[178] Vgl. BT-Drucks. 12/7303, S. 92.
[179] So auch deutlich *Flitsch/Chardon* DZWIR 2004, 485, 487.

fassen, dass Anleihegläubiger einer Schuldverschreibungsgattung i. S. v. § 1 SchVG – typischerweise die Gläubiger einer Anleihe[180] – in einer besonderen Gruppe zusammenzufassen sind.[181] Der Rechtsausschuss trat dem mit der Erwägung entgegen, dass dies seinem Bestreben widerspreche, die Gruppenbildungsregeln so zu fassen, dass die Aufstellung eines Insolvenzplans und die Abstimmung über diesen vereinfacht wird.[182] § 18a Abs. 1 SchVG erhielt demzufolge schließlich folgende Fassung: „In einem Insolvenzplan sind allen in § 1 bezeichneten Gläubigern gleiche Rechte anzubieten." Dies bedeutet zwar nicht *a priori*, dass Anleihegläubiger einer Schuldverschreibungsgattung zwingend derselben Gruppe zugeordnet werden müssen, da verschiedenen Gruppen verschiedene Rechte angeboten werden können, aber nicht müssen.[183] Indes dürfte es praktisch kaum möglich sein, zwei verschiedene Gruppen von Anleihegläubigern aus derselben Schuldverschreibungsgattung sachgerecht voneinander abzugrenzen, da die wichtigsten wirtschaftlichen Interessen derjenigen, deren Rechte in unterschiedliche Gruppen eingeordnet wurden, regelmäßig identisch sein werden (vgl. RdNr. 89 und dann 90 f.). Im Ergebnis bedeutet dies damit eben doch, dass **Anleihegläubiger *einer* Schuldverschreibungsgattung** regelmäßig derselben Gruppe zuzuordnen sind.[184] Für die Gruppenbildung im Verhältnis von **Anleihegläubigern *unterschiedlicher* Schuldverschreibungsgattungen** bleibt es demgegenüber bei den allgemeinen Regeln (RdNr. 74 ff., 90 f., 105 ff.).

Anleihegläubiger stimmen wie alle anderen Gläubiger gruppenbezogen über den Plan ab, d. h. es gelten die in den § 244 normierten Mehrheitserfordernisse. Trotz der insoweit missverständlichen Regelung in § 19a Abs. 2 SchVG („Die Vorschriften des § 11 Abs. 1 und des § 12 Abs. 3 sind nicht anzuwenden."), die einen Umkehrschluss nahe legen könnte, sind die Mehrheitsregelungen in § 11 Abs. 2 bis 5 SchVG nicht anwendbar. Das geht aus der Gesetzgebungshistorie eindeutig hervor.[185]

J. Sanktionen bei Verstößen gegen Gruppenbildungsregeln

Die in § 222 sowie in den diese Vorschrift ergänzenden gesetzlichen Regelungen normierten Anforderungen an die Gruppenbildung betreffen den gesetzlichen **Inhalt eines Insolvenzplans**. Dies hat Konsequenzen für die Sanktionierung von Verstößen gegen diese Anforderungen.

I. Planzurückweisung im Vorprüfungsverfahren

Gem. § 231 Abs. 1 Nr. 1 hat das Insolvenzgericht einen vorgelegten Insolvenzplan von Amts wegen auf Verstöße gegen die gesetzlichen **Gruppenbildungskriterien** sowie auf die **Dokumentation** der Gruppenbildungskriterien (vgl. § 222 Abs. 2 Satz 3) detailliert (zur rechtspolitischen Kritik vgl. RdNr. 10) zu prüfen und den Plan zurückzuweisen, wenn es sich entweder um einen unbehebbaren Mangel handelt oder wenn der Mangel zwar behebbar ist, aber vom Vorlegenden in einer angemessenen, gerichtlich gesetzten Frist nicht behoben wurde.[186] Dokumentationsmängel sind grundsätzlich immer behebbar, da sie die Übersichtlichkeit der Planstruktur nicht beeinträchtigen (vgl. bereits RdNr. 44 sowie § 218

---

[180] Entscheidend für die Gattungszugehörigkeit i. S. v. § 1 SchVG ist allerdings allein, dass den Gläubigern *gleiche Rechte* eingeräumt werden. Das kann auch bei verschiedenen Emissionen der Fall sein, vgl. *Vogel*, Die Vergemeinschaftung der Anleihegläubiger und ihre Vertretung nach dem Schuldverschreibungsgesetz, 1999, S. 125 ff.
[181] Vgl. BT-Drucks. 12/3803, S. 38.
[182] Vgl. BT-Drucks. 12/7303, S. 113.
[183] Das verkannte der Rechtsausschuss, vgl. BT-Drucks. 12/7303, S. 113.
[184] Diese Zusammenhänge werden verkannt von *Penzlin/Klerx* ZInsO 2004, 311, 313 Fn. 10.
[185] Vgl. BT-Drucks. 12/3803, S. 98 sowie BT-Drucks. 12/7303, S. 113.
[186] AA (ohne Begründung) *Hess* in: *Hess/Obermüller*, Insolvenzplan, Restschuldbefreiung und Verbraucherinsolvenz, 3. Aufl. 2003, RdNr. 210a.

RdNr. 161). Ob Verstöße gegen die gesetzlichen Gruppenbildungskriterien behebbar oder unbehebbar sind, hängt demgegenüber von dem Umfang zulässiger Gruppenbildungsänderungen nach der Vorlage des Plans ab (vgl. dazu RdNr. 43).

II. Versagung der Planbestätigung im Bestätigungsverfahren

148 Gruppenbildungsmängel sind aber unter Umständen auch noch im Bestätigungsverfahren beachtlich. Gem. § 250 Nr. 1 führen nämlich inhaltliche Planmängel sowie Verfahrensfehler zu einer amtswegigen Versagung der Bestätigung, sofern sie wesentlich und nicht mehr behebbar sind.

149 **1. Anwendbarkeit von § 250 Nr. 1 auf Gruppenbildungsmängel.** Dass § 250 Nr. 1 Gruppenbildungsmängel grundsätzlich erfasst, kann jedenfalls für solche Mängel nicht zweifelhaft sein, die erst nach dem Vorprüfungsverfahren auf Grund einer Planänderung entstanden sind. Aber auch Mängel, die bereits zum Zeitpunkt des Vorprüfungsverfahrens vorlagen, fallen unter § 250 Nr. 1, und zwar aus zwei Gründen: (1) Inhaltsmängel erledigen sich nicht dadurch, dass sie im Vorprüfungsverfahren nicht beachtet wurden. Vorprüfungs- und Bestätigungsverfahren dienen unterschiedlichen Zwecken (vgl. ausführlich § 217 RdNr. 186 ff.).[187] Auch die Annahme des vorgelegten Insolvenzplans durch die Gläubiger heilt einen etwaigen Gruppenbildungsmangel nicht.[188] Das folgt schon daraus, dass die Abstimmung gruppenbezogen durchgeführt wird (§ 243) und damit selbst mangelbehaftet ist. (2) Zu den Vorschriften über die verfahrensmäßige Behandlung des Insolvenzplans, deren Verletzung die Versagung der Bestätigung rechtfertigen kann, gehört auch die obligatorische Planzurückweisung eines vorgelegten Plans gem. § 231 Abs. 1 Nr. 1 bei einem Verstoß gegen § 222 (vgl. auch § 217 RdNr. 189 f.).[189]

150 **2. Wesentlichkeit und Unbehebbarkeit von Gruppenbildungsmängeln.** Ein entsprechender Gruppenbildungsmangel ist im Zweifel wesentlich i. S. v. § 250 Nr. 1, da die Regeln über die Gruppenbildung auf Grund der Gruppenbezogenheit der Rechtsgestaltung (§ 226) und des Abstimmungsverfahrens (243) für das Insolvenzplanverfahren eine schlechthin zentrale Bedeutung besitzen. Erwägungen über eine Planannahme bei veränderter Gruppenbildung sind immer hypothetisch. Sie sind deshalb nicht geeignet, die Wesentlichkeit eines Gruppenbildungsmangels zu entkräften.[190] Auch scheidet eine Behebung eines entsprechenden Mangels im Bestätigungsverfahren aus.[191] Eine Planänderung ist nach Beginn der Abstimmung der Gläubiger ausgeschlossen (vgl. § 218 RdNr. 153 ff., insbes. 156 f.), und eine Wiederholung der Abstimmung ist allenfalls dann zulässig, wenn das Insolvenzgericht im Zusammenhang mit dem Abstimmungsverfahren einen Fehler begangen hat, nicht aber mit dem Ziel, eine Planänderung zu ermöglichen (vgl. § 217 RdNr. 184, 191).

III. Heilung von Gruppenbildungsmängeln durch rechtskräftige Planbestätigung

151 Wird ein Insolvenzplan rechtskräftig bestätigt, dann werden durch diese rechtskräftige Bestätigung etwaige Gruppenbildungsmängel sowie Mängel in der verfahrensmäßigen Planbehandlung **geheilt** (vgl. § 217 RdNr. 192 ff.).[192]

---

[187] Spezifisch für Gruppenbildungsmängel ebenso LG Berlin NZI 2005, 335, 337; Nerlich/Römermann/Braun § 250 RdNr. 6; HK-Flessner § 222 RdNr. 4; Henckel, Der Insolvenzplan, 1999 (noch unveröffentlichtes Manuskript).
[188] AA Kübler/Prütting/Otte § 222 RdNr. 8.
[189] Ebenso jetzt LG Berlin NZI 2005, 335, 337; Smid NZI 2005, 296, 297.
[190] So aber LG Berlin ZInsO 2002, 1191, 1192; LG Berlin NZI 2005, 335, 337 (in diesem Fall allerdings gleichwohl zur Wesentlichkeit des Mangels gelangend). Noch enger Smid NZI 2005, 296, 298, der einen konkreten Einfluss des Mangels auf das Verfahrensergebnis verlangt.
[191] Ebenso LG Berlin NZI 2005, 335, 338.
[192] Ebenso jetzt Andres/Leithaus § 222 RdNr. 15.

§ 223 Rechte der Absonderungsberechtigten

(1) ¹Ist im Insolvenzplan nichts anderes bestimmt, so wird das Recht der absonderungsberechtigten Gläubiger zur Befriedigung aus den Gegenständen, an denen Absonderungsrechte bestehen, vom Plan nicht berührt. ²Eine abweichende Bestimmung ist hinsichtlich der Finanzsicherheiten im Sinne von § 1 Abs. 17 des Kreditwesengesetzes sowie der Sicherheiten ausgeschlossen, die
1. dem Teilnehmer eines Systems nach § 1 Abs. 16 des Kreditwesengesetzes zur Sicherung seiner Ansprüche aus dem System oder
2. der Zentralbank eines Mitgliedstaats der Europäischen Union oder der Europäischen Zentralbank
gestellt wurden.

(2) Soweit im Plan eine abweichende Regelung getroffen wird, ist im gestaltenden Teil für die absonderungsberechtigten Gläubiger anzugeben, um welchen Bruchteil die Rechte gekürzt, für welchen Zeitraum sie gestundet oder welchen sonstigen Regelungen sie unterworfen werden sollen.

Schrifttum: *Braun/Uhlenbruck*, Unternehmensinsolvenz. Grundlagen, Gestaltungsmöglichkeiten, Sanierung mit der Insolvenzordnung, 1997; *Burger/Schellberg*, Der Insolvenzplan im neuen Insolvenzrecht, DB 1994, 1833 ff.; *Ebbing*, Gläubigerbanken in der Unternehmenskrise, KTS 1996, 327 ff.; *Eidenmüller*, Die Banken im Gefangenendilemma: Kooperationspflichten und Akkordstörungsverbot im Sanierungsrecht, ZHR 160 (1996), 343 ff.; *Hess/Weis*, Der Insolvenzplan nach der InsO, InVo 1996, 91 ff.; *Landfermann*, Die Rechtsstellung der dinglich gesicherten Gläubiger im künftigen Insolvenzverfahren, KTS 1987, 381 ff.; *Obermüller*, Eingriffe in die Kreditsicherheiten durch Insolvenzplan und Verbraucherinsolvenzverfahren, WM 1998, 483 ff.; *Riggert*, Das Insolvenzplanverfahren, WM 1998, 1521 ff.; *Westermann*, Banken als Kreditgeber und Gesellschafter, ZIP 1982, 379 ff.

Übersicht

	RdNr.		RdNr.
A. Grundsätzliches	1	C. Abweichende Regelung im Plan (Abs. 2)	16
I. Normzweck	5	I. Verzicht	18
II. Anwendungsbereich	6	II. Stundung	19
B. Keine anderweitige Bestimmung im Plan (Abs. 1)	7	III. Sonstige Vereinbarungen	20
I. Abgesonderte Befriedigung aus unbeweglichen Gegenständen (§ 49)	8	1. Austausch von Sicherheiten	20
II. Abgesonderte Befriedigung der Pfandgläubiger (§ 50)	9	2. Ersetzung durch eine andere Art bevorzugter Behandlung	22
III. Sonstige Absonderungsberechtigte (§ 51)	11	3. Poolbildung	23
IV. Ausnahme für absonderungsberechtigte Teilnehmer aus Zahlungs- sowie Wertpapierliefer- und -abrechnungssystemen (Abs. 1 S. 2)	14	4. Umwandlung von Sicherungsrechten in Eigenkapital	27
		5. Zinsverzicht	29
		6. Verzicht auf den Ausgleich des Wertverlustes	31
		7. Freigabe	32
		D. Bestimmtheitsgrundsatz (Abs. 2)	35

A. Grundsätzliches

Während das Vergleichsverfahren nach der VglO vom 26. 2. 1935[1] und der in §§ 173 ff. KO[2] bzw. in § 16 GesO[3] geregelte Zwangsvergleich die Wirksamkeit und Durchsetzbarkeit dinglicher Sicherungsrechte unberührt ließen, ermöglicht die Insolvenzordnung bei Auf- 1

---
[1] RGBl. 1935 I S. 321, ber. S. 356.
[2] Konkursordnung RGBl. 1877 S. 351, 380 ff.
[3] IdF v. 23. 5. 1991 (BGBl. I S. 1185 ff.).

§ 223 2, 3

stellung eines Insolvenzplans **fakultativ Eingriffe** in die Rechte **absonderungsberechtigter Gläubiger.** Nach §§ 217, 223 Abs. 2 kann daher im **gestaltenden Teil** eines Insolvenzplans die **Befriedigung** der **absonderungsberechtigten Gläubiger,** deren Rechte in den §§ 49 ff, 167 ff. normiert sind, **abweichend** von den **Vorschriften** der **Insolvenzordnung** geregelt werden. Eine erhebliche **Beeinträchtigung** erfahren die Absonderungsberechtigten im Gegensatz zur Konkursordnung und Gesamtvollstreckungsordnung bereits dadurch, dass das **Verwertungsrecht** für bewegliche Sachen grundsätzlich dem **Insolvenzverwalter** zusteht, wenn er die Sache in **Besitz** hat (§ 166 Abs. 1). Entsprechendes gilt für die **Einziehung** von **Forderungen,** die der Schuldner abgetreten hat (§ 166 Abs. 2). In welcher Weise in die Rechtsstellung der Beteiligten durch einen Insolvenzplan eingegriffen werden kann, schreibt das Gesetz nicht vor. Auch **Mindestquoten,** wie sie § 7 Abs. 1 Satz 2 VglO für die Gläubiger vorschrieb, sind **nicht** vorgesehen. Damit sind der Phantasie desjenigen, der den Plan aufstellt, grundsätzlich keine Grenzen gesetzt.[4]

2 Nach den Vorstellungen des Gesetzgebers soll der Insolvenzplan die Teilung der insolvenzrechtlichen Instrumentarien in ein sanierendes Vergleichsverfahren und ein liquidierendes Konkursverfahren überwinden helfen, gleichzeitig soll das Insolvenzplanverfahren an die Stelle des Zwangsvergleichs treten (§§ 173 ff. KO, § 16 GesO).[5] Wenn auch der Insolvenzplan voll dem Ziel der gemeinschaftlichen Haftungsverwirklichung untergeordnet ist, also ebenso den Gläubigern dient wie die Liquidation,[6] hat das Insolvenzplanverfahren primär die **finanzielle** und **leistungswirtschaftliche Sanierung** des schuldnerischen Unternehmens zum Ziel.[7] Allerdings soll der Insolvenzplan nicht nur eine Sanierung fördern helfen, sondern er eignet sich für alle von den gesetzlichen Vorschriften abweichende Formen der Liquidation; er wird damit „zu einem universellen Instrument der Masseverwertung".[8]

3 **Sanierungsbeiträge** der **Aussonderungsberechtigten,** der **Massegläubiger** und **Dritter** können indes durch den Plan **nicht erzwungen** werden. Solche sind nur auf Grund **freiwilliger** Basis möglich, außerhalb des Planverfahrens zu vereinbaren und im darstellenden Teil des Plans auszuweisen.[9] Soweit im Insolvenzplan Regelungen für die absonderungsberechtigten Gläubiger vorgesehen werden, bestimmt § 223 Abs. 2, dass ihr Inhalt genau anzugeben ist.[10] Der in § 251 normierte **Minderheitenschutz** bei einer von den gesetzlichen Vorschriften abweichenden Regelung im Plan dürfte gewährleisten, dass es nur selten zu wirklich substantiellen Eingriffen in das Absonderungsrecht kommt.[11] Die Bestimmung schließt allerdings nicht aus, dass in der Gruppe der Absonderungsberechtigten gem. § 222 Abs. 1 Nr. 1 50,1% der absonderungsberechtigten Forderungen und die Kopfmehrheit der Abstimmenden die gesamten übrigen absonderungsberechtigten Gläubiger majorisieren (vgl. § 244 Abs. 1 Nr. 1 und 2). Insolvenzgläubiger können danach mit einem sanierungswilligen Unternehmen Planergebnisse mehrheitlich zustande bringen, denen die hauptabsonderungsberechtigten Bank- und Lieferantengläubiger unterworfen sind.[12] Verbleibt den Absonderungsberechtigten der Einzelveräußerungs- bzw. Zerschlagungswert plus € 1, greift der Minderheitenschutz des § 251 nicht mehr ein. Eine an der Sanierung des Unternehmens interessierte Mehrheit von Gläubigern wird deshalb bei den Verhandlungen über den Sanierungsplan bei einer drohenden gerichtlichen Überprüfung nach § 251 Abs. 1 Nr. 2 nicht selten bereit sein (müssen), den abweichenden Interessen einer Minderheit

---

[4] *Bork* ZZP (109. Band) 1996, 473 ff., 477.
[5] *Smid* WM 1996, 1249.
[6] *Balz* Kölner Schrift, S. 15 RdNr. 40.
[7] *K. Schmidt/Uhlenbruck/Maus,* RdNr. 1611 mwN.
[8] Allgemeine Begründung zum RegE.
[9] *Bork* RdNr. 320.
[10] Vgl. zu den Anforderungen an betragsmäßige Eingriffsklauseln *Nerlich/Römermann/Braun* § 223 RdNr. 17 ff.
[11] *Marotzke* ZZP (109. Band) 1996, 429, 438.
[12] *Rümker* in: *Kübler* (Hrsg.), Neuordnung des Insolvenzrechts, 1989, S. 146, befürchtet, dass Gläubiger mit kleineren Forderungen versuchen werden, ihre durch die Kopfmehrheit verliehene Macht gegen Großgläubiger auszuspielen und sich ihre Zustimmung zu einer bestimmten Form des Insolvenzplans „abkaufen" lassen.

dadurch Rechnung zu tragen, dass der Plan unterschiedliche Leistungen an beide Gläubigergruppen vorsieht.[13]

Der **Disposition** in einem Insolvenzplan **entzogen** sind nach Abs. 1 Satz 2 solche zur Absonderung berechtigenden Sicherheiten, die dem **Teilnehmer eines Systems** nach § 1 Abs. 16 des Kreditwesengesetzes zur **Sicherung** seiner Ansprüche aus dem System oder der Zentralbank eines Mitgliedstaats der EU oder der Europäischen Zentralbank gestellt wurden. § 223 Abs. 1 Satz 2 wurde durch das Gesetz zur Änderung insolvenzrechtlicher und kreditwesenrechtlicher Vorschriften vom 8. Dezember 1999 eingefügt.[14] Die Vorschrift setzt Art. 3 Abs. 1 der Richtlinie 98/26/EG über die Wirksamkeit von Abrechnungen in Zahlungs- sowie Wertpapierliefer- und -abrechnungssystemen um, die das Europäische Parlament und der Rat am 19. Mai 1998 verabschiedet haben.[15] Hintergrund ist die Gewährleistung der EU-weiten Wirksamkeit und Verwertbarkeit von gestellten Sicherheiten in Zahlungs- sowie Wertpapierliefer- und -abrechnungssystemen im Falle der Insolvenz einer ihrer Teilnehmer, umso einer Krise des internationalen Bankensystems zu begegnen („Domino-Effekt").[16] Mit Gesetz vom 5. April 2004 zur Umsetzung der Richtlinie 2002/47(EG) vom 6. Juni 2002 über Finanzsicherheiten[17] und zur Änderung des Hypothekenbankgesetzes und anderer Gesetze[18] wurde § 223 Abs. 1 Satz 2 nochmals geändert.

I. Normzweck

Für absonderungsberechtigte Gläubiger stellt sich in jedem Insolvenzverfahren die wesentliche Frage, ob ihr Sicherungsgut im Falle der Zwangsverwertung die Forderung deckt. Ist dies der Fall, werden diese Gläubiger wenig geneigt sein, durch besondere Regelungen in einem Plan Kürzungen ihrer Rechte hinzunehmen. Sind indes absonderungsberechtigte Gläubiger nicht so gesichert, dass sie unabhängig vom Verfahrensausgang mit einer vollen Befriedigung ihrer Forderung rechnen können, werden sie einer abweichenden Regelung im Plan nicht von vornherein ablehnend gegenüberstehen, sofern sie diese für realisierbar halten. Soweit der Wert mobiler Sicherheiten bei einer Fortführung des insolventen Unternehmens höher ist als bei einer Einzelverwertung, werden diese Gläubiger „als potentiell gesicherte Gläubiger" im Regelfall an einer Fortführung des Unternehmens interessiert sein.[19] Dies gilt gleichermaßen für Gläubiger mit Absonderungsrechten an Grundstücken, deren Grundpfandrecht noch ganz oder teilweise durch den Wert des Grundstücks gedeckt ist. So birgt die abgesonderte Befriedigung in einem Zwangsversteigerungsverfahren die Gefahr eines hohen finanziellen Verlustes. Der Rang des Grundpfandrechtes wird uU durch wachsende Zinsansprüche und Kosten der vorangehenden Gläubiger ausgehöhlt. Der Wertverlust kann sich im Falle einer gleichzeitig angeordneten Zwangsverwaltung noch um die Ansprüche der betreibenden Gläubiger auf Ersatz ihrer Aufwendungen für die Erhaltung oder notwendige Verbesserung des Grundstücks erhöhen (vgl. § 10 Abs. 1 Nr. 1 ZVG). Auch für diese Gläubiger bietet sich der Insolvenzplan daher durchaus als geeignetes Instrument zur wirtschaftlich sinnvollen Wahrung der eigenen Rechte an, wobei zunächst eine Einbuße in Form von Zugeständnissen, wie sie § 223 Abs. 2 exemplarisch beschreibt, hinzunehmen ist. Soweit der dabei von dem absonderungsberechtigten Gläubiger zu zahlende Preis geringer ist als bei Realisierung der Sicherheit im Liquidationsfall, werden sie regelmäßig bereit sein, das Unternehmen als lebendes Unternehmen zu erhalten.[20] Für mit

---

[13] *Landfermann* KTS 1987, 381, 407.
[14] BGBl. 1999 I S. 2384; vgl. auch die damaligen Änderungen in § 96 Abs. 2, § 147 Abs. 1 Satz 2 und § 166 Abs. 2 Satz 2.
[15] ABl. EG L 166, S. 45, 46 ff.
[16] Kritisch hierzu *Nerlich/Römermann/Braun* § 223 RdNr. 5 b.
[17] ABl. EG L 168, S. 43, 45 ff.; mit dieser Richtlinie sollen über die Richtlinie 98/26/EG hinausgehende Fortschritte erzielt werden.
[18] BGBl. 2004 I S. 502 ff.
[19] Begr. zu § 266 RegE BR-Drucks. 1/92 S. 200.
[20] *Braun/Uhlenbruck*, Unternehmensinsolvenz, S. 497.

Grundpfandrechten belastete Immobilien des Schuldners, die nicht betriebsnotwendiges Vermögen darstellen, empfiehlt sich eine besondere Regelung im Insolvenzplan allenfalls dann, wenn die dinglichen Belastungen erheblich über dem Verkehrswert des Grundstücks liegen und z. B. Mietzinserträge die Masse langfristig anreichern. Dagegen kommt eine Freigabe durch den Insolvenzverwalter in Betracht, wenn die Belastungen den Nutzungswert erheblich übersteigen. Die Freigabe eines Gegenstandes aus der Insolvenzmasse kann im gestaltenden Teil eines Insolvenzplans detailliert geregelt werden.

II. Anwendungsbereich

6   Zur **abgesonderten Befriedigung** berechtigen zunächst die **Immobiliarsicherungsrechte** (§ 49) sowie die rechtsgeschäftlichen und gesetzlichen **Mobiliarpfandrechte** (§ 50). Ferner steht den in § 51 aufgeführten Gläubigern ein Absonderungsrecht zu. Dies sind zunächst die Gläubiger, denen eine bewegliche Sache oder ein Recht zur Sicherung eines Anspruchs übertragen worden ist, **Sicherungsübereignung** und **Sicherungsabtretung**, (§§ 51 Nr. 1 i. V. m. 50 Abs. 1). Zur Absonderung berechtigen weiterhin die **Verlängerungs- und Erweiterungsformen** des **Eigentumsvorbehalts**,[21] insbesondere die Vorausabtretung der Kaufpreisforderung aus der Weiterveräußerung unter Eigentumsvorbehalt gelieferter Ware, die vorweggenommene Übereignung des Produkts, das durch die Verarbeitung der gelieferten Sache entstehen soll, oder die Erstreckung des Eigentumsvorbehalts auf Forderungen des Veräußerers, die nicht aus dem Kaufvertrag stammen.[22] Der **einfache Eigentumsvorbehalt** gewährt dagegen einen **Aussonderungsanspruch** (§ 47) und wird jedenfalls dann nicht vom einem Insolvenzplan tangiert, wenn der Insolvenzverwalter des Käufers die Erfüllung des Vertrages bereits abgelehnt hatte. Ein Absonderungsrecht verleiht weiterhin das **Zurückbehaltungsrecht** an beweglichen Sachen wegen **nützlicher Verwendungen** (§§ 51 Nr. 2 i. V. m. 50). § 51 Nr. 3 stellt das **kaufmännische Zurückbehaltungsrecht** (§§ 369 bis 372 HGB) dem rechtsgeschäftlichen Pfandrecht gleich. Demgegenüber ist das Zurückbehaltungsrecht des § 273 BGB als persönliches Recht im Insolvenzverfahren nicht zu berücksichtigen. In § 51 Nr. 4 ist schließlich ein **Absonderungsrecht** des **Fiskus** an **zoll- und steuerpflichtigen Sachen** geregelt. In der InsO finden sich ebenso wie in anderen Gesetzen noch weitere Fälle von Absonderungsrechten (vgl. etwa § 84 Abs. 1 Satz 2, § 157 VVG). Danach lassen sich für die absonderungsberechtigten Gläubiger vier Hauptgruppen bilden: Gläubiger mit Sicherheiten am beweglichen (Anlage-)Vermögen, Gläubiger mit Sicherheiten am Vorratsvermögen, Gläubiger mit Sicherheiten an Forderungen sowie die Grundpfandgläubiger der betriebsnotwendigen und nicht betriebsnotwendigen Immobilien.

Es können auch anfechtbar erlangte Absonderungsrechte im Plan berücksichtigt werden.[23] Ist ein Absonderungsrecht umstritten, entscheidet über das Stimmrecht des absonderungsberechtigten Gläubigers das Insolvenzgericht (§ 238 Abs. 1 InsO).

§ 223 betrifft nur das Absonderungsrecht als solches, nicht aber zugleich die ihm zugrunde liegende Ausfallforderung des Gläubigers.[24]

B. Keine anderweitige Bestimmung im Plan (Abs. 1)

7   Die Rechte der absonderungsberechtigten Gläubiger werden nach der Auslegungsregel des § 223 Abs. 1 nur dann nicht vom Plan betroffen, wenn er für diese Gläubiger

---

[21] Vgl. zur Absonderung bei einem Kontokorrentvorbehalt BGH NJW 1971, 799; *Serick*, Band V, § 68 IV 1 S. 712 ff.; *ders.* BB 1978, 1477, 1484 ff.; *Kuhn/Uhlenbruck* KO § 43 RdNr. 43 c; *Jaeger/Henckel* KO § 17 RdNr. 61.
[22] Eingehend hierzu *Obermüller*, Insolvenzrecht in der Bankpraxis, RdNr. 6.360 ff.
[23] *Uhlenbruck/Lüer* § 223 RdNr. 3; *Nerlich/Römermann/Braun* § 223 RdNr. 3.
[24] *Uhlenbruck/Lüer* § 223 RdNr. 4.

entweder eine Regelung nicht vorsieht oder aber die Rechte, in die eingegriffen werden soll, nicht hinreichend genau bezeichnet sind (§ 223 Abs. 2). In diesen Fällen sind die absonderungsberechtigten Gläubiger befugt, nach den gesetzlichen Regelungen Befriedigung aus den Gegenständen zu suchen. Mobilien, die sich im Besitz des Insolvenzverwalters befinden, unterliegen mit Verfahrenseröffnung einem automatisierten Verwertungsstoppp durch andere Personen (§ 166 Abs. 1). Das Nutzungs- und Verwertungsrecht geht auf den Insolvenzverwalter über (§ 50 i. V. m. §§ 166 ff., §§ 170 ff.). Den berechtigten Gläubigern steht jedoch ein Vorschlagsrecht für eine Alternativverwertung zu. Folgt der Insolvenzverwalter dem Vorschlag nicht, muss er den Berechtigten so stellen, als sei dieser Vorschlag realisiert worden (§ 168 Abs. 2). Nach einer Verwertung hat der Insolvenzverwalter den Verwertungserlös unter Abzug der Feststellungs- und Verwertungskosten (§§ 170 f.) an die absonderungsberechtigten Gläubiger abzuführen (§ 170 Abs. 1 Satz 2).

I. Abgesonderte Befriedigung aus unbeweglichen Gegenständen gem. § 49

Auch nach Eröffnung des Insolvenzverfahrens ist ein **Immobiliarsicherungsgläubiger** 8 befugt, das **Zwangsversteigerungs-** und/oder **Zwangsverwaltungsverfahren** zu betreiben (§ 49). Dem Insolvenzverwalter werden jedoch in den §§ 30 d ff., 153 b ff. ZVG idF von Art. 20 EGInsO weitgehende Möglichkeiten eingeräumt, die **einstweilige Einstellung** der Zwangsversteigerung bzw. Zwangsverwaltung zu beantragen. Die Eröffnung des Insolvenzverfahrens führt nicht zu einer Unterbrechung eines anhängigen Zwangsversteigerungsverfahrens gemäß § 240 ZPO. Gläubiger, die auf Grund eines persönlichen Schuldtitels die Zwangsversteigerung betreiben, können das Verfahren indes nur fortsetzen, wenn die Beschlagnahme wirksam geworden ist, d. h. der Beschluss über die Anordnung der Zwangsversteigerung dem Schuldner schon vor Eröffnung des Insolvenzverfahrens zugestellt oder der Versteigerungsvermerk im Grundbuch eingetragen worden war. Sobald also der ungesicherte Gläubiger die Anordnung der Zwangsversteigerung erwirkt hat (§§ 10 Abs. 1 Nr. 5, 11 Abs. 2 ZVG), steht ihm ein Recht auf Befriedigung aus dem Grundstück zu; er ist ohne Umschreibung des Schuldtitels gegen den Insolvenzverwalter zur abgesonderten Befriedigung aus dem Grundstück „nach Maßgabe des Gesetzes über die Zwangsversteigerung und Zwangsverwaltung" berechtigt (§ 49). Zu beachten ist allerdings die Rückschlagsperre des § 88.

II. Abgesonderte Befriedigung der Pfandgläubiger gem. § 50

Gläubiger von Mobiliarpfandrechten sind nach Maßgabe der §§ 166 bis 173 für Haupt- 9 forderung, Zinsen und Kosten zur abgesonderten Befriedigung aus dem Pfandgegenstand berechtigt. Die Verwertung eines Fahrnispfandrechts erfolgt grundsätzlich im Wege der öffentlichen Versteigerung (§ 1235 BGB). Hat das Pfand einen Börsen- oder Marktpreis, darf ein öffentlich ermächtigter Handelsmäkler oder eine zur öffentlichen Versteigerung befugte Person die Sache verwerten (§§ 1235 Abs. 2, 1221 BGB). Unter den Voraussetzungen des § 1245 BGB sind hiervon abweichende Vereinbarungen zulässig.

Der **Insolvenzverwalter** darf eine bewegliche Sache, an der ein Absonderungsrecht 10 besteht, **freihändig** verwerten, wenn er die Sache im **Besitz** hat (§ 166 Abs. 1). Da ein **vertragliches Pfandrecht** auf Grund des strengen Traditionsprinzips nach § 1205 BGB nur durch den Besitzübergang auf den gesicherten Gläubiger begründet werden kann, ist es von der **Verwertung** durch den Insolvenzverwalter **ausgeschlossen**. Der Verwalter hat allerdings die Möglichkeit, dem gesicherten Gläubiger gem. § 173 Abs. 2 eine **Frist zur Verwertung** setzen zu lassen; nach Fristablauf ist der Verwalter zur Verwertung berechtigt. Da sich ein Gläubiger bei einer Verpfändung von Anlagegütern den unmittelbaren Besitz an der Sache verschaffen müsste, ist diese Sicherungsart nicht weit verbreitet. Gegenstände, die ein Schuldner als Pfand weggegeben hat, werden offensichtlich im Geschäftsbetrieb nicht benötigt und dürften damit auch für eine Sanierung im Rahmen eines Insolvenzplanverfahrens ohne Bedeutung sein.[25] Vor Verwertung einer mit einem Pfändungspfandrecht absonderungsbelasteten Sache muss die **öffentlich-rechtliche Verstrickung** zuvor durch das Vollstreckungsorgan **aufgehoben** werden, damit der Insolvenzverwalter zu einer rechtsmängelfreien Verwertung schreiten kann.[26]

III. Sonstige Absonderungsberechtigte gem. § 51

11   Neben dem **Eigentumsvorbehalt** ist die **Sicherungsübereignung** (§ 51 Nr. 1) die typische Form der Mobiliarsicherheit an Gegenständen des **Anlagevermögens**. Kraft der Sicherungsvereinbarung ist der Sicherungsnehmer im Regelfall zum freien Verkauf des Sicherungsgutes befugt. Dabei hat er auf die Belange des Schuldners in der Weise Rücksicht zu nehmen, dass die Verwertung so schonend wie möglich durchgeführt und das Sicherungsgut möglichst günstig veräußert wird. Liegen dem Sicherungsübereignungsvertrag Allgemeine Geschäftsbedingungen zugrunde, sehen diese in aller Regel auch vor, auf welche Weise die Verwertung des Sicherungsgutes zu erfolgen hat. Üblicherweise darf der Sicherungsnehmer die Sicherheit ohne ein gerichtliches Verfahren verwerten, wenn der Schuldner die Verbindlichkeit nicht erfüllt oder wenn er mit der Bestellung oder Verstärkung von Sicherheiten in Verzug gerät. Im Insolvenzverfahren steht das **Recht** auf **Verwertung** von beweglichen Sachen, die der Schuldner sicherungsübereignet hat, ausschließlich dem **Insolvenzverwalter** zu, welcher sie in **Besitz** hat (§ 166 Abs. 1). Die Regelung bezweckt den Erhalt der wirtschaftlichen Einheit des schuldnerischen Unternehmens im Interesse einer besseren Gesamtverwertung.[27] Der **Gläubiger** hat vor Verwertung durch den Insolvenzverwalter kein förmliches Eintrittsrecht, sondern lediglich ein **Vorschlagsrecht** für eine **Alternativverwertung** (§ 168 Abs. 2) sowie einen Anspruch auf **Auskunftserteilung** (§ 167 Abs. 1).

12   § 166 Abs. 2 erstreckt die Verwertungsbefugnis des Insolvenzverwalters auch auf **Forderungen,** die der Schuldner zur **Sicherung** eines Anspruchs **abgetreten** hat, wobei es – anders als nach § 191 des RegE[28] – keine Rolle spielt, ob die Forderungszession bereits gegenüber dem Drittschuldner **notifiziert** wurde. Hier stellt sich die Frage, ob der Verwalter auch bei einer verpfändeten Forderung verwertungsbefugt ist, die nach § 1280 BGB die Notifikation an den Drittschuldner voraussetzt. Der Rechtsausschuss hat Abgrenzungsfragen ausdrücklich der Rechtsprechung überlassen.[29] Mangels bestehender Wertungsdivergenzen erscheint eine Gleichbehandlung mit zedierten Forderungen sachgerecht.[30]

13   Den Absonderungsberechtigten **gleichgestellt** sind **Gläubiger,** denen ein **Zurückbehaltungsrecht** wegen **nützlicher Verwendungen** oder aber das **handelsrechtliche Zurückbehaltungsrecht** zusteht sowie dasjenige des **Fiskus** an **zoll- und steuerpflichtigen** Sachen.

IV. Ausnahme für die absonderungsberechtigte Teilnehmer aus Zahlungs- sowie Wertpapierliefer- und -abrechnungssystemen (Abs. 1 Satz 2)

14   Die Vorschrift setzt Art. 3 Abs. 1 der **Richtlinie 98/26(EG)** über die Wirksamkeit **von Abrechnungen in Zahlungs- sowie Wertpapierliefer- und -abrechnungssystemen** um, die ihre Teilnehmer für den Fall schützen soll, dass einer von ihnen insolvent wird. Dessen wirtschaftlicher Zusammenbruch soll im Hinblick auf die bestehende internationale

---

[25] Vgl. *Henckel* ZIP 1980, 2.
[26] Nach der Begründung zu § 191 RegE BT-Drucks. 12/2443 S. 178 hat der Gerichtsvollzieher die Handlungen vorzunehmen, die zur Beseitigung der Verstrickung erforderlich sind, also insbesondere das Pfandsiegel zu entfernen.
[27] Begr. zu § 191 RegE. BR-Drucks. 1/92 S. 178.
[28] BT-Drucks. 12/2443 S. 39.
[29] Beschl.-Empfehlung und Bericht des RechtsA zu § 191 Abs. 2 RegE BT-Drucks. 12/7302 S. 71, 176.
[30] So wie hier *Marotzke* ZZP (109. Band) 1996, 429, 449 f.; *Nerlich/Römermann/Becker* § 166 RdNr. 35; aA BGH NJW 2002, 3475; LG Tübingen NJW RR 2001, 1344.

Verflechtung der Kreditinstitute nicht die Insolvenz anderer Teilnehmer nach sich ziehen. Eine der hierfür vorgesehenen Maßnahmen ist,[31] dass die Möglichkeit, durch Aufstellung eines Insolvenzplans in zur Absonderung berechtigenden Sicherheiten von Systemteilnehmern oder Zentalbanken einzugreifen, ausgeschlossen wird. Damit werden sie einer möglicherweise langwierigen – wenngleich uU wirtschaftlich sinnvolleren – Planlösung entzogen und die Voraussetzungen für eine **zügige Realisierung** der gestellten **Sicherheiten**, verbunden mit einem raschen **Liquiditätszufluss**, geschaffen.

Nach Art. 2 Buchstabe m der Richtlinie sind **Sicherheiten** jeder verwertbare Gegenstand, der zur Besicherung von Rechten und Verbindlichkeiten, die sich in Verbindung mit einem System ergeben können, als Pfand, im Rahmen einer Rückkaufvereinbarung, einer vergleichbaren Vereinbarung oder in anderer Weise bereitgestellt wird.

C. Abweichende Regelung im Plan (Abs. 2)

Eingriffe in die Rechtsstellung der absonderungsberechtigten Gläubiger wird ein Insolvenzplan vor allem dann vorsehen, wenn diese im Vorfeld ihre Zustimmung hierzu signalisieren oder wenn deren Verluste durch den Plan selbst ausgeglichen werden können. Hier gewinnen vor allem die vorbereiteten Pläne (**"prepackaged plans"**),[32] die mit dem Antrag auf Eröffnung des Insolvenzverfahrens vom Schuldner bzw. dem schuldnerischen Unternehmen eingereicht werden (vgl. § 218 Abs. 1 Satz 2), Bedeutung. "Prepackaged plans" sind alle Planvarianten, die **vor Einleitung eines Insolvenzverfahrens,** sei es auf Initiative des schuldnerischen Unternehmens, sei es auf Grund Initiative von Hauptgläubigern, zwischen Insolvenzgläubigern und/oder vor allem mit absonderungsberechtigten Gläubigern vereinbart werden.

In diesem Zusammenhang werden vor allem Kreditinstitute als hauptabsonderungsberechtigte Gläubiger zu berücksichtigen haben, dass ein Insolvenzplan, der u. a. die Gewährung von Krediten (§ 264 Abs. 1) zum Zwecke der Sanierung des Schuldnerunternehmens vorsieht, Vorteile in sich bergen kann. Zum einen kann bei einer Fortführung des Unternehmens die Geschäftsbeziehung zum Schuldner aufrecht erhalten bleiben. Zum anderen können mögliche Streitigkeiten zwischen Sicherungsgläubigern und dem Insolvenzverwalter über die Art und Weise der Verwertung und den anteiligen Verwertungserlös vermieden werden. Schließlich entgeht der Gläubiger den mit einem eigenständigen Sanierungsversuch des schuldnerischen Unternehmens verbundenen weitgehenden Haftungs- und Verlustrisiken.[33]

I. Verzicht (Kürzung)

Der den absonderungsberechtigten Gläubiger am stärksten belastende Eingriff ist die Kürzung seines Sicherungsrechts, d. h. der (teilweise) Verzicht auf dieses Recht. Während der Kommissionsbericht einen Verzicht nur bis zu 50% bei Zustimmung der Gruppe der Betroffenen vorgesehen hatte, gibt es in der nunmehr gültigen Gesetzesfassung keine feste Grenze für Eingriffe in Sicherungsrechte. Der Verzicht besteht in der endgültigen und vorbehaltlosen Aufgabe des den Absonderungsanspruch begründenden Rechts. Er kann aufschiebend und/oder auflösend bedingt, für den ganzen Umfang der Forderung oder auch nur für einen Teil erklärt werden.[34] In Betracht kommt auch ein Verzicht auf einzelne Zugriffsgegenstände, wie z. B. bei einer Sicherungsübereignung von Sachgesamtheiten. Soweit das Gesetz eine Form vorsieht, muss diese gewahrt sein. Für einen Verzicht auf eine Hypothek gelten die §§ 1168, 1175, 1178, 1183, 875 BGB. Auf die Grundschuld findet die

---

[31] Vgl. im Übrigen die Änderungen in § 96 Abs. 2, § 147 Abs. 1 und § 166 Abs. 2 S. 2.
[32] Vgl. hierzu *Braun/Uhlenbruck*, Unternehmensinsolvenz, S. 566.
[33] Eingehend dazu *Ebbing* KTS 1996, 327, 347 ff.
[34] *Kuhn/Uhlenbruck* KO § 64 RdNr. 12 mwN.

Bestimmung des § 1192 BGB und auf die Rentenschuld die Vorschrift des § 1199 BGB Anwendung. Den Verzicht auf das Pfandrecht an einer beweglichen Sache regeln die §§ 1253, 1255, 1257 BGB und auf das Pfandrecht an Rechten die §§ 1276, 1293 BGB. § 228 sieht ausdrücklich vor, dass die Beteiligten die **Änderung sachenrechtlicher Verhältnisse** zum Gegenstand des Insolvenzplans machen können, so etwa auch die Auflassung bei Grundstücksübertragungen auf eine Auffanggesellschaft. Die Festlegung im Plan ersetzt dann die notarielle Form (§ 925 Abs. 1 Satz 3 BGB nF). Die rechtskräftig bestätigten erforderlichen Willenserklärungen, wie z. B. die Verzichtserklärung oder die Eintragungsbewilligung des Gläubigers, sind im gestaltenden Teil des Plans aufzunehmen. Die rechtskräftige Bestätigung des Plans durch das Insolvenzgericht hat dann die Wirkung, dass diese Erklärungen als abgegeben gelten, auch in Bezug auf die Beteiligten, die dem Plan nicht zugestimmt haben (§ 254 Abs. 1 Satz 2 und 3). Der **Gegenstand** der **Absonderung** wird, soweit der Verzicht reicht, für die Masse **frei**. Konstitutive Puplizitätsakte wie die Übertragung des Besitzes an einer Sache, wie sie etwa zur Bestellung eines Pfandrechts erforderlich ist (§ 1205 BGB), oder die Eintragung einer Rechtsänderung im Grundbuch als Voraussetzung für das Wirksamwerden der Rechtsänderung, können jedoch durch den Insolvenzplan nicht ersetzt werden.[35] Der (teilweise) Verzicht auf eine Hypothek oder Grundschuld wird demnach erst mit der Eintragung im Grundbuch wirksam (§§ 1168 Abs. 1, 2 Satz 1, 1192 Abs. 1 BGB). Der wirksam gewordene **Verzicht** ist **unwiderruflich**[36] und bleibt auch nach **Aufhebung** des Insolvenzverfahrens gem. § 258 **verbindlich**. Durch Vorlage einer Ausfertigung des gerichtlichen Bestätigungsbeschlusses und des Insolvenzplans kann der nach § 29 GBO erforderliche Nachweis vom Schuldner gegenüber dem Grundbuchamt geführt werden. Aufgrund des Verzichts auf sein Absonderungsrecht erhält der absonderungsberechtigte Gläubiger, dem der Schuldner auch persönlich haftet, die Befugnis, die Forderung als **Insolvenzforderung** geltend zu machen (§§ 52, 190). Er erhält nach § 237 Abs. 1 Satz 2 als Insolvenzgläubiger ein Stimmrecht im Erörterungs- und Abstimmungstermin (§ 235). Verzichtet der Absonderungsberechtigte, der zugleich persönlicher Gläubiger des Schuldners ist, auf die Forderung, berührt dies das Absonderungsrecht nur dann, wenn der verbleibende, nicht verzichtete Rest der Forderung kleiner ist als der Wert des Absonderungsrechts.[37]

II. Stundung

19   Im Falle der Fortführung des schuldnerischen Unternehmens kann sich das **Hinausschieben der Verwertung** einer Sicherheit für absonderungsberechtigte Gläubiger als ein sinnvoller Beitrag zur Masseerhöhung darstellen. Dies gilt im besonderen Maße für die oftmals hauptabsonderungsberechtigten Kreditinstitute, da dieser Sanierungsbeitrag ihnen nur ein geringes Opfer abverlangt und sie ihrer Sicherheit nicht verlustig gehen,[38] da mit der Stundungsabrede lediglich die Fälligkeit der Forderung und damit das materiell rechtliche **Befriedigungsrecht** aus dem Sicherungsgut **hinausgeschoben** wird. Da die Stundung nur der Überbrückung von Liquiditätsschwierigkeiten dient und eine bestehende Schuld nicht beseitigt, kommt sie nur im Zusammenhang mit anderen Sanierungsbeiträgen in Betracht.

III. Sonstige Vereinbarungen

20   **1. Austausch von Sicherheiten.** Im gestaltenden Teil des Insolvenzplans kann vorgesehen werden, dass die Sicherungsrechte der absonderungsberechtigten Gläubiger durch **neue Sicherheiten** ersetzt werden. § 266 Abs. 3 RegE sah für diese Fälle vor, dass sowohl die bisherigen als auch die neuen Sicherungen zu **bewerten** sind, die Bewertung durch das

---

[35] Vgl. die Begr. zu § 301 RegE BR-Drucks. 1/92 S. 212, 213.
[36] Vgl. RGZ 64, 425, 427 ff.
[37] Vgl. *Uhlenbruck/Lüer* § 223 RdNr. 10; *Kübler/Prütting/Otte* § 223 RdNr. 8.
[38] *K. Schmidt/Uhlenbruck/Wittig* RdNr. 500.

Gutachten eines **Sachverständigen** oder in einer anderen geeigneten Weise **glaubhaft** zu machen ist. Die Vorschrift wurde auf Beschlussempfehlung des Rechtsausschusses zur redaktionellen Straffung gestrichen.[39] Das bedeutet jedoch nicht, dass von derartigen Bewertungsangaben abzusehen ist, da die Wahrung der wirtschaftlichen Interessen der einzelnen Gläubiger entscheidend davon abhängt, wie die bisherigen und neuen Sicherheiten zu bewerten sind. Die **Glaubhaftmachung** der **Bewertung** kann entsprechend dem RegE durch einen **Sachverständigen** erfolgen. Haben die Sicherheiten einen unschwer zu ermittelnden **Marktwert,** kann regelmäßig auf die Einholung eines Bewertungsgutachtens verzichtet werden. Entsprechendes gilt, wenn offensichtlich ist, dass der Wert der **Ersatzsicherheit** die **Höhe** der gesicherten Forderungen **übersteigt.** Nimmt ein abgesonderberechtigter Gläubiger den **Minderheitenschutz** nach § 251 in Anspruch, hat das Gericht durch die Glaubhaftmachung der Bewertung eine erste Grundlage für die Entscheidung, ob der Gläubiger durch den Austausch der Sicherheiten im Rahmen des Plans schlechter gestellt wird, als er bei einer Verwertung der bisherigen Sicherheiten ohne einen Plan stünde.[40]

Durch den Austausch der Sicherheiten **verzichtet** der **Gläubiger** auf sein **Absonderungsrecht** und es wird ein neues, nicht unbedingt absonderungsfähiges Sicherungsrecht, etwa eine Bürgschaft, begründet. Die hierfür erforderlichen Willenserklärungen sind im gestaltenden Teil des Plans aufzunehmen, wobei hinsichtlich der dinglichen Rechtsänderungen die Vorschrift des § 228 über die Änderung sachenrechtlicher Verhältnisse Anwendung findet.

2. Ersetzung durch eine andere Art bevorzugter Behandlung. Denkbar ist auch, dass die bisherigen **Sicherheiten** nicht gegen neue Sicherheiten ausgetauscht, sondern durch eine andere Art bevorzugter Behandlung **ersetzt** werden. So kann der Plan etwa vorsehen, dass die absonderungsberechtigten Gläubiger gegen einen Verzicht auf ihre Sicherheiten jeweils einen bestimmten Betrag vom Hundertsatz der gesicherten Forderung ausgezahlt erhalten sollen. Auch hier ist zur Wahrung der wirtschaftlichen Interessen der betroffenen Gläubiger die Bewertung der bisherigen Sicherheiten glaubhaft zu machen.

3. Poolbildung. Da nicht selten eine Konkurrenz zwischen Kreditinstituten und Lieferanten hinsichtlich der „Weiterverkaufsforderung" sowie zwischen „Herstellerklausel" und antizipierter (Teil-)Sicherungsübereignung besteht, kann es sinnvoll sein, dass im gestaltenden Teil des Insolvenzplans die Bildung einer **Verwertungsgemeinschaft** der **absonderungsberechtigten Gläubiger (Pool)** vorgesehen wird, in welche diese ihre Rechte einbringen. Die Bildung eines derartigen Sicherheitenpools dient dem Zweck, zwischen den Beteiligten Beweis- und Abgrenzungsschwierigkeiten der verschiedenen Sicherungsrechte zu beseitigen. Der Rechtsform nach handelt es sich um eine Gesellschaft Bürgerlichen Rechts[41] oder eine unechte Treuhand.[42] Die Poolmitglieder können in der Poolvereinbarung alle für die Poolabwicklung relevanten Umstände (Geschäftsführung, Vertretung, sonstige Organe, Verteilung des Vermögens etc.) regeln.

Zwar steht das Verwertungsrecht an absonderungsbefangenen Gegenständen regelmäßig dem Insolvenzverwalter zu (§ 166), so dass die Disponibilität der Sicherungseigentümer hierüber ausgeschlossen ist.[43] Allerdings bleibt es den absonderungsberechtigten Gläubigern unbenommen, nicht das Absonderungsgut, sondern ihre **Absonderungsrechte** in den **Sicherheiten-Pool** als Verwertungspool **einzubringen** mit der Folge, dass entweder das Absonderungsrecht gegenüber dem Insolvenzverwalter durch einen Treuhänder geltend gemacht wird, oder aber dem **Verwalter** eine **günstigere Verwertungsmöglichkeit** nach § 168 Abs. 1 S. 2, Abs. 3 **angeboten** wird. In letzterem Fall kann es der Pool erreichen, dass ihm die Verwertungsbefugnis zukommt. In der Regel genügt dabei das Angebot an den

---

[39] Vgl. die Beschl.-Empfehlung und Bericht des RechtsA zu § 266 RegE BT-Drucks. 12/7302 S. 98, 182.
[40] Begr. zu § 266 RegE BR-Drucks. 1/92 S. 200.
[41] BGH WM 1988, 1784, 1785; *Hess* KO § 4 RdNr. 14.
[42] *Hess* KO § 4 RdNr. 14.
[43] *Smid,* WM 1999, 1141, 1149.

Insolvenzverwalter, auf Kosten des Pools die **Verwertung** des Sicherungsguts zu übernehmen und den **Verfahrenskostenbeitrag** an ihn abzuführen.[44]

25 Der Pool selbst wird in aller Regel von einem **Treuhänder** geführt oder verwaltet. Nach Abzug der Kosten für die Poolabwicklung kehrt der Treuhänder entsprechend dem Plan bewirkte Zahlungen an die Poolmitglieder aus.

26 Denkbar ist auch die treuhänderische Übertragung von Grundpfandrechten. Ist z. B. Planinhalt, dass ein mit Grundpfandrechten gesicherter Gläubiger mit einem bestimmten Prozentsatz auf seine Forderung verzichtet, die Grundschuld somit in dieser Höhe nicht mehr valutiert, so kann diese insgesamt auf den Treuhänder übertragen werden, der sie erstrangig im Sicherungsfalle zu Gunsten des bisherigen Gläubigers im Umfang seiner nach Planbestätigung reduzierten Forderungen hält. Der durch den Forderungsverzicht frei werdende Teil kann dann nachrangig für neue Kreditgeber oder sonstige Planbegünstigte erhalten werden.[45]

27 **4. Umwandlung von Sicherungsrechten in Eigenkapital.** Als weiterer Sanierungsbeitrag der absonderungsberechtigten Gläubiger in einem Insolvenzplan kommt die **Umwandlung** ihrer **Sicherheiten** am **beweglichen** und **unbeweglichen Vermögen** des schuldnerischen Unternehmens in Eigenkapital in Betracht. Dabei realisiert der Planberechtigte im ersten Schritt seine Forderung durch Geltendmachung seines Sicherungsrechtes und verrechnet den Wert an **Erfüllung Statt** mit seiner Forderung (§ 364 Abs. 1 BGB). In Höhe der Verrechnung mindert sich zunächst das Aktiv- und Passivvermögen des schuldnerischen Unternehmens. In einem zweiten Schritt übernimmt der Gläubiger im Wege einer **Kapitalerhöhung** eine **Stammeinlage** mit der Verpflichtung, das ursprüngliche Sicherungsgut als **Sacheinlage** in das Unternehmen einzubringen, dessen Aktivvermögen sich dadurch entsprechend erhöht. Der Gläubiger wird in Höhe seines Absonderungsrechts (Mit-)Gesellschafter des fortzuführenden Unternehmens, in Höhe seiner nicht gesicherten Forderung bleibt er Insolvenzgläubiger.[46]

28 Als weiterer denkbarer Sanierungsbeitrag kommt die **Umwandlung** von **Sicherheiten** an **Forderungen** (Sicherungsabtretung) in **Eigenkapital** in Frage. Forderungen gegen Dritte mit einem feststellbaren wirtschaftlichen Wert taugen grundsätzlich als Sacheinlage, wenn ihre Abtretung nicht durch Gesetz (§§ 399, 400 BGB) oder Vereinbarung mit dem Schuldner ausgeschlossen ist.[47] Allerdings ist ihre **Bewertung** und damit die Bestimmung des Wertes der Sacheinlage oftmals **problematisch** und hat grundsätzlich nach dem **Vorsichtsprinzip** zu erfolgen.[48] Die danach mögliche Beteiligung der absonderungsberechtigten Gläubiger am schuldnerischen Unternehmen bedarf allerdings der **Mitwirkung** durch die **Altgesellschafter** in Form der Fassung eines entsprechenden **Fortsetzungs-** und **Kapitalherab-** bzw. **Erhöhungsbeschlusses.** So sieht § 80 Abs. 1 lediglich vor, dass mit der Eröffnung des Insolvenzverfahrens die Verwaltungs- und Verfügungsbefugnis über das zur Insolvenzmasse gehörige Vermögen auf den Insolvenzverwalter übergeht. Damit erhält der Verwalter indes nicht die Befugnis, in die Rechtsstellung des Schuldners bzw. in diejenige der am schuldnerischen Unternehmen beteiligten Personen einzugreifen. Da der Gesetzgeber davon abgesehen hat, auch die Gesellschafterebene den Planregelungen zu unterwerfen, können sie auch nicht Objekt eines Planeingriffes sein. So sieht § 230 lediglich vor, dass bei Entscheidungen im gesellschaftsrechtlichen Bereich, wenn der Plan nicht vom Geschäftsführer vorgelegt wird, die entsprechenden Erklärungen der Gesellschafter als Anlage beigefügt sein müssen. Das bedeutet, dass Weisungsrechte der Gesellschafterversammlung und des Aufsichtsrates insoweit bestehen bleiben, als dieser Regelungsbereich nicht als Verdrängungsbereich die vermögensrechtlichen Positionen der Gesellschaft betrifft, die vom

---

[44] *Uhlenbruck* § 51 RdNr. 67.
[45] *Braun/Uhlenbruck,* Unternehmensinsolvenz, S. 588, 589.
[46] Vgl. das Beispiel bei *Braun/Uhlenbruck,* Unternehmensinsolvenz, S. 586 f.
[47] Herrschende Meinung; vgl. nur *Scholz/Winter* GmbHG, § 5 RdNr. 47; *Heinrich* in: Münchener Handbuch des Gesellschaftsrechts, Band 3, § 9 RdNr. 15 jeweils mwN.
[48] Vgl. *Scholz/Winter* GmbHG § 5 RdNr. 57.

Insolvenzverwalter wahrgenommen werden. Die Kompetenz zur Änderung der rechtlichen Verhältnisse des Unternehmensträgers nach dem Handels- und Gesellschaftsrecht verbleibt bei diesem auch nach Eröffnung des Insolvenzverfahrens, da das Insolvenzrecht nicht die verbandsrechtliche Organisationsgewalt zum Gegenstand hat, sondern der Verwirklichung der schuldnerischen Vermögenshaftung dient.[49] Deshalb können Gesellschafter in einem Insolvenzplan nicht gezwungen werden, etwa ihren Geschäftsanteil völlig aufzugeben oder eintrittswillige Dritte mit neuem Kapital wirtschaften zu lassen. Besonders deutlich zutage tritt dieser Manko, wenn Insolvenzgläubiger das Rechtskleid der Unternehmung benötigen, um den Betrieb oder einen Teilbereich fortzuführen.

5. Zinsverzicht. Nach § 166 Abs. 1 darf der Insolvenzverwalter eine bewegliche Sache, an der ein Absonderungsrecht besteht, freihändig verwerten, wenn er die Sache in seinem Besitz hat. § 169 Satz 1 soll sicherstellen, dass sich diese Befugnis nicht zum Schaden des absonderungsberechtigten Gläubigers auswirkt. So sieht diese Vorschrift vom **Berichtstermin** an eine **Zinszahlungspflicht** des **Insolvenzverwalters** aus der Insolvenzmasse vor.[50] Soweit bereits eine Anordnung nach § 21 vorangegangen ist, beginnt die Zinszahlungspflicht spätestens von dem Zeitpunkt an, der drei Monate nach dieser Anordnung liegt (§ 169 Satz 2). Die Höhe der an den absonderungsberechtigten Gläubiger zu leistenden Zinsen richtet sich nach dem Rechtsverhältnis mit dem Schuldner. Rechtsgrundlage kann daher entweder eine vertraglich vereinbarte oder aber eine gesetzliche Bestimmung wie z. B. § 288 BGB oder § 352 HGB sein.

Als Sanierungsbeitrag der absonderungsberechtigten Gläubiger eignet sich entweder ein **Verzicht** auf die gemäß § 169 geschuldeten Zinsen oder aber die **Herabsetzung** und/oder **Stundung** des Zinssatzes, weil hierdurch die Masse uU spürbar entlastet wird. Etwas anderes gilt indes dann, wenn nach der Höhe der Forderung sowie dem Wert und der sonstigen Belastung nicht mit einer Befriedigung des Gläubigers aus dem Verwertungserlös zu rechnen ist (§ 169 Satz 3).

6. Verzicht auf den Ausgleich des Wertverlustes. Zu einer erheblichen Belastung der Insolvenzmasse kann die Verpflichtung zu **Ausgleichszahlungen** an die absonderungsberechtigte Gläubiger nach § 172 Abs. 1 Satz 1 führen. Danach ist der Insolvenzverwalter zwar berechtigt, bewegliche Sachen, die er in seinem Besitz hat, trotz des Bestehens von Absonderungsrechten für die Insolvenzmasse zu nutzen. Eine solche Verwendung kommt vor allem im Falle der Fortführung des schuldnerischen Unternehmens durch den Insolvenzverwalter in Betracht. Der durch die **Nutzung** entstehende **Wertverlust** soll von der Eröffnung des Verfahrens an durch **laufende Zahlungen** an den **Gläubiger** ausgeglichen werden.[51]

Als Sanierungsbeitrag der absonderungsberechtigten Gläubiger kommt auch hier entweder der **Verzicht** auf die Ausgleichszahlung oder aber deren **Herabsetzung** und/oder **Stundung** in Betracht.

7. Freigabe. Im Insolvenzplan kann geregelt werden, dass der Verwalter den absonderungsbefangenen Gegenstand durch **Ausgleich** der gesicherten Forderung **auslöst.** Dies ist vor allem dann angezeigt, wenn der Verwalter auf den Sicherungsgegenstand für die Fortführung des Unternehmens angewiesen ist. In diesem Fall hat der **Gläubiger** die ihm gewährte **Sicherheit** an die Insolvenzmasse **freizugeben.**

Weiterhin kann der gestaltende Teil des Plans auch eine **Verpflichtung** des absonderungsberechtigten Gläubigers enthalten, sein **Sicherungsgut** im Interesse einer erfolgreichen Plandurchführung und Sanierung **aufzugeben.**

Wenn die Verwertung eines überlasteten Gegenstandes durch den Insolvenzverwalter ein positives Ergebnis für die Masse nicht erwarten lässt und auch der absonderungsberechtigte

---

[49] Hess/Weis, InVo 1996, 169.
[50] Seuffert ZIP 1986, 1157, 111 hält im Hinblick auf Art. 14 Abs. 1 GG einen Zinsstoppp für gesicherte Gläubiger für verfassungswidrig.
[51] Wer die Wertfestsetzung vorzunehmen hat, lässt das Gesetz allerdings offen.

§ 224

Gläubiger von seinem Eintrittsrecht nach § 168 Abs. 3 Satz 1, Abs. 1 Satz 2 keinen Gebrauch macht, bietet sich schließlich eine detaillierte Regelung zu Inhalt und Verfahren der **Freigabe** in einem Insolvenzplan an.

D. Bestimmtheitsgrundsatz (Abs. 2)

35 Sieht der Insolvenzplan eine abweichende Bestimmung für die absonderungsberechtigten Gläubiger vor, ist auf Grund des sachenrechtlichen Bestimmtheitsgrundsatzes im gestaltenden Teil exakt anzugeben, um welche Bruchteile die Rechte gekürzt, für welchen Zeitraum sie gestundet oder welchen sonstigen Regelungen sie unterworfen sein sollen. Dabei ist die Vorschrift über die Änderung sachenrechtlicher Verhältnisse zu beachten (§ 228). Im gestaltenden Teil ist daher anzugeben, um welchen Bruchteil das Sicherungsrecht gekürzt, in welcher Höhe und bis zu welchem Zeitpunkt die gesicherte Forderung gestundet oder in welch sonstiger Weise in die Rechte der Absonderungsberechtigten eingegriffen werden soll.

§ 224 Rechte der Insolvenzgläubiger

Für die nicht nachrangigen Gläubiger ist im gestaltenden Teil des Insolvenzplans anzugeben, um welchen Bruchteil die Forderungen gekürzt, für welchen Zeitraum sie gestundet, wie sie gesichert oder welchen sonstigen Regelungen sie unterworfen werden sollen.

Übersicht

	RdNr.		RdNr.
I. Grundsätzliches	1	4. Sonstige Regelungen	12
II. Anwendungsbereich	2	a) Forderungsverzicht mit Besserungsschein	12
III. Inhalt des gestaltenden Teils des Plans	3	b) Rangrücktritt	13
1. Kürzung der Forderungen	4	c) Umwandlung von Forderungen in Eigenkapital	14
2. Stundung der Forderungen	7	5. Bestimmtheitsgrundsatz	17
3. Sicherung der Forderungen	11		

I. Grundsätzliches

1 Die nicht nachrangigen Insolvenzgläubiger, denen weder ein Absonderungs- noch ein Aussonderungsrecht zusteht, werden wegen der geringen Befriedigungsaussichten in einem Insolvenzplanverfahren regelmäßig an einer Sanierung des Unternehmens interessiert sein. Im Falle eines Sanierungsplans werden sie deshalb eher zu einem Entgegenkommen gegenüber dem Schuldner oder einem Erwerber des Unternehmens bereit sein. Dabei dürfte das Ausmaß ihres Entgegenkommens von der Quote abhängig sein, die sie im Insolvenzverfahren zu erwarten haben. Das Interesse an einer Fortsetzung der Geschäftsbeziehungen zum Schuldner dürfte vor allem bei seinen Geschäftspartnern vorhanden sein. Diese für eine außergerichtliche Sanierung des Schuldners maßgebenden Umstände verlieren bei der Erstellung eines Insolvenzplans ihre Bedeutung. Die **Gestaltung** der **Rechte** der **nicht nachrangigen Insolvenzgläubiger** ist im Regelfall **Hauptgegenstand** des gestaltenden Teils des Plans. Wie bei jeder Gläubigergruppe, deren Rechte durch den Plan Beschränkungen erfahren, hat der Planaufsteller auch hinsichtlich der Gruppe der nicht nachrangigen Insolvenzgläubiger (§ 222 Abs. 1 Nr. 2) die Akzeptchancen einzuschätzen, will er einen mehrheitsfähigen Plan vorlegen. Diese haben sich primär an den Regelungen der §§ 245, 251 zu orientieren. Mindestquoten sind allerdings, wie auch bei § 223, nicht vorgesehen.

II. Anwendungsbereich

Die Vorschrift betrifft die **persönlichen Gläubiger,** die zurzeit der Eröffnung des Insolvenzverfahrens einen begründeten **Vermögensanspruch** gegen den Schuldner haben (§ 38). Nicht erforderlich ist, dass die Ansprüche zu diesem Zeitpunkt bereits fällig sind. Ausreichend ist vielmehr, wenn der den Anspruch begründende Tatbestand bei Verfahrenseröffnung gegeben, d. h. abgeschlossen war.[1] Insolvenzgläubiger im Sinne dieser Norm ist daher nicht der Inhaber dinglicher Ansprüche, wohl aber der absonderungsberechtigte persönliche Gläubiger des Schuldners, soweit er auf eine abgesonderte Befriedigung verzichtet oder bei ihr ausgefallen ist (§ 52).

III. Inhalt des gestaltenden Teils des Plans

Nach dem Gesetz haben die Insolvenzgläubiger einen Anspruch auf die **Quote** (§§ 187 ff.). Hiervon kann der **Plan** im gestaltenden Teil **abweichen.** Beschränkt sich der Plan lediglich darauf, die Verwertung der Insolvenzmasse und deren Verteilung an die Beteiligten abweichend von den gesetzlichen Vorschriften zu gestalten, handelt es sich um einen **Liquidationsplan.** Er dürfte die Ausnahme sein, weil insoweit kein Ziel besteht, das den Aufwand komplizierter Verabredungen und Entscheidungsmechanismen lohnt.[2] Etwas anderes gilt indes dann, wenn die Liquidation erst nach einer Übergangsphase, in der z. B. noch nicht erledigte Aufträge abgewickelt werden sollen, erfolgen soll.[3] Die in § 224 nicht abschließend aufgezählten Möglichkeiten der Gestaltung der Rechte nicht nachrangiger Insolvenzgläubiger machen deutlich, dass die Vorschrift ihren Sinn und Zweck vor allem bei einem Plan erfüllt, der eine **Sanierung** des **Unternehmensträgers** oder eine **übertragende Sanierung** vorsieht. Ein solcher Plan kann die Wiederherstellung der Ertragskraft des schuldnerischen Unternehmens und die Befriedigung der Gläubiger aus den Erträgen des Unternehmens zum Gegenstand haben. Er empfiehlt sich insbesondere dann, wenn exogene außergewöhnliche Ereignisse wie Währungsverluste oder der Ausfall von Großkunden die Ursache für die Insolvenz waren.[4] Inhalt eines Sanierungsplans kann aber auch sein, dass das Unternehmen auf einen Dritten übertragen wird und dieser die Gläubiger befriedigt. Eine derartige Möglichkeit der Fortführung bietet sich vor allem bei vom Strukturwandel und Strukturkrisen betroffenen Unternehmen an.

Im gestaltenden Teil anzugeben sind die schuldrechtlichen Regelungen, denen die Forderungen der nicht nachrangigen Gläubiger unterworfen werden sollen, nicht aber die für eine uU dingliche Rechtsänderung erforderlichen Willenserklärungen (arg: § 228).[5] Letztere können, müssen aber nicht aufgenommen werden. Beispielhaft nennt die Norm an Eingriffen den Erlass, die Stundung und die Sicherung, was jedoch nicht abschließend ist; daneben sind auch andere Eingriffe denkbar und möglich.[6] Die Angaben im Plan müssen dabei inhaltlich so bestimmt und ausgestaltet sein, dass sie einen vollstreckungsfähigen Inhalt haben, aus dem ggf. gegen den Schuldner die Zwangsvollstreckung betrieben werden kann (§ 257).[7]

1. Kürzung der Forderungen. Im Gegensatz zur Regelung in der Vergleichsordnung, nach der den Vergleichsgläubigern eine Mindestquote von 35 v. H. ihrer Forderung zu gewähren war (§ 7 Abs. 1 Satz 2 VerglO), kann der gestaltende Teil des Plans den vollständigen oder teilweisen **Erlass** der Forderung des nicht nachrangigen Gläubigers zum Inhalt haben; Eine **Mindestquote** oder die **Wahrung** von **Fristen** sieht § 224 nicht vor.

---

[1] Hess/Obermüller, Die Rechtsstellung der Verfahrensbeteiligten nach der Insolvenzordnung, RdNr. 1326.
[2] Warnikoff KTS 1996, 489, 500; ähnlich Bork ZZP (109. Band) 1996, 473, 475.
[3] Vgl. Warnikoff KTS 1996, 489, 500.
[4] Vgl. Schedlbauer DStR 1993, 222.
[5] Nerlich/Römermann/Braun § 224 RdNr. 2.
[6] Uhlenbruck/Lüer § 224 RdNr. 3.
[7] Vgl. zur Zulässigkeit von Gesamtabgeltungsbeträgen Nerlich/Römermann/Braun § 224 RdNr. 7.

Selbst bei einer vollständigen Kürzung der Forderungen werden beispielsweise Kreditinstitute, die für ihre unbesicherten Forderungen nur eine geringe Quote zu erwarten haben, eine solche Regelung im Plan dann akzeptieren, wenn die Aussicht besteht, im künftigen Bankgeschäft mit einem sanierten Schuldner wieder Gewinne zu erzielen.[8] Etwaig bestehende **Kreditsicherheiten** können wegen der schuldtilgenden Wirkung in Höhe der erlassenen Forderung nicht mehr verwertet werden. Sie sind vom gesicherten Kreditgeber, sofern sie nicht zugleich für andere Forderungen bestellt sind, **freizugeben** bzw. werden als akzessorische Sicherheiten **kraft Gesetzes** frei. Für ungesicherte Lieferantengläubiger dürfte nichts anderes gelten. Wegen den gleichartigen wirtschaftlichen Interessen können diese Gläubiger zu einer Gruppe zusammengefasst werden (§ 222 Abs. 1 Satz 1). Die Kürzung der Forderung vermindert das Ergebnis der Gläubiger im laufenden Geschäftsjahr, soweit der Erlass der Höhe nach über bereits gebildete Wertberichtigungen hinausgeht. Der aus dem Forderungsverzicht sich für das schuldnerische Unternehmen ergebende bilanzielle **Sanierungsgewinn** war vormals für Kapitalgesellschaften ertragsteuerfrei (§ 3 Nr. 66 EStG i. V. m. § 8 Abs. 1 KStG). Durch die Streichung des § 3 Nr. 66 EStG durch das Gesetz zur Fortsetzung der Unternehmenssteuerreform[9] vom 29. Oktober 1997 ist die Anerkennung des steuerfreien Sanierungsgewinnes weggefallen, was zu einer außerordentlichen Erschwerung von Sanierungsbemühungen führte. Diese Problematik veranlasste das BMF dazu, mit Schreiben vom 27. März 2003[10] hierzu Stellung zu nehmen und eine Verwaltungspraxis vorzugeben, die zu einer steuerlichen Freistellung der nach Verlustverrechnung verbleibenden Sanierungsgewinne und somit zu einer (teilweisen) Verbesserung der ertragsteuerlichen Situation des zu sanierenden Unternehmens führen soll.[11] Danach ist ein **Sanierungsgewinn begünstigt,** wenn das Unternehmen **sanierungsbedürftig, sanierungsfähig,** der **Schuldenerlass** zur **Sanierung geeignet** ist und der Gläubiger mit **Sanierungsabsicht** handelt. Diese Voraussetzungen sollen nur erfüllt sein, wenn ein **Sanierungsplan** vorliegt, wofür ein Insolvenzplan in jedem Falle ausreichen dürfte. Die Rechtsfolge besteht indes nicht, wie etwa vormals nach § 3 Nr. 66 EStG, in einer Steuerfreiheit, sondern die **Steuer** wird unter **Widerrufsvorbehalt** zunächst **gestundet.** Die auf den Sanierungsgewinn entfallende Steuer wird abweichend von den gesetzlichen Vorgaben nach § 163 AO gesondert festgesetzt. Vorrangig ist der Sanierungsgewinn mit anderen, auch späteren **Verlusten** zu **saldieren** und die Stundung so lange aufrecht zu erhalten, bis alle Saldierungsmöglichkeiten ausgeschöpft sind. Erst dann ist die danach uU noch verbleibende Steuer nach § 227 AO aus **sachlichem Grund** zu **erlassen.**

5   Eine Reorganisation eines Unternehmens im Insolvenzplanverfahren lässt sich in der Regel nicht ohne einen Abbau des Personalbestandes oder durch die Verringerung von Lohnforderungen der Arbeitnehmer erreichen. Sofern der Plan eine Kürzung oder den Erlass von **Arbeitnehmeransprüchen,** auch von solchen aus einem Sozialplan (vgl. 123 Abs. 2 Satz 2), vorsieht, begegnet dies hinsichtlich der Ansprüche, die zur Disposition der Arbeitnehmer stehen, keinen rechtlichen Bedenken. Im Falle einer **Tarifbindung** kann dies anders sein. Nach § 4 Abs. 4 Satz 1 TVG kann ein Arbeitnehmer auf durch Tarifvertrag eingeräumte Rechte nur mit Zustimmung der Tarifvertragsparteien verzichten. Ähnlich verhält es sich bei § 77 Abs. 4 Satz 2 BetrVG. Diese Vorschrift sieht für einen Verzicht auf durch **Betriebsvereinbarung** begründete Ansprüche die Zustimmung des Betriebsrates vor. Dieses Zustimmungserfordernis gilt auch im Insolvenzfall. Insolvenzverwalter und Betriebsrat haben daher nach § 120 Abs. 1 Satz 1 über eine einvernehmliche Herabsetzung der Leistungen zu beraten. Das Beratungsergebnis ist im gestaltenden Teil des Insolvenzplans

---

[8] *K. Schmidt/Uhlenbruck/Wittig* RdNr. 503.
[9] BGBl. 1997, S. 2590.
[10] „Ertragsteuerliche Behandlung von Sanierungsgewinnen; Steuerstundung und Steuererlass aus sachlichen Billigkeitsgründen (§§ 163, 222, 227 AO)", BMF, 27. 03. 03 – IV A 6-S 2140–8/03, BStBl. I 2003, 240 ff. = BB 2003, 2049 ff.
[11] Vgl. hierzu *Strüber* BB 2003, 2036 ff.; *Düll/Fuhrmann/Eberhard* DStR 2003, 862 ff.; *Janssen* DStR 2003, 1055 ff.

festzuhalten, wobei Betriebsvereinbarungen auch dann mit einer Frist von drei Monaten gekündigt werden können, wenn eine längere Frist vereinbart ist (§ 120 Abs. 1 Satz 2).

Nach § 227 1. Hs. AO können die **Finanzbehörden** die Ansprüche aus dem Steuerschuldverhältnis ganz oder zum Teil erlassen, wenn deren Einziehung nach Lage des Einzelfalles unbillig wäre. Die Entscheidung über den Erlass liegt im pflichtgemäßen **Ermessen**[12] der zuständigen Finanzbehörden, d. h. der örtlichen Finanzämter. Soweit bereits bei Anbahnung der Insolvenz von Seiten der Finanzbehörde ein (teilweiser) Erlass abgelehnt wurde, steht dies seiner Aufnahme im gestaltenden Teil des Insolvenzplans nicht entgegen. § 224 unterwirft alle nicht nachrangigen Insolvenzgläubiger ohne Unterscheidung nach Grund und Entstehen der Forderung den dort genannten Beschränkungen. Ein **Vorrecht** des **Fiskus,** wie es noch § 61 Abs. 1 Nr. 2 KO vorsah, ist ersatzlos **weggefallen.** Zur Erfüllung der Verteilungsgerechtigkeit muss sich daher auch der Fiskus wegen seiner Forderungen wie jeder andere Insolvenzgläubiger behandeln lassen. Als Verwaltungsinternum steht etwa die fehlende Zustimmung durch die vorgesetzte Behörde oder eine gegenteilige Verwaltungsanweisung einer Bestätigung des Plans durch das Gericht nicht entgegen, wenn der Plan ordnungsgemäß zustande gekommen ist.

2. Stundung der Forderungen. Stundung bedeutet das **Hinausschieben** der **Fälligkeit** einer Forderung bei Bestehen bleiben der Erfüllbarkeit.[13] Gestundet werden können auch noch nicht fällige Forderungen, da sie in der Insolvenz als fällig gelten (§ 41 Abs. 1). Durch die Stundung beginnt die Verjährung neu (§ 212 Abs. 1 Nr. 1 BGB nF).[14]

Soweit der Insolvenzplan eine Sanierung des schuldnerischen Unternehmens anstrebt, ist die **Stundung** der Forderung der **geringste Beitrag,** der den Insolvenzgläubigern abverlangt wird, lässt sie doch den Bestand der Forderung unberührt. Aus diesem Grunde hat ein Plan, der ausschließlich eine Stundung der Forderung beinhaltet, einen hohen Grad an Akzeptanzwahrscheinlichkeit, wenn andernfalls der Zusammenbruch des Unternehmens und deutlich höhere Schäden für die betreffenden Gläubiger drohen.[15] Dies gilt insbesondere für kreditgebende Banken, da dieser Sanierungsbeitrag von ihnen nur ein geringes Opfer abverlangt, insbesondere nicht den Ertrag belastet, sofern sich der Verzicht auf Wertberichtigungen rechtfertigen lässt.[16] Die Stundung kann für die Kreditinstitute allerdings dann **problematisch** werden, wenn für die gestundete Forderung **Drittsicherheiten,** etwa in Form einer Bürgschaft oder einer Grundschuld, gestellt sind. So war es nach der früheren Rechtsprechung des Bundesgerichtshofs mit dem gesetzlichen Leitbild des § 767 Abs. 1 Satz 3 BGB und mit dem Vertragszweck nicht vereinbar und eine entsprechende Formularklausel nach § 307 BGB (vormals: § 9 AGBG) unwirksam, wenn bei der Bürgschaft der Bürge für Verbindlichkeiten auf Grund einer „Umschuldung" haften muss, auch wenn sich diese innerhalb derselben bankmäßigen Geschäftsbeziehung vollzieht.[17] Auch würden vertragswesentliche Rechte des Drittsicherungsgebers iS von § 307 BGB (vormals § 9 AGBG) ausgehöhlt, wenn er für andere als die veranlassten Verbindlichkeiten einzustehen habe, falls deren Tilgungsdauer einschließlich des damit verbundenen Ausfallrisikos abweiche.[18] Auf dem Hintergrund dieser Rechtsprechung war es nicht auszuschließen, dass Gerichte die Stundung, mit der sich die Tilgungsdauer verlängern kann, als „Umschuldung" werten, mit der Folge, dass die gestellten Drittsicherheiten hierfür nicht mehr haften. Mittlerweile hat der Bundesgerichtshof durch zwei Urteile Klarheit hierüber geschaffen.[19] Zwar ist danach, wenn auf Grund einer Abrede zwischen dem Kreditinstitut und dem Kreditnehmer der ursprüngliche Kreditvertrag fortgesetzt wird, der prolongierte Kredit nicht mehr

---

[12] *Klein/Rüsken* AO, § 227 RdNr. 17.
[13] *MünchKommBGB-Krüger* § 271 RdNr. 21; *Palandt/Heinrichs* BGB § 271 RdNr. 12.
[14] *Palandt/Heinrichs* BGB § 212 RdNr. 4.
[15] *Braun/Uhlenbruck,* Unternehmensinsolvenz, S. 565.
[16] *K. Schmidt/Uhlenbruck/Wittig* RdNr. 500.
[17] BGH WM 1995, 1397, 1401 f.
[18] Vgl. BGH WM 1996, 766, 769.
[19] BGH WM 1999, 1761 ff.; WM 1999, 2251 ff.

durch eine für den ursprünglichen Kredit übernommene Bürgschaft abgesichert, sofern es sich bei der Prolongationsvereinbarung um einen neuen, selbstständigen Vertrag handelt. Jedoch wird der Bürge dadurch nicht aus seiner Haftung vollkommen frei, sondern die Bürgschaft besteht fort für den ursprünglich besicherten Kredit in Höhe der Forderungen des Kreditinstituts zum Zeitpunkt der Prolongation. Nur für Forderungen, die den Kreditbetrag erst nach dem ursprünglich vereinbarten Schlusstag des Kredits erhöhen, also in der Hauptsache für die danach entstehenden Zinsen, aber auch für die nachträgliche Ausnutzung freier Linien, haftet der Bürge nicht.[20] Erst recht haftet der Bürge nicht für nachträgliche Kreditaufstockungen, selbst wenn die Haftung für den ursprünglichen Kreditbetrag bestehen bleibt.[21] Aber auch dann, wenn ein Kontokorrent in einen Tilgungskredit zu einem günstigeren Zinssatz umgeschuldet wird, liegt hierin regelmäßig keine Schuldumschaffung, sondern nur die Änderung des bestehenden Vertragsverhältnisses, so dass auch hier die Bürgenhaftung in dem Umfange bestehen bleibt, wie sie begründet war.[22] Wird indes ein Kontokorrentkredit gestundet, indem er in gleicher Höhe als Kreditlinie verlängert wird, ermäßigt jeder Zahlungseingang nach Prolongation die Bürgenhaftung, ohne das erneute Verfügungen des Kreditnehmers gegen gerechnet werden können.[23] Will man auch hierfür eine Bürgenhaftung begründen, ist die Drittsicherheit neu zu bestellen.

9 Nach § 222 AO können **Finanzbehörden** Ansprüche aus dem Steuerschuldverhältnis ganz oder teilweise stunden, wenn die Einziehung bei Fälligkeit eine erhebliche Härte für den Schuldner bedeuten würde und der Anspruch durch die Stundung nicht gefährdet erscheint. Die Stundung soll in der Regel nur auf Antrag und gegen Sicherheitsleistung gewährt werden (§ 222 Satz 2 AO). Die Entscheidung über die Stundung liegt im pflichtgemäßen Ermessen[24] der zuständigen Finanzbehörden. Soweit bereits bei Anbahnung der Insolvenz von Seiten der Finanzbehörde signalisiert worden ist, dass eine Stundung nicht in Betracht komme, steht dies einer Stundung der Steuerforderungen im gestaltenden Teil des Insolvenzplans nicht entgegen (vgl. RdNr. 6).

10 Die Stundung von Forderungen bietet sich nur im Rahmen von weiteren Sanierungsmaßnahmen einschließlich Kapitalzuführungen an, da sie ausschließlich **liquiditätsmäßige** Wirkungen zeigt. Nach § 255 Abs. 1 Satz 1 wird die Stundung für den Gläubiger hinfällig, gegenüber dem der Schuldner mit der Erfüllung des Plans erheblich in Rückstand gerät.

11 **3. Sicherung der Forderungen.** Unter Sicherung im Sinne der Vorschrift ist die **Gewährung zusätzlicher Rechte** an die Insolvenzgläubiger zu verstehen. Eine unterschiedliche Behandlung einzelner Gläubiger ist unter der Voraussetzung des § 226 Abs. 2 zulässig. Die Sicherung kann **dinglicher Art** sein oder in Gestalt der **Übertragung** von **Forderungsrechten** erfolgen. Die Sicherungsmittel zur Sicherstellung der Forderungen sind nicht auf die in § 232 BGB genannten Mittel der Sicherheitsleistung beschränkt. Eine Sicherung der Gläubiger in Form dinglicher Rechte kann aus dem Schuldnervermögen geboten oder aber von Dritten gestellt werden. Die Sicherstellung der (Teil-)Befriedigung ist nicht notwendiger Bestandteil des Plans; ist eine solche angeboten, ist sie allerdings konkret zu benennen.[25]

12 **4. Sonstige Regelungen. a) Forderungsverzicht mit Besserungsschein.** Bei dem mit einem Erlass verbundenen Forderungsverzicht geht der Gläubiger endgültig seiner Forderung verlustigt. Aus diesem Grund wird er nur dann einen derartigen Sanierungsbeitrag leisten wollen, wenn damit noch kein endgültiger Verlust seiner Rechtsposition verbunden ist, sondern die Geltendmachung der Forderung bis zu dem Zeitpunkt zurückstellen, bis die Sanierung gelungen ist. Hierzu kann im gestaltenden Teil ein **Forderungs-**

---

[20] BGH WM 1999, 1761, 1762.
[21] Vgl. LG München I WM 1999, 1971, 1972.
[22] Vgl. BGH WM 1999, 2251, 2252.
[23] Vgl. hierzu eingehend K. Schmidt/Uhlenbruck/Wittig RdNr. 496 ff.
[24] Klein/Rüsken AO § 222 RdNr. 16 ff.
[25] Hess § 224 RdNr. 16.

verzicht der nicht nachrangigen Gläubiger mit **Besserungsschein** vorgesehen werden. Rechtlich handelt es sich hierbei um einen **Erlass,** der auf Grund eines Besserungsscheins unter der **auflösenden Bedingung** steht, dass der Forderungserlass bei **Besserung** der **Vermögensverhältnisse** entfällt. Als Bedingung des Besserungsscheines ist regelmäßig vorgesehen, dass auf die erlassene Schuld dann näher zu bestimmende Zahlungen zu leisten sind, wenn sich die Vermögensverhältnisse des Schuldners bessern, insbesondere aus zukünftigen Gewinnen oder aus einem Liquidationserlös. Der Besserungsschein als auflösende Bedingung des Erlassvertrages ändert nichts daran, dass die erlassenen Forderungen erlöschen. Erst bei Eintritt der besseren Vermögensumstände leben die erlassenen Forderungen wieder auf. Zur Vermeidung von Unklarheiten sollte im gestaltenden Teil ausführlich geregelt sein, bei Erreichen welcher Bemessungsgrenzen die auflösende Bedingung eintritt.

b) **Rangrücktritt.** Mit dem Forderungsverzicht mit Besserungsschein eng verbunden ist 13 der Rangrücktritt. Es handelt sich hierbei um einen **verfügenden Schuldänderungsvertrag** gemäß § 311 Abs. 1 BGB, der den Bestand der Forderung grundsätzlich unberührt lässt. Jedoch unterwirft sich der im Rang zurücktretende Insolvenzgläubiger den Rechtsfolgen, wie sie für **kapitalersetzende Gesellschafterdarlehen** gelten. Sieht der Insolvenzplan im gestaltenden Teil derartige Rangrücktritte für Insolvenzgläubiger vor, werden diese wertmäßig denjenigen aus einem eigenkapitalersetzenden Sachverhalt gleichgestellt und damit zu nachrangigen Insolvenzgläubigern nach § 39 Abs. 1 Nr. 5. Deren Forderungen gelten hingegen im Insolvenzplanverfahren als erlassen (§ 225 Abs. 1), sofern nicht der Plan etwas anderes vorsieht (§ 225 Abs. 2). Faktisch läuft dies auf einen **Forderungsverzicht** hinaus, da auf die nachrangigen Gläubiger, selbst wenn der Plan dies vorsieht, nur in Ausnahmefällen eine Quote entfallen wird.

c) **Umwandlung von Forderungen in Eigenkapital.** Als weiterer Sanierungsbeitrag 14 der nicht nachrangigen Insolvenzgläubiger kommt die Umwandlung ihrer Forderungen in Eigenkapital am schuldnerischen Unternehmen in Betracht **(debt-equity-swap).**[26] Den Neugesellschaftern – zumeist am Planverfahren beteiligte Kreditinstitute – eröffnet diese Variante die Möglichkeit auf den Sanierungsprozess Einfluss zu nehmen und dadurch den ursprünglichen Forderungswert mit dem nach erfolgreicher Sanierung wieder ansteigenden Beteiligungswert (teilweise) zu erhalten bzw. die Gefahr des Forderungsverlustes zu kompensieren.[27] Allerdings birgt diese Art der Sanierungshilfe für die Gläubiger nicht unerhebliche Risiken, sofern es sich bei dem schuldnerischen Unternehmen um eine Kapitalgesellschaft handelt. So entspricht es ständiger Rechtsprechung des Bundesgerichtshofs, dass bei Einbringen einer Forderung im Falle der **Barkapitalerhöhung** unter gleichzeitigem Verzicht auf die Forderung oder ihrer Abtretung an die Gesellschaft in Wahrheit eine **verdeckte Sacheinlage** vorliegt, mit der Folge, dass die Einlage als nicht erbracht gilt und Neugesellschafter zur Bareinzahlung nach wie vor verpflichtet bleiben.[28] Ist eine **Sachkapitalerhöhung** angestrebt, ist die **Werthaltigkeit** der eingebrachten Forderung **problematisch.** Aufgrund der eingetretenen Insolvenz werden diese regelmäßig nicht mit ihrem **buchmäßigen Nennwert** zu bewerten sein, sondern mit ihrem **tatsächlichen Wert.** Dieser wird gerade wegen der Insolvenz und der damit eingetretenen Überschuldung deutlich **geringer** sein, als der Buchwert. Wird die erforderliche Wertberichtigung nicht vorgenommen, **haften die Gläubiger** als neu eintretende Gesellschafter auf die **Wertdifferenz (§ 9 GmbHG).**[29]

Die Problematik des **Eigenkapitalersatzes** für von **Neugesellschaftern** (etwa kredit- 15 gebende Banken) dem schuldnerischen Unternehmen im Zuge der Sanierung **gewährten**

---

[26] Vgl. hierzu *Buth/Hermanns* § 13 RdNr. 49 ff., *K. Schmidt/Uhlenbruck/Wittig* RdNr. 524 f.; *Braun/Uhlenbruck,* Unternehmensinsolvenz, S. 586 f.
[27] *Buth/Hermanns* § 13 RdNr. 49.
[28] Vgl. BGH WM 1992, 1225 ff.; BGH WM 1990, 222 ff.
[29] *Picot/Aleth* RdNr. 492; vgl. auch *Buth/Hermanns* § 13 RdNr. 51; *K. Schmidt/Uhlenbruck/Wittig* Rd-Nr. 537.

§ 225 1, 2   6. Teil. 1. Abschnitt. Aufstellung des Plans

Darlehen ist durch die Einführung des § 32 a Abs. 3 Satz 3 GmbH durch Art. 10 KonTraG vom 27. April 1998 weitgehend entschärft. Danach finden die Regeln über den Kapitalersatz dann keine Anwendung, wenn ein Darlehensgeber in der Krise der Gesellschaft Geschäftsanteile zum Zweck der **Überwindung** der **Krise** erwirbt. Die Vorschrift gilt auch im Insolvenzplanverfahren[30] und erstreckt sich in ihrem Anwendungsbereich auch auf eventuell später eintretende Kapitalersatzlagen[31] (vgl. zu den Mitwirkungserfordernissen der Altgesellschafter die Ausführungen zu § 223 RdNr. 29).

16 Als weitere Sanierungsbeiträge kommen bei der Aktiengesellschaft die **Umwandlung** von **Forderungen** in **Genussrechten** (verbunden mit einem Wandlungsrecht, vgl. § 221 Abs. 1 u. Abs. 2 AktG) oder in **Optionsanleihen** in Betracht. Aufgrund ihrer mangelnden Akzeptanz am Kapitalmarkt kommt ihnen allerdings praktisch kaum Relevanz zu.[32]

17 **5. Bestimmtheitsgrundsatz.** Wegen der **Titelfunktion** des Insolvenzplans (§ 257) müssen die vorgesehenen **Rechtsänderungen** im gestaltenden Teil des Plans **exakt** bezeichnet sein.

§ 225 Rechte der nachrangigen Insolvenzgläubiger

(1) Die Forderungen nachrangiger Insolvenzgläubiger gelten, wenn im Insolvenzplan nichts anderes bestimmt ist, als erlassen.

(2) Soweit im Plan eine abweichende Regelung getroffen wird, sind im gestaltenden Teil für jede Gruppe der nachrangigen Gläubiger die in § 224 vorgeschriebenen Angaben zu machen.

(3) Die Haftung des Schuldners nach der Beendigung des Insolvenzverfahrens für Geldstrafen und die diesen in § 39 Abs. 1 Nr. 3 gleichgestellten Verbindlichkeiten kann durch einen Plan weder ausgeschlossen noch eingeschränkt werden.

Übersicht

	RdNr.		RdNr.
I. Normzweck	1	a) Forderungen nachrangiger Insolvenzgläubiger	10
II. Entstehungsgeschichte	5	b) Fiktion des Forderungserlasses	13
III. Anwendungsbereich	10	2. Abs. 2	14
1. Abs. 1	10	3. Abs. 3	18

I. Normzweck

1 § 225 regelt die Rechtsstellung der **nachrangigen** Insolvenzgläubiger (§§ 39, 327) im Insolvenzplanverfahren, die anders als im alten Recht nunmehr in das Insolvenzverfahren miteinbezogen werden. Deren Forderungen gelten nach § 225 Abs. 1 im Grundsatz als **erlassen,** sofern im Insolvenzplan nichts anderes bestimmt ist.

2 Bereits ausserhalb des Insolvenzplanverfahrens nehmen die Forderungen der nachrangigen Insolvenzgläubiger am Insolvenzverfahren nur teil, wenn das **Insolvenzgericht** zu ihrer **Anmeldung** besonders **auffordert** (§§ 28 Abs. 1, 174 Abs. 3 Satz 1). Da rechtstatsächlich bereits die nicht nachrangigen Gläubiger im Insolvenzverfahren nicht mit einer vollen Befriedigung ihrer Forderungen rechnen können, ist die Aufforderung zur Anmeldung von nachrangigen Forderungen eher die Ausnahme als die Regel. Sie nehmen daher regelmäßig an der **Erlösverteilung** nicht teil. Aus diesem Grunde ist es konsequent, auch im Insolvenzplanverfahren im Grundsatz davon abzusehen, ihnen Vermögenswerte zuzuwenden, die die ohnehin zumeist nur geringe Quote der nicht nachrangigen Insolvenzgläubiger noch weiter

---
[30] Obermüller, ZInsO 1998, 51 ff.
[31] K. Schmidt/Uhlenbruck/Wittig RdNr. 534.
[32] Vgl. Buth/Hermanns § 13 RdNr. 53; K. Schmidt/Uhlenbruck/Wittig RdNr. 541.

schmälern würde. Letzteres könnte u. a. auch dazu führen, dass wegen der geringeren Quotenerwartung der Insolvenzplan auf Grund des Widerspruchs eines vollrangigen Gläubigers scheitert (§ 251 Abs. 1 Nr. 2).[1] Denkbar ist allerdings auch, aus taktischen Gründen die nachrangigen Gläubiger am durch den Plan erzielten Mehrwert zu beteiligen.[2]

Soll im **Plan** eine von § 225 Abs. 1 (regelmäßiger Erlass) **abweichende Regelung** getroffen werden, sind nach § 225 Abs. 2 die in § 224 erforderlichen Angaben zu machen, in welchem Umfange im gestaltenden Teil in die Rechte der nicht nachrangigen Gläubiger eingegriffen werden soll. 3

Als **Ausnahme** zu §§ 225 Abs. 1, 227 sieht § 225 Abs. 3 vor, dass die **Haftung** des **Schuldners** nach Beendigung des Insolvenzverfahrens für Geldstrafen und die diesen in § 39 Abs. 1 Nr. 3 gleichgestellten Verbindlichkeiten – da nicht in die Disposition der Gläubiger gestellt – in einem Insolvenzplan **nicht ausgeschlossen** oder **beschränkt** werden kann. 4

II. Entstehungsgeschichte

Die Vorschrift entspricht inhaltlich § 268 RegE. 5

Im überkommenen Recht nahmen die nunmehr nachrangigen Insolvenzforderungen an einem Vergleichs- oder Konkursverfahren entweder überhaupt nicht teil oder wurden ohne sachlichen Grund unterschiedlich behandelt (vgl. §§ 29 VerglO, 63, 173 KO, 32 a Abs. 1 Satz 2 GmbHG aF). 6

Im vormaligen **Vergleichsverfahren** entfaltete der bestätigte Vergleich in gleichem Maße, wie für die in das Verfahren einbezogenen Forderungen, seine Wirkungen gegenüber Forderungen aus **Schenkungsversprechen** und **eigenkapitalersetzenden Darlehen** (§§ 83 Abs. 1 VerglO, 32 a Abs. 1 Satz 2 GmbH aF), mit der Folge, dass auf diese Forderungen beim Quotenvergleich in gleicher Höhe eine **Quote** entfiel, wie auf die übrigen Vergleichsforderungen, sie gleichermaßen vorgesehenen Stundungen oder Kürzungen unterworfen waren. Die **Zins-** und **Kostenforderungen** galten demgegenüber – im Gegensatz zur KO und GesO – als **erlassen** (§ 83 Abs. 2 VerglO). Lediglich Geldstrafen und gleichgestellte Sanktionen wurden vom Vergleich nicht betroffen. 7

Demgegenüber gingen in **Konkursverfahren** Gläubiger von Schenkungsversprechen und gewährten eigenkapitalersetzenden Darlehen oder vergleichbaren Leistungen ebenso **leer** aus, wie Gläubiger von Zins- und Kostenforderungen (vgl. §§ 63 KO, 32 a Abs. 1 Satz 1 GmbHG aF). Eine **Ausnahme** hiervon enthielt lediglich **§ 226 KO,** wonach in einem **Nachlasskonkursverfahren** jede Nachlassverbindlichkeit geltend gemacht werden konnte. 8

Die unterschiedliche Behandlung von Forderungen aus Schenkungsversprechen und eigenkapitalersetzenden Darlehen in vormaligen Vergleichs- und Konkursverfahren hielt der Gesetzgeber – zu Recht – nicht für gerechtfertigt. Nachdem nunmehr auch Gläubiger dieser Forderungen nachrangig in das Insolvenzverfahren miteinbezogen werden, wird es ermöglicht, auch deren Rechte einzelfallabhängig in einem Insolvenzplan zu regeln, um sachgerechte Lösungen schaffen zu können.[3] Für **Geldstrafen** und ihnen gleichgestellte Verbindlichkeiten verbleibt es bei der alten Rechtslage, da diese nach dem Willen des Gesetzgebers der Disposition der Gläubiger entzogen bleiben sollen.[4] 9

III. Anwendungsbereich

1. Abs. 1. a) Forderungen nachrangiger Insolvenzgläubiger. Der Kreis der nachrangigen Gläubiger ist definiert in **§ 39 Abs. 1.** Es handelt sich danach um Insolvenz- 10

---

[1] HK-*Flessner* § 225 RdNr. 1.
[2] *Braun* in: *Braun* § 225 RdNr. 3.
[3] Begr. RegE BR-Drucks. 1/92 S. 201.
[4] Hierzu kritisch *Rönnan/Tachau* NZI 2007, 208.

gläubiger, die seit der Eröffnung des Verfahrens laufende **Zinsen** für ihre Forderungen beanspruchen können (Nr. 1), denen **Kosten** für die **Verfahrensteilnahme** entstanden sind (Nr. 2), Gläubiger von **Geldstrafen, Geldbußen, Ordnungsgeldern** und **Zwangsgeldern** sowie **Nebenfolgen** von Straftaten und Ordnungswidrigkeiten, die zur Geldzahlung verpflichten (Nr. 3), aus **Schenkungsversprechen** (Nr. 4), von Leistungen aus einem **eigenkapitalersetzenden Darlehen** eines **Gesellschafters** oder **gleichgestellte Forderungen** (Nr. 5).

11 Forderungen, für die zwischen Gläubiger und Schuldner der **Nachrang** im Insolvenzverfahren **vereinbart** worden ist, gelten im Zweifel ebenfalls als nachrangig (§ 39 Abs. 2) und zwar nach den in § 39 Abs. 1 bezeichneten Forderungen.

12 **Zins- und Kostenforderungen** haben dabei den **gleichen Rang** wie die Hauptforderung (§ 39 Abs. 3).

13 b) **Fiktion des Forderungserlasses.** Die aufgeführten Forderungen gelten als **erlassen**, sofern im Insolvenzplan nichts anderes vorgesehen ist. Der Erlass führt zum vollständigen **Erlöschen** der Forderungen (§ 397 Abs. 1 BGB). Für diesen Fall gilt die **Zustimmung** der **nachrangigen Gläubiger** unter den Voraussetzungen des § 246 Nr. 1–3 als **erteilt**.

14 **2. Abs. 2.** Eine **abweichende Regelung** im **Plan** kann dann in Betracht kommen, wenn eine besonders **effektive Abwicklung** der Insolvenz auf der Basis eines Insolvenzplanes dazu führt, dass alle **nicht nachrangigen Gläubiger voll befriedigt** werden können und danach für die **nachrangigen Gläubiger** noch ein **Überschuss** verbleibt. Eine abweichende Bestimmung kommt etwa auch dann in Frage, wenn durch den Plan dem **Schuldner wirtschaftliche Werte zugeführt** werden, etwa wenn ihm die Fortführung des Unternehmens zu günstigeren Bedingungen gestattet wird, als sie einem Dritten für die Übernahme des Unternehmens eingeräumt werden würden. Hier kann es angemessen sein, auch für nachrangige Gläubiger Leistungen vorzusehen, anstatt diese dem Schuldner zukommen zu lassen.[5]

15 Die zu treffende **abweichende Regelung** im Plan kann inhaltlich derjenigen der nicht nachrangigen Gläubiger entsprechen (vgl. hierzu § 224 RdNr. 4 ff.); d. h. die **Forderungen** können **gekürzt** oder **gestundet** werden, zur Sicherung der Forderung können den Gläubigern auch **zusätzliche Rechte** eingeräumt werden. Denkbar ist auch insbesondere die Vereinbarung eines **Forderungsverzichtes mit Besserungsversprechen.**

16 Wird im Plan eine abweichende Regelung getroffen, müssen wegen seiner **Titelfunktion** (§ 257) im gestaltenden Teil für jede Gruppe der nachrangigen Gläubiger **exakte Angaben** gemacht werden, um welchen Bruchteil die Forderungen gekürzt, für welchen Zeitraum sie gestundet oder welchen sonstigen Regelungen sie unterworfen werden (§ 225 Abs. 2). Bei der **Gruppenbildung** gem. § 222 Abs. 1 Satz 2 Nr. 3 hat sie sich an den einzelnen **Rangklassen** der nachrangigen Insolvenzgläubiger auszurichten. Dabei kann für Gläubiger mit gleicher Rechtsstellung und gleichartigen wirtschaftlichen Interessen eine Gruppe gebildet werden, sofern sie sich sachgerecht von anderen Gruppen abgrenzen lassen (§ 222 Abs. 2 InsO). Dabei setzt § 225 Abs. 2 nicht voraus, dass im Falle der Bildung einer Gruppe für die Rangklasse des § 39 Abs. 1 Nr. 2 zugleich auch eine solche für die vorhergehende Rangklasse des § 39 Abs. 1 Nr. 1 gebildet werden muss.[6]

17 Schlussendlich Voraussetzung für eine Beteiligung einer jedweden nachrangigen Insolvenzforderung ist, dass das **Insolvenzgericht** zu ihrer **Anmeldung besonders aufgefordert** hat und eine Anmeldung auch tatsächlich **erfolgt** ist (§§ 174 Abs. 3, 177 Abs. 2).[7]

18 **3. Abs. 3.** Die **Haftung** des **Schuldners** für **Geldstrafen** und ihnen in § 39 Abs. 1 Nr. 3 **gleichgestellten Verbindlichkeiten,** nämlich Geldbußen, Ordnungs- und Zwangsgelder, für Nebenfolgen einer Straftat oder Ordnungswidrigkeit, die zu einer Geldzahlung verpflich-

---

[5] Vgl. FK-*Jaffé* § 225 RdNr. 21.
[6] *Uhlenbruck/Lüer* § 225 RdNr. 6; aA *Nerlich/Römermann/Braun* § 225 RdNr. 6.
[7] HK-*Flessner* § 225 RdNr. 3.

ten, aber auch für Steuersäumniszuschläge[8] kann nach Beendigung des Insolvenzverfahrens (§ 258) durch einen Insolvenzplan **weder ausgeschlossen** noch **eingeschränkt** werden. Solche Forderungen stehen **nicht zur Disposition der Gläubiger;** sie gelten daher weder als erlassen noch können sie durch den Plan eingeschränkt werden.[9] Würden sie am Planverfahren teilnehmen, würden sie Gläubiger unter Umständen härter treffen als den Schuldner.[10] Für den Fall, dass diese Forderungen wegen der Insolvenz des Schuldners nicht einbringlich sind, sehen hierfür **andere gesetzliche Vorschriften** entsprechende **Sanktionen** vor (so etwa § 43 StGB Ersatzfreiheitsstrafe oder aber § 888 Abs. 1 Satz 1 ZPO Ersatzzwangshaft).

§ 226 Gleichbehandlung der Beteiligten

(1) Innerhalb jeder Gruppe sind allen Beteiligten gleiche Rechte anzubieten.

(2) ¹Eine unterschiedliche Behandlung der Beteiligten einer Gruppe ist nur mit Zustimmung aller betroffenen Beteiligten zulässig. ²In diesem Fall ist dem Insolvenzplan die zustimmende Erklärung eines jeden betroffenen Beteiligten beizufügen.

(3) Jedes Abkommen des Insolvenzverwalters, des Schuldners oder anderer Personen mit einzelnen Beteiligten, durch das diesen für ihr Verhalten bei Abstimmungen oder sonst im Zusammenhang mit dem Insolvenzverfahren ein nicht im Plan vorgesehener Vorteil gewährt wird, ist nichtig.

Übersicht

	RdNr.		RdNr.
I. Normzweck und Entstehungsgeschichte	1	1. Gleichbehandlung (Abs. 1)	7
		2. Unterschiedliche Behandlung (Abs. 2)	10
II. Anwendungsbereich	7	3. Unzulässige Abkommen (Abs. 3)	13

I. Normzweck und Entstehungsgeschichte

Das **Insolvenzverfahren** wird beherrscht vom Grundsatz der **Gleichbehandlung** der Insolvenzgläubiger, der **par condicio creditorum.**[1] Danach soll mit der Eröffnung des Insolvenzverfahrens das die Einzelzwangsvollstreckung prägende Prinzip des „bellum omnes contra omnes" abgelöst werden durch eine unter gerichtlicher Aufsicht stehende **gleichmäßige** Befriedigung aller Gläubiger (vgl. § 1 Satz 1 Hs. 1). 1

Auf das **Insolvenzplanverfahren** sind diese **Grundsätze** nur **bedingt** übertragbar. So tritt der Insolvenzplan **alternativ** zur Regelinsolvenz (vgl. § 1 Satz 1 Hs. 2). Gerade in einem **Insolvenzplan** können von der par condicio creditorum **abweichende** Gestaltungen vorgesehen werden, die für einzelne Gläubiger bzw. Gläubigergruppen günstigere Regelungen beinhalten und auch gegen den Willen anderer Gläubiger zur bestmöglichen Verwertung der Insolvenzmasse durchgesetzt werden können. Fasst daher ein Insolvenzplan Beteiligte mit gleicher Rechtsstellung und gleichartigen wirtschaftlichen Interessen zusammen (§ 222), hat jeder **Beteiligte** nach § 226 Abs. 1 nur einen **Anspruch** darauf, mit den übrigen Beteiligten **seiner Gruppe,** nicht aber mit allen sonstigen Mitgliedern anderer Gruppen **gleichbehandelt** zu werden. Nur in diesem Rahmen, Gleichbehandlung in der Gruppe, gilt im Insolvenzplanverfahren der Grundsatz der par condicio creditorum, da die unterschiedliche Behandlung der Gruppen in aller Regel gerade Zweck, zumindest jedoch Folge[2] des Planverfahrens ist. 2

---

[8] Vgl. BFH NJW 1974, 719, 720.
[9] *Uhlenbruck/Lüer* § 225 RdNr. 9.
[10] So zutreffend *Hess* § 225 RdNr. 13.
[1] *Nerlich/Römermann/Braun* § 226 RdNr. 1.
[2] Vgl. auch *Uhlenbruck/Lüer* § 226 RdNr. 3.

3 Sieht der **Plan** eine **Ungleichbehandlung** eines oder mehrerer Gruppenmitglieder vor, ist eine unterschiedliche Behandlung zwar nicht gänzlich ausgeschlossen, erfordert allerdings nach § 226 Abs. 2 Satz 1 die **Zustimmung** aller betroffenen **Beteiligten**. Liegt eine solche nicht vor, ist es zulässig, für dissentierende Gläubiger im Plan eine Barabfindung in Höhe des Liquidationswertes vorzusehen.

4 Der **Absicherung** des **Gleichbehandlungsgrundsatzes** dient § 226 Abs. 3, der ein **Verbot** von **Sonderabkommen** beinhaltet. Von der Vorschrift erfasst werden nur solche Abreden über Vorteilszuwendungen, die im Zusammenhang mit dem Insolvenzverfahren stehen, nicht indes solche, die im Plan offengelegt sind und damit der Kontrolle der Beteiligten und des Insolvenzgerichts unterliegen. Als Rechtsfolge solcher Abreden sieht das Gesetz deren Nichtigkeit vor.

5 Die Vorschrift entspricht inhaltlich § 269 RegE.

6 Der Grundsatz der par condicio creditorum beherrschte auch das überkommene Recht, wenngleich trotz aller Bekenntnisse hierzu keine völlige Gleichstellung gegeben war (so etwa bei den ausgeschlossenen Gläubigern, den vormaligen Konkursvorrechten und den Nachrängen). § 226 übernimmt diesen Grundsatz aus dem Vergleich (§ 8 VglO) und Zwangsvergleich (§§ 181 KO, 16 Abs. 3 Satz 2 GesO), beschränkt diesen allerdings auf die jeweilige Gruppe (vgl. RdNr. 2).

II. Anwendungsbereich

7 **1. Gleichbehandlung (Abs. 1).** Fasst der Insolvenzplan Beteiligte mit gleicher Rechtsstellung und gleichartigen wirtschaftlichen Interessen zusammen (§ 222), hat jeder **Beteiligte** einen **Anspruch** darauf, mit den **übrigen Beteiligten** seiner Gruppe **gleichbehandelt** zu werden. Das **gruppenimmanente Gleichbehandlungsgebot** sichert das gemeinsame Interesse der Beteiligten an der Planverwirklichung und dient gleichsam der Rechtfertigung des Eingriffs in Rechtspositionen der hiervon Betroffenen.[3] Nur in diesen Grenzen, nämlich Gleichbehandlung in der Gruppe, ist die par condicio creditorum im Planverfahren daher erhalten geblieben.

8 **Gleichbehandlung** erfordert nicht formale, sondern **wirtschaftliche Gleichheit**.[4] Eine wirtschaftliche Gleichbehandlung kann etwa dann gegeben sein, wenn für Forderungen unterschiedlicher Höhe verschiedene Planquoten vorgesehen sind oder ein Ausgleich durch längere oder kürzere Bemessung der Zahlungsfristen erzielt wird.[5]

Unterschiedliche Behandlung setzt eine **materielle Ungleichbehandlung** voraus. So weist *Braun* zutreffend darauf hin, dass eine solche nicht vorliegt, wenn Drittsicherheiten zur Verfügung stehen, die eine formal quotale Ungleichbehandlung materiell ausgleichen.[6]

9 Der **Gleichbehandlungsgrundsatz** gilt nur im Verhältnis der **Gruppenbeteiligten zueinander,** nicht aber gegenüber **mithaftenden Dritten**.[7]

10 **2. Unterschiedliche Behandlung (Abs. 2).** Sieht der Insolvenzplan eine unterschiedliche materielle Behandlung der Beteiligten einer Gruppe vor, so ist eine solche zwar nicht gänzlich ausgeschlossen, erfordert allerdings nach § 226 Abs. 2 Satz 1 die **Zustimmung** aller betroffenen **Beteiligten**. **Betroffen** ist jeder **Gruppenangehörige**, der innerhalb der Gruppe gegenüber anderen Gruppenmitgliedern durch den Plan **wirtschaftlich schlechter** gestellt wird.[8] Entgegen dem insoweit missverständlichen Wortlaut der Vorschrift ist daher nur die **Zustimmung** der **nicht gleichbehandelten Gläubiger** erforderlich, nicht

---

[3] *Kübler/Prütting/Otte* § 226 RdNr. 2.
[4] *Hess* § 226 RdNr. 10; aA HK-*Flessner* § 226 RdNr. 2, der bei unterschiedlichen Regelungen, auch bei wirtschaftlicher Gleichwertigkeit, eine verschiedene Gruppenbildung fordert.
[5] Vgl. *Bley/Mohrbutter* VglO § 8 RdNr. 18.
[6] *Nerlich/Römermann/Braun* § 226 RdNr. 6.
[7] *Hess* § 226 RdNr. 12.
[8] Beispielhaft zu nennen ist etwa die Stellung einer geringeren Sicherheit, höhere Kürzung oder niedrigere Verzinsung der Forderung.

aber die der Begünstigten.⁹ Sind demgegenüber die vorgesehenen Regelungen zwar unterschiedlich, allerdings **nicht** ohne weiteres **evident ungleichwertig,** sind **alle** Gruppenbeteiligte als Betroffene anzusehen. Enthält der Plan beispielsweise nicht rechnerisch quantifizierbare Elemente wie etwa die Partizipation an künftigen Erträgen einerseits und Barabfindungen andererseits,¹⁰ kann es nicht dem Insolvenzgericht obliegen, einen entsprechenden Günstigkeitsvergleich zu führen.¹¹ Vielmehr müssen in einem solchen Fall die Zustimmungen aller Beteiligten vorgelegt werden. Dies kann der Planverfasser dadurch vermeiden, dass er von vornherein Gruppen bildet, die den unterschiedlichen Planregelungen entsprechen.¹²

Formal setzt § 226 Abs. 2 Satz 2 voraus, dass aus Gründen der **Rechtsklarheit** die **Zustimmungserklärung** eines jeden betroffenen **Beteiligten** dem Insolvenzplan **beizufügen** ist. 11

Liegt ein **Verstoß** gegen den **Gleichbehandlungsgrundsatz** und **keine Zustimmungserklärung** der betroffenen Beteiligten vor, hat das Insolvenzgericht den **Insolvenzplan** nach § 231 Abs. 1 Nr. 1 **von Amts wegen zurückzuweisen.**

Zulässig ist es hingegen, mit Rücksicht auf den Minderheitenschutz eines jeden Beteiligten (§ 251) eine **Barabfindung** für Gläubiger vorzusehen, die dem Plan nicht zustimmen wollen.¹³ Dabei hat das Insolvenzgericht indes zu prüfen, ob die Barabfindung den nach § 251 zu gewährleistenden **Mindestliquidationswert** erreicht. 12

3. Unzulässige Abkommen (Abs. 3). § 226 Abs. 3 **untersagt** jedwede, im Insolvenzplan **nicht offengelegter Abkommen,** nicht nur des Schuldners oder des Insolvenzverwalters, sondern auch Dritter mit einzelnen Gläubigern, die diesen entweder für ihr Verhalten bei Abstimmungen oder sonst im Zusammenhang mit dem Insolvenzverfahren einen nicht im Plan nicht vorgesehenen **Vorteil** gewähren.¹⁴ 13

Derartige **Abkommen** sind **nichtig.** § 226 Abs. 3 ist insoweit **Verbotsgesetz** i. S. d. § 134 BGB. 14

Abkommen sind nicht nur vertragliche Abreden, sondern auch einseitige Gestaltungsakte, etwa die Ermächtigung.¹⁵ 15

Sie sind dann **unzulässig,** wenn durch sie der **Begünstigte mehr erhält,** als ohne ihren Abschluss. Ob die Besserstellung wesentlich ist, ist dabei ohne Belang.¹⁶ 16

Weiterhin muss es sich um **verfahrensbezogene Abreden** handeln, d. h. um solche, die im Zusammenhang mit dem Insolvenzverfahren im Allgemeinen oder dem Abstimmungsverhalten im Besonderen stehen. Dabei ist nicht erforderlich, dass im Zeitpunkt des Abkommens schon ein Insolvenzplan vorliegt oder ein Insolvenzantrag gestellt ist. Ausreichend ist die Vereinbarung im Hinblick auf einen **künftigen** Insolvenzplan.¹⁷ 17

Subjektiv erfordert § 226 Abs. 3 die **Absicht** der Beteiligten gerade die **Bevorzugung** zu erreichen. Auf die Kenntnis der Verbotsnorm kommt es dabei ebenso wenig an, wie auf den beabsichtigten oder letztlich erreichten Umfang der Bevorzugung des an dem Sonderabkommen beteiligten Gläubigers. 18

Unzulässig sind indes nur Absprachen, die im Plan nicht offenbart werden. Werden sie offen gelegt, liegt kein Verstoß gegen Abs. 3 vor.

---

⁹ *Nerlich/Römermann/Braun* § 226 RdNr. 4.
¹⁰ *Nerlich/Römermann/Braun* § 226 RdNr. 6.
¹¹ HK-*Flessner* § 226 RdNr. 3.
¹² HK-*Flessner* § 226 RdNr. 3.
¹³ Vgl. hierzu *Nerlich/Römermann/Braun* § 226 RdNr. 10.
¹⁴ Vgl. etwa zur Nichtigkeit eines Forderungskaufs zur Erlangung der Gläubigermehrheit für einen Insolvenzplan BGH NZI 2005, 325 ff.
¹⁵ *Kuhn/Uhlenbruck* KO § 181 RdNr. 5; *Hess* § 226 RdNr. 23.
¹⁶ RG HRR 1937, Nr. 334.
¹⁷ *Hess* § 226 RdNr. 24.

§ 227 Haftung des Schuldners

(1) Ist im Insolvenzplan nichts anderes bestimmt, so wird der Schuldner mit der im gestaltenden Teil vorgesehenen Befriedigung der Insolvenzgläubiger von seinen restlichen Verbindlichkeiten gegenüber diesen Gläubigern befreit.

(2) Ist der Schuldner eine Gesellschaft ohne Rechtspersönlichkeit oder eine Kommanditgesellschaft auf Aktien, so gilt Absatz 1 entsprechend für die persönliche Haftung der Gesellschafter.

Schrifttum: *Leland L. Bull*, Der Bankruptcy Reform Act – das neue amerikanische Konkursgesetz von 1978 –, ZIP 1980, 843 ff.

Übersicht

	RdNr.		RdNr.
I. Normzweck	1	III. Abs. 1	6
II. Entstehungsgeschichte	4	IV. Abs. 2	10

I. Normzweck

1   Die **Begrenzung** der **Nachhaftung** dürfte aus Sicht des Schuldners **Hauptzweck** des Insolvenzplans sein.[1] So sieht § 227 Abs. 1 vor, dass ein Insolvenzplan zwar nicht zwingend, allerdings bei **Fehlen** einer **abweichenden Bestimmung,** den Schuldner insoweit von seinen **Verbindlichkeiten** gegenüber den Insolvenzgläubigern **befreit,** als der Plan keine Vorsorge für die Erfüllung dieser Verbindlichkeiten trifft. Sieht ein Insolvenzplan beispielsweise vor, dass die Forderungen der Insolvenzgläubiger in Höhe von 30 % innerhalb eines bestimmten Zeitraumes zu erfüllen sind, gelten bei Fehlen einer anderweitigen Bestimmung bei Planerfüllung die restlichen 70 % als erlassen.

2   § 227 Abs. 1 steht in Zusammenhang mit § 247. Das dort normierte **Schlechterstellungsverbot** gilt auch für den Schuldner, der einen Rechtsanspruch darauf hat, durch einen Insolvenzplan nicht schlechter gestellt zu werden, als er im Falle der Abwicklung nach den Vorschriften über die Regelinsolvenz stehen würde. Legt ihm daher ein Plan eine **weitergehende Haftung** auf, als sie ihn ohne Plan treffen würde, darf das Insolvenzgericht nach erhobenem Widerspruch diesen nicht bestätigen (§§ 247, 248). Ein Schuldner, der ohne einen Plan Anspruch auf **Restschuldbefreiung** nach den §§ 286–303 hätte, darf somit gegen seinen Willen durch den Plan nicht in geringerem Maße von seinen restlichen Verbindlichkeiten befreit werden.

3   Grundsätzlich soll die Aufstellung eines Insolvenzplans die regelmäßig als Folge einer Insolvenz eintretende, jedoch aus sozialen und wirtschaftlichen Erwägungen unerwünschte wirtschaftliche Vernichtung des Schuldners (zumeist eines Unternehmens) verhindern und die Fortführung eines betriebenen Unternehmens ermöglicht werden. **Rechtsvergleichend** knüpft § 227 Abs. 1 an das amerikanische Insolvenzrecht an. So schließt sich im Verfahren nach Chapter 11 US-Bankruptcy Code an einen Reorganisationsplan gleichfalls eine Restschuldbefreiung („discharge", 11 USC § 1141 (d)) an, um so dem Schuldner einen „fresh start" zu ermöglichen.[2] Letzterer lässt sich bei **Gesellschaften ohne Rechtspersönlichkeit** in aller Regel nur dann erreichen, wenn sich die **Planwirkungen** auch auf die **Haftung** der **persönlich haftenden Gesellschafter** erstrecken (etwa nach §§ 128, 161 Abs. 2 HGB). Deren – ausserplanmäßige – **unbegrenzte persönliche Haftung** für die Verbindlichkeiten des schuldnerischen Unternehmens kann zu ihrem wirtschaftlichen Zusammenbruch führen, mit der Folge, dass eine etwaig geplante Fortführung des Unternehmens zumindest gefährdet würde. Aus diesem Grunde erstreckt § 227 Abs. 2 die haftungsbegrenzende Wirkung des Insolvenzplans auch auf persönlich haftende Gesellschaf-

---
[1] *Kübler/Prütting/Otte* § 227 RdNr. 5.
[2] Vgl. hierzu FK-*Jaffé* § 227 RdNr. 4 ff.

ter des Schuldners, gleichsam als **Gleichlauf** von **persönlicher Haftung** und **planmäßiger Schuld**. Sieht danach ein Insolvenzplan nichts anderes vor, wirkt der Erlass von Forderungen gegenüber dem Schuldner auch im Verhältnis zu seinen persönlich haftenden Gesellschaftern.

II. Entstehungsgeschichte

Die Vorschrift entspricht inhaltlich § 270 Abs. 1 und Abs. 2 RegE. Die vormals in § 270 Abs. 3 RegE vorgesehene entsprechende Regelung über die persönliche Haftung der Ehegatten bei einem selbstständigen Insolvenzverfahren über das Gesamtgut einer Gütergemeinschaft wurde in den § 334 Abs. 2 verlagert.

Nach § 164 Abs. 1 KO (nunmehr § 201) konnten die nicht (voll) befriedigten Konkursgläubiger nach Aufhebung des Konkursverfahrens ihre Forderungen gegen den Gemeinschuldner unbeschränkt geltend machen. Die **Konkursbeendigung** wirkte **weder** gegenüber dem **Gemeinschuldner** noch gegenüber seinen **persönlich haftenden Gesellschaftern schuldbefreiend**. Dem dienten nach altem Recht der **Vergleich** und der **Zwangsvergleich**. So wirkte, was die Haftung des persönlich haftenden Gesellschafters anbelangte, nach § 109 Abs. 1 Nr. 3 VerglO bzw. § 211 Abs. 2 KO der Erlass von Forderungen gegenüber dem Gemeinschuldner auch ihm gegenüber, sofern auch hier nichts anderes vorgesehen war.

III. Abs. 1

Abs. 1 der Vorschrift erfasst Verbindlichkeiten des Schuldners, die nicht vom gestaltenden Teil des Insolvenzplans erfasst werden und nicht schon nach § 225 Abs. 1 als erlassen gelten.

§ 227 Abs. 1 setzt voraus, dass im Insolvenzplan **nichts anderes** bestimmt ist. So kann als abweichende Regelung im Insolvenzplan eine **Weiterhaftung** des **Schuldners** vorgesehen werden. Eine solche findet ihre Grenze in dem **Schlechterstellungsverbot** des § 247 Abs. 2 Nr. 1, wonach der Schuldner durch einen Insolvenzplan nicht schlechter gestellt werden kann, als er im Falle der Abwicklung nach den gesetzlichen Vorschriften stünde. Praktisch relevant wird dies bei **natürlichen Personen,** die die **Restschuldbefreiung** anstreben (§ 286). Hier müsste im Vorfeld **fiktiv** der **Höchstbetrag** ermittelt werden, den der Schuldner bei Abwicklung des gesetzlichen Verfahrens einschließlich Restschuldbefreiungsverfahrens jährlich aufbringen müsste. Erst bei **Überschreiten** der so ermittelten **Grenze** würde sich danach für den Schuldner eine Schlechterstellung durch den Plan ergeben. Für **Gesellschaften** und **Vereine** kommt eine Weiterhaftung nur in Betracht, wenn der Insolvenzplan ihren Fortbestand vorsieht und die zuständigen Organe deren Fortsetzung beschlossen haben (§§ 144 HGB, 274 AktG, 60 GmbHG, 117 Abs. 1 GenG nF).

Sieht der Insolvenzplan eine anderweitige Bestimmung **nicht** vor, gelten die **restlichen Verbindlichkeiten** mit der im gestaltenden Teil „**vorgesehenen Befriedigung**" gegenüber den Insolvenzgläubigern als **erlassen**. Sie bleiben jedoch als **unvollkommene Verbindlichkeiten** bzw. **Naturalobligationen** bestehen, d. h. sie sind nicht durchsetzbar, aber jederzeit erfüllbar.[3] Befriedigung erfordert dabei nicht Erfüllung in dem Sinn, dass eine Befreiung von den Restverbindlichkeiten erst mit Erfüllung der Verpflichtungen aus dem Insolvenzplan eintritt.[4] Abzustellen ist vielmehr auf die im Plan „vorgesehene" Befriedigung, d. h. die Befreiung tritt bereits ein mit der **Rechtskraft** des **Bestätigungsbeschlusses** (§ 254 Abs. 1 Satz 1),[5] nicht erst mit der tatsächlichen Erfüllung der im Plan vorgesehenen Verpflichtungen des Schuldners. Kommt der Schuldner diesen nicht nach, entfällt die Befreiung erst unter den Voraussetzungen des § 255.[6]

---

[3] *Uhlenbruck/Lüer* § 227 RdNr. 4.
[4] So aber wohl *Kübler/Prütting/Otte* § 227 RdNr. 6.
[5] *HK-Flessner* § 227 RdNr. 3.
[6] Vgl. *Nerlich/Römermann/Braun* § 227 RdNr. 2; *HK-Flessner* § 227 RdNr. 3.

9 Keine Schuldbefreiung tritt indes bezüglich der in § 225 Abs. 3 genannten Verbindlichkeiten ein.

IV. Abs. 2

10 Abs. 2 erstreckt bei Gesellschaften ohne Rechtspersönlichkeit die **persönlich haftenden Gesellschafter** in den Anwendungsbereich des Abs. 1. § 290 findet dabei keine Anwendung, so dass auch einem „unredlichen" Gesellschafter das Haftungsprivileg des § 227 Abs. 1 zuteil werden kann.[7]

11 **Gesellschaften ohne Rechtspersönlichkeit** sind diejenigen des § 11 Abs. 2 Nr. 1, d. h. die offene Handelsgesellschaft, die Kommanditgesellschaft, die Partnerschaftsgesellschaft, die Gesellschaft des Bürgerlichen Rechts, die Partenreederei und die Europäische wirtschaftliche Interessenvereinigung. Die besondere Erwähnung der **Kommanditgesellschaft auf Aktien** war deswegen notwendig, weil es sich um eine Gesellschaft mit eigener Rechtspersönlichkeit handelt. Für den Fall, dass bei dieser Rechtsform eine natürliche Person als **Komplementär** persönlich unbeschränkt haftet (§ 278 AktG), war eine **Gleichstellung** erforderlich. Auf die Vor-GmbH und Vor-AG ist die Vorschrift indessen nicht anwendbar. Zwar sind diese nach hM insolvenzfähig,[8] allerdings besteht keine Außenhaftung.[9]

12 Soweit auch hier im Plan nichts anderes vorgesehen ist, erstreckt sich die **Erlassfiktion** des Abs. 1 auch auf die **Haftung** des **persönlich haftenden Gesellschafters** für diese Verbindlichkeiten (etwa nach §§ 128, 161 Abs. 2 HGB). Dies folgt auch ohne die Anordnung nach Abs. 2 schon aus der Akzessorietät zwischen persönlicher Haftung des Gesellschafters und Gesellschaftsverbindlichkeit;[10] vgl. etwa die Regelung in § 129 Abs. 1 HGB. Aus diesem Grunde kann der Plan ohne Zustimmung der Gesellschafter auch keine haftungsverschärfenden Regelungen vorsehen.[11] Dies gilt allerdings nicht für vom Gesellschafter auf Grund eines **besonderen Schuldgrundes** begründeten Verbindlichkeiten, etwa durch Abschluss eines **Bürgschaftsvertrages** für Verbindlichkeiten des Schuldners (§ 254 Abs. 2 Satz 1). Solche werden von § 227 Abs. 2 nicht erfasst.[12] Die „Miterledigung" auch solcher Drittsicherheiten kann daher beispielsweise so ermöglicht werden, dass entweder die Alt-Gesellschafter die Abtretung ihrer praktisch wertlosen Gesellschaftsanteile an potentielle Investoren nur erklären, wenn damit, ggf. nach Zahlung eines regelmäßig geringen Betrages, zugleich auch ihre eigene (Bürgschafts-)Haftung erlischt, oder aber die Übertragung der Anteile von vornherein von der Zahlung einer bestimmten Planquote durch die Investoren abhängig gemacht wird. *Jaffé* weist daher zurecht darauf hin, dass es damit die Alt-Gesellschafter, die weder im Falle der Regelabwicklung noch einer übertragenden Sanierung Erlöse erwarten können, in der Hand haben, die Sanierungsbemühungen zu konterkarieren, indem sie sich weigern, ihre wertlosen Anteile ohne Gegenleistung zu übertragen.[13]

Ebenso von der Norm **nicht** umfasst werden von den persönlich haftenden Gesellschafter gestellte **dingliche Sicherheiten.**

13 **Ausgeschiedenen** persönlich haftenden **Gesellschaftern** kommt die Erlassfiktion des § 227 Abs. 2 indes **nicht** zu Gute, da durch sie das gesetzgeberische Ziel der Unternehmenserhaltung nicht mehr beeinflusst werden kann.[14] Dies gilt auch für **Kommanditisten,** die vor dem Planverfahren persönlich haftende Gesellschafter waren, da sie als wirtschaftliche Träger des Planverfahrens nicht mehr in der Weise in Betracht kommen, wie als persönlich haftende Gesellschafter. Sie sind mit der Vermögenslage der Gesellschaft nicht mehr in

---

[7] *Frank* in: *Runkel,* AHB-Insolvenzrecht, § 12 RdNr. 304, Fn. 2.
[8] *Lutter/Hommelhoff* GmbHG § 11 RdNr. 7; *Hüffer* AktG § 41 RdNr. 10, jeweils mwN.
[9] BGH ZIP 1997, 679 ff.. Vgl. zu weiteren gesellschaftsrechtlichen Innenhaftungstatbeständen *Uhlenbruck/Lüer* § 227 RdNr. 7.
[10] *Uhlenbruck/Lüer* § 227 RdNr. 8; vgl. auch *Nerlich/Römermann/Braun* § 227 RdNr. 4.
[11] *Uhlenbruck/Lüer* § 227 RdNr. 11; siehe auch BGHZ 47, 376, 378.
[12] AA *Nerlich/Römermann/Braun* § 227 RdNr. 5.
[13] FK-*Jaffé* § 227 RdNr. 24.
[14] So wie hier FK-*Jaffé* § 227 RdNr. 20; aA *Uhlenbruck/Lüer* § 227 RdNr. 10.

Änderung sachenrechtlicher Verhältnisse 1, 2 § 228

demselben Maße wie zuvor verhaftet, da sich ihre Haftung auf die Einlage beschränkt. Liegen demgegenüber die Voraussetzungen der **persönlichen Haftung** des **Kommanditisten** nach § 176 HGB vor, haftet er unter den dort genannten Voraussetzungen wie ein persönlich haftender Gesellschafter, so dass für ihn die Haftungsbeschränkung des § 227 Abs. 2 gilt.[15] Entsprechendes gilt für den Fall, dass ein persönlich haftender Gesellschafter aus der Gesellschaft erst **nach Bestätigung** des **Insolvenzplans** ausscheidet.

Nach § 334 Abs. 2 gilt § 227 Abs. 1 **entsprechend** für die persönliche **Haftung** von **Ehegatten** für **Gesamtgutsverbindlichkeiten** (§ 1459 Abs. 2 BGB) einer das Gesamtgut **gemeinschaftlich verwaltenden Gütergemeinschaft**. Auch diese können dann, wenn im Plan nichts Abweichendes geregelt ist, die Befreiung der darüber hinausgehenden Restverbindlichkeiten erlangen.

§ 228 Änderung sachenrechtlicher Verhältnisse

¹ Sollen Rechte an Gegenständen begründet, geändert, übertragen oder aufgehoben werden, so können die erforderlichen Willenserklärungen der Beteiligten in den gestaltenden Teil des Insolvenzplans aufgenommen werden. ² Sind im Grundbuch eingetragene Rechte an einem Grundstück oder an eingetragenen Rechten betroffen, so sind diese Rechte unter Beachtung des § 28 der Grundbuchordnung genau zu bezeichnen. ³ Für Rechte, die im Schiffsregister, im Schiffsbauregister oder im Register für Pfandrechte an Luftfahrzeugen eingetragen sind, gilt Satz 2 entsprechend.

Schrifttum: *Bauer/von Oefele*, Grundbuchordnung, 1999; *Hess/Weis*, Der Insolvenzplan, WM 1998, 2349 ff.; *Maus*, Der Insolvenzplan, in: Kölner Schrift zur Insolvenzordnung, S. 931 ff.; *Schiessler*, Der Insolvenzplan, 1997; *Smid*, Sanierungsverfahren nach neuem Insolvenzrecht, WM 1998, 2489 ff.

Übersicht

	RdNr.		RdNr.
I. Normzweck	1	2. Erforderliche Willenserklärungen	5
II. Aufnahme der für Verfügungen erforderlichen Willenserklärungen in den Insolvenzplan (Satz 1)	2	3. Wirkungen der Aufnahme in den Plan	9
1. Rechte an Gegenständen	2	III. Sachenrechtlicher Bestimmtheitsgrundsatz (S. 2 u. 3)	11

I. Normzweck

§ 228 hat keine Entsprechung im überkommenen Recht. Durch die Vorschrift sollen in 1 einem aufgestellten Insolvenzplan vorgesehene Änderungen von sachenrechtlichen Verhältnissen erleichtert werden. So können aus Zeit- und Kostenersparnisgründen die für Verfügungen erforderlichen Willenserklärungen ohne weitere Formerfordernisse, wie etwa notarielle Beurkundungen, in den gestaltenden Teil des Insolvenzplans aufgenommen werden. Dabei müssen die vom Plan betroffenen grundbuch- oder sonst registerkenntlich zu machenden Rechte unter Beachtung des § 28 GBO exakt bezeichnet werden.

II. Aufnahme der für Verfügungen erforderlichen Willenserklärungen in den Insolvenzplan (Satz 1)

1. Rechte an Gegenständen. Dem Wortlaut nach bezieht sich die Norm auf Verfügun- 2 gen über Rechte an Gegenständen. Hierunter fallen nicht nur Rechte an Sachen. Vielmehr ergibt sich im Umkehrschluss zu § 90 BGB, wonach Sachen nur körperliche Gegenstände sind, dass der Gegenstandsbegriff in § 228 Satz 1 umfassender sein muss. Unter **Gegen-**

---

[15] *Hess/Weis/Wienberg* § 227 RdNr. 15.

ständen ist danach **alles** zu verstehen, was **Objekt von Rechten** sein kann.[1] Mithin können Gegenstand der „Änderung sachenrechtlicher Verhältnisse" auch die Übertragung oder Verpfändung von Gesellschaftsanteilen, immateriellen Rechten, Forderungen oder sonstigen Vermögensrechten sein.[2] Die Regelung dinglicher Rechtsverhältnisse im Plan wird regelmäßig im Zusammenhang mit der Neubestimmung der Rechte der absonderungsberechtigten Gläubiger stehen, da bei Eingriff in deren Rechte nach § 223 InsO Art und Umfang regelungsbedürftig sind.

3 Durch § 925 Abs. 1 Satz 3 BGB i. d. F. des Art. 33 Nr. 26 EGInsO kann in einem rechtskräftig bestätigten Insolvenzplan auch die **Auflassung** erklärt werden. Die Einfügung war erforderlich geworden, da sich die §§ 228, 254 nur auf Rechte „an Gegenständen" bzw. „an einem Grundstück oder an eingetragenen Rechten" beziehen. Da in § 254 Abs. 1 Satz 2 explizid die Übertragung von Gesellschaftsanteilen einer GmbH genannt ist, hätte sich ohne eine solche Einfügung in § 925 Abs. 1 Satz 3 BGB im Umkehrschluss ergeben, dass nur die Übertragung dinglicher Rechte, nicht aber von Grundstücken selbst, Gegenstand eines Insolvenzplans sein kann.[3] Bei der gerichtlichen Bestätigung des Insolvenzplans handelt es sich um eine Rechtsbedingung, die mit der Bedingungsfeindlichkeit der Auflassung nach § 925 Abs. 2 BGB vereinbar ist.

4 § 228 Satz 1 unterscheidet nicht zwischen Gegenständen der Insolvenzmasse und massefreien Gegenständen. Dies ist sinnvoll, da sich teilweise erst effektive Lösungen für den Insolvenzplan durch die Einbeziehung massefremder Gegenstände ergeben, so etwa, wenn zur Weiterproduktion etwas zur Masse von einem Dritten erworben werden soll.[4] Die hierfür notwendigen Willenserklärungen können dann ebenfalls in den gestaltenden Teil aufgenommen werden.

5 **2. Erforderliche Willenserklärungen.** Die für die Rechtsänderung nach materiellem Recht erforderlichen Willenserklärungen können in den gestaltenden Teil des Insolvenzplans aufgenommen werden. Hierunter fallen etwa die Einigung über die Übereignung einer beweglichen Sache (§ 929 Satz 1 BGB), der Verzicht auf ein Pfandrecht (§ 1255 BGB) oder etwa die Bewilligung einer Vormerkung als Sicherungsmittel. Auch kann dort die Freigabe von Grundschulden, die Bildung eines Sicherheitenpools oder der Verzicht auf ein Absonderungsrecht erklärt werden.[5] Sofern es sich um Verfügungen über Gegenstände der Insolvenzmasse handelt (Istmasse), muss wegen § 80 Abs. 1 eine entsprechende Willenserklärung des Insolvenzverwalters in den Insolvenzplan mit aufgenommen werden.[6]

6 Fraglich ist, ob die **Abgabe** von erforderlichen – rechtsgeschäftlichen – **Willenserklärungen** durch den Planverfasser **ersetzt** werden kann. Teilweise wird dies bejaht, so dass die Erklärung iSd § 228 Satz 1 als abgegeben gilt, wenn der Insolvenzplan rechtskräftig bestätigt ist.[7] Hiergegen spricht, dass im gestaltenden Teil die Abgabe von Willenserklärungen auch solcher Personen vorgesehen werden kann, die an dem Insolvenz(plan)verfahren bislang überhaupt nicht teilgenommen haben (etwa Bürgen oder Neulieferanten) und die damit auch nicht zum Kreis der abstimmungs- und widerspruchsberechtigten Gläubiger zählen (vgl. § 241 Abs. 2). Maßgeblichkeit kann der Insolvenzplan – ähnlich wie bei § 82 VerglO – jedoch nur gegenüber den zur Abstimmung bzw. zum Widerspruch berechtigten Personen entfalten, die ggf. überstimmt werden können. Gegenüber außenstehenden Dritten besteht diese Möglichkeit nicht, d. h. diese können nicht zum Abschluss eines entsprechenden Rechtsgeschäfts gezwungen werden. Liegt die erforderliche Willenserklärung eines am Insolvenz(plan)verfahren unbeteiligten Dritten nicht vor, ist die Erklärung erst dann wirk-

---

[1] Vgl. HK-*Flessner* 228 RdNr. 2.
[2] Vgl. *Nerlich/Römermann/Braun* § 228 RdNr. 3 bis 5.
[3] *Bauer/von Oefele/Kössinger* GBO § 20 RdNr. 202.
[4] Vgl. HK-*Flessner* § 228 RdNr. 4
[5] *Smid* WM 1998, 2489, 2495.
[6] HK-*Flessner* § 228 RdNr. 5.
[7] *Smid/Rattunde* § 228 RdNr. 2.

Vermögensübersicht. Ergebnis- und Finanzplan § 229

sam, wenn er hierzu sein Einverständnis erklärt hat (§§ 184, 185 BGB) und der Insolvenzplan bestätigt wird.[8] Insoweit ist der Gesetzeswortlaut missverständlich.[9]

Sofern für ein Rechtsgeschäft eine **Registereintragung** erforderlich ist, können aus Gründen der Verfahrensbeschleunigung die hierfür erforderlichen **Verfahrenserklärungen** ebenfalls in den Insolvenzplan aufgenommen werden (so etwa bei Grundstücken der Eintragungsantrag nach § 13 GBO). Es besteht kein Grund, hier zwischen Eintragungsbewilligung und Eintragungsantrag zu differenzieren.[10] — 7

Hängt der Eintritt der Rechtsänderung von zusätzlichen tatsächlichen Voraussetzungen ab, etwa die Übergabe einer beweglichen Sache oder die Eintragung im Grundbuch, so können diese durch den Plan nicht ersetzt werden. Sie sind vielmehr gesondert herbeizuführen (vgl. auch § 223 RdNr. 19). — 8

3. Wirkungen der Aufnahme in den Plan. Die Aufnahme der erforderlichen Willenserklärungen erfolgt durch den Planverfasser und bedarf stets der **Schriftform**. Mündliche Nebenabreden gelten als nicht in den Plan aufgenommen. Eine Bezugnahme auf andere Schriftstücke, als diejenigen, die Bestandteil des Insolvenzplans sind, ist unzulässig. Sie ist nur dann unschädlich, wenn sich die Voraussetzungen für die Rechtsänderung aus dem Plan selbst ergeben. — 9

Nach § 254 Abs. 1 Satz 2 Hs. 1 gelten die in den Plan aufgenommenen Willenserklärungen der Beteiligten als in der vorgeschriebenen Form abgegeben. Diese Wirkung tritt ein mit der rechtskräftigen gerichtlichen Bestätigung des Insolvenzplans (§ 248). — 10

III. Sachenrechtlicher Bestimmtheitsgrundsatz (S. 2 u. 3)

Nach § 228 Satz 2 sind die vom Insolvenzplan betroffenen **Grundstücksrechte** unter Beachtung des § 28 GBO genau zu **bezeichnen**. Bei Mißachtung dieser Vorschrift hat das Insolvenzgericht den Insolvenzplan unter den Voraussetzungen des § 231 Abs. 1 Nr. 1 zurückzuweisen. — 11

Nach rechtskräftiger Bestätigung des Insolvenzplans hat das **Insolvenzgericht** diesen nebst dem Bestätigungsbeschluss **von Amts wegen** an das zuständige **Grundbuchamt** zu übermitteln, sofern der Plan selbst bereits eine entsprechende Verfahrenserklärung enthält.[11] Um dem Grundsatz des Urkundenbeweises nach § 29 GBO zu genügen, ist zumindest eine **beglaubigte Ablichtung** des **Insolvenzplans** und des **Bestätigungsbeschlusses** einzureichen. Auch ist dafür zu sorgen, dass etwa erforderliche **behördliche** oder **vormundschaftsgerichtliche Genehmigungen** sowie **Unbedenklichkeitsbescheinigungen** der Finanzbehörden mit vorgelegt werden. — 12

§ 228 Satz 2 gilt entsprechend für die in S. 3 aufgeführten, registerkenntlich zu machenden Rechte. — 13

§ 229 Vermögensübersicht. Ergebnis- und Finanzplan

¹Sollen die Gläubiger aus den Erträgen des vom Schuldner oder von einem Dritten fortgeführten Unternehmens befriedigt werden, so ist dem Insolvenzplan eine Vermögensübersicht beizufügen, in der die Vermögensgegenstände und die Verbindlichkeiten, die sich bei einem Wirksamwerden des Plans gegenüberstünden, mit ihren Werten aufgeführt werden. ²Ergänzend ist darzustellen, welche Aufwendungen und Erträge für den Zeitraum, während dessen die Gläubiger befriedigt werden sollen, zu erwarten sind und durch welche Abfolge von Einnah-

---

[8] Vgl. HK-*Flessner* § 228 RdNr. 8, 9.
[9] HK-*Flessner* § 228 RdNr. 8.
[10] So wie hier HK-*Flessner* § 228 RdNr. 6; aA *Schiessler*, Der Insolvenzplan, S. 112; *Uhlenbruck/Lüer* § 228 RdNr. 1.
[11] Vgl. *Hess/Weis/Wienberg* § 228 RdNr. 11.

men und Ausgaben die Zahlungsfähigkeit des Unternehmens während dieses Zeitraums gewährleistet werden soll.

Übersicht

	RdNr.		RdNr.
A. Normzweck	1	II. Beurteilung des Sanierungserfolgs	14
B. Vermögensübersicht zum Insolvenzplan	3	D. Finanzplan zum Insolvenzplan	16
I. Inhalt	5	I. Struktur der Einnahmen und Ausgaben	18
II. Bewertung	9	II. Beurteilung der Zahlungsfähigkeit	30
C. Ergebnisplan zum Insolvenzplan	10		
I. Erwartete Erträge und Aufwendungen	11		

A. Normzweck

1 In Ergänzung zu § 220 soll den Gläubigern, die aus den Erträgen des fortgeführten Unternehmens befriedigt werden, zusätzliche Informationen zur Beurteilung der künftigen wirtschaftlichen Entwicklung dieses Unternehmens gegeben werden. Insbesondere wird vorgeschrieben, dass für das zu sanierende Unternehmen zum einen in einer Vermögensübersicht die Aktiva und Passiva, die sich im Falle einer Bestätigung des Plans gegenüberstünden, dargestellt werden. Zum anderen ist zu zeigen, welche Erträge und Aufwendungen in welcher Höhe für den Sanierungszeitraum (einschließlich ggf. Periodisierungen nach Jahren) zu erwarten sind und wie im Sanierungszeitraum die Liquidität sichergestellt werden soll.

2 Die Vorschrift ist wörtlich aus 273 RegE übernommen worden.

B. Vermögensübersicht zum Insolvenzplan

3 Für den Fall der **Sanierung des Unternehmensträgers** können die Gläubiger und auch das Insolvenzgericht nur dann mit einer gewissen Erfolgswahrscheinlichkeit die Frage des Gelingens der Sanierungsanstrengungen auf der Basis des vorgelegten **Sanierungsplans**[1] prüfen, wenn sie ergänzende Informationen darüber erhalten, wie die Verbindlichkeiten des zu sanierenden Unternehmens auf ein vertretbares Maß zurückgeführt werden können, d. h. wie sich die Kapitalstrukturverhältnisse verbessern und der Verschuldungsgrad verringert, und welche Vermögensgegenstände zur Verfügung stehen und deren Bestand erhöht werden kann. Besserungen der Lage sind regelmäßig nur auf dieser Grundlage erzielbar.

4 Im Falle der **übertragenden Sanierung** entfällt die Notwendigkeit derartiger ergänzender Informationen, wenn das gesamte Unternehmen auf einen neuen Rechtsträger übergeht und die Gläubiger aus dem Verwertungserlös sofort abgefunden werden können (**Liquidationsplan**). Kann jedoch bei übertragender Sanierung nicht unmittelbar eine Befriedigung der Gläubiger erfolgen und verzichten die Gläubiger auch nicht auf die volle Befriedigung oder erfolgt nur eine Teil-Betriebsveräußerung, so werden auch in diesem Falle die Gläubiger ein Interesse an der zukünftigen wirtschaftlichen Entwicklung haben, da sie ggf. aus den Erträgen noch ausstehender Teilleistungen zu ihrer Befriedigung laut Plan erhalten können.

I. Inhalt

5 Zu erstellen ist bei **Sanierung** des **Unternehmensträgers** eine Vermögensübersicht, welche die Bestände an Vermögensgegenständen und an Verbindlichkeiten zum Zeitpunkt

---

[1] Siehe § 220 RdNr. 27 ff.

der Planerstellung ausweist. Zweckmäßigerweise wird dabei das Verzeichnis der Massegegenstände nach § 151 Abs. 1 und das Verzeichnis der Verbindlichkeiten nach § 152 zu Grunde gelegt werden, wobei hinsichtlich der Massegegenstände von einer Bewertung zu Fortführungswerten[2] auszugehen ist. Zu berücksichtigen sind insbesondere auch die Verbindlichkeiten aus Sozialplänen.

Zu ergänzen ist die aktuelle Vermögensübersicht zum Zeitpunkt der Planerstellung durch **Fortschreibungen** dieser Vermögensübersicht auf der Basis von **Plan-Bilanzen (Plan-Vermögensübersichten),** die den gesamten Sanierungszeitraum zu umfassen haben. Auf diese Weise lässt sich zeigen, wie sich die Vermögens- und Kapitalstrukturen verändern sollen und wie die Gläubiger im Falle der Sanierung des Unternehmensträgers schrittweise eine Befriedigung erfahren können. Die formale Gestaltung der Vermögensübersichten erfolgt zweckmäßigerweise auf der Basis der handelsrechtlichen Bilanzgliederung, um zu zeigen, wie sich die Vermögensgegenstände des Anlage- und Umlaufvermögens einerseits und andererseits die Verbindlichkeiten und die Eigenkapitalausstattung des fortgeführten Unternehmens sich verändern. 6

Bei **übertragender Sanierung** weist die Vermögensübersicht zum Zeitpunkt des Wirksamwerdens des Plans insbesondere bei Teil-Betriebsveräußerungen den Bestand der verbleibenden Vermögensgegenstände und den prognostizierten Verwertungserlös des zu veräußernden Betriebsteils als Aktiva aus, denen die Verbindlichkeiten gegenübergestellt werden. Auf dieser Basis lässt sich in der Folge auch entscheiden, ob die verbleibenden Betriebsteile weitergeführt werden können (im Sinne einer Sanierung des Unternehmensträgers) oder ob die verbleibenden Betriebsteile insgesamt oder in Teilen stillzulegen, also zu liquidieren, sind. Bei Fortführung von verbleibenden Betriebsteilen gelten dann die oben[3] angeführten Grundsätze der Erstellung von Plan-Vermögensübersichten. 7

In jedem Fall handelt es sich bei den anzusetzenden Werten um **Prognosewerte** zum voraussichtlichen Zeitpunkt des Wirksamwerdens des Plans (§ 229 Satz 1). Dieser Sachverhalt kann bei komplexeren Unternehmensinsolvenzen seinerseits ein Bewertungsproblem darstellen, weil insbesondere die Werte aus dem Masseverzeichnis des Verwalters bei sich verzögerndem Wirksamwerden stärker zu modifizieren sein werden. Ohne Einschaltung von Sachverständigen wird sich dann ohnehin keine realistische Bewertung und Beurteilungsgrundlage erstellen lassen. 8

II. Bewertung

Da eine dauerhafte Unternehmensfortführung geplant bzw. zu unterstellen ist, kann die Bewertung der Massegegenstände nur zu **Fortführungswerten** zum Zeitpunkt des Wirksamwerdens des Plans in Betracht kommen. Dasselbe gilt für die Fortschreibungswerte in darauf folgenden Plan-Vermögensübersichten auf der Basis von Plan-Bilanzen. Damit die Gläubiger und das Gericht eine brauchbare und klare Entscheidungsgrundlage erhalten, ist entsprechend § 220 eine **Vergleichsrechnung** vorzulegen, die alternativ zur Bewertung zu **Stilllegungswerten (Liquidationswerten)** zum Zeitpunkt des Wirksamwerdens des Plans **(Plan-Stilllegungswerte** bzw. **Plan-Liquidationswerte)** enthält. 9

C. Ergebnisplan zum Insolvenzplan

Ein Ergebnisplan, der die Gegenüberstellung von Erträgen und Aufwendungen über die gesamte Sanierungsperiode enthält, ist sowohl für die Sanierung des Unternehmensträgers als auch für die übertragende Sanierung zu erstellen, da das Gesetz zu diesen Varianten ausdrücklich keine unterschiedliche Handhabung vorsieht. Darüber hinaus wird ein Ergeb- 10

---
[2] Siehe dazu § 220 RdNr. 36 ff.
[3] RdNr. 5.

nisplan auch bei nur **vorübergehender Fortführung** (und anschließender Liquidation) erforderlich sein, wenn bestimmte Projekte zu Ende geführt und schon in Angriff genommene Aufträge abgewickelt werden sollen, sofern die Gläubiger in diesem Zeitraum ihre Forderungen plangemäß stunden und nicht aus einem Verwertungserlös befriedigt werden können. Dasselbe gilt bei Fortführung nur eines Teils des Unternehmens für den Teil der Forderungen, die nicht Gegenstand der Liquidation sind.

I. Erwartete Erträge und Aufwendungen

11   Zu Grunde zu legen ist der gesamte geplante **Sanierungszeitraum**, der zweckmäßigerweise in jährliche Prognoseabschnitte unterteilt wird. Zu ermitteln sind somit Prognosewerte auf der Basis von **Plan-Gewinn- und Verlustrechnungen (Plan-GuV)** in Ergänzung zu Plan-Bilanzen.[4]

12   Die **erwarteten Erträge** werden vor allem aus Umsatzerlösen bestehen, deren Schätzung wiederum auf den Marktaussichten und den Produktionsmöglichkeiten des Unternehmens beruhen. Da es sich dabei um regelmäßig schwierig zu beurteilende Fragen handelt, wird die Beauftragung von Sachverständigen unumgänglich sein.

13   Die Schätzung der **erwarteten Aufwendungen** gestaltet sich dagegen im Allgemeinen weniger schwierig, wenn die konkreten Markt- und Absatzaussichten bekannt sind. Auf der Basis bestimmter vorzugebender Produktionsvolumina sind dabei vor allem die Aufwendungen für den Einsatz von Materialien und Personal sowie für Ertragsteuern zu schätzen. Auch die Schätzungen der Aufwendungen für Abschreibungen bereiten keine Schwierigkeiten, da sie auf der Basis der vorhandenen Abschreibungspläne weiterentwickelt werden können. Zu berücksichtigen sind in diesem Zusammenhang vor allem die Aufwendungen für die Finanzierung, die sich durch zusätzliche Aufnahmen von Insolvenzkrediten zur Fortführung des Unternehmens erhöhen können.

II. Beurteilung des Sanierungserfolgs

14   Durch Gegenüberstellung der im Sanierungszeitraum periodenmäßig zu erwartenden Erträge und Aufwendungen kann den Gläubigern gezeigt werden, wie sich der angestrebte – und im darstellenden Teil näher beschriebene – Sanierungserfolg entwickelt, d. h. ob er planmäßig verläuft oder abweichende Ergebnisse aufweist. Insofern erhalten die Gläubiger die Möglichkeit, eine periodenmäßige **Kontrolle** vorzunehmen und ggf. bei **ausbleibendem Sanierungserfolg** die Fortführung in eine Liquidation abzuändern.

15   Insbesondere soll auch überprüfbar sein, wie die Befriedigung der Gläubiger aus dem jeweiligen **Plan-Prognoseergebnis** erfolgt. Als Darstellungsmethode empfiehlt sich daher die handelsrechtliche GuV-Gliederung: Ein geplanter **Periodenüberschuss** soll in seiner Verwendung insbesondere zur Rückführung der Verbindlichkeiten gegenüber den Gläubigern erläutert und dargelegt sowie gezeigt werden, inwiefern und inwieweit derartige „Tilgungen" eine Verbesserung gegenüber der Liquidation des Unternehmensträgers bedeuten.

D. Finanzplan zum Insolvenzplan

16   Um festzustellen, ob auch die **Liquidität** im Sanierungszeitraum gesichert sein wird, ist ein **Finanzplan** als Anlage dem Insolvenzplan anzufügen, der – wie vom Gesetzgeber gefordert – die **geschätzten Einnahmen und Ausgaben** enthält. Dabei ergibt sich allerdings das Problem, dass derartige Finanzpläne sinnvoll nur für Zeiträume bis maximal 12 Monate erstellt werden können. Deshalb ist vom Insolvenzverwalter in Zusammenarbeit mit der Unternehmensführung jeweils der Finanzplan **gleitend** für jeweils 12 Monate weiterzuführen und auf diese Weise die Liquidität zu steuern.

---

[4] Siehe RdNr. 6.

Daher ist eine derartige Liquiditätsrechnung, die Einnahmen und Ausgaben als Bestandteile des betrieblichen Zahlungsstromes zum Gegenstand haben, durch andere Instrumente der Finanzplanung zu ergänzen, die längerfristig über Steuerung der Aktiva und Passiva des zu sanierenden Unternehmens das **finanzwirtschaftliche Gleichgewicht**[5] gewährleisten, beispielsweise durch die ergänzende Erstellung von **Kapitalbindungsplänen**. Derartige Kapitalbindungspläne weisen für die einzelnen Planperioden des Sanierungszeitraums die Abstimmung von Kapitalverwendung und Kapitalbeschaffung aus. Sie können zwar nicht die Liquidität (als Zeitpunktproblem) gewährleisten, aber verhindern, dass durch Fehlentwicklungen im Investitions- und Finanzierungsbereich (erneute) Probleme für die Zahlungsfähigkeit und/oder Überschuldungsprobleme auftreten. In jedem Fall können sie in Ergänzung zu den Finanplänen als kurzfristige Liquiditätsrechnungen zeigen, welche Finanzierungsquellen dem Unternehmen grundsätzlich zur Verfügung stehen, sofern der Plan wirksam wird, und welche Zahlungen die Gläubiger (bzw. bestimmte Gläubigergruppen) erwarten können. Insofern wird auch das Zusammenwirken von Plan-Vermögensübersichten[6] bzw. -rechnungen, (Plan-)Ergebnisrechnungen[7] und finanzwirtschaftlichen Rechnungen in Form von Kapitalbindungsplänen und Finanzplänen deutlich.

I. Struktur der Einnahmen und Ausgaben

Finanzpläne knüpfen an die prognostizierten Liquiditätsbestände zum Zeitpunkt des Wirksamwerdens des Insolvenzplans an. Insofern muss bereits eine kurzfristige Finanzplanung vorliegen bzw. erstellt werden, die zeigt, wie die **Zahlungsfähigkeit** des Unternehmens durch welche Abfolge von Einnahmen und Ausgaben gewährleistet ist und welcher Liquiditätssaldo sich bis zu diesem Zeitpunkt voraussichtlich ergeben wird.

Hinsichtlich der Ermittlung der Abfolge von Einnahmen und Ausgaben ist systematisch vorzugehen. Es sind zuerst einmal die **Einnahmen** pro Tag, Woche und Monat zu prognostizieren: Einnahmen aus Umsätzen entsprechend den ermittelten Zahlungsursancen der Kundschaft, Einnahmen aus dem Finanzbereich (insbesondere Kreditaufnahmen) und sonstige Einnahmen (z. B. aus Steuererstattungen).

Für die **Ausgaben** ergeben sich vor allem die Blöcke Personalausgaben, Ausgaben für Materialien, Mieten und Energie, Ausgaben für Investitionen, Ausgaben für Zinszahlungen und Kreditrückzahlungen bzw. Tilgungen sowie Steuerzahlungen.

Die entsprechenden prognostizierten Einnahmen und erforderlichen Ausgaben je Tag sind so aufeinander abzustimmen, dass keine Unterdeckungen, aber auch keine Überdeckungen auftreten. Im Falle von Überschüssen der Einnahmen über die Ausgaben, sind diese Differenzen ertragswirksam (kurzfristig) anzulegen. Entsprechende Planungsrechnungen in exakter Form sind tageweise nur jeweils für die nächsten 10 bis 30 Tage sinnvoll möglich. Darüber hinausgehende Abstimmungen erfolgen in der Praxis daher monatlich, wobei der Planungszeitraum in der Regel konstant 12 Monate beträgt (**revolvierende Finanzplanung**). Auf diese Weise lässt sich den Gläubigern somit wenigstens für diesen Zeitraum die Gewährleistung der Zahlungsfähigkeit verdeutlichen.

Für darüber hinaus gehende Zeithorizonte kann lediglich die **strukturelle Liquidität** durch Einsatz von **Kapitalbindungsplänen** für den Sanierungszeitraum geschätzt bzw. die Zahlungsfähigkeit in strukturellen Sinne sichergestellt werden. Mit Hilfe von Kapitalbindungsplänen lassen sich sowohl Kapitalverwendung und Kapitalherkunft für die festzulegenden Perioden des Sanierungszeitraumes (idR auf Jahresbasis) zeigen als auch die erforderlichen Vermögens- und Kapitalstrukturen modellieren. Die **Grundstruktur** eines Kapitalbindungsplanes zeigt die nachfolgende Abbildung. Notwendig ist die Entwicklung einer dem Sanierungszeitraum entsprechenden, auf einander folgenden Zahl von Kapitalbindungsplänen.

---

[5] Siehe dazu *Eilenberger*, Betriebliche Finanzwirtschaft, 7. Aufl. 2003, S. 340 ff.
[6] RdNr. 6 ff.
[7] RdNr. 10 ff.

Kapitalverwendung (Finanzmittelverwendung)	Kapitalherkunft (Finanzmittelbeschaffung)

I. Erhöhung des
1. Anlagevermögens, davon
  a) Sachanlagen
  b) Finanzanlagen
2. Umlaufvermögens, davon
  a) Vorräte und Waren
  b) Forderungen
  c) Flüssige Mittel
II. Finanzmittelabflüsse durch
1. Rückzahlung von Schulden
2. Rückzahlung von Beteiligungskapital
3. Gewinnausschüttung
4. Gewinnsteuern
	I. Erhöhung der Kapitalausstattung durch
	1. Beteiligungsfinanzierung
	2. Rücklagendotierung
	3. Kreditfinanzierung, davon
	  a) Banken
	  b) andere Gläubiger
	4. Rückstellungen
	II. Desinvestitionen durch
	1. Abschreibungserlöse
	2. Verkauf von Gegenständen des Anlagevermögens
	3. Verkauf von Gegenständen des Umlaufvermögens

Abbildung: Grundstruktur eines Kapitalbindungsplanes[8]

24 Kapitalbindungspläne weisen künftige, geplante Finanzmittelbeschaffungen als Summe von Finanzmittelzuflüssen (Einnahmen) der jeweiligen Planperiode(n) in Form von autonomen Zuflüssen und von Desinvestitionen einerseits und entsprechende Kapitalverwendungen als Summe von Ausgaben für Investitionen (Erhöhung des Anlage- und Umlaufvermögens) und von Finanzmittelabflüssen (= Ausgaben für Schuldentilgung, Rückzahlung von Beteiligungskapital, Gewinnausschüttung und Gewinnsteuerzahlungen) in Form von **Bruttorechnungen** aus. Zusätzlich zeigen Kapitalbindungspläne für jede Periode den Bedarf an zusätzlich erforderlichen Finanzmitteln auf, die insbesondere für Investitionen zu beschaffen sind. Insofern erweisen sie sich auch als **Nettorechnungen** für den Umfang der erforderlichen Finanzmittelbeschaffungen.

25 Auf Grund von Vorgaben über die anzustrebende **Kapitalstruktur** und die **Vermögensstruktur**, die Gegenstände des Sanierungsplanes sein können und müssen, erfolgt die Steuerung der Perioden-Einnahmen- und Perioden-Ausgaben-Strukturierung über einen längeren Zeitraum im Sinne der Sicherstellung der (strukturellen) **Zahlungsfähigkeit**. Damit lassen sich (erneute) Gefährdungen der aktuellen Zahlungsfähigkeit bei konsequenter Umsetzung des integrierten Konzepts von kurzfristiger, revolvierender und taggenauer Finanzplanung mit längerfristiger zeitraumbezogener **Kapitalbindungsplanung** verlässlich verhindern.

26 Eine wertvolle Ergänzung der Darstellung durch Kapitalbindungspläne können zur Darlegung der **Innenfinanzierungsverhältnisse** zusätzlich **Cash Flow-Prognoserechnungen** geben, bei denen auch die Umsatzerlöse gesondert berücksichtigt werden. Darüber hinaus lassen sich Alternativrechnungen über die Cash Flow-Entwicklung gewinnen, wenn auf unterschiedliche Grade der **Kapazitätsauslastung** abgestellt wird. Cash Flow-Prognoserechnungen bestehen aus zwei Teilrechnungen, nämlich einer Entstehungsrechnung des Cash Flow und einer Verwendungsrechnung für den generierten Cash Flow einer Planungsperiode. Die nachfolgenden Abbildungen zeigen zum einen die **Grundstruktur** einer einperiodigen Cash Flow-Prognoserechnung mit Werten bei unterschiedlichen Kapazitätsauslastungen, zum anderen den zeitlichen Rahmen für eine **mehrperiodige Cash Flow-Prognoserechnung** bei Annahme eines bestimmten Grades der Kapazitätsauslastung. Insofern verdeutlichen Cash Flow-Prognoserechnungen über die **Entstehungsrechnung** die aus der Innenfinanzierungskraft des zu sanierenden Unternehmens stammenden, freigesetzten Finanzmittel einer Periode (= **verfügbarer Cash Flow**), dessen konkrete Verwendun-

---
[8] *Eilenberger*, Betriebliche Finanzwirtschaft, 7. Aufl. 2003, S. 343 ff.

Vermögensübersicht. Ergebnis- und Finanzplan **§ 229**

gen grundsätzlich für Investitionen, Schuldentilgung, Gewinnausschüttung und Gewinnsteuerzahlungen über die **Verwendungsrechnung** darzulegen sind.

27

	Kapazitätsauslastung				
	80% T €	90% T €	100% T €	110% T €	120% T €
1. Entstehungsrechnung					
a) Zuflüsse (Betriebseinnahmen):					
Umsatzerlöse	110	135	150	155	160
Zuschreibungen	30	...	30	...	...
Beteiligungen	70	...	70	...	...
	210	...	250	...	...
b) Abflüsse (Betriebsausgaben):					
Variable Betriebsausgaben	80	...	100	...	...
Fixe Betriebsausgaben	20	...	20	...	...
c) Cash Flow	110	...	130	...	...
2. Verwendungsrechnung					
a) Verfügbarer Cash-Flow	110	...	130	...	...
b) Verwendung für:					
Investitionen	50	...	80	...	...
Schuldentilgung	20	...	20	...	...
Gewinnausschüttung	20	...	20	...	...
Gewinnsteuern	10	...	10	...	...
	10	...	–	...	...

Abbildung: Grundstruktur einer einperiodigen prospektiven Cash Flow-Rechnung (fiktive Zahlenangaben)[9]

Im nachfolgenden Beispiel werden unter Annahme einer Kapazitätsauslastung von 80% für das Basisjahr (Jahr 1) für die nächsten Jahre (**Sanierungszeitraum**) die Cash Flows weiter detailliert. Welche der jeweiligen Grade der Kapazitätsauslastung weiter analysiert und prognostiziert werden sollen, hängt von der Einschätzung ab, mit welcher Auslastung voraussichtlich im Sanierungszeitraum zu rechnen ist.

28

Kapazitätsauslastung: 80%	Sanierungszeitraum				
	Jahr 1 T €	Jahr 2 T €	Jahr 3 T €	Jahr 4 T €	Jahr 5 T €
1. Entstehungsrechnung					
a) Vortrag	...	10	5	...	...
b) Zuflüsse	210	225	235	...	...
c) Cash-Flow	110	120	110	...	...
2. Verwendungsrechnung					
a) Verfügbarer Cash-Flow	110	120	110	...	...
b) Verwendung des Cash-Flow	100	115	110	...	...
c) Vortrag	10	5	–	...	...

29

Abbildung: Beispiel einer mehrperiodigen Cash Flow-Prognoserechnung bei Annahme einer Kapazitätsauslastung von 80% und fünfjähriger Sanierungsdauer[10]

---

[9] *Eilenberger* aaO S. 345.
[10] *Eilenberger* aaO S. 347.

§ 230

II. Beurteilung der Zahlungsfähigkeit

30 Die von § 229 Satz 2 geforderte Darstellung der Gewährleistung der Zahlungsfähigkeit des Unternehmens während des Sanierungszeitraumes ist mit den verfügbaren Finanzplanungsinstrumenten allenfalls für relativ kurze Perioden mit einiger Erfolgswahrscheinlichkeit vorzunehmen. Die Gläubiger und das Insolvenzgericht können daher nur auf Grund von weiteren Hinweisen, die aus Kapitalbindungsplänen, dem Ergebnisplan zum Insolvenzplan und Plan-Vermögensübersichten gewonnen werden können, Anhaltspunkte für die Beurteilung erhalten, ob das zu sanierende Unternehmen im Sanierungszeitraum zahlungsfähig sein wird. Daher bedarf es bei Wirksamwerden des Plans einer laufenden, systematischen Überwachung und Kontrolle der angesprochenen Pläne. Aus diesem Grund sollte auch die Überwachung nach § 260 angeordnet werden. Im Falle auftretender erheblicher Planabweichungen im Finanzbereich müsste dann jeweils durch die Beteiligten über Fortführung oder Liquidation entschieden werden.

§ 230 Weitere Anlagen

(1) ¹Ist im Insolvenzplan vorgesehen, daß der Schuldner sein Unternehmen fortführt, und ist der Schuldner eine natürliche Person, so ist dem Plan die Erklärung des Schuldners beizufügen, daß er zur Fortführung des Unternehmens auf der Grundlage des Plans bereit ist. ²Ist der Schuldner eine Gesellschaft ohne Rechtspersönlichkeit oder eine Kommanditgesellschaft auf Aktien, so ist dem Plan eine entsprechende Erklärung der persönlich haftenden Gesellschafter beizufügen. ³Die Erklärung des Schuldners nach Satz 1 ist nicht erforderlich, wenn dieser selbst den Plan vorlegt.

(2) Sollen Gläubiger Anteils- oder Mitgliedschaftsrechte oder Beteiligungen an einer juristischen Person, einem nicht rechtsfähigen Verein oder einer Gesellschaft ohne Rechtspersönlichkeit übernehmen, so ist dem Plan die zustimmende Erklärung eines jeden dieser Gläubiger beizufügen.

(3) Hat ein Dritter für den Fall der Bestätigung des Plans Verpflichtungen gegenüber den Gläubigern übernommen, so ist dem Plan die Erklärung des Dritten beizufügen.

Schrifttum: *Burger/Schellberg,* Der Insolvenzplan im neuen Insolvenzrecht, DB 1994, 1833 ff.; *Dinstühler,* Der Insolvenzplan gem. den §§ 217 bis 269, InVo 1998, 333 ff.; *Gaul,* Zur Struktur und Wirkungsweise des Insolvenzplans als „privatautonomes" Instrument der Haftungsverwirklichung, in *Baums/Wertenbruch/Lutter/Schmidt* (Hrsg.), Festschrift für Ulrich Huber zum siebzigsten Geburtstag, 2006, 1187 ff.; *Maus,* Der Insolvenzplan, in Arbeitskreis für Insolvenz- und Schiedsgerichtswesen eV, Köln (Hrsg.), Kölner Schrift zur Insolvenzordnung, 2. Aufl. 2000, 931 ff.; *Noack,* Reorganisation der Schuldnergesellschaft nach neuem Insolvenzrecht, in *Lieb/Noack/Westermann* (Hrsg.), Festschrift für Wolfgang Zöllner, 1998, 411 ff.; *Scheibner,* Zu Besonderheiten beim Insolvenzplan in eingetragenen Genossenschaften, DZWIR 1999, 8 ff.; *Warrikoff,* Gestaltungsmöglichkeiten im Insolvenzplan, KTS 1997, 527 ff.

Übersicht

	RdNr.		RdNr.
A. Normzweck	1	a) Unternehmensfortführung durch den Schuldner	6
B. Entstehungsgeschichte	3	b) Ausnahme bei Eigenplan	7
C. Fortführungserklärung bei einer Unternehmensfortführung durch den Schuldner	4	2. Rechtsnatur/Inhalt der Fortführungserklärung/Beifügung	9
I. Natürliche Person als Schuldner	5	a) Rechtsnatur und Inhalt der Fortführungserklärung	10
1. Fortführungserklärung als Pflichtanlage	5	b) Rechtsnatur der Beifügung	11
		3. Wirksamkeit der Fortführungserklärung/Beifügung	12

	RdNr.
a) Wirksamkeit der Fortführungserklärung	13
b) Wirksamkeit der Beifügung	16
4. Fehlen einer wirksamen Fortführungserklärung/Beifügung sowie inhaltliche Erklärungsmängel	17
5. Durchsetzung der Fortführungserklärung	20
II. Gesellschaft ohne Rechtspersönlichkeit oder KGaA als Schuldner	21
1. Fortführungserklärung als Pflichtanlage	21
a) Betroffene Gesellschaften	22
b) Ausnahme bei Eigenplan?	26
2. Rechtsnatur/Inhalt der Fortführungserklärung/Beifügung	27
a) Rechtsnatur und Inhalt der Fortführungserklärung	28
b) Rechtsnatur der Beifügung	33
3. Wirksamkeit der Fortführungserklärung/Beifügung	34
4. Fehlen einer wirksamen Fortführungserklärung/Beifügung sowie inhaltliche Erklärungsmängel	35
5. Durchsetzung der Fortführungserklärung	37
6. Fortsetzungsbeschluss als Planbedingung	38
a) Planbedingung gem. § 249	39
b) Planbedingung gem. § 158 Abs. 1 BGB	41
D. Übernahme von Anteils- oder Mitgliedschaftsrechten durch Gläubiger	42
I. Zweck von § 230 Abs. 2	44
1. Schutz vor Nichtbargeboten?	44
2. Schutz vor Zwangsbeteiligung an einem Verband	46
II. Zustimmungserklärung als Pflichtanlage	47
1. Gläubiger als Adressat der Planregelung	47
2. Beteiligung an bestimmten Personen bzw. Gesellschaften	50
3. Übernahme von Anteils- oder Mitgliedschaftsrechten oder Beteiligungen	52 a
a) Art der plangemäß eingeräumten Rechtsposition	52
b) Übernahme der plangemäß eingeräumten Rechtsposition	55
III. Rechtsnatur/Inhalt der Zustimmungserklärung/Beifügung	56
1. Rechtsnatur und Inhalt der Zustimmungserklärung	56
2. Rechtsnatur der Beifügung	58

	RdNr.
IV. Wirksamkeit der Zustimmungserklärung/Beifügung	59
V. Fehlen einer wirksamen Zustimmungserklärung/Beifügung sowie inhaltliche Erklärungsmängel	60
1. Ursprünglicher Mangel	60
2. Nachträglicher Mangel	63
VI. Durchsetzung der Zustimmungserklärung	64
VII. Zustimmungserklärung und gesellschaftsrechtliche Maßnahmen	65
E. Übernahme von Verpflichtungen durch Dritte	67
I. Zweck von § 230 Abs. 3 und Abgrenzung zu § 249	68
1. Zweck von § 230 Abs. 3	68
2. Abgrenzung zu § 249	69
II. Verpflichtungserklärung als Pflichtanlage	70
1. Verpflichtung eines Dritten	71
2. Verpflichtungsübernahme	72
3. Planbestätigung als Bedingung	75
4. Gläubiger als Begünstigte	76
III. Nach Planvorlage abgegebene Verpflichtungserklärung	77
1. Zulässigkeit und Wirkung der Nachreichung nachträglich abgegebener Verpflichtungserklärungen	78
2. Pflicht zur Nachreichung nachträglich abgegebener Verpflichtungserklärungen?	81
IV. Rechtsnatur der Verpflichtungserklärung/Beifügung	82
V. Wirksamkeit der Verpflichtungserklärung/Beifügung	83
1. Wirksamkeit der Verpflichtungserklärung	83
a) Aufschiebende Bedingung und Planänderungen	84
b) Rücktritt bzw. Widerruf	85
c) Form	87
d) Fehlende Geschäftsfähigkeit und Willensmängel	88
2. Wirksamkeit der Beifügung	89
VI. Fehlen einer wirksamen Verpflichtungserklärung/Beifügung	90
1. Fehlen einer wirksamen Verpflichtungserklärung	91
2. Fehlen einer wirksamen Beifügung	94
VII. Durchsetzung der Verpflichtungserklärung	96

A. Normzweck

1 § 230 spezifiziert ebenso wie § 229 die **Anlagen,** die einem Insolvenzplan beizufügen sind (vgl. § 219 Satz 2). Während § 229 die Beifügung besonderer Informationsgrundlagen bei einer intendierten Gläubigerbefriedigung aus den Erträgen des fortgeführten Unternehmens verlangt (Vermögensübersicht, Ergebnis- und Finanzplan), damit die Gläubiger eine rationale Entscheidung zwischen Planannahme und -ablehnung treffen können, geht es in § 230 um Anlagen, die der Gesetzgeber aus ganz unterschiedlichen Gründen zu Pflichtanlagen erklärt. Die amtliche Überschrift „Weitere Anlagen" bringt dies sinnfällig zum Ausdruck. Abs. 1 betrifft dabei die Unternehmensfortführung durch den Schuldner, Abs. 2 diejenige durch den Schuldner oder eine Übernahme-/Auffanggesellschaft, Abs. 3 nicht nur Fälle der Unternehmensfortführung, sondern auch solche der Liquidation.[1]

2 Abs. 1 Satz 1 soll sicherstellen, dass eine natürliche Person als Schuldner tatsächlich zur **Fortführung ihres Unternehmens** bereit ist, wenn der Plan eine entsprechende Unternehmensfortführung vorsieht. Indirekt soll damit sichergestellt werden, dass der Schuldner bereit ist, „... die **persönliche Haftung** für die Fortführung des Unternehmens zu übernehmen."[2] Gleiches gilt gem. Abs. 1 Satz 2 bei einer durch den Plan intendierten Unternehmensfortführung durch eine Gesellschaft mit persönlich haftenden Gesellschaftern. Abs. 2 will jeden Gläubiger davor schützen, gegen seinen Willen in eine **Gesellschafterstellung** gedrängt zu werden. Abs. 3 schließlich soll die Gläubiger über **Verpflichtungen Dritter** informieren, die diese für den Fall der Planbestätigung ihnen gegenüber übernommen haben. Solche Verpflichtungen wirken sich natürlich auf den Entscheidungskalkül der Gläubiger hinsichtlich einer Annahme oder Ablehnung des vorgelegten Plans aus. Auch kann aus einer entsprechend beigefügten Erklärung unter den Voraussetzungen des § 257 Abs. 2 gegen den Dritten im Falle einer rechtskräftigen Planbestätigung **vollstreckt** werden.

B. Entstehungsgeschichte

3 § 230 hat keine Vorläufer in den abgelösten Insolvenzgesetzen (KO, VerglO, GesO). Die Vorschrift geht auf § 263 DE, § 263 RefE und § 274 RegE zurück. Sie hat ihre endgültige Gestalt bereits mit § 263 RefE gefunden, der von § 263 DE lediglich in einigen Formulierungen abwich, und gleich lautend zu § 274 RegE wurde. Der Rechtsausschuss empfahl eine unveränderte Annahme der Vorschrift.

C. Fortführungserklärung bei einer Unternehmensfortführung durch den Schuldner

4 § 230 Abs. 1 behandelt zwei Fälle: die Unternehmensfortführung durch eine natürliche Person als Schuldner (§ 230 Abs. 1 Satz 1 und Satz 3) und die Unternehmensfortführung durch eine Gesellschaft ohne Rechtspersönlichkeit oder eine Kommanditgesellschaft auf Aktien als Schuldner (§ 230 Abs. 1 Satz 2). Aus Gläubigersicht kann es sinnvoll sein, eine entsprechende Unternehmensfortführung durch den Schuldner im Rahmen einer Unternehmensreorganisation vorzusehen, sofern sie zu einem höheren Unternehmenswert führt als eine übertragende Sanierung (vgl. vor § 217 RdNr. 6). Allerdings kann die Unternehmensfortführung durch den Schuldner im Einzelfall bedeuten, dass diesem oder an ihm beteiligten Personen damit ein wirtschaftlicher Wert zugewendet wird. Dies reduziert die

---

[1] AA FK-*Jaffé* § 230 RdNr. 1 f., der meint, dass § 230 auf Liquidations- oder Übertragungspläne keine Anwendung findet.
[2] BT-Drucks. 12/2443, S. 203 (Hervorhebung von mir).

I. Natürliche Person als Schuldner

1. Fortführungserklärung als Pflichtanlage. Bei einer im Plan vorgesehenen Unternehmensfortführung durch eine natürliche Person als Schuldner ist dem Plan die Erklärung dieser Person beizufügen, dass sie zur Fortführung des Unternehmens auf der Grundlage des Plans bereit ist (§ 230 Abs. 1 Satz 1). Nicht erforderlich ist eine entsprechende Erklärung bei einem Eigenplan des Schuldners (§ 230 Abs. 1 Satz 3).

a) Unternehmensfortführung durch den Schuldner. Eine plangemäße Unternehmensfortführung durch eine natürliche Person als Schuldner liegt sicherlich dann vor, wenn diese Person das notleidende Unternehmen als Einzelunternehmer fortführen soll. § 230 Abs. 1 Satz 1 ist aber auch dann anzuwenden, wenn das notleidende Unternehmen nicht von dem Schuldner, sondern von einer **Gesellschaft** fortgeführt werden soll, an welcher der Schuldner als persönlich haftender Gesellschafter beteiligt ist. Der Zweck der Vorschrift, die Unternehmensfortführung durch den Schuldner unter Fortbestand seiner persönlichen Haftung tatsächlich sicherzustellen (vgl. RdNr. 2), trifft auf diesen Fall gleichermaßen zu.[4]

b) Ausnahme bei Eigenplan. Legt der Insolvenzverwalter (vgl. § 218 Abs. 1 Satz 1) oder aber – bei einer angeordneten Eigenverwaltung – der Sachwalter im Auftrag der Gläubigerversammlung einen Insolvenzplan vor (vgl. § 284 Abs. 1 Satz 1, zum Planvorlagerecht des Sachwalters vgl. § 218 RdNr. 107 f.), so greift der Ausschlusstatbestand des § 230 Abs. 1 Satz 3 sicher nicht ein, eine Fortführungserklärung ist also gem. § 230 Abs. 1 Satz 1 Pflichtanlage des Insolvenzplans. Gleiches muss aber auch dann gelten, wenn der **Schuldner** bei einer angeordneten Eigenverwaltung einen Insolvenzplan nicht „aus eigenem Recht" gem. § 218 Abs. 1 Satz 1, sondern gem. § 284 Abs. 1 Satz 1 im Gläubigerauftrag vorlegt (zum originären und zum derivativen Planvorlagerecht des Schuldners bei einer angeordneten Eigenverwaltung vgl. § 218 RdNr. 101, 105 f.). In diesem Fall ist er nämlich analog §§ 157 Satz 2 und 218 Abs. 2 zur Planvorlage binnen angemessener Frist unter Beachtung der Zielvorgaben der Gläubigerversammlung verpflichtet (vgl. dazu § 218 RdNr. 106), und zu diesen Zielvorgaben kann z. B. auch die Unternehmensfortführung durch ihn selbst gehören. Er befindet sich damit faktisch in einer ähnlichen Situation wie bei einem nicht von ihm selbst, sondern von dem Insolvenzverwalter oder dem Sachwalter vorgelegten Plan. Legt der Schuldner „aus eigenem Recht" einen Insolvenzplan vor, dann ist eine Fortführungserklärung nach § 230 Abs. 1 Satz 3 zwar entbehrlich. Das bedeutet jedoch nicht, dass sie nicht existiert. Vielmehr wird sie dann **konkludent** durch den Schuldner zusammen mit der Planvorlage an das Insolvenzgericht abgegeben.

2. Rechtsnatur/Inhalt der Fortführungserklärung/Beifügung. In § 230 Abs. 1 Satz 1 wird zwischen der Fortführungserklärung und ihrer Beifügung zu einem Insolvenzplan differenziert.

a) Rechtsnatur und Inhalt der Fortführungserklärung. Eine gem. § 230 Abs. 1 Satz 1 abgegebene Fortführungserklärung könnte als eine (informatorische) Prozesshandlung, aber auch als eine materiellrechtliche Willenserklärung zu qualifizieren sein. Gegen die zuerst genannte Möglichkeit spricht, dass damit den Gläubigern keinerlei Sicherheit hinsichtlich der tatsächlichen Fortführungsbereitschaft des Schuldners geboten würde. Die Erklärung hätte nur eine Bedeutung für den Fortgang des Insolvenzverfahrens, aber nicht darüber hinaus. Es liegt deshalb näher, die Fortführungserklärung des Schuldners als eine

---

[3] Zu der Problematik der Wertzuwendung an den Schuldner bzw. an die an ihm beteiligten Personen bei einer Unternehmensfortführung ausführlich *Eidenmüller* ZGR 2001, 680, 698 ff.
[4] Ebenso jetzt *Andres/Leithaus* § 230 RdNr. 3. Offenbar auch *Hess* in *Hess/Obermüller*, Insolvenzplan, Restschuldbefreiung und Verbraucherinsolvenz, 3. Aufl. 2003, S. 286.

materiellrechtliche **Willenserklärung** zu deuten, mit der dieser seine **Fortführungsbereitschaft** hinsichtlich des notleidenden Unternehmens auf der Grundlage des Plans (zur Bedeutung dieser Formulierung vgl. RdNr. 14) **verbindlich erklärt**.[5] Damit wird das Interesse der Gläubiger an einer verbindlichen Klarstellung der Fortführungsbereitschaft des Schuldners befriedigt.

11 **b) Rechtsnatur der Beifügung.** Anders als die Fortführungserklärung selbst ist ihre Beifügung zu einem Insolvenzplan sicherlich keine Willenserklärung. Sie ist vielmehr ein unselbständiger Teil der Vorlage eines Insolvenzplans, die ihrerseits eine Prozesshandlung ist (vgl. § 218 RdNr. 9).

12 **3. Wirksamkeit der Fortführungserklärung/Beifügung.** Die Wirksamkeit der Fortführungserklärung des Schuldners und diejenige ihrer Beifügung zu einem Insolvenzplan sind, entsprechend dem unterschiedlichen rechtlichen Charakter beider Handlungen, nach unterschiedlichen Regeln zu beurteilen.

13 **a) Wirksamkeit der Fortführungserklärung.** Deutet man die Fortführungserklärung des Schuldners als materiellrechtliche Willenserklärung, so richtet sich ihre Wirksamkeit grundsätzlich nach den **materiellrechtlichen Regeln des BGB**, sofern und soweit die §§ 217 ff. keine diese Regeln ergänzenden oder verdrängenden Spezialregelungen enthalten (zur Heilung von Mängeln durch eine rechtskräftige Planbestätigung vgl. RdNr. 19). Anwendbar sind deshalb etwa die Vorschriften über die Geschäftsfähigkeit (§§ 104 ff. BGB), über Willensmängel (§§ 116 ff. BGB), insbesondere über die Anfechtbarkeit von Willenserklärungen, sowie über die Stellvertretung (§§ 164 ff. BGB). Dass die Erklärung schriftlich erfolgen muss (§ 126 BGB), ergibt sich daraus, dass sie Pflichtanlage eines Insolvenzplans ist. Als Pflichtanlage des Plans wird sie (erst) wirksam mit der wirksamen Vorlage des Plans an das Insolvenzgericht (§ 130 Abs. 3 BGB) und ist insofern von dieser abhängig (dazu sogleich RdNr. 16).

14 Die Aufnahme einer Bedingung (§ 158 BGB) oder Befristung (§ 163 BGB) in die Fortführungserklärung ist materiellrechtlich zulässig, genügt § 230 Abs. 1 Satz 1 jedoch nur, wenn sie den Planvorgaben entspricht (Fortführung „auf der Grundlage des Plans"). Dies trifft z. B. generell zu auf die **aufschiebende Bedingung** (§ 158 Abs. 1 BGB) einer **rechtskräftigen Planbestätigung**. Eine entsprechende Bedingung ist im Zweifel konkludent in der Fortführungserklärung enthalten. Das ergibt sich mittelbar aus § 254 Abs. 1 Satz 2 Hs. 2. Mit der Formulierung, dass in den Plan aufgenommene Verpflichtungserklärungen mit Rechtskraft der Planbestätigung als abgegeben „gelten", markiert diese Vorschrift im Hinblick auf Willenserklärungen in einer Plananlage, deren Abgabe durch den Plan nicht erzwungen werden kann, den Eintritt einer aufschiebenden Bedingung (vgl. auch § 217 RdNr. 154).[6] Dem Wortlaut nach gilt § 254 Abs. 1 Satz 2 Hs. 2 zwar nur für Verpflichtungserklärungen, die einer Begründung, Änderung, Übertragung oder Aufhebung von Rechten an Gegenständen oder einer Abtretung von Geschäftsanteilen zugrunde liegen. Der Zweck der Vorschrift, sämtliche planbezogenen Rechtsgeschäfte gleichzeitig mit der Rechtskraft des Plans wirksam werden zu lassen, trifft aber auch auf eine Fortführungserklärung gem. § 230 Abs. 1 Satz 1 zu.[7]

15 Stellt der Schuldner die Fortführungserklärung unter eine den – ggf. auszulegenden – Planvorgaben nicht entsprechende Bedingung (z. B. Bürgschaftsübernahme oder Darlehensgewährung eines Dritten, die im Plan nicht erwähnt wird), so liegt ein Verstoß gegen den gesetzlich vorgeschriebenen Planinhalt vor (zu den Folgen vgl. RdNr. 17 ff.). Wird der Plan gleichwohl von den Gläubigern angenommen und rechtskräftig bestätigt, und tritt die Bedingung nicht ein, so ist die Fortführungserklärung nicht wirksam geworden.

---

[5] Ebenso jetzt *Andres/Leithaus* § 230 RdNr. 4.
[6] Ähnlich HK-*Flessner* § 254 RdNr. 4 und 6, der allerdings nicht zwischen Willenserklärungen, deren Abgabe durch den Plan erzwungen werden kann, und anderen Willenserklärungen differenziert.
[7] Selbst wenn man insoweit § 254 Abs. 1 Satz 2 Hs. 2 nicht anwenden wollte, würde sich dieses Ergebnis auch mittels einer Auslegung der abgegebenen Fortführungserklärung erzielen lassen.

b) Wirksamkeit der Beifügung. Als unselbständiger Teil der Planvorlage ist eine Fort- 16
führungserklärung einem Insolvenzplan wirksam beigefügt, wenn dieser wirksam vorgelegt
wurde. Die Wirksamkeit der Vorlage eines Insolvenzplans beurteilt sich nach den allgemein
für Prozesshandlungen geltenden Regeln (vgl. insoweit § 218 RdNr. 10, 170 ff., zur Heilung von Mängeln durch eine rechtskräftige Planbestätigung vgl. RdNr. 19).

4. Fehlen einer wirksamen Fortführungserklärung/Beifügung sowie inhaltliche 17
Erklärungsmängel. Fehlt eine wirksame Fortführungserklärung des Schuldners, hat diese
nicht den von § 230 Abs. 1 Satz 1 vorgeschriebenen Inhalt, oder wurde die Erklärung
einem vorgelegten Insolvenzplan nicht wirksam beigefügt, dann leidet der Plan an einem
prinzipiell behebbaren (vgl. § 218 RdNr. 161) inhaltlichen Mangel, der gem. § 231 Abs. 1
Nr. 1 im Vorprüfungsverfahren zu einer Planzurückweisung durch das Insolvenzgericht
führt, wenn er durch den Vorlegenden nicht innerhalb einer angemessenen, vom Gericht
gesetzten Frist behoben wird.

Verstößt das Insolvenzgericht gegen diese Zurückweisungspflicht, dann muss dem Plan 18
unter Umständen jedenfalls im Bestätigungsverfahren gem. § 250 Nr. 1 die Bestätigung
versagt werden: zum einen wegen des inhaltlichen Mangels – er wird durch die unterlassene Zurückweisung im Vorprüfungsverfahren nicht „verbraucht" (vgl. § 217 RdNr. 186 ff.)
– und zum anderen wegen des Verfahrensfehlers, der in der unterlassenen Zurückweisung
gem. § 231 Abs. 1 Nr. 1 liegt (vgl. § 217 RdNr. 189 f.). Beide Gründe sind „wesentliche
Punkte" i. S. v. § 250 Nr. 1, da die Fortführungsbereitschaft des Schuldners die Grundlage
eines entsprechenden Fortführungsplans bildet. Allerdings wird man von einer Heilung des
Mangels auszugehen haben, wenn der Schuldner dem Plan im Abstimmungstermin explizit
zugestimmt hat (etwas anderes gilt bei einer Zustimmungsfiktion gem. § 247 Abs. 1). Hat
er dem Plan demgegenüber widersprochen, so ist eine Mangelbehebung im Bestätigungsverfahren – durch Nachreichung einer dem § 230 Abs. 1 Satz 1 genügenden Fortführungserklärung – nicht mehr möglich: zum einen deshalb nicht, weil der Schuldner seine
Planablehnung bereits explizit signalisiert hat; zum anderen aber auch deshalb nicht, weil
eine Änderung von Plananlagen nach dem Beginn der Abstimmung der Gläubiger über
den vorgelegten Plan nicht mehr in Betracht kommt (vgl. § 218 RdNr. 161) und eine
Wiederholung der Abstimmung allenfalls in den Fällen zulässig ist, in denen das Insolvenzgericht im Zusammenhang mit dem Abstimmungsverfahren einen Fehler begangen hat,
nicht aber mit dem Ziel, eine Änderung von Plananlagen zu ermöglichen (vgl. § 217
RdNr. 184, 190).

Wird ein Insolvenzplan trotz eines Verstoßes gegen § 230 Abs. 1 Satz 1 **rechtskräftig** 19
bestätigt, so können das Fehlen einer wirksamen Fortführungserklärung des Schuldners,
Abweichungen der Erklärung von dem durch § 230 Abs. 1 Satz 1 vorgeschriebenen Inhalt
oder deren fehlende Beifügung **nicht mehr geltend gemacht werden,** sofern der
Schuldner den Mangel zumindest mitverursacht hat (etwa dadurch, dass er die Abgabe einer
Fortführungserklärung angekündigt und eine entsprechende Planregelung angeregt hat, die
Erklärung später jedoch nicht abgegeben hat, oder dadurch, dass er eine abgegebene
Fortführungserklärung später wegen Irrtums angefochten hat – vgl. auch § 217 RdNr. 192 ff.). Verstöße gegen § 230 Abs. 1 Satz 1 werden also grundsätzlich nur im Insolvenzplanverfahren und nur auf der Basis der dort vorgesehenen Gründe für eine Planzurückweisung bzw. eine Versagung der Planbestätigung berücksichtigt. Diese Sanktion
erscheint dem Schuldner bei einem Mangel, den er zumindest mitverursacht hat, durchaus
zumutbar: Er ist durch sein Beschwerderecht im Bestätigungsverfahren (§ 253) ausreichend
geschützt.

5. Durchsetzung der Fortführungserklärung. Mit rechtskräftiger Planbestätigung 20
können die Gläubiger nach alledem vom Schuldner verlangen, dass dieser sein Unternehmen fortführt. Die Fortführungserklärung des Schuldners begründet eine schuldrechtliche
Pflicht, die notfalls durch eine **Erfüllungsklage** durchgesetzt werden kann (eine Durchsetzung durch Vollstreckung gem. § 257 Abs. 1 aus dem Plan scheidet aus, da der aus der

Erklärung gem. § 230 Abs. 1 Satz 1 resultierende Anspruch keine in die Tabelle gem. § 174 einzutragende Insolvenzforderung ist). Bei schuldhaften Pflichtverstößen kommen unter Umständen auch **Schadensersatzansprüche** in Betracht (Verzug, Unmöglichkeit).

II. Gesellschaft ohne Rechtspersönlichkeit oder KGaA als Schuldner

21 **1. Fortführungserklärung als Pflichtanlage.** Ist der Schuldner eine Gesellschaft ohne Rechtspersönlichkeit oder eine Kommanditgesellschaft auf Aktien, dann ist bei einer im Plan vorgesehenen Unternehmensfortführung gem. § 230 Abs. 1 Satz 2 eine Fortführungserklärung der persönlich haftenden Gesellschafter beizufügen.

22 **a) Betroffene Gesellschaften.** Zu den Gesellschaften ohne Rechtspersönlichkeit gehören die offene Handelsgesellschaft, die Kommanditgesellschaft, die Partnerschaftsgesellschaft, die Gesellschaft des Bürgerlichen Rechts, die Partenreederei sowie die Europäische wirtschaftliche Interessenvereinigung (vgl. § 11 Abs. 2 Nr. 1). Kommanditgesellschaften auf Aktien wurden vom Gesetzgeber in § 230 Abs. 1 Satz 2 einbezogen, weil bei ihnen trotz ihres Charakters als juristische Person mindestens ein Gesellschafter den Gesellschaftsgläubigern unbeschränkt haftet (vgl. § 281 Abs. 1 AktG). Der gesetzgeberische Zweck einer Sicherstellung der Unternehmensfortführung unter Fortbestand der persönlichen, unbeschränkten Haftung des Schuldners bzw. (einzelner) seiner Gesellschafter (vgl. RdNr. 2) trifft auf sie in gleicher Weise zu.

23 Das bedeutet gleichzeitig, dass **sonstige juristische Personen,** insbesondere Aktiengesellschaften, Gesellschaften mit beschränkter Haftung, eingetragene Genossenschaften und rechtsfähige Vereine, nicht von § 230 Abs. 1 Satz 2 erfasst werden. Zweifelhaft ist die Rechtslage im Hinblick auf den **nicht rechtsfähigen Verein.** Grundsätzlich ist er zwar gem. § 11 Abs. 1 Satz 2 nicht nur im Hinblick auf die Insolvenzfähigkeit, sondern für das gesamte Insolvenzverfahren einschließlich des Planverfahrens wie eine juristische Person zu behandeln.[8] Nicht gelten kann dies indes dann, wenn es – wie in § 230 Abs. 1 Satz 2 – auf die Haftungsverfassung des Vereins ankommt. Nicht erfasst von § 230 Abs. 1 Satz 2 wird demzufolge zwar der nicht rechtsfähige Idealverein, bei dem anerkanntermaßen unabhängig von Satzungsbestimmungen und Vertragsabreden eine persönliche Haftung der Mitglieder nicht besteht.[9] Der nicht rechtsfähige, unternehmenstragende „Wirtschaftsverein" ist demgegenüber haftungsmäßig gem. § 54 Satz 1 BGB wie eine Gesellschaft ohne Rechtspersönlichkeit (BGB-Gesellschaft oder OHG) zu behandeln[10] und fällt deswegen unter § 230 Abs. 1 Satz 2.

24 Ausnahmsweise von § 230 Abs. 1 Satz 2 nicht erfasst wird eine **Gesellschaft ohne Rechtspersönlichkeit** oder eine **Kommanditgesellschaft auf Aktien** dann, wenn deren persönlich haftende Gesellschafter entweder keine natürlichen Personen oder keine Gesellschaften sind, für deren Verbindlichkeiten zumindest letztlich – ggf. nach Zwischenschaltung weiterer Gesellschaften – eine natürliche Person persönlich haftet.[11] Bei entsprechenden Konstruktionen gibt es zwar einen oder mehrere persönlich haftende Gesellschafter. Der Zweck der Vorschrift, die Unternehmensfortführung unter Fortbestand der persönlichen, **unbeschränkten** Haftung des Schuldners bzw. (einzelner) seiner Gesellschafter sicherzustellen (vgl. RdNr. 2), trifft auf sie jedoch nicht zu.

25 Zweifelhaft ist die Rechtslage auch bei **Vorgründungsgesellschaften** und **Vorgesellschaften.** Sofern über das Vermögen einer Vorgründungsgesellschaft ein Insolvenzverfahren eröffnet wurde, handelt es sich um eine Außengesellschaft (eine Innengesellschaft kann nicht [drohend] zahlungsunfähig sein, vgl. vor § 217 RdNr. 28), und zwar – je nach Tätigkeit –

---

[8] HM, vgl. stellv. *Nerlich/Römermann/Mönning* § 11 RdNr. 48; *Noack,* Gesellschaftsrecht, 1999, RdNr. 696.
[9] Vgl. stellv. *K. Schmidt,* Gesellschaftsrecht, 4. Aufl. 2002, S. 746 f. mwN.
[10] Vgl. stellv. *K. Schmidt,* Gesellschaftsrecht, 4. Aufl. 2002, S. 740 f. mwN.
[11] Ebenso *Nerlich/Römermann/Braun* § 230 RdNr. 3. AA *HK-Flessner* § 230 RdNr. 4; *Kübler/Prütting/Otte* § 230 RdNr. 2; *Uhlenbruck/Maus* § 230 RdNr. 2.

entweder um eine Offene Handelsgesellschaft oder um eine BGB-Gesellschaft. Eine Vorgesellschaft unterliegt demgegenüber bereits dem Recht der geplanten Kapitalgesellschaft, sofern dem die fehlende Eintragung nicht entgegensteht. Bei Vorgründungsgesellschaften gibt es zweifelsohne persönlich (unbeschränkt) haftende Gesellschafter, bei Vorgesellschaften jedenfalls eine (unbeschränkte) persönliche Gesellschafterhaftung.[12] Indes wird sich eine intendierte Unternehmensfortführung praktisch immer auf die (geplante) juristische Person und nicht auf deren Vorgründungs- oder Vorgesellschaft beziehen (es soll also nicht der Schuldner i. S. v. § 230 Abs. 1 Satz 1 und Satz 2, sondern eine andere Person das Unternehmen fortführen). Sollte es im Einzelfall einmal anders liegen – bei der Vorgesellschaft kann es sich dabei nur um eine temporäre Fortführung vor ihrer Eintragung handeln, da sie ansonsten wegen fehlender Eintragungsabsicht als „unechte" Vorgesellschaft zur OHG bzw. BGB-Gesellschaft wird[13] –, ist § 230 Abs. 1 Satz 2 auf beide Gesellschaftstypen anzuwenden: auf die Vorgründungsgesellschaft wegen der auch in Zukunft aus Sicht der Gläubiger wesentlichen persönlichen Gesellschafterhaftung und auf die Vorgesellschaft wegen der nach Eintragung ggf. greifenden Unterbilanzhaftung der Gesellschafter.

b) Ausnahme bei Eigenplan? Zweifelhaft ist, ob die in § 230 Abs. 1 Satz 3 getroffene **26** Ausnahmeregelung für Eigenpläne des Schuldners sich nur auf § 230 Abs. 1 Satz 1 oder auch auf § 230 Abs. 1 Satz 2 bezieht. Der Wortlaut des § 230 Abs. 1 Satz 3 ist insoweit nicht eindeutig. Zwar ist dort von einer Erklärung des Schuldners „... nach Satz 1 ..." die Rede. Aber in § 230 Abs. 1 Satz 2 wird mit der Wendung „... eine entsprechende Erklärung..." auf § 230 Abs. 1 Satz 1 Bezug genommen, so dass man die Verweisung in § 230 Abs. 1 Satz 3 mittelbar auch als eine Verweisung auf § 230 Abs. 1 Satz 2 verstehen könnte. Gleichwohl geht die einhellige Meinung im Schrifttum – einer gleich lautenden Aussage in der Begründung des RegE folgend[14] – davon aus, dass § 230 Abs. 1 Satz 3 sich nicht auf § 230 Abs. 1 Satz 2 bezieht.[15] Einen einleuchtenden Grund dafür gibt es allerdings nur dann, wenn der Kreis derjenigen Personen, die einen Insolvenzplan für eine von § 230 Abs. 1 Satz 2 erfasste Gesellschaft vorlegen können, niemals mit den persönlich haftenden Gesellschaftern im Sinne der Vorschrift identisch ist. Im Einzelfall kann eine Divergenz tatsächlich bestehen. So wird das Planvorlagerecht beispielsweise in der „A und B OHG", in der A gesellschaftsvertraglich von der Vertretung ausgeschlossen ist (vgl. § 125 Abs. 1 HGB), allein von B wahrgenommen (vgl. § 218 RdNr. 81). Der Zweck des § 230 Abs. 1 Satz 3 trifft auf die Planvorlage bei der „A und B OHG" dann nicht zu. Eine entsprechende Divergenz ist jedoch nicht zwingend. Sie besteht etwa dann nicht, wenn der Gesellschaftsvertrag Gesamtvertretung vorsieht (§ 125 Abs. 2 Satz 1 HGB). Im Ergebnis ist bei einem Eigenplan einer von § 230 Abs. 1 Satz 2 erfassten Gesellschaft deshalb eine konkrete Betrachtung anzustellen: § 230 Abs. 1 Satz 3 ist auf einen solchen Eigenplan **anwendbar,** wenn das Planvorlagerecht im Einzelfall nur gemeinsam von allen persönlich haftenden Gesellschaftern wahrgenommen werden kann.

2. Rechtsnatur/Inhalt der Fortführungserklärung/Beifügung. Ebenso wie in **27** § 230 Abs. 1 Satz 1 wird auch in § 230 Abs. 1 Satz 2 zwischen der Fortführungserklärung und ihrer Beifügung zu einem Insolvenzplan differenziert.

---

[12] Vgl. BGH NJW 1997, 1507 (Verlustdeckungshaftung als Innenhaftung). Zuletzt bestätigt in BGH NJW-RR 2006, 254 f. Übersicht über den Meinungsstand bei *Hüffer* AktG § 41 RdNr. 9a und 9b.
[13] Vgl. etwa *Ulmer/Ulmer* § 11 RdNr. 26 ff. mwN.
[14] Vgl. BT-Drucks. 12/2443, S. 203.
[15] So *Warrikoff* KTS 1997, 527, 538; *Nerlich/Römermann/Braun* § 230 RdNr. 2; *Hess* in *Hess/Obermüller,* Insolvenzplan, Restschuldbefreiung und Verbraucherinsolvenz, 3. Aufl. 2003, RdNr. 112; *Kübler/Prütting/Otte* § 230 RdNr. 2; FK-*Jaffé* § 230 RdNr. 15; *Andres/Leithaus* § 230 RdNr. 7; *Uhlenbruck/Maus* § 230 RdNr. 2. *Smid/Rattunde* InsO § 230 RdNr. 4 (allerdings mit widersprüchlicher Begr.: § 230 Abs. 1 Satz 3 könne für die persönlich haftenden Gesellschafter nicht gelten, weil von diesen nicht verlangt werden könne, bereits vor der Zustimmung der Gläubiger zum Plan einen Beschluss über die Fortsetzung der Gesellschaft zu fassen – wenn aber § 230 Abs. 1 Satz 3 **nicht** gilt, dann bleibt es bei der Verpflichtung zur Beifügung einer Fortführungserklärung nach § 230 Abs. 1 Satz 2).

§ 230 28-30

28 **a) Rechtsnatur und Inhalt der Fortführungserklärung.** Aus denselben Gründen wie bei der Fortführungserklärung einer unternehmenstragenden natürlichen Person als Schuldner gem. § 230 Abs. 1 Satz 1 (verbindliche Klarstellung der Fortführungsbereitschaft) ist auch die Fortführungserklärung der persönlich haftenden Gesellschafter einer Gesellschaft ohne Rechtspersönlichkeit oder einer Kommanditgesellschaft auf Aktien gem. § 230 Abs. 1 Satz 2 als **materiellrechtliche Erklärung** und nicht als Prozesshandlung zu qualifizieren.

29 Anders als die Fortführungserklärung einer unternehmenstragenden natürlichen Person als Schuldner gem. § 230 Abs. 1 Satz 1 wirft die Fortführungserklärung der persönlich haftenden Gesellschafter gem. § 230 Abs. 1 Satz 2 indes im Hinblick auf ihren genauen **Inhalt** erhebliche Probleme auf. **Keinesfalls identisch** ist sie jedenfalls mit dem **gesellschaftsrechtlichen Fortsetzungsbeschluss**, der nach den einschlägigen gesetzlichen Regelungen gefasst werden kann, wenn das Insolvenzverfahren nach der Bestätigung eines Insolvenzplans, der den Fortbestand der Gesellschaft vorsieht, aufgehoben wurde (vgl. § 728 Abs. 1 BGB, § 144 Abs. 1 HGB [i. V. m. § 161 Abs. 2 HGB], § 506a HGB, § 9 Abs. 1 PartGG, § 289 Abs. 1 AktG i. V. m. §§ 161 Abs. 2, 144 Abs. 1 HGB).[16] Entgegen dem Wortlaut des § 230 Abs. 1 Satz 2 i. V. m. § 230 Abs. 1 Satz 1 kann es sich aber auch nicht um eine Erklärung über die Bereitschaft „... zur Fortführung des Unternehmens auf der Grundlage des Plans ..." handeln. Denn fortgeführt wird das Unternehmen von seinem **Träger**, also der jeweiligen Gesellschaft, nicht aber von den persönlich haftenden Gesellschaftern.[17] Nicht überzeugend ist im Ergebnis schließlich auch die These, durch die Verpflichtung zur Beibringung der Erklärung werde sichergestellt, „... dass die persönliche Haftung aus der plangemäßen Fortführung des Unternehmens nur mit dem Einverständnis jedes einzelnen betroffenen Gesellschafters entstehen kann."[18] Sofern z. B. der Gesellschaftsvertrag einer BGB-Gesellschaft, einer OHG oder einer KG dies explizit vorsieht, kann ein Fortsetzungsbeschluss auch mit Mehrheitsentscheidung – und damit unter Umständen gegen den Willen eines persönlich haftenden Gesellschafters – gefasst werden.[19] Man kann kaum annehmen, dass der Gesetzgeber mittels § 230 Abs. 1 Satz 2 eine von den gesellschaftsrechtlichen Regeln abweichende Sonderregelung schaffen wollte.

30 Näher liegt eine andere Deutung: Die Willensrichtung der persönlich haftenden Gesellschafter einer Gesellschaft ohne Rechtspersönlichkeit oder einer Kommanditgesellschaft auf Aktien ist häufig alleinentscheidend im Hinblick auf die Frage, ob ein Fortsetzungsbeschluss gefasst wird (etwa bei einer BGB-Gesellschaft oder einer OHG). Ansonsten ist diese Willensrichtung zumindest mitentscheidend (etwa bei einer KG). Aus der Warte der Gläubiger ist es für die Realisierbarkeit eines Insolvenzplans, der die Fortführung des notleidenden Unternehmens durch die Schuldnergesellschaft vorsieht, von essentieller Bedeutung, dass ein entsprechender Fortsetzungsbeschluss gefasst wird. Die Erklärung der Bereitschaft der persönlich haftenden Gesellschafter „... zur Fortführung des Unternehmens auf der Grundlage des Plans ..." ist deshalb dahingehend zu verstehen, dass diese sich **verbindlich dazu bereit erklären, auf die Fassung eines Fortsetzungsbeschlusses hinzuwirken.** Überflüssig ist die Fortführungserklärung als Plananlage folgerichtig dann, wenn im Plan bereits

---

[16] Nahezu einhellige Meinung im Anschluss an klarstellende Formulierungen in der Begr. des RegE („Es wird nicht verlangt, dass die Gesellschafter ... bereits vor der Zustimmung der Gläubiger zum Plan einen Beschluss über die Fortsetzung der Gesellschaft fassen" [BT-Drucks. 12/2443, S. 203]). Vgl. *Hess* in *Hess/Obermüller*, Insolvenzplan, Restschuldbefreiung und Verbraucherinsolvenz, 3. Aufl. 2003, RdNr. 113; *Hess/Weis* WM 1998, 2349, 2353 (dort allerdings mit der unzutreffenden Ansicht, die Bereitschaft zur Fassung eines Fortsetzungsbeschlusses müsse ebenfalls erklärt werden); HK-*Flessner* § 230 RdNr. 3; *Kübler/Prütting/Otte*, InsO, § 230 RdNr. 2; *Uhlenbruck/Maus* § 230 RdNr. 3. **AA** *Smid/Rattunde* InsO § 230 RdNr. 2, die einen Fortsetzungsbeschluss gem. § 117 Abs. 1 GenG mit der Erklärung nach § 230 Abs. 1 Satz 2 gleichsetzen. Mindestens missverständlich aber auch MünchKommBGB-*Ulmer* § 728 RdNr. 29, nach dem die Erklärung nach § 230 Abs. 1 Satz 2 „... auf einem Fortsetzungsbeschluss aller Gesellschafter [beruht] ...".

[17] Zutr. HK-*Flessner* § 230 RdNr. 3.

[18] HK-*Flessner* § 230 RdNr. 3 (Hervorhebungen im Original weggelassen). Ebenso *Braun/Braun* § 230 RdNr. 6 und *Müller* KTS 2002, 209, 251. Ähnlich *Andres/Leithaus* § 230 RdNr. 5 („Haftungserklärung").

[19] Vgl. stellv. MünchKommBGB-*Ulmer* § 736 RdNr. 17 (für die BGB-Gesellschaft).

für den Fall der Verfahrensaufhebung nach Insolvenzplanbestätigung ein Fortsetzungsbeschluss gefasst wird (zur Zulässigkeit dieses Vorgehens vgl. § 221 RdNr. 88). Kann der Fortsetzungsbeschluss im Einzelfall gesellschaftsvertraglich mit Mehrheitsentscheidung gefasst werden, und haben so viele persönlich haftende Gesellschafter bereits eine Fortführungserklärung abgegeben, dass die Fassung des Fortsetzungsbeschlusses sichergestellt ist, dürften auch die übrigen **gesellschaftsrechtlich** zur Abgabe der Erklärung **verpflichtet** sein. Denn der Gesetzgeber wollte diesen über § 230 Abs. 1 Satz 2 verfahrensrechtlich wohl kein „Veto-Recht" einräumen, das sie gesellschaftsrechtlich nicht besitzen (vgl. bereits RdNr. 29).

Im Lichte dieser Deutungen wird auch der Sinn einer Formulierung in der Begründung des RegE verständlich, die sich ebenfalls auf die Fassung eines Fortsetzungsbeschlusses bezieht: „Die Gesellschafter können sich ... vertraglich verpflichten, im Falle der Annahme eines Plans durch die Gläubiger die Fortsetzung der Gesellschaft zu beschließen; wird eine solche Abrede verletzt, so kann eine Schadensersatzpflicht entstehen."[20] Eine entsprechende vertragliche Verpflichtung kann über die nach § 230 Abs. 1 Satz 2 abzugebende Erklärung hinaus sinnvoll sein, weil sie alle Gesellschafter – nicht nur die persönlich haftenden – einbeziehen und damit die Fassung eines Fortsetzungsbeschlusses für die Fälle sicherstellen würde, in denen (gesellschaftsrechtlich) alle Gesellschafter zusammenwirken müssen. Es handelt sich um eine – grundsätzlich zulässige – **schuldrechtliche Stimmbindung.**[21] 31

Fehlt eine entsprechende explizite vertragliche Verpflichtung, so kann sich im Einzelfall eine Verpflichtung der Gesellschafter zur Unternehmensfortführung und zur Fassung eines Fortsetzungsbeschlusses gleichwohl dann ergeben, wenn diese dem Plankonzept insgesamt vorher in einem Beschluss zugestimmt hatten (zur Erforderlichkeit dieses Vorgehens bei Schuldnerplänen vgl. § 218 RdNr. 81). Es wäre **treuwidrig,** wenn die Gesellschafter einen Beschluss, mit dem sie das Plankonzept eines Fortführungsplans gebilligt haben, später nicht durch erforderliche weitere Beschlüsse, insbesondere einen Fortsetzungsbeschluss, „vollziehen" würden. Insoweit erzeugt der erste Beschluss eine „Folgepflicht" (vgl. § 218 RdNr. 81). 32

b) Rechtsnatur der Beifügung. Anders als die Fortführungserklärung gem. § 230 Abs. 1 Satz 2 ist ihre Beifügung zu einem Insolvenzplan keine Willenserklärung, sondern ein unselbständiger Teil der Planvorlage, die ihrerseits eine Prozesshandlung ist (vgl. bereits RdNr. 11). 33

3. Wirksamkeit der Fortführungserklärung/Beifügung. Im Hinblick auf die Wirksamkeit der Fortführungserklärung der persönlich haftenden Gesellschafter sowie ihrer Beifügung zu einem Insolvenzplan gelten die zu dem entsprechenden Problemkreis bei der Unternehmensträgerschaft einer natürlichen Person angestellten Überlegungen entsprechend (vgl. RdNr. 12 ff.). Im Zweifel aufschiebend bedingt (§ 158 Abs. 1 BGB) mit der rechtskräftigen Planbestätigung (vgl. § 254 Abs. 1 Satz 2 Hs. 2) entsteht also eine schuldrechtliche Pflicht der persönlich haftenden Gesellschafter, auf die Fassung eines Fortsetzungsbeschlusses hinzuwirken. 34

4. Fehlen einer wirksamen Fortführungserklärung/Beifügung sowie inhaltliche Erklärungsmängel. Fehlt eine wirksame Fortführungserklärung der persönlich haftenden Gesellschafter, hat diese nicht den von § 230 Abs. 1 Satz 2 vorgeschriebenen Inhalt, oder wurde die Erklärung einem vorgelegten Insolvenzplan nicht wirksam beigefügt, dann leidet der Plan an einem behebbaren inhaltlichen Mangel. Die verfahrensrechtlichen Rechtsfolgen entsprechen im Grundsatz denjenigen beim Fehlen der Fortführungserklärung nach § 230 Abs. 1 Satz 1 bzw. bei deren nicht wirksamer Beifügung (vgl. RdNr. 17 f.). Allerdings kommt eine Mangelbehebung im Abstimmungstermin durch eine Planzustimmung nicht in Betracht, da die Gesellschafter an dieser Abstimmung nicht beteiligt sind. 35

---

[20] Vgl. BT-Drucks. 12/2443, S. 203.
[21] Zu den Voraussetzungen wirksamer schuldrechtlicher Stimmbindungen vgl. stellv. *K. Schmidt,* Gesellschaftsrecht, 4. Aufl. 2002, S. 617 ff. mwN.

36 Nicht behobene Mängel werden jedenfalls durch die **rechtskräftige Planbestätigung** geheilt, sofern die Gesellschafter den Mangel zumindest mitverursacht haben (vgl. RdNr. 19 sowie auch § 217 RdNr. 192 ff.). Diese Heilung ist den persönlich haftenden Gesellschaftern bei entsprechenden Mängeln durchaus zumutbar: Analog § 253 wird man ihnen zugestehen müssen, das Fehlen einer wirksamen Fortführungserklärung/Beifügung sowie inhaltliche Erklärungsmängel durch eine Beschwerde gegen die Bestätigungsentscheidung des Insolvenzgerichts geltend zu machen (vgl. auch § 217 RdNr. 194). Im Übrigen sind sie ohne weiteres in der Lage, auf eine Beschwerde seitens des Schuldners – er ist gem. § 253 in jedem Fall beschwerdeberechtigt – hinzuwirken.

37 **5. Durchsetzung der Fortführungserklärung.** Auch im Hinblick auf die Durchsetzung der Fortführungserklärung gem. § 230 Abs. 1 Satz 2 gelten die Überlegungen zur Durchsetzung der Fortführungserklärung gem. § 230 Abs. 1 Satz 1 entsprechend (vgl. RdNr. 20). Die mit rechtskräftiger Planbestätigung entstehende Pflicht der persönlich haftenden Gesellschafter, auf die Fassung eines Fortsetzungsbeschlusses hinzuwirken, ist also mit einer Erfüllungsklage durchsetzbar. Bei schuldhaften Pflichtverstößen kommen unter Umständen auch Schadensersatzansprüche in Betracht (Verzug, Unmöglichkeit).

38 **6. Fortsetzungsbeschluss als Planbedingung.** Die Fortführungserklärung der persönlich haftenden Gesellschafter macht es nach dem bereits Ausgeführten wahrscheinlich, dass ein Fortsetzungsbeschluss gefasst wird, stellt dies jedoch nicht sicher. Es kann deshalb aus Gläubigersicht ein Bedarf nach anderen Instrumenten bestehen, mit denen ihrem Interesse nach einer Sicherstellung der Unternehmensfortführung für den Fall der Planbestätigung Rechnung getragen wird. Ein solches Instrument ist eine schuldrechtliche Stimmbindung seitens aller Gesellschafter des Unternehmens (vgl. RdNr. 31). Ein anderes ist die Formulierung der Fassung eines Fortsetzungsbeschlusses als Planbedingung. Dabei sind rechtstechnisch zwei Wege zu unterscheiden.

39 **a) Planbedingung gem. § 249.** Der erste Weg liegt in einer insolvenzverfahrensrechtlichen Planbedingung gem. § 249. Nach dieser Vorschrift kann in einem Insolvenzplan vorgesehen werden, dass vor der Planbestätigung bestimmte „... Leistungen erbracht oder andere Maßnahmen verwirklicht werden sollen ...". Unterbleibt die Leistungserbringung bzw. Maßnahmenverwirklichung binnen einer angemessenen, vom Insolvenzgericht gesetzten Frist, so ist die Bestätigung von Amts wegen zu versagen. Die Überschrift von § 249 („Bedingter Plan") ist missverständlich. Es handelt sich nicht um eine rechtsgeschäftliche Bedingung, sondern der Plan selbst stellt eine zusätzliche, **verfahrensrechtliche Voraussetzung für seine Bestätigung** auf (vgl. § 221 RdNr. 22).

40 Grundsätzlich erscheint es denkbar, die Fassung eines Fortsetzungsbeschlusses der Gesellschafter des notleidenden Unternehmens als eine entsprechende Bestätigungsvoraussetzung zu formulieren.[22] Probleme ergeben sich jedoch daraus, dass ein solcher Fortsetzungsbeschluss nach den einschlägigen gesetzlichen Vorschriften erst gefasst werden kann, wenn das Insolvenzverfahren nach rechtskräftiger Bestätigung des Insolvenzplans **aufgehoben** wurde (vgl. RdNr. 29). Indes dürfte es zulässig sein, den Beschluss zwar bereits vor Planbestätigung zu fassen, seine Wirksamkeit jedoch unter die **aufschiebende Bedingung** der Aufhebung des Insolvenzverfahrens nach rechtskräftiger Planbestätigung zu stellen.[23] Als

---

[22] So auch die Begr. des RegE, allerdings ohne Problematisierung der Voraussetzungen, unter denen dies möglich ist, vgl. BT-Drucks. 12/2443, S. 203. Ähnlich *Uhlenbruck* in K. *Schmidt/Uhlenbruck* (Hrsg.), Die GmbH in Krise, Sanierung und Insolvenz, 1. Aufl. 1997, RdNr. 633 (die entsprechenden Passagen finden sich in der 2. und in der 3. Aufl. nicht mehr); HK-*Flessner* § 230 RdNr. 2; *Smid/Rattunde* InsO § 230 RdNr. 4. Weitergehend *Hess* in *Hess/Obermüller*, Insolvenzplan, Restschuldbefreiung und Verbraucherinsolvenz, 3. Aufl. 2003, RdNr. 113, und *Kübler/Prütting/Otte* § 230 RdNr. 2, die offenbar annehmen, dass ein Plan, der eine Unternehmensfortführung vorsieht, immer unter einer entsprechenden Bestätigungsvoraussetzung steht.

[23] Für die grundsätzliche Zulässigkeit bedingter Fortsetzungsbeschlüsse vgl. *Hachenburg/Ulmer*, GmbHG, 8. Aufl. 1997, § 60 RdNr. 87. Für die Zulässigkeit der rechtskräftigen Planbestätigung als Bedingung vgl. HK-*Flessner* § 230 RdNr. 2, sowie wohl auch *Scheibner*, DZWIR 1999, 8, 10 (ihm folgend *Beuthien/Titze*

Bestätigungsvoraussetzung i. S. v. § 249 wäre im Plan demzufolge auch nicht die unbedingte, sondern die entsprechend bedingte Beschlussfassung zu formulieren. Dadurch würde gleichzeitig nicht nur dem Interesse der Gläubiger an einer Sicherstellung der Unternehmensfortführung, sondern auch dem Interesse der Gesellschafter Rechnung getragen, das Unternehmen nur bei rechtskräftiger Bestätigung eines ganz bestimmten Plans fortzuführen bzw. fortführen zu müssen. Wird der Fortsetzungsbeschluss demgegenüber – einer stipulierten Bestätigungsvoraussetzung entsprechend – vor Planbestätigung nicht bedingt, sondern **unbedingt** gefasst, ist er nicht nichtig, sondern lediglich **schwebend unwirksam**.[24] Wirksam wird er, wenn das Insolvenzverfahren nach rechtskräftiger Planbestätigung aufgehoben wird – ansonsten tritt endgültige Unwirksamkeit ein.

b) Planbedingung gem. § 158 Abs. 1 BGB. Der zweite rechtstechnische Weg der Formulierung eines Fortsetzungsbeschlusses als Planbedingung liegt darin, den **Plan materiellrechtlich** unter die **aufschiebende Bedingung** (§ 158 Abs. 1 BGB) der wirksamen Fassung eines Fortsetzungsbeschlusses zu stellen. Das ist rechtlich zulässig (vgl. § 217 Rd-Nr. 42). Davon zu unterscheiden sind aufschiebende Bedingungen im Hinblick auf einzelne, in den Plan aufgenommene Willenserklärungen, etwa die aufschiebende Bedingung der rechtskräftigen Planbestätigung für eine Erklärung gem. § 230 Abs. 1 Satz 1 oder Satz 2 (vgl. RdNr. 14, 34).

D. Übernahme von Anteils- oder Mitgliedschaftsrechten durch Gläubiger

Sollen Gläubiger Anteils- oder Mitgliedschaftsrechte oder Beteiligungen an einer juristischen Person, einem nicht rechtsfähigen Verein oder einer Gesellschaft ohne Rechtspersönlichkeit übernehmen, so ist dem Plan gem. § 230 Abs. 2 die zustimmende Erklärung eines jeden dieser Gläubiger beizufügen. Rechtstechnisch wäre statt einer Zustimmungserklärung bei Planvorlage auch ein Zustimmungserfordernis bei der Planabstimmung möglich gewesen. Für die Gesetz gewordene Regelung spricht, dass bereits in einem frühen Stadium des aufwändigen Planverfahrens Klarheit über die Bereitschaft der Gläubiger hergestellt wird, entsprechende Planregelungen zu akzeptieren.[25]

Die Vorschrift ist ein **Sanierungshindernis**. Sämtliche effizienten Reorganisationsmodelle der ökonomischen Theorie basieren nämlich auf einer vollständigen oder partiellen Umwandlung von Gläubigerforderungen in Eigenkapitaltitel (dazu ausführlich § 221 RdNr. 103 ff.). Die Realisierung dieser Modelle wird durch § 230 Abs. 2 erschwert. Umso wichtiger ist es, die Reichweite der Vorschrift präzise zu bestimmen. Dafür ist ihr Zweck von maßgeblicher Bedeutung.

I. Zweck von § 230 Abs. 2

1. Schutz vor Nichtbargeboten? In der Begründung des RegE findet sich zu § 230 Abs. 2 die Formulierung, dass keinem Gläubiger „... gegen seinen Willen Anteils- oder

---

ZIP 2002, 1116, 1124), mit Überlegungen zu einem „Vorratsbeschluss" für den Fall der Insolvenzplanbestätigung (damit würde aber gegen die gesetzlichen Regeln verstoßen, nach denen das Insolvenzverfahren vor Beschlussfassung *aufgehoben* sein muss). Für einen praktischen Fall vgl. LG Dessau ZInsO 2001, 1167 f. (Fortsetzungsbeschluss bei eingetragener Genossenschaft bedingt durch „rechtskräftige Aufhebung" des Insolvenzverfahrens). AA *Uhlenbruck/Lüer* § 218 RdNr. 26 (Fortsetzungsbeschluss könne erst nach der gerichtlichen Bestätigung des Insolvenzplans gefasst werden).

[24] Ebenso etwa *Maesch*, Corporate Governance in der insolventen Aktiengesellschaft, 2005, S. 270 f. Die Situation ist insoweit mit einem im Insolvenzverfahren „verfrüht" gefassten Umwandlungsbeschluss vergleichbar, vgl. insoweit *Noack* in *Lieb/Noack/Westermann* (Hrsg.), Festschrift für Wolfgang Zöllner, 1998, S. 411, 428. AA *Terbrack* ZInsO 2001, 1027, 1031, mit der unzutr. Begründung, dass dadurch eine Anwendung des Regelungsinstrumentariums des bedingten Insolvenzplans vollständig vereitelt würde. Dies ist nicht der Fall, vgl. die Ausführungen im Text.

[25] Deswegen wenig überzeugend die Kritik von *Nerlich/Römermann/Braun* § 230 RdNr. 4 ff.

Mitgliedschaftsrechte oder Beteiligungen **anstelle einer Befriedigung in Geld** aufgedrängt werden (sollen)."[26] Im Schrifttum wird aus dieser Formulierung teilweise abgeleitet, dass die Vorschrift danach offenbar in erster Linie einen Schutz vor Nichtbargeboten bewirken soll.[27]

45 Indes sind sowohl der Begriff der „Befriedigung in Geld" als auch derjenige des „Bargebots" bzw. „Nichtbargebots" in hohem Maße unklar. Sicherlich liegt eine „Befriedigung in Geld" bzw. ein „Bargebot" vor, wenn das Schuldnervermögen versilbert und die Gläubiger anschließend aus dem Erlös befriedigt werden sollen. Aber auch dann, wenn Gläubigerforderungen plangemäß gestundet werden sollen, erfolgt wohl eine „Befriedigung in Geld" bzw. liegt ein „Bargebot" vor: Es kommt, wenn auch mit Verzögerung, zu einer Barzahlung. Jedenfalls ist eine entsprechende Regelung nicht von der Zustimmung jedes einzelnen Gläubigers abhängig (arg. § 223 Abs. 2).[28] Wenn aber auch in die Zukunft verschobene Geldzahlungen grundsätzlich „Befriedigungen in Geld" bzw. „Bargebote" sein können, dann ist nicht ohne weiteres einsichtig, warum etwas anderes für eine Befriedigung mittels Anteils- oder Mitgliedschaftsrechten oder Beteiligungen gelten soll: Auch diese Form der Gläubigerbefriedigung soll ja letztlich zu Barzahlungen, nämlich zu Gewinnausschüttungen, führen. Das Kriterium der „Befriedigung in Geld" bzw. des „Bargebots" erweist sich zur Bestimmung des Schutzzwecks des § 230 Abs. 2 daher als nicht geeignet.

46 **2. Schutz vor Zwangsbeteiligung an einem Verband.** Der primäre Zweck des § 230 Abs. 2 liegt nicht in einem Schutz vor „Nichtbargeboten", sondern darin, die Einhaltung des Verfassungsgebots der **negativen Vereinigungsfreiheit** (Art. 9 Abs. 1 GG) sicherzustellen: Niemand darf gegen seinen Willen gezwungen werden, sich unmittelbar oder mittelbar an einem privatrechtlichen Verband zu beteiligen.[29] Dies verbietet sich vor allem deshalb, weil mit einer entsprechenden Beteiligung nicht nur Rechte, sondern regelmäßig auch **Pflichten** – insbesondere Beitrags- und Treuepflichten – und ggf. auch (Haftungs-)**Risiken** verbunden sind. Besonders augenfällig ist dies bei der Beteiligung als persönlich haftender Gesellschafter an einer Gesellschaft ohne Rechtspersönlichkeit. Einem Gläubiger ist es zwar zuzumuten, auch gegen seinen Willen seine bestehende Forderung gegen den Schuldner zu Reorganisationszwecken zu stunden und die Forderung damit gewissermaßen erneut „aufs Spiel zu setzen", sofern er dadurch voraussichtlich nicht schlechter gestellt wird als bei einer Insolvenzabwicklung ohne Plan (§ 251). Ihm ist es jedoch nicht zuzumuten, zusätzliche Pflichten und/oder (Haftungs-)Risiken zu übernehmen.

II. Zustimmungserklärung als Pflichtanlage

47 **1. Gläubiger als Adressat der Planregelung.** Gläubiger im Sinne des § 230 Abs. 2 sind sicherlich die Insolvenzgläubiger (§ 38) und die nachrangigen Insolvenzgläubiger (§§ 39, 327, § 51 Abs. 1 VAG, Art. 108 Abs. 2 EGInsO). Absonderungsberechtigte (§§ 49 bis 51) sind jedenfalls dann Gläubiger im Sinne des § 230 Abs. 2, wenn ihnen der Schuldner auch persönlich haftet, sie also gem. § 52 gleichzeitig Insolvenzgläubiger sind. Aber auch Absonderungsberechtigte, denen der Schuldner **nicht persönlich** haftet, unterfallen der Vorschrift.[30] Auf sie trifft deren Schutzzweck ebenso zu.

48 Ob die Planregelung mehrere oder ggf. nur **einen Gläubiger** betrifft – Letzteres ist denkbar, wenn eine nach § 222 gebildete Gruppe nur aus einem Gläubiger besteht (vgl. § 222

---

[26] BT-Drucks. 12/2443, S. 203 (Hervorhebung von mir).
[27] So *Nerlich/Römermann/Braun* § 230 RdNr. 12 ff. Krit. HK-*Flessner* § 230 RdNr. 6.
[28] Das verkennt *Nerlich/Römermann/Braun* § 230 RdNr. 12 ff. nicht.
[29] Zur Gewährleistung der negativen Vereinigungsfreiheit durch Art. 9 Abs. 1 GG im Hinblick auf privatrechtlich verfasste Verbände vgl. stellv. *Wiedemann*, Gesellschaftsrecht Band I, 1980, S. 670 ff. mwN. Mit der negativen Koalitionsfreiheit gem. Art. 9 Abs. 3 GG hat die Vorschrift entgegen FK-*Jaffé* § 230 RdNr. 17 allerdings nichts zu tun.
[30] Ebenso *Nerlich/Römermann/Braun* § 230 RdNr. 10; *Kübler/Prütting/Otte* § 230 RdNr. 2; *Uhlenbruck/Maus* § 230 RdNr. 4.

RdNr. 30) –, ist unerheblich.³¹ Eine einschränkende Auslegung der Vorschrift dahingehend, dass sie nur bei einer entsprechenden Planbetroffenheit von zwei oder mehr Gläubigern Anwendung finden soll, wird von ihrem Wortlaut keineswegs zwingend nahegelegt und wäre im Übrigen auch unter teleologischen Gesichtspunkten nicht zu rechtfertigen.

Unerheblich ist ferner, ob ein Gläubiger bereits Anteils- oder Mitgliedschaftsrechte oder Beteiligungen an dem notleidenden Unternehmen hält. § 230 Abs. 2 erfasst also auch **Gläubiger-Gesellschafter.** Dass jemand in der Vergangenheit freiwillig eine Beteiligungsentscheidung getroffen hat, rechtfertigt es nicht, ihn für die Zukunft in einem noch weitergehenden Maße in den Verband zu zwingen. 49

2. Beteiligung an bestimmten Personen bzw. Gesellschaften. § 230 Abs. 2 kommt nur zum Zuge, wenn Anteils- oder Mitgliedschaftsrechte oder Beteiligungen an bestimmten Personen bzw. Gesellschaften übernommen werden sollen, nämlich solche an einer juristischen Person, an einem nicht rechtsfähigen Verein oder an einer Gesellschaft ohne Rechtspersönlichkeit. Mit dieser Formulierung lehnt sich der Gesetzgeber an die Umschreibung insolvenzfähiger Personen bzw. Gesellschaften in § 11 Abs. 1 sowie Abs. 2 Nr. 1 an. Ausgelassen wurde allerdings die **natürliche Person** als Unternehmensträger, offenbar deshalb, weil die Gläubiger an einer solchen Person (selbstverständlich) keine Anteils- oder Mitgliedschaftsrechte oder Beteiligungen übernehmen können. Indes kommt in diesem Fall eine Beteiligung als stiller Gesellschafter in Betracht, und auch diese Konstellation liegt innerhalb des Schutzzwecks des § 230 Abs. 2 (vgl. RdNr. 46). Daraus erhellt, dass für die Anwendung der Vorschrift letztlich nicht die Person oder Gesellschaft entscheidend ist, an der die Gläubiger Beteiligungen übernehmen sollen, sondern vielmehr die **Art der Rechtsposition,** die ihnen planmäßig eingeräumt wird (vgl. dazu sogleich RdNr. 53 f.). 50

Unerheblich ist dabei, ob es sich um Anteils- oder Mitgliedschaftsrechte oder Beteiligungen an dem Rechtsträger des notleidenden Unternehmens oder aber um solche an einer dritten Person bzw. Gesellschaft handelt. § 230 Abs. 2 erfasst daher insbesondere auch eine im Plan vorgesehene Beteiligung an einer **Übernahme- oder Auffanggesellschaft,** und zwar unabhängig davon, ob diese bereits vor Insolvenzeröffnung bestand oder erst später gegründet wurde. 51

3. Übernahme von Anteils- oder Mitgliedschaftsrechten oder Beteiligungen. Ausgelöst wird die Zustimmungsbedürftigkeit durch die planmäßige Übernahme von „... Anteils- oder Mitgliedschaftsrechte[n] oder Beteiligungen ...". Diese Formulierung des Gesetzgebers wirft eine Reihe von klärungsbedürftigen Fragen auf, die zum einen die Art der zu übernehmenden Rechtsposition und zum anderen den Begriff der Übernahme betreffen. 52 a

a) Art der planmäß eingeräumten Rechtsposition. In der Beschreibung der Art der zu übernehmenden Rechtsposition als „... Anteils- oder Mitgliedschaftsrechte oder Beteiligungen ..." ist der Begriff der Beteiligung – obwohl zuletzt erwähnt – der Oberbegriff. Häufig wird insoweit zwischen einer unmittelbaren und einer mittelbaren Beteiligung unterschieden, wobei unter Ersterer die Beteiligung als Mitglied einer Außengesellschaft (Personengesellschaft oder Kapitalgesellschaft), unter Letzterer demgegenüber die nur interne Beteiligung durch Nießbrauch, Treuhand oder Innengesellschaft verstanden wird.³² Im Lichte dieser Klassifizierung sind Anteils- oder Mitgliedschaftsrechte Teilaspekte der durch eine **unmittelbare oder mittelbare Beteiligung** vermittelten Rechtsstellung. Eine isolierte Übertragung von Anteils- oder Mitgliedschaftsrechten kommt indes – entgegen dem Wortlaut des § 230 Abs. 2 – auf Grund des Abspaltungsverbots grundsätzlich nicht in Betracht.³³ Dass eine Zwangsmitgliedschaft in einer Außengesellschaft mit dem Schutzzweck 52

---

³¹ AA *Nerlich/Römermann/Braun* § 230 RdNr. 7.
³² So etwa *K. Schmidt,* Gesellschaftsrecht, 4. Aufl. 2002, S. 1819.
³³ Grundlegend BGHZ 3, 354, 357: „Die Verwaltungsrechte sind ... mit dem Gesellschafteranteil notwendig verbunden und können von ihm nicht losgelöst und selbständig übertragen werden." Überblick über die weitere Entwicklung der Rspr. und Literaturhinweise bei MünchKommBGB-*Ulmer* § 717 RdNr. 7 ff.

des § 230 Abs. 2 (vgl. RdNr. 46) nicht zu vereinbaren wäre, liegt auf der Hand. Aber auch durch mittelbare Beteiligungen (Nießbrauch, Treuhand, Innengesellschaft) können Pflichten und ggf. auch Haftungsrisiken begründet werden, deren zwangsweise Übernahme dem Schutzzweck der Vorschrift widerspräche.

54 **Nicht** unter § 230 Abs. 2 fallen demgegenüber Plangestaltungen, nach denen Gläubigern **erfolgsabhängige schuldrechtliche Ansprüche** gegen das notleidende Unternehmen oder ein drittes Unternehmen anstelle oder neben ihren Altansprüchen eingeräumt werden. Beispielhaft genannt seien an dieser Stelle nur **Gewinnschuldverschreibungen** und **Genussrechte** (einschließlich **Wandelgenussrechte,** vgl. dazu die folgende RdNr. 55). Wenn der primäre Schutzzweck des § 230 Abs. 2 in dem Schutz vor einer unmittelbaren oder mittelbaren Zwangsbeteiligung an einem Verband liegt (vgl. RdNr. 46), dann wird dieser Schutzzweck durch entsprechende Plangestaltungen nicht tangiert. Es wäre auch kaum einzusehen, warum einem Gläubiger kein individuelles Veto-Recht gegen eine Plangestaltung zustehen soll, die eine langfristige Forderungsstundung vorsieht – und ihn damit mit dem Risiko der zukünftigen Unternehmensentwicklung belastet –, etwas anderes aber für einen Gläubiger gelten soll, dem anstelle seines Altanspruchs ein zwar erfolgsabhängiger, dafür aber plangemäß in kürzerer Frist zu erfüllender schuldrechtlicher Anspruch eingeräumt wird. Nach der Systematik des Insolvenzplanverfahrens soll ein Gläubiger entsprechende Plangestaltungen nicht generell, sondern nur dann angreifen können, wenn sie ihn voraussichtlich schlechter stellen als eine Insolvenzabwicklung ohne Plan (§ 251).

55 **b) Übernahme der plangemäß eingeräumten Rechtsposition.** § 230 Abs. 2 greift nur ein, wenn Gläubiger unmittelbare oder mittelbare Beteiligungen (vgl. oben RdNr. 53) **übernehmen sollen.** Mit dieser Formulierung ist zunächst klargestellt, dass die Einräumung einer Option auf eine Beteiligung oder aber die Einräumung eines Wahlrechts zwischen einer Beteiligung und einer Nicht-Beteiligung (zur Zulässigkeit der Einräumung eines entsprechenden Wahlrechts vgl. § 221 RdNr. 73) nicht unter § 230 Abs. 2 fällt.[34] **Optionsschuldverschreibungen, Wandelschuldverschreibungen** sowie **Wandelgenussrechte**[35] – oder andere Fälle einer wahlweisen Beteiligung – sind daher keine Fälle des § 230 Abs. 2. Kein Fall des § 230 Abs. 2 ist es auch, wenn nicht Gläubiger, sondern Dritte Beteiligungen übernehmen sollen. Dass derartige Gestaltungen nur mit Zustimmung der jeweiligen Dritten möglich sind, versteht sich von selbst (vgl. insoweit auch § 217 RdNr. 148 ff.).

III. Rechtsnatur/Inhalt der Zustimmungserklärung/Beifügung

56 **1. Rechtsnatur und Inhalt der Zustimmungserklärung.** Ebenso wie eine Fortführungserklärung nach § 230 Abs. 1 und aus ähnlichen Gründen (verbindliche Klarstellung der Übernahmebereitschaft im Verhältnis zu den übrigen Gläubigern und zum Schuldner) ist auch eine Zustimmungserklärung nach § 230 Abs. 2 als **materiellrechtliche Erklärung** und nicht als Prozesshandlung zu qualifizieren. Zweifelhaft ist allerdings der Inhalt dieser Erklärung. Denkbar wäre, dass mit ihr lediglich die Übernahmebereitschaft verbindlich klargestellt wird, und zwar im Sinne der Begründung einer entsprechenden Übernahmeverpflichtung. In diesem Sinne könnte man die Formulierung in der Begründung des RegE deuten, nach der durch § 230 Abs. 2 „... Klarheit über die erforderliche Bereitschaft der Gläubiger [zur Übernahme] ..." geschaffen werden soll.[36]

---

[34] So auch *Nerlich/Römermann/Braun* § 230 RdNr. 7; *Müller* KTS 2002, 209, 233 f. Wird ein Bargebot, das eine voraussichtliche Schlechterstellung gegenüber einer „planlosen" Insolvenzabwicklung bewirkt (vgl. § 251), mit einem Beteiligungsangebot, das eine Besserstellung bewirkt, wahlweise kombiniert, so kann ein dissentierender Gläubiger den Plan gem. § 251 zu Fall bringen: Das Beteiligungsangebot ist bei der Vergleichsrechnung auf Grund der Wertung des § 230 Abs. 2 nicht zu berücksichtigen (zutr. *Müller* KTS 2002, 209, 234 f.).
[35] Zur Sanierung von Aktiengesellschaften unter Einsatz von Wandelgenussrechten vgl. *Stadler* NZI 2003, 579 ff. (praktiziert etwa im Falle der Philipp Holzmann AG sowie der Herlitz AG).
[36] BT-Drucks. 12/2443, S. 203.

Indes ist eine entsprechende Auslegung unbefriedigend, weil zum Vollzug der Übernahme 57
dann immer noch die dafür gesellschaftsrechtlich erforderlichen Willenserklärungen abgegeben und – im Falle einer Weigerung des Gläubigers – ggf. sogar erzwungen werden müssten. Vorzuziehen ist deshalb eine andere Auslegung des § 230 Abs. 2. Wenn Gläubiger plangemäß Beteiligungen übernehmen sollen, so bedeutet dies, dass der gestaltende Teil des Plans die dafür **gesellschaftsrechtlich erforderlichen Willenserklärungen** enthält, insbesondere die Beitrittserklärung. Mit Rechtskraft der Planbestätigung gelten die in den gestaltenden Teil aufgenommenen Willenserklärungen als abgegeben (§ 254 Abs. 1 Satz 2). Diese Rechtsfolge kann jedoch nur eintreten, wenn gem. § 230 Abs. 2 in einer Plananlage eine **inhaltlich** den entsprechenden Willenserklärungen **korrespondierende Zustimmungserklärung** abgegeben wurde. Diese Zustimmungserklärung ist als materiellrechtliche Erklärung also eine Tatbestandsvoraussetzung der in § 254 Abs. 1 Satz 2 normierten Rechtsfolge. Darüber hinaus können die in den gestaltenden Teil aufgenommenen Willenserklärungen nur wirksam werden, sofern dafür vorher die erforderlichen gesellschaftsrechtlichen Voraussetzungen geschaffen wurden (Bsp.: Einzelne Gläubiger sollen ihre Forderungen als Sacheinlage in eine notleidende GmbH einbringen; dies setzt einen entsprechenden Kapitalerhöhungs- und Zulassungsbeschluss der Gesellschafter voraus). Die entsprechenden Willenserklärungen stehen deshalb grundsätzlich unter der **aufschiebenden Bedingung** (§ 158 Abs. 1 BGB) der Schaffung der erforderlichen gesellschaftsrechtlichen Voraussetzungen einer Gläubigerbeteiligung.

2. Rechtsnatur der Beifügung. Anders als die Zustimmungserklärung selbst ist ihre 58
Beifügung zu einem Insolvenzplan keine Willenserklärung, sondern ein unselbständiger Teil der Planvorlage, die ihrerseits eine Prozesshandlung ist (vgl. bereits RdNr. 11, 33).

IV. Wirksamkeit der Zustimmungserklärung/Beifügung

Im Hinblick auf die Wirksamkeit der Zustimmungserklärung der betroffenen Gläubiger 59
sowie ihrer Beifügung zu einem Insolvenzplan gelten die zu dem entsprechenden Problemkreis bei einer Fortführungserklärung gem. § 230 Abs. 1 Satz 1 bzw. Satz 2 angestellten Überlegungen entsprechend (vgl. RdNr. 12 ff., 34). Im Ergebnis bedeutet dies: Mit Rechtskraft der Planbestätigung und der Schaffung der gesellschaftsrechtlichen Beteiligungsvoraussetzungen (vgl. RdNr. 57) werden die zum Vollzug der Beteiligung gesellschaftsrechtlich erforderlichen Willenserklärungen der betroffenen Gläubiger wirksam, die vorgeschriebene Form gilt als eingehalten.

V. Fehlen einer wirksamen Zustimmungserklärung/Beifügung sowie inhaltliche Erklärungsmängel

1. Ursprünglicher Mangel. Fehlt eine wirksame Zustimmungserklärung eines Gläubi- 60
gers, der eine Beteiligung übernehmen soll, hat diese nicht den von § 230 Abs. 2 vorgeschriebenen Inhalt oder wurde sie einem vorgelegten Insolvenzplan nicht wirksam beigefügt, so leidet der Plan an einem behebbaren (vgl. § 218 RdNr. 161) inhaltlichen Mangel, der gem. § 231 Abs. 1 Nr. 1 zu einer Planzurückweisung durch das Insolvenzgericht führt, wenn er durch den Vorlegenden nicht innerhalb einer angemessenen, vom Gericht gesetzten Frist behoben wird.

Wird der Plan unter Verstoß gegen § 231 Abs. 1 Nr. 1 nicht zurückgewiesen, muss ihm 61
ggf. im Bestätigungsverfahren gem. § 250 Nr. 1 die Bestätigung versagt werden: zum einen wegen des inhaltlichen Mangels – dieser wird durch die unterlassene Zurückweisung im Vorprüfungsverfahren nicht „verbraucht" (vgl. § 217 RdNr. 186 ff.) –, zum anderen wegen des Verfahrensfehlers, der in der unterlassenen Zurückweisung gem. § 231 Abs. 1 Nr. 1 liegt (vgl. § 217 RdNr. 189 f.). Beide Gründe sind „wesentliche Punkte" i. S. v. § 250 Nr. 1, da die Beteiligungsübernahme durch einen Gläubiger als bedeutsame Planregelung anzusehen ist.[37]

---

[37] Unrichtig deshalb LG Berlin DZWIR 2005, 301, 304 f.: „Dahin stehen kann, ob eine Erklärung nach § 230 Abs. 2 InsO erforderlich ist und ob diese vorgelegt worden ist. Denn ein diesbezüglicher Verfahrens-

Allerdings scheidet eine Bestätigungsversagung aus, wenn der betroffene Gläubiger dem Plan im Abstimmungstermin explizit zugestimmt hat (etwas anderes gilt bei einer Zustimmungsfiktion gem. § 245). Diese Zustimmung kann gleichzeitig als Zustimmungserklärung gem. § 230 Abs. 2 gewertet werden, der Mangel wird also nachträglich geheilt.[38] Hat der Gläubiger demgegenüber den Plan abgelehnt, kommt eine Mangelbehebung im Bestätigungsverfahren nicht mehr in Betracht: zum einen deshalb nicht, weil er dadurch explizit signalisiert hat, der vorgesehenen Beteiligung nicht zustimmen zu wollen; zum anderen aber auch deshalb nicht, weil eine Änderung von Plananlagen nach dem Beginn der Abstimmung der Gläubiger über den vorgelegten Plan nicht mehr möglich (vgl. § 218 RdNr. 161) und eine Wiederholung der Abstimmung allenfalls in den Fällen zulässig ist, in denen das Insolvenzgericht im Zusammenhang mit dem Abstimmungsverfahren einen Fehler begangen hat, nicht aber mit dem Ziel, eine Änderung von Plananlagen zu ermöglichen (vgl. § 217 RdNr. 184, 191).

62 Wird der Plan vom Insolvenzgericht gleichwohl bestätigt, dann **heilt die rechtskräftige Bestätigung** den Planmangel, sofern der betroffene Gläubiger den Mangel zumindest mitverursacht hat (vgl. RdNr. 19, 36 sowie auch § 217 RdNr. 192 ff.). Nicht anders als das Fehlen einer wirksamen Fortführungserklärung bzw. deren fehlende Beifügung zu einem vorgelegten Plan (vgl. RdNr. 19, 36) werden also auch entsprechende Mängel im Hinblick auf eine Zustimmungserklärung gem. § 230 Abs. 2 grundsätzlich nur im Insolvenzplanverfahren und nur auf der Basis der dort vorgesehenen Gründe für eine Planzurückweisung bzw. eine Versagung der Planbestätigung berücksichtigt. Der mit einer entsprechenden Heilung verbundene Eingriff in die negative Vereinigungsfreiheit (Art. 9 Abs. 1 GG) eines betroffenen Gläubigers erscheint bei Mängeln, die der betroffene Gläubiger zumindest mitverursacht hat, (noch) verhältnismäßig: Dieser ist durch sein Beschwerderecht gem. § 253 ausreichend geschützt.

63 **2. Nachträglicher Mangel.** Ein Sonderproblem ergibt sich dann, wenn ein ursprünglich vorgelegter Plan keine Übernahme von Beteiligungen durch Gläubiger vorsieht, dieser Plan jedoch nach seiner Vorlage in diesem Punkt **geändert** wird. Dass es sich bei entsprechenden Bestimmungen um „einzelne Regelungen" i. S. v. § 240 Satz 1 handeln kann, erscheint jedenfalls – anders als eine nachträgliche Fortführungsregelung i. S. v. § 230 Abs. 1 – nicht von vornherein ausgeschlossen (zur Präzisierung dieses Begriffs vgl. § 218 RdNr. 159). In diesem Fall ist § 230 Abs. 2 mit der Maßgabe anzuwenden, dass die Zustimmungserklärung des betroffenen Gläubigers schriftlich nachzureichen ist. Geschieht dies nicht, und stimmt der Gläubiger dem Plan im Abstimmungstermin auch nicht zu, so ist dem Plan wegen eines wesentlichen inhaltlichen Mangels gem. § 250 Nr. 1 von Amts wegen die Bestätigung zu versagen. Eine gleichwohl erteilte, rechtskräftige Planbestätigung heilt den Mangel.

VI. Durchsetzung der Zustimmungserklärung

64 Anders als bei einer Fortführungserklärung gem. § 230 Abs. 1 spielen schuldrechtliche Sanktionen im Hinblick auf die Durchsetzung der Zustimmungserklärung gem. § 230 Abs. 2 keine Rolle, da eine solche Erklärung mit Rechtskraft der Planbestätigung und bei Eintritt der aufschiebenden Bedingung, unter der die in den gestaltenden Teil aufgenommenen Willenserklärungen stehen (vgl. RdNr. 57, 59), die Beteiligungsübernahme unmittelbar bewirkt.

---

verstoß hätte offensichtlich keinen Einfluss auf die Abstimmung haben können." Nach Sachlage war in diesem Fall eine Erklärung nach § 230 Abs. 2 erforderlich. Auf die Relevanz des Verfahrensverstoßes für die Abstimmung – im Sinne einer allgemeinen Eignung zur Beeinflussung des Abstimmungsergebnisses – kommt es nicht an. Unbeachtlich wäre der Mangel nur dann gewesen, wenn alle betroffenen Gläubiger dem Plan zugestimmt hätten, vgl. dazu sogleich im Text. Das kann auf der Grundlage des mitgeteilten Sachverhalts nicht beurteilt werden.

[38] Im Ergebnis ebenso *Nerlich/Römermann/Braun* § 230 RdNr. 8.

VII. Zustimmungserklärung und gesellschaftsrechtliche Maßnahmen

Ähnlich wie bei einer Fortführungserklärung nach § 230 Abs. 1 kann auch bei einer Zustimmungserklärung nach § 230 Abs. 2 ein Bedarf nach einer „Verzahnung" mit den zu treffenden gesellschaftsrechtlichen Maßnahmen bestehen. Diese Verzahnung wird hier indes einfach dadurch bewirkt, dass die in den gestaltenden Teil aufgenommenen **Willenserklärungen** unter der **aufschiebenden Bedingung** (§ 158 Abs. 1 BGB) der Schaffung der erforderlichen Voraussetzungen für eine Gläubigerbeteiligung stehen (vgl. RdNr. 57, 59). Nach hM können satzungsändernde Beschlüsse bereits während des Insolvenzverfahrens gefasst werden, soweit der Insolvenzzweck dem nicht entgegensteht.[39] Für zulässig werden danach insbesondere Beschlüsse über sanierende, nominelle Kapitalherabsetzungen sowie Kapitalerhöhungen gehalten.[40] Sofern entsprechende Beschlüsse die Fortführung der Gesellschaft voraussetzen, kann dies allerdings nur dann gelten, wenn sie *aufschiebend bedingt* für den Fall der wirksam beschlossenen Unternehmensfortführung nach rechtskräftiger Planbestätigung und Aufhebung des Insolvenzverfahrens gefasst werden (werden sie unbedingt gefasst, sind sie schwebend unwirksam). Eine Kapitalerhöhung zum Zwecke der Beschaffung weiterer Mittel zur Gläubigerbefriedigung setzt die Unternehmensfortführung nicht voraus,[41] wohl aber eine Kapitalerhöhung zum Zwecke der Übernahme von Beteiligungen durch Gläubiger sowie eine diese Kapitalerhöhung vorbereitende, sanierende Kapitalherabsetzung.[42] Ohne weiteres (immer) zulässig sind fortsetzungsbezogene Beschlüsse nur dann, wenn sie zur Beseitigung des Insolvenzgrundes i. S. v. § 212 mit dem Ziel der Verfahrenseinstellung gefasst werden und dazu auch objektiv geeignet sind. Werden die erforderlichen gesellschaftsrechtlichen Beschlüsse aufschiebend bedingt, dann wird damit gleichzeitig das legitime Interesse der Gesellschafter an der Vermeidung von „Vorleistungen" befriedigt.

Wenig sinnvoll erscheint es nach dem soeben Ausgeführten demgegenüber, die Schaffung der gesellschaftsrechtlichen Voraussetzungen einer Gläubigerbeteiligung nach § 230 Abs. 2 als **Bestätigungsvoraussetzung** gem. § 249 zu formulieren. Dies wäre zum einen überflüssig, weil die für eine Beteiligungsübernahme erforderlichen Willenserklärungen ohnehin erst nach Schaffung dieser Voraussetzungen wirksam werden (§ 158 Abs. 1 BGB). Zum anderen lassen sich die entsprechenden Voraussetzungen vor rechtskräftiger Planbestätigung und Aufhebung des Insolvenzverfahrens aber auch nicht wirksam schaffen. Es können lediglich aufschiebend bedingte Beschlüsse gefasst werden (vgl. soeben RdNr. 65).

E. Übernahme von Verpflichtungen durch Dritte

Sofern ein Dritter für den Fall der Planbestätigung Verpflichtungen gegenüber den Gläubigern übernommen hat, ist dem Plan gem. § 230 Abs. 3 die Erklärung des Dritten beizufügen. Gedacht ist dabei insbesondere an sog. **Plangaranten,** die sich verpflichten bzw. verpflichtet haben, für die Planerfüllung einzustehen.

I. Zweck von § 230 Abs. 3 und Abgrenzung zu § 249

1. Zweck von § 230 Abs. 3. Ausweislich der Begründung des RegE dient § 230 Abs. 3 in erster Linie dazu, die Gläubiger über Verpflichtungen Dritter für den Fall der Planbestätigung zu **informieren:** „In all diesen Fällen [von Drittverpflichtungen gegenüber den

---

[39] Vgl. stellv. *Uhlenbruck* in Braun/Uhlenbruck, Unternehmensinsolvenz, 1997, S. 90 mwN.
[40] Vgl. stellv. *Scholz/K. Schmidt*, GmbHG, 8. Aufl. 1993/95, § 63 RdNr. 63 mwN; *Müller*, Der Verband in der Insolvenz, 2002, S. 179 ff.
[41] Vgl. BGHZ 24, 279, 286 (betr. AG).
[42] AA BGH NJW 1998, 2054, 2056 (Zulässigkeit eines isolierten Kapitalherabsetzungsbeschlusses gem. § 229 Abs. 1 AktG im Insolvenzverfahren, der nach Verfahrensaufhebung die Fortführung der Gesellschaft ermöglichen soll).

Gläubigern, der Verf.] dient es der vollständigen **Unterrichtung** der Gläubiger, wenn die Erklärung des Dritten dem Plan als Anlage beigefügt wird, so dass ihre genaue Tragweite von jedem interessierten Gläubiger beurteilt werden kann."[43] Durch die **Beifügung** einer Verpflichtungserklärung wird danach zwar informiert, aber – nicht anders als bei einer beigefügten Fortführungserklärung gem. § 230 Abs. 1 oder einer beigefügten Zustimmungserklärung gem. § 230 Abs. 2 – kein rechtsgeschäftlicher (Verpflichtungs-)Tatbestand gesetzt. Dieser Tatbestand liegt vielmehr in der beigefügten **Erklärung**. Dies zeigt auch das Zusammenspiel von § 230 Abs. 3 mit § 257 Abs. 2. Dort wird eine Bestimmung über die Vollstreckung aus dem Plan gegen Dritte getroffen, die durch eine dem Insolvenzgericht schriftlich eingereichte Erklärung für die Erfüllung des Plans neben dem Schuldner ohne Vorbehalt der Einrede der Vorausklage Verpflichtungen übernommen haben. In der Begründung des RegE zu dieser Vorschrift wird eine dem Plan gem. § 230 Abs. 3 beigefügte **Erklärung** als eine denkbare Fallgestaltung im Rahmen des § 257 Abs. 2 angesehen.[44]

69 **2. Abgrenzung zu § 249.** Ob ein Dritter eine Verpflichtungserklärung für den Fall der Planbestätigung abgibt, entscheidet er selbst. Solange er sie nicht abgegeben hat, ist § 230 Abs. 3 nicht anwendbar. Die Vorschrift betrifft also nur bereits **abgegebene** Verpflichtungserklärungen („Hat ein Dritter ... Verpflichtungen ... übernommen ..."). Demgegenüber kann im Insolvenzplan gem. § 249 als Bestätigungsvoraussetzung stipuliert werden, dass bestimmte Drittleistungen vor der Planbestätigung zu erbringen sind. § 249 betrifft also die im Insolvenzplan **stipulierte** Erbringung bestimmter Drittleistungen als Voraussetzung einer Planbestätigung. Sofern eine entsprechende Bestätigungsvoraussetzung formuliert wurde, kann allerdings nicht etwa gem. § 230 Abs. 3 von dem Dritten verlangt werden, dass dieser seine Bereitschaft zur Leistungserbringung erklärt.[45] Lediglich die Bestätigung des Plans ist zu versagen, wenn die Leistung nicht vorher erbracht wird. Anwendbar wird § 230 Abs. 3 im Falle einer gem. § 249 stipulierten Bestätigungsvoraussetzung allerdings dann, wenn die nach dem Planinhalt zu erbringende Leistung in einer für den Fall der Planbestätigung abgegebenen Verpflichtungserklärung liegt – das ist denkbar[46] – und diese Erklärung bereits vor Planvorlage abgegeben wurde (zur Anwendung des § 230 Abs. 3 bei einer nach Planvorlage abgegebenen Verpflichtungserklärung vgl. RdNr. 77 ff.).

II. Verpflichtungserklärung als Pflichtanlage

70 Pflichtanlage ist eine Verpflichtungserklärung gem. § 230 Abs. 3 nur, wenn ein Verpflichtungstatbestand eines Dritten gegenüber den Gläubigern für den Fall der Bestätigung des Plans gesetzt wurde. Nicht erforderlich zur Begründung der Pflicht zur Beifügung gem. § 230 Abs. 3 ist demgegenüber, dass der Plan (in seinem darstellenden Teil) auf die Verpflichtungserklärung bzw. den Verpflichtungstatbestand Bezug nimmt.[47]

71 **1. Verpflichtung eines Dritten.** Der Begriff des Dritten ist, dem Informationszweck der Vorschrift entsprechend, **weit auszulegen.** Dritter ist sicherlich jeder – natürliche Personen, juristische Personen des privaten und des öffentlichen Rechts, Gesellschaften ohne Rechtspersönlichkeit –, der nicht Schuldner und nicht (nachrangiger) Insolvenzgläubiger oder Absonderungsberechtigter ist: etwa Verwandte des Schuldners, die diesem helfen wollen,[48] Gesellschafter des notleidenden Unternehmens oder aber Auffanggesellschaften, die das notleidende Unternehmen fortführen sollen.[49] Im Lichte des mit § 230 Abs. 3 verfolgten Informationszwecks kann aber auch ein **Gläubiger** Dritter im Sinne der Vorschrift sein: etwa ein Gläubiger, der sich für den Fall der Planbestätigung für die Plan-

---

[43] Vgl. BT-Drucks. 12/2443, S. 204 (Hervorhebung von mir).
[44] Vgl. BT-Drucks. 12/2443, S. 214.
[45] So aber *Nerlich/Römermann/Braun* § 230 RdNr. 18.
[46] AA offenbar HK-*Flessner* § 230 RdNr. 8 und § 249 RdNr. 8.
[47] So aber die Begr. des RegE zu § 230, vgl. BT-Drucks. 12/2443, S. 204.
[48] Vgl. BT-Drucks. 12/2443, S. 204.
[49] Vgl. BT-Drucks. 12/2443, S. 204.

erfüllung gegenüber allen anderen Gläubigern verbürgt hat.⁵⁰ Lediglich der Schuldner scheidet als Dritter definitiv aus: Von ihm übernommene Verpflichtungen sind Teil der gestaltenden Planregelungen gem. § 221.

2. Verpflichtungsübernahme. Aufzunehmen sind gem. § 230 Abs. 3 Verpflichtungs- 72 erklärungen. Auch der Begriff der **Verpflichtungserklärung** ist **weit auszulegen.** Darunter fallen sämtliche Erklärungen, aus denen sich für die Gläubiger im Falle der Planbestätigung allein oder im Zusammenwirken mit anderen Tatbeständen Ansprüche ergeben (können), die irgendeinen Bezug zu den im darstellenden Teil des Insolvenzplans angesprochenen oder im gestaltenden Teil getroffenen Planregelungen besitzen. Verpflichtungserklärungen in diesem Sinne sind etwa Bürgschaftserklärungen, kumulative Schuldübernahmeerklärungen, Garantieerklärungen, Erklärungen über die Bestellung dinglicher Sicherheiten, Erklärungen einer Auffanggesellschaft über die Fortführung des notleidenden Unternehmens und die Befriedigung der Gläubiger, Erklärungen von Investoren über den Eintritt in das notleidende Unternehmen und die Bereitstellung von Barmitteln in einer bestimmten Höhe.⁵¹ Der konkrete Inhalt der Verpflichtungserklärung ist durch Auslegung zu ermitteln. So ist es beispielsweise ohne weiteres möglich, dass der Dritte seine Haftung aus einer Bürgschaftserklärung, einer kumulativen Schuldübernahmeerklärung oder aber einer Garantieerklärung insgesamt und/oder im Verhältnis zu bestimmten Gläubigern auf einen bestimmten Höchstbetrag beschränkt.⁵²

Unerheblich für die Anwendung des § 230 Abs. 3 ist, ob die Verpflichtung des Dritten 73 bereits **wirksam begründet** wurde (Bsp.: Abschluss eines Bürgschaftsvertrages), oder ob dieser zunächst lediglich eine auf Begründung einer entsprechenden Verpflichtung **gerichtete Willenserklärung** abgegeben hat (Bsp.: Abgabe einer Bürgschaftserklärung). Praktisch wird der zuletzt genannte Fall sogar wesentlich häufiger vorkommen, da es kaum realistisch erscheint, dass ein Dritter bei einer hohen Zahl von Gläubigern mit allen diesen Gläubigern außerhalb des Plans beispielsweise einen Bürgschaftsvertrag abschließt (für das Zustandekommen des verpflichtenden Vertrages in diesem Fall vgl. RdNr. 86).

Obwohl § 230 Abs. 3 ausdrücklich nur von der Übernahme von Verpflichtungen für den 74 Fall der Planbestätigung spricht, sollte die Vorschrift analog auch auf **verfügende Erklärungen** angewandt werden, die der Erfüllung entsprechender Verpflichtungen dienen. Das Informationsinteresse der Gläubiger im Hinblick auf solche Erklärungen ist nicht geringer als dasjenige im Hinblick auf die zugrundeliegenden Verpflichtungserklärungen. Für die Gläubiger ist es z. B. von Bedeutung, ob ein Dritter „nur" eine schuldrechtliche Erklärung über eine Sicherheitenbestellung abgegeben hat oder bereits auch die dazugehörige dingliche Erklärung.

3. Planbestätigung als Bedingung. Pflichtanlage sind von Dritten abgegebene Ver- 75 pflichtungserklärungen nur dann, wenn Verpflichtungen für den Fall der Bestätigung des Plans übernommen werden. Mit dieser Wendung bringt der Gesetzgeber zum Ausdruck, dass sich die Verpflichtungserklärung auf einen ganz **bestimmten Plan** beziehen und dass sie unter der **aufschiebenden Bedingung** (§ 158 Abs. 1 BGB) der **Planbestätigung** stehen muss.⁵³ Da ein Insolvenzplan Rechtswirkungen nur bei einer **rechtskräftigen** Planbestätigung entfaltet (vgl. § 254 Abs. 1 Satz 1), ist auch § 230 Abs. 3 so zu lesen, dass die Verpflichtung für den Fall der rechtskräftigen Planbestätigung übernommen worden sein

---

⁵⁰ Ebenso *Jaeger/Weber* § 194 RdNr. 6 und 8 zur vergleichbaren Problemstellung bei § 194 KO sowie jetzt *Kübler/Prütting/Otte* § 257 RdNr. 13.
⁵¹ Weitere Beispiele bei *Schiessler*, Der Insolvenzplan, 1997, S. 129; *Warrikoff* KTS 1997, 527, 538; *Hess* in *Hess/Obermüller*, Insolvenzplan, Restschuldbefreiung und Verbraucherinsolvenz, 3. Aufl. 2003, RdNr. 231 ff.; *Kübler/Prütting/Otte* § 230 RdNr. 2.
⁵² Wird im Hinblick auf die Reihenfolge der Befriedigung keine Bestimmung getroffen, hat sich der Dritte im Zweifel an den Prioritätsgrundsatz zu halten, vgl. *Jaeger/Weber* § 194 RdNr. 6 sowie *Kuhn/Uhlenbruck* § 194 RdNr. 7 zu der insoweit gleichgelagerten Problemstellung zum alten Recht.
⁵³ Ebenso *Hess* in *Hess/Obermüller*, Insolvenzplan, Restschuldbefreiung und Verbraucherinsolvenz, 3. Aufl. 2003, RdNr. 766.

muss. Damit wird gleichzeitig ein Interpretationsgleichlauf mit § 254 Abs. 1 Satz 2 Hs. 2 hergestellt, nach dem Willenserklärungen in einer Plananlage, deren Abgabe durch den Plan nicht erzwungen werden kann, im Zweifel ohnehin unter der aufschiebenden Bedingung einer rechtskräftigen Planbestätigung stehen (vgl. RdNr. 14).

76 **4. Gläubiger als Begünstigte.** § 230 Abs. 3 betrifft nur Verpflichtungsübernahmen gegenüber den Gläubigern. Damit sind alle (nachrangigen) Insolvenzgläubiger, nach dem Zweck der Vorschrift aber auch alle Absonderungsberechtigten gemeint. Unerheblich ist, ob die Verpflichtungsübernahme gegenüber allen oder nur gegenüber einzelnen Gläubigern erfolgte. Sonderabkommen mit einzelnen Gläubigern sind zulässig, sofern sie im Plan offengelegt (erwähnt) werden (§ 226 Abs. 3). Auch eine im Wege eines Vertrages zugunsten Dritter gem. § 328 Abs. 1 BGB gegenüber einzelnen oder mehreren Gläubigern übernommene Verpflichtung unterfällt § 230 Abs. 3. Die Vorschrift sollte aber analog auch dann angewandt werden, wenn ein Dritter planbezogene und -sichernde Verpflichtungen im Verhältnis zum Schuldner übernimmt, ohne damit gleichzeitig gem. § 328 Abs. 1 BGB auch den Gläubigern entsprechende Ansprüche einzuräumen.[54] Deren legitimes Informationsinteresse erstreckt sich auch auf solche, für die Planerfüllung unter Umständen höchst bedeutsame, Verpflichtungen.

III. Nach Planvorlage abgegebene Verpflichtungserklärung

77 § 230 Abs. 3 erfasst seinem Wortlaut nach nur solche Verpflichtungen, die ein Dritter bereits vor Planvorlage übernommen hat. Wie nach Planvorlage übernommene Verpflichtungen bzw. nach Planvorlage abgegebene Verpflichtungserklärungen zu behandeln sind, geht aus § 230 Abs. 3 zumindest nicht unmittelbar hervor. Insoweit stellen sich vor allem zwei Fragen: (1) Können nach Planvorlage abgegebene Verpflichtungserklärungen nachgereicht werden und, wenn ja, bis zu welchem Zeitpunkt wird dadurch ggf. die Titularwirkung des § 257 Abs. 2 ausgelöst? (2) Muss eine nach Planvorlage abgegebene Verpflichtungserklärung nachgereicht werden und, wenn ja, in welcher Form hat dies zu geschehen?

78 **1. Zulässigkeit und Wirkung der Nachreichung nachträglich abgegebener Verpflichtungserklärungen.** Dass Verpflichtungserklärungen Dritter, die diese gegenüber den Gläubigern nach der Planvorlage abgeben, **grundsätzlich nachgereicht** werden können, ergibt sich aus § 257 Abs. 2. Die Vorschrift erfasst nicht nur Erklärungen, die einem Plan gem. § 230 Abs. 3 als Anlage beigefügt wurden, sondern auch „... in anderer Weise beim Insolvenzgericht eingereichte, etwa im Erörterungstermin übergebene, Erklärung[en] ...".[55] Demzufolge findet sich denn auch in der Begründung des RegE zu § 230 Abs. 3 die Formulierung, dass durch diese Vorschrift nicht ausgeschlossen werde, „... dass ein Dritter noch nachträglich, etwa im Zusammenhang mit dem Erörterungstermin, Verpflichtungen gegenüber den Gläubigern übernimmt ...".[56]

79 Dass eine Verpflichtungserklärung auch noch nach Planvorlage abgegeben und nachgereicht werden kann, bedeutet nicht, dass jede solchermaßen abgegebene und nachgereichte Erklärung an der **Titularwirkung** des § 257 Abs. 2 teilhaben müsste. Zu bejahen ist dies von vornherein nur für schriftlich eingereichte (arg. § 257 Abs. 2) Verpflichtungserklärungen, die von dem Bestätigungsbeschluss noch erfasst werden konnten, weil sie vor der Beschlussfassung des Insolvenzgerichts nachgereicht wurden.[57] Weitergehend wird man aber sogar sagen müssen, dass nur solche Verpflichtungserklärungen, die noch vor **Beginn der**

---

[54] Ebenso *Dinstühler* InVo 1998, 333, 337 Fn. 60; *Nerlich/Römermann/Braun* § 230 RdNr. 20; wohl auch *Beck* Betrieb und Wirtschaft 1999, 143, 151 (Verzicht von Lieferanten auf „Herausgaberechte" gegenüber dem Schuldner).
[55] BT-Drucks. 12/2443, S. 214.
[56] BT-Drucks. 12/2443, S. 204.
[57] Deshalb in jedem Fall zu weitgehend *Kübler/Prütting/Otte* § 257 RdNr. 13: Selbst nach der Bestätigung des Plans eingereichte Erklärungen reichen noch aus (anders aber bei § 230 RdNr. 2: Verpflichtungsübernahme nur bis zum Abstimmungstermin möglich).

Abstimmung der Gläubiger vorgelegt wurden, die Wirkung des § 257 Abs. 2 auslösen können (zu einer Ausnahme sogleich im Text).[58] Zwar werden schützenswerte Interessen der Gläubiger scheinbar nicht berührt, wenn die Erklärung erst nach der Planabstimmung (aber vor dem Bestätigungsbeschluss) nachgereicht wird: Eine entsprechende Verpflichtungserklärung verbessert ihre Rechtsstellung. Sofern sie nur einzelne Gläubiger begünstigt oder die Gläubiger unterschiedlich begünstigt werden, muss dies, da „... im Zusammenhang mit dem Insolvenzverfahren ..." (§ 226 Abs. 3) stehend, im Plan offengelegt werden; die nicht oder nur geringer Begünstigten sind also gewarnt.[59] Indes liegt der materiale Geltungsgrund für einen Insolvenzplan in einem Vertrag der Gläubiger – sie geben ihre auf den Vertragsschluss gerichtete Willenserklärung mit der Abstimmung ab – mit dem Schuldner, und dieser Vertrag wird durch die gerichtliche Bestätigungsentscheidung – sie ist Ausdruck einer bloßen Rechtskontrolle – nur noch „ratifiziert" (vgl. § 217 RdNr. 12 ff., insbes. 18, 23 f., 26 ff.). Die Gläubiger aber sollen wissen, welche Regelungen sie mit ihrer Abstimmungsentscheidung in Kraft setzen, und zwar nicht zuletzt deshalb, weil davon ihr Abstimmungsverhalten im Hinblick auf den konkret betroffenen Plan, aber auch im Hinblick auf etwaige Konkurrenzpläne beeinflusst werden kann.[60]

In einem Sonderfall ist der Eintritt der Titularwirkung gem. § 257 Abs. 2 allerdings auch dann zu bejahen, wenn die Erklärung sogar erst nach der Beschlussfassung des Insolvenzgerichts über die Planbestätigung abgegeben und nachgereicht wurde: dann nämlich, wenn der Plan unter die aufschiebende Bedingung (§ 158 Abs. 1 BGB) der Abgabe einer entsprechenden Verpflichtungserklärung gestellt wurde (vgl. auch § 217 RdNr. 42). In diesem Fall wird der soeben erörterte Informationseffekt nämlich durch die entsprechende Planbedingung erreicht, und die in dem Plan erwähnte Erklärung wird auch von dem Planbestätigungsbeschluss gewissermaßen mittelbar erfasst.[61]

2. Pflicht zur Nachreichung nachträglich abgegebener Verpflichtungserklärungen? Gibt ein Dritter für den Fall der Planbestätigung nach Planvorlage eine Verpflichtungserklärung ab, so besteht eine Pflicht zur Nachreichung der entsprechenden Verpflichtungserklärung nur dann, wenn man auf diesen Fall § 230 Abs. 3 analog anwendet. Tatsächlich lässt sich kein sachgerechter Grund für eine Unterscheidung des Inhalts finden, dass zwar kurz vor Planvorlage abgegebene Verpflichtungserklärungen dem Plan als Anlage beigefügt werden müssen, kurz nach Planvorlage abgegebene Erklärungen demgegenüber den Beteiligten nicht zur Kenntnis gebracht zu werden brauchen. Das Informationsinteresse der Gläubiger (vgl. RdNr. 68) richtet sich auf Letztere ebenso wie auf Erstere. Dass der Gesetzgeber insoweit differenzieren wollte, kann man kaum annehmen. **Analog § 230 Abs. 3** sind nachträglich abgegebene Verpflichtungserklärungen demzufolge dem Insolvenzgericht von dem Planvorlegenden schriftlich vorzulegen.[62] Dies gilt indes nur für Verpflichtungserklä-

---

[58] Ebenso *Schiessler*, Der Insolvenzplan, 1997, S. 203 (Erklärung ist bis zum Beginn der Abstimmung einzureichen); wohl auch *Hess* in *Hess/Obermüller*, Insolvenzplan, Restschuldbefreiung und Verbraucherinsolvenz, 3. Aufl. 2003, RdNr. 116 und 232 (Erklärung noch „bis zum" [RdNr. 116] bzw. „im" [RdNr. 232] Abstimmungstermin möglich). Enger offenbar *HK-Flessner* § 230 RdNr. 8 und § 257 RdNr. 8 (Erklärung noch bis zum Ende des Erörterungstermins möglich).
[59] Den Begriff des „Abkommens" in § 226 Abs. 3 wird man – ebenso wie in § 181 Satz 3 KO – weit auslegen müssen, so dass auch einseitige Verpflichtungserklärungen (etwa eine Bürgschaftserklärung) erfasst werden, vgl. § 226 RdNr. 15 und aus altem Recht *Jaeger/Weber* § 181 RdNr. 7 und *Kuhn/Uhlenbruck* § 181 RdNr. 7 – jeweils mwN. AA wohl *Nerlich/Römermann/Braun* § 230 RdNr. 19 Fn. 1.
[60] Bsp.: Plan A und Plan B werden angenommen (das ist möglich, vgl. § 218 RdNr. 194 ff.). Anschließend gibt X bzgl. Plan B eine Verpflichtungserklärung ab. Hätten die Gläubiger das gewusst, hätten sie nur Plan B angenommen und Plan A abgelehnt. Plan A wird nun aber zuerst bestätigt und die Bestätigungsentscheidung wird zuerst rechtskräftig. Dadurch gilt Plan B (vgl. § 218 RdNr. 197).
[61] Ebenso zu § 194 KO RGZ 56, 70, 72 f.; *Jaeger/Weber* § 194 KO RdNr. 5; *Kuhn/Uhlenbruck* § 194 RdNr. 5. Zu § 257 Abs. 2 ebenso *Schiessler*, Der Insolvenzplan, S. 203 Fn. 76.
[62] AA *Nerlich/Römermann/Braun* § 230 RdNr. 17 Fn. 1, mit dem Argument „... wo noch nichts erklärt ist, gibt es auch nichts beizufügen ...". Aber es geht doch um eine analoge Anwendung der Vorschrift für den Fall, dass etwas erklärt wird. Das Schriftformerfordernis akzeptiert auch *Nerlich/Römermann/Braun* § 230 RdNr. 19.

rungen, die noch vor dem Beginn der Abstimmung der Gläubiger über den vorgelegten Plan abgegeben werden. Durch eine entsprechende Nachreichung werden dann die Plananlagen gleichzeitig in zulässiger Weise nachträglich geändert (vgl. § 218 RdNr. 161).

IV. Rechtsnatur der Verpflichtungserklärung/Beifügung

82 Ist einem Insolvenzplan gem. § 230 Abs. 3 seitens des Planvorlegenden die Verpflichtungserklärung eines Dritten beizufügen, so handelt es sich bei der Verpflichtungserklärung um eine **materiellrechtliche Erklärung.** Deren Beifügung ist demgegenüber – ebenso wie die Beifügung einer Fortführungserklärung gem. § 230 Abs. 1 oder einer Zustimmungserklärung gem. § 230 Abs. 2 (vgl. RdNr. 11, 33, 58) – ein unselbständiger Teil der Vorlage eines Insolvenzplans, die ihrerseits eine **Prozesshandlung** ist (vgl. § 218 RdNr. 9). Ist eine **nachträglich** abgegebene Verpflichtungserklärung analog § 230 Abs. 3 schriftlich beim Insolvenzgericht einzureichen, so handelt es sich dabei ebenfalls um eine Prozesshandlung.

V. Wirksamkeit der Verpflichtungserklärung/Beifügung

83 **1. Wirksamkeit der Verpflichtungserklärung.** Die Wirksamkeit einer Verpflichtungserklärung beurteilt sich – ebenso wie diejenige einer Fortführungserklärung gem. § 230 Abs. 1 (vgl. RdNr. 13 ff., 34) oder einer Zustimmungserklärung gem. § 230 Abs. 2 (vgl. RdNr. 59) – nach den Regeln des **materiellen Rechts.** Dabei sind insbesondere folgende Problemkreise von Bedeutung:

84 **a) Aufschiebende Bedingung und Planänderungen.** Nach dem bereits Ausgeführten steht eine entsprechende Verpflichtungserklärung unter der **aufschiebenden Bedingung** (§ 158 Abs. 1 BGB) der rechtskräftigen Planbestätigung (vgl. RdNr. 75). Wird ein vorgelegter Insolvenzplan **zurückgenommen** (vgl. dazu § 218 RdNr. 141 ff.), so bedeutet dies, dass die aufschiebende Bedingung nicht eintritt. Die Verpflichtungserklärung ist gegenstandslos (unwirksam). Wird ein vorgelegter Plan **geändert** (vgl. dazu § 218 RdNr. 153 ff.) und in geänderter Form rechtskräftig bestätigt, dann ist durch Auslegung der Verpflichtungserklärung zu ermitteln, ob auch die rechtskräftige Bestätigung des geänderten Plans einen Bedingungseintritt markiert und, sofern dies der Fall ist, welches der genaue Inhalt der Verpflichtungserklärung ist. Da eine Planänderung nach Vorlage nur im Hinblick auf einzelne Planregelungen zulässig ist (vgl. § 218 RdNr. 157 ff. sowie § 240 Satz 1), wird man häufig zu einer Wirksamkeit der – durch Auslegung „angepassten" – Verpflichtungserklärung auch für den geänderten Plan gelangen. Hat sich der Dritte beispielsweise für die Erfüllung sämtlicher Gläubigeransprüche vollständig oder teilweise in Höhe eines bestimmten Prozentsatzes verbürgt, so bedeutet dies, dass die Bürgschaft sich im Zweifel vollständig oder mit demselben Prozentsatz auch auf die – höheren oder niedrigeren – Gläubigeransprüche auf der Grundlage des geänderten Plans erstreckt. Wurde die Teilbürgschaft mit einem Absolutbetrag übernommen, so wird sie im Zweifel von einer Anhebung oder Absenkung der in Aussicht gestellten Gläubigerbefriedigung demgegenüber nicht berührt (wenn nicht die versprochenen Zahlungen unter den Betrag sinken, für den die Bürgschaft übernommen wurde).[63]

85 **b) Rücktritt bzw. Widerruf.** Im Hinblick auf die Frage, ob und ggf. bis zu welchem Zeitpunkt sich der Dritte von der übernommenen Verpflichtung **lösen** kann, ist zu differenzieren: Lag bereits ein verpflichtender Vertrag (und nicht nur eine einseitige Verpflichtungserklärung) vor, so ist durch Auslegung des jeweiligen Schuldgrundes zu ermitteln, ob und ggf. unter welchen Voraussetzungen sowie bis zu welchem Zeitpunkt dem Dritten ein vertragliches Rücktrittsrecht zustehen soll. Im Zweifel ist anzunehmen, dass sich der Dritte einen entsprechenden Rücktritt **bis zum Beginn der Abstimmung** der Gläubiger über

---

[63] Ebenso *Hess* in *Hess/Obermüller*, Insolvenzplan, Restschuldbefreiung und Verbraucherinsolvenz, 3. Aufl. 2003, RdNr. 770.

den vorgelegten Plan vorbehalten hat, aber nicht darüber hinaus, da das Abstimmungsverhalten möglicherweise maßgeblich von der Existenz einer entsprechenden Verpflichtung beeinflusst wird.

Lag noch kein verpflichtender Vertrag, sondern lediglich eine einseitige Verpflichtungserklärung vor, so ist das entsprechende Angebot gem. § 145 BGB grundsätzlich bindend, es sei denn, dass der Antragende diese Bindung ausgeschlossen hat. Auch insoweit ist im Zweifel von der Existenz eines Widerrufsvorbehalts bis zum Abstimmungsbeginn auszugehen.[64] Mit der Planannahme betätigen die Gläubiger ihren Annahmewillen im Hinblick auf die abgegebene Verpflichtungserklärung (§ 151 BGB), und zwar nach der Wertung des Gesetzgebers auch die Widersprechenden (arg. § 254 Abs. 1 Satz 3). Bei einer einem Insolvenzplan gem. § 230 Abs. 3 beigefügten oder analog § 230 Abs. 3 nachgereichten Verpflichtungserklärung dürfte die Planrücknahme durch den Planvorlageberechtigten – sie ist ebenfalls bis zum Beginn der Abstimmung der Gläubiger möglich (vgl. § 218 RdNr. 147 ff.) – im Zweifel gleichzeitig einen entsprechenden Rücktritt bzw. Widerruf im Namen des Dritten und innerhalb einer konkludent eingeräumten Vertretungsmacht enthalten. Praktische Bedeutung kommt dem auf Grund der Bedingungsverknüpfung (vgl. RdNr. 75, 84) allerdings nicht zu.

c) **Form.** Die für die Verpflichtungserklärung des Dritten bzw. für das entsprechende Verpflichtungsgeschäft insgesamt einzuhaltende Form richtet sich grundsätzlich nach den Vorschriften des materiellen Rechts. Im Falle einer rechtskräftigen Planbestätigung gilt diese Form allerdings gem. § 254 Abs. 1 Satz 2 Hs. 2 i. V. m. § 254 Abs. 1 Satz 2 Hs. 1 als eingehalten.[65] § 254 Abs. 1 Satz 2 Hs. 2 erfasst – über den insoweit engeren Wortlaut hinaus – alle auf freiwilliger Basis vorgenommenen, ergänzenden Planregelungen (vgl. § 217 RdNr. 156).

d) **Fehlende Geschäftsfähigkeit und Willensmängel.** Da sich die Wirksamkeit der abgegebenen Verpflichtungserklärung nach materiellem Recht beurteilt (vgl. RdNr. 83), sind grundsätzlich auch Geschäftsfähigkeitsmängel (§§ 104 ff. BGB) sowie Willensmängel (§§ 116 ff., 119 ff. BGB) beachtlich. Der Erklärende kann seine Erklärung also beispielsweise wegen eines Inhalts- bzw. Erklärungsirrtums (§ 119 Abs. 1 BGB), wegen einer arglistigen Täuschung oder wegen einer widerrechtlichen Drohung (§ 123 Abs. 1 BGB) anfechten. Allerdings kommt eine Heilung entsprechender Mängel durch eine rechtskräftige Planbestätigung in Betracht (vgl. RdNr. 92).

2. **Wirksamkeit der Beifügung.** Wird eine Verpflichtungserklärung gem. § 230 Abs. 3 einem Insolvenzplan beigefügt und zusammen mit diesem vorgelegt, dann beurteilt sich die Wirksamkeit dieser Vorlage nach den allgemein für Prozesshandlungen geltenden Regeln (vgl. insoweit auch RdNr. 16). Das Gleiche gilt, wenn eine nach Planvorlage abgegebene Verpflichtungserklärung isoliert beim Insolvenzgericht eingereicht wird.

VI. Fehlen einer wirksamen Verpflichtungserklärung/Beifügung

Besondere Probleme wirft die Frage nach den Konsequenzen auf, die sich ergeben, wenn einem Insolvenzplan eine unwirksame Verpflichtungserklärung beigefügt wurde oder wenn eine wirksam abgegebene Verpflichtungserklärung einem Insolvenzplan nicht wirksam beigefügt wurde.

1. **Fehlen einer wirksamen Verpflichtungserklärung.** Wird zusammen mit einem Insolvenzplan eine von Anfang an unwirksame (z. B. wegen der Geschäftsunfähigkeit des Erklärenden) oder eine nachträglich unwirksam gewordene (z. B. wegen einer Anfechtung) Verpflichtungserklärung vorgelegt, dann handelt es sich dabei um einen behebbaren Plan-

---

[64] Ebenso zu § 194 KO *Jaeger/Weber* § 194 RdNr. 5. AA *Hess* in *Hess/Obermüller*, Insolvenzplan, Restschuldbefreiung und Verbraucherinsolvenz, 3. Aufl. 2003, RdNr. 767 (sofortige Unwiderruflichkeit mit Ausnahme einer späteren Planänderung gem. § 240).

[65] Ebenso HK-*Flessner* § 254 RdNr. 4 und 6.

§ 230   92   6. Teil. 1. Abschnitt. Aufstellung des Plans

mangel, der gem. § 231 Abs. 1 Nr. 1 zur Planzurückweisung führt, sofern er nicht binnen einer angemessenen, vom Insolvenzgericht gesetzten Frist behoben wird. Denn gem. § 230 Abs. 3 ist eine Verpflichtungserklärung einem Plan nur dann beizufügen, wenn sie übernommen wurde, und diese Wendung wird man im Sinne einer **wirksamen** Übernahme interpretieren müssen. Durch eine entsprechende Planzurückweisung wird derjenige, der die Verpflichtungserklärung abgegeben hat, geschützt, da gegen ihn bei einer rechtskräftigen Planbestätigung unter Umständen aus der Erklärung gem. § 257 Abs. 2 vollstreckt werden kann. Denkbar erscheint es auch, dass das Insolvenzgericht nicht den gesamten Plan, sondern – a maiore ad minus – nur die beigefügte Erklärung des Dritten zurückweist.

92 Verstößt das Gericht gegen seine Zurückweisungspflicht, oder ist die Unwirksamkeit die Folge eines nach der Vorprüfung eingetretenen Ereignisses, dann ist dem Plan jedenfalls auf Grund des inhaltlichen Mangels und/oder des Verfahrensfehlers gem. § 250 Nr. 1 die Bestätigung zu versagen, da es sich auf Grund der Informationsfunktion der Plananlagen für die abstimmenden Gläubiger regelmäßig um einen wesentlichen Mangel handeln wird und eine Mangelbehebung in diesem Verfahrensstadium nicht mehr in Betracht kommt (vgl. RdNr. 18, 35, 61 sowie § 217 RdNr. 184, 191). Wird der Plan gleichwohl **rechtskräftig bestätigt,** dann wird der Mangel dadurch **geheilt,**[66] sofern der Plangarant ihn zumindest mitverursacht hat (vgl. RdNr. 19, 36, 62 und auch § 217 RdNr. 192 ff.), ebenso wie im Hinblick auf die Fortführungs- bzw. Zustimmungserklärungen nach § 230 Abs. 1 bzw. Abs. 2 (vgl. RdNr. 19, 36, 62). Vertretbar erscheint dieses Ergebnis jedenfalls dann, wenn man Plangaranten – ähnlich wie den persönlich haftenden Gesellschaftern des Schuldners im Hinblick auf eine Fortführungserklärung i. S. v. § 230 Abs. 1 Satz 2 – analog § 253 zugesteht, die Unwirksamkeit der Verpflichtungserklärung durch eine Beschwerde gegen die Bestätigungsentscheidung des Insolvenzgerichts geltend zu machen (vgl. auch § 217 RdNr. 194). Unter dieser Voraussetzung dürften die im Vertrauen auf die abgegebene Verpflichtungserklärung erfolgte Planzustimmung der Gläubiger und die mit der rechtskräftigen Planbestätigung verbundene Gestaltungswirkung des § 254 Abs. 1 Satz 1 (Umschaffung der Rechtslage) bei Mängeln, die der Plangarant zumindest mitverursacht hat, schwerer wiegen als der Schutz des Plangaranten. Nimmt dieser sein Beschwerderecht nicht wahr, bleibt ihm nur noch die Möglichkeit, eine Vollstreckungsabwehrklage (§§ 257 Abs. 2 i. V. m. Abs. 1, 4 InsO, 767 ZPO) zu erheben.[67] Diese kann dann allerdings bei zumindest mitverursachten Mängeln nicht auf das Fehlen oder den Fortfall einer wirksamen Verpflichtungserklärung gestützt werden (entspr. Mängel sind geheilt), sondern nur auf den Einwand der Erfüllung.

---

[66] Ebenso betr. **Willensmängel** Häsemeyer, Insolvenzrecht, 3. Aufl. 2003, RdNr. 28.83; Hess in Hess/Obermüller, Insolvenzplan, Restschuldbefreiung und Verbraucherinsolvenz, 3. Aufl. 2003, RdNr. 768; Kübler/Prütting/Otte § 257 RdNr. 13; Happe, Die Rechtsnatur des Insolvenzplans, 2004, S. 238; Gaul, Zur Struktur und Wirkungsweise des Insolvenzplans als „privatautonomes" Instrument der Haftungsverwirklichung, in Baums/Wertenbruch/Lutter/Schmidt (Hrsg.), Festschrift für Ulrich Huber zum siebzigsten Geburtstag, 2006, S. 1187, 1223 f. (mit einer Ausnahme für die Anfechtung wegen arglistiger Täuschung oder widerrechtlicher Drohung – in einem solchen Fall aber scheidet eine Mitverursachung des Mangels durch den Plangaranten [dazu im Text] aus, die Auffassung Gauls deckt sich also zumindest im Ergebnis mit der im Text vertretenen); zum Zwangsvergleich nach der KO RGZ 57, 270, 273, sowie RGZ 122, 361, 364 (die Bürgschaftserklärung des Zwangsvergleichsbürgen sei untrennbar mit dem Zwangsvergleich verbunden, eine Anfechtung des Letzteren wegen seiner rechtskräftigen Bestätigung wegen Irrtums kenne die KO nicht); zum Vergleich nach der VerglO BGH LM § 85 VerglO Nr. 2 (aus der VerglO ergebe sich kein Anfechtungsrecht eines Vergleichsgaranten wegen arglistiger Täuschung nach Vergleichsbestätigung). Anders aber die hM in Fällen, in denen eine **Verpflichtung überhaupt nicht übernommen** (sondern eine entsprechende Übernahme etwa nur angekündigt) worden war, vgl. RGZ 122, 361, 362 ff.; Jaeger/Weber § 194 RdNr. 5, § 196 RdNr. 5; Bley/Mohrbutter § 78 RdNr. 14; Happe, Die Rechtsnatur des Insolvenzplans, 2004, S. 238. Diese aA stützt sich maßgeblich auf die Erwägung, dass der Plangarant mangels Beschwerdemöglichkeit im Bestätigungsverfahren rechtlos gestellt wäre, wollte man eine Heilung auch insoweit anerkennen (vgl. RGZ 122, 361, 364). Indes wird man ihn analog § 253 für beschwerdeberechtigt halten können, vgl. sogleich im Text.

[67] Vgl. insoweit auch Gaul, Zur Struktur und Wirkungsweise des Insolvenzplans als „privatautonomes" Instrument der Haftungsverwirklichung, in Baums/Wertenbruch/Lutter/Schmidt (Hrsg.), Festschrift für Ulrich Huber zum siebzigsten Geburtstag, 2006, S. 1187, 1224; Häsemeyer, Insolvenzrecht, 3. Aufl. 2003, RdNr. 28.88.

Wird eine Verpflichtungserklärung nach der Planvorlage abgegeben und dem Insolvenz- 93
gericht auf Grund der aus einer analogen Anwendung des § 230 Abs. 3 sich ergebenden
Verpflichtung schriftlich eingereicht, ist diese Erklärung aber unwirksam (oder wird sie es),
so gelten die vorstehenden Überlegungen entsprechend. Der Mangel der selbständig eingereichten Verpflichtungserklärung ist in diesem Fall wie ein inhaltlicher Planmangel zu
behandeln, so dass eine Planbestätigung wegen § 250 Nr. 1 nicht in Betracht kommt. Wird
der Plan gleichwohl rechtskräftig bestätigt, wird der Mangel geheilt, sofern der Plangarant
ihn zumindest mitverursacht hat.

2. Fehlen einer wirksamen Beifügung. Wird eine wirksam abgegebene Verpflich- 94
tungserklärung entgegen § 230 Abs. 3 nicht zusammen mit dem Insolvenzplan vorgelegt,
dann leidet der Plan an einem behebbaren (vgl. § 218 RdNr. 161) inhaltlichen Mangel, der
gem. § 231 Abs. 1 Nr. 1 zur Planzurückweisung führt, sofern er nicht binnen einer
angemessenen, vom Insolvenzgericht gesetzten Frist behoben wird.⁶⁸ Verstößt das Insolvenzgericht gegen seine Planzurückweisungspflicht, ist dem Plan jedenfalls auf Grund des
wesentlichen inhaltlichen Mangels und des Verfahrensfehlers (vgl. dazu schon RdNr. 92) im
Bestätigungsverfahren gem. § 250 Nr. 1 die Bestätigung zu versagen (vgl. RdNr. 92 sowie
§ 217 RdNr. 185 ff.). Eine gleichwohl erfolgende, rechtskräftige Planbestätigung heilt den
Mangel, sofern der Plangarant ihn zumindest mitverursacht hat (vgl. RdNr. 92).

Wird eine nach Planvorlage abgegebene Verpflichtungserklärung entgegen der aus einer 95
analogen Anwendung des § 230 Abs. 3 folgenden Nachreichungspflicht (vgl. RdNr. 81)
nicht nachgereicht, ist dem Plan im Bestätigungsverfahren gem. § 250 Nr. 1 wegen des
wesentlichen inhaltlichen Mangels die Bestätigung zu versagen (vgl. RdNr. 92 sowie § 217
RdNr. 182 ff.). Durch eine rechtskräftige Planbestätigung wird der Mangel geheilt, sofern
der Plangarant ihn zumindest mitverursacht hat (vgl. RdNr. 92).

VII. Durchsetzung der Verpflichtungserklärung

Die sich aus einer wirksamen bzw. aus einer zwar unwirksamen, auf Grund einer rechts- 96
kräftigen Planbestätigung jedoch als wirksam geltenden Verpflichtungserklärung ergebenden
schuldrechtlichen Pflichten des Erklärenden können mittels einer Erfüllungsklage durchgesetzt werden, ggf. kommen auch Schadensersatzansprüche in Betracht (Verzug, Unmöglichkeit). Unter den Voraussetzungen des § 257 Abs. 2 fehlt für eine Erfüllungsklage allerdings das Rechtsschutzbedürfnis, da in diesem Fall bereits ein Vollstreckungstitel vorliegt.⁶⁹
Das ist z. B. dann nicht der Fall, wenn sich der Erklärende die Einrede der Vorausklage
vorbehalten hat.

§ 231 Zurückweisung des Plans

(1) Das Insolvenzgericht weist den Insolvenzplan von Amts wegen zurück,
1. wenn die Vorschriften über das Recht zur Vorlage und den Inhalt des Plans nicht beachtet sind und der Vorlegende den Mangel nicht beheben kann oder innerhalb einer angemessenen, vom Gericht gesetzten Frist nicht behebt,
2. wenn ein vom Schuldner vorgelegter Plan offensichtlich keine Aussicht auf Annahme durch die Gläubiger oder auf Bestätigung durch das Gericht hat oder
3. wenn die Ansprüche, die den Beteiligten nach dem gestaltenden Teil eines vom Schuldner vorgelegten Plans zustehen, offensichtlich nicht erfüllt werden können.

---

⁶⁸ Selbstverständlich **kein** Verstoß gegen § 230 Abs. 3 liegt vor, wenn eine Verpflichtungserklärung noch
nicht vorliegt, sondern lediglich in Aussicht gestellt wird (vgl. insoweit *Nerlich/Römermann/Braun* § 230
RdNr. 19). Wird eine solche in Aussicht gestellte Verpflichtungserklärung später nicht abgegeben, kommt
eine Versagung der Planbestätigung nicht in Betracht, sofern die Erklärung nicht explizit zur Bestätigungsvoraussetzung gem. § 249 gemacht wurde (aA *Nerlich/Römermann/Braun* § 230 RdNr. 19).
⁶⁹ Vgl. *Zöller/Greger*, ZPO, 25. Aufl. 2005, vor § 253 RdNr. 18 a.

(2) Hatte der Schuldner in dem Insolvenzverfahren bereits einen Plan vorgelegt, der von den Gläubigern abgelehnt, vom Gericht nicht bestätigt oder vom Schuldner nach der öffentlichen Bekanntmachung des Erörterungstermins zurückgezogen worden ist, so hat das Gericht einen neuen Plan des Schuldners zurückzuweisen, wenn der Insolvenzverwalter mit Zustimmung des Gläubigerausschusses, wenn ein solcher bestellt ist, die Zurückweisung beantragt.

(3) Gegen den Beschluß, durch den der Plan zurückgewiesen wird, steht dem Vorlegenden die sofortige Beschwerde zu.

Schrifttum: *Borchers,* Die funktionelle Zuständigkeit von Richter, Rechtspfleger und Geschäftsstelle im Insolvenzverfahren am Beispiel des „Hamburger Modells" in: Kölner Schrift zur Insolvenzordnung, 1997, S. 1269 ff.; *Evers/Möhlmann,* Feststellung eines Insolvenzplans – Überlegungen aus verfahrensrechtlicher und ökonomischer Perspektive, ZInsO 1999, 21 ff.; *Holzer,* Entscheidungsträger im Insolvenzverfahren, 3. Auflage 2004; *Kaltmeyer,* Der Insolvenzplan als Sanierungsmittel des Schuldners – Unter Berücksichtigung des EGInsOÄndG v. 19. 12. 1998 (Teil 1), ZInsO 1999, 255 ff.; *Neumann,* Die Gläubigerautonomie in einem künftigen Insolvenzverfahren, 1995; *Smid,* „Sanierungswürdigkeit" als Maßstab des Insolvenzrechts, Rpfleger 1997, 501 ff.; *ders.,* Kontrolle der sachgerechten Abgrenzung von Gläubigergruppen im Insolvenzplanverfahren, InVo 1997, 169 ff.; *Wimmer,* Der Rechtspfleger im neuen Insolvenzverfahren, InVo 1997, 316 ff.

Übersicht

	RdNr.		RdNr.
I. Normzweck	1	4. Angemessene Frist zur Mangelbehebung	15
II. Entstehungsgeschichte	2	5. Prüfungsmaßstab	16
III. Verfahren	4	V. Offensichtliche Aussichtslosigkeit (Abs. 1 Nr. 2)	17
IV. Nichtbeachtung von Vorschriften über die Planvorlage und den Planinhalt (Abs. 1 Nr. 1)	7	VI. Offensichtliche Nichterfüllbarkeit der Ansprüche (Abs. 1 Nr. 3)	19
1. Überprüfung der Planvorlageberechtigung (Abs. 1 Nr. 1, 1. Fall)	8	VII. Erneute Planvorlage (Abs. 2)	20
2. Überprüfung des Planinhalts (Abs. 1 Nr. 1, 2. Fall)	10	VIII. Planbehandlung bei Masseunzulänglichkeit	22
3. Nicht behebbarer Mangel	14	IX. Sofortige Beschwerde (Abs. 3)	23

I. Normzweck

1 Unmittelbar nach **Vorlage** des **Insolvenzplans** (§ 218 Abs. 1) tritt das **Insolvenzgericht** vor Bestimmung des Erörterungs- und Abstimmungstermins (§ 235) in eine **Vorprüfung** des Plans ein. Die Vorschrift dient der **Beschleunigung** des **Verfahrens,** um fehlerhafte oder offensichtlich aussichtslose Pläne frühzeitig zurückweisen zu können. Insbesondere soll vermieden werden, dass der Schuldner das Planverfahren dazu benutzt, die Masseverwertung zu verzögern; auch sollen die Verfahrenskosten nicht unnötig erhöht werden. Wegen der Grundsätze der Vertragsfreiheit und der Gläubigerautonomie sind die Überprüfungsmöglichkeiten auf die in § 231 Abs. 1 Nr. 1 bis 3 genannten Tatbestände beschränkt.

II. Entstehungsgeschichte

2 Bereits das überkommene Recht sah eine gerichtliche Vorprüfung und ggf. die Ablehnung eines vom Schuldner vorgeschlagenen (Zwangs-)Vergleichsvorschlages vor. So war ein vom Schuldner seinen Gläubigern vorgeschlagener Zwangsvergleich bei Vorliegen einer der in § 175 KO genannten Fällen unzulässig. §§ 17, 18 VerglO beinhalteten Versagungsgründe für die Eröffnung des Vergleichsverfahrens. Dies war in zahlreichen Fällen die nicht vorhandene „Vergleichswürdigkeit" des Schuldners, daneben die nicht rechtzeitige Behebung von inhaltlichen und formalen Mängeln des Vergleichsvorschlages (§ 17 Nr. 1 VerglO), die nicht hinreichende Befriedigung der Gläubiger durch den Vergleichsvorschlag (§ 18 Nr. 3, 4

VerglO) oder ein bestehender Widerspruch gegen gemeinsame Gläubigerinteressen (§ 79 Nr. 4 VerglO, § 188 Abs. 1 Nr. 2 KO). Vergleichbar zu § 231 Abs. 2 konnte nach § 176 KO das Gericht einen Zwangsvergleichsvorschlag auf Antrag des Verwalters oder des bestellten Gläubigerausschusses zurückweisen, wenn bereits in dem Konkursverfahren ein Vergleichsvorschlag von den Gläubigern abgelehnt oder vom Gericht verworfen oder vom Gemeinschuldner nach der öffentlichen Bekanntmachung des Vergleichstermins zurückgezogen worden war. § 176 KO diente ebenso wie § 231 Abs. 2 dem Zweck, zur Vermeidung von unnötigen Kosten und einer verzögerten Masseverwertung einen von vornherein aussichtslosen Vergleichsvorschlag zu unterbinden.[1] Der Versagungsgrund der **„Vergleichsunwürdigkeit"** wurde vom Gesetzgeber **nicht** aufgegriffen, da dieser als überholt galt und einer optimalen Gläubigerbefriedigung entgegensteht.[2] So sah bereits die Gesamtvollstreckungsordnung das Erfordernis der Vergleichswürdigkeit nicht mehr vor (§ 16 GesO).

Die **Vorprüfungspflicht** des Gerichts erstreckt sich in den Fällen des § 231 Abs. 1 Nr. 2 3 und 3 nur auf einen vom **Schuldner** vorgelegten **Plan,** da nach der Begründung des Rechtsausschusses davon auszugehen ist, dass ein vom **Verwalter** vorgelegter Plan nicht offensichtlich aussichtslos oder unerfüllbar ist.[3] Das mag in der Regel zutreffen, allerdings ist denkbar, dass auch ein Plan des Verwalters, der einem redlichen Schuldner die Restschuldbefreiung verweigert, offensichtlich keine Aussicht auf Zustimmung durch den Schuldner und damit auf Bestätigung durch das Gericht hat, so dass auch in diesem Falle eine Pflicht des Insolvenzgerichts zur Vorprüfung anzunehmen ist.[4]

III. Verfahren

In den in § 231 Abs. 1 bezeichneten Fällen hat das **Gericht** den Insolvenzplan **von Amts** 4 **wegen zurückzuweisen,** in denjenigen des § 231 Abs. 2 nur auf Antrag des Insolvenzverwalters, ggf. mit Zustimmung des Gläubigerausschusses.

Das Insolvenzverfahren und damit auch das Insolvenzplanverfahren wird grundsätzlich 5 vom **Amtsermittlungsgrundsatz** beherrscht, d. h. das Insolvenzgericht hat von Amts wegen alle Umstände zu ermitteln, die für das Insolvenzverfahren von Bedeutung sind (§ 5 Abs. 1 Satz 1). Damit stellt sich die Frage, ob das Gericht bereits im Rahmen der Vorprüfung **eigene Nachforschungen** bei den Beteiligten über ihre Haltung zum Insolvenzplan, etwa bei Gläubigern im Falle des § 231 Abs. 1 Nr. 2, anstellen kann.[5] Dies ist zu verneinen. Eine Information und Anhörung der Beteiligten über den Inhalt des Insolvenzplans ist erst nach dessen (positiver) Vorprüfung durch das Gericht vorgesehen (§§ 232, 234). Das Gericht muss daher selbst anhand der ihm vorliegenden Unterlagen über eine Zurückweisung des Plans entscheiden.[6] Es kann sich dabei auch nicht – entgegen § 5 Abs. 1 Satz 2 – der Hinzuziehung eines Sachverständigen bedienen. Im Rahmen des § 231 Abs. 1 Nr. 2 und 3 führen nur offensichtliche Fälle zu einer Zurückweisung. Wird die Heranziehung eines Sachverständigen erforderlich, kann nicht mehr davon ausgegangen werden, dass sich die Aussichtslosigkeit der Planannahme oder die Nichterfüllung der Ansprüche geradezu aufdrängt.[7]

Da nach § 231 Abs. 1 Nr. 1 der Planvorlegende einen dort aufgeführten Mangel beheben 6 kann, hat das Gericht ihn hierauf nach § 4 i. V. m. § 139 ZPO hinzuweisen. Eine derartige

---

[1] *Kuhn/Uhlenbruck* KO § 176 RdNr. 1.
[2] Vgl. *Smid* Rpfleger 1997, 501, 503.
[3] BT-Drucks. 12/7302 S. 182, 183.
[4] BR-Drucks. 1/92, S. 204; aA *Nerlich/Römermann/Braun* § 231 RdNr. 21, Fn. 1, unter Hinweis darauf, dass dem Schuldner nach wie vor das Restschuldbefreiungsverfahren nach §§ 286 ff. zur Verfügung stünde. Mangels Schlechterstellung des Schuldners greife bei dessen Widerspruch das Obstruktionsverbot des § 247 Abs. 2 Nr. 1.
[5] Bejahend *Neumann*, Die Gläubigerautonomie in einem künftigen Insolvenzverfahren, S. 288; vgl. *Kübler/Prütting/Otte* § 231 RdNr. 13, 15.
[6] So auch HK-*Flessner* § 231 RdNr. 12; *Braun/Uhlenbruck*, Unternehmensinsolvenz, S 479.
[7] So wie hier *Breutigam/Blersch/Goetsch* § 231 RdNr. 30, 31.

Hinweispflicht ergibt sich wegen des Rechts des Schuldners auf **rechtliches Gehör** (Art. 103 Abs. 1 GG) auch für die übrigen Fälle des § 231 Abs. 1.[8]

IV. Nichtbeachtung von Vorschriften über die Planvorlage und den Planinhalt (Abs. 1 Nr. 1)

7   Nach § 231 Abs. 1 Nr. 1 weist das Insolvenzgericht den Insolvenzplan zurück, wenn die Vorschriften über das Recht zur Vorlage und den Inhalt des Plans nicht beachtet sind, und der Vorlegende den Mangel nicht beheben kann oder innerhalb einer angemessenen, vom Gericht gesetzten Frist nicht behebt. Jeder Fall für sich („die Verletzung von Vorschriften über das Recht zur Vorlage" oder „den Inhalt des Plans") berechtigt zur Planzurückweisung. Das **„und"** im Gesetzestext ist daher als **„oder"** zu verstehen.[9]

8   **1. Überprüfung der Planvorlageberechtigung (Abs. 1 Nr. 1, 1. Fall).** Die Berechtigung zur Vorlage eines Insolvenzplans ergibt aus § 218 Abs. 1. Danach sind **vorlageberechtigt** allein der **Insolvenzverwalter** und der **Schuldner**. Wird der Plan von einem **Dritten** vorgelegt, stellt dies einen § 218 Abs. 1 verletzenden, nicht heilbaren Verstoß dar.

9   Formelle Voraussetzung für die Vorlage eines Insolvenzplans ist weiterhin der Nachweis über die **Wahrung** der beratenden **Mitwirkungsrechte** des **Gläubigerausschusses**, sofern ein solcher bestellt ist, des **Betriebsrates**, des **Sprecherausschusses der leitenden Angestellten** und des **Schuldners** (§ 218 Abs. 3). Werden diese Mitwirkungsrechte verletzt, stellt sich die Frage, ob dieser Mangel nach § 231 Abs. 1 Nr. 1 behoben werden kann. Der Wortlaut der Vorschrift schließt die Behebung auch eines solchen Mangels nicht aus. Gleichwohl wird die Auffassung vertreten, dass ein solcher Mangel nicht heilbar sei, da § 218 Abs. 3 den genannten Gruppen eine konkrete Einflussnahme auf die inhaltliche Gestaltung des Plans ermöglichen soll.[10] Für diese Auffassung spricht insbesondere der Wortlaut des § 218 Abs. 3, wonach der dort genannte Personenkreis bei der Aufstellung des Plans beratend mitwirkt. Eine **Verletzung** dieses **Mitwirkungsrechtes** hat daher zur **Zurückweisung** des **Plans** zu führen. Etwas anderes kann nur dann gelten, wenn der Planinhalt den Vorstellungen (des) in § 218 Abs. 3 genannten Personenkreises entspricht und dieser ihn nachträglich genehmigt.[11]

10 **2. Überprüfung des Planinhalts (Abs. 1 Nr. 1, 2. Fall).** Die inhaltlichen Erfordernisse eines Insolvenzplans ergeben sich aus den §§ 219 bis 230. Der **Plan** muss **vollständig** und **inhaltlich bestimmt** sein. Weiterhin muss er nach §§ 220, 221 in einen **darstellenden** und einen **gestaltenden Teil** gegliedert sein. Außerdem müssen in ihm die Voraussetzungen für die nach § 222 Abs. 1 Satz 2 erforderlichen **Hauptgruppenbildungen** und deren **sachgerechte Abgrenzung** (§ 222 Abs. 2 Satz 2) geschaffen sein.

11 Problematisch ist, ob eine **manipulative Gruppenbildung** durch das Insolvenzgericht nach § 231 Abs. 1 Nr. 1 verhindert werden kann, wenn der Planinitiator mit der Gruppenbildung bereits die Mehrheitsverhältnisse für eine Abstimmung festgelegt hat. Während teilweise hierin ein wichtiger Prüfungspunkt im Rahmen des § 231 Abs. 1 Nr. 1 erblickt wird,[12] wollen andere Stimmen dem Insolvenzgericht beim Verdacht manipulativer Einflussnahmen auf das Abstimmungsergebnis kein Zurückweisungsrecht einräumen.[13] Zwar ist nicht zu verkennen, dass eine derart beeinflusste Gruppenbildung zu einer Entwertung der Verfahrensteilnahmerechte der betroffenen Gläubiger führen kann.[14] Andererseits kann von einem Planinitiator nicht erwartet werden, dass er die Gruppen so bildet, dass voraussichtlich

---

[8] *Smid/Rattunde*, Der Insolvenzplan, RdNr. 230.
[9] *Nerlich/Römermann/Braun* § 231 RdNr. 4.
[10] *Braun/Uhlenbruck*, Unternehmensinsolvenz, S. 477; *Hess/Weis/Wienberg* § 231 RdNr. 3.
[11] Vgl. *Kübler/Prütting/Otte* § 231 RdNr. 7; *Nerlich/Römermann/Braun* § 231 RdNr. 10, wonach eine ausdrückliche „Genehmigung" des Plans erforderlich sein soll.
[12] FK-*Jaffé* § 231 RdNr. 11 bis 16; *Smid/Rattunde* § 231 RdNr. 9, 10.
[13] *Hess/Weis/Wienberg* § 231 RdNr. 5, vgl. aber auch RdNr. 10; *Kaltmeyer* ZInsO 1999, 255, 263.
[14] So *Smid* InVO 1997, 169, 178.

seinem Plan nicht zugestimmt wird. Die Planzustimmung ist vielmehr legitimes Ziel der Gruppenbildung.[15] Im Übrigen besteht für die betroffenen Gläubiger die Möglichkeit, sich im Erörterungstermin zu dem Plan zu äußern (§ 235). Gleichzeitig besteht zu ihren Gunsten der **Minderheitenschutz** des § 251, so dass in diesen Fällen ein Zurückweisungsrecht des Insolvenzgerichts nicht gegeben ist.

Bei den Gruppenbildungen des § 222 Abs. 2 Satz 1 und Abs. 3 handelt es sich nur um Soll- bzw. Kannvorschriften. Sie kommen daher als Beanstandungsnormen nicht in Betracht.[16]

Ist die **Änderung von sachenrechtlichen Verhältnissen** im gestaltenden Teil vorgesehen (§ 228), sind diese **exakt** zu bezeichnen. Soll durch den Insolvenzplan in die **Rechte von absonderungsberechtigten Gläubigern** eingegriffen werden, so ist im gestaltenden Teil anzugeben, um welchen Bruchteil die Rechte gekürzt, für welchen Zeitraum sie gestundet oder welchen sonstigen Regelungen sie unterworfen werden sollen (§ 223). Entsprechendes gilt für die **Rechte** der **Insolvenzgläubiger** und der **nachrangigen Insolvenzgläubiger** (§§ 224, 225). Weiterhin ist nach § 226 Abs. 2 Satz 2 bei einer **Abweichung vom Gleichbehandlungsgrundsatz** innerhalb jeder Gruppe die **Zustimmungserklärung** eines jeden betroffenen Beteiligten beizufügen. Schließlich ist der Plan auf die erforderlichen **Anlagen** nach §§ 229, 230 hin zu überprüfen, auch auf ihre Nachvollziehbarkeit und rechnerische Stimmigkeit hin (etwa der Plan-Gewinn- und Verlustrechnungen).[17]

3. Nicht behebbarer Mangel. Einen Mangel kann der Planinitiator zunächst dann nicht beheben, wenn er hierzu **rechtlich nicht** befugt ist. Dies ist etwa dann der Fall, wenn er zur **Planvorlage nicht berechtigt** war (§ 218). Ein nicht behebbarer Mangel liegt weiterhin dann vor, wenn im gestaltenden Teil in Rechte von **Aussonderungsberechtigten** (§ 47) **eingegriffen, Masseverbindlichkeiten geregelt** oder aber in die in § 223 Abs. 1 Satz 2 genannten **Sicherheiten** und **Finanzsicherheiten** iSv § 1 Abs. 17 KWG **eingegriffen** werden soll.[18] Im Übrigen ist ein nicht behebbarer Mangel immer dann anzunehmen, wenn die Behebung des Mangels inhaltlich zu einem **neuen Plan** führen würde.[19]

4. Angemessene Frist zur Mangelbehebung. Handelt es sich um einen **behebbaren Mangel**, so hat das Insolvenzgericht eine **angemessene Frist** zur Beseitigung des Mangels zu bestimmen. Ob die vom Gericht gesetzte Frist angemessen ist, muss sich nach den Umständen des Einzelfalles je nach Art und Umfang des Mangels richten. Für die Behebung des Mangels sollte allerdings im Hinblick auf die damit verbundene Verfahrensverzögerung **keine längere Frist** als **ein Monat** gewährt werden.[20] Die Angemessenheit der Frist ist selbständig nicht überprüfbar (§ 6); sie kann nur im Rahmen der sofortigen Beschwerde gegen eine zurückweisende Entscheidung angegriffen werden (§ 231 Abs. 3), die nach fruchtlosem Fristablauf von Amts wegen zu erfolgen hat.

5. Prüfungsmaßstab. Problematisch ist, in welchem Umfang das Insolvenzgericht die Einhaltung der Vorschriften über das Vorlagerecht und den Planinhalt zu überprüfen hat. In Anlehnung an das Merkmal der **Offensichtlichkeit** in § 231 Abs. 1 Nr. 2 und 3 wird hierzu die Auffassung vertreten, dass für die Prüfung nach Abs. 1 Nr. 1 nur entscheidend sei, ob sich die Beteiligten im Erörterungstermin ein verständiges Urteil über den Plan bilden können.[21] Die Prüfung beschränkt sich danach lediglich auf eine **Evidenzkontrolle**. Dem

---

[15] *Nerlich/Römermann/Braun* § 222 RdNr. 53, 54.
[16] Vgl. *Nerlich/Römermann/Braun* § 231 RdNr. 16.
[17] *Nerlich/Römermann/Braun* § 231 RdNr. 18, 19; aA *Uhlenbruck/Lüer* § 231 RdNr. 30 „keine inhaltliche Prüfung der Planrechnungen" nach § 231 Abs. 1 Nr. 1.
[18] *Nerlich/Römermann/Braun* § 231 RdNr. 9.
[19] Vgl. hierzu *Nerlich/Römermann/Braun* § 231 RdNr. 7.
[20] *Hess/Weis/Wienberg* § 231 RdNr. 9.
[21] So HK-*Flessner* § 231 RdNr. 4, 5, wonach nur strengere Anforderungen bei der Überprüfung der Sachgerechtheit von Gruppenbildungen zu stellen sind, da diese bis zur Abstimmung keiner gerichtlichen Kontrolle mehr unterliegen und daher nicht nur vorläufig zu beurteilen seien.

steht allerdings schon der Wortlaut des § 231 Abs. 1 Nr. 1 entgegen, in welchem sich der Begriff der Offensichtlichkeit nicht findet. Das Gericht hat vielmehr eine **Detailprüfung** vorzunehmen und darf sich hierbei nicht nur auf offenkundige Fehler beschränken. Die Überprüfung auf nicht nur offensichtliche Fehler dient auch einem zügigen Verfahrensablauf, da so eine weitere Beschäftigung mit einem Plan, der nach näherer Prüfung nicht bestätigungsfähig sein wird, vermieden wird. Auch bei einer eingehenden Prüfung der Formalien kann der zügige Charakter der Vorprüfung gewahrt werden, in dem das Gericht von zeitaufwändigen Nachforschungen, etwa der Beauftragung eines Sachverständigen, absieht.

V. Offensichtliche Aussichtslosigkeit (Abs. 1 Nr. 2)

17 Nach § 231 Abs. 1 Nr. 2 kann das Insolvenzgericht einen vom Schuldner vorgelegten Insolvenzplan, der nicht schon nach § 231 Abs. 1 Nr. 1 zu beanstanden ist, nur zurückweisen, wenn dieser **offensichtlich keine Aussicht** auf **Annahme** durch die Gläubiger im Abstimmungstermin oder auf Bestätigung durch das Gericht hat.

18 **Offensichtlichkeit** bedeutet, dass das Insolvenzgericht nur in **eindeutigen Fällen** von seiner Befugnis zur Zurückweisung Gebrauch machen darf.[22] Dies ist dann der Fall, wenn die **Gläubiger** dem Insolvenzplan mit an **Sicherheit grenzender Wahrscheinlichkeit nicht zustimmen** werden.[23] Ein Fall des § 231 Abs. 1 Nr. 2 ist etwa dann anzunehmen, wenn die tatsächlichen Grundlagen für den Plan zum Zeitpunkt der Vorprüfung bereits nicht mehr vorhanden sind (etwa der Verlust einer für die Fortführung des schuldnerischen Unternehmens unentbehrlichen Lizenz oder das Auseinanderbrechen der Unternehmensstruktur, sofern der Insolvenzplan hierauf maßgeblich aufbaut).[24] Teilweise wird die Auffassung vertreten, dass eine offensichtliche Aussichtslosigkeit auch dann vorliegt, wenn sich die Gläubigerversammlung bereits zuvor mit großer Mehrheit gegen eine vorgesehene Planmaßnahme, etwa eine Betriebsfortführung, ausgesprochen hat.[25] Dem kann nicht gefolgt werden. So ist es durchaus denkbar, dass sich die Meinungsbildung auf Grund etwa neuer Tatsachen, insbesondere nach Erörterung des Plans, geändert hat, so dass eine ablehnende Haltung der Gläubiger nicht mehr mit an Sicherheit grenzender Wahrscheinlichkeit erwartet werden kann.[26] Mit der Annahme einer offensichtlichen Aussichtslosigkeit sollte daher **zurückhaltend** umgegangen werden. Im Zweifelsfall ist von einer Planzurückweisung abzusehen, um nicht einer Entscheidung der Gläubiger über dessen Inhalt vorzugreifen.[27]

VI. Offensichtliche Nichterfüllbarkeit der Ansprüche (Abs. 1 Nr. 3)

19 Nach § 231 Abs. 1 Nr. 3 kann das Insolvenzgericht einen vom Schuldner vorgelegten Insolvenzplan, der nicht schon nach § 231 Abs. 1 Nr. 1 zu beanstanden ist, nur zurückweisen, wenn die **Ansprüche,** die den Beteiligten nach dem gestaltenden Teil zustehen, **offensichtlich nicht erfüllt** werden können. Auch hier wird bei der Entscheidung **Zurückhaltung** zu fordern sein. Ist der Plan **rechnerisch erfüllbar** und anhand der beigefügten Plananlagen auch **realisierbar,** sollte es letztlich dem Votum der Gläubiger überlassen bleiben, ob sie dem Plan zustimmen wollen oder nicht.[28] Unter den Anwendungsbereich der Norm fällt in erster Linie die Fallgestaltung, dass der Schuldner einen Plan vorlegt, in

---

[22] Begr. zu § 275 RegE BR-Drucks. 1/92, S. 204.
[23] *Hess/Obermüller,* Insolvenzplan, Restschuldbefreiung und Verbraucherinsolvenz, RdNr. 58.
[24] FK-*Jaffé* § 231 RdNr. 29, 30.
[25] Vgl. die Begr. zu § 275 RegE BR-Drucks. 1/92, S. 204; *Breutigam/Blersch/Goetsch* § 231 RdNr. 25.
[26] Vgl. HK-*Flessner* § 231 RdNr. 8.
[27] Zu weitgehend AG Siegen NZI 2000, 236 f., das bereits die Abgabe einer eidesstattlichen Versicherung der Schuldnerin und die drohende Durchführung eines Gewerbeuntersagungsverfahrens zum Anlass genommen hat, den Insolvenzplan zurückzuweisen und somit der Entscheidung der Gläubiger zu entziehen.
[28] Vgl. *Nerlich/Römermann/Braun* § 231 RdNr. 26, da „deren Geld betroffen ist".

dem er zur Abwendung der Einzelverwertung seines Vermögens den Gläubigern **Leistungen zusagt,** von denen bei **objektiver Betrachtung** feststeht, dass sie **nicht erbracht** werden können. Nach der Begründung des RegE hat das Gericht einen Plan, der dem Schuldner nicht einmal das Existenzminimum belässt, ebenfalls nach § 231 Abs. 1 Nr. 3 zurückzuweisen.[29] An der offensichtlichen Nichterfüllbarkeit fehlt es indes, wenn die Finanzverwaltung wohlwollende Prüfung eines Erlassantrages im Hinblick auf eine durch den Sanierungsgewinn entstehende Steuerlast signalisiert, auch wenn dieser Erlass die wirtschaftliche Bedingung des Plankonzepts ist.[30]

VII. Erneute Planvorlage (Abs. 2)

Um der Gefahr zu begegnen, dass der **Schuldner** sein **Planinitiativrecht** dadurch **missbraucht,** das Insolvenzverfahren durch **Vorlage** immer **neuer Pläne** zu verzögern, sieht § 231 Abs. 2 ein **Zurückweisungsrecht** des Gerichts auf Antrag des Insolvenzverwalters mit Zustimmung des Gläubigerausschusses vor. Voraussetzung dafür ist, dass der erste Plan entweder von den Gläubigern abgelehnt (§§ 244 bis 246), vom Gericht nicht bestätigt oder vom Schuldner nach öffentlicher Bekanntmachung des Erörterungstermins zurückgezogen worden ist. Die Vorschrift entspricht der vormaligen Regelung in § 176 KO. Einen Rechtsbehelf gegen einen entsprechenden Antrag des Verwalters sieht das Gesetz nicht vor. Der Verwalter haftet aber unter Umständen nach § 60.[31]

Nach Auffassung von *Braun* soll § 231 Abs. 2 einschränkend dahingehend auszulegen sein, dass ein Zweitplan bei Rücknahme nur dann vorliegt, wenn es keine sachlichen Gründe für die Rücknahme und Neueinreichung gibt, insbesondere, wenn solche Gründe nicht außerhalb der Verantwortungs- und Einflusssphäre des Schuldners liegen.[32] Dem ist zuzustimmen. Zwar lässt der Wortlaut des § 231 Abs. 2 Satz 2 eine derartige Einschränkung zu Gunsten des Schuldners nicht zu. Andererseits ist es Sinn und Zweck der Norm, zu verhindern, dass es zu einer rechtsmissbräuchlichen Verfahrensverschleppung durch den Schuldner kommt. Wenn die Gründe der Verzögerung aber außerhalb seines Verantwortungs- und Einflussbereiches liegen, etwa wenn Vermögenspositionen des Schuldners ihren Wert verloren haben oder aber Weiterbelieferungszusagen nicht eingehalten werden, missbraucht der Schuldner sein Planvorlagerecht nicht. In diesen Fällen erscheint es sachgerecht, den (ersten Plan) als noch nicht vorgelegt anzusehen, damit das Insolvenzgericht dem Schuldner Gelegenheit zur Vorlage eines Erfolg versprechenden zweiten Plans geben kann. Rechtstatsächlich dürfte zu erwarten stehen, dass sich auch der Verwalter bei einer solchen Sachverhaltskonstellation nicht gegen die Vorlage eines neuen Plans wenden wird. Beantragt der Verwalter gleichwohl die Zurückweisung des Plans, ist § 231 Abs. 2 teleologisch dahingehend auszulegen, dass ein Plan des Schuldners dann nicht als bereits vorgelegt gilt, wenn er aus Gründen gescheitert ist, die außerhalb seines Verantwortungs- und Einflussbereiches liegen.

VIII. Planbehandlung bei Masseunzulänglichkeit

Stellt sich nach der Eröffnung des Insolvenzverfahrens heraus, dass über die Kosten des Verfahrens hinaus die sonstigen Masseverbindlichkeiten (etwa solche nach § 55 Abs. 1) nicht erfüllt werden können, soll vereinzelter Auffassung nach der Plan a priori wegen mangelnder Erfolgsaussicht nach § 231 Abs. 1 Nr. 2[33] oder mangels Erfüllbarkeit nach § 231 Abs. 1 Nr. 3[34] zurückzuweisen sein. Regelungen darüber, ob nach Eintritt der Masseunzulänglichkeit ein Insolvenzplanverfahren noch durchgeführt werden kann, finden sich im Gesetz nicht

---

[29] Begr. zu § 275 RegE BR-Drucks. 1/92 S. 204.
[30] LG Bielefeld ZIP 2002, 951 ff.
[31] *Breutigam/Blersch/Goetsch* § 231 RdNr. 36.
[32] *Nerlich/Römermann/Braun* § 231 RdNr. 32.
[33] *Smid/Rattunde* § 231 RdNr. 46.
[34] *Kübler/Prütting/Otte* § 231 RdNr. 20.

(mehr).³⁵ Je nach Planinhalt wird nicht auszuschließen sein, dass bei **Durchführung** des **Plans** eine eingetretene **Masseunzulänglichkeit überwunden** werden kann. Selbst bei andauernder Massearmut ist kein Grund dafür ersichtlich, warum die Befriedigung der Massegläubiger nicht abweichend von den §§ 208 bis 211 in einem Insolvenzplan geregelt werden kann. Gegenstand des Plans wäre dann in der Hauptsache die Regulierung der Altmasseverbindlichkeiten (§ 209 Abs. 1 Nr. 3). Die Erfüllung der Neumasseverbindlichkeiten (§ 209 Abs. 1 Nr. 2) sollte in einem solchen Falle allerdings sichergestellt sein.

IX. Sofortige Beschwerde (Abs. 3)

23 Die **Zurückweisung** des Insolvenzplans erfolgt durch **Beschluss,** der dem Planvorlegenden zuzustellen ist (§ 4 i. V. m. § 569 Abs. 1 ZPO). Dem **Vorlegenden** steht hiergegen wegen der Bedeutung der Entscheidung das Rechtsmittel der **sofortigen Beschwerde** zu. Dies gilt auch bei einer Entscheidung durch den Rechtspfleger (§ 11 Abs. 1 RPflG). Lehnt das Gericht einen Antrag des Verwalters auf Zurückweisung wegen Vorlage eines Zweitplanes ab, so steht diesem ein Beschwerderecht hiergegen nicht zu, da hierüber ausschließlich die Gläubigerversammlung zu befinden hat.³⁶ Wird der Plan nicht zurückgewiesen, ist ein besonderer Zulassungsbeschluss nicht erforderlich. Erlässt das Gericht gleichwohl einen solchen, ist ein Rechtsmittel hiergegen nicht gegeben (§ 6 Abs. 1).

§ 232 Stellungnahmen zum Plan

(1) Wird der Insolvenzplan nicht zurückgewiesen, so leitet das Insolvenzgericht ihn zur Stellungnahme zu:
1. dem Gläubigerausschuß, wenn ein solcher bestellt ist, dem Betriebsrat und dem Sprecherausschuß der leitenden Angestellten;
2. dem Schuldner, wenn der Insolvenzverwalter den Plan vorgelegt hat;
3. dem Verwalter, wenn der Schuldner den Plan vorgelegt hat.

(2) Das Gericht kann auch der für den Schuldner zuständigen amtlichen Berufsvertretung der Industrie, des Handels, des Handwerks oder der Landwirtschaft oder anderen sachkundigen Stellen Gelegenheit zur Äußerung geben.

(3) Das Gericht bestimmt eine Frist für die Abgabe der Stellungnahmen.

Schrifttum: *Scheibner,* Zu Besonderheiten beim Insolvenzplan in eingetragenen Genossenschaften, DZWIR 1999, 8 ff.; *Schiessler,* Der Insolvenzplan, 1997.

Übersicht

	RdNr.		RdNr.
I. Normzweck	1	1. Zuleitung zur Stellungnahme (Abs. 1)	5
II. Entstehungsgeschichte	2	2. Gelegenheit zur Äußerung (Abs. 2)	6
III. Anwendungsbereich	5	3. Frist zur Stellungnahme (Abs. 3)	9

I. Normzweck

1 Hat das Insolvenzgericht den Insolvenzplan zugelassen, bereitet es den Erörterungs- und Abstimmungstermin vor (§ 235 Abs. 1). Um die vom Plan Betroffenen ausreichend über den Planinhalt zu informieren, leitet es ihn vorab den im Gesetz bezeichneten Gruppen zu,

---

³⁵ § 323 RegE sah vor, dass nach Feststellung der Masseunzulänglichkeit (§ 318 RegE) die Massegläubiger an die Stelle der nicht nachrangigen Insolvenzgläubiger in der Gläubigerversammlung treten und die Aufstellung eines Insolvenzplanes möglich bleiben sollte. Diese Regelung wurde jedoch auf Empfehlung des Rechtsausschusses nicht in das Gesetz übernommen, sondern diese Frage der Rechtsprechung zugewiesen, BT-Drucks. 12/7302 S. 116, 180.
³⁶ Die anderslautende Regelung in § 275 Abs. 3 Satz 2 RegE ist vom Rechtsausschuss nicht übernommen worden, BT-Drucks. 12/7302 S. 101, vgl. auch S. 183.

um ihnen Gelegenheit zur Stellungnahme hierzu zu geben. Die Stellungnahmen können dazu dienen, dass auch Beteiligten, die sich aus zeitlichen oder sonstigen Gründen nicht oder nicht ausführlich mit dem Planinhalt beschäftigen können, die Problematiken des Plans und seine Auswirkungen erkennbar werden. **Qualifizierte Stellungnahmen** können auch Personen zu einer Meinungsbildung verhelfen, denen eine Beurteilung des Plans allein auf Grund ihrer Vorkenntnisse nicht oder nicht in vollem Umfange möglich ist. Schließlich können auch neue Plangesichtspunkte von sachkundiger Seite aufgezeigt werden.

II. Entstehungsgeschichte

Das alte Recht kannte lediglich die Stellungnahme des Gläubigerausschusses zum Zwangsvergleichsvorschlag des Schuldners nach § 177 KO sowie die Anhörung der Berufsvertretung nach § 14 VerglO.

In den Reformentwürfen wurde der Kreis der Personen, von denen eine Stellungnahme eingeholt werden soll oder kann, stetig erweitert. Zunächst waren nur die Stellungnahmen der Verfahrensbeteiligten vorgesehen,[1] danach auch diejenigen bestimmter Berufsvertretungen[2] und zuletzt auch die anderer sachkundiger Stellen.[3]

Die Frist nach § 232 Abs. 3 wurde eingeführt, um das Verfahren nicht über Gebühr zu verzögern.[4]

III. Anwendungsbereich

1. Zuleitung zur Stellungnahme (Abs. 1). Die Stellungnahmen zum Plan sind nach Abs. 1 zwingend einzuholen. Sofern vorhanden, sind der Betriebsrat (§§ 87 ff., 92 ff. und 106 ff. BetrVG), der Sprecherausschuss der leitenden Angestellten (SprAuG) sowie der Gläubigerausschuss – sofern ein solcher bestellt ist (§§ 67 ff.) – zur Stellungnahme aufzufordern. Dabei ist ihnen der Insolvenzplan nebst allen notwendigen Plananlagen zu übersenden.[5] **Zusammenfassungen** des **Plans** reichen, anders als bei der Ladung zum Erörterungs- und Abstimmungstermin nach § 235 Abs. 3 Satz 2, **nicht** aus.[6] Nur so wird eine fundierte Stellungnahme zum Plan ermöglicht. Die erforderlichen Ausfertigungen des Plans nebst Anlagen zwecks Zuleitung hat der Planinitiator bereits bei Planvorlage zur Verfügung zu stellen. Da § 234 u. a. die Niederlegung der Stellungnahmen vorsieht, sind diese **schriftlich** abzugeben. Das Insolvenzgericht hat eine Abschrift hiervon dem Planinitiator zuzuleiten.[7] Andernfalls würde dem Gesetzeszweck, den Erörterungs- und Abstimmungstermin ausreichend vorzubereiten, nicht hinreichend Rechnung getragen. Wurden die Stellungnahmen bereits mit dem Insolvenzplan vorgelegt, kann von der Einholung weiterer Stellungnahmen abgesehen werden, wenn seitens des Gerichts Zweifel an deren Richtigkeit nicht bestehen.[8] Bei in die Insolvenz geratenen Genossenschaften ist gem. § 116 Nr. 4 GenG der Prüfungsverband, dem die Genossenschaft angehört, zu hören. Auch hier ist wegen § 234 die einzuholende Stellungnahme schriftlich abzugeben. Vereinzelt wird die Auffassung vertreten, dass die Stellungnahme des Prüfungsverbands Wirksamkeitsvoraussetzung für die Bestätigung des Insolvenzplans sein soll.[9] Dem kann nicht gefolgt werden, da anderenfalls der Prüfungsverband das Insolvenzplanverfahren trotz Zustimmung aller übrigen Beteiligten zum Scheitern bringen könnte. Lehnt daher der Verband den Plan ab oder unterbleibt eine Stellungnahme hierzu, ist das Gericht nicht gehindert, den Plan gleichwohl zu bestätigen.[10]

---

[1] Vgl. 1. KommBer. LS 2. 2. 12 Abs. 4 a.
[2] Vgl. § 265 Abs. 2 DE.
[3] Vgl. § 265 Abs. 2 RefE.
[4] Vgl. die Beschlussempfehlung des RechtsA zu § 276 BT-Drucks. 12/7302 S. 183.
[5] *Nerlich/Römermann/Braun* § 232 RdNr. 2, 3.
[6] *Uhlenbruck/Lüer* § 232 RdNr. 5.
[7] *Nerlich/Römermann/Braun* § 232 RdNr. 5.
[8] FK-*Jaffé* § 232 RdNr. 22.
[9] *Scheibner* DZWIR 1999, 8, 9.
[10] *Nerlich/Römermann/Braun* § 232 RdNr. 5.

§ 232 6–10   6. Teil. 1. Abschnitt. Aufstellung des Plans

6   **2. Gelegenheit zur Äußerung (Abs. 2).** Nach § 232 Abs. 2 entscheidet das Gericht nach **pflichtgemäßem Ermessen,** ob es den dort genannten Berufsvertretungen Gelegenheit zur Äußerung zum Insolvenzplan geben will. Bei der Ermessensausübung können die bisher gemachten Erfahrungen mit der jeweiligen Berufsvertretung berücksichtigt werden, insbesondere was die **Qualität** und **Bearbeitungsdauer** der abgegebenen **Stellungnahmen** anbelangt. Teilweise wird vertreten, dass auf Grund der bisherigen Erfahrungen eine Beteiligung der in § 232 Abs. 2 aufgeführten Stellen nur in seltenen Ausnahmefällen zu empfehlen sei.[11] Hier dürfte es ausreichend sein, wenn das Gericht formlos den betroffenen Kammern von der Einreichung des Plans Kenntnis gibt und es den betreffenden Stellen anheim stellt, ob sie aktiv werden wollen.[12] Zur Beschleunigung des Verfahrens sollte hierzu in jedem Falle eine Frist gesetzt werden.

7   Betreibt der Schuldner ein **Handwerk** oder ein **handwerksähnliches Gewerbe,** ist die **Handwerkskammer** die zuständige amtliche Berufsvertretung; bei **sonstigen Gewerben** die **Industrie- und Handelskammer.** Betreibt der Schuldner eine **Landwirtschaft,** ist die landesrechtlich eingerichtete **Landwirtschaftskammer** zuständig.[13] Andere sachkundige Stellen sind insbesondere **Unternehmensberatungs-** und **Wirtschaftsprüfungsinstitute.**[14] Vergleichbar mit den aufgeführten amtlichen Berufsvertretungen kommen auch die **Berufsvertretungen freier Berufe** in Betracht, wie etwa die **Rechtsanwaltskammer,** die **Ärztekammer,** die **Architektenkammer,** die **Wirtschaftsprüferkammer** oder **Steuerberaterkammer.**[15] Das Gericht kann auch mehreren Kammern Gelegenheit zur Stellungnahme geben, wenn der Schuldner mehreren Kammern angehört.[16] Für diesen Fall ist jeder Kammer der Insolvenzplan mit sämtlichen Anlagen in Abschrift zuzuleiten.

8   Eine **Vergütung** für abgegebene **Stellungnahmen** sieht das Gesetz nicht vor. Insbesondere werden die Berufsvertretungen nicht als Sachverständige im prozessualen Sinne tätig, sondern in Erfüllung einer besonderen amtlichen Aufgabe und damit zugleich im Interesse des von ihnen vertretenen Berufsstandes.[17] Beim **Insolvenzverwalter** kann die Prüfung der Stellungnahmen zu einem Insolvenzplan einen **Zuschlag** auf den Regelsatz nach § 3 InsVV rechtfertigen.

9   **3. Frist zur Stellungnahme (Abs. 3).** Nach § 232 Abs. 3 bestimmt das Gericht eine Frist für die Abgabe der Stellungnahmen. Hierbei handelt es sich zwar dem Wortlaut nach um keine **Sollbestimmung;** wird die Einholung der Stellungnahmen, insbesondere wegen mangelnder Fristsetzung versäumt, ist dies aber für eine spätere Bestätigung des Plans unschädlich, insbesondere liegt kein Versagungsgrund nach § 250 Nr. 1 vor oder berechtigt zur Anfechtung der Bestätigung des Plans nach § 253.[18] Andernfalls müsste das Gericht auf Grund eigenen Fehlverhaltens die Bestätigung des Plans versagen, obgleich alle Gläubiger dem Plan zustimmen.

10   Bei der zu bestimmenden **Frist** handelt es sich auch **nicht** um eine **Ausschlussfrist.** Der fristgerechte Eingang der Stellungnahmen ist zwar im Hinblick auf die zügige Vorbereitung des Erörterungs- und Abstimmungstermins wünschenswert. Solange aber der Insolvenzplan nicht abgelehnt ist, kann eine verspätete Stellungnahme den auf der Geschäftsstelle bereits niedergelegten Unterlagen (§ 234) beigefügt werden.[19] So kann auch eine verspätete Stellungnahme noch nach Fristablauf zu einer anderen Meinungsbildung beitragen, insbeson-

---

[11] FK-*Jaffé* § 232 RdNr. 43; *Nerlich/Römermann/Braun* § 232 RdNr. 6 ff.
[12] *Nerlich/Römermann/Braun* § 232 RdNr. 8.
[13] *Bley/Mohrbutter* VerglO § 14 RdNr. 1.
[14] *Schiessler* S. 135.
[15] *Bley/Mohrbutter* VerglO § 14 RdNr. 2.
[16] *Böhle-Stamschräder/Kilger* VerglO § 14 Anm. 1.
[17] *Bley/Mohrbutter* VerglO § 14 RdNr. 7; *Böhle-Stamschräder/Kilger* VerglO § 14 Anm. 2.
[18] AA HK-*Flessner* § 232 RnNr. 4; FK-*Jaffé* § 232 RdNr. 12.
[19] AA *Uhlenbruck/Lüer* § 232 RdNr. 7, wonach nicht fristgerecht eingegangene Stellungnahmen nicht zu berücksichtigen sind.

re, wenn sie neue, wichtige Gesichtspunkte enthält. Fehlende Stellungnahmen beeinflussen den weiteren Verlauf des Verfahrens nicht.

Die **Dauer** der **Fristsetzung** wird uneinheitlich beurteilt. Nach Auffassung von *Braun* soll mindestens eine Frist von einer Woche gesetzt werden; eine Frist von länger als zwei Wochen sei keinesfalls erforderlich.[20] Dies entspricht der alten Rechtslage zu § 14 VerglO, wonach die Berufsvertretung sich spätestens vor Ablauf einer Woche zu äußern hatte. Diese Frist konnte auf Antrag um eine weitere Woche verlängert werden. Bereits diese Regelung wurde allgemein als zu kurz bemessen angesehen.[21] Insbesondere ist bei der Fristbestimmung zu beachten, dass der Lauf der Frist nicht erst mit Eingang des Schreibens beginnt, sondern gem. §§ 8 InsO, 175 ZPO bereits mit der Aufgabe des Schreibens zur Post. Dies führt dazu, dass bei einer Frist von einer Woche allenfalls vier oder fünf Tage zur Erstellung einer brauchbaren Stellungnahme zu einem möglicherweise sehr umfangreichen Insolvenzplan zur Verfügung stünden. Bei der Fristbemessung ist vielmehr die Größe des Unternehmens und der Umfang des Insolvenzplans nebst seiner Anlagen zu berücksichtigen. Da andererseits durch den Insolvenzplan wirtschaftliche Werte im schuldnerischen Unternehmen erhalten werden sollen, ist aber auch Eile geboten. Daher sollte die **Frist** zur **Stellungnahme** grundsätzlich **nicht** über **drei Wochen** liegen;[22] bei **Großverfahren** kann ausnahmsweise eine **längere Frist** in Betracht kommen. Die Fristsetzung nach § 232 Abs. 3 und die Sollbestimmung des § 235 Abs. 1 Satz 2, wonach der Erörterungstermin nicht über einen Monat hinaus angesetzt werden sollte, zeigen auch das Interesse des Gesetzgebers an einer zügigen Durchführung des Verfahrens. Hat der Verwalter den Insolvenzplan aufgestellt, haben die in § 232 Abs. 1 Nr. 1 und 2 genannten Personen bereits an der Planaufstellung beratend mitgewirkt (§ 218 Abs. 3). Übt nunmehr das Gericht sein Ermessen dahin aus, dass es den Plan den in § 232 Abs. 2 bezeichneten Stellen nicht zur Stellungnahme zuleiten will, kann die Frist kürzer bemessen werden.[23]

11

Aufgrund des zeitlichen Abwicklungsdrucks sollte **Fristverlängerungsanträgen** nur in besonderen **Ausnahmefällen** entsprochen werden.[24]

§ 233 Aussetzung von Verwertung und Verteilung

¹ Soweit die Durchführung eines vorgelegten Insolvenzplans durch die Fortsetzung der Verwertung und Verteilung der Insolvenzmasse gefährdet würde, ordnet das Insolvenzgericht auf Antrag des Schuldners oder des Insolvenzverwalters die Aussetzung der Verwertung und Verteilung an. ² Das Gericht sieht von der Aussetzung ab oder hebt sie auf, soweit mit ihr die Gefahr erheblicher Nachteile für die Masse verbunden ist oder soweit der Verwalter mit Zustimmung des Gläubigerausschusses oder der Gläubigerversammlung die Fortsetzung der Verwertung und Verteilung beantragt.

Übersicht

	RdNr.		RdNr.
I. Normzweck	1	IV. Aussetzungsablehnung oder Aufhebung bei Gefahr erheblicher Nachteile (Satz 2, 1. Alt.)	8
II. Entstehungsgeschichte	2		
III. Aussetzungsantrag (Satz 1)	3	V. Fortsetzung der Verwertung und Verteilung (Satz 2, 2. Alt.)	9
1. Antrag und Planinitiative	3		
2. Zeitpunkt der Antragstellung	4	VI. Rechtsbehelf	10
3. Gefährdung der Plandurchführung	5		
4. Umfang und Dauer der Aussetzung	6		

---
[20] *Nerlich/Römermann/Braun* § 232 RdNr. 9.
[21] Vgl. nur *Bley/Mohrbutter* VerglO § 14 RdNr. 8; *Böhle-Stamschräder/Kilger* VerglO § 14 Anm. 3.
[22] Nach *Hess/Obermüller*, Insolvenzplan, RdNr. 117 und *Smid/Rattunde* § 232 RdNr. 4 soll die Frist einen Monat nicht überschreiten. Für eine Fristdauer von drei bis vier Wochen Schiessler, S. 135.
[23] *Breutigam/Blersch/Goetsch* § 232 RdNr. 9.
[24] *Nerlich/Römermann/Braun* § 232 RdNr. 9.

I. Normzweck

1 Das Verfahren nach § 233 dient zur **Sicherung** der **Durchführung** eines vorgelegten **Insolvenzplans**. Das Recht des Schuldners oder anderer Vorlageberechtigter würde ausgehöhlt, wenn der Verwalter die Verwertung und Verteilung der Insolvenzmasse stets ohne Rücksicht auf den vorgelegten Plan fortsetzen müsste. Dem **Plan** könnte durch die **Verwertung** die **tatsächliche Grundlage entzogen** werden, schon bevor die Gläubiger Gelegenheit dazu haben, über seine Annahme zu entscheiden. Dem Schuldner und/oder dem Verwalter wird daher nach **§ 233 Satz 1** das Recht eingeräumt, eine Anordnung des Insolvenzgerichts über die Aussetzung der Verwertung und Verteilung herbeizuführen. Andererseits besteht die Gefahr, dass eine derartige Aussetzung das Insolvenzverfahren zum Nachteil der Beteiligten über Gebühr verzögert. So kann bis zum Erörterungs- und dem Abstimmungstermin eine beträchtliche Zeit vergehen. Hätte die Vorlage eines Insolvenzplans stets die Aussetzung der Verwertung und Verteilung zur Folge, so könnte etwa der Schuldner eine bereits ausgehandelte, für die Gläubiger günstige Unternehmensveräußerung durch die Vorlage eines Fortführungsplans blockieren oder möglicherweise ganz zum Scheitern bringen. **§ 233 Satz 2** sieht daher vor, dass die Aussetzung nicht angeordnet wird, wenn sie mit der Gefahr solcher Nachteile verbunden wäre. Die Anordnung soll außerdem unterbleiben oder wieder aufgenommen werden, wenn der Verwalter mit Zustimmung des Gläubigerausschusses oder der Gläubigerversammlung einen entsprechenden Antrag stellt. Sind der Verwalter und ein Gläubigerorgan übereinstimmend der Auffassung, dass die Verwertung und Verteilung nicht länger aufgeschoben werden sollen, hat das Gericht dem zu entsprechen.[1]

Ergänzt wird die Vorschrift durch §§ 30 d–f, 162, 171 a ZVG, wonach die Zwangsversteigerung von Grundstücken, Schiffen und Luftfahrzeugen einstweilen eingestellt werden kann, wenn sie die Durchführung eines Insolvenzplans gefährden würde.[2]

II. Entstehungsgeschichte

2 Vor der Entscheidung über einen Zwangsvergleichsvorschlag war nach § 133 Nr. 1 KO regelmäßig die Zustimmung des Gläubigerausschusses für den Verkauf von Massegegenständen einzuholen. Dem nach § 135 KO hiervon zu unterrichtenden Gemeinschuldner stand das Antragsrecht zu, eine vorläufige gerichtliche Untersagung der Veräußerung zu erwirken. Nach § 177 Abs. 2 KO war ein Widerspruch des Gemeinschuldners gegen die Verwertung der Masse nicht zu berücksichtigen, wenn der Gläubigerausschuss den Zwangsvergleichsvorschlag für nicht annehmbar erklärt hatte.

III. Aussetzungsantrag (Satz 1)

3 **1. Antrag und Planinitiative.** Bei § 233 Satz 1 handelt es sich um ein **Antragsverfahren**. Antragsteller können sein der **Schuldner** und/oder der **Insolvenzverwalter**. Eine Einschränkung für den Planinitiator sieht das Gesetz nicht vor. Gleichwohl findet § 233 Satz 1 auf einen vom Verwalter im Auftrag der Gläubigerversammlung vorgelegten Insolvenzplan keine Anwendung.[3] Die Pflicht des Verwalters zur zügigen Verwertung der Insolvenzmasse ist den Beschlüssen der Gläubigerversammlung untergeordnet (§ 159). Ein Verwalter, der mit der Ausarbeitung eines Plans beauftragt ist, hat also auch ohne Anordnung des Gerichts darauf zu achten, dass er die Durchführung des Plans nicht durch Verwertungshandlungen gefährdet. Entsprechendes gilt für die Verteilung der Masse.[4] Vereinzelt wird hierzu die Auffassung vertreten, dass die Beantragung der Aussetzungsanordnung der haf-

---

[1] Begr. zu § 277 RegE BR-Drucks. 1/92 S. 205.
[2] Vgl. hierzu eingehend die Kommentierung bei *Zeller/Stöber*, ZVG.
[3] *Schiessler*, Der Insolvenzplan, S. 136, 137; *Nerlich/Römermann/Braun* § 233 RdNr. 2; HK-*Flessner* § 233 RdNr. 3; *Uhlenbruck/Lüer* § 233 RdNr. 2 ff.
[4] Begr. zu § 277 RegE BR-Drucks. 1/92 S. 205.

tungsrechtlichen Absicherung des Verwalters dienen soll.[5] So laufe der Verwalter Gefahr, gegenüber einem Erwerbsinteressenten aus dem Gesichtspunkt der **culpa in contrahendo** (§ 311 Abs. 2 BGB) zu haften, wenn er diesem wegen einer in Aussicht genommenen übertragenden Sanierung z. B. zu Vermögensdispositionen Anlass gegeben hat.[6] Ein Verschulden bei Vertragshandlungen ist jedoch allein schon deswegen zu verneinen, weil der Vertragspartner in Insolvenzverfahren stets damit rechnen muss, dass der Verwalter die Interessen der Gläubiger zur bestmöglichen Verwertung des Schuldnervermögens wahrnimmt. Insoweit kann er auch nicht das Vertrauen des Erwerbsinteressenten enttäuschen, wenn er die Verwertung im Hinblick auf einen aufgestellten Insolvenzplan zurückstellt.[7] Etwas anderes gilt indes im Hinblick auf seine Verwertungspflicht (§ 159) bei selbstständiger Planvorlage ohne Beauftragung durch die Gläubigerversammlung hierzu. Bestehen danach Möglichkeiten, statt einer Zerschlagung das gesamte Unternehmen oder Teile hiervon durch einen Insolvenzplan zu erhalten, ist aus haftungsrechtlichen Gründen eine Antragstellung nach § 233 Satz 1 geboten.

Gläubigerversammlung und Gläubigerausschuss sind indes nicht antragsbefugt.[8]

2. Zeitpunkt der Antragstellung. Für einen Antrag nach § 233 Satz 1 ist grundsätzlich 4 erforderlich, dass der **Plan** die **Vorprüfung** nach § 231 **erfolgreich** durchlaufen hat. Voraussetzung für eine Aussetzung ist, dass die Durchführung des vorgelegten Insolvenzplans durch die Fortsetzung der Verwertung und Verteilung der Insolvenzmasse gefährdet wird und mit einer Aussetzung keine Gefahr erheblicher Nachteile für die Insolvenzmasse verbunden ist. Um dies beurteilen zu können, muss das Insolvenzgericht den Insolvenzplan nicht nur kennen, sondern auch seine Erfolgsaussichten im Rahmen seiner Vorprüfung nach § 231 einschätzen.[9]

Der Aussetzungsantrag kann bereits bei Vorlage des Insolvenzplans gestellt werden. Auch ist eine spätere Antragstellung möglich, jedoch nur bis zur Rechtskraft der Bestätigung des Plans.[10] Ausnahmsweise wird man eine Antragstellung schon bereits im Eröffnungsverfahren für zulässig erachten müssen, nämlich dann, wenn der vorläufige Insolvenzverwalter schon im Antragsverfahren das Unternehmen stilllegen will und Verwertungsabsichten erkennen lässt.[11] Andernfalls werden vollendete Tatsachen geschaffen, die einen Insolvenzplan von vornherein vereiteln würden.[12]

3. Gefährdung der Plandurchführung. Die Durchführung eines vorgelegten Insol- 5 venzplans wird dann durch die Verwertung und Verteilung der Insolvenzmasse gefährdet, wenn für den Erfolg eines Plans **wesentliche Massegegenstände veräußert** werden sollen. Nach dem Gesetzeswortlaut muss die Plandurchführung durch die Fortsetzung der Verwertung und Verteilung gefährdet sein. Ist mit der Verwertung und Verteilung bereits begonnen, liegt es näher, eine Gefahr für die Plandurchführung anzunehmen, als wenn die Verwertung erst bevorsteht. Darüber hinaus ist aber auch dann, wenn eine Verwertung von Massegegenständen unmittelbar bevorsteht, die für die Durchführung des Insolvenzverfahrens wesentlich sind, auch schon zu diesem Zeitpunkt eine Aussetzungsanordnung in entsprechender Anwendung des § 233 Satz 1 geboten, um dem Plan nicht seine wirtschaftliche Grundlage zu entziehen. Entgegen dem Gesetzeswortlaut („durch die Fortsetzung") kommt es daher nicht darauf an, ob bereits Verwertungs- oder Verteilungshandlungen vorgenommen wurden.

---

[5] *Smid/Rattunde* § 233 RdNr. 3; vgl. auch *Warrikoff*, KTS 1996, 489, 503.
[6] *Smid/Rattunde* § 233 RdNr. 3.
[7] Eine Haftung könnte allenfalls für den äußerst theoretischen Fall in Betracht kommen, dass der Verwalter den Erwerbsinteressenten nicht über seine Verwalterstellung aufklärt und ihm verbindlich in Aussicht gestellt hat, dass es zu einer Aussetzung der Verwertung nicht kommen würde. So wie hier *Nerlicher/Römermann/Braun* § 233 RdNr. 2.
[8] *Uhlenbruck/Lüer* § 233 RdNr. 16.
[9] Vgl. *Häsemeyer* RdNr. 28.10.
[10] *Uhlenbruck/Lüer* § 233 RdNr. 9.
[11] *Nerlich/Römermann/Braun* § 233 RdNr. 9; *Hess/Weis/Wienberg* § 233 RdNr. 10.
[12] *Nerlich/Römermann/Braun* § 233 RdNr. 9.

Entscheidend ist allein, dass eine Verwertung oder Verteilung bevorsteht, die ohne die Aussetzung zulässig wäre.[13]

6   **4. Umfang und Dauer der Aussetzung.** Die Aussetzungsanordnung kann sich auf alle Gegenstände beziehen, die zur Insolvenzmasse zählen; auch auf solche Gegenstände, die mit **Absonderungsrechten** (§§ 50 ff.) belastet sind und sich im **Besitz** des **Insolvenzverwalters** befinden und diesen somit zur **Verwertung berechtigen** (§§ 166 ff.). Im letzteren Fall haben die absonderungsberechtigten Gläubiger allerdings einen Anspruch auf **Zinsen** und ggf. auf **Ausgleich von Wertverlusten** (§§ 169, 172). Gesicherte Gegenstände, die sich im Besitz der Gläubiger befinden, werden indes von § 233 nicht erfasst.[14] Von der Aussetzungsanordnung nicht erfasst werden können die der **Aussonderung** (§ 47) unterliegenden Gegenstände, da diese nicht Teile der Insolvenzmasse sind. Die Aussetzungsanordnung muss nicht notwendigerweise die gesamte Insolvenzmasse umfassen. Es ist vielmehr gesondert zu prüfen, inwieweit einzelne Gegenstände oder Teile der Insolvenzmasse für die Durchführung des vorgelegten Plans entbehrlich sind. Nicht plannotwendiges Vermögen kann daher verwertet werden.

7   Das Insolvenzgericht kann die Verwertung und Verteilung der Insolvenzmasse bis zur rechtskräftigen Entscheidung über den Insolvenzplan aussetzen, sofern dies erforderlich ist. Wird der Plan bestätigt, richtet sich die weitere Vorgehensweise nach seinem Inhalt.

IV. Aussetzungsablehnung oder Aufhebung bei Gefahr erheblicher Nachteile (Satz 2, 1. Alt.)

8   Nach § 233 Satz 2, 1. Alt. sieht das Gericht von der Aussetzung ab oder hebt sie auf, soweit mit ihr die Gefahr „**erheblicher Nachteile**" für die Masse verbunden ist. Es handelt sich hierbei um einen **unbestimmten Rechtsbegriff**, der abstrakt nicht definierbar, sondern von den jeweiligen Verfahren abhängig ist.[15] Eine solche Gefahr besteht jedenfalls dann, wenn infolge einer Aussetzungsanordnung eine **günstige Unternehmensveräußerung** endgültig **unterbleiben** würde.[16] Erhebliche Nachteile für die Masse bestehen im Übrigen in all den Fällen, in denen die Chance für eine günstigere Verwertungsmöglichkeit zu verstreichen droht und damit eine **Schmälerung der Befriedigungsquote** der Gläubiger einhergeht, insbesondere bei einer drohenden Entwertung der Masse. Letztlich wird das Gericht eine **Abwägung** zwischen den wirtschaftlichen Vor- und Nachteilen einer Aussetzung vorzunehmen haben.[17] Regelmäßig dürfte bei einem **Erstplan,** der die Vorprüfung des § 231 positiv durchlaufen hat, die Aussetzung nach § 233 Satz 1 erfolgen.

Die sich ggf. ergebenden Zinsnachteile aus dem verspäteten Zufluss einer Verwertungsquote stellen nach zutreffender Auffassung von Braun bei Anordnung der Aussetzung der Verwertung keine erheblichen Nachteile iSd Norm dar, da durch § 233 die Planinitiativrechte gewährleistet werden sollen und es sich daher nicht um einen kausal durch die Gerichtsentscheidung veranlassten Verzögerungsschaden handelt.[18]

V. Fortsetzung der Verwertung und Verteilung (Satz 2, 2. Alt.)

9   Nach § 233 Satz 2, 2. Alt. sieht das Gericht von einer Aussetzung ab oder hebt sie auf, soweit der **Verwalter** mit **Zustimmung** des **Gläubigerausschusses** oder der **Gläubigerversammlung** die **Fortsetzung der Verwertung** und **Verteilung** beantragt. Liegt ein solcher Antrag des Verwalters mit Zustimmung des Gläubigerausschusses oder der Gläubigerversammlung vor, hat das Gericht ohne eigene Prüfung von einer Aussetzungsanordnung

---

[13] HK-*Flessner* § 233 RdNr. 7.
[14] *Obermüller,* WM 1998, 483, 485, 486; *Schießler,* Insolvenzplan, S. 140.
[15] FK-*Jaffé* § 233 RdNr. 27.
[16] Begr. zu § 277 RegE BR-Drucks. 1/92 S. 205.
[17] Ebenfalls für eine Abwägung im Rahmen des § 233 *Nerlich/Römermann/Braun* § 233 RdNr. 13; HK-*Flessner* § 233 RdNr. 11.
[18] *Nerlich/Römermann/Braun* § 233 RdNr. 12.

abzusehen.[19] Die Vorschrift soll verhindern, dass der Schuldner seine Planvorlage und den Aussetzungsantrag dazu benutzt, eine aussichtsreiche, vom Insolvenzverwalter und/oder der Gläubigerversammlung präferierte Masseverwertung zu verhindern. Der alleinige Antrag des Gläubigerausschusses oder der Gläubigerversammlung berechtigen das Gericht allerdings nicht, ohne eigene Sachprüfung die Fortsetzung der Verwertung anzuordnen. Diese hat vielmehr nur unter Beteiligung des Verwalters zu erfolgen, da dann die Richtigkeitsgewähr der Entscheidung größer ist.

VI. Rechtsbehelf

Ein **Rechtsmittel** gegen Entscheidungen des Gerichts nach § 233 ist **nicht** gegeben,[20] da ein solches im Gesetz nicht vorgesehen ist (§ 6). Gegen die Entscheidung durch den Rechtspfleger besteht allerdings die Möglichkeit der Rechtspflegererinnerung nach § 11 Abs. 2 RPflG.[21]

Die Entscheidung des Vollstreckungsgerichts über die Einstellung der Zwangsvollstreckung von unbeweglichen Gegenständen, Schiffen und Luftfahrzeugen unterliegt dagegen der sofortigen Beschwerde nach den §§ 95 ff. ZVG.

10

§ 234 Niederlegung des Plans

Der Insolvenzplan ist mit seinen Anlagen und den eingegangenen Stellungnahmen in der Geschäftsstelle zur Einsicht der Beteiligten niederzulegen.

Übersicht

	RdNr.		RdNr.
I. Normzweck	1	2. Zeitpunkt der Niederlegung	4
II. Entstehungsgeschichte	2	3. Übersendung des Plans	5
III. Anwendungsbereich	3	4. Beteiligte	6
1. Niederlegung in der Geschäftsstelle	3	5. Beschränkung des Einsichtsrechts	7

I. Normzweck

§ 234 dient der **Vorbereitung** des **Erörterungs- und Abstimmungstermins** nach § 235. Die **Beteiligten** müssen die Möglichkeit erhalten, den gesamten **Plan** mit seinen Anlagen **einzusehen,** um sich auf den Erörtertungs- und Abstimmungstermin ausreichend vorbereiten zu können, damit dieser möglichst zügig durchgeführt werden kann.

Die Norm ist Ausfluss des Anspruchs auf rechtliches Gehör.[1]

1

II. Entstehungsgeschichte

§ 234 entspricht der früheren Regelung über die Niederlegung des Vergleichsvorschlages nach § 178 KO. Im ersten Bericht der Kommission für Insolvenzrecht war die Möglichkeit vorgesehen, geheimhaltungsbedürftige oder unbedeutende Teile des Plans von der Einsicht auszunehmen.[2] Dies entsprach der Regelung des § 120 Abs. 2 VerglO. Auf Übernahme einer entsprechenden Vorschrift in die Insolvenzordnung wurde jedoch verzichtet.

2

Eine **vergleichbare Regelung** findet sich im amerikanischen Bankruptcy Code. In diesem ist seit dem Reform Act von 1978 in § 1125 BC ausdrücklich ein „**disclosure**

---
[19] Begr. zu § 277 RegE BR-Drucks. 1/92 S. 205.
[20] *Uhlenbruck/Lüer* § 233 RdNr. 17.
[21] HK-*Flessner* § 233 RdNr. 15; FK-*Jaffé* § 233 RdNr. 32.
[1] Vgl. LG Hannover ZinsO 2003, 719, 720.
[2] Leitsatz 2. 2. 11. des 1. KommBer.

statement", d. h. eine Offenlegungsinformation für alle planrelevanten Sachverhalte vorgesehen.

Der Gesetzgeber wollte allen Beteiligten ermöglichen, sich über den Inhalt des Planes genau zu unterrichten. Eine Pflicht zur Übersendung des vollständigen Plans ist wegen des damit oft verbundenen Aufwandes nicht normiert worden. Eine solche kann allerdings im Einzelfall erfolgen.[3]

III. Anwendungsbereich

3   **1. Niederlegung in der Geschäftsstelle.** Die **Niederlegung** erfolgt durch Einreichung der Unterlagen bei der **Geschäftsstelle**. Der Insolvenzplan ist zusammen mit der Vermögensübersicht und dem Ergebnis- und Finanzplan (§ 229) sowie den Erklärungen nach § 230 und den Stellungnahmen nach § 232 in der Geschäftsstelle aufzubewahren, damit die Beteiligten Einsicht nehmen können. Später eingehende Stellungnahmen sind den Unterlagen beizufügen.[4] Über die Niederlegung fertigt der Urkundsbeamte einen **Niederlegungsvermerk**.[5] Gem. § 4 i. V. m. § 299 ZPO kann sich jeder **Beteiligte Abschriften** in Form der Fertigung von Fotokopien erteilen lassen.[6] Die **Einsichtnahme** ist **gebührenfrei**. Für die Erteilung von **Abschriften** gilt § 28 GKG. Eine Herausgabe der Unterlagen zwecks Anfertigung von Fotokopien ist untunlich, da ansonsten andere Beteiligte an der Ausübung ihres Einsichtsrechts gehindert werden könnten.[7] Entbehrlich wäre eine Niederlegung nur dann, wenn das Gericht den vollständigen Plan nebst Anlagen sowie die eingegangenen Stellungnahmen sämtlichen Beteiligten übersendet,[8] was allerdings eher die Ausnahme bilden wird.

4   **2. Zeitpunkt der Niederlegung.** Der Plan und seine Anlagen sind bereits am Tag der Weiterleitung zur Stellungnahme (§ 232) in der Geschäftsstelle niederzulegen.[9] Vom Normzweck her ist der Plan zu Informationszwecken frühzeitig auszulegen. Der Wortlaut der Vorschrift schließt eine frühere Niederlegung des Plans nebst Anlagen und eine spätere Niederlegung der eingegangenen Stellungnahmen nicht aus. Da das Recht, in den Plan Einblick zu nehmen, öffentlich bekannt gemacht wird (§ 235 Abs. 2 Satz 2), muss jedenfalls spätestens zu diesem Zeitpunkt die Möglichkeit zur Einsichtnahme bestehen. Die Niederlegung dauert an bis zur Abhaltung des Abstimmungstermins (§ 235 oder § 241).

5   **3. Übersendung des Plans.** Nach § 235 Abs. 3 ist das Insolvenzgericht verpflichtet, spätestens mit der Ladung zum Abstimmungs- und Erörterungstermin den dort genannten Personen einen Abdruck des Plans oder eine Zusammenfassung seines wesentlichen Inhalts zu übersenden.

6   **4. Beteiligte.** Das Einsichtsrecht des § 234 steht nur den „**Beteiligten**" zu. Da das Insolvenzverfahren und damit auch das Insolvenzplanverfahren nicht öffentlich ist iSv § 172 Nr. 2 GVG, ist problematisch, welchen Personen ein Einsichtsrecht zusteht. Der **Beteiligtenbegriff** ist in der InsO – anders wie etwa derjenige, der nicht nachrangigen Insolvenzgläubiger (§ 38), der Aussonderungsberechtigten (§ 47), der Absonderungsberechtigten (§§ 49 ff.) und der Massegläubiger (§§ 53 ff.) – nicht ausdrücklich **definiert**. In der Literatur wird teilweise allgemein nur auf die Beteiligten Bezug genommen.[10] Eine einschränkende Meinung will als Beteiligte nur die Insolvenzgläubiger, die Absonderungsberechtigten, den

---

[3] Begr. zu § 278 RegE BR-Drucks. 1/92, S. 205.
[4] *Häsemeyer* RdNr. 28.28.
[5] *Kuhn/Uhlenbruck* KO § 151 RdNr. 5 a.
[6] *Kilger/K. Schmidt* KO § 178 Anm. 1.
[7] So auch *Nerlich/Römermann/Braun* § 234 RdNr. 18.
[8] *Uhlenbruck/Lüer* § 234 RdNr. 2.
[9] So wie hier *Breutigam/Blersch/Goetsch* § 234 RdNr. 1; aA HK-*Flessner* § 234 RdNr. 4, FK-*Jaffé* § 234 RdNr. 6, *Kübler/Prütting/Otte* § 234 RdNr. 2, die auf den Zeitpunkt des Ablaufs der Frist zur Stellungnahme abstellen, sofern nicht wegen § 235 Abs. 2 Satz 2 zuvor eine Niederlegung zu erfolgen hat; vgl. auch *Kübler/Prütting/Otte* § 234 RdNr. 2, 3.
[10] *Breutigam/Blersch/Goetsch* § 234 RdNr. 2.

Schuldner und den Insolvenzverwalter, wenn er den Plan selbst vorgelegt hat, zulassen.[11] Teilweise wird der Kreis der Beteiligten in Anlehnung an § 178 KO bestimmt. Danach waren Beteiligte die von einem Zwangsvergleichsvorschlag des Schuldners betroffenen Personen. Dies würde für § 234 bedeuten, dass Beteiligte die von dem Insolvenzplan betroffenen Personen, insbesondere die in § 217 genannten, sind.[12] Braun will den Beteiligtenbegriff wegen den in einem Insolvenzplan enthaltenen hoch vertraulichen Informationen über den Schuldner noch stärker einschränken. Ein Einsichtsrecht soll danach nur allen Abstimmungsberechtigten zustehen, die der Planvorlageberechtigte als Gruppe zusammengefasst hat, sowie neben den unmittelbar Betroffenen allen Personen, die im Insolvenzplanverfahren Mitwirkungsrechte haben oder die zumindest mittelbar durch den Plan in ihren Rechten betroffen sind.[13] Eine derartige Bestimmung der Beteiligten kann allerdings zu zeitaufwändigen Prüfungen durch das Insolvenzgericht und seine Geschäftsstelle führen, wer zu den einsichtsberechtigten Personen zählt und wer nicht.[14] Insbesondere führt der unbestimmte Rechtsbegriff der „unmittelbaren" und „mittelbaren" Betroffenheit zu Unklarheiten und damit zu Unsicherheiten. Da das Planverfahren maßgeblich durch die Beteiligten bestimmt wird, sollte in § 234 kein flexibler Beteiligtenbegriff – wie etwa in der freiwilligen Gerichtsbarkeit – gewählt werden, sondern ein einfach bestimmbarer Personenkreis. Hier ist vom Normzweck des § 234 auszugehen. Durch ihn soll die zügige Durchführung des Erörterungs- und Abstimmungstermins (§ 235) vorbereitet werden; daher sind auch nur die **nach § 235 Abs. 3 zu ladenden Personen als Beteiligte** iSd § 234 anzusehen. Sieht das Gesetz in § 235 Abs. 3 vor, dass dem dort genannten Personenkreis mit der Terminsladung eine Abschrift des Insolvenzplans bzw. die Zusammenfassung seines wesentlichen Inhalts zu übersenden ist, ist es nur konsequent, ihnen dann auch ein Einsichtsrecht in eben diese Unterlagen zuzubilligen. Müssten sie sich erst im Termin umfassend über den Inhalt des Insolvenzplans informieren – beispielsweise, wenn ihnen lediglich eine Zusammenfassung des wesentlichen Planinhalts übersandt wurde –, würde der Gesetzeszweck unterlaufen. Beteiligte iSv § 234 sind demnach die **Insolvenzgläubiger**, die Forderungen **angemeldet** haben, die **absonderungsberechtigten Gläubiger**, sofern durch den Plan in ihre **Rechte eingegriffen** werden soll (§ 223 Abs. 2), der **Insolvenzverwalter**, der **Schuldner**, der **Betriebsrat** und der **Sprecherausschuss** der **leitenden Angestellten**. Eine Einsichtgewährung gegenüber weiteren Personen ist nach § 4 i. V. m. § 299 Abs. 2 ZPO nur dann zulässig, wenn sie ein entsprechendes Interesse glaubhaft machen oder aber die übrigen Beteiligten einwilligen.[15] Ein derartiges Interesse liegt **nicht** vor, wenn nur **allgemeine Informationsinteressen** der **Wirtschaft** oder der **Öffentlichkeit** betroffen sind. Ebenso ist auch bei einem im Insolvenzplan vorgesehenen Fortsetzungsbeschluss für **Gesellschafter** von **juristischen Personen**[16] ein Einsichtsrecht nicht begründbar, da sie nicht in die Erörterung und Abstimmung über den Plan miteinbezogen sind. Ihrem Informationsbedürfnis muss danach auf andere Weise, außerhalb von Niederlegung und Einsichtnahme, Rechnung getragen werden.[17]

5. Beschränkung des Einsichtsrechts. Das Insolvenzgericht hat im Rahmen seines auszuübenden Ermessens (§ 4 i. V. m. § 299 ZPO) die Interessen Dritter an einer Einsichtnahme und deren Folgen für das Insolvenzverfahren abzuwägen, insbesondere hat es darauf zu achten, dass durch Einsichtnahmen nicht der Zweck des Insolvenzverfahrens gefährdet

---

[11] HK-*Flessner* § 234 RdNr. 3; das Insolvenzgericht kann den Plan aber auch weiteren Beteiligten übersenden, von denen es weiß.
[12] *Kübler/Prütting/Otte* § 234 RdNr. 5.
[13] *Nerlich/Römermann/Braun* § 234 RdNr. 5 bis 11.
[14] Siehe auch HK-*Flessner* § 234 RdNr. 3.
[15] FK-*Jaffé* § 234 RdNr. 7, 7a; *Kübler/Prütting/Otte* § 234 RdNr. 5a; *Nerlich/Römermann/Braun* § 234 RdNr. 4, Fn. 1.
[16] Anders bei Personengesellschaften, bei denen die Gesellschafter das Einsichtsrecht der Gesellschaft als Träger der Schuldnerrolle wahrnehmen, *Uhlenbruck/Lüer* § 234 RdNr. 5.
[17] *Uhlenbruck/Lüer* § 234 RdNr. 5.

wird. So würde die Befriedigung der Gläubiger etwa dadurch gefährdet, wenn für das schuldnerische Unternehmen wertvolles geistiges know-how wie Fabrikationsgeheimnisse, Bezugsquellen, Informationen über Kunden und (noch) nicht angemeldete Patente durch Einsichtnahme der Konkurrenz bekannt und damit wertlos werden würden.[18]

---

[18] Vgl. *Bley/Mohrbutter* § 120 VerglO RdNr. 5.

Zweiter Abschnitt. Annahme und Bestätigung des Plans

§ 235 Erörterungs- und Abstimmungstermin

(1) ¹Das Insolvenzgericht bestimmt einen Termin, in dem der Insolvenzplan und das Stimmrecht der Gläubiger erörtert werden und anschließend über den Plan abgestimmt wird (Erörterungs- und Abstimmungstermin). ²Der Termin soll nicht über einen Monat hinaus angesetzt werden.

(2) ¹Der Erörterungs- und Abstimmungstermin ist öffentlich bekannt zu machen. ²Dabei ist darauf hinzuweisen, dass der Plan und die eingegangenen Stellungnahmen in der Geschäftsstelle eingesehen werden können. ³§ 74 Abs. 2 Satz 2 gilt entsprechend.

(3) ¹Die Insolvenzgläubiger, die Forderungen angemeldet haben, die absonderungsberechtigten Gläubiger, der Insolvenzverwalter, der Schuldner, der Betriebsrat und der Sprecherausschuss der leitenden Angestellten sind besonders zu laden. ²Mit der Ladung ist ein Abdruck des Plans oder eine Zusammenfassung seines wesentlichen Inhalts, die der Vorlegende auf Aufforderung einzureichen hat, zu übersenden.

Übersicht

	RdNr.		RdNr.
A. Normzweck	1	IV. Ladung der Beteiligten zum Termin	12
B. Entstehungsgeschichte	3	1. Beteiligte	12
C. Erörterungs- und Abstimmungstermin	5	2. Beizufügende Unterlagen	17
I. Einheitliche Terminierung	5	V. Ablauf des Termins	19
II. Terminsbestimmung	6	VI. Mehrere Pläne	30
III. Öffentliche Bekanntmachung/Niederlegung	10	VII. Planrücknahme	33

A. Normzweck

Der zweite Abschnitt, §§ 235 bis 253 regelt die Annahme und Bestätigung des Insolvenzplans. Das Insolvenzgericht bestimmt einen einheitlichen Termin, in dem zunächst der Insolvenzplan erörtert, dann das Stimmrecht der Gläubiger festgesetzt und letztlich über den Insolvenzplan abgestimmt wird. Die Abstimmung über den Plan erfolgt in Gruppen, § 243. Zur Annahme des Plans ist grundsätzlich die Zustimmung einer jeden Gruppe notwendig, innerhalb einer Gruppe ist Kopf- und Summenmehrheit erforderlich, § 244. Hat die Mehrheit der abstimmenden Gruppen dem Plan zugestimmt, kann die verweigerte Zustimmung der Minderheit der Gruppen durch das Insolvenzgericht ersetzt werden, § 245. Besondere Vorschriften gelten für die Zustimmung nachrangiger Insolvenzgläubiger, § 246, und für die Zustimmung des Schuldners, § 247. Gilt der Insolvenzplan als angenommen, bedarf er noch der gerichtlichen Bestätigung, § 248. Hierbei hat das Insolvenzgericht zunächst Verfahrensverstöße zu beachten, § 250, und auf Antrag eines Gläubigers den Minderheitenschutz zu beachten, § 251. Sobald der Plan endgültig bestätigt ist, hat das Insolvenzgericht dies entsprechend bekannt zu machen, § 252.

2 Das Verfahren zur Annahme und Bestätigung des Insolvenzplans beginnt mit dem Erörterungs- und Abstimmungstermin. Um eine möglichst weitreichende Bekanntmachung zu ermöglichen, ist der Termin öffentlich bekannt zu machen, und gleichzeitig darauf hinzuweisen, dass sämtliche Unterlagen über den Insolvenzplan einschließlich der Stellungnahmen der Beteiligten auf der Geschäftsstelle des Insolvenzgerichts eingesehen werden können. Unabhängig von der öffentlichen Bekanntmachung sind die bereits bekannten Insolvenzgläubiger und absonderungsberechtigte Gläubiger ebenso wie der Insolvenzverwalter, der Schuldner, der Betriebsrat und der Sprecherausschuss der leitenden Angestellten besonders zu dem Termin zu laden.

B. Entstehungsgeschichte

3 Die Zusammenfassung des Erörterungs- und Abstimmungstermin zu einem Termin war ursprünglich im Regierungsentwurf nicht enthalten, § 279 RegE. In einem separaten Erörterungstermin sollte der Insolvenzplan erörtert und das Stimmrecht der Gläubiger festgelegt werden. In einem weiteren Termin sollte dann gesondert über den Plan abgestimmt werden. Das Gericht sollte jedoch auch berechtigt sein, den Abstimmungstermin mit dem Erörterungstermin zu verbinden, sofern die Vermögensverhältnisse des Schuldners überschaubar und die Zahl der Gläubiger oder die Höhe der Verbindlichkeiten gering sind, § 286 RegE. Sofern in dem Abstimmungstermin nicht alle erforderlichen Mehrheiten der Gruppen für die Zustimmung über den Insolvenzplan erreicht werden konnte, sollte das Insolvenzgericht auf Antrag einen zweiten Abstimmungstermin bestimmen, § 292 RegE. Die Überlegungen zum Regierungsentwurf gingen dahin, den Beteiligten genügend Zeit zu lassen, über den Planinhalt und das Planziel nachzudenken und ggf. Änderungen vorzuschlagen. Die mit dem Auseinanderfallen der Termine einhergehende Zeitverzögerung ist jedoch kontraproduktiv, den Beteiligten ist regelmäßig eine schnelle Entscheidung wichtiger, mit der dann wirtschaftlich und zukunftsorientiert gearbeitet werden kann.[1] Zur Straffung des Verfahrens wurde daher die Fassung des Rechtsausschusses[2] übernommen, regelmäßig ist nur ein Termin zu bestimmen, in dem der Plan und das Stimmrecht der Gläubiger erörtert und in dem anschließend direkt über den Plan abgestimmt wird. Nur ausnahmsweise soll das Insolvenzgericht einen gesonderten Abstimmungstermin anberaumen, § 241. Dies dürfte insbesondere dann in Betracht kommen, wenn nach Erörterung über den Insolvenzplan zahlreiche Änderungsvorschläge eingebracht werden, die eine Planänderung erforderlich machen.

4 Durch das Gesetz vom 19. 12. 1998 (BGBl. I 3836) wurde § 235 Abs. 2 Satz 3 ergänzt. Zur Vereinfachung des Verfahrens, aber auch zur Vermeidung weiterer Kosten, kann bei einer notwendig werdenden Vertagung des Termins eine erneute öffentliche Bekanntmachung unterbleiben.

C. Erörterungs- und Abstimmungstermin

I. Einheitliche Terminierung

5 Der vorgelegte Insolvenzplan bedarf zunächst der gerichtlichen Vorprüfung. Weist das Insolvenzgericht den Plan nach § 231 nicht zurück, sind von Amts wegen die Stellungnahmen der Beteiligten einzuholen, § 232. Hierbei bestimmt das Gericht eine Frist für die Abgabe der Stellungnahme, § 232 Abs. 3. Sodann hat das Insolvenzgericht einen einheitlichen **Erörterungs- und Abstimmungstermin** zu bestimmen, Abs. 1 Satz 1. Dieser

---

[1] *Nerlich/Römermann/Braun* § 235 RdNr. 1; *Smid/Rattunde* § 241 RdNr. 4.
[2] Abgedruckt bei *Kübler/Prütting*, Das neue Insolvenzrecht, § 235, S. 472.

Termin soll nicht über einen Monat hinaus angesetzt werden, Abs. 1 Satz 2. Der Erörterungs- und Abstimmungstermin ist eine **Gläubigerversammlung** i. S. d. § 76. Nach dem Regel-Ausnahmeprinzip ist grundsätzlich ein einheitlicher Termin zur Erörterung und Abstimmung zu bestimmen und nur ausnahmsweise neben dem Erörterungstermin ein gesonderter Abstimmungstermin anzuberaumen, § 241.[3] Ist bereits aus dem Verlauf des jeweiligen Verfahrens zu erkennen, dass der vorgelegte Plan nach Art und Umfang, insbesondere bei größeren Unternehmensinsolvenzen, nicht in einem Termin erörtert und zugleich zur Abstimmung gebracht werden kann, oder lässt bereits der Inhalt des vorgelegten Plans erkennen, dass mit umfangreichen Erörterungen im Termin zu rechnen ist, kann das Gericht selbstverständlich bereits von Anfang an **zwei getrennte Termine** zur Erörterung und zur Abstimmung **bestimmen**, §§ 235, 241. Der in § 241 Abs. 1 Satz 2 festgelegte Zeitraum von einem Monat nach dem Erörterungstermin, sollte dann jedoch nicht ausgenutzt werden[4] und statt dessen der gesonderte Abstimmungstermin auf einen Zeitraum von 10 bis 14 Tagen nach dem Erörterungstermin festgelegt werden. Im Kontext mit § 242 Abs. 1 wird den Gläubigern dann auch die Möglichkeit eingeräumt, von ihrem schriftlichen Abstimmungsrecht Gebrauch zu machen. Hierdurch wird allen Beteiligten Gelegenheit gegeben, sich ausreichend mit dem Inhalt des Plans auseinander zusetzen und nach reiflicher Überlegung von ihrem Abstimmungsrecht Gebrauch zu machen.[5]

II. Terminsbestimmung

Die Bestimmung des Erörterungs- und Abstimmungstermins erfolgt durch das Insolvenzgericht. Der **Termin ist nicht öffentlich.**[6] Der Termin soll nicht über einen Monat hinaus angesetzt werden, Abs. 1 Satz 2. Das Gesetz regelt jedoch nicht, wann das Insolvenzgericht genau die Monatsfrist ansetzt.[7] Aus der Entstehungsgeschichte ist jedoch zu erkennen, dass der Gesetzgeber das Erörterungs- und Abstimmungsverfahren konzentriert auf nur einen einzigen Termin zeitlich straffen wollte, umso eine zügige Entscheidung für alle Beteiligten zu erreichen. Unverzüglich nach der Planvorlage hat das Insolvenzgericht von Amts wegen die gerichtliche Vorprüfung vorzunehmen, § 231 und, sofern keine Zurückweisung in Betracht kommt, unverzüglich die **Stellungnahme der Beteiligten** einzuholen, § 232. Um Verfahrensverzögerungen zu vermeiden, hat das Gericht den Beteiligten für die Abgabe der Stellungnahme eine Frist zu setzen, § 232 Abs. 3, die im Regelfall drei bis vier Wochen nicht überschreiten sollte.[8] Der Insolvenzplan ist danach mit den eingegangenen Stellungnahmen der Beteiligten in der Geschäftsstelle des Insolvenzgerichtes zur Einsicht niederzulegen, § 234. Aus dem Zusammenhang der vorgenannten Vorschriften ergibt sich, dass der Termin spätestens bei der Niederlegung des Plans zur Einsicht der Beteiligten bestimmt werden sollte.[9] Das Insolvenzgericht kann den **Termin** auch dann schon **bestimmen**, sobald es die Stellungnahmen der Beteiligten einholt, § 232.[10] Dann jedoch ist die Frist nach § 232 Abs. 3 zu berücksichtigen (beispielhaft könnte die Frist zur Abgabe der Stellungnahme auf 14 Tage festgelegt werden, der Erörterungs- und Abstimmungstermin drei Wochen danach).

Ebenfalls aus der Entstehungsgeschichte der Vorschrift heraus ist zu erkennen, dass die **Monatsfrist** regelmäßig nicht überschritten werden soll. Eine gesetzliche Gewährleistung,

---

[3] *Smid/Rattunde*, Der Insolvenzplan, RdNr. 11.4, die hierin aber auch eine Überrumpelungsgefahr der Gläubiger sehen, die kaum Zeit hatten, das komplexe Gebilde eines Plans so schnell zu durchblicken.
[4] *Smid/Rattunde* § 235 RdNr. 5.
[5] Vgl. hierzu *Haarmeyer/Wutzke/Förster*, Handbuch, Kap. 9 RdNr. 8; *Smid/Rattunde* § 235 RdNr. 5.
[6] *Häsemeyer* RdNr. 28.29; *Smid/Rattunde*, Der Insolvenzplan, RdNr. 11.21.
[7] *Uhlenbruck/Lüer* § 235 RdNr. 4 lässt die Frist mit dem Zeitpunkt der Bekanntmachung des Termins beginnen.
[8] *Schiessler*, Der Insolvenzplan, S. 135; *HK-Flessner* § 232 RdNr. 4; *Smid/Rattunde* § 232 RdNr. 4.
[9] *HK-Flessner* § 235 RdNr. 6; *Smid/Rattunde* § 232 RdNr. 4. *Häsemeyer* RdNr. 28.29, spätestens bei der Zulässigkeitsprüfung.
[10] *Andres/Leithaus* § 235 RdNr. 4.

dass das Insolvenzgericht den Termin innerhalb des Monates anzusetzen hat und bei Verzögerungen, zB bei Terminierung erst nach sechs oder acht Wochen, akut in Haftungsprobleme gerät,[11] dürfte jedoch zu weitgehend sein. Der Gesetzestext spricht in seiner endgültigen Fassung nach wie vor von „soll" und nicht von „muss". Darüber hinaus kann das Gericht, und damit der Richter oder Rechtspfleger, keine Gewährleistung für die sächliche und personelle Ausstattung des Insolvenzgerichtes übernehmen, die Entscheidungsbefugnis hierzu hat nur die Justizverwaltung. Das Insolvenzgericht kann nur im Rahmen der ihm zur Verfügung gestellten sächlichen und räumlichen Vorgaben Termine anberaumen. Bei größeren Unternehmensinsolvenzen kann es notwendig werden, geeignete Räumlichkeiten außerhalb des Justizgebäudes anzumieten, auch hierbei sind zeitliche und örtliche Gegebenheiten zu berücksichtigen, die sich dem Einflussbereich des Insolvenzgerichts entziehen.

8 Bestimmt das Insolvenzgericht den Termin bereits mit der Aufforderung zur Stellungnahme an die Beteiligten, § 232, so beginnt die Frist direkt im Anschluss an die in § 232 Abs. 3 gesetzte Frist zur Stellungnahme. Ansonsten rechnet die Monatsfrist ab der öffentlichen Bekanntmachung, § 9 Abs. 1 Satz 3.[12]

9 Der Erörterungs- und Abstimmungstermin dient auch der Erörterung des Stimmrechts der Gläubiger. Wesentliche Voraussetzung zur Festlegung des Stimmrechtes ist die Prüfung der angemeldeten Forderungen. Der Termin darf daher nicht vor dem Prüfungstermin[13] stattfinden, § 236 Satz 1, beide Termine können jedoch verbunden werden, § 236 Satz 2.

III. Öffentliche Bekanntmachung/Niederlegung

10 Der Erörterungs- und Abstimmungstermin ist entsprechend den Regelungen über die Einberufung der Gläubigerversammlung, § 74, öffentlich bekannt zu machen. Dies entspricht der bisherigen Regelung zu § 179 Abs. 2 KO.[14] Im Einzelnen wird hierzu, insbesondere auch zum **Inhalt der öffentlichen Bekanntmachung,** auf die Kommentierung zu § 9 verwiesen. Mit der öffentlichen Bekanntmachung soll sicher gestellt werden, dass alle Beteiligten über die Terminsbestimmung informiert werden und ihnen die Möglichkeit der Teilnahme eingeräumt wird. In der öffentlichen Bekanntmachung ist weiterhin darauf hinzuweisen, dass der Insolvenzplan und die Stellungnahmen der Beteiligten, soweit sie innerhalb der Frist des § 232 Abs. 3 bei Gericht eingegangen sind, in der Geschäftsstelle des Insolvenzgerichts eingesehen werden können. Hierdurch soll auch erreicht werden, dass der Informationsfluss an die Beteiligten umfassend gewährleistet ist, damit möglichst in einem Termin der Plan erörtert und über ihn abgestimmt werden kann.

11 Die öffentliche Bekanntmachung ist jedoch nur für den ersten Termin vorgeschrieben, Abs. 2 Satz 3. Sofern der Erörterungs- und Abstimmungstermin vertagt wird, ist eine weitere öffentliche Bekanntmachung nicht mehr notwendig. Eine **Vertagung** kann insbesondere dann in Betracht kommen, wenn die Komplexität und Schwierigkeit des Insolvenzplans zu länger dauernden Erörterungen führt oder auf Grund der Zahl der beteiligten Personen der Zeitplan nicht eingehalten werden kann. Da die Gläubiger dann jedoch an dem zuerst anberaumten Termin anwesend waren und die Verkündung des neuen Termins zur Kenntnis nehmen konnten, ist durch den Verzicht auf eine weitere öffentliche Bekanntmachung grundsätzlich keine Benachteiligung der Beteiligten zu befürchten.[15] Sofern ein Gläubiger an dem ersten Termin nicht teilnimmt, muss er sich selbst nach dem Ergebnis des Termins erkundigen.

---

[11] *Nerlich/Römermann/Braun* § 235 RdNr. 4.
[12] HK-*Flessner* § 235 RdNr. 7; *Uhlenbruck/Lüer* § 235 RdNr. 4.
[13] Zur Reihenfolge der Termine vgl. LG Düsseldorf ZIP 1985, 628, 630.
[14] *Kilger/K. Schmidt* § 179 Anm. 2; *Kuhn/Uhlenbruck* § 179 RdNr. 2.
[15] *Nerlich/Römermann/Braun* § 235 RdNr. 5; FK-*Jaffé* § 235 RdNr. 47.

IV. Ladung der Beteiligten zum Termin

1. Beteiligte. Neben der öffentlichen Bekanntmachung des Termins hat das Insolvenzgericht oder nach Übertragung der Insolvenzverwalter, § 8 Abs. 3, nachfolgenden **Personenkreis**[16] besonders zu laden:

- sämtliche **Insolvenzgläubiger,** die Forderungen angemeldet haben; somit grundsätzlich auch nachrangige Insolvenzgläubiger, § 39. Nachrangige Insolvenzgläubiger können aber nur dann ihre Forderungen anmelden, wenn sie hierzu vom Insolvenzgericht besonders zur Anmeldung aufgefordert wurden, § 174 Abs. 3. Soweit der Insolvenzplan jedoch eine abweichende Regelung zu den **nachrangigen Insolvenzgläubigern** enthält, § 225, müssen auch nachrangige Gläubiger zum Termin besonders geladen werden.[17]
- **Absonderungsberechtigte Gläubiger,** da durch den Plan in deren Rechte eingegriffen werden kann, § 222 Abs. 1 Satz 2 Nr. 1; sie sind aber auch dann zu dem Termin besonders zu laden, wenn der Plan keine Rechtsänderung für diese Gläubigergruppe vorsieht, da im laufenden Verfahren der Insolvenzverwalter deren Rechte abzuwickeln hat, und nach Aufhebung des Verfahrens wieder der Schuldner mit den Rechten der Absonderungsberechtigten direkt konfrontiert wird.[18]
- **Insolvenzverwalter.** Dies ist eine Selbstverständlichkeit, ebenso wie die Tatsache, dass der Insolvenzverwalter im Termin erscheinen muss.
- **Schuldner.** Auch dies ist eine Selbstverständlichkeit, unabhängig davon, ob der Schuldner zusätzlich auch den Insolvenzplan vorgelegt hat. Sofern der Schuldner einen Verfahrensbevollmächtigten bestellt hat, ist dieser zu laden.
- **Betriebsrat** und **Sprecherausschuss der leitenden Angestellten.** Durch die Ladung der Vertreter der Arbeitnehmer wird der Kreis der Beteiligten, die im Erörterungstermin gehört werden sollen, wesentlich erweitert; im Erörterungstermin sollen auch die Standpunkte dieser Gremien gehört werden;[19] dies erscheint auch deswegen folgerichtig, da das Insolvenzgericht diese Gremien bereits zur Stellungnahme zum Plan aufgefordert hat, § 232 Abs. 1 Nr. 1. Die Stellungnahme des Betriebsrates erhält auch durch die Gruppenbildung der Arbeitnehmer, § 222 Abs. 3, eine besondere Gewichtung.

2. Beizufügende Unterlagen. Der Terminsladung ist eine vollständige Abschrift (Kopie) des Plans nebst den Anlagen[20] oder zumindest eine **zusammenfassende Darstellung** mit dem wesentlichen Inhalt beizufügen. Die Zusammenfassung hat auf Aufforderung des Gerichts der Planvorlegende einzureichen.[21] Unabhängig davon, ob der Schuldner oder der Verwalter den Plan vorlegt und eine Zusammenfassung beifügt, ist diese sehr sorgfältig zu prüfen. In der Zusammenfassung müssen alle für die Information der Beteiligten notwendigen Gesichtspunkte enthalten sein, um die Abstimmungsentscheidung ordnungsgemäß vorbereiten zu können. Eine solche Zusammenfassung birgt immer das Risiko, hiervon kann sich auch der Verwalter nicht freisprechen, dass diese unvollständig ist und einzelne Beteiligte den Inhalt wegen dieses Mangels rügen.[22] Zwar wird mit der Ladung und der Übersendung einer Zusammenfassung darauf hingewiesen, dass der vollständige Plan nebst Anlagen auf der Geschäftsstelle des Insolvenzgerichts eingesehen werden kann, § 234, dennoch kann es im Erörterungs- und Abstimmungstermin dann zu unergiebigen Diskussionen kommen.

---

[16] Bei Genossenschaften bedarf es keiner Ladung des zuständigen Prüfungsverbandes, so richtig *Nerlich/Römermann/Braun* § 235 RdNr. 10 a.
[17] *Nerlich/Römermann/Braun* § 235 RdNr. 7; *Smid/Rattunde* § 235 RdNr. 9; *Uhlenbruck/Lüer* § 235 RdNr. 12.
[18] *Nerlich/Römermann/Braun* § 235 RdNr. 8.
[19] Begr. zum RegE zu § 279; *Smid/Rattunde* § 235 RdNr. 9; *Uhlenbruck/Lüer* § 235 RdNr. 12.
[20] *Nerlich/Römermann/Braun* § 235 RdNr. 12; *Uhlenbruck/Lüer* § 235 RdNr. 13, Zusammenfassung nur ausnahmsweise.
[21] *Uhlenbruck/Lüer* § 235 RdNr. 14; kritisch hierzu *Smid/Rattunde* § 235 RdNr. 11, der hierdurch Manipulationen geradezu vorprogrammiert sieht; *Smid/Rattunde,* Der Insolvenzplan, RdNr. 11.16–19.
[22] In diesem Sinne auch *Haarmeyer/Wutzke/Förster,* Handbuch, Kap. 9 RdNr. 6.

18 In keinem Falle ist das Insolvenzgericht befugt, die zusammenfassende Darstellung zu erstellen.[23] Regelmäßig wird es darauf hinaus laufen, dass für alle Beteiligten die notwendige Anzahl von Kopien des Gesamtplans erstellt werden müssen. Dies ist zeit- und kostenaufwändig und schmälert nicht unerheblich die Masse. Entweder fertigt das Gericht die Kopien[24] oder der Verwalter lässt die Kopien selbst oder mit Hilfe Dritter erstellen. Nach § 256 RegE sollte der Planvorleger keinen Anspruch auf Kostenersatz aus der Masse haben. Diese Vorschrift wurde jedoch nicht übernommen. In der Praxis wird der Plansteller den Kostenaufwand kalkulieren und im Plan berücksichtigen, er wird die entsprechende Anzahl der Kopien daher bereits selbst in Auftrag gegeben haben, hierauf kann dann bei der Ladung der Beteiligten zurück gegriffen werden.[25]

V. Ablauf des Termins

19 Bereits nach bisher geltendem Recht wurden die Vergleichstermine unter der Leitung des Gerichts durchgeführt, §§ 179 KO, 66 ff. VglO. Allerdings ist der Insolvenzplan kein Vergleich. Es handelt sich hierbei nicht um einen Vertrag des Schuldners mit seinen Gläubigern zur Abwendung oder Beendigung des Insolvenzverfahrens. Der Plan ist die privatautonome, den gesetzlichen Vorschriften entsprechende Übereinkunft der mitspracheberechtigten Beteiligten über die Verwertung des haftenden Schuldnervermögens unter voller Garantie des Werts der Beteiligtenrechte.[26] Das gerichtliche Verfahren soll sicherstellen, dass die Rechte aller Beteiligten gewahrt werden, dass allen Beteiligten die selben Informationen zur umfassenden Prüfung des Plans zur Verfügung stehen und gewährleistet letztlich auch eine zügigere und kostengünstigere Abwicklung. Darüber hinaus ist das Insolvenzgericht auch verpflichtet, schlichtend oder vermittelnd einzugreifen, um die Einigungsbereitschaft der Beteiligten insgesamt zu fördern.[27]

20 Die **Leitung des Erörterungs- und Abstimmungstermins** hat regelmäßig der Rechtspfleger, § 18 Abs. 1 RPflG, sofern sich der Richter das Verfahren nicht vorbehalten hat. Über den Ablauf des Termins ist ein Protokoll zu fertigen. Der Urkundsbeamte hat daneben die Stimmliste zu führen, § 239.

21 **Zeit, Ort und die Tagesordnung** sind öffentlich bekannt zu machen, §§ 235 Abs. 2 Satz 1, 74. Die Reihenfolge der Tagesordnungspunkte ergibt sich aus §§ 235, 236, 237: Erörterungsteil, ggf. Prüfung der Forderungen, Stimmrechtsfestsetzung, Abstimmungsteil.[28]

22 Der **Termin ist nicht öffentlich,**[29] wie sich aus § 235 Abs. 3 ergibt. Das Gericht kann jedoch einzelnen Personen den Zutritt gewähren, insbesondere auch einzelnen Vertretern der Presse, sofern das Verfahren insgesamt von besonderem allgemeinen Interesse ist, § 175 Abs. 2 GVG.[30]

23 Der den Termin leitende Rechtspfleger[31] hat aller Aufgaben der **Sitzungsleitung** und der Aufrechterhaltung der Ordnung, wie dies auch der Richter im Zivilprozess inne hat,

---

[23] *Smid/Rattunde* § 235 RdNr. 12; *Uhlenbruck/Lüer* § 235 RdNr. 14.
[24] dann handelt es sich sicherlich bei den Kosten der Vervielfältigung und Versendung um Gerichtskosten, so HK-*Flessner* § 235 RdNr. 8; *Nerlich/Römermann/Braun* § 235 RdNr. 12 Fn. 7; *Uhlenbruck/Lüer* § 235 RdNr. 16.
[25] *Haarmeyer/Wutzke/Förster*, Handbuch, Kap. 9 RdNr. 6 empfehlen, bereits im Berichtstermin zu beschließen, dass auf die Ladung und die Beifügung von Unterlagen verzichtet wird.
[26] Allg. Begr. des RegE Punkt 4 e) aa), abgedruckt bei *Kübler/Prütting*, Das neue Insolvenzrecht, S. 114.
[27] Vgl. *Schiessler*, Der Insolvenzplan, S. 142.
[28] *Gottwald/Braun*, Insolvenzrechts-Handbuch, § 68 RdNr. 28; *Nerlich/Römermann/Braun* § 235 RdNr. 18.
[29] *Häsemeyer* RdNr. 28.29; *Smid/Rattunde*, Der Insolvenzplan, RdNr. 11.21.
[30] LG Frankfurt ZIP 1983, 344; *Kilger/K. Schmidt* § 66 VglO Anm. 1 c; *Uhlenbruck/Lüer* § 235 RdNr. 20.
[31] Nach *Uhlenbruck/Lüer* § 235 RdNr. 21 soll eine Übertragung auf den Richter bei umfangreichen (was aber kein Übertragungsgrund ist) oder bei grenzüberschreitenden Verfahren mit Auslandsbezug erfolgen. Ob ein Fall „Anwendung ausländischen Rechts" vorliegt, hat der Rechtspfleger anhand nationalen Rechts, des IPR und der dort aufgestellten Kollisionsregeln zu prüfen. In häufig vorkommenden Routinefällen wird daher

§§ 175 bis 183 GVG. Wegen Ungebühr kann das Insolvenzgericht ein Ordnungsgeld verhängen, einzelnen Personen den Zutritt verwehren oder anwesende Personen entfernen lassen. Dem Rechtspfleger steht allerdings nicht das Recht zu, eine Ordnungshaft zu verhängen oder eine Beeidigung vorzunehmen,[32] § 4 Abs. 2 RPflG.

Wie jeder Gerichtstermin auch beginnt der Erörterungs- und Abstimmungstermin mit dem Aufruf der Sache, § 220 Abs. 1 ZPO. Danach sind die erschienen Beteiligten protokollarisch festzustellen. Verfahrensvertreter haben grundsätzlich eine schriftliche Vollmacht vorzulegen. Dies gilt jedoch dann nicht, wenn ein Anwalt auftritt, § 88 Abs. 2 ZPO, anders jedoch, wenn der Mangel der Vollmacht gerügt wird. Gesetzliche Vertreter haben ihre Vertretungsmacht nachzuweisen, zB durch Vorlage eines aktuellen Handelsregisterauszuges.

Die **Anwesenheit des Insolvenzverwalters** ist Pflicht, unabhängig davon ob er auch den Insolvenzplan selbst vorgelegt hat. Bei Nichterscheinen ist der Termin zu vertagen. Auch der Schuldner sollte zwingend anwesend sein,[33] kann sich jedoch durch einen Verfahrensbevollmächtigten vertreten lassen; seine Abwesenheit kann ggf. eine Vertagung rechtfertigen.[34]

Nach der protokollarischen Feststellung der Formalien folgt der **Erörterungsteil**. Hier soll den anwesenden Beteiligten Gelegenheit gegeben werden, zu den Regelungen des Insolvenzplans Stellung zu nehmen. Der Erörterungsteil beginnt daher regelmäßig mit der Verlesung der einzelnen Vorschläge aus dem Inhalt des Plans.[35] Die Verlesung und die Erläuterungen zum Insolvenzplan hat derjenige vorzunehmen, der den Plan vorgelegt hat (Insolvenzverwalter oder Schuldner). Wesentlich dürfte hierbei sein, dass den anwesenden Beteiligten nicht nur die einzelnen Planvorschläge vorgelesen werden, sondern dass insbesondere zusammengefasst dargestellt wird, welche Überlegungen zu den einzelnen Vorschlägen angestellt wurden, damit den Beteiligten auch die Hintergründe für die einzelnen Planregelungen dargelegt werden. Hierbei wird dem Insolvenzverwalter eine besondere mediative Rolle zukommen (vgl. hierzu die Kommentierung vor § 217 RdNr. 47, 53). Nur eine umfassende Erläuterung und das Eingehen auf jede begründete Frage der Beteiligten wird letztlich dazu führen, die Akzeptanz für die Annahme des Plans zu erhöhen. Erkennt das Insolvenzgericht, dass ein Beteiligter seine Verfahrenssituation nicht richtig einschätzt, ist es zu **sachlichen Hinweisen** verpflichtet, dies gebietet bereits das grundgesetzlich geschützte Recht auf Gewährung rechtlichen Gehörs, Art. 103 Abs. 1 GG und das Recht auf ein faires Verfahren, Art. 20 Abs. 3 GG.[36] Aus dem Verlauf des Erörterungsteils im Termin, insbesondere auf Grund der Ergebnisse der Diskussion wird sich dann auch bereits absehen lassen, ob der vorgelegte Plan Aussicht auf Annahme durch die Gläubiger hat oder ggf. noch geändert werden muss.[37] Sollten sich zwischen dem Zeitpunkt der Niederlegung des Plans, § 234 und dem Erörterungstermin **Änderungen** ergeben haben, ist hierauf im Erörterungsteil gesondert hinzuweisen und die beabsichtigten Änderungen besonders zu erläutern. Änderungen des Plans dürfen sich jedoch immer nur auf einzelne Regelungen beziehen, eine Änderung des Gesamtplans ist unzulässig, § 240 (vgl. die dortige Kommentierung).

Sobald das Gericht festgestellt hat, dass weitere Erörterungen zum vorgelegten Plan seitens der anwesenden Beteiligten nicht gewünscht werden, sind die Stimmrechte der Gläubiger zu erörtern und festzulegen (vgl. hierzu die Kommentierung zu §§ 237, 238). Das Ergebnis ist von dem Urkundsbeamten in einer Stimmliste festzuhalten, § 239.

---

keine Vorlage erfolgen, da der Rechtspfleger die typischen Probleme in grenznahmen Bereichen ebenso beherrschen wird, wie der Richter.
[32] *Smid/Rattunde*, Der Insolvenzplan, RdNr. 11.21.
[33] *Kuhn/Uhlenbruck* § 182 RdNr. 1 a.
[34] aA *Nerlich/Römermann/Braun* § 235 RdNr. 18.
[35] FK-*Jaffé* § 235 RdNr. 37.
[36] BVerfG NJW 2000, 1709 = Rpfleger 2000; 205; BVerfG NJW 1976, 1391 = Rpfleger 1976, 389; BVerfG NJW 1978, 368 = Rpfleger 1978, 206; *Vollkommer* Rpfleger 1976, 393.
[37] *Braun/Uhlenbruck*, Unternehmensinsolvenz, S. 482; *Häsemeyer* RdNr. 28.30.

28 In dem sich danach anschließenden **Abstimmungsteil** stimmen die stimmberechtigten Beteiligten über den vorgelegten Plan ab. Die Abstimmung selbst erfolgt in Gruppen, § 243. Zur Annahme des Plans ist grundsätzlich die Zustimmung aller Gruppen erforderlich, wobei innerhalb der Gruppen eine Kopf- und Summenmehrheit notwendig ist, § 244 (vgl. hierzu die Kommentierungen zu den jeweiligen Vorschriften).

29 Sämtliche Vorgänge sind im **Protokoll** aufzunehmen. Das Protokoll ist für den gesamten Ablauf und auch für den Inhalt des Insolvenzplans beweiskräftig, § 417 ZPO. Unterschrieben wird das Protokoll von dem amtierenden Rechtspfleger oder Richter und vom Urkundsbeamten der Geschäftsstelle.[38]

VI. Mehrere Pläne

30 Nach § 218 Abs. 1 kann sowohl der Insolvenzverwalter als auch der Schuldner einen Insolvenzplan vorlegen. Darüber hinaus kann die Gläubigerversammlung den Verwalter beauftragen, einen Plan auszuarbeiten, § 218 Abs. 2. Der Planinitiator selbst kann bereits mehrere Pläne einreichen, zumindest sieht das Gesetz keine entsprechende Einschränkung vor.[39] Somit können drei oder noch mehr Pläne miteinander konkurrieren, wobei realistisch betrachtet aber nur eine Konkurrenz zwischen dem vom Schuldner und dem vom Insolvenzverwalter vorgelegten Plan in der Praxis auftreten wird.[40] Aber auch diese Prognose hat sich in der Praxis mittlerweile nicht bewahrheitet, regelmäßig liegt nur ein Plan zur Abstimmung vor.[41] Zwar sah § 294 RegE vor, dass im Falle der Vorlage mehrerer Insolvenzpläne für alle vorliegenden Pläne ein einheitlicher Erörterungstermin und ein einheitlicher Abstimmungstermin zu bestimmen ist. In der Begründung des RegE wird ausgeführt, dass nähere Regelungen über den Ablauf dieser Termine nicht getroffen werden, insbesondere wird die Reihenfolge offen gelassen, in der über verschiedene Pläne abzustimmen ist. Der Rechtsausschuss hat dann zur Straffung des Verfahrens vorgeschlagen, dass für die Erörterung des Plans und die Abstimmung ein einheitlicher Termin bestimmt werden soll.[42] Aus dem Wortlaut in Abs. 1 Satz 1 kann aber nicht geschlossen werden, dass über jeden vorgelegten Plan ein gesonderter Erörterungs- und Abstimmungstermin stattfinden muss.[43] Das Insolvenzgericht kann im Ergebnis nur einen Insolvenzplan bestätigen, wie sich aus den Regelungen zu §§ 254, 257 eindeutig ergibt. Damit die anwesenden Beteiligten bereits im Erörterungsteil die jeweiligen Vor- und Nachteile der einzelnen Pläne (wenn es das tatsächlich gegen sollte) abschätzen und gegeneinander abwägen können, ist das Insolvenzgericht regelmäßig gehalten, nur einen **einheitlichen Erörterungs- und Abstimmungstermin für alle vorgelegten Insolvenzpläne** zu bestimmen. Nur dies dient letztlich auch der Straffung des Verfahrens, wie dies durch die endgültige Fassung von § 235 gewährleistet werden soll. In dem einheitlichen Termin sind daher alle vorgelegten Insolvenzpläne zunächst einzeln nacheinander zu erörtern, dann werden die jeweiligen Stimmrechte festgelegt und dann kann über die einzelnen Pläne jeweils getrennt abgestimmt werden.

31 Das Gesetz lässt bewusst offen, wie eine Abstimmung über mehrere vorgelegte Pläne vorgenommen werden soll. Die **Abstimmungsreihenfolge** soll das Insolvenzgericht nach dem Inhalt der jeweiligen Pläne und den sonstigen Umständen des Einzelfalles festlegen.[44] Die Bestimmung der Abstimmungsreihenfolge kann durchaus Bedeutung für das weitere

---

[38] *Gottwald/Braun*, Insolvenzrechts-Handbuch, § 67 RdNr. 19.
[39] *Gottwald/Braun*, Insolvenzrechts-Handbuch, § 67 RdNr. 19.
[40] Vgl. hierzu *Nerlich/Römermann/Braun* § 218 RdNr. 47 bis 49; FK-*Jaffé* § 218 RdNr. 43 bis 95 und § 235 RdNr. 75; HK-*Flessner* § 218 RdNr. 7 bis 13 und 235 RdNr. 11; *Kübler/Prütting/Otte* § 218 RdNr. 29 bis 37; *Smid/Rattunde*, Der Insolvenzplan, RdNr. 11.26, die eine Plankonkurrenz für unrealistisch halten, wie die Praxis auch mittlerweile tatsächlich zeigt.
[41] *Smid/Rattunde*, Der Insolvenzplan, RdNr. 11.26.
[42] Fassung des Rechtsausschusses zu § 279, vgl. *Kübler/Prütting*, Das neue Insolvenzrecht, S. 472, 473.
[43] So aber HK-*Flessner* § 235 RdNr. 11, der dies im weiteren Verlauf seiner Kommentierung dann jedoch wieder einschränkt; so auch *Nerlich/Römermann/Braun* § 235 RdNr. 13.
[44] Begr. des RegE zu § 294, vgl. *Kübler/Prütting*, Das neue Insolvenzrecht, S. 623.

Abstimmungsverhalten der Beteiligten haben. Wird in dem einheitlichen Termin abgestimmt, so erfolgt die Abstimmung regelmäßig mündlich. Das Ergebnis der Abstimmung über den ersten Plan wird den Beteiligten daher unmittelbar bekannt. Es dürfte unzweifelhaft sein, dass hierdurch das Stimmverhalten der Beteiligten für die Abstimmung des dann folgenden weiteren Plans wesentlich beeinflusst werden kann. Die Beteiligten sollten jedoch die Möglichkeit haben, unbeeinflusst von gerichtlichen Maßnahmen über die vorgelegten Pläne abzustimmen. Der Insolvenzplan bietet den Beteiligten einen Rechtsrahmen für die einvernehmliche Bewältigung der Insolvenz im Wege von Verhandlungen und privatautonomen Austauschprozessen. Gerade hierin liegt der entscheidende Beitrag zur Deregulierung der Insolvenzabwicklung. Die Beteiligten sollen selbst über die für sie günstigste Art der Abwicklung nachdenken und entscheiden. Die vom Gericht festgelegte Abstimmungsreihenfolge sollte sich auf neutrale Kriterien stützen, die für jedermann objektiv nachprüfbar sind. Die Reihenfolge der Abstimmung sollte sich daher nach der zeitlichen Vorlage der jeweiligen Pläne richten. Der Plan, der als erster fehlerlos vorgelegt wurde, wird auch im Termin zuerst zur Abstimmung gestellt. Das Gericht stellt in erster Linie nur den gesetzlichen Rechtsrahmen für ein ordnungsgemäßes Verfahren sicher. Die Abstimmung nach der zeitlichen Reihenfolge der vorgelegten Pläne stellt klar, dass das Gericht keinen Plan auf Grund seiner inhaltlichen Ausgestaltung mit einer eventuellen Vorprüfung der Erfolgsaussichten zuerst zur Abstimmung stellt.[45] Die Gläubigerversammlung kann selbstverständlich auch eine Abstimmungsreihenfolge beschließen. Hierzu bedarf es der Mehrheit i. S. v. § 76 Abs. 2.

Nach dem Abstimmungsverfahren kann sich herausstellen, dass auch zwei Insolvenzpläne mit den erforderlichen Mehrheiten angenommen wurden. Zu den einzelnen Theorien, wie in diesem Fall das Insolvenzgericht insbesondere die Planbestätigung vornehmen muss, vgl. die Kommentierung zu § 218 RdNr. 194–197 § 248. **32**

VII. Planrücknahme

Das Gesetz lässt offen, ob und bis wann der Planinitiator seinen Plan zurücknehmen kann. **33**
§ 99 Satz 2 VglO sah vor, dass eine Rücknahme des vorgelegten Vergleichsvorschlags bis zur Beendigung der Abstimmung zulässig war. Dass eine Rücknahme zulässig ist, ergibt sich aus den Regeln des allgemeinen Verfahrensrechts. Die Vorlage eines Insolvenzplans steht einem Antrag an das Insolvenzgericht gleich, das Insolvenzplanverfahren einzuleiten. Es handelt sich hierbei um eine Verfahrenshandlung, die grundsätzlich bis zur Rechtskraft der angestrebten Entscheidung zurückgenommen werden kann. Darüber hinaus regelt beispielhaft § 157 Satz 2, dass die Gläubigerversammlung den Verwalter beauftragen kann, einen Insolvenzplan auszuarbeiten, sie kann ihre Entscheidung in einem späteren Termin dann wieder ändern, § 157 Satz 3. Weiter regelt § 231 Abs. 2, dass der Schuldner seinen vorgelegten Insolvenzplan zurückziehen kann. Offen bleibt die zeitliche Grenze für eine Rücknahme. Um klare Verhältnisse für alle anwesenden Beteiligten zu schaffen, ist eine Rücknahme ab Beginn der Abstimmung ausgeschlossen.[46]

§ 236 Verbindung mit dem Prüfungstermin
¹ **Der Erörterungs- und Abstimmungstermin darf nicht vor dem Prüfungstermin stattfinden.** ² **Beide Termine können jedoch verbunden werden.**

---

[45] Anders zB *Gottwald/Braun*, Insolvenzrechts-Handbuch, § 67 RdNr. 21, derjenige Plan ist zu bestätigen, der die größere Zustimmung der Gläubiger erhalten hat; vgl. hierzu auch § 218 RdNr. 182, 185.
[46] *Schiessler*, Der Insolvenzplan, S. 152, 153; *Nerlich/Römermann/Braun* § 235 RdNr. 17; eine ähnliche Regelung hat der Gesetzgeber in § 63 ZVG durch das Gesetz zur Änderung des Gesetzes über die Zwangsversteigerung und die Zwangsverwaltung und anderer Gesetze vom 1. Mai 1998 geregelt; die Versteigerung mehrerer Grundstücke kann einzeln, in Gruppen oder gesamt erfolgen, die Anträge auf die verschiedenen Ausgebote müssen jedoch spätestens vor Beginn der Bietzeit gestellt sein.

A. Normzweck

1 Die Vorschrift knüpft an die bisherigen Regelungen in §§ 173 und 180 KO an. Grundsätzlich war Voraussetzung für einen Zwangsvergleich die Abhaltung des allgemeinen Prüfungstermins. Allerdings konnte der Vergleichstermin mit dem allgemeinen Prüfungstermin verbunden werden. Beide Regelungen des bisherigen Rechts werden in § 236 zusammengefasst. Hierdurch wird einerseits klar gestellt, dass die Prüfung und Feststellung der Insolvenzforderungen durch die Vorlage eines Insolvenzplans nicht entbehrlich wird. Andererseits dient die Verbindung sowohl des Erörterungs- und Abstimmungstermins mit dem Prüfungstermin der Straffung des Verfahrens, gerade die zeitliche Komponente spielt im Insolvenzplanverfahren eine große Rolle und kann ausschlaggebend für die Annahme des Plans sein.

2 Das Ergebnis des Prüfungstermins ist wesentliche Grundlage für die Feststellung des Stimmrechts zur Abstimmung über den Insolvenzplan.[1] Die Forderungsprüfung stellt sicher, dass die angemeldeten Forderungen der Höhe und dem Rang nach geprüft und festgestellt werden. Gleichzeitig bietet dies allen anwesenden Beteiligten eine gesicherte Grundlage über den Gesamtumfang der Verbindlichkeiten des Schuldners. Die Festlegung des jeweiligen Stimmrechts für die Abstimmung über den Insolvenzplan wird sich weitgehend an dem Ergebnis der Forderungsprüfung orientieren.

B. Verbindung der Termine

3 Prüfungstermin und Erörterungs- und Abstimmungstermin über den Insolvenzplan können miteinander verbunden werden. In jedem Falle hat dann die Forderungsprüfung vor dem Erörterungs- und Abstimmungsteil des Termins stattzufinden.[2] In der öffentlichen Bekanntmachung der Terminsbestimmung hat das Insolvenzgericht ausdrücklich darauf hinzuweisen, dass der Termin sowohl der Forderungsprüfung als auch der Erörterung und Abstimmung über den Insolvenzplan dient.

4 Ein solcher **einheitlicher Termin** setzt jedoch voraus, dass der Insolvenzplan rechtzeitig vor dem Prüfungstermin vorgelegt worden ist. Weiterhin dürfte eine solche Verfahrensverbindung nur dann in Betracht kommen, wenn die Zahl der Insolvenzgläubiger bzw. die angemeldeten Forderungen überschaubar sind. Von einer solchen Verfahrensverbindung sollte dann Abstand genommen werden, wenn bereits aus dem Inhalt des vorgelegten Plans zu erkennen ist, dass auf Grund der rechtlichen Schwierigkeiten oder der Komplexität des Plans der Termin nicht an einem einzigen Tag durchgeführt werden kann und somit bereits eine Vertagung voraussehbar ist.

5 Aus der Begründung des RegE ist zu entnehmen, dass im Einzelfall sogar eine Verbindung beider Termine mit dem Berichtstermin möglich sein soll, § 29 Abs. 2. Dies soll insbesondere dann in Betracht kommen, wenn der Schuldner schon bei der Stellung des Antrags auf Eröffnung des Insolvenzverfahrens einen Insolvenzplan vorlegt.[3]

6 Eine solche **Mehrfachterminverbindung** wird jedoch nur in seltenen Fällen in Betracht kommen. Auch wenn der Schuldner bei einem Eigenantrag auf Insolvenzeröffnung bereits einen Plan vorlegt, kommt ein einheitlicher Termin als Berichtstermin, Prüfungstermin, Erörterungs- und Abstimmungstermin über den Insolvenzplan sicherlich nur dann in Betracht, wenn es sich um ein überschaubares Unternehmen mit geringen Verbindlichkeiten bzw. wenigen Gläubigern handelt. Mittlere und größere Insolvenzen werden eine solche Terminskonzentration regelmäßig nicht zulassen.[4]

---

[1] FK-*Jaffé* § 236 RdNr. 6, 12; *Nerlich/Römermann/Braun* § 236 RdNr. 2; *Kübler/Prütting/Otte* § 236 RdNr. 2; HK-*Flessner* § 236 RdNr. 1; *Smid/Rattunde* § 236 RdNr. 3; *Schiessler*, Der Insolvenzplan, S. 142, 143.
[2] Zur Reihenfolge der Termine vgl. LG Düsseldorf ZIP 1985, 628 ff.
[3] Begr. des RegE zu § 280, *Kübler/Prütting*, Das neue Insolvenzrecht, S. 473; Uhlenbruck/*Lüer* § 236 RdNr. 2.
[4] FK-*Jaffé* § 236 RdNr. 23.

§ 237 Stimmrecht der Insolvenzgläubiger

(1) ¹ Für das Stimmrecht der Insolvenzgläubiger bei der Abstimmung über den Insolvenzplan gilt § 77 Abs. 1 Satz 1, Abs. 2 und 3 Nr. 1 entsprechend. ² Absonderungsberechtigte Gläubiger sind nur insoweit zur Abstimmung als Insolvenzgläubiger berechtigt, als ihnen der Schuldner auch persönlich haftet und sie auf die abgesonderte Befriedigung verzichten oder bei ihr ausfallen; solange der Ausfall nicht feststeht, sind sie mit dem mutmaßlichen Ausfall zu berücksichtigen.

(2) Gläubiger, deren Forderungen durch den Plan nicht beeinträchtigt werden, haben kein Stimmrecht.

§ 238 Stimmrecht der absonderungsberechtigten Gläubiger

(1) ¹ Soweit im Insolvenzplan auch die Rechtsstellung absonderungsberechtigter Gläubiger geregelt wird, sind im Termin die Rechte dieser Gläubiger einzeln zu erörtern. ² Ein Stimmrecht gewähren die Absonderungsrechte, die weder vom Insolvenzverwalter noch von einem absonderungsberechtigten Gläubiger noch von einem Insolvenzgläubiger bestritten werden. ³ Für das Stimmrecht bei streitigen, aufschiebend bedingten oder nicht fälligen Rechten gelten die §§ 41, 77 Abs. 2, 3 Nr. 1 entsprechend.

(2) § 237 Abs. 2 gilt entsprechend.

Übersicht

	RdNr.		RdNr.
A. Normzweck	1	1. Angemeldete und nicht bestrittene Forderungen	6
B. Entstehungsgeschichte	3	2. Gläubiger ohne Stimmrecht	12
C. Verfahren	5	3. Absonderungsberechtigte Gläubiger	13
I. Zeitpunkt der Stimmrechtsfeststellung	5	III. Wirkung der Stimmrechtsfeststellung	24
II. Insolvenzgläubiger	6	IV. Anfechtbarkeit	26

A. Normzweck

In Anknüpfung an die Bestimmung des Erörterungs- und Abstimmungstermins, § 235, regeln die §§ 237, 238 die Erörterung und Festsetzung der Stimmrechte der Beteiligten, die in einer Stimmliste festgehalten werden, § 239. Unterschieden wird in das Stimmrecht der Insolvenzgläubiger, § 237, und das Stimmrecht der absonderungsberechtigten Gläubiger, § 238. Die Stimmrechtsfeststellung ist von entscheidender Bedeutung für die Abstimmung über den Insolvenzplan. Jeder stimmberechtigte Gläubiger stimmt in seiner Gruppe über den Insolvenzplan ab, § 243. Auf der Grundlage der festgestellten Stimmrechte müssen die erforderlichen Mehrheiten nach § 244 vorliegen, um eine Planannahme zu gewährleisten. 1

Da das Gesetz eine sofortige Beschwerde gegen die Stimmrechtsfestsetzung nicht vorsieht, § 6 Abs. 1, sind die Entscheidungen über die Stimmrechtsfestsetzung grundsätzlich unanfechtbar. Soweit der Rechtspfleger den Erörterungs- und Abstimmungstermin leitet (was der Regelfall sein dürfte), schafft § 18 Abs. 3 RPflG eine Sonderregelung: Soweit sich die Stimmrechtsfestsetzung des Rechtspflegers auf das Ergebnis einer Abstimmung ausgewirkt hat, kann der Insolvenzrichter auf Antrag eines Gläubigers oder des Insolvenzverwalters das Stimmrecht neu festsetzen und die Wiederholung der Abstimmung anordnen (vgl. hierzu RdNr. 26 ff.). 2

B. Entstehungsgeschichte

3 Mit der Regelung in § 237 übernimmt der Gesetzgeber weitgehend die §§ 95, 96 KO und §§ 71, 72 VerglO.[1] Gläubiger, deren Forderungen durch den Insolvenzplan nicht beeinträchtigt werden, haben kein Stimmrecht, § 237 Abs. 2, dies ist nahezu die wortgleiche Übernahme von § 72 Abs. 1 VerglO.

4 Neu ist das **Stimmrecht der absonderungsberechtigten Gläubiger,** § 238. Da die Abstimmung über den Insolvenzplan in Gruppen erfolgt, § 243, und für absonderungsberechtigte Gläubiger eine gesonderte Gruppe dann zu bilden ist, wenn durch den Plan in deren Rechte eingegriffen wird, § 222 Abs. 1 Nr. 1, ist folgerichtig auch das Stimmrecht der absonderungsberechtigten Gläubiger zu erörtern und festzustellen. Das Erörterungs- und Abstimmungsprozedere ergibt sich aus § 238 Abs. 1 selbst (kein Verweis auf § 77), es folgt jedoch weitgehend den Regeln wie in §§ 237, 77.

C. Verfahren

I. Zeitpunkt der Stimmrechtsfeststellung

5 Der Termin nach § 235 ist eine Gläubigerversammlung in dem
a) der Insolvenzplan und
b) das Stimmrecht der Gläubiger erörtert wird und anschließend
c) über den vorgelegten Insolvenzplan abgestimmt wird.

Findet zeitgleich auch der Prüfungstermin statt, hat die Forderungsprüfung zeitlich vor dem Erörterungsteil stattzufinden, § 236 (vgl. hierzu § 236 RdNr. 3). Die Stimmrechtsfestsetzung gehört zum Erörterungsteil des Termins. Im Erörterungsteil ist zunächst von dem jeweiligen Planinitiator der Inhalt des vorgelegten Insolvenzplans vorzutragen und im Einzelnen zu erläutern. Nach der Aussprache und möglicherweise auch Änderungen am Insolvenzplan sind die Stimmrechte der einzelnen Gläubiger festzustellen. Soweit auch ein Stimmrecht für absonderungsberechtigte Gläubiger festzulegen ist, sind die Rechte dieser Gläubiger einzeln zu erörtern, § 238 Abs. 1 Satz 1, dem folgend ist dann das Stimmrecht festzustellen.[2] Hierbei folgt die Stimmrechtsfeststellung der Insolvenzgläubiger weitgehend den Ergebnissen des vorangegangenen Prüfungstermins, § 236. Die einzelnen Stimmrechtsfeststellungen sind in der Stimmliste festzuhalten, § 239.

II. Insolvenzgläubiger

6 **1. Angemeldete und nicht bestrittene Forderungen.** Für das Stimmrecht der Insolvenzgläubiger bei der Abstimmung über den Insolvenzplan gelten zunächst die Grundsätze für das Stimmrecht in der Gläubigerversammlung entsprechend, § 77 Abs. 1 Satz 1. Angemeldete Forderungen, die weder vom Insolvenzverwalter noch von einem stimmberechtigten Gläubiger bestritten wurden,[3] gewähren ein Stimmrecht in der angemeldeten Höhe.[4] Soweit für nachrangige Insolvenzgläubiger, § 39, eine Gruppe gebildet wurde, § 222 Abs. 1 Nr. 3, sind auch für diese ein Stimmrecht festzustellen. Als somit stimmberechtigte Gläubiger sind sie auch berechtigt, der Feststellung eines Stimmrechts zu Gunsten eines anderen Gläubigers zu widersprechen, § 237 Abs. 1 Satz 1 verweist insoweit nicht auf § 77 Abs. 1 Satz 2. Sofern der Schuldner das Stimmrecht bestreitet, ist dies für die nachfolgende Abstimmung unerheblich (vgl. hierzu § 77 RdNr. 7).[5]

---

[1] Begr. zum RegE zu § 237.
[2] *Schiessler*, Der Insolvenzplan, S. 145, 146; HK-*Flessner* § 237 RdNr. 2; *Nerlich/Römermann/Braun* § 237 RdNr. 2.
[3] *Nerlich/Römermann/Braun* § 237 RdNr. 9; *Smid/Rattunde* § 237 RdNr. 3.
[4] *Gottwald/Braun*, Insolvenzrechts-Handbuch, § 68 RdNr. 36.
[5] *Schiessler*, Der Insolvenzplan, S. 146.

Zur Feststellung des Stimmrechts müssen die Forderungen der Insolvenzgläubiger angemeldet sein, §§ 237 Abs. 1 Satz 1, 77 Abs. 1 Satz 1. Hierbei reicht es aus, wenn die Forderung bis zum Erörterungs- und Abstimmungstermin angemeldet wird. Die **Anmeldung muss vor Beginn der Abstimmung** über den Insolvenzplan **erfolgen,** da anderenfalls das Stimmrechtsverhältnis im Zeitpunkt der Abstimmung offen wäre, eine nachträgliche Anmeldung kann im Rahmen der Abstimmung nicht mehr berücksichtigt werden. 7

Findet der **Prüfungstermin zeitlich vor dem Erörterungs- und Abstimmungstermin** statt, in dieser Reihenfolge auch dann, wenn beide Termine miteinander verbunden werden, § 236 Satz 2, sind die angemeldeten Forderungen ihrem Betrag und Rang nach bereits geprüft und soweit niemand widersprochen hat, auch festgestellt worden. Hiervon unabhängig ist jedoch die Stimmrechtsfeststellung zur Abstimmung über den Insolvenzplan zu sehen. Grundlage der Feststellung des Stimmrechts der Insolvenzgläubiger zur Abstimmung über den Insolvenzplan wird regelmäßig das Ergebnis der Forderungsprüfung und Forderungsfeststellung sein. Bereits aus der Gesetzessystematik ist zu erkennen, dass der Gesetzgeber die Stimmrechtsfeststellung zur Abstimmung über den Insolvenzplan in §§ 237, 238 gesondert geregelt hat und nur bei der Festlegung des Stimmrechtes der Insolvenzgläubiger auf das Abstimmungsverfahren in § 77 Abs. 1 entsprechend verwiesen hat. Soweit das Ergebnis der Forderungsprüfung zwingend auf das Stimmrecht zur Abstimmung über den Insolvenzplan zu übertragen ist, hätte es der gesonderten Regelungen in §§ 237, 238 nicht bedurft. Das Insolvenzgericht ist daher bei der Feststellung des Stimmrechts zur Abstimmung über den Plan in keiner Weise an die Ergebnisse der allgemeinen Forderungsprüfung bzw. Forderungsfeststellung gebunden.[6] Die Stimmrechte sind neu festzustellen, wobei in der Praxis sicherlich die einzelnen Stimmrechte weitgehend auf den Ergebnissen der Forderungsprüfung basieren werden.[7] 8

Forderungen, die angemeldet und weder vom Insolvenzverwalter noch von einem stimmberechtigten Gläubiger bestritten werden, gewähren in Höhe der Forderungen ein Stimmrecht. Da eine gerichtliche Entscheidung nur bei Widerspruch vorgesehen ist, § 77 Abs. 2 Satz 2, ist eine unwidersprochen gebliebene Forderung auch ohne weiteres zum vollen Betrage stimmberechtigt. 9

Grundsätzlich hat ein **nachrangiger Insolvenzgläubiger** kein Stimmrecht, § 237 Abs. 1 Satz 1 verweist nicht auf § 77 Abs. 1 Satz 2. Wenn jedoch nach dem Inhalt des Plans ausnahmsweise eine Abstimmung nachrangiger Insolvenzgläubiger in Betracht kommt (zB abweichende Regelung über Erlass der Forderung, § 225 Abs. 1, 2), ist auch für diese Gläubiger das Stimmrecht festzustellen.[8] 10

Zur Feststellung eines Stimmrechtes für **auflösend bedingte und nicht fällige Forderungen** vgl. § 77 RdNr. 4. Zur Feststellung des Stimmrechts für aufschiebend bedingte Forderungen vgl. § 42 RdNr. 11. Zur Feststellung des Stimmrechts streitiger Forderungen, insbesondere zum Vorrang der Einigung zwischen stimmberechtigten Gläubigern und Insolvenzverwalter und zu den Kriterien für die Stimmrechtsfestsetzung vgl. § 77 RdNr. 7–12. 11

2. Gläubiger ohne Stimmrecht. Gläubiger, deren Forderungen durch den Insolvenzplan nicht beeinträchtigt werden, haben auch kein Stimmrecht, § 237 Abs. 2. Dies gilt auch für **nicht beeinträchtigte absonderungsberechtigte Gläubiger,** § 238 Abs. 2. Hierbei handelt es sich um die nahezu wortgleiche Übernahme aus § 72 Abs. 1 VerglO. Ob eine Beeinträchtigung vorliegt, muss sich aus dem gestaltenden Teil des Insolvenzplans ergeben. Werden keine abweichenden Regelungen zum materiellen Sicherungs- oder Verwertungsrecht absonderungsberechtigter Gläubiger getroffen, werden sie vom Plan nicht berührt und sind somit auch nicht beeinträchtigt und folgerichtig ohne Stimmrecht, § 223.[9] Gleicherma- 12

---

[6] *Uhlenbruck/Lüer* § 237 RdNr. 1.
[7] *Nerlich/Römermann/Braun* § 237 RdNr. 15, 16, 17.
[8] Für die Annahme des Insolvenzplans durch nachrangige Gläubiger trifft § 246 eine Sonderregelung.
[9] *Schiessler*, Der Insolvenzplan, S. 149.

ßen nicht beeinträchtigt sind die Forderungen **nachrangiger Insolvenzgläubiger,** da deren Forderungen grundsätzlich als erlassen gelten, § 225 Abs. 1; anders wenn hierzu eine abweichende Regelung getroffen wurde, § 225 Abs. 2. Ungesicherte Gläubiger, insbesondere **Kleingläubiger,** § 222 Abs. 2 Satz 2, deren Ansprüche nach dem Insolvenzplan ohne Stundung voll erfüllt werden, sind ebenfalls nicht beeinträchtigt und somit ohne Stimmrecht.[10] Eine Beeinträchtigung durch den Insolvenzplan ist somit grundsätzlich dann nicht gegeben, mit der Folge des fehlenden Stimmrechtes, wenn der Gläubiger sowohl bei planmäßiger Verwertung bzw. Befriedigung als auch bei Liquidation in gleicher Weise und Höhe befriedigt bzw. mit seinem Anspruch ausfallen würde.[11] Ebenfalls keine Beeinträchtigung durch den Insolvenzplan liegt auch dann vor, wenn die Befriedigung des Gläubigers durch das Planverfahren und durch eine evtl. Aussetzung der Verwertung, § 233, hinausgezögert wird. Die Beeinträchtigung in die rechtliche und wirtschaftliche Position des Gläubigers muss sich aus dem Insolvenzplan, hier aus dem gestaltenden Teil, selbst ergeben.[12]

13 **3. Absonderungsberechtigte Gläubiger.** Eine entsprechende Regelung im bisherigen Recht zur Stimmrechtsfestsetzung der absonderungsberechtigten Gläubiger ist nicht vorhanden. Zur Festlegung der Rechte der Beteiligten im Insolvenzplan sind Gruppen zu bilden, u. a. auch eine Gruppe der absonderungsberechtigten Gläubiger, wenn durch den Plan in deren Rechte eingegriffen wird, § 222 Abs. 1 Nr. 1. Sieht der Insolvenzplan eine solche Gruppe der absonderungsberechtigten Gläubiger vor, sind im Termin die Rechte dieser Gläubiger einzeln zu erörtern. Für das Stimmrecht gelten entsprechende Grundsätze wie für das Stimmrecht der Insolvenzgläubiger. Wird das angemeldete Absonderungsrecht dem Grunde und der Höhe nach weder vom Insolvenzverwalter, einem anderen absonderungsberechtigten Gläubiger oder einem Insolvenzgläubiger bestritten, ist es in vollem Umfange zum Stimmrecht berechtigt. Für das Stimmrecht bei streitigen, aufschiebend bedingten oder nicht fälligen Rechten gelten die §§ 41, 77 Abs. 2, 3 Nr. 1 entsprechend, § 238 Abs. 1 Satz 3 (hierzu wird im Einzelnen verwiesen auf § 77 RdNr. 4, 5, 7–12).

14 Gläubiger, deren Absonderungsrecht durch den Plan nicht beeinträchtigt wird, haben auch insoweit kein Stimmrecht, §§ 238 Abs. 2, 237 Abs. 2. Verbleiben nach dem Insolvenzplan dem absonderungsberechtigten Gläubiger die gleichen Rechte und Befriedigungsmöglichkeiten, die ihm auch sonst zustehen, liegt kein Eingriff in das Recht des absonderungsberechtigten Gläubigers vor, seine Rechtsstellung wird vom Plan nicht berührt, § 223, für ihn ist somit auch kein Stimmrecht festzustellen.[13]

15 Die Festlegung der Höhe des Stimmrechts zugunsten eines Absonderungsberechtigten kann nur im Zusammenhang mit den §§ 76 Abs. 2 Hs. 2, 237 gesehen werden. Bei der **Stimmrechtsgewährung bezüglich des Absonderungsrechts und der Ausfallforderung** handelt es sich um eine einheitliche Entscheidung, da die Festlegung der jeweiligen Höhe des Stimmrechts wechselseitig beeinflusst wird.[14] Im Einzelnen gilt hierzu folgendes:

16 a) Bei der Gewährung des Stimmrechts nach § 238 sind die Ausfallforderungen der absonderungsberechtigten Gläubiger nicht zu berücksichtigen. Mit der Ausfallforderung kann der absonderungsberechtigte Gläubiger bei den Insolvenzgläubigern abstimmen, § 237 Abs. 1 Satz 2. Für das Stimmrecht bei der Abstimmung über den Insolvenzplan ist daher zu unterscheiden zwischen dem gesicherten Teil der Forderung, § 238, und dem Ausfallbetrag, § 237.

---

[10] Begr. des RegE zu § 237; *Smid* in *Smid/Rattunde,* Der Insolvenzplan, RdNr. 215, 216 weist jedoch darauf hin, dass aus taktischen Erwägungen für den Planinitiator es nicht sinnvoll ist, sich auf eine völlige Absicherung der Forderung einzulassen, da es durchaus sinnvoll sein kann, diese Gläubigergruppe als zustimmende Gruppe zum Insolvenzplan zu gewinnen.
[11] *Schiessler,* Der Insolvenzplan, S. 149.
[12] HK-*Flessner* § 237 RdNr. 8; *Nerlich/Römermann/Braun* § 237 RdNr. 36.
[13] *Nerlich/Römermann/Braun* § 237 RdNr. 37; HK-*Flessner* § 223 RdNr. 4, 5, § 238 RdNr. 4.
[14] *Nerlich/Römermann/Braun* § 237 RdNr. 30, 31; HK-*Flessner* § 238 RdNr. 6, 7; *Andres/Leithaus* §§ 237, 238, 239 RdNr. 9.

b) Absonderungsberechtigte Gläubiger sind nur dann an der Abstimmung beteiligt, wenn **17** ihre Rechtsstellung im Plan besonders geregelt und ihr Recht nicht bestritten bzw. eine Einigung erzielt wird, andernfalls das Insolvenzgericht das Stimmrecht festzustellen hat.

c) Absonderungsberechtigte Gläubiger haben weiterhin ein Stimmrecht als Insolvenzgläubi- **18** ger, sofern der Schuldner auch persönlich haftet und auf die abgesonderte Befriedigung verzichtet wird oder der Gläubiger mit seiner Forderung einen Ausfall erleidet. Hierbei ist der mutmaßliche Ausfall zu berücksichtigen.[15]

d) Haftet der Schuldner dem absonderungsberechtigten Gläubiger nicht persönlich, kann **19** nur ein Stimmrecht als absonderungsberechtigter Gläubiger gewährt werden. Hierbei bestimmt der Wert des Absonderungsrechts dann auch die Höhe des Stimmrechts.

Beispiel: Der Gläubiger hat dem Schuldner persönliche Kredite über 150 000,- € gewährt; ihm **20** steht an dem Grundstück des Schuldners eine Grundschuld über 100 000,- € zu. Verzichtet der Gläubiger nunmehr auf die Durchsetzung der Grundschuld in Höhe von 80 000,- € ist er in Höhe von 20 000,- € als absonderungsberechtigter Gläubiger stimmberechtigt, im Übrigen über 130 000,- € als Insolvenzgläubiger.

Beispiel: Die Grundschuld des Gläubigers über 100 000,- € ist am Grundstück des Schuldners **21** zweitrangig gesichert; erstrangig ist eine Grundschuld über 240 000,- € eingetragen; das Grundstück hat einen Verkehrswert von 400 000,- €. Der Gläubiger hat hier den mutmaßlichen Ausfall anzugeben. Hängt die Höhe des Ausfalls davon ab, ob das Unternehmen fortgeführt oder stillgelegt, so ist von der Hypothese auszugehen, die dem Insolvenzplan zu Grunde liegt und der zur Abstimmung gestellt wird. Liegen mehrere Pläne vor, muss der Ausfall für den jeweiligen Plan gesondert festgestellt werden. Sieht der Insolvenzplan beispielsweise vor, dass das Unternehmen fortgeführt wird, ist bei der Berechnung der Ausfallforderung des absonderungsberechtigten Gläubigers der Fortführungswert der Sicherheit zu Grunde zu legen.[16] Vorliegend kann der mutmaßliche Ausfall zwischen 0,- € und 100 000,- € liegen. Die Gewährung des Stimmrechts sowohl für die Abstimmung als Insolvenzgläubiger als auch als absonderungsberechtigter Gläubiger kann entscheidend für die Mehrheitsgewinnung über die Annahme des Insolvenzplans sein, § 244. Je nach Festlegung der Höhe des Stimmrechts kann sich eine Mehrheit der abstimmenden Gläubiger innerhalb einer Gruppe ergeben. Im Hinblick auf die im gestaltenden Teil des Insolvenzplans vorgesehene Gruppenbildung wird dem Insolvenzgericht auch hier die Aufgabe zukommen, die Stimmrechtsfestsetzung bei Widerspruch und fehlender Einigung unter Berücksichtigung evtl. Mehrheiten bei der Gruppenbildung festzustellen.

Checkliste zur Gewährung des Stimmrechts für die Abstimmung über den vorgelegten **22** Insolvenzplan:

Während an der Erörterung des Insolvenzplans grundsätzlich sämtliche Gläubiger angemeldeter Forderungen und Absonderungsrechte teilnehmen können, erhalten ein Stimmrecht zur Abstimmung über den Plan nur die Gläubiger, deren Rechte auch durch den Plan beeinträchtigt bzw. geregelt werden. Dies sind:

a) die Inhaber angemeldeter Forderungen, die weder vom Insolvenzverwalter noch von einem anderen Insolvenzgläubiger bestritten werden, ein Bestreiten des Schuldners ist hierbei unerheblich;
b) die Inhaber bestrittener Forderungen, wenn sich Insolvenzverwalter und Gläubiger über das Stimmrecht geeinigt haben oder das Insolvenzgericht ein Stimmrecht zuerkannt hat, ansonsten haben sie kein Stimmrecht;
c) die Inhaber aufschiebend bedingter Forderungen nach den gleichen Grundsätzen wie zu b);
d) die Inhaber nachrangiger Forderungen, wenn sie nach dem Inhalt des Plans einbezogen sind, dann nach den gleichen Grundsätzen wie a), b);
e) absonderungsberechtigte Gläubiger nach § 238 als absonderungsberechtigte Gläubiger, wenn ihre Rechte weder vom Insolvenzverwalter, von einem anderen absonderungsberechtigten Gläubiger oder einem Insolvenzgläubiger bestritten worden sind, hierbei werden Ausfallforderungen nicht berücksichtigt;

---

[15] *Smid/Rattunde* § 237 RdNr. 5.
[16] Vgl. Begr. RegE zu § 237; *Smid/Rattunde* § 237 RdNr. 6.

f) absonderungsberechtigte Gläubiger nach § 237 Abs. 1 Satz 2 als Insolvenzgläubiger in Höhe ihres feststehenden oder mutmaßlichen Ausfalls.

23 Gläubiger deren Rechte und Forderungen durch den Plan nicht beeinträchtigt werden, haben auch kein Stimmrecht, §§ 237 Abs. 2, 238 Abs. 2. Ebenfalls kein Stimmrecht haben die nicht anwesenden Gläubiger, es sei denn, sie sind ordnungsgemäß vertreten.

III. Wirkung der Stimmrechtsfeststellung

24 Die Feststellung des Stimmrechts zur Abstimmung über den vorgelegten Insolvenzplan darf nicht verwechselt werden mit der Feststellung des Stimmrechts zur Abstimmung in der Gläubigerversammlung, § 76. Die Gewährung des Stimmrechts hängt auch nicht von dem Ergebnis der Forderungsprüfung und der Prüfungsfeststellung zur Insolvenztabelle ab. Zur Gewährung eines „bleibenden" Stimmrechts und einer Stimmrechtsfestsetzung nur für die jeweilige Gläubigerversammlung wird auf § 77 RdNr. 20–27 verwiesen.

25 Die Forderungen der Insolvenzgläubiger müssen spätestens vor Beginn der Abstimmung über den Insolvenzplan angemeldet werden, § 77 Abs. 1 Satz 1. Auch wenn § 238 nicht auf § 77 Abs. 1 Satz 1 verweist, müssen auch absonderungsberechtigte Gläubiger ihr Absonderungsrecht dem Insolvenzverwalter gegenüber anzeigen oder spätestens im Erörterungs- und Abstimmungstermin angemeldet haben. Die Erörterung der angemeldeten Absonderungsrechte findet aber nur für die Abstimmung über den Insolvenzplan statt. Gleichermaßen gilt dies selbstverständlich für die Gewährung des entsprechenden Stimmrechts.[17]

IV. Anfechtbarkeit

26 Nach Eröffnung des Insolvenzverfahrens wechselt die Zuständigkeit vom Insolvenzrichter auf den Insolvenzrechtspfleger, sofern sich der Richter das Insolvenzverfahren nicht ganz oder teilweise vorbehalten hat, § 18 Abs. 1, 2 RPflG. Die Leitung des Erörterungs- und Abstimmungstermins über einen Insolvenzplan obliegt daher regelmäßig dem Rechtspfleger. Auch die Festsetzung des Stimmrechts ist Aufgabe des Rechtspflegers. Die Anfechtbarkeit der Entscheidung über die Stimmrechtsfestsetzung hängt jedoch davon ab, ob der Rechtspfleger oder der Richter entschieden hat. Soweit der **Richter die Stimmrechtsfestsetzung vorgenommen hat,** kann gegen diese Festsetzung nicht vorgegangen werden. Die richterliche Entscheidung ist unanfechtbar, da die Insolvenzordnung die sofortige Beschwerde hier nicht vorsieht, § 6 Abs. 1. Zum Widerstreit der verschiedenen Meinungen hierzu wird auf § 77 RdNr. 26–30 verwiesen.

27 Hat der **Rechtspfleger die Stimmrechtsfestsetzung vorgenommen,** ist auch diese Entscheidung unanfechtbar, § 11 Abs. 1 RPflG, § 6 Abs. 1. Grundsätzlich ist dann jedoch, sofern gegen die rechtspflegerische Entscheidung kein Rechtsmittel gegeben ist, das Rechtsmittel der sofortigen Erinnerung zum Richter zulässig, § 11 Abs. 2 Satz RPflG. Aber auch diese Erinnerung wird ausdrücklich ausgeschlossen, § 11 Abs. 3 Satz 2 RPflG.[18] Nach der Neuregelung in § 18 Abs. 3 RPflG kann jedoch jede Stimmrechtsfestsetzung des Rechtspflegers in einer Gläubigerversammlung und auch bei der Abstimmung über einen Insolvenzplan korrigiert werden.[19] Hat sich die Entscheidung des Rechtspflegers über die Festsetzung des Stimmrechts auf das Ergebnis einer Abstimmung ausgewirkt, so kann der Insolvenzrichter auf Antrag eines Gläubigers oder des Insolvenzverwalters zunächst das Stimmrecht neu festsetzen und dann die Wiederholung der Abstimmung anordnen. Sowohl der Insolvenzverwalter als auch die Insolvenzgläubiger müssen jedoch darauf achten, dass der entsprechende **Antrag zur Neufestsetzung und Neuabstimmung** bis zum Schluss des

---

[17] So auch HambKomm-*Thies* § 238 RdNr. 8.
[18] Daher ist es nicht richtig, wenn die Regelung in § 18 Abs. 3 RPflG als Rechtsmittel bezeichnet wird, so aber *Gottwald/Braun*, Insolvenzrechts-Handbuch, § 68 RdNr. 39; *Nerlich/Römermann/Braun* § 237 RdNr. 18; *Kübler/Prütting/Otte* § 237 RdNr. 8 spricht von Abhilfe durch den Richter, anders aber in RdNr. 17.
[19] Damit dies ausgeschlossen ist, soll nach *Hess/Obermüller*, Insolvenzplan, RdNr. 134 a stets der Richter das Stimmrecht festsetzen.

jeweiligen Abstimmungstermins gestellt werden muss, § 18 Abs. 3 Satz 2 Hs. 2 RPflG, eine spätere Nachholung im schriftlichen Verfahren ist unzulässig.[20]

Dies alles ist nicht nur unpraktikabel, sondern nach der Neuregelung zu § 11 RPflG auch mit der Stellung des Rechtspflegers nicht mehr vereinbar. Hierdurch wird nicht nur die Autorität der Stimmrechtsentscheidung des Rechtspflegers, sondern auch der Ablauf des Verfahrens erheblich beeinträchtigt.[21] Der Ablauf des Verfahrens bei der Abstimmung über einen Insolvenzplan kann sich wie folgt gestalten: Zunächst werden von dem Planinitiator die Regelungen und die Absichten des Insolvenzplans erläutert. Im Anschluss findet die Feststellung des Stimmrechts der Insolvenzgläubiger statt. Die angemeldeten Rechte absonderungsberechtigter Gläubiger sind ebenfalls zu erörtern und dann wird auch hier das Stimmrecht festgestellt. Wird ein angemeldeter Anspruch bestritten, und können sich die erschienenen stimmberechtigten Gläubiger über das Stimmrecht nicht einigen, entscheidet das Insolvenzgericht. Bis zum Beginn der Abstimmung über den Insolvenzplan kann das Insolvenzgericht auf Antrag des Insolvenzverwalters, eines Insolvenzgläubigers bzw. eines absonderungsberechtigten Gläubigers das gewährte Stimmrecht jederzeit wieder ändern, § 77 Abs. 2 Satz 3. Liegt das Stimmrecht für die einzelnen Gläubiger in den jeweiligen nach dem gestaltenden Teil des Plans vorgesehenen Gruppen vor und wurde mit der Abstimmung begonnen, §§ 243, 244, ist eine Korrektur des Stimmrechtes i. S. v. § 77 Abs. 2 Satz 3 nicht mehr möglich. Nur soweit der Rechtspfleger durch Entscheidung ein Stimmrecht gewährt hat, und sich dann nach dem Ergebnis der Abstimmung über den Insolvenzplan herausstellt, dass sich das gewährte Stimmrecht auf das Ergebnis der Abstimmung überhaupt ausgewirkt hat, kann auf Antrag eines Gläubiger oder des Verwalters eine Neufestsetzung des Stimmrechts und eine Wiederholung der Abstimmung vorgenommen werden. Eine Stimmrechtsentscheidung hat sich auch dann auf das Ergebnis der Abstimmung ausgewirkt, wenn der Rechtspfleger **mehrere Stimmrechtsentscheidungen** getroffen hat und eine mehrheitlich erfolgte Abstimmung anders ausgegangen wäre, sofern sämtliche Stimmrechtsentscheidungen im entgegengesetzten Sinne ausgefallen wären. Eine Alleinursächlichkeit einer einzelnen Stimmrechtsentscheidung ist nicht erforderlich.[22] Soweit also die erforderlichen Mehrheiten zur Annahme des Insolvenzplans nach § 244 auch dann zu Stande gekommen wären, wenn der Rechtspfleger das gewährte Stimmrecht anders festgesetzt hätte, liegt **keine entscheidungserhebliche Auswirkung i. S. v. § 18 Abs. 3 RPflG** vor, eine Neufestsetzung des Stimmrechts und eine Wiederholung der Abstimmung kommt dann nicht in Betracht.

Beispiel: Nach dem gestaltenden Teil des Insolvenzplans sind 12 Abstimmungsgruppen gebildet. Sieben Gruppen haben dem Plan zugestimmt, fünf Gruppen bleiben ablehnend. Innerhalb einer der ablehnenden Gruppen konnte nur deswegen keine Mehrheit zur Zustimmung des Plans gewonnen werden, weil die Stimmrechtsfestsetzung durch den Rechtspfleger genau dieses negative Ergebnis ermöglicht hat. Hätte der Rechtspfleger die Stimmrechtsfestsetzung anders festgelegt, wäre unter Umständen eine Mehrheit innerhalb dieser Gruppe für den Plan gewesen. Im Gesamtergebnis hätte es dann ein Patt von sechs gegen sechs Gruppen für bzw. gegen den Plan gegeben. In diesem Falle liegt aber auch keine Zustimmung der Mehrheit der abstimmenden Gruppen vor, der Plan gilt als abgelehnt. Eine Zustimmungsersetzung kommt ebenfalls nicht in Betracht, § 245 Abs. 1 Nr. 3. Jetzt steht fest, dass sich die Stimmrechtsfestsetzung auf das Ergebnis der Abstimmung ausgewirkt hat.

Eine Neufestsetzung des Stimmrechtes und eine Wiederholung der Abstimmung über den Insolvenzplan kommt somit nur dann in Betracht, wenn die Festlegung des Stimmrechtes durch den Rechtspfleger auch tatsächlich dazu geführt hat, dass die Annahme oder die Ablehnung des Plans anders ausgefallen wäre. Nur in diesem Falle hat der Rechtspfleger, sofern ein entsprechender Antrag rechtzeitig im Abstimmungstermin gestellt wird, das Verfahren dem Richter zur Überprüfung der Stimmrechtsgewährung vorzulegen, der bei

---

[20] OLG Celle ZInsO 2001, 320.
[21] Vgl. *Meyer-Stolte* in *Arnold/Meyer-Stolte/Herrmann/Hansens*, RPflG, 6. Aufl., § 18 RdNr. 45.
[22] AG Mönchengladbach NZI 2001, 48.

Neufestsetzung des Stimmrechts dann auch die Wiederholung der Abstimmung anordnen kann. Aber auch dies kommt nur dann in Betracht, wenn der Insolvenzrichter das Stimmrecht neu festsetzt und gleichzeitig feststellt, dass sich bei der geänderten Festsetzung auch das bereits vorliegende Ergebnis der Abstimmung ändern würde. Setzt der Insolvenzrichter das Stimmrecht neu fest, würde sich hierdurch jedoch am Abstimmungsergebnis keine Änderung ergeben, kommt auch eine Wiederholung der Abstimmung nicht in Betracht. Die **Wiederholung der Abstimmung** ist nur dann notwendig und zwingend, wenn sich tatsächlich durch die Neufestsetzung des Stimmrechts ein anderes Ergebnis über die Annahme bzw. Ablehnung des Insolvenzplans ergeben könnte.[23]

31 Soweit der Rechtspfleger von sich aus bereits feststellen kann, dass auch eine Neufestsetzung des Stimmrechts zu keinem anderen Abstimmungsergebnis führt, findet auch keine Terminsvertagung statt und es ist auch kein neuer, gesonderter Abstimmungstermin zu bestimmen, der Rechtspfleger hat stattdessen den Termin weiter durchzuführen und auch im Verfahren weiter zu machen.[24] Allerdings ist der bis zum Schluss des Termins gestellte Antrag auf Neufestsetzung des Stimmrechts nicht unbearbeitet zu lassen, sondern dem Insolvenzrichter zur Entscheidung vorzulegen. Dem Antragsteller sollte jedoch unter Erläuterung des Abstimmungsergebnisses Gelegenheit gegeben werden, den Antrag wieder zurückzunehmen.

32 Liegt ein Antrag auf Neufestsetzung des Stimmrechts vor und hat sich die Festsetzung des Stimmrechtes tatsächlich auf das Abstimmungsergebnis ausgewirkt, hat der Rechtspfleger zunächst das Ergebnis der Abstimmung zu protokollieren, dann muss das Verfahren zunächst ausgesetzt werden, um die Entscheidung des Richters einzuholen. Da der Insolvenzrichter dem Termin nicht beiwohnt, ergibt sich hier je nach Situation entweder eine kurze **Unterbrechung der Sitzung oder eine Vertagung,** wobei der Vertagungstermin auch durchaus mehrere Tage später erst stattfinden kann. Da gerade die zeitliche Komponente beim Insolvenzplanverfahren eine ganz entscheidende Rolle spielt, muss das Insolvenzgericht dafür Sorge tragen, dass die Entscheidung des Richters unverzüglich innerhalb kürzester Zeit vorliegt (vgl. hierzu § 77 RdNr. 25).

§ 239 Stimmliste

Der Urkundsbeamte der Geschäftsstelle hält in einem Verzeichnis fest, welche Stimmrechte den Gläubigern nach dem Ergebnis der Erörterung im Termin zustehen.

Normzweck

1 Das Insolvenzgericht[1] hat für die Abstimmung über einen Insolvenzplan eine gesonderte Stimmrechtsliste zu führen. Bereits in Anlehnung an § 71 Abs. 4 VglO wurde das Ergebnis der Erörterung des Stimmrechts in dieser Stimmrechtsliste festgehalten. Ergibt sich kein Widerspruch gegen eine angemeldeten Anspruch ist lediglich das Ergebnis in Form der Höhe des Stimmrechtes festzuhalten. Wird ein Widerspruch erhoben und einigen sich die Beteiligten über die Höhe des Stimmrechts, ist auch hier jetzt lediglich das Ergebnis festzuhalten. Muss jedoch das Insolvenzgericht über die Gewährung des Stimmrechtes entscheiden, ist neben der Entscheidung selbst auch der Widerspruch und die vorgetragenen Gründe zu protokollieren. Dies ist entscheidend für die mögliche Neufestsetzung des Stimmrechts

---

[23] AG Mönchengladbach NZI 2001, 18.
[24] AA HK-*Flessner* § 237 RdNr. 14.
[1] Nach *Uhlenbruck/Lüer* § 239 RdNr. 2 kann statt des UdG der Richter selbst die Stimmrechtsliste anfertigen, was aber wohl nie vorkommen wird; für UdG *Kübler/Prütting/Otte* § 239 RdNr. 2; ebenso FK-*Jaffé* § 239 RdNr. 13.

durch den Insolvenzrichter und die Anordnung einer Neuabstimmung über den Insolvenzplan, § 18 Abs. 3 RPflG. Sobald sämtliche Stimmrechte in der Stimmrechtsliste festgehalten sind, kann mit der Abstimmung über den Insolvenzplan begonnen werden.

§ 240 Änderung des Plans

¹ Der Vorlegende ist berechtigt, einzelne Regelungen des Insolvenzplans auf Grund der Erörterung im Termin inhaltlich zu ändern. ² Über den geänderten Plan kann noch in demselben Termin abgestimmt werden.

Übersicht

	RdNr.		RdNr.
A. Normzweck	1	2. Umfang der Planänderung	6
B. Entstehungsgeschichte	3	3. Rolle des Gerichts	11
C. Planänderungsverfahren	5	4. Zeitliche Abstimmung	17
1. Berechtigter zur Planänderung	5		

A. Normzweck

Die Vorschrift will dem Planinitiator die Möglichkeit geben, den Plan auf Grund der Erörterung mit den Beteiligten im Termin anzupassen. Der Insolvenzplan bietet den Beteiligten den Rechtsrahmen für die einvernehmliche Bewältigung der Insolvenz im Wege von Verhandlungen und privatautonomen Austauschprozessen. Wenn ein vorgelegter Insolvenzplan einzelnen Gläubigern oder Gläubigergruppen oder auch aus der Sicht des Schuldners nicht mehrheitsfähig erscheint, auf Grund des Ergebnisses der Erörterung sich jedoch abzeichnet, unter welchen Bedingungen er mehrheitsfähig wird, soll der Planinitiator flexibel reagieren können und ist berechtigt, den Plan durch entsprechende inhaltliche Änderungen mehrheitsfähig zu machen. 1

Durch entsprechende Änderungen darf jedoch der zügige Fortgang des Verfahrens nicht gefährdet werden. Gerade die zeitliche Komponente spielt bei der Frage der Zustimmung zu einem Insolvenzplan eine entscheidende Rolle. Der Plan kann daher im Termin geändert und in dem selben Termin kann dann über den geänderten Plan abgestimmt werden, ein gesonderter Abstimmungstermin, § 241, sollte tunlichst vermieden werden. 2

B. Entstehungsgeschichte

Die ursprüngliche Konzeption des Rechts zur Änderung des Insolvenzplans war zweistufig angelegt: zunächst sollte der Vorlegende berechtigt sein, den Insolvenzplan auf Grund des Erörterungstermins inhaltlich zu ändern, sofern er dies im Erörterungstermin selbst angekündigt hatte. Das Insolvenzgericht sollte ihm dann eine angemessene Frist zur Änderung des Plans setzen. Zur Abstimmung über den dann geänderten Plan sollte ein gesonderter Abstimmungstermin bestimmt werden, der allerdings nicht mehr als einen Monat nach dem Erörterungstermin stattzufinden hatte.[1] Vor diesem Hintergrund verstand sich dann auch die beabsichtigte Regelung, dass das Insolvenzgericht berechtigt sein sollte, den Plan zurückzuweisen, sofern dieser nach dem Ergebnis des Erörterungstermins offensichtlich keine Aussicht auf Annahme durch die Gläubiger hat oder dass offensichtlich feststand, dass die Ansprüche, die den Gläubigern nach dem gestaltenden Teil des Plans zustehen, offensichtlich nicht erfüllt werden könnten. Diese beabsichtigten Regelungen sind jedoch in der 3

---

[1] RegE zu §§ 284, 285.

nunmehr geltenden Fassung gravierend geändert. Entscheidendes Kriterium hierfür dürfte der verzögerte Verfahrensablauf auf Grund der vorgesehenen Regelung gewesen sein.[2] Nur eine umgehende Reaktion des Vorlegenden auf gewünschte Änderungen und die tägliche Abstimmung über den geänderten Plan dürfte dem Insolvenzplanverfahren Rechnung tragen. Es ist auch nicht einzusehen, warum zwischen Erörterungs- und Abstimmungstermin ein Zeitraum von bis zu einem Monat verstreichen sollte. Regelmäßig kann in der Praxis davon ausgegangen werden, dass die Beteiligten ihre rechtliche und wirtschaftliche Stellung im Insolvenzplan bereits im Vorfeld für sich selbst gewürdigt haben, und bei entsprechender Vorbereitung Veränderungen ihrer rechtlichen oder wirtschaftlichen Position unmittelbar erkennen und einschätzen können. Eine zeitliche Verschiebung der Abstimmung kann ebenfalls dazu führen, dass der einzelne Gläubiger wirtschaftliche Einbußen hinnehmen muss. Regelmäßig dürfte den Gläubigern daran gelegen sein, in einem einheitlichen Termin den Plan zu erörtern und auch zur Abstimmung zu stellen. Sollte im Einzelfall eine beabsichtigte Änderung für einen oder mehrere Gläubiger so gravierend ausfallen, dass sie Zeit benötigen, um die neue Situation einschätzen zu können, kann das Insolvenzgericht nach § 241 einen gesonderten Termin zur Abstimmung bestimmen.

4 Die beabsichtigte Möglichkeit, den Plan von Amts wegen bei offensichtlicher Aussichtslosigkeit zurückzuweisen, wurde als entbehrlich gestrichen. Auch der geänderte Insolvenzplan muss immer die Hürde nach § 231 nehmen, das Gericht hat immer zu prüfen, ob der Insolvenzplan, jetzt mit seinen Änderungen, den in § 231 normierten Vorprüfungsregeln standhält.[3]

C. Planänderungsverfahren

5 **1. Berechtigter zur Planänderung.** Die gesetzliche Regelung ist eindeutig. Zur Planänderung berechtigt ist nur der, der den Plan selbst vorgelegt hat.[4] Die anwesenden Beteiligten können zwar ihre Wünsche zur Planänderung vortragen, aus der Sicht des Planverfassers handelt es sich hierbei jedoch lediglich um eine Anregung, es besteht für ihn keine Verpflichtung dieser nachzukommen. Wenn Gläubiger mit ihren Wünschen nicht durchdringen, haben sie lediglich die Möglichkeit, bei der nachstehenden Abstimmung den Plan abzulehnen.

6 **2. Umfang der Planänderung.** Der Insolvenzplan kann nach der Vorlage, § 218, bis zum Beginn der Abstimmung jederzeit geändert werden. Änderungen können sich bereits dann ergeben, wenn das Insolvenzgericht im Rahmen der Vorprüfung, § 231, dem Planverfasser Gelegenheit gibt, **einzelne Planregelungen so zu korrigieren,** dass der Plan zugelassen wird. Weitere Änderungen können sich auf Grund der Stellungnahmen zum Plan, § 232, durch Hinweise bzw. Anregungen des Gläubigerausschusses, der zuständigen Berufsvertretung, der Industrie- und Handelskammer, der Handwerkskammer oder anderer zur Stellungnahme aufgeforderten Stellen ergeben.[5]

7 Der Insolvenzplan wird mit seinen Anlagen und den eingegangenen Stellungnahmen in der Geschäftsstelle des Insolvenzgerichts zur Einsicht der Beteiligten niedergelegt, § 234. **Auf Grund der eingegangenen Stellungnahmen,** aber auch auf Grund mündlichen Vorbringens im Termin kann dann der Planverfasser Änderungen vornehmen, insbesondere wenn absehbar ist, dass ohne eine solche Änderung der Plan nicht mehrheitsfähig ist.

8 Welche Änderungen der Planverfasser nach der Erörterung im Termin an dem zur Abstimmung vorgelegten Insolvenzplan vornehmen kann, lässt das Gesetz weitgehend offen.

---

[2] *Smid/Rattunde* § 240 RdNr. 4.
[3] Dies verkennen *Smid/Rattunde* § 240 RdNr. 5, die offensichtlich davon ausgehen, dass nach „passieren der Kontrolle zu § 231" eine weitere Prüfung durch das Insolvenzgericht nicht mehr stattfindet.
[4] *HK-Flessner* § 240 RdNr. 2; *Kübler/Prütting/Otte* § 240 RdNr. 2; *Smid/Rattunde*, Der Insolvenzplan, RdNr. 11.24; *Uhlenbruck/Lüer* § 240 RdNr. 4.
[5] Vgl. § 218 RdNr. 156.

Änderung des Plans 9 § 240

Der Gesetzgeber lässt nur Änderungen hinsichtlich „einzelnen Regelungen" zu. Offen bleibt, was unter „einzelnen Regelungen" zu verstehen ist. Ursprünglich vorgesehen war, dass der Insolvenzplan „inhaltlich" geändert werden konnte. Nach der auf Grund Einwendungen des Rechtsausschusses nunmehr Gesetz gewordenen Vorschrift darf sich die Änderung nur auf einzelne Regelungen des Plans richten, **der Kern muss jedoch erhalten bleiben**.[6] Da auch der Begriff „Kern" nicht definiert ist, können keine allgemeingültigen Aussagen getroffen werden, es muss stets im Einzelfall nach der Gesamtkonzeption des Plans entschieden werden.[7] Die ursprüngliche Fassung des Regierungsentwurfs sah eine zweistufige Regelung zur Erörterung und Abstimmung über den Insolvenzplan vor. Zunächst sollte der Plan erörtert werden, bei einer inhaltlichen Änderung sollte dem Planverfasser Gelegenheit gegeben werden, in einer angemessenen Frist die entsprechenden Änderungen vorzunehmen, erst in einem gesondert anberaumten Abstimmungstermin sollte dann über den geänderten Plan abgestimmt werden. Mit dieser zweistufigen Regelung sollte der Tatsache Rechnung getragen werden, dass den Beteiligten ausreichend Zeit eingeräumt würde, um ihre rechtliche und wirtschaftliche Position auf Grund der vorgenommenen inhaltlichen Planänderung neu einzuschätzen und so auch ihr Abstimmungsverhalten einzurichten. Die jetzige Regelung, dass taggleich im Erörterungstermin Änderungen vorgenommen werden können und nach den entsprechenden Änderungen unmittelbar der geänderte Plan zur Abstimmung steht, sollte jedoch nicht dazu führen, dass der Plan nur geringfügig oder redaktionell geändert werden kann. Die Änderungen durch den Planverfasser können durchaus substantielle Bedeutung haben. Der Begriff „einzelne Regelung" soll nur sicherstellen, dass der Einzelne, von der Änderung betroffene, nach wie vor in der Lage ist, seine eigene Position, rechtlich und wirtschaftlich neu einzuschätzen. Es soll vermieden werden, dass der Planverfasser allen oder möglichst vielen Änderungswünschen nachkommt, der Plan insgesamt mit seinen zahlreichen Modifikationen dann so unübersichtlich wird, dass der Einzelne die Auswirkungen für sich nicht mehr richtig einschätzen kann und somit auch nicht mehr in der Lage ist, sein Votum für oder gegen den Plan richtig abzuwägen.[8]

Zum Kern des Insolvenzplans, der nicht geändert werden kann, gehört in erster Linie die **Zielrichtung des Plans**. Regelt der Plan die Sanierung des Unternehmens, kann keine Änderung auf Grund der Erörterung in die Zielvorgabe der Liquidation erfolgen.[9] Weitgehend dürften jedoch alle Regelungen, insbesondere aus dem gestaltenden Teil des Plans, einer Änderung unterliegen. **Beispielhaft kann geändert werden:** die Höhe der zugeteilten Quote an einzelne Gläubiger oder Gläubigergruppen,[10] Fälligkeiten, Stundungsvereinbarungen, Änderung des Kreditrahmens, Änderung bzw. Austausch angebotener Sicherheiten, Modifizierung einer beabsichtigten Grundstücksübertragung,[11] Erhöhung der Eingriffe in Absonderungsrechte, Unterteilung einzelner gebildeter Gruppen in Untergruppen, Zusammenfassung mehrerer Gruppen zu einer Gruppe und auch der Austausch von Gläubigern von der einen in eine andere Gruppe.[12] Der Insolvenzplan ist eine privatautonome Regelung aller Verfahrensbeteiligten, er bietet den Rechtsrahmen für ein Höchstmaß an Flexibilität

9

---

[6] Begr. des Rechtsausschusses zu § 284; HK-*Flessner* § 240 RdNr. 6; *Smid/Rattunde*, Der Insolvenzplan, RdNr. 11.30; *Uhlenbruck/Lüer* § 240 RdNr. 5, der jedoch keine konkreten Beispiele bringt.
[7] *Braun/Uhlenbruck*, Unternehmensinsolvenz, S. 633, 634; *Nerlich/Römermann/Braun* § 240 RdNr. 4; *Smid/Rattunde* § 240 RdNr. 7, 8.
[8] So auch *Braun/Uhlenbruck*, Unternehmensinsolvenz, S. 633; *Kübler/Prütting/Otte* § 240 RdNr. 4; *Nerlich/Römermann/Braun* § 240 RdNr. 5–8; *Andres/Leithaus* § 240 RdNr. 3.
[9] *Kübler/Prütting/Otte* § 240 RdNr. 3. Ebenfalls nicht geändert werden können die Finanzierungsbedingungen des Plans, so *Smid/Rattunde* § 240 RdNr. 14.
[10] *Kübler/Prütting/Otte* § 240 RdNr. 5; *Nerlich/Römermann/Braun* § 230 RdNr. 2; *Braun/Uhlenbruck*, Unternehmensinsolvenz, S. 633; HK-*Flessner* § 240 RdNr. 6.
[11] *Hess/Obermüller*, Insolvenzplan, RdNr. 126.
[12] Hierzu *Smid/Rattunde*, Der Insolvenzplan, RdNr. 11.44–45; *Andres/Leithaus* § 240 RdNr. 33; umfassend auch FK-*Jaffé* § 240 RdNr. 15–22 k; *Smid/Rattunde* § 240 RdNr. 6 ff. sehen hier in erheblichem Umfange Manipulationsmöglichkeiten. Nachträgliche „Verschiebungen" im Hinblick auf die Abstimmungsgruppen werden generell abgelehnt. Aufgrund der bereits festgestellten Stimmrechte würde eine Änderung

und unterliegt daher zunächst weitestgehend der Initiative der Beteiligten und dem Ausschließlichkeitsrecht zur Änderung durch den Planverfasser. Daher sollten vom Ansatz alle Regelungen im gestaltenden Teil (dem folgend im darstellenden Teil) einer Änderung unterliegen. Die Änderung der einzelnen Regelungen müssen nur nachvollziehbar sein, kein Abstimmungsberechtigter darf sich „überfahren fühlen" bevor der geänderte Plan zur Abstimmung gestellt wird.

10 Sind die Änderungen so unübersichtlich bzw. so vielfältig, dass der vorgelegte Plan zusammen mit den protokollierten Änderungen für den einzelnen Beteiligten nicht mehr nachvollziehbar ist, kann von dem Planverfasser verlangt werden, dass der Plan mit all seinen Änderungen erneut schriftlich abgefasst und vorgelegt wird, in diesem Fall dürfte sich dann eine Vertagung bzw. ein gesonderter Abstimmungstermin empfehlen.[13]

11 **3. Rolle des Gerichts.** Die Zusammenlegung der Termine, Erörterungs- und Abstimmungstermin, und der Ablauf des Termins, Erörterung – inhaltliche Änderung – Abstimmung, gestalten den Termin zu einer mündlichen Verhandlung.[14] Auf diesen Termin können daher weitgehend die zivilprozessualen Verfahrensvorschriften angewandt werden, §§ 4 InsO, 273, 279 ZPO. Neben der **mediativen Rolle des Insolvenzverwalters**[15] hat das Insolvenzgericht stets auf eine gütliche Beilegung im Streitfall bedacht zu sein. Auch im Insolvenzplanverfahren sind die verfassungsrechtlich garantierten Verfahrensgrundsätze zu beachten, das Rechtsstaatsprinzip und der Anspruch auf ein faires Verfahren, Art. 20 Abs. 3 GG, der Anspruch auf rechtliches Gehör, Art. 103 Abs. 1 GG.[16]

12 Zunächst obliegt dem Insolvenzgericht in erster Linie die Verfahrensleitung. In die Diskussion der Beteiligten hat es zunächst nicht einzugreifen. Wird eine Planänderung begehrt und kommt der Planverfasser diesem nach, kann ein Beteiligter der Änderung grundsätzlich nicht widersprechen.[17] Zur Änderung berechtigt ist nur der Planverfasser bzw. -vorlegende. Sofern ein Beteiligter mit der Änderung nicht einverstanden ist, bleibt ihm nur die Möglichkeit, den Plan im Nachhinein bei der Abstimmung abzulehnen.

13 Das Insolvenzgericht hat jedoch stets die **Kriterien der Vorprüfung, § 231, zu beachten.**[18] Wird eine Änderung begehrt, die aus der Sicht des Insolvenzgerichts zu einer Zurückweisung des Insolvenzplans führen würde, ist es verpflichtet einen entsprechenden richterlichen Hinweis zu geben, § 139 ZPO. Das Recht zur Zurückweisung des Plans ist nicht nur dann gegeben, wenn der Plan erstmals vorgelegt wird, das Recht zur Zurückweisung im Sinne des § 231 ist auch stets dann gegeben, wenn Änderungen des vorgelegten Plans vorgenommen werden, da insoweit die Zulässigkeit bzw. die offensichtliche Aussichtslosigkeit des Plans im Raume steht.

14 Werden Planänderungen begehrt, muss jedem, der von diesen Änderungen rechtlich oder wirtschaftlich betroffen ist, **Gelegenheit zur Stellungnahme** gegeben werden. Eine Stellungnahme ist dann jedoch entbehrlich, wenn der von der Änderung betroffene im Termin nicht anwesend ist. Die **Nichtanwesenheit im Termin** ist kein Grund einen gesonderten Abstimmungstermin zu bestimmen.[19] Dass ein vorgelegter Insolvenzplan geändert werden kann, ist geltendes Recht. Niemand kann darauf vertrauen, dass in seine Rechte nicht oder nicht wesentlich eingegriffen wird. Wer dem Termin fern bleibt, muss Planänderungen und das Abstimmungsergebnis hinnehmen.[20]

---

der Abstimmungsgruppe für die Gläubiger eine Versagung des rechtlichen Gehörs nach Art. 103 Abs. 1 GG bedeuten.

[13] *Nerlich/Römermann/Braun* § 240 RdNr. 8.
[14] *Nerlich/Römermann/Braun* § 240 RdNr. 2.
[15] Vgl. vor § 217 RdNr. 51.
[16] Vgl. hierzu vor § 217 RdNr. 41.
[17] AA HK-*Flessner* § 240 RdNr. 8.
[18] So wohl auch *Kübler/Prütting/Otte* § 240 RdNr. 3; aA *Nerlich/Römermann/Braun* § 240 RdNr. 3 b; *Smid/Rattunde* § 240 RdNr. 5, s. auch Fn. 3.
[19] So aber FK-*Jaffé* § 240 RdNr. 27.
[20] *Braun/Uhlenbruck*, Unternehmensinsolvenz, S. 634; *Nerlich/Römermann/Braun* § 240 RdNr. 7.

Ist offensichtlich, dass ein Beteiligter eine beabsichtigte Änderung rechtlich oder wirtschaftlich nicht hinreichend einschätzen kann, muss das Gericht zunächst den Sachverhalt aufklären und hinterfragen. Seine **Aufklärungspflicht** dürfte sich jedoch auf rechtliche Hinweise beschränken. Nur wenn ein von der Änderung Betroffener seine rechtliche Situation falsch einschätzt bzw. nicht einschätzen kann, hat das Insolvenzgericht entsprechende Hinweise zu geben. Änderungen hinsichtlich der wirtschaftlichen Position hat der Beteiligte selbst zu entscheiden. Sofern er diese wirtschaftliche Änderung jedoch nicht hinreichend überblickt oder Zeit benötigt, um die veränderte Situation erneut zu überdenken, ist das Gericht gehalten, den Termin zu vertagen. 15

Die **Anberaumung eines gesonderten Abstimmungstermins** kann dann angebracht sein, wenn die Änderungen so zahlreich sind, dass der Plan selbst inhaltlich völlig unübersichtlich geworden ist. Hierbei kommt es jedoch nicht darauf an, dass das Insolvenzgericht die Einzelnen Änderungen nicht mehr überblickt. Kriterium für die Anberaumung eines Abstimmungstermins kann nur sein, dass die Beteiligten selbst nicht mehr in der Lage sind, ihre jeweiligen Positionen rechtlich und wirtschaftlich hinreichend einzuschätzen.[21] 16

4. Zeitliche Abstimmung. Grundsätzlich soll die Abstimmung über den Insolvenzplan auch nach erfolgten Änderungen taggleich in einem Termin erfolgen. Dies ergibt sich eindeutig aus Satz 2. Ein gesonderter Abstimmungstermin muss die Ausnahme sein, andernfalls würde dem Beschleunigungsgrundsatz nicht hinreichend Rechnung getragen. Gerade die zeitliche Komponente ist für die Überlegung der Beteiligten zur Annahme des Plans von entscheidender Bedeutung. 17

Wesentliches Element für eine **taggleiche Abstimmung** ist aber nicht die Quantität oder Qualität der Änderungen im Insolvenzplan, sondern die Nachvollziehbarkeit für den von der Änderung Betroffenen.[22] Solange keiner der Beteiligten eine Vertagung oder einen gesonderten Abstimmungstermin verlangt, und soweit die Änderungen den Kriterien der Vorprüfung, § 231, standhalten, und wenn weiterhin aus der Sicht des Insolvenzgerichts die rechtsstaatlichen Grundsätze (siehe oben) eingehalten sind und jedem Beteiligten die Änderungen offensichtlich auch von der rechtlichen und wirtschaftlichen Bedeutung her verständlich geworden sind, hat die taggleiche Abstimmung zu erfolgen. 18

§ 241 Gesonderter Abstimmungstermin

(1) ¹Das Insolvenzgericht kann einen gesonderten Termin zur Abstimmung über den Insolvenzplan bestimmen. ²In diesem Fall soll der Zeitraum zwischen dem Erörterungstermin und dem Abstimmungstermin nicht mehr als einen Monat betragen.

(2) ¹Zum Abstimmungstermin sind die stimmberechtigten Gläubiger und der Schuldner zu laden. ²Im Falle einer Änderung des Plans ist auf die Änderung besonders hinzuweisen.

Übersicht

	RdNr.		RdNr.
A. Normzweck	1	2. Zeitgrenze	9
B. Entstehungsgeschichte	2	3. Ladung zum Termin	10
C. Gesonderter Abstimmungstermin.	3	4. Hinweis auf Planänderung	13
1. Unterbrechung/Vertagung/neuer Termin	3		

---

[21] Nach *Smid/Rattunde* § 240 RdNr. 5 ist der besondere Abstimmungstermin der Regelfall, sobald Planänderungen vorgenommen wurden, nur bei Korrekturen von Schreib- oder Rechenfehlern kann taggleich abgestimmt werden.

[22] *Braun/Uhlenbruck,* Unternehmensinsolvenz, S. 634.

A. Normzweck

1 Grundsätzlich ist über den Insolvenzplan in einem einheitlichen Erörterungs- und Abstimmungstermin zu entscheiden, § 235. In Ausnahmefällen steht es jedoch im Ermessen des Insolvenzgerichts einen gesonderten Termin zur Abstimmung zu bestimmen, wobei dieser spätestens bis zu einem Monat nach dem Erörterungstermin stattzufinden hat. Auch hierbei kommt deutlich der beabsichtigte Beschleunigungseffekt zum Tragen, der Gesetzgeber will erreichen, dass das ohnehin langwierige und komplizierte Planverfahren möglichst zügig zur Abstimmung gebracht wird. Zu dem gesonderten Abstimmungstermin sind auch nur die stimmberechtigten Gläubiger und der Schuldner zu laden, wobei auf eventuelle Planänderungen gesondert hinzuweisen ist.

B. Entstehungsgeschichte

2 Die ursprüngliche zweistufige Konzeption sah einen gesonderten Erörterungstermin und einen im Zeitraum von einem Monat danach zu bestimmenden Abstimmungstermin vor. Demzufolge war die Terminierung zur Abstimmung als „Muss"-Vorschrift" ausgestaltet.[1] Die auf Grund des Vorschlags des Rechtsausschusses vorgenommene Änderung und der zum Gesetz gewordenen Konzeption eines einheitlichen Erörterungs- und Abstimmungstermins hatte zur Folge, dass der gesonderte Abstimmungstermin als Ausnahmevorschrift gestaltet wurde („Kann"-Vorschrift). Unverändert geblieben ist der Monatszeitraum zwischen Erörterungs- und Abstimmungstermin.

C. Gesonderter Abstimmungstermin

3 **1. Unterbrechung/Vertagung/neuer Termin.** Das Insolvenzgericht hat grundsätzlich einen Termin zu bestimmen, in dem der vorgelegte Insolvenzplan erörtert und über ihn abgestimmt wird, § 235. Das ursprünglich im Gesetzentwurf vorgesehene Regel-Ausnahme-Prinzip wurde zu Gunsten eines einheitlichen Termins umgekehrt. Nur so kann der zeitlichen Komponente, die für die Entscheidung über einen Insolvenzplan von erheblicher Bedeutung ist, Rechnung getragen werden. Die Bestimmung eines gesonderten Abstimmungstermins muss die Ausnahme sein und bleiben.[2]

4 Hat das Insolvenzgericht einen einheitlichen Termin zur Erörterung und Abstimmung über den Insolvenzplan bestimmt, ist eine **Unterbrechung des Termins** grundsätzlich zulässig. Unterbrechung bedeutet, dass zwischen einzelnen Abschnitten eines zusammenhängenden Termins ein verhandlungsfreier Zeitraum eingeschoben wird.[3] Entscheidendes Merkmal für eine Unterbrechung ist, dass der äußere und inhaltliche Zusammenhang des anberaumten Termins nicht verloren geht. Hiervon kann regelmäßig ausgegangen werden, wenn der Termin, selbst wenn mehrere Unterbrechungen erfolgen, am selben Tage fortgesetzt und zu Ende geführt wird. Eine Unterbrechung liegt aber auch dann noch vor, wenn der Termin am nächsten Tag fortgesetzt wird. Dies kann dann in Betracht kommen, wenn die Zahl der Anwesenden sehr groß ist und die Erörterungen über den Plan bis zum Abend des ersten Tages andauern. Gleichfalls kommt dies dann in Betracht, wenn es sich bei dem Schuldner um ein größeres Unternehmen handelt, die Zahl der Beteiligten und auch der

---

[1] Text des RegE zu § 285.
[2] Anders *Smid/Rattunde* § 241 RdNr. 3–6, die im Hinblick auf Missbrauchsmöglichkeiten durch Planänderungen im Termin die Anberaumung eines besonderen Abstimmungstermins als zwingend notwendig ansehen.
[3] *Musielak/Stadler* § 227 RdNr. 3; MünchKommZPO-*Feiber* § 227 RdNr. 2; OLG Köln Rpfleger 1984, 280 = OLGZ 1984, 245.

Insolvenzplan selbst einen Umfang erreicht, dass eine ordnungsgemäße Abwicklung innerhalb eines Arbeitstages überhaupt nicht möglich ist.

Eine Terminsunterbrechung soll regelmäßig verhindern, dass umfangreichere oder aus 5 irgendwelchen sonstigen Gründen verzögerte Verfahren stets neu begonnen und bereits durchgeführte Maßnahmen wiederholt werden müssen. Das ist deshalb unerlässlich, weil andernfalls Großtermine überhaupt nicht bewältigt werden können. Eine Unterbrechung des Termins auf den nächsten Tag ist aber nicht nur so zu verstehen, dass dies stets unmittelbar der nachfolgende Tag sein muss. Wird ein Termin am Freitagabend unterbrochen, findet er selbstverständlich seine Fortsetzung erst am Montag der nächsten Woche. Es muss aber auch möglich sein, den Termin erst am übernächsten oder einem noch späteren Arbeitstag fortzusetzen, wenn zwingende Gründe dies gebieten. Ein solch zwingender Grund kann beispielsweise dann vorliegen, wenn am nächsten Arbeitstag keine geeigneten Räumlichkeiten für eine Terminsfortführung im Gerichtsgebäude zur Verfügung stehen oder wenn es von der Sache her sogar sinnvoll ist, den Beteiligten einen terminsfreien Tag zu Überlegungen zu gewähren, insbesondere wenn zahlreiche Planänderungen vorgenommen wurden. Aber auch eine Unterbrechung des Termins und eine Fortsetzung nach mehreren Tagen ist zulässig, sofern der Verhandlungszusammenhang und die erinnerungsmäßige Überschaubarkeit des Verfahrensablaufs noch gewährleistet ist.[4] Auch im Strafverfahren ist eine Unterbrechung des Verfahrens bis zu 10 Tagen möglich, § 229 StPO, von der Bedeutung für die Beteiligten können Insolvenzverfahren keinen strengeren Maßstäben unterworfen sein als Strafverfahren.[5]

Von der Unterbrechung zu unterscheiden ist die **Vertagung, §§** 4 InsO, 227 ZPO. Ver- 6 tagung bedeutet die Bestimmung eines neuen Termins, nachdem der anberaumte Termin bereits begonnen hat.[6] Dies bedeutet, dass der einheitliche Termin zur Erörterung und Abstimmung über den Insolvenzplan am Folgetag oder auch einige Tage später fortgesetzt wird. Eine erneute öffentliche Bekanntmachung des vertagten Termins kann unterbleiben, §§ 235 Abs. 2 Satz 3, 74 Abs. 2 Satz 2. Entsprechend den zuvor genannten Kriterien zur Unterbrechung muss das Insolvenzgericht auch hier darauf achten, dass der Vertagungstermin zeitnah zum Ersttermin erfolgt, da ansonsten der Verhandlungszusammenhang und die erinnerungsmäßige Überschaubarkeit sowohl für die Beteiligten als auch für das Gericht nicht mehr gewährleistet ist. Eine Vertagung ist beispielhaft dann angebracht, wenn die bisherigen Erörterungen zum Insolvenzplan und vorgeschlagene bzw. bereits vorgenommene Änderungen zum Plan dazu führen, den abstimmungsberechtigten Gläubigern Gelegenheit zu geben, ihre rechtliche und wirtschaftliche Position auf Grund der Änderungen nachzuvollziehen, da ansonsten den Gläubigern die Möglichkeit genommen wird, für sich selbst ein vernünftiges Abstimmungsverhalten vorzubereiten. Das Insolvenzgericht hat darauf zu achten, Wünschen auf Vertagung nur dann nachzukommen, wenn erkennbar keine Verzögerungstaktik vorliegt. Grundsätzlich muss die Einheitlichkeit des Erörterungs- und Abstimmungstermins gewährleistet werden. Andernfalls würde der Grundgedanke dieser einheitlichen Konzeption in Frage gestellt.[7]

Sowohl die Unterbrechung als auch die Vertagung sind **verfahrensleitende Maßnah-** 7 **men** des Insolvenzgerichts. Ein **Rechtsmittel** hiergegen **ist nicht vorgesehen,** vgl. § 227 Abs. 4 Satz 3 ZPO. Dies gilt auch dann, wenn der Rechtspfleger die Unterbrechung bzw. Vertagung anberaumt oder abgelehnt hat.[8] Bei einer Unterbrechung oder Vertagung bzw. bei der Ablehnung handelt es sich lediglich um eine verfahrensleitende Verfügung des Gerichtes, durch die in die Rechte der Beteiligten selbst nicht eingegriffen wird. Entsprechende Anträge der Beteiligten können allenfalls als Anregungen gewertet werden, es liegt insoweit keine Sachentscheidung vor.[9]

---

[4] OLG Köln Rpfleger 1984, 280 = OLGZ 1984, 245.
[5] OLG Köln Rpfleger 1984, 280 = OLGZ 1984, 245.
[6] *Musielak/Stadler* § 227 RdNr. 3.
[7] *Nerlich/Römermann/Braun* § 241 RdNr. 5; *Kübler/Prütting/Otte* § 241 RdNr. 4.
[8] LG Göttingen ZIP 2000, 1945; FK-*Jaffé* § 241 RdNr. 7d; aA HK-*Flessner* § 241 RdNr. 6, Erinnerung gem. § 11 Abs. 2 RPflG; zum alten Recht noch *Kuhn/Uhlenbruck* § 182 RdNr. 1 a.
[9] Vgl. OLG Hamm Rpfleger 1995, 161.

8 Die **Anberaumung eines gesonderten Abstimmungstermins** bietet sich regelmäßig in zwei Fällen an: Ist bereits bei der Vorlage des Insolvenzplans oder nach Eingang der Stellungnahmen, §§ 232, 234, erkennbar, dass auf Grund von Art, Umfang und Schwierigkeit eine Erörterung und Abstimmung an einem Tag sehr wahrscheinlich nicht möglich bist, ist das Gericht gut beraten, direkt einen gesonderten Erörterungstermin und im Anschluss am nächsten Arbeitstag oder wenige Tage danach den gesonderten Abstimmungstermin anzuberaumen. Möglich ist auch, den Erörterungstermin bereits mehrtägig zu bestimmen und direkt zeitlich danach den Abstimmungstermin.[10] Die Trennung des einheitlichen Termins kann sich auch während des Ablaufs des Termins ergeben, insbesondere wenn die Erörterungen über den Plan bzw. Planänderungen sich bis zum Abend des Tages hinziehen. Kristallisiert sich im Laufe des Tages heraus, dass eine Abstimmung über den Plan bzw. seine Änderungen taggleich nicht mehr möglich ist, steht es im Ermessen des Gerichts, einen gesonderten Abstimmungstermin zu bestimmen. Um zeitliche Verzögerungen zu vermeiden, sollte das Gericht jedoch immer vorab die Möglichkeit einer Terminsunterbrechung und Fortsetzung am nächsten Werktag in Betracht ziehen. Regelmäßig dürfte sich ein gesonderter Abstimmungstermin nur dann empfehlen, wenn insbesondere die durch den Planverfasser vorgenommenen Änderungen sehr zahlreich sind, der Plan selbst unübersichtlich geworden und ggf. schriftlich neu gefasst werden muss oder die rechtliche oder wirtschaftliche Position einzelner Gläubiger sich so gravierend geändert hat, dass insgesamt entsprechend den Regeln des fairen Verfahrens zu gewährleisten ist, dass den Beteiligten ausreichend Gelegenheit gegeben wird, ihr Abstimmungsverhalten bezüglich der Änderung neu zu überdenken und festzulegen.

9 **2. Zeitgrenze.** Der Zeitraum zwischen dem Erörterungstermin und dem zu bestimmenden gesonderten Abstimmungstermin soll **nicht mehr als einen Monat** betragen. Bereits die Regierungsbegründung hebt hervor, dass Erörterungstermin und Abstimmungstermin ohne großen zeitlichen Aufwand aufeinander folgen sollen.[11] Auch wenn es sich um eine „Soll"-Vorschrift handelt, darf die Monatsfrist regelmäßig nicht überschritten werden. Der einheitliche Erörterungs- und Abstimmungstermin soll bereits nicht über einen Monat hinaus angesetzt werden, § 235 Abs. 1 Satz 2. Nach dem Gesetz gewordenen Regel-Ausnahme-Prinzip soll der Abstimmungstermin grundsätzlich nur ausnahmsweise anberaumt werden. Die zügige Durchführung des Planverfahrens ist von ganz erheblicher Bedeutung für die Entscheidungsfindung der Planbeteiligten. Nach dem Willen des Gesetzgebers soll die Abstimmung über den Insolvenzplan grundsätzlich taggleich mit der Erörterung erfolgen. Nur hierdurch ist weitgehend gewährleistet, dass auch die Sachzusammenhänge erinnerungsgemäß präsent sind, regelmäßig aber bei einer mehrwöchigen Unterbrechung verloren gehen. Die Monatsfrist ist daher als maximaler Zeitrahmen zu verstehen. Grundsätzlich sollte der Abstimmungstermin früher als einen Monat nach dem Erörterungstermin anberaumt werden.[12] Wird die Monatsfrist nicht eingehalten, stellt dies keinen wesentlichen Verfahrensmangel i. S. v. § 250 dar, eine Versagung der Planbestätigung ist hierdurch nicht bedingt.[13] Die **Bestimmung eines gesonderten Abstimmungstermins ist unanfechtbar**, § 6. Dies gilt auch, wenn der Rechtspfleger tätig wird, die sofortige Erinnerung gem. § 11 Abs. 2 RPflG kommt nicht in Betracht, es handelt sich hierbei nicht um eine Sachentscheidung, sondern um eine verfahrensleitende Maßnahme.[14]

10 **3. Ladung zum Termin.** Nach der enumerativen Aufzählung sind zu dem gesonderten Abstimmungstermin nur die **stimmberechtigten Gläubiger** und der **Schuldner** zu laden. Zum Abstimmungstermin brauchen somit nicht alle die Beteiligten geladen zu werden, die

---

[10] *Nerlich/Römermann/Braun* § 241 RdNr. 5; *Kübler/Prütting/Otte* § 241 RdNr. 3; *FK-Jaffé* § 241 RdNr. 5.
[11] Begr. RegE zu § 285.
[12] *Nerlich/Römermann/Braun* § 241 RdNr. 8; *FK-Jaffé* § 241 RdNr. 8.
[13] *FK-Jaffé* § 241 RdNr. 10.
[14] LG Göttingen ZIP 2000, 1945, aA *HK-Flessner* § 241 RdNr. 6; *Andres*/Leithaus § 241 RdNr. 3.

zum Erörterungstermin besonders zu laden waren, § 235 Abs. 3 Satz 1. Die Vertreter von Betriebsrat und dem Sprecherausschuss der leitenden Angestellten stimmen über den Insolvenzplan nicht ab, waren zum einheitlichen Erörterungs- und Abstimmungstermin nur zum Erörterungsteil geladen. Es bleibt ihnen selbstverständlich frei, am Abstimmungstermin teilzunehmen. Generell muss auch der **Insolvenzverwalter** nicht erneut geladen werden. Da er jedoch bereits zwingend am Erörterungstermin teilgenommen hat, ist ihm der Termin zur Abstimmung bekannt. Es kann davon ausgegangen werden, dass er selbstverständlich an dem Abstimmungstermin teilnimmt.[15] Regelmäßig dürfte der Verwalter der Planverfasser sein und er muss, wie auch im Erörterungstermin, für Rückfragen und Erläuterungen jederzeit verfügbar sein.

Der **Schuldner** ist allein deswegen gesondert zu laden, da er spätestens im Abstimmungstermin schriftlich oder zu Protokoll der Geschäftsstelle von seinem Widerspruchsrecht Gebrauch machen kann, § 247. Aus der Regierungsbegründung ist weiter zu entnehmen, dass, sofern der Schuldner keine natürliche Person ist, die an ihm beteiligten Personen nicht von Amts wegen geladen werden, obwohl ihnen das gleiche Recht zum Widerspruch zusteht; es ist diesen Personen zuzumuten, sich im Falle eines beabsichtigten Widerspruchs selbst beim Insolvenzgericht über den Abstimmungstermin zu informieren. Diese Regelung kollidierte jedoch mit dem Regierungsentwurf zu § 293, hiernach sollte der Widerspruch einer oder mehrerer Personen, die am Schuldner mit Kapitalmehrheit beteiligt sind, ebenfalls widerspruchsberechtigt sein. Nach dem geltenden Gesetzestext ist daher nur der Schuldner als solcher zu dem Termin zu laden.[16]

Ausdrücklich sind weiterhin nur die **stimmberechtigten Gläubiger** zum Termin zu laden. Gläubiger, die im Insolvenzplan nicht berücksichtigt werden, oder deren Rechte nach dem Inhalt des Plans nicht berührt werden, sind nicht abstimmungsberechtigt und daher auch nicht zum Abstimmungstermin zu laden.[17] Nicht beeinträchtigt sind beispielhaft nachrangige Insolvenzgläubiger, da deren Forderungen mangels anderer Regelung als erlassen gelten, § 225 Abs. 1, oder Kleingläubiger, § 222 Abs. 3 Satz 2, deren Forderungen in voller Höhe nach dem Planinhalt befriedigt werden. Gläubiger, deren Forderungen durch den Plan nicht beeinträchtigt werden, haben kein Stimmrecht, § 237 Abs. 2, eine gesonderte Ladung zum Abstimmungstermin ist überflüssig.

4. Hinweis auf Planänderung. Nach Vorlage des Insolvenzplans und nach Niederlegung des Plans, § 234, kann der Plan bis zum Erörterungstermin jederzeit geändert werden, insbesondere auf Grund der Stellungnahmen zum Plan, § 232. Die Planänderungen, auch wenn sie auf Grund der Erörterung im Termin erfolgen, sind insbesondere hinsichtlich ihrer rechtlichen und wirtschaftlichen Auswirkungen auf den jeweiligen Beteiligten ausführlich im Termin zu erläutern. Da allen anwesenden Beteiligten somit die Planänderungen bekannt sind, kann der geänderte Plan unmittelbar zur Abstimmung gestellt werden. Wird jedoch ein gesonderter Abstimmungstermin anberaumt (Gründe siehe RdNr. 8), ist auf die durch den Planverfasser vorgenommenen Planänderungen besonders hinzuweisen.[18] Dieser Hinweis dient weitgehend nur dazu, die stimmberechtigten Gläubiger und den Schuldner auf die Abweichungen zu dem ursprünglich vorgelegten Plan aufmerksam zu machen.

Der Rechtsausschuss hat in seiner Begründung darauf hingewiesen, dass auch im gesonderten Abstimmungstermin der Plan noch erörtert werden kann, soweit dies wegen Änderungen des Plans erforderlich ist.[19] Dies kann der gesetzlichen Regelung jedoch nicht entnommen werden. Auch aus dem Grundsatz der Einheitlichkeit des Termins (Erörte-

---

[15] Nach *Uhlenbruck/Lüer* § 241 RdNr. 14 wird der Verwalter nur dann anwesend sein, wenn er selbst den Plan vorgelegt hat.
[16] AA *Smid/Rattunde* § 241 RdNr. 10, die hierin einen Verstoß gegen Art. 103 Abs. 1 GG sehen.
[17] Begr. RegE zu § 285, der beispielhaft die durch den Plan in ihren Rechten nicht berührte Absonderungsberechtigte nennt.
[18] *Uhlenbruck/Lüer* § 241 RdNr. 13.
[19] Begr. Rechtsausschuss zu § 285.

rungs- und Abstimmungstermin) und der Ausnahmeregelung zur Bestimmung eines gesonderten Abstimmungstermin, **findet eine erneute Erörterung eventueller Planänderungen im Abstimmungstermin nicht statt**.[20] Auch aus § 242 kann entnommen werden, dass der Abstimmungstermins nicht mehr der Erörterung über den Insolvenzplan bzw. Planänderungen dient. Es wäre mit dem Grundsatz der Gewährung rechtlichen Gehörs, Art. 103 Abs. 1 GG, und dem Recht auf ein faires Verfahren, Art. 20 Abs. 3 GG, nicht vereinbar, wenn stimmberechtigte Gläubiger ihr Stimmrecht schriftlich ausüben, und somit von einer Erörterung der anwesenden Gläubiger ausgeschlossen werden. Weiterhin würde dies auch möglicherweise dazu führen, dass eine langwierige erneute Erörterung wiederum zu Verfahrensverzögerungen führt, dies widerspricht dem Grundsatz der beschleunigten Abstimmung über den Plan. In dem Abstimmungstermin ist nur noch über den vorgelegten Insolvenzplan mit den vorher erörterten und durch den Planverfasser vorgenommenen Planänderungen abzustimmen. Erläuterungen tatsächlicher Art zum Verständnis der vorgenommenen Änderungen sind selbstverständlich zuzulassen, sofern sie den Beteiligten gegenüber nicht sogar geboten sind.

§ 242 Schriftliche Abstimmung

(1) Ist ein gesonderter Abstimmungstermin bestimmt, so kann das Stimmrecht schriftlich ausgeübt werden.

(2) ¹Das Insolvenzgericht übersendet den stimmberechtigten Gläubigern nach dem Erörterungstermin den Stimmzettel und teilt ihnen dabei ihr Stimmrecht mit. ²Die schriftliche Stimmabgabe wird nur berücksichtigt, wenn sie dem Gericht spätestens am Tag vor dem Abstimmungstermin zugegangen ist; darauf ist bei der Übersendung des Stimmzettels hinzuweisen.

A. Normzweck

1   Die Vorschrift dient der Verfahrenserleichterung. Sie setzt zwingend einen Erörterungstermin und die Stimmrechtsfeststellung voraus, §§ 235, 237, 238, 239. Sind die Regelungen des Insolvenzplans erörtert worden und auch eventuelle Planänderungen, ist es nicht unbedingt erforderlich, dass Gläubiger zu einem gesonderten Abstimmungstermin erneut erscheinen, häufig dürfte dies auch mit umfangreichen Reisen verbunden sein. Verfahrensrechtlich ist den stimmberechtigten Gläubigern ein Stimmzettel zu übersenden, aus dem das festgestellte Stimmrecht erkenntlich sein muss. Der Stimmzettel kann nur eine Zustimmung oder eine Ablehnung zum Plan berücksichtigen. Auf die einzuhaltende Frist der Rücksendung ist besonders hinzuweisen. Der Stimmberechtigte muss selbst dafür Sorge tragen, insbesondere unter Berücksichtigung des Postweges, das sein Stimmzettel einen Tag vor dem Abstimmungstermin beim Insolvenzgericht eingeht.

B. Entstehungsgeschichte

2   Findet kein einheitlicher Erörterungs- und Abstimmungstermin statt bzw. wird im Erörterungstermin ein gesonderter Abstimmungstermin bestimmt, kann das Stimmrecht der stimmberechtigten Gläubiger auch schriftlich ausgeübt werden. Eine ähnliche, jedoch eingeschränkte Regelung ergab sich bereits aus § 73 VglO. Auch hier war eine Abstimmung zum

---

[20] *Uhlenbruck/Lüer* § 241 RdNr. 10, eher den Erörterungstermin vertagen als im Abstimmungstermin nochmals erörtern; aA *Nerlich/Römermann/Braun* § 241 RdNr. 7; *Otte* in *Kübler/Prütting* § 241 RdNr. 7 spricht von einer Aussprache über Planänderungen im Abstimmungstermin.

Schriftliche Abstimmung 3–5 § 242

Vergleichsvorschlag schriftlich möglich, jedoch nur die Zustimmung, nicht die Ablehnung. Die schriftliche Zustimmung konnte nach bisherigem Vergleichsrecht auch noch bis zum Schluss der Abstimmung vorgelegt werden, nunmehr muss der Stimmzettel einen Tag vor dem Abstimmungstermin bei Gericht eingegangen sein. Eine schriftliche Abstimmung kommt jedoch nur dann in Betracht, wenn zuvor der Erörterungstermin stattgefunden hat. Für den Abstimmungstermin ist ein zeitlicher Vorlauf von nicht mehr als einem Monat vorgesehen, § 241 Abs. 1 Satz 2. Aus zeitlichen Gründen sollte der Termin jedoch tunlichst wesentlich früher stattfinden. Damit stimmberechtigte Gläubiger jedoch nicht gesondert zu diesem Termin erscheinen müssen (Fahrtkosten, Übernachtungskosten, Urlaub nehmen), kann die Zustimmung oder Ablehnung des Insolvenzplans auch durch einen Stimmzettel schriftlich erfolgen. Der Stimmzettel wird regelmäßig mit der Anberaumung des Abstimmungstermins den Gläubigern übersandt.[1] Die schriftliche Abstimmung ist damit in jedem Falle ausgeschlossen, wenn der Erörterungs- und Abstimmungstermin einheitlich erfolgt.[2]

C. Verfahrensablauf

1. Stimmzettel. Voraussetzung für eine schriftliche Abstimmung ist zunächst, dass ein **gesonderter Abstimmungstermin** bestimmt wird. In diesem gesonderten Abstimmungstermin findet **keine Erörterung des Insolvenzplans oder seiner Planänderungen** statt.[3] Wird der Insolvenzplan erneut erörtert, handelt es sich nicht mehr um einen gesonderten Abstimmungstermin.[4] Treten die anwesenden Gläubiger und der Insolvenzverwalter in dem gesonderten Abstimmungstermin erneut in die Erörterung ein, liegt hierin ein Verstoß gegen das Gebot der Gewährung rechtlichen Gehörs, Art. 103 Abs. 1 GG und des fairen Verfahrens, Art. 20 Abs. 3 GG (hierzu § 241 RdNr. 14) gegenüber den nichtanwesenden Gläubigern.

Entsprechend der Regelung in § 241 Abs. 2 Satz 1 erhalten auch nur die stimmberechtigten Gläubiger einen Stimmzettel übersandt. Hieraus muss sich das Stimmrecht des einzelnen Gläubigers ergeben. Das Stimmrecht basiert auf der Forderungsprüfung und Stimmrechtsfestsetzung und der sich anschließenden Eintragung in die Stimmliste, § 239.[5] Die **Übersendung des Stimmzettels und die Angabe der Höhe des Stimmrechts** erfolgt durch einfachen Brief, eine Zustellung ist nicht vorgesehen.[6] Auch wenn in der Benachrichtigung darauf hinzuweisen ist, dass der Stimmzettel bis zu einem Tag vor dem Abstimmungstermin bei Gericht wieder eingegangen sein muss, ist keine Zustellung vorgesehen. Liegt im Abstimmungstermin ein Stimmzettel eines stimmberechtigten Gläubigers nicht vor, und rügt dieser nachträglich, dass er den Stimmzettel mit Stimmrecht und Hinweis auf rechtzeitige Rücksendung nicht erhalten hat, liegt hierin kein Verfahrensverstoß, der zur Versagung der Bestätigung des Insolvenzplans führt, § 250 Nr. 1. Grundsätzlich soll der stimmberechtigte Gläubiger persönlich an der Abstimmung teilnehmen. Versäumt er die Frist, ist er von der schriftlichen Stimmabgabe ausgeschlossen.[7] Die Stimmzettel werden mit der Angabe des Stimmrechts und dem Hinweis auf die rechtzeitige Übersendung nach dem Erörterungstermin versandt. Aus praktischen Gründen sollten die Stimmzettel gleichzeitig mit der Ladung zum Abstimmungstermin erfolgen, § 241 Abs. 2 Satz 1.

Bei der Frage, ob ein stimmberechtigter Gläubiger sein Stimmrecht schriftlich ausüben will, hat das Insolvenzgericht grundsätzlich kein Ermessen. Wird ein gesonderter Abstimmungstermin bestimmt, und hat die Versammlung insgesamt die schriftliche Abstimmung

---

[1] *Smid/Rattunde* § 242 RdNr. 2.
[2] *Nerlich/Römermann/Braun* § 242 RdNr. 3.
[3] Vgl. § 241 RdNr. 14; aA *Nerlich/Römermann/Braun* § 241 RdNr. 7.
[4] *HK-Flessner* § 241 RdNr. 8.
[5] Begr. des RegE zu § 287.
[6] *Uhlenbruck/Lüer* § 242 RdNr. 5.
[7] *FK-Jaffé* § 242 RdNr. 17, 18; *Nerlich/Römermann/Braun* § 242 RdNr. 6.

beschlossen oder verlangt ein einzelner Gläubiger für sich die schriftliche Abstimmung, ist allen bzw. dem Einzelnen die schriftliche Abstimmung zu ermöglichen.[8]

6   **2. Rechtzeitige Stimmabgabe.** Im Vergleichsrecht war geregelt, dass dem Gericht bis zum Schluss der Abstimmung die schriftliche Zustimmung des Gläubigers eingereicht werden konnte, § 73 Abs. 1 VerglO. Die schriftliche Stimmabgabe bis zum Abstimmungstermin selbst, insbesondere die Vorlage des Stimmzettels an den amtierenden Richter oder Rechtspfleger im Abstimmungstermin war jedoch bereits in der Vergangenheit mit praktischen Schwierigkeiten verbunden. Der rechtzeitige Zugang und die Vorlegung im gerichtsorganisatorischen Ablauf konnte nicht gewährleisten, dass nach Posteingang auch eine unmittelbare Vorlage an den Versammlungsleiter im Abstimmungstermin erfolgte. Völlig unmöglich war die rechtzeitige Vorlage dann, wenn der Abstimmungstermin nicht im Gerichtsgebäude selbst stattfand.[9] Die schriftliche **Stimmabgabe** zur Ablehnung oder Annahme des Insolvenzplans kann daher nur berücksichtigt werden, wenn diese **dem Gericht spätestens am Tag vor dem Abstimmungstermin zugegangen ist.**[10] Aus dem Wort „spätestens" kann entnommen werden, dass die stimmberechtigten Gläubiger tunlichst gehalten sind, ihren Stimmzettel so rechtzeitig abzusenden, dass dieser möglichst einige Tage vorher bereits dem Gericht zugeht. Das Gericht muss bei der Übersendung der Stimmrechtszettel auf den Ausschluss des Stimmrechts bei verspätetem Zugang hinweisen. Die stimmberechtigten Gläubiger müssen dann selbst dafür Sorge tragen, dass sie unter Berücksichtigung der Postlaufzeiten den Stimmrechtszettel so rechtzeitig absenden, dass dieser spätestens einen Tag vor dem Abstimmungstermin beim Insolvenzgericht eingeht.[11] Wird der rechtzeitige Zugang versäumt, ist der Gläubiger von der schriftlichen Abstimmung ausgeschlossen.

7   Die Zustimmung oder Ablehnung zu dem Insolvenzplan muss eindeutig sein. Die Stimmabgabe kann grundsätzlich **nicht unter einer Bedingung** gestellt werden. Die schriftliche **Stimmabgabe** kann der Gläubiger bis zum Beginn der Abstimmung über den Insolvenzplan jederzeit **widerrufen,** er kann insbesondere durch seine persönliche Anwesenheit im Termin seine schriftlich abgegebene Stimme wieder rückgängig machen. Nach Beginn der Abstimmung über den Insolvenzplan ist eine Änderung der abgegebenen Abstimmungserklärung nicht mehr möglich.[12]

8   Hat ein stimmberechtigter Gläubiger sein Stimmrecht schriftlich ausgeübt und wird die Erklärung dem amtierenden Richter oder Rechtspfleger jedoch nicht rechtzeitig vorgelegt oder geht die Stimmrechtsabgabe erst am Tage des Abstimmungstermins bei Gericht ein, der Gläubiger wurde jedoch auf die rechtzeitige Übersendung des Stimmzettels nicht hingewiesen, liegt ein Verfahrensverstoß vor, § 250 Nr. 1, der grundsätzlich zu einer Versagung der Planbestätigung führt. **Voraussetzung für eine Versagung der Planbestätigung** ist jedoch, dass der Mangel nicht behoben werden kann. Das Gericht kann jedoch jederzeit die Wiederholung der schriftlichen Abstimmung anordnen. Dies kommt aber auch nur dann in Betracht, wenn sich die nicht berücksichtigte Stimmrechtsabgabe im Ergebnis auf die Abstimmung ausgewirkt hätte.[13] Wurde der Insolvenzplan mit den erforderlichen Mehrheiten angenommen oder abgelehnt, und hätte auch die nicht berücksichtigte Stimmrechtsabgabe einzelner Gläubiger zu keinem anderen Ergebnis geführt, kommt auch eine Wiederholung der Abstimmung nicht in Betracht.

9   Die Geschäftsstelle hat, um den rechtzeitigen Zugang der Stimmzettel dokumentieren zu können, den **Zeitpunkt des Einganges** mit Tag, Stunde und Minute zu vermerken.[14] Dies gilt insbesondere auch für verspätet zugegangene Stimmzettel.

---

[8] HK-*Flessner* § 242 RdNr. 1.
[9] Begr. zum RegE zu § 287.
[10] Vgl. hierzu auch AG Mühldorf und LG Traunstein NZI 1999, 461 = Rpfleger 1999, 561 = WM 2000, 680 = DZWIR 1999, 464.
[11] *Uhlenbruck/Lüer* § 242 RdNr. 5.
[12] *Kilger/K. Schmidt* § 73 VglO RdNr. 2; FK-*Jaffé* § 242 RdNr. 20.
[13] *Andres*/Leithaus § 242 RdNr. 2.
[14] *Kilger/K. Schmidt* § 74 VglO RdNr. 2; FK-*Jaffé* § 242 RdNr. 16.

§ 243 Abstimmung in Gruppen

Jede Gruppe der stimmberechtigten Gläubiger stimmt gesondert über den Insolvenzplan ab.

A. Normzweck

Die Vorschrift beruht auf der Gruppenbildung nach § 222. Die Gruppenbildung ist eine der wichtigsten Teile der inhaltlichen Gestaltung eines Insolvenzplans. Gemäß § 222 Abs. 1 Satz 1 müssen bei der Festlegung der Rechte der Beteiligten Gruppen gebildet werden, soweit Gläubiger mit unterschiedlicher Rechtsstellung betroffen sind. Hierbei ist zu unterscheiden zwischen den absonderungsberechtigten Gläubigern, den nicht nachrangigen Insolvenzgläubigern und den einzelnen Rangklassen der nachrangigen Insolvenzgläubiger, § 222 Abs. 1 Satz 2. Nach Abs. 2 von § 222 können dann aus Gläubigern mit gleicher Rechtsstellung weitere Gruppen gebildet werden, in denen die Gläubiger mit gleichartigen wirtschaftlichen Interessen zusammengefasst werden. Für Arbeitnehmer und Kleingläubiger können nach Abs. 3 von § 222 weitere Gruppen gebildet werden.

Die Gruppenbildung liegt regelmäßig in der Hand desjenigen, der den Insolvenzplan vorlegt (vgl. hierzu § 222 RdNr. 6). Im Hinblick auf die erforderlichen Mehrheiten, § 244, empfiehlt es sich regelmäßig eine ungerade Zahl von Gruppen zu bilden. Nach bisherigem Recht war eine Gruppenbildung und Abstimmung in Gruppen nicht vorgesehen. Nach § 8 Abs. 2 VerglO war nur eine Zurücksetzung bestimmter Gruppen von Gläubigern möglich, wenn diese durch die Gläubiger mit einer qualifizierten Mehrheitsentscheidung oder einstimmig akzeptiert wurde (vgl. hierzu § 222 RdNr. 13). Nach § 243 kommt eine Gesamtabstimmung aller stimmberechtigten Gläubiger nicht in Betracht, jeder einzelne Gläubiger muss innerhalb der ihm zugewiesenen Gruppe gesondert über den Insolvenzplan abstimmen.

B. Verfahrensablauf

1. Abstimmung in Gruppen. Nach dem Gesetzeswortlaut stimmt jede Gruppe der stimmberechtigten Gläubiger gesondert ab. Dies bedeutet, dass jeder stimmberechtigte Gläubiger in der ihm zugewiesenen Gruppe seine Stimme über den Insolvenzplan abgibt.[1] Eine Gruppe, die Gläubiger mit werthaltigen und nicht werthaltigen Absonderungsrechten in sich vereint, ist grundsätzlich unzulässig.[2] Wird der Plan auf dieser Basis später bestätigt, ist ein Gläubiger beschwert, wenn er geltend machen kann, der Plan beeinträchtige ihn in seinen Rechten. Wendet sich ein Gläubiger gegen die Bildung einer angeblichen Mischgruppe, ist das für seine sofortige Beschwerde erforderliche Rechtsschutzinteresse gegeben, wenn bei einer Korrektur des behaupteten Fehlers die Masse in einer auch dem Beschwerdeführer zugute kommenden Weise anders verteilt werden müsste. In der jeweils zugewiesenen Gruppe hat ein stimmberechtigter Gläubiger zunächst nur eine Stimme. Hierbei kann ein einzelner Gläubiger durchaus auch in mehreren Gruppen stimmberechtigt sein. Ein Grundpfandrechtsgläubiger kann sowohl in der Gruppe der absonderungsberechtigten Gläubiger als auch in der Gruppe der nicht nachrangigen Insolvenzgläubiger vertreten sein, § 222 Abs. 1 Nr. 1, 2, er stimmt somit aus unterschiedlichen Interessen in verschiedenen Gruppen ab. Ein Insolvenzgläubiger, dem verschiedene Forderungen gegen den Schuldner zustehen, kann sowohl der Gruppe der nicht nachrangigen Insolvenzgläubiger als auch einer Gruppe der Kleingläubiger zugewiesen sein, § 222 Abs. 1 Nr. 2 und Abs. 3 Satz 2, auch er kann

---

[1] Vgl. hierzu auch AG Mühldorf und LG Traunstein NZI 1999, 461 = Rpfleger 1999, 561 = WM 2000, 680 = DZWIR 1999, 464.
[2] BGH Rpfleger 2005, 621 = ZInsO 2005, 927 = NZI 2005, 619.

sein Stimmrecht in der jeweiligen Gruppe ausüben.³ Wird ein Stimmrecht in einem gesonderten Abstimmungstermin schriftlich abgegeben, hat das Insolvenzgericht zunächst das Stimmrecht der jeweiligen Abstimmungsgruppe zuzuordnen und das Stimmrecht dann bei der Abstimmung dieser Gruppe zu verlesen.⁴

4   **2. Stimmabgabe.** Den Verfahrensablauf zur Stimmabgabe lässt das Gesetz offen. Entsprechend den zivilprozessualen Regeln in der mündlichen Verhandlung, ist ein Protokoll aufzunehmen, in welchem die wesentlichen Vorgänge der Sitzung aufzunehmen sind, §§ 4, 159, 160 ZPO. Der amtierende Richter oder Rechtspfleger entscheidet darüber, in welcher **Reihenfolge** die jeweiligen Gruppen zur Abstimmung aufgefordert werden.⁵ Die Abgabe der Stimme erfolgt mündlich. Der stimmberechtigte Gläubiger oder sein Vertreter erklärt, ob er für oder gegen den Plan sein Stimmrecht abgibt. Auch eine Enthaltung ist möglich, das Gericht sollte hierbei jedoch darauf hinweisen, dass diese bei der Feststellung der Mehrheiten nicht gezählt wird, vgl. § 244 RdNr. 9. Hat ein einzelner oder mehrere Gläubiger einer Gruppe sein bzw. ihr Stimmrecht schriftlich abgegeben (nur in einem gesonderten Abstimmungstermin möglich) obliegt es dem Versammlungsleiter, ob diese schriftliche Stimmabgabe vor oder nach der Abgabe der Stimmen der anwesenden Gläubiger verlesen wird. Mit **Verlesung der schriftlichen Stimmabgabe** ist das Votum des einzelnen Gläubigers abgegeben, eine nachträgliche Änderung ist nicht mehr möglich, auch dann nicht, wenn der betreffende Gläubiger später im Termin noch erscheinen und sein Stimmrecht mündlich ändern möchte.⁶ Da für die erforderlichen Mehrheiten sowohl Kopf- als auch Summenmehrheit notwendig ist, § 244 Abs. 1, hat das Gericht die Anzahl der Stimmen für oder gegen den Insolvenzplan mit der jeweiligen Stimmrechtshöhe im Protokoll festzuhalten. Sobald die Gläubiger einer Gruppe ihr Votum abgegeben haben, sollte auch das Ergebnis dieser Abstimmung für die jeweilige Gruppe im Protokoll festgehalten werden.

5   Nachdem alle Gläubiger gruppenweise über den Plan abgestimmt haben, stellt das Gericht das Gesamtergebnis entsprechend der jeweiligen Gruppenergebnisse fest, auch dies ist im Protokoll festzuhalten. Sofern mehrere Insolvenzpläne zur Abstimmung stehen (vgl. hierzu § 235 RdNr. 31), hat das Gericht dasselbe Prozedere für den weiteren Plan erneut durchzuführen und zu protokollieren.

6   Je nach der Zahl der gebildeten Gruppen und nach der Zahl der abstimmungsberechtigten Gläubiger kann sich das Verfahren der Stimmabgabe über einen längeren Zeitraum hinziehen. Das Gesetz lässt offen, bis zu welchem Zeitpunkt ein stimmberechtigter Gläubiger seine Stimmabgabe ändern kann. Nach bisherigem Recht sollte ein Gläubiger berechtigt sein, seine Erklärung schriftlich oder mündlich bis zum Schluss der Abstimmung widerrufen zu können.⁷ Dem ist jedoch nicht zu folgen. Sobald ein Gläubiger in der ihm zugewiesenen Gruppe seine Stimme abgegeben hat, ist er an diese Erklärung gebunden und kann diese nicht mehr widerrufen. Sobald das Insolvenzgericht eine schriftliche Stimmabgabe verlesen hat, gilt auch dieses Stimmrecht als abgegeben und ist unwiderruflich geworden.⁸ Ist ein Gläubiger in mehreren Gruppen stimmberechtigt, ist die **Bindung an die Stimmabgabe** jeweils gruppenmäßig gesondert zu betrachten. Der Gläubiger kann sich insbesondere im Laufe des Termins nicht darauf berufen, dass er sein Stimmrecht anders ausgeübt hätte, wenn das Gericht beispielhaft eine andere Reihenfolge der Gruppenabstimmung vorgenommen hätte. Eine Änderung der Stimmabgabe bis zur endgültigen Beendigung des Abstimmungs-

---

³ *Nerlich/Römermann/Braun* § 243 RdNr. 9; *Uhlenbruck/Lüer* § 243 RdNr. 3.
⁴ *Nerlich/Römermann/Braun* § 243 RdNr. 11.
⁵ *Uhlenbruck/Lüer* § 243 RdNr. 4.
⁶ *Nerlich/Römermann/Braun* § 243 RdNr. 11; aA *Uhlenbruck/Lüer* § 243 RdNr. 6, der darauf hinweist, dass gerade bei längeren Abstimmungen ein Meinungswechsel möglich und vertretbar ist und um unnütze Verzögerungen zu vermeiden, sollte die Stimmabgabe solange geändert werden könne, bis das Gericht in die Ergebnisermittlung eintritt.
⁷ Vgl. *Kilger/K. Schmidt* § 73 RdNr. 2.
⁸ *HK-Flessner* § 243 RdNr. 4; *Andres*/Leithaus § 243 RdNr. 3.

verfahrens läuft auch dem Beschleunigungsgrundsatz zuwider. Ein Widerruf der bereits abgegebenen Stimme führt letztlich darauf hinaus, dass über den vorgelegten Plan immer wieder neu abgestimmt wird. Sobald ein Gläubiger von seiner Stimmabgabe Gebrauch gemacht hat, ist diese Erklärung unwiderruflich geworden.

§ 244 Erforderliche Mehrheiten

(1) Zur Annahme des Insolvenzplans durch die Gläubiger ist erforderlich, dass in jeder Gruppe
1. **die Mehrheit der abstimmenden Gläubiger dem Plan zustimmt und**
2. **die Summe der Ansprüche der zustimmenden Gläubiger mehr als die Hälfte der Summe der Ansprüche der abstimmenden Gläubiger beträgt.**

(2) ¹ **Gläubiger, denen ein Recht gemeinschaftlich zusteht oder deren Rechte bis zum Eintritt des Eröffnungsgrunds ein einheitliches Recht gebildet haben, werden bei der Abstimmung als ein Gläubiger gerechnet.** ² **Entsprechendes gilt, wenn an einem Recht ein Pfandrecht oder ein Nießbrauch besteht.**

Übersicht

	RdNr.		RdNr.
A. Normzweck	1	a) Kopfmehrheit	9
B. Entstehungsgeschichte	2	b) Summenmehrheit	13
C. Erforderliche Mehrheiten	4	c) Gemeinschaftliche Rechte	15
1. Einstimmigkeit aller Gruppen	4	3. Verfahrensablauf	21
2. Mehrheit in den einzelnen Gruppen	9		

A. Normzweck

Die Vorschrift regelt die erforderlichen Mehrheiten, die über die Annahme oder Ablehnung des Insolvenzplans entscheiden. Basierend auf der Gruppenbildung nach § 222 ist zur Annahme des Plans grundsätzlich die Zustimmung jeder Gruppe erforderlich. Hat allerdings die Mehrheit der abstimmenden Gruppen den Plan mit den innerhalb einer jeder Gruppe erforderlichen Mehrheiten zugestimmt, kann die Annahme des Plans dennoch unter den Voraussetzungen der §§ 245, 246, 247 zu Stande kommen. Gläubiger, denen ein Recht gemeinschaftlich zusteht oder deren Rechte bis zum Eintritt des Insolvenzeröffnungsgrundes ein einheitliches Recht gebildet haben, haben bei der Abstimmung nur eine Stimme. Ist ein Recht mit einem Pfandrecht oder einem Nießbrauch belastet, haben auch der Berechtigte und der Pfandrechtsgläubiger bzw. der Nießbrauchsberechtigte nur eine Stimme. 1

B. Entstehungsgeschichte

Nach bisherigem Recht der KO und VerglO war zur Annahme eines Vergleichs bzw. Zwangsvergleichs die Zustimmung von mehr als der Hälfte der anwesenden stimmberechtigten Gläubiger notwendig. Weiterhin musste die Gesamtsumme der Forderung der zustimmenden Gläubiger wenigstens drei Viertel der Gesamtsumme aller stimmberechtigter Forderungen betragen, §§ 182 Abs. 1 KO, 74 Abs. 1 VerglO. Eine entsprechende Regelung galt für einen Vergleich nach der GesO, dort mussten jedoch bei der Summenmehrheit drei Viertel der Forderungsbeträge der anwesenden Gläubiger zusammen kommen, § 16 Abs. 4 GesO. 2

3   Der Gesetzgeber hat von der einheitlichen Abstimmung aller stimmberechtigten Gläubiger Abstand genommen.[1] Die Bildung von Gruppen, differenziert nach der Rechtsstellung der Gläubiger und nach ihren wirtschaftlichen Interessen erhöht nicht nur die wirtschaftliche Effektivität des Plans, sondern erhöht auch die Legitimationskraft von Mehrheitsentscheidungen (vgl. hierzu § 222 RdNr. 2, 3). Eine wesentlicher Zweck der Vorschriften über die Gruppenbildung in § 222 liegt auch in der Realisierung von Wertschöpfungspotentialen (vgl. hierzu § 222 RdNr. 5). Selbstverständlich liegt es in der Hand des Planverfassers im Vorfeld die Gruppen so zu bilden, dass eine höchstmögliche Wahrscheinlichkeit durch Mehrheitsentscheid in den jeweiligen Gruppen zur Annahme des Planes führt (zur Möglichkeit manipulativer Gruppenbildung vgl. § 222 RdNr. 8 ff.).

C. Erforderliche Mehrheiten

4   **1. Einstimmigkeit aller Gruppen.** Jede nach § 222 gebildete Gruppe stimmt gesondert über den Insolvenzplan ab. **Der Plan ist durch die Gläubiger angenommen, wenn**
   – alle Gruppen (nicht nur die Mehrheit der Gruppen) dem Plan zustimmen, vgl. hierzu § 245 Abs. 1 Nr. 3,
   und
   – in jeder Gruppe die Mehrheit der abstimmenden Gläubiger zustimmt (Kopfmehrheit) und
   – die Summe der Ansprüche der zustimmenden Gläubiger mehr als die Hälfte der Summe der Ansprüche der abstimmenden Gläubiger beträgt (Summenmehrheit).

5   **Stimmenthaltungen** werden hierbei nicht berücksichtigt und können somit das Ergebnis der Abstimmung nicht beeinflussen. Wer sich an der Abstimmung nicht beteiligt, bleibt außer Betracht, auch wenn er im Termin anwesend ist.[2] Passives Verhalten von Gläubigern soll bei der Abstimmung über den Plan nicht den Ausschlag geben.

6   Sofern nach Anberaumung eines besonderen Abstimmungstermins schriftliche Abstimmung angeordnet wurde, müssen die **schriftlichen Voten** für die erforderlichen Mehrheiten, jeweils getrennt nach der vorgegebenen Gruppenbildung, im Termin verlesen werden, sie gelten in diesem Zeitpunkt als abgegeben. Wird kein schriftliches Votum abgegeben, oder wird das Votum zu spät vorgelegt, § 242 Abs. 2 Satz 2, kann diese Stimme bei der Mehrheitsfindung nicht berücksichtigt werden.

7   **Haben alle Gruppen dem Plan** mit den erforderlichen Mehrheiten **zugestimmt,** ist der Plan angenommen. Hierbei werden nur Gruppen gezählt, denen Gläubiger zugeordnet sind, in deren Rechte der Insolvenzplan eingreift; die Gruppe der nachrangigen Insolvenzgläubiger, deren Forderungen als erlassen gelten, § 225 Abs. 1 oder eine Gruppe der absonderungsberechtigten Gläubiger, in deren Rechte nicht eingegriffen wird, oder auch eine Gruppe, in der Gläubiger vertreten sind, deren Forderungen in voller Höhe gezahlt werden, sind nicht stimmberechtigt und werden somit auch nicht mitgezählt, § 237 Abs. 2.

8   **Haben nicht alle Gruppen dem Plan zugestimmt,** jedoch die Mehrheit der abstimmenden Gruppen, dann kann die Annahme des Plans dennoch unter den Voraussetzungen der §§ 245 bis 247 zu Stande kommen[3] (vgl. die dortige Kommentierung).
   Kauft ein Insolvenzgläubiger oder ein Dritter einzelnen anderen Insolvenzgläubigern deren Forderungen zu einem Preis ab, der die in einem vorgelegten Insolvenzplan vorgesehene Quote übersteigt, um mit der so erlangten Abstimmungsmehrheit die Annahme des Insolvenzplans zu bewirken, ist nach BGH der Forderungskauf nichtig, falls der Insolvenzplan zustande kommt.[4] Der BGH führt in seiner Entscheidung weiter aus, dass das Insol-

---

[1] Begründung RegE zu §§ 243, 244.
[2] Begr. RegE zu § 289; *Smid/Rattunde* § 244 RdNr. 4.
[3] Vgl. hierzu auch AG Mühldorf und LG Traunstein NZI 1999, 461 = Rpfleger 1999, 561 = WM 2000, 680 = DZWIR 1999, 464.
[4] BGH Rpfleger 2005, 469 = NZI 2005, 325 = ZInsO 2005, 487.

venzgericht den Plan nicht bestätigen darf, wenn dessen Annahme auf dem Forderungskauf beruhen kann. Die Herbeiführung der Annahme eines Insolvenzplans durch einen Forderungskauf, der einzelnen Gläubigern besondere Vorteile bietet, ist unlauter unabhängig davon, ob der Forderungskauf heimlich durchgeführt wird; etwas anderes kann nur gelten, wenn er offen in dem Insolvenzplan ausgewiesen wird. Die Annahme eines Insolvenzplans kann durch einen Forderungskauf auch dann herbeigeführt sein, wenn dessen Wirksamkeit auf den Zeitpunkt der rechtskräftigen Bestätigung des Insolvenzplans aufgeschoben ist, zugleich aber dem Käufer eine sofort wirksame Abstimmungsvollmacht erteilt wird, die dieser unabhängig von Weisungen des Verkäufers ausüben kann. Die Annahme eines Insolvenzplans beruht auf einem Forderungskauf, wenn sie ohne die Stimmen des Forderungskäufers nicht zustande gekommen wäre (vgl. hierzu § 250 RdNr. 26).

2. Mehrheit in den einzelnen Gruppen. a) Kopfmehrheit. Basierend auf der Gruppenbildung stimmt jede einzelne Gruppe gesondert über den Insolvenzplan ab. Die jeweilige Gruppe hat dem Insolvenzplan zugestimmt, sofern sowohl Kopfmehrheit als auch Summenmehrheit innerhalb der Gruppe vorliegt. Für das Erfordernis der Kopfmehrheit ist nicht mehr, wie nach bisherigem Recht, die Mehrheit der im Termin anwesenden Gläubiger notwendig, sondern nur noch die **Mehrheit der tatsächlich abstimmenden Gläubiger.** Da ein passives Verhalten eines Gläubigers bei der Abstimmung über den Plan nicht den Ausschlag geben soll, werden Gläubiger, die sich an der Abstimmung nicht beteiligen oder sich der Stimme enthalten nicht berücksichtigt.[5] Dies wird insbesondere dann relevant, wenn die jeweilige Gruppe nur aus einem Gläubiger besteht (vgl. hierzu § 222 RdNr. 30). Der einzige Gläubiger innerhalb der Gruppe muss ein klares Votum für oder gegen den Insolvenzplan abgeben, andernfalls diese Gruppe bei der Mehrheitsfindung nicht mitgezählt werden kann.

Ist ein Gläubiger einer bestimmten Gruppe zugeordnet, und stehen ihm innerhalb der Gruppe **mehrere Forderungen** zu, verfügt er nur über eine Stimme.[6] Die Gruppenbildung nach § 222 erfolgt nicht personenbezogen, sondern auf Grund der unterschiedlichen rechtlichen Stellung der Beteiligten. Kraft Gesetzes ist hierbei zu unterscheiden zwischen absonderungsberechtigten Gläubigern, Insolvenzgläubigern und nachrangigen Insolvenzgläubigern, letztere wiederum entsprechend ihrer einzelnen Rangklasse, § 39 Abs. 1 Nr. 1, 2, 4, 5. Da den Beteiligten nur innerhalb einer jeden gebildeten Gruppe gleiche Rechte angeboten werden, § 226 Abs. 1, kann weiterhin den unterschiedlichen Erwartungen bzw. Prognosen der Gläubiger mit gleicher Rechtsstellung dadurch Rechnung getragen werden, dass hierzu weitere Gruppen gebildet werden können, § 222 Abs. 2. Nur so kann eine optimale Realisierung von Wertschöpfungspotentialen genutzt werden. Es kann daher durchaus sein, dass ein **Gläubiger in mehreren Gruppen** vertreten ist, beispielhaft kann ein Grundpfandrechtsgläubiger sowohl in der Gruppe der absonderungsberechtigten als auch mit seiner Ausfallforderung in der Gruppe der nicht nachrangigen Insolvenzgläubiger abstimmen (hat der Gläubiger einen Anspruch gegen den Schuldner über 300 000 € und beträgt die sichernde Grundschuld nur 200 000 €, stimmt dieser Gläubiger in der Gruppe der Absonderungsberechtigten mit 200 000 € ab und in der Gruppe der nicht nachrangigen Insolvenzgläubiger mit 100 000 €). Der Grundsatz, dass ein abstimmungsberechtigter Gläubiger nur eine Stimme hat, kann nicht so verstanden werden, dass dieser Gläubiger nur einheitlich dem Plan zustimmen oder den Plan ablehnen kann.[7] Gerade die gesetzlich normierte Ausrichtung der Gruppen zeigt deutlich, dass der jeweilige Gläubiger auf Grund der rechtlichen und wirtschaftlichen Kriterien einer bestimmten Gruppe zugeordnet wurde und somit auch in dieser jeweiligen Gruppe sein Stimmrecht wahrnehmen kann, ein einheitli-

---

[5] S. Fn. 1; Uhlenbruck/*Lüer* § 245 RdNr. 2.
[6] Uhlenbruck/*Lüer* § 244 RdNr. 4; unklar insoweit FK-*Jaffé* § 244 RdNr. 29 und auch *Kübler/Prütting/ Otte* § 244 RdNr. 4, die jedem Gläubiger nur eine Stimme zuweisen, hierbei jedoch nicht nach Gruppenzugehörigkeit differenzieren; im Sinne einer einheitlichen Stimme innerhalb der Gruppe *Nerlich/Römermann/ Braun* § 244 RdNr. 7 bis 14.
[7] So aber FK-*Jaffé* § 244 RdNr. 29; *Kübler/Prütting/Otte* § 244 RdNr. 4; HK-*Flessner* § 244 RdNr. 5.

ches Stimmrecht über die Grenzen der jeweiligen Gruppe hinaus kann nicht angenommen werden. Jedem Gläubiger ist ein Individualstimmrecht in der jeweiligen Gruppe, der er zugewiesen wurde, zu gewähren. Es muss dem einzelnen Gläubiger auch zugestanden werden, auf Grund der Zuordnung in mehreren Gruppen unterschiedlich abzustimmen (beispielhaft kann der Eingriff in das Absonderungsrecht darin bestehen, dass die Durchsetzung der Rechte auf bestimmte Zeit ausgesetzt wird und in der Gruppe der nicht nachrangigen Insolvenzgläubiger wird auf die dort geltend gemacht Ausfallforderung eine Quote von 10% ausgewiesen; der Gläubiger kann dann in der Gruppe der Absonderungsberechtigten dem Plan zustimmen, in der Gruppe der nicht nachrangigen Insolvenzgläubiger auf Grund der niedrigen Quote jedoch den Plan ablehnen).[8]

11 Haben sich mehrere Gläubiger zu einem **Pool** zusammengeschlossen (zB Banken- oder Lieferantenpool), und melden ihre Forderungsansprüche zum Verfahren auch nur gemeinschaftlich an, sind somit auch nur einer bestimmten Gruppe zugeordnet worden, können sie folgerichtig innerhalb dieser Gruppe auch nur ein einheitliches Stimmrecht ausüben.[9]

12 Sind innerhalb einer Gruppe eine gerade Zahl von stimmrechtsberechtigten Gläubigern vertreten, und hat sowohl die gleiche Anzahl dem Plan zugestimmt als auch ablehnend votiert, liegt ein Patt vor, somit keine Kopfmehrheit, damit hat diese Gruppe dem Plan nicht zugestimmt.[10]

13 b) **Summenmehrheit.** Die Höhe des jeweiligen Anspruchs eines Gläubigers wurde vor Beginn der Abstimmung durch die Forderungsprüfung, die Festlegung des Stimmrechts und die Eintragung in die Stimmliste festgestellt, § 239. Die Gesamtsumme der jeweiligen Gruppe ergibt sich aus der Addition der abstimmenden Gläubiger; hierbei werden wie bereits oben (RdNr. 9) erläutert, nur die Ansprüche der Gläubiger addiert, die auch tatsächlich abstimmen, nicht anwesende Gläubiger, Gläubiger die sich der Stimme enthalten werden nicht mitgerechnet. Für die erforderliche Mehrheit ist mehr als die Hälfte der Gesamtsumme gefordert. Sofern die Addition der Voten sowohl für als auch gegen den Plan gleich hoch ausfallen, liegt ein Patt vor, damit ist bereits die erforderliche Mehrheit zu Gunsten des Plans nicht gegeben.

14 Kopfmehrheit und Summenmehrheit müssen kumulativ vorliegen, nur dann hat die jeweilige Gruppe dem Plan mehrheitlich zugestimmt.[11] Eine einzelne Mehrheit alleine gilt im Ergebnis als Ablehnung des Plans.

15 c) **Gemeinschaftliche Rechte.** Steht ein Recht Gläubigern gemeinschaftlich zu oder hatten Gläubiger bis zum Eintritt des Insolvenzeröffnungsgrundes ein einheitliches Recht inne, werden sie bei der Abstimmung als „ein Gläubiger" behandelt. Diese Regelung wurde aus § 72 Abs. 2 Satz 1 VglO übernommen. Im Hinblick auf die erforderliche Kopfmehrheit können mehrere Gläubiger einer einheitlichen Forderung auch nur als ein Kopf gewertet werden. Durch die Regelung, dass auch die Gläubiger nur eine Stimme haben, sofern sie bei Eintritt des Insolvenzeröffnungsgrundes ein einheitliches Recht inne hatten, wird ausgeschlossen, dass manipulativ im Hinblick auf die erforderlichen Kopfmehrheiten Forderungen bewusst rechtzeitig gesplittet werden.

Gläubiger, denen ein Recht gemeinschaftlich zusteht, sind zB **Gesamtgläubiger**, § 428 BGB, **Gesamthandsgläubiger,** § 432 BGB, die **Gesellschaft bürgerlichen Rechts,** § 705, die Erbengemeinschaft, § 2032, die Gütergemeinschaft, § 1416 BGB.[12]

16 Ist ein Recht mit einem **Pfandrecht** (rechtsgeschäftliches oder gesetzliches Pfandrecht) oder einem **Nießbrauch** belastet, liegt ebenfalls eine Gläubigergemeinschaft vor, die ihr Stimmrecht nur einheitlich ausüben kann.[13]

---

[8] In diesem Sinne *Nerlich/Römermann/Braun* § 244 RdNr. 9 bis 14; *Uhlenbruck/Lüer* § 244 RdNr. 5.
[9] *Nerlich/Römermann/Braun* § 244 RdNr. 16; *Uhlenbruck/Lüer* § 244 RdNr. 6; wohl auch *Kübler/Prütting/Otte* § 244 RdNr. 4.
[10] *Andres*/Leithaus § 244 RdNr. 2.
[11] *Schiessler,* Der Insolvenzplan, S. 161.
[12] *Kilger/K. Schmidt* § 72 VglO RdNr. 2; HK-*Flessner* § 244 RdNr. 8; *Uhlenbruck/Lüer* § 244 RdNr. 6; *Hess/Obermüller,* Insolvenzplan, RdNr. 273; FK-*Jaffé* § 244 RdNr. 35,37.
[13] *Uhlenbruck/Lüer* § 244 RdNr. 7.

Hat ein Gläubiger das gesamte Recht eines anderen gepfändet und sich das Recht an **17** Zahlungs Statt überweisen lassen, § 835 Abs. 2 ZPO, wirkt dies wie eine Abtretung der gepfändeten Forderung, das Recht ist auf dem Pfändungsgläubiger übergegangen, nur ihm allein steht nunmehr das Stimmrecht zu.[14] Bei einer Teilpfändung verbleibt der Rest dem Rechtsinhaber.[15]

Steht ein Recht mehreren Gläubigern gemeinschaftlich zu, und können sie sich über ein **18** einheitliches Votum nicht einigen, kann die Stimme für die notwendige Kopfmehrheit in der jeweiligen Gruppe nicht gewertet werden.[16] Sofern **mehrere Gläubiger als Gemeinschaft** ein **unterschiedliches Votum** bei der Abstimmung abgeben, gilt die Stimmabgabe als Stimmenthaltung und ist damit nicht zu zählen.[17] Dieser Grundsatz gilt auch für die Gläubiger, denen bereits bei Eintritt des Insolvenzeröffnungsgrundes ein einheitliches Recht zustand und die nunmehr nach Teilung des Rechtes gegensätzliche Voten abgeben.

Sofern mehrere Gläubiger eine **teilbare Forderung** geltend machen, können sie bei der **19** Zählung der Kopfmehrheit jeweils mit einer Stimme berücksichtigt werden, für die Addition der Summe zählt nur der jeweils zugewiesene Teilbetrag.[18]

Gibt ein **Vertreter in Vollmacht** die Stimme ab, hat er so viele Stimme wie er Gläubiger **20** vertritt.[19] Mehrere Stimmen hat jedoch derjenige Gläubiger, der auf Grund seiner rechtlichen oder wirtschaftlichen Stellung mehreren gebildeten Gruppen zugeordnet ist (vgl. hierzu RdNr. 10). Gläubiger, die sich zur Durchsetzung und Geltendmachung ihrer Rechte in einem Pool zusammengeschlossen haben, können nur ein einheitliches Stimmrecht ausüben (vgl. hierzu RdNr. 11).

3. Verfahrensablauf. Das Insolvenzgericht hat den Verfahrensablauf zur Abstimmung **21** über den Insolvenzplan sorgfältig zu protokollieren, §§ 159, 160 ZPO. Um die jeweils erforderlichen Mehrheiten festzuhalten, sollte nach Abstimmung einer einzelnen Gruppe das jeweilige Ergebnis nach Kopf- und Summenmehrheit protokolliert werden. Nachdem alle Gruppen getrennt abgestimmt haben, ist dann das Gesamtergebnis der jeweiligen Gruppen zu protokollieren. Zunächst sollte das jeweilige Einzelergebnis aus den einzelnen Gruppen verkündet werden. Ergeben sich Unklarheiten bei den erforderlichen Mehrheiten, zB Additionsfehler, müssen diese korrigiert werden. Sofern keine Einwände gegen die Einzelergebnisse erhoben werden, verkündet das Gericht dann das Gesamtergebnis:

– Haben alle Gruppen mit den erforderlichen Mehrheiten dem Insolvenzplan zugestimmt, gilt der Plan grundsätzlich als angenommen. Dem Schuldner steht allerdings noch das Recht zu, dem Plan im Termin schriftlich oder zu Protokoll zu widersprechen, § 247 (zur Bestätigung des Plans von Amts wegen und zum Minderheitenschutz auf Antrag eines Gläubigers vgl. §§ 250, 251).

– Haben alle Gruppen den Plan mit den erforderlichen Mehrheiten abgelehnt oder wurde der Plan mehrheitlich abgelehnt oder liegt ein Patt zwischen Zustimmung und Ablehnung vor, vgl. § 245 Abs. 1 Nr. 3, ist der Plan abgelehnt. Die Ablehnung ist zu protokollieren und zu verkünden, eine besondere Form ist hierfür nicht vorgesehen. Nur die gerichtliche Bestätigung ist durch Beschluss auszusprechen, § 248 Abs. 1 (vgl. hierzu die Kommentierung zu § 248).

– Liegt eine Mehrheit zustimmender Gruppen für den Insolvenzplan vor, § 245 Abs. 1 Nr. 3, ist der Plan noch nicht angenommen. Die fehlende Zustimmung der den Plan ablehnenden Gruppen kann jedoch unter den Voraussetzungen der §§ 245, 246 durch gerichtlichen Beschluss ersetzt werden. Zur Prüfung dieser Voraussetzungen kann das Insolvenzgericht den Abstimmungstermin unterbrechen. Die Entscheidung über die

---

[14] FK-*Jaffé* § 244 RdNr. 41 unter Hinweis auf die entsprechende Kommentierung zu § 82 KO bzw. § 72 VglO.
[15] *Hess/Obermüller*, Insolvenzplan, RdNr. 278.
[16] HK-*Flessner* § 244 RdNr. 10.
[17] *Kilger/K. Schmidt* § 73 VglO RdNr. 2 a.
[18] *Kilger/K. Schmidt* § 73 VglO RdNr. 2 a; HK-*Flessner* § 244 RdNr. 9; FK-*Jaffé* § 244 RdNr. 33, 34.
[19] *Kilger/K. Schmidt* § 73 VglO RdNr. 2 b.

§ 245   6. Teil. Insolvenzplan. 2. Abschnitt. Annahme und Bestätigung des Plans

Zustimmungsersetzung sollte jedoch noch im Abstimmungstermin getroffen werden, sie ist Voraussetzung für die Bestätigung des Plans, § 248. Der Beschleunigungseffekt und die zeitliche Komponente ist für alle Beteiligten von entscheidender Bedeutung, das Gericht sollte daher noch im Abstimmungstermin die Entscheidung über die Ablehnung oder Bestätigung des Plans verkünden.

§ 245 Obstruktionsverbot

(1) Auch wenn die erforderlichen Mehrheiten nicht erreicht worden sind, gilt die Zustimmung einer Abstimmungsgruppe als erteilt, wenn

1. die Gläubiger dieser Gruppe durch den Insolvenzplan voraussichtlich nicht schlechter gestellt werden, als sie ohne einen Plan stünden,
2. die Gläubiger dieser Gruppe angemessen an dem wirtschaftlichen Wert beteiligt werden, der auf der Grundlage des Plans den Beteiligten zufließen soll, und
3. die Mehrheit der abstimmenden Gruppen dem Plan mit den erforderlichen Mehrheiten zugestimmt hat.

(2) Eine angemessene Beteiligung der Gläubiger einer Gruppe im Sinne des Absatzes 1 Nr. 2 liegt vor, wenn nach dem Plan

1. kein anderer Gläubiger wirtschaftliche Werte erhält, die den vollen Betrag seines Anspruchs übersteigen,
2. weder ein Gläubiger, der ohne einen Plan mit Nachrang gegenüber den Gläubigern der Gruppe zu befriedigen wäre, noch der Schuldner oder eine an ihm beteiligte Person einen wirtschaftlichen Wert erhält und
3. kein Gläubiger, der ohne einen Plan gleichrangig mit den Gläubigern der Gruppe zu befriedigen wäre, besser gestellt wird als diese Gläubiger.

Schrifttum: *Aghion/Hart/Moore*, The Economics of Bankruptcy Reform, Journal of Law, Economics and Organisation, 1992, S. 523; *Aghion/Hart/Moore*, Insolvency reform in the UK: a revised proposal, Insolvency Law and Practice, 1995, S. 67; *Altman*, Corporate Financial Distress and Bankruptcy, 2. Aufl., 1993; *Baird*, The Elements of Bankruptcy, 1992; *Baird*, Revisiting Auctions in Chapter 11, Journal of Law and Economics, 1993, S. 633; *Baird/Jackson*, Cases, Problems, and Materials on Bankruptcy, 2. Aufl., 1990; *Bailey*, The „New Value Exception" Single-Asset Reorganizations: A Commentary on the Bjolmes Auction Procedure and its Relationship to Chapter 11, Commercial Law Journal, Bd. 98, 1993, 50; *Balz/Landfermann*, Die neuen Insolvenzgesetze, Texte mit Einführung und den amtlichen Materialien, 1995; *Bebchuk*, Chapter 11, Discussion Paper Series, Harvard Law School, Nr. 227, 1997; *Bebchuk*, A New Approach to Corporate Reorganization, Harvard Law Review, 1988, S. 775; *Bebchuk*, The Options Approach to Corporate Reorganziation, working paper, Harvard Law School, 1998 a; *Bebchuk*, Chapter 11, The New Palgrave Dictionary of Economics and Law, 1998 b, Bd. 1, S. 219; *Beranek/Boehmer/Smith*, Much Ado about Nothing: Absolute Priority Deviations in Chapter 11, Financial Management, 1996, S. 102; *Bigus/Eger*, Führt die deutsche InsO zu mehr Marktkonformität bei Unternehmensinsolvenzen? Einige Bemerkungen aus ökonomischer Sicht, Zeitschrift für das gesamte Insolvenzrecht, 2003, S. 1; *Blum*, The „fair and equitable" Standard for Confirming Reorganizations under the New Bankruptcy Code, American Bankruptcy Law Journal, Vol. 54, 1980, S. 165; *Blum*, The Law and the Language of Corporate Reorganizations, University of Chicago Law Review, Bd. 17, 565; *Börner/Terpitz*, Insolvenzplanverfahren – Option einer gerichtlichen Sanierung, Handbuch Unternehmensrestrukturierung, hrsg. von *Hommel/Knecht/Wohlenberg*, 2006, S. 1283; *Braun*, Das Kernstück der neuen Insolvenzrechtsreform: Der Sanierungsplan, Steuerrecht, Gesellschaftsrecht, Berufsrecht, 1995, 333; *Braun*, Die Finanzierung der Fortführung des Geschäftsbetriebes im Insolvenzverfahren in Kapitalgeberansprüche, Marktwertorientierung und Unternehmenswert, Festschrift Drukarczyk, hrsg. von *Richter/Schwetzler/Schüler*, 2003, S. 93; *Braun*, Anforderungen an den Insolvenzplan Insolvenzrechts-Handbuch, Gottwald, 3. A., 2006, S. 969; *Braun*, Commentary on the German Insolvency Code, 2006; *Braun/Uhlenbruck*, Unternehmensinsolvenz, Grundlagen, Gestaltungsmöglichkeiten, Sanierung mit der Insolvenzordnung, 1997; *Braun/Uhlenbruck*, Muster neues Insolvenzplans, 1998; *Braun/Uhlenbruck*, Unternehmensinsolvenz, Grundlagen, Gestaltungsmöglichkeiten, Sanierung mit der Insolvenzordnung, 1997; *Brealey/Myers*, Principles of Corporate Finance, 7. Aufl., 2006; *Bris/Welch/Zhu*, The Costs of Bankruptcy: Chapter 7 Liquidation versus Chapter 11 Reorganziation, The Journal of Finance, 2006, Bd. 61, S. 1253; *Broude*, Cramdown and Chapter 11 of the Bankruptcy Code: The Settlement Imperative, Business Lawyer, 1984, 441; *Burger*, Das deutsche „einheitliche Insolvenzverfahren" unter besonderer Berücksichtigung des Insolvenzplans, Gläubigerschutz, Betriebswirtschaftslehre und Recht, Festschrift Koren, hrsg. von *Seicht*, 1993, S. 363; *Burger/Schellberg*, Der

Insolvenzplan im neuen Insolvenzrecht, DB 1994, 1833; *Chatterjee/Dhillon/Ramirez,* Debtor-in-possession financing, Journal of Banking and Finance, 2004, 28. Bd., S. 3097; *Covans,* Bankruptcy Law and Practice, 6. Aufl., 1994; *Davydenko/Franks,* Do Bankruptcy Codes Matter? A Study of Defaults in France, Germany and the UK, 2006, Working Paper London Business School; *Dilger,* Auktionen in Insolvenzen, Ein Vorschlag zur optimalen Gestaltung von Insolvenzverfahren, 1998; *Dörner,* Sanierungsprüfung, WP Handbuch, Bd. II, 11. Aufl., 1998, S. 299; *Drukarczyk,* Unternehmen und Insolvenz, 1987; *Drukarczyk,* Insolvenzrecht als Versuch marktkonformer Gestaltung von Verwertungsentscheidungen und Verteilungsregeln, Zeitschrift für Wirtschaftsrecht, 1989, S. 341; *Drukarczyk,* Verwertungsformen und Kosten der Insolvenz, Betriebswirtschaftliche Forschung und Praxis, 1995, S. 40; *Drukarczyk,* Finanzierung, 9. Aufl., 2003; *Drukarczyk,* Insolvenzplan und Obstruktionsverbot, Regensburger Beiträge zur Wirtschaftswissenschaft, Nr. 315, 1998; *Drukarczyk,* Probleme des Reorganisationsverfahrens: Bewertung, best interest test und Verlustvorträge, in: Unternehmen in der Krise, hrsg. von *Heintzen/Kruschwitz,* 2004, S. 129; *Drukarczyk/Schöntag,* Insolvenzplan, optionsbasierte Lösungen, Verlustvorträge und vom Gesetzgeber verursachte Sanierungshemmnisse, Börsen, Banken und Kapitalmärkte, Festschrift Schmidt, hrsg. von *Bessler,* 2006, S. 649; *Drukarczyk/Schüler,* Unternehmensbewertung, 5. Aufl., 2007; *Drukarczyk/Schüler,* Bewertung sanierungsbedürftiger Kapitalgesellschaften, Handbuch Unternehmensrestrukturierung, hrsg. von *Hommel/Knecht/Wohlenberg,* 2006, S. 709; *Eberhart/ Moore/Roenfeldt,* Security pricing and deviations from the absolute priority rule in bankruptcy proceedings, Journal of Finance, 1990, S. 1457; *Eidenmüller,* Gesellschafterstellung und Insolvenzplan, ZGR, 2001, S. 680; *Eidenmüller,* Unternehmenssanierung zwischen Markt und Gesetz, 1999; *Eidenmüller,* Prognoseentscheidungen in Insolvenzplanverfahren: Verfahrenslähmung oder Minderheitenschutz? NJW 1999, 1837; *Eidenmüller,* Der Insolvenzplan als Vertrag, Jahrbuch für Politische Ökonomie, 1996, S. 164; *Eidenmüller,* Insolvenzbewältigung durch Reorganisation, Effiziente Verhaltenssteuerung durch Kooperation im Zivilrecht, *Ott* und *Schäfer* (Hrsg.), 1997, S. 145; *Eidenmüller,* Vertragliche Vorkehrungen gegen Insolvenzrisiken, Privatrecht im „Risikostaat", hrsg. von *Hart,* 1997, S. 43; *Eidenmüller,* Obstruktionsverbot, Vorrangregel und Absonderungsrechte, Kapitalgeberansprüche, Marktwertorientierung und Unternehmenswert, Festschrift Drukarczyk, hrsg. von *Richter/Schüler/Schwetzler,* 2003, S. 187; *Eilenberger,* Zur Problematik des Insolvenzplanverfahrens nach der InsO in betriebswirtschaftlicher Sicht, Rostocker Schrifttum zur Bank- und Finanzmarktforschung, Nr. 2, 1996; *Fassbach,* Die cram down power des amerikanischen Konkursgerichtes im Reorganisationsverfahren nach Chapter 11 des Bankruptcy Code, 1997; *Fearon/Julis,* The Role of Modern Finance in Bankruptcy, Temple Law Quaterly, Vol. 56, 1983, S. 1; *Fortgang/Mayer,* Valuation in Bankruptcy, University of California Law Review, 1985, S. 1061; *Franks/Mayer/Renneboog,* Who Disciplines Management in Poorly Performing Companies?, Journal of Financial Intermediation, 2001, Bd. 10, S. 209; *Franks/Torous,* An Empirical Investigation of US Firms in Reorganization, 1989, Journal of Finance, S. 747; *Friedmann,* What Courts Do to Secured Creditors in Chapter 11 Cram Down, Columbia Law Review, 1993, S. 1495; *Funke,* Der Insolvenzplan des Entwurfs der Insolvenzordnung im Lichte der Erfahrungen mit dem amerikanischen Reorganisations- und Schuldenregulierungsrechts, in: Für Recht und Staat, Festschrift für Helmrich, hrsg. von *Letzgus/ Hill* u. a., 1995, S. 627; *Gilson,* Managing Default: Some Evidence on how Firms choose between Workouts and Chapter 11, Journal of Applied Corporate Finance, 1990, 62; *Gilson,* Creating Value through Corporate Restructuring, 2001; *Hamilton,* The Absolute Priority Rule and New Value: Before and after Bank of America National Trust and Savings Association v. 203 North Lasalle Street Partnership, Commercial Law Journal, 2000, Bd. 105, S. 331; *Hart,* Firms, Contracts and Financial Structure, 1995; *Heilmann/Smid,* Grundzüge des Insolvenzrechts, 2. Aufl., 1994; *Heiss/Köke,* Dynamics in Ownership and Firm Survival: Evidence from Corporate Germany, European Financial Management, 2004, Bd. 10, S. 167; *Heni,* Rechnungslegung im künftigen Insolvenzverfahren – Zahlenfriedhöfe auf Kosten der Gläubiger?, Managementinstrumente und -konzepte, *Egger/Grün/Moser* (Hrsg.), 1999, 241; *Heni,* Interne Rechnungslegung im Insolvenzverfahren, 2006; *Hermanns/Buth,* Der Insolvenzplan als Sanierungsplan – Grundzüge und betriebswirtschaftliche Aspekte, DStR 1997, 1178; *Hess/Weis,* Der Insolvenzplan nach der InsO, InVo 1996, 91; *Hotchkiss,* The Post-Bankruptcy Performance of Firms Emerging from Chapter 11, Working Paper, New York University, 1992; *Hotchkiss,* Post-Bankruptcy Performance and Management Turnover, The Journal of Finance, 1995, Bd. 50, S. 3; *IDW,* Anforderungen an Sanierungskonzepte, Die Fachgutachten und Stellungnahmen, April 1997, S. 3; *Jensen-Conklin,* Do confirmed Chapter 11 plans consummate? The results of a study and analysis of the law, Commercial Law Journal, 1991, S. 297; *Johnston,* The Bankruptcy Bargain, American Bankruptcy Law Journal, 1991, S. 213; *Jostarndt,* Of bail-outs and bankruptcies, A study of distressed restructurings in Germany, Working Paper Saïd Business School and Munich School of Management, 2006; *Jungmann,* Schlechterstellungsverbote im Insolvenzplanverfahren – Zum Verhältnis von §§ 245 und 251 InsO, KTS, 2006, Bd., S. 135; *Kaiser,* European Bankruptcy Laws: Implications for Corporations Facing Financial Distress, Financial Management, 1996, 67; *Kemper,* Die U. S.-amerikanischen Erfahrungen mit „Chapter 11", Diss. Regensburg 1995, *King* (Hrsg.), Collier on Bankruptcy, Loseblattsammlung; *Klee,* All you ever wanted to know about the Cram Down Rule under the New Bankruptcy Code, American Bankruptcy Law Journal, 1979, S. 133; *Klee,* Cram Down II, American Bankruptcy Law Journal, 1990, S. 229; *Landfermann,* Zur Gestaltung und Formulierung der Insolvenzordnung, Festschrift für Henckel, *Gerhardt u. a.* (Hrsg.), 1995, S. 515; *Landfermann,* Der Ablauf eines künftigen Insolvenzverfahrens, Betriebsberater, 1995, S. 1649; *LoPucki,* The debtor in full control-systems failure under Chapter 11 of the Bankruptcy Code?, American Law Journal, 1983, S. 99 und S. 247; *LoPucki/Whitford,* Preemptive Cram Down, American Bankruptcy Law Journal, 1991, S. 625; *LoPucki/Whitford,* Bargaining over Equity's Share in the Bankruptcy Reorganization of large, Publicly held Companaies, University of Pennsylvania Law Review, 1990, S. 125; *LoPucki/Whitford,* Patterns in the bank-

§ 245   6. Teil. Insolvenzplan. 2. Abschnitt. Annahme und Bestätigung des Plans

ruptcy reorganization of large, publicly held companies, Cornell Law Review, 1993, S. 580; *Lubos*, Sofortmaßnahmen und Instrumente zur Unternehmensanalyse – Erste Einschätzung der Sanierbarkeit von Krisenunternehmen, Handbuch der Unternehmensrestrukturierung, hrsg. von *Hommel/Knecht/Wohlenberg*, 2006, S. 365; *Mandl/Rabel*, Unternehmensbewertung, 1997; *Maus*, Der Insolvenzplan, Kölner Schrift zur Insolvenzordnung; Arbeitskreis für Insolvenzrecht und Schiedsgerichtswesen e. V., Köln (Hrsg.), 2. A., 2000, S. 931; *Mitchell*, Creditor passivity and bancruptcy: implications for economic reform, *Mayer/Vives*, Capital Markets and Financial Intermediation, 1993, 197; *Möhlmann*, Grundzüge der US-amerikanischen Berichterstattung im insolvenzrechtlichen Reorganisationsverfahren, KTS 1997, S. 1; *Neville*, The New Value Exception to the Chapter 11 Absolute Priority Rule, Missouri Law Review, 1995, S. 465; *Pachulski*, The Cram Down and Valuation under Chapter 11 of the Bankruptcy Code, Northern Carolina Law Review, Bd. 58, 1980, S. 925; *Picot/Aleth*, Unternehmenskrise und Insolvenz, 1999; *Prütting*, Der Insolvenzplan im japanischen und deutschen Recht, Festschrift für Henckel, 1995, S. 669; *Roe*, Bankruptcy and Debt: A New Model of Corporate Reorganization, Columbia Law Review, 1983, S. 527; *Risse*, Betriebswirtschaftliche Aspekte der Sanierung durch Unternehmensfortführung nach der Insolvenzordnung, KTS 1995, S. 465; *Ross/Westerfield/Jaffe*, Corporate Finance, 2005, 7. Aufl.; *Rusch*, The New Value Exception to the Absolute Priority Rule on Chapter 11 Reorganizations: What Should the Rule be?, Pepperdine Law Review 1992, 1311; *Schiessler*, Der Insolvenzplan, Dissertation Universität Regensburg, 1997; *K. Schmidt*, Wege zum Insolvenzrecht der Unternehmen, 1990; *Senbet/Seward*, Financial Distress, Bankruptcy and Reorganization, Handbooks in OR & MS, Finance, hrsg. von *Jarrow/Maksimovic/Ziemba*, 1995, Bd. 9, S. 921; *Smid*, Gerichtliche Bestätigung des Insolvenzplans trotz Versagung seiner Annahme durch Abstimmungsgruppen von Gläubigern, Recht und Pluralismus, Festschrift für Pawlowski, 1996; *Smid/Rattunde*, Der Insolvenzplan, 1998; *Stadler*, Die Sanierung von Aktiengesellschaften unter Einsatz von Wandelgenussrechten, Neue Zeitschrift für das Recht der Insolvenz und Sanierung, 2003, S. 579; *Stürner*, Aufstellung und Bestätigung des Insolvenzplans, Insolvenzrecht im Umbruch, hrsg. von *Leipold*, 1991, S. 41; *Terhart*, Chapter 11 Bankruptcy Code: Eine Alternative für Deutschland?, Regensburger Beiträge zur betriebswirtschaftlichen Forschung, Bd. 10, 1996; *Trost*, Business Reorganizations under Chapter 11 of the New Bankruptcy Code, Business Lawyer, Bd. 34, 1979, S. 1309; *Uhlenbruck*, Das neue Insolvenzrecht, Insolvenzordnung und Einführungsgesetz nebst Materialen, 1994; *Weintraub/Resnick*, Bankruptcy Law Manual, 2. Aufl., 1986; *Weiss*, Direct Costs and Violation of Priority of Claims, Journal of Financial Economies, 1990, S. 285; *White*, Bankruptcy Liquidation and Reorganization, Handbook of Modern Finance, *Logue* (Hrsg.), 2. Aufl., 1990; *Wielenberg*, Bedingte Zahlungsversprechen in der Unternehmenssanierung, Schmalenbachs Zeitschrift für betriebswirtschaftliche Forschung, 2006, Jg. 58, S. 270; *Wittig*, Obstruktionsverbot und Cram Down, ZInsO, 1999, S. 373; *Wohlenberg/Altenkirch*, Eigentümerwechsel in der Sanierung, Handbuch der Unternehmensrestrukturierung, hrsg. von *Hommel/Knecht/Wohlenberg*, 2006, S. 485.

Übersicht

	RdNr.		RdNr.
A. Normzweck	1	4. Informationsbereitstellung durch die Anlagen i. S. v. § 229	24
B. Entstehungsgeschichte	3	5. Informationsbereitstellung über die Verwertungsalternative im Regelverfahren	28
I. Erster Bericht der Kommission für Insolvenzrecht	3		
II. Entwurf einer Insolvenzordnung (EInsO)	4	**D. Das Vorbild: Die cram down-Regelung des Chapter 11 Bankruptcy Code**	31
III. Bericht des Rechtsausschusses	7	I. Einordnung und Normzweck	31
C. Struktur und Einbettung der Vorschrift in die Insolvenzplan-gesteuerte Verwertung und Verteilung	8	II. Klassenbildung	35
		III. Prüfkriterien	36
I. Struktur des Obstruktionsverbots	8	1. Angemessenheit	37
1. Untere Grenze des Anspruchs	9	a) Behandlung gesicherter Gläubiger	38
2. Obere Grenze des Anspruchs	11	b) Behandlung ungesicherter Gläubiger	42
3. „Angemessene" Beteiligung am wirtschaftlichen (Mehr)Wert	12	c) Behandlung der Alteigentümer	45
4. Gruppenbezogenes Mehrheitsprinzip	16	2. Unbillige Diskriminierung	46
5. Gleichbehandlungsprinzip	18	**E. Kriterien des § 245**	47
II. Einbettung der Vorschrift in das Insolvenzplan-Verfahren	19	I. Ausgangslage	
1. Vorbemerkung	19	II. Wann sind Gläubiger schlechter gestellt als sie ohne einen Plan stünden?	48
2. Verwertungsoptionen – Überblick	20		
3. Bestandteile des Insolvenzplans	21	1. Bestimmung des Bezugspunktes	48

	RdNr.		RdNr.
2. Äquivalenzprobleme	54	F. Verfahrensdauer, Kosten und Zurückdrängung richterlicher Bewertungsentscheidungen	88
a) Strukturäquivalenz	57		
b) Risikoäquivalenz	58		
c) Informationsunterschiede und Erwartungsdivergenzen	65	I. Hintergrund: Amerikanische Erfahrungen	88
d) Risiko einer erneuten Insolvenz	67		
III. Erhalten Gläubiger mehr als den vollen Betrag ihres Anspruchs?	69	II. Reformvorschläge	91
		1. Zeitlich vorgezogene cram down-Regelung	91
IV. Sind Gläubiger angemessen an dem durch den Plan erwarteten Mehrwert beteiligt?	74	2. Entschärfung des Bewertungsproblems	92
		3. Der Vorschlag von Bebchuk	93
		4. Der Vorschlag von Aghion/Hart/Moore	95

A. Normzweck

Es ist ein wichtiges Anliegen der Insolvenzordnung (InsO), den finanziellen Interessen des einzelnen Kapitalgebers, die von der Insolvenz des Schuldners tangiert sind, einen prinzipiell ungeschmälerten Einfluss auf die Verwertungsentscheidung zu ermöglichen. Die Allgemeine Begründung des Regierungsentwurfs von 1992 bezeichnet dies als „Vermögensorientierung" des Verfahrens: Der privatautonomen Abwicklung der Insolvenz sollen so wenige Schranken wie möglich gesetzt werden; die bestmögliche Verwertung soll im Verfahren durch Wettbewerb entdeckt und realisiert werden.[1] Welcher Einschränkungen der Entscheidungsspielräume rationaler, am Eigeninteresse orientierter Kapitalgeber es bedarf, um das Ziel der bestmöglichen Verwertung des Vermögens des insolventen Unternehmens im Interesse des Kollektivs der Kapitalgeber zu erreichen, ist das zentrale Problem einer Insolvenzordnung. Dass Einschränkungen der Entscheidungsräume einzelner (rationaler) Kapitalgeber erforderlich sind, ergibt sich aus den bekannten Problemen rationaler kollektiver Entscheidungsfindung, die im Falle der Unternehmensinsolvenz zusätzlich kompliziert werden durch die heterogenen Rechtsausstattungen von Gläubigern und die Unterschiede in der Informationsqualität der Kapitalgeber. Die finanziellen Interessen der stimmberechtigten Kapitalgeber divergieren; einige ziehen finanziellen Nutzen aus einem fortbestehenden Schuldner, andere nicht. Die Informationsstände der Stimmberechtigten sind unterschiedlich; diese beeinflussen die Erwartungen über Liquidations- und Fortführungswerte. Die Rechtsausstattung der Gläubiger divergiert, weil bestimmte Gläubiger über Sicherungsrechte oder Rangabsprachen privilegierte Positionen einnehmen. Außerdem halten Gläubiger im Vergleich zum aktuellen Zinsniveau im Insolvenzzeitpunkt marktkonforme Verzinsungsansprüche oder nicht. Schließlich ist auf das Trittbrettfahrer-Problem zu verweisen: Eigene Lösungsbeiträge werden in der Hoffnung darauf, dass andere leisten, verweigert. Diese ansteckende Haltung kann dann für das Kollektiv vorteilhafte Lösungen zum Scheitern bringen.

Der Gesetzgeber hat diese Problemlage erkannt. Der Lösungsbeitrag der InsO besteht darin, einen strukturierten Verhandlungsraum[2] aufzuspannen, innerhalb dessen die von der Insolvenz Betroffenen die vom Gesetz gebotene Option, die Insolvenzbewältigung zu privatisieren,[3] nutzen können. Kernstück dieser Lösung ist der Insolvenzplan, der an die Stelle von Vergleich und Zwangsvergleich der früheren Regelung tritt. Er hat den Charakter einer privatautonomen Übereinkunft, also eines Vertrages, in dessen Ausgestaltung sich die von der InsO zugelassene Flexibilität spiegeln kann. Über einen Insolvenzplan entscheiden die von der Insolvenz betroffenen Kapitalgeber. Sie stimmen nach präzisierten Mehrheits-

---
[1] Vgl. *Balz/Landfermann*, Die neuen Insolvenzgesetze, 1995, S. 10/11.
[2] Vgl. etwa *Drukarczyk*, Verwertungsformen und Kosten der Insolvenz, BFuP 1995, S. 44.
[3] So *Eidenmüller*, Der Insolvenzplan als Vertrag, JbfpÖ 1996, S. 164.

regeln in Gläubigergruppen ab. Ein Plan[4] ist angenommen, wenn alle Gläubigergruppen mit den erforderlichen Mehrheiten zustimmen, es sei denn, die prinzipiell erforderliche, aber fehlende Zustimmung einer Gruppe werde durch richterliche Entscheidung gemäß § 245 ersetzt. Ersetzt werden kann die fehlende Zustimmung einer Gruppe zu einem Plan, wenn diese als „Obstruktion" zu werten ist, d. h. als Entscheidung, die Ausfluss eines strategischen Manövers ist, mit dem Ziel, Sondervorteile zu erreichen. Ob die Wertung als Obstruktion angebracht ist, ist vorrangig nach ökonomischen Kriterien zu entscheiden. Die Regelung des § 245, die dem Vorbild der cram down-Regeln des Bankruptcy Code der Vereinigten Staaten nachempfunden ist, ist wichtig: Sie nimmt Gläubigergruppen unter zu erörternden Bedingungen das Vetorecht gegen einen Plan, das mit dem Erfordernis der Zustimmung jeder Gläubigergruppe verbunden wäre. Die Einnahme taktischer Störpositionen im Verhandlungs- und Abstimmungsprozess wird insoweit erschwert. Zugleich werden Bewertungs-, Auslegungs- und Entscheidungsprobleme für Insolvenzgerichte und am Verfahren Beteiligte geschaffen.[5]

B. Entstehungsgeschichte

I. Erster Bericht der Kommission für Insolvenzrecht

3   Die Kommission für Insolvenzrecht (KfI) hatte in ihrem 1985 vorgelegten Ersten Bericht ein Reorganisationsverfahren vorgeschlagen.[6] In diesem, an das Verfahren nach Chapter 11 des Bankruptcy Code (BC) der USA angelehnten Verfahren, sollten abstimmungsberechtigte Gläubigergruppen über einen vom Insolvenzverwalter erarbeiteten Insolvenzplan abstimmen. Abstimmungsberechtigte Gruppen bildeten die Insolvenzgläubiger mit Sicherungsrechten, die ungesicherten Gläubiger sowie die im Unternehmen verbleibenden Arbeitnehmer, deren Ansprüche auf rückständiges Arbeitsentgelt gemäß Reorganisationsplan gekürzt werden sollte.[7] Als angenommen galt ein Reorganisationsplan, wenn er in jeder Abstimmungsgruppe die erforderliche Mehrheit erhielt. Die Mehrheitserfordernisse waren gestaffelt: In der Gruppe der Insolvenzgläubiger mit Sicherungsrechten sollte die erforderliche Mehrheit 80% der Gesamtsumme der Forderungen betragen, soweit diese durch ein Sicherungsrecht gedeckt waren; in der Gruppe der ungesicherten Insolvenzgläubiger sollte die erforderliche Mehrheit 60% und in der Gruppe der Arbeitnehmer 80% der Forderungen betragen.[8] Kopfmehrheiten waren nicht vorgesehen, weil dies die Annahme eines Reorganisationsverfahrens erheblich erschweren könnte. Ebenfalls nicht vorgesehen war, die Zustimmung einer Gläubigergruppe durch Richterspruch zu ersetzen. Die Kommission sah darin eine unangemessene Bevormundung der Gläubiger.[9] Der Erste Bericht sah in Leitsatz 2. 2. 18 lediglich eine Wiederholung der Abstimmung vor, wenn wenigstens eine Abstimmungsgruppe dem Reorganisationsplan zugestimmt hatte. Die bei der Abstimmung über den Reorganisationsplan vorgesehenen hohen Summenmehrheiten sollten auch dem Schutz der Minderheit innerhalb der Gläubigergruppen dienen. Nur für die Gruppe der Inhaber von besitzlosen Mobiliarsicherheiten sah Leitsatz 2.4.4.7 eine Mindestbefriedigungsquote vor: Den in der Abstimmung überstimmten mobiliargesicherten Gläubigern musste mindestens die Hälfte des Wertes des Sicherungsgutes oder der niedrigeren Forderung erhalten bleiben. Für ungesicherte Gläubiger war die Definition einer im Reorganisationsverfahren zu beachtenden Mindestquote nicht vorgesehen.[10] Zwar

---

[4] Die Begriffe Plan und Insolvenzplan werden synonym verwendet.
[5] Vgl. für die US-amerikanische Regelung etwa *Klee*, 1979; *Trost*, 1979.
[6] 1. KommBer. S. 15–17, S. 152–161.
[7] 1. KommBer. Leitsatz 2. 2. 16.
[8] 1. KommBer. Leitsatz 2. 2. 17.
[9] 1. KommBer. S. 159.
[10] 1. KommBer. Leitsatz 2.4.7.1.

hatte die Kommission die Regelung des amerikanischen Bankruptcy Code, nach der Verfahrensbeteiligte nicht gegen ihren Willen schlechter gestellt werden können als bei Liquidation (§ 1129 (a) (7) BC), zur Kenntnis genommen, es aber mehrheitlich abgelehnt, die Regelung zu übernehmen. Die Kommission befürchtete Auseinandersetzungen über den hypothetischen Liquidationswert der Masse und über vermutliche Liquidationsquoten, womit dem Reorganisationsverfahren erhebliche Verzögerungen und ggf. Kostenbelastungen drohten.[11]

II. Entwurf einer Insolvenzordnung (EInsO)

Der Entwurf einer Insolvenzordnung (1988) setzt sich eine marktkonforme Ausgestaltung des Insolvenzverfahrens zum Ziel. Diese Zielsetzung beachtet, dass dem Abstimmungsverhalten der Verfahrensbeteiligten Investitionsentscheidungen zugrunde liegen: Die Verfahrensbeteiligten entscheiden über die Reinvestition des Wertes ihres Anspruchs oder über seine sofortige Geltendmachung. Folglich sieht der Entwurf keine Berechtigung darin, den Verfahrensbeteiligten die Position zu versagen, die sie im Fall der Liquidation („Liquidationsquote") einnähmen.[12] Daraus folgt auch, dass auf Zwangseingriffe in Vermögensrechte verzichtet wird. Die zivilrechtliche Haftungszuordnung soll nicht nur bei Zwangsverwertung, sondern auch dann gültig bleiben, wenn fortgeführt oder saniert wird. Den Verfahrensbeteiligten wird deshalb zugestanden, ihrem Rang gemäß am Fortführungswert teilzuhaben.[13] Sind diese Bedingungen erfüllt, d. h. wird einer Abstimmungsgruppe mindestens die Position gewährt, die sie bei Liquidation des Schuldnervermögens einnähme und wird sie an dem bei Fortführung erzielbaren Mehrwert im Verhältnis zu anderen Gruppen nicht unbillig benachteiligt, besteht „kein vernünftiger Grund ... einem von anderen Gläubigern gewünschten Plan zu widersprechen".[14] Diese Überlegung macht den Kern der Vorschrift § 279 EInsO (Obstruktionsverbot) aus. Das Insolvenzgericht muss die Zustimmung ablehnender Abstimmungsgruppen ersetzen, wenn die Gläubiger dieser Gruppe 4

(1) durch den Plan nicht schlechter gestellt werden, als sie ohne einen Plan stünden,
(2) angemessen an dem wirtschaftlichen Wert beteiligt werden, der auf der Grundlage des Plans den Beteiligten zufließen soll und
(3) mindestens eine andere Gruppe dem Plan mit den erforderlichen Mehrheiten zugestimmt hat.[15]

Wichtig ist, wann eine angemessene Beteiligung vorliegt. Eine angemessene Beteiligung am wirtschaftlichen Wert liegt vor, wenn nach dem Plan 5
(1) kein anderer Gläubiger wirtschaftliche Werte erhält, die den vollen Betrag seines Anspruchs übersteigen,
(2) weder ein Gläubiger, der ohne einen Plan mit Nachrang gegenüber den Gläubigern der Gruppe zu befriedigen wäre, noch der Schuldner oder eine an ihm beteiligte Person einen wirtschaftlichen Wert erhält und
(3) kein Gläubiger, der ohne einen Plan gleichrangig mit den Gläubigern zu befriedigen wäre, besser gestellt wird als dieser Gläubiger.[16]

Auf die Interpretation dieser Kriterien ist zurückzukommen.

Der Minderheitenschutz wird in dem EInsO im Vergleich zum Ersten Bericht der Kommission für Insolvenzrecht aufgewertet. Die Bestätigung eines Plans durch das Gericht ist zu versagen 6

---

[11] 1. KommBer. S. 267.
[12] DE S. A 20.
[13] DE S. A 19.
[14] DE Begr. zu § 279 (Obstruktionsverbot), S. B 252.
[15] § 278 EInsO verlangte die einfache Kopf- und Summenmehrheit.
[16] § 279 Abs. 2 EInsO.

1. auf Antrag eines Gläubigers oder einer am Schuldner beteiligten Person, wenn der Schuldner keine natürliche Person ist und
2. der Antragsteller durch den Plan schlechter gestellt wird als er ohne Plan stünde.[17] Der Antragsteller muss glaubhaft machen, dass er durch den Plan schlechter gestellt wird.

III. Bericht des Rechtsausschusses

7 Die Beschlussempfehlung des Rechtsausschusses[18] lautete, die Bedingung (3) des Abs. 1 von § 279 EInsO, der in unverändertem Wortlaut in § 290 des Regierungsentwurfes einer Insolvenzordnung übernommen worden war, neu zu fassen. Die geforderte Zustimmung nur einer unter allen Abstimmungsgruppen erschien als zu schwache Grundlage für die Akzeptanz eines Plans. Die Zustimmung der Mehrheit der abstimmenden Gruppen sei eine bessere Voraussetzung für die Anwendung des Obstruktionsverbotes. Bei der Berechnung der Mehrheit bleiben fingierte Zustimmungen von Gruppen nachrangiger Gläubiger außer Betracht. Der Gesetzgeber ist dieser Empfehlung gefolgt.

C. Struktur und Einbettung der Vorschrift in die Insolvenzplan-gesteuerte Verwertung und Verteilung

I. Struktur des Obstruktionsverbotes

8 Abbildung 1 verdeutlicht die Struktur der Vorschrift des § 245.

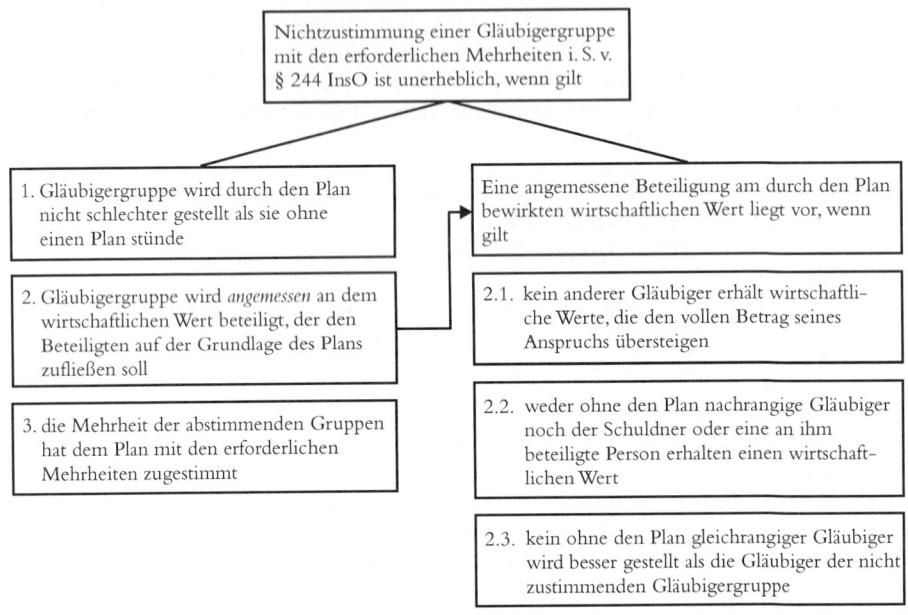

Abbildung 1: Struktur von § 245 InsO (Obstruktionsverbot)

9 **1. Untere Grenze des Anspruchs.** Dem Obstruktionsverbot wird die Aufgabe zugewiesen, die Grenzen des Verhandlungsraums zu markieren, innerhalb dessen die Aushandlungsprozesse unter den Verfahrensbeteiligten ablaufen sollen. Die Regelung soll verhaltens-

---
[17] § 287 EInsO.
[18] Beschlussempfehlung des Rechtsausschusses zu RegE InsO, BT-Drucks. 12/7302, S. 105, S. 184.

steuernde Wirkungen auslösen, indem sie die Erfolgschancen von Verhandlungsstrategien, die auf eine Verletzung der markierten Grenzen abzielen, a priori schmälert. Diese Absicht ist positiv zu werten: Genau die Probleme, die freie Sanierungsverhandlungen häufig behindern wie Aufbau von Störpotentialen, Trittbrettfahrerverhalten etc. sollen reduziert werden.

Ein erster Schritt der Markierung des Verhandlungsraums ist die Definition einer Mindestposition, hinter die keine Abstimmungsgruppe zurücktreten muss. Dies ist die Position, die eine Abstimmungsgruppe einnähme, wenn die Verwertung des Vermögens ohne einen Plan, also „planlos", stattfände. Man könnte annehmen, dass die ohne einen Plan stattfindende Verwertung die Liquidation im Regelverfahren ist;[19] die Mindestposition jeder Abstimmungsgruppe wäre dann durch die Liquidationsalternative beschrieben. Die „planlose" Verwertung mit der Einzel-Liquidation des Vermögens gleichzusetzen, ist indessen nicht der einzig mögliche Bezugspunkt. Auch eine Gesamtveräußerung ohne Plan ist möglich, worauf der RegE in der Begründung zu § 251 explizit hinweist. Vergleichsbasis für die einer Gruppe via Plan gebotene Position ist somit die beste Mindestposition, die bei „planloser" Verwertung geboten werden könnte. Das in § 245 Abs. 1 Ziff. 1 verankerte Prinzip wirft Bewertungsprobleme auf, ist aber vor dem Hintergrund einer die Gläubigerautonomie in den Vordergrund stellenden Regelung zweckkonform und unverzichtbar. Wenn die Ablehnung eines Plans durch eine Gläubigergruppe durch Richter „überrollt" wird, muss die Gewährung einer der ökonomisch begründeten Mindestposition für diese Gläubigergruppe mindestens äquivalenten Position durch den Plan mit hinreichender Wahrscheinlichkeit erwartet werden können. Auf die mit diesem Teilkriterium verbundenen Definitions- und Bewertungsprobleme ist zurück zu kommen.[20]

Man muss § 245 Abs. 1 Nr. 1 als gruppenspezifische Definition der Mindestposition **10** auffassen.[21] § 251 liefert in Ergänzung den Einzelgläubiger-bezogenen Minderheitenschutz: Jeder in einer Abstimmungsgruppe überstimmte Gläubiger kann die Nichtbestätigung des Insolvenzplans beantragen, wenn er durch den Plan schlechter gestellt wird, als er ohne einen Plan stünde. Der Gläubiger muss glaubhaft machen, dass er durch den Plan schlechter gestellt wird.

2. Obere Grenze des Anspruchs. Die obere Grenze des Anspruchs eines Gläubigers ist **11** erreicht, wenn er Zahlungen bzw. „wirtschaftliche Werte" erhält, deren Wert den vollen Betrag seines Anspruchs übersteigen. Diese zweite Markierung des Verhandlungsraums erscheint ebenfalls einleuchtend: das Insolvenzverfahren soll kein Instrument zur Erzielung ansonsten nicht erlangbarer Vorteile sein. Während das Prinzip klar ist, ist die Umsetzung, gerade im Verbund mit Insolvenzplänen, nach denen Gläubiger aus den künftigen unsicheren Überschüssen des fortgeführten Unternehmens im Zeitablauf bedient werden sollen, befrachtet mit Bewertungsproblemen.[22]

3. „Angemessene" Beteiligung am wirtschaftlichen (Mehr)Wert. Gestützt auf die **12** Definition der Mindestwerte der Ansprüche aller Abstimmungsberechtigten kann man folgern, dass Pläne nur dann Aussicht auf Akzeptanz durch die Abstimmenden haben, wenn der Wert der Zahlungen, die gemäß Insolvenzplan an die Gläubiger fließen sollen, den Liquidationserlös bei Verwertung im Regelverfahren bzw. den Erlös der Gesamtveräußerung übersteigt. Bezeichnet man mit V^L den bei Liquidation erzielbaren Erlös und mit V^G den bei Gesamtveräußerung erzielbaren Preis und nimmt man realistischerweise an, dass die Summe der nominalen Ansprüche aller Gläubiger, die mit F^N bezeichnet werden, beide Erlöse übersteigen, dann liegt ein Mehrwert der auf der Grundlage eines Plans den Beteiligten zufließenden Zahlungen vor, wenn der Barwert dieser Zahlungen im Entscheidungs-

---

[19] Vgl. zu diesem Begriff etwa *Haarmeyer/Wutzke/Förster*, Handbuch Kap. 1 RdNr. 31.
[20] Vgl. hierzu RdNr. 49–50.
[21] Obwohl der Wortlaut sich auf die einzelnen Gläubiger der Abstimmungsgruppe bezieht.
[22] Vgl. hierzu RdNr. 55–74.

zeitpunkt, der hier mit V^P bezeichnet wird, den größeren der beiden alternativen Erlöse, also V^L bzw. V^G, übersteigt. Dieser Wertbeitrag eines Plans in Höhe der Differenz $V^P - \max\{V^L, V^G\}$ erlaubt es, bei Implementierung der Insolvenzplan-basierten Lösung einen, einige oder im Idealfall alle Gläubiger besser zu stellen, als sie bei „planloser" Verwertung des Vermögens, also „ohne einen Plan" stünden.

13 Hier knüpft § 245 Abs. 1 Nr. 2 an: Die Gläubiger der dem Plan nicht zustimmenden Abstimmungsgruppe sollen angemessen an dem wirtschaftlichen Wert beteiligt werden, der den Beteiligten auf der Grundlage des Plans zufließen soll, wenn ihre fehlende Zustimmung als erteilt gelten soll. In der Begründung des RegE heißt es explizit, dass kein vernünftiger Grund für eine Gruppe von Gläubigern besteht, einem von anderen Gläubigern gewünschten Plan zu widersprechen, wenn diese Gruppe durch den Plan nicht schlechter gestellt wird, als sie ohne einen Plan stünde, und wenn zusätzlich gewährleistet ist, dass die Gruppe bei der Verteilung des durch den Plan realisierten Mehrwertes im Verhältnis zu anderen Gruppen nicht unbillig benachteiligt wird.[23]

14 Was eine angemessene Verteilung des Mehrwertes darstellt, wird durch die Prinzipien des § 245 Abs. 2 erleichtert. Sie belegen, dass die Angemessenheit der Verteilung von der Rangfolge der Ansprüche der Anspruchsinhaber überlagert wird. Eine „angemessene Beteiligung" der nicht zustimmenden Abstimmungsgruppe liegt nämlich vor, wenn
1. kein anderer Gläubiger mehr als den vollen Betrag seines Anspruchs erhält,
2. kein ohne Plan gleichrangiger Gläubiger besser gestellt wird als die nicht zustimmende Gläubigergruppe und
3. weder ein ohne Plan nachrangiger Gläubiger noch der Schuldner oder an ihm beteiligte Personen einen wirtschaftlichen Wert erhalten.

Die Definition von Angemessenheit greift somit auf die Vorinsolvenz-Rechte der Anspruchsinhaber und die so festgelegte Rangordnung zurück. Der diskretionäre Spielraum für die Verteilung des Mehrwertes, den man nach dem Wortlaut von § 245 Abs. 1 Ziff. 2 dem Planarchitekten auf den ersten Blick zuzugestehen geneigt ist, wird durch die Definition von Ober- bzw. Untergrenze und Vorrangsregel erheblich kleiner.

15 Ein Beispiel soll dies verdeutlichen. Der Liquidationswert des Unternehmens (V^L) betrage zum Entscheidungszeitpunkt 100; der Erlös bei einer Veräußerung des schuldenfreien Vermögens sei 120 (V^G). Gemäß Insolvenzplan können an die abstimmungsberechtigten Gläubiger Zahlungen im Laufe der nächsten 5 Jahre mit einem Barwert, also einem „heutigen" Wert, in Höhe von 160 ($= V^P$) verteilt werden.[24] Gesicherte Gläubiger halten Ansprüche in Höhe von F^S 100, von denen 80 durch den Wert der Kreditsicherheiten (V^S) im Entscheidungszeitpunkt gedeckt sind. Gläubigergruppe 2 hält Ansprüche in Höhe von 70, die nicht durch Kreditsicherheiten unterlegt sind, aber durch eine Vertragsklausel (covenant) bevorrechtigt sein sollen vor ungesicherten Ansprüchen der Gläubigergruppe 3. Diese sog. mefirst-Klausel bewirke also einen Rangvorsprung von Gläubigerklasse 2 vor Gläubigerklasse 3, die Ansprüche in Höhe von 50 hält. Es sei ausgeschlossen, dass der Wert der Kreditsicherheiten (80) im Zeitablauf steige; der Anspruch in Höhe von $F^S - V^S = 100-80 = 20$ werde deshalb als ungesichert klassifiziert und den Forderungen der Gläubigergruppe 3 zugeschlagen.

Der Mehrwert, an dem Gläubiger „angemessen" zu beteiligen sind, beträgt im Beispiel $V^P - V^G = 40$. Dieser Mehrwert in Form eines Barwertes künftiger erwarteter Überschüsse des fortgeführten Unternehmens ist gemäß den vertraglichen Vorinsolvenz-Rechten der Anspruchsinhaber zu verteilen: Gläubigergruppe 1 werden gesicherte Ansprüche im Barwert von 80 zugesagt; Gläubigergruppe 2 erhält Zusagen in Höhe des Barwertes von 70, versehen mit einem Rangvorsprung vor den Ansprüchen von Gläubigergruppe 3; Gläubigergruppe 3 erhält Zahlungszusagen in Höhe des restlichen Barwertes von 10. Bei einer Verwertung ohne Plan, die hier in einer Gesamtveräußerung bestanden hätte, hätten gesicherte Gläubi-

---

[23] Balz/Landfermann, Die neuen Insolvenzgesetze, S. 361.
[24] Die Herleitung des Barwertes in Höhe von 160 bleibt hier noch offen; vgl. RdNr. 58.

ger einen Betrag von 80 und Gläubigergruppe 2 einen Betrag von 40 erhalten. Gläubigergruppe 3 unter Einschluss des ungesicherten Anspruchs der gesicherten Gläubiger in Höhe 20 wäre leer ausgegangen. Wird der Plan beschlossen und bestätigt, wächst der Mehrwert in Höhe von 40 der Gläubigergruppe 2 in Höhe von 30 und der Gläubigergruppe 3 in Höhe von 10 zu.[25] Sind die Eckpunkte V^G und V^P festgelegt, bestimmen die obere Grenze des Anspruchs und die durch Vorinsolvenz-Rechte festgelegte Rangfolge der Ansprüche darüber, was angemessene Verteilungen sind.

4. Gruppenbezogenes Mehrheitsprinzip. § 245 Abs. 1 Nr. 3 verlangt, dass eine Mehrheit der abstimmenden Gruppen dem Plan mit den erforderlichen Mehrheiten zustimmt. Diskussionsentwurf und Referentenentwurf hatten postuliert, dass nur eine abstimmende Gruppe dem Plan zugestimmt haben müsse, wenn die richterliche Überprüfung, ob Obstruktion vorliege, in Gang gesetzt werden solle. Der Rechtsausschuss hat argumentiert, dass die Zustimmung einer Gruppe eine zu schwache Grundlage für einen Plan darstelle. Daher wurde die Zustimmung der Mehrheit der abstimmenden Gruppen verlangt.

Diese Regelung bedeutet nicht, dass die Mehrheit der Gläubiger (Kopfmehrheit) und/oder eine Summenmehrheit für die Annahme eines Plans votieren muss.[26] Die Kopfzahl der überstimmten Gläubiger in den zustimmenden Gruppen und die Zahl der Gläubiger in den den Plan ablehnenden Gruppen kann die Zahl der zustimmenden Gläubiger übersteigen; dennoch kann diese Kopfmehrheit die Ingangsetzung der Überprüfung einer Obstruktion nicht verhindern. Gleiches gilt für den Fall, dass eine Summenmehrheit gegen den Plan votiert.[27] Eine Minderheit sieht hier einen Konstruktionsfehler des Gesetzgebers.[28]

5. Gleichbehandlungsprinzip. Gläubiger, die ohne einen Plan gleichrangig wären, dürfen nicht besser gestellt werden als die dem Plan nicht zustimmenden Gläubiger. § 245 Abs. 2 Nr. 3 nimmt das in § 226 enthaltene Gebot der Gleichbehandlung für Beteiligte innerhalb einer Gruppe auf und dehnt es auf die Gläubiger gleichrangiger Gruppen aus.

II. Einbettung der Vorschrift in das Insolvenzplan-Verfahren.

1. Vorbemerkung. Die Entscheidungen, die das Insolvenzgericht im Rahmen von § 245 zu treffen hat, sind vor dem Hintergrund der verfügbaren Informationsmenge zu beurteilen. Den über einen Plan Abstimmenden und dem Gericht stehen mindestens die Informationen zur Verfügung, die der Insolvenzplan und die zugehörigen Anlagen enthalten. Diese definieren den Informationshintergrund, vor dem die anstehenden Bewertungsprobleme zu diskutieren sind.

2. Verwertungsoptionen – Überblick. Die InsO kennt prinzipiell zwei Verwertungsoptionen: Verwertung des Vermögens und Verteilung des Erlöses i. S. v. §§ 148 ff. – dies kann eine Liquidationsalternative oder eine Gesamtveräußerung ohne Plan sein – oder die „Verwertung" in Form eines Insolvenzplans, wobei dieser Insolvenzplan, wie Abbildung 2 verdeutlicht, unterschiedliche Ausprägungen annehmen kann. Im Folgenden wird der Sanierungs- oder Reorganisationsplan als Stellvertreter für die Menge der möglichen Pläne gewählt.

---

[25] Hieran partizipiert Gläubigergruppe 1 mit einem Anteil von $10 \cdot \frac{20}{50+20}$.
[26] So zu Recht *Smid*, Gerichtliche Bestätigung des Insolvenzplans trotz Versagung seiner Annahme durch Abstimmungsgruppen von Gläubigern, Festschrift Pawlowski, 1996, S. 387, 391, 392.
[27] Beispiel: Von fünf gleich kopfstarken Gruppen mit je 20 Köpfen mit Forderungen von je 100 stimmen in drei Gruppen je 11 Köpfe für einen Plan. Kopf- und Summenmehrheit liegt somit in drei Gruppen vor. Das Verfahren nach § 245 wird in Gang gesetzt. Für den Plan votiert hat eine Minderheit von 33 von 100 Köpfen.
[28] So *Smid*. Vgl. *Smid/Rattunde*, Der Insolvenzplan, 1998, S. 148–165.

§ 245   21   6. Teil. Insolvenzplan. 2. Abschnitt. Annahme und Bestätigung des Plans

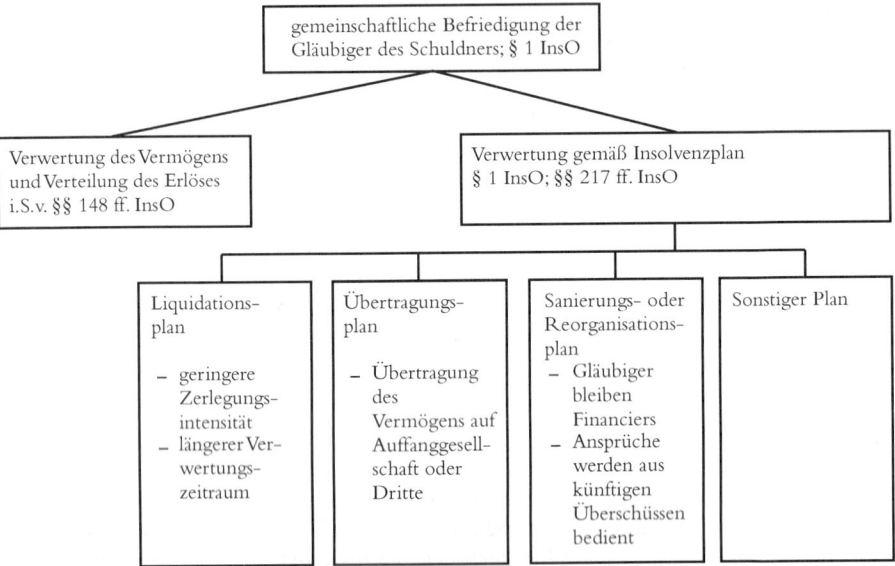

Abbildung 2: Verwertungsformen i. S. d. Insolvenzordnung (InsO)

21 **3. Bestandteile des Insolvenzplans.** Der Insolvenzplan muss einen darstellenden und einen gestaltenden Teil enthalten (§ 219); er ist um Anlagen i. S. v. §§ 229, 230 zu ergänzen. Die beiden Pflichtbestandteile und die mit „Vermögensübersicht" und „Ergebnis- und Finanzplan" bezeichneten Anlagen sind für die Entscheidung der Abstimmungsberechtigten von grundlegender Bedeutung, weil in diesen die quantifizierbaren Entscheidungsgrundlagen ausgebreitet werden sollen. Abbildung 3 skizziert den Inhalt von Plan und Anlagen.

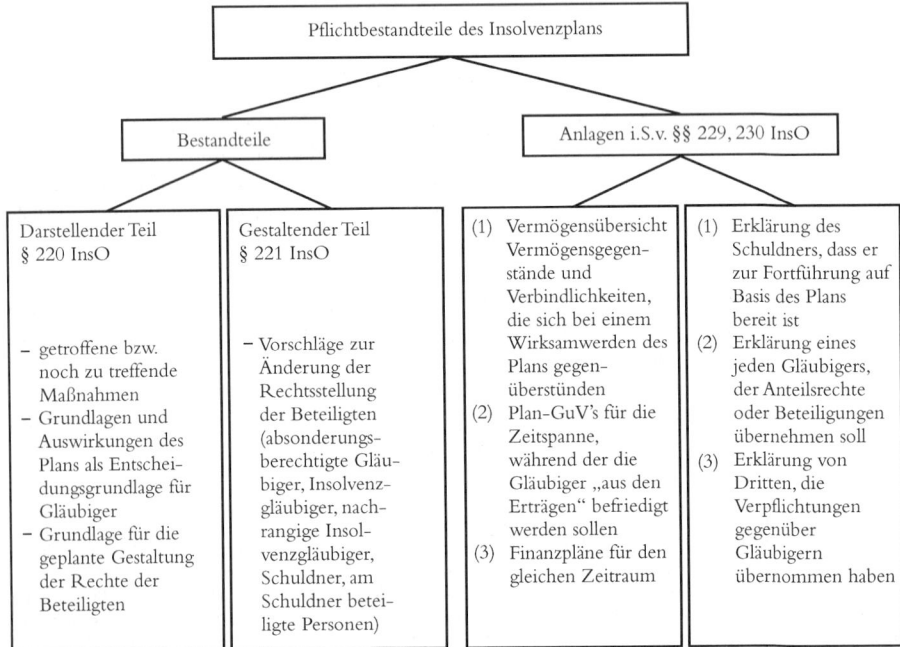

Abbildung 3: Pflichtbestandteile des Insolvenzplans

Der Inhalt des darstellenden Teils wird in § 220 präzisiert. Bei der Interpretation des Wortlauts ist zu beachten, dass im darstellenden Teil das Sanierungskonzept so ausführlich und informativ ausgebreitet wird, dass die Abstimmungsberechtigten, deren Ansprüche durch die künftigen Überschüsse des fortgeführten Unternehmens befriedigt werden sollen, eine begründete Entscheidung über Verwertungsalternativen treffen können.[29] Man wird den darstellenden Teil in einen beschreibenden und einen prognostizierenden Teil untergliedern können. Gegenstände des *beschreibenden* Teiles könnten z. B. sein: 22

– Wie haben sich Rentabilitäten, Jahresüberschüsse (-fehlbeträge) und die Liquidität des Unternehmens in der Zeit vor der Verfahrenseröffnung entwickelt?
– Was waren die zentralen Ursachen für diese Entwicklung?
– Welche Maßnahmen wurden nach Eröffnung des Insolvenzverfahrens getroffen bzw. eingeleitet, um die Ursachen der Insolvenz zu beseitigen?
– Welche Maßnahmen sind bis zum Abstimmungstermin über den Plan noch zu treffen (z. B. Investitionen, Verkauf von Geschäftsbereichen, Abbau des Umlaufvermögens, Abbau des Personalbestandes)?

Der *prognostizierende* Teil wird insbesondere folgende Fragen zu beantworten haben: 23
– Wie werden sich Finanzpläne, Plan-Gewinn- und Verlustrechnungen und Plan-Bilanzen auf Basis der bereits getroffenen operativen Maßnahmen und der noch zu treffenden operativen Finanzentscheidungen unter alternativen Annahmen über die relevanten Werttreiber voraussichtlich entwickeln?
– Welche Zahlungen können die (zu bildenden) Gläubigergruppen im Vergleich zum Regelverfahren erwarten?
– Wie sehen Rahmenvereinbarungen über Sozialpläne und/oder Abfindungen an Arbeitnehmer aus?
– Welche Finanzierungsquellen stehen dem Unternehmen nach Annahme und Bestätigung des Plans voraussichtlich zur Verfügung?
– Wird das Unternehmen auf mittlere Sicht Ergebnisse erzielen, die seine Kapitalkosten erwirtschaften bzw. übertreffen?

Der gestaltende Teil des Plans legt fest, wie die Rechtsstellung der Beteiligten durch den Plan geändert werden soll (§ 221). Da das Unternehmen insolvent ist, können die Verträge mit den Altgläubigern idR nicht ohne Abstriche erfüllt werden. Eine wichtige Phase der Gestaltung eines Insolvenzplans besteht in der Zuordnung und der vertraglichen Einkleidung von Verzichten auf Altansprüche bzw. im Entwurf von Altansprüche ersetzenden Substituten.

4. Informationsbereitstellung durch die Anlagen i. S. v. § 229. § 229 schreibt wichtige Ergänzungen zum Insolvenzplan vor: 24
– eine Vermögensübersicht, in der die Vermögensgegenstände und die Verbindlichkeiten, die sich bei einem Wirksamwerden des Plans gegenüberstünden, mit ihren Werten aufgeführt werden;
– eine Darstellung der Aufwendungen und Erträge, die für den Zeitraum, während dessen die Gläubiger befriedigt werden sollen, zu erwarten sind;
– eine Darstellung darüber, durch welche Abfolge von Einzahlungen und Auszahlungen die Zahlungsfähigkeit des Unternehmens während dieses Zeitraums gewährleistet werden soll.

Der Gesetzgeber verlangt eine Vermögensübersicht zum Zeitpunkt der Abstimmung über den Plan,[30] also eine Planbilanz, die man als Eröffnungsbilanz für die Zeitspanne betrachten darf, die der Plan überspannt. Zu ergänzen sind die Gewinn- und Verlustrechnungen sowie die Finanzpläne für jede Periode des Zeitraums, während dessen die Gläubigeransprüche

---

[29] Liegt nur ein Insolvenzplan vor, ist über die Verwertung im sog. Regelverfahren bzw. die im Insolvenzplan entworfene Verwertungsalternative zu entscheiden. Ein Sanierungsplan sieht idR vor, dass die Altfinanciers mehrheitlich auch Financiers des sanierten Unternehmens bleiben. Nicht ausgeschlossen ist, dass die Abstimmungsberechtigten über konkurrierende Pläne zu entscheiden haben.
[30] Die Vermögensübersicht ist unter der Prämisse zu erstellen, dass der Plan die Zustimmung der Abstimmungsberechtigten findet. So auch *Braun/Uhlenbruck*, Unternehmensinsolvenz, 1997, S. 529.

bedient werden sollen. Diese Vorschriften sind innovativ und weitgehend zweckkonform: Nur auf Basis der vom Planarchitekten entworfenen Sanierungsstrategie können Anspruchsinhaber sinnvoll über die Alternativen Verwertung gemäß Regelverfahren oder Fortführung gemäß Plan entscheiden. Die Einschätzung der Vertrauenswürdigkeit der vom Planvorlegenden prognostizierten Daten ist Sache der Abstimmungsberechtigten.

Die Vorschriften zu den Anlagen i. S. v. § 229 haben mindestens einen Schönheitsfehler:[31] Es wird nicht gefordert, dass für den Zeitraum, während dessen Gläubiger aus den Überschüssen des Unternehmens befriedigt werden sollen, auch *Plan-Bilanzen* zu erstellen sind. Plan-Bilanzen sind aber erforderlich, um die Konsistenz der vom Planarchitekten vorgelegten Zahlenwerke in Form von Finanzplan und Plan Gewinn- und Verlustrechnungen überprüfen zu können und um den Gläubigern zu verdeutlichen, in welchen Schritten und Zeitspannen sich die Umgestaltung der Passivseite vollzieht. Die Vorschrift § 229 sollte daher entsprechend erweitert interpretiert werden. Eine vollständige Finanzplan, GuV-Rechnungen und Planbilanzen integrierende Planungsrechnung ist auch deshalb zweckentsprechend, weil sie den Abstimmungsberechtigten erlaubt, die geplante Entwicklung des Unternehmens gemäß der Sichtweise des Planarchitekten mit dem Stand des Unternehmens vor Eintritt in das Insolvenzverfahren, das gemäß §§ 151–153 dokumentiert ist, zu vergleichen. Diese Vergleichsmöglichkeiten der Abstimmungsberechtigten zwingen den Planarchitekten, die Annahmen, die den in Plan-Bilanzen und Plan-GuV dokumentierten Zahlen zu Grunde liegen, explizit offen zu legen und zu begründen.

25 Die besondere Aufmerksamkeit der Abstimmungsberechtigten wird dem Finanzplan gelten, weil der jährliche Finanzplan zeigt, welche Zahlungen das Unternehmen an die Gläubiger leisten kann. Konzeptionell sollte dieser Finanzplan etwa wie folgt aufgebaut werden.[32] Ein erstes Segment des Finanzplans sollte über Struktur und Höhe der Ein- und Auszahlungen informieren, die das Unternehmen im operativen Bereich erzielen kann bzw. leisten muss, wobei Belastungen, die aus der Struktur der Passivseite resultieren, zunächst auszublenden sind: Das erste Segment fingiert mit anderen Worten, dass das Unternehmen vollständig eigenfinanziert ist. Es zeigt, welche Mittel für die Bedienung der Ansprüche von Financiers überhaupt zur Verfügung stehen.

26 Das zweite Segment des Finanzplans soll zeigen, wie die operativen Überschüsse verteilt werden sollen. Hier schlagen sich die im gestaltenden Teil des Plans festgelegten Leistungen an die Kapitalgeber nieder.

27 Das dritte Segment des Finanzplans zeigt die finanziellen Wirkungen von Maßnahmen, die in der jeweiligen Periode der Planung des Planarchitekten zufolge getroffen werden sollen: Hierzu zählen etwa die finanziellen Wirkungen von Investitions- oder Desinvestitionsentscheidungen, die Aufnahme oder außerordentliche Tilgung von Krediten. Abbildung 4 verdeutlicht den segmentweisen Aufbau eines Finanzplans.

		2007	2008	2009	2010	2011
I.	Netto-Umsatzerlöse − Materialaufwand − Löhne und Gehälter, incl. soziale Abgaben − sonstige betriebliche Aufwendungen + sonstige betriebliche Erträge − Steuern ± operativ bedingte Veränderung des Umlaufvermögens (ΔNWC)					
	= Operativer Cash-flow nach Steuern					

---

[31] Vgl. zu einer Einschätzung der einschlägigen Vorschriften Heni, Interne Rechnungslegung, 2006, S. 68 ff.; S. 206 ff.
[32] Vgl. zur Begr. *Drukarczyk,* Finanzierung, 9. Aufl., 2003, S. 92–112.

		2007	2008	2009	2010	2011
II.	– Zinszahlungen an in den Kreditrahmen aufgenommene Verbindlichkeiten – Zinszahlungen an gesicherte Gläubiger – Zinszahlungen an Insolvenzgläubiger – Bedienung von Genussrechten – Bedienung von Besserungsscheinen – Tilgungen von in Kreditrahmen aufgenommenen Verbindlichkeiten gemäß IP – Tilgungen von gesicherten Verbindlichkeiten gemäß IP – Tilgungen von ungesicherten Verbindlichkeiten gemäß IP – Tilgungen von nachrangigen Verbindlichkeiten gemäß IP + erhaltene Zinsen auf Ausleihungen + erhaltene Ausschüttungen auf Beteiligungen und Wertpapiere des AV					
	(+) vorläufig verfügbare Mittel (–) vorläufige finanzielle Fehlbeträge					
III.	+ Aufnahme von Fremdkapital bei Dritten + Aufnahme von Gesellschafterdarlehen + Zuführung von Eigenkapital + Verkauf von Gegenständen des Sachanlagevermögens + Verkauf von Finanzanlagen – Investitionen ins Anlagevermögen – außerordentliche Tilgungen auf in den Kreditrahmen aufgenommene Verbindlichkeiten – außerordentliche Tilgungen auf gesicherte Verbindlichkeiten – Ausschüttungen (Entnahmen)					
	Gesamter Cash flow = Δ Kasse					

Abbildung 4: Mögliche Gliederung eines Finanzplans i. S. v. § 229 InsO

5. Informationsbereitstellung über die Verwertungsalternative im Regelverfahren. Die Abstimmungsberechtigten entscheiden über die Verwertung gemäß Plan und die Verwertung im Regelverfahren. Über die jeweilige Position im letzteren Verfahren benötigen die Abstimmungsberechtigten Informationen: Die Verwertung im Regelverfahren ist der Bezugspunkt, an dem Plan-gestützte Alternativen gemessen werden. Der Regierungsentwurf sah in § 279 eine Vergleichsrechnung[33] vor: Im darstellenden Teil war anzugeben, in welchem Umfang die Gläubiger voraussichtlich bei einer Verwertung der Insolvenzmasse ohne einen Plan befriedigt werden könnten. Diese Vorschrift ist auf Empfehlung des Rechtsausschusses entfallen. Dieser argumentierte, dass ein Planarchitekt, der die Zustimmung der Abstimmungsberechtigten erreichen wolle, diese Informationen von sich aus in den darstellenden Teil des Insolvenzplans aufnehmen würde.[34]

---

[33] BMJ (Hrsg.), Entwurf einer Insolvenzordnung, BT-Drucks. 12/2443, S. 50 und S. 197.
[34] Beschlussempfehlung des Rechtsausschusses, BT-Drucks. 12/7302, 1994, S. 182.

29 Die in § 229 verlangte Vermögensübersicht kann diese Informationsfunktion nicht übernehmen. Sie ist Eröffnungsbilanz für die mit der Zustimmung der Abstimmungsberechtigten zum Plan beginnenden Planperiode.[35]

30 Geeignete Basis ist die Vermögensübersicht des § 153; sie ist auf den Zeitpunkt des Abstimmungstermins fortzuschreiben. Abbildung 5 verdeutlicht die Konzeption der Vermögensübersicht des Gesetzgebers:

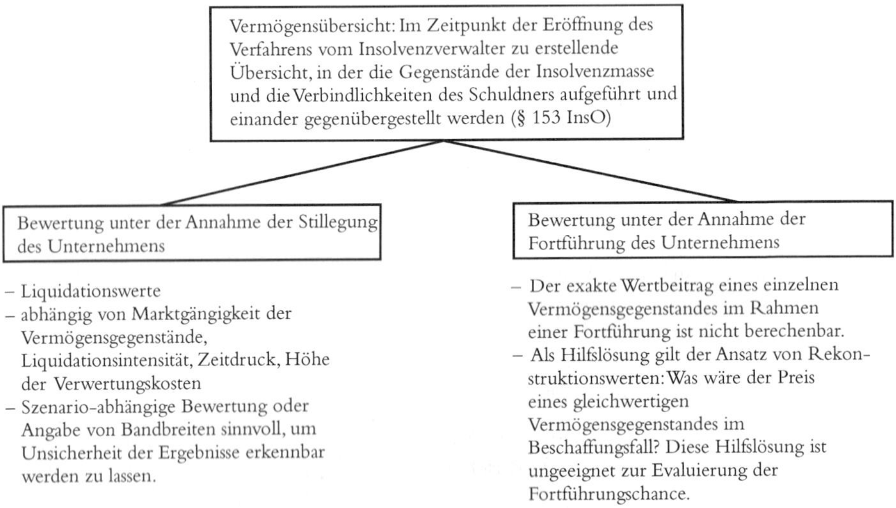

Vermögensübersicht: Im Zeitpunkt der Eröffnung des Verfahrens vom Insolvenzverwalter zu erstellende Übersicht, in der die Gegenstände der Insolvenzmasse und die Verbindlichkeiten des Schuldners aufgeführt und einander gegenübergestellt werden (§ 153 InsO)

Bewertung unter der Annahme der Stillegung des Unternehmens
- Liquidationswerte
- abhängig von Marktgängigkeit der Vermögensgegenstände, Liquidationsintensität, Zeitdruck, Höhe der Verwertungskosten
- Szenario-abhängige Bewertung oder Angabe von Bandbreiten sinnvoll, um Unsicherheit der Ergebnisse erkennbar werden zu lassen.

Bewertung unter der Annahme der Fortführung des Unternehmens
- Der exakte Wertbeitrag eines einzelnen Vermögensgegenstandes im Rahmen einer Fortführung ist nicht berechenbar.
- Als Hilfslösung gilt der Ansatz von Rekonstruktionswerten: Was wäre der Preis eines gleichwertigen Vermögensgegenstandes im Beschaffungsfall? Diese Hilfslösung ist ungeeignet zur Evaluierung der Fortführungschance.

Abbildung 5: Vermögensübersicht und Bewertungsregeln gemäß §§ 151, 153 InsO

Geht es um die Abschätzung der Liquidationsposition, ist die ungeeignete Bewertung der Vermögensgegenstände unter der Annahme der Fortführung nicht von Bedeutung. Zu beachten sind hingegen die Kosten der Liquidation, Belastungen durch Sozialpläne, potenzielle Kosten aus der Beseitigung von Altlasten und die Unsicherheit über die Verwertungserlöse der Vermögensgegenstände. Punktschätzungen für die Liquidationsposition von Gläubigern wird man deshalb nicht erwarten können; Schätzungen der „Liquidationsquoten" werden nur in Form von Bandbreiten möglich sein.

D. Das Vorbild: Die cram down-Regelung des Chapter 11 Bankruptcy Code

I. Einordnung und Normzweck

31 Die cram down-Regelung des amerikanischen Bankruptcy Code (BC) hatte Vorbildfunktion für die Regelung des § 245. Ein Reorganisationsverfahren nach Chapter 11 BC erfordert die gerichtliche Bestätigung (confirmation) eines Plans. Diese Bestätigung erfolgt, wenn die Voraussetzungen des § 1129 BC erfüllt sind. Man kann diese Voraussetzungen unterteilen in Vorschriften, die Gläubiger- und Schuldnerinteressen wahren sollen und die Legalität des Zustandekommens des Plans und seine Machbarkeit (feasibility) zu überprüfen erlauben. Ein Plan gilt als „feasible" i. S. v. § 1129 (a) 11 BC, wenn ein Abgleiten in ein weiteres Liquidations- oder Reorganisationsverfahren unwahrscheinlich ist. Aussichtslose Fortführungen sollen unterbunden werden.[36]

---

[35] *Braun/Uhlenbruck*, Unternehmensinsolvenz, 1997, S. 536; *Heni*, Interne Rechnungslegung, 2006, S. 214.
[36] *Baird/Jackson* S. 1076–1077; *King* § 1129.02.; *Weintraub/Resnick* S. 8–108.

§ 1129 (a) 7 A BC definiert eine untere Wertgrenze, die eine planspezifische Verteilung 32 beachten muss, wenn der Plan bestätigt werden soll. Nicht zustimmende Inhaber von Ansprüchen müssen mindestens so gestellt werden, wie sie im Liquidationsfall (bankruptcy liquidation under Chapter 7 BC) stehen würden. Dieses Konzept wird als „best interests test" bezeichnet.[37] Eine Sonderregelung (§ 1129 (a) 7 B) betrifft die Gläubiger mit gesicherten Ansprüchen, deren nominale Forderung durch den Wert der Kreditsicherheit nicht gedeckt ist und die von dem Wahlrecht nach § 1111 (b) Gebrauch machen.[38] Für sie muss gelten, dass der Wert der ihnen zugeordneten planspezifischen Zahlungen mindestens dem Wert der Kreditsicherheit im Zeitpunkt der Planbestätigung entsprechen muss. Der Zweck des „best interests test" ist offensichtlich: Kein den Plan ablehnender Anspruchinhaber soll schlechter gestellt werden als er bei Liquidation des Vermögens stünde.

Wenn nicht alle von einem Plan betroffenen Klassen (impaired classes i. S. v. § 1129 (a) 8 33 BC) dem Plan mit den erforderlichen Mehrheiten zustimmen, kann der Plan dennoch die gerichtliche Zustimmung erhalten, wenn die spezifischen cram down-Kriterien erfüllt sind. Das cram down-Verfahren wird eingeleitet, wenn
– nicht alle „impaired classes" dem Plan zugestimmt haben (§ 1129 (a) 8 A BC),
– mindestens eine „impaired class" dem Plan zugestimmt hat, wobei Forderungen von dem Schuldner nahe stehenden Mitgliedern („insider") unbeachtet bleiben (§ 1129 (a) 10 BC) und
– der Planarchitekt ein cram down-Verfahren beantragt (§ 1129 (b) 1 BC).

Es endet mit der gerichtlichen Bestätigung des Plans „if the plan does not discriminate unfairly, and is fair and equitable, with respect to each class of claims or interests that is impaired under, and has not accepted, the plan".[39] Abbildung 6 verdeutlicht den Ablauf der Prüfung, ob eine Planbestätigung trotz ablehnender Voten einer oder mehrerer „impaired classes" erfolgen kann.

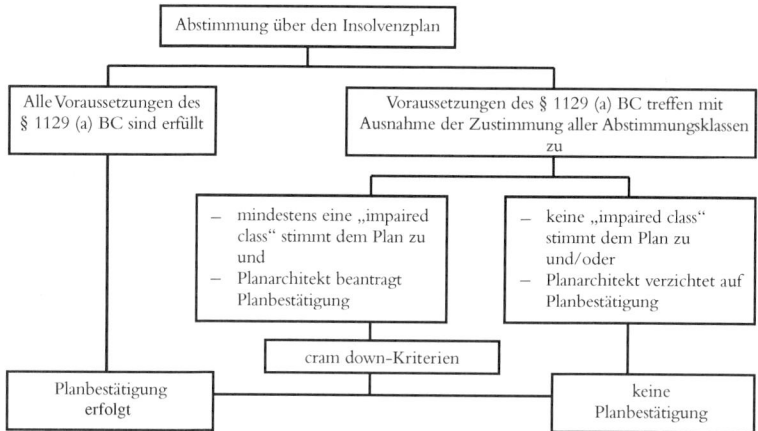

Abbildung 6: Ablauf der Prüfung der Planbestätigung

Hinter den Formulierungen „does not discriminate unfairly" und „is fair and equitable" 34 stehen *ökonomische* Kriterien (standards), deren Erfüllung entscheidend dafür ist, ob die gerichtliche Ersetzung der fehlenden Zustimmung von „impaired classes" stattfinden kann. Nicht zustimmende „impaired classes" stehen zum einen unter der für jeden Anspruchsinhaber geltenden Schutzvorschrift des „best interests test" und zum anderen unter dem Schirm der Vorschrift des § 1129 (b) 1 BC, die die planspezifische Verteilung der Vorteile

---
[37] *Trost* S. 151; *Pachulski*, S. 934.
[38] Vgl. hierzu RdNr. 39.
[39] § 1129 (b) 1 BC.

vor dem Hintergrund der mit dem Schuldner getroffenen vertraglichen Abreden über Besicherung, Rang des Anspruchs, Laufzeit des Vertrages etc. überprüft.

II. Klassenbildung

35 Die Abstimmung über den Plan erfolgt klassenweise (§ 1122 BC). Hierfür werden zulässige Ansprüche (allowed claims) von Gläubigern und „Eigentümern" des Schuldnerunternehmens in Abstimmungsklassen zusammengefasst. Der Planarchitekt steuert die Bildung von Abstimmungsklassen. Er hat zu beachten, dass in einer Klasse zusammengefasste Forderungen oder Eigentumsrechte im Wesentlichen vergleichbar sein müssen (substantially similar, § 1122 (a) BC). Kleingläubiger können in einer Klasse zusammengefasst werden, wenn dies der Verfahrensvereinfachung dient (administrative convenience, § 1122 (b) BC).

Die Zustimmung einer Klasse, deren Ansprüche durch den Plan nicht berührt werden (not impaired class), wird vom Gericht fingiert (§ 1126 (f) BC). Eine Klasse ist „not impaired", wenn der Plan die vertraglichen Ansprüche garantiert, wiederherstellt oder diese in bar begleicht (§ 1124 BC). Abstimmungsklassen, die gemäß Plan keine Leistungen erhalten, gelten als nicht zustimmend (§ 1126 (g) BC).

Die Zustimmung einer Gläubigerklasse gilt als erteilt, wenn diese mit einfacher Kopf- und $^2/_3$-Summenmehrheit zustimmt (§ 1126 c BC). Abstimmungsberechtigte Eigentümerklassen benötigen eine $^2/_3$-Summenmehrheit (§ 1126 (d) BC).

III. Prüfkriterien

36 Das Gericht kann die fehlende Zustimmung ablehnender „impaired classes" ersetzen, wenn mindestens eine nicht aus Insidern bestehende Klasse dem Plan zugestimmt hat und der Planarchitekt das cram down-Verfahren beantragt. Voraussetzung ist, dass ablehnende Klassen angemessen (fair and equitable) beteiligt und durch den Plan nicht unbillig diskriminiert (does not discriminate unfairly) werden (§ 1129 b BC).

37 **1. Angemessenheit.** Ein Plan führt zu einer angemessenen Beteiligung einer „impaired class", wenn er bestimmte im Gesetz formulierte Voraussetzungen erfüllt (§ 1129 (b) 2 BC). Der kodifizierte Schutz ablehnender Klassen differenziert nach Klassen gesicherter, ungesicherter Forderungen sowie für Ansprüche von Eigentümern. Daneben erfordert eine angemessene Beteiligung ablehnender „impaired classes" die Einhaltung weiterer, im Gesetz nicht spezifizierter Kriterien. Zu diesen gehören z. B., dass keine Klasse Werte erhalten darf, die den vollen Betrag ihres Anspruchs übersteigen und die Bedingung, dass planbedingte Rangrückstufungen ausgeglichen werden müssen.

38 **a) Behandlung gesicherter Gläubiger.** § 1129 (b) 2 BC nennt Mindestbedingungen hinsichtlich der planspezifischen Behandlung gesicherter Ansprüche, damit ein Plan als „fair and equitable" eingestuft werden kann. Die Regelung wird kompliziert durch den Umstand, dass der nominale Anspruch eines gesicherten Gläubigers (allowed amount) nicht generell durch den Wert der Kreditsicherheit gedeckt ist. In diesem Fall gewährt der Bankruptcy Code dem Gläubiger ein Wahlrecht: Nach § 506 (a) BC wird der Anspruch eines „inadequately collateralized" Gläubiger zerlegt in einen gesicherten Anspruch, dessen Höhe sich nach dem Wert des Sicherungsgutes im Zeitpunkt der Planerstellung richtet, und in den ungesicherten Restanspruch. Zusätzlich gilt § 1111 (b) BC: Der Gläubiger hat die Option, seine nominale Forderung als gesicherte Forderung einzustufen; damit verliert er den anteiligen Anspruch als ungesicherter Gläubiger.[40]

39 Wann liegen nun planspezifische Regelungen vor, die „fair and equitable" sind? Für einen *vollständig* gesicherten Anspruch muss gelten, dass der Anspruch auch im Reorganisationsplan vollständig gesichert ist und dass der Gläubiger Zahlungen erhält, deren Summe mindestens dem „allowed amount" entsprechen und deren Barwert dem allowed amount exakt entspricht.

---

[40] *Pachulski*, S. 932/933. Das Wahlrecht kann nicht ausgeübt werden, wenn der Wert der Kreditsicherheit im Vergleich zur nominalen Forderung sehr klein ist oder der Plan die Veräußerung des Sicherungsgutes vorsieht.

Die Regelung für unvollständig gesicherte Ansprüche hängt davon ab, ob der Gläubiger 40 von dem Wahlrecht nach § 1111 (b) BC Gebrauch gemacht hat. Hat er nicht Gebrauch gemacht, gilt die Planzusage als „fair and equitable", wenn sein Anspruch in Höhe des Wertes der Kreditsicherheit gesichert bleibt und ihm Zahlungen zugesagt werden, deren Barwert dem Wert der Kreditsicherheit im Zeitpunkt der Planerstellung entspricht.

Hat der Gläubiger die Option nach § 1111 (b) BC ausgeübt, muss der Plan (a) Zahlungen 41 zusagen, deren Summe dem Nominalwert der Forderung und (b) deren Barwert mindestens dem Wert der Kreditsicherheit zum Zeitpunkt der Planerstellung entspricht. Zudem müssen (c) die Zahlungen vollständig gesichert sein.[41, 42]

Abbildung 7 stellt die Konzeption des „fair and equitable standard" für gesicherte Ansprüche zusammen.

Verhältnis Nominalwert der Forderung (F) zu Wert der Sicherheit (V_S)	$F \leq V_S$	$F > V_S$	$F > V_S$
Nutzung des Wahlrechts des § 1111 (b) BC	–	nicht genutzt	genutzt
gesicherter allowed amount	F	V_S	F
ungesicherter allowed amount	0	$F - V_S$	0
planspezifisches Minimum an Zahlungen	$\sum_{t=1}^{n} CF_t(1+k)^{-t} \geq F$	$\sum_{t=1}^{n} CF_t(1+k)^{-t} \geq V_S$	$\sum_{t=1}^{n} CF_t(1+k)^{-t} \geq V_S$ und $\sum_{t=1}^{n} CF_t \geq F$
Besicherung der planspezifischen Zahlungen	Besicherung in Höhe von V_S	Besicherung in Höhe von V_S	Besicherung in Höhe von F

Abbildung 7: Kriterien zur Beurteilung der Angemessenheit der Beteiligung von gesicherten Gläubigern[43]

b) Behandlung ungesicherter Gläubiger. § 1129 (b) 2 B BC hält zwei Tests bereit, 42 um zu entscheiden, ob ein Plan eine nicht zustimmende Klasse ungesicherter Gläubiger „fair and equitable" behandelt: Die Klasse erhält entweder „property", dessen Wert im Zeitpunkt der Planbestätigung den „allowed amount", also den Nominalwert der Forderung erreicht oder nachrangige Klassen von Anspruchsinhabern erhalten nichts. Über die Zustimmungs-

---

[41] Der Vorteil des § 1111 (b) BC nutzenden Gläubigers besteht im Wesentlichen in dem durch die Besicherung reduzierten Risiko. Der Planarchitekt wird nämlich die Zahlungen an den Gläubiger zeitlich so strecken, dass Bedingung (b) exakt erfüllt ist.
[42] Besondere Regelungen gelten, wenn der Plan den Verkauf des Sicherungsgutes vorsieht.
[43] Symbole: b_t: planspezifische Zahlung im Zeitpunkt t, n: Ende der Laufzeit des Reorganisationsplans, k: zeit- und risikoäquivalenter Diskontierungssatz.

ersetzung wird mittels der „absolute priority rule" (APR) entschieden. Diese besagt, dass eine Klasse angemessen beteiligt ist, wenn keine ihr nachrangige Klasse etwas erhält, bevor sie nicht vollständig befriedigt ist.[44] Die APR ist auch dann verletzt, wenn höherrangige Klassen mehr erhalten als den ihnen zustehenden Betrag.

Stimmt eine Klasse ungesicherter Gläubiger dem Plan nicht zu, versagt das Gericht die Bestätigung, wenn der *Barwert* der Zahlungen, die die ablehnende Klasse ungesicherter Forderungen laut Plan erhält, kleiner ist als ihr „allowed unsecured amount" und eine nachrangige Klasse etwas erhält und/oder eine übergeordnete Klasse mehr erhält als ihr zusteht. Verzichtet eine höherrangige Klasse auf Rechte zu Gunsten einer nachrangigen Klasse, kann der Plan nicht bestätigt werden, wenn „übersprungene" oder andere, der begünstigten Klasse nicht nachrangige Klassen den Plan ablehnen und weniger erhalten als den vollen Betrag. Erhält eine Klasse nichts, kann das Gericht ihre fehlende Zustimmung zum Plan ersetzen, wenn Klassen mit niedrigerem Rang nichts erhalten und höher eingestufte Klassen nicht mehr erhalten als den vollen Betrag. Keine Klasse kann den Plan zum Scheitern bringen, wenn es zu einer Umverteilung zu Lasten und zu Gunsten höherrangiger Klassen kommt, solange keine dieser Klassen mehr erhält als den vollen Betrag.

43 Ein Beispiel soll die Funktionsweise der APR verdeutlichen. Gegeben seien drei Klassen A, B und C. Klasse A halte den höchsten, Klasse B den zweithöchsten Rang. Die Klassen A, B und C halten nominale Ansprüche in Höhe von F. Klasse C erhält Null oder einen positiven Betrag, der F nicht erreicht (1). Klasse B stimme gegen den Plan. Die Entscheidung des Gerichts hängt nun von den planspezifischen Leistungen an die jeweiligen Klassen ab. Abbildung 8 zeigt 8 verschiedene Pläne und die zugehörigen Ergebnisse.

Plan	A	B	C	Ergebnis
1	F	$\leq$ F	0	Plan kann durch keine Gruppe zu Fall gebracht werden.
2	F	$\leq$ F	1	Plan scheitert am Widerspruch von B.
3	$\leq$ F	> F	0	Eine Ablehnung durch A bzw. C bringt den Plan zu Fall.
4	$\leq$ F	> F	1	Eine Ablehnung durch A bzw. C bringt den Plan zu Fall.
5	> F	$\leq$ F	0	Plan scheitert am Widerspruch von B oder C.
6	> F	$\leq$ F	1	Plan scheitert am Widerspruch von B oder C.
7	> F	> F	0	Plan scheitert am Widerspruch von C.
8	> F	> F	1	Plan scheitert am Widerspruch von C.

Abbildung 8: Anwendungsbeispiel für die Reichweite der Absolute Priority Rule

44 Die Prüfung, ob APR eingehalten ist, bringt zT Bewertungsprobleme mit sich. Dies gilt ua dann, wenn ungesicherte Gläubiger mit Eigentumsrechten abgefunden werden.

45 **c) Behandlung der Alteigentümer.** Auch hier hält § 1129 (b) (2) C (i) BC zwei Tests bereit. Das Gericht versagt die Bestätigung, wenn die ablehnende Klasse der Alteigentümer laut Plan weniger bekommt als das Maximum aus einem ihr zustehenden Liquidationserlös, Rücknahmepreis oder dem Wert ihrer Rechte. Steht den Alteigentümern kein Liquidationserlös oder Rücknahmepreis zu, sind ihre Rechte zu bewerten, was eine Unternehmensbewertung erforderlich macht. Der zweite Test besteht in der Prüfung, ob eine nachrangige Klasse etwas erhält. Erhält sie nichts, ist die fehlende Zustimmung der Klasse unbeachtlich.

---

[44] Vgl. hierzu *Pachulski*, S. 938–953; *Terhart*, S. 101–104.

2. Unbillige Diskriminierung. Stellt das Gericht eine unbillige Diskriminierung ableh- 46
nender Klassen fest, wird der Plan nicht bestätigt. Eine Klasse von Gläubigern wird unbillig
diskriminiert, wenn sie schlechtergestellt wird als andere gleichrangige Klassen.

Die Prüfung ob eine unbillige Diskriminierung vorliegt, ist häufig anspruchsvoll. Dies
trifft z. B. zu, wenn vor Eintritt der Insolvenz eine Klasse mit einer ansonsten gleichrangigen
Klasse einen Rangrücktritt vereinbart hat und mindestens eine weitere gleichrangige Klasse
im Insolvenzverfahren involviert ist.

Die folgenden Beispiele sollen die möglichen Wirkungen von privatvertraglichen Rangrücktrittserklärungen erläutern.[45] Gegeben sind drei Klassen von Abstimmungsberechtigten: A, B und C. Fehlen Rangabsprachen, seien die Klassen gleichrangig. Vor Eintritt der
Insolvenz habe Klasse B gegenüber Klasse A einen Rangrücktritt erklärt: B ist damit Klasse
A und nur dieser nachgeordnet. Der Rang von Klasse C bleibt von der Absprache unberührt
und ist damit den Klassen A und B gleichgestellt. Die nominalen Ansprüche aller Klassen
betragen je 100. Wir betrachten unterschiedliche Verteilungsregeln gemäß Plan:
- Sieht der Plan vor, dass die Ansprüche von Klasse A mit 30, von Klasse B mit 0 und von
  Klasse C in Höhe von 15 befriedigt werden, wird Klasse C nicht unbillig diskriminiert,
  da die gemeinsame Quote der Klassen A und B $\left(\frac{30+0}{100+100}=0,15\right)$ nicht größer ist als die
  von Klasse C $\left(\frac{15}{100}=0,15\right)$.
- Sieht der Plan vor, dass die Ansprüche von Klasse A mit 25, von Klasse B mit 0 und von
  Klasse C mit 15 befriedigt werden, wird Klasse A unbillig diskriminiert, da die gemeinsame Quote von Klasse A und B $\left(\frac{25+0}{100+100}=0,125\right)$ trotz des Rangrücktritts von Klasse
  B weniger beträgt als die Quote von Klasse C $\left(\frac{15}{100}=0,15\right)$.
- Sieht der Plan vor, dass die Ansprüche von A mit einem Wert von 100, die von B mit
  einem Wert von 1 und die von C mit einem Wert von 55 beglichen werden, wird B
  unbillig diskriminiert, da die gemeinsame Quote von A und B $\left(\frac{100+1}{100+100}=0,505\right)$ kleiner
  ist als die von C $\left(\frac{55}{100}=0,55\right)$.
- Soll Klasse B laut Plan mehr als Null erhalten, kann Klasse A den Plan durch Ablehnung
  zum Scheitern bringen, wenn sie gemäß Plan weniger erhält als 100.

E. Kriterien des § 245

I. Ausgangslage

Im Folgenden wird unterstellt, dass
- die den Abstimmungsberechtigten zugänglichen Informationen über ihre Position gemäß 47
  Plan, ihre Positionierung bei einer Verwertung gemäß Regelverfahren, die Darstellung
  der Geschichte des insolventen Unternehmens und die vom Planarchitekten getroffenen
  Annahmen sowie geplanten Maßnahmen dem intendierten Bild des Gesetzgebers entsprechen,
- die Bildung von Abstimmungsgruppen erfolgt ist und
- Höhe und Rang der jeweiligen Ansprüche definiert und bestimmt sind.

II. Wann sind Gläubiger schlechter gestellt als sie ohne einen Plan stünden?

1. Bestimmung des Bezugspunktes. Bezugspunkt der Bewertung ist die Position, die 48
Gläubiger ohne einen Plan einnähmen.[46] Dieser Bezugspunkt ist vor dem Hintergrund der
Intention, Insolvenzpläne marktkonform auszurichten und nur effiziente Pläne zuzulassen,
richtig gewählt: Gläubiger treffen bei der Abstimmung über Pläne Investitionsentscheidungen; sie entscheiden, ob sie die Ausstiegsoption in Form einer Liquidation, sei es Einzelveräußerung der Vermögensteile oder Gesamtveräußerung des Vermögens, wählen. Die Rein-

---
[45] Die Beispiele wurden von *King* § 1129.03 (3) (b) übernommen. Vgl. auch *Pachulski*, 1980, S. 930 ff.
[46] § 245 Abs. 1 Nr. 1.

49 vestition besteht im Verzicht auf den Ausstieg und damit im Belassen des Betrages, der bei Wahl der Alternative hätte erzielt werden können.

Worin aber besteht die Alternative? Die herrschende Meinung interpretiert die Alternative als die, die sich nach den gesetzlichen Liquidationsregeln ergibt.[47] Nun ist eine Verwertung ohne Plan auch möglich, ohne dass das Vermögen im Wege der Einzelliquidation veräußert wird; Gesamtveräußerungen ohne Plan sind möglich. Folglich lässt die Definition einer Position, die eine Abstimmungsgruppe ohne einen Plan einnähme, mehr als eine Interpretation zu. Die theoretische Antwort auf die Frage nach dem „richtigen" Bezugspunkt ist klar: In zeitaufwändige und kostenträchtige Planverfahren sollte nur eingetreten werden, wenn die begründete Aussicht besteht, auf dem Wege des Planverfahrens einen Mehrwert in Bezug auf die *beste* Alternative zu erzielen. Ist der erwartete Liquidationserlös bei Einzelveräußerung (V^L) kleiner als der Erlös bei Gesamtveräußerung ohne Plan (V^G), dann ist letzterer die Position, die im Planverfahren zu übertreffen ist. Unter praktischen Gesichtspunkten wird man V^G als Bezugspunkt nur dann zulassen, wenn es konkrete Anhaltspunkte (z. B. in Form von Geboten) für einen bei Gesamtveräußerung erzielbaren Erlös gibt.[48]

50 Der Gesetzgeber hat den Wortlaut des § 245 Abs. 1 Nr. 1 in letzter Sekunde geändert, indem das Wort „voraussichtlich" eingefügt wurde: die Gläubiger der widersprechenden Gruppe dürfen durch den Insolvenzplan *voraussichtlich* nicht schlechter gestellt werden, als sie ohne einen Plan stünden. Eine voraussichtliche Schlechterstellung soll vorliegen, wenn die Schlechterstellung wahrscheinlicher ist als die Nichtschlechterstellung;[49] wenn sie also „überwiegend wahrscheinlich" ist.[50] Die herrschende Meinung interpretiert „überwiegende Wahrscheinlichkeit" als (subjektive) Wahrscheinlichkeit, die den Wert von 0,5 übersteigt.

51 Ob diese Einfügung den Insolvenzgerichten ihre Aufgabenstellung im Falle widersprechender Gläubigergruppen erleichtert, kann bezweifelt werden. Die Einfügung ist bestenfalls unschädlich. Es ist zu beachten, dass die Quantifizierung des Wertes, der einer Gläubigergruppe auf Basis eines von einem Planarchitekten vorgelegten Planes zufließen soll, in Form des Barwertes – das ist der heutige, im Zeitpunkt der Abstimmung über den Plan relevante Wert – künftiger, unsicherer planspezifischer Zahlungen erfolgen muss, um ihn mit dem Erlös bei alternativer Verwertung vergleichen zu können. Zu diesem Zweck muss die Unsicherheit der Zahlungen und deren zeitliche Erstreckung präzisiert werden. Außerdem sind dem Risiko angemessene Diskontierungsfaktoren (Abzinsungsfaktoren) zu bestimmen. Auch die Bewertung der Position, die die Gläubigergruppe im Fall ohne Plan einnähme, kann Prognoseleistungen und damit die Bewertung künftiger und damit unsicherer Liquidationserlöse erfordern. Beide Positionen, der Wert gemäß Plan und der Wert gemäß Regelverfahren, sind somit Barwerte künftiger Zahlungen, die zwar in unterschiedlichem Ausmaß risikobehaftet sein mögen, aber nicht risikolos sind.

52 Eine passende Interpretation einer voraussichtlichen Schlechterstellung bei einer Planrealisierung ist diejenige, für die gilt, dass die kumulierten subjektiven Wahrscheinlichkeiten für die Szenarien, die zu Barwerten künftiger planspezifischer Zahlungen führen, die kleiner sind als die gläubigerspezifische Position bei Liquidation, den Wert von 0,5 übersteigen: Es spricht die größere Wahrscheinlichkeit dafür, dass die Gläubigergruppe bei Planbestätigung und -realisierung schlechter gestellt wäre als bei Verwertung im Regelverfahren.[51] Dass der

---

[47] Vgl. z. B. *Smid/Rattunde,* Der Insolvenzplan, 1998, RdNr. 513; *Landfermann,* Der Ablauf des künftigen Insolvenzverfahrens, BB 1995, S. 1655; *Stürner,* Aufstellung und Bestätigung des Insolvenzplans in: Insolvenzrecht im Umbruch, 1991, S. 46; *Smid,* Gerichtliche Bestätigung des Insolvenzplans trotz Versagung einer Annahme durch Abstimmungsgruppen von Gläubigern, Festschrift für Pawlowski, 1996, S. 394, 428; *Braun/Uhlenbruck,* Unternehmensinsolvenz, 1997, S. 612.
[48] Vgl. *Braun/Uhlenbruck,* Unternehmensinsolvenz, 1997, S. 612/613.
[49] Eine vergleichbare Formulierung findet sich in § 18 Abs. 2 InsO. Dort geht es darum, eine drohende Zahlungsunfähigkeit durch eine Zustandsbeschreibung zu präzisieren. Vgl. § 18 InsO, RdNr. 25–31.
[50] So der Wortlaut in § 19 Abs. 2 InsO.
[51] Vgl. zum Problem der Begründung und Nachprüfung subjektiver Wahrscheinlichkeiten § 18 InsO, RdNr. 25–31.

Rechtsausschuss die Hoffnung hegte, der Einschub des Wortes „voraussichtlich" gewähre den Gerichten Raum zur eigenen Einschätzung, ist verständlich. Ob Gerichte mit dieser Aufgabenstellung ohne Hilfe zurechtkommen werden, kann bezweifelt werden.[52] Die Aufgabe, szenario-spezifische Zahlenwerke zu sichten und Eintrittswahrscheinlichkeiten, die der Planarchitekt ggf. vorgeben würde, auf Plausibilität zu prüfen, ist eine anspruchsvolle Aufgabe. Es besteht eher Anlass zur Vermutung, dass Insolvenzrichter keine guten Bewerter sind,[53] die häufig nach Hilfe Ausschau halten werden.

Eidenmüller[54] schlägt vor, das Problem durch salvatorische Klauseln zu mildern. Eine Gleichstellungsklausel, die den widersprechenden Gläubigern zusätzliche, zu einer Gleichstellung führende Zahlungen zusagt, wenn sich die Schlechterstellung konkretisieren sollte, soll den Plan für das Gericht bestätigungsfähig machen. Im Kern ist diese Idee in der Begründung des Regierungsentwurfes zu § 251 enthalten, wo es heißt, dass der Plan „zusätzliche Leistungen" für solche Beteiligten vorsehen kann, die den Nachweis führen, dass sie ohne diese durch den Plan schlechter gestellt seien als ohne Plan. *Eidenmüller* hat hierfür den Begriff salvatorische Klausel eingeführt.[55] Der Vorteil der Lösung liegt darin, dass abgewartet werden kann, ob sich das Risiko der Schlechterstellung im Vergleich zur „planlosen" Verwertung für die widersprechende Gruppe realisiert. Die Notwendigkeit, die „voraussichtliche" Schlechterstellung zu antizipieren, besteht nicht mehr. Die Beweislast, dass die Klausel ausreicht, um potentielle Schlechterstellungen auszugleichen, trägt der Planarchitekt.[56] Eine Folge ist, dass der Plan die finanziellen Mittel für die Finanzierung der Gleichstellung vorhalten muss bzw. anderen, den widersprechenden nachrangigen Gläubigern die zur Gleichstellung benötigten Mittel entziehen muss.

2. Äquivalenzprobleme. Die Gläubiger einer dem Plan nicht zustimmenden Gruppe sollen durch den Plan voraussichtlich nicht schlechter gestellt werden als sie ohne einen Plan stünden. Fände eine von den Verbindlichkeiten befreite Gesamtveräußerung der Aktiva zu einem vereinbarten Preis statt, wäre der Erlös und damit der auf eine Gruppe Abstimmungsberechtigter entfallende „Liquidationserlös" berechenbar. Im Fall der Einzelveräußerung der Vermögensgegenstände lässt sich der Gesamterlös und damit der auf eine Gruppe Abstimmungsberechtigter entfallende Anteil in Form einer Bandbreite möglicher Werte schätzen. Dieser „Liquidationsposition" ist der Wert gegenüberzustellen, den die Planalternative der Abstimmungsgruppe bietet. Der Aufwand, den die Überprüfung erfordert, ob die künftigen erwarteten Zahlungen gemäß Plan der Liquidationsposition mindestens äquivalent sind, also die den Plan ablehnende Gruppe voraussichtlich nicht schlechter stellen, hängt von der Ausgestaltung des planspezifischen Leistungsversprechens an diese Gruppe ab:
– Besteht das planspezifische Leistungsversprechen in einer einmaligen Barzahlung nach Bestätigung des Plans, entstehen keine unüberwindbaren Äquivalenzprobleme. Zu vergleichen sind Geldbeträge, die zu gleichen Zeitpunkten zu leisten sind. Wichtigste Bedingung ist, dass der Insolvenzplan die Finanzierbarkeit der Barzahlung überzeugend belegt.
– Insolvenzpläne werden idR nicht vorsehen, dass erhebliche Teile der anspruchsberechtigten Gläubiger im Wege einer sofortigen Barauszahlung abgefunden werden. Vielmehr wird die Mehrzahl der Altgläubiger als künftige Financiers benötigt, weil der erreichte Verschuldungsgrad des Unternehmens hoch, die dokumentierbare Ertragskraft klein und das Besicherungspotential vollständig ausgeschöpft ist. Neue Kapitalgeber sind bis zu dem Zeitpunkt, ab dem das Unternehmen Signale gestärkter Ertragskraft aussenden kann, kaum zu gewinnen. Folglich werden Insolvenzpläne in aller Regel vorsehen, dass Gläubiger aus künftigen Zahlungsüberschüssen des fortgeführten Unternehmens bedient werden.

---

[52] So auch *Eidenmüller*, 1999, 1838.
[53] So jedenfalls *Jackson*, 211; *Broude*, 455.
[54] *Eidenmüller*, 1999, 92.
[55] *Eidenmüller*, 1999, 93.
[56] So *Nerlich/Römermann/Braun*, 1999, § 245, RdNr. 17.

57 **a) Strukturäquivalenz.** In diesem Fall liegen unvergleichbare Zahlungsmuster vor: Barzahlung im bzw. in der Nähe des Bewertungszeitpunkt(es) bzw. des Zeitpunktes der Abstimmung über den Insolvenzplan einerseits und eine sich über mehrere Jahre erstreckende Zahlungsreihe andererseits. In diesem ersten Schritt bleibt unbeachtet, dass die per Plan versprochenen Zahlungen unsicher sind: Ob die Zahlungen geleistet werden können, hängt von den im Segment I des Finanzplans auszuweisenden künftigen operativen Überschüssen des Unternehmens ab; diese sind unsicher. Bleibt diese Unsicherheit zunächst unbeachtet, sind die Zeitunterschiede von Zahlung und Zahlungsreihe auszugleichen. Dies gelingt durch Diskontierung mit einem geeigneten, aktuellen und der Laufzeit entsprechenden risikolosen Zinssatz. Angenommen, die Liquidationsposition sei durch eine Barzahlung von 500 im Entscheidungszeitpunkt (0) gekennzeichnet. Der Plan sehe vor, die Gläubigergruppe durch eine sich über fünf Jahre erstreckende Reihe jeweils endfälliger Zahlungen auszuzahlen.

0	1	2	3	4	5
500	10	20	40	200	300

Ob die Abstimmungsgruppe durch den Plan nicht schlechter gestellt ist, hängt von der Höhe des Diskontierungssatzes ab. Angenommen, Geld könne bei einer Anlagedauer von 5 Jahren zu 5% angelegt werden. Was ist die planspezifische Zahlungsreihe im Zeitpunkt 0 (dem Zeitpunkt, in dem die Äquivalenzprüfung stattfindet) wert? Die Antwort ist 461,82.[57] Dann sind die Gläubiger durch den Plan schlechter gestellt. Kann Geld im Anlagezeitraum von 5 Jahren bestenfalls zu 3% angelegt werden, ist der Barwert der diskontierten Zahlungen 501,65. Jetzt sind die Gläubiger durch den Plan nicht mehr schlechter gestellt. Ein ablehnendes Votum gestützt auf § 245 Abs. 1 Ziff. 1 würde die Bestätigung des Plans nicht verhindern können.

58 **b) Risikoäquivalenz.** Die Zahlungen, die ein Insolvenzplan einer Abstimmungsgruppe über einen Zeitraum von idR mehreren Jahren verspricht, sind nicht risikolos. Sie sind mit Unsicherheit behaftet. Es sind Zahlungsversprechen, deren Finanzierbarkeit von der jeweiligen Höhe der operativen Zahlungsüberschüsse, die in Segment I des oben dargestellten Finanzplans[58] auszuweisen sind, abhängen sowie vom Umfang der vorrangig zu bedienenden Ansprüche von Gläubigern. Entsprechen die sich realisierenden Zahlungsüberschüsse nicht den Erwartungen, die im Plan ihren Niederschlag gefunden haben, können die den Gläubigern versprochenen Leistungen nur mit Abstrichen geleistet werden. Die Leistungsversprechen sind also unsicher. Wegen der empirisch gut belegten Risikoscheu von Investoren mindert die Unsicherheit den Wert der Zahlungsversprechen. Die entscheidende Frage ist, um welchen Betrag Zahlungsversprechen durch Unsicherheit gemindert werden.

59 Die Wertminderung, die unsichere Zahlungen erfahren, hängt von dem Ausmaß der Unsicherheit und dem Grad der Risikoabneigung (Risikoaversion) des Investors ab. Die Zahlungsverteilung B ist im Vergleich zu A durch eine größere Unsicherheit gekennzeichnet. Welche Zahlung sich jeweils realisiert, soll sich im Zeitpunkt t=1 entscheiden.

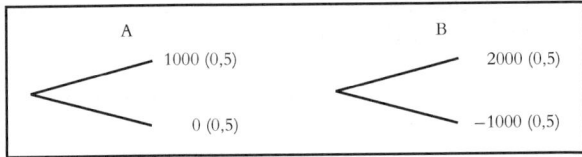

---

[57] Die Summe der mit i = 5% diskontierten Zahlungen ist 461, 82.
[58] Vgl. RdNr. 27.

Der Erwartungswert der Zahlung gemäß Verteilung A beträgt 500.[59] Die Streuung der möglichen Ausgänge der Verteilung A könnte durch die Standardabweichung gekennzeichnet werden. Sie beträgt 500.[60] Der Erwartungswert der Zahlungen gemäß Verteilung B beträgt ebenfalls 500. Die Standardabweichung beträgt dagegen 1500. Die größere Streuung der Ausgänge der Verteilung B soll hier vereinfachend mit einem größeren Ausmaß an Unsicherheit gleichgesetzt werden.

Wenn die Unsicherheit von B bei gleichem Erwartungswert der Zahlungen größer ist als die von A, dann muss bei gegebener Risikoscheu der Investoren die Zahlungsverteilung von B weniger wert sein als die von A. Wieviel weniger ist B wert? Man könnte die Investoren befragen, zu welchem Preis sie die Zahlungsverteilung A bzw. B verkaufen würden. Die von den Investoren genannten Preise, die in der Literatur Sicherheitsäquivalente (S) genannt werden, würden den Einfluss des unterschiedlichen Risikogehalts der Verteilungen A und B verdeutlichen: Regelmäßig wäre das benannte Sicherheitsäquivalent für B kleiner als das für A.

Was folgt aus diesen grundlegenden Überlegungen für die gerichtliche Überprüfung, ob eine ablehnende Gruppe durch den Plan voraussichtlich schlechter gestellt ist als bei einer Verwertung gemäß Regelverfahren? Drei Folgerungen sind zu ziehen: (1) Der unterschiedlichen Risikodimension des Erlöses bei Verwertung gemäß Regelverfahren einerseits und der künftigen zu erwartenden Zahlungen gemäß Planverfahren andererseits muss Rechnung getragen werden. (2) Das Ausmaß, in dem künftige versprochene Zahlungen an Gläubiger gemäß Plan unsicher sind, muss den Abstimmenden und den mit der Prüfung beauftragten Richtern erkennbar gemacht werden.[61] (3) Richter werden bei der Überprüfung, ob eine Schlechterstellung vorliegt, nicht auf das Konzept des (subjektiven) Sicherheitsäquivalents zurückgreifen wollen, weil sie sich sonst dem Diktat subjektiver Risikoeinstellungen auslieferten: z. B. wäre dann gegen die (extrem risikoaverse) Aussage eines Gläubigers, dass Verteilung A einem Sicherheitsäquivalent von 60 entspreche, kein Kraut gewachsen. Das ist aus ersichtlichen Gründen inakzeptabel.

Das Problem einer praktikablen Äquivalenzprüfung besteht deshalb darin, die Prüfung, ob der Wert einer unsicheren Zahlungsreihe einem (hier aus Vereinfachungsgründen als risikolos angenommenen) Liquidationserlös mindestens entspricht, durch *Marktdaten* zu unterfüttern. Die Idee ist einfach; die Umsetzung ist schwer. Wäre z. B. bekannt, dass der Preis der Zahlungsverteilung A im Zeitpunkt t = 0 am Markt 400 beträgt, ist ein (subjektives) Sicherheitsäquivalent in Höhe von 60 als irrelevant entlarvt. Der Preis der Verteilung A (400) lieferte im Zusammenhang mit dem Erwartungswert der Zahlung (500) auch eine klare Vorstellung darüber, wie der Markt das inhärente Risiko von A bewertet: Er bewertet die Verteilung A mit einem Diskontierungssatz von 25%: $500 \times (1{,}25)^{-1} = 400$. Die Kenntnis dieser die Risikoeigenschaften reflektierenden Diskontierungssätze erlaubte die Herstellung von Risikoäquivalenz zwischen relativ sicheren Liquidationserlösen und unsicheren, plangestützten Zahlungsversprechen.[62]

Über die Diskontierungssätze zur Bewertung unsicherer Zahlungsversprechen an Gläubiger gibt es zumindest Informationsquellen. Der amerikanische Bond-Markt ist gekennzeichnet durch eine klare Risikodifferenzierung der Anleihen, die insbesondere durch die Ratingagenturen Standard and Poor's, Moody's und Fitch auf aktuellem Stand gehalten werden. Die Klassifizierung nach zunehmenden Risiko geht einher mit steigenden Diskontierungssätzen (geforderten Renditen der Anleger). Diese Struktur der Diskontierungssätze ist abrufbar. Als Kernproblem für das die mögliche Schlechterstellung überprüfende Gericht

---

[59] Der Erwartungswert der Zahlungen entspricht der Summe der mit den Eintrittswahrscheinlichkeiten multiplizierten möglichen Zahlungen: $500 = 1000 \cdot 0{,}5 + 0 \cdot 0{,}5$.
[60] Die Standardabweichung berechnet sich so: $[(1000-500)^2 \times 0{,}5 + (0-500)^2 \times 0{,}5]^{1/2} = 500$.
[61] ZB durch die Entwicklung verschiedener Szenarien, die alternative finanzielle Ergebnisse der operativen Tätigkeiten des Unternehmens abbilden. Vgl. auch *Heni*, Interne Rechnungslegung, 2006.
[62] Vgl. zu Problemen der Bewertung unsicherer Zahlungen z. B. *Ross/Westerfield/Jaffe*, Corporate Finance, 2005, Kapitel 7, 9, 10, 12.

6. Teil. Insolvenzplan. 2. Abschnitt. Annahme und Bestätigung des Plans

verbleibt die Aufgabe, dem planspezifischen Zahlungsversprechen an eine Abstimmungsgruppe einen „passenden" Diskontierungssatz zuzuordnen.

64 Ein Beispiel soll die Problemlage erläutern: Die Liquidationsposition des Gläubigers sei durch eine erwartete Befriedigungsquote von 11% auf die anerkannte Forderung von 30 000 € definiert. Die Position gemäß Plan sei durch die folgenden künftigen Zahlungen beschrieben:

	Szenario	1	2	3	4	5
Szenario-abhängige Zahlungen an Gläubiger	1	400	500	600	700	800
	2	800	1000	1200	1400	1600

Die Zahlungen gemäß Szenario 1 liegen generell unter den gemäß Szenario 2 zu erwartenden Zahlungen. In beiden Szenarien ist vorgesehen, die Altforderungen des Gläubigers im Laufe von fünf Jahren zu bedienen. Die restlichen Ansprüche gelten als erlassen. Die Gläubigergruppe trägt vor, dass der Wert der gemäß Plan zu erwartenden Zahlungen den Wert der Liquidationsposition ($0{,}11 \cdot 30\,000 = 3300$) nicht erreicht; sie werde durch den Plan folglich schlechter gestellt. Ob die Position gemäß Plan (mindestens) äquivalent ist oder nicht, hängt davon ab, wie hoch die Eintrittswahrscheinlichkeiten für die Szenarien 1 bzw. 2 sind. Ist die Wahrscheinlichkeit für Szenario 1 z. B. 0,9, ist die Gleichwertigkeit der Position gemäß Plan ausgeschlossen: Die bloße Summe der erwarteten Zahlungen entspräche dem Wert der Liquidationsalternative (3300); der Barwert ist bei jedem positiven Diskontierungssatz aber kleiner als 3300.

Angenommen, gleiche Wahrscheinlichkeiten für die beiden Szenarien sei eine unverzerrte Schätzung. Die künftigen erwarteten Zahlungen sind zu diskontieren, um den Barwert zum Zeitpunkt des Abstimmungstermins zu berechnen. Der Diskontierungssatz muss dem Risiko der Position der Gläubiger bei Unternehmensfortführung gemäß Plan Rechnung tragen. Angenommen, der risikolose Zinssatz für eine Anlage mit 5-jähriger Laufzeit sei 6%. Wie hoch hätte der Risikozuschlag auf den risikolosen Zinssatz zu sein? Die Barwerte der erwarteten Zahlungen[63] fallen in Abhängigkeit von der Höhe des Risikozuschlags. Es gilt:

Barwert	Abzinsungsfaktor in %	Risikoprämie in %
3718	6	0
3501	8	2
3304	10	4
3211	11	5

Entscheidend ist somit die Höhe der Risikoprämie. Beträgt sie z. B. 5%, liegt Schlechterstellung vor. Die ablehnende Haltung ist keine Obstruktion. Ist sie 4% oder kleiner als 4%, ist die fehlende Zustimmung zu ersetzen.

65 **c) Informationsunterschiede und Erwartungsdivergenzen.** Abstimmende Gläubigergruppen haben wenig Anlass, die im Plan ausgewiesenen, an sie adressierten Zahlungen, auch wenn diese szenario-technisch aufbereitet sind, für bare Münze zu nehmen. Es ist zu beachten, dass planspezifische Zahlungen an Gläubigergruppen voraussetzen, dass die operativen Überschüsse, die Segment I des Finanzplans[64] ausweist, erzielt werden. Eine Gläubigergruppe muss die Erwartungen des Planarchitekten über die künftigen operativen Überschüsse nicht teilen. Gestützt auf die Kenntnis der historischen Performance des Unter-

---

[63] Bei Gleichwahrscheinlichkeit für Szenario 1 und 2 sind die Erwartungswerte der Zahlungen: 600, 750, 900, 1050, 1200.
[64] Vgl. RdNr. 27.

nehmens vor der Insolvenz und eigene Kenntnisse der Märkte und des Wettbewerber-Umfeldes des Unternehmens veranschlagen sie die künftigen Überschüsse u. U. vorsichtiger als der Planarchitekt. Warum sollen Lieferanten, die mit den Märkten vertraut sind, schlechtere Prognoseleistungen erbringen über Wachstumsraten von Umsätzen, Materialaufwandsquoten und Reinvestitionserfordernisse als der Planarchitekt, dem man, soweit er am Schuldner beteiligt ist, Eigeninteressen unterstellen kann?

Das die potentielle Schlechterstellung prüfende Gericht muss sich dann in die Herleitung **66** der in Segment II des Finanzplans ausgewiesenen geplanten Zahlungen an Gläubiger aus den operativen Überschüssen (in Segment I) einschalten. Es muss das Risiko der Zahlungen erkennen und damit auch die Plausibilität der Prognose der operativen Überschüsse einschätzen, obwohl die InsO keine explizite Prüfung der Machbarkeit des Plans im Gegensatz zum amerikanischen Bankruptcy Code vorsieht.[65] Es kann sich hierbei auf den Verwalter stützen. Ggf. muss es mit dem Markt vertraute Sachverständige einschalten.

d) Risiko einer erneuten Insolvenz. Nach amerikanischen Erfahrungen mit Chapter **67** 11 BC ist die sog. „refiling rate" hoch: 15% der Unternehmen, die ein Verfahren nach Chapter 11 BC mit einem von Gerichten bestätigten Reorganisationsplan verlassen haben, werden innerhalb von drei Jahren erneut insolvent.[66] Das Risiko einer erneuten Insolvenz darf deshalb nicht generell unbeachtet bleiben. Diese Formulierung verdeckt die erheblichen Konsequenzen für die entscheidende Frage, ob eine voraussichtliche Schlechterstellung für eine Gläubigergruppe vorliegt. IdR werden Planarchitekten dem verbleibenden Insolvenzrisiko in den Ausführungen zum Insolvenzplan und in den zugehörigen Anlagen keine große Aufmerksamkeit widmen. Ihr Ziel ist, die Altfinanciers für die Fortführung unter Beteiligung der Eigentümer des Schuldnerunternehmens zu gewinnen und sie zu überzeugen, dass diese Alternative besser ist als die Liquidationsalternative. Folglich werden sie die planspezifische Alternative in günstigem Licht erscheinen lassen und die Wahrscheinlichkeit einer erneuten Insolvenz gering veranschlagen. Es ist Sache der Abstimmungsberechtigten, diese Präsentation vor dem Hintergrund ihres Wissens ggf. zurechtzurücken.

Wie die richterliche Einschätzung einer möglichen Schlechterstellung zu modifizieren **68** ist, wenn das Risiko einer erneuten Insolvenz von Bedeutung ist, sei an einem Beispiel erläutert. Der Insolvenzplan sehe vor, die Gläubigergruppe in einem Zeitraum von drei Jahren auszuzahlen. In den Zeitpunkten 1, 2 und 3 werde die bedingte Insolvenzwahrscheinlichkeit in Höhe von 15% veranschlagt. Die dann jeweils erzielbare Liquidationsquote der Abstimmungsgruppe, die ungesicherte Ansprüche hält, sei vereinfachend mit Null angenommen.

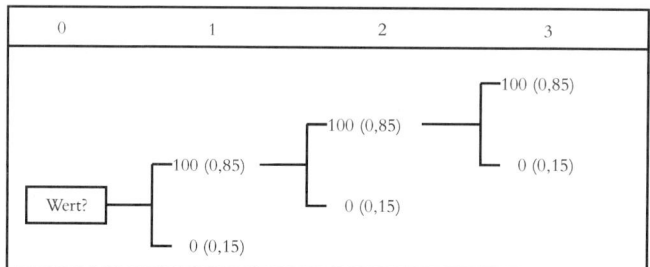

Die planspezifischen Leistungen sind in Höhe von je 100 veranschlagt. Finanziert werden können diese Leistungen nur, wenn das Insolvenzereignis nicht eintritt. Wie hoch ist der Wert der Position gemäß Plan, der mit der Liquidationsposition im Zeitpunkt 0 zu vergleichen ist? Im Zeitpunkt 1 sieht die Verteilung der bewertungsrelevanten Zahlungen

---

[65] Vgl. hierzu *Nerlich/Römermann/Braun* § 245, RdNr. 13–16.
[66] Vgl. *Hotchkiss*, The Post-Bankruptcy Performance of Firms Emerging from Chapter 11, Working Paper, New York University, 1992.

so aus: 100 (0,85); 0 (0,15).[67] Im Zeitpunkt 2 hängt die Verteilung der möglichen Zahlungen davon ab, was sich im Zeitpunkt 1 ereignet hat. Es liegt eine Verknüpfung der periodenbezogenen Ereignisse vor. Wäre im Zeitpunkt 1 das Insolvenzereignis eingetreten, wäre die Zahlung in Periode 2 Null. Nur wenn das Insolvenzereignis im Zeitpunkt 1 ausgeblieben ist, kann die planspezifische Zahlung von 100 im Zeitpunkt 2 überhaupt geleistet werden. Dieser Verknüpfung ist bei der Bewertung der planspezifischen Zahlungsversprechen Rechnung zu tragen. Das Spektrum der möglichen Zahlungen unter Beachtung der Wahrscheinlichkeiten sieht jetzt so aus.

0	1	2	3
Wert?	100; (0,85) 0; (0,15)	100; (0,85 · 0,85 = 0,7225) 0; (0,85 · 0,15 = 0,1275)	100; (0,85 · 0,85 · 0,85 = 0,6141) 0; (0,85 · 0,85 · 0,15 = 0,1084)

Der Wert der zeitlich entfernteren Zahlungen sinkt nicht nur wegen des mit jeder Abzinsung eintretenden Zinseffektes, sondern wegen der bei positiven Insolvenzwahrscheinlichkeiten abnehmenden Chance, sie überhaupt realisieren zu können. Dieser Effekt ist bei der Bewertung planspezifischer Zahlungsversprechen zu beachten.

III. Erhalten Gläubiger mehr als den vollen Betrag ihres Anspruchs?

69 Neben der Überprüfung, ob eine voraussichtliche Schlechterstellung einer den Plan ablehnenden Gläubigergruppe vorliegt, ist die Prüfung, ob eine „angemessene" Beteiligung am planspezifischen Mehrwert vorliegt, die zweite anspruchsvolle, dem Gericht zugewiesene Aufgabe. Die erste Stufe dieser Angemessenheitsprüfung besteht darin, zu kontrollieren, ob Gläubigern mehr als der volle Betrag ihres Anspruchs zugewiesen wird.[68] Ablehnende Abstimmungsgruppen müssen diese Verletzung der Obergrenze auch dann nicht hinnehmen, wenn sie selbst durch den Plan besser gestellt werden.[69] Die zweite Stufe der Angemessenheitsprüfung hat sicherzustellen, dass Gläubiger mit gleichrangigen Ansprüchen gleich behandelt werden und dass nachrangige Gläubiger und der Schuldner nichts erhalten, bevor nicht höherrangige Gläubiger vollständig befriedigt sind.

70 Bei der ersten Stufe der Angemessenheitsprüfung ist Bezugspunkt der Prüfung der Betrag, der den Gläubigeranspruch im Zeitpunkt der Bewertung voll befriedigte, wenn er bar ausgezahlt würde. Der Barwert planspezifischer Leistungen darf diesen Betrag nicht übersteigen. Keine Probleme entstehen, wenn eine Gläubigerklasse durch den Plan in ihren Rechten nicht beeinträchtigt wird; der Plan billigt ihnen genau die Ansprüche zu, die ihnen, gestützt auf die vertraglichen Vereinbarungen mit dem Schuldner, zustehen.[70] Werden Bestandteile des ursprünglichen Vertrags mit dem Schuldner durch den Plan *modifiziert*, entstehen Prüfprobleme dann, wenn die Abstimmungsgruppe gemäß der Intention des Planarchitekten voll befriedigt werden soll[71] und die Modifikationen des ursprünglichen Vertragsinhaltes durch Kompensationsleistungen ausgeglichen werden sollen.

71 Ein Beispiel soll das Problem erläutern. Ein Landgasthof in der Rechtsform der GmbH befindet sich in einem Insolvenzverfahren. Gläubiger ist u. a. die B-Brauerei. Zwischen dem Landgasthof und B besteht ein exklusiver Bierliefervertrag mit einer (Rest)Laufzeit von sechs Jahren. B hat außerdem ein Darlehen gewährt, das in gleichen Raten pro Jahr zu tilgen und zu verzinsen ist zu einem Zinssatz von 4%, der 1,5% unter dem Marktzinssatz für Darlehen mit gleicher Laufzeit liegt. Die noch zu tilgende Kreditsumme beträgt 400 000, rückzahlbar

---

[67] Die Angaben in Klammern bezeichnen die Eintrittswahrscheinlichkeiten aus der Sicht des Bewerters im Zeitpunkt 0.
[68] § 245 Abs. 2, Nr. 1.
[69] RegE, BT-Drucks. 12/2443, S. 209.
[70] Diesen nicht beeinträchtigten Gläubigern wird, insoweit folgerichtig, kein Stimmrecht zugestanden, vgl. § 237 Abs. 2.
[71] Für Abstimmungsgruppen, die nicht voll befriedigt werden sollen, kann die hier besprochene Prüfung regelmäßig unterbleiben.

in vier Jahresraten. Der Kredit ist per Grundschuld gesichert. Der Plan sieht vor: Der Kredit bleibt gesichert; die Restlaufzeit wird von vier auf acht Jahre gestreckt; die Tilgungsleistung zum jeweiligen Jahresende beträgt 50 000. Der Zinssatz wird auf das marktübliche Niveau für Kredite mit einer Laufzeit von acht Jahren in Höhe von 5,5% angehoben; die Zinszahlung auf den noch ausstehenden Kreditbetrag erfolgt jeweils am Jahresende. Eine Abstimmungsgruppe lehnt den Plan ab. Erhält die B-Brauerei mehr als den vollen Betrag ihres Anspruchs?

Die Forderung der B-Brauerei beträgt 400 000. Der Plan muss B Zahlungen bieten, deren Barwert 400 000 beträgt. Benutzt man als Diskontierungssatz 5,5%, beträgt der Barwert der planspezifischen Zahlungen exakt 400 000. Aber ist die Diskontierung mit 5,5%, die ja die Anhebung des Kreditzinssatzes von 4% auf 5,5% exakt kompensiert, zweckkonform? Stellt sich B nicht besser, weil der Zinssatz von 4% auf das marktkonforme Niveau von 5,5% angehoben wurde, um eine um vier Jahre verlängerte Laufzeit zu kompensieren? Man wird prüfen müssen, warum B der GmbH ein Darlehen angeboten hat, dessen Zinssatz (4%) 1,5% unter dem Niveau des jeweiligen Marktzinssatzes lag. Hier soll angenommen werden, dass dieses Angebot notwendig war, um dem exklusiven Bieranlieferungsrecht zur Akzeptanz zu verhelfen. B hat folglich ein „Paket" angeboten: exklusives Bieranlieferungsrecht verbunden mit einem Darlehen zu sehr günstigen Konditionen. Wird der Insolvenzplan bestätigt, wird der Landgasthof fortgeführt. Die exklusiven Bieranlieferungsrechte bleiben vertragsgemäß bestehen bis zum Ende der Laufzeit des Vertrages, also weitere sechs Jahre. Erst am Ende des 6. Jahres wird das „Paket" Bierliefervertrag und Kreditgewährung aufgeschnürt. Die Restlaufzeit des Kreditvertrages beträgt dann noch zwei Jahre. Für diese Restlaufzeit ist zu prüfen, wie ein gleichwertiges Paket auszusehen hätte.

Ob der volle Betrag des Anspruchs überschritten ist, kann auch dann zu klären sein, wenn Abstimmungsgruppen Eigenkapitalanteile geboten werden. Diese Strategie bietet sich dann an, wenn die Last der Zinszahlungen für das Unternehmen reduziert werden soll bzw. die Interessengegensätze zwischen den Haltern von Gläubigeransprüchen und Residualansprüchen gemindert werden sollen. Z. B. könnte ein Plan gesicherten Gläubigern Zahlungen mit erster Priorität bieten, deren Barwert dem Betrag des gesicherten Anspruchs entspricht. Der durch die Kreditsicherheit nicht gedeckte Anspruch könnte durch Anteile am Eigenkapital befriedigt werden. Widerspricht eine andere Abstimmungsgruppe dem Plan, ist der Wert des Eigenkapitals des Unternehmens bei Fortführung zu ermitteln, um zu prüfen, ob die gesicherten Gläubiger mehr als den vollen Wert ihres Anspruchs erhalten haben. Dies ruft alle Bewertungsprobleme, die Unternehmensbewertung mit sich bringt, auf den Plan.[72] Es besteht kein Anlass, diese Prüfprobleme zu unterschätzen.[73]

IV. Sind Gläubiger angemessen an dem durch den Plan erwarteten Mehrwert beteiligt?

Angemessene Beteiligung liegt vor, wenn die drei Bedingungen des § 245 Abs. 2 erfüllt sind: kein Gläubiger erhält mehr als den vollen Betrag seines Anspruchs; kein gleichrangiger Gläubiger wird besser gestellt; nachrangige Gläubiger bzw. Eigentümer erhalten nichts, bevor die nicht zustimmende, höherrangige Abstimmungsgruppe nicht voll befriedigt ist. Die Überprüfung der ersten Stufe der Angemessenheitsprüfung wurde oben erläutert.[74] Die zweite Stufe der Angemessenheitsprüfung ist jetzt zu besprechen.

---

[72] Vgl. hierzu aus der amerikanischen Literatur *Fearon/Julis*, The Role of Modern Finance in Bankruptcy, Temple Law Quarterly, Vol. 56, 1983, S. 1–48; *Blum*, The „fair and equitable" Standard for Confirming Reorganizations under the New Bankruptcy Code, American Bankruptcy Law Journal, Vol. 54, S. 165–172; Zu Problemen der Unternehmensbewertung siehe *Drukarczyk/Schüler*, Unternehmensbewertung, 5. Aufl., 2007; *Mandl/Rabel*, Unternehmensbewertung, 1997.

[73] Vgl. *Smid/Rattunde*, die die Prüfaufgabe als „denkbar einfach" bezeichnen. Vgl. *Smid/Rattunde*, Der Insolvenzplan, 1998, RdNr. 568.

[74] Vgl. oben RdNr. 70–74.

75 Die Überprüfung, ob kein gleichrangiger Gläubiger besser gestellt ist als die den Plan ablehnende Gruppe wirft keine Bewertungsprobleme, die oben nicht schon angesprochen worden wären, auf. Auf diese kann somit verwiesen werden.

76 Ob nachrangige Gläubiger wirtschaftliche Werte erhalten haben, ist prinzipiell einfach zu ermitteln. Es geht darum, ob sie überhaupt einen wirtschaftlichen Wert erhalten haben, solange höherrangige Gläubiger nicht vollständig befriedigt sind.

77 Weit komplizierter ist die Beantwortung der Frage, ob nachrangige, am Eigenkapital beteiligte Personen nicht „wirtschaftliche Werte" erhalten, wenn ihnen die Fortführung des Unternehmens verbunden mit einer Restschuldbefreiung via Insolvenzplan gestattet wird. In der Begründung des RegE heißt es, dass in der Fortführung durch den Schuldner nicht zwangsläufig die Zuwendung eines wirtschaftlichen Wertes an den Schuldner liege. Es käme darauf an, ob die Leistungen, die der Schuldner gemäß Plan zu erbringen habe, den noch vorhandenen Wert des Unternehmens aufwiegen. Wenn kein Dritter bereit sei, anstelle des Schuldners das Unternehmen zu den im Plan vorgesehenen Bedingungen fortzuführen, könne im Zweifel nicht angenommen werden, dass der Schuldner durch den Plan „einen wirtschaftlichen Wert erhält".[75]

78 Diese Begründung verkürzt die Problemlage. Ob Dritte ggf. bereit wären, das Unternehmen zu den im Plan gesetzten Bedingungen fortzuführen, lässt sich erst beantworten, wenn ein entsprechender Wettbewerb um die Fortführung des Unternehmens ausgelöst wird. Diesen Wettbewerb gibt es, folgt man den Regelungen der InsO, nur in Spurenelementen. Auf Empfehlung des Rechtsausschusses – der die Bedeutung von Wettbewerb im vorliegenden Kontext verkannte – wurde der vom RegE intendierte Wettbewerb durch Vorlage konkurrierender Insolvenzpläne an einer entscheidenden Stelle beschnitten: Das Vorlagerecht für Insolvenzpläne für (mindestens fünf) Gläubiger wurde nicht übernommen. Werden Bieterprozesse nicht in Gang gesetzt, kann man auch nicht beantworten, was Dritte für die Option, das Unternehmen an Stelle der Alteigentümer fortzuführen, geboten hätten. Die Gegenüberstellung von Leistungen des Schuldners und des Wertes des für ihn bei Unternehmensfortführung zu Gewinnenden wirft die Frage auf, warum der Schuldner sich zu Leistungen verpflichten soll, die exakt dem Wert der Option entsprechen, die darin besteht, dass der Wert des Eigenkapitals wieder auflebt. Unter finanziellem Gesichtspunkt werden Schuldner sich an der Umsetzung von Insolvenzplänen nur dann beteiligen, wenn der Wert der Option des Wiederauflebens *größer* ist, als der Wert der gemäß Plan zu erbringenden Schuldnerleistungen.[76] Das aber bedeutet, dass Schuldner, die sich für die Implementierung von Insolvenzplänen einsetzen, *erwarten,* wirtschaftliche Werte erzielen zu können, die den Wert ihrer Beiträge übersteigen. Es mag zutreffen, dass diese wirtschaftlichen Werte erst nach dem Ende der Laufzeit von Insolvenzplänen in Form von finanziellen Überschüssen greifbar werden. Dies ändert aber nichts an der im Zeitpunkt der Abstimmung über den Plan bestehenden Erwartung der am Schuldner beteiligten Personen, solche wirtschaftlichen Werte zu erzielen. Folglich kann nicht generell unterstellt werden, dass den am Schuldner beteiligten Personen kein wirtschaftlicher Wert zuwächst, wenn die sonstigen Kapitalgeber ihnen die Fortführung des Unternehmens via Plan gestatten.

79 In der amerikanischen Literatur wird dieses Problem unter dem Stichwort „new value exception" diskutiert.[77] Das Problem ist, ob den Alteigentümern eine Beteiligung am Reorganisationsmehrwert dann zugestanden werden kann, wenn sie finanzielle Beiträge (capital contributions) leisten, obwohl vorrangige Gläubigerklassen nicht vollständig befriedigt werden. Die Position der amerikanischen Literatur ist nicht ganz eindeutig. Zum einen wird

---

[75] RegE, BT-Drucks. 12/2443, S. 209.
[76] Der Wert des Eigenkapitals des Unternehmens in der Liquidationsalternative ist realistischerweise mit Null anzusetzen.
[77] Vgl. z.B. *Baird,* The Elements of Bankruptcy, New York, 1992, S. 246–254; *Klee,* Cram Down II, American Journal of Bankruptcy Law, 1990, S. 240–244; *Neville,* The New Value Exception to the Chapter 11 Absolute Priority Rule, Missouri Law Review, 1995, S. 465–484. *Bailey,* The New Value Exception in Single-Asset Reorganizations, Commercial Law Journal, 1993, 50, 55.

bezweifelt, ob die nicht modifizierte „new value exception" im Fall einer ablehnenden, nicht voll befriedigten Gläubigergruppe im Rahmen des BC von 1978 überhaupt noch anwendbar ist. Diese Frage kann nach der Entscheidung des neunten Circuit Court of Appeals als positiv entschieden gelten.[78] Diese Entscheidung schärft die Bedingungen, unter denen die new value exception überhaupt zum Zug kommen kann. Das Gericht prüft, ob die new value exception den zentralen Zielsetzungen von Chapter 11 BC entspricht. Diese sieht das Gericht 1. in der erfolgreichen Restrukturierung des schuldnerischen Unternehmens und 2. in der Maximierung des verteilbaren Vermögens. Diese Zielentsprechung wird dann als gegeben angenommen, wenn bestimmte Anforderungen erfüllt sind: Die „contributions" der Eigentümer müssen (1) für die Reorganisation notwendig, (2) neu, (3) in Geldform und (4) in einer Höhe gewährt werden, die „reasonably equivalent (ist) to the interest received or retained".[79]

Das unter (4) genannte Kriterium ist dasjenige, das am schwierigsten zu überprüfen ist. Welche „cash contributions" der Eigentümer entsprechen dem Wert der Option, dass der Wert der Eigentumsrechte, soweit sie bei den Alteigentümern verbleiben, sich wieder erholt? Baird verweist zudem darauf, dass die „new value exception" unerwünschte Anreize auslöse: Eigentümer hätten genau dann Anlass, „cash contributions" anzubieten, wenn richterliche Bewertungen des Eigenkapitals zu niedrig ausfielen. Die Regel begünstigte in diesem Fall die Eigentümer zu Lasten von ungesicherten Gläubigern.[80]

Die amerikanische Rechtsauffassung ist durch die Entscheidung des Supreme Court vom 3. Mai 1999 entscheidend präzisiert worden.[81] In einem single-asset-case – das Unternehmen besitzt einen einzigen Vermögensgegenstand – war zu entscheiden, ob ein Plan, der für die kreditierende Bank keine volle Befriedigung vorsah und einem Teil der Alteigentümer gegen Einzahlung von Eigenkapital („new value") das Fortführungsrecht zusprach, gegen das Votum der Bank vom Gericht gemäß den cram down-Regeln des § 1129 BC bestätigt werden kann. Der Supreme Court argumentiert, dass der Plan gegen den Widerspruch der Bank nicht bestätigt werden kann, „when that opportunity (zur Fortführung des Unternehmens, J. D.) is given exclusively to the old equity holders under a plan adopted without consideration of alternatives. We hold that old equity holders are disqualified from participating in such „new value" transactions (...)". Es ist der wettbewerbslose Versuch, die Eigentumsrechte gegen Zurechnung eines Betrages bei den Alteigentümern zu belassen, der keine Form von Markttest bestanden hat, der zur Nichtbestätigung des Plans führt: „exclusive opportunities free from competition and without benefit of market valuation fall within the prohibition of § 1129 (b) (2) (B) (ii)".[82]

In der deutschsprachigen Literatur wird dieser Problembereich nicht intensiv diskutiert.[83] Er ist jedoch unter mehreren Aspekten wichtig. Dass der Wortlaut des § 245 eine „new value exception" nicht explizit formuliert, wird nicht als Problem angesehen. Die Begründung zu § 245 geht explizit davon aus, dass der Schuldner gemäß Plan den Wert des Fortführungsrechts kompensierende Leistungen erbringen kann.[84] Dass Verletzungen des Prinzips des § 245 Abs. 2 Ziff. 2 im Wege konsensualer Lösungen geheilt werden, ist ebenfalls unstrittig. Wichtig ist jedoch, wer über die Äquivalenz von Leistungen des Schuldners und Wert des Fortführungsrechts entscheidet und wie dieser Vergleich zu vollziehen ist. Wichtig ist ebenfalls, ob der Schuldner durch Widerspruch einer Gläubigergruppe gezwungen werden soll, Leistungen in Form von „new value" zu erbringen. Die Einbringung von „new value" in Höhe des subjektiven Grenzpreises[85] machte die Fortführung des Unternehmens unter finanziellem

---

[78] *Neville*, 1995, S. 475–483.
[79] *Neville*, 1995, S. 471.
[80] *Baird*, 1992, S. 250/251.
[81] Bank of America National Trust and Savings Association vs. 203 North Lasalle Street Patnership, Urteil vom 3. Mai 1999 (im Internet veröffentlicht).
[82] Ebenda.
[83] Vgl. z. B. *Nerlich/Römermann/Braun*, RdNr. 25–29.
[84] So auch *Wittig*, 1999, 376.
[85] Grenzpreis ist der Preis, den ein rationaler Investor maximal zu zahlen bereit ist.

Aspekt uninteressant. Eine generelle Maxime, den subjektiven Grenzpreis für die Fortführungsposition zu entrichten, schwächte auch die Anreize für den Schuldner, Insolvenzverfahren zeitig auszulösen. Dem steht die klare Funktion des Insolvenzverfahrens als Veranstaltung zur gemeinschaftlichen Befriedigung der Gläubiger des Schuldners gegenüber.[86]

83 Auf die Frage, wie der dem Schuldner durch das Fortführungsrecht via Insolvenzplan zugeordnete wirtschaftliche Wert gemessen werden soll, gibt es unterschiedliche Antworten. *Braun* trägt vor, dies sei unter wirtschaftlichen Aspekten zu beurteilen. Nicht in jedem Fall liege im Fortführungsrecht die Zuordnung eines wirtschaftlichen Wertes.[87] Aus ökonomischer Sicht ist relevant, ob der dem (den) Eigentümer(n) verbleibende Fortführungswert nach Abzug aller Insolvenzplan-konformen Zahlungen an Gläubiger im Zeitpunkt der Abstimmung über den Plan positiv ist und die Leistungen des (der) Eigentümer(s) übersteigt. Zur Messung sind Methoden geeignet, die den potentiellen (Markt)Wert künftiger finanzieller unsicherer Zahlungsüberschüsse abbilden können. Dies sind alle einschlägigen Methoden der Unternehmensbewertung.[88]

84 Eine alternative Möglichkeit, den wirtschaftlichen Wert zu schätzen, der dem Eigentümer via Insolvenzplan zugewendet wird, bestünde in der Ingangsetzung eines Bieterprozesses, in dem Dritte für den Erwerb der Fortführungsrechte Geldbeträge bieten.[89] Diese Preisgebote geben – durch den implizierten Geldeinsatz der Bieter gestützte – Hinweise auf den Fortführungswert, den Dritte der Fortführungsoption beimessen. Als Substitut für den dem Schuldner zugewendeten wirtschaftlichen Wert können sie dann gelten, wenn die via Insolvenzplan festgelegten Bedingungen der Fortführung (z. B. Zahl der freigesetzten Arbeitnehmer, Zahlungen an Gläubiger) auch für die dritten Bieter gelten. Höhere gebotene Preise, deren Grundlage *andere* (z. B. vom Bieter konzipierte) Insolvenzpläne wären, sind wenig geeignet zur Klärung der Frage, ob der zur Abstimmung stehende Insolvenzplan dem Schuldner wirtschaftliche Werte zuwendet. Sie sind allenfalls Anhaltspunkt dafür, dass der zur Abstimmung stehende Plan noch nicht die optimalen (d. h. den Wert maximierenden) Maßnahmen vorsieht.

85 Zum genannten Problem liegt eine Entscheidung eines deutschen Gerichts vor. Das LG Traunstein hat das ablehnende Votum einer Gläubigergruppe gemäß den Kriterien des § 245 in eine Zustimmung gewandelt und den Insolvenzplan bestätigt.[90] Es hat zuerst die Frage geprüft, ob die widersprechende Gläubigergruppe durch den Plan voraussichtlich nicht schlechter gestellt werde, als sie ohne Plan stünde, und zu Recht die *volle* Befriedigung des Anspruchs durch die Planvorgaben bejaht. Es hat dann geprüft,[91] ob dem Schuldner oder einer an ihr beteiligten Person ein wirtschaftlicher Wert zugewendet würde. Es hat dies unter Rückgriff auf die Gesetzesbegründung im RegE verneint: Wenn kein Dritter bereit sei, anstelle des Schuldners das Unternehmen zu den im Plan vorgegebenen Bedingungen fortzuführen, könne im Zweifel nicht angenommen werden, dass der Schuldner durch den Plan einen wirtschaftlichen Wert erhalte.[92] Da der Insolvenzverwalter dargelegt habe, dass kein Interesse für die Übernahme des Unternehmens bekannt geworden sei, geht das Gericht davon aus, dass nur ein überschaubarer Markt für das Unternehmen gegeben sei und dass der Schuldner mit dem Fortführungsrecht keinen wirtschaftlichen Wert erhalte.

86 Der Sachverhalt wirft zwei Fragen auf, die der Text des Urteils nicht beantwortet. Muss das Kriterium des § 245 Abs. 2 Nr. 2 überhaupt geprüft werden, wenn die nicht zustimmende Gläubigergruppe durch den Plan nachweislich den vollen Betrag ihres Anspruchs erhält und

---

[86] § 1, Satz 1.
[87] *Nerlich/Römermann/Braun,* RdNr. 26–28.
[88] Vgl. etwa WP-Handbuch 1998, 11. Aufl. Bd. II, Abschnitt A; *Drukarczyk/Schüler,* 5. Aufl., 2007; *Mandl/Rabel,* 1997. So im Ergebnis auch *Nerlich/Römermann/Braun,* RdNr. 26.
[89] Vgl. z. B. *Bebchuk,* 1998; *Baird,* 1993.
[90] LG Traunstein, Beschluss vom 27. 8. 1999 – 4 T 2966/99, NZI, 461.
[91] Dass kein nachrangiger Gläubiger mehr als den vollen Betrag seines Anspruchs erhielt, war im vorliegenden Fall evident.
[92] Ebenda, S. 464.

somit auch dann nicht unangemessen am wirtschaftlichen Wert, den der Plan generiert, beteiligt ist, wenn der Schuldner wirtschaftliche Werte erhielte? Unangemessen beteiligt i. S. v. § 245 Abs. 1 Nr. 2 können nur der widersprechenden Gruppe nachrangige Gläubiger sein, die gemäß Plan nicht vollständig befriedigt werden, jedoch im vorliegenden Fall dem Plan zugestimmt haben. Sind erstrangige Gläubiger durch plangemäße Leistungen vollständig befriedigt und stimmen zweitrangige Gläubiger trotz nur teilweiser Befriedigung zu, dass dem Schuldner das Fortführungsrecht verbleibt, könnte eine gerichtliche Überprüfung der Frage, ob dem Schuldner ein wirtschaftlicher Wert zugewendet wird, unterbleiben.

Die Mehrzahl der Kommentatoren zu § 245 formuliert in Anlehnung an die Begründung des RegE, die Bedingungen von § 245 Abs. 2 seien „kumulativ" zu prüfen. Damit ist gemeint, dass alle drei Bedingungen zu überprüfen sind. Das mag im Regelfall zutreffen. Im vorliegenden Fall setzt eine durch Absonderungsrechte gesicherte Gläubigergruppe durch mehrheitliche Ablehnung des Planes den Prüfprozess nach § 245 in Gang. Die gerichtliche Überprüfung ergibt, dass der ablehnende Gläubiger gemäß Plan den vollen Betrag seines Anspruchs erhält. Damit ist der Gläubiger i. S. v. § 245 Abs. 1 Nr. 2 angemessen am wirtschaftlichen Wert, der gemäß Plan den Beteiligten zufließen soll, beteiligt. Mehr steht dem widersprechenden Gläubiger nicht zu. Da alle anderen Gläubigergruppen dem Plan mit den erforderlichen Mehrheiten zustimmten, löst die Prüfung der Frage, ob der Schuldner einen wirtschaftlichen Wert erhält, Prüfkosten und ggf. Zeitverluste für die Klärung einer Frage aus, die für die Zustimmungsersetzung der Nichtzustimmung vollständig befriedigter Gläubiger unerheblich ist. Es muss nachrangigen Gläubigern möglich sein, dem Schuldner einen wirtschaftlichen Wert zukommen zu lassen, wenn sie dies mehrheitlich wünschen, wenn zugleich die höherrangige Gläubigergruppe, die widerspricht, den vollen Betrag ihres Anspruchs erhält. Nachweislich per Plan vollständig befriedigte Gläubiger sollen der ratio legis folgend diese begründbare Absicht nicht unterlaufen können, weil sie bereits angemessen am wirtschaftlichen Wert beteiligt sind.

Die zweite Frage bezieht sich auf die notwendige Intensität, mit der nach Geboten Dritter gesucht werden muss, bevor die Schlussfolgerung, fehlende Gebote belegten, dass dem Schuldner via Plan keine wirtschaftlichen Werte zugewendet werden, legitimiert ist. Setzt man keinen Bieterprozess in Gang, werden häufig keine Gebote vorliegen. Dass der Bieterprozess explizit angestoßen werden muss, ergibt sich bereits daraus, dass Gebote zu den im Insolvenzplan festgelegten Bedingungen[93] benötigt werden. Folglich sind diese Bedingungen bekannt zu machen und mit der Aufforderung, Gebote abzugeben, zu verbinden.[94]

Der amerikanische Supreme Court nimmt im Fall Bank of America National Trust and Savings Association v. 203 North Lassale Street Partnership eine klare Haltung ein: „under a plan granting an exclusive right, making no provision for competing bids or competing plans, any determination that the price was top dollar would necessarily be made by a judge in bankruptcy court, whereas the best way to determine value is exposure to the market".

F. Verfahrensdauer, Kosten und Zurückdrängung richterlicher Bewertungsentscheidungen

I. Hintergrund: Amerikanische Erfahrungen

Die empirische Aufarbeitung der Folgen der Regelungen von Chapter 11 BC ist in den USA sehr intensiv erfolgt. Wichtige Ergebnisse sind:
(1) Der Verhandlungsprozess unter den Klassen von Anspruchsinhabern ist zeitaufwändig. Die durchschnittliche Zeitspanne zwischen Verfahrenseröffnung und „confirmation date", das ist der Tag, an dem das Gericht den Plan bestätigt, beträgt annähernd zwei Jahre.

---

[93] RegE, Begründung zu § 245.
[94] Vgl. z. B. den Fall Bjolmes Realty Trust in Bailey, 1993, 65.

Autor(en)[95]	Jahr	Zahl der Unternehmen	Untersuchungs-zeitraum	durchschnittliche Verfahrensdauer in Monaten
Lo Pucki	1983	57	1979–1982	10
Flynn	1989	2395	1979–1986	22
White	1990	26	n.b.	17
Weiss	1990	37	1979–1986	30
Jensen-Conklin	1991	45	1980–1989	22
Franks/Torous	1991	14	1979–1986	32
Lo Pucki/Whitford	1991	43	1979–1988	30
Bris/Welch/Zhu	2006	225	1995–2001	27

Tabelle 1: Verweilzeit von Unternehmen im Reorganisationsverfahren nach Chapter 11 BC

(2) Das Verteilungsprinzip der „absolute priority rule" (APR) wird mit Regelmäßigkeit nicht streng befolgt.

Autor(en)[96]	Jahr	Zahl der Unternehmen	Untersuchungs-zeitraum	Verletzungen der APR in % der Fälle
Lo Pucki/Whitford	1990	43	1979–1988	95%
Weiss	1990	37	1979–1986	78%
Franks/Torous	1989	27	1979–1986	78%
Eberhart/Moore/Roenfeldt	1990	30	1979–1986	77%

Tabelle 2: Verletzungen der „absolute priority rule" (APR)

(3) Das Verfahren verursacht nicht unerhebliche Transaktionskosten i. S. v. unmittelbaren, also sog. direkten Kosten der Insolvenz.

Autor(en)[97]	Jahr	Zahl der Unternehmen	Untersuchungs-zeitraum	Kosten in %
White	1989	26	1979–1986	3,4[98]
Weiss	1990	37	1979–1986	3,1[99]
Bris/Welch/Zhu	2006	222	1995–2001	16,9[100]

Tabelle 3: Direkte Kosten des Verfahrens nach Chapter 11 BC

[95] *Eberhart/Moore/Roenfeldt,* Security pricing and deviations from the absolute priority rule in bankruptcy proceedings, The Journal of Finance, 1990, S. 1457–1469; *Franks/Torous,* An empirical investigation of US firms in reorganization, The Journal of Finance, 1989, S. 747–769; *LoPucki/Whitford,* Patterns in the bankruptcy reorganization of large, publicly held companies, Cornell Law Review, 1993, S. 580–607; *Weiss,* Bankruptcy resolution: Direct costs and violation of priority of claims, The Journal of Financial Economics, 1990, S. 285–314; *Bris/Welch/Zhu,* The costs of bankruptcy: Chapter 7 Liquidation versus Chapter 11 Reorganization, The Journal of Finance, 2006, S. 1253–1303.

[96] *Eberhart/Moore/Roenfeldt,* Security pricing and deviations from the absolute priority rule in bankruptcy proceedings, The Journal of Finance, 1990, S. 1457–1469; *Franks/Torous,* An empirical investigation of US firms in reorganization, The Journal of Finance, 1989, S. 747–769; *LoPucki/Whitford,* Patterns in the bankruptcy reorganization of large, publicly held companies, Cornell Law Review, 1993, S. 580–607; *Weiss,* Bankruptcy resolution: Direct costs and violation of priority ol claims, The Journal of Financial Economics, 1990, S. 285–314.

[97] *Weiss,* Bankruptcy resolution: Direct costs and violation of priority ol claims, The Journal of Financial Economics, 1990, S. 285–314; *White,* The corporate bankruptcy decision, Journal of Economics Perspectives, 1989, S. 129–151; *Bris/Welch/Zhu,* the costs of bankruptcy: Chapter 7 Liquidation versus Chapter 11 Reorganization, The Journal of Finance, 2006, S. 1253–1303.

[98] Bezogen auf den Barwert aller Zahlungen an Gläubiger, die der Plan vorsieht.

[99] Bezogen auf den Wert des Eigenkapitals und den Buchwert des Fremdkapitals am Ende des letzten Jahres vor Insolvenz.

[100] Bezogen auf die Buchwerte des Vermögens zum Zeitpunkt der Verfahrenseröffnung.

(4) Richterliche Entscheidungen über die Bewertung von Sicherungsgütern, anzusetzende Diskontierungssätze bei der Bewertung von Positionen von Anspruchsinhabern und die „feasibility" von Insolvenzplänen sind oft fehlerhaft.
(5) Die beabsichtigte Machtbalance zwischen einem die Entscheidungsrechte weiterhin wahrnehmenden „debtor in possession" und den durch Ausschüsse repräsentierten und durch neutralen Sachverstand unterstützten Gläubigern stellt sich sehr häufig nicht ein, sondern ist zugunsten der Eigentümer (Manager) verzerrt.
(6) Die Performance der das Verfahren nach Chapter 11 BC verlassenden Unternehmen ist im Vergleich zu branchenspezifischen Vergleichsunternehmen unterdurchschnittlich. Die Verschuldungsquoten der reorganisierten Unternehmen sind überdurchschnittlich hoch. Die „refiling rate" ist nicht vernachlässigbar.

Diese Ergebnisse haben zT sehr kritische Einschätzungen des Verfahrens und die Suche nach Modifikationen ausgelöst, die die vermuteten Mängel reduzieren sollen. Eine Einschätzung ist, dass der mit Chapter 11 initiierte Verhandlungsprozess zu lange dauert, zu viel kostet und zu nicht befriedigenden Ergebnissen führt. Zu den als unbefriedigend angesehenen Ergebnissen gehören die zahlreichen Abweichungen der Verteilungsergebnisse von der „absolute priority rule" (APR) und die kaum durchschnittliche Performance der das Reorganisationsverfahren verlassenden Unternehmen. Abweichungen der planspezifischen Verteilungen von der APR sind allerdings nur dann kritisch zu sehen, wenn sie Resultat der Belästigungsstrategien wären, die Eigentümer bzw. nachrangige ungesicherte Gläubiger in Gang setzen könnten, um stärker an einem hypothetischen Reoganisationsmehrwert beteiligt zu sein.[101] Dass diese Strategien eingesetzt werden, wird in der amerikanischen Literatur nicht bestritten. Umstritten ist das ökonomische Gewicht der Strategien. Während eine Reihe von Autoren ihr hohes Gewicht zusprechen,[102] sprechen *LoPucki/Whitford* von einem Sturm im Wasserglas,[103] weil die prozentualen durchschnittlichen Abweichungen von einem APR-konformen Ergebnis sehr klein seien.

Unabhängig vom Ausmaß der APR-Abweichungen sind die langen Verweilzeiten der Unternehmen in Reorganisationsverfahren und die damit verbundenen Kosten Anlass, über Verbesserungen des Verfahrens nachzudenken. Die hierzu gemachten Vorschläge werden in einer Reihenfolge dargestellt, die sich zunehmend von der Standardform des Reorganisationsverfahrens nach Chapter 11 BC entfernt.

II. Reformvorschläge

1. Zeitlich vorgezogene cram down-Regelung. *LoPucki/Whitford* kommen, gestützt auf ihre empirischen Arbeiten, zu dem Ergebnis, dass es vorrangig dem Belästigungspotential der nachrangigen Anspruchsinhaber, also insbesondere der Eigentümer, zuzuschreiben ist, wenn diesen gemäß Plan Werte zugesprochen werden, obwohl sie bei einer Realisierung der APR keinen wirtschaftlichen Wert, also nichts erhalten dürften. Um das Belästigungspotential der Eigentümer auszuschalten, empfehlen die Autoren eine zeitlich vorgezogene Handhabung der cram down-Regelung. In Fällen, in denen der Fortführungswert des Unternehmens in klar erkennbarer Weise nicht ausreicht, um nachrangige Gläubigeransprüche voll zu bedienen, soll das Gericht in einem frühen Stadium des Verfahrens entscheiden können, dass Eigentümer am Verhandlungsprozess über die Plangestaltung nicht mehr teilnehmen. Die Autoren beschränken ihren Vorschlag des „preemptive cram down" auf den Fall der großen „publicly held corporation".[104] Die Intention ist klar: Inhabern eindeutig wertloser Anteile soll die Möglichkeit genommen werden, durch die Verfahrensteilnahme Sondervorteile zu erringen.

---

[101] Vgl. etwa *LoPucki/Whitford*, 1990, S. 184–186.
[102] Vgl. z. B. *Eberhart/Moore/Roenfeldt*, S. 1468; *Weiss*, S. 285–314; *Franks/Torous*, S. 747–769.
[103] *LoPucki/Whitford*, 1990, S. 126; mit gleicher Einschätzung *Beranek/Boehmer/Smith*, S. 102 („much ado about nothing").
[104] *LoPucki/Whitford*, 1990, S. 186–190; *dies.*, 1991, S. 625–647.

92 **2. Entschärfung des Bewertungsproblems.** Das Verfahren nach Chapter 11 BC soll den Reorganisationsmehrwert ausloten und den Wert unter den Anspruchstellern verteilen. Nur wenn der auf Konsens gerichtete Prozess des Aushandelns scheitert, wird APR analog zu § 245 zur Richtschnur. Die Anwendung von APR setzt klare Vorstellungen über den Reorganisationswert voraus.[105] Der Vorschlag von Roe[106] will die auftauchenden Bewertungsprobleme[107] vereinfachen, indem er auf Marktbewertungen zurückgreift: Er traut der Bewertung des Marktes mehr als der eines Gerichts.[108] Der Vorschlag sieht so aus: In einem ersten Schritt wird eine sehr einfache Kapitalstruktur hergestellt: Das reorganisierte Unternehmen ist vollständig eigenfinanziert. Im zweiten Schritt werden 10% des Eigenkapitals an einem Börsensegment platziert. Der sich bildende Marktpreis dient als Basis der Bewertung der restlichen 90% des Eigenkapitals. Diese Eigentumsrechte sind im dritten Schritt der APR folgend an die Altfinanciers zu verteilen. Auch Roe modelliert den Schuldner als Aktiengesellschaft, deren Anteile handelbar sind. Sein Ziel ist, interessengeleitete Kämpfe um Bewertungen aus dem Verhandlungsprozess zu verbannen.

93 **3. Der Vorschlag von Bebchuk.** *Bebchuk*[109] schlägt eine auf Optionsrechten basierende Lösung vor. Seine Ziele sind: richterliche Bewertungsentscheidungen sollen weitgehend vermieden werden; das Verfahren soll schnell und kostengünstig ablaufen; APR soll vollständig respektiert werden. Im eröffneten Insolvenzverfahren werden Gläubigerklassen gebildet. Der Insolvenzverwalter als „clearing agent" teilt Gläubigern und Eigentümern Optionsrechte zu, die bei Entrichtung definierter Ausübungspreise zum Bezug einer Aktie des ausschließlich eigenfinanzierten Unternehmens berechtigen. Die von den Optionsinhabern zu entrichtenden Ausübungspreise hängen von der Zahl der höherrangigen Klassen und der Höhe deren Ansprüche ab. Es gilt die Regel, dass die Zuzahlung einer Klasse von Optionsinhabern genau ausreichen muss, um alle höherrangigen Ansprüche vollständig in bar abzugelten.

94 Ein **Beispiel** soll die Idee verdeutlichen. Das reorganisierte Unternehmen soll das Verfahren mit einer durch 100 000 Aktien zum Nominalwert von 5 € charakterisierten Kapitalstruktur verlassen. Inhaber von Altansprüchen werden entweder in bar oder in Aktien abgefunden. Gesicherte Gläubiger halten Ansprüche von 300 000 €, ungesicherte Gläubiger halten Ansprüche von 200 000 €. Alteigentümern werden vom Insolvenzverwalter C-Optionsrechte zugeteilt. Eine C-Option berechtigt zum Erwerb einer Aktie gegen Zuzahlung von 5 €. Ungesicherte Gläubiger erhalten B-Optionsrechte. Diese berechtigen zum Bezug von 2 € oder bei Zuzahlung von 3 € zum Bezug einer Aktie. Gesicherte Gläubiger erhalten A-Optionsrechte. Ein A-Recht berechtigt zum Bezug von 3 € oder zum Bezug einer Aktie.

Die jeweiligen Zuzahlungen ermöglichen exakt die Finanzierung der Ansprüche aller höherrangigen Klassen. Über Aktien und damit die Entscheidungsrechte kann nur verfügen, wer zuvor höherrangige Klassen bar ausbezahlt hat; APR ist somit immer respektiert. Leisten rangniedrigere Klassen keine Zuzahlungen, halten die gesicherten Gläubiger alle Aktien. Sie verfügen damit über das, was verteilbar ist. Abbildung 9 verdeutlicht den Ablauf der Ausübung der Optionsrechte.

---

[105] Also den Wertvorsprung des fortgeführten Unternehmens gegenüber dem Wert bei Ingangsetzung des Regelverfahrens.
[106] *Roe*, S. 527–602.
[107] Vgl. zu den Bewertungsproblemen z. B. *Pachulski*, S. 951–964; *Fortgang/Meyer*, S. 1061–1132.
[108] „The market could, better than a court, accurately and quickly determine the enterprise value of an all-common-equity structure". *Roe*, S. 559.
[109] *Bebchuk*, 1988, 1998 a, 1998 b.

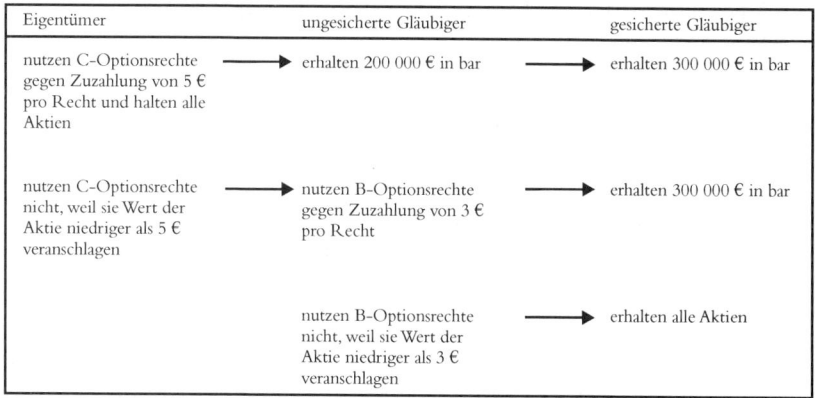

Abbildung 9: Ablauf der Ausübung der Optionsrechte

Bebchuk legt Wert auf die Feststellung, dass die individuelle Bewertung der Aktien durch die Inhaber die richterliche Bewertung ersetze und dass Marktbewertungen (im Gegensatz zum Ansatz von *Roe*) nicht entscheidend für den Ablauf des Bietprozesses seien. Nur dann, wenn Inhaber von Optionsrechten die Ausübungspreise nicht finanzieren könnten, werden Marktbewertungen relevant: die Optionsrechte müssten entweder durch Dritte beliehen oder verkauft werden.

4. Der Vorschlag von Aghion/Hart/Moore.[110] Dieser Vorschlag baut auf der Idee von Bebchuk auf und ergänzt ihn um zwei hilfreiche Eigenschaften. Zunächst verzichten *Aghion/Hart/Moore* darauf, die ausschließliche Eigenfinanzierung für das Unternehmen zu fordern, das das Insolvenzplanverfahren verlässt. Sie schlagen vor, das durch Kreditsicherheiten voll gedeckte Fremdkapital stehen zu lassen;[111] nur Forderungen ungesicherter Gläubiger und Forderungen gesicherter Gläubiger, die nicht durch den Wert von Kreditsicherheiten gedeckt sind, nehmen an dem durch Optionen gesteuerten Prozess teil. Dies hat den Effekt, dass die Ausübungspreise der Optionsrechte sinken; das Finanzierungsproblem für nachrangige Anspruchsinhaber wird gemildert. Zugleich müssen die Werte der Sicherungsgüter geschätzt werden. *Aghion/Hart/Moore* schlagen weiterhin vor, der Verwalter möge Bargebote (cash bids) für das gesamte Vermögen des Schuldners (unter Beachtung der voll gesicherten Kredite) einholen und potentiellen Bietern Zugang zu internen Daten über das Unternehmen bieten. Damit treten dritte Bieter auf, was den Wettbewerb um die beste Verwertung des Vermögens erhöht, und die Inhaber der Optionsrechte über die Gebote Dritter darüber informiert, wie Dritte die Optionsrechte einschätzen. *Aghion/Hart/Moore* machen insoweit Zugeständnisse an eine Auktionslösung[112] und verbessern die Informationslage der zu Geboten aufgeforderten Altfinanciers. Der Verwalter setzt einen Verfallstermin für die Optionsrechte fest. In dem danach liegenden Abstimmungstermin entscheiden diejenigen, die die Aktien halten, über die im Detail zu treffenden Reorganisationsmaßnahmen und ggf. den Verkauf des Unternehmens.

Planarchitekten werden zu prüfen haben, ob und ggf. welche der hier skizzierten Ideen sie in einen Insolvenzplan nach deutschem Recht nutzbringend einarbeiten können.[113] Die Vorschläge von *Bebchuk* und *Aghion/Hart/Moore* enthalten aus ökonomischer Sicht wertvolle Anregungen, die geeignet sein könnten, die Komplexität und Insolvenzkosten einer § 245 folgenden Vorgehensweise zu reduzieren[114] und einen Beitrag zu leisten, damit Unterneh-

---
[110] *Aghion/Hart/Moore*, 1992, 1995, S. 65–74.
[111] *Dies.*, S. 68.
[112] *Baird*, 1993; *Dilger*, S. 209 ff.
[113] Vgl. etwa *Fassbach*, S. 178 ff., *Eidenmüller*, 1996, 1999; *Drukarczyk/Schöntag*, 2006.
[114] Vgl. hierzu auch *Eidenmüller*, 1999, S. 96–121.

§ 246 Zustimmung nachrangiger Insolvenzgläubiger

Für die Annahme des Insolvenzplans durch die nachrangigen Insolvenzgläubiger gelten ergänzend folgende Bestimmungen:

1. Die Zustimmung der Gruppen mit dem Rang des § 39 Abs. 1 Nr. 1 oder 2 gilt als erteilt, wenn die entsprechenden Zins- oder Kostenforderungen im Plan erlassen werden oder nach § 225 Abs. 1 als erlassen gelten und wenn schon die Hauptforderungen der Insolvenzgläubiger nach dem Plan nicht voll berichtigt werden.
2. Die Zustimmung der Gruppen mit einem Rang hinter § 39 Abs. 1 Nr. 3 gilt als erteilt, wenn kein Insolvenzgläubiger durch den Plan besser gestellt wird als die Gläubiger dieser Gruppen.
3. Beteiligt sich kein Gläubiger einer Gruppe an der Abstimmung, so gilt die Zustimmung der Gruppe als erteilt.

Übersicht

	RdNr.		RdNr.
A. Normzweck	1	IV. Kapitalersetzende Gesellschafterleistungen	33
B. Entstehungsgeschichte	4	V. Fehlende Beteiligung an der Abstimmung	36
I. Frühere Regelung	4		
II. Gesetzgebungsverfahren	5	D. Rechtsfolgen	39
C. Nachrangige Insolvenzgläubiger	6	I. Zustimmungsfiktion	39
I. Zins- und Kostenforderungen	11	II. Mehrere Insolvenzpläne	40
II. Geldstrafen, Geldbußen etc.	22	III. Rechtsmittel	41
III. Unentgeltliche Leistungen	24		

A. Normzweck

1 Das Stimmrecht der Insolvenzgläubiger bei der Abstimmung über einen Insolvenzplan ist in § 237 geregelt. Nach dieser Vorschrift, die nur auf § 77 Abs. 1 *Satz 1* Bezug nimmt (und nicht auf *Satz 2*, der den Ausschluss des Stimmrechts der nachrangigen Insolvenzgläubiger vorschreibt), sind grundsätzlich auch die nachrangigen Insolvenzgläubiger stimmberechtigt. Denn der Begriff eines Insolvenzgläubigers bestimmt sich ausschließlich nach materiellem Recht und wird durch die verfahrensrechtliche Frage, ob, wann und in welcher Höhe diese Gläubiger eine Quote zu erwarten haben, nicht tangiert. § 246 sieht jedoch ergänzende Regelungen vor und will damit zwischen der Einbeziehung nachrangiger Forderungen i. S. v. § 39 in das Insolvenzverfahren und der Tatsache, dass es sich hierbei meist um **wirtschaftlich wertlose** Forderungen handelt, einen Ausgleich zu schaffen.

2 Während die Gläubiger der in § 39 genannten Forderungen diese nach der Konkurs- und Vergleichsordnung nicht geltend machen konnten (§§ 63 KO, 29 VglO), sollen nunmehr auch solche Forderungen am Insolvenzverfahren teilnehmen, da auch solche Forderungen von den Rechtsfolgen eines Insolvenzplans betroffen werden. Die Einbeziehung nachrangiger Insolvenzgläubiger bezweckt in derartigen Einzelfällen eine sachgerechte Gesamtlösung im Plan. Auf der anderen Seite musste der Gesetzgeber aber der Tatsache Rechnung tragen, dass es verfahrensstörend wäre, ihnen ein gleichberechtigtes Mitspracherecht beim Insolvenzplan und so die Möglichkeit einzuräumen, selbst einstimmige Entscheidungen der Hauptgläubiger zu blockieren, obwohl mit einer Befriedigung der nachrangigen Forderungen nicht zu rechnen ist. Können die Inhaber nachrangiger Forderungen ohne Zustandekommen eines Insolvenzplans von vornherein nicht mit einer Erfüllung ihrer Ansprüche rechnen, so soll ihnen auch kein Mitspracherecht daran zugestanden und das Verfahren dadurch nicht belastet werden.[1] Entsprechend dieser wirtschaftlichen Betrachtungsweise sieht § 246 unter bestimmten Voraussetzungen die (fingierte) Zustimmung nachrangiger Insolvenzgläubiger vor, so dass deren Abstimmung im Abstimmungstermin – trotz der formalen Verfahrensteilnahmeberechtigung – überflüssig ist. Der damit verbundene Eingriff in die Verfahrensrechte dieser Gläubiger rechtfertigt sich vor dem Hintergrund der Verfahrensvereinfachung aus der wirtschaftlichen Wertlosigkeit der Forderungen.

Der Regelungsgehalt der Vorschrift ist in sich widersprüchlich.[2] Denn für Gläubiger nachrangiger Forderungen muss nach § 222 Abs. 1 Nr. 3 nur dann eine eigene Gruppe gebildet werden, wenn deren Forderungen – entgegen dem Regelfall des § 225 – im Plan *nicht* als erlassen gelten sollen. Werden aber diese Forderungen im Plan nicht erlassen, so ist § 246 bereits tatbestandsmäßig nicht anwendbar. **3**

B. Entstehungsgeschichte

I. Frühere Regelung

§ 246 kennt **keine vergleichbare Vorschrift** im alten Recht. Nach §§ 63 KO, 29 VglO waren die in § 39 genannten Forderungen, auf den § 246 Bezug nimmt, von der Geltendmachung im Konkurs oder Vergleich ausgeschlossen mit der Folge, dass sie auch während eines laufenden Konkurs- oder Vergleichsverfahrens gegen den Schuldner eingeklagt[3] und in konkursfreies Vermögen vollstreckt werden konnten.[4] Nach der Insolvenzordnung werden die nachrangigen Gläubiger dagegen verfahrensrechtlich wie die übrigen nicht nachrangigen Insolvenzgläubiger behandelt; sie unterliegen deshalb auch den gleichen Beschränkungen wie diese und können ihre Forderungen ebenfalls nur nach den Vorschriften der Insolvenzordnung geltend machen. Von ihnen durch Zwangsvollstreckungsmaßnahmen erwirkte Sicherungen an der Insolvenzmasse werden unter den Voraussetzungen des § 88 unwirksam und die Zwangsvollstreckung für ihre Forderungen ist während der Dauer des Insolvenzverfahrens unzulässig (§ 89). **4**

II. Gesetzgebungsverfahren

Die Vorschrift entspricht weitgehend der des § 291 RegE, wobei lediglich der Begriff „Kapitalforderung" in Nr. 1 durch „Hauptforderung" ersetzt wurde. Der RegE war seinerseits wortgleich mit § 280 DE/RefE. Zu Recht weist *Lüer*[5] darauf hin, dass es sich um einen „gesetzgeberischen Unfall" handelt. Denn der Rechtsausschuss hatte § 265 Abs. 2 Nr. 3 RegE dahingehend geändert, dass nachrangige Insolvenzgläubiger, deren Forderungen nach § 225 Abs. 1 als erlassen gelten, schon mangels Bildung von Gruppen nicht an der Abstimmung beteiligt sind; die Zustimmungsfiktion des § 246 geht daher ins Leere. Die Vorschrift hätte daher angepasst werden müssen. **5**

C. Nachrangige Insolvenzgläubiger

Nachrangige Insolvenzgläubiger nehmen an der Abstimmung über den Plan nur **ausnahmsweise** teil, soweit ihre Forderungen nicht nach § 225 Abs. 1 erlassen werden sollen, **6**

---

[1] Begr. zum RegE, BT-Drucks. 12/2443, S. 209; FK-*Jaffé* 2. Aufl. 1999, § 246 RdNr. 4.
[2] Kritisch hierzu insbesondere HK-*Flessner* § 246 RdNr. 1 und ausführlich *Nerlich/Römermann/Braun* § 246 RdNr. 3.
[3] OLG Hamburg MDR 1959, 221, 221; *Kilger/K. Schmidt* § 63 Anm. 1.
[4] OLG Düsseldorf NJW 1974, 1517, 1518.
[5] *Uhlenbruck/Lüer* § 246 RdNr. 2.

entsprechende Gruppen für die einzelnen Rangklassen gebildet werden **und** eine über den Erlass hinausgehende Beeinträchtigung vorliegt (§ 237 Abs. 2), was nur bei einer Streichung der Wiederauflebensklausel des § 255 Abs. 3 denkbar ist.

Die genannten Gläubigergruppen entsprechen den in § 39 Abs. 1 Genannten. Dies sind die Gläubiger von Zinsforderungen seit Eröffnung des Insolvenzverfahrens (§ 39 Abs. 1 Nr. 1), von Kosten, die ihnen durch ihre Teilnahme am Verfahren erwachsen (§ 39 Abs. 1 Nr. 2), von Geldstrafen, Geldbußen o. ä. (§ 39 Abs. 1 Nr. 3), von unentgeltlichen Leistungen des Schuldners (§ 39 Abs. 1 Nr. 4) und von Forderungen auf Rückgewähr kapitalersetzender Gesellschafterdarlehen oder diesen gleichgestellten Forderungen (§ 39 Abs. 1 Nr. 5).

7 Gläubiger und Schuldner können gem. § 39 Abs. 2 für den Fall des Insolvenzverfahrens eine **Nachrangvereinbarung** treffen. Hierunter ist eine Vereinbarung zu verstehen, wonach die Forderung des Gläubigers für den Fall der Eröffnung des Insolvenzverfahrens erst nach Befriedigung aller übrigen Gläubiger bedient werden soll. Derartige Vereinbarungen begegnen keinen grundsätzlichen rechtlichen Bedenken und kommen in der Praxis als Teil von Sanierungskonzepten vor.

8 Liegt eine solche Vereinbarung vor, so gilt der dort festgehaltene Rang; die Vereinbarung eines höheren Ranges als gesetzlich vorgesehen, ist jedoch unzulässig. Ist ein genauer Rang nicht ausdrücklich vereinbart, so ist im Zweifelsfall ein solcher nach § 39 Abs. 1 anzunehmen.[6]

9 Fehlt es an einer wirksamen Nachrangvereinbarung, so kann der Richter eine Forderung nicht für nachrangig erklären oder gar „Zwischenrangklassen" schaffen.[7]

10 Bei **Nachlassinsolvenzverfahren** ist die Zusatzregelung des § 327 zu beachten. Danach kommen nach den in § 39 bezeichneten Forderungen die Verbindlichkeiten gegenüber **Pflichtteilsberechtigten** (§ 327 Abs. 1 Nr. 1) und diejenigen aus den vom Erblasser angeordneten **Vermächtnissen** und **Auflagen** (§ 327 Abs. 1 Nr. 2). Den Pflichtteilsansprüchen gleichgestellt sind Vermächtnisse, die den Pflichtteil ausschließen (§ 327 Abs. 2 Satz 1). Zusätzlich ordnet Abs. 2 Satz 3 an, dass ein testamentarisch angeordneter Vorrang eines Vermächtnisses oder einer Auflage zulässig ist.

Nachrangig nach den in § 39 Abs. 1 aufgeführten Forderungen sind auch die im Wege des Aufgebotsverfahrens ausgeschlossenen Forderungen oder die ihnen gleichstehenden Ansprüche (§ 327 Abs. 3 Satz 1).

I. Zins- und Kostenforderung (Nr. 1)

11 Da die gesetzliche Regelung in § 225 als Regelfall den Erlass vorsieht, ist schon der Tatbestand des § 246 nicht erfüllt, da keine eigenen Gruppen gebildet werden. Sollen die Forderungen ausnahmsweise nicht als erlassen gelten, so greift die Vorschrift ihrem Wortlaut nach nicht ein. Ein Anwendungsfall wäre daher nur bei einer Gruppenbildung nach § 222 Abs. 2 denkbar; in diesem Fall dürfte jedoch idR § 245 Abs. 1 Nr. 1 einschlägig sein.[8]

12 **1. Definition. a)** Betroffen sind die seit der Eröffnung des Insolvenzverfahrens laufenden **Zinsen**, soweit nicht die zugrunde liegende Hauptforderung bereits selbst nach § 39 nachrangig ist. Zinsen auf nachrangige Forderungen teilen nämlich den Rang der nachrangigen Hauptforderung, § 39 Abs. 3.

Das dem Zinsanspruch zugrundeliegende Kontokorrentverhältnis endet gem. §§ 115, 116 Satz 1, so dass Zinsen für Girokonten o. ä. für die Zeit nach Verfahrenseröffnung nur noch als gesetzliche Zinsen verlangt werden können, die nach § 39 Abs. 1 Nr. 1 nachrangig sind.[9]

13 Nicht zum Anwendungsbereich gehören Zinsen auf Masseverbindlichkeiten.[10]

---

[6] FK-*Schumacher* § 39 RdNr. 12.
[7] BVerfGE 65, 182, 191 f.
[8] HK-*Flessner* § 246 RdNr. 2.
[9] *Blersch/Goetsch/Haas* § 39 RdNr. 8.
[10] So bereits zu altem Recht BSG ZIP 1988, 659, 661 mwN.

b) Kosten im Sinne des § 39 Abs. 1 Nr. 2 sind ausschließlich diejenigen Kosten, welche 14
durch die Anmeldung der Forderung zur Insolvenztabelle entstanden sind. Hierunter fallen
insbesondere die Kosten für die **Forderungsanmeldung**, das **Rechtsmittelverfahren** und
jetzt auch für die **Stellung des Insolvenzantrages** selbst, die nach altem Recht gemäß
§ 62 Nr. 1 KO noch als Konkursforderung angemeldet werden konnten,[11] da diese Vorschrift in der InsO weggefallen ist.[12]

Isoliert geltend gemachte Kosten, wie etwa solche aus einem **Kostenfestsetzungs-** 15
beschluss, sind keine nachrangigen Kostenforderungen, da diese nicht durch das Verfahren
entstanden sind. Sie sind vielmehr reguläre Insolvenzforderungen.

2. Erlass und Erlassfiktion. Eine Forderung ist erlassen, wenn der Insolvenzplan aus- 16
drücklich vorsieht, dass sie mit Inkrafttreten des Plans als erfüllt anzusehen ist und untergehen soll.

Wird im Insolvenzplan über die nachrangigen Forderungen **keine Regelung** getroffen, 17
so gelten diese wegen des Grundsatzes in § 225 Abs. 1 als erlassen.

Die dem Plan zustimmenden Gläubiger willigen konkludent in einen Erlassvertrag im 18
Sinne von § 397 Abs. 1 BGB mit dem Insolvenzverwalter ein. **Die Forderung** eines nicht
zustimmenden Gläubigers **geht kraft Gesetzes** – unbeachtet seines Rechts zur sofortigen
Beschwerde gem. § 253 – **unter**. Die Wirkung des Insolvenzplans kommt daher der des
Zwangsvergleichs nach früherem Recht gleich.

Rechtspolitische Bedenken hiergegen bestehen nicht, da in die tatsächliche Vermögenspositionen des betroffenen Gläubigers nicht eingegriffen wird. Dieser nimmt wegen § 225
Abs. 1 in der Regel sowieso nicht am Insolvenzplanverfahren teil.

3. Keine vollständige Befriedigung der Hauptforderung. Zu dem ausdrücklichen 19
Erlass bzw. zu der Erlassfiktion muss hinzukommen, dass die den Nachrangforderungen
zugrundeliegenden **Hauptforderungen** schon **nicht vollständig befriedigt** werden sollen.

Wird bereits auf diese keine einhundertprozentige Quote bezahlt, so erscheint es gerecht- 20
fertigt, die Zins- und Kostenforderungen zu erlassen. Dies entspricht der gesetzlichen
Wertung des § 245.[13] Hierin liegt keine unangemessene Benachteiligung der Nachranggläubiger, da sie als Inhaber von angemeldeten Hauptforderungen bereits zu der Gruppe der
Insolvenzgläubiger gehören und innerhalb dieser Gruppe Stimmrecht genießen.[14]

Durch die **Vermeidung einer doppelten Abstimmung** wird insoweit – gerade bei 21
einer größeren Zahl von Gläubigern im Abstimmungstermin – Zeit gespart und die
Abstimmung übersichtlicher gestaltet. Im Ergebnis sollen die Nachranggläubiger nur in den
– seltenen – Fällen auf das Abstimmungsverfahren Einfluss nehmen dürfen, in denen alle
Hauptforderungen der Gläubiger in voller Höhe befriedigt werden sollen und durch
den Plan lediglich die Verteilung der Restmasse auf die nachrangigen Forderungen geregelt
wird.[15]

II. Geldstrafen, Geldbußen etc.

Ein rechtskräftig bestätigter Insolvenzplan hat auf die Haftung des Schuldners für Geld- 22
strafen und die diesen nach § 39 Abs. 1 Nr. 3 gleichgestellten Verbindlichkeiten **keinen**
Einfluss (§ 225 Abs. 3). Gläubiger solcher Forderungen werden in ihren Rechten nicht
beeinträchtigt und haben deswegen gemäß § 237 Abs. 2 kein Stimmrecht. Konsequenterweise findet sich daher für diese nachrangige Gläubigergruppe in § 246 keine Regelung.[16]

---

[11] *Kuhn/Uhlenbruck* § 63, RdNr. 4.
[12] Ebenso HK-*Eickmann* § 39 RdNr. 8; aA *Blersch/Goetsch/Haas* § 39 RdNr. 16.
[13] *Kübler/Prütting* § 246 RdNr. 2.
[14] *Blersch/Goetsch/Haas* § 246 RdNr. 3; HK-*Flessner* § 246, RdNr. 2.
[15] *Kübler/Prütting/Otte* § 252 RdNr. 3 mwN.
[16] BT-Drucks. 12/2443, S. 209.

23 Zu den in § 39 Abs. 1 Nr. 3 genannten Forderungen zählen nur Geldzahlungen, die zu *Sanktionszwecken* verhängt oder angeordnet werden, so z. B. das Zwangsgeld nach § 328 AO, **nicht** aber die **Säumniszuschläge** nach § 240 AO, soweit sie vom Finanzamt auch nach Eintritt der Zahlungsunfähigkeit beansprucht werden können.[17] Säumniszuschläge werden daher als nicht nachrangige Insolvenzforderungen zusammen und mit dem gleichen Rang der Steuerforderung bei der Abstimmung über den Insolvenzplan berücksichtigt.

III. Unentgeltliche Leistungen (Nr. 2)

24 Bei den in Nr. 2 erwähnten „Gruppen mit einem Rang hinter § 39 Abs. 1 Nr. 3" handelt es sich zunächst um Forderungen auf eine unentgeltliche Leistung des Schuldners. Die Zustimmung dieser Gläubiger gilt nur dann als erteilt, wenn kein Insolvenzgläubiger durch den Plan besser gestellt wird. Die Regelung unterscheidet sich insoweit vom bisherigen Recht. Nach § 83 Abs. 1 VglO wirkte nämlich der Vergleich nach Maßgabe des § 82 VglO stets auch für und gegen die Forderungen aus der Freigebigkeit des Schuldners, obwohl sie nach § 29 Nr. 4 VglO im Vergleichsverfahren nicht geltend gemacht werden konnten.

25 **1. Unentgeltlichkeit:** Zu den unentgeltlichen Leistungen gehören nicht nur Verfügungen, sondern auch verpflichtende Rechtsgeschäfte und Rechtshandlungen sowie jede Vermögensentäußerung (wie z. B. das Unterlassen eines Widerspruchs gegen einen Mahnbescheid). Die zur Konkursordnung ergangene Rechtsprechung[18] kann insoweit übernommen werden. Eine Leistung ist demnach als unentgeltlich anzusehen, wenn ein Vermögenswert des Verfügenden zugunsten einer anderen Person aufgegeben wird, **ohne dass** dem Verfügenden ein **entsprechender Gegenwert** zufließen soll.[19] Dabei kommt es nicht alleine auf die objektive Gleichwertigkeit an, sondern vor allem darauf, wie die Beteiligten im Rahmen des ihnen zuzubilligenden Bewertungsermessens Leistung und Gegenleistung eingeschätzt haben.

26 Die **Sicherung fremder Schuld** ohne rechtliche Verpflichtung und ohne einen Gegenwert zu erlangen, ist eine unentgeltliche Leistung.[20] Sie ist jedoch entgeltlich, wenn dem Sicherungsgeber für seine Leistung die Kreditgewährung an einen Dritten versprochen wird, an der er ein wirtschaftliches Interesse hat und die ohne die Sicherstellung ausgeblieben wäre.[21] Bei Konzerngesellschaften kann ein solches eigenes wirtschaftliches Interesse regelmäßig bejaht werden.[22] Auch in der **Übernahme einer fremden Schuld** liegt eine unentgeltliche Leistung, wenn der spätere Insolvenzschuldner die Handlung vornimmt, ohne dem Schuldner, dem Gläubiger oder einem Dritten hierzu verpflichtet zu sein, und er weder die Forderung des Gläubigers noch einen Abtretungsanspruch hierauf noch sonst ein Entgelt erwirbt[23] oder er zwar die Forderung des Gläubigers erwirbt, diese aber wertlos ist.[24] Zu weiteren Einzelheiten der Auslegung des Begriffs der Unentgeltlichkeit wird auf die Kommentierung zu § 39 RdNr. 21 ff. und § 134 RdNr. 17 ff. verwiesen.

27 Austauschgeschäfte, bei denen die Leistung des einen Teils wesentlich geringer ist als die Leistung des anderen Teils und dem Empfänger der wertvolleren Leistung der Mehrwert unentgeltlich verbleiben soll **(gemischte Schenkungen),**[25] sind in einen entgeltlichen und einen unentgeltlichen Teil zu zerlegen, wenn die wirtschaftlichen Zwecke des Geschäfts und

---

[17] FK-*Schumacher* § 39 RdNr. 8.
[18] Insbesondere BGHZ 41, 298 (298 f.); BGHZ 71, 61, 64 ff.; BGH ZIP 1998, 830, 836.
[19] FK-*Jaffé* § 246 RdNr. 27; zur KO: *Kilger*/K. *Schmidt* § 32, Anm. 2 mwN.
[20] BGH ZIP 1983, 32, 33.
[21] BGH ZIP 1993, 1170, 1173; BGH ZIP 1992, 1089, 1091.
[22] BGH ZIP 1998, 793, 802; OLG Stuttgart WM 1997, 105, 108.
[23] BGH ZIP 1980, 21, 22 zu einem Fall *mit* Erstattungsanspruch des Gemeinschuldners gegen den Grundstückseigentümer bei Zahlung an Grundpfandgläubiger.
[24] BGHZ 41, 298, 301.
[25] Zur Definition und zivilrechtlichen Behandlung der gemischten Schenkung: *Palandt/Putzo* § 516 RdNr. 13.

die berechtigten Interessen der Vertragsparteien die Annahme eines zusammengesetzten Geschäfts rechtfertigen.[26] Dann gilt für den entgeltlichen Teil § 244 (und ggf. § 245), während der unentgeltliche Teil unter § 246 Nr. 2 fällt. Ist unter Berücksichtigung dieser Gesichtspunkte eine Zerlegung des Geschäftes nicht möglich, so muss das Geschäft einheitlich beurteilt werden derart, dass, falls der Hauptzweck auf Freigebigkeit gerichtet ist, § 246 insgesamt Anwendung findet;[27] wenn dagegen die Entgeltlichkeitsabsicht überwiegt, genießt § 244 den Vorrang.[28]

Unbenannte **Zuwendungen unter Ehegatten** sind grundsätzlich unentgeltliche Leistungen, wenn sie ohne Gegenleistung erfolgen und nach dem Willen der Ehegatten nicht als Entgelt für geleistete Mitarbeit im Beruf oder Geschäft angesehen werden.[29] Forderungen des begünstigten Ehegatten fallen daher meist unter § 246.

Weihnachts- und sonstige **Gratifikationen** werden im Regelfall als Vergütung für die bereits erbrachte oder noch zu erbringende Arbeitsleistung des Arbeitnehmers gezahlt[30] und haben daher Entgeltcharakter. Unerheblich ist, ob der Schuldner sich in seiner konkreten wirtschaftlichen Situation eine solche Freigebigkeit noch „leisten" konnte.[31] Ein Fall des § 39 Nr. 4 kommt nur in Betracht, wenn das Zahlungsversprechen allein einem reinen Dankgefühl entspricht und auch vom Arbeitnehmer in diesem Sinne verstanden wird.[32] Ebenso haben **Ruhegeldzusagen** Entgeltcharakter, da es sich um eine Leistung arbeitgeberischer Fürsorge handelt,[33] selbst wenn die Zusage erst nach Beendigung des Arbeitsverhältnisses erfolgt oder der Witwe des Arbeitnehmers erteilt wird.[34] Die entsprechenden Ansprüche gehören daher mit in die Gruppe der Arbeitnehmer.

Selbständige Schuldversprechen, Anerkenntnisse oder **Wechsel** des Schuldners sind unentgeltliche Leistungen, sofern sie isoliert bestehen, also nicht auf einer zugrunde liegenden Verpflichtung beruhen.[35] Gläubiger, die ihre Forderung nur aus diesen Rechtsgrundlagen herleiten können, unterliegen daher der Regelung in § 246 Nr. 2.

2. Gleichbehandlung: Die Regelung des § 246 Nr. 2 baut dogmatisch auf den gleichen Prinzipien auf wie das Obstruktionsverbot des § 245, reicht inhaltlich jedoch weiter. Die Zustimmung der betroffenen Gläubigergruppe des § 39 Nr. 4 gilt nämlich bereits dann als erteilt, wenn sie den höherrangigen Insolvenzgläubigern gleichgestellt werden, d. h. die **gleiche Befriedigung wie die nicht nachrangigen Gläubiger** erhalten. Sie stehen sich bei Zustandekommen des Plans automatisch wirtschaftlich besser als ohne einen solchen, da sie in der Regel nicht mit einer Befriedigung aus der Masse rechnen können und mithin ein großes Interesse an der Verabschiedung des Insolvenzplans haben. Die Einholung ihrer Zustimmung ist daher nicht erforderlich.

Erhalten sie jedoch nach dem Plan eine geringere Quote als die übrigen Insolvenzgläubiger, so werden sie mit ihnen **nicht gleichbehandelt.** In diesem Fall kommt zwar keine Zustimmungsfiktion nach § 246 Nr. 2 in Betracht. Bei einer Ablehnung des Plans kann aber auf das Obstruktionsverbot des § 245 zurückgegriffen werden, so dass auch ohne Gleichbehandlung der Nachranggläubiger deren Zustimmung zum Insolvenzplan vielfach entbehrlich bleibt, was im Ergebnis den übrigen Gläubigern wirtschaftlich zu Gute kommt.[36]

---

[26] BGH NJW 1953, 501, 501; BGH NJW 1959, 1363, 1364; Kilger/K. Schmidt § 32 Anm. 3 a.
[27] RGZ 101, 99, 100 – Beurteilung des ganzen Geschäfts als unentgeltliche Zuwendung bei Übereignung eines Gegenstandes zu einem erheblich unter dem wirklichen Wert liegenden Preis; anders aber RGZ 148, 236, 238 ff.
[28] FK-*Dauernheim* § 134 RdNr. 12 zur ähnlichen Abgrenzungsproblematik bei der Insolvenzanfechtung.
[29] BGHZ 71, 61, 66; OLG Celle NJW 1990, 720, 720 f.; Kuhn/Uhlenbruck KO § 32 RdNr. 9 a.
[30] BGH ZIP 1997, 247, 248; BAGE 1, 36, 39 f.
[31] BGH aaO.
[32] RGZ 125, 380, 383; FK-*Dauernheim* § 134 RdNr. 18.
[33] BAGE 17, 120, 124; BAGE 22, 105, 110.
[34] RAG JW 1934, 377, 378.
[35] HK-*Eickmann* § 39 RdNr. 10.
[36] Blersch/Goetsch/Haas § 246 RdNr. 8 mwN.

IV. Kapitalersetzende Darlehen (Nr. 2)

33 **1. Definition:** Bei der zweiten Gruppe, deren Zustimmung nach Nr. 2 als erteilt gilt, handelt es sich um Forderungen auf Rückgewähr des kapitalersetzenden Darlehens eines Gesellschafters oder gleichgestellter Forderungen (§ 39 Abs. 1 Nr. 5). Da weder § 39 Abs. 1 Nr. 5 noch § 135 ausdrücklich (nur) auf § 32a GmbHG Bezug nimmt, sind sowohl „Novellen-Darlehen" als auch „Rechtsprechungs-Darlehen" betroffen. Die Vorschriften über eigenkapitalersetzende Gesellschafterdarlehen, die nicht nur für die Rechtsform der GmbH gelten,[37] greifen ein, wenn drei Voraussetzungen erfüllt sind: Es muss eine Rechtshandlung des *Gesellschafters* vorliegen, die eine *Darlehensgewährung* an die Gesellschaft zum Gegenstand hat, und diese muss zu einem *Zeitpunkt* erfolgt sein, in dem die Gesellschafter als ordentliche Kaufleute Eigenkapital zugeführt hätten (sog. „Novellen-Darlehen").[38] Daneben gelten die von der Rechtsprechung entwickelten Grundsätze auch nach dem Inkrafttreten der GmbH-Novelle von 1980 fort (sog. „Rechtsprechungs-Darlehen").[39] Novellen- und BGH-Regeln bilden ein zweistufiges Schutzsystem. § 32a Abs. 3 GmbHG erweitert den Anwendungsbereich in sachlicher Hinsicht auf Rechtshandlungen, die einer Darlehensgewährung wirtschaftlich entsprechen (darlehensgleiches" Geschäft), und in personeller Hinsicht auf „gesellschaftergleiche" Dritte.

34 § 246 Nr. 2 verweist ferner auf die Forderungen aus kapitalersetzenden Darlehen gem. § 39 Abs. 1 Nr. 5. Der Begriff des kapitalersetzenden Darlehens ist in § 136 definiert, der sich seinerseits begrifflich an § 32a GmbHG anlehnt. Hierunter fallen alle Darlehen oder darlehensgleichen Leistungen (z. B. Bürgschaften, Sicherheiten, Gebrauchsüberlassungen etc.) von Gesellschaftern, die der Gesellschaft zu einem Zeitpunkt gewährt wurden, als diese bereits kreditunwürdig war, um eine drohende Überschuldung zumindest zeitweise abzuwenden und damit Eigenkapitalersatzcharakter hat.[40]

35 **2. Gleichbehandlung:** Für die Inhaber von Forderungen aus kapitalersetzenden Darlehen gelten hinsichtlich der Gleichbehandlung die gleichen Erwägungen wie für die Gläubiger unentgeltlicher Leistungen. Ihre Zustimmung zu dem Plan ist entbehrlich und gilt als erteilt, wenn sie nach dem Insolvenzplan die gleiche Quote wie die übrigen Gläubiger erhalten sollen. Bei fehlender Gleichstellung mit den höherrangigen Insolvenzgläubigern bedarf es dagegen auch der Zustimmung der Gläubigergruppe des § 39 Abs. 1 Nr. 5; diese kann notfalls aber über § 245 herbeigeführt werden.

V. Fehlende Beteiligung an der Abstimmung (Nr. 3)

36 Die Formulierung „Gläubiger einer Gruppe" in Nr. 3 ist missverständlich formuliert und aus dem systematischen Zusammenhang dahingehend auszulegen, dass hierunter ein „Gläubiger aus der **Gruppe der nachrangigen Insolvenzgläubiger (§ 222 Abs. 1 Nr. 3)**" zu verstehen ist. Denn die Vorschrift bezieht sich allein auf § 39 und soll der Vereinfachung des Abstimmungsverfahrens dienen.

37 Nr. 3 trägt der allgemeinen Erfahrung Rechnung, dass die nachrangigen Forderungen im Planverfahren regelmäßig erlassen werden und deren Inhaber daher in der Regel kein

---

[37] Für Aktiengesellschaften: BGHZ 90, 381, 390 f.; *Jaeger/Henckel* KO, 9. Aufl. 1991, § 32a RdNr. 82; für Genossenschaften: *Rümker* ZGR 1988, 494, 506 f.; für kapitalistische Personengesellschaften: *K. Schmidt* ZIP 1981, 689, 698; keine Anwendung auf einfache Personengesellschaften: BGHZ 60, 324, 327; *Rümker* ZGR 1988, 494, 512 ff.; aA *K. Schmidt* GmbHR 1986, 337, 338 ff.; *Scholz/K. Schmidt* GmbHG §§ 32a, 32b RdNr. 21.

[38] *Kuhn/Uhlenbruck* KO § 32a RdNr. 2; *Hachenburg/Ulmer* GmbHG § 32a, b RdNr. 14; *Lutter/Hommelhoff* GmbHG §§ 32a/b RdNr. 1 und 7 ff.

[39] BGHZ 90, 370, 376 ff.; BGHZ 95, 188, 192. Zu den Unterschieden im Regelungsumfang: *Baumbach/Hueck* GmbHG § 32a RdNr. 4; *Lutter/Hommelhoff* GmbHG §§ 32a/b RdNr. 7 ff.

[40] HK-*Kreft* § 135 RdNr. 4.

Interesse am Ausgang der Abstimmung haben.[41] Es wird deshalb vom Gesetzgeber erwartet, dass diese Gläubigergruppe an der Abstimmung teilnimmt, wenn sie mit dem Plan nicht einverstanden ist.[42] Machen die Gläubiger von ihrem Teilnahmerecht keinen Gebrauch, so soll diese Passivität das Abstimmungsverfahren nicht belasten.

Voraussetzung für die Zustimmungsfiktion nach § 246 Nr. 3 ist jedoch, dass die gesamte Gruppe sich an der Abstimmung nicht beteiligt. **Nimmt auch nur ein Nachranggläubiger daran teil,** so findet § 246 Nr. 3 keine Anwendung. Die Verweigerung der Zustimmung kann dann nur, sofern nicht die Nr. 1 oder Nr. 2 einschlägig ist, über § 245 gebrochen werden. 38

D. Rechtsfolgen

I. Zustimmungsfiktion

Ist ein Tatbestand der Nr. 1–3 erfüllt, so gilt die Zustimmung der jeweiligen Gruppe als erteilt, auch wenn sie den Plan mehrheitlich abgelehnt hat. Auf ihr tatsächliches Abstimmungsverhalten im Termin kommt es nicht an. Dies gilt auch für die **Ergänzung eines bereits rechtskräftigen Insolvenzplans,** der grundsätzlich der (erneuten) Zustimmung aller Gläubigergruppen bedarf (s. u. § 248 RdNr. 6).[43] 39

II. Mehrere Insolvenzpläne

Liegen mehrere Insolvenzpläne zur Abstimmung vor, muss hinsichtlich der Zustimmung nachrangiger Gläubiger je nach Plan differenziert werden. Sofern bei keinem der Pläne eine Quote für nachrangige Insolvenzgläubiger zu erwarten ist, gilt die Zustimmung zu jedem der Pläne als erteilt; über die Annahme des Plans entscheiden dann ausschließlich die anderen gemäß § 222 gebildeten Gruppen.[44] Sieht jedoch einer der Insolvenzpläne eine quotale Befriedigung für nachrangige Gläubiger vor, kann deren Zustimmung zu *diesem* konkreten Plan nicht gemäß § 246 fingiert werden. Vielmehr sind die begünstigten nachrangigen Insolvenzgläubiger – und zwar nur diese Rangklasse (§ 222 Abs. 1 Nr. 3) – wie die anderen Gläubigergruppen zu behandeln und zur Erörterung und Abstimmung über den Plan berechtigt.[45] Hinsichtlich der anderen Pläne, die die Rechtsstellung der nachrangigen Gläubiger wirtschaftlich nicht berühren und über die ebenfalls im Abstimmungstermin abgestimmt wird, verbleibt es dagegen auch für diese Rangklasse bei dem fehlenden Erörterungs- und Abstimmungsrecht. 40

III. Rechtsmittel

Gegen die Zustimmungsersetzung selbst ist kein Rechtsmittel gegeben (§ 6 Abs. 1). Wird die fehlende Zustimmung aber zu Unrecht fingiert, so kann die Rechtsverletzung mit der sofortigen Beschwerde nach § 253 gegen die Planbestätigung geltend gemacht werden. 41

§ 247 Zustimmung des Schuldners

(1) Die Zustimmung des Schuldners zum Plan gilt als erteilt, wenn der Schuldner dem Plan nicht spätestens im Abstimmungstermin schriftlich oder zu Protokoll der Geschäftsstelle widerspricht.

(2) Ein Widerspruch ist im Rahmen des Absatzes 1 unbeachtlich, wenn

---

[41] *Blersch/Goetsch/Haas* § 246 RdNr. 10.
[42] Begr. zum RegE, BT-Drucks. 12/2443, S. 210.
[43] AG Frankfurt (Oder) DZWIR 2006, 87.
[44] FK-*Jaffé* § 246 RdNr. 9.
[45] FK-*Jaffé* § 246 RdNr. 10 f.

1. der Schuldner durch den Plan voraussichtlich nicht schlechter gestellt wird, als er ohne einen Plan stünde, und
2. kein Gläubiger einen wirtschaftlichen Wert erhält, der den vollen Betrag seines Anspruchs übersteigt.

Übersicht

	RdNr.		RdNr.
A. Normzweck	1	D. Zustimmungsfiktion (Abs. 2)	22
B. Entstehungsgeschichte	3	I. Keine voraussichtliche Schlechterstellung des Schuldners (Abs. 2 Nr. 1)	23
I. Frühere Regelung	3		
II. Reformvorschläge und Gesetzgebungsverfahren	5	1. Prognoseentscheidung	23
		2. Denkbare Fallkonstellationen	24
C. Widerspruchsrecht des Schuldners (Abs. 1)	6	3. Wirtschaftliche Betrachtungsweise	30
I. Widerspruchsberechtigter	6	II. Keine überobligationsmäßige Befriedigung einzelner Gläubiger (Abs. 2 Nr. 2)	36
1. Natürliche und juristische Personen	6		
2. Gesellschaften ohne Rechtspersönlichkeit	11	E. Verfahrensgang	41
3. Nachlassinsolvenz	14	I. Entscheidung des Insolvenzgerichts	41
II. Form und Frist	16		
III. Substantiierung des Widerspruchs	20	II. Rechtsmittel	43

A. Normzweck

1 Anders als nach der alten Rechtslage, wonach von vorneherein nur der Schuldner berechtigt war, einen Vergleichsvorschlag zu unterbreiten, darf nunmehr **auch der Verwalter** gemäß § 218 einen Insolvenzplan vorlegen. Da dieser in **Rechte des Schuldners** eingreifen und zum Beispiel die nach § 286 eintretende Restschuldbefreiung ausschließen bzw. modifizieren kann, ist der Schuldner wegen dieses Eingriffs in seine Rechtsposition besonders zu schützen.[1]

2 Die Zustimmung des Schuldners zum Insolvenzplan ist daher unter Beachtung eines auch für ihn geltenden **Obstruktionsverbotes** erforderlich.

B. Entstehungsgeschichte

I. Frühere Regelung

3 Weder im bisherigen Vergleichs- noch Zwangsvergleichsverfahren gab es eine dem § 247 vergleichbare Regelung. Hierfür bestand nach altem Recht kein Bedürfnis, weil nach § 173 KO nur der Schuldner berechtigt war, einen Vergleichsvorschlag vorzulegen. Die Frage nach einer Zustimmung bzw. einem Widerspruch des Schuldners stellte sich daher nicht.

4 Durch die Einfügung des Wortes „voraussichtlich" in Abs. 2 Nr. 1 wird darüber hinaus deutlich gemacht, dass es sich bei der Beurteilung der Schlechterstellung des Schuldners um eine Prognoseentscheidung handelt, bei der eine andere tatsächliche Entwicklung letztlich nicht auszuschließen sind.

---

[1] BT-Drucks. 12/2443, S. 210.

II. Reformvorschläge und Gesetzgebungsverfahren

Die Vorentwürfe[2] unterschieden sich von der heutigen Regelung durch einen Satz 2 in Abs. 1, worin der **Widerspruch von Gesellschaftern mit Mehrheitsbeteiligung** geregelt war. Hierfür bestand jedoch nach den Änderungen während des Gesetzgebungsverfahrens keine Notwendigkeit mehr, nachdem aus dem jetzigen § 217[3] die Vorschrift des Abs. 1 Satz 2 gestrichen worden war, der die Haftung von persönlich haftenden Gesellschaftern regelte. Zur Begründung verwies der Rechtsausschuss darauf, dass die Rechtsstellung der am Schuldner beteiligten Personen „außerhalb des Insolvenzplans bleiben" soll. Diese Begründung vermag indes nur zu überzeugen, wenn die Interessen des Schuldners und seiner Gesellschafter nach den Regelungen des Insolvenzplans vergleichbar sind.[4]

C. Widerspruchsrecht des Schuldners (Abs. 1)

I. Widerspruchsberechtigter

1. Natürliche und juristische Personen. Widerspruchsberechtigt ist der Schuldner, soweit es sich um eine **natürliche Person** handelt.

Steht er unter Betreuung, so steht das Recht dem Betreuer zu, soweit dessen Aufgabenkreis (§ 1896 Abs. 2 Satz 1 BGB) die Vermögenssorge umfasst. Handelt es sich bei ihm jedoch um eine juristische Person, ist hinsichtlich der Widerspruchsberechtigung zu differenzieren.

Den **Gesellschaftern einer Kapitalgesellschaft** steht kein eigenes Widerspruchsrecht zu (s. o. RdNr. 5).[5] Die Zustimmung der Gesellschafter kann allenfalls zur Fortführung gem. § 60 Abs. 1 Nr. 4 GmbHG (nicht: zum Plan) erforderlich sein.

Da bei der **Aktiengesellschaft** bzw. **der Kommanditgesellschaft auf Aktien** die jeweiligen Vertretungsorgane weisungsunabhängig sind, entscheidet bei ihnen der Vorstand über die Ausübung des Widerspruchsrechts. Besteht dieser aus mehreren Personen, so sind grundsätzlich sämtliche Vorstandsmitglieder nur gemeinschaftlich zur Vertretung der Gesellschaft befugt (§ 78 Abs. 2 Satz 2 AktG), so dass nur ein einstimmiger Vorstandsbeschluss ausreichend ist. Die Satzung kann jedoch gem. § 78 Abs. 3 AktG hinsichtlich der Vertretungsmacht etwas anderes bestimmen.[6] Der Widerspruchsführer hat dann seine Legitimation unter Vorlage der Satzung nachzuweisen.

Bei der **Gesellschaft mit beschränkter Haftung** liegt hingegen das Widerspruchsrecht allein beim Geschäftsführer, wobei hier die Gesellschafter nach § 46 Nr. 6 GmbHG die Möglichkeit haben, die Einlegung eines Widerspruchs zumindest mittelbar zu erzwingen.

Beim **eingetragenen Verein** steht die Widerspruchsbefugnis allein dem Vorstand zu. Dessen Bestellung kann jederzeit von der Mitgliederversammlung widerrufen werden.

Ob der Vertretungsberechtigte einem **entgegenstehenden Gesellschafter- oder Mitgliederbeschluss** zuwider handelt, kann für das Insolvenzgericht nicht von Bedeutung sein, solange die Vertretungsmacht nachgewiesen ist und fortbesteht.[7] Derartige Handlungs- oder Unterlassungsansprüche gegen Geschäftsführer oder Vorstände sind auf dem ordentlichen Rechtsweg, ggfls. im Wege der einstweiligen Verfügung, geltend zu machen.

2. Gesellschaften ohne Rechtspersönlichkeit. Das Widerspruchsrecht bei den Personengesellschaften richtet sich nach allgemeinen gesellschaftsrechtlichen Grundsätzen. Hier stehen die Geschäftsführungs- und Vertretungsbefugnisse nach dem Prinzip der Selbstorgan-

---

[2] § 282 DE/RefE, § 293 RegE.
[3] § 253 RegE.
[4] Kritisch hierzu deshalb *Kübler/Prütting/Otte* § 247 RdNr. 5.
[5] *Nerlich/Römermann/Braun* § 247 RdNr. 12; *Uhlenbruck/Lüer* § 247 RdNr. 3.
[6] Hierzu *Hüffer* AktG § 78 RdNr. 14 ff.
[7] *Nerlich/Römermann/Braun* § 247 RdNr. 11.

schaft grundsätzlich allen Gesellschaftern gemeinschaftlich zu, soweit der Gesellschaftsvertrag nichts anderes bestimmt.

12   Ist für die Vertretungsmacht im Außenverhältnis **vertraglich nichts anderes geregelt**, so müssen alle Gesellschafter **einstimmig** den Beschluss fassen, den Widerspruch einzulegen, § 709 BGB. Gegen die Bevollmächtigung eines einzelnen zur Abgabe des Widerspruchs bestehen keine Bedenken. Ein überstimmter Gesellschafter hat jedoch das Recht, dem Widerspruch zu widersprechen, mit der Folge, dass dieser zu unterbleiben hat, § 711.

Hat danach das Insolvenzgericht Kenntnis davon, dass der Beschluss nicht einstimmig gefasst wurde, so muss es den eingelegten Widerspruch der anderen Gesellschafter unbeachtet lassen. Die Gesellschafter haben sich hierüber gegebenenfalls außerhalb des Verfahrens gerichtlich auseinanderzusetzen. Damit nicht eventuell das Gericht zwischenzeitlich den Plan bestätigt oder die Frist des § 253 abläuft, muss in der Regel eine einstweilige Verfügung erwirkt werden, durch die fehlende Zustimmung überstimmter Gesellschafter ersetzt wird. Diese ersetzt die fehlende Willenserklärung (§ 894 ZPO), so dass über den Widerspruch dann im Rahmen der Planbestätigung materiell zu entscheiden ist.

13   Wurde ein Gesellschafter hingegen durch Vollmacht oder den Gesellschaftsvertrag **zur Vertretung der Gesellschaft gegenüber Dritten ermächtigt,** so steht ihm das Vertretungsrecht nach § 714 BGB. Weist ein Gesellschafter diese Vertretungsbefugnis nach, so ist sein Widerspruch auch bei entgegenstehendem Willen anderer Gesellschafter beachtlich und das Insolvenzgericht hat über den Widerspruch zu entscheiden. Den Gesellschaftern bleibt nur, unter Umständen im Wege des einstweiligen Rechtsschutzes, dem geschäftsführenden Gesellschafter nach der Maßgabe des § 712 BGB die Vertretungsmacht zu entziehen.

14   **3. Nachlassinsolvenz.** Bei der Nachlassinsolvenz sind zwei Konstellationen denkbar:

a) Gibt es eine nicht in ihrer Haftung auf den Nachlass beschränkte **Erbengemeinschaft,** so handelt es sich um Personengesellschaften. S. hierzu oben RdNr. 8 f.

Dies gilt auch dann, wenn gem. §§ 1975, 1981 BGB **Nachlassverwaltung** angeordnet war. Hier steht die Widerspruchsbefugnis nicht etwa dem Nachlassverwalter zu, da mit der Eröffnung des Nachlassinsolvenzverfahrens die Nachlassverwaltung kraft Gesetzes endet.

15   **b)** Stehen die Erben jedoch nicht fest, weil diese unbekannt sind oder sind ggfls. Rechtsstreitigkeiten wegen der Erbenstellung anhängig, so wurde in der Regel die **Nachlasspflegschaft** gem. §§ 1960, 1961 BGB angeordnet oder kann von jedermann beantragt werden. Der Nachlasspfleger erlangt dadurch die gesetzliche Vertretung der unbekannten Erben und deswegen auch deren Recht zum Widerspruch gegen den Insolvenzplan.

II. Form und Frist

16   Widerspruch muss im Interesse der **Rechtssicherheit schriftlich oder zu Protokoll der Geschäftsstelle** erklärt werden. Die Übermittlung per Telefax ist zulässig, solange die Kopiervorlage erkennbar ordnungsgemäß unterschrieben ist.[8]

17   Auch telefonisch abgegebene Anträge können protokolliert werden. Hierunter fallen auch Mitteilungen mittels elektronischer Übertragung (E-Mail, Interfonie), da diese auf telefonischem Wege übermittelt werden. Zur Protokollierung telefonischer Anträge und Mitteilungen ist die Geschäftsstelle allerdings nicht verpflichtet.[9]

18   Maßgeblich ist der Eingang des Antrages bei der Geschäftsstelle, nicht beim Richter oder Rechtspfleger, da behördeninterne Kommunikationsfehler nicht zu Lasten des Widerspruchsführers gehen können.

19   Eine **Frist** zur Einlegung des Widerspruchs ist im Gesetz nicht vorgesehen, jedoch muss dies spätestens im Abstimmungstermin geschehen, um das Verfahren nicht unnötig zu verzögern.

---

[8] *Baumbach/Lauterbach/Albers/Hartmann* ZPO § 129 RdNr. 21.
[9] *Zöller/Greger* ZPO § 129 a RdNr. 2.

Da frühestens im Abstimmungstermin über den Plan und damit auch über den Widerspruch entschieden werden darf, kann der Schuldner diesen noch bis zum Termin **zurücknehmen**.

III. Substantiierung des Widerspruchs

20 Inhaltliche Anforderungen an den Widerspruch, insbesondere zu seiner **Begründung**, macht § 247 nicht. Aus diesem Grunde kann eine Begründung vom Insolvenzgericht nicht verlangt werden. Das Gericht muss vielmehr vor Entscheidung über die Bestätigung des Plans **von Amts wegen** im Interesse des Schuldners **prüfen, ob die Voraussetzungen des Abs. 2 vorliegen,** und die Planbestätigung versagen, wenn der Widerspruch nicht unbeachtlich ist.[10]

21 Durch die Einreichung eines unbegründeten Widerspruchs wird sich jedoch der Schuldner dem Verdacht aussetzen, das Verfahren mutwillig verzögern zu wollen, etwa um Zeit zu gewinnen, in der zustimmungsgeneigte Gläubiger diese dann doch noch widerrufen. In seinem eigenen Interesse sollte er deshalb seine Argumente in dem Widerspruch vortragen, damit er sicher sein kann, dass diese bei der Entscheidung des Insolvenzgerichts berücksichtigt werden.

D. Zustimmungsfiktion (Abs. 2)

22 Damit ein entgegenstehender Wille des Schuldners unbeachtlich ist, müssen die in Abs. 2 genannten Voraussetzungen **kumulativ** erfüllt sein. Dass nach der Begründung des Regierungsentwurfs eigentlich ein „oder" gemeint war,[11] vermag am klaren Gesetzeswortlaut („und") nichts zu ändern.[12]

22a Die Zustimmungsfiktion des § 247 betrifft ausschließlich die Zustimmung des Schuldners zum Insolvenzplan; etwaige **gesellschaftsrechtliche Zustimmungserfordernisse** werden von § 247 **nicht** erfasst und daher auch nicht ersetzt.[13]

I. Keine voraussichtliche Schlechterstellung des Schuldners (Abs. 2 Nr. 1)

23 **1. Prognoseentscheidung.** Erste Voraussetzung für die Unbeachtlichkeit eines Schuldnerwiderspruchs ist, dass dieser durch den Plan voraussichtlich nicht schlechter gestellt wird, als er ohne ihn stünde. Soweit sich nicht bereits aus der **Art des Eingriffs** in die Rechte des Schuldners eine rechtliche Schlechterstellung ergibt (z. B. abweichende Regelung gem. § 227 Abs. 1), sondern es auf eine *wirtschaftliche* Beurteilung ankommt, handelt es sich um eine **Prognoseentscheidung.** Die Gefahr, dass sich spätestens vor dem Beschwerdegericht die Parteien anhand von Gutachten und Gegengutachten um diese Frage streiten werden und das Inkrafttreten des Insolvenzplans verzögert wird, wurde deshalb vom Gesetzgeber als so groß angesehen, dass er mit Gesetz vom 19. 12. 1998[14] den Entscheidungsspielraum des Insolvenzgerichts bei der Bestätigung des Insolvenzplans vergrößert hat, der allerdings wegen § 254 der vollen gerichtlichen Überprüfung durch das Beschwerdegericht unterworfen ist. Das Insolvenzgericht wird bei einem vorliegenden Widerspruch des Schuldners in der Regel intensiv anhand eingeholter Gutachten und Bilanzen eine Prognoseentscheidung über die Situation des Schuldners abgeben und die letztlich getroffene Entscheidung anhand dieser Grundlagen nachvollziehbar begründen müssen. Erfolgt dies nicht in schlüssiger Art und

---

[10] FK-*Jaffé* § 247 RdNr. 24.
[11] *Kübler/Prütting/Otte* § 247 RdNr. 4 unter Hinweis auf RegE, BT-Drucks. 12/2443, S. 210, abgedruckt in *Kübler/Prütting*, RWS-Dok. 18, Bd. I, S. 487.
[12] Wie hier: *Nerlich/Römermann/Braun* § 247 RdNr. 8; *Uhlenbruck/Lüer* § 247 RdNr. 8.
[13] *Uhlenbruck/Lüer* § 247 RdNr. 3; *Kübler/Prütting/Otte* § 247 RdNr. 2.
[14] BGBl. I S. 3836.

Weise, so besteht die Gefahr, dass das Landgericht einer darauf gestützten sofortigen Beschwerde des Schuldners stattgibt.

24 **2. Denkbare Fallkonstellationen.** Nur in einigen wenigen Fällen ist eine Schlechterstellung des Schuldners durch einen Insolvenzplan denkbar.

25 **a) Hat der Schuldner selbst von seinem Planinitiativrecht Gebrauch gemacht,** so dürfte die Regelung des § 247 Abs. 2 in der Regel leer laufen. Zwar sind auch nachträgliche Änderungen am Planentwurf zulässig und mitunter auch sinnvoll, wenn dies der Verabschiedung förderlich ist. Es läge jedoch ein „venire contra factum proprium" vor, wenn der Schuldner in seinem Planentwurf eigene Nachteile einkalkuliert, um die Gläubiger zur Zustimmung zu bewegen, und sich dann bei Verabschiedung oder gar im Rahmen einer späteren Beschwerde auf § 247 Abs. 2 beruft.

26 **b)** Anders ist die Sachlage zu beurteilen, **wenn der Plan vom Verwalter vorgelegt wurde.** Hier sind folgende Fallkonstellationen denkbar, bei denen Nachteile für den Schuldner in Betracht kommen:

27 **aa)** Soll dem Schuldner die **Restschuldbefreiung versagt** werden, so handelt es sich zweifelsfrei um eine Schlechterstellung des Schuldners, solange keiner der Ausnahmetatbestände des § 290 vorliegt. Dabei ist allerdings zu beachten, dass eine Restschuldbefreiung wegen des Grundsatzes in § 286 nur bei natürlichen Personen in Betracht kommt.

28 **bb)** Denkbar ist auch, dass dem Schuldner die **Auszahlung eines eventuellen Übererlöses verweigert** werden soll.[15] Dass es nach Durchführung eines Insolvenzplans überhaupt noch zu einer Ausschüttung verbliebener Masse kommen wird, ist zwar in der Praxis äußerst unrealistisch, jedoch zumindest ein hypothetischer Nachteil, den der Schuldner nach § 247 Abs. 2 rügen kann.

29 **cc)** Eine Schlechterstellung liegt ferner in jedem **Eingriff in insolvenzfreies Vermögen** des Schuldners. Zwar bestimmt § 35, dass auch während des Verfahrens erworbenes Vermögen zur Insolvenzmasse gehört, jedoch regeln die §§ 36 und 37, dass pfändungsfreies Vermögen und gemeinschaftlich verwaltetes Gesamtgut von Ehegatten hierzu nicht gehören. Sieht der Plan Eingriffe in diese Vermögenspositionen vor, so ist der Schuldner beschwert und durch den Plan schlechter gestellt, als er ohne ihn stünde.[16]

30 **3. Wirtschaftliche Betrachtungsweise.** In der Literatur ist streitig, ob es über diese anerkannten Fallgruppen hinaus noch zu einer Schlechterstellung des Schuldners kommen kann. Kern dieser Auseinandersetzung ist die Frage, inwieweit der Begriff der Schlechterstellung der gleiche, rein wirtschaftliche wie bei § 245 ist und ob der Schuldner auch die **Verletzung anderer** Rechte oder **Interessen** rügen kann, die sich nicht nach finanziellwirtschaftlichen Gesichtspunkten bemessen.[17] Hierzu könnten die **Sicherung von Arbeitsplätzen** oder der **Erhalt von Kundenverbindungen** und dadurch die **Möglichkeit zu weiterem Umsatz**, evtl. in Form einer **Auffanggesellschaft** gehören, die im Interesse des Schuldners liegen und durch den Insolvenzplan unmöglich gemacht oder erschwert werden. In Betracht kommt auch eine Schlechterstellung durch **§ 259 Abs. 3 S. 2**.[18]

31 Eine solch weite Auslegung des Schuldnerinteresses ist jedoch im Hinblick auf den gesetzlich normierten Zweck des Insolvenzverfahrens nicht unproblematisch, da nach § 1 das Insolvenzverfahren allein der Befriedigung der Gläubiger dient. Die Sanierung eines insolventen Unternehmens sollte kein eigenständiger Verfahrenszweck sein.[19] Auf der ande-

---

[15] *Maus* Der Insolvenzplan, Kölner Schrift, 2. Aufl. 2000, S. 961, RdNr. 106.
[16] *Nerlich/Römermann/Braun* § 247, RdNr. 6.
[17] Für rein wirtschaftliche Maßstäbe: *Blersch/Goetsch/Haas* § 247 RdNr. 13; FK-*Jaffé* § 247 RdNr. 13; *Hess/Weis*, Der Insolvenzplan, WM 1998, S. 2360 und wohl auch im Ergebnis *Engberding*, Was leistet der Insolvenzplan im neuen Insolvenzrecht, DZWIR 1998, 94, 96; ablehnend dagegen *Nerlich/Römermann/Braun* § 247 RdNr. 3; *Smid/Rattunde* RdNr. 643.
[18] BGH NZI 2006, 100, 103 (dort verneinend).
[19] Begr. zum RegE in: *Kübler/Prütting* Bd. I, S. 154.

ren Seite hat der Gesetzgeber das Institut des Insolvenzplans hingegen zum ausdrücklichen Zweck des Unternehmenserhaltes geschaffen, wie durch den Wortlaut von § 1 Satz 1 zum Ausdruck kommt.

Das **Spannungsverhältnis** zwischen dem Interesse der Gläubiger an einer höchstmöglichen Befriedigung ihrer Forderungen einerseits und dem des Schuldners an einem Erhalt des Unternehmens andererseits wurde vom Gesetzgeber gesehen und bewusst in Kauf genommen. Beide gesetzlichen Ziele müssen daher im Planverfahren berücksichtigt werden. Dass jedoch der Erhalt des Unternehmens grundsätzlich ein schutzwürdiges Interesse des Schuldners darstellen kann, macht § 1 Satz 1 deutlich.

Insoweit kann der **Begriff der Schlechterstellung** in § 247 Abs. 2 Nr. 1 nicht lediglich anhand einer rein wirtschaftlichen Betrachtungsweise interpretiert werden. Vielmehr muss es dem Schuldner gestattet sein, die Verletzung auch solcher Interessen durch den Planentwurf geltend zu machen, die einem Erhalt des Unternehmens entgegenstehen.

Die Sicherung von Arbeitsplätzen kann daher insoweit eine Schlechterstellung des Schuldners bedeuten, als das Unternehmen dadurch in seinem Bestand oder seiner Arbeitsfähigkeit gefährdet wäre. Einen Arbeitsplatzabbau zur Kostenreduktion hingegen wird er hinnehmen müssen.

Regelungen im Plan, welche einen Erhalt von Kundenbeziehungen[20] oder die Erzielung weiteren Umsatzes unmöglich machen oder unverhältnismäßig erschweren, gefährden jedoch massiv den Erhalt des Unternehmens, der gerade Zweck des Insolvenzplans ist. Sie können daher Grundlage eines beachtlichen Schuldnereinwands sein.

II. Keine überobligationsmäßige Befriedigung einzelner Gläubiger (Abs. 2 Nr. 2)

Der Widerspruch des Schuldners ist unbeachtlich, wenn zusätzlich zu seiner fehlenden Schlechterstellung durch den Insolvenzplan kein Gläubiger einen wirtschaftlichen Wert erhält, der den vollen Betrag seines Anspruchs übersteigt.

Anders als bei Nr. 1 ist bei dieser Vorschrift unstritig, dass der Maßstab für eine derartige Bevorzugung einzelner Gläubiger rein wirtschaftlicher Art ist.[21]

Sie ist daher stets zu bejahen, wenn ein Gläubiger mehr als die der Anmeldung zugrundeliegende Hauptforderung, mithin eine **Quote von mehr als 100%** erhalten soll. Verzichtet jedoch ein anderer Gläubiger in Höhe dieses Übererlöses auf den ihm zustehenden Anteil, so fehlt es an einer Benachteiligung des Schuldners. Das Gleiche gilt, wenn zwar ein Gläubiger mehr zugesprochen bekommt als ihm zusteht, dem Schuldner aber (sofortige) Restschuldbefreiung eingeräumt wird und er deshalb keine Inanspruchnahme wegen des Übererlöses zu befürchten hat.[22]

Ein solcher Vorteil kann im Einzelfall auch in einem entsprechenden **Zinsgewinn** bestehen, auch wenn sich dies bei der Prüfung des Plans diesem selbst nicht entnehmen lässt. Soll zum Beispiel ein Gläubiger zu einem festen Zeitpunkt zu 100% befriedigt werden und ein anderer zu einem späteren Zeitpunkt in gleicher Höhe, so ist die Summe, die dem ersten Gläubiger zufließen soll, entsprechend abzuzinsen, da der Empfänger über das Geld zu einem früheren Zeitpunkt verfügen kann. Ansonsten erhielte er nach einer betriebswirtschaftlichen Betrachtung mehr als die ihm maximal zustehende Höchstquote, was gegenüber dem anderen Gläubiger einen Vorteil bedeuten würde. Hinsichtlich der **Höhe des Zinssatzes** wird im Interesse einer Gleichbehandlung und wegen der besseren Vergleichbarkeit der gesetzliche Zinssatz anzusetzen sein.

Zum Teil wird angenommen, das Recht des Schuldners zum Widerspruch werde nicht dadurch ausgeschlossen, dass er **selber den Plan vorgelegt** hat. Denn anders als bei Nr. 1, wo es um die Wahrung eigener Interessen geht, sei Ziel von Nr. 2 die Gewährleistung der

---

[20] AA *Nerlich/Römermann/Braun* § 247 RdNr. 3.
[21] FK-*Jaffé* § 247 RdNr. 23 mwN.
[22] *Nerlich/Römermann/Braun* § 247 RdNr. 8.

Gleichbehandlung der Gläubiger, deren Geltendmachung dem Schuldner stets möglich sein müsse.[23] Dagegen spricht jedoch, dass der Schuldner sich durch die Vorlage des Plans ausdrücklich auch mit dieser Ungleichbehandlung einverstanden erklärt hat und er daher nicht in *seinen* Rechten verletzt sein kann („volenti non fit iniuria"). Ein schutzwürdiges Interesse, dem Schuldner ein Widerspruchsverfahren „gegen sich selbst" zu eröffnen, ist nicht ersichtlich (s. o. RdNr. 25).[24]

E. Verfahrensgang

I. Entscheidung des Insolvenzgerichts

41 Ist der Widerspruch des Schuldners nicht nach § 247 unbeachtlich, so darf das Insolvenzgericht den Plan nicht bestätigen.[25]
Über den Widerspruch des Schuldners entscheidet das Gericht daher nicht durch besonderen Beschluss, sondern im Rahmen des § 248 **inzident durch** den **Bestätigungs- oder Versagungsbeschluss.**[26]

42 Dies hat zur Folge, dass über den Widerspruch bzw. dessen Unbeachtlichkeit nicht gesondert zu tenorieren ist, sondern diese Entscheidung mit den darauf beruhenden Gründen **Teil der Entscheidungsgründe** wird.

II. Rechtsmittel

43 Die gerichtliche Entscheidung über die Zustimmungsersetzung ist nicht selbständig anfechtbar.[27] Der Schuldner kann aber die Entscheidung inzident im Rahmen der **sofortigen Beschwerde** nach § 253 gegen die Bestätigung des Insolvenzplans überprüfen lassen.

§ 248 Gerichtliche Bestätigung

(1) Nach der Annahme des Insolvenzplans durch die Gläubiger (§§ 244 bis 246) und der Zustimmung des Schuldners bedarf der Plan der Bestätigung durch das Insolvenzgericht.

(2) Das Gericht soll vor der Entscheidung über die Bestätigung den Insolvenzverwalter, den Gläubigerausschuß, wenn ein solcher bestellt ist, und den Schuldner hören.

Übersicht

	RdNr.		RdNr.
A. Normzweck	1	I. Annahme durch die Gläubiger, Zustimmung des Schuldners (Abs. 1)	6
B. Entstehungsgeschichte	3	II. Anhörung der Beteiligten (Abs. 2)	8
I. Frühere Regelung	3	1. Anzuhörende Personen	8
II. Reformvorschläge	4	2. Anhörungszeitpunkt	9
III. Gesetzgebungsverfahren	5	3. Folgen einer unterlassenen Anhörung	11
C. Formelle Voraussetzungen für die Bestätigung	6	D. Materieller Prüfungsumfang	16
		E. Gerichtliche Entscheidung	21

---

[23] *Smid/Rattunde* RdNr. 637; so auch noch die Voraufl.
[24] *Nerlich/Römermann/Braun* § 247 RdNr. 10 stellt auf das „Vertrauen von Gericht und Gläubiger auf die Ernsthaftigkeit des Schuldnerplanes" ab.
[25] *Haarmeyer/Wutzke/Förster,* Handbuch, Kap. 9 RdNr. 25.
[26] *Blersch/Goetsch/Haas* § 248, RdNr. 2, 7; HK-*Flessner* § 248, RdNr. 3.
[27] *Braun/Braun* § 247 RdNr. 6.

	RdNr.		RdNr.
I. Bestätigung oder Versagung	21	1. Allgemeine Wirkungen	23
1. Zuständigkeit	21	2. Heilung von Verfahrensmängeln	26
2. Gebundene Entscheidung	22	3. Ausschluss der Anfechtung	27
II. Rechtswirkungen der Bestätigung	23	**III. Rechtsmittel**	28

A. Normzweck

Das Bestätigungserfordernis des § 248 dient einer **letzten Überprüfung des Insolvenzplans** und soll dadurch einen gesetzlichen **Mindestschutz für alle Beteiligten** gewährleisten. Die Vorschrift soll bezwecken, dass der Plan nur Wirkungen entfaltet, wenn er in dem gesetzlich vorgeschriebenen Verfahren zustande gekommen ist und sein Inhalt den materiellrechtlichen Anforderungen genügt. Sie dient als **Maßnahme staatlicher Fürsorge** nicht nur dem Schutz der Minderheit, die durch die Mehrheitsentscheidung gebunden wird, sondern zudem dem Schutz aller am Plan beteiligten Gläubiger und des Schuldners.[1] Insbesondere soll verhindert werden, dass der Plan unlauter im Sinne des § 250 Nr. 2 herbeigeführt wurde oder Beschlüsse enthält, die einzelne Gläubiger unangemessen benachteiligen. 1

Abs. 2 gibt den Beteiligten Gelegenheit, auf Tatsachen hinzuweisen, auf Grund derer die Bestätigung von Amts wegen zu versagen ist oder eventuell einen Antrag auf Versagung der Bestätigung gem. § 251 zu stellen. 2

B. Entstehungsgeschichte

I. Frühere Regelung

Die heutige gesetzliche Regelung hat weitgehend den Gedanken der §§ 184 Abs. 1 KO, 16 Abs. 5 GesO und 78 VerglO übernommen. Auch nach diesen Vorschriften bedurfte der Vergleich der Bestätigung durch das Konkursgericht. 3

Ebenso war die in Abs. 2 geregelte Anhörung der Beteiligten im Konkurs- und (Zwangs-)Vergleichsrecht vorgesehen.

II. Reformvorschläge

Der Erste Bericht der Kommission für Insolvenzrecht **sah zwar die gerichtliche Bestätigung des Plans, nicht jedoch eine Anhörung der Beteiligten vor.**[2] Diese Pflicht wurde erst in den Folgeentwürfen eingeführt, die zusätzlich zu einer Anhörung der im jetzigen § 248 genannten Gruppen auch noch die von solchen Beteiligten vorsahen, die nach damaligen Überlegungen ebenfalls ein Recht zur Planvorlage haben sollten. Dies konnten nach dem seinerzeit entwickelten „erweiterten Planvorlagerecht" zusätzlich zu Schuldner und Verwalter auch qualifizierte Eigentümer- und Gläubigergruppen sein. 4

III. Gesetzgebungsverfahren

§ 284 DE/RefE und § 295 RegE entsprachen bereits im Wesentlichen der gültigen Regelung. Einzig der Klammersatz wurde zur Klarstellung eingefügt und der Kreis der anzuhörenden Personen in Angleichung an die Beschränkung des Vorlagerechtes auf den Schuldner und den Insolvenzverwalter wieder reduziert. 5

---

[1] FK-*Jaffé* § 248 RdNr. 4 mwN.
[2] LS 2. 2. 21.

C. Formelle Voraussetzungen für die Bestätigung

I. Annahme durch die Gläubiger, Zustimmung des Schuldners (Abs. 1)

6 Voraussetzung für die Bestätigung des Insolvenzplans durch das Gericht ist seine Annahme durch die Gläubiger, die sich nach den Bestimmungen der §§ 244 bis 246 richtet. Für die Zustimmung des Schuldners gilt § 247. Die **Ergänzung eines bereits rechtskräftigen Insolvenzplans** ist wie eine Neuverhandlung zu behandeln; d. h. zur Annahme der Ergänzung bedarf es gemäß §§ 244 bis 246, 248 der Zustimmung aller Gläubigergruppen mit Kopf- und Summenmehrheit.[3]

7 Haben die Beteiligten dem Plan nicht oder nicht mit den erforderlichen Mehrheiten zugestimmt, so muss das Gericht von Amts wegen prüfen, ob es sich nach den Tatbestandsvoraussetzungen der §§ 245, 247 Abs. 2 über die Widersprüche hinwegsetzt.

7a Das Gesetz regelt nicht das Problem, dass von den Gläubigern **mehrere Pläne** angenommen worden sind. Im Schrifttum werden für diesen Fall verschiedene Lösungen vorgeschlagen: Bestätigung des Plans, den das Gericht für den wirtschaftlich günstigsten hält;[4] dem insgesamt mehr Gruppen zugestimmt haben;[5] der die größte Zustimmung der Gläubiger gefunden hat;[6] der das geeignetste Fortführungskonzept enthält;[7] der weniger in Grundrechte eingreift;[8] Versagung der Bestätigung beider Pläne;[9] Bestätigung des zuletzt angenommenen Plans;[10] Durchführung einer „Vorabstimmung"[11] oder Bestätigung aller angenommenen Pläne, wobei in dem Augenblick, in dem der erste Insolvenzplan rechtskräftig wird, verfahrensrechtlich eine Erledigung aller anderen Pläne eintrete.[12]

7b Alle vorgenannten Lösungsansätze tragen zwar dem Umstand Rechnung, dass letztlich nur *ein* Insolvenzplan rechtskräftig werden kann, weil sonst die im gestaltenden Teil festgelegten Wirkungen aus mehreren Plänen für und gegen alle Beteiligten eintreten würden (§ 254 Abs. 1). Die Vorschläge leiden jedoch sämtlich an dem Mangel, dass sie den Grundsatz der Gläubigerautonomie unzureichend berücksichtigen, indem sie dem Insolvenzgericht eine Ermessensentscheidung zuweisen, welches Kriterium für die Auswahl unter den mehreren Plänen zur Anwendung gelangt. Das Insolvenzgericht hat vielmehr die *Gläubiger* darüber abstimmen zu lassen, welcher Plan vom Gericht bestätigt werden soll; seine Kompetenz beschränkt sich insoweit - mit Rücksicht auf die Gläubigerautonomie - auf eine verfahrensleitende Funktion (§ 76 Abs. 1), den **weiteren Gläubigerbeschluss** herbeizuführen.[13] Dass dieser Beschluss dann lediglich der einfachen Mehrheit im Sinne einer Summenmehrheit bedarf (§ 76 Abs. 2), führt zwar zu einer Dominanz der Großgläubiger; dies ist vom Gesetzgeber durch den Verzicht auf eine (weitere) Kopfmehrheit jedoch bewusst in Kauf genommen worden.[14] Dem Interesse der Kleingläubiger wird durch den in § 251 normierten Minderheitenschutz hinreichend Rechnung getragen.[15]

---

[3] AG Frankfurt (Oder) DZWIR 2006, 87.
[4] *Henckel* KTS 1989, 477, 482; Huntemann/Brockdorff/*Graf Brockdorff*, InsO, Kap. 13 RdNr. 11.
[5] *Braun/Uhlenbruck*, Unternehmensinsolvenz, S. 643.
[6] Summenmäßig: *Riggert* WM 1998, 1521, 1525; nach Summen und Köpfen: *Braun/Braun*, InsO, § 248 RdNr. 7; *Gottwald/Braun*, InsR-Hb., § 67 RdNr. 21; *Runkel/Frank*, AHB-Insolvenzrecht, § 12 RdNr. 78; offen gelassen, welche Mehrheit maßgeblich ist: *Kübler/Prütting/Otte* § 218 RdNr. 37.
[7] *Engberding* DZWIR 1998, 94, 96.
[8] *Happe*, Die Rechtsnatur des Insolvenzplans, 2004, S. 249 f.
[9] HK-*Flessner* § 248 RdNr. 5; da nur „ein" Plan bestätigt werden könne, sei letztlich keiner iSv. § 248 angenommen.
[10] *Schiessler*, Der Insolvenzplan, 1997, S. 155, da die Annahme des letzten Plans die Annahme des ersten außer Kraft setze.
[11] *Hess/Weis* WM 1998, 2349, 2359.
[12] S. o. *Eidenmüller*, § 218 RdNr. 188 f.
[13] So der Vorschlag von *Bähr/Landry*, in *Mohrbutter/Ringstmeier*, Handbuch der Insolvenzverwaltung, 8. Aufl. 2007, § 14 RdNr. 184.
[14] Begr. des Rechtsausschusses zu § 87 RegE, BT-Drucks. 12/7302, S. 164.
[15] *Bähr/Landry*, a. a. O., § 14 RdNr. 184.

II. Anhörung der Beteiligten (Abs. 2)

1. Anzuhörende Personen. Das Insolvenzgericht hat den Schuldner und den Insolvenzverwalter anzuhören. Ist ein Gläubigerausschuss bestellt, so ist dieser ebenfalls zu hören. **Andere Personen** (Betriebsrat,[16] einzelne Gläubiger, Gesellschafter) haben keinen Anspruch auf rechtliches Gehör und können nur über einen der Anhörungsberechtigten Einfluss auf die gerichtliche Willensbildung nehmen. Den Gläubigern ist jedoch mit der Ladung zum Abstimmungstermin ein Abdruck oder eine Zusammenfassung des Plans übersandt worden, zu dem diese im Termin mündlich Stellung nehmen könne, was einer Anhörung im Ergebnis gleichkommt.

2. Anhörungszeitpunkt. Das Gericht muss die Anhörung abgeschlossen haben, **bevor** es über die Bestätigung des Insolvenzplans entscheidet. Erst wenn alle Voraussetzungen für eine gerichtliche Entscheidung vorliegen, darf die Anhörung durchgeführt werden.[17] Sie stellt insoweit den **Abschluss des gerichtlichen Prüfungsverfahrens** dar. Von dieser Anhörung ist jedoch die Möglichkeit der anzuhörenden Personen zu unterscheiden, nach der ersten Zuleitung des Plans nach § 232 Abs. 1 bereits zu dem Plan Stellung zu beziehen. Sie haben dadurch praktisch zweimal die Möglichkeit, ihre Auffassung zu dem Insolvenzplan vorzutragen.

In der Regel findet die Anhörung **im Abstimmungstermin** statt, nachdem die gruppenweise Abstimmung erfolgt ist. Ist jedoch nach § 245 oder § 247 zu prüfen, ob Einwände einzelner Gläubiger oder des Schuldners unbeachtlich sind, so wird dies in der Mehrheit der Fälle nur durch Einholung von Sachverständigengutachten geschehen können. In diesen Fällen ist die Anhörung erneut durchzuführen, **wenn das Ergebnis des Gutachtens vorliegt.**[18] Eine gerichtliche **Verpflichtung** zur Einholung des Sachverständigengutachtens besteht jedoch ausdrücklich nicht.[19]

3. Folgen einer unterlassenen Anhörung. Dem Wortlaut nach handelt es sich bei der Anhörung im Rahmen von § 248 nicht um eine obligatorische, sondern um eine fakultative. Dies hat seinen Grund darin, dass eine **Anhörung** bereits **bei der gerichtlichen Vorprüfung** nach § 232 erfolgt. Im Regelfall wird die unterlassene Anhörung daher nicht zur Aufhebung der Bestätigungsentscheidung führen.[20] Meist wird es auch an der Kausalität des Gehörsverstoßes fehlen.[21]

Wegen des hohen verfassungsrechtlichen Stellenwertes des Gebot rechtlichen Gehörs (Art. 103 GG) wird jedoch diskutiert, die Vorschrift ähnlich wie § 2360 Abs. 1 BGB über seinen Wortlaut hinaus zwingend als **Istvorschrift** zu interpretieren.[22] Ein derartiger Vergleich scheitert jedoch bereits daran, dass im Erbscheinsverfahren eine dem § 232 vergleichbare Vorschrift nicht existiert. Dort findet in der Tat die Anhörung des Antragsgegners nur einmal, nämlich im Rahmen des § 2360 BGB statt.

Art. 103 GG gebietet es jedoch **nicht,** den Beteiligten nach Zuleitung eines Planentwurfes und der Gelegenheit zur Stellungnahme sowie einer Ladung zum Abstimmungstermin, in dem nochmals rechtliches Gehör gewährt wird, zusätzlich und zwingend eine weitere Anhörung durchzuführen. Wer sich auf die Übersendung des Planentwurfes hin nicht äußert und auch nicht an der Abstimmung teilnimmt bzw. sich trotz Erscheinens zur Abstimmung nicht äußert, signalisiert dadurch jedenfalls Gleichgültigkeit, wenn nicht gar Zustimmung zu dem Entwurf, in dem jedenfalls konkludent ein Verzicht auf das rechtliche

---

[16] AA FK-*Jaffé* § 248 RdNr. 14 a; *Berscheid* ZInsO 1999, 27, 29: wie hier: *Nerlich/Römermann/Braun* § 248 RdNr. 8.
[17] *Nerlich/Römermann/Braun* § 248 RdNr. 8.
[18] *Nerlich/Römermann/Braun* aaO.
[19] LG Traunstein NZI 1999, 461, 463 = ZInsO 1999, 577, 580 = DZWIR 1999, 464, 468 mit Anm. *Smid* InVo 2000, 1 ff.
[20] *Uhlenbruck/Lüer* § 248 RdNr. 4.
[21] BGH, 23. 7. 2004, IX ZB 276/03, BeckRS 2004 07656 unter Ziff. 2 der Gründe.
[22] FK-*Jaffé* § 248 RdNr. 20 ff.

Gehör gesehen werden muss. **Zwingend** ist die Anhörung nach Abs. 2 daher nur in den Fällen, in denen nachträglich während des Planverfahrens Beteiligte hinzugekommen und die deswegen nicht im Rahmen der Vorprüfung nach § 232 von dem Inhalt des Plans in Kenntnis gesetzt worden waren oder bei denen eine Anhörung versehentlich unterblieben ist.

14 Aus dem gleichen Grund ist auch die Auffassung abzulehnen, wonach eine Anhörung nur noch der Beteiligten zwingend erfolgen soll, die ihre Meinung im Abstimmungstermin nicht haben äußern können.[23]

15 Dies muss jedenfalls für die Fälle gelten, in denen den Beteiligten bereits bei Zusendung des Planentwurfs nach § 232 Gelegenheit zur Stellungnahme gegeben wurde. Andernfalls könnte ein Gläubiger durch Nichterscheinen zum Abstimmungstermin die Verabschiedung des Plans verzögern, obwohl die gerichtliche Entscheidung über die Bestätigung nach § 252 Abs. 1 in der Regel noch im Abstimmungstermin erfolgen soll.[24]

D. Materieller Prüfungsumfang

16 Das Prüfungserfordernis des § 248 zwingt das Gericht auch in materieller Hinsicht zu einer vollständigen Überprüfung des Insolvenzplans und seiner Rechtmäßigkeit,[25] nicht jedoch zu einer Zweckmäßigkeitsprüfung.[26]

17 Sind zwischenzeitlich **Änderungen** am Planentwurf vorgenommen worden und diese nicht bereits Gegenstand der Vorprüfung im Rahmen des § 231 gewesen, so hat das Insolvenzgericht diese besonders zu prüfen.[27]

18 Ferner muss der Plan ordnungsgemäß zustande gekommen sein. Hierzu gehören in erster Linie die **korrekte Vergabe des Stimmrechts,** die **Gültigkeit der Stimmabgabe,**[28] eine **rechtmäßige Aufteilung der Gläubiger in Gruppen** sowie die erforderliche **Zustimmung des Schuldners** und die **mehrheitliche Annahme durch die Gläubiger**. Hat der Schuldner dem Plan widersprochen oder ist die Mehrheit der Gläubiger nicht erreicht, so muss das Gericht ferner prüfen, ob dies nach §§ 245–247 entbehrlich ist.

19 Handelt es sich um einen **bedingten Plan** (§ 249) so gehört zum Prüfungsumfang zudem die Überwachung, dass die Bedingung auch tatsächlich eingetreten ist.

20 Auch wenn in § 248 nicht ausdrücklich auf die Vorschrift des § 250 verwiesen wird, darf schließlich keiner der dort genannten gesetzlichen Versagungsgründe vorliegen. Hierzu gehört neben der Einhaltung der verfahrensrechtlichen Vorschriften auch, dass der Plan nicht auf unlautere Art und Weise zustande gekommen ist.

E. Gerichtliche Entscheidung

I. Bestätigung oder Versagung

21 **1. Zuständigkeit.** Grundsätzlich geht das Insolvenzverfahren nach Entscheidung über die Eröffnung auf den **Rechtspfleger** über (sogen. Regelzuständigkeit des Rechtspflegers). Nach § 18 Abs. 2 RPflG kann sich der **Richter** jedoch ganz oder teilweise die Zuständigkeit vorbehalten, solange er dies für geboten hält. Dies ist unter Umständen geboten, wenn die Angelegenheit besondere Schwierigkeiten in tatsächlicher oder rechtlicher Hinsicht

---

[23] So aber *Kübler/Prütting/Otte* § 248 RdNr. 4.
[24] Begr. zum RegE in: *Kübler/Prütting* S. 487.
[25] *Kübler/Prütting/Otte* § 248 RdNr. 8.
[26] FK-*Jaffé* § 248 RdNr. 10; HK-*Flessner* § 248 RdNr. 2; *Nerlich/Römermann/Braun* § 248 RdNr. 2.
[27] *Kübler/Prütting/Otte* § 248 RdNr. 6.
[28] Bei schriftlicher Abstimmung (§ 242) richtet sich die Gültigkeit der Stimmen nach den Grundsätzen staatsrechtlicher Wahlen (§ 39 BWahlG), so: AG Duisburg NZI 2003, 447, 448.

bietet. Es kann daher angezeigt sein, dass der Richter, der sich im Rahmen des Eröffnungsverfahrens mit der Materie bereits umfangreich befasst hat, auch andere Entscheidungen trifft. Dieser Richtervorbehalt kann sich also auch lediglich auf Teile des Verfahrens wie etwa die Vorprüfung nach § 231 oder die Entscheidung über die Bestätigung des Insolvenzplans erstrecken. Dieser Vorbehalt bedarf keines formellen Beschlusses, sondern muss lediglich aktenkundig gemacht werden, damit der Rechtspfleger sich darauf einstellen kann.[29] Ist dieser **Richtervorbehalt** nach seiner Überzeugung nicht mehr gegeben, so kann er das Verfahren dem Rechtspfleger übertragen.

2. Gebundene Entscheidung. Stellt das Insolvenzgericht Verfahrensmängeln fest, so hat es den Beteiligten Gelegenheit zur **Nachbesserung** zu geben. Ist dies unmöglich, so hat es die Bestätigung zu versagen (§ 252). Insofern besteht **kein gerichtlicher Ermessensspielraum**.[30] Liegt ein Grund für die Versagung der Bestätigung nicht vor, so muss die Bestätigung ausgesprochen werden, da eine Zweckmäßigkeitsprüfung gerade nicht vorgesehen ist.

II. Rechtswirkungen der Bestätigung

1. Allgemeine Wirkungen. Die Entscheidung sowohl über die Bestätigung wie über die Versagung ergeht durch **Beschluss nach § 252**. Mit ihrer Rechtskraft treten die im gestaltenden Teil festgelegten Wirkungen gemäß § 254 Abs. 1 für und gegen alle Beteiligten ein, unabhängig davon, ob sie ihre Forderungen als Gläubiger angemeldet oder dem Plan widersprochen haben, § 254 Abs. 1 Satz 3. Die Bindungswirkung soll damit auch gegen solche Beteiligten eintreten, die am Verfahren nicht teilgenommen haben. Ob dies aus Desinteresse oder mangels Kenntnis geschehen ist, etwa, weil der Betroffene Gläubiger nicht in die Gläubigerliste aufgenommen war und somit keine Terminsladung erhalten hat, muss dabei bedeutungslos sein.[31]

Der Plan wird **allgemeinverbindlich**.[32] Soweit der Plan jedoch **dingliche Änderungen** vorsieht, treten diese nicht automatisch ein. Sie bedürfen noch zur Herbeiführung der Rechtsänderung der tatsächlichen Elemente. In diesen Fällen bewirkt die Bestätigung nur, dass die in den Plan aufgenommenen Willenserklärungen als in der vorgeschriebenen Form abgegeben gelten (vgl. § 228),[33] ihre notarielle Beurkundung ist nicht mehr erforderlich, § 127 a BGB.

Die Bestätigung erzeugt nicht nur gegenüber den unmittelbar am Verfahren Beteiligten Wirkungen, sondern auch gegenüber **Dritten,** die am Plan beteiligt sind. So wird der Schuldner auch gegenüber Mitschuldnern und Bürgen von seinen Verbindlichkeiten befreit (§ 254 Abs. 2 Satz 2).

Erst mit der Aufhebung des Insolvenzverfahrens erlöschen die Ämter des Verwalters und der Mitglieder des Gläubigerausschusses und fällt die Verfügungsbefugnis über die bisherige Insolvenzmasse an den Schuldner zurück (§ 259 Abs. 1). Sieht der gestaltende Teil jedoch bezüglich des im Insolvenzplan näher bezeichneten Vermögens eine Überwachung der Planerfüllung vor, so ist der Verwalter oder Sachwalter auch nach Bestätigung des Insolvenzplans und Aufhebung des Insolvenzverfahrens noch **prozessführungsbefugt,** sofern die Klage eine Streitigkeit betreffend des im Insolvenzplan genannten Vermögens zum Gegenstand hat.[34] Eine solche – über den in § 259 Abs. 3 geregelten Fall hinaus gehende – gewillkürte Prozessführungsbefugnis ist als Annex der Planüberwachung anzusehen, ohne dass damit der zulässige Inhalt des Insolvenzplans (§§ 231 Abs. 1 Nr. 1, 250 Nr. 1) überschritten wird.

---

[29] *Arnold/Meyer-Stolte/Herrmann/Hansens,* RPflG, 5. Aufl. 1999, § 18 RdNr. 52 mwN.
[30] FK-*Jaffé* § 248 RdNr. 11.
[31] *Blersch/Goetsch/Haas* § 254 RdNr. 3; FK-*Jaffé* § 254 RdNr. 17.
[32] *Nerlich/Römermann/Braun* § 248 RdNr. 5.
[33] *Buth/Hermanns,* Restrukturierung, Sanierung, Insolvenz, 1. Aufl. 1998, S. 91, RdNr. 132.
[34] OLG Düsseldorf NZI 2006, 240, 240 mit zust. Anm. *Smid,* NZI 2006, 201, 205.

27 **2. Heilung von Verfahrensmängeln.** Die Bestätigung bewirkt die **Heilung sämtlicher Willens- und Verfahrensmängel.**[35] Dies gilt jedoch nur, solange eine Heilung überhaupt möglich war. Wurde hingegen eine wesentliche Verfahrensvorschrift verletzt, so kann dies noch mit der sofortigen Beschwerde nach § 253 geltend gemacht werden.

28 **3. Ausschluss der Anfechtung.** Ein bestätigter Plan kann weder **angefochten** noch durch nachträgliches Votum der Gläubiger **abgeändert** werden, da hierzu eine Änderung des Beschlusses erforderlich ist. Vielmehr bleibt nur das Einlegen der sofortigen Beschwerde.

III. Rechtsmittel

29 Gegen die gerichtliche Entscheidung steht den Berechtigten die **sofortige Beschwerde** nach § 253 offen.

§ 249 Bedingter Plan

¹ Ist im Insolvenzplan vorgesehen, dass vor der Bestätigung bestimmte Leistungen erbracht oder andere Maßnahmen verwirklicht werden sollen, so darf der Plan nur bestätigt werden, wenn diese Voraussetzungen erfüllt sind. ² Die Bestätigung ist von Amts wegen zu versagen, wenn die Voraussetzungen auch nach Ablauf einer angemessenen, vom Insolvenzgericht gesetzten Frist nicht erfüllt sind.

Übersicht

	RdNr.		RdNr.
A. Normzweck	1	II. Verwirklichung anderer Maßnahmen	12
B. Entstehungsgeschichte	5	1. Gesellschaftsrechtliche Maßnahmen	13
I. Frühere Regelung	5	2. Gründung einer Auffanggesellschaft	16
II. Reformvorschläge und Gesetzgebungsverfahren	6	3. Maßnahmen der Personalanpassung	18
C. Fallgruppen	7	4. Sonstige Maßnahmen	20
I. Erbringung bestimmter Leistungen	7	III. Bestätigung des Plans	21
1. Bestellung von Sicherheiten	8	1. Gerichtliche Fristsetzung	22
2. Ausgleich für Abnutzung	9	2. Ausbleiben der Bedingung	29
3. Sonstige Leistungen	10	3. Rechtsmittel	30

A. Normzweck

1 Neben seiner Funktion als **verfahrensrechtlicher Vorschrift** dient § 249 auch dazu, grundsätzlich klarzustellen, dass ein Insolvenzplan überhaupt von dem Eintritt einer Bedingung abhängig gemacht werden kann. Insoweit kommt ihm daher auch eine wesentliche materiell-rechtliche Rolle zu.¹

2 § 249 regelt die Einbeziehung Dritter in den Plan, in deren Rechte grundsätzlich nicht eingegriffen werden darf, indem die Möglichkeit eröffnet wird, das Wirksamwerden des Insolvenzplans von deren Leistungen abhängig zu machen.

3 Auf der anderen Seite brauchen diese vereinbarten Leistungen Dritter (z. B. Gesellschafter oder alter/neuer Kreditgeber, Bürgen etc.) auch erst erbracht zu werden, wenn es zu einer Annahme des Plans durch die Gläubiger kommt. Die Bedingung kann (muss jedoch nicht) also in beide Richtungen wirken.

---

[35] *Nerlich/Römermann/Braun* aaO RdNr. 7.
¹ *Nerlich/Römermann/Braun* § 249 RdNr. 1.

Den Dritten wird dadurch die Sicherheit gewährt, ihre Leistungen ausschließlich bei einer Planverwirklichung erbringen zu müssen. Sie können dadurch sicherstellen, dass es zu der Leistungserbringung auch tatsächlich nur im Falle einer Unternehmensfortführung durch Abwicklung des Insolvenzplans kommt. Andernfalls liefen sie Gefahr, bei Ablehnung des Plans dennoch auf Erfüllung in Anspruch genommen zu werden. Dies käme lediglich der Insolvenzmasse und damit letztlich den Gläubigern zu Gute.

B. Entstehungsgeschichte

I. Frühere Regelung

Eine vergleichbare gesetzliche Vorschrift gab es im bisherigen Konkurs- und Vergleichsrecht nicht.

II. Reformvorschläge und Gesetzgebungsverfahren

In § 285 DE fehlte noch der jetzige Satz 2 völlig, während der Satz 1 aus der Formulierung im DE bzw. in § 285 RefE und § 296 RegE wörtlich in die InsO übernommen wurde.

C. Fallgruppen

I. Erbringung bestimmter Leistungen

Die Durchführung eines Insolvenzplans wird häufig nur Sinn machen, wenn Dritte unterstützend eingreifen.[2] Ansonsten gäbe es kaum einen Unterschied zur Durchführung des Regelinsolvenzverfahrens. Es entspricht daher häufig einem Bedürfnis der Gläubiger, ihre Zustimmung zu dem Planfahren nur dann zu erteilen, wenn die Erbringung der Leistungen durch Dritte auch wirklich sichergestellt ist.

1. Bestellung von Sicherheiten. Eine derartige Leistung kann in der Bestellung weiterer Sicherheiten bestehen.

Hierunter fallen sowohl die **Übernahme von Bürgschaften** als auch **die dinglichen Sicherheiten wie Grundschuld oder Hypothek**. Zu beachten ist allerdings, dass wegen der Beurkundungspflicht die dingliche Wirkung nicht schon mit dem Inkrafttreten des Plans eintritt, sondern dass lediglich die erforderlichen Erklärungen der Beteiligten als abgegeben gelten.[3]

2. Bereitstellung neuer Kredite. Eine Sanierung des Unternehmens wird häufig nur Sinn machen, wenn die Liquidität durch Bereitstellung neuer Mittel erhöht wird, was oft durch neue Kredite geschieht. Die Kreditgeber können durch die lediglich bedingte Bereitstellung des Geldes erreichen, dass sie das Darlehen auch tatsächlich nur für den vereinbarten Zweck der Unternehmensfortführung zur Verfügung stellen müssen und die Mittel von der Insolvenzmasse nicht anderweitig verwandt werden können. Die Bereitstellung neuer Kredite ist daher ein **Hauptanwendungsfall** des bedingten Plans.

3. Sonstige Leistungen. Im Übrigen kann **jede zivilrechtlich denkbare Leistung** vereinbart werden, die für die Entscheidung über die Annahme des Plans maßgeblich ist, solange sie hinsichtlich Umfang, Dauer und des Kreises der Verpflichteten **hinreichend bestimmt** ist.

Hierunter können auch **Angebote zum Vertragsschluss** fallen wie etwa die Zusage von Lieferanten, nach Inkrafttreten des Plans die Lieferung zu den alten bzw. zu neuen

---

[2] Vgl. BT-Drucks. 12/2443, S. 211.
[3] Vgl. § 248 RdNr. 24.

Bedingungen wieder aufzunehmen, durch die Insolvenz unterbrochene vertragliche Beziehungen wieder herzustellen oder bereits zugesagte Arbeiten nunmehr durchzuführen.[4]

Wie lange die Beteiligten an solche Angebote gebunden sind, muss sich nach dem für § 242 BGB geltenden Maßstab richten.

II. Verwirklichung anderer Maßnahmen

12 Das Gesetz lässt neben wirtschaftlich zu definierenden Leistungen ausdrücklich auch weitere Maßnahmen zu, die als Bedingung vereinbart werden können.

13 **1. Gesellschaftsrechtliche Maßnahmen.** Der in der Literatur am häufigsten genannte Anwendungsfall sind gesellschaftsrechtliche Maßnahmen, die Mitwirkungshandlungen des Schuldners oder der an ihm beteiligten Gesellschafter erforderlich machen.[5] Hierunter fallen die Herbeiführung von Gesellschafterbeschlüssen aller Art, insbesondere die Kapitalaufstockung bzw. -herabsetzung, eine Neubesetzung von Gremien, eine Änderung der Gesellschafterverträge bzw. der Satzung etc.

14 Ist der Schuldner eine juristische Person oder eine Personenhandelsgesellschaft, so ist die Gesellschaft mit der Eröffnung des Insolvenzverfahrens kraft Gesetzes aufgelöst (§ 60 Abs. 1 Nr. 4 GmbHG, § 262 Abs. 1 Nr. 3 AktG, § 131 Abs. 1 Nr. 3 HGB, § 101 GenG, § 42 Nr. 3 VAG). Soll die Gesellschaft auf der Grundlage des Insolvenzplans fortgeführt werden, so erfordert dies einen **Fortsetzungsbeschluss der Gesellschafter** (§ 60 Abs. 1 Nr. 4 GmbHG, § 274 Abs. 2 Nr. 1 AktG, § 144 Abs. 1 HGB, § 117 Abs. 1 GenG, § 49 Abs. 2 VAG). Ohne einen solchen Fortsetzungsbeschluss kann ein auf Fortführung gerichteter Insolvenzplan nicht durchgeführt werden, selbst wenn er angenommen und rechtskräftig bestätigt würde. Denn die Fortführung würde dann gegen den noch auf Abwicklung gerichteten Unternehmenszweck verstoßen und wäre deshalb satzungswidrig; Forderungen der Gläubiger könnten aus den künftigen Erträgen nicht plangerecht erfüllt werden.[6] Probleme ergeben sich daraus, dass die Fortsetzung der aufgelösten Gesellschaft gesellschaftsrechtlich zunächst die Beseitigung des Auflösungsgrundes voraussetzt. *Lüer*[7] hält daher eine Beschlussfassung erst *nach* der gerichtlichen Bestätigung für zulässig; die Wirkungen des Insolvenzplans könnten demnach nur unter die **auflösende Bedingung** gestellt werden, dass binnen einer bestimmten, unter Berücksichtigung der Einberufungsvorschriften zu bemessenden Frist ab Rechtskraft der Bestätigung des Plans der Fortsetzungsbeschluss nicht gefasst wird.

14a Für die Praxis ist dieses Procedere jedoch äußerst unpraktikabel, da die Gesellschafter nicht verpflichtet sind, einen Fortführungsbeschluss zu fassen und daher gerne Zugeständnisse einfordern, wenn die Durchführbarkeit des Plans nur noch von ihnen abhängt. Auch die Begründung zu § 274 RegE[8] geht davon aus, dass der Fortsetzungsbeschluss nach Annahme, jedoch vor Bestätigung des Plans unter der **aufschiebenden Bedingung** gefasst werden darf, dass das Gericht den Plan bestätigt. Auf diese Weise kann vermieden werden, dass die Gesellschafter für ihre Mitwirkung noch überzogene Forderungen stellen. *Gesellschaftsrechtlich* wird dem Gebot, dass die Fortsetzung erst nach Beseitigung des Auflösungsgrundes beschlossen werden darf, dadurch genügt, dass der Beschluss erst mit Eintritt der aufschiebenden Bedingung (= Bestätigung des Insolvenzplans) wirksam wird. Zugleich wird *insolvenzrechtlich* sichergestellt, dass zum Zeitpunkt des Bestätigungsbeschlusses auf Grund des Bedingungseintritts (hinsichtlich des Tatbestandsmerkmals „andere Maßnahmen verwirklicht") die „Voraussetzungen erfüllt" sind.

---

[4] HK-*Flessner* § 249 RdNr. 3.
[5] FK-*Jaffé* § 249 RdNr. 9, 10; *Nerlich/Römermann/Braun* § 249 RdNr. 2; HK-*Flessner* § 249 RdNr. 3.
[6] Eingehend dazu: *Uhlenbruck/Lüer* § 218 RdNr. 18–22.
[7] *Uhlenbruck/Lüer* § 218 RdNr. 23–26, der eine aufschiebende Bedingung für unzulässig hält.
[8] *Balz/Landfermann* S. 344; ebenso für die Zulässigkeit einer aufschiebenden Bedingung: *Nerlich/Römermann/Braun* § 249 RdNr. 2; *Bähr/Landry* in *Mohrbutter/Ringstmeier,* Handbuch der Insolvenzverwaltung, 8. Aufl. 2007, § 14 RdNr. 171.

Für einen Insolvenzplan über das Vermögen einer **Genossenschaft** ist inzwischen entschieden, dass dieser in zulässiger Weise unter die aufschiebende Bedingung eines wirksamen Fortsetzungsbeschlusses der Generalversammlung nach §§ 117, 118 GenG gestellt werden kann, wenn die Beschlussfassung vor der Bestätigung des Insolvenzplans sichergestellt ist.[9] **14 b**

Durch die Möglichkeit, diese Maßnahmen nur unter der Bedingung des Zustandekommens des Insolvenzplans zu treffen, wird dem Schuldner eine größere Sicherheit eingeräumt, derartig einschneidende Entscheidungen nicht umsonst getroffen zu haben.[10] **15**

2. Gründung einer Auffanggesellschaft. Eine solche Maßnahme kann auch in der Vereinbarung bestehen, dass der Plan nur für den Fall wirksam werden soll, dass eine Auffanggesellschaft gegründet wird, um das Unternehmen unter veränderten Bedingungen weiterzuführen. **16**

Die Parteien sind hier in der Gestaltung ihrer Vereinbarung **weitgehend frei** und nur durch das allgemeine **Gebot von Treu und Glauben** eingeschränkt. So spricht grundsätzlich nichts dagegen, Namen, Sitz sowie Umfang und Art der Tätigkeit des neuen Unternehmens bereits im Insolvenzplan festzulegen. **17**

3. Maßnahmen der Personalanpassung. Unter dem Begriff der Maßnahme sind auch solche mit **personalpolitischer Natur** zu verstehen. Oftmals erwarten die Gläubiger das Ausscheiden von Verantwortlichen, denen sie die Schuld an der Insolvenz des Unternehmens geben oder versprechen sich vom Eintritt anderer, unbelasteter und aus ihrer Sicht kompetenter Personen eine schnellere Gesundung des Schuldners. **18**

Es kann daher vereinbart werden, dass Geschäftsführer oder Vorstände ausgetauscht werden,[11] sofern dies **arbeitsvertraglich zulässig** ist. Soweit der Abbau auch von sonstigem Personal zur Gesundung des Unternehmens vereinbart wird, sind auch hier die arbeitsrechtlichen Beschränkungen zu beachten. **19**

4. Sonstige Maßnahmen. Im Übrigen sind alle **Maßnahmen** denkbar, **die nach allgemeinen zivilrechtlichen Grundsätzen zulässig sind.** Hierunter dürften vor allem **geschäftspolitische Maßnahmen** fallen wie etwa eine Expansion oder Reduzierung der Geschäftstätigkeit, die Entscheidung, künftig mit anderen Unternehmen zusammenzuarbeiten oder die Preisgestaltung zu ändern. **20**

Denkbar sind ferner der Abschluss von Unternehmensverträgen wie z. B. Beherrschungsverträge (§ 291 Abs. 1 Satz 1 AktG), Verschmelzungsverträge, Gewinnabführungsverträge o. ä.[12] In Betracht kommen können auch Änderungen der Produktpalette, eine Beteiligung an anderen Unternehmen oder Änderungen bei der betrieblichen Altersversorgung.

III. Bestätigung des Plans

Das Gericht hat sich **vor der Bestätigung** davon zu überzeugen, dass die vereinbarten Bedingungen tatsächlich eingetreten sind. **21**

1. Gerichtliche Fristsetzung. Nach dem ursprünglichen Wortlaut des RegE war das Insolvenzgericht zu Setzung einer Nachfrist nicht verpflichtet. Nach dem jetzigen Wortlaut („auch nach Ablauf einer angemessenen Frist") darf die Verweigerung der Bestätigung eines bedingten Plans nur erfolgen, wenn die Bedingung nach fruchtlosem Ablauf einer Nachfrist nicht eingetreten ist. Dies setzt die vorherige Fristsetzung zwingend voraus. Das Insolvenzgericht ist insofern verpflichtet, nach Ablauf der in dem Plan genannten Frist eine erneute Frist zu setzen, um dem Vorlegenden eine letzte Chance zu geben, seinen Plan doch noch „zu retten".[13] **22**

---

[9] LG Dessau ZInsO 2001, 1167, 1168 mit Anm. *Scheibner* DZWIR 2001, 392.
[10] FK-*Jaffé* aaO.
[11] HK-*Flessner* aaO.
[12] *Hess/Weis*, Gesellschaftsrechtliche Regelungen im Insolvenzplan, InVo 1996, 169, 170.
[13] *Blersch/Goetsch/Haas* § 249 RdNr. 6.

23 **a)** Diese muss zunächst **angemessen** sein, damit es nicht zu unzumutbaren Verzögerungen kommt. Bei der Auslegung dieser Tatbestandsvoraussetzung ist zu berücksichtigen, um welche Bedingungen es sich handelt und in welcher Zeit realistischerweise mit deren Umsetzung gerechnet werden kann.

24 In jedem Fall ist jedoch zu beachten, dass es nicht zu einer zeitlichen Verzögerung bei der Verabschiedung des Plans kommt. Maßstab hierbei ist § 252 („alsbald").[14]

25 Das Gericht hat mithin bereits im Abstimmungstermin sowohl das Ende der Nachfrist festzusetzen als auch den Termin zur Verkündung einer Entscheidung anzuberaumen. Diese können zusammengelegt werden, wenn es sofort möglich ist, den Eintritt der Bedingung zu ermitteln und bei der Festsetzung des Termins mit Problemen bei der Realisierung der Bedingung nicht ernsthaft zu rechnen war.

26 **b)** Eine Verlängerung der Frist durch das Insolvenzgericht ist grundsätzlich möglich.

Ein Anspruch hierauf besteht im Hinblick auf den Gesetzeswortlaut nicht, wenn die zunächst gesetzte Nachfrist verstrichen ist. Hierbei spielt auch das gesetzliche Ziel, eine längere Ungewissheit über die Bestätigung des Plans zu vermeiden, eine besondere Rolle.[15] Eine **Fristverlängerung** wird daher im Interesse aller Beteiligten ausnahmsweise nur dann in Betracht kommen, wenn dadurch der Verkündungstermin nicht gefährdet wird. Da andererseits immer mit Schwierigkeiten bei der Bestellung von Sicherheiten oder der Umsetzung von Gesellschafterbeschlüssen zu rechnen ist, empfiehlt es sich, zwischen dem Fristablauf und dem Verkündungstermin hinreichend Zeit zu belassen, um evtl. eine Fristverlängerung gewähren zu können. Es bestehen insofern keine Bedenken, den Verkündungstermin auf Antrag zu vertagen, wenn die Beteiligten einverstanden sind.

27 Diese kann allerdings grundsätzlich nur in Frage kommen, **wenn überhaupt** nach dem Vortrag der Beteiligten **damit zu rechnen ist, dass es zu einem Bedingungseintritt kommt oder** zumindest mit hoher Wahrscheinlichkeit **kommen wird**.

28 Sind jedoch die Verhandlung mit den Betroffenen Dritten gescheitert oder haben die Gesellschafter die vereinbarten Maßnahmen endgültig durch Mehrheitsbeschluss verweigert, so wäre eine Fristverlängerung sinnlos und würde das Verfahren unnötig verzögern. In diesem Fall ist ein Antrag auf Fristverlängerung abzulehnen und die Bestätigung des Plans unverzüglich zu versagen.

29 **2. Ausbleiben der Bedingung.** Tritt die Bedingungen endgültig auch nach Verstreichen der Frist nicht ein, so ist die Bestätigung **von Amts wegen zu versagen**. Wegen des eindeutigen Wortlauts **besteht hier weder ein gerichtlicher Ermessensspielraum noch kommt es auf das Vorliegen weiterer Versagungsgründe an**.

30 **3. Rechtsmittel. a)** Gegen die Entscheidung über die Nachfrist, die durch Beschluss ergeht, gibt **es kein statthaftes Rechtsmittel**, wie sich aus dem Grundsatz von § 6 Abs. 1 ergibt. Dadurch lebt das Recht auf sofortige Erinnerung nach § 11 Abs. 2 RPflG wieder auf.[16]

31 **b)** Gegen einen wegen fehlenden Bedingungseintritts ergangenen Beschluss, die Bestätigung des Insolvenzplans zu versagen, findet das **Rechtsmittel der sofortigen Beschwerde** nach § 253 statt. Dieses wird allerdings in der Sache ohne Erfolg bleiben, wenn die vereinbarte Bedingung tatsächlich und nachprüfbar nicht realisiert werden konnte, da hier die Beschwerde nur darauf gestützt werden kann, das Gericht habe den **Bedingungseintritt verkannt oder zu Unrecht verneint**. Nach Rechtskraft des Versagungsbeschlusses steht es den Berechtigten jedoch jederzeit offen, einen neuen Planentwurf vorzulegen und das Planverfahren erneut zu durchlaufen.

---

[14] HK-*Flessner* § 249 RdNr. 6.
[15] *Nerlich/Römermann/Braun* § 249, RdNr. 4.
[16] OLG Köln NZI 2000, 529, 531; *Nerlich/Römermann/Becker* § 6 RdNr. 11; FK-*Schmerbach* § 6 RdNr. 44.

Möglich ist auch ein dahingehender Vortrag, das Gericht habe die Gewährung einer 32
Fristverlängerung zu Unrecht verweigert und die Bedingung habe aus diesem Grund nicht
eintreten können.

Nicht möglich ist es jedoch, eine sofortige Beschwerde gegen einen den Plan bestätigen- 33
den Beschluss ausschließlich damit zu begründen, die Fristverlängerung sei zu Unrecht
gewährt worden. Das Gericht darf die Bestätigung nur unter den Voraussetzungen der
§§ 245, 247, 250 und 251 versagen und ist ansonsten zur Bestätigung verpflichtet.

§ 250 Verstoß gegen Verfahrensvorschriften

Die Bestätigung ist von Amts wegen zu versagen,
1. wenn die Vorschriften über den Inhalt und die verfahrensmäßige Behandlung des Insolvenzplans sowie über die Annahme durch die Gläubiger und die Zustimmung des Schuldners in einem wesentlichen Punkt nicht beachtet worden sind und der Mangel nicht behoben werden kann oder
2. wenn die Annahme des Plans unlauter, insbesondere durch Begünstigung eines Gläubigers, herbeigeführt worden ist.

Übersicht

	RdNr.		RdNr.
A. Normzweck	1	V. Behebbarkeit des Mangels	17
B. Enstehungsgeschichte	3	D. Unlautere Herbeiführung der Annahme des Plans (Nr. 2)	22
I. Frühere Rechtslage	3		
II. Reformvorschläge und Gesetzgebungsverfahren	4	I. Gläubigerbegünstigung	23
C. Wesentliche Verfahrensmängel (Nr. 1)	5	II. Sonstige Beispielsfälle	24
		III. Handelnde Person	27
I. Verstoß gegen Vorschriften über den Inhalt des Insolvenzplans	5	1. Unlauteres Handeln Dritter	27
		2. Unlauteres Handeln von Gesellschaftern	28
II. Verstoß gegen Verfahrensvorschriften	11	3. Unlauteres Handeln von Organen juristischer Personen	31
III. Verstöße gegen Vorschriften über die Annahme durch die Gläubiger	14	IV. Kausalität	32
		E. Rechtsfolgen	34
IV. Verstoß gegen Vorschriften über die Zustimmung des Schuldners	16	F. Rechtsmittel	35

A. Normzweck

Die Vorschrift gewährleistet den beteiligten Gläubigern ein Mindestmaß an **Vertrauens-** 1
schutz in das ordnungsgemäße Zustandekommen des Insolvenzplans. Sie sollen sich insbesondere darauf verlassen können, ihre Zustimmung zu dem Plan nicht unter falschen
Voraussetzungen erteilt zu haben und dass eine Übervorteilung einzelner Gläubiger sowie
unlauteres Verhalten nicht konsequenzlos bleibt. § 250 entspricht damit dem Gebot
rechtsstaatlichen Verfahrens.[1]

Auf der anderen Seite ist die bewusst auf wesentliche Verstöße beschränkte Versagung der 2
Planbestätigung Ausdruck des gesetzgeberischen Willens, der **privatautonomen Insolvenzbewältigung** im Planverfahren den **Vorrang** einzuräumen. Das Gericht darf die
Entscheidung der Gläubiger, ob sie sich auf das wirtschaftliche Risiko eines Insolvenzplans

---

[1] *Nerlich/Römermann/Braun* § 250 RdNr. 1; offen gelassen von LG Berlin NZI 2005, 335, 337.

einlassen wollen, nicht durch eigene Ermessensausübung ersetzen, auch wenn dies nach seiner Auffassung wirtschaftlicher oder zweckmäßiger sein sollte.[2] Die Versagungsgründe gem. § 250 Nr. 1 und Nr. 2 sind, abgesehen von § 251, **abschließend**. Aus anderen Gründen darf die Bestätigung nicht versagt werden.[3]

B. Entstehungsgeschichte

I. Frühere Regelung

3 Die Regelung weist Parallelen zur bisherigen Rechtslage auf.

So sah die Konkursordnung die zwingende Verwerfung des Vergleichs bei Missachtung von Verfahrensvorschriften vor, soweit das Fehlende nicht ergänzt werden konnte (§ 186 Nr. 1 KO). § 188 Abs. 1 KO ermöglichte zusätzlich den Gläubigern die Möglichkeit, den Vergleich auf ihren Antrag hin verwerfen zu lassen, wenn er durch Begünstigung oder auf sonst unlautere Art und Weise zustande gekommen war. Fast wortgleiche Tatbestände fanden sich in § 16 Abs. 5 Satz 3 GesO und § 79 Nr. 3 VglO.

II. Reformvorschläge und Gesetzgebungsverfahren

4 Bereits die Reformentwürfe glichen der jetzigen Regelung. Seit dem Referentenentwurf ist die Formulierung nicht mehr geändert worden.[4]

C. Wesentliche Verfahrensmängel (Abs. 1)

I. Verstoß gegen Vorschriften über den Inhalt des Insolvenzplans

5 Gem. § 250 Nr. 1, 1. Alt. ist die Bestätigung des Insolvenzplans von Amts wegen zu versagen, wenn die Vorschriften über den Inhalt des Insolvenzplans in einem wesentlichen Punkt nicht beachtet worden sind und der Mangel nicht behoben werden kann. Ob der Plan geeignet ist, die Zahlungsfähigkeit des Schuldners auf Dauer wiederherzustellen, gehört nicht zum Prüfungsumfang. Denn die vom Gericht zu beachtenden Vorschriften über den Inhalt des Plans beinhalten keine Überprüfung eines möglichen Erfolges des Plans.[5]

6 **Vorschriften über den Inhalt des Insolvenzplans sind die §§ 219–230.**

Dabei ist zu beachten, dass es sich bei der **Gruppenbildung** (§ 222) und der **Gleichbehandlung** (§ 226) um zwingende Vorschriften handelt. Verstöße hiergegen sind immer wesentlich im Sinne von § 250 Nr. 1.[6] Auch die Annahme des vorgelegten Insolvenzplans durch die Gläubiger heilt einen etwaigen Gruppenbildungsmangel nicht. Das folgt schon daraus, dass die Abstimmung gruppenbezogen durchgeführt wird und damit selbst mangelbehaftet ist.[7]

7 Wurden andere Regelungen missachtet, die den Inhalt des Plans regeln, so ist das Merkmal der **Wesentlichkeit** nur gegeben, wenn der Mangel Auswirkungen auf die Annahme des Plans gehabt haben *könnte;* ob der Mangel tatsächlich für die Zustimmung ursächlich war, ist demnach unerheblich.[8]

8 In der Praxis wird der Anwendungsfall von § 250 Nr. 1, 1. Alt. eher gering bleiben, da das Insolvenzgericht bereits im Rahmen der **Vorprüfung nach § 231 Abs. 1 Nr. 1** den

---

[2] FK-*Jaffé* § 250 RdNr. 5; *Blersch/Goetsch/Haas* § 250, RdNr. 1.
[3] *Uhlenbruck/Lüer* § 250 RdNr. 3.
[4] § 286 DE/RefE, § 297 RegE.
[5] BGH NZI 2005, 619, 621; LG Berlin NZI 2005, 335, 338.
[6] *Nerlich/Römermann/Braun* § 250 RdNr. 6.
[7] LG Berlin NZI 2005, 335, 337 als Vorinstanz zu BGHZ 163, 344 ff. = NZI 2005, 619 ff.
[8] LG Berlin NZI 2005, 335, 337; *Uhlenbruck/Lüer* § 250 RdNr. 5; HK-*Flessner* § 250 RdNr. 5.

Inhalt des Planentwurfes einer Prüfung unterzieht. Diese Vorprüfung dient der vorherigen Selektierung fehlerhafter Pläne, die als solche bereits den Beteiligten gar nicht zugestellt werden. Das Gericht ist bereits bei Einreichung des Planentwurfes zu einer umfangreichen rechtlichen Überprüfung verpflichtet. Sinn der Vorprüfung ist also, eine bereits zu diesem Zeitpunkt erkennbar auszusprechende Versagung zu vermeiden. Ihr kommt insofern eine Filterfunktion zu.[9]

Das Insolvenzgericht kann dabei jedoch nur die Umstände berücksichtigen, die bereits zu diesem Zeitpunkt vorgelegen haben. Denkbar ist aber, dass der Plan zwischenzeitlich geändert wurde (§ 240) oder dass sich im Rahmen der schriftlichen Stellungnahmen oder bei der Anhörung im Termin neue Erkenntnisse ergeben haben.[10]

Teilweise[11] wird daher die Auffassung vertreten, dass wegen der Vorprüfung gem. § 231 Abs. 1 Nr. 1 eine nochmalige Prüfung überflüssig sei, wenn der **Plan unverändert** bleibe. Anlass für eine erneute Prüfung der inhaltlichen Anforderungen bestehe nur bei nachträglichen Änderungen des Plans. Dem steht jedoch entgegen, dass gegen die Weiterleitung des Insolvenzplans durch das Insolvenzgericht im Vorprüfungsverfahren kein Rechtsmittel gegeben ist und daher durchaus ein Bedürfnis besteht, etwaige Fehler im Vorprüfungsverfahren über § 250 Nr. 1, 1. Alt. korrigieren zu können.[12] Die Planzurückweisung muss jedoch gegenüber den Beteiligten, die sich auf die inhaltliche Richtigkeit des Entwurfes bislang verlassen durften, dezidiert begründet werden. Ihnen ist Gelegenheit zur Nachbesserung einzuräumen.

II. Verstoß gegen Verfahrensvorschriften

Die in § 250 Nr. 1, 2. Alt. genannten Vorschriften über die verfahrensmäßige Behandlung des Plans sind die §§ 218 sowie 231–243.

Wesentliche Verfahrensvorschriften, die zu einer zwingenden Verwerfung des Plans führen, sind:
- das Recht zur Planvorlage (§ 218):[13] Mängel der Mitwirkung nach § 218 **Abs. 3** sind jedoch kein Grund für eine Versagung, da sie auch eine Zurückweisung des Plans nach § 231 Abs. 1 Nr. 1 nicht gerechtfertigt hätten.[14]
- die gerichtliche Pflicht zur Zurückweisung des Plans (§ 231):[15] s. o. RdNr. 10.
- die Zuleitung des Planentwurfs zur Stellungnahme (§ 232): Denn die Zuleitung dient der Information und Vorbereitung des Erörterungs- und Abstimmungstermins. Haben jedoch alle Beteiligten den Plan anderweitig, z. B. durch den Planinitiator, erhalten, fehlt es an einer möglichen Auswirkung auf die Annahme des Plans. Ebenso wenig fällt eine Verletzung von **§ 116 Nr. 4 GenG** unter § 250 Nr. 1, da die Anhörung des Prüfungsverbandes nur dem Gericht ein Bild verschaffen soll, ob der Plan nach Ansicht des Verbandes mit den Interessen der Genossen vereinbar ist.[16]
- die Pflicht zur Niederlegung des Plans zwecks Einsichtnahme (§ 234):[17] Dies gilt ohne weiteres, wenn die Niederlegung gänzlich unterblieben ist, der Niederlegungszeitraum unverhältnismäßig kurz war oder die Einsichtnahme zu Unrecht verweigert wurde (und nicht nachgeholt werden kann). Bei einer unvollständigen Niederlegung kommt es darauf an, ob die fehlenden Unterlagen wesentlich waren.

---

[9] FK-*Jaffé* § 231 RdNr. 2.
[10] *Blersch/Goetsch/Haas* § 250 RdNr. 4 f.
[11] *Uhlenbruck/Lüer* § 250 RdNr. 9 und 11; *Kübler/Prütting/Otte* § 248 RdNr. 6.
[12] LG Berlin NZI 2005, 335, 337; zustimmend *Smid* NZI 2005, 296, 297.
[13] *Nerlich/Römermann/Braun* § 250 RdNr. 7.
[14] *Uhlenbruck/Lüer* § 250 RdNr. 8.
[15] LG Bielefeld ZInsO 2002, 198, 199 = ZIP 2002, 951, 952 zu § 231 Abs. 1 Nr. 3 mit Anm. krit. *Olbing*, EWiR § 231 InsO 1/02, 1103, 1104 und *Maus* ZIP 2002, 589 ff.
[16] *Uhlenbruck/Lüer* § 250 RdNr. 17.
[17] LG Hannover ZInsO 2003, 719, 719 f.; *Uhlenbruck/Lüer* § 250 RdNr. 19.

12 e – die Verpflichtung zur öffentlichen Bekanntmachung des Erörterungs- und Abstimmungstermins (§ 235): Das Unterlassen der öffentlichen Bekanntmachung (Ausnahme: § 74 Abs. 2 S. 2) führt ebenso zur Versagung wie ein fehlender Hinweis nach Abs. 2 S. 2. Das Gleiche gilt für das Unterlassen einer erforderlichen Ladung, es sei denn, der Mangel ist durch Erscheinen des nicht Geladenen geheilt. Eine bloße Fristüberschreitung nach **Abs. 1 S. 2** ist idR unwesentlich. Ebenso ist es unschädlich, wenn ein Abdruck des Plans oder eine Zusammenfassung des wesentlichen Inhalts des Plans der Ladung nicht beigefügt waren **(Abs. 3 S. 2)**, aber mit der öffentlichen Bekanntmachung nach Abs. 2 auf die Niederlegung des Plans gem. § 234 hingewiesen wurde.[18]

12 f – die Einhaltung von Verfahrensvorschriften bei Änderungen des Plans (§ 240):[19] Unzulässige und nicht behebbare Änderungen des Plans stehen der Bestätigung des Plans entgegen. Der Versagungsgrund ergibt sich hier aber schon aus der Verletzung anderer wesentlicher Verfahrensvorschriften (oder von Vorschriften über den Inhalt), so dass § 240 keine eigenständige Bedeutung mehr zukommt.

12 g – die unterbliebene Ladung zum gesonderten Abstimmungstermin (§ 241):[20] Zwar begründen die „unberechtigte" Anordnung eines gesonderten Abstimmungstermins und die „unberechtigte" Vertagung des Termins ebenso wenig einen Versagungsgrund wie die Nichteinhaltung der Terminierungsfrist **(Abs. 1)**. Wohl aber führen eine unterbliebene Ladung, eine Ladung ohne Hinweis auf Änderungen des Plans **(Abs. 2)** und eine unberechtigte Verweigerung der Teilnahme zur Versagung; eine Heilung ist jedoch möglich.

12 h – der Hinweis auf die Frist für die schriftliche Stimmabgabe (§ 242): Nur ein fehlender Hinweis auf die Frist für die Stimmabgabe (Abs. 2 S. 2) steht einer Bestätigung des Plans entgegen. Dagegen begründet eine „unberechtigte" Anordnung der schriftlichen Abstimmung **(Abs. 1)** kein Bestätigungshindernis. Letzteres gilt auch für eine unterbliebene Übersendung der Stimmzettel (da nicht wesentlich) oder unterlassene Mitteilung des Stimmrechtes **(Abs. 2 S. 1)**. Denn kann selbst eine unzutreffende Stimmrechtsfestsetzung keinen Versagungsgrund gem. § 250 Nr. 1 rechtfertigen (s. u. RdNr. 13 c), so muss dies erst recht für das bloße Unterlassen der Mitteilung des Stimmrechtes gelten.

12 i – die gesonderte Abstimmung in Gruppen (§ 243):[21] Eine Gesamtabstimmung statt Abstimmung in Gruppen führt zwingend zur Versagung.

13 Bei Verstößen gegen andere Verfahrensvorschriften ist jeweils im Einzelnen zu prüfen, ob diese *Auswirkungen auf das Abstimmungsverhalten der Gläubiger* hatte. Nur dann ist das Merkmal der Wesentlichkeit erfüllt, wenn in diesen Fällen davon ausgegangen werden kann, dass die Abstimmung über den Insolvenzplan bei Einhaltung der Verfahrensregel anders ausgefallen wäre.[22] **Nicht wesentliche** Verfahrensvorschriften sind demnach:

13 a – die Anordnung der Aussetzung von Verwertung und Verteilung (§ 233):[23] Es handelt sich nicht um eine Verfahrensvorschrift, sondern § 233 soll lediglich die Verwertungsalternativen „Regelabwicklung" oder „abweichende Regelung durch einen Plan" offen halten.

13 b – das Verbot, den Erörterungs- und Abstimmungstermin vor dem Prüfungstermin stattfinden zu lassen (§ 236):[24] Da § 236 lediglich die Stimmrechtsfestsetzung erleichtern soll und eine Verletzung des Stimmrechts keine Versagung der Bestätigung gem. § 250 Nr. 1 rechtfertigt (s. u. RdNr. 13 c), muss auch ein Verstoß gegen die Terminierungsreihenfolge folgenlos bleiben.

---

[18] LG Hannover ZInsO 2003, 719, 719 f.; die öffentliche Bekanntmachung des Erörterungs- und Abstimmungstermins über den Insolvenzplan und dessen Niederlegung auf der Geschäftsstelle genügt zur Wahrung des rechtlichen Gehörs.
[19] *Uhlenbruck/Lüer* § 250 RdNr. 23.
[20] Dazu: *Uhlenbruck/Lüer* § 250 RdNr. 24.
[21] *Nerlich/Römermann/Braun* § 250 RdNr. 7; *Blersch/Goetsch/Haas* § 250 RdNr. 9; *HK-Flessner* § 250 RdNr. 3.
[22] *Blersch/Goetsch/Haas* aaO RdNr. 15 ff. mwN.
[23] *Schiessler* Insolvenzplan S. 179.
[24] *Uhlenbruck/Lüer* § 250 RdNr. 21; aA *Nerlich/Römermann/Braun* § 250 RdNr. 7; ebenso die Voraufl.

– die Verletzung des Stimmrechts (§§ 237, 238):[25] Eine unzutreffende Stimmrechtsfestsetzung führt nicht zur Versagung der Bestätigung gem. § 250 Nr. 1. Denn die InsO sieht eine Überprüfung der Stimmrechtsentscheidung durch das Beschwerdegericht nicht vor (§ 6 Abs. 1), und zwar auch dann nicht, wenn der Rechtspfleger entschieden hat (§ 11 Abs. 3 S. 2 RPflG). Wenn sich die Entscheidung des Rechtspflegers auf das Ergebnis der Abstimmung ausgewirkt hat, kann der Richter auf Antrag eines Gläubigers oder des Insolvenzverwalters gem. § 18 Abs. 3 S. 2 RPflG das Stimmrecht lediglich neu festsetzen und die Wiederholung der Abstimmung anordnen, wobei der Antrag jedoch nur bis zum Schluss des Termins gestellt werden kann, in dem die Abstimmung stattgefunden hat. Da es sich insoweit um eine vorrangige Sondervorschrift handelt, sind Einwendungen gegen die Entscheidung über das Stimmrecht generell einer Überprüfung im Rahmen des § 250 Nr. 1 entzogen.[26] 13c

– die Anhörungspflicht nach § 248 Abs. 2:[27] Die Vorschrift des § 248 Abs. 2 betrifft das Bestätigungsverfahren und gehört daher nicht zu den Vorschriften über die „Annahme durch die Gläubiger", zumal eine Nachholung im Beschwerdeverfahren möglich ist.[28] 13d

Ungeklärt ist, ob das Insolvenzgericht auch dann die Bestätigung versagen muss, wenn es sich um einen **Verfahrensmangel** handelt, der **allein durch das Insolvenzgericht verschuldet** wurde. Hierzu können versäumte Ladungen oder die fehlerhafte Übermittlung des Planinhaltes sowie Fristversäumnisse o. ä. gehören. Die Insolvenzordnung sieht keine Regelung vor, die es dem Gericht in solchen Fällen ermöglicht, von Amts wegen und auf Staatskosten einen neuen Termin anzuberaumen. Dies war bereits nach altem Konkursrecht in der Literatur kritisiert worden.[29] 13e

Zum Teil wird die Auffassung vertreten, das Gericht sei zur Abwendung eines Scheiterns des Insolvenzplans dazu befugt, eine solche Neuterminierung auch ohne ausdrückliche gesetzliche Ermächtigungsgrundlage vorzunehmen.[30] 13f

Dem wird im Hinblick auf den eindeutigen Wortlaut der gesetzlichen Regelung nicht gefolgt werden können, wonach die in § 250 benannten Mängel am Plan zwingend zu einer Versagung der Bestätigung zu führen haben. Eine Interpretation, trotz Vorliegens eines der in § 250 genannten Tatbestandsmerkmale führe dies ausnahmsweise nicht zur zwingenden Versagung, sondern eröffne stattdessen die Möglichkeit, einen erneuten Abstimmungstermin anzuberaumen, wäre insofern contra legem, zumal der Gesetzgeber die Kritik nicht aufgegriffen hat. Muss nicht in einen bereits abgeschlossenen Verfahrensabschnitt erneut eingetreten werden, so kann jedoch ein behebbarer Mangel vorliegen.[31] 13g

III. Verstöße gegen Vorschriften über die Annahme durch die Gläubiger

Die Bestätigung des Insolvenzplans ist auch zu versagen, wenn wesentliche Verstöße gegen die Vorschriften über die Annahme des Plans durch die Gläubiger vorliegen (Nr. 1, 3. Alt.) Gemeint sind die Vorschriften der §§ 244 bis 246, die wegen ihres zwingenden Charakters **stets** als **wesentlich** anzusehen sind.[32] Da hier typischerweise der Verstoß gerade erst durch 14

---

[25] LG Bielefeld ZInsO 2002, 198, 199 = ZIP 2002, 951, 952; LG Berlin ZInsO 2002, 1191, 1192; *Uhlenbruck/Lüer* § 250 RdNr. 13, 22.
[26] AG Duisburg NZI 2002, 502, 503 = ZInsO 2002, 737, 738; *Nerlich/Römermann/Braun* § 250 RdNr. 7; HK-*Flessner* § 250 RdNr. 4; FK-*Jaffé* § 250 RdNr. 15 b; aA *Smid* in *Smid/Rattunde* § 250 RdNr. 3, 14; offen gelassen von LG Berlin ZInsO 2002, 1191, 1192.
[27] *Uhlenbruck/Lüer* § 248 RdNr. 4 und 250 RdNr. 28.
[28] LG Traunstein ZInsO 1999, 577, 582.
[29] ZB *Kuhn/Uhlenbruck* KO § 186 RdNr. 2.
[30] *Braun/Kind/Eggert,* Die Neuregelung der Insolvenzordnung in der Praxis – Schwerpunkte für Richter, Rechtspfleger, Gläubiger und andere Verfahrensbeteiligte, 1998, S. 156 f.; zustimmend *Nerlich/Römermann/Braun* § 250 RdNr. 3; *Bley/Mohrbutter,* VerglO § 79 RdNr. 7 (zum alten Recht); ablehnend hingegen *Uhlenbruck/Lüer* § 250 RdNr. 7; *Kübler/Prütting/Otte* § 248 RdNr. 7; *Schiessler,* Der Insolvenzplan, S. 180; *Kuhn/Uhlenbruck* KO § 186 RdNr. 2 (zum alten Recht).
[31] S. u. RdNr. 17.
[32] *Nerlich/Römermann/Braun* § 250 RdNr. 8.

den Bestätigungs- oder Versagungsbeschluss des Insolvenzgerichts selbst erfolgt (als Teil der Gründe), gewinnt die Vorschrift erst im Beschwerdeverfahren Bedeutung.

15 Angesichts des eindeutig verfahrensrechtlichen Charakters von § 250 ist eine materiell-rechtliche Überprüfung, wie sie in § 251 vorgesehen ist, nicht vorzunehmen. Nur die Benachteiligung ganzer Gläubigergruppen nach § 245 ist deshalb hier Gegenstand der gerichtlichen Überprüfung.[33] Ob einzelne Gläubiger benachteiligt wurden, haben diese selber im Wege des § 251 vorzutragen und glaubhaft zu machen. Anderenfalls würde das Antragserfordernis des § 251 unterlaufen und es bestünde die Gefahr einer Verquickung der beiden Vorschriften.[34]

IV. Verstoß gegen Vorschriften über die Zustimmung des Schuldners

16 Gem. § 247 Abs. 1 ist stets die Zustimmung des Schuldners zu dem Insolvenzplan einzuholen. Wird sie verweigert, kann dies unter Umständen gem. Abs. 2 unbeachtlich sein. Ob ein Fall der Zustimmungsfiktion nach **§ 247 Abs. 2** vorliegt, entscheidet das Gericht im Rahmen der Planbestätigung. § 250 Nr. 1, 3. Alt. kann daher auch hier lediglich im Rechtsmittelverfahren nach § 253 eine Bedeutung zukommen.[35]

V. Behebbarkeit des Mangels

17 Verfahrensmängel sind behebbar, wenn eine Wiederholung des Vorgangs möglich ist, **ohne dass ein früherer Verfahrensabschnitt wiederholt werden müsste**.[36] Muss also z. B. nach Abschluss des gerichtlichen Prüfungsverfahrens erneut in die Erörterung eingestiegen werden, so liegt kein behebbarer Verfahrensmangel vor.

18 Kann der festgestellte Mangel jedoch behoben werden, so hat das Gericht eine angemessene **Frist zur Abhilfe** zu setzen. Ist danach der Mangel noch immer nicht behoben, so muss die Bestätigung endgültig versagt werden.

19 Ein Mangel ist auch dann nicht mehr als behebbar anzusehen, wenn er sich **kausal auf die Entscheidung der Beteiligten ausgewirkt** hat. Hat der Abstimmungstermin bereits stattgefunden und wird erst danach ein relevanter Mangel festgestellt, ist es für eine Nachbesserung zu spät, da nicht ausgeschlossen werden kann, dass bei anderer Sachlage die Zustimmung nicht oder nicht in dieser Form erteilt worden wäre. Dem Insolvenzgericht bleibt dann nur noch die Möglichkeit, nach Behebung des Fehlers einen **neuen Abstimmungstermin** anzusetzen.[37]

20 Dies kann jedoch nur gelten, solange zumindest möglich ist, dass eine Mehrheit für den Insolvenzplan andernfalls nicht zustande gekommen wäre. Kann dies hingegen ausgeschlossen werden, etwa, weil nur ein Gläubiger in Kenntnis des Umstandes sich anders verhalten hätte und dies auf die Mehrheit innerhalb seiner Gruppe rechnerisch keine Auswirkungen haben konnte, so wäre ein erneuter Abstimmungstermin unverhältnismäßig.

21 Wäre die Mehrheit jedoch eine andere oder ist dies zumindest nicht auszuschließen, so muss jedenfalls ein neuer Termin angesetzt werden. Dies gilt auch, wenn nach Überzeugung des Gerichts ein Fall von § 245 vorliegt. Denn im Termin selber haben die Beteiligten noch einmal die Möglichkeit, ihrem Anspruch auf rechtliches Gehör in mündlicher Form nachzukommen und könnten so die Umstände, die auf ein Obstruktionsverbot hindeuten, entkräften. Diesen Anspruch darf ihnen das Insolvenzgericht nicht verwehren.

---

[33] LG Göttingen NZI 2005, 41, 42 = ZInsO 2004, 1318, 1320 setzt sich mit diesem Problem nicht auseinander. Der Beschluss stützt sich auf § 250 Nr. 1, obwohl nur ein einzelner Gläubiger benachteiligt wurde.
[34] *Blersch/Goetsch/Haas* § 250 RdNr. 10 f.
[35] So auch *Nerlich/Römermann/Braun* § 250 RdNr. 10.
[36] *HK-Flessner* § 250 RdNr. 5 mwN; *Nerlich/Römermann/Braun* § 250 RdNr. 4.
[37] Ebenso *Nerlich/Römermann/Braun* § 250 RdNr. 4.

D. Unlautere Herbeiführung der Annahme des Plans (Nr. 2)

In § 250 Nr. 2 ist ferner vorgesehen, dass die Bestätigung zu versagen ist, wenn die **22** Annahme des Plans unlauter, insbesondere durch Begünstigung eines Gläubigers herbeigeführt worden ist. Unlauter ist dabei jedes Verhalten des Schuldners, eines Gläubigers, des Insolvenzverwalters oder einer anderen Person, das gegen das Gebot von **Treu und Glauben** (§ 242 BGB) verstößt.

I. Gläubigerbegünstigung

Das Gesetz nennt als Hauptfall der Unlauterkeit das der Begünstigung einzelner Gläubi- **23** ger.

Begünstigung in diesem Sinne bedeutet **jede Besserstellung eines Gläubigers** gegenüber den anderen. Wichtigster Fall der Begünstigung ist damit der Stimmenkauf.[38] Hierunter fallen alle Zuwendungen an einzelne Beteiligte, die nicht im Insolvenzplan ausgewiesen sind, um ihre Zustimmung zum Plan zu erlangen.

II. Sonstige Beispielsfälle

Ein weiteres anerkanntes Fallbeispiel ist das der **Forderungsteilung.** Hierunter versteht **24** man die manipulative Aufteilung einer Forderung auf mehrere Gläubiger, um innerhalb einer Gruppe die für die Annahme erforderliche Kopfmehrheit nach § 244 Abs. 1 Nr. 1 zu erreichen.[39] Ein solches Verhalten ist unabhängig davon, ob dies offen oder heimlich geschieht, unlauter, da in beiden Fällen die Abstimmungsverhältnisse verändert werden, wodurch der Gleichbehandlungsgrundsatz verletzt wird.

Unlauter sind auch **Manipulationen der Abstimmungsmehrheit,** wie etwa die Erlan- **25** gung der Zustimmung durch **Täuschung oder Drohung** im Sinne von § 123 Abs. 1 BGB, **der verdeckte Stimmenkauf, einseitig bevorzugende Nebenabreden,** die **Anerkennung erdichteter Forderungen** oder die **Verheimlichung von Vermögenswerten.**[40]

Für den **Forderungskauf** gehen die Ansichten auseinander. Nach der einen Auffassung[41] **26** (so auch noch die Vorauflage) ist der Forderungskauf als solcher nicht unlauter. Forderungen seien grundsätzlich frei verkäuflich und die Motive der Vertragsparteien würden durch das Ziel, dem Plan zur Mehrheit zu verhelfen, nicht unlauter. Etwas anderes gelte nur dann, wenn den übrigen Gläubigern der fälschliche Eindruck vermittelt werde, die Erwerber würden gleich behandelt. Deshalb sei lediglich Offenheit geschuldet.

Nach einer weiteren Auffassung[42] liegt eine unlautere Handlung nicht vor, wenn die **26a** Forderung eines Gläubigers von einem Dritten im eigenen Interesse und auf eigene Rechnung erworben wird, weil der bisherige Gläubiger ausscheide und der neue Gläubiger sich dem Vergleichsvorschlag (jetzt: Insolvenzplan) wie alle übrigen Gläubiger unterwerfe.

Von einer dritten Meinung,[43] der sich auch der **BGH**[44] angeschlossen hat, wird jeder **26b** Forderungskauf zu einem höheren Preis als der im Insolvenzplan vorgesehenen Quote, um mit der so erlangten Abstimmungsmehrheit die Annahme des Insolvenzplans zu bewirken, als unlautere Handlung angesehen. Dies folge aus dem systematischen Zusammenhang

---

[38] So schon die Begr. zum RegE, BT-Drucks. 12/2443, S. 211.
[39] *Nerlich/Römermann/Braun* § 250 RdNr. 13 mwN.
[40] *Uhlenbruck/Lüer* § 250 RdNr. 30; *Nerlich/Römermann/Braun* § 250 RdNr. 13; FK-*Jaffé* § 250 RdNr. 19.
[41] *Nerlich/Römermann/Braun* aaO; FK-*Jaffé* § 250 RdNr. 25; *Bähr/Landry* in Mohrbutter/Ringstmeier, Handbuch der Insolvenzverwaltung, 8. Aufl. 2007, § 14 RdNr. 176.
[42] *Krebs* NJW 1951, 788, 789; *Künne* DB 1978, 729, 730.
[43] *Uhlenbruck/Lüer* § 250 RdNr. 30; *Blersch/Goetsch/Haas* § 250 RdNr. 21.
[44] BGHZ 162, 283 ff. = NZI 2005, 325, 327 = ZIP 2005, 719, 721 = ZInsO 2005, 487, 489 mit zust. Anm. *Bähr/Landry* EWiR § 250 InsO 1/05, 547, 548; *Smid* DZWIR 2005, 234, 235; *Ringstmeier* BGHReport 2005, 877, 877 f.; *Mohrbutter* WuB VI A. § 226 InsO 1.05, 637 f.; ablehnend: *Bähr/Landry* in Mohrbutter/Ringstmeier, Handbuch der Insolvenzverwaltung, 8. Aufl. 2007, § 14 RdNr. 176.

zwischen § 250 Nr. 2 und § 226 Abs. 3, wonach jede Begünstigung eines Gläubigers für sein Verhalten bei Abstimmungen oder sonst im Zusammenhang mit dem Insolvenzverfahren, welcher die anderen Gläubiger nicht zustimmen, zur Nichtigkeit des entsprechenden Abkommens führt, falls der Insolvenzplan zustande kommt. Die Herbeiführung der Annahme eines Insolvenzplans durch einen Forderungskauf, der einzelnen Gläubigern besondere Vorteile bietet, sei unlauter unabhängig davon, ob der Forderungskauf heimlich durchgeführt wird. Nur wenn die Begünstigung *im Insolvenzplan* offen ausgewiesen wird, könnten die Gläubiger ihr zustimmen oder sich dagegen zur Wehr setzen.

26 c Dem ist **zuzustimmen.** Zutreffend weist der BGH darauf hin, dass der Wortlaut des § 250 Nr. 2 nicht zwischen einer offenen und einer heimlichen Gläubigerbegünstigung unterscheide. Auch bei einer von vornherein offen gelegten, jedoch nicht im Insolvenzplan enthaltenen Gläubigerbegünstigung, die von den anderen Gläubigern im Wege der Abstimmung nicht verhindert werden kann, weil der Rechtsnachfolger des begünstigten Gläubigers zugleich die Abstimmungsverhältnisse zu seinen Gunsten verändert hat, wird der Gleichbehandlungsgrundsatz (§ 226) verletzt. Wertungsmäßig kann es daher auch keinen Unterschied machen, ob ein Gläubiger sich durch den Forderungskauf diese Abstimmungsmacht erst verschafft oder der Gläubiger von Anfang an so stimmmächtig war, dass er von der Abstimmung nichts zu befürchten hatte. Das Insolvenzgericht darf in einem solchen Fall über den Plan nicht abstimmen lassen; wurde dennoch – aus welchen Gründen auch immer – abgestimmt, muss das Gericht die Bestätigung des Plans versagen, wenn dessen Annahme auf dem Forderungskauf beruhen kann.[45]

26 d Das Verbot des des § 250 Nr. 2 kann auch nicht dadurch umgangen werden, dass die Wirksamkeit des Forderungskaufs auf den Zeitpunkt der rechtskräftigen Bestätigung aufgeschoben wird, zugleich aber dem Käufer eine sofort wirksame Abstimmungsvollmacht erteilt wird, die dieser unabhängig von Weisungen des Verkäufers ausüben kann. Denn auch in diesem Fall entäußert sich der Zedent seines Stimmrechtes wie bei einem „Stimmenkauf" und erfolgt die Abrede „im Zusammenhang mit dem Insolvenzverfahren".[46]

III. Handelnde Person

27 **1. Unlauteres Handeln Dritter.** Der unlauter Handelnde braucht nicht mit dem Planvorlegenden identisch zu sein.[47] Ein Vorzugsabkommen ist – falls der Insolvenzplan zustande kommt – auch dann nichtig nach § 226 Abs. 3 und unlauter nach § 250 Nr. 2, wenn es von Dritten („anderen Personen") mit Gläubigern geschlossen wird; andernfalls wäre das Begünstigungsverbot leicht zu umgehen.[48]

Handeln nur einzelne Gläubiger in unlauterer Weise, so muss dies dennoch zwangsweise zur Versagung der Bestätigung führen, da § 250 Nr. 2 hier kein Ermessen einräumt. **Gutgläubige Dritte,** denen selbst kein Vorwurf gemacht werden kann, sind bei unlauteren Handlungen Dritter dennoch nicht schutzwürdig. Vielmehr dürfen keine Beteiligten durch einen unlauter herbeigeführten Plan schlechter gestellt werden, als sie durch das gesetzliche Verfahren gestellt wären.[49] Insoweit kommt § 250 Nr. 2 ein gewisser **Strafcharakter** zu.

28 **2. Unlauteres Handeln von Gesellschaftern.** Umstritten waren bereits nach früher geltendem Konkursrecht die Fälle, in denen aus einer Gruppe zusammengehörender Personen (OHG-Gesellschafter, Erbengemeinschaft, BGB-Gesellschaft etc.) eine einzelne unlauter handelte.

---

[45] BGHZ 162, 283 ff. = NZI 2005, 325, 327 = ZIP 2005, 719, 721 = ZInsO 2005, 487, 489.
[46] BGHZ 162, 283 ff. = NZI 2005, 325, 328 = ZIP 2005, 719, 722 = ZInsO 2005, 487, 489 f.
[47] So bereits zu altem Recht *Bley/Mohrbutter*, VglO, 4. Aufl. 1979, § 79, RdNr. 10 mwN; aA *Nerlich/Römermann/Braun* § 250 RdNr. 13.
[48] BGHZ 162, 283 ff. = NZI 2005, 325, 328 = ZIP 2005, 719, 721 f. = ZInsO 2005, 487, 489.
[49] *Blersch/Goetsch/Haas* § 250 RdNr. 25 f.; zust. auch FK-*Jaffé* § 250 RdNr. 20.

Hierzu wurde vertreten, dass solches Verhalten nicht grundsätzlich **den anderen Mit-** 29
gliedern der Gesellschaft angerechnet werden könne, da es ihnen insoweit am Vorsatz fehle.[50]

Dem kann schon im Hinblick auf den zwingenden Charakter von § 250 Nr. 2 nicht 30
gefolgt werden. **Allein die Unlauterkeit der Handlung lässt den Vertrauensschutz entfallen.**[51] Dies muss auch deswegen gelten, weil bei Gesamthandsgesellschaften die ihr angehörenden Personen von Dritten, deren Schutzwürdigkeit im Vordergrund stehen muss, wegen ihrer identischen Interessenlage als Einheit wahrgenommen werden.

3. Unlauteres Handeln von Organen juristischer Personen. Bei Organen juristi- 31
scher Personen ist deren sittenwidriges Handeln ohne weiteres wegen **§ 31 BGB** zurechenbar, da diese Vorschrift für alle juristischen Personen entsprechend anwendbar ist.[52]

IV. Kausalität

Aus dem Wortlaut der Vorschrift („herbeigeführt") ergibt sich ferner, dass die unlautere 32
Handlung für die Annahme des Plans **ursächlich** gewesen sein. muss. Wäre der Plan auch ohne das unlautere Handeln zustande gekommen, so liegt kein Grund für eine Verwerfung vor.[53] An dieser Ursächlichkeit fehlt es beispielsweise, wenn ein verdeckter Stimmenkauf auf die Mehrheit innerhalb der Gläubigergruppe keinen Einfluss hatte, also der Plan auch dann angenommen worden wäre, wenn die auf dem unlauteren Forderungskauf beruhenden Stimmen nicht abgegeben worden wären.[54]

Im Sinne des Beteiligtenschutzes kann eine Versagung indes **nur bei absoluter Gewiss-** 33
heit über die Kausalität ausgesprochen werden. Das Insolvenzgericht muss von dem Verstoß gegen § 250 überzeugt sein.[55] Ansonsten muss es den Plan zunächst bestätigen und es den Beteiligten überlassen, im Rechtsmittelverfahren die Beeinflussung durch das unlautere Verhalten darzutun.[56] Aus dem Beschluss des BGH vom 3. 3. 05,[57] wonach das Insolvenzgericht den Plan nicht bestätigen darf, wenn dessen Annahme auf einem unlauteren Verhalten (dort: Forderungskauf) beruhen „kann", ergibt sich nichts anderes. Denn diese Formulierung sollte nicht die Anforderungen an die Kausalität reduzieren, sondern lediglich dem Umstand Rechnung tragen, dass zum einen von einer nichtigen Abrede keine Rechtswirkungen ausgehen und zum anderen die dortige Vertragsgestaltung vorsah, dass das Vorzugsabkommen bis zur rechtskräftigen Bestätigung des Insolvenzplans teilweise in der Schwebe blieb.

E. Rechtsfolgen

Liegt einer der gesetzlichen Gründe vor, so ist die Bestätigung zwingend und von Amts 34
wegen zu versagen. Ein gerichtlicher Ermessensspielraum besteht insoweit nicht. Selbst ein Verzicht sämtlicher Beteiligter auf die Geltendmachung solcher Mängel, die zwingend zur Versagung führen, ist unbeachtlich. Die Bestätigung oder ihre Versagung ist stets nur einheitlich bezüglich des gesamten Plans zulässig.[58] Eine *teilweise* Bestätigung unter Zurückweisung des unzulässigen Teils würde den Inhalt des Plans verändern.

---

[50] Gottwald/Eickmann, Insolvenzrechts-Handbuch, 1. Aufl. 1990 § 66 RdNr. 78 u. 29 zum Zwangsvergleich nach der KO.
[51] Zum Meinungsstreit Blersch/Goetsch/Haas § 250 RdNr. 28, 29.
[52] Palandt/Heinrichs § 31 RdNr. 3.
[53] Warrikoff, Gestaltungsmöglichkeiten im Insolvenzplan, KTS 1997, S. 527, 552.
[54] BGHZ 162, 283 ff. = NZI 2005, 325, 328 = ZIP 2005, 719, 722 = ZInsO 2005, 487, 490.
[55] AG Duisburg NZI 2002, 502, 503 = ZInsO 2002, 737, 738.
[56] So auch Nerlich/Römermann/Braun § 250 RdNr. 11.
[57] BGHZ 162, 283 ff. = NZI 2005, 325, 327 = ZIP 2005, 719, 721 = ZInsO 2005, 487, 489.
[58] Nerlich/Römermann/Braun § 250 RdNr. 2.

F. Rechtsmittel

35 Gegen einen auf § 250 beruhenden Beschluss, die Zustimmung zum Insolvenzplan zu verweigern, steht den Beschwerdeberechtigten das Rechtsmittel der sofortigen Beschwerde gem. § 253 zu.

§ 251 Minderheitenschutz

(1) Auf Antrag eines Gläubigers ist die Bestätigung des Insolvenzplans zu versagen, wenn der Gläubiger
1. dem Plan spätestens im Abstimmungstermin schriftlich oder zu Protokoll der Geschäftsstelle widersprochen hat und
2. durch den Plan voraussichtlich schlechter gestellt wird, als er ohne einen Plan stünde.

(2) Der Antrag ist nur zulässig, wenn der Gläubiger glaubhaft macht, dass er durch den Plan schlechter gestellt wird.

Übersicht

	RdNr.		RdNr.
A. Normzweck	1	2. Ermittlung des hypothetischen Verwertungserlöses	16
B. Entstehungsgeschichte	2		
I. Frühere Regelungen	2	II. Kompensation durch zusätzliche Leistungen („Salvatorische Klauseln")	18
II. Reformvorschläge und Gesetzgebungsverfahren	3	1. Lösungsansätze des Gesetzgebers	20
C. Antragsberechtigung	5	2. Kritik	21
D. Formelle Voraussetzungen	6	3. Lösungsvorschlag	27
I. Form und Frist	6	F. Glaubhaftmachung (Abs. 2)	29
II. Widerspruch	9	G. Entscheidung des Gerichts	31
III. Wiedereinsetzung	11	I. Prüfungsumfang	31
E. Materielle Voraussetzungen	14	II. Entscheidungsform	34
I. Schlechterstellungsverbot	14	III. Rechtsmittel	35
1. Prognoseentscheidung	14		

A. Normzweck

1 Galt der durch § 245 bezweckte Schutz den Gläubigern einer Gruppe, die von den übrigen Gruppen bei der Abstimmung überstimmt worden waren, so soll § 251 **die Gläubiger** innerhalb einer Gruppe **schützen, die gegenüber den übrigen Gruppenmitgliedern in der Minderheit waren.** Sein Zweck ist es daher, das Interesse einzelner Gläubiger gegenüber der Mehrheit der eigenen Gruppe zu wahren, da es nicht notwendigerweise mit dem der übrigen Gläubiger der gleichen Gruppe identisch sein muss.[1]

Aus diesem Grunde stellt § 251 eine wichtige **Ergänzung des in § 245 geregelten Obstruktionsverbotes** dar.[2]

---

[1] Begr. zum RegE, BT-Drucks. 12/2443, S. 211; weitergehend *Uhlenbruck/Lüer* § 251 RdNr. 1.
[2] Die hierdurch bewirkte nicht unerhebliche Verfahrensverzögerung hat deshalb zu Kritik an der gesetzgeberischen Entscheidung geführt, vgl. *Smid/Rattunde*, Der Insolvenzplan, RdNr. 651; kritisch, aber im Ergebnis zustimmend auch *Haarmeyer/Wutzke/Förster*, Handbuch, Kap. 9 RdNr. 27.

B. Entstehungsgeschichte

I. Frühere Regelungen

Nach § 188 Abs. 1 Nr. 2 KO und § 79 Nr. 4 VglO war der Vergleich auf Antrag eines Gläubigers zu verwerfen, wenn er dem gemeinsamen Interesse der Gläubiger widersprach.
§ 16 Abs. 5 Satz 3 GesO schließlich sah den mit § 251 Nr. 2 übereinstimmenden Versagungsgrund der unangemessenen Gläubigerbenachteiligung vor.

II. Reformvorschläge und Gesetzgebungsverfahren

Der Erste[3] und Zweite[4] Bericht der Kommission für Insolvenzrecht wollte einen Minderheitenschutz nur für die in ihrer Gruppe überstimmten Mobiliarsicherungsgläubiger gewähren.

Die späteren §§ 287 DE/RefE und 298 RegE entsprachen dann der jetzigen Regelung weitgehend, beinhalteten jedoch noch ein Antragsrecht auch für am Schuldnerunternehmen beteiligte Personen, das im Verlauf des Gesetzgebungsverfahrens gestrichen wurde.[5]

C. Antragsberechtigung

Zur Stellung eines Antrags auf Versagung der gerichtlichen Bestätigung ist **zunächst jeder überstimmte Gläubiger** berechtigt, der den Rechtswirkungen des § 254 unterworfen ist. Aber auch Gläubiger, die nicht stimmberechtigt waren, sind antragsbefugt.[6]

D. Formelle Voraussetzungen

I. Form und Frist

Eine Frist zur Stellung des Versagungsantrags ist nicht vorgesehen.

Der Antrag kann bereits vor dem Abstimmungstermin, also etwa nach Zustellung des Entwurfs zur Stellungnahme gestellt werden. Unzulässig ist es allerdings, ihm zu widersprechen, bevor der Antragsteller den Entwurf zur Kenntnis genommen haben kann. Einem solchen Antrag fehlt regelmäßig das Rechtsschutzbedürfnis.[7]

Er muss spätestens **bis zur Bestätigung** durch das Gericht gestellt werden.[8] Hat das Gericht den Plan allerdings bereits im Abstimmungstermin bestätigt, ist es danach für einen Antrag nach § 251 zu spät, auch wenn er noch vor Rechtskraft des Beschlusses gestellt wurde. Ansonsten könnte eine zügige Abwicklung des Insolvenzplanverfahrens von einem einzelnen Gläubiger unterlaufen werden. Streitig ist, ob der Gläubiger in einem solchen Fall im Beschwerdeverfahren nach § 253 den Versagungsantrag nach § 251 nachholen kann. Die Befürworter[9] verweisen darauf, dass die Beschwerde auch auf neue Tatsachen und Beweise gestützt werden kann (§ 571 Abs. 2 ZPO), während die ablehnenden

---

[3] LS 2.4.4.7.
[4] LS 5.8.
[5] Nachweise bei *Kübler/Prütting/Otte* § 251 RdNr. 2.
[6] *Uhlenbruck/Lüer* § 251 RdNr. 11; *Haarmeyer/Wutzke/Förster*, Handbuch, Kap. 9 RdNr. 26.
[7] Ebenso FK-*Jaffé* § 251, RdNr. 14.
[8] Einem obiter dictum in BGH ZInsO 2007, 442, 443 RdNr. 8 zufolge soll der Versagungsantrag noch bis zur *Rechtskraft* des Bestätigungsbeschlusses möglich sein. *Blersch/Goetsch/Haas* § 251, RdNr. 5; vgl. auch Begr. zu § 287 DE, S. 259.
[9] *Nerlich/Römermann/Braun* § 253 RdNr. 4 unter Hinweis auf Begr. RegE in *Kübler/Prütting*, RWS-Dok. 18, Bd. I, S. 491; *Kübler/Prütting/Otte* § 251 RdNr. 13.

Stimmen[10] darauf abstellen, dass nur „neue Angriffs- und Verteidigungsmittel" zulässig sind, nicht jedoch das Nachschieben eines Antrages selbst. Im Ergebnis ist der letztgenannten Auffassung zuzustimmen. Zwar ist eine sofortige Beschwerde nach der Rechtsprechung des BGH auch ohne formelle Beschwer (Antragsabweisung) zulässig.[11] Bei § 251 geht es aber darum, dass der Versagungsgrund des Schlechterstellungsverbotes *nur auf Antrag* geprüft wird. Durch die Nachholung des Versagungsantrages würde sich somit der Prüfungsumfang ändern. Eine solche Änderung des Verfahrensgegenstandes ist jedoch im Beschwerdeverfahren unzulässig.[12]

8   Weitere Formerfordernisse sind gesetzlich nicht vorgesehen. Der Antrag kann mithin auch **mündlich** zu Protokoll der Geschäftsstelle erklärt werden.

II. Widerspruch

9   Von dem eigentlichen Versagungsantrag ist der Widerspruch gegen den Plan zu unterscheiden. Dieser muss spätestens im Abstimmungstermin erklärt worden sein und ist bindende **Tatbestandsvoraussetzung.** Hat der Gläubiger also nicht spätestens im Abstimmungstermin dem Plan widersprochen, so ist er hinterher an der Antragstellung gehindert.[13] Dies **schließt** auch eine **Nachholung** im Beschwerdeverfahren **aus,** da es sich nicht um eine bloße Frage der (nicht erforderlichen[14]) formellen Beschwer handelt, sondern um eine Tatbestandsvoraussetzung für die Versagung.

10 Diese **begriffliche Trennung zwischen Widerspruch und Antrag** bedeutet umgekehrt, dass nicht in jedem Widerspruch zugleich auch ein Antrag nach § 251 zu sehen ist,[15] da nicht jeder unterlegene Gläubiger seinen Widerspruch aktiv weiterverfolgen will.

III. Wiedereinsetzung

11 War der antragstellende Gläubiger unverschuldet am Erscheinen im Abstimmungstermin gehindert, so kommt eine Wiedereinsetzung in den vorigen Stand **nicht** in Betracht. § 233 ZPO ist bei Versäumung materiell-rechtlicher Fristen nicht analog anwendbar.[16]

12 Dies gilt erst recht, wenn das Gericht den Plan bereits im Abstimmungstermin bestätigt hatte, da es zu einer nachträglichen Änderung des Bestätigungsbeschlusses nicht mehr berechtigt ist.

13 Eine **Ausnahme** kommt nur in Betracht, wenn die Säumnis auf einem **Versehen des Gerichts** beruht, da dann ggfls. eine Verletzung von Verfahrensvorschriften i. S. v. § 250 Nr. 1 vorliegt (s. o. § 250 RdNr. 12 g, 13 g).

E. Materielle Voraussetzungen

I. Schlechterstellungsverbot

14 **1. Prognoseentscheidung.** Durch die nachträgliche Einführung des Wortes „voraussichtlich"[17] hat der Gesetzgeber deutlich den **Prognosecharakter** der gerichtlichen Entscheidung herausgestellt.

---

[10] *Uhlenbruck/Lüer* § 251 RdNr. 7–9; *Bähr/Landry* in *Mohrbutter/Ringstmeier,* Handbuch der Insolvenzverwaltung, 8. Aufl. 2007, § 14 RdNr. 179 (Fn. 312).
[11] BGHZ 163, 344 ff. = NZI 2005, 619, 620 = ZIP 2005, 1648, 1649 = ZInsO 2005, 927, 928.
[12] Allgemein zu § 571 Abs. 2 S. 1 ZPO: *Musielak/Ball* § 572 RdNr. 5 unter Hinweis auf BayObLG MDR 1986, 60; *Baumbach/Lauterbach/Albers* § 571 RdNr. 4; *Zöller/Gummer* § 571 RdNr. 4.
[13] BGH ZInsO 2007, 442, 443 RdNr. 8; LG Neubrandenburg ZInsO 2000, 628; aA FK-*Jaffé* § 251 RdNr. 12 ohne nähere Begr.
[14] BGHZ 163, 344 ff. = NZI 2005, 619, 620 = ZIP 2005, 1648, 1649 = ZInsO 2005, 927, 928.
[15] LG Neubrandenburg ZInsO 2000, 628; *Uhlenbruck/Lüer* § 251 RdNr. 4.
[16] *Nerlich/Römermann/Braun* § 251 RdNr. 2; allgemein: MünchKommZPO-*Feiber* § 233 RdNr. 15.
[17] Gesetz v. 19. 12. 1998, BGBl. I S. 3836.

Dadurch wird aber auch deutlich, dass letzte Sicherheit nicht möglich ist und Fehleinschätzungen nicht völlig ausgeschlossen werden können. Es verbleibt somit ein **„Restrisiko"**, dass der Plan die in ihn gesteckten Erwartungen nicht erfüllt und Gläubiger tatsächlich im Nachhinein ohne ihn wirtschaftlich besser gestanden hätten. Dieses Risiko muss von den Gläubigern getragen werden.[18] Es ist nicht Sache des Insolvenzgerichtes zu überprüfen, ob die Planziele erreicht werden können.[19]

2. Ermittlung des hypothetischen Verwertungserlöses. Für die Feststellung, ob eine Schlechterstellung vorliegt, sind **rein wirtschaftliche Gesichtspunkte** maßgeblich.[20] Es ist also eine Vergleichsrechnung anzustellen, welcher Erlös bei einer Verwertung aller Vermögenswerte des Schuldners ohne Insolvenzplan zu erzielen wäre und welche Quote die Gläubiger danach zu erwarten hätten. Dieser **hypothetischen Gläubigerquote im Regelinsolvenzverfahren** ist sodann die sich aus dem Planentwurf ergebende Quote gegenüberzustellen. Die Bestätigung ist zu versagen, wenn sich für den widersprechenden Gläubiger wirtschaftliche Nachteile ergeben. Die Vorschrift des § 251 soll jedem Gläubiger den Wert garantieren, den seine Rechtsposition im Insolvenzverfahren noch hat.[21] Die Mehrheitsentscheidung der übrigen Gläubiger ist keine ausreichende Legitimation dafür, dass einem einzelnen Beteiligten gegen seinen Willen Vermögenswerte entzogen werden.[22]

Macht ein Gläubiger geltend, dass er bei Durchführung des Regelinsolvenzverfahrens nach Aufhebung des Verfahrens (§ 200) mit den zur Tabelle festgestellten Forderungen gegen (künftige) Ansprüche des Schuldners aufrechnen könnte, während nach dem Insolvenzplan eine solche Aufrechnung (mangels aufrechenbarer Gegenforderung, § 227 Abs. 1) ausgeschlossen wäre, so kann auch in diesem **Verlust der Aufrechnungsmöglichkeit** eine Schlechterstellung liegen, selbst wenn der Insolvenzplan eine höhere Quote als das Regelinsolvenzverfahren erwarten lässt.[23]

Geht es – wie beim Verlust der Aufrechnungsmöglichkeit – um eine Prognose, muss die Entwicklung, die eine Benachteiligung bewirken könnte, **nicht nur abstrakt** möglich, **sondern** aufgrund **konkreter** Anhaltspunkte wahrscheinlicher sein als eine Nichtschlechterstellung.[24] Der Gläubiger muss also Tatsachen vortragen und glaubhaft machen, aus denen sich die **überwiegende Wahrscheinlichkeit seiner Schlechterstellung** durch den Insolvenzplan ergibt. Die Prüfung des Insolvenzgerichts ist auf die vom Gläubiger vorgebrachten (und glaubhaft gemachten) Tatsachen und Schlussfolgerungen beschränkt[25] und soll davor bewahrt werden, dass ein Antrag, der auf bloße Vermutungen gestützt wird, zu umfangreichen Ermittlungen führt.[26]

Im Gegensatz zu § 245 gewährt § 251 dem einzelnen Gläubiger nur den Mindeststandard der Regelabwicklung, **nicht** jedoch die in § 245 Abs. 1 Nr. 2 der Gruppe von Gläubigern zugestandene **angemessene wirtschaftliche Beteiligung**. Der einzelne Gläubiger muss insoweit hinnehmen, dass Gläubiger einer anderen (zulässig gebildeten) Gruppe, die ohne Plan gleichrangig mit dem Gläubiger zu befriedigen wären, besser gestellt werden, wenn die Gruppe, in der sich der widersprechende Gläubiger befindet, dem zustimmt.[27]

---

[18] *Kübler/Prütting/Otte* § 251 RdNr. 9.
[19] BGHZ 163, 344 ff. = NZI 2005, 619, 621 = ZIP 2005, 1648, 1650 f. = ZInsO 2005, 927, 929.
[20] *FK-Jaffé* § 251 RdNr. 17.
[21] HK-*Flessner,* § 251 Rn. 1.
[22] BT-Drucks. 12/2443, S. 211, zu § 298 RegE.
[23] BGH ZInsO 2007, 491, 492 RdNr. 8.
[24] BGH ZInsO 2007, 442, 443 RdNr. 11; BT-Drucks. 14/120, S. 14 zu Art. 2 Nr. 14 EGInsO ÄndG; ebenso LG Berlin ZInsO 2002, 1191, 1192. Zu einer möglichen Berechnung der Wahrscheinlichkeiten einzelner Entwicklungsszenarien *Eidenmüller,* Prognoseentscheidungen im Insolvenzplanverfahren: Verfahrenslähmung durch Minderheitenschutz?, NJW 1999, 1837, 1838.
[25] BGH ZInsO 2007, 491, 492 RdNr. 10; OLG Dresden NZI 2000, 436, 437; BayObLG NZI 2001, 145, 147; OLG Köln NZI 2001, 594, 595.
[26] BT-Drucks. 12/2443, S. 212.
[27] *Nerlich/Römermann/Braun* § 251 RdNr. 6; FK-*Jaffé* § 251 RdNr. 20 d; HK-*Flessner* § 251 RdNr. 3; *Kübler/Prütting/Otte* § 251 RdNr. 16 f.

17 Ob eine solche Vergleichsrechnung, wie sie der Gesetzgeber bezweckt hat, ohne Sachverständigengutachten möglich sein wird[28] und somit die beabsichtigte Entlastung der Insolvenzgerichte erreicht wird, kann angesichts der Komplexität solcher Vergleichsrechnungen mit Recht bezweifelt werden.[29] Das Insolvenzgericht ist zwar ausdrücklich nicht dazu verpflichtet, ein Sachverständigengutachten einzuholen,[30] wird dies in der Praxis jedoch schon zur Vermeidung einer Haftung tun.

II. Kompensation durch zusätzliche Leistungen („Salvatorische Klauseln")

18 Besteht die Möglichkeit einer Schlechterstellung von Gläubigern, so ist in der Regel mit deren Widerspruch und mit Anträgen nach § 251 zu rechnen. Selbst wenn nach umfangreicher gutachterlicher Überprüfung eine solche vom Gericht verworfen werden sollte, so führt dies dennoch zu einer Verzögerung des Verfahrens und damit zu einer Gefährdung des gesamten Insolvenzplans.

19 Auf der anderen Seite wird es Gegnern des Plans durchaus gelingen, angesichts des Prognosecharakters der Norm gutachterliche Stellungnahmen vorzulegen, die eine Schlechterstellung zumindest plausibel erscheinen lassen. **§ 251 ist damit zur Achillesferse des gesamten Insolvenzplanverfahrens geworden.**[31]

20 **1. Lösungsansätze des Gesetzgebers.** Zur Lösung dieses Problems hat der Gesetzgeber bereits in der Begründung zum Regierungsentwurf vorgeschlagen, einer eventuellen Schlechterstellung von Gläubigern durch die **Inaussichtstellung zusätzlicher Leistungen** aus der Masse vorzubeugen. Hierzu heißt es in der amtlichen Begründung: „*Dieses Risiko kann jedoch dadurch ausgeschlossen oder vermindert werden, dass im Plan zusätzliche Leistungen an solche Beteiligte vorgesehen werden, die dem Plan widersprechen und den Nachweis führen, dass sie ohne solche Zusatzleistungen durch den Plan schlechter gestellt werden als ohne den Plan. Enthält der Plan eine solche Bestimmung, ist die Finanzierung der Leistungen gesichert und ist eindeutig, dass im Falle der zusätzlichen Leistungen der Mindeststandard erreicht wird, so steht der Minderheitenschutz der Bestätigung des Plans nicht entgegen. (...) Ob die zusätzlichen Leistungen zu erbringen sind, kann dann außerhalb des Insolvenzverfahrens geklärt werden.*"[32]

21 **2. Kritik.** Das Modell der salvatorischen Klauseln – zumindest nach den Andeutungen in der Gesetzesbegründung – ist insgesamt nicht kritiklos geblieben.

22 **a)** So bleibt unklar, was mit Befriedigung „**außerhalb des Insolvenzverfahrens**" gemeint sein soll. Hierbei kann es sich nur um Leistungsklagen derjenigen Gläubiger handeln, die durch den Plan schlechter gestellt werden; diese sind auf dem ordentlichen Rechtsweg geltend zu machen. Sie müssten bei Eintritt bzw. Erkennbarkeit der Schlechterstellung an den Insolvenzverwalter herantreten und Zahlung der Kompensationsleistung aus der Masse verlangen. Eine Titulierung der Forderung bereits im Plan (der gestaltende Teil des Plans wirkt in Verbindung mit dem Tabelleneintrag gem. § 257 Abs. 1 Satz 1 als Titel) ist aber vom Gesetzgeber durch den Verweis auf ein Verfahren außerhalb des Insolvenzverfahrens ausdrücklich nicht gewollt. Dem betroffenen Gläubiger wird deshalb ein **vollstreckbarer Titel**, wie er durch Tabelle und Plan eigentlich vorgesehen ist, **verweigert** und dadurch das **Prozessrisiko** während der laufenden Planrealisierung aufgebürdet.[33]

23 **b)** Auch wird der beabsichtigte Effekt, die Realisierung des Insolvenzplans insgesamt zu fördern, nicht eintreten, **wenn zu viele Gläubiger dem Plan widersprechen** und

---

[28] So die Begr. des Rechtsausschusses, BT-Drucks. 14/120, S. 14.
[29] Ebenso *Eidenmüller* NJW 1999, 1837, 1838.
[30] LG Traunstein NZI 1999, 461, 463 = ZInsO 1999, 577, 580 = DZWIR 1999, 464, 468; inzident auch LG Hannover ZInsO 2003, 719, 720.
[31] Kritisch deswegen überwiegend die Literatur, vgl. statt vieler *Smid/Rattunde* RdNr. 649, 657 ff.; *Nerlich/Römermann/Braun* § 251 RdNr. 5 mwN.
[32] BT-Drucks. 12/2443, S. 212.
[33] Ebenso *Smid*, Salvatorische Klauseln als Instrument zur Abwehr von Widersprüchen gegen den Insolvenzplan, ZInsO 1998, 347, 349.

sich dadurch ihre Chance auf Zusatzleistungen sichern. Die hierfür erforderlichen Mittel fehlen der Masse insgesamt und machen den Plan für die übrigen Beteiligten weniger attraktiv.[34]

c) Ein weiterer Nachteil solcher Formulierungen besteht dann, wenn sie in den Plan aufgenommen wurde, um den Widerstand bestimmter Gläubiger gezielt überwinden wollen. Hat der Planvorlegende, insbesondere der Insolvenzverwalter deren Zustimmung zum Plan durch die Zusatzleistungen „abgekauft", könnte hierin ein **kollusives Verhalten** zu sehen sein, das nach § 226 Abs. 3 zur Nichtigkeit der Vereinbarung führt.[35]

Einzelabsprachen mit widersprechenden Gläubigern sollten daher im Interesse aller Verfahrensbeteiligten vermieden werden. Es empfiehlt sich vielmehr, eine solche Klausel generell, also auch dann in den Plan aufzunehmen, wenn Widersprüche nicht vorliegen oder zumindest nicht bekannt geworden sind. Dies bringt zusätzlich den Vorteil, dass die Zustimmung den Gläubigern insgesamt erleichtert wird, weil diese nunmehr nicht fürchten müssen, bei einer **Schlechterstellung, die sich erst im Lauf des Abwicklungsverfahrens zeigt,** von den Zusatzleistungen nicht zu profitieren. Die Klausel kann dadurch allgemein die Verluste kompensieren, die eintreten können, wenn sich die wirtschaftlichen Erwartungen bei der Planvorlage nicht realisieren sollten.

Alternativ hierzu sind bei Aufnahme der Klausel in den **Plan alle Beteiligten in die Diskussion einzubeziehen,** will man sich nicht dem Vorwurf der einseitigen Bevorzugung einzelner Gläubiger aussetzen. Dadurch geht man der ansonsten zu stellenden Frage nach der **Zulässigkeit so genannter „Ein-Gläubiger-Gruppen"** aus dem Wege. Der Plan ist sonst nur dann nicht nach § 226 Abs. 3 nichtig, wenn man es für möglich erachtet, Gruppen mit nur einem, eben dem widersprechenden Gläubiger zu bilden, der in den Genuss der Klausel kommen soll.[36]

3. Lösungsvorschlag. Eine mögliche Formulierung einer salvatorischen Kompensationsklausel könnte lauten: *„Wenn ein Beteiligter durch den Plan voraussichtlich schlechter gestellt wird, als er ohne den Plan stünde, sind an ihn aus einer gebildeten Rückstellung zusätzliche Zahlungen in einer Höhe zu leisten, die zu einer Gleichstellung führen. Werden durch Rückstellung Übererlöse erzielt, so werden diese nach Abschluss der Planrealisierung unter den Gläubigern entsprechend der Höhe ihrer Forderung aufgeteilt."*

Diese Formulierung bietet den Vorteil, hinreichend unbestimmt zu sein, um Vorwürfen der Kollusion von vorneherein zu begegnen. Sie **schließt die Bevorzugung irgendeines bestimmten Beteiligten aus** und überfrachtet den Plan nicht mit komplizierten Berechnungen möglicher Verluste und Kompensationen. Die **Höhe der zu bildenden Rückstellung** wird von der Anzahl der widersprechenden Gläubiger abhängig zu machen sein, wobei eventuell erst später auftretende Schlechterstellungen einzukalkulieren sind. Der Planvorlegende hat dadurch das seinerseits Mögliche getan, eventuelle Nachteile möglichst auszugleichen. Ob dies tatsächlich gelingen kann, hängt dann vom Verlauf des Planverfahrens und der Anzahl der betroffenen Gläubiger ab.

F. Glaubhaftmachung (Abs. 2)

Der Gläubiger, der einen Antrag nach § 251 stellt, muss diesen begründen und dabei seine Schlechterstellung glaubhaft machen. Es ist seine Aufgabe, die Schlechterstellung des Plans **exakt und substantiiert** darzulegen. Auf diese Weise sollen Pauschalanträge, die sich auf bloße Vermutungen stützen, verhindert werden, damit sich das Verfahren nicht unnötig in die Länge zieht.[37] Der Gläubiger muss also Tatsachen vortragen und glaubhaft

---

[34] *Eidenmüller* aaO S. 1838.
[35] *Smid* aaO S. 350.
[36] Hierzu ausführlich *Smid* aaO S. 350 f.
[37] BT-Drucks. 12/2443, S. 212; *Haarmeyer/Wutzke/Förster*, Handbuch, Kap. 9 RdNr. 29.

machen, aus denen sich die **überwiegende Wahrscheinlichkeit seiner Schlechterstellung** durch den Insolvenzplan ergibt. Die Prüfung des Insolvenzgerichts ist auf die vom Gläubiger vorgebrachten (und glaubhaft gemachten) Tatsachen und Schlussfolgerungen beschränkt.[38]

30 Allerdings hat das Insolvenzgericht bei einem nicht glaubhaft gemachten Antrag dem Widerspruchsführer zunächst eine angemessene Frist zur **Nachholung** einzuräumen, wie dies auch im alten Recht schon möglich war.[39] Kommt der Antragsteller der Aufforderung nicht nach, so ist der Antrag als unzulässig zurückzuweisen.

G. Entscheidung des Gerichts

I. Prüfungsumfang

31 Ist der Antrag zulässig, so hat das Gericht das Vorliegen der Voraussetzungen zu prüfen. Es entscheidet dabei nach seiner **freien Überzeugung,** gegebenenfalls nach vorheriger Beweiserhebung, ob der vom Gläubiger geschilderte Sachverhalt **tatsächlich bewiesen** ist. **Dabei gehen Beweisschwierigkeiten des Antragstellers zu seinen Lasten.**[40]

32 Allerdings kommt ihm dabei zugute, dass seine Schlechterstellung lediglich wahrscheinlicher sein muss als eine Nichtschlechterstellung. Der Gläubiger muss also keinen Vollbeweis für eine Schlechterstellung antreten. Das Gericht hat daher die Bestätigung zu versagen, wenn die Schlechterstellung des Antragstellers nach dem Ergebnis der Beweisaufnahme als bewiesen angesehen wird. Umgekehrt hat das Gericht die Bestätigung auszusprechen, wenn nach seiner Auffassung dieser Beweis nicht geführt werden konnte.

33 Das Gericht hat dabei den gestaltenden Teil des Plans, der Ausführungen auch zur Frage der Besser- oder Schlechterstellung machen muss, sowie evtl. vom Antragsteller vorgelegte Gutachten oder Berechnungen und die Ergebnisse der von ihm selbst beauftragten Sachverständigengutachten in seine Entscheidung mit einzubeziehen. Der wesentliche Unterschied zur Prüfung nach § 245 Abs. 1 Nr. 1 liegt darin, dass § 245 Abs. 1 Nr. 1 auf die Schlechterstellung einer *Gruppe* von Gläubigern abstellt und insoweit eine unbegrenzte Prüfung vorsieht, während bei § 251 Abs. 1 Nr. 2 die individuelle Schlechterstellung des *einzelnen* Gläubigers innerhalb der Gruppe zu prüfen ist. Der Prüfungsumfang im Rahmen des § 251 beschränkt sich auf die vom Antragsteller vorgetragenen und glaubhaft gemachten Tatsachen; andere Tatsachen bleiben unberücksichtigt.[41]

II. Entscheidungsform

34 Die Entscheidung ergeht nicht als gesonderter Beschluss, sondern ist **Teil der Begründung** des Bestätigungs- oder Versagungsbeschlusses nach § 252.[42]

III. Rechtsmittel

35 Dem Antragsteller bleibt das **Rechtsmittel der sofortigen Beschwerde** nach § 253. Er muss diese darauf stützen, sein Antrag sei zu Unrecht abgelehnt und der Plan deswegen rechtswidrig bestätigt worden.

---

[38] BGH ZInsO 2007, 442, 443 RdNr. 14 f.; BGH ZInsO 2007, 491, 492 RdNr. 10; OLG Dresden NZI 2000, 436, 437; BayObLG NZI 2001, 145, 147; OLG Köln NZI 2001, 594, 595.
[39] FK-*Jaffé* § 251 RdNr. 22 mwN.
[40] *Nerlich/Römermann/Braun* § 251 RdNr. 8.
[41] *Uhlenbruck/Lüer* § 251 RdNr. 16 f.
[42] FK-*Jaffé* § 251 RdNr. 23; *Blersch/Goetsch/Haas* § 251 RdNr. 16. Vgl. auch LG Göttingen NZI 2005, 41, 43 aE zur Parallelproblematik bei einer Zustimmungsersetzung nach § 245.

§ 252 Bekanntgabe der Entscheidung

(1) ¹Der Beschluß, durch den der Insolvenzplan bestätigt oder seine Bestätigung versagt wird, ist im Abstimmungstermin oder in einem alsbald zu bestimmenden besonderen Termin zu verkünden. ² § 74 Abs. 2 Satz 2 gilt entsprechend.

(2) Wird der Plan bestätigt, so ist den Insolvenzgläubigern, die Forderungen angemeldet haben, und den absonderungsberechtigten Gläubigern unter Hinweis auf die Bestätigung ein Abdruck des Plans oder eine Zusammenfassung seines wesentlichen Inhalts zu übersenden.

Übersicht

	RdNr.		RdNr.
A. Normzweck	1	III. Besonderer Verkündungstermin	9
B. Entstehungsgeschichte	3	D. Inhalt des Beschlusses	13
I. Frühere Regelung	3	I. Versagung der Bestätigung	13
II. Reformvorschläge und Gesetzgebungsverfahren	4	1. Versagungsgrund	13
		2. Rechtsfolgen	14
C. Verkündung des Beschlusses mit oder ohne besonderen Termin (Abs. 1)	6	II. Bestätigung des Insolvenzplans (Abs. 2)	21
I. Beschlussverkündung	7	1. Unterrichtung der Gläubiger	21
II. Verkündung im Abstimmungstermin	8	2. Konsequenzen fehlender Unterrichtung	28
		3. Rechtsfolgen	32

A. Normzweck

Sinn der Vorschrift ist es, einen genau feststellbaren und einheitlichen Zeitpunkt für den **Beginn der Rechtsmittelfrist** gemäß § 253 zu haben, die mit Verkündung der Entscheidung zu laufen beginnt (siehe auch § 253 RdNr. 11 a). 1

Das Erfordernis der besonderen Unterrichtung der Gläubiger dient dazu, allen gleichermaßen Kenntnis über den Plan und seinen wesentlichen Inhalt zu verschaffen, damit ggfls. die Erfolgsaussichten einer Beschwerde besser eingeschätzt werden können. 2

B. Entstehungsgeschichte

I. Frühere Regelung

Die in Abs. 1 normierte Verpflichtung zur Verkündung der Entscheidung über den Insolvenzplan entspricht weitgehend den Vorschriften des § 78 Abs. 3 VglO und § 185 KO, Abs. 2 der des § 78 Abs. 4 VglO. 3

II. Reformvorschläge und Gesetzgebungsverfahren

Der Erste Bericht sah hinsichtlich der **Verkündung des Plans (Abs. 1)** ausdrücklich einen gesonderten Termin vor, der bereits im Abstimmungstermin anzuberaumen war.[1] 4

Im Verlauf der späteren Diskussion kehrte man zur bisherigen Regelung zurück, offensichtlich, um dem Insolvenzgericht die Möglichkeit einzuräumen, die Entscheidung nach einer erneuten Auswertung des Abstimmungstermins und der darin vorgetragenen Argumente nochmals zu überdenken.[2]

In Bezug auf die heutige Regelung des **Abs. 2** sahen die Reformvorschläge lediglich die Übersendung des wesentlichen Inhalts des Insolvenzplans vor.[3] Der Gesetzgeber hat hier im 5

---
[1] LS 2. 2. 23 Abs. 1.
[2] Ebenso *Blersch/Goetsch/Haas* § 252 RdNr. 2 f.
[3] § 288 Abs. 2 DE/RefE und § 299 Abs. 2 RegE.

Laufe der Gesetzesberatungen zusätzlich die Möglichkeit eingeräumt, statt dessen auch einen Abdruck des Plans zu übersenden.

C. Verkündung des Beschlusses mit oder ohne besonderen Termin (Abs. 1)

6 Das Insolvenzgericht entscheidet nach pflichtgemäßem Ermessen, ob es bereits im Abstimmungstermin eine Entscheidung über den Insolvenzplan verkündet oder einen besonderen Termin anberaumt, in dem diese Entscheidung verkündet werden soll.

I. Beschlussverkündung

7 Die Verkündung der Entscheidung ergeht als Beschluss grundsätzlich mündlich; **eine öffentliche Bekanntmachung oder Zustellung ist nicht erforderlich.**[4] Der Beschluss braucht bei der Verkündung noch nicht schriftlich abgefasst zu sein, da die Vorschriften der §§ 310 Abs. 2 und 311 Abs. 2 und 3 ZPO bei Beschlüssen nicht anwendbar sind, vgl. § 329 Abs. 1 ZPO.[5] Allerdings ist er wegen § 160 Abs. 3 Nr. 6 ZPO **in das Terminsprotokoll aufzunehmen** und gemäß § 329 ZPO zu **begründen**.[6]

II. Verkündung im Abstimmungstermin

8 Eine **Verkündung der Entscheidung** noch **im Abstimmungstermin** wird in der Praxis vor allem dann erfolgen, wenn die Beteiligten sich einig oder ihre Argumente dem Gericht ohne weitere Prüfung plausibel sind und dem Gericht eine sofortige Entscheidung ermöglichen.

III. Besonderer Verkündungstermin

9 Macht das Insolvenzgericht von der Möglichkeit Gebrauch, die für und gegen den Plan vorgebrachten Argumente einer erneuten Überprüfung zu unterziehen, so beraumt es – ebenfalls durch Beschluss – im Abstimmungstermin einen gesonderten **Termin zur Verkündung der Entscheidung** an. Dieses Vorgehen empfiehlt sich vor allem bei komplexeren Plänen und einer streitigen Diskussion unter den Beteiligten, die eine besonnene Gewichtung des Vorbringens ohne „Druck" durch anwesende Beteiligte erforderlich macht.

10 Der Termin hat nach dem Wortlaut **alsbald** stattzufinden. Die alte Regelung des § 78 Abs. 3 VglO sah vor, dass der Verkündungstermin spätestens eine Woche nach dem Abstimmungstermin zu erfolgen hatte. Diese knapp bemessene Frist ist vom Gesetzgeber bewusst nicht in die Insolvenzordnung übernommen worden, weil dies offensichtlich an der gerichtlichen Realität vorbeigehen würde. Vielmehr dürfte der in § 241 Abs. 1 Satz 2 genannte **Monatszeitraum** als zeitliche Obergrenze zugrunde zu legen sein.[7]

11 Gegen den Beschluss, in welchem der Entscheidungstermin verkündet wird, findet wegen der Generalklausel des § 6 kein Rechtsmittel statt, sofern der Richter auf Grund eines Richtervorbehaltes die Entscheidung getroffen hat. Handelt es sich um eine Rechtspflegerentscheidung, so kann nach § 11 Abs. 2 befristete Rechtspflegererinnerung eingelegt werden.[8]

12 Eine besondere **Ladung** ist nicht erforderlich.[9] Denn anders als in § 235 Abs. 3 und § 241 Abs. 2 ist eine solche nicht ausdrücklich vorgesehen. Neben dieser Tatsache spricht auch der Umstand gegen ein solches Erfordernis, dass der Beschluss gerade nicht zugestellt

---

[4] *Uhlenbruck/Lüer* § 252 RdNr. 1.
[5] *HK-Flessner* § 252, RdNr. 3.
[6] Hierzu *Baumbach/Lauterbach/Albers/Hartmann* ZPO § 329 RdNr. 1.
[7] So auch *Blersch/Goetsch/Haas* § 252 RdNr. 3.
[8] *HK-Kirchhof* § 6 RdNr. 15.
[9] *FK-Jaffé* § 252 RdNr. 13.

werden muss. Es entspricht auch der allgemeinen zivilrechtlichen Praxis, dass Termine zur Verkündung einer Entscheidung nicht erneut mitzuteilen sind, da es sich hierbei nicht um Verhandlungen im prozessualen Sinne handelt. Zweck der Ladung der Beteiligten zum Erörterungs- und Abstimmungstermin ist es jedoch, ihnen Gelegenheit zur Stellungnahme und zum Austausch von Argumenten zu geben. Dies geschieht jedoch in einem reinen Verkündungstermin nicht mehr. Es ist daher ausreichend, den Terminierungsbeschluss im Abstimmungstermin ordnungsgemäß zu verkünden.

D. Inhalt des Beschlusses

I. Versagung der Bestätigung

1. Versagungsgrund. Auch wenn gem. § 248 nur der angenommene Plan einer Bestätigung bedarf, so muss auch zu einem nicht angenommenen Plan eine gerichtliche Entscheidung ergehen, damit das Rechtsmittel eröffnet wird. Das Insolvenzgericht hat die Bestätigung des Plans zu **versagen,** wenn die Voraussetzungen nach § 250 hierfür nicht vorliegen und § 245 nicht eingreift. Gleiches gilt, wenn die Voraussetzungen des § 252 nicht erfüllt sind und ein Gläubiger die Versagung beantragt hat oder die fehlende Zustimmung des Schuldners nicht nach § 247 Abs. 2 unbeachtlich ist. 13

2. Rechtsfolgen. a) Die Verkündung des Beschlusses, die Bestätigung zu versagen, löst das **Beschwerderecht** nach § 253 innerhalb der dortigen Notfrist von zwei Wochen aus.[10] 14

b) Ist die gerichtliche Bestätigung **rechtskräftig verwehrt,** lebt die Verwertungspflicht des Insolvenzverwalters nach den allgemeine Grundsätzen wieder auf (s. § 159), da der Insolvenzplan als von Anfang an nicht zustande gekommen anzusehen ist. 15

c) Dies kann unter Umständen problematisch werden in den Fällen, in denen die Entscheidung des Beschwerdegerichtes längere Zeit auf sich warten lässt. und der Insolvenzverwalter mit der Masseverwertung beginnt bzw. fortfährt. Dies kann dazu führen, dass im Zeitpunkt der Beschwerdeentscheidung die Durchführung des Plans nicht mehr möglich ist. Ob dem Rechtsmittel des § 253 insoweit **aufschiebende Wirkung** zukommt, hängt davon ab, ob es sich beim Beschwerdeführer um den Schuldner oder um einen oder mehrere Gläubiger handelt. 16

aa) War der Insolvenzverwalter von den Gläubigern mit der Erstellung des Insolvenzplans beauftragt worden und legen diese gegen die Versagung der Bestätigung Beschwerde ein, so ist die Verwertungspflicht des Verwalters jedenfalls gehemmt, da ihr nach wie vor ein – wenn auch noch nicht rechtskräftiger – Beschluss der Gläubiger im Sinne des § 159 2. Halbsatz entgegensteht.[11] 17

Dies muss auch gelten, wenn es sich um **verderbliche Ware** handelt oder immense **finanzielle Verluste** für die Masse – etwa durch auflaufende Zinsen – drohen, da die Beschlüsse der Gläubigerversammlung hier bindend sind. Der Verwalter wird daher gut beraten sein, wenn er sich im Termin die Zustimmung zu einem Notverkauf für den Fall einholt, dass die gerichtliche Entscheidung längere Zeit auf sich warten lässt. Eventuell sich aus einem Verkauf ergebende Konsequenzen für den Massewert sollte er vorher im Plan einkalkulieren. 18

Allerdings wird man eine Pflicht des Insolvenzverwalters annehmen müssen, die Gläubiger auf die drohenden Nachteile bei weiterem Zuwarten **hinzuweisen.** Bleiben diese dennoch bei ihrer Auffassung, so müssen sie sich die finanziellen Konsequenzen zurechnen lassen. 19

---

[10] Zum Fristbeginn § 253 RdNr. 9; s. § 6 Abs. 2.
[11] Ebenso *Blersch/Goetsch/Haas* § 159 RdNr. 35.

20 bb) Ein solcher entgegenstehender Beschluss liegt jedoch gerade nicht vor, **wenn der Schuldner oder der Verwalter – aus eigener Initiative – den Entwurf vorgelegt haben** und dieser nun nach einer Ablehnung durch die Gläubiger in der Beschwerdeinstanz weiterverfolgt wird. In diesem Fall muss der Schuldner zusätzlich zu der sofortigen Beschwerde den Antrag nach § 233 Satz 1 stellen, wenn er eine aufschiebende Wirkung seines Rechtsmittels erreichen will.[12]

II. Bestätigung des Insolvenzplans (Abs. 2)

21 1. Unterrichtung der Gläubiger. a) **Bestätigt** das Gericht den Insolvenzplan, so greift zusätzlich die Vorschrift des Abs. 2.
Um seiner darin normierten Informationspflicht nachzukommen, muss das Insolvenzgericht den Insolvenzgläubigern sowie den absonderungsberechtigten Gläubigern einen Abdruck des Plans oder eine Zusammenfassung seines wesentlichen Inhalts zukommen lassen. Für welche dieser beiden Alternativen es sich entscheidet, bleibt dabei ihm überlassen, wobei dies maßgeblich vom Umfang der getroffenen Regelungen abhängen dürfte.

22 b) Die **Übersendung** des Abdruck bzw. der Zusammenfassung ist im Hinblick auf den Wortlaut **keine Zustellung im Sinne des § 8 Abs. 3**, so dass sie ausschließliche **Aufgabe des Gerichtes ist, die nicht an den Insolvenzverwalter delegiert werden kann.**[13] Ob diese Regelung im Hinblick auf den durch die Vervielfältigung bzw. die Zusammenfassung umfangreicher Unterlagen entstehenden Zeitaufwand praxisgerecht ist, darf insoweit jedoch bezweifelt werden, da dem Insolvenzgericht hierfür die personellen und sachlichen Voraussetzungen vielfach fehlen dürften.[14]

23 Es empfiehlt sich daher, bereits bei Anberaumung des Erörterungs- und Abstimmungstermins **den Vorlegenden gem. § 235 Abs. 3 Satz 2 mit der Erstellung der Zusammenfassung zu beauftragen,** da dies im Stadium des § 252 wegen einer darin fehlenden Ermächtigungsgrundlage nicht mehr möglich ist. Kommt der Planvorlegende der Aufforderung nicht nach, so wird das Gericht bereits keinen Termin anberaumen und der Plan bereits deshalb gar nicht zustande kommen. Ein weiteres **Sanktionsmittel** bei Nichtvorlage der Zusammenfassung ist daher nicht erforderlich.

24 Ist der Vorlegende nicht bereits bei der Planvorlage zur Erstellung der Zusammenfassung oder von Abdrucken verpflichtet worden, so bleibt dem Insolvenzgericht nur noch die Möglichkeit, auf eine freiwillige Bearbeitung durch den Insolvenzverwalter zurückzugreifen.[15]

25 c) Die **inhaltlichen Anforderungen** an das Merkmal „wesentlicher Inhalt" sind hier weniger weit als bei § 235 Abs. 3 Satz 2 anzusetzen, da die Gläubiger bereits einmal die Gelegenheit hatten, sich bei Erhalt der Vorlage zum Termin mit dem Planentwurf und den sich daraus für sie ergebenden Konsequenzen zu beschäftigen. Nunmehr wird es ausreichend sein, wenn die Zusammenfassung den vollstreckbaren Teil des Plans sowie eventuell zwischenzeitlich vorgenommene Änderungen umfasst.

26 d) Der **Kreis der zu unterrichtenden Gläubiger** umfasst jedenfalls alle Beteiligten, die nach § 235 Abs. 3 und/oder § 241 Abs. 2 geladen worden sind.

27 e) **Kosten** insbesondere im Hinblick auf evtl. zu fertigende Fotokopien entstehen nicht. Dieses sind allgemeine Schreibauslagen des Gerichtes und durch die erhobenen Gerichtskosten bereits abgedeckt. Für Insolvenzplanverfahren sind nach dem Kostenverzeichnis keine gesonderten Gebühren vorgesehen, vgl. hierzu Nr. 4110 KV (Anlage I zum GKG). Die Tätigkeit des Gerichts in diesem Verfahren ist durch die Gebühren für das Insolvenzverfahren

---

[12] *Blersch/Goetsch/Haas* § 159 RdNr. 53.
[13] *Uhlenbruck/Lüer* § 252 RdNr. 2; *Haarmeyer/Wutzke/Förster*, Handbuch, 2. Aufl. 1998, Kap. 9 RdNr. 36; *Kübler/Prütting/Otte* § 252 RdNr. 2.
[14] Hierzu kritisch *Blersch/Goetsch/Haas* § 252 RdNr. 6.
[15] So auch *Blersch/Goetsch/Haas* § 252 RdNr. 7.

bereits enthalten.[16] Sind die Kosten hingegen dem Insolvenzverwalter entstanden, so kann er diese Auslagen im Rahmen seines Vergütungsantrages als Auslagen im Sinne von § 8 Abs. 3 berücksichtigen.

2. Konsequenzen fehlender Unterrichtung. Rügt ein Gläubiger, ihm sei weder ein Abdruck des bestätigten Plans noch eine Zusammenfassung zugesandt worden, so rügt er mit diesem Einwand einen Verfahrensfehler. Soweit in der **Vorauflage**[17] die Ansicht vertreten wurde, dass eine darauf gestützte sofortige Beschwerde daher zu einer Aufhebung des Bestätigungsbeschlusses führe, wird hieran nicht mehr festgehalten. Denn der Verstoß gegen die Unterrichtungspflicht erfolgt erst *nach* Bestätigung des Insolvenzplans und kann daher **keinen Einfluss** auf das Wirksamwerden des Plans mehr haben. Die Übersendung eines Abdrucks des Plans oder einer Zusammenfassung seines wesentlichen Inhalts dient allein dem Zweck, den beteiligten Gläubigern Rechtssicherheit über die letzte Fassung des bestätigten Insolvenzplans zu verschaffen. Ein Eingriff in ihre Rechte oder gar Schlechterstellung gegenüber einer Abwicklung ohne Plan ist ausgeschlossen, zumal ihnen der Inhalt des Plans bekannt ist (§ 235 Abs. 3 S. 2) und Gelegenheit zur Stellungnahme bestand. Es fehlt daher an der notwendigen Beschwer.

Im Übrigen fehlt es an einer Regelung, *wann* die Zusendung zu erfolgen hat, so dass diese jederzeit wiederholt werden kann. Inhaltlicher Korrekturen des Plans bedarf es dabei nicht.[18] Auch dies spricht dafür, dass ein Verstoß gegen § 252 Abs. 2 keine Aufhebung des Bestätigungsbeschlusses rechtfertigt.

Denkbar wäre auch, den wesentliche Teil des Plans in den Bestätigungsbeschluss aufzunehmen.[19] Dies würde jedoch das Problem des fehlenden Empfangsnachweises nicht lösen, da der Beschluss nicht zustellungspflichtig ist.[20]

Da die Rechtsmittelfrist mit der Verkündung des Beschlusses beginnt, hat die unterbliebene Übersendung **keine Auswirkungen auf den Eintritt der Rechtskraft.** Nach Ablauf der Beschwerdefrist kann ein Gläubiger somit ohnehin nicht mehr geltend machen, er habe den Abdruck bzw. die Zusammenfassung nicht erhalten.

3. Rechtsfolgen. a) Auch der planbestätigende Beschluss löst die **Frist des § 253** aus.

b) Die Planbestätigung wird wegen der ausdrücklichen Regelung in § 254 **erst mit Rechtskraft wirksam,** so dass die Einlegung eines Rechtsmittels die Rechtskraft des Beschlusses hindert und die Verwertungspflicht des Verwalters auflebt, soweit nicht entgegenstehende Beschlüsse der Gläubiger ihn daran hindern. Dies kann nur durch einen Antrag nach § 233 Satz 1 verhindert werden.

Wartet der Verwalter jedoch mit der Verwertung bis zur abschließenden Entscheidung des Beschwerdegerichts, so dürfte er sich nach zutreffender Auffassung jedoch **nicht schadensersatzpflichtig** machen, da insoweit regelmäßig ein Verschulden fehlen dürfte. Gleiches muss gelten, wenn der Verwalter mit seiner Verwertung wartet, bis über eine Beschwerde des Schuldners gegen die Versagung der Planbestätigung rechtskräftig entschieden ist.[21]

Verwertet er jedoch die Masse, so darf er dies **keinesfalls schrankenlos** tun, solange nicht sicher ist, ob nicht der Plan im Rechtsmittelverfahren doch noch bestätigt wird. Seine Verwertungspflicht wird jedenfalls dadurch begrenzt, dass die **Durchführung** eines später bestätigten Plans **nicht gefährdet** werden darf.

c) Ist die Beschwerdefrist verstrichen und die planbestätigende Entscheidung des Beschwerdegerichts damit rechtskräftig geworden, so tritt die **Wirkung der §§ 254 ff.** ein.

---

[16] FK-*Schumacher* § 54 RdNr. 2.
[17] Zustimmend *Nerlich/Römermann/Braun* § 252, RdNr. 4 aE
[18] *Haarmeyer/Wutzke/Förster* aaO Kap. 9 RdNr. 37.
[19] So *Nerlich/Römermann/Braun* § 252, RdNr. 2.
[20] S. o. RdNr. 7.
[21] S. o. RdNr. 17.

§ 253 Rechtsmittel

Gegen den Beschluß, durch den der Insolvenzplan bestätigt oder die Bestätigung versagt wird, steht den Gläubigern und dem Schuldner die sofortige Beschwerde zu.

Übersicht

	RdNr.		RdNr.
A. Normzweck	1	2. Andere Beschlüsse	18
B. Entstehungsgeschichte	4	IV. Beschwerdegrund	19
C. Beschwerdeberechtigte	6	1. Planbestätigender Beschluss	20
I. Gläubiger	6	2. Versagungsbeschluss	22
II. Schuldner	9	V. Beschwerdeentscheidung	24
III. Andere Beteiligte	10	1. Prüfungsumfang	24
D. Sofortige Beschwerde	11	2. Abhilfeentscheidung des Insolvenzgerichts	26
I. Form und Frist	11	3. Entscheidung des Beschwerdegerichts	30
II. Notwendige Beteiligte	15 b	4. Kosten	35
III. Beschwerdegegenstand	16	5. Rechtskraftwirkungen	37
1. Entscheidung über Bestätigung oder Versagung	16	E. Rechtsbeschwerde	40

A. Normzweck

1   Die Vorschrift des § 253 eröffnet – als Ausnahmeregelung zu § 6 Abs. 1 – den Gläubigern und dem Schuldner die Möglichkeit, sich nicht nur gegen die Bestätigung des Insolvenzplans, sondern auch gegen deren Versagung zu wenden und eine Entscheidung des Rechtsmittelgerichts herbeizuführen.

2   Ziel der gesetzlichen Neuregelung sollte es sein, auch den Gläubigern streitiger Forderungen, denen gegen die ausschließlich verfahrensleitende Verfügung des Stimmrechtsausschlusses kein Rechtsmittel zugestand, die Möglichkeit einzuräumen,[1] ihre Argumente für bzw. gegen den Plan in der Rechtsmittelinstanz vortragen zu können und so die Vorenthaltung des Stimmrechts inzident im Rahmen der Überprüfung der Entscheidung des Insolvenzgerichts (über § 250) einer mittelbare Kontrolle zu unterziehen.[2]

3   Solange der Insolvenzplan noch nicht rechtskräftig ist, entfaltet er keine Wirkungen (§ 254 Abs. 1). Das Rechtsmittelverfahren kann daher allein wegen der mit ihm verbundenen **zeitlichen Verzögerungen** eine zügige und wirksame Umsetzung von Sanierungsmaßnahmen behindern oder gar vereiteln. Um zu vermeiden, dass einzelne Beteiligte die Beschwerdemöglichkeit zu verfahrenswidrigen Zwecken missbrauchen, wird das Gericht stets der Verfahrensdauer besondere Beachtung schenken müssen, da sonst selbst aussichtslose Rechtsmittel „sich lohnen" und faktisch zum beabsichtigten Erfolg führen. Gerade Sanierungs- und Fortführungspläne erfordern im Interesse der Rechtssicherheit für alle Beteiligten kurze Fristen und eine **rasche Entscheidung.**

B. Entstehungsgeschichte

4   Das Beschwerderecht gegen die Entscheidung über die Planbestätigung geht auf § 189 Abs. 1 KO zurück, der im Gegensatz zur Vergleichsordnung ein Rechtsmittel gegen den Bestätigungsbeschluss für den Zwangsvergleich im Konkurs zuließ. Allerdings wird das

---

[1] BT-Drucks. 12/2443, S. 212.
[2] FK-*Jaffé* § 253 RdNr. 4.

Beschwerderecht im Unterschied zu § 189 KO nicht mehr auf die stimmberechtigten Gläubiger beschränkt; auch die Gläubiger streitiger Forderungen, denen das Gericht im Rahmen der Abstimmung über den Plan kein Stimmrecht zuerkannt hat, sollen zur Beschwerde berechtigt sein.[3] § 253 lehnt sich hier an den Ersten Bericht der Kommission für Insolvenzrecht an, wonach ebenfalls die Entscheidung über die Bestätigung des Reorganisationsplans ohne ausdrückliche Beschränkung des Kreises der beschwerdeberechtigten Personen mit der sofortigen Beschwerde angreifbar sein sollte (LS 2. 2. 25 Buchst. c und d, LS 2. 2. 23 Abs. 2). § 289 DiskE/RefE und § 300 RegE, die sich nur darin unterscheiden, dass § 289 RefE einen zusätzlichen Abs. 2 zum Fristbeginn enthielt, gestanden über die jetzige Regelung hinaus auch den am Schuldner Beteiligten ein eigenes Beschwerderecht zu, wenn dieser keine natürliche Person ist. Dieses wurde jedoch auf Empfehlung des Rechtsausschusses gestrichen mit der Begründung, dass durch den Plan nicht in die Rechtsstellung der am Schuldner beteiligten Personen eingegriffen werden könne; demnach brauche ihnen auch kein Rechtsmittel gegen die Bestätigung des Plans eingeräumt zu werden.[4] Ebenso wurde bereits im Regierungsentwurf das Beschwerderecht des Insolvenzverwalters abweichend von der für das Planvorlageverfahren geltenden Vorschrift des § 231 Abs. 3 gestrichen.[5]

Mit der Änderung des Rechtspflegergesetzes zum 1. 10. 1998 kommt es für die Frage des einzulegenden Rechtsmittels nicht mehr darauf an, ob der Richter oder der Rechtspfleger entschieden hat. Nach der Neufassung des § 11 Abs. 1 RPflG ist nunmehr auch gegen Entscheidungen des Rechtspflegers das Rechtsmittel der sofortigen Beschwerde gegeben.[6] Schließlich wurde durch das ZPO-Reformgesetz vom 27. 7. 2001 und das InsOÄndG 2001 eine Vereinheitlichung des Beschwerdeverfahrens erreicht.

C. Beschwerdeberechtigte

I. Gläubiger

Das Beschwerderecht steht **allen,** nicht nur den im Rahmen des Annahmeverfahrens stimmberechtigten **Gläubigern** zu,[7] und zwar unabhängig vom vorangegangenen Stimmverhalten. **Auch ein Gläubiger, der** im Abstimmungstermin dem Insolvenzplan **zugestimmt hat,** ist beschwerdebefugt, da eine formelle Beschwer nicht erforderlich ist (s. u. RdNr. 20).[8] Hierin muss kein widersprüchliches Verhalten liegen. Denn es kann durchaus sein, dass er ohne den Insolvenzplan schlechter stünde, aber gleichwohl ein Interesse daran hat, Verstöße gegen § 250 zu rügen, weil eine Beseitigung dieses Versagungsgrundes ihn noch besser stellt. Dies ist z. B. der Fall, wenn der Plan eine unzulässige Bevorzugung eines einzelnen Gläubigers vorsieht. Das Rechtsschutzinteresse ergibt sich in einem solchen Fall daraus, dass der Beschwerdeführer ohne diesen Sondervorteil letztlich eine höhere Quote zu erwarten hätte.

Bei den **nicht stimmberechtigten Gläubigern** ist zu beachten, dass eine unzutreffende Stimmrechtsfestsetzung nicht zur Versagung der Bestätigung gem. § 250 Nr. 1 führt. Denn die InsO sieht eine Überprüfung der Stimmrechtsentscheidung durch das Beschwerdegericht nicht vor (§ 6 Abs. 1), und zwar auch dann nicht, wenn der Rechtspfleger entschieden hat (§ 11 Abs. 3 S. 2 RPflG); s. o. § 250 RdNr. 13 c. Erkannte das Insolvenzgericht zutreffend

---
[3] Begr. RegE in *Kübler/Prütting,* RWS-Dok. 18, Bd. I, S. 493; vgl. auch die Begr. zur parallelen Regelung in § 89 Abs. 1 des Entwurfs.
[4] Begr. des RA, BT-Drucks. 12/7302, S. 184, abgedruckt in: *Kübler/Prütting,* RWS-Dok. 18, Bd. I, S. 493; zu Bedenken gegen diese Begründung: *Kübler/Prütting/Otte* § 247 RdNr. 5.
[5] HK-*Flessner* § 253 RdNr. 3.
[6] Unzutreffend insoweit: FK-*Jaffé* § 253 RdNr. 6; richtig: *Blersch/Goetsch/Haas* § 253 RdNr. 2 und 7.
[7] *Uhlenbruck/Lüer* § 253 RdNr. 2; *Nerlich/Römermann/Braun* § 253 RdNr. 1.
[8] BGHZ 163, 344 ff. = NZI 2005, 619, 620 = ZIP 2005, 1648, 1649 = ZInsO 2005, 927, 928; *Nerlich/Römermann/Braun* § 253 RdNr. 1; aA *Uhlenbruck/Lüer* § 253 RdNr. 2.

eine Stimmberechtigung nicht an, weil der Gläubiger durch den Plan nicht in seinen Rechten beschwert war, so ist die Beschwerde mangels Rechtsschutzinteresse bereits unzulässig.[9]

8 Es steht in diesen Fällen jedoch allen Gläubigern gem. § 18 Abs. 3 Satz 2 RPflG das Recht zu, gegen die Stimmrechtsentscheidung des Rechtspflegers das Insolvenzgericht anzurufen. Dies kann bis zum Ende des Termins geschehen und führt dazu, dass der Richter das Stimmrecht neu festsetzen und die Wiederholung der Abstimmung anordnen kann.[10]

II. Schuldner

9 Ebenfalls beschwerdebefugt ist der Schuldner, **nicht** aber eine an ihm beteiligte Person. Ein Beschwerderecht der **Gesellschafter** sollte nach dem Willen des Gesetzgebers ausdrücklich ausgeschlossen sein.[11]

9a Zur Beschwerdebefugnis des Schuldners, wenn er **selbst** den **Plan vorgelegt** hatte und dieser bestätigt wird s. u. RdNr. 20a.

III. Andere Beteiligte

10 Aus dem Wortlaut des Gesetzes („. . . den Gläubigern oder dem Schuldner") ergibt sich arg. e contrario, dass der **Insolvenzverwalter**[12] und der Plangarant, sofern er nicht zugleich Gläubiger ist,[13] **nicht beschwerdebefugt** sind. Will also der Insolvenzverwalter das Zustandekommen des Plans verhindern, so bleibt ihm nur der Weg, einzelne Gläubiger für seine Auffassung zu gewinnen und über diese seine Argumente vorzutragen. Daneben steht ihm gem. § 18 Abs. 3 Satz 2 RPflG die Möglichkeit offen, bis zum Ende des Abstimmungstermins der Stimmrechtsfestsetzung durch den Rechtspfleger zu widersprechen und vom Insolvenzrichter dessen Überprüfung und ggf. die Wiederholung der Abstimmung zu verlangen.

D. Sofortige Beschwerde

I. Form und Frist

11 Ob die Beschwerde zulässig ist, insb. eine Beschwer vorliegt, hat das Insolvenzgericht **von Amts wegen** zu prüfen.[14] In formeller Hinsicht kommt nämlich über § 4 die Vorschrift des § 577 ZPO zur Anwendung.

11a Danach ist die Beschwerde binnen einer **Notfrist von zwei Wochen** einzulegen, die mit der Verkündung der Entscheidung zu laufen beginnt, §§ 6 Abs. 2, 252 Abs. 1, und zwar auch dann, wenn vom Gericht **über** den **Fristbeginn falsch belehrt** worden ist.[15] Maßgeblich bleibt die gesetzliche Regelung. Der durch die unzutreffende Rechtsbehelfsbelehrung geschaffene Vertrauenstatbestand kann allenfalls eine Wiedereinsetzung in den vorigen Stand rechtfertigen, falls die Fristversäumnis darauf beruht. Die Beschwerde kann durch Einreichung einer Beschwerdeschrift beim Gericht (§ 569 Abs. 2 Satz 1 ZPO) oder zu Protokoll der Geschäftsstelle erhoben werden (§ 569 Abs. 3 Nr. 1 ZPO), da vor dem Insolvenzgericht kein Anwaltszwang besteht.

12 Die Beschwerde kann nach Wahl des Beschwerdeführers **beim Insolvenzgericht** oder beim Beschwerdegericht eingelegt werden (§ 569 Abs. 1 S. 1 ZPO). Erfolgt sie direkt beim Beschwerdegericht, so leitet dieses sie an das Insolvenzgericht weiter, um ihm die Möglichkeit der Abhilfe zu geben (§ 572 Abs. 1 S. 1 ZPO).[16]

---

[9] Ebenso *Nerlich/Römermann/Braun* § 253 RdNr. 1 und 4.
[10] *Arnold/Meyer-Stolte/Hermann/Hansens* RPflG § 18 RdNr. 48.
[11] S. o. Fn. 4.
[12] *Kübler/Prütting/Otte* § 253 RdNr. 5; *FK-Jaffé* § 253 RdNr. 1; *Blersch/Goetsch/Haas* § 253 RdNr. 10.
[13] *Hess/Obermüller,* Insolvenzplan, RdNr. 248.
[14] BGH NZI 2004, 166, 166; BGH NZI 2004, 447, 447.
[15] BGH NZI 2004, 85, 85 = ZIP 2003, 2382, 2383 = ZInsO 2003, 1100, 1100.
[16] *Nerlich/Römermann/Becker* § 6 RdNr. 47.

Bei unverschuldeter **Fristversäumung** kommt Wiedereinsetzung in den vorigen Stand 13 nach den allgemeinen zivilprozessualen Regeln in Betracht. Wurde die Beschwerde bei einem für die Entscheidung unzuständigen Gericht eingelegt, so ist dem Beschwerdeführer Wiedereinsetzung zu gewähren, wenn das Rechtsmittel zunächst nicht an das zuständige Gericht weitergeleitet wird, dieses Gericht bei alsbaldiger Abgabe im ordentlichen Geschäftsgang aber noch vor Ablauf der Beschwerdefrist erreicht hätte.[17]

Nach Ablauf der Beschwerdefrist wird der Bestätigungsbeschluss und damit der Insolvenzplan rechtskräftig. Mit der Rechtskraft treten alle Gestaltungswirkungen der §§ 254 ff. für und gegen die Verfahrensbeteiligten ein. 14

Ein Zwang zur **Begründung** der sofortigen Beschwerde besteht nicht. Kündigt der Beschwerdeführer eine Begründung bis zu einem gewissen Zeitpunkt an, muss das Gericht entweder diese Frist abwarten oder eine angemessene kürzere Frist setzen.[18] Um eine sichere Berechnung des Fristablaufs zu gewährleisten, ist als Fristablauf ein bestimmtes Datum zu bezeichnen, da ansonsten eine förmliche Zustellung (§ 329 Abs. 2 Satz 2 ZPO) nötig wäre.[19] 15

Für das Beschwerdeverfahren besteht **kein Anwaltszwang,** auch wenn die Beschwerde an das Landgericht abgegeben wird (§ 4 i. V.m. § 78 Abs. 5 ZPO) und dort weitere Stellungnahmen abzugeben sind (§ 571 Abs. 4 S. 2).[20] Nur wenn das Landgericht eine mündliche Verhandlung anberaumen würde, entsteht gem. § 78 Abs. 1 ZPO Anwaltszwang. 15 a

II. Notwendige Beteiligte

An einem Beschwerdeverfahren, das sich gegen die gerichtliche Bestätigung eines Insolvenzplans richtet, ist – neben dem Beschwerdeführer – nur zu beteiligen, wer ein eigenständiges Initiativrecht hat,[21] also der Insolvenzverwalter und der Schuldner. Die Interessen derjenigen Gläubiger, die dem Plan zugestimmt haben, werden in dem Beschwerdeverfahren vom Insolvenzverwalter mit wahrgenommen.[22] Das Recht auf Gewährung rechtlichen Gehörs erfordert nicht, diese Gläubiger formell zu beteiligen. 15 b

III. Beschwerdegegenstand

1. Entscheidung über Bestätigung oder Versagung. Gegenstand der Beschwerde kann jeder Beschluss des Insolvenzgerichts sein, der die Bestätigung des Insolvenzplans oder ihre Versagung zum Inhalt hat. 16

Darauf, ob die Entscheidung vom Richter oder vom Rechtspfleger getroffen wurde, kommt es nicht mehr an. Zwar war wegen der Regelzuständigkeit des Rechtspflegers bei Insolvenzsachen ab Verfahrenseröffnung nach § 11 Abs. 1 Satz 2 1. Alt. RPflG aF auch die Rechtspflegererinnerung ein zulässiges Rechtsmittel, das die sofortige Beschwerde regelmäßig ausschließt.[23] Diese sogenannte „Durchgriffserinnerung" ist jedoch durch Gesetz vom 6. August 1998[24] und der damit verbundenen Neufassung des § 11 Abs. 1 RPflG abgeschafft worden. Vielmehr ist § 253 auch bei Beschlüssen durch den Rechtspfleger direkt anzuwenden, da § 11 Abs. 1 RPflG vorsieht, dass „gegen die Entscheidungen des Rechtspflegers das Rechtsmittel gegeben" ist, „das nach den allgemeinen verfahrensrechtlichen Vorschriften zulässig ist". Die sofortige Beschwerde findet damit stets gegen alle Beschlüsse sowohl des Richters wie des Rechtspflegers statt. 17

---

[17] OLG Köln ZIP 2000, 195 (Leitsatz) zu § 7 aF mit Anm. *Bork* EWiR 2000, 181.
[18] BVerfG ZIP 1986, 1336, 1338.
[19] BVerfG ZIP 1988, 1409, 1410.
[20] *Nerlich/Römermann/Becker* § 6 RdNr. 50 f.
[21] AG Mühldorf a. Inn ZInsO 2000, 112, 113; *Braun*, in *Braun*, InsO § 253 RdNr. 8.
[22] BGHZ 163, 344 ff. = NZI 2005, 619, 620 = ZIP 2005, 1648, 1649 = ZInsO 2005, 927, 928; kritisch dazu: *Smid*, NZI 2005, 613, 614.
[23] *Rosenberg/Gaul/Schilken*, Zwangsvollstreckungsrecht, 11. Aufl., München 1997, S. 599.
[24] BGBl. I S. 2030.

18 2. Andere Beschlüsse. Gegen andere Beschlussentscheidungen des Insolvenzgerichtes finden gemäß § 6 kein Rechtsmittel statt. Handelt es sich jedoch um eine **Rechtspflegerentscheidung,** so lebt die Möglichkeit zur Einlegung der befristeten Rechtspflegererinnerung nach § 11 Abs. 2 RPflG wieder auf. Diese ist nach § 11 Abs. 3 Satz 2 RPflG nur in den Fällen der Stimmrechtsversagung ausgeschlossen. Im Umkehrschluss bedeutet dies, dass bei allen anderen Entscheidungen die Möglichkeit zur Erinnerung nicht ausgeschlossen werden soll,[25] über die abschließend der Insolvenzrichter entscheidet (§ 11 Abs. 2 RPflG).[26]

IV. Beschwerdegrund

19 Die Beschwerde kann nur darauf gestützt werden, dass das Insolvenzgericht die Vorschriften über die Bestätigung des Insolvenzplans verletzt hat und setzt voraus, dass der Beschwerdeführer durch die Entscheidung beschwert ist, worunter nach den allgemeinen Grundsätzen jede Beeinträchtigung der Rechtsstellung zu verstehen ist.[27]
Denkbar sind folgende **Fallkonstellationen:**

20 1. Planbestätigender Beschluss. Durch den Bestätigungsbeschluss ist ein Beschwerdeführer jedenfalls dann beschwert, wenn er dem Plan zuvor widersprochen hat. Eine solche **formelle Beschwer** ist jedoch **nicht erforderlich.**[28] Es genügt, wenn ein Gläubiger geltend macht, dass er zwar durch den Plan bereits besser gestellt ist als bei einer Regelverwertung, aber bei einer Beseitigung des Versagungsgrundes sich seine Position nochmals verbessert. Dies gilt selbst im Falle einer Verletzung von Verfahrensvorschriften (§§ 244–247).[29] Allerdings kann ein Gläubiger im Beschwerdeverfahren einen Versagungsantrag gem. § 251 nicht mehr nachholen (s. o. § 251 RdNr. 7). Auch ein **Schuldner,** der dem Plan nicht nach § 247 widersprochen hatte, kann sich auf den Beschluss des BGH vom 7. 7. 05[30] nicht berufen und geltend machen kann, der Plan verletze ihn in seinen Rechten.[31] Denn die Zustimmungsfiktion führt dazu, dass es auf die Versagungsgründe des § 247 Abs. 2 nicht mehr ankommt. Wollte man dem Schuldner dennoch ein Beschwerderecht einräumen, würde sich – anders als in dem vom BGH entschiedenen Fall – der Prüfungsumfang und damit der Verfahrensgegenstand ändern, was in der Beschwerdeinstanz jedoch unzulässig ist.[32]

20 a Hatte der Schuldner **selbst den Plan vorgelegt** und wird dieser bestätigt, ist das Widerspruchs- und damit auch Beschwerderecht des Schuldners kraft teleologischer Reduktion von vorneherein ausgeschlossen, und zwar auch dann, wenn der ursprüngliche Plan abgeändert wurde, da nur der Planvorlegende abänderungsbefugt ist.[33] Das Gegenargument, im Gegensatz zu § 247 Abs. 2 Nr. 1, der die Wahrung eigener Interessen zum Ziel hat, gehe es bei § 247 Abs. 2 Nr. 2 um die Gewährleistung der Gleichbehandlung der Gläubiger, deren Geltendmachung dem Schuldner stets möglich sein müsse,[34] überzeugt nicht. Dagegen spricht nämlich, dass der Schuldner sich durch die Vorlage des Plans ausdrücklich auch mit dieser Ungleichbehandlung einverstanden erklärt hat und er daher nicht in *seinen* Rechten

---

[25] FK-*Schmerbach* § 6 RdNr. 32; *Arnold/Meyer-Stolte/Hermann/Hansens,* RPflG, 5. Auflage 1999, § 11 RdNr. 94.
[26] FK-*Schmerbach* § 6 RdNr. 32.
[27] *Baumbach/Lauterbach/Albers/Hartmann,* ZPO, § 567 RdNr. 2 a.
[28] BGHZ 163, 344 ff. = NZI 2005, 619, 620 = ZIP 2005, 1648, 1649 = ZInsO 2005, 927, 928; *Heublein* NZI 2005, 381, 382; aA *Uhlenbruck/Lüer* § 253 RdNr. 2 und die Voraufl.
[29] Begr. RegE in *Kübler/Prütting,* RWS-Dok. 18, Bd. I, S. 489; *Nerlich/Römermann/Braun* § 253 RdNr. 2 Fn. 4.
[30] BGHZ 163, 344 ff. = NZI 2005, 619, 620 = ZIP 2005, 1648, 1649 = ZInsO 2005, 927, 928.
[31] Vorinstanz LG Berlin NZI 2005, 335, 336; ebenso HK-*Flessner* § 253 RdNr. 7.
[32] Allgemein zu § 571 Abs. 2 S. 1 ZPO: *Musielak/Ball* § 572 RdNr. 5 unter Hinweis auf BayObLG MDR 1986, 60; *Baumbach/Lauterbach/Albers* § 571 RdNr. 4; *Zöller/Gummer* § 571 RdNr. 4.
[33] So auch *Nerlich/Römermann/Braun* § 247 RdNr. 2 Fn. 9 f.
[34] *Smid/Rattunde* RdNr. 637; so auch noch die Voraufl.

verletzt sein kann. Ein schutzwürdiges Interesse, dem Schuldner ein Beschwerdeverfahren „gegen sich selbst" zu eröffnen, ist nicht ersichtlich (s. o. § 247 RdNr. 40).[35]

Zur Begründetheit der Beschwerde ist es ausreichend, aber auch erforderlich, dass in **21** Rechte des Beschwerdeführers (§§ 248–252) durch den Plan eingegriffen wird (**materielle Beschwer**). Aus diesem Grunde ist die Beschwerde zurückzuweisen, wenn der Gläubiger durch den Plan keine Nachteile erleidet, insbesondere wenn er zumindest die gleiche Befriedigung erlangt wie bei einer Abwicklung ohne Plan oder sein Absonderungsrecht durch den Plan nicht berührt werden soll.[36] Gleiches muss für einen Schuldner gelten, dem durch den Plan keine zusätzlichen Verpflichtungen auferlegt werden.

2. Versagungsbeschluss. Wird die Bestätigung des Plans durch das Insolvenzgericht **22** versagt, so haben dessen Befürworter im Beschwerdeverfahren erneut die Möglichkeit, ihre Standpunkte vorzutragen und so doch noch zu einer Annahme des Plans zu gelangen. Ein Beschwerdeführer ist durch den Versagungsbeschluss aber nur beschwert, wenn er durch den Plan in den Genuss von Leistungen oder Rechte kommen sollte, die er ohne den Plan nicht erlangt. Dies gilt insbesondere für den Schuldner, dem die Restschuldbefreiung nach § 227 Abs. 1 zugute kommen sollte.[37]

Zur Begründung der Beschwerde muss der Beschwerdeführer rügen, dass ein Versagungs- **23** grund nicht vorliegt und deshalb die Zustimmung (ggfls. unter Anwendung der §§ 245 und 247) hätte erteilt werden müssen, so dass er durch die Versagung der Bestätigung schlechter gestellt wird, als er bei Bestätigung des Plans stünde (**materielle Beschwer**). Ändert die Versagung jedoch nichts an den Befriedigungsaussichten des Gläubigers, so fehlt es an einem Eingriff in die Rechte des Beschwerdeführers.[38]

V. Beschwerdeentscheidung

1. Prüfungsumfang. Der Gegenstand der Prüfung entspricht der Rechtmäßigkeitsprü- **24** fung des Insolvenzgerichts im Bestätigungsverfahren, insbesondere ob die Voraussetzungen der §§ 249–251 gegeben sind.

Vor allem die Bildung von sog. **Mischgruppen,** die Gläubiger mit unterschiedlicher **24a** Rechtsstellung – insbesondere solche, denen eine abgesonderte Befriedigung gestattet ist, und einfache Insolvenzgläubiger – in sich vereinen, ist unzulässig (zu Einzelheiten: s. o. § 222 RdNr. 36).[39] Ein absonderungsberechtigter Gläubiger ist, soweit seine Forderung nicht in voller Höhe durch sein Absonderungsrecht gedeckt ist, in unterschiedliche Gruppen einzuordnen, je nachdem, welche Erlöse erzielbar sind und welche Ausfallforderung verbleibt. Dazu ist bei einem auf Fortführung des Schuldnerunternehmens gerichteten Plan nicht auf den Nominalwert, sondern den Fortführungswert der Sicherheit einschließlich etwaiger dinglicher Zinsen für die gesamte Laufzeit des Insolvenzplans abzustellen.[40] Nach der gegenteiligen Auffassung,[41] die die Zinsen aus dem Fortführungszeitraum unberücksichtigt lässt, würde es zu einer Ungleichbehandlung des Absonderungsgläubigers kommen, wenn er mit seiner vermeintlichen Ausfallforderung in der Gruppe der einfachen Insolvenz-

---

[35] *Nerlich/Römermann/Braun* § 247 RdNr. 10 stellt auf das „Vertrauen von Gericht und Gläubiger auf die Ernsthaftigkeit des Schuldnerplanes" ab.
[36] *Bähr/Landry* in *Mohrbutter/Ringstmeier,* Handbuch der Insolvenzverwaltung, 8. Aufl. 2007, § 14 RdNr. 192.
[37] HK-*Flessner* § 253 RdNr. 7.
[38] HK-*Flessner* § 253 RdNr. 7.
[39] BGHZ 163, 344 ff. = NZI 2005, 619, 621 = ZIP 2005, 1648, 1649 = ZInsO 2005, 927, 928 mit zust. Anm. *Tetzlaff* WuB VI A. § 250 InsO 1.05, 888; ebenso Vorinstanz LG Berlin NZI 2005, 335, 337.
[40] BGH, aaO.
[41] So Vorinstanz LG Berlin NZI 2005, 335, 337, die nur auf den Nominalwert abstellt. *Gleichenstein* EWiR § 222 InsO 1/06, 279, 280 hält die zeitraumbezogene Berechnung des BGH für methodisch unzulässig; abzustellen sei vielmehr auf den Stichtag des Wirksamwerdens des Plans unter Berücksichtigung der Zinsen aus § 10 Abs. 1 Nr. 4 ZVG. Eine solche Stichtagslösung widerspricht jedoch § 222, wonach die „unterschiedliche Rechtsstellung" nur durch den *tatsächlichen* Erlös aus dem Absonderungsrecht begründet wird.

gläubiger volle, zumindest aber eine weitergehende Befriedigung erlangen würde, während die übrigen Gläubiger nur die Quote erhalten.

24 b Nicht gestützt werden kann eine Beschwerde auf den Vortrag, das Insolvenzverfahren hätte nicht als Regel-, sondern nur als Verbraucherinsolvenzverfahren eröffnet werden dürfen, da dieser Einwand nur nach § 34 Abs. 2 geltend gemacht werden kann.[42]

24 c Ebenso wenig ist es Sache des Insolvenzgerichtes zu überprüfen, ob die Planziele erreicht werden können.[43]

25 Für die Beurteilung der Zulässigkeit und Begründetheit der sofortigen Beschwerde kommt es auf den **Zeitpunkt** der Beschlussfassung an. Der Planvorlegende kann daher auch noch während des laufenden Beschwerdeverfahrens analog § 240 inhaltliche **Nachbesserungen** vornehmen,[44] um auf diese Weise die Zustimmung des Beschwerdeführers zu erreichen oder der Beschwerde die Begründetheit zu nehmen. Soweit durch die Nachbesserung in die Rechte von Beteiligten eingegriffen wird, die bereits dem Insolvenzplan zugestimmt haben, muss allerdings erneut deren Zustimmung auch zu der Änderung eingeholt werden. Dem kann nicht entgegen gehalten werden, den übrigen Gläubigern würde dadurch ein anderer Plan als der, über den sie abgestimmt hätten, oktroyiert, was nur über eine neue Abstimmung und damit Wiederholung eines wesentlichen Verfahrensabschnittes möglich sei.[45] Denn aus der Wertung des Gesetzgebers in § 240 *Satz 2* ist erkennbar, dass ein Gläubiger, der von seinen Mitwirkungsmöglichkeiten im Erörterungs- und Abstimmungstermin keinen Gebrauch macht, grundsätzlich nicht in seiner Erwartung geschützt ist, der ursprüngliche Plan werde nicht mehr geändert. Erst recht muss dies für solche Gläubiger gelten, die dem Insolvenzplan ausdrücklich zugestimmt haben und durch die spätere Planänderung im Beschwerdeverfahren gar nicht beeinträchtigt werden, da sich ihre Rechtsposition noch nicht einmal verschlechtert. Solche Änderungen sind hinzunehmen, ohne dass es ihrer erneuten Zustimmung bedarf.

26 **2. Abhilfeentscheidung des Insolvenzgerichts.** Nach § 4 i. V. m. § 572 Abs. 1 S. 1 ZPO kann „das Insolvenzgericht" der eingelegten Beschwerde abhelfen. Ungeregelt geblieben ist jedoch im Zusammenhang mit der Neufassung des § 11 RPflG, ob über die Abhilfe von Beschwerden gegen Entscheidungen des Rechtspflegers nunmehr der Rechtspfleger selbst oder der Richter befinden soll. Bei der Auslegung der Vorschrift ist zu berücksichtigen, dass Grund für die Abschaffung der Durchgriffserinnerung es gerade war, den zuständigen Richter zu entlasten, da dieser sich ansonsten im Erinnerungsverfahren mit dem Akteninhalt und den für den Beschluss maßgeblichen Entscheidungsgründen vertraut machen müsste.[46] Dieser Zweck der Entlastung des Richters wird nur erreicht, wenn auch der **Rechtspfleger selbst** befugt ist, über die Abhilfe der Beschwerde gegen „seinen" Beschluss zu entscheiden.[47] Die Abhilfekompetenz liegt funktional bei demjenigen Spruchkörper, der die angegriffene Entscheidung erlassen hat.

27 **Hilft das Insolvenzgericht** der Beschwerde **selbst ab,** so ergeht keine Beschwerdeentscheidung mehr, sondern lediglich ein „Abhilfebeschluss", der – bei entsprechender Beschwer – seinerseits wiederum mit einer **sofortigen Beschwerde** (und nicht mit der Rechtsbeschwerde) angreifbar ist;[48] ansonsten ginge nämlich eine Tatsacheninstanz verloren. In diesem Fall hat das Insolvenzgericht erneut über die Abhilfe zu entscheiden. Erst mit dem Beschluss, dass der Beschwerde nicht abgeholfen wird, geht die Zuständigkeit auf das Landgericht über (§ 572 Abs. 1 S. 1 2. HS ZPO).

---

[42] LG Berlin NZI 2002, 1191, 1192.
[43] BGHZ 163, 344 ff. = NZI 2005, 619, 621 = ZIP 2005, 1648, 1650 f. = ZInsO 2005, 927, 929.
[44] *Blersch/Goetsch/Haas* § 253 RdNr. 6.
[45] So aber *Nerlich/Römermann/Braun* § 253 RdNr. 4.
[46] Begr. der BReg, BT-Drucks. 13/10244 vom 30. 3. 1998; *Nerlich/Römermann/Braun* § 253 RdNr. 2.
[47] OLG Köln ZInsO 2002, 238, 240 zu § 6 Abs. 2 S. 2 aF; *Nerlich/Römermann/Becker* § 6 RdNr. 60; HK-*Kirchhof* § 6 RdNr. 20.
[48] *Nerlich/Römermann/Becker* § 6 RdNr. 61; FK-*Schmerbach* § 6 RdNr. 18.

Bei der Entscheidung sind sowohl die bekannten als auch die neu vorgebrachten Tatsachen zu berücksichtigen, § 571 Abs. 2 ZPO. 28

Die Entscheidung ergeht durch Beschluss. Eine mündliche Verhandlung ist möglich, jedoch nicht zwingend vorgeschrieben, § 572 Abs. 4 ZPO.[49] 29

3. Entscheidung des Beschwerdegerichtes. Hilft das Insolvenzgericht der Beschwerde **nicht ab,** so leitet es diese dem Landgericht als Beschwerdegericht weiter. Auch bei einer Nichtabhilfeentscheidung des Rechtspflegers führt der Rechtsmittelzug direkt zum Landgericht (§ 11 Abs. 1 RPflG; § 572 Abs. 1 S. 1 2. HS ZPO).[50] 30

Sofern der Beschwerdeführer schon vor dem Amtsgericht seine Beschwerde begründet hatte oder eine Frist zur Begründung ungenutzt verstreichen ließ, bedarf es keines (erneuten) rechtlichen Gehörs durch das Beschwerdegericht. Dies dient dem vom Gesetzgeber beabsichtigten zügigen Ablauf des Insolvenzverfahrens. Will das Gericht der Beschwerde auch nur teilweise abhelfen, so ist dem Beschwerdegegner rechtliches Gehör zu gewähren. 31

In der Sache kann das Landgericht nach den allgemeinen Grundsätzen (§§ 538–540 und 572 Abs. 3 ZPO) die Sache an das Insolvenzgericht zurückverweisen oder über den Insolvenzplan selbst entscheiden.[51] Dabei kann sich das Beschwerdegericht, wie das Insolvenzgericht, der Hinzuziehung von fachkundigen Hilfspersonen auch in einer nichtöffentlichen Sitzung bedienen.[52] 32

Besteht seine Entscheidung in der **Aufhebung eines planbestätigenden Beschlusses,** so wird *nur* der Beschluss aufgehoben und das Verfahren *„zur erneuten Entscheidung"* in den Stand von § 248 zurückversetzt. Die Abstimmung über den Plan wird damit nicht automatisch hinfällig, sondern nur dann, wenn der Gesetzesverstoß sich schon auf die Abstimmung ausgewirkt hat; in diesem Fall hebt das Beschwerdegericht *„den Beschluss und das Verfahren über die Bestätigung des Insolvenzplans"* auf und verweist die Sache *„auf den Stand vor Erörterung und Abstimmung"* zurück.[53] Eine erneute Vorlage des gleichen Plans mit Änderungen ist daher möglich. Bei Verfahrensmängeln kann die Abstimmung über denselben Plan sofort verfahrensfehlerfrei wiederholt werden, auch ohne dass der Planentwurf geändert werden muss.[54] Aber auch bei materiellen Mängeln kann ein inhaltlich korrigierter Plan nochmals zur Abstimmung vorgelegt werden.[55] 33

Hatte das Insolvenzgericht die Zustimmung zum Insolvenzplan versagt, während das Landgericht die Beschwerde für begründet erachtet, kann es nicht nur den Versagungsbeschluss aufheben, sondern auch die **Bestätigung zum Insolvenzplan selbst erteilen,** wobei es dem Gericht freigestellt ist, eine mündliche Verhandlung durchzuführen. 34

Der Beschluss ist im Hinblick auf § 7 stets zu begründen und dem Unterlegenen zuzustellen.

4. Kosten. Für das Beschwerdeverfahren fallen nur dann **Gerichtsgebühren** an, wenn das Rechtsmittel keinen Erfolg hatte, das Beschwerdegericht also die Beschwerde verwirft oder zurückweist (KV 2361: 50,00 €). Erfolgreiche Beschwerden sind gerichtsgebühren- und auslagenfrei. Auch wenn der Beschwerdeführer die Beschwerde zurücknimmt, entsteht keine Gebühr.[56] 35

Die Höhe der **Anwaltsgebühren** richtet sich nach RVG-VV Nr. 3500 (0,5 der Gebühr nach § 13 RVG). Der Gegenstandswert bestimmt sich nach den §§ 28 Abs. 3, 23 Abs. 3 S. 2 RVG, der auch für die Anwaltsgebühren maßgeblich ist (§ 32 Abs. 1 RVG). Für die **Erstattungsfähigkeit** kommt es darauf an, ob die Beschwerde anderen Betei- 36

---

[49] *Baumbach/Lauterbach/Albers* § 572 RdNr. 17.
[50] *Nerlich/Römermann/Braun* § 253 RdNr. 3.
[51] HK-*Flessner* § 253 RdNr. 10.
[52] LG Traunstein NZI 1999, 461, 465 = ZInsO 1999, 577, 582 = DZWIR 1999, 464, 470.
[53] Siehe Tenor im Verfahren LG Berlin NZI 2005, 335 ff.; *Nerlich/Römermann/Braun* § 253 RdNr. 4.
[54] *Haarmeyer/Wutzke/Förster,* Handbuch, 2. Aufl. 1998, Kap. 9 RdNr. 37.
[55] *Kübler/Prütting/Otte* § 247 RdNr. 11.
[56] *Hartmann,* Kostengesetze, 36. Aufl. 2006, KV 2361–2410 RdNr. 1; *Gottwald/Last* § 126 RdNr. 45.

ligten zur Stellungnahme zugeleitet worden ist. War dies nicht der Fall, handelt es sich um ein „gegnerfreies" Verfahren mit der Folge, dass keine Kostenentscheidung ergeht und somit selbst bei erfolgreicher Beschwerde keine Erstattung (durch die Gerichtskasse) erfolgt.[57]

37   **5. Rechtskraftwirkungen.** Bis zur Entscheidung über die Beschwerde bleibt ein vom Insolvenzgericht bestätigter Insolvenzplan ohne Wirkung, so dass den Gegnern des Plans während des laufenden Beschwerdeverfahrens kein Nachteil entstehen kann. Erst mit Ablauf der Beschwerdefrist erwächst der Insolvenzplan in Rechtskraft und treten die Wirkungen des gestaltenden Teils ein (**§ 254 Abs. 1**).

38   Hat das Landgericht entschieden, setzt der Eintritt der Rechtskraft voraus, dass auch die Frist zur Einlegung der Rechtsbeschwerde abgelaufen ist. Eine Vorverlegung des Wirksamkeitszeitpunktes über § 6 Abs. 3 Satz 2[58] kommt nicht in Betracht, da die damit verbundenen Wirkungen (z. B. Forderungsverzicht oder Rechtsübertragung) im Falle einer späteren Aufhebung der Bestätigung durch das Rechtsmittelgericht sich nicht mehr ohne weiteres rückgängig machen lassen.[59] Im Wege einer teleologischen Reduktion ist die Anwendbarkeit von § 6 Abs. 3 Satz 2 im Rahmen von Beschwerdeentscheidungen eines Landgerichts über die Bestätigung eines Insolvenzplans zu verneinen. Liegen besondere Umstände vor, die eine sofortige Umsetzung des Insolvenzplans erforderlich machen, bleibt nur die Möglichkeit, alle Beschwerdeberechtigten einen Rechtsmittelverzicht nach allgemeinen prozessualen Grundsätzen erklären zu lassen.[60]

39   Mit der Rechtskraft des Bestätigungsbeschlusses werden alle Verfahrensmängel geheilt.[61]

E. Rechtsbeschwerde

40   Gegen die Entscheidung des Beschwerdegerichts ist abweichend von § 189 KO gemäß § 7 die Rechtsbeschwerde zum **Bundesgerichtshof** eröffnet (§ 4 i. V. m. 574 ff. ZPO, § 133 GVG). Damit soll eine einheitliche Rechtsprechung in Insolvenzsachen sichergestellt werden.[62] Nach § 574 Abs. 2 ZPO ist die Rechtsbeschwerde nur zulässig, wenn die Rechtssache grundsätzliche Bedeutung hat oder die Fortbildung des Rechts oder die Sicherung einer einheitlichen Rechtsprechung eine Entscheidung des Rechtsbeschwerdegerichts erfordern. Eine „Zulassung" der Rechtsbeschwerde oder Nichtzulassungsbeschwerde ist seit der Neuregelung des § 7 nicht mehr vorgesehen.[63]

41   Für die **Frist zur Einlegung** gilt § 575 Abs. 1 S. 1 ZPO; sie beträgt einen Monat **(Notfrist)**, beginnend mit der Zustellung der Beschwerdeentscheidung, und ist erst gewahrt, wenn die Beschwerdeschrift beim Bundesgerichtshof eingeht. Die Einlegung beim Landgericht wahrt die Frist nicht. Die Rechtsbeschwerde kann zunächst ohne Begründung eingereicht werden. Zeit gewinnt der Beschwerdeführer dadurch jedoch nicht. Denn die **Begründungsfrist** von einem Monat (§ 575 Abs. 2 ZPO) beginnt nicht erst mit Einlegung der Rechtsbeschwerde, sondern ebenfalls ab Zustellung der angefochtenen Entscheidung; allerdings mit Verlängerungsmöglichkeit. Das Gleiche gilt auch für den Antrag, der gem. § 575 Abs. 3 Nr. 1 ZPO Teil der Begründung der Rechtsbeschwerde ist.

---

[57] *Zöller/Herget* § 97 RdNr. 9.
[58] Befürwortend: *Rümker*, Neuordnung des Insolvenzrechts, S. 135, 147; ablehnend: *Schiessler*, Der Insolvenzplan, S. 189.
[59] *Blersch/Goetsch/Haas* § 253 RdNr. 16.
[60] *Blersch/Goetsch/Haas* § 253 RdNr. 17.
[61] LG Traunstein DZWIR 1999, 464, 470; FK-*Jaffé* § 253 RdNr. 10; – zur KO: RGZ 129, 390, 392; *Kilger/K. Schmidt* § 189 RdNr. 1.
[62] Schon zur Vorgängerregelung: Begründung des RA, BT-Drucks. 12/7302, abgedruckt in: *Kübler/Prütting*, RWS-Dok. 18, Bd. I, S. 162.
[63] Begr. zum RegE, BT-Drucks. 14/4722, 116; *Nerlich/Römermann/Becker* § 7 RdNr. 61; unzutreffend daher *Nerlich/Römermann/Braun* § 253 RdNr. 4 (im 4. Abs.).

Für die Einlegung der Rechtsbeschwerde besteht **Anwaltszwang** (§ 78 Abs. 1 S. 4 ZPO: **42**
„**durch einen bei dem Bundesgerichtshof zugelassenen Rechtsanwalt**"), da eine
Abgabe der Erklärung zu Protokoll der Geschäftsstelle insoweit nicht vorgesehen ist.[64]

Da die Rechtsbeschwerde stets beim iudex ad quem einzulegen ist, besteht **keine** **43**
Möglichkeit zur **Abhilfe durch das Landgericht;** denn die §§ 574 ff. ZPO enthalten
keinen Verweis auf § 572 Abs. 1 S. 1 ZPO.

Die Gerichtskosten richten sich nach KV 2364 (100,00 €) und fallen nur an, soweit die **44**
Rechtsbeschwerde verworfen oder zurückgewiesen wird. Die Anwaltsgebühren sind in
RVG-VV Nr. 3502 geregelt (1,0 der Gebühr nach § 13 RVG). Die Kostentragungslast
richtet sich nach den §§ 91 ff. ZPO.

---

[64] *Nerlich/Römermann/Becker* § 7 RdNr. 72.

Dritter Abschnitt. Wirkungen des bestätigten Plans. Überwachung der Planerfüllung

§ 254 Allgemeine Wirkungen des Plans

(1) ¹Mit der Rechtskraft der Bestätigung des Insolvenzplans treten die im gestaltenden Teil festgelegten Wirkungen für und gegen alle Beteiligten ein. ²Soweit Rechte an Gegenständen begründet, geändert, übertragen oder aufgehoben oder Geschäftsanteile einer Gesellschaft mit beschränkter Haftung abgetreten werden sollen, gelten die in den Plan aufgenommenen Willenserklärungen der Beteiligten als in der vorgeschriebenen Form abgegeben; entsprechendes gilt für die in den Plan aufgenommenen Verpflichtungserklärungen, die einer Begründung, Änderung, Übertragung oder Aufhebung von Rechten an Gegenständen oder einer Abtretung von Geschäftsanteilen zugrunde liegen. ³Die Sätze 1 und 2 gelten auch für Insolvenzgläubiger, die ihre Forderungen nicht angemeldet haben, und auch für Beteiligte, die dem Plan widersprochen haben.

(2) ¹Die Rechte der Insolvenzgläubiger gegen Mitschuldner und Bürgen des Schuldners sowie die Rechte dieser Gläubiger an Gegenständen, die nicht zur Insolvenzmasse gehören, oder aus einer Vormerkung, die sich auf solche Gegenstände bezieht, werden durch den Plan nicht berührt. ²Der Schuldner wird jedoch durch den Plan gegenüber dem Mitschuldner, dem Bürgen oder anderen Rückgriffsberechtigten in gleicher Weise befreit wie gegenüber dem Gläubiger.

(3) Ist ein Gläubiger weitergehend befriedigt worden, als er nach dem Plan zu beanspruchen hat, so begründet dies keine Pflicht zur Rückgewähr des Erlangten.

Übersicht

	RdNr.		RdNr.
I. Normzweck	1	aa) Rechte an Gegenständen	18
1. Sinn und Zweck der Norm	1	bb) GmbH-Anteile	20
2. Überblick über den Anwendungsbereich	2	c) Verpflichtungserklärungen (Halbsatz 2)	21
II. Entstehungsgeschichte	5	3. Gestaltungswirkung des Satz 3	22
1. Frühere Regelungen und Unterschiede zum neuen Recht	5	a) Grundsätze	22
a) Vergleichsverfahren (§ 82 VerglO)	5	b) Nach Aufhebung des Insolvenzverfahrens angemeldete Forderungen ("Nachzügler")	23
b) Konkursverfahren (§ 193 KO)	7		
c) Gesamtvollstreckungsverfahren (§ 16 Abs. 5 Satz 2 GesO)	9	IV. Wirkungen des Plans nach § 254 Abs. 2	25
2. Gesetzgebungsverfahren zur InsO	10	1. Haftung Dritter (Satz 1)	25
III. Wirkungen des Plans nach § 254 Abs. 1	11	a) Regelungsinhalt	25
1. Gestaltungswirkung nach Satz 1	11	b) Grundlage der Regelung	27
a) Grundsätze	11	c) Einzelheiten	28
aa) Regelungsgegenstand	11	d) Nachgiebiges Recht	30
bb) keine Novation	12	2. Rückgriff gegen den Schuldner (Satz 2)	31
cc) Reichweite	13	V. Über den Plan hinausgehende Befriedigung (§ 254 Abs. 3)	33
b) Beteiligte	14		
c) Eintritt der Wirkungen	16	1. Keine Pflicht zur Rückgewähr	33
2. Einschränkungen nach Satz 2	17	2. Befriedigung über die Forderung hinaus	35
a) Regelungsgrund	17		
b) Dingliche Rechtsänderungen (Halbsatz 1)	18		

Allgemeine Wirkungen des Plans   **1–6 § 254**

I. Normzweck

1. Sinn und Zweck der Norm. Das Insolvenzplanverfahren dient dazu, die vermögens- 1
und haftungsrechtlichen Beziehungen zwischen den Beteiligten auf der Grundlage der
Gläubigerautonomie abweichend von den gesetzlichen Vorschriften zu regeln (§ 217). Die
Abwicklung dieser Rechtsverhältnisse erfolgt sodann alleine nach dem rechtskräftig bestätigten Insolvenzplan (zu seiner Rechtsnatur § 217 RdNr. 4 ff., 33). Dessen **materiell-rechtliche Wirkungen** festzulegen ist Zweck des § 254; ergänzt wird diese Vorschrift durch
§ 255 zum Wiederaufleben gestundeter oder erlassener Forderungen und durch § 256 zur
Erfüllung von streitigen Forderungen und von Ausfallforderungen. Die verfahrensrechtlichen Wirkungen ergeben sich demgegenüber aus § 257 mit seinen Vereinfachungen für
die Vollstreckung aus dem Plan (s. u. § 257 RdNr. 1, 2) und aus §§ 258, 259 zur Aufhebung
des Insolvenzverfahrens und den Folgen daraus.

2. Überblick zum Anwendungsbereich. Geregelt wird in **§ 254 Abs. 1 Satz 1** der 2
Eintritt der im gestaltenden Teil des Insolvenzplans festgelegten Wirkungen für und gegen
alle Beteiligten (s. u. RdNr. 11 ff.), wozu **Satz 2** Einschränkungen für bestimmte dingliche
Rechtsgeschäfte und die ihnen zugrunde liegenden Verpflichtungserklärungen enthält (s. u.
RdNr. 17 ff.); für beide Fälle kommt es nach **Satz 3** nicht darauf an, ob die Beteiligten am
Insolvenzverfahren teilgenommen und wie sie abgestimmt haben (s. u. RdNr. 22 ff.).

Gegenstand von **§ 254 Abs. 2 Satz 1** sind die persönlichen Ansprüche der Insolvenz- 3
gläubiger gegenüber Mitschuldner und Bürgen des Schuldners und die ihnen hierfür
bestellten dinglichen Sicherheiten an Rechten Dritter, die durch den Plan nicht berührt
werden (s. u. RdNr. 25 ff.). Zugunsten des Schuldners ordnet **Satz 2** demgegenüber dessen
Befreiung gegenüber Dritten in gleicher Weise wie gegenüber den Gläubigern an (s. u.
RdNr. 31).

Schließlich befasst sich **§ 254 Abs. 3** mit der sogenannten Mehrbefriedigung eines 4
Gläubigers, wenn diesem also mehr zugeflossen ist, als er nach dem Plan zu beanspruchen
hatte, und schließt eine Rückforderung aus (s. u. RdNr. 33 ff.).

II. Entstehungsgeschichte

1. Frühere Regelungen und Unterschiede zum neuen Recht. a) Im **Vergleichs-** 5
verfahren legte die Wirkungen des (gemäß § 78 VerglO) rechtskräftig bestätigten Vergleichs
§ 82 Abs. 1 VerglO fest; dem entspricht § 254 Abs. 1 Satz 1 und Satz 3 (s. o. RdNr. 2).
Auch § 82 Abs. 2 VerglO stimmte mit seinen Regelungen zum Fortbestand von Sicherheiten und zur Befreiung des Schuldners mit § 254 Abs. 2 überein (s. o. RdNr. 3). Ergänzt
wurde diese Vorschrift der VerglO durch § 83 VerglO; dessen Abs. 1 unterwarf Forderungen
aus einer Freigiebigkeit des Schuldners den Vergleichswirkungen, während Zinsen für
Vergleichsforderungen und Ansprüche der Gläubiger auf Erstattung von Verfahrenskosten als
erlassen galten. Das sind jetzt nachrangige Insolvenzforderungen (§ 39), die insgesamt gemäß
§ 225 Abs. 1 als erlassen gelten, wenn der Insolvenzplan nichts anderes bestimmt (zu den
Einzelheiten vgl. § 225 RdNr. 10 ff., dort auch zur Ausnahme des § 225 Abs. 3).

Das Vergleichsrecht kannte **keine** dem § 254 Abs. 3 entsprechende Vorschrift zum Aus- 6
schluss der Rückgewähr bei Mehrbefriedigung eines Vergleichsgläubigers (s. o. RdNr. 4). In
der Sache selbst gibt es aber keine Unterschiede. Denn bei einem Forderungserlass infolge
eines Vergleichs wurde der erlassene Teil zu einer natürlichen, d. h. erfüllbaren, aber nicht
erzwingbaren Verbindlichkeit;[1] nach allgM bestand folglich auch für den erlassenen Teil der
Vergleichsforderung der Rechtsgrund fort, war also ein Bereicherungsanspruch (§ 812
BGB) ausgeschlossen.[2] **Neu** sind die Sonderbestimmungen des § 254 Abs. 1 Satz 2 für

---

[1] BGHZ 118, 70, 76 = NJW 1992, 1834 f. = ZIP 1992, 708, 710 (zum Liquidationsvergleich nach § 71 Abs. 4 VerglO).
[2] *Kilger/K. Schmidt* § 82 VerglO Anm. 3; *Bley/Mohrbutter* VerglO § 82 RdNr. 16.

§ 254 7–11　　　　　　6. Teil. 3. Abschnitt. Wirkungen des bestätigten Plans

bestimmte dingliche Rechtsgeschäfte und die ihnen zugrunde liegenden Verpflichtungserklärungen sowie die Möglichkeit zur Einbeziehung absonderungsberechtigter Gläubiger in den Plan (vgl. §§ 217, 222, 223).

7　b) Im **Konkursverfahren** regelte die Wirkungen des (gemäß §§ 173 ff., 189 KO) rechtskräftig bestätigten Zwangsvergleichs § 193 Satz 1 KO; dem entspricht § 254 Abs. 1 Satz 1 und Satz 3 (s. o. RdNr. 2). Auch die Regelung in § 193 Satz 2 KO zum Fortbestand von Sicherheiten deckt sich mit § 254 Abs. 2 Satz 1. Jedoch fehlte im Konkursrecht – schon im Gegensatz zu § 82 Abs. 2 Satz 2 VerglO – eine ausdrückliche jetzt in § 254 Abs. 2 Satz 2 enthaltene Bestimmung zur Befreiung des Schuldners gegenüber mithaftenden Dritten (s. o. RdNr. 3 aE). Das bedeutet aber keinen sachlichen Unterschied; denn auch im Konkursrecht war anerkannt, dass der vom Gläubiger auf das Ganze in Anspruch genommene Mithaftende (z. B. der Bürge) den ausgleichspflichtigen Gemeinschuldner nur in den Grenzen des Zwangsvergleiches belangen durfte.[3]

8　Das Konkursrecht kannte **keine** § 254 Abs. 3 entsprechende Vorschrift zum Ausschluss der Rückgewähr bei Mehrbefriedigung eines Gläubigers des Zwangsvergleichs (s. o. RdNr. 4); jedoch war auch dort – in Übereinstimmung mit der Rechtslage im Vergleichsrecht (s. o. RdNr. 6) – nach allgM ein Bereicherungsanspruch ausgeschlossen.[4] **Neu** gegenüber dem Konkursrecht sind die schon oben RdNr. 6 aE angeführten Bestimmungen.

9　c) Im **Gesamtvollstreckungsverfahren** regelte die Wirkungen eines (gemäß § 16 Abs. 5 Satz 1 GesO) rechtskräftig bestätigten Vergleichs § 16 Abs. 5 Satz 2 GesO in Übereinstimmung mit § 193 Satz 1 KO. Ein wesentlicher Unterschied zum Konkursrecht und zum neuen Recht liegt darin, dass eine § 193 Satz 2 KO und § 254 Abs. 2 vergleichbare Regelung fehlt; die hM schließt daraus, dass die Rechte des Gläubigers gegen Mithaftende und Bürgen und dessen Rechte aus Pfandrechten, Vormerkungen und anderen Sicherheiten (s. o. RdNr. 3) vom Vergleich ebenfalls betroffen werden.[5]

10　**2. Gesetzgebungsverfahren zur InsO.** Die Vorschläge der *Kommission für Insolvenzrecht*[6] im Leitsatz 2. 2. 24 Abs. 1 und 2 entsprachen § 82 VerglO (s. o. RdNr. 5). Der im *Diskussionsentwurf des Bundesministeriums der Justiz*[7] vorgesehene § 290 DE stimmte bereits mit § 254 überein, jedoch ohne die dort in § 254 Abs. 1 Satz 2 getroffene Regelung. Letztere enthielt dann – nach einem Ansatz schon im Referentenentwurf – im Wesentlichen der *Regierungsentwurf*[8] in § 301 Abs. 1 Satz 2 RegE, der anschließend entsprechend dem Vorschlag der Bundesregierung im Rechtsausschuss ergänzt wurde. Deshalb entspricht § 254 insgesamt – mit Ausnahme der Ergänzung in Abs. 1 Satz 2 – wörtlich § 301 RegE.

III. Wirkungen des Plans nach § 254 Abs. 1

11　**1. Gestaltungswirkungen nach § 254 Abs. 1 Satz 1. a) Grundsätze. aa)** Die Vorschrift ordnet an, dass die im gestaltenden Teil des Insolvenzplans festgelegten Wirkungen mit der Rechtskraft der Bestätigung (s. u. RdNr. 16) für und gegen alle Beteiligten (s. u. RdNr. 14) eintreten. **Regelungsgegenstand** ist also, wann und wem gegenüber die Wirksamkeit eintritt. Wie die Rechtsstellung der Beteiligten geändert werden soll, enthält demgegenüber der darstellende Teil des Insolvenzplans (s. o. § 221 RdNr. 18 ff.).

---

[3] *Jaeger/Weber* KO § 193 RdNr. 19; *Kuhn/Uhlenbruck* KO § 193 RdNr. 10.
[4] *Kilger/K. Schmidt* KO § 193 Anm. 4a; *Jaeger/Weber* KO § 193 RdNr. 5 ff.; *Kuhn/Uhlenbruck* KO § 193 RdNr. 8.
[5] *Haarmeyer/Wutzke/Förster* § 16 RdNr. 40; *Smid/Smid* § 16 RdNr. 33, 34; *Gottwald/Eickmann* Nachtrag „GesO" zum Insolvenzrechtshandbuch, 1993, S. 106 (RdNr. 21); krit. dagegen *Kilger/K. Schmidt* § 16 GesO Anm. 2 e.
[6] Materialien: Erster Bericht der Kommission für Insolvenzrecht (1. KommBer.), 1985, S. 196 ff.
[7] Materialien: Diskussionsentwurf zur Reform des Insolvenzrechts, Entwurf einer Insolvenordnung (EInsO) und anderer Reformvorschriften, 1988, mit Begründung in Teil B, S. 263 f.
[8] Materialien: *Kübler/Prütting*, Das neue Insolvenzrecht, Bd I, S. 495 f.

Allgemeine Wirkungen des Plans

bb) Die mit der rechtskräftigen Bestätigung eintretenden Wirkungen führen zu **keiner** 12 **Novation.**[9] Der Schuldgrund ändert sich nicht; die Forderungen bleiben, was sie sind, z. B. also Kaufpreis-, Werk- oder Darlehensanspruch.

cc) Die einmal eingetretenen Wirkungen des § 254 Abs. 1 Satz 1 sind **endgültig,** sofern 13 die Planregelungen nicht gemäß §§ 255, 256 hinfällig werden; im Übrigen bleibt dem Insolvenzgläubiger nur die Vollstreckung aus dem Plan in Verbindung mit dem Tabellenauszug nach § 257, wenn der Schuldner seine Verpflichtungen nicht erfüllt (s. u. § 257 RdNr. 1–3).

b) Beteiligte. Das sind neben dem *Schuldner* die *nicht nachrangigen Insolvenzgläubiger* 14 (§ 38), die *nachrangigen Insolvenzgläubiger* (§ 39) und die *absonderungsberechtigten Gläubiger* (vgl. §§ 217, 222), und zwar gemäß § 254 Abs. 1 Satz 3 unabhängig von ihrer Teilnahme am Insolvenzverfahren oder ihrer Abstimmung über den Plan (s. u. RdNr. 22 ff.). Voraussetzung ist weiter, dass sie vom Insolvenzplan betroffen sind; sieht dieser für eine der genannten Gruppen keine Regelung vor, so ist § 254 Abs. 1 Satz 1 schon aus diesem Grunde nicht anwendbar.[10] Beteiligter kann auch ein Dritter als sogenannter *Plangarant* sein, der im Rahmen einer Erklärung gegenüber dem Insolvenzgericht – die bestimmten Anforderungen genügen muss (s. u. § 257 RdNr. 45 ff.) – Verpflichtungen zur Erfüllung des Plans neben dem Schuldner übernommen hat, wie aus § 257 Abs. 2 folgt.[11]

Nicht Beteiligte im Sinn des § 221, § 254 Abs. 1 sind die Gesellschafter des Schuldners, 15 der keine natürlicher Person ist;[12] etwas anderes gilt nur für persönlich haftende Gesellschafter, die Haftungsbefreiung nach § 227 Abs. 2 erlangen können.[13] Auch Masseforderungen werden von den Wirkungen eines Insolvenzplans nicht erfasst (vgl. auch § 258 Abs. 2);[14] entsprechendes gilt für Neugläubiger,[15] die ihre Forderung erst nach Verfahrenseröffnung erlangt haben und die deshalb als Massegläubiger nach § 209 bedient werden.

c) Eintritt der Wirkungen. Mit Rechtskraft des Bestätigungsbeschlusses treten gemäß 16 § 254 Abs. 1 Satz 1 die im gestaltenden Teil festgelegten Wirkungen ein; das Gesetz selbst verleiht also dem Plan mit der gerichtlichen Bestätigung einen *„besonderen Bestandsschutz",* indem er fortan die allein maßgebende Grundlage für die gesamte Vermögens- und Haftungsabwicklung bietet und ihn namentlich (abgesehen von § 250 Nr. 2) der Anfechtung wegen Willensmängel entzieht.[16] Da gegen diesen Beschluss gemäß § 253 sofortige Beschwerde stattfindet, bedeutet das: Rechtskraft tritt ein mit Ablauf der zweiwöchigen Beschwerdefrist (§ 569 Abs. 2 ZPO i. V. m. §§ 253, 6, Abs. 2, 4) oder mit rechtskräftiger Entscheidung über die sofortige Beschwerde, gegebenenfalls über eine Rechtsbeschwerde (§ 7). Den an diese Zeitpunkte geknüpften Eintritt der formellen Rechtskraft (§ 705 ZPO) kann das Beschwerdegericht **nicht** durch die Anordnung der sofortigen Wirksamkeit seiner Entscheidung gemäß § 6 Abs. 3 S. 2 vorverlagern; diese Vorschrift ist wegen des klaren Wortlauts von § 254 Abs. 1 Satz 1 nicht anwendbar.[17]

2. Einschränkungen des § 254 Abs. 1 Satz 2. a) Regelungsgrund. Sieht der Insol- 17 venzplan dingliche Rechtsänderungen an Gegenständen oder Geschäftsanteilen vor, so kann zwar die die Verfügung enthaltende Willenserklärung mit der Rechtskraft der Bestätigung des Plans nach der Regel § 254 Abs. 1 Satz 1 wirksam werden. Der weiter erforderliche **Vollzugsakt,** also beispielsweise die Übergabe der Sache nach §§ 929 Satz 1, 1205 Abs. 1

---

[9] *FK-Jaffé* RdNr. 8; *Uhlenbruck/Lüer* RdNr. 8; *Nerlich/Römermann/Braun* RdNr. 5. Zum früheren Recht: RGZ 119, 396; *Bley/Mohrbutter* VerglO § 82 RdNr. 12; *Jaeger/Henckel* KO § 193 RdNr. 2.
[10] *Nerlich/Römermann/Braun* RdNr. 5.
[11] *Häsemeyer* RdNr. 28.83.
[12] HK-*Flessner* § 221 RdNr. 3 ff.; FK-*Jaffé* § 221 RdNr. 8, 9; *Smid/Rattunde* RdNr. 337 ff.; aA *Kübler/Prütting/Otte* § 221 RdNr. 2, § 257 RdNr. 5.
[13] *Uhlenbruck/Lüer* RdNr. 14 aE.
[14] FK-*Jaffé* RdNr. 12; *Hess* RdNr. 16.
[15] *Uhlenbruck/Lüer,* RdNr. 13 aE; *Kübler/Prütting/Otte* RdNr. 8.
[16] *Gaul* Festschrift Ulrich Huber, 2006, S. 1187, 1215.
[17] *Schiessler* S. 189; HambKomm-*Thies* RdNr. 2; *Nerlich/Römermann/Braun* RdNr. 5.

Satz 1 BGB oder die Eintragung einer Rechtsänderung im Grundbuch gemäß § 873 Abs. 1 BGB als Voraussetzung für das Wirksamwerden der jeweiligen Verfügung kann aber weder durch den Insolvenzplan selbst noch durch dessen rechtskräftige Bestätigung ersetzt, sondern muss unabhängig davon vorgenommen werden.[18] Für diese Fälle macht deshalb § 254 Abs. 1 Satz 2 eine Einschränkung dahin, dass in den Plan aufgenommene Willenserklärungen der Beteiligten „als in der vorgeschriebenen Form abgegeben" gelten.

18 **b) Dingliche Rechtsänderungen (Halbsatz 1). aa)** Soweit **Rechte an Gegenständen** begründet, geändert, übertragen oder aufgehoben werden, so gelten die in den Plan gemäß § 228 aufgenommenen Willenserklärungen mit dessen rechtskräftiger Bestätigung (s. o. RdNr. 16) als in der vorgeschriebenen Form abgegeben. Die Bestimmung des § 254 Abs. 1 Satz 2 Halbsatz 1 ergänzt folglich § 228 und verdrängt zugleich die nach allgemeinen Regeln sonst geltenden Formvorschriften, z. B. das Erfordernis der öffentlichen Beglaubigung der Abtretung einer durch eine Hypothek gesicherten Forderung gemäß § 1154 Abs. 1 Satz 2 BGB oder die nach § 925 Abs. 1 Satz 1, 2 BGB erforderliche Auflassung vor einem Notar (vgl. § 925 Abs. 1 Satz 3 BGB).

19 Funktionsweise und Regelungsgrund (s. o. RdNr. 17) des § 254 Abs. 1 Satz 2 zeigt auch das in der Begründung des Regierungsentwurfes enthaltene *Beispiel:*[19] Sieht der Plan vor, dass eine Grundschuld, die ein Grundstück des Schuldners belastet, auf die Hälfte ihres Betrages herabgesetzt wird, dann wird diese Herabsetzung erst wirksam, wenn sie in das Grundbuch eingetragen worden ist (vgl. § 1168 Abs. 1, Abs. 2 Satz 1, § 1192 Abs. 1 BGB). Gemäß § 13 GBO ist der Schuldner berechtigt, die Eintragung im Grundbuch zu beantragen. Ist die Eintragungsbewilligung des Gläubigers in den Plan aufgenommen worden, so kann der nach § 29 GBO erforderliche Nachweis durch Vorlage einer Ausfertigung von Bestätigungsbeschluss und Insolvenzplan geführt werden.

20 **bb)** Nachdem in den parlamentarischen Beratungen Zweifel darüber aufgekommen waren, ob sich **Geschäftsanteile an einer Gesellschaft mit einer beschränkten Haftung** unter den Begriff „Rechte an Gegenständen" (s. o. RdNr. 18) subsumieren lassen, wurde § 254 Abs. 1 Satz 2 Halbsatz 1 entsprechend ergänzt.[20] Es sollte damit dem Bedürfnis nach Übertragbarkeit von Geschäftsanteilen im Rahmen eines Insolvenzplans bei der Reorganisation der insolventen Gesellschaft Rechnung getragen werden. Ersetzt wird mit der rechtskräftigen Planbestätigung folglich die in § 15 Abs. 3 GmbHG für die Abtretung eines GmbH-Anteils erforderliche notarielle Form.

21 **c) Verpflichtungserklärungen (Halbsatz 2).** Die Ergänzung durch den genannten Halbsatz (s. o. RdNr. 10 aE) will den Beteiligten die Möglichkeit eröffnen, im Insolvenzplan lediglich die schuldrechtlichen Verpflichtungserklärungen zur Änderung sachenrechtlicher Verhältnisse (s. o. RdNr. 18) oder zur Übertragung eines GmbH-Anteils (s. o. RdNr. 20) niederzulegen. Die Vorschrift erfasst auch Verpflichtungserklärungen Dritter im Sinn des § 230 Abs. 3. Bei Aufnahme einer Verpflichtungserklärung in den Plan wird mit dessen rechtskräftiger Bestätigung die nach allgemeinen Regeln sonst geltende Formvorschrift verdrängt, z. B. das Erfordernis der notariellen Beurkundung einer Verpflichtung zur Grundstücksübertragung (§ 311 b BGB) oder zur Übertragung eines GmbH-Anteils nach § 15 Abs. 4 GmbHG. Jedoch empfiehlt es sich in aller Regel, nicht nur die zugrunde liegende Verpflichtungserklärung, sondern die Verfügung selbst in den Plan aufzunehmen, damit der Schuldner nicht mit der Aufhebung des Insolvenzverfahrens die Verfügungsbefugnis wiedererlangt (§ 259 Abs. 1 Satz 2).[21] Eine Vollstreckung der Verpflichtungserklärung gemäß § 257 ist nicht möglich (s. u. § 257 RdNr. 4, 43).

---

[18] *Nerlich/Römermann/Braun* RdNr. 3; *Bork* in: *Leipold,* Insolvenzrecht im Umbruch, S. 52; FK-*Jaffé* RdNr. 13, 16; *Kübler/Prütting/Otte* RdNr. 7; *Schiessler* S. 191.
[19] Abgedruckt in *Kübler/Prütting* (o. Fn. 8) S. 495.
[20] BT-Drucks. 12/7302 S. 185, BT-Drucks. 12/3803, S. 135 f.; vgl. auch den Abdruck der Äußerung der BReg. bei *Hess* RdNr. 8.
[21] *Häsemeyer* RdNr. 28.81.

3. Gestaltungswirkung des § 254 Abs. 1 Satz 3. a) Grundsätze. Nach § 254 Abs. 1 **22**
Satz 3 gelten die vorher in Satz 1 (s. o. RdNr. 11–16) und Satz 2 (s. o. RdNr. 17–21)
getroffenen Regelungen auch für Insolvenzgläubiger, die ihre Forderungen nicht angemeldet haben, und auch für Beteiligte, die dem Plan widersprochen haben. Die Bestimmung ist Ausfluss des Mehrheitsprinzips (§ 244); kein Beteiligter (s. o. RdNr. 14) kann sich also den Wirkungen des Insolvenzplans durch Nichtteilnahme am Verfahren oder durch Enthaltung bzw. Widerspruch bei der Abstimmung über den Plan entziehen. Die Bindungswirkung tritt auch gegenüber selbst dem Schuldner unbekannten Insolvenzgläubigern ein, so lange sie nur einer der im Insolvenzplan gebildeten Gruppen zugerechnet werden können.[22] Es gibt aber **keine generelle Ausschlusswirkung** für Beteiligte, die am Insolvenzverfahren nicht teilgenommen haben, sondern nur deren Unterwerfung unter die Beschränkungen des Insolvenzplans.

b) Nach Aufhebung des Verfahrens angemeldete Forderungen. Aus dem zuletzt **23**
wiedergegebenen Prinzip folgt für die sogenanten **Nachzügler**, die ihre Forderungen nicht oder nicht rechtzeitig angemeldet haben, deshalb im Insolvenzplan nicht berücksichtigt wurden und nun Rechte nach Aufhebung des Insolvenzverfahrens (§ 259) geltend machen: Zwar unterliegen sie den Beschränkungen des Plans, können aber gleichwohl mit beispielsweise dem Rest ihrer teilweise als erlassen geltenden, im einzelnen noch beträchtlichen Forderung die Planverwirklichung gefährden; denn mit einem solchen Anspruch war bei Aufstellung und Annahme des Insolvenzplans nicht gerechnet worden, weshalb in der Regel eine Lösung über eine Gruppenzugehörigkeit i. S. des § 222 („Auffanggruppe" für sonstige nicht nachrangige Forderungen)[23] nicht möglich sein wird.

Die Kommission für Insolvenzrecht hatte für solche Fälle in Leitsatz 2. 2. 30 einen **24**
Vollstreckungsschutz vorgeschlagen; ihn sollte das Insolvenzgericht auf Antrag des schuldnerischen Unternehmens gewähren können, wenn die Durchführung einer Reorganisation dadurch gefährdet wird, dass Forderungen, die bereits zurzeit der Eröffnung des Insolvenzverfahrens begründet waren, in nicht unbeträchtlicher Höhe erst nach Aufhebung des Verfahrens geltend gemacht werden.[24] Außerdem bestimmte Leitsatz 2. 2. 31 für solche Ansprüche eine *Verjährungsfrist* von längstens zwei Jahren nach rechtskräftiger Bestätigung des Reorganisationsplans.[25] **Solche Regelungen kennt die InsO nicht;** warum darauf im Gesetzgebungsverfahren verzichtet wurde, lässt sich den Materialien nicht entnehmen.[26] Die Entwicklung des Problems in der Praxis bleibt abzuwarten; sollte sich Handlungsbedarf ergeben, was bislang – soweit ersichtlich – nicht der Fall war, wäre dem Gesetzgeber eine Übernahme der beschriebenen Vorschriften zu empfehlen.

IV. Wirkungen des Plans nach § 254 Abs. 2

1. Haftung Dritter (Satz 1). a) Regelungsinhalt. Der Insolvenzplan berührt nicht **25**
die persönlichen Ansprüche der Insolvenzgläubiger gegenüber Mitschuldnern und Bürgen des Schuldners (s. u. RdNr. 28) und die dinglichen Rechte dieser Gläubiger an Gegenständen Dritter, also solcher, die nicht zur Insolvenzmasse gehören (s. u. RdNr. 29); nicht beeinträchtigt werden außerdem die Wirkungen einer Vormerkung, die den Anspruch eines Insolvenzgläubigers auf Einräumung oder Aufhebung eines Rechts am Grundstück eines Dritten sichert. Alles das gilt auch, wenn solche Rechte von Existenz und Umfang der im Verhältnis zwischen Insolvenzgläubiger und Schuldner

---

[22] *Nerlich/Römermann/Braun* RdNr. 5 aE; *Bork* in: *Leipold,* Insolvenzrecht im Umbruch, S. 51, 52.
[23] So Vorschlag *Bork* aaO; krit. auch *Braun* RdNr. 7 aE. Ausf. zu den Wirkungen des Insolvenzplans gegen Nachzügler *Prahl* ZInsO 2007, 318.
[24] 1. KommBer. S. 202 f.
[25] 1. KommBer. S. 203 f.
[26] Zu möglichen Gründen *Schiessler* S. 189 f.

zugrunde liegenden Forderung abhängen. Insoweit ist folglich die **Akzessorietät aufgehoben,** weshalb die § 254 Abs. 2 unterworfenen Dritten voll und ohne Rücksicht auf die Beschränkungen der gesicherten Schuld in Anspruch genommen werden können. Ist also beispielsweise dem Schuldner ein Teil seiner durch Bürgschaft gesicherten Verbindlichkeit im Plan erlassen worden, so kann der Gläubiger vom *Bürgen* gleichwohl – in Ausnahme zu §§ 767 Abs. 1 Satz 1, 768 Abs. 1 Satz 1 BGB – Befriedigung in voller Höhe fordern (vgl. auch unten RdNr. 28); schließt aber ein Gläubiger im Insolvenzverfahren über das Vermögen des Hauptschuldners mit dem Insolvenzverwalter einen außergerichtlichen Vergleich, der vorsieht, dass die durch die Bürgschaft gesicherte Forderung nach Erfüllung bestimmter Voraussetzungen erlischt, kann es grundsätzlich nicht mehr den Bürgen in Höhe des erlittenen Ausfalls in Anspruch nehmen, ist § 254 Abs 2 S. 1 also nicht anwendbar.[27] Für **nicht akzessorische Rechte** schließt § 254 Abs. 2 Satz 1 die Bereicherungseinrede aus.

26 Ist der Schuldner eine Gesellschaft ohne Rechtspersönlichkeit (§ 11 Abs. 2 Nr. 1) oder eine Kommanditgesellschaft auf Aktien, so begrenzt der Insolvenzplan gemäß § 227 Abs. 2 auch die **persönliche Haftung der Gesellschafter.** Das gilt aber nach herrschender und zutreffender Meinung (§ 93 RdNr. 9; § 227 RdNr. 12) nicht, wenn sich der persönlich haftende Gesellschafter für eine Gesellschaftsschuld verbürgt oder sich verpflichtet hat, wie ein Bürge Einwendungen nicht zu erheben;[28] dann findet § 254 Abs. 2 Anwendung, wie in höchstrichterlicher Rechtsprechung schon bestätigt.[29]

27 **b)** Die **Grundlage** für die in § 254 Abs. 2 Satz 1 getroffene Regelung ergibt sich daraus, dass auch bei einem teilweisen Forderungserlass im Insolvenzplan der erlassene Teil als natürliche, d. h. erfüllbare, aber nicht erzwingbare Verbindlichkeit fortbesteht (s. o. RdNr. 6); darin liegt eine ausreichende Rechtfertigung für den Fortbestand auch der akzessorischen Sicherungsrechte.[30]

28 **c) Einzelheiten.** Für die Haftung des *Mitschuldners oder Bürgen* ist es gleichgültig, ob der Gläubiger die Rechte gegen diese vor oder nach Insolvenzeröffnung erworben hat, sofern nicht die Ausnahme des § 226 Abs. 3 eingreift. Für den *Bürgen* verdrängt § 254 Abs. 2 Satz 1 nicht nur die akzessorische Bindung an die Hauptschuld (s. o. RdNr. 25 – dort auch zur Ausnahme bei Erlöschen der durch die Bürgschaft gesicherten Forderung auf Grund Vergleichs), sondern auch die Einrede der Vorausklage (§ 771 BGB), weil sonst die Bürgschaft überhaupt nicht zu verwirklichen wäre.[31] *Mitschuldner* im Sinn des § 254 Abs. 2 sind nur die durch Mithaftung oder durch gegenseitiges Rückgriffsrecht verbundenen Schuldner;[32] dazu gehört nicht der Anfechtungsgegner, weil dieser Rückgewähr nicht dem Gläubiger, sondern in die Masse schuldet (§ 143 Abs. 1 Satz 1).[33] Bei *Gesamtschuldnern* steht die Weiterhaftung im Übrigen schon im Einklang mit den allgemeinen Regeln des BGB (§§ 423, 425 BGB);[34] Dass ein Erlass keine Gesamtwirkung im Sinn des § 423 BGB, sondern nur Einzelwirkung hat, die den Anspruch gegen die übrigen Gesamtschuldner also nicht berührt, folgt gerade auch aus § 254 Abs. 2.[35] Drittsicherheiten sind auch gegenüber

---

[27] BGH NJW 2003, 59, 60 = ZIP 2002, 2125, 2127 = JuS 2003, 295 *(K. Schmidt).*
[28] HM auch zu § 193 Satz 2 KO (s. o. RdNr. 7): RGZ 139, 252; 92, 193; *Kuhn/Uhlenbruck* KO § 193 RdNr. 9 a; *Jaeger/Weber* KO § 193 RdNr. 18.
[29] BGHZ 151, 246, 250 = NJW 2002, 2718 = NZI 2002, 483 = ZIP 2002, 1492 = LMK 2003, 119 *(Huber).* AA *Kesseler* ZIP 2002, 1974, 1977; *Nerlich/Römermann/Braun* RdNr. 7 (jedoch ohne auf die genannte BGH-Entscheidung einzugehen).
[30] AllgM, vgl. nur FK-*Jaffé* RdNr. 19; *Hess* RdNr. 27. AA aber *Häsemeyer* (RdNr. 28.82), der die Naturobligation nicht für ausreichend erachtet, im Ergebnis aber ebenfalls von einer Aufhebung der Akzessorietät ausgeht.
[31] HM zum früheren (übereinstimmenden; s. o. RdNr. 5–8) Recht: *Jaeger/Weber* KO § 193 RdNr. 18; *Kuhn/Uhlenbruck* KO § 193 RdNr. 9; *Bley/Mohrbutter* VerglO § 82 RdNr. 20 (c).
[32] *Kuhn/Uhlenbruck* aaO, *Kilger/K. Schmidt* KO § 193 Anm. 4 a.
[33] RGZ 139, 48, 50 ff.; *Bley/Mohrbutter* VerglO § 82 RdNr. 17 aE.
[34] *Jaeger/Weber* KO § 193 RdNr. 18.
[35] So auch *Palandt/Heinrichs* § 423 RdNr. 3; *Noack/Bunke,* Festschrift für Uhlenbruck, 2000, S. 335, 352.

einem Gläubiger abgegebene *Garantien,* nicht aber sog. *harte Patronatserklärungen,* weil diese eine Verpflichtung zur Leistung in die Insolvenzmasse, nicht aber an Gläubiger begründen.[36]

Dingliche Sicherungsrechte sind insbesondere Sicherungsübereignung/-abtretung oder die Rechte aus einem für die Forderung des Insolvenzgläubigers bestellten Pfandrecht, aus einer für sie bestellten Hypothek, Grundschuld, Rentenschuld oder Schiffshypothek oder aus einer zu ihrer Sicherung eingetragenen Vormerkung. Im Unterschied zum bisherigen Recht werden allerdings nur Sicherungsrechte an schuldnerfremden Gegenständen von den Wirkungen des Insolvenzplans freigestellt, weil die InsO auch die Absonderungsrechte dem Plan unterstellt, wenn sie an Gegenständen der Masse bestehen (§ 217).[37]

d) Nachgiebiges Recht. Die Regelung des § 254 Abs. 2 Satz 1 kann im Rahmen der Privatautonomie abbedungen werden, soweit nicht gesetzliche Bestimmungen – insbesondere § 226 – zwingende Anforderungen stellen.[38] Erforderlich ist jedoch eine Individualvereinbarung mit dem von § 254 Abs. 2 Satz 1 begünstigten Gläubiger; durch Mehrheitsbeschluss bei der Abstimmung über den Plan können die ihm nach dieser Bestimmung zustehenden Rechte gegen Dritte nicht beschnitten werden.

2. Rückgriff gegen den Schuldner (Satz 2). Die Vorschrift enthält eine Einschränkung des Grundsatzes, demzufolge die Rechte der Insolvenzgläubiger gegenüber Mitschuldnern und Bürgen des Schuldners und die dinglichen Rechte dieser Gläubiger durch den Plan nicht berührt werden (s. o. RdNr. 25, 26). Nach ihr tritt nämlich durch den Plan eine **Befreiung des Schuldners** gegenüber Mitschuldnern, Bürgen oder anderen Rückgriffsberechtigten in gleicher Weise ein, wie gegenüber dem Insolvenzgläubiger. Der Plan betrifft also die zum Regress beim Schuldner – z. B. nach §§ 426 Abs. 2, 774 BGB – befugten Gläubiger mittelbar; ihr Regressanspruch wird ebenso gemindert wie die Forderung des Insolvenzgläubigers gegenüber dem Schuldner (sog. Regresssperre).

Die Bestimmung des § 254 Abs. 2 Satz 2 wirkt insofern allerdings nur klarstellend, weil die Rückgriffsrechte als aufschiebend bedingte Ansprüche bereits bei Insolvenzeröffnung bestanden und daher nach § 254 Abs. 1 Satz 1 und Satz 3 ohnehin vom Plan betroffen wurden.[39] Ihr eigentlicher Sinn erschließt sich erst aus dem Zusammenhang mit dem in § 44 niedergelegten Verbot der Doppelberücksichtigung;[40] danach können ein Gesamtschuldner oder ein Bürge[41] bei Verfahrensteilnahme des noch nicht befriedigten Gläubigers ihren aufschiebend bedingten Regressanspruch nicht anmelden, sondern nur, wenn der Gläubiger seine Forderung nicht geltend macht. **Rechtsfolge des § 254 Abs. 2 Satz 2 ist also:**[42] Die Forderung des Insolvenzgläubigers und die genannten Regressansprüche erhalten zusammen eine Quote, die sich nach der Forderung des Insolvenzgläubigers bemisst; der zur Teilnahme am Verfahren (gemäß § 44) nicht befugte Rückgriffsberechtigte erhält keine eigene Quote und von der des Insolvenzgläubigers nur, worauf dieser verzichtet hat.[43]

---

[36] *Uhlenbruck/Lüer* RdNr. 16.
[37] HK-*Flessner* RdNr. 8.
[38] *Häsemeyer* RdNr. 28.82; *Hess* RdNr. 28; hM zum gleichgelagerten Problem bei § 193 Satz 2 KO (s. o. RdNr. 7): BGH NJW 1992, 2091 f. = ZIP 1992, 342 f.; *Kuhn/Uhlenbruck* KO § 193 RdNr. 13; *Bley/Mohrbutter* VerglO § 82 RdNr. 19.
[39] HK-*Flessner* RdNr. 9; *Nerlich/Römermann/Braun* RdNr. 3. So auch zutreffend zum Parallelproblem bei § 82 Abs. 2 VerglO *Kilger/K. Schmidt* § 82 VerglO Anm. 5.
[40] Zum früheren Recht: *Bley/Mohrbutter* § 82 VerglO RdNr. 22 (a); zum Zusammenhang zwischen § 37 VerglO u § 82 Abs. 2 VerglO (jetzt: § 44 und § 254 Abs. 2) BGHZ 114, 117 = NJW 1991, 1732, 1735 = ZIP 1991, 524, 527.
[41] Das gilt entsprechend für den Forderungserwerb des drittsichernden Grundstückseigentümer (§ 1143 BGB) und des drittsichernden Verpfänders (§ 1225 BGB), HK-*Eickmann* § 44 RdNr. 2.
[42] Näher *Kilger/K. Schmidt* § 82 VerglO Anm. 5; *Bley/Mohrbutter* § 82 VerglO RdNr. 22.
[43] Im Ergebnis ebenso *Kübler/Prütting/Otte* RdNr. 13; *Häsemeyer* RdNr. 28.82.

V. Über den Plan hinausgehende Befriedigung (§ 254 Abs. 3)

33 **1. Keine Pflicht zur Rückgewähr.** Hat ein Gläubiger mehr erhalten, als er nach dem Plan beanspruchen konnte, so begründet dies keine Pflicht zur Rückgewähr des Erlangten. Das spricht § 254 Abs. 3 zur Klarstellung jetzt ausdrücklich aus; die Rechtslage stimmt mit der in VerglO und KO überein, die eine solche Vorschrift freilich nicht kannten (s. o. RdNr. 6, 8). Ihre Rechtfertigung hat die Bestimmung darin, dass auch bei einem teilweisen Forderungserlass im Insolvenzplan der erlassene Teil als natürliche, dh erfüllbare, aber nicht erzwingbare Verbindlichkeit (Naturalobligation) fortbesteht, und daher bei Befriedigung auch dieses Forderungsanteils ein Bereicherungsanspruch (§ 812 BGB) ausscheidet (s. o. RdNr. 6, 27). Eine **Ausnahme** gilt gemäß § 256 Abs. 3 für den Mehrbetrag bei einer streitigen Forderung (s. u. § 256 RdNr. 27, 28).

34 Eine Rückforderung ist auch ausgeschlossen bei *voller Befriedigung von Insolvenzgläubigern durch den Insolvenzverwalter;* sie scheiden, weil ohnehin voll befriedigt, aus dem Kreis der Insolvenzgläubiger aus. Die Begründung des Regierungsentwurfes weist zu Recht darauf hin, dass dem Problem in der Praxis besondere Bedeutung bei den *absonderungsberechtigten Gläubigern* zukommt, bei denen es kein Ausnahmefall ist, dass sie schon während des Insolvenzverfahrens voll befriedigt werden.[44] Die Regelungen des Plans für absonderungsberechtigte Gläubiger wirken sich nur für die Gläubiger aus, die bis zur Rechtskraft der Bestätigung des Plans noch keine Befriedigung erhalten haben. Sieht der Plan die Fortführung des insolventen Unternehmens vor, so sind dies in erster Linie die Gläubiger, deren Absonderungsrechte an Gegenständen bestehen, die für die Fortführung des Unternehmens unentbehrlich sind; denn der Zugriff dieser Gläubiger auf ihre Sicherheiten kann bei unbeweglichen Gegenständen gemäß § 165 (i. V. m. § 30 d ZVG) ausgeschlossen werden oder ist während des Verfahrens durch den Übergang des Verwertungsrechtes auf den Verwalter bei beweglichen Sachen in seinem Besitz gemäß § 166 ausgeschlossen.

35 **2. Befriedigung über die Forderung hinaus.** Nicht erfasst wird von § 254 Abs. 3 der Fall, dass ein Insolvenzgläubiger – aus welchen Gründen auch immer – mehr erhalten hat, als ihm nach seiner ursprünglichen Forderung – ohne die Beschränkungen des Plans – zustand;[45] denn diese Vorschrift handelt nur von der Befriedigung über den Plan, nicht aber über die Forderung hinaus. Bei einem solchen Sachverhalt ist das zu viel Erlangte deshalb nach Bereicherungsrecht (§ 812 BGB) herauszugeben; die Grenze des § 254 Abs. 3 gilt aber insoweit entsprechend, so dass nur der die ursprüngliche Forderung übersteigende Betrag zurückzuerstatten ist.[46]

§ 255 Wiederauflebensklausel

(1) ¹**Sind auf Grund des gestaltenden Teils des Insolvenzplans Forderungen von Insolvenzgläubigern gestundet oder teilweise erlassen worden, so wird die Stundung oder der Erlaß für den Gläubiger hinfällig, gegenüber dem der Schuldner mit der Erfüllung des Plans erheblich in Rückstand gerät.** ²**Ein erheblicher Rückstand ist erst anzunehmen, wenn der Schuldner eine fällige Verbindlichkeit nicht bezahlt hat, obwohl der Gläubiger ihn schriftlich gemahnt und ihm dabei eine mindestens zweiwöchige Nachfrist gesetzt hat.**

(2) **Wird vor vollständiger Erfüllung des Plans über das Vermögen des Schuldners ein neues Insolvenzverfahren eröffnet, so ist die Stundung oder der Erlaß für alle Insolvenzgläubiger hinfällig.**

---

[44] Abgedruckt in *Kübler/Prütting,* Das neue Insolvenzrecht, Bd. I, S. 496.
[45] AA *Kübler/Prütting/Otte* RdNr. 17, der aber über eine teleologische Reduktion helfen will. Insgesamt krit. zur Vorschrift *Gottwald/Braun,* § 69 RdNr. 4, 5.
[46] So auch *Uhlenbruck/Lüer* RdNr. 21; *Nerlich/Römermann/Braun* RdNr. 8.

(3) ¹Im Plan kann etwas anderes vorgesehen werden. ²Jedoch kann von Absatz 1 nicht zum Nachteil des Schuldners abgewichen werden.

Übersicht

	RdNr.		RdNr.
I. Normzweck	1	bb) Fälligkeit	20
1. Sinn und Zweck der Norm	1	cc) Schriftliche Mahnung	21
2. Überblick zum Anwendungsbereich	3	dd) Nachfrist	24
II. Entstehungsgeschichte	4	3. Rechtsfolge	26
1. Frühere Regelungen und Unterschiede zum neuen Recht	4	a) Wiederaufleben	26
a) Vergleichsverfahren (§ 9 VerglO)	4	b) Eintritt der Rechtsfolge	28
b) Konkursverfahren	6	c) Begünstigter Insolvenzgläubiger	29
c) Gesamtvollstreckungsverfahren	7	d) Ergänzung durch § 257 Abs. 3	30
2. Gestzgebungsverfahren zur InsO	8	**IV. Wiederaufleben nach § 255 Abs. 2**	31
a) Kommission für Insolvenzrecht	8	1. Grundlagen	31
b) Diskussionsentwurf/Regierungsentwurf	10	2. Anwendungsbereich	32
		3. Voraussetzung: Eröffnung eines neuen Insolvenzverfahrens vor vollständiger Planerfüllung	34
III. Wiederaufleben nach § 255 Abs. 1	11	4. Rechtsfolge	36
1. Anwendungsbereich	11	a) Wiederaufleben	36
a) Insolvenzplan mit Stundungen oder Teilerlassen	11	b) Eintritt der Rechtsfolge	37
b) Insolvenzforderung	14	c) Begünstigte Insolvenzgläubiger	38
2. Erheblich in Rückstand geratener Schuldner	16	**V. Abweichende Plangestaltung (§ 255 Abs. 3)**	39
a) Rückstand des Schuldners	16	1. Abweichung von § 255 Abs. 1	39
b) Begriff des Rückstands	17	2. Abweichung von § 255 Abs. 2	41
c) Begriff der Erheblichkeit	19		
aa) Legaldefinition (§ 255 Abs. 1 Satz 2)	19		

I. Normzweck

1. Sinn und Zweck der Norm. Erfüllt der Schuldner die nach dem rechtskräftig **1** bestätigten Insolvenzplan den Insolvenzgläubigern gegenüber bestehenden Verpflichtungen nicht, so verbleibt es gleichwohl bei der gemäß § 258 Abs. 1 angeordneten Aufhebung des Insolvenzverfahrens. Die **Folgen der Nichterfüllung** regeln vielmehr § 255 durch das Wiederaufleben gestundeter oder teilweise erlassener Forderungen, der ergänzt wird durch § 256 für im Prüfungstermin bestrittene Forderungen und Ausfallforderungen eines absonderungsberechtigten Gläubigers (s. u. § 256 RdNr. 1), und § 257 durch die Möglichkeit zur Vollstreckung aus dem Plan in Verbindung mit dem Tabellenauszug (s. u. § 257 RdNr. 1, 2).

Nach seinem **Zweck** will § 255 Abs. 1 einerseits den Schuldner durch den unter **2** bestimmten Voraussetzungen drohenden Wegfall von Stundung oder Teilerlass zur ordnungsgemäßen Pflichterfüllung anhalten; andererseits nimmt die Vorschrift Rücksicht darauf, dass einem Insolvenzgläubiger die Bindung an sein in Stundung oder Teilerlass enthaltenes Entgegenkommen billigerweise nicht weiter zugemutet werden kann, wenn nicht einmal diese ohnehin empfindlich beschnittenen Ansprüche planmäßig befriedigt werden. Im Falle der Eröffnung eines neuen Insolvenzverfahrens über das Vermögen des Schuldners bezweckt § 255 Abs. 2 mit der Anordnung des Wegfalls von Stundungen und Teilerlassen gegenüber allen Insolvenzgläubigern, diese in neuen Insolvenzverfahren nicht schlechter zu stellen als die dortigen Insolvenzgläubiger.

2. Überblick zum Anwendungsbereich. Von § 255 werden nur gestundete oder teil- **3** weise erlassene Insolvenzforderungen erfasst. Hierzu ordnet **Abs. 1 Satz 1** den Wegfall von Stundung oder Erlass für *denjenigen einzelnen Insolvenzgläubiger* an, gegenüber dem der Schuldner mit der planmäßigen Erfüllung erheblich in Rückstand gerät; **Satz 2** bestimmt, wann ein erheblicher Rückstand anzunehmen ist. **Abs. 2** betrifft demgegenüber *alle Insol-*

§ 255 4–8

venzgläubiger; für sie werden Stundung und Erlass hinfällig, wenn vor vollständiger Planerfüllung über das Vermögen des Schuldners ein neues Insolvenzverfahren eröffnet wird. **Abs. 3** spricht schließlich aus, in welchem Umfang abweichende Regelungen im Plan zulässig sind.

II. Entstehungsgeschichte

4 **1. Frühere Regelungen und Unterschiede zum neuen Recht. a)** Das **Vergleichsverfahren** enthielt eine *Wiederauflebensklausel* in § 9 VerglO, dessen Regelungen in Abs. 1, Abs. 2 und Abs. 4 jetzt § 255 im Wesentlichen entspricht; § 9 Abs. 3 VerglO betraf den Fall, in dem der Schuldner den Gläubigern sein Vermögen zur Verwertung überließ (sog. Liquidationsvergleich). Anders als § 255 Abs. 1 knüpfte § 9 Abs. 1 VerglO aber an den „Verzug" des Schuldners mit der Vergleichserfüllung an (s. u. RdNr. 18) und verlangte nur eine einwöchige Nachfrist (s. u. RdNr. 24).

5 Im Übrigen ordnete § 88 VerglO den Wegfall der Vergleichswirkungen nach rechtskräftiger Verurteilung des Schuldners wegen Bankrotts oder vorsätzlich falsch abgegebener eidesstattlicher Versicherung (nach § 3 Abs. 4, § 69 Abs. 2 VerglO) an und berechtigte § 89 Abs. 1 VerglO jeden vom Vergleich betroffenen Gläubiger zur Anfechtung wegen arglistiger Täuschung. Im Übrigen waren die Gläubiger bei Nichterfüllung ihrer vom Vergleich erfassten Forderungen auf die Zwangsvollstreckung daraus nach § 85 VerglO (jetzt: § 257) beschränkt (s. u. § 257 RdNr. 5, 6). Eine Klage auf Aufhebung des Vergleiches wegen dessen Nichterfüllung schloss § 89 Abs. 2 VerglO aus.

6 **b)** Das **Konkursverfahren** kannte keine § 255 entsprechende Regelung. War der Zwangsvergleich durch Betrug zustande gebracht worden, so konnte gemäß § 196 KO jeder Gläubiger den vergleichsmäßigen Erlass seiner Forderung anfechten; die rechtskräftige Verurteilung des Gemeinschuldners wegen Bankrott hob gemäß § 197 KO für alle Gläubiger den durch den Zwangsvergleich begründeten Erlass auf. Im Übrigen waren die Gläubiger bei Nichterfüllung ihrer im Zwangsvergleich erfassten Forderungen auf die Zwangsvollstreckung daraus nach § 194 (jetzt: § 257) beschränkt (s. u. § 257 RdNr. 7). Eine Klage auf Aufhebung des Zwangsvergleiches wegen seiner Nichterfüllung schloss § 195 KO aus; die Vorschrift verbot nach hM aber die Aufnahme einer auflösenden Bedingung (sog. kassatorische Klausel, s. u. RdNr. 12) für Stundung oder Teilerlasse nicht.[1]

7 **c)** Das **Gesamtvollstreckungsverfahren** kannte weder eine § 255 noch eine §§ 196, 197 KO (s. o. RdNr. 6) entsprechende Regelung. Im Schrifttum wird allerdings die Anfechtbarkeit des Vergleiches (§ 16 GesO) wegen Betrugs – entsprechend § 196 KO – befürwortet;[2] hatte das Insolvenzgericht von unlauterem Verhalten schon vor Beschlussfassung über den Vergleich Kenntnis erlangt, war dessen Bestätigung gemäß § 16 Abs. 5 Satz 2 GesO zu versagen. Im Übrigen waren die Gläubiger bei Nichterfüllung ihrer vom Vergleich erfassten Forderungen auf die Zwangsvollstreckung daraus gemäß § 16 Abs. 6 GesO (jetzt: § 257) beschränkt (s. u. § 257 RdNr. 8).

8 **2. Gesetzgebungsverfahren zur InsO. a)** Die **Kommission für Insolvenzrecht** sprach sich umfassend **gegen** eine Wiederauflebensklausel aus. Eine solche Regelung war im *Reorganisationsverfahren* nicht vorgesehen. Vielmehr sollte nach Leitsatz 2. 2. 29 Abs. 1 bei Scheitern dieses Verfahrens ein neues selbständiges Insolvenzverfahren eingeleitet werden; Abs. 2 bestimmte ausdrücklich, dass Vorschriften, die §§ 195, 196, 197 KO (s. o. RdNr. 6) oder §§ 88, 89 VerglO (s. o. RdNr. 5) entsprechen, für das Reorganisationsverfahren nicht zu übernehmen seien.[3] Auch in dem *während des überwachten Reorganisationsverfahrens eingeleiteten Liquidationsverfahren* schloss Leitsatz 2.3.6 ein Wiederaufleben der durch den Reorga-

---

[1] *Jaeger/Weber* KO § 195 RdNr. 1; *Kuhn/Uhlenbruck* KO § 195 RdNr. 1.
[2] *Haarmeyer/Wutzke/Förster* GesO § 16 RdNr. 7.
[3] Materialien: Erster Bericht der Kommission für Insolvenzrecht (1. KommBer.), 1985, S. 202.

nisationsplan veränderten Forderungen aus;[4] abweichende Vereinbarungen waren nicht zugelassen (Satz 2 dieses Leitsatzes).

In Ergänzung dazu sah Leitsatz 2.4.8 Abs. 2 vor, dass die Gläubiger im *neuen* 9 *(zweiten) Insolvenzverfahren* – im Anschluss an die gescheiterte Reorganisation (s. o. RdNr. 8) – nur mit ihrer im Reorganisationsplan abgeänderten Forderung teilnehmen konnten.[5] Dadurch war – wie in der Begründung zum Leitsatz auch ausdrücklich vermerkt – eine Wiederauflebensklausel im Sinn des § 9 Abs. 2 VerglO (s. o. RdNr. 4; jetzt § 255 Abs. 2) abgelehnt, die nach der im Leitsatz angeordneten Unwirksamkeit abweichender Vereinbarungen auch im Reorganisationsplan nicht ausbedungen werden konnte.

b) Im Gegensatz dazu enthielt schon der **Diskussionsentwurf des Bundesministeri-** 10 **ums der Justiz**[6] in § 291 DE (= § 291 RefE) eine Wiederauflebensklausel in der jetzigen Form, allerdings noch mit einer – wie im Vergleichsrecht (s. o. RdNr. 4) – einwöchigen Nachfrist. Der **Regierungsentwurf**[7] übernahm das mit der nun auf zwei Wochen verlängerten Frist als § 302 RegE. Diese Vorschrift stimmt mit § 255 – abgesehen von einer redaktionellen Verbesserung in Abs. 1 Satz 1 – wörtlich überein.

III. Wiederaufleben nach § 255 Abs. 1

1. Anwendungsbereich. a) Voraussetzung ist zunächst ein **Insolvenzplan mit Stun-** 11 **dungen oder Teilerlassen,** die sich auf Insolvenzforderungen beziehen (s. u. RdNr. 14). *Stundung* bedeutet das Hinausschieben der Fälligkeit bei Bestehen bleiben der Erfüllbarkeit;[8] *Teilerlass* ist der Verzicht des Gläubigers auf einen Teil der Forderung, wobei dieses Erlassangebot wegen § 151 BGB keiner ausdrücklichen Annahmeerklärung durch den Insolvenzverwalter (§ 80) bedarf, um das Zustandekommen des Vertrages (§ 397 Abs. 1 BGB) zu bewirken.[9]

Enthalten muss diese Rechtsgeschäfte der *gestaltende Teil des Insolvenzplans* (§ 221). In 12 Betracht kommt nicht nur ein Sanierungs- oder Übertragungs-, sondern auch ein Liquidationsplan; nicht genügt jedoch, dass der Plan nur die Art der Verwertung des Schuldnervermögens regelt.[10] Einer § 255 entsprechenden kassatorischen Klausel im Insolvenzplan bedarf es nicht, weil die Rechtsfolgen dieser Bestimmung von Gesetzes wegen eintreten (s. u. RdNr. 28); insoweit ist die Normüberschrift „Wiederauflebens*klausel*" missverständlich.

Nicht von § 255 erfasst wird der *vollständige Forderungserlass,*[11] wie schon aus dem Geset- 13 zeswortlaut – „teilweise erlassen" – folgt; außerdem kann es bei vollständigem Erlass begrifflich nicht mehr zu einem „erheblichen Rückstand mit der Erfüllung" kommen. Nicht hierher gehören auch *nachrangige Insolvenzforderungen* (§ 39), wenn sie gemäß § 225 Abs. 1 als (vollständig) erlassen gelten.[12]

b) Als weitere Voraussetzung müssen sich Stundung oder Teilerlass auf eine **Insolvenz-** 14 **forderung nach § 38** beziehen, deren Befriedigung nach dem Insolvenzplan – mit den

---

[4] 1. KommBer. S. 211 f.
[5] 1. KommBer. S. 273 f.
[6] Materialien: Diskussionsentwurf zur Reform des Insolvenzrechts, Entwurf einer Insolvenzordnung (EInsO) und anderer Reformvorschriften, 1988, mit Begründung in Teil B, S. 265 f.
[7] Materialien: *Kübler/Prütting,* Das neue Insolvenzrecht, Bd I, S. 497.
[8] BGH NJW 2000, 2060 f.; *Palandt/Heinrichs* § 271 RdNr. 12.
[9] Vgl. *Palandt/Heinrichs* § 397 RdNr. 2, 6.
[10] Begründung RegE, abgedruckt in *Kübler/Prütting* (o. Fn. 7).
[11] HM, vgl. nur: *Uhlenbruck/Lüer* RdNr. 4; HK-*Flessner* RdNr. 4; *Kübler/Prütting/Otte* RdNr. 14; *Schiessler* S. 196; unklar FK-*Jaffé* RdNr. 9, 12, 34, in denen einschränkungslos von „erlassenen Forderungen" die Rede ist; widersprüchlich *Hess* RdNr. 6, der die Begriffe „Erlass" und „Teilerlass" gleichzeitig verwendet. AA *Nerlich/Römermann/Braun* RdNr. 2: § 255 soll gelten, wenn der Gläubiger (bei vollständigem Forderungserlasses !?) die Plangegenleistung nicht erhalten hat.
[12] *Schiessler* aaO; zum alten Recht entsprechend: *Bley/Mohrbutter* VerglO § 9 RdNr. 13.

dortigen Beschränkungen – dem Schuldner obliegt (s. u. RdNr. 16). Eine *nachrangige Insolvenzforderung* (§ 39) könnte nur dann betroffen sein, wenn sie überhaupt angemeldet (§§ 174 Abs. 3, 177 Abs. 2) und im Plan berücksichtigt wurde. Letzteres dürfte in der Praxis jedoch kaum vorkommen; dann gelten nachrangige Insolvenzforderungen gemäß § 225 Abs. 1 als erlassen und scheiden schon deshalb aus dem Anwendungsbereich des § 255 aus (s. o. RdNr. 13). Erfasst wird auch eine im Prüfungstermin *bestrittene Insolvenzforderung* oder eine der Höhe nach noch nicht feststehende *Ausfallforderung* eines absonderungsberechtigten Gläubigers (§ 52), für die aber als Sonderregel § 256 zu beachten ist (s. u. § 256 RdNr. 1).

15   Nicht hierher gehören Ansprüche der *absonderungsberechtigten Gläubiger,*[13] von ihrer Ausfallforderung abgesehen (s. o. RdNr. 14 aE); davon geht schon die Begründung des Regierungsentwurfes zutreffend aus.[14] Ein Wiederaufleben von dinglichen Rechten, die durch die Wirkungen des Plans zunächst erloschen sind, ist allerdings nach allgM nicht möglich, wie sich schon aus dem Wortlaut des § 255 Abs. 1 S. 1 („Forderungen") ergibt (s. u. RdNr. 27). In aller Regel wird auch kein Bedürfnis für eine Wiederauflebensklausel gegenüber den absonderungsberechtigten Gläubigern bestehen. Eine Regelung der Absonderungsrechte im Plan wird im Allgemeinen dahin gehen, dass diese Gläubiger auf einen Teil ihrer Sicherheiten verzichten, dass sie ihre Sicherheiten zeitweise nicht ausüben dürfen oder dass ihre Sicherheiten gegen andere Sicherheiten ausgetauscht werden (vgl. § 223 Abs. 2); gegebenenfalls müssen sie dafür sorgen, dass der gestaltende Teil des Insolvenzplans Regelungen enthält, die im Falle des Wiederauflebens der Forderung den Rückgriff auf die Sicherheit ermöglichen (s. u. RdNr. 27).[15] In diesen Fällen sind die Gläubiger ohne Schwierigkeiten in der Lage, die ihnen nach dem Plan zustehenden Rechte durch Zugriff auf die Sicherheiten auch gegen den Willen des Schuldners durchzusetzen.

16   **2. Erheblich in Rückstand geratener Schuldner. a)** Nach § 255 Abs. 1 Satz 1 muss der **Schuldner** selbst mit der Befriedigung des konkreten Insolvenzgläubigers (s. u. RdNr. 29) in Rückstand geraten sein. Die Vorschrift greift also **nicht** ein, wenn nach dem Inhalt des Plans die Befriedigung des Insolvenzgläubigers einer Übernahmegesellschaft (§ 260 Abs. 3) oder einem sonstigen Dritten, z. B. einem Plangaranten (s. u. § 257 RdNr. 45 ff.) obliegt und diese ihre Verpflichtungen nicht erfüllen.[16]

17   **b) Begriff des Rückstandes.** Zwar knüpft § 255 Abs. 1 Satz 1 daran an, dass der Schuldner mit der Erfüllung des Plans erheblich „in Rückstand gerät." Gemeint ist aber nur ein **Zahlungsrückstand** hinsichtlich einer im Insolvenzplan aufrechterhaltenen Insolvenzforderung (s. o. RdNr. 14). Das folgt unmissverständlich aus Satz 2 der genannten Bestimmung, die als erste Voraussetzung für die Erheblichkeit des Rückstandes verlangt, dass der Schuldner *„eine fällige Verbindlichkeit nicht bezahlt."* Die Wiederauflebensklausel greift folglich nur bei Säumnis des Schuldners mit der Erfüllung einer Zahlungspflicht ein. Ob er diesen Rückstand verschuldet hat, ist nach allgM unerheblich; denn für einen Mangel an Zahlungsmitteln muss der Schuldner immer einstehen (§ 276 Abs. 1 Satz 1 BGB). Auf die *Höhe des Zahlungsrückstandes* kommt es nicht an; denn § 255 Abs. 1 Satz 2 verlangt keinen „erheblichen Rückstand", sondern, dass der Schuldner „erheblich in Rückstand gerät". Hat der Schuldner *mehrere Forderungen* desselben Insolvenzgläubigers zu bedienen, so wird eine Teilleistung auf alle gleichmäßig verteilt, sofern der Schuldner keine andere Bestimmung trifft (§ 366 Abs. 1 BGB), während § 366 Abs. 2 BGB nicht anwendbar sein soll;[17] auf die zuletzt genannte Vorschrift

---

[13] HM, vgl. nur: *Uhlenbruck/Lüer* RdNr. 3; *FK-Jaffé* RdNr. 38; *Kübler/Prütting/Otte* RdNr. 9, 10; *Schiessler* S. 195; *Häsemeyer* RdNr. 28.77. Kritisch: *Braun/Uhlenbruck* S. 490; *Nerlich/Römermann/Braun* RdNr. 3. AA (Wiederaufleben) HK-*Flessner* RdNr. 5.
[14] Abgedruckt in *Kübler/Prütting* (o. Fn. 7).
[15] Jedenfalls dann wäre den Bedenken von *Nerlich/Römermann/Braun* (aaO) offenbar Rechnung getragen.
[16] *Nerlich/Römermann/Braun* RdNr. 4; *Kübler/Prütting/Otte* RdNr. 8; *Häsemeyer* 28.76.
[17] *Nerlich/Römermann/Braun* RdNr. 4; *Kübler/Prütting/Otte* RdNr. 20. AA *Uhlenbruck/Lüer* RdNr. 7.

kommt es aber meist ohnehin nicht an, weil § 255 wegen der anderen Forderungen eingreifen wird (s. o. RdNr. 29).

Nicht genügt demgegenüber, dass der Schuldner andere ihm nach dem Plan obliegende **18** Haupt- oder Hilfs-/Nebenpflichten nicht ordnungsgemäß erfüllt.[18] Hierin liegt ein wesentlicher Unterschied zur Rechtslage bei § 9 VerglO. Denn diese Vorschrift setzte – begrifflich weitergehend – einen *Verzug* des Schuldners voraus, während nun – begrifflich enger – auf den *Rückstand* abgestellt wird. Es genügt also beispielsweise nicht mehr wie nach dem bisherigen Recht,[19] dass der Schuldner eine aufschiebend bedingte Forderung nicht rechtzeitig sicherstellt, die vergleichs(plan-)mäßige Verwertung von Gegenständen stört oder Außenstände nicht bekannt gibt.

c) Begriff der Erheblichkeit des Rückstandes. aa) Die **Legaldefinition** enthält **19** § 255 Abs. 1 Satz 2, wovon zum Nachteil des Schuldners nicht abgewichen werden kann (s. u. RdNr. 39): Ein erheblicher Rückstand ist danach erst, aber auch schon dann anzunehmen, wenn der Schuldner (s. o. RdNr. 16) eine fällige (s. u. RdNr. 20) Verbindlichkeit nicht bezahlt, also eine fällige Zahlungspflicht (s. o. RdNr. 17) nicht erfüllt, obwohl der Gläubiger der Insolvenzforderung (s. o. RdNr. 14) ihn schriftlich gemahnt (s. u. RdNr. 21 ff.) und dabei eine mindestens zweiwöchige Nachfrist (s. u. RdNr. 24, 25) gesetzt hat. Diese ausschließlich objektiven Anforderungen unterscheiden sich von denen für den Verzugseintritt durch das Erfordernis der Schriftlichkeit der Mahnung und die Pflicht zur Setzung einer Nachfrist. Auf *Verschulden* des Schuldners am Zahlungsrückstand kommt es indessen nicht an, auch nicht auf die *Höhe des Rückstandes* (s. o. RdNr. 17).

bb) Die **Fälligkeit** bezeichnet den Zeitpunkt, von dem ab der Gläubiger die Leistung **20** verlangen kann; bei der Stundung kommt es auf den Zeitpunkt an, auf den die Fälligkeit hinausgeschoben ist (s. o. RdNr. 11). Beides muss im Insolvenzplan festgelegt sein; enthält dieser keine Regelung, tritt Fälligkeit nicht vor Rechtskraft der Planbestätigung (§ 254 RdNr. 16) ein.[20]

cc) Erforderlich ist weiter eine **schriftliche Mahnung,** deren Zustellung sich zu Beweis- **21** zwecken und wegen der weitreichenden Folgen empfiehlt. Für die **Schriftform** gilt § 126 BGB; das bedeutet für die Praxis, dass eine Telefax-Übermittlung nicht genügt.[21] Möglich ist aber nach § 126 Abs. 3 BGB elektronische Form,[22] wofür aber strenge Anforderungen nach § 126 a Abs. 1 BGB gelten.

Mahnung ist die durch einseitige, hier formgebundene, empfangsbedürftige (§ 130 BGB) **22** Willenserklärung an den Schuldner (nicht: Insolvenzverwalter) gerichtete Aufforderung, die geschuldete und genau bezeichnete Leistung zu erbringen; im Übrigen richten sich die Anforderungen nach den allgemeinen Regeln.[23] Eine Mahnung kann erst *nach Eintritt der Fälligkeit* erfolgen, wie § 286 Abs. 1 Satz 1 BGB zeigt. Diese Regelung gilt auch hier, obgleich § 255 Abs. 1 nicht auf den Verzug abstellt (s. o. RdNr. 4, 18); denn der Gesetzgeber hat diesen Begriff nur deshalb vermieden, weil er strengere Anforderungen aufstellen wollte.[24] Enthält der Plan eine sogenannte *Schonfrist,* also ein zeitliches Zugeständnis zur Leistungserbringung nach dem Fälligkeitszeitpunkt, so darf die Mahnung erst nach Ablauf dieser Schonfrist erfolgen.[25]

---

[18] *Uhlenbruck/Lüer* RdNr. 17, 18; HK-*Flessner* RdNr. 5; *Schiessler* S. 193 f. AA FK-*Jaffé* RdNr. 13; *Hess* RdNr. 11.
[19] Ausf. *Bley/Mohrbutter* VerglO § 9 RdNr. 11; hierauf beruft sich FK-*Jaffé* aaO.
[20] *Uhlenbruck/Lüer* RdNr. 8.
[21] BGH NJW 1997, 3169 f.; BGHZ 121, 224, 228 ff. = NJW 1993, 1126; *Palandt/Heinrichs* § 126 RdNr. 11; krit. *Kilger/K. Schmidt* § 9 VerglO Anm. 1 a.
[22] Aus dem Gesetz (hier insbes aus der InsO) kann sich zwangsläufig „nicht ... ein anderes" ergeben, weil die Vorschriften erst durch Gesetz v. 13. 7. 2001 mit Wirkung ab 1. 8. 2001 in das BGB eingefügt wurden.
[23] *Palandt/Heinrichs* § 286 RdNr. 16 ff.
[24] Begr. RegE, abgedruckt bei *Kübler/Prütting,* Das neue Insolvenzrecht, Bd. I, S. 457.
[25] *Uhlenbruck/Lüer* RdNr. 10; *Kübler/Prütting/Otte* RdNr. 18. Zum alten Recht ebenso BGH WM 1958, 105 f.

23 **Nicht** ersetzt werden kann die Mahnung – anders als beim Verzug (§ 286 Abs. 1 Satz 2 BGB) – durch *Klage oder Mahnbescheid;* dafür gibt es zwei Gründe: Zum einen können diese nach BGB gleichgestellten Maßnahmen nicht mit einer hier zwingend vorgeschriebenen Nachfrist (s. u. RdNr. 24) verbunden werden. Zum anderen wäre eine Zahlungsklage wegen der erleichterten Vollstreckbarkeit nach § 257 Abs. 3 ohnehin grundsätzlich unzulässig (s. u. § 257 RdNr. 3, 68).

24 **dd)** Mit der schriftlichen Mahnung ist eine mindestens **zweiwöchige Nachfrist** zu setzen; für die Fristberechnung gelten §§ 187 Abs. 1, 188 Abs. 2, 193 BGB. Die Bestimmung einer kürzeren Frist – die sich der Gläubiger im Plan nicht ausbedingen kann (s. u. RdNr. 39) – ist unwirksam und löst **nicht** den Lauf der gesetzlichen Frist aus.[26] Der Gläubiger muss vielmehr erneut ordnungsgemäß (s. o. RdNr. 21 ff.) mit der richtigen Nachfrist mahnen. Die Nachfrist beginnt mit dem Zugang der Mahnung (s. o. RdNr. 22). Der Gläubiger kann im Mahnschreiben zugunsten des Schuldners jedoch eine längere Nachfrist oder einen späteren Fristbeginn festlegen (s. u. RdNr. 40).

25 Für die *Fristwahrung* kommt es nach allgemeinen Regeln (Leistungsort bei Geldschulden ist der Wohnort des Schuldners, §§ 269 Abs. 1, 270 Abs. 4 BGB) nicht auf den Eingang des Geldes beim Gläubiger, sondern auf den Zeitpunkt der Absendung durch den Schuldner an.[27] Die Übersendung eines Schecks genügt jedoch regelmäßig nicht.[28] Bei Wechselforderungen bedarf es zur Mahnung nicht der Vorlage des Wechsels, wohl aber der Aufforderung an den Schuldner, den Gläubiger einen vor Ablauf der Nachfrist liegenden Termin zur Empfangnahme des Geldes gegen Teilquittung auf dem Papier oder Aushändigung desselben zu bestimmen.[29]

26 **3. Rechtsfolge. a) Wiederaufleben.** Beseitigt der Schuldner den Rückstand nicht rechtzeitig (s. o. RdNr. 17–25), so wird gemäß § 255 Abs. 1 Satz 1 die Stundung oder der Teilerlass für den Insolvenzgläubiger (s. u. RdNr. 29) hinfällig. Die Forderung entsteht aber nicht etwa neu; denn sie hatte im Insolvenzplan nur Beschränkungen erfahren. Die Forderung lebt vielmehr in dem Umfang (einschließlich Nebenansprüchen, z. B. Zinsen) und mit der Fälligkeit so wieder auf, wie sie vor der Planbestätigung bestand,[30] jedoch gegebenenfalls vermindert um diejenigen Teilbeträge, mit denen der Schuldner die Forderung bedient hatte. Ob der Gläubiger darüber hinaus einen *Verzugsschaden* geltend machen kann, bestimmt sich nach allgemeinen Regeln (§§ 280 Abs. 2, 288 BGB, § 352 HGB).

27 Ob nach Wiederaufleben der Forderung die *für die Planerfüllung gestellten Sicherheiten* (sog. Insolvenzplansicherheiten) nunmehr für die Forderung in ihrer ursprünglichen Höhe haften, richtet sich nach dem Inhalt der Verpflichtungserklärungen.[31] Im Zweifel wird die Plansicherheit, insbesondere eine Planbürgschaft auf den im Plan ermäßigten Betrag der Insolvenzforderung beschränkt bleiben; doch muss sich ein Bürge den Wegfall einer Stundung entgegenhalten lassen. Bei der Auslegung kann entscheidend sein, ob die Insolvenzplansicherheit vom Schuldner oder einem Dritten (dann idR Beschränkung auf Planerfüllung) gestellt wurde.

28 **b) Eintritt der Rechtsfolge.** Stundung oder Teilerlass entfallen kraft Gesetzes.[32] Die Normüberschrift als „Wiederauflebens*klausel*" ist insoweit missverständlich (s. o. RdNr. 12); der Gläubiger muss also nicht etwa eine Erklärung „zur Hinfälligkeit von

---

[26] HM, vgl. nur: *Nerlich/Römermann/Braun* RdNr. 4; FK-*Jaffé* RdNr. 30; *Kübler/Prütting/Otte* RdNr. 18; *Hess* RdNr. 14.
[27] BGH WM 1958, 1053.
[28] BGH KTS 1963, 179 = LM 4 zu VerglO § 9.
[29] *Kilger/K. Schmidt* § 9 VerglO Anm. 1 a aE.
[30] *Nerlich/Römermann/Braun* RdNr. 5; HK-*Flessner* RdNr. 9; *Kübler/Prütting/Otte* RdNr. 6.
[31] Näher *Uhlenbruck/Lüer* RdNr. 14. Zum früheren Recht vgl. z. B. *Kilger/K. Schmidt* § 9 VerglO Anm. 2 a.
[32] HK-*Flessner* RdNr. 9; FK-*Jaffé* RdNr. 34; *Kübler/Prütting/Otte* RdNr. 5. HM auch zum früheren Recht, *Kilger/K. Schmidt* § 9 VerglO Anm. 2 a.

Stundung und/oder Teilerlass" abgeben. Im Übrigen bleibt der Insolvenzplan unverändert bestehen.

c) Begünstigter Insolvenzgläubiger. Die Rechtsfolge des § 255 Abs. 1 Satz 1 tritt nur **29** bei demjenigen Insolvenzgläubiger ein, demgegenüber der Schuldner erheblich (s. o. RdNr. 19 ff.) in Rückstand geraten war, und der deshalb gemäß Satz 2 der Bestimmung vorgegangen ist. Das ergibt sich sowohl aus dem Wortlaut in § 255 Abs. 1 Satz 1 („... für den Gläubiger hinfällig, gegenüber dem ...") wie aus einem Umkehrschluss aus § 255 Abs. 2. Hatte dieser Insolvenzgläubiger *mehrere Forderungen* gestundet oder teilweise erlassen, so genügt der Rückstand iSd § 255 Abs. 1 Satz 2 bei einer Forderung und das Vorgehen hierzu (s. o. RdNr. 17), um alle seine Forderungen in ihrem ursprünglichen Umfang wiederaufleben zu lassen.[33]

d) Die beschriebenen materiell-rechtlichen Wirkungen des § 255 Abs. 1 erfahren eine **30 vollstreckungsrechtliche Ergänzung** durch § 257 Abs. 3, der die Vollstreckung aus dem Plan für den begünstigten Insolvenzgläubiger (s. o. RdNr. 29) regelt; danach kann dieser die Vollstreckungsklausel durch Glaubhaftmachung von Mahnung und Ablauf der Nachfrist erlangen, ohne einen weiteren Beweis für den Rückstand des Schuldners führen zu müssen (s. u. § 257 RdNr. 59 ff.).

IV. Wiederaufleben nach § 255 Abs. 2

1. Grundlagen. Nach § 255 Abs. 1 werden Stundungen und Teilerlasse nur für denje- **31** nigen **einzelnen** Insolvenzgläubiger hinfällig, dem gegenüber der Schuldner erheblich in Rückstand geraten war und der deshalb gemäß Abs. 1 Satz 2 der Bestimmung vorgegangen ist (s. o. RdNr. 29). Für diese Beschränkung der Wiederauflebenswirkung gibt es keinen Grund, wenn über das Vermögen des Schuldners ein neues Insolvenzverfahren eröffnet wird. Denn damit steht das endgültige Scheitern der Planerfüllung fest; folglich ist nicht mehr zu erwarten, dass die übrigen Insolvenzgläubiger, die ebenfalls ihre Forderungen gestundet oder teilweise (s. u. RdNr. 32) erlassen haben, darauf noch Befriedigung erhalten werden. Deshalb ordnet § 255 Abs. 2 den Wegfall von Stundungen und Teilerlass gegenüber **allen** Insolvenzgläubigern an, um diese im neuen Insolvenzverfahren nicht schlechter zu stellen als die dortigen Insolvenzgläubiger (s. o. RdNr. 2). Eine **Sondervorschrift** für das (erweiterte) Wiederaufleben von Ansprüchen des Pensions-Sicherungs-Vereins (PSV) als Träger der betrieblichen Altersversorgung bei Eröffnung eines neuen Insolvenzverfahrens über das Vermögen des schuldnerischen Unternehmens enthält § 9 Abs. 4 Satz 2 BetrAVG.[34]

2. Anwendungsbereich. Auch unter § 255 Abs. 2 fallen nur die im gestaltenden Teil **32** des Insolvenzplans aufrechterhaltenen, jedoch gestundeten oder teilweise erlassenen Insolvenzforderungen (s. o. RdNr. 11–15). Allerdings spricht diese Vorschrift vom „Erlass" und nicht wie Abs. 1 von „teilweise erlassen". Gemeint ist aber auch hier nur der *Teilerlass einer Insolvenzforderung*.[35] Nicht ganz überzeugend mag es allerdings sein, das alleine aus dem Wortlaut der Norm unter Hinweis darauf abzuleiten, mit der Voranstellung des Artikels „der" vor „Erlass" werde Bezug genommen auf „teilweise erlassen" in Abs. 1.[36]

Jedoch folgt dieses Ergebnis nach der *hier vertretenen Auffassung* aus dem Normzweck des **33** § 255 Abs. 2, der eine Schlechterstellung der (alten) Insolvenzgläubiger im neu eröffneten

---

[33] Ebenso *Nerlich/Römermann/Braun* RdNr. 5 aE; *Schiessler* S. 196; *Bley/Mohrbutter* § 9 VerglO RdNr. 13. AA HK-*Flessner* RdNr. 9 (Mahnung und Nachfrist für jede einzelne Forderung notwendig).
[34] Näher *Uhlenbruck/Lüer* RdNr. 13.
[35] Zustimmend *Nerlich/Römermann/Braun* RdNr. 6; *Graf-Schlicker/Kebekus* RdNr. 3; wie hier ohne nähere Begründung *Uhlenbruck/Lüer* RdNr. 19, 20. AA *Schiessler* S. 197 („auch vollständig erlassene Forderungen").
[36] So *Kübler/Prütting/Otte* RdNr. 22.

Insolvenzverfahren gegenüber den dortigen (neuen) Insolvenzgläubigern vermeiden will (s. o. RdNr. 2, 31). Zu einer solchen Schlechterstellung kann es aber schon begrifflich nicht kommen, wenn der Insolvenzgläubiger seine Forderung vollständig erlassen hatte. Dieser Verzicht war endgültig und gerade nicht davon abhängig, dass die Planerfüllung allen Insolvenzgläubigern gegenüber gelingt und der Schuldner nicht erneut insolvent wird. Dass beides möglicherweise Motiv für einen Insolvenzgläubiger war, um mit einem sanierten schuldnerischen Unternehmen Geschäftsbeziehungen fortsetzen zu können, genügt nicht, zumal § 255 auch für einen Liquidationsplan gilt (s. o. RdNr. 12). Im Übrigen will § 255 Abs. 2 nur die sonst auf einen einzelnen Insolvenzgläubiger beschränkten Rechtsfolgen (s. o. RdNr. 29) auf alle Insolvenzgläubiger erstrecken, nicht aber die Rechtsfolgen gegenüber Abs. 1 erweitern, von dem ein vollständiger Forderungserlass gerade nicht erfasst wird (s. o. RdNr. 13).

34   3. **Voraussetzung:** Das Gesetz verlangt nur die **Eröffnung eines neuen Insolvenzverfahrens** über das Vermögen des Schuldners **vor vollständiger Erfüllung des Plans.** Letzteres meint vollständige Erfüllung der im Plan mit den dortigen Beschränkungen aufrechterhaltenen Insolvenzforderungen, wie sich aus Normzweck und Rechtsfolgen des § 255 Abs. 2 ergibt (s. o. RdNr. 2, 31; s. u. RdNr. 36 ff.). Wird das neue Insolvenzverfahren eröffnet, nachdem diese Forderungen planmäßig erfüllt worden sind, scheidet eine Anwendung der Vorschrift aus, und zwar selbst dann, wenn andere im Plan enthaltene Verpflichtungen noch unerfüllt sind.[37]

35   **Nicht** Voraussetzung ist, dass der Schuldner einem oder mehreren Insolvenzgläubigern gegenüber mit seiner Zahlungspflicht erheblich in Rückstand geraten und deshalb bereits ein Insolvenzgläubiger nach § 255 Abs. 1 Satz 2 durch Mahnung mit Nachfristsetzung vorgegangen ist. Vielmehr greift § 255 Abs. 2 selbst dann ein, wenn der Schuldner bis zur neuen Insolvenzeröffnung seine Zahlungspflichten gemäß dem Plan erbracht hat, was aber gerade wegen des erneuten Eintritts der Insolvenz in der Praxis eher seltener vorkommen dürfte.

36   4. **Rechtsfolge. a)** Sie besteht im **Wiederaufleben** der gestundeten oder teilweise (s. o. RdNr. 32, 33) erlassenen Insolvenzforderungen in dem Umfang und mit der Fälligkeit, die sie vor Planbestätigung hatten, jedoch gegebenenfalls bei den einzelnen Insolvenzgläubigern vermindert um die Teilbeträge, mit denen der Schuldner ihre Forderungen bedient hatte (s. o. RdNr. 26). Wegen der für die Planerfüllung gestellten Sicherheiten gelten die früheren Erörterungen entsprechend (s. o. RdNr. 27).

37   b) **Eintritt der Rechtsfolge.** Stundung oder Teilerlass entfallen kraft Gesetzes mit Eröffnung (§ 27) des neuen Insolvenzverfahrens über das Vermögen des Schuldners; gerade bei § 255 Abs. 2 zeigt sich die Missverständlichkeit der Normüberschrift „Wiederauflebens*klausel*" (s. o. RdNr. 28). Im Übrigen bleibt der Insolvenzplan unverändert bestehen.

38   c) Begünstigt von § 255 Abs. 2 sind – anders als bei Abs. 1 der Vorschrift (s. o. RdNr. 29) – **alle Insolvenzgläubiger** mit ihren im Plan gestundeten oder teilweise erlassenen Forderungen. Voraussetzung ist aber, dass sie noch *keine vollständige planmäßige Befriedigung* erhalten haben. Denn in diesem Falle ist ihnen zugeflossen, womit sie sich auf Grund ihrer privatautonomen Entscheidung begnügen wollten oder womit sie sich auf Grund der Mehrheitsentscheidung bei der Planabstimmung abzufinden hatten; die erneute Insolvenz des Schuldners berührt sie insoweit nicht und kann sie daher auch nicht schlechter stellen (s. o. RdNr. 31). Die Rechtsfolge des § 255 Abs. 2 tritt also bei einem planmäßig vollständig befriedigten Insolvenzgläubiger nicht ein. Etwas anderes gilt aber bei erfolgreicher *Anfechtung dieser Befriedigung als Deckungsgeschäft* (§§ 130, 131) durch den Insolvenzverwalter (des neuen Insolvenzverfahrens) – insbesondere bei Inkongruenz der Befriedigung. Gewährt der Gläubiger das Erlangte zurück (§ 143 Abs. 1), lebt seine Forderung wieder auf (§ 144

---

[37] HK-*Flessner* RdNr. 11.

Abs. 1), mit der er am Insolvenzverfahren teilnehmen kann; eine Aufrechnung gegen den Rückgewähranspruch aus Insolvenzanfechtung ist allerdings gemäß § 96 Abs. 1 Nr. 1 ausgeschlossen (§ 144 RdNr. 8).

V. Abweichende Plangestaltung (§ 255 Abs. 3)

1. Abweichung von § 255 Abs. 1. Die Beteiligten können nach § 255 Abs. 3 im Insolvenzplan etwas anderes vorsehen, jedoch von Abs. 1 nicht zum *Nachteil des Schuldners* abweichen. **Unwirksam** wäre deshalb beispielsweise (zur Besserungsklausel s. o. § 221 RdNr. 28) eine Regelung, 39
– in der auf die Nachfrist verzichtet oder diese über das gesetzliche Mindestmaß hinaus verkürzt wird,
– die ein Wiederaufleben auch bei anderen Pflichtverstößen vorsieht (s. o. RdNr. 18),
– das Wiederaufleben von Stundungen oder teilweise erlassenen Forderungen auch anderer Insolvenzgläubiger eintreten lässt, wenn nur einer von ihnen nach § 255 Abs. 1 Satz 2 vorgeht,
– auch andere Planregelungen (als Stundungen oder Teilerlasse) hinfällig werden lässt.
Wirksam ist demgegenüber eine *für den Schuldner vorteilhafte Abweichung*, beispielsweise 40
– die Gewährung einer Schonfrist (s. o. RdNr. 22),
– das Erfordernis einer längeren Nachfrist,
– die Anknüpfung an einen bestimmten Umfang des Rückstandes, z. B. an den Rückstand mit mehr als einer Rate oder an eine bestimmte Höhe (s. o. RdNr. 17 aE).

2. Abweichungen von § 255 Abs. 2. In diesem Fall gilt die Einschränkung des § 255 Abs. 3 Satz 2 nicht. Deshalb kann beispielsweise die Eröffnung eines neuen Insolvenzverfahrens zur auflösenden Bedingung für den ganzen Plan oder einzelne seiner Regelungen gemacht werden, soweit er nicht Rechtsgeschäfte enthält, die nach materiellem Recht bedingungsfeindlich sind, wie z. B. § 925 Abs. 2 BGB.[38] 41

§ 256 Streitige Forderungen. Ausfallforderungen

(1) [1]Ist eine Forderung im Prüfungstermin bestritten worden oder steht die Höhe der Ausfallforderung eines absonderungsberechtigten Gläubigers noch nicht fest, so ist ein Rückstand mit der Erfüllung des Insolvenzplans im Sinne des § 255 Abs. 1 nicht anzunehmen, wenn der Schuldner die Forderung bis zur endgültigen Feststellung ihrer Höhe in dem Ausmaß berücksichtigt, das der Entscheidung des Insolvenzgerichts über das Stimmrecht des Gläubigers bei der Abstimmung über den Plan entspricht. [2]Ist keine Entscheidung über das Stimmrecht getroffen worden, so hat das Gericht auf Antrag des Schuldners oder des Gläubigers nachträglich festzustellen, in welchem Ausmaß der Schuldner vorläufig die Forderung zu berücksichtigen hat.

(2) [1]Ergibt die endgültige Feststellung, daß der Schuldner zuwenig gezahlt hat, so hat er das Fehlende nachzuzahlen. [2]Ein erheblicher Rückstand mit der Erfüllung des Plans ist erst anzunehmen, wenn der Schuldner das Fehlende nicht nachzahlt, obwohl der Gläubiger ihn schriftlich gemahnt und ihm dabei eine mindestens zweiwöchige Nachfrist gesetzt hat.

(3) Ergibt die endgültige Feststellung, daß der Schuldner zuviel gezahlt hat, so kann er den Mehrbetrag nur insoweit zurückfordern, als dieser auch den nicht fälligen Teil der Forderung übersteigt, die dem Gläubiger nach dem Insolvenzplan zusteht.

---

[38] HK-*Flessner* RdNr. 15; *Uhlenbruck/Lüer* RdNr. 22.

Übersicht

	RdNr.		RdNr.
I. Normzweck	1	cc) Keine Rechtspfleger-, sondern Richterentscheidung	12
1. Sinn und Zweck der Norm	1	c) Rechtsfolge einer vorläufigen Zahlung des Schuldners	14
2. Überblick zum Anwendungsbereich	2	3. Vorläufige Zahlung gemäß nachträglicher Entscheidung (Satz 2)	15
II. Entstehungsgeschichte	4	a) Grundsatz	15
1. Frühere Regelungen und Unterschiede zum neuen Recht	4	b) Anwendungsbereich der Norm	16
a) Vergleichsverfahren (§ 97 VerglO)	4	c) Antrag	17
b) Konkurs- und Gesamtvollstreckungsverfahren	5	aa) Antragsberechtigung	17
2. Gesetzgebungsverfahren zur InsO	6	bb) Rechtsfolge des Antrags	19
III. Vorläufige Zahlung des Schuldners bei Ungewissheit über die Forderung, § 256 Abs. 1	7	d) Enscheidung des Insolvenzgerichts	20
1. Anwendungsbereich	7	aa) Zuständigkeit des Richters	20
a) Im Prüfungstermin bestrittene Forderungen	7	bb) Entscheidungsinhalt	21
b) Der Höhe nach noch nicht feststehende Ausfallforderung	8	e) Rechtsfolge einer vorläufigen Zahlung des Schuldners	22
2. Vorläufige Zahlung entspricht dem bei Planabstimmung festgestellten Stimmrecht (Satz 1)	9	4. Ausbleiben von vorläufigen Zahlungen des Schuldners trotz Entscheidungen nach § 256 Abs. 1	24
a) Grundsatz	9	**IV. Rechtslage nach endgültiger Feststellung, § 256 Abs. 2, 3**	26
b) Entscheidung des Insolvenzgerichts	10	1. Endgültige Feststellung	26
aa) Grundlage	10	2. Nachzahlungspflicht des Schuldners (Abs. 2)	27
bb) Einigung über das Stimmrecht?	11	3. Rückzahlungsanspruch des Schuldners (Abs. 3)	28

I. Normzweck

1. Sinn und Zweck der Norm. Bei einer im Prüfungstermin bestrittenen Forderung oder einer der Höhe nach noch nicht feststehenden Ausfallforderung eines absonderungsberechtigten Gläubigers herrscht Unklarheit für den Schuldner, ob und in welchem Umfang er den entsprechenden Insolvenzgläubiger befriedigen muss. Zahlt er deshalb bis zur endgültigen Feststellung nichts, so drohen der Wegfall von Stundungen und Teilerlass nach § 255 Abs. 1, wenn der Gläubiger nach Satz 2 dieser Bestimmung vorgeht (zum Normzweck der Wiederauflebensklausel s. o. § 255 RdNr. 1–3). Diese Folge kann der Schuldner nach § 256 vermeiden, wenn er die streitige Forderung oder Ausfallforderung vorläufig in bestimmtem Umfang erfüllt (s. u. RdNr. 2). Die Vorschrift enthält folglich eine Ergänzung der Wiederauflebensklausel (§ 255) **zum Zwecke des Schuldnerschutzes.** Zugleich nimmt sie aber auch Rücksicht auf den Gläubiger, der zunächst wenigstens eine Teilleistung erhält. Erst nach endgültiger Feststellung der Forderungen kommt dann unter Umständen wegen eines Rückstandes § 255 zur Anwendung oder muss der Gläubiger eine Überzahlung erstatten (s. u. RdNr. 3).

2. Überblick zum Anwendungsbereich. Von § 256 werden nur die im Prüfungstermin bestrittenen Insolvenzforderungen oder eine der Höhe nach noch nicht feststehende Ausfallforderung eines absonderungsberechtigten Gläubigers (§ 52) erfasst. Hierzu bestimmt **Abs. 1 Satz 1**, dass ein Rückstand im Sinn des § 255 Abs. 1 nicht anzunehmen ist, wenn der Schuldner die Forderung vorläufig wenigstens in Höhe des bei der Festsetzung des Stimmrechts zur Planabstimmung zugrunde gelegten Betrages erfüllt; **Satz 2** sagt, wie zu verfahren ist, wenn eine solche Entscheidung nicht getroffen wurde.

Nach endgültiger Feststellung der streitigen Forderung oder der Ausfallforderung muss man unterscheiden: Hat der Schuldner zu wenig geleistet, so verpflichtet ihn **Abs. 2** zur Nachzahlung, wobei die Vorschrift zugleich legal definiert, wann ein erheblicher Rückstand anzunehmen ist. Hat der Schuldner zu viel geleistet, berechtigt ihn **Abs. 3** in bestimmtem Umfang zur Rückforderung.

II. Entstehungsgeschichte

1. Frühere Regelungen und Unterschiede zum neuen Recht. a) Das **Vergleichs-** 4
verfahren regelte die Behandlung bestrittener und teilweise gedeckter Forderungen in § 97
VerglO, dem § 256 im Wesentlichen entspricht; das gilt auch für die Länge der Nachfrist,
die – anders als bei der Wiederauflebensklausel nach § 9 VerglO (s. o. § 255 RdNr. 4) –
übereinstimmend mindestens zwei Wochen zu betragen hat.

b) Konkurs- und Gesamtvollstreckungsverfahren kannten zwangsläufig keine ent- 5
sprechende Regelung, weil dort schon keine Wiederauflebensklausel vorgesehen war.

2. Gesetzgebungsverfahren zur InsO. Die Kommission für Insolvenzrecht hatte sich 6
mit dem Problem nicht zu befassen, weil sie eine Wiederauflebensklausel ablehnte (s. o.
§ 255 RdNr. 8, 9). Der **Diskussionsentwurf des Bundesministeriums der Justiz**
regelte die Behandlung streitiger Forderungen und Ausfallforderungen in § 292 DE,
allerdings noch ohne Bestimmung zu einer Zuvielzahlung des Schuldners, die der **Referentenentwurf** in § 292 RefE nachholte.[1] In diesem Umfang wurde die Vorschrift vom
Regierungsentwurf[2] als § 303 RegE übernommen, dem nunmehr § 256 wörtlich
entspricht.

III. Vorläufige Zahlungen des Schuldners bei Ungewissheit über die Forderung, § 256 Abs. 1

1. Anwendungsbereich. a) Die Vorschrift erfasst die **im Prüfungstermin bestritte-** 7
nen Forderungen, also Forderungen, die entweder vom Insolvenzverwalter oder von
einem Insolvenzgläubiger bestritten worden sind und bei denen der Widerspruch nicht
beseitigt ist (§ 178 Abs. 1 Satz 1); ein Bestreiten des Schuldners bleibt außer Betracht (§ 178
Abs. 1 Satz 2). Sie gilt entsprechend für nachträglich angemeldete Forderungen bei Widerspruch des Insolvenzverwalters oder eines Insolvenzgläubigers (§ 177 Abs. 1).[3] **Nicht** unter
§ 256 Abs. 1 fällt aber diejenige bestrittene Forderung, deren Feststellung der betreffende
Gläubiger nicht betrieben (§§ 179 ff.) oder nicht nachgewiesen hat (§ 189 Abs. 1, 3);[4] sie
braucht der Schuldner nicht vorläufig zu bedienen, in Rückstand im Sinn des § 255 Abs. 1
kann er dadurch nicht geraten.

b) Erfasst wird auch eine der **Höhe nach noch nicht feststehende Ausfallforderung** 8
eines absonderungsberechtigten Gläubigers (§ 52). Das setzt voraus, dass der Gegenstand, an
dem das Absonderungsrecht besteht, noch nicht verwertet wurde (s. u. RdNr. 25). Ist nur
der Verwalter zur Verwertung berechtigt, gilt § 190 Abs. 3. Im Übrigen muss der absonderungsberechtigte Gläubiger die Betreibung der Verwertung und den mutmaßlichen Ausfall
gemäß § 190 Abs. 2 glaubhaft machen; unterlässt er das, braucht der Schuldner die mögliche
Ausfallforderung nicht vorläufig zu bedienen, in Rückstand gemäß § 255 Abs. 1 kann er
dadurch nicht geraten.[5]

2. Vorläufige Zahlung entsprechend dem bei Planabstimmung festgestellten 9
Stimmrecht (Satz 1). a) Grundsatz. Bezahlt der Schuldner eine streitige Forderung (s. o.
RdNr. 7) oder eine Ausfallforderung (s. o. RdNr. 8) vorläufig in der Höhe, wie sie der
Entscheidung des Insolvenzgerichts (s. u. RdNr. 12, 13) über das Stimmrecht des Gläubigers
bei der Abstimmung über den Plan (s. u. RdNr. 11) entspricht, so kann er mit der Erfüllung

---

[1] Materialien: Diskussionsentwurf Gesetz zur Reform des Insolvenzrechts, Entwurf einer Insolvenzordnung und anderer Reformvorschriften, 1988; Referentenentwurf eines Gesetzes zur Reform des Insolvenzrechts, 1989.
[2] Materialien: *Kübler/Prütting*, Das neue Insolvenzrecht, Bd. I, S. 498 f.
[3] So jetzt auch HK-*Flessner* RdNr. 2. HM zum Vergleichsrecht *Bley/Mohrbutter* § 97 RdNr. 5; *Kilger/K. Schmidt* § 97 VerglO Anm. 1; krit. aber *Bongartz* KTS 1977, 80 f.
[4] Ebenso *Kübler/Prütting/Otte* RdNr. 3; *Uhlenbruck/Lüer* RdNr. 2; *Graf-Schlicker/Kebekus*, RdNr. 1. AA *Nerlich/Römermann/Braun* RdNr. 2 (arg.: § 256 als lex specialis).
[5] Streitstand im Schrifttum wie vorige Fn.

des Plans nicht im Sinn des § 255 Abs. 1 in Rückstand geraten (s. u. RdNr. 14). Ist keine solche Entscheidung getroffen worden, gilt § 256 Abs. 1 Satz 2 (s. u. RdNr. 15).

10 **b) Entscheidung des Insolvenzgerichts. aa)** Vorläufig maßgeblich (s. u. RdNr. 14) ist die Entscheidung des Insolvenzgerichts zum Stimmrecht bei der Planabstimmung. Sie erfolgt auf der **Grundlage** des § 77 Abs. 2 Satz 2, 3, und zwar in Verbindung mit § 237 Abs. 1 Satz 1 für streitige Forderungen und in Verbindung mit §§ 237, 238 für Ausfallforderungen; wegen der Einzelheiten wird auf die Erläuterungen zu diesen Vorschriften verwiesen.

11 **bb)** Die **Einigung über das Stimmrecht** zwischen Verwalter und den in der Gläubigerversammlung erschienenen stimmberechtigten Gläubigern (§ 77 Abs. 2 Satz 1) ersetzt die Entscheidung des Insolvenzgerichtes **nicht**.[6] Die Gegenauffassung[7] missachtet den klaren Wortlaut des § 256 Abs. 1 Satz 1 und übersieht, dass der Schuldner bei der Einigung nicht beteiligt ist. Nur eine gerichtliche Entscheidung gewährleistet folglich die Rücksichtnahme auf dessen berechtigte Belange; schließlich muss der Schuldner die Festlegung des Stimmrechts und damit der mutmaßlichen Forderungshöhe seiner vorläufigen Zahlung zugrunde legen, will er das Eingreifen der Wiederauflebensklausel vermeiden (s. u. RdNr. 14). Wegen dieser Folgewirkung ist die gerichtliche Entscheidung über das Stimmrecht (§ 77 Abs. 2 Satz 2, 3) im Rahmen des § 256 Abs. 1 sogar nur verbindlich, wenn sie der Richter getroffen hat (s. u. RdNr. 12).

12 **cc)** Wegen der Zuständigkeit des **Rechtspflegers** im eröffneten Insolvenzverfahren (§ 3 Nr. 2 e RPflG) wird dieser zwar auch in aller Regel (s. u. RdNr. 13) über die Gewährung des Stimmrechts (s. o. RdNr. 10) befinden. Dieser Beschluss hat jedoch gemäß § 18 Abs. 3 Satz 1 RPflG nicht die in § 256 Abs. 1 Satz 1 bezeichneten Wirkungen, legt also nicht verbindlich die mutmaßliche Forderungshöhe fest, an welcher der Schuldner eine vorläufige Zahlung auszurichten hat.

13 Zu der danach erforderlichen **Entscheidung des Richters** über die Gewährung des Stimmrechts kommt es nur, wenn sich dieser das Insolvenzverfahren insoweit vorbehalten hat (§ 18 Abs. 2 RPflG); eine richterliche Entscheidung über die Stimmrechtsgewährung ist unanfechtbar gemäß § 6 Abs. 1. Sie kann aber nicht etwa durch Erinnerung gegen den Beschluss des Rechtspflegers herbeigeführt werden, weil eine Anfechtung gemäß § 11 Abs. 3 Satz 2 RPflG ausgeschlossen ist. Auch ein Vorgehen nach § 18 Abs. 3 Satz 2 RPflG scheidet aus, weil damit nur der Beschluss des Rechtspflegers zur Stimmrechtsgewährung für die Planabstimmung überprüft werden kann, sofern diese hierfür überhaupt Auswirkungen hatte; die durch Satz 1 der genannten Bestimmung begrenzte Reichweite der Rechtspflegerentscheidung wird dadurch nicht erweitert.[8] In solchen Fällen muss vielmehr um eine Entscheidung des Insolvenzrichters gemäß § 256 Abs. 1 Satz 2 nachgesucht werden (s. u. RdNr. 15 ff.).

14 **c) Zahlt der Schuldner** auf die streitige Forderung oder die Ausfallforderung (s. o. RdNr. 7, 8) vorläufig in dem Ausmaß, das einer richterlichen (s. o. RdNr. 13) Entscheidung über das Stimmrecht entspricht, so greift die **Rechtsfolge** des § 256 Abs. 1 Satz 1 ein. Sie schließt einen Rückstand nach § 255 Abs. 1 bis zur endgültigen Feststellung der Forderung (s. u. RdNr. 25) aus. Die Wiederauflebensklausel des § 255 Abs. 2 für den Fall der Eröffnung eines neuen Insolvenzverfahrens über das Vermögen des Schuldners (s. o. § 255 RdNr. 31 ff.) bleibt jedoch unberührt.

15 **3. Vorläufige Zahlung gemäß nachträglicher Entscheidung (Satz 2). a) Grundsatz.** Bezahlt der Schuldner eine streitige Forderung (s. o. RdNr. 7) oder eine Ausfallforderung (s. o. RdNr. 8) vorläufig in der Höhe, wie sie nachträglich (s. u. RdNr. 16) auf

---

[6] *Kübler/Prütting/Otte* RdNr. 6; *Nerlich/Römermann/Braun* RdNr. 2; *Graf-Schlicker/Kebekus*, RdNr. 2; HambKomm-*Thies* RdNr. 4; HM auch im Vergleichsrecht zu den § 256 Abs. 1 Satz 1 entsprechenden §§ 97 Abs. 1, 71 Abs. 2 VerglO: BGH NJW 1996, 1058 = ZIP 1996, 183; *Bley/Mohrbutter* § 97 RdNr. 11 (Anm. b); *Kilger/K. Schmidt* § 97 VerglO Anm. 1.

[7] *Schiessler* S. 199; ihm zustimmend HK-*Flessner* RdNr. 5 und *Uhlenbruck/Lüer* RdNr. 7.

[8] Im Ergebnis ebenso *Kübler/Prütting/Otte* RdNr. 9.

Antrag (s. u. RdNr. 17 ff.) das Insolvenzgericht (s. u. RdNr. 20, 21) feststellt, so kann er mit der Erfüllung des Plans nicht im Sinn des § 255 Abs. 1 in Rückstand geraten (s. u. RdNr. 22).

b) Anwendungsbereich. Nach § 256 Abs. 1 Satz 2 kann ein nachträglicher Beschluss **16** des Insolvenzgerichts (s. u. RdNr. 20, 21) über den mutmaßlichen Umfang einer streitigen Forderung oder einer Ausfallforderung (s. o. RdNr. 7, 8) beantragt (s. u. RdNr. 17, 18) werden, wenn eine Entscheidung über die Stimmrechtsgewährung im Sinn des § 256 Abs. 1 Satz 1
– vom Rechtspfleger getroffen wurde (s. o. RdNr. 12, 13),
– nicht ergangen ist, weil sich Verwalter und stimmberechtigte Gläubiger über das Stimmrecht geeinigt haben (s. o. RdNr. 11),
– nicht erfolgte, weil der betreffende Gläubiger nach §§ 237 Abs. 2, 238 Abs. 2 kein Stimmrecht hatte,
– nicht ergehen konnte, weil die Forderung erst nachträglich (§ 177) angemeldet wurde (s. o. RdNr. 7).

c) Antrag an Insolvenzgericht. aa) Antragsbefugt sind der Schuldner oder der **17** Gläubiger der streitigen Forderung oder der Ausfallforderung. Da § 256 Abs. 1 dem Schutz des Schuldners dient (s. o. RdNr. 1), obliegt es diesem, eine Entscheidung nach Satz 2 herbeizuführen, um die bei einer Nichtleistung drohenden Folge nach § 255 Abs. 1 abzuwenden. Der Gläubiger ist demgegenüber nicht gehalten, von sich aus das Insolvenzgericht anzurufen, um bei einer Leistungsverweigerung des Schuldners seine Rechte auf Grund der Wiederauflebensklausel geltend machen zu dürfen, außer der Schuldner kann mangels Fälligkeit der Forderung (s. o. § 255 RdNr. 20) nicht in Rückstand geraten.[9]

Die *Stellung des Antrages* ist jederzeit möglich, bei Entscheidung des Rechtspflegers zur **18** Stimmrechtsgewährung (s. o. RdNr. 15) unmittelbar nach dieser. Die Aufhebung des Insolvenzverfahrens nach § 258 steht nicht entgegen. Nach Eröffnung eines neuen Insolvenzverfahrens über das Vermögen des Schuldners kommt ein Vorgehen nach § 256 Abs. 1 Satz 2 freilich nicht mehr in Betracht, weil dann ohnehin die Wiederauflebensklausel nach § 255 Abs. 2 eingreift (s. o. § 255 RdNr. 31 ff.).

bb) Rechtsfolge des Antrags ist es, dass schon ab dessen Stellung ein Gläubiger nicht **19** mehr nach § 255 Abs. 1 Satz 2 vorgehen kann.[10] Wäre das möglich, so könnte dieser den Zweck des § 256 Abs. 1 (s. o. RdNr. 1, 17) zum Nachteil des Schuldners vereiteln. Eine vom Gläubiger gleichwohl nach Antragstellung ausgesprochene Mahnung mit Nachfristsetzung (s. o. § 255 RdNr. 16–25) ist unwirksam. Bei Zugang an den Schuldner vor Antragstellung entfällt ihre Wirkung, sofern die Nachfrist noch nicht geendet hat (s. u. RdNr. 24); nach deren Ablauf ändert sich freilich nichts mehr an dem kraft Gesetzes bereits eingetretenen Wegfall von Stundung oder Teilerlass (s. o. § 255 RdNr. 26, 28).

d) Entscheidung des Insolvenzgerichts. aa) Zuständig ist der **Richter**.[11] Zwar ist **20** dieser Fall in § 18 Abs. 1 RPflG nicht ausdrücklich erwähnt. Die Zuständigkeit des Insolvenzrichters folgt aber aus Sinn und Zweck der nach § 256 Abs. 1 zu treffenden Entscheidungen (s. o. RdNr. 13, 16) und denkgesetzlich aus § 18 Abs. 3 Satz 1 RPflG; hat nach der zuletzt genannten Vorschrift die Entscheidung des Rechtspflegers im Rahmen des § 256 Abs. 1 ohnehin keine Wirkung, so scheidet dessen funktionelle Zuständigkeit für einen nachträglichen Beschluss zum vorläufigen Forderungsumfang von vornherein aus.

bb) Entscheidungsinhalt ist der bis zur endgültigen Feststellung (s. u. RdNr. 25) für **21** Schuldner und Gläubiger verbindliche Ausspruch des Richters zur (mutmaßlichen) Höhe

---
[9] Zur VerglO BGHZ 32, 218, 219, 225 = NJW 1960, 1454; BGH NJW 1996, 1058 f.
[10] HK-*Flessner* RdNr. 7; zu weitgehend *Smid/Rattunde* RdNr. 5 (Möglichkeit zur Antragstellung reicht). Ausf. zum gleichgelagerten Problem im Vergleichsrecht *Bley/Mohrbutter* § 97 RdNr. 13.
[11] So auch HK-*Flessner* RdNr. 7; *Uhlenbruck/Lüer* RdNr. 8.

der streitigen Forderung oder der Ausfallforderung, die dann der Schuldner einer vorläufigen Zahlung zugrunde zu legen hat (s. u. RdNr. 22). Die Entscheidung ist gemäß § 6 Abs. 1 **unanfechtbar.**

22 e) **Zahlt der Schuldner** auf die streitige Forderung oder die Ausfallforderung vorläufig entsprechend der nachträglichen richterlichen Entscheidung (s. o. RdNr. 20, 21), so greift die Rechtsfolge des § 256 Abs. 1 Satz 1 ein; die früheren Erörterungen hierzu gelten entsprechend (s. o. RdNr. 14).

23 **4. Ausbleiben von vorläufigen Zahlungen des Schuldners trotz Entscheidungen nach § 256 Abs. 1.** Zahlt der Schuldner trotz einer Entscheidung im Sinn des § 256 Abs. 1 Satz 1 (s. o. RdNr. 9–14) oder einer nachträglichen Entscheidung nach Satz 2 der Bestimmung (s. o. RdNr. 15–22) auf die streitige Forderung oder die Ausfallforderung (s. o. RdNr. 7, 8) nichts, so gerät er mit der Erfüllung des Plans in Rückstand im Sinn des § 255 Abs. 1 Satz 1; zum Begriff der Erheblichkeit gelten die dortigen Erörterungen (§ 255 RdNr. 19 ff.). Der betreffende Gläubiger kann dann nach Satz 2 der zuletzt genannten Vorschrift durch Mahnung mit Nachfristsetzung vorgehen. Erbringt der Schuldner auch rechtzeitig (s. o. § 255 RdNr. 25) keine Leistung, werden Stundungen oder Teilerlasse für den einzelnen Gläubiger hinfällig (s. o. § 255 RdNr. 26–30).

24 War dem Schuldner vor Stellung des Antrags auf nachträgliche Entscheidung gemäß § 256 Abs. 1 Satz 2 bereits eine Mahnung des Gläubigers mit Nachfristsetzung zugegangen, so ist nach der hier vertretenen Auffassung deren Wirkung entfallen, sofern die Frist bei Antragstellung noch nicht abgelaufen war (s. o. RdNr. 19 aE). Die Nachfrist wird also in einem solchen Falle nicht etwa unterbrochen. Vielmehr ist der Gläubiger aus Gründen der Rechtsklarheit wegen der weitreichenden Folgen der Wiederauflebensklausel gehalten, nach Bekanntwerden der gerichtlichen Entscheidung eine neue mindestens zweiwöchige Nachfrist zu setzen, will er den Wegfall einer Stundung oder eines Teilerlasses erreichen.[12]

IV. Rechtslage nach endgültiger Feststellung, § 256 Abs. 2, 3

25 **1. Endgültige Feststellung.** Der Schuldner kann mit vorläufigen Zahlungen im Rahmen des § 256 Abs. 1 einen nach § 255 Abs. 1 drohenden Wegfall einer Stundung oder eines Teilerlasses nur so lange abwenden, als die Ungewissheit über die Forderung nicht durch deren endgültige Feststellung beseitigt ist; die Fälligkeit tritt dann sofort ein.[13] Die Feststellung erfolgt bei den *im Prüfungstermin bestrittenen Forderungen* (s. o. RdNr. 7) durch rechtskräftiges Urteil nach §§ 179 ff. (vgl. § 183 Abs. 1); auch die Rücknahme eines erhobenen Widerspruchs kommt in Betracht, wie aus § 257 Abs. 1 Satz 2 folgt (Einzelheiten s. u. § 257 RdNr. 20). Entsprechendes gilt für *Ausfallforderungen,* soweit auch die durch das Absonderungsrecht gesicherte Forderung bestritten war; die Höhe des Ausfalls selbst steht fest, wenn die Verwertung abgeschlossen ist (s. o. RdNr. 8).

26 **2. Nachzahlungspflicht des Schuldners (Abs. 2).** Ergibt die endgültige Feststellung (s. o. RdNr. 25), dass der Schuldner zu wenig gezahlt hat, so muss er das Fehlende – also den Differenzbetrag – nachentrichten; die Verpflichtung hierzu ergibt sich schon aus dem Insolvenzplan und wird folglich in § 256 Abs. 1 Satz 1 nur klarstellend erwähnt.[14] Aus Satz 2 der Bestimmung ergibt sich die Erheblichkeit des Rückstandes; der Gläubiger muss folglich diese Nachzahlung schriftlich anmahnen und dabei eine mindestens zweiwöchige Nachfrist setzen; die hierzu bei § 255 Abs. 1 Satz 2 erörterten Regeln gelten entsprechend (s. o. § 255 RdNr. 21–25). Berichtigt der Schuldner den Differenzbetrag nicht rechtzeitig (s. o. RdNr. 25), so wird gemäß § 255 Abs. 1 Satz 1 die Stundung oder der Teilerlass für den jeweiligen einzelnen Insolvenzgläubiger hinfällig (s. o. § 255 RdNr. 26–30).

---

[12] Im Ergebnis ebenso zum früheren Recht *Bley/Mohrbutter* VerglO § 97 RdNr. 13 (b).
[13] *Kübler/Prütting/Otte* RdNr. 12; *Uhlenbruck/Lüer* RdNr. 11.
[14] HK-*Flessner* RdNr. 10.

3. Rückzahlungsanspruch des Schuldners (Abs. 3). Ergibt die endgültige Feststellung (s. o. RdNr. 25), dass der Schuldner zu viel gezahlt hat, kann er Rückerstattung aus *Bereicherungsrecht* gemäß § 256 Abs. 3 in Verbindung mit § 812 Abs. 1 Satz 1 BGB fordern. Dem steht § 814 BGB nicht entgegen, denn insoweit ist § 256 Abs. 3 lex specialis.[15] Der Gläubiger haftet verschärft gemäß § 820 Abs. 1 Satz 1 BGB;[16] Die in dieser Bestimmung vorausgesetzte Ungewissheit folgt aus dem nur vorläufigen Charakter der Entscheidungen des Insolvenzgerichts, die der Schuldner für seine Leistungen zugrunde legen musste, um die drohenden Folgen der Wiederauflebensklausel abzuwenden.

Der Schuldner kann den *Mehrbetrag* gemäß § 256 Abs. 3 aber nur insoweit zurückfordern, als dieser auch den nicht fälligen Teil der Forderung übersteigt, die dem Gläubiger nach dem Insolvenzplan zusteht.[17] Bei mehreren Forderungen des Gläubigers wird die Überzahlung des Schuldners auf die ausstehende Summe der Verbindlichkeiten angerechnet, die dieser planmäßig noch an den Gläubiger zu leisten hat; eine Rückzahlungspflicht besteht nur, wenn der Gläubiger mehr erlangt, als ihm nach dem Plan insgesamt gebührt. Insoweit enthält § 256 Abs. 3 eine Sonderregelung gegenüber § 254 Abs. 3, demzufolge die über den Plan hinausgehende Befriedigung eines Gläubigers keine Pflicht zur Rückgewähr des Erlangten begründet (s. o. § 254 RdNr. 33 ff.).

§ 257 Vollstreckung aus dem Plan

(1) ¹**Aus dem rechtskräftig bestätigten Insolvenzplan in Verbindung mit der Eintragung in die Tabelle können die Insolvenzgläubiger, deren Forderungen festgestellt und nicht vom Schuldner im Prüfungstermin bestritten worden sind, wie aus einem vollstreckbaren Urteil die Zwangsvollstreckung gegen den Schuldner betreiben.** ²**Einer nicht bestrittenen Forderung steht eine Forderung gleich, bei der ein erhobener Widerspruch beseitigt ist.** ³**§ 202 gilt entsprechend.**

(2) **Gleiches gilt für die Zwangsvollstreckung gegen einen Dritten, der durch eine dem Insolvenzgericht eingereichte schriftliche Erklärung für die Erfüllung des Plans neben dem Schuldner ohne Vorbehalt der Einrede der Vorausklage Verpflichtungen übernommen hat.**

(3) **Macht ein Gläubiger die Rechte geltend, die ihm im Falle eines erheblichen Rückstands des Schuldners mit der Erfüllung des Plans zustehen, so hat er zur Erteilung der Vollstreckungsklausel für diese Rechte und zur Durchführung der Vollstreckung die Mahnung und den Ablauf der Nachfrist glaubhaft zu machen, jedoch keinen weiteren Beweis für den Rückstand des Schuldners zu führen.**

Übersicht

	RdNr.		RdNr.
I. Normzweck	1	b) Konkursverfahren (§ 194 KO – Zwangsvergleich)	7
1. Sinn und Zweck der Norm	1	c) Gesamtvollstreckungsverfahren (§ 16 Abs. 5 GesO)	8
2. Überblick zum Anwendungsbereich	3	2. Gesetzgebungsverfahren zur InsO	9
II. Entstehungsgeschichte	5	III. Vollstreckung gegen den Schuldner (Abs. 1)	10
1. Frühere Regelungen und Unterschiede zum neuen Recht	5	1. Vollstreckungsschuldner	10
a) Vergleichsverfahren (§§ 85, 86 VerglO)	5	a) Insolvenzschuldner	10

---

[15] Ebenso *Nerlich/Römermann/Braun* RdNr. 6. Zum früheren Recht: *Bley/Mohrbutter* VerglO § 97 RdNr. 25 (b).
[16] Ebenso *Uhlenbruck/Lüer* RdNr. 16. Zum früheren Recht: *Bley/Mohrbutter* VerglO § 97 RdNr. 25 (d).
[17] AllgM, vgl. nur: FK-*Jaffé* RdNr. 26; *Nerlich/Römermann/Braun* RdNr. 7.

§ 257 1 6. Teil. 3. Abschnitt. Wirkungen des bestätigten Plans

	RdNr.		RdNr.
b) Gesellschaft ohne Rechtspersönlichkeit, Kommanditgesellschaft auf Aktien	11	b) Arten (gesamtschuldnerische Haftung/Schuldmitübernahme/Garantievertrag/Bürgschaft ohne Vorbehalt der Vorausklage)	46
c) Nachlassinsolvenz, Insolvenzverfahren bei Gütergemeinschaft	12	c) Abgabe der Erklärung	47
2. Vollstreckungsgläubiger	13	d) Umfang der Haftung	50
a) Insolvenzgläubiger i. S. v. Abs. 1 Satz 1	13	3. Vollstreckung gegen Plangaranten	51
		a) Grundsatz	51
b) Absonderungsberechtigte Gläubiger	14	b) Vollstreckbarkeit gegen den Schuldner	52
c) Keine Vollstreckung nach § 257 für Absonderungsrecht selbst	15	c) Vollstreckungsklausel gegen Plangaranten	53
3. Weitere Voraussetzungen	16	d) Zwangsvollstreckung gegen Plangaranten	55
a) Rechtskräftig bestätigter Insolvenzplan	16	e) Einwendungen des Plangaranten	56
b) Im Plan aufrechterhaltene Forderung	17	4. Rechtsfolgen der Erfüllung durch den Plangaranten	57
c) Zur Tabelle festgestellte und vom Schuldner nicht bestrittene Forderung	18	a) Forderungsübergang und Aufwendungsersatzanspruch	57
		b) Mehrere Plangaranten	58
d) Beseitigter Widerspruch	20	V. Erweiterung der Vollstreckbarkeit (Abs. 3)	59
4. Vollstreckungstitel	21	1. Zweck	59
a) Grundlage der Vollstreckbarkeit	21	2. Voraussetzungen	60
b) Bestandteile der Vollstreckungsurkunde	22	a) Eingreifen einer Wiederauflebensklausel	60
c) Wirkung des Titels in der Zwangsvollstreckung	23	b) Glaubhaftmachung von Mahnung und Ablauf der Nachfrist	61
d) Gläubigeranfechtung nach AnfG	24	3. Rechtsfolgen	63
e) Verhältnis zu früheren Schuldtiteln	25	4. Vollstreckungsklausel	64
5. Klauselverfahren	27	a) Inhalt	64
a) Grundsätze	27	b) Zuständigkeit	65
b) Inhalt der Vollstreckungsklausel (Beispiele)	29	c) Rechtsbehelfe	66
c) Einfache Vollstreckungsklausel	31	5. Vollstreckung	67
aa) Anwendungsbereich	31	VI. Zahlungsklage trotz Vollstreckungsmöglichkeit aus dem Plan	68
bb) Zuständigkeit	32	1. Grundsatz: Unzulässigkeit der Klage	68
d) Qualifizierte Vollstreckungsklausel	33	2. Ausnahmen	69
aa) Anwendungsbereich u. Voraussetzungen	33	VII. Titelbeschaffung bei fehlender Vollstreckungsmöglichkeit aus dem Plan	70
bb) Zuständigkeit	35	1. Anwendungsbereich	70
e) Rechtsbehelfe des Gläubigers zur Erlangung der Klausel	36	a) Grundsatz	70
f) Rechtsbehelfe des Schuldners gegen die erteilte Klausel	37	b) Beispiele fehlender Vollstreckungsmöglichkeit gegen Schuldner	71
6. Vollstreckungsverfahren	38	c) Beispiele fehlender Vollstreckungsmöglichkeit gegen Dritte	72
a) Grundsätze	38	2. Klageverfahren	73
b) Vollstreckungsabwehrklage	40	a) Beschränkung der Forderung gemäß Planinhalt	73
IV. Vollstreckung gegen Dritte (Abs. 2)	42	b) Volles Leistungsverlangen	74
1. Grundlagen	42	c) Klagegegner	75
a) Anwendungsbereich	42	3. Zwangsvollstreckung	76
b) Grundlagen der Vollstreckbarkeit	44		
2. Verpflichtungserklärung des Plangaranten	45		
a) Inhalt	45		

I. Normzweck

1 **1. Sinn und Zweck der Norm.** Erfüllt der Schuldner die ihm nach dem rechtskräftig bestätigten Insolvenzplan den Insolvenzgläubigern gegenüber obliegenden Verpflichtungen nicht, so verbleibt es gleichwohl bei der gemäß § 258 Abs. 1 angeordneten Aufhebung des

Insolvenzverfahrens. Die Insolvenzgläubiger können nicht Fortsetzung des Verfahrens zwecks Verwertung des noch vorhandenen Schuldnervermögens und Verteilung des Erlöses verlangen. Als **Folge der Nichterfüllung** eröffnet ihnen § 257 vielmehr unter bestimmten Voraussetzungen die Zwangsvollstreckung aus dem Plan i. V. m. dem Tabelleneintrag. Weitere im Falle einer nicht ordnungsgemäßen Planabwicklung einschlägige Regeln enthalten § 255 zum Wiederaufleben gestundeter oder erlassener Forderungen und § 256 zur Erfüllung von bestrittenen Forderungen und von Ausfallforderungen.

Nach seinem **Zweck** will § 257 vermeiden, dass Insolvenzgläubiger wegen ihrer im Plan 2 aufrechterhaltenen, in der Tabelle festgestellten und auch vom Schuldner nicht bestrittenen Forderungen (s. u. RdNr. 3) bei Ausbleiben der Planerfüllung erst noch den Klageweg beschreiten müssen, um einen Vollstreckungstitel zu erlangen. Die Bestimmung enthält mithin eine vereinfachte Regelung zur Vollstreckbarkeit.

2. Überblick zum Anwendungsbereich. Von § 257 werden nur Insolvenzgläubiger 3 erfasst, deren Forderungen im Plan berücksichtigt, zur Tabelle festgestellt und auch vom Schuldner nicht bestritten sind bzw. bei denen der Widerspruch beseitigt ist (näher s. u. RdNr. 16–20). Hierzu behandelt **Abs. 1 Satz 1, 2** die Vollstreckung gegen den Schuldner selbst; **Satz 3** regelt mit der Verweisung auf § 202 die gerichtliche Zuständigkeit bei Klagen im Klauselerteilungsverfahren und für die Vollstreckungsabwehrklage. **Abs. 2** befasst sich mit der Zwangsvollstreckung gegen bestimmte Dritte, die sogenannten Plangaranten, die Verpflichtungen für die Planerfüllung übernommen haben. Schließlich erweitert **Abs. 3** die Vollstreckbarkeit bei Eingreifen einer Wiederauflebensklausel (§ 255). In diesen Fällen ist eine Zahlungsklage grundsätzlich unzulässig (s. u. RdNr. 68). Bei Fehlen der Vollstreckungsmöglichkeit nach § 257 muss demgegenüber erst ein Titel beschafft werden (s. u. RdNr. 70 ff.).

Nicht unter § 257 fallen Masseansprüche sowie Aussonderungs- und Absonderungsrech- 4 te (zu Letzteren s. u. RdNr. 15). Die Vorschrift betrifft auch nicht die Vollstreckung des Schuldners gegenüber Gläubigern oder Plangaranten zwecks Erfüllung der von diesen im Insolvenzplan übernommenen Verpflichtungen. Sofern dem Schuldner danach Ansprüche zustehen, müssen sie eingeklagt werden. Hat sich z. B. ein Gläubiger zur Herausgabe eines Gegenstandes und dessen Übereignung verpflichtet, so gilt zwar die erforderliche Willenserklärung gemäß § 254 Abs. 1 Satz 2 als abgegeben; verweigert er aber die Übergabe der Sache, so muss auf Herausgabe geklagt werden, eine Herausgabevollstreckung nach § 883 ZPO aus dem Plan ist nicht möglich.

II. Entstehungsgeschichte

1. Frühere Regelungen und Unterschiede zum neuen Recht. a) Im **Vergleichs-** 5 **verfahren** regelte die Vollstreckung aus dem (gemäß § 78 VerglO) rechtskräftig bestätigten Vergleich § 85 VerglO. Abs. 1 dieser Vorschrift erklärte den vom Gericht rechtskräftig bestätigten Vergleich (§§ 78 ff. VerglO) i. V. m. einem Auszug aus dem berichtigten Gläubigerverzeichnis zum Vollstreckungstitel, sofern nicht im Gläubigerverzeichnis vermerkt ist, dass die Forderung vom Schuldner oder vom Vergleichsverwalter bestritten wurde.[1] Das Bestreiten einer Vergleichsforderung durch einen anderen Vergleichsgläubiger war aber unbeachtlich.[2] Im Gegensatz dazu verlangt § 257 Abs. 1, dass die Forderung „festgestellt" ist, sie also im Prüfungstermin weder vom Insolvenzverwalter noch von einem Insolvenzgläubiger bestritten wurde (§ 178 Abs. 1 Satz 1; weitere Voraussetzungen s. u. RdNr. 16 ff.). Diese unterschiedlichen Anforderungen erklären sich daraus, dass die VerglO kein förmliches Prüfungsverfahren für die Gläubigerforderungen kannte.

---

[1] Nach hM findet § 85 Abs. 1 VerglO auch dann keine Anwendung, wenn das Gläubigerverzeichnis überhaupt keinen Vermerk enthält, vgl. nur Kilger/K. Schmidt § 85 VerglO Anm. 1 a.
[2] *Bley/Mohrbutter* VerglO § 85 RdNr. 1 (Anm. 1 b aE); *Bley* JW 1938, 2249, Kilger/K. Schmidt (Fn. 1).

§ 257 6–10   6. Teil. 3. Abschnitt. Wirkungen des bestätigten Plans

6 Die Vorschrift in § 85 Abs. 2 VerglO zur Vollstreckung gegen Vergleichsgaranten stimmt im Wesentlichen mit der Regelung in § 257 Abs. 2 überein. Entsprechendes gilt für die erweiterte Vollstreckungsmöglichkeit bei Eingreifen einer Wiederauflebensklausel (§ 85 Abs. 2 i. V. m. § 9 VerglO einerseits und § 257 Abs. 2 i. V. m. § 255 andererseits) sowie für die gerichtliche Zuständigkeit bei Klagen wegen der Klauselerteilung und bei Vollstreckungsabwehrklagen (§ 86 VerglO einerseits und § 257 Abs. 1 Satz 2 i. V. m. § 202 andererseits).

7 **b) Im Konkursverfahren** regelte die Vollstreckung aus dem (gemäß § 173 ff., 189 KO) rechtskräftig bestätigten Zwangsvergleich § 194 KO. Diese Vorschrift bezeichnete zwar (nur) den Zwangsvergleich als Vollstreckungstitel, schon von jeher wurde aber die dogmatische Grundlage der Vollstreckbarkeit im Tabelleneintrag gesehen.[3] Dem trägt jetzt § 257 Abs. 1 Satz 1 dadurch Rechnung, dass er von der Zwangsvollstreckung „aus dem rechtskräftig bestätigten Insolvenzplan in Verbindung mit der Eintragung in die Tabelle" spricht (näher s. u. RdNr. 21). Im Übrigen stimmen § 194 KO und § 257 im Wesentlichen überein, auch für die Vollstreckung gegen Plangaranten; entsprechendes gilt für die gerichtliche Zuständigkeit bei Klagen wegen der Vollstreckungsklausel und bei Vollstreckungsabwehrklagen (§§ 194, 164 Abs. 3, 146 Abs. 2 KO einerseits und § 257 Abs. 1 Satz 2 i. V. m. § 202 andererseits).

8 **c) Im Gesamtvollstreckungsverfahren** regelte die Vollstreckung aus einem (gemäß § 16 Abs. 5 GesO) rechtskräftig bestätigten Vergleich § 16 Abs. 6 GesO; auch diese Vorschrift bezeichnete nur den Vergleich als Vollstreckungstitel, von dem für die Gläubiger auszugsweise Ausfertigungen zum Zwecke der Zwangsvollstreckung zu erteilen sind (§ 16 Abs. 6 Satz 2 GesO). Ein wesentlicher Unterschied zum Konkursrecht und zum neuen Recht liegt darin, dass die GesO eine Zwangsvollstreckung aus dem Vergleich nur gegen den Schuldner, nicht aber auch gegen Vergleichsgaranten zulässt;[4] gegen Letztere musste folglich erst ein Titel im Klagewege beschafft werden.

9 **2. Gesetzgebungsverfahren zur InsO.** Die Vorschrift entspricht wörtlich § 304 RegE,[5] der sich wiederum mit § 293 DE/§ 293 RefE deckt;[6] lediglich die Paragraphenverweisungen wurden jeweils angepasst. Die von der Kommission für Insolvenzrecht im Leitsatz 2. 2. 24 Abs. 3 für das damals geplante Reorganisationsverfahren vorgeschlagene Regelung[7] stimmte demgegenüber noch weitgehend mit § 85 Abs. 1 VerglO überein, erklärte also insbesondere den Widerspruch eines Vergleichsgläubigers für unbeachtlich (s. o. RdNr. 5); eine Vollstreckung gegen Vergleichsgaranten war nicht vorgesehen.

III. Vollstreckung gegen den Schuldner (Abs. 1)

10 **1. Vollstreckungsschuldner. a)** Die Vollstreckung richtet sich im Fall des Abs. 1 gegen den **Insolvenzschuldner** (s. o. RdNr. 1) bzw. denjenigen Einzel- oder Gesamtrechtsnachfolger, gegen den eine vollstreckbare Ausfertigung erteilt werden kann (s. u. RdNr. 33); die Vollstreckung gegen Dritte regelt Abs. 2 (s. u. RdNr. 42 ff.). Dem Zugriff unterliegt das gesamte Schuldnervermögen, soweit es pfändbar ist; erfasst wird auch ein Neuerwerb (§ 35), außer der Insolvenzplan schließt das aus,[8] oder der Neuerwerb gehört wegen einer entsprechenden Erklärung des Insolvenzverwalters nach dem neuen § 35 Abs. 2[9] nicht zur Masse.

---

[3] So schon Motive II S. 424. Vgl. nur *Jaeger/Weber* KO § 194 RdNr. 1; *Kuhn/Uhlenbruck* KO § 194 RdNr. 1; *Kilger/K. Schmidt* KO § 194 Anm. 1 a.

[4] *Haarmeyer/Wutzke/Förster* GesO, § 16 RdNr. 42; *Hess/Binz/Wieberg*, GesO, § 16 RdNr. 69.

[5] Materialien: *Kübler/Prütting*, Das neue Insolvenzrecht, Bd I, S. 499 f.

[6] Materialien: Diskussionsentwurf Gesetz zur Reform des Insolvenzrechts, Entwurf einer Insolvenzordnung (EInsO) und anderer Reformvorschriften, 1988; Referentenentwurf eines Gesetzes zur Reform des Insolvenzrechts, 1989.

[7] Materialien: Erster Bericht der Kommission für Insolvenzrecht (1. KommBer.), 1985. Zur Entstehungsgeschichte vgl. auch *Gaul*, Festschrift Ulrich Huber, 2006, S. 1187, 1197 f.

[8] *Uhlenbruck/Lüer* RdNr. 14; *Hess* RdNr. 14; *Nerlich/Römermann/Braun* RdNr. 2.

[9] Gesetz zur Vereinfachung des Insolvenzverfahrens v. 13. 4. 2007 (Art. 1 Nr. 12), BGBl. I S. 509. Materialien: BT-Drucks. 16/3227.

Zu dieser allgemeinen vollstreckungsrechtlichen Schranke treten die weiteren Beschränkungen aus dem bestätigten Insolvenzplan hinzu (s. u. RdNr. 17).

b) Bei einem Insolvenzplan über das Vermögen einer **Gesellschaft ohne Rechtsper- 11 sönlichkeit** (§ 11 Abs. 2 Nr. 1) oder einer **Kommanditgesellschaft auf Aktien,** also einer Gesellschaft mit persönlicher Haftung eines Gesellschafters (vgl. § 93), kann mit der Vollstreckung nach § 257 Abs. 1 nicht auf das Privatvermögen des persönlich haftenden Gesellschafters zugegriffen werden;[10] hat dieser eine Verpflichtungserklärung für die Planerfüllung abgegeben und so die Stellung eines Plangaranten übernommen, kommt freilich eine Vollstreckung nach § 257 Abs. 2 unter den dort genannten Voraussetzungen in Betracht (s. u. RdNr. 42 ff.).

c) Auch für die **Nachlassinsolvenz** (§§ 11 Abs. 2 Nr. 2, 315 ff.) gelten die Vorschriften 12 über den Insolvenzplan; Schuldner i. S. v. § 218 Abs. 1 Satz 1 ist der Erbe. Die Vollstreckung nach § 257 Abs. 1 richtet sich gegen den Nachlass und, wenn der Erbe nach Inhalt und Auslegung des Plans eine Haftung mit seinem Eigenvermögen übernommen hat, auch gegen dieses.[11] Entsprechendes gilt beim Insolvenzverfahren über das **Gesamtgut einer fortgesetzten Gütergemeinschaft** und das **gemeinschaftlich verwaltete Gesamtgut einer Gütergemeinschaft** (§§ 11 Abs. 2 Nr. 2, 332 ff.); der Zugriff erfolgt in das Gesamtgut und bei Übernahme der persönlichen Haftung des überlebenden Ehegatten auch in dessen Vermögen.[12]

2. Vollstreckungsgläubiger. a) Durch die Vollstreckungsmöglichkeit nach § 257 be- 13 günstigt werden ausschließlich **Insolvenzgläubiger** (s. o. RdNr. 3, 4). Weitere Voraussetzung ist, dass die Insolvenzforderung im rechtskräftig bestätigten Plan aufrechterhalten (s. u. RdNr. 16, 17) sowie zur Tabelle festgestellt und vom Schuldner nicht bestritten wurde (s. u. RdNr. 18), oder, dass ein erhobener Widerspruch beseitigt ist (s. u. RdNr. 20). Entsprechendes gilt für Einzel- oder Gesamtrechtsnachfolger, die solche Forderungen erworben haben und für die eine vollstreckbare Ausfertigung erteilt werden kann (s. u. RdNr. 33). Insolvenzgläubiger in diesem Sinne sind sowohl **nicht nachrangige** (§§ 38, 224) wie **nachrangige** (§ 39), sofern Letztere überhaupt am Verfahren teilgenommen haben (§§ 174 Abs. 3, 222 Abs. 1 Satz 2 Nr. 3, 225).

b) Hierher gehören auch **absonderungsberechtigte Gläubiger,** denen der Schuldner 14 auch persönlich haftet, soweit sie auf abgesonderte Befriedigung verzichtet haben oder bei ihr ausgefallen sind (§ 52).[13] Denn dann sind sie insoweit zugleich Insolvenzgläubiger und werden ebenfalls von § 257 begünstigt, sofern für ihre Forderung die oben RdNr. 13 genannten Voraussetzungen vorliegen (zum Absonderungsrecht selbst s. aber u. RdNr. 15).

c) Die Vollstreckungsmöglichkeit des § 257 erfasst aber **nicht Absonderungsrechte** 15 selbst,[14] die im Plan geregelt sind (§§ 222 Abs. 1 Satz 2 Nr. 1, 223). Das rechtfertigt sich daraus, dass diese Rechte – anders als die durch sie gesicherten Forderungen – im Verfahren nicht förmlich geprüft, sondern nur, soweit sie vom Plan betroffen sind, im Hinblick auf ihr Stimmrecht erörtert werden, weshalb für eine Titulierung durch Planbestätigung eine ausreichende Grundlage fehlt.[15] Im Übrigen haben Absonderungsrechte nach §§ 49 bis 51 in der Regel keinen vollstreckungsfähigen Inhalt, weil sie nicht auf eine Leistung des Schuldners an den Gläubiger gerichtet sind.[16]

---

[10] FK-*Jaffé* RdNr. 22; *Hess* RdNr. 15; *Uhlenbruck/Lüer* RdNr. 15; *Nerlich/Römermann/Braun,* RdNr. 3. Zu OHG, KG und KgaA vgl. zum früheren Recht auch *Bley/Mohrbutter* VerglO § 85 RdNr. 17 (Anm. b).
[11] *Hess* RdNr. 16. Zum früheren Recht: *Bley/Mohrbutter* VerglO § 85 RdNr. 17 (Anm. c).
[12] Zum früheren Recht: *Bley/Mohrbutter* aaO.
[13] Ebenso *Uhlenbruck/Lüer* RdNr. 9; *Kübler/Prütting/Otte* RdNr. 9.
[14] HK-*Flessner* RdNr. 5; *Kübler/Prütting/Otte* RdNr. 9, 10; *Hess* RdNr. 4. Missverständlich FK-*Jaffé* RdNr. 12.
[15] Begründung RegE, abgedruckt bei *Kübler/Prütting,* Das neue Insolvenzrecht, Bd. I, S. 500.
[16] HK-*Flessner* RdNr. 5. Näher dazu *Jaeger/Weber* § 193 RdNr. 12 ff.

§ 257 16–21   6. Teil. 3. Abschnitt. Wirkungen des bestätigten Plans

16   **3. Weitere Voraussetzungen. (§ 257 Abs. 1 Satz 1). a)** Erforderlich ist ein **rechtskräftig bestätigter Insolvenzplan**. Bei Erteilung der Vollstreckungsklausel (s. u. RdNr. 27 ff.) ist deshalb von Amts wegen zu prüfen, ob das Insolvenzgericht einen solchen Beschluss erlassen hat (§§ 248, 252) und ob er rechtskräftig geworden ist (§§ 253, 6, 7, 4 i. V. m. § 567 ZPO). Letzteres weist gegebenenfalls der die Vollstreckungsklausel beantragende Gläubiger durch Vorlage eines Notfristzeugnisses nach (vgl. § 706 Abs. 2 ZPO). Dass das Insolvenzverfahren bereits nach § 258 Abs. 1 aufgehoben wurde, ist nicht erforderlich.

17   **b)** Die Forderung des Insolvenzgläubigers muss außerdem im **Plan aufrechterhalten** worden sein (sog. **Planforderung**). Daraus ergibt sich freilich nicht das Bestehen der Forderung selbst (s. u. RdNr. 21), sondern nur die im Plan geregelte Zugriffsbeschränkung, also insbesondere, um welchen Bruchteil die Forderung gekürzt und für welchen Zeitraum sie gestundet wurde (§ 224). Nur in diesem Umfang findet dann die Zwangsvollstreckung statt (zur Ausnahme nach § 257 Abs. 3 s. u. RdNr. 59 ff.). Teilweise oder ganz erlassene oder nicht berücksichtigte (vgl. z. B. § 225) Forderungen bleiben außer Betracht (vgl. § 227 Abs. 1).

18   **c)** Die im Plan aufrechterhaltene Forderung wird im Rahmen des § 257 aber nur beachtet, wenn sie außerdem **zur Tabelle festgestellt** und **nicht vom Schuldner bestritten** wurde (zum beseitigten Widerspruch s. u. RdNr. 20). Die Feststellung zur Tabelle setzt gemäß § 178 Abs. 1 voraus, dass die Forderung weder vom Insolvenzverwalter noch einem anderen Insolvenzgläubiger bestritten wurde; Letzteres war beim Vergleich nach der VerglO nicht erforderlich, wohl aber beim Zwangsvergleich nach KO (s. o. RdNr. 5, 7). Dem Bestreiten des Schuldners im Prüfungstermin steht ein nachträgliches schriftsätzliches Bestreiten gleich, wenn der Schuldner den Prüfungstermin versäumt und ihm das Insolvenzgericht Wiedereinsetzung in den vorigen Stand gewährt hat, § 186.

19   Fehlt eine dieser Voraussetzungen (insolvenzmäßige Feststellung und/oder Nichtbestreiten durch den Schuldner) oder wurde die Forderung überhaupt nicht angemeldet, so ist der Weg einer Vollstreckung über § 257 verschlossen. Der Insolvenzgläubiger muss sich dann erst einen Vollstreckungstitel nach allgemeinen Vorschriften, insbesondere durch Zahlungsklage, unter Berücksichtigung der im Plan geregelten Zugriffsschranken (§ 254 Abs. 1) verschaffen (s. u. RdNr. 70 ff.).[17] Entsprechendes gilt für erst nach Bestätigung des Insolvenzverfahrens (aber vor Aufhebung des Insolvenzverfahrens, § 258) angemeldete Forderungen.[18]

20   **d)** Einer nicht bestrittenen Forderung (s. o. RdNr. 18) steht gemäß § 257 Abs. 1 Satz 2 eine Forderung gleich, bei der ein **erhobener Widerspruch beseitigt** ist. Letzteres erfolgt entweder durch Zurücknahme des Widerspruchs, die mit Eingang beim Insolvenzgericht wirksam wird, oder durch rechtskräftiges Urteil, das die Forderung feststellt (§§ 179 ff., 183, 184). Der Insolvenzverwalter kann einen von ihm erhobenen Widerspruch aber nur so lange zurücknehmen, wie sein Amt fortbesteht, also bis zur Aufhebung des Insolvenzverfahrens (§ 259 Abs. 1 Satz 1); das gilt auch bei Überwachung der Planerfüllung, weil sich seine Aufgabe dann nur darauf bezieht (§ 261 Abs. 1 Satz 1, 2). Nach dem Erlöschen des Insolvenzverwalteramtes geht die Befugnis zur Rücknahme auf den Schuldner über (§ 259 Abs. 1 Satz 2).

21   **4. Vollstreckungstitel. a)** Nach § 257 Abs. 1 Satz 1 findet die Zwangsvollstreckung „aus dem rechtskräftig bestätigten Insolvenzplan in Verbindung mit der Eintragung in die Tabelle" statt. **Grundlage der Vollstreckbarkeit** ist danach beides. Gleichwohl findet sich – im Anschluss an die hM zu § 194 KO mit seinem freilich unterschiedlichen Wortlaut (s. o. RdNr. 7) – oft noch die Formulierung, dass „nicht der Plan den Vollstreckungstitel bildet, sondern der Tabelleneintrag der insolvenzrechtlich festgestellten Forderungen."[19] Das ist

---
[17] *Gaul*, Festschrift Ulrich Huber, 2006, S. 1187, 1217, 1218.
[18] AA *Otte/Wiester* NZI 2005, 73 f. (Prüfung und Feststellung analog § 177). Dagegen zu Recht HK-*Flessner* RdNr. 4.
[19] Vgl. z, B. FK-*Jaffé* RdNr. 2; *Hess* RdNr. 6; *Hess/Obermüller* Insolvenzplan, Restschuldbefreiung und Verbraucherinsolvenz, RdNr. 454; *Nerlich/Römermann/Braun* RdNr. 2. Ähnlich *Häsemeyer* RdNr. 28.84 (Vollstreckungstitel bildet „eigentlich die Tabelle").

mindestens missverständlich. Denn zwar wirkt nur die Eintragung in die Tabelle gemäß § 178 Abs. 3 wie ein rechtskräftiges Urteil, jedoch ergibt sich erst aus dem Insolvenzplan, ob, in welchem Umfang und mit welchen Beschränkungen die festgestellte Forderung aufrechterhalten wurde (s. o. RdNr. 17). Bei einer Vollstreckung nach § 257 bilden folglich der bestätigte Insolvenzplan **und** der Tabelleneintrag gemeinsam den Vollstreckungstitel.[20]

b) Bestandteile der Vollstreckungsurkunde sind danach für den jeweiligen Vollstreckungsgläubiger (s. o. RdNr. 13 ff.) **22**
– der seine Forderung betreffende Tabellenauszug (s. o. RdNr. 18),
– der diese betreffende gestaltende Teil des Insolvenzplans (s. o. RdNr. 17) und
– der Bestätigungsbeschluss mit Rechtskraftbescheinigung (s. o. RdNr. 16).
Ist ein zunächst erhobener Widerspruch zurückgenommen worden (s. o. RdNr. 20), muss die berichtigte Tabelle vorgelegt werden (§ 183 Abs. 2); bei einem gegen den Widersprechenden erwirkten Urteil (s. o. RdNr. 20) ist eine Ausfertigung (§ 317 Abs. 2 Satz 2 ZPO) mit Rechtskraftzeugnis beizubringen. Diese Urkunden sind bei Erteilung der vollstreckbaren Ausfertigung von Amts wegen miteinander zu verbinden (zur Vollstreckungsklausel und deren Inhalt s. u. RdNr. 29, 30).

c) Für die **Wirkung des Titels in der Zwangsvollstreckung** ordnet § 257 Abs. 1 **23** Satz 1 die Gleichstellung mit einem vollstreckbaren Urteil an. Folglich sind die allgemeinen Vorschriften des Vollstreckungsrechts (§§ 724 bis 793 ZPO) entsprechend anzuwenden, insbesondere wegen der Voraussetzungen der Zwangsvollstreckung (§§ 750 ff. ZPO). Gleiches gilt für Klauselverfahren (s. u. RdNr. 27 ff.) einschließlich Rechtsbehelfe (s. u. RdNr. 36, 37) und für die vollstreckungsrechtlichen Rechtsbehelfe (s. u. RdNr. 39, 40), soweit nicht die gerichtliche Zuständigkeit in §§ 257 Abs. 1 Satz 3, 202 abweichend geregelt ist.

d) Der rechtskräftig bestätigte Insolvenzplan in Verbindung mit der Eintragung in die **24** Tabelle (s. o. RdNr. 21) berechtigt nach Aufhebung des Insolvenzverfahrens (§ 258 Abs. 1) zur **Gläubigeranfechtung nach dem AnfG;** er ist Schuldtitel im Sinn des § 2 AnfG, weil er auf eine bestimmte Geldsumme lautet und einem vollstreckbaren Urteil gleichsteht.[21] Allerdings kann ein Insolvenzgläubiger gemäß § 18 Abs. 1 AnfG die Anfechtungsansprüche nur insoweit wieder geltend machen, als nicht der Anfechtungsgegner entgegenstehende Einreden gegen den Insolvenzverwalter erlangt hat. Eine Gläubigeranfechtung scheidet aus, wenn der Insolvenzplan die Fortsetzung eines Anfechtungsprozesses nach Verfahrensaufhebung durch den Verwalter vorsieht (§ 259 Abs. 3) oder die Insolvenzanfechtung für Rechnung des Schuldners durchgeführt wird (§ 259 Abs. 3 Satz 2 Hs. 1).[22]

e) Der Titel des § 257 Abs. 1 (s. o. RdNr. 21) **verdrängt frühere Vollstreckungstitel 25** des Gläubigers;[23] denn schon aus Gründen der Rechtssicherheit kann es nicht mehrere denselben Anspruch betreffende Titel geben, selbst wenn einer davon (rechtskräftig bestätigter Insolvenzplan in Verbindung mit dem Tabellenauszug) aus insolvenzrechtlichen Gründen Beschränkungen unterliegt (s. o. RdNr. 17). Das war schon für den Zwangsvergleich nach KO (s. o. RdNr. 7) hM.[24] Soweit zum Vergleich nach VerglO (s. o. RdNr. 5) eine andere Auffassung vertreten wurde,[25] lässt sich diese wegen der Rechtskraftwirkung des Insolvenz-

---

[20] Im Ergebnis ebenso *Kübler/Prütting/Otte* RdNr. 6; *Smid,* Insolvenzrecht § 23 Anm. 3; *Smid/Rattunde* RdNr. 268 f.; *Jauernig/Berger* § 62 RdNr. 9. Weitergehend HK-*Flessner* RdNr. 2 (Eintragung, Plan und Bestätigungsbeschluss).
[21] Ausf. *Huber,* AnfG § 2 RdNr. 4 ff. 17. Vgl. auch zum früheren Recht *Bley/Mohrbutter* VerglO § 85 RdNr. 7.
[22] Näher *Huber* AnfG § 18 RdNr. 4, 5.
[23] *Gaul,* Festschrift Ulrich Huber, 2006, S. 1187, 1227 ff. Im Ergebnis ebenso *Nerlich/Römermann/Braun* RdNr. 7 („obsolet"); FK-*Jaffé* RdNr. 4 („verbraucht und aufgezehrt"); *Smid/Rattunde* RdNr. 1 (Plan „als Novation" der Titel).
[24] *Jaeger/Weber* KO § 164 RdNr. 6 Vom „Aufzehren" des alten Titels sprechen: *Kilger/K. Schmidt* KO § 164 Anm. 2; *Kuhn/Uhlenbruck* KO § 164 RdNr. 16; RGZ 99, 213; 112, 300; 132, 115. Ausführl. zum Konkurrenzproblem nach früherem Recht *Gaul* aaO, S. 1187, 1224 ff.
[25] *Bley/Mohrbutter* VerglO § 85 RdNr. 5, *Baur/Stürner,* Zwangsvollstreckungs-, Konkurs- und Vergleichsrecht, Bd II Insolvenzrecht, 12. Aufl. (1990) RdNr. 29.7.

plans nach § 254 Abs. 1 nicht mehr aufrechterhalten.[26] Betreibt der Gläubiger gleichwohl aus einem früheren Titel die Zwangsvollstreckung, so findet dagegen Erinnerung nach § 766 ZPO (s. u. RdNr. 39) – nicht Vollstreckungsabwehrklage (§ 767 ZPO)[27] – statt; denn wegen der Verdrängung des Titels fehlt es an einer formellen Voraussetzung der Zwangsvollstreckung. Freilich kann auf diese Weise immer nur die vom Gläubiger konkret ausgebrachte Vollstreckungsmaßnahme beanstandet werden; deshalb ist auch eine Klage des Schuldners gemäß § 256 ZPO auf Feststellung mit dem Ziel zulässig, auszusprechen, dass die Vollstreckbarkeit des früheren Titels nicht mehr besteht.[28]

26 Verdrängt werden nicht nur die vor Zivil- oder Arbeitsgerichten erstrittenen Titel oder sonstige Vollstreckungstitel, insbesondere Vergleiche nach § 794 Abs. 1 Nr. 1 ZPO, sondern alle für öffentlich-rechtliche Forderungen erlassene bestandskräftige **Leistungsgebote sowie Steuer- und Beitragsbescheide.**[29] Allerdings ist die Behörde nunmehr nicht etwa auf eine Beitreibung nach ZPO beschränkt, sondern kann auch weiterhin im Verwaltungszwangsverfahren vorgehen (vgl. z. B. §§ 251 Abs. 2 Satz 2, 259 ff. AO); denn die Feststellung der Forderung zur Tabelle und deren (beschränkte) Aufrechterhaltung im rechtskräftig bestätigten Insolvenzplan ändert nichts an ihrem öffentlich-rechtlichen Charakter.

27 **5. Klauselverfahren. a)** Auch der Vollstreckungstitel des § 257 Abs. 1 bedarf – wie ein vollstreckbares Urteil (s. o. RdNr. 23) – einer **Vollstreckungsklausel** als allgemeine Voraussetzung der Zwangsvollstreckung gemäß § 724 ff. ZPO, die seine Vollstreckungsreife bezeugt. Die Klausel wird bei der aus mehreren Bestandteilen bestehenden Vollstreckungsurkunde (s. o. RdNr. 22) auf den **Tabellenauszug** gesetzt;[30] in der Insolvenztabelle ist bei der jeweils zu vollstreckenden Forderung zu vermerken, dass, wann, für und gegen wen eine vollstreckbare Ausfertigung erteilt worden ist (§ 734 ZPO entsprechend). Die Klausel muss **inhaltlich** den Besonderheiten des Vollstreckungstitels Rechnung tragen, der aus dem rechtskräftig bestätigten Insolvenzplan und der Eintragung in die Tabelle besteht (s. o. RdNr. 21); die Beschränkungen für die Gläubigerforderung gemäß dem Plan (s. o. RdNr. 17) müssen deshalb wiedergegeben werden (s. u. RdNr. 29).

28 Für den im Klauselverfahren maßgeblichen **Zeitpunkt** gilt: Der Antrag auf Erteilung der Klausel kann erst nach Eintritt der Rechtskraft des Bestätigungsbeschlusses, die von Amts wegen zu prüfen ist (s. o. RdNr. 16, 22) gestellt werden; das Insolvenzverfahren braucht zu diesem Zeitpunkt nach allgemeiner Meinung aber noch nicht aufgehoben zu sein. Ob jedoch die Klauselerteilung selbst erst nach Aufhebung des Insolvenzverfahrens erfolgen darf, war beim Zwangsvergleich nach KO streitig und wurde von der hM hauptsächlich mit der Erwägung bejaht, erst nach der Schlussverteilung (§§ 161, 163 KO) stehe der Ausfall des Gläubigers fest.[31] Diese Begründung trifft auf das Insolvenzplanverfahren nicht zu. Die Vollstreckungsklausel kann folglich schon vor Verfahrensaufhebung erteilt werden; ein Verstoß gegen das Vollstreckungsverbot des § 89 Abs. 1 ist gegebenenfalls vom Schuldner mit der Erinnerung vor dem Insolvenzgericht geltend zu machen (§ 89 Abs. 3). Große praktische Bedeutung dürfte der Frage aber nicht zukommen, weil zwischen dem Eintritt der Rechtskraft des Bestätigungsbeschlusses und der Aufhebung des Insolvenzverfahrens (vgl. § 258 Abs. 1) in aller Regel ein nur kurzer Zeitraum liegen wird.

29 **b)** Der **Inhalt der Vollstreckungsklausel** muss sowohl den Anforderungen der §§ 725 ff. ZPO wie auch den im Insolvenzplan angeordneten Beschränkungen Rechnung

---

[26] Ebenso *Nerlich/Römermann/Braun* RdNr. 7 aE.
[27] So aber *Häsemeyer* RdNr. 28.84 aE.
[28] RGZ 122, 363; 131, 113; grundlegend *Pohle* JZ 1954, 343 f. Vgl. auch *Jaeger/Weber* KO § 164 RdNr. 6.
[29] *FK-Jaffé* RdNr. 6; ausführl. *Uhlenbruck/Lüer* RdNr. 20. Zum alten Recht vgl. nur *Jaeger/Weber* KO § 164 RdNr. 6 a; *Kuhn/Uhlenbruck* KO § 194 RdNr. 5.
[30] HM., vgl. nur: *Nerlich/Römermann/Braun* RdNr. 2; *FK-Jaffé* RdNr. 17; *Hess* RdNr. 31. Einschränkend HK-*Flessner* RdNr. 6 („tunlich auf den Tabellenauszug"). Wie hier zum alten Recht: *Jaeger/Weber* KO § 194 RdNr. 2; *Kilger/K. Schmidt* KO § 194 Anm. 1 a.
[31] Vgl. nur *Jaeger/Weber* KO § 164 RdNr. 7 b sowie *Kuhn/Uhlenbruck* KO § 164 RdNr. 3 a, jeweils mwN.

tragen (s. schon o. RdNr. 27). Sie lautet etwa (**Beispiel 1**): „*Diese Ausfertigung wird dem ... (Bezeichnung des Insolvenzgläubigers) zum Zwecke der Zwangsvollstreckung gegen den ... (Bezeichnung des Schuldners) mit der Maßgabe erteilt, dass vom Schuldner nach dem durch rechtskräftigen Beschluss vom ... bestätigten Insolvenzplan 40% der Forderung in zwei gleichen Raten, fällig am ... und am ..., zu zahlen sind.*"

Bei einer Rechtsnachfolge auf Gläubigerseite lautet sie etwa (**Beispiel 2**): „*Diese Ausfertigung wird dem ... (genaue Bezeichnung des Vollstreckungsgläubigers) als Rechtsnachfolger des ... (genaue Bezeichnung des Insolvenzgläubigers) zum Zwecke ... (Text wie in Beispiel 1). Die Rechtsnachfolge ist offenkundig.*" **30**

c) Einfache Vollstreckungsklausel. aa) Sie genügt, falls das Gesetz keine qualifizierte **31** Klausel (s. u. RdNr. 33) erfordert. Rechtliches Gehör braucht dem Schuldner nicht gewährt zu werden (Umkehrschluss aus § 730 ZPO). Für den **Anwendungsbereich** typisch ist das oben wiedergegebene Beispiel 1 (s. o. RdNr. 29); eine einfache Vollstreckungsklausel liegt dort deshalb vor, weil die Geltendmachung des Anspruchs vom Eintritt eines Kalendertages abhängt (zur Abgrenzung s. u. RdNr. 33), was das Vollstreckungsorgan zu beachten hat (§ 751 Abs. 1 ZPO). Ebenso ist es bei einer Zug-um-Zug zu bewirkenden Leistung des Gläubigers i. S. v. § 750 ZPO (zum Fall des § 726 Abs. 2 ZPO s. u. RdNr. 33). Um eine einfache Klausel geht es auch, wenn ein absonderungsberechtigter Gläubiger seine Forderung „für den Ausfall" angemeldet und festgestellt erhalten hat (s. o. RdNr. 14).[32] Beim Antrag auf Erteilung der Vollstreckungsklausel muss er nicht etwa seinen Ausfall oder seinen Verzicht auf das Absonderungsrecht gemäß § 726 ZPO nachweisen, vielmehr wird diese vollstreckbare Ausfertigung für die zur Tabelle festgestellte und im Plan aufrechterhaltene Summe erteilt; setzt der Gläubiger einen bei der abgesonderten Befriedigung nach der Feststellung erhaltenen Betrag nicht ab, so muss der Schuldner nach § 767 ZPO dagegen vorgehen (s. u. RdNr. 40).

bb) Für die Erteilung der einfachen Vollstreckungsklausel **zuständig** ist der Urkunds- **32** beamte der Geschäftsstelle des Insolvenzgerichts, § 724 Abs. 2 ZPO i. V. m. §§ 4, 257 Abs. 1 Satz 1.

d) Qualifizierte Vollstreckungsklausel. aa) Sie ist erforderlich in den durch die **33** §§ 726 ff. ZPO geregelten Fällen. Den wesentlichen **Anwendungsbereich** in der Praxis bilden die titelergänzenden und titelumschreibenden Klauseln. *Titelergänzend* ist § 726 ZPO, Hauptanwendungsfälle sind dort die an eine aufschiebende Bedingung (§ 158 Abs. 1 BGB) geknüpfte Vollstreckbarkeit oder eine Stundungsvereinbarung, die auf andere Ereignisse als den Eintritt eines Kalendertages (s. o. RdNr. 31) abstellt. Nicht unter § 726 ZPO fällt aber der absonderungsberechtigte Gläubiger wegen seiner Ausfallsforderung (s. o. RdNr. 31). Die *titelumschreibende* Klausel betrifft die Rechtsnachfolge auf der Gläubiger- oder Schuldnerseite, deren Grundfall § 727 enthält (Gesamtrechtsnachfolge durch Erbschaft, § 1922 BGB); typisch hierfür ist das oben wiedergegebene Beispiel 2 (s. o. RdNr. 30). Weitere Sachverhalte behandeln §§ 728, 729, 742 bis 744, 745, 749 ZPO.

Die **Voraussetzungen** der genannten Bestimmungen, also zum Beispiel der Eintritt der **34** aufschiebenden Bedingung oder die Rechtsnachfolge, müssen durch öffentliche (vgl. § 415 Abs. 1 ZPO) oder öffentlich beglaubigte (vgl. § 129 BGB, § 40 BeurkG) Urkunden nachgewiesen werden, sofern sie nicht offenkundig (§ 291 ZPO)[33] oder vom Schuldner zugestanden (§ 288 ZPO) sind. Schon wegen der zuletzt genannten Möglichkeit wird dem Schuldner in der Praxis grundsätzlich vorheriges rechtliches Gehör zu gewähren sein (vgl. § 730 ZPO).

bb) Für die Erteilung der qualifizierten Vollstreckungsklausel **zuständig** ist der Rechts- **35** pfleger des Insolvenzgerichts, § 20 Nr. 12 RPflG i. V. m. §§ 4, 257 Abs. 1 Satz 1.

---

[32] *Jaeger/Weber* KO § 164 RdNr. 7 a.
[33] Das gilt nach allgM auch bei § 726 Abs. 1 ZPO, obgleich § 291 ZPO dort – anders als in § 727 ZPO nicht genannt ist, vgl. nur *Musielak/Lackmann* ZPO § 726 RdNr. 5.

§ 257 36–41   6. Teil. 3. Abschnitt. Wirkungen des bestätigten Plans

36   **e) Rechtsbehelfe des Gläubigers zur Erteilung der Klausel.** Hat der **Urkundsbeamte** die Erteilung der einfachen Vollstreckungsklausel (s. o. RdNr. 31, 32) verweigert, so steht dem Gläubiger befristete Erinnerung gemäß § 573 ZPO zu. Hat der **Rechtspfleger** die Erteilung der qualifizierten Klausel abgelehnt (s. o. RdNr. 33 bis 35), so findet sofortige Beschwerde gemäß § 4 i. V. m. § 11 Abs. 1 RPflG, § 567 Abs. 1 Nr. 2 ZPO statt. Kann der Gläubiger den Urkundenbeweis (s. o. RdNr. 34) nicht führen, so muss er Klage auf Erteilung der Vollstreckungsklausel nach § 731 ZPO erheben; ausschließlich zuständig ist hierfür gemäß §§ 257 Abs. 1 Satz 3, 202 Abs. 1 Nr. 1 das Insolvenzgericht und, wenn der Streitgegenstand nicht zur Zuständigkeit der Amtsgerichte gehört, das übergeordnete Landgericht (§ 202 Abs. 2).

37   **f) Rechtsbehelfe des Schuldners gegen die erteilte Klausel** sind die Erinnerung nach § 732 ZPO, über die das Insolvenzgericht entscheidet, oder die Klage gegen die Vollstreckungsklausel, die sog. Klauselgegenklage gemäß § 768 ZPO, die allerdings nur qualifizierte Vollstreckungsklauseln und nur bestimmte Beanstandungen erfasst;[34] ausschließlich zuständig für die Klauselgegenklage ist gemäß §§ 257 Abs. 1 Satz 3, 202 Abs. 1 Nr. 2 das Insolvenzgericht und, wenn der Streitgegenstand nicht zur Zuständigkeit der Amtsgerichte gehört, das übergeordnete Landgericht (§ 202 Abs. 2).

38   **6. Vollstreckungsverfahren. a)** Wegen der Gleichstellung des Titels nach § 257 Abs. 1 mit einem vollstreckbaren Urteil (s. o. RdNr. 23) gelten für die **Durchführung der Zwangsvollstreckung** die allgemeinen Regeln. Der Gläubiger kann auch eine Sicherungshypothek zur Sicherung seiner fälligen und mehr als 750 Euro betragenden Forderung gemäß §§ 866, 867 ZPO erwirken; ist der Anspruch noch nicht fällig, liegt aber ein Arrestgrund vor und erlangt der Gläubiger deshalb einen Arrestbefehl (§§ 916, 917, 920 bis 923 ZPO), so kommt eine Arresthypothek gemäß § 932 ZPO in Betracht.

39   Auch auf die zwangsvollstreckungsrechtlichen Rechtsbehelfe sind die allgemeinen Bestimmungen anzuwenden. Einschlägig sind vor allem Vollstreckungsabwehrklage (s. u. RdNr. 40, 41) und **Vollstreckungserinnerung** nach § 766 ZPO. Der zuletzt genannte Rechtsbehelf ist beispielsweise zu erheben, wenn ein Gläubiger aus einem früheren verdrängten Titel vollstreckt (s. o. RdNr. 25, 26); für die Zuständigkeit gelten die allgemeinen Vorschriften (Umkehrschluss aus § 202).

40   **b) Vollstreckungsabwehrklage.** Einwendungen, die den festgestellten Anspruch selbst betreffen, sind durch Vollstreckungsabwehrklage nach § 767 ZPO zu verfolgen, ausschließlich **zuständig** ist dafür gemäß § 257 Abs. 1 Satz 3, 202 Abs. 1 Nr. 3 das Insolvenzgericht, und, wenn der Anspruch nicht zur Zuständigkeit der Amtsgerichte gehört, das übergeordnete Landgericht (§ 202 Abs. 2). Als materiell-rechtliche **Einwendungen** kommen insbesondere in Betracht: Erfüllung (§ 362 BGB), Aufrechnung (§ 389 BGB), Erlass (§ 397 BGB), Eintritt einer auflösenden Bedingung (§ 158 Abs. 2 BGB), Zurückbehaltungsrecht (§§ 273, 1000 BGB); eine Anfechtung wegen Willensmängel (§§ 119 ff. BGB) scheidet wegen des dem Plan schon vom Gesetz beigelegten besonderen Bestandsschutzes (§ 254 RdNr. 16) grundsätzlich aus (mögliche Ausnahme s. u. RdNr. 41 aE). Die Vollstreckungsabwehrklage ist auch einschlägig, wenn ein Gläubiger bei der Zwangsvollstreckung den ihm infolge abgesonderter Befriedigung nach Feststellung zugeteilten Betrag nicht berücksichtigt (s. o. RdNr. 31).

41   Für die Einwendungen gilt die **Präklusionsvorschrift des § 767 Abs. 2 ZPO;**[35] auch das folgt aus der Gleichstellung des Titels nach § 257 Abs. 1 mit einem vollstreckbaren Urteil. Maßgeblich ist derjenige Zeitpunkt, in dem die Gläubigerforderung zur Tabelle

---

[34] Ausf. zur Abgrenzung zwischen §§ 732, 768 ZPO vgl. *Musielak/Lackmann* ZPO § 732 RdNr. 3 ff.
[35] Ausführlich dazu *Gaul* Festschrift Ulrich Huber, 2006, S. 1187, 1219 ff. Inzwischen hM, vgl. nur: *Schießler* S. 202 f.; FK-*Jaffé* RdNr. 24 a; *Uhlenbruck/Lüer* RdNr. 19; *Kübler/Prütting/Otte* RdNr. 17; *Hess* RdNr. 11; *Häsemeyer* RdNr. 28.86. Abweichend *Bork* in Leipold, Insolvenzrecht, S. 51, 57. Wie hier auch die hM im Konkurs- und Vergleichsrecht, vgl. nur *Jaeger/Weber* KO § 194 RdNr. 4; *Bley/Mohrbutter* VerglO § 85 RdNr. 3.

festgestellt wurde. Hierzu muss man unterscheiden: Hat der Schuldner im Prüfungstermin (§§ 176, 178 Abs. 1 Satz 1) keinen Widerspruch erhoben, so kommt es auf den Schluss dieses Termins an; hatte der Schuldner den Prüfungstermin versäumt, wurde ihm jedoch Wiedereinsetzung in den vorigen Stand gewährt (§ 186), so sind alle Einwendungen präkludiert, die in dem von ihm eingereichten Schriftsatz im Rahmen des nachträglichen Bestreitens hätten vorgebracht werden können (s. o. RdNr. 18). Hat der Schuldner widersprochen, so kommt es auf den in § 767 Abs. 2 ZPO beschriebenen Zeitpunkt des Feststellungsprozesses (§ 184) an. Entsprechendes gilt bei Widerspruch des Verwalters oder eines anderen Insolvenzgläubigers hinsichtlich der dann erhobenen Feststellungsklagen (§§ 179, 180); der Schuldner ist folglich mit allen Einwendungen ausgeschlossen, die der Insolvenzverwalter hätte erheben können, aber – meist auf Grund der vom Schuldner unterlassen Information – nicht vorgebracht hat. Aus dem Versagungsgrund der unlauteren Planherbeiführung (§ 250 Abs. 1 Nr. 2) wird gefolgert, dass sich der Schuldner in seiner Vollstreckungsabwehrklage auf eine Anfechtung wegen arglistiger Täuschung oder widerrechtlicher Drohung (§ 123 BGB) soll berufen können, wenn sich solche Anfechtungsgründe erst nachträglich herausstellen.[36]

IV. Vollstreckung gegen Dritte (Abs. 2)

1. Grundsätze. a) Während § 257 Abs. 1 die Vollstreckung gegen den Schuldner regelt (s. o. RdNr. 3, 10 bis 41), ist **Anwendungsbereich des Abs.** 2 die Vollstreckung gegen Dritte, die unter bestimmten Voraussetzungen Verpflichtungen für die Planerfüllung übernommen haben (s. u. RdNr. 45 ff.); man nennt sie deshalb **Plangaranten**. Durch diese Regelung wird mithin die Vollstreckbarkeit für die von § 257 begünstigten Vollstreckungsgläubiger (s. o. RdNr. 13 ff.) erstreckt. Plangarant kann auch ein Insolvenzgläubiger sein, dessen eigene in der Tabelle festgestellte und im rechtskräftig bestätigten Insolvenzplan (beschränkt) aufrechterhaltene Forderung dadurch nicht berührt wird.[37] 42

Kein Fall des § 257 Abs. 2 ist es, wenn ein Dritter unabhängig vom Insolvenzplan einem Insolvenzgläubiger gegenüber als Mitschuldner oder Bürge haftet (§ 254 Abs. 2 Satz 1). Nicht hierher gehört auch die Übernahme einer dinglichen – z. B. hypothekarischen – Haftung, weil § 257 persönliche Ansprüche betrifft; ein Plangarant kann sich aber im Erörterungs- und/oder Abstimmungstermin über den Insolvenzplan (§ 235) durch ausdrückliche Erklärung zu Protokoll des Insolvenzgerichts der sofortigen Zwangsvollstreckung unterwerfen (§ 794 Abs. 1 Nr. 5 ZPO).[38] Nicht von § 257 Abs. 2 erfasst – weil nicht tabellenfähig – werden außerdem Individualansprüche, z. B. auf Herausgabe einer sicherungsübereigneten Sache.[39] 43

b) Grundlagen der Vollstreckbarkeit gegen den Plangaranten sind – wie beim Schuldner – der rechtskräftig bestätigte Insolvenzplan in Verbindung mit der Eintragung in die Tabelle (s. u. RdNr. 52) jedoch – als zusätzliches Erfordernis – einschließlich der Verpflichtungserklärung (s. u. RdNr. 45 ff.); diese Erklärung kommt mithin als weiterer technischer Bestandteil zur Vollstreckungsurkunde hinzu (s. o. RdNr. 22; zur Vollstreckungsklausel gegen einen Plangaranten s. u. RdNr. 53, 54); liegt eine § 257 Abs. 2 genügende Verpflichtungserklärung nicht vor, scheidet eine Vollstreckbarkeit nach dieser Bestimmung aus, muss also gegen den Dritten im Klagewege vorgegangen werden (s. u. RdNr. 72). 44

2. Verpflichtungserklärung des Plangaranten. a) Ihrem **Inhalt** nach muss in der Erklärung (zur Abgabe s. u. RdNr. 47 bis 49) eine Verpflichtung für die Erfüllung des Plans neben dem Schuldner übernommen werden (zu deren Hauptarten s. u. RdNr. 46, zum 45

---

[36] So *Gaul* aaO, S. 1222. Sehr zweifelhaft; für eine rigorose Unbeachtlichkeit von Willensmängel *Häsemeyer* RdNr. 28.74; 28.83.
[37] *Kübler/Prütting/Otte* RdNr. 13. Zum früheren Recht: *Jaeger/Weber* KO § 194 RdNr. 8; *Kilger/ K. Schmidt* KO § 194 Anm. 2; *ders.* § 85 VerglO Anm. 3.
[38] *Hess* RdNr. 21. *Bley/Mohrbutter* VerglO § 85 RdNr. 21 (Anm. 6).
[39] *Häsemeyer* RdNr. 28.87.

Umfang s. u. RdNr. 50), allerdings ohne Vorbehalt der Einrede der Vorausklage. Eine solche Verpflichtung „neben" dem Schuldner liegt auch dann vor, wenn der Plangarant für die volle Erfüllung der Quote einsteht, die aus einem Sondervermögen oder aus der festgelegten Liquidationsmasse aufgebracht werden soll, während der Schuldner persönlich mit seinem sonstigen Vermögen nur für eine darunterliegende Quote haftet.[40]

46 b) Hauptarten einer Verpflichtungserklärung sind in der Praxis **gesamtschuldnerische Haftung** (§§ 421 ff. BGB), auch als Schuldbeitritt (Schuldmitübernahme), **Garantievertrag** und **Bürgschaft**. Bei Letzterer ist wegen § 257 Abs. 2 immer ein Verzicht auf die Einrede der Vorausklage (s. o. RdNr. 45) gegeben; dem Dritten steht diese Einrede – entgegen § 771 BGB – folglich nur bei ausdrücklichem Vorbehalt zu. Wird dieser erklärt, so scheidet eine Vollstreckung nach der genannten Vorschrift aus und muss der Klageweg beschritten werden (s. u. RdNr. 72). Dem Sinn nach ist ein „Vorbehalt der Vorausklage" bei einer Ausfallbürgschaft anzunehmen.[41]

47 c) **Abgabe der Verpflichtungserklärung.** Sie muss nach § 257 Abs. 2 **schriftlich dem Insolvenzgericht gegenüber** erfolgen. Eine solche Erklärung kann selbständig, auch noch nach Bestätigung des Plans, eingereicht oder z. B. im Erörterungs- und/oder Abstimmungstermin (§ 235) übergeben werden; sie ist dann gemäß § 230 Abs. 2 dem Plan als Anlage beizufügen. Darüber hinaus kann die Verpflichtungserklärung – in Übereinstimmung mit der im früheren Vergleichsrecht (s. o RdNr. 5, 6) ausdrücklich vorgesehenen Möglichkeit (§ 85 Abs. 2 VerglO) – im genannten Termin auch **mündlich zu Protokoll** erklärt werden.[42] Damit ist die dem Schriftformerfordernis zugrunde liegende Beweis- und Warnfunktion gewahrt; Letzterer ist deshalb genügt, weil die protokollierte Erklärung vom Dritten genehmigt werden muss (§ 162 ZPO entsprechend); auch die Schriftform des § 766 BGB wird durch die Protokollierung nach allgemeinen Regeln (§§ 126 Abs. 3, 127 a BGB) ersetzt.[43] In einem solchen Fall ist ein vom Insolvenzgericht hergestellter und beglaubigter Auszug aus dem Protokoll dem Plan als Anlage beizufügen (s. o. RdNr. 44). Wegen der unsicheren Rechtslage empfiehlt es sich aber, um eine schriftliche Erklärung des Plangaranten besorgt zu sein.

48 Das Angebot der Plangarantie ist frei **widerruflich** bis zum Abstimmungstermin über den Insolvenzplan. Einen rechtzeitigen Widerruf kann der Dritte gegenüber seiner Inanspruchnahme aus § 257 Abs. 2 durch Rechtsbehelfe gegen die erteilte Klausel einwenden (s. u. RdNr. 56); auch eine Feststellungsklage kommt unter den Voraussetzungen des § 256 ZPO in Betracht. Eine **Anfechtung** der Verpflichtungserklärung wegen Irrtums (§ 119 BGB; zur Anfechtung wegen arglistiger Täuschung oder widerrechtlicher Drohung nach § 123 BGB s. u. RdNr. 56 aE) ist nur bis zur Rechtskraft des Bestätigungsbeschlusses möglich;[44] dann scheidet sie wegen des dem Plan schon vom Gesetz beigelegten besonderen Bestandsschutzes aus (wie beim Parallelproblem der Vollstreckung gegen den Schuldner, s. o. RdNr. 40).

49 Bei einer den beschriebenen Anforderungen (s. o. RdNr. 47) nicht genügenden, also **formwidrigen Verpflichtungserklärung** scheidet eine Inanspruchnahme des Dritten nach § 257 Abs. 2 aus. Die Erklärung kann aber nach allgemeinen Vorschriften des BGB wirksam sein, z. B. als Schuldbeitritt oder Bürgschaft. Im zuletzt genannten Falle besteht dann freilich grundsätzlich gemäß § 771 BGB die Einrede der Vorausklage, sofern darauf nicht ausdrücklich verzichtet wurde (§ 773 Abs. 1 Nr. 1 BGB); § 773 Abs. 1 Nr. 3 BGB ist nicht einschlägig, weil es insoweit auf den Zeitpunkt der Inanspruchnahme aus der Bürgschaft ankommt, in dem jedoch kein Insolvenzverfahren mehr bestehen wird (vgl. § 258). Unter den beschriebenen Voraussetzungen muss sich der Dritte dann im Ergebnis wie ein

---

[40] *Bley/Mohrbutter* VerglO § 85 RdNr. 8 (Anm. a). Zu einem Beispiel aus dem Vergleichsrecht: BGH MDR 1969, 832 = KTS 1970, 45.
[41] BGH KTS 1957, 157; *Kilger/K. Schmidt* § 85 VerglO Anm. 4. Vgl. auch *Palandt/Sprau* § 771 RdNr. 2; vor § 765 RdNr. 11.
[42] Ebenso HK-*Flessner* RdNr. 8; *Smid/Rattunde* RdNr. 8. AA *Nerlich/Römermann/Braun* RdNr. 8.
[43] *Jaeger/Weber* KO § 194 RdNr. 5 (S. 623 u. 624 o.).
[44] RGZ 57, 270; 122, 361, 364; BGH LM § 85 VerglO Nr. 2; *Kübler/Prütting/Otte* RdNr. 13.

Plangarant behandeln lassen, sofern seine Erklärung mit seinem Wissen und Wollen zu den Voraussetzungen des Insolvenzplans gemacht wurde,[45] für seine Inanspruchnahme ist dann aber ein Titel im Klagewege zu beschaffen (s. u. RdNr. 72).[46]

d) In ihrem **Umfang** kann die Haftung des Plangaranten inhaltlich (z. B. in Form einer Höchstbetragsbürgschaft) und/oder zeitlich begrenzt sein, sofern sich das unzweifelhaft aus der Verpflichtungserklärung ergibt; bei Mehrdeutigkeit hat das Insolvenzgericht vor der Abstimmung über den Plan eine Klarstellung herbeizuführen. Statthaft ist auch die Sicherung einzelner von mehreren Raten oder die Verknüpfung einer Sicherung mit einer Befristung oder Bedingung. Bei einer Teilbürgschaft hat der Plangarant die Gläubiger gemäß dem Prioritätsgrundsatz bis zur vollen Höhe ihrer Forderung in der Reihenfolge zu befriedigen, in der sie ihn in Anspruch nehmen, ansonsten er sich in aller Regel schadensersatzpflichtig macht.[47]

3. Vollstreckung gegen Plangaranten. a) Es müssen sowohl die in § 257 Abs. 2 wie die in § 257 Abs. 1 aufgeführten Merkmale erfüllt sein (vgl. Wortlaut des Abs. 2: „Gleiches gilt ..."). Daraus folgt der **Grundsatz:** Voraussetzung der Vollstreckbarkeit gegen einen Dritten als Plangaranten (s. o. RdNr. 42, 43) ist neben einer wirksamen Verpflichtungserklärung (s. o. RdNr. 45 bis 50) und der Erteilung der Vollstreckungsklausel gegen ihn (s. u. RdNr. 53, 54), dass auch die Voraussetzungen der Vollstreckbarkeit gegen den Schuldner bestehen (s. u. RdNr. 52).

b) In diesem Zusammenhang heißt **Vollstreckbarkeit gegen den Schuldner,** dass sich die Verpflichtungserklärung des Plangaranten auf eine zur Tabelle festgestellte und im rechtskräftig bestätigten Insolvenzplan (beschränkt) aufrechterhaltene Forderung (s. o. RdNr. 16 bis 20) eines begünstigten Vollstreckungsgläubigers (s. o. RdNr. 13 bis 15) beziehen muss. Ist dieser Anspruch nicht im Sinn des § 257 Abs. 1 tituliert, scheidet eine Vollstreckung gegen den Plangaranten aus Abs. 2 der genannten Vorschrift auch dann aus, wenn deren Voraussetzungen bestehen, also eine ordnungsgemäße Verpflichtungserklärung abgegeben ist; für die Inanspruchnahme des Dritten ist dann erst ein Titel im Klagewege zu beschaffen (s. u. RdNr. 72), sofern eine freiwillige Leistung verweigert wird.

c) Auch die **Vollstreckungsklausel** gegen den Plangaranten wird auf den Tabellenauszug (s. o. RdNr. 27), nicht etwa auf die Verpflichtungserklärung gesetzt.[48] Denn Letztere ist nur weiterer Bestandteil der Vollstreckungsurkunde (s. o. RdNr. 44). Beigetrieben wird der zur Tabelle festgestellte und im rechtskräftig bestätigten Insolvenzplan aufrechterhaltene Anspruch, also die Planforderung (s. o. RdNr. 17), für deren Erfüllung der Plangarant neben dem Schuldner haftet.

Dass ein Fall des § 257 Abs. 2 gegeben ist, muss der **Inhalt** der Vollstreckungsklausel ergeben. Sie lautet – in Ergänzung des Beispiels oben RdNr. 29 – etwa: *„Diese Ausfertigung wird dem ... (genaue Bezeichnung des Vollstreckungsgläubigers) zum Zwecke der Zwangsvollstreckung gegen den ... (genaue Bezeichnung) als Plangaranten mit der Maßgabe erteilt, dass dieser ... (genaue Wiedergabe der Verpflichtungserklärung bzw. des für den jeweiligen Vollstreckungsgläubiger maßgeblichen Teils daraus)."*; gegebenenfalls kann auch auf die der vollstreckbaren Ausfertigung (entsprechend oben RdNr. 22) beigeheftete Verpflichtungserklärung Bezug genommen werden. Im Übrigen gelten für das **Klauselverfahren** die früheren Erörterungen im Rahmen des § 257 Abs. 1 entsprechend (s. o. RdNr. 27 bis 35). Es handelt sich um eine einfache Vollstreckungsklausel, für deren Erteilung der Urkundsbeamte zuständig ist (s. o. RdNr. 31,

---

[45] *Nerlich/Römermann/Braun* RdNr. 9; *Hess* RdNr. 23; FK-*Jaffé* RdNr. 29; *Kübler/Prütting/Otte* RdNr. 14. Zum alten Recht *Bley/Mohrbutter* VerglO § 85 RdNr. 21 (Anm. d aE).
[46] *Nerlich/Römermann/Braun* RdNr. 9; *Hess* RdNr. 23. Insoweit auch weiterhin gültig BGH NJW 1951, 1862 = KTS 1961, 152 = WM 1961, 1048.
[47] *Kübler/Prütting/Otte* RdNr. 16; *Uhlenbruck/Lüer* RdNr. 25. Zum früheren Recht: *Kuhn/Uhlenbruck* KO § 194 RdNr. 7.
[48] Abweichend HK-*Flessner* RdNr. 11 (Klausel auch auf Verpflichtungserklärung möglich). AA (aber ohne Begründung) *Uhlenbruck/Lüer* RdNr. 27; zust. *Graf-Schlicker/Kebekus,* RdNr. 3. Wie hier *Bley/Mohrbutter* VerglO § 85 RdNr. 26 b.

§ 257   55–59   6. Teil. 3. Abschnitt. Wirkungen des bestätigten Plans

32; zum Rechtsbehelf des Gläubigers bei Verweigerung der Klausel s. o. RdNr. 36; zu den Einwendungen des Plangaranten s. u. RdNr. 56).

55 d) Für die **Zwangsvollstreckung gegen den Plangaranten** kann ebenfalls grundsätzlich auf die früheren Erörterungen im Rahmen des § 257 Abs. 1 verwiesen werden (s. o. RdNr. 38, 39); zu den Einwendungen des Plangaranten s. u. RdNr. 56.

56 e) **Einwendungen des Plangaranten.**[49] Richten sie sich gegen die Zulässigkeit der **Vollstreckungsklausel,** so gelten §§ 732, 768 ZPO entsprechend (s. o. RdNr. 37). **Materiell-rechtliche Einwendungen,** welche die zur Tabelle festgestellte und im rechtskräftig bestätigten Insolvenzplan (beschränkt) aufrechterhaltene Forderung gegen den Schuldner (s. o. RdNr. 16 bis 20) betreffen, kann der Plangarant – in welchem Verfahren auch immer – nicht geltend machen; denn durch die vorbehaltslose Verpflichtungserklärung hat er die auf diese Weise gegen den Schuldner titulierte Forderung als für sich verbindlich anerkannt.[50] Will der Plangarant demgegenüber mit materiell-rechtlichen Einwendungen seine *eigene* Verpflichtung bekämpfen, sich also z. B. darauf berufen, dass seine Verpflichtungserklärung nicht den Erfordernissen des § 257 Abs. 2 entsprochen hat oder sonst materiell-rechtlich unwirksam ist (zu Widerruf und Anfechtung s. schon o. RdNr. 48), findet keine Vollstreckungsabwehrklage nach § 767 ZPO statt. Denn solche Einwendungen richten sich nicht gegen den im Titel festgestellten Anspruch, weil auch im Verhältnis zum Plangaranten allein die gegenüber dem Schuldner bestehende Planforderung tituliert ist. Folglich muss eine Klauselabwehrklage nach § 768 ZPO erhoben werden;[51] mit dem Bestreiten der Garantenverpflichtung werden nämlich zugleich die Voraussetzungen für die Klauselerteilung geleugnet. Ob wegen des dem Plan schon vom Gesetz beigelegten besonderen Bestandsschutzes eine Anfechtung wegen arglistiger Täuschung oder widerrechtlicher Drohung (§ 123 BGB; zu § 119 BGB s. o. RdNr. 48) in Betracht kommen kann,[52] ist – wie beim Parallelproblem der Vollstreckung gegen den Schuldner (s. o. RdNr. 41 aE) – sehr zweifelhaft.

57 4. **Rechtsfolgen der Erfüllung durch den Plangaranten. a)** Erfüllt der Plangarant die von ihm übernommenen Verpflichtungen freiwillig oder infolge Zwangsvollstreckung, so kommt es bei gesamtschuldnerischer Haftung oder Bürgschaft zu einem **Forderungsübergang** kraft Gesetzes; der Anspruch des (Vollstreckungs-) Gläubigers gegen den Schuldner geht, soweit ersterer bedient wurde, entweder nach § 426 Abs. 2 BGB oder nach § 774 Abs. 1 BGB über. Außerdem besteht in aller Regel ein **Aufwendungsersatzanspruch** gegen den Schuldner gemäß §§ 675, 683, 684, 670 BGB; auf diesen Anspruch ist ein Plangarant bei einer Verpflichtungserklärung in Form eines Garantievertrages (s. o. RdNr. 46) beschränkt.

58 b) Haben **mehrere Plangaranten** für die Erfüllung des Plans eine Verpflichtung übernommen, so sind sie im Verhältnis zueinander – soweit nichts anderes bestimmt worden ist – zu gleichen Anteilen gemäß §§ 426 Abs. 1 Satz 1, 774 Abs. 2 BGB verpflichtet.[53] Etwas anderes gilt z. B., wenn sich jeder der mehreren Plangaranten für die Erfüllung einer jeweils anderen Rate (s. o. RdNr. 50) verpflichtet hat.

V. Erweiterung der Vollstreckbarkeit (Abs. 3)

59 1. **Zweck.** Gegenstand der Vollstreckung nach § 257 Abs. 1 ist die zur Tabelle festgestellte und vom Schuldner nicht bestrittene Forderung in dem im rechtskräftig bestätigten Insolvenzplan aufrechterhaltenen Umfang (s. o. RdNr. 17, 18). Abs. 3 erweitert die Vollstreckbarkeit und erleichtert die Erlangung der Vollstreckungsklausel – in Übereinstimmung

---
[49] Ausführlich dazu *Gaul* Festschrift Ulrich Huber, 2006, S. 1187, 1222 ff.
[50] *Häsemeyer* RdNr. 28.88.
[51] Ebenso *Bley/Mohrbutter* VerglO § 85 RdNr. 24 (Anm. c). AA – jedoch ohne nähere Begründung – *Häsemeyer* RdNr. 28.88 (§§ 797 Abs. 4, 767 ZPO); aA auch – dann aber mit Einwendungsausschluss (§ 767 Abs. 2 ZPO) – *Uhlenbruck/Lüer* RdNr. 27.
[52] Dafür *Gaul* Festschrift Ulrich Huber, 2006, S. 1187, 1224.
[53] FK-*Jaffé* RdNr. 34; zum früheren Recht *Bley/Mohrbutter* VerglO § 85 RdNr. 23 (Anm. a aE).

mit der früheren Regelung im Vergleichsrecht (s. o. RdNr. 6) – für den Fall, dass diese Beschränkungen infolge einer Wiederauflebensklausel (s. u. RdNr. 60) wegfallen; die Vorschrift ergänzt mithin die in § 255 angeordnete materiellrechtliche Wirkung in vollstreckungsrechtlicher Hinsicht.

2. Voraussetzungen. a) Ausgangspunkt ist der Wegfall der Planbeschränkung infolge der **Wiederauflebensklausel** des § 255. Nach dieser Vorschrift werden bei den von den Insolvenzgläubigern auf Grund des gestaltenden Teils des Insolvenzplans gestundeten oder teilweise erlassenen Forderungen die Stundung oder der Erlass für denjenigen Gläubiger hinfällig, demgegenüber der Schuldner mit der Erfüllung des Plans erheblich in Rückstand gerät (§ 255 RdNr. 11–30). Für im Prüfungstermin bestrittene, später aber festgestellte Forderungen (s. o. RdNr. 18, 20) oder Ausfallforderungen (s. o. RdNr. 14) ist als Sondervorschrift § 256 Abs. 1, 2 zu beachten (§ 256 RdNr. 7–27). 60

b) Erforderlich ist nach § 257 Abs. 3 dann zur Erlangung der unbeschränkten Vollstreckungsklausel (s. u. RdNr. 64) lediglich die **Glaubhaftmachung von Mahnung und Ablauf der Nachfrist;** die Anforderungen an Mahnung und Nachfrist enthält § 255 Abs. 1 Satz 2 (vgl. dort RdNr. 21–24). Der Rückstand selbst braucht ebenso wenig bewiesen oder glaubhaft gemacht zu werden wie dessen Erheblichkeit i. S. v. §§ 255 Abs. 1, 256 Abs. 1, 2 (zu den Einwendungen des Schuldners s. u. RdNr. 66). 61

Für die Glaubhaftmachung selbst gilt § 4 i. V. m. § 294 Abs. 1 ZPO; Abs. 2 der zuletzt genannten Vorschrift scheidet aus der Natur der Sache heraus aus, weil im Klauselerteilungsverfahren nicht mündlich verhandelt wird (etwas anderes gilt für das Rechtsbehelfsverfahren bei mündlicher Verhandlung, s. u. RdNr. 66). **Mittel der Glaubhaftmachung** sind hauptsächlich die Vorlage einer Abschrift des Mahnschreibens mit Zugangsnachweis oder eine entsprechende Versicherung an Eides statt. Letztere kann sich bei Fehlen entsprechender Schriftstücke sowohl auf die Existenz der Mahnung und deren Inhalt, insbesondere die gesetzte Nachfrist, wie auch auf den Nachweis des Zugangs, z. B. durch persönliche Aushändigung an den Schuldner oder Einwurf in dessen Briefkasten, beziehen. Die Wirksamkeit des Zugangs richtet sich nach § 130 BGB. 62

3. Rechtsfolgen. Der von § 257 begünstigte Vollstreckungsgläubiger (s. o. RdNr. 13 bis 15) kann nunmehr gegen den **Schuldner** die Vollstreckung aus der Tabelle ohne die Beschränkungen des rechtskräftig bestätigten Insolvenzplans betreiben (zur Vollstreckungsklausel s. u. RdNr. 64). Für einen **Plangaranten** (s. o. RdNr. 42 bis 50) hat § 257 Abs. 3 grundsätzlich keine Auswirkungen, weil dieser eine Verbindlichkeit nur für die Erfüllung des Plans übernommen hat, es sei denn, er haftet nach dem Umfang seiner Verpflichtungserklärung (s. o. RdNr. 50) für die bei Verzug des Schuldners mit der Planerfüllung entstehenden Verzugszinsen (§ 288 BGB); dann genügt für die Erteilung der unbeschränkten Vollstreckungsklausel die Glaubhaftmachung des Verzugs. 63

4. Vollstreckungsklausel. a) Sie muss in ihrem **Inhalt** zum Ausdruck bringen, dass die Zwangsvollstreckung nunmehr unbeschränkt zulässig ist. Sie lautet – in Ergänzung des Beispiels oben RdNr. 29 – etwa: *„Diese Ausfertigung wird dem ... (Bezeichnung des Gläubigers) zum Zwecke der Zwangsvollstreckung gegen den ... (Bezeichnung des Schuldners) mit der Maßgabe erteilt, dass die Zwangsvollstreckung der zur Tabelle festgestellten Gläubigerforderung ohne die Beschränkungen im rechtskräftig bestätigten Insolvenzplan stattfindet."* 64

b) Zuständig für die Erteilung ist der Rechtspfleger, weil die Vollstreckbarkeit von Mahnung und Ablauf der Nachfrist abhängt, was der Gläubiger zu beweisen hat. Es geht folglich um eine qualifizierte Klausel entsprechend § 726 ZPO (s. o. RdNr. 33, 35); die genannten Tatsachen müssen freilich nicht in der Form dieser Vorschrift (s. o. RdNr. 34) nachgewiesen werden, vielmehr gilt insoweit die Sonderbestimmung des § 257 Abs. 3, wonach Glaubhaftmachung genügt (s. o. RdNr. 61, 62). Im Übrigen wird für das Klauselerteilungsverfahren auf die früheren Erörterungen im Rahmen des § 257 Abs. 1 verwiesen (s. o. RdNr. 27 ff.). 65

§ 257 66–74   6. Teil. 3. Abschnitt. Wirkungen des bestätigten Plans

66 c) **Rechtsbehelfe.** Bei Verweigerung der Klausel kann der **Gläubiger** gemäß den schon erörterten Regeln (s. o. RdNr. 36) vorgehen. Will der **Schuldner** einwenden, dass die Voraussetzungen der erweiterten Vollstreckbarkeit nicht eingetreten sind, so stehen ihm die Rechtsbehelfe nach § 732 ZPO oder nach § 768 ZPO offen (s. o. RdNr. 37). Er kann auf diese Weise nicht nur geltend machen, dass eine Mahnung nicht zugegangen, die Nachfrist noch nicht abgelaufen oder der Rückstand nicht erheblich ist, sondern auch, dass er innerhalb dieser Frist gezahlt hat (zur Zahlung nach Fristsetzung s. u. RdNr. 67).

67 **5. Vollstreckung.** Die schon im Rahmen des § 257 Abs. 1 erörterten Grundsätze (s. o. RdNr. 38 bis 40) gelten entsprechend; die Erfüllung nach Ablauf der Nachfrist muss der Schuldner im Wege der Vollstreckungsabwehrklage gemäß § 767 ZPO einwenden.

VI. Zahlungsklage trotz Vollstreckungsmöglichkeit aus dem Plan

68 **1. Grundsatz.** Eine denselben Streitgegenstand betreffende Zahlungsklage gegen Schuldner bzw. Plangaranten ist **unzulässig**, soweit die Vollstreckbarkeit nach § 257 Abs. 1 bzw. Abs. 2 eingreift;[54] denn einer solchen Klage fehlt das Rechtsschutzbedürfnis.

69 **2. Ausnahme.** Nur besondere Umstände können die klageweise Erwirkung eines neuen Titels rechtfertigen. So liegt es z. B., wenn der Vermerk des Prüfungsergebnisses in der Tabelle (§ 178 Abs. 2) so unklar ist, dass die Vollstreckbarkeit nach § 257 Abs. 1 oder Abs. 2 unmöglich gemacht oder erschwert wird.[55]

VII. Titelbeschaffung bei fehlender Vollstreckungsmöglichkeit aus dem Plan

70 **1. Anwendungsbereich. a)** Bei fehlender Vollstreckungsmöglichkeit nach § 257 Abs. 1 bzw. Abs. 2 muss ein **Vollstreckungstitel nach allgemeinen Regeln** im Klagewege, im Mahnverfahren (§ 700 Abs. 1 ZPO) oder auf andere Weise (insbesondere: § 794 Abs. 1 Nr. 1, 5 ZPO) beschafft werden. Allerdings kann – in den Grenzen des Insolvenzplans (s. u. RdNr. 73) – aus einem schon vor Insolvenzeröffnung erwirkten Titel vollstreckt werden, falls dieser nicht durch den Tabelleneintrag verdrängt wurde (s. o. RdNr. 25, 26).

71 **b) Beispiele** fehlender Vollstreckungsmöglichkeit gegen **Schuldner:** Zur Tabelle nicht festgestellte Forderung oder zwar festgestellte, jedoch vom Schuldner bestrittene Forderung oder nicht beseitigter Widerspruch bei Bestreiten von Schuldner, Insolvenzgläubiger oder Insolvenzverwalter (s. o. RdNr. 18 bis 20); nicht angemeldete Forderung; Erforderlichkeit eines Duldungstitels gegen den Schuldner.

72 **c) Beispiele** fehlender Vollstreckungsmöglichkeit gegen **Dritten:** Keine wirksame Verpflichtungserklärung des Dritten gemäß § 257 Abs. 2 (s. o. RdNr. 44, 49); Erklärung des Vorbehalts der Einrede der Vorausklage (s. o. RdNr. 46); Fehlen der Vollstreckbarkeit gegen Schuldner nach § 257 Abs. 2 trotz wirksamer Verpflichtungserklärung des Dritten (s. o. RdNr. 52); Erforderlichkeit eines Duldungstitels gegen den Dritten.

73 **2. Klageverfahren. a)** Richtige Klageart ist die Leistungs-(Zahlungs-) Klage, die aber die **Beschränkungen des Insolvenzplans** beachten muss. Denn die Wirkungen des rechtskräftig bestätigten Plans treten nach § 254 Abs. 1 Satz 1 für und gegen alle Beteiligte ein; das gilt nach § 254 Abs. 1 Satz 3 auch für Insolvenzgläubiger, die ihre Forderungen nicht angemeldet, und auch für Beteiligte, die dem Plan widersprochen haben. Der **Klageantrag** muss gemäß § 253 Abs. 2 Nr. 2 ZPO bestimmt sein, in der Regel also auf Zahlung einer bestimmten Geldsumme lauten; ein Antrag auf „Verurteilung nach Maßgabe des Insolvenzplans" ist unzulässig.

74 **b)** Eine Klage auf **volle Leistung,** also ohne Beachtung der Planschranken, kann erst erhoben werden, wenn die Forderung nach §§ 255, 256 wiederaufgelebt ist.

---

[54] Zu § 85 Abs. 1, 2 VerglO: BGH WM 1956, 82; KTS 1957, 157.
[55] *Kilger/K. Schmidt* § 85 VerglO Anm. 6.

c) **Klagegegner** ist bei Fehlen der Vollstreckungsvoraussetzungen nach § 257 Abs. 1 der 75 Schuldner, im Fall des § 257 Abs. 2 der Dritte.

3. Zwangsvollstreckung. Für die Voraussetzungen der Zwangsvollstreckung, ein- 76 schließlich der Vollstreckungsklausel, und deren Durchführung gelten die allgemeinen Bestimmungen (§§ 724 bis 793 ZPO). Vollstreckt der Gläubiger aus einem früheren nicht verdrängten Titel (s. o. RdNr. 70), ohne die Beschränkungen des rechtskräftig bestätigten Insolvenzplans zu beachten (s. o. RdNr. 73), steht dem Schuldner Vollstreckungsabwehrklage gemäß § 767 ZPO zu.

§ 258 Aufhebung des Insolvenzverfahrens

(1) Sobald die Bestätigung des Insolvenzplans rechtskräftig ist, beschließt das Insolvenzgericht die Aufhebung des Insolvenzverfahrens.

(2) Vor der Aufhebung hat der Verwalter die unstreitigen Masseansprüche zu berichtigen und für die streitigen Sicherheit zu leisten.

(3) [1] Der Beschluß und der Grund der Aufhebung sind öffentlich bekanntzumachen. [2] Der Schuldner, der Insolvenzverwalter und die Mitglieder des Gläubigerausschusses sind vorab über den Zeitpunkt des Wirksamwerdens der Aufhebung (§ 9 Abs. 1 Satz 3) zu unterrichten. [3] § 200 Abs. 2 Satz 2 gilt entsprechend.

Übersicht

	RdNr.		RdNr.
I. Normzweck		IV. Vor der Aufhebung zu erledigende Geschäfte	10
1. Sinn und Zweck der Norm	1	1. Tätigkeit des Insolvenzverwalters nach § 258 Abs. 2	10
2. Überblick zum Anwendungsbereich	2	a) Berichtigung unstreitiger Masseansprüche	10
II. Entstehungsgeschichte	3	b) Sicherheitsleistung für streitige Masseansprüche	12
1. Frühere Regelungen und Unterschiede zum neuen Recht	3	c) Haftung bei Pflichtverletzungen	15
a) Vergleichsverfahren (§§ 90, 91, 96 VerglO)	3	2. Sonstige Geschäfte	16
b) Konkursverfahren (§§ 190, 191 KO)	4	V. Verfahren nach Erlass des Aufhebungsbeschlusses, § 258 Abs. 3	17
2. Gesetzgebungsverfahren zur InsO	5	1. Bekanntmachung (Satz 1)	17
III. Aufhebung des Insolvenzverfahrens, § 258 Abs. 1	6	2. Vorabmitteilungen (Satz 2)	18
1. Zeitpunkt	6	a) Adressaten	18
2. Entscheidung des Insolvenzgerichts	8	b) Wirksamwerden der Aufhebung	19
a) Zuständigkeit und Anfechtbarkeit	8	aa) Richter-Entscheidung	19
b) Entscheidungsinhalt	9	bb) Rechtspfleger-Entscheidung	20
		3. Registermitteilungen (Satz 3)	22

I. Normzweck

1. Sinn und Zweck der Norm. Mit der rechtskräftigen Bestätigung des Insolvenzplans, 1 die dessen materiell-rechtliche und verfahrensrechtliche Wirkungen eintreten lässt (s. o. § 255 RdNr. 1), endet zwar das Planverfahren, nicht aber das Insolvenzverfahren selbst. Letzteres muss vielmehr aus Gründen der Rechtssicherheit in einem actus contrarius zum Eröffnungsbeschluss (§ 27) förmlich aufgehoben werden; denn über den Zeitpunkt der Beendigung des Insolvenzverfahrens darf insbesondere wegen der Wiedererlangung der Verfügungsbefugnis durch den Schuldner (§ 259 Abs. 1 Satz 2) keine Unklarheit herrschen. Die Voraussetzungen und das Verfahren für den deshalb erforderlichen Aufhebungsbeschluss regelt § 258, dessen Wirkungen § 259. Eine im gestaltenden Teil des Insolvenzplans vorgesehene Planüberwachung erfolgt außerhalb des Insolvenzverfahrens nach § 259 Abs. 2, 260 ff.

§ 258 2–6　　6. Teil. 3. Abschnitt. Wirkungen des bestätigten Plans

2 **2. Überblick zum Anwendungsbereich.** Die Vorschrift des § 258 bestimmt in **Abs. 1,** wann der Beschluss über die Aufhebung des Insolvenzverfahrens zu fassen ist; **Abs. 2** nennt – in Ergänzung zu anderen Vorschriften – bestimmte Aufgaben, die der Insolvenzverwalter vorher zu erledigen hat. Schließlich regelt **Abs. 3 Satz 1** die Bekanntmachung des Aufhebungsbeschlusses und **Satz 2** die Vorabmitteilung an bestimmte Adressaten über den Zeitpunkt des Wirksamwerdens, während die Verweisung **Satz 3** die Registermitteilungen betrifft.

II. Entstehungsgeschichte

3 **1. Frühere Regelungen und Unterschiede zum neuen Recht.** a) Auch das **Vergleichsverfahren** endete mit rechtskräftiger Bestätigung des Vergleichs (§ 78 VerglO) nicht von selbst, sondern es bedurfte eines förmlichen Aufhebungsbeschlusses. Die Vorschriften zum Erlass dieser Entscheidung unterscheiden sich aber ganz wesentlich vom neuen Recht: Das Vergleichsverfahren konnte gemäß § 90 VerglO nach pflichtgemäßem Ermessen des Gerichtes auf Antrag der Gläubigermehrheit oder bei Geringfügigkeit der Vergleichsforderungen zugleich mit der Bestätigung des Vergleiches aufgehoben werden; zu diesem Zeitpunkt musste gemäß § 91 VerglO die Aufhebung bei vereinbarter Überwachung des Vergleichsschuldners beschlossen werden. Lagen die Voraussetzungen dieser Bestimmungen nicht vor, so war das Vergleichsverfahren gemäß § 96 VerglO fortzusetzen; die Aufhebung konnte dann erst nach Erfüllung des Vergleiches oder bei verhältnismäßig geringfügigen Rückständen erfolgen. Das Verfahren zur Bekanntmachung des Aufhebungsbeschlusses regelte § 98 Abs. 3 VerglO.

4 b) Auch das **Konkursverfahren** endete mit rechtskräftiger Bestätigung des Zwangsvergleiches (§ 184 KO) nicht von selbst, sondern es bedurfte eines förmlichen Aufhebungsbeschlusses. Die hierfür einschlägigen §§ 190, 191 KO entsprechen im Wesentlichen dem geltenden Recht; ergänzend ordnet § 258 Abs. 3 Satz 2 die Vorabinformation über den Zeitpunkt des Wirksamwerdens der Aufhebung bestimmten Beteiligten gegenüber an. Entsprechendes gilt für die Rechtslage im **Gesamtvollstreckungsverfahren** gemäß § 19 Abs. 1 Nr. 2, Abs. 2 bis 4 GesO.

5 **2. Gesetzgebungsverfahren zur InsO.** Die Vorschläge der **Kommission für Insolvenzrecht**[1] sahen in den Leitsätzen 2. 2. 26 Abs. 1, 2. 2. 27 und 2. 2. 28 Abs. 1 dem geltenden Recht vergleichbare Bestimmungen vor. Der **Diskussionsentwurf des Bundesministeriums der Justiz**[2] stimmt in § 294 DE (= § 294 RefE) bereits mit dem jetzt geltenden Recht überein; allerdings enthielt die in § 258 Abs. 2 getroffene Regelung § 295 Abs. 1 Satz 3 DE. Letztere wurde sodann im **Regierungsentwurf**[3] in § 258 RegE eingefügt; dieser Vorschrift entspricht § 258 – mit den in Abs. 3 Satz 3 angepassten Verweisungen – wörtlich.

III. Aufhebung des Insolvenzverfahrens, § 258 Abs. 1

6 **1. Zeitpunkt.** Nach § 258 Abs. 1 hat das Insolvenzgericht die Aufhebung des Insolvenzverfahrens zu beschließen (s. u. RdNr. 8, 9), **sobald** die Bestätigung des Insolvenzplans rechtskräftig ist (zum Eintritt der Rechtskraft s. o. § 254 RdNr. 16). „Sobald" heißt zum einen *nicht vor Eintritt der Rechtskraft;* das Insolvenzgericht kann seine Entscheidung zur Bestätigung des Insolvenzplans (§ 248) also nicht mit der zur Aufhebung des Insolvenzverfahrens verbinden. Gemeint ist *sobald wie möglich,* damit der Schuldner die Verfügungsbefugnis sobald wie möglich wieder zurückerlangt (§ 259 Abs. 1 Satz 2),[4] für deren weitere

---
[1] Materialien: Erster Bericht der Kommission für Insolvenzrecht (1. KommBer.), 1985.
[2] Materialien: Diskussionsentwurf Gesetz zur Reform des Insolvenzrechts, Entwurf einer Insolvenzordnung (EInsO) und anderer Reformvorschriften, 1989.
[3] Materialien: *Kübler/Prütting,* Das neue Insolvenzrecht, Bd. I, S. 500 f.
[4] So schon RGZ 56, 70, 72. AllgM.

Entziehung es nach rechtskräftiger Bestätigung des Insolvenzplans keinen Grund mehr gibt. Die Aufhebung des Insolvenzverfahrens darf zum anderen aber auch *nicht etwa unmittelbar nach dem Eintritt der formellen Rechtskraft* des Bestätigungsbeschlusses (§ 248) erfolgen. Denn vor Aufhebung des Insolvenzverfahrens hat der Insolvenzverwalter noch die in § 258 Abs. 2 genannten Aufgaben zu erfüllen und sind auch noch andere Geschäfte zu erledigen (s. u. RdNr. 10 ff.). Es empfiehlt sich daher für das Insolvenzgericht, den Zeitpunkt der geplanten Aufhebung mit dem Insolvenzverwalter abzustimmen, unabhängig von der Verpflichtung zur Vorabunterrichtung nach § 258 Abs. 3 Satz 2 (s. u. RdNr. 18); eine solche Vorgehensweise erlaubt es zugleich, auf die zügige Erledigung der dem Verwalter noch obliegenden Aufgaben hinzuwirken.

Nicht abzuwarten ist die Erfüllung des Plans, die dem Schuldner obliegt und die die 7 Gläubiger gegebenenfalls selbst durchzusetzen haben (s. o. § 255 RdNr. 1, § 257 RdNr. 1, 2). Dies gilt auch, wenn im gestaltenden Teil die Überwachung der Planerfüllung vorgesehen ist; denn auch sie erfolgt gemäß §§ 259 Abs. 2, 260 ff. außerhalb des Insolvenzverfahrens.

2. Entscheidung des Insolvenzgerichts. a) Zuständigkeit und Anfechtbarkeit. 8 Die Entscheidung ergeht durch den Insolvenzrichter nur, wenn er sich diese gemäß § 18 Abs. 2 RPflG vorbehalten hat; dann ist sie unanfechtbar nach § 6 Abs. 1. Hat – wie im Regelfall – der Rechtspfleger entschieden (§ 3 Nr. 2 e RPflG), findet gemäß § 11 Abs. 2 Satz 1 RPflG befristete Erinnerung statt, welcher der Rechtspfleger – wenn er nicht abhilft (Satz 2) – dem Insolvenzrichter vorlegt (Satz 3), dessen Entscheidung endgültig ist.

b) Der Aufhebungsbeschluss (zu dessen Bekanntmachung und zum Wirksamweden s. u. 9 RdNr. 17 ff.) bedarf keiner Begründung; das folgt aus der Unanfechtbarkeit der Richterentscheidung, bei der Entscheidung durch den Rechtspfleger kann dieser eine unter Umständen erforderliche Begründung in seinem Nicht-Abhilfebeschluss nachschieben (§ 11 Abs. 2 Satz 2 RPflG). Ihr **Inhalt** beschränkt sich auf die Aufhebungsformel etwa wie folgt: *„Das Insolvenzverfahren über das Vermögen des/der ... wird nach rechtskräftiger Bestätigung des Insolvenzplans aufgehoben"*. Der Hinweis auf den vorangegangenen Bestätigungsbeschluss im Insolvenzplanverfahren dient der Abgrenzung zur Aufhebungsentscheidung nach § 200 und ist wegen § 258 Abs. 3 Satz 1 erforderlich, demzufolge der Grund der Aufhebung zusammen mit dem Aufhebungsbeschluss bekannt zu machen ist. Die Wirkungen der Aufhebung ergeben sich aus § 259.

IV. Vor der Aufhebung zu erledigende Geschäfte

1. Tätigkeit des Insolvenzverwalters nach § 258 Abs. 2. a) Der Insolvenzverwalter 10 hat nach der genannten Bestimmung die **unstreitigen Masseansprüche** zu berichtigen, die entsprechenden Massegläubiger also voll zu befriedigen, soweit noch nicht geschehen (§ 53).[5] Die Mittel dazu sind dem Barvermögen zu entnehmen oder durch weitere Verwertung schuldnerischer Vermögensgegenstände zu beschaffen; denn der Insolvenzplan betrifft Masseverbindlichkeiten nicht und kann sie auch nicht berücksichtigen.[6]

Die Verpflichtung des Verwalters nach § 258 Abs. 2 umfasst nach hM[7] auch die von ihm 11 selbst während des Insolvenzverfahrens zur *Fortführung des schuldnerischen Unternehmens begründeten Masseverbindlichkeiten* (§ 55 Abs. 1 Nr. 1), selbst wenn diese erst nach Bestätigung des Plans entstehen. Ein Teil des Schrifttums[8] lehnt das ab, weil sonst eine Fortführungslösung für das schuldnerische Unternehmen in der Praxis nicht möglich wäre. Mit dem

---

[5] Vgl. auch LG Dresden ZIP 2005, 1607 („Berichtigung" bedeutet vollständige Befriedigung der Massegläubiger).

[6] *Häsemeyer* RdNr. 28.51. Zum früheren Recht: *Jaeger/Weber* KO § 191 RdNr. 1.

[7] *Kübler/Prütting/Otte* RdNr. 5, 10; *Uhlenbruck/Lüer* RdNr. 5; *Hess* RdNr. 18. Ebenso zur KO: RG JW 1900, 73; *Kuhn/Uhlenbruck* § 191 RdNr. 1; *Kilger/K. Schmidt* § 191 Anm. 1.

[8] HK-*Flessner* RdNr. 6; *Nerlich/Römermann/Braun* RdNr. 3, unter Berufung auf LG Stuttgart DZWIR 2003, 171, das – unhaltbar (vgl. nur § 1 S. 1) – meint, „die gesamte Insolvenzhaftung ist dahingehend gestaltet

Gesetz ist diese Auffassung nicht vereinbar; § 258 Abs. 2 beinhaltet eine zwingende Pflicht („hat"). Ein Insolvenzverwalter darf deshalb zur Vermeidung seiner Haftung (s. u. RdNr. 15) von einer Berichtigung auch solcher Masseverbindlichkeiten nicht absehen. Etwas anderes kommt nur in Betracht, wenn der Massegläubiger damit einverstanden ist; als Konsequenz daraus muss er sich dann nach Aufhebung des Insolvenzverfahrens an den Schuldner selbst halten.

12 b) Für **streitige Masseverbindlichkeiten** hat der Insolvenzverwalter nach § 258 Abs. 2 Sicherheit zu leisten. Das sind die von ihm nicht anerkannten sowie die aufschiebend bedingten und betagten Masseansprüche;[9] die Kosten eines noch anhängigen Anfechtungsprozesses gehören aber – anders als nach der hM zur KO – wegen der neuen Sonderregelung in § 259 Abs. 3 nicht mehr hierher (s. u. § 259 RdNr. 23, 24). Die „Anerkennung" der streitigen Masseverbindlichkeit durch den Schuldner macht deren Sicherstellung nicht entbehrlich;[10] eine solche Erklärung kann der Schuldner vor Aufhebung des Insolvenzverfahrens im Übrigen verbindlich nicht abgeben. Der Insolvenzverwalter kann seiner Pflicht zur Sicherheitsleistung aber nur für diejenigen Masseansprüche nachkommen, die ihm bekannt sind; melden sich Massegläubiger erst nach Aufhebung des Insolvenzverfahrens, müssen sie sich an den Schuldner halten.

13 Die *Art der Sicherheitsleistung* regelt § 258 Abs. 2 nicht. Es gelten deshalb §§ 232 ff. BGB, jedoch können Verwalter und Gläubiger eine davon abweichende Art und Weise vereinbaren, z. B. die bloße Zurückbehaltung bei kurz bevorstehender Fälligkeit.[11] Die Sicherstellung muss für jede einzelne Forderung getrennt erfolgen, damit jeder gesicherte Massegläubiger seinen Anspruch unabhängig von dem eines anderen durchsetzen kann;[12] eine Gesamthinterlegung ist unzulässig.

14 Den *Streit über das Bestehen der sichergestellten Forderung* muss der jeweilige Gläubiger nach Aufhebung des Insolvenzverfahrens mit dem Schuldner austragen, der nun die Verfügungs- und Prozessführungsbefugnis wiedererlangt hat (s. u. § 259 RdNr. 11). Diese Lage wird im Schrifttum zu Recht „als misslich" für die Massegläubiger angesehen, die sich nun doch noch auf einen Streit mit dem Schuldner einlassen müssen; jedoch lässt sich hieran nichts ändern, weil es der Gesetzgeber versäumt hat, die Vorschriften über die Nachtragsverteilung (§§ 203 ff.) für entsprechend anwendbar zu erklären oder eine Sonderregelung zu treffen.[13]

15 c) Zwar gewährt § 258 Abs. 2 dem einzelnen Massegläubiger keinen gegenüber dem Insolvenzverwalter einklagbaren Anspruch auf Tätigwerden. Jedoch greift die **persönliche Haftung des Insolvenzverwalters** nach § 60 ein, erfüllt er die Pflicht zur Befriedigung bzw. Sicherheitsleistung nicht. Da das Insolvenzgericht den Verwalter zu überwachen und nach dem Normzweck des § 258 Abs. 1 auch zur unverzüglichen Befriedigung bzw. Sicherstellung der Massegläubiger anzuhalten hat (s. o. RdNr. 7), kommt auch eine **Amtshaftung** gemäß Art. 34 GG, 839 BGB in Betracht.[14] Diese Grundsätze werden – freilich nur vereinzelt – mit der Behauptung eingeschränkt,[15] solche Pflichten des Gerichts bestünden nicht, wenn es „keine spezifischen Anhaltspunkte" dafür gebe, dass „nicht alle bestehenden Masseverbindlichkeiten"[16] vollständig erfüllt seien, weshalb sonst eine Versicherung des

---

und dementsprechend auszulegen, dass unter Berücksichtigung der berechtigten Interessen der einen insolventen Betrieb weiterhin beliefernden Lieferanten die Fortführung des Betriebs ermöglicht werden soll".

[9] *Kübler/Prütting/Otte* RdNr. 1. Ebenso zur KO: *Jaeger/Weber* § 191 RdNr. 3; *Kuhn/Uhlenbruck* § 191 RdNr. 1.
[10] *Jaeger/Weber* KO § 191 RdNr. 2; *Kuhn/Uhlenbruck* KO § 191 RdNr. 1a (m. Nachw. zur Gegenauffassung).
[11] Weitere Beispiele *Uhlenbruck/Lüer* RdNr. 7.
[12] *Häsemeyer* RdNr. 28.51; *Kübler/Prütting/Otte* RdNr. 13.
[13] *Häsemeyer* aaO.
[14] *Kübler/Prütting/Otte* RdNr. 12; *FK-Jaffé* RdNr. 34; *Uhlenbruck/Lüer* RdNr. 10.
[15] *Nerlich/Römermann/Braun* RdNr. 3.
[16] Was damit gemeint ist, bleibt wegen des anderen Standpunktes der *Autoren* zum Umfang des § 258 Abs. 2 dunkel (s. o. RdNr. 11).

Verwalters ausreiche. Das ist schon wegen des Haftungsmaßstabs in § 839 Abs. 1 BGB – Fahrlässigkeit genügt – nicht vertretbar.

2. Sonstige Geschäfte, die vor der Aufhebung des Insolvenzverfahrens erledigt werden **16** müssen, sind nach allgM[17] die Rechnungslegung durch den Insolvenzverwalter (§ 66)[18] und die Festsetzung der Vergütungen für ihn und den Gläubigerausschuss durch das Insolvenzgericht (§§ 63, 64, 73); regelt der Insolvenzplan auch die Verwertung der Insolvenzmasse und die Verteilung des Erlöses, müssen unter Umständen die Schlussverteilung und der Schlusstermin (§§ 196, 197) abgewartet werden.[19]

V. Verfahren nach Erlass des Aufhebungsbeschlusses, § 258 Abs. 3

1. Bekanntmachung (Satz 1). Danach sind die Aufhebung des Insolvenzverfahrens **17** und der Grund (s. o. RdNr. 9) öffentlich bekannt zu machen. Das erfolgt jetzt nach dem – durch das Gesetz zur Vereinfachung des Insolvenzverfahrens[20] geänderten – § 9 Abs. 1 Satz 1 durch Veröffentlichung im Internet[21] (zur Veröffentlichung nach altem Recht vgl. Vorauflage).

2. Vorabmitteilungen (Satz 2). a) Nach dieser Vorschrift sind über den Zeitpunkt des **18** Wirksamwerdens der Aufhebung (s. u. RdNr. 19 ff.) vorab der Schuldner, der Insolvenzverwalter und die Mitglieder des Gläubigerausschusses zu unterrichten. Zweck dieser – gegenüber dem bisherigen Recht neuen (s. o. RdNr. 4) – Bestimmung ist es,[22] die genannten Personen aus Gründen der Rechtssicherheit und -klarheit rechtzeitig von dem Zeitpunkt zu unterrichten, zu dem die Wirkungen der Aufhebung eintreten, insbesondere also die Ämter von Insolvenzverwalter und Mitgliedern des Gläubigerausschusses erlöschen und der Schuldner die Verwaltungs- und Verfügungsbefugnis wieder erlangt (§ 259 Abs. 1). Für den Inhalt der Vorabmitteilung sind die im Folgenden erörterten Grundsätze für das Wirksamwerden der Aufhebung maßgeblich.

b) Wirksamwerden der Aufhebung. aa) Hat der **Richter** entschieden, so greift, weil **19** sein Beschluss unanfechtbar ist (s. o. RdNr. 8), uneingeschränkt § 9 Abs. 1 Satz 3 ein; die Bekanntmachung gilt als bewirkt und damit die Aufhebung des Insolvenzverfahrens als wirksam, sobald nach dem Tag der Veröffentlichung des Aufhebungsbeschlusses (RdNr. 17) zwei weitere Tage verstrichen sind. In diesem Fall enthält die Vorabmitteilung (s. o. RdNr. 18) den Tag der Veröffentlichung im Internet mit dem Hinweis auf die gesetzliche Regel zum Zeitpunkt des Wirksamwerdens; kennt das Gericht bei Aufhebung des Verfahrens noch nicht den genauen Tag der Veröffentlichung im Internet, so genügt der Hinweis, dass die Veöffentlichung der Aufhebung veranlasst ist und die Aufhebung mit Ablauf des zweiten Tages nach der Veröffentlichung wirksam wird.

bb) Hat der **Rechtspfleger** entschieden, so findet befristete Erinnerung statt (s. o. Rd- **20** Nr. 8). Zwar ändert das nichts am Wirksamwerden der Aufhebung nach der Regel des § 9 Abs. 1 Satz 3 mit Ablauf des zweiten Tages nach der Veröffentlichung. Denn §§ 258 Abs. 3 Satz 2, 259 Abs. 1 stellen nicht – wie z. B. § 254 Abs. 1 Satz 1 (Rechtskraft der Bestätigung des Insolvenzplans) – auf den Eintritt der Rechtskraft des Aufhebungsbeschlusses ab. Vielmehr entfallen alle Wirkungen der Aufhebung des Insolvenzverfahrens bei erfolgreicher Erinnerung rückwirkend (ex tunc), also mit der gegenteiligen und endgültigen Entscheidung des Insolvenzrichters (§ 11 Abs. 2 Sätze 2, 3 RPflG; s. o. RdNr. 8). Das kann zu Rechtsunsicherheiten führen.

---

[17] Vgl. nur: *Uhlenbruck/Lüer* RdNr. 9; *Kübler/Prütting/Otte* RdNr. 2; *Smid/Rattunde* RdNr. 4; zustimmend insoweit auch *Nerlich/Römermann/Braun* RdNr. 4
[18] Für überflüssig gehalten von *Grub* DZWIR 2004, 317; dagegen treffend HK-*Flessner* RdNr. 4.
[19] HK-*Flessner* RdNr. 3; insoweit – ohne Begründung – aA *Nerlich/Römermann/Braun* aaO.
[20] Vom 13. 4. 2007 (Art. 1 Nr. 3), BGBl I S. 509.
[21] Abrufbar unter www.insolvenzbekanntmachungen.de
[22] Begründung RegE, abgedruckt in *Kübler/Prütting* (o. Fn. 3).

§ 259 6. Teil. 3. Abschnitt. Wirkungen des bestätigten Plans

21   Es empfiehlt sich deshalb zunächst nur die Zustellung des Aufhebungsbeschlusses gemäß § 8 an Schuldner, Insolvenzverwalter und Mitglieder des Gläubigerausschusses; der Verwalter kann mit diesen Zustellungen – außer mit der an sich selbst – auch hier gemäß § 8 Abs. 3 beauftragt werden. Die öffentliche Bekanntmachung des Aufhebungsbeschlusses und die Vorabmitteilungen (s. o. RdNr. 17, 18) erfolgen erst nach Eintritt der formellen Rechtskraft der Rechtspflegerentscheidung. Unterbleibt ein solches Vorgehen, beginnt die Rechtsmittelfrist erst, wenn die Bekanntmachung gemäß § 9 Abs. 1 Satz 3 als bewirkt gilt; die Aufhebung des Insolvenzverfahrens wird folglich erst wirksam mit Ablauf der von diesem Ereignis an zu berechnenden Frist für die Rechtspflegererinnerung (§ 11 Abs. 2 Satz 1 RPflG). Auch darauf muss sich dann eine Vorausmitteilung (s. o. RdNr. 18) neben dem schon erwähnten Inhalt (s. o. RdNr. 19) beziehen.

22   **3. Registermitteilungen.** Aufgrund der Verweisung in § 258 Abs. 3 Satz 3 auf § 200 Abs. 2 Satz 2 gelten die §§ 31 bis 33 entsprechend. Der Aufhebungsbeschluss ist also von Amts wegen dem Grundbuchamt, dem Handelsregister und den übrigen in §§ 31, 33 genannten Registerbehörden mitzuteilen, damit dort die erforderlichen Löschungen bewirkt werden können.

§ 259 Wirkungen der Aufhebung

(1) ¹ Mit der Aufhebung des Insolvenzverfahrens erlöschen die Ämter des Insolvenzverwalters und der Mitglieder des Gläubigerausschusses. ² Der Schuldner erhält das Recht zurück, über die Insolvenzmasse frei zu verfügen.

(2) Die Vorschriften über die Überwachung der Planerfüllung bleiben unberührt.

(3) ¹ Einen anhängigen Rechtsstreit, der die Insolvenzanfechtung zum Gegenstand hat, kann der Verwalter auch nach der Aufhebung des Verfahrens fortführen, wenn dies im gestaltenden Teil des Plans vorgesehen ist. ² In diesem Fall wird der Rechtsstreit für Rechnung des Schuldners geführt, wenn im Plan keine abweichende Regelung getroffen wird.

Übersicht

	RdNr.		RdNr.
I. Normzweck	1	b) Weitere Wirkungen der Aufhebung	13
1. Sinn und Zweck der Norm	1	aa) Herausgabe der Masse	13
2. Überblick zum Anwendungsbereich	2	bb) Verfolgung von Ansprüchen, Befriedigung streitig gebliebener Masseverbindlichkeiten, Wirksamwerden von Verfügungen	14
II. Entstehungsgeschichte	3		
1. Frühere Regelungen und Unterschiede zum neuen Recht	3		
a) Vergleichsverfahren (§ 98 Abs. 1 u. 2 VerglO)	3	cc) Prozessführungsbefugnis	15
b) Konkursverfahren (§ 192 KO)	4	dd) Fortsetzung einer Gesellschaft, Genossenschaft	16
c) Gesamtvollstreckungsverfahren	6	**IV. Vorbehalt bei Überwachung der Planerfüllung, § 259 Abs. 2**	17
2. Gesetzgebungsverfahren zur InsO	7	1. Erforderlichkeit des Vorbehalts	17
a) Kommission für Insolvenzrecht	7	2. Einschränkungen von § 259 Abs. 1	18
b) Diskussionsentwurf/Reigerungsentwurf	8	**V. Noch anhängiger Anfechtungsprozess, § 259 Abs. 3**	20
III. Wirkungen der Aufhebung nach § 259 Abs. 1	9	1. Frühere Rechtslage und Zweck der neuen Vorschrift	20
1. Eintritt der Wirkungen	9	2. Fortführung des Anfechtungsprozesses durch Insolvenzverwalter, § 259 Abs. 3	21
2. Ämter von Insolvenzverwalter und Gläubigerausschuss	10		
3. Stellung des Schuldners	11	a) Voraussetzungen (Satz 1)	21
a) Wiedererlangung der Verwaltungs- und Verfügungsbefugnis	11		

	RdNr.		RdNr.
b) Rechtsstellung des Insolvenzverwalters	22	a) Keine Fortführung des Insolvenzanfechtungsprozesses durch den Insolvenzverwalter	25
c) Fortführung für Rechnung des Schuldners	23	b) Fortführung des Insolvenzanfechtungsprozesses durch durch den Insolvenzverwalter	26
d) Abweichende Planbestimmung	24		
3. Verhältnis zur Gläubigeranfechtung nach AnfG	25		

I. Normzweck

1. Sinn und Zweck der Norm. Wann, unter welchen Voraussetzungen und wie das 1 Insolvenzverfahren nach rechtskräftiger Bestätigung des Insolvenzplans aufzuheben ist, regelt § 258. Im Anschluss daran legt § 259 die Wirkungen der Aufhebung fest; Besonderheiten gelten, falls nach dem Insolvenzplan die Überwachung der Planerfüllung vorgesehen ist (s. u. RdNr. 17 ff.).

2. Überblick zum Anwendungsbereich. Die grundlegenden Wirkungen der Auf- 2 hebung des Insolvenzverfahrens bestimmt **§ 259 Abs. 1**; *Satz 1* betrifft die Ämter von Insolvenzverwalter und Mitglieder des Gläubigerausschusses, *Satz 2* die Verfügungsbefugnis des Schuldners. Abs. 2 macht einen Vorbehalt für diejenigen Einschränkungen, die im Falle der Überwachung der Planerfüllung eingreifen. Abs. 3 enthält schließlich eine – gegenüber dem bisherigen Recht neue – Regelung zur Abwicklung eines noch anhängigen Anfechtungsprozesses.

II. Entstehungsgeschichte

1. Frühere Regelungen und Unterschiede zum neuen Recht. a) Das **Vergleichs-** 3 **verfahren** traf die § 259 Abs. 1 entsprechenden Anordnungen in § 98 Abs. 1 und 2 VerglO; die Sondervorschriften für eine vereinbarte Überwachung des Schuldners, die einem Sachwalter oblag, enthielten §§ 91, 92. Eine § 259 Abs. 3 vergleichbare Bestimmung konnte es in der Vergleichsordnung schon deshalb nicht geben, weil dort eine Gläubigeranfechtung entsprechend §§ 29 ff. KO nicht vorgesehen war.[1]

b) Auch im **Konkursverfahren** endeten die Ämter von Konkursverwalter und Mitglie- 4 dern des Gläubigerausschusses mit Verfahrensaufhebung;[2] eine ausdrückliche gesetzliche Bestimmung dazu gab es aber nicht. Die Wiedererlangung der Verfügungsbefugnis durch den Schuldner mit Aufhebung des Konkursverfahrens regelte § 192, der zugleich bestimmte, dass der Zwangsvergleich Abweichendes vorsehen konnte; in der Praxis kam insoweit hauptsächlich – ähnlich wie nun bei §§ 259 Abs. 2, 260 ff. – die Beaufsichtigung des Schuldners bei der Erfüllung des Zwangsvergleiches durch den Konkursverwalter in Betracht.[3] Eine Beschränkung der Verwaltungs- und Verfügungsbefugnis durch den Insolvenzplan – wie beim Zwangsvergleich – ist nach der neuen Rechtslage jedoch nicht mehr möglich (s. u. RdNr. 12).

Die vom Konkursverwalter eingeleiteten und noch nicht rechtskräftig abgeschlossenen 5 *Anfechtungsprozesse* erledigten sich nach hM[4] mit der Aufhebung des Verfahrens; weder erfolgte eine Unterbrechung solcher Prozesse noch konnte sie der Schuldner aufnehmen. Insoweit besteht ein wesentlicher Unterschied zur neuen Rechtslage wegen § 259 Abs. 3 (s. u. RdNr. 20 ff.).

c) Vorschriften zu dem hier einschlägigen Bereich kannte die **Gesamtvollstreckungs-** 6 **ordnung** nicht, auch nicht eine § 192 KO entsprechende Bestimmung. Die Rechtslage stimmte aber im Wesentlichen mit der nach KO überein.[5]

---

[1] BGHZ 99, 36 = NJW 1987, 1883; *Kilger/K. Schmidt* VerglO Einl III 1, § 28 VerglO Anm. 1.
[2] *Kilger/K. Schmidt* KO § 78 Anm. 2; § 87 Anm. 3.
[3] Näher *Jaeger/Weber* KO § 192 RdNr. 5.
[4] *Kuhn/Uhlenbruck* KO § 192 RdNr. 3; *Kilger/K. Schmidt* KO § 192 Anm. 2; *Uhlenbruck* ZIP 1993, 241, 246 f.
[5] *Haarmeyer/Wutzke/Förster* GesO § 19 RdNr. 26, 26 b.

7 **2. Gesetzgebungsverfahren zur InsO. a)** Die Vorschläge der **Kommission für Insolvenzrecht**[6] in Leitsatz 2. 2. 27 Satz 1 beruhten zwar ebenfalls auf dem Grundsatz, dass mit Wirksamwerden des Aufhebungsbeschlusses der Schuldner das Verwaltungs- und Verfügungsrecht zurückerlangt und das Amt des Verwalters endet. Allerdings sollte nach Leitsatz 2.3.1 die Durchführung und Erfüllung des Reorganisationsplans stets überwacht werden, sofern nicht der Plan etwas anderes bestimmte; das bedingte einen eingeschränkten Fortbestand des Verwalteramtes und Beschränkungen des Schuldners (Leitsatz 2.3.2).

8 **b)** Der **Diskussionsentwurf des Bundesministeriums der Justiz**[7] stimmte in § 295 DE (= § 295 RefE) bereits im Wesentlichen mit dem jetzigen Recht überein. Allerdings enthielt § 295 Abs. 1 Satz 2 DE für den Übergang der Verwaltungs- und Verfügungsbefugnis noch eine Einschränkung wie § 192 KO (s. o. RdNr. 4; s. u. RdNr. 12); die in § 295 Abs. 1 Satz 3 DE getroffene Regelung wurde später aus systematischen Gründen zur vorangegangenen Bestimmung gezogen (s. o. § 258 RdNr. 5). Die im **Regierungsentwurf**[8] als § 306 RegE getroffene Regelung stimmt wörtlich mit § 259 überein.

III. Wirkungen der Aufhebung nach § 259 Abs. 1

9 **1. Eintritt der Wirkungen.** Hierzu knüpft § 259 Abs. 1 bei „der Aufhebung des Insolvenzverfahrens" an. Gemeint ist damit aber nicht der Erlass des Aufhebungsbeschlusses (s. o. § 258 RdNr. 6, 7), sondern der Zeitpunkt des Wirksamwerdens der Aufhebung. Das folgt schon aus dem Wortlaut des § 258 Abs. 3 Satz 2 und außerdem aus dem Zweck der dort angeordneten Vorabunterrichtung für Schuldner, Insolvenzverwalter und Mitglieder des Gläubigerausschusses (s. o. § 258 RdNr. 18). Wegen des Zeitpunkts des Wirksamwerdens der Aufhebung wird auf die früheren Erläuterungen (s. o. § 258 RdNr. 19 ff.) verwiesen.

10 **2. Ämter von Insolvenzverwalter und Mitglieder des Gläubigerausschusses (Satz 1).** Mit der Aufhebung des Insolvenzverfahrens (s. o. RdNr. 9) erlöschen die Ämter des Insolvenzverwalters und der Mitglieder des Gläubigerausschusses; bei Eigenverantwortung (§§ 270 ff.) endet das Amt des Sachwalters[9]. Das gilt uneingeschränkt, es sei denn, der gestaltende Teil sieht die Überwachung der Planerfüllung vor; ist das der Fall, greift der Vorbehalt des § 259 Abs. 2 ein (s. u. RdNr. 17 ff.).

11 **3. Stellung des Schuldners. a)** Mit der Aufhebung des Insolvenzverfahrens (s. o. RdNr. 9) erhält der Schuldner nach § 259 Abs. 1 Satz 2 das Recht zurück, über die Insolvenzmasse frei zu verfügen. Die **Wiedererlangung der Verwaltungs- und Verfügungsbefugnis** über die Insolvenzmasse wirkt also nicht zurück, sondern ex nunc. Die Wirkungen der Aufhebung auf die Rechtsstellung des Schuldners beschreibt die genannte Vorschrift jedoch nicht vollständig; die für die Praxis wichtigsten weiteren Folgewirkungen sind unten genannt (s. u. RdNr. 13 ff.). Mit der Wiedererlangung der Verwaltungs- und Verfügungsbefugnis endet zugleich der Insolvenzbeschlag.

12 Der Insolvenzplan kann **nicht** bestimmen, dass der Schuldner die Verwaltungs- und Verfügungsbefugnis nur teilweise wieder zurückerhält,[10] diese also beispielsweise für bestimmte Gegenstände beim Insolvenzverwalter verbleiben soll. Denn es fehlt in § 259 Abs. 1 Satz 2 eine Ermächtigung dazu, wie sie § 192 KO enthalten hat (s. o. RdNr. 4) und wie sie

---

[6] Materialien: Erster Bericht der Kommission für Insolvenzrecht (1. KommBer.), 1985.
[7] Materialien: Diskussionsentwurf Gesetz zur Reform des Insolvenzrechts, Entwurf einer Insolvenzordnung (EInsO) und anderer Reformvorschriften, 1988.
[8] Materialien: *Kübler/Prütting* Das neue Insolvenzrecht, Bd I, S. 501 f.
[9] *Uhlenbruck/Lüer* RdNr. 3; *Smid/Rattunde* RdNr. 9.
[10] OLG Celle ZIP 2006, 2394 = ZInsO 2006, 1327; dazu zust. *Bähr/Landry* EWiR 2007, 87. HM auch im Schrifttum: *Nerlich/Römermann/Braun* RdNr. 4; *Kübler/Prütting/Otte* RdNr. 4; *Uhlenbruck/Lüer* RdNr. 4; HK-*Flessner* RdNr. 2; FK-*Jaffé* RdNr. 16 c; *Schiessler* S. 206; *Hingerl* ZInsO 2007, 870 ausführlich zum Problem *Bork* in Leipold S. 51 ff., 58. AA nach wie vor jedoch *Hess* RdNr. 4; undeutlich *Häsemeyer* RdNr. 28.53.

noch in § 295 Abs. 1 Satz 2 DE vorgesehen war (s. o. RdNr. 8). Wird nach dem gestaltenden Teil des Insolvenzplans die Planerfüllung überwacht, so gelten wegen des Vorbehalts in § 259 Abs. 2 zum Nachteil des Schuldners allerdings gewisse *gesetzliche* Einschränkungen (s. u. RdNr. 17 ff.).

b) Weitere Wirkungen der Aufhebung[11] (ab deren Wirksamwerden, s. o. RdNr. 9). 13
aa) Der Schuldner hat nun Anspruch auf **Herausgabe der Masse** gegenüber dem Insolvenzverwalter. Gemeint ist nicht nur ein Gegenstand, den der Insolvenzverwalter gemäß § 148 in Besitz genommen hatte und der noch vorhanden ist, sondern alles, was dieser für die Masse erworben hat oder was noch in die (frühere) Masse gelangt; es gibt deshalb auch keine Nachtragsverteilung,[12] sofern der Insolvenzplan nichts anderes bestimmt (Beispiel s. u. RdNr. 22, 24). Herauszugeben sind auch die Geschäftsbücher (§ 35 Abs. 3 Nr. 1) und sonstige Unterlagen, z. B. über Bankgeschäfte. Kommt der Verwalter dieser Pflicht nicht nach, hat der Schuldner im Klagewege vorzugehen, z. B. auf Grund der §§ 985 ff. BGB.

bb) Dem Schuldner steht die **Verfolgung bestehender Ansprüche** zu, aus welchem 14 Rechtsgrund auch immer. Hierher gehören z. B. Schadensersatzansprüche gegen den Insolvenzverwalter wegen pflichtwidrigen Verhaltens (§ 60) oder gegen Dritte wegen Handlungen, welche die Masse geschädigt haben, oder Ansprüche aus ungerechtfertigter Bereicherung gegen einen Dritten, den der Insolvenzverwalter zu Unrecht befriedigt hat. Andererseits ist der Schuldner aber auch verpflichtet, die bei Aufhebung des Insolvenzverfahrens noch offenen, weil **streitigen Masseverbindlichkeiten** zu berichtigen, für die der Insolvenzverwalter eine Sicherheitsleistung erbracht hatte (s. o. § 258 RdNr. 14). Nach § 81 Abs. 1 Satz 1 unwirksame **Verfügungen des Schuldners** werden wirksam (§ 185 Abs. 2 BGB).

cc) Der Schuldner erlangt die **Prozessführungsbefugnis** zurück, kann also insbesondere 15 die durch den Insolvenzverwalter oder den Gegner nicht aufgenommenen, nach § 240 ZPO unterbrochenen Rechtsstreitigkeiten fortsetzen (zu Einzelheiten vgl. die Erläuterungen zu § 85, 86). Entsprechendes gilt für die vom Insolvenzverwalter kraft seines Amtes anhängig gemachten und noch nicht rechtskräftig abgeschlossenen Prozesse, die mit der Aufhebung des Insolvenzverfahrens entsprechend § 240 ZPO unterbrochen worden sind und nun vom Schuldner aufgenommen werden können. Für noch anhängige **Anfechtungsprozesse** gilt § 259 Abs. 3 (s. u. RdNr. 20 ff.).

dd) Da die Aufhebung des Insolvenzverfahrens nicht ex tunc wirkt, sondern erst für die 16 Zeit nach Wirksamwerden des Aufhebungsbeschlusses (s. o. § 258 RdNr. 19 ff.), ändert sich am Auflösungs- oder Abwicklungsstadium der vom nun aufgehobenen Insolvenzverfahren betroffenen **Gesellschaft** oder **Genossenschaft** nichts; die Gesellschafter können jedoch die Fortsetzung beschließen, wenn der Insolvenzplan den Fortbestand der Gesellschaft vorsieht (§ 728 Abs. 1 Satz 2 BGB, § 144 HGB, § 274 Abs. 2 Nr. 1 AktG, § 60 Abs. 1 Nr. 4 GmbHG, § 117 GenG). Entsprechendes gilt für einen **Verein** (§ 42 Abs. 1 Satz 2 BGB).

IV. Vorbehalt bei Überwachung der Planerfüllung, § 259 Abs. 2

1. Erforderlichkeit des Vorbehalts. Mit der Aufhebung des Insolvenzverfahrens (s. o. 17 RdNr. 9) erlöschen die Ämter des Insolvenzverwalters und der Mitglieder des Gläubigerausschusses und erlangt der Schuldner die Verwaltungs- und Verfügungsbefugnis zurück (s. o. RdNr. 10–16). Sieht aber der gestaltende Teil des Insolvenzplans die Überwachung der Planerfüllung vor, so können diese Grundsätze nicht uneingeschränkt gelten. Deshalb spricht § 259 Abs. 2 aus, dass die für die Überwachung der Planerfüllung einschlägigen Bestim-

---

[11] Zur Rechtslage nach KO: *Jaeger/Weber* § 192 RdNr. 1, 2; *Kuhn/Uhlenbruck* § 192 RdNr. 2–5 a.
[12] Näher *Uhlenbruck/Lüer* RdNr. 10 mwN auch zu Gegenauffassungen.

mungen der §§ 260 ff. unberührt bleiben; wegen der Einzelheiten wird auf die Erläuterungen zu diesen Vorschriften verwiesen.

18   **2. Einschränkungen von § 259 Abs. 1.** Eine Ausnahme zu Satz 1 dieser Bestimmung enthält § 261 Abs. 1 Satz 2; danach bestehen für die Überwachung die Ämter des Verwalters und der Mitglieder des Gläubigerausschusses sowie die Aufsicht des Insolvenzgerichtes fort. Praktisch bedeutsame Befugnisse des Insolvenzverwalters ergeben sich aus § 261 Abs. 1 Satz 3 in Verbindung mit § 22 Abs. 3; danach kann der Insolvenzverwalter die Geschäftsräume des Schuldners betreten und dort Nachforschungen anstellen sowie Einsicht in die Bücher und Geschäftspapiere nehmen.

19   Eine Einschränkung zu § 251 Abs. 1 Satz 2 enthält § 263; danach kann im gestaltenden Teil des Insolvenzplans vorgesehen werden, dass bestimmte Rechtsgeschäfte des Schuldners oder der Übernahmegesellschaft während der Zeit der Überwachung nur wirksam sind, wenn der Insolvenzverwalter ihnen zustimmt. Der Insolvenzplan kann aber nicht vorsehen, dass der Schuldner die Verwaltungs- und Verfügungsbefugnis nur teilweise wieder zurückerhält (s. o. RdNr. 12).

V. Noch anhängiger Anfechtungsprozess, § 259 Abs. 3

20   **1. Frühere Rechtslage und Zweck der neuen Vorschrift.** Ein vom Konkursverwalter eingeleiteter, aber noch nicht rechtskräftig abgeschlossener Anfechtungsprozess (§§ 29 ff. KO) erledigte sich nach hM mit der Aufhebung des Konkursverfahrens nach rechtskräftiger Bestätigung des Zwangsvergleichs (s. o. RdNr. 5). Diese Rechtslage hat der Gesetzgeber der InsO als unbefriedigend empfunden, weil sie einen Anreiz für den Anfechtungsgegner schaffe, den Prozess zu verschleppen;[13] dieser konnte nämlich hoffen, so bei Aufhebung des Konkursverfahrens dem Rückgewähranspruch nach § 37 KO zu entgehen. Die neue Vorschrift des § 259 Abs. 3 schafft daher die Möglichkeit, im Plan vorzusehen, dass die Prozessführungsbefugnis des Verwalters über die Aufhebung des Verfahrens hinaus zwecks Fortführung des Anfechtungsprozesses fortbesteht.

21   **2. Fortführung des Anfechtungsprozesses durch Insolvenzverwalter, § 259 Abs. 3. a) Voraussetzung** hierfür ist ein bei Aufhebung des Insolvenzverfahrens (s. o. RdNr. 9) anhängiger, also noch nicht rechtskräftig abgeschlossener Insolvenzanfechtungsprozess (§§ 129 ff.). Außerdem muss der gestaltende Teil des Insolvenzplans vorsehen, dass der Verwalter diesen Prozess auch nach Aufhebung des Verfahrens fortzuführen hat; eine konkrete Bezeichnung des Rechtsstreits ist nicht erforderlich, vielmehr genügt eine lediglich abstrakt gefasste Ermächtigung im Insolvenzplan, beispielsweise durch die Klausel, § 259 Abs. 3 InsO findet Anwendung.[14] Ist das nicht der Fall, kommt eine Fortsetzung des Rechtsstreits im Wege der Gläubigeranfechtung nach dem AnfG in Betracht (s. u. RdNr. 25).

22   **b)** Für die **Rechtsstellung des Insolvenzverwalters** im Prozess kommt es darauf an: Wird die Anfechtungsklage für Rechnung des Schuldners weiter betrieben (s. u. RdNr. 23), ist der Insolvenzverwalter als Privatperson gewillkürter Prozess-Standschafter,[15] während er bei abweichender Planbestimmung (Fortsetzung nicht für Rechnung des Schuldners, s. u. RdNr. 24) weiter als Partei kraft Amtes, also als gesetzlicher Prozess-Standschafter handelt. Der zuletzt genannte Fall ist vergleichbar mit der Fortsetzung eines Anfechtungsprozesses bei Andauern des Insolvenzbeschlages deshalb, weil der anfechtbar weggegebene Vermögensgegenstand für eine Nachtragsverteilung nach §§ 203, 205 in Betracht kommt.

23   **c)** Enthält der Plan keine abweichende Bestimmung (was sich jedoch grundsätzlich empfiehlt, s. u. RdNr. 24), wird der Anfechtungsrechtsstreit **für Rechnung des Schuldners** geführt (§ 259 Abs. 3 Satz 2). Folge davon ist, dass ihn die Nachteile aus einer

---

[13] Begr. RegE, abgedruckt bei *Kübler/Prütting* (o. Fn. 8).
[14] BGH ZIP 2006, 39 = NZI 2006, 100 = NJW-RR 2006, 491 = ZInsO 2006, 38.
[15] BGH ZIP 2006, 39, 43.

d) Im gestaltenden Teil des Insolvenzplans kann jedoch gemäß § 259 Abs. 3 Satz 2 eine **abweichende Regelung** (zu oben RdNr. 23) getroffen werden, wofür eine lediglich abstrakt gefasste Ermächtigung genügt (s. o. RdNr. 21). Das empfiehlt sich in aller Regel schon deshalb, weil es ziemlich ungereimt wäre, würden dem Schuldner nach Aufhebung des Insolvenzverfahrens Vorteile aus seinem eigenen anfechtbaren Verhalten vor Insolvenzeröffnung gemäß § 143 zufließen; dies gilt insbesondere, wenn die Klage auf Vorsatzanfechtung nach § 133 gestützt ist. Im Plan sollte dann aber zugleich auch festgelegt werden, wie der Insolvenzverwalter bei Obsiegen das Erlangte zu verteilen oder wofür er es zu verwenden hat; insoweit bietet sich eine Deckung von im Rahmen der Überwachung der Planerfüllung gegen den Schuldner begründeten Verbindlichkeiten an. In einem solchen Fall partizipierten die Gläubiger am Erfolg des Anfechtungsprozesses, umgekehrt aber auch am Misserfolg.

3. Verhältnis zur Gläubigeranfechtung nach AnfG. a) Keine Fortführung des Insolvenzanfechtungsprozesses durch den Insolvenzverwalter. Hat der Insolvenzverwalter mangels Regelung im gestaltenden Teil des Insolvenzplans den Insolvenzanfechtungsprozess (§§ 129 ff.) nicht fortzuführen, greift § 18 AnfG ein; nach dieser Bestimmung können nach Beendigung des Insolvenzverfahrens Anfechtungsansprüche, die der Insolvenzverwalter geltend gemacht hat, von den einzelnen Gläubigern nach dem AnfG verfolgt werden, soweit nicht dem Anspruch entgegenstehende Einreden gegen den Insolvenzverwalter erlangt sind.[17]

b) Fortführung des Insolvenzanfechtungsprozesses durch den Insolvenzverwalter. Führt der Insolvenzverwalter, wie im gestaltenden Teil des Insolvenzplans vorgesehen (s. o. RdNr. 21), den Insolvenzanfechtungsprozess (§§ 129 ff.) fort, so scheidet eine Einzelgläubigeranfechtung auch weiterhin aus, falls nach dem Insolvenzplan bei Obsiegen der Erlös anderweitig verteilt wird, also nicht dem Schuldner zufließt (s. o. RdNr. 24); nur diese Rechtsfolge entspricht dem Normzweck des § 16 Abs. 1 Satz 1 AnfG.[18] Wird der Anfechtungsprozess für Rechnung des Schuldners fortgeführt (s. o. RdNr. 23), fällt der Erlös also diesem zu, so ist trotz Beendigung des Insolvenzverfahrens § 18 AnfG nicht einschlägig. Denn der Anfechtungsanspruch wurde – wenn auch im Wege der Insolvenzanfechtung – durchgesetzt und außerdem kann der Titelgläubiger, der sonst gemäß § 2 AnfG anfechtungsberechtigt wäre, ohnehin den Erlös bei seinem Schuldner pfänden lassen.[19]

§ 260 Überwachung der Planerfüllung

(1) Im gestaltenden Teil des Insolvenzplans kann vorgesehen werden, daß die Erfüllung des Plans überwacht wird.

(2) Im Falle des Absatzes 1 wird nach der Aufhebung des Insolvenzverfahrens überwacht, ob die Ansprüche erfüllt werden, die den Gläubigern nach dem gestaltenden Teil gegen den Schuldner zustehen.

(3) Wenn dies im gestaltenden Teil vorgesehen ist, erstreckt sich die Überwachung auf die Erfüllung der Ansprüche, die den Gläubigern nach dem gestaltenden Teil gegen eine juristische Person oder Gesellschaft ohne Rechtspersönlichkeit zustehen, die nach der Eröffnung des Insolvenzverfahrens gegründet worden ist, um das Unternehmen oder einen Betrieb des Schuldners zu übernehmen und weiterzuführen (Übernahmegesellschaft).

---

[16] BGH ZIP 2006, 39, 42.
[17] Näher *Huber* AnfG § 18 RdNr. 3–15
[18] *Huber* aaO § 18 RdNr. 4, § 16 RdNr. 2, 4 ff.
[19] *Huber* aaO § 18 RdNr. 5.

§ 260 1–3

Übersicht

	RdNr.		RdNr.
I. Normzweck	1	IV. Zeitpunkt und Gegenstand der Planüberwachung	14
II. Entstehungsgeschichte	4	1. Die Überwachung als Verfahren außerhalb des Insolvenzverfahrens	14
III. Fakultative Planüberwachung	11	2. Gegenstand der Planüberwachung	15
1. Planüberwachung nach den gesetzlichen Vorschriften	11	V. Die Überwachung von Übernahmegesellschaften	17
2. Andere Formen der Planüberwachung	13		

Schrifttum: *Fischer*, Die unternehmerischen Mitwirkungsrechte der Gläubiger in der Überwachungsphase des Insolvenzplans, Köln, 2002; *Frank*, Die Überwachung der Planerfüllung, Köln, 2002; *Kluth*, Die überwachte Übernahmegesellschaft – der „Kannitverstan" in und um § 260 III InsO, NZI 2003, 361; *Noack/Bunke*, Gläubigerbeteiligung an Sanierungserträgen und Vertragsüberleitung bei übertragender Sanierung in der Gesellschafterinsolvenz, KTS 2005, 129; *Smid*, Grund und Grenzen einer Prozessstandschaft des Sachwalters im Planerfüllungsverfahren, NZI 2006, 201.

I. Normzweck

1   Zum **Schutz der Gläubiger** kann im gestaltenden Teil des Insolvenzplans vorgesehen werden, dass die Erfüllung des Plans überwacht wird. Der Gesetzgeber hatte hierbei insbesondere den Fall vor Augen, dass der Schuldner nach dem Plan sein Unternehmen fortführt und die Gläubiger aus den Erträgen befriedigt werden sollen. § 260 regelt grundlegend die Überwachung der Planerfüllung, Die §§ 261 ff. konkretisieren die Art und Weise der Planüberwachung.

2   Die kontrollierende Überwachung durch einen unabhängigen Verwalter soll den Schuldner zu Einhaltung der Planvorgaben anhalten und Unregelmäßigkeiten frühzeitig aufdecken.[1] Nur auf diese Weise erhalten die Gläubiger auch nach der Aufhebung des Insolvenzverfahrens Informationen über den Schuldner und können dadurch auf das Verfahren Einfluss nehmen und bei drohender Nichterfüllung des Plans rechtzeitig reagieren. **Die Planüberwachung liegt auch im Interesse des Schuldners,** der im Falle einer ordnungsgemäßen Planerfüllung in der Regel besser gestellt ist als ohne. Eine Überwachung des Planverfahrens ist auch Voraussetzung für den an potentielle Kreditgeber gerichteten Investitionsanreiz der §§ 264–266, die die Finanzierung von Sanierungsplänen erleichtern sollen.[2] Dennoch hat bisher das Instrument der Planüberwachung nicht die erwünschte Akzeptanz gefunden. Die Tatsache, dass es kaum veröffentlichte Entscheidungen zur Planüberwachung gibt, lässt den Schluss zu, dass die Anordnung einer Planüberwachung im gestaltenden Teil des Insolvenzplans die Ausnahme darstellt.

3   Der Gesetzgeber hat sich dafür entschieden, dass eine **Planüberwachung nicht der Regelfall** sein soll, sondern es dem Planaufsteller überlassen bleibt, eine Überwachung als Gestaltungsmöglichkeit des Insolvenzplans vorzusehen (Abs. 1). Die fakultative Planüberwachung soll auch den Verfahren gerecht werden, in denen sich eine Überwachung als unnötiger Verfahrensaufwand darstellt, weil wegen ausreichender Sicherheiten für die Ansprüche der Gläubiger eine Überwachung zum Schutze der Gläubiger entbehrlich ist.[3]

Anstelle der in den §§ 260 ff. geregelten Planüberwachung, können im Plan auch andere Formen der Überwachung vorgesehen werden, etwa eine Überwachung durch einen von den Gläubigern bestimmten Sachwalter. Dies ergibt sich aus der Vertragsfreiheit der Beteiligten.[4] Während Abs. 1 normiert, dass die Überwachung des Insolvenzplans möglich sein soll, befassen sich die Regelungen in Abs. 2 mit dem Zeitpunkt und dem Umfang der Planüberwachung. Von Bedeutung ist hierbei, dass die Planüberwachung als ein **eigenes Verfahren nach der Aufhebung des Insolvenzverfahrens** und nicht als ein Nachver-

---

[1] *Kübler/Prütting/Otte* § 260 RdNr. 3.
[2] *Kübler/Prütting/Otte* § 260 RdNr. 4.
[3] *Breutigam* in *Breutigam/Blersch/Goetsch* § 260 RdNr. 7.
[4] BT-Drucks. 12/2443 S. 214 f.

fahren des Insolvenzverfahrens ausgestaltet ist. Abs. 3 regelt die Planüberwachung für den Fall, dass eine juristische Person oder Gesellschaft ohne Rechtspersönlichkeit, die nach der Eröffnung des Insolvenzverfahrens eigens zu dem Zweck gegründet worden war, das Unternehmen oder Teile des Unternehmens fortzuführen, dieses auch weiterführt.[5]

II. Entstehungsgeschichte

Weder die Konkursordnung noch die Gesamtvollstreckungsordnung enthielten Regelungen über die Überwachung eines Vergleichs. Eine insolvenzrechtliche Aufsicht der Vergleichserfüllung fand nach der Aufhebung dieser Verfahren nicht statt. Nur **in der Vergleichsordnung war eine Überwachung der Vergleichserfüllung vorgesehen.** Die Regelungen in den §§ 90–96 VerglO waren jedoch erheblich differenzierter und komplizierter als die Regelungen der geltenden Insolvenzordnung. 4

Eine Überwachung kam zunächst nur bei einem Verfahren mit einer Vergleichssumme von über 20 000 DM in Betracht (§ 91 Abs. 1 Nr. 2 VerglO). Allerdings konnten die Vergleichsgläubiger im Vergleichstermin mit der zur Annahme des Vergleichs erforderlichen Mehrheit die Aufhebung des Vergleichsverfahrens ohne die Anordnung einer Überwachung beantragen. War die Überwachungssumme von 20 000,– DM erreicht und hatten die Vergleichsgläubiger nicht mehrheitlich die Aufhebung des Verfahrens ohne Überwachung beantragt, **dann war eine Überwachung der Vergleichserfüllung nach der Vergleichsordnung obligatorisch.** Die Überwachung konnte auf zwei Wegen erfolgen, entweder auf Grund einer im Vergleich vereinbarten Überwachung des Schuldners nach § 91 VerglO oder durch die Fortsetzung des Verfahrens nach § 96 VerglO. 5

Die Fortsetzung des Verfahrens nach § 96 VerglO bildete die gesetzliche Regel, während die im Vergleich vereinbarte Überwachung nach Aufhebung des Vergleichsverfahrens die Ausnahme darstellte. Im Falle der Fortsetzung des Verfahrens nach § 96 blieben der Vergleichsverwalter und ein etwaiger Gläubigerbeirat im Amt. Der Vergleichsverwalter hatte die Erfüllung des Vergleichs zu überwachen (§ 96 Abs. 2 VerglO). Die Aufgabe des Vergleichsverwalters und der etwaigen Gläubigerbeiratsmitglieder beschränkte sich nicht nur auf die Kontrolle der rechtzeitigen und vollständigen Auszahlungen des Schuldners nach Maßgabe des bestätigten Vergleichs, sondern umfasste darüber hinaus die Überwachung der Geschäftsführung. Verfügungsbeschränkungen, die im eröffneten Vergleichsverfahren bestanden, wirkten fort, sofern sie nicht nach § 65 VerglO aufgehoben worden waren. 6

War dagegen das **Vergleichsverfahren nach § 91 VerglO** aufgehoben worden, weil sich der Schuldner im Vergleich der Überwachung durch einen Sachwalter oder mehrere Sachwalter bis zur Vergleichserfüllung unterworfen hatte, dann war auch das Amt des Vergleichsverwalters mit der Aufhebung des Vergleichsverfahrens erloschen. Der Sachwalter, zu dem in der Regel auch der bisherige Vergleichsverwalter bestimmt werden konnte, nahm keine amtsähnliche Stellung innerhalb der unter einer rechtsbetreuenden staatlichen Aufsicht stehenden vergleichsrechtlichen Selbstverwaltung ein.[6] Vielmehr leitete der im bestätigten Vergleich benannte Sachwalter seinen Auftrag vom Schuldner her und zwar aus einem, meist entgeltlichen, ausdrücklichen oder stillschweigend abgeschlossenen Geschäftsbesorgungsvertrag. Trotz der privatrechtlichen Grundlage waren die Befugnisse des Sachwalters vom Willen des Schuldners unabhängig. § 92 Abs. 1 VerglO bestimmte, dass der Sachwalter auch die Rechte und Pflichten eines Vergleichsverwalters im Rahmen der §§ 39, 40 Abs. 1, 42, 57 VerglO hat. Im Unterschied zum Vergleichsverwalter bei einer Verfahrensfortführung unterlag der Sachwalter nicht der Aufsicht des Vergleichsgerichts nach § 41 Abs. 1 VerglO und damit der Ordnungsstrafgewalt nach § 41 Abs. 2 VerglO. Das Vergleichsgericht konnte nur im Rahmen des § 92 Abs. 2 und 3 VerglO eingreifen, d. h. einen Sachwalter aus wichtigem Gründen seines Amtes entheben. 7

---

[5] *Noack/Bunke,* Gläubigerbeteiligung an Sanierungsverträgen und Vertragsüberleitung bei übertragender Sanierung in der Gesellschafterinsolvenz, KTS 2005, 129.
[6] *Bley/Mohrbutter* § 92 VerglO RdNr. 3.

8 In Anlehnung an die Vorschriften der Vergleichsordnung hat der Gesetzgeber die Überwachung des Insolvenzplans geregelt. Die §§ 260 ff. unterscheiden sich jedoch erheblich sowohl von dem gerichtlichen Nachverfahren nach § 96 VerglO und der gemäß § 91 Abs. 2 vereinbarten Planüberwachung.

Lange Zeit war umstritten, ob die Planüberwachung, wie im Vergleichsverfahren, **obligatorisch oder fakultativ** ausgestaltet werden sollte. Der Erste Bericht der Kommission für Insolvenzrecht sah die **Planüberwachung als Regelfall** vor. Durchführung und Erfüllung des Plans sollten überwacht werden, sofern nicht der Plan etwas anderes bestimmt.[7] Die Kritiker eines obligatorischen Nachverfahrens, entsprechend § 96 VerglO, machten dagegen geltend, dass das Nachverfahren ein unnötiger Verfahrensaufwand sei, weil jeder Gläubiger aus dem rechtskräftig bestätigten Reorganisationsplan vollstrecken könne und zugleich die Eröffnung eines neuen Insolvenzverfahrens beantragen könne, wenn der Plan nicht erfüllt werde. Vor allem sollte das mit der Planbestätigung reorganisierte Unternehmen wieder ohne Sonderstatus und ohne Kennzeichnung der früheren Insolvenz am Wirtschaftsleben teilnehmen.[8]

In § 296 DE entschied sich der Gesetzgeber, entgegen dem Leitsatz 2.3.1. im Ersten Bericht der Kommission für Insolvenzrecht, für eine fakultative Planüberwachung. Eine Überwachung der Planerfüllung sollte nur erfolgen, wenn dies im gestaltenden Teil des Insolvenzplans vorgesehen war. Diese Regelung in § 296 Abs. 1 DE entspricht der Regelung in § 260.

9 Anders als in der Vergleichsordnung **wird die Planüberwachung nicht in einem Nachverfahren, sondern außerhalb des Insolvenzverfahrens durchgeführt.** Bereits der Erste Bericht der Kommission für Insolvenzrecht wies darauf hin, dass die Planüberwachung kein weiterer in das einheitliche Insolvenzverfahren eingegliederter Verfahrensabschnitt sein solle. Die Wirkungen, die mit der Eröffnung des Insolvenzverfahrens eintreten, sollten nicht über den Abschluss des eigentlichen Reorganisationsverfahrens fortgelten. Die mit Verfügungsbeschränkungen, Fremdverwaltung und Vollstreckungssperre verbundene insolvenzrechtliche „Ausnahmesituation" sollte für das reorganisierte Unternehmen mit der Planbestätigung und Aufhebung des Insolvenzverfahrens beendet werden.

10 Mit der Entscheidung gegen eine Fortgeltung von Verfügungsbeschränkungen und Fremdverwaltung werden, anders als in der Vergleichsordnung, die Aufgaben des planüberwachenden Insolvenzverwalters **auf eine Kontrolltätigkeit beschränkt.** Der überwachende Insolvenzverwalter soll grundsätzlich in die eigentliche Geschäftsführung nicht mehr eingreifen dürfen. Mit der im Unterschied zum Vergleichsverfahren beschränkten Überwachung wollte der Gesetzgeber verhindern, dass die dem Schuldner mit der Aufhebung des Verfahrens zurückgegebene Verfügungsmacht durch die Überwachung wieder weitgehend entwertet wird.

III. Fakultative Planüberwachung

11 **1. Planüberwachung nach den gesetzlichen Vorschriften.** Falls der gestaltende Teil des Insolvenzplans eine Überwachung vorsieht, wird die Planerfüllung überwacht. Die Planüberwachung ist somit nicht obligatorisch sondern fakultativ ausgestaltet. Sind im Insolvenzplan darüber hinaus keine weiteren Regelungen über die Durchführung der Überwachung im Einzelnen getroffen worden, richtet sich die Art und Weise der Überwachung nach den §§ 261 bis 266. Nach dem in diesen Vorschriften ausgestalteten Überwachungsmodell erfolgt die Überwachung durch den Insolvenzverwalter, der bis zur Aufhebung der Überwachung im Amt bleibt (§ 261 Abs. 1). Gleichfalls bleiben die Mitglieder des Gläubigerausschusses im Amt, falls ein solcher bei der Aufhebung des Verfahrens bestanden hat.

---

[7] 1. KommBer. Leitsatz 2.3.1. S. 205.
[8] 1. KommBer. Leitsatz 2.3.1. S. 206.

Ist im Insolvenzplan keine Regelung zur Planüberwachung getroffen worden, dann wird **12** der Insolvenzplan nicht überwacht. Obwohl der Gesetzgeber die Planüberwachung nicht als Regelfall normiert hat, bringt ein Verzicht auf eine Überwachung den Beteiligten keine nennenswerten Vorteile. Zwar werden die durch eine Überwachung entstehenden Kosten eingespart. Ohne Kontrolle durch einen unabhängigen Verwalter besteht aber die Gefahr, dass der Schuldner, der die Verfügungsmacht über sein Vermögen wieder mit der Aufhebung des Insolvenzverfahrens zurückerhalten hat, diese missbraucht und damit die Planerfüllung gefährdet. Ohne Informationen durch den Verwalter können die Gläubiger auf eine Gefährdung der Planerfüllung unter Umständen nicht rechtzeitig reagieren. Eine Überwachung wird entbehrlich sein, wenn die für die Erfüllung der Ansprüche der Gläubiger ausreichende Sicherheiten bestehen.[9]

2. Andere Formen der Planüberwachung. Aufgrund der Vertrags- und Gestaltungs- **13** freiheit der Beteiligten können auch grundsätzlich andere Formen der Überwachung der Planerfüllung vereinbart werden, die von der Regelung der §§ 260–269 abweichen. Eine solche abweichende Regelung ist im gestaltenden Teil des Insolvenzplans zu treffen. Anstelle des Insolvenzverwalters können mit der Überwachung ein oder auch mehrere vom Insolvenzverwalter verschiedene Sachwalter beauftragt werden. Dieser muss nicht die Anforderungen des § 56 Abs. 1 erfüllen, also eine von den Gläubigern unabhängige Person sein. Daher kann auch ein Gläubiger zum Sachwalter bestellt werden. Abweichend von der gesetzlichen Form der Planüberwachung können die Berichtspflichten des Überwachers intensiver ausgestaltet werden.[10] Denkbar ist auch, dass die Gläubiger die Überwachung auf die Erfüllung bestimmter Ansprüche beschränken.

An eine Überwachung, die von der gesetzlich vorgesehenen Form abweicht, können aber nicht die Rechtsfolgen geknüpft werden, die die gesetzlich geregelte Planüberwachung durch den Insolvenzverwalter vorsieht. Insbesondere sind weder dinglich wirkende Verfügungsbeschränkungen für den Schuldner (§ 263) möglich noch Regelungen der Rangverhältnisse von künftigen Darlehensforderungen im Verhältnis zu den Forderungen anderer Neugläubiger (§§ 264–266).[11]

Abgewichen werden kann von den Überwachungsvorschriften, soweit diese Abweichungen nicht zu Lasten des Schuldners gehen. Unzulässig ist jedoch eine abweichende Regelung, die die Verfügungsbefugnis des Schuldners weiter einschränkt als dies § 263 vorsieht. Ebenfalls steht es nicht zu Disposition der Beteiligten, die in § 268 festgelegte Überwachungsdauer zu verlängern. Dies wäre eine unzulässige Regelung zu Lasten Dritter und des Rechtsverkehrs.

Eine Erweiterung der Rechte des Überwachers oder im Plan vorgesehene kostenerhöhende Überwachungsmaßnahmen, sind zwar abweichende Regelungen zu Lasten des Schuldners. Es erscheint jedoch sachgerecht, in entsprechender Anwendung des § 247, dem Schuldner ein Widerspruchsrecht zuzubilligen.[12]

IV. Zeitpunkt und Gegenstand der Planüberwachung

1. Die Überwachung als Verfahren außerhalb des Insolvenzverfahrens. Die Über- **14** wachung des Insolvenzplans ist kein Nachverfahren innerhalb des Insolvenzverfahrens, sondern schließt sich als Verfahrensteil an das Insolvenzverfahren an. Die Wirkungen, die mit der Eröffnung des Insolvenzverfahrens eingetreten sind, insbesondere der Verlust der Verfügungs- und Verwaltungsbefugnis, sollen nicht über den Abschluss des Insolvenzverfahrens hinaus fortgelten. Daher regelt Abs. 2, dass nach der Aufhebung des Insolvenzverfahrens der Plan überwacht wird. Die Aufhebung des Insolvenzverfahrens setzt weiterhin voraus, dass der Insolvenzplan gemäß den §§ 252 ff. rechtskräftig geworden ist. **Die Überwachung**

---

[9] *Breutigam* in *Breutigam/Blersch/Goetsch* § 260 RdNr. 7.
[10] *Kübler/Prütting/Otte* § 260 RdNr. 5.
[11] BT-Drucks. 12/2443, S. 214, 215.
[12] *Kübler/Prütting/Otte* § 260 RdNr. 5.

setzt unmittelbar mit der rechtskräftigen Aufhebung des Insolvenzverfahrens ein. Eines besonderen Beschlusses des Gerichts bedarf es nicht.

Die Planüberwachung ist ein Verfahrensteil des Insolvenzplanverfahrens, das mit der Aufhebung der Überwachung endet, falls eine Überwachung vorgesehen ist.[13]

15 **2. Gegenstand der Planüberwachung.** Gegenstand der Planüberwachung ist die Erfüllung der Ansprüche, die den Gläubigern nach dem gestaltenden Teil des Plans gegen den Schuldner zustehen. Die Überwachung umfasst nicht nur die Erfüllung der Forderungen der Insolvenzgläubiger, sondern auch die Erfüllung der Ansprüche, die den absonderungsberechtigten Gläubigern nach dem Plan zustehen. Soweit jedoch die Sicherheiten der absonderungsberechtigten Gläubiger fortbestehen oder durch andere Sicherheiten ersetzt worden sind, besteht kein besonderes Kontrollbedürfnis, so dass der Schwerpunkt der Überwachung bei der Erfüllung der Forderungen der Insolvenzgläubiger liegt. Diese Regelung hat vor Augen, dass der Schuldner nach dem Plan seine wirtschaftliche Tätigkeit fortsetzt, insbesondere sein Unternehmen fortführt und die Gläubiger aus den Erträgen befriedigt. Dennoch kann Gegenstand der Planüberwachung auch die Überwachung eines Liquidationsplans sein, wenn etwa die Verwertung nur in einer bestimmten Weise durchgeführt werden soll.[14] Ansprüche der Plangläubiger **gegen Dritte,** die durch den Plan erstmals begründet worden sind (§§ 230 Abs. 3, 257 Abs. 2), oder Ansprüche unter den Plangläubigern selbst unterliegen nicht der Überwachung.[15] Eine Ausnahme davon regelt Abs. 3, demzufolge als besondere Maßnahme die Überwachung einer Übernahmegesellschaft vorgesehen werden kann.

16 Den Gläubigern stehen aus dem bestätigten Plan keine subjektiven Rechte auf die Durchführung von planmäßig beschlossenen organisatorischen Maßnahmen zu. Die Überwachung erstreckt sich ausschließlich darauf, ob die den Gläubigern nach dem Plan zustehenden Ansprüche erfüllt werden, nicht aber auf die sonstige Geschäftsführungstätigkeit des Schuldners. So unterliegt beispielsweise eine organisatorische Umstrukturierung nicht der Überwachung.

V. Überwachung von Übernahmegesellschaften

17 Setzt der Schuldner seine wirtschaftliche Tätigkeit nicht fort, sondern übernimmt eine Gesellschaft (juristische Person oder Gesellschaft ohne Rechtspersönlichkeit) das Unternehmen des Schuldner und führt es weiter, dann erstreckt sich die Planüberwachung auf die Erfüllung der **Ansprüche, die den Gläubigern** nach dem gestaltenden Teil **gegen eine solche Übernahmegesellschaft zustehen** (Abs. 3). Die bisherigen Insolvenzgläubiger verzichten hierbei im Insolvenzplan in dem Maße auf ihre Forderungen gegen den Schuldner, wie ihnen Ansprüche gegen den neuen Unternehmensträger zugestanden werden. Dies setzt aber voraus, dass diese Gesellschaft nach der Eröffnung des Insolvenzverfahrens eigens zu dem Zweck gegründet worden ist, das Unternehmen oder Teile des Unternehmens fortzuführen. Maßgeblicher Zeitpunkt ist die Gründung der Gesellschaft, d. h. die Eintragung in das Handelsregister und nicht die Geschäftsaufnahme.[16] Die Gründung der Übernahmegesellschaft kann sich dabei auf einen Betriebsteil beschränkt haben, die Befriedigung der Gläubiger hat aber auch aus den Erträgen der Fortführung der übrigen Betriebsteile durch den Schuldner zu erfolgen[17] Der Gesetzgeber hielt es einer Übernahmegesellschaft für zumutbar, die mit der Planüberwachung verbundenen Einschränkungen hinzunehmen, da die Personen, die sich an dem neuen Unternehmen beteiligen, sich auf diese Einschränkungen von vorneherein einstellen können.[18]

---

[13] *Nerlich/Römermann/Braun* § 260 RdNr. 2.
[14] *Kübler/Prütting/Otte* § 260 RdNr. 9.
[15] HK-*Flessner* § 260 RdNr. 3.
[16] FK-*Jaffé* § 260 RdNr. 26.
[17] *Nerlich/Römermann/Braun* § 260 RdNr. 4.
[18] Kritisch dazu *Kluth* Die überwachte Übernahmegesellschaft – der „Kannitverstan" in und um § 260 III InsO, NZI 2003, 361.

Hat eine bereits **vor der Eröffnung des Insolvenzverfahrens gegründete Gesellschaft** den Betrieb des Schuldners übernommen, so erfolgt keine Planüberwachung. Den Gesellschaftern einer schon vor dem Verfahren bestehenden Gesellschaft und den Gläubigern einer solchen Gesellschaft wäre eine Überwachung nicht zuzumuten.[19]

Diese Regelung ist kritisiert worden. Insbesondere wird die Frage aufgeworfen, warum § 260 Abs. 3 **nur für neugegründete Übernahmegesellschaften** anwendbar sein soll.[20] Der Begründung des Gesetzgebers, nur eigens zum Zwecke der Übernahme gegründete Gesellschaften bedürften keiner besonderen Rücksichtnahme, wird entgegnet, dass auch bereits bestehende Gesellschaften nicht zu einer Übernahme eines insolventen Unternehmens gezwungen würden, sondern sich sehenden Auges hierzu bereit fänden.[21] Auch die Missbrauchsanfälligkeit dieser Regelung wird kritisiert. Wenn allein der Zeitpunkt der Gründung der übernehmenden Gesellschaft darüber entscheidet, ob eine Überwachung erfolgt, dann kann durch den Erwerb einer sog. Mantel-Gesellschaft vor der Eröffnung des Insolvenzverfahrens die Regelung des § 260 Abs. 3 umgangen werden.[22] Danach sollten im Wege der teleologischen Auslegung solche schon bei der Verfahrenseröffnung bestehenden Vorratsgesellschaften als erst nach der Eröffnung des Verfahrens gegründet zu gelten haben.[23] Eine solche Auslegung widerspricht dem eindeutigen Wortlaut des Gesetzes. Ohne Vereinbarung im Insolvenzplan ist grundsätzlich bei diesen juristischen Personen die Überwachung nicht möglich. Aus diesem Grunde sollte im Falle der übertragenden Sanierung im Insolvenzplan die Überwachung vereinbart werden.[24]

Auch der in der Literatur vertretenen Auffassung, § 260 Abs. 3 sei nicht anzuwenden, wenn die Zahlungen an die Gläubiger sichergestellt seien,[25] kann nicht gefolgt werden. Es obliegt dem Planaufsteller, ob er in einem solchen Fall eine Planüberwachung im Insolvenzplan vorsieht. Der Grund für die Erstreckung der Überwachung gegen die Übernahmegesellschaft allein liegt in der Zumutbarkeit und Vorhersehbarkeit für deren Gesellschafter.[26]

Eine Übernahmegesellschaft, die nicht in dem Anwendungsbereich des § 260 Abs. 3 unterfällt, kann sich jederzeit freiwillig im Übernahmevertrag einer Überwachung unterwerfen.

Aus Gründen der Rechtssicherheit ist die Erstreckung der Überwachung auf die Übernahmegesellschaft gemäß § 267 Abs. 2 Nr. 1 zusammen mit dem Beschluss über die Aufhebung des Insolvenzverfahrens öffentlich bekannt zu machen und dem Registergericht mitzuteilen.

§ 261 Aufgaben und Befugnisse des Insolvenzverwalters

(1) ¹Die Überwachung ist Aufgabe des Insolvenzverwalters. ²Die Ämter des Verwalters und der Mitglieder des Gläubigerausschusses und die Aufsicht des Insolvenzgerichts bestehen insoweit fort. ³§ 22 Abs. 3 gilt entsprechend.

(2) ¹Während der Zeit der Überwachung hat der Verwalter dem Gläubigerausschuß, wenn ein solcher bestellt ist, und dem Gericht jährlich über den jeweiligen Stand und die weiteren Aussichten der Erfüllung des Insolvenzplans zu berichten. ²Unberührt bleibt das Recht des Gläubigerausschusses und des Gerichts, jederzeit einzelne Auskünfte oder einen Zwischenbericht zu verlangen.

---

[19] HK-*Flessner* § 261, RdNr. 6.
[20] *Schiessler*, S. 209; *Frank* § 260 Fn. 7, 148 RdNr. 474.
[21] *Schiessler* S. 210; *Leipold/Bork*, S. 51 ff., 59.
[22] *Breutigam* in *Breutigam/Blersch/Goetsch* § 260 RdNr. 31.
[23] *Breutigam* in *Breutigam/Blersch/Goetsch* § 260 RdNr. 31; *Uhlenbruck/Lüer* § 260 RdNr. 14.
[24] FK-*Jaffé* § 261 RdNr. 26.
[25] *Breutigam* in *Breutigam/Blersch/Goetsch* § 260 RdNr. 30.
[26] BT-Drucks. 12/2442 S. 215.

Übersicht

	RdNr.		RdNr.
I. Normzweck	1	IV. Überwachung durch einen Sachwalter	10
II. Entstehungsgeschichte	2	1. Voraussetzungen der Überwachung durch einen Sachwalter	10
III. Überwachung durch den Insolvenzverwalter (Regelfall)	4	2. Befugnisse des Sachwalters	11
1. Der Insolvenzverwalter als Planüberwacher	4	3. Pflichten des Sachwalters	12
2. Fortbestehen der Ämter	5	V. Planüberwachung bei einer Eigenverwaltung	13
3. Befugnisse des Insolvenzverwalters als Planüberwacher	6	VI. Vergütung des Planüberwachers	14
4. Pflichten des Insolvenzverwalters als Planüberwacher	7		

I. Normzweck

1 Die Vorschrift regelt, wer die Erfüllung des Insolvenzplans zu überwachen hat (Abs. 1 Satz 1) und konkretisiert die Überwachungsaufgabe zu einer Auskunfts- und Berichtspflicht (Abs. 2). Nach dem gesetzgeberischen Willen ist dies die Aufgabe des Insolvenzverwalters, weil dieser in der Regel den Plan selbst ausgearbeitet hat oder zumindest oder über dessen Inhalt unterrichtet ist.[1] Mit Hilfe der periodischen Berichterstattung soll eine umfassende Informationsversorgung der Plangläubiger gewährleistet werden. Die Gläubiger können anhand der Berichte prüfen, ob die Unternehmensfortführung durch den Schuldner dem Planziel und den im Plan übernommenen Verpflichtungen entspricht oder zuwiderläuft. Dadurch können sie schnell auf Unregelmäßigkeiten reagieren.

Obwohl sich dies unmittelbar dem Gesetzestext nicht entnehmen lässt, ist diese Aufgabenzuweisung dispositiv. Aus den §§ 217, 260 ergibt sich, dass die Vorschriften über die Planüberwachung nur insoweit eingreifen, wie die Plan dies vorsieht.[2] Von dem Regelfall abweichend kann der Plan vorsehen, dass eine andere Person, ein **Sachwalter,** mit der Überwachung beauftragt wird.

Weist der Insolvenzplan die Überwachung dem Insolvenzverwalter ausdrücklich zu oder enthält der Plan ausdrücklich keine Bestimmung, wer die Erfüllung des Insolvenzplans zu überwachen hat, dann hat der Insolvenzverwalter als Planüberwacher die in Abs. 1 Satz 2 geregelten Befugnisse und die in Abs. 2 geregelten Aufgaben. Wird dagegen ein Sachwalter mit der Überwachung der Planerfüllung beauftragt, dann steht diesem der Regelungsrahmen des § 261 nicht zur Verfügung.

II. Entstehungsgeschichte

2 Bereits die Vergleichsordnung sah vor, dass zur Überwachung des Vergleichs der Vergleichsverwalter und ein etwaiger Gläubigerbeirat im Amt bleiben, wenn das Verfahren nicht mit der Bestätigung des angenommenen Vergleichs aufgehoben worden war (§§ 78, 90, 91 VerglO). Die Rechte und Pflichten des Verwalters folgten aus dem bestätigten Vergleich in Verb. mit § 96 VerglO. § 96 Abs. 2 bestimmte, dass der Vergleichsverwalter die Erfüllung des Vergleichs zu überwachen hat. War dagegen das Vergleichsverfahren nach § 91 aufgehoben worden, weil sich der Schuldner im Vergleich der Überwachung durch einen oder mehrere Sachwalter unterworfen hatte, dann war das Amt des Vergleichsverwalters mit der Aufhebung des Vergleichsverfahrens erloschen. Die Rechte und Pflichten des Sachwalters entsprechen aber weitgehend denen des Vergleichsverwalters.

3 Leitsatz 2.3.2. des Ersten Berichts der Kommission für Insolvenzrecht enthielt bereits eine differenzierte Regelung der Aufgaben und Befugnisse des überwachenden Insolvenzverwalters, der für diese Tätigkeit im Amt blieb und die gleichen Informationsrechte hatte, wie sie

---

[1] BT-Drucks. 12/2443 S. 215.
[2] *Bork*, Einführung in das Insolvenzrecht, RdNr. 350.

in der geltenden Insolvenzordnung normiert sind. Leitsatz 2.3.2. Abs. 4 sah vor, dass für die Durchsetzung der Pflichten, die dem Schuldner obliegen, geeignete Vollzugsmaßnahmen vorzusehen sind, die das Insolvenzgericht auf Antrag des Verwalters anzuordnen hatte. Dies wurde aus den weiteren Entwürfen, die bereits nahezu wörtlich dem § 261 entsprachen, durch die Verweisung auf die Regelungen für den vorläufigen Insolvenzverwalter ersetzt.

III. Überwachung durch den Insolvenzverwalter (Regelfall)

1. Der Insolvenzverwalter als Planüberwacher. Zuständig für die Überwachung des Plans ist in erster Linie der Insolvenzverwalter. Ihm obliegt die Überwachung auf Grundlage der gesetzlichen Regelungen. Der Gesetzgeber hat die Planüberwachung durch den Insolvenzverwalter als zweckmäßig erachtet, weil dieser in der Regel den Plan selbst ausgearbeitet hat oder aber in jedem Fall über dessen Inhalt im Einzelnen unterrichtet ist.[3] **Sieht der Insolvenzplan für die Planüberwachung keine andere Person** vor, dann ist es die Aufgabe des Insolvenzverwalters, den Insolvenzplan zu überwachen. 4

Die Überwachung des Plans durch den Insolvenzverwalter ist jedoch nicht obligatorisch. Der Gesetzgeber hat insoweit die Person der Überwachenden nicht vorgeschrieben. Dies unterliegt vielmehr der Privatautonomie der Beteiligten. Aus diesem Grund kann der Insolvenzplan auch vorsehen, dass die Überwachung nicht dem Insolvenzverwalter, sondern einer anderen Person, dem Sachwalter, übertragen wird. In einem solchen Fall steht jedoch der für die Überwachung wichtige Regelungsrahmen der §§ 260 ff. nicht zur Verfügung.[4]

2. Fortbestehen der Ämter. Die Übertragung der Planüberwachung auf den Insolvenzverwalter durchbricht den Grundsatz, dass mit die Aufhebung des Insolvenzverfahrens die Ämter des Insolvenzverwalters und der Mitglieder des Gläubigerausschusses erlöschen (§ 259 Abs. 1 Satz 1). Ist die Aufgabe der Planüberwachung dem Insolvenzverwalter übertragen, dann bleiben die Ämter der Insolvenzverwalters und des Gläubigerausschusses, falls ein solcher vorhanden war, trotz der Aufhebung des Insolvenzverfahrens bestehen. 5

3. Befugnisse des Insolvenzverwalters als Planüberwacher. Durch die Verweisung auf § 22 Abs. 3 werden dem Insolvenzverwalter während der Planüberwachung die Rechte eines vorläufigen Insolvenzverwalters eingeräumt. Wie dieser ist er berechtigt, die Geschäftsräume des Schuldners zu betreten, dort Nachforschungen anzustellen, Einsicht in die Bücher und Geschäftspapiere zu nehmen sowie von dem Schuldner die erforderlichen Auskünfte zu verlangen. Im Hinblick auf § 22 Abs. 3 Satz 3 2. Halbsatz hat der Schuldner Auskunfts- und Mitwirkungspflichten nach § 97. Diese Pflichten gegenüber dem Insolvenzverwalter können durch das Insolvenzgericht zwangsweise durchgesetzt werden (§ 98). 6

4. Pflichten des Insolvenzverwalters als Planüberwacher. Nach § 262 Abs. 2 hat der Insolvenzverwalter dem Gläubigerausschuss, wenn ein solcher bestellt ist, und dem Gericht gegenüber Rechenschaft abzulegen. Er hat, anders als im Insolvenzverfahren, in dem keine gesetzlichen Fristen festgelegt sind, jährlich über den Verfahrensstand und die weiteren Aussichten der Planerfüllung zu berichten. Kommt der Schuldner den Verpflichtungen aus dem Plan nach, dann beschränkt sich die Planüberwachung auf die beobachtende Kontrolle über deren Ergebnis er dann einmal jährlich dem Gläubigerausschuss und dem Gericht berichtet. Aus der Notwendigkeit, nicht nur den Stand der Planerfüllung zu dokumentieren, sondern auch eine **Prognose über die weiteren Aussichten** der Planerfüllung zu erstellen, folgt, dass der Verwalter alle Sachverhalte, beobachten und gegebenenfalls dokumentieren muss, die für die Befriedigung der Planläubiger von Bedeutung sind. Dazu gehören die Umsetzung des im darstellenden Teils des Plans dargelegten Sanierungskonzepts und die Geschäftsführung des Schuldners.[5] Um sich ein Bild von der Erfül- 7

---

[3] BT-Drucks. 12/2443 S. 215.
[4] *Smid*, Grund und Grenzen einer Prozessstandschaft des Sachwalters im Planerfüllungsverfahren, NZI 2006, 201, 203.
[5] *Frank* § 260 Fn. 7, 31 RdNr. 87.

lung des Insolvenzplans machen zu können, wird der Verwalter Einsicht in Belege, Auszüge und sonstige die Planerfüllung betreffenden Geschäftsunterlagen nehmen müssen. Er wird sich von dem Schuldner die betriebswirtschaftlichen Auswertungen, die monatlichen Umsatzsteuererklärungen, Listen über den Stand der Debitoren, der Kreditoren, des Auftragsbestands, der Zu- und Abgänge von Anlagevermögen, der Personalzu und -abgänge vorlegen lassen müssen.[6]

In welcher Form die periodische Berichterstattung erfolgen soll, ist in § 261 nicht geregelt. Ein mündlicher Bericht reicht nicht aus. Die Berichterstattung sollte an den Planrechnungen des § 229 Satz 2 angepasst sein, um anhand eines Soll-Ist-Vergleichs den Sanierungsfortschritt und damit die weiteren Aussichten der Planerfüllung beurteilen zu können.[7]

Verletzt der Insolvenzverwalter diese Pflichten, dann kann er sich nach § 60 schadensersatzpflichtig machen, wenn durch die Pflichtverletzung ein Schaden verursacht worden ist.

8 Den Gläubigern gegenüber besteht diese Berichtspflicht nicht. Diese können vielmehr den Sachstandsbericht bei Gericht einsehen. Anhand des Verwalterberichts erhalten die Gläubiger die Informationen, anhand derer sie prüfen können, ob die Forderung wiederauflebt oder eine Stundung hinfällig wird, ob Zwangsvollstreckungsmaßnahmen aus dem Plan in Gang gesetzt werden müssen oder ob sie ein neues Insolvenzverfahren beantragen können. Der Verwalter selbst ist nicht befugt, die Eröffnung eines neuen Insolvenzverfahrens zu beantragen, wenn ein neuer Insolvenzgrund vorliegt.

9 Neben der jährlichen Berichtspflicht kann gemäß § 260 Abs. 2 Satz 2 der Gläubigerausschuss oder das Gericht jederzeit einen Zwischenbericht oder einzelne Auskünfte von dem Insolvenzverwalter verlangen. Von diesem zusätzlichen Informationsrecht werden der Gläubigerausschuss und das Insolvenzgericht insbesondere Gebrauch machen, wenn Anhaltspunkte dafür vorliegen, dass die Erfüllung des Plans gefährdet ist.

IV. Überwachung durch einen Sachwalter

10 **1. Voraussetzungen der Überwachung durch einen Sachwalter.** Statt des Verwalters kann auf Grund der Vertragsfreiheit der Beteiligten der Plan auch vorsehen, dass ein Sachwalter tätig wird. Die Befugnis, abweichend von dem Regelfall, eine vom Insolvenzverwalter unterschiedliche Person mit der Planüberwachung zu beauftragen, dient dazu, sich den Gegebenheiten des Einzelfalles anzupassen. Gerade bei einem größeren Unternehmens bietet sich die Überwachung durch einen Dritten an.[8] Bevor sich hier der Verwalter der Hilfe Dritter, bedient, kann der Dritte gleich zum Sachwalter bestellt werden. Die Übertragung der Überwachung auf einen Dritten wird auch in den Fällen zum Tragen kommen, in denen damit eine einfachere Zustimmung der Gläubiger zu dem Plan erlangt werden kann.

Ein solcher Sachwalter ist ausschließlich auf der Grundlage privatautonomer Willensentscheidungen der Gläubiger tätig. Nachteilig für die Effektivität der Planüberwachung ist, dass bei einer Überwachung durch den Sachwalter die Vornahme bestimmter Rechtsgeschäfte nicht von der Zustimmung des Planüberwachers abhängig gemacht werden kann (§ 263).

Der Sachwalter der durch auf Grund einer gläubigerautonomen Entscheidung zum Planüberwacher bestellt worden ist, unterscheidet sich von dem Sachwalter im Eigenverwaltungsverfahren (§ 270 Abs. 1 Satz 1). Dieser wird kraft gesetzlicher Regelung tätig.

Wenn der Insolvenzplan vorsieht, dass ein von dem Insolvenzverwalter personenverschiedener Sachwalter eingesetzt wird, dann endet das Amt des Insolvenzverwalters mit der Aufhebung des Insolvenzverfahrens.

---

[6] Vgl. auch *Uhlenbruck/Lüer* InsO § 261 RdNr. 8; FK-*Jaffé* § 262 RdNr. 13 ff.
[7] *Frank* § 260 Fn. 7, 32 RdNr. 91.
[8] *Gottwald/Braun*, § 70 RdNr. 10.

2. Befugnisse des Sachwalters. Die dem Insolvenzverwalter gesetzlich zugewiesenen 11
Rechte gelten nicht für den Sachwalter. Er hat nicht die Befugnisse, die ein vorläufiger
Verwalter hat. Die über § 22 Abs. 3 geltenden Befugnisse sind so einschneidend, dass sie nur
von einer nach den Kriterien des § 56 ausgewählten Person ausgeübt werden können. Die
dem vorläufigen Insolvenzverwalter gleichen Befugnisse können dem Sachwalter auch nicht
von den Gläubigern im Insolvenzplan eingeräumt werden.[9] Die Befugnisse des Sachwalters
unterliegen den gleichen Grenzen wie die Privatautonomie.[10]

Der Sachwalter im Planerfüllungsverfahren kann im Rahmen des § 259 III InsO zur
Führung wegen das Schuldnervermögen betreffenden Prozessen befugt sein. Der Schuldner
kann dem Sachwalter auch darüber hinaus die Befugnis zur Führung weiterer, sein Vermögen betreffender Prozesse einräumen (gewillkürte Prozessstandschaft), soweit diese Prozesse auf die bisherige Insolvenzverwaltung oder auf Regelungen des Insolvenzplans zurückzuführen sind.[11]

3. Pflichten des Sachwalters. Die Pflichten des Sachwalters gegenüber den Gläubigern 12
ergeben sich aus den Regelungen, die im gestaltenden Teil des Plans darüber getroffen
worden sind.

Darüber hinaus unterliegt auch der Sachwalter der Kontrolle des Insolvenzgerichts. Dies
folgt aus dem Sinn und Zweck der Planüberwachung. Der Wegfall der Kontrollpflicht des
Gerichts bei der Einsetzung eines Sachwalters ließe sich mit der Funktion der Planüberwachung nicht vereinbaren.[12] Aus diesem Grund hat er gegenüber dem Insolvenzgericht
eine Berichtspflicht.

Verletzt ein Sachwalter seine Pflichten, dann kommt eine Haftung aus § 60 unmittelbar
nicht in Betracht. Auch eine analoge Anwendung erscheint ausgeschlossen, da er mit den
besonderen Befugnisse eines Verwalters, die gerade die persönliche Haftung nach § 60
begründen, nicht ausgestattet worden ist.[13] Für eine Inanspruchnahme des Sachwalters
wegen einer Pflichtverletzung verbleiben die allgemeinen zivilrechtlichen Haftungstatbestände.

V. Planüberwachung bei einer Eigenverwaltung

War eine Eigenverwaltung gemäß den §§ 270 ff. angeordnet worden, dann tritt an die 13
Stelle des Insolvenzverwalters der Sachwalter. Dies ist ausdrücklich in § 284 Abs. 2 geregelt.
Dieser nimmt dessen in den §§ 261–263 niedergelegten Befugnisse und Pflichten wahr. Die
Aufsicht des Insolvenzgerichts bleibt bestehen (§§ 270 Abs. 1 Satz 2, 261 Abs. 1 Satz 2).

VI. Die Vergütung des Planüberwachers

Die Überwachung der Erfüllung des Insolvenzplans wird gesondert vergütet. Diese Tätig- 14
keit soll unter Berücksichtigung des Umfangs nach billigem Ermessen vergütet werden.
Vergütungserhöhend kann sich auswirken, wenn im Insolvenzplan bestimmte Geschäfte an
die Zustimmung des Verwalters gebunden werden oder ein Kreditrahmen vorgesehen ist
(§ 6 InsVV). Die Vergütung wird durch das Gericht nach Abschluss der Überwachung
festgesetzt.

Diese Regelung wirft Probleme auf, weil zum Zeitpunkt der Beschlussfassung über den
Plan diese Kosten noch nicht feststehen, da das Gericht sie erst später festsetzt. Damit sind
für die Beteiligten des Planverfahrens die Lasten der einzelnen Gläubigergruppen nicht
vorhersehbar und berechenbar. Darüber hinaus geht das Risiko der Realisierbarkeit bei
einem Vermögensverfall des Schuldners oder der Übernahmegesellschaft einseitig zu Lasten

---

[9] *Smid,* NZI 2006, 201, 205.
[10] *Breutigam* in *Breutigam/Blersch/Goetsch* § 261 RdNr. 10.
[11] *Smid,* NZI 2006, 201.
[12] *Breutigam* in *Breutigam/Blersch/Goetsch* § 261 RdNr. 6.
[13] AA *Breutigam* in *Breutigam/Blersch/Goetsch* § 261 RdNr. 14.

des Verwalters. Ähnlich wie in § 292 Abs. 2 Satz 2 sollte einem Insolvenzverwalter die Übernahme der Überwachung nur zugemutet werden, wenn die ihm dafür zustehende Vergütung gedeckt oder durch einen Vorschuss gesichert ist.[14]

Die **Vergütung des Sachwalters** wird nicht durch das Insolvenzgericht festgesetzt. Diese ergibt sich aus der Vereinbarung der Beteiligten.

§ 262 Anzeigepflicht des Insolvenzverwalters

[1] Stellt der Insolvenzverwalter fest, daß Ansprüche, deren Erfüllung überwacht wird, nicht erfüllt werden oder nicht erfüllt werden können, so hat er dies unverzüglich dem Gläubigerausschuß und dem Insolvenzgericht anzuzeigen. [2] Ist ein Gläubigerausschuß nicht bestellt, so hat der Verwalter an dessen Stelle alle Gläubiger zu unterrichten, denen nach dem gestaltenden Teil des Insolvenzplans Ansprüche gegen den Schuldner oder die Übernahmegesellschaft zustehen.

Übersicht

	RdNr.		RdNr.
I. Normzweck	1	1. Gläubigerausschuss	6
II. Entstehungsgeschichte	2	2. Gläubiger	7
III. Voraussetzungen der Anzeigepflicht	3	3. Insolvenzgericht	8
1. Nichterfüllung der planmäßigen Verpflichtungen	3	V. Form der Anzeige	9
a) Nichterfüllung	3	VI. Folgen der Anzeige durch den Verwalter	10
b) Nachträgliche Erfüllung	4	VII. Haftung des Insolvenzverwalters	11
2. Nichterfüllbarkeit	5	VIII. Anwendbarkeit auf andere Gestaltungen der Planüberwachung	12
IV. Adressaten der Anzeigepflicht	6		

I. Normzweck

1 § 262 regelt die Informationspflichten des Insolvenzverwalters gegenüber dem Gläubigerausschuss bzw. den Gläubigern, wenn ein Gläubigerausschuss nicht besteht, und gegenüber dem Insolvenzgericht. Durch die Information, dass der Schuldner die im Plan vorgesehenen Ansprüche nicht erfüllt oder erfüllen kann, soll der Eintritt eines größeren Schadens verhindert werden. Die Gläubiger haben dann die Möglichkeit zu prüfen, ob die Voraussetzungen für ein Wiederaufleben der Forderung nach den §§ 255, 256 gegeben sind, ob sie möglicherweise unmittelbar die Zwangsvollstreckung aus dem Insolvenzplan einleiten wollen oder ob die Einleitung eines neuen Insolvenzverfahrens in Frage kommt.

II. Entstehungsgeschichte

2 Der **Kommissionsentwurf** sah in seinem Leitsatz 2.3.3 vor, dass der den Plan überwachende Insolvenzverwalter die Nichtdurchführung oder Nichterfüllung, bzw. die Nichtdurchführbarkeit oder Nichterfüllbarkeit des Reorganisationsplans **nur dem Insolvenzgericht unverzüglich anzuzeigen hatte.** Das Insolvenzgericht hatte auf Grund dieser Anzeige, falls ein Eröffnungsgrund vorlag **von Amts wegen das Insolvenzverfahren zu eröffnen.** Mit dieser Regelung glaubte man am ehesten zu verhindern, dass ein neuer Schuldenberg des reorganisierten Schuldners aufgehäuft wird.

Es sollte auf diese Weise möglichst schnell ein Liquidationsverfahren eröffnet werden, um den finanziellen Schaden aller Gläubiger zu begrenzen.[1]

---

[14] *Haarmeyer/Wutzke/Förster* § 6 InsVV RdNr. 13.
[1] 1. KommBer. S. 209.

Der Diskussionsentwurf rückte in § 298 DE von der Eröffnung des Insolvenzverfahrens von Amts wegen ab und überließ die Entscheidung, welche Maßnahmen bei der Nichterfüllung oder Nichterfüllbarkeit des Plans getroffen werden sollten, den Gläubigern. Die geltende Regelung entspricht wörtlich dem § 309 RegE und dem § 298 RefE und unterscheidet sich von § 298 DE durch wenige sprachliche Veränderungen.

III. Voraussetzungen der Anzeigepflicht

1. Nichterfüllung der planmäßigen Verpflichtungen. a) Nichterfüllung. Eine Nichterfüllung der Ansprüche, deren Erfüllung überwacht wird, liegt bereits vor, wenn ein einziger Anspruch nicht erfüllt wird.[2] Nichterfüllung im Sinne des § 262 bedeutet, dass der Schuldner oder die Übernahmegesellschaft mit der Erfüllung der planmäßigen Verpflichtungen in Rückstand gekommen ist. Somit muss die Nichterfüllung des Anspruchs nicht feststehen. Ausreichend ist, dass der Anspruch zu dem Zeitpunkt, zu dem er fällig war, nicht erfüllt wurde. Die Voraussetzungen des Verzugs im Sinne der §§ 284 ff. BGB müssen nicht vorliegen. Ein Verschulden des Schuldners ist nicht erforderlich. Haben einzelne Gläubiger mit dem Schuldner **außergerichtlich** eine **Stundung** ihrer Planansprüche vereinbart, so ist dieser Umstand nicht anzeigepflichtig. Dem Schutz der übrigen Gläubiger ist dadurch Genüge getan, dass der Verwalter die Einhaltung der Stundungsabrede überwachen muss.

Anders als im Falle des § 255 muss der Rückstand nicht erheblich sein. Im Interesse einer Schadensverhinderung reicht jedes tatsächliche Zurückbleiben hinter den Verpflichtungen aus dem Insolvenzplan. Unerheblich ist auch, ob es sich nur um eine vorübergehende zeitliche Verzögerung oder nur um eine geringfügige Summe handelt.

b) Nachträgliche Erfüllung. Nicht im Gesetz geregelt ist der Fall, in dem der Schuldner oder die Übernahmegesellschaft, nachdem zunächst Zahlungen ausgeblieben sind und der Insolvenzverwalter seiner Informationspflicht nachgekommen ist, nachträglich seine Verpflichtungen erfüllt hat. In diesem Fall hat der Insolvenzverwalter nunmehr zu prüfen, ob die weiteren Zahlungen hinreichend gesichert sind. Verläuft diese Prüfung positiv, dann muss er den Gläubigern auch hiervon Mitteilung machen.[3] Im Interesse aller Verfahrensbeteiligten soll diese Informationspflicht die Durchführung des Insolvenzplans nicht gefährden.

2. Nichterfüllbarkeit der planmäßigen Verpflichtungen. Eine Informationspflicht besteht nicht nur, wenn die planmäßigen Verpflichtungen nicht erfüllt werden, sondern auch, wenn die Ansprüche **nicht erfüllt werden können**. Die Voraussetzung liegt vor, wenn der Insolvenzverwalter davon Kenntnis erlangt, dass die für die Erfüllung des Insolvenzplans durch den Schuldner oder die Übernahmegesellschaft benötigten Mittel nicht vorhanden sind und auch nicht erwirtschaftet werden können, auch wenn aktuell die Verpflichtungen noch erfüllt werden. Bei der hierbei von dem Insolvenzverwalter zu treffende Prognoseentscheidung hat dieser zu beachten, dass einerseits zur Schadensabwehr eine frühzeitige Information der Gläubiger geboten ist, andererseits bei einer Fehlprognose durch die Information ein Schaden verursacht werden kann, wenn die spätere Nichterfüllung der planmäßigen Verpflichtungen allein darauf beruht, dass die frühzeitige Information für eine wirtschaftliche Instabilität gesorgt hat. Der Insolvenzverwalter hat daher das subjektive Unvermögen des Schuldners oder der Übernahmegesellschaft sorgfältig zu überprüfen, gegebenenfalls durch das Gutachten eines Wirtschaftsprüfers abzusichern, um sich nicht der Gefahr einer Haftung gemäß § 60 auszusetzen.[4]

---

[2] *Nerlich/Römermann/Braun* § 262 RdNr. 2.
[3] *Breutigam* in *Breutigam/Blersch/Goetsch* § 262 RdNr. 9.
[4] *Breutigam* in *Breutigam/Blersch/Goetsch* § 262 RdNr. 7 f.

IV. Adressaten der Anzeigepflicht

6 **1. Gläubigerausschuss.** Adressat der Benachrichtigung über die Nichterfüllung oder der Nichterfüllbarkeit der im Plan vorgesehenen Ansprüche ist zunächst der Gläubigerausschuss

7 **2. Gläubiger.** Die Gläubiger sind nur für den Fall durch den Insolvenzverwalter direkt zu informieren, wenn kein Gläubigerausschuss bestellt worden ist und zwar alle Gläubiger, denen nach dem gestaltenden Teil des Plans Ansprüche gegen den Schuldner oder eine Übernahmegesellschaft zustehen (Satz 2).

8 **3. Insolvenzgericht.** Neben den Gläubigern ist das Insolvenzgericht über die Nichterfüllung oder Nichterfüllbarkeit der planmäßigen Verpflichtungen zu informieren. Diese Informationspflicht gegenüber dem Gericht stellt lediglich eine Konkretisierung der allgemeinen Pflicht zur Information des Gerichts über den jeweiligen Verfahrensstand dar.

V. Form der Anzeige

9 Die Unterrichtung des Gerichts und des Gläubigerausschusses kann **mündlich** erfolgen. Um jedoch die Erfüllung der Anzeigepflicht nachweisen zu können, ist es zweckmäßig, die Anzeige in schriftlicher Form abzugeben. Gerade wenn es um die Nichterfüllbarkeit der planmäßigen Pflichten geht ist es überdies zweckmäßig, die Begründung hierfür zu dokumentieren. Nur so ist gewährleistet, dass die Gläubiger eine Grundlage für ihre Einschätzung und Entscheidung haben, wie sie auf Grund dieser Information weiter verfahren wollen.[5] Eine mündliche Anzeige ist daher nur in Eilfällen angezeigt. Sie sollte schriftlich nachgeholt und ergänzt werden.

VI. Folgen der Anzeige durch den Insolvenzverwalter

10 Die Anzeige der Nichterfüllung oder des Unvermögens zur Erfüllung hat keine insolvenzrechtlichen Folgen. Weder führt diese Anzeige zu einer Wiederaufnahme des aufgehobenen Insolvenzverfahren, noch zur Eröffnung eines neuen Insolvenzverfahrens von Amts wegen. Es bleibt den Gläubigern überlassen, wie sie auf die mangelnde Erfüllung oder Erfüllbarkeit reagieren.

Die Gläubiger können beispielsweise auf die sofortige Erfüllung verzichten und mit dem Schuldner oder der Übernahmegesellschaft eine Stundung der Beträge vereinbaren. Sie können aber auch aus dem Insolvenzplan die Zwangsvollstreckung betreiben, wenn die Voraussetzungen hierfür nach § 257 Abs. 3 erfüllt sind. Schließlich können sie einen Antrag auf Eröffnung eines neuen Insolvenzverfahrens stellen.

In jedem Fall bestehen jedoch auch nach der Anzeige des Insolvenzverwalters über die Nichterfüllung oder Nichterfüllbarkeit der planmäßigen Verpflichtungen die Überwachungspflichten fort. Die Überwachung endet erst mit der Eröffnung eines neuen Insolvenzverfahrens oder mit der Aufhebung der Überwachung gemäß § 268 Abs. 1 Satz 2, wenn seit der Aufhebung des Insolvenzverfahrens drei Jahre verstrichen und kein Antrag auf Eröffnung eines neuen Verfahrens vorliegt.

Da die Überwachung auch nach der Anzeige durch den Insolvenzverwalter fortbesteht, hat dieser grundsätzlich jede neuerliche Nichterfüllung oder Nichterfüllbarkeit der planmäßigen Verpflichtungen erneut anzuzeigen. Wenn für den Insolvenzverwalter allerdings erkennbar ist, dass die Gläubiger infolge vorangegangener Benachrichtigungen eine ausreichende Kenntnis von den finanziellen Schwächen des Schuldners oder der Übernahmegesellschaft haben und darauf nicht reagieren, dann entfällt für den Insolvenzverwalter die Verpflichtung weitere Informationen einzuholen und an die Gläubiger weiterzugeben.[6]

---

[5] *Frank* § 260 Fn. 7, 35 RdNr. 103; *Kübler/Prütting/Otte* § 262 RdNr. 11; *Braun/Braun* § 262 RdNr. 7.
[6] *Breutigam* in *Breutigam/Blersch/Goetsch* § 262 RdNr. 16.

VII. Haftung des Insolvenzverwalters

Die Anzeigepflicht im Rahmen der Planüberwachung ist mit erheblichen Haftungsrisiken für den Insolvenzverwalter verbunden. Im Falle des Scheiterns des Plans kann dem Verwalter der Vorwurf gemacht werden, er hätte die finanziellen Schwächen des Schuldners oder der Übernahmegesellschaft früher erkennen können oder seine Prognose über die Nichterfüllbarkeit sei falsch gewesen und habe eine wirtschaftliche Instabilität des Schuldners verursacht. Ihm droht nach § 60 die Haftung gegenüber den Gläubigern zum Ersatz des Schadens, der ihnen auf Grund der unterlassenen oder verspäteten Anzeige erwachsen ist. Vom Insolvenzverwalter wird gefordert, dass es sich in regelmäßigen Abständen vor Ort einen eigenen Eindruck über die Planerfüllung verschafft. Er hat in Ausübung der ihm gemäß § 261 verliehenen Befugnisse, Einsicht in die Geschäftsunterlagen zu nehmen. Nur eine solche Kontrolltätigkeit kann den Verwalter in die Lage versetzen, Gefährdungen der Planerfüllung zu erkennen. *Jaffé*[7] hält es für erforderlich, in **monatlichen Abständen** die im darstellenden Teil des Plans beschriebenen Planziele mit den Ist-Zahlen zu vergleichen, damit bei Abweichungen frühzeitig Korrekturmaßnahmen der Geschäftsführung des sanierten Unternehmens eingeleitet werden können. Eine Minimalmaßnahme sei die Sichtung und Auswertung der monatlichen Umsatzsteuererklärungen.

11

Um eine durch eine falsche Prognose verfrühte oder verspätete Information der Gläubiger zu vermeiden, sollte im Insolvenzplan eine detaillierte Ausgestaltung der Überwachung erfolgen.[8]

VIII. Anwendbarkeit auf andere Gestaltungen der Planüberwachung

Die Anzeigepflicht besteht nur für den Insolvenzverwalter. Bei der Überwachung durch einen Sachwalter, die eine privatautonome Maßnahme ist, findet die in § 262 geregelte Informationspflicht des Verwalters keine Anwendung.

12

§ 263 Zustimmungsbedürftige Geschäfte

¹Im gestaltenden Teil des Insolvenzplans kann vorgesehen werden, daß bestimmte Rechtsgeschäfte des Schuldners oder der Übernahmegesellschaft während der Zeit der Überwachung nur wirksam sind, wenn der Insolvenzverwalter ihnen zustimmt. ²§ 81 Abs. 1 und § 82 gelten entsprechend.

Übersicht

	RdNr.		RdNr.
I. Normzweck	1	VI. Übernahmegesellschaft	10
II. Entstehungsgeschichte	3	VII. Der Zustimmungsvorbehalt bei einer Überwachung durch den Sachwalter	11
III. Anordnung der Zustimmungsbedürftigkeit	5		
IV. Zustimmung des Verwalters	6	VIII. Öffentliche Bekanntmachung	12
V. Rechtsfolgen bei fehlender Zustimmung	9		

I. Normzweck

Mit der Aufhebung des Insolvenzverfahrens, die der Planüberwachung vorausgeht, erlangt der Schuldner die uneingeschränkte Verwaltungs- und Verfügungsmacht über die Gegen-

1

---

[7] FK-*Jaffé* § 262 RdNr. 13.
[8] Dazu FK-*Jaffé* § 262 RdNr. 12 ff.; *Uhlenbruck/Lüer* InsO § 262 RdNr. 6.

stände der Insolvenzmasse zurück (§ 259 Abs. 1 Satz 2). Grundsätzlich müsste der Schuldner im Rahmen der Überwachung keine Eingriffe in seine Geschäftsführung dulden.

Andererseits muss der Schuldner während der Überwachung die Ansprüche der Gläubiger entsprechend den Regelungen im Insolvenzplan erfüllen. Die Erfüllung des Insolvenzplans kann aber gefährdet sein, wenn der Schuldner durch risikoreiche Rechtsgeschäfte Vermögen den Gläubigern entzieht, das zur Erfüllung der Ansprüche der Gläubiger benötigt wird. Es besteht somit für die Gläubiger in diesem Verfahrensstadium ein schützenswertes Interesse die Verfügungsbefugnis des Schuldners zu beschränken. § 263 erlaubt daher, die Wirksamkeit bestimmter Rechtsgeschäfte von der Zustimmung des Insolvenzverwalters abhängig zu machen. Die Zustimmungsbedürftigkeit tritt nicht von Amts wegen ein. Es ist vielmehr dem Planaufsteller überlassen, dies im gestaltenden Teil des Insolvenzplans vorzusehen.

Die Beschränkung der Verfügungsbefugnis nach der Aufhebung des Insolvenzverfahrens ist dem Schuldner auch zumutbar, da er einerseits durch den Plan besser gestellt wird, als er bei einer Liquidation stünde, aber andererseits die Gläubiger das Risiko tragen, dass der Plan fehlschägt.[1]

2   § 263 ist als Ausnahmevorschrift konzipiert. Nur **bestimmte Rechtsgeschäfte** sollen einem Zustimmungsvorbehalt unterworfen werden können. Ein pauschaler Zustimmungsvorbehalt für alle Rechtsgeschäfte würde den Rechtswirkungen der Aufhebung und dem Charakter der Überwachung nicht entsprechen. § 263 Satz 1 setzt aus diesem Grund auch der Gestaltungsfreiheit Grenzen.

II. Entstehungsgeschichte

3   Im Vergleichsverfahren verlor der Vergleichsschuldner, anders als im eröffneten Insolvenzverfahren, seine Verfügungsbefugnis nicht automatisch, sondern nur auf Grund einer Entscheidung des Vergleichsgerichts. Waren Verfügungsbeschränkungen nach Maßgabe der §§ 58 ff. VerglO und im Vorverfahren nach den §§ 12, 24 VerglO angeordnet worden, blieben sie sowohl bei einer vereinbarten Überwachung (§ 94 VerglO) als auch bei der Fortsetzung des Verfahrens nach § 96 bestehen. Nicht von Amts wegen, vielmehr auf Antrag des Verwalters oder Sachwalters konnten neue Verfügungsbeschränkungen auferlegt werden.

4   Der Erste Bericht der Kommission für Insolvenzrecht sah vor, dass im Reorganisationsplan angeordnet werden kann, dass bestimmte Rechtshandlungen des Einverständnisses des Schuldners bedürfen.[2] Im Unterschied zur Regelung in der Vergleichsordnung, aber entsprechend der nunmehr geltenden Regelung, musste sich der Zustimmungsvorbehalt auf **bestimmte Rechtshandlungen** beziehen, die von einem **gewissen Gewicht** waren. Anders als in den Folgeentwürfen sollte eine Rechtshandlung des Schuldners auch bei einer fehlenden Zustimmung des Schuldners Dritten gegenüber wirksam sein.

Der Diskussionsentwurf und die folgenden Entwürfe entsprachen der jetzigen gesetzlichen Regelung. Rechtsgeschäfte ohne die erforderliche Zustimmung waren nicht nur gegenüber den Insolvenzgläubigern, sondern absolut unwirksam.

III. Anordnung der Zustimmungsbedürftigkeit

5   **Die Anordnung, ob und welche Rechtsgeschäfte des Schuldners während der Planüberwachung zustimmungsbedürftig sind, obliegt dem Planeinreicher.** Dieser kann im gestaltenden Teil des Insolvenzplans eine entsprechende Regelung vorsehen. Für den Umfang der Zustimmungsbedürftigkeit ist somit die konkrete Plangestaltung maßgebend.

Die Rechtsgeschäfte des Schuldners, die einem Zustimmungsvorbehalt unterliegen sollen, **müssen im Plan konkret benannt werden.** Für einen Dritten muss sich bei einer Einsicht in den Insolvenzplan eindeutig ergeben, welche konkreten Rechtsgeschäfte zustim-

---

[1] *Leipold/Bork* (Hrsg.), Das Insolvenzrecht im Umbruch, S. 62.
[2] 1. KommBer., Begr. zu Ls. 2.3.2 S. 208.

mungsbedürftig sind. Es dürfen nur „bestimmte" Rechtsgeschäfte für zustimmungsbedürftig erklärt werden. Gedacht ist hierbei an Rechtsgeschäfte, die wirtschaftlich besonders bedeutsam sind oder ein hohes Risiko einschließen.[3] Selbst die Unterwerfung solcher Rechtsgeschäfte unter den Zustimmungsvorbehalt kann zulässig und zweckmäßig sein, die nur mittelbar auf die Planerfüllung Einfluss haben, da die Befriedigung der Gläubiger regelmäßig von der Unternehmensentwicklung und damit dem erfolgreichen Fortgang der Sanierung abhängt. Rechtshandlungen, die den Rahmen des alltäglichen Geschäftsverkehrs nicht überschreiten, sollen dagegen nicht eingeschränkt werden.[4]

Eine Bestimmung im gestaltenden Teil des Insolvenzplans, die eine Zustimmungsbedürftigkeit für alle Rechtsgeschäfte des Schuldners begründen, soll ist daher unzulässig.[5] Sie würde das **Regel-Ausnahme-Verhältnis** zwischen dem Verfügungsrecht des Schuldners nach der Aufhebung des Insolvenzverfahrens und den Zustimmungsvorbehalt während der Planüberwachung umkehren.[6]

Die Zustimmungsbedürftigkeit kann sich auf Rechtsgeschäfte aller Art, auch auf Verpflichtungsgeschäfte beziehen. Der Begriff des „Rechtsgeschäfts" entspricht dem des Bürgerlichen Gesetzbuches in den §§ 104 ff BGB.[7]

IV. Zustimmung des Verwalters

Rechtsgeschäfte, die dem Zustimmungsvorbehalt des Verwalters unterworfen sind, bedürfen zu ihrer Wirksamkeit der Zustimmung des Verwalters gemäß den §§ 182 ff. BGB. Hierbei ist der Verwalter nicht an Weisungen des Gläubigerausschusses oder des Insolvenzgerichts gebunden. Er muss jedoch vor Erteilung der Zustimmung die **Notwendigkeit** und die **Zweckmäßigkeit des jeweiligen Rechtsgeschäfts** prüfen. Sollen die Planansprüche aus den Fortführungserträgen befriedigt werden, hat der Verwalter nicht nur die unmittelbaren Auswirkungen des Rechtsgeschäfts auf die Erfüllung der Planansprüche zu beachten, sondern muss auch die Auswirkungen auf den Fortgang der Sanierung berücksichtigen.[8]

Die Zustimmung ist nicht an die Formbedürftigkeit des zugrunde liegenden Rechtsgeschäfts gebunden. Sie kann vielmehr **formlos** erfolgen. Der Verwalter muss auch vor der Zustimmung nicht den Gläubigerausschuss konsultieren, falls ein solcher bestellt ist (§ 261 Abs. 1). Er hat jedoch dem Gläubigerausschuss und dem Gericht Rechenschaft über die Zustimmung zu den einzelnen Geschäften zu erstatten. Die Zustimmung kann auch **nachträglich** erfolgen. Gegen einen Zustimmungsvorbehalt verstoßende Verfügungen können entsprechend § 185 Abs. 2 BGB durch Genehmigung wirksam werden.

Im Falle einer pflichtwidrigen Erteilung oder Verweigerung der Zustimmung, kann der Verwalter für den daraus entstehenden Schaden nach § 60 InsO haftbar gemacht werden. Er haftet jedoch regelmäßig nur, wenn er vor seiner Entscheidung die Notwendigkeit und Zweckmäßigkeit des betroffenen Rechtsgeschäfts nicht in der dafür erforderlichen Weise geprüft hat.[9]

V. Rechtsfolgen bei fehlender Zustimmung

Wegen der Rechtsfolgen von Rechtsgeschäften des Schuldners, die der Zustimmung des überwachenden Insolvenzverwalters unterliegen, verweist bei fehlender Zustimmung § 263 Satz 2 auf die §§ 81 Abs, 1, 82. Die ohne erforderliche Zustimmung getätigten Rechtsgeschäfte werden so behandelt, als seien sie während des laufenden Insolvenzverfahrens

---

[3] Begr. zu BR-Drucks. 1/92, S. 216.
[4] So bereits Begr. zu LS. 2.3.2. des 1. KommBer., S. 208.
[5] HK-*Flessner* § 263, RdNr. 2; *Kübler/Prütting/Otte* § 263 RdNr. 2; *Uhlenbruck/Lüer* InsO § 263 RdNr. 2; aA *Breutigam* in Breutigam/Blersch/Goetsch § 263 RdNr. 3.
[6] *Nerlich/Römermann/Braun* § 263 RdNr. 2.
[7] *Frank*, S. 65 RdNr. 207.
[8] *Frank*, Fn. 7, S. 69 RdNr. 219.
[9] *Frank*, Fn. 7, S. 69 RdNr. 221.

vorgenommen worden. Sie sind gegenüber jedermann wirkungslos. Dritte müssen die fehlende Zustimmung des Verwalters gegen sich gelten lassen. Bei einer Veräußerung von beweglichen Sachen und Wertpapieren sowie bei der Begründung und Abtretung von Forderungen außerhalb des Immobiliarrechts wird der gute Glaube des Vertragspartners an die Verfügungsbefugnis des Schuldners nicht geschützt.

Dem Insolvenzverwalter steht es allerdings frei, die unwirksamen Verfügungen des Schuldners nachträglich gemäß § 185 BGB analog zu genehmigen.

Im Immobiliarrechtsverkehr werden redliche Dritte nach Maßgabe der §§ 892, 893 BGB geschützt. Ein gutgläubiger Erwerb wird jedoch kaum in Betracht kommen, da die Beschränkung der Verfügungsmacht gemäß § 267 Abs. 2 Nr. 2 in das Grundbuch einzutragen ist.

Die Rechtsfolge der Unwirksamkeit erfasst sowohl Verfügungen des Schuldners, die Eingehung von Verpflichtungen wie auch die Erbringung von Leistungen an den Schuldner. Leistungen an den Schuldner wirken nicht schuldbefreiend.

VI. Übernahmegesellschaft

10   Die Regelung, dass Rechtsgeschäfte an die Zustimmung des Insolvenzverwalters gebunden werden können, gilt auch, wenn nach der Eröffnung des Insolvenzverfahrens eine Übernahmegesellschaft gegründet worden ist, um den Betrieb des Schuldners zu übernehmen und weiterzuführen. In einem solchen Fall wirkt die Verfügungsbeschränkung zu Lasten der Übernahmegesellschaft.

Ob sich eine solche Gestaltung des Insolvenzplans praktisch durchsetzen lässt, wird jedoch angezweifelt, da es fraglich ist, ob die Gesellschafter oder Geschäftsführer einer Übernahmegesellschaft bereit sein werden, sich von einem Insolvenzverwalter in dem in einem Plan geregelten Umfang in ihre Geschäfte „hineinreden" lassen zu wollen. Sind die Gesellschafter der Übernahmegesellschaft Fremde, d. h. weder der Schuldner noch am Schuldner beteiligte Personen, so besteht die Gefahr, dass diese sich gegen eine Überwachung durch den Insolvenzverwalter sperren.[10]

VII. Der Zustimmungsvorbehalt bei einer Überwachung durch einen Sachwalter

11   Ist im Plan die Überwachung durch einem Sachwalter vorgesehen, dann kann die Vornahme bestimmter Rechtsgeschäfte nicht von der Zustimmung des Sachwalters abhängig gemacht werden. An eine Überwachung, die von der gesetzlich vorgesehenen Form abweicht, können nicht die Rechtsfolgen geknüpft werden, die die gesetzlich geregelte Planüberwachung durch den Insolvenzverwalter vorsieht.

VIII. Öffentliche Bekanntmachung

12   Zum Schutze des Rechtsverkehrs sieht § 267 Abs. 2 Nr. 2 vor, dass der Kreis der zustimmungsbedürftigen Rechtsgeschäfte in der öffentlichen Bekanntmachung der Überwachung konkret und vollständig anzugeben ist. Sie dient nicht nur der Verhinderung des gutgläubigen Erwerbs, sondern dem Schutz des Rechtsverkehrs allgemein. Potentielle Geschäftspartner haben die Möglichkeit selbst zu bestimmen, ob sie mit dem Unternehmen, dessen Verfügungsbefugnis von der Zustimmung des überwachenden Insolvenzverwalters abhängt, kontrahieren wollen.

§ 264 Kreditrahmen

(1) ¹Im gestaltenden Teil des Insolvenzplans kann vorgesehen werden, daß die Insolvenzgläubiger nachrangig sind gegenüber Gläubigern mit Forderungen aus Darlehen und sonstigen Krediten, die der Schuldner oder die Übernahmegesell-

---

[10] *Maus,* Kölner Schrift, RdNr. 82.

Kreditrahmen 1 § 264

schaft während der Zeit der Überwachung aufnimmt oder die ein Massegläubiger in die Zeit der Überwachung hinein stehen läßt. ²In diesem Fall ist zugleich ein Gesamtbetrag für derartige Kredite festzulegen (Kreditrahmen). ³Dieser darf den Wert der Vermögensgegenstände nicht übersteigen, die in der Vermögensübersicht des Plans (§ 229 Satz 1) aufgeführt sind.

(2) Der Nachrang der Insolvenzgläubiger gemäß Absatz 1 besteht nur gegenüber Gläubigern, mit denen vereinbart wird, daß und in welcher Höhe der von ihnen gewährte Kredit nach Hauptforderung, Zinsen und Kosten innerhalb des Kreditrahmens liegt, und gegenüber denen der Insolvenzverwalter diese Vereinbarung schriftlich bestätigt.

(3) § 39 Abs. 1 Nr. 5 bleibt unberührt.

Übersicht

	RdNr.		RdNr.
I. Normzweck	1	2. Voraussetzungen	4
II. Entstehungsgeschichte	2	3. Rechtsfolgen	9
III. Definition des Kreditrahmens, Voraussetzungen und Rechtsfolgen	3	IV. Funktionserfüllung	12
1. Definition	3	V. Gesellschafterdarlehen und Kreditrahmen	16

Schrifttum: *Baird*, The Elements of Bankruptcy, 1993; *Braun*, Der Kreditrahmen gem. § 264 als Finanzierungsinstrument des Sanierungsplans, Kölner Schrift zur Insolvenzordnung, 2. Aufl., 2000, 1137; *Braun*, Die Finanzierung der Fortführung des Geschäftsbetriebes im Insolvenzverfahren, Kapitalgeberansprüche, Marktwertorientierung und Unternehmenswert, Festschrift Drukarczyk, hrsg. von *Richter/Schwetzler/Schüler*, 2003, 93; *Braun*, Insolvenzordnung (InsO), Kommentar 2. Aufl., 2004; *Braun*, Der Kreditrahmen, in Insolvenzrechts-Handbuch, hrsg. von *Gottwald*, 3. Aufl., 2006, 1026; *Braun/Uhlenbruck*, Unternehmensinsolvenz, Grundlagen, Gestaltungsmöglichkeiten, Sanierung mit der Insolvenzordnung, 1997; *Dinstühler*, Kreditrahmenabreden gemäß den §§ 264 ff. InsO, ZInsO, 1998, 243; *Eidenmüller*, Unternehmenssanierung zwischen Markt und Gesetz, 1999; *Flessner*, Sanierung und Reorganisation, 1982; *Gilson/John/Lang*, Troubled debt restructurings, Journal of Financial Economics, 1990, 315; *Gottwald*, Insolvenzrechts-Handbuch, 3. Aufl., 2006; *Heni*, Funktionen und Konzeption insolvenzrechtlicher Planbilanzen, ZInsO, 2006, 57; *Heni*, Interne Rechnungslegung im Insolvenzverfahren, 2006; *Hotchkiss*, The post-bankruptcy performance of firms emerging from chapter 11, working paper, New York University, 1992; *Jackson*, The Logic and Limits of Bankruptcy Law, Cambridge (Mass.), 1986; *Jensen-Conklin*, Do confirmed chapter 11 plans consummate? The results of a study and analysis of law, Commercial Law Journal, Bd. 97, 1991, 297; *Lopucki/Whitford*, Patterns in the bankruptcy reorganization of lage publicly held companies, University of Pennsylvania Law Review, 1993, 125; *Schmidt/Uhlenbruck*, Die GmbH in der Krise, Sanierung und Insolvenz, 3. Aufl., 2003; *Smid/Rattunde*, Der Insolvenzplan, 1998; *Uhlenbruck*, Neukredite in einem künftigen reformierten Insolvenzverfahren, ZBB 1992, 284; *Uhlenbruck*, Das neue Insolvenzrecht, Insolvenzordnung und Einführungsgesetz nebst Materialien, 1994; *Wittig*, Kreditgeschäft im Insolvenzplanverfahren, Die GmbH in Krise, Sanierung und Insolvenz, hrsg. von *Schmidt/Uhlenbruck*, 3. Aufl., 2003, 801.

I. Normzweck

Die Vorschriften zum sog. Kreditrahmen sind mit der Überwachung der Planerfüllung 1 verknüpft. Der gestaltende Teil des Insolvenzplans kann vorsehen, dass die Erfüllung des Plans überwacht wird (§ 260 Abs. 1). Zweck der Überwachung, die dem Insolvenzverwalter übertragen wird, ist vorrangig die Überprüfung, ob der Schuldner die im Plan festgeschriebenen Leistungen an die Insolvenzgläubiger und absonderungsberechtigten Gläubiger leistet. Die Vereinbarung einer Überwachungsphase im Insolvenzplan erscheint gemessen an US-amerikanischen Erfahrungen ratsam: Der Anteil der Schuldner, die nach Abschluss eines Verfahrens nach Chapter 11 Bankruptcy Code den Verpflichtungen gegenüber ihren Gläubigern nicht vollständig nachkommen können, ist hoch.[1] Sieht der gestaltende Teil des Insolvenzplans eine Überwachungsphase vor, gewinnt die Regelung des § 264 Bedeutung.

---

[1] *Jensen-Conklin*, 315–330; *Hotchkiss*, 9–13, 1992, 1995. Überwachung bedeutet dann auch frühzeitige Information der Gläubiger und ggf. zeitige korrigierende Maßnahmen.

§ 264   2   6. Teil. 3. Abschnitt. Wirkungen des bestätigten Plans

Der Kreditrahmen ist eine Vorkehrung, um während der Zeitspanne der Überwachung, die längstens 3 Jahre beträgt (§ 268 Abs. 1 Ziff. 2), aufgenommene Kredite des Schuldners oder von Massegläubigern in die Überwachungsphase hinein stehengelassene Kredite in dem Sinne zu privilegieren, dass Insolvenzgläubiger nachrangig sind gegenüber Gläubigern mit im „Kreditrahmen" platzierten Forderungen. Der Kreditrahmen ist somit ein Instrument, das dem Schuldner die Gewinnung von Krediten erleichtern soll. § 264 ist also konzipiert als Lösungsbeitrag zu einem Standardproblem der Sanierung,[2] nämlich der Ermöglichung der Finanzierung der Fortführung. „Solche Kredite werden (...) in dem erforderlichen Umfang nur gewährt werden, wenn der Kreditgeber einigermaßen sicher sein kann, dass er auch im Fall eines Scheiterns der Sanierung und der Eröffnung eines neuen Insolvenzverfahrens seinen Rückzahlungsanspruch durchsetzen kann. Da die üblichen Kreditsicherheiten dem Unternehmen in dieser Situation kaum zur Verfügung stehen werden, eröffnet Absatz 1 die Möglichkeit durch eine Regelung im Plan die Forderungen, die den Insolvenzgläubigern nach dem Plan zustehen, im Rang zurücktreten zu lassen gegenüber den Forderungen aus Krediten, die während der Überwachung aufgenommen worden sind."[3] Intendierte Funktion des Kreditrahmens ist somit die Erleichterung der Finanzierung in der höchstens dreijährigen Überwachungsphase[4] durch die Zusicherung vorrangiger Befriedigung im Fall eines erneuten Insolvenzverfahrens.

II. Entstehungsgeschichte

2   Man kann § 106 VerglO als Vorgängerregelung von § 264 auffassen. Ansprüche aus Darlehen, die der Schuldner während des Vergleichsverfahrens mit Zustimmung des Vergleichsverwalters aufgenommen hatte, waren privilegiert: Sie zählten zu den Masseschulden i. S. v. § 59 Abs. 1 Nr. 1 KO.
Größere Nähe zur Regelung des § 264 haben die Überlegungen und Vorschläge der Kommission für Insolvenzrecht.[5] Sie hatte sich für die Überwachung als Regelfall entschieden (LS 2.3.1), die die Beteiligten im Plan jedoch ausschließen konnten, wenn sie die Kontrolle nicht für erforderlich hielten. Die Überwachung wird dem Verwalter übertragen (LS 2.3.2). Die reine Kontrollfunktion des Verwalters wird an zwei Stellen durchbrochen: (1) Der Plan kann bestimmte Rechtshandlungen des Schuldners an die Zustimmung des Verwalters binden (LS 2.3.2 Abs. 2); (2) Aufnahme und Abruf von Krediten, die im Rahmen eines Kreditrahmens aufgenommen werden („Sanierungskredite"), bedürfen der Zustimmung des Verwalters (LS 2.3.8). In den im Plan festzulegenden Kreditrahmen können aufgenommen werden: (1) während des Insolvenzverfahrens begründete Forderungen, auf deren Erfüllung oder Sicherstellung der Gläubiger („Neugläubiger") vor Bestätigung des Plans verzichtet hat; sie sind in einem während der Überwachung eingeleiteten Liquidationsverfahren Masseschuld (LS 2.3.7); (2) nach Annahme des Plans und vor Aufhebung der Überwachung gewährte Kredite („Neustgläubiger"); sie haben den Rang von letztrangigen Masseschulden (LS 2.3.8). Während der Überwachung aufgenommene Kredite und bestimmte in die Überwachungsphase hineinragende Kredite wurden somit privilegiert. Dem Schutz der Reorganisationsgläubiger diente zum einen die definierte Obergrenze für den Kreditrahmen und der Umstand, dass die betroffenen Gläubiger via Plan über das zulässige Volumen privilegierter Kredite abstimmten. Die Kommission für Insolvenzrecht zog die Obergrenze viel vorsichtiger als die InsO: Der Kreditrahmen darf das in der „Reorganisations-Bilanz" ausgewiesene Eigenkapital nicht übersteigen (LS 2.3.8 Abs. 1 Satz 3).[6] Die

---
[2] So *Braun*, 2006, 1027.
[3] Begr. RegE zu § 311 (Kreditrahmen).
[4] § 267 Abs. 1, Nr. 2.
[5] 1. KommBer. S. 205–217.
[6] Nach LS 2. 2. 10 c) enthält die „Reorganisations-Bilanz" die Aktiva und Passiva, mit denen das Unternehmen nach Annahme und Bestätigung des Plans in die (regelmäßige) Überwachungsphase eintreten würde.

Kreditrahmen 3–7 § 264

Kommission für Insolvenzrecht versperrt auch Gesellschafterdarlehen – im Gegensatz zur InsO – zu Recht nicht den Zugang zum Kreditrahmen (LS 2.3.8 Abs. 3).

III. Definition des Kreditrahmens, Voraussetzungen und Rechtsfolgen

1. Definition. Der Kreditrahmen bezeichnet den Gesamtbetrag aller Kredite innerhalb 3 der vom Gesetz gezogenen Obergrenze, die gemäß dem von den Beteiligten beschlossenen, gestaltenden Teil des Insolvenzplans mit einem Vorrang für den Fall ausgestattet sind, dass während der – maximal dreijährigen – Überwachung ein neues Insolvenzverfahren eröffnet werden sollte. Der Vorrang findet seine Ausprägung darin, dass die Ansprüche von bisherigen Insolvenzgläubigern und Neugläubigern i. S. v. § 265 nachrangig zu den im Kreditrahmen platzierten Ansprüchen sind. Dies sind Forderungen aus Darlehen oder sonstigen Krediten, die ein Massegläubiger in die Phase der Überwachung hinein stehen lässt und für alle auch als „Rahmenkredite" bezeichneten Kredite, die in der Zeitspanne der Überwachung aufgenommen werden, sofern dies im Insolvenzplan als verabredet gilt und die sonstigen Voraussetzungen erfüllt sind. Privilegiert werden können Gelddarlehen, aber auch Lieferantenkredite.[7]

Der Vorrang der sog. Rahmenkredite ist begrenzt. Vorrang besteht gegenüber allen Insolvenzgläubigern des ersten Insolvenzverfahrens, wenn es während der Überwachungsphase zu einem zweiten Insolvenzverfahren kommt. Wenn Insolvenzgläubiger über Kreditsicherheiten verfügen, gilt im zweiten Insolvenzverfahren das Absonderungsrecht auch gegenüber Rahmenkrediten. Auch sind die Ansprüche aus Rahmenkrediten im zweiten Insolvenzverfahren nicht privilegiert gegenüber den dort begründeten Masseverbindlichkeiten.

2. Voraussetzungen. Die Regelung des § 264 setzt voraus, dass die Beteiligten im 4 gestaltenden Teil des Plans eine Überwachung durch den Insolvenzverwalter vorsehen. Eine Überwachung durch einen Sachwalter ist nicht ausreichend, da dem Sachwalter die erforderlichen Befugnisse nach § 264 Abs. 2 nicht zustehen.

Unter § 264 Abs. 1 fallen sämtliche Formen von Darlehen und damit auch solche, die 5 nach hM von der Privilegierung nach § 106 VerglO ausgeschlossen waren. Ausnahmen gelten für kapitalersetzende Darlehen.[8] Unerheblich ist, ob ein Darlehen in der Überwachungsphase neu aufgenommen wird oder ob ein Gläubiger, der gemäß § 258 vor Aufhebung des Insolvenzverfahrens Anspruch auf Rückzahlung hätte, auf diese Rückzahlung verzichtet und die Laufzeit des Darlehens in die Überwachungsphase hinein verlängert. Aufnahme und Stehenlassen von Darlehen und sonstigen Krediten setzen voraus, dass die Valuta dem Schuldner zugeflossen ist.[9] Unerheblich ist, ob die Darlehensgewährung gegenüber dem Schuldner erfolgt oder einer nach der Eröffnung des Insolvenzverfahrens gegründeten Übernahmegesellschaft.[10]

Der Insolvenzplan muss im gestaltenden Teil eine § 264 entsprechende Regelung über 6 einen Kreditrahmen vorsehen.

§ 264 begrenzt das zulässige Volumen des Kreditrahmens auf den Wert der Vermögens- 7 gegenstände, die in der Vermögensübersicht des Plans (§ 229 Abs. 1) aufgeführt sind.[11] Diese Obergrenze ist – so die amtliche Begründung – im Interesse der bisherigen Insolvenzgläubiger und der Neugläubiger i. S. v. § 265 gezogen. Die Wirksamkeit der Privilegierung setzt voraus, dass die Obergrenze nicht verletzt wird. Wird die Obergrenze verletzt, tritt die Privilegierung nur bis zur Obergrenze ein.[12] Überschießende Kredite sind nicht privilegiert. Führt ein Kredit z. T. zum Überschreiten der Obergrenze, ist er nur insoweit privilegiert, wie der Kredit im Kreditrahmen platziert werden kann.[13]

---

[7] So *Wittig*, 2003, RdNr. 1693.
[8] Vgl. RdNr. 19.
[9] *Nerlich/Römermann/Braun* RdNr. 3.
[10] § 264 Abs. 3.
[11] § 264 Abs. 1 Satz 3.
[12] So auch *Nerlich/Römermann/Braun* RdNr. 8.
[13] So auch *Nerlich/Römermann/Braun* RdNr. 8.

8 Der Insolvenzverwalter muss der Aufnahme des Darlehens in den Kreditrahmen zustimmen und dem Gläubiger schriftlich bestätigen, dass und in welcher Höhe der gewährte Kredit nach Hauptforderung, Zinsen und Kosten innerhalb des Kreditrahmens liegt.[14]

9 **3. Rechtsfolgen.** Der Vorrang gilt für die begünstigten Gläubiger nur in einem neuen Insolvenzverfahren, das vor der Aufhebung der Überwachung eingeleitet wird.[15] Die Gewährung des Vorrangs soll nur befristet gewährt werden. Sie soll kein Dauerzustand sein[16] und wird daher auf maximal drei Jahre begrenzt (§ 268 Abs. 1 Nr. 2). Wenn die Privilegierung von Rahmenkrediten eine Unterlegung durch Kreditsicherheiten ersetzen soll, wird die Frist von drei Jahren als zu kurz angesehen,[17] weil der Kreditgeber riskiert nach Ablauf von drei Jahren eine ungesicherte, nicht privilegierte Position einzunehmen.

10 Der Vorrang besteht gegenüber den bisherigen Insolvenzgläubigern und den Neugläubigern i.S.v. § 265. Dies sind die Gläubiger mit sonstigen vertraglichen Ansprüchen, die während der Zeit der Überwachung begründet werden. Diese Regelung soll verhindern, dass der Schuldner (bzw. die Übernahmegesellschaft) durch Aufnahme neuer, nicht im Kreditrahmen platzierter Darlehen die Privilegierung verwässert. Ansprüche aus Dauerschuldverhältnissen, die vor Eintritt in die Überwachungsphase begründet worden sind, werden den Ansprüchen der Neugläubiger gleichgestellt.[18] Der Gläubiger habe nämlich die Möglichkeit, die Entstehung bzw. das Weiterbestehen der Ansprüche durch Kündigung zum Zeitpunkt der Aufhebung des Insolvenzverfahrens zu verhindern.[19]

11 Der Vorrang besteht nicht gegenüber absonderungsberechtigten Gläubigern, deren Absonderungsrechte entweder durch den Plan nicht berührt werden (§ 223 Abs. 1) oder deren modifizierte Rechte ausdrücklich und spezifiziert im Insolvenzplan festzuschreiben sind (§ 223 Abs. 2). § 264 berührt nicht die durch den Plan unverändert gebliebenen oder modifizierten Absonderungsrechte.[20] Die Regelung des § 264 hat für Absonderungsberechtigte nur insoweit Bedeutung, wie diese auf abgesonderte Befriedigung verzichten und insoweit ungesicherte Ansprüche halten.[21]

IV. Funktionserfüllung

12 Die Platzierung von finanziellen Ansprüchen im Kreditrahmen soll die Attrahierung von Darlehen und sonstigen Krediten nach Aufhebung des Insolvenzverfahrens erleichtern bzw. einen Anreiz zur Stundung von Masseforderungen geben. Es ist hM, dass die Privilegierung von Ansprüchen vor dem Hintergrund eines möglichen neuen (zweiten) Insolvenzverfahrens eine prinzipiell brauchbare Konstruktion ist.

13 Ob § 264 die Erwartungen erfüllen kann, hängt ab von dem Umfang an Zins- und Tilgungsverpflichtungen, mit dem vormals insolvente Unternehmen das Insolvenzplanverfahren verlassen, von dem Anteil, den gesicherte Gläubigeransprüche an den gesamten Ansprüchen aller Gläubiger erreichen und von dem Ausmaß, in dem als Sicherungsgüter taugliche Vermögensgegenstände durch Sicherungsrechte von Altgläubigern belegt sind.

14 Es besteht Übereinstimmung, dass die das Insolvenzplanverfahren verlassenden Unternehmen über nennenswerte Bestände an freien beleihbaren Vermögensgegenständen nicht

---

[14] § 264 Abs. 2.
[15] § 266 Abs. 1.
[16] So die amtl. Begr. des RegE.
[17] *Wittig*, 2003, RdNr. 1703.
[18] So die amtl Begr. zu § 312 RegE.
[19] *Häsemeyer* kritisiert, dass diese Form der Anpassung nicht allen Gläubigern offenstehe, z. B. nicht Auszahlungen leistenden Verbrauchern. *Häsemeyer,* RdNr. 28.62.
[20] HK-*Flessner* § 264 RdNr. 10.
[21] So auch *Braun,* Kölner Schrift, 1. Aufl., 859, 872; *Nerlich/Römermann/Braun* § 264 RdNr. 10–12; *Wittig,* 2003, RdNr. 1698-1699.

verfügen werden. Insoweit ist es folgerichtig, dass § 264 die Privilegierung von Ansprüchen zu Lasten ungesicherter Ansprüche der Insolvenzgläubiger realisieren will.

Eine wichtige Frage ist, mit welchen Kapitalstrukturen Unternehmen das Insolvenzplanverfahren verlassen werden. Ein Blick auf us-amerikanische Untersuchungen zeigt, dass die durchschnittlichen Verschuldungsquotienten[22] von Unternehmen, die das Chapter 11-Verfahren verlassen, höher sind als die Verschuldungsquotienten vergleichbarer, nicht insolventer Unternehmen.[23] Wird in der Überwachungsphase ein zweites Insolvenzverfahren eröffnet, dürfte dies häufig ein Liquidationsverfahren sein. Was bringt unter diesen Bedingungen die Privilegierung mittels Einstellung in den Kreditrahmen?[24] Der Gesetzgeber versucht, das Volumen an „Rahmenkrediten" zu begrenzen, um durch diese Begrenzung das Risiko für die Gläubiger, deren Privilegierung intendiert ist, zu reduzieren. Nach § 264 Abs. 1 Satz 3 darf das Volumen an „Rahmenkrediten" den Wert der Vermögensgegenstände, die in der Vermögensübersicht des Plans (§ 229 Satz 1) aufgeführt sind, nicht übersteigen. Der Gesetzgeber will eine bilanziell definierte Verschuldungsschranke für privilegierte Kredite ziehen und knüpft hierbei an die Vermögensübersicht nach § 229 an, die als Eröffnungsbilanz des Insolvenzplanverfahrens gelten kann, falls der Insolvenzplan von den Abstimmungsberechtigten angenommen wird.

Über die zweckkonformen Ansatz- und Bewertungsvorschriften für die Aktivseite der „Vermögensübersicht" sagen Gesetzestext und Begründung zum RegE nichts. Die Vermutung, dass Fortführungswerte i. S. d. einschlägigen Vorschriften des HGB geeignet sein könnten, ist jedoch nicht abwegig.[25] § 264 Abs. 1 Satz 3 definiert eine Obergrenze für privilegierte Kredite in Höhe der Summe der Werte aller Aktiva.

Dieser Regelung kann man kaum positive Seiten abgewinnen. Die Definition der Obergrenze, die allein auf die Aktiva der „Vermögensübersicht" abstellt, lässt unbeachtet, dass zur „Vermögensübersicht" auch eine Passivseite gehört, die zu erheblichen Anteilen Fremdkapital-Ansprüche enthält, die nicht im Kreditrahmen enthalten sind und durch Kreditsicherungsrechte bereits einen Großteil des ökonomischen Wertes der Aktiva in Anspruch nehmen. Daraus folgt, dass die Obergrenze deutlich zu großzügig bemessen ist. Die Kommission für Insolvenzrecht hatte zu Recht weit restriktivere Grenzen gezogen:[26] Die Obergrenze der Rahmenkredite entsprach dem *Eigenkapital* der entsprechenden Bilanz.

Die zweite kritische Eigenschaft der Regelung besteht im Anknüpfungspunkt an den Aktiva der zu Beginn des Planverfahrens zu erstellenden Bilanz. Diese Aktiva sind nicht zu Zerschlagungswerten bewertet. Sie sind zu HGB-konformen Fortführungswerten bewertet, zeigen indessen nicht den ökonomischen Gesamtwert des Unternehmens bei Fortführung an. Schon aus diesen Gründen ist dieser Wert ein Anknüpfungspunkt von fraglichem Wert, wenn man – wie der Gesetzgeber – eine Position anbieten will, bei der „der Kreditgeber einigermaßen sicher sein kann, dass er auch im Falle eines Scheiterns ... seinen Rückzahlungsanspruch durchsetzen kann."[27]

Zu beachten ist weiterhin, dass der Anknüpfungspunkt die Eröffnungsbilanz zum Planverfahren ist. Die zu diesem Zeitpunkt relevanten Aktiva und Passiva sind nicht die, die in einem späteren zweiten Insolvenzverfahren verfügbar bzw. anspruchsberechtigt sind: Fortführungsverluste, die die Ursache für das Insolvenzverfahren 2 sein werden, werden das ursprünglich in der Vermögensübersicht dokumentierte Vermögen idR gemindert haben. Man muss daraus die Folgerung ziehen, dass die intendierte Verteidigung der Rahmenkredite gegen Ausfälle an einem nicht relevanten Vermögensbestand festgemacht werden soll. Das

---

[22] ZB Fremdkapital zu Eigenkapital, Fremdkapital zu Gesamtkapital, gemessen in Buchwerten und/oder Marktwerten.
[23] Vgl. z. B. *Gilson/John/Lang,* 1990; *Lopucki/Whitford* 1993.
[24] Skeptisch *Braun,* Kölner Schrift, 2. Aufl., 1142–1153 („Papiertiger"); *Schmidt/Uhlenbruck/Wittig,* Rd-Nr. 1123; *Hess,* InsO, § 264 RdNr. 24.
[25] Vgl. *Eilenberger* § 229, RdNr. 9.
[26] Vgl. RdNr. 2.
[27] Begründung RegE zu § 311 (Kreditrahmen).

kann nicht gelingen. Die Einschätzungen des § 264 in Literatur und Kommentierung sind deshalb zu Recht sehr kritisch.[28]

V. Gesellschafterdarlehen und Kreditrahmen

Der Nachrang von kapitalersetzenden Gesellschafterdarlehen und ihnen gleichgestellten Forderungen (§ 39 Abs. 1 Nr. 5) kann durch die Aufnahme der Forderungen in den Kreditrahmen *nicht* beseitigt werden.[29] Die Kommission für Insolvenzrecht hatte eine andere Problemsicht: Sie öffnete Gesellschafterdarlehen den Eintritt in den Kreditrahmen (LS 2.3.8 Abs. 3). Maßgebend für die kritische Behandlung von Gesellschafterdarlehen durch Literatur, Rechtsprechung und Gesetzgeber ist die Kombination von Informationsvorsprüngen auf Seiten der Gesellschafter vor den Gläubigern, Entscheidungsrechten in den Händen der Gesellschafter und den Konsequenzen der beschränkten Haftung. Die Mechanismen der Umqualifikation von Darlehen in Eigenkapital sollen die Position der Gläubiger gegen die aus der genannten Kombination drohenden Risikoverlagerungsstrategien stärken. Im Insolvenzplanverfahren stellt sich diese Kombination – etwa im Vergleich zu einer nicht insolventen GmbH – aber ganz anders dar. Das Insolvenzplanverfahren ist so angelegt, dass Informationsunterschiede zwischen Gesellschaftern und Gläubigern tendenziell abgebaut werden; die Entscheidungsrechte liegen gerade nicht bei den Gesellschaftern, sondern bei den Gläubigern. Die Überwachung durch den Insolvenzverwalter ist geeignet, Strategien der Risikoverlagerung auf die Schultern der Gläubiger zeitig aufzudecken und ihnen wirkungsvoll zu begegnen. Warum also sollten Gläubiger, die im gestaltenden Teil des Insolvenzplans über die Form der Überwachung und das Volumen des Kreditrahmens entscheiden, nicht auch entscheiden dürfen, dass und welches Volumen an Gesellschafterdarlehen im Kreditrahmen platziert werden darf? Wittig[30] interpretiert die Intention des Gesetzgebers wohlwollend: dieser hätte in der Zulassung von Gesellschafterdarlehen zum Kreditrahmen eine bedenkliche Einladung zur Fremdfinanzierung in der Sanierungsphase gesehen, was dem Ziel einer ordnungsgemäßen Kapitalausstattung des zu sanierenden Unternehmens widerspräche.

Die Regelung des § 264 Abs. 3 beachtet nicht, dass der Gesetzgeber Sanierungsleistungen in Form von Fremdkapital durch Gesellschafter seit 1998 erleichtert hat.[31] Wenn Gesellschafterdarlehen in sog. freien Sanierungen zugelassen werden, bei denen Mitspracherechte aller Gläubiger gerade nicht bestehen, ist eine Position, die Gesellschafterdarlehen den Zugang zum Kreditrahmen im Insolvenzplanverfahren generell versagt, obwohl alle Gläubiger erstens informiert werden und zweitens über diese Zulassung auch abstimmen, schwer zu verteidigen. Allerdings ist die empirische Bedeutung der Frage vor dem Hintergrund der evidenten Mängel von § 264 klein.

§ 265 Nachrang von Neugläubigern

¹ Gegenüber den Gläubigern mit Forderungen aus Krediten, die nach Maßgabe des § 264 aufgenommen oder stehen gelassen werden, sind nachrangig auch die Gläubiger mit sonstigen vertraglichen Ansprüchen, die während der Zeit der Überwachung begründet werden. ² Als solche Ansprüche gelten auch die Ansprüche aus einem vor der Überwachung vertraglich begründeten Dauerschuldverhältnis für die Zeit nach dem ersten Termin, zu dem der Gläubiger nach Beginn der Überwachung kündigen konnte.

---

[28] Vgl. etwa *Braun,* 2000, 2004, 2006, „besonders gravierende gesetzgeberische Fehlleistung", 1028.
[29] § 264 Abs. 3.
[30] *Wittig,* 2003, RdNr. 1700.
[31] Vgl. die Ergänzungen in § 32 a Abs. 3 GmbHG ausgelöst durch das Kapitalaufnahmeerleichterungsgesetz vom 20. 4. 1998 und durch das Gesetz zur Kontrolle und Transparenz im Unternehmensbereich vom 27. 4. 1998.

Nachrang von Neugläubigern 1 § 265

Übersicht

	RdNr.		RdNr.
I. Normzweck	1	IV. Rangverhältnis gegenüber sonstigen, nicht nachrangigen Ansprüchen	17
II. Entstehungsgeschichte der Norm: Frühere Regelung – Reformvorschläge – Gesetzgebungsverfahren zur InsO	3	1. Aussonderungsrechte	18
		2. Gesetzliche Schuldverhältnisse	20
		a) Deliktische Ansprüche	21
III. Vorrang gegenüber vertraglichen Ansprüchen	5	b) Verhältnis der deliktischen Ansprüche untereinander	22
1. Zeit der Überwachung	6	3. Ungerechtfertigte Bereicherung	25
2. Vertragliche Ansprüche	7	4. Geschäftsführung ohne Auftrag	28
3. Dauerschuldverhältnisse	8	a) Geschäftsführung durch den Insolvenzgläubiger	29
a) Erfasste Forderungen	9		
b) Rang der Forderungen	10	b) Geschäftsführung durch den Insolvenzschuldner	31
c) Einzelne Dauerschuldverhältnisse	13		
aa) Arbeitsverhältnisse	13	5. Eigentümer-Besitzer-Verhältnis	32
bb) Mietverhältnisse mit Kündigungsschutz	15	a) Insolvenzschuldner als Besitzer	33
		b) Insolvenzschuldner als Eigentümer	34
cc) Dauerschuldverhältnisse mit Kontrahierungszwang	16	V. Rangverhältnis zu den nachrangigen Ansprüchen des § 39 InsO	36

I. Normzweck

§ 265 erweitert die Vorrangregelung des § 264 Abs. 1. § 264 Abs. 1 Satz 1 regelt das **1** Rangverhältnis der Kreditrahmengläubiger zu den („Alt-")Insolvenzgläubigern in einem neuen, zweiten Insolvenzverfahren („Anschlussinsolvenzverfahren"). Erweiternd normiert § 265 das Rangverhältnis zwischen den Ansprüchen derjenigen Gläubiger, die Kredite nach Maßgabe und innerhalb des Kreditrahmens des § 264 zur Verfügung gestellt haben, und den Forderungen sonstiger Neugläubiger, deren Ansprüche während der Zeit der Überwachung neu begründet worden sind, ohne dass sie in den Kreditrahmen einbezogen wurden.[1] Die Regelung soll ergänzend den Kreditgeber schützen, dessen Kredit nach Maßgabe des § 264 in den Kreditrahmen aufgenommen worden ist. Dazu ist vorgesehen, dass die Forderungen des Rahmenkreditgebers vorrangig sind auch im Verhältnis zu den Gläubigern von vertraglichen Forderungen, die während der Zeit der Überwachung neu begründet werden. Ohne diesen zusätzlichen Schutz wäre die Begünstigung des Kreditgebers von geringem Wert;[2] denn der Schuldner oder die Übernahmegesellschaft hätten es in der Hand, durch die Aufnahme neuer, nicht in den Kreditrahmen fallender Kredite und die Eingehung sonstiger neuer Verbindlichkeiten[3] gleichrangige Forderungen zu begründen. Den von der Vorschrift erfassten Neugläubigern wird dagegen vom Gesetzgeber durch die Regelung des § 265 der Nachrang zugemutet, da die Tatsache der Überwachung und der Kreditrahmen öffentlich bekanntgemacht und ins Handelsregister eingetragen werden und da es diesen Gläubigern freisteht, von einem Vertragsschluss abzusehen; sie könnten außerdem in Verhandlungen mit dem Insolvenzverwalter zu erreichen versuchen, dass auch ihre Forderungen in den Kreditrahmen einbezogen werden.[4] Den so subordinierten vertraglichen Ansprüchen stehen gemäß § 265 Satz 2 Ansprüche aus Dauerschuldverhältnis-

---
[1] Breutigam in Breutigam/Blersch/Goetsch § 265 RdNr. 1.
[2] Fink, Maßnahmen des Verwalters zur Finanzierung in der Unternehmensinsolvenz, 1998, RdNr. 366, weist zu Recht darauf hin, dass umgekehrt die Privilegierung der Rahmenkredite naturgemäß dem Schuldner erschwert, in der Zeit der Überwachung Kreditgeber und Geschäftspartner außerhalb des Kreditrahmens zu finden. Demgegenüber geht das AG Duisburg, NZI 2003, 447, 448, davon aus, dass der Vorrang des Kreditrahmens (nur) die Kreditwürdigkeit des Schuldners verbessert und Wettbewerbsvorteil ist.
[3] Kübler/Prütting/Otte § 265 RdNr. 2 weist zu Recht darauf hin, dass – anders als die Regierungsbegründung vermuten lassen könnte – die Regelung die Entwertung des Kreditrahmens nicht nur durch neue Kredite verhindern will.
[4] Begr. RegE v. 15. 4. 1992, BT-Drucks. 12/2443, zu § 312 RegE, S. 216; ebenso Kübler/Prütting/Otte § 265 RdNr. 3.

sen, die vor der Überwachung vertraglich begründet worden sind, insoweit gleich, als der Gläubiger nach Beginn der Überwachung durch Kündigung die Entstehung der Ansprüche hätte verhindern können.

2 Forderungen aus einem gesetzlichen Schuldverhältnis, die während der Zeit der Überwachung begründet werden oder für diese Zeit aus einem Dauerschuldverhältnis entstehen, werden von der Vorschrift nicht erfasst. Sie sind daher auch nicht nachrangig gegenüber den Forderungen aus Krediten, die in den Kreditrahmen des § 264 aufgenommen worden sind. So ist zum Beispiel ein Gläubiger, den der Schuldner während der Zeit der Überwachung durch eine unerlaubte Handlung geschädigt hat, in einem während der Überwachung eröffneten Insolvenzverfahren gleichrangig mit den begünstigten Kreditgebern. Gegenüber einem solchen Gläubiger erschien nach Auffassung des Gesetzgebers eine Nachrangigkeit auf Grund von § 264 nicht gerechtfertigt.[5]

II. Entstehungsgeschichte der Norm: Frühere Regelung – Reformvorschläge – Gesetzgebungsverfahren zur InsO

3 Die Regelung hat ein Vorbild nur insofern in §§ 106, 96 VerglO, als danach (auch „stehengelassene") Massedarlehen aus der Zeit des nach § 96 VerglO fortgesetzten Vergleichsverfahrens in einem Anschlusskonkurs Masseschulden im Sinne von § 59 Abs. 1 Nr. 1 KO und damit vorrangig gegenüber sämtlichen neuen Verbindlichkeiten aus dieser Zeit waren.[6] Ähnlich lauteten die Vorschläge der Kommission für Insolvenzrecht, die mit ihrer Mehrheit die Gläubiger des Rahmenkredits gemäß Leitsatz 2.3.8 in einem Anschlussinsolvenzverfahren zumindest als letztrangige Massegläubiger privilegieren wollte[7] und nach dem Votum der Minderheit es sogar für erforderlich hielt, den Rahmenkreditgebern die Position eines erstrangigen Massegläubigers einzuräumen.[8]

4 Weil demgegenüber § 266 den Kreditrahmengläubiger schlechter stellt als den Kreditgeber eines Massekredits im alten Vergleichsverfahren, ihn nämlich in einem Anschlussinsolvenzverfahren nur als bevorrechtigten Insolvenzgläubiger privilegiert,[9] war im Hinblick auf das Rangverhältnis zu den vertraglichen Neugläubigern eine Regelung erforderlich, die erstmals in § 301 des Diskussionsentwurfs als Neuerung vorgesehen war. Diese Fassung ist vom Referenten- und Regierungsentwurf unverändert übernommen worden.[10] Die jetzige Fassung des § 265 entspricht wörtlich § 312 RegE, da auch der Rechtsausschuss keine Änderung mehr vorgenommen hat. Lediglich die Verweisung wurde der endgültigen Nummerierung der Insolvenzordnung angepasst.

III. Vorrang gegenüber vertraglichen Ansprüchen

5 Regelungsgegenstand von § 265 sind ergänzend zu § 264 die Rechtsfolgen einer wirksamen Aufnahme von Forderungen in einen Kreditrahmen. Damit § 265 Anwendung findet, müssen also zunächst die Voraussetzungen des § 264 erfüllt sein.[11] § 265 Satz 1 ordnet den Nachrang von vertraglichen Ansprüchen an, die während der Zeit der Überwachung begründet werden. § 265 Satz 2 stellt solchen vertraglichen Ansprüchen die Ansprüche aus in die Zeit der Überwachung hinein fortbestehenden Dauerschuldverhältnissen unter den genannten Voraussetzungen gleich.

6 **1. Zeit der Überwachung.** Mit der Zeit der Überwachung wird der Zeitraum von der Aufhebung des Insolvenzplanverfahrens (§ 258) bis zur Aufhebung der Überwachung (§ 268) beschrieben. Diese Zeitspanne beträgt gemäß § 268 Abs. 1 Nr. 2 längstens drei

---

[5] Begr. RegE v. 15. 4. 1992, BT-Drucks. 12/2443, zu § 312 RegE, S. 217.
[6] Zu diesem Anknüpfen an § 106 VerglO auch *Dinstühler* ZInsO 1998, 243, 247.
[7] 1. KommBer. Leitsatz 2.3.8, Seite 213 f.
[8] 1. KommBer. Begründung zu Leitsatz 2.3.8, Seite 214.
[9] *Gottwald/Braun,* Insolvenzrechts-Handbuch, 2. Aufl. 2001, § 71 RdNr. 5.
[10] *Kübler/Prütting/Otte* § 265 RdNr. 1.
[11] *Breutigam* in *Breutigam/Blersch/Goetsch* § 265 RdNr. 1.

Jahre. Eine Verlängerung dieses Überwachungszeitraums im Insolvenzplan ist, zumindest mit privilegierender Wirkung für die Rahmenkredite gem. §§ 264–266, nicht möglich.[12]

2. Vertragliche Ansprüche. In den Nachrang fallen alle Ansprüche, die auf eine vertragliche Anspruchsgrundlage gestützt werden. Zu diesen vertraglichen Ansprüchen gehören auch die gesetzlich geregelten Schadensersatzansprüche (z. B. §§ 437 ff. BGB: kaufrechtliche Gewährleistungsansprüche; §§ 280, 241 Abs. 2 BGB: Schadensersatzansprüche wegen Verletzung vertraglicher Nebenpflichten), die zur Voraussetzung haben, dass eine vertragliche Vereinbarung abgeschlossen worden ist. Ebenso gehören dazu die Ansprüche aus §§ 311 Abs. 2, 241 Abs. 2 BGB (c. i. c.), für die ein vorvertragliches Verhältnis Voraussetzung ist.[13] 7

3. Dauerschuldverhältnisse. Werden Dauerschuldverhältnisse erst nach Beginn der Überwachung eingegangen, sind alle hieraus resultierenden Ansprüche als sonstige vertragliche Ansprüche, die während der Zeit der Überwachung begründet wurden, schon nach § 265 Satz 1 nachrangig gegenüber den Kreditforderungen, die in den Kreditrahmen des § 264 Abs. 1 aufgenommen worden sind. § 265 Satz 2 trifft eine ergänzende Regelung für Ansprüche aus Dauerschuldverhältnissen, die schon vor der Zeit der Überwachung begründet wurden und deren vertragliche Bindungen noch in den Zeitraum der Überwachung hineinreichen.[14] 8

a) Erfasste Forderungen. Damit die Forderungen aus einem Dauerschuldverhältnis auf Grund der Regelung des § 265 Satz 2 zumindest für einen gewissen Zeitraum nicht in den Nachrang des § 265 rücken, muss das Dauerschuldverhältnis vor Anordnung der Überwachung, also vor dem gerichtlichen Bestätigungsbeschluss nach § 248 geschlossen worden sein. In den Anwendungsbereich des § 265 Satz 2 fallen damit alle Dauerschuldverhältnisse, die vom Insolvenzverwalter während des Insolvenzverfahrens eingegangen worden sind, und ebenso solche Dauerschuldverhältnisse, die aus der Zeit vor Eröffnung des Insolvenzverfahrens (durch Erfüllungswahl nach § 103) fortbestehen.[15] 9

b) Rang der Forderungen. Für den Rang von Forderungen aus bereits vor Beginn der Überwachung begründeten Dauerschuldverhältnissen ist der Zeitpunkt entscheidend, zu welchem der Gläubiger nach Beginn der Überwachung das jeweilige Dauerschuldverhältnis hätte kündigen können. Denn mit Rücksicht auf die bisherigen vertraglichen Beziehungen gilt gemäß § 265 Satz 2 der Vorrang der Rahmenforderungen gegenüber den Forderungen aus einem Dauerschuldverhältnis erst nach einer Übergangszeit.[16] 10

Die vor dem ersten ordentlichen oder außerordentlichen Kündigungstermin entstandenen Forderungen werden von dem Nachrang des § 265 nicht betroffen. Für den Zeitraum der insoweit jeweils maßgeblichen Kündigungsfrist muss also das Interesse der Rahmenkreditgeber an einer Vorrangwirkung gegenüber dem nachwirkenden Vertrauensschutz der Gläubiger aus einem Dauerschuldverhältnis zurückstehen.[17] 11

Alle danach entstandenen Forderungen aus Dauerschuldverhältnissen sind dagegen nachrangig. Diese Differenzierung findet ihren Grund darin, dass der jeweilige Gläubiger über die Überwachung der Erfüllung des Insolvenzplans und die Festlegung eines Kreditrahmens informiert sein kann und es ihm somit möglich ist, den nach dieser Regelung vorgesehenen Nachrang für Ansprüche aus Dauerschuldverhältnissen zu verhindern; durch Verweigerung des Vertragsschlusses in der Zeit der Überwachung bzw. durch Ausübung seines Kündigungsrechts bei schon zuvor vertraglich begründeten Dauerschuldverhältnissen.[18] Deshalb 12

---

[12] AG Duisburg, NZI 2003, 447 f.; ebenso *Andres* in *Andres/Leithaus*, §§ 264–266 InsO, RdNr. 16.
[13] *Nerlich/Römermann/Braun* § 265 RdNr. 2; FK-*Jaffé* § 265 InsO RdNr. 12.
[14] *Breutigam* in *Breutigam/Blersch/Goetsch* § 265 RdNr. 9.
[15] So auch *Breutigam* in *Breutigam/Blersch/Goetsch* § 265 RdNr. 10.
[16] *Breutigam* in *Breutigam/Blersch/Goetsch* § 265 RdNr. 11.
[17] *Breutigam* in *Breutigam/Blersch/Goetsch* § 265 RdNr. 11.
[18] Begr. RegE v. 15. 4. 1992, BT-Drucks. 12/2443, zu § 312 RegE, S. 216; *Andres* in *Andres/Leithaus*, §§ 264–266 InsO, RdNr. 15.

kommt es auch nur auf eine Kündigungsmöglichkeit an, und es bleibt unerheblich, ob der Kündigungsgrund eine ordentliche oder ein außerordentliche Kündigung rechtfertigt.[19]

13 **c) Einzelne Dauerschuldverhältnisse. aa) Arbeitsverhältnisse.** In der Kommentarliteratur wird die Anwendung von § 265 Satz 2 auf Arbeitsverhältnisse für problematisch gehalten.[20] Wolle der Arbeitnehmer den Nachrang seiner Lohnforderung gegenüber den Rahmengläubigern vermeiden, müsse er nach der Regelung des § 265 Satz 2 das Arbeitsverhältnis mit dem Risiko eines Arbeitsplatzverlustes kündigen. Dies sei dem Arbeitnehmer im Ergebnis nicht zuzumuten. Deshalb müsse in Analogie zu § 613 a BGB der unter Überwachung stehende Unternehmensträger (der Schuldner des ersten Insolvenzverfahrens oder eine Übernahmegesellschaft) verpflichtet sein, den Arbeitnehmer trotz Kündigung weiterzubeschäftigen, sofern dieser dies wünsche; als Folge daraus stünden die Lohnforderungen in einem Anschlussinsolvenzverfahren auf gleicher Stufe wie die Kreditrahmenforderungen. Die sich daraus ergebende Erschwernis von Sanierungen müsse in Kauf genommen werden.

14 Für eine solche Sonderregelung der Ansprüche aus Arbeitsverhältnissen findet sich aber zum einen keine gesetzliche Grundlage. Zum anderen besteht dafür auch keine praktische Notwendigkeit. Denn die Arbeitnehmer sind hinsichtlich ihrer noch nicht erfüllten Ansprüche auf Lohn und Gehalt aus dem Vorfeld eines Anschlussinsolvenzverfahrens auch dann hinreichend geschützt, wenn diese Ansprüche gemäß § 265 Satz 2 in den Nachrang zu den Ansprüchen der Rahmenkreditgeber treten. Insoweit steht nämlich den Arbeitnehmern ein Anspruch auf Insolvenzgeld zu – und nach dem erklärten Willen des Gesetzgebers soll der Schutz der Arbeitnehmer damit abschließend gewährleistet sein, während eine wie auch immer geartete Privilegierung des Ranges ihrer Forderungen gerade nicht erfolgen soll.[21] Daher gilt auch für Ansprüche aus einem Arbeitsverhältnis die Nachrangregelung des § 265 Satz 2 uneingeschränkt.[22]

15 **bb) Mietverhältnisse mit Kündigungsschutz.** Ebensowenig kann eine von § 265 Satz 2 abweichende Sonderregelung für Ansprüche aus Mietverhältnissen konstruiert werden, die einem Kündigungsschutz unterliegen, insbesondere aus Wohnraummietverhältnissen.[23] Insoweit erscheint zunächst schon fraglich, ob in der Praxis überhaupt jemals der Anspruch eines Vermieters aus der Vermietung von Wohnraum mit den Ansprüchen aus einem Rahmenkredit konkurrieren wird. Denn in der weitaus überwiegenden Zahl der Fälle wird es sich dann bei dem ersten Insolvenzverfahren über das Vermögen des Mieters um ein Verbraucherinsolvenzverfahren gehandelt haben, für das gemäß § 312 Abs. 3 ein Insolvenzplanverfahren und damit die Schaffung eines Kreditrahmens gerade nicht möglich ist. Selbst wenn im Einzelfall das Insolvenzverfahren über das Vermögen einer natürlichen Person wegen des Umfangs ihrer wirtschaftlichen Betätigung als Insolvenzplanverfahren durchgeführt worden ist, besteht kein besonderes Schutzbedürfnis für das Wohnraummietverhältnis dieses Schuldners während der Zeit der Überwachung. Denn zwar mag der Vermieter zur Vermeidung des Nachrangs mit seinen Ansprüchen auf den Mietzins gegenüber Rahmenkreditforderungen geneigt sein, zum ersten möglichen Kündigungstermin das Mietverhältnis zu beenden. Vor einer unzeitgemäßen und zu frühen Kündigung ist aber dann der Mieter hinreichend und abschließend durch die einschlägigen Kündigungsschutzregelungen geschützt – und es ist kein Grund ersichtlich, warum gerade das Insolvenzrecht durch eine gesetzlich nicht vorgesehene Ausnahme von § 265 Satz 2 einen weitergehenden Schutz vor einer Kündigung des Mietverhältnisses gewährleisten müsste.

---

[19] FK-*Jaffé* § 265 RdNr. 17.
[20] So *Breutigam* in *Breutigam/Blersch/Goetsch* § 265 RdNr. 14.
[21] Begr. RegE v. 15. 4. 1992, BT-Drucks. 12/2443, Allgemeines, Nr. A. 4. d) u. Nr. A. 4. g) bb), S. 90, 96; dagegen aber *Breutigam* in *Breutigam/Blersch/Goertsch* § 265 RdNr. 15.
[22] Ebenso *Braun*, § 265 InsO RdNr. 4; *Nerlich/Römermann/Braun*, § 265 RdNr. 3.
[23] So *Breutigam* in *Breutigam/Blersch/Goetsch* § 265 RdNr. 20 ff., der auch hier eine „sozial angemessene Lösung" über die Verpflichtung zur Weitervermietung finden will; dagegen aber *Braun*, § 265 RdNr. 4; *Nerlich/Römermann/Braun*, § 265 RdNr. 3.

cc) **Dauerschuldverhältnisse mit Kontrahierungszwang.** Die Nachrangregelung 16
des § 265 Satz 2 erscheint nur auf den ersten Blick unangemessen für Dauerschuldverhältnisse, bei denen der Gläubiger einem Kontrahierungszwang unterliegt.[24] Denn immer dann, wenn bei einem fortbestehenden Dauerschuldverhältnis ein Kontrahierungszwang besteht, ist eine Kündigung ausgeschlossen, so dass die Ansprüche des Gläubigers daraus ohnehin nicht in den Nachrang treten.[25] Und sofern ein Dauerschuldverhältnis während der Zeit der Überwachung neu begründet werden soll, lässt die Nachrangregelung des § 265 Satz 1 auch nicht den Kontrahierungszwang entfallen oder gibt einen Anspruch auf Aufnahme in den Kreditrahmen.[26] Denn soweit ein Kontrahierungszwang besteht, ist der Gläubiger aus einem Dauerschuldverhältnis auch sonst nicht davor geschützt, dass seine Forderungen bei einer Insolvenz des Vertragspartners gegenüber den Ansprüchen anderer Gläubiger nachrangig sind, insbesondere gegenüber den Absonderungsrechten, aber zum Beispiel auch gegenüber den im Insolvenzeröffnungsverfahren durch einen starken vorläufigen Insolvenzverwalter begründeten Masseverbindlichkeiten.

IV. Rangverhältnis gegenüber sonstigen, nicht nachrangigen Ansprüchen

In den §§ 264, 265 werden die Forderungen, gegenüber denen Gläubigern von Rahmen- 17
krediten in einem Anschlussinsolvenzverfahren im Sinne des § 266 ein Vorrang eingeräumt wird, abschließend umschrieben. Andere Ansprüche als die Forderungen der Insolvenzgläubiger des ersten Insolvenzverfahrens und die in § 265 bezeichneten vertraglichen Forderungen (ggfs. auch aus Dauerschuldverhältnissen) werden dagegen auf Grund der §§ 264, 265 nicht subordiniert:

1. Aussonderungsrechte. Da die §§ 264, 265 das Rangverhältnis verschiedener Gläu- 18
bigergruppen regeln, ist Voraussetzung der Anwendbarkeit, dass überhaupt eine Kollisionslage vorliegt, die wiederum nur bei gleichartigen Ansprüchen entstehen kann. Daher greift der in §§ 264, 265 vorgesehene Vorrang nur dann, wenn auch die anderen Forderungen auf Zahlung gerichtet sind, also nur bei den konkurrierenden Geldforderungen der Insolvenzgläubiger. Dagegen bleibt die Rechtsstellung der Aussonderungsberechtigten von der Privilegierung der Rahmenkredite unberührt. Ihnen bleibt auch im Anschlussinsolvenzverfahren ihre bessere Stellung gegenüber den im Übrigen vorrangigen Rahmenkreditgläubigern erhalten.[27]

Rückforderungsansprüche aus Gebrauchsüberlassungsverträgen (z. B. Miete) treten somit 19
nicht in den Nachrang des § 265, weil und sofern die Gläubiger derartiger Ansprüche in dem Anschlussinsolvenzverfahren ein Aussonderungsrecht geltend machen können. Dies gilt jedoch nicht für bloße Verschaffungsansprüche, z. B. aus einem Kaufvertrag.[28] Da solche Ansprüche gemäß §§ 38, 45 bzw. § 103 Abs. 2 nur eine auf Geldzahlung gerichtete Insolvenzforderung begründen, können sie unter den Voraussetzungen des § 265 Satz 1 in den Nachrang gegenüber den Rahmenkreditforderungen fallen.

2. Gesetzliche Schuldverhältnisse. Ansprüche aus gesetzlichen Schuldverhältnissen, 20
die während der Zeit der Überwachung entstehen, sind nicht nachrangig. Dies gilt nach Auffassung des Gesetzgebers insbesondere für Ansprüche aus Delikt (§§ 823 ff. BGB). Da der Gläubiger das Entstehen solcher gesetzlicher Ansprüche nicht vermeiden kann, wurde seitens des Gesetzgebers ein Nachrang als unangemessen angesehen.[29] Ein „Vorrang", eine „Privilegierung" oder eine „Aufnahme in den Kreditrahmen" ist für die gesetzlichen

---

[24] So aber *Breutigam* in *Breutigam/Blersch/Goetsch* § 265 RdNr. 20.
[25] *Nerlich/Römermann/Braun*, § 265 RdNr. 3.
[26] So aber *Breutigam* in *Breutigam/Blersch/Goetsch* § 265 RdNr. 21.
[27] *Breutigam* in *Breutigam/Blersch/Goetsch* § 265 RdNr. 2 f.
[28] So im Ergebnis auch *Breutigam* in *Breutigam/Blersch/Goetsch* § 265 RdNr. 3 f.
[29] Begr. RegE v. 15. 4. 1992, BT-Drucks. 12/2443, zu § 312 RegE, S. 217; ebenso *Nerlich/Römermann/Braun* § 265 RdNr. 4.

Ansprüche aber nicht vorgesehen, so dass sich auch die Frage, welche Konsequenzen eine „Ausschöpfung des Rahmens" durch gesetzliche Ansprüche hätte, gar nicht stellt.[30]

21 **a) Deliktische Ansprüche.** Schädigt der Schuldner während der Zeit der Überwachung einen anderen und entsteht daraus für diesen ein Anspruch aus unerlaubter Handlung gemäß §§ 823 ff. BGB, so steht dieser Neugläubiger in einem Anschlussinsolvenzverfahren nicht im Nachrang des § 265. Dies gilt für sämtliche Ansprüche des geschädigten Gläubigers, die aus dem haftungsbegründenden Ereignis erwachsen, also nicht nur für den einfachen Ersatzanspruch nach § 249 BGB, sondern auch für Ansprüche auf Schadensersatzrenten nach §§ 843, 253 BGB oder auf entgangenen Gewinn nach § 252 BGB.[31]

22 **b) Verhältnis der deliktischen Ansprüche untereinander.** Für das Verhältnis deliktischer Forderungen aus verschiedenen Zeitabschnitten ergeben sich nach Auffassung von *Breutigam* damit folgende Rangverhältnisse:[32]
– Hatte der Schuldner den Geschädigten noch vor Eröffnung des ersten Insolvenzverfahrens geschädigt, so ist der Geschädigte mit seinen Ansprüchen wegen unerlaubter Handlung Insolvenzgläubiger im ersten Insolvenzverfahren. An einem Anschlussinsolvenzverfahren nimmt er – sofern seine Forderung nicht im Rahmen des Insolvenzplans bereits erfüllt wurde – mit dem noch offenen Teil seiner Forderung als Insolvenzgläubiger teil. Den Kreditrahmengläubigern gegenüber ist er gemäß § 264 Abs. 1 nachrangig.
– Erfolgte das schädigende Ereignis in der Zeit des ersten Insolvenzverfahrens, so habe – nach der regelmäßig nicht zutreffenden Auffassung *Breutigams* – der Geschädigte nur eine persönliche Forderung gegen den Schuldner. Dieser Anspruch könne nur gegen den massefreien Neuerwerb geltend gemacht werden, da § 91 die Zwangsvollstreckung in Gegenstände der Insolvenzmasse sperre. Weil nach § 35 der Neuerwerb aber in die Insolvenzmasse falle, sei dem deliktischen Gläubiger damit erst nach Aufhebung des Insolvenzverfahrens bzw. sogar erst nach Beendigung der Überwachung der Planerfüllung die Durchsetzung seiner Forderungen möglich. Damit seien die Forderungen dieses Geschädigten faktisch in den Nachrang gestellt.
– Findet die schädigende Handlung nach Aufhebung des ersten Insolvenzverfahrens während der Zeit der Überwachung statt, so ist der geschädigte Gläubiger mit seinem Anspruch aus unerlaubter Handlung in einem Anschlussinsolvenzverfahren Insolvenzgläubiger und gegenüber den Kreditrahmengläubigern nicht nachrangig; weder aus § 264, noch aus § 265.

23 Abweichend von dieser gesetzlich vorgezeichneten Rangfolge und zur Vermeidung des Nachrangs für den im ersten Insolvenzverfahren Geschädigten schlägt *Breutigam* vor, dass sowohl die während des ersten Insolvenzverfahrens als auch die während der Überwachung Geschädigten im gleichen Rang befriedigt werden, aber innerhalb ihrer Ansprüche allein danach differenziert werden müsse, ob die Masse bzw. während der Überwachung das Vermögen des Schuldners infolge der deliktischen Handlung einen Zuwachs erfahren habe. Nur der aus solchen Taten resultierende Anspruch solle im gleichen Rang mit den Rahmenkrediten stehen, wobei der aus der deliktischen Handlung in die Masse geflossene Wert die Obergrenze des auf gleicher Stufe mit den Kreditrahmengläubigern zu befriedigenden Schadensersatzanspruches bilde. Der darüber hinausgehende Teil des deliktischen Anspruchs sowie Ansprüche aus unerlaubter Handlung, bei denen keine Vermögenswerte in die Masse geflossen sind, sollten dagegen in einem Anschlussinsolvenzverfahren nachrangig gegenüber den Kreditrahmengläubigern sein.[33]

24 Eine solche Differenzierung mag zwar de lege ferenda bedenkenswert sein, in der vorliegenden Fassung der Insolvenzordnung finden sich dafür aber keine Anhaltspunkte. Hinzu kommt, dass der vermeintliche Nachrang des im ersten Insolvenzverfahren Geschädigten in

---

[30] Zu diesem Scheinproblem aber *Breutigam* in *Breutigam/Blersch/Goetsch* § 265 RdNr. 39 ff.
[31] *Breutigam* in *Breutigam/Blersch/Goetsch* § 265 RdNr. 23.
[32] Zum Nachstehenden insgesamt *Breutigam* in *Breutigam/Blersch/Goetsch* § 265 RdNr. 26 ff.
[33] *Breutigam* in *Breutigam/Blersch/Goetsch* § 265 RdNr. 27.

der Praxis kaum einmal vorkommen wird. Denn die oben skizzierte Auffassung *Breutigams* zur Rangstellung der Forderungen aus unerlaubter Handlung während einer Schädigung im Insolvenzverfahren trifft nur zu, wenn es sich beim Schuldner um eine natürliche Person handelt. Dies wird aber für das Insolvenzplanverfahren, und nur für dieses gelten §§ 264–266, ein Ausnahmefall sein, da insbesondere § 312 Abs. 3 verbietet, das Verbraucherinsolvenzverfahren als Planverfahren abzuwickeln. In allen übrigen Insolvenzverfahren über das Vermögen einer Handelsgesellschaft (einschließlich der juristischen Personen) werden dagegen Verpflichtungen aus der Schädigung Dritter im Insolvenzverfahren Masseverbindlichkeiten nach § 55 Abs. 1 Nr. 1 darstellen; weil und sofern sie nämlich durch die Verwaltung, Verwertung und Verteilung der Insolvenzmasse begründet worden sind und dieser die unerlaubte Handlung wegen einer Handlung des Verwalters gemäß § 31 BGB oder eines Verrichtungsgehilfen gemäß § 831 BGB zugerechnet werden muss.[34] Solche Masseverbindlichkeiten stehen aber gerade nicht in einem faktischen Nachrang, sondern müssen nach § 258 Abs. 2 schon bei Aufhebung des ersten Insolvenzverfahrens befriedigt werden.

3. Ungerechtfertigte Bereicherung. Die Eingriffskondiktion ist tendenziell deliktsähnlich oder zumindest aufopferungsähnlich, so dass die in § 265 fehlende Herabstufung gegenüber den Rahmenkrediten gerechtfertigt erscheint. Denn auch hier kann der Gläubiger das Entstehen seines Anspruchs während der Zeit der Überwachung nicht verhindern.[35]

Bei der Rückabwicklung gescheiterter Vertragsverhältnisse im Wege der Leistungskondiktion sind jedoch Zweifel gerechtfertigt, ob die während der Überwachung begründeten Ansprüche wegen ungerechtfertigter Bereicherung als Forderungen aus einem gesetzlichen Schuldverhältnis angesehen werden können, die nach dem Willen des Gesetzgebers gegenüber den Rahmenkrediten nicht nachrangig sein sollen.[36] Denn zum einen hat der Gläubiger in der Mehrzahl dieser Fälle bewusst und zurechenbar seine Leistung erbracht, so dass ihm der Nachrang ebenso zugemutet werden kann wie dem vertraglichen Gläubiger. Zum anderen erscheint es als Wertungswiderspruch, dass ein Gläubiger, der auf vertraglicher Grundlage eine Leistung erbringt und versäumt, seinen Anspruch auf die Gegenleistung in den Kreditrahmen aufnehmen zu lassen, durch § 265 in den Nachrang gerückt wird, während die bloße Unwirksamkeit des Vertrages die Subordination hinsichtlich des Anspruchs auf Rückgewähr der erbrachten Leistungen vermeidet. So stünde z. B. ein Geldkreditgeber außerhalb des Kreditrahmens in einem Anschlussinsolvenzverfahren bei Unwirksamkeit des Darlehensvertrages besser als bei dessen Wirksamkeit.[37] Deshalb treten Ansprüche aus einer Leistungskondiktion nur dann nicht nach § 265 Satz 1 im Rang zurück, wenn das zugrunde liegende, unwirksame Vertragsverhältnis in den Kreditrahmen einbezogen war.

Ebenso stehen bei aufgedrängter Bereicherung während der Überwachung die Ansprüche aus § 812 BGB im Falle einer Anschlussinsolvenz im Nachrang des § 265; denn auch hier hat nicht der Schuldner, sondern der Konditionsgläubiger selbst die den Bereicherungsanspruch begründende Handlung vorgenommen und verdient somit keine vorrangige Befriedigung.[38]

4. Geschäftsführung ohne Auftrag. Für die Stellung von Ansprüchen aus Geschäftsführung ohne Auftrag ist zu differenzieren, ob die Geschäfte durch den Insolvenzschuldner oder den Insolvenzgläubiger geführt worden sind:

---

[34] Zu diesem nach hM eindeutigen Charakter der deliktischen Ansprüche als Masseverbindlichkeiten auf Grundlage der Begr. RegE v. 15. 4. 1992, BT-Drucks. 12/2443, zu § 64 RegE, S. 126, siehe auch FK-*Schumacher* § 55 RdNr. 4, 15; HK-*Eickmann* § 55 RdNr. 2.
[35] *Breutigam* in *Breutigam/Blersch/Goetsch* § 265 RdNr. 30; *Nerlich/Römermann/Braun* § 265 RdNr. 5.
[36] Zu solchen Zweifeln auch *Breutigam* in *Breutigam/Blersch/Goetsch* § 265 RdNr. 29; *Nerlich/Römermann/Braun* § 265 RdNr. 5 f.
[37] So auch *Breutigam* in *Breutigam/Blersch/Goetsch* § 265 RdNr. 29.
[38] Ebenso *Breutigam* in *Breutigam/Blersch/Goetsch* § 265 RdNr. 30.

29 **a) Geschäftsführung durch den Insolvenzgläubiger.** Führt ein Dritter während der Zeit der Überwachung Geschäfte des Insolvenzschuldners ohne Auftrag, so steht ihm bei berechtigter Geschäftsführung ohne Auftrag ein Anspruch auf Ersatz seiner Aufwendungen aus § 683 Satz 1 BGB zu. Dieser Anspruch aus einem gesetzlichen Schuldverhältnis wird von § 265 nicht in den Nachrang gegenüber den Rahmenkrediten gestellt. Denn zwar ließe sich argumentieren, dass der Geschäftsführer ohne Auftrag ebenso wie ein vertraglicher Gläubiger Einfluss auf das Entstehen der Verbindlichkeiten nehmen kann, da er zur Übernahme des Geschäfts nicht verpflichtet ist, sondern sich freiwillig entscheidet. Der Gesetzgeber wollte jedoch gerade mit der Regelung des Aufwendungsersatzanspruchs die Hilfsbereitschaft in Notlagen erhöhen. Dies rechtfertigt es, den berechtigten Geschäftsführer ohne Auftrag gegenüber dem Gläubiger eines vertraglichen Anspruchs aus der Zeit der Überwachung bei Anwendung des § 265 bevorzugt zu behandeln.[39]

30 Anderes gilt dagegen für den unberechtigten Geschäftsführer ohne Auftrag, dem nach den zivilrechtlichen Regelungen (§ 684 Satz 1 BGB) kein Aufwendungsersatzanspruch zusteht, sondern der lediglich das, was der Geschäftsherr erlangt hat, nach den Vorschriften des Bereicherungsrechts herausverlangen kann. Ein solcher Geschäftsführer hat sich entgegen dem Interesse und Willen des Schuldners betätigt, so dass das BGB ihm nur eine schwächere Anspruchsgrundlage gewährt. Dementsprechend und im Einklang mit der für eine aufgedrängte Bereicherung gefundenen Wertung stehen die Ansprüche des Geschäftsführers gegen den insolventen Geschäftsherrn in einem Anschlussinsolvenzverfahren gemäß § 265 gegenüber den Rahmenkreditgläubigern im Nachrang.[40]

31 **b) Geschäftsführung durch den Insolvenzschuldner.** Ist der Insolvenzschuldner als Geschäftsführer ohne Auftrag tätig geworden, so hat der Geschäftsherr einen Anspruch auf Herausgabe des aus der Geschäftsführung Erlangten (§§ 681, 667 BGB). Hier kann es keinen Unterschied zum Nachteil des Gläubigers machen, ob die Geschäftsbesorgung berechtigt oder unberechtigt erfolgt ist. Deshalb wird der Herausgabeanspruch des Geschäftsherrn als Anspruch aus einem gesetzlichen Schuldverhältnis nicht von § 265 erfasst.[41]

32 **5. Eigentümer-Besitzer-Verhältnis.** Für Ansprüche aus einem Eigentümer-Besitzer-Verhältnis sind die Fälle, in denen der Insolvenzschuldner Besitzer ist, von denen zu trennen, in denen er als Eigentümer Verwendungsersatzansprüchen ausgesetzt sein kann.

33 **a) Insolvenzschuldner als Besitzer.** Sieht sich der Insolvenzschuldner als Besitzer Herausgabeansprüchen des Eigentümers ausgesetzt, so handelt es sich um einen Aussonderungsanspruch, auf den § 265 ohnehin keine Anwendung findet. Diese Wertung rechtfertigt es, auch die dinglichen Folgeansprüche auf Schadensersatz nach § 989 BGB und Nutzungsersatz nach § 987 BGB von der Subordination durch § 265 auszunehmen.[42]

34 **b) Insolvenzschuldner als Eigentümer.** Ist der Insolvenzschuldner in einem Eigentümer-Besitzer-Verhältnis der Eigentümer, so kann er sich Verwendungsersatzansprüchen des Besitzers aus §§ 994 ff. BGB ausgesetzt sehen. Insoweit erscheint der gutgläubige Verwender schutzwürdig, zumal die von ihm vorgenommenen Verwendungen regelmäßig der Masse zugute kommen. Daher werden die Ansprüche aus §§ 994 Abs. 1, 996 BGB von der Subordination des § 265 nicht erfasst.[43]

35 Demgegenüber verweist § 994 Abs. 2 BGB für den bösgläubigen Besitzer hinsichtlich seines Verwendungsersatzanspruchs auf das Recht der Geschäftsführung ohne Auftrag. Für diesen Anspruch gilt daher wie für die Aufwendungsersatzansprüche des unberechtigten

---

[39] So auch *Breutigam* in *Breutigam/Blersch/Goetsch* § 265 RdNr. 32.
[40] Ebenso *Breutigam* in *Breutigam/Blersch/Goetsch* § 265 RdNr. 33; zustimmend wohl auch *Nerlich/Römermann/Braun*, § 265 RdNr. 6.
[41] *Breutigam* in *Breutigam/Blersch/Goetsch* § 265 RdNr. 34.
[42] Mit dem gleichen Ergebnis *Breutigam* in *Breutigam/Blersch/Goetsch* § 265 RdNr. 36.
[43] So auch *Breutigam* in *Breutigam/Blersch/Goetsch* § 265 RdNr. 37; *Nerlich/Römermann/Braun*, § 265 RdNr. 7.

Geschäftsführers, dass sie in einem Anschlussinsolvenzverfahren durch § 265 gegenüber den Ansprüchen der Rahmenkreditgläubiger in den Nachrang verwiesen werden.[44]

V. Rangverhältnis zu den nachrangigen Ansprüchen des § 39 InsO

Soweit Ansprüche im Nachrang des § 39 stehen, bleibt dieser Nachrang von der Regelung des § 265 (und des § 264) gemäß §§ 264 Abs. 3, 266 Abs. 2 unberührt. Wegen der Einzelheiten wird auf die Kommentierung zu § 266 verwiesen. 36

§ 266 Berücksichtigung des Nachrangs

(1) Der Nachrang der Insolvenzgläubiger und der in § 265 bezeichneten Gläubiger wird nur in einem Insolvenzverfahren berücksichtigt, das vor der Aufhebung der Überwachung eröffnet wird.

(2) In diesem neuen Insolvenzverfahren gehen diese Gläubiger den übrigen nachrangigen Gläubigern im Range vor.

Übersicht

	RdNr.		RdNr.
I. Normzweck	1	a) Erste Rangklasse: Rahmenkreditgläubiger und gleichgestellte Gläubiger	13
II. Entstehungsgeschichte der Norm: Frühere Regelung – Reformvorschläge – Gesetzgebungsverfahren zur InsO	3	b) Zweite Rangklasse: Altgläubiger und vertragliche Neugläubiger	14
III. Rechtstatsachen	4	c) Ausgleich zwischen der ersten und der zweiten Rangklasse	15
IV. Anschlussinsolvenzverfahren	6	d) Dritte Rangklasse: Nachrangige Insolvenzgläubiger	19
1. Erneutes Insolvenzverfahren	6	aa) Allgemeines	19
2. Zeit der Überwachung	7	bb) Kapitalersetzende Darlehen	20
V. Rang der Forderungen im Anschlussinsolvenzverfahren	11	2. Masseverbindlichkeiten	22
1. Rang der Insolvenzgläubiger	12	3. Absonderungsberechtigte Gläubiger ...	24
		4. Wirtschaftlicher Rang der Rahmenkredite	26

I. Normzweck

Die Erleichterung der Kreditaufnahmemöglichkeiten durch den Kreditrahmen soll der Überwindung der Anfangsschwierigkeiten des Unternehmens nach der Aufhebung des Insolvenzverfahrens dienen. Der Gesetzgeber hat dies nicht als Dauerzustand vorgesehen, da er schon im Hinblick auf die Chancengleichheit im Wettbewerb keine besonderen Regelungen für die Kreditaufnahme des im Insolvenzplanverfahren reorganisierten Unternehmens schaffen wollte. Daher wird durch § 266 Abs. 1 die in §§ 264, 265 vorgesehene Privilegierung von Rahmenkrediten, die während der Zeit der Überwachung aufgenommen oder in diese Zeit hinein stehen gelassen worden sind, zeitlich dahingehend beschränkt, dass die rangmäßige Begünstigung der Forderungen aus diesen Krediten nur in einem Insolvenzverfahren zu berücksichtigen ist, das während der Dauer der Überwachung eröffnet wird ("Anschlussinsolvenzverfahren"). Da für die Überwachung eine Höchstfrist von drei Jahren vorgesehen ist, werden die Auswirkungen des Kreditrahmens nach Auffassung des Gesetzgebers damit in angemessener Weise zeitlich eingegrenzt.[1] 1

§ 266 Abs. 2 regelt das Verhältnis der Gläubiger, die nach den vorangehenden Bestimmungen des Abs. 1 (in Verb. m. §§ 264, 265) nachrangig sind, zu den übrigen nachrangigen Gläubigern. 2

---
[44] *Breutigam* in *Breutigam/Blersch/Goetsch* § 265 RdNr. 38.
[1] Begr. RegE v. 15. 4. 1992, BT-Drucks. 12/2443, zu § 313 RegE, S. 217.

II. Entstehungsgeschichte der Norm: Frühere Regelung – Reformvorschläge – Gesetzgebungsverfahren zur InsO

3 Die Regelung entspricht wörtlich § 313 RegE, lediglich die Verweisung wurde der endgültigen Nummerierung der Insolvenzordnung angepasst. Sie fand sich erstmals in § 302 des Diskussionsentwurfs und wurde durch die weiteren Gesetzesentwürfe unverändert übernommen. Gedanklich schließt die Regelung an §§ 106, 96 VerglO an, wonach (auch „stehengelassene") Massedarlehen in einem Anschlusskonkurs Masseschulden im Sinne von § 59 Abs. 1 Nr. 1 KO waren. Demgegenüber sieht § 266 nur eine Privilegierung des Kreditrahmengläubigers in einem Anschlussinsolvenzverfahren als bevorrechtigter Insolvenzgläubiger vor, stellt ihn also schlechter als den Kreditgeber eines Massekredits im alten Vergleichsverfahren.[2] Damit ist die endgültige Fassung der Insolvenzordnung hinter den Vorschlägen der Kommission für Insolvenzrecht zurückgeblieben, die mit ihrer Mehrheit die Gläubiger des Rahmenkredits gemäß Leitsatz 2.3.8 in einem Anschlussinsolvenzverfahren zumindest als letztrangige Massegläubiger privilegieren wollte[3] und nach dem Votum der Minderheit es sogar für erforderlich hielt, den Rahmenkreditgebern die Position eines erstrangigen Massegläubigers einzuräumen.[4]

III. Rechtstatsachen

4 Mit Schaffung des Kreditrahmens gemäß §§ 264 bis 266 wird es möglich, Kreditgebern einen Anreiz zu bieten, Massekredite in die Zeit der Überwachung hinein „stehenzulassen" und neue Kredite in die Phase zu gewähren. Eine Verpflichtung zur Gewährung solcher Kredite wird damit aber nicht begründet.[5]

5 Darüber hinaus erscheint zweifelhaft, ob allein die Schaffung eines Kreditrahmens im Insolvenzplan und die damit gewährleistete Privilegierung in einem Anschlussinsolvenzverfahren als Anreiz ausreichen, dem Schuldnerunternehmen die Kreditaufnahme in der Sanierungsphase zu ermöglichen.[6] Denn zum einen dürfte – vor allem für Kreditinstitute – die zeitliche Begrenzung der Privilegierung zu kurz bemessen und damit das Risiko zu hoch sein, in diesem Zeitraum der Krisenanfälligkeit ungesicherte Kredite zu vergeben, die nach Beendigung der sich maximal auf 3 Jahre belaufenden Überwachungsphase von dem Verlust der Privilegierung bedroht sind.[7] Zum anderen führt der Kreditrahmen nur zu einem eingeschränkten Vorrang, nämlich nur gegenüber den vertraglichen Neugläubigern und den ungesicherten Altgläubigern. Massegläubiger und Absonderungsberechtigte gehen dagegen in einem neuen Insolvenzverfahren vor, und Insolvenzgläubiger mit nichtvertraglichen Ansprüchen sind gleichrangig. Die Chancen, dass die Forderungen des bevorrechtigten Gläubigers aus einem Rahmenkredit in dem erneuten Insolvenzverfahren nur auf Grund des Vorrangs (vollständig) befriedigt werden, sind damit gering.[8] Entsprechend ist die Schaffung eines Kreditrahmens im Insolvenzplanverfahren bisher (2007) von sehr geringer praktischer Bedeutung geblieben.[9]

---

[2] *Gottwald/Braun*, Insolvenzrechts-Handbuch, § 71, RdNr. 5.
[3] 1. KommBer. Leitsatz 2.3.8, Seite 213 f.
[4] 1. KommBer. Begr. zu Leitsatz 2.3.8, Seite 214.
[5] *Eidenmüller*, Unternehmenssanierung zwischen Markt und Gesetz, 1999, S. 867 f.
[6] Ausführlich dazu *Wittig*, Kreditfinanzierung der Unternehmensfortführung im Insolvenzverfahren, DB 1999, 197, 204 f. Ähnlich jetzt auch FK-*Jaffé* § 264 RdNr. 51 ff.
[7] *Rümker* in *Kübler* (Hrsg.), Neuordnung des Insolvenzrechts, 1989, S. 150.
[8] *Braun* Kölner Schrift 2. Aufl. 2000, S. 1137 ff., sieht in der Regelung zum Kreditrahmen daher auch nur einen „Papiertiger", aber keine wirkliche Hilfestellung für die Kreditfinanzierung des zu sanierenden Unternehmens. In der Bewertung ebenso *Eidenmüller*, Unternehmenssanierung zwischen Markt und Gesetz, 1999, S. 867 f.
[9] Dem Verf. ist aus seiner Tätigkeit in der Rechtsabteilung einer deutschen Großbank kein einziger Fall eines Rahmenkredits bekannt, und in der Rechtsprechung wird ein Kreditrahmen nur in der Entscheidung des AG Duisburg, NZI 2003, 447 f. erwähnt.

IV. Anschlussinsolvenzverfahren

1. Erneutes Insolvenzverfahren. Die Regelungen des Nachrangs in §§ 264, 265 sind nach § 266 Abs. 1 nur in einem Insolvenzverfahren zu berücksichtigen, das während des Überwachungszeitraums eröffnet wird („Anschlussinsolvenzverfahren").

2. Zeit der Überwachung. Mit der Zeit der Überwachung wird der Zeitraum von der Aufhebung des Insolvenzplanverfahrens (§ 258) bis zur Aufhebung der Überwachung (§ 268) beschrieben. Diese Zeitspanne beträgt gemäß § 268 Abs. 1 Nr. 2 längstens drei Jahre. Eine Verlängerung dieses Überwachungszeitraums im Insolvenzplan ist, zumindest mit privilegierender Wirkung für die Rahmenkredite gem. §§ 264–266, nicht möglich.[10] Kreditgeber eines mittel- bis langfristigen Kredits sind daher gut beraten, keine Kreditlaufzeit über diesen Höchstzeitraum der Überwachungsphase hinaus zu vereinbaren.[11]

Der Gläubiger eines Rahmenkredits kann sich jedoch nicht darauf verlassen, dass ihm die Privilegierung fest für drei Jahre eingeräumt ist. Dies liegt zwar nicht daran, dass es für die Berücksichtigung des Vorrangs in dem „Anschlussinsolvenzverfahren" auf die Verfahrenseröffnung ankommt und somit die Dauer des Eröffnungsverfahrens von der effektiven Schutzfrist abzuziehen ist.[12] Denn wird innerhalb der Dreijahresfrist ein neuer Insolvenzantrag gestellt, so wird gemäß § 268 Abs. 1 Nr. 2 die Überwachung nicht aufgehoben, und die Eröffnung des Anschlussinsolvenzverfahrens fällt in diesen Fällen immer in den Zeitraum der Überwachung.[13]

Gemäß § 268 Abs. 1 Nr. 1 kann es jedoch auch schon früher zur Aufhebung der Überwachung kommen, nämlich wenn die Ansprüche, zu deren Erfüllung die Überwachung dient, erfüllt sind oder die Erfüllung gewährleistet ist. Die Beendigung ist zwar öffentlich bekanntzugeben, wenn sie beschlossen ist. Eine vorherige Warnung der vorrangigen Gläubiger ist jedoch nicht vorgesehen, obwohl diese damit ihre potentielle Vorrangstellung in einem anschließenden Insolvenzverfahren verlieren.[14]

Ist die Aufhebung der Überwachung gemäß § 268 beschlossen worden, endet die Privilegierung der Kreditrahmengläubiger durch §§ 264, 265. Kommt es anschließend erneut zu einem Insolvenzverfahren, stehen die ehemaligen Kreditrahmengläubiger sonstigen Insolvenzgläubigern gleich.[15]

V. Rang der Forderungen im Anschlussinsolvenzverfahren

§ 266 Abs. 2 regelt ergänzend zu §§ 39, 264, 265 das Rangverhältnis der Forderungen in einem von § 266 Abs. 1 vorausgesetzten Anschlussinsolvenzverfahren. Die Regelung stellt klar, dass diejenigen Alt- und Neugläubiger, die nach §§ 264, 265 hinter die Kreditrahmengläubiger zurücktreten, in der Anschlussinsolvenz den nachrangigen Gläubigern weiterhin vorgehen, die Rangfolge insoweit also unverändert bleibt. Dabei sind mit den „nachrangigen Gläubigern" die nachrangigen Insolvenzgläubiger des § 39 gemeint.[16]

1. Rang der Insolvenzgläubiger. Damit kommt es in einem Anschlussinsolvenzverfahren zu einer mindestens dreistufigen Rangordnung der Insolvenzgläubiger,[17] die durch einen Ausgleich zwischen einem Teil der Gläubiger der ersten und den Gläubigern der zweiten Rangklasse zu ergänzen ist:

---

[10] AG Duisburg, NZI 2003, 447 f.; ebenso *Andres* in *Andres/Leithaus*, §§ 264–266 RdNr. 16.
[11] Mit dieser Empfehlung auch in *Kübler/Prütting/Otte*, § 265 RdNr. 2.
[12] So aber *Nerlich/Römermann/Braun* § 266 InsO RdNr. 2.
[13] Ebenso *Breutigam* in *Breutigam/Blersch/Goetsch* § 266 RdNr. 3; *Andres* in *Andres/Leithaus*, §§ 264–266 RdNr. 16.
[14] Dazu auch *Wittig*, Kreditfinanzierung der Unternehmensfortführung im Insolvenzverfahren, DB 1999, 197, 204 f., *Kübler/Prütting/Otte* § 266, RdNr. 2.
[15] *Breutigam* in *Breutigam/Blersch/Goetsch* § 266 RdNr. 5.
[16] FK-*Jaffé* § 266 RdNr. 8; *Nerlich/Römermann/Braun* § 266 RdNr. 3.
[17] Ebenso *Andres* in *Andres/Leithaus*, §§ 264–266 InsO, RdNr. 17; *Uhlenbruck/Lüer*, § 266 InsO RdNr. 2; unklar dagegen HambKomm-*Thies*, § 266 RdNr. 13, der eine „vierstufige Rangordnung" annimmt.

13 **a) Erste Rangklasse: Rahmenkreditgläubiger und gleichgestellte Gläubiger.** In der ersten Rangklasse stehen die nach § 264 begünstigten Gläubiger des Rahmenkredits und die Neugläubiger aus gesetzlichen Schuldverhältnissen. Dabei kommt es für die Berücksichtigung der Forderungen aus gesetzlichen Schuldverhältnissen in dieser Rangklasse nicht darauf an, inwieweit der für die vertraglichen Forderungen vorgesehene Kreditrahmen bereits vollständig ausgefüllt ist. Vielmehr erfolgt, falls die Verwertung der Masse keine vollständige Befriedigung aller Insolvenzgläubiger in diesem Rang ermöglicht, wie sonst auch eine quotale Berücksichtigung aller Gläubiger in diesem Rang gemäß §§ 185 ff.[18]

14 **b) Zweite Rangklasse: Altgläubiger und vertragliche Neugläubiger.** Den zweiten Rang haben die nach §§ 264, 265 zurückgesetzten Altgläubiger und Neugläubiger inne, die aber gemäß § 266 Abs. 2 vor den übrigen nachrangigen Gläubigern des § 39 stehen. Falls diese Insolvenzgläubiger jedoch über Kreditsicherheiten verfügen, bleibt ihnen in einem Anschlussinsolvenzverfahren ihr bevorrechtigtes Absonderungsrecht auch gegenüber den Rahmenkrediten erhalten.[19]

15 **c) Ausgleich zwischen der ersten und der zweiten Rangklasse.** Bliebe es bei dem vorstehend beschriebenen Rangverhältnis zwischen der ersten und der zweiten Rangklasse, würden die Neugläubiger mit ihren Ansprüchen aus gesetzlichen Schuldverhältnissen als bloßer Reflex aus der Schaffung eines Kreditrahmens auf Grund der Regelung des § 265 im Vorrang zu den übrigen, nicht privilegierten Gläubigern des Anschlussinsolvenzverfahrens stehen, die nur in der zweiten Rangklasse befriedigt würden. Folgendes Beispiel mag diese Bevorzugung verdeutlichen:

	Anschlussinsolvenz ohne Kreditrahmen			Anschlussinsolvenz mit Kreditrahmen		
	Forderung	Betrag	Quotale Befriedigung	Forderung	Betrag	Quotale Befriedigung
	Neukredit	30	15	Neukredit*	30	30
	Nicht-vertragliche Neuforderungen	20	10	Nicht-vertragliche Neuforderungen	20	20
Verteilbare Masse	Sonstige Insolvenzforderungen	50	25	Sonstige Insolvenzforderungen**	50	0
50	Summen	100	50	Summen	100	50
	* Forderungen im Kreditrahmen ** Nachrangig gemäß § 264, 265					

16 Für eine solche Vorrangstellung der von § 265 nicht in den Nachrang verwiesenen Neugläubiger mit nicht-vertraglichen Ansprüchen, die ihnen ohne einen Kreditrahmen nicht zukäme, gibt es aber keinen sachlichen Grund. Insbesondere ist Regelungsgegenstand des § 265 nicht, dass die in dieser Norm nicht erwähnten Ansprüche gleichrangig mit den Forderungen aus Krediten sein sollen, die im Kreditrahmen des § 264 aufgenommen

---

[18] Ähnlich im Ergebnis, wenn auch auf Grundlage eines unzutreffenden Verständnis der Bedeutung des Kreditrahmens, *Breutigam* in *Breutigam/Blersch/Goetsch* § 265 RdNr. 51 ff.
[19] Ausführlich dazu *Braun*, Kölner Schrift 2000, S. 1137 ff., RdNr. 27 ff.; *Braun* in *Braun/Uhlenbruck* aaO (Fn. 6), S. 647 ff.

worden sind.[20] § 265 privilegiert auch nicht etwa Neugläubiger mit nicht-vertraglichen Ansprüchen.[21] § 265 normiert lediglich, dass bestimmte vertragliche Ansprüche gegenüber den Kreditrahmenforderungen nachrangig sind, und trifft im Übrigen keine Aussage zur Rangstellung der davon nicht erfassten, insbesondere gesetzlichen, Ansprüche.

Eine Vorrangstellung für diese Neugläubiger mit nicht-vertraglichen Ansprüchen erscheint auch im Hinblick auf das Gebot der Gläubigergleichbehandlung unzulässig. Es muss daher für die Ermittlung der Rangverhältnisse gedanklich nach der Befriedigung der Forderungen im durch §§ 264, 265 gebildeten ersten Rang im zweiten Schritt ein Ausgleich zwischen den im ersten Rang befriedigten Neugläubigern mit nicht-vertraglichen Ansprüchen und den erst danach zu berücksichtigenden, nichtprivilegierten Insolvenzgläubigern vorgenommen werden.[22] Dabei müssen die privilegierten Neugläubiger mit nicht-vertraglichen Ansprüchen auf einen solchen Teil der zu verteilenden Barmittel zugunsten der nichtprivilegierten Insolvenzgläubiger verzichten, dass die quotale Befriedigung der privilegierten Neugläubiger mit nicht-vertraglichen Ansprüchen derjenigen Quote entspricht, die auf sie entfallen wäre, wenn sämtliche (nicht nachrangigen) Insolvenzgläubiger einschließlich der Kreditrahmengläubiger im gleichen Rang befriedigt worden wären.[23] Damit ergibt sich für das obige Beispiel folgende Rangfolge:

17

	Anschlussinsolvenz ohne Kreditrahmen			Anschlussinsolvenz mit Kreditrahmen		
	Forderung	Betrag	Quotale Befriedigung	Forderung	Betrag	Quotale Befriedigung
	Neukredit	30	15	Neukredit*	30	30
	Nicht-vertragliche Neuforderungen	20	10	Nicht-vertragliche Neuforderungen	20	10
Verteilbare Masse	Sonstige Insolvenzforderungen	50	25	Sonstige Insolvenzforderungen**	50	10
50	Summen	100	50	Summen	100	50
	* Forderungen im Kreditrahmen ** Nachrangig gemäß § 264, 265					

Mit dieser Verteilung wird einerseits die Intention des Gesetzgebers aus § 265 umgesetzt, dass die privilegierten Neugläubiger mit nicht-vertraglichen Ansprüchen aus der Schaffung des Kreditrahmens keine Nachteile im Vergleich zu einem Insolvenzverfahren ohne Kreditrahmen erleiden. Andererseits wird so vermieden, den privilegierten Neugläubigern mit nicht-vertraglichen Ansprüchen zu Lasten der nichtprivilegierten Insolvenzgläubiger des Anschlussinsolvenzverfahrens einen ungerechtfertigten Vorteil aus der Schaffung des Kreditrahmens zuzuweisen. Im Ergebnis wirkt sich dann der Vorrang des Kreditrahmens aus-

18

---

[20] Mit diesem falschen Verständnis aber *Breutigam* in *Breutigam/Blersch/Goetsch* § 265 passim, z. B. RdNr. 22, 52.
[21] So aber – unrichtig – *Nerlich/Römermann/Braun*, § 265 RdNr. 3.
[22] Dagegen *Braun*, § 266 InsO, Fn. 2. Ebenso und ausführlich ablehnend *Breutigam* in *Breutigam/Blersch/Goetsch*, § 265 RdNr. 50 ff., allerdings auf Grund unzutreffendem Verständnis des hier vorgeschlagenen Ausgleichs und daher unrichtiger Rechenbeispiele.
[23] Ablehnend *Nerlich/Römermann/Braun*, § 266 RdNr. 3, und *Breutigam* in *Breutigam/Blersch/Goetsch*, § 265 RdNr. 50 ff., allerdings auf Basis des unzutreffenden Verständnisses von § 265 als „Privilegierung der Neugläubiger mit nicht-vertraglichen Ansprüchen". Zustimmend aber HK-*Flessner*, § 266 RdNr. 4, HambKomm-*Thies*, § 266 RdNr. 10.

schließlich zum Nachteil der Insolvenzgläubiger des ersten Verfahrens (Gläubiger mit Ansprüchen im Sinne des § 264) und der vertraglichen Neugläubiger (Gläubiger mit Ansprüchen im Sinne des § 265) aus; also ausschließlich zum Nachteil derjenigen Gläubiger, denen der Gesetzgeber einen solchen Nachteil in §§ 264, 265 auch zumuten wollte, weil sie entweder selbst für die Schaffung des Kreditrahmens gestimmt haben (Gläubiger des § 264) oder in eigener Entscheidung den Vorrang des Kreditrahmens bei Begründung ihrer vertraglichen Forderung akzeptiert haben (Gläubiger des § 265).

19   **d) Dritte Rangklasse: Nachrangige Insolvenzgläubiger. aa) Allgemeines.** Die nachrangigen Insolvenzgläubiger werden anschließend nur in der dritten Rangklasse und untereinander in der durch § 39 Abs. 1 Nr. 1 bis Nr. 5, Abs. 2 geregelten Rangfolge befriedigt. In der Regel werden sich in dieser dritten Rangklasse allerdings nur (nachrangige) Neugläubiger befinden, da die älteren Forderungen nachrangiger Insolvenzgläubiger gemäß § 225 Abs. 1 regelmäßig, d. h. ohne abweichende Bestimmung im Insolvenzplan, im ersten Insolvenzverfahren erlassen worden sind.[24]

20   **bb) Kapitalersetzende Darlehen.** Als nachrangige Insolvenzforderungen im Rang des § 39 Abs. 1 Nr. 5 werden in einem Anschlussinsolvenzverfahren insbesondere kapitalersetzende Gesellschafterdarlehen berücksichtigt; und zwar auch dann, wenn solche Darlehen in den Kreditrahmen aufgenommen wurden. Denn nach der ausdrücklichen Regelung des § 264 Abs. 3 können Kapitalersatzleistungen selbst durch Aufnahme in den Kreditrahmen nicht in den Vorrang der §§ 264, 265 gestellt werden.[25] Zwar hatte die Kommission für Insolvenzrecht noch die Einbeziehung eigenkapitalersetzender Kredite in den (allerdings wesentlich enger bemessenen, nämlich auf das Eigenkapital beschränkten) Kreditrahmen vorgesehen.[26] Darin hätte aber nach Meinung des Gesetzgebers eine bedenkliche Einladung zur Fremdfinanzierung in der Sanierungsphase gelegen. Denn gelingt es dem zu sanierenden Unternehmen, innerhalb des Kreditrahmens von Nichtgesellschaftern, also in der Praxis von Kreditinstituten, die erforderlichen Kredite zu erhalten, dann ist die Problematik des Kapitalersatzes ohne Belang. Können aber dritte Kreditgeber nicht gewonnen werden, so dass die Gesellschafter Darlehen gewähren müssen, dann ist die Gesellschaft ohnehin kreditunwürdig, und die Gesellschafter müssten Eigenkapital zur Verfügung stellen. Die Privilegierung von Gesellschafterdarlehen in diesem typischen Fall einer kapitalersetzenden Leistung durch Einbeziehung der kapitalersetzenden Gesellschafterdarlehen in den Kreditrahmen würde daher dem Ziel einer ordnungsgemäßen Kapitalausstattung der im Insolvenzplanverfahren reorganisierten Gesellschaft widersprechen.[27]

21   Nicht nur de lege lata besteht keine Möglichkeit, kapitalersetzende Gesellschafterdarlehen durch Aufnahme in den Kreditrahmen den privilegierten Rang der §§ 264, 265 zu verschaffen, sondern diese Regelung erscheint auch materiell angemessen.[28] Zum einen kann es nicht der Gläubigerautonomie im ersten Insolvenzverfahren überlassen bleiben, ob Kapitalersatzleistungen in den Kreditrahmen aufgenommen werden. Denn Forderungen im Kreditrahmen kommt ein Vorrang nicht nur gemäß § 264 gegenüber den Gläubigern des ersten Insolvenzverfahrens zu, sondern gemäß § 265 auch gegenüber (vertraglichen) Neugläubigern. Die Privilegierung kapitalersetzender Darlehen durch die Gläubiger des ersten Insolvenzverfahrens wäre damit in der Sache ein – auch sonst unzulässiger – Vertrag zu

---

[24] HK-*Flessner* § 266 RdNr. 3; *Breutigam* in *Breutigam/Blersch/Goetsch* § 266 RdNr. 7.
[25] Siehe dazu auch *Wittig*, in K. *Schmidt/Uhlenbruck*, Die GmbH in Krise, Sanierung und Insolvenz, 3. Auflage 2003, RdNr. 1700; ebenso FK-*Jaffé* § 264 RdNr. 48 ff.; *Hess/Obermüller*, Insolvenzplan, Restschuldbefreiung und Verbraucherinsolvenz, 2. Aufl. 1999, RdNr. 443 ff.; *Fink*, Maßnahmen des Verwalters zur Finanzierung in der Unternehmensinsolvenz, 1998, RdNr. 362. Allerdings können Gesellschafterdarlehen unter den Voraussetzungen des § 32a Abs. 3 S. 3 GmbHG (sog. Sanierungsprivileg) auch als Rahmenkredite von der Regel für Kapitalersatz ausgenommen sein; so auch *Andres* in *Andres/Leithaus*, §§ 264–266 RdNr. 10.
[26] 1. KommBer. Leitsatz 2.3.8, Abs. 3, Seite 213 f.
[27] Begr. RegE v. 15. 4. 1992, BT-Drucks. 12/2443, zu § 311 RegE, S. 216.
[28] Ebenso in der Bewertung *Fink*, Maßnahmen des Verwalters zur Finanzierung in der Unternehmensinsolvenz, 1998, RdNr. 363. Dagegen aber *Drukarczyk* § 264 RdNr. 16.

Lasten Dritter, nämlich zum Nachteil der Neugläubiger.[29] Zum anderen ist in der Sperrung des Kreditrahmens für kapitalersetzende Leistungen durch § 264 Abs. 3 auch kein Wertungswiderspruch zum Sanierungsprivileg in § 32a Abs. 3 GmbHG zu sehen. Denn das Sanierungsprivileg in § 32a Abs. 3 GmbHG gilt nicht generell für kapitalersetzende Darlehen, sondern nur für die Darlehen von Neugesellschaftern, die ihren Gesellschaftsanteil zum Zwecke der Sanierung erworben haben. Weil und sofern aber solche Darlehen von Neugesellschaftern gemäß § 32a Abs. 3 GmbHG gerade keinen Eigenkapitalersatz bilden, können sie mit privilegierender Wirkung in den Kreditrahmen aufgenommen werden.

2. Masseverbindlichkeiten. §§ 264 bis 266 führen in einem neuen Insolvenzverfahren nicht zur Privilegierung der Forderungen aus Rahmenkrediten als Masseverbindlichkeiten (auch nicht als letztrangige Masseverbindlichkeiten im Sinne von § 209 Abs. 1 Nr. 3).[30] Denn anders als früher § 106 VglO weisen die §§ 264 bis 266 den Kreditrahmenforderungen keinen Rang zu (insbesondere nicht als Masseverbindlichkeiten), sondern regeln nur, welche Forderungen gegenüber den Rahmenkrediten nachrangig sein sollen.[31] Und auch keiner der Sachverhalte der § 54, 55 trifft auf die Rahmenkredite zu, so dass sie auch danach nicht in den Rang von Masseverbindlichkeiten gestellt werden. Es bleibt vielmehr bei der allgemeinen Regelung des § 38, aus der sich der Charakter der Kreditrahmenansprüche als Insolvenzforderungen ergibt, denen gegenüber andere Insolvenzforderungen in den Nachrang gestellt sind.

Bei den in den Kreditrahmen fallenden Ansprüchen handelt es sich demnach zwar um vorrangige Insolvenzforderungen; sie stehen aber im Nachrang zu den Masseverbindlichkeiten der Folgeinsolvenz.[32] Der Sache nach handelt es sich also um ein Insolvenzvorrecht vergleichbar den aus der Konkursordnung bekannten Konkursvorrechten des alten Rechts.[33] Zu Recht wird darauf hingewiesen, dass damit insbesondere auch sehr fraglich erscheint, ob die Aufnahme der Forderungen in der Kreditrahmen einem Massekreditgeber des ersten Insolvenzverfahrens hinreichend Anreiz bietet, seinen Kredit in dem von § 264 Abs. 1 Satz 2, 2. Alt. vorgesehenen Sinne in die Zeit der Überwachung hinein stehenzulassen.[34] Gerade dazu hatte noch die Kommission für Insolvenzrecht die Auffassung vertreten, dass eine solche Verschlechterung der Rangstellung des Massekreditgebers im Widerspruch zu dem Ziel stünde, die Bereitschaft der Massekreditgeber zu fördern, während des Insolvenzplanverfahrens (= „Reorganisationsverfahren") dem schuldnerischen Unternehmen trotz seiner schwierigen finanziellen Lage Kredite zu gewähren und diese in die Zeit der Überwachung hinein stehenzulassen.[35]

3. Absonderungsberechtigte Gläubiger. Die Privilegierung der Rahmenkreditforderungen gilt im Übrigen auch nicht gegenüber den absonderungsberechtigten Gläubigern hinsichtlich ihres Rechts zur abgesonderten Befriedigung.[36] Zwar könnte man auf den ersten Blick der Auffassung sein, dass § 264 Abs. 1 den Nachrang für alle „Insolvenzgläubiger" vorsieht und § 52 zu den Insolvenzgläubigern auch die Absonderungsberechtigten

---

[29] Den Gedanken des Gläubigerschutzes auch betonend *Hess/Obermüller*, Insolvenzplan, Restschuldbefreiung und Verbraucherinsolvenz, 2. Aufl. 1999, RdNr. 445.
[30] So aber – mit beachtlichen teleologischen Argumenten – *Fink*, Maßnahmen des Verwalters zur Finanzierung in der Unternehmensinsolvenz, 1998, RdNr. 367 ff. Ebenso *Breutigam* in *Breutigam/Blersch/Goetsch* § 265 RdNr. 51.
[31] In der Analyse ähnlich (wenn auch mit anderem Ergebnis) *Fink*, Maßnahmen des Verwalters zur Finanzierung in der Unternehmensinsolvenz, 1998, RdNr. 367.
[32] *Braun*, § 266 InsO, RdNr. 2; *Braun*, Kölner Schrift, 2. Aufl. 2000, S. 1137 ff., RdNr. 29 ff.; *Gottwald/Braun*, Insolvenzrechts-Handbuch, § 71 RdNr. 5; *Dinstühler*, Der Insolvenzplan gem. den §§ 217–269, InVO 1998, 333, 344.
[33] *Gottwald/Braun*, Insolvenzrechts-Handbuch, § 71, RdNr. 4; *Dinstühler*, ZInsO 1998, 243, 248.
[34] *Dinstühler*, Der Insolvenzplan gem. den §§ 217–269, InVO 1998, 333, 344 (Fn. 135).
[35] 1. KommBer. Begr. zu Leitsatz 2.3.7, Seite 212 ff.
[36] So auch mit ausführlicher Diskussion der nachstehend skizzierten Argumente *Braun*, Kölner Schrift 2. Aufl. 2000, S. 1137 ff., RdNr. 27 ff. Ebenso *Braun*, § 266 InsO, RdNr. 2; FK-*Jaffé*, § 266 RdNr. 11; *Dinstühler* ZInsO 1998, 243, 249; Gottwald/*Braun*, Insolvenzrechts-Handbuch, § 71, RdNr. 5; *Eidenmüller*, Unternehmenssanierung zwischen Markt und Gesetz, 1999, S. 867.

zählt, zumindest soweit ihnen der Schuldner auch persönlich haftet. Zum einen handelt es sich aber bei § 52 nur um eine mißlungene Formulierung, die nicht darauf gerichtet ist, den Absonderungsberechtigten zum Kreis der Insolvenzgläubiger zu rechnen, sondern nur klarstellt, dass trotz eines Absonderungsrechts im Insolvenzverfahren auch die persönliche Haftung des Schuldners geltend gemacht werden kann. Zum anderen regelt § 223 ausdrücklich, dass ohne einen im Insolvenzplan festgelegten gesonderten Eingriff das Recht der absonderungsberechtigten Gläubiger zur Befriedigung aus den Gegenständen, an denen Absonderungsrechte bestehen, vom Plan nicht berührt wird, also auch nicht von der Festsetzung eines Kreditrahmens.

25 Falls Insolvenzgläubiger des ersten Insolvenzverfahrens über Kreditsicherheiten verfügen, bleibt ihnen damit in einem Anschlussinsolvenzverfahren ihr bevorrechtigtes Absonderungsrecht auch gegenüber den Rahmenkrediten erhalten. Dies gilt erst recht für Neugläubiger, denen in der Zeit der Überwachung Kreditsicherheiten bestellt worden sind.

26 **4. Wirtschaftlicher Rang der Rahmenkredite.** Wirtschaftlich handelt es sich nach den vorstehenden Erläuterung bei dem vermeintlichen Vorrang der Rahmenkredite immer noch um einen Nachrang gegenüber den absonderungsberechtigten Gläubigern und den Masseverbindlichkeiten. Damit erscheint die Festsetzung eines Kreditrahmens nur bedingt geeignet, dass gesetzgeberische Ziel zu erreichen, die Finanzierung des im ersten Insolvenzplanverfahren reorganisierten Unternehmens zu sichern.[37]

§ 267 Bekanntmachung der Überwachung

(1) Wird die Erfüllung des Insolvenzplans überwacht, so ist dies zusammen mit dem Beschluß über die Aufhebung des Insolvenzverfahrens öffentlich bekanntzumachen.

(2) Ebenso ist bekanntzumachen:
1. im Falle des § 260 Abs. 3 die Erstreckung der Überwachung auf die Übernahmegesellschaft;
2. im Falle des § 263, welche Rechtsgeschäfte an die Zustimmung des Insolvenzverwalters gebunden werden;
3. im Falle des § 264, in welcher Höhe ein Kreditrahmen vorgesehen ist.

(3) [1] § 31 gilt entsprechend. [2] Soweit im Falle des § 263 das Recht zur Verfügung über ein Grundstück, ein eingetragenes Schiff, Schiffsbauwerk oder Luftfahrzeug, ein Recht an einem solchen Gegenstand oder ein Recht an einem solchen Recht beschränkt wird, gelten die §§ 32 und 33 entsprechend.

Übersicht

	RdNr.		RdNr.
I. Normzweck	1	2. Art und Weise der öffentlichen Bekanntmachung	7
II. Entstehungsgeschichte	2	IV. Übermittlungspflichten an öffentliche Register (Abs. 3 Satz 1)	10
III. Öffentliche Bekanntmachung der Überwachung	3	V. Eintragung im Grundbuch und vergleichbaren Registern (Abs. 3 Satz 2)	11
1. Inhalt der Bekanntmachung	3		
a) Tatsache der Planüberwachung (Abs. 1)	3	1. Eintragung der Verfügungsbeschränkung	11
b) Kreis der zu Überwachenden (Abs. 2 Nr. 1)	4	2. Wirkung der Eintragung	13
c) Einschränkung der Verfügungsbefugnis (Abs, 2 Nr. 2)	5	VI. Abdingbarkeit	14
d) Höhe des Kreditrahmens (Abs, 2 Nr. 3)	6		

---

[37] Mit diesem Ergebnis auch *Braun*, Kölner Schrift, 2. Aufl. 2000, S. 1137 ff., RdNr. 46.

I. Normzweck

Die §§ 267 bis 269 enthalten die **verfahrensrechtlichen Regeln der Planüberwachung.** Während der Überwachung der Planerfüllung arbeitet das schuldnerische Unternehmen unter besonderen Bedingungen. Für den Rechtsverkehr ist hierbei von Bedeutung, ob sich die Überwachung auf eine Übernahmegesellschaft erstreckt ist und ob und gegebenenfalls welche Rechtsgeschäfte an eine Zustimmung des überwachenden Insolvenzverwalters gebunden sind. Schließlich ist von Interesse ob und gegebenenfalls in welcher Höhe ein Kreditrahmen vorgesehen ist. Weil diese Umstände für den Rechtsverkehr wichtig sind, sind die Überwachung der Planerfüllung (Abs. 1) und die hierbei geltenden Bedingungen (Abs. 2) öffentlich bekannt zu machen und in jene Register einzutragen, bei welchen der Rechtsverkehr sich gewöhnlich informiert (Abs. 3).

II. Entstehungsgeschichte

Die Leitsätze 2. 2. 26 und 2. 2. 28 des Ersten Berichts der Kommission für Insolvenzrecht sahen bereits eine Bekanntmachung der Planüberwachung vor. In dem zu veröffentlichenden Beschluss sollten die Dauer der Überwachung und die Höhe eines etwaigen Kreditrahmens angegeben werden. Weitergehend als in § 267 sollte bei der Eintragung im Handels-, Genossenschafts- oder Vereinsregister vermerkt werden, dass und in welchem Umfang ein Kreditrahmen festgelegt ist. In § 303 DE war dann die Bekanntmachungspflicht der Planüberwachung im Wesentlichen entsprechend dem § 267 geregelt. Gegenüber der geltenden Regelung wurden lediglich der Begriff „Plan" durch „Insolvenzplan" ersetzt und die Verweisungen angepasst.

III. Öffentliche Bekanntmachung der Überwachung

1. Inhalt der Bekanntmachung. a) Tatsache der Planüberwachung (Abs. 1). Öffentlich bekannt zu machen ist die Tatsache der Planüberwachung, wenn eine solche im gestaltenden Teil des Insolvenzplans vorgesehen ist.

b) Kreis der Überwachenden (Abs. 2 Nr. 1). Nach § 260 Abs. 3 kann im gestaltenden Teil des Insolvenzplans nicht nur der Schuldner, sondern auch eine juristische Person oder eine Gesellschaft ohne Rechtspersönlichkeit der Überwachung unterworfen werden, wenn sie nach der Eröffnung des Insolvenzverfahrens gegründet wurde, um das Unternehmen oder den Betrieb des Schuldners zu übernehmen oder weiterzuführen. Im Rahmen von Geschäftsbeziehungen mit einer solchen Übernahmegesellschaft ist für einen außenstehenden Dritten nicht ohne weiteres erkennbar, dass er im Rahmen seiner Geschäftsbeziehungen zu einer solchen **Übernahmegesellschaft** auf insolvenzrechtliche Besonderheiten achten muss. Aus diesem Grund ist auch die Ausdehnung einer Überwachung auf eine Übernahmegesellschaft für den Rechtsverkehr von erheblicher Bedeutung und daher öffentlich bekannt zu machen.

c) Einschränkung der Verfügungsbefugnis (Abs. 2 Nr. 2). § 263 erlaubt, im gestaltenden Teil des Insolvenzplans vorzusehen, dass bestimmte Rechtsgeschäfte des Schuldner oder der Übernahmegesellschaft während der Zeit der Überwachung nur wirksam sind, wenn der Insolvenzverwalter ihnen zustimmt, um sicherstellen, dass der Schuldner nicht durch risikoreiche Geschäfte der Planerfüllung die Grundlage entzieht.

Geht trotz **Zustimmungsvorbehalt** der Schuldner oder die Übernahmegesellschaft Rechtsgeschäfte ohne Zustimmung des Verwalters ein, so bestimmen sich die Rechtsfolgen nach den §§ 263 Satz 2 i. V. m. 81 Abs. 1 und 82. Diese Rechtsgeschäfte werden so behandelt, als seien sie während des laufenden Insolvenzverfahrens vorgenommen worden. Sie sind gegenüber jedermann absolut unwirksam. Die absolute Wirkung wird nur durch die in § 81 Abs. 1 genannten Ausnahmefälle durchbrochen. Ein auf die Gutglaubenswirkungen des Grundbuchs und anderer öffentlicher Register gestützter gutgläubiger Erwerb ist daher im

Einzelfall nicht ausgeschlossen. Maßgeblicher Zeitpunkt für diesen Erwerb ist jedoch statt der Eröffnung des Insolvenzverfahrens (§ 81 Abs. 3) die Aufhebung des Insolvenzverfahrens. Zum Schutz des Rechtsverkehrs ist es demzufolge erforderlich, den Umfang der zustimmungsbedürftigen in der öffentlichen Bekanntmachung konkret und vollständig anzugeben.

6 **d) Höhe des Kreditrahmens (Abs. 2 Nr. 3).** Zur Sicherstellung der Finanzierung von Sanierungsplänen erlaubt § 264 die Aufnahme von Kredit in der Überwachungszeit, dem für den Fall der erneuten Insolvenz des Schuldners oder der Übernahmegesellschaft eine vorrangige Befriedigung zugesichert wird, wenn dies im Insolvenzplan ausdrücklich geregelt ist. Im Plan ist ein Gesamtbetrag festzulegen, bis zu dem höchstens derartige Kredite vereinbart werden dürfen (§ 264 Abs. 1 Satz 2).

Die Kenntnis von der Existenz eines solchen Kreditrahmens ist für die Vertragspartner des Schuldners oder der Übernahmegesellschaft von entscheidender Bedeutung, da nur durch die Aufnahme in den Kreditrahmen die Erbringung der Gegenleistung gesichert ist. Ansonsten droht dem Neugläubiger bei einer Insolvenz des Schuldners oder der Übernahmegesellschaft, eine Einstufung seiner Forderung als nachrangig.

Öffentlich bekannt zu machen ist daher, falls im Insolvenzplan ausdrücklich ein Kreditrahmen vorgesehen ist, **die genaue Höhe des Kreditrahmens.**[1]

7 **2. Art und Weise der öffentlichen Bekanntmachung.** § 267 Abs. 1 ordnet an, dass die Überwachung **zusammen mit der Aufhebung des Insolvenzverfahrens** bekannt zu machen ist. Die öffentliche Bekanntmachung erfolgt durch eine zentrale und länderübergreifende Veröffentlichung im Internet.[2] Diese Regelung wurde durch das Gesetz zur Vereinfachung des Insolvenzverfahrens vom 13. 4. 2006[3] eingeführt (§ 9). Sie ist am 1. 7. 2007 in Kraft getreten.

8 Die auszugsweise Veröffentlichung des Aufhebungsbeschlusses kann genügen.[4] Sowohl § 9 Abs. 1 als auch § 200 Abs. 1 Satz 2 sehen eine auszugsweise Veröffentlichung vor. Auszugsweise bedeutet, dass die Entscheidung nicht mit ihrem vollem Inhalt veröffentlicht wird. Dennoch muss eine auszugsweise Veröffentlichung die in § 267 Abs. 2 vorgeschriebenen Inhalte enthalten.

9 Weitere Veröffentlichungen kann das Insolvenzgericht nur veranlassen, soweit dies landesrechtlich bestimmt ist (§ 9 Abs. 2).

IV. Übermittlungspflichten an öffentliche Register (Abs. 3 Satz 1)

10 Die Geschäftsstelle des Insolvenzgerichts hat die **Überwachung der Planerfüllung dem Registergericht zu übermitteln,** wenn der Schuldner oder die Übernahmegesellschaft im Handels-, Genossenschafts-, Partnerschafts- oder Vereinsregister eingetragen ist. Damit soll sichergestellt werden, dass die interessierte Öffentlichkeit durch Einsicht in die Register von wesentlichen insolvenzgerichtlichen Entscheidungen Kenntnis erlangen. Nach dem Wortlaut des Gesetzes ist eine Ausfertigung des Beschlusses zu übermitteln. Ausreichend ist jedoch auch die Übersendung einer „beglaubigten Abschrift" des Überwachungsbeschlusses.[5] Über die Folgerungen aus der Übermittlung entscheidet das Registergericht in eigener Verantwortung. Es nimmt auf Grund dieser Mitteilung eine Eintragung vor. Die Vorschriften, die die Eintragungen in die entsprechenden Register regeln (§§ 32 Abs. 1 Nr. 5 HGB, 102 GenG, 75 BGB) ordnen jedoch nur an, dass die Überwachung bzw. Aufhebung der Überwachung einzutragen ist. Die für den Rechtsverkehr wesentlichen Informationen über die Art und den Umfang der Überwachung, deren öffentliche Bekanntmachung durch § 267 Abs. 2 vorgeschrieben ist, finden sich in den Eintragungen im Register nicht wieder. Daher können genauere Informationen nur den Akten des Registergerichts entnommen, da

---

[1] *Kübler/Prütting/Otte* § 267 RdNr. 7.
[2] www.insolvenzbekanntmachungen.de.
[3] BGBl. I S. 509.
[4] AA *Breutigam* in *Breutigam/Blersch/Goetsch* § 267 RdNr. 9.
[5] HK-*Kirchhof* § 31 RdNr. 4.

V. Eintragung im Grundbuch und vergleichbaren Registern (Abs. 3 Satz 2)

1. Eintragung der Verfügungsbeschränkung. Ist der Schuldner im Falle des § 263 durch die Anordnung eines Zustimmungsvorbehalts in seiner Verfügung über Immobilien und Gegenstände, die das Gesetz wie Immobilien behandelt, beschränkt, so ist dies in die entsprechenden Register, entsprechend den §§ 32 und 33, einzutragen. Gleiches gilt für die Übernahmegesellschaft. Diese Eintragung soll die Möglichkeit gutgläubigen Erwerbs aus den Händen des Schuldners ohne Zustimmung des überwachenden Insolvenzverwalters verhindern. Die Eintragung ist nur erforderlich, wenn eine Benachteiligung der Insolvenzgläubiger zu besorgen ist. Ist bei Briefpfandrechten der überwachende Insolvenzverwalter beispielsweise im Besitz des Briefes, so kann eine Eintragung gemäß §§ 1116 Abs. 1, 1192 Abs. 1 BGB unterbleiben.[6] Gutgläubiger Rechtserwerb ist hier ohne eine Briefübergabe ausgeschlossen. 11

Ist der Schuldner nur Miteigentümer so ist die Verfügungsbeschränkung am Miteigentumsanteil entsprechend einzutragen.

Das Eintragungsersuchen erfolgt von Amts wegen auf Ersuchen des Insolvenzgerichts. Das Insolvenzgericht hat, soweit es Kenntnis von Grundstücken oder Rechten an Grundstücken hat, von Amts wegen das Grundbuchamt zu ersuchen, die Eintragung der Planüberwachung vorzunehmen. Auch der Insolvenzverwalter kann ein Eintragungsersuchen an das Grundbuchamt oder die in § 33 genannten Register richten.[7] 12

2. Wirkung der Eintragung. Die im Grundbuch eingetragene Verfügungsbeschränkung verhindert einen etwaigen gutgläubigen Erwerb gemäß § 892 f. BGB. Das Grundbuchamt darf auf Grund des grundbuchrechtlichen Legalitätsprinzips nach der Eintragung des Überwachungsvermerks nur noch solche Eintragungen vornehmen, die der eingetragenen Verfügungsbeschränkung nicht entgegenstehen. 13

VI. Abdingbarkeit

§ 267 dient dem Schutz des Rechtsverkehrs. Neugläubiger sollen sich über die besondere Situation des vormals insolventen Schuldners oder einer Übernahmegesellschaft informieren und ihr Verhalten darauf ausrichten können. Über die Bekanntmachungspflichten kann im Plan keine andere Regelung getroffen werden. Als zwingende Rechtsfolge aus der Vereinbarung einer Planüberwachung unterliegt sie nicht der Disposition der am Verfahren Beteiligten. 14

§ 268 Aufhebung der Überwachung

(1) Das Insolvenzgericht beschließt die Aufhebung der Überwachung,
1. wenn die Ansprüche, deren Erfüllung überwacht wird, erfüllt sind oder die Erfüllung dieser Ansprüche gewährleistet ist oder
2. wenn seit der Aufhebung des Insolvenzverfahrens drei Jahre verstrichen sind und kein Antrag auf Eröffnung eines neuen Insolvenzverfahrens vorliegt.

(2) ¹Der Beschluß ist öffentlich bekanntzumachen. ²§ 267 Abs. 3 gilt entsprechend.

---

[6] FK-*Jaffé* § 267 RdNr. 12.
[7] *Kübler/Prütting/Otte* § 267 RdNr. 9.

Übersicht

	RdNr.		RdNr.
I. Normzweck	1	a) Zuständigkeit	9
II. Entstehungsgeschichte	2	b) Entscheidung	10
III. Aufhebungsbeschluss	4	c) Rechtsmittel	11
1. Voraussetzungen der Aufhebung	4	IV. Bekanntmachung der Aufhebung	12
a) Allgemeines	4	V. Wirkungen der Aufhebung der Überwachung	13
b) Begleichung der bestehenden Ansprüche	5	VI. Abdingbarkeit der Norm	16
c) Fristablauf	8		
2. Verfahren	9		

I. Normzweck

1 Die Überwachung der Planerfüllung soll nicht dauerhaft sein. Zum einen hat der Schuldner ein Interesse, von den Verfügungsbeschränkungen, die ihm auferlegt sind, befreit zu werden. Andererseits besteht für die Mitbewerber des Schuldners ein Interesse, alsbald wieder gleiche Wettbewerbsbedingungen zu erlangen. Der Gesetzgeber hat die **Planüberwachung auf höchstens drei Jahre begrenzt.** Im Interesse der Rechtssicherheit ist die Aufhebung der Planüberwachung durch das Insolvenzgericht zu beschließen und öffentlich bekannt zu machen.

II. Entstehungsgeschichte

2 In der Vergleichsordnung war bereits eine freiwillige Unterwerfung des Schuldners unter die Überwachung der Vergleichserfüllung geregelt (§§ 91–95 VerglO). Beendigungsgrund für die Aufhebung der Überwachung war die vollständige Erfüllung des Vergleichs oder der Eintritt einer im Vergleich festgesetzten Bedingung. Die Aufhebung erfolgte jedoch nur auf Antrag des Schuldners oder des überwachenden Sachwalters (§ 95 VerglO).

3 In Abkehr von der unbefristeten Überwachung sah bereits Leitsatz 2.3.5. des Ersten Berichts der Kommission für Insolvenzrecht vor, dass die Überwachung aufzuheben ist, wenn der Verwalter dem Gericht anzeigt, dass der Reorganisationsplan durchgeführt und erfüllt ist, spätestens jedoch drei Jahre nach rechtskräftiger Bestätigung des Reorganisationsplans. Auch wurde in diesem Leitsatz vorgeschlagen, dass die Überwachung durch einen förmlichen Beschluss des Gerichts aufgehoben werden soll, um hierüber für die Beteiligten aber auch für den allgemeinen Rechtsverkehr Klarheit zu schaffen.

Damit entsprach der Leitsatz im Wesentlichen der Regelung in § 304 DE von 1988. Dort reichte allerdings für die Aufhebung des Überwachung die Gewährleistung der Erfüllung aus. Auch war nicht mehr vorgesehen, dass dem Aufhebungsbeschluss eine Anzeige des Verwalters über die Erfüllung des Plans vorausgehen muss.

Die geltende Regelung entspricht bis auf die angepasste Verweisung dem § 304 DE.

III. Aufhebungsbeschluss

4 **1. Voraussetzungen der Aufhebung. a) Allgemeines.** Abs. 1 legt fest, dass das Insolvenzgericht einen **Aufhebungsbeschluss fassen muss,** wenn alternativ einer der beiden Tatbestände, die Begleichung der bestehenden Ansprüche oder das Verstreichen der Frist von drei Jahren seit der Aufhebung des ersten Insolvenzverfahrens, vorliegt. Ist im Insolvenzplan eine kürzere Frist als die in § 268 Abs. 1 Nr. 2 festgelegte dreijährige Überwachungsfrist vereinbart worden, ist im Interesse des Rechtsverkehrs die Überwachung durch einen Beschluss aufzuheben.[1] Die förmliche Aufhebung ist wegen der weitreichenden Wirkungen, die mit einer Überwachung verbunden sein können, erforderlich.

---

[1] HK-*Flessner*, 4. Aufl. § 268 RdNr. 2.

b) Begleichung der bestehenden Ansprüche. Die Planerfüllung soll nur solange der 5
Überwachung unterliegen, solange dies erforderlich ist. Mit der Erfüllung der Ansprüche
der Insolvenzgläubiger fällt das Bedürfnis für eine Überwachung weg.

Der Insolvenzplan kann vorsehen, dass der Schuldner aus der Fortsetzung der wirtschaftlichen Tätigkeit die Gläubiger befriedigt. Ansprüche, deren Befriedigung in einem solchen Fall gemäß § 260 Abs. 2 überwacht werden, sind **alle Insolvenzforderungen,** die im Insolvenzplan ganz oder teilweise, verändert oder unverändert, aufrechterhalten worden sind. Hinzukommen auch solche Ansprüche, die **aus zusätzlichen Verpflichtungserklärungen** des Schuldners im gestaltenden Teil entstanden sind. Der Überwachung unterliegt nicht die Erfüllung von **Ansprüchen gegen Dritte,** die durch den Plan begründet worden sind. Eine Ausnahme bilden hier jedoch Ansprüche, die den Gläubigern nach dem gestaltenden Teil gegen eine Übernahmegesellschaft zustehen (§ 260 Abs. 3). Ansprüche, deren Begleichung sichergestellt sein müssen, können auch Vergütungsansprüche des Verwalters und der Mitglieder des Gläubigerausschusses sowie die Kosten für die abschließenden Veröffentlichungen sein, wenn diese Ansprüche in dem gestaltenden Teil des Insolvenzplans aufgenommen worden sind.

Die Aufhebung erfolgt nicht nur bei einer **tatsächlichen Erfüllung** dieser Ansprüche 6
sondern auch bereits, **wenn die Zahlung aller Ansprüche gewährleistet ist.** Ein solcher Fall liegt vor, wenn für die Begleichung zwar das Vermögen in Form von Umlauf- oder Anlagevermögen erwirtschaftet ist und aus diesem Grund nicht ausgekehrt werden kann. Gewährleistet ist die Erfüllung der Ansprüche jedoch nur dann, wenn entsprechende Sicherheiten für die Erfüllung vorliegen. Die Erfüllung der im gestaltenden Teil des Plans vorgesehenen Ansprüche muss feststehen.[2] Die hinreichende Wahrscheinlichkeit der Erfüllung reicht daher nicht aus.[3] Der vollständige Einzug der den Insolvenzgläubigern durch den Plan verbliebenen Forderungen muss garantiert sein. Nur dann darf das Insolvenzgericht die Aufhebung der Überwachung beschließen.

Die Erfüllung oder die Gewährleistung der Planerfüllung hat der Insolvenzverwalter oder 7
ein mit der Überwachung beauftragter Sachwalter dem Gericht mitzuteilen. Dies gehört zu den in § 261 geregelten Pflichten des Insolvenzverwalters als Planüberwacher. Auch wenn dem Sachwalter nicht die Befugnisse und Pflichten eines Insolvenzverwalters zustehen und dieser grundsätzlich nicht der Aufsicht des Gerichts unterliegt,[4] so hat dieser dem Gericht trotzdem die Erfüllung oder die Gewährleistung der Planerfüllung mitzuteilen, damit die abdingbaren Entscheidungen durch das Insolvenzgericht getroffen werden können.

c) Fristablauf. Wenn seit der Aufhebung des Insolvenzverfahrens eine Frist von drei 8
Jahren verstrichen ist, muss das Insolvenzgericht die Überwachung des Insolvenzplans aufheben. Allerdings ist in diesem Fall **von Amts wegen zu prüfen, ob bereits ein Antrag auf Eröffnung eines neuen Verfahrens vorliegt.** Ist ein solcher Antrag gestellt, so dauert die Überwachung an, bis ein neues Insolvenzverfahren eröffnet wird oder bis die Überwachung nach der rechtskräftigen Abweisung des Eröffnungsantrags aufgehoben wird.

2. Verfahren. a) Zuständigkeit. Zuständig für die Entscheidung ist der Rechtspfleger 9
des Insolvenzgerichts, wenn sich nicht der Insolvenzrichter das Insolvenzverfahren ganz oder diesen Verfahrensabschnitt gemäß § 18 Abs. 2 RPflG vorbehalten hat. Einen allgemeinen Richtervorbehalt für diese Entscheidung gibt es in § 18 Abs. 1 RPflG nicht.

b) Entscheidung. Die Entscheidung erfolgt nach Anhörung der Gläubiger und des 10
Verwalters durch Beschluss. Diese Entscheidung, mit der das Insolvenzgericht die Planüberwachung aufhebt, bedarf nicht zwingend einer Begründung, weil gegen diese Entscheidung kein Rechtsmittel vorgesehen ist. Es sollte jedoch sich aus der Entscheidung ergeben, auf Grund welcher Alternativen die Überwachung des Insolvenzplans aufgehoben worden ist.

---

[2] Begr. RegE BR-Drucks. 1/92 217.
[3] *Breutigam* in *Breutigam/Blersch/Goetsch* § 268 RdNr. 5.
[4] AA *Breutigam* in *Breutigam/Blersch/Goetsch* in § 261 RdNr. 6.

Der Beschluss bedarf auch keiner Entscheidung über die Kostentragungspflicht, da in § 269 festgelegt ist, dass der Schuldner die Kosten der Planüberwachung zu tragen hat, wenn im Insolvenzplan ist hierüber keine andere Regelung getroffen worden ist.

11 c) **Rechtsmittel.** Ein Rechtsmittel ist gegen die Aufhebung der Überwachung nicht vorgesehen. Der vom Insolvenzrichter erlassene Aufhebungsbeschluss ist daher nicht anfechtbar. Hat der Rechtspfleger die Entscheidung getroffen, so kann gegen diese Entscheidung eine befristete Erinnerung eingelegt werden, § 11 Abs. 1 Satz 2, 2. Alt. RPflG.

IV. Bekanntmachung der Aufhebung

12 Der Beschluss über die Aufhebung der Planüberüberwachung ist in gleicher Weise öffentlich bekannt zu machen wie die Überwachung. Die öffentliche Bekanntmachung erfolgt durch eine zentrale und länderübergreifende Veröffentlichung im Internet;[5] diese kann auszugsweise geschehen. Weitere Veröffentlichungen kann das Insolvenzgericht nur veranlassen, soweit dies landesrechtlich bestimmt ist. Diese Regelung wurde durch das Gesetz zur Vereinfachung des Insolvenzverfahrens vom 13. 4. 2007[6] eingeführt und ist am 1. 7. 2007 in Kraft getreten. Gleichzeitig ist gemäß § 268 Abs. 2 Satz 2 i. V. m. § 267 Abs. 3 die Löschung der Eintragungen in den Registern nach den §§ 31, 32 zu verfügen und zu veranlassen.

V. Wirkungen der Aufhebung der Planüberwachung

13 Mit der Rechtskraft des Aufhebungsbeschlusses geht die volle Verfügungsbefugnis über das gesamte Vermögen auf den Schuldner bzw. die Übernahmegesellschaft über. Zustimmungsvorbehalte, die gemäß § 263 im gestaltenden Teil des Insolvenzplans für bestimmte Rechtsgeschäfte des Schuldners oder der Übernahmegesellschaft vorgesehen waren, entfalten keine Wirkungen mehr.

14 Der in § 264 festgelegten Nachrang der Insolvenzgläubiger und Neugläubiger soll im Hinblick auf die Chancengleichheit im Wettbewerb kein Dauerzustand sein.[7] Der Nachrang wird daher in einem späteren Insolvenzverfahren nur berücksichtigt, das vor der Aufhebung der Überwachung, also spätestens drei Jahre nach der Aufhebung des alten Insolvenzverfahrens beantragt wird. Ist vor der Aufhebung der Planüberwachung kein neues Insolvenzverfahren beantragt worden, so endet der Nachrang der übrigen, nicht in den Kreditrahmen aufgenommenen Insolvenz- und Neugläubiger. Für die Kreditaufnahme und die Gestellung der Sicherheiten gelten die allgemeinen zivilrechtlichen Grundsätze.

15 Nach der Aufhebung der Überwachung haben der Verwalter oder Sachwalter die Unterlagen aus der Überwachung an den Schuldner oder die überwachte Übernahmegesellschaft herauszugeben. Der Schuldner bzw. die Übernahmegesellschaft sind verpflichtet, die Unterlagen entgegenzunehmen.[8] Für eine Erzwingung der Rücknahme der Geschäftsunterlagen an den Schuldner bzw. die Übernahmegesellschaft fehlt es jedoch an einer gesetzlichen Regelung.[9] Dem Insolvenzverwalter oder Sachwalter bleibt zwar die Möglichkeit, das zuständige Finanzamt aufzufordern, den Schuldner gegebenenfalls unter Androhung von Zwangsmitteln zur Erfüllung der ihn treffenden steuerlichen Aufbewahrungspflichten gemäß § 147 AO anzuhalten.[10] Er ist jedoch nicht berechtigt, die Unterlagen zu vernichten,[11] sondern muss diese, wenn sie nicht an den Schuldner zurückgegeben werden können, verwahren.[12]

---

[5] www.insolvenzbekanntmachungen.de.
[6] BGBl I S. 509.
[7] BegrRegE S. 217.
[8] LG Hannover KTS 1973, 191.
[9] *Haarmeyer/Wutzke/Förster* Handbuch, Kap. 5 RdNr. 169.
[10] FK-*Jaffe* § 268 RdNr. 14.
[11] AA. *Nerlich/Römermann/Westphal* § 200 RdNr. 13.
[12] *Kübler/Prütting/Otte* § 269 RdNr. 5; *Haarmeyer/Wutzke/Förster* Handbuch, Kap. 9 RdNr. 64.

VI. Abdingbarkeit der Norm

Aufgrund ihrer Gestaltungsfreiheit bezüglich des Insolvenzplans können die Parteien 16 grundsätzlich auch eine andere Form der Überwachung der Planerfüllung vereinbaren, die von den Regelungen der §§ 260–269 abweicht.[13] Unabdingbar sind solche Verfahrensregelungen, die dem Schutz Dritter, nicht am Insolvenzplan Beteiligter dienen. Dazu gehört die Verpflichtung des Insolvenzgerichts die Aufhebung der Überwachung förmlich zu beschließen (Abs. 1) und die Aufhebung der Überwachung öffentlich bekannt zu machen (Abs. 2).

Andererseits wird eine abweichende Vereinbarung von den Überwachungsvorschriften zugunsten des Schuldners immer zulässig sein.[14] Im Insolvenzplan kann daher eine kürzere Frist als die in § 268 Abs. 1 Nr. 2 festgelegte dreijährige Überwachungsfrist vereinbart werden. Eine Erweiterung der Planüberwachung über die Frist von drei Jahren ist jedoch unzulässig, da hier nicht nur zu Lasten des Schuldners von den gesetzlichen Vorgaben abgewichen wird, sondern die Befristung dem Zweck dient, im Interesse der Chancengleichheit wieder allgemeine Verhältnisse hinsichtlich des Schuldnerunternehmens herzustellen.[15]

§ 269 Kosten der Überwachung

¹ Die Kosten der Überwachung trägt der Schuldner. ² Im Falle des § 260 Abs. 3 trägt die Übernahmegesellschaft die durch ihre Überwachung entstehenden Kosten.

Übersicht

	RdNr.		RdNr.
I. Normzweck	1	2. Übernahmegesellschaft	9
II. Entstehungsgeschichte	2	V. Abdingbarkeit	10
III. Kosten der Überwachung	3	VI. Durchsetzung der Überwachungskosten	11
IV. Kostenpflichtige	8		
1. Schuldner	8		

I. Normzweck

Der Schuldner erhält mit der Aufhebung des Insolvenzverfahrens das Recht zurück, über 1 die Insolvenzmasse frei zu verfügen (§ 259 Abs. 1 Satz 2). Nach der Aufhebung entstehende Verfahrenskosten können somit nicht mehr der Insolvenzmasse angelastet werden. Es bedurfte daher einer Regelung, wer die nach der Aufhebung des Insolvenzverfahrens entstehenden Verfahrenskosten zu tragen hat. Die Verfahrenskosten, die für die Überwachung der Planerfüllung entstehen, hat der Gesetzgeber in § 269 dem Schuldner und im Falle des § 260 Abs. 3 der Übernahmegesellschaft aufgebürdet.

II. Entstehungsgeschichte

Erstmals in § 305 DE wurde die Kostentragungspflicht für die Überwachung der Plan- 2 erfüllung geregelt. In den weiteren Gesetzentwürfen blieb die Vorschrift unverändert. § 269 ist nahezu wortidentisch mit § 305 DE. Lediglich die Verweisung wurde angepasst.

---

[13] BegrRegE S. 215.
[14] *Kübler/Prütting/Otte* § 260 RdNr. 7.
[15] So auch *Uhlenbruck/Luer* InsO § 268 RdNr. 4; *Braun* § 268 Rn 6; *Andres/Leithaus* InsO § 268 RdNr. 4; aA AG Duisburg NZI 2003, 447; *Kübler/Prütting/Otte* § 268 RdNr. 4.

III. Kosten der Überwachung

3   Während der Überwachung fallen **zwar keine Gerichtsgebühren** an. Es entstehen jedoch Kosten für gerichtliche Auslagen, unter anderem **Veröffentlichungskosten** für die öffentliche Bekanntmachung der Überwachung (§ 267 Abs. 1) und der Aufhebung der Überwachung (§ 268 Abs. 2). Kosten der Überwachung sind auch die **Vergütung des Insolvenzverwalters** und die den **Mitgliedern des Gläubigerausschusses** für die Überwachung zu erstattende Vergütung. Ferner sind die **Auslagen** dieser Personen wie Reisekosten, Porti, Telefon- und sonstige Kommunikationskosten zu ersetzen. Ferner sind auch die Honoraransprüche vom Verwalter eingesetzter sachverständiger Dritter, deren Hilfe er sich für die Erfüllung seiner Pflichten bedient, erstattungsfähig.[1]

4   Die **Kosten eines Sachwalters** fallen nicht unter die Regelung des § 269, da der Sachwalter nicht auf der Grundlage der gesetzlichen Regelungen der §§ 260 ff. tätig wird, sondern auf der Grundlage eines privatrechtlichen Auftrages oder eines Geschäftsbesorgungsvertrages nach § 675 BGB.

5   Die **Vergütung des Insolvenzverwalters** für die Überwachung der Planerfüllung ist in § 6 Abs. 2 InsVV geregelt. Danach ist dem Insolvenzverwalter die Überwachung der Erfüllung des Insolvenzplans gesondert zu vergüten, da es sich vergütungsrechtlich um eine eigene Angelegenheit gegenüber dem mit der Aufhebung nach § 258 abgeschlossenen Insolvenzverfahren handelt. Die Höhe der Vergütung ist unter Berücksichtigung des Umfangs der Tätigkeit nach billigem Ermessen festzusetzen. Vergütungserhöhend sind insbesondere ein Zustimmungsvorbehalt gemäß § 263, die Dauer der Überwachung und die Zahl der Gläubiger. Das Gericht muss nicht zwingend eine Staffelvergütung mit Zu- und Abschlägen nach den §§ 2, 3 InsVV festsetzen. Berechnungsgrundlage kann nicht nur ein durch das Gericht festzusetzender Wert z. B. auf der Basis der im Überwachungszeitraum zu erfüllenden Ansprüche, sondern auch, wenn die aufgewendeten Stunden vergütet werden sollen, ein fester Stundensatz sein.[2]

6   Ist während der Zeit der Überwachung ein Gläubigerausschuss bestellt, so können die **Mitglieder des Gläubigerausschusses** eine Entschädigung für den reinen Zeitaufwand und Auslagen geltend machen. Der Stundensatz der Vergütung der Mitglieder des Gläubigerausschusses beträgt regelmäßig zwischen 35 und 95 Euro je Stunde (§ 17 InsVV). Die Auslagen sind einzeln anzuführen und zu belegen (§ 18 InsVV).

7   Der Insolvenzverwalter und die Mitglieder des Gläubigerausschusses können sich die Vergütung in einem **Festsetzungsverfahren** durch das Insolvenzgericht festsetzen lassen. Auch wenn die Vorschriften über die Überwachung der Planerfüllung keine entsprechende Verweisung enthalten, gelten die in den §§ 64, 73 festgelegten Regelungen des Festsetzungsverfahrens auch für die Festsetzung der Überwachungsvergütung nach den §§ 6 Abs. 2, 17, 18 InsVV.

Die Vergütung wird durch das Gericht **nach Abschluss der Überwachung** festgesetzt.[3] Dies entspricht den allgemeinen Grundsätzen des Kosten- und Gebührenrechts, wonach die jeweilige Vergütung zu Beginn des Festsetzungsverfahrens fällig sein muss. Da es sich bei der Vergütung für die Überwachung der Erfüllung des Insolvenzplans um eine Tätigkeitsvergütung handelt, entsteht der Vergütungsanspruch erst mit der Leistungserbringung und wird mit der tatsächlichen Beendigung der Tätigkeit fällig.

IV. Kostenpflichtige

8   **1. Schuldner (Satz 1).** Auch wenn die Überwachung alleine den Gläubigern zugute kommt, hat der Gesetzgeber entschieden, die Kosten der Überwachung **dem Schuldner aufzuerlegen,** wenn in einem Insolvenzplan die Kostentragungspflicht nicht anders geregelt

---

[1] *Uhlenbruck/Lüer* InsO § 269 RdNr. 2; *Kübler/Prütting/Otte* § 269 RdNr. 2.
[2] *Haarmeyer/Wutzke/Förster* InsVV 4. Aufl. § 6 RdNr. 17, *Blersch* InsVV § 6 RdNr. 21.
[3] *Haarmeyer/Wutzke/Förster* InsVV 4. Aufl. § 6 RdNr. 13.

ist[4] und sich die Überwachung nicht gemäß § 260 Abs. 3 auf eine Übernahmegesellschaft erstreckt[5]

2. Übernahmegesellschaft (Satz 2). Erstreckt sich die Überwachung auf die Erfüllung 9 der Ansprüche, die den Gläubigern nach dem gestaltenden Teil des Insolvenzplans gegen eine juristische Personen oder Gesellschaften ohne Rechtspersönlichkeit zustehen die zum Zweck der Weiterführung des Unternehmens oder eines Betriebs des Schuldners gegründet worden ist, so hat diese Übernahmegesellschaft die Kosten der Planüberwachung zu tragen. Nicht entscheidend ist, ob die Weiterführung des Unternehmens der einzige Zweck dieser Gesellschaft ist und wer die Gesellschafter der Übernahmegesellschaft sind. Die Gesellschaft muss nach der Eröffnung des Insolvenzverfahrens gegründet worden sein.

V. Abdingbarkeit

Umstritten ist, ob es sich bei dieser Vorschrift um eine planfeste Vorschrift handelt 10 oder ob von dieser gesetzlichen Regelung im Insolvenzplan abgewichen werden kann. Bezüglich des Insolvenzplans haben die Beteiligten eine weitgehende Gestaltungsfreiheit. Zu dieser Gestaltungsfreiheit gehört es auch, im Rahmen eines Plans eine von der gesetzlichen Regelung abweichende Kostentragungspflicht zu vereinbaren,[6] da durch eine solche Regelung weder Dritte, nicht am Insolvenzplan Beteiligte beeinträchtigt werden, noch der Schuldner schlechter gestellt wird. Würde man der Auffassung folgen, dass dem die Regelung des § 217 entgegenstehe, weil danach von allen verfahrensrechtlichen Vorschriften, die den Ablauf des Planverfahrens regeln, nicht abgewichen werden dürfe und damit auch § 269 nicht disponibel sei, dann wäre auch § 261, in dem bestimmt ist, dass die Überwachung Aufgabe des Insolvenzverwalters ist, keiner abweichenden Regelung zugänglich.[7] In der Gesetzesbegründung zu § 307 RegEInsO ist jedoch ausdrücklich ausgeführt, dass aus der Vertragsfreiheit der Beteiligten sich ergebe, dass eine Überwachung abweichend von § 261 durch einen von den Gläubigern bestimmten Sachwalter vorgesehen werden könne. In gleicher Weise kann im Insolvenzplan abweichend von der gesetzlichen Regelung die Kostentragungspflicht im Plan anders festgelegt werden.

VI. Durchsetzung der Überwachungskosten

Da für die Vergütungs- und Auslagenansprüche des Insolvenzverwalters der Schuldner 11 bzw. die Übernahmegesellschaft haftet und die Vergütung erst nach der Überwachung durch das Gericht festgesetzt wird, besteht für den Verwalter ein erhebliches Vergütungsrisiko, wenn die Erfüllung des Insolvenzplans fehlschlägt und ein neues Insolvenzverfahren eröffnet wird. Ist im Plan ein Kreditrahmen vorgesehen, so droht dem Verwalter mit seinen Vergütungsansprüchen der Nachrang nach § 265, wenn seine Ansprüche nicht in den Kreditrahmen aufgenommen sind. Auch bei einer Erfüllung des Plans ist nach der Aufhebung eine insolvenzrechtliche Durchsetzung der Vergütungsansprüche nicht mehr möglich.

Die Durchsetzung der Vergütungs- und Auslagenansprüche sollte daher vor der Aufhebung der Überwachung erfolgen. Sinnvoll ist es aus diesem Grund diese Kosten als zu erfüllende künftige Ansprüche mit in den Plan in einem ausreichenden Mindestumfang festzusetzen und entsprechend sicherzustellen oder zumindest in den Kreditrahmen nach § 264 aufzunehmen. Deren Erfüllung kann dann im Rahmen der Überwachung mit kontrolliert werden. Erst mit der Begleichung dieser Ansprüche kann die Überwachung gemäß § 268 Abs. 1 Ziffer 1 aufgehoben werden.

---

[4] Siehe RdNr. 10.
[5] Siehe RdNr. 9.
[6] So FK-*Jaffé* § 269 RdNr. 2.
[7] BT-Drucks. 12/2443 S. 215.

Das Vergütungsrisiko lässt sich auch dadurch verringern, dass während der Überwachung über die im Rahmen der Überwachung entstandenen und fällig gewordenen Vergütungsansprüche des Verwalters abgerechnet und ein entsprechender Vorschuss beantragt wird.[8]

12 Mit dem Vergütungsfestsetzungsbeschluss wird nur die Höhe der Vergütung des Insolvenzverwalters und der Mitglieder des Gläubigerausschusses festgesetzt. Er enthält jedoch keine Entscheidung über die Kostentragungspflicht, die abweichend von der gesetzlichen Regelung im Insolvenzplan anders festgelegt sein kann. Es liegt keine Kostengrundentscheidung vor. Ein vollstreckbarer Vergütungsfestsetzungsbeschluss setzt zwingend einen bereits bestehenden Vollstreckungstitel wegen der Kosten voraus. Der Festsetzungsbeschluss ist somit auch kein Vollstreckungstitel im Sinne von § 794 Abs. 1 Nr. 2 und 3 ZPO. Der Verwalter kann daher im Streitfalle seinen Vergütungsanspruch nur im Wege der Vergütungsklage durchsetzen.[9]

---

[8] *Haarmeyer/Wutzke/Förster,* InsVV 4. Aufl. § 6 RdNr. 15; *Blersch* InsVV § 6 RdNr. 21; kritisch MünchKommInsO-*Nowak* InsVV § 7 RdNr. 6.

[9] AA FK-*Jaffé* § 269 RdNr. 7; *Kübler/Prütting/Otte* § 269 RdNr. 1; *Uhlenbruck/Lüer* InsO § 268 RdNr. 4; *Braun/Braun* § 269 RdNr. 3.